LANGENSCHEIDT'S NEW CONCISE GERMAN DICTIONARY

ENGLISH-GERMAN

By

HEINZ MESSINGER

and

WERNER RÜDENBERG

New Edition 1978

HODDER AND STOUGHTON

Published in the British Commonwealth
by Hodder & Stoughton Limited

The inclusion of any word in this dictionary is not, however, an expression of the publishers' opinion on whether or not it is subject to proprietary rights. Indeed, no definition in this dictionary is to be regarded as affecting the validity of any trademark.

Printed and bound in Great Britain at
The Pitman Press, Bath

Preface

Basis: the New Muret-Sanders

This present dictionary is an enlarged new version of the first English-German "Handwörterbuch", which was based on the "New Muret-Sanders". Thus the arrangement and presentation of the translations is also based on what is the largest English dictionary of our generation.

Thousands of Neologisms

Another notable feature is the fund of new words systematically collected by the Langenscheidt editorial staff. The old "Handwörterbuch" has been enlarged and brought up to date by the addition of thousands of new words from every sphere of life: *box junction, in-depth, intensive care unit, isometrics, meritocracy, opinion leader, slip-road, trendy, voice-over, worker director*. Entries such as *boo-boo, kinky, yummy* indicate that the compilers have not hesitated to draw on slangy or substandard levels of speech. "*A living language must keep pace with improvements in knowledge and with the multiplication of ideas*" (Noah Webster). In this dictionary every effort has been made to keep abreast of today's linguistic development.

Arrangement

The arrangement and treatment of the entry words are still unequalled at the present time: Roman numerals, Arabic numerals, small letters, numbers in superscript and four styles of type are used to analyse and bring out the various meanings of the entry word (cf. *mark, spring*). At the same time these devices will help the user to find the particular translation he or she is looking for.

Revised Appendices

The appendices of proper names and abbreviations have been completely revised. Among other things all independent states have been listed (as of 1976); the new Scottish administrative regions have been taken into account as well as some of the latest abbreviations, e.g. *CB*.

Guide to Pronunciation

One of our main concerns has been to give good phonetic transcriptions, in accordance with the standards of the IPA. The Guide to Pronunciation—greatly neglected in many dictionaries—has been given ample space on pages 17—18.

Irregular Forms as Separate Entries

Generous room has also been given to irregular forms—especially irregular forms of the "strong" verbs—which are listed in their alphabetically proper place.

Syllabification

This Concise English Dictionary offers more than merely translations and phonetic transcriptions. Even advanced users are frequently faced with the problem how to divide an English word correctly. Here too the user will find the help he needs, since the syllabification of each English entry is carefully indicated.

The new words have been selected and incorporated by the Langenscheidt editorial staff in collaboration with Mr. Heinz Messinger. In this connection we would like to extend our special thanks to Mr. Dietrich Geiger and Mr. Helmut Willmann.

"Wörterbuch der goldenen Mitte"

We hope that this enlarged new version of our English-German Handwörterbuch will find many friends. Among our seven sizes of dictionaries it represents an effort to steer a "golden" middle course: "Langenscheidt's Handwörterbuch Englisch-Deutsch" is comprehensive—being twice the size of our well-known Pocket Dictionary—yet handy; rooted in tradition—based as it is on the New Muret-Sanders—and yet fully up to date.

LANGENSCHEIDT

The following remarks which introduced the first version of the "Handwörterbuch" fully apply to the present dictionary:

Explanations and Illustrations

Differentiation of Meanings

"A glance over entries such as *line, operation, racket, rate, record, term, work, yield* may suffice to show that no pains have been spared to do justice to each English entry word through translation, example, explanation and illustration of all the essential syntactic aspects. Roman and Arabic numerals divide up each entry, according to its parts of speech and its different meanings; and this makes both for reliable orientation and a workable system of cross references. The more than 75 subdivisions in articles such as *take, run* etc. give an idea of the detailed treatment attempted.

Neologisms

In order to cope with the ceaseless growth of English vocabulary, many important new words from all spheres of life have been included, e.g. *affluent society, escalation, factoring, G.L.C., mods, one-upmanship, pay-television, rockers, 'with it'.* Nevertheless the main emphasis has lain on thoroughness: painstakingly accurate translation, accompanied by both detailed and comprehensive information on the various meanings and shades of meanings of each entry word. Special attention has been given to notorious "cruxes" such as *frustration.* On the idiomatic side, all levels of usage have been taken into account, from the literary to slang—everything a modern dictionary of this type can be expected to cover. The growing impact of slangy and vulgar terms on contemporary literature made it seem necessary to include a large number of them here, notably those of American origin.

Cruxes
Idioms
Slang

Equivalent Level of Usage

The main concern in rendering those expressions into German has been to find an equivalent on the same level of usage, e.g. "massiv werden" *(cut up rough)*, "auf die Pauke hauen" *(go to town)*, "den Laden schmeißen" *(run the show)*. In most cases the German translation is followed by the appropriate standard expression: "Leine ziehen" *(flüchten)*, "Penne" *(Schule)*.

Expressions Difficult to Translate

Moreover a great many expressions that often defy translation have been tackled: *it refused to work (es wollte nicht funktionieren), every self-respecting craftsman (jeder Handwerker, der etwas auf sich hält), it cramps my style (dabei kann ich mich nicht recht entfalten), in cold print (schwarz auf weiß)*. Humorous, ironical and pejorative connotations as well as figurative usages have been duly indicated.

Technical Terminology

A word must be added on technical terminology: We have tried to include at least a brief mention of the most essential terms in every field. This is true especially of commercial terms (see *margin, note, market, marketing, merchandising*) and legal ones (e.g. *grand jury, inquest, nolle prosequi, trespass*).

British and American Usage

Differences between British and American usage have been indicated in each case.

We are fully aware that a dictionary of even this size cannot be more than an attempt. The very nature of the English language, as well as our own shortcomings, make this inevitable. In spite of this it is our hope that this book may prove a useful tool in the hands of the user. In conclusion we should like to thank all those who have shared in the work, and especially Mr. Reginald St. Leon, M.A."

HEINZ MESSINGER

Vorwort

Grundlage: Der neue Muret-Sanders

Das vorliegende Wörterbuch ist eine erweiterte Neuausgabe des bisherigen englisch-deutschen Handwörterbuchs, das auf der Grundlage des „Neuen Muret-Sanders" erarbeitet wurde. Somit basiert auch dieses Nachschlagewerk in der Anordnung des Wortschatzes und der Darstellung der Übersetzungen auf dem Material dieses größten englischen Wörterbuchs unserer Generation.

Tausende von Neologismen

Die planvolle Neologismenarbeit der Langenscheidt-Redaktion ist der andere Pfeiler, auf dem diese Neuausgabe ruht. Das bisherige „Handwörterbuch" wurde durch wichtiges modernes Wortgut aus allen Lebensbereichen erweitert. Tausende von Neologismen tragen dazu bei, daß sich das vorliegende Wörterbuch redaktionell auf dem neuesten Stand befindet: *box junction, in-depth, intensive care unit, isometrics, meritocracy, opinion leader, slip-road, trendy, voice-over, worker director*. Stichwörter wie *boo-boo, kinky* und *yummy* zeigen an, daß bei diesen Neuaufnahmen auch niedere Sprachebenen berücksichtigt wurden. "*A living language must keep pace with improvements in knowledge and with the multiplication of ideas*" (Noah Webster). Wir haben uns bemüht, im vorliegenden Wörterbuch mit dieser Entwicklung Schritt zu halten.

Anlage und Aufbau

Anlage und Aufbau der einzelnen Stichwortartikel sind nach wie vor unerreicht: römische Ziffern, arabische Ziffern, kleine Buchstaben, Exponenten, vier Schriftarten etc. gliedern und differenzieren (vgl. *mark, spring*) und fördern damit die Freude am Nachschlagen.

Neubearbeitete Anhänge

Die Eigennamen- und Abkürzungsanhänge wurden neu bearbeitet. U. a. wurden die Namen aller souveränen Staaten (Stand 1976) aufgenommen und die Namen der neuen schottischen Verwaltungsregionen berücksichtigt. Auch neueste Abkürzungen wie *CB* fanden Aufnahme.

Internationale Lautschrift

Auf die Darstellung der Aussprache durch eine exakte phonetische Umschrift nach den Prinzipien der IPA wurde großer Wert gelegt. Den Erläuterungen zur Lautschrift, die in vielen Wörterbüchern stiefmütterlich behandelt werden, ist auf den

Unregelmäßige Formen als separate Stichwörter

Seiten 17-18 viel Platz eingeräumt. Auch bei der Aufnahme der unregelmäßigen Formen — vor allem der Stammformen der starken Verben — wurde nicht an Platz gespart. Sie sind als separate Stichwörter an der alphabetisch richtigen Stelle eingefügt worden.

Silbentrennung

Dieses englische Handwörterbuch bietet dem Benutzer mehr als Übersetzungen und Aussprachehilfen. Selbst der Fortgeschrittene steht häufig vor der Frage, wie er ein englisches Wort korrekt trennen soll. Das vorliegende Wörterbuch hilft ihm auch in diesem Fall: durch die Angabe der Silbentrennungsmöglichkeiten in jedem englischen Stichwort.

Die Auswahl und Einarbeitung der Neologismen, die in Übereinstimmung mit Heinz Messinger erfolgte, wurde von der anglistischen Redaktion des Verlages vorgenommen. Hier sei den Redakteuren Dietrich Geiger und Helmut Willmann ein besonderer Dank gesagt.

Wörterbuch der goldenen Mitte

Wir hoffen, daß diese erweiterte Neuausgabe unseres englisch-deutschen Handwörterbuchs eine gute Aufnahme finden wird. Unter den sieben Wörterbuchgrößen unseres Hauses ist es gleichsam ein Wörterbuch der goldenen Mitte: umfassend — denn es ist doppelt so groß wie unser bekanntes Taschenwörterbuch — und doch handlich; in der Tradition stehend — denn es basiert auf dem „Neuen Muret-Sanders" — und doch auf dem neuesten Stand.

LANGENSCHEIDT

Die folgenden Ausführungen des Autors aus seinem Vorwort zum bisherigen englisch-deutschen Handwörterbuch haben auch für das vorliegende Wörterbuch volle Gültigkeit:

Anwendungsbeispiele und Erläuterungen

„Ein Blick auf Stichwörter wie *line, operation, racket, rate, record, term, work, yield* dürfte zeigen, daß hier keine Mühe gescheut wurde, um jedem englischen Wort mit Übersetzung, Beispiel, Erläuterung und Erfassung aller wichtigen syntaktischen Beziehungen gerecht zu werden. Die konsequente Unterteilung der Stichwortartikel mit römischen und arabischen Zahlen nach Wortarten und Bedeutungen dient zur sicheren Orientierung und ermöglichte die Vornahme präziser Verweise. Daß der Bedeutungsinhalt von Wörtern wie *run, take* usw. dabei über 75 Ziffern ergab, mag ein Hinweis für die eingehende Behandlung sein, die hier angestrebt wurde.

Differenzierung der Bedeutungen

Neologismen

Dem unentwegten Anwachsen des angelsächsischen Sprachschatzes wurde durch die Aufnahme wichtiger Neuwörter aus allen Lebensbereichen Rechnung getragen, z. B. *affluent society, escalation, factoring, G.L.C., mods, one-upmanship, pay-television, rockers, ‚with it'*, doch lag der Nachdruck auf der gründlichen

„Kleinarbeit", dem Versuch, für jedes Stichwort treffende Übersetzungen zu finden und über die mannigfaltigen Bedeutungen und Nuancen jedes Wortes möglichst erschöpfend Auskunft zu geben. Den altbekannten „harten Nüssen" im englischen Wortschatz, nämlich Wörtern wie *frustration*, wurde besondere Beachtung geschenkt. Auf idiomatischem Gebiet wurde vom hochsprachlichen Niveau bis zum Slang alles erfaßt, was man von einem modernen Wörterbuch dieser Art erwarten kann. Die immer stärkere Verbreitung von Slang und Vulgärsprache in der zeitgenössischen Literatur ließ es angemessen erscheinen, eine große Zahl solcher Wendungen, gerade auch aus dem Amerikanischen, aufzunehmen.

Harte Nüsse

Idiomatik

Slang

Wahrung der Sprachebene

Wahrung der Sprachebene war bei der deutschen Wiedergabe solcher Bildungen oberstes Gebot, z. B. „massiv werden" (*cut up rough*), „auf die Pauke hauen" (*go to town*), „den Laden schmeißen" (*run the show*). Meist wurde die deutsche Entsprechung noch durch Zusatz des Standardwortes erläutert, z. B. „Leine ziehen (*flüchten*)", „Penne (*Schule*)". Darüber hinaus wurde auch eine Fülle von Beispielen und Wendungen des normalen Sprachgebrauchs eingearbeitet, deren Wiedergabe häufig Schwierigkeiten macht, z. B. *it refused to work* (*es wollte nicht funktionieren*), *every self-respecting craftsman* (*jeder Handwerker, der etwas auf sich hält*), *it cramps my style* (*dabei kann ich mich nicht recht entfalten*), *in cold print* (*schwarz auf weiß*). Humoristische, ironische und verächtliche Nuancen oder figurative Verwendung wurden jeweils gekennzeichnet.

Übersetzungsschwierigkeiten

Fachwortschatz

Über den Fachwortschatz wäre zu sagen, daß bei knapper Darstellung die wesentlichen Begriffe aller Sachgebiete erfaßt wurden, von Wissenschaft und Technik bis zum Sport. Dies gilt gerade auch für die Sprache der Wirtschaft und des Handels (vgl. z. B. die Einträge bei *margin, note, market, marketing, merchandising*) oder die juristischen Termini (z. B. *grand jury, inquest, nolle prosequi, trespass*). Die Unterschiede zwischen britischem und amerikanischem Sprachgebrauch wurden stets deutlich gemacht.

Britisches und Amerikanisches Englisch

Die Verfasser sind sich klar darüber, daß selbst ein Wörterbuch dieser Größe nicht mehr sein kann als ein gutgemeinter Versuch. Dafür sorgen schon die Natur der englischen Sprache und die eigene Unzulänglichkeit. Dennoch hoffen sie, hiermit dem Benutzer ein brauchbares Werkzeug in die Hand gegeben zu haben. Sie danken allen denen, die ihnen bei dieser Arbeit mit Rat und Tat geholfen haben, insbesondere Mr. Reginald St. Leon, M.A."

HEINZ MESSINGER

Contents

Inhaltsverzeichnis

Directions

for the Use of the Dictionary

I. Arrangement

1. **Alphabetic Order** has been maintained throughout the dictionary.
This applies equally to
a) the irregular forms of comparatives and superlatives;
b) the various forms of pronouns;
c) the principal parts (infinitive, past tense, and past participle) of strong verbs.
Abbreviations and proper names are set forth in a special list provided at the end of the dictionary.

2. **Catchwords**
a) Where a catchword has fundamentally different primary meanings or is derived from different roots, it has been subdivided by means of exponents:

mark[1] [mɑːk] **I.** *s.* **1.** Markierung *f*, Marke *f*, Mal *n*; *engS.* Fleck *m*: *adjusting* ~ ⊕ Einstellmarke; **2.** *fig.* …
mark[2] [mɑːk] *s.* ✝ **1.** (deutsche) Mark: *blocked* ~ Sperrmark; **2.** *hist.* Mark *f* (*Münze, Goldgewicht*).
Mark[3] [mɑːk] *npr. u. s. bibl.* 'Markus(evan,gelium *n*) *m*,

not so, however, in the case of direct derivatives.

b) Articles have been subdivided as follows: by Roman numerals to distinguish the various parts of speech (noun, adjective, adverb, etc.); by Arabic numerals to distinguish the various senses of the catchword; and by small letters to point out the several related senses of the catchword or the various connotations of a basic translation. Illustrative phrases printed in lightface type have usually been listed under the respective numerals; in some instances, however, these have been collected in a special paragraph ("*Besondere Redewendungen*") at the end of the article (see **heart**). The translation of illustrative phrases has been omitted where it is obvious:

a·like … **II.** *adv.* gleich, ebenso, in gleichem Maße: *she helps enemies and friends* ~.

Verb-preposition and verb-adverb phrases are entered in a separate paragraph following the simple verb entry (see **get, go**).

Where British and American spelling differ a cross reference from the American form to the British form indicates its full lexicographical treatment there:

di·er·e·sis *Am.* → *diaeresis.*

Hinweise

für die Benutzung des Wörterbuches

I. Anordnung

1. **Die alphabetische Reihenfolge** der Stichwörter ist durchweg beachtet worden. An ihrem alphabetischen Platz sind gegeben:
a) die unregelmäßigen Formen des Komparativs und Superlativs;
b) die verschiedenen Formen der Pronomina;
c) die Stammformen (Infinitiv, Präteritum, Partizip Perfekt) der starken Verben.
Eigennamen und Abkürzungen sind am Schluß des Bandes in einem besonderen Verzeichnis zusammengestellt.

2. **Das Stichwort**
a) weist ein Stichwort grundsätzlich verschiedene Bedeutungen auf, so erfolgt Unterteilung durch Exponenten:

mark[1] [mɑːk] **I.** *s.* **1.** Markierung *f*, Marke *f*, Mal *n*; *engS.* Fleck *m*: *adjusting* ~ ⊕ Einstellmarke; **2.** *fig.* …
mark[2] [mɑːk] *s.* ✝ **1.** (deutsche) Mark: *blocked* ~ Sperrmark; **2.** *hist.* Mark *f* (*Münze, Goldgewicht*).
Mark[3] [mɑːk] *npr. u. s. bibl.* 'Markus(evan,gelium *n*) *m*,

nicht aber, wo sich die zweite Bedeutung aus der Hauptbedeutung des Grundworts entwickelt hat;

b) die Übersetzungen wurden folgendermaßen untergliedert: römische Ziffern zur Unterscheidung der Wortarten (Substantiv, Adjektiv, Adverb etc.), arabische Ziffern zur Unterscheidung der einzelnen Bedeutungen, kleine Buchstaben zur weiteren Bedeutungsdifferenzierung. Anwendungsbeispiele in Auszeichnungsschrift wurden meist unter den zugehörigen Ziffern aufgeführt, bei größerer Anzahl in einem eigenen Abschnitt „*Besondere Redewendungen*" zusammengefaßt (siehe Stichwort **heart**). Eine Übersetzung der Beispiele ist unterblieben, wo diese sich von selbst ergibt:

a·like … **II.** *adv.* gleich, ebenso, in gleichem Maße: *she helps enemies and friends* ~.

Zusammensetzungen mit Präpositionen oder Adverbien wurden am Schluß der betreffenden Stichwortartikel angehängt (siehe Stichwort **get, go**).

Sind die britische und amerikanische Schreibung eines Stichworts verschieden, so wird von der amerikanischen Form auf die britische verwiesen:

di·er·e·sis *Am.* → *diaeresis.*

An adjective marked with □ takes the regular adverbial form:

bald□ = *baldly*,
change·a·ble□ = *changeably*,
bus·y□ = *busily*.

(□ ~ally) means that an adverb is formed by affixing -ally to the catchword:

his·tor·ic (□ *~ally*) = *historically*.

There may be but one adverbial form for adjectives ending in both **-ic** and **-ical.** This is indicated in the following way:

phil·o·soph·ic *adj.*; **phil·o·soph·i·cal** *adj.* □, i.e. philosophically is the adverb of **phil·o·soph·ic** and **phil·o·soph·i·cal.** A cross reference from an adjective to its adverbial form means that the latter, as a separate entry, contains a translation or translations different from those of the adjective:

a·ble□ → *ably*.

c) The accent has been marked in those German words which might cause difficulty. The stress mark has been placed immediately before the first letter of the stressed orthographical syllable. The following categories of words have been given stress marks: foreign words especially when not stressed on the first syllable, German words not stressed on the first syllable, e.g., "Bäcke'rei", "je'doch", except for those beginning with a prefix which is always unstressed, and German words beginning with a prefix which is sometimes stressed and sometimes not, e.g. "'Mißtrauen", "miß'trauen". Accentuation has been omitted a) in verbs ending in "-ieren" and their derivates, b) in explanations printed in italics, and c) in the translation of illustrative phrases.

The short hyphen (-) is placed between two consonants to indicate that they must be pronounced separately, e.g., "Häus-chen", and in words which might otherwise be misunderstood, e.g., "Erb-lasser".

The gender of the German nouns is given by *m*, *f*, *n* or *pl*. Gender is not indicated: where it can be inferred from the context, e.g., "scharfes Durchgreifen"; where in the translation the female suffix is added in brackets, e.g., "Verkäufer(in)"; in the translation of illustrative phrases; and in all explanations in italics. Catchwords for which there is no exact German equivalent have been given a definition in italics:

Scot·land Yard ['skɔtlənd] *s.* (*Hauptdienstgebäude der*) *Londoner Kriminalpolizei.*

The grammatical construction of a German preposition is indicated only if it governs two different cases, e.g., "vor",

□ nach einem Adjektiv bedeutet, daß das Adverb regelmäßig gebildet wird:

bald□ = *baldly*,
change·a·ble□ = *changeably*,
bus·y□ = *busily*.

(□ ~ally) weist auf die unregelmäßige Adverbbildung hin:

his·tor·ic (□ *~ally*) = *historically*.

Bei Adjektiven, die auf **-ic** und **-ical** enden können, wird die Adverbbildung auf folgende Weise gekennzeichnet:

phil·o·soph·ic *adj.*; **phil·o·soph·i·cal** *adj.* □, d. h. philosophically ist das Adverb zu beiden Adjektivformen. Wird bei der Adverbangabe auf das Adverb selbst verwiesen, so bedeutet dies, daß unter diesem Stichwort vom Adjektiv abweichende Übersetzungen zu finden sind:

a·ble□ → *ably*;

c) bei der Übersetzung wurde in Fällen, wo die Aussprache Schwierigkeiten verursachen könnte, die Betonung durch Akzent(e) vor der zu betonenden Trennsilbe gegeben. Akzente werden gesetzt: bei Fremdwörtern, besonders wenn sie nicht auf der ersten Silbe betont werden, bei deutschen Wörtern, die nicht auf der ersten Silbe betont werden, z. B. „Bäcke'rei", „je'doch", außer wenn es sich um eine der stets unbetonten Vorsilben handelt, sowie bei Zusammensetzungen mit Vorsilben, deren Betonung wechselt, z. B. „'Mißtrauen", „miß'trauen". Grundsätzlich entfällt der Akzent jedoch bei Verben auf „-ieren" und deren Ableitungen. Bei kursiven Erläuterungen und bei Übersetzung von Anwendungsbeispielen werden keine Akzente gesetzt.

Der verkürzte Bindestrich (-) steht zwischen zwei Konsonanten, um anzudeuten, daß sie getrennt auszusprechen sind, z. B. „Häus-chen", ebenso in Fällen, die zu Mißverständnissen führen können, z. B. „Erb-lasser".

Die Angabe des Genus eines Substantivs erfolgt durch *m*, *f*, *n* bzw. *pl*. Sie unterblieb, wenn das Genus aus dem Kontext ersichtlich ist, z. B. „scharfes Durchgreifen" und wenn die weibliche Endung in Klammern steht, z. B. „Verkäufer(in)", sowie in Anwendungsbeispielen und Kursiverläuterungen. Wörter ohne genaue deutsche Entsprechung werden kursiv umschrieben:

Scot·land Yard ['skɔtlənd] *s.* (*Hauptdienstgebäude der*) *Londoner Kriminalpolizei.*

Die Rektion von deutschen Präpositionen wird dann angegeben, wenn sie verschiedene Kasus regieren, z. B. „vor", „über".

"über". The grammatical construction of a verb has been indicated only where it differs from that of the entry word or where the English verb is governed by a preposition. The following arrangements are possible:

Where an English transitive verb is rendered in German by an intransitive verb, the different construction has been indicated:

con·tro·vert ... **2.** wider'sprechen (*dat.*).

When each translation has a different grammatical construction the English preposition printed in lightface type within parentheses precedes the first German translation, the German preposition or prepositions (or other grammatical information) following each individual translation:

dis·pose ... **7.** (*of*) sich entledigen (*gen.*), sich trennen (von).

When the English preposition and its German equivalent (either a preposition or indication of the case required) applies to all the translations of a subdivision, they follow the last translation:

ob·serve ... **4.** Bemerkungen machen, sich äußern (*on, upon* über *acc.*).

Inverted commas are used to indicate that a translation either belongs to a low level of usage

old ...: ~ *woman* ‚Alte' (*Ehefrau*),

or is used in a figurative sense:

land·slide ... **2.** *pol. fig.* ‚Erdrutsch' *m*: **a**) völliger 'Umschwung, **b**) über'wältigender (Wahl)Sieg.

d) In entry words of more than one syllable syllabification is indicated by centered dots or by stress marks, e.g., **ex·pect, ex'pect·ance.** In the case of combining forms, e.g., **electro-**, syllabification has been omitted since it may vary according to the other components of the word to be formed.

e) A u placed in parentheses (**u**) within a catchword or an illustrative phrase is meant to indicate the difference of spelling between British and American English; i.e., **la·bo(u)r·ing** is spelt **labouring** in British usage, **laboring** in American usage.

II. Swung Dash or Tilde (~, 2, ~, 2) Derivatives and compounds with a common root are frequently combined with the aid of the tilde to save room. The bold-faced tilde stands for the entry-word or the part of it preceding the vertical line (|). In the examples printed in lightface type the simple tilde stands for the preceding catchword, which itself may have been formed with the boldfaced tilde.

Die Rektion von Verben wird nur dann angegeben, wenn sie von der des Grundworts abweicht oder wenn das englische Verb von einer bestimmten Präposition regiert wird. Folgende Anordnungen sind möglich:

wird ein im Englischen transitives Verb im Deutschen intransitiv übersetzt, so wird die abweichende Rektion angegeben:

con·tro·vert ... **2.** wider'sprechen (*dat.*);

gelten für die deutschen Übersetzungen verschiedene Rektionen, so steht die englische Präposition in Auszeichnungsschrift vor der ersten Übersetzung in Klammern, die deutschen Rektionsangaben hinter jeder Einzelübersetzung:

dis·pose ... **7.** (*of*) sich entledigen (*gen.*), sich trennen (von);

stimmen Präposition und Rektion für alle Übersetzungen überein, so stehen sie in Klammern hinter der letzten Übersetzung:

ob·serve ... **4.** Bemerkungen machen, sich äußern (*on, upon* über *acc.*);

Einfache Anführungszeichen bedeuten, daß eine Übersetzung entweder einer niederen Sprachebene angehört

old ...: ~ *woman* ‚Alte' (*Ehefrau*),

oder in figürlicher Bedeutung gebraucht wird

land·slide ... **2.** *pol. fig.* ‚Erdrutsch' *m*: **a**) völliger 'Umschwung, **b**) über'wältigender (Wahl)Sieg;

d) bei mehrsilbigen Stichwörtern ist die Silbentrennung durch auf Mitte stehenden Punkt oder durch Betonungsakzent angezeigt, z. B. **ex·pect, ex'pect·ance.** Bei Wortbildungselementen, wie z. B. **electro-** entfiel die Angabe der Trennung, weil diese sich je nach der weiteren Zusammensetzung ändern kann;

e) das eingeklammerte u (**u**) in einem Stichwort oder Anwendungsbeispiel kennzeichnet den Unterschied zwischen britischer und amerikanischer Schreibung; **la·bo(u)r·ing** bedeutet: britisch **labouring,** amerikanisch **laboring.**

II. Das Wiederholungszeichen oder die Tilde (~, 2, ~, 2)

Zusammengehörige oder verwandte Wörter sind häufig zum Zwecke der Raumersparnis unter Verwendung der Tilde zu Gruppen vereinigt. Die fette Tilde vertritt dabei entweder das ganze Stichwort oder den vor dem Strich (|) stehenden Teil des Stichworts. Bei den in Auszeichnungsschrift gesetzten Redewendungen vertritt die ein-

Where the initial letter changes from a capital to a small letter or vice-versa, a circle is added: °~ or °~.

Examples:

drink·ing ... '~-**wa·ter**; **ho·ly** ... °~ **Scrip·ture**; **Con·cert|** **of Eu·rope** ... °~ **pitch**; **black|jack** ... '~-**lead** ...: ~ *pencil*; '**guild'hall** ...: *the* °~.

III. Variety of Meanings

The various meanings of the English words are explained

a) by explanatory additions in italics which either precede the translation as a direct or indirect object of verbs or follow it as an explanation:

e·lect ... **1.** *j-n zu e-m Amt* (er)wählen; **gum²** ... **4.** ⚘ 'Gummifluß *m* (*Baumkrankheit*);

b) by preceding symbols and abbreviated definitions (see list on page 15);

c) by stating the antonyms, e.g.,

clink·er-built *adj.* ⚓ klinkergebaut (*Ggs. kraweelgebaut*).
rock·er ... **6.** *pl. Brit.* Rocker *pl.*, Halbstarke *pl.* mit bewußt ungepflegtem Aussehen (*Ggs. mods*).

The semicolon serves to set apart translations of essentially different meaning listed under the same Arabic numeral, e.g.,

kill ... **9.** *fig.* zu'grunde richten, ruinieren, durch Kri'tik vernichten, totmachen; *Gesetz* zu Fall bringen.

IV. The **Mark of Reference** (→) has the following uses:

a) direct reference (= see) from one entry word to another, e.g.,

game-law → *game-act*;

b) indirect reference from an illustrative phrase to an entry word, e.g.,

dice [dais] **I.** *s. pl. von die¹ 1* Würfel *pl.*, Würfelspiel *n*: *to play (at)* ~ → *II*; → *load 8*; **II.** *v/i.* würfeln, knobeln;

c) in many cases a cross reference to another entry is given in place of an illustrative phrase. In the article referred to the user will find an illustrative phrase containing both entry words, e.g.,

square ... **15.** A **a)** den Flächeninhalt berechnen von (*od. gen.*), **b)** *Zahl* quadrieren, ins Quadrat erheben; **c)** *Figur* quadrieren; → *circle 1*.

V. **Parentheses** are used

a) to indicate the abbreviated use of the full translation, e.g.,

co-op [kou'ɔp] *s.* F 'Konsum *m*, Kon'sum (-verein, -laden) *m* (*abbr. für co-operative*);

b) where two or more illustrative phrases have been combined to save space, e.g.,

to make (break) contact Kontakt herstellen (unterbrechen).

fache Tilde (~) stets das unmittelbar vorhergehende Stichwort, das auch mit Hilfe der fetten Tilde gebildet sein kann.
Wenn sich die Anfangsbuchstaben ändern (groß zu klein oder umgekehrt), steht statt der Tilde das Zeichen °~ oder °~.

Beispiele:

drink·ing ... '~-**wa·ter**; **ho·ly** ... °~ **Scrip·ture**; **Con·cert|** **of Eu·rope** ... °~ **pitch**; **black|jack** ... '~-**lead** ...: ~ *pencil*; '**guild'hall** ...: *the* °~.

III. Bedeutungsunterschiede

Die Bedeutungsunterschiede sind gekennzeichnet:

a) durch Kursivzusätze, die entweder als Dativ- oder Akkusativobjekt der Übersetzung vorangehen oder ihr als erläuternder Hinweis nachgestellt sind:

e·lect ... **1.** *j-n zu e-m Amt* (er)wählen; **gum²** ... **4.** ⚘ 'Gummifluß *m* (*Baumkrankheit*);

b) durch vorgesetzte bildliche Zeichen und abgekürzte Begriffsbestimmungen (siehe Verzeichnis Seite 15);

c) durch Angabe des Gegensatzes, z. B.

clink·er-built *adj.* ⚓ klinkergebaut (*Ggs. kraweelgebaut*).
rock·er ... **6.** *pl. Brit.* Rocker *pl.*, Halbstarke *pl.* mit bewußt ungepflegtem Aussehen (*Ggs. mods*).

Das Semikolon zwischen deutschen Übersetzungen trennt auch innerhalb einer arabischen Ziffer zwei wesentlich voneinander verschiedene Bedeutungen, z. B.

kill ... **9.** *fig.* zu'grunde richten, ruinieren, durch Kri'tik vernichten, totmachen; *Gesetz* zu Fall bringen.

IV. Das **Verweiszeichen** (→) hat folgende Bedeutungen:

a) direkter Verweis (= siehe) von Stichwort zu Stichwort, z. B.

game-law → *game-act*;

b) indirekter Verweis von Anwendungsbeispiel auf Stichwort, z. B.

dice [dais] **I.** *s. pl. von die¹ 1* Würfel *pl.*, Würfelspiel *n*: *to play (at)* ~ → *II*; → *load 8*; **II.** *v/i.* würfeln, knobeln;

c) oft wurde an Stelle eines Anwendungsbeispiels auf ein Stichwort mit näheren Angaben (Exponenten, römischen oder arabischen Ziffern) verwiesen. Dort findet der Benutzer ein Anwendungsbeispiel, in dem beide Stichwörter vorkommen; z. B.

square ... **15.** A **a)** den Flächeninhalt berechnen von (*od. gen.*), **b)** *Zahl* quadrieren, ins Quadrat erheben; **c)** *Figur* quadrieren; → *circle 1*.

V. Die **runde Klammer** wird verwendet:

a) bei Vereinfachung des Gesamtworts der Übersetzung, z. B.

co-op [kou'ɔp] *s.* F 'Konsum *m*, Kon'sum (-verein, -laden) *m* (*abbr. für co-operative*),

b) zur Raumersparnis bei gekoppelten Anwendungsbeispielen, z. B.

to make (break) contact Kontakt herstellen (unterbrechen).

Explanation of Symbols and Abbreviations

Erklärung der Zeichen und Abkürzungen

1. Symbols — Bildliche Zeichen

~ ⁓ } siehe Seite 13: Fette und einfache Tilde; *see page 13: Bold-faced and Simple Tilde.*

F familiär, *familiar*; Umgangssprache, *colloquial.*

V vulgär, *vulgar*; unanständig, *indecent.*

⚘ Botanik, *botany.*

⊕ Handwerk, *handicraft*; Technik, *engineering.*

⚒ Bergbau, *mining.*

⚔ militärisch, *military term.*

⚓ Schiffahrt, *nautical term.*

† Handel u. Wirtschaft, *commercial term.*

🚂 Eisenbahn, *railway.*

✈ Flugwesen, *aviation.*

📯 Postwesen, *postal affairs.*

♪ Musik, *musical term.*

⛫ Architektur, *architecture.*

⚡ Elektrotechnik, *electrical engineering.*

⚖ Rechtswissenschaft, *legal term.*

Å Mathematik, *mathematics.*

⚘ Landwirtschaft, *agriculture.*

⚗ Chemie, *chemistry.*

⚕ Medizin, *medicine.*

→ siehe Seite 14: Verweiszeichen; *see page 14: Mark of Reference.*

2. Abbreviations — Abkürzungen

a. auch, *also.*
abbr. *abbreviation*, Abkürzung.
acc. *accusative (case)*, Akkusativ.
act. *active voice*, Aktiv.
adj. *adjective*, Adjektiv.
adv. *adverb*, Adverb.
allg. allgemein, *generally.*
Am. *Americanism*, sprachliche Eigenheit aus dem oder (besonders) im amerikanischen Englisch.
amer., amer. } amerikanisch, *American.*
anat. *anatomy*, Anatomie.
Arab. *Arabic*, arabisch.
ast. *astronomy*, Astronomie.
art. *article*, Artikel.
attr. *attributive(ly)*, attributiv.

bibl. *biblical*, biblisch.
biol. *biology*, Biologie.
Brit. *in British usage only*, nur im britischen Englisch gebräuchlich.
brit., brit. britisch, *British.*
b.s. *bad sense*, in schlechtem Sinne.
bsd. besonders, *particularly.*

cj. *conjunction*, Konjunktion.
coll. *collectively*, als Sammelwort.
comp. *comparative*, Komparativ.
contp. *contemptuously*, verächtlich.

dat. *dative (case)*, Dativ.
dem. *demonstrative*, Demonstrativ.
dial. *dialectal*, dialektisch.

eccl. *ecclesiastical*, kirchlich, geistlich.
e-e, *e-e* eine, *a (an).*
e-m, *e-m* einem, *to a (an).*
e-n, *e-n* einen, *a (an).*
engS. in engerem Sinne, *more strictly taken.*
e-r, *e-r* einer, *of a (an), to a (an).*
e-s, *e-s* eines, *of a (an).*
et., *et.* etwas, *something.*
etc. usw. *oder* und ähnliches, *and others* or *and the like.*
euphem. *euphemistically*, beschönigend.

f *feminine*, weiblich.
fenc. *fencing*, Fechtkunst.
fig. *figuratively*, figürlich, in übertragenem Sinne.
Fr. *French*, französisch.

gen. *genitive (case)*, Genitiv.
geogr. *geography*, Geographie.
geol. *geology*, Geologie.
Ger. *German*, deutsch.
ger. *gerund*, Gerundium.
Ggs. Gegensatz, *antonym.*

her. *heraldry*, Heraldik, Wappenkunde.
hist. *history*, Geschichte.
humor. *humorously*, scherzhaft.
hunt. *hunting*, Jagd.

ichth. *ichthyology*, Ichthyologie, Fischkunde.
impers. *impersonal*, unpersönlich.

ind.	*indicative (mood)*, Indikativ.
inf.	*infinitive (mood)*, Infinitiv.
int.	*interjection*, Interjektion.
interrog.	*interrogative*, Interrogativ(...)
Ir.	*Irish*, irisch.
iro.	*ironically*, ironisch.
irr.	*irregular*, unregelmäßig.
Ital.	*Italian*, italienisch.
j-d, j-s j-m, j-n *j-d, j-s* *j-m, j-n*	jemand(es *of*; -em *dat. to*; -en *acc.*) *somebody.*
konkr.	konkret, *concrete.*
konstr.	konstruiert, *construed.*
Lat.	*Latin*, lateinisch.
ling.	*linguistics*, Linguistik, Sprachwissenschaft.
lit.	*literary*, literarisch.
m	*masculine*, männlich.
m-e, *m-e*	meine, *my.*
metall.	*metallurgy*, Metallurgie.
meteor.	*meteorology*, Meteorologie.
min.	*mineralogy*, Mineralogie.
m-m, *m-m*	meinem, *to my*,
m-n, *m-n*	meinen, *my.*
mot.	*motoring*, Kraftfahrwesen.
mount.	*mountaineering*, Bergsteigen.
m-r, *m-r*	meiner, *of my*, *to my.*
m-s, *m-s*	meines, *of my.*
mst	meistens, *mostly*, *usually.*
myth.	*mythology*, Mythologie.
n	*neuter*, sächlich.
neg.	*negative*, verneinend.
nom.	*nominative (case)*, Nominativ.
npr.	*proper name*, Eigenname.
obs.	*obsolete*, veraltet.
od., *od.*	oder, *or.*
opt.	*optics*, Optik.
orn.	*ornithology*, Ornithologie, Vogelkunde.
o.s.	*oneself*, sich.
paint.	*painting*, Malerei.
parl.	*parliamentary term*, parlamentarischer Ausdruck.
pass.	*passive voice*, Passiv.
ped.	*pedagogy*, Pädagogik, Schülersprache.
pers.	*personal*, Personal...
pharm.	*pharmacy*, Pharmazie.
phls.	*philosophy*, Philosophie.
phot.	*photography*, Photographie.
phys.	*physics*, Physik.
physiol.	*physiology*, Physiologie.
pl.	*plural*, Plural.
poet.	*poetically*, dichterisch.
pol.	*politics*, Politik.
poss.	*possessive*, Possessiv...
p.p.	*past participle*, Partizip Perfekt.
p.pr.	*present participle*, Partizip Präsens.
pred.	*predicative(ly)*, prädikativ.
pres.	*present*, Präsens.
pret.	*preterit(e)*, Präteritum.
pron.	*pronoun*, Pronomen.
prp.	*preposition*, Präposition.
psych.	*psychology*, Psychologie.
R.C.	*Roman-Catholic*, römisch-katholisch.
Redew.	Redewendung(en), *phrase(s).*
refl.	*reflexive*, reflexiv.
rel.	*relative*, Relativ...
rhet.	*rhetoric*, Rhetorik.
s.	*substantive*, *noun*, Substantiv.
Scot.	*Scotch*, schottisch.
sculp.	*sculpture*, Bildhauerei.
s-e, *s-e*	seine, *his*, *one's.*
sg.	*singular*, Singular.
sl.	*slang*, Slang.
s-m, *s-m*	seinem, *to his*, *to one's.*
s-n, *s-n*	seinen, *his*, *one's.*
s.o.	*someone*, jemand(en).
sociol.	*sociology*, Soziologie.
sport	*sport*, Sport.
s-r, *s-r*	seiner, *of his*, *of its*, *to his*, *to its.*
s-s, *s-s*	seines, *of his*, *of one's.*
s.th.	*something*, etwas.
subj.	*subjunctive (mood)*, Konjunktiv.
sup.	*superlative*, Superlativ.
surv.	*surveying*, Geodäsie, Landvermessung.
tel.	*telegraphy*, Telegraphie.
teleph.	*telephone system*, Fernsprechwesen.
thea.	*theatre*, Theater.
typ.	*typography*, Buchdruck.
u., *u.*	und, *and.*
univ.	*university*, Hochschulwesen, Studentensprache.
v/aux.	*auxiliary verb*, Hilfszeitwort.
vet.	*veterinary medicine*, Tiermedizin.
v/i.	*intransitive verb*, intransitives Verb.
v/refl.	*reflexive verb*, reflexives Verb.
v/t.	*transitive verb*, transitives Verb.
weitS.	im weiteren Sinne, *more widely taken.*
z.B.	zum Beispiel, *for instance.*
zo.	*zoology*, Zoologie.
Zs.-, zs.-	zusammen, *together.*
Zssg(n)	Zusammensetzung(en), *compound word(s).*

Guide to Pronunciation for German-speaking Users

Erläuterung der phonetischen Umschrift

Die phonetische Umschrift wird in diesem Wörterbuch nach den Grundsätzen der *International Phonetic Association* (*IPA*) gegeben.

A. Vokale und Diphthonge

Die Länge eines Vokals wird durch das Zeichen [:] angegeben, die Kürze wird nicht bezeichnet, z. B. see [si:] und it [it].

[ɑ:] langer a-Laut, „dunkler" gesprochen als meist im deutschen Vater, kam, Schwan: *far* [fɑ:], *father* ['fɑ:ðə].

[ʌ] kurzer, halboffener Laut zwischen einem o-Laut und einem dunklen a-Laut, fast wie das a im deutschen matt, hatte; Lippen leicht gespreizt, d. h. auseinandergezogen; dadurch vermeidet man Lippenrundung, die den Laut zum ö werden läßt: *butter* ['bʌtə], *come* [kʌm], *colour* ['kʌlə], *blood* [blʌd], *flourish* ['flʌriʃ], *twopence* ['tʌpəns].

[æ] heller, ziemlich offener, nicht zu kurzer Laut, der dem „bäh" beim Blöken der Schafe ähnelt; Raum zwischen Zunge und Gaumen noch größer als bei ä in Ähre: *fat* [fæt], *man* [mæn].

[ɛə] kommt im Englischen nur in der Verbindung des Vokals mit einem r vor; nicht zu offener, halblanger ä-Laut, der allmählich mit immer mehr abfallender Tonstärke zum „Murmellaut" [ə] abgleitet: *bare* [bɛə], *pair* [pɛə], *there* [ðɛə].

[ai] vom hellen a-Laut (heller als im deutschen Mai, nein) hebt sich die Zunge halbwegs zur i-Stellung: *I* [ai], *lie* [lai], *dry* [drai].

[au] vom hellen a-Laut (heller als im deutschen Haus, auch) hebt sich die Zunge zur u-Stellung, die meist nicht ganz erreicht wird: *house* [haus], *now* [nau].

[ei] vom halboffenen, zum ä-Laut neigenden e hebt sich die Zunge halbwegs zur i-Stellung: *date* [deit], *play* [plei], *obey* [ə'bei].

[e] halbgeschlossenes, kurzes e, etwas mehr zum i-Laut neigend als das e im deutschen Bett: *bed* [bed], *less* [les].

[ə] nur in unbetonter Stellung vorkommender „Murmellaut" oder neutraler Laut, ähnlich dem deutschen, flüchtig gesprochenen e in Gelage: *about* [ə'baut], *butter* ['bʌtə], *connect* [kə'nekt].

[i:] langes i, wie in lieb, Bibel, aber etwas offener einsetzend als im Deutschen; wird in Südengland vielfach „zweigipfelig" als Doppellaut gesprochen, wobei sich die Zunge aus einer nicht zu tiefen i-Stellung zur höheren hebt: *scene* [si:n], *sea* [si:], *feet* [fi:t], *ceiling* ['si:liŋ].

[i] kurzes i wie im deutschen bin, mit, aber etwas offener als dieses; Zunge liegt etwas niedriger und ist etwas schlaffer als beim [i:]: *big* [big], *city* ['siti].

[iə] kommt im Englischen nur in der Verbindung des Vokals mit einem r vor; halboffener, halblanger i-Laut, der allmählich mit immer mehr abfallender Tonstärke zum „Murmellaut" [ə] abgleitet: *here* [hiə], *hear* [hiə], *inferior* [in'fiəriə].

[ou] aus der Stellung des geschlossenen o gleitet die Zunge in die des u-Lautes; Lippenrundung verstärkt sich etwas; der Diphthong [ou] wird heute auch gern zu [əu] abgeschwächt: *note* [nout], *boat* [bout], *below* [bi'lou].

[ɔ:] langer, dem a-Laut nahestehender Laut zwischen dem o-Laut im deutschen rot, Note und dem englischen [ɔ]. Daneben Tendenz, den o-Laut heller auszusprechen. Geringere Lippenrundung als im Deutschen; Lippen nicht vorgestülpt: *fall* [fɔ:l], *nought* [nɔ:t], *or* [ɔ:], *before* [bi'fɔ:].

[ɔ] sehr offener, dem a-Laut nahestehender Laut, bedeutend offener als der o-Laut im deutschen Motte: *god* [gɔd], *not* [nɔt], *wash* [wɔʃ], *hobby* ['hɔbi].

[o] flüchtiges geschlossenes o: *molest* [mou'lest]; siehe Abschnitt D, Seite 18.

[ɔi] vom offenen o-Laut hebt sich die Zunge halbwegs zur i-Stellung: *boy* [bɔi], *annoy* [ə'nɔi].

[ə:] im Deutschen nicht vorkommender langer Laut; Zunge wird zu einem Punkt zwischen „hell" und „dunkel" gehoben wie in unbetonter Stellung beim neutralen „Murmellaut" [ə]; kein Runden oder Vorstülpen der Lippen; keine Hebung der Zunge; dadurch wird der ö-Laut vermieden: *word* [wə:d], *girl* [gə:l], *learn* [lə:n], *murmur* ['mə:mə].

[u:] langes u wie im deutschen Mut, Schule, doch offener und mit kaum vorgestülpten Lippen; vielfach diphthongisch als Doppellaut gesprochen, wobei sich die Zunge aus einer nicht zu tiefen u-Stellung mit gleichzeitig sich etwas verstärkender Lippenrundung einem geschlossenen u nähert:

fool [fu:l], *shoe* [ʃu:], *you* [ju:], *rule* [ru:l], *canoe* [kəˈnu:].

[u] kurzer u-Laut, ähnlich wie im deutschen Butter, muß, aber flüchtiger und ohne Vorstülpung der Lippen: *put* [put], *look* [luk], *careful* [ˈkɛəful].

[uə] kommt im Englischen nur in der Verbindung des Vokals mit einem r vor; halboffener, halblanger Laut, der allmählich mit immer mehr abfallender Tonstärke zum „Murmellaut" [ə] abgleitet: *poor* [puə], *sure* [ʃuə], *allure* [əˈljuə].

B. Konsonanten

[r] nur vor Vokalen gesprochen. Völlig verschieden vom deutschen Zungenspitzen- oder Zäpfchen-R. Die Zungenspitze bildet mit der oberen Zahnwulst eine Enge, durch die der Ausatmungsstrom mit Stimmton hindurchgetrieben wird, ohne den Laut zu rollen. Am Ende eines Wortes wird r nur bei Bindung mit dem Anlautvokal des folgenden Wortes gesprochen: *rose* [rouz], *pride* [praid], *there is* [ðɛərˈiz].

[ʒ] stimmhafter Laut, entsprechend dem deutschen „weichen" sch-Laut, geschrieben g in Genie, j in Journal; häufig mit vorhergehendem deutlich gesprochenem [d]: *azure* [ˈæʒə], *jazz* [dʒæz], *jeans* [dʒi:nz], *large* [lɑ:dʒ].

[ʃ] stimmloser sch-Laut wie im deutschen Schnee, rasch, aber immer ohne Vorstülpung oder Rundung der Lippen: *shake* [ʃeik], *washing* [ˈwɔʃiŋ], *lash* [læʃ].

[θ] im Deutschen nicht vorhandener stimmloser Lispellaut; durch Anlegen der Zungenspitze an die Rückwand der oberen Schneidezähne hervorgebracht: *thin* [θin], *path* [pɑ:θ], *method* [ˈmeθəd].

[ð] derselbe Laut stimmhaft, d. h. mit Stimmton; der Laut muß gesungen werden können: *there* [ðɛə], *breathe* [bri:ð], *father* [ˈfɑ:ðə].

[s] stimmloser Zischlaut, entsprechend dem deutschen ß in Spaß, reißen; auch am Wortanfang immer „scharf" gesprochen: *see* [si:], *hats* [hæts], *decide* [diˈsaid].

[z] stimmhafter Zischlaut wie s im deutschen brausen; auf genügende Stimmhaftigkeit ist zu achten: *zeal* [zi:l], *rise* [raiz], *horizon* [həˈraizn].

[x] stimmloser, hinten im Mund gebildeter Reibelaut; entspricht dem deutschen ch in ach: *loch* [lɔx].

[ŋ] wird wie der deutsche Nasenlaut in fangen oder singen gebildet: *ring* [riŋ], *singer* [ˈsiŋə].

[ŋg] ng-Laut mit nachfolgendem g, wie im deutschen Mungo: *finger* [ˈfiŋgə], *English* [ˈiŋgliʃ].

[ŋk] ng-Laut mit nachfolgendem k, wie im deutschen senken, Wink: *ink* [iŋk], *tinker* [ˈtiŋkə].

[w] flüchtiges, mit Lippe an Lippe gesprochenes w, aus der Mundstellung für u: gebildet: *will* [wil], *swear* [swɛə], *queen* [kwi:n].

[f] stimmloser Lippenzahnlaut wie im deutschen flott: *fat* [fæt], *tough* [tʌf], *effort* [ˈefət].

[v] stimmhafter Lippenzahnlaut wie im deutschen Vase, Ventil: *vein* [vein], *velvet* [ˈvelvit].

[j] flüchtiger, wie der i-Laut gebildeter Laut, der sofort zum folgenden Vokal weitergleitet: *onion* [ˈʌnjən], *yes* [jes], *filial* [ˈfiljəl].

C. Lautsymbole der nichtanglisierten Stichwörter

In nichtanglisierten Stichwörtern, d. h. in Fremdwörtern, die noch nicht als eingebürgert empfunden werden, wurden gelegentlich einige Lautsymbole der französischen Sprache verwandt, um die nichtenglische Lautung zu kennzeichnen. Die nachstehende Liste gibt einen Überblick über diese Symbole:

[ɑ̃] ein nasaliertes, offenes a wie im französischen Wort *enfant.*

[ɛ̃] ein nasaliertes, offenes ä wie im französischen Wort *fin.*

[ɔ̃] ein nasaliertes, offenes o wie im französischen Wort *bonbon.*

[œ] ein offener ö-Laut wie im französischen Wort *jeune.*

[ø] ein geschlossener ö-Laut wie im französischen Wort *feu.*

[y] ein kurzes ü wie im französischen Wort *vu.*

[ɥ] ein kurzer halbvokalischer Reibelaut. Beide Lippen werden etwas vorgeschoben; Zungenstellung wie beim deutschen ü („gleitendes ü"). Wie im französischen Wort *muet.*

[ɲ] ein j-haltiges n, noch zarter als in *Champagner.* Wie im französischen Wort *Allemagne.*

D. Kursive phonetische Zeichen und (:)

Ein kursives phonetisches Zeichen bedeutet, daß der Buchstabe gesprochen oder nicht gesprochen werden kann. Beide Aussprachen sind dann im Englischen gleich häufig. Z. B. das kursive *u* in der Umschrift von molest [mo*u*ˈlest] bedeutet, daß die Aussprache des Wortes mit [o] oder mit [ou] etwa gleich häufig ist.
Zwei Längepunkte in einer runden Klammer zeigen an, daß der vorangegangene Vokal auch lang gesprochen werden kann. Z. B. (:) in duplicity [dju(:)ˈplisiti] bedeutet, daß die Aussprache des Wortes mit [u] oder mit [u:] etwa gleich häufig ist.

E. Betonungsakzent

Die Betonung der englischen Wörter wird durch das Zeichen [ˈ] vor der zu betonenden Silbe angegeben, z. B. onion [ˈʌnjən]. Sind zwei Silben eines Wortes mit Betonungsakzent versehen, so sind beide gleichmäßig zu betonen, z. B. **disloyal** [ˈdisˈlɔiəl], **ˈupˈstairs**; jedoch wird häufig je nach der Stellung des Wortes im Satzverband oder in nachdrucksvoller Sprache nur eine der beiden Silben betont, z. B. *upstairs* in *the upstairs rooms* [ði ˈʌpstɛəz ˈrumz] und *on going upstairs* [ɔn ˈgouiŋ ʌpˈstɛəz]. Diese mehr satzphonetisch bedingten Akzente können naturgemäß in einem Wörterbuch nicht angezeigt werden.
Bei zusammengesetzten Stichwörtern, deren Bestandteile als selbständige Stichwörter mit Aussprachebezeichnung im Wörterbuch gegeben sind, wird der Betonungsakzent im zusammengesetzten Stichwort selbst gegeben, z. B. **ˈupˈstairs.** Die Betonung erfolgt auch dann im Stichwort, wenn nur ein Teil der Lautschrift gegeben wird, z. B. **adˈministrator** [-treitə], **ˈripˈsnorter** [-ˈsnɔ:tə].

A

A, a [ei] **1.** A *n*, a *n* (*Buchstabe*): *from A to Z* von A bis Z, vollständig; **2.** ♪ A *n*, a *n* (*Note*); **3.** *ped. Am.* Eins *f* (*Note*).

A 1 ['ei'wʌn] *adj.* **1.** ⚓ erstklassig (*von Schiffen bei Lloyds*); **2.** F 'prima, I a, ff; **3.** ⚔ kriegsverwendungsfähig, k.v.

a [ei; ə], *vor vokalischem Anlaut* **an** [æn; ən] **1.** ein, eine (*unbestimmter Artikel*): *a woman*; *manchmal vor pl.*: *a barracks* eine Kaserne; *a bare five minutes* knappe fünf Minuten; **2.** der-, die-, das'selbe: *two of a kind* zwei (von jeder Art); **3.** per, pro, je: *twice a week* zweimal in der Woche, zweimal wöchentlich; *fifty pence a dozen* fünfzig Pence pro *od.* das Dutzend; **4.** einzig: *at a blow* auf 'einen Schlag; **5.** jemand wie: *he is a Lincoln* er ist ein wahrer *od.* zweiter Lincoln.

a- (*Vorsilbe*) **1.** [ə-] *Lage*: *ashore* an Land; *Zustand*: *afire* in Flammen; **2.** [æ-] *Verneinung*: *amoral* amoralisch.

Aar·on's| beard ['ɛərənz] *s.* ⚘ **1.** Großblumiges Jo'hanniskraut; **2.** Wuchernder Steinbrech; **~ rod** *s.* ⚘ **1.** Königskerze *f*; **2.** Goldrute *f*.

a·back [ə'bæk] *adv.* **1.** ⚓ back, gegen den Mast; **2.** *fig. taken* **~** bestürzt, verblüfft, über'rascht; **3.** nach hinten, zu'rück.

ab·a·cus ['æbəkəs] *pl.* **-ci** [-sai] *u.* **-cus·es** *s.* **1.** ☿, Å 'Abakus *m*, Rechenbrett *n* (*mit Kugeln an Stäben*); **2.** △ Abakus *m*, Kapi'telldeckplatte *f*.

a·baft [ə'bɑ:ft] **I.** *prp.* achter, hinter; **II.** *adv.* achteraus, nach hinten.

a·ban·don [ə'bændən] **I.** *v/t.* **1.** (völlig) aufgeben (*a. sport*), verzichten auf (*acc.*) (*beide a.* ☿), entsagen (*dat.*), preisgeben, *Hoffnung* fahrenlassen; **2.** (auf immer) verlassen, aufgeben; **3.** ⚓ *Schiff* aufgeben, verlassen; **4.** im Stich lassen; *Ehefrau* böswillig verlassen; *Kinder* aussetzen; **5.** (*s.th. to s.o.* j-m et.) über'lassen, ausliefern; **6.** **~** *o.s.* (*to*) sich 'hingeben, sich über'lassen (*dat.*); **II.** *s.* [abɑ̃dõ] **7.** Sich'gehenlassen *n*, Eifer *m*, Unbeherrschtheit *f*: *with* **~** mit Hingabe, rückhaltlos; **a'ban·doned** [-nd] *adj.* **1.** verlassen, aufgegeben; **2.** liederlich, verworfen; **a'ban·don·ment** [-mənt] *s.* **1.** Aufgabe *f*, Verzicht *m*, Preisgabe *f*; Über'lassung *f*, Abtretung *f*; **2.** *endgültiges* Verlassen; ⚖ böswilliges Verlassen; **3.** Hingabe *f*, Selbstvergessenheit *f*.

a·base [ə'beis] *v/t* erniedrigen, demütigen, degradieren; **a'base·ment** [-mənt] *s.* Erniedrigung *f*, Demütigung *f*.

a·bash [ə'bæʃ] *v/t.* beschämen, demütigen; in Verlegenheit bringen; **a'bashed** [-ʃt] *adj.* beschämt, verlegen.

a·bate [ə'beit] **I.** *v/t.* **1.** vermindern, verringern; *Preis etc.* her'absetzen, ermäßigen; **2.** *Schmerz* lindern; *Stolz, Eifer* mäßigen; **3.** ⚖ *Mißstand* beseitigen; *Verfügung* aufheben; **II.** *v/i.* **4.** abnehmen, nachlassen; sich legen (*Wind, Schmerz*); fallen (*Preis*); **a'bate·ment** [-mənt] *s.* **1.** Abnehmen *n*, Nachlassen *n*, Verminderung *f*, Linderung *f*; (*Lärm- etc.*)Bekämpfung *f*; **2.** Abzug *m*, (*Preis- etc.*)Nachlaß *m*; **3.** ⚖ Beseitigung *f*, Aufhebung *f*.

ab·a(t)·tis ['æbətis] *s. sg. u. pl.* [*pl.* -ti:z] Baumverhau *m*.

ab·at·toir ['æbətwɑ:] (*Fr.*) *s.* Schlachthaus *n*.

ab·ba·cy ['æbəsi] *s.* Würde *f od.* Amtsdauer *f* e-s Abts.

ab·bé ['æbei] (*Fr.*) *s.* Priester *m*.

ab·bess ['æbis] *s.* Äb'tissin *f*.

ab·bey ['æbi] *s.* **1.** Ab'tei *f*: *the* ♀ *Brit.* die Westminsterabtei; **2.** *Brit.* herrschaftlicher Wohnsitz (*frühere Abtei*).

ab·bot ['æbət] *s.* Abt *m*.

ab·bre·vi·ate [ə'bri:vieit] *v/t. bsd. Wörter od. Reden* (ab)kürzen; **ab·bre·vi·a·tion** [əbri:vi'eiʃən] *s.* Ab-, Verkürzung *f*.

ABC, Abc ['eibi:'si:] **I.** *s.* **1.** *Am. oft pl.* Abc *n*, Alpha'bet *n*; **2.** *fig.* Anfangsgründe *pl.*; **3.** *Brit.* alpha'betischer Fahrplan; **II.** *adj.* **4.** die ABC-Staaten (*Argentinien, Brasilien, Chile*) betreffend: *the* **~** *Powers*; **5.** ato'mare, bio'logische u. 'chemische Waffen betreffend: **~** *warfare* ABC-Kriegführung; **~** *weapons* ABC-Waffen.

Ab·di·as [æb'daiəs] → *Obadiah*.

ab·di·cate ['æbdikeit] **I.** *v/t. Amt, Recht etc.* aufgeben, niederlegen; verzichten auf (*acc.*), entsagen (*dat.*); **II.** *v/i.* abdanken; **ab·di·ca·tion** [æbdi'keiʃən] *s.* Abdankung *f*, Verzicht *m* (*of* auf *acc.*); freiwillige Niederlegung (*e-s Amtes etc.*): **~** *of the throne* Thronverzicht.

ab·do·men ['æbdəmen] *s.* **1.** *anat.* Ab'domen *n*, 'Unterleib *m*, Bauch *m*; **2.** *zo.* Leib *m*, 'Hinterleib *m* (*von Insekten etc.*); **ab·dom·i·nal** [æb'dəminl] *adj.* **1.** *anat.* Unterleibs..., Bauch...; **2.** *zo.* Hinterleibs...

ab·duct [æb'dʌkt] *v/t. gewaltsam* entführen; **ab'duc·tion** [-kʃən] *s.* Entführung *f*.

a·beam [ə'bi:m] *adv. u. adj.* ⚓, ✈ querab, dwars.

a·be·ce·dar·i·an [eibi(:)si(:)'dɛəriən] **I.** *s.* **1.** Abc-Schütze *m*; **II.** *adj.* **2.** alpha'betisch (geordnet); **3.** *fig.* elemen'tar.

a·bed [ə'bed] *adv.* zu *od.* im Bett.

Ab·er·don·i·an [æbə'dounjən] **I.** *adj.* aus Aber'deen stammend; **II.** *s.* Einwohner(in) von Aberdeen.

ab·er·ra·tion [æbə'reiʃən] *s.* **1.** Abirrung *f*, Abweichung *f*; Fehltritt *m*; **2.** (geistige) Verwirrung; **3.** *phys., ast.* Aberrati'on *f*.

a·bet [ə'bet] *v/t.* begünstigen, Vorschub leisten (*dat.*) (*mst bei schlechten Taten*); anstiften; → *aid 1*; **a'bet·ment** [-mənt] *s.* Beihilfe *f*, Vorschub *m*; Anstiftung *f*; **a'bet·tor** [-tə] *s.* (Helfers)Helfer *m*, Anstifter *m*.

a·bey·ance [ə'beiəns] *s.* Unentschiedenheit *f*, Schwebe *f*: *in* **~** **a)** *bsd.* ⚖ in der Schwebe, schwebend unwirksam, unentschieden, **b)** ⚖ herrenlos (*Grund u. Boden*); *to fall into* **~** zeitweilig außer Kraft treten.

ab·hor [əb'hɔ:] *v/t.* ver'abscheuen; **ab·hor·rence** [əb'hɔrəns] *s.* **1.** Abscheu *m* (*of* vor *dat.*); **2.** Gegenstand *m* des Abscheus: *hypocrisy is my* **~** Heuchelei ist mir ein Greuel; **ab·hor·rent** [əb'hɔrənt] *adj.* □ ver'abscheuungswürdig, verhaßt (*to dat.*).

a·bide [ə'baid] **I.** *v/i.* [*irr.*] **1.** bleiben, fortdauern; **2.** (*by*) treu bleiben (*dat.*), festhalten (an *dat.*), sich halten (an *acc.*); sich abfinden (mit); **II.** *v/t.* [*irr.*] **3.** erwarten; **4.** F (*mst neg.*) (v)ertragen, ausstehen: *I can't* **~** *him*; **a'bid·ing** [-diŋ] *adj.* □ dauernd, beständig.

Ab·i·gail ['æbigeil] (*Hebrew*) **I.** *npr.* **1.** *bibl.* Abi'gail *f*; **2.** *weiblicher Vorname*; **II.** *s.* **3.** ♀ (Kammer)Zofe *f*.

a·bil·i·ty [ə'biliti] *s.* **1.** (geistige *od.* körperliche) Fähigkeit; Geschicklichkeit *f*: *to the best of one's* **~** nach besten Kräften; **~** *to pay* ☿ Zahlungsfähigkeit, Solvenz; **2.** *mst pl.* geistige Anlagen *pl.*

ab·ject ['æbdʒekt] *adj.* □ **1.** niedrig, gemein, verächtlich: **~** *flattery* elende Schmeichelei; **2.** *fig.* tiefst, höchst, äußerst: **~** *despair*; **~** *misery*; **'ab·ject·ness** [-nis] *s.* Niedrigkeit *f*, Verworfenheit *f*.

ab·ju·ra·tion [æbdʒuə'reiʃən] *s.* Abschwörung *f*; **ab·jure** [əb'dʒuə] *v/t.* abschwören, (feierlich) entsagen (*dat.*); aufgeben.

ab·lac·ta·tion [æblæk'teiʃən] *s.* Entwöhnung *f e-s Säuglings.*

ab·la·ti·val [æblə'taivəl] *adj. ling.* Ablativ...; **ab·la·tive** ['æblətiv] *ling.* **I.** *s.* 'Ablativ *m*; **II.** *adj.* Ablativ...

ab·laut ['æblaut] (*Ger.*) *s. ling.* Ablaut *m.*

a·blaze [ə'bleiz] *adv. u. adj.* **1.** in Flammen, lodernd; **2.** *fig.* (*with*) glänzend (vor *dat.*, von), erregt (vor *dat.*): *all* ~ Feuer und Flamme.

a·ble ['eibl] *adj.* □ → *ably*; **1.** fähig, tauglich, geschickt, tüchtig: *to be* ~ *to* können, imstande sein zu; *he was not* ~ *to get up* er konnte nicht aufstehen; ~ *to work* arbeitsfähig; ~ *to pay* ⚕ zahlungsfähig, solvent; ~ *seaman* → *able-bodied* 1; **2.** begabt, befähigt; **3.** (vor)'trefflich: *an* ~ *speech*; **4.** ⚖ berechtigt, fähig; **'able-'bod·ied** *adj.* **1.** körperlich leistungsfähig, kräftig: ~ *seaman Brit.* Vollmatrose (*abbr.* A.B.); **2.** ⚔ wehrfähig, (dienst)tauglich.

ab·let ['æblit] *s. ichth.* Weißfisch *m*, Karpfenfisch *m.*

a·bloom [ə'blu:m] *adv. u. adj.* in Blüte, blühend.

a·blush [ə'blʌʃ] *adv. u. adj.* (scham-) rot, errötend.

ab·lu·tion [ə'blu:ʃən] *s.* **1.** (Ab)Waschung *f*; **2.** Wasch-, Spülflüssigkeit *f*; **3.** *eccl.* Abluti'on *f.*

a·bly ['eibli] *adv.* geschickt, mit Geschick.

A-B meth·od *s.* ⚡ A-B-Betrieb *m.*

ab·ne·gate ['æbnigeit] *v/t.* (ab)leugnen, aufgeben, verzichten auf (*acc.*); **ab·ne·ga·tion** [æbni'geiʃən] *s.* **1.** Ab-, Verleugnung *f*; **2.** Verzicht *m* (*of* auf *acc.*); **3.** *mst self-*~ Selbstverleugnung *f.*

ab·nor·mal [æb'nɔ:məl] *adj.* □ **1.** ab'norm, regelwidrig, ungewöhnlich; 'mißgestaltet; **2.** ⊕ 'normwidrig; **ab·nor·mal·i·ty** [æbnɔ:'mæliti] *s.* **1.** Abweichung *f*, Regelwidrigkeit *f*; 'Mißbildung *f* (*a.* ⚕); **2.** Über'spanntheit *f*; **ab'nor·mi·ty** [-miti] *s.* Abnormi'tät *f*, Regelwidrigkeit *f*, Entartung *f*; 'Mißgeburt *f*, -gestalt *f.*

a·board [ə'bɔ:d] *adv. u. prp.* **1.** ⚓ an Bord: *to go* ~ an Bord gehen, sich einschiffen; *all* ~*!* **a)** alle Mann *od.* alle Reisenden an Bord!, **b)** 🚆 *etc.* alles einsteigen!; **2.** in (*e-m od. ein Verkehrsmittel*): ~ *a bus.*

a·bode[1] [ə'boud] *pret. u. p.p. von abide.*

a·bode[2] [ə'boud] *s.* **Aufenthalt** *m*; **Wohnort** *m*, **Wohnung** *f*: *to take one's* ~ **s-n Wohnsitz aufschlagen;** *fixed* ~ ⚖ **fester Wohnsitz.**

a·boil [ə'bɔil] *adv. u. adj.* siedend, in Wallung (*a. fig.*); *fig.* in Aufregung.

a·bol·ish [ə'bɔliʃ] *v/t.* **1.** abschaffen, aufheben, tilgen; **2.** vernichten, zerstören.

ab·o·li·tion [æbə'liʃən] *s.* Abschaffung *f* (*Am. bsd. der Sklaverei*), Aufhebung *f*, Beseitigung *f*; **ab·o'li·tion·ism** [-ʃənizəm] *s.* **1.** (Poli'tik *f* der) Sklavenbefreiung *f*; **2.** Abolitio'nismus *m*, Bekämpfung *f* e-s Rechtszwanges; **ab·o'li·tion·ist** [-ʃənist] *s.* **1.** *hist. Am.* Verfechter *m* der Sklavenbefreiung; **2.** Kämpfer *m* gegen e-n Rechtszwang.

'A-'bomb *s.* A'tombombe *f.*

a·bom·i·na·ble [ə'bɔminəbl] *adj.* □ ab'scheulich, 'widerwärtig, scheußlich; **a'bom·i·nate** [-neit] *v/t.* ver'abscheuen, nicht leiden können; **a·bom·i·na·tion** [əbɔmi'neiʃən] *s.* **1.** Abscheu *m* (*of* vor *dat.*); **2.** Greuel *m*, Schandfleck *m*; Gegenstand *m* des Abscheus: *smoking is her pet* ~ *F* das Rauchen ist ihr ein wahrer Greuel.

ab·o·rig·i·nal [æbə'ridʒənl] **I.** *adj.* □ eingeboren, ureingesessen, ursprünglich, einheimisch; **II.** *s.* Ureinwohner *m*; **ab·o'rig·i·nes** [-dʒini:z] *s. pl.* **1.** Ureinwohner *pl.*, Urbevölkerung *f*; **2.** die ursprüngliche Flora und Fauna.

a·bort [ə'bɔ:t] *v/i.* **1.** ⚕ fehl- *od.* zu früh gebären; **2.** verkümmern; **3.** fehlschlagen; **a'bort·ed** [-tid] *adj.* zu früh geboren; verkümmert; fehlgeschlagen; **a·bor·ti'fa·cient** [-ti'feiʃənt] *s.* Abtreibungsmittel *n*; **a·bor·tion** [ə'bɔ:ʃən] *s.* **1.** ⚕ Fehl-, Frühgeburt *f*; **2.** ⚕ Abtreibung *f*; **3.** 'Mißgeburt *f* (*a. fig.*); Verkümmerung *f*; **4.** Fehlschlag *m*; **a·bor·tion·ist** [ə'bɔ:ʃənist] *s.* Abtreiber(in) der Leibesfrucht; **a'bor·tive** [-tiv] *adj.* □ **1.** zu früh geboren; **2.** vorzeitig; **3.** miß'lungen, erfolglos, verfehlt: *to prove* ~ fehlschlagen; **4.** *biol.* verkümmert; **5.** ⚕ Frühgeburt verursachend.

a·bound [ə'baund] *v/i.* **1.** im 'Überfluß *od.* reichlich vor'handen sein; **2.** Überfluß haben (*in* an *dat.*); **3.** (*with*) (an)gefüllt sein (mit), voll sein (von), wimmeln (von); **a'bound·ing** [-diŋ] *adj.* reichlich (vor'handen), reich (*in* an *dat.*), voll (*with* von).

a·bout [ə'baut] **I.** *adv.* **1.** um'her, ('rings-, 'rund)her'um, im 'Umfang: *the wrong way* ~ falsch herum; *three miles* ~ drei Meilen im Umkreis; *all* ~ überall; *a long way* ~ ein großer Umweg; ~ *face! Am.*, ~ *turn! Brit.* ⚔ (ganze Abteilung) kehrt!; **2.** ungefähr, etwa; um, gegen: ~ *three miles* etwa drei Meilen; ~ *this time* ungefähr um diese Zeit; ~ *noon* um die Mittagszeit; *that's just* ~ *enough!* das genügt schon!, das reicht mir gerade!; **3.** auf, auf den Beinen, in Bewegung: *to be* ~, *to be up and* ~ auf den Beinen sein; *there is no one* ~ es ist niemand in der Nähe *od.* da; *is there a cat* ~*?* gibt es hier e-e Katze?; *smallpox is* ~ die Pocken gehen um; **II.** *prp.* **4.** um, um ... herum; **5.** umher in (*dat.*): *to wander* ~ *the streets*; **6.** bei, auf (*dat.*), an (*dat.*), um: *have you any money* ~ *you?* haben Sie Geld bei sich?; *look* ~ *you!* sieh dich um!; *there is nothing special* ~ *him* an ihm ist nichts Besonderes; **7.** wegen, über (*acc.*), um (*acc.*), betreffs: *to talk* ~ *business* über Geschäfte sprechen; *I'll see* ~ *it* ich werde danach sehen *od.* daran denken; *well, what is it* ~*?* worum handelt es sich eigentlich?; **8.** im Begriff: *he was* ~ *to go out*; **9.** beschäftigt mit: *he knows what he is* ~ er weiß, was er tut *od.* was er will; *mind what you're* ~*!* nimm dich in acht!; **III.** *v/t.* **10.** ⚓ *Schiff* wenden; **~-face, ~-turn** *s.* Kehrtwendung *f*; *fig.* (völliger) 'Umschwung.

a·bove [ə'bʌv] **I.** *adv.* **1.** oben, oberhalb; **2.** *eccl.* droben im Himmel: *from* ~ von oben, von Gott; *the powers* ~ die himmlischen Mächte; **3.** über, dar'über (hin'aus): *over and* ~ obendrein, überdies; **4.** weiter oben, oben...: ~*-mentioned*; **5.** nach oben; **II.** *prp.* **6.** über, oberhalb: ~ *ground* **a)** ⊕, ⚒ über Tage, oberirdisch, **b)** (noch) am Leben; ~ *sea level* über dem Meeresspiegel; ~ (*the*) *average* über dem Durchschnitt; **7.** *fig.* über, mehr als; erhaben über (*acc.*): ~ *all* vor allem; *you,* ~ *all others* von allen Menschen gerade du; *he is* ~ *that* er steht über der Sache, er ist darüber erhaben; *she was* ~ *taking advice* sie war zu stolz, Rat anzunehmen; *he is not* ~ *accepting a bribe* er scheut sich nicht, Bestechungsgelder anzunehmen; ~ *praise* über alles Lob erhaben; *to be* ~ *s.o.* j-m überlegen sein; *it is* ~ *me* es ist mir zu hoch, es geht über m-n Verstand; **III.** *adj.* **8.** obig, obenerwähnt: *the* ~ *remarks*; **IV.** *s.* **9.** *das* Obige, *das* Obenerwähnte.

a'bove-'board *adv. u. adj.* **1.** offen, ehrlich; **2.** einwandfrei.

A-B pow·er pack *s.* ⚡ Gerät *n* zur Lieferung von Heiz- u. An'odenleistung.

ab·ra·ca·dab·ra [æbrəkə'dæbrə] *s.* **1.** Abraka'dabra *n* (*Zauberwort*); **2.** *fig.* Kauderwelsch *n.*

ab·rade [ə'breid] *v/t.* **abreiben, abschürfen, ab-, aufscheuern;** *Reifen* **abfahren.**

A·bra·ham ['eibrəhæm] *npr. bibl.* 'Abraham *m*: ~*'s bosom* Abrahams Schoß.

ab·ra·sion [ə'breiʒən] *s.* **1.** Abreiben *n*, Abschleifen *n*; **2.** ⚕ (Haut)Abschürfung *f*, Schramme *f*; **3.** ⊕ Aufrauhung *f*, Abrieb *m*; **4.** Abnutzung *f*; **ab'ra·sive** [-siv] **I.** *adj.* abreibend, abschleifend, schmirgelartig; **II.** *s.* ⊕ Schleifmittel *n.*

ab·re·act [æbri'ækt] *v/t. psych.* abreagieren; **ab·re'ac·tion** [-kʃən] *s.* 'Abreakti͵on *f.*

a·breast [ə'brest] *adv.* **1.** Seite an Seite, nebenein'ander: *four* ~; *the ship was* ~ *of the cape* das Schiff lag auf der Höhe des Kaps; **2.** *fig.* auf der Höhe, auf dem laufenden: *to keep* ~ *of* (*od. with*) Schritt halten mit.

a·bridge [ə'bridʒ] *v/t.* **1.** (ab-, ver-) kürzen; zs.-ziehen; **2.** beschränken; **a'bridged** [-dʒd] *adj.* (ab)gekürzt, Kurz...; **a'bridg(e)·ment** [-mənt] *s.* **1.** (Ab-, Ver)Kürzung *f*; **2.** Abriß *m*, Auszug *m*; **3.** Beschränkung *f.*

a·broad [ə'brɔ:d] *adv.* **1.** draußen, außen, auswärts, im *od.* ins Ausland: *to go* ~ ins Ausland reisen; *from* ~ aus dem Ausland; **2.** aus dem Haus, draußen, im Freien: *to be* ~ *early* schon früh aus dem Haus sein; **3.** weit um'her, überall'hin: *to spread* ~ weit verbreiten; *to publish* ~ öffentlich verbreiten; *a rumo(u)r is* ~ es geht das Gerücht; **4.** *fig. all* ~ **a)** ganz im Irrtum, **b)** verwirrt.

ab·ro·gate ['æbrougeit] *v/t.* abschaffen, *Gesetz etc.* aufheben; **ab·ro·ga·tion** [æbrou'geiʃən] *s.* Abschaffung *f*, Aufhebung *f*.

ab·rupt [ə'brʌpt] *adj.* □ 1. abgerissen, abgebrochen; zs.-hanglos (*a. fig.*); 2. jäh, steil; 3. kurz angebunden, schroff; 4. plötzlich, ab'rupt; **ab'rupt·ness** [-nis] *s.* 1. Abgerissenheit *f*, Zs.-hangslosigkeit *f*; 2. Steilheit *f*; 3. Schroffheit *f*; 4. Plötzlichkeit *f*.

ab·scess ['æbsis] *s.* ⚕ Ab'szeß *m*, Geschwür *n*, Eiterbeule *f*.

ab·scis·sion [æb'siʒən] *s.* 1. Abschneiden *n*; 2. gewaltsame Trennung, plötzliches Abbrechen.

ab·scond [əb'skɔnd] *v/i.* 1. sich heimlich da'vonmachen, flüchten (*from* vor *dat.*); sich den Gesetzen entziehen: *~ing debtor* flüchtiger Schuldner; 2. sich verstecken.

ab·sence ['æbsəns] *s.* 1. Abwesenheit *f*: *~ of mind* → *absent-mindedness*; 2. (*from*) Fernbleiben *n* (von), Nichterscheinen *n* (in *dat.*, bei, zu): *~ without leave* ⚔ unerlaubte Entfernung von der Truppe; 3. (*of*) Mangel *m* (an *dat.*), Fehlen *n* (*gen. od.* von): *in the ~ of* in Ermangelung von (*od. gen.*).

ab·sent I. *adj.* □ ['æbsənt] 1. abwesend, fehlend, nicht vor'handen: *to be ~* fehlen; 2. geistesabwesend, zerstreut; II. *v/t.* [æb'sent] 3. *~ o.s.* (*from*) fernbleiben (*dat. od.* von), sich entfernen (von, aus); **ab·sen·tee** [æbsən'ti:] *s.* 1. Abwesende(r *m*) *f*, dauernd im Ausland *od.* nicht zu Hause Lebende(r *m*) *f* (*bsd. Grundbesitzer*): *~ vote pol. Am.* Briefwahl; *~ voter pol. Am.* Briefwähler; 2. ohne Erlaubnis Abwesende(r *m*) *f*; **ab·sen·tee·ism** [æbsən'ti:izəm] *s.* 1. dauerndes Wohnen im Ausland; 2. unerlaubte Abwesenheit, unentschuldigtes Fernbleiben (*bsd. von der Arbeit*).

'ab·sent-'mind·ed *adj.* □ geistesabwesend, zerstreut; **'ab·sent-'mind·ed·ness** *s.* Geistesabwesenheit *f*, Zerstreutheit *f*.

ab·sinth(e) ['æbsinθ] *s.* 1. ⚘ Wermut *m*; 2. Ab'sinth *m* (*Likör*).

ab·so·lute ['æbsəlu:t] I. *adj.* □ 1. abso'lut (*a.* ⚗, *ling.*, *phys.*): *~ majority* absolute Mehrheit; 2. unbedingt, unbeschränkt: *~ ruler* unumschränkter Herrscher; *~ gift* Schenkung; 3. ⚗ rein: *~ alcohol* absoluter (*wasserfreier*) Alkohol; 4. rein, völlig, 'vollständig, voll'kommen: *~ nonsense*; 5. bestimmt, wirklich; 'positiv: *~ fact* nackte Tatsache; *to become ~* ⚖ rechtskräftig werden; II. *s.* 6. *the ~* das Absolute; **'ab·so·lute·ly** [-li] *adv.* 1. absolut, völlig, vollkommen, 'durchaus; 2. F ganz bestimmt, ganz richtig, ja'wohl!

ab·so·lute| tem·per·a·ture *s. phys.* abso'lute Tempera'tur, 'Kelvin-Tempera,tur *f*; *~* **ze·ro** *s.* ⚗, *phys.* absoluter Nullpunkt.

ab·so·lu·tion [æbsə'lu:ʃən] *s.* 1. *eccl.* Absoluti'on *f*, Sündenerlaß *m*; 2. ⚖ Freisprechung *f*; **ab·so·lu·tism** ['æbsəlu:tizəm] *s. pol.* Absolu'tismus *m*, unbeschränkte Regierungsform *od.* Herrschergewalt.

ab·solve [əb'zɔlv] *v/t.* 1. frei-, lossprechen (*of* von *Sünde*, *from* von *Schuld*, *Verpflichtung*), entbinden (*from* von); 2. Absoluti'on erteilen (*dat.*).

ab·sorb [əb'sɔ:b] *v/t.* 1. absorbieren, auf-, einsaugen, verschlucken; *a. fig. Wissen etc.* (in sich) aufnehmen; vereinigen (*into* mit); 2. zu sich nehmen, trinken; 3. aufzehren, verschlingen; ⚚ *Kaufkraft* abschöpfen; 4. *fig.* ganz in Anspruch nehmen *od.* beschäftigen, fesseln; 5. *phys.* absorbieren, resorbieren, in sich aufnehmen, auffangen, *Schall*, *Stoß* dämpfen; **ab'sorbed** [-bd] *adj.* □ *fig.* (*in*) gefesselt (von), vertieft *od.* versunken (in *acc.*): *~ in worries* von Sorgen bedrückt; **ab'sorb·ent** [-bənt] I. *adj.* absorbierend, aufsaugend: *~ cotton* ⚕ Verbandwatte; II. *s.* Absorpti'onsmittel *n*; **ab'sorb·ing** [-biŋ] *adj.* □ 1. aufsaugend; *fig.* fesselnd, packend; 2. ⊕, *biol.* Absorptions..., Aufnahme... (*a.* ⚚); **ab·sorp·tion** [əb'sɔ:pʃən] *s.* 1. *a.* ⚡, ⚘, ⊕, *biol.*, *phys.* Auf-, Einsaugung *f*, Aufnahme *f*, Absorpti'on *f*; Vereinigung *f*; 2. Verdrängung *f*, Verbrauch *m*; Dämpfung *f* (*Schall*, *Stoß*); 3. *fig.* (*in*) Vertieftsein *n* (in *acc.*), gänzliche In'anspruchnahme (durch); **ab·sorp·tive** [əb'sɔ:ptiv] *adj.* absorp'tiv, Absorptions..., absorbierend, (auf)saug-, aufnahmefähig.

ab·stain [əb'stein] *v/i.* 1. sich enthalten (*from gen.*), sich zu'rückhalten; 2. *a. ~ from voting* sich der Stimme enthalten; 3. enthaltsam leben; **ab'stain·er** [-nə] *s.* j-d der sich (*bsd. geistiger Getränke*) enthält, Absti'nenzler *m*, Tempe'renzler *m*, *verstärkt*: *total ~*.

ab·ste·mi·ous [æb'sti:mjəs] *adj.* □ mäßig (*bsd. im Essen u. Genuß*), enthaltsam; **ab'ste·mi·ous·ness** [-nis] *s.* Mäßigkeit *f*, Enthaltsamkeit *f*.

ab·sten·tion [æb'stenʃən] *s.* 1. Enthaltung *f* (*from* von *Genüssen*); 2. *a. ~ from voting* Stimmenthaltung *f*.

ab·ster·gent [əb'stə:dʒənt] I. *adj.* reinigend; ⚕ abführend; II. *s.* Reinigungs-, ⚕ Abführmittel *n*.

ab·sti·nence ['æbstinəns] *s.* Absti'nenz *f*, Enthaltung *f* (*from* von), Enthaltsamkeit *f* (*bsd. Keuschheit, Fasten, Enthaltung vom Alkoholgenuß*): *total ~* vollkommene Enthaltsamkeit (*vom Alkohol*); *day of ~ R.C.* Abstinenztag; **'ab·sti·nent** [-nt] *adj.* □ enthaltsam, mäßig.

ab·stract[1] ['æbstrækt] I. *adj.* □ 1. ab'strakt, theo'retisch; nur begrifflich; 2. *ling.* abstrakt (*Ggs. konkret*); 3. ⚗ abstrakt, rein (*Ggs. angewandt*): *~ number* abstrakte Zahl; 4. dunkel, schwerverständlich: *an ~ theory*; II. *s.* 5. *das* Abstrakte, *das* rein Theoretische: *in the ~* rein theoretisch (betrachtet), an u. für sich; 6. *ling.* Ab'straktum *n*, Begriffs(haupt)wort *n*; 7. Auszug *m*, Abriß *m*, Inhaltsangabe *f*, 'Übersicht *f*: *~ of title* ⚖ Grundbuchauszug.

ab·stract[2] [æb'strækt] *v/t.* 1. abziehen, -lenken; (ab)sondern, trennen; 2. für sich *od.* (ab)gesondert betrachten; 3. e-n Auszug machen von, kurz zs.-fassen; 4. ⚗ destillieren; 5. entwenden; **ab'stract·ed** [-tid] *adj.* □ 1. (ab)gesondert, getrennt; 2. zerstreut, geistesabwesend; **ab'stract·ed·ness** [-tidnis] *s.* 1. Absonderung *f*; 2. Zerstreutheit *f*; **ab'strac·tion** [-kʃən] *s.* 1. Abstrakti'on *f*, (Ab)Sonderung *f*; Fortnahme *f*, Entwendung *f*; 2. *phls.* Abstraktion *f*, ab'strakter Begriff; 3. Versunkenheit *f*, Zerstreutheit *f*; 4. *Kunst*: abstrakte Kompositi'on.

ab·struse [æb'stru:s] *adj.* □ dunkel, schwerverständlich, ab'strus; tiefgründig.

ab·surd [əb'sə:d] *adj.* □ ab'surd, 'widersinnig, unsinnig, albern, lächerlich; **ab'surd·i·ty** [-diti], **ab'surd·ness** [-nis] *s.* Sinnwidrigkeit *f*; Albernheit *f*, Unsinn *m*.

a·bun·dance [ə'bʌndəns] *s.* 1. (*of*) 'Überfluß *m* (an *dat.*), Fülle *f* (von), Menge *f* (von): *in ~* in Hülle und Fülle; 2. 'Überschwang *m der Gefühle*; 3. Wohlstand *m*, Reichtum *m*; **a'bun·dant** [-nt] *adj.* □ 1. reichlich (vor'handen); 2. (*in od. with*) im 'Überfluß besitzend (*acc.*), reich (an *dat.*), reichlich versehen (mit); 3. ⚚ ergiebig; **a'bun·dant·ly** [-ntli] *adv.* reichlich, völlig.

a·buse I. *v/t.* [ə'bju:z] 1. miß'brauchen; 'übermäßig beanspruchen; 2. grausam behandeln, miß'handeln; 3. schmähen, beschimpfen, tadeln; II. *s.* [ə'bju:s] 4. 'Mißbrauch *m*, 'Mißstand *m*, falscher Gebrauch: *~ of authority* ⚖ Amtsmißbrauch, Mißbrauch der Macht; 5. Miß'handlung *f*; 6. Kränkung *f*, Beschimpfung *f*, Schimpfworte *pl.*; **a'bu·sive** [-ju:siv] *adj.* □ 1. Mißbrauch treibend; 2. beleidigend: *he became ~*; *~ language* Schimpfworte; 3. falsch angewendet.

a·but [ə'bʌt] *v/i.* angrenzen, -stoßen, (sich) anlehnen (*on, upon, against* an *acc.*); **a'but·ment** [-mənt] *s.* ⚠ Strebe-, Stützpfeiler *m*, 'Widerlager *n e-r Brücke etc.*; **a'but·tal** [-tl] *s.* (*mst pl.*) (Land)Grenze *f*, Grenzstück *n*; **a'but·ter** [-tə] *s.* ⚖ Anlieger *m*.

a·bysm [ə'bizəm] *s. poet.* Abgrund *m*; **a'bys·mal** [-zməl] *adj.* □ abgrundtief, bodenlos, unergründlich (*a. fig.*): *~ ignorance* grenzenlose Dummheit; **a'bys·mal·ly** [-zməli] *adv.* grenzenlos, höchst.

a·byss [ə'bis] *s.* 1. Abgrund *m*, Schlund *m*; 2. Hölle *f*; 3. *fig.* Unendlichkeit *f*: *the ~ of time*.

Ab·ys·sin·i·an [æbi'sinjən] I. *adj.* abes'sinisch; II. *s.* Abes'sinier(in).

a·ca·cia [ə'keiʃə] *s.* 1. ⚘ A'kazie *f*; 2. A'kazien,gummi *m, n*, ,Gummia'rabikum *n*.

ac·a·dem·ic [ækə'demik] I. *adj.* (□ *~ally*) 1. aka'demisch, mit dem Universi'tätsstudium zs.-hängend: *~ costume bsd. Am.*, *~ dress bsd. Brit.* akademische Tracht (*Mütze u. Talar*); 2. (geistes)wissenschaftlich: *~ achievement*; *an ~ course*; 3. theo'retisch, unpraktisch: *an ~ question* e-e akademische *od.* rein theoretische Frage; 4. konventio'nell, traditio'nell; **II.** *s.* **5.** Aka'demiker *m*; **ac·a'dem·i·cal** [-kəl] **I.** *adj.* □ → *academic* 1, 2; **II.** *s. pl.* akademische Tracht; **a·cad·e·mi·cian** [əkædə'miʃən] *s.* Mitglied *n* e-r Akade'mie; **a·cad·e·my** [ə'kædəmi] *s.* **1.** Akademie *f* (*Platos Philosophenschule*); **2.** höhere Bildungsanstalt (*allgemeiner od. spezieller Art*): *military* ~ Militärakademie, Kriegsschule; *riding* ~ Reitschule; **3.** Akademie *f der Wissenschaften etc.*, gelehrte Gesellschaft; **4.** 'Kunstakadeˌmie *f*, -ausstellung *f*.

ac·a·jou ['ækəʒu:] → *cashew*.

a·can·thus [ə'kænθəs] *s.* **1.** ⚘ Bärenklau *m, f*; **2.** ⚠ A'kanthus *m*, Laubverzierung *f* (*am korinthischen Kapitell*).

ac·cede [æk'si:d] *v/i.* **1.** (*to*) *e-m Vertrag, Verein etc.* beitreten, *e-m Vorschlag* beipflichten, in *et.* einwilligen; **2.** (*to*) zu *et.* (*z.B. Macht*) gelangen; *Amt* antreten; *Thron* besteigen.

ac·cel·er·an·do [æksela'rændou] (*Ital.*) *adv.* ♪ all'mählich schneller.

ac·cel·er·ant [æk'selərənt] **I.** *adj.* beschleunigend; **II.** *s.* ⚗ 'positiver Kataly'sator; **ac·cel·er·ate** [æk'seləreit] **I.** *v/t.* **1.** beschleunigen, die Geschwindigkeit erhöhen von (*od. gen.*); *Entwicklung etc.* fördern; **2.** *Zeitpunkt* vorverlegen; **3.** *fig.* ankurbeln; **II.** *v/i.* **4.** schneller werden; **ac'cel·er·at·ing** [-reitiŋ] *adj.* Beschleunigungs...: ~ *grid* ⚡ Beschleunigungs-, Schirmgitter; **ac·cel·er·a·tion** [æksela'reiʃən] *s. bsd.* ⊕, *phys.*, *ast.* Beschleunigung *f*, zunehmende Geschwindigkeit; **ac'cel·er·a·tor** [-reitə] *s.* **1.** *bsd.* ⊕, *mot.* Beschleuniger *m*; 'Gashebel *m*, -peˌdal *n*: *to step on the* ~ Gas geben; **2.** *anat.* Sym'pathicus *m*.

ac·cent I. *s.* ['æksənt] **1.** Ton *m*, Betonung *f*; Tonzeichen *n*, Ak'zent *m*; **2.** *ling.* Akzent *m*; **3.** *fig.* Betonung *f*, Nachdruck *m*: *the* ~ *at present is on* ... das Wichtigste ist jetzt ...; **4.** *pl. poet.* Rede *f*, Sprache *f*; **II.** *v/t.* [æk'sent] **5.** betonen, mit e-m Tonzeichen *od.* Akzent versehen; **6.** *fig.* her'vorheben.

ac·cen·tu·ate [æk'sentjueit] *v/t.* **1.** akzentuieren, betonen, mit Tonzeichen versehen; **2.** her'vorheben, Wert legen auf (*acc.*); **ac·cen·tu·a·tion** [æksentju'eiʃən] *s.* Betonung *f*, Tonbezeichnung *f*.

ac·cept [ək'sept] **I.** *v/t.* **1.** annehmen, entgegennehmen; **2.** aufnehmen (*into* in *acc.*); **3.** auf sich nehmen; **4.** akzeptieren, hinnehmen, sich mit *et.* abfinden; **5.** *j-n od. et.* akzeptieren, anerkennen, *et.* gelten lassen; **6.** auffassen, verstehen; **7.** † *Wechsel* akzeptieren: *to* ~ *the tender* den Zuschlag erteilen; **II.** *v/i.* **8.** annehmen, zusagen, bejahen; **ac·cept·a·bil·i·ty** [əkseptə'biliti] *s.* **1.** Annehmbarkeit *f*, Eignung *f*; **2.** Annehmlichkeit *f*, Erwünschtheit *f*; **ac'cept·a·ble** [-təbl] *adj.* □ **1.** akzep'tabel, annehmbar, tragbar (*to* für); **2.** angenehm, will'kommen; **3.** † beleihbar, lom'bardfähig; **ac'cept·ance** [-təns] *s.* **1.** Annahme *f*, Empfang *m*; **2.** Aufnahme *f* (*into* in *acc.*); **3.** Zusage *f*, Billigung *f*, Anerkennung *f*; **4.** 'Übernahme *f*; **5.** *bsd.* † Abnahme *f bestellter Waren*: ~ *test* Abnahmeprüfung; **6.** † Annahme *f od.* Anerkennung *f e-s Wechsels*; Ak'zept *n*, angenommener Wechsel; **ac·cep·ta·tion** [æksep'teiʃən] *s. ling.* gebräuchlicher Sinn *e-s Wortes*; **ac'cept·ed** [-tid] *adj.* allgemein anerkannt: ~ *text* offizieller Text; **ac'cept·er, ac'cep·tor** [-tə] *s.* **1.** Annehmer *m*, Abnehmer *m etc.*; **2.** † Akzep'tant *m*, Wechselnehmer *m*.

ac·cess ['ækses] *s.* **1.** Zugang *m* (*Weg*): ~ *hatch* ⚓, ✈ Einsteigluke; ~ *road Am.* **a)** Zufahrtsstraße, **b)** (Autobahn)Zubringerstraße; **2.** *fig.* (*to*) Zugang *m* (zu), Zutritt *m* (zu, bei); Gehör *n* (bei): ~ *to means of education* Bildungsmöglichkeiten; *easy of* ~ leicht zugänglich; **3.** Ausbruch *m* (*Wut, Krankheit*).

ac'ces·sa·ry → *accessory*.

ac·ces·si·bil·i·ty [æksesi'biliti] *s.* Erreichbarkeit *f*, Zugänglichkeit *f* (*a. fig.*); **ac·ces·si·ble** [æk'sesəbl] *adj.* □ **1.** zugänglich, erreichbar (*to* für); **2.** *fig.* 'um-, zugänglich; **3.** zugänglich, empfänglich (*to* für).

ac·ces·sion [æk'seʃən] *s.* **1.** (*to*) Gelangen *n* (*zu e-r Würde*): ~ *to power* Machtübernahme; **2.** (*to*) Anschluß *m* (an *acc.*), Beitritt *m* (zu); Antritt *m e-s Amtes*: ~ *to the throne* Thronbesteigung; **3.** (*to*) Zuwachs *m* (an *dat.*), Vermehrung *f* (*gen.*): *recent* ~*s* Neuanschaffungen; **4.** Wertzuwachs *m*, Vorteil *m*; **5.** (*to*) Erreichung *f e-s Alters*.

ac·ces·so·ry [æk'sesəri] **I.** *adj.* **1.** zusätzlich, beitragend, Hilfs..., Neben..., Begleit...; **2.** nebensächlich, 'untergeordnet; **3.** teilnehmend, mitschuldig (*to* an *dat.*); **II.** *s.* **4.** Zusatz *m*, Anhang *m*; **5.** *pl.* ⊕ Zubehör(teile *pl.*) *n*, *m*; **6.** *oft pl.* Hilfsmittel *n*, Beiwerk *n*; **7.** ⚖ Teilnehmer *m an e-m Verbrechen*: ~ *after the fact* Begünstiger, *z.B.* Hehler; ~ *before the fact* **a)** Anstifter, **b)** Gehilfe.

ac·ci·dence ['æksidəns] *s. ling.* Formenlehre *f*.

ac·ci·dent ['æksidənt] *s.* **1.** Zufall *m*, zufälliges Ereignis: *by* ~ zufällig; **2.** zufällige Eigenschaft, Nebensache *f*; **3.** Unfall *m*, Unglücksfall *m*: ~ *benefit* Unfallentschädigung; ~ *insurance* Unfallversicherung; **ac·ci·den·tal** [æksi'dentl] **I.** *adj.* □ **1.** zufällig, unbeabsichtigt; nebensächlich; **2.** mit e-m Unfall zs.-hängend: ~ *death* Tod durch Unfall; **II.** *s.* **3.** ♪ Versetzungs-, Vorzeichen *n*; **4.** *mst pl. paint.* Nebenlichter *pl.*

ac·claim [ə'kleim] **I.** *v/t.* **1.** mit (lautem) Beifall begrüßen, anerkennen; *j-m* zujubeln; **2.** jauchzend ausrufen: *they* ~*ed him (as) king* sie riefen ihn zum König aus; **3.** sehr loben; **II.** *s.* **4.** Beifall *m*.

ac·cla·ma·tion [æklə'meiʃən] *s.* **1.** lauter Beifall, Zujauchzen *n*; **2.** *pol.* Abstimmung *f* durch Zuruf: *carried by* ~ durch Zuruf genehmigt.

ac·cli·ma·ta·tion [əklaimə'teiʃən] → *acclimatization*; **ac·cli·mate** [ə'klaimit] *bsd. Am.* → *acclimatize*; **ac·cli·ma·tion** [æklai'meiʃən] → *acclimatization*; **ac·cli·ma·ti·za·tion** [əklaimətai'zeiʃən] *s.* Akklimatisierung *f*, Eingewöhnung *f*, Einbürgerung *f* (*von Tieren u. Pflanzen*); **ac·cli·ma·tize** [ə'klaimətaiz] *v/t. u. v/i. bsd. Brit.* (sich) akklimatisieren, (sich) gewöhnen (*to* an *acc.*) (*a. fig.*).

ac·cliv·i·ty [ə'kliviti] *s.* Steigung *f*, Böschung *f*.

ac·co·lade ['ækəleid] *s.* **1.** Ritterschlag *m*; *fig. Am.* Auszeichnung *f*, Ehrung *f*; **2.** ♪ Klammer *f*.

ac·com·mo·date [ə'kɔmədeit] **I.** *v/t.* **1.** (*to*) **a)** anpassen (*dat.*, an *acc.*): *to* ~ *o.s. to circumstances*, **b)** in Einklang bringen (mit): *to* ~ *facts to theory*; **2.** *j-n* versorgen, *j-m* aushelfen *od.* gefällig sein (*with* mit): *to* ~ *s.o. with money*; **3.** *Streit* schlichten, beilegen; **4.** 'unterbringen, Platz haben für, fassen; **II.** *v/i.* **5.** sich einstellen (*to* auf *acc.*); **6.** ⚕ sich akkommodieren; **ac'com·mo·dat·ing** [-tiŋ] *adj.* □ gefällig, entgegenkommend; anpassungsfähig; **ac·com·mo·da·tion** [əkɔmə'deiʃən] *s.* **1.** Anpassung *f* (*to* an *acc.*); Über'einstimmung *f*; **2.** Über'einkommen *n*, gütliche Einigung; **3.** Gefälligkeit *f*, Aushilfe *f*, geldliche Hilfe; **4.** bequeme Einrichtung; **5.** Versorgung *f* (*with* mit); **6.** *Brit. sg.*, *Am. mst pl.* (Platz *m* für) 'Unterkunft *f*, -bringung *f*; **7.** *Am. a.* ~ *train* Bummelzug *m*.

ac·com·mo·da·tion| ac·cept·ance *s.* † Ge'fälligkeitsakˌzept *n*; ~ **ad·dress** *s.* 'Deckaˌdresse *f*; ~ **bill,** ~ **draft** *s.* † Gefälligkeitswechsel *m*; ~ **lad·der** *s.* ⚓ Fallreep *n*, Fallreepstreppe *f*; ~ **road** *s.* Hilfs-, Verbindungsstraße *f*.

ac·com·pa·ni·ment [ə'kʌmpənimənt] *s.* **1.** ♪ Begleitung *f*; **2.** Begleiterscheinung *f*; **ac'com·pa·nist** [-nist] *s. bsd.* ♪ Begleiter(in); **ac·com·pa·ny** [ə'kʌmpəni] *v/t.* **1.** *a.* ♪ begleiten; **2.** gehören zu: *thunder accompanies lightning*; ~*ing address (phenomenon)* Begleitadresse (-erscheinung); **3.** verbinden (*with* mit): *he accompanied the advice with a warning*.

ac·com·plice [ə'kɔmplis] *s.* Kom'plice *m*, 'Mitschuldige(r *m*) *f*.

ac·com·plish [ə'kɔmpliʃ] *v/t.* **1.** *Aufgabe* voll'bringen, erfüllen, *Absicht* ausführen, *Zweck* erreichen, erfüllen: *to* ~ *one's object* sein Ziel erreichen; *to be* ~*ed* sich vollziehen; **2.** leisten; **3.** schulen; **ac'com·plished** [-ʃt] *adj.* **1.** 'vollständig ausgeführt; **2.** wohlerzogen, kultiviert, fein *od.* vielseitig gebildet; **3.** voll'endet, ausgezeichnet, per'fekt (*a. iro.*): *an* ~ *liar* ein Erzlügner; **ac'com·plish·ment** [-mənt] *s.* **1.** Ausführung *f*, Voll'endung *f*; Erfüllung *f*; **2.** Voll'kommenheit *f*, Ausbildung *f*; **3.** *mst pl.* Bildung *f*, Fertigkeiten *pl.*, Ta'lente *pl.*

ac·cord [ə'kɔ:d] **I.** *v/t.* **1.** bewilligen, gewähren: *to* ~ *praise* Lob spenden; **II.** *v/i.* **2.** über'einstimmen, harmonieren, passen; **III.** *s.* **3.** Über'einstimmung *f*, Einigkeit *f*; **4.** Zustimmung *f*; **5.** Über'einkommen *n*, Vergleich *m*: *with one* ~ einstimmig, einmütig; *of one's own* ~ aus eigenem Antrieb, freiwillig; **ac'cordance** [-dəns] *s.* Über'einstimmung *f*: *to be in* ~ *with* übereinstimmen mit; *in* ~ *with* in Übereinstimmung mit, gemäß; **ac'cord·ing** [-diŋ] **I.** ~ *as cj.* je nach'dem (wie), so wie: ~ *as you behave* je nachdem, wie du dich benimmst; **II.** ~ *to prp.* gemäß, nach, laut (*gen.*): ~ *to taste* (je) nach Geschmack; ~ *to directions* vorschriftsmäßig; **ac'cord·ing·ly** [-diŋli] *adv.* demgemäß, folglich; entsprechend.

ac·cor·di·on [ə'kɔ:djən] *s.* 'Zieh-, 'Handhar,monika *f.*

ac·cost [ə'kɔst] *v/t.* **1.** her'antreten an (*acc.*), *j-n* ansprechen, grüßen; **2.** *j-n* ansprechen (*Prostituierte*).

ac·couche·ment [ə'ku:ʃmɑ̃:ŋ] (*Fr.*) *s.* Entbindung *f*, Niederkunft *f*; **ac·cou·cheur** [æku:'ʃə:; akuʃœ:r] *s.* Geburtshelfer *m*; **ac·cou·cheuse** [æku:'ʃə:z; akuʃø:z] *s.* Hebamme *f.*

ac·count [ə'kaunt] **I.** *v/t.* **1.** ansehen als, erklären für, betrachten als: *to* ~ *s.o.* (*to be*) *guilty*; *to* ~ *o.s. happy* sich glücklich schätzen; **II.** *v/i.* **2.** (*for*) Rechenschaft *od.* Rechnung ablegen (über *acc.*), verantwortlich sein (für); **3.** erklären, begründen: *how do you* ~ *for that?* wie erklären Sie das?; *Henry* ~*s for ten of them* zehn davon sind Heinrich zuzuschreiben *od.* kommen auf H.; *there is no* ~*ing for it* das ist nicht zu begründen, das ist Ansichtssache; **4.** (*for*) *hunt.* töten; *sport* ,erledigen'; **III.** *s.* **5.** Rechnung *f*, Berechnung *f* (*von Ausgaben*); 'Konto *n*: ~*-book* Konto-, Geschäftsbuch; ~ *current od. current* ~ laufende Rechnung, Kontokorrent; ~ *sales* Verkaufsabrechnung; ~*s payable Am.* Kreditoren; ~*s receivable Am.* Debitoren; *on* ~ auf Abschlag, a conto, als Teilzahlung; *on one's own* ~ auf eigene Rechnung (u. Gefahr), für sich selber; *to balance an* ~ e-e Rechnung bezahlen, ein Konto ausgleichen; *to carry to a new* ~ auf neue Rechnung vortragen; *to charge to s.o.'s* ~ j-s Konto belasten mit, j-m in Rechnung stellen; *to close an* ~ ein Konto schließen; *to keep an* ~ Buch führen; *to make out an* ~ e-e Rechnung ausstellen; *to open an* ~ ein Konto eröffnen; *to pass an* ~ e-e Rechnung anerkennen; *to place to s.o.'s* ~ j-m in Rechnung stellen; *to render an* ~ (*for*) Rechnung (vor)legen (für); ~ *rendered* zur Begleichung nochmals vorgelegte Rechnung; *to settle an* ~ e-e Rechnung begleichen; *to settle od. square* ~*s with*, *to make up one's* ~ *with fig.* abrechnen mit; *to square an* ~ ein Konto ausgleichen; **6.** Rechenschaft(sbericht *m*) *f*: *to bring to* ~ *fig.* abrechnen mit; *to call to* ~ zur Rechenschaft ziehen; *to demand an* ~ Rechenschaft fordern; *to give od. render an* ~ *of* Rechenschaft ablegen über (*acc.*) → 7; *to give a good* ~ *of et.* gut erledigen, *Gegner* abfertigen; *to give a good* ~ *of o.s.* sich bewähren; **7.** Bericht *m*, Darstellung *f*, Beschreibung *f*: *by all* ~*s* nach allem, was man hört; *to give od. render an* ~ *of* Bericht erstatten über (*acc.*) → 6; **8.** Liste *f*, Verzeichnis *n*; **9.** 'Umstände *pl.*, Erwägung *f*: *on* ~ *of* um ... willen, wegen; *on his* ~ seinetwegen; *on no* ~ keineswegs, unter keinen Umständen; *to leave out of* ~ außer Betracht lassen; *to take* ~ *of* Rechnung tragen (*dat.*); *to take into* ~ in Betracht ziehen, berücksichtigen; **10.** Wert *m*, Wichtigkeit *f*, Geltung *f*: *of no* ~ ohne Bedeutung; **11.** Gewinn *m*, Vorteil *m*: *to find one's* ~ *in* bei *et.* profitieren *od.* auf s-e Kosten kommen; *to turn to* (*good*) ~ ausnutzen, sich nutzbar machen; **ac·count·a·bil·i·ty** [əkauntə'biliti] *s.* Verantwortlichkeit *f*; **ac'count·a·ble** [-təbl] *adj.* □ **1.** verantwortlich, rechenschaftspflichtig; **2.** erklärlich; **ac'count·an·cy** [-tənsi] *s.* Buchhaltung *f*; Buchhalterstellung *f*, -beruf *m*; **ac'count·ant** [-tənt] *s.* **1.** (Bilanz-)Buchhalter *m*, Rechnungsführer *m*; **2.** 'Bücherre,visor *m*; → *certified public accountant*; *charter* 5; **ac'count·ing** [-tiŋ] *s.* Rechnungswesen *n*, Buchführung *f*: ~ *period* Abrechnungszeitraum.

ac·cou·tred [ə'ku:təd] *adj.* ausgerüstet; **ac'cou·tre·ment** [-mənt] *s. mst pl.* **1.** Kleidung *f*, Ausstattung *f*; **2.** ⚔ Ausrüstung *f* (*außer Uniform u. Waffen*).

ac·cred·it [ə'kredit] *v/t.* **1.** *bsd. e-n Gesandten* akkreditieren, beglaubigen (*to* bei); **2.** bestätigen, als berechtigt anerkennen; **3.** zuschreiben (*s.th. to s.o. od. s.o. with s.th.* j-m et.); **ac'cred·it·ed** [-tid] *adj.* beglaubigt, (offizi'ell) anerkannt; *Brit.* nicht gesundheitsschädigend: ~ *milk.*

ac·cre·tion [æ'kri:ʃən] *s.* **1.** Zunahme *f*, Wachstum *n*, Zuwachs *m*; **2.** ⚕ Zs.-wachsen *n*; **3.** ⚖ Wertzuwachs *m* (*Erbschaft, Land*).

ac·crue [ə'kru:] *v/i.* (als Anspruch) erwachsen, entstehen, zufallen, zukommen (*to dat.*, *from, out of* aus): ~*d interest* aufgelaufene Zinsen.

ac·cu·mu·late [ə'kju:mjuleit] **I.** *v/t.* ansammeln, anhäufen, aufspeichern (*a.* ⊕), aufstauen; **II.** *v/i.* anwachsen, sich anhäufen, sich summieren; **ac·cu·mu·la·tion** [əkju:mju'leiʃən] *s.* **1.** (An)Häufung *f*, Aufspeicherung *f* (*a.* ⊕); Ansammlung *f*, Haufe(n) *m*; **2.** † Kapi'talzuwachs *m* durch Zu'rückbehalten der Gewinne *od.* der Zinsen, Akkumulati'on *f*; **ac'cu·mu·la·tive** [-lətiv] *adj.* (sich) anhäufend *od.* summierend; Häufungs..., Zusatz..., Sammel...; **ac'cu·mu·la·tor** [-tə] *s.* **1.** Anhäufer *m*, Ansammler *m*; **2.** ⚡ Akkumu'lator *m*, (Strom)Sammler *m.*

ac·cu·ra·cy ['ækjurəsi] *s.* Genauigkeit *f*, Sorgfalt *f*, Präzisi'on *f*, Richtigkeit *f*; **'ac·cu·rate** [-rit] *adj.* □ **1.** genau, sorgfältig; pünktlich; **2.** richtig, zutreffend.

ac·curs·ed [ə'kə:sid] *adj.*, *a.* **ac'curst** [-st] *adj.* **1.** verflucht, verwünscht; **2.** ab'scheulich; ,verflixt'.

ac·cu·sa·tion [ækju(:)'zeiʃən] *s.* Anklage *f*, Beschuldigung *f*: *to bring an* ~ *against s.o.* e-e Anklage gegen j-n erheben.

ac·cu·sa·ti·val [əkju:zə'taivəl] *adj.* □ *ling.* 'akkusativisch; **ac·cu·sa·tive** [ə'kju:zətiv] *s. a.* ~ *case ling.* 'Akkusativ *m*, vierter Fall.

ac·cuse [ə'kju:z] *v/t.* anklagen, beschuldigen (*of gen.*); **ac'cused** [-zd] *s.* Angeklagte(r *m*) *f*; **ac'cus·ing** [-ziŋ] *adj.* □ anklagend, vorwurfsvoll.

ac·cus·tom [ə'kʌstəm] *v/t.* gewöhnen (*to* an *acc.*): *to be* ~*ed to do(ing) s.th.* gewohnt sein, et. zu tun, et. zu tun pflegen; *to get* ~*ed to s.th.* sich an et. gewöhnen; **ac'cus·tomed** [-md] *adj.* **1.** gewohnt, üblich; **2.** gewöhnt (*to* an *acc.*, zu *inf.*).

ace [eis] **I.** *s.* **1.** As *n* (*Spielkarten*): *an* ~ *in the hole Am.* F ein Trumpf in petto; **2.** Eins *f* (*Würfel*); **3.** Kleinigkeit *f*: *within an* ~ um ein Haar; **4.** (Flieger)As *n* (*erfolgreicher Kampfflieger*); **5.** *bsd. sport* ,Ka'none' *f*, As *n*; **II.** *adj.* **6.** her'vorragend, Spitzen..., Star...: ~ *reporter.*

a·cer·bi·ty [ə'sə:biti] *s.* **1.** Herbheit *f*, herber Geschmack; **2.** *fig.* Bitterkeit *f*, Härte *f*, Heftigkeit *f.*

ac·e·tate ['æsitit] *s.* ⚗ Ace'tat *n*, essigsaures Salz: ~ *rayon* Acetatkunstseide; **a·ce·tic** [ə'si:tik] *adj.* ⚗ essigsauer: ~ *acid* Holzessig, Essigsäure; *glacial* ~ *acid* Eisessig; **a·cet·i·fy** [ə'setifai] **I.** *v/t.* in Essig verwandeln, säuern; **II.** *v/i.* sauer werden.

a·cet·y·lene [ə'setili:n] *s.* ⚗ Acety'len *n.*

ache[1] [eik] **I.** *v/i.* **1.** schmerzen, weh tun: *I am aching all over* mir tut alles weh; **2.** F sich sehnen (*for* nach), dar'auf brennen (*to do et.* zu tun); **II.** *s.* **3.** *anhaltender* Schmerz: ~*s and pains* Schmerzen.

ache[2] → *aitch.*

a·chieve [ə'tʃi:v] *v/t.* **1.** zu'stande bringen, ausführen; **2.** erlangen; *Ziel* erreichen, *Erfolg* erzielen.

a·chieve·ment [ə'tʃi:vmənt] *s.* **1.** Ausführung *f*, Voll'endung *f*; **2.** Erlangung *f*; **3.** *oft pl.* Großtat *f*, Werk *n*, Leistung *f*, Errungenschaft *f*; ~ **test** *s. psych.* Leistungstest *m* (*zur Ermittlung erworbener Fertigkeiten od. Kenntnisse*).

A·chil·les [ə'kili:z] *npr.* A'chill(es) *m*: ~ *heel fig.* Achillesferse; ~ *tendon anat.* Achillessehne.

ach·ing ['eikiŋ] *adj.* schmerzhaft.

ach·ro·mat·ic [ækrou'mætik] *adj.* (□ ~*ally*) *phys., biol.* achro'matisch, farblos: ~ *lens.*

ac·id ['æsid] **I.** *adj.* □ **1.** sauer, scharf (*Geschmack*): ~ *drops Brit.* saure (Frucht)Bonbons, Drops; **2.** *fig.* bissig, bitter: *an* ~ *remark*; **3.** ⚗, ⊕ säurehaltig, Säure...: *to suffer from an* ~ *stomach* an überschüssiger Magensäure leiden; **II.** *s.* **4.** ⚗ Säure *f*; **5.** *sl.* LS'D *n*; '~**head** *s. sl.* LS'D-Fixer *m.*

a·cid·i·fy [ə'sidifai] *v/t.* (an)säuern; in Säure verwandeln; **a·cid·i·ty** [ə'siditi] *s.* **1.** Säure *f*, Schärfe *f*, Säuregehalt *m*; **2.** Magensäure *f.*

'ac·id|-'proof *adj.* ⊕ säurefest; ~ **re·sist·ance** *s.* Säurefestigkeit *f*; ~ **test** *s.* **1.** ⚗, ⚡ Scheide-, Säureprobe *f*; **2.** *fig.* strengste Prüfung, Feuerprobe *f*: *to put to the* ~ auf Herz u. Nieren prüfen.

a·cid·u·lat·ed [ə'sidjuleitid] *adj.* säuerlich gemacht: ~ *drops* saure

Bonbons; **a'cid·u·lous** [-ləs] *adj.* säuerlich.

ack-ack ['æk'æk] *Funkerabkürzung für anti-aircraft s. sl.* **1.** Flakfeuer *n*; **2.** 'Flugzeugˌabwehrkaˌnone(n *pl.*) *f*, Flak *f*.

ack·em·ma [æk'emə] *Funkerwort für a.m. Brit. sl.* **I.** *adv.* vormittags; **II.** *s.* 'Flugzeugmeˌchaniker *m*.

ac·knowl·edge [ək'nɔlidʒ] *v/t.* **1.** anerkennen; **2.** ein-, zugestehen, zugeben; **3.** sich bekennen zu; **4.** sich erkenntlich zeigen für; **5.** *Empfang* bestätigen, quittieren; *Gruß* erwidern; **ac'knowl·edged** [-dʒd] *adj.* anerkannt: *he is an ~ American citizen* er ist als amerikanischer Staatsbürger anerkannt; **ac'knowl·edg(e)·ment** [-mənt] *s.* **1.** Anerkennung *f*; **2.** Zugeständnis *n*; **3.** Bekenntnis *n*; **4.** Erkenntlichkeit *f*, Dank *m* (of für); **5.** (Empfangs)Bestätigung *f*; **6.** ⚖ Beglaubigungsklausel *f* (*Urkunde*).

ac·me ['ækmi] *s.* **1.** Gipfel *m*; *fig.* Höhepunkt *m*; **2.** ⚕ 'Krisis *f*.

ac·ne ['ækni] *s.* ⚕ 'Akne *f*, pustelartiger Hautausschlag.

ac·o·lyte ['ækəlait] *s.* **1.** *eccl.* Meßgehilfe *m*, Al'tardiener *m*; **2.** Gehilfe *m*; Anhänger *m*.

ac·o·nite ['ækənait] *s.* ✿ **a)** Eisenhut *m* (*blau blühend*), **b)** *yellow ~* gelber Winterling.

a·corn ['eikɔːn] *s.* ✿ Eichel *f*.

a·cous·tic *adj.*; **a·cous·ti·cal** [ə'kuːstik(əl)] *adj.* □ ⊕, ⚕, *phys.* a'kustisch, Gehör..., Schall..., Hör...; **a'cous·tics** [-ks] *s. pl. phys.* **1.** *mst sg. konstr.* A'kustik *f*, Lehre *f* vom Schall; **2.** *pl. konstr.* Akustik *f e-s Raumes*.

ac·quaint [ə'kweint] *v/t.* **1.** (*o.s.* sich) bekannt *od.* vertraut machen (*with* mit); → *acquainted*; **2.** *j-m* mitteilen (*with a th.* et., *that* daß); **ac'quaint·ance** [-təns] *s.* **1.** (*with*) Bekanntschaft *f* (mit), Kenntnis *f* (von *od. gen.*): *when did you make his ~?* wann hast du ihn kennengelernt?; **2.** Bekannte(r *m*) *f*, Bekanntenkreis *m*: *an ~ of mine* eine(r) meiner Bekannten; **ac'quaint·ed** [-tid] *adj.* bekannt: *to be ~ with* kennen; *to become ~ with j-n od. et.* kennenlernen; *we are ~* wir sind Bekannte.

ac·qui·esce [ækwi'es] *v/i.* **1.** (*in*) sich beruhigen (bei), (stillschweigend) hinnehmen (*acc.*), dulden (*acc.*); **2.** einwilligen; **ac·qui'es·cence** [-sns] *s.* (*in*) Ergebung *f* (in *acc.*); Einwilligung *f* (in *acc.*); **ac·qui'es·cent** [-snt] *adj.* □ ergeben, fügsam.

ac·quire [ə'kwaiə] *v/t.* erwerben, erlangen, erreichen, gewinnen; **ac'quired** [-əd] *adj. durch Gewöhnung od. Erfahrung* erworben: *an ~ taste* anerzogener *od.* angewöhnter Geschmack; **ac'quire·ment** [-mənt] *s.* **1.** Erwerbung *f*; **2.** (erworbene) Fertigkeit; *pl.* Kenntnisse *pl.*

ac·qui·si·tion [ækwi'ziʃən] *s.* **1.** Erwerbung *f*, Erwerb *m*; **2.** erworbenes Gut, Errungenschaft *f*; **3.** Vermehrung *f*, Bereicherung *f*.

ac·quis·i·tive [ə'kwizitiv] *adj.* **1.** auf Erwerb gerichtet, gewinnsüchtig; **2.** lernbegierig; **ac'quis·i·tive·ness** [-nis] *s.* Gewinnsucht *f*, Erwerbstrieb *m*.

ac·quit [ə'kwit] *v/t.* **1.** *Schuld* bezahlen, *Verbindlichkeit* erfüllen; **2.** entlasten; ⚖ freisprechen (of von); **3.** (of) *j-n e-r Verpflichtung* entheben; **4.** *~ o.s.* (of) *Pflicht etc.* erfüllen; sich *e-r Aufgabe* entledigen; **5.** *~ o.s.* sich benehmen: *to ~ o.s. well* s-e Sache gut machen; **ac'quit·tal** [-tl] *s.* **1.** Freisprechung *f*, Freispruch *m*; **2.** Erfüllung *f e-r Pflicht*; **ac'quit·tance** [-təns] *s.* **1.** Erfüllung *f e-r Verpflichtung*, Begleichung *f e-r Schuld*; **2.** Quittung *f*.

a·cre ['eikə] *s.* ‚Morgen' *m* (*Flächenmaß*): *~s and ~s* weite Flächen; **a·cre·age** ['eikəridʒ] *s.* Flächeninhalt *m* (nach Acres, Morgen), Fläche *f*.

ac·rid ['ækrid] *adj.* scharf, ätzend, beißend (*a. fig.*).

ac·ri·mo·ni·ous [ækri'mounjəs] *adj.* □ scharf, bitter, beißend (*mst fig.*); **ac·ri·mo·ny** ['ækriməni] *s.* Schärfe *f*, Herbheit *f*, Bitterkeit *f* (*mst fig.*).

ac·ro·bat ['ækrəbæt] *s.* Akro'bat *m*; **ac·ro·bat·ic** *adj.*; **ac·ro·bat·i·cal** [ækrə'bætik(əl)] *adj.* □ akro'batisch: *acrobatic flying* Kunstfliegen; **ac·ro·bat·ics** [ækrə'bætiks] *s. pl. mst sg. konstr.* Akro'batik *f*; akro'batische Kunststücke *pl.*

a·cross [ə'krɔs] **I.** *adv.* **1.** kreuzweise: *with arms (folded) ~* mit verschränkten Armen; **2.** im 'Durchmesser: *ten feet ~* zehn Fuß im Durchmesser *od.* breit; **3.** (quer) hin-, her'über; (quer)durch; **II.** *prp.* **4.** quer *od.* mitten durch: *~ country* querfeldein; **5.** über (*acc.*), jenseits (*gen.*): *he walked ~ the bridge* er ging über die Brücke; *he lives ~ the street* er wohnt auf der gegenüberliegenden Seite der Straße; *from ~ the lake* von jenseits des Sees.

a'cross-the-'board *adj.* glo'bal, um'fassend, line'ar: *~ tax cut.*

a·cros·tic [ə'krɔstik] *s.* A'krostichon *n*.

act [ækt] **I.** *s.* **1.** Tat *f*, Werk *n*, Handlung *f*, Tätigkeit *f*, Akt *m*: *to catch in the ~* auf frischer Tat ertappen; *~ of war* kriegerische Handlung; *not an ~ of faith but an ~ of reason* eine nicht auf Glauben, sondern auf Vernunft beruhende Tat; *♀ of God* höhere Gewalt; *~ of grace* Gnadenakt, Amnestie; **2.** Urkunde *f*, Vertrag *m*; **3.** *mst ♀* Verordnung *f*: *♀ of Parliament Brit.*, *♀ of Congress Am.* (verabschiedetes) Gesetz; *rent ~* Mietengesetz; **4.** *♀s (of the Apostles) pl. bibl.* Apostelgeschichte; **5.** *thea.* Aufzug *m*, Akt *m*; **6.** Stück *n*, Nummer *f e-s Artisten*; F *fig.* Pose *f*, ‚Tour' *f*; **II.** *v/t.* **7.** dar-, vorstellen, aufführen, spielen: *to ~ a part* e-e Rolle spielen; *to ~ the fool* den Narren spielen; *to ~ one's part* s-e Pflicht tun; **8.** *fig.* spielen: *to ~ outraged dignity* den Beleidigten spielen; **III.** *v/i.* **9.** *thea.* spielen (*a. fig.*), auftreten; **10.** bühnenfähig sein: *the play ~s well*; **11.** handeln, tätig sein, wirken, eingreifen: *to ~ as* fungieren *od.* amtieren *od.* dienen als; *to ~ in a case* in e-r Sache vorgehen; *to ~ for s.o.* für j-n handeln, j-n vertreten; *to ~ (up)on* sich richten nach; **12.** (*towards*) sich (*j-m* gegenüber) *wie* benehmen *od.* verhalten; **13.** *a.* ⚗, ⊕ (*on*) (ein)wirken (auf *acc.*), Einfluß haben (auf *acc.*); **14.** gehen, in Betrieb sein, funktionieren: *his bowels do not ~* ⚕ er leidet an Darmträgheit; **15.** *~ up* F verrückt spielen (*Person od. Sache*); **'act·a·ble** [-təbl] *adj. thea.* bühnengerecht; **'act·ing** [-tiŋ] **I.** *adj.* **1.** handelnd, wirkend, tätig; **2.** stellvertretend, amtierend, geschäftsführend: *the ♀ Consul*; **3.** *thea.* spielend, Bühnen...: *~ version* Bühnenfassung; **II.** *s.* **4.** *thea.* Spiel(en) *n*, Aufführung *f*; Schauspielkunst *f*.

ac·tin·ic [æk'tinik] *adj.* ⚗, *phys.* ak'tinisch; **ac'tin·i·um** [-niəm] *s.* ⚗ Ak'tinium *n*.

ac·tion ['ækʃən] *s.* **1.** Handeln *n*, Handlung *f*, Tat *f*: *man of ~* Mann der Tat; *full of ~* geschäftig; *course of ~* Handlungsweise; *for further ~* zur weiteren Veranlassung; *to take ~ against* vorgehen gegen; *to put into ~* in die Tat umsetzen; *to take ~* et. *in e-r Angelegenheit* tun; → 7; **2.** *a.* ⊕ Tätigkeit *f*, Verrichtung *f*, Gang *m*, Funktionieren *n*, Mecha'nismus *m*, Werk *n*: *~ of the bowels* ⚕ Stuhlgang; *to put out of ~* unfähig *od.* unbrauchbar machen, außer Betrieb setzen; → 9; **3.** *a.* ⚗, ⊕, ⚡, *phys.* (Ein)Wirkung *f*, Wirksamkeit *f*, Einfluß *m*; Vorgang *m*, Pro'zeß *m*: *the ~ of this acid on metal* die Einwirkung dieser Säure auf Metall; **4.** Handlung *f e-s Dramas*; **5.** Benehmen *n*, Haltung *f*, Führung *f*; **6.** Bewegung *f*, Gangart *f e-s Pferdes*; **7.** *rhet.*, *thea.* Vortragsweise *f*, Ausdruck *m*; **8.** ⚖ Klage *f*, Prozeß *m*: *to bring an ~ against j-n* verklagen; *to take ~* Klage erheben; → 1; **9.** ⚔ Gefecht *n*, Kampf *m*, Einsatz *m*: *killed (wounded) in ~* gefallen (verwundet); *to put out of ~* außer Gefecht setzen; → 2; **'ac·tion·a·ble** [-ʃnəbl] *adj.* ⚖ (ein-, ver)klagbar; strafbar.

ac·ti·vate ['æktiveit] *v/t.* **1.** ⚗, ⊕ aktivieren, in Betrieb setzen, (radio)ak'tiv machen: *~d carbon* Aktivkohle; **2.** ⚔ **a)** *Truppen* aufstellen, **b)** *Zünder* scharf machen; **ac·ti·va·tion** [ækti'veiʃən] *s.* Aktivierung *f*.

ac·tive ['æktiv] *adj.* □ **1.** tätig, emsig, geschäftig, rührig, rege, lebhaft, tatkräftig: *an ~ mind* ein reger Geist; *an ~ manager* ein rühriger Chef; *an ~ volcano* ein tätiger Vulkan; **2.** wirklich, tatsächlich: *to take an ~ interest* reges Interesse zeigen; **3.** *a.* ⚗, ⚕, *biol.*, *phys.* (schnell) wirkend, wirksam, aktiv; **4.** † produk'tiv, zinstragend (*Wertpapiere*); rege, lebhaft (*Markt*); **5.** ⚔ aktiv: *on ~ service, on the ~ list* im aktiven Dienst; **6.** *ling.* aktiv, 'transitiv: *~ voice* Aktiv, Tatform; **ac·tiv·i·ty** [æk'tiviti] *s.* **1.** Tätigkeit *f*, Betätigung *f*; Rührigkeit *f*; *pl.* Leben *n* u. Treiben *n*, Unter'nehmungen *pl.*: *social activities*; **2.** Lebhaftigkeit *f*, Beweglichkeit *f*; **3.** Wirksamkeit *f*; Arbeitsleistung *f*, Betrieb *m*: *in full ~* in vollem Gang.

ac·tor ['æktə] *s.* **1.** Schauspieler *m*; **2.** Handelnde(r) *m*, Täter *m* (*a.* ⚖); **'~-'man·ag·er** *s.* The'aterdi,rektor, der selbst Rollen über'nimmt.

ac·tress ['æktris] *s.* Schauspielerin *f.*

Acts [ækts] → *act 4.*

ac·tu·al ['æktjuəl] *adj.* □ → *actually*; **1.** wirklich, tatsächlich, eigentlich: *an ~ case* ein konkreter Fall; *~ power* ⊕ effektive Leistung; **2.** gegenwärtig, jetzig: *~ inventory* (*od. stock*) Istbestand; **ac·tu·al·i·ty** [æktju'æliti] *s.* **1.** Wirklichkeit *f*; **2.** *pl.* Tatsachen *pl.*: *the actualities of life* die Gegebenheiten des Lebens; **'ac·tu·al·ly** [-li] *adv.* **1.** wirklich, tatsächlich; **2.** augenblicklich, jetzt; **3.** so'gar, tatsächlich (*obwohl nicht erwartet*); **4.** F eigentlich (*unbetont*): *what time is it ~?*

ac·tu·ar·i·al [æktju'ɛəriəl] *adj.* ver'sicherungssta,tistisch; **ac·tu·ar·y** ['æktjuəri] *s.* Ver'sicherungssta,tistiker *m*, -kalku,lator *m.*

ac·tu·ate ['æktjueit] *v/t.* **1.** in Gang bringen; **2.** antreiben, anreizen; **3.** ⊕ betätigen, auslösen; **ac·tu·a·tion** [æktju'eiʃən] *s.* Anstoß *m*, Antrieb *m* (*a.* ⊕); ⊕ Betätigung *f.*

a·cu·i·ty [ə'kju(:)iti] *s.* Schärfe *f* (*a. fig.*).

a·cu·men [ə'kju:men] *s.* Scharfsinn *m.*

ac·u·punc·ture [ækju'pʌŋktʃə] *s.* ⚕ Akupunk'tur *f.*

a·cute [ə'kju:t] *adj.* □ **1.** scharf; *bsd.* ∢ spitz: *~ triangle* spitzwink(e)liges Dreieck; → *angle*[1] *1*; **2.** scharf (*Sehvermögen*); heftig (*Schmerz, Freude etc.*); fein (*Gehör*); brennend (*Frage*); bedenklich: *~ shortage*; **3.** scharfsinnig, schlau; **4.** schrill, 'durchdringend; **5.** ⚕ a'kut, heftig; **6.** *ling.* *~ accent* A'kut *m*; **a'cute·ness** [-nis] *s.* **1.** Schärfe *f*, Heftigkeit *f* (*a.* ⚕); **2.** Scharfsinnigkeit *f.*

ad [æd] *s. abbr. für advertisement*: *small ~* Kleinanzeige; *~ writer* Texter.

ad·age ['ædidʒ] *s.* Sprichwort *n.*

a·da·gio [ə'dɑ:dʒiou] (*Ital.*) *adv.* ♪ a'dagio, langsam.

Ad·am ['ædəm] *npr.* 'Adam *m*: *I don't know him from ~* F ich kenne ihn überhaupt nicht; *to cast off the old ~* F den alten Adam ausziehen.

ad·a·mant ['ædəmənt] *adj.* **1.** sehr hart, steinhart; **2.** *fig.* unerbittlich, unnachgiebig (*to* gegenüber): *~ to entreaties*; **ad·a·man·tine** [ædə'mæntain] *adj.* sehr hart: *~ will* eiserner Wille.

Ad·am's|ale *s.* F Wasser *n*, Gänsewein *m*; *~* **ap·ple** *s. anat.* 'Adamsapfel *m*; **'~-'nee·dle** *s.* ♀ 'Yucca *f*, 'Palm,lilie *f.*

a·dapt [ə'dæpt] *v/t.* **1.** anpassen, angleichen (*for, to* an *acc.*), 'umstellen (*to* auf *acc.*), zu'rechtmachen: *to ~ the means to the end* die Mittel dem Zweck anpassen; **2.** anwenden (*to* auf *acc.*); **3.** bearbeiten: *~ed from the English* nach dem Englischen bearbeitet; **a·dapt·a·bil·i·ty** [ədæptə'biliti] *s.* **1.** Anpassungsfähigkeit *f* (*to* an *acc.*); **2.** (*to*) Anwendbarkeit *f* (auf *acc.*), Verwendbarkeit *f* (für, zu); **a'dapt·a·ble** [-təbl] *adj.* **1.** anpassungsfähig (*to* an *acc.*); **2.** anwendbar (*to* auf *acc.*); **3.** geeignet (*for, to* für, zu); **ad·ap·ta·tion** [ædæp'teiʃən] *s.* **1.** *a. biol.* Anpassung *f* (*to* an *acc.*); **2.** Anwendung *f*; **3.** 'Um-, Bearbeitung *f* (*für Bühne, Film etc.*); **4.** über'arbeitetes *od.* angepaßtes Stück; **a'dapt·ed** [-tid] *adj.* geeignet; **a'dapt·er, a'dap·tor** [-tə] *s.* **1.** Bearbeiter *m* (*e-s Theaterstücks etc.*); **2.** *phys.* A'dapter *m*, Anpassungsvorrichtung *f*; **3.** ⊕ Zwischen-, Anschlußstück *n*; ⚡ Zwischenstecker *m.*

add [æd] **I.** *v/t.* **1.** hin'zufügen, -rechnen (*to* zu): *he ~ed that ...* er fügte hinzu, daß ...; *~ to this that ...* hinzu kommt, daß ...; *that does not ~ anything at all fig.* das ändert überhaupt nichts (an der Sache); **2.** *a. ~ up od. together* addieren, zs.-zählen: *five ~ed to five* fünf plus fünf; **3.** ✝, ∢, ⊕ aufschlagen, zusetzen: *to ~ 5% to the price* 5% auf den Preis aufschlagen; **II.** *v/i.* **4.** hin'zukommen, beitragen: *that ~s to my worries* das vermehrt m-e Sorgen; **5.** *~ up* a) sich summieren, mehr werden, b) aufgehen (*Rechnung*) (*a. fig.*): *that ~s up* F das stimmt; **add·ed** ['ædid] *adj.* vermehrt, erhöht, zusätzlich.

ad·den·dum [ə'dendəm] *pl.* **-da** [-də] *s.* Zusatz *m*, Nachtrag *m.*

ad·der ['ædə] *s. zo.* Natter *f*, Otter *f*, 'Viper *f*: *common ~* Gemeine Kreuzotter.

ad·dict I. *v/t.* [ə'dikt] **1.** *~ o.s.* (*to*) sich hin- *od.* ergeben (*dat.*): *to ~ o.s. to drink* sich dem Trunk ergeben; **2.** (*to*) widmen (*dat.*), *s-n Sinn* richten (auf *acc.*); **II.** *s.* ['ædikt] **3.** Süchtige(r *m*) *f*; Fa'natiker *m*: *alcohol ~* (Gewohnheits-)Trinker; *drug ~* Rauschgiftsüchtige(r); *film ~ humor.* Filmnarr; **ad'dict·ed** [-tid] *adj.* zugetan, ergeben: *~ to drink* trunksüchtig; **ad'dic·tion** [-kʃən] *s.* **1.** Neigung *f*, Hang *m*, Sucht *f* (to zu); **2.** ⚕ Süchtigkeit *f*: *~ to LSD* LSD-Sucht; *drug of ~* Suchtmittel.

add·ing ma·chine ['ædiŋ] *s.* Ad'dier-, Additi'onsma,schine *f.*

ad·di·tion [ə'diʃən] *s.* **1.** Hin'zufügung *f*, Ergänzung *f*, Zusatz *m*, Beigabe *f*: *in ~* noch dazu, außerdem; *in ~ to* außer (*dat.*), zuzüglich (*gen.*); **2.** Vermehrung *f*, Zuwachs *m* (*Familie, Einkommen, Grundbesitz*); Anbau *m*: *recent ~s* Neuerwerbungen; **3.** ∢ Additi'on *f*, Zs.-zählen *n*: *~ sign* Pluszeichen; **4.** ✝ Auf-, Zuschlag *m*; **5.** ⊕ Zusatz *m*, Beimischung *f*; **6.** *Am.* neuerschlossenes Baugelände; **ad'di·tion·al** [-ʃənl] *adj.* □ **1.** zusätzlich, ergänzend, weiter(er, -e, -es); **2.** Zusatz..., Mehr..., Extra..., Über..., Nach...: *~ charge* ✝ Auf-, Zuschlag; *~ charges* ✝ Mehrkosten; *~ postage* Nachporto; **ad'di·tion·al·ly** [-ʃnəli] *adv.* zusätzlich, in verstärktem Maße, außerdem; **ad·di·tive** ['æditiv] **I.** *adj* zusätzlich; **II.** *s.* Zusatz *m* (*a.* ⚗).

ad·dle ['ædl] **I.** *v/i.* **1.** faul werden, verderben (*Ei*); **II.** *v/t.* **2.** faul *od.* unfruchtbar machen; **3.** verwirren; **III.** *adj.* **4.** unfruchtbar, faul (*Ei*); **5.** verwirrt, kon'fus; **'~-brain** *s.* Hohlkopf *m*; **'~-head·ed, '~-pat·ed** *adj.* hohlköpfig; verwirrt.

ad·dress [ə'dres] **I.** *v/t.* **1.** *Worte etc.* richten (*to* an *acc.*), *j-n* anreden; *Brief* adressieren, richten, schreiben (*to* an *acc.*); **2.** e-e Ansprache halten an (*acc.*); **3.** *Waren* (ab)senden (*to* an *acc.*); **4.** *~ o.s.* (*to*) sich widmen (*dat.*), sich zuwenden (*dat.*); sich anschicken (zu); sich wenden (an *acc.*); **II.** *s.* **5.** Anrede *f*; Ansprache *f*, Rede *f*; **6.** A'dresse *f*, An-, Aufschrift *f*: *to change one's ~* s-e Adresse ändern, umziehen; **7.** Eingabe *f*, Bitt-, Dankschrift *f*, Er'gebenheitsa,dresse *f*: *the* ♀ *Brit. parl.* die Erwiderung des Parlaments auf die Thronrede; **8.** Benehmen *n*, Anstand *m*; **9.** Geschick *n*, Gewandtheit *f*; **10.** *pl.* Huldigungen *pl.*: *he paid his ~es to the lady* er machte der Dame den Hof; **ad·dress·ee** [ædre'si:] *s.* Adres'sat *m*, Empfänger(in); **ad'dress·ing ma·chine** [-siŋ] *s.* Adres'sierma,schine *f.*

ad·duce [ə'dju:s] *v/t. Beweis etc.* bei-, erbringen.

ad·e·noid ['ædinɔid] ⚕ **I.** *adj.* die Drüsen betreffend, Drüsen..., drüsenartig; **II.** *mst pl.* Po'lypen *pl.* (*in der Nase*); Wucherungen *pl.* (*im Rachen*).

ad·ept ['ædept] **I.** *s.* A'dept *m*: a) Eingeweihte(r *m*) *f*, b) Meister(in) (*in* in *dat.*): *to be an ~ at* gut sein in (*dat.*); **II.** *adj.* erfahren, geschickt (*in* in *dat.*).

ad·e·qua·cy ['ædikwəsi] *s.* Angemessenheit *f*, Zulänglichkeit *f*; **ad·e·quate** ['ædikwit] *adj.* □ **1.** angemessen, entsprechend (*to dat.*); **2.** 'hinreichend, genügend.

ad·here [əd'hiə] *v/i.* (*to*) **1.** kleben, haften (an *dat.*); **2.** *fig.* festhalten (an *dat.*), sich halten (an *acc.*), bleiben (bei *e-r Meinung, e-r Gewohnheit, e-m Plan*), *j-m, e-r Partei, e-r Sache etc.* treu bleiben; **3.** angehören (*dat.*); **ad'her·ence** [-ərəns] *s.* (*to*) **1.** Festhaften *n* (an *dat.*); **2.** Anhänglichkeit *f* (an *dat.*); **3.** Festhalten *n* (an *dat.*), Befolgung *f* (*e-r Regel*); **ad'her·ent** [-ərənt] **I.** *adj.* **1.** anklebend, anhaftend; **2.** *fig.* festhaltend, (fest)verbunden (*to* mit), anhänglich; **II.** *s.* **3.** Anhänger(in) (of *gen.*).

ad·he·sion [əd'hi:ʒən] *s.* **1.** Festhaften *n*, Ankleben *n*; **2.** Anhänglichkeit *f*, Festhalten *n* (*to* an *dat.*): *~ to a policy*; **3.** Beitritt *m*, Anschluß *m*; Einwilligung *f*; **4.** ⚕, *phys.* Adhäsi'on *f*; **ad'he·sive** [-siv] **I.** *adj.* □ **1.** anhaftend, klebend, gummiert: *~ plaster* Heftpflaster; *~ tape* a) Heftpflaster, b) Klebstreifen; *~ rubber* Klebgummi; **2.** gar zu anhänglich, aufdringlich; **3.** ⊕, *phys.* haftend, Adhäsions...: *~ capacity* (*od. power*) Haftvermögen, Adhäsions-, Klebkraft; **II.** *s.* **4.** Bindemittel *n*, Klebstoff *m.*

ad hoc ['æd'hɔk] (*Lat.*) *adv. u. adj.* nur für diesen Fall bestimmt, spezi'ell.

a·dieu [ə'dju:] **I.** *int.* lebe wohl!: *to bid a person ~* j-m Lebewohl sagen; **II.** *pl.* **a·dieus** *u.* **a·dieux** [-z] *s.*

Lebeˈwohl *n*: *to make one's* ~ Lebewohl sagen.

ad in·fi·ni·tum [ædinfiˈnaitəm] (*Lat.*) *adv.* endlos, bis ins Unˈendliche.

ad in·te·rim [ædˈintərim] (*Lat.*) *adv. u. adj.* inˈzwischen, Interims..., vorläufig.

ad·i·pose [ˈædipous] **I.** *adj.* fett (-haltig), Fett...: ~ *tissue* Fettgewebe; **II.** *s.* (Körper)Fett *n*.

ad·it [ˈædit] *s.* Zutritt *m*, *bsd.* ⚒ waag(e)rechter Eingang, Stollen *m*.

ad·ja·cen·cy [əˈdʒeisənsi] *s.* **1.** Angrenzen *n*; **2.** *mst pl. das* Angrenzende, Umˈgebung *f*; **adˈja·cent** [-nt] *adj.* □ angrenzend, -liegend, -stoßend (*to* an *acc.*); benachbart, Nachbar..., Neben...: ~ *angle* ∡ Nebenwinkel.

ad·jec·ti·val [ædʒekˈtaivəl] *adj.* □ ˈadjektivisch; **ad·jec·tive** [ˈædʒiktiv] **I.** *s.* **1.** ˈAdjektiv *n*, Eigenschaftswort *n*; **II.** *adj.* □ **2.** adjektivisch; **3.** abhängig; **4.** (*Färberei*) ˈadjektiv (*nur zs. mit einer Vorbeize färbend*): ~ *dye* Beizfarbe; **5.** ⚖ forˈmell (*Recht*).

ad·join [əˈdʒɔin] **I.** *v/t.* **1.** (an)stoßen *od.* (an)grenzen an (*acc.*); **2.** beifügen (*to dat.*); **II.** *v/i.* **3.** angrenzen, naheliegen; **adˈjoined** [-nd] *adj.* beigefügt; **adˈjoin·ing** [-niŋ] *adj.* angrenzend, benachbart, Nachbar..., Neben...

ad·journ [əˈdʒəːn] **I.** *v/t.* **1.** aufschieben, vertagen: *to* ~ *sine die* ⚖ auf unbestimmte Zeit vertagen; **2.** *Sitzung etc.* schließen; **II.** *v/i.* **3.** sich vertagen; den Sitzungsort verlegen (*to* nach): *to* ~ *to the sitting-room* F sich ins Wohnzimmer zurückziehen; **adˈjourn·ment** [-mənt] *s.* **1.** Vertagung *f*, Verschiebung *f*; **2.** Verlegung *f* des Sitzungsortes.

ad·judge [əˈdʒʌdʒ] *v/t.* **1.** *gerichtlich* entscheiden *od.* erkennen, für *schuldig etc.* erklären, *ein Urteil* fällen: *to* ~ *s.o. bankrupt* über j-s Vermögen den Konkurs eröffnen; **2.** ⚖, *sport* zuerkennen, zusprechen; **3.** verurteilen (*to* zu).

ad·ju·di·cate [əˈdʒuːdikeit] **I.** *v/t.* **1.** gerichtlich *od.* als Schiedsrichter entscheiden, ein Urteil fällen über (*acc.*); **II.** *v/i.* **2.** Urteil sprechen, entscheiden (*upon* über *acc.*); **3.** als Schieds- *od.* Preisrichter fungieren (*at* bei); **ad·ju·di·ca·tion** [ədʒuːdiˈkeiʃən] *s.* **1.** richterliche Entscheidung, Urteil *n*; **2.** ⚖ Konˈkursverhängung *f*; **adˈju·di·ca·tor** [-tə] *s.* Schieds-, Preisrichter *m*.

ad·junct [ˈædʒʌŋkt] *s.* **1.** Zusatz *m*, Beigabe *f*; ˈNebenˌumstand *m*; **2.** Kolˈlege *m*, Mitarbeiter *m*, Gehilfe *m*; **3.** *ling.* Attriˈbut *n*, Beifügung *f*; **ad·junc·tive** [əˈdʒʌŋktiv] *adj.* □ beigeordnet, verbunden.

ad·ju·ra·tion [ædʒuəˈreiʃən] *s.* **1.** Beschwörung *f*, dringende Bitte; **2.** Auferlegung *f* des Eides; **3.** Eidesformel *f*; **ad·jure** [əˈdʒuə] *v/t.* **1.** beschwören, dringend bitten; **2.** *j-m* den Eid auferlegen.

ad·just [əˈdʒʌst] **I.** *v/t.* **1.** in Ordnung bringen, ordnen, regulieren, abstimmen; berichtigen; **2.** anpassen (*a. psych.*), angleichen (*to dat.*, an *acc.*); **3.** ~ *o.s.* (*to*) sich anpassen (*dat.*, an *acc.*) *od.* einfügen (in *acc.*); **4.** ✝ *Konto* bereinigen; *Schaden etc.* berechnen, festsetzen; **5.** *Streit* schlichten; **6.** ⊕ an-, einpassen, (ein)stellen, richten, regulieren; *a. Gewehr etc.* justieren; **7.** *Maße* eichen; **II.** *v/i.* **8.** sich anpassen; **9.** sich einstellen lassen; **adˈjust·a·ble** [-təbl] *adj.* □ *bsd.* ⊕ regulierbar, ein-, verstellbar, Lenk..., Dreh..., Stell...: ~ *speed* regelbare Drehzahl; ~ *wedge* Stellkeil; **adˈjust·er** [-tə] *s.* **1.** j-d der *od.* et. was regelt, ausgleicht, ordnet; Schlichter *m*; **2.** *Versicherung*: Schadenssachverständige(r) *m*; **adˈjust·ing** [-tiŋ] *adj. bsd.* ⊕ (Ein-) Stell..., Richt..., Justier...: ~ *balance* Justierwaage; ~ *lever* (Ein)Stellhebel; ~ *screw* Justier-, Stellschraube; **adˈjust·ment** [-mənt] *s.* **1.** (An-) Ordnung *f*, Regelung *f*, Berichtigung *f*, Änderung *f*; **2.** Anpassung *f*; **3.** Schlichtung *f*, Beilegung *f* (*e-s Streits*); **4.** ⊕ Einstellung *f*, Einstellvorrichtung *f*; Berichtigung *f*, Regulierung *f*; Eichung *f*; **5.** Berechnung *f* von Schadens(ersatz)-ansprüchen (*bsd. Versicherung*).

ad·ju·tant [ˈædʒutənt] *s.* ⚔ Adjuˈtant *m*; ˈ**~-gen·er·al** *pl.* ˈ**~s-gen·er·al** *s.* ⚔ Geneˈraladjuˌtant *m*.

ad-lib [ædˈlib] *v/i. u. v/t.* F improvisieren, aus dem Stegreif sagen.

ad lib·i·tum [æd ˈlibitəm] (*Lat.*) *adj. u. adv.* **1.** nach Belieben, nach Herzenslust; **2.** ♪ *u.* F aus dem Stegreif.

ad·man [ˈædmən] *s.* [*irr.*] F **1.** Werbefachmann *m*; **2.** Setzer *m* für den Werbeteil (*e-r Zeitung etc.*); **ad·mass** [ˈædˈmæs] *s.* ˈMassenˌpublikum *n* der Werbesendungen.

ad·min·is·ter [ədˈministə] **I.** *v/t.* **1.** verwalten; **2.** ausüben, handhaben: *to* ~ *justice* (*od. the law*) Recht sprechen; *to* ~ *punishment* Strafe verhängen; **3.** verabreichen, erteilen (*to dat.*): *to* ~ *medicine* Arznei (ein)geben; *to* ~ *a shock* e-n Schrecken einjagen; *to* ~ *an oath* e-n Eid abnehmen; *to* ~ *the Blessed Sacrament* das heilige Sakrament spenden; **II.** *v/i.* **4.** als Verwalter fungieren; **5.** beitragen (*to* zu); **6.** abhelfen (*to dat.*); **ad·min·is·tra·tion** [ədminisˈtreiʃən] *s.* **1.** Verwaltung *f* (*Geschäft, Vermögen, Nachlaß*); **2.** Verwaltungsbehörde *f*, Miniˈsterium *n*; Staatsverwaltung *f*, Regierung *f*; **3.** *Am.* Amtsdauer *f od.* Regierungszeit *f* (*bsd. e-s Präsidenten*); **4.** Handhabung *f*, ˈDurchführung *f*: ~ *of justice* Rechtsprechung; ~ *of an oath* Eidesabnahme; **5.** Aus-, Erteilung *f*; Verabreichung *f* (*Arznei*); Spendung *f* (*Sakrament*); **adˈmin·is·tra·tive** [-trətiv] *adj.* □ verwaltend, Verwaltungs..., Regierungs...: ~ *body* Behörde, Verwaltungskörper; **adˈmin·is·tra·tor** [-treitə] *s.* **1.** Verwalter *m*, Verwaltungsbeamte(r) *m*; **2.** ⚖ Nachlaß-, Vermögensverwalter *m*; **adˈmin·is·tra·trix** [-treitriks] *pl.* **-tri·ces** [-trisiːz] *s.* (Nachlaß)Verwalterin *f*.

ad·mi·ra·ble [ˈædmərəbl] *adj.* □ bewundernswert, großartig.

ad·mi·ral [ˈædmərəl] *s.* **1.** Admiˈral *m*: ♀ *of the Fleet* Großadmiral; **2.** *zo.* Admiral *m* (*Schmetterling*); ˈ**ad·mi·ral·ty** [-ti] *s.* **1.** Admiˈralsamt *n*, -würde *f*; **2.** Admiraliˈtät *f*: *Lords Commissioners of* ♀ (*od. Board of* ♀) *Brit.* Marineministerium; *First Lord of the* ♀ *Brit.* Marineminister; ~ *law* ⚖ Seerecht; **3.** ♀ *Brit.* Admiralitätsgebäude *n* (*in London*).

ad·mi·ra·tion [ædməˈreiʃən] *s.* **1.** Bewunderung *f* (*of, for* für), Entzücken *n*; **2.** Gegenstand *m* der Bewunderung: *she was the* ~ *of all beholders* sie war der Gegenstand allgemeiner Bewunderung.

ad·mire [ədˈmaiə] *v/t.* **1.** bewundern (*for* wegen); **2.** hochschätzen, verehren; **adˈmir·er** [-ərə] *s.* Bewunderer *m*; Verehrer *m*; **adˈmir·ing** [-əriŋ] *adj.* □ bewundernd.

ad·mis·si·bil·i·ty [ədmisəˈbiliti] *s.* Zulässigkeit *f*; **ad·mis·si·ble** [ədˈmisəbl] *adj.* **1.** *a.* ⚖ zulässig, erlaubt; **2.** würdig, zugelassen zu werden; **ad·mis·sion** [ədˈmiʃən] *s.* **1.** Einlaß *m*, Ein-, Zutritt *m*: ~ *free* Eintritt frei; ~ *ticket* Eintrittskarte; **2.** Eintrittserlaubnis *f* -gebühr *f*; **3.** Zulassung *f*, Aufnahme *f* (*als Mitglied in e-e Gemeinschaft etc.*; *Am. a. e-s Staates in die Union*): ♀ *Day* Jahrestag der Aufnahme in die Union; **4.** Ernennung *f*; **5.** Anerkennung *f*, Eingeständnis *n*; **6.** ⊕ Eintritt *m*, -laß *m*, Zufuhr *f*.

ad·mit [ədˈmit] **I.** *v/t.* **1.** zu-, ein-, vorlassen: ~ *bearer* dem Inhaber *dieser Karte* ist der Eintritt gestattet; *to* ~ *s.o. into one's confidence* j-n ins Vertrauen ziehen; **2.** Platz haben für, fassen: *the theatre only* ~*s 200 persons*; **3.** *als Mitglied in e-e Gemeinschaft, Schule etc.* aufnehmen, *in ein Krankenhaus* einliefern, *zu e-m Amt etc.* zulassen: *to* ~ *to the Bar* als *plädierenden* Rechtsanwalt zulassen; **4.** gelten lassen, anerkennen, zugeben: *I* ~ *this to be wrong od. that this is wrong* ich gebe zu, daß dies falsch ist; *to* ~ *a claim* e-e Reklamation anerkennen; **5.** ⚖ für amtsfähig erklären, als rechtsgültig anerkennen; **6.** ⊕ zuführen, einlassen: *the window does not* ~ *enough air*; **II.** *v/i.* **7.** Einlaß gewähren; **8.** ~ *of* gestatten, erlauben: *it* ~*s of no excuse* es läßt sich nicht entschuldigen; *to* ~ *of doubt* Zweifel zulassen; **adˈmit·tance** [-təns] *s.* **1.** Zulassung *f*, Einlaß *m*, Zutritt *m*: *no* ~ Zutritt verboten; *no* ~ *except on business* Zutritt für Unbefugte verboten; **2.** Aufnahme *f*, Empfang *m*; **adˈmit·ted** [-tid] *adj.* □ anerkannt, zugegeben: *an* ~ *fact*; *an* ~ *thief* anerkanntermaßen ein Dieb; **adˈmit·ted·ly** [-tidli] *adv.* anerkanntermaßen, zugegebenermaßen.

ad·mix [ədˈmiks] *v/t.* beimischen (*with dat.*); **adˈmix·ture** [-tʃə] *s.* Beimischung *f*, Mischung *f*; Zusatz(stoff) *m*.

ad·mon·ish [ədˈmɔniʃ] **1.** *v/t.* (er-) mahnen, *j-m* dringend raten (*to inf.* zu *inf.*, *that* daß); **2.** *j-m* Vorhaltungen machen (*of od. about* wegen *gen.*); **3.** warnen (*not to inf.* davor, zu *inf. od. of* vor *dat.*): *he was* ~*ed* not to go er wurde davor gewarnt zu gehen; **ad·mo·ni·tion** [ædmə'niʃən] *s.* **1.** Ermahnung *f*; **2.** Warnung *f*, Verweis *m*; **ad'mon·i·to·ry** [-itəri] *adj.* ermahnend, warnend.

ad nau·se·am [æd'nɔːsiæm] (*Lat.*) *adv.* zum Ekel, (bis) zum Erbrechen.

a·do [ə'duː] *s.* Getue *n*, Aufheben(s) *n*, Mühe *f*: *much* ~ *about nothing* viel Lärm um nichts; *without more* ~ ohne weitere Umstände.

a·do·be [ə'doubi] *s.* **1.** Lehmstein *m*, Luftziegel *m*; **2.** Haus *n* aus Lehmsteinen.

ad·o·les·cence [ædou'lesns] *s.* Jünglingsalter *n*; **ad·o'les·cent** [-nt] **I.** *s.* Jugendliche(r *m*) *f*; **II.** *adj.* her'anwachsend, jugendlich; Jünglings...

A·do·nis [ə'dounis] **I.** *npr. antiq.* **1.** A'donis *m*; **II.** *s.* **2.** *fig.* Adonis *m*, schöner junger Mann; **3.** Geck *m*, Stutzer *m*.

a·dopt [ə'dɔpt] *v/t.* **1.** adoptieren, (an Kindes Statt) annehmen; *j-n* in s-e Fa'milie aufnehmen; **2.** *fig.* annehmen, über'nehmen, einführen, sich *ein Verfahren etc.* zu eigen machen; *Handlungsweise* wählen; *Maßregeln* ergreifen; **3.** *pol.* e-r *Gesetzesvorlage* zustimmen; **4.** ~ *a town* e-e im Kriege zerstörte Stadt als ‚Patenkind' annehmen; **5.** *pol.* e-n *Kandidaten* (*für die nächste Wahl*) annehmen; **6.** F sti'bitzen; **a'dopt·ed** [-tid] *adj.* *an Kindes Statt* angenommen, Adoptiv...: *his* ~ *country* s-e Wahlheimat; **a'dop·tion** [-pʃən] *s.* **1.** Adopti'on *f*, Annahme *f* (an Kindes Statt); **2.** Aufnahme *f in e-e Gemeinschaft*; **3.** *fig.* Annahme *f*, Aneignung *f*, 'Übernahme *f*; **a'dop·tive** [-tiv] *adj.* □ angenommen, Adoptiv...

a·dor·a·ble [ə'dɔːrəbl] *adj.* □ **1.** verehrungs-, bewunderungswürdig; liebenswert; **2.** allerliebst, entzückend; **ad·o·ra·tion** [ædɔː'reiʃən] *s.* **1.** Anbetung *f*, *kniefällige* Verehrung; **2.** *fig.* Liebe *f*, Bewunderung *f*, Verehrung *f*; **a·dore** [ə'dɔː] *v/t.* **1.** anbeten (*a. fig.*); **2.** *fig. innig* lieben, verehren, tief bewundern; **3.** schwärmen für; **a'dor·er** [-rə] *s.* Anbeter(in); Verehrer *m*, Bewunderer *m*, Liebhaber *m*; **a'dor·ing** [-riŋ] *adj.* □ anbetend, bewundernd, liebend: ~ *glances* schmachtende Blicke.

a·dorn [ə'dɔːn] *v/t.* **1.** schmücken, zieren; **2.** verschönen: *he* ~*ed the evening* er trug besonders zum Gelingen des Abends bei; **a'dorn·ment** [-mənt] *s.* Schmuck *m*, Verzierung *f*; Zierde *f*, Verschönerung *f*.

ad·re·nal [ə'driːnl] *anat.* **I.** *adj.* zur Nebenniere gehörig: ~ *glands* Nebennierendrüsen; **II.** *s.* Nebenniere *f*; **ad·ren·al·in** [ə'drenəlin] *s.* Adrena'lin *n* (*Nebennierenhormon*).

A·dri·at·ic [eidri'ætik] *geogr.* **I.** *adj.* adri'atisch: ~ *Sea* Adriatisches Meer; **II.** *s. the* ~ das Adriatische Meer, die 'Adria.

a·drift [ə'drift] *adv. u. adj.* **1.** (um'her)treibend, Wind und Wellen preisgegeben: *to cut* ~ treiben lassen; **2.** *fig.* aufs Geratewohl; hilflos: *to be all* ~ weder aus noch ein wissen; *to cut o.s.* ~ sich losreißen *od.* frei machen *od.* lossagen; *to turn s.o.* ~ j-n auf die Straße setzen.

a·droit [ə'drɔit] *adj.* □ geschickt, gewandt; schlagfertig, pfiffig.

ad·sum ['ædsʌm] (*Lat.*) *int.* hier! (*Antwort bei Namensaufruf*).

ad·u·late ['ædjuleit] *v/t.* *j-m* schmeicheln; lobhudeln; **ad·u·la·tion** [ædju'leiʃən] *s.* *niedere* Schmeiche'lei, Lobhude'lei *f*; **'ad·u·la·tor** [-tə] *s.* Schmeichler *m*, Speichellecker *m*; **'ad·u·la·to·ry** [-təri] *adj.* schmeichlerisch, lobhudelnd.

a·dult ['ædʌlt] **I.** *adj.* erwachsen; reif; **II.** *s.* Erwachsene(r *m*) *f*; ~ **ed·u·ca·tion** *s.* Erwachsenenbildung *f*; *engS.* Volkshochschule *f*.

a·dul·ter·ant [ə'dʌltərənt] *s.* Verfälschungsmittel *n*; **a·dul·ter·ate** [ə'dʌltəreit] *v/t.* **1.** *Nahrungsmittel* verfälschen; **2.** *fig.* verschlechtern, verderben; **a·dul·ter·a·tion** [ədʌltə'reiʃən] *s.* Verfälschung *f*, verfälschtes Pro'dukt, Fälschung *f*; **a'dul·ter·er** [-rə] *s.* Ehebrecher *m*; **a'dul·ter·ess** [-ris] *s.* Ehebrecherin *f*; **a'dul·ter·ous** [-tərəs] *adj.* □ ehebrecherisch; **a'dul·ter·y** [-ri] *s.* Ehebruch *m*.

ad·um·brate ['ædʌmbreit] *v/t.* **1.** im 'Umriß darstellen; skizzieren; **2.** andeuten; vor'ausahnen lassen; **ad·um·bra·tion** [ædʌm'breiʃən] *s.* flüchtiger Entwurf; Andeutung *f*, Vorahnung *f*.

ad va·lo·rem ['ædvə'lɔːrem] (*Lat.*) *adj. u. adv.* dem Wert entsprechend.

ad·vance [əd'vɑːns] **I.** *v/t.* **1.** vorwärtsbringen, vorrücken (lassen), vorschieben; **2. a)** *Uhr, Fuß* vorstellen, **b)** *Zeitpunkt* vorverlegen: *they* ~*d the date of their wedding*, **c)** hin'aus-, aufschieben: *a tendency to* ~ *the age of marriage*; **3.** *Meinung, Grund, Anspruch* vorbringen, geltend machen; **4.** fördern, verbessern: *to* ~ *one's position*; **5.** beschleunigen: *to* ~ *growth*; **6.** erheben (*im Amt od. Rang*), befördern (*to the rank of general* zum General); **7.** *Preis* erhöhen; **8.** *Geld* vor'ausbezahlen; vorschießen, leihen; im voraus liefern; **II.** *v/i.* **9.** vor-, vorwärtsgehen, vordringen, vormarschieren, vorrücken (*a. fig. Zeit*); **10.** vor'ankommen, Fortschritte machen: *to* ~ *in knowledge*; **11.** *im Rang* aufrücken, befördert werden; **12.** zunehmen (*in* an *dat.*), steigen; **13.** ✝ steigen; teurer werden; **III.** *s.* **14.** Vorwärtsgehen *n*, Vorrücken *n*, Vormarsch *m* (*a. fig.*); Vorrücken *n des Alters*; **15.** Aufrücken *n* (*im Amt*), Beförderung *f*; **16.** Fortschritt *m*, Verbesserung *f*; **17.** Vorsprung *m*: *in* ~ **a)** vorn, **b)** im voraus, vorher; ~ *section* vorderer Teil; *to be in* ~ Vorsprung haben (*of* vor *dat.*); *to arrive in* ~ *of the others* vor den anderen ankommen; *to order* (*od. book*) *in* ~ vor(aus)bestellen; ~ *booking*, ~ *sale* Vorverkauf; ~ *sheets* Aushängebogen (*e-s Buches*); **18.** *a.* ~ *payment* Vorschuß *m*, Vor'auszahlung *f*: *in* ~ in pränumerando; **19.** (Preis)Erhöhung *f*; Mehrgebot *n* (*Versteigerung*); **20.** *mst pl.* Entgegenkommen *n*, Vorschlag *m*, erster Schritt (*zur Verständigung*); **21.** ⚔ *Am.* Vorhut *f*, Spitze *f*: ~ *guard Brit. u. Am.* Vorhut; **ad'vanced** [-st] *adj.* **1.** vorgerückt, vorgeschritten: ~ *age* vorgerücktes Alter; ~ *in pregnancy* hochschwanger; **2.** vor-, fortgeschritten; fortschrittlich: ~ *opinions*; ~ *students*; ~ *English* Englisch für Fortgeschrittene; **3.** gar zu fortschrittlich, ex'trem; keck, ungeniert; **4.** ⚔ vorgeschoben, Vor(aus)...; **ad'vance·ment** [-mənt] *s.* **1.** Förderung *f*; **2.** Beförderung *f*; **3.** Em'por-, Fortkommen *n*, Fortschritt *m*, Wachstum *n*.

ad·van·tage [əd'vɑːntidʒ] **I.** *s.* **1.** Vorteil *m* (*a. Tennis*), Über'legenheit *f*: *to* ~ günstig, vorteilhaft; *to have the* ~ *of s.o.* j-m gegenüber im Vorteil sein; *you have the* ~ *of me iro.* ich habe nicht die Ehre, Sie zu kennen; **2.** Nutzen *m*, Gewinn *m*: *to take* ~ *of s.o.* j-n übervorteilen *od.* ausnutzen; *to take* ~ *of s.th.* et. ausnutzen; *to derive od. gain* ~ *from s.th.* aus et. Nutzen ziehen; **3.** günstige Gelegenheit; **II.** *v/t.* **4.** fördern, begünstigen; **ad·van·ta·geous** [ædvən'teidʒəs] *adj.* □ vorteilhaft, günstig, nützlich.

Ad·vent ['ædvənt] *s.* **1.** *eccl.* Ad'vent *m*, Ad'ventszeit *f*: ~ *Sunday*; **2.** ♀ Kommen *n*, Erscheinen *n*, Ankunft *f*; **'Ad·vent·ist** [-tist] *s.* Adven'tist *m*.

ad·ven·ti·tious [ædven'tiʃəs] *adj.* □ **1.** (zufällig) hin'zugekommen; zufällig, nebensächlich: ~ *causes* Nebenursachen; **2.** ⚘, ⚖ zufällig erworben.

ad·ven·ture [əd'ventʃə] **I.** *s.* **1.** Abenteuer *n*, Wagnis *n*: *life of* ~ Abenteurerleben; **2.** (unerwartetes) Erlebnis; **3.** ✝ Spekulati'onsgeschäft *n*; **II.** *v/t.* **4.** wagen, gefährden; **5.** ~ *o.s.* sich wagen (*into* in *acc.*); **III.** *v/i.* **6.** sich wagen (*on, upon* in, auf *acc.*); ~ **play·ground** *s.* Abenteuerspielplatz *m*.

ad·ven·tur·er [əd'ventʃərə] *s.* **1.** Abenteurer *m*, Wagehals *m*; **2.** Hochstapler *m*; **3.** Speku'lant *m*; **ad'ven·ture·some** [-səm] *adj.* abenteuerlustig; **ad'ven·tur·ess** [-tʃəris] *s.* Abenteu(r)erin *f*; **ad'ven·tur·ism** [-tʃərizəm] *s.* Abenteurertum *n*; **ad'ven·tur·ous** [-tʃərəs] *adj.* □ **1.** abenteuerlich; **2.** abenteuerlustig, waghalsig; **3.** gewagt, kühn.

ad·verb ['ædvəːb] *s.* Ad'verb *n*, Umstandswort *n*; **ad·ver·bi·al** [əd'vəːbjəl] *adj.* □ adverbi'al: ~ *phrase* adverbiale Bestimmung.

ad·ver·sar·y ['ædvəsəri] *s.* **1.** Gegner(in), 'Widersacher(in); **2.** ♀ *eccl.* Teufel *m*; **ad·ver·sa·tive** [əd'vəːsətiv] *adj.* □ *bsd. ling.* gegensätzlich, adversa'tiv: ~ *word*; ~ *particle*.

ad·verse ['ædvəːs] *adj.* □ **1.** entgegenwirkend, zu'wider, widrig (*to dat.*): ~ *winds* widrige Winde; **2.** gegnerisch, feindlich; **3.** ungünstig, nachteilig (*to* für): ~ *balance of trade* passive Handelsbilanz; ~ *judg(e)ment* ungünstiges Urteil; **ad·ver·si·ty** [əd'vəːsiti] *s.* Mißgeschick *n*, Not *f*, Unglück *n*.

ad·vert **I.** *v/i.* [əd'vəːt] hinweisen,

sich beziehen (*to* auf *acc.*); **II.** *s.* ['ædvə:t] *Brit.* F *für advertisement.*

ad·ver·tise, *Am. a.* **ad·ver·tize** ['ædvətaiz] **I.** *v/t.* **1.** ankündigen, anzeigen, *durch die Zeitung etc.* bekanntmachen: *to ~ a post* eine Stellung *öffentlich* ausschreiben; *you need not ~ the fact* du brauchst es nicht an die große Glocke zu hängen; **2.** *durch Zeitungsanzeige etc.* Re'klame machen für, werben für; **II.** *v/i.* **3.** inserieren, annoncieren, öffentlich ankündigen: *to ~ for* durch Inserat suchen; **4.** werben, Reklame machen; **ad·ver·tise·ment** [əd'və:tismənt] *s.* **1.** *öffentliche* Anzeige, Ankündigung *f in e-r Zeitung*, Inse'rat *n*, An'nonce *f*: *to put an ~ in a paper* ein Inserat in e-r Zeitung aufgeben; **2.** Re'klame *f*, Werbung *f*; '**ad·ver·tis·er** [-zə] *s.* **1.** Inse'rent(in); **2.** Anzeiger *m*, Anzeigenblatt *n*; '**ad·ver·tis·ing** [-ziŋ] **I.** *s.* **1.** Inserieren *n*; Ankündigung *f*; **2.** Reklame *f*, Werbung *f*; **II.** *adj.* **3.** Reklame..., Werbe...: *~ agency* Werbeagentur; *~ agent* Anzeigenvertreter; *~ campaign* Werbefeldzug; *~ expert* Werbefachmann; *~ space* Reklamefläche; '**ad·ver·tize** *etc.* → *advertise etc.*

ad·vice [əd'vais] *s.* **1.** Rat *m*, Ratschlag *m*, Gutachten *n*: *a piece of ~* ein Ratschlag; *to take medical ~* ärztlichen Rat einholen; *take my ~* folge meinem Rat; **2.** Nachricht *f*, Anzeige *f*, (schriftliche) Mitteilung; **3.** ✝ A'vis *m*, Bericht *m*: *letter of ~* Avisbrief, Benachrichtigungsschreiben; *as per ~* laut Aufgabe *od.* Bericht.

ad·vis·a·bil·i·ty [ədvaizə'biliti] *s.* Ratsamkeit *f*; **ad·vis·a·ble** [əd'vaizəbl] *adj.* □ ratsam.

ad·vise [əd'vaiz] **I.** *v/t.* **1.** *j-m* raten *od.* empfehlen (*to inf.* zu *inf.*); *et.* (an-)raten; *j-n* beraten: *he was ~d to go* man riet ihm zu gehen; *to ~ a change of air* e-e Luftveränderung (an)raten; **2.** *(against)* warnen (vor *dat.*); *j-m* abraten (von); **3.** ✝ benachrichtigen (*of* von, *that* daß), avisieren (*s.o. of s.th.* j-m et.); **II.** *v/i.* **4.** sich beraten (*with* mit); **ad'vised** [-zd] *adj.* □ → *advisedly*; **1.** beraten: *badly ~*; **2.** besonnen, über'legt; → *ill-advised*; *well-advised*; **ad'vis·ed·ly** [-zidli] *adv.* mit Bedacht *od.* Über'legung; vorsätzlich, absichtlich; **ad'vis·er** *od.* **ad'vi·sor** [-zə] *s.* **1.** Berater *m*, Ratgeber *m*; **2.** *ped. Am.* 'Studienberater *m*; **ad'vi·so·ry** [-zəri] *adj.* beratend, Beratungs...: *~ board*, *~ committee* Beratungsausschuß, Beirat, Gutachterkommission; *~ body*, *~ council* Beirat.

ad·vo·ca·cy ['ædvəkəsi] *s.* Befürwortung *f*, Empfehlung *f*, Eintreten *n* (*of* für); **ad·vo·cate I.** *s.* ['ædvəkit] **1.** Verfechter *m*, Befürworter *m*, Verteidiger *m*, Fürsprecher *m*: *an ~ of peace*; **2.** *Scot. u. hist.* Advo'kat *m*, (plädierender) Rechtsanwalt: *Lord* ♀ Oberster Staatsanwalt; **II.** *v/t.* ['ædvəkeit] **3.** verteidigen, befürworten, eintreten für.

adze [ædz] *s.* Breitbeil *n*, Krummaxt *f*.

Ae·ge·an [i(:)'dʒi:ən] *geogr.* **I.** *adj.* ä'gäisch: *~ Sea* Ägäisches Meer; **II.** *s. the ~* die Ägäis.

ae·gis ['i:dʒis] *s. myth.* 'Ägis *f*; *fig.* Ä'gide *f*, Schutzherrschaft *f*.

ae·gro·tat [i(:)'groutæt] (*Lat.*) *s. Brit. univ.* 'Krankheitsat,test *n* (*für Examenskandidaten*).

Ae·o·li·an [i(:)'ouljən] *adj.* ä'olisch: *~ harp* Äolsharfe.

ae·on ['i:ən] *s.* Ä'one *f*, Ewigkeit *f*.

a·er·ate, *Am. a.* **a·ër·ate** ['eiəreit] *v/t.* **1.** der Luft aussetzen; **2.** mit Kohlensäure sättigen; zum Sprudeln bringen; '**a·er·at·ed,** *Am. a.* '**a·ër·at·ed** [-tid] *adj.* mit Luft *od.* Kohlensäure durch'setzt; sprudelnd.

a·e·ri·al, *Am. a.* **a·ë·ri·al** ['ɛəriəl] **I.** *adj.* □ **1.** zur Luft gehörend, in der Luft lebend *od.* befindlich, fliegend; hoch, Luft...: *~ advertising* Luftwerbung, Himmelsschrift; *~ cableway* Seilschwebebahn; *~ camera* Luftbildkamera; *~ railway* Hänge-, Schwebebahn; *~ spires* hochragende Kirchtürme; **2.** aus Luft bestehend, leicht, gasförmig, flüchtig; **3.** ä'therisch, zart: *~ fancies* Phantastereien; **4.** ✈ zu e-m Flugzeug *od.* zum Fliegen gehörig: *~ attack* Luft-, Fliegerangriff; *~ barrage* **a)** (Luft)Sperr-, Flakfeuer, **b)** Ballonsperre; *~ map* Luftbildkarte; *~ navigation* Luftschiffahrt; *~ view* Flugzeugaufnahme, Luftbild; **5.** ⊕ oberirdisch, Ober..., Frei..., Luft...: *~ cable* Luftkabel; *~ wire* ⚡ Ober-, Freileitung; **6.** ⚡, *Radio, Fernsehen*: Antennen...: *~ wire*; **II.** *s.* **7.** ⚡, *Radio, Fernsehen*: An'tenne *f*: *frame ~* Rahmenantenne.

a·e·ri·al·ist, *Am. a.* **a·ë·ri·al·ist** ['ɛəriəlist] *s.* 'Luftakro,bat *m*, Tra'pezkünstler *m*.

a·er·ie, *Am. a.* **a·ër·ie** ['ɛəri] *s.* **1.** Horst *m* (*Raubvogelnest*); **2.** *fig.* Wohnsitz *m od.* Schloß *n od.* Festung *f* auf e-r Anhöhe.

a·er·o, *Am. a.* **a·ër·o** ['ɛərou] **I.** *pl.* **-os** *s.* Flugzeug *n*, Luftschiff *n*; **II.** *adj.* Luftschiffahrt..., Flugzeug...: *~ engine.*

aero-, *Am. a.* **aëro-** [ɛərou; -rə] *in Zssgn*: **a)** Luft..., **b)** Gas...

a·er·o·bat·ic [ɛərou'bætik] *adj.* 'luftakro,batisch; **a·er·o'bat·ics** [-ks] *s. pl. sg. konstr.* Luftsport *m*, Kunstfliegen *n*, -flüge *pl.*; **a·er·o·cab** ['ɛərəkæb] *s. Am.* F 'Luft,taxi *n*, Hubschrauber *m*; **a·er·o·drome** [ɛərə'droum] *s. bsd. Brit.* Flugplatz *m*, -hafen *m*.

a·er·o|·dy·nam·ic *adj.*; **~·dy·nam·i·cal** [ɛəroudai'næmik(əl)] *adj.* □ aerody'namisch; **~·dy'nam·ics** [-ks] *s. pl. sg. konstr.* Aerody'namik *f*, Lehre *f* von den Bewegungsgesetzen der Luft; **~·dyne** ['ɛəroudain] *s.* Luftfahrzeug *n* schwerer als Luft.

a·er·o|·foil ['ɛərəfɔil] *s. Brit.* Tragfläche *f*, *a.* Höhen-, Kiel- *od.* Seitenflosse *f*; '**~·gram** [-əgræm] *s.* durch Radio *od.* Flugzeug über'mittelte Nachricht, Funkspruch *m*; '**~·lite** [-əlait] *s.* Aero'lith *m*, Mete'orstein *m*.

a·er·ol·o·gy [ɛə'rɔlədʒi] *s. phys.* **1.** Aerolo'gie *f*, Lehre *f* von den Eigenschaften der Atmo'sphäre; **2.** aero'nautische Wetterkunde; **a·er'om·e·ter** [-ɔmitə] *s. phys.* Aero'meter *m*, (Luft- *od.* Gas-) Dichtemesser *m* (*Instrument*).

a·er·o|·naut ['ɛərənɔ:t] *s.* Aero'naut *m*, Luftschiffer *m*; **~·nau·tic** *adj.*; **~·nau·ti·cal** [ɛərə'nɔ:tik(əl)] *adj.* □ aero'nautisch, Luftfahrt...: *~ weather service* Flugwetterdienst; **~·nau·tics** [ɛərə'nɔ:tiks] *s. pl sg. konstr.* Aero'nautik *f*, Luftfahrt *f*, Flugwesen *n*.

a·er·o|·neu·ro·sis [ɛərounjuə'rousis] *s.* ⚕ 'Flugkrankheit *f*, -neu,rose *f*; **~·plane** ['ɛərəplein] *s. bsd. Brit.* Flugzeug *n*, ‚Flieger' *m*.

a·er·o|·stat ['ɛəroustæt] *s.* Luftschiff *n*, 'Luftbal,lon *m*; **~·stat·ic** *adj.*; **~'stat·i·cal** [ɛərou'stætik(əl)] *adj.* □ aero'statisch; **~·stat·ics** [ɛərou'stætiks] *s. pl. sg. konstr.* Aero'statik *f*.

Aes·cu·la·pi·an [i:skju'leipjən] **I.** *adj.* **1.** Äskulap...; **2.** ärztlich; **II.** *s.* **3.** Arzt *m*; **Aes·cu'la·pi·us** [-jəs] *npr. myth.* Äsku'lap *m*: *~' staff* Äskulapstab.

aes·thete ['i:sθi:t] *s.* Äs'thet *m*, Schöngeist *m*; **aes·thet·ic** *adj.*; **aes·thet·i·cal** [i:s'θetik(əl)] *adj.* □ äs'thetisch, geschmackvoll; **aes·thet·ics** [i:s'θetiks] *s. pl. sg. konstr.* Äs'thetik *f*.

aes·ti·val [i:s'taivəl] *adj.* sommer|lich.

ae·ther *etc.* → *ether etc.*

a·far [ə'fɑ:] *adv.* fern: *~ off* in der Ferne; *from ~* aus weiter Ferne.

af·fa·bil·i·ty [æfə'biliti] *s.* Leutseligkeit *f*, Freundlichkeit *f*, Güte *f*; **af·fa·ble** ['æfəbl] *adj.* □ leutselig, freundlich, 'umgänglich.

af·fair [ə'fɛə] *s.* **1.** Angelegenheit *f*, Sache *f*, Geschäft *n*; Handlung *f*, Ereignis *n*: *a disgraceful ~*; *that is his ~* das ist seine Sache; *that is not my ~* das geht mich nichts an; *to make an ~ of s.th.* et. aufbauschen; *one's own ~* die eigene Angelegenheit, Privatsache; *~ of honour* Ehrensache, -handel; **2.** *pl.* Angelegenheiten *pl.*, Verhältnisse *pl.*: *public ~s* öffentliche Angelegenheiten, das Gemeinwesen; *state of ~s* Lage der Dinge, Sachlage; *as ~s stand* so wie die Dinge liegen; *Foreign* ♀*s Brit. pol.* Auswärtige Angelegenheiten; **3.** F Ding *n*, Sache *f*, Angelegenheit *f*: *her dress is a wonderful ~*; **4.** Liebschaft *f*, ‚Verhältnis' *n*: *to have an ~ with s.o.*

af·fect[1] [ə'fekt] *v/t.* **1.** lieben, Gefallen finden an (*dat.*), neigen zu: *to ~ bright colo(u)rs* lebhafte Farben bevorzugen; *a hat much ~ed by the French* ein bei Franzosen sehr beliebter Hut; **2.** vortäuschen, vorgeben, zur Schau tragen, nachahmen: *to ~ stupidity* sich dumm stellen; *he ~s an Oxford accent* er redet mit gekünstelt Oxforder Aussprache; *he ~s to sleep* er tut, als ob er schlafe; **3.** bewohnen, vorkommen in (*dat.*) (*Tiere u. Pflanzen*): *to ~ the woods* in Wäldern vorkommen.

af·fect[2] [ə'fekt] *v/t.* **1.** betreffen: *that does not ~ me*; **2.** (ein)wirken auf (*acc.*), beeinflussen, beeinträchtigen, in Mitleidenschaft ziehen: *to ~ the health*; **3.** bewegen, rühren: *to be deeply ~ed*; **4.** ⚕ angreifen, befallen, anstecken: *to ~ the liver.*

af·fec·ta·tion [æfek'teiʃən] *s.* Affektiertheit *f*, Ziere'rei *f*, Verstellung *f*, Vorgeben *n*.

af·fect·ed[1] [ə'fektid] *adj.* □ **1.** affektiert, gekünstelt, geziert; **2.** angenommen, vorgetäuscht; **3.** geneigt, gesinnt.

af·fect·ed[2] [ə'fektid] *adj.* **1.** ⚕ befallen (*with* von), angegriffen; **2.** ergriffen, betroffen, berührt; **3.** gerührt, bewegt.

af·fect·ing [ə'fektiŋ] *adj.* □ rührend, ergreifend; liebevoll; **af'fec·tion** [-kʃən] *s.* **1.** *oft pl.* Liebe *f*, (Zu-)Neigung *f* (*for, towards* zu); **2.** Gemütsbewegung *f*, -zustand *m*, Stimmung *f*; **3.** ⚕ Erkrankung *f*, Leiden *n*; **4.** Einfluß *m*, Einwirkung *f*; **af'fec·tion·ate** [-kʃnit] *adj.* □ gütig, liebevoll, herzlich, vertraut; **af'fec·tion·ate·ly** [-kʃnitli] *adv.*: *yours* ~ Dein Dich liebender (*Briefschluß*); ~ *known as Pat* unter dem Kosenamen Pat bekannt.

af·fi·ance [ə'faiəns] **I.** *s.* **1.** Vertrauen *n*; **2.** Eheversprechen *n*; **II.** *v/t.* **3.** *j-n od. sich* verloben

af·fi·ant [ə'faiənt] *s. Am.* Aussteller (-in) e-s *affidavit*.

af·fi·da·vit [æfi'deivit] *s.* ⚖ *schriftliche* beeidigte Erklärung: ~ *of means* Offenbarungseid.

af·fil·i·ate [ə'filieit] **I.** *v/t.* **1.** *als Mitglied* aufnehmen; **2.** *j-m* die Vaterschaft *e-s Kindes* zuschreiben: *to* ~ *a child on* (*od. to*); **3.** (*on, upon*) zu'rückführen (auf *acc.*), zuschreiben (*dat.*); **4.** (*to*) verknüpfen, verbinden (mit); angliedern, anschließen (*dat.*, an *acc.*); **II.** *v/i.* **5.** sich anschließen (*with* an *acc.*); **III.** *s.* [-iit] **6.** *Am.* 'Zweigorganisatiˌon *f*; **af'fil·i·at·ed** [-tid] *adj.* angeschlossen: ~ *company* Tochter-, Zweiggesellschaft; **af·fil·i·a·tion** [əfili'eiʃən] *s.* **1.** Aufnahme *f* (*als Mitglied etc.*); **2.** Zuschreibung *f* der Vaterschaft; **3.** Zu'rückführung *f* (*auf den Ursprung*); **4.** Angliederung *f*; **5.** *oft eccl.* Zugehörigkeit *f*, Mitgliedschaft *f*: *what is your church* ~? welcher Kirche gehören Sie an?

af·fin·i·ty [ə'finiti] *s.* **1.** Verschwägerung *f*; **2.** *geistige* Verwandtschaft, enge Beziehungen *pl.*, gegenseitige Anziehung; **3.** ⚗ stofflich-'chemische Verwandtschaft, Affini'tät *f*.

af·firm [ə'fə:m] **I.** *v/t.* **1.** behaupten, versichern, bejahen, beteuern; **2.** *Urteil* bestätigen, ratifizieren; **II.** *v/i.* **3.** bejahen; **af·fir·ma·tion** [æfə:'meiʃən] *s.* **1.** Behauptung *f*, Versicherung *f*, Bestätigung *f*, Bejahung *f*; **2.** ⚖ Beteuerung *f* (an Eides Statt); **af'firm·a·tive** [-mətiv] **I.** *adj.* □ bestätigend, bejahend; 'positiv, bestimmt; **II.** *s.* Bejahung *f*: *to answer in the* ~ bejahen.

af·fix I. *v/t.* [ə'fiks] **1.** (*to*) befestigen, anbringen (an *dat.*), anheften, ankleben (an *acc.*); **2.** beilegen, hin'zufügen; *Siegel, Unterschrift* anbringen; **II.** *s.* ['æfiks] **3.** *ling.* Af'fix *n*, Anhang *m*, Hin'zufügung *f*.

af·flict [ə'flikt] *v/t.* **1.** betrüben, quälen; **2.** *fig.* trüben; **af'flict·ed** [-tid] *adj.* **1.** niedergeschlagen, betrübt; **2.** (*with*) leidend, krank (an *dat.*); belastet, behaftet (mit), geplagt (von); **af'flic·tion** [-kʃən] *s.* **1.** Betrübnis *f*, Kummer *m*; **2.** Schmerz *m*, Leid(en) *n*; Elend *n*, Übel *n*; **3.** Heimsuchung *f*, Unglück *n*.

af·flu·ence ['æfluəns] *s.* **1.** Fülle *f*, 'Überfluß *m*; **2.** Reichtum *m*, Wohlstand *m*; **'af·flu·ent** [-nt] **I.** *adj.* □ **1.** reichlich; **2.** wohlhabend, reich (*in* an *dat.*): ~ *society sociol.* Wohlstandsgesellschaft; **II.** *s.* **3.** Nebenfluß *m*.

af·flux ['æflʌks] *s.* **1.** Zufluß *m*, Zustrom *m* (*a. fig.*); **2.** ⚕ (Blut)Andrang *m*.

af·ford [ə'fɔ:d] *v/t.* **1.** gewähren, bieten; *Schatten* spenden; **2.** *als Produkt* liefern; *Gewinn* einbringen; **3.** sich leisten, die Mittel haben für, erschwingen; *Zeit* erübrigen: *I can't* ~ *it* ich kann es mir nicht leisten.

af·for·est [æ'fɔrist] *v/t.* aufforsten; **af·for·est·a·tion** [æfɔris'teiʃən] *s.* Aufforstung *f*.

af·fran·chise [ə'fræntʃaiz] *v/t.* befreien.

af·fray [ə'frei] *s.* **1.** Raufe'rei *f*, Schläge'rei *f*, Kra'wall *m*; **2.** ⚖ Landfriedensbruch *m*.

af·fri·cate ['æfrikit] *s. ling.* Affri'kata *f* (*Verschlußlaut mit folgendem Reibelaut*).

af·front [ə'frʌnt] **I.** *v/t.* **1.** beleidigen, beschimpfen; **2.** trotzen (*dat.*); **II.** *s.* **3.** Beleidigung *f*, Beschimpfung *f*, Schmach *f*, Af'front *m*.

Af·ghan ['æfgæn] **I.** *s.* Af'ghane *m*, Af'ghanin *f*; **II.** *adj.* af'ghanisch.

a·field [ə'fi:ld] *adv.* **1.** im *od.* auf dem Feld; ins *od.* aufs Feld; **2.** in der *od.* in die Ferne, draußen, hin'aus: *far* ~ weit entfernt.

a·fire [ə'faiə] *adv. u. adj.* brennend, in Flammen (*a. fig.*).

a·flame [ə'fleim] → *afire*.

a·flight [ə'flait] *adv.* fliegend, in der Luft: *the fastest plane* ~.

a·float [ə'flout] *adv. u. adj.* **1.** flott, schwimmend: *to keep* ~ (sich) über Wasser halten (*a. fig.*); **2.** an Bord, auf dem Meere; **3.** in 'Umlauf; **4.** im Gange; **5.** über'schwemmt (*Fußboden etc.*).

a·foot [ə'fut] *adv. u. adj.* **1.** zu Fuß, auf den Beinen; **2.** in Bewegung, im Gange (*a. fig.*); **3.** *fig.* im Anzug, im Kommen: *mischief* ~.

a·fore [ə'fɔ:] **I.** *prp.* vor; **II.** *adv.* (nach) vorn; **~·men·tioned, ~·said** *adj.* obenerwähnt *od.* -genannt; **~·thought** *adj.* vorbedacht; → *malice 3*.

a·fraid [ə'freid] *adj.* bange (of vor *dat.*), ängstlich: *to be* ~ *of j-n od. et.* fürchten; *I am* ~ (*that*) *he will not come* ich fürchte, er wird nicht kommen; *I am* ~ *I must go* F leider muß ich gehen; *I shall tell him, don't be* ~! F nur keine Angst, ich werde es ihm bestimmt sagen!; ~ *of hard work* F arbeitsscheu; *to be* ~ *to do* sich scheuen zu tun.

a·fresh [ə'freʃ] *adv.* von neuem, wieder.

Af·ri·can ['æfrikən] **I.** *s.* **1.** Afri'kaner(in); **2.** *Am.* Neger(in) (*in Amerika lebend*); *Brit.* Neger(in) (*allgemeiner Höflichkeitsausdruck*); **II.** *adj.* **3.** afri'kanisch; **4.** afrikanischer Abstammung, Neger...

Af·ri·kaans [æfri'kɑ:ns] *s. ling.* Afri'kaans(ch) *n*, Kapholländisch *n*; **Af·ri'kan·(d)er** [-'kæn(d)ə] *s.* Afri'kander *m*, Weiße(r *m*) *f* aus Süd'afrika.

'Af·ro|-A'mer·i·can ['æfrou] *s.* 'Afroameri'kaner(in); **'~-'A·sian** *adj.* 'afro-asi'atisch.

aft [ɑ:ft] *adv.* ⚓ (nach) achtern *od.* hinten.

aft·er ['ɑ:ftə] **I.** *adv.* **1.** nach'her, hinter'her, da'nach, später: *to follow* ~ nachfolgen; *for months* ~ noch monatelang; *shortly* ~ kurz danach; **II.** *prp.* **2.** nach: ~ *lunch*; ~ *a week*; *day* ~ *day* Tag für Tag; *time* ~ *time* immer wieder; *the day* ~ *tomorrow* übermorgen; *the month* ~ *next* der übernächste Monat; ~ *all* schließlich, im Grunde, immerhin, (also) doch; ~ *all my trouble* nach *od.* trotz all meiner Mühe; *to look* ~ *s.o.* **a)** nach j-m sehen, **b)** *fig.* sich um j-n kümmern; **3.** hinter ... (*dat.*) (her): *I came* ~ *you*; *shut the door* ~ *you*; *the police are* ~ *you* die Polizei ist hinter dir her; ~ *you, sir!* nach Ihnen!; *one* ~ *another* nacheinander; **4.** nach, gemäß: *named* ~ *his father* nach s-m Vater genannt; ~ *his nature* s-m Wesen gemäß; ~ *my own heart* ganz nach m-m Herzen *od.* Wunsch; *a picture* ~ *Rubens* ein Gemälde nach (*im Stil von*) Rubens; **III.** *adj.* **5.** später, künftig, Nach...: *in* ~ *years*; **6.** ⚓ Achter...; **IV.** *cj.* **7.** nach'dem: ~ *he* (*had*) *sat down*.

'aft·er|·birth *s.* ⚕ Nachgeburt *f*; **'~·cab·in** *s.* ⚓ 'Heckkaˌbine *f*; **'~·care** *s.* **1.** ⚕ Nachbehandlung *f*; **2.** ⚖ Entlassenenfürsorge *f* (*für Strafgefangene*); **'~·crop** *s.* Nachernte *f*; **'~·damp** *s.* ⊕ Nachschwaden *m* (*im Bergwerk*); **'~·deck** *s.* ⚓ Achterdeck *n*; **'~·din·ner** *adj.* nach Tisch: ~ *speech* Tischrede; **'~·ef·fect** *s.* Nachwirkung *f*, Folge *f*; **'~·glow** *s.* Abendrot *n*; **'~·grass** *s.* ⚘ Grummet *n*, zweite Grasernte; **'~·hold** *s.* ⚓ Achterraum *m*; **'~·life** *s.* Leben *n* nach dem Tode; (zu-)künftiges Leben; **'~·math** [-mæθ] *s.* **1.** ⚘ Grummet *n*, Spätheu *n*; **2.** Nachwirkungen *pl.*; **'~'noon** *s.* Nachmittag *m*: *in the* ~ am Nachmittag, nachmittags; *this* ~ heute nachmittag; ~ *of life* Herbst des Lebens; → *good 1*; **'~·pains** *s. pl.* ⚕ Nachwehen *pl.*; **'~·play** *s.* (sexu'elles) Nachspiel; **'~·shave lo·tion** *s.* After-shave-Lotion *f*, Rasierwasser *n*; **'~·taste** *s.* Nachgeschmack *m* (*a. fig.*); **'~·thought** *s.* nachträglicher Einfall; **'~·treat·ment** *s.* ⚕ Nachbehandlung *f*, -kur *f*.

aft·er|·ward ['ɑ:ftəwəd] *Am.*, **'~·wards** [-dz] *Brit., Am. adv.* später, nach'her, nachträglich.

a·ga ['ɑ:gə] *s.* 'Aga *m* (*Titel in der Türkei u. im Mittleren Osten*).

a·gain [ə'gen] *adv.* **1.** 'wieder(um), von neuem, nochmals: *come* ~! komm wieder!; ~ *and* ~ immer wieder; *now and* ~ hin und wieder; *to be o.s.* ~ wieder gesund *od.* der alte sein; **2.** schon wieder: *that fool* ~ schon wieder dieser Narr!; *what's his name* ~? F wie heißt er doch schnell?; **3.** außerdem, noch da'zu: ~ *we must remember* ferner müssen wir bedenken; **4.** noch einmal: *as much* ~ noch einmal so viel; *half as much* ~ anderthalbmal so viel; **5.** *a. then* ~ andererseits, da'gegen, aber: *these* ~ *are more expensive.*

a·gainst [ə'genst] *prp.* **1.** gegen, wider, entgegen: ~ *the law; to run (up)* ~ *s.o.* j-n zufällig treffen; **2.** gegen, gegen'über: *my rights* ~ *the landlord; over* ~ *the town hall* gegenüber dem Rathaus; **3.** auf ... (*acc.*) zu, an (*dat. od. acc.*), vor (*dat. od. acc.*), gegen: ~ *the wall;* **4.** *a. as* ~ verglichen mit; **5.** in Erwartung (*gen.*), für.

a·gape [ə'geip] *adv. u. adj.* gaffend, mit offenem Munde (*vor Staunen*).

a·gar·ic ['ægərik] *s.* ⚘ Blätterpilz *m*, -schwamm *m*; → *fly agaric.*

ag·ate ['ægət] *s.* **1.** *min.* A'chat *m*; **2.** *Am.* bunte Glasmurmel; **3.** *typ. Am.* Pa'riser Schrift *f.*

a·ga·ve [ə'geivi] *s.* ⚘ A'gave *f.*

age [eidʒ] **I.** *s.* **1.** (Lebens)Alter *n*, Lebensdauer *f*: *what is his* ~ *od. what* ~ *is he?* wie alt ist er?; *ten years of* ~ 10 Jahre alt; *at the* ~ *of* im Alter von; *at his* ~ in seinem Alter; *he does not look his* ~ man sieht ihm sein Alter nicht an; *over* ~ über die Altersgrenze; *the* ~ *of this building;* **2.** Zeit *f* der Reife: (*to come*) *of* ~ mündig *od.* volljährig (werden); *under* ~ minderjährig; **3.** *a. old* ~ Alter *n*: ~ *before beauty* Alter kommt vor Schönheit; **4.** Zeit *f*, Zeitalter *n*; Menschenalter *n*, Generati'on *f*: *Ice* ♀ Eiszeit; *the* ~ *of Queen Victoria; in our* ~ in unserer (*od.* der heutigen) Zeit; *down the* ~*s* durch die Jahrhunderte; **5.** *oft pl.* F lange Zeit, Ewigkeit *f*: *I haven't seen him for* ~*s* ich habe ihn seit e-r Ewigkeit nicht gesehen; **II.** *v/t.* **6.** alt machen; ⊕ altern, vergüten; **III.** *v/i.* **7.** alt werden, altern; **aged** [eidʒd] *adj.* ... Jahre alt: ~ *twenty;* **a·ged** ['eidʒid] *adj.* bejahrt, betagt; **'age-group** *s.* Altersklasse *f*, Jahrgang *m*; **age·ing** → *aging.*

age·less ['eidʒlis] *adj.* nicht alternd, zeitlos; **'age-lim·it** *s.* Altersgrenze *f*; **'age·long** *adj.* lebenslänglich, dauernd.

a·gen·cy ['eidʒənsi] *s.* **1.** (Trieb-) Kraft *f*, (ausführendes) Or'gan, Werkzeug *n* (*fig.*); **2.** Tätigkeit *f*, Wirkung *f*; **3.** Vermittlung *f*, Mittel *n*: *by od. through the* ~ *of;* **4.** ☤ Agen'tur *f*: **a)** Vertretung *f*, **b)** Bü'ro *n od.* Amt *n* e-s A'genten; **5.** Geschäfts-, Dienststelle *f*; Amt *n*, Behörde *f*; ~ **busi·ness** *s.* Kommissi'onsgeschäft *n.*

a·gen·da [ə'dʒendə] *s.* Tagesordnung *f.*

a·gent ['eidʒənt] *s.* **1.** Handelnde(r *m*) *f*, Urheber(in): *free* ~ selbständig Handelnde(r); **2.** ⚗, ⚕, *biol., phys.* 'Agens *n*, Wirkstoff *m*, (be-) wirkende Kraft *od.* Ursache, Mittel *n*, Werkzeug *n*: *protective* ~ Schutzmittel; **3.** ☤ A'gent *m* (*a. pol.*), Vertreter *m*, Bevollmächtigte(r *m*) *f*, Verwalter *m*, Vermittler *m*; Handlungsreisende(r *m*) *f.*

a·gent pro·vo·ca·teur [aʒɑ̃ prɔvɔkatœ:r] *pl.* **a·gents pro·vo·ca·teurs** [aʒɑ̃; -tœ:r] (*Fr.*) *s.* Lockspitzel *m.*

'age|-old *adj.* uralt; **'~-worn** [wɔ:n] *adj.* altersschwach.

Ag·ge·us [ə'gi:əs] → *Haggai.*

ag·glom·er·ate **I.** *v/t. u. v/i.* [ə'glɔməreit] **1.** (sich) zs.-ballen, (sich) an- *od.* aufhäufen; **II.** *s.* [-rit] **2.** angehäufte Masse; **3.** ⊕, *geol., phys.* Agglome'rat *n*; **III.** *adj.* [-rit] **4.** zs.-geballt, gehäuft; **ag·glom·er·a·tion** [əglɔmə'reiʃən] *s.* Zs.-ballung *f*; Anhäufung *f*; (wirrer) Haufen.

ag·glu·ti·nate **I.** *adj.* [ə'glu:tinit] **1.** zs.-geklebt, verbunden; **2.** *ling.* agglutiniert; **II.** *v/t.* [-neit] **3.** zs.-kleben, verbinden; **4.** *biol., ling.* agglutinieren; **ag·glu·ti·na·tion** [əglu:ti'neiʃən] *s.* **1.** Zs.-kleben *n*; anein'anderklebende Masse; **2.** *biol., ling.* Agglutinati'on *f*; **ag'glu·ti·na·tive** [-nətiv] *adj. bsd. ling.* agglutinierend.

ag·gran·dize [ə'grændaiz] *v/t.* **1.** *Macht, Reichtum* heben, erhöhen, vermehren; **2.** verherrlichen, ausschmücken, bereichern; **ag'gran·dize·ment** [-dizmənt] *s.* Vermehrung *f*, Erhöhung *f*, Beförderung *f*, Aufstieg *m.*

ag·gra·vate ['ægrəveit] *v/t.* **1.** erschweren, verschärfen, verschlimmern; verstärken: ~*d larceny* ⚖ schwerer Diebstahl; **2.** F erbittern, ärgern; **'ag·gra·vat·ing** [-tiŋ] *adj.* □ **1.** erschwerend, verschlimmernd; **2.** F ärgerlich, unangenehm; **ag·gra·va·tion** [ægrə'veiʃən] *s.* **1.** Erschwerung *f*, Verschlimmerung *f*, erschwerender 'Umstand; **2.** F Ärger *m.*

ag·gre·gate ['ægrigit] **I.** *adj.* □ **1.** angehäuft, vereinigt, gesamt; **2.** zs.-gesetzt, Sammel...; **II.** *s.* **3.** Anhäufung *f*; (Gesamt)Menge *f*; Summe *f*: *in the* ~ insgesamt; **4.** ⚡, ⊕, *biol.* Aggre'gat *n*; **III.** *v/t.* [-geit] **5.** anhäufen, ansammeln; vereinigen (*to* mit); **6.** sich insgesamt belaufen auf (*acc.*); **ag·gre·ga·tion** [ægri'geiʃən] *s.* **1.** Anhäufung *f*, Ansammlung *f*; Zs.-fassung *f*; **2.** *phys.* Aggre'gat *n*: *state of* ~ Aggregatzustand.

ag·gres·sion [ə'greʃən] *s.* Angriff *m*, 'Überfall *m*; Aggressi'on *f* (*a. pol.*); 'Übergriff *m*; **ag'gres·sive** [-esiv] *adj.* □ **1.** aggres'siv, streitsüchtig, angriffslustig; **2.** forsch, aufdringlich; **3.** rührig, 'übereifrig; **ag'gres·sor** [-esə] *s.* Angreifer *m.*

ag·grieved [ə'gri:vd] *adj.* **1.** bedrückt, betrübt; **2.** geschädigt, betroffen.

a·ghast [ə'gɑ:st] *adj.* entgeistert, entsetzt (*at* über *acc.*).

ag·ile ['ædʒail] *adj.* □ flink, be'hend(e); rege, hell (*Verstand*); **a·gil·i·ty** [ə'dʒiliti] *s.* Flinkheit *f*, Be'hendigkeit *f*; Aufgewecktheit *f.*

ag·ing ['eidʒiŋ] **I.** *s.* **1.** Altern *n*; **2.** ⊕ Alterung *f*, Vergütung *f*; **II.** *p.pr. u. adj.* **3.** alternd.

ag·i·o ['ædʒou] *pl.* **ag·i·os** *s.* ☤ 'Agio *n*, Auf-, Wechselgeld *n*; **ag·i·o·tage** ['ædʒətidʒ] *s.* Agio'tage *f*, Wechsel- *od.* Börsengeschäft *n.*

ag·i·tate ['ædʒiteit] **I.** *v/t.* **1.** hin und her bewegen, schütteln; (um)rühren; **2.** *fig.* beunruhigen, auf-, erregen; aufwiegeln; **3.** erwägen, lebhaft erörtern; **II.** *v/i.* **4.** agitieren, wühlen, hetzen; Propa'ganda machen (*for* für, *against* gegen); **'ag·i·tat·ed** [-tid] *adj.* □ aufgeregt; **ag·i·ta·tion** [ædʒi'teiʃən] *s.* **1.** Erschütterung *f*, heftige Bewegung; **2.** Aufregung *f*, Unruhe *f*; **3.** Agitati'on *f*, Hetze'rei *f*; Bewegung *f*, Gärung *f*; **'ag·i·ta·tor** [-tə] *s.* **1.** Agi'tator *m*, Aufwiegler *m*, Wühler *m*, Hetzer *m*; **2.** ⊕ 'Rührappa,rat *m.*

a·glow [ə'glou] *adv. u. adj.* glühend, gerötet; *fig.* glühend, erregt (*with* von, vor *dat.*).

ag·nate ['ægneit] **I.** *s.* **1.** A'gnat *m* (*Verwandter väterlicherseits*); **II.** *adj.* **2.** väterlicherseits verwandt; **3.** stamm-, wesensverwandt; **ag·nat·ic** *adj.*; **ag·nat·i·cal** [æg'nætik(əl)] *adj.* □ → *agnate 2, 3;* **ag·na·tion** [æg'neiʃən] *s.* **1.** Verwandtschaft *f* väterlicherseits; **2.** Stamm-, Wesensverwandtschaft *f.*

ag·no·men [æg'noumen] *pl.* **-nom·i·na** [-'nɔminə] *s. antiq.* Bei-, Zuname *m.*

ag·nos·tic [æg'nɔstik] **I.** *s.* A'gnostiker *m*; **II.** *adj.* → *agnostical;* **ag'nos·ti·cal** [-kəl] *adj.* a'gnostisch; **ag'nos·ti·cism** [-tisizəm] *s.* Agnosti'zismus *m.*

Ag·nus Dei ['ɑ:gnus'deii:] (*Lat.*) *s. eccl. das* Lamm Gottes.

a·go [ə'gou] *adv. u. adj.* (*nur nachgestellt*) vergangen, vor'über, her, vor: *ten years* ~ vor zehn Jahren; *long, long* ~ lang, lang ist's her; *no longer* ~ *than last month* erst vorigen Monat.

a·gog [ə'gɔg] *adv. u. adj.* gespannt, erpicht (*for* auf *acc.*): *all* ~ (*to inf.* zu *inf.*).

ag·o·nize ['ægənaiz] **I.** *v/t.* **1.** quälen, martern; **II.** *v/i.* **2.** Todespein erdulden; **3.** sich (ab)quälen, verzweifelt ringen; **'ag·o·niz·ing** [-ziŋ] *adj.* □ quälend, herzzerreißend; **'ag·o·ny** [-ni] *s.* **1.** heftiger Schmerz; Qual *f*, Pein *f*, Seelenangst *f*: ~ *of despair;* ~ *column* F *bsd. Brit. Zeitung:* Seufzerspalte (*in der persönliche Verluste angezeigt werden*); **2.** ♀ Ringen *n* Christi mit dem Tode; **3.** (Todes)Kampf *m*: *death-*~.

ag·o·ra·pho·bi·a [ægərə'foubjə] *s.* ⚕ Platzangst *f.*

a·grar·i·an [ə'greəriən] **I.** *adj.* **1.** a'grarisch, landwirtschaftlich, Agrar...: ~ *unrest* Unruhe in der Landwirtschaft; **2.** gleichmäßige Landaufteilung betreffend; **II.** *s.* **3.** A'grarier *m*; **4.** Befürworter *m* gleichmäßiger Aufteilung des (Acker)Landes; **a'grar·i·an·ism** [-nizəm] *s.* **1.** Lehre *f* von der gleichmäßigen Aufteilung des (Acker)Landes; **2.** Bewegung *f* zur Förderung der Landwirtschaft.

a·gree [ə'gri:] **I.** *v/i.* **1.** (*to*) zustimmen (*dat.*), einwilligen (*in acc.*), beipflichten (*dat.*), genehmigen (*acc.*), einverstanden sein (mit), eingehen (auf *acc.*), gutheißen (*acc.*): *to* ~ *to a plan; I* ~ *to come with you* ich bin bereit mitzukommen; *you will* ~ *that* du mußt zugeben, daß; **2.** (*on, upon, about*) sich einigen *od.* verständigen (über *acc.*); vereinbaren, verabreden (*acc.*): *they* ~*d about the price; we* ~*d to differ* wir einigten uns dahin, daß wir verschiedener Meinung waren; **3.** über'einkommen, vereinbaren (*to inf.* zu *inf.*, *that* daß): *it is* ~*d* es ist vereinbart, es steht fest; **4.** (*with* mit) über'einstimmen (*a. ling.*), (sich) einig sein, gleicher Meinung sein: *I* ~ *that your advice is best* auch ich bin der Meinung, daß Ihr Rat der beste ist; **5.** sich vertragen, auskommen, zs.-passen, sich vereinigen (lassen); **6.** bekommen, zuträglich sein (*with dat.*): *wine does not* ~ *with me* Wein bekommt mir nicht; **II.** *v/t.* **7.** ☤ *Bücher etc.* abstimmen, in Einklang bringen.

a·gree·a·ble [ə'griəbl] *adj.* □ → *agreeably*; **1.** angenehm; gefällig, liebenswürdig; **2.** einverstanden (*to* mit): ~ *to the plan*; **3.** F bereit, gefügig; **4.** (*to*) über'einstimmend (mit), entsprechend (*dat.*): ~ *to the rules*; **a'gree·a·ble·ness** [-nis] *s.* angenehmes Wesen; Annehmlichkeit *f*; **a'gree·a·bly** [-li] *adv.* **1.** angenehm: ~ *surprised*; **2.** entsprechend (*to dat.*): ~ *to his instructions*.

a·greed [ə'gri:d] *adj.* **1.** einig (*on* über *acc.*); einmütig: ~ *decisions*; **2.** vereinbart: *the* ~ *price*; ~! abgemacht!, einverstanden!; **a'gree·ment** [-mənt] *s.* **1.** Abkommen *n*, Vereinbarung *f*, Einigung *f*, Verständigung *f*, Über'einkunft *f*, Vertrag *m*: *to come to an* ~ sich einigen, sich verständigen; *by mutual* ~ in gegenseitigem Einvernehmen; ~ *country* (*currency*) ☤ Verrechnungsland (-währung); **2.** Einigkeit *f*, Eintracht *f*; **3.** Über'einstimmung *f* (*a. ling*), Einklang *m*; **4.** Genehmigung *f*, Zustimmung *f*.

ag·ri·cul·tur·al [ægri'kʌltʃərəl] *adj.* □ landwirtschaftlich, Ackerbau (u. Viehzucht) treibend *od.* betreffend, Landwirtschaft(s)...: ~ *labo(u)rer* Landarbeiter; ~ *show* Landwirtschaftsausstellung; **ag·ri'cul·tur·al·ist** [-rəlist] *s.* Landwirt *m*; **ag·ri·cul·ture** ['ægrikʌltʃə] *s.* Landwirtschaft *f*, Ackerbau *m* (u. Viehzucht *f*); **ag·ri'cul·tur·ist** [-tʃərist] *s.* Landwirt *m*.

ag·ri·mo·ny ['ægriməni] *s.* ♣ Acker-, Odermennig *m*: *noble* ~ Leberblümchen.

ag·ro·nom·ic *adj.*; **ag·ro·nom·i·cal** [ægrə'nɔmik(əl)] *adj.* □ Ackerbaukunde betreffend; **ag·ro'nom·ics** [-ks] *s. pl. sg. konstr.* Agrono'mie *f*, Ackerbaukunde *f*; **a·gron·o·mist** [ə'grɔnəmist] *s.* Agro'nom *m*, aka'demisch gebildeter Landwirt; **a·gron·o·my** [ə'grɔnəmi] → *agronomics*.

a·ground [ə'graund] *adv. u. adj.* ⚓ gestrandet: *to run* ~ auflaufen, stranden, auf (den) Strand setzen; *to be* ~ **a)** aufgelaufen sein, **b)** *fig.* auf dem trocknen *od.* in der Klemme sitzen.

a·gue ['eigju:] *s.* Fieber-, Schüttelfrost *m*; (Wechsel)Fieber *n*; **a·gu·ish** ['eigju:iʃ] *adj.* □ fieberhaft, fieb(e)rig.

ah [ɑ:] *int.* ah, ach, oh, ha, ei!

a·ha [ɑ(:)'hɑ:] *int.* a'ha, ha'ha!

a·head [ə'hed] *adv. u. adj.* **1.** vorn, nach vorn; be'vorstehend; vor'aus, vorwärts; einen Vorsprung habend, an der Spitze: *right* (*od. straight*) ~ geradeaus; *full speed* ~ ⚓ volle Kraft *od.* mit Volldampf voraus; *to go* ~ vorgehen, vorankommen; *go* ~! vorwärts!, fahr fort!; *to go* ~ *with s.th.* et. vorantreiben, mit et. fortfahren; *to look* ~ vorausschauen; *look* ~! **a)** sieh dich vor!, **b)** *fig.* denk an die Zukunft!; *to get* ~ F vorwärtskommen, Karriere machen; **2.** ~ *of* vor (*dat.*) vor'aus: *to be* ~ *of the others* vor den anderen sein, den anderen voraus sein, die anderen übertreffen; *to get* ~ *of s.o.* j-n überholen *od.* überflügeln; ~ *of the times* der *od.* s-r Zeit voraus.

a·hem [m'mm; ə'hem] *int.* hm!

a·hoy [ə'hɔi] *int.* ⚓ ho!, a'hoi!

aid [eid] **I.** *v/t.* **1.** unter'stützen, fördern; *j-m* helfen, behilflich sein (*in* bei, *to inf.* zu *inf.*): *to* ~ *and abet* ⚖ Vorschub leisten (*dat.*); **II.** *s.* **2.** Hilfe *f* (*to* für), -leistung *f* (*in* bei), Unter'stützung *f*: *he came to her* ~ er kam ihr zu Hilfe; *by od. with* (*the*) ~ *of* mit Hilfe von; *in* ~ *of* zugunsten von (*od. gen.*); **3.** Helfer(in); **4.** Hilfsmittel *n*, -gerät *n*, Mittel *n*: *hearing*-~ Hörhilfe, -gerät; ~*s and appliances*.

aide [eid] *s.* **1.** ⚔ → *aid(e)-de-camp*; **2.** Gehilfe *m*.

aid(e)-de-camp ['eiddə'kɑ̃:ŋ] *pl.* **'aid(e)s-de-'camp** ['eidz-] *s.* ⚔ Adju'tant *m*.

ai·grette ['eigret] *s.* **1.** *orn.* kleiner, weißer Reiher; **2.** Kopfschmuck *m* (*aus Federn etc.*).

ail [eil] **I.** *v/t.* schmerzen: *what* ~*s you?* was fehlt dir?; **II.** *v/i.* kränkeln.

ai·lan·thus [ei'lænθəs] *s.* ♣ Götterbaum *m*.

ai·ler·on ['eilərɔn] (*Fr.*) *s.* ✈ Querruder *n*.

ail·ing ['eiliŋ] *adj.* kränklich, leidend; **ail·ment** ['eilmənt] *s.* Unpäßlichkeit *f*, Leiden *n*.

aim [eim] **I.** *v/i.* **1.** zielen (*at* auf *acc.*, nach); **2.** *fig. et.* beabsichtigen, im Sinn(e) haben, erstreben: ~*ing to please* zu gefallen suchend; **3.** abzielen, anspielen (*at* auf *acc.*): *that was not* ~*ed at you* das war nicht auf dich gemünzt; **II.** *v/t.* **4.** *Waffe* richten (*at* auf *acc.*); **5.** (*at*) *Bemerkungen* richten (gegen); *Bestrebungen* richten (auf *acc.*); **III.** *s.* **6.** Ziel *n*, Richtung *f*: *to take* ~ *at* zielen auf (*acc.*) *od.* nach; **7.** Ziel *n*, Zweck *m*, Absicht *f*; **'aim·less** [-lis] *adj.* □ zwecklos, ziellos; **'aim·less·ness** [-lisnis] *s.* Ziel-, Planlosigkeit *f*.

ain't [eint] V *abbr. für: am not, is not, are not, has not, have not.*

air[1] [ɛə] **I.** *s.* **1.** Luft *f*, Atmo'sphäre *f*, Luftraum *m*: *by* ~ auf dem Luftwege, mit dem Flugzeug; *in the open* ~ im Freien; *hot* ~ *sl.* leeres Geschwätz, blauer Dunst; → *beat 11*; *to dissolve into thin* ~ *fig.* sich in nichts auflösen; *change of* ~ Luftveränderung; *to take the* ~ **a)** frische Luft schöpfen, **b)** ✈ aufsteigen, starten; *to walk on* ~ sich wie im Himmel fühlen; *to be in the* ~ *fig.* in der Luft liegen; (*quite up*) *in the* ~ ungewiß; **2.** Brise *f*, Luftzug *m*, Lüftchen *n*; **3.** ⚒ Wetter *n*: *foul* ~ schlagende Wetter; **4.** *Radio, Fernsehen*: 'Äther *m*: *on the* ~ im Rundfunk; *to put on the* ~ senden; *to be* (*od. go*) *on the* ~ sprechen (*Person*), gesendet werden (*Nachrichten etc.*); *to go off the* ~ die Sendung beenden; **5.** Art *f*, Stil *m*; **6.** Miene *f*, Aussehen *n*, Wesen *n*: *an* ~ *of importance* e-e gewichtige Miene; **7.** *mst pl.* Getue *n*, Al'lüre *f*, Ziere'rei *f*: *to put on* (*od. give o.s.*) ~*s* vornehm tun; **II.** *v/t.* **8.** der Luft aussetzen, lüften; **9. a)** *Wäsche* trocknen, zum Trocknen aufhängen, **b)** *Wäsche od. Bett* anwärmen; **10.** *Getränke* abkühlen; **11.** an die Öffentlichkeit bringen, zur Schau tragen: *to* ~ *one's grievances*; **12.** ~ *o.s.* frische Luft schöpfen; **III.** *adj.* **13.** Luft..., pneu'matisch.

air[2] [ɛə] *s.* ♪ Arie *f*, Lied *n*, Melo'die *f*, Weise *f*.

air| a·lert *s.* 'Flieger-, 'Luftaˌlarm *m*; ~ **arm** *s.* ✈ *Brit.* Luftwaffe *f*, Luftstreitkräfte *pl.*; ~ **bar·rage** *s.* ✈ Luftsperre *f*; **'~-base** *s.* ✈ Flugstützpunkt *m*, 'Fliegerstatiˌon *f*, -horst *m*; **'~-bath** *s.* Luftbad *n*; ~ **bea·con** *s.* ✈ Leuchtfeuer *n*; **'~-bed** *s.* 'Luftmaˌtratze *f*; **'~-blad·der** *s. zo.* Schwimmblase *f der Fische*; **'~borne** *adj.* **1.** im Flugzeug befördert *od.* eingebaut: ~ *troops* Luftlandetruppen; **2.** Bord...: ~ *equipment*; **3.** in der Luft befindlich, aufgestiegen, auf dem Luftwege; **'~-brake** *s.* ⊕ Druckluftbremse *f*; **'~-brick** *s.* ⊕ Luftziegel *m*, Ventilati'onsstein *m*; **'~-bridge** *s.* Luftbrücke *f* (*durch Lufttransport*); **'~-bub·ble** *s.* Luftblase *f*; **'~-bump** *s.* ✈ Bö *f*, aufsteigender Luftstrom; ~ **cas·ing** *s.* ⊕ Luftmantel *m um e-e Röhre*; **'~-cham·ber** *s.* **1.** ♣, *zo.* Luftkammer *f*; **2.** ⊕ Luftkasten *m*, -kammer *f*, Windkessel *m*; ~ **com·pres·sor** *s.* ⊕ Luftverdichter *m*, Preßlufterzeuger *m*; **'~-con·di·tion** *v/t.* ⊕ mit 'Klimaanlage versehen; **'~-con·di·tioned** *adj.* 'klimageregelt, luftgekühlt; **'~-con·di·tion·ing** *s.* ⊕ Luftreinigung *f*, Klimatisierung *f*: ~ *plant* Klimaanlage; **'~-cooled** *adj.* luftgekühlt; **♀ Corps** *s. hist. Am.* Luftwaffe *f*, Luftstreitkräfte *pl.*; ~ **cor·ri·dor** *s.* 'Luftˌkorridor *m*, Einflugschneise *f*; ~ **cov·er** *s.* Luftsicherung *f*.

'air·craft *s.* Flugzeug *n*; *coll.* Flugzeuge *pl.*; ~ **car·ri·er** *s.* Flugzeugträger *m*, -mutterschiff *n*; **'~-en·gine** *s.* 'Flugˌmotor *m*; ~ **in·dus·try** *s.* 'Luftfahrt-, 'Flugzeugindu̦strie *f*; **'~-man** [-mən] *s.* [*irr.*] *Brit.* Flieger *m* (*Dienstgrad*); ~ **shed** *s.* Flugzeughalle *f*; ~ **weap·ons** *s. pl.* Bordwaffen *pl.*

air| crew *s.* ✈ Besatzung *f* e-s Flugzeuges; **'~-cure** *v/t.* ⊕ *Tabak etc.* e-r Luftbehandlung aussetzen; **'~-cush·ion** *s.* **1.** Luftkissen *n*;

2. ⊕ Luftkammer *f*; ~ **de·fence,** *Am.* ~ **de·fense** *s.* ⚔ Luftschutz *m*, -verteidigung *f*, Fliegerabwehr *f*; ˈ~**-drome** *s. Am.* Flughafen *m*, -platz *m*; ˈ~**-drop** *v/t.* vom Flugzeug abwerfen; ~ **duct** *s.* ⊕ ˈLuft(ˌzuführungs)kaˌnal *m*.

Aire·dale [ˈɛədeil] *s. zo.* ˈAirdaleˌterrier *m*.

air|ed·dy *s.* ✈ Luftstrudel *m*; ˈ~**-ex·haust·er** *s.* ⊕ Entlüfter *m*; ˈ~**-field** *s.* ✈ Flugplatz *m*, -hafen *m*; ~ **force,** ♀ **Force** *s.* ✈ Luftwaffe *f*, Luftstreitkräfte *pl.*; ˈ~**-frame** *s.* ✈ Flugzeuggerippe *n*; ˈ~**-graph** *s.* ˈPhotoluftpostbrief *m*; ˈ~**-gun** *s.* Luftgewehr *n*; ˈ~**-gun·ner** *s.* ✈ Bordschütze *m*; ~ **host·ess** *s.* ✈ ˈLuftˌstewardeß *f*.

air·i·ly [ˈɛərili] *adv.* **1.** ˈleichtfertig, -ˈhin, sorglos; **2.** affektiert, hochtrabend; ˈ**air·i·ness** [-nis] *s.* **1.** luftige Lage; **2.** Leichtigkeit *f*; Munterkeit *f*; **3.** Leichtfertigkeit *f*; ˈ**air·ing** [-riŋ] *s.* **1.** Lüftung *f*, Trocknen *n*, Anwärmen *n*; **2.** Spaziergang *m*: *to take an* ~ frische Luft schöpfen; **3.** Zurˈschaustellen *n*.

ˈ**air|-jack·et** *s.* **1.** Schwimmweste *f*; **2.** ⊕ Luftmantel *m*; ~ **jet** *s.* ⊕ Luftstrahl *m*, -düse *f*; ~ **lane** *s. festgelegte* Luftroute, Flugschneise *f*.

air·less [ˈɛəlis] *adj.* **1.** ohne Luft (-zug); **2.** dumpf.

air| let·ter *s.* Luftpostbrief *m* (*auf amtlichem Formular*); ~ **lev·el** *s.* ⊕ Liˈbelle *f*, Setzwaage *f*; ˈ~**-lift I.** *s.* Versorgung *f* auf dem Luftwege; Luftbrücke *f*; **II.** *v/t.* auf dem Luftwege befördern; ˈ~**-line** *s.* ˈLuftverkehrsˌlinie *f*, -gesellschaft *f*; ~ **lin·er** *s.* ✈ Verkehrsflugzeug *n*; ~ **mail** *s.* Luftpost *f*; ˈ~**-mail** *v/t.* mit Luftpost befördern; ˈ~**-man** [-mæn] *s.* [*irr.*] Flieger *m*; ˈ~**-meˈchan·ic** *s.* ✈ ˈBordmonˌteur *m*; ˈ~**-mind·ed** *adj.* ✈ luft(fahrt)begeistert; ˈ~**-mind·ed·ness** *s.* ✈ Flugbegeisterung *f*; ~ **pas·sage** *s.* **1.** *biol.*, ⚕ Luft-, Atemweg *m*; **2.** ⊕ Luftschlitz *m*; ˈ~**-pas·sen·ger** *s.* ✈ Fluggast *m*; ~ **pho·to(·graph)** *s.* ✈ Luftbild *n*, -aufnahme *f*; ˈ~**-plane** *s.* ✈ *bsd. Am.* Flugzeug *n*; ˈ~**-plane car·ri·er** *bsd. Am.* → *aircraft carrier*; ˈ~**-pock·et** *s.* Fallbö *f*, Luftloch *n*; ~ **pol·lu·tion** *s.* Luftverschmutzung *f*; ˈ~**-port** *s.* ✈ Flughafen *m*, -platz *m*; ˈ~**-proof** *adj.* luftbeständig, -dicht; ˈ~**-pump** *s.* ⊕ Luftpumpe *f*; ~ **raft** *s.* Schlauchboot *n*; ~ **raid** *s.* Luftangriff *m*; ~ **raid·er** *s.* angreifendes (feindliches) Flugzeug.

ˈ**air-raid| pre·cau·tions** *s. pl.* Luftschutz *m*; ~ **shel·ter** *s.* Luftschutzraum *m*, -keller *m*, (Luftschutz-) Bunker *m*; ~ **ward·en** *s.* Luftschutzwart *m*; ~ **warn·ing** *s.* ˈFliegerwarnung *f*, -aˌlarm *m*.

ˈ**air|-route** *s.* ✈ Flugroute *f*; ~ **sched·ule** *s.* Flugplan *m*; ˈ~**-screw** *s.* ✈ Luftschraube *f*, ˈFlugzeugproˌpeller *m*; ˈ~**-shaft** *s.* ⊕ Luftschacht *m*; ˈ~**-ship** *s.* Luftschiff *n*; ˈ~**-sick** *adj.* luftkrank; ˈ~**-sick·ness** *s.* Luftkrankheit *f*; ~ **speed** *s.* ✈ Fluggeschwindigkeit *f*; ~ **strip** *s.* ✈ **1.** Behelfslandeplatz *m*; **2.** *Am.* Roll-, Start-, Landebahn *f*; ˈ~**-tax·i** *s.* ✈ Lufttaxi *n*; ~ **tee** *s.* ✈ Landekreuz *n*; ~ **ter·mi·nal** *s.* ✈ **1.** Großflughafen *m*; **2.** *Brit.* ˈEndstatiˌon *f* der ˈZubringerˌlinie zum und vom Flughafen; ˈ~**-tight** *adj.* **1.** luftdicht; **2.** *fig.* todsicher; ˈ~**-traf·fic con·trol** *s.* ✈ Flugsicherung *f*; ˈ~**-traf·fic con·trol·ler** *s.* ✈ Fluglotse *m*; ˈ~**-tube** *s* ⊕ Luftschlauch *m*; ~ **um·brel·la** *s.* ✈ Luftschirm *m*; ˈ~**-way** *s.* **1.** ⊕, ⚒ Wetterstrecke *f*, Luftschacht *m*; **2.** ✈ Luft(verkehrs)weg *m*, Luftroute *f*; ˈ~**-wom·an** *s.* [*irr.*] Fliegerin *f*; ˈ~**-wor·thi·ness** *s.* ✈ Lufttüchtigkeit *f*; ˈ~**-wor·thy** *adj.* ✈ lufttüchtig.

air·y [ˈɛəri] *adj.* □ → *airily*; **1.** die Luft betreffend, Luft...; **2.** luftig, leicht, dünn, ˈdurchsichtig; **3.** lebhaft, leichtfertig; **4.** nichtig, hohl; **5.** F hochtrabend, affektiert.

aisle [ail] *s.* **1.** ⛪ Seitenschiff *n*, -chor *m* (*e-r Kirche*); **2.** Schiff *n*, Abteilung *f* (*e-r Kirche od. e-s Gebäudes*); **3.** (Mittel)Gang *m* (*zwischen Bänken, Tischen etc.*); **4.** *fig.* Schneise *f*.

aitch [eitʃ] *s.* H *n*, h *n* (*Buchstabe*): *to drop one's* ~*es* das H nicht aussprechen (*Zeichen der Unbildung*); ˈ**aitch·bone** *s.* Lendenknochen *m*, -stück *n* (*vom Rind*).

a·jar[1] [əˈdʒɑː] *adv. u. adj.* halb offen, angelehnt.

a·jar[2] [əˈdʒɑː] *adv. u. adj. fig.* im Zwiespalt.

a·kim·bo [əˈkimbou] *adv.* in die Seite gestemmt (*Arme*).

a·kin [əˈkin] *adj.* **1.** (bluts- *od.* stamm)verwandt (*to* mit); **2.** verwandt; sehr ähnlich (*to dat.*).

à la [ɑːlɑː] (*Fr.*) nach ... Art, wie.

al·a·bas·ter [ˈæləbɑːstə] **I.** *s. min.* Alaˈbaster *m*; **II.** *adj.* alaˈbastern, alaˈbasterweiß.

à la carte [ɑːlɑːˈkɑːt] (*Fr.*) *adv.* nach der (Speise)Karte.

a·lack [əˈlæk] *int. obs.* ach!, o weh!

a·lac·ri·ty [əˈlækriti] *s.* **1.** Heiterkeit *f*; **2.** Bereitwilligkeit *f*, Eifer *m*.

A·lad·din's lamp [əˈlædinz] *s.* ˈAladins Wunderlampe *f*; *fig.* wunderwirkender ˈTalisman.

a·la·mode [ˈæləmoud], *a.* **à la mode** [ɑːlɑːˈmoud] (*Fr.*) *adj.* **1.** *Brit.* gespickt u. geschmort: *beef* ~ Schmorbraten; **2.** *Am.* mit einer Portiˈon Speiseeis darˈauf: *cake* ~; *pie* ~.

a·larm [əˈlɑːm] **I.** *s.* **1.** Aˈlarm *m*, Warnruf *m*, Warnung *f*: *false* ~ blinder Alarm, falsche Meldung; *to sound the* ~ Alarm schlagen *od.* blasen; **2.** Wecker *m*, Läutwerk *n* (*e-r Uhr*); **3.** Angst *f*, Unruhe *f*, Bestürzung *f*; **II.** *v/t.* **4.** alarmieren, warnen; **5.** beunruhigen, erschrekken (*at* über *acc.*, *by* durch): *to be* ~*ed* sich ängstigen, bestürzt sein; ~**-bell** *s.* Aˈlarm-, Sturmglocke *f*; ~**-clock** *s.* Wecker *m* (*Uhr*).

a·larm·ing [əˈlɑːmiŋ] *adj.* □ beunruhigend, beängstigend; **aˈlarm·ist** [-mist] **I.** *s.* Bangemacher *m*; **II.** *adj.* beunruhigend.

aˈlarm|-post *s.* Sammelplatz *m* bei Aˈlarm; ~**-sig·nal** *s.* ⊕ Aˈlarmzeichen *n*, ˈNotsiˌgnal *n*.

a·lar·um [əˈlɛərəm] *s. obs.* für *alarm*.

a·las [əˈlɑːs] *int.* ach!, o weh!, leider!

alb [ælb] *s. eccl.* Albe *f*, Chorhemd *n*.

Al·ba·ni·an [ælˈbeinjən] **I.** *adj.* alˈbanisch; **II.** *s.* Alˈban(i)er(in).

al·ba·tross [ˈælbətrɔs] *s. orn.* ˈAlbatros *m*, Sturmvogel *m*.

al·be·it [ɔːlˈbiːit] *cj.* obˈgleich, wenn auch.

al·bert [ˈælbət] *s. a.* ♀ *chain Brit.* kurze Uhrkette.

al·bi·no [ælˈbiːnou] *pl.* **-nos** *s.* Alˈbino *m*, ˈKakerlak *m*.

Al·bion [ˈælbjən] *npr. poet.* ˈAlbion *n*.

al·bum [ˈælbəm] *s.* **1.** ˈAlbum *n*, Stammbuch *n*, *a.* ˈSchallplattenˌalbum *n*; **2.** *Am.* Gästebuch *n*.

al·bu·men [ˈælbjumin] *s.* **1.** *zo.* Eiweiß *n*, Alˈbumen *n*; **2.** ⚘, ⚗, ⚕ Eiweiß(stoff *m*) *n*, Albuˈmin *n*; **al·bu·min** [ˈælbjumin] → *albumen* 2; **al·bu·mi·nous** [ælˈbjuːminəs] *adj.* eiweißartig, -haltig.

al·chem·ic *adj.*; **al·chem·i·cal** [ælˈkemik(əl)] *adj.* □ alchiˈmistisch; **al·che·mist** [ˈælkimist] *s.* Alchiˈmist *m*, Goldmacher *m*; **al·che·my** [ˈælkimi] *s.* Alchiˈmie *f*.

al·co·hol [ˈælkəhɔl] *s.* ˈAlkohol *m*: **a)** Sprit *m*, ˈSpiritus *m*, Weingeist *m*: *ethyl* ~ Äthylalkohol, **b)** geistige *od.* alkoˈholische Getränke *pl.*; **al·co·hol·ic** [ælkəˈhɔlik] **I.** *adj.* **1.** alkoˈholisch, ˈalkoholartig, -haltig, Alkohol...: ~ *drinks*; ~ *strength* Alkoholgehalt; **II.** *s.* **2.** (Gewohnheits-) Trinker *m*, Alkoˈholiker *m*; **3.** *pl.* Alkoˈholika *pl.*, alkoholische Getränke *pl.*; ˈ**al·co·hol·ism** [-lizəm] *s.* ˈAlkoholvergiftung *f*, Trunksucht *f*.

Al·co·ran [ælkɔˈrɑːn] → *Koran*.

al·cove [ˈælkouv] *s.* Alˈkoven *m*, Nische *f*; Laube *f*, Grotte *f*.

Al·deb·a·ran [ælˈdebərən] *s. ast.* Aldebaˈran *m* (*Stern im Stierauge*).

al·de·hyde [ˈældihaid] *s.* ⚗ Aldeˈhyd *m*.

al·der [ˈɔːldə] *s.* ⚘ Erle *f*.

al·der·man [ˈɔːldəmən] *s.* [*irr.*] Ratsherr *m*, Stadtrat *m*; **al·der·man·ic** [ɔːldəˈmænik] *adj.* **1.** *e-n* Ratsherrn betreffend, ratsherrlich: ~ *seat* Ratssitz; **2.** *fig.* würdevoll; ˈ**al·der·man·ry** [-ri] *s.* **1.** Stadtbezirk *m*; **2.** Amt *n* e-s Ratsherrn; ˈ**al·der·man·ship** [-ʃip] → *aldermanry* 2.

Al·der·ney [ˈɔːldəni] **I.** *npr.* ˈAlderney *n* (*Insel*); **II.** *s.* Alderney Kuh *f*.

al·der·wom·an [ˈɔːldəwumən] *s.* [*irr.*] Stadträtin *f*.

ale [eil] *s.* Ale *n*, *englisches* Bier.

a·leck [ˈælik] *s. Am.* F → *smart aleck*.

a·lee [əˈliː] *adv. u. adj.* leewärts.

ˈ**ale-house** *s.* ˈBierloˌkal *n*.

a·lem·bic [əˈlembik] *s.* Destillierkolben *m*.

a·lert [əˈləːt] **I.** *adj.* □ **1.** wachsam, auf der Hut; achtsam; **2.** rege, munter; **II.** *s.* **3.** (Aˈlarm)Bereitschaft *f*: *to be on the* ~ auf der Hut *od.* in Alarmbereitschaft sein; **4.** Aˈlarm(siˌgnal *n*) *m*, Warnung *f*; **III.** *v/t.* **5.** (zur Alarmbereitschaft) aufrufen, mobilisieren, warnen; **aˈlert·ness** [-nis] *s.* **1.** Wachsamkeit *f*; **2.** Munterkeit *f*, Flinkheit *f*.

ale·wife ['eilwaif] *s.* **1.** Schankwirtin *f*; **2.** *ichth. Am.* Großaugenhering *m*.

Al·ex·an·drine [ælig'zændrain] *s.* Alexan'driner *m* (*Versart*).

al·fa (grass) ['ælfə] *s.* ⚘ 'Halfa-, 'Alfa-, E'spartogras *n*.

al·fal·fa [æl'fælfə] *s.* ⚘ Lu'zerne *f*.

al·fres·co [æl'freskou] (*Ital.*) *adj. u. adv.* im Freien: ~ *lunch*.

al·ga ['ælgə] *pl.* **-gae** [-dʒi:] *s.* ⚘ Alge *f*, Tang *m*.

al·ge·bra ['ældʒibrə] *s.* ∡ 'Algebra *f*, Buchstabenrechnung *f*; **al·ge·bra·ic** *adj.*; **al·ge·bra·i·cal** [ældʒi'breiik(əl)] *adj.* □ alge'braisch: *algebraic calculus* Algebra.

Al·ge·ri·an [æl'dʒiəriən] **I.** *adj.* al'gerisch; **II.** *s.* Al'gerier(in).

Al·gol ['ælgɔl] *s.* ALGOL *n* (*Computersprache*).

a·li·as ['eiliæs] **I.** *adv.* 'alias, sonst, sonst ... genannt; **II.** *s. pl.* **-as·es** angenommener Name, Deckname *m*.

al·i·bi ['ælibai] **I.** *adv.* **1.** anderswo (*als am Tatort*); **II.** *s.* **2.** ⚖ 'Alibi *n*: *to establish one's* ~ sein Alibi erbringen; **3.** F Ausrede *f*, Entschuldigung *f*.

al·ien ['eiljən] **I.** *adj.* **1.** fremd; ausländisch: ~ *subjects* ausländische Staatsangehörige; **2.** *fig.* andersartig, fernliegend, fremd (*to dat.*); **3.** *fig.* zu'wider, 'unsym,pathisch (*to dat.*); **II.** *s.* **4.** Fremde(r *m*) *f*, Ausländer(in): *enemy* ~ feindlicher Ausländer; ~*s police* Fremdenpolizei; **5.** nicht naturalisierter Bewohner des Landes; **6.** *fig.* Fremdling *m*; **'al·ien·a·ble** [-nəbl] *adj.* veräußerlich; über'tragbar; **'al·ien·age** [-nidʒ] *s.* Ausländertum *n*; **'al·ien·ate** [-neit] *v/t.* **1.** ⚖ veräußern, über'tragen; **2.** entfremden, abspenstig machen (*from dat.*); **al·ien·a·tion** [eiljə'neiʃən] *s.* **1.** ⚖ Veräußerung *f*, Über'tragung *f*; **2.** Entfremdung *f* (*a. psych., pol.*) (*from* von), Abwendung *f*, Abneigung *f*: ~ *of affections* ⚖ Entfremdung; **3.** *a. mental* ~ Geistesgestörtheit *f*; **'al·ien·ist** [-nist] *s.* Irrenarzt *m*, Psychi'ater *m*.

a·light[1] [ə'lait] *pret. u. p.p.* **a'light·ed** [-tid] *v/i.* **1.** ab-, aussteigen; **2.** sich niederlassen, sich setzen (*Vogel*), fallen (*Schnee*): *to* ~ *on one's feet* auf die Füße fallen; **3.** ✈ niedergehen, landen; **4.** (*on*) (zufällig) stoßen (auf *acc.*), antreffen (*acc.*).

a·light[2] [ə'lait] *adj.* brennend, in Flammen (*a. fig.*), erleuchtet (*with* von).

a·lign [ə'lain] **I.** *v/t.* **1.** in e-e (gerade) 'Linie bringen, ausfluchten, in gerader Linie *od.* in Reih und Glied aufstellen; ausrichten (*with* nach); **2.** *fig.* zu e-r Gruppe (*Gleichgesinnter*) zs.-schließen; **3.** ~ *o.s.* (*with*) sich anschließen, sich anpassen (an *acc.*); **II.** *v/i.* **4.** sich in gerader Linie *od.* in Reih und Glied aufstellen; sich ausrichten (*with* nach); **a'lign·ment** [-mənt] *s.* **1.** Anordnung *f* in einer (geraden) Linie, Ausrichten *n* (*von Soldaten etc.*); Anpassung *f*: *in* ~ *with* in 'einer Linie *od.* Richtung mit (*a. fig.*); **2.** ⊕ 'Linien-, Zeilenführung *f*; 'Absteckungs,linie *f*, Trasse *f*; Richten *n*, Ausfluchten *n*; Gleichlauf *m*; **3.** *fig.* Ausrichtung *f*, Gruppierung *f*: ~ *of political forces*.

a·like [ə'laik] **I.** *adj.* gleich, ähnlich: *all things are* ~ *to him* ihm ist alles gleich; **II.** *adv.* gleich, ebenso, in gleichem Maße: *she helps enemies and friends* ~.

al·i·ment ['ælimənt] *s.* Nahrungsmittel *n*, 'Unterhalt *m*; **al·i·men·ta·ry** [æli'mentəri] *adj.* **1.** nahrhaft; **2.** Nahrungs..., Ernährungs...: ~ *canal* Verdauungskanal; **al·i·men·ta·tion** [ælimen'teiʃən] *s.* Ernährung *f*, Verpflegung *f*, Unterhalt *m*.

al·i·mo·ny ['æliməni] *s.* **1.** 'Unterhalt *m*; **2.** Ali'mente *pl.*, 'Unterhaltsbeitrag *m*, -zahlung *f*.

a·line *etc.* → *align etc.*

al·i·quant ['ælikwənt] *adj.* ∡ nicht (*ohne Rest*) aufgehend; **'al·i·quot** [-kwɔt] *adj.* ∡ (*ohne Rest*) aufgehend.

a·live [ə'laiv] *adj.* **1.** lebend, (noch) am Leben: *the proudest man* ~ der stolzeste Mann der Welt; *no man* ~ kein Sterblicher; *man* ~*!* F Menschenskind!; **2.** tätig, in voller Kraft *od.* Wirksamkeit, im Gange: *to keep* ~ **a)** aufrechterhalten, bewahren, **b)** am Leben bleiben; **3.** lebendig, lebhaft, belebt: ~ *and kicking* F gesund u. munter; *look* ~*!* F mach flink!, paß auf!; **4.** (*to*) empfänglich (für), Anteil nehmend (an *dat.*), bewußt (*gen.*), achtsam (auf *acc.*); **5.** voll, belebt, wimmelnd (*with* von); **6.** ⚡ Strom führend, geladen.

a·liz·a·rin [ə'lizərin] *s.* ⚗ Aliza'rin *n*.

al·ka·hest ['ælkəhest] *s.* Alka'hest *n*, Univer'sallösungsmittel *n* (*a. fig.*).

al·ka·li ['ælkəlai] ⚗ **I.** *pl.* **-lies** *od.* **-lis** *s.* **1.** Al'kali *n*; **2.** (in wäßriger Lösung) stark al'kalisch reagierende Verbindung: *caustic* ~ Ätzalkali; *mineral* ~ kohlensaures Natron; **3.** *geol.* kalzinierte Soda; **II.** *adj.* **4.** alkalisch: ~ *soil*; **'al·ka·line** [-lain] *adj.* ⚗ alkalisch, al'kalihaltig, basisch; **al·ka·lin·i·ty** [ælkə'liniti] *s.* ⚗ Alkalini'tät *f*, alkalische Eigenschaft; **'al·ka·lize** [-laiz] *v/t.* ⚗ alkalisieren, auslaugen; **'al·ka·loid** [-lɔid] ⚗ **I.** *s.* Alkalo'id *n*; **II.** *adj.* al'kaliartig, laugenhaft.

all [ɔ:l] **I.** *adj.* **1.** all, sämtlich, vollständig, ganz: ~ *the wine* der ganze Wein; ~ *day (long)* den ganzen Tag; ~ *the time* die ganze Zeit; *for* ~ *time* für immer; ~ *the way* die ganze Strecke; *with* ~ *my heart* von ganzem Herzen; *with* ~ *respect* bei aller Hochachtung; ~ *Shaw's writings* Shaws sämtliche Schriften; **2.** jeder, jede, jedes (beliebige); alle *pl.*: *at* ~ *hours* zu jeder Stunde; *in* ~ *respects* in jeder Hinsicht; *beyond* ~ *question* fraglos; → *event 3, mean*[3] *3*; **3.** ganz, rein: ~ *wool* reine Wolle; → *all-American*; **II.** *s.* **4.** das Ganze, alles; Gesamtbesitz *m*: *his* ~ **a)** sein Hab u. Gut, **b)** sein ein u. alles; **III.** *pron.* **5.** alles: ~ *of it* alles; ~ *of us* wir alle; ~*'s well that ends well* Ende gut, alles gut; *when* ~ *is said (and done)* F letzten Endes, im Grunde genommen; *what is it* ~ *about?* um was handelt es sich?; *the best of* ~ *would be* das allerbeste wäre; ~ *in* ~ alles in allem, vollkommen; *that is* ~ weiter nichts; *is that* ~*?* **a)** sonst noch et.?, **b)** F schöne Geschichte!; **IV.** *adv.* **6.** ganz, gänzlich, höchst: ~ *wrong* ganz falsch, völlig im Irrtum; *that is* ~ *very fine (od. very well), but ...* das ist ja ganz schön u. gut, aber ...; *he was* ~ *ears (eyes)* er war ganz Ohr (Auge); *she is* ~ *kindness* sie ist die Güte selber; ~ *the better* um so besser; ~ *one* einerlei, gleichgültig; ~ *the same* **a)** ganz gleich, gleichgültig, **b)** gleichwohl, trotzdem, immerhin; → *above 7, after 2, at*[1] *7, but 13, once 4 b*;

Zssgn mit adv. u. prp.:

all| a·long a) der ganzen Länge nach, **b)** F die ganze Zeit, schon immer; ~ **in** *sl.* ‚fertig', ganz ‚erledigt'; ~ **out a)** ‚auf dem Holzweg', **b)** völlig ‚ka'putt', **c)** mit aller Macht: *to be* ~ *for s.th.* mit aller Macht auf et. aussein; ~ **o·ver a)** *es ist* alles aus, **b)** gänzlich: *that is Max* ~ F das sieht Max ähnlich, das ist typisch Max, **c)** am ganzen Körper, **d)** über'all(hin); ~ **right** ganz richtig, in Ordnung, ‚schon gut!'; ~ **round** 'ringsum'her, über'all; ~ **there** F gescheit: *he is not* ~ er ist nicht ganz bei Trost; ~ **up:** *it's* ~ *with him* mit ihm ist's aus; **for** ~ **a)** trotz: ~ *his smartness*; ~ *that* trotzdem, **b)** so'viel: ~ *I know* soviel *od.* soweit ich (davon) weiß; ~ *I care* F was ich mir schon daraus mache!, meinetwegen!; **in** ~ insgesamt.

Al·lah ['ælə] *s. eccl.* 'Allah *m*.

all|-A'mer·i·can *adj.* rein ameri'kanisch, die ganzen USA vertretend; **'~-a'round** *Am.* → *all-round*.

al·lay [ə'lei] *v/t.* beschwichtigen, beruhigen; *Streit* schlichten; mildern, lindern, *Hunger, Durst* stillen.

'all-'clear *s.* Ent'warnungssi,gnal *n*, Entwarnung *f* (*bsd. nach e-m Luftangriff*); *fig.* Genehmigung *f*.

al·le·ga·tion [æle'geiʃən] *s. unerwiesene* Behauptung, Aussage *f*, Vorbringen *n*; Darstellung *f*.

al·lege [ə'ledʒ] *v/t.* **1.** *Unerwiesenes* behaupten, erklären, vorbringen; **2.** vorgeben, vorschützen; **al'leged** [-dʒd] *adj.* □ angeblich, vermeintlich; **al'leg·ed·ly** [-dʒidli] *adv.* an-, vorgeblich.

al·le·giance [ə'li:dʒəns] *s.* **1.** 'Untertanenpflicht *f*, -treue *f*, -gehorsam *m*: *oath of* ~ Treu-, Untertaneneid; *to change one's* ~ s-e Staats- *od.* Parteiangehörigkeit wechseln; **2.** (*to*) Treue *f* (zu); Anhänglichkeit *f*, Bindung *f* (an *acc.*); Ergebenheit *f*, Gefolgschaft *f*.

al·le·gor·ic *adj.*; **al·le·gor·i·cal** [æle'gɔrik(əl)] *adj.* □ alle'gorisch, (sinn)bildlich; **al·le·go·rize** ['æligəraiz] **I.** *v/t.* allegorisch darstellen; **II.** *v/i.* in Gleichnissen reden; **al·le·go·ry** ['æligəri] *s.* Allego'rie *f*, Sinnbild *n*, sinnbildliche Darstellung, Gleichnis *n*.

al·le·gret·to [æli'gretou] (*Ital.*) *adv.* ♪ alle'gretto, mäßig lebhaft; **al·le·gro** [ə'leigrou] (*Ital.*) *adv.* ♪ al'legro, lebhaft.

al·le·lu·ia [æli'lu:jə] **I.** *s.* Halle'luja *n*, Loblied *n*; **II.** *int.* halleluja!, lobet Gott!

al·ler·gic [ə'lə:dʒik] *adj.* ⚕ all'ergisch, 'überempfindlich (*to* gegen): *to be* ~ *to* F *fig. et. od. j-n* nicht ausstehen können; **al·ler·gy** ['ælədʒi] *s.* **1.** ⚘, ⚕, *zo.* Aller'gie *f*, 'Überempfindlichkeit *f*; **2.** F Abneigtheit *f*, Abneigung *f*.

al·le·vi·ate [ə'li:vieit] *v/t.* erleichtern, mildern, lindern, (ver)mindern; **al·le·vi·a·tion** [əli:vi'eiʃən] *s.* Erleichterung *f*, Linderung *f*, Milderung *f*.

al·ley ['æli] *s.* **1.** Al'lee *f*; **2.** (schmale) Gasse, Verbindungsgang *m*, 'Durchgang *m* (*a. fig.*): *that's down* (*od. up*) *my* ~ F das ist et. für mich, das ist mein Fall; **3.** Spielbahn *f*; → *bowling-alley, skittle-alley*; '**~·way** *s.* Durchgang *m*, enge Gasse.

All| Fools' Day ['ɔ:l'fu:lzdei] *s.* der 1. A'pril; **♀ fours 1.** alle vier (*Kartenspiel*); **2.** *on* ~ **a)** auf allen vieren, **b)** (*with*) vergleichbar (mit), gleich (*dat.*), entsprechend (*dat.*); ~ **Hallows** ['ɔ:l'hælouz] *s.* Aller'heiligen *n*.

al·li·ance [ə'laiəns] *s.* **1.** Verbindung *f*, Verknüpfung *f*; **2.** Bund *m*, Bündnis *n*: *triple* ~ Dreibund; *offensive and defensive* ~ Schutz- und Trutzbündnis; **3.** Heirat *f*, Verwandtschaft *f*, Verschwägerung *f*; **4.** *weitS.* Verwandtschaft *f*; **5.** *fig.* Band *n*, (Inter'essen)Gemeinschaft *f*; **6.** Über'einkunft *f*; **al·lied** [ə'laid; *attr.* 'ælaid] *adj.* **1.** verbündet, alliiert (*with* mit): *the ♀ Powers*; **2.** (art)verwandt (*to* mit): *German is nearly* ~ *to Dutch*; **Al·lies** ['ælaiz] *s. pl.*: *the* ~ die Alliierten, die Verbündeten.

al·li·ga·tor ['æligeitə] *s. zo.* Alli'gator *m*; 'Kaiman *m*; ~ **ap·ple** *s.* ⚘ Alli'gator-, Hundsapfel *m*; ~ **pear** *s.* ⚘ Avo'cadobirne *f*, Aba'kate *f*; ~ **skin** *s.* Kroko'dilleder *n*.

'**all|-im'por·tant** *adj.* äußerst wichtig; '**~-'in** *adj. bsd. Brit.* alles inbegriffen.

al·lit·er·ate [ə'litəreit] *v/t.* alliterieren, im Stabreim dichten; **al·lit·er·a·tion** [əlitə'reiʃən] *s.* ˌAlliterati'on *f*, Stabreim *m*; **al'lit·er·a·tive** [-rətiv] *adj.* □ alliterierend.

'**all|-'mains** *adj.* ⚡ Allstrom..., mit Netzanschluß; '**~-'met·al** *adj.* ⊕ Ganzmetall...

al·lo·cate ['æləkeit] *v/t.* **1.** zuteilen, an-, zuweisen (*to dat.*): *to* ~ *duties*; *to* ~ *shares* Aktien zuteilen; **2.** den Platz bestimmen für; **al·lo·ca·tion** [ælə'keiʃən] *s.* **1.** Zu-, Verteilung *f*, An-, Zuweisung *f*, Kontin'gent *n*; **2.** ✝ Bewilligung *f*, Zahlungsanweisung *f*.

al·lo·cu·tion [ælou'kju:ʃən] *s.* feierliche *od.* ermahnende Ansprache.

al·lo·path ['æloupæθ] *s.* ⚕ Allo'path *m*; **al·lop·a·thy** [ə'lɔpəθi] *s.* ⚕ Allopa'thie *f*.

al·lot [ə'lɔt] *v/t.* **1.** aus-, verteilen (*a. durch Los*), teilen; **2.** bewilligen, abtreten; **3.** *für j-n od. e-n Zweck* bestimmen; **al'lot·ment** [-mənt] *s.* **1.** Ver-, Zuteilung *f*, Anteil *m*; zugeteilte 'Aktien *pl.*; **2.** *Brit.* Par'zelle *f*; (*a.* ~ *garden*) Schrebergarten *m*; **3.** Los *n*, Schicksal *n*; **4.** ⚔ Über'weisung *f* e-s Teils der Löhnung an eine(n) Angehörige(n).

'**all-'out** *adj.* to'tal, um'fassend, Groß...: ~ *effort*; *to go* ~ alles einsetzen, aufs Ganze gehen.

al·low [ə'lau] **I.** *v/t.* **1.** erlauben, gestatten, zulassen: *he is not* ~*ed to go there* er darf nicht hingehen; *smoking* ~*ed* Rauchen gestattet; **2.** gewähren, bewilligen, gönnen, zuerkennen: *to* ~ *more time*; *we are* ~*ed two ounces a day* uns stehen täglich zwei Unzen zu; *to* ~ *an item of expenditure* e-n Ausgabeposten billigen; **3. a)** zugeben: *I* ~ *I was rather rash*, **b)** gelten lassen, *Forderung* anerkennen: *to* ~ *a claim*; **4.** dulden, lassen, ermöglichen: *you must* ~ *the soup to get cold*; *this gate* ~*s access to the garden*; **5.** *Summe für gewisse Zeit* zuwenden, geben: *my father* ~*s me £100 a year* mein Vater gibt mir jährlich £ 100 (*Zuschuß od. Unterhaltsgeld*); **6.** ab-, anrechnen, abziehen, nachlassen, vergüten: *to* ~ *a discount* e-n Rabatt gewähren; *to* ~ *10 % for inferior quality*; **II.** *v/i.* **7.** erlauben, zulassen, ermöglichen (*of acc.*): *it* ~*s of no excuse* es läßt sich nicht entschuldigen; **8.** berücksichtigen, in Betracht ziehen, anrechnen (*for acc.*): *to* ~ *for wear and tear*; **9.** *Am.* erklären, denken; **al'low·a·ble** [-əbl] *adj.* □ **1.** erlaubt, zulässig, rechtmäßig; **2.** abziehbar, -zugsfähig: ~ *expenses* ✝ abzugsfähige Ausgaben; **al'low·ance** [-əns] **I.** *s.* **1.** Erlaubnis *f*, Be-, Einwilligung *f*, Anerkennung *f*; **2.** *geldliche* Zuwendung; Zuteilung *f*, Rati'on *f*, Maß *n*; Zuschuß *m*, Beihilfe *f*, Taschengeld *n*: *weekly* ~; *family* ~ Familienunterstützung; *dress* ~ Kleidergeld; **3.** Nachsicht *f*: *to make* ~ *for* berücksichtigen, bedenken; **4.** Entschädigung *f*, Vergütung *f*: *expense* ~ Aufwandsentschädigung; **5.** ✝ Nachlaß *m*, Ra'batt *m*: ~ *for cash* Skonto; *tax* ~ Steuerermäßigung; **6.** ⊕, ⚒ Tole'ranz *f*, Spielraum *m*, zulässige Abweichung; **7.** *sport* Vorgabe *f*; **II.** *v/t.* **8.** *j-n* auf Rationen setzen; *Waren* rationieren.

al·loy I. *s.* ['ælɔi] **1.** Me'tallegierung *f*; **2.** ⊕ Legierung *f*, Gemisch *n*; **3.** *fig.* (Bei)Mischung *f*: *pleasure without* ~ ungemischte Freude; **II.** *v/t.* [ə'lɔi] **4.** *Metalle* legieren, mischen; **5.** *fig.* vermischen, verschlechtern.

'**all|-'pur·pose** *adj.* für jeden Zweck verwendbar, Allzweck..., Universal...: ~ *outfit*; '**~-'red** *adj. bsd. geogr.* rein 'britisch.

'**all|-'round** *adj.* all-, vielseitig; '**~-round·er** *s.* Aller'weltskerl *m*.

All| Saints' Day ['ɔ:l'seintsdei] *s.* Aller'heiligen *n*; ~ **Souls' Day** ['ɔ:l'soulzdei] *s.* Aller'seelen *n*; '**♀-'star** *adj.* nur mit ersten Kräften besetzt: ~ *cast* Galabesetzung; '**♀-'time** *adj.* noch nie erreicht: ~ *high* Höchstleistung, -stand; ~ *low* Tiefststand.

al·lude [ə'lu:d] *v/i.* (*to*) anspielen, hinweisen (auf *acc.*); *et.* andeuten, erwähnen.

al·lure [ə'ljuə] **I.** *v/t.* **1.** an-, verlocken, gewinnen (*to* für); abbringen (*from* von); **2.** anziehen, reizen; **II.** *s.* **3.** → *allurement*; **al'lure·ment** [-mənt] *s.* **1.** (Ver)Lockung *f*; **2.** Lockmittel *n*, Köder *m*; **3.** Anziehungskraft *f*; **al'lur·ing** [-əriŋ] *adj.* □ verlockend, verführerisch.

al·lu·sion [ə'lu:ʒən] *s.* (*to*) Anspielung *f*, Hinweis *m* (auf *acc.*); Erwähnung *f*, Andeutung *f* (*gen.*); **al'lu·sive** [-u:siv] *adj.* □ anspielend, verblümt.

al·lu·vi·al [ə'lu:vjəl] *adj. geol.* angeschwemmt, alluvi'al; **al'lu·vi·on** [-ən] *s. geol.* Anschwemmung *f*; Schwemmland *n*; **al'lu·vi·um** [-əm] *pl.* **-vi·ums** *od.* **-vi·a** [-vjə] *s. geol.* Al'luvium *n*, Schwemmland *n*.

'**all|-'wave** *adj.* ⚡: ~ *receiving set* Allwellenempfänger; '**~-'weath·er** *adj.* Allwetter...: ~ *body mot.* Allwetterkarosserie; '**~-'wheel** *adj.* ⊕, *mot.* Allrad...(-*antrieb*, -*bremse*).

al·ly [ə'lai] **I.** *v/t.* **1.** (*durch Heirat, Verwandtschaft, Ähnlichkeit*) vereinigen, verbinden (*to, with* mit); **2.** ~ *o.s.* sich verbinden *od.* verbünden (*with* mit); **II.** *v/i.* **3.** sich vereinigen, sich verbinden, sich verbünden (*to, with* mit); → *allied*; **III.** *s.* ['ælai; ə'lai] **4.** Alliierte(r *m*) *f*, Verbündete(r *m*) *f*, Bundesgenosse *m*, Bundesgenossin *f* (*a. fig.*); **5.** ⚘, *zo.* verwandte Sippe.

Al·ma Ma·ter ['ælmə'meitə] (*Lat.*) *s.* 'Alma *f* 'mater.

al·ma·nac ['ɔ:lmənæk] *s.* 'Almanach *m*, Ka'lender *m*, Jahrbuch *n*.

al·might·y [ɔ:l'maiti] **I.** *adj.* **1.** allmächtig: *the ♀* der Allmächtige; **2.** F ‚riesig', ‚mächtig'; **II.** *adv.* **3.** F ‚mächtig'.

al·mond ['ɑ:mənd] *s.* ⚘ Mandel *f*; Mandelbaum *m*; '**~-eyed** *adj.* mit mandelförmigen Augen, mandeläugig.

al·mon·er ['ɑ:mənə] *s.* **1.** 'Almosenpfleger *m*; **2.** (Sozi'al)Fürsorger(in) u. Gebührenverwalter(in) im Krankenhaus.

al·most ['ɔ:lmoust] *adv.* fast, beinahe.

alms [ɑ:mz] *s. sg. u. pl.* 'Almosen *n*; '**~·house** *s.* **1.** *Brit.* Altersheim *n* (*bsd. für würdige Bedürftige*); **2.** *Am.* Armenhaus *n*; '**~·man** [-mən] *s.* [*irr.*] 'Almosenempfänger *m*.

al·oe ['ælou] *s.* **1.** ⚘ 'Aloe *f*; **2.** *pl. sg. konstr.* ⚕ Aloe *f* (*Abführmittel*).

a·loft [ə'lɔft] *adv.* **1.** *poet.* hoch (oben), em'por, droben, im Himmel; **2.** ⚓ oben, in der Takelung.

a·lone [ə'loun] **I.** *adj.* al'lein, einsam; → *leave alone, let alone, let*[1] *Redew.*; **II.** *adv.* allein, nur.

a·long [ə'lɔŋ] **I.** *prp.* **1.** entlang, längs; **II.** *adv.* **2.** entlang, längs; **3.** vorwärts, weiter: *to get* ~ **a)** vorwärtskommen, Fortschritte machen, **b)** auskommen (*with* mit *j-m*); *get* ~ (*with you*)! F scher dich fort!; **4.** zu'sammen (mit), mit, bei sich: *to take* ~ mitnehmen; *come* ~ komm mit!, ‚komm doch schon!'; *I'll be* ~ *in a few minutes* ich werde in ein paar Minuten da sein; **5.** → *all along*; ~'**shore** *adv.* längs der Küste; ~'**side I.** *adv.* **1.** ⚓ längsseits; **2.** *fig.* (*of, with*) verglichen (mit), im Vergleich (zu); **II.** *prp.* **3.** längsseits (*gen.*); neben (*dat.*).

a·loof [ə'lu:f] **I.** *adv.* fern, abseits, von fern: *to keep* ~ sich fernhalten (*from* von) (*a. fig.*); *to stand* ~ für sich bleiben; **II.** *adj.* zu'rückhal-

tend: *her ~ manner*; **a'loof·ness** [-nis] *s.* Sich'fernhalten *n*, Abgeschlossenheit *f*; Zu'rückhaltung *f*.
a·loud [ə'laud] *adv.* laut, mit lauter Stimme.
alp [ælp] *s.* Alp(e) *f*, Alm *f*.
al·pac·a [æl'pækə] *s.* **1.** *zo.* 'Pako *n*, Al'paka *n*, Peru'anisches Schaf; **2.** a) Al'pakawolle *f*, b) Al'pakastoff *m*.
'al·pen|·glow ['ælpən] *s.* Alpenglühen *n*; **'~horn** (*Ger.*) *s.* Alphorn *n*; **'~stock** ['ælpin] (*Ger.*) *s.* Bergstock *m*.
al·pes·tri·an [æl'pestriən] *s.* Alpi'nist(in).
al·pha ['ælfə] *s.* **1.** 'Alpha *n*: *the ~ and omega* der Anfang u. das Ende, *fig.* das A u. O; **2.** *~ rays pl. phys.* 'Alphastrahlen *pl.*; **3.** *univ. Brit.* Eins *f* (*beste Note*): *~ plus* hervorragend.
al·pha·bet ['ælfəbit] *s.* **1.** Alpha'bet *n*, Abc *n*; **2.** *fig.* Anfangsgründe *pl.*, Abc *n*; **al·pha·bet·ic** *adj.*; **al·pha·bet·i·cal** [ælfə'betik(ə)l)] *adj.* □ alpha'betisch: *~ order* alphabetische Reihenfolge.
'alp·horn → *alpenhorn*.
Al·pine ['ælpain] *adj.* **1.** Alpen...; **2.** al'pin, Hochgebirgs...: *~ sun* ⚕ Höhensonne; **'Al·pin·ist** [-pinist] *s.* Alpi'nist(in); **Alps** [ælps] *s. pl. die* Alpen *pl.*
al·read·y [ɔ:l'redi] *adv.* schon, bereits.
al·right ['ɔ:l'rait] *adv. unrichtige Schreibung von all right.*
Al·sa·tian [æl'seiʃjən] **I.** *adj.* **1.** elsässisch; **II.** *s.* **2.** Elsässer(in); **3.** *a. ~ dog* (*od. ~ wolf-hound*) Wolfshund *m*, deutscher Schäferhund.
al·so ['ɔ:lsou] *adv.* auch, ferner, außerdem, ebenfalls: *~ ran* (*Rennsport*) ferner liefen; **'al·so-ran** *s.* **1.** *Rennsport*: siegloses Pferd; **2.** F Versager *m*, Niete *f*.
al·tar ['ɔ:ltə] *s.* Al'tar *m*: *high ~* Hochaltar; *to lead to the ~* zum Altar führen, heiraten; **'~-cloth** *s.* Al'tardecke *f*; **'~-piece** *s.* Al'tarblatt *n*, -gemälde *n*; **'~-rail** *s.* Al'targitter *n*; **'~-screen** *s.* reichverzierte Al'tarrückwand, Re'tabel *n*.
al·ter ['ɔ:ltə] **I.** *v/t.* **1.** (ver)ändern, ab-, 'umändern; **2.** *Am. dial. Tiere* kastrieren; **II.** *v/i.* **3.** sich (ver)ändern (*bsd. Personen*); **'al·ter·a·ble** [-tərəbl] *adj.* veränderlich, wandelbar; **al·ter·a·tion** [ɔ:ltə'reiʃən] *s.* **1.** (Ab-, 'Um)Änderung *f*, Veränderung *f*; **2.** 'Umbildung *f*; 'Umbau *m*: *closed during ~s* während des Umbaus geschlossen.
al·ter·ca·tion [ɔ:ltə:'keiʃən] *s. heftiger* Wortwechsel, Zank *m*, Streit *m*.
al·ter e·go ['æltə 'egou] (*Lat.*) *s.* **1.** das andere Ich; **2.** Busenfreund *m*.
al·ter·nate [ɔ:l'tə:nit] **I.** *adj.* □ → *alternately*; **1.** (mitein'ander) abwechselnd, wechselseitig: *on ~ days* jeden zweiten Tag; **2.** ⚔ Ausweich-...: *~ position* Ausweichstellung; **II.** *s.* **3.** *pol. Am.* Stellvertreter *m*; **III.** *v/t.* ['ɔ:ltə:neit] **4.** wechselweise tun; abwechseln lassen, *miteinander* vertauschen: *to ~ weakness with severity*; **5.** ⚡, ⊕ peri'odisch verändern; **IV.** *v/i.* ['ɔ:ltə:neit] **6.** abwechseln; **7.** ⚡ wechseln; **al'ter·nate·ly** [-li] *adv.* abwechselnd, wechselweise; **al·ter·nat·ing** ['ɔ:ltə:neitiŋ] *adj.* abwechselnd, Wechsel...: *~ current* ⚡ Wechselstrom; *~ voltage* ⚡ Wechselspannung; **al·ter·na·tion** [ɔ:ltə:'neiʃən] *s.* Abwechslung *f*, Wechsel *m*;
al'ter·na·tive [-nətiv] **I.** *adj.* □ → *alternatively*; **1.** alterna'tiv, die Wahl lassend, ein'ander ausschließend, nur 'eine Möglichkeit lassend; **2.** ander(er, e, es) (*von zweien*), Ersatz..., Ausweich...: *~ airport* Ausweichflughafen; **II.** *s.* **3.** Alterna'tive *f*, (Aus)Wahl *f* (*zwischen zwei od. mehreren Dingen*): *to have no (other) ~* keine andere Möglichkeit *od.* keinen anderen Ausweg haben; **al'ter·na·tive·ly** [-nətivli] *adv.* im anderen Falle; **al·ter·na·tor** ['ɔ:ltə:neitə] *s.* ⚡ 'Wechselstromma,schine *f*.
al·tho [ɔ:l'ðou] *Am.* → *although*.
alt-horn ['æltho:n] *s.* ♪ Althorn *n*.
al·though [ɔ:l'ðou] *cj.* ob'wohl, ob'gleich, wenn auch.
al·tim·e·ter ['æltimi:tə] *s. phys.* Höhenmesser *m*.
al·ti·tude ['æltitju:d] *s.* **1.** Höhe *f* (*bsd. über dem Meeresspiegel, a.* ✈, ✗, *ast.*): *~ control* Höhensteuerung; *~ flight* Höhenflug; *~ of the sun* Sonnenstand; **2.** *mst pl.* hochgelegene Gegend: *mountain ~s* Berghöhen; **3.** *fig.* Erhabenheit *f*.
al·to ['æltou] *pl.* **'al·tos** (*Ital.*) *s.* ♪ **1.** Alt *m*, Altstimme *f*; **2.** Al'tist(in), Altsänger(in).
al·to·geth·er [ɔ:ltə'geðə] **I.** *adv.* **1.** gänzlich, ganz u. gar: *it was ~ bad* es war völlig *od.* wirklich schlecht; **2.** im ganzen genommen; **II.** *s.* **3.** *in the ~* splitternackt.
al·to-re·lie·vo ['æltouri'li:vou] (*Ital.*) *s.* 'Hochreli,ef *n*, erhabene Arbeit.
al·tru·ism ['æltruizəm] *s.* Altru'ismus *m*, Nächstenliebe *f*, Uneigennützigkeit *f*; **al·tru·is·tic** [æltru'istik] *adj.* (□ *~ally*) uneigennützig, altru'istisch.
al·um ['æləm] *s.* ⚗ A'laun *m*.
a·lu·mi·na [ə'lju:minə] *s.* ⚗ Tonerde *f*.
al·u·min·i·um [ælju'minjəm], *Am.* **a·lu·mi·num** [ə'lu:minəm] *s.* ⚗ Alu'minium *n*.
a·lum·na [ə'lʌmnə] *pl.* **-nae** [-ni:] *s.* ehemalige Stu'dentin *od.* Schülerin; **a'lum·nus** [-nəs] *pl.* **-ni** [-nai] *s.* ehemaliger Stu'dent *od.* Schüler.
al·ve·o·lar [æl'viələ] *adj.* **1.** alveo'lar, den Zahndamm *od.* die Zahnhöhle betreffend; **2.** *ling.* alveolar, am Zahndamm artikuliert; **al·ve·o·lus** [æl'viələs] *pl.* **-li** [-lai] *s. anat.* Alve'ole *f*, Zahnhöhle *f*.
al·ways ['ɔ:lwəz] *adv.* **1.** immer, stets: *~ provided* ⚖ (immer) vorausgesetzt (daß); **2.** F immer'hin.
a·lys·sum ['ælisəm] *s.* ⚘ Steinkraut *n*.
am [æm; əm] *1. sg. pres. von* be.
a·mal·gam [ə'mælgəm] *s.* **1.** Amal'gam *n*; **2.** *fig.* Mischung *f*, Gemenge *n*, Verschmelzung *f*; **a'mal·gam·ate** [-meit] **I.** *v/t.* **1.** amalgamieren; **2.** *fig.* vereinigen, verschmelzen; zs.-legen, zs.-schließen, ✝ fusionieren; **II.** *v/i.* **3.** sich amalgamieren; **4.** sich vereinigen, sich verschmelzen, sich zs.-schließen, ✝ fusionieren; **a·mal·gam·a·tion** [əmælgə'meiʃən] *s.* **1.** Amalgamieren *n*; **2.** Vereinigung *f*, Verschmelzung *f*, Mischung *f*; **3.** *bsd.* ✝ Zs.-schluß *m*, Kombi'nat *n*, Fusi'on *f*.
a·man·u·en·sis [əmænju'ensis] *pl.* **-ses** [-si:z] *s.* Amanu'ensis *m*, (Schreib)Gehilfe *m*, Sekre'tär(in).
am·a·ranth ['æmərænθ] *s.* **1.** ⚘ Ama'rant *m*, Fuchsschwanz *m*; **2.** *poet.* unverwelkliche Blume; **3.** Ama'rantfarbe *f*, Purpurrot *n*.
am·a·ryl·lis [æmə'rilis] *s.* ⚘ Ama'ryllis *f*, Nar'zissenlilie *f*.
a·mass [ə'mæs] *v/t. bsd. Geld etc.* an-, aufhäufen, ansammeln.
am·a·teur ['æmətə:] *s.* Ama'teur *m*: a) (Kunst-, Sport)Liebhaber *m*: *~ flying* Sportflugwesen, b) Nichtfachmann *m*, *contp.* Dilet'tant *m*, Stümper *m* (*at painting* im Malen), c) Bastler *m*; **am·a·teur·ish** [æmə'tə:riʃ] *adj.* □ dilet'tantisch, stümperhaft.
am·a·tive ['æmətiv] *adj.*, **'am·a·to·ry** [-təri] *adj.* verliebt, sinnlich, Liebes...
a·maze [ə'meiz] *v/t.* in Staunen setzen, verblüffen, über'raschen; **a'mazed** [-zd] *adj.* □ erstaunt, verblüfft (*at* über *acc.*); **a'maz·ed·ly** [-zidli] *adv.* → *amazed*; **a'maze·ment** [-mənt] *s.* (Er)Staunen *n*, Verwunderung *f*; **a'maz·ing** [-ziŋ] *adj.* □ erstaunlich, verblüffend; unbegreiflich, ‚furchtbar'.
Am·a·zon ['æməzən] *s.* **1.** *antiq.* Ama'zone *f*; **2.** ♀ *fig.* Mannweib *n*; **Am·a·zo·ni·an** [æmə'zounjən] *adj.* **1.** ama'zonenhaft, Amazonen...; **2.** den Ama'zonenstrom betreffend, Amazonas...
am·bas·sa·dor [æm'bæsədə] *s.* **1.** *pol.* Botschafter *m*; **2.** Abgesandte(r) *m*, Vertreter *m*, Vermittler *m*, Bote *m* (*a. fig.*): *~ of peace*; **am·bas·sa·do·ri·al** [æmbæsə'dɔ:riəl] *adj.* Botschafts...; **am'bas·sa·dress** [-dris] *s.* **1.** Botschafterin *f*; **2.** Gattin *f* e-s Botschafters.
am·ber ['æmbə] **I.** *s.* **1.** *min.* Bernstein *m*; **2.** Gelb *n*, gelbes Licht (*Verkehrsampel*); **II.** *adj.* **3.** Bernstein...; **4.** bernsteinfarben, gelbbraun.
am·ber·gris ['æmbəgri(:)s] *s.* (graue) Ambra.
ambi- [æmbi] *in Zssgn* beide, zweifach.
am·bi·dex·trous ['æmbi'dekstrəs] *adj.* □ **1.** beidhändig; **2.** ungewöhnlich geschickt; **3.** doppelzüngig, 'hinterhältig.
am·bi·ence ['æmbiəns] *s. Kunst*: Ambi'ente *n*, *fig. a.* Mi'lieu *n*, Atmo'sphäre *f*.
am·bi·ent ['æmbiənt] *adj.* um'gebend, um'kreisend; ⊕ Umgebungs...(*-temperatur etc.*), Neben...(*-geräusch*).
am·bi·gu·i·ty [æmbi'gju(:)iti] *s.* Zweideutigkeit *f*, Doppelsinn *m*; Unklarheit *f*; **am·big·u·ous** [æm'bigjuəs] *adj.* □ zweideutig; unklar.
am·bit ['æmbit] *s.* **1.** 'Umfang *m*, -kreis *m*; **2.** Gebiet *n*, Bereich *m*.
am·bi·tion [æm'biʃən] *s.* Ehrgeiz *m*, Streben *n*, Begierde *f*, Sehnsucht *f*, Wunsch *m* (*of* nach *od. inf.*), Ziel *n*, (An)Trieb *m*; *pl.* Bestrebungen *pl.*;

am'bi·tious [-ʃəs] *adj.* □ **1.** ehrgeizig (*a. Plan etc.*); **2.** strebsam; begierig (of nach); **3.** ambiti'ös, anspruchsvoll.

am·bi·va·lence ['æmbi'veiləns] *s. psych., phys.* Ambiva'lenz *f*, Doppelwertigkeit *f*; *fig.* Zwiespältigkeit *f*; **'am·bi'va·lent** [-nt] *adj. psych., phys.* ambiva'lent, doppelwertig; *fig.* zwiespältig.

am·ble ['æmbl] **I.** *v/i.* im Paßgang gehen *od.* reiten; *fig.* schlendern; **II.** *s.* Paß *m*, Zeltergang *m* (*Pferd*); *fig.* gemächlicher Gang (*Person*); **'am·bler** [-lə] *s.* Paßgänger *m*, Zelter *m.*

am·bro·si·a [æm'brouzjə] *s. antiq.* Am'brosia *f*, Götterspeise *f* (*a. fig.*); **am'bro·si·al** [-əl] *adj.* □ am'brosisch; *fig.* köstlich; duftend.

am·bu·lance ['æmbjuləns] *s.* **1.** Ambu'lanz *f*, Kranken-, Sani'tätswagen *m*; **2.** ⚔ 'Feldlaza,rett *n*; *~* **bat·tal·ion** *s.* ⚔ 'Krankentrans'portbatail,lon *n*; *~* **box** *s.* Verbandskasten *m*; *~* **sta·tion** *s.* Sani'tätswache *f*, 'Unfallstati,on *f.*

am·bu·lant ['æmbjulənt] *adj.* ambu'lant: **a)** wandernd, **b)** gehfähig: *~ patients*; **'am·bu·la·to·ry** [-ətəri] **I.** *adj.* **1.** beweglich, nicht fest; **2.** → *ambulant*; **II.** *s.* **3.** Ar'kade *f*, Wandelgang *m.*

am·bus·cade [æmbəs'keid], **ambush** ['æmbuʃ] **I.** *s.* **1.** 'Hinterhalt *m*, Versteck *n*; **2.** im Hinterhalt liegende Truppen *pl.*; **II.** *v/i.* **3.** im Hinterhalt liegen; **III.** *v/t.* **4.** in e-n Hinterhalt legen; **5.** aus dem Hinterhalt über'fallen, auflauern (*dat.*).

a·mel·io·rate [ə'mi:ljəreit] **I.** *v/t.* verbessern (*bsd.* 🌱); **II.** *v/i.* besser werden (*Zustände*); **a·mel·io·ra·tion** [əmi:ljə'reiʃən] *s.* Verbesserung *f*, *bsd.* Bodenverbesserung *f.*

a·men ['ɑ:'men] **I.** *int.* **1.** 'amen!, so sei es!; **2.** *sl.* ganz meine Meinung; **II.** *s.* **3.** 'Amen *n.*

a·me·na·ble [ə'mi:nəbl] *adj.* □ **1.** zugänglich (*to dat.*): *~ to flattery*; *~ to reason*; **2.** gefügig; **3.** unter'worfen (*to dat.*): *~ to law*; *~ to a fine*; **4.** verantwortlich; **a'me·na·bly** [-li] *adv.* gemäß: *~ to the rules.*

a·mend [ə'mend] **I.** *v/t.* **1.** (ver)bessern, berichtigen; **2.** *Gesetz etc.* (ab)ändern, ergänzen; **II.** *v/i.* **3.** sich bessern (*bsd. Betragen*).

a·mende ho·no·ra·ble [amɑ̃:d ɔnɔrabl] (*Fr.*) *s.* öffentliche Ehrenerklärung.

a·mend·ment [ə'mendmənt] *s.* **1.** Besserung *f* (*bsd. des Betragens*); Verbesserung *f*, Berichtigung *f*, Neufassung *f*; **2.** *bsd.* ⚖ (Ab)Änderungs-, Zusatzantrag *m*; *Am.* 'Zusatzar,tikel *m* zur Verfassung, Nachtragsgesetz *n*: *the Fifth* ♀.

a·mends [ə'mendz] *s. pl. sg. konstr.* (Schaden)Ersatz *m*, Genugtuung *f*: *to make ~* Schadenersatz leisten, es wiedergutmachen.

a·men·i·ty [ə'mi:niti] *s.* **1.** Annehmlichkeit *f*, angenehme Lage; **2.** Anmut *f*, Liebenswürdigkeit *f*; **3.** *pl.* na'türliche Vorzüge *pl.*, Reize *pl.* (*Person od. Ort*).

A·mer·i·can [ə'merikən] **I.** *adj.* **1. a)** ameri'kanisch, **b)** die USA betreffend: *the ~ navy*; **II.** *s.* **2. a)** Ameri'kaner(in), **b)** Bürger(in) der USA; **3.** Amerikanisch *n* (*Sprache der USA*); *~* **cloth** *s.* Wachstuch *n*; *~* **In·di·an** *s.* Indi'aner(in).

A·mer·i·can·ism [ə'merikənizəm] *s.* **1.** Ameri'kanertum *n*; **2.** Amerika'nismus *m*: **a)** ameri'kanische Spracheigentümlichkeit, **b)** amerikanischer Brauch; **A·mer·i·can·i·za·tion** [əmerikənai'zeiʃən] *s.* Amerikanisierung *f*; **A·mer·i·can·ize** [ə'merikənaiz] **I.** *v/t.* amerikanisieren; **II.** *v/i.* Ameri'kaner *od.* amerikanisch werden.

A·mer·i·can| leath·er → *American cloth*; *~* **Le·gion** *s. Am.* Frontkämpferbund *m* (*der Teilnehmer am 1. u. 2. Weltkrieg*); *~* **or·gan** *s.* ♪ Har'monium *n*; *~* **plan** *s. Am.* Ho'telzimmer-Vermietung *f* nur mit voller Verpflegung.

Am·er·ind ['æmərind], **Am·er·in·di·an** [æmər'indjən] *s.* ameri'kanischer Indi'aner *od.* 'Eskimo.

am·e·thyst ['æmiθist] *s. min.* Ame'thyst *m.*

a·mi·a·bil·i·ty [eimjə'biliti] *s.* Freundlichkeit *f*, Liebenswürdigkeit *f*; **a·mi·a·ble** ['eimjəbl] *adj.* □ liebenswürdig, liebreich, freundlich.

am·i·ca·ble ['æmikəbl] *adj.* □ freund(schaft)lich, friedlich: *~ settlement* gütliche Einigung; **'am·i·ca·bly** [-li] *adv.* freundschaftlich, in Güte, gütlich.

a·mid [ə'mid] *prp.* in'mitten (*gen.*), (mitten) in *od.* unter (*dat. od. acc.*); **a'mid·ship(s)** [-ʃip(s)] ⚓ **I.** *adv.* mittschiffs; **II.** *adj.* in der Mitte des Schiffes (befindlich); **a'midst** [-st] → *amid.*

a·mine ['æmain] *s.* ⚗ A'min *n.*

amino- [əmi:nou] ⚗ *in Zssgn* Amino...: *~ acid.*

a·miss [ə'mis] **I.** *adv.* verkehrt, verfehlt, schlecht: *to take ~* übelnehmen; **II.** *adj.* unpassend, verkehrt, falsch, übel: *there is s.th. ~* etwas stimmt nicht.

am·i·ty ['æmiti] *s.* Freundschaft *f*, gutes Einvernehmen.

am·me·ter ['æmitə] *s.* ⚡ Am'pere,meter *n*, Strom(stärke)messer *m.*

am·mo ['æmou] *s.* ⚔ *sl.* Muniti'on *f.*

am·mo·ni·a [ə'mounjə] *s.* ⚗ Ammoni'ak *n*: *liquid ~* (*od. ~ solution*) Salmiakgeist; **am'mo·ni·ac** [-niæk] *adj.* ammonia'kalisch: (*gum*) *~* Ammoniakgummi; → *sal.*

am·mo·ni·um [ə'mounjəm] *s.* ⚗ Am'monium *n*; *~* **car·bon·ate** *s.* ⚗ Hirschhornsalz *n*; *~* **chlo·ride** *s.* ⚗ Am'moniumchlo,rid *n*, 'Salmiak *m*; *~* **ni·trate** *s.* ⚗ Am'moniumni,trat *n*, Ammoni'aksal,peter *m.*

am·mu·ni·tion [æmju'niʃən] *s.* Muniti'on *f* (*a. fig.*): *~ belt* Patronengurt; *~ carrier* Munitionswagen; *~ dump* Munitionslager; *~ pouch* Patronentasche.

am·ne·si·a [æm'ni:zjə] *s.* ⚕ Amne'sie *f*, Gedächtnisschwund *m.*

am·nes·ty ['æmnesti] **I.** *s.* Amne'stie *f*, allgemeiner Straferlaß; **II.** *v/t.* begnadigen.

a·moe·ba [ə'mi:bə] *s. zo.* A'möbe *f*; **a'moe·bic** [-bik] *adj.* a'möbisch: *~ dysentery* Amöbenruhr.

a·mok [ə'mɔk] → *amuck.*

a·mong(st) [ə'mʌŋ(st)] *prp.* **1.** (mitten) unter (*dat. od. acc.*), in'mitten (*gen.*), zwischen (*dat. od. acc.*), bei: *who ~ you?* wer von euch?; *a custom ~ the savages* e-e Sitte bei den Wilden; *to be ~ the best* zu den Besten gehören; *~ other things* unter anderem; *from among* aus der Zahl (derer), aus ... heraus; **2.** zu'sammen: *they had two pounds ~ them* sie hatten zusammen zwei Pfund.

a·mor·al [æ'mɔrəl] *adj.* mo'ralisch indiffe'rent, 'amo,ralisch.

am·o·rist ['æmərist] *s.* Liebhaber *m.*

am·o·rous ['æmərəs] *adj.* □ amou'rös; liebebedürftig; verliebt (of in *acc.*); Liebes...: *~ songs*; **'am·o·rous·ness** [-nis] *s.* (*bsd. sinnliche*) Verliebtheit.

a·mor·phous [ə'mɔ:fəs] *adj.* **1.** formlos, 'mißgestaltet; **2.** *min.* a'morph, 'unkristal,linisch.

a·mor·ti·za·tion [əmɔ:ti'zeiʃən] *s.* **1.** Amortisierung *f*, Tilgung *f* (*von Schulden*); **2.** ⚖ Veräußerung *f* (*von Grundstücken*) an die tote Hand; **a·mor·tize** [ə'mɔ:taiz] *v/t.* **1.** amortisieren, tilgen, abzahlen; **2.** ⚖ an die tote Hand veräußern.

A·mos ['eimɔs] *npr. u. s. bibl.* (das Buch) Amos *m.*

a·mount [ə'maunt] **I.** *v/i.* **1.** (*to*) sich belaufen (auf *acc.*), betragen (*acc.*): *his debts ~ to £ 120*; **2.** hin'auslaufen (*to* auf *acc.*), bedeuten: *it ~s to the same thing* es läuft *od.* kommt auf dasselbe hinaus; *that doesn't ~ to much* das bedeutet nicht viel; *you'll never ~ to much* F aus dir wird nie etwas werden; **II.** *s.* **3.** Betrag *m*, Summe *f*, Höhe *f* (*e-r Summe*), Menge *f*: *gross ~* Bruttobetrag; *net ~* Nettobetrag; *~ carried forward* Übertrag; **4.** *fig.* Inhalt *m*, Ergebnis *n*, Wert *m*, Bedeutung *f.*

a·mour [ə'muə] (*Fr.*) *s.* Liebschaft *f*, ‚Verhältnis' *n.*

a·mour-pro·pre ['æmuə'prɔpr] (*Fr.*) *s.* Eigenliebe *f*, Eitelkeit *f.*

amp [æmp] F → *ampere.*

am·per·age [æm'pɛəridʒ] *s.* ⚡ Stromstärke *f*, Am'perezahl *f.*

am·pere ['æmpɛə], **am·père** [ɑ̃'pɛ:r] (*Fr.*) *s.* ⚡ Am'pere *n* (*Stromstärke*); *~* **me·ter** *s.* ⚡ Am'pere,meter *n*, Strom(stärke)messer *m.*

am·per·sand ['æmpəsænd] *s. typ.* das Zeichen & (*abbr. für and*).

am·phet·a·mine [æm'fetəmin] *s.* ⚗ Benze'drin *n.*

amphi- [æmfi] *in Zssgn* doppelt, zwei..., zweiseitig, beiderseitig, umher...

Am·phib·i·a [æm'fibiə] *s. pl. zo.* Am'phibien *pl.*, Lurche *pl.*; **am'phib·i·an** [-ən] **I.** *adj.* **1.** *zo., a.* ⚔, ⊕ am'phibisch, Amphibien...; Wasserland...; **II.** *s.* **2.** *zo.* Am'phibie *f*, Lurch *m*; **3.** Am'phibienflugzeug *n*; **4.** *a. ~ tank* ⚔ Schwimmkampfwagen *m*; **am'phib·i·ous** [-əs] *adj.* **1.** *zo.* amphibisch; zum Leben im Wasser u. auf dem Lande geeignet; **2.** von gemischter Na'tur, zweierlei Wesen habend; **3.** ⚔, ⊕

Amphibien..., Wasserland...: ~ *landing* amphibische Landung *od.* Operation; ~ *tank* Schwimmkampfwagen; ~ *truck* Schwimmlastkraftwagen.

am·phi·the·a·tre, *Am.* **am·phi·the·a·ter** ['æmfiθiətə] *s.* **1.** Am'phithe,ater *n*; **2.** Gebäudeteil *m od.* Landschaft *f* in der Form e-s Amphitheaters.

am·pho·ra ['æmfərə] *pl.* **-rae** [-ri:] *od.* **-ras** [-əz] (*Lat.*) *s.* Am'phore *f.*

am·ple ['æmpl] *adj.* □ → *amply*; **1.** weit, groß, geräumig; weitläufig: *his* ~ *figure* s-e stattliche Figur; **2.** ausführlich, um'fassend; **3.** reich (-lich), (vollauf) genügend: ~ *means* reich(lich)e Mittel; **'am·ple·ness** [-nis] *s.* **1.** Weite *f*, Geräumigkeit *f*; **2.** Reichlichkeit *f*, Fülle *f.*

am·pli·fi·ca·tion [æmplifi'keiʃən] *s.* **1.** Erweiterung *f*, Vergrößerung *f*, Ausdehnung *f*; **2.** weitere Ausführung, Weitschweifigkeit *f*, Ausschmückung *f*; **3.** ⚡, *Radio, phys.* Vergrößerung *f*, Verstärkung *f.*

am·pli·fi·er ['æmplifaiə] *s.* **1.** *phys.* Vergrößerungslinse *f*; **2.** *Radio, phys.* Verstärker *m*: ~ *tube* (*od. valve*) Verstärkerröhre; **am·pli·fy** ['æmplifai] **I.** *v/t.* **1.** erweitern, vergrößern, ausdehnen; **2.** ausmalen, -schmücken; weitläufig darstellen; näher ausführen *od.* erläutern; **3.** *Radio, phys.* verstärken; **II.** *v/i.* **4.** sich weitläufig ausdrücken *od.* auslassen; **'am·pli·tude** [-tju:d] *s.* **1.** Weite *f*, 'Umfang *m* (*a. fig.*), Reichlichkeit *f*, Fülle *f*; **2.** *phys.* Ampli'tude *f*, Schwingungsweite *f* (*Pendel etc.*).

am·ply ['æmpli] *adv.* reichlich.

am·poule ['æmpu:l] *s.* ⚕ Am'pulle *f.*

am·pul·la [æm'pulə] *pl.* **-lae** [-li:] *s.* **1.** *antiq.* Am'pulle *f*, Phi'ole *f*, Salbengefäß *n*; **2.** Blei- *od.* Glasflasche *f der Pilger*; **3.** *eccl.* Krug *m* für Wein u. Wasser (*Messe*); Gefäß *n* für das heilige Öl (*Salbung*).

am·pu·tate ['æmpjuteit] *v/t.* **1.** *Bäume* stutzen; **2.** ⚕ amputieren, *ein Glied* abnehmen; **am·pu·ta·tion** [æmpju'teiʃən] *s.* Amputati'on *f.*

a·muck [ə'mʌk] *adv.*: *to run* ~ **a)** Amok laufen, **b)** *fig.* blind losgehen (*at, on, against* auf *et.*).

am·u·let ['æmjulit] *s.* Amu'lett *n*, Zauber(schutz)mittel *n.*

a·muse [ə'mju:z] *v/t.* amüsieren, unter'halten, belustigen: *you* ~ *me!* da muß ich (über dich) lachen; *to be* ~*d* sich freuen (*at, by, in, with* über *acc.*); *it* ~*s them* es macht ihnen Spaß; *to* ~ *o.s.* sich amüsieren; *he* ~*s himself with gardening* er gärtnert zu s-m Vergnügen; **a'mused** [-zd] *adj.* amüsiert, belustigt, erfreut; **a'muse·ment** [-mənt] *s.* Unter'haltung *f*, Belustigung *f*, Vergnügen *n*, Freude *f*, Zeitvertreib *m*; **a'mus·ing** [-ziŋ] *adj.* □ amü'sant, unter'haltend; 'komisch.

am·yl ['æmil] *s.* ⚗ A'myl *n*; **am·y·la·ceous** [æmi'leiʃəs] *adj.* stärkemehlartig, stärkehaltig.

an [æn; ən] *unbestimmter Artikel* (*vor Vokalen od. stummem h*) ein, eine.

an·a·bap·tism [ænə'bæptizəm] *s.* Anabap'tismus *m*, Lehre *f* der 'Wiedertäufer; **an·a'bap·tist** [-ist] *s.* Wiedertäufer *m.*

a·nach·ro·nism [ə'nækrənizəm] *s.* Anachro'nismus *m*; **a·nach·ro·nis·tic** [ənækrə'nistik] *adj.* (□ ~*ally*) anachro'nistisch, mit der Zeit(rechnung) im 'Widerspruch stehend.

a·nae·mi·a [ə'ni:mjə] *s.* ⚕ Anä'mie *f*, Blutarmut *f*, Bleichsucht *f*; **a'nae·mic** [-mik] *adj.* ⚕ blutarm, bleichsüchtig, an'ämisch.

an·aes·the·si·a [ænis'θi:zjə] *s.* ⚕ **1.** Anästhe'sie *f*, Nar'kose *f*, Betäubung *f*; **2.** Unempfindlichkeit *f* (*gegen Schmerz*); **an·aes'thet·ic** [-'θetik] **I.** *adj.* (□ ~*ally*) nar'kotisch, betäubend, Narkose...; **II.** *s.* Betäubungsmittel *n*; **an·aes·the·tist** [æ'ni:sθitist] *s.* Narkoti'seur *m*, Nar'kosearzt *m*; **an·aes·the·tize** [æ'ni:sθitaiz] *v/t.* betäuben, narkotisieren.

an·a·gram ['ænəgræm] *s.* Ana-['gramm *n.*]

a·nal ['einəl] *adj. anat.* a'nal, After...

an·a·lects ['ænəlekts] *s. pl.* Ana'lekten *pl.*, Lesefrüchte *pl.*

an·al·ge·si·a [ænæl'dʒi:zjə] *s.* ⚕ Unempfindlichkeit *f* gegen Schmerz, Schmerzlosigkeit *f*; **an·al'ge·sic** [-'dʒesik] **I.** *adj.* schmerzlindernd; **II.** *s.* schmerzlinderndes Mittel.

an·a·log·ic *adj.*; **an·a·log·i·cal** [ænə'lɔdʒik(əl)] *adj.* □, **a·nal·o·gous** [ə'næləgəs] *adj.* □ ana'log, ähnlich, entsprechend, paral'lel (*to dat.*); **an·a·logue** ['ænəlɔg] *s.* A'nalogon *n*, Entsprechende(s) *n*: ~ *computer* Analogrechner; **a·nal·o·gy** [ə'nælədʒi] *s. a.* ℞, *ling.* Analo'gie *f*, Ähnlichkeit *f*, Über'einstimmung *f*: *on the* ~ *of* (*od. by* ~ *with*) analog, nach, gemäß (*dat.*).

an·a·lyse ['ænəlaiz] *v/t.* **1.** ⚗, ℞, ⊕, *psych., phys., ling.* analysieren, zergliedern, zerlegen, auflösen, scheiden; **2.** *fig.* genau unter'suchen; erläutern, darlegen; **a·nal·y·sis** [ə'næləsis] *pl.* **-ses** [-si:z] *s.* **1.** ⚗, ℞, ⊕, *psych., phys., ling.* Ana'lyse *f*, Zerlegung *f*, 'kritische Zergliederung, Auflösung *f*; **2.** *fig.* gründliche Unter'suchung, Darlegung *f*, Deutung *f*: *in the last* ~ im Grunde; **'an·a·lyst** [-list] *s.* **1.** ⚗, ℞ Ana'lytiker(in); *fig.* Unter'sucher(in): *public* ~ (behördlicher) Lebensmittelchemiker; **2.** Psychoanalytiker *m*; **an·a·lyt·ic** *adj.*; **an·a·lyt·i·cal** [ænə'litik(əl)] *adj.* □ ana'lytisch: *analytical chemist* Chemiker(in); **an·a·lyt·ics** [ænə'litiks] *s. pl. sg. konstr.* Ana'lytik *f.*

an·a·lyze *Am.* → *analyse.*

an·a·paest ['ænəpi:st] *s.* Ana'päst *m* (*Versfuß*).

an·aph·ro·dis·i·ac [ænæfrou'diziæk] ⚕ **I.** *adj.* den Geschlechtstrieb hemmend; **II.** *s.* ,Anaphrodi'siakum *n.*

an·ar·chic *adj.*; **an·ar·chi·cal** [æ'nɑ:kik(əl)] *adj.* □ an'archisch, anar'chistisch, gesetzlos, zügellos.

an·arch·ism ['ænəkizəm] *s.* **1.** Anar'chie *f*, Regierungs-, Gesetzlosigkeit *f*; **2.** Anar'chismus *m*; **'an·arch·ist** [-ist] **I.** *s.* Anar'chist *m*, 'Umstürzler *m*; **II.** *adj.* anar'chistisch, 'umstürzlerisch; **'an·arch·y** [-ki] *s.* Anar'chie *f*, Gesetzlosigkeit *f*; Verwirrung *f.*

an·as·tig·mat·ic [ænæstig'mætik] *adj. phys.* anastig'matisch (*Linse*).

a·nath·e·ma [ə'næθimə] (*Greek*) *s.* **1.** *eccl.* A'nathema *n*, Kirchenbann *m*; *fig.* Fluch *m*, Verwünschung *f*; **2.** *eccl.* Exkommunizierte(r *m*) *f*, Verfluchte(r *m*) *f*; *fig. das* Verhaßte, Greuel *m*; **a'nath·e·ma·tize** [-ətaiz] *v/t.* in den Bann tun, verfluchen.

an·a·tom·ic *adj.*; **an·a·tom·i·cal** [ænə'tɔmik(əl)] *adj.* □ ana'tomisch.

a·nat·o·mist [ə'nætəmist] *s.* **1.** Ana'tom *m*; **2.** Zergliederer *m* (*a. fig.*); **a'nat·o·mize** [-maiz] *v/t.* **1.** ⚕ zerlegen, sezieren; **2.** *fig.* zergliedern; **a'nat·o·my** [-mi] *s.* **1.** Anato'mie *f*; **2.** ana'tomischer Aufbau; **3.** F Körper *m*; Ske'lett *n*, ‚wandelndes Gerippe'.

an·ces·tor ['ænsistə] *s.* **1.** Vorfahr *m*, Ahnherr *m*, Stammvater *m* (*a. fig.*): ~ *worship* Ahnenkult; **2.** ⚖ Vorbesitzer *m*; **an·ces·tral** [æn'sestrəl] *adj.* die Vorfahren betreffend, Ahnen..., angestammt, Erb...; **'an·ces·tress** [-tris] *s.* Ahnfrau *f*, Stammutter *f*; **'an·ces·try** [-tri] *s.* Abstammung *f*, *hohe* Geburt; Ahnen(reihe *f*) *pl.*

an·chor ['æŋkə] **I.** *s.* **1.** ⚓ Anker *m*: *at* ~ vor Anker; *to weigh* ~ **a)** den Anker lichten, **b)** abfahren; *to cast* (*od. drop*) ~ ankern, vor Anker gehen; *to ride at* ~ vor Anker liegen; **2.** *fig.* Rettungsanker *m*, Zuflucht *f*; **3.** ⊕ Anker *m*, Querbolzen *m*, Schließe *f*, Klammer *f*; **II.** *v/t.* **4.** verankern, vor Anker legen; **5.** ⊕ *u. fig.* verankern; **III.** *v/i.* **6.** ankern, vor Anker liegen.

an·chor·age ['æŋkəridʒ] *s.* **1.** Ankerplatz *m*; **2.** *a.* ~-*dues* Anker-, Liegegebühr *f*; **3.** fester Halt, Verankerung *f*; **4.** *fig.* sicherer Hafen, verläßliche Stütze.

an·cho·ress ['æŋkəris] *s.* Einsiedlerin *f*; **'an·cho·ret** [-ret], **'an·cho·rite** [-rait] *s.* Einsiedler *m.*

'an·chor·man [-mən] *s.* [*irr.*] **1.** *sport* **a)** Schlußläufer *m*, **b)** Schlußschwimmer *m*; **2.** *Am. Fernsehen*: Mode'rator *m e-r Nachrichtensendung.*

an·cho·vy ['æntʃəvi] *s. ichth.* An'schovis *f*, Sar'delle *f.*

an·chu·sa [æŋ'kju:sə] *s.* ⚘ Ochsenzunge *f.*

an·cient ['einʃənt] **I.** *adj.* □ **1.** alt, aus alter Zeit, das Altertum betreffend: ~ *Rome*; **2.** uralt, altberühmt; **3.** altertümlich; ehemalig; **II.** *s.* **4.** *the* ~*s* **a)** die Alten (*Griechen u. Römer*), **b)** die (griechischen u. römischen) Klassiker; **'an·cient·ly** [-li] *adv.* vor'zeiten.

an·cil·lar·y [æn'siləri] *adj.* 'untergeordnet (*to dat.*), Hilfs..., Neben...

and [ænd; ən(d)] *cj.* und: ~ *so forth* und so weiter; *better* ~ *better* immer besser; *there are books* ~ *books* es gibt gute und schlechte Bücher; *nice* ~ *warm* schön warm; *for miles* ~ *miles* viele Meilen weit; ~ *all sl.* und so weiter; *skin* ~ *all* mitsamt der Haut; *bread* ~ *butter* Butterbrot; *a little more* ~ ... es fehlte nicht viel, so ...; *try* ~ *come* versuchen Sie zu kommen.

an·dan·te [æn'dænti] (*Ital.*) *adv.* ♪ an'dante, mäßig langsam; **an·dan-**

ti·no [ændæn'ti:nou] (*Ital.*) *adv.* ♪ andan'tino, lebhafter als andante.

and·i·ron ['ændaiən] *s.* Ka'minbock *m.*

An·drew ['ændru:] *npr.* An'dreas *m*: *St.* ~'*s cross* Andreaskreuz.

an·drog·y·nous [æn'drɔdʒinəs] *adj.* zwitterartig, zweigeschlechtig; ⚘ zwitterblütig.

an·droph·a·gous [æn'drɔfəgəs] *adj.* menschenfressend.

an·dro·pho·bi·a [ændrou'foubjə] *s.* Andropho'bie *f*, Männerscheu *f*.

an·ec·do·tal [ænek'doutl] *adj.* anek'dotenhaft; **an·ec·dote** ['ænikdout] *s.* Anek'dote *f*; **an·ec·dot·ic** *adj.*; **an·ec·dot·i·cal** [ænek'dɔtik(əl)] *adj.* □ anekdotenhaft.

a·ne·mi·a, a·ne·mic *Am.* → *anaemia, anaemic.*

an·e·mom·e·ter [æni'mɔmitə] *s. phys.* Windmesser *m.*

a·nem·o·ne [ə'neməni] *s.* **1.** ⚘ Ane'mone *f*, Buschwindrös-chen *n*; **2.** *zo.* 'Seeane,mone *f*.

an·er·oid ['ænərɔid] *s. phys. a.* ~ *barometer* Anero'idbaro,meter *n.*

an·es·the·si·a *etc. Am.* → *anaesthesia etc.*

a·new [ə'nju:] *adv.* von neuem; auf neue Art und Weise.

an·gel ['eindʒəl] *s.* **1.** Engel *m*: ~ *of death* Todesengel; *to rush in where* ~*s fear to tread* sich törichter- *od.* anmaßenderweise in Dinge einmischen, die einen nichts angehen; **2.** *fig.* Engel *m* (*Person*): *be an* ~ *and ...* sei doch so lieb und ...; **3.** *sl.* fi'nanzkräftiger 'Hintermann.

'an·gel|-cake *s. ein* leichter Kuchen; '~**-fish** *s. ichth.* Gemeiner Meerengel, Engelhai *m.*

an·gel·ic *adj.*; **an·gel·i·cal** [æn'dʒelik(əl)] *adj.* □ engelhaft, -gleich, Engels...

an·gel·i·ca [æn'dʒelikə] *s.* **1.** ⚘ Brustwurz *f* (*als Gewürz*); **2.** kandierte An'gelikawurzel.

An·ge·lus ['ændʒiləs] *s. eccl.* 'Angelus(gebet *n*, -läuten *n*) *m.*

an·ger ['æŋgə] **I.** *s.* Ärger *m*, Zorn *m*, Wut *f* (*at* über *acc.*); **II.** *v/t.* erzürnen, ärgern.

An·ge·vin ['ændʒivin] **I.** *adj.* **1.** aus An'jou (*in Frankreich*); **2.** die Plan'tagenets betreffend; **II.** *s.* **3.** Mitglied *n* des Hauses Plantagenet.

an·gi·na [æn'dʒainə] *s.* ⚕ An'gina *f*, Halsentzündung *f*; ~ **pec·to·ris** *s.* ⚕ An'gina *f* 'pectoris, Herzbräune *f*.

an·gle[1] ['æŋgl] **I.** *s.* **1.** *bsd.* ⟨math⟩ Winkel *m*: *acute* (*obtuse, right*) ~ spitzer (stumpfer, rechter) Winkel; ~ *of incidence* Einfallswinkel; **2.** ⊕ a) Knie(stück) *n*, b) *pl.* Winkeleisen *pl.*; **3.** Ecke *f*, Vorsprung *m*, spitze Kante; **4.** *fig.* Standpunkt *m*, Gesichtswinkel *m*, Seite *f*: *to consider all* ~*s of a question*; **5.** *Am.* Me'thode *f*, 'Technik *f* (*et. zu erreichen*); **II.** *v/t.* **6.** 'umbiegen; **7.** *Am. fig.* entstellen, verdrehen.

an·gle[2] ['æŋgl] *v/i.* angeln (*a. fig. for* nach).

an·gled ['æŋgld] *adj.* winklig, *mst in Zssgn*: *right-*~ rechtwinklig.

'an·gle-park *v/t. u. v/i. mot.* schräg parken.

an·gler ['æŋglə] *s.* **1.** Angler(in); **2.** *ichth.* Seeteufel *m.*

An·gles ['æŋglz] *s. pl. hist.* Angeln *pl.*; **'An·gli·an** [-gliən] **I.** *adj.* englisch; **II.** *s.* Angehörige(r *m*) *f* des Volksstammes der Angeln.

An·gli·can ['æŋglikən] **I.** *adj. eccl.* angli'kanisch, hochkirchlich; **II.** *s. eccl.* Angli'kaner(in), Hochkirchler(in).

An·gli·cism ['æŋglisizəm] *s.* **1.** *ling.* Angli'zismus *m*; **2.** englische Eigenart; **'An·gli·cist** [-ist] *s.* An'glist *m*; **'An·gli·cize** [-saiz], *a.* ♀ *v/t.* anglisieren, englisch machen.

an·gling ['æŋgliŋ] *s.* Angeln *n.*

Anglo- [æŋglou] Anglo..., anglo..., englisch-, englisch und ...

'An·glo|-A'mer·i·can **I.** *s.* 'Anglo-Ameri'kaner(in); **II.** *adj.* anglo-ameri'kanisch; '~**-'In·di·an** **I.** *s.* Anglo-'inder(in); **II.** *adj.* anglo'indisch; ~**'ma·ni·a** *s.* Angloma'nie *f*, Englände'rei *f*; '~**-'Nor·man** **I.** *s.* **1.** Anglonor'manne *m*; **2.** *ling.* Anglonor'mannisch *n*; **II.** *adj.* **3.** anglonormannisch; '~**·phile** [-fail] **I.** *s.* Englandfreund *m*; **II.** *adj.* englandfreundlich; '~**·phobe** [-foub] **I.** *s.* Englandfeind *m*; **II.** *adj.* englandfeindlich; ~**'pho·bi·a** [-'foubjə] *s.* Anglopho'bie *f*; '~**-'Sax·on** **I.** *s.* **1.** Angelsachse *m*; **2.** *ling.* Altenglisch *n*, Angelsächsisch *n*; **II.** *adj.* **3.** angelsächsisch; '~**-'Scot** *s.* dauernd in England lebender Schotte.

an·go·la [æŋ'goulə], **an·go·ra** [æŋ'gɔ:rə], *a.* ♀ *s.* Gewebe *n* aus An'gorawolle; ~ **cat** *s. zo.* An'gorakatze *f*; ~ **goat** *s. zo.* An'goraziege *f*; ~ **wool** *s.* Angorawolle *f*; Mo'här *m.*

an·gos·tu·ra| bark [æŋgɔs'tjuərə] *s.* ⚘ Ango'sturarinde *f*; ~ **bit·ters** *s. pl.* Ango'sturabitter *m.*

an·gry ['æŋgri] *adj.* □ **1.** (*at, about*) ärgerlich, ungehalten (über *acc.*), zornig, böse (auf *j-n*, über *et.*, *with* mit *j-m*): ~ *young man* ‚zorniger junger Mann' (*der seinem Zorn über das Versagen der älteren Generation Luft macht*); **2.** ⚕ entzündet, schlimm; **3.** *fig.* drohend, stürmisch, finster.

ang·strom, *a.* ♀ ['æŋstrəm] *s. phys. a.* ~ *unit* Angström(einheit *f*) *n.*

an·guish ['æŋgwiʃ] *s.* Qual *f*, Pein *f*, Angst *f*, Schmerz *m*: ~ *of mind* Seelenqual.

an·gu·lar ['æŋgjulə] *adj.* □ **1.** winklig, winkelförmig, eckig; Winkel...; **2.** *fig.* knochig, hager; **3.** *fig.* steif, for'mell; barsch; **an·gu·lar·i·ty** [æŋgju'læriti] *s.* **1.** Winkligkeit *f*; **2.** *fig.* Eckigkeit *f*, Steifheit *f*.

an·hy·drous [æn'haidrəs] *adj.* ⚗, *biol.* kalziniert, wasserfrei; getrocknet, Dörr... (*Obst etc.*).

an·il ['ænil] *s.* ⚘ 'Indigopflanze *f*; Indigo(farbstoff) *m.*

an·i·line ['ænili:n] *s.* Ani'lin *n*: ~ *dye* Anilinfarbstoff, *weitS.* chemisch hergestellte Farbe.

an·i·mad·ver·sion [ænimæd'və:ʃən] *s.* Tadel *m*, Rüge *f*, Kri'tik *f*; **an·i·mad'vert** [-'və:t] *v/i.* (*on, upon*) 'kritische Bemerkungen machen (über *acc.*); tadeln, rügen (*acc.*).

an·i·mal ['æniməl] **I.** *s.* **1.** Tier *n*, ‚Vierfüß(l)er' *m*; tierisches Lebewesen (*Ggs. Pflanze*, F *a. Ggs. Vogel*); **2.** *fig.* viehischer Mensch, 'Bestie *f*; **II.** *adj.* **3.** ani'malisch, tierisch (*beide a. fig.*); Tier...

an·i·mal·cu·le [æni'mælkju:l] *s.* mikro'skopisch kleines Tierchen: *infusorial* ~*s.*

an·i·mal·ism ['ænimәlizəm] *s.* **1.** Vertiertheit *f*; **2.** Sinnlichkeit *f*; **3.** Lebenstrieb *m*, -kraft *f*.

an·i·mal| king·dom *s. zo.* Tierreich *n*; ~ **life** *s.* Tierleben *n*; ~ **mag·net·ism** *s.* tierischer Magne'tismus; ~ **spir·its** *s. pl.* Lebenskraft *f*, -geister *pl.*

an·i·mate **I.** *v/t.* ['ænimeit] **1.** beseelen, beleben; anregen, aufmuntern; **2.** e-n Anschein von Leben geben, lebendig gestalten: *to* ~ *a cartoon* e-n Zeichentrickfilm herstellen; **II.** *adj.* [-mit] **3.** belebt, lebend; lebhaft, munter; **'an·i·mat·ed** [-tid] *adj.* □ **1.** lebendig, beseelt (*with, by* von), voll Leben: ~ *cartoon* Zeichentrickfilm; **2.** ermutigt; **3.** lebhaft, angeregt; **an·i·ma·tion** [æni'meiʃən] *s.* **1.** Leben *n*, Feuer *n*, Lebhaftigkeit *f*, Munterkeit *f*; Leben *n* und Treiben *n*; **2.** Herstellung *f* von Zeichentrickfilmen; **'an·i·mat·or** [-tə] *s.* Zeichner *m* von Trickfilmen.

an·i·mism ['ænimizəm] *s.* Ani'mismus *m.*

an·i·mos·i·ty [æni'mɔsiti] *s.* Feindseligkeit *f*, Erbitterung *f*.

a·ni·mo·so [ani'mousou] (*Ital.*) *adv.* ♪ lebhaft.

an·i·mus ['æniməs] → *animosity.*

an·ise ['ænis] *s.* ⚘ A'nis *m*; **'an·i·seed** [-si:d] *s.* A'nis(samen) *m.*

an·i·sette [æni'zet] *s.* Ani'sett *m* (*Likör*).

an·kle ['æŋkl] *s. anat.* **1.** (Fuß-)Knöchel *m*: *to sprain one's* ~ sich den Fuß verstauchen; **2.** Knöchelgegend *f des Beins*; '~**·bone** *s. anat.* Sprungbein *n*; ~ **boot** *s.* Halbstiefel *m*; '~**-'deep** *adj.* bis zu den Knöcheln; '~**·sock** *s.* Knöchelsocke *f*; '~**-strap** *s.* Knöchel-, Schuhspange *f*: ~ *shoes* Spangenschuhe.

an·klet ['æŋklit] *s.* **1.** Fußring *m*, -spange *f* (*als Schmuck od. Fessel*); **2.** *Am.* Knöchelsocke *f*.

an·na ['ænə] *s.* An'na *m* (*ind. Münze*).

an·nal·ist ['ænəlist] *s.* Chro'nist *m*; **an·nals** ['ænlz] *s. pl.* **1.** An'nalen *pl.*, Jahrbücher *pl.*; **2.** hi'storischer Bericht; **3.** *regelmäßig erscheinende* wissenschaftliche Berichte *pl.*

an·neal [ə'ni:l] *v/t.* **1.** ⊕ *Metall* ausglühen, anlassen, vergüten, tempern; *Glas* kühlen; **2.** *fig.* härten, zäh(e) machen.

an·nex **I.** *v/t.* [ə'neks] **1.** (*to*) beifügen (*dat.*), anhängen (an *acc.*); **2.** annektieren, einverleiben: *the province was* ~*ed to France* Frankreich verleibte sich das Gebiet ein; **3.** F sich aneignen; (sich) ‚organisieren': *the fountain-pen was* ~*ed by Mr. X* Herr X hat sich den Füllhalter angeeignet; **II.** *s.* ['æneks] **4.** Anhang *m*, Nachtrag *m*; Anlage *f zum Brief*; **5.** Nebengebäude *n*, Anbau *m*; **an·nex·a·tion** [ænek'seiʃən] *s.* **1.** Hin'zufügung *f* (*to* zu); **2.** Annexi'on *f*, Einverleibung *f* (*to* in *acc.*); **3.** Aneignung *f*; **an·nex·a·tion·ist** [ænek'seiʃənist] *s.* Annexio'nist *m* (*Anhänger e-r Annexionspolitik*); **an·nexe** ['æneks] (*Fr.*) → *annex 5*; **an'nexed** [-kst] *adj.* ✝ beifolgend, beigefügt.

an·ni·hi·late [ə'naiəleit] *v/t.* **1.** vernichten; **2.** ⚔ aufreiben; **3.** *fig.* zu'nichte machen, aufheben; **an·ni·hi·la·tion** [ənaiə'leiʃən] *s.* Vernichtung *f*; Aufhebung *f.*

an·ni·ver·sa·ry [æni'vəːsəri] *s.* Jahrestag *m*, -feier *f*, jährlicher Gedenktag: *wedding* ~ Hochzeitstag; *the 50th* ~ *of his death* die 50. Wiederkehr s-s Todestages.

an·no Dom·i·ni ['ænou'dɔminai] (*Lat.*) im Jahre des Herrn, nach Christi Geburt.

an·no·tate ['ænouteit] **I.** *v/t.* *e-e Schrift* mit Anmerkungen versehen, kommentieren; **II.** *v/i.* (*on*) Anmerkungen machen (zu), einen Kommen'tar schreiben (über *acc.*); **an·no·ta·tion** [ænou'teiʃən] *s.* Kommentieren *n*; Anmerkung *f.*

an·nounce [ə'nauns] *v/t.* **1.** ankündigen, (an)melden, anzeigen, bekanntmachen, verkünden; **2.** zeigen, enthüllen; **an'nounce·ment** [-mənt] *s.* **1.** Ankündigung *f*, (An-)Meldung *f*; Ansage *f*, Bekanntmachung *f*; *Radio*: 'Durchsage *f*; **2.** Veröffentlichung *f*, Anzeige *f*; **an'nounc·er** [-sə] *s.* Ansager(in) (*Radio*).

an·noy [ə'nɔi] *v/t.* **1.** ärgern: *to be* ~*ed* sich ärgern (*at s.th.* über et., *with s.o.* über j-n); **2.** beunruhigen, belästigen, stören; schikanieren; **an'noy·ance** [-əns] *s.* **1.** Störung *f*, Belästigung *f*, Ärgernis *n*; Ärger *m*; **2.** Plage(geist *m*) *f*; **an'noyed** [-ɔid] *adj.* ärgerlich (*Person*); **an'noy·ing** [-iŋ] *adj.* □ ärgerlich (*Sache*), lästig; **an'noy·ing·ly** [-iŋli] *adv.* ärgerlicherweise.

an·nu·al ['ænjuəl] **I.** *adj.* □ **1.** jährlich, Jahres...; **2.** *bsd.* ♀ einjährig: ~ *ring* Jahresring; **II.** *s.* **3.** jährlich erscheinende Veröffentlichung, Jahrbuch *n*; **4.** einjährige Pflanze; → *hardy 3.*

an·nu·i·tant [ə'nju(ː)itənt] *s.* Empfänger(in) e-r Jahresrente, Leibrentner(in); **an'nu·i·ty** [-ti] *s.* **1.** (Jahres)Rente *f*; **2.** Jahreszahlung *f*; **3.** ✝ *a.* ~ *bond* Rentenbrief *m*; **4.** *pl.* 'Rentenpaˌpiere *pl.*

an·nul [ə'nʌl] *v/t.* aufheben, auflösen, für ungültig erklären, tilgen, annullieren.

an·nu·lar ['ænjulə] *adj.* □ ringförmig: ~ *eclipse* ringförmige Sonnenfinsternis; **'an·nu·late** [-leit], **'an·nu·lat·ed** [-leitid] *adj.* geringelt, aus Ringen bestehend, Ring...

an·nul·ment [ə'nʌlmənt] *s.* Aufhebung *f*, Nichtigkeitserklärung *f*, Annullierung *f.*

an·nun·ci·ate [ə'nʌnʃieit] *v/t.* ankündigen, verkünden; **an·nun·ci·a·tion** [ənʌnsi'eiʃən] *s.* **1.** Ankündigung *f*, Verkündigung *f*; **2.** ♀, *a.* ♀ *Day eccl.* Mariä Verkündigung; **an'nun·ci·a·tor** [-tə] *s.* Si'gnalappaˌrat *m*, -tafel *f*; Klappenkasten *m e-r Klingelanlage.*

an·ode ['ænoud] *s.* ⚡ An'ode *f*, 'positiver Pol: ~ *potential* Anodenspannung; *DC* ~ Anodenruhestrom.

an·o·dyne ['ænoudain] **I.** *adj.* schmerzstillend; *fig.* lindernd, beruhigend; **II.** *s.* schmerzstillendes Mittel.

a·noint [ə'nɔint] *v/t.* **1.** einölen, einschmieren; **2.** *bsd. eccl.* salben; **a'noint·ing** [-tiŋ] *s.* Salbung *f.*

a·nom·a·lous [ə'nɔmələs] *adj.* □ 'anomal, regelwidrig; ungewöhnlich, abweichend; **a'nom·a·ly** [-li] *s. a. ast., ling.* Anoma'lie *f*, Unregelmäßigkeit *f.*

a·non [ə'nɔn] *adv.* bald, so'gleich.

an·o·nym·i·ty [ænə'nimiti] *s.* Anonymi'tät *f*; **a·non·y·mous** [ə'nɔniməs] *adj.* □ ano'nym, namenlos, ungenannt; unbekannten Ursprungs: *to remain* ~ anonym bleiben.

a·noph·e·les [ə'nɔfiliːz] *s. zo.* Fiebermücke *f.*

a·no·rak ['ænəræk] *s.* Anorak *m.*

an·oth·er [ə'nʌðə] *adj. u. pron.* **1.** ein anderer, eine andere, ein anderes (*than* als): ~ *thing* etwas anderes; *one* ~ **a)** einander, **b)** uns (euch, sich) gegenseitig; *one after* ~ einer nach dem andern; *he is* ~ *man now* jetzt ist er ein (ganz) anderer Mensch; **2.** ein zweiter *od.* weiterer *od.* neuer, eine zweite *od.* weitere *od.* neue, ein zweites *od.* weiteres *od.* neues; **3.** noch ein(er, e, es): *yet* ~ noch ein(er, e, es); ~ *cup of tea* noch eine Tasse Tee; ~ *five weeks* weitere *od.* noch fünf Wochen; *tell us* ~*! sl.* das glaubst du doch selbst nicht!; ~ *Shakespeare* ein zweiter Shakespeare; *A.N.Other sport* ein ungenannter (Ersatz)Spieler.

An·schluss ['ɑːnʃlus] (*Ger.*) *s. pol.* Anschluß *m.*

an·swer ['ɑːnsə] **I.** *s.* **1.** Antwort *f*, Entgegnung *f* (*to* auf *acc.*): *in* ~ *to* **a)** in Beantwortung (*gen.*), **b)** auf *et.* hin; **2.** *fig.* Antwort *f*, Erwiderung *f*; Reakti'on *f*; **3.** Gegenmaßnahme *f*, -mittel *n*; **4.** ⚖ Klagebeantwortung *f*, Gegenschrift *f*; *weitS.* Rechtfertigung *f*; **5.** Lösung *f e-r Aufgabe*; **II.** *v/i.* **6.** antworten (*to j-m* auf *acc.*): *to* ~ *back* F freche Antworten geben; **7.** sich verantworten, sich verteidigen; **8.** verantwortlich sein, haften, bürgen (*for* für); **9.** die Folgen tragen, büßen (*for* für): *you have much to* ~ *for* du hast viel auf dem Kerbholz; **10.** *fig.* (*to*) reagieren (auf *acc.*), hören (auf *e-n Namen*); gehorchen, Folge leisten (*dat.*); **11.** *to e-r Beschreibung* entsprechen; **12.** sich eignen, taugen; gelingen (*Plan*); **III.** *v/t.* **13.** *j-m* antworten, *et.* beantworten; erwidern; **14.** sich vor *j-m* verantworten; sich gegen *e-e Anklage etc.* verteidigen; **15.** eingehen *od.* reagieren auf (*acc.*): *to* ~ *the bell* (*od. door*) auf das Läuten *od.* Klopfen die Tür öffnen; *to* ~ *the telephone* e-n Anruf entgegennehmen, ans Telefon gehen; **16.** *dem Steuer* gehorchen; *Gebet* erhören; *Zweck, Wunsch etc.* erfüllen; *Auftrag etc.* ausführen: *to* ~ *the call of duty* dem Ruf der Pflicht folgen; **17.** *bsd. Aufgabe* lösen; **18.** *e-r Beschreibung, e-m Bedürfnis* entsprechen; **19.** *j-m* genügen, *j-n* zu'friedenstellen; **'an·swer·a·ble** [-sərəbl] *adj.* **1.** verantwortlich (*for* für): *to be* ~ *to s.o. for s.th.* j-m für et. bürgen, sich vor j-m für et. verantworten müssen; **2.** (*to*) entsprechend, angemessen, gemäß (*dat.*); **3.** zu beantworten(d).

ant [ænt] *s. zo.* Ameise *f.*

an't [ɑːnt; ænt] → *ain't.*

ant·ac·id ['ænt'æsid] *adj. u. s.* ⚕ gegen Magensäure wirkend(es Mittel).

an·tag·o·nism [æn'tægənizəm] *s.* **1.** 'Widerstreit *m*, Feindschaft *f*, Gegensatz *m*, 'Widerspruch *m* (*between* zwischen *dat.*); **2.** 'Widerstand *m* (*against, to* gegen); **an'tag·o·nist** [-ist] *s.* Gegner(in), 'Widersacher(in); **an·tag·o·nis·tic** [æntægə'nistik] *adj.* (□ ~*ally*) gegnerisch, feindlich (*to* gegen); wider'streitend (*to dat.*); **an'tag·o·nize** [-naiz] *v/t.* entgegenwirken (*dat.*), bekämpfen; sich *j-n* zum Gegner *od.* Feind machen.

ant·arc·tic [ænt'ɑːktik] **I.** *adj.* ant'arktisch, Südpol...: ♀ *Circle* südlicher Polarkreis; ♀ *Ocean* südliches Eis- *od.* Polarmeer; **II.** *s.* Ant'arktis *f.*

'ant-'bear *s. zo.* Ameisenbär *m.*

an·te ['ænti] (*Lat.*) **I.** *prp., adv.* vor, vorher; **II.** *s.* F *Pokerspiel*: Einsatz *m*; **III.** *v/t. u. v/i. mst* ~ *up Am.* (ein)setzen; *fig.* **a)** s-e Schulden bezahlen, **b)** sein Scherflein beitragen.

ante- [ænti] *in Zssgn* vor, vorher, früher.

'ant-eat·er *s. zo.* Ameisenfresser *m.*

an·te·ced·ence [ænti'siːdəns] *s.* **1.** Vortritt *m*, Vorrang *m*; **2.** *ast.* Rückläufigkeit *f*; **an·te'ced·ent** [-nt] **I.** *adj.* **1.** vor'hergehend, früher (*to* als); **II.** *s.* **2.** *pl.* Anteze'denzien *pl.*: *his* ~*s* sein Vorleben; **3.** *ling.* Beziehungswort *n.*

an·te|·cham·ber ['æntitʃeimbə] *s.* Vorzimmer *n*; **~·date** ['ænti'deit] *v/t.* **1.** zu'rückdatieren; **2.** vor'wegnehmen; **3.** *zeitlich* vor'angehen (*dat.*); **~·di·lu·vi·an** ['æntidi'luːvjən] **I.** *adj.* vorsintflutlich (*a. fig.*); **II.** *s.* vorsintflutliches Wesen; rückständige Per'son; *bsd. contp.* ‚Fos'sil' *n* (*sehr alte Person*).

an·te·lope ['æntiloup] *s.* **1.** *zo.* Anti'lope *f*; **2.** Anti'lopenleder *n.*

an·te me·rid·i·em ['æntimə'ridiəm] (*Lat.*) *abbr. a.m.* vormittags.

an·te·na·tal ['ænti'neitl] *adj.* vor der Geburt: ~ *care* Schwangerschaftsfürsorge.

an·ten·na [æn'tenə] *s.* **1.** *pl.* -**nae** [-niː] *zo.* Fühler *m*; Fühlhorn *n*; *fig.* Gespür *n*, ‚An'tenne' *f*; **2.** *pl.* -**nas** *Radio, Fernsehen*: Antenne *f.*

an·te|·nup·tial ['ænti'nʌpʃəl] *adj.* vorhochzeitlich; **~·pe·nul·ti·mate** ['æntipi'nʌltimit] **I.** *adj.* drittletzt (*bsd. Silbe*); **II.** *s.* drittletzte Silbe.

an·te·ri·or [æn'tiəriə] *adj.* **1.** vorder; **2.** vor'hergehend, früher (*to* als).

an·te-room ['æntirum] *s.* Vor-, Wartezimmer *n.*

an·them ['ænθəm] *s.* 'Hymne *f*, Cho'ral *m*: *national* ~ Nationalhymne.

an·ther ['ænθə] *s.* ♀ Staubbeutel *m.*

'ant-hill *s. zo.* Ameisenhaufen *m.*
an·thol·o·gy [æn'θɔlədʒi] *s.* Antholo'gie *f*, Gedichtsammlung *f.*
an·thra·cite ['ænθrəsait] *s. min.* Anthra'zit *m*, Glanzkohle *f.*
an·thrax ['ænθræks] *s.* ⚕ 'Anthrax *m*, Milzbrand *m.*
anthropo- [ænθrəpɔ-, -pə-] *in Zssgn* Mensch...
an·thro·poid ['ænθrəpɔid] *zo.* **I.** *adj.* menschenähnlich, Menschen...; **II.** *s.* Menschenaffe *m.*
an·thro·po·log·i·cal [ænθrəpə'lɔdʒikəl] *adj.* □ anthropo'logisch; **an·thro·pol·o·gist** [ænθrə'pɔlədʒist] *s.* Anthropo'loge *m*; **an·thro·pol·o·gy** [ænθrə'pɔlədʒi] *s.* Anthropolo'gie *f*, Lehre *f* vom Menschen; **an·thro·pom·e·try** [ænθrə'pɔmitri] *s.* Anthropome'trie *f*, Messung *f* des menschlichen Körpers und Ske'letts; **an·thro·po'mor·phous** [-ə'mɔ:fəs] *adj.* anthropo'morph(isch), von menschlicher *od.* menschenähnlicher Gestalt; **an·thro·poph·a·gi** [ænθrə'pɔfəgai] *s. pl.* Menschenfresser *pl.*; **an·thro·poph·a·gous** [ænθrə'pɔfəgəs] *adj.* menschenfressend.
an·ti ['ænti] *s.* F (grundsätzlicher) Gegner, ,Anti' *m.*
anti- [ænti] *in Zssgn* Gegen..., gegen ... eingestellt *od.* wirkend, vor ... schützend, ...feindlich, anti..., Anti...
'an·ti|-'air·craft *adj.* ⚔ Fliegerabwehr...: ~ *gun* Flakgeschütz, Fliegerabwehrkanone; '~-**'ba·by pill** *s.* ⚕ Anti'babypille *f*; '~**bac'te·ri·al** *adj.* bak'terienfeindlich, -tötend; '~**bi'ot·ic** [-bai'ɔtik] **I.** *s.* Antibi'otikum *n*; **II.** *adj.* antibi'otisch; '~**bod·y** *s.* ⚗, *biol.* 'Antikörper *m*, Abwehrstoff *m.*
an·tic ['æntik] *s. mst pl.* Possen *pl.*, Mätzchen *pl.*, (tolle) Sprünge *pl.*
'an·ti|'cath·ode *s.* ⚡ Antika'thode *f*; '~**christ** *s. eccl.* 'Antichrist *m*; '~'**chris·tian** **I.** *adj.* christenfeindlich; **II.** *s.* Christenfeind(in).
an·tic·i·pate [æn'tisipeit] *v/t.* **1.** vor'ausempfinden, -sehen, -ahnen; **2.** erwarten, erhoffen: ~*d profit* voraussichtlicher Verdienst; **3.** im vor'aus tun *od.* erwähnen, vor'wegnehmen; *Ankunft* beschleunigen; vor'auseilen (*dat.*); **4.** *j-m od. e-m Wunsch etc.* zu'vorkommen; **5.** vorgreifen, verhindern; **6.** *bsd.* ✝ vorzeitig bezahlen *od.* verbrauchen; **an·tic·i·pa·tion** [æntisi'peiʃən] *s.* **1.** Vorgefühl *n*, Vorahnung *f*, Vor'aussicht *f*, Vorgeschmack *m*; **2.** Erwartung *f*, Hoffnung *f*, Vorfreude *f*; **3.** Zu'vorkommen *n*, Vorgreifen *n*, Vor'wegnahme *f*: *in* ~ im voraus; **4.** Verfrühtheit *f*: *payment by* ~ Vorauszahlung; **an'tic·i·pa·to·ry** [-təri] *adj.* **1.** vor'wegnehmend, vorgreifend, erwartend: ~ *account* Vorbericht; **2.** *ling.* vor'ausdeutend.
'an·ti|'cler·i·cal *adj.* kirchenfeindlich; '~'**cli·max** *s.* (Ab)Fallen *n*, Abstieg *m*; 'Umschwung *m*, Gegensatz *m*; '~-'**clock·wise** *adv. u. adj.* entgegen dem Uhrzeigersinn: ~ *rotation* Linksdrehung; '~**cor'ro·sive** *adj.* rostfest: ~ *composition* Rostschutzmittel; '~'**cy·clone** *s. meteor.* Antizy'klone *f*, Hoch(druckgebiet) *n*; '~-'**daz·zle** *adj.* Blendschutz...: ~ *switch* Abblendumschalter; '~**dis'tor·tion** *s.* ⚡ Entzerrung *f*; '~**dot·al** [-doutl] *adj.* als Gegengift dienend (*a. fig.*); '~**dote** [-dout] *s.* Gegengift *n*, Gegenmittel *n* (*against, for, to* gegen); '~'**fad·ing** ⚡ **I.** *s.* Schwundausgleich *m*; **II.** *adj.* schwundmindernd; '~-'**Fas·cist** *pol.* **I.** *s.* Antifa'schist(in); **II.** *adj.* antifa'schistisch; '~'**fe·brile** ⚕ **I.** *adj.* fieberbekämpfend; **II.** *s.* Fiebermittel *n*; '♀'**fed·er·al·ist** *s. Am. hist.* Antiföde'ra'list *m*, Gegner *m* der 'Bundeskonstitutiˌon; '~-'**freeze** **I.** *adj.* Gefrier-, Frostschutz...; **II.** *s.* Frostschutzmittel *n*; '~-'**fric·tion** *s.* Mittel *n* gegen Reibung, Schmiermittel *n*: ~ *metal* Lagermetall; '~-'**gas** *adj.* Gasschutz...
an·ti·gen ['æntidʒen] *s.* ⚕ Anti'gen *n*, Abwehrstoff *m.*
'an·ti|-'glare → *anti-dazzle*; '~-'**ha·lo** *adj. phot.* lichthoffrei; '~-'**he·ro** *s.* Antiheld *m*; '~**im'pe·ri·al·ist** *s.* Gegner *m* des Imperia'lismus; '~**in·ter'fer·ence con·dens·er** *s.* ⚡ Ent'störungskondenˌsator *m*; '~**jam** *v/t. u. v/i. Radio* entstören; '~'**knock** ⚗, *mot.* **I.** *adj.* klopffest; **II.** *s.* Anti'klopfmittel *n.*
an·ti·ma·cas·sar ['æntimə'kæsə] *s.* Antima'kassar *m*, Sofa- *od.* Sesselschoner *m.*
'an·ti·ma'lar·i·al ⚕ **I.** *adj.* gegen Ma'laria wirksam; **II.** *s.* Ma'lariamittel *n.*
an·ti·mo·ny ['æntiməni] *s.* ⚗, *min.* Anti'mon *n.*
an·tin·o·my [æn'tinəmi] *s.* Antino'mie *f*, 'Widerspruch *m.*
an·ti·pa'thet·ic *adj.*; **an·ti·pa'thet·i·cal** *adj.* □ (*to*) **1.** zu'wider (*dat.*); **2.** abgeneigt (*dat.*); **an·tip·a·thy** [æn'tipəθi] *s.* Antipa'thie *f*, Abneigung *f* (*against, to* gegen).
an·ti|-per·son'nel *adj.* ⚔ gegen Per'sonen gerichtet: ~ *bomb* Splitterbombe; ~ *mine* Schützen-, Tretmine; '~-**phlo'gis·tic** **I.** *adj.* **1.** ⚗ antiphlo'gistisch; **2.** ⚕ entzündungshemmend; **II.** *s.* **3.** ⚕ Antiphlo'gistikum *n.*
an·tiph·o·ny [æn'tifəni] *s.* Antipho'nie *f*, Wechselgesang *m.*
an·tip·o·dal [æn'tipədl] *adj.* **1.** anti'podisch; **2.** genau entgegengesetzt; **an·tip·o·de·an** [æntipə'di(:)ən] *s.* Anti'pode *m*, Gegenfüßler *m*; **an·tip·o·des** [æn'tipədi:z] *s. pl.* **1.** die diame'tral gegen'überliegenden Teile *pl.* der Erde; **2.** *sg. u. pl.* Gegenteil *n*, -satz *m*, -seite *f.*
'an·ti·pol'lu·tion *adj.* umweltschützend; **'an·ti·pol'lu·tion·ist** *s.* Umweltschützer *m.*
'an·ti|·pope *s.* Gegenpapst *m*; '~**py'ret·ic** ⚕ **I.** *adj.* fieberverhütend; **II.** *s.* Fiebermittel *n*; ~**py·rin(e)** [ænti'paiərin] *s.* ⚕ Antipy'rin *n.*
an·ti·quar·i·an [ænti'kweəriən] **I.** *adj.* altertümlich; **II.** *s.* → *antiquary*; **an·ti·quar·y** ['æntikwəri] *s.* **1.** Altertumskenner *m*, -forscher *m*; **2.** Antiqui'tätensammler *m*, -händler *m*; **an·ti·quat·ed** ['æntikweitid] *adj.* veraltet, altmodisch, über'holt.
an·tique [æn'ti:k] **I.** *adj.* □ **1.** an'tik, alt; **2.** altmodisch, veraltet; **II.** *s.* **3.** An'tike *f*, antikes Möbelstück, alter Kunstgegenstand: ~ *shop* Antiquitätenladen; **an·tiq·ui·ty** [æn'tikwiti] *s.* **1.** Altertum *n*, Vorzeit *f*; **2.** die Alten *pl.* (*bsd. Griechen u. Römer*); **3.** *die* Antike; **4.** *pl.* Antiqui'täten *pl.*, Altertümer *pl.*; **5.** (hohes) Alter.
an·tir·rhi·num [ænti'rainəm] *s.* ♀ Löwenmaul *n.*
'an·ti|-'rust *adj.* Rostschutz...; ~-**sab·ba'tar·i·an** *adj. u. s.* der strengen Sonntagsheiligung abgeneigt(e Per'son); ~-'**Sem·ite** *s.* Antise'mit (-in); ~-**Se'mit·ic** *adj.* antise'mitisch; ~-'**Sem·i·tism** *s.* Antisemi'tismus *m*; ~'**sep·tic** *adj.* (□ ~*ally*) **I.** anti'septisch, fäulnisverhindernd; **II.** *s.* Anti'septikum *n*; '~-'**skid** *adj.* ⊕, *mot.* gleit-, schleudersicher, Gleitschutz...; '~'**so·cial** *adj.* 'unsoziˌal; ungesellig; '~-'**tank** *adj.* ⚔ Panzerabwehr... (-*kanone etc.*), Panzer...(-*sperre etc.*); Panzerjäger...: ~ *battalion.*
an·tith·e·sis [æn'tiθisis] *pl.* **-ses** [-si:z] *s.* Gegensatz *m*; 'Widerspruch *m*; **an·ti·thet·ic** *adj.*; **an·ti·thet·i·cal** [ænti'θetik(əl)] *adj.* □ im Widerspruch stehend, gegensätzlich.
'an·ti|'tox·in *s.* ⚕ Antito'xin *n*, Gegengift *n*; '~-'**trust** *adj.* kar'tell- u. mono'polfeindlich; '~**type** *s.* Gegen-, Vorbild *n*; ~'**un·ion** *adj. Am.* gewerkschaftsfeindlich; '~-**vac·ci'na·tion** *adj.*: ~ *league* Vereinigung der Impfgegner.
ant·ler ['æntlə] *s. zo.* Geweihsprosse *f*; *pl.* Geweih *n.*
an·to·nym ['æntənim] *s.* Anto'nym *n*, Wort *n* entgegengesetzter Bedeutung.
a·nus ['einəs] *s. anat.* After *m.*
an·vil ['ænvil] *s.* Amboß *m* (*a. fig.*).
anx·i·e·ty [æŋ'zaiəti] *s.* **1.** Angst *f*, Unruhe *f*; Bedenken *n*, Besorgnis *f*, Sorge *f* (*for* um); **2.** ⚕ Beängstigung *f*, Beklemmung *f*; **3.** (eifriges) Verlangen, Bestreben *n* (*for* nach, *to inf.* zu *inf.*).
anx·ious ['æŋkʃəs] *adj.* □ **1.** ängstlich, bange, besorgt, unruhig (*about* um, wegen): ~ *about his health* um s-e Gesundheit besorgt; **2.** *fig.* (*for, to inf.*) begierig (auf *acc.*, nach, zu *inf.*), bestrebt (zu *inf.*), bedacht (auf *acc.*): ~ *for his report* auf s-n Bericht begierig *od.* gespannt; *he is* ~ *to please* er bemüht sich zu *od.* möchte gern gefallen; *I am* ~ *to see him* mir liegt daran, ihn zu sehen; ~ *for success* auf Erfolg bedacht.
an·y ['eni] **I.** *adj.* **1.** (*fragend, verneinend od. bedingend*) (irgend-) ein, (irgend)welch; etwaig; einige *pl.*; etwas: *have you* ~ *money on you?* haben Sie Geld bei sich?; *if I had* ~ *hope* wenn ich irgendwelche Hoffnung hätte; *not* ~ kein; *there was not* ~ *milk in the house* es war keine Milch im Hause; *I cannot eat* ~ *more* ich kann nichts mehr essen; **2.** (*bejahend*) jeder, jede, jedes (beliebige): ~ *cat will scratch* jede Katze kratzt; ~ *amount* jede beliebige Menge, ein ganzer Haufen; *in* ~ *case* auf jeden Fall; *at* ~ *rate* jedenfalls, wenigstens; *at* ~ *time* jederzeit; **II.** *pron. sg. u. pl.* **3.** irgendein; irgendwelche *pl.*;

etwas: *no money and no prospect of* ~ kein Geld und keine Aussicht auf welches; **III.** *adv.* **4.** irgend(wie), (noch) etwas: ~ *more?* noch (etwas) mehr?; *not* ~ *more than* ebensowenig wie; *is he* ~ *happier now?* ist er denn jetzt glücklicher?; → *if 1*; '~**bod·y** *pron.* irgend jemand, irgendeine(r), ein beliebiger, eine beliebige: ~ *but you* jeder andere eher als du; *is he* ~ *at all?* ist er überhaupt jemand (von Bedeutung)?; *ask* ~ *you meet* frage den ersten besten, den du triffst; '~**how** *adv.* **1.** irgendwie; so gut wie's geht, schlecht und recht; **2.** trotzdem, jedenfalls, sowie'so, ohne'hin, immer'hin: *you won't be late* ~ jedenfalls wirst du nicht zu spät kommen; *who wants him to come* ~? wer will denn überhaupt, daß er kommt?; '~**one** → *anybody*; '~**thing** *pron.* **1.** (irgend) etwas, etwas Beliebiges: *not* ~ gar nichts; *not for* ~ um keinen Preis; *take* ~ *you like* nimm, was du willst; *my head aches like* ~ F mein Kopf schmerzt wie toll; *for* ~ *I know* soviel ich weiß; **2.** alles: ~ *but* alles andere (eher) als; '~**way** *adv.* **1.** irgendwie; **2.** → *anyhow 2*; '~**where** *adv.* **1.** irgendwo(hin): *not* ~ nirgendwo; **2.** über'all.

An·zac ['ænzæk] *s.* (*Anfangsbuchstaben des*) *Australian and New Zealand Army Corps.*

A one → *A 1.*

a·o·rist ['ɛərist] *s. ling.* Ao'rist *m.*

a·or·ta [ei'ɔ:tə] *s. anat.* A'orta *f*, Hauptschlagader *f.*

a·pace [ə'peis] *adv.* schnell, rasch, zusehends.

A·pach·e *pl.* **-es** *od.* **-e** *s.* **1.** [ə'pætʃi] A'pache *m* (*Indianer*); **2.** ♀ [ə'pɑ:ʃ] Apache *m*, 'Unterweltler *m* (*in Paris*).

ap·a·nage → *appanage.*

a·part [ə'pɑ:t] *adv.* **1.** einzeln, für sich, (ab)gesondert (*from* von): *to keep* ~ getrennt *od.* auseinanderhalten; *to take* ~ zerlegen; ~ *from* abgesehen von; **2.** abseits, bei'seite: *joking* ~ Scherz beiseite; *to set s.th.* ~ et. beiseite setzen *od.* aufbewahren.

a·part·heid [ə'pɑ:thaid] *s.* (Poli'tik *f* der) Rassentrennung *f in Südafrika.*

a·part·ment [ə'pɑ:tmənt] *s.* **1.** *Brit.* (*mst* möbliertes) Einzelzimmer; **2.** *Am.* (E'tagen)Wohnung *f*; Zimmerflucht *f*; **3.** *pl. Brit.* (*mst* möblierte Miet)Wohnung; ~ **ho·tel** *s. Am.* 'Wohnhoˌtel *n* (*mit od. ohne Bedienung od. Verpflegung*); ~ **house** *s. Am.* Wohnhaus *n.*

ap·a·thet·ic *adj.*; **ap·a·thet·i·cal** [æpə'θetik(əl)] *adj.* □ a'pathisch, teilnahmslos; **ap·a·thy** ['æpəθi] *s.* Apa'thie *f*, Teilnahmslosigkeit *f*; Gleichgültigkeit *f* (*to* gegen).

ape [eip] **I.** *s. zo.* (*bsd.* Menschen-) Affe *m*; *fig.* Nachäffer(in); **II.** *v/t.* nachäffen.

a·peak [ə'pi:k] *adv. u. adj.* ⚓ senkrecht.

a·pe·ri·ent [ə'piəriənt] ⚕ **I.** *adj.* abführend; **II.** *s.* Abführmittel *n.*

a·pé·ri·tif [aperitif] (*Fr.*) *s.* Aperi'tif *m* (*appetitanregendes Getränk*).

ap·er·ture ['æpətjuə] *s.* **1.** Öffnung *f*, Schlitz *m*, Loch *n*; **2.** *phot.*, *phys.* Blende *f.*

a·pex ['eipeks] *pl.* '**a·pex·es** *od.* '**a·pi·ces** [-pisi:z] *s.* **1.** (*a. anat. Lungen- etc.*)Spitze *f*, Gipfel *m*, Scheitelpunkt *m*; **2.** *fig.* Gipfel *m*, Höhepunkt *m.*

a·phe·li·on [æ'fi:ljən] *s.* **1.** *ast.* A'phelium *n*; **2.** *fig.* entferntester Punkt.

a·phid ['eifid], *a.* **a·phis** ['eifis] *pl.* '**aph·i·des** [-di:z] *s. zo.* Blattlaus *f.*

aph·o·rism ['æfərizəm] *s.* Apho'rismus *m*, Gedankensplitter *m*; '**aph·o·rist** [-ist] *s.* Apho'ristiker *m.*

aph·ro·dis·i·ac [æfrou'diziæk] ⚕ **I.** *adj.* den Geschlechtstrieb steigernd; **II.** *s.* Aphrodi'siakum *n.*

a·pi·ar·i·an [eipi'ɛəriən] *adj.* Bienen(zucht) betreffend; Bienen...; **a·pi·a·rist** ['eipjərist] *s.* Bienenzüchter *m*, Imker *m*; **a·pi·ar·y** ['eipjəri] *s.* Bienenhaus *n.*

ap·i·cal ['æpikəl] *adj.* □ die Spitze betreffend, Spitzen...: ~ *angle* ⩓ Winkel an der Spitze; ~ *pneumonia* ⚕ Lungenspitzenkatarrh.

a·pi·cul·ture ['eipikʌltʃə] *s.* Bienenzucht *f.*

a·piece [ə'pi:s] *adv.* für jedes Stück, je; für jeden, pro Per'son, pro Kopf.

ap·ish ['eipiʃ] *adj.* □ **1.** affenartig; **2.** nachäffend; albern.

a·plomb ['æplɔ̃:ŋ; aplɔ̃] (*Fr.*) *s.* (selbst)sicheres Auftreten; Selbstbewußtsein *n*, Fassung *f.*

A·poc·a·lypse [ə'pɔkəlips] *s.* **1.** *bibl.* Apoka'lypse *f*, Offen'barung *f* Jo'hannis; **2.** ♀ *fig.* Enthüllung *f*, Offenbarung *f*; **a·poc·a·lyp·tic** [əpɔkə'liptik] *adj.* (□ ~*ally*) **1.** apoka'lyptisch, nach Art der Offenbarung Johannis; **2.** *fig.* dunkel, rätselhaft.

a·poc·o·pe [ə'pɔkəpi] *s. ling.* A'pokope *f* (*Endverkürzung e-s Wortes*).

a·poc·ry·pha [ə'pɔkrifə] *s. bibl.* Apo'kryphen *pl.*; **a'poc·ry·phal** [-əl] *adj.* apo'kryphisch; unecht; zweifelhaft.

ap·o·gee ['æpoudʒi:] *s.* **1.** *ast.* Apo'gäum *n*, Erdferne *f*; **2.** *fig.* Höhepunkt *m*, Gipfel *m.*

A·pol·lo [ə'pɔlou] **I.** *npr. myth.* A'poll(o) *m*; **II.** *s. fig.* schöner Jüngling.

a·pol·o·get·ic [əpɔlə'dʒetik] **I.** *s.* **1.** Entschuldigung *f*, Verteidigung *f*; **2.** *mst pl. eccl.* Apolo'getik *f*; **II.** *adj.* **3.** → *apologetical*; **a·pol·o'get·i·cal** [-kəl] *adj.* □ **1.** entschuldigend, rechtfertigend; **2.** kleinlaut, schüchtern.

ap·o·lo·gi·a [æpə'loudʒiə] *s.* Verteidigung *f*, (Selbst)Rechtfertigung *f*; **a·pol·o·gist** [ə'pɔlədʒist] *s.* **1.** Verteidiger(in); **2.** *eccl.* Apolo'get *m*; **a·pol·o·gize** [ə'pɔlədʒaiz] *v/i.* sich entschuldigen, Abbitte tun (*for* wegen, *to* bei): *you ought to* ~ *to your father for him* Sie sollten ihn bei Ihrem Vater entschuldigen; **a·pol·o·gy** [ə'pɔlədʒi] *s.* **1.** Entschuldigung *f*, Abbitte *f*; Rechtfertigung *f*: *to make an* ~ *to s.o. for* sich bei j-m entschuldigen für; **2.** Verteidigungsrede *f*, -schrift *f*; **3.** F minderwertiger Ersatz, Notbehelf *m*: *an* ~ *for a meal* ein armseliges Essen.

ap·o·phthegm → *apothegm.*

ap·o·plec·tic *adj.*; **ap·o·plec·ti·cal** [æpə'plektik(əl)] *adj.* □ Schlagfluß-...; zum Schlagfluß neigend: ~ *fit*, ~ *stroke* Schlaganfall; **ap·o·plex·y** ['æpəpleksi] *s.* ⚕ Schlaganfall *m*, -fluß *m*, Schlag *m.*

a·pos·ta·sy [ə'pɔstəsi] *s.* Abfall *m*, Abtrünnigkeit *f* (*vom Glauben, von e-r Partei etc.*); **a'pos·tate** [-tit] **I.** *s.* Abtrünnige(r *m*) *f*, Rene'gat *m*; **II.** *adj.* abtrünnig; **a'pos·ta·tize** [-tətaiz] *v/i.* **1.** (*from*) abfallen (von), abtrünnig *od.* untreu werden (*dat.*); **2.** 'übergehen (*from ... to* von ... zu).

a·pos·tle [ə'pɔsl] *s.* **1.** *eccl.* A'postel *m*: ♀*s' Creed* Apostolisches Glaubensbekenntnis; **2.** *fig.* Apostel *m*, Verfechter *m*, Vorkämpfer *m*: ~ *of Free Trade*; **a·pos·to·late** [ə'pɔstəlit] *s.* Aposto'lat *n*, A'postelamt *n*, -würde *f*; **ap·os·tol·ic**, *oft* ♀ [æpəs'tɔlik] *adj.* (□ ~*ally*) apo'stolisch: ~ *succession* apostolische Nachfolge; ♀ *See* Heiliger Stuhl; **ap·os·tol·i·cal** [æpəs'tɔlikəl] *adj.* □ → *apostolic.*

a·pos·tro·phe [ə'pɔstrəfi] *s.* **1.** Anrede *f*; **2.** *ling.* Apo'stroph *m*; **a'pos·tro·phize** [-faiz] *v/t.* **1.** anreden, sich wenden an (*acc.*); **2.** mit e-m Apostroph versehen.

a·poth·e·car·y [ə'pɔθikəri] *s. obs.* Apo'theker *m.*

ap·o·thegm ['æpouθem] *s.* Denk-, Kern-, Lehrspruch *m*; Ma'xime *f.*

a·poth·e·o·sis [əpɔθi'ousis] *s.* **1.** Apothe'ose *f*: **a)** Vergöttlichung *f*, **b)** *fig.* Verherrlichung *f*, Vergötterung *f*; **2.** *fig.* Ide'al *n.*

Ap·pa·lach·i·an [æpə'leitʃjən] *adj.*: ~ *Mountains* Appalachen (*Gebirge im Nordosten der USA*).

ap·pal, *selten* **ap·pall** [ə'pɔ:l] *v/t.* erschrecken, entsetzen: *to be* ~*led* entsetzt sein (*at* über *acc.*); **ap'pall·ing** [-liŋ] *adj.* □ erschreckend, entsetzlich, schrecklich.

ap·pa·nage ['æpənidʒ] *s.* **1.** Apa'nage *f*, Leibgedinge *n e-s Prinzen*; *fig.* Erbteil *m*; Einnahme(quelle) *f*; **2.** abhängiges Gebiet; **3.** *fig.* Zubehör *n.*

ap·pa·ra·tus [æpə'reitəs] *pl.* **-tus**, **-tus·es** *s.* **1.** Appa'rat *m*, Gerät *n*, Vorrichtung *f*; *coll.* Apparate *pl.*, Hilfsmittel *pl.*, Appara'tur *f* (*a. fig.*), Maschine'rie *f* (*a. fig.*): ~ *work* Geräteturnen; **2.** ⚕ Sy'stem *n*, Apparat *m*: *respiratory* ~ Atmungsapparat, Atemwerkzeuge.

ap·par·el [ə'pærəl] *s.* **1.** Kleidung *f*, Tracht *f*; **2.** *fig.* Schmuck *m*, Gewand *n.*

ap·par·ent [ə'pærənt] *adj.* □ → *apparently*; **1.** sichtbar; **2.** augenscheinlich, offenbar; ersichtlich, einleuchtend; **3.** scheinbar, anscheinend; **ap'par·ent·ly** [-li] *adv.* anscheinend, wie es scheint; **ap·pa·ri·tion** [æpə'riʃən] *s.* **1.** (plötzliches) Erscheinen; **2.** Erscheinung *f*, Gespenst *n*, Geist *m.*

ap·peal [ə'pi:l] **I.** *v/i.* **1.** (*to*) appellieren, sich wenden (an *acc.*); *j-n od. et.* (als Zeugen) anrufen, sich berufen (auf *acc.*): *to* ~ *to the law* das Gesetz anrufen; *to* ~ *to history* die Geschichte als Zeugen anrufen; **2.** (*to s.o. for s.th.*) (j-n) dringend (um et.) bitten, (j-n um et.) anrufen; **3.** Einspruch erheben; *bsd.* ⚖ Berufung *od.* Revisi'on *od.* Beschwerde einlegen (*against*, ⚖ *mst from* gegen); **4.** (*to*) wirken (auf *acc.*), reizen (*acc.*), gefallen, zusagen (*dat.*), Anklang finden (bei); **II.** *s.* **5.** (*to*) dringende Bitte (an *acc.*, *for* um); Aufruf *m*, Mahnung *f* (an *acc.*); Werbung *f* (bei); Aufforderung *f* (zu): ~ *for mercy* Gnadengesuch; **6.** (*to*) Ap'pell *m* (an *acc.*), Anrufung *f* (*gen.*): ~ *to reason* Appell an die Vernunft; **7.** (*to*) Verweisung *f* (an *acc.*), Berufung *f* (auf *acc.*); **8.** ⚖ Rechtsmittel *n* (*from od. against* gegen): **a)** Berufung *f od.* Revision *f*, **b)** (Rechts)Beschwerde *f*, Einspruch *m*: *Court of* ♀ Appellationsgericht; **9.** (*to*) Wirkung *f*, Anziehung(skraft) *f* (auf *acc.*); ✝, *thea. etc.* Zugkraft *f*; Anklang *m*, Beliebtheit *f* (bei); **ap'peal·ing** [-liŋ] *adj.* □ **1.** flehend; **2.** ansprechend, reizvoll.

ap·pear [ə'piə] *v/i.* **1.** erscheinen (*a. von Büchern*), sich zeigen; *öffentlich* auftreten; **2.** erscheinen, sich stellen (*vor Gericht etc.*); **3.** scheinen, den Anschein haben, aussehen, *j-m* vorkommen: *it* ~*s to me you are right* mir scheint, Sie haben recht; *he* ~*s to be tired*; *it does not* ~ *that* es liegt kein Anhaltspunkt dafür vor, daß; **4.** sich her'ausstellen: *it* ~*s from this* hieraus ergibt sich *od.* geht hervor; **ap·pear·ance** [ə'piərəns] *s.* **1.** Erscheinen *n*, *öffentliches* Auftreten, Vorkommen *n*: *to make one's* ~ sich einstellen, sich zeigen; *to put in an* ~ (persönlich) erscheinen; **2.** (äußere) Erscheinung, Aussehen *n*, *das* Äußere: *at first* ~ beim ersten Anblick; **3.** äußerer Schein, (An)Schein *m*: *there is every* ~ *that* es hat ganz den Anschein, daß; *in* ~ anscheinend; *to all* ~(*s*) allem Anschein nach; ~*s are against him* der (Augen)Schein spricht gegen ihn; *to keep up* (*od. save*) ~*s* den Schein wahren.

ap·pease [ə'pi:z] *v/t.* **1.** *j-n od. j-s Zorn etc.* beruhigen, beschwichtigen; *Streit* schlichten, beilegen; *Leiden* mildern; *Durst* stillen; *Neugier* befriedigen; **2.** *bsd. pol.* durch (zu große) Nachgiebigkeit *od.* Zugeständnisse beschwichtigen; **ap'pease·ment** [-mənt] *s.* Beruhigung *f etc.*; Be'schwichtigungspoli,tik *f*; **ap'peas·er** [-zə] *s. pol.* Be'schwichtigungspo,litiker *m*.

ap·pel·lant [ə'pelənt] **I.** *adj.* appellierend; **II.** *s.* Appel'lant *m*, Berufungskläger(in); Beschwerdeführer(in); **ap'pel·late** [-lit] *adj.* Berufungs...: ~ *court* Berufungsinstanz, Appellationsgericht.

ap·pel·la·tion [æpe'leiʃən] *s.* Benennung *f*, Name *m*; **ap·pel·la·tive** [ə'pelətiv] **I.** *adj.* □ *ling.* appella'tiv: ~ *name* Gattungsname; **II.** *s. ling.* Gattungsname *m*.

ap·pel·lee [æpe'li:] *s.* ⚖ Berufungsbeklagte(r *m*) *f*.

ap·pend [ə'pend] *v/t.* **1.** (*to*) befestigen, anbringen (an *dat.*), anhängen (an *acc.*); **2.** hin'zu-, beifügen (*to dat.*, zu): *to* ~ *the signature*; *to* ~ *a price-list*; **ap'pend·age** [-didʒ] *s.* **1.** Anhang *m*, Anhängsel *n*, Zubehör *n*, *m*; **2.** *fig.* Anhängsel *n*, Beigabe *f*; **3.** *fig.* (ständiger) Begleiter.

ap·pen·dec·to·my [æpen'dektəmi] *s.* 'Blinddarmoperati,on *f*; **ap·pen·di·ces** *pl. von appendix*; **ap·pen·di·ci·tis** [əpendi'saitis] *s.* ⚕ Blinddarmentzündung *f*; **ap·pen·dix** [ə'pendiks] *pl.* **-dix·es, -di·ces** [-disi:z] *s.* **1.** Anhang *m e-s Buches*; **2.** ⊕ Ansatz *m*; **3.** *a. vermiform* ~ *anat.* Wurmfortsatz *m*, Blinddarm *m*.

ap·per·tain [æpə'tein] *v/i.* (*to*) gehören (zu), (zu)gehören (*dat.*); zustehen, gebühren (*dat.*).

ap·pe·tence ['æpitəns], '**ap·pe·ten·cy** [-si] *s.* **1.** Verlangen *n* (*of, for, after* nach); **2.** instink'tive Neigung; (Na'tur)Trieb *m*.

ap·pe·tite ['æpitait] *s.* **1.** (*for*) Verlangen *n*, Gelüst *n* (nach); Neigung *f*, Trieb *m*, Lust *f* (zu); **2.** Appe'tit *m* (*for* auf *acc.*), Eßlust *f*: *to have an* ~ Appetit haben; *to take away* (*od. spoil*) *s.o.'s* ~ j-m den Appetit nehmen *od.* verderben; *loss of* ~ Appetitlosigkeit; '**ap·pe·tiz·er** [-aizə] *s.* appe'titanregendes Mittel (*Gericht od. Getränk*), Aperi'tif *m*; '**ap·pe·tiz·ing** [-aiziŋ] *adj.* □ appetitanregend; appe'titlich, lecker (*beide a. fig.*); *fig.* reizvoll, ‚zum Anbeißen'.

ap·plaud [ə'plɔ:d] **I.** *v/i.* applaudieren, Beifall spenden; **II.** *v/t.* beklatschen, *j-m* Beifall spenden; *fig.* loben, billigen; *j-m* zustimmen; **ap·plause** [ə'plɔ:z] *s.* **1.** Ap'plaus *m*, Beifall(klatschen *n*) *m*: *to break into* ~ in Beifall ausbrechen; → *round 28*; **2.** *fig.* Zustimmung *f*, Anerkennung *f*.

ap·ple ['æpl] *s.* Apfel *m*: ~ *of discord fig.* Zankapfel; ~ *of one's eye anat.* Augapfel (*a. fig.*); '**~-cart** *s.* Apfelkarren *m*: *to upset s.o.'s* ~ *fig.* j-s Pläne über den Haufen werfen; **~ char·lotte** *s.* 'Apfelchar,lotte *f* (*e-e Apfelspeise*); **~ dump·ling** *s.* Apfel *m* im Schlafrock; **~ frit·ters** *s. pl.* (in Teig gebackene) Apfelschnitten *pl.*; '**~-jack** *s. Am.* Apfelschnaps *m*; **~ pie** *s.* (warmer) gedeckter Apfelkuchen; '**~-pie or·der** *s.* F schönste Ordnung; **~ pud·ding** *s.* (warme) gedämpfte Apfelspeise; '**~-sauce** *s.* **1.** Apfelmus *n* (*als Beigabe zum Braten*); **2.** *Am. sl.* **a)** Schmeiche'lei *f*, **b)** *int.* Quatsch!; '**~-tree** *s.* ♀ Apfelbaum *m*.

ap·pli·ance [ə'plaiəns] *s.* (Hilfs-) Mittel *n*, Gerät *n*, Vorrichtung *f*, Appa'rat *m*.

ap·pli·ca·bil·i·ty [æplikə'biliti] *s.* (*to*) Anwendbarkeit *f* (auf *acc.*), Eignung *f* (für); **ap·pli·ca·ble** ['æplikəbl] *adj.* □ (*to*) anwendbar (auf *acc.*), passend, geeignet (für): *not* ~ *in Formularen*: nicht zutreffend, entfällt.

ap·pli·cant ['æplikənt] *s.* (*for*) Bewerber(in) (um), Besteller(in) (*gen.*); Antragsteller(in); (Pa'tent-) Anmelder(in); **ap·pli·ca·tion** [æpli'keiʃən] *s.* **1.** ⚕ Auf-, Anlegen *n e-s Verbandes etc.*; Anwendung *f*; **2.** An-, Verwendung *f*, Gebrauch *m*: ~ *of poison*; ~ *of drastic measures*; **3.** (*to*) Anwendung *f*, Anwendbarkeit *f* (auf *acc.*); Beziehung *f* (zu): *to have no* ~ keine Anwendung finden, unangebracht sein, nicht zutreffen; **4.** (*for*) Gesuch *n*, Bitte *f* (um); Antrag *m* (auf *acc.*): *an* ~ *for help*; *to make an* ~ ein Gesuch einreichen, e-n Antrag stellen; ~ *for a patent* Anmeldung zum Patent; *samples on* ~ Muster auf Verlangen *od.* Wunsch; *tickets payable on* ~ Eintrittskarten zahlbar bei Bestellung; **5.** Bewerbung *f* (*for* um); Bewerbungsschreiben *n*; **6.** Fleiß *m*, Eifer *m* (*in* bei): ~ *in one's studies*.

ap·plied [ə'plaid] *adj.* praktisch, angewandt: ~ *chemistry*; ~ *art* Kunstgewerbe.

ap·pli·qué [æ'pli:kei] *adj.* aufgelegt, -genäht, appliziert: ~ *work* Applikation(sstickerei).

ap·ply [ə'plai] **I.** *v/t.* **1.** (*to*) auflegen, -tragen, legen (auf *acc.*), anbringen (an, auf *dat.*): *to* ~ *a plaster to a wound* ein Pflaster auf e-e Wunde kleben; **2.** (*to*) **a)** verwenden (auf *acc.*, für), **b)** anwenden (auf *acc.*): *to* ~ *a rule*; *applied to modern conditions* auf moderne Verhältnisse angewandt, **c)** gebrauchen (für): *to* ~ *the brakes* bremsen; *to* ~ *one's skill* s-e Geschicklichkeit aufbieten, **d)** verwerten (zu, *for* für); **3.** *Sinn* richten (*to* auf *acc.*); **4.** ~ *o.s.* sich widmen (*to dat.*): *to* ~ *o.s. to a task*; **II.** *v/i.* **5.** (*to*) sich wenden (an *acc.*, *for* wegen), sich melden (bei): *to* ~ *to the manager*; **6.** (*for*) sich bewerben, sich bemühen, ersuchen (um); beantragen (*acc.*): *to* ~ *for a job*; **7.** (*to*) Anwendung finden (bei), passen, zutreffen (auf *acc.*), gelten (für): *cross out that which does not* ~ Nichtzutreffendes bitte streichen.

ap·point [ə'pɔint] *v/t.* **1.** ernennen, berufen, an-, bestellen: *to* ~ *a teacher* e-n Lehrer anstellen; *to* ~ *s.o. governor* j-n zum Gouverneur ernennen, j-n als Gouverneur berufen; *to* ~ *s.o. to a professorship* j-m e-e Professur übertragen; **2.** festsetzen, bestimmen; vorschreiben; verabreden: *to* ~ *a time*; *the* ~*ed day* der festgesetzte Tag, der Stichtag; *the* ~*ed task* die vorgeschriebene Aufgabe; **3.** einrichten, ausrüsten: *a well-*~*ed house*; **ap·point·ee** [əpɔin'ti:] *s.* Ernannte(r *m*) *f*, *zu e-m Amt* Berufene(r *m*) *f*; **ap'point·ment** [-mənt] *s.* **1.** Ernennung *f*, Anstellung *f*, Berufung *f*: ♀(*s*) *Board* Behörde zur Besetzung höherer Posten; *by special* ~ *to the King* Königlicher Hoflieferant; **2.** Amt *n*, Stellung *f*; **3.** Festsetzung *f bsd. e-s Termins*; **4.** Verabredung *f*; Zs.-kunft *f*; *Brit.* Stelldichein *n*: *by* ~ nach Vereinbarung; *to make an* ~ e-e Verabredung treffen; *to keep* (*break*) *an* ~ eine Verabredung (nicht) einhalten; ~ *book* Terminkalender; **5.** *pl.* Ausstattung *f*, Einrichtung *f e-r Wohnung etc.*

ap·por·tion [ə'pɔ:ʃən] *v/t. e-n Anteil* zuteilen, (gleichmäßig *od.* gerecht) ein-, verteilen; *Lob* erteilen, zollen; *Aufgabe* zuteilen; *Schuld* beimessen; *Kosten* 'umlegen; **ap-**

ˈ**por·tion·ment** [-mənt] *s.* (gleichmäßige *od.* gerechte) Ver-, Zuteilung, Einteilung *f*; Erteilung *f*.

ap·po·site [ˈæpəzit] *adj.* □ (*to*) passend (für), angemessen, geeignet (für); treffend; ˈ**ap·po·site·ness** [-nis] *s.* Angemessenheit *f*, Schicklichkeit *f*; **ap·po·si·tion** [æpəˈziʃən] *s.* **1.** Bei-, Hinˈzufügung *f*; **2.** *ling.* Appositiˈon *f*, Beifügung *f*.

ap·prais·al [əˈpreizəl] *s.* (Ab-)Schätzung *f*, Taxierung *f*; Schätzungswert *m*, Bewertung *f*; **ap·praise** [əˈpreiz] *v/t.* (ab-, ein-) schätzen, taxieren, bewerten; **apˈpraise·ment** [-zmənt] → *appraisal*; **apˈprais·er** [-zə] *s.* (Ab-) Schätzer *m*, Taˈxator *m*.

ap·pre·ci·a·ble [əˈpri:ʃəbl] *adj.* □ merklich, spürbar, nennenswert;

ap·pre·ci·ate [əˈpri:ʃieit] **I.** *v/t.* **1.** (hoch)schätzen, richtig einschätzen, würdigen, zu schätzen *od.* würdigen wissen; **2.** Gefallen finden an (*dat.*): *to ~ music*; **3.** dankbar sein für: *I ~ your kindness*; **4.** (richtig) beurteilen, einsehen, erkennen: *to ~ a danger*; **5.** *bsd. Am.* den Wert *e-r Sache* erhöhen, aufwerten; **II.** *v/i.* **6.** im Wert steigen; **ap·pre·ci·a·tion** [əpri:ʃiˈeiʃən] *s.* **1.** Würdigung *f*, (Ein)Schätzung *f*, Anerkennung *f*; **2.** Verständnis *n* (*of* für): *~ of music* Musikverständnis; **3.** richtige Beurteilung, Einsicht *f*; **4.** kritische Würdigung, *bsd. günstige* Kriˈtik; **5.** Dankbarkeit *f* (*of* für): *~ of help received*; **6.** Wertsteigerung *f*; Aufwertung *f*; **apˈpre·ci·a·tive** [-ʃjətiv] *adj.* □ (*of*) **1.** anerkennend, würdigend (*acc.*); **2.** verständnisvoll, empfänglich, dankbar (für); **apˈpre·ci·a·to·ry** [-ʃjətəri] → *appreciative*.

ap·pre·hend [æpriˈhend] *v/t.* **1.** ergreifen, festnehmen, verhaften: *to ~ a thief*; **2.** *fig.* wahrnehmen, erkennen; begreifen, erfassen; **3.** *fig.* vorˈaussehen, (be)fürchten, wittern; **ap·preˈhen·si·ble** [-səbl] *adj.* faßlich, begreiflich; **ap·preˈhen·sion** [-nʃən] *s.* **1.** Festnahme *f*, Verhaftung *f*; **2.** *fig.* Begreifen *n*, Erfassen *n*; Verstand *m*, Fassungskraft *f*: *a man of clear ~*; **3.** Begriff *m*, Ansicht *f*: *according to popular ~*; **4.** (Vor)Ahnung *f*, Besorgnis *f*: *in ~ of et.* befürchtend; **ap·preˈhen·sive** [-siv] *adj.* □ besorgt (*for* um, *that* daß), ängstlich, bedenklich: *~ for one's life* um sein Leben besorgt; *to be ~ of dangers* sich vor Gefahren fürchten.

ap·pren·tice [əˈprentis] **I.** *s.* Auszubildende(r) *m*, Lehrling *m*; *fig.* Anfänger *m*, Neuling *m*; **II.** *v/t.* in die Lehre geben: *to be ~d to* in die Lehre kommen zu, in der Lehre sein bei; **apˈpren·tice·ship** [-tiʃip] *s.* Lehrzeit *f*; Lehre *f*: *to serve one's ~* (*with*) in die Lehre gehen (bei).

ap·prise [əˈpraiz] *v/t.* benachrichtigen, in Kenntnis setzen (*of* von).

ap·pro [ˈæprou] *Brit. abbr. für approval*: *on ~* ✝ zur Probe, zur Ansicht.

ap·proach [əˈproutʃ] **I.** *v/i.* **1.** sich nähern; (herˈan)nahen, bevorstehen; **2.** *fig.* nahekommen, ähnlich sein (*to dat.*); **3.** ✈ an-, einfliegen; **II.** *v/t.* **4.** sich nähern (*dat.*): *to ~ the city*; *to ~ the end*; **5.** *fig.* nahekommen (*dat.*), (fast) erreichen: *to ~ the required sum*; **6.** herˈangehen an (*acc.*): *to ~ a task*; **7.** herˈantreten *od.* sich herˈanmachen an (*acc.*): *to ~ a customer*; *to ~ a girl*; **8.** *j-n* angehen, bitten; sich an *j-n* wenden (*for* um, *on* wegen); **9.** auf *et.* zu sprechen kommen; **III.** *s.* **10.** (Heran)Nahen *n* (*e-s Zeitpunktes etc.*); Annäherung *f*, Anmarsch *m* (*a.* ⚔), ✈ Anflug *m*; **11.** *fig.* (*to*) Nahekommen *n*, Annäherung *f* (an *acc.*); Ähnlichkeit *f* (mit): *an ~ to truth* annähernd die Wahrheit; **12.** Zugang *m*, Zufahrt *f*, Ein-, Auffahrt *f*; *pl.* ⚔ Laufgräben *pl.*; **13.** (*to*) Einführung *f* (in *acc.*), erster Schritt (zu), Versuch *m* (*gen.*): *a good ~ to philosophy*; *an ~ to a smile* der Versuch e-s Lächelns; **14.** *oft pl.* Herantreten *n* (*to* an *acc.*), Annäherungsversuche *pl.*; **15.** (*to*) Auffassung *f* (*gen.*), Haltung *f*, Einstellung *f* (zu), Stellungnahme *f* (zu); Behandlung *f e-s Themas etc.*; Meˈthode *f*: (*basic*) *~* Ansatz; **apˈproach·a·ble** [-tʃəbl] *adj.* zugänglich (*a. fig.*); **apˈproach·ing** [-tʃiŋ] *adj.* sich nähernd, herˈankommend; bevorstehend.

ap·pro·ba·tion [æprəˈbeiʃən] *s.* Billigung *f*, Genehmigung *f*; Bestätigung *f*; Beifall *m*.

ap·pro·pri·ate I. *adj.* [əˈproupriit] □ **1.** (*to, for*) passend, geeignet (für, zu), angemessen (*dat.*), richtig (für); **2.** eigen, zugehörig (*to dat.*); **II.** *v/t.* [-ieit] **3.** verwenden, bereitstellen; *parl. bsd. Geld* bewilligen (*to* zu, *for* für); **4.** sich *et.* aneignen (*a. widerrechtlich*); **ap·pro·pri·a·tion** [əproupriˈeiʃən] *s.* **1.** Aneignung *f*, Besitzergreifung *f*; **2.** Verwendung *f*, Bereitstellung *f*; *parl.* (Geld)Bewilligung *f*.

ap·prov·a·ble [əˈpru:vəbl] *adj.* zu billigen(d), anerkennenswert; **apˈprov·al** [-vəl] *s.* **1.** Billigung *f*, Genehmigung *f*: *the plan has my ~*; **2.** Anerkennung *f*, Beifall *m*: *to meet with ~* Beifall finden; **3.** Begutachtung *f*: *on ~* zur Ansicht, auf Probe; **ap·prove** [əˈpru:v] **I.** *v/t.* **1.** billigen, gutheißen, anerkennen, annehmen; bestätigen, genehmigen; **2.** *~ o.s.* sich erweisen *od.* bewähren (*as* als); **II.** *v/i.* **3.** billigen, anerkennen, gutheißen, genehmigen (*of acc.*): *to ~ of s.o.* j-n akzeptieren; *to be ~d of* Anklang finden; **apˈproved** [-vd] *adj.* **1.** erprobt, bewährt: *an ~ friend*; *in the ~ manner*; **2.** anerkannt: *~ school Brit.* Fürsorge-, Erziehungsanstalt; *~ society* staatlich anerkannte Krankenversicherungsgesellschaft; **apˈprov·er** [-və] *s.* ⚖ *Brit.* Kronzeuge *m*; **apˈprov·ing·ly** [-viŋli] *adv.* zustimmend, beifällig.

ap·prox·i·mate I. *adj.* [əˈprɔksimit] □ → *approximately*; **1.** annähernd, ungefähr; Näherungs...: *~ value* Näherungswert; **2.** *fig.* sehr ähnlich; **II.** *v/t.* [-simeit] **3.** (*bsd. von Menge od. Wert*) sich nähern, näherkommen (*dat.*); **III.** *v/i.* [-simeit] **4.** nahe- *od.* näherkommen (*oft mit to*); **apˈprox·i·mate·ly** [-li] *adv.* annähernd, ungefähr, etwa, fast, ziemlich; **ap·prox·i·ma·tion** [əprɔksiˈmeiʃən] *s.* **1.** Annäherung *f* (*to* an *acc.*): *an ~ to the truth* annähernd die Wahrheit; **2.** annähernde Gleichheit; **apˈprox·i·ma·tive** [-simətiv] *adj.* □ annähernd.

ap·pur·te·nance [əˈpɔ:tinəns] *s.* **1.** Zubehör *n*, *m*; **2.** *pl.* ⚖ Reˈalrechte *pl.* (*aus Eigentum an Liegenschaften*).

a·pri·cot [ˈeiprikɔt] *s.* ⚘ Apriˈkose *f*, Maˈrille *f*.

A·pril [ˈeiprəl] *s.* Aˈpril *m*: *in ~* im April; *~ fool* Aprilnarr; *to make an ~ fool of s.o.* j-n in den April schicken; *~ weather* Aprilwetter.

a pri·o·ri [ˈeipraiˈɔ:rai] *adv. u. adj. phls.* **1.** a priˈori, dedukˈtiv; **2.** F mutmaßlich, ohne (Überˈ)Prüfung.

a·pron [ˈeiprən] *s.* **1.** Schürze *f*; Schurz(fell *n*) *m*; **2.** Schurz *m von Freimaurern od. engl. Bischöfen*; **3.** ⊕ Schutzblech *n*, -leiste *f*, -kappe *f*; **4.** Windschutz *m am Auto*; **5.** Schutzleder *n*, Kniedecke *f an Fahrzeugen*; **6.** ✈ (betoniertes) Vorfeld der Flughalle; **7.** *thea.* Vorbühne *f*; ˈ**~-stage** → *apron 7*; ˈ**~-strings** *s. pl.* Schürzenbänder *pl.*; *fig.* Gängelband *n*: *tied to one's mother's ~* an Mutters Schürzenzipfel hängend; *tied to s.o.'s ~* unter j-s Fuchtel stehend.

ap·ro·pos [ˈæprəpou] **I.** *adv.* **1.** angemessen, zur rechten Zeit: *he arrived very ~* er kam wie gerufen; **2.** ˈhinsichtlich (*of gen.*): *~ of our talk*; **II.** *adj.* **3.** passend, angemessen: *his remark was very ~*.

apse [æps] *s.* △ ˈApsis *f*, halbkreisförmige Alˈtarnische.

apt [æpt] *adj.* □ **1.** passend, geeignet; treffend: *an ~ remark*; **2.** geneigt, neigend (*to inf.* zu *inf.*): *he is ~ to believe it* er wird es wahrscheinlich glauben; *~ to be overlooked* leicht zu übersehen; *~ to rust* leicht rostend; **3.** (*at*) geschickt (in *dat.*), begabt (für): *an ~ pupil*.

ap·ter·ous [ˈæptərəs] *adj.* **1.** *zo.* flügellos; **2.** ⚘ ungeflügelt.

ap·ti·tude [ˈæptitju:d] *s.* Begabung *f*, Befähigung *f*, Geschick *n*; Fähigkeit *f*; Auffassungsgabe *f*; Tauglichkeit *f* (*for* für, zu); **apt·ness** [ˈæptnis] *s.* **1.** Angemessenheit *f*, Tauglichkeit *f* (*for* für, zu); **2.** (*for, to*) Neigung *f* (zu), Eignung *f* (für, zu), Geschicklichkeit *f* (in *dat.*).

aq·ua for·tis [ˈækwəˈfɔ:tis] *s.* ⚗ Scheidewasser *n*, Salˈpetersäure *f*.

aq·ua·lung [ˈækwəlʌŋ] *s.* ⊕ Taucherlunge *f*, Atmungsgerät *n*.

aq·ua·ma·rine [ækwəməˈri:n] *s.* **1.** *min.* Aquamaˈrin *m*; **2.** Aquamaˈrinblau *n*.

aq·ua·plane [ˈækwəplein] *s. Wellenreiten*: Gleitbrett *n*.

aq·ua·relle [ækwəˈrel] *s.* Aquaˈrell (-malerei *f*) *n*; **aq·uaˈrel·list** [-list] *s.* Aquaˈrellmaler(in).

a·quar·i·um [əˈkweəriəm] *pl.* **-i·ums** *od.* -i·a [-iə] *s.* Aˈquarium *n*.

A·quar·i·us [əˈkweəriəs] *s. ast.* Wassermann *m*.

a·quat·ic [əˈkwætik] **I.** *adj.* **1.** auf dem

od. im Wasser lebend *od.* betrieben, Wasser...: ~ *plants*; ~ *sports* Wassersport; **II.** *s.* **2.** *biol.* Wassertier *n*, -pflanze *f*; **3.** *pl.* Wassersport *m*.
aq·ua·tint ['ækwətint] *s.* Aqua'tinta *f*, 'Tuschma͵nier *f*: ~ *engraving* Kupferstich in Tuschmanier.
aq·ua vi·tae ['ækwə'vaiti:] *s.* **1.** ⚗ *hist.* 'Alkohol *m*; **2.** Branntwein *m*.
aq·ue·duct ['ækwidʌkt] *s.* Aqua'dukt *m*, offene Wasserleitung.
a·que·ous ['eikwiəs] *adj.* wässerig (*a. fig.*), wasserartig; wasserhaltig; Wasser...
Aq·ui·la ['ækwilə] *s. ast.* Adler *m*.
aq·ui·le·gi·a [ækwi'li:dʒiə] *s.* ♣ Ake'lei *f*.
aq·ui·line ['ækwilain] *adj.* gebogen, Adler..., Habichts...: ~ *nose*.
Ar·ab ['ærəb] **I.** *s.* **1.** 'Araber *m*, A'raberin *f*; **2.** Araber *m*, a'rabisches Pferd; **3.** → *street Arab*; **II.** *adj.* **4.** arabisch; **ar·a·besque** [ærə'besk] **I.** *s.* Ara'beske *f*; **II.** *adj.* ara'besk; **A·ra·bi·an** [ə'reibjən] **I.** *adj.* **1.** arabisch: *The* ~ *Nights* Tausendundeine Nacht; **II.** *s.* **2.** → *Arab 1*; **3.** → *Arab 2*; **'Ar·a·bic** [-bik] **I.** *adj.* arabisch: ~ *figures* (*od. numerals*) arabische Ziffern *od.* Zahlen; **II.** *s. ling.* Arabisch *n*; **'Ar·ab·ist** [-bist] *s.* Ara'bist *m* (*Kenner des Arabischen*).
ar·a·ble ['ærəbl] **I.** *adj.* pflügbar, anbaufähig: ~ *land* Ackerland (*Ggs. Wiesenland*); **II.** *s.* Ackerland *n*.
Ar·a·by ['ærəbi] *s. poet.* A'rabien *n*.
ar·au·ca·ri·a [ærɔ:'kɛəriə] *s.* ♣ Zimmertanne *f*, Arau'karie *f*.
ar·bi·ter ['ɑ:bitə] *s.* **1.** Schiedsrichter *m*; **2.** *fig.* Richter *m* (*of* über *acc.*): ~ *of our fate*; **3.** *fig.* Herr *m*, Gebieter *m*.
ar·bi·trage [ɑ:bi'trɑ:ʒ] *s.* ✝ Arbi'trage *f*.
ar·bi·tral ['ɑ:bitrəl] *adj.* schiedsrichterlich: ~ *tribunal* Schiedsgericht; **ar·bit·ra·ment** [ɑ:'bitrəmənt] *s.* Schiedsspruch *m*, Entscheidung *f*: *the* ~ *of war* der Krieg als oberster Schiedsrichter.
ar·bi·trar·i·ness ['ɑ:bitrərinis] *s.* Willkür *f*, Eigenmächtigkeit *f*; **ar·bi·trar·y** ['ɑ:bitrəri] *adj.* □ **1.** willkürlich, eigenmächtig, -willig; **2.** launenhaft; **3.** ty'rannisch; **ar·bi·trate** ['ɑ:bitreit] **I.** *v/t.* **1.** (als Schiedsrichter *od.* durch Schiedsspruch) entscheiden, schlichten, beilegen; **2.** e-m Schiedsspruch unter'werfen; **II.** *v/i.* **3.** Schiedsrichter sein; **ar·bi·tra·tion** [ɑ:bi'treiʃən] *s.* Schiedsgerichtsverfahren *n*, Schiedsspruch *m*; Schlichtung *f*: *Court of* ~ Schiedsgericht; *to submit to* ~ e-m Schiedsgericht unterwerfen; **'ar·bi·tra·tor** [-reitə] *s.* Schiedsrichter *m*, Schlichter *m*.
ar·bor[1] *Am.* → *arbour*.
ar·bor[2] ['ɑ:bə] *s.* ⊕ Achse *f*, Welle *f*; (Aufsteck)Dorn *m*, Spindel *f*.
Ar·bor Day *s. Am.* Baumpflanzungstag *m*, Tag *m* des Baumes.
ar·bo·re·al [ɑ:'bɔ:riəl] *adj.* baumartig; Baum...; auf Bäumen lebend; **ar'bo·re·ous** [-iəs] *adj.* **1.** baumreich, waldig; **2.** baumartig; Baum...; **ar·bo·res·cent** [ɑ:bə'resnt] *adj.* baumartig, verzweigt; **ar·bo·re·tum** [ɑ:bə'ri:təm] *pl.* **-ta** [-tə] *s.* bo'tanischer Garten für Bäume und Sträucher; **ar·bo·ri·cul·ture** ['ɑ:bərikʌltʃə] *s.* Baumzucht *f*.
ar·bor vi·tae ['ɑ:bə'vaiti] *s.* ♣ Lebensbaum *m*.
ar·bour ['ɑ:bə] *s.* Laube *f*.
ar·bu·tus [ɑ:'bju:təs] *s.* ♣ **1.** Erdbeerbaum *m*; **2.** *Am. trailing* ~ Kriechende Heide.
arc [ɑ:k] *s.* **1.** *a.* ⛛, ⊕, *ast.* Bogen *m*; **2.** ⚡ (Licht)Bogen *m*: ~ *welding* ⊕ Lichtbogenschweißen.
ar·cade [ɑ:'keid] *s.* ⚠ Ar'kade *f*, Säulen-, Bogen-, Laubengang *m*; **ar'cad·ed** [-did] *adj.* mit Arkaden (versehen).
Ar·ca·di·a [ɑ:'keidjə] *s.* Ar'kadien *n*, ländliches Para'dies *od.* I'dyll; **Ar'ca·di·an** [-ən] *adj.* ar'kadisch, i'dyllisch.
ar·cane [ɑ:'kein] *adj.* geheimnisvoll; **ar'ca·num** [-nəm] *pl.* **-na** [-nə] *s.* *mst pl.* Geheimnis *n*, My'sterium *n*.
arch[1] [ɑ:tʃ] **I.** *s.* **1.** *mst* ⚠ (Brücken-, Fenster- *etc.*)Bogen *m*; über'wölbter (Ein-, 'Durch)Gang; ('Eisenbahn- *etc.*)Über͵führung *f*; **2.** Wölbung *f*, Gewölbe *n*: ~ *of the instep* Rist des Fußes; ~ *support* Senkfußeinlage; *fallen* ~*es* Senkfuß; **II.** *v/t.* **3.** *a.* ~ *over* mit Bogen versehen, über'wölben; **4.** wölben, krümmen: *to* ~ *the back* e-n Buckel machen (*Katze*); **III.** *v/i.* **5.** sich wölben.
arch[2] [ɑ:tʃ] *adj. oft* **arch-** erst, oberst, schlimmst, Haupt..., Erz..., Riesen...: ~ *rogue* Erzschurke.
arch[3] [ɑ:tʃ] *adj.* □ schalkhaft, schelmisch: *an* ~ *look*.
arch- [ɑ:tʃ] *Präfix bei Titeln etc.*; *Bedeutung*: erst, oberst, Haupt..., Erz...
ar·chae·o·log·ic *adj.*; **ar·chae·o·log·i·cal** [ɑ:kiə'lɔdʒik(əl)] *adj.* □ archäo'logisch, Altertums...; **ar·chae·ol·o·gist** [ɑ:ki'ɔlədʒist] *s.* Archäo'loge *m*, Altertumsforscher *m*; **ar·chae·ol·o·gy** [ɑ:ki'ɔlədʒi] *s.* Archäolo'gie *f*, Altertumskunde *f*.
ar·cha·ic [ɑ:'keiik] *adj.* (□ ~*ally*) ar'chaisch, altertümlich; veraltet, altmodisch (*bsd. Wörter*); **ar·cha·ism** ['ɑ:keiizəm] *s.* veraltete Ausdrucksweise *od.* Sitte.
arch·an·gel ['ɑ:keindʒəl] *s.* Erzengel *m*.
'arch|'bish·op [ɑ:tʃ] *s.* Erzbischof *m*; **~'bish·op·ric** *s.* **1.** Erzbistum *n*; **2.** Amt *n* e-s Erzbischofs; **'~'dea·con** *s.* Archidia'kon *m*; **'~'di·o·cese** *s.* 'Erzdiö͵zese *f*; **'~'du·cal** *adj.* erzherzoglich; **'~'duch·ess** *s.* Erzherzogin *f*; **'~'duch·y** *s.* Erzherzogtum *n*; **'~'duke** *s.* Erzherzog *m*.
arched [ɑ:tʃt] *adj.* gewölbt, gebogen, gekrümmt.
'arch-'en·e·my *s.* Erzfeind *m*: *the* ~ Satan.
arch·er ['ɑ:tʃə] *s.* **1.** Bogenschütze *m*; **2.** ♎ *ast.* Schütze *m*; **'arch·er·y** [-əri] *s.* **1.** Bogenschießen *n*; **2.** *coll.* Schützengilde *f*.
ar·che·type ['ɑ:kitaip] *s.* Urform *f*, -bild *n*, Arche'typ(us) *m*.
'arch-'fiend *s.* Erzfeind *m*; 'Satan *m*, Teufel *m*.
ar·chi·bald ['ɑ:tʃibəld] → *archie*.
ar·chie ['ɑ:tʃi] *s.* ⚔ *Brit. sl.* Flak *f* (*Fliegerabwehrkanone*).
ar·chi·e·pis·co·pal [ɑ:kii'piskəpəl] *adj.* erzbischöflich; **ar·chi·e'pis·co·pate** [-pit] *s.* Amt *n od.* Würde *f* e-s Erzbischofs.
Ar·chi·pel·a·go [ɑ:ki'peligou] **I.** *npr.* Ä'gäisches Meer; **II.** ♎ *pl.* **-gos** *s.* Inselmeer *n*, -gruppe *f*, Archi'pel *m*.
ar·chi·tect ['ɑ:kitekt] *s.* **1.** Archi'tekt(in), Baumeister(in); **2.** *fig.* Schöpfer(in), Urheber(in): *the* ~ *of one's fortunes* des eigenen Glückes Schmied; **ar·chi·tec·ton·ic** [ɑ:kitek'tɔnik] *adj.* (□ ~*ally*) **1.** architek'tonisch, baukünstlerisch, baulich; **2.** aufbauend, konstruk'tiv, planvoll, schöpferisch, syste'matisch; **ar·chi·tec·tur·al** [ɑ:ki'tektʃərəl] *adj.* □ die Baukunst *od.* Architek'tur betreffend, Architektur..., Bau...; **'ar·chi·tec·ture** [-tʃə] *s.* **1.** Architektur *f*, Baukunst *f*; Bauart *f*, Baustil *m*; **2.** Konstrukti'on *f*; (Auf)Bau *m*, Struk'tur *f*, Anlage *f* (*a. fig.*).
ar·chi·trave ['ɑ:kitreiv] *s.* ⚠ Archi'trav *m*, Tragbalken *m*.
ar·chive ['ɑ:kaiv] *s. mst pl.* Ar'chiv *n*; Urkundensammlung *f*; **ar·chi·vist** ['ɑ:kivist] *s.* Archi'var *m*.
arch·ness ['ɑ:tʃnis] *s.* Schalkhaftigkeit *f*, Mutwille *m*.
'arch'priest [ɑ:tʃ] *s. eccl. hist.* Erzpriester *m*.
'arch|·way [ɑ:tʃ] *s.* ⚠ Bogengang *m*, über'wölbter Torweg; **'~·wise** [-waiz] *adv.* bogenartig.
'arc|-lamp *s.* ⚡ Bogenlampe *f*; **'~-light** *s.* Bogenlicht *n*, -lampe *f*.
arc·tic ['ɑ:ktik] **I.** *adj.* **1.** 'arktisch, nördlich, Nord..., Polar...: ♎ *Circle* Nördlicher Polarkreis; ♎ *Ocean* Nördliches Eismeer; ~ *fox* Polarfuchs; **2.** *fig.* sehr kalt, eisig; **II.** *s.* **3.** 'Arktis *f*, Nordpo'largebiet *n*; **4.** *pl. Am.* gefütterte, wasserdichte 'Überschuhe *pl.*
ar·dent ['ɑ:dənt] *adj.* □ **1.** heiß, glühend, hitzig: ~ *spirits* hochprozentige Spirituosen; ~ *eyes* blitzende Augen; **2.** *fig.* feurig, heiß, heftig, innig: ~ *love*; **3.** *fig.* glühend, begeistert: *an* ~ *admirer*.
ar·dour, *Am.* **ar·dor** ['ɑ:də] *s. fig.* **1.** Hitze *f*, Glut *f*, Heftigkeit *f*; **2.** Eifer *m*, Begeisterung *f* (*for* für).
ar·du·ous ['ɑ:djuəs] *adj.* □ **1.** schwierig, anstrengend, mühsam: *an* ~ *task*; **2.** ausdauernd, zäh, e'nergisch: *an* ~ *worker*; **3.** steil, jäh (*Berg etc.*); **'ar·du·ous·ness** [-nis] *s.* Schwierigkeit *f*, Mühsal *f*.
are[1] [ɑ:] *pres. pl. u. 2. sg. von* **be**.
are[2] [ɑ:] *s.* Ar *n* (*Flächenmaß*).
a·re·a ['ɛəriə] *s.* **1.** (begrenzte) Fläche, Flächenraum *m od.* -inhalt *m*; Grundstück *n*; Ober-, Grundfläche *f*; **2.** Raum *m*, Gebiet *n*, Gegend *f*: *danger* ~ Gefahrenzone; *prohibited* (*od. restricted*) ~ Sperrzone; **3.** Bereich *m*, Reichweite *f*; **4.** Kellervorhof *m e-s Wohnhauses*: ~ *bell* Klingel zu den Wirtschaftsräumen; **5.** ⚔ Operati'onsgebiet *n*: ~ *bombing* Bombenflächenwurf; *back* ~ Etappe; *forward* ~ Kampfgebiet.
ar·e·ca ['ærikə] *s.* ♣ Betelnußpalme *f*.
a·re·na [ə'ri:nə] *s.* **1.** A'rena *f*, Kampfplatz *m*; **2.** *fig.* Schauplatz *m*, Stätte *f*.
are·n't [ɑ:nt] F *für are not*.

a·rête [æ'reit] *(Fr.)* *s.* (Fels)Grat *m*, spitzer Gebirgskamm.

ar·gent ['ɑ:dʒənt] **I.** *s.* Silber(farbe *f*) *n*; **II.** *adj.* silberfarbig.

Ar·gen·tine ['ɑ:dʒəntain], **Ar·gen·tin·e·an** [ɑ:dʒən'tiniən] **I.** *adj.* argen'tinisch; **II.** *s.* Argen'tinier(in).

ar·gil ['ɑ:dʒil] *s.* Ton *m*, Töpfererde *f*; **ar·gil·la·ceous** [ɑ:dʒi'leiʃəs] *adj.* tonartig, Ton...

ar·gon ['ɑ:gɔn] *s.* ⚗ 'Argon *n*.

Ar·go·naut ['ɑ:gənɔ:t] *s.* **1.** *myth.* Argo'naut *m*; **2.** *Am.* Goldsucher *m* in Kali'fornien (*1848/49*).

ar·go·sy ['ɑ:gəsi] *s.* großes (Handels)Schiff.

ar·got ['ɑ:gou] *s.* Ar'got *n*, Jar'gon *m*, Slang *m*, *bsd.* Gaunersprache *f*.

ar·gu·a·ble ['ɑ:gjuəbl] *adj.* disku'tabel: *it is* ~ man könnte mit Recht behaupten; **ar·gue** ['ɑ:gju:] **I.** *v/i.* **1.** argumentieren, erörtern, Gründe (für *od.* wider) anführen: *to* ~ *for s.th.* für et. eintreten; *to* ~ *against s.th.* gegen et. Einwände machen; *don't* ~*!* keine Widerrede!; **2.** streiten, rechten (*with* mit); entgegnen; disputieren (*about* über *acc.*, *for* für, *against* gegen, *with* mit); **3.** geltend machen, behaupten: *to* ~ *that black is white*; **4.** begründen, beweisen; folgern (*from* aus); **II.** *v/t.* **5.** *e-e Angelegenheit* erörtern, diskutieren: *to* ~ *a question*; **6.** *j-n* über'reden *od.* (durch Beweisgründe) bewegen: *to* ~ *s.o. into s.th.* j-n zu et. überreden; *to* ~ *s.o. out of s.th.* j-n von et. abbringen; **7.** verraten, (an)zeigen, beweisen: *his clothes* ~ *poverty*; **ar·gu·ment** ['ɑ:gjumənt] *s.* **1.** Argu'ment *n*, (Beweis)Grund *m*; Beweisführung *f*, Schlußfolgerung *f*; **2.** Behauptung *f*; Entgegnung *f*, Einwand *m*; **3.** Erörterung *f*, Besprechung *f*: *to hold an* ~ diskutieren; **4.** F (Wort-)Streit *m*, Ausein'andersetzung *f*; Streitfrage *f*; **5.** 'Thema *n*, (Haupt-)Inhalt *m*; **ar·gu·men·ta·tion** [ɑ:gjumen'teiʃən] *s.* **1.** Beweisführung *f*, Schlußfolgerung *f*; **2.** Erörterung *f*, Besprechung *f*; **ar·gu·men·ta·tive** [ɑ:gju'mentətiv] *adj.* □ **1.** streitlustig; **2.** strittig, um'stritten; **3.** 'kritisch.

Ar·gus ['ɑ:gəs] *npr. myth.* 'Argus *m*; '~**-eyed** *adj.* 'argusäugig, wachsam, mit 'Argusaugen.

a·ri·a ['ɑ:riə] *s.* ♪ 'Arie *f*.

Ar·i·an ['ɛəriən] *eccl.* **I.** *adj.* ari'anisch; **II.** *s.* Ari'aner *m*.

ar·id ['ærid] *adj.* □ dürr, trocken, unfruchtbar; *fig.* trocken, reizlos, nüchtern; **a·rid·i·ty** [æ'riditi] *s.* Dürre *f*, Trockenheit *f*, Unfruchtbarkeit *f* (*a. fig.*).

A·ri·es ['ɛəri:z] *s. ast.* Widder *m*.

a·right [ə'rait] *adv.* recht, richtig: *to set* ~ richtigstellen.

a·rise [ə'raiz] *v/i.* [*irr.*] **1.** (*from, out of*) entstehen, entspringen, her'vorgehen (aus), herrühren, stammen (von); **2.** entstehen, sich erheben, erscheinen, auftreten; **3.** aufstehen, sich erheben.

a·ris·en [ə'rizn] *p.p. von arise.*

ar·is·toc·ra·cy [æris'tɔkrəsi] *s.* **1.** Aristokra'tie *f*; *coll.* Adel *m*, Adlige *pl.*; **2.** *fig.* E'lite *f*, Adel *m*; **a·ris·to·crat** ['æristəkræt] *s.* Aristo'krat(in), Adlige(r *m*) *f*; *fig.* Pa'trizier(in); **a·ris·to·crat·ic** *adj.*; **a·ris·to·crat·i·cal** [æristə'krætik(əl)] *adj.* □ aristo'kratisch, Adels...; *fig.* adlig, vornehm.

a·rith·me·tic [ə'riθmətik] *s.* Arith'metik *f*, Rechnen *n*, Rechenkunst *f*; **ar·ith·met·ic** *adj.*; **ar·ith·met·i·cal** [æriθ'metik(əl)] *adj.* □ arith'metisch, Rechen...; **a·rith·me·ti·cian** [əriθmə'tiʃən] *s.* Rechner (-in), Rechenmeister(in).

ark [ɑ:k] *s.* **1.** Arche *f*: *Noah's* ~ Arche Noah(s); **2.** Schrein *m*: ♀ *of the Covenant bibl.* Bundeslade.

arm[1] [ɑ:m] **I.** *s.* **1.** *anat.* Arm *m*: *to keep s.o. at* ~*'s length fig.* sich j-n vom Leibe halten; *within* ~*'s reach* in Reichweite; *with open* ~*s fig.* mit offenen Armen; *to fly into s.o.'s* ~*s* j-m in die Arme fliegen; *to take s.o. in one's* ~*s* j-n in die Arme nehmen; *infant* (*od. babe*) *in* ~*s* Wickelkind, Säugling; **2.** Fluß-, Meeresarm *m*; **3.** Arm-, Seitenlehne *f e-s Stuhles etc.*; **4.** Ast *m*, großer Zweig; **5.** Ärmel *m*; **6.** ⊕ Arm *m e-r Maschine etc.*: ~ *of a balance* Waagebalken; **7.** *fig.* Arm *m*, Macht *f*: *the* ~ *of the law* der Arm des Gesetzes; **II.** *v/t.* **8.** *j-m* den Arm reichen; **9.** um'armen, um'fassen.

arm[2] [ɑ:m] **I.** *s.* **1.** ⚔ *mst pl.* Waffe(n *pl.*) *f*: *to do* ~*s drill* Gewehrgriffe üben; *in* ~*s* bewaffnet; *to rise in* ~*s* zu den Waffen greifen, sich empören; *up in* ~*s* **a)** in Aufruhr, **b)** *fig.* in Harnisch, in hellem Zorn; *by force of* ~*s* mit Waffengewalt; *to bear* ~*s* **a)** Waffen tragen, **b)** als Soldat dienen; *to lay down* ~*s* die Waffen strecken; *to take up* ~*s* die Waffen ergreifen (*a. fig.*); *passage of* (*od. at*) ~*s* Waffengang, *fig.* Wortstreit; ~*s race* Wettrüsten; *ground* ~*s!* Gewehr nieder!; *order* ~*s!* Gewehr ab!; *pile* ~*s!* setzt die Gewehre zusammen!; *port* ~*s!* fällt das Gewehr!; *present* ~*s!* präsentiert das Gewehr!; *slope* ~*s!* das Gewehr über!; *shoulder* ~*s!* das Gewehr an Schulter!; *to* ~*s!* zu den Waffen!, ans Gewehr!; **2.** Waffengattung *f*, Truppe *f*: *the naval* ~ die Kriegsmarine; **3.** *pl.* Wappen *n*; → *coat of arms*; **II.** *v/t.* **4.** bewaffnen: ~*ed to the teeth* bis an die Zähne bewaffnet; **5.** ⊕ armieren, bewehren, befestigen, verstärken, *mit Metall* beschlagen, sichern; **6.** ⚔ *Munition, Mine* scharf machen; **7.** (aus)rüsten, bereit machen, versehen: *to be* ~*ed with an umbrella*; *to be* ~*ed with arguments*; **III.** *v/i.* **8.** sich bewaffnen, sich (aus)rüsten.

ar·ma·da [ɑ:'mɑ:də] *s.* **1.** ♀ *hist.* Ar'mada *f*; **2.** Kriegsflotte *f*, Luftflotte *f*, Geschwader *n*.

ar·ma·dil·lo [ɑ:mə'dilou] *s. zo.* **1.** Arma'dill *n*, Gürteltier *n*; **2.** Apo'theker-assel *f*.

Ar·ma·ged·don [ɑ:mə'gedn] *s. bibl. u. fig.* Entscheidungskampf *m*.

ar·ma·ment ['ɑ:məmənt] *s.* ⚔ **1.** Kriegsstärke *f*, -macht *f e-s Landes*: *naval* ~ Kriegsflotte; **2.** Bewaffnung *f*, Bestückung *f e-s Kriegsschiffes etc.*; **3.** (Kriegsaus)Rüstung *f*: ~ *race* Wettrüsten.

ar·ma·ture ['ɑ:mətjuə] *s.* **1.** Rüstung *f*, Panzer *m*; **2.** ⊕ Panzerung *f*, Beschlag *m*, Bewehrung *f*, Armierung *f*, Arma'tur *f*; **3.** ⚡ Anker *m* (*a. e-s Magneten etc.*), Läufer *m*: ~ *shaft* Ankerwelle; **4.** ⚘, *zo.* Bewehrung *f*.

'**arm**|**·band** *s.* Armbinde *f*; '~**-'chair I.** *s.* Lehnstuhl *m*, (Lehn)Sessel *m*; **II.** *adj.* Bierbank..., Stammtisch..., Salon...: ~ *strategists* Stammtischstrategen.

armed[1] [ɑ:md] *adj. bsd. in Zssgn* mit Armen, ...armig.

armed[2] [ɑ:md] *adj.* **1.** bewaffnet: ~ *forces* (Gesamt)Streitkräfte; ~ *neutrality*; ~ *robbery* schwerer Raub; **2.** ⚔ scharf, zündfertig (*Munition etc.*).

Ar·me·ni·an [ɑ:'mi:njən] **I.** *adj.* ar'menisch; **II.** *s.* Ar'menier(in).

'**arm**|**·ful** [-ful] *s.* Armvoll *m*; '~**-hole** *s.* Arm-, Ärmelloch *n*.

arm·ing ['ɑ:miŋ] *s.* **1.** Bewaffnung *f*, (Aus)Rüstung *f*; **2.** ⊕ Armierung *f*, Arma'tur *f*; **3.** Wappen *n*.

ar·mi·stice ['ɑ:mistis] *s.* Waffenstillstand *m* (*a. fig.*); ♀ **Day** *s.* Jahrestag *m* des Waffenstillstandes vom 11. November 1918.

arm·let ['ɑ:mlit] *s.* **1.** Armbinde *f als Abzeichen*; Armspange *f*; **2.** kleiner Meeres- *od.* Flußarm.

ar·mor *etc. Am.* → *armour etc.*

ar·mo·ri·al [ɑ:'mɔ:riəl] **I.** *adj.* Wappen..., he'raldisch: ~ *bearings* Wappen(schild); **II.** *s.* Wappenbuch *n*;

ar·mor·y ['ɑ:məri] *s.* **1.** He'raldik *f*, Wappenkunde *f*; **2.** *Am.* → *armoury.*

ar·mour ['ɑ:mə] *s.* **1.** Rüstung *f*, Panzer *m* (*a. fig.*); **2.** ⚔, ⊕ Panzer(ung *f*) *m*, Armierung *f*; *coll.* Panzerfahrzeuge *pl.*, -truppen *pl.*; **3.** ⚘, *zo.* Panzer *m*, Schutzdecke *f*; '~**-clad** → *armour-plated.*

ar·moured ['ɑ:məd] *adj.* ⚔, ⊕ gepanzert, Panzer...: ~ *cable* armiertes Kabel, Panzerkabel; ~ *car* Panzerwagen; ~ *train* Panzerzug; ~ *turret* Panzerturm; '**ar·mour·er** [-ərə] *s.* Waffenschmied *m*; ⚔, ⚓ Waffenmeister *m*.

'**ar·mour**|**-pierc·ing** *adj.* panzerbrechend, Panzer...: ~ *ammunition*; '~**-plate** *s.* Panzerplatte *f*; '~**-plated** *adj.* gepanzert, Panzer...

ar·mour·y ['ɑ:məri] *s.* **1.** Rüst-, Waffenkammer *f* (*a. fig.*), Arse'nal *n*, Zeughaus *n*; **2.** *Am.* **a)** 'Waffenfa,brik *f*, **b)** Exerzierhalle *f*.

'**arm**|**-pit** *s.* Achselhöhle *f*; '~**-rest** *s.* Armlehne *f*, -stütze *f*; '~**-twisting** *s.* F Druckausübung *f*.

ar·my ['ɑ:mi] *s.* **1.** Ar'mee *f*, Heer *n*; Mili'tär *n*: ~ *contractor* Heereslieferant; *to join the* ~ Soldat werden; ~ *of occupation* Besatzungsarmee; ~ *issue die* dem Soldaten gelieferte Ausrüstung, Heereseigentum; **2.** Armee *f* (*als militärische Einheit*); **3.** *fig.* Heer *n*, Menge *f*: *a whole* ~ *of workmen*; ~ **chap·lain** *s.* Mili'tärseelsorger *m*; ~ **corps** *n*; ~ **corps** *pl.* ~ **corps** *s.* ⚔ Ar'meekorps *n*; ~ **group** *s.* ⚔ Heeresgruppe *f*; '~**-list** *s.* ⚔ Rangliste *f*; ♀ **Serv·ice Corps** *s.* ⚔ Train *m*, Versorgungstruppen *pl.*

ar·ni·ca ['ɑ:nikə] *s.* ⚕ 'Arnika *f.*
arn't [ɑ:nt] F *für are not.*
a·ro·ma [ə'roumə] *s.* **1.** A'roma *n*, Duft *m*, Würze *f*, Blume *f* (*Wein*); **2.** *fig.* Würze *f*, Reiz *m*; **ar·o·mat·ic** *adj.*; **ar·o·mat·i·cal** [ærou'mætik(əl)] *adj.* □ aro'matisch, würzig, duftig: ~ *bath* Kräuterbad.
a·rose [ə'rouz] *pret. von arise.*
a·round [ə'raund] **I.** *adv.* **1.** 'ringsher'um, im Kreise; nach *od.* auf allen Seiten, über'all; **2.** *Am.* F um'her, von Ort zu Ort; in der Nähe, da'bei; **II.** *prp.* **3.** um, um ... her (-um), rund um; **4.** *Am.* F (rings-) herum, durch, hin und her; **5.** *Am.* F (nahe) bei, in; **6.** *Am.* F ungefähr, etwa.
a·rouse [ə'rauz] *v/t.* **1.** *j-n* (auf-) wecken; **2.** *fig.* aufrütteln; *Gefühle etc.* erregen.
ar·peg·gio [ɑ:'pedʒiou] *s.* ♪ Ar'peggio *n.*
ar·que·bus ['ɑ:kwibəs] → *harquebus.*
ar·rack ['ærək] *s.* 'Arrak *m.*
ar·raign [ə'rein] *v/t.* **1.** ⚖ **a)** vor Gericht stellen, **b)** zur Anklage vernehmen; **2.** *öffentlich* beschuldigen, rügen; **3.** *fig.* anfechten; **ar'raign·ment** [-mənt] *s.* for'melle Anklageverlesung, förmliche Vernehmung *des Beschuldigten.*
ar·range [ə'reindʒ] **I.** *v/t.* **1.** (an-) ordnen, in Ordnung bringen; aufstellen; einteilen; ein-, ausrichten; erledigen: *to ~ one's ideas* s-e Gedanken ordnen; *to ~ one's affairs* s-e Angelegenheiten regeln; **2.** verabreden, vereinbaren; festsetzen, planen: *everything had been ~d beforehand*; *an ~d marriage* e-e (von den Eltern) arrangierte Ehe; **3.** *Streit etc.* beilegen, schlichten; **4.** ♪, *thea.* einrichten, bearbeiten; **II.** *v/i.* **5.** sich verständigen (*about* über *acc.*); **6.** Vorkehrungen treffen (*for, about* für, zu, *to inf.* zu *inf.*); es einrichten, dafür sorgen (*that* daß): *to ~ for the car to be ready od. that the car is ready*; **7.** sich einigen (*with s.o. about s.th.* mit j-m über et.); **ar'range·ment** [-mənt] *s.* **1.** (An-) Ordnung *f*, Einrichtung *f*, Einteilung *f*; Auf-, Zs.-stellung *f*; Sy'stem *n*; **2.** Vereinbarung *f*, Verabredung *f*: *to make an ~ with s.o.* mit j-m e-e Verabredung treffen; **3.** Ab-, Über'einkommen *n*; Schlichtung *f*: *to come to an ~* e-n Vergleich schließen; **4.** *pl. to make ~s* Vorkehrungen *od.* Vorbereitungen treffen; *today's ~s* die heutigen Veranstaltungen; **5.** ♪, *thea.* Bearbeitung *f.*
ar·rant ['ærənt] *adj.* □ völlig, ausgesprochen, ‚kom'plett': *an ~ fool*; *an ~ rogue* ein Erzgauner; *~ nonsense.*
ar·ray [ə'rei] **I.** *v/t.* **1.** ordnen, aufstellen (*bsd. Truppen*); **2.** ⚖ *Geschworene* aufrufen; **3.** *fig.* aufbieten; **4.** (*o.s.* sich) kleiden, putzen; **II.** *s.* **5.** Ordnung *f*; Schlachtordnung *f*; **6.** ⚖ Geschworenen(liste *f*) *pl.*; **7.** stattliche Reihe, Menge *f*, Aufgebot *n*; **8.** Kleidung *f*, Staat *m*, Aufmachung *f.*
ar·rear [ə'riə] *s.* **a)** *mst pl.* Rückstand *m*, *bsd.* Schulden *pl.*: *~s of rent* rückständige Miete; *in ~(s)* im Rückstand *od.* Verzug, **b)** *et.* Unerledigtes: *~s of work.*
ar·rest [ə'rest] **I.** *s.* **1.** Aufhalten *n*, Hemmung *f*, Stockung *f*; **2.** ⚖ **a)** Verhaftung *f*, Haft *f*: *under ~* verhaftet, in Haft, **b)** Urteilssistierung *f*; **II.** *v/t.* **3.** an-, aufhalten, hemmen, hindern: *to ~ progress*; *~ed growth biol.* gehemmtes Wachstum; *~ed tuberculosis* ⚕ inaktive Tuberkulose; **4.** ⊕ feststellen, sperren, arretieren; **5.** ⚖ **a)** verhaften, **b)** *to ~ judgment* die Urteilsvollstreckung aussetzen; **6.** *Geld etc.* einbehalten, konfiszieren; **7.** *Aufmerksamkeit etc.* fesseln, festhalten; **ar'rest·ing** [-tiŋ] *adj.* fesselnd, interes'sant.
ar·riv·al [ə'raivəl] *s.* **1.** Ankunft *f*, Eintreffen *n*; *fig.* Gelangen *n* (*at* zu); **2.** Erscheinen *n*, Auftreten *n*; **3. a)** Ankömmling *m*: *new ~* Neuankömmling, Familienzuwachs, **b)** *et.* Angekommenes; **4.** *pl.* ankommende Züge *pl. od.* Schiffe *pl. od.* Per'sonen *pl.*; Zufuhr *f*; **ar·rive** [ə'raiv] *v/i.* **1.** (an)kommen, eintreffen; **2.** erscheinen, auftreten; **3.** *fig.* (*at*) erreichen (*acc.*), gelangen (zu): *to ~ at a decision*; **4.** kommen (*Zeit, Ereignis*); **5.** Erfolg haben.
ar·ro·gance ['ærəgəns] *s.* Arro'ganz *f*, Anmaßung *f*, Über'heblichkeit *f*; **'ar·ro·gant** [-nt] *adj.* □ arro'gant, anmaßend, über'heblich; **ar·ro·gate** ['ærougeit] *v/t.* **1.** sich *et.* anmaßen, *et.* für sich in Anspruch nehmen (*mst to o.s.*); **2.** zuschreiben, zuschieben (*s.th. to s.o.* j-m et.); **ar·ro·ga·tion** [ærou'geiʃən] *s.* Anmaßung *f.*
ar·row ['ærou] *s.* **1.** Pfeil *m*; **2.** Pfeil (-zeichen *n*) *m*; **3.** *surv.* Zähl-, Markierstab *m*; **'ar·rowed** [-oud] *adj.* mit Pfeilen *od.* Pfeilzeichen (versehen).
'ar·row|-head ['ærou-] *s.* **1.** Pfeilspitze *f*; **2.** (Zeichen *n* der) Pfeilspitze *f* (*brit. Regierungsgut kennzeichnend*); **'~-root** ['ærə-] *s.* ⚘ **a)** Pfeilwurz *f*, **b)** Pfeilwurzstärke *f.*
arse [ɑ:s] *s. Brit.* V Arsch *m*, Hintern *m*: *to give s.o. a kick in the ~* j-m e-n Arschtritt geben.
ar·se·nal ['ɑ:sinl] *s.* **1.** Arse'nal *n*, Zeughaus *n*, Waffenlager *n* (*a. fig.*); **2.** 'Waffen-, Muniti'onsfa,brik *f.*
ar·se·nic **I.** *s.* ['ɑ:snik] Ar'sen(ik) *n*; **II.** *adj.* [ɑ:'senik] ⚗ ar'senhaltig, durch Arsen verursacht, Arsen...: *~ poisoning* Arsenvergiftung; **ar·sen·i·cal** [ɑ:'senikəl] → *arsenic II.*
ar·sis ['ɑ:sis] *s.* **1.** *poet.* Hebung *f*, betonte Silbe; **2.** ♪ Aufschlag *m.*
ar·son ['ɑ:sn] *s.* ⚖ Brandstiftung *f*; **'ar·son·ist** [-nist] *s. bsd. Am.* Brandstifter *m.*
art¹ [ɑ:t] **I.** *s.* **1.** Kunst *f*, *bsd.* bildende Kunst: *the fine ~s* die schönen Künste; *brought to a fine ~ fig.* zu e-r wahren Kunst entwickelt; *~ gallery* Bildergalerie; *a work of ~* ein Kunstwerk; **2.** Kunst(fertigkeit) *f*, Geschicklichkeit *f* (*oft Ggs. Natur*): *the ~ of the painter*; *the ~ of cooking*; *industrial ~(s)* (*od. ~s and crafts*) Kunstgewerbe, -handwerk; *the black ~* die Schwarze Kunst, die Zauberei; **3.** *pl. univ.* Geisteswissenschaften *pl.*: *Faculty of ♀s, Am. ♀s' Department* philosophische Fakultät; *liberal ~s* humanistische Fächer; → *master 10, bachelor 2*; **4.** *mst pl.* Kunstgriff *m*, Kniff *m*, List *f*, Tücke *f*; **5.** *Patentrecht*: Fachgebiet *n*; → *prior 1*; **II.** *adj.* **6.** Kunst..., kunstvoll, künstlerisch.
art² [ɑ:t] *obs. 2. pres. sg. von be.*
art di·rec·tor *s. Werbung*: künstlerischer Leiter, Ateli'erleiter *m.*
ar·te·fact → *artifact.*
ar·te·mis·i·a [ɑ:ti'miziə] *s.* ⚘ Beifuß *m*, Wermut *m.*
ar·te·ri·al [ɑ:'tiəriəl] *adj.* **1.** ⚕ Ar'terien betreffend, Arterien...: *~ blood* Pulsaderblut; **2.** *fig. ~ road* Hauptverkehrsader, Ausfall-, Hauptverkehrsstraße.
ar·te·ri·o·scle·ro·sis [ɑ:'tiəriouskliə'rousis] *s.* ⚕ Ar'terienverkalkung *f.*
ar·ter·y ['ɑ:təri] *s.* **1.** Ar'terie *f*, Puls-, Schlagader *f*; **2.** *fig.* Verkehrsader *f*, *bsd.* Hauptstraße *f*, -fluß *m*: *~ of traffic.*
ar·te·sian well [ɑ:'ti:zjən] *s.* **1.** ar'tesischer Brunnen; **2.** *Am.* tiefer Brunnen.
art·ful ['ɑ:tful] *adj.* □ schlau, listig, verschlagen; **'art·ful·ness** [-nis] *s.* List *f*, Schläue *f*, Verschmitztheit *f.*
ar·thrit·ic *adj.*; **ar·thrit·i·cal** [ɑ:'θritik(əl)] *adj.* ⚕ ar'thritisch, gichtisch; **ar·thri·tis** [ɑ:'θraitis] *s.* ⚕ Ar'thritis *f*, Gelenkentzündung *f.*
Ar·thu·ri·an [ɑ:'θjuəriən] *adj.* (König) Arthur *od.* Artus betreffend, Arthur..., Artus...
ar·ti·choke ['ɑ:titʃouk] *s.* ⚘ **1.** *a. globe ~* Arti'schocke *f*; **2.** *Jerusalem ~* 'Erdarti,schocke *f.*
ar·ti·cle ['ɑ:tikl] **I.** *s.* **1.** ('Zeitungs- *etc.*)Ar,tikel *m*, Aufsatz *m*; **2.** Ar'tikel *m*, Gegenstand *m*, Sache *f*; Posten *m*, Ware *m*: *~ of trade* Handelsware; **3.** Abschnitt *m*, Para'graph *m*, Klausel *f*, Punkt *m*: *~s of apprenticeship* Lehrvertrag; *~s of association* ✝ Satzung; *the Thirty-nine ♀s* die 39 Glaubensartikel *der Anglikanischen Kirche*; **4.** *ling.* Artikel *m*, Geschlechtswort *n*; **II.** *v/t.* **5.** vertraglich binden; in die Lehre geben (*to* bei); **6.** schriftlich anklagen (*for* wegen); **'ar·ti·cled** [-ld] *adj.* **1.** vertraglich gebunden; **2.** in der Lehre (*to* bei): *~ clerk Brit.* Anwaltsgehilfe *m.*
ar·tic·u·late **I.** *v/t.* [ɑ:'tikjuleit] **1.** artikulieren, deutlich (aus)sprechen; **2.** gliedern; **3.** *Knochen* zs.-fügen; **II.** *adj.* [-lit] **4.** klar erkennbar, deutlich (gegliedert), artikuliert, verständlich (*Wörter etc.*); **5.** sich klar ausdrückend; sich Gehör verschaffend; **6.** ⚕, ⚘, *zo.* gegliedert; **ar'tic·u·lat·ed** [-tid] *adj.* ⊕ Gelenk..., Glieder...: *~ train*; **ar·tic·u·la·tion** [ɑ:tikju'leiʃən] *s.* **1.** *bsd. ling.* Artikulati'on *f*, deutliche Aussprache; Verständlichkeit *f*; **2.** Anein'anderfügung *f*; **3.** ⊕ Gelenk(verbindung *f*) *n.*
ar·ti·fact ['ɑ:tifækt] *s.* Kunsterzeugnis *n*, *bsd.* Werkzeug *n od.* Gerät *n primitiver od. prähistorischer Kulturen*; **'ar·ti·fice** [-fis] *s.* **1.** (kunstvolle) Vorrichtung; **2.** Kunstgriff *m*; Kniff *m*, List *f*; **ar·tif·i·cer** [ɑ:'tifisə] *s.* **1.** (Kunst)Handwerker *m*; **2.** ⚔ Muniti'ons,techniker *m*,

Feuerwerker *m*; **3.** Urheber(in), Schöpfer(in), Erfinder(in).

ar·ti·fi·cial [ɑːtiˈfiʃəl] *adj.* □ **1.** künstlich (hergestellt), Kunst...: ~ *leg* Beinprothese; ~ *teeth* künstliche Zähne; **2.** gekünstelt, ˈunnaˌtürlich, affektiert: ~ *smile* gezwungenes Lächeln; **ar·ti·fi·ci·al·i·ty** [ɑːtifiʃiˈæliti] *s.* Künstlichkeit *f*; *et.* Gekünsteltes.

ar·ti·fi·cial silk [ˈɑːtifiʃəl] *s.* Kunstseide *f*.

ar·til·ler·ist [ɑːˈtilərist] *s.* Artilleˈrist *m*, Kanoˈnier *m*.

ar·til·ler·y [ɑːˈtiləri] *s.* Artilleˈrie *f*; **~·man** [-mən] *s.* [*irr.*] Artilleˈrist *m*.

ar·ti·san [ɑːtiˈzæn] *s.* (Kunst)Handwerker *m*, Meˈchaniker *m*.

art·ist [ˈɑːtist] *s.* **1.** Künstler(in), *bsd.* Kunstmaler(in); **2.** Künstler *m*, Könner *m*, geschickter Arbeiter; **ar·tiste** [ɑːˈtiːst] (*Fr.*) *s.* Arˈtist(in), Künstler(in), Sänger(in), Tänzer (-in); **ar·tis·tic** *adj.*; **ar·tis·ti·cal** [ɑːˈtistik(əl)] *adj.* □ **1.** künstlerisch, Künstler..., Kunst...; **2.** kunstverständig; ˈ**art·ist·ry** [-tri] *s.* Künstlertum *n*, Kunstsinn *m*; künstlerische Wirkung *od.* Vollˈendung.

art·less [ˈɑːtlis] *adj.* □ **1.** ungekünstelt, naˈtürlich, schlicht, unschuldig, naˈiv; **2.** unkünstlerisch, stümperhaft.

art nou·veau [ˈɑːrnuːˈvou] (*Fr.*) *s. Kunst*: Jugendstil *m*.

art pa·per *s.* ⊕ ˈKunstdruckpaˌpier *n*.

Art Work *s.* Art Work *n*: **a)** künstlerische Gestaltung, Illustratiˈon(en *pl.*) *f*, Grafik *f*, **b)** (grafische *etc.*) Gestaltungsmittel *pl.*

art·y [ˈɑːti] *adj.* F aufgeputzt, affig; boheˈmiˈen; kitschig; ˈ**~-and-ˈcraft·y** *adj.* gewollt künstlerisch.

ar·um lil·y [ˈɛərəm] *s.* ⚘ weiße ˈGartenˌlilie.

Ar·y·an [ˈɛəriən] **I.** *s.* **1.** ˈArier *m*, Indogerˈmane *m*; **2.** *ling.* ˈarische Sprachengruppe; **3.** Arier *m*, Nichtjude *m* (*in nationalsozialistischer Ideologie*); **II.** *adj.* **4.** arisch; **5.** arisch, nichtjüdisch.

as [æz; əz] **I.** *adv.* **1.** (ebenso) wie, so: ~ *usual* wie gewöhnlich *od.* üblich; ~ *soft* ~ *butter* weich wie Butter; *twice* ~ *large* zweimal so groß; *just* ~ *good* ebenso gut; **2.** als: *he appeared* ~ *Macbeth*; *I knew him* ~ *a child*; ~ *prose style this is bad* für Prosa ist das schlecht; **3.** wie (z.B.): *cathedral cities*, ~ *Ely*; **II.** *cj.* **4.** wie, so wie: ~ *follows*; *do* ~ *you are told!* tu, wie man dir sagt!; ~ *I said before*; ~ *you were!* ⚔ Kommando zurück!; ~ *it is* unter diesen Umständen, ohnehin; ~ *it were* sozusagen, gleichsam; **5.** als, inˈdem, während: ~ *he entered* bei s-m Eintritt; **6.** obˈgleich, wenn auch; wie, wie sehr, so sehr: *old* ~ *I am* so alt wie ich bin; *try* ~ *he would* soviel *od.* so sehr er auch versuchte; **7.** da, weil: ~ *you are sorry I'll forgive you*; **III.** *pron.* **8.** was, wie: ~ *he himself admits*; → *such* 7; *Zssgn mit adv. u. prp.*:

as| ... **as** (eben)so ... wie: *as fast as I could* so schnell ich konnte; *as sweet as can be* so süß wie möglich; *as cheap as five pence a bottle* schon für (*od.* für nur) fünf Pence die Flasche; *as recently as last week* noch (*od.* erst) vorige Woche; *as good as* so gut wie, sozusagen; *not as bad as (all) that* gar nicht so schlimm; *as fine a song as I ever heard* ein Lied, wie ich kein schöneres je gehört habe; **~ far as** soˈweit (wie), soˈviel: ~ *I know* soviel ich weiß; ~ *Cologne* bis (nach) Köln; *as far back as 1890* schon im Jahre 1890; **~ for** was ... (an)betrifft, bezüglich (*gen.*); **~ from** *vor Zeitangaben*: von ... an, ab; **~ if** *od.* **though** als ob, als wenn: *he talks* ~ *he knew them all*; **~ long as a)** soˈlange (wie): ~ *he stays*, **b)** wenn (nur); vorˈausgesetzt, daß: ~ *you have enough money*; **~ much** gerade (*od.* eben) das: *I thought* ~; ~ *again* doppelt soviel; **~ much as** (*neg. mst not so much as*) **a)** (eben-) soviel wie: ~ *my son*, **b)** so sehr, so viel: *did he pay* ~ *that?* hat er so viel (dafür) bezahlt?, **c)** soˈgar, überˈhaupt (*neg.* nicht einmal): *without* ~ *looking at him* ohne ihn überhaupt anzusehen; **~ soon as** → *soon 3*; **~ to 1.** → *as for*; **2.** (als *od.* so) daß: *be so kind* ~ *come* sei so gut und komm; **3.** nach, gemäß (*dat.*); **~ well** → *well*[1] *11*; **~ yet** → *yet 2*.

as·a·f(o)et·i·da [æsəˈfetidə] *s.* ⚕ Asaˈfötida *f*, Teufelsdreck *m*.

as·bes·tos [æzˈbestɔs] *s. min.* Asˈbest *m*: ~ *board* Asbestpappe.

as·cend [əˈsend] **I.** *v/i.* **1.** (auf-, emˈpor-, hinˈauf)steigen; **2.** ansteigen, (schräg) in die Höhe gehen: *the path* ~*s here*; **3.** *zeitlich* hinˈaufreichen, zuˈrückgehen (*to* bis in *acc.*, bis auf *acc.*); **4.** ♪ steigen (*Ton*); **II.** *v/t.* **5.** be-, ersteigen: *to* ~ *a river* e-n Fluß hinauffahren; *to* ~ *the throne* den Thron besteigen; **asˈcend·an·cy, asˈcend·en·cy** [-dənsi] *s.* Überˈlegenheit *f*; (bestimmender) Einfluß, Gewalt *f* (*over* über *acc.*); **asˈcend·ant, asˈcend·ent** [-dənt] **I.** *s.* **1.** *ast.* Aufgangspunkt *m e-s Gestirns*: *in the* ~ *fig.* im Aufstieg; **2.** → *ascendancy*; **II.** *adj.* **3.** aufgehend, aufsteigend; **4.** überˈlegen, (vor)herrschend; **asˈcend·ing** [-diŋ] *adj.* (auf)steigend (*a. fig.*): ~ *air current* Aufwind; **asˈcen·sion** [-nʃən] *s.* **1.** Aufsteigen *n* (*a. ast.*), Besteigung *f*; **2.** *the* ♀ die Himmelfahrt Christi: ♀ *Day* Himmelfahrtstag; **asˈcent** [-nt] *s.* **1.** Aufstieg *m* (*a. fig.*), Besteigung *f*; **2.** *bsd.* 🚂, ⊕ Steigung *f*, Gefälle *n*, Abhang *m*; **3.** Auffahrt *f*, Rampe *f*, (Treppen-) Aufgang *m*.

as·cer·tain [æsəˈtein] *v/t.* feststellen, ermitteln; **as·cerˈtain·a·ble** [-nəbl] *adj.* feststellbar, zu ermitteln(d); **as·cerˈtain·ment** [-mənt] *s.* Feststellung *f*, Ermittlung *f*.

as·cet·ic [əˈsetik] **I.** *adj.* (□ ~*ally*) asˈketisch, sich kaˈsteiend; **II.** *s.* Asˈket *m*; **asˈcet·i·cism** [-isizəm] *s.* Asˈkese *f*; Kaˈsteiung *f*.

As·cot [ˈæskət] **I.** *npr.* Ascot (*Pferderennbahn bei Windsor*): ~ *week*; **II.** *s.* ♀ *Am.* breite Kraˈwatte, Plaˈstron *m*, *n*.

as·crib·a·ble [əsˈkraibəbl] *adj.* zuzuschreiben(d), beizumessen(d);

as·cribe [əsˈkraib] *v/t.* (*to*) zuschreiben, beimessen, beilegen (*dat.*); zuˈrückführen (auf *acc.*); **asˈcrip·tion** [-ripʃən] *s.* (*to*) Zuschreiben *n* (*dat.*), Zuˈrückführen *n* (auf *acc.*).

As·dic [ˈæzdik] *abbr. für Allied Submarine Detection Investigation Committee*; → *sonar*.

a·sep·sis [æˈsepsis] *s.* ⚕ Aˈsepsis *f*; keimfreie Wundbehandlung; **aˈsep·tic** [-ptik] *adj.* (□ ~*ally*) aˈseptisch, keimfrei, steˈril.

a·sex·u·al [æˈseksjuəl] *adj.* □ *biol.* geschlechtslos, ungeschlechtlich: ~ *reproduction* ungeschlechtliche Fortpflanzung.

ash[1] [æʃ] *s.* ⚘ Esche *f*: *weeping* ~ Traueresche.

ash[2] [æʃ] *s.* **1.** (*a.* ⚗) Asche *f*: *cigarette* ~; **2.** *pl.* Asche *f*: *burnt to* ~*es*; *to lay in* ~*es* niederbrennen; **3.** *pl. fig.* sterbliche ˈÜberreste *pl.*; Trümmer *pl.*, Staub *m*; **4.** *to win the* ~*es back from Australia* (*Kricket*) die Niederlage gegen Australien wieder wettmachen.

a·shamed [əˈʃeimd] *adj.* □ sich schämend, beschämt: *to be* (*od. feel*) ~ *of* sich *e-r Sache od. j-s* schämen; *to be* ~ *to* (*inf.*) sich schämen zu (*inf.*); *I am* ~ *that* es ist mir peinlich, daß; *be* ~ *of yourself!* schäme dich!

ˈ**ash-bin** *s.* Aschen-, Mülleimer *m*.

ash can *Am.* → *ash-bin*.

ash·en[1] [ˈæʃn] *adj.* ⚘ eschen, von Eschenholz.

ash·en[2] [ˈæʃn] *adj.* Aschen...; *fig.* aschfahl, -grau.

ˈ**ash-fur·nace** *s.* ⊕ Glasschmelzofen *m*.

Ash·ke·naz·im [æʃkiˈnæzim] (*Hebrew*) *s. pl.* As(ch)keˈnasim *pl.*

ash·lar [ˈæʃlə] *s.* ▲ Quaderstein *m*.

a·shore [əˈʃɔː] *adv. u. adj.* ans *od.* am Ufer *od.* Land: *to go* ~ an Land gehen; *to run* ~ stranden, auflaufen; auf Strand setzen.

ˈ**ash|-pan** *s.* Aschenkasten *m*; ˈ**~-pit** *s.* Aschengrube *f*; ˈ**~-tray** *s.* Aschenbecher *m*, -schale *f*; ♀ **Wednes·day** *s.* Ascherˈmittwoch *m*.

ash·y [ˈæʃi] *adj.* **1.** aus Asche (bestehend); mit Asche bedeckt; **2.** aschfarben, aschfahl; totenblaß.

A·sian [ˈeiʃən], **A·si·at·ic** [eiʃiˈætik] **I.** *adj.* asiˈatisch; **II.** *s.* Asiˈat(in).

a·side [əˈsaid] **I.** *adv.* **1.** beiˈseite, abseits, seitwärts: *to step* ~; *to lay* (*put, set, turn*) ~; **2.** *thea.* beiseite: *to speak* ~; **3.** ~ *from Am.* abgesehen von; **II.** *s.* **4.** *thea.* Aˈparte *n*, beiseite gesprochene Worte *pl.*; **5.** *Brit.* Nebenwirkung *f*, -bemerkung *f*.

as·i·nine [ˈæsinain] *adj.* eselartig, Esels...; *fig.* eselhaft, dumm.

ask [ɑːsk] **I.** *v/t.* **1. a)** *j-n* fragen: ~ *the policeman*, **b)** nach *et.* fragen: *to* ~ *the way*; *to* ~ *the time* fragen, wie spät es ist; *to* ~ *a question of s.o.* e-e Frage an j-n stellen; **2.** *j-n* nach *et.* fragen, sich bei *j-m* nach *et.* erkundigen: *to* ~ *s.o. the way*; *may I* ~ *you a question?* darf ich Sie (nach) etwas fragen?; **3.** *j-n* bitten (*for* um, *to inf.* zu *inf.*, *that* daß): *to* ~ *s.o. for advice*; *we were* ~*ed to believe* man wollte uns glauben machen; **4.** bitten um, erbitten: *to* ~ *his advice*; *to* ~ *a favo(u)r of s.o.* j-n um e-n Gefallen bitten; *to be had for the* ~*ing* umsonst *od.* mühelos zu haben;

5. einladen, bitten: *to ~ s.o. to lunch*; *to ~ him in* ihn hereinbitten; 6. fordern, verlangen: *to ~ a high price*; *that is ~ing too much* das ist zuviel verlangt!; 7. → *banns*; II. *v/i.* 8. (*for*) bitten (um), verlangen (*acc. od.* nach); fragen (nach), j-n zu sprechen wünschen; *et.* erfordern: *to ~ for help* um Hilfe bitten; *s.o. has been ~ing for you* es hat jemand nach Ihnen gefragt; *the matter ~s for great care* die Angelegenheit erfordert große Sorgfalt; 9. *fig.* her'beiführen: *you have ~ed for it* (*od. for trouble*) du hast es (*od.* das Unglück) heraufbeschworen, du wolltest es ja so haben; 10. fragen, sich erkundigen (*after, about* nach, wegen): *to ~ after s.o.'s health*; *to ~ about the trains.*

a·skance [əs'kæns] *adv.* von der Seite; *bsd. fig.* schief, scheel, mißtrauisch: *to look ~ at s.o.* (*od. s.th.*).

a·skew [əs'kju:] *adv.* schief, schräg (*a. fig.*).

a·slant [ə'slɑ:nt] I. *adv. u. adj.* schräg, quer; II. *prp.* quer über *od.* durch.

a·sleep [ə'sli:p] *adv. u. adj.* 1. schlafend, im *od.* in den Schlaf: *to be ~* schlafen; *to fall ~* einschlafen; 2. *fig.* entschlafen, leblos; 3. *fig.* unaufmerksam, teilnahmslos; 4. *fig.* eingeschlafen (*Glied*).

a·slope [ə'sloup] *adv. u. adj.* abschüssig, schräg.

a·so·cial [æ'souʃəl] *adj.* □ ungesellig, kon'taktfeindlich.

asp[1] [æsp] *s. zo.* Natter *f.*

asp[2] [æsp] → *aspen.*

as·par·a·gus [əs'pærəgəs] *s.* ♆ Spargel *m*: *~ tips* Spargelspitzen.

as·pect ['æspekt] *s.* 1. Aussehen *n*, Erscheinung *f*, Anblick *m*, Gestalt *f*; 2. Gebärde *f*, Miene *f*; 3. A'spekt *m* (*a. ast.*), Gesichtspunkt *m*, Seite *f*; Hinsicht *f*, (Be)Zug *m*: *in its true ~* im richtigen Licht; 4. Aussicht *f*, Lage *f*: *the house has a southern ~* das Haus liegt nach Süden.

as·pen ['æspən] ♆ I. *s.* Espe *f*, Zitterpappel *f*; II. *adj.* espen: *to tremble like an ~ leaf* wie Espenlaub zittern.

as·per·gill ['æspədʒil], **as·per·gil·lum** [æspə'dʒiləm] *s. eccl.* Weihwedel *m.*

as·per·i·ty [æs'periti] *s.* Rauheit *f*, (*bsd. fig.*) Schroffheit *f*; Schärfe *f*, Strenge *f*, Herbheit *f.*

as·perse [əs'pə:s] *v/t.* verleumden, in schlechten Ruf bringen, schmälern, schmähen; **as'per·sion** [-ə:ʃən] *s.* 1. *eccl.* Besprengung *f*; 2. Verleumdung *f*, Schmähung *f*: *to cast ~s on s.o.* j-n verleumden *od.* mit Schmutz bewerfen.

as·phalt ['æsfælt] I. *s. min.* As'phalt *m*; II. *v/t.* asphaltieren.

as·phyx·i·a [æs'fiksiə] *s.* ⚕ Erstickung *f*, Erstickungstod *m*; Scheintod *m*; **as'phyx·i·ate** [-ieit] *v/t.* ersticken: *to be ~d* ersticken; **as·phyx·i·a·tion** [æsfiksi'eiʃən] *s.* Erstickung *f.*

as·pic ['æspik] *s.* A'spik *m*, Ge'lee *n.*

as·pi·dis·tra [æspi'distrə] *s.* ♆ Aspi'distra *f.*

as·pir·ant [əs'paiərənt] *s.* (*to, after, for*) Aspi'rant(in), Kandi'dat(in) (für); (eifriger) Bewerber (um): *~ officer* Offiziersanwärter.

as·pi·rate ['æspərit] *ling.* I. *s.* Hauchlaut *m*; II. *adj.* aspiriert; III. *v/t.* [-pəreit] aspirieren; **as·pi·ra·tion** [æspə'reiʃən] *s.* 1. Bestrebung *f*, Trachten *n*, Sehnen *n* (*for, after* nach); 2. *ling.* Aspirati'on *f*; Hauchlaut *m*; 3. ⊕, ⚕ Absaugung *f*; **as·pi·ra·tor** ['æspəreitə] *s.* ⊕, ⚕ 'Saugappa,rat *m.*

as·pire [əs'paiə] *v/i.* streben, trachten, verlangen, sich sehnen (*to, after* nach, *to inf.* zu *inf.*); *fig.* sich erheben.

as·pi·rin ['æspərin] *s.* ⚕ Aspi'rin *n*: *two ~s* zwei Aspirintabletten.

as·pir·ing [əs'paiəriŋ] *adj.* □ hochstrebend, ehrgeizig.

ass[1] [æs] *s. zo.* Esel *m*; *fig.* Esel *m*, Dummkopf *m*: *to make an ~ of o.s.* sich lächerlich machen.

ass[2] [æs] *s. Am.* V → *arse.*

as·sa·gai ['æsəgai] *s.* Assa'gai *m.*

as·sai [ɑ:s'sɑ:i:] (*Ital.*) *adv.* ♪ sehr.

as·sail [ə'seil] *v/t.* 1. angreifen, über'fallen, bestürmen (*a. fig.*): *to ~ a city*; *to ~ s.o. with blows*; *to ~ s.o. with questions* j-n mit Fragen überschütten; *~ed by fear* von Furcht ergriffen; 2. (eifrig) in Angriff nehmen; **as'sail·a·ble** [-ləbl] *adj.* angreifbar (*a. fig.*); **as'sail·ant** [-lənt], **as'sail·er** [-lə] *s.* Angreifer(in), Gegner(in); *fig.* 'Kritiker *m.*

as·sas·sin [ə'sæsin] *s.* Meuchelmörder(in), po'litischer Mörder; **as'sas·si·nate** [-neit] *v/t.* meuchlings (er)morden; **as·sas·si·na·tion** [əsæsi'neiʃən] *s.* Meuchelmord *m*, politischer Mord, Ermordung *f.*

as·sault [ə'sɔ:lt] I. *s.* 1. Angriff *m* (*a. fig.*), 'Überfall *m* (*upon, on* auf *acc.*); 2. ⚔ Sturm *m*: *to carry* (*od. take*) *by ~* erstürmen; *~ boat* a) Sturmboot, b) Landungsfahrzeug; *~ troops* Stoßtruppen; 3. ⚖ a) (unmittelbare) Bedrohung, b) tätlicher Angriff, tätliche Beleidigung: *~ and battery* schwere tätliche Beleidigung, Mißhandlung; *criminal ~* körperliche Mißhandlung; *indecent ~* unzüchtige Handlung (*Belästigung*); II. *v/t.* 4. angreifen, über'fallen (*a. fig.*); tätlich werden gegen; 5. ⚔ bestürmen (*a. fig.*); 6. ⚖ tätlich *od.* schwer beleidigen; 7. vergewaltigen.

as·say [ə'sei] I. *s.* 1. ⊕, ⚗ Prüfung *f*, Unter'suchung *f bsd. von* (*Edel-*) *Metallen*: *~ office* Prüfungs-, Eichamt; II. *v/t.* 2. *bsd.* (*Edel*)*Metalle* eichen, prüfen, unter'suchen; 3. *fig.* versuchen, probieren; III. *v/i.* 4. *Am.* 'Edelme,tall enthalten; **as'say·er** [-eiə] *s.* (Münz)Prüfer *m.*

as·se·gai ['æsigai] → *assagai.*

as·sem·blage [ə'semblidʒ] *s.* 1. Zs.-kommen *n*, Versammlung *f*; 2. Ansammlung *f*, Schar *f*, Menge *f*; 3. ⊕ Zs.-setzen *n*, Mon'tage *f*; **as·sem·ble** [ə'sembl] I. *v/t.* 1. versammeln, zs.-berufen, *Truppen* zs.-ziehen; 2. ⊕ *Teile* zs.-setzen, montieren; II. *v/i.* 3. sich versammeln, zs.-kommen; *parl.* zs.-treten; **as'sem·bler** [-lə] *s.* ⊕ Mon'teur *m*; **as'sem·bly** [-li] *s.* 1. Versammlung *f*, Gesellschaft *f*: *~ hall*, *~ room* Gesellschafts-, Ballsaal; 2. *oft* ♀ *pol.* beratende *od.* gesetzgebende Körperschaft; *Am.* ♀, *a. General* ♀ 'Unterhaus *n* (*in einigen Staaten*): *~ man* Abgeordnete(r); 3. ⊕ Zs.-setzung *f*, -bau *m*, Montage *f*: *~ line* Montage-, Fließband, laufendes Band; *~ plant* Montagewerk; *~ shop* Montagehalle; 4. ⚔ 'Sammelsi,gnal *n.*

as·sent [ə'sent] I. *v/i.* (*to*) zustimmen (*dat.*), beipflichten (*dat.*), billigen (*acc.*); genehmigen (*acc.*); II. *s.* Zustimmung *f*: *royal ~ pol. Brit.* königliche Genehmigung.

as·sert [ə'sə:t] *v/t.* 1. behaupten, erklären; 2. *Anspruch, Recht* behaupten, geltend machen; bestehen auf (*acc.*); verteidigen, einstehen für: *to ~ one's liberties*; 3. *~ o.s.* sich behaupten, sich geltend machen *od.* 'durchsetzen; sich zu'viel anmaßen; **as·ser·tion** [ə'sə:ʃən] *s.* 1. Behauptung *f*, Erklärung *f*: *to make an ~* e-e Behauptung aufstellen; 2. Verteidigung *f*, Geltendmachung *f e-s Anspruches etc.*; **as'ser·tive** [-tiv] *adj.* □ 1. 'positiv, zur Geltung kommend, ausdrücklich; 2. anspruchsvoll, anmaßend; **as'ser·tor** [-tə] *s.* Verfechter(in).

as·sess [ə'ses] *v/t.* 1. besteuern, zur Steuer einschätzen *od.* veranlagen (*in od. at* [*the sum of*] mit); 2. *Steuer, Geldstrafe etc.* auferlegen (*upon dat.*); 3. *bsd. Wert zur Besteuerung od. e-s Schadens* schätzen, veranschlagen, festsetzen; 4. *fig. Leistung etc.* einschätzen, bewerten, beurteilen; **as'sess·a·ble** [-səbl] *adj.* □ 1. (ab)schätzbar; 2. steuerpflichtig; **as'sess·ment** [-mənt] *s.* 1. (Steuer-) Veranlagung *f*, Einschätzung *f*, Besteuerung *f*; 2. Festsetzung *f e-r Zahlung* (*als Entschädigung etc.*), (*Schadens*)Feststellung *f*; 3. (*Betrag der*) Steuer *f*, Abgabe *f*, Zahlung *f*; 4. *fig.* Bewertung *f*; **as'ses·sor** [-sə] *s.* 1. Steuereinschätzer *m*; 2. As'sessor *m*, Beisitzer *m*, Ratgeber *m.*

as·set ['æset] *s.* 1. ✝ Ak'tivposten *m*; *pl.* ✝ Ak'tiva *pl.*, Vermögenswerte *pl.*, Besitzteile *pl.*, Besitztümer *pl.*, Guthaben *n u. pl.*: *~s and liabilities* Aktiva u. Passiva; 2. *pl.* ⚖ Vermögen *n*, Nachlaß *m*; Kon'kursmasse *f*; 3. *fig.* Gewinn *m*, Vorteil *m*, Wert *m*, Vorzug *m.*

as·sev·er·ate [ə'sevəreit] *v/t.* beteuern, feierlich erklären; **as·sev·er·a·tion** [əsevə'reiʃən] *s.* Beteuerung *f.*

as·si·du·i·ty [æsi'dju(:)iti] *s.* Emsigkeit *f*, anhaltender Fleiß; **as·sid·u·ous** [ə'sidjuəs] *adj.* □ 1. emsig, fleißig, eifrig, beharrlich; 2. aufmerksam, dienstbeflissen.

as·sign [ə'sain] I. *v/t.* 1. *Aufgabe etc.* zu-, anweisen, zuteilen, über'tragen (*to s.o.* j-m); 2. *j-n zu e-r Aufgabe etc.* bestimmen, *j-n mit et.* beauftragen; *e-m Amt*, ⚔ *e-m Regiment* zuteilen; 3. *Zeit, Aufgabe* festsetzen, bestimmen; 4. angeben, anführen; 5. zuschreiben (*to dat.*); 6. ⚖ über'tragen; abtreten; II. *s.* 7. ⚖ Rechtsnachfolger(in), Zessio'nar *m*; **as'sign·a·ble** [-nəbl] *adj.* bestimmbar, zuweisbar; zuzuschreiben(d); anführbar; ⚖ über'tragbar.

as·sig·na·tion [æsig'neiʃən] *s.* **1.** Zuweisung *f*, Bestimmung *f*; Zuschreibung *f*; **2.** ⚖ Über'tragung *f*, Abtretung *f*; **3.** *mst b.s.* Stelldichein *n*: *house of* ~ *Am.* Bordell; **as·sign·ee** [æsi'ni:] *s.* ⚖ **1.** Bevollmächtigte(r *m*) *f*; Treuhänder *m*: ~ *in bankruptcy* Konkursverwalter; **2.** → *assign* 7; **as·sign·ment** [ə'sainmənt] *s.* **1.** An-, Zuweisung *f*; **2.** Bestimmung *f*, Festsetzung *f*; **3.** Aufgabe *f*, Arbeit *f*, Stellung *f*, Posten *m*; **4.** ⚖ **a)** Übertragung *f*, Abtretung *f*, **b)** Abtretungsurkunde *f*; **as·sign·or** [æsi'nɔ:] *s.* ⚖ Über'trager(in), Abtretende(r *m*) *f*.

as·sim·i·late [ə'simileit] **I.** *v/t.* **1.** ähnlich machen, gleichmachen, angleichen, anpassen (*to, with dat.*); **2.** vergleichen (*to, with* mit); **3.** *biol. Nahrung* assimilieren, einverleiben; **4.** aufnehmen, aufsaugen, absorbieren, sich aneignen; **II.** *v/i.* **5.** sich assimilieren, gleich *od.* ähnlich werden, sich anpassen, sich angleichen; **6.** aufgenommen werden; **as·sim·i·la·tion** [əsimi'leiʃən] *s.* **1.** (*to*) Assimilati'on *f*, Angleichung *f* (an *acc.*), Gleichsetzung *f* (mit); **2.** Aufnahme *f*, Einverleibung *f*; **as·sim·i·la·tion·ist** [əsimi'leiʃənist] *s.* Verfechter *m* der Angleichung.

as·sist [ə'sist] **I.** *v/t.* **1.** *j-m.* helfen, beistehen: ~*ed take-off* Start mit Starthilfe; **2.** fördern, (*mit Geld*) unter'stützen: ~*ed immigration* Einwanderung mit (staatlicher) Beihilfe; **II.** *v/i.* **3.** Hilfe leisten, mithelfen (*in* bei): *to* ~ *in doing a job* bei e-r Arbeit (mit)helfen; **4.** (*at*) beiwohnen (*dat.*), teilnehmen (an *dat.*); **as'sist·ance** [-təns] *s.* Hilfe *f*, Unter'stützung *f*: *to afford* (*od. lend*) ~ Hilfe gewähren *od.* leisten; **as'sist·ant** [-tənt] **I.** *adj.* **1.** behilflich; **2.** Hilfs..., Unter..., stellvertretend, zweite(r); **II.** *s.* **3.** Assi'stent(in), Gehilfe *m*, Gehilfin *f*, Mitarbeiter(in); Angestellte(r *m*) *f*; **4.** Ladengehilfe *m*, -gehilfin *f*, Verkäufer(in).

as·size [ə'saiz] *s.* **1.** ⚖ (Schwur-) Gerichtssitzung *f*, Gerichtstag *m*; **2.** ♀s *pl.* ⚖ *Brit.* peri'odische (Schwur)Gerichtssitzungen *pl.* des *High Court of Justice* in den einzelnen Grafschaften (*bis 1971*).

as·so·ci·a·ble [ə'souʃjəbl] *adj.* (gedanklich) vereinbar (*with* mit).

as·so·ci·ate [ə'souʃieit] **I.** *v/t.* **1.** vereinigen, verbinden, verknüpfen (*with* mit); hin'zu-, zs.-fügen, angliedern, -schließen, zugesellen, einbeziehen; **2.** *bsd. psych.* (gedanklich) assoziieren, verbinden, in Zs.-hang bringen, verknüpfen; **3.** ~ *o.s.* sich anschließen (*with dat.*); **II.** *v/i.* (*with* mit) **4.** 'Umgang haben, verkehren; **5.** sich verknüpfen, sich verbinden; **III.** *adj.* [-ʃiit] **6.** eng verbunden, verbündet; verwandt (*with* mit); **7.** beigeordnet, Mit...: ~ *editor* Mitherausgeber; ~ *judge* beigeordneter Richter; **8.** außerordentlich (*Mitglied etc.*): ~ *professor Am.* außerordentlicher Professor; **IV.** *s.* [-ʃiit] **9.** Teilhaber *m*, Gesellschafter *m*; **10.** Gefährte *m*, Genosse *m*, Kol'lege *m*, Mitarbeiter *m*; **11.** außerordentliches Mitglied, Beigeordnete(r *m*) *f*; **12.** *Am. univ.* Lehrbeauftragte(r *m*) *f*.

as·so·ci·a·tion [əsousi'eiʃən] *s.* **1.** Vereinigung *f*, Verbindung *f*, An-, Zs.-schluß *m*; **2.** Verein(igung *f*) *m*, Gesellschaft *f*; Genossenschaft *f*, Handelsgesellschaft *f*, Verband *m*; **3.** Freundschaft *f*, Kame'radschaft *f*; 'Umgang *m*, Verkehr *m*; **4.** Zs.-hang *m*, Beziehung *f*, Verknüpfung *f*; (Ge'danken)Verbindung *f*, (-)Assoziati'on *f*: ~ *of ideas*; ~ **foot·ball** *s. sport* (Verbands)Fußball(spiel *n*) *m* (*Ggs. Rugby*).

as·so·nance ['æsənəns] *s.* Asso'nanz *f*, vo'kalischer Gleichklang; **'as·so·nant** [-nt] **I.** *adj.* anklingend; **II.** *s.* Gleichklang *m*.

as·sort [ə'sɔ:t] **I.** *v/t.* **1.** sortieren, gruppieren, (passend) zs.-stellen; **2.** ✝ assortieren; **II.** *v/i.* **3.** (*with*) passen (zu), über'einstimmen (mit); **4.** verkehren, 'umgehen (*with* mit); **as'sort·ed** [-tid] *adj.* **1.** sortiert, geordnet; **2.** ✝ assortiert, gemischt, verschiedenartig; **as'sort·er** [-tə] *s.* Sortierer(in); **as'sort·ment** [-mənt] *s.* **1.** Sortieren *n*, Ordnen *n*; **2.** Zs.-stellung *f*, Sammlung *f*; **3.** *bsd.* ✝ Sorti'ment *n*, Auswahl *f*, Mischung *f*, Kollekti'on *f*.

as·suage [ə'sweidʒ] *v/t.* **1.** erleichtern, lindern, mildern; **2.** besänftigen, beruhigen; **3.** stillen, befriedigen; **as'suage·ment** [-mənt] *s.* Linderung *f*, Beruhigung *f*.

as·sume [ə'sju:m] *v/t.* **1.** vor'aussetzen, annehmen, unter'stellen: *assuming that* angenommen, daß; **2.** *Pflicht, Schuld etc.* über'nehmen, (*a. Gefahr*) auf sich nehmen: *to* ~ *office*; **3.** *Gestalt, Eigenschaft etc.* annehmen, bekommen; sich zulegen, sich geben, sich angewöhnen; **4.** sich anmaßen *od.* aneignen: *to* ~ *power* die Macht ergreifen; **5.** vorschützen, vorgeben, (er)heucheln; **6.** *Kleider etc.* anziehen; **as'sumed** [-md] *adj.* □ **1.** angenommen, vor'ausgesetzt; **2.** vorgetäuscht, unecht: ~ *name* Deckname; **as'sum·ed·ly** [-midli] *adv.* vermutlich; **as'sum·ing** [-miŋ] *adj.* □ anmaßend.

as·sump·tion [ə'sʌmpʃən] *s.* **1.** Annahme *f*, Vor'aussetzung *f*; Vermutung *f*: *on the* ~ *that* in der Annahme, daß; **2.** 'Übernahme *f*, Annahme *f*; **3.** ('widerrechtliche) Aneignung; **4.** Anmaßung *f*; **5.** Vortäuschung *f*; **6.** ♀ (*Day*) *eccl.* Mariä Himmelfahrt.

as·sur·ance [ə'ʃuərəns] *s.* **1.** Ver-, Zusicherung *f*; **2.** Bürgschaft *f*, Garan'tie *f*; **3.** (*bsd.* Lebens)Versicherung *f*; **4.** Sicherheit *f*, Gewißheit *f*; Sicherheitsgefühl *n*, Zuversicht *f*; **5.** Selbstsicherheit *f*, -vertrauen *n*; sicheres Auftreten; *b.s.* Dreistigkeit *f*; **as·sure** [ə'ʃuə] *v/t.* **1.** sichern, sicherstellen, bürgen für: *this will* ~ *your success*; **2.** ver-, zusichern: *to* ~ *s.o. of s.th.* j-n e-r Sache versichern, j-m et. zusichern; *to* ~ *s.o. that* j-m versichern, daß; **3.** beruhigen; **4.** (*o.s.* sich) über'zeugen; **5.** *Leben* versichern: *to* ~ *one's life with* e-e Lebensversicherung abschließen bei *e-r Gesellschaft*; **as·sured** [ə'ʃuəd] **I.** *adj.* □ **1.** ge-, versichert; **2.** sicher, über'zeugt; **3.** gewiß, zweifellos; **II.** *s.* **4.** Versicherte(r *m*) *f*; **as'sur·ed·ly** [-ridli] *adv.* ganz gewiß; **as·sured·ness** [ə'ʃuədnis] *s.* Gewißheit *f*; Selbstvertrauen *n*; *b.s.* Dreistigkeit *f*; **as'sur·er** [-rə] *s.* Versicherer *m*.

As·syr·i·an [ə'siriən] **I.** *adj.* as'syrisch; **II.** *s.* As'syrer(in).

a·stat·ic [æ'stætik] *adj.* **1.** veränderlich; **2.** *phys.* a'statisch.

as·ter ['æstə] *s.* ⚘ Aster *f*.

as·ter·isk ['æstərisk] *s. typ.* Sternchen *n*.

a·stern [əs'tə:n] *adv.* ⚓ **1.** achtern, hinten; **2.** achteraus, nach hinten, rückwärts.

as·ter·oid ['æstərɔid] *s. ast.* Aste-[ro'id *m*.]

asth·ma ['æsmə] *s.* ⚕ 'Asthma *n*, Atemnot *f*; **asth·mat·ic** [æs'mætik] **I.** *adj.* (□ ~*ally*) asth'matisch; **II.** *s.* Asth'matiker(in); **asth·mat·i·cal** [æs'mætikəl] → *asthmatic I*.

as·tig·mat·ic *adj.*; **as·tig·mat·i·cal** [æstig'mætik(əl)] *adj.* □ *phys.* astig'matisch; **a·stig·ma·tism** [æs'tigmətizəm] *s. phys.* Astigma'tismus *m*.

a·stir [ə'stə:] *adv. u. adj.* **1.** in Bewegung, rege, auf den Beinen; **2.** auf(gestanden), aus dem Bett; **3.** in Aufregung.

as·ton·ish [əs'tɔniʃ] *v/t.* **1.** in Erstaunen *od.* Verwunderung setzen; **2.** über'raschen, befremden: *to be* ~*ed* erstaunt *od.* überrascht sein (*at* über *acc., to inf.* zu *inf.*), sich wundern (*at* über *acc.*); **as'ton·ish·ing** [-ʃiŋ] *adj.* □ erstaunlich, überraschend; **as'ton·ish·ing·ly** [-ʃiŋli] *adv.* erstaunlich(erweise); **as'ton·ish·ment** [-mənt] *s.* Verwunderung *f*, (Er)Staunen *n*, Befremden *n* (*at* über *acc.*): *to fill* (*od. strike*) *with* ~ in Erstaunen setzen.

as·tound [əs'taund] *v/t.* verblüffen, in Erstaunen setzen, äußerst über'raschen; **as'tound·ing** [-diŋ] *adj.* □ verblüffend, höchst erstaunlich.

as·tra·chan → *astrakhan*.

a·strad·dle [ə'strædl] *adv.* rittlings.

as·tra·khan [æstrə'kæn] *s.* 'Astrachan *m*, Krimmer *m* (*Pelzart*).

as·tral ['æstrəl] *adj.* Stern(en)..., Astral...: ~ *body* Astralleib; ~ *lamp* Astrallampe.

a·stray [ə'strei] **I.** *adv.* vom rechten Wege ab, auf dem Irrwege (*a. fig.*): *to go* ~ **a)** irregehen, sich verirren *od.* verlaufen, **b)** abschweifen; *to lead* ~ irreführen, verleiten; **II.** *adj.* irregehend, abschweifend (*a. fig.*); irrig, falsch.

a·stride [ə'straid] *adv., adj. u. prp.* rittlings, mit gespreizten Beinen: *to ride* ~ im Herrensattel reiten; ~ (*of*) *a horse* zu Pferde; ~ (*of*) *a road* quer über die Straße.

as·tringe [əs'trindʒ] *v/t.* (*a.* ⚕) zs.-ziehen, adstringieren; **as'trin·gent** [-dʒənt] **I.** *adj.* □ **1.** ⚕ adstringierend, zs.-ziehend, stopfend; **2.** *fig.* streng, ernst; **II.** *s.* **3.** ⚕ Ad'stringens *n*.

astro- [æstrou; -ɔ; -ə] *in Zssgn* Stern..., Gestirn...

as·tro·dome ['æstroudoum] *s.* ✈ Kuppel *f* für astro'nomische Navigati'on; **as·tro·labe** ['æstrouleib] *s. ast.* Astro'labium *n*, Sternhöhenmesser *m*.

as·trol·o·ger [əs'trɔlədʒə] *s.* Astro'log(e) *m*, Sterndeuter *m*; **as·tro·log·ic** *adj.*; **as·tro·log·i·cal** [æstrə'lɔdʒik(əl)] *adj.* □ astro'logisch; **as·trol·o·gy** [əs'trɔlədʒi] *s.* Astrolo'gie *f*, Sterndeute'rei *f*.

as·tro·naut ['æstrounɔ:t] *s.* Weltraumfahrer *m*, Astro'naut *m*; **as·tro·nau·tics** [æstrə'nɔ:tiks] *s. pl. sg. konstr.* Raumfahrt *f*.

as·tron·o·mer [əs'trɔnəmə] *s.* Astro'nom *m*; **as·tro·nom·ic** *adj.*; **as·tro·nom·i·cal** [æstrə'nɔmik(əl)] *adj.* □ **1.** astro'nomisch, Stern..., Himmels...; **2.** *fig.* riesengroß: ~ *figures* astronomische Zahlen; **as·tron·o·my** [əs'trɔnəmi] *s.* Astrono'mie *f*, Sternkunde *f*.

as·tro·phys·i·cal [æstrou'fizikəl] *adj.* astrophysi'kalisch; **as·tro'phys·i·cist** [-isist] *s.* Astro'physiker *m*; **as·tro'phys·ics** [-ks] *s. pl. sg. konstr.* Astrophy'sik *f*.

as·tute [əs'tju:t] *adj.* □ **1.** scharfsinnig; **2.** schlau, listig, verschmitzt; **as'tute·ness** [-nis] *s.* **1.** Scharfsinn *m*; Schlauheit *f*; **2.** Arglist *f*.

a·sun·der [ə'sʌndə] **I.** *adv.* ausein'ander, ent'zwei, in Stücke: *to cut s.th.* ~; **II.** *adj.* ausein'ander (-liegend); *fig.* verschieden.

a·sy·lum [ə'sailəm] *s.* **1.** A'syl *n*, Heim *n*; **2.** *a. insane* (*od. lunatic*) ~ Irrenanstalt *f*; **3.** (*a. politisches*) Asyl, Freistätte *f*, Zufluchtsort *m*; **4.** *fig.* Asyl *n*, Schutz *m*.

a·sym·met·ric *adj.*; **a·sym·met·ri·cal** [æsi'metrik(əl)] *adj.* □ asym'metrisch, 'unsym,metrisch, ungleichmäßig: *asymmetrical bars Turnen*: Stufenbarren; **a·sym·me·try** [æ'simitri] *s.* Asymme'trie *f*, Ungleichmäßigkeit *f*.

at[1] [æt; *unbetont* ət] *prp.* **1.** (*Ort*) an (*dat.*), bei, zu, auf (*dat.*), in (*dat.*): ~ *the corner* an der Ecke; ~ *home* zu Hause; ~ *the baker's* beim Bäcker; ~ *school* in der Schule; ~ *a ball* bei (*od.* auf) e-m Ball; ~ *Bath* in Bath (*at vor dem Namen jeder Stadt außer London u. dem eigenen Wohnort; vor den beiden letzteren in*); **2.** (*Richtung*) auf (*acc.*), nach, gegen, zu, durch: *to point* ~ *s.o.* auf j-n zeigen; *to rush* ~ *s.o.* auf j-n zueilen; **3.** (*Art u. Weise, Zustand*) in (*dat.*), bei, zu, unter (*dat.*), auf (*acc.*): ~ *work* bei der Arbeit; ~ *your service* zu Ihren Diensten; *good* ~ *Latin* gut in Latein; ~ *my expense* auf meine Kosten; ~ *a gallop* im Galopp; *he is still* ~ *it* er ist noch dabei *od.* damit beschäftigt; **4.** (*Zeit*) um, bei, zu, auf (*dat.*): ~ *3 o'clock* um 3 Uhr; ~ *dawn* bei Tagesanbruch; ~ *Christmas* zu Weihnachten; ~ (*the age of*) *21* im Alter von 21 Jahren; **5.** (*Grund*) über (*acc.*), von, bei: *alarmed* ~ beunruhigt über; **6.** (*Preis, Maß*) für, um, zu: ~ *6 dollars*; *charged* ~ berechnet mit; **7.** ~ *all in neg. od. Fragesätzen*: über'haupt, gar *nichts etc.*: *is he suitable* ~ *all?* ist er überhaupt geeignet?; *not* ~ *all* überhaupt nicht; *not* ~ *all!* F nichts zu danken!, gern geschehen!

At[2] [æt] *s. Brit.* ⚔ F Wehrmachtshelferin *f*.

at·a·vism ['ætəvizəm] *s. biol.* Ata'vismus *m*, Entwicklungsrückschlag *m*; **at·a·vis·tic** [ætə'vistik] *adj.* ata'vistisch.

a·tax·i·a [ə'tæksiə], **a'tax·y** [-ksi] *s.* Ata'xie *f*, Bewegungsstörung *f*.

ate [et] *pret. von eat.*

at·el·ier ['ætəliei; atəlje] (*Fr.*) *s.* Ateli'er *n*.

Ath·a·na·sian [æθə'neiʃən] *adj.*: ~ *Creed eccl.* Athanasianisches Glaubensbekenntnis.

a·the·ism ['eiθiizəm] *s.* Athe'ismus *m*, Gottesleugnung *f*; **'a·the·ist** [-ist] *s.* **1.** Athe'ist *m*; **2.** gottloser Mensch; **a·the·is·tic** *adj.*; **a·the·is·ti·cal** [eiθi'istik(əl)] *adj.* □ **1.** athe'istisch; **2.** gottlos.

A·the·ni·an [ə'θi:njən] **I.** *adj.* a'thenisch; **II.** *s.* A'thener(in).

a·thirst [ə'θə:st] *adj.* **1.** durstig; **2.** begierig (*for* nach).

ath·lete ['æθli:t] *s.* **1.** *Brit.* ('Leicht-) Ath,let *m*; Sportler *m*; **2.** *fig.* Ath'let *m*, Hüne *m*; **~'s foot** *s.* ⚕ Dermatophy'tose *f* der Füße.

ath·let·ic [æθ'letik] *adj.* (□ ~*ally*) **1.** ath'letisch, Sport...; **2.** von athletischem Körperbau, kräftig; ~ **heart** *s.* ⚕ Sportherz *n*.

ath·let·i·cism [æθ'letisizəm] *s.* Ath'letik *f*; **ath'let·ics** [-iks] *s. pl. sg. konstr.* **1. a)** *Am.* Ath'letik *f*, **b)** *Brit.* 'Leichtath,letik *f*; **2.** sportliche Betätigung.

at-home [ət'houm] *s.* zwangloser Empfangstag.

a·thwart [ə'θwɔ:t] **I.** *adv.* **1.** quer, schräg hin'durch; ⚓ dwars (über); **2.** *fig.* verkehrt, ungelegen, in die Quere; **II.** *prp.* **3.** (quer) über (*acc.*) *od.* durch; ⚓ dwars (über *acc.*); **4.** *fig.* (ent)gegen.

a·tilt [ə'tilt] *adv. u. adj.* **1.** vorgebeugt, kippend; **2.** mit eingelegter Lanze: *to run* (*od. ride*) ~ *at s.o. fig.* gegen j-n zu Felde ziehen.

At·lan·tic [ət'læntik] **I.** *adj.* at'lantisch; **II.** *s.*: *the* ~ der At'lantik, der Atlantische Ozean; ~ **Char·ter** *s. pol.* At'lantik-,Charta *f*; ~ **(stand·ard) time** *s.* Atlantische ('Standard)Zeit (*im Osten Kanadas*).

at·las ['ætləs] *s.* **1.** 'Atlas *m* (*Buch*); **2.** ⚠ gebälktragende Säule; **3.** *fig.* Hauptstütze *f*; **4.** *anat.* Atlas *m* (*oberster Halswirbel*); **5.** *großes Papierformat.*

at·mos·phere ['ætməsfiə] *s.* **1.** Atmo'sphäre *f*, Lufthülle *f*; **2.** Luft *f*: *a moist* ~; **3.** ⊕ Atmosphäre *f* (*Druckeinheit*); **4.** *fig.* Atmosphäre *f*: **a)** Um'gebung *f*, **b)** Stimmung *f*.

at·mos·pher·ic [ætməs'ferik] *adj.* (□ ~*ally*) **1.** atmo'sphärisch, Luft...: ~ *pressure phys.* Luftdruck; **2.** Witterungs..., Wetter...; **3.** ⊕ mit (Luft)Druck betrieben; **at·mos'pher·i·cal** [-kəl] → *atmospheric*; **at·mos'pher·ics** [-ks] *s. pl.* ⊕ atmosphärische Störungen *pl.*

at·oll ['ætɔl] *s.* A'toll *n*.

at·om ['ætəm] *s.* **1.** *phys.* A'tom *n*: ~ *bank* Atombank; **2.** *fig.* Atom *n*, winziges Teilchen, bißchen *n*: *not an* ~ *of truth* kein Körnchen Wahrheit; ~ **bomb** → *atomic bomb.*

a·tom·ic [ə'tɔmik] *adj. phys.* (□ ~*ally*) ato'mar, a'tomisch, Atom...; ~ **age** *s.* A'tomzeitalter *n*.

a·tom·i·cal [ə'tɔmikəl] → *atomic.*

a·tom·ic| bomb *s.* A'tombombe *f*; ~ **clock** *s.* A'tomuhr *f*; ~ **en·er·gy** *s.* A'tomener,gie *f*; ~ **fis·sion** *s.* A'tomspaltung *f*; ~ **force** *s.* A'tomkraft *f*; ~ **fu·el** *s.* Kernbrennstoff *m*; ~ **nu·cle·us** *s.* A'tomkern *m*; ~ **pile** *s.* A'tombatte,rie *f*, -säule *f*, -meiler *m*; **~-pow·ered** *adj.* durch A'tomkraft betrieben, Atom...; ~ **pow·er-plant** *s.* A'tomkraftwerk *n*.

a·tom·ics [ə'tɔmiks] *s. pl. mst sg. konstr.* A'tomphy,sik *f*.

a·tom·ic weight *s.* A'tomgewicht *n*.

at·om·ism ['ætəmizəm] *s. phls.* Ato'mismus *m*; **'at·om·ist** [-mist] *s.* Anhänger *m* des Atomismus; **at·om·is·tic** [ætə'mistik] *adj.* (□ ~*ally*) ato'mistisch; **'at·om·ize** [-maiz] *v/t.* **1.** in A'tome auflösen; **2.** *Flüssigkeit* zerstäuben; **'at·om·iz·er** [-maizə] *s.* ⊕ Zerstäuber *m*.

at·om| smash·ing *s. phys.* A'tomzertrümmerung *f*; ~ **split·ting** *s. phys.* A'tomspaltung *f*.

at·o·my[1] ['ætəmi] *s.* **1.** A'tom *n*; **2.** *fig.* Zwerg *m*, Knirps *m*.

at·o·my[2] ['ætəmi] *s. humor.* Gerippe *n*, Ske'lett *n*.

a·tone [ə'toun] *v/i.* (*for*) büßen (für); sühnen, wieder'gutmachen (*acc.*); **a'tone·ment** [-mənt] *s.* **1.** Buße *f*, Sühne *f*, Genugtuung *f* (*for* für): *Day of* ♀ *eccl.* **a)** Buß- und Bettag, **b)** Versöhnungstag (*jüd. Feiertag*); **2.** *eccl.* Sühneopfer *n* Christi.

a·ton·ic [æ'tɔnik] *adj.* **1.** ⚕ a'tonisch, schlaff, schwächend; **2.** *ling.* **a)** unbetont, **b)** stimmlos; **at·o·ny** ['ætəni] *s.* ⚕ Ato'nie *f*, Erschlaffung *f*.

a·top [ə'tɔp] **I.** *adv.* oben(auf); **II.** *prp. a.* ~ *of* (oben) auf (*dat.*); *fig.* besser als.

a·trip [ə'trip] *adv.* ⚓ **1.** gelichtet (*Anker*); **2.** steifgeheißt (*Segel*).

a·tri·um ['ɑ:triəm] *pl.* **-a** [-ə] *s.* **1.** *antiq.* 'Atrium *n*, Vorhalle *f*; **2.** *anat.* Herzvorhof *m*, Vorkammer *f*.

a·tro·cious [ə'trouʃəs] *adj.* □ **1.** scheußlich, gräßlich; grausam; **2.** F scheußlich, mise'rabel, schlimm: ~ *weather*; **a·troc·i·ty** [ə'trɔsiti] *s.* **1.** Scheußlichkeit *f*, Gräßlichkeit *f*; **2.** Greueltat *f*, Greuel *m*; **3.** F Verstoß *m*, Ungeheuerlichkeit *f*.

at·ro·phied ['ætrəfid] *adj.* ⚕ atrophiert, geschrumpft, verkümmert (*a. fig.*); **'at·ro·phy** [-fi] ⚕ **I.** *s.* Atro'phie *f*, Abzehrung *f*, Schwund *m*, Verkümmerung *f* (*a. fig.*); **II.** *v/t.* abzehren *od.* verkümmern lassen; **III.** *v/i.* schwinden, verkümmern (*a. fig.*).

at·ro·pine ['ætrəpin] *s.* ⚗ Atro'pin *n*.

Ats [æts] *s. pl. Brit.* F *statt A.T.S.* ['ei'ti:'es] *abbr. für* (*Women's*) *Auxiliary Territorial Service Organisation der* Wehrmachthelferinnen *pl.*

at·tach [ə'tætʃ] **I.** *v/t.* **1.** (*to*) befestigen, anbringen (an *dat.*); beifügen (*dat.*), anheften, -binden, -kleben (an *acc.*), verbinden (mit); **2.** *fig.* (*to*) *Sinn etc.* verknüpfen, verbinden (mit); *Wert, Wichtigkeit, Schuld* beimessen (*dat.*), *Namen* beilegen (*dat.*); **3.** *fig. j-n* fesseln, gewinnen, für sich einnehmen: *to be ~ed to s.o.* an j-m hängen *od.* festhalten; *to ~ o.s.* sich anschließen (*to dat.*, an *acc.*); **4.** (*to*) *j-n* angliedern, zuteilen (*dat.*); **5.** ⚖ *j-n* verhaften; *et.* beschlagnahmen; **II.** *v/i.* **6.** (*to*) anhaften (*dat.*), verknüpft *od.* verbunden sein (mit): *no blame ~es to him* ihn trifft keine Schuld; **7.** ⚖ als Rechtsfolge eintreten: *liability ~es*; **at'tach·a·ble** [-tʃəbl] *adj.* **1.** anfügbar, an-, aufsteckbar; **2.** *fig.* verknüpfbar (*to* mit); **3.** ⚖ **a)** zu verhaften(d), **b)** zu beschlagnahmen(d).

at·ta·ché [ə'tæʃei] (*Fr.*) *s.* Atta'ché *m*: *commercial ~* Handelsattaché; *press ~* Presseattaché; **~ case** *s.* Aktenkoffer *m.*

at·tached [ə'tætʃt] *adj.* **1.** befestigt, fest, da'zugehörig: *with collar ~* mit festem Kragen; **2.** angeschlossen, zugeteilt; **3.** anhänglich, zugetan; **at'tach·ment** [-tʃmənt] *s.* **1.** Befestigung *f*, Anbringung *f*; Anschluß *m*; **2.** Verbindung *f*, Verknüpfung *f*; **3.** Anhängsel *n*, Beiwerk *n*; ⊕ Zusatzgerät *n*; **4.** *fig.* (*to, for*) Bindung *f* (an *acc.*); Zugehörigkeit *f* (zu); Anhänglichkeit *f* (an *acc.*), Neigung *f*, Liebe *f* (zu); **5.** ⚖ **a)** Verhaftung *f*, **b)** Beschlagnahme *f.*

at·tack [ə'tæk] **I.** *v/t.* **1.** angreifen, über'fallen; **2.** *fig.* angreifen, scharf kritisieren; **3.** *fig. Arbeit etc.* in Angriff nehmen, über *Essen etc.* herfallen; **4.** *fig.* befallen (*Krankheit*); angreifen: *acid ~s metals*; **II.** *s.* **5.** Angriff *m* (*a.* ⚗ *Einwirkung*), 'Überfall *m*; **6.** *fig.* Angriff *m*, (scharfe) Kri'tik: *to be under ~* unter Beschuß stehen; **7.** ⚕ Anfall *m*; **8.** In'angriffnahme *f*; **at'tack·er** [-kə] *s.* Angreifer *m.*

at·tain [ə'tein] **I.** *v/t. Zweck etc.* erreichen; erlangen; erzielen; **II.** *v/i.* (*to*) gelangen (zu), erreichen (*acc.*); **at'tain·a·ble** [-nəbl] *adj.* erreichbar; **at'tain·der** [-də] *s.* ⚖ Verlust *m* der bürgerlichen Ehrenrechte u. Einziehung *f* des Vermögens; **at'tain·ment** [-mənt] *s.* **1.** Erreichung *f*, Erwerbung *f*; **2.** *pl.* Kenntnisse *pl.*, Fertigkeiten *pl.*; **at'taint** [-nt] **I.** *v/t.* **1.** zum Tode und zur Ehrlosigkeit verurteilen; **2.** befallen (*Krankheit*); **3.** *fig.* beflecken, entehren; **II.** *s.* **4.** Makel *m*, Schande *f.*

at·tar ['ætə] *s.* 'Blumenes,senz *f*, *bsd. ~ of roses* Rosenöl *n.*

at·tempt [ə'tempt] **I.** *v/t.* **1.** versuchen: *to ~ singing* (*od. to sing*); **2.** zu über'wältigen suchen: *to ~ s.o.'s life* e-n Mordanschlag auf j-n verüben; **3.** in Angriff nehmen; zu bewältigen suchen, sich zumuten; **II.** *s.* **4.** Versuch *m*, Bemühung *f*, Unter'nehmung *f* (*to inf.* zu *inf.*): *~ at explanation* Erklärungsversuch; **5.** Angriff *m*: *~ on s.o.'s life* Mordanschlag, Attentat auf j-n.

at·tend [ə'tend] **I.** *v/t.* **1.** *j-m* aufwarten; als Diener *od.* dienstlich begleiten; **2.** *bsd. Kranke* warten, pflegen; *ärztlich* behandeln; **3.** *fig.* begleiten: *may good luck ~ you; the plan was ~ed with great difficulties* der Plan war mit großen Schwierigkeiten verbunden; **4.** beiwohnen (*dat.*), teilnehmen an (*dat.*); *Vorlesung, Schule, Kirche etc.* besuchen; **II.** *v/i.* **5.** (*to*) beachten (*acc.*), hören, achten (auf *acc.*): *~ to what I am saying*; **6.** (*to*) sich kümmern (um), *j-n* bedienen (*im Laden*); **7.** (*to*) sorgen (für); besorgen, erledigen (*acc.*); **8.** ([*up*]*on*) *j-m* aufwarten, zur Verfügung stehen; *j-n* bedienen; **9.** erscheinen, zu'gegen sein; **10.** *obs.* achtgeben; **at'tend·ance** [-dəns] *s.* **1.** (*on, upon*) Dienst(leistung *f*) *m*, Bedienung *f*, Aufwartung *f*, Pflege *f*: *medical ~* ärztliche Hilfe; *hours of ~* Dienststunden; *in ~* diensthabend, -tuend; → *dance 3*; **2.** Anwesenheit *f*, Erscheinen *n*, Besuch *m*, Beteiligung *f*: *~ list* Anwesenheitsliste; *hours of ~* Besuchszeit; **3.** Begleitung *f*, Dienerschaft *f*, Gefolge *n*; **4. a)** Besucher(zahl *f*) *pl.*, **b)** Besuch *m*; **at'tend·ant** [-dənt] **I.** *adj.* **1.** (*on, upon*) begleitend (*acc.*), diensttuend (bei); **2.** anwesend; **3.** *fig.* (*upon*) verbunden (mit), zugehörig (*dat.*), Begleit...; **II.** *s.* **4.** Begleiter(in), Gefährte *m*, Gesellschafter(in); **5.** Diener(in), Bediente(r *m*) *f*; Aufseher(in), Wärter(in); **6.** *pl.* Dienerschaft *f*, Gefolge *n*; **7.** ⊕ Bedienungsmann *m.*

at·ten·tion [ə'tenʃən] *s.* **1.** Aufmerksamkeit *f*, Beachtung *f*: *to call ~ to* die Aufmerksamkeit lenken auf (*acc.*); *to pay ~ to j-m od. et.* Beachtung schenken; **2.** Berücksichtigung *f*, Erledigung *f*: (*for the*) *~ of* zu Händen von (*od. gen.*); **3.** Aufmerksamkeit *f*, Freundlichkeit *f*; *pl.* Aufmerksamkeiten *pl.*: *to pay one's ~s to s.o.* j-m den Hof machen; **4.** *~!* **a)** Achtung!, **b)** ⚔ stillgestanden!; **5.** Bedienung *f*, Wartung *f*: *personal ~* persönliche Bedienung; **at'ten·tive** [-ntiv] *adj.* □ (*to*) aufmerksam, achtsam (auf *acc.*), sorgfältig (mit); *fig.* aufmerksam (gegen), höflich (zu).

at·ten·u·ate I. *v/t.* [ə'tenjueit] **1.** dünn *od.* schlank machen; verdünnen; ⚡ dämpfen; **2.** *fig.* vermindern, abschwächen; **II.** *adj.* [-uit] **3.** verdünnt, vermindert, abgeschwächt, abgemagert; **at·ten·u·a·tion** [ətenju'eiʃən] *s.* Verminderung *f*, Verdünnung *f*, Schwächung *f*, Abmagerung *f*; ⚡ Dämpfung *f.*

at·test [ə'test] **I.** *v/t.* **1. a)** beglaubigen, bescheinigen, **b)** amtlich begutachten *od.* attestieren: *to ~ cattle*; **2.** bestätigen, beweisen; **3.** vereidigen; **II.** *v/i.* **4.** zeugen (*to* für); **at·tes·ta·tion** [ætes'teiʃən] *s.* **1.** Bezeugung *f*, Zeugnis *n*, Beweis *m*, Bescheinigung *f*, Bestätigung *f*; **2.** Eidesleistung *f*, Vereidigung *f*; **at·tes·tor** [ə'testə] *s.* Beglaubiger *m*, Zeuge *m.*

at·tic[1] ['ætik] *s.* **1.** Dachstube *f*, Man'sarde *f*; *pl.* Dachgeschoß *n*; **2.** *fig. humor.* Oberstübchen *n*, Kopf *m.*

At·tic[2] ['ætik] *adj.* 'attisch, a'thenisch: *~ salt, ~ wit* Scharfsinn, feiner Witz.

at·tire [ə'taiə] **I.** *v/t.* **1.** kleiden, anziehen; **2.** putzen; **II.** *s.* **3.** Kleidung *f*, Gewand *n*; **4.** Putz *m*, Schmuck *m.*

at·ti·tude ['ætitju:d] *s.* **1.** Stellung *f*, Haltung *f*: *to strike an ~* e-e Pose annehmen; **2.** Standpunkt *m*, Verhalten *n*: *~ of mind* Geisteshaltung; **3.** Stellung(nahme) *f*, Einstellung *f* (*to, towards* zu); **4.** (*a.* ✈) Lage *f*; **at·ti·tu·di·nize** [æti'tju:dinaiz] *v/i.* sich in Posi'tur setzen, posieren, geziert sprechen *od.* schreiben.

at·tor·ney [ə'tə:ni] *s.* ⚖ (Rechts-) Anwalt *m* (*Am. a. ~ at law*); Bevollmächtigte(r *m*) *f*, (Stell)Vertreter *m*: *letter* (*od. warrant*) *of ~* schriftliche Vollmacht; *power of ~* Vollmacht; *by ~* in Vollmacht (*Ggs. persönlich*); **2-Gen·er·al** *s.* ⚖ *Brit.* Gene'ralstaatsanwalt *m*; *Am.* Ju'stizmi,nister *m.*

at·tract [ə'trækt] *v/t.* **1.** anziehen (*a. phys.*); **2.** *fig.* anziehen, anlocken, fesseln, reizen; auf sich lenken (*od.* ziehen): *to ~ attention* Aufmerksamkeit erregen; *to ~ new members* neue Mitglieder gewinnen; *~ed by the music* von der Musik angelockt; *to be ~ed (to)* eingenommen sein (für), liebäugeln (mit), sich hingezogen fühlen (zu); **at'trac·tion** [-kʃən] *s.* **1.** *phys.* Anziehungskraft *f*: *~ of gravity* Gravitationskraft; **2.** *fig.* Anziehungskraft *f*, -punkt *m*, Reiz *m*, Attrakti'on *f*; *thea.* Zugstück *n*; **at'trac·tive** [-tiv] *adj.* □ *mst fig.* anziehend, reizvoll, fesselnd, verlockend; zugkräftig; **at'trac·tive·ness** [-tivnis] *s.* Reiz *m.*

at·trib·ut·a·ble [ə'tribjutəbl] *adj.* 'zuzuschreiben(d), beizumessen(d); **at·trib·ute I.** *v/t.* [ə'tribju(:)t] (*to*) **1.** zuschreiben, beilegen, -messen (*dat.*); *b.s.* unter'stellen (*dat.*); **2.** zu'rückführen (auf *acc.*); **II.** *s.* ['ætribju:t] **3.** Attri'but *n* (*a. ling.*), Eigenschaft *f*, Merkmal *n*; **4.** (Kenn)Zeichen *n*, Sinnbild *n*; **at·tri·bu·tion** [ætri'bju:ʃən] *s.* **1.** Zuschreibung *f*; **2.** beigelegte Eigenschaft; **3.** zuerkanntes Recht; **at'trib·u·tive** [-tiv] **I.** *adj.* □ **1.** zugeschrieben, beigelegt; **2.** *ling.* attribu'tiv; **II.** *s.* **3.** *ling.* Attri'but *n.*

at·trit·ed [ə'traitid] *adj.* abgenutzt; **at·tri·tion** [ə'triʃən] *s.* **1.** Ab-, Auf-, Zerreibung *f*, Abnutzung *f*; **2.** Zermürbung *f*: *war of ~* Zermürbungs-, Abnutzungskrieg.

at·tune [ə'tju:n] *v/t.* ♪ stimmen; *fig.* (*to*) in Einklang bringen (mit), anpassen (*dat.*); abstimmen (auf *acc.*).

au·ber·gine ['oubəʒi:n] *s.* ♣ Auber'gine *f*, Eierfrucht *f.*

au·burn ['ɔ:bən] *adj.* gold-, ka'stanienbraun (*Haar*).

auc·tion ['ɔ:kʃən] **I.** *s.* Aukti'on *f*, Versteigerung *f*: *to sell by* (*Am. at*) *~, to put up for* (*od. to, Am. at*) *~* verauktionieren, versteigern; *Dutch ~* Auktion, bei der der Preis so lange erniedrigt wird, bis sich ein Käufer findet; *sale by ~* Versteigerung; *~ bridge Kartenspiel*: Auktionsbridge; *~ room* Auktionslokal; **II.** *v/t. mst to ~ off* versteigern; **auc·tion·eer** [ɔ:kʃə'niə] **I.** *s.* Auktio'nator *m*, Versteigerer *m*; **II.** *v/t.* → *auction II.*

au·da·cious [ɔ:'deiʃəs] *adj.* □ **1.** kühn, verwegen; **2.** keck, dreist, unverfroren; **au·dac·i·ty** [ɔ:'dæsiti] *s.* **1.** Kühnheit *f*, Verwegenheit *f*, Waghalsigkeit *f*; **2.** Frechheit *f*, Dreistigkeit *f*, Unverfrorenheit *f*.

au·di·bil·i·ty [ɔ:di'biliti] *s.* Hörbarkeit *f*, Vernehmbarkeit *f*; Lautstärke *f*; **au·di·ble** ['ɔ:dəbl] *adj.* □ hör-, vernehmbar, vernehmlich; ⊕ a'kustisch: ~ *signal*.

au·di·ence ['ɔ:djəns] *s.* **1.** Anhören *n*, Gehör *n* (*a.* ⚖): *to give ~ to s.o.* j-m Gehör schenken, j-n anhören; *right of ~* ⚖ rechtliches Gehör; **2.** Audi'enz *f* (*of, with* bei), Gehör *n*; **3.** Zuhörer(schaft *f*) *pl.*, 'Publikum *n*, Anwesende *pl.*, Besucher *pl.*; **4.** Leserkreis *m*.

audio- [ɔ:diou] *in Zssgn* Hör..., Ton...: *~-frequency* Tonfrequenz; *~-range* Tonbereich.

au·di·o·gram ['ɔ:diəgræm] *s.* ⚕ Audio'gramm *n*; **au·di·om·e·ter** [ɔ:di'ɔmitə] *s.* Audio'meter *n*, Gehörmesser *m*.

au·di·on ['ɔ:diɔn] *s. Radio*: 'Audion *n*: *~ tube Am.*, *~ valve Brit.* Verstärkerröhre.

au·di·o|·typ·ist ['ɔ:diou'taipist] *s.* Phonoty'pistin *f*; '**~-'vis·u·al** *adj. ped.* audiovisu'ell: *~ aids* audiovisuelle Hilfsmittel.

au·di·phone ['ɔ:difoun] *s.* ⚕ Audi'phon *n*, 'Hörappa,rat *m*.

au·dit ['ɔ:dit] **I.** *s.* **1.** ✝ 'Bücherrevisi,on *f*; **2.** *fig.* Rechenschaftslegung *f*; **II.** *v/t.* **3.** *Geschäftsbücher* (amtlich) prüfen, revidieren; '**au·dit·ing** [-tiŋ] *s.* ✝ Rechnungsprüfung *f*, Bücherrevision *f*.

au·di·tion [ɔ:'diʃən] **I.** *s.* **1.** ⚕ Hörvermögen *n*, Gehör *n*; **2.** *thea. etc.* Vorsprechen *n*, Vorsingen *n*; **II.** *v/t.* **3.** *thea. etc.* *j-n* vorsprechen *od.* vorsingen lassen.

au·di·tor ['ɔ:ditə] *s.* **1.** Rechnungsprüfer *m*, 'Bücherre,visor *m*, Kassenprüfer *m*; **2.** *Am. univ.* Gasthörer(in); **au·di·to·ri·um** [ɔ:di'tɔ:riəm] *s.* Audi'torium *n*, Zuhörer-, Zuschauerraum *m*; *Am.* Vortragssaal *m*; '**au·di·to·ry** [-təri] **I.** *adj.* **1.** Gehör..., Hör...; **II.** *s.* **2.** Zuhörer(-schaft *f*) *pl.*; **3.** → *auditorium*.

au fait [o fɛ] (*Fr.*) auf dem laufenden, vertraut.

au fond [o fɔ̃] (*Fr.*) im Grunde.

Au·ge·an [ɔ:'dʒi(:)ən] *adj.* Augias..., 'überaus schmutzig: *to cleanse the ~ stables fig.* die Augiasställe reinigen.

au·ger ['ɔ:gə] *s.* ⊕ *großer* Bohrer, Löffel-, Schneckenbohrer *m*.

aught [ɔ:t] *pron.* (irgend) etwas: *for ~ I care* meinetwegen; *for ~ I know* soviel ich weiß.

aug·ment [ɔ:g'ment] **I.** *v/t.* vermehren, vergrößern; **II.** *v/i.* sich vermehren, zunehmen; **III.** *s.* ['ɔ:gmənt] *ling.* Aug'ment *n* (*Vorsilbe in griech. Verben*); **aug·men·ta·tion** [ɔ:gmen'teiʃən] *s.* Vergrößerung *f*, Vermehrung *f*, Zunahme *f*; Zusatz *m*; **aug'ment·a·tive** [-tətiv] **I.** *adj.* vermehrend, verstärkend; **II.** *s. ling.* Verstärkungsform *f*.

au gra·tin [o gratɛ̃] (*Fr.*) *Küche*: au gra'tin, über'krustet

au·gur ['ɔ:gə] **I.** *s. antiq.* 'Augur *m*, Wahrsager *m*; **II.** *v/t. u. v/i.* vor'aussagen, ahnen (lassen), verheißen, prophe'zeien: *to ~ ill* (*well*) ein schlechtes (gutes) Zeichen sein (*for* für); **au·gu·ry** ['ɔ:gjuri] *s.* **1.** Weissagung *f*, Prophe'zeiung *f*; **2.** Vorbedeutung *f*, Anzeichen *n*; Vorahnung *f*.

au·gust[1] [ɔ:'gʌst] *adj.* □ erhaben, hehr, maje'stätisch.

Au·gust[2] ['ɔ:gəst] *s.* Au'gust *m*: *in ~* im August.

Au·gus·tan [ɔ:'gʌstən] **I.** *adj.* **1.** den Kaiser Au'gustus betreffend, augu'steisch; **2.** klassisch; **II.** *s.* **3.** Schriftsteller *m* des augusteischen Zeitalters; *~ age s.* **1.** Zeitalter *n* des Augustus; **2.** Blütezeit *f* e-r Nati'on.

Au·gus·tine [ɔ:'gʌstin], *a.* **~ fri·ar** *s.* Augu'stiner(mönch) *m*.

auk [ɔ:k] *s. orn.* Alk *m*.

auld [ɔ:ld] *adj. Scot. u. dial.* alt; **~ lang syne** [læŋ'sain] **1.** vor langer Zeit; **2.** *fig.* die gute alte Zeit (*Lied*).

aunt [ɑ:nt] *s.* Tante *f*; '**aunt·ie** [-ti] *s.* F Tantchen *n*; **Aunt Sal·ly** ['sæli] *s.* **1.** volkstümliches Wurfspiel; **2.** Zielscheibe *f* der Beschimpfung.

au pair [ou'pɛə] *adj.* au 'pair: *~ girl* Au-pair-Mädchen.

au·ra ['ɔ:rə] *pl.* **-rae** [-ri:] *s.* **1.** Hauch *m*, Duft *m*; A'roma *n*; **2.** ⚕ Vorgefühl *n* vor Anfällen; **3.** *fig.* Atmo'sphäre *f*, 'Nimbus *m*.

au·ral ['ɔ:rəl] *adj.* □ durch das Ohr vernommen; Ohren..., Gehör...: *~ surgeon* Ohrenarzt.

au·re·o·la [ɔ:'riələ], **au·re·ole** ['ɔ:rioul] *s.* **1.** Strahlenkrone *f*, Aure'ole *f*; **2.** *fig.* 'Nimbus *m*; **3.** *ast.* Hof *m um Sonne od. Mond.*

au·ri·cle ['ɔ:rikl] *s. anat.* **1.** äußeres Ohr, Ohrmuschel *f*; **2.** Herzvorhof *m*; Herzohr *n*.

au·ric·u·la [ə'rikjulə] *s.* ⚘ Au'rikel *f*.

au·ric·u·lar [ɔ:'rikjulə] *adj.* □ **1.** das Ohr betreffend, Ohren..., Hör...: *~ confession* Ohrenbeichte; *~ tradition* mündliche Überlieferung; *~ witness* Ohrenzeuge; **2.** *anat.* zu den Herzohren gehörig.

au·rif·er·ous [ɔ:'rifərəs] *adj.* goldhaltig.

au·ri·phone ['ɔ:rifoun] *s.* Hörrohr *n*.

au·rist ['ɔ:rist] *s.* ⚕ Ohrenarzt *m*.

au·rochs ['ɔ:rɔks] *s. zo.* Auerochs *m*, Ur *m*.

au·ro·ra [ɔ:'rɔ:rə] *s.* **1.** *poet.* Morgenröte *f*; **2.** ♌ *myth.* Au'rora *f*; **~ bo·re·a·lis** *s. phys.* Nordlicht *n*.

au·ro·ral [ɔ:'rɔ:rəl] *adj.* **1.** die Morgenröte betreffend; rosig; **2.** wie ein Nordlicht.

aus·cul·tate ['ɔ:skəlteit] *v/t. u. v/i.* *Lunge, Herz etc.* abhorchen; **aus·cul·ta·tion** [ɔ:skəl'teiʃən] *s.* ⚕ Abhorchen *n*.

aus·pice ['ɔ:spis] *s.* **1.** (günstiges) Vor-, Anzeichen; **2.** *pl. fig.* Au'spizien *pl.*; Schutzherrschaft *f*: *under the ~s of* ... unter der Schirmherrschaft von ...; **aus·pi·cious** [ɔ:s'piʃəs] *adj.* □ günstig, glücklich, glückverheißend; **aus·pi·cious·ness** [ɔ:s'piʃəsnis] *s.* günstige Aussicht, Glück *n*.

Aus·sie ['ɔ:si] *s. sl.* Au'stralier *m*; *engS.* au'stralischer Sol'dat.

aus·tere [ɔs'tiə] *adj.* □ **1.** streng, herb; rauh, hart; **2.** einfach, nüchtern; mäßig, enthaltsam, genügsam; **3.** dürftig, karg; **aus·ter·i·ty** [ɔs'teriti] **I.** *s.* **1.** Strenge *f*, rauhes Wesen; **2.** Einfachheit *f*, Nüchternheit *f*; **3.** Mäßigung *f*, Genügsamkeit *f*; *Brit.* wirtschaftliche Einschränkung, Sparmaßnahmen *pl.* (*während des 2. Weltkrieges*); **II.** *adj.* **4.** Spar...

Aus·tin ['ɔstin] *adj.* augu'stinisch; → *friar*.

aus·tral ['ɔ:strəl] *adj. ast.* südlich.

Aus·tral·a·sian [ɔstrə'leiʒjən] **I.** *adj.* au'stral,asisch; **II.** *s.* Au'stral,asier (-in), Bewohner(in) Oze'aniens.

Aus·tral·ian [ɔs'treiljən] **I.** *adj.* au'stralisch; **II.** *s.* Au'stralier(in).

Aus·tri·an ['ɔstriən] **I.** *adj.* österreichisch; **II.** *s.* Österreicher(in).

Austro- [ɔstrou] *in Zssgn* österreichisch: *~-Hungarian Monarchy* österreichisch-ungarische Monarchie.

au·tar·chic *adj.*; **au·tar·chi·cal** [ɔ:'tɑ:kik(əl)] *adj.* selbstregierend; **au·tarch·y** ['ɔ:tɑ:ki] *s.* Selbstregierung *f*, volle Souveräni'tät.

au·tar·kic *adj.*; **au·tar·ki·cal** [ɔ:'tɑ:kik(əl)] *adj.* au'tark, wirtschaftlich unabhängig; **au·tar·ky** ['ɔ:tɑ:ki] *s.* **1.** Autar'kie *f*, wirtschaftliche Unabhängigkeit; **2.** → *autarchy*.

au·then·tic [ɔ:'θentik] *adj.* (□ *~ally*) **1.** au'thentisch, zuverlässig, verbürgt, echt; **2.** ⚖ rechtskräftig, autorisiert; **au'then·ti·cate** [-keit] *v/t.* **1.** als echt erweisen, verbürgen; **2.** beglaubigen, legalisieren, rechtskräftig machen; **au·then·ti·ca·tion** [ɔ:θenti'keiʃən] *s.* Beglaubigung *f*, Legalisierung *f*; **au·then·tic·i·ty** [ɔ:θen'tisiti] *s.* **1.** Authentizi'tät *f*, Echtheit *f*, Glaubwürdigkeit *f*; **2.** Rechtsgültigkeit *f*.

au·thor ['ɔ:θə] *s.* **1.** Urheber(in); **2.** 'Autor *m*, Au'torin *f*, Schriftsteller(in), Verfasser(in); **au·thor·ess** ['ɔ:θəris] *s.* Autorin *f*, Schriftstellerin *f*, Verfasserin *f*.

au·thor·i·tar·i·an [ɔ:θɔri'tɛəriən] *adj. pol.* autori'tär; **au·thor·i'tar·i·an·ism** [-nizəm] *s. pol.* autoritäres Re'gierungssy,stem; **au·thor·i·ta·tive** [ɔ:'θɔritətiv] *adj.* □ **1.** gebieterisch, herrisch; **2.** autorita'tiv, maßgebend, -geblich.

au·thor·i·ty [ɔ:'θɔriti] *s.* **1.** Autori'tät *f*, (Amts)Gewalt *f*: *by ~* mit amtlicher Genehmigung; *on one's own ~* aus eigener Machtbefugnis; *to be in ~* die Gewalt in Händen haben; **2.** 'Vollmacht *f*, Ermächtigung *f*, Befugnis *f* (*for, to inf.* zu *inf.*): *on the ~ of ...* im Auftrage *od.* mit Genehmigung von (*od. gen.*) ...; → 4; **3.** Ansehen *n* (*with* bei), Einfluß *m* (*over* auf *acc.*); Glaubwürdigkeit *f*: *of great ~* von großem Ansehen; **4.** Zeugnis *n e-r Persönlichkeit*; Gewährsmann *m*, Quelle *f*, Beleg *m*: *on good ~* aus glaubwürdiger Quelle; *on the ~ of* **a)** nach Maßgabe *od.* auf Grund von (*od. gen.*) ..., **b)** mit ... als Gewährsmann; → 2; **5.** Autorität *f*, Sachverständige(r *m*) *f*, Fachmann *m* (*on* auf *e-m Gebiet*): *he is an ~ on the subject of Law*; **6.** *mst pl.* Behörde *f*, Obrigkeit *f*: *the local authorities* die Ortsbehörde(n); *competent ~* zuständige Behörde; *British Electricity ♀*; **au·thor·i·za·tion** [ɔ:θərai'zeiʃən] *s.* Ermächtigung *f*, Genehmigung *f*, Befugnis *f*; **au·thor·ize** ['ɔ:θəraiz] *v/t.* **1.** ermächtigen, bevollmächtigen, berechtigen; **2.** *et.* gutheißen, billigen, genehmigen; *Handlung* rechtfertigen; **au·thor·ized** ['ɔ:θəraizd] *adj.* **1.** autorisiert, bevollmächtigt, befugt; zulässig: *~ capital* † bewilligtes Kapital; *~ person* Befugte(r); *~ to sign* unterschriftsberechtigt; *♀ Version eccl.* engl. Bibelübersetzung von 1611; **2.** ⚖ rechtsverbindlich; **au·thor·ship** ['ɔ:θəʃip] *s.* **1.** 'Autorschaft *f*, Urheberschaft *f*; **2.** Schriftstellerberuf *m*.

au·to ['ɔ:tou] *pl.* **-tos** *s. Am.* F 'Auto *n*: *~ graveyard* Autofriedhof.

auto- [ɔ:tou] *in Zssgn* **a)** selbsttätig, selbst..., Selbst..., auto..., Auto..., **b)** Auto..., Kraftfahr...

au·to·bahn ['ɔ:toubɑ:n] *pl.* **-bahnen** [-nən] (*Ger.*) *s.* 'Autobahn *f*.

au·to·bi·og·ra·pher [ɔ:toubai'ɔgrəfə] *s.* 'Auto-, 'Selbstbio,graph *m*; **au·to·bi·o·graph·ic** *adj.*; **au·to·bi·o·graph·i·cal** ['ɔ:toubaiou'græfik(əl)] *adj.* □ autobio'graphisch; **au·to·bi'og·ra·phy** [-fi] *s.* 'Selbstbiogra,phie *f*.

au·to·bus ['ɔ:toubʌs] *s. Am.* 'Autobus *m*.

au·to·cade ['ɔ:toukeid] → *motorcade*.

au·to·car ['ɔ:toukɑ:] *s.* Auto(mo'bil) *n*, Kraftwagen *m*.

'au·to·chang·er *s.* Plattenwechsler *m*.

au·toch·thon [ɔ:'tɔkθən] *s.* Auto'chthone *m*, Ureinwohner *m*; **au'toch·tho·nous** [-θənəs] *adj.* auto'chthon, 'alteingesessen.

au·toc·ra·cy [ɔ:'tɔkrəsi] *s.* Autokra'tie *f*, Selbstherrschaft *f*; **au·to·crat** ['ɔ:təkræt] *s.* Auto'krat(in), Selbstherrscher(in); **au·to·crat·ic** *adj.*; **au·to·crat·i·cal** [ɔ:tə'krætik(əl)] *adj.* □ auto'kratisch, selbstherrlich, unum'schränkt.

au·to-da-fé ['ɔ:toudɑ:'fei] *pl.* **au·tos-da-fé** ['ɔ:touzdɑ:'fei] *s. hist.* Autoda'fé *n*, Ketzergericht *n*, -verbrennung *f*.

au·tog·e·nous [ɔ:'tɔdʒənəs] *adj.* auto'gen: *~ welding* ⊕ Autogenschweißen.

au·to·gi·ro ['ɔ:tou'dʒaiərou] *pl.* **-ros** *s.* ✈ 'Autogiro *n* (*ein Hubschrauber*).

au·to·graph ['ɔ:təgrɑ:f; -græf] **I.** *s.* **1.** Auto'gramm *n*, eigenhändige 'Unterschrift; **2.** eigene Handschrift; **3.** Urschrift *f*; **II.** *adj.* **4.** eigenhändig unter'schrieben: *~ letter* Handschreiben; **III.** *v/t.* **5.** eigenhändig (unter)'schreiben, mit s-m Autogramm versehen; ⊕ autographieren, 'umdrucken; **au·to·graph·ic** *adj.*; **au·to·graph·i·cal** [ɔ:tə'græfik(əl)] *adj.* □ auto'graphisch, eigenhändig geschrieben; **au·tog·ra·phy** [ɔ:'tɔgrəfi] *s.* **1.** ⊕ Autogra'phie *f*, 'Umdruck *m*; **2.** Urschrift *f*.

au·to·ig·ni·tion ['ɔ:touig'niʃən] *s.* ⊕ Selbstzündung *f*.

au·to·mat ['ɔ:təmæt] *s.* Auto'matenrestau,rant *n*; **'au·to·mate** [-meit] *v/t.* auf Automati'on 'umstellen; **au·to·mat·ic** [ɔ:tə'mætik] **I.** *adj.* □ → *automatically*; **1.** auto'matisch, selbsttätig; **2.** ⊕ automatisch, me'chanisch, Repetier...; **3.** *fig.* unwillkürlich, mechanisch; **II.** *s.* **4.** 'Selbstladepi,stole *f*; **au·to·mat·i·cal** [ɔ:tə'mætikəl] → *automatic 1, 2, 3*; **au·to·mat·i·cal·ly** [ɔ:tə'mætikəli] *adv.* automatisch; ohne weiteres.

au·to·mat·ic| ex·change *s. teleph.* Selbstanschlußamt *n*; *~* **ma·chine** *s.* (*Verkaufs*)Auto'mat *m*; *~* **pi·lot** *s.* ✈ → *autopilot*; *~* **pis·tol** *s.* ⚔ 'Selbstladepi,stole *f*; *~* **start·er** *s.* ⊕ Selbstanlasser *m*; *~* **tel·e·phone** *s.* 'Selbstanschluß(,telephon *n*) *m*.

au·to·ma·tion [ɔ:tə'meiʃən] *s.* ⊕ Automati'on *f*; **au·tom·a·ton** [ɔ:'tɔmətən] *pl.* **-ta** [-tə], **-tons** *s.* Auto'mat *m*, 'Roboter *m* (*beide a. fig.*).

au·to·mo·bile ['ɔ:təməbi:l] *s. bsd. Am.* 'Auto *n*, Automo'bil *n*, Kraftwagen *m*; **au·to·mo·bil·ism** [ɔ:tə'moubilizəm] *s.* Kraftfahrwesen *n*; **au·to·mo·bil·ist** [ɔ:tə'moubilist] *s.* Kraftfahrer *m*; **au·to·mo·tive** [ɔ:tə'moutiv] *adj.* selbstbewegend, -fahrend; *bsd. Am.* 'kraftfahr,technisch, Auto(mobil)..., Kraftfahrzeug...

au·ton·o·mous [ɔ:'tɔnəməs] *adj.* auto'nom, sich selbst regierend; **au'ton·o·my** [-mi] *s.* Autono'mie *f*, Selbständigkeit *f*.

au·to·pi·lot [ɔ:tə'pailət] *s.* ✈ 'Autopi,lot *m*, auto'matische Steuervorrichtung.

au·top·sy ['ɔ:təpsi] *s.* ⚕ Autop'sie *f*, Leichenöffnung *f*.

au·to·sug·ges·tion ['ɔ:tousə'dʒestʃən] *s.* 'Autosuggesti,on *f*.

au·to·type ['ɔ:tətaip] **I.** *s. typ.* Autoty'pie *f*, Fak'simileabdruck *m*; **II.** *v/t.* mittels Autotypie vervielfältigen.

au·tumn ['ɔ:təm] *s. bsd. Brit.* Herbst *m* (*a. fig.*): *the ~ of life*; **au·tum·nal** [ɔ:'tʌmnəl] *adj.* herbstlich, Herbst... (*a. fig.*).

aux·il·ia·ry [ɔ:g'ziljəri] **I.** *adj.* **1.** helfend, mitwirkend, Hilfs...: *~ engine* Hilfsmotor; *~ troops* Hilfstruppen; *~ verb* Hilfszeitwort; **2.** ⚔ Behelfs..., Ausweich...; **II.** *s.* **3.** Helfer *m*: *medical auxiliaries* ärztliches Hilfspersonal; **4.** *pl.* ⚔ Hilfstruppen *pl.*; **5.** *ling.* Hilfszeitwort *n*.

a·vail [ə'veil] **I.** *v/t.* **1.** nützen (*dat.*), helfen (*dat.*), fördern; **2.** *to ~ o.s. of s.th.* sich e-r Sache bedienen, et. benutzen, Gebrauch von et. machen; **II.** *v/i.* **3.** nützen, helfen; **III.** *s.* **4.** Nutzen *m*, Vorteil *m*, Gewinn *m*: *of no ~* nutzlos; *of what ~ is it?* was nützt es?; **a·vail·a·bil·i·ty** [əveilə'biliti] *s.* **1.** Brauchbarkeit *f*, Verwendbarkeit *f*; **2.** Verfügbarkeit *f*; Vor'handensein *n*; Vorrat *m*; **3.** Gültigkeit *f*; **a·vail·a·ble** [ə'veiləbl] *adj.* □ **1.** verfügbar, erhältlich, vor'handen, vorrätig, zu haben(d): *to make ~* bereitstellen; **2.** anwesend, abkömmlich; **3.** benutzbar; statthaft; gültig (*Fahrkarte etc.*).

av·a·lanche ['ævəlɑ:nʃ] *s.* **1.** La'wine *f* (*a. fig.*), Schneesturz *m*; **2.** *fig.* Unmenge *f*.

av·ant-garde ['ævɑ̃:ŋ'gɑ:d] (*Fr.*) *s. mst fig.* A'vantgarde *f*; *oft pred.* e-e mo'derne (Kunst- *etc.*)Richtung vertretend, avantgar'distisch.

av·a·rice ['ævəris] *s.* Geiz *m*, Habsucht *f*; **av·a·ri·cious** [ævə'riʃəs] *adj.* □ geizig, habgierig.

a·ve ['ɑ:vi] **I.** *int.* **1.** sei gegrüßt!; **2.** leb wohl!; **II.** *s.* **3.** ♀ 'Ave (Ma'ria) *n*.

a·venge [ə'vendʒ] *v/t.* **1.** rächen (*on, upon* an *dat.*): *to ~ one's friend* s-n Freund rächen; *to ~ o.s., to be ~d* sich rächen; **2.** *et.* rächen, ahnden; **a'veng·er** [-dʒə] *s.* Rächer *m*; **a'veng·ing** [-dʒiŋ] *adj.*: *~ angel* Racheengel.

av·e·nue ['ævinju:] *s.* **1.** *mst fig.* Zugang *m*, Weg *m* (*to, of* zu): *~ to fame* Weg zum Ruhm; **2.** Al'lee *f*; mit Bäumen bepflanzte Straße; **3.** *bsd. Am.* Haupt-, Prachtstraße *f*.

a·ver [ə'və:] *v/t.* **1.** behaupten, als Tatsache hinstellen (*that* daß); **2.** ⚖ beweisen.

av·er·age ['ævəridʒ] **I.** *s.* **1.** 'Durchschnitt *m*: *on an* (*od. the*) *~* im Durchschnitt, durchschnittlich; *to strike an ~* den Durchschnitt schätzen *od.* nehmen; **2.** ⚓, ⚖ Hava'rie *f*, Seeschaden *m*: *~ adjuster* Dispacheur; *general ~* große Havarie; *particular ~* besondere (*od.* partikulare) Havarie; **II.** *adj.* □ **3.** 'durchschnittlich; Durchschnitts...: *~ amount* Durchschnittsbetrag; *~ Englishman* Durchschnittsengländer; **III.** *v/t.* **4.** den Durchschnitt schätzen (*at* auf *acc.*) *od.* nehmen; **5.** † anteilsmäßig auf-, verteilen: *to ~ one's losses*; **6.** durchschnittlich betragen, haben, erreichen, verlangen, tun *etc.*: *I ~ £ 6 a week* ich verdiene durchschnittlich £ 6 die Woche.

a·ver·ment [ə'və:mənt] *s.* **1.** Behauptung *f*; Bekräftigung *f*; **2.** ⚖ Beweisangebot *n*, Tatsachenbehauptung *f*.

a·verse [ə'və:s] *adj.* □ **1.** abgeneigt (*to, from dat., to inf.* zu *inf.*): *not ~ to a drink*; *~ from such methods*; **2.** abhold, zu'wider (*to dat.*); **a·ver·sion** [ə'və:ʃən] *s.* **1.** (*to, for, from*) 'Widerwille *m*, Abneigung *f* (gegen), Abscheu *m* (vor *dat.*): *to take an ~* (*to*) e-e Abneigung fassen (gegen); **2.** Unlust *f*, Abgeneigtheit *f* (*to inf.* zu *inf.*); **3.** Gegenstand *m* des Abscheus: *beer is my pet* (*od. chief*) *~* Bier ist mir ein Greuel.

a·vert [ə'və:t] *v/t.* **1.** abwenden, -kehren; **2.** *fig.* abwenden, -wehren, verhüten.

a·vi·ar·y ['eivjəri] *s.* Vogelhaus *n*, Voli'ere *f*.

a·vi·ate ['eivieit] *v/i.* ✈ *im Flugzeug* fliegen; **a·vi·a·tion** [eivi'eiʃən] *s.* ✈ Luftfahrt *f*, Flugwesen *n*, Fliegen *n*, Flugsport *m*: *~ ground* Flugplatz; *~ industry* Flugzeugindustrie; *Ministry of ♀* Ministerium für zivile Luftfahrt; **a·vi·a·tor** ['eivieitə] *s.* Flieger *m*.

a·vi·cul·ture ['eivikʌltʃə] *s.* Vogelzucht *f*.

av·id ['ævid] *adj.* □ (be)gierig (*of*

nach, *for* auf *acc.*); **a·vid·i·ty** [ə'viditi] *s.* Gier *f*, Begierde *f*, Habsucht *f*.

a·vi·ta·min·o·sis [eivaitəmi'nousis] *s.* Vita'minmangel(krankheit *f*) *m*.

av·o·ca·do [ævə'kɑːdou] *s.* ⚘ Avo'catobirne *f*.

av·o·ca·tion [ævou'keiʃən] *s.* (Neben)Beschäftigung *f*.

a·void [ə'vɔid] *v/t.* **1.** (ver)meiden, ausweichen (*dat.*), aus dem Wege gehen (*dat.*), *Pflicht etc.* um'gehen, *e-r Gefahr* entgehen: *to ~ s.o.* j-n meiden; *to ~ doing s.th.* es vermeiden, et. zu tun; **2.** ⚖ aufheben, ungültig machen; **a'void·a·ble** [-dəbl] *adj.* vermeidbar; **a'void·ance** [-dəns] *s.* **1.** Vermeidung *f* (*Sache*), Meidung *f* (*Person*); Um'gehung *f*: *tax ~* Steuerhinterziehung; **2.** ⚖ Aufhebung *f*, Nichtigkeitserklärung *f*.

av·oir·du·pois [ævədə'pɔiz] *s.* **1.** † *a. ~ weight* Handelsgewicht *n* (*1 Pfund = 16 Unzen*): *~ pound* Handelspfund; **2.** F Gewicht *n*, Schwere *f e-r Person*.

a·vow [ə'vau] *v/t.* bekennen, (ein-)gestehen; rechtfertigen; anerkennen: *to ~ o.s.* sich bekennen, sich erklären; **a·vow·al** [ə'vauəl] *s.* Bekenntnis *n*, Geständnis *n*, Erklärung *f*; **a·vowed** [ə'vaud] *adj.* □ erklärt, offen ausgesprochen: *his ~ principle*; *he is an ~ Jew* er bekennt sich offen zum Judentum; **a·vow·ed·ly** [ə'vauidli] *adv.* eingestandenermaßen.

a·vun·cu·lar [ə'vʌŋkjulə] *adj.* Onkel..., onkelhaft.

a·wait [ə'weit] *v/t.* **1.** erwarten (*acc.*), entgegensehen (*dat.*); **2.** *fig.* erwarten, bestimmt sein für (*od. dat.*): *a hearty welcome ~s you*.

a·wake [ə'weik] **I.** *v/t.* [*irr.*] **1.** wekken; **2.** *fig.* erwecken, aufrütteln (*from* aus): *to ~ s.o. to s.th.* j-m et. zum Bewußtsein bringen; **II.** *v/i.* [*irr.*] **3.** auf-, erwachen; **4.** *fig. zu neuer Tätigkeit etc.* erwachen: *to ~ to s.th.* sich e-r Sache bewußt werden; **III.** *adj.* **5.** wach: *wide ~* hell wach; **6.** *fig.* munter, wachsam, auf der Hut: *to be ~ to s.th.* sich e-r Sache bewußt sein; **a'wak·en** [-kən] → *awake 1–4*; **a'wak·en·ing** [-kniŋ] *s.* Erwachen *n*: *a rude ~ fig.* ein unsanftes Erwachen (*Enttäuschung*).

a·ward [ə'wɔːd] **I.** *v/t.* **1.** zuerkennen, zusprechen: *he was ~ed the prize* der Preis wurde ihm zuerkannt; **2.** gewähren, verleihen, zuwenden, zuteilen; **II.** *s.* **3.** Urteil *n*, (Schieds)Spruch *m*; **4.** (zuerkannte) Belohnung *od.* Auszeichnung, Preis *m*, 'Prämie *f*.

a·ware [ə'wɛə] *adj.* gewahr (*of gen.*, *that* daß): *to be ~* sich bewußt sein, wissen, kennen; *to become ~ of s.th.* et. gewahr werden *od.* merken; *not that I am ~ of* nicht, daß ich wüßte; **a'ware·ness** [-nis] *s.* Bewußtsein *n*, Kenntnis *f*.

a·wash [ə'wɔʃ] *adv. u. adj.* ⚓ **1.** über'flutet; **2.** über'füllt (*with* von).

a·way [ə'wei] *adv.* **1.** weg, hin'weg, fort: *to go ~* weg-, fortgehen; *~ with you!* fort mit dir!; **2.** (*from*) entfernt, (weit) weg (von), fern, abseits (*gen.*): *~ from the question* nicht zur Frage *od.* Sache gehörend; **3.** fort, abwesend, verreist: *~ from home* nicht zu Hause; *~ on leave* auf Urlaub; *~ with flu* abwesend wegen Grippe; **4.** *bei vb. oft* immer weiter, (darauf)'los: *to chatter ~*; *to drink ~*; **5.** *bsd. Am.* bei weitem: *~ below the average*; **6.** *sport* Auswärts...: *~ match*.

awe [ɔː] **I.** *s.* **1.** Ehrfurcht *f*, (heilige) Scheu (*of* vor *dat.*): *to hold s.o. in ~* Ehrfurcht vor j-m haben; *to stand in ~ of* e-e Scheu besitzen *od.* sich fürchten vor (*dat.*); **2.** *fig.* Macht *f*, Maje'stät *f*; **II.** *v/t.* **3.** Ehrfurcht *od.* Furcht einflößen (*dat.*); **'awe-in·spir·ing** *adj.* ehrfurchtgebietend; **awe·some** ['ɔːsəm] *adj.* □ ehrfurchtgebietend, furchteinflößend; **'awe·struck** *adj.* von Ehrfurcht *od.* Scheu *od.* Schrecken ergriffen.

aw·ful ['ɔːful] *adj.* □ **1.** furchtbar, schrecklich; **2.** ehrfurchtgebietend; eindrucksvoll; **3.** F ['ɔːfl] **a)** furchtbar, riesig, kolos'sal: *an ~ lot* e-e riesige Menge, **b)** furchtbar, scheußlich, schlimm: *an ~ noise* ein schrecklicher Lärm; **aw·ful·ly** ['ɔːfli] *adv.* F furchtbar, äußerst, sehr: *~ cold* furchtbar kalt; *~ nice* furchtbar *od.* riesig nett; *I am ~ sorry* es tut mir schrecklich leid; *thanks ~!* tausend Dank!; **'aw·ful·ness** [-nis] *s.* **1.** Schrecklichkeit *f*; **2.** Erhabenheit *f*.

a·while [ə'wail] *adv.* eine Weile, ein Weilchen.

awk·ward ['ɔːkwəd] *adj.* □ **1.** ungeschickt, unbeholfen, linkisch; **2.** tölpelhaft: *to feel ~* verlegen sein; **3.** peinlich, mißlich, unangenehm; **4.** unhandlich, schwer zu behandeln, schwierig, lästig: *an ~ door to open* e-e schwer zu öffnende Tür; *an ~ customer* ein unangenehmer Zeitgenosse; **'awk·ward·ness** [-nis] *s.* **1.** Ungeschicklichkeit *f*, linkisches Wesen; **2.** Peinlichkeit *f*, Unannehmlichkeit *f*; Lästigkeit *f*.

awl [ɔːl] *s.* ⊕ Ahle *f*, Pfriem *m*.

awn [ɔːn] *s.* ⚘ Granne *f*.

awn·ing ['ɔːniŋ] *s.* **1.** ⚓ Sonnensegel *n*; **2.** Wagendecke *f*, Plane *f*; **3.** Mar'kise *f*, 'Baldachin *m*.

a·woke [ə'wouk] *pret. u. p.p. von awake*.

a·wry [ə'rai] *adv. u. adj.* **1.** schief, krumm: *his hat was all ~* sein Hut saß ganz schief; **2.** *to look ~ fig.* schief *od.* scheel blicken; **3.** *fig.* verkehrt, schief: *to go ~* fehlgehen (*Personen*), schiefgehen (*Sachen*).

ax, *mst* **axe** [æks] **I.** *s.* **1.** Axt *f*, Beil *n*: *to have an ~ to grind* eigennützige Zwecke verfolgen; **2.** *fig.* **a)** Henkersbeil *n*, **b)** F rücksichtslose Sparmaßnahme, Abbau *m*, Entlassung *f*; **II.** *v/t.* **3.** *fig.* rücksichtslos kürzen *od.* beseitigen; *Beamte etc.* abbauen.

ax·i·al ['æksiəl] *adj.* □ ⊕ Achsen..., axi'al.

ax·il ['æksil] *s.* ⚘ Blattachsel *f*, Astwinkel *m*.

ax·i·om ['æksiəm] *s.* Axi'om *n*, allgemein anerkannter Grundsatz; **ax·i·o·mat·ic** *adj.*; **ax·i·o·mat·i·cal** [æksiə'mætik(əl)] *adj.* □ axio'matisch, einleuchtend, 'unum'stößlich, selbstverständlich.

ax·is ['æksis] *pl.* **'ax·es** [-siːz] *s.* **1.** ⅍, ⊕, *phys.* Achse *f*, 'Mittel,linie *f*: *~ of the earth* Erdachse; **2.** *pol.* Achse *f*: *the ♀ Powers* die Achsenmächte; *the ♀* die Achse Berlin-Rom-Tokio (*vor dem u. im 2. Weltkrieg*).

ax·le ['æksl] *s.* ⊕ **1.** (Rad)Achse *f*, Welle *f*; **2.** Angel(zapfen *m*) *f*; **'~-box** *s.* ⊕ **1.** Achs-, Schmierbüchse *f*; **2.** Achsgehäuse *n*; **'~-tree** → *axle 1*.

Ax·min·ster ['æksminstə] **I.** *npr.* Axminster *n* (*engl. Stadt*); **II.** *s. a. ~ carpet* Axminsterteppich *m*.

ay → *aye*.

a·yah ['aiə] *s. Brit. Ind.* 'Aja *f*, indisches Kindermädchen.

aye [ai] **I.** *int. bsd. parl.* ja; **II.** *s. parl.* Ja *n*, Jastimme *f*: *the ~s have it* die Mehrheit ist dafür.

Ayr·shire ['ɛəʃiə] *s. zo.* Ayrshire-Rind *n*.

a·za·le·a [ə'zeiljə] *s.* ⚘ Aza'lee *f*.

az·i·muth ['æziməθ] *s. ast.* Azi'mut *m*, Scheitelkreis *m*.

a·zo·ic [ə'zouik] *adj. geol.* a'zoisch (*ohne Lebewesen*): *the ~ age*.

Az·tec ['æztek] *s.* Az'teke *m*.

az·ure ['æʒə] **I.** *adj.* a'zur-, himmelblau; **II.** *s.* **a)** (A'zur-, Himmel-) Blau *n*, **b)** *poet.* das blaue Himmelszelt.

B

B, b [bi:] *s.* **1.** B *n*, b *n* (*Buchstabe*); **2.** ♪ H *n*, h *n* (*Note*): *B flat* B, b; *B sharp* His, his; **3.** *ped. Am.* Zwei *f* (*Note*); **4.** *B flat Brit. sl.* Wanze.

baa [bɑ:] **I.** *s.* Blöken *n*; **II.** *v/i.* blöken; **III.** *int.* bäh!

Ba·al ['beiəl] **I.** *npr. bibl. Gott* Baal *m*; **II.** *s.* Abgott *m*, Götze *m*; **'Ba·al·ism** [-lizəm] *s.* Götzendienst *m*.

baas [bɑ:s] *s. S.Afr.* Herr *m* (*bsd. als Anrede*).

Bab·bitt ['bæbit] *s.* **1.** *Am.* Spießbürger *m*; **2.** ⊕ ~ *od.* *~-metal* 'Lagerweißme,tall *n*.

bab·ble ['bæbl] **I.** *v/t. u. v/i.* **1.** stammeln; plappern, schwatzen; nachschwatzen, ausplaudern; **2.** plätschern, murmeln; **II.** *s.* **3.** Geplapper *n*, Geschwätz *n*; **'bab·bler** [-lə] *s.* **1.** Schwätzer(in); **2.** *orn.* e-e Drossel *f*.

babe [beib] *s.* **1.** kleines Kind, Baby *n* (*beide a. fig. naiver Mensch*); → *arm*[1] *1*; **2.** *Am. sl.* ‚Puppe' *f* (*Mädchen*).

Ba·bel ['beibəl] **I.** *npr. bibl.* Babel *n*; **II.** *s. fig.* ~ Babel *n* (*Wirrwarr; Stimmengewirr*).

ba·boo ['bɑ:bu:] *s. Brit.-Ind.* **1.** Herr *m* (*bei den Hindus*); **2.** Inder *m* mit oberflächlicher engl. Bildung.

ba·boon [bə'bu:n] *s. zo.* 'Pavian *m*.

ba·by ['beibi] **I.** *s.* **1.** Baby *n*, Säugling *m*; jüngstes Kind: *to hold the ~ fig.* die Sache am Hals haben; **2.** kindischer Mensch, ‚Kindskopf' *m*; **3.** *sl.* ‚Kindchen' *n*, ‚Süße' *f* (*Mädchen*); **4.** *sl.* Sache *f*: *it's your ~*; **II.** *adj.* **5.** Säuglings..., Baby..., Kinder...; **6.** kindlich, kindisch; **7.** klein; **~ bond** *s.* ✝ *Am.* Kleinschuldverschreibung *f*; **~ bot·tle** *s.* (Säuglings)Flasche *f*; **~ car** *s.* Kleinwagen *m*; **~ car·riage** *s. Am.* Kinderwagen *m*; **'~-farm·er** *s.* **a)** Frau, die gewerbsmäßig Kinder in Pflege nimmt, **b)** *b.s.* Engelmacherin *f*; **~ grand** *s.* ♪ Stutzflügel *m*.

ba·by·hood ['beibihud] *s.* Säuglingsalter *n*; **'ba·by·ish** [-iiʃ] *adj.* kindlich; kindisch.

ba·by lin·en *s.* Kinderwäsche *f*.

Bab·y·lon ['bæbilən] **I.** *npr.* 'Babylon *n*; **II.** *s. fig.* (Sünden)Babel *n*; **Bab·y·lo·ni·an** [bæbi'lounjən] **I.** *adj.* baby'lonisch; **II.** *s.* Baby'lonier(in).

'ba·by|-sit·ter *s.* Kinderhüter(in), Babysitter *m*; **'~-sit·ting** *s.* Kinderhüten *n*; **~ talk** *s.* kindlich(tuend)es Gebabbel.

bac·ca·lau·re·ate [bækə'lɔ:riit] *s. univ.* **1.** Bakkalaure'at *n*; → *bachelor 2*; **2.** *a.* *~ sermon Am.* Predigt *f* an die promovierten Stu'denten.

bac·ca·ra(t) ['bækərɑ:] *s.* 'Bakkarat *n* (*Glücksspiel*).

Bac·cha·nal ['bækənl] **I.** *s.* **1.** Bac'chant(in); **2.** ausgelassener *od.* trunkener Zecher; **3.** *a. pl.* Bac-cha'nal *n* (*wüstes Gelage*); **II.** *adj.* **4.** 'bacchisch; **5.** bac'chantisch; **Bac·cha·na·li·a** [bækə'neiljə] → *Bacchanal 3*; **Bac·cha·na·li·an** [bækə'neiljən] **I.** *adj.* bacchantisch, ausschweifend; **II.** *s.* Bacchant(in);

Bac·chant ['bækənt] **I.** *s.* Bacchant *m*; *fig.* wüster Trinker *od.* Schwelger; **II.** *adj.* bacchantisch; **Bac·chan·te** [bə'kænti] *s.* Bacchantin *f*; **Bac·chic** ['bækik] → *Bacchanal 4 u. 5*.

bac·cy ['bæki] *s.* F *abbr. für tobacco*.

bach·e·lor ['bætʃələ] *s.* **1.** Junggeselle *m*; ledig (*dem Namen nachgestellt*); **2.** *univ.* Bakka'laureus *m* (*Grad*): *~ of Arts* (*abbr. B.A.*) Bakkalaureus der philosophischen Fakultät; *~ of Science* (*abbr. B.Sc.*) Bakkalaureus der Naturwissenschaften; **~ girl** *s.* Junggesellin *f*.

bach·e·lor·hood ['bætʃələhud] *s.* Junggesellenstand *m*; **bach·e·lor's but·ton** *s.* **1.** ⚘ **a)** Kornblume *f*, **b)** scharfer Hahnenfuß; **2.** Pa'tentknopf *m*.

bac·il·lar·y [bə'siləri] *adj.* **1.** stäbchenförmig; **2.** ⚕ Bazillen...; **ba·cil·lus** [bə'siləs] *pl.* **-li** [-lai] *s.* ⚕ Ba'zillus *m*.

back[1] [bæk] **I.** *s.* **1.** Rücken *m* (*Mensch, Tier*); **2.** 'Hinter-, Rückseite *f* (*Kopf, Haus, Tür, Bild, Brief, Kleid etc.*); (Rücken)Lehne *f* (*Stuhl*); **3.** *untere od. abgekehrte Seite*: (*Hand-, Buch-, Messer*)Rükken *m*, 'Unterseite *f* (*Blatt*), linke Seite (*Stoff*), Kehrseite *f* (*Münze*), Oberteil *m*, *n* (*Bürste*); → *beyond 6*; **4.** *rückwärtiger od. entfernt gelegener Teil*: hinterer Teil (*Mund, Schrank, Wald etc.*), 'Hintergrund *m*; Rücksitz *m* (*Wagen*); **5.** Rumpf *m* (*Schiff*); **6.** *fig.* Rücken *m* (*Kraft*); **7.** *the ~s* die Parkanlagen *pl.* hinter den Colleges in Cambridge; **8.** *Fußball*: (Außen)Verteidiger *m*;

Besondere Redewendungen:

(*at the*) *~ of* hinter (*dat.*), hinten in (*dat.*); *~ to front* die Rückseite nach vorn, falsch herum; *to have s.th. at the ~ of one's mind* insgeheim an et. denken; *to turn one's ~ on fig.* j-m den Rücken kehren, et. aufgeben; *behind s.o.'s ~* hinter j-s Rücken; *on one's ~* **a)** auf dem Körper (*Kleidungsstück*), **b)** bettlägerig, **c)** hilflos, verloren; (*to fight*) *with one's ~ to the wall* mit dem Rücken zur Wand (kämpfen); *to break s.o.'s ~* j-n überanstrengen*od.* zu Fall bringen *od.* zugrunde richten; *to break the ~ of s.th.* das Schwierigste überwinden; *to put one's ~ into s.th.* sich bei e-r Sache ins Zeug legen, sich in e-e Sache hineinknien; *to put s.o.'s ~ up* j-n ‚auf die Palme bringen';

II. *adj.* **9.** rückwärtig, letzt, hinter, Rück..., Hinter..., Nach...: *the ~ left-hand corner* die hintere linke Ecke; **10.** rückläufig; **11.** rückständig (*Zahlung*); zu'rückliegend, alt (*Zeitung etc.*); **12.** fern, abgelegen; *fig.* finster; **III.** *adv.* **13.** zu'rück, rückwärts; zurückliegend; (wieder) zurück: *he is ~ again* er ist wieder da; *he is ~ home* er ist wieder zu Hause; *~ home Am.* bei uns (zulande); *~ and forth Am.* hin und her; **14.** zurück, 'vorher: *20 years ~* vor 20 Jahren; *~ in 1900* (schon) im Jahre 1900; **IV.** *v/t.* **15.** *Buch* mit e-m Rücken *od.* *Stuhl* mit e-r Lehne *od.* Rückenverstärkung versehen; **16.** hinten grenzen an (*acc.*), den Hintergrund *e-r Sache* bilden; **17.** *a.* *~ up j-m* den Rücken decken *od.* stärken, *j-n* unter'stützen, eintreten für; **18.** *a.* *~ up* zu'rückbewegen; *Wagen, Pferd, Maschine* rückwärts fahren *od.* laufen lassen: *to ~ a car out of the garage* e-n Wagen rückwärts aus der Garage fahren; *to ~ water* (*od. the oars*) rückwärts rudern; **19.** auf der Rückseite beschreiben; *Wechsel* verantwortlich gegenzeichnen, indossieren; **20.** wetten *od.* setzen auf (*acc.*); **V.** *v/i.* **21.** *a.* *~ up* sich rückwärts bewegen, zu'rückgehen *od.* -fahren; **~ down (from), ~ out (of)** *v/i.* zu'rücktreten *od.* sich zu'rückziehen (von), aufgeben (*acc.*); F sich drücken, abspringen (von); klein beigeben, ‚den Schwanz einziehen'; **~ on to** *v/i.* hinten grenzen an (*acc.*) *od.* blicken auf (*acc.*).

back[2] [bæk] *s.* ⊕, *Brauerei, Färberei etc.*: Bottich *m*.

'back|·ache *s.* Rückenschmerzen *pl.*; **~ al·ley** *s. Am.* finsteres Seitengäßchen; **'~-band** *s.* Rückengurt *m e-s Pferdes*; **'~-'bench** *s.* hintere Sitzreihe (*im Parlament*); **'~-'bench·er** *s. pol.* 'Hinterbänkler *m*, weniger bedeutendes Mitglied des Parla'ments; **'~-bite** *v/t. u. v/i.* [*irr.* → *bite*] *j-n* verleumden; **'~-bit·er** *s.* Verleumder(in); **'~-board** *s.* **1.** Rükkenbrett *n*, -lehne *f*, Lehnbrett *n* (*im Boot, Wagen etc.*); **2.** ⚕ Geradehalter *m*; **'~·bone** *s.* **1.** Rückgrat *n*: *to the ~* bis auf die Knochen, ganz u. gar; **2.** *fig.* Rückgrat *n*: **a)** (Cha'rakter)Stärke *f*, Mut *m*, **b)** Hauptstütze *f*; **'~-break·ing** *adj.* erschöpfend, ermüdend: *~ work* F Pferdearbeit; **'~-chat** *s. sl.* **1.** freche Antwort(en *pl.*); **2.** *Brit.* schlagfertige Wechselrede; **'~-cloth** → *backdrop*; **'~-cou·pling** *s.* Rückkopplung *f*; **~ cur·rent** *s.* Rück-, Gegenstrom *m*; **'~-date** *v/t.* zu'rückdatieren; **'~'door I.** *s.* 'Hintertür *f* (*a. fig. Ausweg*); **II.** *adj.* heimlich, geheim; **'~-drop** *s.* **1.** *thea.* 'Hintergrund *m* (*gemalter Vorhang*); **2.** *fig.* Hintergrund *m*, 'Folie *f*.

backed [bækt] *adj.* **1.** mit Rücken, Lehne *etc.* versehen; **2.** gefüttert: *a curtain ~ with satin*; **3.** *in Zssgn*: *straight-~* mit geradem Rücken, geradlehnig.

back·er ['bækə] *s.* **1.** Unter'stützer (-in), Helfer(in), Förderer *m*, Gönner(in); **2.** ✝ (Wechsel)Bürge *m*, Indossierer *m*, 'Hintermann *m*; **3.** Wetter(in).

'back|-'fire I. *v/i.* **1.** ⊕ früh-, fehlzünden; **2.** *fig.* fehlschlagen, ‚ins Auge gehen': *the plan ~d* der Schuß ging nach hinten los; **II.** *s.* **3.** ⊕ Früh-, Fehlzündung *f*; **~ for·ma·tion** *s. ling.* Rückbildung *f*; **~'gam·mon** *s.* Back'gammon *n*, Puffspiel *n*; **'~·ground** *s.* **1.** 'Hintergrund *m*: *to keep in the ~*; **2.** *fig.* Hintergrund *m*, Grund-, 'Unterlage *f*; *j-s* 'Lebens,umstände *pl.*; Erfahrung *f*, Vergangenheit *f*, Mili'eu *n*: *educational ~* Vorbildung; *financial ~* finanzieller Rückhalt; **'~·hand I.** *s.* **1.** nach links geneigte Handschrift; **2.** *sport* Rückhand(schlag *m*) *f*; **II.** *adj.* **3.** *sport* Rückhand...: *~ stroke* Rückhandschlag; **'~·hand·ed** *adj.* **1.** nach links geneigt (*Schrift*); **2.** Rückhand...; **3.** zweideutig, spöttisch; **'~·hand·er** *s.* **1.** Rückhandschlag *m*; **2.** 'indi,rekter Angriff; **'~·house** *s. Am.* F ‚Häus-chen' *n*, A'bort *m*.

back·ing ['bækiŋ] *s.* **1.** Unter'stützung *f*, Hilfe *f*; Beifall *m*; *coll.* Gruppe *f* von Unter'stützern *od.* Förderern; **2.** rückwärtige Verstärkung; (Rock- *etc.*)Futter *n*; Stützung *f*; **3.** ✝ **a)** Indossierung *f*, **b)** Deckung *f*.

'back|·lash *s.* **1.** ⊕ toter Gang, Flankenspiel *n*; **2.** (heftige) Reakti'on, Rückwirkung *f*; **'~·log I.** *s.* **1.** großes Scheit hinten im Ka'min (*um das Feuer zu unterhalten*); **2.** (*Arbeits-, Auftrags- etc.*)Rückstand *m*, 'Überhang *m* (*of* an *dat.*); **3.** Rücklage *f*, Re'serve *f* (*of* an *dat.*, von); **II.** *adj.* **4.** ausstehend: *~ demand* Nachholbedarf; **~ num·ber** *s.* **1.** alte Nummer *e-r Zeitung etc.*; **2.** *fig. j-d od. et.* Altmodisches; **~ pay** *s.* Lohn-, Gehaltsnachzahlung *f*; **'~-'ped·al** *v/i.* rückwärtstreten (*Radfahrer*); **'~-'ped·al·(l)ing brake** *s.* ⊕ *Brit.* Rücktrittbremse *f*; **~ rest** *s.* Rükkenstütze *f*; **~ room** *s.* 'Hinterzimmer *n*; **'~-room boys** *s. pl. Brit.* F Wissenschaftler *pl.*, die an Ge'heimpro,jekten arbeiten; **~ sal·a·ry** → *back pay*; **~ seat** *s.* Rücksitz *m*: *back-seat driver fig.* Besserwisser; *to take a ~ fig.* in den Hintergrund treten, in untergeordneter Stellung sein.

back·sheesh → *baksheesh*.

'back|'side *s.* **1.** *mst back side* Kehr-, Rückseite *f*, hintere *od.* linke Seite; **2.** V Hintern *m*; **'~-sight** *s.* **1.** ⊕ Visier *n*; **2.** ⚔ (Visier-) Kimme *f*; **~ slang** *s.* 'Umkehrung *f* (der Schreibweise) der Wörter; **'~'slide** *v/i.* [*irr.* → *slide*] **1.** rückfällig werden; **2.** auf die schiefe Bahn geraten, abtrünnig werden; **'~'slid·er** *s.* Rückfällige(r *m*) *f*; **'~'slid·ing** *s. fig.* Sündenfall *m*; **'~-spac·er** *s.* Rücktaste *f* (*Schreibmaschine*); **'~'stage I.** *s.* **1.** *thea.* Garde'robenräume *pl.* u. Bühne *f* hinter dem Vorhang; **II.** *adv.* **2.** (hinten) auf der Bühne; **3.** hinter dem *od.* den Vorhang (*a. fig.*); **'~'stair(s)** *adj.* **1.** Hintertreppen-...; **2.** *fig.* geheim, unehrlich, krumm; **'~'stairs** *s.* **1.** 'Hintertreppe *f*; **2.** *fig.* Hintertreppe *f*, ‚krumme Tour'; **'~-stitch** *s.* Steppstich *m*; **'~-stop** *s.* **1.** *Kricket*: Feldspieler *m*, Fänger *m*; **2.** *Baseball*: Gitter *n* (*hinter dem Fänger*); **3.** *Am. Schießstand*: Kugelfänger *m*; **'~-stroke** *s. sport* **1.** Rückschlag *m des Balls*; **2.** Rückenschwimmen *n*; **'~-swept** *adj.* ⊕, ✈ nach hinten verjüngt, pfeilförmig; **~ talk** *s. sl.* unverschämte Antwort(en *pl.*); **'~-track** *v/i. Am.* **1.** den'selben Weg zu'rückgehen; **2.** sich zu'rückziehen, *et.* aufgeben; ‚sich drücken'; **3.** den 'umgekehrten Weg einschlagen.

back·ward ['bækwəd] **I.** *adj.* **1.** rückwärts gerichtet; 'umgekehrt; **2.** hinten gelegen, Hinter...; **3.** langsam, saumselig, schwerfällig; **4.** zu'rückhaltend, schüchtern; **5.** *in der Entwicklung* zu'rückgeblieben (*Kind etc.*), rückständig (*Land, Arbeit*); **6.** vergangen; **II.** *adv.* **7.** *a. backwards* [-dz] rückwärts, zu'rück: *~ and forwards* vor u. zurück; **8.** *fig.* 'umgekehrt; zum Schlechten; **back·ward·a·tion** [bækwə'deiʃən] *s. Brit.* ✝ De'port *m*, Kursabschlag *m*; **'back·ward·ness** [-nis] *s.* **1.** Rückständigkeit *f*; **2.** Langsamkeit *f*, Saumseligkeit *f*; **3.** Wider'streben *n*; **'back·wards** [-dz] → *backward 7*.

'back|·wash *s.* **1.** Rückströmung *f*, Kielwasser *n*; **2.** *fig.* Nachwirkung *f*; **'~·wa·ter** *s.* **1.** totes Wasser, Stauwasser *n*; **2.** Seitenarm *m e-s Flusses*; **3.** *fig.* Ort *m od.* Zustand *m* der Rückständigkeit *od.* des Stillstandes; **'~·woods I.** *s. pl.* **1.** 'Hinterwälder *pl.*, abgelegene Wälder; **II.** *adj.* **2.** 'hinterwäldlerisch (*a. fig.*), abgelegen; **3.** *fig.* rückständig; **'~·woods·man** [-mən] *s.* [*irr.*] **1.** 'Hinterwäldler *m* (*a. fig.*); **2.** *Brit. parl.* Mitglied *n* des Oberhauses, das selten erscheint; **3.** *fig.* ungehobelter *od.* rückständiger Mensch; **~ yard** *s.* 'Hinterhof *m*; *Am.* Garten *m* hinter dem Hause.

ba·con ['beikən] *s.* Speck *m*: *eggs and ~ Küche*: Speck mit (Spiegel-) Ei; *he brought home the ~* F er hat es geschafft; *to save one's ~* F mit heiler Haut davonkommen.

Ba·co·ni·an [bei'kounjən] *adj.* Sir Francis Bacon betreffend; **~ the·o·ry** *s.* 'Bacon-Theo,rie *f* (*daß Francis Bacon Shakespeares Werke verfaßt habe*).

bac·te·ri·a [bæk'tiəriə] *s. pl.* Bak'terien *pl.*, Spaltpilze *pl.*; **bac'te·ri·al** [-əl] *adj.* Bakterien...; **bac·te·ri·o·log·i·cal** [bæktiəriə'lɔdʒikəl] *adj.* □ bakterio'logisch; **bac·te·ri·ol·o·gist** [bæktiəri'ɔlədʒist] *s.* Bakterio'loge *m*; **bac·te·ri·ol·o·gy** [bæktiəri'ɔlədʒi] *s.* Bak'terienkunde *f*; **bac·te·ri·um** [bæk'tiəriəm] *sg. von bacteria*.

bad [bæd] **I.** *adj.* □ → *badly*; **1.** (*allgemein*) schlecht, schlimm: *~ manners* schlechte Manieren; *from ~ to worse* immer schlimmer; **2.** böse, ungezogen: *a ~ boy*; *a ~ lot* F ein schlimmes Pack (*Leute*); **3.** lasterhaft: *a ~ woman*; **4.** anstößig, häßlich: *a ~ word*; *~ language* **a)** Schimpfworte, **b)** Zoten; **5.** unbefriedigend, ungünstig, schlecht: *~ lighting* schlechte Beleuchtung; *~ name* schlechter Ruf; *in ~ health* kränkelnd; *his ~ German* sein schlechtes Deutsch; *he is ~ at mathematics* er ist in Mathematik schwach; *~ debts* ✝ zweifelhafte Forderungen; **6.** unangenehm, schlecht: *a ~ smell*; *~ news*; *that's too ~* F das ist doch zu dumm; *not ~* gar nicht übel; *not too ~* soso lala; **7.** schädlich: *~ for the eyes*; *~ for you*; **8.** schlecht, verdorben (*Fleisch, Ei etc.*): *to go ~* schlecht werden; **9.** ungültig, falsch (*Münze etc.*); unberechtigt (*Forderung*); **10.** unwohl, krank: *he is* (*od. feels*) *~*; *a ~ finger* ein schlimmer *od.* böser Finger; *he is in a ~ way* es geht ihm nicht gut (*gesundheitlich od. finanziell*); **11.** heftig, schlimm, arg: *a ~ cold*; *a ~ crime* ein schweres Verbrechen; **II.** *s.* **12.** *das* Schlechte: *to go to the ~* F auf die schiefe Bahn geraten; **13.** ✝ 'Defizit *n*, Verlust *m*: *to be £5 to the ~* £5 Defizit haben; **III.** *adv.* **14.** → *badly*.

bad·dish ['bædiʃ] *adj.* ziemlich schlecht.

bade [beid] *pret. von bid 7, 8, 9*.

badge [bædʒ] *s.* Ab-, Kennzeichen *n*, Marke *f*; Merkmal *n*.

badg·er ['bædʒə] **I.** *s.* **1.** *zo.* Dachs *m*; **2.** *Am.* F Bewohner(in) von Wis'consin; **II.** *v/t.* **3.** *fig.* hetzen, plagen, belästigen; **'~-bait·ing** *s.* Dachshetze *f*.

bad·i·nage ['bædinɑ:ʒ] *s.* Necke'rei *f*.

'bad·lands *s. pl. Am.* Ödland *n*.

bad·ly ['bædli] *adv.* **1.** schlecht, schlimm: *he is ~* (*Am. a. bad*) *off* es geht ihm schlecht (*mst finanziell*); *to do* (*od. come off*) *~* schlecht fahren (in bei, mit); *to be in ~ with* (*od. over*) *Am.* F über Kreuz stehen mit; **2.** dringend, heftig, sehr: *~ needed* dringend nötig; *~ wounded* schwerverwundet.

bad·min·ton ['bædmintən] *s. sport* Badminton *n*, Federballspiel *n*.

bad·ness ['bædnis] *s.* schlechte Beschaffenheit, Schlechtigkeit *f*, Verderbtheit *f*.

ˈ**bad-ˈtem·pered** *adj.* schlechtgelaunt.
Bae·de·ker [ˈbeidikə] *s.* Baedeker *m*, Reiseführer *m* (*nach Karl Baedeker*).
baf·fle [ˈbæfl] *v/t.* **1.** *j-n* verwirren, verblüffen, narren, täuschen, *j-m* ein Rätsel sein; **2.** *Plan etc.* durchˈkreuzen, vereiteln, unmöglich machen: *it* ~*s description* es spottet jeder Beschreibung; ~ **paint** *s.* ⚔ Tarnungsanstrich *m*; ˈ~**-plate** *s.* Ablenk-, Prallplatte *f*; Schlingerwand *f* (*im Kraftstoffbehälter*).
baf·fling [ˈbæfliŋ] *adj.* □ **1.** verwirrend, vertrackt; **2.** vereitelnd, hinderlich; **3.** veränderlich, ˈumspringend (*Wind*).
bag [bæg] **I.** *s.* **1.** Sack *m*, Beutel *m*, Tüte *f*, (Schul-, Hand- *etc.*)Tasche *f*; *engS.* **a)** Reisetasche *f*, **b)** Geldbeutel *m*; → *bone 1*; **2.** *sport* **a)** Jagdtasche *f*, **b)** Jagdbeute *f*, Strecke *f*: *in the* ~ F ‚in der Tasche', sicher, **c)** *weitS.* Menge *f*: *mixed* ~ *et.* Uneinheitliches, Sammelsurium; ~ *and baggage* (mit) Sack u. Pack, mit allem Drum u. Dran; *the whole* ~ *of tricks* alles, der ganze Kram; **3.** (*pair of*) ~*s* F Hose *f*; **II.** *v/t.* **4.** in e-n Sack stecken, einsacken; in e-n Beutel tun; **5.** *sport* zur Strecke bringen, fangen (*a. fig.*); **6.** *sl.* stiˈbitzen; **7.** bauschen; **III.** *v/i.* **8.** sich bauschen.
bag·a·telle [bægəˈtel] *s.* **1.** Bagaˈtelle *f*, Kleinigkeit *f*; **2.** ˈTivolispiel *n*.
bag·gage [ˈbægidʒ] *s.* **1.** *bsd. Am.* (Reise)Gepäck *n*; **2.** ⚔ Baˈgage *f*, Gepäck *n*, Troß *m*; **3.** *obs.* V Dirne *f*; **4.** F ‚Fratz' *m*, schnippisches Mädel; ~ **car** *s. Am.* Gepäckwagen *m*; ~ **check** *s. Am.* Gepäckschein *m*; ~ **claim** *s.* ✈ *Am.* Gepäckabholung *f*, -ausgabe *f*; ~ **hoist** *s. Am.* Gepäckaufzug *m*; ~ **hold** *s. Am.* Gepäckraum *m*; ~ **in·sur·ance** *s. Am.* (Reise)Gepäckversicherung *f*; ~ **rack** *s. Am.* Gepäcknetz *n*.
bag·ging [ˈbægiŋ] **I.** *s.* **1.** Sack-, Packleinwand *f*; **II.** *adj.* **2.** sich bauschend; **3.** sackartig herˈabhängend (*Kleider*); **bag·gy** [ˈbægi] *adj.* bauschig, zu weit, sackartig herabhängend; ausgebeult (*Hose*).
ˈ**bag|·man** [-mən] *s.* [*irr.*] *Brit.* Handlungsreisende(r) *m*; ˈ~**·pipe** *s.* ♪ Dudelsack(pfeife *f*) *m*; ˈ~**·pip·er** *s.* Dudelsackpfeifer *m*; ˈ~**-snatch·er** *s.* Handtaschenräuber *m*.
bah [bɑ(:)] *int.* pah! (*Verachtung*).
bail[1] [beil] ⚖ **I.** *s.* (*nur sg.*) **1. a)** Bürge *m*, **b)** (ˈHaft)Kautiˌon *f*, Sicherheitsleistung *f*: *to go* (*od. stand*) ~ Sicherheit leisten, Kaution stellen, *fig.* wetten, sicher sein; *to admit to* (*od. allow*) ~ gegen Kaution freilassen; *out on* ~ gegen Kaution auf freiem Fuße; *to forfeit* (*Am. sl. jump*) *one's* ~ nicht *vor Gericht* erscheinen; *to surrender to* (*od. save one's*) ~ *vor Gericht* erscheinen; *to find* ~ sich e-n Bürgen verschaffen; **II.** *v/t.* **2.** *mst* ~ *out j-n* gegen Kautiˈonsstellung freibekommen; **3.** *Güter* konˈtraktlich überˈgeben.
bail[2] [beil] **I.** *v/t.* **1.** *Wasser* ausschöpfen: *to* ~ *out water*; *to* ~ *out a boat* ein Boot ausschöpfen; **2.** *mst* ~ *out fig. j-n od. et.* retten; **II.** *v/i.* **3.** ~ *out* ✈ ‚aussteigen', mit dem Fallschirm abspringen.
bail[3] [beil] *s.* Bügel *m*, Henkel *m*, (Halb)Reifen *m*, (Hand)Griff *m*.
bail[4] [beil] *s.* **1.** Schranke *f* (*im Stall*); **2.** *Kricket*: Querstab *m*.
bail·a·ble [ˈbeiləbl] *adj.* ⚖ kautiˈonsfähig.
bail·ee [beiˈli:] *s.* ⚖ Verwahrer *m* (*e-r beweglichen Sache*).
bail·er[1] [ˈbeilə] *s.* **1.** j-d der Wasser aus e-m Boote schöpft; **2.** Schöpfeimer *m*.
bail·er[2] [ˈbeilə] *s. Kricket*: Ballwurf *m*, der die Querstäbe trifft.
bai·ley[1] [ˈbeili] *s. hist.* Außenmauer *f*, Außenhof *m e-r Burg*: *Old* ♀ *Hauptkriminalgericht in London*.
Bai·ley[2] [ˈbeili] *npr.*: ~ *bridge e-e* Gerüstbrücke.
bail·iff [ˈbeilif] *s.* **1.** ⚖ **a)** Gerichtsvollzieher *m*, **b)** Gerichtsdiener *m*; **2.** *bsd. Brit.* (Guts)Verwalter *m*.
bail·i·wick [ˈbeiliwik] *s.* ⚖ Amtsbezirk *m* e-s *bailiff*.
bail·ment [ˈbeilmənt] *s.* ⚖ (vertragliche) Hinterˈlegung (*e-r beweglichen Sache*), Verwahrung(svertrag *m*) *f*.
bail·or [ˈbeilə] *s.* ⚖ Hinterˈleger *m*.
bairn [bɛən] *s. Scot.* Kind *n*.
bait [beit] **I.** *s.* **1.** Köder *m*; *fig.* Lokkung *f*, Reiz *m*; **2.** Rast *f*, Imbiß *m*; **3.** Füttern *n* (*Pferde*); **II.** *v/t.* **4.** mit Köder versehen; *fig.* ködern, (an)locken; **5.** *Pferde unterwegs* füttern; **6.** mit Hunden hetzen; *fig. j-n* reizen, quälen; **III.** *v/i.* **7.** einkehren, rasten; **8.** fressen (*Pferde*); ˈ**bait·er** [-tə] *s.* Hetzer *m*, Quäler *m*; ˈ**bait·ing** [-tiŋ] *s.* **1.** Hetze *f*, Quäleˈrei *f*; **2.** Rast *f*.
baize [beiz] *s. mst grüner* Fries (*Wollstoff für Tischüberzug*).
bake [beik] **I.** *v/t.* **1.** backen, im (Back)Ofen braten; → *half-baked*; **2. a)** dörren, austrocknen, härten: *sun-baked ground*, **b)** *Ziegel* brennen, **c)** ⊕ *Lack* einbrennen; **II.** *v/i.* **3.** backen, braten (*a. fig. in der Sonne*); gebacken werden (*Brot etc.*); **4.** dörren, hart werden; **III.** *s.* **5.** *Am.* gesellige Zs.-kunft; ˈ~**-house** *s.* Backhaus *n*, -stube *f*.
ba·ke·lite [ˈbeikəlait] *s.* ⊕ Bakeˈlit *n*.
bak·er [ˈbeikə] *s.* **1.** Bäcker *m*: ~*'s dozen* dreizehn; **2.** *Am.* tragbarer Backofen; ˈ**bak·er·y** [-əri] *s.* Bäckeˈrei *f*.
bakh·shish → *baksheesh*.
bak·ing [ˈbeikiŋ] **I.** *s.* Backen *n*; Brennen *n* (*Ziegel*); **II.** *adv. u. adj.* glühend heiß; ˈ~**-pow·der** *s.* Backpulver *n*.
bak·sheesh, bak·shish [ˈbækʃi:ʃ] *s.* ˈBakschisch *n*, Trinkgeld *n*; Bestechungsgeld *n* (*im Orient*).
Ba·la·kla·va hel·met [bæləˈklɑ:və] *s.* ⚔ *Brit.* (wollener) Kopfschützer.
bal·a·lai·ka [bæləˈlaikə] *s.* Balaˈlaika *f* (*russ. Zupfinstrument*).
bal·ance [ˈbæləns] **I.** *s.* **1.** Waage *f* (*a. fig.*); **2.** Gleichgewicht *n* (*a. fig.*); Gleichmut *m*: *loss of* ~ ⚕ Gleichgewichtsstörungen; *to hold the* ~ *fig.* das Zünglein an der Waage bilden; *to turn the* ~ den Ausschlag geben; *to lose one's* ~ das Gleichgewicht *od. fig.* die Fassung verlieren; *in the* ~ in der Schwebe; *to tremble in the* ~ auf Messers Schneide stehen; ~ *of mind* Gleichmut, Gelassenheit; ~ *of power* politisches Gleichgewicht; **3.** Gegengewicht *n*, Ausgleich *m*: *on* ~ wenn man alles erwägt; **4.** Ausgeglichenheit *f*, harˈmonisches Verhältnis (*Kunstwerk*); **5.** → *balance-wheel*; **6.** ✝ ˈSaldo *m*, Ausgleichsposten *m*, ˈÜberschuß *m*, Guthaben *n*, ˈKontostand *m*; Biˈlanz *f*: *adverse* ~ Unterbilanz; ~ *brought* (*od. carried*) *forward* Übertrag, Saldovortrag; (*un*)*favo*(*u*)*rable* ~ *of trade* aktive (passive) Handelsbilanz; ~ *due* Debetsaldo; ~ *at the bank* Bankguthaben; ~ *in hand* Kassenbestand; ~ *of payments* Zahlungsbilanz; *to strike a* ~ den Saldo *od.* (*a. fig.*) die Bilanz ziehen; **7.** Bestand *m*; F (ˈÜber)Rest *m*; **II.** *v/t.* **8.** *fig.* er-, abwägen; **9.** (*a. o.s.* sich) im Gleichgewicht halten; ins Gleichgewicht bringen, ausgleichen; ausbalancieren; ✝ *Rechnung od. Konto* ausgleichen, aufrechnen, saldieren, abschließen; *to* ~ *the cash* Kasse(nsturz) machen; → *account 5*; **10.** *Kunstwerk* harˈmonisch gestalten; **III.** *v/i.* **11.** sich im Gleichgewicht halten (*a. fig.*), balancieren; **12.** sich (hin u. her) wiegen; *fig.* schwanken; **13.** ✝ sich ausgleichen.
bal·ance beam *s. Turnen*: Schwebebalken *m*.
bal·anced [ˈbælənst] *adj. fig.* (gut-) ausgewogen, wohlerwogen, ausgeglichen (*a.* ✝), gleichmäßig: ~ *diet* ausgeglichene Kost.
ˈ**bal·ance|-sheet** *s.* ✝ Biˈlanz *f*, Rechnungsabschluß *m*; ˈ~**-wheel** *s.* ⊕ Hemmungsrad *n*, Unruh *f* (*Uhr*).
ba·la·ta [ˈbælətɑ:] *s.* Baˈlata *f* (*kautschukähnlicher Pflanzensaft*).
bal·co·ny [ˈbælkəni] *s.* Balˈkon *m* (*a. thea., zwischen erstem Rang u. Galerie*).
bald [bɔ:ld] *adj.* □ **1.** kahl (*ohne Haar, Federn, Laub, Pflanzenwuchs*): *as* ~ *as a coot* völlig kahl; **2.** *fig.* kahl, schmucklos, nüchtern, armselig, dürftig; **3.** *fig.* nackt, unverhüllt, trocken, unverblümt: *a* ~ *statement*; **4.** *zo.* weißköpfig (*Vögel*), mit Blesse (*Pferde*).
bal·da·chin, bal·da·quin [ˈbɔ:ldəkin] *s.* ˈBaldachin *m*, Thron-, Traghimmel *m*.
bal·der·dash [ˈbɔ:ldədæʃ] *s.* sinnloses Geschwätz *od.* Geschreibsel, ‚Quatsch' *m*.
ˈ**bald|·head** *s.* Kahlkopf *m*; ˈ~**-ˈhead·ed** *adj.* kahlköpfig: *to go* ~ *into sl.* blindlings hineinrennen in (*acc.*).
bald·ing [ˈbɔ:ldiŋ] *adj.* kahl werdend; **bald·ness** [ˈbɔ:ldnis] *s.* Kahlheit *f*; *fig.* Dürftigkeit *f*, Nacktheit *f*; ˈ**bald·pate** *s.* **1.** Kahl-, Glatzkopf *m*; **2.** *orn.* Pfeifente *f*.
bal·dric [ˈbɔ:ldrik] *s. hist.* Wehrgehenk *n*.
bale[1] [beil] **I.** *s.* ✝ Ballen *m*: ~ *goods* Ballengüter; **II.** *v/t.* in Ballen verpacken.
bale[2] → *bail*[2].
ˈ**bale·fire** *s.* Siˈgnal-, Freudenfeuer *n*.
bale·ful [ˈbeilful] *adj.* □ unheilvoll, verderblich; böse: *a* ~ *eye*.

bal·er → *bailer*[1].

balk [bɔ:k] I. *s.* 1. Hindernis *n*; 2. Enttäuschung *f*; 3. *dial. u. Am.* Auslassung *f*, Fehler *m*, Schnitzer *m*; 4. (Furchen)Rain *m*; 5. Hindernis *n*, Hemmnis *n*; 6. ⚠ Hauptbalken *m*; 7. *Billard*: Quartier *n*; 8. *Am. Baseball*: vorgetäuschter Wurf; II. *v/i.* 9. stocken, stutzen; scheuen (*at* bei, vor *dat.*) (*Pferd*); 10. ~ *at fig.* zu'rückweisen; III. *v/t.* 11. hindern, vereiteln: *to ~ s.o. of s.th.* j-n um et. bringen; 12. ausweichen (*dat.*), um'gehen; 13. sich entgehen lassen.

Bal·kan ['bɔ:lkən] I. *adj.* Balkan...; II. *s.*: *the ~s pl.* die 'Balkanstaaten, der 'Balkan; '**Bal·kan·ize** [-naiz] *v/t.* balkanisieren (*in [feindliche] Splitterstaaten zerstückeln*).

ball[1] [bɔ:l] I. *s.* 1. Ball *m*, **Kugel** *f*; rund(lich)er Körper, Knäuel *m*, *n*, Klumpen *m*, Kloß *m*, Ballen *m*: *three ~s* drei Kugeln (*Zeichen des Pfandleihers*); 2. **Kugel** *f* (*zum Spiel*); 3. *sport* a) Ball *m*, b) Ballspiel *n*, *Am. bsd.* Baseballspiel *n*, c) falscher Wurf: *to be on the ~ sl.* ‚auf Draht sein'; *to have the ~ at one's feet Brit.* das Spiel in der Hand haben, nur zuzugreifen brauchen; *to keep the ~ rolling* das Gespräch *od.* die Sache in Gang halten; *to set the ~ rolling* den Stein ins Rollen bringen; *to play ~* F mitmachen, ‚spuren'; 4. ⚔ *etc.* Kugel *f*; → *cartridge 1*; 5. (Abstimmungs)Kugel *f*; → *black ball*; 6. *ast.* Himmelskörper *m*, Erdkugel *f*; 7. ~ *of the eye* Augapfel; ~ *of the foot* Fußballen; ~ *of the thumb* Handballen; 8. *pl.* → *balls*; II. *v/t.* 9. (*v/i.* sich) zs.-ballen; 10. ~ *up sl. et.* durchein'anderbringen.

ball[2] [bɔ:l] I. *s.* **Ball** *m*, **Tanzgesellschaft** *f*: *to open the ~* a) den Ball (*mst fig.* den Reigen) eröffnen, b) *fig.* die Diskussion *od.* die Sache in Gang bringen; *to have a ~ sl.* a) sich (gut) amüsieren, b) → *II*; *to get a ~ out of s.th. sl.* an et. Spaß haben; II. *v/i. sl.* ‚bumsen'.

ball[3] [bɔ:l] *s.* große Arz'neipille (*für Pferde etc.*).

bal·lad ['bæləd] *s.* Bal'lade *f*; '**bal·lad-mon·ger** *s.* Bänkelsänger *m*; Dichterling *m*; '**bal·lad·ry** [-dri] *s.* Bal'ladendichtung *f*.

'**ball-and-'sock·et joint** *s.* ⊕, *anat.* **Kugel-, Drehgelenk** *n*.

bal·last ['bæləst] I. *s.* 1. ⚓, ✈ 'Ballast *m*, Beschwerung *f*: *in ~* in Ballast; 2. *fig.* et. was Stetigkeit gibt: *mental ~* innerer Halt; 3. ⊕ Steinschotter *m*, 'Bettungsmateri,al *n*; II. *v/t.* 4. ⚓, ✈ mit Ballast beladen; 5. *fig.* Festigkeit geben (*dat.*); 6. ⊕ beschottern; '**bal·last·age** [-tidʒ] *s.* 'Ballastgebühren *pl.*

'**ball|-'bear·ing** *s.*, *oft pl.* ⊕ Kugellager *n*; '**~-cock** *s.* ⊕ Schwimmerhahn *m*.

bal·le·ri·na [bælə'ri:nə] *s.* 1. (Prima)Balle'rina *f*; 2. Bal'lettänzerin *f*.

bal·let ['bælei] *s.* 1. Bal'lett *n*; 2. Bal'lettkorps *n*; '**~-danc·er** ['bæli] *s.* Bal'lettänzer(in); '**~-danc·ing** ['bæli] *s.* Bal'lettanzen *n*; Tanzen *n*.

bal·let·o·mane [bæ'litoumein] *s.* Bal'lettfa,natiker(in).

'**ball|-flow·er** *s.* ⚠ Ballenblume *f* (*gotische Verzierung*); ~ **game** *s. sport* 1. Ballspiel *n*; 2. *Am.* Baseballspiel *n*.

bal·lis·tic [bə'listik] *adj.* (□ *~ally*) *phys.*, ⚔ bal'listisch; → *missile 1*; **bal'lis·tics** [-ks] *s. pl. mst sg. konstr. phys.*, ⚔ Bal'listik *f*.

ball joint *s. anat.*, ⊕ Kugelgelenk *n*.

bal·lon d'es·sai [balɔ̃ desɛ] (*Fr.*) *s. bsd. fig.* Ver'suchsbal,lon *m*.

bal·loon [bə'lu:n] I. *s.* 1. ✈ ('Luft-) Bal,lon *m*; 2. Luftballon *m* (*Spielzeug*); 3. ⚠ (Pfeiler)Kugel *f*; 4. ⚗ Bal'lon *m*, Rezipi'ent *m*; 5. (*in Witzblättern etc.*) Sprech-, Denkblase *f*; 6. a. ~ *glass* 'Kognakschwenker *m*; II. *v/i.* 7. im Ballon aufsteigen; 8. sich blähen; III. *v/t.* 9. aufblasen; *fig.* aufblähen, über'treiben, steigern; 10. ✝ *Am. Preise* in die Höhe treiben; IV. *adj.* 11. aufgebläht: ~ *sleeve* Puffärmel; ~ **bar·rage** *s.* ⚔ Bal'lonsperre *f*; ~ **fab·ric** *s.* Bal'lonstoff *m*.

bal·loon·ist [bə'lu:nist] *s.* Bal'lonflieger(in), Luftschiffer(in).

bal·loon tire (*Brit.* **tyre**) *s.* ⊕ Bal'lonreifen *m*.

bal·lot ['bælət] I. *s.* 1. *hist.* Wahlkugel *f*; *weitS.* Stimmzettel *m*; 2. (Geheim)Wahl *f*: *voting is by ~* die Wahl ist geheim; 3. Zahl *f* der abgegebenen Stimmen; 4. Wahlgang *m*: *second ~* Stichwahl; II. *v/i.* 5. in geheimer Wahl wählen; 6. losen (*for* um); '**~-box** *s.* Wahlurne *f*; '**~-pa·per** *s.* Stimmzettel *m*; ~ **vote** *s.* Urabstimmung *f* (*bei Lohnkämpfen*).

'**ball(-point) pen** *s.* Kugelschreiber *m*.

'**ball-room** *s.* Ball-, Tanzsaal *m*; ~ **danc·ing** *s.* Gesellschaftstanz *m*, -tänze *pl.*

balls [bɔ:lz] *s. pl.* V 1. ‚Eier' *pl.*; 2. ‚Quatsch' *m*.

bal·ly ['bæli] *Brit. sl.* I. *adj.* verflixt (*oft nur Verstärkungswort*); II. *adv.* ‚riesig', sehr.

bal·ly·hoo [bæli'hu:] F I. *s.* **Propa'gandarummel** *m*, **unverschämte Re'klame**; **‚Tam'tam'** *n*, **Getue** *n*; II. *v/i. u. v/t.* **e-n Rummel machen (um), marktschreierisch anpreisen.**

bal·ly·rag ['bæliræg] *v/t.* mit *j-m* Possen *od.* Schindluder treiben.

balm [bɑ:m] *s.* 1. 'Balsam *m*: a) aro'matisches Harz, b) wohlriechende Salbe, c) *fig.* Trost *m*; 2. *fig.* bal'samischer Duft; 3. ⚘ ♀ *of Gilead* a) 'Balsamstrauch *m*, b) *dessen aromatisches Harz.*

bal·mor·al [bæl'mɔrəl] *s.* 1. Tou'risten-, Schnürstiefel *m*; 2. Schottenmütze *f*; 3. wollener 'Unterrock.

balm·y ['bɑ:mi] *adj.* □ 1. bal'samisch; 2. *fig.* mild; heilend; 3. *Brit. sl.* blöde, ‚verdreht'.

bal·ne·ol·o·gy [bælni'ɔlədʒi] *s.* ⚕ Balneolo'gie *f*, Bäderkunde *f*.

ba·lo·ney → *boloney*.

bal·sam ['bɔ:lsəm] *s.* 1. → *balm 1*; 2. ⚘ a) Springkraut *n*, b) Balsa'mine *f*; **bal·sam·ic** [bɔ:l'sæmik] *adj.* (□ *~ally*) 1. 'balsamartig, Balsam...; 2. bal'samisch (duftend); 3. *fig.* mild, sanft; lindernd, heilend.

Balt [bɔ:lt] *s.* Balte *m*, Baltin *f*; '**Bal·tic** [-tik] I. *adj.* 1. baltisch; 2. Ostsee...; II. *s.* 3. *a.* ~ *Sea* Ostsee *f*.

bal·us·ter ['bæləstə] *s.* Geländersäule *f*; *pl.* Treppengeländer *n*; **bal·us·trade** [bæləs'treid] *s.* Balu'strade *f*, Brüstung *f*; Geländer *n*.

bam·boo [bæm'bu:] *s.* 1. ⚘ 'Bambus *m*: ~ *curtain pol.* Bambusvorhang (*von Rotchina*); 2. 'Bambusrohr *n*, -stock *m*.

bam·boo·zle [bæm'bu:zl] *v/t. sl.* 1. beschwindeln (*out of* um), übers Ohr hauen; 2. foppen, verwirren.

ban [bæn] I. *v/t.* 1. verbieten: *to ~ a play*; *to ~ s.o. from speaking* j-m verbieten zu sprechen; 2. *sport* sperren, *j-m* Startverbot auferlegen; II. *s.* 3. (amtliches) Verbot: *travel ~* Reiseverbot; 4. Ablehnung *f* durch die öffentliche Meinung: *under a ~* allgemein mißbilligt, geächtet; 5. ⚖, *eccl.* Bann *m*, Acht *f*: *under the ~* in die Acht erklärt, exkommuniziert.

ba·nal [bə'nɑ:l] *adj.* ba'nal, abgedroschen; **ba·nal·i·ty** [bə'næliti] *s.* Banali'tät *f*, Gemeinplatz *m*.

ba·nan·a [bə'nɑ:nə] *s.* ⚘ Ba'nane *f* (*Pflanze od. Frucht*); ~ **plug** *s.* ⚡ Ba'nanenstecker *m*.

band[1] [bænd I. *s.* 1. **Schar** *f*, **Gruppe** *f*; **Bande** *f*: ~ *of robbers* **Räuberbande**; 2. **Band** *f*, **(Mu'sik)Ka,pelle** *f*, **('Tanz)Or,chester** *n*: *big ~* **Big Band**; → *beat 12*; II. *v/t.* 3. *mst ~ together* zu e-r Gruppe *etc.* vereinigen; III. *v/i.* 4. *mst ~ together* sich zs.-tun, *b.s.* sich zs.-rotten.

band[2] [bænd] I. *s.* 1. (flaches) Band; (Heft)Schnur *f*: *rubber ~* Gummiband; 2. Band *n* (*an Kleidern*), Gurt *m*, Binde *f*, (Hosen- *etc.*)Bund *m*, Einfassung *f*; 3. Band *n*, Ring *m* (*als Verbindung od. Befestigung*); 4. ⚕ (Gelenk)Band *n*; Verband *m*; 5. (Me'tall)Reifen *m*; Ring *m*, Streifen *m*; 6. ⊕ Treibriemen *m*; 7. *pl.* Beffchen *n der Geistlichen u. Richter*; 8. *andersfarbiger od. andersartiger* Streifen, Querstreifen *m*; Schicht *f*; 9. *Radio*: (Fre'quenz)Band *n*: ~ *filter* Bandfilter; II. *v/t.* 10. mit e-m Band *od.* e-r Binde versehen, zs.-binden; *Am. Vogel etc.* kennzeichnen; 11. mit (e-m) Streifen versehen; **band·age** ['bændidʒ] I. *s.* 1. ⚕ Verband *m*, Binde *f*, Ban'dage *f*: ~ *case* Verbandskasten; 2. Binde *f*, Band *n*; II. *v/t.* 3. *Wunde etc.* verbinden, *Bein etc.* bandagieren.

ban·dan·a [bæn'dɑ:nə], **ban·dan·na** [bæn'dænə] *s.* buntes Taschen- *od.* Halstuch.

band|-box ['bænd*b*ɔks] *s.* Hutschachtel *f*: *as if one came out of a ~* wie aus dem Ei gepellt; '**~-brake** *s.* ⊕ Bandbremse *f*.

ban·deau ['bændou] *pl.* **-deaux** [-douz] (*Fr.*) *s.* Haar- *od.* Stirnband *n der Frauen.*

ban·de·rol(e) ['bændəroul] *s.* 1. langer Wimpel, Fähnlein *n*; 2. Inschriftenband *n*.

ban·dit ['bændit] *pl. a.* **-ti** [bæn'diti(:)] *s.* Ban'dit *m*, (Straßen)Räuber *m*: *a banditti coll.* e-e Räuberbande; '**ban·dit·ry** [-tri] *s.* Räuber(un)wesen *n*.

band·mas·ter ['bænd*m*ɑ:stə] *s.* ♪ Ka'pellmeister *m*.

'**ban·dog** *s. Brit.* Kettenhund *m.*
ban·do·leer, ban·do·lier [bændə'liə] *s.* ⚔ *(um die Brust geschlungener)* Pa'tronengurt.
'**band|-pass fil·ter** *s. Radio*: Bandfilter *n, m*; ~ **pul·ley** *s.* ⊕ Riemenscheibe *f*, Schnurrad *n*; '~**-saw** *s.* ⊕ Bandsäge *f*; ~ **shell** *s.* offener, muschelförmiger Or'chester,pavillon.
bands·man ['bændzmən] *s.* [*irr.*] ♪ 'Musiker *m*, Mitglied *n* e-r Mu'sikka,pelle.
'**band|·stand** *s.* Mu'sik,pavillon *m*; ~**switch** *s.Radio*: Fre'quenz(band)-,umschalter *m*; ~ **wag·on** *s.* **1.** Wagen *m* mit e-r Mu'sikka,pelle; **2.** F *pol.* erfolgreiche Seite: *to climb on the* ~ sich j-m *od.* e-r (siegreichen) Sache anschließen; ~ **width** *s. Radio*: Bandbreite *f.*
ban·dy[1] ['bændi] *v/t., a.* ~ *about* **1.** 'hin- u. 'herwerfen, -schlagen, -schleudern (*a. fig.*); **2.** *Schläge, Blicke, böse Worte etc.* wechseln (*with* mit); **3.** *Gerüchte etc.* verbreiten; *et.* stets im Munde führen: *his name was bandied about* sein Name war in aller Munde (*oft b.s.*).
ban·dy[2] ['bændi], '**bandy-legged** [-legd] *adj.* nach außen gebogen (*Beine*), O- *od.* säbelbeinig.
bane [bein] *s.* Verderben *n*, Ru'in *m*: *the* ~ *of his life* der Fluch s-s Lebens; '**bane·ful** [-ful] *adj.* □ verderblich, schädlich.
bang[1] [bæŋ] **I.** *s.* **1.** schallender Schlag; **2.** Krach *m*, Knall *m*; **3.** *Am.* Ener'gie *f*, Schwung *m*; **4.** V ,Nummer' *f*: *to have a* ~ e-e Nummer schieben; **II.** *v/t.* **5.** knallen mit, dröhnend schlagen, heftig stoßen; *Tür* (zu)schlagen: *to* ~ *one's fist on the table* mit der Faust auf den Tisch schlagen; *to* ~ *sense into him fig.* ihm Vernunft einhämmern; **6.** F (ver)hauen; besiegen; **7.** V ,bumsen'; **III.** *v/i.* **8.** knallen (*a.* = *schießen*); knallend schlagen, heftig stoßen; **9.** (zu)knallen (*Tür*); **10.** V ,bumsen'; **IV.** *adv.* **11.** mit Knall *od.* Krach; *fig.* plötzlich, unerwartet: ~ *in the eye* ,peng' ins Auge; ~ *goes the money* futsch ist das Geld; ~ *up-to-date* hochmodern; **V.** *int.* **12.** paff!, bum(s)!, peng!
bang[2] [bæŋ] *s.* 'Ponyfri,sur *f.*
bang·er[1] ['bæŋə] *s. sl.* Wurst *f*, Würstchen *n.*
bang·er[2] ['bæŋə] *s.* etwas das knallt (*z. B. Feuerwerk*).
ban·gle ['bæŋgl] *s.* Armring *m*, -reif *m*; Fußring *m*, -spange *f.*
'**bang-up** *adv. u. adj. Am. sl.* ,prima', Klasse...
ban·ian ['bæniən] *s.* **1.** Bani'an *m* (*Kaufmann der Hindus*); **2.** lose Jacke der Hindus; '~**-tree** *s.* ⚘ indischer Feigenbaum.
ban·ish ['bæniʃ] *v/t.* **1.** verbannen, ausweisen (*from* aus); **2.** *fig.* (ver-) bannen, verscheuchen, vertreiben: *to* ~ *care*; '**ban·ish·ment** [-mənt] *s.* **1.** Verbannung *f*, Ausweisung *f*; **2.** *fig.* Vertreiben *n*, Bannen *n.*
ban·is·ter ['bænistə] *s.* Geländersäule *f*; *pl.* Treppengeländer *n.*
ban·jo ['bændʒou] *pl.* **-jos, -joes** *s.* Banjo *n*; '**ban·jo·ist** [-ouist] *s.* Banjospieler *m.*
bank[1] [bæŋk] **I.** *s.* **1.** ✝ Bank *f*, Bankhaus *n*: *the* ♀ *Brit.* die Bank von England; ~ *of deposit* Depositenbank; ~ *of issue* (*od. circulation*) Noten-, Emissionsbank; **2.** (Spiel-) Bank *f*: *to break (keep) the* ~ die Bank sprengen (halten); **3.** Vorrat *m*, Re'serve *f*; → *blood bank*; **II.** *v/i.* **4.** ✝ Geld auf e-r Bank haben: *I* ~ *with* ... ich habe mein Bankkonto bei ...; **5.** *Glücksspiel*: die Bank halten; **6.** (*on*) bauen, s-e Hoffnung setzen (auf *acc.*); **III.** *v/t.* **7.** *Geld* bei e-r Bank einzahlen *od.* hinter'legen.
bank[2] [bæŋk] **I.** *s.* **1.** Erdwall *m*, Damm *m*, Wall *m*, Böschung *f*; Über'höhung *f e-r Straße*; **2.** Ufer *n e-s Flusses etc.*; **3.** (Sand)Bank *f*, Untiefe *f*: *Dogger* ♀ Doggerbank (*in der Nordsee*); **4.** Bank *f*, Wand *f*, Wall *m*; Zs.-ballung *f*: ~ *of clouds* Wolkenbank; *snow* ~ Schneewall; **5.** ✈ Querneigung *f in der Kurve*; **II.** *v/t.* **6.** eindämmen, mit e-m Wall um'geben; *fig.* dämpfen; **7.** *e-e Straße in der Kurve* über'höhen; **8.** *a.* ~ *up* aufhäufen, zs.-ballen; **9.** ✈ in die Kurve bringen; **10.** *a.* ~ *up ein Feuer* mit Asche belegen (*um den Zug zu vermindern*); **III.** *v/i.* **11.** *a.* ~ *up* sich aufhäufen, sich zs.-ballen (*Wolken, Sand etc.*); **12.** ✈ in die Kurve gehen, in der Kurve liegen; **13.** e-e Über'höhung haben (*Straße in der Kurve*).
bank[3] [bæŋk] *s.* **1.** Ruderbank *f od.* (Reihe *f* der) Ruderer *pl. in e-r Galeere*; **2.** ⊕ Reihe *f*, Reihenanordnung *f.*
bank·a·ble ['bæŋkəbl] *adj.* ✝ bankfähig, diskontierbar.
bank| ac·count *s.* ✝ 'Bank,konto *n*; '~**-bill** *s.* Bankwechsel *m* (*von e-r Bank gedeckt*); '~**-book** *s.* Sparbuch *n*; ~ **clerk** *s.* Bankangestellte(r *m*) *f*, -beamte(r) *m*, -beamtin *f*; ~ **dis·count** *s.* 'Bankdis,kont *m*; '~**-draft** *s.* Bankwechsel *m* (*von e-r Bank auf e-e andere gezogen*).
bank·er ['bæŋkə] *s.* **1.** ✝ Banki'er *m*; **2.** *Kartenspiel*: Bankhalter *m.*
bank hol·i·day *s. Brit.* Bankfeiertag *m.*
bank·ing[1] ['bæŋkiŋ] ✝ **I.** *s.* Bankwesen *n*; **II.** *adj.* Bank...
bank·ing[2] ['bæŋkiŋ] *s.* ✈ Schräglage *f.*
bank·ing| ac·count *s.* ✝ 'Bank,konto *n*; ~ **house** *s.* Bankhaus *n*, -geschäft *n.*
bank| man·ag·er *s.* 'Bankdi,rektor *m*; '~**-note** *s.* ✝ Banknote *f*; '~**-rate** *s.* ✝ Dis'kontsatz *m*; '~**-rob·ber** *s.* Bankräuber *m*; '~**-rob·ber·y** *s.* Bankraub *m.*
bank·rupt ['bæŋkrəpt] **I.** *s.* **1.** ⚖ Kon'kurs-, Gemeinschuldner *m*, Bankrot'teur *m*: ~*'s certificate* Dokument über Einstellung des Konkursverfahrens; ~*'s estate* Konkursmasse; **2.** *fig.* her'untergekommener Mensch; **II.** *adj.* **3.** ⚖ bank'rott: *to go* ~ in Konkurs geraten, Bankrott machen; **4.** *fig.* mittellos, ruiniert: *morally* ~ sittlich verkommen; ~ *in intelligence* bar aller Vernunft; **III.** *v/t.* **5.** ⚖ bankrott machen; **6.** *fig.* zu'grunde richten; '**bank·rupt·cy** [-ptsi] *s.* **1.** ⚖ Bank'rott *m*, Kon'kurs *m*: ~ *act* Konkursordnung; *court of* ~ Konkursgericht; *declaration of* ~ Bankrotterklärung; *petition in* ~ Konkursantrag; **2.** *fig.* Ru'in *m*, Bankrott *m.*
bank state·ment *s.* ✝ Bankausweis *m.*
ban·ner ['bænə] **I.** *s.* **1.** Banner *n*, Fahne *f*, Heeres-, Kirchen-, Reichsfahne *f*; **2.** *fig.* Banner *n*, Fahne *f*: *the* ~ *of freedom*; **3.** Banner *n* mit Inschrift, Spruchband *n*, Transpa'rent *n bei politischen Umzügen*; **4.** *a.* ~ *headline* 'Balken,überschrift *f*, Schlagzeile *f*; **II.** *adj. Am.* **5.** führend, 'prima: ~ *class* beste Sorte; '~**-bear·er** *s.* **1.** Fahnenträger *m*; **2.** Vorkämpfer *m.*
ban·nock ['bænək] *s. Scot.* flacher Hafer- *od.* Gerstenmehlkuchen.
banns [bænz] *s. pl. eccl.* Aufgebot *n des Brautpaares vor der Ehe*: *to ask (od. call od. publish od. put up) the* ~ kirchlich aufbieten.
ban·quet ['bæŋkwit] **I.** *s.* Ban'kett *n*, Festessen *n*; **II.** *v/t.* festlich bewirten; **III.** *v/i.* tafeln; '**ban·quet·er** [-tə] *s.* Ban'ketteilnehmer(in).
ban·shee [bæn'ʃi:] *s. Ir., Scot.* Todesfee *f.*
ban·tam ['bæntəm] **I.** *s.* **1.** *zo.* 'Bantam-, Zwerghuhn *n*, -hahn *m*; **2.** *fig.* Zwerg *m*, Knirps *m*; **II.** *adj.* **3.** klein, winzig; '~**-weight** *s. sport* 'Bantamgewicht(ler *m*) *n.*
ban·ter ['bæntə] **I.** *v/t.* necken, hänseln; **II.** *v/i.* necken, scherzen; **III.** *s.* Necke'rei *f*, Scherz *m*; '**ban·ter·er** [-ərə] *s.* Spaßvogel *m.*
bant·ing ['bæntiŋ] *s. obs.* Entfettungskur *f.*
Ban·tu ['bæn'tu:] *pl.* **-tu, -tus I.** *s.* **1.** 'Bantu(neger) *m*; **2.** 'Bantusprache *f*; **II.** *adj.* **3.** Bantu...
ban·yan ['bæniən] → *banian-tree.*
ban·zai ['bæn'zai] *int.* Banzai! (*japanischer Hoch- od. Hurraruf*).
ba·o·bab ['beiəbæb] *s.* ⚘ 'Baobab *m*, Affenbrotbaum *m.*
bap·tism ['bæptizəm] *s.* **1.** *eccl.* Taufe *f*: ~ *of blood* Märtyrertod; **2.** *fig.* Taufe *f*, Einweihung ⚓ Namensgebung *f*: ~ *of fire* ⚔ Feuertaufe; **bap·tis·mal** [bæp'tizməl] *adj. eccl.* Tauf...; '**bap·tist** [-ist] *s. eccl.* **1.** Bap'tist(in); **2.** Täufer *m*: *John the* ♀; '**bap·tis·ter·y** [-istəri], '**bap·tist·ry** [-istri] *s.* **1.** 'Taufka,pelle *f*; **2.** Taufbecken *n*; **bap·tize** [bæp'taiz] *v/t. u. v/i. eccl. u. fig.* taufen.
bar [bɑ:] **I.** *s.* **1.** Stange *f*, Stab *m*: ~*s* Gitter; *prison* ~*s* Gefängnis; *behind* ~*s fig.* hinter Schloß u. Riegel; **2.** Riegel *m*, Querbalken *m*, -holz *n*, -stange *f*; Schranke *f*, Sperre *f*; **3.** *fig.* (*to*) Hindernis *n* (für) (*a.* ⚖), Verhinderung *f* (*gen.*), Schranke *f* (gegen); ⚖ Ausschließungsgrund *m*: *a* ~ *to progress* ein Hemmnis für den Fortschritt; *as a* ~ *to, in* ~ *of* ⚖ zwecks Ausschlusses (*gen.*); **4.** Riegel *m*, Stange *f*: *a* ~ *of soap* ein Riegel Seife; ~ *soap* Stangenseife; *a chocolate* ~ ein Riegel (*a.* e-e Tafel) Schokolade; *gold* ~ Goldbarren; **5.** Barre *f*, Sandbank *f* (*am Hafeneingang*); **6.** Strich *m*, Streifen *m*, Band *n*, Strahl *m* (*Farbe, Licht*); **7.** ⚡ La'melle *f*; **8.** ♪ a)

Taktstrich *m*, **b)** *ein* Takt; **9.** Streifen *m*, Band *n an e-r Medaille*; Spange *f am Orden*; **10.** ⚖ **a)** Schranke *f vor der Richterbank*: *prisoner at the ~* Angeklagte(r); *trial at ~ Brit.* Verhandlung vor dem vollen Strafsenat des *High Court of Justice* (*z.B. bei Landesverrat*), **b)** Schranke *f* in den *Inns of Court*: *to be called* (*Am. admitted*) *to the ~* als Barrister (*plädierender Anwalt*) zugelassen werden; *to be at the ~* Barrister sein; *to read for the ~* Jura studieren, **c)** *the ~* die gesamte Anwaltschaft; Beruf des Barristers: *2 Association Am.* (halbamtliche) Anwaltsvereinigung, -kammer; **11.** *parl.*: *the ~ of the House* Schranke im brit. Unterhaus (*bis zu der geladene Zeugen vortreten dürfen*); **12.** *fig.* Gericht *n*, Tribu'nal *n*: *the ~ of public opinion* das Urteil der öffentlichen Meinung; **13.** Bar *f*: **a)** Bü'fett *n*, Theke *f*, **b)** Schankraum *m*, Imbißstube *f*; → *ice-cream bar*; **II.** *v/t.* **14.** verriegeln: *to ~ in* einsperren; *to ~ out* aussperren; **15.** *a. ~ up* vergittern, mit Schranken um'geben: *~red window* Gitterfenster; **16.** versperren: *to ~ the way* (*a. fig.*); **17.** hindern (*from* an *dat.*); hemmen, auf-, abhalten; **18.** ausschließen (*from* von; *a.* ⚖), verbieten; **19.** absehen von; **20.** *Brit. sl.* nicht leiden können; **21.** mit Streifen versehen; **III.** *prp.* **22.** außer, abgesehen von: *~ one* außer einem; *~ none* (alle) ohne Ausnahme.

barb¹ [bɑ:b] *s.* **1.** 'Widerhaken *m*; **2.** *fig.* Stachel *m*; **3.** *zo.* Bart(faden) *m*; Fahne *f e-r Feder.*

barb² [bɑ:b] *s. zo.* Berberpferd *n.*

bar·bar·i·an [bɑ:'bɛəriən] **I.** *s.* **1.** Bar'bar *m*; **2.** *fig.* Barbar *m*, roher u. ungesitteter Mensch; Unmensch *m*; **II.** *adj.* **3.** bar'barisch, unzivilisiert; **4.** *fig.* roh, ungesittet, grausam; **bar'bar·ic** [-'bærik] *adj.* (□ *~ally*) barbarisch, wild, roh, ungesittet; **bar·ba·rism** ['bɑ:bərizəm] *s.* **1.** Barba'rismus *m*, Sprachwidrigkeit *f*; **2.** Barba'rei *f*, 'Unkul,tur *f*; **bar'bar·i·ty** [-'bæriti] *s.* Barbarei *f*, Roheit *f*, Grausamkeit *f*, Unmenschlichkeit *f*; **bar·ba·rize** ['bɑ:bəraiz] **I.** *v/t.* **1.** verrohen *od.* verwildern lassen; **2.** *Sprache, Kunst etc.* durch Stilwidrigkeiten *etc.* verderben; **II.** *v/i.* **3.** verrohen; **bar·ba·rous** ['bɑ:bərəs] *adj.* □ barbarisch, roh, ungesittet, grausam.

bar·be·cue ['bɑ:bikju:] **I.** *s.* **1.** großer Bratrost *für ganze Tiere*; **2.** im ganzen gebratenes Tier (*bsd. Ochse, Schwein*); **3.** Essen *n* im Freien, bei dem ganze Tiere gebraten werden; **II.** *v/t.* **4.** *ganze Tiere* auf großem Rost braten.

barbed [bɑ:bd] *adj.* **1.** mit 'Widerhaken *od.* Stacheln (versehen), Stachel...; **2.** *fig.* scharf, verletzend: *~ words*; *~* **wire** *s.* Stacheldraht *m.*

bar·bel ['bɑ:bəl] *s. ichth.* Barbe *f.*

'bar-bell *s. sport* Hantel *f mit langer Stange*, Kugelstange *f.*

bar·ber ['bɑ:bə] **I.** *s.* Bar'bier *m*, ('Herren)Fri,seur *m*: *~('s) shop* Friseurladen; **II.** *v/t. Am.* rasieren; frisieren.

bar·ber·ry ['bɑ:bəri] *s.* ♀ Berbe'ritze *f.*

bar·ber's| itch *s.* ⚕ Bartflechte *f*; *~* **pole** *s.* spi'ralig bemalte Stange als Geschäftszeichen der Fri'seure.

'bar·ber-'sur·geon *s. obs.* Bader *m.*

bar·bi·can ['bɑ:bikən] *s.* ⚔ Außenwerk *n*, Vorwerk *n*, Wachtturm *m.*

bar·bi·tal ['bɑ:bitæl] *s. pharm. Am.* Barbi'tal *n* (*Schlafmittel*); *~* **so·di·um** *s. pharm.* 'Natriumsalz *n* von Barbital (*Schlafmittel*).

bar·bi·tone ['bɑ:bitoun] *s. pharm. Brit.* → *barbital*; **bar·bi·tu·rate** [bɑ:bi'tjuəreit] *s. pharm.* Barbi'tursäurepräpa,rat *n* (*Schlafmittel*); **bar·bi·tu·ric** [bɑ:bi'tjuərik] *adj. pharm.*: *~ acid* Barbitursäure; *~ tablets* Barbiturtabletten (*Schlafmittel*).

bar·ca·rol(l)e ['bɑ:kəroul] *s.* ♪ Barka'role *f* (*Gondellied*).

bar cop·per *s.* ⊕ Stangenkupfer *n.*

bard [bɑ:d] *s.* **1.** Barde *m* (*keltischer Sänger*); **2.** *fig.* Barde *m*, Sänger *m* (*Dichter*): *2 of Avon* Shakespeare; **'bard·ic** [-dik] *adj.* Barden...; **bard·ol·a·try** [bɑ:'dɔlətri] *s.* Shakespearevergötterung *f.*

bare [bɛə] **I.** *adj.* □ → *barely*; **1.** nackt, unbekleidet, bloß: *in one's ~ skin* splitternackt; **2.** kahl, leer, nackt, unbedeckt: *~ walls* kahle Wände; *the ~ boards* der nackte Fußboden; *the larder was ~* die Speisekammer war leer, *fig.* es war nichts zu essen im Hause; *~ sword* bloßes *od.* blankes Schwert; **3.** ♀, *zo.* kahl; **4.** unverhüllt, klar: *to lay ~* darlegen, zeigen, enthüllen (*a. fig.*); *the ~ facts* die nackten Tatsachen; *~ nonsense* barer *od.* reiner Unsinn; **5.** (*of*) entblößt (von), arm (an *dat.*), ohne; **6.** knapp, kaum hinreichend: *~ majority* knappe Mehrheit; *a ~ ten pounds* gerade noch 10 Pfund; **7.** bloß, al'lein, nur: *the ~ thought* der bloße (*od.* allein der) Gedanke; **II.** *v/t.* **8.** entblößen, entkleiden; **9.** *fig.* bloßlegen, enthüllen: *to ~ one's heart* sein Herz öffnen (*to j-m*).

'bare|·back *adj. u. adv.* ungesattelt; **'~-backed** *adj.* → *bareback*; **'~-faced** [-feist] *adj.* □ *fig.* unverhüllt, schamlos, frech; **'~-faced·ness** [-feistnis] *s. fig.* Frechheit *f*; **'~-foot** *adj. u. adv.* barfuß; **'~-'foot·ed** *adj.* barfuß, barfüßig; **'~-'head·ed** *adj. u. adv.* mit bloßem Kopf, barhäuptig, ohne Kopfbedeckung; **'~-'legged** *adj.* mit nackten Beinen.

bare·ly ['bɛəli] *adv.* **1.** kaum, knapp, gerade (noch): *~ enough time*; **2.** ärmlich, spärlich; **bare·ness** ['bɛənis] *s.* **1.** Nacktheit *f*, Blöße *f*, Kahlheit *f*; **2.** Dürftigkeit *f.*

bare·sark ['bɛəsɑ:k] **I.** *s.* Ber'serker *m*; **II.** *adv.* ohne Rüstung.

bar·gain ['bɑ:gin] **I.** *s.* **1.** (geschäftliches) Abkommen, Handel *m*, Geschäft *n*: *a good* (*bad*) *~*; **2.** vorteilhaftes Geschäft, günstiger Kauf, Gelegenheitskauf *m* (*a. die gekaufte Sache*): *at £ 10 it is a* (*dead*) *~* für £ 10 ist es spottbillig; *it's a ~!* abgemacht!, topp!; *into the ~* obendrein, noch dazu; *to strike a ~* ein Abkommen treffen, e-n Handel abschließen; *to make the best of a bad ~* sich so gut wie möglich aus der Affäre ziehen; *to drive a hard ~* zäh um den Preis feilschen, rücksichtslos s-n Vorteil wahren; **II.** *v/i.* **3.** handeln, feilschen (*for, about* um); **4.** verhandeln, über'einkommen (*for* über *acc.*, *that* daß): *~ing point* Verhandlungspunkt; *~ing position* Verhandlungsposition; **5.** (*for*) rechnen (mit), erwarten (*acc.*) (*mst neg.*): *I did not ~ for that* darauf war ich nicht gefaßt; *it was more than we had ~ed for* damit hatten wir nicht gerechnet, das war e-e peinliche Überraschung für uns; **III.** *v/t.* **6.** *Tarif etc.* aushandeln; *~* **base·ment** *s.* Niedrigpreisabteilung *f* im Tiefgeschoß *e-s Warenhauses*; *~* **count·er** *s.* Wühltisch *m.*

bar·gain·er ['bɑ:ginə] *s.* Feilscher (-in); j-d der (immer) die günstigsten Bedingungen auszuhandeln sucht.

bar·gain| price *s.* Spott-, Schleuderpreis *m*; *~* **sale** *s.* (Aus)Verkauf *m* zu her'abgesetzten Preisen.

barge [bɑ:dʒ] **I.** *s.* **1.** ⚓ flaches Flußod. Ka'nalboot, Lastkahn *m*; **2.** ⚓ Bar'kasse *f*; **3.** ⚓ Hausboot *n*; **II.** *v/i.* **4.** F ungeschickt gehen *od.* fahren *od.* sich bewegen, torkeln, stürzen, prallen (*into* in *acc.*, *against* gegen); **5.** *~ in* F her'einplatzen, sich einmischen; **bar·gee** [bɑ:'dʒi:] *s. Brit.* **1.** Kahnführer *m*; **2.** roher Kerl: *to swear like a ~* fluchen wie ein Landsknecht.

'barge|·man [-mən] *s.* [*irr.*] Kahnführer *m*; **'~-pole** *s.* Bootsstange *f*: *I wouldn't touch him with a ~ Brit.* F ich würde ihn nicht mit e-r Feuerzange anfassen.

bar·ic ['bɛərik] *adj.* ⚗ Barium...

bar i·ron *s.* ⊕ Stabeisen *n.*

bar·i·tone ['bæritoun] *s.* ♪ 'Bariton *m* (*Stimme u. Sänger*).

bar·i·um ['bɛəriəm] *s.* ⚗ 'Barium *n*; *~* **sul·phate** *s.* 'Bariumsul,fat *n*, Ba'ryt *m*, Schwerspat *m.*

bark¹ [bɑ:k] **I.** *s.* **1.** ♀ (Baum)Rinde *f*, Borke *f*; **2.** → *Peruvian I*; **3.** ⊕ (Gerber)Lohe *f*; **II.** *v/t.* **4.** *Bäume* abrinden; **5.** abschürfen: *to ~ one's knees.*

bark² [bɑ:k] **I.** *v/i.* **1.** bellen, kläffen (*a. fig.*): *to ~ at s.o. fig.* j-n anschnauzen; *~ing dogs never bite* Hunde, die bellen, beißen nicht; *to ~ up the wrong tree* **a)** auf dem Holzweg sein, **b)** an der falschen Adresse sein; **2.** *fig.* ‚bellen' (*husten*); böllern (*Schußwaffe*), donnern (*Kanonen*); **3.** ‚anreißen'; **II.** *s.* **4.** Bellen *n*: *his ~ is worse than his bite* er kläfft nur (aber beißt nicht); **5.** *fig.* ‚Bellen' *n* (*Husten*); Donnern *n* (*Kanonen*).

bark³ [bɑ:k] *s.* **1.** ⚓ Bark *f*; **2.** *poet.* Schiff *n.*

'bar|·keep *Am.* F → *barkeeper*; **'~·keep·er** *s.* **1.** Barkellner *m*, -mixer *m*; **2.** Barbesitzer *m.*

bark·er¹ ['bɑ:kə] *s.* **1.** Beller *m*, Kläffer *m*; **2.** F ‚Anreißer' *m*; **3.** *sl.* ‚Schießeisen' *n* (*Pistole*).

bark·er² ['bɑ:kə] *s.* Rindenschäler *m.*

bark| pit *s. Gerberei*: Lohgrube *f*; *~* **tree** *s.* ♀ 'Chinarindenbaum *m.*

bar·ley ['bɑ:li] *s.* ♀ Gerste *f*: *French* ~, *pearl* ~ Perlgraupen *pl.*; *pot* ~ ungeschälte Graupen *pl.*; '~-**broth** *s.* **1.** Gerstensuppe *f*; **2.** Starkbier *n*; '~-**corn** *s.* Gerstenkorn *n*: *John* ♀ *scherzhafte Personifikation (der Gerste als Grundstoff) von Bier (‚Gerstensaft') od. Whisky*; ~ **sugar** *s.* Gerstenzucker *m*; '~-**wa·ter** *s.* ⚕ Gerstenschleim *m*, -trank *m*.
barm [bɑ:m] *s.* Bärme *f*, (Bier-)Hefe *f*.
'**bar|·maid** *s. bsd. Brit.* Bardame *f*, -kellnerin *f*; '~·**man** [-mən] *s.* [*irr.*] → *barkeeper 1.*
barm·y ['bɑ:mi] *adj.* **1.** hefig, gärend, schaumig; **2.** *Brit. sl. a.* ~ *on the crumpet* ‚verdreht', ‚plem'plem': *to go* ~ verrückt werden.
barn [bɑ:n] *s.* **1.** Scheune *f*; **2.** *Am.* (Vieh)Stall *m*.
bar·na·cle[1] ['bɑ:nəkl] *s.* **1.** *orn.* Ber'nikel-, Ringelgans *f*; **2.** *zo.* Entenmuschel *f*; **3.** *fig.* ‚Klette' *f* (*nicht abzuschüttelnder od. aufdringlicher Mensch*).
bar·na·cle[2] ['bɑ:nəkl] *s.* **1.** *mst pl.* Nasenknebel *m für unruhige Pferde*; **2.** *pl. Brit.* F Kneifer *m*, Zwicker *m*.
barn| dance *s. Am.* ländlicher Tanz; '~-'**door** *s.* Scheunentor *n*: *as big as a* ~ F groß wie ein Scheunentor, nicht zu verfehlen; ~ **fowl** *s.* Haushuhn *n*; '~-**owl** *s. orn.* Schleiereule *f*; '~-**storm** *v/i.* F ‚auf die Dörfer gehen': **a**) her'umreisen u. auf dem Lande The'ateraufführungen veranstalten, **b**) *pol.* Wahlreden *etc.* halten; '~-**storm·er** *s.* F Wander- *od.* Schmierenschauspieler *m*; her'umreisender Wahlredner; ~ **swal·low** *s. orn.* Rauchschwalbe *f*; '~-**yard** *s.* Scheunen-, Bauernhof *m*.
bar·o·graph ['bærougrɑ:f, -græf] *s. phys., meteor.* Baro'graph *m* (*selbstaufzeichnender Luftdruckmesser*).
ba·rom·e·ter [bə'rɔmitə] *s.* **1.** *phys.* Baro'meter *n*, Wetterglas *n*; **2.** *fig.* Grad-, Stimmungsmesser *m*; **bar·o·met·ric** [bærə'metrik] *adj.* (□ ~*ally*) *phys.* baro'metrisch, Barometer...: ~ *maximum* Hoch, Hochdruckgebiet; ~ *pressure* Atmosphären-, Luftdruck; **bar·o·met·ri·cal** [bærə'metrikəl] *adj.* □ → *barometric.*
bar·on ['bærən] *s.* **1.** *hist.* Pair *m*, Ba'ron *m*; *jetzt*: Baron *m* (*brit. Adelstitel*); **2.** *nicht-Brit.* Baron *m*, Freiherr *m*; **3.** *fig.* (Indu'strie- *etc.*) Ba,ron *m*, Ma'gnat *m*; **4.** *Küche*: ungeteilte Lendenstücke *pl.*: ~ *of beef.*
bar·on·age ['bærənidʒ] *s.* **1.** *coll.* (Gesamtheit *f* der) Ba'rone *pl.*; **2.** Verzeichnis *n* der Barone; **3.** Rang *m* e-s Barons; '**bar·on·ess** [-nis] *s.* **1.** *Brit.* Ba'ronin *f*; **2.** *nicht-Brit.* Baronin *f*, Freifrau *f*; '**bar·on·et** [-nit] **I.** *s.* 'Baronet *m* (*brit. Adelstitel*; *abbr. Bart.*); **II.** *v/t.* zum Baronet ernennen; '**bar·on·et·age** [-nitidʒ] *s.* **1.** *coll.* (Gesamtheit *f* der) Baronets *pl.*; **2.** Verzeichnis *n* der Baronets; '**bar·on·et·cy** [-nitsi] *s.* Titel *m od.* Rang *m* e-s Baronet; **ba·ro·ni·al** [bə'rounjəl] *adj.* **1.** Barons..., freiherrlich; **2.** prunkvoll, großartig; '**bar·o·ny** [-ni] *s.* Baro'nie *f*: **a**) Herrschaftsgebiet *n* e-s Barons, **b**) Barons-, Freiherrnwürde *f*.
ba·roque [bə'rouk] **I.** *adj.* **1.** ba'rock (*a. von Perlen*); **2.** *fig.* verschnörkelt; **II.** *s.* **3.** Ba'rock(stil *m*) *n*, *m*.
'**bar-par·lour** *s. Brit.* Schank-, Gaststube *f*.
barque → *bark*[3].
bar·rack ['bærək] **I.** *s.* **1.** *mst pl.* Ka'serne *f*: *a* ~*s* e-e Kaserne; → *confine 3*; **2.** *mst pl. fig.* 'Mietska,serne *f*; **II.** *v/t.* **3.** in Kasernen *od.* Ba'racken 'unterbringen; **4.** F *sport, pol. Gegenpartei* anpöbeln; **III.** *v/i.* **5.** in Kasernen *od.* Baracken wohnen; ~ **bread** *s.* Kom'mißbrot *n*; '~-**square** *s.* ⚔ Ka'sernenhof *m*.
bar·rage[1] ['bærɑ:ʒ] *s.* **1.** ⚔ Sperrfeuer *n*; **2.** ⚔ Sperre *f*: *creeping* ~ Feuerwalze; ~ *balloon* Sperrballon; **3.** *fig.* über'wältigende Menge: *a* ~ *of questions* ein Schwall *od.* Kreuzfeuer von Fragen.
bar·rage[2] ['bɑ:ridʒ] *s.* Talsperre *f*, Staudamm *m*.
bar·ra·try ['bærətri] *s.* **1.** ⚖, ⚓ Baratte'rie *f* (*Veruntreuung durch Schiffsführer od. Besatzung gegenüber dem Reeder*); **2.** ⚖ Anstiftung *f* zu leichtfertiger Klageführung; **3.** Ämterschacher *m*.
barred [bɑ:d] *adj.* **1.** (ab)gesperrt, verriegelt; **2.** gestreift; **3.** ♪ durch Taktstriche abgeteilt.
bar·rel ['bærəl] **I.** *s.* **1.** Faß *n*, Tonne *f*; **2.** ⊕ Walze *f*, Rolle *f*, Trommel *f*, Zy'linder *m*, (rundes) Gehäuse; (Gewehr)Lauf *m*, (Geschütz)Rohr *n*; Kolbenrohr *n*; Rumpf *m e-s Dampfkessels*; Tintenbehälter *m e-r Füllfeder*; Walze *f der Drehorgel*; Kiel *m e-r Feder*; Zylinder *m e-r Spritze*; **3.** Rumpf *m e-s Pferdes etc.*; **II.** *v/t.* **4.** in Fässer füllen *od.* packen; ~ **chair** *s.* Lehnstuhl *m* mit hoher runder Lehne; '~-**drain** *s.* ⊕, △ gemauerter runder 'Abzugska,nal; ~ **house** *s. Am. sl.* Spe'lunke *f*, Kneipe *f*.
bar·rel(l)ed ['bærəld] *adj.* **1.** faßförmig; **2.** in Fässer gefüllt; **3.** ...läufig (*Gewehr*).
'**bar·rel|·mak·er** *s.* Faßbinder *m*; '~-**or·gan** *s.* ♪ Drehorgel *f*; ~ **roll** *s.* ✈ Rolle *f* (*im Kunstflug*); ~ **roof** *s.* △ Tonnendach *n*, tonnenförmiges Dach; '~-**vault** *s.* △ Tonnengewölbe *n*.
bar·ren ['bærən] **I.** *adj.* □ **1.** unfruchtbar (*Lebewesen, Pflanze etc.*); **2.** öde, kahl, dürr; **3.** *fig.* trocken, langweilig, seicht; dürftig; **4.** 'unproduk,tiv (*Geist*); tot (*Kapital*); **5.** leer, arm (*of an dat.*); **II.** *s.* **6.** *mst pl.* Ödland *n*; '**bar·ren·ness** [-nis] *s.* **1.** Unfruchtbarkeit *f* (*a. fig.*); **2.** *fig.* Trockenheit *f*, geistige Leere, Dürftigkeit *f*, Dürre *f*.
bar·ri·cade [bæri'keid] **I.** *s.* **1.** ⚔ Barri'kade *f*: *to mount* (*od. go to*) *the* ~*s* auf die Barrikaden steigen; **2.** *fig.* Hindernis *n*; **II.** *v/t.* **3.** (ver)barrikadieren, (ver)sperren (*a. fig.*).
bar·ri·er ['bæriə] *s.* **1.** Schranke *f* (*a. fig.*), Barri'ere *f*, Sperre *f*; **2.** Schlag-, Grenzbaum *m*; **3.** *sport* Startschranke *f*; **4.** *fig.* (*to*) Hindernis *n* (für), Behinderung *f* (*gen.*); Grenze *f*; **5.** ♀ 'Eisbarri,ere *f* der Ant'arktis: ♀ *Reef* Barriereriff.
bar·ring ['bɑ:riŋ] *prp.* abgesehen von, ausgenommen.
bar·ris·ter ['bæristə] *s.* ⚖ **1.** *Brit.* Barrister *m*, *plädierender* Rechtsanwalt (vor höheren Gerichten); **2.** *Am. weitS.* Rechtsanwalt *m*.
'**bar-room** *s.* Schenk-, Schankstube *f*.
bar·row[1] ['bærou] *s.* **1.** 'Tumulus *m*, Hügelgrab *n*; **2.** Hügel *m*, Erhebung *f*.
bar·row[2] ['bærou] *s.* (Schub)Karren *m*, (Hand)Karre *f*; → *hand-barrow, wheelbarrow.*
'**bar·row|-boy** *s.*, '~·**man** [-mən] *s.* [*irr.*] Straßenhändler *m* mit Waren (*mst Gemüse*) auf e-r Karre.
bar| steel *s.* ⊕ Stangenstahl *m*; '~·**tend·er** *s.* → *barkeeper 1.*
bar·ter ['bɑ:tə] **I.** *v/i.* Tauschhandel treiben; **II.** *v/t. im Handel* (ein-, 'um)tauschen, austauschen (*for, against* gegen): *to* ~ *away* verschachern, -kaufen (*a. fig. Ehre etc.*); **III.** *s.* Tauschhandel *m*, Tausch *m* (*a. fig.*): ~ *shop* Tauschladen; ~ **trans·ac·tion** *s.* ✝ Tausch(handels)-, Kompensati'onsgeschäft *n*.
Bart·lett (pear) ['bɑ:tlit] *s.* ♀ *e-e gelbe, saftige amer. Birne.*
Bart's [bɑ:ts] *s. abbr. das Bartholomäuskrankenhaus in London.*
bar·y·tone → *baritone.*
bas·al ['beisl] *adj.* □ **1.** an der 'Basis *od.* Grundfläche befindlich; **2.** *mst fig.* grundlegend: ~ *metabolism*, ~ *metabolic rate* ⚕ Grundumsatz.
ba·salt ['bæsɔ:lt] *s. geol.* Ba'salt *m*; **ba·sal·tic** [bə'sɔ:ltik] *adj.* ba'saltisch, Basalt...
'**bas·cule-bridge** ['bæskju:l] *s.* ⊕ *durch Gegengewichte betriebene* Klappbrücke.
base[1] [beis] **I.** *s.* **1.** 'Basis *f*, 'Unterteil *m*, *n*, Boden *m*; 'Unterbau *m*, -lage *f*; Funda'ment *n*; **2.** Fuß *m*, Sockel *m*; Sohle *f*; **3.** *fig.* Basis *f*, Grund *m*, Grundlage *f*; Ausgangspunkt *m*: ~ *camp* Standquartier; **4.** Grundstoff *m*, Hauptbestandteil *m*; **5.** ⩘ Grundlinie *f*, -fläche *f*, -zahl *f*; **6.** ⚗ Base *f*; *Färberei*: Beize *f*; **7.** *sport* Grund-, Startlinie *f*, Mal *n*; **8.** ⚔, ⚓ **a**) Standort *m*, Stati'on *f*, (Operati'ons),Basis *f*, Stützpunkt *m*; *Am.* (Flieger)Horst *m*: *naval* ~ Flottenstützpunkt, **b**) E'tappe *f*; **II.** *v/t.* **9.** stützen, gründen (*on, upon* auf *acc.*): *to be* ~*d on* beruhen auf (*dat.*), sich stützen auf (*acc.*); *to* ~ *o.s. on* sich verlassen auf (*acc.*); **10.** *a.* ⚔ stationieren: *a holiday* ~*d on* ... Ferien mit ... als Standquartier.
base[2] [beis] *adj.* □ **1.** gemein, niedrig, niederträchtig; **2.** minderwertig; unedel: ~ *metals*; **3.** falsch, unecht (*Geld*): ~ *coins*; **4.** *ling.* unrein, unklassisch.
'**base|·ball** *s. sport* **1.** Baseball *m* (*Art Schlagballspiel*); **2.** (*der dabei verwendete*) Ball; '~-**born** *adj.* von niedriger *od.* unehelicher Geburt.
based [beist] *adj.* **1.** (*on*) gegründet (auf *acc.*), beruhend (auf *dat.*), mit e-r Grundlage (von); **2.** (*on*) *mst* ⚔ mit ... als Stützpunkt; stationiert (in, an, auf *dat.*): *a submarine* ~ *on Malta*; *shore-*~ *guns.*
base hit *s. Baseball*: Schlag *m*, der

es e-m Spieler ermöglicht, das erste Mal zu erreichen.

base·less ['beislis] *adj.* grundlos, unbegründet.

'**base|-line** *s.* **1.** 'Grund,linie *f* (*a. sport*); **2.** *surv.* 'Stand,linie *f*; **3.** ⚔ Operati'ons,linie *f*; ~ **load** *s.* ⚡ Grundlast *f*, -belastung *f*; '**~man** [-mən] *s.* [*irr.*] *Baseball*: e-r der drei Spieler, die am Mal stehen: *first* ~, *second* ~, *third* ~.

base·ment ['beismənt] *s.* △ **1.** Kellergeschoß *n*; **2.** Grundmauer(n *pl.*) *f*.

base·ness ['beisnis] *s.* **1.** Gemeinheit *f*, Niederträchtigkeit *f*; **2.** Minderwertigkeit *f*; **3.** Unechtheit *f*.

ba·ses ['beisi:z] *pl. von basis.*

base wal·lah *s.* ⚔ *Brit. sl.* E'tappenschwein *n*.

bash [bæʃ] **I.** *v/t.* F heftig schlagen: *to* ~ *in* einschlagen, zertrümmern; **II.** *s.* F heftiger Schlag: *to have a* ~ *at s.th.* et. anpacken.

bash·ful ['bæʃful] *adj.* □ schüchtern, verschämt, scheu; zu'rückhaltend; '**bash·ful·ness** [-nis] *s.* Schüchternheit *f*, Scheu *f*.

bash·ing ['bæʃiŋ] *s.* F ‚Senge' *f*, Prügel *pl.*: *to get* (*od. take*) *a* ~ Prügel beziehen (*a. fig.*).

bas·ic ['beisik] *adj.* (□ ~*ally*) **1.** grundlegend, die Grundlage bildend; Einheits..., Grund...; **2.** ⚗, *geol., min.* basisch; **3.** ⚡ ständig (*Belastung*); '**bas·i·cal·ly** [-kəli] *adv.* im Grunde, grundsätzlich.

Bas·ic| Eng·lish *s.* Basic English *n* (*vereinfachte Form des Englischen von C. K. Ogden*); ♀ **for·mu·la** *s.* ⚗ Grundformel *f*; ♀ **in·dus·try** *s.* 'Schlüsselindu,strie *f*; ♀ **i·ron** *s.* ⊕ Thomaseisen *n*; ♀**load** *s.* ⚡ ständige Grundlast; ♀ **ra·tion** *s.* ⚔ Mindestverpflegungssatz *m*; ♀ **re·search** *s.* Grundlagenforschung *f*; ♀ **sal·a·ry** *s.* ✝ Grundgehalt *n*; ♀ **size** *s.* ⊕ Sollmaß *n*; ♀ **slag** *s.* ⚗ Thomasschlacke *f*; ♀ **steel** *s.* ⊕ Thomasstahl *m*; ♀ **wage** *s.* ✝ Grundlohn *m*.

bas·il ['bæzl] *s.* ⚘ Ba'silienkraut *n* (*Gewürz*).

ba·sil·i·ca [bə'zilikə] *s.* △ Ba'silika *f*.

bas·i·lisk ['bæzilisk] **I.** *s.* **1.** Basi'lisk *m* (*Fabeltier*); **2.** *zo.* Legu'an *m*, Kroneidechse *f*; **II.** *adj.* **3.** Basilisken...: ~ eye.

ba·sin ['beisn] *s.* **1.** (Wasser-, Wasch-, Rasier- *etc.*)Becken *n*, Schale *f*, Schüssel *f*; **2.** Fluß-, Hafenbecken *n*; Springbrunnen-, Schwimmbecken *n*; **3.** Stromgebiet *n*; **4.** Wasserbehälter *m*; **5.** Becken *n*, Einsenkung *f*, Mulde *f*.

ba·sis ['beisis] *pl.* **-ses** [-si:z] *s.* **1.** 'Basis *f*, Grundlage *f*, Funda'ment *n*: *to take as* ~ zugrunde legen; **2.** Hauptbestandteil *m*; **3.** ⚔, ⚓ Operati'ons,basis *f*, Stützpunkt *m*.

bask [bɑ:sk] *v/i.* sich wohlig wärmen, sich aalen, sich sonnen (*a. fig.*): *to* ~ *in the sun* ein Sonnenbad nehmen.

bas·ket ['bɑ:skit] *s.* **1.** Korb *m*; **2.** Korb(voll) *m*; **3.** *Basketball*: **a)** Korb *m*, **b)** Treffer *m*; **4.** (Passa'gier)Korb *m*, Gondel *f* (*e-s Luftballons od. Luftschiffes*); '**~-ball** *s. sport* **1.** Basketball(spiel *n*) *m*; **2.** (*der dabei verwendete*) Ball; ~ **chair** *s.* Korbsessel *m*; ~ **din·ner** *s. Am.* Picknick *n*.

bas·ket·ful ['bɑ:skitful] *pl.* **-fuls** *s. ein* Korb(voll) *m*.

'**bas·ket|-hilt** *s.* Säbelkorb *m*; ~ **lunch** *s. Am.* Picknick *n*; ~ **stitch** *s. Sticken*: Korbstich *m*; '**~-work** *s.* **1.** Korbgeflecht *n*; **2.** Korbwaren *pl.*

'**bask·ing-shark** ['bɑ:skiŋ] *s. ichth.* Riesenhai *m*.

Basque [bæsk] **I.** *s.* Baske *m*, Baskin *f*; **II.** *adj.* baskisch.

bas-re·lief ['bæsrili:f] *s. Bildhauerei*: 'Bas-, 'Flachreli,ef *n*.

bass[1] [beis] ♪ **I.** *adj.* tief, Baß...; **II.** *s.* Baß *m* (*Stimme u. Sänger*).

bass[2] [bæs] *pl. mst* **bass** *s. ichth.* Barsch *m*.

bass[3] [bæs] *s.* **1.** (Linden)Bast *m*; **2.** Bastmatte *f*.

Bass[4] [bæs] **I.** *npr. Name e-r engl. Brauerei*; **II.** *s.* Bier *n aus dieser Brauerei*.

bas·set ['bæsit] *s. zo.* Dachshund *m*.

bas·si·net [bæsi'net] *s.* **1.** Korbwiege *f*; **2.** Korb(kinder)wagen *m* (*mit Verdeck*).

bas·soon [bə'su:n; ♪ bə'zu:n] *s.* ♪ [Fa'gott *n*.]

bas·so| pro·fun·do ['bæsou prə'fʌndou] (*Ital.*) *s.* ♪ tiefster Baß (*Stimme od. Sänger*); '**~-re'lie·vo** [-ri'li:vou] *pl.* **-vos** → *bas-relief*.

'**bass-re·lief** [bæs] → *bas-relief*.

bass-vi·ol ['beis'vaiəl] *s.* ♪ 'Cello *n*.

'**bass-wood** [bæs] *s.* ⚘ **1.** Linde *f*; **2.** Lindenholz *n*.

bast [bæst] *s.* (Linden)Bast *m*.

bas·tard ['bæstəd] **I.** *s.* **1.** 'Bastard *m*, uneheliches Kind; **2.** *biol.* Bastard *m*, Mischling *m*; **3.** *fig. et.* Unechtes, Fälschung *f*; **4.** V ‚Schweinehund' *m*, ‚Scheißkerl' *m*; **II.** *adj.* **5.** unehelich, Bastard...; **6.** *biol.* Bastard...; **7.** *fig.* unecht, falsch; **8.** ab'norm, ungewöhnlich; '**bas·tard·ize** [-daiz] *v/t.* **1.** ⚖ für unehelich erklären; **2.** verschlechtern, verfälschen; '**bas·tard·ized** [-daizd] *adj.* entartet, Mischlings..., Bastard...

bas·tard| slip *s.* 'Bastard *m*, uneheliches Kind; ~ **ti·tle** *s. typ.* Schmutztitel *m*.

bas·tar·dy ['bæstədi] *s.* uneheliche Geburt: ~ *procedure* Verfahren zur Feststellung der (unehelichen) Vaterschaft u. Unterhaltspflicht.

baste[1] [beist] *v/t.* **1.** ‚hauen', verprügeln; **2.** *fig.* schelten, beschimpfen.

baste[2] [beist] *v/t.* **1.** *Braten etc.* mit Fett begießen; **2.** *Docht der Kerze* mit geschmolzenem Wachs begießen.

baste[3] [beist] *v/t.* lose (an)heften.

Bas·tille [bæs'ti:l] *s. hist.* Ba'stille *f* (*in Paris*); *weitS.* Gefängnis *n*.

bas·ti·na·do [bæsti'neidou] *pl.* **-does** **I.** *s.* Basto'nade *f* (*Stockschläge auf die Fußsohlen*); **II.** *v/t. j-m* die Bastonade geben.

bas·tion ['bæstiən] *s.* ⚔ Ba'stei *f*, Bollwerk *n* (*a. fig.*).

bat[1] [bæt] **I.** *s.* **1.** *sport* **a)** Schlagholz *n*, Schläger *m*, Schlagkeule *f* (*bsd. Baseball u. Kricket*): *to carry one's* ~ *Kricket*: nicht aus sein; *off one's own* ~ *Kricket u. fig.* selbständig, ohne Hilfe, auf eigene Faust; *right off the* ~ F auf Anhieb; *to be at* (*the*) ~ am Schlagen sein, dran sein; *to go to* ~ *for s.o. Baseball u. fig.* für j-n eintreten, **b)** Schläger *m* (*beim Kricket*; *Spieler, der schlägt*): *a good* ~; **2.** F Stockhieb *m*; **3.** *Brit. sl.* (Schritt)Tempo *n*: *at a rare* ~ mit Windeseile; **4.** *Am. sl.* ‚Saufe'rei' *f*: to go on a ~ e-e ‚Sauftour' machen; **II.** *v/i.* **5. a)** mit dem Schlagholz schlagen, **b)** am Schlagen sein; **6.** ~ *for fig.* für *j-n* eintreten.

bat[2] [bæt] *s.* **1.** *zo.* Fledermaus *f*: *to have* ~*s in the belfry* verrückt sein, ‚e-n Vogel haben'; → *blind* **1**; **2.** ✈, ⚔ 'radargelenkte Bombe.

bat[3] [bæt] *v/t.*: *to* ~ *the eyes* mit den Augen blinzeln *od.* zwinkern; *without* ~*ting an eyelid* ohne mit der Wimper zu zucken; *I never* ~*ted an eyelid* ich habe kein Auge zugetan.

ba·ta·ta [bə'tɑ:tə] *s.* ⚘ Ba'tate *f*, 'Süßkar,toffel *f*.

batch [bætʃ] *s.* **1.** Schub *m* (*die auf einmal gebackene Menge Brot*): *a* ~ *of bread*; **2.** Menge *f gleichartiger Dinge*; Par'tie *f* (*Zigaretten*); Satz *m* (*Muster*); Stoß *m* (*Briefe*); Schicht *f*, Schub *m*, Stapel *m*, Haufen *m* (*Gepäck*); **3.** Menge *f*, Schub *m*, ‚Schwung' *m gleichartiger Personen*, Trupp *m* (*Gefangener*), Gruppe *f* (*Verwandter*).

bate[1] [beit] **I.** *v/i.* abziehen, nachlassen; **II.** *v/t.* schwächen, *Hoffnung etc.* vermindern, *Neugier etc.* mäßigen, *Forderung etc.* her'absetzen: *with* ~*d breath* mit verhaltenem Atem, in quälender Spannung.

bate[2] [beit] *s.* ⊕ *Gerberei*: Ätzlauge *f*.

bate[3] [beit] *s. Brit. sl.* Wut *f*, Zorn *m*.

ba·teau [bɑ:'tou] *pl.* **-teaux** [-'touz] (*Fr.*) *s. Am.* leichtes langes Flußboot; ~ **bridge** *s.* Pon'tonbrücke *f*.

bath [bɑ:θ] *pl.* **baths** [-ðz] **I.** *s.* **1.** (Wannen)Bad *n*: *to have* (*od. take*) *a* ~ ein Bad nehmen, baden; **2.** Badewasser *n*; **3.** Badewanne *f*: *enamelled* ~; **4.** Badezimmer *n*; **5.** *mst pl.* **a)** Badeanstalt *f*, **b)** Badeort *m*; **6.** ⚗, *phot.* **a)** Bad *n* (*Behandlungsflüssigkeit*), **b)** Behälter *m dafür*; **7.** *Brit.*: *order of the* ♀ Bathorden; *Knight of the* ♀ Ritter des Bathordens; *Knight Commander of the* ♀ Komtur des Bathordens; **II.** *v/t.* **8.** *Kind etc.* baden; **III.** *v/i.* **9.** baden, ein Bad nehmen.

Bath| brick *s.* Me'tallputzstein *m*; ~ **bun** *s.* über'zuckertes Kuchenbrötchen; ~ **chair** *s.* Rollstuhl *m für Kranke*; ~ **chap** *s.* gepökelte Schweinsbacke.

bathe [beið] **I.** *v/t.* **1.** *Auge, Hand,* (*verletzten*) *Körperteil* baden, in Wasser *etc.* tauchen; **2.** ~*d in sunlight* (*perspiration*) in Sonne (Schweiß) gebadet; ~*d in tears* in Tränen aufgelöst; **3.** *poet.* bespülen; **II.** *v/i.* **4.** (sich) baden; **5.** schwimmen; **6.** (Heil)Bäder nehmen; **III.** *s.* **7.** *bsd. Brit.* Bad *n im Freien*; '**bath·er** [-ðə] *s.* **1.** Badende(r *m*) *f*; **2.** Badegast *m*.

'**bath·house** *s. Am.* **1.** Badeanstalt *f*; **2.** 'Umkleideka,binen *pl. e-s Schwimmbades*.

bath·ing ['beiðiŋ] *s.* **1.** Baden *n*; **2.** *in Zssgn* Bade...; ~ **beau·ty** *s.*, ~ **belle** *s.* F Badeschönheit *f*; '**~-cos·tume** → *bathing-dress*; '**~-**

draw·ers *s. pl.* Badehose *f*; '~-**dress** *s. bsd. Brit.* Badeanzug *m*; '~-**gown** *s.* Bademantel *m*; '~-**ma·chine** *s.* Badekarren *m* (*fahrbare Umkleidekabine*); '~-**suit** *s.* Badeanzug *m.*

Bath met·al *s.* ⊕ 'Tombak *m.*

ba·thos ['beiθɔs] *s.* **1.** 'Übergang *m* vom Erhabenen zum Lächerlichen; **2.** Gemeinplatz *m*, Plattheit *f.*

'**bath|·robe** *s.* Bademantel *m*; '~-**room** *s.* Badezimmer *n*; ~ **salts** *s. pl.* Badesalz *n*; ~ **sheet** *s.* Badelaken *n*; ♀ **stone** *s.* Muschelkalkstein *m* (*zum Häuserbau*); ~ **tow·el** *s.* Badelaken *n*; '~-**tub** *s.* Badewanne *f.*

ba·thym·e·try [bə'θimitri] *s.* **1.** Tiefenmessung *f*; **2.** Tiefseemessung *f.*

bath·y·sphere ['bæθisfiə] *s.* ⊕ Tiefsee-Taucherkugel *f.*

ba·tik ['bætik] *s.* 'Batik(druck) *m.*

ba·tiste [bæ'ti:st] *s.* Ba'tist *m.*

bat·man ['bætmən] *s.* [*irr.*] ⚔ *Brit.* Offi'ziersbursche *m.*

ba·ton ['bætən] *s.* **1.** (Amts-, Kom'mando)Stab *m*: *Field-Marshal's* ~ Marschallsstab; **2.** ♪ Taktstock *m*; **3.** *sport* (Staffel)Stab *m*; **4.** *Brit.* (Poli'zei)Knüppel *m.*

ba·tra·chi·an [bə'treikjən] *zo.* **I.** *adj.* frosch-, krötenartig; **II.** *s.* Ba'trachier *m*, Froschlurch *m.*

bats·man ['bætsmən] *s.* [*irr.*] *Krikket, Baseball etc.*: Schläger *m*, Schlagmann *m.*

bat·tal·ion [bə'tæljən] *s.* ⚔ Batail'lon *n*: *labo(u)r* ~.

bat·tels ['bætlz] *s. pl.* (*Universität Oxford*) College-Rechnungen *pl.* für Lebensmittel u. sonstige Einkäufe.

bat·ten[1] ['bætn] *v/i.* **1.** fett werden (*on* von *dat.*), gedeihen; **2.** (*on*) *a. fig.* sich mästen (mit), sich gütlich tun (an *dat.*): *to* ~ *on others* sich auf Kosten anderer bereichern; **3.** *fig.* sich weiden (*on* an *dat.*).

bat·ten[2] ['bætn] **I.** *s.* **1.** Latte *f*, Leiste *f*; **2.** Diele *f*, (Fußboden-)Brett *n*; **II.** *v/t.* **3.** mit Latten verkleiden *od.* befestigen; **4.** ⚓ *to* ~ *down the hatches* die Luken schalken *od.* schließen (*a. fig.*).

bat·ter[1] ['bætə] *s.* geschlagener dünner Eierteig, Schlagteig *m.*

bat·ter[2] ['bætə] → *batsman.*

bat·ter[3] ['bætə] ⚠ **I.** *v/i.* sich nach oben verjüngen (*Mauer*); **II.** *s.* Böschung *f*, Verjüngung *f*, Abdachung *f.*

bat·ter[4] ['bætə] **I.** *v/t.* **1.** *a.* ~ *down*, ~ *in* heftig *od.* wieder'holt schlagen (gegen); zerschlagen, zerschmettern (*a. fig.*): *to* ~ *a door with stones* e-e Tür mit Steinen bombardieren; **2.** ⚔ bombardieren: *to* ~ *down* zs.-schießen; **3.** abnutzen, beschädigen, zerbeulen; **4.** böse zurichten; *Kind etc.* miß'handeln; **II.** *v/i.* **5.** heftig *od.* wiederholt schlagen: *to* ~ *at the door* gegen die Tür hämmern; '**bat·tered** [-əd] *adj.* **1.** zerschlagen, zerschmettert; **2.** abgenutzt, schäbig; zerfleddert (*Buch etc.*); **3.** mitgenommen, übel zugerichtet; miß'handelt (*Kind etc.*).

bat·ter·ing ['bætəriŋ] *adj.* ⚔ **1.** Sturm..., Angriffs...; **2.** Belagerungs...; '~-**ram** *s.* ⚔ *hist.* (Belagerungs)Widder *m*, Sturmbock *m.*

bat·ter·y ['bætəri] *s.* **1. a)** ⚔ Batte'rie *f*, **b)** ⚓ Geschützgruppe *f*; **2.** ⚡, ⊕ Batterie *f*, Ele'ment *n*; **3.** *fig.* Reihe *f*, Satz *m*, Batterie *f* (*von Maschinen, Flaschen etc.*); **4.** *Baseball*: Werfer *m* u. Fänger *m zusammen*; **5.** ⚖ Re'alin,jurien *pl.*, tätlicher Angriff; *a.* Körperverletzung *f*; → *assault 3*; '~-**charg·ing sta·tion** *s.* ⚡ 'Ladestati,on *f.*

bat·ting ['bætiŋ] *s.* **1.** Schlagen *n bsd. der Rohbaumwolle zu Watte*; **2.** (Baumwoll)Watte *f*; **3.** *Kricket, Baseball etc.*: Schlagen *n* (*Ball*), Schlägerspiel *n.*

bat·tle ['bætl] **I.** *s.* **1.** Schlacht *f* (*of mst* bei), Gefecht *n*: ~ *of Britain* Schlacht um England (*2. Weltkrieg*); **2.** *fig.* Kampf *m*, Ringen *n* (*for* um, *against* gegen): *to fight a* ~ e-n Kampf führen; *to fight a losing* ~ *against* e-n aussichtslosen Kampf führen gegen; *to fight s.o.'s* ~ j-s Sache vertreten; *to give* ~ e-e Schlacht liefern; *that is half the* ~ das ist schon ein großer Vorteil; *to join* ~ den Kampf beginnen; *line of* ~ Schlachtlinie; ~ *of words* Wortgefecht; **II.** *v/i.* **3.** *mst fig.* kämpfen, streiten, fechten (*with* mit, *for* um, *against* gegen); ~ **ar·ray** *s.* ⚔ Schlachtordnung *f*; '~-**ax(e)** *s.* **1.** ⚔ *hist.* Streitaxt *f*; **2.** F ,(Haus)Drache' *m*, Xan'thippe *f*; '~-**cruis·er** *s.* ⚔ Schlachtkreuzer *m*; '~-**cry** *s.* **1.** Schlacht-, Kriegsruf *m*; **2.** *fig.* Schlagwort *n.*

bat·tle·dore ['bætldɔ:] *s.* **1.** Waschschlegel *m*; **2.** *sport* Federballschläger *m*; **3.** *sport*: ~ *and shuttle-cock* Federballspiel *n.*

bat·tle| dress *s. Brit.* ⚔ Kampfanzug *m*; '~-**field** *s.* Schlachtfeld *n*; '~-**ground** *s.* **1.** Schlachtfeld *n*; **2.** *fig.* Gegenstand *m* e-s Streits.

bat·tle·ment ['bætlmənt] *s. mst pl.* (Brustwehr *f* mit) Zinnen *pl.*

'**bat·tle|-piece** *s.* Schlachtenszene *f* (*in Malerei od. Literatur*); ~ **roy·al** *s.* erbitterter Kampf (*a. fig.*); Massenschläge'rei *f*; '~-**ship** *s.* ⚔ Schlacht-, 'Linienschiff *n*; ~ **star** *s.* ⚔ *Am.* Er'innerungsme,daille *f* (*für Schlachtteilnehmer*).

bat·tue [bæ'tu:; baty] (*Fr.*) *s.* **1.** Treibjagd *f* (*a. fig.*); **2.** (auf e-r Treibjagd erlegte) Strecke; **3.** *fig.* Abschlachten *n* (wehrloser Menschen).

bat·ty ['bæti] *adj. sl.* ,plem'plem' (*verrückt*).

bau·ble ['bɔ:bl] *s.* Spielzeug *n*, Tand *m*, Spiele'rei *f.*

baulk → *balk.*

baux·ite ['bɔ:ksait] *s. min.* Bau'xit *n.*

Ba·var·i·an [bə'veəriən] **I.** *adj.* bay(e)risch; **II.** *s.* Bayer(in).

baw·bee [bɔ:'bi:] *Scot.* F → *halfpenny.*

baw·cock ['bɔ:kɔk] *s.* F feiner Kerl.

bawd [bɔ:d] *s. obs.* Kupplerin *f*; '**bawd·ry** [-dri] *s.* **1.** Kuppe'lei *f*; **2.** Unzucht *f*; **3.** Zote *f.*

bawd·y ['bɔ:di] *adj.* unzüchtig, unflätig (*Rede*); '~-**house** *s.* Bor'dell *n.*

bawl [bɔ:l] **I.** *v/i.* schreien, grölen, brüllen: *to* ~ *about the house* im Haus herumbrüllen; *to* ~ *at s.o.* j-n anbrüllen; **II.** *v/t. a.* ~ *out* (her-)'ausschreien; *Am. sl.* j-n anschreien, zs.-stauchen.

bay[1] [bei] *s.* ♣ **1.** *a.* ~ *tree* Lorbeer(-baum) *m*; **2.** *pl.* **a)** Lorbeerkranz *m*, **b)** *fig.* Lorbeeren *pl.*, Ehren *pl.*

bay[2] [bei] *s.* **1.** Bai *f*, Bucht *f*, Meerbusen *m*; **2.** Talbucht *f.*

bay[3] [bei] *s.* **1.** ⚠ Fach *n*, Abteilung *f*, Feld *n zwischen Pfeilern, Balken etc.*; Brückenglied *n*, Joch *n*; **2.** ⚠ Fensternische *f*, Erker *m*; **3.** ✈ Abteilung *f od.* Zelle *f* im Flugzeugrumpf; **4.** ⚓ 'Schiffslaza,rett *n*; **5.** 🚂 'Endstati,on *f* e-s Nebengeleises; Seitenbahnsteig *m.*

bay[4] [bei] **I.** *v/i.* **1.** (dumpf) bellen (*bsd. Jagdhund*): *to* ~ *at s.o. od. s.th.* j-n *od.* et. anbellen; **II.** *v/t.* **2.** *obs.* anbellen: *to* ~ *the moon*; **III.** *s.* **3.** dumpfes Gebell *der Meute*; **4.** Stellen *n* des Wildes *durch die Jagdhunde*: *to be* (*od. to stand*) *at* ~ **a)** gestellt sein (*Wild*), **b)** *fig.* zum Äußersten *od.* in die Enge getrieben sein, sich verzweifelt wehren; *to bring to* ~ in die Enge treiben; *to keep at* ~ **a)** sich *j-n* vom Leibe halten, **b)** *j-n* in Schach halten, fernhalten; *Seuche, Feuer etc.* unter Kontrolle halten; *to turn to* ~ sich stellen (*a. fig.*).

bay[5] [bei] **I.** *adj.* ka'stanienbraun (*Pferd*): ~ *horse* Braune(r); **II.** *s.* Braune(r) *m.*

bay·ber·ry ['beibəri] *s.* ♣ **1.** Frucht *f* des Lorbeerbaumes; **2. a)** Pi'mentbaum *m* (*Westindien*), **b)** Frucht *f* des Pimentbaumes, Nelkenpfeffer *m.*

bay leaf *s.* Lorbeerblatt *n.*

bay·o·net ['beiənit] ⚔ **I.** *s.* Bajo'nett *n*, Seitengewehr *n*: *at the point of the* ~ mit dem Bajonett, im Sturm; *to fix the* ~ das Seitengewehr aufpflanzen; **II.** *v/t.* mit dem Bajonett angreifen *od.* erstechen.

bay·ou ['baiu:] *s. Am.* sumpfiger Flußarm (*Südstaaten der USA*).

bay| rum *s.* 'Bayrum *m*, Pi'mentrum *m*; '~-**'salt** *s.* Seesalz *n*; ~ **win·dow** *s.* **1.** Erkerfenster *n*; **2.** *Am. sl.* ,Vorbau' *m* (*Bauch*); '~-**wood** *s.* Kam'pescheholz *n.*

ba·zaar [bə'zɑ:] *s.* **1.** (*Orient*) Ba'sar *m*, Markt *m*, Ladenstraße *f*; **2.** ✝ Warenhaus *n*; **3.** 'Wohltätigkeitsba,sar *m.*

ba·zoo·ka [bə'zu:kə] *s.* ⚔ (Ra'keten)Panzerbüchse *f*, Panzerschreck *m.*

B bat·ter·y *s.* ⚡ An'odenbatte,rie *f.*

be [bi:; bi] [*irr.*] **I.** *v/aux.* **1.** *bildet das Passiv transitiver Verben*: *I was cheated* ich wurde betrogen; *I was told* man sagte mir; **2.** *lit.*, *bildet das Perfekt einiger intransitiver Verben*: *he is come* er ist gekommen *od.* da; *the sun is set* die Sonne ist untergegangen; **3.** *bildet die umschriebene Form* (*continuous od. progressive form*) *der Verben*: *he is reading* er liest gerade; *the house was building* (*od. was being built*) das Haus war im Bau; *what I was going to say* was ich sagen wollte; **4.** *drückt die* (*nahe*) *Zukunft aus*: *I am leaving for Paris tomorrow* ich reise morgen nach Paris (ab); **5.** *mit inf. zum Ausdruck der Absicht, Pflicht, Möglichkeit etc.*: *I am to go* ich soll gehen; *the house is to let* (*od. to be let*) das Haus ist zu vermieten; *he is to be pitied* er ist zu bedauern; *it was not to be found* es war nicht zu finden; **6.** *Kopula*: *he is my father* er ist mein Vater; *trees are green* (die) Bäume sind grün; *she is 40* sie ist 40 (Jahre alt); *they were of good cheer* sie waren guter Dinge; *the book is mine* (*my brother's*) das Buch gehört mir (m-m Bruder); **II.** *v/i.* **7.** (vor'handen *od.* anwesend) sein, bestehen, sich befinden, geschehen; werden: *I think, therefore I am* ich denke, also bin ich; *to be or not to be* sein oder nicht sein; *when is the wedding?* wann findet die Hochzeit statt?; *it was not to be* es hat nicht sollen sein; *how is it that ...?* wie kommt es, daß ...?; *what will you be when you grow up?* was willst du werden, wenn du erwachsen bist?; *was it you?* warst du es?; *nach* there: *there is no milk in the house* es ist keine Milch im Hause; *there is no substitute for wool* für Wolle gibt es keinen Ersatz; **8.** stammen (*from* aus): *he is from Liverpool*; **9.** gleichkommen, bedeuten: *seeing is believing* was man (selbst) sieht, glaubt man; *twice two is four* zweimal zwei ist vier; *that is nothing to me* das bedeutet mir nichts; **10.** kosten: *the picture is £ 10* das Bild kostet 10 Pfund; **11.** been (*p.p.*): *have you been to Rome?* sind Sie (je) in Rom gewesen?; *has anyone been?* F ist j-d dagewesen?, hat j-d vorgesprochen?

beach [biːtʃ] **I.** *s.* Strand *m*; **II.** *v/t.* ⚓ *Schiff* auf den Strand setzen *od.* ziehen; **'~-comb·er** *s.* **1.** ⚓ F Strandguträuber *m* (*Weißer auf den pazifischen Inseln*); **2.** *fig.* Nichtstuer *m*; **3.** *Am.* breite Strandwelle; **'~-head** *s.* **1.** ⚔ Lande-, Brückenkopf *m*; **2.** *fig.* Ausgangsstellung *f*; **~ hut** *s.* 'Badehäus-chen *n*, -kaˌbine *f*.

bea·con ['biːkən] **I.** *s.* **1.** Leucht-, Si'gnalfeuer *n*; (Feuer)Bake *f*, Seezeichen *n*; **2.** *fig.* Fa'nal *n*; **3.** Leuchtturm *m*; **4.** ✈ Funkfeuer *n*, -bake *f*, Landelicht *n*; **5.** *fig.* Leitstern *m*, Leuchte *f*; Warnung *f*; **II.** *v/t.* **6.** mit Baken versehen; **7.** *mst fig.* erleuchten.

bead [biːd] **I.** *s.* **1.** (Glas-, Stick-, Holz)Perle *f*; **2.** *pl. eccl.* Rosenkranz *m*: *to tell one's ~s* den Rosenkranz beten; **3.** (Schaum)Bläs-chen *n*, (Tau-, Schweiß- *etc.*)Perle *f*, Tröpfchen *n*; **4.** △ perlartige Verzierung; **5.** ⊕ Wulst *m*; **6.** ⚔ *Am.* (Perl)Korn *n am Gewehr*: *to draw a ~ on* zielen auf (*acc.*); **II.** *v/t.* **7.** mit Perlen *od.* perlartiger Verzierung *etc.* versehen; **8.** *wie Perlen* aufziehen, aufreihen; **III.** *v/i.* **9.** perlen, Perlen bilden; **'bead·ed** [-did] *adj.* **1.** mit Perlen versehen *od.* verziert; **2.** ⊕ mit Wulst; **'bead·ing** [-diŋ] *s.* **1.** 'Perlsticke,rei *f*; **2.** △ Rundstab *m*; **3.** ⊕ Wulst *m*.

bea·dle ['biːdl] *s.* **1.** *bsd. Brit.* Kirchendiener *m*; **2.** → *bedel(l)*.

bead mo(u)ld·ing *s.* △ Perl-, Rundstab *m*, Perlleiste *f*.

beads·man ['biːdzmən] *s.* [*irr.*] *obs.* Armenhäusler *m*; **'beads·wom·an** [-wumən] *s.* [*irr.*] *obs.* Armenhäuslerin *f*.

bead·y ['biːdi] *adj.* **1.** mit Perlen verziert; **2.** perlend; **3.** klein, rund u. glänzend (*Augen*).

bea·gle ['biːgl] *s.* **1.** *zo.* kleiner Spürhund; **2.** *fig.* Spi'on *m*.

beak[1] [biːk] *s.* **1.** *zo.* Schnabel *m*; **2.** ⊕ **a)** Tülle *f*, Ausguß *m*, **b)** Schnauze *f*, Nase *f*, Röhre *f*.

beak[2] [biːk] *s. Brit. sl.* **1.** (Friedens-)Richter *m*; **2.** ‚Pauker' *m* (*Lehrer*).

beaked [biːkt] *adj.* **1.** mit Schnabel, schnabelförmig; **2.** vorspringend, spitz.

beak·er ['biːkə] *s.* **1.** Becher *m*, Humpen *m*; **2.** ⚗ Becherglas *n*.

'be-all *s. das* Ganze; Wesenskern *m*: *the ~ and end-all* das ein u. alles, der Inbegriff.

beam [biːm] **I.** *s.* **1.** △ Balken *m*; Tragbalken *m* (*Haus, Brücke*); *a.* ✈ Holm *m*; **2.** ⚓ **a)** Deckbalken *m*, **b)** größte Schiffsbreite: *on the starboard ~* querab an Steuerbord; **3.** *fig.* F Körperbreite *f e-s Menschen*; **4.** ⊕ **a)** (Waage)Balken *m*, **b)** Weberbaum *m*, **c)** Pflugbaum *m*, **d)** Spindel *f der Drehbank*, **e)** Balan'cier *m e-r Dampfmaschine*; **5.** *zo.* Stange *f am Geweih*; **6.** (Licht-)Strahl *m*; (Strahlen)Bündel *n*; **7.** *Radio*: Richt-, Peil-, Leitstrahl *m*: *to ride the ~* ✈ nach dem Leitstrahl steuern; *on the ~* **a)** auf dem richtigen Kurs, **b)** *fig. sl.* ‚auf Draht'; **8.** strahlender Blick, Glanz *m*; **II.** *v/t.* **9.** ⊕ *Weberei*: *Kette* aufbäumen; **10.** *a. phys.* (aus)strahlen; **11.** ⚡ *Funkspruch* mit Richtstrahler senden; **III.** *v/i.* **12.** strahlen, glänzen (*a. fig.*): *~ing with joy* freudestrahlend; **~ a·e·ri·al, ~ an·ten·na** *s. Radio*: 'Richtstrahler *m*, -anˌtenne *f*; **'~-'ends** *s. pl.* **1.** ⚓ *on her ~* mit starker Schlagseite, in Gefahr; **2.** *fig.*: *on one's ~* in (*bsd.* Geld)Not; **~ feath·er** *s. zo.* Kielfeder *f*.

beam·ing ['biːmiŋ] *adj.* □ *fig.* strahlend (*with* vor *dat.*).

beam| sys·tem *s. Radio*: 'Richtstrahlsyˌstem *n*; **~ trans·mis·sion** *s. Radio*: Sendung *f* durch Richtstrahl; **~ trans·mit·ter** *s. Radio*: Richtstrahler *m*.

bean [biːn] *s.* **1.** ⚘ Bohne *f*: *full of ~s* F lebensprühend, übermütig; *to give s.o. ~s sl.* j-m ‚Saures geben' (*j-n schlagen, strafen, schelten*); *I haven't a ~ sl.* ich habe keinen roten Heller; *to spill the ~s sl.* alles ausplaudern; **2.** bohnenförmiger Samen: → *coffee-bean, cocoa bean*; **3.** *sl.* **a)** Bursche *m*, Kerl *m*, **b)** *Am.* ‚Birne' *f* (*Kopf*); **~ curd** *s.* Bohnenquark *m* (*Nahrungsmittel in Ostasien*); **'~-feast** *s.* F Festessen *n*, Freudenfest *n*.

bean·o ['biːnou] F → *bean-feast*.

bean| pod *s.* Bohnenhülse *f*; **'~-stalk** *s.* Bohnenstengel *m*.

bear[1] [bɛə] **I.** *v/t.* [*irr.*] [*p.p.* borne; born (*bei Geburt*; → *a.* borne 2)] **1.** *Lasten etc.* tragen, befördern: *to ~ a message* e-e Nachricht überbringen; → *borne 1*; **2.** *fig. Waffen, Namen etc.* tragen, führen; *Datum* tragen; **3.** *fig. Kosten, Verlust, Verantwortung, Folgen etc.* tragen, über'nehmen; → *blame 4, palm*[2] *2, penalty 1*; **4.** *fig. Zeichen, Stempel etc.* tragen, zeigen: *to ~ resemblance to* ähneln (*dat.*); **5.** zur Welt bringen, gebären: *to ~ children*; *he was born into a rich family* er kam als Kind reicher Eltern zur Welt; → *born*; **6.** *fig.* her'vorbringen: *to ~ fruit* Früchte tragen (*a. fig.*); *to ~ interest* Zinsen tragen; **7.** *fig. Schmerzen etc.* ertragen, (er)dulden, (er)leiden, aushalten; *e-r Prüfung etc.* standhalten: *to ~ comparison* den Vergleich aushalten; *mst neg. od. interrog.*: *I cannot ~ him* ich kann ihn nicht leiden *od.* ausstehen; *I cannot ~ it* ich kann es nicht ausstehen *od.* aushalten; *his words won't ~ repeating* s-e Worte lassen sich unmöglich wiederholen; **8.** *fig.*: *to ~ a hand* zur Hand gehen, helfen (*dat.*); *to ~ love* (*a grudge*) Liebe (Groll) hegen; *to ~ a part in* teilnehmen an (*dat.*); **9.** *~ o.s.* sich betragen: *to ~ o.s. well*; **II.** *v/i.* [*irr.*] **10.** tragen, aushalten (*Balken, Eis etc.*): *will the ice ~ today?* wird das Eis heute tragen?; **11.** Früchte tragen; **12.** Richtung annehmen: *to ~ (to the) left* sich links halten; *to ~ to the north* sich nach Norden erstrecken; **13.** → *bring 1*.

Zssgn mit prp.:

bear| a·gainst *v/i.* drücken gegen; 'Widerstand leisten (*dat.*); **~ on** *od.* **up·on** *v/i.* **1.** sich beziehen auf (*acc.*), betreffen (*acc.*); **2.** einwirken *od.* zielen auf (*acc.*); **3.** drücken *od.* sich stützen auf (*acc.*), lasten auf (*dat.*); **4.** *to bear hard on* zusetzen (*dat.*), bedrücken (*acc.*); **5.** ⚔ beschießen; **~ with** *v/i.* Nachsicht üben mit, geduldig ertragen (*acc.*);

Zssgn mit adv.:

bear| a·way **I.** *v/t.* forttragen, -reißen (*a. fig.*); **II.** *v/i.* ⚓ absegeln, abfahren; **~ down** **I.** *v/t.* über'winden, unter'drücken; **II.** *v/i.*: *~ on* **a)** sich wenden gegen, sich stürzen auf (*acc.*), überwältigen (*acc.*), **b)** sich (schnell) nähern (*dat.*), zusteuern (*dat. od.* auf *acc.*); **~ in** *v/t.*: *it was borne in upon him* es wurde ihm klar(gemacht), er überzeugte sich; **~ out** *v/t.* bestätigen, bekräftigen, unter'stützen: *to bear s.o. out* j-m recht geben; **~ up** **I.** *v/t.* **1.** stützen, ermutigen; **II.** *v/i.* **2.** (tapfer) standhalten; **3.** *~ against* mutig ertragen (*acc.*), die Stirn bieten (*dat.*).

bear[2] [bɛə] **I.** *s.* **1.** *zo.* Bär *m*; **2.** *fig.* Tolpatsch *m*; **3.** ☤ 'Baissespekuˌlant *m*, Baissi'er *m*: *~ market* Baissemarkt; **4.** *ast.*: *Great* ♀ Großer Bär; *Little* ♀ Kleiner Bär; **II.** *v/i.* **5.** ☤ auf Baisse spekulieren; **III.** *v/t.* **6.** ☤ *Preise od. Kurse* drücken.

bear·a·ble ['bɛərəbl] *adj.* □ tragbar, erträglich, zu ertragen(d).

'bear|-bait·ing *s. hist.* Bärenhetze *f*; **'~-ber·ry** [-bəri] *s.* ⚘ Bärentraube *f*.

beard [biəd] **I.** *s.* **1.** Bart *m* (*a. von Tieren*); → *grow 7*; **2.** ⚘ Grannen *pl.*; **3.** ⊕ 'Widerhaken *m* (*an Pfeil, Angel etc.*); **II.** *v/t.* **4.** *fig.* mutig entgegentreten, Trotz bieten (*dat.*): *to ~ the lion in his den* sich in die Höhle des Löwen wagen; **'beard·ed** [-did] *adj.* **1.** bärtig; **2.** ⚘ mit Grannen; **3.** ⊕ mit e-m 'Widerhaken; **'beard·less** [-lis] *adj.* **1.** bartlos; **2.** ⚘ ohne Grannen; **3.** *fig.* jugendlich, unreif.

bear·er [ˈbɛərə] *s.* **1.** Träger(in): *standard* ~ Fahnenträger; **2.** Überˈbringer(in) *e-s Briefes etc.*; **3.** ✝ Inhaber(in), Vorzeiger(in) *e-s Wechsels, Schecks etc.*: ~ *cheque* (*Am.* check) Inhaberscheck; ~ *securities* Inhaber(wert)papiere; **4.** ⚘ *a good* ~ ein Baum, der gut trägt; **5.** *her.* Schildhalter *m.*

ˈ**bear·gar·den** *s.* **1.** Bärenzwinger *m*; **2.** *fig.* ‚Tollhaus' *n* (*lärmende Versammlung etc.*).

bear·ing [ˈbɛəriŋ] **I.** *adj.* **1.** tragend; **2.** ⚗, *min.* ... enthaltend, ...haltig; **II.** *s.* **3.** (Körper)Haltung *f*: *of noble* ~; **4.** Betragen *n*, Verhalten *n*: *his kindly* ~; **5.** (*on*) Bezug *m* (auf *acc.*), Beziehung *f* (zu), Verhältnis *n* (zu), Zuˈsammenhang *m* (mit); Tragweite *f*, Bedeutung *f*: *to have no* ~ *on* keine Beziehung haben zu, nichts zu tun haben mit; *to consider it in all its* ~*s* es in s-r ganzen Tragweite *od.* von allen Seiten betrachten; **6.** *pl.* ⚓, ✈, *surv.* Richtung *f*, Lage *f*; Peilung *f*; *fig.* Orientierung *f*: *to take the* ~*s* die Richtung *od.* Lage feststellen, peilen; *to take one's* ~*s* sich orientieren; *to find* (*od. get*) *one's* ~*s* sich zurechtfinden; *to lose one's* ~*s* sich verirren, im ungewissen sein; **7.** Ertragen *n*, Erdulden *n*, Nachsicht *f*: *beyond* (*all*) ~ unerträglich; *there is no* ~ *with such a fellow* solch ein Kerl ist nicht auszustehen; **8.** *mst pl.* ⊕ a) (Zapfen-, Achsen- *etc.*)Lager *n*, b) Stütze *f*; **9.** *pl. her.* → *armorial* I; **10.** (Früchte)Tragen *n*: *beyond* (*still in*) ~ ⚘ nicht mehr (noch) tragend.

bear·ing| com·pass *s.* ⚓ ˈPeil,kompaß *m*; ~ **line** *s.* ⚓, ✈ ˈPeil-, Viˈsier,linie *f*; ~ **met·al** *s.* ⊕ ˈLagerme,tall *n*; ~ **pin** *s.* ⊕ Lagerzapfen *m.*

bear·ish [ˈbɛəriʃ] *adj.* **1.** bärenhaft; **2.** *fig.* plump; brummig, unfreundlich; **3.** ✝ flau.

ˈ**bear·lead·er** *s.* Bärenführer *m* (*a. fig. Reisebegleiter*).

ˈ**bear's|-breech** → *acanthus* 1; ˈ~**-ear** *s.* ⚘ Auˈrikel *f*; ˈ~**-foot** *s.* [*irr.*] ⚘ stinkende Nieswurz.

ˈ**bear|·skin** *s.* **1.** Bärenfell *n*; **2.** ⚔ Bärenfellmütze *f*; ˈ~**·wood** *s.* ⚘ Kreuz-, Wegdorn *m.*

beast [bi:st] *s.* **1.** *bsd. vierfüßiges u. wildes* Tier: ~ *of burden* Lasttier; ~*s of the forest* Waldtiere; ~ *of prey* Raubtier; *the* ~ *in us fig.* das Tier(ische) in uns; **2.** ✓ Vieh *n* (*Rinder*), *bsd.* Mastvieh *n*; **3.** *fig.* a) bruˈtaler Mensch, ˈBestie *f*, Biest *n*, b) ungefälliger, scheußlicher Mensch: *don't be a* ~ sei nicht so eklig; **beast·li·ness** [ˈbi:stlinis] *s.* **1.** Brutaliˈtät *f*, viehisches Wesen; **2.** F Scheußlichkeit *f*; Unflätigkeit *f*; **beast·ly** [ˈbi:stli] **I.** *adj.* **1.** *fig.* viehisch, bruˈtal, roh, gemein; **2.** F abˈscheulich; eklig: ~ *weather* Hundewetter; *it's a* ~ *shame* es ist e-e Affenschande; **II.** *adv.* **3.** F scheußlich, ‚verflucht': *it was* ~ *hot.*

beat [bi:t] **I.** *s.* **1.** (*regelmäßig wiederholter*) Schlag; Herz-, Puls-, Trommelschlag *m*; Ticken *n* (*Uhr*); **2.** ♪ a) Takt(schlag) *m*, b) *Jazz*: Beat *m*, ˈrhythmischer Schwerpunkt; **3.** *Versmaß*: Hebung *f*; **4.** *phys.*, *Radio*: Schwebung *f*; **5.** Runde *f od.* Reˈvier *n e-s Schutzmanns etc.*: *to be on one's* ~ die Runde machen; *to be off* (*od. out of*) *one's* ~ *fig.* nicht in s-m Element sein; *that is outside my* ~ *fig.* das schlägt nicht in mein Fach *od.* ist mir ungewohnt; **6.** *Am.* (Verwaltungs)Bezirk *m*; **7.** *Am.* F a) *wer od. was alles übertrifft*: *I've never seen his* ~ der schlägt alles, was ich je gesehen habe, b) (sensatioˈnelle) Erst- *od.* Alˈleinmeldung *e-r Zeitung*, c) → *dead beat*, d) → *beatnik*; **8.** *hunt.* Treibjagd *f*; **II.** *adj.* **9.** F (wie) erschlagen: a) ‚ganz kaˈputt', erschöpft, b) *Am.* verblüfft; **10.** *Am. sl.* ˈantikonfor,mistisch, illusiˈonslos: *the* ♀ *Generation*; **III.** *v/t.* [*irr.*] **11.** (*regelmäßig od. häufig*) schlagen; *Teppich etc.* klopfen; *Metall* hämmern *od.* schmieden; *Eier, Sahne* (zu Schaum *od.* Schnee) schlagen; *Takt, Trommel* schlagen: *to* ~ *a horse* ein Pferd schlagen; *to* ~ *a path* e-n Weg (durch Stampfen *etc.*) bahnen; *to* ~ *the wings* mit den Flügeln schlagen; *to* ~ *the air fig.* vergebliche Versuche machen, gegen Windmühlen kämpfen; *to* ~ *a charge Am. sl.* e-r Strafe entgehen; *to* ~ *s.th. into s.o.'s head* j-m et. einbleuen; *to* ~ *one's brains* sich den Kopf zerbrechen; *to* ~ *it sl.* ‚verduften'; ~ *it! sl.* hau ab!; → *black and blue*, *retreat* 1; **12.** *Gegner* schlagen, besiegen; überˈtreffen, -ˈbieten; zuˈviel sein für *j-n*: *to* ~ *s.o. at tennis* j-n im Tennis schlagen; *to* ~ *the record* den Rekord schlagen *od.* brechen; *to* ~ *the band* a) alles übertreffen, b) (*Wendung*) mit Macht; *to* ~ *s.o. hollow* j-n völlig besiegen; *to* ~ *s.o. to it* j-m zuvorkommen; *that* ~*s me!* F das ist mir zu hoch!, da komme ich nicht mit!; *this poster takes some* ~*ing* dieses Plakat ist schwer zu überbieten; *that* ~*s everything!* F das ist die Höhe!; *the journey* ~ *me* die Reise hat mich völlig erschöpft; *I think that hock* ~*s claret* ich denke, Weißwein ist besser als Rotwein; **13.** *Wild* aufstöbern, treiben: *to* ~ *the woods* e-e Treibjagd *od.* Suche durch die Wälder veranstalten; **14.** schlagen, verprügeln, (ver)hauen; **15.** abgehen, ‚abklopfen', e-n Rundgang machen um; **IV.** *v/i.* [*irr.*] **16.** schlagen (*a. Herz etc.*); ticken (*Uhr*): *I heard the drum* ~*ing* ich hörte den Trommelschlag; *to* ~ *at* (*od. on*) *the door* (fest) an die Tür pochen; *rain* ~ *on the windows* der Regen schlug *od.* peitschte gegen die Fenster; *the hot sun was* ~*ing down on us* die heiße Sonne prallte auf uns nieder; **17.** *hunt.* treiben; → *bush*[1] 1; **18.** ⚓ lavieren: *to* ~ *against the wind* gegen den Wind kreuzen; *Zssgn mit adv.*:

beat| back *v/t.* **1.** zuˈrückschlagen, -treiben; **2.** *fig.* vernichten; ~ **down** *v/t.* **1.** ˈumlegen, -werfen; **2.** *fig.* niederdrücken; **3.** *fig.* unterˈdrükken; **4.** *Preis* drücken, herˈunterhandeln: *to beat s.o. down in price* j-n im Preis drücken; ~ **off** *v/t.* *Angriff, Gegner* abschlagen, -wehren; ~ **out** *v/t.* **1.** *Metall* (aus-) schmieden, hämmern: *to* ~ *s.o.'s brains* j-m den Schädel einschlagen; **2.** *Feuer* (durch Schlagen) löschen; **3.** *fig. Sinn etc.* ‚ausknobeln', herˈausarbeiten; ~ **up** *v/t.* **1.** *Eier, Sahne* (zu Schaum *od.* Schnee) schlagen; **2.** ⚔ a) überˈfallen (*a. fig.*), b) *Rekruten* werben; **3.** *sl.* verprügeln; **4.** *fig.* aufrütteln; **5.** absuchen (*for* nach); **6.** *et.* auftreiben, -stöbern.

beat·en [ˈbi:tn] *p.p. u. adj.* geschlagen; besiegt; erschöpft: ~ *gold* Blattgold; *the* ~ *track* a) der gebahnte Weg, b) *fig.* das ausgefahrene Geleise; *off the* ~ *track* a) abgelegen, b) *fig.* ungewohnt; ~ *biscuit Am. ein* Blätterteiggebäck.

beat·er [ˈbi:tə] *s.* **1.** Schläger *m*, Klopfer *m* (*Person od. Gerät*); Stößel *m*, Stampfe *f*; **2.** *hunt.* Treiber *m.*

be·a·tif·ic [biːəˈtifik] *adj.* glückˈselig; seligmachend; **be·at·i·fi·ca·tion** [bi(:)ætifiˈkeiʃən] *s. eccl.* Seligsprechung *f*; **be·at·i·fy** [bi(:)ˈætifai] *v/t.* **1.** beseligen, selig machen; **2.** *eccl.* seligsprechen.

beat·ing [ˈbi:tiŋ] *s.* **1.** Schlagen *n* (*a. Herz, Flügel etc.*); **2.** Prügel *pl.*: *to give the boy a good* ~ dem Jungen e-e Tracht Prügel geben; *to give the enemy a good* ~ den Feind schlagen; *the enemy took a sound* ~ der Feind erlitt e-e schwere Niederlage.

be·at·i·tude [bi(:)ˈætitju:d] *s.* (Glück)ˈSeligkeit *f*: *the* ♀*s bibl.* die Seligpreisungen.

beat mu·sic *s.* ˈBeatmu,sik *f.*

beat·nik [ˈbi:tnik] *s.* junger ˈAntikonfor,mist u. Bohemiˈen.

beau [bou] *pl.* **beaux** [bouz] (*Fr.*) *s.* **1.** Stutzer *m*, Geck *m*; **2.** Liebhaber *m*, ‚Kavaˈlier' *m.*

beau i·de·al *s.* Ideˈal *n*, Vorbild *n*; Muster *n.*

beau·te·ous [ˈbju:tjəs] *adj. mst poet.* (äußerlich) schön.

beau·ti·cian [bju:ˈtiʃən] *s.* Schönheitspfleger(in), Kosˈmetiker(in).

beau·ti·ful [ˈbju:təful] **I.** *adj.* ☐ **1.** schön; **2.** bewundernswert; **II.** *s.* **3.** *the* ~ das Schöne; die Schönen *pl.*; ˈ**beau·ti·ful·ly** [-təfli] *adv.* F schön, ausgezeichnet: *the car runs* ~ das Auto fährt tadellos; ~ *warm* schön warm; ˈ**beau·ti·fy** [-tifai] *v/t.* verschönern, verzieren.

beau·ty [ˈbju:ti] *s.* **1.** Schönheit *f*; **2.** *das* Schön(st)e, *et.* Schönes: *that is the* ~ *of it* das ist das Schönste daran; **3.** schöner Gegenstand, ‚Gedicht' *n*, Prachtstück *n*: *a* ~ *of a vase* ein Gedicht von e-r Vase; **4.** Schönheit *f*, schöne Perˈson (*mst Frau*; *a. Tier*); **5.** *iro.*: *you are a* ~*!* du bist mir ein Schöner *od.* ein Schlimmer!; ~ **par·lo(u)r**, ~ **sa·lon**, ~ **shop** *s.* ˈSchönheitssa,lon *m*; ˈ~**-sleep** *s.* Schlaf *m* vor Mitternacht; ˈ~**-spot** *s.* **1.** Schönheitspflästerchen *n*; **2.** schönes Fleckchen Erde.

beaux *pl. von beau.*

bea·ver[1] [ˈbi:və] *s.* **1.** *zo.* Biber *m*; **2.** Biberpelz *m*; **3.** ✝ Biber *m* (*filziger Wollstoff*).

bea·ver[2] [ˈbi:və] *s.* ⚔ *hist.* Viˈsier *n*, Helmsturz *m.*

be·bop [ˈbi:bɔp] *s.* ♪ *Am.* Bebop *m* (*Jazz*).

be·calm [bi'kɑ:m] *v/t.* **1.** beruhigen; **2.** ⚓: *to be* ~*ed* in e-e Flaute geraten.
be·came [bi'keim] *pret. von become.*
be·cause [bi'kɔz] **I.** *cj.* weil, da; **II.** ~ *of prp.* wegen (*gen.*), in'folge von (*od. gen.*).
bé·cha·mel sauce ['beʃəmel] (*Fr.*) *s.* Bécha'melsoße *f.*
bêche-de-mer ['beiʃdəmεə; bεʃ də mεr] (*Fr.*) *s. zo.* eßbare Seewalze, 'Trepang *m.*
beck[1] [bek] *s.* Wink *m,* Nicken *n*: *to be at s.o.'s* ~ *and call* j-m auf den (leisesten) Wink gehorchen.
beck[2] [bek] *s. Brit.* (Wild)Bach *m.*
beck·et ['bekit] *s.* ⚓ Haken *m,* Krampe *f.*
beck·on ['bekən] *v/t. u. v/i. j-m* (zu-) winken, zunicken, *j-n* her'anwinken.
be·cloud [bi'klaud] *v/t.* um'wölken, verdunkeln (*a. fig.*).
be·come [bi'kʌm] [*irr.* → *come*] **I.** *v/i.* **1.** werden: *to* ~ *an actor*; *to* ~ *warmer*; *what has* ~ *of him?* was ist aus ihm geworden?, F wo ist er?; **II.** *v/t.* **2.** sich schicken für, sich (ge)ziemen für: *it does not* ~ *you*; **3.** *j-m* stehen, passen zu, *j-n* kleiden (*Kleidungsstück*); **be'com·ing** [-miŋ] *adj.* □ **1.** schicklich, geziemend, anständig; **2.** passend, kleidsam: *a most* ~ *hat* ein äußerst kleidsamer Hut.
bed [bed] **I.** *s.* **1.** Bett *n*: *his life is no* ~ *of roses* er ist nicht auf Rosen gebettet; *to be brought to* ~ entbunden werden (of von); *to die in one's* ~ e-s natürlichen Todes sterben; *to get out of* ~ *on the wrong side* mit dem verkehrten *od.* linken Fuß zuerst aufstehen; *to go to* ~ zu Bett *od.* schlafen gehen; *to keep one's* ~ das Bett hüten; *to make the* ~ das Bett machen; *as you make your* ~, *so you must lie upon it* wie man sich bettet, so schläft man; *to put to* ~ *j-n* zu Bett bringen; *to take to one's* ~ sich (krank) ins Bett legen; **2.** Federbett *n* (*als Unterlage*); **3.** Ehebett *n*: ~ *and board* Tisch u. Bett (*Ehe*); **4.** Lager(statt *f*) *n* (*a. e-s Tieres*): ~ *of straw* Strohlager; **5.** *fig.* letzte Ruhestätte; **6.** 'Unterkunft *f*: ~ *and breakfast* Zimmer mit Frühstück; **7.** (Fluß- *etc.*)Bett *n*; **8.** ✐ Beet *n*; **9.** ⊕, ⚠ Bett *n* (*a. e-r Werkzeugmaschine*), Bettung *f,* 'Unterlage *f,* Schicht *f*: ~ *of concrete* Betonunterlage; **10.** *geol.,* ⚒ Bett *n,* Schicht *f,* Lage *f,* Lager *n,* Flöz *n* (*Kohle*); **11.** 🚂 'Unterbau *m*; **II.** *v/t.* **12.** betten (*mst fig.*); **13.** *a.* ~ *down Pferd etc.* mit Streu versorgen; **14.** *mst* ~ *out* in ein Beet pflanzen, auspflanzen; **15.** *a.* ~ *in* ⊕ (ein)betten, einmörteln; **III.** *v/i.* **16.** zu Bett gehen; **17.** (sich ein-) nisten (*a. fig.*).
be·dad [bi'dæd] *int. Ir.* bei Gott!, wahr'haftig!
be·daub [bi'dɔ:b] *v/t.* beschmieren.
be·daz·zle [bi'dæzl] *v/t.* blenden (*a. fig.*).
bed| bath → *blanket bath*; '~**·bug** *s. zo.* Wanze *f*; '~**·cham·ber** *s.* (königliches) Schlafgemach: *Gentleman od. Groom of the* ♀ königlicher Kammerherr; *Lady of the* ♀ königliche Kammerzofe; '~**-clothes** *s. pl.* Bettwäsche *f.*
bed·der ['bedə] *s. Brit. univ. sl.* **1.** Schlafzimmer *n* (*im College*); **2.** → *bedmaker*; '**bed·ding** [-diŋ] **I.** *s.* **1.** Bettzeug *n,* Bett *n* u. 'Zubehör *n, m*; **2.** (Lager)Streu *f für Tiere*; **3.** ⊕ Bettung *f,* 'Unterschicht *f,* -lage *f,* Lager *n*; **II.** *adj.* **4.** ~ *plants* Beetpflanzen (*Blumen etc.*).
be·deck [bi'dek] *v/t.* (ver)zieren, schmücken.
be·del(l) [be'del] *s. Brit. univ.* Herold *m.*
be·dev·il [bi'devl] *v/t.* **1.** *fig.* verhexen; bedrücken, belasten; **2.** *fig.* um'nebeln, in Verwirrung bringen.
be·dew [bi'dju:] *v/t.* betauen, benetzen.
'**bed|·fel·low** *s.* **1.** 'Schlafkameˌrad *m*; **2.** *fig.* Genosse *m*; '~**·gown** *s.* (Frauen)Nachthemd *n.*
be·dim [bi'dim] *v/t.* trüben.
be·diz·en [bi'daizn] *v/t.* (über'trieben) her'ausputzen.
bed·lam ['bedləm] *s.* **1.** Tollhaus *n* (*mst fig.*); **2.** *fig.* tolles Durcheinander; '**bed·lam·ite** [-mait] *s.* Tollhäusler(in).
bed| lin·en *s.* Bettwäsche *f*; '~**·mak·er** *s. Brit. univ.* Zimmeraufwärter (-in).
Bed·ou·in ['beduin] **I.** *s.* Bedu'ine *m*; **II.** *adj.* Beduinen...
'**bed|-pan** *s.* Stechbecken *n für Bettlägerige*; '~**-plate** *s.* ⊕ 'Unterlagsplatte *f,* -gestell *n od.* -rahmen *m*; '~**·post** *s.* Bettpfosten *m*: *between you and me and the* ~ F unter uns *od.* im Vertrauen (gesagt).
be·drag·gle [bi'drægl] *v/t.* (*mst pass.*) *Kleider* durch den Schmutz schleppen lassen, beschmutzen, durch'nässen.
'**bed|-rail** *s.* Seitenteil *m, n* des Bettes; '~**·rid·den** *adj.* bettlägerig; '~-'**rock** *s.* **1.** *geol.* unterste Felsschicht, Grundgestein *n*; **2.** (*mst fig.*) Grundlage *f*: *to get down to* ~ der Sache auf den Grund gehen; '~**·roll** *s.* zs.-gerolltes Bettzeug; '~**·room** *s.* Schlafzimmer *n*; '~**-room sub·urb** *s.* Schlafstadt *f*; '~**-sheet** *s.* Bettlaken *n.*
'**bed·side** *s.*: *at the* ~ am (Kranken-) Bett; *good* ~ *manner* gute Art, mit Kranken umzugehen; ~ **lamp** *s.* Nachttischlampe *f*; ~ **rug** *s.* Bettvorleger *m*; ~ **ta·ble** *s.* Nachttisch *m.*
'**bed|-'sit·ter** *s. Brit.,* '~-'**sit·ting-room** *s. Brit.* Wohn-Schlafzimmer *n*; '~**·sore** *s.* ⚕ wundgelegene Stelle; '~**·spread** *s.* (Zier)Bettdecke *f*; Tagesdecke *f*; '~**·stead** *s.* Bettstelle *f,* -gestell *n*; '~**·straw** *s.* ⚘ Labkraut *n*; '~**·tick** *s.* Inlett *n*; '~**·time** *s.* Schlafenszeit *f.*
bee [bi:] *s.* **1.** *zo.* Biene *f*: *to have a* ~ *in one's bonnet* F ‚e-n Vogel haben', übergeschnappt sein; **2.** *fig.* Biene *f,* fleißiger Mensch; → *busy* 2; **3.** *bsd. Am.* **a)** Treffen *n von Freunden* zur Gemeinschaftshilfe *od.* Unter'haltung: *sewing* ~ Nähkränzchen, **b)** Wettbewerb *m*; ~ **ant** *s. zo.* Bienenameise *f*; ~ **bird** *s. orn.* Fliegenschnäpper *m*; '~**-bread** *s.* Bienenbrot *n* (*Blütenstaub*).
beech [bi:tʃ] *s.* **1.** ⚘ Buche *f*; **2.** Buchenholz *n*; **beech·en** ['bi:tʃən] *adj.* aus Buchenholz.
beech| mar·ten *s. zo.* Steinmarder *m*; '~**·mast** *s.* Buchnüsse *pl.*; '~**-nut** *s.* Buchecker *f.*
'**bee-eat·er** *s. orn.* Bienenspecht *m.*
beef [bi:f] *pl.* **beeves** [bi:vz], *Am. a.* **beefs I.** *s.* **1.** *obs.* Rind *n*; **2.** Rindfleisch *n*; **3.** F **a)** Fleisch *n* (*am Menschen*), **b)** (Muskel)Kraft *f*; **4.** *sl.* ‚Mecke'rei' *f,* Beschwerde *f*; **II.** *v/i.* **5.** *sl.* nörgeln, ‚mekkern', sich beschweren; '~**·cake** *s. Am. sl.* Bild *n* e-s Muskelprotzen; '~**·eat·er** *s. Brit.* Tower-Wächter *m*; *obs.* königlicher 'Leibgarˌdist; '~'**steak** *s.* 'Beefsteak *n,* Rindfleisch-, Lendenschnitte *f*; ~ **tea** *s.* (Rind)Fleisch-, Kraftbrühe *f,* Bouil'lon *f.*
beef·y ['bi:fi] *adj.* **1.** fleischig; kräftig, bullig; **2.** schwerfällig.
'**bee|·hive** *s.* Bienenstock *m,* -korb *m*; '~**·keep·er** *s.* Bienenzüchter *m,* Imker *m*; '~**·keep·ing** *s.* Bienenzucht *f*; '~**-line** *s. fig.* kürzester Weg: *to make a* ~ *for s.th.* schnurgerade auf et. losgehen.
Be·el·ze·bub [bi(:)'elzibʌb] **I.** *npr.* Be'elzebub *m*; **II.** *s.* Teufel *m* (*a. fig.*).
'**bee-mas·ter** *s.* Bienenzüchter *m,* Imker *m.*
been [bi:n; bin] *p.p. von be.*
bee net·tle *s.* ⚘ Bienensaug *m.*
beer [biə] *s.* **1.** Bier *n*: *two* ~*s* zwei Glas Bier; *life is not all* ~ *and skittles Brit.* F das Leben besteht nicht nur aus Vergnügen; → *small beer*; **2.** bierähnliches Getränk (*aus Pflanzen*); '~**-en·gine** *s.* 'Bierˌdruckappaˌrat *m*; '~**-gar·den** *s.* Biergarten *m*; '~**·house** *s. Brit.* Bierschenke *f*; '~**-mon·ey** *s. Brit.* Bier-, Trinkgeld *n*; '~**-pull** *s.* (Griff *m* der) Bierpumpe *f.*
beer·y ['biəri] *adj.* **1.** bierartig; **2.** bierselig.
beest·ings ['bi:stiŋz] *s.* Biestmilch *f* (*erste Milch nach dem Kalben*).
bees·wax ['bi:zwæks] *s.* Bienenwachs *n.*
beet [bi:t] *s.* ⚘ **1.** Runkelrübe *f,* Mangold *m,* Bete *f*: ~ *greens* Mangoldgemüse; **2.** *Am.* rote Rübe.
bee·tle[1] ['bi:tl] *s. zo.* Käfer *m*; → *black-beetle, blind 1.*
bee·tle[2] ['bi:tl] **I.** *s.* **1.** Holzhammer *m,* Schlegel *m*; **2.** ⊕ **a)** Erdstampfe *f,* **b)** 'Stampfkaˌlander *m*; **II.** *v/t.* **3.** mit e-m Schlegel bearbeiten, (ein)stampfen; **4.** ⊕ ka'landern.
bee·tle[3] ['bi:tl] **I.** *adj.* 'überhängend; **II.** *v/i.* vorstehen, 'überhängen: *beetling cliffs* überhängende *od.* bedrohliche Klippen.
'**bee·tle|-browed** *adj.* **1.** mit buschigen Augenbrauen; **2.** finster blikkend; '~**-crush·ers** *s. pl.* **a)** ‚Elbkähne' *pl.* (*riesige Schuhe*), **b)** ‚Qua'dratlatschen' *pl.* (*riesige Füße*).
'**beet|·root** *s.* ⚘ *bsd. Brit.* rote Rübe; ~ **sug·ar** *s.* ⚘ Rübenzucker *m.*
beeves [bi:vz] *pl. von beef.*
be·fall [bi'fɔ:l] [*irr.* → *fall*] **I.** *v/i.* sich ereignen; **II.** *v/t.* 'zustoßen, wider'fahren (*dat.*).
be·fit [bi'fit] *v/t.* sich ziemen *od.* schicken für; **be'fit·ting** [-tiŋ] *adj.* □ passend, schicklich.

be·fog [bi'fɔg] *v/t.* um'nebeln, in Dunkel hüllen, verwirren, irremachen.

be·fool [bi'fu:l] *v/t.* **1.** zum Narren haben, täuschen; **2.** dumm machen, betören.

be·fore [bi'fɔ:] **I.** *adv.* **1.** *räumlich*: vorn, vor'an: *to go* ~ vorangehen; ~ *and behind* vorn u. hinten; **2.** *zeitlich*: 'vorher, vormals, früher; (schon) früher: *the year* ~ das vorige *od.* vorhergehende Jahr; *an hour* ~ e-e Stunde vorher *od.* früher; *long* ~ lange vorher; *never* ~ noch niemals; **II.** *prp.* **3.** *räumlich*: vor: *he sat* ~ *me*; ~ *my eyes*; *the question* ~ *us* die (uns) vorliegende Frage; **4.** vor, in Gegenwart von: ~ *witnesses*; **5.** *Reihenfolge, Rang*: vor'aus: *to be* ~ *the others in class* den anderen in der Klasse voraus sein; **6.** *zeitlich*: vor, früher als: ~ *lunch* vor dem Mittagessen; *an hour* ~ *the time* e-e Stunde früher *od.* zu früh; ~ *long* in Kürze, bald; ~ *now* schon früher *od.* vorher; *the day* ~ *yesterday* vorgestern; *the month* ~ *last* vorletzten Monat; *to be* ~ *one's time* s-r Zeit voraus sein; **III.** *cj.* **7.** be'vor, ehe: *he died* ~ *I was born*; *not* ~ nicht früher *od.* eher als bis, erst als *od.* wenn; **8.** lieber ... als daß: *I would die* ~ *I lied* (*od.* ~ *lying*); **be'fore·hand** *adv.* zu'vor, (im) voraus: *to know s.th.* ~ et. im voraus wissen; *to be* ~ *in one's suspicions* zu früh e-n Verdacht äußern; **be'fore-men·tioned** *adj.* vorerwähnt.

be·foul [bi'faul] *v/t.* besudeln, beschmutzen (*a. fig.*).

be·friend [bi'frend] *v/t. j-m* Freundschaft erweisen; *j-m* behilflich sein, sich *j-s* annehmen.

be·fud·dle [bi'fʌdl] *v/t.* ‚benebeln', berauschen.

beg [beg] **I.** *v/t.* **1.** *et.* erbitten (*of s.o.* von j-m), bitten um: *to* ~ *leave* um Erlaubnis bitten; → *pardon 4*; **2.** betteln *od.* bitten um: *to* ~ *a meal*; **3.** *j-n* bitten (*to do s.th.* et. zu tun); **II.** *v/i.* **4.** betteln: *to go* ~*ging* **a)** betteln (gehen), **b)** keinen Interessenten finden; **5.** (dringend) bitten (*for* um, *of s.o. to inf.* j-n zu *inf.*): *to* ~ *off* sich entschuldigen, absagen; **6.** sich erlauben: *I* ~ *to differ* ich erlaube mir, anderer Meinung zu sein; *I* ~ *to inform you* ✝ ich erlaube mir, Ihnen mitzuteilen; **7.** schönmachen, Männchen machen (*Hund*); **8.** → *question 1.*

be·gad [bi'gæd] *int.* F bei Gott!

be·gan [bi'gæn] *pret. von begin.*

be·gat [bi'gæt] *obs. pret. von beget.*

be·get [bi'get] *v/t.* [*irr.*] **1.** zeugen; **2.** *fig.* erzeugen, her'vorbringen; **be'get·ter** [-tə] *s.* **1.** Erzeuger *m*, Vater *m*; **2.** *fig.* Urheber *m*.

beg·gar ['begə] **I.** *s.* **1.** Bettler(in); Arme(r *m*) *f*: ~*s must not be choosers* arme Leute dürfen nicht wählerisch sein; **2.** F Kerl *m*, Bursche *m*: *lucky* ~ Glückspilz; *a naughty little* ~ ein kleiner Schelm; **II.** *v/t.* **3.** an den Bettelstab bringen; **4.** *fig.* erschöpfen; über'steigen: *it* ~*s description* es spottet jeder Beschreibung; **'beg·gar·ly** [-li] *adj.* **1.** (sehr) arm; **2.** *fig.* armselig, lumpig; **'beg·gar·my-'neigh·bo(u)r** [-mi-] *s.* Bettelmann *m* (*Kartenspiel*); **'beg·gar·y** [-əri] *s.* Bettelarmut *f*: *to reduce to* ~ an den Bettelstab bringen.

be·gin [bi'gin] [*irr.*] **I.** *v/t.* **1.** beginnen, anfangen: *to* ~ *a new book*; **2.** (be)gründen; **II.** *v/i.* **3.** beginnen, anfangen: *to* ~ *with s.o. od. s.th.* mit *od.* bei j-m *od.* et. anfangen; *to* ~ *with* zunächst; *to* ~ *on s.th.* et. vornehmen; *he began by asking* zuerst fragte er; ... *began to be put into practice* ... wurde bald in die Praxis umgesetzt; *he does not even* ~ *to try* er versucht es nicht einmal; **4.** entstehen; **be'gin·ner** [-nə] *s.* Anfänger(in), Neuling *m*; **be'gin·ning** [-niŋ] *s.* **1.** Anfang *m*, Beginn *m*: *from the (very)* ~ (ganz) von Anfang an; *the* ~ *of the end* der Anfang vom Ende; **2.** Ursprung *m*; **3.** *pl.* **a)** Anfangsgründe *pl.*, **b)** Anfänge *pl.*

be·gone [bi'gɔn] *int.* fort (mit dir)!

be·go·ni·a [bi'gounjə] *s.* ♀ Be'gonie *f.*

be·got [bi'gɔt] *pret. von beget.*

be·got·ten [bi'gɔtn] *p.p. von beget*: *God's only* ~ *son* Gottes eingeborener Sohn.

be·grime [bi'graim] *v/t.* (*mit Ruß, Rauch etc.*) beschmutzen.

be·grudge [bi'grʌdʒ] *v/t.* **1.** *to* ~ *s.o. s.th.* j-m et. mißgönnen, j-n um et. beneiden; **2.** *et.* nicht gern geben.

be·guile [bi'gail] *v/t.* **1.** täuschen; betrügen (*of od. out of* um); **2.** verleiten (*into doing* zu tun); **3.** *Zeit* (angenehm) vertreiben; **4.** betören; **be'guil·ing** [-liŋ] *adj.* □ verführerisch, betörend.

be·gum ['beigəm] *s.* 'Begum *f* (*Titel für mohammed. indische Fürstin*).

be·gun [bi'gʌn] *p.p. von begin.*

be·half [bi'hɑ:f] *s.*: *on* (*od. in*) ~ *of* zugunsten *od.* im Namen *od.* im Auftrag von (*od. gen.*), für *j-n*; *on* (*od. in*) *my* ~ zu m-n Gunsten, für mich.

be·have [bi'heiv] **I.** *v/i.* **1.** sich (gut) benehmen, sich zu benehmen wissen: *please* ~*!* bitte benimm dich!; *he doesn't know how to* ~, *he can't* ~ er kann sich nicht (anständig) benehmen; **2.** sich verhalten; funktionieren (*Maschine etc.*); **II.** *v/t.* **3.** ~ *o.s.* sich (gut) benehmen: ~ *yourself!* benimm dich!; **be'haved** [-vd] *adj.*: *he is well-*~ er hat ein gutes Benehmen.

be·hav·io(u)r [bi'heivjə] *s.* Benehmen *n*, Betragen *n*; Verhalten *n* (*a.* ⚗, ⊕, *phys.*): ~ *pattern psych.* Verhaltensweise; *during good* ~ *Am.* auf Lebenszeit (*Ernennung*); *to be in office on one's good* ~ ein Amt auf Bewährung innehaben; *to be on one's best* ~ sich sehr zs.-nehmen; *to put s.o. on his good* ~ j-m einschärfen, sich gut zu benehmen; **be'hav·io(u)r·ism** [-ərizəm] *s. psych.* Behavior'ismus *m*, Verhaltensforschung *f.*

be·head [bi'hed] *v/t.* enthaupten.

be·held [bi'held] *pret. u. p.p. von behold.*

be·hest [bi'hest] *s. poet.* Geheiß *n.*

be·hind [bi'haind] **I.** *prp.* **1.** hinter: ~ *the tree* hinter dem *od.* den Baum; *he looked* ~ *him* er blickte hinter sich; *to be* ~ *s.o.* **a)** hinter j-m stehen, j-n unterstützen, **b)** j-m nachstehen, hinter j-m zurück sein; *what is* ~ *all this?* was steckt dahinter?; **II.** *adv.* **2.** hinten, da'hinter, hinter'her: *to walk* ~ hinterhergehen; **3.** nach hinten, zu'rück: *to look* ~ zurückblicken; **4.** zurück, im Rückstand: ~ *with one's work* mit s-r Arbeit im Rückstand; *my watch is* ~ m-e Uhr geht nach; **5.** *fig.* da'hinter, verborgen: *there is more* ~ da steckt (noch) mehr dahinter; **III.** *s.* **6.** F ‚Hintern' *m*, Gesäß *n*; **be'hind·hand** *adv. u. pred. adj.* **1.** im Rückstand (befindlich), zurück (*with* mit); **2.** *fig.* rückständig; altmodisch.

be·hold [bi'hould] **I.** *v/t.* [*irr.* → *hold*] erblicken, anschauen; **II.** *int.* siehe da!; **be'hold·en** [-dən] *adj.* verpflichtet, dankbar (*to dat.*); **be'hold·er** [-də] *s.* Beschauer(in), Betrachter(in).

be·hoof [bi'hu:f] *s. lit.*: *in* (*od. to, for, on*) (*the*) ~ *of* um ... willen; *on her* ~ zu ihren Gunsten.

be·hoove [bi'hu:v] *Am.*, **be'hove** [-'houv] *Brit. v/t. impers.*: *it* ~*s you* (*to inf.*) es obliegt dir *od.* ist deine Pflicht (zu *inf.*).

beige [beiʒ] **I.** *s.* Beige *f* (*Wollstoff*); **II.** *adj.* beige(farben).

be·ing ['bi:iŋ] *s.* **1.** (Da)Sein *n*: *in* ~ existierend, wirklich (vorhanden); *to come into* ~ entstehen; *to call into* ~ ins Leben rufen; **2.** *j-s* Wesen *n*, Na'tur *f*; **3.** Wesen *n*; Geschöpf *n*: *living* ~ Lebewesen.

be·la·bo(u)r [bi'leibə] *v/t.* **1.** (*mit den Fäusten etc.*) bearbeiten, 'durchprügeln; **2.** *fig.* (*mit Reden*) plagen, ‚bearbeiten'.

be·lat·ed [bi'leitid] *adj.* **1.** verspätet; **2.** von der Nacht über'rascht.

be·laud [bi'lɔ:d] *v/t.* preisen, rühmen.

be·lay [bi'lei] *v/t.* [*irr.* → *lay*] **1.** ⚓ festmachen, *Tau* belegen; **2.** *mount.* *j-n* sichern; **be·lay·ing pin** [bi'leiiŋ] *s.* ⚓ Belegnagel *m.*

belch [beltʃ] **I.** *v/i.* **1.** aufstoßen, rülpsen; **II.** *v/t.* **2.** *Rauch etc.* ausspeien; **III.** *s.* **3.** Rülpsen *n*; **4.** *fig.* Ausbruch *m* (*Rauch etc.*).

bel·dam(e) ['beldəm] *s. obs.* Ahnfrau *f*; alte Frau; Vettel *f*, Hexe *f.*

be·lea·guer [bi'li:gə] *v/t.* **1.** belagern, um'zingeln; **2.** *fig.* um'geben.

bel es·prit [bel es'pri:] *pl.* **beaux es·prits** [bouz es'pri:] (*Fr.*) *s.* Schöngeist *m.*

bel·fry ['belfri] *s.* **1.** Glockenturm *m*; → *bat² 1*; **2.** Glockenstuhl *m.*

bel·ga ['belgə] *s.* Belga *m* (*belg. Währungseinheit*).

Bel·gian ['beldʒən] **I.** *adj.* belgisch; **II.** *s.* Belgier(in).

Bel·gra·vi·a [bel'greivjə] **I.** *npr.* *vornehmer Stadtteil Londons*; **II.** *s.* die aristo'kratische Welt.

be·lie [bi'lai] *v/t.* **1.** Lügen erzählen über (*acc.*), *et.* falsch darstellen; **2.** *j-n od. et.* Lügen strafen; **3.** wider'sprechen (*dat.*); **4.** *Hoffnung etc.* enttäuschen, *e-r Sache* nicht entsprechen.

be·lief [bi'li:f] *s.* **1.** *eccl.* Glaube *m*, Religi'on *f*: *the* ♀ das apostolische Glaubensbekenntnis; **2.** (*in*) **a)** Glaube *m* (an *acc.*): *beyond* ~ unglaublich, b) Vertrauen *n* (auf *et. od.* zu *j-m*); **3.** Meinung *f*, Anschauung *f*, Über'zeugung *f*: *to the best of my ~* nach bestem Wissen u. Gewissen.

be·liev·a·ble [bi'li:vəbl] *adj.* glaubhaft; **be·lieve** [bi'li:v] **I.** *v/i.* **1.** glauben (*in* an *acc.*); **2.** (*in*) Vertrauen haben (zu), viel halten (von): *I do not ~ in sports* ich halte nicht viel vom Sport; **II.** *v/t.* **3.** glauben, meinen, denken: *~ it or not* ob Sie es glauben *od.* nicht!, ganz sicher; *do not ~ it* glaube es nicht; *would you ~ it!* ist so et. möglich!; *he is ~d to be a miser* man hält ihn für e-n Geizhals; **4.** Glauben schenken, glauben (*dat.*): *~ me* glaube mir; *not to ~ one's eyes* s-n Augen nicht trauen; **be'liev·er** [-və] *s.* **1.** Glaubende(r *m*) *f*: *to be a great od. firm ~ in* fest glauben an (*acc.*); **2.** Gläubige(r *m*) *f*: *a true ~* ein Rechtgläubiger; **be'liev·ing** [-viŋ] *adj.* □ gläubig: *a ~ Christian.*

Be·lish·a bea·con [bi'li:ʃə] *s. Brit.* Blinklicht *n* an 'Fußgänger,überwegen.

be·lit·tle [bi'litl] *v/t.* **1.** verkleinern, her'absetzen, schmälern; **2.** herabsetzen, schmähen; **3.** verharmlosen.

bell¹ [bel] **I.** *s.* **1.** Glocke *f*, Klingel *f*, Schelle *f*: *to carry away (od. bear) the ~* Sieger sein; *does that name ring a (od. the) ~?* erinnert dich der Name an et.?; *the ~ has rung* es hat geklingelt; → *clear 5, sound¹ 1*; **2.** *pl.* ⚓ (halbstündige Schläge *pl.* der) Schiffsglocke *f*; **3.** Taucherglocke *f*; **4.** ♣ glockenförmige Blumenkrone, Kelch *m*; **5.** △ Glocke *f*, Kelch *m* (*am Kapitell*); **II.** *v/t.* **6.** *to ~ the cat fig.* der Katze die Schelle umhängen (*et. Gefährliches unternehmen*).

bell² [bel] *v/i.* röhren (*Hirsch*).

bel·la·don·na [belə'dɔnə] *s.* **1.** ♣ Tollkirsche *f*; **2.** ⚕ Atro'pin *n*.

'bell|-bot·tomed *adj.* unten weit ausladend: *~ trousers*; **'~·boy** *s. Am.* Ho'telpage *m*; **'~-buoy** *s.* ⚓ Glokkenboje *f*; **~ but·ton** *s.* ⚡ Klingelknopf *m*.

belle [bel] (*Fr.*) *s.* Schöne *f*, Schönheit *f*: *~ of the ball* Ballkönigin; *~ of the village* Dorfschöne.

belles-let·tres ['bel'letr] (*Fr.*) *s. pl.* Belle'tristik *f*, schöne Litera'tur.

'bell|-flow·er *s.* ♣ Glockenblume *f*; **'~-found·er** *s.* Glockengießer *m*; **'~-found·ry** *s.* Glockengieße'rei *f*; **'~-glass** *s.* Glasglocke *f*; **'~-hang·er** *s. berufsmäßiger* Glockenaufhänger; **'~-hop** *s. Am.* Ho'telpage *m*.

bel·li·cose ['belikous] *adj.* □ kriegslustig, kriegerisch; **bel·li·cos·i·ty** [beli'kɔsiti] *s.* Kriegs-, Kampf(es)lust *f*.

bel·lied ['belid] *adj.* bauchig; *in Zssgn* ...bauchig, ...bäuchig.

bel·lig·er·ence [bi'lidʒərəns] *s.* Kriegführung *f*; **bel'lig·er·en·cy** [-rənsi] *s.* Kriegszustand *m*; **bel'lig·er·ent** [-nt] **I.** *adj.* □ **1.** kriegführend: *the ~ powers*; *~ rights* Rechte der Kriegführenden; **2.** *fig.* streitlustig; **II.** *s.* **3.** kriegführendes Land.

'bell|·man [-mən] *s.* [*irr.*] öffentlicher Ausrufer; **'~-met·al** *s.* ⊕ 'Glockenme,tall *n*, -speise *f*; **'~-mouthed** *adj.* (*a.* ⚔) mit trichterförmiger Öffnung.

bel·low ['belou] **I.** *v/t. u. v/i.* brüllen; laut schreien; *fig.* donnern, brausen; **II.** *s.* Gebrüll *n*.

bel·lows ['belouz] *s. pl.* (*a. sg. konstr.*) **1.** ⊕ **a)** Gebläse *n*, **b)** *a. pair of ~* Blasebalg *m*; **2.** Lunge *f*; **3.** *phot.* Balg(en) *m*.

'bell|-pull *s.* Klingelzug *m*; **'~-punch** *s. Brit.* Fahrscheinlochzange *f* mit Glocke; **'~-push** *s.* Klingelknopf *m*; **'~-ring·er** *s.* Glöckner *m*; **'~-rope** *s.* **1.** Glockenstrang *m*; **2.** Klingelzug *m*; **'~-shaped** *adj.* glockenförmig; **'~-tent** *s.* glockenförmiges Zelt; **'~-weth·er** *s.* Leithammel *m* (*a. fig., mst contp.*).

bel·ly ['beli] **I.** *s.* **1.** Bauch *m* (*bsd. vom Tier*); 'Unterleib *m*; **2.** Magen *m*; **3.** *fig.* **a)** Appe'tit *m*, **b)** Schlemme'rei *f*; **4.** Bauch *m*, Ausbauchung *f*, Höhlung *f*; **5.** 'Unterseite *f*; **6.** ♪ Reso'nanzboden *m* (*Streichinstrumente*); **II.** *v/i.* **7.** sich (aus-)bauchen, (an)schwellen; **'~-ache** **I.** *s.* Bauchschmerzen *pl.*; **II.** *v/i.* F ‚meckern', nörgeln; **'~-band** *s.* Bauch-, Sattelgurt *m*; **~ danc·er** *s.* Bauchtänzerin *f*; **'~-land·ing** *s.* ✈ Bauchlandung *f*; **'~-pinched** *adj.* ausgehungert; **~ tank** *s.* Abwurfbehälter *m* (*unter dem Flugzeugrumpf*).

be·long [bi'lɔŋ] *v/i.* **1.** gehören (*to dat.*): *this ~s to me*; **2.** gehören (*to* zu), da'zugehören, am richtigen Platz sein: *this lid ~s to another pot* dieser Deckel gehört zu e-m anderen Topf; *where does this book ~?* wohin gehört dieses Buch?; *he does not ~* er gehört nicht hierher; **3.** (*to*) sich gehören (für), *j-m* ziemen; **4.** *Am.* **a)** verbunden sein (*with* mit), gehören *od.* passen (*with* zu), **b)** wohnen (*in* in *dat.*); **5.** an-, zugehören (*to dat.*): *to ~ to a club*; **be'long·ings** [-ŋiŋz] *s. pl.* **a)** Habseligkeiten *pl.*, Habe *f*, Gepäck *n*, **b)** Zubehör *n*, **c)** F Angehörige *pl.*

be·lov·ed [bi'lʌvd; *attr. a.* -vid] **I.** *adj.* (innig) geliebt (*of, by* von); **II.** *s.* [*mst* -vid] Geliebte(r *m*) *f*, Liebling *m*: *my ~!*

be·low [bi'lou] **I.** *adv.* **1.** unten: *he is ~* er ist unten (*im Haus*); *as stated ~* wie unten erwähnt; **2.** hin'unter; **3.** *poet.* hie'nieden; **4.** in der Hölle; **5.** (dar)'unter, niedriger: *the class ~*; **6.** strom'ab; **II.** *prp.* **7.** unter, 'unterhalb, tiefer als: *~ the line* unter der *od.* die Linie; *~ cost* unter dem Kostenpreis; *~ s.o.* unter j-s Rang, Würde, Fähigkeit *etc.*; *20 ~* F 20 Grad Kälte.

belt [belt] **I.** *s.* **1.** Gürtel *m*, Gurt *m*: *to hit below the ~* **a)** *Boxen*: *j-m* e-n Tiefschlag versetzen, **b)** *fig. j-n* unfair behandeln; *to tighten one's ~ fig.* den Gürtel enger schnallen; **2.** ⚔ Koppel *n*; Gehenk *n*; **3.** ⚓ Panzergürtel *m* (*Kriegsschiff*); **4.** Gürtel *m*, Gebiet *n*, Zone *f*: *green ~* Gürtel von Grünanlagen *od.* Feldern; *cotton ~ Am. geogr.* Baumwollgürtel; **5.** *Am.* Gebiet *n* (*in dem ein Typus vorherrscht*): *the black ~* vorwiegend von Negern bewohnte Staaten der USA; **6.** ⊕ **a)** (Treib-)Riemen *m*: *~ drive* Riemenantrieb, **b)** Förderband *n*, **c)** Streifen *m*, **d)** ⚔ (Ma'schinengewehr)Gurt *m*; **II.** *v/t.* **7.** um'gürten, mit Riemen befestigen; zs.-halten; **8.** 'durchprügeln; **9.** *~ out sl. Lied* schmettern; **10.** *a. ~ down Schnaps etc.* ‚kippen'; **III.** *v/i.* **11.** *~ up! sl.* (halt die) Schnauze!; **12.** *sl.* rasen: *to ~ down the road*; **'belt·ed** [-tid] *adj.* **1.** mit e-m Gürtel (versehen); **2.** gestreift; **'belt·ing** [-tiŋ] *s.* **1.** Gürtelstoff *m*; **2.** ⊕ Riemenleder *n*; **3.** Treibriemenanlage *f*.

belt| line *s. Am.* Verkehrsgürtel *m um e-e Stadt*; **~ pul·ley** *s.* ⊕ Riemenscheibe *f*; **~ trans·mis·sion** *s.* ⊕ 'Riementransmissi,on *f*.

be·lu·ga [bi'lu:gɑ:] *s.* **1.** *zo.* Weißwal *m*; **2.** *ichth.* Weißstör *m*.

be·moan [bi'moun] *v/t.* beklagen, betrauern.

be·muse [bi'mju:z] *v/t.* verwirren, benebeln, betäuben; **be'mused** [-zd] *adj.* **1.** verwirrt *etc.*; **2.** gedankenverloren.

bench [bentʃ] *s.* **1.** Bank *f* (*zum Sitzen*); **2.** ⚖ (*oft* 2) **a)** Richterbank *f*, **b)** Gerichtshof *m*, **c)** *coll.* Richter *pl.*: *raised to the ~* zum Richter (*od.* Bischof) ernannt; *~ and bar* die Richter u. die Anwälte; *to be on the ~* Richter sein; **3.** Platz *m*, Sitz *m* (*im Parlament etc.*); **4.** Werkbank *f*, -tisch *m*, Experimentiertisch *m*: *carpenter's ~* Hobelbank; *cobbler's ~* Schusterbank; **5.** *geogr. Am.* **a)** Riff *n*, **b)** ter'rassenförmiges Flußufer; **6.** *Am.* Bank *f* für die Teilnehmer an e-m Wettspiel; **7.** *Am.* Ruderbank *f*; **'bench·er** [-tʃə] *s.* **1.** *Brit.* Vorstandsmitglied *n* e-r Anwaltskammer; **2.** *parl.* → *backbencher, front-bencher*; **3.** *Am.* Ruderer *m*.

bench| lathe *s.* ⊕ Me'chanikerdrehbank *f*; **'~-war·rant** *s.* ⚖ richterlicher Haftbefehl.

bend [bend] **I.** *v/t.* [*irr.*] **1.** biegen, krümmen: *to ~ out of shape* verbiegen; **2.** beugen, neigen: *to ~ the knee* **a)** das Knie beugen, *fig.* sich unterwerfen, **b)** beten; **3.** *Bogen, Feder* spannen; **4.** ⚓ *Tau, Segel* festmachen; **5.** *fig.* beugen: *to ~ s.o. to one's will* sich j-n gefügig machen; **6.** richten, (zu)wenden: *to ~ one's steps towards home* s-e Schritte heimwärts lenken; *to ~ o.s. (one's mind) to a task* sich (s-e Aufmerksamkeit) e-r Sache zuwenden *od.* widmen; **II.** *v/i.* [*irr.*] **7.** sich biegen, sich krümmen, sich winden: *the road ~s here* die Straße macht hier e-e Kurve; **8.** sich neigen, sich beugen: *to ~ down* sich niederbeugen, sich bücken; **9.** (*to*) *fig.* sich beugen, sich fügen (*dat.*); **10.** (*to*) sich zuwenden, sich widmen (*dat.*); **III.** *s.* **11.** Biegung *f*, Krümmung *f*, Windung *f*, Kurve *f*; **12.** Knoten *m*, Schlinge *f*; **13. a)** *on the ~* et. verrückt, **b)** → *bender*; **14.** *the ~s pl.* ⚕ Cais'sonkrankheit *f*; **'bend·ed** [-did] *adj.* gebeugt: *on ~ knees* kniefällig; **'bend·er** [-də] *s. sl.* ‚Saufe'rei' *f*, ‚Bummel' *m*.

'bend|-leath·er *s.* Sohlen-, Kernleder *n*; ~ **sin·is·ter** *s. her.* Schrägbalken *m.*

be·neath [bi'ni:θ] **I.** *adv.* dar'unter, 'unterhalb, (weiter) unten; **II.** *prp.* unter, unterhalb (*gen.*): ~ *a tree* unter e-m Baum; *it is* ~ *him* es ist unter s-r Würde, er verschmäht es (*to inf.* zu *inf.*); ~ *notice* nicht der Beachtung wert; ~ *contempt* verachtenswert, unter aller Kritik.

Ben·e·dic·tine [beni'diktin] *s.* **1.** Benedik'tiner *m* (*Mönch*); **2.** [-ti:n] Benediktiner *m* (*Likör*).

ben·e·dic·tion [beni'dikʃən] *s. eccl.* Segnung *f*, Segen(sspruch) *m.*

ben·e·fac·tion [beni'fækʃən] *s.* **1.** Wohltat *f*; **2.** Spende *f*, Geschenk *n*; Zuwendungen *pl.*; **3.** wohltätige Stiftung; **ben·e·fac·tor** ['benifæktə] *s.* **1.** Wohltäter *m*; **2.** Gönner *m*; Stifter *m*; **ben·e·fac·tress** ['benifæktris] *s.* Wohltäterin *f etc.*

ben·e·fice ['benifis] *s. eccl.* Pfründe *f*; **'ben·e·ficed** [-st] *adj.* im Besitz e-r Pfründe; **be·nef·i·cence** [bi'nefisəns] *s.* Wohltätigkeit *f*; **be·nef·i·cent** [bi'nefisənt] *adj.* □ wohltätig, gütig, wohltuend.

ben·e·fi·cial [beni'fiʃəl] *adj.* □ **1.** (*to*) nützlich, wohltuend, förderlich (*dat.*); vorteilhaft (für); **2.** ⚖ nutznießend: ~ *owner* unmittelbarer Besitzer, Nießbraucher; ~ *ownership* Nutznießung; **ben·e'fi·ci·ar·y** [-'fiʃəri] *s.* **1.** Nutznießer(in); Begünstigte(r *m*) *f*; Empfänger(in); **2.** Pfründner *m.*

ben·e·fit ['benifit] **I.** *s.* **1.** Vorteil *m*, Nutzen *m*, Gewinn *m*: *for the* ~ *of* zum Besten *od.* zugunsten (*gen.*); *to derive* ~ *from* Nutzen ziehen aus *od.* haben von; *to give s.o. the* ~ *of the doubt* den vorhandenen Zweifel zu j-s Gunsten auslegen; **2.** j-m zustehende Rente, Beihilfe *f*, Zuschuß *m*: *insurance* ~ Versicherungsleistung, -zahlung; *sickness* ~ Krankengeld; *unemployment* ~ Arbeitslosenunterstützung; **3.** ⚖ Vorrecht *n*, Rechtswohltat *f*: *without* ~ *of counsel*; **4.** Bene'fiz(vorstellung *f*, *sport* -spiel *n*) *n*, Wohltätigkeitsveranstaltung *f*; **5.** Wohltat *f*, Gefallen *m*, Vergünstigung *f*; **II.** *v/t.* **6.** nützen (*dat.*), fördern (*acc.*), begünstigen (*acc.*); **III.** *v/i.* **7.** (*by, from*) Vorteil haben (von, durch), Nutzen ziehen (aus).

Ben·e·lux ['benilʌks] *s.* Benelux-Länder *pl.* (*Belgien, Niederlande, Luxemburg*).

be·nev·o·lence [bi'nevələns] *s.* Wohlwollen *n*, Güte *f*; Wohltätigkeit *f*, Wohltat *f*; **be'nev·o·lent** [-nt] *adj.* □ wohl-, mildtätig, gütig; wohlwollend: ~ *fund* Unterstützungsfonds; ~ *society* Hilfsverein.

Ben·gal [beŋ'gɔ:l] *npr.* Ben'galen *n*: ~ *light* bengalisches Feuer; **Ben'ga·li** [-li] **I.** *s.* **1.** Ben'gale *m*, Ben'galin *f*; **2.** *ling.* das Ben'galische; **II.** *adj.* **3.** ben'galisch.

be·night·ed [bi'naitid] *adj. fig.* um'nachtet, unwissend.

be·nign [bi'nain] *adj.* □ **1.** gütig; **2.** günstig, mild, zuträglich; **3.** ⚕ gutartig; **be·nig·nant** [bi'nignənt] *adj.* □ **1.** gütig, freundlich; **2.** günstig, wohltuend; **3.** → *benign 3*;

be·nig·ni·ty [bi'nigniti] *s.* Güte *f*, Freundlichkeit *f.*

ben·i·son ['benizn] *s. poet.* Segen *m*, Gnade *f.*

bent[1] [bent] **I.** *pret. u. p.p. von bend I u. II*; **II.** *adj.*: *to be* ~ *on* **a)** entschlossen sein zu, **b)** ausgehen auf (*acc.*), erpicht *od.* darauf aus sein (zu *inf.*); **III.** *s.* Neigung *f*, Hang *m*, Trieb *m* (*for* zu): *to the top of one's* ~ nach Herzenslust; *to allow full* ~ freien Lauf lassen (*dat.*).

bent[2] [bent] *s.* ♀ Straußgras *n*; ~ **grass** *s.* ♀ Sandsegge *f.*

Ben·tham·ism ['bentəmizəm] *s. phls. Jeremy Benthams Lehre vom Prinzip des größten Glücks der größten Zahl*; **'Ben·tham·ite** [-mait] *s.* Anhänger(in) der Lehre Benthams.

'bent·wood *s.* gebogenes *od.* geschweiftes Holz: ~ *chair* Wiener Stuhl.

be·numb [bi'nʌm] *v/t.* gefühllos machen, betäuben; *fig.* lähmen; **be'numbed** [-md] *adj.* betäubt, gelähmt, starr, gefühllos.

ben·zene ['benzi:n] *s.* ⚗ Ben'zol *n.*

ben·zine ['benzi:n] *s.* ⚗ Ben'zin *n.*

ben·zo·ic [ben'zouik] *adj.* ⚗ Benzoe...: ~ *acid* Benzoesäure; **ben·zo·in** ['benzouin] *s.* ⚗ Ben'zoe,gummi *n, m*, -harz *n*, Ben'zoe *f.*

ben·zol(e) ['benzɔl] *s.* ⚗ Ben'zol *n*; **'ben·zo·line** [-zəli:n] → *benzine.*

be·queath [bi'kwi:ð] *v/t.* **1.** *Vermögen* hinter'lassen, vermachen (*to s.o.* j-m); **2.** über'liefern, vererben (*fig.*).

be·quest [bi'kwest] *s.* Vermächtnis *n*, Hinter'lassenschaft *f.*

be·rate [bi'reit] *v/t.* heftig ausschelten, auszanken.

Ber·ber ['bə:bə] **I.** *s.* **1.** Berber(in); **2.** *ling.* Berbersprache(n *pl.*) *f*; **II.** *adj.* **3.** Berber...

Ber·ber·is ['bə:bəris], **ber·ber·ry** ['bə:bəri] → *barberry.*

be·reave [bi'ri:v] *v/t.* [*irr.*] **1.** berauben (*of gen.*); **2.** hilflos zu'rücklassen; **be'reaved** [-vd] *adj.* durch den Tod beraubt, hinter'blieben: *the* ~ die Hinterbliebenen; **be'reave·ment** [-mənt] *s.* Verlust *m* (*durch Tod*); Trauerfall *m* (*in der Familie*); Verlassenheit *f von Witwen etc.*

be·reft [bi'reft] **I.** *pret. u. p.p. von bereave*; **II.** *adj.* beraubt (*of gen.*) (*mst fig.*): ~ *of hope* aller Hoffnung beraubt; ~ *of reason* von Sinnen.

be·ret ['berei] *s.* **1.** Baskenmütze *f*; **2.** ⚔ *Brit.* 'Felduni,formmütze *f.*

berg [bə:g] *s. abbr. für iceberg.*

ber·ga·mot ['bə:gəmɔt] *s.* **1.** ♀ Berga'mottenbaum *m*; **2.** Berga'mottöl *n*; **3.** Berga'motte *f* (*Birnensorte*).

be·rib·boned [bi'ribənd] *adj.* mit (Ordens)Bändern geschmückt.

ber·i·ber·i ['beri'beri] *s.* ⚕ Beri'beri *f*, Reisesserkrankheit *f.*

Ber·lin| black [bə:'lin] *s.* schwarzer Eisenlack; ~ **wool** *s.* feine Strickwolle.

Ber·nard·ine ['bə:nədin] *s. eccl.* Bernhar'diner *m*, Zisterzi'enser *m.*

Ber·nese [bə:'ni:z] **I.** *adj.* aus Bern, Berner...; **II.** *s.* Berner(in).

ber·ry ['beri] **I.** *s.* **1.** ♀ **a)** Beere *f*, **b)** Korn *n*, Kern *m* (*beim Getreide*); **2.** *zo.* Ei *n* (*vom Hummer od. Fisch*); **II.** *v/i.* **3.** **a)** ♀ Beeren tragen, **b)** Beeren sammeln.

ber·serk ['bə:sə:k] *adj. u. adv.* wütend, rasend; **'ber·serk·er** [-kə] *s. hist.* Ber'serker *m* (*a. fig. Wüterich*): ~ *rage* Berserkerwut.

berth [bə:θ] **I.** *s.* **1.** ⚓ (genügend) Seeraum (*an der Küste od. zum Ausweichen*): *to give a wide* ~ *to* **a)** weit abhalten von (*Land, Insel etc.*), **b)** *fig.* um *j-n* e-n Bogen machen; **2.** ⚓ Liegeplatz *m* (*e-s Schiffes am Kai*); **3.** **a)** ⚓ (Schlaf)Koje *f*, **b)** Bett *n* (*Schlafwagen*); **4.** *Brit.* F Stellung *f*, ‚Pöstchen' *n*: *he has a good* ~; **II.** *v/t.* **5.** ⚓ am Kai festmachen; vor Anker legen, docken; **6.** *Brit. j-m* einen (Schlaf)Platz anweisen; *j-n* 'unterbringen; **III.** *v/i.* **7.** ⚓ anlegen.

ber·yl ['beril] *s. min.* Be'ryll *m*; **be·ryl·li·um** [be'riljəm] *s.* ⚗ Be'ryllium *n.*

be·seech [bi'si:tʃ] *v/t.* [*irr.*] *j-n* dringend bitten (*for* um), ersuchen, anflehen (*to inf.* zu *inf.*, *that* daß); **be'seech·ing** [-tʃiŋ] *adj.* □ flehend, bittend; **be'seech·ing·ly** [-tʃiŋli] *adv.* flehentlich.

be·seem [bi'si:m] *v/t.* sich ziemen *od.* schicken für.

be·set [bi'set] [*irr.* → *set*] *v/t.* **1.** um'geben, (von allen Seiten) bedrängen, verfolgen: ~ *with difficulties* mit Schwierigkeiten überhäuft; **2.** *Straße* versperren; **be'set·ting** [-tiŋ] *adj.* **1.** hartnäckig: ~ *sin* Gewohnheitslaster; **2.** ständig drohend (*Gefahr*).

be·side [bi'said] *prp.* **1.** neben, dicht bei: *sit* ~ *me* setz dich neben mich; **2.** *fig.* außerhalb (*gen.*), außer, nicht gehörend zu: ~ *the point* nicht zur Sache gehörig; ~ *o.s.* außer sich (*with* vor *dat.*); **3.** im Vergleich zu; **be'sides** [-dz] **I.** *adv.* **1.** außerdem, ferner, über'dies, noch da'zu; **2.** *neg.* sonst; **II.** *prp.* **3.** außer, neben (*dat.*); **4.** über ... hin'aus.

be·siege [bi'si:dʒ] *v/t.* **1.** belagern (*a. fig.*); **2.** *fig.* bestürmen, bedrängen.

be·slav·er [bi'slævə] *v/t.* **1.** bespeien; **2.** *fig. j-m* lobhudeln.

be·slob·ber [bi'slɔbə] *v/t.* **1.** → *beslaver*; **2.** abküssen.

be·smear [bi'smiə] *v/t.* beschmieren.

be·smirch [bi'smə:tʃ] *v/t.* besudeln (*bsd. fig.*).

be·som ['bi:zəm] *s.* (Reisig)Besen *m.*

be·sot·ted [bi'sɔtid] *adj.* □ **1.** töricht, betört; **2.** vernarrt (*on* in *acc.*); **3.** berauscht (*with* von).

be·sought [bi'sɔ:t] *pret. u. p.p. von beseech.*

be·spat·ter [bi'spætə] *v/t.* **1.** (mit Kot *etc.*) bespritzen, beschmutzen; **2.** *fig.* (mit Vorwürfen *etc.*) über'schütten.

be·speak [bi'spi:k] [*irr.* → *speak*] *v/t.* **1.** (vor'aus)bestellen, im voraus bitten um: *to* ~ *a seat* e-n Platz bestellen; *to* ~ *s.o.'s help* j-n um Hilfe bitten; **2.** zeigen, zeugen von; **3.** *poet.* anreden.

be·spec·ta·cled [bi'spektəkld] *adj.* bebrillt.

be·spoke [bi'spouk] **I.** *pret. u. p.p. von bespeak*; **II.** *adj. Brit.* auf Be-

stellung *od.* nach Maß angefertigt, Maß...: ~ *tailor* Maßschneider; **be'spo·ken** [-kən] *p.p. von bespeak.*
be·sprin·kle [bi'spriŋkl] *v/t.* besprengen, bespritzen, bestreuen.
Bes·se·mer steel ['besimə] *s.* ⊕ Bessemerstahl *m.*
best [best] **I.** *sup. von good adj.* **1.** best: *the ~ of wives* die beste aller (Ehe)Frauen; *to be ~ at* hervorragen in (*dat.*); **2.** geeignetst; höchst; **3.** größt, meist: *the ~ part of* der größte Teil (*gen.*); **II.** *sup. von well adv.* **4.** am besten (meisten, passendsten): *as ~ I can* so gut ich kann; *the ~ hated man of the year* der meist- *od.* bestgehaßte Mann des Jahres; *~ used* meistgebraucht; *you had ~ go* es wäre das beste, Sie gingen; **III.** *v/t.* **5.** über'treffen; **6.** F über'vorteilen; **IV.** *s.* **7.** *der (die, das)* Beste (Passendste *etc.*): *with the ~* mindestens so gut wie jeder andere; *for the ~* zum besten; *to do one's ~* sein möglichstes tun; *to be at one's ~* in bester Verfassung (*od.* Form) sein; *that is the ~ of ...* das ist der Vorteil (*gen. od.* wenn ...); *to look one's ~* am vorteilhaftesten aussehen; *to have (od. get) the ~ of it* am besten dabei wegkommen; *to make the ~ of* **a)** bestens ausnutzen, **b)** sich abfinden mit, **c)** *e-r Sache* die beste Seite abgewinnen; *at ~* höchstens, bestenfalls; *all the ~!* alles Gute!, viel Glück!; → *ability 1, belief 3, job[1] 5.*
bes·tial ['bestjəl] *adj.* □ **1.** besti'alisch, tierisch, viehisch; **2.** *fig.* gemein, verderbt; sinnlich-vertiert; **bes·ti·al·i·ty** [besti'æliti] *s.* **1.** Bestiali'tät *f*, tierisches Wesen; **2.** Perversi'tät *f*, Sodo'mie *f.*
be·stir [bi'stə:] *v/t.*: *~ o.s.* sich rühren, sich aufraffen; sich bemühen: *~ yourself!* tummle dich!
best man *s.* [*irr.*] *Freund des Bräutigams, der bei der Ausrichtung der Hochzeit e-e wichtige Rolle spielt.*
be·stow [bi'stou] *v/t.* **1.** schenken, gewähren, geben, spenden, erweisen, verleihen (*s.th.* [*up*]*on s.o.* j-m et.): *to ~ one's hand on s.o.* j-m die Hand fürs Leben reichen; **2.** *obs.* 'unterbringen; **be'stow·al** [-ouəl] *s.* **1.** Gabe *f*, Schenkung *f*, Verleihung *f*; **2.** *obs.* 'Unterbringung *f.*
be·strew [bi'stru:] [*irr.* → *strew*] *v/t.* **1.** bestreuen; **2.** verstreut liegen auf (*dat.*).
be·strid·den [bi'stridn] *p.p. von bestride.*
be·stride [bi'straid] *v/t.* [*irr.*] **1.** rittlings sitzen auf (*dat.*), reiten; **2.** mit gespreizten Beinen stehen auf *od.* über (*dat.*); **3.** über'spannen, über'brücken; **4.** sich (schützend) breiten über (*acc.*).
be·strode [bi'stroud] *pret. von bestride.*
best sell·er *s.* 'Bestseller *m*, Verkaufsschlager *m*, meistgekauftes Buch.
bet [bet] **I.** *s.* Wette *f*; gewetteter Betrag *od.* Gegenstand; **II.** *v/t. u. v/i.* [*irr.*] wetten, (ein)setzen: *I ~ you ten pounds* ich wette mit Ihnen um zehn Pfund; (*I*) *you ~! sl.* aber sicher!; *to ~ one's bottom dollar Am. sl.* den letzten Heller wetten, völlig sicher sein.
be·ta ['bi:tə] *s.* **1.** 'Beta *n* (*griech. Buchstabe*); **2.** ♗, *ast., phys. der (die, das)* Zweite in e-r Reihe; **3.** *ped. Brit.* Zwei *f* (*Note*).
be·take [bi'teik] [*irr.* → *take*] *v/t.*: *~ o.s.* (*to*) sich begeben (nach); s-e Zuflucht nehmen (zu).
be·ta rays *s. pl. phys.* 'Betastrahlen *pl.*
be·tel ['bi:təl] *s.* 'Betel *m*; **'~-nut** *s.* ♀ 'Betelnuß *f.*
bête noire ['beit'nwa:] (*Fr.*) *s. fig. das* rote Tuch, Dorn *m* im Auge.
beth·el ['beθəl] *s.* **1.** *Brit.* Dis'senterka,pelle *f*; **2.** *Am.* Kirche *f* für Ma'trosen.
be·think [bi'θiŋk] *v/t.* [*irr.* → *think*]: *~ o.s.* sich über'legen, sich besinnen; sich vornehmen: *to ~ o.s. to do* sich in den Kopf setzen zu tun.
be·thought [bi'θɔ:t] *pret. u. p.p. von bethink.*
be·tide [bi'taid] *v/i. u. v/t.* (*nur 3. sg. pres. subj.*) (*j-m*) geschehen; *v/t. j-m* zustoßen; → woe 2.
be·times [bi'taimz] *adv.* **1.** bei'zeiten, rechtzeitig; **2.** früh(zeitig).
be·to·ken [bi'toukən] *v/t.* andeuten, bedeuten.
be·took [bi'tuk] *pret. von betake.*
be·tray [bi'trei] *v/t.* **1.** Verrat begehen an (*dat.*), verraten (*to* an *acc.*); **2.** *j-n* hinter'gehen; *j-m* die Treue brechen: *to ~ s.o.'s trust* j-s Vertrauen mißbrauchen; **3.** *fig.* offen'baren; (*a. o.s.* sich) verraten; **4.** verleiten (*into, to* zu); **be'tray·al** [-eiəl] *s.* Verrat *m*, Treubruch *m.*
be·troth [bi'trouð] *v/t. j-n* (*od. o.s.* sich) verloben (*to* mit); **be'troth·al** [-ðəl] *s.* Verlobung *f*; **be'trothed** [-ðd] *s.* Verlobte(r *m*) *f.*
bet·ter[1] ['betə] **I.** *comp. von good adj.* **1.** besser: *I am ~* es geht mir (*gesundheitlich*) besser; *to get ~* **a)** besser werden, **b)** sich erholen; *~ late than never* besser spät als nie; *to go one ~ than s.o.* j-n übertreffen; *~ off* **a)** besser daran, **b)** wohlhabender; *to be ~ than one's word* mehr tun als man versprach; *my ~ half* m-e bessere Hälfte; **2.** größer: *on ~ acquaintance* bei näherer Bekanntschaft; **II.** *s.* **3.** *das* Bessere: *for ~ for worse* **a)** in Freud' u. Leid (*Trauformel*), **b)** was auch geschehe; *to get the ~ (of)* die Oberhand gewinnen (über *acc.*), besiegen (*acc.*), überwinden (*acc.*), *j-m* den Rang ablaufen; **4.** *pl. mit pers. pron.* Vorgesetzte *pl.*, Höherstehende *pl.*, Über'legene *pl.*; **III.** *comp. von well adv.* **5.** besser: *I know ~* ich weiß es besser; *to think ~ of ger.* sich e-s Besseren besinnen und; *to think ~ of s.o.* e-e bessere Meinung von j-m haben; *so much the ~* desto besser; *you had ~* (*od.* F *mst you ~*) go es wäre besser, wenn du gingest; *you'd ~ not!* F laß das lieber sein!; *to know ~ than to ...* gescheit genug sein, nicht zu ...; **6.** mehr: *to like ~* lieber haben; *~ loved*; **IV.** *v/t.* **7.** (ver)bessern, über'treffen; **8.** *~ o.s.* sich (*finanziell*) verbessern, vorwärtskommen; **V.** *v/i.* **9.** besser werden.
bet·ter[2] ['betə] *s.* Wetter(in).
bet·ter·ment ['betəmənt] *s.* **1.** (Ver-) Besserung *f*; **2.** Wertzuwachs *m* (*bei Grundstücken*), Meliorati'on *f.*
bet·ting ['betiŋ] *s. sport* Wetten *n*; **~ man** *s.* [*irr.*] *sport* (berufsmäßiger) Wetter.
bet·tor → *better[2].*
be·tween [bi'twi:n] **I.** *prp.* **1.** zwischen: *~ the chairs* zwischen den Stühlen, zwischen die Stühle; *~ nine and ten at night* abends zwischen neun und zehn; *in ~ his meals* zwischen s-n *od.* den Mahlzeiten; → 4; **2.** unter: *they shared the money ~ them* sie teilten das Geld unter sich; *~ ourselves, ~ you and me* unter uns (gesagt); **3.** gemeinschaftlich: *we had fifty pence ~ us* wir hatten zusammen fünfzig Pence; **II.** *adv.* **4.** da'zwischen: *the space ~* der Zwischenraum; *in ~* dazwischen, zwischendurch; **~-decks** → *'tween-decks*; **~-maid** *Brit.* → *tweeny*; **~ whiles** *adv.* dann u. wann; bis'weilen, hier u. da.
be·twixt [bi'twikst] **I.** *adv.* da'zwischen: *~ and between* halb u. halb, weder das e-e noch das andere; **II.** *prp. obs.* zwischen.
bev·el ['bevəl] ⊕ **I.** *s.* **1.** Abschrägung *f*; Fase *f*, Fa'cette *f*; **2.** Schrägmaß *n*; **II.** *v/t.* **3.** abschrägen: *~(l)ed edge* abgeschrägte Kante; *~(l)ed glass* facettiertes Glas; **III.** *adj.* **4.** abgeschrägt; **~ cut** *s.* Schrägschnitt *m*; **'~-gear** *s.* ⊕ Kegelrad(getriebe) *n*, konisches Getriebe; **~ plane** *s.* ⊕ Schräghobel *m*; **'~-wheel** *s.* ⊕ Kegelrad *n.*
bev·er·age ['bevəridʒ] *s.* Getränk *n.*
Bev·in boy ['bevin] *s. Brit.* (*2. Weltkrieg*) junger Wehrpflichtiger, der durch Los zur Arbeit im Bergwerk bestimmt wurde.
bev·y ['bevi] *s.* Schar *f*, Schwarm *m* (*Vögel; a. fig. Mädchen etc.*), Rudel *n.*
be·wail [bi'weil] **I.** *v/t.* beklagen, betrauern; **II.** *v/i.* wehklagen.
be·ware [bi'wεə] *v/i.* sich in acht nehmen, sich hüten (*of* vor *dat.*, *lest* daß nicht): *~!* Achtung!; *~ of pickpockets!* vor Taschendieben wird gewarnt!; *~ of the dog!* Warnung vor dem Hunde!
be·wil·der [bi'wildə] *v/t.* **1.** irreführen; **2.** verwirren, irremachen; **be'wil·dered** [-əd] *adj.* verwirrt; verblüfft, bestürzt, verdutzt; **be'wil·der·ing** [-dəriŋ] *adj.* □ irreführend; verwirrend; **be'wil·der·ment** [-mənt] *s.* Verwirrung *f*, Bestürzung *f.*
be·witch [bi'witʃ] *v/t.* behexen, bezaubern, bestricken; entzücken; **be'witch·ing** [-tʃiŋ] *adj.* □ bezaubernd, entzückend, bestrickend.
bey [bei] *s.* Bei *m* (*Titel e-s höheren türkischen Beamten*).
be·yond [bi'jɔnd] **I.** *adv.* **1.** dar'über hin'aus, jenseits; **2.** weiter weg; **II.** *prp.* **3.** jenseits: *~ the seas* in Übersee; **4.** außer, abgesehen von: *~ dispute* außer allem Zweifel, unstreitig; **5.** über ... (*acc.*) hin'aus; mehr als, weiter als: *~ the time* über die Zeit hinaus; *~ belief* unglaublich; *~ all blame* über jeden Tadel erhaben; *books ~ counting* Bücher ohne Zahl; *~ endurance* unerträg-

lich; ~ *hope* hoffnungslos; ~ *measure* über die Maßen; *it is* ~ *my power* es übersteigt m-e Kraft; ~ *praise* über alles Lob erhaben; ~ *repair* nicht mehr zu reparieren; ~ *reproach* untadelig; *that is* ~ *me* das geht über m-n Verstand; ~ *me in Latin* weiter als ich in Latein; **III.** *s.* **6.** Jenseits *n*: *at the back of* ~ im entlegensten Winkel, am Ende der Welt.

be·zoar ['bi:zɔ:] *s. zo.* Bezo'ar *m.*

'B-girl *s. Am.* Animierdame *f*, -mädchen *n.*

bi- [bai] *in Zssgn* zwei(mal).

bi·an·nu·al [bai'ænjuəl] *adj.* □ halbjährlich, zweimal jährlich.

bi·as ['baiəs] **I.** *s.* **1.** schiefe Seite, schräge Richtung; **2.** schräger Schnitt: *cut on the* ~ diagonal geschnitten; **3.** *sport* 'Überhang *m* der (*einseitig beschwerten*) Kugel (*beim Bowling-Spiel*); **4.** (*towards*) *fig.* Hang *m*, Neigung *f* (zu); Vorliebe *f* (für); **5.** *fig.* Vorurteil *n*; ⚖ Befangenheit *f*; **6.** ⚡ (Gitter)Vorspannung *f*; **II.** *adj. u. adv.* **7.** schräg, schief; **III.** *v/t.* **8.** (*mst* ungünstig) beeinflussen; gegen *j-n* einnehmen; **'bi·as(s)ed** [-st] *adj.* voreingenommen; ⚖ befangen.

bi·ath·lete [bai'æθli:t] *s. sport* 'Biath,let *m*, 'Biathlonkämpfer *m*; **bi'ath·lon** [-'æθlən] *s.* 'Biathlon *n.*

bi·ax·i·al [bai'æksiəl] *adj.* zweiachsig.

bib [bib] **I.** *s.* **1.** Lätzchen *n*; **2.** Schürzenlatz *m*, Schürze *f*; **II.** *v/i.* **3.** (unmäßig) trinken.

bib-cock ['bibkɔk] *s.* ⊕ Zapfhahn *m.*

Bi·ble ['baibl] *s.* **1.** Bibel *f*; **2.** ♀ *fig.* Bibel *f* (*maßgebendes Buch*); **'~-clerk** *s.* (*in Oxford*) *Student, der in der College-Kapelle während des Gottesdienstes die Bibeltexte verliest.*

bib·li·cal ['biblikəl] *adj.* □ biblisch, Bibel...

bib·li·og·ra·pher [bibli'ɔgrəfə] *s.* Biblio'graph *m*, Verfasser *m* e-r Bibliogra'phie; **bib·li·o·graph·ic** *adj.*; **bib·li·o·graph·i·cal** [bibliou'græfik(əl)] *adj.* □ biblio'graphisch; **bib·li'og·ra·phy** [-fi] *s.* Bibliogra'phie *f*; **bib·li·o·ma·ni·a** [bibliou'meinjə] *s.* Biblioma'nie *f*, (krankhafte) Bücherleidenschaft; **bib·li·o·ma·ni·ac** [bibliou'meiniæk] *s.* Büchernarr *m*; **bib·li·o·phil** ['biblioufil], **bib·li·o·phile** ['bibliou-fail] *s.* Biblio'phile *m*, Bücherliebhaber(in).

bib·u·lous ['bibjuləs] *adj.* □ trunksüchtig, dem Trunk ergeben.

bi·cam·er·al [bai'kæmərəl] *adj. pol.* Zweikammer...

bi·car·bon·ate [bai'kɑ:bənit] *s.* ⚗ Bikarbo'nat *n*: ~ *of soda* doppel(t)-kohlensaures Natrium.

bi·cen·te·nar·y [baisen'ti:nəri] **I.** *adj.* zweihundertjährig; **II.** *s.* Zweihundertjahrfeier *f*; **bi·cen'ten·ni·al** [-'tenjəl] **I.** *adj.* zweihundertjährig; alle zweihundert Jahre eintretend; **II.** *s. bsd. Am.* → *bicentenary II.*

bi·ceph·a·lous [bai'sefələs] *adj.* zweiköpfig.

bi·ceps ['baiseps] *s.* **1.** *anat.* 'Bizeps *m*, zweiköpfiger Armmuskel; **2.** *fig.* Muskelkraft *f.*

bick·er ['bikə] *v/i.* **1.** (sich) zanken; quengeln; **2.** plätschern (*Fluß, Regen*); **3.** flackern (*Flamme*); **'bick·er·ing** [-əriŋ] *s. a. pl.* kleinliches Gezänk.

bi·cy·cle ['baisikl] **I.** *s.* Fahrrad *n*, Zweirad *n*; **II.** *v/i.* radfahren, radeln; **'bi·cy·cler** [-lə] *Am.*, **'bi·cy·clist** [-list] *Brit. s.* Radfahrer(in), Radler(in).

bid [bid] **I.** *s.* **1. a)** Gebot *n* (*bei Versteigerungen*), **b)** ✝ Angebot *n* (*bei öffentlichen Ausschreibungen*); **2.** *Kartenspiel*: Reizen *n*: *no* ~ ich passe; **3.** Bemühung *f*, Bewerbung *f* (*for* um); Versuch *m* (*to inf.* zu *inf.*): *to make a* ~ *for* sich bemühen um *et. od.* zu *inf.*; **4.** *Am.* F Einladung *f*; **II.** *v/t.* [*irr.*] *5 u. 6 pret. u. p.p.* **bid**; *7-9 pret.* **bade** [beid], *p.p. mst* **bid·den** ['bidn] **5.** bieten (*bei Versteigerungen*): *to* ~ *up den Preis* in die Höhe treiben; **6.** *Kartenspiel*: melden, reizen; **7.** *Gruß* entbieten; wünschen: *to* ~ *good morning* e-n guten Morgen wünschen; *to* ~ *farewell* Lebewohl sagen; **8.** *lit. j-m et.* gebieten, befehlen, *j-n et. tun* lassen, heißen: ~ *him come in* laß ihn hereinkommen; **9.** *obs.* einladen (*to* zu); **III.** *v/i.* [*irr., pret. u. p.p.* **bid**] **10.** ✝ ein (Preis)Angebot machen; **11.** *Kartenspiel*: melden, reizen; **12.** (*for*) werben, sich bemühen (um); **'bid·den** [-dn] *p.p. von bid*; **'bid·der** [-də] *s.* **1.** Bieter *m* (*bei Versteigerungen*): *highest* ~ Meistbietende(r); **2.** Bewerber *m bei Ausschreibungen*; **'bid·ding** [-diŋ] *s.* **1.** Gebot *n*, Bieten *n* (*bei Versteigerungen*); **2.** Geheiß *n*: *to do s.o.'s* ~ tun, was j-d will.

bide [baid] *v/t.* [*irr.*] er-, abwarten: *to* ~ *one's time* den rechten Augenblick abwarten.

bi·en·ni·al [bai'eniəl] **I.** *adj.* □ **1.** alle zwei Jahre eintretend; **2.** ⚘ zweijährig; **II.** *s.* **3.** ⚘ zweijährige Pflanze; **bi'en·ni·al·ly** [-li] *adv.* alle zwei Jahre.

bier [biə] *s.* (Toten)Bahre *f.*

biff [bif] *sl.* **I.** *v/t.* ‚hauen', schlagen; **II.** *s.* Schlag *m*, Hieb *m.*

bif·fin ['bifin] *s. Brit.* roter Kochapfel.

bi·fo·cal ['bai'foukəl] **I.** *adj.* **1.** Zweistärken..., mit zwei Brennpunkten (*Linse*); **II.** *s.* **2.** Zweistärkenlinse *f*; **3.** *pl.* Zweistärkenbrille *f.*

bi·fur·cate ['baifə:keit] **I.** *v/t.* gabelförmig teilen; **II.** *v/i.* sich gabeln; **III.** *adj.* gegabelt, gabelförmig, zweiästig; **bi·fur·ca·tion** [baifə:'keiʃən] *s.* Gabelung *f.*

big [big] **I.** *adj.* **1.** groß, dick; stark, kräftig (*a. fig.*): *the* ~ *toe* der große Zeh; ~ *business* Großunternehmertum; ~ *money Am.* ein Haufen Geld; *a* ~ *voice* e-e volle Stimme; **2.** groß, weit; → *boot*[1] *1*; **3.** groß, hoch: ~ *game* Großwild; **4.** groß, erwachsen: *my* ~ *brother*; **5.** schwanger; *fig.* voll: ~ *with child* hochschwanger; ~ *with fate* schicksalsschwer; **6.** hochmütig, eingebildet: ~ *talk* hochtrabende Reden; **7.** F groß, bedeutend, wichtig, führend: *the* ♀ *Three (Five)* die großen Drei (Fünf) (*führende Staaten, Banken etc.*); **8.** großmütig, edel: *a* ~ *heart*; **II.** *adv.* **9.** großspurig: *to talk* ~ prahlen.

big·a·mist ['bigəmist] *s.* Biga'mist (-in); **'big·a·mous** [-məs] *adj.* □ **a)** bi'gamisch, **b)** in Biga'mie lebend; **'big·a·my** [-mi] *s.* Bigamie *f*, Doppelehe *f.*

Big| Ben [ben] *s. Glocke im Uhrturm des brit. Parlamentsgebäudes*; ~ **Bertha** ['bə:θə] *s.* ⚔ F Dicke Bertha (*deutscher 42-cm-Mörser im 1. Weltkrieg*).

bight [bait] *s.* **1.** Bucht *f*; Einbuchtung *f*; **2.** Krümmung *f*; **3.** ⚓ Bucht *f* (*im Tau*).

big·ot ['bigət] *s.* blinder Anhänger, Fa'natiker *m*; Frömmler(in); **'big·ot·ed** [-tid] *adj.* bi'gott, blindgläubig, fa'natisch, engstirnig; **'big·ot·ry** [-tri] *s.* blinder Eifer, Fana'tismus *m*, Engstirnigkeit *f.*

'big| shot *s.* F ‚großes Tier', Bonze *m*; ~ **stick** *s. Am. fig.* Macht *f*, Gewalt *f*; ~ **top** *s. Am.* **1.** großes 'Zirkuszelt; **2.** 'Zirkus *m* (*a. fig.*).

'big·wig *s.* gewichtige Per'sönlichkeit, ‚großes' *od.* ‚hohes Tier'.

bike [baik] F → *bicycle.*

Bi·ki·ni [bi'ki:ni] **I.** *npr.* Bi'kini (*Atoll im Stillen Ozean*); **II.** *s.* ♀ Bikini *m* (*zweiteiliger Badeanzug*).

bi·lat·er·al [bai'lætərəl] *adj.* □ zweiseitig, bilate'ral: **a)** ⚖ beiderseitig verbindlich, gegenseitig (*Vertrag etc.*), **b)** *biol.* beide Seiten (*Organ etc.*) betreffend, **c)** ⊕ doppelseitig (*Antrieb*).

bil·ber·ry ['bilbəri] *s.* ⚘ Heidel-, Blaubeere *f.*

bile [bail] *s.* **1.** ⚕ **a)** Galle *f*, **b)** Gallenflüssigkeit *f*; **2.** *fig.* schlechte Laune, Galle *f.*

bilge [bildʒ] *s.* **1.** ⚓ Kielraum *m*, Bilge *f*, Kimm *f*; **2.** → *bilge-water*; **3.** *sl.* ‚Quatsch' *m*, ‚Mist' *m*, Unsinn *m*; **'~-keel** *s.* ⚓ Kimm-, Schlingerkiel *m*; **'~-pump** *s.* ⚓ Bilgen-, Lenzpumpe *f*; **'~-wa·ter** *s.* ⚓ Bilgenwasser *n*, Grundsuppe *f.*

bi·lin·gual [bai'liŋgwəl] *adj.* zweisprachig.

bil·ious ['biljəs] *adj.* □ **1.** ⚕ Gallen...: ~ *complaint* Gallenleiden; ~ *complaints* Gallenbeschwerden; **2.** *fig.* verstimmt, reizbar; **'bil·ious·ness** [-nis] *s.* **1.** Gallenkrankheit *f*; **2.** *fig.* schlechte Laune.

bilk [bilk] **I.** *v/t.* prellen, *um Geld* beschwindeln; **II.** *s.*, *a.* **'bilk·er** [-kə] *s.* Schwindler(in), Preller(in); **'bilk·ing** [-kiŋ] *s.* Prelle'rei *f.*

bill[1] [bil] **I.** *s.* **1.** *zo.* **a)** Schnabel *m*, **b)** schnabelähnliche Schnauze; **2.** Spitze *f am Anker, Zirkel etc.*; **3.** *geogr.* spitz zulaufende Halbinsel; **II.** *v/i.* **4.** (sich) schnäbeln; **5.** *fig.*, *a. to* ~ *and coo* sich liebkosen, wie die Turteltauben miteinander schnäbeln.

bill[2] [bil] **I.** *s.* **1.** *pol.* (Gesetzes)Vorlage *f*, Gesetzentwurf *m*: ~ *of Rights* **a)** *Brit.* Staatsgrundgesetz (*von 1689*), **b)** *USA*: die ersten 10 Zusatzartikel zur Verfassung; **2.** ⚖ (An)Klage-, Rechtsschrift *f*: *to find a true* ~ e-e Anklage für begründet erklären; **3.** ✝ *a.* ~ *of exchange* Wechsel *m*, Tratte *f*: ~*s payable* Wechselschulden; ~*s receivable* Wechselforderungen; *long(-dated od. -termed)* ~ langfristiger Wechsel; ~ *of lading* Seefrachtbrief, Konnossement, *Am. a.* Frachtbrief; **4.** Rechnung *f*: ~ *of costs* Kostenrechnung; ~ *of sale* Kauf-, Übereignungsvertrag; *to fill the* ~ den Ansprüchen genügen; *have you paid your* ~?; **5.** Liste *f*, Schein *m*, Zettel *m*, Pla'kat *n*: ~ *of fare* Speisekarte; *theatre* ~ Theaterzettel, -programm; (*clean*) ~ *of health* Gesundheitszeugnis (*a. fig.*); *stick no* ~*s!* Zettelankleben verboten!; **6.** *Am.* Banknote *f*, (Geld-)Schein *m*; **II.** *v/t.* **7.** *durch Plakat etc.* ankündigen: *he was* ~*ed to appear* sein Auftreten wurde angekündigt; **8.** *j-m et.* berechnen.

bill[3] [bil] *s.* **1.** *hist. obs.* Pike *f* (*Spieß*); **2.** → *billhook.*

'bill|·board *s.* Anschlagbrett *n*, Re'klamefläche *f*; **'~-bro·ker** *s.* ✝ Wechselmakler *m*; **~ dis·count** *s.* ✝ 'Wechseldis,kont *m.*

bil·let[1] ['bilit] **I.** *s.* **1.** ⚔ **a)** Quartierzettel *m*, **b)** Quartier *n*: *in* ~*s* privat einquartiert; **2.** 'Unterkunft *f*; **3.** *fig.* Stellung *f*, Posten *m*; **II.** *v/t.* **4.** 'unterbringen, einquartieren (*on* bei).

bil·let[2] ['bilit] *s.* **1.** Holzscheit *n*, -klotz *m*; **2.** *metall.* Knüppel *m.*

bil·let-doux ['bilei'du:] (*Fr.*) *s. humor.* Liebesbrief *m.*

'bill|·fold *s. Am.* Geldscheintasche *f*; **'~-head** *s.* gedrucktes 'Rechnungsformu,lar; **'~·hook** *s.* Gartenmesser *n.*

bil·liard ['biljəd] *adj.* Billard...; **'~-ball** *s.* 'Billardkugel *f*; **'~-cue** *s.* Queue *n*, 'Billardstock *m*; **'~-mark·er** *s.* Mar'kör *m* (*Punktezähler*).

bil·liards ['biljədz] *s. sg. od. pl. konstr.* 'Billard(spiel) *n.*

'bil·liard-ta·ble *s.* 'Billard(tisch *m*) *n.*

bill·ing ['biliŋ] *s.* Re'klame *f* (*bsd. für Schauspieler etc.*).

Bil·lings·gate ['biliŋzgit] **I.** *npr. Fischmarkt in London*; **II.** ♀ *s.* gemeine Schimpfe'rei, Gekeife *n*: *to talk* ~ keifen wie ein Fischweib.

bil·lion ['biljən] *s. Brit.* Billi'on *f*; *Am.* Milli'arde *f.*

'bill|-job·ber *s.* ✝ *Brit.* Wechselreiter *m*; **'~-job·bing** *s.* ✝ *Brit.* Wechselreite'rei *f.*

bil·low ['bilou] **I.** *s.* Welle *f*, Woge *f* (*a. fig.*); **II.** *v/i.* wogen, schwellen, sich türmen; **'bil·low·y** [-oui] *adj.* wogend; wellig.

'bill|-post·er, '~-stick·er *s.* Pla'kat-, Zettelankleber *m.*

bil·ly ['bili] *s.* **1.** *Am.* (Poli'zei)Knüppel *m*; **2.** Feldkessel *m*; **'~-cock (hat)** *s. Brit.* F ‚Me'lone' *f* (*steifer Filzhut*); **'~-goat** *s. zo.* F Ziegenbock *m.*

bi·met·al·lism [bai'metəlizəm] *s.* Bimetal'lismus *m*, Doppelwährung *f* (*mst Gold u. Silber*).

bi·month·ly ['bai'mʌnθli] *adj. u. adv. mst* zweimonatlich, alle zwei Monate; *a. gebraucht für* zweimal monatlich.

bi·mo·tored [bai'moutəd] *adj.* ✈ 'zweimo,torig.

bin [bin] *s.* **1.** (großer) Behälter, Kasten *m*; **2.** Verschlag *m.*

bi·na·ry ['bainəri] *adj.* ⚗, ⊕, ℞, *phys.* bi'när, aus zwei Einheiten bestehend; ~ **dig·it** *s. Computer*: bi'näre Einheit, Bit *n*; ~ **meas·ure** *s.* ♪ gerader Takt; ~ **star** *s. ast.* Doppelstern *m.*

bind [baind] [*irr.*] **I.** *v/t.* **1.** binden, an-, 'um-, festbinden, verbinden: *to* ~ *to a tree* an e-n Baum binden; *to* ~ *a belt about one* sich gürten; *bound hand and foot fig.* an Händen u. Füßen gebunden; **2.** *Buch* (ein-)binden; **3.** *Saum etc.* einfassen; **4.** *Rad etc.* (mit Me'tall) beschlagen; **5.** *Sand etc.* fest *od.* hart machen; zs.-fügen; **6.** (*o.s.* sich) binden (*a.* vertraglich), verpflichten; zwingen: *to* ~ *an apprentice j-n* in die Lehre geben (*to* bei); *to* ~ *a bargain* e-n Handel (durch Anzahlung) verbindlich machen; → *bound*[1] *1*; **7.** ⚗, ⊕ binden; **8.** ⚕ verstopfen; **II.** *v/i.* **9.** binden, fest *od.* hart werden, zs.-halten; ~ **o·ver** *v/t.* durch Bürgschaft verpflichten: *to be bound over* ⚖ e-e Bewährungsfrist erhalten; ~ **to·geth·er** *v/t.* zs.-, verbinden; ~ **up** *v/t.* **1.** vereinigen, zs.-binden; *Wunde* verbinden; **2.** *pass. to be bound up* (*in od. with*) eng verknüpft sein (mit), ganz in Anspruch genommen werden (von).

bind·er ['baində] *s.* **1. a)** (*Buch-, Garben*)Binder(in), **b)** Garbenbinder *m* (*Maschine*); **2.** Binde *f*, Band *n*, Schnur *f*; **3.** 'Aktendeckel *m*, 'Umschlag *m*; **4.** ⊕ Bindemittel *n*; **'bind·er·y** [-əri] *s.* Buchbinde'rei *f.*

bind·ing ['baindiŋ] **I.** *adj.* **1.** *fig.* bindend, verbindlich ([*up*]*on* für); **II.** *s.* **2.** (Buch)Einband *m*; **3. a)** Einfassung *f*, Borte *f*, **b)** (Me'tall)Beschlag *m* (*Rad*), **c)** (Ski)Bindung *f*; ~ **a·gent** → *binder 4*; ~ **post** *s.* ⚡ (Pol-, Anschluß)Klemme *f.*

'bind·weed *s.* ♀ *e-e* Winde *f.*

bine [bain] *s.* ♀ Ranke *f* (*bsd. Hopfen*).

binge [bindʒ] *s. sl.* Saufe'rei *f*, Gelage *n*, ‚Bierreise' *f.*

bin·go ['biŋgou] *s.* Bingo *n.*

bin·na·cle ['binəkl] *s.* ⚓ 'Kompaßhaus *n.*

bin·oc·u·lar **I.** *adj.* [bai'nɔkjulə] für beide *od.* mit beiden Augen, binoku'lar; **II.** *s.* [bi'n-] *mst pl.* Feldstecher *m*, Opern-, Fernglas *n.*

bi·no·mi·al [bai'noumjəl] *adj.* **1.** ℞ bi'nomisch, zweigliedrig: ~ *theorem* binomischer (Lehr)Satz; **2.** ♀, *zo.* → *binominal.*

bi·nom·i·nal [bai'nɔminl] *adj.* ♀, *zo.* binomi'nal, zweinamig: ~ *system* (System der) Doppelbenennung.

bi·nu·cle·ar [bai'nju:kliə], **bi'nu·cle·ate** [-ieit] *adj. phys.* zweikernig.

bio- [baiou] *in Zssgn* Leben...

bi·o·chem·i·cal ['baiou'kemikəl] *adj.* □ bio'chemisch; **'bi·o'chem·ist** [-ist] *s.* Bio'chemiker *m*; **'bi·o-'chem·is·try** [-istri] *s.* Bioche'mie *f.*

bi·og·ra·pher [bai'ɔgrəfə] *s.* Bio'graph *m*; **bi·o·graph·ic** *adj.*; **bi·o·graph·i·cal** [baiou'græfik(əl)] *adj.* □ bio'graphisch; **bi'og·ra·phy** [-fi] *s.* Biogra'phie *f*, Lebensbeschreibung *f.*

bi·o·log·ic [baiə'lɔdʒik] *adj.* (□ ~*ally*) → *biological*; **bi·o'log·i·cal** [-kəl] *adj.* □ bio'logisch: ~ *warfare* Bakterienkrieg; **bi·ol·o·gist** [bai'ɔlədʒist] *s.* Bio'loge *m*; **bi·ol·o·gy** [bai'ɔlədʒi] *s.* Biolo'gie *f.*

bi·om·e·try [bai'ɔmitri] *s. biol.* Biome'trie *f.*

bi·o·nom·ics [baiou'nɔmiks] *s. pl. sg. konstr. biol.* Ökolo'gie *f*; **bi·o·phys·ics** [baiou'fiziks] *s. pl. sg. konstr.* Biophy'sik *f.*

bi·o·scope ['baiəskoup] *s.* Bio'skop *n* (*Vorläufer des Filmprojektors*).

bi·par·ti·san [baipɑ:ti'zæn] *adj.* zwei Par'teien vertretend, Zweiparteien...; **bi·par·ti'san·ship** [-ʃip] *s.* Zugehörigkeit *f* zu zwei Parteien;

bi·par·tite [bai'pɑ:tait] *adj.* **1.** zweiteilig; **2.** *pol.*, ⚖ zweiseitig, doppelt ausgefertigt (*Dokumente*).

bi·ped ['baiped] *s. zo.* Zweifüß(l)er [*m.*]

bi·plane ['baiplein] *s.* ✈ Doppel-, Zweidecker *m.*

birch [bə:tʃ] **I.** *s.* **1. a)** ♀ Birke *f*, **b)** Birkenholz *n*; **2.** (Birken)Rute *f*; **II.** *v/t.* **3.** mit der Rute züchtigen; **'birch·en** [-tʃən] *adj.* birken, Birken...; **'birch·ing** [-tʃiŋ] *s.* (Ruten-)Schläge *pl.*; **'birch-rod** → *birch 2.*

bird [bə:d] *s.* **1.** Vogel *m*; **2. a)** F ‚Knülch' *m*, Bursche *m*, **b)** *Brit. sl.* ‚Puppe' *f* (*Mädchen*): *early* ~ Frühaufsteher, wer früh kommt; *queer* ~ komischer Kauz; *old* ~ alter Knabe; *gay* ~ lustiger Vogel; *the early* ~ *catches the worm* Morgenstunde hat Gold im Munde; ~*s of a feather flock together* gleich u. gleich gesellt sich gern; *to kill two* ~*s with one stone* zwei Fliegen mit e-r Klappe schlagen; *a* ~ *in the hand is worth two in the bush* ein Sperling in der Hand ist besser als e-e Taube auf dem Dach; *fine feathers make fine* ~*s* Kleider machen Leute; *the* ~ *is* (*od. has*) *flown fig.* der Vogel ist ausgeflogen; *to give s.o. the* ~ j-n auspfeifen *od.* abweisen; *a little* ~ *told me* mein kleiner Finger hat es mir gesagt; *to tell a child about the* ~*s and the bees* ein Kind aufklären; **'~-cage** *s.* Vogelbauer *n*, -käfig *m*; **'~-call** *s.* Vogelruf *m*; Lockpfeife *f*; ~ **dog** *s.* Hühnerhund *m*; **'~-fan·ci·er** *s.* Vogelliebhaber(in), -züchter(in), -händler(in).

bird·ie ['bə:di] *s.* **1.** Vögelchen *n* (*a. Kosewort*); **2.** *Golf*: 'Birdie *n*, ein Schlag unter Par.

bird| life *s.* Vogelleben *n*, -welt *f*; **'~-lime** *s.* Vogelleim *m*; **'~-nest** *s.* Vogelnest *n*; **'~-nest·ing** *s.* Ausnehmen *n* von Vogelnestern; ~ **of par·a·dise** *s. orn.* Para'diesvogel *m*; ~ **of pas·sage** *s.* Zugvogel *m* (*a. fig.*); ~ **of prey** *s.* Raubvogel *m*; **'~-seed** *s.* Vogelfutter *n.*

'bird's|-eye **I.** *s.* **1.** ♀ A'donisrös-chen *n*; **2.** Feinschnittabak *m*; **II.** *adj.* **3.** ~ *view* (Blick aus der) Vogelperspektive, allgemeiner Überblick; ~ **nest** *s.* Vogelnest *n* (*a. eßbares, in Ostasien*); **'~-nest·ing** → *birdnesting.*

'bird|-watch·er *s.* Vogelbeobachter *m*; **'~-watch·ing** *s.* Beobachtung *f* des Vogellebens.

bi·reme ['bairi:m] *s. antiq.* Bi'reme *f* (*Zweiruderer*).

bi·ret·ta [bi'retə] *s.* Bi'rett *n* (*Kopfbedeckung kathol. Geistlicher*).

birth [bə:θ] *s.* **1.** Geburt *f*; Wurf *m* (*Hunde etc.*): *to give* ~ *to* gebären, zur Welt bringen, *fig.* hervorbringen, -rufen; *by* ~ von Geburt;

2. Abstammung *f*, 'Herkunft *f*; *engS*. edle Herkunft; 3. Ursprung *m*, Entstehung *f*; ~ **cer·tif·i·cate** *s*. Geburtsurkunde *f*; '~-**con·trol** *s*. Geburtenregelung *f*, -beschränkung *f*; '~-**day** *s*. Geburtstag *m*: ~ *honours Brit*. Titelverleihungen zum Geburtstag des Königs *od*. der Königin; *in one's* ~ *suit* im Adamskostüm; ~ *party* Geburtstagsparty; '~-**mark** *s*. Muttermal *n*; '~-**place** *s*. Geburtsort *m*; '~-**rate** *s*. Geburtenziffer *f*: *falling* ~ Geburtenrückgang; '~-**right** *s*. (Erst)Geburtsrecht *n*; '~-**wort** *s*. ⚘ 'Osterlu,zei *f*.

bis [bis] (*Lat*.) *adv*. ♪ noch einmal.

bis·cuit ['biskit] **I.** *s*. **1.** *Brit*. Keks *m*: *that takes the* ~! *humor*. das ist die Höhe!; **2.** *Am*. weiches Brötchen; **3.** *Brit*. ⚔ 'ein Teil e-r mehrteiligen Ma'tratze; **4.** → *biscuit ware*; **II.** *adj*. **5.** hellbraun; ~ **ware** *s*. ⊕ Bis'kuit *n* (*Porzellan*).

bi·sect [bai'sekt] *v/t*. **1.** in zwei Teile zerschneiden; **2.** ⩓ halbieren; **bi'sec·tion** [-kʃən] *s*. ⩓ Halbierung *f*.

bi·sex·u·al ['bai'seksjuəl] *adj*. zweigeschlechtig, zwitterhaft.

bish·op ['biʃəp] *s*. **1.** 'Bischof *m*; **2.** *Schach*: Läufer *m*; **3.** Bischof *m* (*Getränk*); '**bish·op·ric** [-rik] *s*. 'Bistum *n*, Diö'zese *f*.

bis·muth ['bizməθ] *s*. ⚗, *min*. 'Wismut *n*.

bi·son ['baisn] *s*. *zo*. **1.** 'Bison *m*, amer. Büffel *m*; **2.** euro'päischer 'Wisent.

bis·sex·tile [bi'sekstail] **I.** *s*. Schaltjahr *n*; **II.** *adj*. Schalt...: ~ *day* Schalttag.

bit[1] [bit] *s*. **1.** Gebiß *n* (*am Pferdezaum*): *to take the* ~ *between one's teeth* **a)** durchgehen (*Pferd*), **b)** störrisch werden; **2.** *fig*. Zaum *m*, Zügel *m u. pl*.; **3.** ⊕ **a)** Bohrerspitze *f*, **b)** Hobeleisen *n*, **c)** Maul *n* der Zange *etc*., **d)** Bart *m* des Schlüssels.

bit[2] [bit] *s*. **1.** Stückchen *n*: *a* ~ *of bread*; *a* ~ ein bißchen, ein wenig, e-e Kleinigkeit; *a* ~ *of a* ... so et. wie ein(e) ...; *a* ~ *of a fool* et. närrisch; ~ *by* ~ Stück für Stück, allmählich; *after a* ~ nach e-m Weilchen; *every* ~ *as good* ganz genauso gut; *not a* ~ *better* kein bißchen besser; *not a* ~ (*of it*) ‚keine Spur', ganz und gar nicht; *to do one's* ~ s-e Pflicht tun; *to give s.o. a* ~ *of one's mind* j-m (gehörig) die Meinung sagen; **2.** kleine Münze: **a)** *Brit*. F *threepenny* ~, **b)** *Am*. F *two* ~*s* 25 Cent.

bit[3] [bit] *s*. *Computer*: Bit *n*, bi'näre Einheit.

bit[4] [bit] *pret. von bite*.

bitch [bitʃ] *s*. **1.** Hündin *f*; **2.** *a*. ~ *fox* Füchsin *f*; *a*. ~ *wolf* Wölfin *f*; **3.** V *contp*. Weibsstück *n*, Hure *f*.

bite [bait] **I.** *s*. **1.** Beißen *n*, Biß *m*; Stich *m* (*Insekt*); **2.** Bissen *m*, Happen *m*: *not a* ~ *to eat*; **3.** (An)Beißen *n* (*Fisch*); **4.** ⊕ Fassen *n*, Eindringen *n*; **5.** *fig*. Bissigkeit *f*, Schärfe *f*, Spitze *f*; **6.** *fig*. Würze *f*, Geist *m*; **II.** *v/t*. [*irr*.] **7.** beißen: *to* ~ *one's lips* sich auf die Lippen (*fig*. auf die Zunge) beißen; *to* ~ *one's nails* an den Nägeln kauen; *to* ~ *the dust fig*. ins Gras beißen; *bitten with a desire fig*. von e-m Wunsch gepackt; *what's biting you? Am. sl*. was ist mit dir los?; **8.** beißen, stechen (*Insekt*); **9.** ⊕ fassen, eingreifen, -dringen; **10.** ⚗ beizen, zerfressen, angreifen; beschädigen; **11.** F *pass*.: *to be bitten* hereingefallen sein; *once bitten twice shy* gebranntes Kind scheut das Feuer; **III.** *v/i*. [*irr*.] **12.** beißen; **13.** (an-)beißen; *fig*. sich verlocken lassen; **14.** ⊕ fassen, greifen (*Rad, Bremse, Werkzeug*); **15.** *fig*. beißen, schneiden, brennen, stechen, scharf sein (*Kälte, Wind, Gewürz, Schmerz*); **16.** *fig*. beißend *od*. verletzend sein; ~ **off** *v/t*. abbeißen: *to* ~ *more than one can chew* sich zuviel zumuten.

bit·ing ['baitiŋ] *adj*. □ beißend, scharf, schneidend (*a. fig*.).

bit·ten ['bitn] *p.p. von bite*.

bit·ter ['bitə] **I.** *adj*. □ → *a*. 4 **1.** bitter (*Geschmack*); **2.** *fig*. bitter (*Schicksal, Wahrheit, Tränen, Worte etc*.), schmerzlich, hart: *to the* ~ *end* bis zum bitteren Ende; **3.** *fig*. verärgert, böse, verbittert; streng, unerbittlich; rauh, unfreundlich (*a. Wetter*); **II.** *adv*. **4.** *nur*: ~ *cold* bitter kalt; **III.** *s*. **5.** Bitterkeit *f* (*a. fig*.); **6.** *a*. ~ *beer* Bitterbier *n*; **7.** *pl*. Magenbitter *m*.

bit·tern ['bitə(:)n] *s*. *orn*. Rohrdommel *f*.

bit·ter·ness ['bitənis] *s*. **1.** Bitterkeit *f*; **2.** *fig*. Bitterkeit *f*, Schmerzlichkeit *f*; **3.** *fig*. Verbitterung *f*, Härte *f*, Grausamkeit *f*.

'**bit·ter-sweet** **I.** *adj*. bittersüß; halbbitter; **II.** *s*. ⚘ Bittersüß *n*.

bi·tu·men ['bitjumin] *s* **1.** *min*. Bi'tumen *n*, Erdpech *n*, As'phalt *m*; **2.** *geol*. Bergteer *m*.

bi·tu·mi·nous [bi'tju:minəs] *adj*. *min*. bitumi'nös, as'phalt-, pechhaltig; ~ **coal** *s*. Stein-, Fettkohle *f*.

bi·va·lent ['baiveilənt] *adj*. ⚗ zweiwertig.

bi·valve ['baivælv] *s*. *zo*. zweischalige Muschel (*z.B. Auster*).

biv·ouac ['bivuæk] ⚔ **I.** *s*. 'Biwak *n*, Nachtlager *n* im Freien; **II.** *v/i*. biwakieren.

bi·week·ly ['bai'wi:kli] **I.** *adj. u. adv*. **1.** zweiwöchentlich, vierzehntägig, halbmonatlich; **2.** zweimal die Woche; **II.** *s*. **3.** Halbmonatsschrift *f*.

biz [biz] *s*. *sl*. *für business*.

bi·zarre [bi'zɑ:] *adj*. bi'zarr, phan'tastisch, wunderlich, launenhaft, ex'zentrisch.

blab [blæb] **I.** *v/t*. ausplaudern; **II.** *v/i*. schwatzen, klatschen; **III.** *s*. Schwätzer(in), Klatschbase *f*, -weib *n*; '**blab·ber** [-bə] *s*. Schwätzer(in).

black [blæk] **I.** *adj*. **1.** schwarz (*a. Tee, Kaffee*): ~ *as coal* (*od. the devil od. ink od. night*) kohlrabenschwarz; ~ *as pitch* pechschwarz; *to prove that* ~ *is white* das Gegenteil beweisen (wollen); → *belt 5, diamond 1*; **2.** dunkel: ~ *in the face* dunkelrot im Gesicht (*vor Aufregung etc*.); **3.** dunkel(häutig): ~ *man* Schwarzer, Neger; **4.** schwarz, schmutzig: ~ *hands*; **5.** *fig*. dunkel, trübe, düster (*Gedanken, Wetter*); **6.** böse, schlecht: ~ *soul* schwarze Seele; *not so* ~ *as he is painted* besser als sein Ruf; **7.** ungesetzlich; **8.** ärgerlich, böse: ~ *look(s)* böser Blick; *to look* ~ *at s.o*. j-n böse anblicken; **9.** schlimm: ~ *despair* völlige Verzweiflung; **10.** *Am*. eingefleischt; **II.** *s*. **11.** Schwarz *n*; **12.** *et*. Schwarzes, schwarzer Fleck: *to wear* ~ Trauer(kleidung) tragen; **13.** Schwarze(r *m*) *f*, Neger(in); **14.** Schwärze *f*, schwarze Schuhkrem; **15.** *to be in the* ~ *bsd*. ✝ **a)** mit Gewinn arbeiten, **b)** aus den roten Zahlen heraus sein; **III.** *v/t*. **16.** schwärzen, *Schuhe* wichsen; ~ **out** **I.** *v/t*. **1.** verdunkeln (*a*. ⚔); **2.** ausstreichen, (aus)tilgen; **II.** *v/i*. **3.** das Bewußtsein verlieren.

black·a·moor ['blækəmuə] *s*. Neger *m*, Mohr *m*.

black| and blue *adj*.: *to beat s.o.* ~ j-n grün und blau schlagen; ~ **and tan** *adj*. schwarz mit braunen Flecken; ♀ **and Tans** *s. pl. brit. Truppen, die 1921 gegen Irland eingesetzt wurden*; ~ **and white** *s*. **1.** Schwarz'weißzeichnung *f*; **2.** *in* ~ schwarz auf weiß, schriftlich, gedruckt; ~ **art** → *black magic*; ~ **ball** *s*. schwarze (Wahl)Kugel; *fig*. Gegenstimme *f*; '~-**ball** *v/t*. gegen *j-n* stimmen, *j-n* ausschließen; '~-'**bee·tle** *s*. *zo*. Küchenschabe *f*; '~-**ber·ry** [-bəri] *s*. ⚘ Brombeere *f*: *as plentiful* (*od. common*) *as blackberries fig*. (zahlreich) wie Sand am Meer; '~-**ber·ry·ing** [-beriiŋ] *s*. Brombeerenpflücken *n*; '~-**bird** *s*. *orn*. Amsel *f*; '~-**board** *s*. (Schul-, Wand)Tafel *f*; ~ **box** *s*. ✈ Flugschreiber *m*; ~ **cap** *s*. schwarze Kappe (*des Richters bei Todesurteilen*); '~-**cap** *s*. *orn*. **a)** Kohlmeise *f*, **b)** Schwarzköpfige Grasmücke; ~ **cat·tle** *s*. *zo*. schwarze Rinderrasse; '~-**coat(·ed)** *adj*. *Brit*.: ~ *worker* Büroangestellte(r) (*Ggs. Arbeiter*); '~-**cock** *s*. *orn*. Schwarzes Schottisches Moorhuhn (*Hahn*); ♀ **Coun·try** *s*. Indu'striegebiet *n* von Staffordshire u. Warwickshire; ♀ **Death** *s*. *der* Schwarze Tod, Pest *f*; ~ **dog** *s*. F schlechte Laune.

black·en ['blækən] **I.** *v/t*. **1.** schwärzen; wichsen; **2.** *fig*. anschwärzen: ~*ing the memory of the deceased* ⚖ Verunglimpfung Verstorbener; **II.** *v/i*. **3.** schwarz werden.

black| eye *s*. ‚blaues Auge': *to get away with a* ~ mit e-m blauen Auge davonkommen; '~-**eyed** *adj*. dunkel-, schwarzäugig; '~-**face** *s*. **1.** *zo*. Schaf *n* mit schwarzem Gesicht; **2.** *typ. Am*. (halb)fette Schrift; ~ **flag** *s*. schwarze (Pi'raten)Flagge; ~ **flux** *s*. ⊕ schwarzer Fluß, Weinsteinkohle *f*; ~ **fly** *s*. *zo*. schwarze Blattlaus; ~ **frost** *s*. strenge Kälte (*ohne Schnee*); ~ **game**, ♀ **Grouse** *s. sg. u. pl*. Schwarzes Schottisches Moorhuhn.

black·guard ['blægɑ:d] **I.** *s*. Lump *m*, Schurke *m*; **II.** *v/t*. *j-n* beschimpfen; '**black·guard·ly** [-li] *adj*. roh, gemein.

'**black|-head** *s*. ⚕ Mitesser *m*; '~-'**heart·ed** *adj*. boshaft; ~ **hole** *s*. ⚔ schwarzes Loch, strenger Ar'rest; ~ **hu·mo(u)r** *s*. schwarzer Hu'mor; ~ **ice** *s*. Glatteis *n*.

black·ing ['blækiŋ] *s*. **1.** schwarze

(Schuh)Wichse; 2. (Ofen)Schwärze *f*.
black·ish ['blækiʃ] *adj*. schwärzlich.
black| jack *s*. **1.** → *black flag*; **2.** *Am*. Totschläger *m*, Keule *f*; **3.** *hist*. schwarzer lederner Trinkkrug; '**~-jack** *v/t*. *Am*. niederknüppeln; '**~-'lead** [-'led] **I.** *s*. *min*. Gra'phit *m*, Reißblei *n*: ~ *pencil* Graphitstift; ~ *powder* Ofenschwärze; **II.** *v/t*. *Ofen etc*. schwärzen; '**~-leg I.** *s*. **1.** *Brit*. Streikbrecher *m*; **2.** F Schwindler *m*; **II.** *v/i*. **3.** *Brit*. e-n Streik brechen; ~ **let·ter** *s*. *typ*. Frak'tur *f*, gotische Schrift; '**~-let-ter** *adj*.: ~ *day* Schwarzer Tag (*Unglückstag*); ~ **list** *s*. schwarze Liste; '**~-list** *v/t*. auf die schwarze Liste setzen; ~ **mag·ic** *s*. Schwarze Kunst, Hexe'rei *f*; '**~-mail I.** *s*. **1.** ⚖ Erpressung *f*; **2.** Erpressungsgeld *n*: *to levy* ~; **II.** *v/t*. **3.** von *j-m* Geld erpressen: *to* ~ *s.o. into s.th*. j-n durch Erpressung zu et. zwingen; '**~-mail·er** *s*. Erpresser *m*; 2 **Ma·ri·a** [mə'raiə] *s*. **1.** Gefangenenwagen *m*, ‚Grüne Minna'; **2.** ⚔ *sl*. große Gra'nate; ~ **mark** *s*. schlechtes Zeugnis, Tadel *m*; ~ **mar·ket** *s*. schwarzer Markt, Schwarzmarkt *m*, -handel *m* (*in* mit); ~ **mar·ket·eer** *s*. Schwarzhändler *m*, Schieber *m*; 2 **Mon·day** *s*. **1.** Unglückstag *m*; **2.** erster Schultag (nach den 'Ferien); ~ **monk** *s*. Benedik'tiner (-mönch) *m*.
black·ness ['blæknis] *s*. **1.** Schwärze *f*, Dunkelheit *f*; **2.** *fig*. Verderbtheit *f*.
'**black|-out** *s*. **1.** Verdunkelung *f* (*a*. ⚔); **2.** (*Nachrichten- etc*.)Sperre *f*: *news* ~; *intellectual* ~ geistige Blockade; **3.** kurzer Gedächtnisschwund; **4.** kurze Ohnmacht: *he had a* ~ ihm wurde schwarz vor den Augen; 2 **Prince** *s*. *der* Schwarze Prinz (*Eduard, Fürst* [*od. Prinz*] *von Wales*); ~ **pud·ding** *s*. *Brit*. Blutwurst *f*; 2 **Rod** *s*. **1.** oberster Dienstbeamter des brit. Oberhauses; **2.** erster Zere'monienmeister des Hosenbandordens; ~ **sheep** *s*. *fig*. schwarzes Schaf; '**~-shirt** *s*. Schwarzhemd *n* (*italienischer Faschist*); '**~-smith** *s*. (Grob-, Huf-) Schmied *m*: ~('s) *shop* Schmiede; '**~-strap** *s*. F **1.** starker *od*. verfälschter Portwein; **2.** *Am*. dunkler Li'kör (*Rum etc. mit Sirup*); '**~-thorn** *s*. ♀ Schwarz-, Schlehdorn *m*; '**~-top** *s*. *Straßenbau*: Schwarzdecke *f*; 2 **Watch** *s*. *Brit*. *das 42*. 'Hochländerregi,ment; '**~-wa·ter fe·ver** *s*. ⚕ Schwarzwasserfieber *n*; '**~-wood** *s*. Schwarzholz *n*.
black·y ['blæki] *s*. *sl*. Schwarze(r *m*) *f*.
blad·der ['blædə] *s*. **1.** *anat*. (Gallen-, *engS*. Harn)Blase *f*; **2.** Blase *f*, Hohlraum *m*: *football* ~ Fußballblase; **3.** Schwimmblase *f*; **4.** *fig*. Hohlkopf *m*, Windbeutel *m*; ~ **fern** *s*. ♀ Blasenfarn *m*; '**~-wort** *s*. ♀ Wasserschlauch *m*, -helm *m*; '**~-wrack** *s*. ♀ Blasentang *m*.
blad·der·y ['blædəri] *adj*. **1.** blasig; **2.** blasenartig; **3.** aufgeblasen.
blade [bleid] *s*. **1.** ♀ Blatt *n* (*mst poet*.), Spreite *f* (*e-s Blattes*), Halm *m*: *in the* ~ **auf dem Halm**; ~ *of grass* Grashalm; **2.** ⊕ Blatt *n* (*Säge, Axt, Schaufel, Ruder*); **3.** ⊕ **a)** Flügel *m* (*Propeller*), **b)** Schaufel *f* (*Schiffsrad, Turbine*); **4.** ⊕ Klinge *f* (*Messer, Degen etc*.); **5.** → *shoulder-blade*; **6.** *poet*. Degen *m*, Klinge *f*; **7.** F (forscher) Kerl, Bursche *m*; '**blad·ed** [-did] *adj*. *mst in Zssgn* mit Halmen *od*. Blättern *od*. Klingen *od*. Flügeln.
blae·ber·ry ['bleibəri] → *bilberry*.
blah [blɑ:] *s*. *sl*. Quatsch *m*.
blain [blein] *s*. ⚕ Pustel *f*, Pickel *m*, (Eiter)Beule *f*.
blam·a·ble ['bleiməbl] *adj*. □ zu tadeln(d), schuldig; **blame** [bleim] **I.** *v/t*. **1.** tadeln, rügen, *j-m* Vorwürfe machen (*for* wegen); **2.** (*for*) verantwortlich machen (für), *j-m* die Schuld geben *od*. zuschreiben (an *dat*.): *he is to* ~ *for it* er ist daran schuld; *he has only himself to* ~ das hat er sich selbst zuzuschreiben; *I cannot* ~ *him for it* ich kann es ihm nicht verübeln; **II.** *s*. **3.** Tadel *m*, Vorwurf *m*, Rüge *f*; **4.** Schuld *f*, Verantwortung *f*: *to lay* (*od. put*) *the* ~ *on s.o*. j-m die Schuld geben; *to bear the* ~ die Schuld auf sich nehmen; '**blame·less** [-lis] *adj*. □ untadelig, schuldlos (*of* an *dat*.); '**blame·less·ness** [-lisnis] *s*. Schuldlosigkeit *f*, Unschuld *f*; '**blame·wor·thy** *adj*. tadelnswert, schuldig.
blanch [blɑ:ntʃ] **I.** *v/t*. **1.** bleichen, weiß machen; *fig*. erbleichen lassen; **2.** ✓ (*durch Ausschluß von Licht*) bleichen: *to* ~ *celery*; **3.** *Küche*: *Mandeln etc*. blanchieren, brühen; **4.** ⊕ weiß sieden; brühen; **5.** ~ *over fig*. beschönigen; **II.** *v/i*. **6.** erbleichen.
blanc·mange [blə'mɔnʒ] *s*. *Küche*: Mandelpudding *m*.
bland [blænd] *adj*. □ höflich, (ein-) schmeichelnd, sanft, mild.
blan·dish ['blændiʃ] *v/t*. schmeicheln, zureden (*dat*.); '**blan·dish·ment** [-mənt] *s*. Schmeiche'lei *f*, Zureden *n*; *pl*. Über'redungskunst *f*.
bland·ness ['blændnis] *s*. Milde *f*.
blank [blæŋk] **I.** *adj*. □ **1.** leer, nicht ausgefüllt, unbeschrieben; Blanko-... (*bsd*. ✝): *a* ~ *page*; *a* ~ *space* ein leerer Raum; *in* ~ blanko; *to leave* ~ frei lassen; ~ *acceptance* Blankoakzept; ~ *signature* Blankounterschrift; → *cheque*; **2.** leer, unbebaut; **3.** blind (*Fenster, Tür*); **4.** leer, inhalt(s)-, ausdruckslos, nichtssagend; **5.** verdutzt, verblüfft, verlegen: *a* ~ *look*; **6.** bar, rein, völlig: ~ *astonishment* sprachloses Erstaunen; ~ *despair* helle Verzweiflung; **7.** → *cartridge 1, fire 13, verse 3*; **II.** *s*. **8.** Formblatt *n*, Formu'lar *n*, Vordruck *m*; unbeschriebenes Blatt (*a. fig*.); **9.** leerer *od*. freier Raum (*bsd. für Wort*[*e*] *od. Buchstaben*); Lücke *f*, Leere *f* (*a. fig*.): *to leave a* ~ e-n freien Raum lassen (*beim Schreiben etc*.); *his mind is a* ~ **a)** er hat alles vergessen, **b)** in s-m Kopf herrscht völlige Leere; **10.** *Lotterie*: Niete *f*: *to draw a* ~ **a)** e-e Niete ziehen, **b)** *fig*. kein Glück haben; **11.** *bsd. sport* Null *f*; **12.** Öde *f*, Nichts *n*; **13.** ⊕ unbearbeitetes Werkstück, Rohling *m*; ungeprägte Münzplatte; **14.** F **a)** (unanständiges) (Schimpf)Wort, **b)** Gedankenstrich *m dafür*.
blan·ket ['blæŋkit] **I.** *s*. **1.** (wollene) Decke, Bettdecke *f*: *to get between the* ~*s* F in die Federn kriechen; *on the wrong side of the* ~ F unehelich; → *wet 1*; **2.** *fig*. Decke *f*, Hülle *f*: ~ *of snow* Schneedecke; **3.** ⊕ 'Filz,unterlage *f*; **II.** *v/t*. **4.** zudekken; **5.** ⚓ den Wind abfangen (*dat*.): **6.** *fig*. verdecken, unter'drücken, ersticken, vertuschen; **7.** ⚡, ⚔ abschirmen; **8.** *Radio*: stören, über'lagern; **9.** prellen; **10.** *Am*. zs.-fassen, um'fassen; **III.** *adj*. **11.** gemeinsam, allgemein, um'fassend, Gesamt...; ~ **bath** *s*. Krankenwaschung *f* im Bett (*durch die Pflegerin*); ~ **clause** *s*. ✝ Gene'ralklausel *f*.
blan·ket·ing ['blæŋkitiŋ] *s*. Stoff *m* zu Wolldecken.
blan·ket| in·sur·ance *s*. ✝ Kollek'tivversicherung *f*; ~ **or·der** *s*. 'Blankoauftrag *m*, gene'reller Auftrag; ~ **price** *s*. Einheitspreis *m*.
blare [bleə] **I.** *v/i*. *u*. *v/t*. schmettern (*Trompeten*); brüllen, grölen (*a. Radio etc*.); **II.** *s*. Schmettern *n*; Getöse *n*.
blar·ney ['blɑ:ni] F **I.** (plumpe) Schmeiche'lei, ‚Schmus' *m*; **II.** *v/i*. (*v/t*. *j-n* be)schmusen.
bla·sé ['blɑ:zei] (*Fr*.) *adj*. blasiert.
blas·pheme [blæs'fi:m] **I.** *v/t*. (*engS. Gott*) lästern; schmähen; **II.** *v/i*.: ~ *against j-m* fluchen, *j-n* lästern; **blas'phem·er** [-mə] *s*. (Gottes-) Lästerer *m*; **blas·phe·mous** ['blæsfiməs] *adj*. □ lästernd, verletzend; **blas·phe·my** ['blæsfimi] *s*. **1.** Blasphe'mie *f*, (Gottes)Lästerung *f*; **2.** Fluchen *n*.
blast [blɑ:st] **I.** *s*. **1.** Windstoß *m*, Sturm *m*; **2.** ♪ Schmettern *n*, Schall *m*: ~ *of a trumpet* Trompetenstoß; **3.** Si'gnal *n*, Pfeifen *n*; **4.** *fig*. Erkrankung *f*, Seuche *f*; Pesthauch *m*, Fluch *m*; **5.** ♀ Brand *m*, Mehltau *m*, Verdorren *n*; **6.** ⊕ Sprengladung *f*; (Spreng)Schuß *m*; **7.** ⊕ Explosi'on *f*, Knall *m*; **8.** ⊕ *a*. ~ *wave* Druckwelle *f e-r Explosion*; **9.** ⊕ Gebläse *n*; Gebläseluft *f*, -wind *m*: (*at od. in*) *full* ~ ⊕ auf Hochtouren, mit Volldampf (*beide a. fig*.); **II.** *v/t*. **10.** *mit Pulver* sprengen; **11.** versengen, -brennen; zu'grunde richten, vernichten; **12.** *fig*. verderben, vereiteln; **13.** *sl*. verfluchen: ~ *him!* zum Teufel mit ihm!; ~ *it!* verflucht!; **14.** *sl*. *j-n* ‚anscheißen'; **III.** *v/i*. **15.** starten (*Rakete*); '**blast·ed** [-tid] *adj*. *sl*. verflucht.
'**blast|-fur·nace** *s*. ⊕ Hochofen *m*; '**~-hole** *s*. ⊕ Sprengloch *n*.
blast·ing ['blɑ:stiŋ] *s*. **1.** Sprengen *n*; Versengen *n*; **2.** ⚡ 'Durchbrennen *n*; **3.** Vernichtung *f*; **4.** *sl*. ‚Anschiß' *m*: *to get a* ~ *from one's boss*; ~ **charge** *s*. Sprengladung *f*; ~ **pow·der** *s*. Sprengpulver *n*.
'**blast-off** *s*. (Ra'keten)Start *m*.
bla·tan·cy ['bleitənsi] *s*. lärmendes Wesen, Angebe'rei *f*; '**bla·tant** [-nt] *adj*. □ brüllend; marktschreierisch, lärmend: ~ *nonsense* himmelschreiender Unsinn; ~ *lie* eklatante Lüge.

blath·er ['blæðə] **I.** *v/i.* Unsinn schwatzen; **II.** *s.* Geschwätz *n*, Quatsch *m*; '~**skite** [-skait] *s.* F ‚Großmaul' *n*, ‚Quatschkopf' *m*.

blaze [bleiz] **I.** *s.* **1.** *lodernde* Flamme, Feuer *n*, Glut *f*: *to be in a ~* in Flammen stehen; **2.** *pl.* Hölle *f*: *go to ~s! sl.* scher dich zum Teufel!; *like ~s* F wie verrückt *od.* toll; *what the ~s is the matter?* F was zum Teufel ist denn los?; **3.** Leuchten *n*, Glanz *m* (*a. fig.*): *~ of noon* Mittagshitze; *~ of fame* Ruhmesglanz; *~ of colo(u)r* Farbenpracht; *~ of publicity* volles Licht der Öffentlichkeit; **4.** *fig.* plötzlicher Ausbruch, Auflodern *n* (*Gefühl*); **5.** Blesse *f* (*bei Rind od. Pferd*); **6.** Anschalmung *f*, Markierung *f an Waldbäumen durch Entfernen von Rinde*; **II.** *v/i.* **7.** (auf)flammen, brennen (*a. fig.*): *to ~ into prominence fig.* e-n kometenhaften Aufstieg erleben; *in a blazing temper* in heller Wut; **8.** leuchten, strahlen (*a. fig.*): *blazing with joy* freudestrahlend; **III.** *v/t.* **9.** Bäume anschalmen; → *trail 14*; *Zssgn mit adv.*:

blaze| a·broad *v/t.* verkünden, 'auspoˌsaunen; ~ **a·way** *v/i.* losschießen; *fig.* F *mit et.* loslegen, sich *auf et.* stürzen; ~ **forth** *v/i.* aufflammen, erstrahlen: *to ~ at s.o.* j-n anfahren; ~ **up** *v/i.* **1.** auflodern, -flammen; **2.** *fig.* von Zorn entbrennen.

blaz·er ['bleizə] *s.* Blazer *m*, Klubjacke *f*, leichte Sportjacke.

blaz·ing ['bleiziŋ] *adj.* **1.** *fig.* **a)** schreiend, auffallend: *~ colo(u)rs*, **b)** offenkundig, ekla'tant: *~ lie*, **c)** *hunt.* warm (*Fährte*); → *scent 3*; **2.** F verteufelt; ~ **star** *s.* Gegenstand *m* allgemeiner Bewunderung (*Person od. Sache*).

bla·zon ['bleizn] **I.** *s.* **1. a)** Wappenschild *m, n*, **b)** Wappenkunde *f*; **2.** lautes Lob; **II.** *v/t.* **3.** *Wappen* ausmalen; **4.** *fig.* schmücken, zieren; **5.** *mst ~ abroad, ~ out* rühmen, 'auspoˌsaunen; '**bla·zon·ry** [-ri] *s.* **1. a)** Wappenzeichen *n*, **b)** He'raldik *f*; **2.** *fig.* Farbenschmuck *m*.

bleach [bli:tʃ] **I.** *v/t.* bleichen (*a. fig.*); **II.** *s.* Bleichmittel *n*; '**bleach·er** [-tʃə] *s.* **1.** Bleicher(in); **2.** *mst pl. Am. sport* 'unüberˌdachte Tri'büne.

bleach·ing ['bli:tʃiŋ] *s.* Bleiche(n *n*) *f*; '~**-pow·der** *s.* Bleichpulver *n*.

bleak [bli:k] *adj.* □ **1.** kahl, öde; **2.** ungeschützt, windig (gelegen); **3.** rauh, kalt, scharf (*Wind, Wetter*); **4.** *fig.* finster, freudlos, traurig, trübe.

blear [bliə] **I.** *adj.* verschwommen, trübe (*a. Augen*); **II.** *v/t.* trüben; ~**-eyed** ['bliəraid] *adj.* **1.** triefäugig, schwachsichtig; **2.** *fig.* einfältig.

bleat [bli:t] **I.** *v/i.* **1.** blöken (*Schaf, Kalb*), meckern (*Ziege*); **2.** *oft ~ out* in weinerlichem Ton reden; **II.** *s.* **3.** Blöken *n*, Gemecker *n* (*a. fig.*).

bled [bled] *pret. u. p.p. von bleed.*

bleed [bli:d] [*irr.*] **I.** *v/i.* **1.** (ver-) bluten (*a. Pflanze*): *to ~ to death* verbluten; **2.** sein Blut vergießen, sterben (*for* für); **3.** *fig.* (*for*) bluten (um) (*Herz*), (tiefes) Mitleid empfinden (mit); **4.** F ‚bluten' (*zahlen*): *to ~ for s.th.* für et. schwer bluten müssen; **5.** auslaufen, ‚bluten' (*Farbe*); zerlaufen (*Teer etc.*); leck sein; **6.** *typ.* angeschnitten *od.* bis eng an den Druck beschnitten sein (*Buch, Bild*); **II.** *v/t.* **7.** ⚕ zur Ader lassen; **8.** *Flüssigkeit, Dampf etc.* ausströmen lassen, abzapfen; **9.** ⊕, *bsd. mot. Bremsleitung* entlüften; **10.** F ‚bluten lassen', schröpfen: *to ~ white* bis zum Weißbluten auspressen; '**bleed·er** [-də] *s.* ⚕ Bluter *m*.

bleed·ing ['bli:diŋ] **I.** *s.* **1.** Blutung *f*, Aderlaß *m* (*a. fig.*): *~ of the nose* Nasenbluten; **2.** ⊕ ‚Bluten' *n*, Auslaufen *n* (*Farbe, Teer*); **3.** ⊕ Entlüften *n*; **II.** *adj.* **4.** *sl.* verflixt; ~ **heart** *s.* ⚘ flammendes Herz.

blem·ish ['blemiʃ] **I.** *v/t.* verunstalten, schaden (*dat.*); *fig.* beflecken; **II.** *s.* Fehler *m*, Mangel *m*; Makel *m*, Schönheitsfehler *m*.

blench[1] [blentʃ] **I.** *v/i. fig.* stutzen, zu'rückschrecken, ausweichen; **II.** *v/t.* (ver)meiden.

blench[2] [blentʃ] → *blanch 6*.

blend [blend] **I.** *v/t.* **1.** (ver)mengen, (ver)mischen, verschmelzen; **2.** e-e (*Tee-, Tabak-, Whisky*)Mischung zs.-stellen; *Wein etc.* verschneiden; **II.** *v/i.* **3.** (*with*) sich mischen *od.* har'monisch verbinden (mit); **4.** verschmelzen, inein'ander 'übergehen (*Farben*); **III.** *s.* **5.** Mischung *f*, (harmonische) Zs.-stellung (*Getränke, Tabak, Farben*); Verschnitt *m*.

blende [blend] *s. min.* Blende *f*, *engS.* Zinkblende *f*.

Blen·heim or·ange ['blenim] *s. Brit. eine Apfelsorte.*

blent [blent] *obs. pret. u. p.p. von blend.*

bless [bles] *v/t.* **1.** segnen; **2.** segnen, preisen; glücklich machen: *I ~ the day I met you* ich segne *od.* preise den Tag, an dem ich dich kennenlernte; *~ed with a mild climate* mit e-m milden Klima gesegnet; *to ~ one's stars* sich glücklich schätzen; **3.** *~ o.s.* sich bekreuzigen;
Besondere Redewendungen:
(*God*) *~ you!* Gott befohlen!, leb wohl!; Gesundheit!; *well, I'm ~ed!* F na, so was!; *I'm ~ed if I know* F ich weiß es wahrhaftig nicht; *Mr. Brown, ~ him* Herr Brown, der Gute; *~ my soul!* F du meine Güte!; *not at all, ~ you! iro.* o nein, mein Verehrtester!; *~ that boy, what is he doing there?* F was zum Kuckuck stellt der Junge dort an?; *he'll ~ you if you do that* er wird dich verfluchen, wenn du das tust; *not to have a penny to ~ o.s. with* keinen roten Heller besitzen.

bless·ed ['blesid] **I.** *adj.* **1.** gesegnet, selig, glücklich: *of ~ memory* seligen Angedenkens; *~ event* freudiges Ereignis (*Geburt e-s Kindes*); **2.** gepriesen, selig, heilig: *the* ♀ *Virgin* die Heilige Jungfrau (Maria); **3.** *the whole ~ day* F den lieben langen Tag; *not a ~ soul* keine Menschenseele; **II.** *s.* **4.** *the ~* (*ones*) die Seligen; '**bless·ed·ness** [-nis] *s.* Glück'seligkeit *f*, Glück *n*; Seligkeit *f*: *to live in single ~* Junggeselle sein; '**bless·ing** [-siŋ] *s.* Segen *m*, Segnung *f*, Wohltat *f*, Gnade *f*: *to ask a ~* **a)** Segen erbitten, **b)** das Tischgebet sprechen; *what a ~ that ...* welch ein Segen, daß ...; *a ~ in disguise* Glück im Unglück; *to count one's ~s* dankbar sein für das, was e-m beschert ist; *to give one's ~* (*to*) s-n Segen geben (zu) (*a. fig. et. gutheißen*).

blest [blest] **I.** *poet. pret. u. p.p. von bless*; **II.** *pred. adj. poet.* → *blessed*; **III.** *s.*: *the Isles of the* ♀ die Inseln der Seligen.

bleth·er ['bleðə] → *blather*.

blew [blu:] *pret. von blow*[1] *II u. III u. blow*[3].

blight [blait] **I.** *s.* **1.** ⚘ Mehltau *m*, Fäule *f*, Brand *m* (*Pflanzenkrankheit*); **2.** *fig.* Gift-, Pesthauch *m*, schädlicher Einfluß; Enttäuschung *f*, Schatten *m*; **II.** *v/t.* **3.** *fig.* im Keim ersticken, zu'nichte machen, vereiteln; '**blight·er** [-tə] *s. Brit. sl.* ‚Ekel' *n* (*Person*); Kerl *m*, Knülch *m*; ‚Affe' *m*: (*plain*) *~* (dumme) Pute, Gans.

Blight·y ['blaiti] *s.* ⚔ *Brit. sl.* **1.** die Heimat, England *n*; **2.** *a. a ~ one* ‚Heimatschuß' *m*.

bli·mey ['blaimi] *int.* V leck(t) mich am Arsch! (*Überraschung*).

blimp[1] [blimp] *s.* F unstarres Kleinluftschiff.

Blimp[2] [blimp] *s. Brit.* Blimp *m* (*Personifikation des reaktionären Engländers*).

blind [blaind] **I.** *adj.* □ → *a. 9* **1.** blind: *~ in one eye* auf 'einem Auge blind; *struck ~* mit Blindheit geschlagen; *as ~ as a bat* (*od. beetle*) stockblind; *the ~* die Blinden; **2.** *fig.* blind, verständnislos (*to* gegen['über]): *~ to s.o.'s faults* j-s Fehlern gegenüber blind; *~ chance* blinder Zufall; *~ with rage* blind vor Wut; *~ side fig.* schwache Seite; *to turn a ~ eye fig.* ein Auge zudrücken, *et.* absichtlich übersehen; **3.** unbesonnen: *~ bargain*; **4.** zweck-, ziellos, leer: *~ excuse* Ausrede; **5.** verborgen, geheim: *~ staircase* Geheimtreppe; **6.** schwererkennbar: *~ corner* unübersichtliche Ecke *od.* Kurve; *~ copy typ.* unleserliches Manuskript; **7.** ⚠ blind: *~ window*; **8.** ⚘ blütenlos, taub; **II.** *adv.* **9.** *~ drunk* sinnlos betrunken, ‚blau'; **III.** *v/t.* **10.** blenden, blind machen; *j-m* die Augen verbinden: *~ing rain* alles verhüllender Regen; **11.** verblenden, täuschen; blind machen (*to* gegen); **12.** *fig.* verdunkeln, verbergen, vertuschen, verwischen; **IV.** *v/i.* **13.** *Brit. sl.* blind drauf'lossausen; **V.** *s.* **14.** (Fenster)Vorhang *m*; Fensterladen *m*, Jalou'sie *f*, ('Fenster-) Rouˌleau *n*; → *Venetian I*; **15.** *pl.* Scheuklappen *pl.*; **16.** *fig.* Vorwand *m*, Bemäntelung *f*; (Vor-) Täuschung *f*; **17.** At'trappe *f*; **18.** *the ~* die Blinden; ~ **al·ley** *s.* Sackgasse *f* (*a. fig.*); '~**-'al·ley** *adj.*: *~ occupation* Stellung ohne Aufstiegsmöglichkeit; ~ **coal** *s.* Anthra'zit *m*.

blind·ed ['blaindid] *adj.* **1.** geblendet, erblindet; **2.** verblendet.

blind·er ['blaində] *s. Am.* Scheuklappe *f* (*a. fig.*).

blind| flight *s.* ✈ Blindflug *m*; ~ **fly·ing** *s.* ✈ Blindfliegen *n*; '~**fold**

I. *adj. u. adv.* **1.** mit verbundenen Augen; **2.** blind(lings) (*a. fig.*); **II.** *v/t.* **3.** *j-m* die Augen verbinden; **4.** *fig.* (ver)blenden; ~ **gut** *s. anat.* Blinddarm *m*; '~**-man's-'buff** ['blaindmænz] *s.* Blindekuh(spiel *n*) *f*; ~ **man's hol·i·day** *s. humor.* Zwielicht *n.*

blind·ness ['blaindnis] *s.* **1.** Blindheit *f* (*a. fig.*); **2.** *fig.* Verblendung *f*; **3.** Unbesonnenheit *f.*

blind| shell *s.* ⚔ Blindgänger *m*; ~ **spot** *s.* **1.** ⚕ blinder Fleck *auf der Netzhaut*; **2.** *fig.* schwacher *od.* wunder Punkt; **3.** *Radio*: Ort *m* mit schlechtem Empfang; ~ **stitch** *s.* blinder (*unsichtbarer*) Stich; ~ **ti·ger** *s. Am. sl.* 'illegaler 'Alkoholausschank; '~**-worm** *s. zo.* Blindschleiche *f.*

blink [bliŋk] **I.** *v/i.* **1.** blinken, blinzeln, zwinkern, die Augen halb zukneifen; **2.** flimmern, schimmern; **II.** *v/t.* **3.** *to* ~ *one's eyes* mit den Augen zwinkern; **4.** (absichtlich) über'sehen (*acc.*), ausweichen (*dat.*): *to* ~ *the fact* sich der Tatsache verschließen; **III.** *s.* **5.** flüchtiger Blick; **6.** (Licht)Schimmer *m*; '**blink·er** [-kə] **I.** *s.* **1.** *pl.* **a)** Scheuklappen *pl.*, **b)** Schutzbrille *f*; **2.** Blinklicht *n*, 'Lichtsi,gnal *n*; **II.** *v/t.* **3.** mit Scheuklappen versehen; **4.** täuschen; '**blink·ing** [-kiŋ] *adj. Brit. sl.* ‚verflixt'.

blip [blip] *s.* Echozeichen *n* (*Radar*).

bliss [blis] *s.* Freude *f*, Entzücken *n*, (Glück)'Seligkeit *f*, Wonne *f*; '**bliss·ful** [-ful] *adj.* □ (glück)'selig, völlig glücklich; '**bliss·ful·ness** [-fulnis] *s.* Wonne *f.*

blis·ter ['blistə] **I.** *s.* **1.** ⚕ (*Haut-*) Blase *f*, Pustel *f*; **2.** Blase *f* (*auf bemaltem Holz, in Glas etc.*); **3.** ⚕ Zugpflaster *n*; **4.** ✈ Bordwaffen- *od.* Beobachterstand *m*; **II.** *v/t.* **5.** Blasen her'vorrufen auf (*dat.*); **6.** *fig.* scharf kritisieren: ~*ing criticism*; **7.** brennenden Schmerz hervorrufen auf (*dat.*): ~*ing heat* glühende Hitze; **III.** *v/i.* **8.** Blasen ziehen.

blithe [blaið] *adj.* □ fröhlich, munter.

blith·er·ing ['bliðəriŋ] *adj. Brit.* F blöde; verflucht: ~ *idiot* Vollidiot.

blitz [blits] ⚔ **I.** *s.* **1.** Blitzkrieg *m*; **2.** schwerer Luftangriff; schwere Luftangriffe *pl.*; **II.** *v/t.* **3.** schwer bombardieren: ~*ed area* zerbombtes Gebiet; '~**-krieg** [-kri:g] → *blitz 1.*

bliz·zard ['blizəd] *s.* Schneesturm *m*, -gestöber *n.*

bloat[1] [blout] *v/t. bsd. Heringe* räuchern.

bloat[2] [blout] **I.** *v/t. a.* ~ *up* aufblasen, -blähen (*a. fig.*); **II.** *v/i. a.* ~ *out* auf-, anschwellen; '**bloat·ed** [-tid] *adj.* aufgeblasen (*a. fig.*), aufgedunsen.

bloat·er ['bloutə] *s.* Räucherhering *m.*

blob [blɔb] *s.* **1.** Tropfen *m*, Klümpchen *n*, Klecks *m*; **2.** *Kricket*: null Punkte.

bloc [blɔk] *s. pol.* Block *m*: *sterling* ~ † Sterlingblock.

block [blɔk] **I.** *s.* **1.** Block *m*, Klotz *m* (*mst Holz, Stein*); **2.** Hackklotz *m*; **3.** *the* ~ der Richtblock; **4.** ⊕ Block *m*, Rolle *f*; → *hat-block, tackle 3*; **5.** *typ.* Kli'schee *n*, Druckstock *m*; Prägestempel *m*; **6.** *Brit.* Wohnblock *m*; Häuserreihe *f*: ~ *of flats* Wohnhaus; *office* ~ Bürohaus; **7.** *Am.* Häuserblock *m*: *three* ~*s from here* drei Straßen weiter; **8.** Haufen *m*, Gruppe *f*; *attr.* Gesamt...: ~ *of shares* Aktienpaket; ~ *of seats* Reihe von Sitzen; **9.** Abreißblock *m*: *scribbling* ~ Notiz-, Schmierblock; **10.** *fig.* Klotz *m*, Tölpel *m*; **11.** Verstopfung *f*, Hindernis *n*, Stockung *f*: *traffic* ~ Verkehrsstockung; **12.** 🚂 Blockstrecke *f*; **II.** *v/t.* **13.** (auf e-m Block) formen: *to* ~ *a hat*; **14.** hemmen, hindern; *fig.* durch'kreuzen: *to* ~ *a bill Brit. pol.* die Beratung e-s Gesetzentwurfs verhindern; **15.** *oft* ~ *up* (ab-, ver)sperren, verstopfen, blockieren: *road* ~*ed* Straße gesperrt; **16.** † *Konto*, ⚡ *Röhre, Leitung* sperren; † *Kredit etc.* einfrieren; **17.** *Kricket*: *Ball* am Schläger abprallen lassen; ~ **in** *v/t.* skizzieren, roh ausführen; ~ **out** *v/t.* **1.** entwerfen; zurichten; **2.** ausstreichen; ~ **up** *v/t.* versperren.

block·ade [blɔ'keid] **I.** *s.* Bloc'kade *f*, (Hafen)Sperre *f*: *to impose a* ~ e-e Blockade verhängen; *to raise a* ~ e-e Blockade aufheben; *to run the* ~ die Blockade brechen; **II.** *v/t.* blockieren, absperren; **block'ad·er** [-də] *s.* Bloc'kadeschiff *n.*

block'ade-run·ner *s.* Bloc'kadebrecher *m.*

block| brake *s.* Backenbremse *f*; '~**-bust·er** *s. sl.* Minenbombe *f*; '~**-chain** *s.* ⊕ Kette *f* ohne Ende.

blocked| ac·count [blɔkt] *s.* † 'Sperr,konto *n*; ~ **mark** *s.* † Sperrmark *f.*

'**block|·head** *s.* Dummkopf *m*; '~**-house** *s.* Blockhaus *n* (*a.* ⚔); ~ **let·ters** *s. pl. typ.* Blockschrift *f*; ~ **print·ing** *s.* Handdruck *m*; ~ **sig·nal** *s.* 🚂 'Blocksi,gnal *n*; ~ **sys·tem** *s.* **1.** 🚂 'Blocksy,stem *n*; **2.** ⚡ Blockschaltung *f*; ~ **vote** *s.* Sammelstimme *f* (*e-e ganze Organisation vertretend*).

bloke [blouk] *s.* F Kerl *m*, Bursche *m.*

blond [blɔnd] *adj.* **1.** blond (*Haar*), hell (*Gesichtsfarbe*); **2.** blond(haarig); **blonde** [blɔnd] *s.* **1.** Blon'dine *f*; **2.** † Blonde *f* (*seidene Spitze*).

blood [blʌd] *s.* **1.** Blut *n*: *to spill* ~ Blut vergießen; *to give one's* ~ (*for*) sein Blut (Leben) lassen (für); *to taste* ~ *fig.* Blut lecken; *fresh* ~ *fig.* frisches Blut; ~*-and-thunder story* Schauergeschichte; **2.** *fig.* Blut *n*, Tempera'ment *n*, Wesen *n*: *it made his* ~ *boil* er kochte vor Wut; *his* ~ *was up* sein Blut war in Wallung; *his* ~ *froze* (*od. ran cold*) das Blut erstarrte ihm in den Adern; *to breed* (*od. make*) *bad* ~ böses Blut machen; → *cold blood, curdle II*; **3.** (edles) Blut, Geblüt *n*, Abstammung *f*; Rasse *f* (*Mensch, Pferd*): *prince of the* ~ *royal* Prinz von königlichem Geblüt; *noble* ~ → *blue blood*; *related by* ~ blutsverwandt; *it runs in the* ~ es liegt im Blut *od.* in der Familie; ~ *will out* Blut bricht sich Bahn; ~ **bank** *s.* ⚕ Blutbank *f*; ~ **broth·er** *s.* leiblicher Bruder; ~ **cir·cu·la·tion** *s.* ⚕ Blutkreislauf *m*; ~ **clot** *s.* ⚕ Blutgerinnsel *n*; '~**-cur·dling** *adj.* blutrünstig, entsetzlich; ~ **do·nor** *s.* ⚕ Blutspender *m.*

blood·ed ['blʌdid] *adj.* **1.** Vollblut-...; **2.** *in Zssgn* ...blütig.

blood| feud *s.* Blut-, Todfehde *f*; ~ **group** *s.* ⚕ Blutgruppe *f*; '~**-guilt**, '~**-guilt·i·ness** *s.* Blutschuld *f*; '~**-guilt·y** *adj.* mit Blutschuld beladen; '~**-heat** *s.* ⚕ Blutwärme *f*, 'Körpertempera,tur *f*; '~**-horse** *s.* 'Vollblutpferd *n*; '~**-hound** *s.* **1.** Schweiß-, Bluthund *m*; **2.** *fig.* Häscher *m*, Verfolger *m.*

blood·less ['blʌdlis] *adj.* □ **1.** blutlos, -leer (*a. fig.*); **2.** bleich; **3.** *fig.* kalt; **4.** unblutig (*Kampf etc.*).

'**blood|-mon·ey** *s.* Blutgeld *n*; ~ **or·ange** *s.* 'Bluto,range *f*; '~**-poi·son·ing** *s.* ⚕ Blutvergiftung *f*; '~**-pres·sure** *s.* ⚕ Blutdruck *m*; '~**-re'la·tion** *s.* Blutsverwandte(r *m*) *f*; ~ **sam·ple** *s.* ⚕ Blutprobe *f*: *to take a* ~ *from s.o.* j-m e-e Blutprobe entnehmen; '~**-shed** *s.* Blutvergießen *n*; '~**-shot** *adj.* 'blutunter,laufen; ~ **spec·i·men** *s.* ⚕ Blutprobe *f*; ~ **sports** *s.* Hetzjagd *f* (*bsd. auf Füchse*); '~**-stained** *adj.* blutbefleckt (*a. fig.*); '~**-stock** *s.* 'Vollblutpferde *pl.*; ~ **stream** *s.* ⚕ Blut(kreislauf *m*) *n*; '~**-suck·er** *s.* **1.** *zo.* Blutegel *m*; **2.** *fig.* Blutsauger *m* (*Erpresser*); ~ **sug·ar** *s.* ⚕ Blutzucker *m*; ~ **test** *s.* ⚕ Blutprobe *f*, 'Blutunter,suchung *f*; '~**-thirst·i·ness** *s.* Blutdurst *m*; '~**-thirst·y** *adj.* blutdürstig; ~ **trans·fu·sion** *s.* ⚕ 'Blutüber,tragung *f*; '~**-ves·sel** *s. anat., zo.* Blutgefäß *n.*

blood·y ['blʌdi] **I.** *adj.* □ **1.** blutig, blutbefleckt: ~ *flux* ⚕ rote Ruhr; **2.** blutdürstig, mörderisch, grausam: *a* ~ *battle* e-e blutige Schlacht; **3.** *Brit.* V verdammt, verflucht, saumäßig (*oft nur verstärkend*): *not a* ~ *soul* kein Schwanz; *a* ~ *fool* ein Vollidiot; *a* ~ *lie* e-e faustdicke Lüge; **II.** *adv.* **4.** *Brit.* (*sehr anstößig*) mordsmäßig, sehr: ~ *awful* ganz fürchterlich.

bloom[1] [blu:m] **I.** *s.* **1.** Blüte *f*, Blume *f*: *in full* ~ in voller Blüte; **2.** *fig.* Blüte(zeit) *f*, Jugendfrische *f*; **3.** Flaum *m* (*auf Pfirsichen etc.*); **4.** *fig.* Schmelz *m*, Glanz *m*; **II.** *v/i.* **5.** (er)blühen (*a. fig.*).

bloom[2] [blu:m] *metall.* **I.** *s.* (Eisen-) Luppe *f*; **II.** *v/t.* luppen: ~*ing mill* Luppenwalzwerk.

bloom·er ['blu:mə] *s. sl.* grober Fehler, Schnitzer *m*, (Stil)Blüte *f.*

bloom·ers ['blu:məz] *s. pl.* **a)** (altmodische Damen)Pumphose *f*, **b)** *Am.* Re'formschlupfhose *f.*

bloom·ing ['blu:miŋ] *p. pr. u. adj.* **1.** blühend (*a. fig.*); **2.** *sl.* **a)** verflucht, verdammt: ~ *idiot* Vollidiot, **b)** *nur verstärkend*: *every* ~ *thing* der ganze Kram.

blos·som ['blɔsəm] **I.** *s.* (*bsd.* Obst-) Blüte *f*; Blütenfülle *f*: *in* ~ in (voller) Blüte; **II.** *v/i.* blühen, Blüten treiben (*a. fig.*): *to* ~ (*out*) (*into*) erblühen, gedeihen (zu).

blot [blɔt] **I.** *s.* **1.** (Tinten)Klecks *m*,

Fleck *m*; **2.** *fig.* Schandfleck *m*, Makel *m*: *a ~ on his character* ein Charakterfehler; → *escutcheon 1*; **3.** Verunstaltung *f*; Verunglimpfung *f*; **II.** *v/t.* **4.** *mit Tinte* beschmieren, beklecksen; **5.** *~ out Schrift* ausstreichen; **6.** *~ out fig.* verwischen, auslöschen, verdunkeln, verhüllen: *fog ~ted out the view* Nebel verhüllte die Aussicht; **7.** *mit Löschpapier* (ab)löschen.

blotch [blɔtʃ] *s.* **1.** Fleck *m*, Klecks *m*; **2.** *fig.* Makel *m*; **3.** ⚕ Pustel *f*, Ausschlag *m*; **blotched** [-tʃt] *adj.* fleckig; mit Pusteln bedeckt; verunstaltet; **'blotch·y** [-tʃi] *adj.* fleckig.

blot·ter ['blɔtə] *s.* **1.** (Tinten)Löscher *m*; **2.** *Am.* Kladde *f*, Berichtsliste *f* (*bsd. der Polizei*).

'blot·ting|-pad ['blɔtiŋ] *s.* 'Schreib‚unterlage *f od.* Block *m* aus 'Löschpa‚pier; **'~-pa·per** *s.* Löschpapier *n*, -blatt *n*.

blot·to ['blɔtou] *adj. sl.* ‚sternhagelvoll', ‚stinkbesoffen'.

blouse [blauz] *s.* Bluse *f*.

blow¹ [blou] **I.** *s.* **1.** Blasen *n*, Luftzug *m*, Brise *f*: *to go for a ~* an die frische Luft gehen; **2.** Blasen *n*, Schall *m*: *a ~ on a whistle* ein Pfiff; **3.** *Am. sl.* **a)** Prahle'rei *f*, **b)** Prahlhans *m*; **II.** *v/i.* [*irr.*] **4.** blasen, wehen, pusten: *it is ~ing hard* es weht ein starker Wind; *to ~ hot and cold fig.* unbeständig *od.* wetterwendisch sein; **5.** ertönen: *the horn is ~ing*; **6.** keuchen, schnaufen; **7.** spritzen, blasen (*Wal*); **8.** *Am.* F prahlen; **9.** ⚡ 'durchbrennen (*Sicherung*); **III.** *v/t.* [*irr.*] **10.** wehen, treiben (*Wind*): *~n ashore* auf Strand geworfen; *he was ~n off his feet* er wurde umgeweht; **11.** anfachen: *to ~ the fire*; **12.** (an)blasen: *to ~ the soup*; **13.** blasen, ertönen lassen: *to ~ the horn* ins Horn stoßen; **14.** auf-, ausblasen: *to ~ bubbles* Seifenblasen machen; *to ~ glass* Glas blasen; *to ~ one's nose* sich die Nase putzen, sich schnauben; *to ~ an egg* ein Ei ausblasen; **15.** *sl. Geld* ‚verpulvern', verschwenden; **16.** zum Platzen bringen: *blew itself to pieces* zersprang in Stücke; **17.** F (*p.p. blowed*) verfluchen: *~ it!* verflucht!; *I'll be ~ed (if) ...!* zum Teufel (wenn) ...!;

Zssgn mit adv.:

blow| down *v/t.* her'unter-, 'umwehen; **~ in I.** *v/i. fig.* auftauchen, her'einschneien; **II.** *v/t. Scheiben* eindrücken; **~ off I.** *v/i.* **1.** fortwehen; **2.** abtreiben (*Schiff*); **II.** *v/t.* **3.** fortblasen; verjagen; **4.** *Dampf etc.* ablassen; → *steam 1*; **~ out I.** *v/i.* **1.** verlöschen; **2.** platzen; **3.** ⚡ 'durchbrennen (*Sicherung*); **II.** *v/t.* **4.** *Licht* ausblasen, *Feuer* (aus-) löschen; **5.** her'ausblasen, -treiben: *to ~ one's brains* sich e-e Kugel durch den Kopf jagen; **6.** sprengen, zertrümmern; **~ o·ver I.** *v/i.* **1.** *fig.* vor'über-, vergehen, nachlassen; **2.** vergessen werden; **II.** *v/t.* **3.** 'umwehen; **~ up I.** *v/i.* **1.** aufkommen, sich erheben (*Wind*); **2.** in die Luft fliegen, zerspringen; **3.** *fig.* F auffliegen, scheitern (*Plan*); **4.** in Zorn geraten; **II.** *v/t.* **5.** aufblasen; **6.** (in die Luft) sprengen; **7.** *fig. Plan* vereiteln; **8.** *fig. sl.* ausschimpfen, ‚anblasen', ‚anhauchen'.

blow² [blou] *s.* **1.** Schlag *m*, Streich *m*, Stoß *m*: *at a* (*od.* one) *~* mit 'einem Schlag *od.* Streich; *without striking a ~ fig.* ohne Schwertstreich, mühelos; *to come to ~s* handgemein werden; *to strike a ~ at* e-n Schlag führen gegen (*a. fig.*); *to strike a ~ (for)* sich einsetzen (für), helfen (*dat.*); **2.** *fig.* (Schicksals)Schlag *m*, Unglück *n*: *it was a ~ to his pride* es traf ihn schwer in s-m Stolz.

blow³ [blou] *v/i.* [*irr.*] (auf)blühen, sich entfalten (*a. fig.*).

'blow·ball *s.* ⚘ Pusteblume *f*.

blowed [bloud] *p.p. von blow¹* 17.

blow·er ['blouə] *s.* **1.** Bläser *m*: *glass-~*; *~ of a horn*; **2.** ⊕ *Blech am Kamin zur Regulierung des Zuges.*

'blow|-fly *s. zo.* Schmeißfliege *f*; **'~-hole** *s.* **1.** 'Luft-, Zugloch *n*; **2.** Nasenloch *n* (*Wal*); **'~-lamp** *s.* ⊕ Lötlampe *f*.

blown¹ [bloun] **I.** *p.p. von blow¹ II u. III*; **II.** *adj.* **1.** *oft ~ up* aufgeblasen, -gebläht (*a. fig.*); **2.** außer Atem.

blown² [bloun] **I.** *p.p. von blow³*; **II.** *adj.* blühend, aufgeblüht (*a. fig.*).

'blow|-out *s.* **1. a)** Zerplatzen *n*, **b)** Reifenpanne *f*; **2.** *sl.* Gelage *n*, ‚Futte'rei' *f*; **'~-pipe** *s.* **1.** ⊕ Lötrohr *n*, Schweißbrenner *m*; **2.** Puste-, Blasrohr *n*; **'~-torch** *s.* ⊕ *Am.* Lötlampe *f*.

blow·y ['bloui] *adj.* windig, luftig.

blowz·y ['blauzi] *adj.* schlampig, zerzaust; rotgesichtig.

blub·ber ['blʌbə] **I.** *s.* Walfischspeck *m*; **II.** *v/i.* heulen, weinen.

blu·chers ['blu:tʃəz] *s. pl. obs.* **1.** starke Halbstiefel *pl.*; **2.** Schaftstiefel *pl.*

bludg·eon ['blʌdʒən] **I.** *s.* **1.** Knüppel *m*, Keule *f*; **II.** *v/t.* **2.** 'niederknüppeln; **3.** *j-n* zwingen (*into* zu).

blue [blu:] **I.** *adj.* **1.** blau: *till you are ~ in the face* F bis Sie schwarz werden; *the air was ~ with oaths* es wurde (gottes)lästerlich geflucht; → *moon 1*; **2.** F trübe, schwermütig, traurig: *to feel ~* niedergeschlagen sein; *to look ~* traurig aussehen (*Person, Umstände*); **3.** *pol.* blau (*als Parteifarbe*), konserva'tiv; **4.** *Brit.* F nicht sa'lonfähig, schlüpfrig (*Rede*); **II.** *s.* **5.** Blau *n*, blaue Farbe; **6.** Waschblau *n*; **7.** blaue (Dienst- *etc.*)Kleidung; **8.** *mst poet. the ~* **a)** der Himmel: *out of the ~* aus heiterem Himmel, unerwartet, **b)** das Meer; **9.** *pol.* Konserva'tive(r) *m*; **10.** *the dark (light) ~s pl. Studenten von Oxford (Cambridge), die bei Wettkämpfen ihre Universität vertreten*: *to get one's ~* in die Universitätsmannschaft aufgenommen werden; **11.** *pl.* F Schwermut *f*, Trübsinn *m*; **12.** *pl.* ♪ Blues *m*; **III.** *v/t.* **13.** *Wäsche* bläuen; **14.** *sl. Geld* verprassen, ‚verjuxen', verspielen; **~ ba·by** *s.* ⚕ blaues Baby (*mit angeborenem Herzfehler*); **'♀-beard** *s. Ritter* Blaubart *m* (*a. fig. Frauenmörder*); **'~-bell** *s.* ⚘ **1.** 'Sternhya‚zinthe *f* (*England*); **2.** *e-e* Glockenblume *f* (*Schottland*); **'~-ber·ry** [-bəri] *s.* ⚘ Blau-, Heidelbeere *f*; **'~-'black** *adj.* blauschwarz; **~ blood** *s.* **1.** blaues Blut, alter Adel; **2.** Aristo'krat(in), Adlige(r *m*) *f*; **'~-book** *s.* Blaubuch *n*: **a)** *Brit. amtliche politische Veröffentlichung*, **b)** *Am. Verzeichnis prominenter Persönlichkeiten*; **'~-bot·tle** *s.* **1.** *zo.* Schmeißfliege *f*; ‚Brummer' *m*; **2.** ⚘ Kornblume *f*; **'~-jack·et** *s. fig.* Blaujacke *f*, Ma'trose *m*; **~ laws** *s. pl. Am.* strenge puri'tanische Gesetze *pl.* (*bsd. gegen die Entheiligung des Sonntags*).

blue·ness ['blu:nis] *s.* Bläue *f*.

blue| pen·cil *s.* **1.** Blaustift *m*; **2.** *fig.* Zen'sur *f*; **'~-'pen·cil** *v/t.* **1.** *Manuskript etc.* (mit Blaustift) korrigieren *od.* (zs.-, aus)streichen; **2.** *fig.* zensieren, 'unter'sagen; **♀ Pe·ter** *s.* ⚓ Abfahrts-Si'gnalflagge *f*; **~ print** *s.* **1.** Blaupause *f*; **2.** *fig.* Plan *m*, Entwurf *m*; **'~-print I.** *v/t.* entwerfen, planen; **II.** *adj.*: *~ stage* Planungsstadium; **~ rib·bon** *s.* blaues Band: **a)** *des Hosenbandordens*, **b)** *als Auszeichnung für e-e Höchstleistung, bsd.* ⚓ *das* Blaue Band des 'Ozeans; **'~-stock·ing** *s.* Blaustrumpf *m*; **'~-stone** *s.* ⚗ 'Kupfervitri‚ol *n*; **'~-throat** *s. orn.* Blaukehlchen *n*; **~ tit(·mouse)** *s. orn.* Blaumeise *f*.

bluff¹ [blʌf] **I.** *v/t. j-n* bluffen, verblüffen, bei *j-m* (durch Prahle'rei) Eindruck schinden; *j-n* abschrekken, ins Bockshorn jagen, irremachen; **II.** *v/i.* **a)** *Poker*: bluffen, **b)** bluffen, dreist auftreten; **III.** *s. Poker u. fig.* Bluff *m*; dreiste Irreführung; Großtue'rei *f*: *to call s.o.'s ~* j-n auffordern, es doch zu tun.

bluff² [blʌf] **I.** *adj.* **1.** ⚓ breit (*Bug*); **2.** schroff, steil (*Felsen, Küste*); **3.** ehrlich-grob, gutmütig-derb; **II.** *s.* **4.** Steilufer *n*, schroffes Vorgebirge.

bluff·er ['blʌfə] *s.* Bluffer *m*.

blu·ish ['blu(:)iʃ] *adj.* bläulich.

blun·der ['blʌndə] **I.** *s.* **1.** (grober) Fehler, Schnitzer *m*; **II.** *v/i.* **2.** e-n (groben) Fehler *od.* Schnitzer machen, e-n Bock schießen; **3.** pfuschen, unbesonnen handeln; **4.** stolpern: *to ~ about* umhertappen; *to ~ into (od. upon) s.th.* zufällig auf et. stoßen; *to ~ along (od. on)* blind darauflostappen; **III.** *v/t.* **5.** verpfuschen, verderben; **6.** *~ out* (unbedacht) her'ausplatzen mit.

blun·der·buss ['blʌndəbʌs] *s.* ⚔ *hist.* Donnerbüchse *f*.

blun·der·er ['blʌndərə] *s.* Stümper *m*, Pfuscher *m*, Tölpel *m*; **'blun·der·ing·ly** [-dəriŋli] *adv.* ungeschickterweise.

blunt [blʌnt] **I.** *adj.* □ **1.** stumpf; **2.** *fig.* unempfindlich (*to* gegen); **3.** *fig.* ungeschliffen, derb, ungehobelt (*Manieren etc.*); **4.** schonungslos, offen; schlicht; **II.** *v/t.* **5.** stumpf machen, abstumpfen (*a. fig.*); **6.** *Gefühle etc.* mildern, schwächen; **III.** *s.* **7.** *pl.* kurze Nähnadeln *pl.*; **'blunt·ly** [-li] *adv. fig.* frei her'aus, grob: *to put it ~* um es ganz offen zu sagen; *to refuse ~* glatt ablehnen; **'blunt·ness** [-nis] *s.* **1.** Stumpfheit *f* (*a. fig.*); **2.** *fig.* Grobheit *f*, zu offenes Wesen.

blur [blə:] **I.** *v/t.* **1.** *Schrift* verwischen, verschmieren; *Bild* verschwommen machen; verschleiern; 2. verdunkeln, verwischen, *Sinne* trüben; 3. *fig.* besudeln, entstellen; II. *v/i.* 4. verschwimmen; III. *s.* 5. Fleck *m*, verwischte Stelle; 6. *fig.* Makel *m*; 7. undeutlicher *od.* nebelhafter Eindruck; Verschwommenheit *f*.

blurb [blə:b] *s.* F *Buchhandel*: a) ‚Waschzettel' *m*, Klappentext *m*, b) ‚Bauchbinde' *f* (*Reklamestreifen um ein Buch*).

blurred [blə:d] *adj.* unscharf, verschwommen, verschleiert.

blurt [blə:t] *v/t.* ~ *out* ('voreilig *od.* unbesonnen) her'ausplatzen mit, ausschwatzen.

blush [blʌʃ] I. *v/i.* erröten, rot werden, in Verwirrung geraten (*at, for* über *acc.*); sich schämen (*to do* zu tun); II. *s.* Erröten *n*, (Scham)Röte *f*: *at the first* ~ auf den ersten Blick; *to put to (the)* ~ *j-n* zum Erröten bringen; '**blush·ing** [-ʃiŋ] *adj.* □ errötend; *fig.* züchtig.

blus·ter ['blʌstə] I. *v/i.* 1. brausen, tosen, stürmen; 2. *fig.* poltern, toben, schimpfen; 3. prahlen, bramarbasieren: *a* ~*ing fellow* ein Bramarbas; II. *s.* 4. Brausen *n*, Toben *n* (*a. fig.*); 5. Schimpfen *n*; 6. Prahlen *n*; Über'heblichkeit *f*.

bo [bou] *int.* hu!: *he can't say* ~ *to a goose* er ist ein Hasenfuß.

bo·a ['bouə] *s.* 1. *zo.* 'Boa *f*, Riesenschlange *f*; 2. Boa *f* (*Halspelz*).

boar [bɔ:] *s. zo.* Eber *m*, Keiler *m*: *wild* ~ Wildschwein.

board [bɔ:d] I. *s.* 1. Brett *n*, Planke *f*; 2. (*Schach-, Plätt*)Brett *n*: *to sweep the* ~ alles gewinnen; 3. Anschlagbrett *n*; 4. *ped.* → *blackboard*; 5. *pl. fig.* Bretter *pl.*, Bühne *f*: *to appear on the* ~*s* als Schauspieler auftreten; 6. Tisch *m*, Tafel *f* (*nur in festen Ausdrücken*): → *above-board, bed 3, groan 2*; 7. Kost *f*, Verpflegung *f*: ~ *and lodging* Kost u. Logis, Wohnung u. Verpflegung; 8. *fig. oft* ♀ Ausschuß *m*, Behörde *f*, Amt *n*: ♀ *of Admiralty* Admiralität; ♀ *of Examiners* Prüfungskommission; ~ *of directors* ✝ Verwaltungsrat (*e-r AG*); ♀ *of Governors* (Schul- *etc.*)Behörde; ♀ *of Trade* a) *Brit.* Handelsministerium, b) *Am.* Handelskammer; 9. ⚓ Bord *m*, Bordwand *f* (*nur in festen Ausdrücken*): *on* ~ an Bord (*Am. a.* ✈); *on* ~ *a ship* an Bord e-s Schiffes; *on* ~ *a train Am.* im *od.* in den Zug; *free on* ~ (*abbr. f.o.b.*) ✝ frei an Bord (geliefert); *to go by the* ~ a) über Bord gehen *od.* fallen, b) *fig.* zugrunde *od.* verloren gehen, scheitern; 10. Pappe *f*: *in* ~*s* kartoniert (*Buch*); II. *v/t.* 11. täfeln; mit Brettern bedecken *od.* absperren, dielen, verschalen; 12. beköstigen, in Kost nehmen *od.* geben (*with* bei); 13. a) *Schiff* besteigen, an Bord gehen, b) in *e-n Zug od. ein Flugzeug* einsteigen, c) ⚓ entern; III. *v/i.* 14. sich in Kost *od.* Pensi'on befinden, wohnen (*with* bei); ~ **out** I. *v/t.* außerhalb in Kost geben; II. *v/i.* auswärts essen; ~ **up** *v/t.* mit Brettern vernageln.

board·er ['bɔ:də] *s.* 1. Kostgänger (-in), Pensio'när(in); 2. Inter'natsschüler(in).

board·ing ['bɔ:diŋ] *s.* 1. Bretterverschalung *f*, Dielenbelag *m*, Täfelung *f*; 2. Kost *f*, Verpflegung *f*; '~-**card** *s.* ✈ Bordkarte *f*; '~-**house** *s.* Pensi'on *f*; '~-**school** *s.* Inter'nat *n*, Pensio'nat *n*.

board| **meet·ing** *s.* Vorstands- *od.* Ausschußsitzung *f*; ~ **room** *s.* Sitzungssaal *m*; '~-**school** *s. hist. Brit.* öffentliche Elemen'tarschule, Volksschule *f*; '~-'**wag·es** *s. pl.* Kostgeld *n der Dienstboten*.

boast [boust] I. *s.* 1. Prahle'rei *f*, Großtue'rei *f*; 2. Stolz *m* (*Gegenstand des Stolzes*): *it was his proud* ~ *that* ... es war sein ganzer Stolz, daß ...; *he was the* ~ *of his age* er war der Stolz s-r Zeit; II. *v/i.* 3. (*of, about*) prahlen, großtun (mit): *he* ~*s of his riches*; *it is not much to* ~ *of* damit ist es nicht weit her; 4. (*of*) sich rühmen (*gen.*), stolz sein (auf *acc.*): *our village* ~*s of a fine church*; III. *v/t.* 5. sich (des Besitzes) *e-r Sache* rühmen, aufzuweisen haben: *our street* ~*s the tallest house in the town*; '**boast·er** [-tə] *s.* Prahler(in); '**boast·ful** [-ful] *adj.* □ prahlerisch, über'heblich.

boat [bout] I. *s.* 1. Boot *n*, Kahn *m*; Schiff *n* (*jeder Art*); Dampfer *m*: *we are all in the same* ~ *fig.* wir sitzen alle in 'einem Boot; *to miss the* ~ *fig.* den Anschluß verpassen; *to burn one's* ~*s* alle Brükken hinter sich abbrechen; 2. bootförmiges Gefäß; → *sauce-boat*; II. *v/i.* 3. (in e-m) Boot fahren: *to go* ~*ing* e-e Bootfahrt machen (*mst* rudern); ~ **drill** *s.* ⚓ 'Bootsmanöver *n*.

boat·er ['boutə] *s. Brit.* steifer Strohhut, ‚Kreissäge' *f*.

'**boat**|-**hook** *s.* ⚓ Bootshaken *m*; '~-**house** *s.* Bootshaus *n*.

boat·ing ['boutiŋ] *s.* Bootfahren *n*; Rudersport *m*.

'**boat**|-**load** *s.* Bootsladung *f*; '~-**man** [-mən] *s.* [*irr.*] Bootsführer *m*, -verleiher *m*; '~-**race** *s.* 'Ruderreˌgatta *f*; ~**swain** ['bousn] *s.* ⚓ Bootsmann *m*; ~ **train** *s.* Zug *m* mit Schiffsanschluß.

bob[1] [bɔb] I. *s.* 1. Haarschopf *m*, Büschel *n*; Bubikopf-Haarschnitt *m*; gestutzter Pferdeschwanz; Quaste *f*; 2. Ruck *m*; Knicks *m*; 3. *sg. u. pl. obs. Brit. sl.* Schilling *m*: *five* ~; ~ *a job* e-n Schilling für jede Arbeit; 4. *abbr. für bob-sleigh*; II. *v/t.* 5. ruckweise (hin u. her, auf u. ab) bewegen; 6. *Haare, Pferdeschwanz etc.* kurz schneiden, stutzen; III. *v/i.* 7. sich auf u. ab *od.* hin u. her bewegen, baumeln, tänzeln; 8. schnappen (*for* nach); 9. knicksen; 10. Bob fahren; 11. ~ *up* (plötzlich) auftauchen: *to* ~ *up like a cork fig.* immer wieder hochkommen, sich nicht unterkriegen lassen.

Bob[2] [bɔb] *npr., abbr. für Robert*: ~*'s your uncle* a) fertig ist die Laube, b) das geht in Ordnung.

bobbed [bɔbd] *adj.*: ~ *hair* Bubikopf.

bob·bin ['bɔbin] *s.* 1. ⊕ Spule *f*, (Garn)Rolle *f*; 2. ⚡ Indukti'onsspule *f*; 3. Klöppel(holz *n*) *m*; ~ **frame** *s.* ⊕ Spulengestell *n*; '~-**lace** *s.* Klöppelspitze *f*.

bob·ble ['bɔbl] *s. Am.* F Schnitzer *m*, Fehler *m*.

bob·by ['bɔbi] *s. Brit.* F ‚Schupo' *m*, Poli'zist *m*; ~ **pin** *s.* Haarklemme *f* (*aus Metall*); '~-**socks** *s. pl. Am.* F Söckchen *pl.* (*bsd. von jungen Mädchen*); '~-**sox·er** [-sɔksə] *s. Am.* F Backfisch *m*, (halbwüchsiges) junges Mädchen.

'**bob**|-**sled**, '~-**sleigh** *s.* Bob *m* (*Rennschlitten*); '~-**tail** *s.* 1. Stutzschwanz *m*; 2. Pferd *n od.* Hund *m* mit Stutzschwanz.

Boche [bɔʃ] (*Fr.*) *s. sl. contp.* Deutsche(r *m*) *f*.

bock (beer) [bɔk] *s.* Bockbier *n*.

bode[1] [boud] I. *v/t.* prophe'zeien, ahnen lassen: *this* ~*s you no good* das bedeutet nichts Gutes für dich; II. *v/i.* e-e Vorbedeutung sein: *to* ~ *well* Gutes versprechen; *to* ~ *ill* Unheil verkünden.

bode[2] [boud] *pret. von bide.*

bo·de·ga [bou'di:gə] *s.* Weinstube *f*, -keller *m*.

bod·ice ['bɔdis] *s.* 1. Leibchen *n*, Mieder *n*; 2. Taille *f am Kleid.*

bod·ied ['bɔdid] *adj. in Zssgn* ...gebaut, von ... Körperbau *od.* Gestalt: *small*-~ klein von Gestalt.

bod·i·less ['bɔdilis] *adj.* 1. körperlos; 2. unkörperlich, wesenlos; '**bod·i·ly** [-ili] I. *adj.* 1. körperlich, leiblich: ~ *injury* Körperverletzung; ~ *fear* körperliche Angst; II. *adv.* 2. leib'haftig, per'sönlich; 3. ganz u. gar, als Ganzes.

bod·kin ['bɔdkin] *s.* 1. ⊕ Ahle *f*, Pfriem *m*: *to sit* ~ eingepfercht sitzen; 2. 'Durchzieh-, Schnürnadel *f*; 3. lange Haarnadel.

Bod·le·ian (Li·brar·y) [bɔd'li(:)ən] *s.* Bodley'anische Biblio'thek (*in Oxford*).

bod·y ['bɔdi] I. *s.* 1. Körper *m*, Leib *m*: *heir of one's* ~ Leibeserbe; *in the* ~ lebend; *to keep* ~ *and soul together* Leib u. Seele zs.-halten; 2. *engS.* Rumpf *m*, Leib *m*: *one wound in the leg and one in the* ~; 3. *oft dead* ~ Leiche *f*; 4. Hauptteil *m*, *das* Wesentliche, Kern *m*, Stamm *m*, Rahmen *m*, Gestell *n*; Rumpf *m* (*Schiff, Flugzeug*); eigentlicher Inhalt, Sub'stanz *f* (*Schriftstück, Rede*): *car* ~ Karosserie; *hat* ~ Hutstumpen; *in the* ~ *of the hall* mitten im Saal; 5. Gesamtheit *f*, Masse *f*: *in a* ~ zusammen, geschlossen, wie 'ein Mann; ~ *of water* Wassermasse, -fläche, Gewässer; ~ *of facts* Tatsachenmaterial; ~ *of laws* Gesetz(es)sammlung; 6. Körper(schaft *f*) *m*, Gesellschaft *f*; Gruppe *f*: *diplomatic* ~ diplomatisches Korps; *governing* ~ Verwaltungskörper; ~ *politic* Staat; *a* ~ *of unemployed* e-e Gruppe Arbeitsloser; *student* ~ Studentenschaft; 7. ⚔ Truppenkörper *m*, Trupp *m*, Ab'teilung *f*; 8. *phys.* Körper *m*: *solid* ~ fester Körper; *heavenly* ~ *ast.* Himmelskörper; 9. ⚗ Masse *f*, Sub'stanz *f*; 10. F Per'son *f*, Mensch *m*: *a curious old* ~ ein komischer alter Kauz; 11. *fig.* Güte *f*, Stärke *f*, Festigkeit *f*, Gehalt *m*, Körper *m* (*Wein*), Fülle *f*

(*Ton*); **II.** *v/t.* **12.** *mst* ~ *forth* verkörpern, darstellen; ~ **belt** *s.* Leibbinde *f*, -gurt *m*; ~ **blow** *s. Boxen:* Körperschlag *m*; ~ **build** *s. biol.* Körperbau *m*; '~**-guard** *s.* Leibgarde *f*, -wache *f*; '~**-mak·er** *s.* ⊕ Karosse'riebauer *m*; ~ **plasm** *s.* ⚘, *zo.* 'Körper-, 'Somato,plasma *n*; ~ **search** *s.* 'Leibesvisitati,on *f*; ~ **seg·ment** *s. biol.* 'Körper-, 'Rumpfseg,ment *n*; '~**-serv·ant** *s.* Leib-, Kammerdiener *m*; '~**-snatch·er** *s.* ⚖ Leichenräuber *m*; '~**-work** *s.* ⊕ Karosse'rie *f*.

Boer ['bouə] **I.** *s.* Bur(e) *m*, Boer *m* (*Südafrika*); **II.** *adj.* burisch: ~ *War* Burenkrieg.

bog [bɔg] **I.** *s.* **1.** Sumpf *m*, Mo'rast *m* (*a. fig.*); Moor *n*; **2.** V Scheißhaus *n*; **II.** *v/t.* **3.** im Sumpf versenken; *fig. a.* ~ *down* zum Stocken bringen, versanden lassen; **III.** *v/i.* **4.** *a.* ~ *down* im Sumpf *od.* Schlamm versinken; *a. fig.* steckenbleiben, sich festfahren.

bo·gey[1] ['bougi] *s. Golf:* 'Bogey *n*, ein Schlag über Par.

bo·gey[2] → *bogy*.

bog·gle ['bɔgl] *v/i.* **1.** (*at*) zu'rückschrecken (vor *dat.*), stutzen (vor, bei *dat.*); Bedenken tragen, zögern (zu *inf.*); **2.** pfuschen, stümpern.

bog·gy ['bɔgi] *adj.* sumpfig, mo'rastig.

bo·gie ['bougi] *s.* **1.** ⊕ *Brit.* **a)** Blockwagen *m* (*mit beweglichem Radgestell*), **b)** 🚃 Dreh-, Rädergestell *n*; **2.** ⚒ *Art* Förderkarren *m*; ~ **wheel** *s.* ⚔ (Ketten)Laufrad *n* (*Panzerwagen*).

'**bog-trot·ter** *s. contp.* Ire *m*, Irländer *m*.

bo·gus ['bougəs] *adj.* falsch, unecht, Schein..., Schwindel...

bo·gy ['bougi] *s.* 'Kobold *m*, 'Popanz *m*, (Schreck)Gespenst *n*; ~ **man** *s.* [*irr.*] Butzemann *m*, *der* Schwarze Mann (*Kindersprache*).

boh → *bo*.

Bo·he·mi·an [bou'hi:mjən] **I.** *s.* **1.** Böhme *m*, Böhmin *f*; **2.** Bohemi'en *m*, *ein* 'unkonventio,nell Lebender (*bsd. Künstler*); **II.** *adj.* **3.** böhmisch; **4.** *fig.* unkonventionell (lebend), leichtlebig; **bo'he·mi·an·ism** [-nizəm] *s.* Bo'hemewirtschaft *f*.

boil[1] [bɔil] *s.* ⚕ Geschwür *n*, Fu'runkel *m*; Eiterbeule *f*.

boil[2] [bɔil] **I.** *s.* **1.** Kochen *n*, Sieden *n*: *to bring to the* ~ zum Kochen bringen; **2.** Wallen *n*, Wogen *n*, Schäumen *n* (*Gewässer*); **3.** *fig.* Erregung *f*, Wut *f*, Wallung *f*; **II.** *v/i.* **4.** kochen, sieden: *the water* (*kettle*) *is* ~*ing* das Wasser (der Kessel) kocht; **5.** wallen, wogen, brausen, schäumen; **6.** *fig.* kochen, schäumen (*with* vor *Wut*); **III.** *v/t.* **7.** kochen (lassen), zum Kochen bringen, ab-, einkochen: *to* ~ *eggs* Eier kochen; *to* ~ *clothes* Wäsche kochen; ~ **a·way** *v/i.* **1.** verdampfen; **2.** weiterkochen; ~ **down** *v/t.* verdampfen, einkochen; *fig.* zs.-fassen, kürzen: *what it* ~*s down to* was davon übrig bleibt, worauf es hinausläuft; ~ **o·ver** *v/i.* 'überkochen, -laufen, -schäumen (*alle a. fig.*).

boiled| **din·ner** [bɔild] *s. Am.* Eintopf(gericht *n*) *m*; ~ **po·ta·toes** *s. pl.* Salzkartoffeln *pl.*; ~ **shirt** *s.* F steifes (Frack)Hemd; ~ **sweet** *s.* Bon'bon *m*, *n*.

boil·er ['bɔilə] *s.* **1.** *mst in Zssgn* Sieder *m*: *soap-*~; **2.** ⊕ Dampfkessel *m*; **3.** *Brit.* 'Boiler *m*, Heißwasserspeicher *m*; **4.** Siedepfanne *f*; **5.** *bsd.* zum Kochen geeignetes Fleisch, Gemüse *etc.*: *this chicken is a good* ~ dies ist ein gutes Kochhuhn; '~**-mak·er** *s.* Kesselschmied *m*; ~ **suit** *s.* 'Overall *m*.

boil·ing ['bɔiliŋ] **I.** *adj.* kochend, heiß; *fig.* kochend, erregt; **II.** *adv.*: ~ *hot* kochend heiß; **III.** *s. das* Gekochte: *the whole* ~ *sl.* die ganze Sippschaft *od.* Blase; '~**-point** *s.* Siedepunkt *m* (*a. fig.*).

bois·ter·ous ['bɔistərəs] *adj.* □ **1.** rauh, stürmisch, ungestüm; **2.** ausgelassen, lärmend, tobend, laut; '**bois·ter·ous·ness** [-nis] *s.* Ungestüm *n*.

bold [bould] *adj.* □ **1.** kühn, zuversichtlich, mutig, unerschrocken; **2.** keck, verwegen, dreist, frech; anmaßend: *to make* ~ *to* ... sich erdreisten *od.* es wagen zu ...; *to make* ~ (*with*) sich Freiheiten herausnehmen (gegen); *as* ~ *as brass* F frech wie Oskar, unverschämt; **3.** kühn, gewagt: *a* ~ *plan*; **4.** scharf her'vortretend, ins Auge fallend, deutlich: *in* ~ *outline* in deutlichen Umrissen; *a few* ~ *strokes of the brush* ein paar kühne Pinselstriche; **5.** steil (*Küste*); '~**-faced** *adj.* **1.** frech; **2.** *typ.* (halb)fett (gedruckt).

bold·ness ['bouldnis] *s.* **1.** Kühnheit *f*, Mut *m*; **2.** Keckheit *f*, Dreistigkeit *f*.

bole [boul] *s.* starker Baumstamm.

bo·le·ro[1] [bə'lɛərou] *s.* Bo'lero *m* (*spanischer Tanz*).

bo·le·ro[2] ['bɔlərou] *s.* Bo'lero *m* (*kurzes Jäckchen*).

bo·lide ['boulaid] *s. ast.* Feuerkugel *f*.

boll [boul] *s.* ⚘ Samenkapsel *f* (*Baumwolle, Flachs*).

bol·lard ['bɔləd] *s.* ⚓ Poller *m*.

'**boll-wee·vil** *s. zo.* Baumwollkapselkäfer *m* (*Schädling*).

bo·lo ['boulou] *s. Am.* großes, einschneidiges Messer (*Philippinen*).

Bo·lo·gna sau·sage [bə'lounjə] *s.* Bolo'gneser Wurst *f*, Mettwurst *f*.

bo·lo·ney [bə'louni] *s.* **1.** *sl.* ‚Quatsch' *m*, Geschwafel *n*; **2.** *Am.* F Mettwurst *f*; → *polony*.

Bol·she·vik ['bɔlʃivik] **I.** *s.* Bolsche'wik *m*; **II.** *adj.* bolsche'wistisch; '**Bol·she·vism** [-izəm] *s.* Bolsche'wismus *m*; '**Bol·she·vist** [-ist] **I.** *s.* Bolsche'wist *m*; **II.** *adj.* bolschewistisch; **Bol·she·vi·za·tion** [bɔlʃivai'zeiʃən] *s.* Bolschewisierung *f*; '**Bol·she·vize** [-vaiz] *v/t.* bolschewisieren.

bol·ster ['boulstə] **I.** *s.* **1.** Kopfpolster *n* (*unter dem Kopfkissen*), Keilkissen *n*; **2.** Polster *n*, Polsterung *f*, 'Unterlage *f* (*a.* ⊕); **II.** *v/t.* **3.** *j-m* Kissen 'unterlegen; **4.** (aus)polstern; **5.** *sl.* mit Kissen werfen (*Schülersprache*); **6.** ~ *up* unter'stützen, künstlich aufrechterhalten.

bolt[1] [boult] **I.** *s.* **1.** Schraube *f* (mit Mutter), Bolzen *m*: ~ *nut* Schraubenmutter; **2.** Bolzen *m*, Pfeil *m*: *to shoot one's* ~ e-n (letzten) Versuch machen; *he has shot his* ~ er hat sein Pulver verschossen; ~ *upright* kerzengerade; **3.** ⊕ (Tür-, Schloß-) Riegel *m*: *behind* ~ *and bar* hinter Schloß u. Riegel; **4.** Schloß *n an Handfeuerwaffen*; **5.** Blitzstrahl *m*: *a* ~ *from the blue* ein Blitz aus heiterem Himmel; **6.** plötzlicher Sprung, Flucht *f*: *he made a* ~ *for the door* er machte e-n Satz zur Tür; *he made a* ~ *for it* F er machte sich aus dem Staube; **7.** *pol. Am.* Abtrünnigkeit *f* von der Poli'tik der eigenen Par'tei; **8.** ✝ *ein* Ballen *od. e-e* (Origi'nal)Rolle (*Stoff*); **II.** *v/t.* **9.** *Tür etc.* ver-, zuriegeln; **10.** *Essen* hin'unterschlingen; **11.** *Am. pol. die eigene Partei* im Stich lassen; **III.** *v/i.* **12.** 'durchgehen (*Pferd*); **13.** da'vonlaufen, ausreißen; entfliehen, ‚'durchbrennen'.

bolt[2] [boult] *v/t. Mehl* sieben, beuteln.

bolt·er ['boultə] *s.* **1.** Ausreißer *m*, 'Durchgänger *m* (*Pferd*); **2.** *pol. Am.* Abtrünnige(r *m*) *f*.

bo·lus ['bouləs] *s.* ⚕ große Pille.

bomb [bɔm] **I.** *s.* **1.** ⚔ **a)** (Flieger-) Bombe *f*, **b)** 'Handgra,nate *f*; **2.** *allg.* Bombe *f* (*a. fig.*), Sprengkörper *m*: *time* ~; *stink od. stench* ~ Stinkbombe; **II.** *v/t.* **3.** mit Bomben belegen, bombardieren; zerbomben: ~*ed out* ausgebombt; ~*ed site* Ruinengrundstück.

bom·bard [bɔm'bɑ:d] *v/t.* **1.** ⚔ bombardieren, Bomben werfen auf (*acc.*), beschießen; **2.** *fig.* (*with*) bombardieren, bestürmen (mit); **3.** *phys.* bombardieren, beschießen; **bom·bard·ier** [bɔmbə'diə] *s.* ⚔ **1.** *Brit.* Artille'rie,unteroffi,zier *m*; **2.** Bombenschütze *m* (*im Flugzeug*); **bom'bard·ment** [-mənt] *s.* Bombarde'ment *n*, Beschießung *f* (*a. phys.*), Belegung *f* mit Bomben.

bom·bast ['bɔmbæst] *s. fig.* Bom'bast *m*, (leerer) Wortschwall, Schwulst *m*; **bom·bas·tic** [bɔm'bæstik] *adj.* (□ ~*ally*) bom'bastisch, schwülstig.

Bom·bay duck ['bɔmbei] *s. Delikatesse aus kleinen getrockneten ostindischen Seefischen.*

'**bomb**|**-bay** *s.* ✈ Bombenschacht *m*; '~**-dis·pos·al** *s.* ⚔ Bombenräumung *f*: ~ *squad* Bombenräumungs-, Sprengkommando; ~ **door** *s.* ✈ Bombenklappe *f*.

bombed [bɔmd] *adj. sl.* **1.** ‚besoffen'; **2.** im Drogenrausch.

bomb·er ['bɔmə] *s.* **1.** Bomber *m*, Bombenflugzeug *n*; **2.** Bombenleger *m*.

bomb·ing ['bɔmiŋ] *s.* Bombenabwurf *m*: ~ *raid* Bombenangriff.

'**bomb**|**-proof** ⚔ **I.** *adj.* bombensicher; **II.** *s.* Bunker *m*; ~ **rack** *s.* ✈ Bombenaufhängevorrichtung *f*; '~**-shell** *s. fig.* Bombe *f*: *the news came like a* ~ die Nachricht schlug ein wie e-e Bombe; '~**-sight** *s.* ✈ Bombenzielgerät *n*; ~ **throw·er** *s.* **1.** ⚔ Gra'natwerfer *m*; **2.** j-d der Bomben wirft, Atten'täter *m*.

bo·na fi·de ['bounə'faidi] *adj. u. adv.* **1.** in gutem Glauben, auf Treu u. Glauben: ~ *owner* ⚖ gutgläubiger Besitzer; **2.** ehrlich; echt; '**bo·na**

ˈ**fi·des** [-iːz] *s. pl.* guter Glaube; ehrliche Absicht; Rechtmäßigkeit *f.*
bo·nan·za [bouˈnænzə] **I.** *s.* **1.** *min.* reiche Erzader (*bsd. Edelmetalle*); **2.** F Goldgrube *f*, Glücksquelle *f*, -strähne *f*; Wohlstand *m*; Fundgrube *f*; **II.** *adj.* **3.** sehr einträglich; erfolgreich; wohlhabend.
bon·bon [ˈbɔnbɔn; bɔ̃bɔ̃] *s.* Bonˈbon *m, n.*
bond [bɔnd] **I.** *s.* **1.** *pl. obs.* Fesseln *pl.*: *in* ~*s* in Fesseln, gefangen, versklavt; *to burst one's* ~*s* s-e Ketten sprengen; **2.** *sg. od. pl. fig.* Bande *pl.*: ~*s of love*; **3.** Verpflichtung *f*, Bürgschaft *f*; (ˈHaft)Kautiˌon *f*; Vertrag *m*; Urkunde *f*: *to enter into a* ~ e-e Verpflichtung eingehen; *his word is as good as his* ~ er ist ein Mann von Wort; **4.** † Schuldschein *m*, *öffentliche* Schuldverschreibung, ˈWertpaˌpier *n*, Obligatiˈon *f*; **5.** † Zollverschluß *m*: *in* ~ unter Zollverschluß; **6.** △ Verband *m*, Verbindungsstück *n*; **7.** ⊕, ⚗ Bindemittel *n*; **8.** → *bond paper*; **II.** *v/t.* **9.** verpfänden; **10.** † unter Zollverschluß legen; **11.** ⊕ *Lack etc.* binden (*a. v/i.*); ˈ**bond·age** [-didʒ] *s.* Knechtschaft *f*, Sklaveˈrei *f* (*a. fig.*): *in the* ~ *of vice* dem Laster verfallen; ˈ**bond·ed** [-did] *adj.* †: ~ *debt* fundierte Schuld; ~ *goods* Waren unter Zollverschluß; ~ *warehouse* Zollspeicher; ˈ**bond·er** [-də] *s.* † j-d der Waren unter Zollverschluß liegen läßt.
ˈ**bond**|·**hold·er** *s.* Inhaber *m* von Obligatiˈonen *etc.*; ˈ~·**man** [-mən] *s.* [*irr.*] Sklave *m*, Leibeigene(r) *m*; ~ **mar·ket** *s.* † Rentenmarkt *m*; ~ **pa·per** *s.* festes ˈSchreib- *od.* ˈDruckpaˌpier.
bonds·man [ˈbɔndzmən] → *bondman.*
bone [boun] **I.** *s.* **1.** Knochen *m*; Bein *n*: ~ *of contention* Zankapfel; *to the* ~ bis auf die Knochen *od.* die Haut, durch u. durch (*naß od. kalt*); *price cut to the* ~ aufs äußerste reduzierter Preis, Schleuderpreis; *I feel it in my* ~*s fig.* ich spüre es in den Knochen, ich habe e-e Ahnung; *bag of* ~*s* F nur (noch) Haut u. Knochen, Skelett; *bred in the* ~ angeboren; *to make no* ~*s about it* nicht viel Federlesens machen, nicht lange (damit) fackeln; *to have a* ~ *to pick with s.o.* ein Hühnchen mit j-m zu rupfen haben; **2.** *pl.* Gebeine *pl.*; **3.** *pl.* Körper *m*, Knochen *pl.*: *my old* ~*s* m-e alten Knochen; **4.** (Fisch-)Gräte *f*; **5.** *pl.* Korˈsettstangen *pl.*; **6.** *pl. Am.* Knöchel *pl.*, Würfel *pl.*; ˈDominosteine *pl.*; **II.** *v/t.* **7.** die Knochen herˈausnehmen aus (*dat.*), entgräten; **8.** (Fischbein)Stäbchen einarbeiten in *ein Korsett*; **9.** *sl.* ‚klauen' (*stehlen*); **III.** *v/i.* **10.** *oft* ~ *up on sl.* ‚büffeln', ‚ochsen' (*eifrig studieren*); **IV.** *adj.* **11.** beinern, knöchern, aus Bein *od.* Knochen; ˈ~·**black** *s.* **1.** ⚗ Knochenkohle *f*; **2.** Beinschwarz *n* (*Farbe*); ~ **chi·na** *s.* feines Porzelˈlan.
boned [bound] *adj.* **1.** *in Zssgn* ...knochig: *strong-*~ starkknochig; **2.** *Küche*: **a)** ohne Knochen: ~ *chicken*, **b)** entgrätet: ~ *fish*; **3.** mit (Fischbein)Stäbchen (versehen) (*Korsett etc.*).
ˈ**bone**|-ˈ**dry** *adj.* **1.** knochentrocken; **2.** *Am. sl.* streng ˈantialkoˌholisch; ˈ~-**dust** → *bone-meal*; ~ **glue** *s.* Knochenleim *m*; ˈ~·**head** *s. sl.* Dummkopf *m*; ˈ~·**head·ed** *adj. sl.* dumm, blöde; ˈ~-ˈ**i·dle** → *bone-lazy*; ˈ~-**lace** *s.* Klöppelspitze *f*; ˈ~-ˈ**la·zy** *adj.* F ‚stinkfaul'; ˈ~-**meal** *s.* Knochenmehl *n.*
bon·er [ˈbounə] *s. Am. sl.* Schnitzer *m*, Ungeschick *n.*
ˈ**bone**|-**set·ter** *s.* Knocheneinrichter *m*; ˈ~-**shak·er** *s. sl.* ‚Klapperkasten' *m* (*Bus etc.*).
bon·fire [ˈbɔnfaiə] *s.* **1.** Freudenfeuer *n*; **2.** Feuer *n* im Garten (*zum Unkrautverbrennen*); Karˈtoffelfeuer *n*: *to make a* ~ *of s.th.* et. vernichten.
bon·ho·mie [ˈbɔnɔmiː] (*Fr.*) *s.* Gutmütigkeit *f.*
bon·ia·ta [bɔˈnjɑːtə] *s.* ⚘ ˈYam-, Mehlwurzel *f.*
Bon·i·face [ˈbɔnifeis] *s.* F (durchˈtriebener, lustiger) Gastwirt.
bon mot [bɔ̃ ˈmou] *pl.* **bons mots** [bɔ̃ ˈmouz] (*Fr.*) *s.* Bonˈmot *n*, witzige *od.* treffende Bemerkung.
bon·net [ˈbɔnit] **I.** *s.* **1.** (*bsd.* Schotten)Mütze *f*, Kappe *f*; → *bee 1*; **2.** (Damen)Hut *m*, (Damen- *od.* Kinder)Haube *f* (*mst randlos*); **3.** Kopfschmuck *m* der Indiˈaner; **4.** ⊕ Schornsteinkappe *f*; **5.** *mot. Brit.* ˈMotorhaube *f*; **6.** ⊕ Schutzkappe *f* (*für Ventil, Zylinder etc.*); **II.** *v/t.* **7.** *j-m* den Hut über die Augen drücken; ˈ**bon·net·ed** [-tid] *adj.* e-e Mütze *od.* Kappe *od.* Haube tragend.
bon·ny [ˈbɔni] *adj. bsd. Scot.* **1.** hübsch, schön; **2.** F drall.
bo·nus [ˈbounəs] *s.* † **1.** ˈBonus *m*, Gratifikatiˈon *f*, Sondervergütung *f*, Tantiˈeme *f*; **2.** ˈPrämie *f*, ˈExtradiviˌdende *f*, Sonderausschüttung *f*: ~ *share* Gratisaktie; **3.** Vergünstigung *f.*
bon·y [ˈbouni] *adj.* **1.** knochenartig, Knochen...; **2.** starkknochig; **3.** voll Knochen *od.* Gräten; **4.** knochendürr.
bonze [bɔnz] *s.* Bonze *m* (*buddhistischer Mönch od. Priester*).
boo [buː] **I.** *int.* **1.** huh! (*um j-n zu erschrecken*); **2.** huh!, pfui! (*Ausruf der Verachtung*); **II.** *s.* **3.** „Huh"- *od.* „Pfui"-Ruf *m*: *greeted by* ~*s* mit „Pfui"-Rufen begrüßt; **III.** *v/i.* **4.** huh! *od.* pfui! schreien; **IV.** *v/t.* **5.** durch „Pfui"-Rufe verhöhnen; auspfeifen, niederbrüllen; **6.** *Hund etc.* durch „Pfui"-Rufe verscheuchen.
boob [buːb] *sl.* **I.** *s.* **1.** ‚Schnitzer' *m*, Fehler *m*; **2.** *Am.* ‚Kaˈmel' *n* (*Dummkopf*); **3.** *pl.* ‚Titten' *pl.* (*Brüste*); **II.** *v/i.* **4.** e-n ‚Schnitzer' machen.
boo-boo [ˈbuːbuː] *s. Am. sl.* Fehler *m*, ‚Schnitzer' *m.*
boo·by [ˈbuːbi] *s.* **1.** Tölpel *m*, Dummkopf *m*; **2.** Letzte(r *m*) *f*, Schlechteste(r *m*) *f* (*in Wettkämpfen etc.*); **3.** *orn.* Tölpel *m*, Seerabe *m*; ~ **hatch** *s. Am. sl.* ‚Klapsmühle' *f* (*Irrenanstalt*); ~ **prize** *s.* Trostpreis *m*; ~ **trap** *s.* **1.** ⚔ Minenfalle *f*, Schreckladung *f* (*in harmlosen Gegenständen versteckte Sprengladung*); **2.** grober Scherz (*bei dem versteckt über e-r halbgeöffneten Tür angebrachte Gegenstände auf den Eintretenden herabfallen*).
boo·dle [ˈbuːdl] *Am. sl.* → *caboodle.*
boo·gie-woo·gie [ˈbuːgiwuːgi] *s.* ♪ Boogie-Woogie *m* (*Tanz*).
boo·hoo [buːˈhuː] **I.** *s.* lautes Weinen; **II.** *v/i.* schreien, brüllen, plärren.
book [buk] **I.** *s.* **1.** Buch *n*: *to be at one's* ~*s* über s-n Büchern sitzen; *without the* ~ auswendig; *he talks like a* ~ er redet wie ein Buch; *the* ~ *of life* (*nature*) *fig.* das Buch des Lebens (der Natur); *a closed* ~ ein Buch mit sieben Siegeln; *the* ♀ die Bibel; *to kiss the* ♀ die Bibel küssen; *to swear on the* ♀ bei der Bibel schwören; *to suit one's* ~ *fig.* e-m gut passen *od.* recht sein; **2.** Buch *n* (*Teil e-s Gesamtwerkes*); **3.** † Geschäfts-, Handelsbuch *n*: *to close the* ~*s* die Bücher abschließen; *to keep* ~*s* Bücher führen; *to be deep in s.o.'s* ~*s* bei j-m tief in der Kreide stehen; *to bring to* ~ **a)** *j-n* zur Rechenschaft ziehen, **b)** † (ver)buchen; *to be in s.o.'s good* (*bad od. black*) ~*s* bei j-m gut (schlecht) angeschrieben sein; **4.** (Schreib)Heft *n*, Noˈtizblock *m*: *exercise-*~ Schul-, Aufgabenheft; **5.** (Namens)Liste *f*, Verzeichnis *n*, Buch *n*: *visitors'* ~ Gästebuch; *to be on the* ~*s* auf der Mitgliedsliste (*univ.* Liste der Immatrikulierten) stehen; **6.** Heft *n*, Block *m*: ~ *of stamps* Briefmarkenheft; **7.** Wettbuch *n*; **8.** (Opern-)Textbuch *n*; **II.** *v/t.* **9.** † (ver)buchen, eintragen; **10.** *j-n* verpflichten, engagieren; **11.** *j-n als* (*Fahr*)*Gast, Teilnehmer etc.* einschreiben, vormerken; **12.** *Platz, Zimmer* bestellen; *Überfahrt etc.* buchen; *Eintritts-, Fahrkarte* nehmen, lösen; *Auftrag* notieren; *Güter, Gepäck* (*zur Beförderung*) aufgeben; *Ferngespräch* anmelden; **III.** *v/i.* **13.** eine Fahrkarte *etc.* lösen *od.* nehmen: *to* ~ *through* (*to*) durchlösen (bis, nach); **14.** Platz *etc.* bestellen; ˈ**book·a·ble** [-kəbl] *adj.* im Vorverkauf erhältlich (*Karten etc.*).
ˈ**book**|·**bind·er** *s.* Buchbinder *m*; ˈ~·**bind·ing** *s.* Buchbinderhandwerk *n*, Buchbindeˈrei *f*; ˈ~·**case** *s.* ˈBücherschrank *m*, -reˌgal *n*; ~ **cloth** *s.* Buchbinderleinwand *f*; ~ **club** *s.* Buchgemeinschaft *f*; ~ **cov·er** *s.* ˈBuchdecke *f*, -ˌumschlag *m*; ~ **debt** *s.* † Buchschuld *f*, buchmäßige Schuld.
booked [bukt] *adj.* **1.** gebucht, eingetragen; **2.** vorgemerkt, bestimmt, bestellt: *all* ~ (*up*) voll besetzt, ausverkauft; **3.** verabredet, verpflichtet; **4.** *sl.* erwischt.
book end *s. mst pl.* Bücherstütze *f.*
book·ie [ˈbuki] *sl.* → *book-maker.*
book·ing [ˈbukiŋ] *s.* **1.** Buchung *f*, Eintragung *f*; **2.** Bestellung *f*; ˈ~-**clerk** *s.* Schalterbeamte(r) *m*, Fahrkartenverkäufer *m*; ˈ~-**hall** *s.* Schalterhalle *f*; ˈ~-**of·fice** *s.* **1.** Fahrkartenschalter *m*; **2.** *thea. etc.* Kasse *f*; Vorverkaufsstelle *f.*
book·ish [ˈbukiʃ] *adj.* □ **1.** belesen,

gelehrt; **2.** voll Bücherweisheit: ~ *person* **a)** Büchernarr, **b)** Stubengelehrte(r); ~ *style* papierener Stil; '**book·ish·ness** [-nis] *s.* Stubengelehrsamkeit *f.*

'**book|-keep·er** *s.* Buchhalter(in); '~**-keep·ing** *s.* Buchhaltung *f,* -führung *f*: ~ *by single (double) entry* einfache (doppelte) Buchführung; ~ **knowl·edge,** ~ **learn·ing** *s.* Buchgelehrsamkeit *f,* Bücherweisheit *f.*

book·let ['buklit] *s.* Büchlein *n,* Bro'schüre *f.*

'**book|-mak·er** *s.* Buchmacher *m;* '~**man** [-mən] *s.* [*irr.*] Büchermensch *m,* Gelehrte(r) *m;* '~**-mark** *s.* Lesezeichen *n;* '~**-mo·bile** [-məbi:l] *s. Am.* 'Wanderbüche,rei *f.*

Book of Com·mon Prayer *s.* Gebetbuch *n* der angli'kanischen Kirche.

'**book|-plate** *s.* Ex'libris *n,* Bucheignerzeichen *n;* '~**-post** *s. Brit.* Drucksachen(post *f*) *pl.*; '~**-rack** *s.* 'Büchergestell *n,* -re,gal *n;* '~**-rest** *s.* **1.** Buchstütze *f* (*zum Halten e-s Buches*); **2.** (kleines) Lesepult; ~ **review** *s.* Buchbesprechung *f;* ~ **review·er** *s.* 'Buch,kritiker *m;* '~**-sell·er** *s.* Buchhändler(in); '~**-shelf** *s.* Bücherbrett *n,* -gestell *n;* '~**-shop** *s.* Buchhandlung *f;* '~**-stack** *s.* Bücherregal *n;* '~**-stall** *s.* Bücher(verkaufs)stand *m,* Zeitungsstand *m;* '~**-stand** → *book-rack*; '~**-store** *s. Am.* Buchhandlung *f;* ~ **to·ken** *s. Brit.* Büchergutschein *m;* '~**-trade** *s.* Buchhandel *m;* ~ **val·ue** *s.* ✝ Buchwert *m;* '~**-work** *s.* 'Bücher,studium *n;* '~**-worm** *s. zo. u. fig.* Bücherwurm *m.*

boom[1] [bu:m] **I.** *s.* Brummen *n,* Dröhnen *n,* Donnern *n,* Brausen *n;* **II.** *v/i. a.* ~ *out* brummen, dröhnen, donnern, brausen.

boom[2] [bu:m] *s.* **1.** ⚓ Baum *m* (*Hafen- od. Flußsperrgerät*); **2.** ⚓ Baum *m,* Spiere *f* (*Stange am Segel*); **3.** *Am.* Schwimmbaum *m* (*zum Auffangen des Floßholzes*); **4.** *Film, Fernsehen*: Mikro'phon- *od.* 'Kameragalgen *m.*

boom[3] [bu:m] **I.** *s.* **1.** Aufschwung *m;* Berühmtheit *f, das* Berühmtwerden, Blüte(zeit) *f*: *a* ~ (*holiday*) *resort* ein blühender Kurort; **2.** ✝ **a)** Boom *m,* ('Hoch)Konjunk,tur: *building* ~ Bauboom, **b)** *Börse*: Hausse *f;* **3.** Re'klamerummel *m,* aufdringliche Propa'ganda; **II.** *v/i.* **4.** *e-n* Aufschwung nehmen, in die Höhe schnellen, anziehen (*Preise, Kurse*), blühen; **III.** *v/t.* **5.** die Werbetrommel rühren für; *Preise* in die Höhe treiben; '~**-and-bust** *s. Am.* F außergewöhnlicher Aufstieg, dem e-e ernste Krise folgt.

boom·er·ang ['bu:məræŋ] **I.** *s.* 'Bumerang *m* (*a. fig.*); **II.** *v/i. fig.* sich als Bumerang erweisen.

boon[1] [bu:n] *s.* **1.** Wohltat *f,* Segen *m;* **2.** Gefälligkeit *f.*

boon[2] [bu:n] *adj. lit.* freundlich, munter: ~ *companion* lustiger Kumpan *od.* Zechbruder.

boor [buə] *s. fig.* Flegel *m,* ‚Bauer' *m,* ungebildete Per'son; **boor·ish** ['buəriʃ] *adj.* □ *fig.* flegelhaft; ungebildet; **boor·ish·ness** ['buəriʃnis] *s. fig.* flegelhaftes Wesen; Ungeschliffenheit *f.*

boost [bu:st] **I.** *v/t.* **1.** hochschieben, -treiben; nachhelfen (*dat.*) (*a. fig.*); **2.** ✝ F fördern, in die Höhe treiben, ‚ankurbeln', Auftrieb geben (*dat.*), anpreisen, Re'klame machen für; **3.** ⊕, ⚡ *Druck, Spannung* erhöhen, verstärken; **II.** *s.* **4.** Förderung *f,* Erhöhung *f;* Auftrieb *m;* **5.** *fig.* Reklame *f.*

boost·er ['bu:stə] *s.* **1.** F Förderer *m,* Re'klamemacher *m;* Preistreiber *m;* **2.** ⊕ *oft attr.* Verstärkung *f,* Zusatz *m;* ~ **bat·ter·y** *s.* ⚡ 'Zusatzbatte,rie *f;* ~ **rock·et** *s.* 'Startra,kete *f;* ~ **shot** *s.* ⚕ Wieder'holungsimpfung *f.*

boot[1] [bu:t] **I.** *s.* **1.** (*Am.* Schaft-) Stiefel *m*: *the* ~ *is on the other leg* **a)** der Fall liegt umgekehrt, **b)** die Verantwortung liegt bei der anderen Seite; *you can bet your* ~*s sl.* darauf kannst du Gift nehmen (*dich verlassen*); *to die in one's* ~*s* **a)** in den Sielen sterben, **b)** e-s plötzlichen *od.* gewaltsamen Todes sterben; *to get the* ~ *sl.* ‚rausgeschmissen' (*entlassen*) werden; *too big for his* ~*s* ‚üppig', anmaßend, größenwahnsinnig; **2.** *Brit.* **a)** Kutschkasten *m* (*für Gepäck*), **b)** *mot.* Kofferraum *m;* **3.** ⊕ Schutzkappe *f,* -hülle *f;* **II.** *v/t.* **4.** *sl. j-m* e-n Fußtritt geben; **5.** *sl. fig. j-n* ‚rausschmeißen' (*entlassen*).

boot[2] [bu:t] *s. obs.* Vorteil *m,* Gewinn *m*: *to* ~ obendrein, noch dazu.

'**boot·black** *s. Am.* Schuhputzer *m.*

boot·ed ['bu:tid] *adj.* Stiefel tragend: *jack*~ hohe Stiefel tragend; ~ *and spurred* gestiefelt u. gespornt.

boot·ee ['bu:ti:] *s.* **1.** Damen-Halbstiefel *m;* **2.** gestrickter Babyschuh.

booth [bu:ð] *s.* **1.** (Bretter)Hütte *f,* (Markt)Bude *f;* (Messe)Stand *m;* **2.** (Fernsprech-, Wahl)Zelle *f;* **3.** *Film, Radio*: schalldichte Zelle; Vorführraum *m.*

'**boot|-jack** *s.* Stiefelknecht *m;* '~**-lace** *s. bsd. Brit.* Schnürsenkel *m,* -riemen *m.*

boot·leg ['bu:tleg] *v/t. u. v/i. Am. sl.* 'illegal herstellen, schwarz verkaufen, schmuggeln (*bsd. Spirituosen*); '**boot·leg·ger** [-gə] *s. Am. sl.* ('Alkohol)Schmuggler *m; weitS.* Schieber *m;* '**boot·leg·ging** [-giŋ] *s. Am. sl.* ('Alkohol)Schmuggel *m; weitS.* Schiebung *f.*

boot·less ['bu:tlis] *adj.* □ nutzlos, ohne Erfolg; '**boot·less·ly** [-li] *adv.* vergeblich.

'**boot|-lick** *v/t. u. v/i. sl.* (*j-m*) in den Hintern kriechen (*schmeicheln*); '~**-lick·er** *s. sl.* Speichellecker *m,* Arschkriecher *m;* '~**-mak·er** *s.* Schuhmacher *m.*

boots [bu:ts] *s. sg.* Hausdiener *m* (*im Hotel*).

'**boot|-strap** *s.* Stiefelstrippe *f,* -schlaufe *f;* ~ **top** *s.* Stiefelstulpe *f;* '~**-tree** *s.* Schuh-, Stiefelleisten *m.*

boot·y ['bu:ti] *s.* **1.** (Kriegs)Beute *f,* Raub *m;* **2.** *fig.* Ausbeute *f,* reicher Gewinn.

booze [bu:z] F **I.** *v/i.* **1.** ‚saufen', sich ‚vollaufen' lassen; **II.** *s.* **2.** 'Alkohol *m;* **3.** *Brit. a.* ~*-up* ‚Saufe'rei' *f,* Besäufnis *n*: *to have a* ~*(-up), to go on the* ~ → *1*; **boozed** [-zd] *adj.* F ‚blau', ‚voll', besoffen; '**booz·er** [-zə] *s.* **1.** F Säufer *m;* **2.** *Brit. sl.* Kneipe *f;* '**booz·y** [-zi] *adj.* F **1.** → *boozed*; **2.** versoffen.

bop [bɔp] → *bebop.*

bo·rac·ic [bə'ræsik] *adj.* ⚗ 'boraxhaltig, Bor...: ~ *acid* Borsäure.

bor·age ['bɔridʒ] *s.* ⚘ Boretsch *m,* Gurkenkraut *n.*

bo·rax ['bɔ:ræks] *s.* ⚗ 'Borax *m.*

Bor·deaux [bɔ:'dou] *s.* Bor'deaux (-wein) *m.*

bor·der ['bɔ:də] **I.** *s.* **1.** Rand *m,* Kante *f;* **2.** (*Landes- od. Gebiets-*) Grenze *f;* Grenzgebiet *n*: *the* ♀ Grenze *od.* Grenzgebiet zwischen England u. Schottland; *north of the* ♀ in Schottland; **3.** Um'randung *f,* Borte *f,* Einfassung *f,* Saum *m;* Zierleiste *f;* **4.** Randbeet *n,* Ra'batte *f;* **II.** *v/t.* **5.** einfassen, besetzen; **6.** begrenzen, (um)'säumen: *my lawn is* ~*ed by trees*; **7.** grenzen an (*acc.*): *my park* ~*s yours*; **III.** *v/i.* **8.** grenzen (*on* an *acc.*) (*a. fig.*); '**bor·dered** [-əd] *adj.* mit e-r Zierkante versehen; '**bor·der·er** [-ərə] *s.* **1.** Grenzbewohner *m;* **2.** ♀*s pl.* ⚔ 'Grenzregi,ment *n.*

'**bor·der|-land** *s.* Grenzgebiet *n* (*a. fig.*); '~**-line** **I.** *s.* 'Grenz,linie *f;* Grenze *f;* **II.** *adj.* auf *od.* an e-r Grenze: ~ *case* Grenzfall.

bor·dure ['bɔ:djuə] *s. her.* 'Schild-, 'Wappenum,randung *f.*

bore[1] [bɔ:] **I.** *v/t.* **1.** (durch)'bohren: *to* ~ *a plank* ein Brett durchbohren; *to* ~ *a well* e-n Brunnen bohren; *to* ~ *one's way fig.* sich (mühsam) e-n Weg bahnen; **II.** *v/i.* **2.** (*for*) bohren, Bohrungen machen (nach); ⚒ schürfen (nach); **3.** ⊕ *bei Holz*: (ins Volle) bohren; *bei Metall*: (aus-, auf)bohren; **4.** sich einbohren (*into* in *acc.*); **III.** *s.* **5.** ⚒ Bohrung *f,* Bohrloch *n;* **6.** ⚔, ⊕ Bohrung *f,* Seele *f,* Ka'liber *n* (*e-r Schußwaffe*).

bore[2] [bɔ:] **I.** *s.* **1.** *et.* Langweiliges *od.* Lästiges *od.* Stumpfsinniges: *what a* ~ wie langweilig; *the book is a* ~ *to read* das Buch ist ‚stinkfad'; **2.** langweiliger *od.* lästiger Mensch, (altes) Ekel; **II.** *v/t.* **3.** langweilen, belästigen, *j-m* lästig sein *od.* auf die Nerven gehen: *to be* ~*d* sich langweilen.

bore[3] [bɔ:] *s.* Springflut *f,* Flutwelle *f* (*in manchen Flußmündungen*).

bore[4] [bɔ:] *pret. von bear*[1].

bo·re·al ['bɔ:riəl] *adj.* nördlich, Nord...; **bo·re·a·lis** [bɔ:ri'eilis] → *aurora borealis*; **Bo·re·as** ['bɔriæs] **I.** *npr.* 'Boreas *m;* **II.** *s. poet.* Nordwind *m.*

bore·dom ['bɔ:dəm] *s.* Langeweile *f,* Gelangweiltsein *n;* Stumpfsinn *m.*

bor·er ['bɔ:rə] *s.* **1.** ⊕ Bohrer *m;* **2.** *zo.* Bohrer *m* (*Insekt*).

bo·ric ['bɔ:rik] *adj.* ⚗ Bor...: ~ *acid* Borsäure.

bor·ing ['bɔ:riŋ] *adj.* **1.** bohrend, Bohr...; **2.** langweilig.

born [bɔ:n] **I.** *p.p. von bear*[1]; **II.** *adj.* geboren: ~ *of* ... geboren von ..., Kind des *od.* der ...; *a* ~ *poet,* ~ *a poet* ein geborener Dichter, zum Dichter geboren; *a* ~ *fool* ein völliger Narr; *an Englishman ~ and bred* ein echter Engländer; *in all my ~ days* mein Lebtag.

borne [bɔːn] *p.p. von bear*[1] **1.** getragen *etc.*: *lorry-~* mit e-m Lastwagen befördert; **2.** geboren (*in Verbindung mit by und dem Namen der Mutter*): *Elizabeth I was ~ by Anne Boleyn.*

bo·ron ['bɔːrɔn] *s.* ⚗ Bor *n.*

bor·ough ['bʌrə] *s.* **1.** *Brit.* **a)** Stadt *f od.* im Parla'ment vertretener städtischer Wahlbezirk, **b)** Stadtgemeinde *f*; **2.** *the* ♀ Southwark (*Stadtteil von London*); **3.** *Am.* **a)** Stadt- *od.* Dorfgemeinde *f*, **b)** e-r der fünf Verwaltungsbezirke von Groß-New-York.

bor·row ['bɔrou] *v/t.* **1.** ausborgen, (ent)leihen (*from, of* von); **2.** *fig.* entlehnen: *~ed word* Lehnwort; **'bor·row·er** [-ouə] *s.* **1.** Entleiher (-in), Borger(in); **2.** ✝ Kre'ditnehmer(in); **'bor·row·ing** [-ouiŋ] *s.* (Aus)Borgen *n*; Anleihe *f*: *~ power* ✝ Kreditfähigkeit.

Bor·stal (**In·sti·tu·tion**) ['bɔːstl] *s. Brit.* 'Jugendreˌformgeˌfängnis *n*: *Borstal training* Strafvollzug in e-m Jugendreformgefängnis.

bosh [bɔʃ] *sl.* **I.** *s.* ‚Quatsch' *m*, Blödsinn *m*; **II.** *v/t. Brit.* ‚verkohlen', hänseln.

bosk·y ['bɔski] *adj.* bewaldet.

bos·om ['buzəm] *s.* **1.** Busen *m*, Brust *f*; **2.** *fig.* Busen *m*, Herz *n* (*Sitz der Gefühle etc.*): *~-friend* Busenfreund; *to keep* (*od. lock*) *in one's* (*own*) *~* in s-m Busen verschließen; *to take s.o. to one's ~* j-n ans Herz drücken; **3.** *fig.* Schoß *m*: *in the ~ of one's family* (*the Church*); **4.** Brustteil *m* (*Kleid etc.*); *bsd. Am.* Hemdbrust *f*; **5.** Tiefe *f*, *das* Innere: *in the ~ of the earth* im Erdinnern; **'bos·omed** [-md] *adj.* **1.** *in Zssgn* ...busig; **2.** *fig. ~ in* umgeben von.

boss[1] [bɔs] **I.** *s.* Beule *f*, Buckel *m*, Knauf *m*, Knopf *m*, erhabene Verzierung; ⊕ (*Rad-, Schiffsschrauben-*) Nabe *f*; **II.** *v/t.* mit Buckeln *etc.* verzieren, bosseln, treiben.

boss[2] [bɔs] F **I.** *s.* **1.** Chef *m*, Vorgesetzte(r) *m*; **2.** *fig.* ‚Macher' *m*, Tonangebende(r) *m*; **3.** *Am. pol.* (Par'tei)ˌBonze *m*; **II.** *v/t.* **4.** Herr sein über (*acc.*): *to ~ the show* der Chef vom Ganzen sein; **III.** *v/i.* **5.** den Chef *od.* Herrn spielen, kommandieren; **6.** *~ about* her'umdirigieren; **boss·y** ['bɔsi] *adj.* F **1.** herrisch, dikta'torisch; **2.** rechthaberisch.

bos·ton ['bɔstən] *s.* **1.** 'Boston *n* (*Kartenspiel*); **2.** Boston *m* (*Walzer*).

bo·sun ['bousn] → *boatswain.*

bo·tan·ic *adj.*; **bo·tan·i·cal** [bə'tænik(əl)] *adj.* □ bo'tanisch, Pflanzen ...

bot·a·nist ['bɔtənist] *s.* Bo'taniker *m*, Pflanzenkenner *m*; **'bot·a·nize** [-naiz] *v/i.* botanisieren; **'bot·a·ny** [-ni] *s.* Bo'tanik *f*, Pflanzenkunde *f*: ♀ *wool* Wollgarn.

botch [bɔtʃ] **I.** *s.* Flicken *m*, Flickwerk *n* (*a. fig.*); Pfuscharbeit *f*: *to make a ~ of s.th.* et. verpfuschen; **II.** *v/t.* zs.-flicken; verpfuschen; **III.** *v/i.* pfuschen, stümpern; **'botch·er** [-tʃə] *s.* **1.** Flickschneider *m*, -schuster *m* (*a. fig.*); **2.** Pfuscher *m*, Stümper *m.*

both [bouθ] **I.** *adj. u. pron.* beide, beides: *~ my sons* m-e beiden Söhne; *~ parents* beide Eltern; *~ of them* sie (*od.* alle) beide; *you can't have it ~ ways* du kannst nicht beides *od.* nur eins von beiden haben; **II.** *adv. od. cj.*: *~ ... and* sowohl ... als (auch): *~ boys and girls*; *~ good and cheap.*

both·er ['bɔðə] **I.** *s.* **1.** Last *f*, Plage *f*, Mühe *f*, Ärger *m*; **2.** Schere'rei *f*, Aufregung *f*, Getue *n*; **3.** Gegenstand *m* der Plage *od.* Aufregung: *this boy is a great ~* dieser Junge ist e-e große Plage; **II.** *v/t.* **4.** belästigen, quälen, stören, beunruhigen, ärgern: *don't ~ me!* laß mich in Frieden!; *to be ~ed about s.th.* **a)** über et. beunruhigt sein, **b)** sich um et. kümmern; *I can't be ~ed with it* ich kann mich nicht damit abgeben; *to ~ one's head about s.th.* sich über et. den Kopf zerbrechen; *~ (it)!* F zum Henker!, wie dumm!; **III.** *v/i.* **5.** (*about*) sich sorgen (um), sich aufregen (über *acc.*); **6.** sich Mühe geben: *don't ~!* bemüh dich nicht!; **7.** (*about*) sich kümmern (um), sich befassen (mit), sich Gedanken machen (wegen): *I shan't ~ about it*; **both·er·a·tion** [bɔðə'reiʃən] F **I.** *s.* Belästigung *f*; **II.** *int.* ‚Mist'!

bo·tree ['boutriː] *s. der* heilige Feigenbaum (*unter dem Buddha s-e Erleuchtung fand*).

bot·tle ['bɔtl] **I.** *s.* **1.** Flasche *f* (*a. Inhalt*): *stone ~* (Stein)Kruke; *wine in ~s* Flaschenwein; *to bring up on the ~ Säugling* mit der Flasche aufziehen; *to be fond of the ~* gern trinken (*Wein, Bier*); **II.** *v/t.* **2.** in Flaschen abfüllen; **3.** *bsd. Brit. Früchte etc.* in Gläsern einmachen; *~* **up** *v/t.* **1.** *fig. Gefühle etc.* verbergen, zu'rückhalten, unter'drükken: *bottled-up* aufgestaut; **2.** einschließen: *to ~ the enemy's fleet.*

bot·tle cap *s.* Flaschenkapsel *f.*

bot·tled ['bɔtld] *adj.* in Flaschen *od.* (Einmach)Gläser (ab)gefüllt: *~ beer* Flaschenbier.

'bot·tle|-fed child *s.* Flaschenkind *n*; **'~-feed·ing** *s.* Aufziehen *n e-s Säuglings* mit der Flasche; **'~-gas** *s.* Flaschengas *n*; *~* **gourd** *s.* ♀ Flaschenkürbis *m*; **'~-green** *adj.* flaschen-, dunkelgrün; **'~-hold·er** *s.* **1.** *Boxen*: Sekun'dant *m*; **2.** *fig.* Helfershelfer *m*; **'~-neck** *s.* **1.** verengte Fahrbahn; **2.** *fig.* Engpaß *m*, Schwierigkeit *f*, Klemme *f*: *~ in supplies* Versorgungsengpaß; **'~-nose** *s.* Säufernase *f*; **'~-nosed** *adj.* mit aufgedunsener Nase; **'~-par·ty** *s.* Gesellschaft *f*, zu der jeder Gast e-e Flasche Wein *etc.* mitbringt; *~* **post** *s.* ⚓ Flaschenpost *f.*

bot·tler ['bɔtlə] *s.* 'Abfüller(ˌfirma *f*) *m.*

'bot·tle-wash·er *s.* **1.** Flaschenreiniger *m*; **2.** *humor.* Fak'totum *n*, ‚Mädchen *n* für alles'.

bot·tom ['bɔtəm] **I.** *s.* **1.** *der* unterste Teil, 'Unterseite *f*, Boden *m* (*Gefäß etc.*), Fuß *m* (*Berg, Treppe, Seite etc.*), Sohle *f* (*Brunnen, Tal etc.*); **2.** Boden *m*, Grund *m* (*Gewässer*): *to go to the ~* versinken; *to send to the ~* versenken; *to touch ~* **a)** auf Grund geraten, **b)** *fig.* den Tiefpunkt erreichen; *the ~ has fallen out of the market* der Markt hat e-n Tiefstand erreicht; **3.** *fig.* Grund (-lage *f*) *m*: *to stand on one's own ~ fig.* auf eigenen Füßen stehen; *what is at the ~ of it?* was ist der Grund dafür?, was steckt dahinter?; *to knock the ~ out of s.th.* et. gründlich widerlegen; *to get to the ~ of s.th.* e-r Sache auf den Grund gehen *od.* kommen; **4.** *fig. das* Innere, Tiefe *f*: *from the ~ of my heart* aus tiefstem Herzen; *at ~* im Grunde; **5.** ⚓ Schiffsboden *m*; Schiff *n*: *~ up(wards)* kieloben; *shipped in British ~s* in brit. Schiffen verladen; **6.** (*Stuhl*)Sitz *m*; **7.** F *der* Hintern, ‚Po'po' *m*: *to smack the boy's ~* den Jungen ‚versohlen'; *smooth as a baby's ~* glatt wie ein Kinderpopo; **8.** (unteres) Ende (*Tisch, Klasse, Garten*); **II.** *adj.* **9.** unterst, letzt, äußerst: *~ shelf* unterstes (*Bücher*)Brett; *~ drawer* Hamsterkiste; *~ price* äußerster Preis; *~ line* letzte Zeile; **III.** *v/t.* **10.** mit e-m Boden *od.* Sitz versehen; **11.** ergründen; **'bot·tomed** [-md] *adj.*: *~ on* beruhend auf (*dat.*); *double-~* mit doppeltem Boden; *cane-~* mit Rohrsitz (*Stuhl*); **'bot·tom·less** [-lis] *adj.* bodenlos (*a. fig.*); unergründlich; unerschöpflich; **'bot·tom·ry** [-ri] *s.* ⚓ Bodme'rei(geld *n*) *f.*

bot·u·lism ['bɔtjulizəm] *s.* ⚕ Wurst-, Fleischvergiftung *f.*

bou·clé [buː'klei] (*Fr.*) *s.* Bou'clégarn *n*, -stoff *m.*

bou·doir ['buːdwɑː] (*Fr.*) *s.* Bou'doir *n.*

bouf·fant [bu'fɑ̃] (*Fr.*) *adj.* bauschig.

bou·gain·vil·l(a)e·a [buːgən'viliə] *s.* ♀ ‚Bougain'villea *f* (*ein Kletterstrauch*).

bough [bau] *s.* Ast *m*, Zweig *m.*

bought [bɔːt] *pret. u. p.p. von buy.*

boul·der ['bouldə] *s.* Fels-, Geröllblock *m*; *geol.* er'ratischer Block: *~ period* Eiszeit.

bou·le·vard ['buːlvɑː] *s.* Boule'vard *m*, Prachtstraße *f*, *Am. a.* Hauptverkehrsstraße *f.*

boult → *bolt*[2].

bounce [bauns] **I.** *v/i.* **1.** springen, hochschnellen: *the ball ~d over the wall* der Ball sprang über die Mauer; *he ~d out of his chair* er schnellte von s-m Stuhl in die Höhe; *to ~ about* herumhüpfen; **2.** stürzen, stürmen: *to ~ into a room*; **3.** auf-, anprallen: *to ~ against s.th.* gegen et. prallen; *to ~ off* abprallen; **4.** ✝ ‚platzen' (*Scheck*); **II.** *v/t.* **5.** *Ball* (auf)springen lassen; **6.** irreführen; *j-n* drängen *od.* verleiten (*into* zu); **7.** *Am. sl.* ‚Knall u. Fall' (*plötzlich*) entlassen; **III.** *s.* **8.** Sprungkraft *f*; **9.** Sprung *m*, Schwung *m*, Stoß *m*; **10.** Unverfrorenheit *f*; **11.** *Am.* F ‚Schwung' *m* (*Lebenskraft*); **12.** *Am. sl.* ‚Rausschmiß' *m* (*Entlassung*); **'bounc·er** [-sə] *s. sl.* **1.** Prahler *m*, Lügner *m*; **2.** freche

Lüge; **3.** ‚Mordskerl' *m*, ‚Prachtweib' *n*; **4.** *Am.* ‚Rausschmeißer' *m* (*in Nachtlokalen etc.*); **'bounc·ing** [-siŋ] *adj.* **1.** kräftig, stramm, drall; **2.** Mords...

bound[1] [baund] **I.** *pret. u. p.p. von bind*; **II.** *adj.* **1.** *to be* ~ *to do* zwangsläufig *et.* tun müssen; *he is* ~ *to tell me* er ist verpflichtet, es mir zu sagen; *he is* ~ *to be late* er muß ja zu spät kommen; *I'll be* ~ ich bürge dafür, ganz gewiß; **2.** *in Zssgn* festgehalten *od.* verhindert durch: *ice-*~; *storm*~.

bound[2] [baund] *adj.* (*for*) bestimmt, unter'wegs (nach): ~ *for London*; *homeward* (*outward*) ~ ⚓ auf der Heimreise (Ausreise) (befindlich); *where are you* ~ *for?* wohin reisen Sie?

bound[3] [baund] **I.** *s.* **1.** Grenze *f*, Schranke *f*, Bereich *m*: *beyond all* ~*s* über alle Maßen; *to keep within* ~*s* in vernünftigen Grenzen halten; *within the* ~*s of possibility* im Bereich des Möglichen; *out of* ~*s Brit.* Zutritt (für Militärpersonen) verboten; **II.** *v/t.* **2.** be-, abgrenzen, die Grenze von *et.* bilden; **3.** *fig.* beschränken, in Schranken halten.

bound[4] [baund] **I.** *v/i.* **1.** (hoch-)springen, hüpfen (*a. fig.*); **2.** lebhaft gehen, laufen; **3.** an-, abprallen; **II.** *s.* **4.** Sprung *m*, Satz *m*, Schwung *m*: *at a single* ~ mit 'einem Satz; *on the* ~ in der Luft (*Ball*).

bound·a·ry ['baundəri] *s.* **1.** Grenze *f*, 'Grenz,linie *f*; **2.** *Kricket*: Schlag *m* bis zur Spielfeldgrenze; **3.** *fig.* Grenze *f*, Bereich *m*; **4.** 𝔸, ⊕ Rand *m*.

bound·en ['baundən] *adj.*: *my* ~ *duty* m-e Pflicht u. Schuldigkeit.

bound·er ['baundə] *s. sl.* Flegel *m*, Schurke *m*.

bound·less ['baundlis] *adj.* □ grenzenlos, unbegrenzt; *fig.* 'übermäßig.

boun·te·ous ['bauntiəs] *adj.* □ **1.** freigebig, großzügig; **2.** (allzu) reichlich; **'boun·ti·ful** [-tiful] *adj.* □ → *bounteous*; **boun·ty** ['baunti] *s.* **1.** Freigebigkeit *f*; **2.** (milde) Gabe; Spende *f* (*bsd. e-s Herrschers*); **3.** ⚔ Handgeld *n*; **4.** ✝ (*bsd.* Ex'port),Prämie *f*, Zuschuß *m* (*on* auf, für); **5.** Belohnung *f*.

bou·quet ['bukei] *s.* **1.** Bu'kett *n*, (Blumen)Strauß *m*; **2.** A'roma *n*; Blume *f* (*Wein*); **3.** *bsd. Am.* Kompli'ment *n*.

Bour·bon ['buəbən] *s.* **1.** Reaktio'när *m* (*bsd. pol.*); **2.** ♀ ['bə:bən] 'Bourbon *m* (*amer. Whisky aus Mais*).

bour·don ['buədn] *s.* ♪ Bor'dun *m*: **a)** Brummbaß *m*, -ton *m*, **b)** *gedacktes Orgelregister*, **c)** Brummer *m* (*des Dudelsacks*).

bour·geois[1] ['buəʒwɑ:] **I.** *s.* Bour'geois *m* (*wohlhabender Bürger*); Spieß(bürg)er *m*; **II.** *adj.* bour'geois; spießbürgerlich.

bour·geois[2] [bə:'dʒɔis] *typ.* **I.** *s.* 'Borgis *f*; **II.** *adj.* in 'Borgis,lettern gedruckt.

bourn [buən] *s.* Bach *m*.

bourn(e) [buən] *s.* Grenze *f*, Ziel *n*; Gebiet *n*.

bourse [buəs] *s.* ✝ (ausländische) Börse.

bout [baut] *s.* **1.** Arbeitsgang *m*; *Fechten, Tanz*: Runde *f*: *drinking* ~ Zecherei; **2.** (Krankheits)Anfall *m*; **3.** Zeitspanne *f*; **4.** Kraftprobe *f*, Kampf *m* (*a. Boxen, Ringen*).

bo·vine ['bouvain] *adj.* **1.** *zo.* Rinder...; **2.** *fig.* (*a. geistig*) träge, schwerfällig, dumm.

bow[1] [bau] **I.** *s.* **1.** Verbeugung *f*, Verneigung *f*: *to make one's* ~ **a)** sich vorstellen, **b)** sich verabschieden; *to take a* ~ sich verbeugen, sich für den Beifall bedanken; **II.** *v/t.* **2.** beugen, neigen: *to* ~ *one's head* den Kopf neigen; *to* ~ *one's knee* (*to*) das Knie beugen (vor *dat.*); *to* ~ *one's neck fig.* den Nacken beugen; *to* ~ *one's thanks* sich dankend verneigen; ~*ed with grief* gramgebeugt; **3.** biegen: *the wind has* ~*ed the branches*; **III.** *v/i.* **4.** (*to*) sich verbeugen *od.* verneigen (vor *dat.*), grüßen (*acc.*): *a* ~*ing acquaintance* e-e bloße Grußbekanntschaft; *on* ~*ing terms* auf dem Grußfuße, flüchtig bekannt; *to* ~ *and scrape* Kratzfüße machen; **5.** *fig.* sich beugen *od.* unter'werfen (*to dat.*): *to* ~ *to the inevitable* sich in das Unvermeidliche fügen; ~ **down** *v/i.* (*to*) **1.** verehren, anbeten (*acc.*); **2.** sich unter'werfen (*dat.*); ~ **in** *v/t. j-n* unter Verbeugungen hin'eingeleiten; ~ **out I.** *v/t. j-n* hin'auskomplimentieren; **II.** *v/i.* sich verabschieden.

bow[2] [bou] **I.** *s.* **1.** (Schieß)Bogen *m*: *to have more than one string to one's* ~ *fig.* mehrere Eisen im Feuer haben; *to draw the long* ~ *fig.* aufschneiden, übertreiben; **2.** ♪ (*Violin- etc.*)Bogen *m*; **3.** 𝔸, ⊕ **a)** Bogen *m*, Kurve *f*, **b)** *pl.* 'Bogen,zirkel *m*; **4.** Bügel *m* (*der Brille*); **5.** Knoten *m*, Schleife *f*; **II.** *v/i.* **6.** ♪ den Bogen führen.

bow[3] [bau] *s.* ⚓ **1.** *a. pl.* Bug *m*; **2.** Bugmann *m* (*im Ruderboot*).

Bow| bells [bou] *s. pl.* Glocken *pl.* der Kirche *St. Mary le Bow* (*London*): *within the sound of* ~ in der Londoner City; ♀ **com·pass**(**·es**) *s. sg. od. pl.* 𝔸, ⊕ → *bow*[2] *3b*.

bowd·ler·ize ['baudləraiz] *v/t. Bücher* (von anstößigen Stellen) säubern.

bow·els ['bauəlz] *s. pl.* **1.** *anat.* Darm *m*, Gedärm *n*: *to have open* ~*s* regelmäßig Stuhlgang haben; **2.** *das* Innere, Mitte *f*: *the* ~ *of the earth* das Erdinnere.

bow·er[1] ['bauə] *s.* (Garten)Laube *f*, schattiges Plätzchen; *poet.* Wohnung *f*, Gemach *n*.

bow·er[2] ['bauə] *s.* ⚓ Buganker *m*.

'bow·er-bird *s. orn.* au'stralischer Laubenvogel.

bow·er·y ['bauəri] *s. hist. Am.* Farm *f*, Pflanzung *f*: *the* ♀ die Bowery (*Straße u. Gegend in New York City*).

'bow-head [bou] *s. zo.* Grönlandwal *m*.

'bow·ie-knife ['boui] *s.* [*irr.*] 'Bowiemesser *n* (*langes Jagdmesser*).

bow·ing ['bouiŋ] *s.* ♪ Bogenführung *f*.

bowl[1] [boul] *s.* **1.** Napf *m*, Schale *f*; Bowle *f* (*Gefäß*); **2.** Schüssel *f*, Becken *n*; **3.** *poet.* Gelage *n*; **4. a)** (Pfeifen)Kopf *m*, **b)** Höhlung *f* (*Löffel etc.*); **5.** *Am.* 'Stadion *n*.

bowl[2] [boul] **I.** *s.* **1.** (*hölzerne*) Kugel (*zum Bowls-Spiel*); **II.** *v/t.* **2.** *Kugel, Ball* rollen, werfen (*a. Kricket*); *Reifen* schlagen, treiben; **III.** *v/i.* **3.** Bowls spielen; **4.** *mst* ~ *along* (da'hin)rollen, ‚(da'hin)gondeln' (*Wagen*); **5.** *Kricket*: den Ball werfen; ~ **out** *v/t. Kricket*: *den Schläger* durch Treffen des Dreistabes ‚ausmachen'; *fig. j-n* schlagen, besiegen; ~ **o·ver** *v/t.* 'umwerfen, -schmeißen (*a. fig. außer Fassung bringen*).

'bow-legged ['bou-] *adj.* säbel-, O-beinig; **'bow-legs** *s. pl.* Säbel-, O-Beine *pl.*

bowl·er ['boulə] *s.* **1.** Bowls-Spieler *m*; **2.** *Kricket*: Ballmann *m*, Werfer *m*; **3.** *a.* ~ *hat Brit.* ‚Me'lone' *f* (*steifer Filzhut*).

bow·line ['boulin] *s.* ⚓ Bu'lin *f*.

bowl·ing ['bouliŋ] *s.* **1.** Bowling (-spiel) *n*; **2.** *Am.* Kegeln *n*; **3.** *Kricket*: Werfen *n* des Balles; **'~-al·ley** *s.* Bowlingbahn *f*; **'~-green** *s.* Rasenplatz *m* zum Bowls-Spiel.

bowls [boulz] *s. pl. sg. konstr.* Bowls (-Spiel) *n*; *Am. a.* Kegeln *n*.

bow|·man ['boumən] *s.* [*irr.*] Bogenschütze *m*; **'~·shot** *s.* Bogenschußweite *f*; **'~·sprit** *s.* ⚓ Bugspriet *m*; **'♀-street** *npr. Straße in London mit dem Polizeigericht*; **'~-string I.** *s.* **1.** Bogensehne *f*; **2.** *Türkei*: Schnur *f* zum Erdrosseln; **II.** *v/t.* **3.** erdrosseln; ~ **tie** *s.* Schleife *f*, Querbinder *m*; ~ **win·dow** *s.* △ Erkerfenster *n*.

bow-wow I. *int.* ['bau'wau] wau'wau!; **II.** *s.* ['bauwau] *Kindersprache*: Wau'wau *m* (*Hund*).

box[1] [bɔks] **I.** *s.* **1.** Kasten *m*, Kiste *f*; *Brit. a.* Koffer *m*; **2.** Büchse *f*, Schachtel *f*, Etu'i *n*, Dose *f*, Kästchen *n*; **3.** Behälter *m*, Kas'sette *f*, Hülse *f*, Gehäuse *n*, Kapsel *f*; **4.** Häus-chen *n*; Ab'teil *n*, Ab'teilung *f*, Loge *f* (*Theater etc.*); ⚖ Zeugenstand *m*, (Geschworenen-) Bank *f*; **5.** Box *f*, Stand *m* (*für größere Tiere*); **6.** Fach *n* (*a. für Briefe etc.*); Ru'brik *f*, Feld *n*, Um'randung *f*; **7.** Kutschbock *m*; **8.** *Am.* Wagenkasten *m*; **9.** *Baseball*: Standplatz *m* (*e-s Spielers, bsd. des Schlägers*); **II.** *v/t.* **10.** in Schachteln, Kasten *etc.* legen, packen, einschließen; **11.** *to* ~ *the compass* **a)** ⚓ alle Kompaßpunkte aufzählen, **b)** *fig.* alle Gesichtspunkte vorbringen u. schließlich zum Ausgangspunkt zurückkehren, e-e völlige Wendung machen; ~ **in** *v/t.* → *box 10*; ~ **up** *v/t.* einschließen, einpferchen.

box[2] [bɔks] **I.** *s.* Schlag *m* mit der Hand: ~ *on the ear* Ohrfeige, Backpfeife; **II.** *v/t.*: *to* ~ *s.o.'s ears* j-n ohrfeigen; **III.** *v/i.* (sich) boxen.

box[3] [bɔks] *s.* ♀ *a. boxwood* Buchsbaum(holz *n*) *m*.

box| bar·rage *s.* ⚔ Abriegelungsfeuer *n*; **'~·calf** *s.* 'Boxkalf *n* (*Leder*); ~ **cam·er·a** *s. phot.* 'Box(,kamera) *f*; **'~·car** *s.* 🚂 *Am.* geschlossener Güterwagen; **'~-drain** *s.* bedeckter (*vierkantiger*) 'Abzugska,nal.

boxed [bɔkst] *adj.* ge-, verpackt.

box·er ['bɔksə] *s.* **1.** *sport* Boxer *m*; **2.** *zo.* Boxer *m* (*Hunderasse*); **3.** ♀ Boxer *m* (*Anhänger e-s chinesischen Geheimbundes um 1900*).

box·ing ['bɔksiŋ] *s. sport* Boxen *n*; ♀ **Day** *s. Brit.* der zweite Weihnachtsfeiertag; '~**-gloves** *s. pl. sport* Boxhandschuhe *pl.*; ~ **match** *s. sport* Boxkampf *m.*

'**box|-i·ron** *s.* Bolzen(bügel)eisen *n*; ~ **junc·tion** *s. Brit. markierte Kreuzung, in die bei stehendem Verkehr nicht eingefahren werden darf*; '~**-keep·er** *s. thea.* 'Logenschließer (-in); '~**-num·ber** *s.* 'Chiffre(nummer) *f* (*in Zeitungsanzeigen*); '~**-of·fice** *s.* (The'ater- *etc.*)Kasse *f*; *fig. a.* ~ *success* Kassenschlager *m*: ~ *life* Laufzeit; '~**-pleat** *s.* Kellerfalte *f* (*an Kleidern*); '~**-room** *s.* Koffer-, Rumpelkammer *f*; '~**-wag·(g)on** *s.* 🚂 *Brit.* geschlossener Güterwagen; '~**-wal·lah** *s. Brit.-Ind.* **1.** F indischer Hausierer; **2.** *sl. contp.* Handlungsreisende(r) *m*; '~**-wood** → *box*[3].

boy [bɔi] *s.* **1.** Knabe *m*, Junge *m*, Bube *m*, Bursche *m*, ‚Mann' *m*: *the* (*od. our*) ~*s* unsere Jung(en)s (*z. B. Soldaten*); *old* ~ a) ‚alter Knabe', b) → *old 4*; *funny old* ~ komischer alter Kauz; *a* ~ *child* ein Kind männlichen Geschlechts, ein Junge; ~*-friend* Freund (*e-s Mädchens*), Bekannte(r); ~ *singer* Sängerknabe; **2.** Laufbursche *m*; **3.** eingeborene(r) Bediente(r).

boy·cott ['bɔikət] **I.** *v/t.* boykottieren, kaltstellen; **II.** *s.* Boy'kott *m.*

boy·hood ['bɔihud] *s.* Knabenalter *n.*

boy·ish ['bɔiiʃ] *adj.* □ knaben-, jungenhaft, Knaben...; *fig.* kindisch, läppisch.

boy scout *s.* Pfadfinder *m.*

B pow·er sup·ply *s.* ⚡ Ener'gieversorgung *f* des An'odenkreises.

bra [brɑ:] *s.* F B'H *m.*

brace [breis] **I.** *s.* **1.** ⊕ Stütze *f*, Strebe *f*, (*a.* ⚕ Zahn)Klammer *f*, Anker *m*, Versteifung *f*; (Trag-)Band *n*, Gurt *m*; **2.** ⊕ Griff *m* der Bohrkurbel: ~ *and bit* Bohrkurbel; **3.** ⚠, ♪, *typ.* Klammer *f*; **4.** ⚓ Brasse *f*; **5.** (*a pair of*) ~*s pl. Brit.* Hosenträger *m od. pl.*; **6.** (*pl. brace*) ein Paar, zwei (*bsd. Hunde, Kleinwild, Pistolen*; *contp. Personen*); **II.** *v/t.* **7.** ⊕ versteifen, -streben, stützen, verankern, befestigen; **8.** ⊕, ♪, *typ.* klammern; **9.** ⚓ brassen; **10.** *fig.* stärken, erfrischen; *Kräfte* anspannen; **11.** ~ *o.s., a.* ~ *o.s. up* sich aufraffen, -schwingen; *to* ~ *o.s. for* s-e Kräfte zs.-nehmen für.

brace·let ['breislit] *s.* **1.** Armband *n*, -reif *m*, -spange *f*; **2.** *pl. humor.* Handschellen *pl.*

bra·chi·al ['breikjəl] *adj.* Arm...; '**bra·chi·ate** [-kieit] *adj.* ⚘ paarweise gegenständig.

brach·y·ce·phal·ic [brækike'fælik] *adj.* kurzköpfig.

brac·ing ['breisiŋ] *adj.* stärkend, kräftigend, erfrischend (*bsd. Klima*).

brack·en ['brækən] *s.* ⚘ **1.** Farnkraut *n*; **2.** farnbewachsene Gegend.

brack·et ['brækit] **I.** *s.* **1.** ⊕ Träger *m*, Halter *m*; **2.** Kon'sole *f*, Krag-, Tragstein *m*, Stützbalken *m*, Winkelstütze *f*; **3.** Wandarm *m*; **4.** ⚔ Gabel *f* (*Einschießen*); **5.** ⚠, *typ.* (*Am. mst* eckige) Klammer: *in* ~*s*; *square* ~*s* eckige Klammern; **6.** Gruppe *f*, Klasse *f*: *lower income* ~ niedrige Einkommensstufe; **II.** *v/t.* **7.** einklammern; **8.** *a.* ~ *together* in dieselbe Gruppe einordnen; auf gleiche Stufe stellen; **9.** ⚔ eingabeln.

brack·ish ['brækiʃ] *adj.* brackig, leicht salzig.

bract [brækt] *s.* ⚘ Trag-, Deckblatt *n* (*e-r Blüte*).

brad [bræd] *s.* ⊕ Nagel *m* ohne Kopf; (Schuh)Zwecke *f.*

Brad·shaw ['brædʃɔ:] *s. Brit.* (Eisenbahn)Kursbuch *n* (*1839-1961*).

brae [brei] *s. Scot.* Abhang *m*, Böschung *f.*

brag [bræg] **I.** *s.* **1.** Prahle'rei *f*, 'übermäßiger Stolz; **2.** Prahler *m*; **II.** *v/i.* **3.** (*about, of*) prahlen (mit), sich rühmen (*gen.*).

brag·ga·do·ci·o [brægə'doutʃiou] *s.* Prahle'rei *f*, Aufschneide'rei *f.*

brag·gart ['brægət] **I.** *s.* Prahler *m*, Aufschneider *m*; **II.** *adj.* prahlerisch.

brah·ma ['brɑ:mə] → *brahmapootra.*

Brah·man ['brɑ:mən] *s.* Brah'mane *m.*

brah·ma·poo·tra [brɑ:mə'pu:trə] *s. orn.* Brahma'putra-Huhn *n.*

Brah·min ['brɑ:min] *s.* **1.** → *Brahman*; **2.** gebildete, kultivierte Per'son; **3.** *Am. iro.* dünkelhafte(r) Intellektu'elle(r); **Brah·mi·nee** [brɑ:mi'ni:] *s.* Brah'manin *f*; '**Brah·mi·nee** [-ni:] *adj.* brah'manisch: ~ *bull* heiliges Zebu.

braid [breid] **I.** *v/t.* **1.** *bsd. Haar, Bänder* flechten; **2.** mit Litze, Band, Borte besetzen, schmücken; **3.** ⊕ um'spinnen; **II.** *s.* **4.** (*Haar-*) Flechte *f*; **5.** Borte *f*, Litze *f*, Tresse *f* (*bsd.* ⚔): *gold* ~ goldene Tresse(n); '**braid·ed** [-did] *adj.* geflochten; mit Litze *etc.* besetzt; um'sponnen; '**braid·ing** [-diŋ] *s.* Litzen *pl.*, Borten *pl.*, Tressen *pl.*, Besatz *m.*

brail [breil] *s.* ⚓ Geitau *n.*

braille [breil] *s.* Blindenschrift *f.*

brain [brein] *s.* **1.** Gehirn *n*; → *blow out 5*; **2.** *fig.* (*oft pl.*) ‚Köpfchen' *n*, Verstand *m*, Geist *m*, Kopf *m*: *a clear* ~ ein klarer Kopf; *who is the* ~ *behind it?* wessen Idee ist das?; *to have* ~*s* intelligent sein, ‚Köpfchen' haben; *to have od. get s.th. on the* ~ et. dauernd im Kopf haben; *to cudgel* (*od. rack*) *one's* ~*s* sich den Kopf zerbrechen, sich das Hirn zermartern; *to pick s.o.'s* ~*s* a) geistigen Diebstahl an j-m begehen, b) ‚j-m die Würmer aus der Nase ziehen'; *to turn s.o.'s* ~ j-m den Kopf verdrehen; ~ **child** *s.* 'Geistespro₁dukt *n* (*Idee, Kunstwerk etc.*); ~ **drain** *s.* Abwanderung *f* von Wissenschaftlern.

brained [breind] *adj., nur in Zssgn* ...köpfig, mit e-m ... Gehirn: *feeble-*~ schwachköpfig.

'**brain|-fag** *s.* geistige Erschöpfung; '~**-fe·ver** *s.* ⚕ Gehirnentzündung *f.*

brain·less ['breinlis] *adj.* hirnlos, dumm.

'**brain|-pan** *s. anat.* Hirnschale *f*, Schädeldecke *f*; '~**-storm** *s.* **1.** geistige Verwirrung; **2.** verrückter Einfall; **3.** *Am.* F Geistesblitz *m.*

Brains Trust [breinz] *s.* **1.** *Brit.* Brain Trust *m* (*Fachleute, die im brit. Rundfunk Hörerfragen beantworten*); **2.** → *brain trust.*

brain| trust *s. Am.* F po'litische *od.* wirtschaftliche Beratergruppe; ~ **trust·er** *s. Am.* F Mitglied *n* e-s *brain trust*; ~ **twist·er** *s. Am.* ‚(harte) Nuß', schwierige Aufgabe; '~**-wash** *v/t. pol.* j-n e-r Gehirnwäsche unterziehen; '~**-wash·ing** *s. pol.* Gehirnwäsche *f*; ~ **wave** *s.* F Geistesblitz *m*, guter Einfall; '~**-work·er** *s.* Kopf-, Geistesarbeiter *m.*

brain·y ['breini] *adj.* geistreich, gescheit.

braise [breiz] *v/t. Küche*: schmoren: ~*d beef* Schmorbraten.

brake[1] [breik] **I.** *s.* ⊕ Bremse *f*, Hemmschuh *m* (*a. fig.*): *to put on* (*od. apply*) *the* ~ a) bremsen, b) *fig. e-r Sache* Einhalt gebieten; **II.** *v/t.* bremsen.

brake[2] [breik] ⊕ **I.** *s.* (*Flachs- etc.*) Breche *f*; **II.** *v/t. Flachs etc.* brechen.

brake[3] → *break 10.*

brake| block → *brake-shoe*; ~ **horse-pow·er** *s.* ⊕ (*abbr.* B.H.P.) Bremsleistung *f*; '~**-man** *Am.* → *brakesman*; ~ **par·a·chute** *s.* ✈ Bremsfallschirm *m*; '~**-shoe** *s.* ⊕ Bremsbacke *f*, -klotz *m.*

brakes·man ['breiksmən] *s.* [*irr.*] 🚂 *Brit.* Bremser *m.*

'**brake-van** *s.* 🚂 *Brit.* 'Bremswagen *m*, -ab₁teil *n.*

brak·ing dis·tance ['breikiŋ] *s. mot.* Bremsweg *m.*

bram·ble ['bræmbl] *s.* **1.** ⚘ Brombeerstrauch *m*: ~ *jelly* Brombeergelee; **2.** Dornenstrauch *m*, -gestrüpp *n*; ~ **rose** *s.* ⚘ Hundsrose *f.*

bram·bly ['bræmbli] *adj.* dornig.

bran [bræn] *s.* Kleie *f.*

branch [brɑ:ntʃ] **I.** *s.* **1.** ⚘ Zweig *m*; **2.** *fig.* Zweig *m*, Abzweigung *f*; Teil *m*, Ab'teilung *f*; Ortsgruppe *f*; **3.** Zweig *m*, 'Linie *f* (*Familie*); **4.** (Berufs)Zweig *m*, Gebiet *n*, Fach *n*, ✝ *a.* Branche *f*; **5.** ⚔ (Truppen)Gattung *f*; **6.** ✝ (Be'triebs-) Ab₁teilung *f*; Zweiggeschäft *n*, -stelle *f*, Fili'ale *f*, Niederlassung *f*; **7.** 🚂 Zweigbahn *f*; 'Neben₁linie *f*; **8.** *geogr.* a) Arm *m* (*Gewässer*), b) Ausläufer *m* (*Gebirge*), c) *Am.* Nebenfluß *m*, Flüßchen *n*; **II.** *adj.* **9.** Zweig..., Tochter..., Filial..., Neben...; **III.** *v/i.* **10.** Zweige treiben; **11.** *oft* ~ *off* (*od. out*) sich verzweigen, sich ausbreiten; abzweigen: *here the road* ~*es* hier gabelt sich die Straße; ~ **out** *v/i.* s-e Unter'nehmungen ausdehnen, sich vergrößern; → *branch 11.*

bran·chi·a ['bræŋkiə] *pl.* **-chi·ae** [-kii:] *s. zo.* Kieme *f*; '**bran·chi·ate** [-kieit] *adj. zo.* kiementragend.

branch| line *s.* **1.** 🚂 'Zweig-, 'Neben₁linie *f*; **2.** 'Seiten₁linie *f* (*Familie*); ~ **man·ag·er** *s.* Fili'al-, Zweigstellenleiter *m*; ~ **of·fice** *s.* Fili'ale *f*; ~ **post of·fice** *s.* Zweigpostamt *n.*

brand [brænd] **I.** *s.* **1.** Feuerbrand *m*; *fig.* Fackel *f*; **2.** Brandmal *n* (*auf Tieren, Waren etc.*); **3.** *fig.* Schandmal *n*, -fleck *m*: *~ of Cain* Kainszeichen, Blutschuld; **4.** Brand-, Brenneisen *n*; **5. a)** † (Fa'brik-, Schutz)Marke *f*, Markenbezeichnung *f*, Sorte *f*, Klasse *f*: *best ~ of tea* beste Sorte Tee, **b)** *fig.* ‚Sorte' *f*, Art *f*: *his ~ of humour*; **6.** ⚘ Brand *m* (*Getreidekrankheit*); **II.** *v/t.* **7.** mit e-m Brandmal *od.* -zeichen *od.* † mit e-r Schutzmarke *etc.* versehen: *~ed goods* Markenartikel; **8.** *fig.* brandmarken; **9.** einprägen (*on dat.*).

bran·died ['brændid] *adj.* **1.** mit Weinbrand versetzt; **2.** in Weinbrand eingemacht.

brand·ing i·ron ['brændiŋ] → *brand 4.*

bran·dish ['brændiʃ] *v/t.* (*bsd.* drohend) schwingen.

brand·ling ['brændliŋ] *s. ichth.* Lachs *m* im ersten Jahr.

brand-new ['brænd'nju:] *adj.* (funkel)nagelneu.

bran·dy ['brændi] *s.* Weinbrand *m*, Kognak *m*; '**~-ball** *s. Brit.* Weinbrandbohne *f*; '**~-snap** *s.* kleiner Pfefferkuchen.

brank-ur·sine ['bræŋk'ə:sain] *s.* ⚘ Stachelbärenklau *f*, *m*.

bran-new ['bræn'nju:] → *brand-new.*

brant [brænt] *s. orn. e-e* Wildgans *f*.

brash [bræʃ] **I.** *s.* **1.** → *stone-brash*; **II.** *adj. Am.* **2.** brüchig, bröckelig; **3.** F keck, frech.

brass [brɑ:s] **I.** *s.* **1.** Messing *n*; **2.** *Brit.* ziselierte Gedenktafel (*aus Messing od. Bronze, bsd. in Kirchen*); **3.** Messingzierat *m*; **4.** ♪ *the ~* die 'Blechinstru‚mente *pl.* (*e-s Orchesters*), Blechbläser *pl.*; **5.** *Am. sl. coll.* hohe Offi'ziere *pl.*: *top ~* die höchsten Offiziere; **6.** *Brit. sl.* ‚Moos' *n*, ‚Kies' *m* (*Geld*); **7.** F Unverschämtheit *f*, Frechheit *f*; → *bold 2*; **II.** *adj.* **8.** Messing...; **III.** *v/t.* **9.** mit Messing über'ziehen.

bras·sard ['bræsɑ:d] *s.* Armbinde *f* (*als Abzeichen*).

brass band *s.* ♪ 'Blaska‚pelle *f*; 'Blechmu‚sik *f*; Mili'tärka‚pelle *f*.

bras·se·rie [brɑ:sə'ri] (*Fr.*) *s.* 'Bierstube *f*, -lo‚kal *n*; Restau'rant *n*.

brass| far·thing *s.* F ‚roter Heller': *I don't care a ~* das kümmert mich e-n Dreck; **~ hat** *s.* ⚔ *sl.* ‚hohes Tier', hoher Offi'zier.

bras·sière ['bræsiɛə] (*Fr.*) *s.* Büstenhalter *m*.

brass| knuck·les *s. pl. Am.* Schlagring *m*; **~ plate** *s.* Messingschild *n* (*mit Namen*), Türschild *n*; **~ tacks** *s. pl. sl.* Hauptsache *f*: *to get down to ~* zur Sache kommen; '**~·ware** *s.* Messinggeschirr *n*, -gegenstände *pl.*; **~ winds** *bsd. Am.* → *brass 4.*

brass·y ['brɑ:si] *adj.* □ **1.** messingartig, -farbig; **2.** blechern (*Klang*); **3.** *fig.* unverschämt, frech.

brat [bræt] *s.* Balg *m*, *n*, Range *f* (*contp. für Kind*).

bra·va·do [brə'vɑ:dou] *s.* gespielte Tapferkeit, her'ausforderndes Benehmen.

brave [breiv] **I.** *adj.* □ **1.** tapfer, mutig, unerschrocken: *as ~ as a lion* mutig wie ein Löwe; **2.** *obs.* stattlich, ansehnlich; **II.** *s.* **3.** *poet.* Tapfere(r) *m*: *the ~ coll.* die Tapferen; **III.** *v/t.* **4.** mutig begegnen, trotzen, die Stirn bieten (*dat.*): *to ~ death*; *to ~ it out* sich herausfordernd *od.* trotzig benehmen; **5.** her'ausfordern; '**brav·er·y** [-vəri] *s.* **1.** Tapferkeit *f*, Mut *m*; **2.** Pracht *f*, Putz *m*, Staat *m*.

bra·vo ['brɑ:'vou] **I.** *int.* 'bravo!; **II.** *pl.* **-vos** *s.* 'Bravo(ruf *m*) *n*.

bra·vu·ra [brə'vuərə] *s.* ♪ *od. fig.* Bra'vour(stück *n*) *f*; Meisterschaft *f*.

brawl [brɔ:l] **I.** *s.* **1.** Gezänk *n*, Kra'keel *m*; Lärm *m*, Ruhestörung *f*; **2.** Raufe'rei *f*, Kra'wall *m*; **II.** *v/i.* **3.** kra'keelen, zanken, keifen, lärmen; **4.** rauschen (*Fluß*); '**brawl·er** [-lə] *s.* Zänker(in), Kra'keeler (-in); '**brawl·ing** [-liŋ] *s.* **1.** Gezänk *n*, Lärm *m*; **2.** ⚖ *Brit.* Ruhestörung *f bsd. in Kirchen.*

brawn [brɔ:n] *s.* **1.** Muskeln *pl.*; **2.** *fig.* Muskelkraft *f*, Stärke *f*; **3.** Preßkopf *m*, (Schweine)Sülze *f*; '**brawn·y** [-ni] *adj.* musku'lös; *fig.* kräftig, stämmig.

bray[1] [brei] **I.** *s.* **1.** Eselsschrei *m*; **2.** Schmettern *n* (*Trompete*); gellender *od.* 'durchdringender Ton; **II.** *v/i.* **3.** schreien (*bsd. Esel*); **4.** schmettern; kreischen, gellen.

bray[2] [brei] *v/t.* zerstoßen, -reiben, -stampfen (*im Mörser*).

braze [breiz] *v/t.* ⊕ (hart)löten.

bra·zen ['breizn] **I.** *adj.* □ **1.** ehern, bronzen, Messing...; **2.** *fig.* me'tallisch, grell (*Ton*); **3.** *fig.* unverschämt, schamlos; **II.** *v/t.* **4.** *to ~ it out* die Sache ‚frech wie Oskar' durchstehen; '**~-faced** *adj.* unverschämt, frech.

bra·zen·ness ['breiznnis] *s.* Unverschämtheit *f*.

bra·zier ['breizjə] *s.* **1.** Kupferschmied *m*, Gelbgießer *m*; **2.** große Kohlenpfanne.

Bra·zil [brə'zil] → *Brazil-wood*; **Bra'zil·ian** [-ljən] **I.** *adj.* brasili'anisch; **II.** *s.* Brasili'aner(in).

Bra'zil|-'nut *s.* ⚘ 'Paranuß *f*; **~-'wood** *s.* † Bra'sil-, Rotholz *n*.

breach [bri:tʃ] **I.** *s.* **1.** *fig.* Bruch *m*, Über'tretung *f*, Verletzung *f*, Verstoß *m*: *~ of contract* Vertragsbruch; *~ of duty* Pflichtverletzung; *~ of faith* Vertrauensbruch, Verrat; *~ of the law* Übertretung des Gesetzes; *~ of the peace* öffentliche Ruhestörung, Aufruhr, *oft* grober Unfug; *~ of promise* ⚖ Bruch des Eheversprechens; **2.** *fig.* Bruch *m*, Riß *m*, Zwist *m*; **3.** ⚔ *u. fig.* Bresche *f*, Lücke *f*: *to stand in* (*od. to step into*) *the ~* in die Bresche springen, (aus-) helfen; **4.** ⚓ Einbruch *m* der Wellen; **5.** ⊕ 'Durchbruch *m*; **II.** *v/t.* **6.** ⚔ e-e Bresche schlagen in (*acc.*), durch'brechen; **7.** *Vertrag etc.* brechen.

bread [bred] **I.** *s.* **1.** Brot *n*; **2.** *fig.*, *a. daily ~* (tägliches) Brot, 'Lebens‚unterhalt *m*: *to earn one's ~* sein Brot verdienen; *~ and butter* **a)** Butterbrot, **b)** Lebensunterhalt; *to quarrel with one's ~ and butter* **a)** mit s-m Los unzufrieden sein, **b)** sich ins eigene Fleisch schneiden; *~ buttered both sides* großes Glück, Wohlstand; *to know which side one's ~ is buttered* s-n Vorteil (er)kennen; *to take the ~ out of s.o.'s mouth* j-m sein Brot nehmen; *~ and water* Wasser u. Brot; *~ and wine eccl.* Abendmahl; **3.** *sl.* Zaster *m*, ‚Kohlen' *pl.* (*Geld*); **II.** *v/t.* **4.** *Am. Küche*: panieren.

'**bread|-and-'but·ter** *adj.* F **1.** jugendlich, unreif; **2.** materia'listisch, pro'saisch (gesinnt): *~-minded* nur aufs Geldverdienen bedacht; *~ letter* Dankbrief für erwiesene Gastfreundschaft; '**~-bas·ket** *s.* **1.** Brotkorb *m*; **2.** *sl.* Magen *m*; '**~-bin** *s.* Brotkasten *m*; '**~-board** *s. Brit.* Brotschneidebrett *n*; '**~-crumb** **I.** *s.* **1.** Brotkrume *f*; **2.** *das* Weiche des Brotes (*ohne Rinde*); **II.** *v/t.* **3.** *Küche*: panieren; '**~-fruit** *s.* ⚘ **1.** Brotfrucht *f*; **2.** → *bread-tree*; '**~-grains** → *bread-stuffs*; '**~-line** *s.* Schlange *f* von Bedürftigen (*an die Nahrungsmittel verteilt werden*); **~ sauce** *s.* Brottunke *f*; '**~-stuffs** *s. pl.* Brotgetreide *n*.

breadth [bredθ] *s.* **1.** Breite *f*, Weite *f*; **2.** ⊕ Bahn *f*, Breite *f* (*Stoff*); **3.** *fig.* Ausdehnung *f*, Größe *f*; **4.** *fig.* Großzügigkeit *f*.

'**bread|-tree** *s.* ⚘ Brotfruchtbaum *m*; '**~-win·ner** *s.* Ernährer *m*, Geldverdiener *m* (*e-r Familie*).

break [breik] **I.** *s.* **1.** (Ab-, Zer-, 'Durch)Brechen *n*, Bruch *m* (*a. fig.*), Abbruch *m* (*a. fig.*), Bruchstelle *f*: *~ in the voice* Umschlagen der Stimme; *~ of day* Tagesanbruch; **2.** Lücke *f* (*a. fig.*), Zwischenraum *m*; Lichtung *f*; **3.** Pause *f*, 'Ferien *pl.*; Unter'brechung *f* (*a.* ⚔), Aufhören *n*: *without a ~* ununterbrochen; *tea ~* Teepause; **4.** Wechsel *m*, Abwechslung *f*; 'Umschwung *m*; Sturz *m* (*Wetter, Preis*); **5.** *typ.* Absatz *m*; **6.** *Billard*: 'Serie *f*; **7.** *Kricket*: Abweichen *n* des Balles von s-r Richtung; **8.** *Am. sl.* 'Chance *f*, Gelegenheit *f*: *bad ~* ‚Pech'; *to give s.o. a ~* j-m e-e Chance geben; **9.** *Am. sl.* Schnitzer *m*, Faux'pas *m*: *a bad ~*; **10. a)** Kremser *m*, **b)** Wagen *m* zum Einfahren von Pferden; **11.** ⊕ → *brake*[1]; **II.** *v/t.* [*irr.*] **12. a)** brechen (*a. fig.*), auf-, 'durch-, zerbrechen, ent'zweibrechen: *to ~ one's arm* (sich) den Arm brechen; *to ~ the heart* das Herz brechen; *to ~ gaol* aus dem Gefängnis ausbrechen; *to ~ a seal* ein Siegel erbrechen; *to ~ s.o.'s resistance* j-s Widerstand brechen, **b)** *Geldschein* kleinmachen, wechseln; **13.** zerreißen, -schlagen, -trümmern, ka'puttmachen: *I have broken my watch* m-e Uhr ist kaputt; **14.** unter'brechen (*a.* ϟ), aufheben, -geben: *to ~ a journey* e-e Reise unterbrechen; *to ~ the circuit* ϟ den Stromkreis unterbrechen; *to ~ silence* das Schweigen brechen; *to ~ a custom* e-e Gewohnheit aufgeben; **15.** *Vorrat etc.* anbrechen; **16.** *fig.* brechen, verletzen, verstoßen gegen, nicht (ein)halten: *to ~ a contract* e-n Vertrag brechen; *to ~ the law* das Gesetz übertreten; → *peace 2*; **17.** *fig.* zu'grunde richten, ruinieren, vernichten: *to ~ the bank* die Bank sprengen; **18.** vermindern, abschwächen; **19.** *Tier* zähmen, abrichten; gewöhnen (*to* an *acc.*): *to ~ a horse to harness* ein Pferd einfahren *od.* zureiten; **20.** *Nachricht* eröffnen: *~ that news gently to her* bring ihr diese (*schlechte*) Nachricht schonend bei; **21.** ⚒ pflügen, urbar machen; → *ground¹ 1*; **22.** *Flagge* aufziehen; **III.** *v/i.* [*irr.*] **23.** brechen, zerbrechen, -springen, -reißen, platzen, ent'zwei-, ka'puttgehen: *glass ~s easily* Glas bricht leicht; *the rope broke* das Seil zerriß; **24.** *fig.* brechen (*Herz, Kraft*); **25.** sich brechen (*Wellen*); **26.** unter'brochen werden; **27.** sich (zer)teilen (*Wolken*); sich auflösen (*Heer*); **28.** nachlassen (*Gesundheit*); zu'grunde gehen (*Geschäft*); vergehen, aufhören; **29.** anbrechen (*Tag*); aufbrechen (*Wunde*); aus-, losbrechen (*Sturm, Gelächter*); **30.** brechen (*Stimme*): *his voice broke* er befand sich im Stimmwechsel, er mutierte; **31.** sich verändern, 'umschlagen (*Wetter*); **32.** ✝ im Preise fallen; **33.** *Baseball, Kricket*: abweichen (*Ball*); **34.** eröffnet werden (*Nachricht*);

Zssgn mit adv.:

break| a·way *v/i.* **1.** ab-, losbrechen; **2.** sich losreißen, ausreißen; **3.** sich trennen, sich lossagen, absplittern; *~* **down I.** *v/t.* **1.** niederreißen, abbrechen; **2.** *fig.* brechen, über'winden; **3.** zerlegen, ein-, zerteilen; auflösen; **II.** *v/i.* **4.** zs.-brechen (*a. fig.*); zu Ende gehen; **5.** versagen, scheitern; steckenbleiben; *mot.* e-e Panne haben; *~* **e·ven** *v/i.* ✝ ohne Gewinn *od.* Verlust abschließen; *~* **forth** *v/i.* **1.** her'vorbrechen; **2.** sich erheben (*Geschrei etc.*); *~* **in I.** *v/t.* **1.** einschlagen; **2.** *Tier* abrichten; *Pferd* zureiten; *Auto etc.* einfahren; *Person* einarbeiten; *j-n* gewöhnen (*to* an *acc.*); **II.** *v/i.* **3.** einbrechen: *to ~ on* hereinplatzen bei, *Unterhaltung etc.* unterbrechen; *~* **in·to I.** *v/i.* **1.** einbrechen *od.* -dringen in (*acc.*); **2.** *fig.* in *Gelächter etc.* ausbrechen; **II.** *v/t.* **3.** anbrechen; *~* **off** *v/t. u. v/i.* abbrechen (*a. fig.*); *~* **out** *v/i.* ausbrechen (*a. fig.*): *to ~ in a rash* ⚕ e-n Ausschlag bekommen; *~* **through I.** *v/t.* (durch)'brechen, über'winden; **II.** *v/i.* 'durchbrechen, erscheinen; *~* **up I.** *v/t.* **1.** zer-, aufbrechen; zerstören; **2.** *fig.* zerstreuen, -legen, zer-, einteilen; **3.** *fig.* abbrechen, auflösen, beendigen; **II.** *v/i.* **4.** zerbrechen (*a. fig. Ehe*); **5.** *fig.* nachlassen; verfallen; zu Ende gehen; aufhören; sich auflösen (*a.* ☂); **6.** schließen, in die 'Ferien gehen; **7.** 'umschlagen (*Wetter*); *~* **with** *v/i.* brechen mit (*e-m Freund, e-r Gewohnheit*).

break·a·ble ['breikəbl] *adj.* zerbrechlich; **'break·age** [-kidʒ] *s.* **1.** Bruch(stelle *f*) *m*; **2.** Bruchschaden *m*; **'break·a·way** *s. pol.* Absplitterung *f*, Lossagung *f*.

'break-down *s.* **1.** Zs.-bruch *m*, Versagen *n*, Scheitern *n*: *nervous ~* Nervenzusammenbruch; *~ of marriage* ⚖ Zerrüttung der Ehe; **2.** Panne *f*, Ma'schinenschaden *m*, Betriebsstörung *f*; **3.** Zerlegung *f*, *bsd. statistische* Aufgliederung, Aufschlüsselung *f*, Ana'lyse *f* (*a.* ☂); *~* **firm** *s.* Abbruchsgeschäft *n*; *~* **gang** *s.* 'Unfallko,lonne *f*; *~* **lor·ry** *s.* Abschleppwagen *m*.

break·er ['breikə] *s.* **1.** Brecher *m* (*bsd. in Zssgn Person od. Gerät*); 'Abbruchsunter,nehmer *m*, Verschrotter *m*; **2.** Abrichter *m*, Dres'seur *m*; **3.** Brecher *m*, Sturzwelle *f*: *~s* Brandung; *~s ahead!* ⚓ Gefahr (*durch Wellengang*) im Anzuge!

'break-'e·ven point *s.* ✝ Rentabili'tätsgrenze *f*.

break·fast ['brekfəst] **I.** *s.* Frühstück *n*: *to have ~* → *II*; **II.** *v/i.* frühstücken.

break·ing ['breikiŋ] *s.* Bruch *m*: *~ of the voice* ⚕ Stimmbruch, -wechsel; *~ and entering* ⚖ Einbruch; *~* **point** *s.* ⊕, *phys.* Bruch-, Festigkeitsgrenze *f*: *to ~* bis zum Ende der Kräfte; *~* **strength** *s.* ⊕, *phys.* Bruch-, Reißfestigkeit *f*.

'break|·neck *adj.* halsbrecherisch; **'~·through** *s. bsd.* ⚔ 'Durchbruch *m* (*a. fig. Erfolg*); **'~-up**, *Am.* **'~·up** *s.* **1.** Zerbrechen *n*, -kleinern *n*; **2.** Verfall *m*, Ru'in *m*, Auflösung *f*; **3.** (*Schul- etc.*)Schluß *m*; **4.** 'Wetter,umschlag *m*; **'~·wa·ter** *s.* Wellenbrecher *m*.

bream¹ [bri:m] *s. ichth.* Brassen *m*.

bream² [bri:m] *v/t.* ⚓ den Schiffsboden reinkratzen u. -brennen.

breast [brest] **I.** *s.* **1.** Brust *f* (*Mensch u. kleinere Tiere*), (*weibliche*) Brust, Busen *m*; **2.** *fig.* Brust *f*, Herz *n*, Busen *m*, Gemüt *n*: *to make a clean ~ of s.th.* et. offen gestehen; **3.** Brust(-stück *n*) *f e-s Kleides etc.*; **4.** Wölbung *f e-s Berges*; **II.** *v/t.* **5.** mutig auf *et.* losgehen; gegen *et.* ankämpfen, mühsam bewältigen: *to ~ the waves* gegen die Wellen ankämpfen; *~* **band** *s.* Brustblatt *n* (*Pferdegeschirr*); **'~·bone** ['brest-] *s. anat.* Brustbein *n*; **'~-'deep** *adj.* brusthoch, -tief; **'~-drill** *s.* ⊕ Brustbohrer *m*.

breast·ed ['brestid] *adj. in Zssgn* ...brüstig.

'breast|-fed *adj.* mit Muttermilch genährt: *~ child* Brustkind; **'~-har·ness** *s.* Sielengeschirr *n* (*Zugtiere*); **'~-pin** ['brest-] *s.* Busen-, Kra'wattennadel *f*; **'~·plate** ['brest-] *s.* **1.** Brustharnisch *m*; **2.** Brustgurt *m* (*Pferdegeschirr*); *~* **pock·et** *s.* Brusttasche *f*; *~* **stroke** *s. sport* Brustschwimmen *n*; **'~·work** *s.* ⚔, ⚠ Brustwehr *f*.

breath [breθ] *s.* **1.** Atem(zug) *m*: *to draw one's first ~* geboren werden; *to draw one's last ~* den letzten Atemzug tun (*sterben*); *it took my ~ away fig.* es benahm mir den Atem; *to take ~* Atem schöpfen (*a. fig.*); *to catch one's ~* den Atem anhalten; *to save one's ~* schweigen; *to waste one's ~ fig.* in den Wind reden; *out of ~* außer Atem; *under one's ~* im Flüsterton; *with his last ~* mit s-m letzten Atemzug, als letztes; *in the same ~* im gleichen Atemzug; *under one's ~* leise *fluchen etc.*; **2.** *fig.* Spur *f*, Anflug *m*; **3.** Hauch *m*, Lüftchen *n*: *a ~ of air*; **4.** Duft *m*.

breath·a·lyz·er ['breθəlaizə] *s. mot.* (Plastik)Tüte *f* für Alkoholtest.

breathe [bri:ð] **I.** *v/i.* **1.** atmen; *fig.* leben; **2.** Atem holen; *fig.* sich verschnaufen: *to ~ again* (*od. freely*) (erleichtert) aufatmen; **3.** *~ upon* anhauchen; *fig.* besudeln; **4.** duften (*of* nach); **II.** *v/t.* **5.** (ein- u. aus-) atmen; *fig.* ausströmen: *to ~ a sigh* seufzen; **6.** hauchen, flüstern: *not to ~ a word* kein Sterbenswörtchen sagen; **'breath·er** [-ðə] *s.* **1.** Atem-, Verschnaufpause *f*: *to take a ~* sich verschnaufen; **2.** Stra'paze *f*; **'breath·ing** [-ðiŋ] *s.* **1.** Atmen *n*, Atmung *f*: *~ apparatus* Sauerstoffgerät; **2.** (Luft)Hauch *m*: *~-space* Atempause.

breath·less ['breθlis] *adj.* □ **1.** außer Atem; atemlos (*a. fig.*); **2.** *fig.* atemberaubend; **3.** windstill.

'breath-tak·ing *adj.* atemberaubend.

breath test *s. mot.* Atemtest *m* (*zur Feststellung des Trunkenheitsgrades bei Verkehrsteilnehmern*).

bred [bred] *pret. u. p.p. von breed.*

breech [bri:tʃ] *s.* **1.** ⚔ Verschluß *m* (*Hinterlader, Geschütz*); **2.** *pl.* → *breeches*; **'~-block** *s.* ⚔ Verschlußstück *n*.

breech·es ['britʃiz] *s. pl.* Knie-, Reithose(n *pl.*) *f*; *fig.* Hose(n *pl.*) *f*; → *wear 1*; **'~-buoy** *s.* ⚓ Hosenboje *f*.

'breech-load·er *s.* ⚔ 'Hinterlader *m*.

breed [bri:d] **I.** *v/t.* [*irr.*] **1.** her'vorbringen, gebären; **2.** *Tiere* züchten; *Pflanzen* züchten, ziehen: *French-bred* in Frankreich gezüchtet; **3.** *fig.* her'vorrufen, verursachen, erzeugen: *war ~s misery* Krieg zieht Elend nach sich; **4.** auf-, erziehen; ausbilden: *to ~ s.o. a scholar* j-n zum Gelehrten erziehen; **II.** *v/i.* [*irr.*] **5.** zeugen, brüten, sich paaren, sich fortpflanzen, sich vermehren; **6.** entstehen; **III.** *s.* **7.** Rasse *f*, Zucht *f*, Stamm *m*; **8.** Art *f*, Schlag *m*, Herkunft *f*; **'breed·er** [-də] *s.* **1.** Züchter(in); **2.** Zuchttier *n*; **3.** *a. ~ reactor phys.* 'Brutre,aktor *m*; **'breed·ing** [-diŋ] *s.* **1.** Fortpflanzung *f*; Züchtung *f*, Zucht *f*: *~ place fig.* Brutstätte; **2.** Erziehung *f*, Ausbildung *f*; **3.** Benehmen *n*; Bildung *f*, (gute) Lebensart *od.* ‚Kinderstube'.

breeze¹ [bri:z] *s.* **1.** Brise *f*, leichter Wind; **2.** *sl.* Zwist *m*, (Wort)Streit *m*, ‚Szene' *f*; **3.** *Am.* Gerücht *n*.

breeze² [bri:z] *s.* ⊕ Kohlenlösche *f*.

breez·y ['bri:zi] *adj.* □ **1.** luftig, windig; **2.** F frisch, flott, lebhaft, keß.

Bren gun [bren] *s.* leichtes Ma'schinengewehr.

brent goose [brent] → *brant.*

breth·ren ['breðrin] *pl. von brother 2.*

Bret·on ['bretən] **I.** *adj.* bre'tonisch; **II.** *s.* Bre'tone *m*, Bre'tonin *f*.

breve [bri:v] *s. typ.* Kürzezeichen *n*.

bre·vet ['brevit] ⚔ **I.** *s.* Bre'vet *n* (*Offizierspatent, das nur e-n höheren Rang, aber keine höhere Besoldung mit sich bringt*): *~ major* Hauptmann im Range e-s Majors; **II.** *adj.* Brevet...: *~ rank* Titularrang.

bre·vi·ar·y ['bri:vjəri] *s.* Bre'vier *n*.

bre·vier [brə'viə] *s. typ.* Pe'titschrift *f*.

brev·i·ty ['breviti] *s.* Kürze *f*.

brew [bru:] **I.** *v/t.* **1.** *Bier* brauen;

2. *Getränke (a. Tee)* (zu)bereiten; 3. *fig.* anzetteln, -stiften; II. *v/i.* 4. brauen, Brauer sein; 5. sich zs.-brauen, in der Luft liegen, im Anzuge sein (*Gewitter, Unheil*); III. *s.* 6. Gebräu *n* (*a. fig.*); **brew·age** ['bru:idʒ] *s.* Gebräu *n* (*a. fig.*); **brew·er** ['bru:ə] *s.* Brauer *m*: *~'s grains* Brauereitreber; **brew·er·y** ['bruəri] *s.* Braue'rei *f.*

bri·ar → *brier* [1], [2].

brib·a·ble ['braibəbl] *adj.* bestechlich, käuflich; **bribe** [braib] I. *v/t.* 1. bestechen; 2. *fig.* verlocken; II. *s.* 3. Bestechung *f*; 4. Bestechungsgeld *n*, -geschenk *n*: *taking (of) ~s* ⚖ Bestechlichkeit, passive Bestechung; '**brib·er** [-bə] *s.* Bestecher *m*; '**brib·er·y** *s.* 1. Bestechung *f*; 2. Bestechlichkeit *f.*

bric-à-brac ['brikəbræk] *s.* 1. Antiqui'täten *pl.*; 2. Nippsachen *pl.*

brick [brik] I. *s.* 1. Ziegel-, Backstein *m*: *to swim like a ~* wie e-e bleierne Ente schwimmen; 2. (Bau)Klotz *m* (*Spielzeug*): *a box of ~s* Baukasten; 3. *sl.* fa'moser Kerl; 4. *Brit.* F Taktlosigkeit *f*: *to drop a ~* ins Fettnäpfchen treten; II. *adj.* 5. Ziegel..., Backstein...: *red-~ university Brit.* moderne Universität (*ohne jahrhundertealte Tradition*); III. *v/t.* 6. mit Ziegelsteinen belegen *od.* pflastern: *to ~ in (od. up)* zumauern; '**~-bat** *s.* Ziegelbrocken *m* (*bsd. als Wurfgeschoß*); '**~-'dust** *s.* ⊕ Ziegelmehl *n*; '**~-field** *s.* Ziege'lei *f*; '**~-kiln** *s.* Ziegelofen *m*, Ziegelei *f*; '**~-lay·er** *s.* Maurer *m*; '**~-lay·ing** *s.* Maure'rei *f*; '**~-mak·er** *s.* Ziegelbrenner *m*; '**~-tea** *s.* (*chinesischer*) Ziegeltee; **~ wall** *s.* Backsteinmauer *f*: *to see through a ~* das Gras wachsen hören; '**~-work** *s.* 1. Mauerwerk *n*; 2. *pl. sg. konstr.* Ziegelei *f.*

brid·al ['braidl] I. *adj.* □ bräutlich, Braut...; Hochzeits...; II. *s. poet.* Hochzeit *f.*

bride [braid] *s.* Braut *f* (*am u. kurz vor u. nach dem Hochzeitstage*), Neuvermählte *f*: *to give away the ~* Brautvater sein.

bride·groom ['braidgrum] *s.* Bräutigam *m*; **brides·maid** ['braidzmeid] *s.* Brautjungfer *f.*

bride·well ['braidwəl] *s.* Gefängnis *n*, Besserungsanstalt *f.*

bridge[1] [bridʒ] I. *s.* 1. Brücke *f*; 2. ⚓ Kom'mandobrücke *f*; 3. ♪ Steg *m* (*Streichinstrument*); ⚕ (Zahn-) Brücke *f*; Steg *m* (*Brille*); 4. *a. ~ of the nose* Nasenrücken *m*; 5. ('Straßen)Über,führung *f*; II. *v/t.* 6. e-e Brücke schlagen über (*acc.*); 7. über'brücken (*a. fig.*): *to ~ over a difficulty.*

bridge[2] [bridʒ] *s.* Bridge *n* (*Kartenspiel*).

'**bridge|-head** *s.* ⚔ Brückenkopf *m*; **~ of boats** *s.* Pon'tonbrücke *f*; **~ toll** *s.* Brückengeld *n*, -zoll *m*; '**~-work** *s.* ⚕ (Zahn)Brücke *f.*

bri·dle ['braidl] I. *s.* 1. Zaum *m*, Zaumzeug *n*; 2. Zügel *m*: *to give a horse the ~* e-m Pferd die Zügel schießen lassen; II. *v/t.* 3. *Pferd* (auf)zäumen; 4. *Pferd* (*a. fig. Leidenschaft etc.*) zügeln, im Zaum halten; III. *v/i.* 5. *a. ~ up* (*verächtlich od. stolz*) den Kopf zu'rückwerfen; 6. Anstoß nehmen (*at* an *dat.*); '**~-hand** *s.* Zügelhand *f* (*Linke des Reiters*); '**~-path** *s.* schmaler Reitweg, Saumpfad *m*; '**~-rein** *s.* Zügel *m.*

brief [bri:f] I. *adj.* □ 1. kurz: *be ~!* fasse dich kurz!; 2. kurz, gedrängt: *in ~* kurz (gesagt); 3. kurz angebunden, schroff; II. *s.* 4. (päpstliches) Breve; 5. ⚖ Schriftsatz *m*, Zs.-fassung *f* des Standpunkts e-r Par'tei als Informati'on für den Rechtsvertreter vor Gericht; *weitS.* Man'dat *n*: *to abandon (od. give up) one's ~* sein Mandat niederlegen; *to hold a ~ for s.o.* a) ⚖ j-s Sache vertreten, b) *fig.* für j-n e-e Lanze brechen; 6. → *briefing*; III. *v/t.* 7. *j-n* instruieren, *j-m* genaue Anweisungen geben; 8. ⚖ *e-m Anwalt* e-e Darstellung des Sachverhalts geben, *e-n Anwalt* mit s-r Vertretung beauftragen; '**~-bag**, '**~-case** *s.* Aktentasche *f.*

brief·ing ['bri:fiŋ] *s.* 1. *a.* ⚔ (genaue) Anweisung, Instrukti'on *f*; 2. ⚔ Einsatzbesprechung *f*, Befehlsausgabe *f*; '**brief·less** [-lis] *adj.* ohne 'Praxis (*Anwalt*); '**brief·ness** [-nis] *s.* Kürze *f.*

briefs [bri:fs] *s. pl.* kurzer Damenschlüpfer, Slip *m.*

bri·er[1] ['braiə] *s.* ⚘ 1. Dornstrauch *m*; 2. wilde Rose: *sweet ~* Weinrose.

bri·er[2] ['braiə] *s.* ⚘ 1. Bruy'èreholz *n*; 2. *a. ~ pipe* Bruy'èrepfeife *f.*

brig [brig] *s.* ⚓ Brigg *f.*

bri·gade [bri'geid] I. *s.* 1. ⚔ Bri'gade *f*; 2. uniformierte Vereinigung, Korps *n*; II. *v/t.* 3. zu e-r Gruppe vereinigen; **brig·a·dier** [brigə'diə] *s.* ⚔ a) *Brit.* Bri'gadekomman,deur *m*, -gene,ral *m*, b) *Am. a. ~ general* Brigadegeneral *m.*

brig·and ['brigənd] *s.* Bri'gant *m*; (Straßen)Räuber *m*; '**brig·and·age** [-didʒ] *s.* Räuberunwesen *n.*

bright [brait] *adj.* □ 1. hell, glänzend, blank, leuchtend; strahlend (*Wetter, Augen*): *~ red* leuchtend rot; 2. klar, 'durchsichtig; heiter (*Wetter*); 3. *fig.* aufgeweckt, gescheit, intelli'gent; fröhlich; 4. glänzend, berühmt; 5. günstig; '**bright·en** [-tn] I. *v/t.* 1. glänzend machen, putzen; 2. auf-, erhellen; beleben; 3. erfreuen, aufheitern; II. *v/i.* 4. aufleuchten (*Gesicht*); 5. *a. ~ up* sich aufhellen (*Wetter*); '**bright·ness** [-nis] *s.* 1. Glanz *m*, Helle *f*, Klarheit *f*: *~ control Fernsehen*: Helligkeitsregler; 2. Aufgewecktheit *f*, Schärfe *f* (*Verstand*).

Bright's dis·ease [braits] *s.* ⚕ Brightsche Krankheit *f*, Nierenschrumpfung *f.*

brill [bril] *s. ichth.* Glattbutt *m.*

bril·liance ['briljəns], '**bril·lian·cy** [-si] *s.* 1. Leuchten *n*, Funkeln *n*, Glanz *m*; Helligkeit *f*; *phys.* Lichtstärke *f*; 2. Scharfsinn *m*; '**bril·liant** [-nt] I. *adj.* □ 1. leuchtend, glänzend; 2. *fig.* glänzend, ausgezeichnet; 3. geistreich; hochbegabt; II. *s.* 4. Bril'lant *m.*

bril·lian·tine [briljən'ti:n] *s.* 1. Brillan'tine *f*, 'Haarpo,made *f*; 2. *Am.* al'pakaartiger Webstoff.

brim [brim] I. *s.* 1. Rand *m* (*bsd. Gefäß*); 2. (Hut)Krempe *f*; II. *v/i.* 3. voll sein (*with* von; *a. fig.*): *to ~ over* übervoll sein, überfließen, -sprudeln; '**brim'ful** [-'ful] *adj.* 'übervoll (*a. fig.*); **brimmed** [-md] *adj.* mit Rand, mit Krempe.

brim·stone ['brimstən] *s. obs.* Schwefel *m*; **~ but·ter·fly** *s. zo.* Zi'tronenfalter *m.*

brin·dled ['brindld] *adj.* gestreift, scheckig.

brine [brain] *s.* 1. Sole *f*, (Salz)Lake *f*; 2. *poet.* Meer(wasser) *n*; '**~-pan** *s.* Salzpfanne *f.*

bring [briŋ] *v/t.* [*irr.*] 1. bringen, 'mit-, 'herbringen, her'beischaffen: *~ him (it) with you* bring ihn (es) mit; *to ~ before the judge* vor den Richter bringen; *to ~ good luck* Glück bringen; *to ~ to bear Einfluß etc.* zur Anwendung bringen, geltend machen, *Druck etc.* ausüben; 2. *Gründe, Beschuldigung etc.* vorbringen; 3. her'vorbringen; *Gewinn* einbringen; mit sich bringen, her'beiführen: *to ~ into being* ins Leben rufen, entstehen lassen; *to ~ to pass* zustande bringen; 4. *j-n* veranlassen, bewegen, dazu bringen (*to inf.* zu *inf.*); 5. ⚖ → *action 8*; *Zssgn mit adv.*:

bring| a·bout *v/t.* zu'stande bringen; **~ back** *v/t. an et.* erinnern, *Erinnerungen* wachrufen; **~ down** *v/t.* 1. ab-, her'unterschießen; 2. her'unterbringen, schwächen; ruinieren; stürzen; 3. *Preis, Wert* her'absetzen, ermäßigen; 4. *e-e Strafe* her'aufbeschwören; 5. *to ~ the house* stürmischen Beifall auslösen; **~ forth** *v/t.* 1. her'vorbringen, gebären; 2. verursachen, zeitigen; **~ for·ward** *v/t.* 1. *Wunsch etc.* vorbringen; *Entschuldigung* anführen; 2. ✝ *Betrag* über'tragen: *(amount) brought forward* Übertrag; **~ in** *v/t.* 1. einführen; 2. *Geld, Gesetz* einbringen; 3. *to ~ guilty* ⚖ *j-n* schuldig sprechen; **~ off** *v/t.* 1. *j-n* von *et.* abbringen; 2. retten; 3. ‚schaffen', zu'stande bringen, 'durchführen; **~ on** *v/t.* 1. her'beiführen, verursachen; 2. in Gang bringen; 3. zur Sprache bringen; **~ out** *v/t.* 1. ans Licht bringen, zum Ausdruck bringen, erkennen lassen; 2. a) *Buch, Theaterstück* her'ausbringen, b) ✝ *Waren* auf den Markt bringen; 3. *j-n* in die Gesellschaft einführen; **~ o·ver** *v/t.* 'umstimmen, bekehren; **~ round** *v/t.* 1. *Ohnmächtigen* wieder zu sich bringen, *Patienten* 'durchbringen; 2. *j-n* umstimmen; **~ through** *v/t. Kranken od. Prüfling* 'durchbringen; **~ to** *v/t.* 1. *Ohnmächtigen* wieder zu sich bringen; 2. ⚓ beidrehen; **~ up** *v/t.* 1. *Kind* auf-, erziehen; 2. zur Sprache bringen; 3. ⚔ *Truppen* her'anführen; 4. zum Stillstand bringen; 5. *to ~ food* sich erbrechen; 6. *to ~ short* zum Halten bringen; 7. → *date*[2] *5*, *rear*[2] *3.*

brink [briŋk] *s.* Rand *m* (*mst fig.*): *on the ~ of* am Rande *od.* Vorabend (*gen.*); '**~·man·ship** [-mənʃip] *s. pol.* Poli'tik *f* des äußersten 'Risikos.

brin·y ['braini] I. *adj.* salzig, solehaltig; II. *s. Brit. sl*: *the ~* die See.

bri·oche ['bri(:)ouʃ] (*Fr.*) *s.* Bri'oche *f*, süßes Brötchen.

bri·quet(te) [bri'ket] (*Fr.*) *s.* Bri'kett *n*, Preßkohle *f*.

brisk [brisk] **I.** *adj.* □ **1.** lebhaft, flott, flink; **2.** frisch (*Wind*), lustig (*Feuer*); schäumend (*Wein*); **3.** lebhaft, frisch, munter (*Wesen*); **4.** † lebhaft, flott; **II.** *v/t.* **5.** *mst* ~ *up* anfeuern, beleben; '**brisk·en** [-kən] → *brisk 5*.

bris·ket ['briskit] *s. Küche*: Brust (-stück *n*) *f* (*Rind*).

brisk·ness ['brisknis] *s.* Lebhaftigkeit *f*, Frische *f*.

bris·ling ['brisliŋ] *s. ichth.* Brisling *m*, Sprotte *f*.

bris·tle ['brisl] **I.** *s.* **1.** Borste *f*; **II.** *v/i.* **2.** sich sträuben; **3.** hochfahren, zornig werden: *to* ~ *with anger*; **4.** (*with*) dicht besetzt sein (mit), strotzen, starren, voll sein (von).

bris·tling → *brisling*.

bris·tly ['brisli] *adj.* stachelig, rauh; struppig.

Bris·tol| board ['bristl] *s.* 'Bristolkar,ton *m*, feiner 'Zeichenkar,ton; ~ **cream**, ~ **milk** *s. Art* 'Sherry *m*.

Bri·tan·ni·a met·al [bri'tænjə] *s.* ⊕ Bri'tanniame,tall *n*.

Bri·tan·nic [bri'tænik] *adj.* bri'tannisch.

Brit·i·cism ['britisizəm] *s.* Angli'zismus *m*; '**Brit·ish** [-tiʃ] **I.** *adj.* britisch: ~ *subject* britischer Staatsangehöriger; **II.** *s.*: *the* ~ die Briten *pl.*; '**Brit·ish·er** [-tiʃə] *s.* Brite *m*; '**Brit·on** [-tn] *s.* **1.** Brite *m*, Britin *f*; **2.** *hist.* Bri'tannier(in).

brit·tle ['britl] *adj.* **1.** spröde, zerbrechlich; bröckelig; brüchig (*Metall etc.*; *a. fig.*); **2.** reizbar.

broach [broutʃ] **I.** *s.* **1.** Stecheisen *n*; Räumnadel *f*; **2.** Bratspieß *m*; **3.** Turmspitze *f*; **II.** *v/t.* **4.** *Faß* anstechen; **5.** ⊕ räumen; **6.** *fig. Thema* anschneiden, zur Sprache bringen.

broad [brɔ:d] *adj.* □ → *broadly*; **1.** breit: *it is as* ~ *as it is long fig.* es ist gehüpft wie gesprungen; **2.** weit, ausgedehnt; weitreichend, um'fassend, voll: *in the* ~*est sense* im weitesten Sinne; *in* ~ *daylight* am hellichten Tage; **3.** deutlich, ausgeprägt: ~ *Scots* ausgeprägt schottischer Akzent; → *hint 1*; **4.** ungeschminkt, offen, derb: *a* ~ *joke* ein anstößiger Witz; **5.** allgemein, einfach: *the* ~ *facts* die allgemeinen Tatsachen; *in* ~ *outline* in groben Umrissen, in großen Zügen; **6.** großzügig: *a* ~ *outlook* e-e tolerante Auffassung; **7.** *Radio*: unscharf; ~ **arrow** *s.* breitköpfiger Pfeil (*amtliches Zeichen auf brit. Regierungsgut u. auf Sträflingskleidung*); '~-**ax(e)** *s.* **1.** Breitbeil *n*; **2.** *hist.* Streitaxt *f*; ~ **beam** *s.* ⚡ Breitstrahler *m*; ~ **bean** *s.* ⚘ Saubohne *f*.

broad·cast ['brɔ:dkɑ:st] **I.** *v/t.* [*irr.* → *cast*; *pret. u. p.p. a.* ~*ed*] **1.** breitwürfig säen; **2.** *fig. Nachricht* verbreiten, *iro.* 'auspo,saunen; **3.** durch Rundfunk *od.* Fernsehen verbreiten, über'tragen, senden; **II.** *v/i.* **4.** im Rundfunk *od.* Fernsehen auftreten; **5.** senden; **III.** *s.* **6.** Rundfunk-, Fernsehsendung *f*; **IV.** *adj.* **7.** Rundfunk..., Fernseh...; '**broad·cast·er** [-tə] *s.* Rundfunk-, Fernsehsprecher(in).

broad·cast·ing ['brɔ:dkɑ:stiŋ] **I.** *s.* 'Rundfunk-, 'Fernsehüber,tragung *f*; **II.** *adj.* Rundfunk..., Fernseh...; ~ **sta·tion** *s.* 'Rundfunk-, 'Fernsehstati,on *f*, Sender *m*; ~ **stu·di·o** *s.* Senderaum *m*, 'Studio *n*.

Broad| Church *s.* libe'rale Richtung in der angli'kanischen Kirche; '**♀·cloth** *s.* feiner Wollstoff.

broad·en ['brɔ:dn] *v/t. u. v/i.* (sich) verbreitern, (sich) erweitern: *to* ~ *one's mind fig.* sich bilden, s-n Horizont erweitern.

'**broad-ga(u)ge** *adj.* 🚂 Breitspur...: ~ *railway* Breitspurbahn.

broad·ly ['brɔ:dli] *adv.* allgemein gesagt, in großen Zügen.

'**broad'mind·ed** *adj.* großzügig, weitherzig, tole'rant.

broad·ness ['brɔ:dnis] *s.* Derbheit *f*, Anstößigkeit *f*.

'**broad|·sheet** *s. typ.* einseitig bedrucktes Blatt; Flugblatt *n*; '~**side** *s.* **1.** ⚓ Breitseite *f*: **a)** *alle Geschütze auf e-r Schiffsseite*, **b)** *Abfeuern e-r Breitseite*: *to fire a* ~ e-e Breitseite abgeben; **2.** F 'Schimpfkano,nade *f*; **3.** → *broadsheet*; '~**sword** *s.* breites Schwert; 'Pallasch *m*; '~**tail** *s. zo.* Breitschwanzschaf *n*.

bro·cade [brə'keid] *s.* † **1.** Bro'kat *m*; **2.** Stoff *m* mit plastisch wirkender Musterung; **bro'cad·ed** [-did] *adj.* wie Brokat gemustert.

broc·co·li ['brɔkəli] *s.* ⚘ 'Brokkoli *pl.*, Spargelkohl *m*.

bro·chure ['brouʃjuə] *s.* Bro'schüre *f*.

brock·et ['brɔkit] *s. hunt.* Spießer *m*, zweijähriger Hirsch.

brogue [broug] *s.* **1. a)** *irischer* Ak'zent des Englischen, **b)** dia'lektisch gefärbte Aussprache; **2.** derber Schuh, Haferlschuh *m*.

broil[1] [brɔil] **I.** *v/t.* auf dem Rost braten, grillen; **II.** *v/i.* schmoren, braten, kochen (*a. fig.*).

broil[2] [brɔil] *s.* Zank *m*, Krach *m*.

broil·er[1] ['brɔilə] *s.* **1.** Bratrost *m*; *Am.* Bratofen *m* mit Grillvorrichtung; **2.** Brathühnchen *n* (*bratfertig*); **3.** F glühend heißer Tag.

broil·er[2] ['brɔilə] *s.* Zänker(in).

broil·ing ['brɔiliŋ] *adj. a.* ~ *hot* glühend heiß.

broke[1] [brouk] *pret. von break*.

broke[2] [brouk] *adj. sl.* bank'rott, ruiniert, ‚abgebrannt', ‚pleite': *to go* ~ pleite gehen.

bro·ken ['broukən] **I.** *p.p. von break*; **II.** *adj.* □ → *brokenly*; **1.** ge-, zerbrochen, zerrissen; verletzt; **2.** ent'zwei, ka'putt; ruiniert; **3.** unter'brochen (*Schlaf*); angebrochen, unvollständig: ~ *line* gestrichelte *od.* punktierte Linie; **4.** *fig.* (seelisch *od.* körperlich) gebrochen: *a* ~ *man*; **5.** zerrüttet (*Ehe, Gesundheit*): ~ *home* zerrüttete Familienverhältnisse; **6.** uneben, holperig (*Boden*); zerklüftet (*Gelände*); bewegt (*Meer*); **7.** *ling.* gebrochen: ~ *German*; '~-'**down** *adj.* **1.** ruiniert, unbrauchbar; **2.** erschöpft, geschwächt, zerrüttet; verbraucht; **3.** zs.-gebrochen (*a. fig.*); '~-'**heart·ed** *adj.* niedergeschlagen, un'tröstlich.

bro·ken·ly ['broukənli] *adv.* krampfhaft; stoßweise, mit Unter'brechungen; (seelisch) gebrochen.

bro·ken| mon·ey *s.* Kleingeld *n*; '~-'**spir·it·ed** *adj.* entmutigt, gebrochen; ~ **stone** *s.* Steinschlag *m*, Schotter *m*; ~ **time** *s.* Verdienstausfall *m*; '~-'**wind·ed** *adj.* dämpfig, kurzatmig (*Pferd*).

bro·ker ['broukə] *s.* **1.** Makler *m*, Mittelsmann *m*: *honest* ~ *pol., fig.* ehrlicher Makler; **2.** *Börse*: Broker *m* (*der im Kundenauftrag Geschäfte tätigt*); **3.** ⚖ Gerichtsvollzieher *m*; '**bro·ker·age** [-əridʒ] *s.* **1.** Maklergebühr *f*, Cour'tage *f*; **2.** Maklerberuf *m*.

brol·ly ['brɔli] *s. Brit. sl.* Schirm *m*.

bro·mide ['broumaid] *s.* **1.** ⚗ Bro'mid *n*: ~ *paper phot.* Bromsilberpapier; **2.** *fig.* **a)** Beruhigungsmittel *n*, Dämpfer *m*, **b)** langweiliger Mensch, **c)** Gemeinplatz *m*; '**bromine** [-mi:n] *s.* ⚗ Brom *n*.

bron·chi ['brɔŋkai], '**bron·chi·a** [-kiə] *s. pl. anat.* 'Bronchien *pl.*; '**bron·chi·al** [-kjəl] *adj.* Bronchial...; **bron·chi·tis** [brɔŋ'kaitis] *s.* ⚕ Bron'chitis *f*, Bronchi'alka,tarrh *m*.

bron·co ['brɔŋkou] *pl.* **-cos** *s.* kleines, halbwildes Pferd (*Kalifornien*): ~ *buster* Cowboy, der solche Pferde zureitet.

Bronx cheer [brɔŋks] *s. Am. sl. verächtliches* Zischen *od.* Pfeifen.

bronze [brɔnz] **I.** *s.* **1.** Bronze *f*: ~ *age* Bronzezeit; **2.** ('Statue *f etc.* aus) Bronze *f*; **II.** *v/t.* **3.** bronzieren; **III.** *adj.* **4.** bronzefarben, Bronze...; **bronzed** [-zd] *adj.* (sonnen)gebräunt.

brooch [broutʃ] *s.* Brosche *f*, Spange *f*.

brood [bru:d] **I.** *s.* **1.** Brut *f*; **2.** Nachkommenschaft *f*; **3.** *contp.* Brut *f*, Horde *f*; **II.** *v/i.* **4.** brüten; **5.** *fig.* (*on, over*) brüten (über *dat.*), grübeln (über *acc.*); **6.** her'aufziehen (*Unwetter*); lasten (*Hitze*); **7.** schweben (*over* über *dat.*); **III.** *adj.* **8.** Brut..., Zucht...: ~ *mare* Zuchtstute; '**brood·er** [-də] *s.* **1.** Bruthenne *f*; **2.** Brutkasten *m*; '**brood·y** [-di] *adj.* brütend (*a. fig.*).

brook[1] [bruk] *s.* Bach *m*.

brook[2] [bruk] *v/t.* erdulden: *it* ~*s no delay* es duldet keinen Aufschub.

broom[1] [bru:m] *s.* ⚘ (Besen)Ginster *m*.

broom[2] [brum] *s.* Besen *m*: *a new* ~ *sweeps clean* neue Besen kehren gut; '~**stick** *s.* Besenstiel *m*.

broth [brɔθ] *s.* (Fleisch)Brühe *f*, Suppe *f*: ~ *of a boy Ir.* F Prachtkerl.

broth·el ['brɔθl] *s.* Bor'dell *n*.

broth·er ['brʌðə] *s.* **1.** Bruder *m*: ~*s and sisters* Geschwister; *Smith* ♀*s* † Gebrüder Smith; **2.** *eccl. pl. brethren* Bruder *m*, Nächste(r) *m*, Mitglied *n* e-r (religi'ösen) Gemeinschaft; **3.** Amtsbruder *m*, Kol'lege *m*: ~ *in arms* Waffenbruder; ~ *student* Kommilitone, Studienkollege; ~ *officer* Regimentskamerad; '**broth·er·hood** [-hud] *s.* **1.** Bruderschaft *f*; **2.** Brüderlichkeit *f*.

broth·er|-in-law ['brʌðərinlɔ:] *s.* Schwager *m*; ♀ **Jon·athan** ['dʒɔnəθən] *s. Am. humor.* Bruder Jonathan (*Amerikaner*).

broth·er·ly ['brʌðəli] *adj.* brüderlich.

brougham ['bru(:)əm] *s.* **1.** Brougham *m (geschlossener, vierrädriger, zweisitziger Wagen)*; **2.** *mot.* Limou'sine *f* mit offenem Fahrersitz.

brought [brɔ:t] *pret. u. p.p. von bring.*

brou·ha·ha [bru:'hɑ:hɑ:] *s.* Getue *n*, Wirbel *m*, Lärm *m.*

brow [brau] *s.* **1.** (Augen)Braue *f*: *to knit (od. gather) one's ~s* die Stirn runzeln; **2.** Stirn *f*; **3.** Vorsprung *m*, Abhang *m*, (Berg)Kuppe *f*; '**~·beat** *v/t.* [*irr.* → *beat*] einschüchtern, tyrannisieren.

brown [braun] **I.** *adj.* braun: *~ as a berry* braun wie e-e Kastanie; *to do (up) ~ sl. j-n* ‚anschmieren', ‚reinlegen'; **II.** *s.* Braun *n*; **III.** *v/t.* (an-) bräunen *(durch Feuer od. Sonne)*; ⊕ brünieren: *~ed off sl.* ‚restlos bedient' *(e-r Sache überdrüssig)*; **IV.** *v/i.* braun werden; *~* **bear** *s. zo.* brauner Bär; ♀ **Bet·ty** *s. Am.* Auflauf *m* aus Äpfeln u. Brotkrumen; *~* **bread** *s.* Schwarz-, Schrotbrot *n*; *~* **but·ter** *s.* braune Butter; *~* **coal** *s.* Braunkohle *f.*

brown·ie ['brauni] *s.* **1.** Heinzelmännchen *n*; **2.** *Am.* kleiner Schoko'ladenkuchen mit Nüssen; **3.** *phot.* e-e 'Kamera; **4.** ‚Wichtel' *m*, junge Pfadfinderin.

Brown·ing ['brauniŋ] *s.* Browning *m (Repetierpistole).*

brown| pa·per *s.* 'Packpa͵pier *n*; *~* **shirt** *s. hist.* Braunhemd *n*: **a)** *Mitglied von Hitlers SA*, **b)** Natio'nalsozia͵list *m*; '**~·stone** *Am.* **I.** *s.* brauner Sandstein; **II.** *adj.* F wohlhabend, vornehm; *~* **sug·ar** *s.* brauner Zucker.

browse [brauz] *v/i.* **1.** grasen, weiden; *fig.* naschen (*on* von); **2.** *in Büchern* blättern *od.* schmökern.

bru·in ['bru(:)in] *s. poet.* Braun *m*, Bär *m.*

bruise [bru:z] **I.** *v/t.* **1.** *Körperteil* quetschen; *Früchte* anstoßen; **2.** zerstampfen, schroten; **3.** *j-n* grün u. blau schlagen; **II.** *v/i.* **4.** e-e Quetschung *od.* e-n blauen Fleck bekommen; **III.** *s.* **5.** ⚕ Quetschung *f*, Bluterguß *m*; blauer Fleck; '**bruis·er** [-zə] *s.* **1.** F Boxer *m*; **2.** ‚Schläger' *m.*

bruit [bru:t] *v/t. Gerücht* verbreiten: *to ~ abroad (od. about).*

Brum·ma·gem ['brʌmədʒəm] **I.** *s.* **1.** *npr. dial. sl.* Birmingham *(Stadt)*; **2.** ♀ *sl.* 'Talmi *n*, 'Tinnef *m, n*, Schund *m (bsd. in Birmingham hergestellt)*; **II.** *adj.* **3.** *sl.* billig, wertlos, unecht.

brunch [brʌntʃ] *s.* F *(aus breakfast u. lunch)* Gabelfrühstück *n.*

bru·nette [bru:'net] **I.** *adj.* brü'nett, dunkelbraun; **II.** *s.* Brü'nette *f.*

brunt [brʌnt] *s.* Hauptstoß *m*, volle Wucht *des Angriffs*: *to bear the ~* die Hauptlast tragen.

brush [brʌʃ] **I.** *s.* **1.** Bürste *f*; Besen *m*: *tooth-~* Zahnbürste; **2.** Pinsel *m*: *shaving-~*; **3. a)** Pinselstrich *m (Maler)*, **b)** Maler *m*, **c)** *the ~* die Malkunst; **4.** Bürsten *n*: *to give a ~ (to) et.* abbürsten; **5.** buschiger Schwanz *(bsd. Fuchs)*; **6.** ⚡ (Kon'takt)Bürste *f*; **7.** *phys.* Strahlenbündel *n*; **8.** ⚔ Feindberührung *f*; Schar'mützel *n (a. fig.)*: *to have a ~ with s.o.* mit j-m aneinandergeraten; **9.** → *brushwood*; **II.** *v/t.* **10.** bürsten; **11.** fegen: *to ~ away (od. off)* abwischen, -streifen *(a. mit der Hand)*; *to ~ off fig. j-n* abwimmeln, loswerden; *to ~ aside fig.* beiseite schieben, abtun; **12.** *~ up fig.* auffrischen; **13.** streifen, leicht berühren; **III.** *v/i.* **14.** *~ against* streifen *(acc.)*; **15.** da'hinrasen: *to ~ past* vorbeisausen; '**brush·ing** [-ʃiŋ] *s. mst pl.* Kehricht *m, n*; '**brush·less** [-lis] *adj.* **1.** ohne Bürste; **2.** ohne Schwanz *(Fuchs)*; '**brush·wood** *s.* **1.** 'Unterholz *n*, Gestrüpp *n*; Busch *m (USA u. Australien)*; **2.** Reisig *n.*

brusque [brusk] *adj.* □ brüsk, barsch, schroff; '**brusque·ness** [-nis] *s.* Schroffheit *f.*

Brus·sels ['brʌslz] *npr.* Brüssel *n*; *~* **lace** *s.* Brüsseler Spitzen *pl.*; *~* **sprouts** ['brʌsl'sprauts] *s. pl.* Rosenkohl *m.*

bru·tal ['bru:tl] *adj.* □ **1.** viehisch; bru'tal, roh, unmenschlich; **2.** scheußlich; **bru·tal·i·ty** [bru:'tæliti] *s.* Brutali'tät *f*, Roheit *f*; '**bru·tal·ize** [-təlaiz] *v/t.* **1.** zum Tier machen; **2.** brutal behandeln.

brute [bru:t] **I.** *s.* **1.** *(unvernünftiges)* Tier, Vieh *n (a. fig. brutaler Mensch)*; **2.** *fig.* Untier *n*, Scheusal *n*; **II.** *adj.* **3.** tierisch *(a. = triebhaft)*, viehisch, roh; unvernünftig, dumm; gefühllos: *~ force* rohe Gewalt; '**brut·ish** [-tiʃ] *adj.* □ → *brute 3.*

Bry·thon·ic [bri'θɔnik] *s.* Ursprache *f* der Kelten in Wales, 'Cornwall u. der Bre'tagne.

bub·ble ['bʌbl] **I.** *s.* **1.** *(Luft-, Seifen-)* Blase *f*; **2.** *fig.* Seifenblase *f*, leerer Schein, Schwindel(geschäft *n*) *m*: *to prick the ~* den Schwindel aufdecken; *~ company* Schwindelfirma; **3.** Sprudeln *n*, Brodeln *n*, Rauschen *n*; **II.** *v/i.* **4.** sprudeln, brodeln, rauschen: *to ~ over* übersprudeln *(a. fig.)*; **~-and-squeak** ['bʌblən'skwi:k] *s. Brit.* mit Gemüse zu'sammen aufgebratenes Rindfleisch; *~* **bath** *s.* Schaumbad *n*; *~* **car** *s.* 'Kleinst͵auto *n*, Ka'binenroller *m*; *~* **gum** *s.* Bal'lon-, 'Knall͵gummi *m.*

bub·bler ['bʌblə] *s. Am.* Trinkwasserbrunnen *m*; '**bub·bly** [-li] **I.** *adj.* sprudelnd; **II.** *s.* F ‚Schampus' *m (Sekt).*

bu·bo ['bju:bou] *pl.* **-boes** *s.* ⚕ 'Bubo *m (Drüsenschwellung)*; Beule *f*; **bu·bon·ic** [bju(:)'bɔnik] *adj.*: *~ plague* ⚕ Beulenpest.

buc·ca·neer [bʌkə'niə] **I.** *s.* Seeräuber *m*, Freibeuter *m*; **II.** *v/i.* Seeräube'rei betreiben.

buck[1] [bʌk] **I.** *s.* **1.** *zo.* Bock *m (Hirsch, Reh, Ziege etc.)*; Rammler *m (Hase, Kaninchen)*; *engS.* Rehbock *m*; **2.** Stutzer *m*, Geck *m*; Lebemann *m*; **3.** *Am.* F **a)** Indi'aner *m*, **b)** Neger *m*; **4.** *Am. Poker*: *Spielmarke, die e-n Spieler daran erinnern soll, daß er am Geben ist*: *to pass the ~ to* F *j-m* ‚den Schwarzen Peter zuschieben' *(Verantwortung abschieben)*; **II.** *v/i.* **5.** bocken *(Pferd, Esel etc.)*; **6.** *Am.* F ‚meutern', sich sträuben (*at* bei, gegen); **7.** *~ up* F **a)** sich beeilen, **b)** sich zs.-reißen: *~ up!* Kopf hoch!, **c)** prahlen; **III.** *v/t.* **8.** *Reiter* durch Bocken abwerfen; **9.** *Am.* wütend angreifen; angehen gegen; **10.** *a. ~ up* F aufmuntern: *greatly ~ed* hocherfreut; **IV.** *adj.* **11.** männlich; **12.** *~ private* ⚔ *Am. sl.* einfacher Soldat.

buck[2] [bʌk] *s. Am. sl.* Dollar *m.*

buck·et ['bʌkit] **I.** *s.* **1.** Eimer *m*, Kübel *m*: *champagne ~* Sektkühler; *to kick the ~ sl.* ‚draufgehen', ‚abkratzen' *(sterben)*; **2.** ⊕ **a)** Schaufel *f* e-s Schaufelrades, **b)** Eimer *m od.* Löffel *m* e-s Baggers, **c)** (Pumpen-) Kolben *m*; **II.** *v/t.* **3.** (aus)schöpfen; **4.** *Pferd* zu'schanden reiten; **III.** *v/i.* **5.** *Brit.* F (da'hin)rasen, schnell reiten *od.* rudern; '**buck·et·ful** [-ful] *pl.* **-fuls** *s. ein* Eimer(voll) *m.*

buck·et| seat *s.* **1.** *mot.*, ✈ Klapp-, Notsitz *m*; **2.** *mot.* Schalensitz *m*; '**~·shop** *s.* Winkelbankgeschäft *n*, 'unre͵elle Maklerfirma; *~* **wheel** *s.* ⊕ Schöpfrad *n.*

'**buck|·eye** *s. Am.* **1.** ♀ *e-e* 'Roßka͵stanie *f*; **2.** ♀ F Bewohner(in) von Ohio; '**~·horn** *s.* Hirschhorn *n*; '**~·hound** *s. zo.* Jagdhund *m (für Hochwild).*

buck·ish ['bʌkiʃ] *adj.* □ gecken-, stutzerhaft.

'**buck·jump·er** *s.* störrisches Pferd.

buck·le ['bʌkl] **I.** *s.* **1.** Schnalle *f*, Spange *f*; **II.** *v/t.* **2.** *a. ~ on, ~ up* an-, 'um-, zuschnallen; **3.** ⊕ (ver-) biegen, krümmen; **III.** *v/i.* **4.** ⊕ sich (ver)biegen *od.* verziehen, sich wölben; sich krümmen, nachgeben *unter e-r Last*; **5.** (*to*) mit Eifer (an *die Arbeit*) her'angehen: *to ~ down to a task* sich (begeistert) auf e-e Aufgabe stürzen.

buck·ler ['bʌklə] *s.* **1.** runder Schild; **2.** *fig.* Schutz *m*, Beschützer *m.*

buck·ling[1] ['bʌkliŋ] *s.* ⊕ Knickung *f*, Krümmung *f*, Wölbung *f.*

buck·ling[2] ['bʌkliŋ] *(Ger.) s.* Bückling *m (geräucherter Hering).*

buck·ram ['bʌkrəm] *s.* **1.** Steifleinen *n*; **2.** *fig.* Steifheit *f*, Förmlichkeit *f.*

buck·shee ['bʌkʃi:] *adj.* ⚔ *Brit. sl.* 'gratis, um'sonst, 'extra.

'**buck|-shot** *s. hunt.* grober Schrot, Rehposten *m*; '**~·skin** *s.* **1. a)** Wildleder *n*, **b)** *pl.* Lederhose *f*; **2.** Buckskin *m (Wollstoff)*; '**~·thorn** *s.* ♀ Kreuzdorn *m*; '**~·tooth** *s.* [*irr.*] vorstehender Zahn; '**~·wheat** *s.* ♀ Buchweizen *m.*

bu·col·ic [bju(:)'kɔlik] **I.** *adj.* (□ *~ally*) bu'kolisch, hirtenmäßig; ländlich, i'dyllisch; **II.** *s.* I'dylle *f*, Hirtengedicht *n.*

bud [bʌd] **I.** *s.* **1.** ♀ Knospe *f*; Auge *n (Blätterknospe)*: *to be in ~* knospen; **2.** Keim *m*; **3.** *fig.* Keim *m*, Ursprung *m*; → *nip*[1] 2; **4.** unentwickeltes Wesen; **5.** *Am. sl.* Debü'tantin *f*; **II.** *v/i.* **6.** knospen, sprossen; **7.** sich entwickeln *od.* entfalten: *a ~ding lawyer* ein angehender Jurist; **III.** *v/t.* **8.** okulieren.

Bud·dha ['budə] *s.* 'Buddha *m*; '**Bud·dhism** [-dizəm] *s.* Bud'dhismus *m*; '**Bud·dhist** [-dist] *s.* Bud'dhist *m*; **Bud·dhis·tic** [bu'distik] *adj.* bud'dhistisch.

bud·dy [ˈbʌdi] *s.* F **1.** ‚Kumpel' *m*, Kameˈrad *m*: ~ *system* Vetternwirtschaft; **2.** mein Lieber, Freundchen *n* (*Anrede*).

budge [bʌdʒ] *mst neg.* **I.** *v/i.* sich (von der Stelle) rühren, sich (im geringsten) bewegen; **II.** *v/t.* (vom Fleck) bewegen.

budg·er·i·gar [ˈbʌdʒərigɑ:] *s. orn.* Wellensittich *m*.

budg·et [ˈbʌdʒit] **I.** *s.* **1.** *bsd. pol.* Budˈget *n*, Staatshaushalt *m*, (*a.* priˈvater) Haushaltsplan: *to open the* ~ das Budget vorlegen; **2.** *fig.* Vorrat *m*: *a* ~ *of news* ein Sack voll Neuigkeiten; **II.** *v/i.* **3.** planen, ein Budget machen: *to* ~ *for s.th.* et. im Haushaltsplan vorsehen, die Kosten für et. veranschlagen; **ˈbudg·et·ar·y** [-təri] *adj.* Budget..., Haushalts...: ~ *deficit*; **ˈbudg·et-priced** *adj.* preisgünstig.

bud·gie [ˈbʌdʒi] *s.* F → *budgerigar*.

buff¹ [bʌf] *s.* **1.** starkes Ochsen- *od.* Büffelleder; **2.** F bloße Haut: *in* ~ im Adamskostüm (*nackt*); **3.** Lederfarbe *f*; **II.** *adj.* **4.** lederfarben.

buff² [bʌf] *v/t.* ⊕ schwabbeln (*auf Hochglanz polieren*).

buf·fa·lo [ˈbʌfəlou] *pl.* **-loes**, *Am. a.* **-los I.** *s.* **1.** *zo.* Büffel *m*; nordamer. ˈBison *m*; **2.** ⚔ amˈphibischer Panzerwagen; **II.** *v/t.* **3.** *Am. sl. j-n* täuschen, einschüchtern; ~ **chips** *s. pl.* getrockneter Büffelmist (*als Brennstoff*); ~ **robe** *s.* Büffelfell *n* (*als Reisedecke*).

buf·fer [ˈbʌfə] *s.* ⊕ Stoßdämpfer *m*, -kissen *n*, Puffer *m*, Prellbock *m*; ~ **state** *s.* Pufferstaat *m*.

buf·fet¹ [ˈbʌfit] **I.** *s.* **1.** Puff *m*, Stoß *m*; Schlag *m* (*a. fig.*); **II.** *v/t.* **2.** (herˈum)stoßen; **3.** ankämpfen gegen: *to* ~ *the waves* gegen die Wellen kämpfen; **III.** *v/i.* **4.** kämpfen.

buf·fet² [ˈbʌfit] *s.* Büˈfett *n*; Anrichte *f*.

buf·fet³ [ˈbufei] *s.* Büˈfett *n*: **a)** Theke *f*, **b)** Tisch *m* mit Speisen u. Getränken: ~ *dinner* kaltes Büfett (*bei Gesellschaften*), **c)** Imbiß-, Erfrischungsraum *m*; ~ **car** *s.* 🚂 Büˈfettwagen *m*.

buf·fet·ing [ˈbʌfitiŋ] *s.* Stöße *pl.*, Schläge *pl.*, Hin- u. Herschaukeln *n*.

buf·foon [bʌˈfu:n] *s.* **1.** Possenreißer *m*, Hansˈwurst *m*; **2.** derber Witzbold; **bufˈfoon·er·y** [-nəri] *s.* Possen(reißen *n*) *pl.*

bug [bʌg] **I.** *s.* **1.** *zo. Brit.* (Bett-)Wanze *f*; **2.** *zo. Am. allgemein* Inˈsekt *n* (*Ameise, Fliege, Spinne, Käfer*); **3.** *Am.* F Baˈzillus *m*; **4.** ⊕ *Am. sl.* Deˈfekt *m*, *mst pl.* ‚Mucken' *pl.*; **5.** *big* ~ F ‚großes' *od.* ‚hohes Tier' (*wichtige Persönlichkeit*); **6.** *sl.* ‚Wanze' *f* (*Abhörgerät*); **II.** *v/t. sl.* **7.** ‚Wanzen' anbringen in *e-m Raum etc.*; **8.** *Am. j-n* nerven: *what's* ~*ging you?* was hast du denn?; **ˈ~-bear** *s.* Schreckgespenst *n*, ˈPopanz *m*.

bug·ger [ˈbʌgə] **I.** *s.* **1. a)** Sodoˈmit *m*, **b)** ˌHomosexuˈelle(r) *m*; **2.** V *oft humor.* (Sau)Kerl *m*; **II.** *v/t.* **3.** Sodoˈmie treiben mit; **4.** ~ (*up*) *sl. et.* versauen *od.* vermasseln; **III.** *v/i.* **5.** ~ *off Brit. sl.* ‚verduften', ‚Leine ziehen'; **ˈbug·ger·y** [-əri] *s.* **1.** Sodomie *f*, ˈwidernaˌtürliche Unzucht; **2.** ˌHomosexualiˈtät *f*.

bug·gy¹ [ˈbʌgi] *s.* **1.** leichter Wagen (*zweirädrig in England, vierrädrig in USA*); **2.** *Am.* Kinderwagen *m*.

bug·gy² [ˈbʌgi] *adj.* **1.** verwanzt; **2.** *Am. sl.* ‚meˈschugge', verrückt.

ˈbug|·house *Am. sl.* **I.** *s.* Irrenanstalt *f*; **II.** *adj.* verrückt; **ˈ~-hunt·er** *s. sl.* Inˈsektensammler *m*.

bu·gle [ˈbju:gl] *s.* **1.** Wald-, Jagdhorn *n*; **2.** ⚔ Siˈgnalhorn *n*: *to sound the* ~ ein Hornsignal blasen; **ˈbu·gle-call** *s.* ˈHornsiˌgnal *n*; **ˈbu·gler** [-lə] *s.* Horˈnist *m*.

buhl [bu:l] *s.* Einlege-, **Boulearbeit** *f* (*Metall, Schildpatt etc. in Holz*).

build [bild] **I.** *v/t.* [*irr.*] **1.** (er)bauen, errichten: *to* ~ *a fire* (ein) Feuer machen; *to* ~ *in* einbauen; **2.** *mst* ~ *up* aufbauen; gestalten, zs.-setzen, -stellen: *to* ~ *up a business* ein Geschäft aufbauen; *to* ~ *up one's health* s-e Gesundheit festigen; *to* ~ *up a reputation* sich e-n Namen machen; *to* ~ *up a case bsd.* ⚖ (Beweis)Material **zs.**-tragen; **3.** ~ *up* **a)** zubauen, vermauern: *to* ~ *up a window*, **b)** *Gelände* aus-, bebauen; **4.** ~ *up fig.* Reˈklame machen für, *j-n* groß herˈausstellen, *j-n* ‚aufbauen'; **5.** *fig.* gründen, setzen: *to* ~ *one's hopes on s.th.*; **II.** *v/i.* [*irr.*] **6.** bauen, Baumeister sein: *the house is* ~*ing* das Haus ist im Bau; **7.** *fig.* bauen, sich verlassen (*on* auf *acc.*); **8.** ~ *up* sich entwickeln; **III.** *s.* **9.** Bauart *f*, Gestalt *f*; **10.** Körperbau *m*, Fiˈgur *f*; **11.** Schnitt *m* (*Kleid*); **ˈbuild·er** [-də] *s.* **1.** Erbauer *m*; **2.** Baumeister *m*; **3.** ˈBauunterˌnehmer *m*, Bauhandwerker *m*: ~*'s merchant* Baustoffhändler.

build·ing [ˈbildiŋ] *s.* **1.** Bauen *n*, Bauwesen *n*; **2.** Gebäude *n*, Bau *m*, Bauwerk *n*; ~ **block** *s. fig.* Baustein *m*; ~ **con·trac·tor** *s.* ˈBauunterˌnehmer *m*; **ˈ~-lease** *s.* ⚖ *Brit.* Baupacht(vertrag *m*) *f*; ~ **line** *s.* ⊕ ˈBauflucht(ˌlinie) *f*; ~ **lot**, ~ **plot**, ~ **site** *s.* ˈBauparˌzelle *f*, Baugelände *n*; **ˈ~-so·ci·e·ty** *s. Brit.* Baugenossenschaft *f*.

ˈbuild-up *s.* **1.** Aufbau *m*, Zs.-stellung *f*; **2.** Reˈklame *f*, Propaˈganda *f*.

built [bilt] **I.** *pret. u. p.p. von build I u. II*; **II.** *adj.* gebaut, geformt: *he is* ~ *that way* F so ist er eben; **ˈ~-ˈin** *adj.* eingebaut, Einbau...; **ˈ~-ˈup a·re·a** *s.* bebautes Gebiet.

bulb [bʌlb] **I.** *s.* **1.** ⚘ Knolle *f*, Zwiebel *f* (*e-r Pflanze*); **2.** Zwiebelgewächs *n*; **3.** (*Glas- etc.*)Balˈlon *m od.* Kolben *m*; Kugel *f* (*Thermometer*); **4.** ↯ Glühbirne *f*, -lampe *f*; **II.** *v/i.* **5.** rundlich anschwellen; Knollen bilden; **bulbed** [-bd] *adj.* knollenförmig; **ˈbulb·ous** [-bəs] *adj.* knollig, Knollen...: ~ *nose*.

bul·bul [ˈbulbul] *s. orn.* ˈBülbül *m* (*persische Nachtigall od. Singdrossel*).

Bul·gar [ˈbʌlgɑ:] *s.* Bulˈgare *m*, Bulˈgarin *f*; **Bul·gar·i·an** [bʌlˈgɛəriən] **I.** *adj.* bulˈgarisch; **II.** *s.* → *Bulgar*.

bulge [bʌldʒ] **I.** *s.* **1.** (Aus)Bauchung *f*, (*a.* ⚔ Front)Ausbuchtung *f*; Anschwellung *f*, Beule *f*; Vorsprung *m*, Buckel *m*; Rundung *f*, Bauch *m*, Wulst *m*: *Battle of the* ♀ Ardennenschlacht (*1944*); **2.** ⚓ → *bilge*; **3.** Anschwellen *n*, Zunahme *f*; **4.** *a.* ~ *age-group* geburtenstarker Jahrgang; **5.** *sl.* Vorteil *m*: *to have a* ~ *on s.o.* j-m gegenüber im Vorteil sein; **II.** *v/i.* **6.** sich (aus)bauchen, herˈvortreten, -ragen, -quellen, sich blähen *od.* bauschen; **ˈbulg·ing** [-dʒiŋ] *adj.* (zum Bersten) voll (*with* von): *a* ~ *larder*.

bulk [bʌlk] **I.** *s.* **1.** ˈUmfang *m*, Größe *f*, Masse *f*; **2.** große *od.* massige Gestalt; ˈKörperˌumfang *m*, -fülle *f*; **3.** Hauptteil *m*, -masse *f*, Großteil *m*; **4.** unverpackte Schiffsladung: *in* ~ **a)** unverpackt, lose, **b)** im ganzen, in Bausch u. Bogen; *to break* ~ ⚓ zu löschen anfangen; ~ *cargo*, ~ *goods* ✝ Schütt-, Sturzgut, Massengüter; **II.** *v/i.* **5.** ˈumfangreich *od.* sperrig sein; **6.** *fig.* wichtig sein: *to* ~ *large* e-e große Rolle spielen; **III.** *v/t.* **7.** *bsd. Am.* aufstapeln; **ˈ~·head** *s.* ⚓ Schott *n* (*Trennwand im Schiff*); ✈ Spant *m*.

bulk·y [ˈbʌlki] *adj.* **1.** (sehr) ˈumfangreich, massig; **2.** sperrig: ~ *goods* ✝ Sperrgut.

bull¹ [bul] **I.** *s.* **1.** *zo.* Bulle *m*, Stier *m*: *like a* ~ *in a china shop* wie ein Elefant im Porzellanladen; *to take the* ~ *by the horns* den Stier bei den Hörnern packen; **2.** *zo.* (*Elefanten-, Elch, Wal- etc.*)Bulle *m*; **3.** ✝ Haussiˈer *m*, ˈHaussespekuˌlant *m*: ~ *market* Haussemarkt; **4.** *Am. sl.* ‚Bulle' *m* (*Polizist*); **5.** *ast.* Stier *m*; **6.** → *bull's-eye 3 u. 4*; **II.** *v/t.* **7.** ✝ Preise in die Höhe treiben für *et.*; **III.** *v/i.* **8.** ✝ auf Hausse spekulieren; **IV.** *adj.* **9.** männlich; **10.** ✝ steigend.

bull² [bul] *s.* (päpstliche) Bulle.

bull³ [bul] *s. sl. a. Irish* ~ **1.** ungereimtes Zeug, ˈwidersprüchliche Behauptung; **2.** (gesellschaftliche) Entgleisung.

ˈbull|-bait·ing *s.* Stierhetze *f*; **ˈ~-dog I.** *s.* **1.** *zo.* Bulldogge *f*; **2.** *Brit. univ.* Begleiter *m* des ˈProctors; **3.** *e-e* Piˈstole *f*; **II.** *adj.* **4.** mutig, zäh, hartnäckig; **ˈ~·doze** *v/t. sl.* ‚überˈfahren', einschüchtern, terrorisieren; zwingen (*into* zu); **ˈ~·doz·er** [-douzə] *s.* ⊕ Großräumpflug *m*, Planierraupe *f*.

bul·let [ˈbulit] *s.* (Gewehr- *etc.*) Kugel *f*, Geschoß *n*; **ˈ~-head** *s.* **1.** Rundkopf *m*; **2.** *Am.* F Dickkopf *m*.

bul·le·tin [ˈbulitin] *s.* **1.** Bulleˈtin *n*: **a)** Tagesbericht *m* (*a.* ⚔), **b)** Krankenbericht *m*: ~ *board Am.* schwarzes Brett (*für Anschläge*); **2.** *kleines* Nachrichtenblatt.

ˈbul·let-proof *adj.* kugelsicher.

ˈbull|·fight *s.* Stierkampf *m*; **ˈ~·fight·er** *s.* Stierkämpfer *m*; **ˈ~·finch** *s.* **1.** *orn.* Dompfaff *m*; **2.** hohe Hecke, Grenzhecke *f*; **ˈ~·frog** *s. zo.* Ochsenfrosch *m*; **ˈ~-ˈhead·ed** *adj.* starrköpfig.

bul·lion [ˈbuljən] *s.* **1.** ungemünztes Gold *od.* Silber; **2.** Gold *n od.* Silber *n* in Barren; **3.** Gold-, Silberlitze *f*, -schnur *f*, -troddel *f*.

bull·ish [ˈbuliʃ] *adj.* **1.** dickköpfig; **2.** ✝ steigend (*Preise, Kurse*).

bull neck *s.* Stiernacken *m* (*a. fig.*).
bull·ock ['bulək] *s. zo.* Ochse *m.*
bull| pen *s. Am.* **1.** *sl.* Ba'racke *f* für Holzfäller; **2.** *sl.* ‚Kittchen' *n*, Gefängnis *n*; **3.** *Baseball*: Übungsplatz *m* für Re'servewerfer; '**~-punch·er** *s. Austral.* Ochsentreiber *m*; '**~·ring** *s.* 'Stierkampfaˌrena *f.*
bull's-eye ['bulzai] *s.* **1.** ⚓, △ Bullauge *n*, rundes Fensterchen; **2.** *a.* ~ *pane* Ochsenauge *n*, Butzenscheibe *f*; **3.** Zentrum *n od. das* Schwarze (*Zielscheibe*); **4.** Schuß *m* ins Schwarze (*a. fig.*); **5.** 'Blendlaˌterne *f*; **6.** schwarzweißer 'Pfefferminzbonˌbon.
'**bull-ter·ri·er** *s. zo.* 'Bullˌterrier *m.*
bul·ly[1] ['buli] *s. a.* ~ *beef* Rinderpökelfleisch *n* (in Büchsen).
bul·ly[2] ['buli] **I.** *s.* **1.** bru'taler Kerl, Maulheld *m*, Ty'rann *m*; **2.** Zuhälter *m*; **3.** *Brit. sport* Handgemenge *n* beim Rugby; **II.** *v/t.* **4.** tyrannisieren, schikanieren, einschüchtern, piesacken; **III.** *adj.* **5.** *Am.* F ‚prima' (*a. int.*); **IV.** *int.* **6.** *Am.* F bravo!
bul·ly| beef → *bully*[1]; '**~·rag** → *ballyrag.*
bul·rush ['bulrʌʃ] *s.* ⚘ *große* Binse.
bul·wark ['bulwək] *s.* **1.** Bollwerk *n*, Wall *m* (*beide a. fig.*); **2.** ⚓ Schanzkleid *n.*
bum [bʌm] **I.** *s.* **1.** F Hintern *m*; **2.** *Am. sl.* ‚Stromer' *m*, Faulpelz *m*, Schnorrer *m*: *to go on the* ~ **a)** trampen, **b)** kaputtgehen; **3.** *Brit.* → *bum-bailiff*; **II.** *v/i.* **4.** *Am. sl.* her'umlungern; **5.** *Am. sl.* schnorren; **III.** *adj.* **6.** *Am. sl.* schlecht, wertlos; ~-'**bail·iff** *s. Brit.* Gerichtsdiener *m.*
bum·ble-bee ['bʌmblbi:] *s. zo.* Hummel *f.*
bum·ble·dom ['bʌmbldəm] *s.* Wichtigtue'rei *f* der kleinen Beamten.
'**bum-boat** *s.* ⚓ Provi'antboot *n.*
bumf [bʌmf] *s. Brit. sl.* **1.** *coll. contp.* ‚Pa'pierkram' *m* (*Akten, Formulare etc.*); **2.** ‚'Klopaˌpier' *n*, Toi'lettenpaˌpier *n.*
bum·mer ['bʌmə] *s. Am. sl.* ‚Stromer' *m*, ‚Penner' *m*, Faulpelz *m.*
bump [bʌmp] **I.** *v/t.* **1.** (heftig) stoßen, (an)prallen: *to* ~ *one's head* sich den Kopf anstoßen; *I* ~*ed my head against* (*od.* on) *the door* ich stieß *od.* rannte mit dem Kopf gegen die Tür; *to* ~ *a car* auf ein Auto auffahren; **2.** *Rudern*: *Boot* über'holen u. anstoßen; **3.** ~ *off sl.* ‚'umlegen', ‚kaltmachen'; **II.** *v/i.* **4.** (*against, into*) stoßen, prallen, bumsen (gegen), zs.-stoßen (mit); **5.** rütteln, holpern (*Wagen*); **III.** *s.* **6.** heftiger Stoß, Bums *m*; **7.** ⚕ Beule *f*, Höcker *m*; **8.** holperige Stelle (*Straße*); **9.** Sinn *m* (*für et.*): ~ *of locality* Ortssinn; **10.** ✈ (Steig-)Bö *f*; **IV.** *adv.* **11.** bums!
bump·er ['bʌmpə] *s.* **1.** volles Glas (*Wein etc.*); **2.** F *et.* Riesiges: ~ *crop* Rekordernte; ~ *house thea.* volles Haus; **3.** 🚂 *Am.* Puffer *m*; **4.** *mot.* Stoßstange *f.*
bump·kin ['bʌmpkin] *s.* Bauernlümmel *m.*
bump·tious ['bʌmpʃəs] *adj.* □ aufgeblasen, anmaßend, dünkelhaft.
bump·y ['bʌmpi] *adj.* **1.** holperig, uneben; **2.** ✈ ‚bockig', böig.
bun[1] [bʌn] *s.* **1.** Kuchen-, Ko'rinthenbrötchen *n*: *to take the* ~ *Brit. sl.* den Vogel abschießen; **2.** Haarknoten *m.*
bun[2] [bʌn] *s. Brit.* Ka'ninchen *n.*
bu·na ['bu:nə] *s.* 'Buna *m, n* (*synthetischer Kautschuk*).
bunch [bʌntʃ] **I.** *s.* **1.** Bündel *n*, Bund *n*, Büschel *n*: ~ *of flowers* Blumenstrauß; ~ *of grapes* Weintraube; ~ *of keys* Schlüsselbund; **2.** F Anzahl *f*, Gruppe *f*, Haufen *m*: *the best of the* ~ der Beste von allen; **II.** *v/t.* **3.** bündeln (*a.* ⚡), zs.-fassen, -binden; falten: ~*ed circuit* ⚡ Leitungsbündel; **III.** *v/i.* **4.** sich zs.-legen, -schließen; **5.** sich bauschen; '**bunch·y** [-tʃi] *adj.* büschelig, bauschig, in Bündeln.
bun·co ['bʌŋkou] *v/t. Am. sl.* beschwindeln (*bsd. beim Kartenspiel*).
bun·combe → *bunkum.*
bund [bʌnd] *s.* Uferstraße *f* (*in China, Japan*).
bun·dle ['bʌndl] **I.** *s.* **1.** Bündel *n*, Bund *n*; Pa'ket *n*; Ballen *m*; **2.** *fig.* Menge *f*, Haufen *m*; **II.** *v/t.* **3.** in Bündel zs.-binden, -packen; **4.** *mst* ~ *off* (*od. out*) *j-n* abschieben, (eilig) fortschaffen: *he was* ~*d into a taxi* er wurde in ein Taxi verfrachtet *od.* gepackt; **III.** *v/i.* **5.** ~ *off* (*od. out*) sich packen *od.* da'vonmachen.
bung [bʌŋ] **I.** *s.* **1.** Spund(zapfen) *m*, Stöpsel *m*; **2.** ⚔ Mündungspfropfen *m* (*Geschütz*); **II.** *v/t.* **3.** verspunden, verstopfen; zupfropfen; **4.** *sl.* werfen, schleudern; **5.** ~ *up Röhre, Öffnung* verstopfen (*mst pass.*): ~*ed-up* **a)** verstopft, **b)** verschwollen (*Augen*); **III.** *adv.* **6.** *sl.* völlig.
bun·ga·low ['bʌŋgəlou] *s.* 'Bungalow *m.*
'**bung-hole** *s.* Spund-, Zapfloch *n.*
bun·gle ['bʌŋgl] **I.** *v/i.* **1.** stümpern, pfuschen; **II.** *v/t.* **2.** verpfuschen; **III.** *s.* **3.** Stümpe'rei *f*; **4.** Fehler *m*, ‚Schnitzer' *m*; '**bun·gler** [-lə] *s.* Stümper *m*, Pfuscher *m*; '**bungling** [-liŋ] *adj.* □ ungeschickt, stümperhaft.
bun·ion ['bʌnjən] *s.* ⚕ entzündeter Fußballen.
bunk[1] [bʌŋk] **I.** *s.* ⚓ (Schlaf)Koje *f*; *weitS.* Schlafstelle *f*, Bett *n*, ‚Falle' *f*: ~ *bed* Etagenbett; **II.** *v/i.* in e-r Koje schlafen; F ‚sich aufs Ohr legen' (*zu Bett gehen*).
bunk[2] [bʌŋk] *abbr. für* **bunkum.**
bunk[3] [bʌŋk] *Brit. sl.* **I.** *s.*: *to do a* ~ ‚abhauen', ‚verduften'; **II.** *v/i.* ‚ausreißen', ‚türmen'.
bunk·er ['bʌŋkə] *s.* **1.** ⚓ (Kohlen-)Bunker *m*; **2.** ⚔ Bunker *m*, bombensicherer 'Unterstand; **3.** *Golf*: Bunker *m* (*Hindernis*); '**bunk·ered** [-əd] *adj.* F in der Klemme.
'**bunk·house** *s. Am.* 'Arbeiterbaˌracke *f.*
bun·kum ['bʌŋkəm] *s.* ‚Blech' *n*, Blödsinn *m*, Quatsch *m*, Gewäsch *n.*
bun·ny ['bʌni] *s. Kosename für* Ka'ninchen *n*; *Am. a.* Eichhörnchen *n.*
Bun·sen burn·er ['bunsn] *s.* Bunsenbrenner *m.*
bun·ting[1] ['bʌntiŋ] *s.* **1.** Flaggentuch *n*; **2.** *coll.* Flaggen *pl.*
bun·ting[2] ['bʌntiŋ] *s. orn.* Ammer *f.*
buoy [bɔi] **I.** *s.* **1.** ⚓ Boje *f*, Bake *f*, Seezeichen *n*: *whistling* ~ Heulboje, -tonne; **II.** *v/t.* **2.** *a.* ~ *out Fahrrinne* durch Bojen bezeichnen; **3.** *mst* ~ *up* flott erhalten; **4.** *fig.* Auftrieb geben (*dat.*), aufrechterhalten, beleben: ~*ed up* hoffnungsvoll; **buoy·an·cy** ['bɔiənsi] *s.* **1.** *phys.* Schwimm-, Tragkraft *f*; **2.** ✈ Auftrieb *m* (*a. fig.*); **3.** *fig.* Schwung *m*, Spann-, Lebenskraft *f*; **buoy·ant** ['bɔiənt] *adj.* □ **1.** schwimmend, tragend (*Wasser etc.*); **2.** *fig.* schwungvoll, lebhaft, heiter; **3.** † steigend; lebhaft.
bur [bə:] *s.* ⚘ Klette *f* (*a. fig.*): *to cling like a* ~ *fig.* wie e-e Klette anhängen.
Bur·ber·ry ['bə:bəri] *s.* wasserdichter Stoff *od.* Mantel (*Name der Hersteller*).
bur·ble ['bə:bl] **I.** *v/i.* **1.** brodeln, sprudeln; **2.** plappern; **II.** *s.* **3.** ⊕, ✈ Wirbel *m.*
bur·bot ['bə:bət] *s. ichth.* Quappe *f.*
bur·den[1] ['bə:dn] *s.* **1.** Re'frain *m*, Kehrreim *m*; **2.** Hauptgedanke *m*, Kern *m.*
bur·den[2] ['bə:dn] **I.** *s.* **1.** Last *f*, Ladung *f*; **2.** *fig.* Last *f*, Bürde *f*, (finanzi'elle) Belastung, Druck *m*: ~ *of proof* ⚖ Beweislast; ~ *of years* Last der Jahre; *he is a* ~ *on me* er fällt mir zur Last; **3.** ⊕ Traglast *f*; **4.** ⚓ Tragfähigkeit *f*; Ladung *f*; **II.** *v/t.* **5.** belasten: *to* ~ *s.o. with s.th.* j-m et. aufbürden; '**bur·den·some** [-səm] *adj.* lästig, drückend.
bur·dock ['bə:dɔk] *s.* ⚘ Große Klette.
bu·reau [bjuə'rou] *pl.* **-reaus, -reaux** [-'rouz] *s.* **1.** Bü'ro *n*; Geschäfts-, Amtszimmer *n*; **2.** Behörde *f*; **3.** *Brit.* Schreibpult *n*; **4.** *Am.* ('Spiegel)Komˌmode *f*; **bu·reauc·ra·cy** [bjuə'rɔkrəsi] *s.* **1.** Bürokra'tie *f*; **2.** *coll.* Beamtenschaft *f*; **bu·reau·crat** ['bjuəroukræt] *s.* Büro'krat *m*; **bu·reau·crat·ic** [bjuərou'krætik] *adj.* büro'kratisch. (□ ~*ally*)
bu·rette [bjuə'ret] *s.* ⚗ Bü'rette *f*, [Meßröhre *f.*]
burg [bə:g] *s. Am.* F Stadt *f.*
bur·gee ['bə:dʒi:] *s.* ⚓ Doppelstander *m.*
bur·geon ['bə:dʒən] **I.** *s.* ⚘ Knospe *f*; **II.** *v/i.* knospen, sprießen (*a. fig.*).
bur·gess ['bə:dʒis] *s. Brit.* **1.** (wahlberechtigter) Bürger; **2.** *hist.* Abgeordnete(r) *m.*
burgh ['bʌrə] *s. Scot.* Stadt *f* (= *Brit. borough*); **burgh·er** ['bə:gə] *s.* Bürger *m* (*nicht für brit. od. USA-Bürger gebraucht*).
bur·glar ['bə:glə] *s.* (nächtlicher) Einbrecher: *we had* ~*s last night* bei uns wurde letzte Nacht eingebrochen; ~ **a·larm** *s.* A'larmglocke *f* (*als Sicherung gegen Einbruch*).
bur·glar·i·ous [bə'glɛəriəs] *adj.* □ Einbruchs..., einbrecherisch; **bur·glar·ize** ['bə:gləraiz] *v/t.* einbrechen in (*acc.*).
'**bur·glar-proof** *adj.* einbruchsicher.
bur·gla·ry ['bə:gləri] *s.* (nächtlicher) Einbruch; Einbruchdiebstahl *m*; **bur·gle** ['bə:gl] → *burglarize.*
bur·go·mas·ter ['bə:gəmɑ:stə] *s.*

Bürgermeister *m* (*in Deutschland u. Holland*).

bur·gun·dy [ˈbəːgəndi] *s.* Burˈgunder *m* (*Wein*).

bur·i·al [ˈberiəl] *s.* **1.** Begräbnis *n*, Beerdigung *f*; **2.** Leichenfeier *f*; **3.** Ein-, Vergraben *n*; ˈ**~-ground** *s.* Begräbnisplatz *m*, Friedhof *m*; ˈ**~-mound** *s.* Grabhügel *m*; ˈ**~-place** *s.* Grabstätte *f*; ˈ**~-serv·ice** *s.* Trauerfeier *f*.

burke [bəːk] *v/t. fig. et.* unterˈdrücken, vertuschen.

bur·lap [ˈbəːlæp] *s.* Sackleinwand *f*, Rupfen *m*.

bur·lesque [bəːˈlesk] **I.** *adj.* **1.** burˈlesk, possenhaft; **II.** *s.* **2.** Burˈleske *f*, Posse *f*; **3.** *Am.* Varieˈté *n*.

bur·ly [ˈbəːli] *adj.* dick, stämmig.

Bur·man [ˈbəːmən] *s.* Birˈmane *m*, Birˈmanin *f*; **Bur·mese** [bəːˈmiːz] **I.** *adj.* birˈmanisch; **II.** *s.* **a)** → *Burman*, **b)** Birˈmanen *pl.*

burn[1] [bəːn] **I.** *s.* **1.** verbrannte Stelle; **2.** Brandwunde *f*, -mal *n*; **II.** *v/i.* [*irr.*] **3.** (ver)brennen, in Flammen stehen, in Brand geraten: *the house is ~ing* das Haus brennt; *the stove ~s well* der Ofen brennt gut; *all the lights were ~ing* alle Lichter brannten; **4.** *fig.* (ent)brennen, darˈauf brennen (*to inf.* zu *inf.*): *~ing with anger* wutentbrannt; *~ing with love* von Liebe entflammt; **5.** an-, verbrennen, versengen: *the meat is ~t* das Fleisch ist angebrannt; **6.** brennen, Hitze fühlen: *his face ~t in the wind* sein Gesicht brannte von dem Wind; **7.** verbrannt werden, in den Flammen ˈumkommen; → 9; **III.** *v/t.* [*irr.*] **8.** (ver)brennen: *our boiler ~s coke*; *his house was ~t* sein Haus brannte ab; **9.** ver-, anbrennen, versengen, durch Feuer *od.* Hitze verletzen: *to ~ a hole* ein Loch brennen; *the soup is ~t* die Suppe ist angebrannt; *I have ~t my fingers* ich habe mir die Finger verbrannt (*a. fig.*); *to ~ to death* verbrennen; → 7; **10.** ⊕ *Porzellan, (Holz)Kohle, Ziegel* brennen; **~ down** *v/t. u. v/i.* ab-, niederbrennen; **~ out I.** *v/i.* ausbrennen; ⚡ ˈdurchbrennen; **II.** *v/t.* ausbrennen, -räuchern; **~ up I.** *v/t.* **1.** ganz verbrennen; **2.** *Am. sl.* wütend machen; **II.** *v/i.* **3.** stark brennen; ab-, aus-, verbrennen; **4.** *Raumfahrt*: verglühen (*Rakete etc.*); **5.** *Am. sl.* wütend werden.

burn[2] [bəːn] *s. Scot.* Bach *m*.

burn·er [ˈbəːnə] *s.* Brenner *m* (*Person u. Gerät*): *gas-~*.

burn·ing [ˈbəːniŋ] *adj.* brennend, heiß, glühend (*a. fig.*): *a ~ question* e-e brennende Frage; *it is a ~ shame* es ist e-e Sünde u. Schande; ˈ**~-glass** *s.* Brennglas *n*.

bur·nish [ˈbəːniʃ] **I.** *v/t.* **1.** polieren, blank machen; **2.** ⊕ brünieren; **II.** *v/i.* **3.** blank *od.* glatt werden; ˈ**bur·nish·er** [-ʃə] *s.* **1.** Polierer *m*, Brünierer *m*; **2.** ⊕ Polierstahl *m*.

bur·nouse [bəːˈnuːz] *s.* ˈBurnus *m* (*arabischer Mantel mit Kapuze*).

burnt [bəːnt] **I.** *pret. u. p.p. von burn*[1] *II u. III*; **II.** *adj.* ge-, verbrannt; **~ al·monds** *s. pl.* gebrannte Mandeln *pl.*; **~ gas** *s. mot.* Auspuffgas *n*; **~ lime** *s.* ⊕ gebrannter Kalk; **~ of·fer·ing** *s. bibl.* Brandopfer *n*.

burp [bəːp] **I.** rülpsen, aufstoßen, ein ‚Bäuerchen' machen (*Baby*); **II.** *v/t. Baby* ein ‚Bäuerchen' machen lassen.

burr[1] [bəː] *s.* **1.** ⊕ Grat *m* (*rauhe Kante*); **2.** ⊕ Schleif-, Mühlstein *m*; **3.** ⚕ (Zahn)Bohrer *m*.

burr[2] [bəː] **I.** *s.* **1.** Zäpfchenaussprache *f* des R; **II.** *v/t. u. v/i.* **2.** das R schnarren; **3.** undeutlich sprechen.

burr[3] [bəː] → *bur.*

ˈ**burr-drill** *s.* ⊕, ⚕ Drillbohrer *m*.

bur·row [ˈbʌrou] **I.** *s.* **1.** (*Fuchs- etc.*) Bau *m*, Höhle *f*; **II.** *v/i.* **2.** sich eingraben; **3.** *fig.* sich verkriechen *od.* verbergen; sich vertiefen (*into* in *acc.*); **III.** *v/t.* **4.** *Bau* graben.

bur·sar [ˈbəːsə] *s. univ.* **1.** Schatzmeister *m*, ˈQuästor *m*; **2.** *Scot.* Stipendiˈat *m*; ˈ**bur·sa·ry** [-əri] *s. univ.* **1.** Schatzamt *n*, Quäˈstur *f*; **2.** *Scot.* Stiˈpendium *n*.

bur·si·tis [bəːˈsaitis] *s.* ⚕ Schleimbeutelentzündung *f*.

burst [bəːst] **I.** *v/i.* [*irr.*] **1.** bersten, (zer)platzen, (auf-, zer)springen; explodieren; sich entladen (*Gewitter*); aufspringen (*Knospe*); aufgehen (*Geschwür*): *to ~ open* aufplatzen; **2.** herˈeinstürmen: *to ~ into the room* ins Zimmer stürzen; **3.** *fig.* ausbrechen, herˈausplatzen: *to ~ into tears* in Tränen ausbrechen; *to ~ into laughter od. to ~ out laughing* in Gelächter ausbrechen; **4.** platzen, bersten; gespannt sein, brennen: *to ~ with envy* vor Neid platzen; *I am ~ing to tell you* ich brenne darauf, es dir zu sagen; **5.** zum Bersten voll sein (*with* von): *a larder ~ing with food*; *to ~ with health (energy)* vor Gesundheit (Kraft) strotzen; **6.** *a. ~ up* zs.-brechen, bankˈrott gehen; **7.** plötzlich sichtbar werden: *to ~ into view*; *to ~ forth* hervorbrechen, -sprudeln; *to ~ upon s.o.* j-m plötzlich klarwerden; **II.** *v/t.* [*irr.*] **8.** sprengen, auf-, zerbrechen, zum Platzen bringen (*a. fig.*): *to ~ open* sprengen, aufbrechen; *I have ~ a blood-vessel* mir ist e-e Ader geplatzt; *the river ~ its banks* **a)** der Fluß trat über die Ufer, **b)** der Fluß durchbrach die Dämme; *the car ~ a tyre* ein Reifen am Wagen platzte; *to ~ one's sides with laughter* sich vor Lachen ausschütten; **9.** *fig.* zum Scheitern bringen, auffliegen lassen, ruinieren; **III.** *s.* **10.** Bersten *n*, Platzen *n*, Exploˈsiˈon *f*; ⚔ Feuerstoß *m* (*Maschinengewehr*); Auffliegen *n*, Ausbruch *m*: *~ of laughter* Lachsalve; *~ of applause* Beifallssturm; **11.** Bruch *m*, Riß *m*, Sprung *m* (*a. fig.*); **12.** plötzliches Erscheinen; **13.** *sport* Spurt *m*; **14.** *sl.* Saufeˈrei *f*.

ˈ**burst-up** *s. sl.* **1.** Bankˈrott *m*, Zs.-bruch *m*, Ruˈin *m*; **2.** Krach *m*; **3.** ˈSaufparˌtie *f*, Bummel *m*.

bur·then [ˈbəːðən] *s. obs. für burden.*

bur·y [ˈberi] *v/t.* **1.** begraben, beerdigen; **2.** ein-, vergraben, verschütten, versenken (*a. fig.*): *buried cable* ⊕ Erdkabel; **3.** verbergen; **4.** *fig.* begraben, vergessen; **5.** *~ o.s.* sich verkriechen; *fig.* sich vertiefen.

bus [bʌs] **I.** *pl.* ˈ**bus·es** [-siz] *s.* **1.** ˈOmnibus *m*, (ˈAuto)Bus *m*: *to miss the ~* F den Anschluß (*Gelegenheit*) verpassen; **2.** *sl.* ‚Kiste' *f*: **a)** ˈAuto *n*, **b)** Flugzeug *n*; **II.** *v/i.* **3.** *a. ~ it* mit dem Omnibus fahren; ˈ**~-bar** *s.* ⚡ Sammel-, Stromschiene *f*; **~ boy** *s. Am.* Kellnerlehrling *m*, ˈPikkolo *m*.

bus·by [ˈbʌzbi] *s.* ⚔ Bärenmütze *f*.

bush[1] [buʃ] *s.* **1.** Busch *m*, Strauch *m*: *to beat about the ~ fig.* wie die Katze um den heißen Brei herumgehen, um die Sache herumreden; **2.** Gebüsch *n*, Dickicht *n*; **3.** Busch *m*, Urwald *m*; **4.** (Haar)Schopf *m*.

bush[2] [buʃ] *s.* ⊕ Lagerfutter *n*.

bush·el[1] [ˈbuʃl] *s.* Scheffel *m* (*36,37 l*); → *light*[1] *1 d.*

bush·el[2] [ˈbuʃl] *v/t. Am. Kleidung* ausbessern, flicken, ändern.

ˈ**bush|-fight·er** *s.* Gueˈrillakämpfer *m*; **~ league** *s. sport Am. sl.* kleinerer Baseball-Verband; ˈ**~·man** [-mən] *s.* [*irr.*] **1.** Buschmann *m*; **2.** ˈHinterwäldler *m*; ˈ**~-rang·er** *s.* Buschklepper *m*, Strauchdieb *m*; ˈ**~-whack·er** *s. Am.* **1.** Buschmesser *n*; **2.** → *bush-fighter*; **3.** → *bushman 2.*

bush·y [ˈbuʃi] *adj.* buschig.

busi·ness [ˈbiznis] *s.* **1.** Geschäft *n*, Tätigkeit *f*, Arbeit *f*, Beruf *m*, Gewerbe *n*: *what is his ~?* was ist er von Beruf?; → *a. 5*; *on ~* beruflich, geschäftlich; *~ of the day* Tagesordnung; **2. a)** Handel *m*, Kaufmannsberuf *m*, Geschäftsleben *n*, **b)** Geˈschäftsvoˌlumen *n*, ˈUmsatz *m*: *to go into ~* Kaufmann werden; *to be in ~* Kaufmann sein; *to go out of ~* das Geschäft *od.* den Beruf aufgeben; *to do good ~ (with)* gute Geschäfte machen (mit); *~ hours* Geschäftszeit; → *big 1*; **3.** Geschäft *n*, Firma *f*; Laden *m*, Geˈschäftsloˌkal *n*; **4.** Aufgabe *f*, Pflicht *f*; Recht *n*: *to make it one's ~ (to inf.)* es sich zur Aufgabe machen (zu *inf.*); *to have no ~ (to inf.)* kein Recht haben (zu *inf.*); *what ~ had you (to inf.)?* wie kamst du dazu (zu *inf.*)?; *to send s.o. about his ~* j-m heimleuchten; *he means ~* er meint es ernst; **5.** Sache *f*, Angelegenheit *f*: *that is none of your ~* das geht dich nichts an; *mind your own ~* kümmere dich um d-e eigenen Angelegenheiten; *what is your ~?* was ist dein Anliegen?; → *a. 1*; *what a ~ it is!* das ist ja e-e schreckliche Geschichte!; *I am sick of the whole ~* die Sache hängt mir zum Hals heraus; *to get down to ~* zur Sache kommen; **6.** F ‚Geschäft' *n*: *to do one's little ~* sein kleines Geschäft machen; **~ ad·dress** *s.* Geˈschäftsaˌdresse *f*; **~ cap·i·tal** *s.* Beˈtriebskapiˌtal *n*; **~ card** *s.* Geschäftskarte *f*; **~ col·lege** *s. Am.* Handelsschule *f*; **~ end** *s.* F wesentlicher Teil, *z.B. Spitze f e-s Bohrers od. Dolches, Mündung f e-s Gewehres*; **~ let·ter** *s.* Geschäftsbrief *m*; ˈ**~-like** *adj.* **1.** geschäftsmäßig, sachlich, nüchtern; **2.** (geschäfts)tüchtig; **~ lunch** *s.* Arbeitsessen *n*; **~ man** *s.* [*irr.*] Geschäfts-, Kaufmann *m*; **~ prac-**

tic·es *s. pl.* Geschäftsgebaren *n*; ~ **prem·is·es** *s. pl.* Geschäftsräume *pl.*; ~ **re·la·tions** *s. pl.* Geschäftsbeziehungen *pl.*, -verbindungen *pl.*; ~ **re·search** *s.* Konjunk'turforschung *f*; ~ **suit** *Am.* → *lounge suit*; ~ **trip** *s.* Geschäfts-, Dienstreise *f*; ~ **wom·an** *s.* [*irr.*] Geschäftsfrau *f*, berufstätige Frau; ~ **year** *s.* Geschäftsjahr *n*.

busk [bʌsk] *s.* Kor'settstäbchen *n*.

busk·er ['bʌskə] *s. sl.* **1.** 'Straßenmusiˌkant *m*; **2.** 'Schmierenkomödiˌant *m*.

bus·kin ['bʌskin] *s.* **1.** Halbstiefel *m*; **2.** Ko'thurn *m*; **3.** *fig.* Tra'gödie *f*.

'bus·man [-mən] *s.* [*irr.*] 'Omnibusfahrer *m*: ~*'s holiday* mit der üblichen Berufsarbeit verbrachter Urlaub.

buss [bʌs] *s. obs.* Kuß *m*.

bus stop *s.* Bushaltestelle *f*.

bust[1] [bʌst] *s.* Büste *f*: **a)** Brustbild *n* (*aus Marmor, Bronze etc.*), **b)** *anat.* Busen *m*.

bust[2] [bʌst] *sl.* **I.** *v/i.* **1.** *oft* ~ *up* ‚ka'puttgehen', ‚eingehen' (*a.* ✝ *bankrott gehen*); **II.** *v/t.* **2.** ‚ka'puttmachen': **a)** sprengen, **b)** ruinieren; **3.** ⚔ degradieren; **III.** *s.* **4.** Sauftour *f*: *to go on the* ~ e-e Sauftour machen; **IV.** *adv.* **5.** *to go* ~ → *1*.

bus·tard ['bʌstəd] *s. orn.* Trappe *f*.

bust·er ['bʌstə] *s.* **1.** *sl.* ‚Mordsding' *n*, ‚-kerl' *m*; **2.** (Zer)Sprenger *m* (*a. fig.*): *safe* ~ Geldschrankknacker; **3.** *Am. sl.* Ra'daubruder *m*; **4.** *sl.* ‚Besäufnis' *n* (*Trinkgelage*).

bus·tle[1] ['bʌsl] *s.* Tur'nüre *f* (*Gesäßpolster im Kleid*).

bus·tle[2] ['bʌsl] **I.** *v/i. a.* ~ *about* Betrieb machen, geschäftig tun, ‚her'umfuhrwerken', hasten, sich tummeln; **II.** *v/t.* ~ *up* hetzen; **III.** *s.* Geschäftigkeit *f*, geschäftiges Treiben, Getriebe *n*; Hast *f*; Getue *n*; **bus·tler** ['bʌslə] *s.* (geschäftiger) Wichtigtuer; **bus·tling** ['bʌsliŋ] *adj.* ('über)eifrig; rührig, geschäftig (*a. Stadt etc.*).

'bust-up *sl.* → *burst-up*.

bus·y ['bizi] **I.** *adj.* □ **1.** beschäftigt, tätig: *to be* ~ *packing* mit Packen beschäftigt sein; **2.** geschäftig, rührig, fleißig: *as* ~ *as a bee* bienenfleißig; **3.** belebt (*Straße etc.*); ereignis-, arbeitsreich (*Zeit*); **4.** auf-, zudringlich; **5.** *teleph.* besetzt (*Leitung*); **II.** *v/t.* **6.** (*o.s.* sich) beschäftigen (*with, in, at, about ger.* mit); **'~-bod·y** *s.* ‚Gschaftlhuber' *m*, 'Übereifrige(r) *m*, Wichtigtuer *m*.

bus·y·ness ['bizinis] *s.* Geschäftigkeit *f*, Beschäftigtsein *n*.

but [bʌt; bət] **I.** *cj.* **1.** aber, je'doch, sondern: *small* ~ *select* klein, aber fein; *I wished to go* ~ *I couldn't* ich wollte gehen, aber ich konnte nicht; *not only ...* ~ *also* nicht nur ..., sondern auch; **2.** außer, als: *what could I do* ~ *refuse* was blieb mir übrig, als abzulehnen; *he cannot* ~ *laugh* er kann nicht umhin, zu lachen; **3.** ohne daß: *justice was never done* ~ *someone complained*; **4.** ~ *that* **a)** wenn nicht: *I would do it* ~ *that I am busy*, **b)** daß: *you cannot deny* ~ *that it was you*, **c)** daß nicht: *I am not so stupid* ~ *that I can learn it* ich bin nicht so dumm, daß ich es nicht lernen könnte; **5.** ~ *then* andererseits, immer'hin; **6.** ~ *yet*, ~ *for all that* (aber) trotzdem; **II.** *prp.* **7.** außer: ~ *that* außer daß; *all* ~ *me* alle außer mir; → *13*; *anything* ~ *clever* alles andere als klug; *the last* ~ *one* der vorletzte; *the last* ~ *two* der drittletzte; **8.** ~ *for* ohne, wenn nicht: ~ *for the war* ohne den Krieg, wenn der Krieg nicht (gewesen *od.* gekommen) wäre; **III.** *adv.* **9.** nur, bloß: ~ *a child*; *I did* ~ *glance* ich blickte nur flüchtig hin; ~ *once* nur 'einmal; **10.** erst, gerade: *he left* ~ *an hour ago*; **11.** immerhin, wenigstens: *you can* ~ *try*; **12.** *nothing* ~, *none* ~ nur; **13.** *all* ~ fast: *he all* ~ *died* er wäre fast gestorben; → *7*; **IV.** *neg. rel. pron.* **14.** *few of them* ~ *rejoiced* es gab wenige, die sich nicht freuten; **V.** *s.* **15.** Aber *n*.

butch·er ['butʃə] **I.** *s.* **1.** Fleischer *m*, Schlächter *m*, Metzger *m*: ~*'s meat* Schlachtfleisch (*Ggs. Geflügel u. Fisch*); **2.** *fig.* Mörder *m*, Schlächter *m*, blutdürstiger Mensch; **3.** 🚂 *Am.* Verkäufer *m* in Zügen; **II.** *v/t.* **4.** schlachten; **5.** *fig.* morden, abschlachten; **'butch·er-bird** *s. orn.* Würger *m*; **'butch·er·ly** [-li] *adj.* blutdürstig; **'butch·er·y** [-əri] *s.* **1.** Schlächterhandwerk *n*; **2.** Schlachtbank *f*; **3.** *fig.* Metze'lei *f*, Gemetzel *n*.

but·ler ['bʌtlə] *s.* **1.** Butler *m*, erster Diener (*im Privathaushalt*); **2.** Kellermeister *m*.

butt [bʌt] **I.** *s.* **1.** (dickes) Ende (*bsd. Werkzeug*); **2.** (*Gewehr*)Kolben *m*; **3.** (*Zigaretten- etc.*)Stummel *m*; **4.** unteres Ende (*Baumstamm*); Baumstumpf *m*; Balkenende *n*; **5.** ⚔ Kugelfang *m*; *pl.* Schießstand *m*; **6.** Zielscheibe *f* (*a. fig. des Spottes etc.*); **7.** Stoß *m* (*mit Kopf od. Hörnern*); **8.** *fig.* (End)Ziel *n*; **II.** *v/t.* **9.** (*bsd.* mit dem Kopf) stoßen; **10.** ⊕ anein'anderfügen; **III.** *v/i.* **11.** rennen (*against* gegen), zs.-stoßen (*into* mit); **12.** ⊕ anein'anderstoßen; **13.** ~ *in(to) sl.* sich einmischen in (*acc.*); ~ **end** *s.* **1.** (Gewehr)Kolben *m*; **2.** dickes Endstück; Ende *n*.

but·ter ['bʌtə] **I.** *s.* **1.** Butter *f*: *melted* ~ zerlassene Butter; *he looks as if* ~ *would not melt in his mouth* er sieht aus, als könnte er nicht bis drei zählen; **2.** butterähnliche Masse: *cocoa* ~ Kakaobutter; *peanut* ~ Erdnußbutter; **3.** F ‚Schmalz' *n*, Schmeiche'lei *f*; **II.** *v/t.* **4.** mit Butter bestreichen *od.* zubereiten; **5.** *a.* ~ *up* F *j-m* schmeicheln; **'~-bean** *s.* ⚘ Wachsbohne *f*; ~ **churn** *s.* Butterfaß *n* (*zum Buttern*); **'~-cup** *s.* ⚘ Butterblume *f*, Hahnenfuß *m*; **'~-dish** *s.* Butterdose *f*; **'~-fin·gers** *s. pl. sg. konstr.* F (manu'ell) ungeschickte Per'son, Tapps *m*.

but·ter·fly ['bʌtəflai] *s. zo.* Schmetterling *m* (*a. fig. flatterhafter Mensch*); **'~-nut** *s.* ⊕ Flügelmutter *f*; ~ **stroke** *s. Schwimmen*: Schmetterlingsstil *m*; ~ **valve** *s.* ⊕ Drosselklappe *f*.

but·ter·ine ['bʌtəri:n] *s.* Kunstbutter *f*, Marga'rine *f*.

'but·ter|·milk *s.* Buttermilch *f*; ~ **mus·lin** *s.* lose gewebter Musse'lin; **'~-print** *s.* hölzerner Buttermodel; **'~-scotch** *s.* Buttertoffee *n*, Kara'melle *f*; ~ **tub** → *butter churn*.

but·ter·y ['bʌtəri] **I.** *adj.* **1.** butterartig, Butter...; **2.** F schmeichlerisch; **II.** *s.* **3.** Speisekammer *f*; **4.** *Brit. univ.* Kan'tine *f*; **'~-'hatch** *s.* 'Durchreiche *f*.

but·tock ['bʌtək] *s.* **1.** *anat.* 'Hinterbacke *f*; *mst pl.* 'Hinterteil *n*, Gesäß *n*; **2.** *Ringen*: Hüftschwung *m*.

but·ton ['bʌtn] **I.** *s.* **1.** (Kleider-) Knopf *m*: *not worth a* ~ keinen Pfifferling wert; *not to care a* ~ (*about*) F sich nichts machen (aus); *a* ~ *short* F nicht ganz richtig im Oberstübchen; (*boy in*) ~*s* (Hotel)Page; *to take by the* ~ **a)** *j-n* fest-, aufhalten, **b)** sich *j-n* vorknöpfen; **2.** (*Klingel-, Licht- etc.*)Knopf *m*; → *press* 2; **3.** knopfähnlicher Gegenstand; **4.** ⚘ Knospe *f*, Auge *n*; **II.** *v/t.* **5.** *a.* ~ *up* (zu)knöpfen: *to* ~ *one's mouth* den Mund halten; ~*ed up fig.* zugeknöpft, zurückhaltend; **III.** *v/i.* **6.** sich knöpfen lassen, geknöpft werden; **'~-boot** *s. Brit.* Knopfstiefel *m*; **'~-hole I.** *s.* **1.** Knopfloch *n*; **2.** *Brit.* Knopflochsträußchen *n*; **II.** *v/t.* **3.** *j-n* am Knopf festhalten u. zum Zuhören zwingen; **4.** mit Knopflöchern versehen; **'~-hole stitch** *s.* Knopflochstich *m*; **'~-hook** *s.* Stiefelknöpfer *m*; **'~-stick** *s.* ⚔ Knopf(putz)gabel *f*.

but·tress ['bʌtris] **I.** *s.* **1.** △ Strebepfeiler *m*, -bogen *m*; **2.** Stütze *f* (*a. fig.*); **II.** *v/t. a.* ~ *up* **3.** (durch Strebepfeiler) stützen; **4.** *fig.* stützen, stärken.

bu·tyl rub·ber ['bju:til] *s.* ⚗ Bu'tylˌkautschuk *m* (*Kunstkautschuk*).

bu·tyr·ic [bju:'tirik] *adj.* ⚗ Butter...

bux·om ['bʌksəm] *adj.* drall, stramm, rosig (*Frau*).

buy [bai] **I.** *s.* **1.** F Kauf *m*; *das Gekaufte*: *a good* ~ ein guter Kauf; **II.** *v/t.* [*irr.*] **2.** (an-, ein)kaufen (*of, from* von, *at* bei): *money cannot* ~ *it* es ist für Geld nicht zu haben; **3.** *fig.* erkaufen: *dearly bought* teuer erkauft; **4.** *j-n* kaufen, bestechen; **5.** loskaufen, auslösen; **6.** *Am. sl. et.* ‚abnehmen', glauben;
Zssgn mit adv.:

buy| in *v/t.* **1.** sich eindecken mit; **2.** (*auf Auktionen*) zu'rückkaufen; ~ **off** *v/t.* **1.** *j-n* loskaufen, abfinden; **2.** → *buy* 4; ~ **out** *v/t.* *Teilhaber etc.* auszahlen, abfinden; ~ **o·ver** *v/t.* bestechen; ~ **up** *v/t.* aufkaufen.

buy·er ['baiə] *s.* **1.** Käufer(in), Abnehmer(in): ~*'s market* ✝ Käufermarkt, vom Käufer beherrschter Markt; ~*'s strike* Käuferstreik; **2.** ✝ Einkäufer(in).

buzz [bʌz] **I.** *v/i.* **1.** summen, brummen, surren, schwirren: *to* ~ *about* (*od. around*) herumschwirren (*a. fig.*); ~*ing with excitement* in wilder Erregung; *to* ~ *off sl.* ‚abschwirren', ‚abhauen', sich davonmachen; **2.** säuseln, sausen; **II.** *v/t.* **3.** murmeln, durchein'anderreden; **4.** schleudern; **5.** geräuschvoll u. schnell bewegen; **6.** ✈ in geringer Höhe über'fliegen; **III.** *s.* **7.** Summen *n*, Brummen *n*; **8.** Stimmengewirr *n*; **9.** Gerücht *n*.

buz·zard ['bʌzəd] *s. orn.* Bussard *m.*

buzz·er ['bʌzə] *s.* **1.** Summer *m*, *bsd.* summendes In'sekt; **2.** Summer *m*, Summpfeife *f*; **3.** ⚡ Summer *m* (*am Telephon*); **4.** ⚔ **a)** 'Feldtele,graph *m*, **b)** *sl.* Telegra'phist *m.*

buzz saw *s. Am.* Kreissäge *f.*

by [bai] **I.** *prp.* **1.** (*Raum*) (nahe) bei *od.* an (*dat.*), neben (*dat.*): ~ *the window* beim *od.* am Fenster; *to have a thing* ~ one et. bei sich haben; **2.** durch (*acc.*), über (*acc.*), via, an (*dat.*) ... entlang *od.* vor'bei: *he came* ~ *Park Road* er kam über *od.* durch die Parkstraße; *we drove* ~ *the park* wir fuhren am Park entlang; ~ *land* zu Lande; **3.** (*Zeit*) während, bei: ~ *day* bei Tage; *day* ~ *day* Tag für Tag; ~ *lamplight* bei Lampenlicht; **4.** bis (zu *od.* um *od.* spätestens): *be here* ~ *4.30* sei um 4 Uhr 30 hier; ~ *the allotted time* bis zum festgesetzten Zeitpunkt; ~ *now* nunmehr, inzwischen, schon; **5.** (*Urheber*) von, durch: *a book* ~ *Shaw* ein Buch von Shaw; *settled* ~ *him* durch ihn *od.* von ihm geregelt; ~ *nature* von Natur (aus); ~ *oneself* aus eigener Kraft, selbst, allein; **6.** (*Mittel*) durch, mit, vermittels: ~ *listening* durch Zuhören; *driven* ~ *steam* mit Dampf betrieben; ~ *rail* per Bahn; ~ *letter* brieflich; ~ *the 10.30* mit dem Zug um 10 Uhr 30; **7.** gemäß, nach: ~ *my watch it is now ten* nach m-r Uhr ist es jetzt zehn; **8.** (*Menge*) um, nach: *too short* ~ *an inch* um einen Zoll zu kurz; *sold* ~ *the metre* meterweise verkauft; **9.** ℞ **a)** mal: *3* (*multiplied*) ~ *4*; *the size is 9 feet* ~ *6* die Größe ist 9 mal 6 Fuß, **b)** durch: *6* (*divided*) ~ *2*; **10.** ~ *the way od.* ~ *the* ~(e) übrigens; **II.** *adv.* **11.** da'bei: *close* ~, *hard* ~ dicht dabei; **12.** ~ *and large* im großen u. ganzen; ~ *and* ~ demnächst, nach u. nach; **13.** vor'bei, -'über: *to pass* ~ vorübergehen; **14.** bei'seite: *to put* ~.

by- [bai] *Vorsilbe* **1.** Neben..., Seiten...; **2.** geheim.

bye [bai] **I.** *s. sport* **a)** *Kricket*: durch einen vor'beigelassenen Ball ausgelöster Lauf, **b)** Freilos *n*: *to draw a* ~ ein Freilos ziehen; **II.** *adj.* 'untergeordnet, Neben...

bye- → *by-.*

bye-bye I. *s.* ['baibai] *Kindersprache*: ‚Heia' *f*, Bett *n*, Schlaf *m*; **II.** *int.* ['bai'bai] F Wiedersehen!, Tschüs!

bye-law → *by-law.*

'by|-e·lec·tion *s.* Ersatz-, Nachwahl *f*; '**~·gone I.** *adj.* vergangen; **II.** *s. das* Vergangene: *let* ~*s be* ~*s* laß(t) das Vergangene vergangen sein; '**~-law** *s.* **1.** 'Ortssta,tut *n*; **2.** *pl. Am.* Sta'tuten *pl.*, Satzung *f*; **3.** 'Durchführungsverordnung *f*; '**~-line** *s. Am.* **1.** 🚂 'Neben,linie *f*; **2.** Verfasserangabe *f* (*unter der Überschrift e-s Zeitungsartikels*); '**~-name** *s.* **1.** Beiname *m*; **2.** Spitzname *m*; '**~·pass I.** *s.* **1.** 'Umleitung *f*, Um'gehungsstraße *f*; **2.** Nebenleitung *f*; **3.** *Gasbrenner*: Zündflamme *f*; **II.** *v/t.* **4.** 'umleiten; **5.** um'gehen (*a. fig.*); **6.** vermeiden, über'gehen; '**~·path** *s.* Seitenweg *m* (*a. fig.*); '**~·play** *s. thea.* Nebenhandlung *f*, stummes Spiel; '**~-prod·uct** *s.* 'Nebenpro,dukt *n*; *fig.* Nebenerscheinung *f*; '**~-pro·gram(me)** *s.* 'Beipro,gramm *n.*

byre ['baiə] *s.* Kuhstall *m.*

'by|-road *s.* Seiten-, Nebenstraße *f*; '**~·stand·er** *s.* Zuschauer(in); '**~-street** → *by-road*; '**~-way** *s.* Seiten-, Nebenweg *m* (*a. fig.*), Abkürzungsweg *m*; '**~·word** *s.* **1.** *obs.* Sprichwort *n*; **2.** *mst contp.* Inbegriff *m*, Musterbeispiel *n.*

By·zan·tine [bi'zæntain] *adj.* byzan'tinisch.

C

C, c [si:] *s.* **1.** C *n*, c *n* (*Buchstabe*); **2.** ♪ C, c *n* (*Note*); **3.** *ped. Am.* Drei *f*, Befriedigend *n* (*Note*).

cab [kæb] **I.** *s.* **1.** Droschke *f*, Mietwagen *m*; → *taxi-cab*; **2. a)** 🚂 Führerstand *m*, **b)** Führersitz *m* (*Lastauto*), **c)** Lenkerhäus-chen *n* (*Kran*); **II.** *v/i.* **3.** mit e-r Droschke *od.* e-m Taxi fahren.

ca·bal [kə'bæl] **I.** *s.* **1.** Ka'bale *f*, In'trige *f*; **2.** Clique *f*, Klüngel *m*; **II.** *v/i.* **3.** intrigieren, Ränke schmieden.

cab·a·ret ['kæbərei] *s.* **1.** Kaba'rett *n*, Kleinkunstbühne *f*; **2.** 'Trinklo,kal *n* mit Vorführungen.

cab·bage ['kæbidʒ] *s.* ✿ **1.** Kohl (-pflanze *f*) *m*; **2.** Kohlkopf *m*; ~ **but·ter·fly** *s. zo.* Kohlweißling *m*; '~**-rose** *s.* ✿ Zenti'folie *f* (*Rose*); '~**-tree** *s.* ✿ Kohlpalme *f*; '~**-white** → *cabbage butterfly*.

ca(b)·ba·la [kə'bɑ:lə] *s.* 'Kabbala *f*, Geheimlehre *f* (*a. fig.*).

cab·by ['kæbi] F → *cab driver*.

cab driv·er *s.* **1.** Droschkenkutscher *m*; **2.** Taxifahrer *m*.

ca·ber ['keibə] *s. Scot.* Baumstamm *m*: *tossing the* ~ Baumstammwerfen.

cab·in ['kæbin] **I.** *s.* **1.** Häus-chen *n*, Hütte *f*; **2.** ⚓ Ka'bine *f* (*a.* ✈), Ka'jüte *f*; **3.** ✈ Kanzel *f*; **4.** *Brit.* 🚂 Stellwerk(haus) *n*; **II.** *v/t.* **5.** einpferchen; '~**-boy** *s.* ⚓ Ka'binen,steward *m*; ~ **class** *s.* ⚓ zweite Klasse.

cab·i·net ['kæbinit] *s.* **1.** *oft* ♀ *pol.* Kabi'nett *n*, Mi'nisterrat *m*: ~ *council*, ~ *meeting* Kabinettssitzung; ~ *crisis* Regierungskrise; **2.** (Schau-, Sammlungs)Schrank *m*, (Wand)Schränkchen *n*, Vi'trine *f*: *music* ~ Notenschrank; **3.** *Radio*: Gehäuse *n*; **4.** *phot.* Kabi'nettfor,mat *n*; '~**-mak·er** *s.* **1.** Kunsttischler *m*; **2.** *humor.* Mi'nisterpräsi,dent *m* bei der Regierungsbildung; '~**-mak·ing** *s.* 'Kunsttischle,rei *f*; ♀ **Min·is·ter** *s. pol.* Kabi'nettsmi,nister *m*; ~ **pud·ding** *s.* Kabi'nett,pudding *m* (*aus Biskuitteig u. Rosinen*); ~ **size** → *cabinet 4*; '~**-work** *s.* Kunsttischlerarbeit *f*.

cab·in| scoot·er *s. mot.* Ka'binenroller *m*; ~ **trunk** *s.* Ka'binenkoffer *m*.

ca·ble ['keibl] **I.** *s.* **1.** 'Kabel *n*, Tau *n*, (Draht)Seil *n*; **2.** ⚓ Trosse *f*, Ankertau *n*, -kette *f*; **3.** ⚡ ('Leitungs),Kabel *n*: *lead-covered* ~ Bleikabel; **4.** → *cablegram*; **II.** *v/t. u. v/i.* **5.** kabeln, telegraphieren; ~ **car** *s.* **a)** Ka'bine *f od.* Gondel *f od.* Wagen *m* e-r Drahtseilbahn, **b)** *Am.* Wagen *m* e-r Drahtseil-Straßenbahn.

ca·ble·gram ['keiblgræm] *s.* 'Kabel *n*, ('Übersee)Tele,gramm *n*.

'ca·ble|-rail·way *s.* **1.** Drahtseilbahn *f*; **2.** *Am.* Drahtseil-Straßenbahn *f*; '~**'s-length** ['keiblz] *s.* ⚓ Kabellänge *f* (*100 Faden*); ~ **tel·e·vi·sion** *s.* Kabelfernsehen *n*.

'cab·man [-mən] *s.* [*irr.*] → *cab driver*.

ca·boo·dle [kə'bu:dl] *s. sl.*: *the whole* ~ **a)** der ganze Klimbim, **b)** die ganze Bande.

ca·boose [kə'bu:s] *s.* **1.** ⚓ Kom'büse *f*, Schiffsküche *f*; **2.** 🚂 *Am.* Perso'nal-, Bremswagen *m am Güterzug*.

'cab-rank *s. Brit.* Taxi-, Droschkenstand *m*.

cab·ri·ole ['kæbrioul] *s.* verziertes Stuhlbein mit Pfotenende.

cab·ri·o·let [kæbriə'lei] *s.* Kabrio'lett *n*: **a)** *zweirädriger Einspänner mit Klappverdeck*, **b)** *Auto mit Klappverdeck*.

'cab·stand → *cab-rank*.

ca' can·ny [kɑ:'kæni] **I.** *v/i. Scot.* ‚langsamtreten' (*a. sl. Arbeiter*); **II.** *s. sl.* ‚Langsamtreten' *n*, bewußte Produkti'onsverlangsamung (*als Sabotage*).

ca·ca·o [kə'kɑ:ou] *s.* **1.** ✿ *a.* ~*-tree* Ka'kaobaum *m*; **2.** Ka'kaobohnen *pl.*; ~ **bean** *s.* Ka'kaobohne *f*; ~ **but·ter** *s.* Ka'kaobutter *f*.

cache [kæʃ] **I.** *s.* geheimes (Waffen- *od.* Provi'ant)Lager, Versteck *n*; **II.** *v/t.* verstecken.

ca·chet ['kæʃei] *s.* **1.** Stempel *m*, Merkmal *n*, Gepräge *n*; **2.** ⚕ Kapsel *f*.

cach·in·nate ['kækineit] *v/i.* laut *od.* wiehernd lachen.

ca·chou [kə'ʃu:] *s.* **1.** → *catechu*; **2.** Ca'chou *n* (*Raucherpille*).

cack·le ['kækl] **I.** *v/i.* gackern (*a. fig. kichern*), schnattern (*a. fig. schwatzen*); **II.** *s.* (*a. fig.*) Gegacker *n*, Geschnatter *n*; '**cack·ler** [-lə] *s.* **1.** gackerndes Huhn; **2.** Schwätzer *m*.

caco- [kækou] *in Zssgn* schlecht, schädlich.

cac·o·d(a)e·mon [kækə'di:mən] *s.* böser Geist.

ca·coph·o·nous [kæ'kɔfənəs] *adj.* 'mißtönend; **ca'coph·o·ny** [-ni] *s.* Kakopho'nie *f* (*Mißklang*).

cac·tus ['kæktəs] *pl.* **-ti** [-tai], **-tus·es** *s.* ✿ 'Kaktus *m*.

cad [kæd] *s.* ordi'närer Kerl, Pro'let *m*.

ca·das·tral [kə'dæstrəl] *adj.* Kataster...: ~ *survey* Katasteraufnahme.

ca·dav·er·ous [kə'dævərəs] *adj.* **1.** leichenhaft; **2.** leichenblaß.

cad·die ['kædi] *s. sport* 'Caddie *m*.

cad·dish ['kædiʃ] *adj.* **1.** pro'letenhaft; **2.** niederträchtig.

cad·dy[1] → *caddie*.

cad·dy[2] ['kædi] *s.* Teedose *f*, -büchse *f*.

ca·dence ['keidəns] *s.* **1.** ('Vers-, 'Sprech),Rhythmus *m*; **2.** ♪ Ka'denz *f*; **3.** Tonfall *m* (*am Satzende*); '**ca·denced** [-st] *adj.* 'rhythmisch.

ca·det [kə'det] *s.* **1.** ⚔ Ka'dett *m*: ~ *corps* Jugendkompanie *e-r Schule*; **2.** jüngerer Sohn; **3.** *in Zssgn a.* Nachwuchs...: ~ *researcher*; ~ *nurse* Lernschwester; **4.** *Am. sl.* Zuhälter *m*; **ca'det·ship** [-ʃip] *s.* Ka'dettenstellung *f*; **ca·det ship** *s.* ⚓ Schulschiff *n*.

cadge [kædʒ] *v/i.* ‚schnorren', betteln (*for* um); '**cadg·er** [-dʒə] *s.* ‚Schnorrer' *m*, Schma'rotzer *m*, ‚Nassauer' *m*.

ca·di ['kɑ:di] *s.* Kadi *m*, Bezirksrichter *m* (*im Orient*).

cad·mi·um ['kædmiəm] *s.* ⚗ 'Kadmium *n*.

ca·dre ['kɑ:dr] *s.* **1.** ⚔ Kader *m*, Stamm *m* e-r Truppe; **2.** 'Rahmenorganisati,on *f*; **3.** *fig.* Grundstock *m*, Gerippe *n*.

ca·du·ce·us [kə'dju:sjəs] *pl.* **-ce·i** [-sjai] *s.* Mer'kurstab *m* (⚔ *Am. Abzeichen e-s Militärarztes*).

ca·du·cous [kə'dju:kəs] *adj.* **1.** hinfällig, vergänglich; **2.** ✿ frühzeitig abfallend.

cae·cum ['si:kəm] *s. anat.* Blinddarm *m*.

Cae·sar ['si:zə] *s.* **1.** 'Cäsar *m* (*Titel römischer Kaiser*); **2.** Auto'krat *m*.

Cae·sar·e·an, Cae·sar·i·an [si(:)'zeəriən] *adj.* cä'sarisch; ~ **op·er·a·tion** *s.* ⚕ Kaiserschnitt *m*.

Cae·sar·ism ['si:zərizəm] *s.* Dikta'tur *f*; Herrschsucht *f*.

cae·su·ra [si(:)'zjuərə] *s.* Zä'sur *f*: **a)** Verseinschnitt *m*, **b)** ♪ Ruhepunkt *m*.

ca·fé ['kæfei] *s.* **1.** *Brit.* **a)** Ca'fé *n*, **b)** Restau'rant *n*; **2.** *Am.* Bar *f*.

caf·e·te·ri·a [kæfi'tiəriə] *s.* Restau'rant *n* mit Selbstbedienung.

caf·fe·ine ['kæfii:n] *s.* ⚗ Koffe'in *n*; '~**-free** *adj.* koffe'infrei.

caf·tan ['kæftən] *s.* 'Kaftan *m*.

cage [keidʒ] **I.** *s.* **1.** Käfig *m* (*a. fig.*); (Vogel)Bauer *n*; **2.** Gefängnis *n* (*a. fig.*); **3.** Kriegsgefangenenlager *n*; **4.** Ka'bine *f e-s Aufzuges*; **5.** ⚒ Förderkorb *m*; **6.** *Baseball*: abgegrenztes Trainingsfeld; **7.** *Eishockey*: Tor *n*; **II.** *v/t.* **8.** (in e-n

Käfig) einsperren; ~ **a·e·ri·al** *s. Brit.*, ~ **an·ten·na** *s. Am.* ↯ 'Käfig-an,tenne *f.*

ca·gey ['keidʒi] *adj.* F **1.** verschlossen; **2.** vorsichtig, berechnend; **3.** *Am.* ‚gerissen', schlau.

ca·hoot [kə'hu:t] *s. Am. sl.* Teilhaberschaft *f*: *to go ~s* ‚fifty-fifty' machen; *to be in ~s (with)* unter e-r Decke stecken (mit).

cairn [kɛən] *s.* **1.** Steinhaufen *m* (*als Grenz- od. Grabmal*); **2.** *mount.* Steinmann *m*; **3.** *a.* ~ *terrier zo.* 'Cairn-,Terrier *m* (*kleiner zottiger Terrier*).

cais·son [kə'su:n] *s.* **1.** ⊕ Cais'son *m*, Senkkasten *m* (*bei Wasserbauten*); **2.** ⚔ Muniti'onswagen *m*; ~ **dis·ease** *s.* ⚕ Cais'sonkrankheit *f* (*von Tauchern etc.*).

ca·jole [kə'dʒoul] *v/t.* *j-m* schmeicheln *od.* schöntun; *j-n* beschwatzen, verleiten (*into* zu): *to ~ s.th. out of s.o.* j-m et. abbetteln; **ca'jol·er·y** [-ləri] *s.* Schmeiche'lei *f*, gutes Zureden, Liebediene'rei *f.*

cake [keik] **I.** *s.* **1.** Kuchen *m*: *to take the ~* den Preis davontragen, *fig.* den Vogel abschießen; *that takes the ~!* das ist die Höhe!; *to be selling like hot ~s* weggehen wie warme Semmeln; *you can't eat your ~ and have it* du kannst nur eines von beiden tun *od.* haben, entweder — oder!; *~s and ale* Lustbarkeit(en); **2.** kuchenartig geformte Masse; Tafel *f Schokolade*, Riegel *m Seife etc.*; **II.** *v/i.* **3.** zs.-backen, verkrusten: *~d with filth* mit e-r Schmutzkruste (überzogen *od.* bedeckt); '**cake·walk** *s.* 'Cakewalk *m* (*Tanz*); '**cak·y** [-ki] *adj.* kuchenartig, klumpig.

cal·a·bash ['kæləbæʃ] *s.* ⚘ Kale'basse *f*: **a)** Flaschenkürbis *m*, **b)** *daraus gemachtes Trinkgefäß.*

cal·a·mine ['kæləmain] *s. min.* Gal'mei *m* (*Zinkerz*).

cal·a·mint ['kæləmint], *a.* ~ **balm** *s.* ⚘ Bergminze *f.*

ca·lam·i·tous [kə'læmitəs] *adj.* □ **1.** katastro'phal, unheilvoll, Unglücks...; **2.** elend.

ca·lam·i·ty [kə'læmiti] *s.* **1.** Unglück *n*, Unheil *n*, Kata'strophe *f*; **2.** Elend *n*, Mi'sere *f*; **~-howl·er** *s. bsd. Am.* Schwarzseher *m*, 'Panikmacher *m*; **~-howl·ing** *s. bsd. Am.* Schwarzsehe'rei *f.*

cal·a·mus ['kæləməs] *pl.* **-mi** [-mai] *s.* **1.** ⚘ 'Kalmus *m* (*Schilf*); **2.** *antiq.* Schreibfeder *f* aus Schilfrohr.

cal·car·e·ous [kæl'kɛəriəs] *adj.* ⚗ kalkartig, Kalk...; kalkhaltig.

cal·ce·o·la·ri·a [kælsiə'lɛəriə] *s.* ⚘ Pan'toffelblume *f.*

cal·cif·er·ous [kæl'sifərəs] *adj.* ⚗ kalkhaltig; **cal·ci·fi·ca·tion** [kælsifi'keiʃən] *s.* **1.** ⚕ Verkalkung *f*; **2.** *geol.* Kalkablagerung *f*; **cal·ci·fy** ['kælsifai] *v/t. u. v/i.* verkalken;

cal·ci·na·tion [kælsi'neiʃən] *s.* ⊕ Kalzinierung *f*, Glühen *n*; **cal·cine** ['kælsain] *v/t.* ⊕ kalzinieren, (aus-)glühen, zu Asche verbrennen.

cal·ci·um ['kælsiəm] *s.* ⚗ 'Kalzium *n*; ~ **car·bide** *s.* ⚗ ('Kalzium)Kar,bid *n*; ~ **chlo·ride** *s.* ⚗ Chlor'kalzium *n*; ~ **light** *s.* Kalklicht *n.*

cal·cu·la·ble ['kælkjuləbl] *adj.* **1.** berechenbar, kalkulierbar (*Risiko*); **2.** verläßlich.

cal·cu·late ['kælkjuleit] **I.** *v/t.* **1.** aus-, er-, berechnen; **2.** *mst pass.* berechnen, planen: *~d to deceive* darauf angelegt zu täuschen; *not ~d for* nicht geeignet *od.* bestimmt für; **3.** *Am.* F vermuten, glauben; **4.** † kalkulieren; **II.** *v/i.* **5.** aus-, berechnen; **6.** über'legen; **7.** (*upon*) rechnen (mit, auf *acc.*), sich verlassen (auf *acc.*); '**cal·cu·lat·ed** [-tid] *adj.* berechnet, gewollt, beabsichtigt: *~ risk* kalkuliertes Risiko; '**cal·cu·lat·ing** [-tiŋ] *adj.* **1.** (schlau) berechnend, (kühl) über'legend; **2.** Rechen...: *~ machine*; **cal·cu·la·tion** [kælkju'leiʃən] *s.* **1.** Kalkulati'on *f*, Berechnung *f*; **2.** Voranschlag *m*; **3.** Über'legung *f*; '**cal·cu·la·tor** [-tə] *s.* **1.** Kalku'lator *m*; **2.** 'Rechenta,belle *f*; **3.** 'Rechenma,schine *f.*

cal·cu·lus ['kælkjuləs] *pl.* **-li** [-lai] *s.* **1.** ⚕ (*Blasen-, Gallen-, Nieren- etc.*) Stein *m*; **2.** ⅍ (*bsd. Differential-, Integral-*)Rechnung *f*, Rechnungsart *f*: *~ of probabilities* Wahrscheinlichkeitsrechnung.

cal·dron → *cauldron.*

Cal·e·do·ni·an [kæli'dounjən] *poet.* **I.** *adj.* kale'donisch (*schottisch*); **II.** *s.* Kale'donier *m* (*Schotte*).

cal·e·fac·tion [kæli'fækʃən] *s.* Erwärmung *f*, Erhitzung *f.*

cal·en·dar ['kælində] **I.** *s.* **1.** Ka'lender *m*; **2.** *fig.* Zeitrechnung *f*; **3.** Jahrbuch *n*; **4.** Liste *f*, Re'gister *n*; **5.** *Brit. univ.* Vorlesungsverzeichnis *n*; **6.** *Am.* ⚖ Ter'minka,lender *m*; **II.** *v/t.* **7.** registrieren; ~ **month** *s.* Ka'lendermonat *m.*

cal·en·der ['kælində] ⊕ **I.** *s.* Ka'lander *m*; **II.** *v/t.* ka'landern.

cal·ends ['kælindz] *s. pl. antiq.* Ka'lenden *pl.*: *on the Greek ~* am St. Nimmerleinstag.

calf[1] [kɑ:f] *pl.* **calves** [-vz] *s.* **1.** Kalb *n*: *with* (*od. in*) ~ trächtig (*Kuh*); **2.** *das Junge von Elefant, Wal, Hirsch etc.*; **3.** Kalbleder *n*; *Buchbinderei*: *~-bound* in Kalbleder gebunden; **4.** F ‚Kalb' *n*, ‚Schaf' *n*; **5.** treibende Eisscholle.

calf[2] [kɑ:f] *pl.* **calves** [-vz] *s.* Wade *f* (*Bein, Strumpf etc.*).

'**calf**|**·love** *s.* F Jugendliebe *f*; '**~'s-foot jel·ly** [kɑ:vz] *s.* Kalbsfußsülze *f*; '**~·skin** *s.* Kalbleder *n.*

cal·i·ber *Am.* → *calibre*; '**cal·i·bered** *Am.* → *calibred*; **cal·i·brate** ['kælibreit] *v/t.* ⊕ kalibrieren: **a)** auf genaues Maß bringen, **b)** eichen; **cal·i·bra·tion** [kæli'breiʃən] *s.* ⊕ Kalibrierung *f*, Eichung *f*; **cal·i·bre** ['kælibə] *s.* **1.** ⚔ Ka'liber *n*; **2.** *fig.* Kaliber *n*, For'mat *n*, Wert *m e-s Menschen*; '**cal·i·bred** [-bəd] *adj.* ...kalibrig.

cal·i·ces ['kælisi:z] *pl. von calix.*

cal·i·co ['kælikou] *pl.* **-coes**, *Am. a.* **-cos I.** *s.* **1.** 'Kaliko *m*, (bedruckter) Kat'tun; **2.** *Brit.* gebleichter *od.* ungebleichter Baumwollstoff; **II.** *adj.* **3.** Kattun...; **4.** F bunt.

ca·lif, cal·if·ate → *caliph, caliphate.*

Cal·i·for·ni·an [kæli'fɔ:njən] **I.** *adj.* kali'fornisch; **II.** *s.* Kali'fornier(in).

cal·i·pers ['kælipəz] *s. pl.* Greif-, Tastzirkel *m*; ⊕ Tast(er)lehre *f.*

ca·liph ['kælif] *s.* Ka'lif *m*; '**cal·iph·ate** [-feit] *s.* Kali'fat *n.*

cal·is·then·ics → *callisthenics.*

ca·lix ['kæliks; 'keil-] *pl.* **cal·i·ces** ['kælisi:z] *s. anat., zo., eccl.* Kelch *m*; → *calyx.*

calk[1] [kɔ:k] **I.** *s.* **1.** Stollen *m* (*am Hufeisen*); **2.** Gleitschutzbeschlag *m* (*an der Schuhsohle*); **II.** *v/t.* **3.** mit Stollen *od.* Griffeisen versehen.

calk[2] [kɔ:k] *v/t.* ('durch)pausen.

calk[3] → *caulk.*

cal·kin ['kælkin] *Brit.* → *calk*[1] *I.*

call [kɔ:l] **I.** *s.* **1.** Ruf *m* (*a. fig.*); Schrei *m*: *within ~* in Rufweite; *the ~ of duty*; **2.** *teleph.* Anruf *m*, Gespräch *n*; → *local 1, personal 1*; **3.** *thea.* Her'vorruf *m*; **4.** Lockruf *m* (*Tier*); *fig.* Ruf *m*, Lockung *f*: *the ~ of the East*; **5.** Namensaufruf *m*; **6.** Ruf *m*, Berufung *f* (*to* in *ein Amt etc.*, auf *e-n Lehrstuhl*); **7.** (innere) Berufung, Drang *m*; **8.** Si'gnal *n*; **9.** (Auf)Ruf *m*; († Zahlungs)Aufforderung *f*; † Abruf *m*, Kündigung *f von Geldern*; 'Kaufopti,on *f*; *pl.* Vorprämiengeschäfte *pl.*: *at ~, on ~* auf Abruf *od.* sofort bereit(stehend), † *a.* jederzeit kündbar; *money at ~* † Tagesgeld; **10.** Anspruch *m*, Forderung *f*, Bedarf *m*, Notwendigkeit *f*; Anlaß *m*: *no ~ to worry* kein Grund *od.* Anlaß, sich aufzuregen; *many ~s on my time* starke Beanspruchung m-r Zeit; *to have the first ~* den ersten Anspruch haben; **11.** † Nachfrage *f* (for nach); **12.** kurzer Besuch (*at* in *e-m Ort*, *on* bei *j-m*); ⚓ Anlaufen *n*: *port of ~* Anlaufhafen; **II.** *v/t.* **13.** *j-n* (her'bei)rufen; *et.* (*a. weitS. Streik*) ausrufen; *Versammlung* einberufen; *teleph.* anrufen; *thea. Schauspieler* her'vorrufen: *to ~ into being fig.* ins Leben rufen; **14.** berufen (*to* in *ein Amt*); **15.** auffordern: *to ~ to* (*od. as a*) *witness* als Zeugen vorladen; **16.** *Arzt, Auto* kommen lassen; **17.** nennen, bezeichnen als; **18.** *pass.* heißen (*after* nach): *he is ~ed Max; what is it ~ed in English?* wie heißt es auf englisch?; **19.** nennen, heißen (*lit.*), halten für: *I ~ that a blunder; we'll ~ it a pound* wir wollen es bei einem Pfund bewenden lassen; **20.** wecken: *~ me at 6 o'clock*; **21.** *Kartenspiel*: *Farbe* ansagen; **III.** *v/i.* **22.** rufen: *you must come when I ~; duty ~s; he ~ed for help* er rief um Hilfe; → *call for*; **23.** *teleph.* anrufen: *who is ~ing?* wer ist dort?; **24.** kurz besuchen, vorsprechen: *the gas-man has ~ed* der Gasmann war da; → *call at, call on*;

Zssgn mit prp. u. adv.:

call| **at** *v/i.* **1.** besuchen (*acc.*), vorsprechen bei, in (*dat.*): *I must ~ the bank* ich muß zur Bank gehen; **2.** ⚓ *Hafen* anlaufen; anlegen in (*dat.*); 🚂 halten in (*dat.*); ~ **a·way** *v/t.* ab-, wegrufen; *fig.* ablenken; ~ **back I.** *v/t.* **1.** zu'rückrufen; **2.** wider'rufen; **II.** *v/i.* **3.** *teleph.* zurückrufen; ~ **down** *v/t.* **1.** *Segen etc.* her'abrufen, -flehen; *Zorn etc.* auf sich ziehen; **2.** *Am.* F ausschimpfen, anpfeifen; ~ **for** *v/i.* **1.** nach *j-m* rufen; *Waren* abrufen; *thea.* her'ausrufen; **2.** *et.* erfordern, verlangen:

to ~ courage; *to ~ an ice-cream* ein Eis bestellen; *your remark was not called for* Ihre Bemerkung war unnötig; **3.** *j-n od. et.* abholen: *to be called for* abzuholen(d), postlagernd; **~ forth** *v/t.* **1.** her'vorrufen, auslösen; **2.** *Kraft* aufbieten; **~ in I.** *v/t.* **1.** her'ein-, her'beirufen; hin'zu-, zu Rate ziehen; **2.** zu'rückfordern; *Geld* kündigen; *Schulden* einfordern; *Banknoten etc.* einziehen; **II.** *v/i.* **3.** vorsprechen (*on* bei *j-m*; *at* in *dat.*); **~ off** *v/t.* **1.** ab(be)rufen: *to ~ goods* Waren abrufen; **2.** *fig. et.* abbrechen, absagen, abblasen: *to ~ a strike*; **3.** *Aufmerksamkeit, Gedanken* ablenken, **~ on** *od.* **up·on** *v/i.* **1.** *j-n* besuchen; bei *j-m* vorsprechen; **2.** *j-n* auffordern; **3.** *~ s.o. for s.th.* et. von j-m fordern, sich an j-n um et. wenden; *I am (od. I feel) called upon* ich bin *od.* fühle mich genötigt (*to inf.* zu *inf.*); **~ out I.** *v/t.* **1.** her'ausrufen; **2.** *Polizei, Militär* aufbieten; **3.** *zum Kampf* her'ausfordern; *zum Streik* auffordern; **II.** *v/i.* **4.** aufschreien; laut rufen; **~ o·ver** *v/t.* **1.** *Namen* verlesen; **2.** *Zahlen, Text* kollationieren; **~ to** *v/i. j-m* zurufen, *j-n* anrufen; **~ up** *v/t.* **1.** auf-, her'beirufen; *teleph.* anrufen; **2.** ⚔ einberufen; **3.** *fig.* her'vorrufen, wachrufen, her'aufbeschwören; **4.** sich ins Gedächtnis zu'rückrufen; **~ upon** → *call on.*

cal·la ['kælə] → *calla-lily.*

call·a·ble ['kɔ:ləbl] *adj.* ✝ kündbar (*Geld*).

'cal·la-'lil·y *s.* ⚘ Kalla *f.*

'call|-box *s. Brit.* Fernsprechzelle *f*; **'~-boy** *s.* **1.** Ho'telpage *m*; **2.** *thea.* Inspizi'entengehilfe *m*; **~ but·ton** *s.* Klingelknopf *m*; **'~-day** *s.* ⚖ *Brit.* Tag *m* der Ernennung zum Anwalt.

called [kɔ:ld] *adj.* genannt, namens.

call·er ['kɔ:lə] *s.* **1.** *teleph.* Anrufer (-in); **2.** Besucher(in); **3.** Abholende(r *m*) *f.*

call girl *s.* Callgirl *n* (*Prostituierte*): *~ ring* Callgirlring.

cal·li ['kælai] *pl. von callus.*

cal·lig·ra·phy [kə'ligrəfi] *s.* Kalligra'phie *f*, Schönschreibkunst *f.*

call·ing ['kɔ:liŋ] *s.* **1.** Beruf *m*, Geschäft *n*, Gewerbe *n*; **2.** *eccl.* Berufung *f*; **~ card** *s. Am.* Vi'sitenkarte *f.*

cal·li·pers → *calipers.*

cal·lis·then·ics [kælis'θeniks] *s. pl. mst sg. konstr.* Freiübungen *pl.*

'call|-loan *s.* ✝ täglich kündbares Darlehen; **'~-mon·ey** *s.* ✝ Tagesgeld *n*; **'~-of·fice** *s.* Fernsprechstelle *f*, -zelle *f.*

cal·los·i·ty [kæ'lɔsiti] *s.* Schwiele *f*, Hornhautbildung *f*; **cal·lous** ['kæləs] **I.** *adj.* □ schwielig; *fig.* abgebrüht, gefühllos, gleichgültig; **II.** *v/i.* sich verhärten, schwielig werden; *fig.* abstumpfen; **cal·lous·ness** ['kæləsnis] *s.* Schwieligkeit *f*; *fig.* Gleichgültigkeit *f*, Gefühllosigkeit *f.*

cal·low ['kælou] *adj.* **1.** ungefiedert, nackt; **2.** *fig.* noch nicht flügge, ‚grün', unreif.

'call|-sign, '~-sig·nal *s. teleph., Radio*: Rufzeichen *n*; **'~-up** *s.* ⚔ Einberufung *f.*

cal·lus ['kæləs] *pl.* **-li** [-lai] *s.* ⚕ **1.** Knochennarbe *f*; **2.** Schwiele *f.*

calm [kɑ:m] **I.** *s.* **1.** Stille *f*, Ruhe *f* (*a. fig.*); **2.** Windstille *f*, Flaute *f*; **II.** *adj.* □ **3.** still, ruhig; friedlich; **4.** windstill; **5.** *fig.* ruhig, gelassen: *~ and collected* ruhig u. gefaßt; **6.** F unverfroren; **III.** *v/t.* **7.** beruhigen, besänftigen; **IV.** *v/i.* **8.** *a. ~ down* sich beruhigen; **'calm·ness** [-nis] *s.* **1.** Ruhe *f*, Stille *f*; **2.** Gemütsruhe *f.*

cal·o·mel ['kæləmel] *s.* ⚗, ⚕ 'Kalomel *n.*

ca·lor·ic [kə'lɔrik] *phys.* **I.** *s.* Wärme *f*; **II.** *adj.* ka'lorisch, Wärme...: *~ engine* Heißluftmaschine; **cal·o·rie** ['kæləri] *s.* Kalo'rie *f*, Wärmeeinheit *f*; **cal·o·rif·ic** [kælə'rifik] *adj.* (□ *~ally*) Wärme erzeugend; Wärme..., Heiz...; **cal·o·rif·ics** [kælə'rifiks] *s. pl. sg. konstr.* Wärmelehre *f*; **cal·o·rim·e·ter** [kælə'rimitə] *s.* Wärmemesser *m*; **cal·o·ry** *Am.* → *calorie.*

cal·trop ['kæltrəp] *s.* **1.** *hist.* ⚔ Fußangel *f*; **2.** ⚘ Stern-, Wegedistel *f.*

cal·u·met ['kæljumet] *s.* Kalu'met *n*, (indi'anische) Friedenspfeife.

ca·lum·ni·ate [kə'lʌmnieit] *v/t.* verleumden; **ca·lum·ni·a·tion** [kəlʌmni'eiʃən] *s.* Verleumdung *f*; **ca'lum·ni·a·tor** [-tə] *s.* Verleumder(in); **ca'lum·ni·ous** [-iəs] *adj.* □ verleumderisch; **cal·um·ny** ['kæləmni] *s.* Verleumdung *f*, falsche Anschuldigung.

Cal·va·ry ['kælvəri] *s.* **1.** *bibl.* 'Golgatha *n*; **2.** *eccl.* Kal'varienberg *m.*

calve [kɑ:v] *v/i.* **1.** *zo.* kalben; **2.** kalben, Eisstücke abstoßen (*Eisberg, Gletscher*).

calves [kɑ:vz] *pl. von calf*; **'~-foot jel·ly** → *calf's-foot jelly.*

Cal·vin·ism ['kælvinizəm] *s. eccl.* Kalvi'nismus *m*; **'Cal·vin·ist** [-ist] *s.* Kalvi'nist(in).

ca·lyp·so [kə'lipsou] *s.* Ka'lypso *m* (*Gesang u. Tanz aus Trinidad*).

ca·lyx ['keiliks; 'kæl-] *pl.* **'ca·lyx·es** [-iksis], **'ca·ly·ces** [-isi:z] *s.* ⚘ (*Blüten*)Kelch *m*; → *calix.*

cam [kæm] *s.* ⊕ Nocken *m*, Daumen *m*, Mitnehmer *m*: *~ gear* Nockensteuerung, Kurvengetriebe; *~shaft* Nocken-, Steuerwelle.

cam·a·ril·la [kæmə'rilə] *s.* Kama'rilla *f*; 'Hofka,bale *f.*

cam·ber ['kæmbə] **I.** *v/t. u. v/i.* (sich) wölben; **II.** *s.* leichte Wölbung, Krümmung *f*; *mot.* (Rad)Sturz *m*; **'cam·ber-beam** *s.* ⚠ Krummbalken *m*; **'cam·bered** [-əd] *adj.* gewölbt, geschweift.

Cam·bri·an ['kæmbriən] **I.** *s.* **1.** Wa'liser(in); **2.** *geol.* 'Kambrium *n*; **II.** *adj.* **3.** wa'lisisch; **4.** *geol.* 'kambrisch.

cam·bric ['keimbrik] *s.* Ba'tist *m.*

came [keim] *pret. von come.*

cam·el ['kæməl] *s.* **1.** *zo.* Ka'mel *n*: *Arabian ~* Dromedar; *Bactrian ~* Trampeltier; **2.** ⚓, ⊕ Kamel *n*, Hebeleichter *m*; **cam·el·eer** [kæmi'liə] *s.* Ka'meltreiber *m*; **cam·el hair** → *camel's hair.*

ca·mel·li·a [kə'mi:ljə] *s.* ⚘ Ka'melie *f.*

cam·el·ry ['kæməlri] *s.* ⚔ Ka'meltruppe *f.*

cam·el's| hair ['kæməlz] *s.* Ka'melhaar(stoff *m*) *n*; **'~-hair** *adj.* Kamelhaar...

Cam·em·bert ['kæməmbɛə], **~ cheese** *s.* 'Camembert(käse) *m.*

cam·e·o ['kæmiou] *s.* Ka'mee *f.*

cam·er·a ['kæmərə] *s.* **1.** 'Kamera *f*, 'Photoappa,rat *m*; **2.** *in ~* ⚖ unter Ausschluß der Öffentlichkeit; **'~-man** [-mæn] *s.* [*irr.*] **1.** 'Pressephoto,graph *m*; **2.** *Film*: 'Kameramann *m*; **~ ob·scu·ra** [ɔb'skjuərə] *s. opt.* 'Loch,kamera *f*, 'Camera *f* ob'scura.

Cam·er·o·ni·ans [kæmə'rounjənz] *s. pl.* erstes schottisches 'Schützenbatail,lon.

cam·i·knick·ers [kæmi'nikəz] *s. pl. Brit.* (Damen)Hemdhose *f.*

ca·mion ['kæmiən] *s.* ⚔ 'Last,auto *n* (*für Geschütztransport*).

cam·i·sole ['kæmisoul] *s.* 'Unter-,taille *f.*

cam·let ['kæmlit] *s.* leichter Woll-[stoff.]

cam·o·mile ['kæməmail] *s.* ⚘ Ka'mille *f*: *~ tea* Kamillentee.

cam·ou·flage ['kæmuflɑ:ʒ] **I.** *s.* **1.** ⚔ Tarnung *f* (*a. fig.*): *~ paint* Schutz-, Tarnanstrich; **II.** *v/t.* **2.** tarnen; **3.** *fig.* tarnen, verschleiern.

camp [kæmp] **I.** *s.* **1.** (Zelt-, Ferien-) Lager *n*, Lagerplatz *m*: *to break ~* das Lager abbrechen, aufbrechen; **2.** ⚔ Feld-, Heerlager *n*; **3.** Lagerleben *n* (*bsd.* ⚔); **4.** *fig.* Lager *n*, Anhänger *pl. e-r Richtung*; **II.** *v/i.* **5.** lagern, kampieren; **6.** *a. ~ out* in e-m (Zelt)Lager wohnen, zelten.

cam·paign [kæm'pein] **I.** *s.* **1.** ⚔ Feldzug *m*; **2.** *pol. u. fig.* Schlacht *f*, Kam'pagne *f*, (Werbe)Feldzug *m*: *election ~* Wahlkampf; **3.** Bemühungen *pl.*; **4.** 'Umtriebe *pl.*; **II.** *v/i.* **5.** zu Felde ziehen, e-n Feldzug mitmachen *od.* unter'nehmen; **6.** *fig.* werben, sich einsetzen, agitieren (*for* für); **cam'paign·er** [-nə] *s.* alter Kämpfer; Wahlmacher *m*; Agi'tator *m*: *old ~* a) Veteran, b) alter Praktikus.

cam·pa·ni·le [kæmpə'ni:li] *s.* (einzeln stehender) Glockenturm.

cam·pan·u·la [kəm'pænjulə] *s.* ⚘ Glockenblume *f.*

'camp|-bed *s.* Feldbett *n*; **'~-chair** *s.* Feld-, Klappstuhl *m.*

cam·pea·chy wood [kæm'pi:tʃi] *s.* Cam'peche-, Blauholz *n.*

camp·er ['kæmpə] *s.* Lager-, Zeltbewohner *m.*

'camp|-fe·ver *s.* ⚕ 'Typhus *m*; **'~-fol·low·er** *s.* **1.** Schlachtenbummler *m*; *engS.* Marke'tender (-in); **2.** dem Heer folgende Prostituierte; **3.** *pol.* Mitläufer *m.*

cam·phor ['kæmfə] *s.* ⚗ Kampfer *m*; **'cam·phor·at·ed** [-əreitid] mit Kampfer behandelt, Kampfer...

cam·phor| ball *s.* Mottenkugel *f*; **'~-wood** *s.* Kampferholz *m.*

camp·ing ['kæmpiŋ] *s.* Camping *n*, Zelten *n*; Kampieren *n*; **'~-ground** *s.* Zelt-, Campingplatz *m.*

cam·pi·on ['kæmpjən] *s.* ⚘ Lichtnelke *f.*

'camp|-meet·ing *s. Am.* Gottesdienst *m* im Freien *od.* im Zelt; **'~-stool** → *camp-chair.*

cam·pus ['kæmpəs] *s.* Campus *m* (*Gesamtanlage e-r Universität od. Schule*).

'cam·wood *s.* Kam-, Rotholz *n.*

can¹ [kæn; kən] *v/aux.* [*irr.*], *pres. neg.* **can·not** **1.** können, fähig sein zu: ~ *you do it?; he cannot read; we could do it now* wir könnten es jetzt tun; *how could you?* wie konntest du nur (so etwas tun)?; **2.** dürfen, können: *you* ~ *go away now.*

can² [kæn] **I.** *s.* **1.** (Blech)Kanne *f*; (*Öl*)Kännchen *n*; **2.** (Kon'serven)Dose *f*, (-)Büchse *f*: ~ *opener* Büchsenöffner; **3.** (Blech)Trinkgefäß *n*; **4.** Ka'nister *m*; **5.** *Am. sl.* ‚Kittchen' *n* (*Gefängnis*); **6.** *Am. sl.* 'Hinterteil *n*; **II.** *v/t.* **7.** in Büchsen konservieren, eindosen; **8.** *Am. sl.* **a)** ‚rausschmeißen', entlassen, **b)** ‚einlochen', **c)** aufhören mit.

Ca·naan·ite ['keinənait] *bibl.* **I.** *s.* Kanaa'niter(in); **II.** *adj.* kanaa'näisch.

Ca·na·di·an [kə'neidjən] **I.** *adj.* ka'nadisch; **II.** *s.* Ka'nadier(in).

ca·naille [kə'nɑ:i:; kə'neil] (*Fr.*) *s.* Pöbel *m.*

ca·nal [kə'næl] *s.* **1.** Ka'nal *m* (*für Schiffahrt etc.*): ~*s of Mars* Marskanäle; **2.** *anat., zo.* Ka'nal *m*, Gang *m*, Röhre *f*; **ca·nal·i·za·tion** [kænəlai'zeiʃən] *s.* Kanalisierung *f*; Ka'nalnetz *n*; **ca·nal·ize** ['kænəlaiz] *v/t.* **1.** kanalisieren, schiffbar machen; **2.** *fig.* in bestimmte Bahnen lenken, dirigieren.

can·a·pé ['kænəpei] (*Fr.*) *s.* Appe'titbrot *n*, offenes belegtes Brot.

ca·nard [kæ'nɑ:d; kana:r] (*Fr.*) *s.* (Zeitungs)Ente *f*, Falschmeldung *f.*

ca·nar·y [kə'nɛəri] **I.** *s.* **1.** *a.* ~*-bird orn.* Ka'narienvogel *m*; **2.** *a.* ♀*-wine* Ka'narienwein *m*; **II.** *adj.* **3.** hellgelb; '~**-seed** *s.* ♀ Ka'nariensamen *m.*

can·can ['kænkæn; kɑ̃kɑ̃] (*Fr.*) *s.* Can'can *m* (*Tanz*).

can·cel ['kænsəl] **I.** *v/t.* **1.** (durch-, aus)streichen; **2.** wider'rufen, aufheben (*a.* ♪), annullieren (*a.* ✝), rückgängig machen, absagen; ✝ stornieren; **3.** ungültig machen, tilgen; erlassen; *Briefmarke etc.* entwerten; **4.** ✍ heben, streichen; **II.** *v/i.* **5.** *mst* ~ *out* sich aufheben *od.* ausgleichen; **III.** *s.* **6.** Streichung *f*; **can·cel·la·tion** [kænse'leiʃən] *s.* **1.** Streichung *f*; Aufhebung *f*; Absage *f*; **2.** ✝ Annullierung *f*, Stornierung *f*: ~ *clause* Rücktrittsklausel; **3.** Entwertung *f* (*Briefmarke etc.*).

can·cer ['kænsə] *s.* **1.** ⚕ Krebs *m*; Karzi'nom *n*; **2.** *fig.* Krebsschaden *m*, Übel *n*; **3.** ♀ *ast.* Krebs *m*; **'can·cer·ous** [-sərəs] *adj.* krebsartig.

can·de·la·bra [kændi'lɑ:brə] *pl.* **-bras**, **can·de'la·brum** [-brəm] *pl.* **-bra**, *Am. a.* **-brums** *s.* Kande'laber *m*; (Arm-, Kron)Leuchter *m.*

can·des·cence [kæn'desns] *s.* Weißglut *f.*

can·did ['kændid] *adj.* □ **1.** offen (u. ehrlich), freimütig; **2.** aufrichtig, unvoreingenommen, objek'tiv; **3.** *phot.* unbemerkt aufgenommen: ~ *camera* Detektiv-, Kleinkamera; ~ *shot* Schnappschuß.

can·di·da·cy ['kændidəsi] *s.* Kandida'tur *f*, Bewerbung *f*, Anwartschaft *f*; **can·di·date** ['kændidit] *s.* (*for*) Kandi'dat *m* (für), Bewerber *m* (um), Anwärter (auf *acc.*); **'can·di·da·ture** [-ditʃə] → *candidacy.*

can·died ['kændid] *adj.* kandiert, über'zuckert: ~ *peel* Zitronat.

can·dle ['kændl] *s.* **1.** (Wachs- *etc.*) Kerze *f*, Licht *n*: *to burn the* ~ *at both ends fig.* Raubbau mit s-r Gesundheit treiben; *not to be fit to hold a* ~ *to* das Wasser nicht reichen können (*dat.*); → *game¹ 4*; **2.** ⚡, *phys.* Lichteinheit *f*, (Nor'mal)Kerze *f*; '~**-ber·ry** [-bəri] *s.* ♀ Wachsmyrtenbeere *f*; '~**-end** *s.* **1.** Kerzenstummel *m*; **2.** *pl. fig.* Abfälle *pl.*, Krimskrams *m*; '~**-light** *s.* **1.** Kerzenlicht *n*: *by* ~ bei Kerzenlicht; **2.** künstliches Licht; **3.** Abenddämmerung *f.*

Can·dle·mas ['kændlməs] *s. R.C.* (Ma'riä) Lichtmeß *f.*

'can·dle|-pow·er *s. phys.* (Nor'mal-) Kerze *f*, Lichtstärke *f*, Lichteinheit *f*; '~**-stick** *s.* (Kerzen)Leuchter *m*; '~**-wick** *s.* Kerzendocht *m.*

can·do(u)r ['kændə] *s.* **1.** Offenheit *f*, Aufrichtigkeit *f*; **2.** 'Unpar,teilichkeit *f*, Objektivi'tät *f.*

can·dy ['kændi] **I.** *s.* **1.** Kandis(zukker) *m*; **2.** *Am.* **a)** Süßigkeiten *pl.*, Kon'fekt *n*, **b)** Bon'bon *m*, *n*; **II.** *v/t.* **3.** kandieren, glacieren; mit Zucker einmachen; **4.** *Zucker* kristallisieren lassen; **III.** *v/i.* **5.** kristallisieren (*Zucker*); ~ **store** *s. Am.* Süßwarengeschäft *n*; '~**-tuft** *s.* ♀ Schleifenblume *f.*

cane [kein] **I.** *s.* **1.** ♀ (*Bambus-, Zukker-, Schilf*)Rohr *n*; **2.** spanisches Rohr, Peddigrohr *n*; **3.** Rohrstock *m*; **4.** Spazierstock *m*; **II.** *v/t.* **5.** (ver)prügeln; *fig.* einhämmern (*into dat.*); **6.** *Stuhl* mit Rohrgeflecht versehen: ~*-bottomed* mit Sitz aus Rohr; ~ **chair** *s.* Rohrstuhl *m*; '~**-sug·ar** *s.* Rohrzucker *m*; '~**-work** *s.* Rohrgeflecht *n.*

ca·nine I. *adj.* ['keinain] Hunde...; **II.** *s.* ['kænain] *anat. a.* ~ *tooth* Eckzahn *m.*

can·ing ['keiniŋ] *s.* Tracht *f* Prügel.

can·is·ter ['kænistə] *s.* **1.** Ka'nister *m*, Blechdose *f*; **2.** ⚔ *a.* ~ *shot* Kar'tätsche *f.*

can·ker ['kæŋkə] **I.** *s.* **1.** ⚕ Mund- *od.* Lippengeschwür *n*; **2.** *vet.* Strahlfäule *f*; **3.** ♀ Rost *m*, Brand *m*; **4.** *fig.* Krebsschaden *m*, Übel *n*, schädlicher Einfluß, (nagender) Wurm; **II.** *v/t.* **5.** *fig.* an-, zerfressen, verderben; **III.** *v/i.* **6.** angefressen werden, verderben; **'can·kered** [-əd] *adj.* **1.** ♀ **a)** brandig, **b)** (von Raupen) zerfressen; **2.** *fig.* giftig, boshaft; **'can·ker·ous** [-ərəs] *adj.* **1.** → *cankered 1*; **2.** fressend, schädlich.

'can·ker|-rash *s.* ⚕ 'Scharlachausschlag *m*; '~**-worm** *s.* **1.** *zo.* schädliche Raupe; **2.** → *canker 4.*

can·na ['kænə] *s.* ♀ Canna *f.*

can·na·bis ['kænəbis] *s.* **1.** ♀ Hanf *m*; **2.** *pharm.* 'Haschisch *n.*

canned [kænd] *adj.* **1.** konserviert, Dosen..., Büchsen...: ~ *food* Konserven; ~ *meat* Büchsenfleisch; **2.** *sl.* me'chanisch reproduziert: ~ *music* Musik aus der Konserve; **3.** *Am. sl.* betrunken; **4.** 'serienmäßig *od.* scha'blonenhaft hergestellt.

can·nel ['kænl], ~ **coal** *s.* Kännelkohle *f* (*Pechkohle*).

can·ner ['kænə] *s.* **1.** Kon'servenfabri,kant *m*; **2.** Kon'servenarbeiter *m*; **'can·ner·y** [-əri] *s.* Kon'servenfa,brik *f.*

can·ni·bal ['kænibəl] **I.** *s.* Kanni'bale *m*, Menschenfresser *m*; **II.** *adj.* kanni'balisch (*a. fig.*); **'can·ni·bal·ism** [-bəlizəm] *s.* Kanniba'lismus *m*; *fig.* Unmenschlichkeit *f*; **can·ni·bal·is·tic** [kænibə'listik] *adj.* (□ ~*ally*) kanni'balisch (*a. fig.*); **'can·ni·bal·ize** [-bəlaiz] *v/t. sl. Maschine etc.* ‚ausschlachten'.

can·ning ['kæniŋ] *s.* Kon'servenfabrikati,on *f*: ~ *factory* Konservenfabrik.

can·non ['kænən] **I.** *s.* **1.** ⚔ **a)** Ka'none *f*, Geschütz *n*, **b)** *coll.* Ka'nonen *pl.*, Artille'rie *f*; **2.** ⊕ Zy'linder *m* um e-e Welle; **3.** *Billard*: *Brit.* Karambo'lage *f*; **II.** *v/i.* **4.** *Billard*: *Brit.* karambolieren; **5.** (*against, into, with*) rennen, prallen (gegen), karambolieren (mit); **can·non·ade** [kænə'neid] **I.** *s.* **1.** Kano'nade *f*; **2.** *fig.* Dröhnen *n*; **II.** *v/t.* **3.** bombardieren.

'can·non|-ball *s.* Ka'nonenkugel *f*; '~**-bit** *s. ein* Gebiß *n* (*Pferd*); '~**-bone** *s. zo.* Ka'nonenbein *n* (*Pferd*); '~**-fod·der** *s.* Ka'nonenfutter *n.*

can·not ['kænɔt] → *can¹ 1.*

can·nu·la ['kænjulə] *s.* ⚕ Ka'nüle *f.*

can·ny ['kæni] *adj.* □ *Scot.* **1.** 'umsichtig, vorsichtig; **2.** (sehr) sparsam; **3.** schlau, erfahren.

ca·noe [kə'nu:] **I.** *s.* 'Kanu *n*, Paddelboot *n*: *to paddle one's own* ~ auf eigenen Füßen stehen, nach eigenem Gutdünken handeln; **II.** *v/i.* Kanu fahren, paddeln; **ca'noe·ist** [-u:ist] *s.* Ka'nute *m*, 'Kanufahrer *m.*

can·on¹ ['kænən] *s.* **1.** Regel *f*, Richtschnur *f*, Maßstab *m*, Grundsatz *m*; **2.** *eccl.* 'Kanon *m*: **a)** ka'nonische Bücher *pl.*, **b)** 'Meß,kanon *m*, **c)** Ordensregeln *pl.*, **d)** → *canon law*; **3.** ♪ Kanon *m*; **4.** *typ.* Kanon (-schrift) *f.*

can·on² ['kænən] *s. eccl.* Ka'noniker *m*, Dom-, Stiftsherr *m.*

ca·ñon → *canyon.*

can·on·ess ['kænənis] *s. eccl.* Kano'nissin *f*, Stiftsdame *f.*

ca·non·i·cal [kə'nɔnikəl] **I.** *adj.* □ ka'nonisch, vorschriftsmäßig; anerkannt; **II.** *s. pl. eccl.* kirchliche Amtstracht; ~ **books** → *canon¹ 2 a*); ~ **hours** *s. pl.* **a)** regelmäßige Gebetszeiten *pl.*, **b)** *Brit.* Zeiten *pl.* für die Trauung.

can·on·ist ['kænənist] *s.* Kirchenrechtslehrer *m*; **can·on·i·za·tion** [kænənai'zeiʃən] *s. eccl.* Heiligsprechung *f*; **'can·on·ize** [-naiz] *v/t. eccl.* heiligsprechen; **can·on law** *s.* ka'nonisches Recht, Kirchenrecht *n*; **'can·on·ry** [-nri] *s.* Kanoni'kat *n.*

ca·noo·dle [kə'nu:dl] *v/t. u. v/i. sl.* ‚knudeln', ‚knutschen', liebkosen.

can·o·py ['kænəpi] **I.** *s.* **1.** 'Baldachin *m*, (Bett-, Thron-, Trag)Himmel *m*: ~ *of heaven* Himmelszelt; **2.** Schutzdach *n*, Verdeck *n*; **3.** △

Über'dachung *f*; **II.** *v/t.* **4.** über'dachen; *fig.* bedecken.
canst [kænst; kənst] *obs. 2. sg. pres. von can*[1].
cant[1] [kænt] **I.** *s.* **1.** Fach-, Zunftsprache *f*; Jar'gon *m*; **2.** Gaunersprache *f*; **3.** Gewäsch *n*; **4.** Heuche'lei *f*, scheinheiliges Gerede; **5.** stehende Redensart; **II.** *v/i.* **6.** heucheln, scheinheilig reden; **7.** Phrasen dreschen.
cant[2] [kænt] **I.** *s.* **1.** (Ab)Schrägung *f*, schräge Lage; **2.** Ruck *m*, Stoß *m*; plötzliche Wendung; **II.** *v/t.* **3.** (ver-)kanten, kippen; **4.** ⊕ abschrägen; **III.** *v/i.* **5.** *a. to ~ over* sich neigen, sich auf die Seite legen; 'umkippen.
can't [kɑ:nt] F *für cannot*; → *can*[1].
Can·tab ['kæntæb] *abbr. für Cantabrigian.*
can·ta·bi·le [kæn'tɑ:bili] (*Ital.*) *adv.* (wie) singend.
Can·ta·brig·i·an [kæntə'bridʒiən] *s.* Stu'dent(in) der Universi'tät Cambridge (*England*).
can·ta·loup(e) ['kæntəlu:p] *s.* ♀ Kanta'lupe *f*, 'Warzenme,lone *f*.
can·tan·ker·ous [kən'tæŋkərəs] *adj.* □ mürrisch, zänkisch, ‚eklig'; rechthaberisch.
can·ta·ta [kæn'tɑ:tə] *s.* ♪ Kan'tate *f*.
can·teen [kæn'ti:n] *s.* **1.** (Mili'tär-, Be'triebs- *etc.*)Kan,tine *f*; **2.** ⚔ **a)** Feldflasche *f*, **b)** Kochgeschirr *n*; **3.** Besteck-, Silberkasten *m*.
can·ter ['kæntə] **I.** *s.* 'Kanter *m*, kurzer Ga'lopp: *to win in a ~* mühelos siegen; **II.** *v/i.* im kurzen Galopp reiten.
Can·ter·bur·y| bell ['kæntəbəri] *s.* ♀ Glockenblume *f*; **~ lamb** *s. Brit.* Hammelfleisch *n* (*aus Neuseeland*).
can·thar·i·des [kæn'θæridi:z] *s. pl.* ⚕ Kantha'riden *pl.* (*Spanische Fliegen*).
'cant-hook *s.* ⊕ Kanthaken *m*.
can·ti·cle ['kæntikl] *s. eccl.* Lobgesang *m*: 2s *bibl. das* Hohelied (Salo'monis).
can·ti·le·ver ['kæntili:və] **I.** *s.* **1.** ⚠ Kon'sole *f*; **2.** ⊕ freitragender Arm, vorspringender Träger, Ausleger *m*; **II.** *adj.* **3.** freitragend; **~ bridge** *s.* Auslegerbrücke *f*; **~ wing** *s.* ✈ unverspreizte Tragfläche.
can·to ['kæntou] *pl.* **-tos** *s.* Gesang *m* (*Teil e-r größeren Dichtung*).
can·ton[1] ['kænton] **I.** *s.* Kan'ton *m*, (Verwaltungs)Bezirk *m*; **II.** *v/t.* in Kantone *od.* Bezirke einteilen.
can·ton[2] ['kæntən] **I.** *s.* **1.** *her.* Feld *n*; **2.** Gösch *f* (*Obereck an Flaggen*); **II.** *v/t.* **3.** *her.* in Felder einteilen.
can·ton[3] [kən'tu:n] *v/t.* ⚔ einquartieren.
can·ton·al ['kæntənl] *adj.* kanto'nal.
Can·ton·ese [kæntə'ni:z] **I.** *adj.* kanto'nesisch; **II.** *s.* Bewohner(in) 'Kantons.
can·ton·ment [kən'tu:nmənt] *s.* ⚔ *oft pl.* Quar'tier *n*, 'Orts,unterkunft *f*.
Ca·nuck [kə'nʌk] *s. Am. u. Canad. sl.* Ka'nadier(in) (*französischer Abstammung*).
can·vas ['kænvəs] *s.* **1. a)** Segeltuch *n*: *~ shoes* Segeltuchschuhe, **b)** *coll.* (*alle*) Segel *pl.*: *under ~* unter Segel; **2.** Pack-, Zeltleinwand *f*: *under ~* in Zelten; **3.** 'Kanevas *m*, Stra'min *m* (*zum Sticken*); **4. a)** (Maler)Leinwand *f*, **b)** (Öl)Gemälde *n*.
can·vass ['kænvəs] **I.** *v/t.* **1.** gründlich erörtern *od.* prüfen; **2. a)** *pol. Stimmen* werben, **b)** ✝ *Aufträge* her'einholen, *Abonnenten*, *Inserate* sammeln; **3.** *Wahlkreis od. Geschäftsbezirk* bereisen, bearbeiten; **4.** um *et.* werben, *j-n od. et.* anpreisen; **II.** *v/i.* **5.** e-n Wahlfeldzug veranstalten; **6.** *Am.* 'Wahlresul,tate prüfen; **7.** werben (*for* um); **III.** *s.* **8.** *pol.* Stimmenwerbung *f*, Wahlfeldzug *m*; **9.** ✝ Werbefeldzug *m*; **10.** *Am. pol.* Wahlnachprüfung *f*; **'can·vass·er** [-sə] *s.* **1. a)** Wahleinpeitscher *m*, **b)** Kundenwerber *m*; **2.** *Am.* Wahlstimmenprüfer *m*; **'can·vass·ing** [-siŋ] *s.* **1.** 'Wahlpropa,ganda *f*; **2.** ✝ Kundenwerbung *f*.
can·yon ['kænjən] *s.* 'Cañon *m*, Felsschlucht *f*.
caou·tchouc ['kautʃuk] *s.* 'Kautschuk *m*, 'Gummi *n*, *m*.
cap[1] [kæp] **I.** *s.* **1.** Mütze *f*, Kappe *f*, Haube *f*: *~ and bells* Schellen-, Narrenkappe; *~ in hand* mit der Mütze in der Hand, demütig; *if the ~ fits wear it fig.* wen's juckt, der kratze sich; *she sets her ~ at him* F sie angelt ihn sich; **2.** *univ.* Ba'rett *n*: *~ and gown univ.* Barett u. Talar; **3.** (Sport-, Stu'denten-, Klub-, Dienst)Mütze *f*: *to get one's ~ sport* in die offizielle Mannschaft aufgenommen werden; **4.** (Schutz-, Verschluß)Kappe *f od.* (-)Kapsel *f*, Deckel *m*, Aufsatz *m*; ⚔ Zündkapsel *f*; **5.** Spitze *f*, Gipfel *m*; **6.** *geol.* Deckschicht *f*; **II.** *v/t.* **7.** (mit *od.* wie mit e-r Kappe) bedecken; **8.** mit (Schutz)Kappe, Kapsel, Deckel, Aufsatz *etc.* versehen; **9.** *Brit. univ. j-m* e-n aka'demischen Grad verleihen; **10.** oben liegen auf (*dat.*), krönen (*a. fig. abschließen*); **11.** *fig.* über'treffen, -'trumpfen; **III.** *v/i.* **12.** die Mütze abnehmen (*to s.o.* vor j-m).
cap[2] [kæp] *abbr. für capital*[1] 2.
ca·pa·bil·i·ty [keipə'biliti] *s.* **1.** Fähigkeit *f* (*of* zu); **2.** Tauglichkeit *f* (*for* zu); **3.** *a. pl.* Ta'lent *n*, Begabung *f*; **ca·pa·ble** ['keipəbl] *adj.* □ **1.** (*Personen*) **a)** fähig, tüchtig, **b)** (*of*) fähig (zu *od. gen.*), im'stande (zu *inf.*) (*mst b.s.*); **2.** (*Sachen*) **a)** geeignet, tauglich (*for* zu), **b)** (*of*) (et.) zulassend, (zu et.) fähig: *~ of being divided* teilbar.
ca·pa·cious [kə'peiʃəs] *adj.* □ geräumig, weit; um'fassend (*a. fig.*).
ca·pac·i·tate [kə'pæsiteit] *v/t.* befähigen, ermächtigen (*a.* ⚖); **ca'pac·i·tor** [-tə] *s.* ⚡ Konden'sator *m*; **ca'pac·i·ty** [-ti] *s.* **1.** (Raum)Inhalt *m*, Fassungsvermögen *n*; Kapazi'tät *f* (*a.* ⚡, *phys.*): *measure of ~* Hohlmaß; *seating ~* Sitzgelegenheit (*of* für); **2.** (*a.* ⊕ Leistungs)Fähigkeit *f*, (Nutz)Leistung *f*; **3.** Höchstmaß *n*: *filled to ~* ganz voll *od.* (*thea.*) besetzt; *working to ~* mit Höchstleistung arbeitend; *~ business* Rekordgeschäft; *~ house thea.* ausverkauftes Haus; **4.** *fig.* Auffassungsgabe *f*, *geistige* Fähigkeit; **5.** ⚖ Geschäftsfähigkeit *f*: *~ to sue* Prozeßfähigkeit; **6.** Eigenschaft *f*, Stellung *f*: *in my ~ as* in m-r Eigenschaft als.
cap-à-pie [kæpə'pi:] *adv.* von Kopf bis Fuß; gänzlich.
ca·par·i·son [kə'pærisn] *s.* **1.** Scha'bracke *f*; **2.** *fig.* Aufputz *m*.
cape[1] [keip] *s.* Cape *n*, 'Umhang *m*; Schulterkragen *m*.
cape[2] [keip] *s.* Kap *n*, Vorgebirge *n*: *the* 2 das Kap der Guten Hoffnung; 2 *wine* Kapwein.
ca·per[1] ['keipə] **I.** *s.* **a)** Freuden-, Luftsprung *m*, **b)** *pl.* Streiche *pl.*, Dummheiten *pl.*: *to cut ~s* Luftsprünge *od.* Kapriolen (*a. fig. dumme Streiche*) machen; **II.** *v/i.* Kapri'olen machen.
ca·per[2] ['keipə] *s.* ♀ **1.** Kapernstrauch *m*; **2.** Kaper *f*.
cap·er·cail·lie [kæpə'keilji], **cap·er'cail·zie** [-lji] *s. orn.* Auerhahn *m*.
cap·ful ['kæpful] *pl.* **-fuls** *s.* e-e Mütze(voll): *a ~ of wind* ein Windstoß.
ca·pi·as ['keipiæs] *s.* ⚖ Haftbefehl *m* (*bsd. im Vollstreckungsverfahren*).
cap·il·lar·i·ty [kæpi'læriti] *s. phys.* Kapillari'tät *f*; **cap·il·lar·y** [kə'piləri] **I.** *adj.* haarförmig, -fein, kapil'lar: *~ attraction* Kapillaranziehung; *~ tube* → *II*; **II.** *s. anat.* Kapil'largefäß *n*.
cap·i·tal[1] ['kæpitl] **I.** *s.* **1.** Hauptstadt *f*; **2.** großer Buchstabe, Ma'juskel *f*; **3.** ✝ Kapi'tal *n*, Vermögen *n*: 2 *and Labo(u)r* Unternehmertum u. Arbeiterschaft; **4.** Vorteil *m*, Nutzen *m*: *to make ~ out of* aus *et.* Kapital schlagen *od.* Nutzen ziehen; **II.** *adj.* **5.** ⚖ **a)** kapi'tal, todeswürdig: *~ crime* Kapitalverbrechen, **b)** Todes...: *~ punishment* Todesstrafe; **6.** größt, wichtigst, Haupt...: *~ city* Hauptstadt; *~ ship* Großkampfschiff; **7.** verhängnisvoll: *a ~ error* ein Kapitalfehler; **8.** großartig, ausgezeichnet: *a ~ fellow* ein famoser Kerl; **9.** ✝ *~ fund* Stamm-, Grundkapital; **10.** *~ letter* → *2*; *~ B* großes B.
cap·i·tal[2] ['kæpitl] *s.* Kapi'tell *n*, Säulenknauf *m*.
cap·i·tal| ac·count *s.* ✝ Kapi'tal-,konto *n*; **~ as·sets** *s. pl.* ✝ Anlagevermögen *n*; **~ ex·pend·i·ture** *s.* ✝ Kapi'talaufwand *m*; **~ gains tax** *s.* Kapi'talertragssteuer *f*; **~ goods** *s. pl.* ✝ Kapi'tal-, Investiti'onsgüter *pl.*; **'~-in·ten·sive** *adj.* ✝ kapi'talinten,siv; **~ in·vest·ment** *s.* ✝ Kapi'talanlage *f*.
cap·i·tal·ism ['kæpitəlizəm] *s.* Kapita'lismus *m*; **'cap·i·tal·ist** [-ist] *s.* Kapita'list *m*; **cap·i·tal·is·tic** *adj.*; **cap·i·tal·is·ti·cal** [kæpitə'listik(əl)] *adj.* □ kapita'listisch; **cap·i·tal·i·za·tion** [kəpitəlai'zeiʃən] *s.* **1.** Kapitalisierung *f*; **2.** Großschreibung *f* (*Buchstabe*); **cap·i·tal·ize** [kə'pitəlaiz] **I.** *v/t.* **1.** kapitalisieren; **2.** *fig.* sich *et.* zu'nutze machen; **3.** *Buchstaben* groß schreiben; **II.** *v/i.* **4.** Kapi'tal anhäufen; **5.** e-n Kapi'talwert haben (*at* von); **6.** *fig.* Kapital schlagen, Nutzen ziehen (*on* aus).
cap·i·tal| lev·y *s.* ✝ Vermögensabgabe *f*; **~ mar·ket** *s.* Kapi'talmarkt *m*; **~ stock** *s.* ✝ 'Aktien-, 'Stammkapi,tal *n*.
cap·i·ta·tion [kæpi'teiʃən] *s.* **1.** *a. ~*

tax Kopfsteuer *f*; **2.** Zahlung *f* pro Kopf: ~ *grant* Zuschuß pro Kopf.
Cap·i·tol ['kæpitl] *s.* Kapi'tol *n*: a) *im alten Rom*, b) *in Washington*; **Cap·i·to·line** [kə'pitəlain] *adj. u. s.* kapito'linisch(er Hügel).
ca·pit·u·lar [kə'pitjulə] *eccl.* **I.** *adj.* zum Ka'pitel gehörig; **II.** *s.* Kapitu'lar *m*, Domherr *m*.
ca·pit·u·late [kə'pitjuleit] *v/i.* ⚔ *u. fig.* kapitulieren (*to* vor *dat.*); **ca·pit·u·la·tion** [kəpitju'leiʃən] *s.* **1.** ⚔ a) Kapitulati'on *f*, 'Übergabe *f*, b) Kapitulati'onsurkunde *f*; **2.** *hist.* Kapitulation *f* (*Vertrag über Exterritorialitätsvorrechte*).
ca·pon ['keipən] *s.* Ka'paun *m*; '**ca·pon·ize** [-naiz] *v/t. Hahn* kastrieren.
capped [kæpt] *adj.* mit e-r Kappe *od.* Mütze bedeckt: ~ *and gowned* in vollem Ornat; *black*-~ e-e schwarze Kappe tragend.
ca·price [kə'pri:s] *s.* Laune *f*, Grille *f*; Launenhaftigkeit *f*; **ca'pri·cious** [-iʃəs] *adj.* □ launenhaft, launisch; kaprizi'ös; **ca'pri·cious·ness** [-iʃəsnis] *s.* Launenhaftigkeit *f*.
Cap·ri·corn ['kæprikɔ:n] *s. ast.* Steinbock *m*.
cap·ri·ole ['kæprioul] **I.** *s.* Kapri'ole *f*, Bock-, Luftsprung *m*; **II.** *v/i.* Kapri'olen machen.
cap·si·cum ['kæpsikəm] *s.* ⚘ 'Paprika *m*, Spanischer Pfeffer.
cap·size [kæp'saiz] **I.** *v/i.* **1.** ⚓ kentern; **2.** *fig.* 'umschlagen; **II.** *v/t.* **3.** ⚓ zum Kentern bringen.
cap·stan ['kæpstən] *s.* ⚓ Gangspill *n*, Ankerwinde *f*; ~ **lathe** *s.* ⊕ Re'volverdrehbank *f*.
cap·su·lar ['kæpsjulə] *adj.* kapselförmig, Kapsel...; **cap·sule** ['kæpsju:l] *s.* **1.** *zo.* 'Kapsel *f*, Hülle *f*, Schale *f*; **2.** ⚕ (Arz'nei)Kapsel *f*; **3.** ⚘ (Samen)Kapsel *f*; **4.** (Me'tall-) Kapsel *f*, Hülse *f*; **5.** ⚗ Abdampfschale *f*, -tiegel *m*; **6.** *fig.* gedrängte 'Übersicht.
cap·tain ['kæptin] **I.** *s.* **1.** Führer *m*, Oberhaupt *n*; Obmann *m*: ~ *of industry* Industriekapitän; **2.** ⚔ a) Hauptmann *m*, b) *Kavallerie*: Rittmeister *m*; **3.** ⚓ a) Kapi'tän *m*, Komman'dant *m*, b) *Kriegsmarine*: Kapitän *m* zur See; **4.** *sport* 'Mannschaftskapiˌtän *m*; **5.** *ped.* 'Primus *m*; **6.** Vorarbeiter *m*; ⚒ Obersteiger *m*; **II.** *v/t.* **7.** anführen; '**cap·tain·cy** [-si], '**cap·tain·ship** [-ʃip] *s.* **1.** ⚔ Hauptmanns-, Kapi'tänsposten *m*, -rang *m*; **2.** Führerschaft *f*.
cap·tion ['kæpʃən] **I.** *s.* **1.** 'Überschrift *f*, Titel *m*; ('Bild)ˌUnterschrift *f*; **2.** *Film*: 'Unterˌtitel *m*; **3.** Ru'brik *f*; Kopf *m* e-r Urkunde; **II.** *v/t.* **4.** mit e-r Überschrift *etc.* versehen.
cap·tious ['kæpʃəs] *adj.* □ **1.** spitzfindig; **2.** krittelig, nörglerisch; **3.** heikel, verfänglich; '**cap·tious·ness** [-nis] *s.* **1.** Spitzfindigkeit *f*; **2.** Verfänglichkeit *f*.
cap·ti·vate ['kæptiveit] *v/t. fig.* gefangennehmen, fesseln, bestrikken, bezaubern; '**cap·ti·vat·ing** [-tiŋ] *adj. fig.* fesselnd, bezaubernd; **cap·ti·va·tion** [kæpti'veiʃən] *s. fig.* Bestrickung *f*, Fesselung *f*.
cap·tive ['kæptiv] **I.** *adj.* (kriegs)gefangen: ~ *bird* Stubenvogel; ~ *balloon* ✈ Fesselballon; *to be held* ~ gefangengehalten werden; **II.** *s.* Gefangene(r) *m*; Sklave *m* (*a. fig.*); **cap·tiv·i·ty** [kæp'tiviti] *s.* **1.** Gefangenschaft *f*; **2.** *fig.* Knechtschaft *f*.
cap·tor ['kæptə] *s.* **1.** Fänger *m*; Erbeuter *m*: *his* ~ der ihn gefangennahm; **2.** ⚓ Kaper *m*; '**cap·ture** [-tʃə] **I.** *v/t.* **1.** fangen; gefangennehmen; **2.** ⚔ erobern; erbeuten; **3.** ⚓ kapern, aufbringen; **4.** *fig.* (*a. Stimmung etc.*) einfangen; erobern, für sich einnehmen, gewinnen, erlangen; an sich reißen; **II.** *s.* **5.** Gefangennahme *f*, Fang *m*; **6.** ⚔ Eroberung *f* (*a. fig.*); Erbeutung *f*; Beute *f*; **7.** ⚓ Kapern *n*, Aufbringung *f*; Prise *f*.
Cap·u·chin ['kæpjuʃin] *s.* **1.** *eccl.* Kapu'ziner(mönch) *m*; **2.** ♀ 'Umhang *m* mit Ka'puze; ~ **mon·key** *s. zo.* Kapu'zineraffe *m*.
car [kɑ:] *s.* **1.** Auto(mo'bil) *n*, (Kraft)Wagen *m*; **2.** (Eisenbahn-) Wagen *m*, Wag'gon *m*; **3.** Wagen *m*, Karren *m*; **4.** (*Luftschiff- etc.*) Gondel *f*; **5.** Ka'bine *f e-s Aufzuges*; **6.** *poet.* Kriegs-, Tri'umphwagen *m*.
car·a·bi·neer [kærəbi'niə] *s.* ⚔ Karabini'er *m*.
car·a·col(e) ['kærəkoul] *Reitkunst*: **I.** *s.* (halbe) Schwenkung; **II.** *v/i.* schwenken, im Zickzack reiten.
ca·rafe [kə'rɑ:f] *s.* Ka'raffe *f*, Glasflasche *f* mit Stöpsel.
car·a·mel ['kærəmel] **I.** *s.* **1.** Kara'mel *m*, gebrannter Zucker; **2.** Kara'melle *f* (*Bonbon*).
car·a·pace ['kærəpeis] *s. zo.* Rückenschild *m* (*Schildkröte, Krebs*).
car·at ['kærət] *s.* Ka'rat *n*: a) *Juwelengewicht*, b) *Goldfeingehalt*.
car·a·van [kærə'væn] **I.** *s.* **1.** Kara'wane *f* (*a. fig.*); **2.** Trans'port- *od.* Reisewagen *m* (*Zigeuner, Zirkus*); **3.** a) Wohnwagen *m*, b) *Brit.* Wohnanhänger *m*; **II.** *v/i.* **4.** im Wohnwagen reisen; **car·a·van·ner** ['kærəvænə] *s.* im Wohnwagen Reisende(r); **car·a'van·sa·ry** [-səri], **car·a'van·se·rai** [-sərai] *s.* Karawanse'rei *f*; *fig.* großes Gasthaus.
car·a·vel ['kærəvel] *s.* ⚓ Kara'velle *f* (*leichtes Segelschiff*).
car·a·way ['kærəwei] *s.* ⚘ Kümmel *m*; '~**seeds** *s. pl.* Kümmelkörner *pl.*
car·bide ['kɑ:baid] *s.* ⚗ Kar'bid *n*.
car·bine ['kɑ:bain] *s.* ⚔ Kara'biner *m*; **car·bi·neer** [kɑ:bi'niə] → *carabineer*.
carbo- [kɑ:bou] *in Zssgn* Kohlenstoff...
car bod·y *s.* ⊕ Karosse'rie *f*.
car·bo·hy·drate ['kɑ:bou'haidreit] *s.* ⚗ 'Kohle(n)hyˌdrat *n*.
car·bol·ic ac·id [kɑ:'bɔlik] *s.* ⚗ Kar'bol(säure *f*) *n*, Phe'nol *n*.
car·bo·lize ['kɑ:bəlaiz] *v/t.* ⚗ mit Kar'bolsäure behandeln.
car·bon ['kɑ:bən] *s.* **1.** ⚗ Kohlenstoff *m*; **2.** ⚡ Kohle(stift *m*) *f*; **3.** → *carbon-paper*; **car·bo·na·ceous** [kɑ:bə'neiʃəs] *adj.* kohlenstoff-, kohleartig; Kohlen...; '**car·bon·ate** ⚗ **I.** *s.* [-nit] **1.** kohlensaures Salz: ~ *of lime* Kalziumkarbonat, Kreide; ~ *of soda* Natriumkarbonat, kohlensaures Natrium, Soda; **II.** *v/t.* [-neit] **2.** mit Kohlensäure *od.* Kohlen'dioˌxyd behandeln: ~*d water* kohlensäurehaltiges Wasser, Sodawasser; **3.** karbonisieren, verkohlen.
car·bon| brush *s.* ⚡ Kohlebürste *f*; ~ **cop·y** *s.* 'Durchschlag *m*, 'Durchschrift *f*, Ko'pie *f*; ~ **di·ox·ide** *s.* ⚗ Kohlen'dioˌxyd *n*; ~ **fil·a·ment** *s.* ⚡ Kohlefaden *m*.
car·bon·ic [kɑ:'bɔnik] *adj.* ⚗ kohlenstoffhaltig; Kohlen...; ~ **ac·id** *s.* ⚗ Kohlensäure *f*; ~-'**ac·id gas** *s.* ⚗ Kohlen'dioˌxyd *n*, Kohlensäuregas *n*; ~ **ox·ide** *s.* ⚗ Kohlen('mon-) oˌxyd *n*.
car·bon·if·er·ous [kɑ:bə'nifərəs] *adj.* kohlehaltig, kohleführend: ♀ *Period geol.* Karbon, Steinkohlenzeit; **car·bon·i·za·tion** [kɑ:bənai'zeiʃən] *s.* **1.** Verkohlung *f*; **2.** Verkokung *f*: ~ *plant* Kokerei; '**car·bon·ize** [-naiz] *v/t.* **1.** verkohlen; **2.** verkoken.
'**car·bon|-pa·per** *s.* 'Kohlepaˌpier *n* (*a. phot.*); ~ **print** *s. typ.* Kohle-, Pig'mentdruck *m*; ~ **steel** *s.* Kohlenstoff-, Flußstahl *m*.
car·bo·run·dum [kɑ:bə'rʌndəm] *s.* ⊕ Karbo'rundum *n* (*Schleifmittel*).
car·boy ['kɑ:bɔi] *s.* Korbflasche *f*, ('Glas)Balˌlon *m* (*bsd. für Säuren*).
car·bun·cle ['kɑ:bʌŋkl] *s.* **1.** ⚕ Kar'bunkel *m*; **2.** Kar'funkel *m*, geschliffener Gra'nat.
car·bu·ret ['kɑ:bjuret] *v/t.* ⊕ karburieren; *mot.* vergasen; '**car·bu·ret·(t)ed** [-tid] *adj.* karburiert; '**car·bu·ret·ter**, -**ret·tor** [-tə], *Am. mst* -**ret·or** [-reitə] *s.* ⊕, *mot.* Vergaser *m*.
car·cass, car·case ['kɑ:kəs] *s.* **1.** Ka'daver *m*, (Tier-, Menschen-) Leiche *f*; **2.** Rumpf *m* (*e-s geschlachteten Tieres*): ~ *meat* frisches Fleisch (*Ggs. konserviertes*); **3.** Gerippe *n*, Ske'lett *n* (*fig. a. von Haus od. Schiff*); **4.** *fig.* Trümmer *pl.*
car cem·e·ter·y *s.* 'Autofriedhof *m*.
car·cin·o·gen·ic [kɑ:sinə'dʒenik] *adj.* karzino'gen, krebserzeugend; **car·ci·no·ma** [kɑ:si'noumə] *s.* ⚕ Karzi'nom *n*, Krebsgeschwür *n*.
card[1] [kɑ:d] *s.* **1.** (*Spiel*)Karte *f*: *to play (at)* ~*s* Karten spielen; *game of* ~*s* Kartenspiel; *a pack of* ~*s* ein Spiel Karten; *house of* ~*s fig.* Kartenhaus; *a safe* ~ *fig.* ein sicheres Mittel; *to put one's* ~*s on the table fig.* s-e Karten auf den Tisch legen; *to show one's* ~*s fig.* s-e Karten aufdecken; *on the* ~*s* (durchaus) möglich, ‚drin'; **2.** (*Post-, Glückwunsch- etc., Geschäfts-, Visiten-, Eintritts-, Einladungs*)Karte *f*; **3.** *sport* Pro'gramm *n*; **4.** Windrose *f* (*Kompaß*); **5.** F Kerl *m*: *a queer* ~ ein komischer Kauz.
card[2] [kɑ:d] ⊕ **I.** *s.* Wollkratze *f*, Krempel *f*; **II.** *v/t. Wolle* krempeln, kämmen: ~*ed yarn* Streichgarn.
car·da·mom, car·da·mum ['kɑ:dəməm] *s.* Karda'mom *m*, *n* (*Gewürz*).
car·dan| joint ['kɑ:dən] *s.* ⊕ Kar'dangelenk *n*; ~ **shaft** *s.* ⊕ Kar'dan-, Gelenkwelle *f*.
'**card|-bas·ket** *s.* Vi'sitenkartenschale *f*; '~**board** *s.* Kar'tonpaˌpier

n, Pappe *f*: ~ *box* Pappschachtel; '~-**case** *s.* Vi'sitenkartentäschchen *n*; ~ **cat·a·logue** → *card index*.

card·er ['kɑːdə] *s.* ⊕ **1.** Krempler *m*, Wollkämmer *m*; **2.** 'Krempelmaˌschine *f*.

car·di·ac ['kɑːdiæk] **I.** *adj.* Herz...; **II.** *s.* Herzmittel *n*.

car·di·gan ['kɑːdigən] *s.* wollene Strickjacke *od.* -weste.

car·di·nal ['kɑːdinl] **I.** *adj.* **1.** grundsätzlich, grundlegend, hauptsächlich, Haupt..., Kardinal...: ~ *points die* vier (Haupt)Himmelsrichtungen; ~ *principles* Grundprinzipien; ~ *number* Kardinalzahl; **2.** *eccl.* Kardinals...; **3.** scharlachrot, hochrot: ~-*flower* ⚘ hochrote Lobelie; **II.** *s.* **4.** *eccl.* Kardi'nal *m*; **5.** *orn. a.* ~-*bird* Kardinal *m*; '**car·di·nal·ship** [-ʃip] *s.* Kardi'nalswürde *f*.

card in·dex *s.* Karto'thek *f*, Kar'tei *f*; '**card-'in·dex** *v/t.* e-e Kartei anlegen von, verzetteln; in e-e Kartei eintragen.

card·ing ['kɑːdiŋ] *s.* ⊕ Krempeln *n*, Kratzen *n* (*Wolle*): ~ *machine* Krempel-, Kratzmaschine.

cardio- [kɑːdiou] *in Zssgn* Herz...

car·di·o·gram ['kɑːdiəgræm] *s.* ⚕ Kardio'gramm *n*; **car·di·ol·o·gy** [kɑːdi'ɔlədʒi] *s.* ⚕ Herzheilkunde *f*.

'**card**|**-room** *s.* (*Karten*)Spielzimmer *n*; '~-**sharp**(**·er**) *s.* Falschspieler *m*; ~ **ta·ble** *s.* Spieltisch *m*; ~ **trick** *s.* Kartenkunststück *n*; ~ **this·tle** *s.* ⚘ Karde *f*; ~ **vote** *s. pol.* Abstimmung *f* durch Wahlmänner (*nach Zahl der Mitgliedskarten*).

care [kɛə] **I.** *s.* **1.** Kummer *m*, Sorge *f*: *to be free from* ~(*s*) keine Sorgen haben; **2.** Sorgfalt *f* (*a.* ⚖), Aufmerksamkeit *f*, Vorsicht *f*: *with* ~! Vorsicht!; *have a* ~! *Brit.* sei vorsichtig!; *to take* ~ **a**) vorsichtig sein, **b**) sich Mühe geben, darauf achten, nicht vergessen (*that* daß, *to inf.* zu *inf.*); *to take* ~ *not to inf.* sich hüten zu *inf.*; *to take* ~ *of o.s.* auf sich aufpassen, sich schonen; **3.** Sorge *f*, Pflicht *f*, Mühe *f*: *that will be my* ~ dafür werde ich (selber) sorgen; **4.** Fürsorge *f*, Obhut *f*, Pflege *f*, Aufsicht *f*, ⚕ Behandlung *f*: ~ *of the mouth* Mundpflege; *in od. under my* ~ unter m-r Aufsicht *od.* Obhut; ~ *of* (*abbr. c/o*) per Adresse, bei...; ~ *and custody* ⚖ (*Personen, Vermögens*)Sorge (-recht *n*) *f*; *to take* ~ *of s.o.* achten *od.* achtgeben auf j-n, sich kümmern um j-n, sorgen für j-n; *to take* ~ *of s.th.* für et. sorgen, et. besorgen *od.* erledigen; → *child care*; **II.** *v/i.* **5.** sich et. aus *e-r Sache* machen: *I don't think she really* ~*s* ich glaube, in Wirklichkeit liegt ihr nichts daran; *I don't* ~ (*a pin*) *od. I couldn't* ~ *less* F das ist mir (völlig) gleich; *who* ~*s?* wem macht das was aus?; *I don't* ~ *if I do* F ich habe nichts dagegen; *for all I* ~ meinetwegen; **6.** (*for od. about*) gern haben (*acc.*): *the one thing he* ~*s about* das einzige, woran ihm et. liegt; *I don't* ~ *for claret* ich mache mir nichts aus Rotwein; *he doesn't* ~ *for her* er macht sich nichts aus ihr; **7.** (*to inf.*) Lust haben (zu *inf.*), mögen: *I don't* ~ *to be seen with you*; *would you* ~ *to see our garden?*; **8.** *neg.* nichts da'gegen haben: *I don't* ~ *if you stay a little longer*; **9.** (*for*) sorgen (für), sich kümmern (um), betreuen (*acc.*): *to* ~ *for invalids*; *well* ~*d-for* gepflegt; *easy to* ~ *for* pflegeleicht.

ca·reen [kə'riːn] **I.** *v/t.* ⚓ kielholen (*ein Schiff auf die Seite legen*); **II.** *v/i.* ⚓ krängen, sich auf die Seite legen.

ca·reer [kə'riə] **I.** *s.* **1.** Karri'ere *f*, Laufbahn *f*, Beruf *m*: *to have* (*od. make*) *a successful* ~ Karriere machen; ~ *diplomat* Berufsdiplomat; ~ *girl od. woman* Karrierefrau (*die im Beruf aufgeht*); **2.** Karriere *f*, voller Ga'lopp: *in full* ~; **II.** *v/i.* **3.** rennen, rasen: *to* ~ *about* umherjagen; **ca'reer·ist** [-ərist] *s.* Karri'eremacher *m*; Streber *m*.

ca·reers| **guid·ance** *s. Brit.* Berufsberatung *f*; ~ **mas·ter** *s. Brit.* Berufsberater *m*.

'**care-free** *adj.* sorgenfrei.

care·ful ['kɛəful] *adj.* □ **1.** vorsichtig, achtsam: *be* ~! nimm dich in acht!; *to be* ~ *to inf.* darauf bedacht sein zu *inf.*, nicht vergessen zu *inf.*; *be* ~ *not to do it!* tu das ja nicht!, hüte dich, es zu tun!; *be* ~ *of your clothes!* gib acht auf deine Kleidung!; **2.** bedacht, sorgsam, 'umsichtig; sparsam: *a* ~ *housewife*; **3.** sorgfältig, genau, gründlich: *a* ~ *study*; '**care·ful·ness** [-nis] *s.* Vorsicht *f*, Sorgfalt *f*; Gründlichkeit *f*; 'Umsicht *f*.

care·less ['kɛəlis] *adj.* □ **1.** nachlässig, unvorsichtig, unachtsam; leichtsinnig: *a* ~ *driver*; **2.** (*of, about*) unbekümmert (um), unbesorgt (um), gleichgültig (gegen-'über): ~ *of danger*; **3.** unbedacht, unbesonnen: *a* ~ *remark*; *a* ~ *mistake* ein Flüchtigkeitsfehler; **4.** sorgenfrei, froh: ~ *youth*; '**care·less·ness** [-nis] *s.* Nachlässigkeit *f*; Unbedachtheit *f*; Sorglosigkeit *f*, Unachtsamkeit *f*.

ca·ress [kə'res] **I.** *s.* Liebkosung *f*; *pl. a.* Zärtlichkeiten *pl.*; **II.** *v/t.* liebkosen; streicheln; *fig.* schmeicheln; **ca'ress·ing** [-siŋ] *adj.* □ zärtlich; schmeichelnd.

car·et ['kærət] *s.* Einschaltungszeichen *n* (∧ *für Auslassung im Text*).

'**care**|**-tak·er** *s.* **1.** Verwalter *m*, Aufseher *m*; **2.** Hauswart *m*; **3.** ~ *government* geschäftsführende Regierung; '~-**worn** *adj.* gramerfüllt, abgehärmt.

'**car·fare** *s. Am.* Fahrgeld *n* (*Straßen-, Eisenbahn*).

car·go ['kɑːgou] *pl.* **-goes,** *Am. a.* **-gos** *s.* Ladung *f*, Fracht(gut *n*) *f* (*Schiff od. Flugzeug*); ~ **boat** *s.* ⚓ Frachtschiff *n*; ~ **plane** *s.* ✈ Trans'portflugzeug *n*.

Car·ib·be·an [kæri'bi(ː)ən] **I.** *adj.* ka'ribisch; **II.** *s. geogr.* Karibisches Meer.

car·i·bou, car·i·boo ['kæribuː] *s. zo.* 'Karibu *m*.

car·i·ca·ture [kærikə'tjuə] **I.** *s.* Karika'tur *f*, Spott-, Zerrbild *n*; **II.** *v/t.* karikieren; lächerlich darstellen *od.* machen; **car·i·ca'tur·ist** [-ərist] *s.* Karikatu'rist *m*, Karika'turenzeichner *m*.

car·i·es ['kɛəriiːz] *s.* ⚕ 'Karies *f*: **a**) Knochenfraß *m*, **b**) Zahnfäule *f*.

car·il·lon [kə'riljən] *s.* (Turm)Glockenspiel *n*, Glockenspielmusik *f*.

Ca·rin·thi·an [kə'rinθiən] **I.** *adj.* kärntnerisch; **II.** *s.* Kärntner(in).

car·i·ous ['kɛəriəs] *adj.* ⚕ kari'ös, angefressen, faul.

car jack *s.* ⊕ Wagenheber *m*, -winde *f*.

cark·ing ['kɑːkiŋ] *adj.* bedrückend: ~ *care* quälende Sorge.

'**car**|**·load** *s.* **1.** Wagenladung *f*; **2.** *Am.* **a**) Güterwagenladung *f*, **b**) Mindestladung *f* (*für Frachtermäßigung*); '~**·man** [-mən] *s.* [*irr.*] Fuhrmann *m*; Fahrer *m*.

car·min·a·tive ['kɑːminətiv] ⚕ **I.** *s.* Mittel *n* gegen Blähungen; **II.** *adj.* windtreibend.

car·mine ['kɑːmain] **I.** *s.* Kar'minrot *n*; **II.** *adj.* kar'minrot.

car·nage ['kɑːnidʒ] *s.* Blutbad *n*, Gemetzel *n*.

car·nal ['kɑːnl] *adj.* □ fleischlich, sinnlich; geschlechtlich: ~ *knowledge* Geschlechtsverkehr (*of* mit); **car·nal·i·ty** [kɑː'næliti] *s.* Fleischeslust *f*, Sinnlichkeit *f*.

car·na·tion [kɑː'neiʃən] *s.* **1.** ⚘ (Garten)Nelke *f*; **2.** Blaßrot *n*, Rosa *n*.

car·ni·val ['kɑːnivəl] *s.* **1.** 'Karneval *m*, Fasching *m*; **2.** Lustbarkeit *f*.

car·niv·o·ra [kɑː'nivərə] *s. pl. zo.* Fleischfresser *pl.*; **car·ni·vore** ['kɑːnivɔː] *s. zo.* Fleischfresser *m*, *bsd.* Raubtier *n*; **car'niv·o·rous** [-rəs] *adj. zo.* fleischfressend.

car·ob ['kærəb] *s.* ⚘ Jo'hannisbrot (-baum *m*) *n*.

car·ol ['kærəl] **I.** *s.* **1.** Freudenlied *n*, *bsd.* Weihnachtslied *n*; **II.** *v/i.* **2.** Weihnachtslieder singen; **3.** jubilieren.

Car·o·le·an [kærə'liːən] *adj.* (die Zeit von) König Karl I. *od.* II. (*von England*) betreffend; **Car·o·line** ['kærəlain] *adj.* **1.** → *Carolean*; **2.** Karl den Großen *od.* s-e Zeit betreffend; **Car·o'lin·gi·an** [-'lindʒiən] *hist.* **I.** *adj.* 'karolingisch; **II.** *s.* 'Karolinger *m*.

car·ol·ler ['kærələ] *s.* Weihnachtsliedersänger *m*.

car·om ['kærəm] *s. bsd. Am. Billard*: Karambo'lage *f*.

ca·rot·id [kə'rɔtid] *s. u. adj. anat.* (die) Halsschlagader (betreffend).

ca·rous·al [kə'rauzəl] *s.* Trinkgelage *n*, Zeche'rei *f*; **ca·rouse** [kə'rauz] **I.** *v/i.* trinken, zechen; **II.** *s.* → *carousal*.

carp[1] [kɑːp] *v/i.* (*at*) nörgeln (an *dat.*), kritteln (über *acc.*): ~*ing criticism* bissige Kritik.

carp[2] [kɑːp] *s. ichth.* Karpfen *m*.

car·pal ['kɑːpl] *anat.* **I.** *adj.* Handwurzel...; **II.** *s.* Handwurzelknochen *m*.

car park *s.* Parkfläche *f*, -platz *m*: *underground* ~ Tiefgarage.

car·pel ['kɑːpel] *s.* ⚘ Fruchtblatt *n*.

car·pen·ter ['kɑːpintə] **I.** *s.* Zimmermann *m*, Tischler *m*; **II.** *v/t. u. v/i.* zimmern; '~-**ant** *s. zo.* Holzameise *f*; '~-**bee** *s. zo.* Holzbiene *f*.

car·pen·ter's bench *s.* Hobelbank *f*.

'**car·pen·ter-scene** *s. thea.* Szene *f* auf der Vorbühne.
car·pen·ter's| lev·el *s.* ⊕ Setzwaage *f*; ~ **shop** *s.* Zimmermannswerkstatt *f.*
car·pen·try ['kɑ:pintri] *s.* Zimmerhandwerk *n*; Zimmerarbeit *f.*
car·pet ['kɑ:pit] **I.** *s.* **1.** Teppich *m*, (*Treppen- etc.*)Läufer *m*: ~ *of moss* Moosteppich; *on the* ~ *fig.* **a)** zur Erörterung, auf dem *od.* aufs Tapet, **b)** F zurechtgewiesen, heruntergeputzt; **II.** *v/t.* **2.** mit (*od.* wie mit) e-m Teppich belegen; **3.** *Brit.* F zur Rede stellen; '**~-bag** *s.* Reisetasche *f*; '**~-bag·ger** *s. Am.* F **1.** (po'litischer) Abenteurer (*ursprünglich nach dem Bürgerkrieg*); **2.** *allg.* Schwindler *m*; '**~-beat·er** *s.* Teppichklopfer *m*; '**~-bed** *s.* Teppichbeet *n*; ~ **bomb·ing** *s.* ⚔ Bombenteppichwurf *m*; '**~-dance** *s.* zwangloses Tänzchen.
car·pet·ing ['kɑ:pitiŋ] *s.* Teppichstoff *m.*
'**car·pet|-knight** *s. Brit.* Sa'lonlöwe *m*; '**~-rod** *s.* (Treppen)Läuferstange *f*; '**~-sweep·er** *s.* 'Teppichkehrma,schine *f.*
car·pus ['kɑ:pəs] *pl.* **-pi** [-pai] *s. anat.* Handgelenk *n*, -wurzel *f.*
car·riage ['kæridʒ] *s.* **1.** Wagen *m*, Kutsche *f*: ~ *and pair* Zweispänner; **2.** *Brit.* Eisenbahnwagen *m*; **3.** Beförderung *f*, Trans'port *m*; **4.** ✝ Trans'portkosten *pl.*, Fracht(gebühr) *f*; Fuhrlohn *m*, Rollgeld *n*; **5.** ⚔ La'fette *f*; **6.** ✈ Fahrgestell *n*; **7. a)** Karren *m*, Laufbrett *n* (*e-r Druckerpresse*), **b)** Wagen *m* (*e-r Schreibmaschine etc.*), **c)** Schlitten *m* (*e-r Werkzeugmaschine*); **8.** (Körper)Haltung *f*, Gang *m*: *a graceful* ~; **9.** *pol.* 'Durchbringen *n*, Annahme *f* (*Gesetz etc.*); '**car·riage·a·ble** [-dʒəbl] *adj.* befahrbar.
car·riage| bod·y *s.* Wagenkasten *m*, Karosse'rie *f*; ~ **build·er** *s.* Wagenbauer *m*; '**~-drive** *s.* Fahrweg *m* (*zu e-m Privathaus od. in e-m Park*); '**~-'for·ward** *adv. Brit.* Fracht gegen Nachnahme; '**~-'free,** '**~-'paid** *adv.* frachtfrei, franko; '**~-road,** '**~-way** *s.* Fahrweg *m*, -damm *m.*
car·ri·er ['kæriə] *s.* **1.** Über'bringer *m*, Bote *m*; **2.** Fuhrmann *m*; Spedi'teur *m*: *common* ~ ✝ Frachtführer, Transportunternehmer (*a.* 🚂, ⚓ *etc.*); **3.** ⚕ ('Krankheits)Über,träger *m*; Ba'zillenträger *m*; **4.** ⚗ (Über-)'Träger *m*, Kataly'sator *m*; **5.** ⚡ Träger(strom *m*, -welle *f*) *m*; **6.** Träger *m*, Tragbehälter *m*, -netz *n*, -kiste *f*, -gestell *n*; Gepäckhalter *m am Fahrrad*; **7.** *abbr. für aircraft carrier*; '**~-bag** *s.* Tragtasche *f*, -tüte *f*; '**~-pi·geon** *s.* Brieftaube *f.*
car·ri·on ['kæriən] **I.** *s.* **1.** Aas *n*; verdorbenes Fleisch; **2.** *fig.* Unrat *m*, Schmutz *m*; **II.** *adj.* **3.** widerlich; '**~-'bee·tle** *s. zo.* Aaskäfer *m*; '**~-'crow** *s. orn.* Aas-, Rabenkrähe *f.*
car·rot ['kærət] *s.* **1.** ⚘ Ka'rotte *f*, Mohrrübe *f*: ~ *or stick fig.* Belohnung od. Strafe; **2.** F **a)** *pl.* rotes Haar, **b)** Rotkopf *m*; '**car·rot·y** [-ti] *adj.* **1.** gelbrot; **2.** rothaarig.
car·rou·sel [kæru'zel] *s. Am.* Karus'sell *n.*
car·ry ['kæri] **I.** *s.* **1.** Trag-, Schußweite *f*; **2.** Flugstrecke *f* (*Golfball*); **3.** → *portage* 2; **II.** *v/t.* **4.** tragen: *to* ~ *arms*; *to* ~ *a burden* (*a. fig.*); *he carried his jacket* er trug s-e Jacke (*über dem Arm*); *to* ~ *o.s.* (*od. one's body*) *well* e-e gute (Körper-) Haltung haben; **5.** bei sich haben, (an sich) haben: *to* ~ *money about* one Geld bei sich haben; *to* ~ *in one's head* im Kopf haben *od.* behalten; *to* ~ *authority* großen Einfluß ausüben; **6.** befördern, bringen; mit sich bringen *od.* führen; (ein-) bringen: *railways* ~ *goods* die Eisenbahnen befördern Waren; *to* ~ *a message* e-e Nachricht überbringen; *to* ~ *interest* Zinsen tragen *od.* bringen; *to* ~ *insurance* versichert sein; *to* ~ *consequences* Folgen haben; **7.** (hin'durch-, her'um-) führen; fortsetzen, ausdehnen: *to* ~ *a wall around the park* e-e Mauer um den Park ziehen; *to* ~ *to excess* übertreiben; *you* ~ *things too far* du treibst die Dinge zu weit; **8.** erlangen, gewinnen; erobern (*a.* ⚔): *to* ~ *all before one* auf der ganzen Linie siegen, vollen Erfolg haben; *to* ~ *the audience with one* die Zuhörer mitreißen; **9.** 'durchbringen, -setzen: *to* ~ *a motion* e-n Antrag durchbringen; *carried unanimously* einstimmig angenommen; *to* ~ *one's point* s-e Ansicht durchsetzen, sein Ziel erreichen; **10.** *Waren* führen; *Zeitungsmeldung* bringen; **11.** *Rechnen*: über'tragen, ‚sich merken': ~ *two* gemerkt zwei; *to* ~ *to a new account* ✝ auf neue Rechnung vortragen; **III.** *v/i.* **12.** *weit* tragen, reichen (*Stimme, Schall*; *Schußwaffen*): *his voice carries well* s-e Stimme trägt gut;
Zssgn mit adv.:
car·ry| a·way *v/t.* wegtragen; fortreißen (*a. fig.*); *fig.* hinreißen: **a)** begeistern, **b)** verleiten; ~ **for·ward** *v/t.* **1.** fortsetzen, vor'anbringen; **2.** ✝ *Summe od. Saldo* vortragen: *amount carried forward* Vor-, Übertrag; *Rechnen*: Transport; ~ **off** *v/t.* forttragen, -schaffen; ab-, entführen, verschleppen; wegraffen (*Krankheit*); *Preis, Sieg* da'vontragen, gewinnen; ~ **on I.** *v/t.* **1.** *fig.* fortführen, -setzen; *Plan* verfolgen; *Geschäft* betreiben; *Gespräch* führen; **II.** *v/i.* **2.** fortfahren; weitermachen; **3.** fortbestehen; **4.** F **a)** ein Getue *od.* e-e Szene machen, sich schlecht aufführen, es wild *od.* wüst treiben, **b)** ‚es (*ein Verhältnis*) haben' (*with* mit); ~ **out** *v/t.* aus-, 'durchführen, erfüllen; ~ **o·ver** *v/t.* ✝ **1.** → *carry forward* 2; **2.** *Waren* übrigbehalten; **3.** *Börse*: prolongieren; ~ **through** *v/t.* 'durchführen; 'durchhelfen (*dat.*), -bringen.
'**car·ry|-all** *s. Am.* Per'sonen,auto *n* mit Längssitzen; '**~-cot** *s.* (Baby-) Tragbettchen *n*; '**~-'for·ward** *s.* ✝ *Brit.* ('Saldo)Vortrag *m*, 'Übertrag *m.*
car·ry·ing ['kæriiŋ] *s.* Beförderung *f*; Trans'port *m*; ~ **a·gent** *s.* Spedi'teur *m*; ~ **ca·pac·i·ty** *s.* Lade-, Tragfähigkeit *f*; '**~-'on** *pl.* '**~s-'on** *s.* F Getue *n*, schlechtes Benehmen; ~ **trade** *s.* Trans'port-, Spediti'onsgewerbe *n.*
'**car·ry-o·ver** *s.* ✝ **1.** Rest *m*, unverkauft Gebliebenes; **2.** 'Übertrag *m*, Vortrag *m.*
'**car-sick** *adj.* eisenbahn- *od.* 'autokrank.
cart [kɑ:t] **I.** *s.* (Fracht)Karren *m*, Lieferwagen *m*; Handwagen *m*: *to put the* ~ *before the horse fig.* das Pferd beim Schwanz aufzäumen; *in the* ~ *Brit. sl.* in der Klemme; **II.** *v/t.* karren, fördern, fahren: *to* ~ *about* umherschleppen; '**cart·age** [-tidʒ] *s.* Fuhrlohn *m*, Rollgeld *n.*
carte blanche ['kɑ:t'blɑ̃:nʃ; kart-blɑ̃:ʃ] *s.* **1.** Blan'kett *n*; **2.** *fig.* unbeschränkte Vollmacht.
car·tel [kɑ:'tel] *s.* **1.** ✝ Kar'tell *n*, Zweckverband *m*; **2.** ⚔ Auslieferungsvertrag *m über Kriegsgefangene*; **car·tel·i·za·tion** [kɑ:təlai'zeiʃən] *s.* ✝ Kartellierung *f*; **car·tel·ize** ['kɑ:təlaiz] *v/i.* ✝ ein Kar'tell bilden.
cart·er ['kɑ:tə] *s.* Fuhrmann *m.*
Car·te·sian [kɑ:'ti:zjən] **I.** *adj.* kartesi'anisch; **II.** *s.* Kartesi'aner *m*, Anhänger *m* der Lehre Des'cartes'.
'**cart-horse** *s.* Zugpferd *n.*
Car·thu·sian [kɑ:'θju:zjən] *s.* **1.** Kar'täuser(mönch) *m*; **2.** Schüler *m* der Charterhouse-Schule (*in England*).
car·ti·lage ['kɑ:tilidʒ] *s. anat., zo.* Knorpel *m*; **car·ti·lag·i·nous** [kɑ:ti'lædʒinəs] *adj.* knorpelig, knorpelartig.
'**cart-load** *s.* Fuhre *f*; *fig.* Haufen *m*: *to come down on s.o. like a* ~ *of bricks* F j-n zs.-stauchen, j-m gehörig Bescheid stoßen.
car·tog·ra·pher [kɑ:'tɔgrəfə] *s.* Karto'graph *m*, Kartenzeichner *m*; **car'tog·ra·phy** [-fi] *s.* Kartogra'phie *f.*
car·ton ['kɑ:tən] *s.* **1.** (Papp)Schachtel *f*, Kar'ton *m*: *a* ~ *of cigarettes* e-e Stange Zigaretten; **2.** *das* weiße 'Zentrum der Schießscheibe.
car·toon [kɑ:'tu:n] *s.* **1.** Karika'tur *f*: ~ (*film*) Zeichentrickfilm; **2.** *Am.* Karika'turenreihe *f* in Fortsetzungen; **3.** *paint.* Kar'ton *m*, Entwurf *m* (*in natürlicher Größe*); **car'toon·ist** [-nist] *s.* Karikatu'rist *m.*
car·touch(**e**) [kɑ:'tu:ʃ] *s.* ⌂ Kar'tusche *f* (*medaillonartiges Zierwerk*).
car·tridge ['kɑ:tridʒ] *s.* **1.** ⚔ Pa'trone *f*: *ball* ~ scharfe Patrone; *blank* ~ Platzpatrone; **2.** *phot.* ('Film)Pa,trone *f* (*Kleinbildkamera*), (-)Kas,sette *f* (*Filmkamera, Kassettenkamera*); '**~-belt** *s.* ⚔ Pa'tronengurt *m*; ~ **case** *s.* Pa'tronenhülse *f*; ~ **clip** *s.* ⚔ Ladestreifen *m*; '**~-pa·per** *s.* 'Zeichenpa,pier *n.*
'**cart|-wheel** *s.* **1.** Wagenrad *n*; **2.** *to turn a* ~ *sport* radschlagen; **3.** *humor.* amer. Silberdollar *m od.* brit. Kronenstück *n*; '**~-wright** *s.* Stellmacher *m*, Wagenbauer *m.*
carve [kɑ:v] **I.** *v/t.* **1.** (*in*) *Holz* schnitzen, (*in*) *Stein* meißeln: *to* ~ *out of stone* aus Stein meißeln *od.* hauen; *to* ~ *one's name on a tree* s-n Namen in e-n Baum einritzen *od.* -schneiden; **2.** mit Schnitze'reien *etc.* verzieren: *to* ~ *the leg of a table*; **3.** *Fleisch* vorschneiden, zer-

legen, tranchieren; **4.** *fig. oft* ~ *out* formen, gestalten; sich *e-n Weg* bahnen *od. e-e Karriere* aufbauen *od. ein Vermögen* erarbeiten; **5.** ~ *up* zerteilen, zerstückeln; **II.** *v/i.* **6.** schnitzen, 'meißeln; **7.** Fleisch vorschneiden.

car·vel ['kɑːvəl] → *caravel*; '**~-built** *adj.* ⚓ kra'weelgebaut (*Ggs. klinkergebaut*).

carv·er ['kɑːvə] *s.* **1.** (Holz)Schnitzer *m*, Bildhauer *m*; **2.** Tranchierer *m*; **3.** Tranchiermesser *n*; *pl.* Tranchierbesteck *n*.

carv·ing ['kɑːviŋ] *s.* Schnitze'rei *f*, Schnitzwerk *n*; '**~-knife** → *carver 3.*

'**car·wash** *s.* **1.** 'Autowäsche *f*; **2.** ˌAutowäsche'rei *f*.

Car·y·at·id [kæri'ætid] *s.* △ Karya'tide *f*.

cas·cade [kæs'keid] **I.** *s.* **1.** Kas'kade *f*, Wasserfall *m*; **2.** et. kas'kadenartig Fallendes, *z.B.* Feuerregen *m* (*Feuerwerk*), Faltenbesatz *m*, Faltenwurf *m* (*Kleidung*); **II.** *adj.* **3.** ⚡ Kaskaden...(*-motor*, *-verstärker etc.*); **III.** *v/i.* **4.** kas'kadenartig her'abstürzen; wellig fallen.

cas·car·a sa·gra·da [kæs'kɑːrə sə'grɑːdə] *s. pharm.* (Abführmittel *n* aus) amer. Faulbaumrinde *f*.

case[1] [keis] *s.* **1.** Fall *m*, 'Umstand *m*, Vorfall *m*, Sache *f*, Frage *f*: *a* ~ *in point* ein typischer Fall, ein treffendes Beispiel; *a* ~ *of fraud* ein Fall von Betrug; *a* ~ *of conscience* e-e Gewissensfrage; *a hard* ~ ein schwieriger Fall; *that alters the* ~ das ändert die Sache *od.* Lage; *in* ~ im Falle, falls; *in* ~ *of* im Falle von (*od. gen.*); *in* ~ *of need* im Notfall; *in any* ~ auf jeden Fall, jedenfalls; *in that* ~ in dem Falle; *if that is the* ~ wenn das der Fall ist, wenn das zutrifft; *as the* ~ *may be* je nachdem; *it is a* ~ *of* es handelt sich um; *the* ~ *is this* die Sache liegt so; *to state one's* ~ s-e Sache *od.* s-n Standpunkt vortragen *od.* vertreten (*a.* ⚖); → *3*; **2.** ⚖ (Rechts)Fall *m*, Pro'zeß *m*: *leading* ~ Präzedenzfall; **3.** ⚖ Sachverhalt *m*; Begründung *f*, Be'weismateriˌal *n*; (*a.* begründeter) Standpunkt *e-r Partei*: ~ *for the Crown* Anklage; ~ *for the defence* Verteidigung; *to make out a* (*od. one's*) ~ *for* (*against*) alle Rechtsgründe *od.* Argumente vorbringen für (gegen); *he has a strong* ~ er hat schlüssige Beweise, s-e Sache steht günstig; *he has no* ~ s-e Sache ist unbegründet; *there is a* ~ *for s.th.* et. ist begründet *od.* berechtigt, es gibt triftige Gründe für et.; **4.** *ling.* 'Kasus *m*, Fall *m*; **5.** ⚕ (Krankheits)Fall *m*; Pati'ent(in): *two* ~*s of typhoid* zwei Typhusfälle *od.* Typhuskranke; *a mental* ~ F ein Geisteskranker; **6.** *Am.* F komischer Kauz.

case[2] [keis] **I.** *s.* **1.** Kiste *f*, Kasten *m*; Koffer *m*; (*Schmuck*)Kästchen *n*; Schachtel *f*; Behälter *m*; **2.** (*Bücher-, Glas*)Schrank *m*; (*Uhr*)Gehäuse *n*; (*Patronen*)Hülse *f*; (*Samen*)Kapsel *f*; (*Zigaretten*)E'tui *n*; (*Brillen-, Messer*)Futte'ral *n*; (Schutz)Hülle *f* (*für Bücher, Messer etc.*); (*Akten-*)Tasche *f*; (*Schreib*)Mappe *f*; (*Kissen*)Bezug *m*, 'Überzug *m*: *pencil* ~ Federmäppchen, -tasche; **3.** ⊕ Verkleidung *f*, Einfassung *f*, Mantel *m*, Rahmen *m*; Scheide *f*: *lower* (*upper*) ~ *typ.* (Setzkasten *m* für) kleine (große) Buchstaben; **II.** *v/t.* **4.** in ein Gehäuse *od.* Futteral *etc.* stecken; **5.** ver-, um'kleiden, um'geben (*in, with* mit); **6.** *Buchbinderei*: *Buch* einhängen.

'**case|-book** *s.* ⚕ Pati'entenbuch *n* (*Arzt*); **~ end·ing** *s. ling.* 'Kasusendung *f*; '**~-hard·ened** *adj.* **1.** *metall.* schalenhart, im Einsatz gehärtet; **2.** *fig.* abgehärtet, hartgesotten; **~ his·to·ry** *s.* **1.** Vorgeschichte *f* (*e-s Falles*); Bericht *m*; **2.** ⚕ Krankengeschichte *f*.

ca·se·in ['keisiin] *s.* Kase'in *n*.

'**case|-law** *s.* ⚖ engl. ‚Fallrecht' *n* (*auf Präzedenzfällen beruhend*).

case·mate ['keismeit] *s.* ⚔ Kase'matte *f*.

case·ment ['keismənt] *s.* **a)** Fensterflügel *m*, **b)** *a.* ~*-window* Flügelfenster *n*.

ca·se·ous ['keisiəs] *adj.* käsig, käseartig.

'**case|-shot** *s.* ⚔ Schrap'nell *n*, Kartätsche *f*; **~ stud·y** *s.* ('Einzel-)ˌFallˌstudie *f*; '**~-work** *s. sociol.* Individu'alfürsorge *f* (*samt Studium der Vorgeschichte*); '**~-work·er** *s.* Individu'alfürsorger(in).

cash[1] [kæʃ] **I.** *s.* **1.** (Bar)Geld *n*; **2.** ✝ Barzahlung *f*, Kasse *f*: ~ *down*, *for* ~ gegen bar; ~ *in advance* gegen Vorauszahlung; ~ *and carry* gegen Barzahlung u. bei eigenem Transport; ~ *at bank* Bankguthaben; ~ *in hand* Bar-, Kassenbestand; ~ *on delivery* per Nachnahme, zahlbar bei Lieferung; ~ *with order* zahlbar bei Bestellung; *to be in* (*out of*) ~ bei (nicht bei) Kasse sein; *he is rolling in* ~ er hat Geld wie Heu; **II.** *v/t.* **3.** *Scheck etc.* einlösen, -kassieren; **~ in I.** *v/t.* **1.** *Poker etc.*: *s-e Spielmarken* einlösen; **II.** *v/i.* **2.** F ‚abtreten', sterben; **3.** F ~ *on* Nutzen ziehen *od.* Kapital schlagen aus.

cash[2] [kæʃ] *s. sg. u. pl.* Käsch *n* (*kleine Münze in Indien u. China*).

'**cash|-ac·count** *s.* ✝ 'Kassenˌkonto *n*; **~ bal·ance** *s.* ✝ Kassenbestand *m*, Barguthaben *n*; '**~-book** *s.* ✝ Kassabuch *n*; '**~-box** *s.* ✝ 'Geldkasˌsette *f*; **~ busi·ness** *s.* ✝ Barzahlungsgeschäft *n*; **~ crop** *s.* zum Verkauf (*nicht zum Eigenverbrauch*) bestimmte Ernte; **~ desk** *s.* Kasse *f* (*Zahlstelle*); **~ dis·count** *s.* ✝ 'KassaˌSkonto *m, n*.

ca·shew [kæ'ʃuː] *s.* ⚘ Ka'schu-, Nieren-, Aca'joubaum *m*.

cash·ier[1] [kæ'ʃiə] *s.* Kassierer(in): ~*'s office* Kasse (*Zahlstelle*); ~*'s check* ✝ *Am.* Bankscheck.

cash·ier[2] [kə'ʃiə] *v/t.* **1.** ⚔ kassieren, ausstoßen; **2.** verwerfen.

cash·less ['kæʃlis] *adj.* ✝ bargeldlos.

cash·mere [kæʃ'miə] *s.* **1.** 'Kaschmir *m* (*feiner Wollstoff*); **2.** 'Kaschmirschal *m*.

cash| pay·ment *s.* Barzahlung *f*; **~ price** *s.* Bar(zahlungs)-, Kassapreis *m*; **~ reg·is·ter** *s.* Registrierkasse *f*; **~ sale** *s.* Barverkauf *m*, Kassageschäft *n*; **~ sur·ren·der val·ue** *s.* Rückkaufswert *m* (*e-r Police*); **~ vouch·er** *s.* Kassenbeleg *m*.

cas·ing ['keisiŋ] *s.* **1.** Be-, Um'kleidung *f*, Um'hüllung *f*; **2.** (Fenster-) Futter *n*; (Tür)Verkleidung *f*; **3.** Gehäuse *n*, Futte'ral *n*; *mot.* Mantel *m e-s Reifens*; **4.** (Tier)Darm *m* (*als Wursthülle*).

ca·si·no [kə'siːnou] *pl.* **-nos** *s.* ('Spiel-, Unter'haltungs)Kaˌsino *n*.

cask [kɑːsk] *s.* Faß *n*; (hölzerne) Tonne: *a* ~ *of wine* ein Faß Wein.

cas·ket ['kɑːskit] *s.* **1.** (Schmuck-) Kästchen *n*; **2.** Urne *f* (für Leichenasche); **3.** *Am.* Sarg *m*.

Cas·pi·an ['kæspiən] *adj.* kaspisch: ~ *Sea* Kaspisches Meer.

Cas·san·dra [kə'sændrə] *s. fig.* Kas'sandra *f* (*Unglücksprophetin*).

cas·sa·tion [kæ'seiʃən] *s.* ⚖ Kassati'on *f*: *Court of* ☐ Kassationshof.

cas·sa·va [kə'sɑːvə] *s.* ⚘ Mani'okstrauch *m*, Mani'oka *f*.

cas·se·role ['kæsəroul] *s.* Kasse'rolle *f*, Schmortopf *m* (mit Griff).

cas·sette [kə'set] *s.* 'Film-, 'Tonband-, 'Fernsehkasˌsette *f*; **~ re·cord·er** *s.* Kas'settenreˌcorder *m*.

cas·si·a ['kæsiə] *s.* ⚘ 'Kassia *f*; **~ bark** *s.* 'Kassiarinde *f*, Ka'neel *m*.

cas·sock ['kæsək] *s. eccl.* Sou'tane *f*.

cast [kɑːst] **I.** *s.* **1.** Wurf *m* (*a. mit Würfeln*); **2. a)** Auswerfen *n* (*Angel, Netz, Lot*), **b)** Angelhaken *m*; **3. a)** Auswurf *m* (*gewisser Tiere*), *bsd.* Gewölle *n* (*von Raubvögeln*), **b)** abgestoßene Haut (*Schlange, Insekt*); **4.** ~ *in the eye* Schielen; **5.** Aufrechnung *f*, Additi'on *f*; **6.** ⊕ Gußform *f*, Abguß *m*, -druck *m*; ⚕ Gipsverband *m*; *fig.* Zuschnitt *m*, Anordnung *f*; **7.** *thea.* (Rollen)Besetzung *f*; Mitwirkende *pl.*; Truppe *f*; **8.** Farbton *m*; *fig.* Anflug *m*; **9.** Typ *m*, Art *f*, Schlag *m*: ~ *of mind* Geistesart; ~ *of features* Gesichtsausdruck; **II.** *v/t.* [*irr.*] **10.** werfen: *the die is* ~ die Würfel sind gefallen; *to* ~ *s.th. in s.o.'s teeth* j-m et. vorwerfen; **11.** *Angel, Netz, Anker, Lot* (aus)werfen; **12.** *zo.* **a)** *Haut, Geweih* abwerfen, **b)** *Junge* vorzeitig werfen; **13.** *fig. Blick, Licht, Schatten* werfen; *Horoskop* stellen: *to* ~ *the blame* die Schuld zuschieben (*on dat.*); *to* ~ *a slur* (*on*) verunglimpfen (*acc.*); *to* ~ *one's vote* s-e Stimme abgeben; *to* ~ *lots* losen; **14.** *thea.* **a)** *Stück* besetzen: *the play is well* ~, **b)** *Rollen* besetzen, verteilen: *he was badly* ~ er war e-e Fehlbesetzung; **15.** *Metall, Statue etc.* gießen; *fig.* formen, bilden, anordnen; **16.** ⚖ *pass. to be* ~ *in costs* zu den Kosten verurteilt werden; **17.** *a.* ~ *up* aus-, zs.-rechnen: *to* ~ *accounts* Abrechnung machen; **III.** *v/i.* [*irr.*] **18.** sich werfen, sich (ver)ziehen; **19.** die Angel auswerfen;

Zssgn mit adv.:

cast| a·bout *v/i.* **1.** suchen (*for* nach, *to inf.* zu *inf.*), sinnen (*for* auf *acc.*); **2.** ⚓ um'herlavieren; **~ a·side** *v/t.* bei'seiteschieben, verwerfen; **~ a·way** *v/t.* **1.** weg-, verwerfen; sich entledigen (*gen.*); verschwenden; **2.** *to be* ~ scheitern (*a. fig.*); **~ down** *v/t.* **1.** nieder-, 'umwerfen; **2.** *fig.* entmutigen, bedrücken:

to be ~ niedergeschlagen sein; **3.** *Augen* niederschlagen; **~ in** *v/t. to ~ one's lot with s.o.* sein Los mit j-m teilen, sich j-m anschließen; **~ off I.** *v/t.* **1.** ab-, wegwerfen; aufgeben; *Kleider etc.* ablegen, ausrangieren; **2.** sich befreien von, sich entledigen (*gen.*); **3.** *Sohn etc.* verstoßen; **4.** *Stricken: Maschen* abnehmen; **5.** *typ.* 'Umfangsberechnung machen; **II.** *v/i.* **6.** ⚓ *vom Land* abstoßen; **~ on** *v/t. u. v/i. Stricken: Maschen* aufnehmen, anschlagen; **~ out** *v/t.* hin'auswerfen; vertreiben; **~ round** *v/t.* suchen (*for* nach); **~ up** *v/t.* **1.** aufwerfen; **2.** *Augen* erheben; **3.** aus-, zs.-rechnen; **4.** erbrechen, auswerfen.

cas·ta·net [kæstə'net] *s.* Kasta'gnette *f.*

'cast·a·way I. *s.* **1.** Verworfene(r *m*) *f*, Verstoßene(r *m*) *f*; **2.** ⚓ Schiffbrüchige(r *m*) *f* (*a. fig.*); **II.** *adj.* **3.** verstoßen, unnütz; **4.** ⚓ schiffbrüchig, gestrandet (*a. fig.*).

caste [kɑ:st] *s.* **1.** (*indische*) Kaste: *~ feeling* Kastengeist; **2.** Kaste *f*, Gesellschaftsklasse *f*; **3.** Rang *m*, Stellung *f*, Ansehen *n*: *to lose ~* (sein) gesellschaftliches Ansehen verlieren.

cas·tel·lan ['kæstələn] *s.* Kastel'lan *m*; **'cas·tel·lat·ed** [-teleitid] *adj.* **1.** mit Türmen u. Zinnen (versehen); **2.** burgenreich.

cast·er ['kɑ:stə] *s.* **1.** ⊕ Gießer *m*; 'Gießmaˌschine *f*; **2.** → *castor*[3].

cas·ti·gate ['kæstigeit] *v/t.* **1.** züchtigen; **2.** *fig.* geißeln; **3.** *fig. Text* verbessern; **cas·ti·ga·tion** [kæsti'geiʃən] *s.* **1.** Züchtigung *f*; **2.** Geißelung *f*; scharfe Kri'tik; **3.** Textverbesserung *f.*

Cas·tile [kæs'ti:l] **I.** *s. a. ~ soap* O'livenölseife *f*; **II.** *adj.* ka'stilisch.

cast·ing ['kɑ:stiŋ] *s.* **1.** ⊕ **a)** Guß *m*, Gießen *n*, **b)** Gußstück *n*; *pl.* Gußwaren *pl.*; **2.** *Maurerei:* (roher) Bewurf; **3.** *thea.* Rollenverteilung *f*; **4.** *a. ~-up* Additi'on *f*; **5.** Fischen *n* (*mit dem Netz*); **'~-net** *s.* Wurfnetz *n*; **'~-'vote** *s.* entscheidende Stimme.

cast| i·ron *s.* Gußeisen *n*; **'~-'i·ron** *adj.* gußeisern; *fig.* hart, fest, 'unumˌstößlich, unbeugsam: *~ constitution* eiserne Gesundheit.

cas·tle ['kɑ:sl] **I.** *s.* **1.** Burg *f*, Schloß *n*: *~ in the air* (*od. in Spain*) *fig.* Luftschloß; **2.** *Schach:* Turm *m*; **3.** *hist. Brit. the* ♀ die engl. Regierung in Irland; **II.** *v/i.* **4.** *Schach:* rochieren; **'~-build·er** *s.* Pro'jektemacher *m*, Phan'tast *m.*

'cast-'off I. *s.* **1.** Verstoßene(r *m*) *f*; **2.** *et.* Abgelegtes *od.* Weggeworfenes; **3.** Umfangsberechnung *f*; **II.** *adj.* **4.** abgelegt, ausrangiert: *~ clothes.*

Cas·tor[1] ['kɑ:stə] *s. ast.* 'Kastor *m* (*Stern*).

cas·tor[2] ['kɑ:stə] *s.* Spat *m* (*am Sprunggelenk des Pferdes*).

cas·tor[3] ['kɑ:stə] *s.* **1.** Streuer *m* (*Pfeffer- etc.*); *pl.* Me'nage *f*, Gewürzständer *m*: *~ sugar* Streuzucker; **2.** Laufrolle *f*, Gleiter *m* (*unter Möbeln*).

cas·tor oil ['kɑ:stər'ɔil] *s.* ⚕ 'Rizinus-, 'Kastoröl *n.*

cas·trate [kæs'treit] *v/t.* ⚕, *vet.* kastrieren, entmannen, verschneiden; **cas'tra·tion** [-eiʃən] *s.* Kastrierung *f*, Verschneidung *f.*

cast steel *s.* Gußstahl *m.*

cas·u·al ['kæʒjuəl] **I.** *adj.* □ **1.** zufällig, unerwartet; **2.** gelegentlich, unregelmäßig: *~ labo(u)r(er)* Gelegenheitsarbeit(er); **3.** unbestimmt, ungenau; **4.** ungezwungen, zwanglos, beliebig: *~ wear* → *8a*; *~ glance* flüchtiger Blick; *~ remark* beiläufige Bemerkung; **5.** nachlässig, gleichgültig; **6.** *Brit.* **a)** *~ poor* gelegentlicher Almosenempfänger, **b)** *~ ward* Obdachlosenasyl; **II.** *s.* **7.** *Brit.* → *6a*; **8.** *pl.* **a)** (sa'loppe) Freizeitkleidung, **b)** Slipper *pl.* (*flache Schuhe*); **'cas·u·al·ism** [-lizəm] *s. philos.* Kasua'lismus *m*; **'cas·u·al·ness** [-nis] *s.* Gleichgültigkeit *f.*

cas·u·al·ty ['kæʒjuəlti] *s.* **1.** Unfall *m* (*e-r Person*); **2.** Verunglückte(r *m*) *f*, Verwundete(r *m*) *f*, *im Kriege* Gefallene(r) *m*; Opfer *n* e-s Unfalls; **3.** *pl.* **a)** Verluste *pl.*, **b)** Opfer *pl. e-r Katastrophe*; **~ in·sur·ance** *s. Am.* Schadensversicherung *f*; **~ list** *s.* Verlustliste *f.*

cas·u·ist ['kæzjuist] *s.* Kasu'ist *m*; **cas·u·is·tic** *adj.*; **cas·u·is·ti·cal** [kæzju'istik(əl)] *adj.* □ **1.** kasu'istisch; **2.** spitzfindig; **'cas·u·ist·ry** [-tri] *s.* **1.** Kasu'istik *f*; **2.** Spitzfindigkeit *f.*

ca·sus bel·li ['kɑ:sus'beli:] (*Lat.*) *s.* Casus *m* belli.

cat [kæt] **I.** *s.* **1.** *zo.* Katze *f*: *old ~ fig.* falsche Katze (*Frau*); *to let the ~ out of the bag* die Katze aus dem Sack lassen; *it's raining ~s and dogs* F es gießt wie mit Kannen; *to wait for the ~ to jump od. to see which way the ~ jumps fig.* sehen, wie der Hase läuft; *not room to swing a ~ sl.* kaum Platz zum Umdrehen; *they lead a ~-and-dog life* sie leben wie Hund u. Katze; *it's enough to make a ~ laugh* F da lachen ja die Hühner; **2.** *zo. bsd. pl.* (Fa'milie *f* der) Katzen *pl.*: **3.** → *cat-o'-nine-tails*; **4.** *Am. sl.* 'Jazzfaˌnatiker *m*; **5.** ⚓ Katt-anker *m*; **II.** *v/t.* **6.** (aus)peitschen; **7.** ⚓ katten; **III.** *v/i.* **8.** *Brit. sl.* ‚kotzen', (sich er)brechen.

cat·a·clysm ['kætəklizəm] *s.* **1.** Über'schwemmung *f*, Sintflut *f*; **2.** *geol.* verheerende 'Umwälzung; **3.** *fig.* (völliger) 'Umsturz *od.* Zs.-bruch, Kata'strophe *f.*

cat·a·comb ['kætəkoum] *s.* Kata'kombe *f*, Gruftgewölbe *n.*

cat·a·falque ['kætəfælk] *s.* **1.** Kata'falk *m*; **2.** offener Leichenwagen.

Cat·a·lan ['kætələn] **I.** *adj.* kata'lanisch; **II.** *s.* Kata'lane *m*, Kata'lanin *f.*

cat·a·lep·sis [kætə'lepsis], **cat·a·lep·sy** ['kætəlepsi] *s.* ⚕ Starrkrampf *m.*

cat·a·logue, *Am. a.* **cat·a·log** ['kætəlɔg] **I.** *s.* **1.** Kata'log *m*, Verzeichnis *n*, (Preis- *etc.*)Liste *f*; Aufzählung *f*; **2.** *Am. univ.* Vorlesungsverzeichnis *n*; **II.** *v/t.* **3.** katalogisieren.

ca·tal·pa [kə'tælpə] *s.* ⚘ Trom['petenbaum *m.*]

ca·tal·y·sis [kə'tælisis] *s.* ⚗ Kata'lyse *f*; **cat·a·lyst** ['kætəlist] *s.* **1.** ⚗ Kataly'sator *m*; **2.** *fig.* Förderer *m*, Beschleuniger *m*; **cat·a·lyt·ic** [kætə'litik] **I.** *adj.* ⚗ kata'lytisch; **II.** *s.* → *catalyst*; **cat·a·lyze** ['kætəlaiz] *v/t.* **1.** katalysieren (*a. fig.*); **2.** *fig.* beeinflussen, beschleunigen; **cat·a·lyz·er** ['kætəlaizə] → *catalyst.*

cat·a·ma·ran [kætəmə'ræn] *s.* **1.** ⚓ **a)** Floß *n*, **b)** Auslegerboot *n*; **2.** F ‚Kratzbürste' *f*, zänkische Frau.

cat·a·me·ni·a [kætə'mi:niə] *s.* ⚕ Menstruati'on *f*, Peri'ode *f.*

cat·a·mite ['kætəmait] *s.* Lustknabe *m.*

cat·a·plasm ['kætəplæzəm] *s.* ⚕ 'Breiˌumschlag *m.*

cat·a·pult ['kætəpʌlt] **I.** *s.* **1.** Kata'pult *m, n*: **a)** *hist.* 'Wurfmaˌschine *f*, **b)** (Spiel)Schleuder *f*, Zwille *f*, **c)** ✈ Startschleuder *f*; **II.** *adj.* **2.** ✈ Schleuder...(*-sitz, -start*); **III.** *v/t.* **3.** ⚔ *hist.* mit e-m Katapult beschießen; **4.** ✈ mit e-m Katapult starten, katapultieren, (ab)schleudern.

cat·a·ract ['kætərækt] *s.* **1.** Kata'rakt *m*, Wasserfall *m*; **2.** *fig.* Wolkenbruch *m*; **3.** ⚕ grauer Star.

ca·tarrh [kə'tɑ:] *s.* ⚕ Ka'tarrh *m*; Schnupfen *m*; **ca'tarrh·al** [-ɑ:rəl] *adj.* katar'rhalisch: *~ syringe* Nasenspritze.

ca·tas·tro·phe [kə'tæstrəfi] *s.* Kata'strophe *f* (*a. im Drama*); Verhängnis *n*, trauriger Ausgang, Schicksalsschlag *m* (*a. fig.*); **cat·a·stroph·ic** *adj.*; **cat·a·stroph·i·cal** [kætə'strɔfik(əl)] *adj.* katastro'phal.

Ca·taw·ba [kə'tɔ:bə], **~ grape** *s. Am.* Catawba-Rebe *f* (*amer. Traubenart*).

'cat|·bird *s. orn.* amer. Spottdrossel *f*; **'~·boat** *s.* ⚓ kleines Segelboot (*mit einem Mast*); **~ bur·glar** *s.* Fas'sadenkletterer *m*, Einsteigdieb *m*; **'~·call I.** *s.* schrilles Pfeifen; *engS. thea.* Auspfeifen *n*; **II.** *v/i. u. v/t.* (aus)pfeifen, (aus)zischen.

catch [kætʃ] **I.** *s.* **1.** Fangen *n*, Fang *m*; *fig.* Fang *m*, Beute *f*, Vorteil *m*: *a good ~* **a)** ein guter Fang *od.* Zug (*Fische*), **b)** e-e gute Partie (*Heirat*); *no ~* kein gutes Geschäft; **2.** *Kricket, Baseball:* **a)** Fang *m*, **b)** Fänger *m*; **3.** Halter *m*, Griff *m*, Klinke *f*; Haken *m*; **4.** Sperr-, Schließhaken *m*, Schnäpper *m*; Sicherung *f*; Verschluß *m*; **5.** Stocken *n*, Anhalten *n*; **6.** *fig.* Haken *m*, Schwierigkeit *f*; Falle *f*, Kniff *m*: *there is a ~ in it* die Sache hat e-n Haken; **II.** *v/t.* [*irr.*] **7.** *Ball, Tier etc.* fangen; *Dieb etc.* fassen, ‚schnappen', *a. Blick* erhaschen; *Tropfendes* auffangen; *allg.* erwischen, ‚kriegen': *to ~ a train* e-n Zug erreichen *od.* kriegen; *~ me (doing that)!* F das sollte mir gerade einfallen!; → *glimpse 1, sight 3*; **8.** ertappen, über'raschen (*s.o. at* j-n bei): *caught in a storm* vom Unwetter überrascht; **9.** ergreifen, packen, *Gewohnheit, Aussprache* annehmen: *to ~ hold of* festhalten (*acc.*); **10.** *fig.* fesseln, packen, gewinnen; einfangen; → *eye 2, fancy 4*; **11.** *fig.* ‚mitkriegen', verstehen: *I didn't ~ what you said* ich habe nicht verstanden, was du sagtest; **12.** einholen: *I soon caught him*; → *catch up 2*; **13.** sich

holen *od.* zuziehen, angesteckt werden von (*Krankheit etc.*); → *cold 6, fire 1*; **14.** sich zuziehen, (*Strafe, Tadel*) bekommen: *to ~ it* F ,sein Fett bekommen'; **15.** streifen, *mit et.* hängenbleiben: *a nail caught my dress* mein Kleid blieb an e-m Nagel hängen; *to ~ one's finger in the door* sich den Finger in der Tür klemmen; **16. a)** schlagen: *to ~ s.o. a blow* j-m e-n Schlag versetzen, **b)** *mit e-m Schlag* treffen: *the blow caught him on the chin*; **III.** *v/i.* [*irr.*] **17.** ⊕ fassen, halten; einschnappen (*Schloß*); **18.** sich verfangen, hängenbleiben: *the plane caught in the trees*; **19.** klemmen;
Zssgn mit adv. u. prp.:
catch| at *v/i.* **1.** greifen *od.* schnappen nach (*acc.*); → *straw 1*; **2.** *fig.* gern ergreifen, freudig aufgreifen; **~ on** *v/i.* F **1.** *bsd. Am.* ,kapieren' (*to s.th.* et.); begrüßen (*acc.*): *to ~ to an idea*; **2.** Anklang finden, einschlagen; **~ out** *v/t.* **1.** *Brit.* ertappen; **2.** *Kricket*: abtun, durch Fangen des Balles den Schläger ,ausmachen'; **~ up** *v/t.* **1.** *j-n* unter'brechen; **2.** *j-n* einholen: *to ~ with s.o.* mit j-m Schritt halten, j-n einholen; *to ~ on et.* nachholen; **3.** *et.* schnell ergreifen; *Kleid* aufraffen; **4.** *Gedanken* aufgreifen, *Gewohnheit* annehmen.
catch|·all *s. Am.* Tasche *f od.* Behälter *m* für alles mögliche (*a. fig.*); **'~-as-'catch-'can** *s. sport* Catchen *n*: *~ wrestler* Catcher; **'~-crop** *s.* Zwischenfrucht *f*; **'~-drain** *s.* Abzugsgraben *m.*
catch·er ['kætʃə] *s.* Fänger *m* (*a. Baseball*); **'catch·ing** [-tʃiŋ] *adj.* **1.** ansteckend (*a. fig.*); **2.** *fig.* anziehend, fesselnd; gefällig, leicht zu behalten(d) (*Melodie*); **3.** verfänglich.
catch·ment ['kætʃmənt] *s.* **1.** Auffangen *n von Wasser etc.*; **2.** Reservo'ir *n*; **'~-a·re·a, '~-ba·sin** *s.* Einzugs-, Abflußgebiet *n* (*e-s Flusses*).
'catch|·pen·ny I. *adj.* Schund...; auf Kundenfang berechnet, Lock..., Schleuder...: *a ~ title* ein reißerischer Titel; **II.** *s.* Schundware *f*, 'Ramschar,tikel *m*; **'~-phrase** *s.* Schlagwort *n*, (hohle) Phrase; **'~-pole, '~-poll** *s.* Gerichtsdiener *m*; **'~-up** → *ketchup*; **'~-weight** *s. sport* nicht durch Regeln beschränktes Gewicht e-s Wettkampfteilnehmers; **'~-word** *s.* **1.** *thea. u. typ.* Stichwort *n*; **2.** Schlagwort *n*; **3.** *typ.* **a)** *hist.* 'Kustos *m*, **b)** Ko'lumnentitel *m.*
catch·y ['kætʃi] *adj.* F **1.** → *catching 2*; **2.** verfänglich; **3.** schwierig.
cat·e·chism ['kætikizəm] *s.* **1.** ♀ *eccl.* Kate'chismus *m*; **2.** *fig.* Reihe *f od.* Folge *f* von Fragen; **'cat·e·chist** [-kist] *s.* Kate'chet *m*, Religi'onslehrer *m*; **'cat·e·chize** [-kaiz] *v/t.* **1.** *eccl.* katechisieren; **2.** gründlich ausfragen, examinieren.
cat·e·chu ['kætitʃu:] *s., a. Bengal ~* 'Katechu *n.*
cat·e·chu·men [kæti'kju:men] *s.* **1.** *eccl.* Konfir'mand(in); **2.** *fig.* Neuling *m.*
cat·e·gor·i·cal [kæti'gɔrikəl] *adj.* □ kate'gorisch, bestimmt, unbedingt;
cat·e·go·ry ['kætigəri] *s.* Katego'rie *f*, Klasse *f*, Gruppe *f.*
ca·te·na [kə'ti:nə] (*Lat.*) *s.* Kette *f*, Reihe *f*; **cat·e·nar·i·an** [kæti'nɛəriən] *adj.* zu e-r Kette *od.* Kettenlinie gehörig.
ca·ter ['keitə] *v/i.* **1.** Lebensmittel liefern: *~ing industry* Gaststättengewerbe; **2.** sorgen (*for* für); **3.** *fig.* befriedigen (*for, to acc.*); **4.** *fig.* (*to, for*) schmeicheln (*dat.*), werben (um); **'ca·ter·er** [-ərə] *s.* ('Lebensmittel *od.* 'Speise)Liefe,rant *m*, Trai'teur *m*; Gastwirt *m*; Provi'antmeister *m.*
cat·er·pil·lar ['kætəpilə] *s.* **1.** *zo.* Raupe *f*; **2.** *fig.* **a)** Er'presser *m*, **b)** Schma'rotzer *m.*
cat·er·waul ['kætəwɔ:l] **I.** *v/i.* **1.** mi'auen; **2.** kreischen; **II.** *s.* **3.** Mi'auen *n.*
'cat|-eyed *adj.* im Dunkeln sehend; **'~-fish** *s. ichth.* Katzenfisch *m*, Wels *m*; **'~-gut** *s.* **1.** Darmsaite *f*; **2.** 'Katgut *n*; **3.** F Geige *f.*
ca·thar·sis [kə'θɑ:sis] *s.* **1.** seelische Läuterung *od.* Entspannung; **2.** Reinigung *f*, Abführen *n*; **ca'thar·tic** [-ɑ:tik] **I.** *adj.* reinigend, läuternd, erlösend; **II.** *s.* Abführ-, Reinigungsmittel *n.*
'cat·head *s.* ⚓ Kran-, Ankerbalken *m.*
ca·the·dral [kə'θi:drəl] **I.** *s.* Kathe'drale *f*, Dom *m*; **II.** *adj.* Dom...: *~ church* → *I*; *~ town* → *city 2.*
Cath·er·ine-wheel ['kæθərinwi:l] *s.* **1.** Fensterrose *f*; **2.** *Feuerwerk*: Feuerrad *n*; **3.** *sport to turn ~s* radschlagen.
cath·e·ter ['kæθitə] *s.* Ka'theter *m.*
cath·ode ['kæθoud] *s.* Ka'thode *f*; **~ ray** *s.* Ka'thodenstrahl *m*; **'~-ray tube** *s.* Ka'thodenstrahlröhre *f.*
cath·o·lic ['kæθəlik] **I.** *adj.* (□ *~ally*) **1.** ('all)um,fassend, univer'sal; **2.** großzügig, tole'rant; **3.** ♀ ka'tholisch, rechtgläubig; **II.** *s.* **4.** ♀ Katho'lik(in); **Ca·thol·i·cism** [kə'θɔlisizəm] *s.* Katholi'zismus *m*; **cath·o·lic·i·ty** [kæθə'lisiti] *s.* **1.** Allge'meingültigkeit *f*; **2.** Großzügigkeit *f*, Tole'ranz *f.*
'cat-ice *s.* dünne Eisschicht.
cat·kin ['kætkin] *s.* (Blüten)Kätzchen *n* (*an Weiden etc.*).
'cat-lap *s. Brit. sl.* (zu) schwacher Tee.
cat·ling ['kætliŋ] *s.* **1.** (feines) Amputati'onsmesser; **2.** dünne Darmsaite.
'cat|-mint *s.* Katzenminze *f*; **'~-nap** *s.* ,Nickerchen' *n*, kurzes Schläfchen.
cat-o'-nine-tails ['kætə'nainteilz] *s.* neunschwänzige Katze (*Peitsche*).
'cat's|-cra·dle *s.* Abnehmespiel *n*, Schnurspiel *n*; **'~-eye** *s.* **1.** *min.* Katzenauge *n*; **2.** Katzenauge *n*, Rückstrahler *m*; **'~-lick** *s.* F Katzenwäsche *f*: *to have a ~* Katzenwäsche machen; **'~-meat** *s. Brit.* Pferdefleisch *n* (*als Katzenfutter*); **'~-paw** *s.* **1.** *fig.* Handlanger *m*, j-s Werkzeug *n*: *to make a ~ of s.o.* j-n die Kastanien aus dem Feuer holen lassen; **2.** ⚓ leichte Brise.
cat·sup ['kætsʌp] → *ketchup.*
cat·tish ['kætiʃ] *adj.* katzenhaft; *fig.* falsch, boshaft, gehässig.
cat·tle ['kætl] *s. coll.* (*mst pl. konstr.*) **1.** (Rind)Vieh *n*, Rinder *pl.*; **2.** *contp.* Viehzeug *n* (*Menschen*); **~ car** *s.* *Am.* Viehwagen *m*; **'~-feed·er** *s.* 'Futterma,schine *f*; **'~-lead·er** *s.* Nasenring *m*; **'~-lift·er** *s.* Viehdieb *m*; **'~-pen** *s.* Viehgehege *n*; **'~-plague** *s. vet.* Rinderpest *f*; **~ ranch, ~ range** *s.* Viehweide(land *n*) *f*; **~ shed** *s.* Viehstall *m.*
cat·ty[1] ['kæti] → *cattish.*
cat·ty[2] ['kæti] *s.* Kätti *n* (*ostasiatisches Gewicht, etwa 600 Gramm*).
'cat|-walk *s.* ⊕ Laufplanke *f*, schmaler Steg; **'~-whisk·er** *s.* Kon'taktdrähtchen *n.*
Cau·ca·sian [kɔ:'keizjən] **I.** *adj.* kau'kasisch; **II.** *s.* Kau'kasier(in).
cau·cus ['kɔ:kəs] *s. pol.* **1.** *Am.* Par'teiausschuß *m* zur Wahlvorbereitung; Frakti'onssitzung *f*; **2.** Klüngel(wirtschaft *f*) *m.*
cau·dal ['kɔ:dl] *adj. zo.* Schwanz...; **'cau·date** [-deit] *adj. zo.* geschwänzt.
cau·dil·lo [kɔ:'di:ljou] *pl.* **-los** (*Span.*) *s.* ⚔, *pol.* Führer *m.*
cau·dle ['kɔ:dl] *s.* Warmbier *n*, Glühwein *m* (*mit Gewürzen u. anderen Zutaten*).
caught [kɔ:t] *pret. u. p.p. von catch.*
caul [kɔ:l] *s.* **1.** Haarnetz *n*; **2.** Glückshaube *f* (*e-s Neugeborenen*).
caul·dron ['kɔ:ldrən] *s.* großer Kessel (*a. fig.*).
cau·li·flow·er ['kɔliflauə] *s.* Blumenkohl *m.*
caulk [kɔ:k] *v/t.* ⚓ kal'fatern, *Ritzen* abdichten; **'caulk·er** [-kə] *s.* **1.** ⚓, ⊕ Kal'faterer *m*, Abdichter *m*; **2.** → *calk*[1].
caus·al ['kɔ:zəl] *adj.* □ ursächlich, kau'sal; **cau·sal·i·ty** [kɔ:'zæliti] *s.* Ursächlichkeit *f*; Kau'salzs.-hang *m*; **cau·sa·tion** [kɔ:'zeiʃən] *s.* Ursächlichkeit *f*; Kau'salprin,zip *n*; **'caus·a·tive** [-zətiv] *adj.* □ **1.** kausal, begründend, verursachend; **2.** *ling.* 'kausativ.
cause [kɔ:z] **I.** *s.* **1.** Ursache *f*: *~ of the fire* Ursache des Brandes; **2.** Grund *m*; Veranlassung *f*, Anlaß *m*: *~ for complaint* Grund *od.* Anlaß zur Klage; *~ to be thankful* Grund zur Dankbarkeit; **3.** (gute) Sache: *to fight for one's ~* für s-e Sache kämpfen; *to make common ~ with* gemeinsame Sache machen mit; **4.** **a)** (Streit)Sache *f*, Rechtsstreit *m*, Pro'zeß *m*, **b)** Gegenstand *m*; Rechtsgründe *pl.*: *~-list* Termin-, Sitzungsliste; *to show ~* s-e Gründe darlegen; *~ of action* Klagegrund; **5.** Sache *f*, Angelegenheit *f*, Gegenstand *m*, 'Thema *n*, Frage *f*, Pro'blem *n*: *lost ~* verlorene *od.* aussichtslose Sache; *in the ~ of* um ... (*gen.*) willen, für; **II.** *v/t.* **6.** veranlassen, lassen: *I ~ed him to sit down* ich ließ ihn sich setzen; *he ~ed the man to be arrested* er ließ den Mann verhaften, er veranlaßte, daß der Mann verhaftet wurde; **7.** verursachen, bewirken, her'vorrufen, her'beiführen: *to ~ a fire* e-n Brand verursachen; **8.** bereiten, zufügen: *to ~ s.o. a loss* j-m e-n Verlust zufügen; *to ~ s.o. trouble* j-m Schwierigkeiten bereiten.

cause cé·lè·bre [kouz se'lebr] (*Fr.*) *s.* Cause *f* célèbre.

cause·less ['kɔ:zlis] *adj.* □ grundlos, unbegründet.

cau·se·rie ['kouzəri(:)] (*Fr.*) *s.* Plauderei *f.*

cause·way ['kɔ:zwei], *Brit. a.* '**causey** [-zei] *s.* erhöhter Fußweg, Damm *m* (*durch e-n See od. Sumpf*).

caus·tic ['kɔ:stik] **I.** *adj.* (□ *~ally*) **1.** ⚗ kaustisch, ätzend, beizend, brennend: *~ potash* Ätzkali; *~ soda* Ätznatron; *~-soda solution* Ätzlauge; **2.** *fig.* ätzend, beißend, sar'kastisch (*Worte etc.*); **II.** *s.* **3.** ⚗ Beiz-, Ätzmittel *n*: *lunar ~* ⚕ Höllenstein; **caus·tic·i·ty** [kɔ:s'tisiti] *s.* **1.** Ätz-, Beizkraft *f*; **2.** *fig.* Sar'kasmus *m*, Schärfe *f.*

cau·ter·i·za·tion [kɔ:tərai'zeiʃən] *s.* ⚕, ⊕ (Aus)Brennen *n*; Ätzen *n*; **cau·ter·ize** ['kɔ:təraiz] *v/t.* **1.** ⚕,⊕ (aus)brennen, ätzen; **2.** *fig. Gefühl etc.* abtöten, abstumpfen; **cau·ter·y** ['kɔ:təri] *s.* Brenneisen *n*; Ätzmittel *n.*

cau·tion ['kɔ:ʃən] **I.** *s.* **1.** Vorsicht *f*, Behutsamkeit *f*: *~ money* Kaution, (hinterlegte) Bürgschaft; **2.** Warnung *f*; *tadelnde* Verwarnung: *he was let off with a ~* er kam mit e-r Verwarnung davon; **3.** ⚔ 'Ankündigungskom,mando *n*; **4.** F *et. od. j-d* Origi'nelles; ulkige ‚Nummer'; unheimlicher Kerl; **II.** *v/t.* **5.** warnen (*against* vor *dat.*); **6.** *tadelnd* verwarnen; '**cau·tion·ar·y** [-ʃnəri] *adj.* warnend, Warnungs...: *~ command* → *caution 3.*

cau·tious ['kɔ:ʃəs] *adj.* □ vorsichtig, behutsam, auf der Hut; '**cau·tious·ness** [-nis] *s.* Vorsicht *f*, Behutsamkeit *f.*

cav·al·cade [kævəl'keid] *s.* Kaval'kade *f*, 'Reiterzug *m*, -,umzug *m.*

cav·a·lier [kævə'liə] **I.** *s.* **1.** Reiter *m*; **2.** Ritter *m*; **3.** Kava'lier *m*, ritterlicher Mann; **4.** ♀ *hist.* Roya'list *m* (*Anhänger Karls I. von England*); **II.** *adj.* □ **5.** anmaßend, rücksichtslos; **6.** ungezwungen, ungeniert.

cav·al·ry ['kævəlri] *s.* ⚔ Kavalle'rie *f*, Reite'rei *f*; '**~-man** [-mən] *s.* [*irr.*] ⚔ Kavalle'rist *m.*

cave[1] [keiv] **I.** *s.* **1.** Höhle *f*; **2.** *pol. Brit.* **a)** Par'teispaltung *f*, **b)** *die* Abtrünnigen; **II.** *v/t.* **3.** *mst ~ in* eindrücken, zum Einsturz bringen; **III.** *v/i.* **4.** *mst ~ in* einstürzen, -sinken; **5.** *mst ~ in* F **a)** nachgeben, klein beigeben, **b)** zs.-brechen, ‚zs.-klappen'; **6.** *pol. Brit.* abtrünnig werden.

ca·ve[2] ['keivi] (*Lat.*) *int. Schul-sl.* Vorsicht!, Achtung!: *to keep ~* aufpassen (*ob der Lehrer kommt*), ‚Schmiere stehen'.

ca·ve·at ['keiviæt] *s.* **1.** ⚖ Einspruch *m*, Verwahrung *f*: *to enter a ~* Verwahrung einlegen; **2.** Warnung *f.*

'**cave|-bear** *s. zo.* Höhlenbär *m*; '**~-dwell·er** *s.* Höhlenbewohner (-in); '**~-man** [-mæn] *s.* [*irr.*] Höhlenbewohner *m*, -mensch *m*; *humor.* (*triebhafter*) Na'turbursche.

cav·ern ['kævən] *s.* **1.** Höhle *f*; **2.** ⚕ Ka'verne *f*; '**cav·ern·ous** [-nəs] *adj.* **1.** voller Höhlen; **2.** po'rös; **3.** tiefliegend, hohl (*Augen*); eingefallen (*Wangen*); tief (*Dunkelheit*); **4.** ⚕ kaver'nös.

cav·i·ar(e) ['kævia:] *s.* 'Kaviar *m*: *~ to the general* Kaviar fürs Volk.

cav·il ['kævil] **I.** *v/i.* nörgeln, kritteln (*at* an *dat.*); **II.** *s.* Nörge'lei *f*; '**cav·il·(l)er** [-lə] *s.* Nörgler(in).

cav·i·ty ['kæviti] *s.* **1.** (Aus)Höhlung *f*, Hohlraum *m*; **2.** *anat.* Höhle *f*, Raum *m*, Grube *f*: *abdominal ~* Bauchhöhle; *mouth ~* Mundhöhle; **3.** ⚕ Loch *n* (*im Zahn*).

ca·vort [kə'vɔ:t] *v/i.* F Kapri'olen machen, um'herspringen.

ca·vy ['keivi] *s. zo.* amer. Meerschweinchen *n.*

caw [kɔ:] **I.** *s.* Krächzen *n* (*Raben, Krähen etc.*); **II.** *v/i.* krächzen.

Cax·ton ['kækstən] *s.* **1.** Caxton *m* (*von William Caxton gedrucktes Buch*); **2.** *typ.* Caxton *f* (*altgotische Schrift*).

cay·enne [kei'en], *a. ~* **pep·per** ['keiən] *s.* Cay'ennepfeffer *m.*

cay·man ['keimən] *pl.* **-mans** *s. zo.* 'Kaiman *m.*

C clef *s.* ♪ C-Schlüssel *m.*

cease [si:s] **I.** *v/i.* **1.** aufhören, enden: *the noise ~d*; **2.** (*from*) ablassen (von), aufhören (mit); **II.** *v/t.* **3.** aufhören (*doing od. to do* mit *et. od. et.* zu tun); **4.** einstellen: *to ~ fire* ⚔ das Feuer einstellen; *to ~ payment* ✝ die Zahlungen einstellen; '**cease-fire** *s.* ⚔ Feuereinstellung *f*, Waffenruhe *f*; '**cease·less** [-lis] *adj.* □ unaufhörlich; '**cease·less·ness** [-lisnis] *s.* Endlosigkeit *f.*

ce·dar ['si:də] *s.* **1.** ♀ Zeder *f*: *~ of Lebanon* Libanonzeder; **2.** Zedernholz *n.*

cede [si:d] **I.** *v/t.* (*to*) abtreten (*dat. od.* an *acc.*), über'lassen (*dat.*); **II.** *v/i.* zu-, nachgeben.

ce·dil·la [si'dilə] *s.* Ce'dille *f.*

cee [si:] *s.* C *n*, c *n* (*Buchstabe*): *~ spring* C-Feder (*Wagenfeder*).

ceil [si:l] *v/t.* **1.** *Zimmerdecke* täfeln *od.* verputzen; **2.** e-e Decke in *e-n Raum* einziehen; **ceil·ing** ['si:liŋ] *s.* **1.** Decke *f e-s Raumes*; **2.** ⚓ Innenbeplankung *f*; **3.** Höchstmaß *n*, -grenze *f*, ✝ *a.* Pla'fond *m*: *~ price* ✝ Höchstpreis; **4.** ✈ **a)** Gipfelhöhe *f*, **b)** Wolkenhöhe *f.*

cel·an·dine ['seləndain] *s.* ♀ **1.** Schöllkraut *n*; **2.** Feigwurz *f.*

cel·a·nese [selə'ni:z] *s.* Cela'nese *f* (*Kunstseidenstoff*).

cel·e·brant ['selibrənt] *s.* **1.** *eccl.* Zele'brant *m*; **2.** Feiernde(r *m*) *f*;

cel·e·brate ['selibreit] **I.** *v/t.* **1.** *Fest etc.* feiern, begehen; **2.** *j-n* feiern (*preisen*); **3.** *R. C. Messe* zelebrieren, lesen; **II.** *v/i.* **4.** feiern; *R. C.* zelebrieren; '**cel·e·brat·ed** [-breitid] *adj.* gefeiert, berühmt (*for* für, wegen); **cel·e·bra·tion** [seli'breiʃən] *s.* **1.** Feier *f*; Feiern *n*: *in ~ of* zur Feier (*gen.*); **2.** *R. C.* Zelebrieren *n*, Lesen *n* (*Messe*); **ce·leb·ri·ty** [si'lebriti] *s.* **1.** Berühmtheit *f*, Ruhm *m*; **2.** Berühmtheit *f*, berühmte Per'son.

ce·ler·i·ac [si'leriæk] *s.* ♀ Knollensellerie *m*, *f.*

ce·ler·i·ty [si'leriti] *s.* Geschwindigkeit *f.*

cel·er·y ['seləri] *s.* ♀ (Stengel)Sellerie *m*, *f.*

ce·les·tial [si'lestjəl] **I.** *adj.* □ **1.** himmlisch, Himmels..., göttlich; selig; **2.** *ast.* Himmels...: *~ body* Himmelskörper; *~ map* Himmelskarte; **3.** ♀ chi'nesisch: ♀ *Empire* China (*alter Name*); **II.** *s.* **4.** Himmelsbewohner(in), Selige(r *m*) *f*; **5.** ♀ F Chi'nese *m*, Chi'nesin *f*; ♀ **Cit·y** *s. das* Himmlische Je'rusalem.

cel·i·ba·cy ['selibəsi] *s.* Zöli'bat *n*, *m*, Ehelosigkeit *f*; '**cel·i·bate** [-bit] **I.** *s.* Unverheiratete(r *m*) *f* (*bsd. aus religiösen Gründen*); **II.** *adj.* unverheiratet.

cell [sel] *s.* **1.** (*Kloster-, Gefängnis- etc.*)Zelle *f*: *condemned ~* Todeszelle; **2.** *a. biol., phys., pol.* Zelle *f*, *a.* Kammer *f*, Fach *n*; **3.** ⚡ Zelle *f*, Ele'ment *n.*

cel·lar ['selə] *s.* **1.** Keller *m*; **2.** Weinkeller *m*: *he keeps a good ~* er hat e-n guten Keller; '**cel·lar·age** [-əridʒ] *s.* **1.** Kellerraum *m*; **2.** Einkellerung *f*; **3.** Kellermiete *f*; '**cel·lar·er** [-ərə] *s.* Kellermeister *m.*

-celled [seld] *adj. in Zssgn* ...zellig.

cel·list ['tʃelist] *s.* ♪ Cel'list(in);

cel·lo ['tʃelou] *pl.* **-los** *s.* (,Violon-) 'Cello *n.*

cel·lo·phane ['seləfein] *s.* ⊕ Zello'phan *n*, Zellglas *n.*

cel·lu·lar ['seljulə] *adj.* **1.** zellig, Zell(en)...: *~ tissue* Zellgewebe; *~ therapy* ⚕ Zelltherapie; **2.** netzartig: *~ shirt* Netzhemd; '**cel·lule** [-ju:l] *s.* kleine Zelle.

cel·lu·loid ['seljulɔid] *s.* ⊕ Zellu'loid *n.*

cel·lu·lose ['seljulous] *s.* Zellu'lose *f*, Zellstoff *m.*

Cel·si·us ['selsjəs], *~* **ther·mom·e·ter** *s. phys.* 'Celsiusthermo,meter *n.*

Celt [kelt] *s.* Kelte *m*, Keltin *f*; '**Celt·ic** [-tik] **I.** *adj.* keltisch; **II.** *s. ling. das* Keltische; '**Celt·i·cism** [-tisizəm] *s.* Kelti'zismus *m* (*Brauch od. Spracheigentümlichkeit*).

ce·ment [si'ment] **I.** *s.* **1.** Ze'ment *m*, (Kalk)Mörtel *m*; **2.** Klebstoff *m*, Kitt *m*; Bindemittel *n*; **3. a)** *biol.* 'Zahnze,ment *m*, **b)** ⚕ Zement *m* zur Zahnfüllung; **4.** *fig.* Band *n*, Bande *pl.*; **II.** *v/t.* **5. a)** zementieren, **b)** kitten; **6.** *fig.* (be)festigen: *to ~ a friendship*; **ce·men·ta·tion** [si:men'teiʃən] *s.* **1.** Zementierung *f*; **2.** Kitten *n*; **3.** *metall.* Einsatzhärtung *f*; **4.** *fig.* Bindung *f.*

cem·e·ter·y ['semitri] *s.* Friedhof *m*, Begräbnisstätte *f.*

cen·o·bite ['si:noubait] *s. eccl.* Zöno'bit *m*, Klostermönch *m.*

cen·o·taph ['senəta:f] *s.* (leeres) Ehrengrabmal: *the* ♀ *das brit. Ehrenmal in London für die Gefallenen beider Weltkriege.*

cense [sens] *v/t.* (mit Weihrauch) beräuchern; '**cen·ser** [-sə] *s.* (Weih-) Rauchfaß *n.*

cen·sor ['sensə] **I.** *s.* **1.** ('Kunst-, 'Schrifttums),Zensor *m*; **2.** 'Brief-,zensor *m*; **3.** *ein* Aufsichtsbeamter *m* (*an brit. Universitäten*); **4.** *antiq.* 'Zensor *m*, Sittenrichter *m*; **II.** *v/t.* **5.** zensieren, über'prüfen; **cen·so·ri·ous** [sen'sɔ:riəs] *adj.* □ **1.** 'kritisch; **2.** tadelsüchtig, krittelig; '**cen·sor·ship** [-ʃip] *s.* **1.** Zen'sur *f*; **2.** 'Zensoramt *n*; **cen·sur·a·ble** ['senʃərəbl] *adj.* tadelnswert, sträflich; **cen·sure** ['senʃə] **I.** *s.* Tadel *m*, Verweis *m*; Kri'tik *f*, 'Mißbilligung *f*; → *vote 1*; **II.** *v/t.* tadeln, miß'billigen, kritisieren.

cen·sus ['sensəs] *s.* Volkszählung *f*, 'Zensus *m*: ~-*paper* Zählbogen; *livestock* ~ Viehzählung.

cent [sent] *s.* **1.** Hundert *n* (*nur noch in*): *per* ~ Prozent, vom Hundert; **2.** *Am.* Cent *m* ($^1/_{100}$ *Dollar*): *not worth a* ~ keinen (roten) Heller wert.

cen·taur ['sentɔ:] *s.* **1.** *myth.* Zen'taur *m*; **2.** *fig.* Zwitterwesen *n*; **3.** vor'züglicher Reiter; **Cen·tau·rus** [sen'tɔ:rəs] *s. ast.* Zentaur *m*.

cen·tau·ry ['sentɔ:ri] *s.* ⚘ **1.** Flokkenblume *f*; **2.** Tausend'güldenkraut *n*.

cen·te·nar·i·an [senti'neəriən] **I.** *adj.* hundertjährig; **II.** *s.* Hundertjährige(r *m*) *f*; **cen·te·nar·y** [sen'ti:nəri] **I.** *adj.* **1.** hundertjährig; **2.** hundert betragend; **II.** *s.* **3.** Jahr'hundert *n*; **4.** Hundert'jahrfeier *f*.

cen·ten·ni·al [sen'tenjəl] **I.** *adj.* hundertjährig; **II.** *s. bsd. Am.* Hundert'jahrfeier *f*.

cen·ter *etc. Am.* → *centre etc.*

cen·tes·i·mal [sen'tesiməl] *adj.* □ zentesi'mal, hundertteilig.

centi- [senti] *in Zssgn* hundert (-stel).

cen·ti·grade ['sentigreid] *adj.* hundertteilig, -gradig: ~ *thermometer* Celsiusthermometer; *degree(s)* ~ Grad Celsius (*abbr.* °C); **'cen·ti·gram(me)** [-græm] *s.* Zenti'gramm *n*.

cen·time ['sɑ̃:nti:m] (*Fr.*) *s.* Cen'time *m* ($^1/_{100}$ *Franc*).

cen·ti·me·tre, *Am.* **cen·ti·me·ter** ['sentimi:tə] *s.* Zenti'meter *m, n*; **'cen·ti·pede** [-pi:d] *s. zo.* Hundertfüßer *m*.

cen·tral ['sentrəl] **I.** *adj.* □ **1.** zen'tral (gelegen); **2.** Haupt..., Zentral...: ~ *office* Hauptbüro, Zentrale; ~ *idea* Hauptgedanke; **II.** *s.* **3.** *Am.* **a)** (Tele'phon)Zen,trale *f*, **b)** Telepho'nist(in) (*in e-r Zentrale*); ♀ **A·mer·i·can** *adj.* 'mittelameri,kanisch; ♀ **Eu·ro·pe·an time** *s.* 'mitteleuro,päische Zeit (*abbr. MEZ*); ~ **heat·ing** *s.* Zen'tralheizung *f*.

cen·tral·ism ['sentrəlizəm] *s.* (Sy'stem *n* der) Zentralisierung *f*; **'cen·tral·ist** [-ist] *s.* Verfechter *m* der Zentralisierung; **cen·tral·i·za·tion** [sentrəlai'zeiʃən] *s.* Zentralisierung *f*; **'cen·tral·ize** [-laiz] *v/t.* zentralisieren.

cen·tral| nerv·ous sys·tem *s. anat.* Zen'tral,nervensy,stem *n*; ♀ **Pow·ers** *s. pl. pol. hist.* Mittelmächte *pl.*; ~ **sta·tion** *s.* **1.** ⚓ ('Bord)Zen,trale *f*, Kom'mandostand *m*; **2.** Haupt-, Zen'tralbahnhof *m*; **3.** ⚡ Zen'trale *f*.

cen·tre ['sentə] **I.** *s.* **1.** 'Zentrum *n* (*a.* ⚔, *pol.*), Mittelpunkt *m* (*a. fig.*): ~ *of trade* Handelszentrum; **2.** Hauptstelle *f*, -gebiet *n*, Sitz *m*, Herd *m*: *shopping* ~ Einkaufszentrum; *amusement* ~ Vergnügungszentrum; *training* ~ Ausbildungsstelle, -lager; ~ *of interest* Hauptinteresse; **3.** ⊕ Spitze *f*: ~ *lathe* Spitzendrehbank; **4.** *Fußball*: Flanke *f*; **II.** *v/t.* **5.** in den Mittelpunkt stellen (*a. fig.*); konzentrieren, vereinigen (*on, in* auf *acc.*); ⊕ einmitten, zentrieren; **III.** *v/i.* **6.** im Mittelpunkt stehen (*a. fig.*); *fig.* sich drehen (*round* um); **7.** (*in, on*) sich konzentrieren, sich gründen (auf *acc.*); **8.** *Fußball*: flanken; **'~-bit** *s.* ⊕ 'Zentrumsbohrer *m*; Bohrerspitze *f*; **'~-board** *s.* ⚓ Schwert *n*; ~ **cir·cle** *s. Fußball*: Anstoßkreis *m*; ~ **court** *s. Tennis*: 'Centre Court *m*; ~ **for·ward** *s. Fußball*: Mittelstürmer *m*; ~ **half** *s. Fußball*: **a)** *obs.* Mittelläufer *m*, **b)** 'Vor,stopper *m*.

cen·tre·ing ['sentəriŋ] → *centring*.

cen·tre| of at·trac·tion *s. fig.* (Haupt)Anziehungspunkt *m*; ~ **of grav·i·ty** *s. phys.* Schwerpunkt *m*; ~ **of mo·tion** *s. phys.* Drehpunkt *m*; ~ **par·ty** *s. pol.* 'Mittelpar,tei *f*, 'Zentrum *n*; **'~-piece** *s.* **1.** Mittelstück *n*; **2. a)** Tafelaufsatz *m*, **b)** Zierdeckchen *n* (*für Tischmitte*); **'~-rail** *s.* Mittelschiene *f* (*bei Zahnradbahnen*); **'~-sec·ond(s)** *s.* Zen'tralse,kunden,zeiger *m*.

cen·tric *adj.*; **cen·tri·cal** ['sentrik(əl)] *adj.* □ zen'tral, zentrisch.

cen·trif·u·gal [sen'trifjugəl] *adj. phys.* zentrifu'gal; *a.* Schleuder..., Schwung...: ~ *force* Zentrifugal-, Fliehkraft; ~ *governor* Fliehkraftregler; **cen·tri·fuge** ['sentrifju:dʒ] *s.* Zentri'fuge *f*, Trennschleuder *f*.

cen·tring ['sentriŋ] *s.* ⊕ Wölbgerüst *n*.

cen·trip·e·tal [sen'tripitl] *adj.* zentripe'tal: ~ *force* Zentripetalkraft.

cen·tu·ple ['sentjupl], **cen·tu·pli·cate** [sen'tju:plikit] *adj.* hundertfach.

cen·tu·ri·on [sen'tjuəriən] *s. antiq.* (*Rom*) ⚔ Zen'turio *m*.

cen·tu·ry ['sentʃuri] *s.* **1.** Jahr'hundert *n*; **2.** Satz *m od.* Gruppe *f* von hundert; *bsd. Kricket*: 100 Läufe *pl.*; **3.** *antiq.* (*Rom*) Zen'turie *f*, Hundertschaft *f*.

ce·phal·ic [ke'fælik] *adj. anat., zo.* Schädel..., Kopf..., den Schädel betreffend; **ceph·a·lo·pod** ['sefəlopɔd] *s. zo.* Kopffüßer *m*; **ceph·a·lous** ['sefələs] *adj. zo.* mit e-m Kopf, ...köpfig.

ce·ram·ic [si'ræmik] *adj.* ke'ramisch; **ce'ram·ics** [-ks] *s. pl.* **1.** *sg. konstr.* Ke'ramik *f*, Töpferkunst *f*; **2.** *pl. konstr.* Töpferwaren *pl.*, Ke'ramikgegenstände *pl.*; **cer·a·mist** ['serəmist] *s.* Ke'ramiker *m*.

Cer·ber·us ['sə:bərəs] *s. fig.* 'Zerberus *m*, grimmiger Wächter: *sop to* ~ Beschwichtigungsmittel.

cere [siə] *s. orn.* Wachshaut *f* (*am Schnabel gewisser Vögel*).

ce·re·al ['siəriəl] **I.** *adj.* Getreide...; **II.** *s. mst pl.* Zere'alien *pl.*, Getreidepflanzen *pl.*, -früchte *pl.*; *engS. sg. Am.* Frühstückskost *f aus Weizen, Hafer etc.*

cer·e·bel·lum [seri'beləm] *s. anat.* Kleinhirn *n*; **cer·e·bral** ['seribrəl] *adj.* **1.** *anat.* Gehirn...; **2.** *ling.* alveo'lar; **cer·e'bra·tion** [-'breiʃən] *s.* Gehirntätigkeit *f*; Denken *n*; **cer·e·brum** ['seribrəm] *s. anat.* Großhirn *n*.

'cere·cloth *s.* Wachsleinwand *f*, *bsd. als* Leichentuch *n*.

cere·ment ['siəmənt] *s. mst pl.* Leichengewand *n*, Totenhemd *n*.

cer·e·mo·ni·al [seri'mounjəl] **I.** *adj.* □ **1.** feierlich, förmlich; **2.** ritu'ell; **II.** *s.* **3.** Zeremoni'ell *n*; **cer·e'mo·ni·ous** [-jəs] *adj.* □ **1.** → *ceremonial 1 u. 2*; **2.** 'umständlich, steif;

cer·e·mo·ny ['seriməni] *s.* **1.** Zeremo'nie *f*, Feierlichkeit *f*, feierlicher Brauch; Feier *f*; → *master 12*; **2.** Förmlichkeit(en *pl.*) *f*: *without* ~ ohne Umstände; *to stand on* ~ sehr förmlich sein; **3.** Höflichkeit *f*.

ce·rise [sə'ri:z] *adj.* kirschrot, ce'rise.

cert [sə:t] *s. Brit. sl.* ‚todsichere Sache'.

cer·tain ['sə:tn] *adj.* □ **1.** (*von Sachen*) sicher, gewiß, bestimmt: *it is* ~ *to happen* es wird gewiß geschehen; *I know for* ~ ich weiß ganz bestimmt; **2.** (*von Personen*) über'zeugt, sicher, gewiß: *to make* ~ *of s.th.* sich e-r Sache vergewissern; **3.** bestimmt, zuverlässig, sicher: *a* ~ *cure* e-e sichere Kur; *a* ~ *day* ein (ganz) bestimmter Tag; **4.** gewiß: *a* ~ *Mr. Brown* ein gewisser Herr Brown; *for* ~ *reasons* aus bestimmten Gründen; **'cer·tain·ly** [-li] *adv.* **1.** sicher, zweifellos, bestimmt; **2.** sicherlich, (aber) na'türlich; **'cer·tain·ty** [-ti] *s.* **1.** Sicherheit *f*, Bestimmtheit *f*, Gewißheit *f*: *to know for a* ~ mit Sicherheit wissen; **2.** Über'zeugung *f*.

cer·ti·fi·a·ble ['sə:tifaiəbl] *adj.* □ **1.** sicher feststellbar; **2.** ⚕ *Brit.* anmeldepflichtig (*bsd. von Geisteskranken*); *weitS.* geisteskrank.

cer·tif·i·cate I. *s.* [sə'tifikit] Bescheinigung *f*, At'test *n*, Zeugnis *n*, Schein *m*, Urkunde *f*: *death* ~ Sterbeurkunde; *master's* ~ ⚓ Kapitänspatent; *medical* ~ ärztliches Attest; *school* ~ Schul(abgangs)zeugnis; ~ *of baptism* Taufschein; ~ *of origin* † Ursprungszeugnis; → *health 1*; **II.** *v/t.* **[-keit]** *j-m* **e-e Bescheinigung** *od.* **ein Zeugnis geben;** *et.* **attestieren; cer'tif·i·cat·ed** [-keitid] *adj.* amtlich anerkannt *od.* zugelassen: ~ *engineer* Diplomingenieur; ~ *teacher* diplomierter Lehrer; **cer·ti·fi·ca·tion** [sə:tifi'keiʃən] *s.* **1.** Bescheinigung *f*; Bestätigung *f*; **2.** (amtliche) Beglaubigung *od.* Zulassung; ⚖ *Brit.* **Entmündigung** *f* **wegen Geisteskrankheit.**

cer·ti·fied ['sə:tifaid] *adj.* **1.** bescheinigt, beglaubigt, garantiert: ~ *copy* beglaubigte Abschrift; **2.** ⚕ *Brit.* für geistesgestört u. anstaltsreif erklärt; ~ **cheque,** *Am.* **check** *s.* (*als gedeckt*) bestätigter Scheck; ~ **milk** *s. Am. den sanitären Bestimmungen entsprechende Milch*; ~ **pub·lic ac·count·ant** *s.* † *Am.* amtlich zugelassener 'Bücherre,visor *od.* Wirtschaftsprüfer.

cer·ti·fy ['sə:tifai] **I.** *v/t.* **1.** bescheinigen: *this is to* ~ hiermit wird bescheinigt; **2.** beglaubigen; **3.** *Scheck* (als gedeckt) bestätigen (*Bank*); **4.** ⚕, ⚖ *Brit.* für geistesgestört erklären; **5.** ⚖ *Sache* verweisen (*to* an *ein anderes Gericht*); **II.** *v/i.* **6.** (*to*) bezeugen (*acc.*).

cer·ti·tude ['sə:titju:d] *s.* (innere) Gewißheit, Über'zeugung *f*.

ce·ru·le·an [si'ru:ljən] *adj. poet.* himmel-, tiefblau.

ce·ru·men [si'ru:men] *s.* Ohrenschmalz *n.*
ce·ruse ['siəru:s] *s.* ⚗ Bleiweiß *n* (*als Schminke*).
cer·vi·cal ['sə:vikəl] *adj. anat.* Hals-..., Nacken...: ~ *vertebrae* Halswirbel.
cer·vine ['sə:vain] *adj. zo.* Hirsch...
Ce·sar·e·vitch *s.* **1.** *hist.* [si'zɑ:rəvitʃ] Za'rewitsch *m*; **2.** [si'zærəvitʃ] *Pferderennen in Newmarket, England.*
ces·sa·tion [se'seiʃən] *s.* Aufhören *n*, Ende *n*; Stillstand *m*, Einstellung *f*; **cess·er** ['sesə] *s.* ⚖ Aufhören *n*, Einstellung *f.*
ces·sion ['seʃən] *s.* Abtretung *f*, Zessi'on *f.*
cess·pit ['sespit], **'cess·pool** [-pu:l] *s.* **1.** Abort-, Jauche(n)-, Senkgrube *f*; **2.** *fig.* (Sünden)Pfuhl *m.*
ce·ta·cean [si'teiʃjən] *zo.* **I.** *s.* Wal(-fisch) *m*; **II.** *adj.* Wal(fisch)...; **ce'ta·ceous** [-jəs] *adj. zo.* Wal(-fisch)...
chafe [tʃeif] **I.** *v/t.* **1.** warmreiben, frottieren; **2.** ('durch)reiben, wund reiben, scheuern; **3.** *fig.* ärgern, reizen; **II.** *v/i.* **4.** sich ('durch)reiben, sich wund reiben, scheuern (*against* an *dat.*); **5.** ⊕ verschleißen; **6.** wüten, sich ärgern; **7.** ungeduldig sein; toben.
chaf·er ['tʃeifə] *s. zo.* Käfer *m.*
chaff [tʃɑ:f] **I.** *s.* **1.** Spreu *f*: *to separate the* ~ *from the wheat* die Spreu vom Weizen scheiden; *as* ~ *before the wind* wie Spreu im Winde; **2.** Häcksel *m, n*; **3.** ⚔ 'Stör₁folie *f* (*Radar*); **4.** *fig.* wertloses Zeug; **5.** Necke'rei *f*; **II.** *v/t.* **6.** zu Häcksel schneiden; **7.** *fig.* necken, aufziehen; '~-**cut·ter** *s.* ⚒ Häckselbank *f.*
chaf·fer ['tʃæfə] **I.** *s.* Feilschen *n*; **II.** *v/i.* feilschen, schachern.
chaf·finch ['tʃæfintʃ] *s. orn.* Buchfink *m.*
'chaf·ing|-dish ['tʃeifiŋ] *s.* Wärmepfanne *f*, -schüssel *f*; '~-**gear** *s.* ⚓ Um'kleidung *f* der Taue.
cha·grin ['ʃægrin] **I.** *s.* **1.** Ärger *m*, Verdruß *m*; **2.** Kränkung *f*; Enttäuschung *f*; **II.** *v/t.* **3.** ärgern, verdrießen; **'cha·grined** [-nd] *adj.* ärgerlich, gekränkt.
chain [tʃein] **I.** *s.* **1.** Kette *f* (*a.* ⚗, ⚡, ⊕, *phys.*): ~ *of office* Amtskette; **2.** *fig.* Kette *f*, Fessel *f*: *in* ~*s* in Gefangenschaft; **3.** *fig.* Kette *f*, Reihe *f*: ~ *of mountains* Gebirgskette; ~ *of events* Reihe von Ereignissen; **4.** ✝ 'Kettenunter₁nehmen *n*; **5.** ⊕ Meßkette *f* (*66 engl. Fuß*); **6.** *pl.* Wanten *pl.*; **II.** *v/t.* **7.** (an-)ketten, mit e-r Kette befestigen: *to* ~ (*up*) *a dog* e-n Hund an die Kette legen; *to* ~ *a prisoner* e-n Gefangenen in Ketten legen; *to* ~ *a door* e-e Tür durch e-e Kette sichern; **8.** *fig.* (*to*) verketten (mit), ketten *od.* fesseln (an *acc.*); **9.** *Land* mit der Meßkette messen; ~ **armo(u)r** *s.* Kettenpanzer *m*; ~ **belt** *s.* ⊕ endlose Kette, 'Kettentransmissi₁on *f*; ~ **bridge** *s.* Hängebrücke *f*; ~ **cou·pling** *s.* ⊕ Kettenkupplung *f*; ~ **drive** *s.* ⊕ Kettenantrieb *m*; '~-**gang** *s.* Trupp *m* anein'andergeketteter Sträflinge.
chain·less ['tʃeinlis] *adj.* kettenlos.
'chain|-let·ter *s.* Kettenbrief *m*; ~ **lock·er** *s.* ⚓ Kettenkasten *m*; ~ **mail** → *chain armo(u)r*; ~ **pump** *s.* Pater'nosterwerk *n*; ~ **re·ac·tion** *s. phys.* 'Kettenreakti₁on *f* (*a. fig.*); '~-**smok·er** *s.* Kettenraucher *m*; '~-**stitch** *s. Nähen*: Kettenstich *m*; '~-**store** *s.* ✝ **1.** Ketten-, Fili'alladen; **2.** *pl.* Ladenkette *f.*
chair [tʃɛə] **I.** *s.* **1.** Stuhl *m*, Sessel *m*: *to take a* ~ sich setzen; **2.** *fig.* Vorsitz *m*: *to be in* (*to take*) *the* ~ den Vorsitz führen (übernehmen); *to address the* ~ sich an den Vorsitzenden wenden; *chair! chair! Brit.* zur Geschäftsordnung!; **3.** Lehrstuhl *m*, Profes'sur *f*: ~ *of German* Lehrstuhl *od.* (*in England*) Professur für Deutsch; **4.** *Am.* e'lektrischer Stuhl; **5.** 🚂 Schienenstuhl *m*; **6.** Sänfte *f*; **II.** *v/t.* **7.** in ein Amt einsetzen; **8.** *to* ~ *s.o. off* j-n (im Tri'umph) auf den Schultern (da'von)tragen; ~ **back** *s.* Stuhllehne *f*; ~ **bot·tom** *s.* Stuhlsitz *m*; ~ **car** *s.* 🚂 *Am.* Sa'lonwagen *m*; ~ **lift** *s.* Sesselbahn *f*, -lift *m.*
chair·man ['tʃɛəmən] *s.* [*irr.*] **1.** Vorsitzende(r) *m*; **2.** j-d der e-n Rollstuhl schiebt; **3.** Sänftenträger *m*; **'chair·man·ship** [-ʃip] *s.* Vorsitz *m*; **'chair·wom·an** *s.* [*irr.*] Vorsitzende *f.*
chaise [ʃeiz] *s.* Chaise *f*, Halbkutsche *f*; ~ **longue** [lɔ̃g; lɔ:ŋ] *s.* Chaise'longue *f*, Liegesofa *n.*
chal·cog·ra·pher [kæl'kɔgrəfə] *s.* Kupferstecher *m.*
Chal·de·an [kæl'di(:)ən], **Chal'dee** [-'di:] **I.** *s.* Chal'däer *m*; **II.** *adj.* chal'däisch.
cha·let ['ʃælei] *s.* **1.** Sennhütte *f*; **2.** Schweizerhaus *n*; **3.** kleines Landhaus.
chal·ice ['tʃælis] *s.* **1.** *poet.* (Trink-)Becher *m*; **2.** *eccl.* (Abendmahls-)Kelch *m*; **3.** ⚘ Blütenkelch *m.*
chalk [tʃɔ:k] **I.** *s.* **1.** *min.* Kreide *f*; **2.** Zeichenkreide *f*, Kreidestift *m*: *colo(u)red* ~ Buntstift; *red* ~ **a)** Rötel, **b)** Rotstift; *as like as* ~ *and cheese* verschieden wie Tag u. Nacht; **3.** Kreidestrich *m*: **a)** (Gewinn)Punkt *m* (*bei Spielen*), **b)** *Brit.* (angekreidete) Schuld: *by a long* ~ bei weitem; **II.** *v/t.* **4.** mit Kreide (be)zeichnen; **5.** ~ *out* entwerfen; *fig. Weg* vorzeichnen; **6.** ~ *up* anschreiben; ankreiden, auf die Rechnung setzen: *to* ~ *up against s.o.* j-m *et.* ankreiden; '~-**bed** *s. geol.* Kreideschicht *f*; ~ **mark** *s.* Kreidestrich *m*; '~-**pit** *s.* Kreidegrube *f*; '~-**stone** *s.* ⚕ Gichtknoten *m.*
chalk·y ['tʃɔ:ki] *adj.* kreidig; kreidehaltig.
chal·lenge ['tʃælindʒ] **I.** *s.* **1.** Her'ausforderung *f*; (Auf-, An)Forderung *f*; Aufruf *m*; **2.** ⚔ Anruf *m* (*Wachtposten*); **3.** *hunt.* Anschlagen *n* (*Hund*); **4.** *bsd.* ⚖ Ablehnung *f* (*e-s Geschworenen od. Richters*); Anfechtung *f* (*e-s Beweismittels*); **5.** 'Widerspruch *m*, Kri'tik *f*, Bestreitung *f*, Kampfansage *f*; Angriff *m*; Streitfrage *f*; **6.** Wettstreit *m*, Wettbewerb *m*; Prüfstein *m*, Probe *f*; **7.** Bedrohung *f*, kritische Lage; Schwierigkeit *f*, Pro'blem *n*, (schwierige *od.* lockende) Aufgabe; **II.** *v/t.* **8.** her'aus-, auffordern; zur Rede stellen; aufrufen; ⚔ anrufen; **9.** Anforderungen an *j-n* stellen; auf die Probe stellen; **10.** bestreiten, anzweifeln; *bsd.* ⚖ anfechten, *Geschworener etc.* ablehnen; **11.** trotzen (*dat.*); angreifen; **12.** *j-n* reizen (*Aufgabe*); **13.** *j-m Bewunderung etc.* abnötigen; **'chal·lenge·a·ble** [-dʒəbl] *adj.* her'auszufordern(d); anfechtbar.
chal·lenge cup *s. sport* 'Wanderpo₁kal *m.*
chal·leng·er ['tʃælindʒə] *s.* Auf-, Her'ausforderer *m* (*a. Boxen*); Anwärter *m*; Gegner *m*, Konkur'rent *m.*
chal·lenge tro·phy *s. sport* Wanderpreis *m.*
chal·leng·ing ['tʃælindʒiŋ] *adj.* ☐ **1.** her'ausfordernd; **2.** *fig.* **a)** lockend (*Aufgabe*), **b)** schwierig, **c)** an-, erregend.
cha·lyb·e·ate [kə'libiit] *adj. min.* stahl-, eisenhaltig: ~ *spring* Stahlquelle.
cham·ber ['tʃeimbə] *s.* **1.** *obs.* Zimmer *n*, Kammer *f*, Gemach *n*; **2.** *pl. Brit.* **a)** (*zu vermietende*) Zimmer *pl.*, Junggesellenwohnungen *pl.*, **b)** Geschäftsräume *pl.*; **3.** (*Empfangs-*) Zimmer *n* (*im Palast etc.*); **4.** *parl.* Sitzungssaal *m*, Kammer *f*; **5.** *pl. Brit.* **a)** 'Anwaltsbü₁ro *n*, **b)** Amtszimmer *n* des Richters: *in* ~*s* in nichtöffentlicher Sitzung, **c)** Amtszimmer *n* des Mi'nisters; **6.** ⊕ Kammer *f*; Raum *m*; (Gewehr)Kammer *f*; **7.** F → *chamber-pot*; ~ **con·cert** *s.* 'Kammerkon₁zert *n.*
cham·ber·lain ['tʃeimbəlin] *s.* Kammerherr *m.*
'cham·ber|-maid *s.* Stubenmädchen *n* (*in Hotels*); ~ **mu·sic** *s.* 'Kammermu₁sik *f*; ♀ **of Commerce** *s.* Handelskammer *f*; '~-**pot** *s.* Nachtgeschirr *n.*
cha·me·le·on [kə'mi:ljən] *s. zo.* Cha'mäleon *n* (*a. fig.*).
cham·fer ['tʃæmfə] **I.** *s.* **1.** △ Auskehlung *f*, Hohlrinne *f*; **2.** ⊕ Schrägkante *f*; **II.** *v/t.* **3.** △ auskehlen; **4.** ⊕ abfasen, abschrägen.
cham·ois ['ʃæmwɑ:] *pl.* ~ [-ɑ:z] *s.* **1.** *zo.* Gemse *f*; **2.** *a.* ~ *leather* [*mst* 'ʃæmi] Sämischleder *n*; ⊕ Polierleder *n.*
champ¹ [tʃæmp] *v/i.* **1.** (*a. v/t.*) (heftig *od.* geräuschvoll) kauen: *to* ~ *the bit* am Gebiß kauen (*Pferd*); **2.** *fig.* **a)** mit den Zähnen knirschen, **b)** ungeduldig sein.
champ² [tʃæmp] *sl.* → *champion 3.*
cham·pagne [ʃæm'pein] *s.* Cham'pagner *m*, Sekt *m*, Schaumwein *m*: ~-*cup* Sektkelch, -schale.
cham·pi·on ['tʃæmpjən] **I.** *s.* **1.** Kämpe *m*, (Tur'nier)Kämpfer *m*; **2.** Vorkämpfer *m*, Verfechter *m*, Fürsprecher *m*; **3.** *sport od. Wettbewerb*: Meister *m*; Sieger *m*, Beste(r) *m*; **II.** *v/t.* **4.** verfechten, eintreten für, verteidigen; **III.** *adj.* **5.** Meister..., best, preisgekrönt; **'cham·pi·on·ship** [-ʃip] *s.* **1.** Meisterschaft *f*, -titel *m*; **2.** *pl.* Meisterschaftskämpfe *pl.*, Meisterschaften *pl.*; **3.** Verfechten *n*, Eintreten *n für etwas.*
chance [tʃɑ:ns] **I.** *s.* **1.** Zufall *m*: *by* ~ zufällig; **2.** Glück *n*; Schick-

sal *n*; 'Risiko *n*: *game of ~* Glücksspiel; *to take one's ~* sein Glück versuchen; *to take a* (*od. one's*) *~* es darauf ankommen lassen; *to take no ~s* nichts riskieren (wollen); **3.** Chance *f*: **a**) Glücksfall *m*, (günstige) Gelegenheit: *the ~ of his lifetime* die Chance s-s Lebens, e-e einmalige Gelegenheit; *give him a ~!* gib ihm e-e Chance!, versuch's mal mit ihm!; → *main chance*, **b**) Aussicht *f* (*of* auf *acc.*): *to stand a ~* Aussichten haben, **c**) Möglichkeit *f*, Wahrscheinlichkeit *f*: *the ~s are that* aller Wahrscheinlichkeit nach; *the ~s are against you* die Umstände sind gegen dich; *on the* (*off*) *~* auf die (geringe) Möglichkeit hin, auf gut Glück, für den Fall (*daß*); **II.** *v/t.* **4.** riskieren: *to ~ it* es darauf ankommen lassen, es wagen; **III.** *v/i* **5.** (unerwartet) geschehen: *I ~d to meet her* zufällig traf ich sie; **6.** *to ~ upon* auf *j-n od. et.* stoßen; **IV.** *adj.* **7.** zufällig, Zufalls..., gelegentlich, ✝ *a.* Gelegenheits...; unerwartet: *~ customers* Laufkundschaft.

chan·cel ['tʃɑːnsəl] *s.* △ Al'tarraum *m*, hoher Chor.

chan·cel·ler·y ['tʃɑːnsələri] *s.* 'Botschafts- *od.* Konsu'latskanz,lei *f*.

chan·cel·lor ['tʃɑːnsələ] *s.* **1.** Kanzler *m* (*a. univ.*); **2.** Kanz'leivorstand *m*; ♀ **of the Ex·cheq·uer** *s. Brit.* Schatzkanzler *m*, Fi'nanzmi,nister *m*.

chan·cel·lor·ship ['tʃɑːnsələʃip] *s.* Kanzleramt *n*, -würde *f*.

chan·cer·y ['tʃɑːnsəri] *s.* Kanz'leigericht *n* (*Brit. Gerichtshof des Lordkanzlers*; *Am. Billigkeitsgericht*): *in ~* **a**) unter gerichtlicher Verwaltung, **b**) F in der Klemme; *ward in ~* Mündel unter Amtsvormundschaft; ♀ **Di·vi·sion** *s.* ⚖ *Brit.* Kammer *f* für Billigkeitsrechtsprechung des *High Court of Justice*.

chan·cre ['ʃæŋkə] *s.* ⚕ Schanker *m*.

chan·de·lier [ʃændi'liə] *s.* Arm-, Kronleuchter *m*, Lüster *m*.

chan·dler ['tʃɑːndlə] *s.* Krämer *m*, Händler *m*.

change [tʃeindʒ] **I.** *v/t.* **1.** (ver-) ändern, 'umändern, verwandeln (*into* in *acc.*): *to ~ one's lodgings* umziehen; *to ~ the subject* von et. anderem reden; *to ~ one's position* die Stellung wechseln, sich beruflich verändern; → *mind 4*, *colour 3*; **2.** ('um-, ver)tauschen (*for* gegen), wechseln: *to ~ one's coat* e-n anderen Rock anziehen; *to ~ hands* den Besitzer wechseln; *to ~ places with s.o.* den Platz mit j-m tauschen; *to ~ trains* umsteigen; → *side 9*; **3.** *Geld, Banknoten* (ein)wechseln; *Scheck* einlösen; **4.** *j-m* andere Kleider anziehen; *Säugling* trockenlegen; *Bett* frisch über'ziehen *od.* beziehen; **5.** ⊕ ('um)schalten: *to ~ gear*; *to ~ over Maschinen etc.* umstellen (*a. Industrie*), umschalten; **II.** *v/i.* **6.** sich (ver)ändern, wechseln; **7.** sich verwandeln (*to od. into* in *acc.*); **8.** 🚂 *etc.* 'umsteigen: *all ~!* alles umsteigen *od.* aussteigen!; **9.** sich 'umziehen: *to ~ into evening dress* sich für den Abend umziehen; **10.** 'übergehen (*to* zu); **III.** *s.* **11.** (Ver)Änderung *f*, Wechsel *m*; Wandlung *f*, Wendung *f*, 'Umschwung *m*: *no ~* unverändert; *~ for the better* (Ver)Besserung; *~ of heart* Sinnesänderung; *~ of life* Wechseljahre; *~ of moon* Mondwechsel; *~ of voice* Stimmwechsel; *~ in the weather* Witterungsumschlag; **12.** Abwechs(e)lung *f*, *et.* Neues; Tausch *m*: *for a ~* zur Abwechs(e)lung; *a ~ of clothes* Wäsche zum Wechseln; *you need a ~* Sie brauchen e-e Ausspannung; **13.** Wechselgeld *n*: (*small*) *~* Kleingeld; *can you give me ~ for a pound?* **a**) können Sie mir auf ein Pfund herausgeben?, **b**) können Sie mir ein Pfund wechseln?; *to get no ~ out of s.o. fig.* nichts (*keine Auskunft od. keinen Vorteil*) aus j-m herausholen können; **14.** ♀ *Brit.* Börse *f*; **change·a·bil·i·ty** [tʃeindʒə'biliti] *s.* Veränderlichkeit *f*; *fig.* Wankelmut *m*; **'change·a·ble** [-dʒəbl] *adj.* □ **1.** veränderlich; **2.** wankelmütig; **'change·ful** [-ful] *adj.* □ veränderlich, wechselvoll; **change gear** *s.* ⊕ Wechselgetriebe *n*; **'change·less** [-lis] *adj.* unveränderlich, beständig; **'change·ling** [-liŋ] *s.* Wechselbalg *m*; 'untergeschobenes Kind; **'change-'o·ver** *s.* **1.** 'Übergang *m*, Wechsel *m*; 'Umstellung *f* (*a.* ⊕ *von Maschinen, e-r Industrie etc.*); **2.** ⊕ 'Umschaltung *f*; **'chang·er** [-dʒə] *s. in Zssgn* Wechsler *m* (*Person od. Gerät*); **'chang·ing** [-dʒiŋ] *s.* Wechsel *m*, Veränderung *f*: *~ of the guard* ⚔ Wachablösung; *~ room* Umkleidezimmer; *~ cubicle* Umkleidekabine.

chan·nel[1] ['tʃænl] **I.** *s.* **1.** Flußbett *n*; **2.** Fahrrinne *f*, Ka'nal *m*; **3.** Rinne *f*; 'Durchlaßröhre *f*; **4.** breite Wasserstraße: *the* (*English*) ♀ *geogr.* der (Ärmel)Kanal; **5.** Rille *f*, Riefe *f*; △ Auskehlung *f*; **6.** *fig.* Weg *m*, Kanal *m*: *~s of trade* Handelswege; *official ~s* Dienstweg; *through the usual ~s* auf dem üblichen Wege; **7.** *Radio, Fernsehen*: Pro'gramm *n*, Ka'nal *m*; **II.** *v/t.* **8.** (hin'durch)leiten, lenken; **9.** furchen, riefeln; △ kannelieren, auskehlen.

chan·nel[2] ['tʃænl] *s.* ⚓ Rüste *f*.

chant [tʃɑːnt] **I.** *s.* **1.** *eccl.* Kirchengesang *m*, -lied *n*; **2.** Singsang *m*, eintöniger Gesang *od.* Tonfall; **II.** *v/t.* **3.** *Kirchenlied* singen; **4.** absingen, 'herleiern.

chan·te·relle [tʃæntə'rel] *s.* ♀ Pfifferling *m*.

chan·ti·cleer [tʃænti'kliə] *s. poet.* Hahn *m*.

chan·try ['tʃɑːntri] *s. eccl.* **1.** Stiftung *f* von Seelenmessen; **2.** Ka'pelle *f* für Seelenmessen.

chant·y ['tʃɑːnti] *s.* Ma'trosenlied *n*, Shanty *n*.

cha·os ['keiɔs] *s.* 'Chaos *n*, Wirrwarr *m*, Durchein'ander *n*; **cha·ot·ic** [kei'ɔtik] *adj.* (□ *~ally*) cha'otisch, wirr.

chap[1] [tʃæp] *s.* F Bursche *m*, Junge *m*: *a nice ~* ein netter Kerl; *old ~* ‚alter Knabe'.

chap[2] [tʃæp] *s.* Kinnbacken *m* (*bsd. Tier*), *pl.* Maul *n*; → *Bath chap*.

chap[3] [tʃæp] **I.** *v/t. u. v/i.* rissig machen *od.* werden: *~ped hands* aufgesprungene Hände; **II.** *s.* Riß *m*, Sprung *m*.

'chap-book *s.* kleines Unter'haltungsbuch.

chap·el ['tʃæpəl] *s.* **1.** Ka'pelle *f*, Gotteshaus *n* (der Dis'senters): *I am ~* F ich bin ein Dissenter; **2.** ('Seiten)Ka,pelle *f* in e-r Kathe'drale; **3.** Gottesdienst *m*; **4.** *typ.* betriebliche Ge'werkschaftsorganisati,on der Drucker; **'chap·el·ry** [-ri] *s. eccl.* Sprengel *m*.

chap·er·on ['ʃæpəroun] **I.** *s.* Anstandsdame *f*; **II.** *v/t.* (als Anstandsdame) begleiten.

'chap-fall·en *adj.* entmutigt, niedergeschlagen.

chap·lain ['tʃæplin] *s.* **1.** Ka'plan *m*, Geistliche(r) *m* (*an e-r Kapelle*); **2.** Hof-, Haus-, Anstalts-, Mili'tär-, Ma'rinegeistliche(r) *m*; **'chap·lain·cy** [-si] *s.* Ka'plans-amt *n*, -pfründe *f*.

chap·let ['tʃæplit] *s.* **1.** Kranz *m*; **2.** *eccl.* Rosenkranz *m*.

chap·man ['tʃæpmən] *s.* [*irr.*] *Brit.* Hausierer *m*.

chap·py ['tʃæpi] *adj.* rissig, aufgesprungen.

chap·ter ['tʃæptə] *s.* **1.** Ka'pitel *n* (*Buch u. fig.*): *~ and verse* **a**) Kapitel u. Vers, **b**) genaue Belege; *to the end of the ~* bis ans Ende; **2.** *eccl.* 'Dom-, 'Ordenska,pitel *n*; **3.** *Am.* Orts-, 'Untergruppe *f e-r Vereinigung*; **'~-house** *s.* **1.** *eccl.* 'Domka,pitel *n*, Stiftshaus *n*; **2.** *Am.* Verbindungshaus *n* (*Studenten*).

char[1] [tʃɑː] *v/t. u. v/i.* verkohlen.

char[2] [tʃɑː] *s. ichth.* 'Rotfo,relle *f*.

char[3] [tʃɑː] *Brit.* **I.** *v/t.* **1.** *Haus* rein(e)machen; **II.** *v/i.* **2.** als Raumpflegerin arbeiten; **III.** *s. pl.* **3.** Haushaltsarbeiten *pl*.

char-à-banc ['ʃærəbæŋ] *pl.* **-bancs** [-z] *s.* Kremser *m*; 'Ausflugs,autobus *m*.

char·ac·ter ['kæriktə] *s.* **1.** Cha'rakter *m*, Wesen *n*, Na'tur *f* (*e-s Menschen*): *of noble ~*; *a bad ~* **a**) ein schlechter Charakter, **b**) ein schlechter Kerl; *a strange ~* ein eigenartiger Mensch; *quite a ~* ein Original; **2.** (ausgeprägte) Per'sönlichkeit; Cha'rakterstärke *f*: *a man of ~*; *a public ~* e-e bekannte Persönlichkeit; *~ actor thea.* Charakterdarsteller; *~ part thea.* Charakterrolle; **3.** Charakter *m*, Gepräge *n*, Eigenart *f*; Merkmal *n*, Kennzeichen *n*; **4.** Stellung *f*, Rang *m*, Eigenschaft *f*: *he came in the ~ of a friend* er kam (in s-r Eigenschaft) als Freund; **5.** Leumund *m*, Ruf *m*, Name *m*: *to have a good ~* in gutem Ruf stehen; **6.** Zeugnis *n* (*für Personal*): *to give s.o. a good ~* **a**) j-m ein gutes Zeugnis geben, **b**) gut von j-m sprechen; **7.** *thea.* Per'son *f*, Rolle *f*: *in ~* **a**) der Rolle gemäß, **b**) zusammenpassend; *it is out of ~* es paßt nicht (zu ihm *etc.*); **8.** *Roman*: Fi'gur *f*, Gestalt *f*; **9.** Schriftzeichen *n*, Schrift *f*; Handschrift *f*.

char·ac·ter·is·tic [kæriktə'ristik] **I.** *adj.* □ → *characteristically*; charakte'ristisch, bezeichnend, typisch (*of* für); **II.** *s.* charakteristisches Merkmal, Eigentümlichkeit *f*, Kennzeichen *n*, Eigenschaft *f*; **char·ac·ter'is·ti·cal** [-kəl] → *characteristic I*; **char·ac·ter'is·ti·cal·ly** [-kəli] *adv.* bezeichnenderweise; **char·ac·ter·i·za·tion** [kæriktərai'zeiʃən] *s.* Charakterisierung *f*, Kennzeichnung *f*; **char·ac·ter·ize** ['kæriktəraiz] *v/t.* **1.** charakterisieren, beschreiben; **2.** kennzeichnen, charakteristisch sein für; **char·ac·ter·less** ['kæriktəlis] *adj.* **1.** ohne Besonderheit; **2.** ohne Zeugnis.

cha·rade [ʃə'rɑːd] *s.* Scha'rade *f*, Silbenrätsel *n*.

char·coal ['tʃɑːkoul] *s.* **1.** Holzkohle *f*; **2.** Zeichenkohle *f*, Kohlestift *m*; '~**-burn·er** *s.* Köhler *m*, Kohlenbrenner *m*; ~ **draw·ing** *s.* Kohlezeichnung *f*; ~ **pen·cil** *s.* Kohlestift *m* (*a.* ⚡).

chard [tʃɑːd] *s.* ⚘ Mangold(gemüse *n*) *m*.

chare [tʃɛə] → *char*[3] *1 u. 2*.

charge [tʃɑːdʒ] **I.** *v/t.* **1.** belasten, beladen, beschweren (*with* mit) (*mst fig.*); **2.** *Batterie, Gewehr etc.* laden; **3.** (an)füllen; ⊕, ⚒ beschicken; ⚗ sättigen; **4.** beauftragen (*with* mit); ermahnen; einschärfen (*dat.*): *he was ~d with a delicate mission* ihm war e-e heikle Aufgabe übertragen *od.* anvertraut; *I ~d him not to forget* ich schärfte ihm ein, es nicht zu vergessen; **5.** Weisungen geben (*dat.*); belehren: *to ~ the jury* den Geschworenen Rechtsbelehrung geben; **6.** zur Last legen, vorwerfen (*on dat.*): *he ~d the fault on me* er schrieb mir die Schuld zu; **7.** beschuldigen, anklagen (*with gen.*): *to ~ s.o. with murder*; **8.** angreifen, anfallen; anstürmen gegen: *to ~ the enemy*; **9.** *Preis etc.* fordern, berechnen: *he ~d (me) a dollar for it* er berechnete (mir) e-n Dollar dafür; **10.** ✝ *j-n für od. mit et.* belasten, *j-m et.* in Rechnung stellen: *~ these goods to me* (*od. to my account*); **II.** *v/i.* **11.** angreifen; stürmen: *the lion ~d at me* der Löwe fiel mich an; **12.** (e-n Preis) fordern, (Kosten) berechnen: *to ~ too much* zuviel berechnen; *I shall not ~ for it* ich werde es nicht berechnen; **III.** *s.* **13.** ⚔, ⚡, *mot.* Ladung *f*; ⊕ (Spreng)Ladung *f*; Füllung *f*, Beschickung *f*; *metall.* Einsatz *m*; **14.** Belastung *f*, Forderung *f* (*beide a.* ✝), Last *f*, Bürde *f*; Anforderung *f*, Beanspruchung *f*: *to be a ~ on s.o.* j-m zur Last fallen; *a first ~ on s.th.* e-e erste Forderung an et. (*acc.*); **15.** (*a. pl.*) Preis *m*, Kosten *pl.*, Unkosten *pl.*; Gebühr *f*: *no ~, free of ~* kostenlos, gratis; *to make a ~ for s.th.* et. an-, berechnen; **16.** Aufgabe *f*, Amt *n*, Pflicht *f*, Verantwortung *f*; **17.** Aufsicht *f*, Obhut *f*, Pflege *f*, Sorge *f*; Verwahrung *f*; Verwaltung *f*: *person in ~* Leiter, Verantwortliche(r); *to put s.o. in ~* j-m die Leitung übertragen; *to be in ~ of* vorstehen (*dat.*), verwalten (*acc.*), verantwortlich sein für, versorgen (*acc.*), betreuen (*acc.*); *under* (*od. in*) *the ~* in der Obhut *od.* Pflege, unter der Aufsicht (*of gen.*); *to take ~* (*of*) die Verwaltung (*gen.*) *od.* Aufsicht (über *acc.*) *od.* Sorge (für *j-n od. et.*) übernehmen; **18.** Gewahrsam *m*: *to give s.o. in ~* j-n der Polizei übergeben; *to take s.o. in ~* j-n festnehmen; **19.** Mündel *m*; Pflegebefohlene(r *m*) *f*, Schützling *m*; **20.** Befehl *m*, Anweisung *f*, Mahnung *f*; ⚖ Rechtsbelehrung *f*; **21.** Vorwurf *m*, Beschuldigung *f*; ⚖ (Punkt *m* der) Anklage *f*: *on a ~ of murder* wegen Mord; *to return to the ~ fig.* auf das alte Thema zurückkommen; **22.** Angriff *m*, (An)Sturm *m*.

char·gé ['ʃɑːʒei] *abbr. für chargé d'affaires.*

charge·a·ble ['tʃɑːdʒəbl] *adj.* □ **1.** anzurechnen(d), zu Lasten gehen(d) (*to* von); zu berechnen(d) (*on dat.*); zu belasten(d) (*with* mit); *teleph.* gebührenpflichtig; **2.** zahlbar; **3.** strafbar.

char·gé d'af·faires ['ʃɑːʒeidæ'fɛə] *pl.* **char·gés d'af·faires** [-ʒei-] (*Fr.*) *s. pol.* Geschäftsträger *m*.

charge nurse *s.* ⚕ Oberschwester *f*.

charg·er ['tʃɑːdʒə] *s.* **1.** ⚔ Dienstpferd *n* (*e-s Offiziers*); **2.** *poet.* Schlachtroß *n*.

'**charge-sheet** *s. Brit.* Poli'zeiliste *f* (*der Verhafteten und der gegen sie erhobenen Beschuldigungen*); ⚔ Tatbericht *m*.

char·i·ness ['tʃɛərinis] *s.* **1.** Behutsamkeit *f*; **2.** Sparsamkeit *f*.

char·i·ot ['tʃæriət] *s. antiq.* zweirädriger Streit- *od.* Tri'umphwagen; **char·i·ot·eer** [tʃæriə'tiə] *s. poet.* Wagen-, Rosselenker *m*.

cha·ris·ma [kə'rizmə] *pl.* **-ma·ta** [-mətə] *s.* 'Charisma *n* (*a. fig. Ausstrahlung*).

char·i·ta·ble ['tʃæritəbl] *adj.* □ **1.** mild-, wohltätig; Wohltätigkeits...; **2.** mild, nachsichtig; '**char·i·ta·ble·ness** [-nis] *s.* Wohltätigkeit *f*; Güte *f*, Milde *f*, Nachsicht *f*; **char·i·ty** ['tʃæriti] *s.* **1.** Nächstenliebe *f*; Barm'herzigkeit *f*; **2.** Wohltätigkeit *f*; Freigebigkeit *f*: *~ begins at home* jeder ist sich selbst der Nächste; → *cold 3*; **3.** Güte *f*; Milde *f*, Nachsicht *f*; **4.** Almosen *n*, milde Gabe; Wohltat *f*, gutes Werk; **5.** Wohlfahrtseinrichtung *f*: *~ school* Armen-, Freischule.

cha·ri·va·ri ['ʃɑːri'vɑːri] *s.* 'Katzenmuˌsik *f*.

char·la·dy ['tʃɑːleidi] *s. Brit.* F Raumpflegerin *f*.

char·la·tan ['ʃɑːlətən] *s.* 'Scharlatan *m*, Quacksalber *m*, Marktschreier *m*; '**char·la·tan·ry** [-tənri] *s.* Scharlatane'rie *f*, Quacksalbe'rei *f*, Marktschreie'rei *f*.

Charles's Wain ['tʃɑːlziz'wein] *s. ast.* Großer Bär.

Char·ley horse ['tʃɑːli] *s. Am.* Muskelkater *m*.

char·lock ['tʃɑːlɔk] *s.* ⚘ Hederich *m*.

char·lotte russe ['ʃɑːlət ruːs; ʃarlɔt rys] (*Fr.*) *s.* Char'lotte *f* russe (*Obstdessert*).

charm [tʃɑːm] **I.** *s.* **1.** Anmut *f*, Charme *m*, (Lieb)Reiz *m*, Zauber *m*: *~ of style* reizvoller Stil; **2.** Zauber *m*, Bann *m*; Zauberformel *f*; **3.** Amu'lett *n*; **4.** Ber'locke *f*; **II.** *v/t.* **5.** bezaubern, reizen, entzücken: *to be ~ed to meet s.o.* entzückt *od.* erfreut sein, j-n zu treffen; *~ed with* entzückt von; **6.** be-, verzaubern: *~ed against* gefeit gegen; *to ~ away* wegzaubern; **III.** *v/i.* **7.** bezaubern(d wirken), entzücken; '**charm·er** [-mə] *s.* **1.** *fig.* Zauberer *m*, Zauberin *f*; **2.** reizende Frau, Circe *f*; **3.** Char'meur *m*; '**charm·ing** [-miŋ] *adj.* □ bezaubernd, entzückend, reizend, char'mant.

char·nel-house ['tʃɑːnlhaus] *s.* Leichen-, Beinhaus *n*.

chart [tʃɑːt] **I.** *s.* **1.** ⚓ Seekarte *f*: *~room* Kartenhaus; **2.** Ta'belle *f*, Dia'gramm *n*, Kurve(nblatt *n*) *f*; (Wetter)Karte *f*; ('Farben)ˌSkala *f*; **II.** *v/t.* **3.** auf e-r (See)Karte einzeichnen; **4.** skizzieren, entwerfen.

char·ta ['tʃɑːtə] → *Magna C(h)arta*.

char·ter ['tʃɑːtə] **I.** *s.* **1.** Urkunde *f*; Freibrief *m*; Privi'legium *n*; Konzessi'on *f*; **2.** Gründungs-, Stiftungsurkunde *f*, Pa'tent *n*; **3.** Verfassung *f*, Satzung *f*; **4.** ⚓ *mst ~-party* 'Charterparˌtie *f*, Befrachtungsvertrag *m*; **II.** *v/t.* **5.** privilegieren: *~ed accountant Brit.* beeidigter Bücherrevisor *od.* Wirtschaftsprüfer; *~ed company* privilegierte Gesellschaft; **6.** ⚓ chartern, befrachten; *weitS. Schiff, Flugzeug* chartern, mieten; '**char·ter·er** [-ərə] *s.* ⚓ Befrachter *m*.

char·ter flight *s.* Charterflug *m*.

chart·ism ['tʃɑːtizəm] *s. hist. Brit.* Char'tismus *m*; '**chart·ist** [-ist] *s.* Mitglied *n* der Char'tisten-Bewegung.

char·wom·an ['tʃɑːwumən] *s.* [*irr.*] Raumpflegerin *f*.

char·y ['tʃɛəri] *adj.* □ **1.** vorsichtig, behutsam (*in, of* in *dat.*, bei); **2.** sparsam, zu'rückhaltend (*of* mit).

chase[1] [tʃeis] **I.** *v/t.* **1.** jagen, nachjagen (*dat.*), verfolgen; **2.** *hunt.* hetzen, jagen; **3.** *fig.* verjagen, vertreiben; **II.** *v/i.* **4.** nachjagen (*after dat.*); F eilen; **III.** *s.* **5.** Verfolgung *f*: *to give ~* die Verfolgung aufnehmen; *to give ~ to* nachjagen (*dat.*), verfolgen (*acc.*); **6.** *hunt.* *the ~* die Jagd; **7.** *Brit.* 'Jagdreˌvier *n*; **8.** gejagtes Wild (*a. fig.*) *od.* Schiff.

chase[2] [tʃeis] **I.** *s.* **1.** *typ.* Setzrahmen *m*; **2.** Rinne *f*, Furche *f*; **II.** *v/t.* **3.** ziselieren, ausmeißeln, punzen: *~d work* getriebene Arbeit; **4.** ⊕ *Gewinde* strehlen, schneiden.

chas·er[1] ['tʃeisə] *s.* **1.** Jäger *m*; Verfolger *m*; **2.** ⚓ **a)** Verfolgungsschiff *n*, (*bsd.* U-Boot-)Jäger *m*, **b)** Jagdgeschütz *n*; **3.** ✈ Jagdflugzeug *n*; **4.** F ‚Schluck *m* zum Nachspülen' (*nach scharfem Getränk*); **5.** *sl.* **a)** mannstolles Weibsbild, **b)** Schürzenjäger *m*.

chas·er[2] ['tʃeisə] *s.* ⊕ Zise'leur *m*.

chasm ['kæzəm] *s.* **1.** Spalte *f*; Kluft *f*, Abgrund *m* (*beide a. fig.*); **2.** Lücke *f*.

chas·sis ['ʃæsi] *pl.* '**chas·sis** [-siz] *s.* Chas'sis *n*: **a)** ✈, *mot.* Fahrgestell *n*, **b)** *Radio*: Grundplatte *f*.

chaste [tʃeist] *adj.* □ **1.** keusch (*a. fig. schamhaft*; *anständig*); rein, unschuldig; **2.** rein, von edler Schlichtheit: *~ style*.

chas·ten ['tʃeisn] *v/t.* **1.** züchtigen, strafen; **2.** reinigen, läutern; **3.** mäßigen, dämpfen; ernüchtern.
chaste·ness ['tʃeistnis] *s.* Schlichtheit *f*, Reinheit *f*.
chas·tise [tʃæs'taiz] *v/t.* züchtigen, strafen; **chas·tise·ment** ['tʃæstizmənt] *s.* Züchtigung *f*, Strafe *f*.
chas·ti·ty ['tʃæstiti] *s.* **1.** Keuschheit *f*; **2.** Reinheit *f*; **3.** Schlichtheit *f*.
chas·u·ble ['tʃæzjubl] *s. eccl.* Meßgewand *n*.
chat [tʃæt] **I.** *v/i.* plaudern, schwatzen; **II.** *s.* Plaude'rei *f*: *to have a* ~ plaudern.
chat·e·laine ['ʃætəlein] *s.* (Gürtel-) Kette *f* (*für Schlüssel etc.*).
chat·tel ['tʃætl] *s.* **1.** *mst pl.* bewegliches Eigentum, Habe *f*; → *good 19*; **2.** *mst* ~ *slave* Leibeigene(r).
chat·ter ['tʃætə] **I.** *v/i.* **1.** plappern, schwatzen; **2.** schnattern; **3.** klappern (*a. Zähne*), rattern; **4.** plätschern; **II.** *s.* **5.** Geplapper *n*, Geschnatter *n*; Klappern *n*; '**chat·ter·box** *s.* Plappermaul *n*; '**chat·ter·er** [-ərə] *s.* Schwätzer(in).
chat·ty ['tʃæti] *adj.* **1.** gesprächig; **2.** plaudernd, unter'haltsam (*Person, Brief*).
chauf·feur ['ʃoufə] (*Fr.*) *s.* Chauf'feur *m*, Fahrer *m*; **chauf·feuse** [ʃou'fə:z] *s.* Fahrerin *f*.
chau·vin·ism ['ʃouvinizəm] *s.* Chauvi'nismus *m*; '**chau·vin·ist** [-ist] *s.* Chauvi'nist *m*; **chau·vin·is·tic** [ʃouvi'nistik] *adj.* (□ ~*ally*) chauvi'nistisch.
chaw [tʃɔ:] *v/t.* V **1.** kauen; **2.** ~ *up Am. j-n* ‚fix und fertig machen'.
cheap [tʃi:p] *adj.* □ **1.** billig, wohlfeil: *to get off* ~ mit e-m blauen Auge davonkommen; *to hold* ~ gering bewerten; *to feel* ~ **a)** sich elend fühlen, **b)** sich ärmlich vorkommen; ~ *as dirt* spottbillig; *on the* ~ sehr billig; **2.** billig, minderwertig; schlecht, kitschig: ~ *and nasty* billig u. schlecht; **3.** verbilligt: ~ *fare* ermäßigter Fahrpreis; **4.** *fig.* billig, mühelos; **5.** *fig.* ‚billig', schäbig, gemein; '**cheap·en** [-pən] *v/t.* (*v/i.* sich) verbilligen; her'absetzen (*a. fig.*); **Cheap Jack** *s.* billiger Jakob; **cheap mon·ey** *s.* ✝ billiges Geld; '**cheap·ness** [-nis] *s.* Billigkeit *f*; '**cheap·skate** *s. Am. sl.* ‚Knicker' *m*, Geizhals *m*.
cheat [tʃi:t] **I.** *s.* **1.** Betrüger(in), Schwindler(in); **2.** Betrug *m*, Schwindel *m*; **II.** *v/t.* **3.** betrügen (*of, out of* um); **4.** durch List bewegen (*into* zu); **5.** sich entziehen (*dat.*), ein Schnippchen schlagen (*dat.*); nicht beachten; **III.** *v/i.* **6.** betrügen, schwindeln, mogeln.
check [tʃek] **I.** *s.* **1.** Schach(stellung *f*) *n*: *to give* ~ Schach bieten; **2.** Hemmnis *n*, Hindernis *n* (*on* für); Dämpfer *m*, Einhalt *m*: *to act as a* ~ (*on*) hindern, hemmen, abschwächen (*acc.*); *to keep in* ~ im Zaum *od.* in Schach halten; **3.** Unter'brechung *f*, Aufschub *m*; Rückschlag *m*: *to give a* ~ *to* unterbrechen, aufhalten; **4.** Kon'trolle *f*, Über'wachung *f* (*on gen.*): *to keep a* ~ *on* ... unter Kontrolle halten, zügeln; **5.** (Nach)Prüfung *f*; Probe *f*; **6.** Kon'troll-, Garde'robenmarke *f*; (Gepäck)Schein *m*; Kon'trollzeichen *n* (*Häkchen*); **7.** Kassenzettel *m*; *Am.* Rechnung *f im Restaurant*; Gutschein *m*; *Am.* Spielmarke *f*; **8.** Würfel-, 'Karomuster *n*; 'Karo *n*, karierter Stoff; **9.** *Am.* → *cheque*: *to pass* (*od. hand in*) *one's* ~*s* F ‚abkratzen' (*sterben*); **II.** *v/t.* **10.** Schach bieten (*dat.*); **11.** hemmen, hindern, auf-, zu'rückhalten; Einhalt gebieten (*dat.*), eindämmen; zügeln, dämpfen; **12.** ⊕ drosseln, bremsen, sperren; **13.** ermahnen; rügen; **14.** *a.* ~ *on et.* kontrollieren, (nach)prüfen; nachrechnen; **15.** *als richtig* ankreuzen; **16.** *bsd. Am. Mantel etc.* in der Garde'robe abgeben; *Gepäck* aufgeben; **III.** *v/i.* **17.** an-, innehalten, stocken; **18.** (über'ein-) stimmen; **19.** *Am.* e-n Scheck ausschreiben (*for* über *e-e Summe*); ~ **in** *v/i.* **1.** (im Ho'tel *etc.*) ankommen; **2.** einstempeln; **3.** ✈ einchecken; ~ **off** *v/t.* (nach)zählen; → *15*; ~ **out** *v/i.* **1.** (nach Bezahlung) das Ho'tel verlassen; **2.** ausstempeln; ~ **up** *v/i.* ~ *on et.* nachprüfen.
check| ac·count *s.* ✝ Gegenrechnung *f*, Kon'troll,konto *n*; '~·**book** *Am.* → *cheque-book*.
checked [tʃekt] *adj.* kariert.
check·er[1] ['tʃekə] *s.* Prüfer *m*; Aufseher *m*.
check·er[2] ['tʃekə] *bsd. Am.* → *chequer*.
check·ing| ac·count *s.* ✝ *Am.* 'Giro,konto *n*; ~ **slip** *s.* Kon'trollabschnitt *m*.
'**check|·list** *s.* Prüfliste *f*; '~**mate** **I.** *s.* Schachmatt *n*; *fig.* Niederlage *f*; **II.** *v/t.* matt setzen (*a. fig.*); '~·**nut** *s.* ⊕ Gegenmutter *f*; '~·**point** *s.* Über'wachungsstelle *f*, Kon'trollpunkt *m*; '~·'**test** *s.* Kon'trollversuch *m*; '~·**up** *s.* **1.** (Nach-) Prüfung *f*; scharfe Kon'trolle; **2.** (ärztliche) Unter'suchung; '~·**valve** *s.* ⊕ 'Absperrven,til *n*.
Ched·dar (**cheese**) ['tʃedə] *s.* 'Cheddarkäse *m*.
cheek [tʃi:k] **I.** *s.* **1.** Backe *f*, Wange *f*: ~ *by jowl* dicht *od.* vertraulich beisammen; **2.** ⊕ Backe *f*, Seitenteil *m*, *n*; **3.** F Frechheit *f*, Unverfrorenheit *f*: *to have the* ~ die Frechheit *od.* Stirn haben (*to inf.* zu *inf.*); **II.** *v/t.* **4.** frech sein gegen *j-n*; '**cheek-bone** *s.* Backenknochen *m*; **cheeked** [-kt] *adj.* ...wangig, ...bäckig; '**cheek·i·ness** [-kinis] *s.* F Frechheit *f*; '**cheek·y** [-ki] *adj.* □ frech, dreist.
cheep [tʃi:p] *v/i.* piep(s)en.
cheer [tʃiə] **I.** *s.* **1.** Stimmung *f*: *of good* ~ froh, guter Dinge; **2.** gute Laune, Frohsinn *m*; **3.** Beifalls-, Freudenruf *m*; Hoch(ruf *m*) *n*; Hur'ra *n*: *three* ~*s* (*for*) ein dreifaches Hoch (auf *acc.*)!; **4.** Ermunterung *f*, Aufheiterung *f*; **5.** Speise *f* und Trank *m*: *to make good* ~ gut essen; **II.** *v/t.* **6.** mit Beifall begrüßen; zujubeln (*dat.*); **7.** *a.* ~ *up* ermuntern, aufheitern; anregen: *to* ~ *on j-n* anspornen; **III.** *v/i.* **8.** jauchzen, hoch *od.* hurra rufen; **9.** ~ *up* froh werden, Mut fassen: ~ *up!* Kopf hoch!
cheer·ful ['tʃiəful] *adj.* □ **1.** heiter, fröhlich; (*iro.* quietsch)vergnügt; **2.** erfreulich, freundlich; **3.** willig, gern; '**cheer·ful·ness** [-nis], **cheer·i·ness** ['tʃiərinis] *s.* Heiterkeit *f*, Frohsinn *m*; **cheer·i·o** ['tʃiəri'ou] *int.* F *bsd. Brit.* **a)** mach's gut!, Tschüs!, **b)** 'prosit!; '**cheer-lead·er** *s. sport Am.* Anführer *m* beim Beifallrufen; **cheer·less** ['tʃiəlis] *adj.* □ freudlos, trüb; **cheer·y** ['tʃiəri] *adj.* □ froh, heiter.
cheese[1] [tʃi:z] *s.* **1.** Käse *m*; → *chalk 2*; **2.** käseartige Masse; Ge'lee *n*, *m*.
cheese[2] [tʃi:z] *s. sl. das* Richtige *od.* einzig Wahre: *that's the* ~! so ist es richtig!; *hard* ~! schöne Pleite!
cheese[3] [tʃi:z] *v/t. sl.*: ~ *it!* hör auf!, Vorsicht!
'**cheese|-cake** *s.* **1.** Käsekuchen *m*, -törtchen *n*; **2.** *Am.* Pin-up-Girl *n*, Sexbombe *f* (*Bild*); '~·**cloth** *s.* Seihtuch *n*; '~·**mon·ger** *s.* Käsehändler *m*; '~·**par·ing** **I.** *s.* **1.** wertlose Sache; **2.** Knause'rei *f*; **II.** *adj.* **3.** knauserig; '~·**ren·net** *s.* ⚘ Labkraut *n*; '~·**straws** *s. pl.* Käsestangen *pl.*
chee·tah ['tʃi:tə] *s. zo.* 'Gepard *m*.
chef [ʃef] (*Fr.*) *s.* Küchenchef *m*.
Che·ka ['tʃeika:] *s. hist.* 'Tscheka *f*, so'wjetrussische Ge'heimpoli,zei.
chem·i·cal ['kemikəl] **I.** *adj.* □ 'chemisch: ~ *engineer* Chemotechniker; ~ *works* chemische Fabrik; **II.** *s.* chemisches Präpa'rat, *pl.* Chemi'kalien *pl.*; ~ **war·fare** *s.* chemische Kriegführung.
che·mise [ʃi'mi:z] (*Fr.*) *s.* Frauenhemd *n*.
chem·ist ['kemist] *s.* **1.** *a. analytical* ~ 'Chemiker *m*; **2.** *Brit. a. dispensing* ~ Apo'theker *m*: ~*'s shop Brit.* Apotheke, Drogerie; '**chem·is·try** [-tri] *s.* **1.** Che'mie *f*; **2.** 'chemische Zs.-setzung.
che·nille [ʃə'ni:l] (*Fr.*) *s.* Che'nille *f*.
cheque [tʃek] *s.* ✝ *Brit.* Scheck *m* (*for* über *e-e Summe*): *blank* ~ Blankoscheck, *fig.* unbeschränkte Vollmacht; *crossed* ~ Verrechnungsscheck; ~ **ac·count** *s.* ✝ *Brit.* 'Giro,konto *n*; '~·**book** *s. Brit.* Scheckbuch *n*.
cheq·uer ['tʃekə] *Brit.* **I.** *s.* **1.** Schach-, 'Karomuster *n*; **2.** *pl. sg. konstr.* Damespiel *n*; **II.** *v/t.* **3.** karieren; **4.** bunt *od.* unregelmäßig gestalten; '**cheq·uer·board** *s. Brit.* Damebrett *n*; '**cheq·uered** [-əd] *adj. Brit.* kariert; *fig.* bunt; wechselvoll.
cher·ish ['tʃeriʃ] *v/t.* **1.** schätzen, hochhalten; **2.** sorgen für, pflegen; **3.** *Gefühle etc.* hegen; bewahren; **4.** *fig.* festhalten an (*dat.*).
che·root [ʃə'ru:t] *s.* Stumpen *m* (*Zigarre*).
cher·ry ['tʃeri] **I.** *s.* ⚘ Kirsche *f* (*Frucht od. Baum*); **II.** *adj.* kirschrot; '~·**blos·som** *s.* Kirschblüte *f*; ~ **bran·dy** *s.* Cherry Brandy *m*, 'Kirschli,kör *m*; '~·**breech·es** *s. pl. Brit.* Elftes Hu'sarenregi,ment; '~-'**pie** *s.* **1.** Kirschspeise *f* mit Teigauflage; **2.** ⚘ Helio'trop *n*; '~·**stone** *s.* Kirschkern *m*; '~·**wood** *s.* Kirschbaumholz *n*.
cher·ub ['tʃerəb] *pl.* **-ubs, -u·bim** [-əbim] *s.* **1.** *bibl.* 'Cherub *m*, Engel *m*; **2.** geflügelter Engelskopf; **3.**

pausbäckiges Kind; **4.** *fig.* Engel (-chen *n*) *m* (*Kind*).

cher·vil ['tʃə:vil] *s.* ⚘ Kerbel *m.*

Chesh·ire| cat ['tʃeʃə] *s.*: *to grin like a ~* (ständig) übers ganze Gesicht grinsen; **~ cheese** *s.* 'Chesterkäse *m.*

chess [tʃes] *s.* Schach(spiel) *n*: *a game of ~* e-e Partie Schach; '**~-board** *s.* Schachbrett *n*; '**~-man** [-mæn] *s.* [*irr.*] 'Schachfiˌgur *f*; **~ prob·lem** *s.* Schachaufgabe *f.*

chest [tʃest] *s.* **1.** Kiste *f*, Kasten *m*, Truhe *f*: *~ of drawers* Kommode; **2.** kastenartiger Behälter; **3.** Brust (-kasten *m*) *f*: *to have a weak ~* schwach auf der Brust sein; *~-expander* Expander; *~-note* Brustton; *~-trouble* Lungenleiden; *to get s.th. off one's ~* F sich et. von der Seele schaffen; **4.** Kasse *f*, Kassenverwaltung *f*; '**chest·ed** [-tid] *adj. in Zssgn* ...brüstig.

ches·ter·field ['tʃestəfi:ld] *s.* **1.** Mantel *m*; **2.** 'Polsterˌsofa *n.*

chest·nut ['tʃesnʌt] **I.** *s.* **1.** ⚘ Ka'stanie *f* (*Frucht, Baum od. Holz*); **2.** dunkler Fuchs (*Pferd*); **3.** alter Witz, ‚alte Ka'melle'; **II.** *adj.* **4.** ka'stanienbraun.

chest·y ['tʃesti] *adj.* **1.** F tief (*Stimme*); **2.** F schwach auf der Brust; **3.** *sl.* eingebildet.

che·val|-de-frise [ʃə'vældə'fri:z] *mst pl.* **che·vaux-de-frise** [ʃə'vou] (*Fr.*) *s.* ⚔ spanischer Reiter; **~-glass** *s.* großer Drehspiegel.

chev·a·lier [ʃevə'liə] *s.* (Ordens-) Ritter *m.*

chev·i·ot ['tʃeviət] *s.* 'Cheviot(stoff) [*m.*]

chev·ron ['ʃevrən] *s.* **1.** *her.* Sparren *m*; **2.** ⚔ Winkel *m* (*Rangabzeichen*); **3.** ⚠ Zickzackleiste *f.*

chev·y ['tʃevi] → *chiv(v)y.*

chew [tʃu:] **I.** *v/t.* **1.** kauen; → *cud*; **2.** *fig.* sinnen auf (*acc.*), über'legen, brüten; **II.** *v/i.* **3.** kauen; **4.** F 'Tabak kauen; **5.** nachsinnen, grübeln (*on, over* über *acc.*); **III.** *s.* **6.** Kauen *n*; Priem *m*; '**chew·ing-gum** ['tʃu(:)iŋ] *s.* 'Kauˌgummi *m.*

chi·a·ro·scu·ro [kiɑ:rəs'kuərou] *pl.* **-ros** (*Ital.*) *s. paint.* Helldunkel *n.*

chic [ʃi:k] **I.** *s.* Schick *m*, Geschmack *m*; **II.** *adj.* schick, ele'gant.

chi·cane [ʃi'kein] **I.** *s.* **1.** Schi'kane *f*; **2.** *Bridge*: Blatt *n* ohne Trümpfe; **II.** *v/t. u. v/i.* **3.** schikanieren; **4.** betrügen (*out of* um); **chi'can·er·y** [-nəri] *s.* Schi'kane *f*; (*bsd.* Rechts-) Kniff *m.*

chick [tʃik] *s.* **1.** Küken *n* (*a. fig. Kind*), Küchlein *n*; junger Vogel; **2.** *sl.* ‚Biene' *f*, ‚Puppe' *f.*

chick·en ['tʃikin] *s.* **1.** Küken *n*; Hühnchen *n*, Hähnchen *n*: *to count one's ~s before they are hatched* das Fell des Bären verkaufen, ehe man ihn hat; **2.** Huhn *n*; **3.** Hühnerfleisch *n*; **4.** F ‚Küken' *n*: *no ~* nicht mehr so jung; **5.** *fig.* Hasenfuß *m*; '**~-breast·ed** *adj.* mit e-r Hühnerbrust; **~ broth** *s.* Hühnerbrühe *f*; **~ farm** *s.* Hühnerfarm *f*; '**~-feed** *s.* **1.** Hühnerfutter *n*; **2.** *sl.* Lap'palie *f*; '**~-heart·ed**, '**~-liv·ered** *adj.* furchtsam, feige; '**~-pox** *s.* ⚕ Windpocken *pl.*; **~ run** *s.* Hühnerauslauf *m.*

'**chick|-pea** *s.* ⚘ Kichererbse *f*; '**~-weed** *s.* ⚘ Vogelmiere *f.*

chic·le ['tʃikl], *a.* **~ gum** *s.* (Rohstoff *m* von) 'Kauˌgummi *m.*

chic·o·ry ['tʃikəri] *s.* ⚘ Zi'chorie *f.*

chid [tʃid] *pret. u. p.p. von chide*; '**chid·den** [-dn] *p.p. von chide*;

chide [tʃaid] *v/t. u. v/i.* [*irr.*] schelten, tadeln.

chief [tʃi:f] **I.** *s.* **1.** Haupt *n*, Oberhaupt *n*, Anführer *m*; Chef *m*, Vorgesetzte(r) *m*; Leiter *m*: *in ~* hauptsächlich; **2.** Häuptling *m*; **3.** *her.* Schildhaupt *n*; **II.** *adj.* □ → *chiefly*; **4.** erst, oberst, höchst; bedeutendst, Ober..., Höchst..., Haupt...: *~ mourner* Hauptleidtragende(r); *~ part* Hauptrolle; **~ clerk** *s.* **1.** Bü'rovorsteher *m*; **2.** *Am.* erster Verkäufer; **2 Con·sta·ble** *s.* Poli'zeipräsiˌdent *m*; **~ en·gi·neer** *s.* **1.** 'Chefingeniˌeur *m*; **2.** ⚓ erster Maschi'nist; **2 Ex·ec·u·tive** *s. Am.* Leiter *m* der Verwaltung, *bsd.* Präsi'dent *m* der U.S.A.; **2 Jus·tice** *s.* Oberrichter *m.*

chief·ly ['tʃi:fli] *adv.* hauptsächlich.

Chief of Staff *s.* ⚔ (Gene'ral-) Stabsˌchef *m.*

chief·tain ['tʃi:ftən] *s.* Häuptling *m* (*Stamm*); Anführer *m* (*Bande*); '**chief·tain·cy** [-si] *s.* Stellung *f* e-s Häuptlings.

chif·fon ['ʃifən; ʃifɔ̃] Chif'fon *m*; **chif·fo·nier** [ʃifə'niə] *s.* Chiffoni'ère *f*, Schränkchen *n* mit Schubfächern.

chil·blain ['tʃilblein] *s.* Frostbeule *f.*

child [tʃaild] *pl.* **chil·dren** ['tʃildrən] *s.* **1.** Kind *n*: *with ~* schwanger; *from a ~* von Kindheit an; *be a good ~!* sei artig!; **2.** *fig.* Kind *n*, kindische *od.* kindliche Per'son; **3.** Kind *n*, Nachkomme *m*: *the children of Israel*; **4.** *fig.* Kind *n*, Pro'dukt *n*; **5.** Jünger *m*; '**~-bear·ing** → *childbirth*; '**~-bed** *s.* Kind-, Wochenbett *n*; '**~-birth** *s.* Geburt *f*, Entbindung *f*, Niederkunft *f*; **~ care** *s.* Kinderpflege *f*, -fürsorge *f*; **~ guid·ance** *s.* 'heilpädaˌgogische Führung (des Kindes).

child·hood ['tʃaildhud] *s.* Kindheit *f*: *second ~* zweite Kindheit (*Kindischwerden im Alter*); '**child·ish** [-diʃ] *adj.* □ **1.** kindlich; **2.** kindisch; '**child·ish·ness** [-diʃnis] *s.* **1.** Kindlichkeit *f*; **2.** kindisches Wesen; **child la·bo(u)r** *s.* Kinderarbeit *f*; '**child·less** [-lis] *adj.* kinderlos; '**child·like** *adj.* kindlich.

chil·dren ['tʃildrən] *pl. von child*: *~'s allowance* Kindergeld; *~'s hour* Kinderstunde (*Radio*).

child's play *s. fig.* Kinderspiel *n.*

child| wel·fare *s.* Jugendfürsorge *f*: *~ worker* Kinderfürsorger(in), Jugendpfleger(in); **~ wife** *s.* allzu junge Ehefrau.

chil·e → *chilli.*

Chil·e·an ['tʃiliən] **I.** *s.* Chi'lene *m*, Chi'lenin *f*; **II.** *adj.* chi'lenisch.

Chil·e| pine ['tʃili] *s.* ⚘ Chiletanne *f*, Arau'karie *f*; **~ salt·pe·tre**, *Am.* **salt·pe·ter** *s.* ⚗ 'Chilesalˌpeter *m.*

chil·i *Am.* → *chilli.*

chill [tʃil] **I.** *s.* **1.** Kältegefühl *n*, Frösteln *n*; Fieberfrost *m*; **2.** Kälte *f*: *to take the ~ off* leicht an-, erwärmen; **3.** Erkältung *f*: *to catch a ~* sich erkälten; **4.** *fig.* Kälte *f*, Lieblosigkeit *f*, Entmutigung *f*: *to cast a ~ upon* → 9; **5.** ⊕ Ko'kille *f*, Gußform *f*; **II.** *adj.* **6.** kalt, frostig, kühl (*a. fig.*); entmutigend; **III.** *v/i.* **7.** abkühlen; **IV.** *v/t.* **8.** (ab-) kühlen; erstarren lassen: *~ed meat* Kühlfleisch; **9.** *fig.* abkühlen, dämpfen, entmutigen; **10.** ⊕ abschrecken, härten: *~ed (cast) iron* Hartguß.

chil·li ['tʃili] *s.* ⚘ 'Paprika(schote *f*) *m*, Spanischer Pfeffer.

chill·i·ness ['tʃilinis] *s.* Kälte *f* (*a. fig.*); **chill·ing** ['tʃiliŋ] *adj.* kalt, frostig; *fig.* niederdrückend; **chill·y** ['tʃili] *adj.* kalt, fröstelnd; frostig, kühl (*a. fig.*): *to feel ~* frösteln.

Chil·tern Hun·dreds ['tʃiltə(:)n] *s. Brit. parl.*: *to apply for the ~* s-n Sitz im Unterhaus aufgeben.

chi·mae·ra → *chimera.*

chime [tʃaim] **I.** *s.* **1.** *oft pl.* Glockenspiel *n*, Geläut(e) *n*; **2.** *fig.* Einklang *m*, Harmo'nie *f*; **II.** *v/i.* **3.** läuten; ertönen; schlagen (*Uhr*); **4.** *fig.* über'einstimmen, harmonieren: *to ~ in* einfallen, -stimmen; *to ~ in with* beipflichten (*dat.*); **III.** *v/t.* **5.** läuten, ertönen lassen; *die Stunde* schlagen.

chi·me·ra [kai'miərə] *s.* **1.** *myth.* Chi'mära *f*; **2.** Schi'märe *f*, Schreckbild *n*, Hirngespinst *n*; **chi'mer·i·cal** [-'merikəl] *adj.* □ schi'märisch, phan'tastisch.

chim·ney ['tʃimni] *s.* **1.** Schornstein *m*, Schlot *m*, Ka'min *m*; Rauchfang *m*: *to smoke like a ~* F rauchen wie ein Schlot; **2.** (*Lampen*)Zy'linder *m*; **3. a)** *geol.* Vul'kanschlot *m*, **b)** *mount.* Kamin *m*; '**~-cor·ner** *s.* Sitzecke *f* am Ka'min; '**~-piece** *s.* Ka'minsims *m, n*; '**~-pot** *s.* Schornsteinaufsatz *m*; '**~-pot hat** *s. Brit. sl.* ‚Angströhre' *f* (*Zylinderhut*); '**~-stack** *s.* Schornstein *m* (*aus mehreren Röhren bestehend*); Fa'brikschornstein *m*; '**~-sweep(·er)** *s.* Schornsteinfeger *m.*

chim·pan·zee [tʃimpən'zi:] *s. zo.* [Schim'panse *m.*]

chin [tʃin] **I.** *s.* Kinn *n*: *up to the ~ fig.* bis über die Ohren; *to keep one's ~ up* die Ohren steifhalten; *to take it on the ~ fig.* schwer einstecken müssen, es standhaft ertragen; **II.** *v/i. Am. sl.* ‚quasseln', ‚quatschen'; **III.** *v/t. ~ o.s. (up) Am.* e-n Klimmzug *od.* Klimmzüge machen.

chi·na ['tʃainə] **I.** *s.* **1.** Porzel'lan *n*; **2.** (Porzel'lan)Geschirr *n*; **II.** *adj.* **3.** aus Porzellan; **2 bark** *s.* ⚘ 'Chinarinde *f*; '**~-clay** *s. min.* Kao'lin *n*, Porzel'lanerde *f*; '**2-man** [-mən] *s.* [*irr.*] Chi'nese *m*; **2 tea** *s.* chi'nesischer Tee; '**2-town** *s.* Chi'nesenviertel *n*; '**~-ware** *s.* Porzel'lan(waren *pl.*) *n.*

chinch [tʃintʃ] *s. zo. Am.* (Bett-) Wanze *f.*

chin·chil·la [tʃin'tʃilə] *s.* **1.** *zo.* Chin'chilla *f*; **2.** Chin'chillapelz *m.*

chin-chin ['tʃin'tʃin] (*Pidgin-English*) *int.* **1.** guten Tag!, auf Wiedersehen!; **2.** 'prosit!

'**chin-'deep** *adj.* tief versunken (*a. fig.*).

chine[1] [tʃain] *s. Brit. dial.* tiefe und enge Schlucht.

chine[2] [tʃain] *s.* **1.** Rückgrat *n*,

Kreuz *n* (*Tier*); **2.** *Küche*: Kammstück *n*; **3.** (Berg)Grat *m*, Kamm *m*.
Chi·nese [ˈtʃaiˈni:z] **I.** *adj.* **1.** chiˈnesisch; **II.** *s.* **2.** Chiˈnese *m*, Chiˈnesin *f*, Chiˈnesen *pl.*; **3.** *ling.* Chinesisch *n*; ~ **lan·tern** *s.* **1.** Lampiˈon *m, n*; **2.** ♀ Lampiˈonpflanze *f*; ~ **puz·zle** *s.* **1.** Veˈxier-, Geduldspiel *n*; **2.** *fig.* schwierige Sache.
Chink[1] [tʃiŋk] *s. sl. contp.* Chiˈnese *m.*
chink[2] [tʃiŋk] *s.* Riß *m*, Ritz *m*, Ritze *f*, Spalt *m*, Spalte *f*.
chink[3] [tʃiŋk] **I.** *v/i. u. v/t.* klingen *od.* klirren (lassen), klimpern (mit) (*Geld etc.*); **II.** *s.* Klirren *n*, Klang *m.*
chinned [tʃind] *adj. in Zssgn* mit e-m ... Kinn.
chin strap *s.* Kinnriemen *m.*
chintz [tʃints] *s.* Chintz *m*, buntbedruckter ˈMöbelkatˌtun.
chip [tʃip] **I.** *s.* **1.** (*Holz- od. Metall-*) Splitter *m*, Span *m*, Schnitzel *n, m*; Scheibchen *n*; abgebrochenes Stückchen; *pl.* Abfall *m*: *dry as a* ~ **a)** ganz trocken, **b)** fade; *a* ~ *of the old block* ganz (wie) der Vater; *to have a* ~ *on one's shoulder Am.* F ‚geladen sein' *vor Zorn*; **2.** angeschlagene Stelle; **3.** *pl. Brit.* Pommes ˈfrites *pl.*: *fish and* ~*s*; **4.** Spielmarke *f*; *pl. sl.* ‚Zaster' *m* (*Geld*); **II.** *v/t.* **5.** (ab-)schnitzeln; abraspeln; **6.** *Kante von Geschirr etc.* ab-, anschlagen; *Stückchen* ausbrechen; **7.** F hänseln; **III.** *v/i.* **8.** (leicht) abbrechen; ~ **in** *v/i.* **1.** in ein Gespräch fallen; **2.** F beisteuern, sein Scherflein beitragen; ~ **off** *v/i.* abblättern, abbröckeln.
chip| bas·ket *s.* Spankorb *m*; ~ **hat** *s.* Basthut *m.*
chip·muck [ˈtʃipmʌk], ˈ**chip·munk** [-mʌŋk] *s. zo.* amer. gestreiftes Eichhörnchen.
chipped [tʃipt] *adj.* **1.** angeschlagen (*Geschirr*); **2.** abgebröckelt.
Chip·pen·dale [ˈtʃipəndeil] *s.* Chippendalestil *m* (*Möbelstil*).
chip·per [ˈtʃipə] *Am.* **I.** *v/i.* zwitschern; schwatzen; **II.** *adj.* F munter, fröhlich.
chip·ping [ˈtʃipiŋ] *s.* Schnitzel *n, m*, abgeschlagenes Stück, angestoßene Ecke; ~ **spar·row** *s. orn.* amer. Sperling *m.*
chip·py [ˈtʃipi] *adj.* **1.** angeschlagen (*Geschirr*); schartig; **2.** *fig.* trocken, fade; **3.** gereizt; **4.** verkatert.
chi·ro·man·cer [ˈkaiərəmænsə] *s.* Handleser *m* (*Wahrsager*).
chi·rop·o·dist [kiˈrɔpədist] *s.* Fußpfleger(in); **chiˈrop·o·dy** [-di] *s.* Fußpflege *f.*
chirp [tʃə:p] **I.** *v/i. u. v/t.* zirpen, zwitschern; schilpen (*Spatz*); **II.** *s.* Gezirp *n*, Zwitschern *n*; ˈ**chirp·y** [-pi] *adj.* F munter.
chirr [tʃə:] *v/i.* zirpen (*Heuschrecke*).
chir·rup [ˈtʃirəp] *v/i.* **1.** zwitschern; schnalzen; **2.** *sl.* Beifall klatschen (*Claqueur*).
chis·el [ˈtʃizl] **I.** *s.* **1.** Meißel *m*; **2.** ⊕ Beitel *m*, Grabstichel *m*; **II.** *v/t.* **3.** meißeln; **4.** *fig.* stiˈlistisch ausfeilen; **5.** *sl.* betrügen, ‚bemogeln'; **chis·el(l)ed** [-ld] *adj.* wohlgeformt, ausgeprägt; **chis·el·(l)er** [-lə] *s.* F Gauner *m*; ‚Nassauer' *m.*
chit[1] [tʃit] *s.* Kindchen *n*: ~ *of a girl* junges Ding (*Mädchen*); ~ *of a fellow* Bürschchen.
chit[2] [tʃit] *s.* **1.** kurzer Brief; Zettel *m*; **2.** vom Gast abgezeichnete Getränkerechnung.
chit-chat [ˈtʃittʃæt] *s.* Geplauder *n.*
chit·ter·ling [ˈtʃitəliŋ] *s. mst pl.* Gekröse *n*, Kutteln *pl.* (*bsd. Schwein*).
chiv·al·rous [ˈʃivəlrəs] *adj.* □ ritterlich, gaˈlant; ˈ**chiv·al·ry** [-ri] *s.* **1.** Ritterlichkeit *f*; **2.** Tapferkeit *f*; **3.** Rittertum *n*; **4.** Ritterdienst *m.*
chive [tʃaiv] *s.* ♀ Schnittlauch *m.*
chiv·(v)y [ˈtʃivi] **I.** *s.* **1.** (Hetz)Jagd *f*; **2.** Barlaufspiel *n*; **II.** *v/t.* **3.** *j-n* herˈumjagen, hetzen; **4.** schikanieren.
chlo·ral [ˈklɔ:rəl] *s.* ⚗ Chloˈral *n*: ~ *hydrate* Chloralhydrat; ˈ**chlo·rate** [-rit] *s.* ⚗ chlorsaures Salz; ˈ**chlo·ric** [-rik] *adj.* ⚗ Chlor...: ~ *acid* Chlorsäure; ˈ**chlo·ride** [-raid] *s.* ⚗ Chloˈrid *n*, Chlorverbindung *f*: ~ *of lime* Chlorkalk; ˈ**chlo·rin·ate** [-rineit] *v/t.* chloren, chlorieren; **chlo·rin·a·tion** [klɔ:riˈneiʃən] *s.* Chloren *n*; ˈ**chlo·rine** [-ri:n] *s.* ⚗ Chlor *n.*
chlo·ro·form [ˈklɔrəfɔ:m] **I.** *s.* ⚗, ⚕ Chloroˈform *n*; **II.** *v/t.* chloroformieren; ˈ**chlo·ro·phyll** [-fil] *s.* ♀ Chloroˈphyll *n*, Blattgrün *n.*
chlo·ro·sis [klɔˈrousis] *s.* ⚕, ♀ Bleichsucht *f*; **chlo·rous** [ˈklɔ:rəs] *adj.* chlorig.
choc [tʃɔk] *s.* F *abbr. für chocolate*: ~ *ice* Schokoladeneis.
chock [tʃɔk] **I.** *s.* **1.** (Brems-, Hemm-) Keil *m*; **2.** ⚓ Klampe *f*; **II.** *v/t.* **3.** festkeilen; **4.** *fig.* vollpfropfen; **III.** *adv.* **5.** dicht; ~**-a-block** [ˈtʃɔkəˈblɔk] *adv.* vollgepfropft; ~-ˈ**full** *adj.* zum Bersten voll.
choc·o·late [ˈtʃɔkəlit] **I.** *s.* **1.** Schokoˈlade *f* (*a. als Getränk*); **2.** Praˈline *f*: ~*s* Pralinen, Konfekt; *a box of* ~*s* e-e Bonbonniere, e-e Schachtel Konfekt; **II.** *adj.* **3.** schokoˈladenbraun; ~ **cream** *s.* ˈPraliné *n*; ˈKremschokoˌlade *f.*
choice [tʃɔis] **I.** *s.* **1.** Wahl *f*: *to make a* ~ wählen, e-e Wahl treffen; *to take one's* ~ s-e Wahl treffen; *this is my* ~ dies habe ich gewählt; **2.** freie Wahl: *at* ~ nach Belieben; *by* (*od. for*) ~ vorzugsweise; *from* ~ aus Vorliebe; **3.** (große) Auswahl; Sortiˈment *n*: *a* ~ *of colours*; **4.** Wahl *f*, Möglichkeit *f*: *I have no* ~ **a)** ich habe keine (andere) Wahl, **b)** es ist mir gleichgültig; **5.** Auslese *f*, *das Beste*; **II.** *adj.* □ **6.** auserlesen, vorˈzüglich; ✝ Qualitäts...: ~ *fruit* feinstes Obst; ~ *language* gewählte Sprache; ~ *quality* ✝ ausgesuchte Qualität; ˈ**choice·ness** [-nis] *s.* Erlesenheit *f.*
choir [ˈkwaiə] **I.** *s.* **1.** (Kirchen-, Sänger)Chor *m*; **2.** Chor *m*, (ˈChor-) Emˌpore *f*; **II.** *v/i. u. v/t.* **3.** im Chor singen.
choke [tʃouk] **I.** *s.* **1.** Würgen *n*; **2.** *mot.* Luftklappe *f*, Choke *m*: *to pull out the* ~ den Choke ziehen; **3.** → *choke coil*; **4.** → *choke-bore*; **II.** *v/i.* **5.** würgen; ersticken (*a. fig.*); **III.** *v/t.* **6.** ersticken (*a. fig.*); erwürgen; würgen (*a. weitS. Kragen etc.*); **7.** hindern; dämpfen, drosseln (*a.* ⚡, ⊕); **8.** *fig.* erdrücken, zuˈrückdrängen; **9.** *a.* ~ *up* verstopfen; ~ **down** *v/t.* hinˈunterwürgen (*a. fig.*); ~ **off** *v/t. fig.* abschrecken; abschütteln; ~ **up** → *choke 9.*
ˈ**choke|-bore** *s.* ⊕ Chokebohrung *f*; ~ **coil** *s.* ⚡ Drosselspule *f*; ˈ~**-damp** *s.* ⚒ Schwaden *m*, Grubengas *n.*
chok·er [ˈtʃoukə] *s.* F enger Kragen *od.* Schal; enge Halskette; ˈ**chok·y** [-ki] *adj.* erstickend (*a. fig.*).
chol·er [ˈkɔlə] *s.* **1.** *obs.* Galle *f*; **2.** *fig.* Zorn *m*; Reizbarkeit *f.*
chol·er·a [ˈkɔlərə] *s.* ⚕ ˈCholera *f.*
chol·er·ic [ˈkɔlərik] *adj.* choˈlerisch (*jähzornig*).
cho·les·ter·ol [kɔˈlestərɔl] *s. physiol.* Cholesteˈrin *n.*
choose [tʃu:z] **I.** *v/t.* [*irr.*] **1.** (aus-)wählen, aussuchen: *to* ~ *a hat*; *he was chosen king* er wurde zum König gewählt; *the chosen people bibl.* das auserwählte Volk; **2.** belieben (*a. iro.*), (es) vorziehen, lieber wollen; beschließen: *he chose to go* er zog es vor *od.* er beschloß fortzugehen; *do as you* ~ tu, wie *od.* was du willst; **II.** *v/i.* [*irr.*] **3.** wählen: *not much to* ~ kaum ein Unterschied; *cannot* ~ *but* keine andere Wahl haben als, müssen; ˈ**choos·er** [-zə] *s.* (Aus)Wählende(r *m*) *f*; → *beggar 1*; ˈ**choos·y** [-zi] *adj.* F wählerisch.
chop[1] [tʃɔp] **I.** *s.* **1.** Hieb *m*, Schlag *m* (*at* nach); **2.** *Küche*: Koteˈlett *n*; **3.** *pl.* Kiefer *pl.*; *fig.* Maul *n*, Rachen *m*: *to lick one's* ~*s* sich die Lippen lecken; **II.** *v/t.* **4.** (zer)hacken, hauen, spalten: *to* ~ *wood* Holz hacken; *to* ~ *one's words* abgehackt sprechen; **5.** *Tennis, Kricket*: *den Ball* ‚schneiden'; ~ **a·way** *v/t.* abhacken; ~ **down** *v/t.* fällen; ~ **in** *v/i.* sich einmischen; ~ **off** *v/t.* abhauen; ~ **up** *v/t.* zer-, kleinhacken.
chop[2] [tʃɔp] **I.** *v/i.* **a.** ~ *about*, ~ *round* sich drehen, ˈumschlagen (*Wind*): *to* ~ *and change* sich dauernd ändern *od.* wenden, schwanken; **II.** *v/t.* *Worte* wechseln; **III.** *s. pl.* ~*s and changes* Schwankungen, ewiger Wechsel.
chop[3] [tʃɔp] *s* (*Indien u. China*) **1.** Stempel *m*, Siegel *n*; **2.** Urkunde *f*; **3.** (Handels)Marke *f*; **4.** Qualiˈtät *f*: *first-*~ erste Sorte, erstklassig.
ˈ**chop-house** *s.* Speisehaus *n.*
chop·per [ˈtʃɔpə] *s.* **1.** Hackmesser *n*, -beil *n*; **2.** ⚡ Zerhacker *m.*
chop·ping[1] [ˈtʃɔpiŋ] *adj.* stramm (*Kind*).
chop·ping[2] [ˈtʃɔpiŋ] *s.* Wechsel *m*: ~ *and changing* ewiger Wechsel.
ˈ**chop·ping| -block** [ˈtʃɔpiŋ] *s.* Hackblock *m*, -klotz *m*; ˈ~**-board** *s.* Hackbrett *n*; ˈ~**-knife** *s.* [*irr.*] Hackmesser *n.*
chop·py [ˈtʃɔpi] *adj.* **1.** bewegt (*Meer*); **2.** böig (*Wind*); **3.** *fig.* wechselnd; abgehackt.
ˈ**chop|·stick** *s.* Eßstäbchen *n* (*China etc.*); ~-ˈ**su·ey** [-ˈsu:i] *s.* chiˈnesisches Mischgericht.
cho·ral [ˈkɔ:rəl] *adj.* □ Chor..., im Chor gesungen: ~ *service* Gottesdienst mit Chorgesang; ~ *society* Chor; **cho·ral(e)** [kɔˈrɑ:l] *s.* Choˈral *m.*
chord [kɔ:d] *s.* **1.** ♪, *poet.*, *fig.* Saite *f*; **2.** ♪ Akˈkord *m*; *fig.* Ton *m*: *to strike the right* ~ *bei j-m* die richtige Saite anschlagen; *does that strike a* ~? erinnert *dich* das an etwas?; **3.** A

Sehne *f*; 4. *anat.* Band *n*, Strang *m*; 5. ⚔ Pro'filsehne *f*; 6. ⊕ Gurt *m*.
chore [tʃɔː] *s. Am. mst pl.* Hausarbeit *f*.
cho·re·a [kɔ'riə] *s.* ⚕ Veitstanz *m*.
cho·re·og·ra·pher [kɔri'ɔgrəfə] *s.* Choreo'graph *m*; **cho·re'og·ra·phy** [-fi] *s.* 1. Tanzkunst *f*; 2. Choreogra'phie *f*.
chor·is·ter ['kɔristə] *s.* 1. Chorsänger(in); *engS.* Chorknabe *m*; 2. *Am.* Diri'gent *m* e-s Kirchenchors.
chor·tle ['tʃɔːtl] I. *v/i.* glucksen, tief lachen; II. *s.* Glucksen *n*.
cho·rus ['kɔːrəs] I. *s.* 1. Chor *m* (*a. antiq.*), Sängergruppe *f*; 2. Tanzgruppe *f* (*e-r Revue*); 3. *a. thea.* Chor *m*, gemeinsames Singen: ~ *of protest* Protestgeschrei; *in* ~ im Chor (*a. fig.*); 4. Chorsprecher *m* (*im elisabethanischen Theater*); 5. (im Chor gesungener) Kehrreim; 6. Chorwerk *n*; II. *v/i. u. v/t.* 7. im Chor singen *od.* sprechen *od.* rufen; ~ **girl** *s.* (Re'vue)Tänzerin *f*.
chose [tʃouz] *pret. von choose.*
cho·sen ['tʃouzn] *p.p. von choose.*
chough [tʃʌf] *s. orn.* Dohle *f*.
chouse [tʃaus] I. *v/t.* betrügen, prellen; II. *s.* Betrug *m*.
chow [tʃau] *s.* 1. *zo.* Chow-'Chow *m* (*chinesischer Spitz*); 2. *sl.* ‚Futter' *n*, Essen *n*.
chow-chow ['tʃau'tʃau] (*Pidgin-Englisch*) *s.* 1. chi'nesische Mixed Pickles *pl. od.* 'Fruchtkonfi,türe *f*; 2. → *chow* 2.
chow·der ['tʃaudə] *s. Am. Mischgericht aus Fischen, Muscheln etc.*
chrism ['krizəm] *s. eccl.* 'Chrisam *m, n*, Salböl *n*.
chris·om ['krizəm] *s.* Taufkleid *n*.
Christ [kraist] *s. bibl.* 1. der Gesalbte; 2. 'Christus *m*: *before* ~ (*B.C.*) vor Christi Geburt (*v. Chr.*); '~-**child** *s.* Christkind *n*.
chris·ten ['krisn] *v/t. eccl.*, ⚓ *u. fig.* taufen; '**Chris·ten·dom** [-dəm] *s.* Christenheit *f*; '**chris·ten·ing** [-niŋ] I. *s.* Taufe *f*; II. *adj.* Tauf...
Chris·tian ['kristjən] I. *adj.* □ 1. christlich; 2. F anständig, menschenfreundlich; II. *s.* 3. Christ(in); 4. guter Mensch; 5. Mensch *m* (*Ggs. Tier*); ~ **e·ra** *s.* christliche Zeitrechnung.
Chris·ti·an·i·a (turn) [kristi'ɑːnjə] *s. Skilaufen*: Kristi'ania *m*, Querschwung *m*.
Chris·ti·an·i·ty [kristi'æniti] *s.* Christentum *n*; **Chris·tian·ize** ['kristjənaiz] *v/t.* zum Christentum bekehren, christianisieren.
Chris·tian| name *s.* Tauf-, Vorname *m*; ~ **Sci·ence** *s.* Christliche Wissenschaft (*Sekte*); ~ **Sci·en·tist** *s.* Anhänger(in) der Christlichen Wissenschaft.
Christ·mas ['krisməs] *s.* Weihnachten *n u. pl.*: *at* ~ zu Weihnachten; *merry* ~! frohe Weihnachten!; '~-**box** *s. Brit.* Geldgeschenk *n* zu Weihnachten *für Briefträger etc.*; ~ **card** *s.* Weihnachtskarte *f*; ~ **car·ol** *s.* Weihnachtslied *n*; ~ **Day** *s.* der erste Weihnachtsfeiertag; ~ **eve** *s.* der Heilige Abend; ~ **pud·ding** *s. Brit.* Plumpudding *m*; '~-**tide**, '~-**time** *s.* Weihnachtszeit *f*; '~-**tree** *s.* Weihnachts-, Christbaum *m*.
Christ·mas·y ['krisməsi] *adj.* F weihnachtlich.
chro·mate ['kroumit] *s.* ⚗ chromsaures Salz.
chro·mat·ic [krə'mætik] *adj.* (□ ~*ally*) 1. *phys.* chro'matisch, Farben...; 2. ♪ chromatisch; **chro'mat·ics** [-ks] *s. pl. sg. konstr.* Farbenlehre *f*.
chrome [kroum] ⚗ I. *s.* 1. Chrom *n*; 2. Chromgelb *n*; II. *v/t.* 3. *a.* ~-*plate* verchromen; '**chro·mic** [-mik] *adj.* ⚗ Chrom...
chro·mi·um ['kroumjəm] *s.* ⚗ Chrom *n*; '~-**plat·ed** *adj.* verchromt; '~-**plat·ing** *s.* Verchromung *f*; '~-**steel** *s.* Chromstahl *m*.
chro·mo·lith·o·graph ['kroumou'liθəgrɑːf; -græf] *s.* 'Chromolithogra'phie *f*, Farbensteindruck *m* (*Bild*); '**chro·mo·li'thog·ra·phy** [-li'θɔgrəfi] *s.* Farbensteindruck *m* (*Verfahren*).
chro·mo·some ['krouməsoum] *s. biol.* Chromo'som *n*; '**chro·mo·type** [-moutaip] *s.* Farbendruck *m*.
chron·ic ['krɔnik] *adj.* (□ ~*ally*) 1. ständig, dauernd; 2. *mst* ⚕ chronisch, langwierig; 3. *sl.* scheußlich.
chron·i·cle ['krɔnikl] I. *s.* 1. 'Chronik *f*; 2. ♀*s pl. bibl.* (*das* Buch der) Chronik *f*; II. *v/t.* 3. aufzeichnen, berichten; '**chron·i·cler** [-lə] *s.* Chro'nist *m*.
chron·o·gram ['krɔnəgræm] *s.* Chrono'gramm *n*; '**chron·o·graph** [-grɑːf; -græf] *s.* Chrono'graph *m*, Zeitmesser *m*; **chron·o·log·i·cal** [krɔnə'lɔdʒikəl] *adj.* □ chrono'logisch: ~ *order* zeitliche Reihenfolge; **chro·nol·o·gize** [krə'nɔlədʒaiz] *v/t.* nach der Zeitfolge ordnen; **chro·nol·o·gy** [krə'nɔlədʒi] *s.* 1. Chronolo'gie *f*, Zeitbestimmung *f*; 2. Zeittafel *f*; **chro·nom·e·ter** [krə'nɔmitə] *s.* Chrono'meter *n*, Präzisi'onsuhr *f*; **chro·nom·e·try** [krə'nɔmitri] *s.* Zeitmessung *f*.
chrys·a·lis ['krisəlis] *pl.* **-lis·es** [-lisiz], **chry·sal·i·des** [kri'sælidiːz] *s. zo.* (*Insekten*)Puppe *f*.
chrys·an·the·mum [kri'sænθəməm] *s.* ♆ Chrys'anthemum *n*, Chrysan'theme *f*.
chrys·o·prase ['krisəpreis] *s. min.* Chryso'pras *m*.
chub [tʃʌb] *s. ichth.* Döbel *m*.
chub·by ['tʃʌbi] *adj.* pausbäckig, rundlich.
chuck[1] [tʃʌk] I. *s.* 1. ruckartiger Wurf; 2. zärtlicher Griff unters Kinn; 3. *Brit. sl. the* ~ Hinauswurf, Entlassung; II. *v/t.* 4. schmeißen, werfen; *sl.* ‚hinschmeißen', aufgeben: ~ *it!* laß das!; 5. unters Kinn fassen; ~ **a·way** *v/t. sl.* ‚wegschmeißen'; verschwenden; ~ **out** *v/t. sl.* ‚rausschmeißen'; ~ **up** *v/t. sl.* ‚hinschmeißen', ‚an den Nagel hängen' (*aufgeben*).
chuck[2] [tʃʌk] I. *s.* 1. Glucken *n* (*Henne*); 2. F ‚Täubchen' *n*, Liebchen *n*; II. *v/i. u. v/t.* 3. glucken; III. *int.* 4. put, put! (*Lockruf für Hühner*).
chuck[3] [tʃʌk] *s.* ⊕ Spannvorrichtung *f*, (-)Futter *n*.
chuck[4] [tʃʌk] *s. sl.* ‚Futter' *n*, Essen *n*.
chuck·er-out ['tʃʌkər'aut] *s. sl.* ‚Rausschmeißer' *m* (*in Lokalen etc.*).
chuck·le ['tʃʌkl] I. *v/i.* 1. glucksen, in sich hin'einlachen; 2. sich (insgeheim) freuen (*at, over* über *acc.*); 3. glucksen (*Henne*); II. *s.* 4. leises Lachen, Glucksen *n*; '~-**head** *s.* Dummkopf *m*; '~-**head·ed** *adj.* dumm, blöde.
chug [tʃʌg], **chug-chug** ['tʃʌg'tʃʌg] *Am.* F I. *s.* Puffen *n*, Tuckern *n* (*Motor*); II. *v/i.* puffen, tuckern(d fahren).
chuk·ker ['tʃʌkə] *s. Polospiel*: Chukker *m* (*Spielabschnitt*).
chum [tʃʌm] F I. *s.* 1. ‚Kumpel' *m*, Kame'rad *m*: *to be great* ~*s* dicke Freunde sein; 2. Stubengenosse *m*; II. *v/i.* 3. gemeinsam wohnen (*with* mit); 4. ~ *up with s.o.* sich mit j-m anfreunden; '**chum·my** [-mi] *adj.* ‚dick' befreundet; gesellig.
chump [tʃʌmp] *s.* 1. Holzklotz *m*; 2. dickes Ende (*bsd. Hammelkeule*); 3. F Dummkopf *m*; 4. *bsd. Brit. sl.* ‚Kürbis' *m*, ‚Birne' *f* (*Kopf*): *off one's* ~ nicht ganz bei Trost.
chunk [tʃʌŋk] *s.* 1. (Holz)Klotz *m*; Klumpen *m*, dickes Stück (*Fleisch, Brot etc.*); 2. *Am.* F a) unter'setzter Mensch, b) kleines, stämmiges Pferd; '**chunk·y** [-ki] *adj.* 1. in Klumpen; 2. *Am.* F unter'setzt, stämmig.
church [tʃəːtʃ] I. *s.* 1. Kirche *f*, Gotteshaus *n*; 2. Gottesdienst *m*: *at od. in* ~ beim Gottesdienst; ~ *is over* die Kirche ist aus; 3. Kirche *f*, Religi'onsgemeinschaft *f*; Christenheit *f*; 4. Geistlichkeit *f*: *to enter the* ~ Geistlicher werden; II. *adj.* 5. Kirch(en)...; kirchlich; III. *v/t.* 6. *to be* ~*ed* zum ersten Mal wieder in die Kirche gehen (*Wöchnerin*); '~-**go·er** *s.* Kirchgänger(in).
church·ing ['tʃəːtʃiŋ] *s.* Dankgottesdienst *m* für e-e Wöchnerin.
'**church|·man** [-mən] *s.* [*irr.*] (männliches) Mitglied der angli'kanischen Kirche; ♀ **of Eng·land** *s.* englische Staatskirche, anglikanische Kirche; '~-**pa·rade** *s.* Kirchgang *m* (*e-r militärischen Formation*); '~-**rate** *s.* Kirchensteuer *f*; '~'**ward·en** *s.* 1. *Brit.* Kirchenvorsteher *m*: ~ *pipe* lange Tabakspfeife (aus Ton); 2. *Am.* Verwalter *m* der weltlichen Angelegenheiten e-r Kirche; '~-'**yard** *s.* Kirchhof *m*.
churl [tʃəːl] *s.* 1. Flegel *m*, Grobian *m*; 2. Geizhals *m*, Knauser *m*; '**churl·ish** [-liʃ] *adj.* □ 1. *fig.* grob, ungehobelt, flegelhaft; 2. kleinlich; geizig, knauserig; 3. mürrisch.
churn [tʃəːn] I. *s.* 1. Butterfaß *n* (*Maschine*); 2. *Brit.* (große) Milchkanne; II. *v/t.* 3. verbuttern; 4. ('durch)schütteln, aufwühlen; 5. *fig.* ~ *out* in schneller Folge herstellen; III. *v/i.* 6. buttern; 7. schäumen; 8. sich heftig bewegen; '~-**staff** *s.* Butterstößel *m*.
chute [ʃuːt] *s.* 1. Stromschnelle *f*, starkes Gefälle; 2. Rutsch-, Gleitbahn *f*, Rutsche *f* (*als Beförderungsmittel od. für Kinder*); 3. Schüttröhre *f*, Abwurfschacht *m*; 4. Rodelbahn *f*; 5. F → *parachute* 1.

chut·nee, chut·ney [ˈtʃʌtni] *s.* Chutney *n* (*indisches Gewürz*).
chyle [kail] *s.* ⚕ ˈChylus *m*, Milchsaft *m*, Darmlymphe *f*.
chyme [kaim] *s.* ⚕ ˈChymus *m*, Speise-, Magenbrei *m*.
ci·bo·ri·um [siˈbɔːriəm] *s. eccl.* **1.** ˈHostienkelch *m*, Ziˈborium *n*; **2.** Alˈtarˌbaldachin *m*.
ci·ca·da [siˈkɑːdə] *s. zo.* Ziˈkade *f*, Grille *f*.
ci·ca·la [siˈkɑːlə] → *cicada*.
cic·a·trice [ˈsikətris] *s.* Narbe *f*; ⚘ Blattnarbe *f*; ˈ**cic·a·triced** [-st] *adj.* ⚕ vernarbt; ˈ**cic·a·trize** [-raiz] *v/i. u. v/t.* vernarben (lassen).
cic·e·ly [ˈsisili] *s.* ⚘ Myrrhenkerbel *m* (*Gewürz*).
ci·ce·ro·ne [tʃitʃəˈrouni] *pl.* **-ni** [-niː] *s.* Ciceˈrone *m*, Fremdenführer *m*.
Cic·e·ro·ni·an [sisəˈrounjən] *adj.* ciceˈronisch, redegewandt.
ci·der [ˈsaidə] *s.* Apfelwein *m*; ˈ**~-cup** *s.* ˈApfelweinˌbowle *f*; ˈ**~-press** *s.* Apfelpresse *f*.
ci·gar [siˈgɑː] *s.* Ziˈgarre *f*; ˈ**~-box** *s.* Ziˈgarrenkiste *f*; ˈ**~-case** *s.* Ziˈgarreneˌtui *m*, -tasche *f*; ˈ**~-cut·ter** *s.* Ziˈgarrenabschneider *m*.
cig·a·ret(te) [sigəˈret] *s.* Zigaˈrette *f*; ˈ**~-case** *s.* Zigaˈrettendose *f*, -eˌtui *n*; ˈ**~-end** *s.* Zigaˈrettenstummel *m*; ˈ**~-hold·er** *s.* Zigaˈrettenspitze *f* (*Halter*).
ciˈgar|-hold·er *s.* Ziˈgarrenspitze *f* (*Halter*); ˈ**~-tip** *s.* Zigarrenspitze *f* (*Ende der Zigarre*).
cil·i·a [ˈsiliə] *s. pl.* **1.** (Augen)Wimpern *pl.*; **2.** ⚘, *zo.* Wimper-, Flimmerhärchen *pl.*; ˈ**cil·i·ar·y** [-əri] *adj.* Wimper...; ˈ**cil·i·at·ed** [-ieitid] *adj.* ⚘, *zo.* bewimpert.
cil·ice [ˈsilis] *s.* härenes Tuch *od.* Hemd.
cinch [sintʃ] *s. Am.* **1.** Sattelgurt *m*; **2.** *sl.* ‚todsichere Sache', ‚klarer Fall'.
cin·cho·na [siŋˈkounə] *s.* **1.** ⚘ ˈChinarindenbaum *m*; **2.** ˈChinarinde *f*.
cinc·ture [ˈsiŋktʃə] **I.** *s.* **1.** Gürtel *m*, Gurt *m*; **2.** (Säulen)Kranz *m*; **II.** *v/t.* **3.** umˈgürten; **4.** *fig.* umˈzäunen.
cin·der [ˈsində] *s.* **1.** Schlacke *f*: *burnt to a ~* verkohlt, verbrannt; **2.** *pl.* Asche *f*.
Cin·der·el·la [sindəˈrelə] *s.* Aschenbrödel *n*, -puttel *n* (*a. fig.*).
ˈ**cin·der|-path** *s.* Weg *m* mit Aschenbelag; ˈ**~-track** *s. sport* Aschenbahn *f*.
cine- [sini] *in Zssgn* Kino..., Film-...: *~-camera* (Schmal)Filmkamera; *~-film* Kinofilm; *~-music* Filmmusik; *~-projector* → *cinematograph 1*.
cin·e·ma [ˈsinimə] *s.* **1.** ˈLichtspieltheˌater *n*, ˈKino *n*; **2.** Film(kunst *f*) *m*; ˈ**~-go·er** *s.* ˈKinobesucher(in).
cin·e·mat·ic [siniˈmætik] *adj.* (□ *~ally*) filmisch, Film...; **cin·eˈmat·o·graph** [-təgrɑːf; -græf] **I.** *s.* **1.** ˈFilmˌvorführappaˌrat *m*; **2.** ˈFilmˌkamera *f*; **II.** *v/t.* **3.** (ver)filmen; **III.** *v/i.* **4.** filmen; **cin·e·ma·tog·ra·pher** [siniməˈtɔgrəfə] *s.* ˈKameramann *m*; **cin·e·mat·o·graph·ic** [sinimætəˈgræfik] *adj.* (□ *~ally*) kinematoˈgraphisch; **cin·e·ma·tog·ra·phy** [siniməˈtɔgrəfi] *s.* ˌKinematograˈphie *f*.
cin·e·ra·ri·a [sinəˈrɛəriə] *s.* ⚘ Zineˈrarie *f*.
cin·e·ra·ri·um [sinəˈrɛəriəm] *s.* Urnennische *f*.
cin·er·ar·y [ˈsinərəri] *adj.* Aschen...; *~* **urn** *s.* Totenurne *f*.
cin·er·a·tor [ˈsinəreitə] *s.* Feuerbestattungsofen *m*.
cin·na·bar [ˈsinəbɑː] *s.* Zinˈnober *m*.
cin·na·mon [ˈsinəmən] **I.** *s.* **1.** Zimt *m*, Kaˈneel *m*; **2.** Zimtbaum *m*; **II.** *adj.* **3.** zimtfarbig.
cinque [siŋk] (*Fr.*) *s.* Fünf *f* (*Würfel od. Spielkarten*); **cin·que·cen·to** [tʃiŋkwiˈtʃentou] *s.* ˌCinqueˈcento *n* (*16. Jahrhundert in der italienischen Kunst*).
cinque|·foil [ˈsiŋkfɔil] *s.* **1.** ⚘ Fingerkraut *n*; **2.** ⚠ Fünfpaß *m*; ♀ **Ports** *s. pl. Gruppe von ursprünglich fünf südenglischen Seestädten.*
ci·on *Am.* → *scion*.
ci·pher [ˈsaifə] **I.** *s.* **1.** ♃ *die Ziffer* Null *f*; **2.** (aˈrabische) Ziffer, Zahl *f*; **3.** *fig.* Nichts *n*, Null *f*; **4.** Chiffre *f*, Geheimschrift *f*: *in ~* chiffriert; **5.** *fig.* Schlüssel *m*, Kennwort *n*; **6.** Monoˈgramm *n*; **II.** *v/i.* **7.** rechnen; **8.** chiffrieren; **III.** *v/t.* **9.** *a. ~ out* be-, ausrechnen; entziffern; *~* **code** *s.* Teleˈgramm-, Chiffrierschlüssel *m*.
cir·ca [ˈsəːkə] *prp.* um (*vor Jahreszahlen*).
Cir·ce [ˈsəːsi] *npr. myth.* ˈCirce *f* (*a. fig. Verführerin*).
cir·cle [ˈsəːkl] **I.** *s.* **1.** ♃ Kreis *m*: *full ~* im Kreise herum, volle Wendung, wieder da, wo *man* angefangen hat; *to square the ~* **a)** ♃ den Kreis quadrieren, **b)** das Unmögliche versuchen; **2.** *ast., geogr.* Kreis *m*; **3.** Kreis *m*, Gruppe *f*: *~ of friends* Freundeskreis; → *upper I*; **4.** Ring *m*, Kranz *m*, Reif *m*; **5.** Kreislauf *m*, ˈUmlauf *m*, Runde *f*; Wiederkehr *f*, ˈZyklus *m*; **6.** *thea.* Rang *m*; **7.** Kreis *m*, Gebiet *n*; **8.** *phls. mst vicious ~* **a)** ˈZirkelschluß *m*, **b)** *fig.* Schraube *f* ohne Ende; **9.** *Turnen*: Welle *f*; **II.** *v/t.* **10.** umˈkreisen; umˈzingeln; **11.** umˈwinden; **III.** *v/i.* **12.** sich im Kreise bewegen, kreisen; die Runde machen; **13.** ⚔ schwenken; *~* **line** *s. Brit.* ˈRingˌlinie *f*, Rundbahn *f*.
cir·clet [ˈsəːklit] *s.* **1.** kleiner Kreis, Reif, Ring; **2.** Diaˈdem *n*.
cir·cle train *s. Brit.* Zug *m* der Ringlinie.
circs [səːks] *s. pl.* F *für circumstances*.
cir·cuit [ˈsəːkit] **I.** *s.* **1.** ˈKreisˌlinie *f*, ˈUm-, Kreislauf *m*; Bahn *f*; **2.** ˈUmkreis *m*; **3.** ˈUmweg *m*; **4.** Rundgang *m*, -flug *m* (*of* um); Rennstrecke *f* (*Autos etc.*); **5.** ⚖ **a)** Rundreise *f* der Richter e-s Bezirks (*zur Abhaltung der assizes*), **b)** Anwälte *pl.* e-s Gerichtsbezirks, **c)** Gerichtsbezirk *m*; **6.** ⚡ **a)** Stromkreis *m*: *exciting ~* Erregerkreis; → *short circuit*, **b)** Schaltung *f*, Leitung *f*: *~ diagram* Schaltbild; **7.** Theˈater- *od.* ˈKinoring *m*, -gruppe *f*; **II.** *v/t.* **8.** umˈkreisen; **III.** *v/i.* **9.** kreisen; ˈ**~-break·er** *s.* ⚡ Ausschalter *m*.
cir·cu·i·tous [sə(ː)ˈkju(ː)itəs] *adj.* □ weitschweifig, -läufig: *~ route* Umweg.
cir·cu·lar [ˈsəːkjulə] **I.** *adj.* □ **1.** (kreis)rund, kreisförmig; **2.** Rund..., Kreis..., Ring...; **II.** *s.* **3.** → *circular letter*; ˈ**cir·cu·lar·ize** [-əraiz] *v/t.* durch Rundschreiben benachrichtigen *od.* bekanntmachen.
cir·cu·lar| let·ter *s.* Zirkuˈlar *n*, Rundschreiben *n*; *~* **let·ter of cred·it** *s.* ✝ ˈReisekreˌditbrief *m*; *~* **note** *s.* **1.** *pol.* Zirkuˈlarˌnote *f*; **2.** ˈReisekreˌditbrief *m*; *~* **rail·way** *s.* Ringbahn *f*; *~* **saw** *s.* ⊕ Kreissäge *f*; *~* **skirt** *s.* Glockenrock *m*; *~* **tick·et** *s.* Rundreisekarte *f*; *~* **tour,** *~* **trip** *s.* Rundreise *f*, -fahrt *f*.
cir·cu·late [ˈsəːkjuleit] **I.** *v/i.* **1.** zirkulieren, ˈumlaufen, im ˈUmlauf sein; **2.** herˈumreisen, -gehen; **II.** *v/t.* **3.** in Umlauf setzen, zirkulieren lassen; verbreiten.
cir·cu·lat·ing [ˈsəːkjuleitiŋ] *adj.* zirkulierend, ˈumlaufend; *~* **cap·i·tal** *s.* ˈUmlaufskapiˌtal *n*; *~* **dec·i·mal** *s.* ♃ periˈodischer Deziˈmalbruch; *~* **li·brar·y** *s.* ˈLeihbiblioˌthek *f*; *~* **me·di·um** *s.* Zahlungsmittel *n*.
cir·cu·la·tion [səːkjuˈleiʃən] *s.* **1.** Kreislauf *m*, Zirkulatiˈon *f*; *engS.* ˈBlutzirkulatiˌon *f*; **2.** ✝ **a)** ˈUmlauf *m*, Verkehr *m*, **b)** Verbreitung *f*, Absatz *m*, **c)** Auflage *f* (*Zeitung etc.*), **d)** ˈZahlungsmittelˌumlauf *m*: *out of ~* außer Kurs (gesetzt); *to put into ~* in Umlauf setzen; *to withdraw from ~* aus dem Verkehr ziehen; **3.** Strömung *f*, ˈDurchzug *m*, -fluß *m*; **cir·cu·la·tor** [ˈsəːkjuleitə] *s.* Verbreiter(in); **cir·cu·la·to·ry** [ˈsəːkjulətəri] *adj.* zirkulierend, ˈumlaufend: *~ system* Blutgefäß-System.
circum- [səːkəm] *in Zssgn* um, herˈum.
cir·cum·am·bi·ent [səːkəmˈæmbiənt] *adj.* umˈgebend, einschließend (*a. fig.*); **cir·cumˈam·bu·late** [-bjuleit] **I.** *v/i.* umˈhergehen; **II.** *v/t.* herˈumgehen um (*a. fig.*).
cir·cum·cise [ˈsəːkəmsaiz] *v/t.* **1.** ⚕, *eccl.* beschneiden; **2.** *fig.* läutern; **cir·cum·ci·sion** [səːkəmˈsiʒən] *s.* **1.** ⚕, *eccl.* Beschneidung *f*; **2.** *fig.* Läuterung *f*; **3.** ♀ Fest *n* der Beschneidung Christi.
cir·cum·fer·ence [səˈkʌmfərəns] *s.* ˈUmkreis *m*, ˈUmfang *m*, Peripheˈrie *f*; **cir·cum·flex** [ˈsəːkəmfleks] *s. ling. a. ~ accent* Zirkumˈflex *m*;
cir·cum·ja·cent [səːkəmˈdʒeisənt] *adj.* ˈumliegend.
cir·cum·lo·cu·tion [səːkəmləˈkjuːʃən] *s.* Umˈschreibung *f*, ˈUmschweif *m*; Weitschweifigkeit *f*; **cir·cum·loc·u·to·ry** [səːkəmˈlɔkjutəri] *adj.* weitschweifig.
cir·cum·nav·i·gate [səːkəmˈnævigeit] *v/t.* umˈschiffen, umˈsegeln; **cir·cum·nav·i·ga·tion** [ˈsəːkəmnæviˈgeiʃən] *s.* Umˈsegelung *f*; **cir·cumˈnav·i·ga·tor** [-tə] *s.* Umˈsegler *m*.
cir·cum·po·lar [ˈsəːkəmˈpoulə] *adj.* zirkumpoˈlar: **a)** *geogr.* um den Pol befindlich, **b)** *ast.* den Pol umˈkreisend: *~ star*.

cir·cum·scribe ['sə:kəmskraib] *v/t.* **1.** ⚹ um'schreiben; **2.** begrenzen, einschränken; **3.** definieren; **cir·cum·scrip·tion** [sə:kəm'skripʃən] *s.* **1.** ⚹ Um'schreibung *f*; **2.** 'Umschrift *f* (*Münze etc.*); **3.** Begrenzung *f*, Beschränkung *f*.

cir·cum·spect ['sə:kəmspekt] *adj.* □ 'um-, vorsichtig; **cir·cum·spec·tion** [sə:kəm'spekʃən] *s.* 'Um-, Vorsicht *f*.

cir·cum·stance ['sə:kəmstəns] *s.* **1.** 'Umstand *m*, Tatsache *f*; Ereignis *n*; Einzelheit *f*: *a fortunate* ~ ein glücklicher Umstand; **2.** *pl.* 'Umstände *pl.*, Lage *f*, Sachverhalt *m*, Verhältnisse *pl.*: *in* (*od. under*) *the* ~*s* unter diesen Umständen; *under no* ~*s* auf keinen Fall; **3.** *pl.* Verhältnisse *pl.*, Lebenslage *f*: *in good* ~*s* gut situiert; **4.** 'Umständlichkeit *f*, Weitschweifigkeit *f*; **5.** Förmlichkeit(en *pl.*) *f*, Umstände *pl.*: *without* ~ ohne (alle) Umstände; '**cir·cum·stanced** [-st] *adj.* in e-r ... Lage, ...situiert: *poorly* ~ in ärmlichen Verhältnissen; *well timed and* ~ zur rechten Zeit u. unter günstigen Umständen; **cir·cum·stan·tial** [sə:kəm'stænʃəl] *adj.* □ **1.** 'umständlich; **2.** ausführlich, genau: *a* ~ *report*; **3.** zufällig; **4.** ⚖ 'indirekt: ~ *evidence* Indizienbeweis; **cir·cum·stan·ti·ate** [sə:kəm'stænʃieit] *v/t.* **1.** genau beschreiben; **2.** ⚖ ausführlich beweisen.

cir·cum·val·la·tion [sə:kəmvə'leiʃən] *s.* Um'wallung *f*.

cir·cum·vent [sə:kəm'vent] *v/t.* **1.** über'listen; **2.** vereiteln, verhindern; **3.** um'gehen; **cir·cum'ven·tion** [-nʃən] *s.* Verhinderung *f*, Vereitelung *f*.

cir·cum·vo·lu·tion [sə:kəmvə'lju:ʃən] *s.* **1.** 'Umdrehung *f*; 'Umwälzung *f*; **2.** Windung *f*.

cir·cus ['sə:kəs] *s.* **1. a)** 'Zirkus *m*, **b)** 'Zirkustruppe *f*, **c)** ('Zirkus-)Vorstellung *f*, **d)** A'rena *f*; **2.** *Brit. runder Platz mit Straßenkreuzungen*; **3.** *Brit. sl.* ⚔ im Kreis fliegende Flugzeugstaffel.

cir·rho·sis [si'rousis] *s.* ⚕ Zir'rhose *f*, (*Leber*)Schrumpfung *f*.

cir·rose [si'rous], **cir·rous** ['sirəs] *adj.* **1.** ♀ mit Ranken; **2.** *zo.* mit Haaren *od.* Fühlern; **3.** federartig.

cir·rus ['sirəs] *pl.* **-ri** [-rai] *s.* **1.** ♀ Ranke *f*; **2.** *zo.* Rankenfuß *m*; **3.** 'Zirrus *m*, Federwolke *f*.

cis- [sis] *Vorsilbe*: diesseits.

cis·al·pine [sis'ælpain] *adj.* diesseits der Alpen; **cis·at·lan·tic** [sisət'læntik] *adj.* diesseits des At'lantischen 'Ozeans.

cis·sy → *sissy*.

Cis·ter·cian [sis'tə:ʃjən] **I.** *s.* Zisterzi'enser(mönch) *m*; **II.** *adj.* Zisterzienser...

cis·tern ['sistən] *s.* **1.** Zi'sterne *f*; Wasserbehälter *m* (*Brit. unter od. auf dem Dach*); **2.** *Am.* ('unterirdischer) Regenwasserspeicher.

cit·a·del ['sitədl] *s.* **1.** Zita'delle *f* (*a. fig.*); **2.** Burg *f*; *fig.* Zuflucht *f*.

ci·ta·tion [sai'teiʃən] *s.* **1.** Anführung *f*; **2.** Zi'tat *n*; zitierte Stelle; **3.** ⚖ Vorladung *f*; **4.** *bsd. Am.* ⚔ ehrenvolle Erwähnung.

cite [sait] *v/t.* **1.** zitieren; **2.** (als Beispiel *od.* Beweis) anführen; **3.** ⚖ vorladen; **4.** *bsd. Am.* ⚔ lobend erwähnen.

cith·er ['siθə] *poet.* → *zither*.

cit·i·fy ['sitifai] *v/t. Am.* F verstädtern.

cit·i·zen ['sitizn] *s.* **1.** Bürger *m*, Staatsangehörige(r *m*) *f*: ~ *of the world* Weltbürger; **2.** Städter(in); **3.** Einwohner(in); **4.** Zivi'list *m*; '**cit·i·zen·ry** [-ri] *s.* Bürgerschaft *f* (*e-s Staates*); '**cit·i·zen·ship** [-ʃip] *s.* **1.** Staatsangehörigkeit *f*; **2.** Bürgerrecht *n*.

cit·rate ['sitrit] *s.* ⚗ Zi'trat *n*.

cit·ric ac·id ['sitrik] *s.* ⚗ Zi'tronensäure *f*.

cit·ri·cul·ture ['sitrikʌltʃə] *s.* Anbau *m* von 'Zitrusfrüchten.

cit·ron·el·la oil [sitrə'nelə] *s.* Zitro'nell-Öl *n*.

cit·rus ['sitrəs] *s.* ♀ 'Zitrusgewächs *n*, -frucht *f*.

cit·y ['siti] *s.* **1.** (Groß)Stadt *f*; **2.** *Brit.* Stadt *f* mit Bischofssitz u. Kathe'drale; **3.** *London*: *the* ♀ die Altstadt; das Geschäftsviertel; **4.** *Am.* inkorporierte Stadtgemeinde; ♀ **ar·ti·cle** *s.* Börsenbericht *m*; ♀ **Com·pa·ny** *s. Brit.* e-e der großen Londoner Gilden; ~ **ed·i·tor** *s.* **1.** *Am.* Lo'kalredak,teur *m*; **2.** *Brit.* Redak'teur *m* des Handelsteiles; ~ **fa·ther** *s.* Stadtrat *m* (*Person*); *pl.* Stadtväter *pl.*; ~ **hall** *s.* Rathaus *n*; ♀ **man** *s. Brit.* Fi'nanz-, Geschäftsmann *m* der City; ~ **man·ag·er** *s. Am. vom Stadtrat ernannter* 'Stadtdi,rektor; ♀ **of God** *s.* Himmelreich *n*; ~ **state** *s. bsd. antiq.* Stadtstaat *m*.

'**civ·et(-cat)** ['sivit] *s. zo.* 'Zibetkatze *f*.

civ·ic ['sivik] *adj.* (□ ~*ally*) Bürger..., städtisch, Stadt...; ~ **cen·tre**, *Am.* **cen·ter** *s.* Behördenviertel *n*; ~ **rights** *s. pl.* → *civil* 2.

civ·ics ['siviks] *s. pl. sg. konstr.* Staatsbürgerkunde *f*.

civ·ies *bsd. Am.* → *civvies*.

civ·il ['sivl] *adj.* (□ *nur für* 6.) **1.** den Staat betreffend, Staats...: ~ *affairs* Verwaltungsangelegenheiten; **2.** die Staatsbürger betreffend, bürgerlich, Bürger...: ~ *commotion* Aufruhr; ~ *duties* Bürgerpflichten; ~ *liberties* bürgerliche Freiheiten; ~ *rights* Bürgerrechte, bürgerliche Ehrenrechte; **3.** zi'vil (*Ggs. militärisch*): ~ *aviation* Zivilluftfahrt; ~ *defence*, *Am.* ~ *defense* Zivilverteidigung, ziviler Luftschutz; ~ *life* *government* Zivilverwaltung; ~ *life* Zivilleben; **4.** zivil (*Ggs. kirchlich*): ~ *marriage* Ziviltrauung; **5.** ⚖ zi'vil(rechtlich), bürgerlich: ~ *case od. suit* Zivilprozeß; ~ *code* Bürgerliches Gesetzbuch; ~ *year* bürgerliches Jahr; **6.** höflich: ~*-spoken* höflich; ~ **en·gi·neer** *s.* 'Bauingeni,eur *m* (*für Hoch- u. Tiefbau*); ~ **en·gi·neer·ing** *s.* Tiefbau *m*.

ci·vil·ian [si'viljən] **I.** *s.* Zivi'list *m*; **II.** *adj.* bürgerlich, Zivil...: ~ *life* Zivilleben; **ci'vil·i·ty** [-liti] *s.* Höflichkeit *f*, Artigkeit *f*.

civ·i·li·za·tion [sivilai'zeiʃən] *s.* Zivilisati'on *f*, Kul'tur *f*; **civ·i·lize** ['sivilaiz] *v/t.* zivilisieren, gesittet machen; **civ·i·lized** ['sivilaizd] *adj.* **1.** zivilisiert: ~ *nations* Kulturvölker; **2.** gebildet; wohlerzogen.

civ·il| law *s.* **1.** Zi'vilrecht *n*, bürgerliches Recht; **2.** römisches Recht; **3.** kontinen'tales Recht; ~ **list** *s. Brit.* Zi'villiste *f*; ♀ **Serv·ant** *s.* Staatsbeamte(r) *m*; ♀ **Serv·ice** *s.* Staats-, Verwaltungsdienst *m*; ~ **war** *s.* Bürgerkrieg *m*.

civ·vies ['siviz] *s. pl. sl.* Zi'vil(kla,motten *pl.*) *n*; **civ·vy street** ['sivi] *s. sl.* Zi'villeben *n*.

clack [klæk] **I.** *v/i.* **1.** klappern, knallen; **2.** plappern; **II.** *s.* **3.** Klappern *n*; **4.** Plappern *n*; **5.** ⊕ (Ven'til)Klappe *f*.

clad [klæd] *adj.* gekleidet.

claim [kleim] **I.** *v/t.* **1.** fordern, verlangen: *to* ~ *damages* Schadenersatz fordern; **2. a)** Anspruch erheben auf (*acc.*), beanspruchen: *to* ~ *the crown*, **b)** *fig.* in Anspruch nehmen, erfordern: *to* ~ *attention*; **3.** für sich in Anspruch nehmen: *to* ~ *victory*; **4.** behaupten (*a. to inf.* zu *inf.*, *that* daß): *to* ~ *accuracy* die Richtigkeit behaupten; *the club* ~*s 200 members* der Klub behauptet, 200 Mitglieder zu haben; **5.** zu'rück-, einfordern: *death* ~*ed him* der Tod ereilte ihn; **II.** *v/i.* **6.** ✝ reklamieren; **7.** ~ *against s.o.* j-n verklagen; **III.** *s.* **8.** Forderung *f*, (*a.* Pa'tent)Anspruch *m*: *to lay* (*od. make a*) ~ *to* Anspruch erheben auf (*acc.*); *to put in a* ~ *for* e-e Forderung auf *et.* stellen; *a* ~ *on s.o.* e-e Forderung gegen *od.* an j-n; **9.** (An)Recht *n* (*to* auf *acc.*); **10.** Behauptung *f*; **11.** ✝ Reklamati'on *f*; Zahlungsforderung *f*; **12.** ⚒ Mutung *f*; *bsd. Am.* zugeteiltes *od.* beanspruchtes Stück Land; '**claim·a·ble** [-məbl] *adj.* zu beanspruchen(d); '**claim·ant** [-mənt] *s.* Antragsteller(in), ⚖ *a.* Kläger(in); *weitS.* (*for*) Anwärter(in) (auf *acc.*), Bewerber(in) (für): *rightful* ~ Anspruchsberechtigte(r).

clair·voy·ance [kleə'vɔiəns] *s.* Hellsehen *n*; **clair'voy·ant** [-nt] **I.** *adj.* hellseherisch; **II.** *s.* Hellseher(in).

clam [klæm] *s.* **1.** *zo.* 'Venusmuschel *f*. ~ *chowder Am.* Suppe mit Muscheln u. Gemüse; **2.** *Am.* ‚zugeknöpfter' Mensch.

cla·mant ['kleimənt] *adj.* **1.** lärmend, schreiend (*a. fig.*); **2.** dringend.

clam·ber ['klæmbə] *v/i.* (mühsam) klettern, klimmen.

clam·my ['klæmi] *adj.* □ feuchtkalt (u. klebrig), klamm.

clam·or·ous ['klæmərəs] *adj.* □ lärmend, schreiend, laut; tobend; **clam·o(u)r** ['klæmə] **I.** *s.* **1.** Lärm *m*, (zorniges) Geschrei, lautes Schimpfen; **2.** Tu'mult *m*; **II.** *v/i.* **3.** (laut) schreien (*for* nach; *a. fig. wütend verlangen*); toben; **III.** *v/t.* **4.** *to* ~ *down* niederbrüllen.

clamp[1] [klæmp] **I.** *s.* **1.** ⊕ Klammer *f*, Krampe *f*, Klemmschraube *f*, Zwinge *f*, ⚡ Erdungsschelle *f*; **2.** *sport* Strammer *m* (*Ski*); **II.** *v/t.* **3.** festklammern, -klemmen; befestigen; **4.** *fig. a.* ~ *down* als Strafe auferlegen; **III.** *v/i.* **5.** ~ *down fig.*

zuschlagen, scharf vorgehen (*on* gegen).

clamp[2] [klæmp] *s.* **1.** Haufen *m*; **2.** Kar'toffelmiete *f*.

clan [klæn] *s.* **1.** *Scot.* Clan *m*, Stamm *m*, Sippe *f*; **2.** Sippschaft *f*, Gruppe *f*, Bund *m*; Clique *f*.

clan·des·tine [klæn'destin] *adj.* □ heimlich, verborgen, verstohlen.

clang [klæŋ] **I.** *v/i.* schallen, klingen, klirren; **II.** *v/t.* laut schallen *od.* erklingen lassen; **III.** *s.* Klang *m*, Schall *m*; Geklirr *n*; **clang·or·ous** ['klæŋgərəs] *adj.* □ schallend, schmetternd; klirrend; **clang·o(u)r** ['klæŋgə] *s.* Schall *m*, Schmettern *n*, Klirren *n*.

clank [klæŋk] **I.** *s.* Gerassel *n*; **II.** *v/i. u. v/t.* rasseln *od.* klirren (mit).

clan·nish ['klæniʃ] *adj.* **1.** Sippen...; **2.** stammesbewußt; **3.** (unter sich) zs.-haltend; '**clan·nish·ness** [-nis] *s.* **1.** Stammesgefühl *n*; **2.** Zs.-halten *n*; **clan·ship** ['klænʃip] *s.* **1.** Vereinigung *f* in e-m Clan; **2.** Stammesverbundenheit *f*; **clans·man** ['klænzmən] *s.* [*irr.*] Mitglied *n* e-s Clans.

clap[1] [klæp] **I.** *s.* **1.** (Hände)Klatschen *n*; **2.** (Beifall)Klatschen *n*; **3.** Klaps *m*; **4.** Knall *m*, Krach *m*: ~ *of thunder* Donnerschlag; **II.** *v/t.* **5.** a) klatschen: *to ~ one's hands* in die Hände klatschen, **b)** schlagen: *to ~ the wings* mit den Flügeln schlagen; **6.** klopfen; **7.** *j-m* Beifall klatschen; **8.** hastig an-, auflegen *od.* ausführen: *to ~ eyes on* erblicken; *to ~ a hat on one's head* den Hut auf den Kopf stülpen; **III.** *v/i.* **9.** (Beifall) klatschen.

clap[2] [klæp] *s.* V ⚕ Tripper *m*.

'**clap|·board I.** *s.* **1.** *Brit.* Faßdaube *f*; **2.** *Am.* Verschalungsbrett *n*; **II.** *v/t.* **3.** *Am.* verschalen; '**~-net** *s.* Fangnetz *n* (*für Vögel etc.*).

clap·per ['klæpə] *s.* **1.** Klöppel *m* (*Glocke*); **2.** Klapper *f*; **3.** Beifallsklatscher *m*; '**~-board** *s. Film*: Klappe *f*.

clap·trap ['klæptræp] **I.** *s.* Ef'fekthasche͵rei *f*; Klim'bim *m*; Gewäsch *n*, 'Phrasendresche͵rei *f*; **II.** *adj.* auf Beifall berechnet.

claque [klæk] *s.* Claque *f*, Cla'queure *pl.*

clar·ence ['klærəns] *s.* vierrädrige, geschlossene Kutsche.

clar·en·don ['klærəndən] *s. typ.* halbfette Egypti'enne.

clar·et ['klærət] *s.* **1.** roter Bor'deaux(wein); *weitS.* Rotwein *m*; **2.** Weinrot *n*; **3.** *sl.* Blut *n*; '**~-cup** *s.* Rotweinbowle *f*.

clar·i·fi·ca·tion [klærifi'keiʃən] *s.* **1.** ⊕ (Ab)Klärung *f*, Läuterung *f*; **2.** Aufklärung *f*, Klarstellung *f*; **clar·i·fy** ['klærifai] **I.** *v/t.* **1.** ⊕ (ab)klären, läutern, reinigen; **2.** (auf-, er)klären; **II.** *v/i.* **3.** ⊕ sich (ab)klären; **4.** sich (auf)klären, klar werden.

clar·i·net [klæri'net] *s.* ♪ Klari'nette *f*; **clar·i'net·(t)ist** [-tist] *s.* Klarinet'tist *m*.

clar·i·on ['klæriən] **I.** *s.* **1.** ♪ *hist.* Cla'rino *n* (*hellklingende Trompete*); **2.** Trom'petenschall *m*: ~ *call fig.* Auf-, Weckruf; **II.** *v/t.* **3.** laut verkünden.

clar·i·o·net [klæriə'net] → *clarinet*.

clar·i·ty ['klæriti] *s.* Klarheit *f*, Reinheit *f*.

clark·i·a ['klɑ:kjə] *s.* ⚘ 'Clarkie *f*.

clar·y ['klɛəri] *s.* ⚘ Schar'lei *m*.

clash [klæʃ] **I.** *v/i.* **1.** klirren, rasseln; **2.** prallen (*into* gegen), (*a. feindlich*) zs.-prallen, -stoßen (*with* mit); **3.** *fig.* (*with*) kollidieren: **a)** (zeitlich) zs.-fallen (mit), **b)** im 'Widerspruch stehen (zu), wider'streiten, unvereinbar sein (mit); **4.** nicht zs.-passen, nicht harmonieren (*with* mit) (*Farben*); **II.** *v/t.* **5.** klirren *od.* rasseln mit; klirrend zs.-schlagen; **III.** *s.* **6.** Geklirr *n*, Getöse *n*, Krach *m*; **7.** Zs.-prall *m*, Kollisi'on *f*; **8.** (feindlicher) Zs.-stoß; **9.** (zeitliches) Zs.-treffen; **10.** Kon'flikt *m*, 'Widerstreit *m*.

clasp [klɑ:sp] **I.** *v/t.* **1.** ein-, zuhaken, zuschnallen; **2.** fest ergreifen, um'klammern, fest um'fassen; um'ranken: *to ~ s.o.'s hand* j-m die Hand drücken; *to ~ s.o. in one's arms* j-n umarmen; *to ~ one's hands* die Hände falten; **II.** *v/i.* **3.** sich die Hand reichen; **III.** *s.* **4.** Klammer *f*, Haken *m*; Schnalle *f*, Spange *f*, Schließe *f*; Schloß *n* (*Buch etc.*); **5.** Um'klammerung *f*, Um'armung *f*; Händedruck *m*; **6.** ⚔ (Ordens-)Spange *f*; '**~-'knife** *s.* [*irr.*] Klapp-, Taschenmesser *n*.

class [klɑ:s] **I.** *s.* **1.** Klasse *f* (*a.* 🐄 *etc.*, ⚘, *zo.*), Gruppe *f*; **2.** Klasse *f*, Sorte *f*, Güte *f*, Quali'tät *f*; *engS.* Erstklassigkeit *f*: *in the same ~ with* gleichwertig mit; *in a ~ by itself* e-e Klasse für sich, allen überlegen; *no ~* F minderwertig; **3.** Stand *m*, Rang *m*, Schicht *f*: *the ~es* die oberen (Gesellschafts)Klassen; **4.** *ped., univ.* **a)** Klasse *f*: *top of the ~* Klassenerste(r); *to take a ~* e-e Klasse übernehmen, **b)** 'Unterricht *m*, Stunde *f*: *a ~ in cookery* Kochstunde, **c)** *pl.* 'Kursus *m*, **d)** Stufe *f* bei der Universi'tätsprüfung: *to take a ~* e-n ‚honours'-Grad erlangen; **5.** *univ. Am.* Jahrgang *m*; **II.** *v/t.* **6.** in Klassen einteilen; **7.** einordnen, einstufen: *to ~ with* gleichstellen mit; '**~-book** *s. ped.* **a)** *Brit.* Lehrbuch *n*, **b)** *Am.* Klassenbuch *n*; '**~-'con·scious** *adj.* klassenbewußt; **~ dis·tinc·tion** *s. sociol.* 'Klassen͵unterschied *m*.

clas·sic ['klæsik] **I.** *adj.* (□ **~ally**) **1.** erstklassig, ausgezeichnet; **2.** klassisch, althergebracht; anerkannt, mustergültig; von dauerndem Wert; **3.** klassisch: **a)** griechisch-römisch, **b)** schlicht u. würdig: *~ style*; **II.** *s.* **4.** Klassiker *m*; **5.** klassisches Werk; **6.** Jünger *m* der Klassik; **7.** *pl.* **a)** klassische Litera'tur, **b)** *die* alten Sprachen; '**clas·si·cal** [-kəl] *adj.* □ **1.** → *classic 1,2,3*: *~ music* klassische Musik; **2. a)** altsprachlich, **b)** huma'nistisch (gebildet): *~ education* humanistische Bildung; *the ~ languages* die alten Sprachen; *~ scholar* Altphilologe; '**clas·si·cism** [-isizəm] *s.* **1.** Klassi'zismus *m*; **2.** klassische Redewendung; '**clas·si·cist** [-isist] *s.* Kenner *m od.* Anhänger *m* des Klassischen u. der Klassiker.

clas·si·fi·ca·tion [klæsifi'keiʃən] *s.* **1.** Klassifizierung *f*, Einteilung *f*, Anordnung *f*; Ru'brik *f*; **clas·si·fied** ['klæsifaid] *adj.* **1.** klassifiziert, eingeteilt: *~ advertisements* Kleinanzeigen (*Zeitung*); *~ directory* Branchenverzeichnis; **2.** *Am.* geheim (*Dokument*); **clas·si·fy** ['klæsifai] *v/t.* klassifizieren, einteilen; einstufen.

class·less ['klɑ:slis] *adj.* klassenlos: *~ society*.

'**class|-list** *s. Brit.* Liste *f* der Stu'denten, die die ‚honours'-Prüfung bestanden haben; '**~·man** [-mæn] *s.* [*irr.*] *Brit.* Stu'dent *m*, der die ‚honours'-Prüfung bestanden hat; '**~-mate** *s.* 'Klassenkame͵rad(in); '**~-room** *s.* Klassenzimmer *n*; '**~-war** *s. pol.* Klassenkampf *m*.

class·y ['klɑ:si] *adj. sl.* 'prima, ‚Klasse'.

clat·ter ['klætə] **I.** *v/i.* **1.** klappern, rasseln; **2.** trappeln, trampeln; **II.** *v/t.* **3.** klappern *od.* rasseln mit; **III.** *s.* **4.** Klappern *n*, Rasseln *n*, Krach *m*; **5.** Getrappel *n*; **6.** Lärm *m*; Stimmengewirr *n*.

clause [klɔ:z] *s.* **1.** *ling.* (Neben-)Satz *m*, Satzteil *m*, -glied *n*; **2.** 'Klausel *f*, Bestimmung *f*; *engS.* Absatz *m*, Para'graph *m*.

claus·tral ['klɔ:strəl] *adj.* Kloster...

claus·tro·pho·bi·a [klɔ:strə'foubjə] *s.* Klaustropho'bie *f* (*Furcht vor geschlossenen Räumen*).

clav·i·chord ['klævikɔ:d] *s.* ♪ Clavi'chord *n* (*Vorläufer des Klaviers*).

clav·i·cle ['klævikl] *s. anat.* Schlüsselbein *n*.

claw [klɔ:] **I.** *s.* **1.** *zo.* **a)** Klaue *f*, Kralle *f* (*beide a. fig.*): *to get one's ~s into s.o. fig.* j-n in s-e Klauen bekommen; *to pare s.o.'s ~s fig.* j-m die Krallen beschneiden, **b)** Schere *f* (*Krebs etc.*), **c)** Pfote *f* (*a. fig. contp. Hand*); **2.** ⊕ Klaue *f*, (Greif-)Haken *m*; **II.** *v/t.* **3.** (zer)kratzen, zerreißen, zerren; **4.** um'krallen, packen: *to ~ hold of* mit Krallen *od.* Händen packen; **III.** *v/i.* **5.** kratzen; **6.** reißen, zerren (*at* an); **7.** packen, greifen (*at* nach); **8.** ⚓ *~ off* vom Ufer abhalten; '**~-ham·mer** *s.* ⊕ Klauenhammer *m*: *~ coat* F Frack.

clay [klei] *s.* **1.** Ton *m*, Lehm *m*: *~ hut* Lehmhütte; → *potter*[2] *1*; **2.** *fig.* Erde *f*, Staub *m* u. Asche *f*; **3.** → *clay pipe*; **~ court** *s. Tennis*: Hartplatz *m*.

clay·ey ['kleii] *adj.* lehmig, Lehm...

clay·more ['kleimɔ:] *s. hist.* schottisches Breitschwert.

clay| pi·geon *s. sport* Wurf-, Tontaube *f*: *~ shooting* Wurf-, Tontaubenschießen; **~ pipe** *s.* Tonpfeife *f*; **~ pit** *s.* Lehmgrube *f*.

clean [kli:n] **I.** *adj.* □ **1.** rein, sauber; **2.** sauber, frisch, neu (*Wäsche*); unbeschrieben (*Papier*); **3.** reinlich; stubenrein; **4.** einwandfrei, makellos (*a. fig.*); astfrei (*Holz*); fast fehlerlos (*Korrekturbogen*); → *copy 1*; **5.** lauter, sauber; anständig, ehrbar; gesittet; schuldlos: *~ record* tadelloser Ruf; **6.** ebenmäßig, von schöner Form; glatt (*Schnitt, Bruch*); **7.** sauber, geschickt (ausgeführt), tadellos; **II.** *adv.* **8.** rein, sauber: *to sweep ~* rein ausfegen; *to come ~ Am. sl.* alles eingestehen; **9.** rein, glatt, völlig, to'tal: *I ~ forgot* ich vergaß ganz; *~ gone* **a)** spurlos verschwunden, **b)** *sl.* total übergeschnappt; **III.** *v/t.* **10.** reinmachen, reinigen, säubern; *Kleider* ('chemisch) reinigen; **11.** *Fenster, Schuhe, Zähne* putzen; **IV.** *v/i.* **12.** sich reinigen lassen; **~ down** *v/t.* gründlich reinigen; **~ out** *v/t.* **1.** reinigen; **2.** auslesen, -räumen; räumen; **3.** *sl. j-n* ‚schröpfen', ausrauben; **~ up** *v/t.* **1.** gründlich reinigen; **2.** aufräumen; in Ordnung bringen, erledigen (*a. fig.*); **3.** *sl.* (*v/i.* schwer) einheimsen.

clean| bill of lad·ing *s.* ✝ reines Konnosse'ment; **'~-bred** *adj.* reinrassig; **'~-'cut** *adj.* **1.** klar um'rissen; klar, deutlich; **2.** regelmäßig; wohlgeformt.

clean·er ['kli:nə] *s.* **1.** Reiniger *m* (*Person, Gerät od. Mittel*); Raumpflegerin *f*; ...putzer *m*; **2.** *pl.* ('chemische) Reinigung.

'clean|-'fin·gered *adj.* ehrlich; **'~-'hand·ed** *adj.* schuldlos; rechtschaffen; **'~-'limbed** *adj.* wohlproportioniert.

clean·li·ness ['klenlinis] *s.* Reinlichkeit *f*; **clean·ly** ['klenli] *adj.* □ reinlich.

clean·ness ['kli:nnis] *s.* Sauberkeit *f*, Reinheit *f*.

cleanse [klenz] *v/t.* **1.** (*a. fig.*) reinigen, säubern, reinwaschen (*from* von); **2.** läutern; **'cleans·er** [-zə] *s.* Reinigungsmittel *n*.

'clean|-'shav·en *adj.* glattrasiert; **'~-'up** *s.* **1.** Reinigung *f*; Aufräumen *n*; **2.** F 'Säuberungsakti‚on *f*; Ausrottung *f*; **3.** *Am. sl.* Pro'fit *m*, Gewinn *m*.

clear [kliə] **I.** *adj.* □ → *clearly*; **1.** klar, hell, 'durchsichtig, rein (*a. fig.*): *a ~ day* ein klarer Tag; *a ~ light* ein helles Licht; *a ~ sky* ein heiterer Himmel; *as ~ as day(light)* sonnenklar; *~ as mud* F völlig unklar; *a ~ conscience* ein reines Gewissen; **2.** klar, deutlich; 'übersichtlich; scharf (*Photo, Sprache, Verstand*): *a ~ head* ein klarer Kopf; *~ judgment* gesundes Urteil; *to be ~ in one's mind* sich klar darüber sein; *to make o.s. ~* sich verständlich machen; **3.** klar, offensichtlich; sicher, zweifellos: *I am quite ~ (that)* ich bin ganz sicher (daß); **4.** klar, rein; unvermischt; ✝ netto: *~ profit* Reingewinn; *~ loss* reiner Verlust; *~ skin* reine Haut; *~ soup* klare Suppe; *~ water* (nur) reines Wasser; **5.** klar, hell (*Ton*): *as ~ as a bell* glockenrein; **6.** frei (*of* von), offen; unbehindert; ohne: *to keep the roads ~* die Straßen offenhalten; *~ of debt* schuldenfrei; *to see one's way ~* freie Bahn haben; *to keep ~ of* **a)** (ver)meiden, **b)** sich fernhalten von; *keep ~ of the gates!* Eingang (*Tor*) freihalten!; *to be ~ of s.th.* et. los sein; *to get ~ of* loskommen von; **7.** ganz, voll: *a ~ month* ein voller Monat; **8.** ⊕ licht (*Höhe, Weite*); **II.** *adv.* **9.** hell; klar, deutlich; **10.** frei, los, fort; **11.** völlig, glatt: *~ over the fence* glatt über den Zaun; **III.** *s.* **12. a)** ⊕ lichte Weite, **b)** ⚡ *in (the) ~* im Klartext (*Funkspruch*); **IV.** *v/t.* **13.** *a. ~ up* (auf)klären, erläutern; **14.** säubern, reinigen (*a. fig.*), befreien; losmachen (*of* von): *to ~ the street of snow* die Straße von Schnee reinigen; **15.** *Saal etc.* räumen, leeren; *Waren(lager)* räumen (→22); *Tisch* abräumen, abdecken; *Straße* freimachen; *Land, Wald* roden: *to ~ the way* Platz machen, den Weg bahnen; *to ~ out of the way fig.* beseitigen; **16.** reinigen, säubern: *to ~ the air a. fig.* die Atmosphäre reinigen; *to ~ one's throat* sich räuspern; **17.** frei-, lossprechen; entlasten (*of, from* von): *to ~ one's conscience* sein Gewissen entlasten; *to ~ one's name* s-n Namen reinwaschen; **18.** (knapp *od.* heil) vor'beikommen an (*dat.*): *my car just ~ed the bus*; **19.** *Hindernis* nehmen, glatt springen über (*acc.*): *to ~ the hedge*; *to ~ 6 feet* 6 Fuß hoch springen; **20.** Gewinn erzielen, einheimsen: *to ~ expenses* die Unkosten einbringen; **21.** ⚓ **a)** *Schiff* klarmachen (*for action* zum Gefecht), **b)** *Schiff* ausklarieren, **c)** *Ladung* löschen, **d)** *Hafen* verlassen; **22.** ✝ bereinigen, bezahlen; *Scheck* einlösen; *Ware* verzollen (→ *15*); abfertigen; **V.** *v/i.* **23.** sich aufklären (*Wetter*); **24.** sich klären (*Wein etc.*); **25.** ⚓ **a)** klar kommen, **b)** 'Zollformali‚täten erledigen;

Zssgn mit adv.:

clear| a·way I. *v/t.* **1.** wegräumen; beseitigen; **II.** *v/i.* **2.** verschwinden; **3.** (den Tisch) abdecken; **~ off I.** *v/t.* **1.** beseitigen, loswerden; **2.** erledigen; **II.** *v/i.* **3.** → *clear out 3*; **~ out I.** *v/t.* **1.** ausräumen, reinigen; **2.** ✝ ausverkaufen; **II.** *v/i.* **3.** verschwinden; ‚sich verziehen', ‚abhauen'; **~ up I.** *v/t.* **1.** ab-, forträumen; **2.** bereinigen, erledigen; **3.** aufklären, lösen; **II.** *v/i.* **4.** sich aufklären (*Wetter*).

clear·ance ['kliərəns] *s.* **1.** Räumung *f* (*a.* ✝), Beseitigung *f*; Leerung *f*; Freilegung *f*; **2.** Rodung *f*; **3.** Lichtung *f*; **4.** ⊕ lichter Raum, Zwischenraum *m*; Spiel(raum *m*) *n*; **5.** Freigabe *f*, Zulassung *f*; ✈ (Start-) Erlaubnis *f*; **6.** ✝ Einlösung *f*, Verrechnung *f* (*Scheck*); Zollschein *m*; **7.** ⚓ (Aus)Klarierung *f*, Zollabfertigung *f*; **~ sale** *s. Brit.* (Räumungs-) Ausverkauf *m*.

'clear|-'cut *adj.* scharf um'rissen; klar, eindeutig; **'~-'head·ed** *adj.* klardenkend, klug.

clear·ing ['kliəriŋ] *s.* **1.** Lichtung *f*, Rodung *f*; **2.** ✝ Clearing *n*, Verrechnungsverkehr *m* (*Bank*); **~ bank** *s.* 'Girobank *f*; **2 Hos·pi·tal** *s.* ⚔ *Brit.* 'Feldlaza‚rett *n* (*als Durchgangsstelle*); **'2-House** *s.* ✝ Clearinghaus *n*; Ab-, Verrechnungsstelle *f*; **2 Of·fice** *s.* Ausgleichsamt *n*.

clear·ly ['kliəli] *adv.* **1.** klar, deutlich; **2.** *~, that is wrong* offensichtlich ist das falsch; **3.** zweifellos, ‚klar'; **clear·ness** ['kliənis] *s.* **1.** Klarheit *f*, Deutlichkeit *f*; **2.** *fig.* Reinheit *f*; Schärfe *f*.

'clear|-'sight·ed *adj.* **1.** scharfsichtig; **2.** *fig.* klardenkend, scharfsinnig; **'~-starch** *v/t.* *Wäsche* stärken.

cleat [kli:t] *s.* **1.** ⚓ Klampe *f*; **2.** Keil *m*, Pflock *m*; **3.** ⚡ Isolierschelle *f*; **4.** ⊕ Querleiste *f*.

cleav·age ['kli:vidʒ] *s.* **1.** Spaltung *f* (*a. fig.*); Spaltbarkeit *f*; **2.** Zwiespalt *m*.

cleave[1] [kli:v] *v/i.* **1.** kleben (*to* an *dat.*); **2.** *fig.* (*to*) festhalten (an *dat.*), halten (zu *j-m*), treu bleiben (*dat.*), anhängen (*dat.*).

cleave[2] [kli:v] **I.** *v/t.* [*irr.*] **1.** (zer-) spalten; **2.** hauen, reißen; *Weg* bahnen; **3.** *Wasser, Luft etc.* durch'schneiden, (zer)teilen; **II.** *v/i.* [*irr.*] **4.** sich spalten, bersten; **'cleav·er** [-və] *s.* Hackmesser *n*, -beil *n*.

cleav·ers ['kli:vəz] *s. sg. u. pl.* ⚘ Labkraut *n*.

cleek [kli:k] *s.* langer Golfschläger.

clef [klef] *s.* ♪ (Noten)Schlüssel *m*.

cleft[1] [kleft] *pret. u. p.p. von cleave*[2].

cleft[2] [kleft] **I.** *s.* Spalte *f*, Kluft *f*, Riß *m*; **II.** *adj.* gespalten, geteilt; **~ pal·ate** *s.* Gaumenspalte *f*, Wolfsrachen *m*; **~ stick** *s.* ‚Klemme' *f*, schwierige Lage.

clem [klem] *v/i. u. v/t. Brit.* verhungern *od.* verdursten (lassen).

clem·a·tis ['klemətis] *s.* ⚘ Waldrebe *f*, Kle'matis *f*.

clem·en·cy ['klemənsi] **I.** *s.* Milde *f* (*a. Wetter*), Nachsicht *f*; **II.** *adj.* Gnaden... (*-behörde etc.*); **'clem·ent** [-nt] *adj.* □ mild (*a. Wetter*), nachsichtig, gnädig.

clench [klentʃ] **I.** *v/t.* **1.** *bsd. Lippen* zs.-pressen; *Zähne* zs.-beißen; *Faust* ballen: *to ~ one's fist*; **2.** fest anpakken; (an)spannen (*a. fig.*); **3.** → *clinch 1, 2, 3*; **II.** *v/i.* **4.** sich fest zs.-pressen; sich ballen; **'clench·er** [-tʃə] → *clincher*.

clere·sto·ry ['kliəstəri] *s.* **1.** △ Lichtgaden *m* (*Kirche*); **2.** 🚃 Dachaufsatz *m* mit Fenstern.

cler·gy ['klə:dʒi] *s. eccl.* Geistlichkeit *f*, Klerus *m*, *die* Geistlichen *pl.*: *20 ~* 20 Geistliche; **'~·man** [-mən] *s.* [*irr.*] Geistliche(r) *m*.

cler·ic ['klerik] *s.* 'Kleriker *m*; **'cler·i·cal** [-kəl] **I.** *adj.* □ **1.** geistlich: *~ collar* Kragen des Geistlichen; **2.** *pol.* kleri'kal; **3.** Schreib..., Büro...: *~ error* Schreibfehler; *~ work* Büroarbeit; **II.** *s.* **4.** *pol.* Kleri'kale(r) *m*; **'cler·i·cal·ism** [-kəlizəm] *s. pol.* Klerika'lismus *m*, kleri'kale Poli'tik.

clerk [klɑ:k] **I.** *s.* **1.** Sekre'tär *m*; Kanz'list *m*, (Bü'ro)Schreiber *m*: *~ of the court* Protokollführer, *weitS.* Urkundsbeamter; **2.** Konto'rist(in), Bü'roangestellte(r *m*) *f*; (Bank)Beamte(r) *m*, (-)Beamtin *f*: *book-keeping ~* Buchhalter; **3.** *Brit.* Vorsteher *m*, Leiter *m*: *~ of the works* Leiter der öffentlichen Bauten; *~ of the weather fig.* Wettergott, Petrus; **4.** *Am.* Verkäufer(in) *im Laden*; **5.** *~ in holy orders eccl.* Geistliche(r); **II.** *v/i.* **6.** als Schreiber *etc. od. Am.* als Verkäufer(in) tätig sein; **'clerk·ly** [-li] *adj.* e-n Schreiber betreffend: *~ hand* schöne Handschrift; **'clerk·ship** [-ʃip] *s.* Stellung *f* e-s Büroangestellten *etc. od. Am.* Verkäufers.

clev·er ['klevə] *adj.* □ **1.** geschickt, raffiniert (*Person u. Sache*); gewandt; **2.** klug, gescheit; begabt (*at* in); **3.** geistreich (*Worte, Buch*);

'clev·er·ness [-nis] *s.* Geschicklichkeit *f*; Klugheit *f*.
clew [klu:] **I.** *s.* **1.** Knäuel *m, n* (*Garn*); **2.** → *clue 1, 2*; **3.** ⚓ Schothorn *n*; **II.** *v/t.* **4.** ~ *up Segel* aufgeien; ~ **gar·net** *s.* ⚓ Geitau *n*.
cli·ché ['kli:ʃei] *s.* Kli'schee *n*: **a)** *typ.* Druckstock *m*, **b)** *fig.* Gemeinplatz *m*, abgedroschene Phrase.
click [klik] **I.** *s.* **1.** Klicken *n*, Knipsen *n*, Knacken *n*, Ticken *n*; Einschnappen *n*; **2.** ⊕ Schnapp-, Sperrvorrichtung *f*; Sperrhaken *m*, Klinke *f*; **3.** Schnalzen *n*; **II.** *v/i.* **4.** klicken, knacken, ticken; **5.** schnalzen; **6.** (zu-, ein)schnappen; **7.** *sl.* **a)** tadellos klappen, **b)** sofort Gefallen anein'anderfinden, *engS.* sich inein'ander ‚verknallen' (*verlieben*); **III.** *v/t.* **8.** klicken *od.* ticken *od.* knacken *od.* einschnappen lassen: *to* ~ *the door* (*to*) die Tür zuklinken; *to* ~ *one's heels* (*together*) die Hacken zs.-schlagen; **9.** schnalzen mit: *to* ~ *one's tongue*.
cli·ent ['klaiənt] *s.* **1.** ⚖ Kli'ent(in); **2.** ✝ Kunde *m*, Kundin *f*; **3.** Pati'ent(in) (*Arzt*); **cli·en·tele** [kli:ã:n'teil] *s.* **1.** Klien'tel *f*, Kli'enten *pl.*; **2.** Pa'tienten(kreis *m*) *pl.*; **3.** Kunden(-kreis *m*) *pl.*, Kundschaft *f*.
cli·ent state *s. pol.* abhängiger Staat.
cliff [klif] *s.* Klippe *f*, Felsen *m*: *to go over the* ~ F *fig.* ‚eingehen', pleite gehen; ~ **dwell·ing** *s.* Felsenwohnung *f*.
cli·mac·ter·ic [klai'mæktərik] **I.** *adj.* **1.** entscheidend, 'kritisch; **2.** ⚕ klimak'terisch; **II.** *s.* **3.** kritische Zeit, kritisches Alter; **4.** ⚕ Klimak'terium *n*, Wechseljahre *pl.*
cli·mate ['klaimit] *s.* **1.** 'Klima *n*; **2.** Himmelsstrich *m*; **3.** *fig.* Atmo'sphäre *f*, Stimmung *f*, 'Umstände *pl.*, Klima *n*; **cli·mat·ic** [klai'mætik] *adj.* (□ ~*ally*) kli'matisch; **cli·ma·to·log·ic** *adj.*; **cli·ma·to·log·i·cal** [klaimətə'lɔdʒik(ə)l] *adj.* □ klimato'logisch; **cli·ma·tol·o·gy** [klaimə'tɔlədʒi] *s.* Klimatolo'gie *f*, 'Klimakunde *f*.
cli·max ['klaimæks] **I.** *s.* **1.** Steigerung *f*; **2.** Gipfel *m*, Höhepunkt *m*; 'Krisis *f*; **3.** (sexu'eller) Höhepunkt, Or'gasmus *m*; **II.** *v/t.* **4.** auf e-n Höhepunkt bringen; **III.** *v/i.* **5.** e-n Höhepunkt erreichen.
climb [klaim] **I.** *s.* **1.** Aufstieg *m*, Besteigung *f*; 'Kletterpar,tie *f*; **II.** *v/i.* **2.** klettern; **3.** steigen (*Straße*, *Flugzeug*); **4.** (auf-, em'por)steigen (*a. fig.*); **5.** ♀ sich hin'aufranken; **III.** *v/t.* **6.** be-, ersteigen; steigen *od.* kletternauf (*acc.*), erklettern; ~ **down** *v/i.* **1.** hin'untersteigen, -klettern; **2.** nachgeben, klein beigeben; ~ **up** *v/t. u. v/i.* hin'aufsteigen, -klettern.
climb·a·ble ['klaiməbl] *adj.* ersteigbar; **'climb-down** *s.* F Nach-, Aufgeben *n*, Rückzieher *m*; **'climb·er** [-mə] *s.* **1.** Kletterer *m*; Bergsteiger(in); **2.** ♀ Schlingpflanze *f*; **3.** *orn.* Klettervogel *m*; **4.** F (gesellschaftlicher) Streber.
climb·ing ['klaimiŋ] *s.* **1.** Klettern *n*; **2.** ✈ Steilflug *m*; '~**-i·rons** *s. pl. mount.* Steigeisen *pl.*
clime [klaim] *s. poet.* Gegend *f*, Landstrich *m*.
clinch [klintʃ] **I.** *v/t.* **1.** entscheiden, zum Abschluß bringen; *Handel* festmachen: *this* ~*ed it* damit war die Sache entschieden; *to* ~ *an argument* zwingende Beweisgründe anführen; **2.** ⊕ **a)** sicher befestigen, **b)** vernieten; **3.** *Boxen*: um'klammern; **II.** *s.* **4.** fester Griff *od.* Halt; **5.** *Boxen*: Um'klammerung *f*, Clinch *m*; **6.** ⊕ Vernietung *f*; Niet *m*; **'clinch·er** [-tʃə] *s.* F entscheidendes Argu'ment, Trumpf *m*.
cling [kliŋ] *v/i.* [*irr.*] **1.** (*to*) kleben, haften (an *dat.*); anhaften (*dat.*): *to* ~ *together* zs.-halten (*a. fig.*); **2.** (*to*) hängen (an *dat.*) (*a. fig.*); festhalten (*acc. od.* an *dat.*), nicht aufgeben (*acc.*); **3.** (*to*) sich nahe halten an (*dat.*); sich klammern *od.* anschmiegen an (*acc.*); sich anschließen an (*acc.*); **'cling·ing** [-ŋiŋ] *adj.* **1.** enganliegend (*Kleid*); **2.** (zu) anhänglich.
cling| peach, '~**·stone** *s.* Pfirsich *m* mit anhaftendem Kern.
clin·ic ['klinik] **I.** *s.* **1.** 'Klinik *f*, (Universi'täts)Krankenhaus *n*: *closed* ~ geschlossene Anstalt; **2.** 'klinisches 'Praktikum; **'clin·i·cal** [-kəl] *adj.* □ klinisch: ~ *instruction* Unterricht am Krankenbett; ~ *thermometer* Fieberthermometer.
clin·i·car ['klinikɑ:] *s.* Notarztwagen *m*.
clink[1] [kliŋk] **I.** *v/i.* klingen, klimpern, klirren; **II.** *v/t.* klingen *od.* klirren lassen: *to* ~ *glasses* (mit den Gläsern) anstoßen.
clink[2] [kliŋk] *s. sl.* ‚Kittchen' *n*, ‚Loch' *n* (*Gefängnis*): *in* ~.
clink·er[1] ['kliŋkə] *s.* **1.** Klinker *m*, Hartziegel *m*; **2.** Schlacke *f*.
clink·er[2] ['kliŋkə] *s. Brit. sl.* Prachtkerl *m*, -stück *n*; Treffer *m*.
clink·er-built *adj.* ⚓ klinkergebaut (*Ggs. kraweelgebaut*).
clink·ing ['kliŋkiŋ] *adj. u. adv. Brit. sl.* ‚prima', ‚Klasse': ~ *good* großartig.
cli·nom·e·ter [klai'nɔmitə] *s.* Neigungs-, Winkelmesser *m*.
clip[1] [klip] **I.** *v/t.* **1.** (*mit der Schere etc.*) abschneiden; beschneiden (*a. fig.*); *Schwanz, Flügel, Hecke* stutzen: *to* ~ *s.o.'s wings fig.* j-m die Flügel beschneiden; **2.** *Haare* (*mit der Maschine*) schneiden; *Tiere* scheren; **3.** *aus der Zeitung* ausschneiden; *Fahrschein* lochen; **4.** *Silben od. Buchstaben* verschlucken; **II.** *s.* **5.** Schnitt *m*, Schur *f*; **6.** Wollertrag *m e-r Schur*; **7.** F Klaps *m*, Hieb *m*; **8.** *Am.* (hohes) Tempo *n*.
clip[2] [klip] **I.** *s.* **1.** (Bü'ro-, Heft-) Klammer *f*, Klemme *f*, Spange *f*, Halter *m*; **2.** ⚔ (*Patronen*)Rahmen *m*, Ladestreifen *m*; **II.** *v/t.* **3.** festhalten; befestigen, (an)klammern.
clip·per ['klipə] *s.* **1.** Klipper *m*: **a)** ⚓ Schnellsegler *m*, **b)** ✈ Verkehrsflugzeug *n*; **2.** Renner *m* (*schnelles Pferd*); **3.** *sl.* 'Prachtexem,plar *n*; **4.** *pl.* 'Haarschneide-, 'Scherma,schine *f*.
clip·pie ['klipi] *s.* F *Brit.* 'Omnibus-, Straßenbahnschaffnerin *f*.
clip·ping ['klipiŋ] **I.** *s.* **1.** (Zeitungs-) Ausschnitt *m*; **2.** *mst pl.* Schnitzel *pl.*, Abfälle *pl.*; **II.** *adj.* **3.** schnell; **4.** *sl.* ‚toll'.
clique [kli:k] *s.* 'Clique *f*, Bande *f*, Klüngel *m*; **'cli·quish** [-kiʃ] *adj.* cliquenhaft.
cli·to·ris ['klitəris] *s. anat.* 'Klitoris [*f*, Kitzler *m*.]
clo·a·ca [klou'eikə] *pl.* **-s, -cae** [-ki:] *s.* **1.** Klo'ake *f* (*a. zo.*; *a. fig. Sündenpfuhl*); **2.** A'bort *m*.
cloak [klouk] **I.** *s.* **1.** (loser) Mantel, 'Umhang *m*; **2.** *fig.* Deckmantel *m*: *under the* ~ *of night* im Schutz der Nacht; **II.** *v/t.* **3.** (wie) mit e-m Mantel bedecken; **4.** *fig.* bemänteln, verhüllen; '~**-and-'dag·ger** *adj.* **1.** Verschwörung u. In'trige betreffend, ‚Mantel- und-Degen...'; **2.** Spionage...; '~**-room** *s.* **1.** Garde'robe *f*; **2.** 🚃 Handgepäckaufbewahrung *f*; **3.** *Brit.* F Toi'lette *f*.
clob·ber ['klɔbə] *v/t. sl.* **1.** verprügeln, *fig.* ‚fertigmachen'; **2.** *sport* ‚abfertigen', ‚vernaschen'.
cloche [klouʃ] *s.* **1.** Glasglocke *f* (*für Pflanzen*); **2.** Glocke *f* (*Damenhut*).
clock[1] [klɔk] **I.** *s.* **1.** (*Wand-, Turm-, Stand*)Uhr *f*: *five o'clock* fünf Uhr; *round the* ~ den ganzen Tag (*durchschlafen etc.*); *to put the* ~ *back fig.* die Uhr zurückdrehen; **2.** F **a)** Kon'troll-, Stoppuhr *f*, **b)** Fahrpreisanzeiger *m* (*Taxi*); **3.** F ♀ Pusteblume *f*; **II.** *v/t.* **4.** *bsd. sport* (*mit der Uhr*) abstoppen; **5.** Zeit *od.* Menge mit e-r ‚Uhr' anzeigen; **6.** *sport Zeit* erreichen; **III.** *v/i.* **7.** ~ *in* (*out*) einstempeln (ausstempeln).
clock[2] [klɔk] *s.* Verzierung *f* (*an der Seite e-s Strumpfes*).
'clock|-face *s.* Zifferblatt *n*; ~ **radi·o** *s.* 'Radiowecker *m*; '~**·wise** *adj. u. adv.* im Uhrzeigersinn; rechtsläufig, Rechts...: ~ *rotation*; '~**-work** *s.* Uhrwerk *n*: *like* ~ wie am Schnürchen, (pünktlich) wie die Uhr; ~ *toy* mechanisches Spielzeug; ~ *fuse* ⚔ Uhrwerkzünder.
clod [klɔd] *s.* **1.** Erdklumpen *m*, Scholle *f*; **2.** *fig.* Tölpel *m*, Dummkopf *m*; '~**·hop·per** *s.* Bauerntölpel *m*; '~**-hop·ping** *adj.* grob, ungeschlacht.
clog [klɔg] **I.** *s.* **1.** Holzklotz *m*; **2.** Pan'tine *f*, Holzschuh *m*; **3.** *fig.* Hemmnis *n*, Hindernis *n*; **II.** *v/t.* **4.** (be)hindern, hemmen; **5.** verstopfen, versperren; verschmutzen; **6.** *fig.* belasten, 'vollpfropfen; **III.** *v/i.* **7.** sich verstopfen; stocken; **8.** klumpig werden, sich zs.-ballen; '~**-dance** *s.* Holzschuhtanz *m*.
cloi·son·né (en·am·el) [klwɑ:zɔ'nei] *s.* Cloison'né *n*, Zellenschmelz *m*.
clois·ter ['klɔistə] **I.** *s.* **1.** Kloster *n*; **2.** △ **a)** Kreuzgang *m*, **b)** *oft pl.* gedeckter (Säulen)Gang *um e-n Hof*; **II.** *v/t.* **3.** in ein Kloster stecken; **4.** *fig.* (*a. o.s.* sich) von der Welt abschließen; **'clois·tered** [-əd] *adj.* zu'rückgezogen, abgeschieden; **'clois·tral** [-trəl] *adj.* klösterlich.
close[1] [klous] **I.** *adj.* □ → *closely*; **1.** geschlossen (*a. ling.*): ~ *formation* (*od. order*) ⚔ (Marsch)Ordnung; **2.** zu'rückgezogen, abgeschlossen; **3.** verschlossen, verschwiegen, zu'rückhaltend; **4.** verborgen, geheim; **5.** geizig; sparsam; **6.** knapp (*Geld*; *Sieg*): ~ *election* knapper Wahlsieg; ~ *price* ✝ scharf kalkulierter Preis;

7. eng, beschränkt (*Raum*); **8.** nahe, dicht; *fig.* eng, vertraut: ~ *combat* ⚔ Nahkampf; ~ *proximity* nächste Nähe; ~ *fight* zähes Ringen, Handgemenge; ~ *finish* scharfer Endkampf; ~ *shave* (*od. Am. call*) F knappes Entrinnen; ~ *friend* vertrauter Freund; **9.** dicht, eng; fest; enganliegend (*Kleid*): ~ *texture* dichtes Gewebe; ~ *writing* gedrängte Schrift; **10.** genau, gründlich, streng, eingehend (*Prüfung etc.*); scharf (*Aufmerksamkeit, Bewachung*); stark (*Wettbewerb, Ähnlichkeit*); getreu (*Übersetzung, Abschrift*); **11.** schwül, dumpf; **II.** *adv.* **12.** nahe, eng, dicht, gedrängt: ~ *by* nahe (da)bei; ~ *at hand* nahe bevorstehend; ~ *to the ground* dicht am Boden; ~ *on 40* beinahe 40; *to cut* ~ sehr kurz schneiden; *to keep* ~ in der Nähe bleiben; *to keep o.s.* ~ sich zurückhalten; *to press s.o.* ~ j-n (be-)drängen; *to run s.o.* ~ j-m fast gleichkommen; **III.** *s.* **13.** Einfriedigung *f*, Hof *m* (*um Kirche od. Schule*); **14.** kurze um'baute Sackgasse; **15.** *Scot.* 'Haus,durchgang *m zum Hof.*

close² [klouz] **I.** *s.* **1.** (Ab)Schluß *m*, Ende *n*: *to bring to a* ~ beendigen; **2.** Handgemenge *n*, Kampf *m*; **II.** *v/t.* **3.** schließen, zumachen; *Straße* sperren; *Loch* verstopfen: *to* ~ *the door on fig.* **a)** *j-n* abweisen, **b)** *et.* unmöglich machen; *to* ~ *one's eyes to s.th.* et. absichtlich übersehen; *to* ~ *a shop* **a)** e-n Laden schließen, **b)** ein Geschäft aufgeben; *to* ~ *about s.o.* j-n umschließen *od.* umgeben; **4.** beenden, ab-, beschließen; zum Abschluß bringen, erledigen; → *account 5*; **III.** *v/i.* **5.** schließen, geschlossen werden; sich schließen; **6.** enden, aufhören; **7.** sich nähern, her'anrücken; **8.** ~ *with* **a)** (handels)einig werden mit *j-m*, sich mit *j-m* einigen (*on* über *acc.*), **b)** handgemein mit *j-m* werden; ~ **down I.** *v/t.* schließen; *Geschäft* aufgeben; *Betrieb* stillegen; **II** *v/i.* schließen; stillgelegt werden; ~ **in** *v/i.* (*upon*) her'einbrechen (über *acc.*), sich her'anarbeiten (an *acc.*), einschließen (*acc.*); ~ **up I.** *v/t.* (ver)schließen, verstopfen, ausfüllen; **II.** *v/i.* näher rücken, aufschließen; sich schließen *od.* füllen.

'close|-'bod·ied ['klous-] *adj.* enganliegend (*Kleider*); **'~-'cropped** *adj.* kurzgeschoren.

closed| cir·cuit [klouzd] *s.* ⚡ geschlossener Stromkreis: ~ *current* Ruhestrom; **'~-cir·cuit tel·e·vi·sion** *s.* Kabelfernsehen *n*; ~ **shop** *s.* ✝ Unter'nehmen *n* mit Gewerkschaftszwang.

'close|-'fist·ed ['klous] *adj.* geizig, knauserig; **'~-'fit·ting** *adj.* enganliegend; **'~-'grained** *adj.* feinkörnig, dichtfaserig (*Holz etc.*); **'~-'hauled** *adj.* ⚓ hart am Winde; **'~-'knit** *adj. fig.* festgefügt.

close·ly ['klousli] *adv.* **1.** dicht, eng, fest; **2.** aus der Nähe; genau; **3.** scharf, streng; **4.** kurz (*geschoren*); **'close·ness** [-snis] *s.* **1.** Nähe *f*; **2.** Enge *f*, Knappheit *f*; **3.** Dichte *f*, Festigkeit *f*; **4.** Genauigkeit *f*, Schärfe *f*, Strenge *f*; **5.** Verschlossenheit *f*; **6.** Schwüle *f*; **7.** Geiz *m.*

clos·et ['klɔzit] *s.* **1.** kleine Kammer; Gelaß *n*, Kabi'nett *n*; Geheimzimmer *n*; **2.** (eingebauter) Vorratsschrank, Wandschrank *m*; **3.** *abbr. für water-closet*; **'clos·et·ed** [-tid] *adj.*: *to be* ~ *with s.o.* e-e vertrauliche Besprechung mit j-m haben.

close| sea·son, ~ **time** *s. hunt.* Schonzeit *f*; **'~-'tongued** *adj.* verschwiegen; **'~-up** *s. Film*: Nah-, Großaufnahme *f.*

clos·ing ['klouziŋ] *s.* **Schluß** *m*; Schließung *f*; → *early closing*; **'~-date** *s.* 'Schlußter,min *m*; **'~-time** *s.* Geschäftsschluß *m*, Feierabend *m*; Poli'zeistunde *f.*

clo·sure ['klouʒə] **I.** *s.* **1.** Verschluß *m* (*a. Vorrichtung*); **2.** Schließung *f e-s Betriebs*, Stillegung *f e-r Zeche*; **3.** *parl.* Schluß *m* der De'batte: *to apply* (*od. move*) *the* ~ Antrag auf Schluß der Debatte stellen; **II.** *v/t.* **4.** *Debatte etc.* schließen.

clot [klɔt] **I.** *s.* Klumpen *m*, Klümpchen *n*: ~ *of blood* Blutgerinnsel; **II.** *v/i.* gerinnen, Klumpen bilden: *~ted hair* verklebtes Haar.

cloth [klɔθ] *pl.* **cloths** [-θs] **I.** *s.* **1.** Tuch *n*, Stoff *m*; *engS.* Wollstoff *m*: ~ *cap* Tuchmütze; ~ *of gold* Goldbrokat; → *coat 1*; **2.** Tuch *n*, Lappen *m*: *to lay the* ~ den Tisch dekken; **3.** geistliche Amtstracht: *the* ~ die Geistlichkeit; **4.** ⚓ **a)** Segeltuch *n*, **b)** Segel *pl.*; **5.** (Buchbinder-) Leinwand *f*: *~-binding* Leinenband; *~-bound* in Leinen gebunden.

clothe [klouð] *v/t.* **1.** (an-, be)kleiden; **2.** einkleiden, mit Kleidung versehen; **3.** *fig.* in *Worte* kleiden *od.* fassen; **4.** *fig.* einhüllen; um'hüllen.

clothes [klouðz] *s. pl.* **1.** Kleider *pl.*, Kleidung *f*; **2.** (*bsd.* Leib)Wäsche *f*; **'~-bas·ket** *s.* Wäschekorb *m*; **'~-brush** *s.* Kleiderbürste *f*; **'~-hang·er** *s.* Kleiderbügel *m*; **'~-horse** *s.* Wäschetrockner *m* (*Gestell*); **'~-line** *s.* Wäscheleine *f*; **'~-peg, '~-pin** *s.* Wäscheklammer *f*; **'~-post** *s.* Wäschepfahl *m*; **'~-press** *s.* Wäsche-, Kleiderschrank *m.*

'cloth-hall *s. hist.* Tuchbörse *f.*

cloth·ier ['klouðiə] *s.* Tuch-, Kleiderhändler *m*; **'cloth·ing** [-ðiŋ] *s.* Kleidung *f*: *article of* ~ Kleidungsstück; ~ *industry* Bekleidungsindustrie.

clo·ture ['kloutʃə] *Am.* → *closure 3.*

cloud [klaud] **I.** *s.* **1.** Wolke *f* (*a. fig.*); Wolken *pl.*: ~ *of dust* Staubwolke; *to live in the ~s fig.* **a)** in höheren Regionen schweben, **b)** geistesabwesend sein; → *silver lining*; **2.** *fig.* Schwarm *m*, Haufen *m*: *a* ~ *of flies*; **3.** dunkler Fleck, Fehlstelle *f*; **4.** *fig.* Schatten *m*: *to cast a* ~ *on s.th.* e-n Schatten auf et. werfen; *under the* ~ *of night* im Schatten der Nacht; *under a* ~ **a)** unter Verdacht, **b)** in Ungnade, **c)** in Verruf; **II.** *v/t.* **5.** be-, um'wölken; **6.** *fig.* verdunkeln, trüben; 'un,durchsichtig *od.* 'un,übersichtlich machen; **7.** ädern, flecken; **8.** ⊕ *Stoff* moirieren; **III.** *v/i.* **9.** *a.* ~ *over* sich be- *od.* um'wölken, sich trüben (*a. fig.*); **'~-burst** *s.* Wolkenbruch *m*; **'~-capped** *adj.* mit e-r Wolkenhaube; **'~-cuck·oo-land** *s.* Wolken'kuckucksheim *n.*

cloud·ed ['klaudid] *adj.* **1.** be-, um'wölkt; *fig.* nebelhaft; **2.** trübe, wolkig (*a. Flüssigkeit etc.*); beschlagen (*Glas*); **3.** gefleckt, geädert; **'cloud·ing** [-diŋ] *s.* **1.** Wolken-, Moirémuster *n*; **2.** Trübung *f*; **'cloud·less** [-lis] *adj.* □ **1.** wolkenlos; **2.** klar, ungetrübt; **'cloud·y** [-di] *adj.* □ **1.** wolkig, bewölkt; **2.** geädert; moiriert (*Stoff*); **3.** trübe (*Flüssigkeit*); unklar, verschwommen; **4.** düster, betrübt.

clough [klʌf] *s. dial.* Bergschlucht *f.*

clout [klaut] **I.** *s.* **1.** Lappen *m*, Wisch *m*; **2.** F Schlag *m* (*a. Baseball u. Kricket*): ~ *on the head* Kopfnuß; **II.** *v/t.* **3.** F hauen; *j-m* e-e Kopfnuß geben; **'~-nail** *s.* Nagel *m* (*mit flachem Kopf*).

clove¹ [klouv] *s.* ⚘ Gewürznelke *f*: *oil of ~s* Nelkenöl.

clove² [klouv] *s.* ⚘ Brut-, Nebenzwiebel *f* (*Knoblauch etc.*).

clove³ [klouv] *pret. von cleave².*

clove hitch *s. ein* Schifferknoten *m.*

clo·ven [klouvn] **I.** *p.p. von cleave²*; **II.** *adj.* gespalten; ~ **foot** → *cloven hoof 1*; ~ **hoof** *s.* **1.** Huf *m* der Paarhufer; **2.** *fig.* ‚Pferdefuß' *m*: *to show the* ~ *fig.* sein wahres Gesicht zeigen; **'~-'hoofed** *adj. zo.* paarzehig, -hufig.

clove pink *s.* ⚘ Gartennelke *f.*

clo·ver ['klouvə] *s.* ⚘ Klee *m*: *to be* (*od. to live*) *in* ~ im Wohlstand leben; **'~-leaf** *s.* Kleeblatt *n*: ~ *intersection* ⊕ Kleeblatt (*Autobahnkreuzung*); ~ **seed** *s.* Kleesaat *f.*

clown [klaun] **I.** *s.* **1.** Clown *m*, Hans'wurst *m*, Kasper *m* (*alle a. fig.*); **2.** Bauernlümmel *m*, 'Grobian *m*; **II.** *v/i.* **3.** *a.* ~ *it* den Clown spielen, kaspern; **'clown·ish** [-niʃ] *adj.* □ **1.** bäurisch, tölpelhaft; **2.** närrisch.

cloy [klɔi] *v/t.* **1.** über'sättigen; **2.** anwidern.

club [klʌb] **I.** *s.* **1.** Keule *f*, Knüppel *m*; **2.** *sport* **a)** Schlagholz *n*, Schläger *m*, **b)** *a. Indian* ~ (Schwing-) Keule *f*; **3.** Klub *m*, Verein *m*, Gesellschaft *f*; **4.** Klub *m*, Vereinshaus *n*; **5.** *Spielkarten*: Treff *n*, Kreuz *n*, Eichel *f*; **II.** *v/t.* **6.** mit e-r Keule *od.* mit dem Gewehrkolben schlagen: *to* ~ *a rifle* mit dem Kolben dreinschlagen; **7.** *Geld* zs.-legen, -schießen; sich teilen in (*acc.*); **III.** *v/i.* **8.** *mst* ~ *together* (Geld) zs.-legen, sich zs.-tun; **club·ba·ble** ['klʌbəbl] *adj.* **1.** klub-, gesellschaftsfähig; **2.** gesellig; **clubbed** [klʌbd] *adj.* **1.** keulenförmig; **2.** ⚘ mit Auswüchsen.

club| car *s.* 🚂 *Am.* Sa'lonwagen *m*; ~ **chair** *s.* Klubsessel *m*; **'~-'foot** *s.* ⚕ Klumpfuß *m*; **'~-'foot·ed** *adj.* klumpfüßig; **'~-'house** → *club 4*; **'~-land** *s.* Klubviertel *n* (*bsd. in London*); **'~-'law** *s.* Faustrecht *n*; **'~-man** [-mən] *s.* [*irr.*] **1.** Klubmitglied *n*; **2.** Klubmensch *m*; ~ **sand·wich** *s. Am.* 'Sandwich *n* (*aus drei Lagen bestehend*); ~ **steak** *s. Am.* kleines (*Lenden*)Steak.

cluck [klʌk] **I.** *v/i.* glucken, locken: *~ing hen* Glucke; **II.** *s.* Glucken *n.*

clue [klu:] *s.* **1.** Anhaltspunkt *m*, Fingerzeig *m*, Spur *f*, Schlüssel *m*

(*Erzählung etc.*): *I haven't a ~!* keine Ahnung!; **2.** *myth.* Leitfaden *m*; **3.** → *clew 1, 3.*

clump [klʌmp] **I.** *s.* **1.** Klumpen *m* (*Erde*), (*Holz*)Klotz *m*; **2.** (Baum-)Gruppe *f*; **3.** Doppelsohle *f*; **4.** schwerer Tritt; **II.** *v/i.* **5.** trampeln; **III.** *v/t.* **6.** zs.-ballen; gruppieren; **7.** doppelt besohlen.

clum·si·ness ['klʌmzinis] *s.* **1.** Ungeschicklichkeit *f*, Schwerfälligkeit *f*; **2.** Taktlosigkeit *f*; **clum·sy** ['klʌmzi] *adj.* □ **1.** ungeschickt, unbeholfen; schwerfällig (*a. Stil*); **2.** plump, unförmig; **3.** taktlos.

clung [klʌŋ] *pret. u. p.p. von cling.*

Clu·ny lace ['klu:ni] *s.* Klöppelspitze *f.*

clus·ter ['klʌstə] **I.** *s.* **1.** ♀ Büschel *n*, Traube *f*; **2.** Haufen *m* (*a. ast.*), Menge *f*, Schwarm *m*, Gruppe *f*; **3.** ⚔ *Am.* Spange *f* (*am Ordensband*); **II.** *v/i.* **4.** in Büscheln *od.* Trauben wachsen; **5.** sich sammeln *od.* häufen *od.* drängen *od.* ranken (*round* um); in Gruppen stehen.

clutch[1] [klʌtʃ] **I.** *v/t.* **1.** fest (er-)greifen, packen; drücken; **2.** ⊕ kuppeln; **II.** *v/i.* **3.** (gierig) greifen (*at* nach); **III.** *s.* **4.** fester Griff: *to make a ~ at* gierig greifen nach; **5.** *pl.*, *mst fig.* Klauen *pl.*; Gewalt *f*, Macht *f*, Bande *pl.*: *in (out of) s.o.'s ~es* in (aus) j-s Klauen *od.* Gewalt; **6.** ⊕ (Schalt-, Ausrück)Kupplung *f*; Kupplungshebel *m*: *to let in the ~* einkuppeln; *to disengage the ~* auskuppeln; **7.** ⊕ Greifer *m.*

clutch[2] [klʌtʃ] *s.* Gelege *n*; Brut *f.*

clutch| le·ver *s.*, **~ ped·al** *s.* 'Kupplungspe,dal *n*, -hebel *m.*

clut·ter ['klʌtə] **I.** *v/t.* **1.** *a.* ~ *up* in Unordnung bringen; **2.** 'vollstopfen, anfüllen, über'häufen; **II.** *s.* **3.** Unordnung *f*, Wirrwarr *m.*

Clydes·dale ['klaidzdeil] *s. zo.* kräftiges schottisches Zugpferd; **~ ter·ri·er** *s. zo.* Seidenpinscher *m.*

clys·ter ['klistə] *s.* ⚕ *obs.* Kli'stier *n.*

co- [kou] *Vorsilbe*: mit, gemeinsam, Mit...

coach [koutʃ] **I.** *s.* **1.** Kutsche *f*: *~ and four* Vierspänner; *to drive a ~ and four through s.th. Brit.* et. (*bsd. Gesetz*) wirkungslos machen; **2.** 🚃 *Brit.* (*Personen*)Wagen *m*; **3.** (Fern-, Reise)Omnibus *m*; **4.** Nachhilfe-, Pri'vatlehrer *m*, Einpauker *m*; **5.** *sport* 'Trainer *m*; Sportlehrer *m*; **II.** *v/t.* **6.** 'Nachhilfe,unterricht *od.* Anweisungen geben (*dat.*), einarbeiten, *j-m et.* einpauken; **7.** *sport* trainieren; **III.** *v/i.* **8.** in e-r Kutsche reisen; **9.** Nachhilfeunterricht erteilen; '**~-box** *s.* Kutschbock *m*; '**~-build·er** *s.* Wagenbauer *m*; '**~-horse** *s.* Kutschpferd *n*; '**~-house** *s.* Wagenschuppen *m.*

coach·ing ['koutʃiŋ] *s.* **1.** Reisen *n* in e-r Kutsche; **2.** 'Nachhilfe,unterricht *m.*

'**coach-work** *s. bsd. mot.* Karosse'rie *f.*

co·ac·tion [kou'ækʃən] *s.* Zs.-wirken *n.*

co·ad·ju·tor [kou'ædʒutə] *s.* **1.** Gehilfe *m*, Assi'stent *m*; **2.** *eccl.* **a)** Koad'jutor *m*, Weihbischof *m*, **b)** Pfarrgehilfe *m.*

co·ag·u·late [kou'ægjuleit] **I.** *v/i.* **1.** gerinnen; **2.** flockig *od.* klumpig werden; **II.** *v/t.* **3.** gerinnen lassen; **co·ag·u·la·tion** [kouægju'leiʃən] *s.* Gerinnen *n*; Flockenbildung *f.*

coal [koul] **I.** *s.* **1.** Kohle *f*; *engS.* Steinkohle *f*; *Brit.* ein Stück Kohle; **2.** *pl. Brit.* Kohle *f*, Kohlen *pl.*, Kohlenvorrat *m*: *to lay in ~s* sich mit Kohlen eindecken; *to carry ~s to Newcastle fig.* Eulen nach Athen tragen; *to call* (*od. haul*) *s.o. over the ~s* j-n ‚fertigmachen', j-m die Hölle heiß machen; *to heap ~s of fire on s.o.'s head fig.* feurige Kohlen auf j-s Haupt sammeln; **3.** *Am.* glimmendes Stück Kohle *od.* Holz; **II.** *v/t.* **4.** 🚂, ⚓ bekohlen, mit Kohle versorgen; **III.** *v/i.* **5.** 🚂, ⚓ Kohle einnehmen, bunkern; '**~-bed** *s. geol.* Kohlenflöz *n*; '**~-bin** *s.* Kohlenverschlag *m*, -behälter *m*; '**~-box** *s.* Kohlenkasten *m*; '**~-bunk·er** *s.* Kohlenbunker *m*; **~ car** *s.* 🚂 *Am.* Kohlenwagen *m*; '**~-dust** *s.* Kohlengrus *m.*

coal·er ['koulə] *s.* Kohlenschiff *n*; Kohlenzug *m.*

co·a·lesce [kouə'les] *v/i.* **1.** verschmelzen, sich verbinden *od.* vereinigen; **2.** *fig.* zs.-passen; **co·a'les·cence** [-sns] *s.* Verschmelzung *f*, Vereinigung *f.*

'**coal|-face** *s.* ⚒ Abbau-, Förderstrecke *f*; '**~-field** *s.* 'Kohlenre,vier *n*; '**~-fish** *s. ichth.* Köhler *m*; '**~-'gas** *s.* Leuchtgas *n*; '**~-heav·er** *s.* Kohlenträger *m*; **~ hod** *s. Am.* Kohlenschütter *m*; '**~-hole** *s. Brit.* Kohlenraum *m.*

coal·ing sta·tion ['kouliŋ] *s.* ⚓ 'Kohlenstati,on *f.*

co·a·li·tion [kouə'liʃən] *s.* Zs.-schluß *m*, Vereinigung *f*; *bsd. pol.* Koaliti'on *f*; **~ part·ner** *s. bsd. pol.* Koaliti'onspartner *m.*

'**coal|-mine** *s.* Kohlenbergwerk *n*, Kohlengrube *f*; '**~-min·er** *s.* Grubenarbeiter *m*, Bergmann *m*; '**~-min·ing** *s.* Kohlenbergbau *m*; **~ oil** *s. Am.* Pe'troleum *n*; '**~-own·er** *s.* (Kohlen)Grubenbesitzer *m*; '**~-pit** *s.* Kohlengrube *f*; '**~-screen** *s.* Kohlensieb *n*; '**~-scut·tle** *s.* Kohleneimer *m*, -behälter *m*; '**~-seam** *s. geol.* Kohlenflöz *n*; '**~-'tar** *s.* Steinkohlenteer *m*: *~ dyes* Teer-, Anilinfarben; *~ soap* Teerseife; **~ wharf** *s.* ⚓ Bunkerkai *m.*

coarse [kɔ:s] *adj.* □ **1.** grob (*Ggs. fein*): *~ texture* grobes Gewebe; **2.** grobkörnig: *~ bread* Schrotbrot; **3.** *fig.* grob, derb; unhöflich, ungeschliffen; anstößig; **4.** einfach, gemein: *~ fare* grobe *od.* einfache Kost; '**~-grained** *adj.* **1.** grobkörnig, -faserig; grob (*Gewebe*); **2.** *fig.* rauh, ungehobelt, derb.

coars·en ['kɔ:sn] **I.** *v/t.* grob machen, vergröbern (*a. fig.*); **II.** *v/i.* grob werden (*bsd. fig.*); '**coarse·ness** [-nis] *s.* **1.** grobe Quali'tät; **2.** *fig.* Grob-, Derbheit *f.*

coast [koust] **I.** *s.* **1.** Küste *f*, Meeresufer *n*: *the ~ is clear fig.* die Luft ist rein, die Bahn ist frei; **2.** Küstenlandstrich *m*; **3.** *Am.* **a)** Rodelbahn *f*, **b)** (Rodel)Abfahrt *f*; **II.** *v/i.* **4.** ⚓ **a)** die Küste entlangfahren, **b)** Küstenschiffahrt treiben; **5.** *Am.* rodeln; **6.** *mit e-m Fahrzeug* (berg'ab) rollen; im Freilauf (*Fahrrad*) *od.* im Leerlauf (*Auto*) fahren; '**coast·al** [-tl] *adj.* Küsten...

coast·er ['koustə] *s.* **1.** ⚓ Küstenfahrer *m* (*bsd. Schiff*); **2.** *Am.* Rodelschlitten *m*; **3.** *Am.* Achterbahn *f* (*Vergnügungspark*); **4.** Ta'blett *n* (*für Karaffen bei Tisch*), 'Untersetzer *m* (*für Gläser*); **~ brake** *s. Am.* Rücktrittbremse *f* (*Fahrrad*).

'**coast·guard** *s.* **1.** *Brit.*, *a.* ⚔ Küstenwache *f*; **2.** *Am.* ♀ *staatlicher* Küstenwach- u. Rettungsdienst; **3.** Küstenwächter *m.*

coast·ing ['koustiŋ] *s.* **1.** Küstenschiffahrt *f*; **2.** *Am.* Rodeln *n*; **3.** Berg'abfahren *n* (*im Freilauf od. bei abgestelltem Motor*); **~ trade** *s.* Küstenhandel *m.*

'**coast|·line** *s.* Küstenlinie *f*, -strich *m*; **~ wait·er** *s. Brit.* Zollaufseher *m* für den Küstenhandel; '**~·wise** *adj. u. adv.* längs der Küste; Küsten...

coat [kout] **I.** *s.* **1.** Jac'kett *n*, Jacke *f*: *to wear the king's ~ fig.* des Königs Rock tragen (*Soldat sein*); *~ and skirt* (Schneider)Kostüm; *to cut one's ~ according to one's cloth* sich nach der Decke strecken; **2.** Mantel *m*: *to turn one's ~* sein Mäntelchen nach dem Winde hängen; **3.** Fell *n*, Pelz *m* (*Tier*); **4.** Schicht *f*, Lage *f*; Decke *f*, Hülle *f*, (*a. Farb-, Metall- etc.*) 'Überzug *m*, Belag *m*, Anstrich *m*; Bewurf *m*: *a second ~ of paint* ein zweiter Anstrich; **II.** *v/t.* **5.** anstreichen, über'streichen, -'ziehen; **6.** um'hüllen, -'kleiden, bedecken; auskleiden (*with* mit); '**coat·ed** [-tid] *adj.* **1.** mit e-m (...) Rock *od.* Mantel *od.* Fell (versehen): *black-~* schwarzgekleidet; **2.** mit ... über'zogen *od.* gestrichen *od.* bedeckt: *sugar-~* mit Zuckerüberzug; **3.** ⚕ belegt (*Zunge*); **coat·ee** ['kouti:] *s.* enganliegender, kurzer (Waffen-)Rock.

'**coat-hang·er** *s.* Kleiderbügel *m.*

coat·ing ['koutiŋ] *s.* **1.** Mantelstoff *m*; **2.** ⊕ Anstrich *m*, 'Überzug *m*, Schicht *f*; Bewurf *m*; **3.** ⊕ Auskleidung *f*, Futter *n.*

coat| of arms *s.* Wappen *n*; **~ of mail** *s.* Panzerhemd *n*; **~ stand** *s.* Garde'robenständer *m*; '**~-tail** *s.* Rockschoß *m*: *to trail one's ~s* Streit suchen.

co-au·thor [kou'ɔ:θə] *s.* Mitverfasser *m.*

coax [kouks] **I.** *v/t.* **1.** schmeicheln (*dat.*); gut zureden (*dat.*), beschwatzen (*to do od. into doing* zu tun): *to ~ s.th. out of s.o.* j-m et. abschwatzen; **2.** mit viel Geduld bringen (*to inf.* zu *inf.*); **II.** *v/i.* **3.** schmeicheln; gut zureden.

co·ax·al ['kou'æksəl] *adj.* ⅍, ⊕ koaxi'al, gleichachsig; kon'zentrisch.

coax·er ['kouksə] *s.* Schmeichler(in).

co·ax·i·al ['kou'æksiəl] → *coaxal.*

cob [kɔb] *s.* **1.** *orn.* männlicher Schwan; **2.** *zo.* kleineres Reitpferd; **3.** Klumpen *m*, Stück *n* (*z.B.* Kohle); **4.** Maiskolben *m*; **5.** *Brit.* Strohlehm *m* (*Baumaterial*); **6.** → *cobloaf*; **7.** → *cob-nut.*

co·balt [kə'bɔ:lt] *s. min.* 'Kobalt *m*; **~ blue** *s.* 'Kobaltblau *n.*

cob·ble[1] ['kɔbl] **I.** *s.* **1.** runder

Pflasterstein, Kopfstein *m*; **2.** *pl.* → *cob-coal*; **II.** *v/t.* **3.** mit Kopfsteinen pflastern.
cob·ble[2] ['kɔbl] *v/t. Schuhe* flicken; schlecht ausbessern; **'cob·bler** [-lə] *s.* **1.** (Flick)Schuster *m*: ~'s *wax* Schusterpech; **2.** *fig.* Stümper *m*; **3.** *Am.* Cobbler *m* (*Weinmischgetränk*).
'cob·ble-stone → *cobble*[1] *1.*
'cob-coal *s.* Nuß-, Stückkohle *f.*
Cob·den·ism ['kɔbdənizəm] *s.* ✝ 'Manchestertum *n*, Freihandelslehre *f.*
co·bel·lig·er·ent [koubi'lidʒərənt] *s.* mitkriegführender Staat.
'cob|·loaf *s.* rundes Brot; **'~-nut** *s.* ⚘ Haselnuß *f.*
Co·bol ['koubɔl] *s.* COBOL *n* (*Computersprache*).
co·bra ['koubrə] *s. zo.* Brillenschlange *f*, 'Kobra *f.*
cob·web ['kɔbweb] *s.* **1.** Spinn(en)gewebe *n*; Spinnenfaden *m*; **2.** feines, zartes Gewebe; **3.** *fig.* Nichtigkeit *f*; Hirngespinst *n*: *to blow away the* ~*s* sich e-n klaren Kopf schaffen; **4.** *fig.* Netz *n*, Tücke *f*; **'cob·webbed** [-bd], **'cob·web·by** [-bi] *adj.* (wie) mit Spinn(en)geweben bedeckt.
co·ca ['koukə] *s.* ⚘ 'Koka(blätter *pl.*) *f*; **'co·ca-'co·la** *s.* 'Coca-'Cola *n* (*Getränk*).
co·caine [kə'kein] *s.* ⚗ Koka'in *n*; **co'cain·ism** [-nizəm] *s.* **1.** Koka'invergiftung *f*; **2.** Kokai'nismus *m.*
coc·cus ['kɔkəs] *pl.* **-ci** [-kai] *s.* ⚕ 'Kokkus *m*, 'Kokke *f.*
co·chin ['koutʃin], *a.* **'co·chin-'chi·na** ['kɔtʃin-] *s. orn.* Kotschin'chinahuhn *n.*
coch·i·neal ['kɔtʃini:l] *s.* Kosche'nille(laus) *f*; Koschenille(rot *n*) *f.*
coch·le·a ['kɔkliə] *s. anat.* Schnecke *f* (*im Ohr*).
cock[1] [kɔk] **I.** *s.* **1.** *orn.* Hahn *m*: *old* ~ F alter Knabe; *that* ~ *won't fight* F **a)** so geht das nicht, **b)** das zieht nicht; **2.** Vogel-Männchen *n*: ~ *sparrow* Sperlingsmännchen; **3.** Wetterhahn *m*; **4.** ⊕ *Absperr-*Hahn *m*; **5.** (*Gewehr- etc.*)Hahn *m*: *full-*~ Hahn gespannt; *half-*~ Hahn in Ruh; **6.** Anführer *m*: ~ *of the roost* (*od. walk*) Hahn im Korbe; ~ *of the school* Anführer unter den Schülern; **7.** Aufrichten *n*: ~ *of the eye* (bedeutsames) Augenzwinkern; *to give one's hat a saucy* ~ s-n Hut keck aufs Ohr setzen; **8.** V ‚Schwanz' *m*; **II.** *v/t.* **9.** *Gewehrhahn* spannen; **10.** aufrichten: *to* ~ *one's ears* die Ohren spitzen; *to* ~ *one's eye at s.o.* j-m bedeutsam zublinzeln; *to* ~ *one's hat* den Hut schief *od.* keck aufsetzen; → *cocked hat.*
cock[2] [kɔk] *s.* kleiner Heuhaufen.
cock·ade [kɔ'keid] *s.* Ko'karde *f*; **cock'ad·ed** [-did] *adj.* mit e-r Kokarde.
cock-a-doo·dle-doo ['kɔkədu:dl-'du:] *s. humor.* **a)** Kikeri'ki *n* (*Hahnenschrei*), **b)** Kikeriki *m* (*Hahn*).
cock-a-hoop ['kɔkə'hu:p] *adj. u. adv.* **1.** triumphierend, froh'lokkend; **2.** arro'gant; anmaßend.
Cock·aigne [kɔ'kein] *s.* **1.** Schla'raffenland *n*; **2.** 'Cockneyland *n* (*London*).
'cock-and-'bull sto·ry *s.* Ammenmärchen *n*, Lügengeschichte *f.*
cock·a·too [kɔkə'tu:] *s. orn.* 'Kakadu *m.*
cock·a·trice ['kɔkətrais] *s.* Basi'lisk *m.*
Cock·ayne → *Cockaigne.*
'cock|·boat *s.* ⚓ Jolle *f*; **'~·chaf·er** *s. zo.* Maikäfer *m*; **'~-crow(·ing)** *s.* Hahnenschrei *m*; *fig.* Tagesanbruch *m.*
cocked hat [kɔkt] *s.* Zwei-, Dreispitz *m* (*Hut*): *to knock into a* ~ zu Brei schlagen.
cock·er[1] ['kɔkə] → *cocker spaniel.*
cock·er[2] ['kɔkə] *v/t.* verhätscheln, verwöhnen: *to* ~ *up* aufpäppeln.
Cock·er[3] ['kɔkə] *npr.*: *according to* ~ nach Adam Riese, genau.
cock·er·el ['kɔkərəl] *s.* Hähnchen *n.*
cock·er span·iel *s.* 'Cocker-'Spaniel *m*, (*langhaariger*) Schnepfenhund.
'cock|-eyed *adj. sl.* **1.** schielend; **2.** schief; **3.** ‚doof'; **4.** *Am.* ‚blau' (*betrunken*); **'~-fight(·ing)** *s.* Hahnenkampf *m*; **'~-'horse I.** *s.* Schaukel-, Steckenpferd *n*; **II.** *adv.* rittlings, zu Pferde.
cock·i·ness ['kɔkinis] *s.* Dünkel *m*, Keckheit *f*, Anmaßung *f.*
cock·le[1] ['kɔkl] **I.** *s.* **1.** *zo.* (eßbare) Herzmuschel: *that warms the* ~*s of my heart* das tut m-m Herzen wohl; **2.** → *cockle-shell*; **II.** *v/i.* **3.** sich bauschen *od.* kräuseln *od.* werfen; **III.** *v/t.* **4.** kräuseln.
cock·le[2] ['kɔkl] → *corncockle.*
'cock·le|-boat → *cockboat*; **'~-shell** *s.* **1.** Muschelschale *f*; **2.** ‚Nußschale' *f*, kleines Boot; **3.** → *cockboat.*
cock·ney ['kɔkni] **I.** *s. oft* ♀ (*mst contp.*) **1.** Cockney *m*, (echter) Londoner; **2.** 'Cockneydia,lekt *m*, -aussprache *f*; **II.** *adj.* **3.** Cockney-...; **'cock·ney·dom** [-dəm] *s.* **1.** Cockneybezirk *m*; **2.** *coll.* die Cockneys *pl.*; **'cock·ney·ism** [-iizəm] *s.* Cockneyausdruck *m*, -eigenart *f.*
cock| of the north *s. orn.* Bergfink *m*; ~ **of the wood** *s. orn.* **a)** *Brit.* Auerhahn *m*, **b)** *Am. ein* Specht *m*; **'~·pit** *s.* **1.** Hahnenkampfplatz *m*; **2.** Kampfgebiet *n*, -platz *m*; **3.** Sitzraum *m* (*im Boot*); Ka'binenvorraum *m* (*Jacht*); **4.** ⚓ Laza'rett *n*; **5.** 'Cockpit *n*: **a)** ✈ Kanzel *f*, **b)** Fahrersitz *m* (*Rennwagen*); **'~·roach** *s. zo.* (Küchen)Schabe *f.*
cocks·comb ['kɔkskoum] *s.* **1.** Kamm *m* des Hahnes; **2.** ⚘ Hahnenkamm *m*; **3.** → *coxcomb 1.*
'cock|-shy *s.* Wurfspiel *n* (*Werfen nach e-r Kokosnuß etc.*); *ein* Wurf *m bei diesem Spiel*; **'~·spur** *s.* **1.** *zo.* Hahnensporn *m*; **2.** ⚘ Hahnen-, Weißdorn *m*; **'~-'sure** *adj.* **1.** todsicher, 'vollkommen über'zeugt; **2.** über'trieben selbstsicher; **'~-'sure·ness** *s.* Siegesbewußtsein *n*, Vermessenheit *f*; **'~·tail** *s.* **1.** Cocktail *m* (*alkoholisches Mischgetränk*; *a. Früchte-, Hummerspeise etc.*): ~ *party*; ~ **dress**; ~ *cabinet Brit.* Hausbar; **2.** *obs.* Halbblut *n* (*Pferd*).
cock·y ['kɔki] *adj.* F eingebildet, selbstbewußt, frech, ‚naßforsch'; 'übermütig.
cock·y·ol·ly bird [kɔki'ɔli] *s.* Piepvögelchen *n* (*Kindersprache*).
co·co ['koukou] *pl.* **-cos I.** *s. mst. in Zssgn* ⚘ 'Kokospalme *f*; **II.** *adj.* Kokos...; aus 'Kokosfasern.
co·coa ['koukou] *s.* **1.** Ka'kao(pulver *n*) *m*; **2.** Ka'kao *m* (*Getränk*); **3.** *fälschlich für* coco; ~ **bean** *s.* Ka'kaobohne *f.*
co·co-nut ['koukənʌt] *s.* **1.** ⚘ 'Kokosnuß *f*: *that accounts for the milk in the* ~ F daher der Name!; **2.** *sl.* ‚Kürbis' *m* (*Kopf*); ~ **but·ter** *s.* 'Kokosbutter *f*; ~ **mat·ting** *s.* 'Kokosmatte *f*; ~ **milk** *s.* 'Kokosmilch *f*; ~ **oil** *s.* 'Kokosöl *n*; ~ **palm**, ~ **tree** *s.* 'Kokospalme *f.*
co·coon [kə'ku:n] **I.** *s. zo.* Ko'kon *m*, Puppe *f der Seidenraupe*; **II.** *v/t. u. v/i.* (sich) einspinnen *od.* (*fig.*) einhüllen; *Gerät etc.* ‚einmotten', außer Betrieb setzen.
'co·co|-palm, **'~-tree** → *coco-nut palm.*
co·cotte [kɔ'kɔt] *s.* Ko'kotte *f.*
cod[1] [kɔd] *s. ichth.* Kabeljau *m*, Dorsch *m*; *dried* ~ Stockfisch; *cured* ~ Klippfisch.
cod[2] [kɔd] *v/t. j-n* foppen; *j-n* her'einlegen.
co·da ['koudə] *s.* ♪ 'Koda *f.*
cod·dle ['kɔdl] *v/t.* verhätscheln, verzärteln, verwöhnen: *to* ~ *up* aufpäppeln.
code [koud] *s.* **1.** *bsd.* ⚖ 'Kodex *m*, Gesetzbuch *n*; Regelbuch *n*: ~ *of hono(u)r* Ehrenkodex; **2.** *a.* ~ *of signals* ⚓, ⚔ Si'gnalbuch *n*; **3.** Code *m*, Chiffre *f*, Geheimschrift *f*; **4.** Tele'graphenschlüssel *m*: ~ *word* Codewort; **II.** *v/t.* **5.** in Code *od.* Geheimschrift 'umsetzen, chiffrieren, verschlüsseln: ~*d message.*
co·de·ine ['koudi:n] *s. pharm.* Kode'in *n.*
co·de·ter·mi·na·tion ['kouditə:mi-'neiʃən] *s.* ✝ **Mitbestimmung** *f*: *parity* ~ **paritätische Mitbestimmung.**
co·dex ['koudeks] *pl.* **'co·di·ces** [-disi:z] *s.* 'Kodex *m*, alte Handschrift (*Bibel, Klassiker*).
'cod|-fish → *cod*[1]; **'~-fish·er** *s.* Kabeljaufischer *m.*
codg·er ['kɔdʒə] *s.* F (komischer alter) Kauz.
co·di·ces *pl. von codex.*
cod·i·cil ['kɔdisil] *s.* ⚖ Kodi'zill *n.*
cod·i·fi·ca·tion [kɔdifi'keiʃən] *s.* Kodifizierung *f*; **cod·i·fy** ['kɔdifai] *v/t.* **1.** *bsd.* ⚖ kodifizieren; **2.** *Nachricht* verschlüsseln.
cod·ling[1] ['kɔdliŋ] *s. ichth.* junger Dorsch.
cod·ling[2] ['kɔdliŋ] *s. ein* Kochapfel *m*; ~ **moth** *s. zo.* Obstmade *f*, Apfelwickler *m.*
'cod-liv·er oil *s.* Lebertran *m.*
co-ed ['kou'ed] *s. ped.* Stu'dentin *f od.* Schülerin *f* e-r Lehranstalt (*bsd. Universität*) mit Koedukati'on.
co-ed·u·ca·tion, *Am.* **co·ed·u·ca·tion** ['kouedju(:)'keiʃən] *s. ped.* Koedukati'on *f* (*gemeinsame Erziehung beider Geschlechter*).
co·ef·fi·cient [koui'fiʃənt] **I.** *s.* **1.** ⚗, *phys.* Koeffizi'ent *m*, Verhältniszahl *f*; **2.** mitwirkende Kraft, 'Faktor *m*; **II.** *adj.* **3.** mitwirkend.

coe·la·canth ['si:ləkænθ] *s. ichth.* Quastenflosser *m.*
coe·li·ac ['si:liæk] *adj. anat.* Bauch...
co·e·qual [kou'i:kwəl] *adj.* □ *völlig* gleich(rangig), ebenbürtig.
co·erce [kou'ə:s] *v/t.* **1.** nötigen, zwingen (*into* zu); **2.** erzwingen; **co'er·ci·ble** [-sibl] *adj.* □ zu (er-) zwingen(d); **co'er·cion** [-'ə:ʃən] *s.* **1.** Zwang *m*; Gewalt *f*; **2.** *pol.* Zwangsherrschaft *f*; **co'er·cive** [-siv] *adj.* □ zwingend; Zwangs...
co·es·sen·tial [koui'senʃəl] *adj.* gleichen Wesens, wesensgleich.
co·e·val [kou'i:vəl] *adj.* □ **1.** gleichzeitig; **2.** gleichaltrig; **3.** von gleicher Dauer.
co-ex·ist, *Am.* **co·ex·ist** ['kouig'zist] *v/i.* gleichzeitig bestehen; nebenein'ander leben; **'co-ex'ist·ence** [-təns] *s.* Koexi'stenz *f*; **'co-ex'ist·ent** [-tənt] *adj.* gleichzeitig bestehend *od.* vor'handen.
cof·fee ['kɔfi] *s.* **1.** 'Kaffee *m* (*Getränk, Bohnen od. Baum*): *black* ~ schwarzer Kaffee; *white* ~ Milchkaffee; **2.** 'Kaffeebraun *n*; **'~-bar** *s.* Ca'fé *n*; **'~-'bean** *s.* 'Kaffeebohne *f*; **'~-ber·ry** [-bəri] *s.* Frucht *f* des 'Kaffeebaumes; **~ break** *s. Am.* 'Kaffeepause *f*; **'~-grounds** *s. pl.* 'Kaffeegrund *m*, -satz *m*; **'~-house** *s.* 'Kaffeehaus *n*; **'~-mill** *s.* 'Kaffeemühle *f*; **'~-pot** *s.* 'Kaffeekanne *f*; **'~-room** *s.* **1.** 'Kaffeestube *f*; **2.** Frühstückszimmer *n* (*Hotel*); **~ set** *s.* 'Kaffeeser,vice *n*; **~ shop** *s.* Kaffeestube *f* (*mit Restaurant*); **'~-stall** *s.* 'Kaffeeausschank *m*, -bude *f.*
cof·fer ['kɔfə] **I.** *s.* **1.** Kasten *m*, Kiste *f*, Truhe *f*, Kas'sette *f* (*für Wertsachen*); **2.** *pl.* **a)** Schatz *m*, Gelder *pl.*, **b)** Schatzkammer *f*, Tre'sor *m*; **3.** △ Deckenfeld *n*, Kassette *f*; **4.** → *coffer-dam*; **II.** *v/t.* **5.** verwahren; **'~-dam** *s.* ⊕ Kastendamm *m*, Senkkasten *m*, Cais'son *m.*
cof·fin ['kɔfin] **I.** *s.* Sarg *m*; ⚓ F seeuntüchtiges Schiff; **II.** *v/t.* einsargen; *fig.* wegschließen; **'~-bone** *s. zo.* Hufbein *n* (*Pferd*); **~ cor·ner** *s. amer. Fußball*: Spielfeldecke *f* zwischen Mal- u. Marklinie; **'~-joint** *s. zo.* Hufgelenk *n* (*Pferd*); **'~-plate** *s.* Namensplatte *f* am Sarg.
cog[1] [kɔg] *s.* **1.** ⊕ (Rad)Zahn *m*; **2.** *fig.* (nur ein) Rädchen *n.*
cog[2] [kɔg] **I.** *v/t.*: ~ *the dice* beim Würfeln mogeln; *~ged dice* beschwerte Würfel; **II.** *v/i.* betrügen.
co·gen·cy ['koudʒənsi] *s.* zwingende Kraft, Triftigkeit *f*; **co·gent** ['koudʒənt] *adj.* □ zwingend, triftig (*Gründe*).
cogged [kɔgd] *adj.* ⊕ gezahnt, Zahn(rad)...: ~ *railway* Zahnradbahn.
cog·i·tate ['kɔdʒiteit] **I.** *v/i.* **1.** (nach)denken, (nach)sinnen (*upon* über *acc.*); **2.** *phls.* denken; **II.** *v/t.* **3.** ersinnen; **cog·i·ta·tion** [kɔdʒi'teiʃən] *s.* **1.** (Nach)Denken *n*; **2.** Denkfähigkeit *f*; **3.** Gedanken *pl.*
co·gnac ['kounjæk] *s.* 'Kognak *m.*
cog·nate ['kɔgneit] **I.** *adj.* **1.** (*selten*) (bluts)verwandt; **2.** verwandt (*Wörter etc.*); **3.** *ling.* sinnverwandt: ~ *object* (*od. accusative*) inneres Objekt; **II.** *s.* **4.** ⚖ Blutsverwandte(r *m*) *f*; **5.** verwandtes Wort.
cog·ni·tion [kɔg'niʃən] *s. bsd. phls.* Erkennen *n*, Wahrnehmung *f*; Kenntnis *f.*
cog·ni·za·ble ['kɔgnizəbl] *adj.* □ **1.** erkennbar; **2.** ⚖ der Gerichtsbarkeit unter'liegend; **'cog·ni·zance** [-zəns] *s.* **1.** Kenntnis *f*, Erkenntnis *f*: *to take* ~ *of s.th.* et. zur Kenntnis nehmen; **2.** ⚖ Gerichtsbarkeit *f*, Zuständigkeit *f*: *beyond my* ~ außerhalb m-r Befugnis; **3.** *her.* Ab-, Kennzeichen *n*; **'cog·ni·zant** [-zənt] *adj.* **1.** unter'richtet (of über *acc. od.* von); **2.** *phls.* erkennend.
cog·no·men [kɔg'noumen] *s.* **1.** Fa'milien-, Zuname *m*; **2.** Bei-, *bsd.* Spitzname *m.*
cog rail *s.* ⊕ Zahnschiene *f.*
'cog-wheel *s.* ⊕ Zahnrad *n*; **~ drive** *s.* ⊕ Zahnradantrieb *m*; **~ rail·way** *s.* Zahnradbahn *f.*
co·hab·it [kou'hæbit] *v/i.* in wilder Ehe leben; **co·hab·i·ta·tion** [kouhæbi'teiʃən] *s.* **1.** wilde Ehe; **2.** Beischlaf *m.*
co·heir ['kou'ɛə] *s.* Miterbe *m*; **co·heir·ess** ['kou'ɛəris] *s.* Miterbin *f.*
co·here [kou'hiə] *v/i.* **1.** zs.-hängen; **2.** in Zs.-hang stehen; vereinbar sein; **3.** *Radio*: fritten; **co'her·ence** [-iərəns], **co'her·en·cy** [-iərənsi] *s.* **1.** Zs.-hang *m*; **2.** Klarheit *f*, Verständlichkeit *f*; **3.** *Radio*: Frittung *f*; **4.** *fig.* Über'einstimmung *f*; **co'her·ent** [-iərənt] *adj.* □ **1.** zs.-hängend (*a. fig.*); festgefügt; **2.** *phys.* kohä'rent; **3.** einheitlich, verständlich, deutlich; **4.** zs.-passend; **co'her·er** [-iərə] *s. Radio*: Fritter (-empfänger) *m*; Ko'härer *m*; **co'he·sion** [-i:ʒən] *s.* **1.** Zs.-halt *m*, -hang *m* (*a. fig.*); **2.** Bindekraft *f*; **3.** *phys.* Kohäsi'on *f*; **co'he·sive** [-i:siv] *adj.* □ **1.** zs.-haltend *od.* -hängend (*a. fig.*); **2.** Kohäsions..., Binde...; bindend; **co'he·sive·ness** [-i:sivnis] *s.* Kohäsi'ons-, Bindekraft *f.*
co·hort ['kouhɔ:t] *s.* **1.** *antiq.* ⚔ Ko'horte *f*; **2.** (Krieger)Schar *f.*
coif [kɔif] *s.* Kappe *f*, Haube *f*, *bsd.* e-s *serjeant-at-law.*
coif·feur [kwɑ:'fə:; kwafœ:r] (*Fr.*) *s.* Fri'seur *m*; **coif·fure** [kwɑ:'fjuə; kwafy:r] (*Fr.*) *s.* Fri'sur *f.*
coil[1] [kɔil] **I.** *v/t.* **1.** *a.* ~ *up* auf-, zs.-rollen, winden; **2.** ⚡ wickeln; **II.** *v/i.* **3.** *a.* ~ *up* sich winden, sich zs.-rollen; **4.** sich schlängeln; **III.** *s.* **5.** Rolle *f*, Spi'rale *f*, Knäuel *m*, *n*; **6.** ⚡ Wicklung *f*; Spule *f*; **7.** Windung *f*; **8.** ⊕ (Rohr)Schlange *f*; **9.** Locke *f*, Wickel *m* (*Haar*).
coil[2] [kɔil] *s. poet.* Lärm *m*, Unruhe *f*; Getue *n*; Plage *f*: *this mortal* ~ des Lebens Wirrwarr.
coil| ig·ni·tion *s.* ⚡ Abreißzündung *f*; **~ spring** *s.* ⊕ Spi'ralfeder *f.*
coin [kɔin] **I.** *s.* **1. a)** Münze *f*, Geldstück *n*: *small* ~ Scheidemünze; *the other side of the* ~ *fig.* die Kehrseite, **b)** Münzgeld *n*, **c)** Geld *n*: *to pay s.o. in his own* ~ *fig.* j-m mit gleicher Münze heimzahlen; **II.** *v/t.* **2. a)** *Metall* münzen, **b)** *Münzen* prägen: *to be ~ing money* F Geld wie Heu verdienen; **3.** *fig.* *Wort* prägen; **'coin·age** [-nidʒ] *s.* **1.** Prägen *n*; **2.** *coll.* Münzgeld *n*; **3.** 'Münzsy,stem *n*; **4.** *fig.* Prägung *f* (*Wörter*); **'coin-box tel·e·phone** *s.* Münzfernsprecher *m.*
co·in·cide [kouin'said] *v/i.* (*with*) **1.** *örtlich od. zeitlich* zs.-treffen, -fallen (mit); **2.** über'einstimmen, sich decken (mit); genau entsprechen (*dat.*); **co·in·ci·dence** [kou'insidəns] *s.* **1.** Zs.-treffen *n* (*Raum od. Zeit*); **2.** zufälliges Zs.-treffen: *mere* ~ bloßer Zufall; **3.** Über'einstimmung *f*; **co·in·ci·dent** [kou'insidənt] *adj.* □ (*with* mit); **1.** zs.-fallend, -treffend; **2.** über'einstimmend, sich deckend; **co·in·ci·den·tal** [kouinsi'dentl] *adj.* **1.** über'einstimmend; **2.** zufällig; **3.** *bsd.* ⊕ gleichzeitig.
coin·er ['kɔinə] *s.* **1.** Münzer *m*; **2.** *bsd. Brit.* Falschmünzer *m.*
coir ['kɔiə], *a.* **~ fi·bre** *s.* 'Kokosfaser *f*; **~ mat** *s.* 'Kokosmatte *f.*
co·i·tal ['kouitl] *adj.* Geschlechtsverkehr betreffend; **co·i·tion** [kou'iʃən], **'co·i·tus** [-təs] *s.* 'Koitus *m*, Geschlechtsverkehr *m.*
coke[1] [kouk] **I.** *s.* Koks *m*; **II.** *v/t.* verkoken.
coke[2] [kouk] *s. sl.* ‚Koks' *m*, Ko-ka'in *n.*
coke[3] [kouk] *s. Am.* F **a)** ℒ ‚Coca' *f* (*Coca-Cola*), **b)** *sonstiges Erfrischungsgetränk.*
co·ker ['koukə] *s.* ✝ *Brit.* → *coco*; **'~-nut** *s. sl.* 'Kokosnuß *f.*
col [kɔl] *s.* Gebirgspaß *m*, Joch *n.*
co·la ['koulə] *s.* ⚘ 'Kolabaum *m.*
col·an·der ['kʌləndə] *s.* Sieb *n*, 'Durchschlag *m.*
'co·la-nut *s.* 'Kolanuß *f.*
col·chi·cum ['kɔltʃikəm] *s.* **1.** ⚘ Herbstzeitlose *f*; **2.** *pharm.* 'Colchicum *n.*
cold [kould] **I.** *adj.* □ **1.** kalt: *as* ~ *as ice* eiskalt; ~ *meat* kalte Platte, Aufschnitt; *I feel* (*od. am*) ~ mir ist kalt, mich friert; **2.** kalt, kühl, ruhig, gelassen; trocken: *that leaves me* ~ das läßt mich kalt; ~ *reason* kalter Verstand; *the* ~ *facts* die nackten Tatsachen; **3.** kalt (*Blick, Herz etc.*; *a. Frau*), kühl, frostig, unfreundlich, gefühllos: *a* ~ *reception* ein kühler Empfang; *to give s.o. the* ~ *shoulder* → *cold-shoulder*; *to have* (*get*) ~ *feet* F kalte Füße (*Angst*) haben (kriegen); *as* ~ *as charity* hart wie Stein, lieblos; **4.** *Am. sl.* **a)** bewußtlos, **b)** (tod-) sicher; **II.** *s.* **5.** Kälte *f*; Frost *m*: *to leave s.o. out in the* ~ *fig.* **a)** j-n übergehen *od.* ignorieren *od.* kaltstellen, **b)** j-n im Stich lassen; **6.** ⚕ Erkältung *f*: *common* ~, ~ *in the head* Schnupfen; ~ *on the chest* Bronchialkatarrh; *to catch* (*a*) ~ sich erkälten.
cold| blood *s. fig.* kaltes Blut, Kaltblütigkeit *f*: *to murder in* ~ kaltblütig *od.* kalten Blutes ermorden; **'~-'blood·ed** *adj.* □ **1.** *zo.* kaltblütig; **2.** kälteempfindlich; **3.** *fig.* kaltblütig (begangen); **~ coil** *s.* ⚕ Kühlschlange *f* (*um entzündete Körperteile*); **~ cream** *s.* Cold Cream *n* (*Salbe*); **'~-'drawn** *adj.* ⊕ kaltgezogen; kaltgepreßt; **~ front** *s. meteor.* Kaltluftfront *f*; **'~-'ham-**

mer *v/t.* ⊕ kalthämmern, -schmieden; **'~'heart·ed** *adj.* □ kalt-, hartherzig.

cold·ish ['kouldiʃ] *adj.* ziemlich kalt.

cold·ness ['kouldnis] *s.* Kälte *f* (*a. fig.*).

cold| pig *s.* kalte Dusche (*um j-n aufzuwecken*); **'~-'shoul·der** *v/t. j-m* die kalte Schulter zeigen, *j-n* kühl behandeln *od.* abweisen; **~ steel** *s.* blanke Waffe (*Bajonett etc.*); **~ stor·age** *s.* Kühllagerung *f*; Kühlraum *m*: *to put in ~ fig.* ‚auf Eis legen' (*aufschieben*); **'~-'stor·age** *adj.* Kühl(haus)...; **~ store** *s.* Kühlhalle *f*; Kühlanlage *f*; **~ war** *s. pol.* kalter Krieg; **'~-wave** *s.* Kältewelle *f*.

cole [koul] *s.* ♀ a) (*Blätter*)Kohl *m*, b) Raps *m*.

co·le·op·ter·a [kɔli'ɔptərə] *s. pl. zo.* Käfer *pl.*

'cole|-seed *s.* ♀ Rübsamen *m*; **'~-slaw** *s. Am.* 'Kohlsaˌlat *m*; **'~-wort** → *cole*.

col·ic ['kɔlik] *s.* ⚕ 'Kolik *f*; **'col·ick·y** [-ki] *adj.* ⚕ 'kolikartig.

col·i·se·um [kɔli'siəm] *s.* **1.** a) Sporthalle *f*, b) 'Stadion *n*; **2.** ♀ Kolos'seum *n* (*Rom*).

co·li·tis [kɔ'laitis] *s.* ⚕ 'Dickdarmkaˌtarrh *m*.

col·lab·o·rate [kə'læbəreit] *v/i.* **1.** zs.-, mitarbeiten; **2.** behilflich sein; **3.** *pol.* mit dem Feind zs.-arbeiten, kollaborieren; **col·lab·o·ra·tion** [kəlæbə'reiʃən] *s.* **1.** Zs.-arbeit *f*: *in ~ with* gemeinsam mit; **2.** *pol.* Kollaborati'on *f*, Zs.-arbeit *f* mit dem Feind; **col·lab·o·ra·tion·ist** [kəlæbə'reiʃnist] *s. pol.* Kollabora'teur *m*; **col'lab·o·ra·tor** [-tə] *s.* **1.** 'Mitarˌbeiter *m*; **2.** *pol.* Kollaborateur *m*.

col·lapse [kə'læps] **I.** *v/i.* **1.** zs.-brechen, einfallen, einstürzen; **2.** *fig.* zs.-brechen, scheitern, versagen; **3.** (körperlich *od.* seelisch) zs.-brechen, ‚zs.-klappen'; **II.** *s.* **4.** Zs.-fallen *n*, Einsturz *m*; **5.** Zs.-bruch *m*, Versagen *n*; Sturz *m*: *~ of a bank* Bankkrach; *~ of prices* Preissturz; **6.** ⚕ Kol'laps *m*, Kräfteverfall *m*, Zs.-bruch *m*; **col'laps·i·ble** [-səbl] *adj.* zs.-klappbar, Klapp..., Falt...: *~ boat* Faltboot; *~ chair* Klappstuhl; *~ hood, ~ roof* Klappverdeck.

col·lar ['kɔlə] **I.** *s.* **1.** Kragen *m*: *~ attached* mit festem Kragen; *double ~, turn-down ~* (Steh)Umlegekragen; *stand-up ~* Stehkragen; *wing ~* Eckenkragen; *to get hot under the ~* F wütend werden; **2.** Halsband *n* (*Tier*); **3.** Kummet *n* (*Pferd etc.*): *against the ~ fig.* angestrengt; **4.** Kolli'er *n*, Halskette *f*; Amts-, Ordenskette *f*; **5.** *zo.* Halsstreifen *m*; **6.** ⊕ Ring *m*, Bund *m*, Man'schette *f*, Muffe *f*; **II.** *v/t.* **7.** *sport den Gegner* aufhalten; **8.** beim Kragen packen; fassen, festnehmen; **9.** F nehmen, sich aneignen, erwischen; **10.** *Fleisch etc.* rollen u. zs.-binden; **'~-beam** *s.* △ Kehlbalken *m*; **'~-bone** *s. anat.* Schlüsselbein *n*; **~ but·ton** *s. Am.* Kragenknopf *m*.

col·lar·et(te) [kɔlə'ret] *s.* kleiner (Spitzen- *etc.*)Kragen (*an Damenkleidung*).

'col·lar-stud *s. Brit.* Kragenknopf *m*.

col·late [kɔ'leit] *v/t.* **1.** *Texte* vergleichen, kollationieren; zs.-stellen (u. vergleichen); **2.** *typ. Fahnen* kollationieren, auf richtige Anzahl prüfen.

col·lat·er·al [kɔ'lætərəl] **I.** *adj.* □ **1.** seitlich, Seiten...; **2.** begleitend, paral'lel, zusätzlich, Neben...: *~ circumstances* Begleitumstände; **3.** 'indirekt; **4.** in der Seitenlinie verwandt; **II.** *s.* **5.** zusätzliche Sicherheit, Nebenbürgschaft *f*; **6.** Seitenverwandte(r *m*) *f*; **~ se·cu·ri·ty** → *collateral 5*.

col·la·tion [kɔ'leiʃən] *s.* **1.** Vergleichung *f von Texten*, Über'prüfung *f*; **2.** leichte (Zwischen)Mahlzeit: *cold ~* kalter Imbiß.

col·league ['kɔli:g] *s.* Kol'lege *m*, Kol'legin *f*; 'Mitarˌbeiter(in).

col·lect[1] [kə'lekt] **I.** *v/t.* **1.** *Briefmarken, Bilder etc.* sammeln: *~ed work* gesammelte Werke; **2.** versammeln; **3.** einsammeln, auflesen; zs.-bringen, ansammeln; auffangen; **4.** *Sachen od. Personen* (ab-)holen: *we ~ and deliver* ✝ wir holen ab und bringen zurück; **5.** *fig. to ~ one's thoughts* s-e Gedanken sammeln *od.* zs.-nehmen; *to ~ courage* Mut fassen; **6.** *~ o.s.* sich fassen; **7.** *Geld etc.* einziehen, einkassieren; **II.** *v/i.* **8.** sich versammeln; sich ansammeln; **9.** *~ on delivery* ✝ *Am.* per Nachnahme; **III.** *adj.* **10.** *Am.* Nachnahme...: *~ call teleph.* R-Gespräch; **IV.** *adv.* **11.** *Am.* gegen Nachnahme: *telegram sent ~* Nachnahmetelegramm.

col·lect[2] ['kɔlekt] *s. eccl.* Kol'lekte *f*, *ein* Kirchengebet *n*.

col·lect·ed [kə'lektid] *adj.* □ *fig.* gefaßt; → *calm 5*; **col'lect·ed·ness** [-nis] *s. fig.* Fassung *f*.

col·lect·ing| a·gent [kə'lektiŋ] *s.* ✝ In'kassoaˌgent *m*; **~ bar** *s.* ⚡ Sammelschiene *f*; **~ cen·tre** (*Am.* **cen·ter**) *s.* Sammelstelle *f*.

col·lec·tion [kə'lekʃən] *s.* **1.** Sammeln *n*; **2.** Sammlung *f*; **3.** Kol'lekte *f*, (Geld)Sammlung *f*; **4.** *bsd.* ✝ Einziehung *f*, In'kasso *n*: *forcible ~* Zwangsbeitreibung; **5.** ✝ Kollekti'on *f*, Auswahl *f*; **6.** Abholung *f*, Leerung *f* (*Briefkasten*); **7.** Ansammlung *f*, Anhäufung *f*; **8.** *Brit.* Steuerbezirk *m*; **9.** *pl. Brit. univ.* Prüfung *f* am Ende des Tri'mesters.

col·lec·tive [kə'lektiv] **I.** *adj.* □ → *collectively*; **1.** gesammelt, vereint, zs.-gefaßt; gesamt, kollek'tiv, Sammel..., Gemeinschafts...: *~ agreement* Kollektiv-, Tarifvertrag; *~ interests* Gesamtinteressen; *~ order* ✝ Sammelbestellung; *~ ownership* gemeinsamer Besitz; *~ security* kollektive Sicherheit; *~ subscription* Sammelabonnement; **II.** *s.* **2.** *ling. a. ~ noun* Kollek'tivum *n*, Sammelwort *n*; **3.** Gemeinschaft *f*, Gruppe *f*; **4.** *pol.* Kollek'tiv *n*, Produkti'onsgemeinschaft *f*; *engS.* → *collective farm*; **~ bar·gain·ing** *s.* Ta'rifverhandlungen *pl.* (*zwischen Arbeitgeber[n] u. Gewerkschaften*); **~ con·sign·ment** *s.* ✝ Sammelladung *f*; **~ farm** *s.* Kol'chose *f* (*landwirtschaftliche Kollektivwirtschaft in kommunistischen Ländern*).

col·lec·tive·ly [kə'lektivli] *adv.* insgesamt, gemeinschaftlich, zu'sammen.

col·lec·tiv·ism [kə'lektivizəm] *s.* ✝, *pol.* Kollekti'vismus *m*; **col'lec·tiv·ist** [-ist] *s.* Anhänger *m* des Kollektivismus; **col·lec·tiv·i·ty** [kɔlek'tiviti] *s.* **1.** *das* Ganze; **2.** Gesamtheit *f* des Volkes; **col·lec·tiv·i·za·tion** [kəlektivai'zeiʃən] *s.* Kollektivierung *f*.

col·lec·tor [kə'lektə] *s.* **1.** Sammler *m*; **2.** ✝ Einkassierer *m*, Einnehmer *m*: *~ of taxes* Steuereinnehmer; **3.** Einsammler *m*, Abnehmer *m* (*Fahrkarten*); **4.** ⚡ Stromabnehmer *m*, 'Auffangelekˌtrode *f*; **5.** ⚡ 'Sammelappaˌrat *m*.

col·leen ['kɔli:n] *s. Ir.* Mädchen *n*.

col·lege ['kɔlidʒ] *s.* **1.** College *n* (*Wohngemeinschaft von Dozenten u. Studenten innerhalb e-r Universität*): *~ of education Brit.* Pädagogische Hochschule; **2.** höhere Lehranstalt; Akade'mie *f* (*oft für besondere Studienzweige*): *Naval ♀* Marineakademie; **3.** (*anmaßender*) *Name mancher Schulen*; **4.** Gebäude *n* e-s College; **5.** Kol'legium *n*; Vereinigung *f*: *~ of cardinals* Kardinalskollegium; *electoral ~* Wahlausschuß; **~ pud·ding** *s.* kleiner 'Plumpudding *für e-e Person*.

col·leg·er ['kɔlidʒə] *s. Brit.* Stipendi'at *m* in Eton (*der im College wohnt*).

col·le·gi·an [kə'li:dʒjən] *s.* Mitglied *n od.* Stu'dent *m* e-s College; höherer Schüler.

col·le·gi·ate [kə'li:dʒiit] *adj.* □ College..., Universitäts..., aka'demisch: *~ dictionary* Schulwörterbuch; **~ church** *s.* **1.** *Brit.* Kollegi'at-, Stiftskirche *f*; **2.** *Am.* Vereinigung *f* mehrerer Kirchen (*unter gemeinsamem Pastorat*); **~ school** *s. Brit.* höhere Schule.

col·lide [kə'laid] *v/i.* (*with*) kollidieren (mit): a) zs.-stoßen (mit) (*a. fig.*), stoßen (gegen), b) *fig.* im 'Widerspruch stehen (mit).

col·lie ['kɔli] *s. zo.* Collie *m*, schottischer Schäferhund.

col·lier ['kɔliə] *s.* **1.** Kohlenarbeiter *m*, Bergmann *m*; **2.** ⚓ a) Kohlenschiff *n*, b) Ma'trose *m* auf e-m Kohlenschiff; **col·lier·y** ['kɔljəri] *s.* Kohlengrube *f*.

col·li·gate ['kɔligeit] *v/t. phls. Tatsachen* logisch verbinden.

col·li·mate ['kɔlimeit] *v/t. ast., phys.* **1.** *zwei Linien* zs.-fallen lassen; **2.** *Fernrohr* einstellen.

col·li·sion [kə'liʒən] *s.* **1.** Zs.-stoß *m*, Kollisi'on *f*: *to be on (a) ~ course* auf Kollisionskurs sein (*a. fig.*); **2.** *fig.* 'Widerspruch *m*, Gegensatz *m*, Kon'flikt *m*.

col·lo·cate ['kɔləkeit] *v/t.* zs.-stellen, ordnen; **col·lo·ca·tion** [kɔlə'keiʃən] *s.* Zs.-stellung *f*, (An)Ordnung *f*.

col·loc·u·tor ['kɔləkju:tə] *s.* Gesprächspartner(in).

col·lo·di·on [kə'loudjən] *s.* ⚗ Kol'lodium *n*.

col·logue [kə'loug] *v/i.* sich vertraulich besprechen, beraten.
col·loid ['kɔlɔid] ⚗ **I.** *s.* Kollo'id *n*, gallertartiger Stoff; **II.** *adj.* gallertartig.
col·lop ['kɔləp] *s. Scot.* Klops *m.*
col·lo·qui·al [kə'loukwiəl] *adj.* □ 'umgangssprachlich, famili'är: ~ *English* Umgangsenglisch; ~ *expression* → *colloquialism*; **col'lo·qui·al·ism** [-lizəm] *s.* Ausdruck *m* der 'Umgangssprache; familiäre Ausdrucksweise.
col·lo·quy ['kɔləkwi] *s.* (förmliches) Gespräch; Konfe'renz *f.*
col·lo·type ['kɔloutaip] *s. phot.* Lichtdruckverfahren *n*; Farbenlichtdruck *m.*
col·lude [kə'lu:d] *v/i. obs.* in geheimem Einverständnis stehen; unter 'einer Decke stecken; **col'lu·sion** [-u:ʒən] *s.* ⚖ **1.** Kollusi'on *f*, geheimes *od.* betrügerisches Einverständnis; **2.** Durchsteche'rei *f*, abgekartete Sache; **3.** Verdunkelung *f*; **col'lu·sive** [-u:siv] *adj.* □ geheim *od.* betrügerisch verabredet.
col·ly·wob·bles ['kɔliwɔblz] *s. pl. Brit.* F **1.** Bauchweh *n*; **2.** Magenknurren *n.*
Co·lom·bi·an [kə'lɔmbiən] **I.** *adj.* ko'lumbisch; **II.** *s.* Ko'lumbier(in).
co·lon[1] ['koulən] *s. anat.* Dickdarm *m.*
co·lon[2] ['koulən] *s. ling.* Doppelpunkt *m.*
colo·nel [kə:nl] *s.* ⚔ Oberst *m*; '**colo·nel·cy** [-si] *s.* Stelle *f od.* Rang *m* e-s Obersten; '**colo·nel-in-'chief** *s.* Regi'mentschef *m* (*ehrenhalber*).
co·lo·ni·al [kə'lounjəl] **I.** *adj.* □ **1.** koloni'al, Kolonial...; **2.** *Am. hist.* die ersten 13 Staaten der heutigen USA betreffend; **II.** *s.* **3.** Bewohner(in) e-r Kolo'nie; **co'lo·ni·al·ism** [-lizəm] *s.* **1.** Kolonia'lismus *m*; **2.** kolonialer (Wesens)Zug *od.* Ausdruck; **3.** Koloni'alsyˌstem *n.*
Co·lo·ni·al| Of·fice *s. Brit.* Koloni'alminiˌsterium *n*; ~ **Sec·re·tar·y** *s.* Koloni'almiˌnister *m.*
col·o·nist ['kɔlənist] *s.* Kolo'nist(in), Ansiedler(in); **col·o·ni·za·tion** [kɔlənai'zeiʃən] *s.* Kolonisati'on *f*, Besiedlung *f*; '**col·o·nize** [-naiz] **I.** *v/t.* **1.** kolonisieren, besiedeln; **2.** ansiedeln; **II.** *v/i.* **3.** sich ansiedeln; **4.** e-e Kolo'nie bilden; '**col·o·niz·er** [-naizə] *s.* Koloni'sator *m*, An-, Besiedler *m.*
col·on·nade [kɔlə'neid] *s.* **1.** △ Kolon'nade *f*, Säulengang *m*; **2.** Al'lee *f.*
col·o·ny ['kɔləni] *s.* **1.** Kolo'nie *f* (*Siedlungsgebiet*): *the Colonies Am.* die ersten 13 Staaten der heutigen USA; **2.** Gruppe *f* von Ansiedlern: *the German ~ in Rome* die deutsche Kolonie in Rom; *a ~ of artists* e-e Künstlerkolonie; **3.** *biol.* (*Pflanzen-, Bakterien-, Zellen*)Kolonie *f.*
col·o·phon ['kɔləfən] *s.* Kolo'phon *m* (*Schlußinschrift alter Bücher*).
col·o·pho·ny [kə'lɔfəni] *s.* Kolo'phonium *n*, Geigenharz *n.*
col·or *etc. Am.* → *colour etc.*
Col·o·ra·do bee·tle [kɔlə'rɑ:dou] *s. zo.* Kar'toffelkäfer *m.*
col·o·ra·tu·ra [kɔlərə'tuərə] *s.* ♪ **1.** Kolora'tur *f*; **2.** Kolora'tursängerin *f*; ~ **so·pran·o** *s.* ♪ Kolora'tursoˌpran *m* (*Stimme u. Sängerin*).
col·or·if·ic [kɔlə'rifik] *adj.* **1.** färbend; **2.** farbenfreudig; **col·or'im·e·ter** [-'rimitə] *s. phys.* Farbmesser *m*, Kolori'meter *n.*
co·los·sal [kə'lɔsl] *adj.* □ **1.** riesig, riesenhaft; **2.** F kolos'sal, e'norm; **col·os·se·um** [kɔlə'siəm] → *coliseum*; **Co'los·sians** [-ɔʃənz] *s. pl. bibl.* (Brief *m* des Paulus an die) Ko'losser *pl.*; **co'los·sus** [-səs] *s.* **1.** Ko'loß *m*, Riese *m*; **2.** *et.* Riesengroßes; **3.** Riesenstandbild *n.*
col·our ['kʌlə] **I.** *s.* **1.** Farbe *f*; Färbung *f*: *what ~ is ...?* welche Farbe hat ...?; **2.** *mst pl. Malerei*: Farbe *f*, Farbstoff *m*: *to lay on the ~s too thickly fig.* die Farben zu dick auftragen; *to paint in bright (dark) ~s fig.* in rosigen (düsteren) Farben schildern; **3.** Gesichtsfarbe *f*: *she has little ~* sie ist blaß; *to change ~* die Farbe wechseln; *off ~* **a)** nicht wohl, elend, **b)** *Am. sl.* schlüpfrig, zweideutig; **4.** Hautfarbe *f*: *~ problem* Rassenfrage; *a gentleman of ~* ein Farbiger; **5.** Anschein *m*, Anstrich *m*, Vorwand *m*: *to give* (*od. lend*) *~ to* den Anstrich der Wahrscheinlichkeit geben (*dat.*); *to give a false ~ to* Tatsache verdrehen; *under ~ of* unter dem Vorwand *od.* Anschein von; **6.** Geist *m*, Wesen *n*, Cha'rakter *m*, Atmo'sphäre *f*, Stimmung *f*, Ausdruck *m*, Eigenart *f*; Kolo'rit *n*: *in one's true ~* in s-m wahren Licht; *local ~* Lokalkolorit; **7.** ♪ Klangfarbe *f*; **8.** *pl.* Farben *pl.* als Abzeichen (*Klub, Schule, Partei, Jockei*): *to show one's ~s* sein wahres Wesen zeigen, Farbe bekennen; *to get one's ~s* sein Mitgliedsband bekommen; **9.** *pl.* bunte Kleider; **10.** *oft pl.* ⚔ *od. fig.* Fahne *f*, Flagge *f*: *to call to the ~s* einberufen; *to join the ~s* Soldat werden; *trooping the ~(s)* Fahnenparade; *to come off with flying ~s* mit fliegenden Fahnen siegen, großen Erfolg haben; *to nail one's ~s to the mast* bei s-r Meinung verharren, standhaft bleiben; *to sail under false ~s* unter falscher Flagge segeln; *to stick to one's ~s* e-r Sache treu bleiben; **II.** *v/t.* **11.** färben, kolorieren; anstreichen; **12.** *fig.* färben, e-n Anstrich geben; **13. a)** schönfärben, **b)** entstellen; **III.** *v/i.* **14.** Farbe bekommen; **15.** erröten.
col·o(u)r·a·ble ['kʌlərəbl] *adj.* □ vor-, angeblich; mutmaßlich; plau'sibel; '**col·o(u)r·ant** [-rənt] *s. bsd. Am.* Farbstoff *m*, Färbemittel *n.*
col·o(u)r·a·tion [kʌlə'reiʃən] *s.* Färben *n*; Färbung *f*; Farbgebung *f.*
col·o(u)r| bar *s. pol.* Rassenschranke *f*; '**~-blind** *adj.* farbenblind; '**~-blind·ness** *s.* Farbenblindheit *f*; '**~-box** *s.* Farb(en)-, Malkasten *m.*
col·o(u)red ['kʌləd] **I.** *adj.* **1.** farbig, bunt, koloriert: *~ pencil* Bunt-, Farbstift; *~ plate* → *colo(u)r plate*; **2.** farbig, *Am. bsd.* Neger...: *a ~ man* ein Farbiger; **3.** *fig.* gefärbt; entstellt; **4.** *in Zssgn* ...farbig; '**col·o(u)r·ful** [-əful] *adj.* **1.** farbenfreudig; **2.** *fig.* auffallend, abwechslungsreich, bunt; '**col·o(u)r·ing** [-əriŋ] **I.** *s.* **1.** Farbe *f*, Farbton *m*; **2.** Farbgebung *f*; **3.** Gesichts- (u. Haar)farbe *f*; **4.** *fig.* Anstrich *m*, Färbung *f*; **II.** *adj.* **5.** Farb...: *~ matter* Farbstoff; '**col·o(u)r·ist** [-ərist] *s.* Farbenkünstler *m*; '**col·o(u)r·less** [-əlis] *adj.* □ farblos (*a. fig.*).
col·o(u)r| line *s. pol. Am.* Rassenschranke *f*; '**~·man** [-mən] *s.* [*irr.*] *Brit.* Farbenhändler *m*; ~ **pho·tog·ra·phy** *s.* 'Farbphotograˌphie *f*; ~ **plate** *s.* Farben(kunst)druck *m*; ~ **print** *s. ein* Farbendruck *m*; ~ **print·ing** *s.* Bunt-, Farbendruck *m*; ~ **pro·cess** *s.* Farbendruckverfahren *n*; ~ **scheme** *s.* Farbgebung *f*, Farbenanordnung *f*; '**~-ser·geant** *s.* ⚔ (*etwa*) Hauptfeldwebel *m*; ~ **set** *s.* Farbfernseher *m*; ~ **tel·e·vi·sion** *s.* Farbfernsehen *n*; '**~-wash** **I.** *s.* farbige Tünche; **II.** *v/t.* farbig tünchen.
colt[1] [koult] **I.** *s.* **1.** Füllen *n*, Fohlen *n*; **2.** *fig.* Neuling *m*, ‚Grünschnabel' *m*; **3.** *sport* F Neuling *m* (*bsd. Kricket*); **4.** ⚓ Tauende *n*; **II.** *v/t.* **5.** mit dem Tauende prügeln.
colt[2] [koult] *s.* Colt *m* (*Revolver*).
col·ter *Am.* → *coulter.*
colt·ish ['koultiʃ] *adj.* **1.** fohlenartig; **2.** ausgelassen, 'übermütig.
'**colts·foot** *s.* ⚘ Huflattich *m.*
'**colt's-tooth** *s.* Milchzahn *m* (*Pferd*).
col·um·ba·ri·um [kɔləm'bɛəriəm] *pl.* **-ri·a** [-riə] *s.* Urnenhalle *f.*
col·um·bine ['kɔləmbain] *s.* **1.** ⚘ Ake'lei *f*; **2.** ♀ *thea.* Kolom'bine *f.*
col·umn ['kɔləm] *s.* **1.** △ Säule *f*, Pfeiler *m*; **2.** (*Rauch-, Wasser-, Luft- etc.*)Säule *f*; **3.** *typ.* (Zeitungs-, Buch)Spalte *f*; Ru'brik *f*: *in double ~s* zweispaltig; **4.** regelmäßig erscheinender 'Zeitungsarˌtikel (*über bestimmte Gebiete*); **5.** ⚔ Ko'lonne *f*; → *fifth column*; **6.** Kolonne *f*, senkrechte Zahlenreihe; **co·lum·nar** [kə'lʌmnə] *adj.* säulenartig, -förmig; Säulen...; '**col·um·nist** [-mnist] *s. Zeitung*: Kolum'nist *m* (*Journalist, dessen Beitrag regelmäßig in e-r bestimmten Spalte erscheint*).
col·za ['kɔlzə] *s.* ⚘ Raps *m*: *~-oil* Rüböl.
co·ma[1] ['koumə] *pl.* **-mae** [-mi:] *s.* **1.** ⚘ Haarbüschel *n* (*an Samen*); **2.** *ast.* Nebelhülle *f e-s Kometen.*
co·ma[2] ['koumə] *s.* ⚕ 'Koma *n*, anhaltende *od.* tiefe Bewußtlosigkeit, Dämmer-, Schlafzustand *m*; '**co·ma·tose** [-ətous] *adj.* im Koma befindlich.
comb [koum] **I.** *s.* **1.** Kamm *m*: *fine-tooth ~* Staubkamm; **2.** ⊕ **a)** (Wollweber)Kamm *m*, **b)** (Flachs-) Hechel *f*; **3.** *zo.* Hahnenkamm *m*; **4.** Kamm *m* (*Berg; Woge*); **5.** → *honeycomb*; **II.** *v/t.* **6.** *Haar* kämmen; **7.** ⊕ **a)** *Wolle* kämmen, krempeln, **b)** *Flachs* hecheln; **8.** *Pferd* striegeln; **9.** *fig.* 'durchkämmen, absuchen; **10.** *fig. a. ~ out* **a)** sieben, aussuchen, **b)** ⚔ ausmustern, **c)** aussondern.
com·bat ['kɔmbət] **I.** *v/t.* bekämpfen, kämpfen gegen; **II.** *v/i.* kämpfen; **III.** *s.* Kampf *m*; Streit *m*; ⚔ *a.* Einsatz *m*: *single ~* Zweikampf; '**com·bat·ant** [-tənt] **I.** *s.* **1.**

Kämpfer *m*; **2.** ⚔ Frontkämpfer *m*; **II.** *adj.* **3.** kämpfend; **4.** ⚔ zur Kampftruppe gehörig; Kampf...

com·bat| car *s.* ⚔ *Am.* Kampfwagen *m*; ~ **fa·tigue** *s.* ⚔ *psych.* 'Kriegsneu,rose *f*.

com·ba·tive ['kɔmbətiv] *adj.* □ **1.** kampfbereit; **2.** streitsüchtig; '**com·ba·tive·ness** [-nis] *s.* Kampf-, Streitlust *f*.

com·bat| plane *s.* ✈ *Am.* Kampfflugzeug *n*; ~ **u·nit** *s.* ⚔ *Am.* Gefechtseinheit *f*.

combe → *coomb(e)*.

comb·er ['koumə] *s.* **1.** ⊕ **a)** 'Krempelma,schine *f*, **b)** 'Hechelma,schine *f*; **2.** Sturzwelle *f*.

comb hon·ey *s.* Scheibenhonig *m*.

com·bi·na·tion [kɔmbi'neiʃən] *s.* **1.** Verbindung *f*, Vereinigung *f*; Zs.-setzung *f*; Kombinati'on *f*; **2.** Zs.-schluß *m*, Bündnis *n*; *b.s.* Kom'plott *n*; **3.** Kar'tell *n*, Ring *m*; **4.** ♟ Kombination *f*; **5.** ⚗ Verbindung *f*; **6.** 'Motorrad *n* mit Beiwagen; **7.** *pl.* Hemdhose *f*; ~ **lock** *s.* ⊕ Kombinati'ons-, Ve'xierschloß *n*; ~**-room** *s. Brit. univ.* Gemeinschaftsraum *m* (*Cambridge*).

com·bine [kəm'bain] **I.** *v/t.* **1.** verbinden (*a.* ⚗), vereinigen, kombinieren; **2.** in sich vereinigen; **II.** *v/i.* **3.** sich verbinden (*a.* ⚗), sich vereinigen; **4.** sich zs.-schließen; **5.** zs.-wirken; **III.** *s.* ['kɔmbain] **6.** Verbindung *f*, Vereinigung *f*; **7.** † Kon'zern *m*, Verband *m*; **8.** po'litische *od.* wirtschaftliche Inter'essengemeinschaft; **9.** ✔ Mähdrescher *m*.

com·bined [kəm'baind] *adj.* vereinigt, verbunden; vereint, gemeinsam, Gemeinschafts...; kombiniert; ~ **arms** *s. pl.* ⚔ verbundene Waffen *pl.*; ~ **op·er·a·tion** *s.* ⚔ kombinierte Operati'on.

comb·ings ['koumiŋz] *s. pl.* ausgekämmte Haare *pl.*

com·bo ['kɔmbou] *s.* Combo *f*, kleine Jazzband.

'**comb-out** *s.* Auskämmen *n*; *fig.* 'Durchkämmen *n*, Absuchen *n*.

com·bus·ti·bil·i·ty [kəmbʌstə'biliti] *s.* Brennbarkeit *f*, Entzündlichkeit *f*; **com·bus·ti·ble** [kəm'bʌstəbl] **I.** *adj.* **1.** brennbar, leichtentzündlich; **2.** *fig.* erregbar; **II.** *s.* **3.** Brenn-, Zündstoff *m*; 'Brennmateri,al *n*.

com·bus·tion [kəm'bʌstʃən] *s.* Verbrennung *f* (*a.* ⚗, *biol.*): *spontaneous* ~ Selbstentzündung; ~ **chamber** *s.* ⊕ Verbrennungsraum *m*; ~ **en·gine,** ~ **mo·tor** *s.* ⊕ Ver'brennungs,motor *m*.

come [kʌm] **I.** *v/i.* [*irr.*] **1.** kommen: *to ~ and go* **a)** hin u. her gehen, **b)** zu kurzem Besuch kommen; *to ~ to* (*od.* F *and*) *see* besuchen; *that ~s on page 4* das kommt auf Seite 4; **2.** ankommen, gelangen: *it came to my knowledge* ich erfuhr; *to ~ into sight* sichtbar werden; *to ~ to the throne* den Thron besteigen; *ill luck came to him* ihm widerfuhr Unglück; **3.** *oft mit inf.* geschehen, dazu kommen: *to ~ to pass* geschehen, sich zutragen; *how did you ~ to do that?* wie kam es, daß du das tatest?; *it has ~ to be the custom* es ist Sitte geworden; *I have ~ to believe* ich bin zu der Überzeugung gekommen; *to ~ to know* kennenlernen; ~ *what may* komme, was da wolle; *how did it ~ that ...?* wie kam es, daß ...?; **4.** her'vorkommen, erscheinen, sich einstellen: *love will ~ in time* mit der Zeit wird die Liebe sich einstellen; *to ~ before the judge* vor dem Richter erscheinen; *French ~s easy to me* Französisch fällt mir leicht; **5.** sich entwickeln, werden: *to ~ all right* in Ordnung kommen; *to ~ true* wahr werden; *to ~ to pieces* in Stücke gehen; *to ~ undone* auf-, ab-, losgehen; *the butter will not ~* die Butter bildet sich nicht *od.* ,wird' nicht; **6.** entspringen, stammen: *that's what ~s of your hurry* das kommt von deiner Eile; *nothing came of it* es wurde nichts daraus; *he ~s of rich parents* er stammt von reichen Eltern ab; *I ~ from Leeds* ich stamme aus Leeds; **7.** erreichen; hin'auslaufen (*to* auf *acc.*): *the bill ~s to £ 5* die Rechnung beträgt £ 5; *it ~s to this that ...* es läuft darauf hinaus, daß ...; *it ~s to the same thing* es kommt auf dasselbe hinaus; *he will never ~ to much* er wird es nie zu etwas bringen; **8.** der Reihe nach kommen: *you ~ first* du kommst zuerst (an die Reihe); *what ~s next?* was kommt dann?; *for a year to ~* auf ein weiteres Jahr; *the time to ~* die Zukunft; **II.** *v/t.* [*irr.*] **9.** F sich aufspielen als: *to ~ the swell* auf vornehm machen; **III.** *imperative u. int.* **10.** nun; bitte: ~, *be patient!* nur Geduld!;

Zssgn mit prp.:

come| a·cross *v/t.* stoßen auf (*acc.*), treffen, finden; ~ **aft·er** *v/t.* **1.** *j-m* folgen; **2.** suchen, sich bemühen um *et.*; ~ **at** *v/t.* **1.** erreichen, bekommen; **2.** angreifen; ~ **by** *v/t.* erlangen, zu *et.* kommen; ~ **for** *v/t.* abholen; ~ **in·to** *v/t.* **1.** sich anschließen, beitreten (*dat.*); **2.** *to ~ fashion* Mode werden; *to ~ flower* aufblühen; *to ~ a fortune* ein Vermögen erben; ~ **near** *v/t.* **1.** *fig.* nahe-, gleichkommen (*dat.*); **2.** ~ *doing s.th.* et. beinahe tun; ~ **o·ver** *v/t.* über'kommen, befallen: *what has ~ you?* was ist mit dir los?, was fällt dir ein!; ~ **round** *v/t. j-n* über'reden *od.* beschwatzen; ~ **to** *v/t.* **1.** *j-m* zufallen (*durch Erbschaft*); **2.** *when it comes to paying* wenn es ans Bezahlen geht; *it came to nothing* es wurde nichts daraus; *what are things coming to!* wohin sind wir (*od.* ist die Welt) geraten!; ~ **un·der** *v/t.* **1.** unter *et.* fallen, zu *et.* gehören; **2.** *e-r Sache* ausgesetzt sein; ~ **upon** *v/t.* **1.** stoßen auf (*acc.*), begegnen (*dat.*); **2.** *j-n* über'kommen, befallen; **3.** *j-m* zur Last fallen;

Zssgn mit adv.:

come| a·bout *v/i.* **1.** geschehen, entstehen; **2.** sich drehen (*Wind*); ~ **a·cross** *v/i. sl.* die Sache liefern, *bsd.* ,blechen' (*zahlen*); ~ **a·long** *v/i.* **1.** her('an)kommen; mitgehen, mitkommen: ~! F ,dalli', mach schnell!; **2.** mitmachen, zustimmen; ~ **a·part** *v/i.* ausein'anderfallen, in Stücke gehen; ~ **a·way** *v/i.* **1.** ab-, losgehen (*Knopf etc.*); **2.** weggehen; ~ **back** *v/i.* **1.** zu'rückkommen; 'wiederkehren: *to ~ to s.th.* auf e-e Sache zurückkommen; **2.** wieder einfallen (*to s.o.* j-m); **3.** *Am. sl.* (schlagfertig) antworten; ~ **by** *v/i.* vor'beikommen; ~ **down** *v/i.* **1.** her'unterkommen (*a. fig. aus besseren Verhältnissen*); fallen, (ein-)stürzen; ✈ niedergehen; **2.** *ped., univ.* in die Ferien gehen; **3.** billiger werden; **4.** nachgeben; **5.** über'liefert werden; **6.** ~ *on* **a)** sich stürzen auf (*acc.*), **b)** *j-m* ,aufs Dach steigen', **c)** ~ *on the side of s.o.* j-n unterstützen; **7.** ~ *with* F he'rausrücken mit (*Geld*); *to ~ handsome* freigebig sein; *it comes down to this* hieraus ergibt sich; ~ **for·ward** *v/i.* **1.** (her)'vortreten; sich einstellen; **2.** sich anbieten; ~ **in** *v/i.* **1.** her'einkommen: ~! herein!; **2.** ankommen (*a.* 🚂); ⚓ *u. sport* einlaufen: *to ~ third sport* den dritten Platz belegen; **3.** aufkommen, Mode werden; **4.** zur Macht kommen; **5.** reif werden; **6.** *a.* ~ *useful* sich als nützlich erweisen; gelegen kommen; **7.** angehen, betreffen, zu tun haben mit: *but where does the radio ~?* aber was hat das mit dem Radio zu tun?; *where does the joke ~?* was ist daran so witzig?; *where do I ~?* wo bleibe ich?, was nützt mir das?; **8.** ~ *for* erhalten, bekommen: *to ~ for praise* gelobt werden; ~ **off** *v/i.* **1.** ab-, losgehen; abfärben; **2.** da'vonkommen: *to ~ badly* schlecht abschneiden *od.* wegkommen; → *colour 10*; **3.** zu'stande kommen, stattfinden; **4.** *a.* ~ *duty* den Dienst beenden, frei werden; ~ **on** *v/i.* **1.** her'ankommen; an die Reihe kommen; sich einstellen; **2.** *thea.* auftreten; aufgeführt werden; **3.** vor'ankommen, Fortschritte machen; **4.** beginnen: *it came on to rain* es begann zu regnen; **5.** ~! **a)** komm mit!, komm her!, **b)** los!, vorwärts!, **c)** *sl.* sachte!, na, hör mal!, Unsinn!; ~ **out** *v/i.* **1.** (her-)'auskommen; erscheinen, auftreten; **2.** (her)'ausgehen, verschwinden; **3.** bekannt werden, sich zeigen; **4.** streiken; **5.** in die Gesellschaft eingeführt werden; **6.** ~ *with s.th.* et. ausplaudern; ~ **o·ver** *v/i.* **1.** her'überkommen; **2.** 'übergehen (*to* zu); ~ **round** *v/i.* **1.** her'umkommen, besuchen (*acc.*); **2.** sich erholen; wieder zu sich kommen; **3.** *fig.* einlenken: *to ~ to s.o.'s way of thinking* sich j-s Meinung anschließen; ~ **to** *v/i.* ⚕ wieder zu sich kommen; ~ **up** *v/i.* **1.** her'auf-, her'vorkommen: *to ~ before the court* vor Gericht kommen; *to ~ for discussion* zur Sprache kommen; *to ~ to London* nach London kommen; **2.** *Brit.* die Universi'tät beziehen; **3.** ♀ aufgehen, wachsen, keimen; **4.** ~ *to* **a)** reichen bis, her'ankommen an (*acc.*), gleichkommen, entsprechen (*dat.*), **b)** *j-n* ansprechen; **5.** ~ *with j-n* einholen; **6.** aufkommen, Mode werden.

come-at-a·ble [kʌm'ætəbl] *adj.* F erreichbar.

'**come-back** *s.* **1.** 'Wiederkehr *f*, Wieder'hochkommen *n*, *sport, thea.* Come'back *n*: *to stage a ~* ein

Comeback versuchen; 2. *sl.* (schlagfertige) Antwort.
co·me·di·an [kə'mi:djən] *s.* 1. Komödi'ant(in), 'Komiker(in); 2. Lustspieldichter *m.*
'come-down *s.* 1. *fig.* Abstieg *m*, Niedergang *m*; 2. Reinfall *m.*
com·e·dy ['kɔmidi] *s.* 1. Ko'mödie *f*, Lustspiel *n*: *light* ~ Schwank; 2. komischer Vorfall.
come·li·ness ['kʌmlinis] *s.* Anmut *f*, Schönheit *f*; **'come·ly** ['kʌmli] *adj.* anmutig, hübsch.
'come-on *s. Am. sl.* Lockmittel *n.*
com·er ['kʌmə] *s.* 1. Kommende(r *m*) *f*: *first* ~ wer zuerst kommt; *all* ~*s* all und jeder; 2. *Am. sl.* ‚kommender Mann'.
co·mes·ti·ble [kə'mestibl] *s. mst pl.* Nahrungs-, Lebensmittel *pl.*
com·et ['kɔmit] *s. ast.* Ko'met *m.*
com·fit ['kʌmfit] *s.* Kon'fekt *n*, Zukkerwerk *n*, Süßigkeiten *pl.*
com·fort ['kʌmfət] I. *v/t.* 1. trösten; beruhigen; Mut zusprechen (*dat.*); 2. erquicken, laben; 3. *obs.* unter'stützen, *j-m* helfen; II. *s.* 4. Trost *m*; Labsal *n*; Erquickung *f*: *to derive* ~ *from s.th.* Trost aus et. schöpfen; *he was a great* ~ *to her* er war ihr ein großer Trost *od.* Beistand; *cold* ~ schwacher *od.* schlechter Trost; 5. Behaglichkeit *f*, Wohlergehen *n*: *to live in* ~ ein sorgenfreies Leben führen; 6. Bequemlichkeit *f*, Kom'fort *m*; 7. *soldiers'* ~*s* Liebesgaben für Soldaten; 8. *obs.* Unter'stützung *f*; **'com·fort·a·ble** [-fətəbl] I. *adj.* □ 1. bequem, behaglich, gemütlich: *to make o.s.* ~ es sich bequem machen; *I am* ~ mir ist behaglich, ich sitze bequem; *to feel* ~ sich wohl fühlen; 2. recht gut, reichlich: *a* ~ *income*; *in* ~ *circumstances* im Wohlstand; 3. angenehm, wohltuend, beruhigend; 4. ohne Beschwerden (*Patient*); II. *s.* 5. → *comforter 4*; **'com·fort·a·bly** [-fətəbli] *adv.* bequem, leicht, angenehm: ~ *off* wohlhabend; **'com·fort·er** [-tə] *s.* 1. Tröster *m*: → *Job*²; 2. *the* ♀ *eccl.* der Heilige Geist; 3. *bsd. Brit.* wollenes Halstuch; 4. *Am.* Steppdecke *f*; 5. *bsd. Brit.* Schnuller *m* (*für Baby*); **'com·fort·ing** [-tiŋ] *adj.* tröstlich; **'com·fort·less** [-lis] *adj.* 1. trostlos; 2. unerfreulich, unbehaglich.
com·frey ['kʌmfri] *s.* ♀ Schwarzwurz *f.*
com·fy ['kʌmfi] *adj.* F behaglich.
com·ic ['kɔmik] I. *adj.* □ → *comically*; 1. komisch, Lustspiel...: ~ *actor* Komiker; ~ *writer* Lustspieldichter; 2. komisch, humo'ristisch: ~ *paper* Witzblatt; ~ *song* lustiges Lied; 3. drollig, spaßig; II. *s.* 4. Komiker *m*; 5. Witzblatt *n*; *pl. Zeitung*: 'Comics *pl.*; **'com·i·cal** [-kəl] *adj.* □ 1. komisch, ulkig; 2. F komisch, sonderbar; **com·i·cal·i·ty** [kɔmi'kæliti] *s.* Spaßigkeit *f*; **'com·i·cal·ly** [-kəli] *adv.* komisch(erweise).
com·ic| op·er·a *s.* ♪ komische Oper; ~ **strips** *s. pl. Zeitung*: 'Comic strips *pl.*
Com·in·form ['kɔminfɔ:m] *s. pol. hist.* Komin'form *n*, Kommu'nistisches Informati'onsbü₁ro.
com·ing ['kʌmiŋ] I. *adj.* kommend, (zu)künftig: *the* ~ *man* der kommende Mann; ~ *week* nächste Woche; II. *s.* Kommen *n*, Ankunft *f*; Beginn *m*: ~ *of age* Mündigwerden; '~-'**in** *pl.* '**com·ings-'in** *s.* 1. Eintritt *m*, Beginn *m*; 2. *pl.* Einnahmen *pl.*, Einkünfte *pl.*
Com·in·tern ['kɔmintə:n] *s. pol. hist.* Komin'tern *f*, Kommu'nistische ₁Internatio'nale.
com·i·ty ['kɔmiti] *s.* Höflichkeit *f*: ~ *of nations* gutes Einvernehmen der Nationen.
com·ma ['kɔmə] *s.* Komma *n*; ~ **ba·cil·lus** *s.* ⚕ 'Kommaba₁zillus *m.*
com·mand [kə'mɑ:nd] I. *v/t.* 1. *j-m* befehlen, gebieten; 2. gebieten, fordern, verlangen: *to* ~ *silence* Ruhe gebieten; 3. beherrschen, gebieten über (*acc.*): *the hill* ~*s the plain* der Hügel beherrscht die Ebene; 4. ⚔ kommandieren: a) *j-m* befehlen, b) *Truppe* befehligen, führen; 5. *Gefühle, die Lage* beherrschen: *to* ~ *o.s.* sich beherrschen; *to* ~ *one's temper* die Ruhe bewahren; 6. verfügen über (*acc.*) (*Dienste, Gelder*); 7. *Vertrauen, Liebe* einflößen: *to* ~ *respect* Achtung gebieten; *to* ~ *admiration* Bewunderung abnötigen *od.* verdienen; 8. *Aussicht* gewähren, bieten; 9. ✝ *Preis* erzielen; *Absatz* finden; II. *v/i.* 10. befehlen, herrschen; 11. ⚔ kommandieren; III. *s.* 12. *allg.* Befehl *m*: *by* ~ auf Befehl; 13. ⚔ Kom'mando *n*: a) Befehl *m*: *word of* ~ Kommando(wort), b) (Ober)Befehl *m*, Befehlsgewalt *f*, Führung *f*: *to be in* ~ (*of*) das Kommando führen (über *acc.*); *to take* ~ das Kommando übernehmen; 14. ⚔ Befehls-, Kom'mandobereich *m*; 15. Gewalt *f*, Herrschaft *f* (*of* über *acc.*); Beherrschung *f*, Meisterung *f* (*Gefühle*): *to have* ~ *of* (*a. Fremdsprache*) beherrschen; *his* ~ *of English* s-e Englischkenntnisse; 16. Verfügung *f* (*of* über *acc.*): *at your* ~ zu Ihrer Verfügung; *to be* (*have*) *at* ~ zur Verfügung stehen (haben).
com·man·dant [kɔmən'dænt] *s.* ⚔ Komman'dant *m*, Befehlshaber *m.*
com·mand car *s.* ⚔ *Am.* Kübelwagen *m*, Befehlsfahrzeug *n.*
com·man·deer [kɔmən'diə] *v/t.* 1. zum Mili'tärdienst zwingen; 2. ⚔ requirieren; 3. F ‚organisieren', sich aneignen.
com·mand·er [kə'mɑ:ndə] *s.* 1. ⚔ Komman'dant *m* (*e-r Festung, e-s Flugzeugs etc.*), Befehlshaber *m*; Komman'deur *m* (*e-r Einheit*), Führer *m*; ⚓ Fre'gattenkapi₁tän *m*: ~-*in-chief* Oberbefehlshaber; 2. ♀ *of the Faithful* Beherrscher der Gläubigen (*Sultan*); 3. *Brit.* (*Ordens*)Kom'tur *m*; **com'mand·ing** [-diŋ] *adj.* □ 1. herrschend, gebietend; *die Gegend* beherrschend: ~ *point* strategischer Punkt; 2. ⚔ kommandierend, befehlshabend; 3. achtunggebietend, eindrucksvoll; 4. gebieterisch; **com'mand·ment** [-dmənt] *s.* Gebot *n*, Vorschrift *f*: *the ten* ~*s bibl.* die Zehn Gebote.
com·mand mod·ule *s.* Kom'mandozen₁trale *f* e-s Raumschiffs.
com·man·do [kə'mɑ:ndou] *pl.* **-dos** *s.* ⚔ 1. Kom'mando(truppe *f*) *n*, Sabo'tagetrupp *m*: ~ *raid* Kommandoüberfall; ~ *squad* Kommandoeinheit; 2. Expediti'on *f.*
com·mand| pa·per *s. pol. Brit.* (*dem Parlament vorgelegter*) königlicher Erlaß; ~ **per·form·ance** *s. thea.* Aufführung *f* auf königlichen Befehl *od.* Wunsch; ~ **post** *s.* ⚔ Befehls-, Gefechtsstand *m.*
com·mem·o·rate [kə'meməreit] *v/t.* (ehrend) gedenken (*gen.*), *das Andenken* feiern; erinnern an (*acc.*): *a monument to* ~ *s.th.* ein Denkmal zur Erinnerung an ein Ereignis; **com·mem·o·ra·tion** [kəmemə'reiʃən] *s.* 1. Gedenk-, Gedächtnisfeier *f*: *in* ~ *of* zum Gedächtnis an (*acc.*); 2. *Brit. univ.* Stiftergedenkfest *n* (*Oxford*); **com'mem·o·ra·tive** [-rətiv] *adj.* Gedächtnis..., Erinnerungs...: ~ *issue* Gedenkausgabe (*Briefmarken etc.*).
com·mence [kə'mens] *v/t. u. v/i.* 1. beginnen, anfangen; ⚖ *Klage* anhängig machen; 2. *Brit. univ.* promovieren; **com'mence·ment** [-mənt] *s.* 1. Anfang *m*, Beginn *m*; 2. (Tag *m* der) Feier *f* der Verleihung aka'demischer Grade; **com'menc·ing** [-siŋ] *adj.* Anfangs...: ~ *salary.*
com·mend [kə'mend] *v/t.* 1. empfehlen, loben: ~ *me to ...* F da lobe ich mir ...; 2. empfehlen, anvertrauen (*to dat.*); 3. ~ *o.s.* sich (*als geeignet*) empfehlen; **com'mend·a·ble** [-dəbl] *adj.* □ empfehlens-, lobenswert; **com·men·da·tion** [kɔmen'deiʃən] *s.* 1. Empfehlung *f*; 2. Lob *n*; **com'mend·a·to·ry** [-dətəri] *adj.* empfehlend, Empfehlungs...
com·men·sal [kə'mensəl] *s.* 1. Tischgenosse *m*; 2. ♀, *zo.* Schma'rotzer *m.*
com·men·su·ra·ble [kə'menʃərəbl] *adj.* □ 1. kommensu'rabel, vergleichbar (*with, to* mit); 2. angemessen, im richtigen Verhältnis; **com'men·su·rate** [-rit] *adj.* □ 1. gleich groß, von gleicher Dauer (*with* wie); 2. (*with, to*) im Einklang stehend (mit), angemessen *od.* entsprechend (*dat.*).
com·ment ['kɔment] I. *s.* 1. Be-, Anmerkung *f*, Stellungnahme *f*, Kommen'tar *m* (*on* zu): *no* ~! (ich habe) nichts dazu zu sagen!, *iro.* Kommentar überflüssig!; 2. Erläuterung *f*, Kommentar *m*, Deutung *f*; Kri'tik *f*; 3. Gerede *n*; II. *v/i.* 4. (*on*) Erläuterungen *od.* Anmerkungen machen (zu), kommentieren (*acc.*); 5. sich (kritisch) äußern (*on* über *acc.*); **'com·men·tar·y** [-təri] *s.* Kommentar *m* (*on* zu): *wireless* (*od. radio*) ~ Rundfunkkommentar; **'com·men·tate** [-teit] *v/i. Radio*: → *comment 4, 5*; **'com·men·ta·tor** [-teitə] *s.* 1. Kommen'tator *m*, Erläuterer *m*; 2. 'Rundfunkkommen₁tator *m.*
com·merce ['kɔmə(:)s] *s.* 1. Handel *m*, Handelsverkehr *m*; 2. Verkehr *m*, 'Umgang *m*; '~-**de'stroy·er** *s.* ⚓ Handelszerstörer *m.*
com·mer·cial [kə'mə:ʃəl] I. *adj.* □ 1. kaufmännisch, geschäftlich, gewerblich, kommerzi'ell; Handels..., Geschäfts...; 2. gewerbsmäßig *od.* im großen hergestellt; 3. handels-

üblich; **4.** Werbe...; **II.** *s.* **5.** *Radio, Fernsehen*: **a)** von e-m Sponsor finanzierte Sendung, **b)** → *spot 11*; **6.** *Brit.* F Handlungsreisende(r) *m*; ~ **a·gen·cy** *s. Am.* 'Handelsauskunf,tei *f*; ~ **al·co·hol** *s.* handelsüblicher 'Alkohol, Sprit *m*; ~ **art** *s.* Ge'brauchs,graphik *f*; ~ **a·vi·a·tion** *s.* Verkehrsluftfahrt *f*; ~ **col·lege** *s.* Handels(hoch)schule *f*; ~ **cor·re·spond·ence** *s.* 'Handelskorrespon,denz *f*; ~ **ed·u·ca·tion** *s.* kaufmännische (Aus)Bildung; ~ **ho·tel** *s.* Ho'tel *n* für Handlungsreisende.

com·mer·cial·ism [kə'mə:ʃəlizəm] *s.* **1.** Kaufmanns-, Handelsgeist *m*; **2.** Handelsgepflogenheit *f*; **com·mer·cial·i·za·tion** [kəmə:ʃəlai'zeiʃən] *s.* Kommerzialisierung *f*, Vermarktung *f*, kaufmännische Verwertung *od.* Ausnutzung; **com'mer·cial·ize** [kə'mə:ʃəlaiz] *v/t.* kommerzialisieren, vermarkten, (nur) kaufmännisch verwerten, ein Geschäft machen aus; in den Handel bringen.

com·mer·cial| let·ter of cred·it *s.* Akkredi'tiv *n*; ~ **loan** *s.* 'Warenkre,dit *m*; ~ **man** *s.* [*irr.*] Geschäftsmann *m*; ~ **pa·pers** *s. pl.* Ge'schäftspa,piere *pl.*; ~ **plane** *s.* Verkehrsflugzeug *n*; ~ **room** *s. Brit. Hotelzimmer, in dem Handlungsreisende Kunden empfangen können*; ~ **school** *s.* Handelsschule *f*; ~ **tel·e·vi·sion** *s.* Werbefernsehen *n*; ~ **trav·el·(l)er** *s.* Handlungsreisende(r) *m*; ~ **trea·ty** *s.* Handelsvertrag *m*; ~ **val·ue** *s.* Handels-, Marktwert.

com·mi·na·tion [kɔmi'neiʃən] *s.* Drohung *f*; *bsd. eccl.* Androhung *f* göttlicher Strafe: ~ *service* Bußgottesdienst (am Aschermittwoch).

com·mi·nute ['kɔminju:t] *v/t.* zerkleinern, zerstückeln; zerreiben: ~*d fracture* ⚕ Splitterbruch; **com·mi·nu·tion** [kɔmi'nju:ʃən] *s.* **1.** Zerkleinerung *f*; Zerreibung *f*; **2.** ⚕ Splitterung *f*; **3.** Abnutzung *f*; Verringerung *f*.

com·mis·er·ate [kə'mizəreit] **I.** *v/t.* *j-n* bemitleiden, bedauern; **II.** *v/i.* Mitleid haben (*with* mit); **com·mis·er·a·tion** [kəmizə'reiʃən] *s.* Mitleid *n*, Erbarmen *n*.

com·mis·sar [kɔmi'sɑ:] *s.* Kommis'sar *m* (*bsd. Rußland*): *People's* ♀ Volkskommissar; **com·mis'sar·i·at** [-'sɛəriət] *s.* **1.** ('Volks)Kommissari,at *n*; **2.** ⚔ Intendan'tur *f*; **com·mis·sar·y** ['kɔmisəri] *s.* **1.** Kommissar *m*, Beauftragte(r) *m*; **2.** *eccl.* bischöflicher Kommissar; **3.** 'Volkskommis,sar *m*; **4.** ⚔ Verpflegungsamt *n*.

com·mis·sion [kə'miʃən] **I.** *s.* **1.** Auftrag *m*, 'Vollmacht *f*; **2.** Bestallung *f*; Bestallungsurkunde *f*; **3.** ⚔ Offi'zierspa,tent *n*: *to hold a* ~ Offizier sein; *to receive one's* ~ Offizier werden; **4.** (An)Weisung *f*, Aufgabe *f*; **5.** Auftrag *m*, Bestellung *f*; **6.** Amt *n*, Dienst *m*, Tätigkeit *f*, Betrieb *m*: *to put into* ~ *Schiff* in Dienst stellen (F *a. Maschine etc.*); *in* ~ im Dienst, in Betrieb; *out of* ~ nicht (mehr) im Dienst, außer Betrieb, nicht funktionierend; **7.** ✝ **a)** Kommissi'on *f*: *to have on* ~ in Kommission *od.* Konsignation haben, **b)** Provisi'on *f*, Vergütung *f*: *to sell on* ~ gegen Provision verkaufen; **8.** Ausführung *f*, Verübung *f*; → *sin 1*; **9.** Kommission *f*, Ausschuß *m*; Vorstand *m* (*Klub*): *Royal* ♀ *Brit.* Untersuchungsausschuß; **II.** *v/t.* **10.** beauftragen, be'vollmächtigen; **11.** *j-m* e-e Bestellung *od.* e-n Auftrag geben; **12.** in Auftrag geben, bestellen: *to* ~ *an opera*; **13.** ⚔ zum Offi'zier ernennen; **14.** *Schiff* in Dienst stellen.

com'mis·sion-a·gent *s.* ✝ Kommissio'när *m*, Provisi'onsvertreter *m*.

com·mis·sion·aire [kəmiʃə'nɛə] *s.* *Brit.* (livrierter) Porti'er.

com·mis·sioned of·fi·cer [kə'miʃənd] *s.* (durch Pa'tent bestallter) Offi'zier.

com·mis·sion·er [kə'miʃnə] *s.* **1.** Be'vollmächtigte(r) *m*, Beauftragte(r) *m*; **2.** (Re'gierungs)Kommis,sar *m*: *High* ♀ Hoch-, Oberkommissar; **3.** Leiter *m* des Amtes: ~ *of police* Polizeichef; ~ *for oaths* (*etwa*) Notar; **4.** Mitglied *n* e-r (Re'gierungs-) Kommissi,on, Kommis'sar *m*; *pl.* Kommissi'on *f*, Behörde *f*.

com·mis·sion| mer·chant *s.* ✝ Kommissio'när *m*; ~ **plan** *s. pol. Am.* Stadtverwaltung *f* durch e-n kleinen gewählten Ausschuß.

com·mis·sure ['kɔmisjuə] *s.* **1.** Naht *f*; Band *n* (*bsd. anat.*); **2.** *anat.* Nervenstrang *m*.

com·mit [kə'mit] *v/t.* **1.** anvertrauen, über'geben, über'tragen: *to* ~ *to the ground* beerdigen; *to* ~ *to memory* auswendig lernen; *to* ~ *to paper* zu Papier bringen; *to* ~ *to gaol* (*Am. jail*) in Untersuchungshaft nehmen; *to* ~ *for trial* dem zuständigen Gericht zur Hauptverhandlung überstellen; **2.** anvertrauen, empfehlen; **3.** *pol.* an e-n Ausschuß über'weisen; **4.** (*to*) verpflichten (zu), binden (an *acc.*); festlegen (auf *acc.*) (*alle a. o.s.* sich); **5.** *Verbrechen etc.* begehen, verüben; **com'mit·ment** [-mənt] *s.* **1.** (*to*) Verpflichtung *f* (zu), Bindung *f* (an *acc.*): *without* ~ unverbindlich; **2.** ✝ Verbindlichkeit *f*; *Am. engS.* Börsengeschäft *n*; **3.** → *committal 3*; **4.** *fig.* Engage'ment *n*; **com'mit·tal** [-tl] *s.* **1.** → *commitment 1*; **2.** 'Übergabe *f*, Über'weisung *f* (to an *acc.*): ~ *to gaol* (*Am. jail*) Inhaftierung; ~ *order* Haftbefehl, Einweisungsbeschluß; ~ *service* Bestattung(sfeier); **3.** ⚖ Einweisung *f* (in e-e Heil- u. Pflegeanstalt); **4.** Verübung *f*, Begehung *f* (*von Verbrechen etc.*).

com·mit·tee [kə'miti] *s.* Komi'tee *n*, Ausschuß *m*, Kommissi'on *f*: *to be on the* ~ Mitglied des Ausschusses sein; *the House goes into* (*od. resolves itself into a*) ♀ *parl.* das Haus konstituiert sich als Ausschuß; ~ *stage parl.* Stadium der Ausschußberatung (*zwischen 2. u. 3. Lesung e-s Gesetzentwurfes*); ~-*man* Komiteemitglied.

com·mode [kə'moud] *s.* **1.** Nachtstuhl *m*; **2.** Kom'mode *f*; **com'mo·di·ous** [-djəs] *adj.* □ geräumig; **com'mo·di·ous·ness** [-djəsnis] *s.* Geräumigkeit *f*.

com·mod·i·ty [kə'mɔditi] *s.* ✝ Ware *f*, ('Handels-, *bsd.* Ge'brauchs-) Ar,tikel *m*; *oft pl.* Waren *pl.*: ~ *value* Waren-, Sachwert; ~ **ex·change** *s.* ✝ Warenbörse *f*; ~ **mar·ket** *s.* ✝ **1.** Warenmarkt *m*; **2.** Rohstoffmarkt *m*.

com·mo·dore ['kɔmədɔ:] *s.* ⚓ **1.** Kommo'dore *m*, Flo'tillenadmi,ral *m*; **2.** Präsi'dent *m* e-s Jachtklubs; **3.** Leitschiff *n* (*Geleitzug*).

com·mon ['kɔmən] **I.** *adj.* □ → *commonly*; **1.** gemeinsam (*a.* ⅌), gemeinschaftlich: *to make* ~ *cause* gemeinsame Sache machen; ~ *ground* gleiche Grundlage, gleiche Interessen; ~ *mother tongue* gemeinsame Muttersprache; **2.** allgemein, öffentlich: ~ *knowledge* allgemein bekannt; ~ *rights* Menschenrechte; ~ *talk* Stadtgespräch; ~ *usage* allgemein üblich; **3.** gewöhnlich, üblich, häufig: ~ *coin of the realm* übliche Landesmünze; ~ *event* normales Ereignis; *a very* ~ *name* ein sehr häufiger Name; ~ *as dirt* häufig, gewöhnlich; **4.** einfach, gewöhnlich, alltäglich: ~ *looking* von gewöhnlichem Aussehen; *the* ~ *people* das (einfache) Volk; ~ *salt* Kochsalz; ~ *sight* alltäglicher Anblick; ~ *soldier* gemeiner Soldat; ~ *or garden* ... F Feld-, Wald- u. Wiesen-...; **5.** gewöhnlich, gemein, niedrig: ~ *accent* ordinäre Aussprache; *the* ~ *herd* die große Masse; ~ *manners* schlechtes Benehmen; **6.** *ling.* ~ *gender* doppeltes Geschlecht; ~ *noun* Gattungsname; **II.** *s.* **7.** Gemeindeland *n* (*heute oft mit Parkanlage*): *right of* ~ Mitbenutzungsrecht; ~ *of pasturage* Weiderecht; **8.** Gemeinsamkeit *f*: *in* ~ gemeinsam; *in* ~ *with* wie; *out of the* ~ außergewöhnlich, besonders.

com·mon·a·ble ['kɔmənəbl] *adj.* in gemeinsamem Besitz (*Land*); Weiderecht besitzend (*für Vieh*); **'com·mon·al·ty** [-nlti] *s. das* gemeine Volk, Allgemeinheit *f*.

com·mon| chord *s.* ♪ Dreiklang *m*; ~ **de·nom·i·na·tor** *s.* ⅌ gemeinsamer Nenner (*a. fig.*).

com·mon·er ['kɔmənə] *s.* **1.** Bürger(licher) *m*; **2.** *Brit.* Stu'dent (*Oxford*), der s-n 'Unterhalt selbst bezahlt; **3.** *Brit.* Mitglied *n* des 'Unterhauses.

com·mon| frac·tion *s.* ⅌ gemeiner Bruch; ~ **law** *s.* (*engl.*) Gewohnheitsrecht *n*.

com·mon·ly ['kɔmənli] *adv.* gewöhnlich, im allgemeinen, nor'malerweise.

Com·mon Mar·ket *s.* ✝ Gemeinsamer Markt.

com·mon·ness ['kɔmənnis] *s.* **1.** Häufigkeit *f*; **2.** Niedrigkeit *f*, Gemeinheit *f*.

'com·mon|·place I. *s.* Gemeinplatz *m*; et. Alltägliches; **II.** *adj.* alltäglich, 'uninteres,sant; ♀ **Prayer** *s. eccl.* die angli'kanische Litur'gie; '♀**-room** *s.* **1.** *univ.* Gemeinschafts-, Unter'haltungsraum *m*: **a)** *junior* ~ für Studenten, **b)** *senior* ~ für Dozenten; **2.** *Schule*: Lehrerzimmer *n*.

com·mons ['kɔmənz] *s. pl.* **1.** *das* gemeine Volk, *die* Bürgerlichen:

the ♀ *parl. Brit.* das Unterhaus; **2.** *bsd. Brit. univ.* Gemeinschaftskost *f*; tägliche Rati'on: *to be kept on short* ~ auf schmale Kost gesetzt sein.

com·mon| school *s. Am.* Volksschule *f*; ~ **sense** *s.* gesunder Menschenverstand; ~ **ser·geant** *s.* Gerichtsbeamte(r) *m* des Magi'strats der *City of London*; ~ **stock** *s.* ☤ 'Stamm͵aktien *pl.*; '~**·weal** *s.* **1.** Gemeinwohl *n*; **2.** → *commonwealth.*

'**com·mon·wealth** *s.* **1.** Gemeinwesen *n*, Staat *m*; **2.** Repu'blik *f*: *the* ♀ *Brit. hist.* die engl. Republik unter Cromwell; **3.** ♀ *of Australia* Australischer Staatenbund; *British* ♀ *of Nations* Britische Völkergemeinschaft, *das* Commonwealth; **4.** *Am. Bezeichnung für einige Staaten der USA.*

com·mo·tion [kə'mouʃən] *s.* **1.** Erschütterung *f*, Aufregung *f*; Aufsehen *n*; **2.** Aufruhr *m*, Tu'mult *m*; **3.** Wirrwarr *m*, ‚Betrieb' *m*.

com·mu·nal ['kɔmjunl] *adj.* **1.** Gemeinde..., Kommunal...: ~ *tax*; **2.** Gemeinschafts...; Volks...: ~ *kitchen* Volksküche; **3.** *Indien*: Volksteile *od.* Religi'onsgruppen betreffend; '**com·mu·nal·ism** [-nəlizəm] *s.* Kommuna'lismus *m* (*Regierungssystem nach Gemeindegruppen*); '**com·mu·nal·ize** [-nəlaiz] *v/t.* in Gemeindebesitz über'führen, kommunalisieren.

com·mu·nard ['kɔmjunəd] *s. sociol.* Kommu'narde *m*.

com·mune¹ [kə'mju:n] *v/i.* **1.** sich vertraulich besprechen: *to* ~ *with o.s.* mit sich zu Rate gehen; **2.** *eccl.* kommunizieren, die (heilige) Kommuni'on *od.* das Abendmahl empfangen.

com·mune² ['kɔmju:n] *s.* Gemeinde *f*, Kom'mune *f* (*a. sociol.*).

com·mu·ni·ca·ble [kə'mju:nikəbl] *adj.* ☐ **1.** mitteilbar, erzählbar; **2.** ⚕ über'tragbar, ansteckend; **com'mu·ni·cant** [-ənt] **I.** *s.* **1.** *eccl.* Kommuni'kant(in); **2.** Mitteilende(r *m*) *f*; **II.** *adj.* **3.** mitteilend; **4.** teilhabend; **com·mu·ni·cate** [kə'mju:nikeit] **I.** *v/t.* **1.** mitteilen (*to dat.*); **2.** (*a.* ⚕) über'tragen (*to* auf *acc.*); **II.** *v/i.* **3.** sich besprechen; sich in Verbindung setzen; verkehren (*with* mit); **4.** in Verbindung stehen, zs.-hängen (*with* mit): *these two rooms* ~ diese beiden Räume haben e-e Verbindungstür; **5.** sich mitteilen (*Erregung etc.*) (*to dat.*); **6.** *eccl.* → *commune¹* 2.

com·mu·ni·ca·tion [kəmju:ni'keiʃən] *s.* **1.** Mitteilung *f*, Nachricht *f* (*to* an *acc.*); **2.** (*a. phys.*) Über'tragung *f*, Fortpflanzung *f* (*to* auf *acc.*); **3.** Verbindung *f*: *to be in* ~ *with* in Verbindung stehen mit; **4.** Kommunikati'on *f*, Verständigung *f*, Verkehr *m* (*zwischen Personen u. Orten*); Briefverkehr *m*; **5.** Kommunikation *f*, Verkehrsweg *m*, Verbindung *f*, 'Durchgang *m*; **6.** *pl.* **a)** Fernmelde-, Nachrichtenwesen *n* (*a.* ⚔): ~ net Fernmeldenetz; ~ *officer* Fernmeldeoffizier, **b)** Verbindungswege *pl.*, Nachschublinien *pl.*; ~ **cen·tre** (*Am.* **cen·ter**) *s.* ⚔ 'Nachrichtenzen͵trale *f*; ~ **cord** *s.* 🚂 Notleine *f*, -bremse *f*; ~ **en·gi·neer·ing** *s.* 'Nachrichten͵technik *f*; ~ **sat·el·lite** *s.* 'Nachrichtensatel͵lit *m*; ~**s gap** *s.* Kommunikati'onslücke *f*; ~ **trench** *s.* ⚔ Verbindungs-, Laufgraben *m*.

com·mu·ni·ca·tive [kə'mju:nikətiv] *adj.* ☐ mitteilsam, gesprächig; **com'mu·ni·ca·tor** [-keitə] *s.* **1.** Mitteilende(r *m*) *f*; **2.** *tel.* (Zeichen-) Geber *m*; **3.** *Brit.* 🚂 Notleine *f*.

com·mun·ion [kə'mju:njən] *s.* **1.** Gemeinschaft *f*; **2.** enge Verbindung; 'Umgang *m*: ~ *with o.s.* Einkehr bei sich; **3.** Religi'onsgemeinschaft *f*; **4.** *eccl.* ♀, *a. Holy* ♀ (heilige) Kommuni'on, (heiliges) Abendmahl: ~*-cup* Abendmahlskelch; ~*-rail* Altargitter; ~*-table* Abendmahlstisch.

com·mu·ni·qué [kə'mju:nikei; kɔmynike] (*Fr.*) *s.* Kommuni'qué *n*, amtliche Verlautbarung.

com·mu·nism ['kɔmjunizəm] *s.* Kommu'nismus *m*; '**com·mu·nist** [-nist] **I.** *s.* Kommu'nist(in); **II.** *adj.* kommu'nistisch; **com·mu·nis·tic** [kɔmju'nistik] *adj.* kommunistisch.

com·mu·ni·ty [kə'mju:niti] *s.* **1.** Gemeinschaft *f*: ~ *antenna* ⚡ Gemeinschaftsantenne; ~ *spirit* Gemeinschaftsgeist; ~ *singing* Gemeinschaftssingen; **2.** Gemeinde *f*, Körperschaft *f*: *the mercantile* ~ die Kaufmannschaft; **3.** Gemeinwesen *n*: *the* ~ **a)** die Allgemeinheit, das Volk, **b)** der Staat; ~ *ownership* öffentliches Eigentum; **4.** Gemeinschaft *f*, Gemeinsamkeit *f*; Gleichheit *f*: ~ *of goods* Gütergemeinschaft; ~ *of interest* Interessengemeinschaft; ~ *of heirs* ⚖ Erbengemeinschaft; ~ **cen·tre** (*Am.* **cen·ter**) → *social centre*; ~ **chest** *s. Am.* öffentlicher Wohlfahrtsfond.

com·mu·ni·za·tion [kɔmjunai'zeiʃən] *s.* Über'führung *f* in Gemeinbesitz, Verstaatlichung *f*; **com·mu·nize** ['kɔmjunaiz] *v/t.* **1.** zum Gemeingut machen; sozialisieren; **2.** kommu'nistisch machen.

com·mut·a·ble [kə'mju:təbl] *adj.* **1.** vertauschbar, 'umwandelbar; **2.** *durch Geld* ablösbar; **com·mu·tate** ['kɔmju(:)teit] *v/t.* ⚡ *Strom* **a)** wenden, **b)** gleichrichten; **com·mu·ta·tion** [kɔmju(:)'teiʃən] *s.* **1.** 'Um-, Austausch *m*, 'Umwandlung *f*; **2.** Ablösung *f*, Abfindung *f*; **3.** ⚖ 'Straf͵umwandlung *f*, -milderung *f*; **4.** ⚡ 'Umschaltung *f*, Stromwendung *f*; **5.** 🚂 *etc.* Pendelverkehr *m*: ~ *ticket* Abonnement, Zeitkarte; **com'mu·ta·tive** [-ətiv] *adj.* ☐ **1.** auswechselbar, Ersatz..., Tausch...; **2.** wechselseitig; **com·mu·ta·tor** ['kɔmju(:)teitə] *s.* ⚡ Stromwender *m*, 'Umschalter *m*, Gleichrichter *m*; **com·mute** [kə'mju:t] **I.** *v/t.* **1.** ein-, 'umtauschen, auswechseln; **2.** *Zahlung* 'umwandeln (*into* in *acc.*), ablösen (*for, into* durch); **3.** ⚖ *Strafe* umwandeln (*to, into* in *acc.*); **4.** → *commutate*; **II.** *v/i.* **5.** 🚂 *etc.* pendeln; **com'mut·er** [-tə] *s.* **1.** 🚂 *etc.* Zeitkarteninhaber(in), Pendler *m*: ~ *train* Nahverkehrszug; **2.** → *commutator.*

com·pact¹ ['kɔmpækt] *s.* Pakt *m*, Vertrag *m*.

com·pact² [kəm'pækt] **I.** *adj.* ☐ **1.** kom'pakt, fest, dicht (zs.-)gedrängt; mas'siv; **2.** gedrungen; **3.** knapp, gedrängt (*Stil*); **II.** *v/t.* **4.** zs.-drängen, -pressen, fest verbinden; zs.-fügen: ~*ed of* zs.-gesetzt aus; **III.** *s.* ['kɔmpækt] **5.** Kom'paktpuder(dose *f*) *m*; **6.** *a.* ~ *car Am.* Kleinwagen *m*.

com·pact cas·sette *s.* Kom'paktkas͵sette *f*.

com·pact·ness [kəm'pæktnis] *s.* **1.** Kom'paktheit *f*, Festigkeit *f*; **2.** *fig.* Knappheit *f*, Gedrängtheit *f* (*Stil*).

com·pan·ion¹ [kəm'pænjən] **I.** *s.* **1.** Begleiter(in), Gesellschafter(in); *engS.* Gesellschafterin *f e-r Dame*; **2.** Kame'rad(in), Genosse *m*, Genossin *f*, Gefährte *m*, Gefährtin *f*: ~*-in-arms* Waffenbruder; ~ *in misfortune* Leidensgefährte; **3.** Gegen-, Seitenstück *n*: ~ *volume* Begleitband; **4.** Handbuch *n*; **5.** Ritter *m*: ♀ *of the Bath* Ritter des Bath-Ordens; **II.** *v/t.* **6.** begleiten; **III.** *v/i.* **7.** verkehren (*with* mit); **IV.** *adj.* **8.** (dazu) passend, da'zugehörig.

com·pan·ion² [kəm'pænjən] *s.* ⚓ Deckfenster *n*, Oberlicht *n* für Ka'binen.

com·pan·ion·a·ble [kəm'pænjənəbl] *adj.* ☐ 'umgänglich, gesellig; **com'pan·ion·a·ble·ness** [-nis] *s.* 'Umgänglichkeit *f*; **com'pan·ion·ate** [-nit] *adj.* kame'radschaftlich: ~ *marriage* Kameradschaftsehe.

com·pan·ion| hatch *s.* ⚓ Ka'jütsklappe *f*, -luke *f*; '~**·lad·der** *s.* ⚓ Niedergangstreppe *f* (*zu den Kabinen*).

com·pan·ion·ship [kəm'pænjənʃip] *s.* **1.** Kame'radschaft *f*; Gesellschaft *f*; **2.** *typ. Brit.* Ko'lonne *f* von Setzern.

com'pan·ion-way → *companion-ladder.*

com·pa·ny ['kʌmpəni] *s.* **1.** Gesellschaft *f*, Begleitung *f*: *for* ~ zur Gesellschaft; *in* ~ *with* in Gesellschaft von, zusammen mit; *he is good* ~ man ist gern mit ihm zusammen; *I am in good* ~ ich bin in guter Gesellschaft (*wenn ich das tue*); *to keep* (*od. bear*) *s.o.* ~ j-m Gesellschaft leisten; *to part* ~ **a)** sich trennen (*with* von), **b)** uneinig werden; **2.** Gesellschaft *f*, Besuch *m*, Gäste *pl.*: *to have* ~ Besuch haben; *to be fond of* ~ die Geselligkeit lieben; *to see much* ~ **a)** viel Besuch haben, **b)** oft in Gesellschaft gehen; **3.** Gesellschaft *f*, 'Umgang *m*: *to avoid bad* ~ schlechte Gesellschaft meiden; *to keep* ~ *with* verkehren mit; **4.** ☤ (Handels-) Gesellschaft *f*: ~*'s water* Leitungswasser; **5.** Innung *f*, Zunft *f*; **6.** *thea.* Truppe *f*; **7.** ⚔ Kompa'nie *f*; **8.** ⚓ Mannschaft *f*; ~ **un·ion** *s. Am.* Betriebsgenossenschaft *f*.

com·pa·ra·ble ['kɔmpərəbl] *adj.* ☐ (*to, with*) vergleichbar (mit), entsprechend, ähnlich (*dat.*); **com·par·a·tive** [kəm'pærətiv] **I.** *adj.* ☐ **1.** vergleichend: ~ *anatomy*; **2.** verhältnismäßig, rela'tiv; **3.** beträchtlich, ziemlich: *with* ~ *speed* ziemlich schnell; **4.** *ling.* steigernd; **II.** *s.* **5.** *a.* ~ degree 'Komparativ *m*; **com·par·a·tive·ly** [kəm'pærətivli] *adv.* verhältnismäßig, ziemlich.

com·pare [kəm'pɛə] **I.** *v/t.* **1.** vergleichen (*with* mit): *as ~d with* im Vergleich zu; → *note* 2; **2.** vergleichen, gleichstellen, -achten: *not to be ~d to* (*od. with*) nicht zu vergleichen mit; **3.** *ling.* steigern; **II.** *v/i.* **4.** sich vergleichen (lassen), e-n Vergleich aushalten (*with* mit): *to ~ favo(u)rably with* den Vergleich mit ... nicht zu scheuen brauchen, besser sein als; **III.** *s.* **5.** *beyond ~* unvergleichlich; **com'par·i·son** [-'pærisn] *s.* **1.** Vergleich *m*: *by ~* vergleichsweise; *in ~ with* im Vergleich mit *od.* zu; *to bear ~ with* e-n Vergleich aushalten mit; *beyond* (*all*) *~* unvergleichlich; **2.** Ähnlichkeit *f*; **3.** *ling.* Steigerung *f*; **4.** Gleichnis *n*.

com·part·ment [kəm'pɑ:tmənt] *s.* **1.** Ab'teilung *f*; Fach *n*, Feld *n*; **2.** 🚃 (Wagen)Abteil *n*; **3.** ⚓ *water-tight ~* wasserdichtes Schott; *in water-tight ~s fig.* getrennt, abgeschnitten; **4.** *parl. Brit.* Punkt *m* der Tagesordnung.

com·pass ['kʌmpəs] **I.** *s.* **1.** *phys.* Kompaß *m*: *mariner's ~* ⚓ Schiffskompaß; *points of the ~* die Himmelsrichtungen; **2.** *pl. oft pair of ~es* Zirkel *m*; **3.** 'Umkreis *m*, 'Umfang *m*, Ausdehnung *f* (*a. fig.*): *within the ~ of* innerhalb; *it is beyond my ~* es geht über m-n Horizont; **4.** Bereich *m*, Gebiet *n*; **5.** ♪ Umfang *m* (*Stimme etc.*); **6.** Grenzen *pl.*, Schranken *pl.*: *to keep within ~* in Schranken halten; **II.** *v/t.* **7.** erreichen, zu'standebringen; **8.** planen; *b.s.* anzetteln; **9.** → *encompass*; **~ bear·ing** *s.* ⚓ Kompaßpeilung *f*; **~ box** *s.* ⚓ Kompaßgehäuse *n*; **~ card** *s.* ⚓ Kompaßscheibe *f*, Windrose *f*.

com·pas·sion [kəm'pæʃən] *s.* Mitleid *n*, Erbarmen *n* (*for* mit): *to have* (*od. take*) *~* (*on*) Mitleid haben (mit), sich erbarmen (*gen.*); **com'pas·sion·ate** [-ʃənit] *adj.* □ mitleidsvoll: *~ allowance* gesetzlich nicht verankerte Beihilfe in Härtefällen; *~ leave* ⚔ *bsd. Brit.* Sonderurlaub aus familiären Gründen.

com·pass| nee·dle *s.* Kompaßnadel *f*; **'~-plane** *s.* ⊕ Rundhobel *m*; **~ win·dow** *s.* △ Rundbogenfenster *n*.

com·pat·i·bil·i·ty [kəmpætə'biliti] *s.* **1.** Vereinbarkeit *f*; **2.** Verträglichkeit *f*; **com·pat·i·ble** [kəm'pætəbl] *adj.* □ **1.** vereinbar, verträglich, im Einklang (*with* mit); **2.** angemessen (*with dat.*).

com·pa·tri·ot [kəm'pætriət] *s.* Landsmann *m*, -männin *f*.

com·peer [kɔm'piə] *s.* **1.** Standesgenosse *m*; Gleichgestellte(r *m*) *f*: *to have no ~* nicht seinesgleichen haben; **2.** Kame'rad(in).

com·pel [kəm'pel] *v/t.* **1.** zwingen, nötigen; **2.** *et.* erzwingen; *a. Bewunderung etc.* abnötigen (*from s.o. dat.*); **3.** *~ s.o. to s.th.* j-m et. aufzwingen; **com'pel·ling** [-liŋ] *adj.* **1.** zwingend, stark; **2.** 'unwider'stehlich; verlockend, gewinnend.

com·pen·di·ous [kəm'pendiəs] *adj.* □ kurz(gefaßt), gedrängt; **com'pen·di·um** [-əm] *pl.* **-ums, -a** [-ə] *s.* **1.** Kom'pendium *n*, Handbuch *n*; **2.** Zs.-fassung *f*, Abriß *m*.

com·pen·sate ['kɔmpenseit] **I.** *v/t.* **1.** *j-n* entschädigen (*for* für, *by* durch); **2.** *et.* ersetzen, vergüten (*to s.o. dat.*); **3.** aufwiegen, ausgleichen (*a.* ⊕); *bsd. psych. u.* ⊕ kompensieren; **II.** *v/i.* **4.** (*for*) ersetzen (*acc.*); Ersatz leisten (für); wettmachen (*acc.*); **5.** sich ausgleichen *od.* aufheben; **com·pen·sa·tion** [kɔmpen'seiʃən] *s.* **1.** Entschädigung *f*, (Schaden)Ersatz *m*; **2.** *Am.* Vergütung *f*, Entgelt *n*, *m*; **3.** Belohnung *f*; **4.** *pl.* Vorteile *pl.*; **5.** ⚖ Abfindung *f*; Aufrechnung *f*; **6.** ♏, ⚡, ⊕, *psych.* Kompensati'on *f*; **com·pen·sa·tive** [kəm'pensətiv] *adj.* **1.** entschädigend, Entschädigungs...; vergütend; **2.** Ersatz...; **3.** ausgleichend; **'com·pen·sa·tor** [-tə] *s.* ⊕ Kompen'sator *m*, Ausgleichsvorrichtung *f*; **com·pen·sa·to·ry** [kəm'pensətəri] → *compensative*.

com·père ['kɔmpɛə] (*Fr.*) *bsd. Brit.* **I.** *s.* Conférenci'er *m*, Ansager(in); **II.** *v/t. Veranstaltung* konferieren, ansagen.

com·pete [kəm'pi:t] *v/i.* **1.** in Wettbewerb treten, sich (mit)bewerben (*for* um); **2.** konkurrieren, wetteifern, sich messen (*with* mit); sich behaupten; **3.** *sport* am Wettkampf teilnehmen; kämpfen (*for* um).

com·pe·tence ['kɔmpitəns], **'com·pe·ten·cy** [-si] *s.* **1.** (*for*) Befähigung *f* (zu), Tauglichkeit *f* (für); **2.** ⚖ a) Kompe'tenz *f*, Zuständigkeit *f*, Befugnis *f*, b) Zurechnungsfähigkeit *f*; **3.** Auskommen *n*; **'com·pe·tent** [-nt] *adj.* □ **1.** (leistungs-) fähig, tüchtig; fachkundig, qualifiziert; **2.** ausreichend, angemessen; **3.** ⚖ a) zuständig, befugt, b) zulässig (*Zeuge*), c) zurechnungs-, geschäftsfähig; **4.** statthaft.

com·pe·ti·tion [kɔmpi'tiʃən] *s.* **1.** Wettbewerb *m*, -kampf *m* (*for* um); **2.** ✝ Konkur'renz *f*: *free od. open ~* freier Wettbewerb; **3.** Preisausschreiben *n*: *shooting ~* Preis-, Wettschießen; **com·pet·i·tive** [kəm'petitiv] *adj.* □ **1.** konkurrierend, Konkurrenz..., Wettbewerbs...: *~ capacity* ✝ Konkurrenzfähigkeit; **2.** konkur'renzfähig (*Preise etc.*); **com·pet·i·tor** [kəm'petitə] *s.* **1.** Mitbewerber(in) (*for* um); **2.** ✝ Konkur'rent(in); **3.** *sport* Teilnehmer(in).

com·pi·la·tion [kɔmpi'leiʃən] *s.* **1.** Kompilati'on *f*, Zs.-stellung *f*; **2.** Sammelwerk *n* (*Buch*); **com·pile** [kəm'pail] *v/t.* **1.** *Verzeichnis etc.* zs.-stellen; **2.** *Material* zs.-tragen; **com·pil·er** [kəm'pailə] *s.* Bearbeiter(in), Verfasser(in) *e-s Sammelwerkes*.

com·pla·cence [kəm'pleisns], **com'pla·cen·cy** [-si] *s.* **1.** Wohlbehagen *n*; **2.** 'Selbstzu,friedenheit *f*, -gefälligkeit *f*; **3.** Gleichgültigkeit *f*; **com'pla·cent** [-nt] *adj.* □ **1.** 'selbstzu,frieden, -gefällig; **2.** gleichgültig, lässig.

com·plain [kəm'plein] *v/i.* **1.** sich beklagen, sich beschweren (*of, about* über *acc.*, *to* bei, *that* daß); **2.** klagen, jammern (*of* über *acc.*); **3.** ✝ reklamieren; **com'plain·ant** [-nənt] *s.* ⚖ Kläger(in); Beschwerdeführer *m*; **com'plaint** [-nt] *s.* **1.** Klage *f*, Beschwerde *f*, Beanstandung *f*: *to make a ~ about* ... Klage führen über (*acc.*); **2.** ⚖ Klage *f*, *a.* Strafanzeige *f*; **3.** ✝ Reklamati'on *f*; **4.** ⚕ Beschwerde *f*, Leiden *n*.

com·plai·sance [kəm'pleizəns] *s.* Gefälligkeit *f*, Willfährigkeit *f*, Höflichkeit *f*; **com'plai·sant** [-nt] *adj.* □ gefällig, höflich, entgegenkommend.

com·ple·ment I. *v/t.* ['kɔmpliment] **1.** ergänzen, ver'vollständigen; **II.** *s.* [-mənt] **2.** Ergänzung *f*, Ver'vollständigung *f*; **3.** 'Vollständigkeit *f*, -zähligkeit *f*; **4.** *a. full ~* volle Anzahl *od.* Menge; ⚓ volle Besatzung; **5.** *ling.* Ergänzung *f*; **6.** ∢ Komple'ment *n*; **com·ple·men·tal** [kɔmpli'mentl] *adj.* □, **com·ple·men·ta·ry** [kɔmpli'mentəri] *adj.* Ergänzungs..., Komplementär... (*a.* ∢, *Farben*); (sich) ergänzend.

com·plete [kəm'pli:t] **I.** *adj.* □ 'vollständig, voll'kommen, völlig, ganz: *~ with* ... samt (*dat.*), ... eingeschlossen; **2.** 'vollzählig, sämtlich; **3.** beendet, fertig; **4.** völlig: *a ~ surprise*; **5.** *obs.* per'fekt; **II.** *v/t.* **6.** ver'vollständigen, ergänzen; **7.** beenden, abschließen, fertigstellen, erledigen; **8.** voll'enden, ver'vollkommnen; **9.** *Formular* ausfüllen; **com'plete·ly** [-li] *adv.*: *~ automatic* vollautomatisch; **com'plete·ness** [-nis] *s.* 'Vollständigkeit *f*, Voll'kommenheit *f*; **com'ple·tion** [-i:ʃən] *s.* **1.** Voll'endung *f*, Fertigstellung *f*, Abschluß *m*; **2.** Ver'vollständigung *f*; **3.** Erfüllung *f*.

com·plex ['kɔmpleks] **I.** *adj.* □ **1.** zs.-gesetzt (*a. ling.*); **2.** kompliziert, verwickelt; **II.** *s.* **3.** Kom'plex *m* (*a. psych.*), Gesamtheit *f*, *das* Ganze; **4.** Inbegriff *m*; **com·plex·ion** [kəm'plekʃən] *s.* **1.** Gesichtsfarbe *f*, Teint *m*; **2.** *fig.* Aussehen *n*, Anstrich *m*, Cha'rakter *m*: *that puts a different ~ on it* das gibt der Sache ein neues Gesicht; **com·plex·i·ty** [kəm'pleksiti] *s.* Verwicklung *f*, Kompliziertheit *f*, Schwierigkeit *f*; Vielfalt *f*.

com·pli·ance [kəm'plaiəns] *s.* **1.** Einwilligung *f*, Erfüllung *f*; Befolgung *f* (*with gen.*): *in ~ with* gemäß; **2.** Willfährigkeit *f*; **com'pli·ant** [-nt] *adj.* □ willfährig, nachgiebig.

com·pli·ca·cy ['kɔmplikəsi] → *complexity*; **com·pli·cate** ['kɔmplikeit] *v/t.* komplizieren, verwickeln, verwickelt machen, erschweren; **'com·pli·cat·ed** [-keitid] *adj.* kompliziert, verwickelt; **com·pli·ca·tion** [kɔmpli'keiʃən] *s.* Komplikati'on *f* (*a.* ⚕), Verwicklung *f*, Erschwerung *f*.

com·plic·i·ty [kəm'plisiti] *s.* Mitschuld *f*, Mittäterschaft *f*.

com·pli·ment I. *s.* ['kɔmplimənt] **1.** Kompli'ment *n*, Artigkeit *f*: *to pay a ~* ein Kompliment machen;

→ *fish* 7; **2.** Ehrenbezeigung *f*, Lob *n*: *to do s.o. the* ~ j-m die Ehre erweisen (*of* zu *inf. od. gen.*); **3.** Empfehlung *f*, Gruß *m*: *my best* ~*s* m-e Empfehlung; *with the* ~*s of the season* mit den besten Wünschen zum Fest; **II.** *v/t.* [-ment] **4.** (*on*) beglückwünschen (zu); *j-m* Kompli'mente machen (über *acc.*); **com·pli·men·ta·ry** [kɔmpli'mentəri] *adj.* **1.** höflich, Höflichkeits...; schmeichelhaft: ~ *close* Höflichkeits-, Schlußformel (*in Briefen*); **2.** Ehren...: ~ *ticket* Ehren-, Freikarte; ~ *dinner* Festessen; 3. Frei..., Gratis...: ~ *copy* Freiexemplar, Werbenummer; ~ *meals* kostenlose Mahlzeiten.

com·plin(**e**) ['kɔmplin] *s. oft pl. eccl.* Kom'plet *f* (*Tagesabschlußgebet*).

com·ply [kəm'plai] *v/i.* **1.** (*with*) *e-r Bitte etc.* nachkommen *od.* entsprechen, erfüllen (*acc.*), *Regel etc.* befolgen: *he would not* ~ er wollte nicht einwilligen.

com·po ['kɔmpou] (*abbr. für composition*) *s.* Putz *m*, Gips *m*, Mörtel *m etc.*

com·po·nent [kəm'pounənt] **I.** *adj.* e-n Teil bildend, Teil...: ~ *part* Bestandteil; **II.** *s.* (Bestand-) Teil *m*.

com·port [kəm'pɔ:t] **I.** *v/t.* ~ *o.s.* sich betragen; **II.** *v/i.* passen (*with* zu).

com·pose [kəm'pouz] **I.** *v/t.* **1.** *mst pass.* zs.-setzen: *to be* ~*d of* bestehen aus; **2.** bilden; **3.** entwerfen, ordnen, zurechtlegen; **4.** aufsetzen, verfassen; **5.** ♪ komponieren; **6.** *typ.* setzen; **7.** *Streit* schlichten; *s-e Gedanken* sammeln; **8.** besänftigen: *to* ~ *o.s.* sich beruhigen, sich fassen; **9.** ~ *o.s.* sich anschicken (*to* zu); **II.** *v/i.* **10.** schriftstellern, dichten; **11.** komponieren; **com'posed** [-zd] *adj.*; **com'pos·ed·ly** [-zidli] *adv.* ruhig, gelassen, gesetzt; **com'pos·ed·ness** [-zidnis] *s.* Gelassenheit *f*, Ruhe *f*; **com'pos·er** [-zə] *s.* **1.** ♪ Kompo'nist(in); **2.** Verfasser(in).

com·pos·ing [kəm'pouziŋ] *adj.* beruhigend, Beruhigungs...: ~ *draught* Schlaftrunk; ~ **room** *s. typ.* Setze'rei *f*, Setzersaal *m*; '~**-stick** *s. typ.* Winkelhaken *m*.

com·pos·ite ['kɔmpəzit] **I.** *adj.* □ **1.** zs.-gesetzt (*a.* ⚗), gemischt; vielfältig; Misch...: ~ *construction* △ Gemischtbauweise; **2.** ⚘ Korbblütler...; **II.** *s.* **3.** Zs.-setzung *f*, Mischung *f*; **4.** ⚘ Korbblütler *m*; ~ **car·riage** *s. Brit.* 🚃 Wagen *m* mit mehreren Klassen; ~ **pho·to·graph** *s.* 'Photomon,tage *f*.

com·po·si·tion [kɔmpə'ziʃən] *s.* **1.** Zs.-setzung *f* (*a. ling.*), Bildung *f*; **2.** Abfassung *f*, Entwurf *m*, Anordnung *f*, Gestaltung *f*, Aufbau *m*; **3.** Satzbau *m*; Stilübung *f*, Aufsatz *m*, *a.* Über'setzung *f*: *English* ~; **4.** Schrift(werk *n*) *f*, Dichtung *f*; **5.** ♪ Kompositi'on *f*, Mu'sikstück *n*; **6.** *typ.* Setzen *n*, Satz *m*; **7.** *a.* ⊕, ⚗ Zs.-setzung *f*, Verbindung *f*, 'Mischmateri,al *n*; **8.** Über'einkunft *f*, Abkommen *n*; **9.** ⚖, ✝ Vergleich *m mit Gläubigern*; **10.** Wesen *n*, Na'tur *f*, Anlage *f*; **com·pos·i·tor** [kəm'pɔzitə] *s. typ.* (Schrift)Setzer *m*.

com·post ['kɔmpɔst] **I.** *s.* Mischdünger *m*, Kom'post *m*; **II.** *v/t.* düngen; zu Dünger verarbeiten.

com·po·sure [kəm'pouʒə] *s.* Gemütsruhe *f*, Gelassenheit *f*, Fassung *f*.

com·pote ['kɔmpout] *s.* Kom'pott *n*; eingemachtes Obst.

com·pound[1] ['kɔmpaund] *s.* (*in Indien, China etc.*) um'zäuntes Grundstück; ⚔ *Am.* (Gefangenen-, Truppen)Lager *n*.

com·pound[2] [kəm'paund] **I.** *v/t.* **1.** mischen, mengen; zs.-setzen, vereinigen, verbinden; **2.** (zu)bereiten, herstellen; **3.** in Güte *od.* durch Vergleich beilegen; erledigen; **4.** ⚖, ✝ **a**) in Raten abzahlen, **b**) durch einmalige Zahlung regeln: *to* ~ *creditors* Gläubiger befriedigen; **5.** gegen Schadloshaltung auf Strafverfolgung (*gen.*) verzichten; **II.** *v/i.* **6.** *a.* ⚖, ✝ sich (durch Abfindung) einigen *od.* vergleichen, akkordieren (*with* mit, *for* über *acc.*); **III.** *adj.* ['kɔmpaund] **7.** zs.-gesetzt (*a.* ⚘, ⚗, *ling.*); **8.** ⚡, ⊕ Verbund...; **IV.** *s.* ['kɔmpaund] **9.** Zs.-setzung *f*, Mischung *f*; Masse *f*; Präpa'rat *n*; **10.** ⚗ Verbindung *f*; **11.** *ling.* Kom'positum *n*.

com·pound| en·gine ['kɔmpaund] *s.* ⊕ Ver'bundma,schine *f*; ~ **frac·ture** *s.* ⚕ komplizierter Bruch; ~ **in·ter·est** *s.* ✝ Zinseszinsen *pl.*; ~ **sen·tence** *s. ling.* Satzgefüge *n*.

com·pre·hend [kɔmpri'hend] *v/t.* **1.** um'fassen, einschließen; **2.** begreifen, verstehen; **com·pre'hen·si·ble** [-nsəbl] *adj.* begreiflich, verständlich; **com·pre'hen·sion** [-nʃən] *s.* **1.** 'Umfang *m*; **2.** Einbeziehung *f*; **3.** Begriffsvermögen *n*; Verstand *m*; Verständnis *n*, Einsicht *f*; **4.** *bsd. eccl.* Duldung *f* (*anderer Ansichten*); **com·pre'hen·sive** [-nsiv] *adj.* □ **1.** um'fassend; inhaltsreich: ~ *school* Gesamtschule; **2.** verstehend: ~ *faculty* Begriffsvermögen; **com·pre'hen·sive·ness** [-nsivnis] *s.* 'Umfang *m*, Weite *f*; Reichhaltigkeit *f*; *das* Um'fassende.

com·press I. *v/t.* [kəm'pres] zs.-drücken, -pressen, komprimieren; **II.** *s.* ['kɔmpres] ⚕ Kom'presse *f*, 'Umschlag *m*; **com'pressed** [-st] *adj.* **1.** komprimiert, zs.-gepreßt: ~ *air* Preß-, Druckluft; **2.** *fig.* zs.-gefaßt, gedrängt, gekürzt; **com'press·i·ble** [-səbl] *adj.* komprimierbar; **com'pres·sion** [-eʃən] *s.* **1.** Zs.-pressen *n*, -drücken *n*; Verdichtung *f*, Druck *m*; **2.** *fig.* Zs.-drängung *f*; **3.** ⊕ Druck *m*, Kompressi'on *f*: ~ *chamber* Kompressionsraum; **com'pres·sive** [-siv] *adj.* zs.-pressend, Preß..., Druck...; **com'pres·sor** [-sə] *s.* **1.** ⊕ Kom'pressor *m*, Verdichter *m*; ✈ Lader *m*; **2. a**) *anat.* Schließmuskel *m*, **b**) ⚕ Druckverband *m*.

com·prise [kəm'praiz] *v/t.* einschließen, um'fassen, enthalten, beinhalten.

com·pro·mise ['kɔmprəmaiz] **I.** *s.* **1.** Kompro'miß *m*, *n*, (gütlicher) Vergleich; Über'einkunft *f*; **II.** *v/t.* **2.** durch Kompromiß regeln; **3.** gefährden, aufs Spiel setzen; beeinträchtigen; **4.** (*a. o.s.* sich) bloßstellen, kompromittieren; **III.** *v/i.* **5.** e-n *od.* ein Kompromiß schließen, zu e-r Übereinkunft gelangen (*on* über *acc.*).

comp·trol·ler [kən'troulə] *s.* Rechnungsprüfer *m* (*Beamter*): ⁓ *General Am.* Präsident des Rechnungshofes.

com·pul·sion [kəm'pʌlʃən] *s.* Zwang *m*: *under* ~ unter Zwang *od.* Druck, gezwungen; **com'pul·sive** [-lsiv] *adj.* □ zwingend, Zwangs...; **com'pul·so·ry** [-lsəri] *adj.* □ obliga'torisch, zwangsmäßig, Zwangs...; bindend; Pflicht...: ~ *education* allgemeine Schulpflicht; ~ *subject ped.* Pflichtfach; ~ *military service* allgemeine Wehrpflicht; ~ *auction* ⚖ Zwangsversteigerung; ~ *insurance* Pflichtversicherung; ~ *purchase* ⚖ Enteignung.

com·punc·tion [kəm'pʌŋkʃən] *s.* **a**) Gewissensbisse *pl.* **b**) Reue *f*, **c**) Bedenken *pl.*: *without* ~.

com·put·a·ble [kəm'pju:təbl] *adj.* berechenbar; **com·pu·ta·tion** [kɔmpju(:)'teiʃən] *s.* Berechnung *f*, 'Überschlag *m*, Schätzung *f*; **compute** [kəm'pju:t] **I.** *v/t.* berechnen, schätzen, veranschlagen (*at* auf *acc.*); **II.** *v/i.* rechnen; **com'put·er** [-tə] *s.* **1.** (Be)Rechner *m*; **2.** ⚡ Com'puter *m*: *electronic* ~ Elektronenrechner; ~ *science* Informatik; **com'put·er·ize** [-təraiz] *v/t.* komputerisieren, auf Com'puter 'umstellen.

com·rade ['kɔmrid] *s.* **1.** Kame'rad *m*, Genosse *m*, Gefährte *m*: ~*-in-arms* Waffenbruder; **2.** *pol.* Genosse *m*; '**com·rade·ship** [-ʃip] *s.* Kame'radschaft *f*.

con[1] [kɔn] *v/t. a.* ~ *over* eifrig studieren, wieder'holt lesen, auswendig lernen.

con[2] → *conn.*

con[3] [kɔn] *adv. abbr. für contra* gegen; → *pro*[1] *I.*

con[4] [kɔn] *sl.* **I.** *adj.* betrügerisch: ~ *game* → *confidence game*; ~ *man* → *confidence man*; **II.** *v/t.* reinlegen: *to* ~ *s.o. out of* j-n betrügen um; *to* ~ *s.o. into doing s.th.* j-n (durch Schwindel) dazu bringen, et. zu tun.

con·cat·e·nate [kɔn'kætineit] *v/t.* verketten, verknüpfen; **con·cat·e·na·tion** [kɔnkæti'neiʃən] *s.* Verkettung *f*; Kette *f*, 'Serie *f*.

con·cave ['kɔn'keiv] **I.** *adj.* □ **1.** kon'kav, hohl, ausgehöhlt; **2.** ⊕ hohlgeschliffen, Hohl...: ~ *lens* Zerstreuungslinse; ~ *mirror* Hohlspiegel; **II.** *s.* **3.** (Aus)Höhlung *f*, Wölbung *f*; **con·cav·i·ty** [kɔn'kæviti] → *concave 3.*

con·ceal [kən'si:l] *v/t.* (*from* vor *dat.*) **1.** verbergen, verstecken; verdecken; **2.** verhehlen, verschweigen, verheimlichen; **con'cealed** [-ld] *adj.* verborgen, 'un,übersichtlich; **con'ceal·ment** [-mənt] *s.* **1.** Verbergung *f*, Verheimlichung *f*, Geheimhaltung *f*; **2.** Verborgenheit *f*; Versteck *n*.

con·cede [kən'si:d] **I.** *v/t.* **1.** zugestehen, einräumen, zugeben, anerkennen (*a. that* daß); **2.** gewähren, einräumen: *to ~ a point* a) in e-m Punkt nachgeben, b) *sport dem Gegner* e-n Punkt vorgeben; **II.** *v/i.* **3.** *sport, pol.* F sich geschlagen geben; **con'ced·ed·ly** [-didli] *adv.* zugestandenermaßen.

con·ceit [kən'si:t] *s.* **1.** Eingebildetheit *f*, Einbildung *f*, (Eigen)Dünkel *m*; Eitelkeit *f*: *in my own ~* nach m-r Ansicht; *out of ~ with* überdrüssig (*gen.*); **2.** *obs.* guter *od.* seltsamer Einfall; **con'ceit·ed** [-tid] *adj.* □ eingebildet, dünkelhaft, eitel.

con·ceiv·a·ble [kən'si:vəbl] *adj.* □ denkbar, erdenklich, begreiflich, vorstellbar: *the best plan ~* der denkbar beste Plan; **con'ceiv·a·bly** [-bli] *adv.* es ist denkbar, daß; **con·ceive** [kən'si:v] **I.** *v/t.* **1.** *biol. Kind* empfangen; **2.** begreifen; sich denken *od.* vorstellen: *to ~ an idea* auf e-n Gedanken kommen; **3.** er-, ausdenken, ersinnen; planen; **4.** *in Worten* ausdrücken; **5.** *Wunsch* hegen, *(Ab)Neigung* fassen, entwickeln; **II.** *v/i.* **6.** (*of*) sich *et.* vorstellen; **7.** empfangen (*schwanger werden*); *zo.* aufnehmen (*trächtig werden*).

con·cen·ter *Am.* → *concentre.*

con·cen·trate ['kɔnsentreit] **I.** *v/t.* **1.** konzentrieren: a) zs.-ziehen, -ballen, massieren, b) *Gedanken etc.* richten (*on* auf *acc.*); **2.** verstärken; **3.** ⚗ verdichten, eindicken, sättigen, konzentrieren; **II.** *v/i.* **4.** sich konzentrieren (*a. fig.*), sein Hauptaugenmerk richten (*on* auf *acc.*); **5.** sich (an)sammeln; **III.** *s.* **6.** ⚗ Konzen'trat *n*; **'con·cen·trat·ed** [-tid] *adj.* konzentriert, geballt, stark.

con·cen·tra·tion [kɔnsen'treiʃən] *s.* **1.** Zs.-ziehung *f*, -fassung *f*; **2.** Zs.-ballung *f*, Ansammlung *f*; **3.** *fig.* Konzentrati'on *f*, gespannte Aufmerksamkeit; **4.** ⚗ Konzentration *f*; Dichte *f*, Sättigung *f*; **~ camp** *s.* Konzentrati'onslager *n*.

con·cen·tre [kɔn'sentə] *v/t. u. v/i.* (sich) in 'einem Punkt vereinigen; **con'cen·tric** [-trik] *adj.* (□ *~ally*) kon'zentrisch.

con·cept ['kɔnsept] *s.* Begriff *m*, Gedanke *m*, Auffassung *f*; **con·cep·tion** [kən'sepʃən] *s.* **1.** *biol.* Empfängnis *f*; **2.** Begriffsvermögen *n*, Verstand *m*; **3.** Begriff *m*, Auffassung *f*, Vorstellung *f*: *no ~ of ...* keine Ahnung von ...; **4.** Gedanke *m*, I'dee *f*; **5.** Plan *m*, Anlage *f*, Kon'zept *n*, Entwurf *m*; Schöpfung *f*; **con·cep·tive** [kən'septiv] *adj.* **1.** begreifend, Begriffs...; **2.** empfängnisfähig; **con·cep·tu·al** [kən'septjuəl] → *conceptive 1.*

con·cern [kən'sə:n] **I.** *v/t.* **1.** betreffen, angehen; interessieren, von Belang sein für: *it does not ~ me od. I am not ~ed* es geht mich nichts an; *to whom it may ~* an alle, die es angeht; Bescheinigung (*Überschrift auf Urkunden*); *his hono(u)r is ~ed* es geht um s-e Ehre; → *concerned 1*; **2.** beunruhigen: *don't let that ~ you* mache dir deswegen keine Sorge!; → *concerned 4*; **3.** *~ o.s.* (*with, about*) sich beschäftigen *od.* befassen (mit); sich kümmern (um); **II.** *s.* **4.** Angelegenheit *f*, Sache *f*: *that is no ~ of mine* das ist nicht m-e Sache, das geht mich nichts an; **5.** ✝ Geschäft *n*, Unter'nehmen *n*; **6.** Beziehung *f*: *to have no ~ with* nichts zu tun haben mit; **7.** Inter'esse *n* (*for* für, *in* an *dat.*); **8.** Wichtigkeit *f*, Bedeutung *f*; **9.** Unruhe *f*, Sorge *f*; Bedenken *n* (*at, about, for* um, wegen); **10.** F Ding *n*, Geschichte *f*; **con'cerned** [-nd] *adj.* □ **1.** betroffen, berührt; **2.** (*in*) beteiligt, interessiert (an *dat.*); verwickelt (in *acc.*): *the parties ~* die Beteiligten; **3.** (*with, in*) beschäftigt (mit); handelnd (von); **4.** besorgt (*about, at, for* um, *that* daß); **5.** betrübt, sorgenvoll; **con'cerning** [-niŋ] *prp.* betreffend, betreffs, hinsichtlich (*gen.*), was ... betrifft, über (*acc.*), wegen.

con·cert I. *s.* ['kɔnsət] **1.** ♪ Kon'zert *n*: *~ hall* Konzertsaal; **2.** [-sə(:)t] Einvernehmen *n*, Über'einstimmung *f*; Harmo'nie *f*: *in ~ with* im Einvernehmen *od.* gemeinsam mit; **II.** *v/t.* [kən'sə:t] **3.** *et.* verabreden, vereinbaren; *Kräfte etc.* vereinigen; **4.** planen; **III.** *v/i.* [kən'sə:t] **5.** zs.-arbeiten; **con·cert·ed** [kən'sə:tid] *adj.* **1.** gemeinsam, gemeinschaftlich; **2.** ♪ mehrstimmig arrangiert.

'con·cert|-go·er *s.* Kon'zertbesucher *m*; **~ grand** *s.* ♪ Kon'zertflügel *m*.

con·cer·ti·na [kɔnsə'ti:nə] *s.* Konzer'tina *f* (*Ziehharmonika*): *~ door* Falttür; **con·cer·to** [kən'tʃə:tou] *pl.* **-tos** *s.* ♪ ('Solo)Kon'zert *n*.

Con·cert| of Eu·rope *s. pol. hist.* Euro'päisches Kon'zert; **♀ pitch** *s.* ♪ Kammerton *m*: *up to* (*od. at*) *~ fig.* auf der Höhe.

con·ces·sion [kən'seʃən] *s.* **1.** Entgegenkommen *n*, Zugeständnis *n*; **2.** Genehmigung *f*, Erlaubnis *f*, Gewährung *f*; **3.** amtliche *od.* staatliche Konzessi'on, Privi'leg *n*: a) Genehmigung *f*: *mining ~* Bergwerkskonzession, b) *Am.* Gewerbeerlaubnis, c) über'lassenes Siedlungs- *od.* Ausbeutungsgebiet; **con·ces·sion·aire** [kənseʃə'nɛə] *s.* ✝ Konzessi'onsinhaber *m*; **con'ces·sion·ar·y** [-ʃnəri] *adj.* Konzessions...; bewilligt; **con'ces·sive** [-esiv] *adj.* **1.** einräumend; **2.** *ling.* *~ clause* Konzessivsatz.

conch [kɔŋk] *s. zo.* (Schale *f* der) See- *od.* Schneckenmuschel *f*; **con·cha** ['kɔŋkə] *pl.* **-chae** [-ki:] *s.* **1.** *anat.* Ohrmuschel *f*; **2.** ⚠ Kuppeldach *n*; **con·chol·o·gy** [kɔŋ'kɔlədʒi] *s.* Muschelkunde *f*.

con·chy ['kɔntʃi] *s. Brit. sl.* Kriegsdienstverweigerer *m* (*von conscientious objecter*).

con·ci·erge [kɔ̃:nsi'ɛəʒ; kɔ̃sjɛrʒ] (*Fr.*) *s.* Porti'er *m*, Pförtner(in), Hausmeister(in).

con·cil·i·ate [kən'silieit] *v/t.* **1.** aus-, versöhnen; beschwichtigen; **2.** *Gunst etc.* gewinnen; **3.** ausgleichen; in Einklang bringen; **con·cil·i·a·tion** [kənsili'eiʃən] *s.* **1.** Versöhnung *f*, Schlichtung *f*: *~ board* Schlichtungsausschuß; **2.** Ausgleich *m*: *debt ~* Schuldenausgleich; **con'cil·i·a·tor** [-tə] *s.* Vermittler *m*, Schlichter *m*; **con'cil·i·a·to·ry** [-iətəri] *adj.* versöhnlich, vermittelnd, Versöhnungs...

con·cin·ni·ty [kən'siniti] *s.* Feinheit *f*, Ele'ganz *f* (*Stil*).

con·cise [kən'sais] *adj.* □ kurz, bündig, gedrängt, knapp, prä'gnant; **con'cise·ness** [-nis] *s.* Kürze *f*, Prä'gnanz *f*.

con·clave ['kɔnkleiv] *s.* **1.** *R.C.* Kon'klave *n*; **2.** geheime Sitzung.

con·clude [kən'klu:d] **I.** *v/t.* **1.** beenden, zu Ende führen; (be-, ab-) schließen: *to be ~d* Schluß folgt; *he ~d by saying* zum Schluß sagte er (noch); **2.** *Vertrag etc.* (ab)schließen; **II.** *v/i.* **3.** schließen, enden, aufhören (*with* mit); **4.** schließen, folgern (*from* aus); **5.** beschließen, entscheiden; **con'clud·ing** [-diŋ] *adj.* (ab-) schließend, End..., Schluß...; **con'clu·sion** [-u:ʒən] *s.* **1.** (Ab)Schluß *m*, Ende *n*: *to bring to a ~* zum Abschluß bringen; *in ~* zum Schluß, schließlich; **2.** Abschluß *m* (*Vertrag etc.*): *~ of peace* Friedensschluß; **3.** Schluß *m*, (Schluß)Folgerung *f*: *to come to the ~* zu dem Schluß *od.* der Überzeugung kommen; *to draw a ~* e-n Schluß ziehen; *to jump at* (*od. to*) *~s* voreilige Schlüsse ziehen; **4.** Beschluß *m*, Entscheidung *f*; **5.** Ausgang *m*, Folge *f*, Ergebnis *n*; **6.** *to try ~s with* sich *od.* s-e Kräfte messen mit; **con'clu·sive** [-u:siv] *adj.* □ schlüssig, endgültig, entscheidend, über'zeugend, maßgebend; **con'clu·sive·ness** [-u:sivnis] *s.* Endgültigkeit *f*, Triftigkeit *f*; Schlüssigkeit *f*, Beweiskraft *f*.

con·coct [kən'kɔkt] *v/t.* **1.** zs.-brauen (*a. fig.*); **2.** *fig.* aushecken, sich ausdenken; **con'coc·tion** [-kʃən] *s.* **1.** (Zs.-)Brauen *n*, Bereiten *n*; **2.** Mischung *f*, Trank *m*; Gebräu *n*; **3.** *fig.* Aushecken *n*, Ausbrüten *n*; **4.** *fig.* Gebräu *n*; Erfindung *f*: *~ of lies* Lügengewebe.

con·com·i·tance [kən'kɔmitəns], **con'com·i·tan·cy** [-si] *s.* **1.** Zs.-bestehen *n*, Gleichzeitigkeit *f*; **2.** *eccl.* Konkomi'tanz *f*; **con'com·i·tant** [-nt] **I.** *adj.* □ begleitend, Begleit..., gleichzeitig; **II.** *s.* Begleiterscheinung *f*.

con·cord ['kɔŋkɔ:d] *s.* **1.** Eintracht *f*, Einklang *m*; Über'einstimmung *f* (*a. ling.*); **2.** ♪ Zs.-klang *m*, Harmo'nie *f*; **3.** *Am.* → *Concord grape*; **con·cord·ance** [kən'kɔ:dəns] *s.* **1.** Über'einstimmung *f*; **2.** Konkor'danz *f*; **con·cord·ant** [kən'kɔ:dənt] *adj.* □ (*with*) über'einstimmend (mit), entsprechend (*dat.*); har'monisch (*a.* ♪); **con·cor·dat** [kɔn'kɔ:dæt] *s. eccl.* Konkor'dat *n*.

Con·cord grape *s.* ⚘ *große, dunkelblaue amer. Weintraube.*

con·course ['kɔŋkɔ:s] *s.* **1.** Zs.-treffen *n*; **2.** Ansammlung *f*, Auflauf *m*, Menge *f*; **3.** *Am.* a) Fahrweg *m od.* Prome'nadeplatz *m* (*im Park*), b) Bahnhofshalle *f*, c) freier Platz.

con·crete [kən'kri:t] **I.** *v/t.* **1.** zu e-r festen Masse verbinden, zs.-ballen *od.* vereinigen; **2.** ['kɔnkri:t] ⊕ betonieren; **II.** *v/i.* **3.** sich zu e-r festen Masse verbinden; **III.** *adj.* □ ['kɔnkri:t] **4.** kon'kret (*a. ling., phls.*), greifbar, wirklich, dinglich; **5.** fest, dicht, kom'pakt; **6.** *Ꭿ* benannt; **7.** ⊕

betoniert, Beton...; **IV.** *s.* ['kɔnkri:t] **8.** konkreter Begriff: *in the ~* im konkreten Sinne, in Wirklichkeit; **9.** ⊕ Be'ton *m*, Steinmörtel *m*, Ze-'ment *m*; **con'cre·tion** [-i:ʃən] *s.* **1.** Zs.-wachsen *n*, Verwachsung *f*; **2.** Festwerden *n*; Verhärtung *f*, feste Masse; **3.** Häufung *f*; **4.** ⚕ Absonderung *f*, Stein *m*, Knoten *m*.

con·cu·bi·nage [kɔn'kju:binidʒ] *s.* Konkubi'nat *n*, wilde Ehe; **con·cu·bine** ['kɔŋkjubain] *s.* **1.** Konku-'bine *f*, Mä'tresse *f*; **2.** Nebenfrau *f*.

con·cu·pis·cence [kən'kju:pisəns] *s.* Begehrlichkeit *f*, Lüsternheit *f*, Sinnlichkeit *f*; **con'cu·pis·cent** [-nt] *adj.* lüstern, sinnlich.

con·cur [kən'kə:] *v/i.* **1.** zs.-treffen, -fallen; **2.** mitwirken, beitragen (*to* zu); **3.** (*with s.o., in s.th.*) über'einstimmen (mit j-m, in *dat.*), beipflichten (*dat.*); **con'cur·rence** [-'kʌrəns] *s.* **1.** Zs.-treffen *n*; **2.** Mitwirkung *f*; **3.** Zustimmung *f*, Einverständnis *n*; **4.** ⩓ Schnittpunkt *m*; **con'cur·rent** [-'kʌrənt] **I.** *adj.* □ **1.** gleichzeitig; gemeinschaftlich; **2.** mitwirkend; **3.** über'einstimmend; **4.** ⩓ durch 'einen Punkt laufend; **II.** *s.* **5.** Be'gleit,umstand *m*.

con·cuss [kən'kʌs] *v/t. mst fig.* **1.** erschüttern; **2.** einschüchtern.

con·cus·sion [kən'kʌʃən] *s.* Erschütterung *f* (*a.* ⚕): *~ of the brain* Gehirnerschütterung; '*~-fuse* *s.* ⚔ Aufschlagzünder *m*; *~* **spring** *s.* ⊕ Stoßdämpfer *m*.

con·demn [kən'dem] *v/t.* **1.** verdammen, verurteilen, miß'billigen, tadeln: *his looks ~ him* sein Aussehen verrät ihn; **2.** ⚖ verurteilen (*to death* zum Tode); *fig. a.* verdammen (*to* zu); **3.** ⚖ als verfallen erklären, beschlagnahmen; **4.** verwerfen; für unbewohnbar *od.* gesundheitsschädlich *od.* seeuntüchtig erklären; *Schwerkranke* aufgeben; **con'dem·na·ble** [-mnəbl] *adj.* verdammenswert, verwerflich, sträflich; **con·dem·na·tion** [kɔndem-'neiʃən] *s.* **1.** Verurteilung *f* (*a.* ⚖), Verdammung *f*, 'Mißbilligung *f*; **2.** Verwerfung *f*; Untauglichkeitserklärung *f*; **con'dem·na·to·ry** [-mnətəri] *adj.* verurteilend; verdammend.

con·den·sa·ble [kən'densəbl] *adj. phys.* kondensierbar; **con·den·sa·tion** [kɔnden'seiʃən] *s.* **1.** *bsd. phys.* Verdichtung *f*, Kondensati'on *f* (*Gase etc.*); Konzentrati'on *f* (*Licht*); **2.** Zs.-drängung *f*, Anhäufung *f*; **3.** *fig.* Zs.-fassung *f*, (Ab)Kürzung *f*; **con·dense** [kən'dens] **I.** *v/t.* **1.** *bsd. phys. Gase etc.* verdichten, kondensieren, niederschlagen; eindicken: *~d milk* kondensierte Milch; **2.** *fig.* zs.-drängen, -fassen; zs.-streichen, kürzen; **II.** *v/i.* **3.** sich verdichten; flüssig werden; **con·dens·er** [kən-'densə] *s.* **1.** ⚡, ⊕, *phys.* Konden-'sator *m*; **2.** Kühlrohr *n*.

con·dens·ing| coil [kən'densiŋ] *s.* ⊕ Kühlschlange *f*; *~* **lens** *s. opt.* Sammel-, Kondensati'onslinse *f*.

con·de·scend [kɔndi'send] *v/i.* **1.** sich her'ablassen, geruhen (*to* [*mst inf.*] zu [*mst inf.*]); **2.** *b.s.* sich nicht scheuen (*to* vor *dat.*); **3.** leutselig sein (*to* gegen); **con·de'scend·ing** [-diŋ] *adj.* □ her'ablassend, gönnerhaft; **con·de'scen·sion** [-nʃən] *s.* Her'ablassung *f*, gönnerhaftes Wesen.

con·dign [kən'dain] *adj.* □ gebührend, angemessen (*Strafe*).

con·di·ment ['kɔndimənt] *s.* Würze *f*, Zutat *f*.

con·di·tion [kən'diʃən] **I.** *s.* **1.** Bedingung *f*; Vor'aussetzung *f*: *on ~ that* unter der Bedingung, daß; vorausgesetzt, daß; *on no ~* unter keinen Umständen, keinesfalls; *to make it a ~* es zur Bedingung machen; **2.** ⚖ Vorbehalt *m*, Bestimmung *f*, Klausel *f*; **3.** Zustand *m*, Verfassung *f*, Beschaffenheit *f*; *sport* Konditi'on *f*, Form *f*: *out of ~* in schlechter Verfassung; *in good ~* gut in Form (*Person, Pferd etc.*), in gutem Zustande (*Sachen*); **4.** Stand *m*, Stellung *f*, Rang *m*: *to change one's ~* heiraten; **5.** *pl.* 'Umstände *pl.*, Verhältnisse *pl.*, Lage *f*: *weather ~s* Witterung; *working ~s* Arbeitsverhältnisse; **6.** *Am. ped.* (Gegenstand *m* der) Nachprüfung *f*; **II.** *v/t.* **7.** bedingen, bestimmen; Bedingung(en) stellen, stipulieren; regeln, abhängig machen: *~ed by* bedingt durch, abhängig von; **8.** *fig.* formen, gestalten; **9.** gewöhnen (*to* an *acc.*, zu *tun*); **10.** *Tiere* in Form bringen; *Sachen* herrichten, in'stand setzen; ⊕ konditionieren; *fig. j-n* programmieren (*to, for* auf *acc.*); **11.** ✝ (*bsd. Textil*)*Waren* prüfen; **12.** *Am. ped.* e-e Nachprüfung auferlegen (*dat.*); **con'di·tion·al** [-ʃənl] **I.** *adj.* □ **1.** (*on*) bedingt (durch), abhängig (von), eingeschränkt (durch); unverbindlich; ✝ unter Eigentumsvorbehalt (*Verkauf*); **2.** *~ clause ling.* Bedingungssatz; *~ mood ling.* Konditionalis; **II.** *s.* **3.** Bedingungssatz *m*, -wort *n*; **con'di·tion·al·ly** [-ʃnəli] *adv.* bedingungsweise; **con'di·tioned** [-nd] *adj.* **1.** bedingt, beschränkt, abhängig; **2.** (so) beschaffen; in ... Verfassung; hergerichtet.

con·do·la·to·ry [kən'doulətəri] *adj.* Beileids..., Kondolenz...; **con·dole** [kən'doul] *v/i.* Beileid bezeigen, kondolieren (*with s.o. on s.th.* j-m zu et.); **con'do·lence** [-əns] *s.* Beileid *n*, Kondo'lenz *f*.

con·dom ['kɔndəm] *s.* Kon'dom *n*, Präserva'tiv *n*.

con·do·min·i·um ['kɔndə'miniəm] *s.* **1.** Kondo'minium *n* (*gemeinsame Herrschaft*); **2.** *Am.* **a)** Eigentumswohnanlage *f*, **b)** Eigentumswohnung *f*.

con·do·na·tion [kɔndou'neiʃən] *s.* Verzeihung *f* (*bsd. ehelicher Untreue*); stillschweigende Duldung; **con·done** [kən'doun] *v/t.* verzeihen; *Fehltritt* entschuldigen.

con·dor ['kɔndɔ:] *s. orn.* 'Kondor *m*.

con·dot·tie·re [kɔndɔ'tjeəri] *pl.* **-ri** [-ri:] (*Ital.*) *s.* Kondotti'ere *m*.

con·duce [kən'dju:s] *v/i.* (*to*) dienen, führen, beitragen (zu); förderlich sein (*dat.*); **con'du·cive** [-siv] *adj.* dienlich, förderlich (*to dat.*).

con·duct **I.** *v/t.* [kən'dʌkt] **1.** führen, (ge)leiten; → *tour 1*; **2.** (be)treiben, handhaben; führen, leiten, verwalten; **3.** ♪ dirigieren; **4.** ⚡, *phys.* leiten; **5.** *~ o.s.* sich betragen *od.* benehmen, sich (auf)führen; **II.** *s.* ['kɔndəkt] **6.** Führung *f*, Leitung *f*, Verwaltung *f*; Handhabung *f*; **7.** *fig.* Führung *f*, Betragen *n*; Verhalten *n*, Haltung *f*; **con'duct·ance** [-təns], **con·duct·i·bil·i·ty** [kəndʌkti'biliti] *s.* ⚡, *phys.* Leitfähigkeit *f*; **con'duct·i·ble** [-tibl] *adj.* ⚡, *phys.* leitfähig; **con'duct·ing** [-tiŋ] *adj.* ⚡, *phys.* Leit..., Leitungs...: *~wire* Leitungsdraht; **con'duc·tion** [-kʃən] *s. oft* ⊕, *phys.* Leitung *f*, (Zu-)Führung *f*, Über'tragung *f*; **con'duc·tive** [-tiv] *adj. phys.* leitend, leitfähig; **con·duc·tiv·i·ty** [kɔndʌk'tiviti] *s.* ⚡, *phys.* Leitfähigkeit *f*; **con'duc·tor** [-tə] *s.* **1.** Führer *m*, Leiter *m*; **2.** ♪ Diri'gent *m*; **3.** Schaffner *m* (*Omnibus, Straßenbahn*); **4.** *Am.* 🚂 Zugbegleiter *m*; **5.** ⚡, *phys.* Leiter *m*; Ader *f* (*Kabel*); *Am. a.* Blitzableiter *m*; **con'duc·tress** [-tris] *s.* **1.** Schaffnerin *f*; **2.** Direk-'trice *f*.

con·duit ['kɔndit] *s.* **1.** Rohrleitung *f*, Röhre *f*; Ka'nal *m* (*a. fig.*); **2.** Leitung *f* (*a. fig.*); **3.** ⚡ **a)** Rohrkabel *n*, **b)** Isolierrohr *n* (*für Leitungsdrähte*); *~* **pipe** *s.* Leitungsrohr *n*.

cone [koun] *s.* **1.** ⩓ Kegel *m*; ⊕ 'Konus *m*; **2.** Bergkegel *m*; **3.** *fig.* Kegel *m*: *~ of fire* Feuergarbe; *~ of rays* Strahlenbüschel; *~ of shade* Schattenkegel; **3.** ⚘ (Tannen- *etc.*) Zapfen *m*; **4.** Waffeltüte *f für Speiseeis*; **coned** [-nd] *adj.* kegelförmig.

co·ney → *cony*.

con·fab ['kɔnfæb] F *abbr. für confabulation u. confabulate*; **con·fab·u·late** [kən'fæbjuleit] *v/i. vertraulich* plaudern; **con·fab·u·la·tion** [kənfæbju'leiʃən] *s.* Plaude'rei *f*.

con·fec·tion [kən'fekʃən] *s.* **1.** Kon-'fekt *n*, Zuckerwerk *n*, *mit Zucker* Eingemachtes *n*; **2.** 'Damen,modear,tikel *m* (*Kleid, Hut etc.*); **con'fec·tion·er** [-ʃnə] *s.* Kon'ditor *m*: *~'s sugar Am.* Puderzucker; **con'fec·tion·er·y** [-ʃnəri] *s.* **1.** Süßigkeiten *pl.*, Kon'ditorwaren *pl.*; **2.** Süßwarengeschäft *n*, Kondito'rei *f*.

con·fed·er·a·cy [kən'fedərəsi] *s.* **1.** Bündnis *n*; **2.** Staatenbund *m*; **3.** ♀ *Am.* Konföderati'on *f* (*der Südstaaten im Bürgerkrieg*); **4.** Kom'plott *n*, Verschwörung *f*; **con'fed·er·ate** [-rit] **I.** *adj.* **1.** verbündet, verbunden, Bundes...: ♀ *Am.* zur Konföderation der Südstaaten gehörig; **2.** mitschuldig; **II.** *s.* **3.** Verbündete(r) *m*, Bundesgenosse *m*: ♀ *Am.* Südstaatler; **4.** Mittäter *m*, Mitschuldige(r) *m*; **III.** *v/t. u. v/i.* [-dəreit] **5.** (sich) verbünden *od.* vereinigen *od.* zs.-schließen; **con·fed·er·a·tion** [kənfedə'reiʃən] *s.* **1.** Bund *m*, Bündnis *n*; Zs.-schluß *m*; **2.** Staatenbund *m*: *Swiss* ♀ (Schweizer) Eidgenossenschaft.

con·fer [kən'fə:] **I.** *v/t.* **1.** *Titel etc.* verleihen, er-, zuteilen, über'tragen, *Gunst* erweisen (*upon dat.*); **2.** *nur noch Imperativ, abbr. cf.* vergleiche; **II.** *v/i.* **3.** sich beraten, Rücksprache nehmen, unter'handeln (*with* mit); **con·fer·ee** [kɔnfə'ri:] *s. Am.* **1.** Konfe'renzteilnehmer *m*; **2.** Empfänger *m e-s Titels etc.*; **con·fer·ence** ['kɔnfərəns] *s.* **1.** Konfe'renz *f*,

Tagung *f*, Sitzung *f*, Zs.-kunft *f*; **2.** Besprechung *f*, Beratung *f*, Verhandlung *f*; **3.** Verband *m*, Vereinigung *f*; **con'fer·ment** [-mənt] *s.* Verleihung *f* (*upon* an *acc.*).

con·fess [kən'fes] **I.** *v/t.* **1.** *Schuld etc.* bekennen, (ein)gestehen; anerkennen, zugeben (*a. that* daß); **2.** *eccl.* **a)** beichten, **b)** *j-m* die Beichte abnehmen; **II.** *v/i.* **3.** (*to*) sich bekennen (zu), (ein)gestehen (*acc.*); **4.** *eccl.* beichten; **con'fessed** [-st] *adj.* □ zugestanden; offenbar: *a ~ Anglophobe* ein erklärter Englandfeind; **con'fess·ed·ly** [-sidli] *adv.* zugestandenermaßen, offenbar; **con'fes·sion** [-eʃən] *s.* **1.** Bekenntnis *n*, Zugeständnis *n*; Anerkennung *f*; **2.** ⚖ Geständnis *n*; **3.** *eccl.* Beichte *f*: *dying ~* Geständnis auf dem Sterbebett; **4.** *eccl. a. ~ of faith* Glaubensbekenntnis *n*; **con'fes·sion·al** [-eʃənl] **I.** *adj.* konfessio'nell, Bekenntnis...; Beicht...; **II.** *s.* Beichtstuhl *m*; **con'fes·sor** [-sə] *s.* **1.** (Glaubens)Bekenner *m*; **2.** *eccl.* Beichtvater *m.*

con·fet·ti [kən'feti(:)] (*Ital.*) *s. pl. sg. konstr.* Kon'fetti *n.*

con·fi·dant [kɔnfi'dænt] *s.* Vertraute(r) *m*, Mitwisser *m*; **con·fi'dante** [-'dænt] *s.* Vertraute *f*, Mitwisserin *f.*

con·fide [kən'faid] **I.** *v/i.* **1.** sich anvertrauen; (ver)trauen (*in dat.*); **II.** *v/t.* (*to*) **2.** vertraulich mitteilen, anvertrauen (*dat.*); **3.** betrauen (mit).

con·fi·dence ['kɔnfidəns] *s.* **1.** (*in*) Vertrauen *n* (auf *acc.*, zu), Zutrauen *n* (zu): *to take s.o. into one's ~* j-n ins Vertrauen ziehen; *to be in s.o.'s ~* j-s Vertrauen genießen; *in ~* vertraulich; **2.** Selbstvertrauen *n*, Zuversicht *f*; Über'zeugung *f*; **3.** vertrauliche Mitteilung, Geheimnis *n*; → *vote 1*; **~ game** *s.* **1.** (*a.* Heirats-) Schwindel *m*; **2.** ˌHochstape'lei *f*; **~ man** *s.* **1.** (*a.* Heirats)Schwindler *m*; *weitS.* Ga'nove *m*; **2.** Hochstapler *m*; **~ trick** *s. Brit.* → *confidence game*; **~ trick·ster** *s. Brit.* → *confidence man.*

con·fi·dent ['kɔnfidənt] *adj.* □ → *confidently*; **1.** (*of, that*) über'zeugt (von, daß), gewiß, sicher (*gen.*, daß); **2.** vertrauensvoll; **3.** selbstsicher, zuversichtlich; **4.** eingebildet, kühn; **con·fi·den·tial** [kɔnfi'denʃəl] *adj.* □ **1.** vertraulich, geheim; **2.** in'tim, vertraut, Vertrauens...: *~ agent* Geheimagent; *~ clerk* ✝ Prokurist; **con·fi·den·tial·ly** [kɔnfi'denʃəli] *adv.* im Vertrauen: *~ speaking* unter uns gesagt; **'con·fi·dent·ly** [-li] *adv.* getrost; **con·fid·ing** [kən'faidiŋ] *adj.* □ vertrauensvoll, zutraulich.

con·fig·u·ra·tion [kənfigju'reiʃən] *s.* **1.** Gestalt(ung) *f*, Bau *m*, Struk'tur *f*; Anordnung *f*, Stellung *f*; **2.** *ast.* Konfigurati'on *f*, A'spekt *m.*

con·fine I. *s.* ['kɔnfain] *mst pl.* **1.** Grenze *f*, Grenzgebiet *n*; *fig.* Rand *m*, Schwelle *f*; **II.** *v/t.* [kən'fain] **2.** begrenzen; be-, einschränken (*to* auf *acc.*): *to ~ o.s. to* sich beschränken auf; **3.** einsperren, einschließen: *~d to bed* bettlägerig; *~d to one's room* ans Zimmer gefesselt; *to be ~d to barracks* Kasernenarrest haben, die Kaserne nicht verlassen dürfen; **4.** *pass.* (*of*) niederkommen (mit), entbunden werden (von); **con'fined** [-nd] *adj.* **1.** beschränkt, beengt; **2.** *fig.* gefesselt; **3.** ⚕ verstopft; **con'fine·ment** [-mənt] *s.* **1.** Beschränkung *f*; Beengtheit *f*; Gebundenheit *f*; **2.** Haft *f*, Gefangenschaft *f*; Ar'rest *m*: *close ~* strenge Haft; *solitary ~* Einzelhaft; **3.** Niederkunft *f*, Wochenbett *n.*

con·firm [kən'fɔ:m] *v/t.* **1.** *Nachricht, Auftrag, Wahrheit etc.* bestätigen; **2.** *Entschluß* bekräftigen; bestärken (s.o. *in s.th.* j-n in *dat.*); **3.** *Macht etc.* festigen; **4.** *eccl.* konfirmieren; *R.C.* firmen; **con'firm·a·ble** [-məbl] *adj.* zu bestätigen(d); **con·fir·ma·tion** [kɔnfə'meiʃən] *s.* **1.** Bestätigung *f*; Bekräftigung *f*; **2.** Festigung *f*; **3.** *eccl.* Konfirmati'on *f*, Einsegnung *f*; *R.C.* Firmung *f*; **con'firm·a·tive** [-mətiv] *adj.* □, **con'firm·a·to·ry** [-mətəri] *adj.* bestätigend; **con'firmed** [-md] *adj.* fest, hartnäckig, eingewurzelt, unverbesserlich, Gewohnheits...; chronisch: *~ bachelor* eingefleischter Junggeselle.

con·fis·cate ['kɔnfiskeit] *v/t.* beschlagnahmen, einziehen, konfiszieren; **con·fis·ca·tion** [kɔnfis'keiʃən] *s.* Einziehung *f*, Beschlagnahme *f*, Konfiszierung *f*; F Plünderung *f*; **con·fis·ca·to·ry** [kən'fiskətəri] *adj.* konfiszierend, Beschlagnahme...; F räuberisch.

con·fla·gra·tion [kɔnflə'greiʃən] *s.* Feuersbrunst *f*, (großer) Brand.

con·flict I. *s.* ['kɔnflikt] **1.** Zs.-stoß *m*, Kampf *m*; **2.** Kon'flikt *m*, Streit *m*: *wordy ~* Wortstreit; **3.** Konflikt *m*, 'Widerstreit *m*, -spruch *m*, Gegensatz *m*: *~ of interests* Interessenkonflikt; **II.** *v/i.* [kən'flikt] **4.** (*with*) kollidieren, im 'Widerspruch stehen (mit); im Gegensatz stehen (zu); **5.** sich wider'sprechen; **con'flict·ing** [kən'fliktiŋ] *adj.* wider'streitend, gegensätzlich.

con·flu·ence ['kɔnfluəns] *s.* **1.** Zs.-fluß *m*; **2.** Zustrom *m*, Zulauf *m* (*Menschen*); **3.** (Menschen)Menge *f*; **'con·flu·ent** [-nt] **I.** *adj.* zs.-fließend, -laufend; **II.** *s.* Nebenfluß *m*; **con·flux** ['kɔnflʌks] → *confluence.*

con·form [kən'fɔ:m] **I.** *v/t.* **1.** (*a.* o.s. sich) anpassen (*to dat. od.* an *acc.*); **II.** *v/i.* **2.** (*to*) sich anpassen (*dat.*), sich richten (nach); sich fügen (*dat.*); entsprechen (*dat.*); **3.** *eccl. Brit.* sich der engl. Staatskirche unter'werfen; **con'form·a·ble** [-məbl] *adj.* □ (*to*) **1.** kon'form, gleichförmig (mit); entsprechend, gemäß (*dat.*); **2.** vereinbar (mit); **3.** fügsam, nachgiebig; **con'form·ance** [-məns] *s.* Anpassung *f* (*to* an *acc.*); Über'einstimmung *f* (*with* mit): *in ~ with* gemäß (*dat.*); **con·for·ma·tion** [kɔnfɔ:'meiʃən] *s.* **1.** Anpassung *f*, Angleichung *f* (*to* an *acc.*); **2.** Gestalt(ung) *f*, Anordnung *f*, Bau *m*; **con'form·er** [-mə], **con'form·ist** [-mist] *s.* **1.** j-d der sich anpaßt *od.* fügt; **2.** *Brit.* Anhänger *m* der engl. Staatskirche; **con'form·i·ty** [-miti] *s.* **1.** Gleichförmigkeit *f*, Ähnlichkeit *f*, Über'einstimmung *f* (*with* mit): *in ~ with* in Übereinstimmung mit, gemäß (*dat.*); **2.** (*to*) Anpassung *f* (an *acc.*); Befolgung *f* (*gen.*); **3.** *hist.* Zugehörigkeit *f* zur englischen Staatskirche.

con·found [kən'faund] *v/t.* **1.** vermengen, verwechseln (*with* mit); **2.** in Unordnung bringen, verwirren; **3.** bestürzt machen, verblüffen; **4.** vernichten, vereiteln; **5.** [*a.* kɔn-] F *~ him!* zum Teufel mit ihm!; *~ it!* verdammt!; **con'found·ed** [-did] F **I.** *adj.* □ (*a. int.*) verwünscht, verflixt; scheußlich; **II.** *adv., a. ~ly* sehr, ‚furchtbar'.

con·fra·ter·ni·ty [kɔnfrə'tɔ:niti] *s.* **1.** *bsd. eccl.* Bruderschaft *f*, Gemeinschaft *f*; **2.** Brüderschaft *f*; **con·frère** ['kɔnfrɛə; kɔ̃frɛ:r] (*Fr.*) *s.* Amtsbruder *m*, Kol'lege *m.*

con·front [kən'frʌnt] *v/t.* **1.** (*oft* feindlich) gegen'übertreten, -stehen (*dat.*); **2.** mutig begegnen (*dat.*); **3.** (*with*) konfrontieren (mit), gegen'überstellen (*dat.*), entgegenhalten (*dat.*); **4.** *pass. to be ~ed with* sich gegenübersehen, gegenüberstehen (*dat.*); **con·fron·ta·tion** [kɔnfrən'teiʃən] *s.* Gegen'überstellung *f*, Konfrontati'on *f.*

Con·fu·cian [kən'fju:ʃjən] **I.** *adj.* konfuzi'anisch; **II.** *s.* Konfuzi'aner (-in); **Con'fu·cian·ism** [-nizəm] *s.* Konfuzia'nismus *m*; **Con'fu·cian·ist** [-nist] → *Confucian II.*

con·fuse [kən'fju:z] *v/t.* **1.** vermengen, verwechseln (*with* mit); **2.** verwirren, verlegen machen; **3.** verworren *od.* undeutlich machen; in Unordnung bringen; **con'fused** [-zd] *adj.* □ **1.** kon'fus, verwirrt, verworren; **2.** verlegen, bestürzt; **3.** undeutlich, unklar; **con'fus·ing** [-ziŋ] *adj.* verwirrend, irreführend; **con'fu·sion** [-u:ʒən] *s.* **1.** Verwirrung *f*, Durchein'ander *n*, Unordnung *f*: *~ worse confounded* größter Wirrwarr; **2.** Aufruhr *m*, Lärm *m*; **3.** Bestürzung *f*: *to put s.o. to ~* j-n in Verlegenheit bringen; **4.** Verworrenheit *f*; geistige Verwirrung; **5.** Verwechslung *f.*

con·fut·a·ble [kən'fju:təbl] *adj.* wider'legbar; **con·fu·ta·tion** [kɔnfju:'teiʃən] *s.* Wider'legung *f*; Über'führung *f*; **con·fute** [kən'fju:t] *v/t.* **1.** *et.* wider'legen; **2.** *j-n* widerlegen, e-s Irrtums über'führen.

con·gé ['kɔ̃:nʒei; kɔ̃ʒe] (*Fr.*) *s.* **1.** Abschied *m*; **2.** Entlassung *f*; **3.** (Abschieds)Verbeugung *f.*

con·geal [kən'dʒi:l] **I.** *v/t.* gefrieren *od.* gerinnen *od.* erstarren lassen (*a. fig.*); **II.** *v/i.* gefrieren, gerinnen, erstarren (*a. fig.*); fest werden; **con'geal·ment** [-mənt] → *congelation 1.*

con·gee ['kɔndʒi:] → *congé.*

con·ge·la·tion [kɔndʒi'leiʃən] *s.* **1.** Gefrieren *n*, Gerinnen *n*, Erstarren *n*, Festwerden *n*; **2.** gefrorene *etc.* Masse.

con·ge·ner ['kɔndʒinə] **I.** *s.* gleichartiges *od.* verwandtes Ding *od.* Wesen; **II.** *adj.* (art- *od.* stamm)verwandt (*to* mit); **con·gen·er·ous** [kən'dʒenərəs] *adj.* gleichartig, verwandt.

con·gen·ial [kən'dʒi:njəl] *adj.* □ **1.** (*with*) kongeni'al (*dat.*), geistesverwandt (mit *od. dat.*); **2.** sym'pathisch, zusagend, angenehm (*to dat.*): *to be* ~ zusagen; **3.** passend, angemessen, entsprechend (*to dat.*); **con·ge·ni·al·i·ty** [kəndʒiːni'æliti] *s.* Geistesverwandtschaft *f*, Gleichartigkeit *f*, Angemessenheit *f*.

con·gen·i·tal [kən'dʒenitl] *adj.* □ angeboren; **con'gen·i·tal·ly** [-təli] *adv.* von Geburt an.

con·ger (**eel**) ['kɔŋgə] *s. ichth.* Meeraal *m*.

con·ge·ri·es [kɔn'dʒiəriːz] *s. sg. u. pl.* Anhäufung *f*, Masse *f*.

con·gest [kən'dʒest] **I.** *v/t.* **1.** zs.-drängen, über'füllen, anhäufen; **2.** *fig.* über'schwemmen; **3.** verstopfen; **II.** *v/i.* **4.** sich ansammeln, sich stauen, sich verstopfen; **con'gest·ed** [-tid] *adj.* **1.** über'füllt; über'völkert; **2.** ⚕ mit Blut überfüllt; **con'ges·tion** [-tʃən] *s.* **1.** Anhäufung *f*, Andrang *m*, Stauung *f*, Über'füllung *f*: ~ *of population* Übervölkerung; *traffic* ~ Verkehrsstockung; **2.** ⚕ Blutandrang *m*: ~ *of the brain* Blutandrang zum Gehirn.

con·glo·bate ['kɔngloubeit] **I.** *adj.* (zs.-)geballt, kugelig; **II.** *v/t. u. v/i.* (sich) zs.-ballen (*into* zu); **con·glo·ba·tion** [kɔnglou'beiʃən] *s.* Kugelbildung *f*, Zs.-ballung *f*.

con·glom·er·ate [kən'glɔməreit] **I.** *v/t. u. v/i.* (sich) zs.-ballen, verbinden, anhäufen; **II.** *adj.* [-rit] zs.-geballt; *fig.* zs.-gewürfelt; **III.** *s.* [-rit] *fig.* (An)Häufung *f*, Gemisch *n*, zs.-gewürfelte Masse, Konglome'rat *n* (*a. geol.*); **con·glom·er·a·tion** [kənglɔmə'reiʃən] → *conglomerate III*.

con·glu·ti·nate [kən'gluːtineit] **I.** *v/t.* zs.-leimen, -kitten; **II.** *v/i.* zs.-kleben, -haften; **con·glu·ti·na·tion** [kəngluːti'neiʃən] *s.* Zs.-kleben *n*; Verbindung *f*.

Con·go·lese [kɔŋgou'liːz] **I.** *adj.* Kongo..., kongo'lesisch; **II.** *s.* Kongo'lese *m*, Kongo'lesin *f*.

con·gou ['kɔŋguː] *s.* chinesischer schwarzer Tee.

con·grat·u·late [kən'grætjuleit] *v/t.* *j-m* gratulieren, Glück wünschen; *j-n* beglückwünschen (*on* zu) (*alle a.* o.s. sich); **con·grat·u·la·tion** [kəngrætju'leiʃən] *s.* Glückwunsch *m*: ~*s!* ich gratuliere!; **con'grat·u·la·tor** [-tə] *s.* Gratu'lant(in); **con'grat·u·la·to·ry** [-lətəri] *adj.* Glückwunsch..., Gratulations...

con·gre·gate ['kɔŋgrigeit] *v/t. u. v/i.* (sich) (ver)sammeln.

con·gre·ga·tion [kɔŋgri'geiʃən] *s.* **1.** (Kirchen)Gemeinde *f*; **2.** Versammlung *f*; **3.** *Brit. univ.* Versammlung *f* des Lehrkörpers *od.* des Se'nats; **con·gre'ga·tion·al** [-ʃənl] *adj. eccl.* **1.** Gemeinde...; **2.** ♀ unabhängig: ♀ *chapel* Kapelle der ‚freien' Gemeinden; **Con·gre'ga·tion·al·ism** [-ʃnəlizəm] *s. eccl.* Selbstverwaltung *f* der ‚freien' Kirchengemeinden, ˌIndependen'tismus *m*; **Con·gre'ga·tion·al·ist** [-ʃnəlist] *s.* Mitglied *n* e-r ‚freien' Kirchengemeinde.

con·gress ['kɔŋgres] *s.* **1.** Kon'greß *m*, Tagung *f*; **2.** *pol. Am.* ♀ Kongreß *m*, gesetzgebende Versammlung; ~ **boot** *s. Am.* Zugstiefel *m*.

con·gres·sion·al [kɔŋ'greʃənl] *adj.* **1.** Kongreß...; **2.** *pol. Am.* ♀ Kongreß...: ♀ *medal* Verdienstmedaille.

'**Con·gress-man** [-mən] *s.* [*irr.*] *pol.* Mitglied *n* des amer. Repräsen'tantenhauses.

con·gru·ence ['kɔŋgruəns] *s.* **1.** Über'einstimmung *f*; Angemessenheit *f*; **2.** ⅍ Kongru'enz *f*; '**con·gru·ent** [-nt] *adj.* **1.** (*with*) über'einstimmend (mit), entsprechend (*dat.*), passend (zu); **2.** ⅍ kongru'ent, sich deckend; **con·gru·i·ty** [kɔŋ'gru(ː)iti] *s.* **1.** Über'einstimmung *f*; Angemessenheit *f*; **2.** Folgerichtigkeit *f*; **3.** ⅍ Kongru'enz *f*; '**con·gru·ous** [-uəs] *adj.* □ **1.** (*to, with*) übereinstimmend (mit), entsprechend (*dat.*); **2.** folgerichtig; passend.

con·ic ['kɔnik] *adj.* (□ ~*ally*) 'konisch, kegelförmig: ~ *section* ⅍ Kegelschnitt; '**con·i·cal** [-kəl] → *conic*; '**con·ics** [-ks] *s. pl. sg. konstr.* ⅍ Lehre *f* von den Kegelschnitten.

co·ni·fer ['kounifə] *s.* ♣ Koni'fere *f*, Nadelbaum *m*; **co·nif·er·ous** [kou'nifərəs] *adj.* ♣ zapfentragend, Nadel(holz)...

con·jec·tur·a·ble [kən'dʒektʃərəbl] *adj.* □ zu vermuten(d); **con'jec·tur·al** [-rəl] *adj.* □ mutmaßlich; **con·jec·ture** [kən'dʒektʃə] **I.** *s.* **1.** Vermutung *f*, Mutmaßung *f*; (vage) I'dee; **II.** *v/t.* **2.** vermuten, mutmaßen; **3.** vorschlagen, nahelegen; **III.** *v/i.* **4.** Mutmaßungen anstellen, mutmaßen.

con·join [kən'dʒɔin] *v/t. u. v/i.* (sich) verbinden *od.* vereinigen; **con·joint** ['kɔndʒɔint] *adj.* □ verbunden, vereinigt, gemeinsam; **con·joint·ly** ['kɔndʒɔintli] *adv.* zu'sammen, gemeinsam.

con·ju·gal ['kɔndʒugəl] *adj.* □ ehelich, Ehe..., Gatten...

con·ju·gate ['kɔndʒugeit] **I.** *v/t.* **1.** *ling.* konjugieren, beugen; **II.** *v/i.* **2.** *biol.* sich paaren; **III.** *adj.* [-git] **3.** verbunden, gepaart; **4.** *ling.* wurzelverwandt; **5.** ⅍ zugeordnet; **6.** ♣ paarig; **IV.** *s.* [-git] **7.** *ling.* wurzelverwandtes Wort; **con·ju·ga·tion** [kɔndʒu'geiʃən] *s.* **1.** *ling.* Konjugati'on *f*, Beugung *f*; **2.** *biol.* Paarung *f*.

con·junct [kən'dʒʌŋkt] *adj.* □ verbunden, vereint, gemeinsam; **con'junc·tion** [-kʃən] *s.* **1.** Verbindung *f*: *in* ~ *with* zusammen mit; **2.** Zs.-treffen *n*; **3.** *ast., ling.* Konjunkti'on *f*; **con·junc·ti·va** [kɔndʒʌŋk'taivə] *s. anat.* Bindehaut *f*; **con'junc·tive** [-tiv] **I.** *adj.* □ **1.** verbindend, Verbindungs...: ~ *tissue anat.* Bindegewebe; **2.** *ling.* 'konjunktivisch: ~ *mood* Konjunktiv; **II.** *s.* **3.** *ling.* 'Konjunktiv *m*; **con'junc·tive·ly** [-tivli] *adv.* gemeinsam; **con·junc·ti·vi·tis** [kəndʒʌŋkti'vaitis] *s.* ⚕ Bindehautentzündung *f*; **con'junc·ture** [-tʃə] *s.* **1.** Zs.-treffen *n* (*von Umständen*); **2.** 'Umstände *pl.*; **3.** Krise *f*; **4.** *ast.* Konjunkti'on *f*.

con·ju·ra·tion [kɔndʒuə'reiʃən] *s.* **1.** feierliche Anrufung; Beschwörung *f*; **2.** Zauberformel *f*; Zaube'rei *f*.

con·jure[1] [kən'dʒuə] *v/t.* beschwören, inständig bitten (*to inf.* zu *inf.*).

con·jure[2] ['kʌndʒə] **I.** *v/t.* **1.** *Geist etc.* beschwören: *to* ~ *up* heraufbeschwören (*a. fig.*), zitieren, hervorzaubern; **2.** behexen, (be)zaubern: *a name to* ~ *with* ein Name, der Wunder wirkt; *to* ~ *away* wegzaubern, bannen; **II.** *v/i.* **3.** zaubern, hexen; '**con·jur·er**, '**con·jur·or** [-dʒərə] *s.* **1.** Zauberer *m*, Zauberin *f*; **2.** Zauberkünstler *m*, Taschenspieler *m*; '**con·jur·ing trick** [-dʒəriŋ] *s.* Zauberkunststück *n*.

conk[1] [kɔŋk] *s. sl.* ‚Riecher' *m* (*Nase*); *Am. a.* ‚Birne' *f* (*Kopf*).

conk[2] [kɔŋk] *v/i. sl. mst* ~ *out* **1.** ‚streiken', ‚den Geist aufgeben' (*Fernseher etc.*), ‚absterben' (*Motor*); **2.** ‚umkippen', ohnmächtig werden; **3.** ‚abkratzen', sterben.

conn [kɔn] *v/t.* ⚓ *Schiff* steuern.

con·nate ['kɔneit] *adj.* **1.** angeboren; mitgeboren; **2.** *biol.* verwachsen.

con·nat·u·ral [kə'nætʃrəl] *adj.* □ **1.** (*to*) gleicher Na'tur (wie); verwandt (*dat.*); **2.** angeboren.

con·nect [kə'nekt] **I.** *v/t.* **1.** verbinden, verknüpfen (*mst with* mit): *to be* ~*ed* in Verbindung (*mit*) *od.* in Beziehungen (*zu*) treten *od.* stehen; **2.** ⚡ verbinden (*a. teleph.*), (ein-)schalten, anschließen, koppeln; **3.** ⊕ verbinden, zs.-fügen; koppeln, (an)kuppeln; **II.** *v/i.* **4.** in Verbindung *od.* Zs.-hang treten *od.* stehen; **5.** 🚂 *etc.* Anschluß haben (*with* an *acc.*); **6.** *Boxen*: ‚landen' (*with a blow* e-n Schlag); **con'nect·ed** [-tid] *adj.* □ **1.** zs.-hängend; **2.** verwandt: ~ *by marriage* verschwägert; *to be well* ~ gute Beziehungen *od.* einflußreiche Verwandte haben; **3.** (*with*) beteiligt (an *dat.*, bei), verwickelt (in *acc.*); **con'nect·ed·ly** [-tidli] *adv.* zs.-hängend; 'logisch.

con·nect·ing [kə'nektiŋ] *adj.* Binde..., Verbindungs...; ~ **line** *s.* 🚂 Anschlußgleis *n*; ~ **link** *s.* Bindeglied *n*; ~ **rod** *s.* ⊕ Kurbel-, Pleuelstange *f*; ~ **train** *s.* 🚂 Anschlußzug *m*.

con·nec·tion [kə'nekʃən] *s.* **1.** Verbindung *f*; **2.** ⊕ Verbindung *f*, Bindeglied *n*: *hot-water* ~*s* Heißwasseranlage; **3.** Zs.-hang *m*, Beziehung *f*: *in this* ~ in diesem Zs.-hang; *in* ~ *with* mit Bezug auf; **4.** per'sönliche Beziehung *od.* Verbindung; Verwandtschaft *f*, Verwandte(r *m*) *f*; **5.** *pl.* gute *od.* nützliche Beziehungen, Konnexi'onen *pl.*; Bekannten-, Kundenkreis *m*; **6.** ⚡ Anschluß *m*, Schaltung *f*; **7.** 🚂 *etc.* (*a. teleph.*) Verbindung *f*, Anschluß *m*: *to catch one's* ~ den Anschluß erreichen; *to run in* ~ *with* Anschluß haben an (*acc.*); **8.** (*bsd. religiöse*) Gemeinschaft; **9.** Geschlechtsverkehr *m*: *criminal* ~ Ehebruch; **con'nec·tive** [-ktiv] *adj.* verbindend: ~ *tissue anat.* Binde-, Zellgewebe.

con·nex·ion → *connection*.

conn·ing tow·er ['kɔniŋ] *s.* ⚓, ⚔ Kom'mandoturm *m*.

con·niv·ance [kə'naivəns] *s.* stillschweigende Duldung, bewußtes Über'sehen (*at, in gen.*); **con·nive**

[kə'naiv] *v/i.* (*at*) stillschweigend dulden (*acc.*), ein Auge zudrücken (bei), Vorschub leisten (*dat.*).

con·nois·seur [kɔni'səː] (*Fr.*) *s.* (*Kunst- etc.*)Kenner *m*: ~ *of* (*od. in*) *wines* Weinkenner.

con·no·ta·tion [kɔnou'teiʃən] *s.* **1.** zweite Bezeichnung; (Neben-) Bedeutung *f*; **2.** *phls.* Begriffsinhalt *m*; **con·note** [kɔ'nout] *v/t.* mitbezeichnen, (zu'gleich) bedeuten.

con·nu·bi·al [kə'njuːbjəl] *adj.* □ ehelich, Ehe...; **con·nu·bi·al·i·ty** [kənjuːbi'æliti] *s.* **1.** Ehestand *m*; **2.** Eheleben *n.*

co·noid ['kounɔid] **I.** *adj.* kegelförmig; **II.** *s.* & Kono'id *n.*

con·quer ['kɔŋkə] **I.** *v/t.* **1.** erobern, einnehmen, Besitz ergreifen von; **2.** *fig.* erobern, gewinnen; **3.** besiegen, über'winden; unter'werfen; **4.** *fig.* über'winden, bezwingen, Herr werden über (*acc.*); **II.** *v/i.* **5.** siegen; Eroberungen machen; '**con·quer·ing** [-kəriŋ] *adj.* siegreich; '**con·quer·or** [-kərə] *s.* **1.** Eroberer *m*; Sieger *m*: *the* ♀ *hist.* Wilhelm der Eroberer; **2.** F Entscheidungsspiel *n.*

con·quest ['kɔŋkwest] *s.* **1.** Eroberung *f*, Unter'werfung *f*; erobertes Gebiet: *the* ♀ *hist.* die normannische Eroberung; **2.** *fig.* ‚Eroberung' *f*: *to make a* ~ *of s.o.* j-n erobern; **3.** Sieg *m* (*a. fig.*); **4.** Errungenschaft *f.*

con·san·guine [kɔn'sæŋgwin] *adj.* blutsverwandt; **con·san·guin·i·ty** [kɔnsæŋ'gwiniti] *s.* Blutsverwandtschaft *f.*

con·science ['kɔnʃəns] *s.* Gewissen *n*: *guilty* ~ schlechtes Gewissen; *for* ~ *sake* um das Gewissen zu beruhigen; *my* ~*!* mein Gott!; *in all* ~ F wahrhaftig, sicherlich; *to have s.th. on one's* ~ et. auf dem Gewissen haben; ~ **clause** *s.* ⚖ Gewissensklausel *f*; ~ **mon·ey** *s.* (*anonyme*) Steuernachzahlung; '~**-proof** *adj.* ohne Gewissensregungen, ‚abgebrüht'; '~**-strick·en** *adj.* reuig, schuldbewußt.

con·sci·en·tious [kɔnʃi'enʃəs] *adj.* □ gewissenhaft, Gewissens...: ~ *objector* Kriegsdienstverweigerer (*aus Gewissensgründen*); **con·sci'en·tious·ness** [-nis] *s.* Gewissenhaftigkeit *f.*

-conscious [kɔnʃəs] *adj. in Zssgn* ...-bewußt; ...freudig, ...begeistert.

con·scious ['kɔnʃəs] *adj.* □ **1.** *pred.* bei Bewußtsein; **2.** bewußt: *to be* ~ *of* sich bewußt sein (*gen.*), wissen von; *to be* ~ *that* wissen *od.* überzeugt sein, daß; **3.** wissentlich, bewußt: *a* ~ *liar* ein bewußter Lügner; **4.** (selbst)bewußt, über'zeugt: *a* ~ *artist* ein überzeugter Künstler; **5.** denkend: *man is a* ~ *being*; '**con·scious·ly** [-li] *adv.* bewußt, wissentlich; gewollt; '**con·scious·ness** [-nis] *s.* **1.** Bewußtsein *n*: *to lose* ~ das Bewußtsein verlieren; *to regain* ~ wieder zu sich kommen; **2.** (*of*) Bewußtsein *n*, Wissen *n* (um), Kenntnis *f* (von *od. gen.*): ~*-expanding* bewußtseinserweiternd; **3.** Denken *n*, Empfinden *n.*

con·script ['kɔnskript] **I.** *adj.* zwangsweise eingezogen (*Soldat etc.*) *od.* verpflichtet (*Arbeiter*); **II.** *s.* ⚔ Dienst-, Wehrpflichtige(r) *m*; ausgehobener Re'krut; **III.** *v/t.* [kən'skript] *bsd.* ⚔ (zwangsweise) ausheben, einziehen; **con·scrip·tion** [kən'skripʃən] *s.* **1.** *bsd.* ⚔ Zwangsaushebung *f*, Wehrpflicht *f*: *industrial* ~ Arbeitsverpflichtung; **2.** *a.* ~ *of wealth* (Her'anziehung *f* zur) Vermögensabgabe *f.*

con·se·crate ['kɔnsikreit] **I.** *v/t.* **1.** *eccl.* weihen, (ein)segnen; **2.** widmen; **3.** heiligen; **II.** *adj.* **4.** geweiht, geheiligt; **con·se·cra·tion** [kɔnsi'kreiʃən] *s.* **1.** *eccl.* Weihung *f*, Einsegnung *f*; **2.** Heiligung *f*; **3.** Widmung *f*, Hingabe *f* (*to* an *acc.*).

con·se·cu·tion [kɔnsi'kjuːʃən] *s.* **1.** (Aufein'ander)Folge *f*, Reihe *f*; logische Folge; **2.** *ling.* Wort-, Zeitfolge *f*; **con·sec·u·tive** [kən'sekjutiv] *adj.* □ **1.** aufein'anderfolgend, fortlaufend: *six* ~ *days* sechs Tage hintereinander; **2.** *ling.* ~ *clause* Konsekutiv-, Folgesatz; **con·sec·u·tive·ly** [kən'sekjutivli] *adv.* nachein'ander, fortlaufend.

con·sen·sus [kən'sensəs] *s.* **1.** Über'einstimmung *f* (der Meinungen): ~ *of opinion* übereinstimmende Meinung, allseitige Zustimmung; **2.** ⚕ Wechselwirkung *f* (*Organe*).

con·sent [kən'sent] **I.** *v/i.* **1.** (*to*) zustimmen (*dat.*), einwilligen (in *acc.*); **2.** sich bereit erklären (*to inf.* zu *inf.*); **II.** *s.* **3.** (*to*) Zustimmung *f* (zu), Einwilligung *f* (in *acc.*), Genehmigung *f* (für), Einverständnis *n*: *age of* ~ ⚖ Mündigkeitsalter; *with one* ~ einstimmig; *by common* ~ mit allgemeiner Zustimmung; *silence gives* ~ Stillschweigen bedeutet Zustimmung; **con'sen·tient** [-nʃənt] *adj.* zustimmend.

con·se·quence ['kɔnsikwəns] *s.* **1.** Konse'quenz *f*, Folge *f*, Resul'tat *n*, Wirkung *f*: *in* ~ folglich, daher; *in* ~ *of* infolge von (*od. gen.*), wegen; *in* ~ *of which* weswegen; *to take the* ~*s* die Folgen tragen; *with the* ~ *that* mit dem Ergebnis, daß; **2.** (Schluß-) Folgerung *f*, Schluß *m*; **3.** Wichtigkeit *f*, Bedeutung *f*, Einfluß *m*: *of no* ~ ohne Bedeutung, unwichtig; *a man of* ~ ein bedeutender *od.* einflußreicher Mann; '**con·se·quent** [-nt] **I.** *adj.* □ → *consequently*; **1.** (*on*) folgend (auf *acc.*), sich ergebend (aus); **2.** *phls.* logisch (richtig); **II.** *s.* **3.** Folge(erscheinung) *f*, Folgerung *f*, Schluß *m*; **4.** *ling.* Nachsatz *m*; **con·se·quen·tial** [kɔnsi'kwenʃəl] *adj.* □ **1.** sich ergebend (on aus): ~ *damage* ⚖ Folgeschaden; **2.** logisch (richtig); **3.** 'indi͵rekt; **4.** wichtigtuerisch, über'heblich; '**con·se·quent·ly** [-ntli] *adv.* folglich, deshalb.

con·serv·an·cy [kən'səːvənsi] *s.* **1.** Fluß(instandhaltungs)behörde *f*; **2.** Forstbehörde *f*: *nature* ~ Naturschutz; **con·ser·va·tion** [kɔnsə(ː)'veiʃən] *s.* **1.** Erhaltung *f*, Bewahrung *f*; Instandhaltung *f*, Schutz *m* (*von Forsten, Flüssen, Boden*): ~ *of energy phys.* Erhaltung der Energie; **2.** Haltbarmachung *f*, Konservierung *f.*

con·serv·a·tism [kən'səːvətizəm] *s.* Konserva'tismus *m* (*a. pol.*); **con'serv·a·tive** [-vətiv] **I.** *adj.* **1.** erhaltend, konservierend; **2.** konserva'tiv (*a. pol., mst* ♀); **3.** mäßig, vorsichtig, bescheiden; **II.** *s.* **4.** ♀ *pol.* 'Konservative(r) *m.*

con·ser·va·toire [kən'səːvətwɑː] (*Fr.*) *s. bsd. Brit.* Konserva'torium *n*, Hochschule *f* für Mu'sik (*od. andere Künste*).

con·ser·va·tor [kən'səːvətə] *s.* **1.** Konser'vator *m*, Mu'seumsdi͵rektor *m*; **2.** ⚖ *Am.* Vormund *m*; **con'serv·a·to·ry** [-tri] *s.* **1.** Treib-, Gewächshaus *n*, Wintergarten *m*; **2.** → *conservatoire*; **con·serve** [kən'səːv] **I.** *v/t.* **1.** erhalten, bewahren; beibehalten; **2.** schonen, sparsam 'umgehen mit; **3.** einmachen, konservieren; **II.** *s.* **4.** *mst pl.* Eingemachtes *n*, Konfi'türe *f.*

con·sid·er [kən'sidə] **I.** *v/t.* **1.** nachdenken über (*acc.*), (sich) über'legen, erwägen: *to* ~ *a plan*; **2.** in Betracht ziehen, berücksichtigen, beachten, bedenken: ~ *his age!* bedenken Sie sein Alter!; *all things* ~*ed* wenn man alles in Betracht zieht; **3.** Rücksicht nehmen auf (*acc.*): *he never* ~*s others*; **4.** betrachten *od.* ansehen als, halten für: *to* ~ *s.o.* (*to be*) *a fool* j-n für e-n Narren halten; *to be* ~*ed rich* als reich gelten; *you may* ~ *yourself lucky* du kannst dich glücklich schätzen; ~ *yourself at home* tun Sie, als ob Sie zu Hause wären; **5.** denken, meinen, annehmen, finden (*a. that* daß); **II.** *v/i.* **6.** nachdenken, überlegen; **con'sid·er·a·ble** [-dərəbl] **I.** *adj.* □ **1.** beträchtlich, ansehnlich, erheblich; **2.** bedeutend (*a. Person*); **II.** *s.* **3.** *bsd. Am.* F e-e Menge, viel.

con·sid·er·ate [kən'sidərit] *adj.* □ rücksichtsvoll, aufmerksam (*towards, of* gegen): *to be* ~ *of* Rücksicht nehmen auf (*acc.*); **con'sid·er·ate·ness** [-nis] *s.* Rücksichtnahme *f*; **con·sid·er·a·tion** [kənsidə'reiʃən] *s.* **1.** Erwägung *f*, Über'legung *f*: *to take into* ~ in Betracht *od.* Erwägung ziehen; *the matter is under* ~ die Sache wird (noch) erwogen; **2.** Berücksichtigung *f*; Begründung *f*: *in* ~ *of* in Anbetracht (*gen.*); *on* (*od. under*) *no* ~ unter keinen Umständen; *that is a* ~ das ist ein triftiger Grund; *money is no* ~ Geld spielt keine Rolle; **3.** Rücksicht (-nahme) *f* (*for* auf *acc.*): *lack of* ~ Rücksichtslosigkeit; **4.** Entgelt *n*, Entschädigung *f*; (vertragliche) Gegenleistung: *for a* ~ gegen Entgelt; **con'sid·ered** [-dəd] *adj. a. well-*~ 'wohlüber͵legt; **con'sid·er·ing** [-riŋ] **I.** *prp.* in Anbetracht (*gen.*); **II.** *adv.* F den 'Umständen nach.

con·sign [kən'sain] *v/t.* **1.** über'geben, über'liefern; **2.** anvertrauen; **3.** bestimmen (*for, to* für); **4.** ✝ *Waren* a) über'senden, verschicken, adressieren (*to* an *acc.*), b) in Kommissi'on *od.* Konsignati'on geben; **con·sign·ee** [kɔnsai'niː] *s.* ✝ (Waren)Empfänger *m*, Adres'sat *m*; **con'sign·ment** [-mənt] *s.* ✝ **1.** Versand *m*: ~ *note* Frachtbrief; **2.** Sendung *f*, Lieferung *f*; **3.** Konsignati'on *f*; Kommissi'onsware *f*: *in* ~ in Konsignation; ~ *sale* Kommissionsverkauf; **con'sign·or** [-nə] *s.* ✝ **1.** Absender *m*; **2.** Konsi'gnant *m.*

con·sist [kən'sist] *v/i.* **1.** bestehen, sich zs.-setzen (*of* aus); **2.** bestehen (*in* in *dat.*); **con'sist·ence** [-təns] → *consistency 1 u. 2*; **con'sist·en·cy** [-tənsi] *s.* **1.** Konsi'stenz *f*, Beschaffenheit *f*; **2.** Festigkeit *f*, Dichtigkeit *f*, Dicke *f*; **3.** Konse'quenz *f*, Folgerichtigkeit *f*; **4.** Über'einstimmung *f*, Vereinbarkeit *f*; **con'sist·ent** [-tənt] *adj.* □ **1.** konse'quent, folgerichtig, logisch; **2.** gleichmäßig, stetig; **3.** über'einstimmend, vereinbar, im Einklang (*with* mit); **con'sist·ent·ly** [-təntli] *adv.* **1.** im Einklang; **2.** 'durchweg; **3.** logischerweise.

con·sis·to·ry [kən'sistəri] *s.* Kirchenrat *m*, geistliche Behörde, Konsi'storium *n*.

con·so·la·tion [kɔnsə'leiʃən] *s.* Trost *m*, Tröstung *f*: *poor* ~ schlechter *od.* schwacher Trost; ~ *prize* Trostpreis.

con·sole[1] [kən'soul] *v/t. j-n* trösten: *to* ~ *o.s.* sich trösten.

con·sole[2] ['kɔnsoul] *s.* **1.** Kon'sole *f*: a) △ Krag-, Tragstein *m*, b) Wandgestell *n*: ~*-table* Wandtischchen; **2.** *Radio*: a) Gehäuse *n*, b) Mu'siktruhe *f*, -schrank *m*; **3.** ⊕ Steuerpult *n*.

con·sol·i·date [kən'sɔlideit] **I.** *v/t.* **1.** (ver)stärken, (be)festigen (*a. fig.*); **2.** vereinigen; zs.-legen, zs.-schließen (*a.* †); *Truppen* zs.-ziehen; **3.** † *Schuld* konsolidieren, fundieren; **4.** ⊕ verdichten; **II.** *v/i.* **5.** fest werden; **6.** sich festigen (*a. fig.*).

con·sol·i·dat·ed [kən'sɔlideitid] *adj.* **1.** fest, dicht, kom'pakt; **2.** vereinigt, konsolidiert, Gemeinschafts...; ~ **an·nu·i·ties** → *consols*; ♀ **Fund** *s.* † *Brit.* konsolidierter Staatsfonds.

con·sol·i·da·tion [kənsɔli'deiʃən] *s.* **1.** (Be)Festigung *f*; Konsolidierung *f* (*a.* †); **2.** Vereinigung *f*, Zs.-schluß *m* (*a.* †): ~ *of actions* ⚖ Klagehäufung; **3.** ⊕, *geol.* Festwerden *n*, Verdichtung *f*.

con·sols [kən'sɔlz] *s. pl.* † *Brit.* Kon'sols *pl.*, konsolidierte Staatsanleihen *pl.*

con·som·mé [kən'sɔmei; kõsɔme] (*Fr.*) *s.* Konsom'mee *f*, *n* (*klare Kraftbrühe*).

con·so·nance ['kɔnsənəns] *s.* **1.** Zs.-, Gleichklang *m*; **2.** ♪ Konso'nanz *f*; **3.** *fig.* Über'einstimmung *f*, Harmo'nie *f*; **'con·so·nant** [-nt] **I.** *adj.* □ **1.** ♪ konso'nant; **2.** über'einstimmend, vereinbar (*with* mit); **3.** gemäß (*to dat.*); **II.** *s.* **4.** *ling.* Konso'nant *m*; **con·so·nan·tal** [kɔnsə'næntl] *adj. ling.* konso'nantisch.

con·sort I. *s.* ['kɔnsɔ:t] **1.** Gemahl(in); **2.** ⚓ Geleitschiff *n*; **II.** *v/i.* [kən'sɔ:t] **3.** (*with*) verkehren (mit), sich gesellen (zu); **4.** (*with*) über'einstimmen (mit), passen (zu); **con·sor·ti·um** [kən'sɔ:tjəm] *s.* **1.** Vereinigung *f*, Gruppe *f*, Kon'sortium *n* (*a.* †); † Syndi'kat *n*: ~ *of banks* Bankenkonsortium; **2.** ⚖ eheliche Gemeinschaft.

con·spec·tus [kən'spektəs] *s.* 'Übersicht *f*; Zs.-fassung *f*, Abriß *m*.

con·spi·cu·i·ty [kɔnspi'kju:iti] → *conspicuousness*; **con·spic·u·ous** [kən'spikjuəs] *adj.* □ **1.** deutlich sichtbar; **2.** auffallend: *to be* ~ in die Augen fallen; *to be* ~ *by one's absence* durch Abwesenheit glänzen; *to make o.s.* ~ sich auffällig benehmen, sich hervortun; **3.** *fig.* bemerkenswert, her'vorragend; **con·spic·u·ous·ness** [kən'spikjuəsnis] *s.* **1.** Deutlichkeit *f*; **2.** Auffälligkeit *f*.

con·spir·a·cy [kən'spirəsi] *s.* Verschwörung *f*, Kom'plott *n*: ~ *of silence* verabredetes Stillschweigen, *b.s.* Vertuschen; ~ (*to commit a crime*) (*strafbare*) Verabredung zur Verübung e-r Straftat; **con'spir·a·tor** [-ətə] *s.* Verschwörer *m*; **con·spir·a·to·ri·al** [kənspirə'tɔ:riəl] *adj.* Verschwörungs...; **con·spire** [kən'spaiə] **I.** *v/i.* **1.** sich verschwören; sich (heimlich) zs.-tun; **2.** zs.-wirken, (insgeheim) dazu beitragen; **II.** *v/t.* **3.** (heimlich) planen, anzetteln.

con·sta·ble ['kʌnstəbl] *s. bsd. Brit.* Poli'zist *m*, Schutzmann *m*: *special* ~ Hilfspolizist; *to outrun the* ~ Schulden machen; → *Chief Constable*; **con·stab·u·lar·y** [kən'stæbjuləri] **I.** *s.* Poli'zei(truppe) *f*; **II.** *adj.* Polizei...

con·stan·cy ['kɔnstənsi] *s.* **1.** Beständigkeit *f*, Unveränderlichkeit *f*; **2.** Bestand *m*, Dauer *f*; **3.** *fig.* Standhaftigkeit *f*; Treue *f*; **'con·stant** [-nt] **I.** *adj.* □ **1.** (be)ständig, unveränderlich, gleichbleibend; **2.** dauernd, unaufhörlich; stetig; regelmäßig; **3.** standhaft, beharrlich, fest; **4.** unwandelbar; treu; **5.** ⅄, ⚡, *phys. u. fig.* kon'stant; **II.** *s.* **6.** ⅄, *phys.* konstante Größe, Kon'stante *f*.

con·stel·la·tion [kɔnstə'leiʃən] *s.* **1.** *ast.* Sternbild *n*; **2.** glänzende Versammlung.

con·ster·na·tion [kɔnstə(:)'neiʃən] *s.* Bestürzung *f*, Konsternierung *f*.

con·sti·pate ['kɔnstipeit] *v/t.* ⚕ verstopfen; **con·sti·pa·tion** [kɔnsti'peiʃən] *s.* ⚕ Verstopfung *f*.

con·stit·u·en·cy [kən'stitjuənsi] *s.* **1.** Wählerschaft *f*; **2.** Wahlkreis *m*; **3.** F Kundenkreis *m*; *Am. a.* Abon'nenten-, Leserkreis *m*; **con'stit·u·ent** [-nt] **I.** *adj.* **1.** e-n (Bestand)Teil bildend, zs.-setzend; wesentlich: ~ *part* Bestandteil; **2.** *pol.* wählend, Wähler..., Wahl...: ~ *body* Wählerschaft; **3.** *pol.* konstituierend, verfassunggebend: ~ *assembly* konstituierende Nationalversammlung; **II.** *s.* **4.** Bestandteil *m*; **5.** Auftrag-, Vollmachtgeber(in); **6.** *pol.* Wähler(in); **7.** ⅄, *phys.* Kompo'nente *f*.

con·sti·tute ['kɔnstitju:t] *v/t.* **1.** ernennen, einsetzen: *to* ~ *s.o. president* j-n als Präsidenten einsetzen; **2.** *Gesetz* in Kraft setzen; **3.** *oft pol.* gründen, einsetzen, konstituieren: *to* ~ *a committee* e-n Ausschuß einsetzen; *the* ~*d authorities* die verfassungsmäßigen Behörden; **4.** ausmachen, bilden: *to* ~ *a precedent* e-n Präzedenzfall bilden; *to be so* ~*d that* so geartet sein, daß.

con·sti·tu·tion [kɔnsti'tju:ʃən] *s.* **1.** Zs.-setzung *f*, (Auf)Bau *m*, Beschaffenheit *f*; **2.** Einsetzung *f*, Bildung *f*, Gründung *f*; **3.** Konstitu'tion *f*, Körperbau *m*, Na'tur *f*: *by* ~ von Natur; *strong* ~ starke Konstitution; **4.** Gemütsart *f*, Wesen *n*, Veranlagung *f*; **5.** *pol.* Verfassung *f*, Grundgesetz *n*, Satzung *f*; **con·sti'tu·tion·al** [-ʃənl] **I.** *adj.* □ **1.** körperlich bedingt, angeboren, veranlagungsgemäß; **2.** *pol.* verfassungs-, gesetzmäßig; Verfassungs...: ~ *monarchy* konstitutionelle Monarchie; **II.** *s.* **3.** F Gesundheitsspaziergang *m*; **con·sti'tu·tion·al·ism** [-ʃnəlizəm] *s. pol.* verfassungsmäßige Regierungsform; **con·sti'tu·tion·al·ist** [-ʃnəlist] *s. pol.* Anhänger *m* der verfassungsmäßigen Regierungsform.

con·strain [kən'strein] *v/t.* **1.** zwingen, nötigen, drängen: *to be* (*od. feel*) ~*ed* sich genötigt sehen; **2.** erzwingen; **3.** einzwängen; einsperren; **con'strained** [-nd] *adj.* □ gezwungen, steif, gehemmt, verlegen, befangen; **con'strain·ed·ly** [-nidli] *adv.* gezwungen; verlegen; **con'straint** [-nt] *s.* **1.** Zwang *m*, Nötigung *f*: *under* ~ unter Zwang, zwangsweise; **2.** Gezwungenheit *f*, Befangenheit *f*, Verlegenheit *f*; **3.** Haft *f*.

con·strict [kən'strikt] *v/t.* zs.-ziehen, -pressen, -schnüren, einengen; **con'strict·ed** [-tid] *adj.* eingeengt; beschränkt; **con'stric·tion** [-kʃən] *s.* Zs.-ziehung *f*, Einschnürung *f*; Beengtheit *f*; **con'stric·tor** [-tə] *s.* **1.** *anat.* Schließmuskel *m*; **2.** *zo.* 'Boa *f*, Riesenschlange *f*.

con·strin·gent [kən'strindʒənt] *adj.* zs.-ziehend.

con·struct [kən'strʌkt] *v/t.* **1.** bauen, errichten; **2.** ⊕, ⅄, *ling.* konstruieren; **3.** *fig.* aufbauen, gestalten, formen; ausarbeiten, entwerfen, ersinnen; **con'struc·tion** [-kʃən] *s.* **1.** (Er)Bauen *n*, Bau *m*, Errichtung *f*: *under* ~ im Bau; **2.** Bauwerk *n*, Bau *m*, Gebäude *n*; **3.** Bauweise *f*; *fig.* Aufbau *m*, Anlage *f*, Gestaltung *f*, Form *f*; **4.** ⊕, ⅄ Konstrukti'on *f*; **5.** *ling.* Konstruktion *f*, Satzbau *m*, Wortfügung *f*; **6.** Auslegung *f*, Deutung *f*: *to put a wrong* ~ *on s.th.* et. falsch auslegen *od.* auffassen; **con'struc·tion·al** [-kʃənl] *adj.* Bau..., Konstruktions..., Aufbau..., baulich; **con'struc·tive** [-tiv] *adj.* □ **1.** aufbauend, schaffend, schöpferisch, konstruk'tiv; **2.** konstruktiv, 'positiv: ~ *criticism*; **3.** Bau..., Konstruktions...; **4.** *a.* ⚖ gefolgert, (nur) angenommen, hypo'thetisch; **con'struc·tor** [-tə] *s.* Erbauer *m*, Konstruk'teur *m*.

con·strue [kən'stru:] **I.** *v/t.* **1.** *ling.* a) *Satz* zergliedern, konstruieren, b) (Wort für Wort) über'setzen; **2.** auslegen; deuten; auffassen; **II.** *v/i.* **3.** *ling.* sich konstruieren *od.* zergliedern lassen.

con·sub·stan·tial [kɔnsəb'stænʃəl] *adj. eccl.* 'eines Wesens: ~ *unity* Wesenseinheit; **con·sub·stan·ti·al·i·ty** [kɔnsəbstænʃi'æliti] *s. eccl.* Wesensgleichheit *f* (*der drei göttlichen Personen*); **con·sub'stan·ti·ate** [-ʃieit] *v/t. u. v/i.* (sich) zu e-m einzigen Wesen vereinigen; **con·sub·stan·ti·a·tion** ['kɔnsəbstænʃi'eiʃən] *s. eccl.* Konsubstantiati'on *f* (*Mitgegenwart des Leibes u. Blutes Christi beim Abendmahl*).

con·sue·tude ['kɔnswitju:d] *s.* Gewohnheit *f*, Brauch *m*; **con·sue·tu·di·nar·y** [kɔnswi'tju:dinəri] *adj.* gewohnheitsmäßig, Gewohnheits...

con·sul ['kɔnsəl] *s.* 'Konsul *m*: ~-*general* Generalkonsul; '**con·su·lar** [-sjulə] Konsulats..., Konsular..., konsu'larisch: ~ *invoice* † Konsulatsfaktura; '**con·su·late** [-sjulit] *s.* Konsu'lat *n* (*a. Gebäude*): ~-*general* Generalkonsulat; '**con·sul·ship** [-ʃip] *s.* Amt *n* e-s Konsuls.

con·sult [kən'sʌlt] **I.** *v/t.* **1.** um Rat fragen, befragen, *Arzt etc.* zu Rate ziehen, konsultieren: *to* ~ *one's watch* nach der Uhr sehen; *to* ~ *the dictionary* im Wörterbuch nachschlagen; **2.** beachten, berücksichtigen: *to* ~ *s.o.'s wishes*; **II.** *v/i.* **3.** sich beraten *od.* besprechen (*with* mit, *about* über *acc.*); **con'sult·ant** [-tənt] *s.* **1.** Gutachter *m* (*a.* ⚕); Berater *m*; **2.** fachärztlicher Berater; Spezia'list *m*; **con·sul·ta·tion** [kɔnsəl'teiʃən] *s.* Beratung *f*, Befragung *f*; Rücksprache *f* (*on* über *acc.*); ⚕ Konsultati'on *f*; Konfe'renz *f*: ~ *hour* ⚕ Sprechstunde; **con'sult·a·tive** [-tətiv] *adj.* beratend; **con'sult·ing** [-tiŋ] *adj.* beratend: ~ *engineer* technischer Berater; ~ *room* Sprechzimmer (*Arzt*).

con·sum·a·ble [kən'sju:məbl] **I.** *adj.* verzehrbar, verbrauchbar, zerstörbar; **II.** *s. mst pl.* Ver'brauchsarˌtikel *m*; **con·sume** [kən'sju:m] **I.** *v/t.* **1.** verzehren (*a. fig.*), verbrauchen: *to be* ~*d with fig.* erfüllt sein von, von *Haß*, *Verlangen* verzehrt werden, vor *Neid* vergehen; *consuming desire* brennende Begierde; **2.** zerstören: ~*d by fire* ein Raub der Flammen; **3.** (auf)essen, trinken; **4.** verschwenden; *Zeit* rauben *od.* benötigen; **II.** *v/i.* **5.** *a.* ~ *away* sich verzehren (*a. fig.*); sich verbrauchen *od.* abnutzen; **con'sum·er** [-mə] *s.* **1.** Verbraucher *m*, Abnehmer *m*, Konsu'ment *m*: ~(*s'*) *goods* Konsum-, Verbrauchsgüter; ~ *resistance* Kaufunlust; ~ *society* Konsumgesellschaft; *ultimate* ~ Endverbraucher; **2.** Verzehrer *m*, Zerstörer *m*; **con'sum·er·ism** [-mərizəm] *s.* **1.** Verbraucherbewegung *f*; **2.** 'kritische Verbraucherhaltung.

con·sum·mate **I.** *v/t.* ['kɔnsʌmeit] voll'enden; *bsd. Ehe* voll'ziehen; **II.** *adj.* □ [kən'sʌmit] voll'endet, 'vollkommen, völlig: ~ *skill* höchste Geschicklichkeit; **con·sum·ma·tion** [kɔnsʌ'meiʃən] *s.* **1.** Voll'endung *f*, Ziel *n*, Ende *n*; **2.** Erfüllung *f*; **3.** ⚖ Voll'ziehung *f* (*Ehe*).

con·sump·tion [kən'sʌmpʃən] *s.* **1.** Verbrauch *m*, Kon'sum *m* (*of* an *dat. od.* von); **2.** Verzehrung *f*; Zerstörung *f*; **3.** Verzehr *m*: *unfit for human* ~ für menschlichen Verzehr ungeeignet; **4.** ⚕ Auszehrung *f*, Schwindsucht *f*; **con'sump·tive** [-ptiv] **I.** *adj.* □ **1.** verbrauchend, Verbrauchs...; **2.** (ver)zehrend; **3.** ⚕ schwindsüchtig; **II.** *s.* **4.** ⚕ Schwindsüchtige(r *m*) *f*.

con·tact **I.** *s.* ['kɔntækt] **1.** Berührung *f* (*a.* 𝔄), Kon'takt *m*; ⚔ Feindberührung *f*; **2.** Verbindung *f*, Beziehung *f*, Fühlung *f* (*a.* ⚔): *to make* ~*s* Verbindungen anknüpfen; **3.** Bekanntschaft *f*, Verbindungsmann *m*: *business* ~ Geschäftsverbindung; **4.** ⚡ Kontakt *m*, Anschluß *m*: *to make* (*break*) ~ Kontakt herstellen (unterbrechen); **5.** ⚕ Kon'taktperˌson *f*, Ba'zillenträger *m*; **II.** *v/t.* [kən'tækt] **6.** sich in Verbindung setzen mit; Berührung haben mit; Beziehungen aufnehmen zu.

con·tact| box *s.* ⚡ Anschlußdose *f*; '~**-break·er** *s.* ⚡ ('Strom)Unterˌbrecher *m*; ~ **flight** *s.* ✈ Sichtflug *m*; ~ **lens** *s.* Haft-, Kon'taktschale *f* (*Brillenersatz*); ~ **light** *s.* ✈ Lande(bahn)feuer *n*; '~**-mak·er** *s.* ⚡ Einschalter *m*, Stromschließer *m*; ~ **man** *s.* [*irr.*] Vermittler *m*; ~ **mine** *s.* ⚔ Fladder-, Tretmine *f*; ~ **print** *s. phot.* Kon'taktabzug *m*; ~ **rail** *s.* ⚡ Kon'taktschiene *f*.

con·ta·gion [kən'teidʒən] *s.* **1.** ⚕ **a)** Ansteckung *f* (*durch Berührung*), **b)** ansteckende Krankheit; **2.** *fig.* Verseuchung *f*, Vergiftung *f*; **3.** verderblicher Einfluß; **con'ta·gious** [-dʒəs] *adj.* □ **1.** ⚕ **a)** ansteckend (*a. fig. Stimmung etc.*), **b)** infiziert: ~ *matter* Krankheitsstoff; **2.** *fig.* verderblich, schädlich.

con·tain [kən'tein] **I.** *v/t.* **1.** enthalten; **2.** (um)'fassen, be-inhalten, einschließen, Raum haben für; **3.** bestehen aus, messen; **4.** zügeln, im Zaum halten, zu'rückhalten; *to* ~ *one's wrath* s-n Zorn bändigen; **5.** ~ *o.s.* sich beherrschen *od.* mäßigen: *to be unable to* ~ *o.s. for* sich nicht fassen können vor; **6.** *a.* ⚔ fest-, zu'rückhalten; ⚔ *Feindkräfte* fesseln, binden; *a. pol.* eindämmen: *to* ~ *the attack* den Angriff abriegeln; *to* ~ *a fire* e-n Brand unter Kontrolle bringen; **7.** 𝔄 teilbar sein durch; ohne Rest aufgehen; **con'tain·er** [-nə] *s.* **1.** Behälter *m*; Gefäß *n*; Ka'nister *m*; **2.** † Con'tainer *m* (*Großbehälter*); **con'tain·er·ize** [-nəraiz] *v/t.* **1.** auf Con'tainerbetrieb 'umstellen; **2.** in Con'tainern transportieren; **con'tain·ment** [-mənt] *s. fig.* Fest-, Zu'rückhalten *n*, In-'Schach-Halten *n*; Eindämmung *f*.

con·tam·i·nate [kən'tæmineit] *v/t.* **1.** verunreinigen, besudeln; **2.** anstecken, infizieren, vergiften, -seuchen: ~*d area* verseuchtes Gelände; **3.** *Sitten* verderben; **con·tam·i·na·tion** [kəntæmi'neiʃən] *s.* **1.** Verunreinigung *f*, Besudelung *f*; (*a.* radioak'tive) Verseuchung: ~ *meter* Geigerzähler; **2.** *sociol.* Verschmelzung *f*; **3.** *ling.* Kontaminati'on *f*.

con·tan·go [kən'tæŋgou] *s.* † *Börse*: Re'port *m*, (Aufgeld *n* für) Verlängerung *f*.

con·temn [kən'tem] *v/t. poet.* verachten, geringschätzen.

con·tem·plate ['kɔntempleit] **I.** *v/t.* **1.** (nachdenklich) betrachten; nachdenken über (*acc.*); über'denken; **2.** ins Auge fassen, erwägen, vorhaben; **3.** erwarten, rechnen mit; **II.** *v/i.* **4.** nachsinnen, -denken; **con·tem·pla·tion** [kɔntem'pleiʃən] *s.* **1.** Betrachtung *f*, Beobachtung *f*; **2.** Nachdenken *n*, -sinnen *n*; **3.** Beschaulichkeit *f*; **4.** Meditati'on *f*, innere Einkehr; **5.** Erwägung *f*; Absicht *f*: *to have in* ~ in Aussicht nehmen, vorhaben; *to be in* ~ geplant werden; **6.** Erwartung *f*; '**con·tem·pla·tive** [-tiv] *adj.* □ **1.** nachdenklich, besinnlich; **2.** [kən'templətiv] beschaulich, kontempla'tiv.

con·tem·po·ra·ne·ous [kəntempə'reinjəs] *adj.* □ gleichzeitig (*with* mit); **con·tem·po'ra·ne·ous·ness** [-nis] *s.* Gleichzeitigkeit *f*; **con·tem·po·rar·y** [kən'tempərəri] **I.** *adj.* **1.** zeitgenössisch, der gleichen Zeit angehörend, gleichzeitig; heutig, damalig; **2.** gleichalt(e)rig; **II.** *s.* **3.** Zeitgenosse *m*, -genossin *f*; **4.** Altersgenosse *m*, -genossin *f*; **5.** gleichzeitig erscheinende Zeitung: *our* ~ unsere ‚Konkurrenz'.

con·tempt [kən'tempt] *s.* **1.** Verachtung *f*, Geringschätzung *f*: *to feel* ~ *for s.o.*, *to hold s.o. in* ~ j-n verachten; *to bring into* ~ verächtlich machen; → *beneath II*; **2.** Schande *f*, Schmach *f*: *to fall into* ~ in Schande geraten; **3.** 'Mißachtung *f*: ~ *of court* ⚖ **a)** Mißachtung des Gerichts, **b)** Nichterscheinen vor Gericht; **con·tempt·i·bil·i·ty** [kəntemptə'biliti] *s.* Verächtlichkeit *f*; **con'tempt·i·ble** [-təbl] *adj.* □ **1.** verächtlich, verachtenswert, nichtswürdig: *Old* ♀*s brit. Expeditionskorps in Frankreich 1914*; **2.** gemein, niederträchtig; **con'temp·tu·ous** [-tjuəs] *adj.* □ verachtungsvoll, geringschätzig: *to be* ~ *of s.th.* et. verachten; **con'temp·tu·ous·ness** [-tjuəsnis] *s.* Verachtung *f*, verächtliches Wesen.

con·tend [kən'tend] **I.** *v/i.* **1.** kämpfen, ringen (*with* mit, *for* um); **2.** *mit Worten* streiten, disputieren (*about* über *acc.*, *against* gegen); **3.** wetteifern, sich bewerben (*for* um); **II.** *v/t.* **4.** behaupten (*that* daß); **con'tend·er** [-də] *s.* Kämpfer(in); Bewerber(in) (*for* um); Konkur'rent(in); **con'tend·ing** [-diŋ] *adj.* **1.** streitend, kämpfend; **2.** wider'streitend; konkurrierend.

con·tent[1] ['kɔntent] *s.* **1.** *mst pl.* (*Raum*)Inhalt *m*, Fassungsvermögen *n*; 'Umfang *m*; **2.** *pl. fig.* Inhalt *m* (*Buch etc.*); **3.** *mst* ⚗ Gehalt *m*: *gold* ~ Goldgehalt.

con·tent[2] [kən'tent] **I.** *pred. adj.* **1.** zu'frieden; **2.** bereit, willens (*to inf.* zu *inf.*); **3.** *parl. Brit.* (*nur House of Lords*) einverstanden: *not* ~ dagegen; **II.** *v/t.* **4.** befriedigen, zu'friedenstellen; **5.** ~ *o.s.* zufrieden sein, sich zufrieden geben *od.* begnügen *od.* abfinden (*with* mit); **III.** *s.* **6.** Zu'friedenheit *f*, Befriedigung *f*: *to one's heart's* ~ nach Herzenslust; **7.** *mst pl. parl. Brit.* Ja-Stimmen *pl.*; **con'tent·ed** [-tid] *adj.* □ zu'frieden (*with* mit); **con'tent·ed·ness** [-tidnis] *s.* Zufriedenheit *f*, Genügsamkeit *f*.

con·ten·tion [kən'tenʃən] *s.* **1.** Streit *m*, Zank *m*; **2.** Wortstreit *m*; **3.** Behauptung *f*; Streitpunkt *m*; **con'ten·tious** [-ʃəs] *adj.* □ **1.** streitsüchtig; **2.** *a.* ⚖ streitig, strittig;

um'stritten; **con'ten·tious·ness** [-ʃəsnis] *s.* Streitsucht *f.*

con·tent·ment [kən'tentmənt] *s.* Zufriedenheit *f.*

con·ter·mi·nal [kɔn'tə:minl], **con-'ter·mi·nous** [-nəs] *adj.* □ **1.** (an-)grenzend (*with, to* an *acc.*); **2.** gleichbedeutend, -zeitig; sich deckend.

con·test I. *s.* ['kɔntest] **1.** Kampf *m,* Streit *m;* **2.** Wettkampf *m,* -streit *m,* -bewerb *m* (*for* um); **II.** *v/t.* [kən'test] **3.** ⚔ *u. fig.* kämpfen um; **4.** konkurrieren *od.* sich bewerben um; **5.** *pol.* ~ *a seat od. an election* für e-e Wahl kandidieren; **6.** bestreiten; *a.* ⚖ *Aussage, Testament etc.* anfechten; **III.** *v/i.* **7.** wetteifern (*with* mit); **con·test·a·ble** [kən-'testəbl] *adj.* strittig; anfechtbar; **con·test·ant** [kən'testənt] *s.* **1.** (Wett)Bewerber(in); **2.** Wettkämpfer(in); **3.** Kandi'dat(in); **con·tes·ta·tion** [kɔntes'teiʃən] *s.* Streit *m;* Dis'put *m.*

con·text ['kɔntekst] *s.* **1.** (*inhaltlicher*) Zs.-hang, 'Kontext *m;* **2.** Um'gebung *f,* Mili'eu *n;* **con·tex·tu·al** [kɔn'tekstjuəl] *adj.* □ dem Zs.-hang gemäß; **con·tex·ture** [kɔn'tekstʃə] *s.* **1.** (Auf)Bau *m,* Gefüge *n;* **2.** Gewebe *n.*

con·ti·gu·i·ty [kɔnti'gju(:)iti] *s.* **1.** (*to*) Angrenzen *n* (an *acc.*), Berührung *f* (mit); **2.** Nähe *f,* Nachbarschaft *f;* **con·tig·u·ous** [kən'tigjuəs] *adj.* □ (*to*) **1.** angrenzend (an *acc.*), berührend (*acc.*); **2.** nahe, benachbart (*dat.*).

con·ti·nence ['kɔntinəns] *s.* Mäßigkeit *f,* (*bsd. geschlechtliche*) Enthaltsamkeit; **'con·ti·nent** [-nt] **I.** *adj.* □ **1.** mäßig; enthaltsam, keusch; **II.** *s.* **2.** Konti'nent *m,* Erdteil *m;* **3.** Festland *n:* *the* ♀ *Brit.* das europäische Festland.

con·ti·nen·tal [kɔnti'nentl] **I.** *adj.* □ **1.** kontinen'tal, Kontinental...; **2.** *mst* ♀ *Brit.* kontinental (*das europäische Festland betreffend*); ausländisch: ~ *tour* Europareise; **II.** *s.* **3.** Festländer(in); **4.** ♀ *Brit.* Bewohner(in) des europäischen Festlandes; Ausländer(in); **con·ti'nen·tal·ism** [-təlizəm] *s. Brit.* Ausländertum *n;* **con·ti'nen·tal·ized** [-təlaizd] *adj. Brit.* wer ausländische Sitten angenommen hat, ‚europäisiert'.

con·tin·gen·cy [kən'tindʒənsi] *s.* **1.** Eventuali'tät *f,* Möglichkeit *f,* unvorhergesehener Fall; **2.** Zufälligkeit *f,* Zufall *m;* **3.** *pl.* ✝ unvorhergesehene Ausgaben *pl.*; **con-'tin·gent** [-nt] **I.** *adj.* □ **1.** eventu'ell, möglich; zufällig, ungewiß; gelegentlich; **2.** (*on, upon*) abhängig (von), bedingt (durch), verbunden (mit): ~ *fee* Eventualgebühr, Erfolgshonorar; ~ *reserve* ✝ Sicherheitsrücklage; **II.** *s.* **3.** Anteil *m,* Beitrag *m,* Quote *f,* (⚔ 'Truppen-)Kontin,gent *n;* **con'tin·gent·ly** [-ntli] *adv.* möglicherweise.

con·tin·u·al [kən'tinjuəl] *adj.* □ **1.** immer 'wiederkehrend, (sehr) häufig, oft wieder'holt; **2.** F fortwährend, dauernd; **con'tin·u·al·ly** [-li] *adv.* **1.** immer wieder; **2.** F fortwährend, dauernd; **con'tin·u·ance** [-əns] *s.* **1.** Fortdauer *f,* Fortbestehen *n;* **2.** Dauer *f,* Beständigkeit *f;* **3.** (Ver)Bleiben *n;* **con'tin·u·ant** [-ənt] *s. ling.* Dauerlaut *m* (*Konsonant*).

con·tin·u·a·tion [kəntinju'eiʃən] *s.* **1.** Fortsetzung *f,* Weiterführung *f;* **2.** Fortbestand *m,* -dauer *f;* **3.** Erweiterung *f,* Verlängerung *f,* Ansatzstück *n;* **4.** ✝ Prolongati'on *f;* ~ **school** *s.* Fortbildungsschule *f.*

con·tin·u·a·tive [kən'tinjuətiv] *adj.* fortsetzend, weiterführend; **con·tin·ue** [kən'tinju(:)] **I.** *v/i.* **1.** fortfahren; **2.** fortdauern, (an)dauern, anhalten; **3.** sich fortsetzen, weitergehen; **4.** (fort)bestehen, noch vor-'handen sein; **5.** (ver)bleiben: *to* ~ *in office* im Amte bleiben; **6.** beharren (*in* bei, in *dat.*); **7.** ~ *doing,* ~ *to do* weiter ..., auch weiterhin ... *inf.*; *to* ~ *to be* (*od. to* ~ *adj.*) (immer) noch sein, bleiben; *to* ~ *talking* weiterreden; *to* ~ (*to be*) *obstinate* eigensinnig bleiben; **II.** *v/t.* **8.** fortsetzen, -führen, fortfahren mit: *to be* ~*d* Fortsetzung folgt; **9.** verlängern, weiterführen; **10.** aufrechterhalten; beibehalten, erhalten; belassen; **11.** vertagen; **con-'tin·ued** [-ju(:)d] *adj.* □ unaufhörlich, andauernd, stetig; **con·ti·nu·i·ty** [kɔnti'nju(:)iti] *s.* **1.** Fortbestand *m,* Stetigkeit *f;* **2.** Zs.-hang *m;* enge Verbindung; **3.** 'ununter,brochene Folge; **4.** *fig.* roter Faden; **5.** *Film:* Drehbuch *n;* *Radio:* Manu'skript *n:* ~ *girl* Skriptgirl.

con·tin·u·ous [kən'tinjuəs] *adj.* □ **1.** 'ununter,brochen, (fort)laufend; zs.-hängend; **2.** unaufhörlich, andauernd, fortwährend; **3.** kontinuierlich (*a.* ⊕, *phys.*); **4.** *ling.* progres'siv; ~ **beam** *s.* ⚠ 'Durchlaufbalken *m;* ~ **brake** *s.* 🚂 Sy'stem *n* zen'tral betätigter Zugbremsen; ~ **cur·rent** *s.* ⚡ Gleichstrom *m;* ~ **op·er·a·tion** *s.* ⊕ Dauerbetrieb *m;* ~ **per·form·ance** *s. thea.* ununterbrochene Vorstellung.

con·tort [kən'tɔ:t] *v/t.* **1.** (*a. Worte etc.*) verdrehen; verzerren, verziehen; **2.** winden, krümmen; **con'tor·tion** [-ɔ:ʃən] *s.* **1.** Verzerrung *f;* **2.** Krümmung *f;* **con'tor·tion·ist** [-ɔ:ʃnist] *s.* **1.** Schlangenmensch *m;* **2.** Wortverdreher *m.*

con·tour ['kɔntuə] **I.** *s.* Kon'tur *f,* 'Umriß(,linie *f*) *m;* **II.** *v/t.* um'reißen, den Umriß zeichnen von; *Straße* e-r Höhenlinie folgen lassen; ~ **line** *s. surv.* Höhenschichtlinie *f;* ~ **map** *s.* Höhenlinienkarte *f.*

con·tra ['kɔntrə] **I.** *prp.* gegen, kontra (*acc.*); **II.** *adv.* da'gegen; **III.** *s.* ✝ Gegen-, Kre'ditseite *f:* ~ *account* Gegenrechnung.

contra- [kɔntrə] *in Zssgn* gegen, wider, gegen'über.

'con·tra|·band I. *s.* **1.** 'Konterbande *f,* Bann-, Schmuggelware *f:* ~ *of war* Kriegskonterbande; **2.** Schmuggel *m,* Schleichhandel *m;* **II.** *adj.* **3.** Schmuggel..., gesetzwidrig; '~**bass** [-beis] *s.* ♪ 'Kontrabaß *m;* '~**bas'soon** *s.* ♪ 'Kontrafa,gott *n.*

con·tra·cep·tion [kɔntrə'sepʃən] *s.* Empfängnisverhütung *f;* **con·tra-'cep·tive** [-ptiv] *adj. u. s.* empfängnisverhütend(es Mittel).

con·tract I. *s.* ['kɔntrækt] **1.** *a.* ⚖ Vertrag *m,* Kon'trakt *m,* Abkommen *n:* *by* ~ vertraglich; **2.** Vertragsurkunde *f;* **3.** ✝ (Liefer-, Werk)Vertrag *m,* (fester) Auftrag: *under* ~ in Auftrag gegeben; ~ *note* Schlußschein, -note; **4.** Ak'kord (-arbeit *f*) *m,* Verdingung *f;* **5.** *a. marriage* ~ Ehevertrag *m;* **6.** *a.* ~ *bridge* Kontrakt-Bridge *n* (*Kartenspiel*); **7.** 🚂 *etc.* Zeitkarte *f;* **II.** *v/t.* [kən'trækt] **8.** *Muskel* zs.-ziehen; *Stirn* runzeln; **9.** *ling.* zs.-ziehen, verkürzen; **10.** ein-, verengen, beeinschränken; **11.** *Gewohnheit* annehmen; sich *e-e Krankheit* zuziehen; *Vertrag, Ehe, Freundschaft* schließen; *Schulden* machen; **III.** *v/i.* [kən'trækt] **12.** sich zs.-ziehen, (ein)schrumpfen; **13.** enger *od.* kürzer *od.* kleiner werden; **14.** e-n Vertrag schließen, sich vertraglich verpflichten (*to inf.* zu *inf.*, *for* zu): *to* ~ *for s.th.* et. ausbedingen; *the* ~*ing parties* die vertragschließenden Parteien; **15.** ein Geschäft abschließen; ~ **in** *v/i. pol. Brit.* sich zur Bezahlung des Par'teibeitrages (*für die Labour Party*) verpflichten; ~ **out** *v/i.* **1.** sich von e-r Verpflichtung befreien; **2.** *pol. Brit.* Befreiung von der Bezahlung des Par-'teibeitrages (*für die Labour Party*) erlangen.

con·tract·ed [kən'træktid] *adj.* □ **1.** zs.-gezogen; verkürzt; **2.** *fig.* engherzig; beschränkt; **con·tract·i·bil·i·ty** [kəntræktə'biliti] → *contractility;* **con'tract·i·ble** [-təbl], **con'trac·tile** [-tail] *adj.* zs.-ziehbar; **con·trac·til·i·ty** [kɔntræk'tiliti] *s.* Zs.-ziehungsvermögen *n.*

con·trac·tion [kən'trækʃən] *s.* **1.** Zs.-ziehung *f;* **2.** *ling.* Ver-, Abkürzung *f;* Kurzwort *n;* **3.** Verkleinerung *f,* Einschränkung *f;* **4.** Zuziehung *f* (*Krankheit*); Eingehen *n* (*Schulden*); Annahme *f* (*Gewohnheit*); **con-'trac·tive** [-ktiv] *adj.* zs.-ziehend; **con'trac·tor** [-ktə] *s.* **1.** (*bsd.* 'Bau-*etc.*)Unter,nehmer *m;* **2.** Unter-'nehmer *m* (*Werkvertrag*), (Ver-'trags)Liefe,rant *m;* **3.** *anat.* Schließmuskel *m;* **con'trac·tu·al** [-ktjuəl] *adj.* vertraglich, Vertrags...

con·tra·dict [kɔntrə'dikt] *v/t.* **1.** (*a. o.s.* sich) wider'sprechen (*dat.*); im 'Widerspruch stehen zu; **2.** *et.* bestreiten, in Abrede stellen; **con·tra'dic·tion** [-kʃən] *s.* **1.** 'Widerspruch *m,* -rede *f:* *spirit of* ~ Widerspruchsgeist; **2.** Widerspruch *m,* Unvereinbarkeit *f:* *in* ~ *to* im Widerspruch zu; ~ *in terms* Widerspruch in sich; **3.** Bestreitung *f;* **con·tra'dic·tious** [-kʃəs] *adj.* □ zum Widerspruch geneigt, streitsüchtig; **con·tra'dic·to·ri·ness** [-tərinis] *s.* **1.** Widerspruch *m;* **2.** 'Widerspruchsgeist *m;* **con·tra-'dic·to·ry** [-təri] **I.** *adj.* □ (sich) wider'sprechend, entgegengesetzt; unvereinbar; **II.** *s.* Widerspruch *m,* Gegensatz *m.*

con·tra·dis·tinc·tion [kɔntrədis-'tiŋkʃən] *s.* Gegensatz *m:* *in* ~ *to* (*od. from*) im Gegensatz zu.

con·trail ['kɔntreil] *s.* ✈ Kon'densstreifen *m.*

con·tral·to [kən'træltou] *pl.* **-tos** *s.* ♪ (tiefer) Alt (*Stimme u. Sängerin*).

con·trap·tion [kən'træpʃən] *s.* F ('neu,modischer) Appa'rat, (komisches) Ding(s).

con·tra·pun·tal [kɔntrə'pʌntl] *adj.* ♪ 'kontrapunktisch.

con·tra·ri·e·ty [kɔntrə'raiəti] *s.* 1. Gegensätzlichkeit *f*, Unvereinbarkeit *f*; 2. 'Widerspruch *m*, Gegensatz *m* (*to* zu); **con·tra·ri·ly** ['kɔntrərili] *adv.* 1. entgegen (*to dat.*); 2. andererseits; im Gegenteil; **con·tra·ri·ness** ['kɔntrərinis] *s.* 1. Gegensätzlichkeit *f*, Widerspruch *m*; 2. Widrigkeit *f*, Ungunst *f*; 3. F [*a.* kən'treər-] 'Widerspenstigkeit *f*, Eigensinn *m*; **con·tra·ri·wise** ['kɔntrəriwaiz] *adv.* im Gegenteil; 'umgekehrt; and(e)rerseits.

con·tra·ry ['kɔntrəri] I. *adj.* □ → *contrarily*; 1. entgegengesetzt, gegensätzlich, -teilig; 2. (*to*) wider'sprechend (*dat.*), im 'Widerspruch (zu); gegen (*acc.*), entgegen (*dat.*): ~ *to expectations* wider Erwarten; ~ *to law* gegen das Gesetz; 3. F [*a.* kən'treəri] 'widerspenstig, eigensinnig; II. *adv.* 4. ~ *to* gegen, wider: *to act* ~ *to nature* wider die Natur handeln; III. *s.* 5. Gegenteil *n* (*to* von *od. gen.*): *on the* ~ im Gegenteil; *unless I hear to the* ~ falls ich nichts Gegenteiliges höre.

con·trast I. *s.* ['kɔntræst] Kon'trast *m*, Gegensatz *m*: *by* ~ *with* im Vergleich mit; *in* ~ *to* im Gegensatz zu; *to be a great* ~ *to* grundverschieden sein von; II. *v/t.* [kən'træst] (*with*) entgegensetzen, gegen'überstellen (*dat.*); vergleichen (mit); III. *v/i.* [kən'træst] (*with*) e-n Gegensatz bilden (zu), sich scharf unter'scheiden (von); sich abheben, abstechen (von): ~*ing colo(u)rs* Kontrastfarben; ~ **con·trol** *s. Fernsehen*: Kon'trastregler *m*.

con·tra·vene [kɔntrə'vi:n] *v/t.* 1. zu'widerhandeln (*dat.*), verstoßen gegen, über'treten, verletzen; 2. im 'Widerspruch stehen zu; 3. bestreiten; **con·tra'ven·tion** [-'venʃən] *s.* (*of*) Über'tretung *f* (von *od. gen.*); Verstoß *m*, Zu'widerhandlung *f* (gegen): *in* ~ *of the rules* entgegen den Vorschriften.

con·tre·temps ['kɔ̃:ntrətɑ̃:ŋ; kɔ̃trətɑ̃] (*Fr.*) *s.* unglücklicher Zufall, 'Widerwärtigkeit *f*.

con·trib·ute [kən'tribju(:)t] I. *v/t.* 1. beitragen, beisteuern (*to* zu) (*beide a. fig.*); einbringen; 2. *Zeitungsartikel* beitragen; II. *v/i.* 3. (*to*) beitragen, e-n Beitrag leisten (zu), mitwirken (an *dat.*, bei): *to* ~ *to a newspaper* für e-e Zeitung schreiben; **con·tri·bu·tion** [kɔntri'bju:ʃən] *s.* 1. Beitragen *n*; 2. Beitrag *m* (*a. für Zeitung*), Beisteuer *f*, Beihilfe *f* (*to* zu): *to make a* ~ e-n Beitrag liefern; 3. Mitwirkung *f* (*to* an *dat.*); 4. Kriegssteuer *f*, Zwangsauflage *f*; 5. ✝ Einlage *f* (*Gesellschafter*): ~ *in kind* (*cash*) Sach- (Bar-)einlage; **con'trib·u·tive** [-jutiv] *adj.* beisteuernd, mitwirkend; **con'trib·u·tor** [-jutə] *s.* 1. Beitragende(r *m*) *f*; Beisteuernde(r *m*) *f*; 2. Mitwirkende(r *m*) *f*; Mitarbeiter(in) (*bsd. Zeitung*); **con'trib·u·to·ry** [-jutəri] I. *adj.* 1. beisteuernd, beitragend (*to* zu); Beitrags...; 2. mitwirkend (*to* an *dat.*, bei); 3. mit..., Mit...: ~ *cause* mitwirkende Ursache; ~ *negligence* Mitverschulden (*seitens e-s Unfallverletzten etc.*); II. *s.* 4. Beitrags- *od.* Nachschußpflichtige(r *m*) *f*.

con·trite ['kɔntrait] *adj.* □ zerknirscht, reuevoll; **con·tri·tion** [kən'triʃən] *s.* Zerknirschung *f*, Reue *f*.

con·triv·ance [kən'traivəns] *s.* 1. Ein-, Vorrichtung *f*; Appa'rat *m*; 2. Kunstgriff *m*, Erfindung *f*, Plan *m*; 3. Findigkeit *f*, Scharfsinn *m*; 4. Bewerkstelligung *f*; **contrive** [kən'traiv] I. *v/t.* 1. erfinden, ersinnen, entwerfen: *to* ~ *ways and means* Mittel u. Wege finden; 2. *Pläne* schmieden, aushecken; 3. zu'stande bringen, ermöglichen; II. *v/i.* 4. es fertigbringen, es verstehen, es einrichten (*to inf.* zu *inf.*); 5. haushalten, auskommen.

con·trol [kən'troul] I. *v/t.* 1. beherrschen, Herr sein *od.* gebieten über (*acc.*); maßgebend sein in (*dat.*); bezwingen: ~*ling share* (*od. interest*) ✝ maßgebende Beteiligung; 2. verwalten, beaufsichtigen, über'wachen; *Preise etc.* kontrollieren, nachprüfen; 3. lenken, steuern, leiten; regeln, regulieren: *radio-*~*led* durch Funk gesteuert; ~*led ventilation* regulierbare Lüftung; 4. (*a. o.s.* sich) beherrschen, meistern, im Zaum halten, Einhalt gebieten (*dat.*); zügeln; 5. be-, einschränken, in Schranken halten, bekämpfen, steuern (*dat.*); 6. (staatlich) bewirtschaften, planen, binden: ~*led economy* Planwirtschaft; ~*led prices* gebundene Preise; ~ *rent* preisrechtlich gebundene Miete; II. *s.* 7. Macht *f*, Gewalt *f*, Herrschaft *f*, Kon'trolle *f* (*of, over* über *acc.*): *foreign* ~ Überfremdung; *to bring under* ~ Herr werden über (*acc.*); *to get* ~ *over* in s-e Gewalt bekommen; *to have* ~ *over* in der Gewalt haben, Herr sein über (*acc.*); *to keep under* ~ im Zaume halten; *to lose* ~ (*over, of*) die Gewalt verlieren, nicht mehr Herr sein (über *acc.*); *circumstances beyond our* ~ unvorhersehbare Umstände; 8. Machtbereich *m*, *bsd.* ⚖ Verfügungsgewalt *f*, Verantwortung *f*; 9. Aufsicht *f*, Kontrolle *f* (*of* über *acc.*); Leitung *f*, Über'wachung *f*, (Nach)Prüfung *f*: *to be in* ~ *of s.th.* et. unter sich haben, et. leiten; *to be under s.o.'s* ~ j-m unterstellt sein *od.* unterstehen; 10. Einschränkung *f*, Zügelung *f*, Bekämpfung *f*; Kon'trollmaßnahmen *pl.*; Zwang *m*: *without* ~ uneingeschränkt, frei; *beyond* ~ nicht einzudämmen, nicht zu bändigen; *to be out of* ~ nicht zu halten sein; *to get beyond s.o.'s* ~ j-m über den Kopf wachsen; *to get under* ~ eindämmen, bewältigen; *noise* ~ Lärmbekämpfung; 11. ⊕ Kontrolle *f*, Steuerung *f*, Führung *f*, Regulierung *f*: ~*s* ✈ Steuerung, Ruder, ⚡ Schalttafel; *traffic* ~ Verkehrsregelung; 12. ⊕ Kon'trollhebel *m*, Steuervorrichtung *f*, Regler *m*; 13. ✝ a) (*Kapital-, Konsum- etc.*) Lenkung *f*, b) (Zwangs)Bewirtschaftung *f*: *foreign-exchange* ~ Devisenkontrolle.

con·trol| board *s.* ⚡ Schalttafel *f*; ~ **col·umn** *s.* 1. ✈ Steuerknüppel *m*; 2. ⊕ Lenksäule *f*; ~ **en·gi·neer·ing** *s.* 'Steuerungs-, 'Regel,technik *f*; ~ **ex·per·i·ment** *s.* Gegenversuch *m*; ~ **knob** *s. Radio, Fernsehen*: Bedienungsknopf *m*.

con·trol·la·ble [kən'trouləbl] *adj.* 1. kontrollierbar, regulierbar, lenkbar; 2. zu beaufsichtigen(d); zu beherrschen(d); **con'trol·ler** [-lə] *s.* 1. Kontrol'leur *m*, Aufseher *m*; Leiter *m*; 2. Rechnungsprüfer *m*; 3. ⚡ (Strom)Regler *m*; *mot.* Fahrschalter *m*; 4. *sport* Kon'trollposten *m*.

con·trol| le·ver *s. mot.* Schalthebel *m*; ✈ Steuerknüppel *m*; ~ **pan·el** *s.* ⊕ Bedienungsanlage *f*; ~ **post** *s.* ⚔ Kon'trollposten *m*; ~ **room** *s.* 1. ⚔ Be'fehlszen,trale *f*; 2. *Radio*: Re'gieraum *m*; ~ **stick** *s.* ✈ Steuerknüppel *m*; ~ **sur·face** *s.* Steuerfläche *f*; ~ **tow·er** *s.* 1. ⚔ Kom'mandoturm *m*; 2. ✈ Kon'trollturm *m*, Tower *m*; ~ **valve** *s. Radio*: Steuerröhre *f*.

con·tro·ver·sial [kɔntrə'və:ʃəl] *adj.* □ 1. strittig, um'stritten: ~ *subject* Streitfrage; 2. po'lemisch; streitlustig; **con·tro'ver·sial·ist** [-ʃəlist] *s.* Po'lemiker *m*; **con·tro·ver·sy** ['kɔntrəvə:si] *s.* 1. Kontro'verse *f*, Meinungsstreit *m*; De'batte *f*; Aussprache *f*: *beyond* (*od. without*) ~ fraglos, unstreitig; 2. Streitfrage *f*; 3. Streit *m*; **con·tro·vert** ['kɔntrəvə:t] *v/t.* 1. bestreiten, anfechten; 2. wider'sprechen (*dat.*); **con·tro·vert·i·ble** ['kɔntrəvə:təbl] *adj.* □ strittig; anfechtbar.

con·tu·ma·cious [kɔntju(:)'meiʃəs] *adj.* □ 1. 'widerspenstig, halsstarrig; 2. ⚖ ungehorsam; **con·tu·ma·cy** ['kɔntjuməsi] *s.* 1. 'Widerspenstigkeit *f*, Halsstarrigkeit *f*; 2. ⚖ absichtliches Nichterscheinen vor Gericht: *to condemn for* ~ *j-n* in Abwesenheit verurteilen.

con·tu·me·li·ous [kɔntju(:)'mi:ljəs] *adj.* □ 1. unverschämt; beleidigend; 2. schändlich; **con·tu·me·ly** ['kɔntju(:)mli] *s.* 1. Hohn *m*, Verachtung *f*; 2. Beschimpfung *f*; 3. Schande *f*.

con·tuse [kən'tju:z] *v/t.* ⚕ quetschen: ~*d wound* Quetschwunde; **con'tu·sion** [-u:ʒən] *s.* ⚕ Quetschung *f*, Prellung *f*.

co·nun·drum [kə'nʌndrəm] *s.* 1. Scherzfrage *f*, -rätsel *n*; 2. *fig.* Rätsel *n*, Pro'blem *n*.

con·ur·ba·tion [kɔnə:'beiʃən] *s.* Ballungsraum *m*, -gebiet *n*.

con·va·lesce [kɔnvə'les] *v/i.* gesund werden, genesen; **con·va'les·cence** [-sns] *s.* Rekonvales'zenz *f*, Genesung *f*; **con·va'les·cent** [-snt] I. *adj.* genesend, auf dem Wege der Besserung: ~ *home* Genesungsheim; II. *s.* Rekonvales'zent(in), Genesende(r *m*) *f*.

con·vec·tion [kən'vekʃən] *s.* ⚡, *phys.* Konvekti'on *f*; Elektrizi'täts- *od.* 'Wärmeüber,tragung *f*; **con'vec·tor** [-ktə] *s.* ⚡, *phys.* Konvekti'ons(strom)leiter *m*.

con·vene [kən'vi:n] I. *v/t.* 1. zs.-

rufen, (ein)berufen; versammeln; **2.** ⚖ vorladen; **II.** *v/i.* **3.** zs.-kommen, sich versammeln; **con'ven·er** [-nə] *s.* Einberuf(end)er *m* (*zu e-r Versammlung*).

con·ven·ience [kən'vi:njəns] *s.* **1.** Annehmlichkeit *f*, Bequemlichkeit *f*: *all* (*modern*) *~s* alle Bequemlichkeiten *od.* aller Komfort (der Neuzeit); *at your ~* wenn es Ihnen paßt; *at your earliest ~* möglichst bald; *at one's own ~* nach (eigenem) Gutdünken; *suit your own ~* handeln Sie ganz nach Ihrem Belieben; **2.** Vorteil *m*, Nutzen *m*: *it is a great ~* es ist sehr nützlich; *to make a ~ of* ausnützen (*acc.*); → *marriage* 2; **3.** Angemessenheit *f*, Eignung *f*; **4.** *Brit.* Klo'sett *n*: *public ~* öffentliche Bedürfnisanstalt; **con'ven·ient** [-nt] *adj.* □ **1.** bequem, geeignet, günstig, passend: *if it is ~ to you* wenn es Ihnen paßt; *it is not ~ for me* (*to inf.*) es paßt mir schlecht (zu *inf.*); *to make it ~* es (so) einrichten; **2.** (zweck)dienlich, praktisch, brauchbar; **3.** günstig gelegen.

con·vent ['kɔnvənt] *s.* (*bsd.* Nonnen-) Kloster *n*.

con·ven·ti·cle [kən'ventikl] *s. eccl.* Konven'tikel *n*, religi'öse Zs.-kunft (*der Nonkonformisten*).

con·ven·tion [kən'venʃən] *s.* **1.** Versammlung *f*, Tagung *f*; Kon'vent *m*; **2.** Vertrag *m* (*a. pol.*), Abkommen *n*, Über'einkunft *f*, Konventi'on *f* (*a.* ⚔); **3.** *oft pl.* (anerkannter) Brauch, Sitte *f*, Herkommen *n*, Anstandsregel *f*; **4.** Förmlichkeit *f*, Äußerlichkeit *f*; **con'ven·tion·al** [-ʃənl] *adj.* □ **1.** herkömmlich, konventio'nell (*beide a.* ⚔; *Ggs. atomar*), üblich, traditio'nell; **2.** förmlich; for'mell; **3.** üblich, nor'mal; **4.** vereinbart; **con'ven·tion·al·ism** [-ʃnəlizəm] *s.* Festhalten *n* am Hergebrachten; **con·ven·tion·al·i·ty** [kənvenʃə'næliti] *s.* **1.** Herkömmlichkeit *f*, Üblichkeit *f*; **2.** Scha'blonenhaftigkeit *f*; **con'ven·tion·al·ize** [-ʃnəlaiz] *v/t.* konventio'nell machen *od.* darstellen, den Konventi'onen unter'werfen; stilisieren.

con·verge [kən'və:dʒ] *v/i.* zs.-laufen, sich (ein'ander) nähern, konvergieren (*a.* ♗); **con'ver·gence** [-dʒəns], **con'ver·gen·cy** [-dʒənsi] *s.* Zs.-laufen *n*, Annäherung *f*; **con'ver·gent** [-dʒənt] *adj.* zs.-laufend; **con'verg·ing** [-dʒiŋ] *adj.* zs.-laufend: *~ lens* Sammellinse; *~ point* Schnittpunkt.

con·vers·a·ble [kən'və:səbl] *adj.* □ unter'haltend, gesprächig; gesellig; **con'ver·sance** [-səns] *s.* Vertrautheit *f* (*with* mit); **con'ver·sant** [-sənt] *adj.* **1.** bekannt, vertraut (*with* mit); **2.** geübt, bewandert, erfahren (*with, in* in *dat.*).

con·ver·sa·tion [kɔnvə'seiʃən] *s.* **1.** Unter'haltung *f*, Gespräch *n*: *to enter into a ~* ein Gespräch anknüpfen; **2.** Gesprächsstoff *m*; **3.** *obs.* 'Umgang *m*, Verkehr *m*; → *criminal conversation*; **4.** *a. ~ piece* Genrebild *n*; **con·ver'sa·tion·al** [-ʃənl] *adj.* □ → *conversationally*; **1.** gesprächig; **2.** Unterhaltungs..., Gesprächs...: *~ grammar* Konversationsgrammatik; **con·ver'sa·tion·al·ist** [-ʃnəlist] *s.* gewandter Unter'halter, guter Gesellschafter; **con·ver'sa·tion·al·ly** [-ʃnəli] *adv.* gesprächsweise.

con·ver·sa·zi·o·ne ['kɔnvəsætsi'ouni] *pl.* **-ni** [-ni:], **-nes** (*Ital.*) *s.* **1.** 'Abendunter,haltung *f*; **2.** lite'rarischer Unter'haltungsabend.

con·verse[1] **I.** *v/i.* [kən'və:s] **1.** sich unter'halten, sprechen (*with* mit, *on, about* über *acc.*); **II.** *s.* ['kɔnvə:s] **2.** vertraute Unter'haltung; **3.** 'Umgang *m*.

con·verse[2] ['kɔnvə:s] **I.** *adj.* □ gegenteilig, 'umgekehrt; **II.** *s.* Gegenteil *n*, 'Umkehrung *f*, Gegensatz *m*; **'con·verse·ly** [-li] *adv.* umgekehrt.

con·ver·sion [kən'və:ʃən] *s.* **1.** 'Um-, Verwandlung *f* (*from* von, *into* in *acc.*); **2.** † **a)** 'Umwandlung *f*, 'Umrechnung *f* (*Geld*), **b)** Konvertierung *f*, Zs.-legung *f*, 'Umtausch *m* (*Aktien etc.*), **c)** 'Umstellung *f* (*Währung, Geschäft*); **3.** ⊕, ⚡ 'Umformung *f*; **4.** 'Umbau *m* (*Haus, Schiff*); **5.** ♗, *phls.* 'Umkehrung *f*; **6.** geistige Wandlung; Meinungsänderung *f*; **7.** 'Übertritt *m*; *bsd. eccl.* Bekehrung *f* (*to* zu); **8.** ⚖ *a. ~ to one's own use* 'widerrechtliche Aneignung *od.* Verwendung, *a.* Veruntreuung *f*; *~* **ta·ble** *s.* 'Umrechnungsta,belle *f*.

con·vert I. *v/t.* [kən'və:t] **1.** 'um-, verwandeln (*a.* ⚗), 'umformen, 'umändern (*into* in *acc.*); **2.** † **a)** *Geld* 'umwandeln, 'umrechnen: *to ~ into cash* zu Geld machen, versilbern, **b)** *Aktien, Schulden* konvertieren, 'umwandeln, 'umstellen, **c)** *Geschäft* umstellen; **3.** ⚡ *Strom* 'umformen; **4.** *phls.*, ♗ 'umkehren; **5.** 'umarbeiten, 'umbauen: *to ~ a house into flats* ein Haus zu Einzelwohnungen umbauen; **6.** *bsd. eccl.* bekehren; zum 'Übertritt veranlassen (*to* zu); **7.** ⚖ *a. ~ to one's own use* sich 'widerrechtlich aneignen, veruntreuen; **II.** *s.* ['kɔnvə:t] **8.** *bsd. eccl.* Bekehrte(r *m*) *f*, Konver'tit (-in): *to become a ~* to sich bekehren zu; **con'vert·ed** [-tid] *adj.* 'umgeverwandelt *etc.*: *~ cruiser* ⚓ Hilfskreuzer; *~ steel* Zementstahl; **con'vert·er** [-tə] *s.* **1.** ⊕ 'Bessemerbirne *f*; **2.** ⚡ 'Umformer *m*; **3.** *Fernsehen*: Wandler *m*; **4.** ⊕ Bleicher *m*; Ausrüster *m*; **5.** Bekehrer *m*, A'postel *m*; **con·vert·i·bil·i·ty** [kənvə:tə'biliti] *s.* **1.** 'Um-, Verwandelbarkeit *f*; **2.** † Konvertierbar-, 'Umwandelbarkeit *f*; **con'vert·i·ble** [-təbl] **I.** *adj.* □ **1.** 'um-, verwandelbar; **2.** † konvertierbar, umwandelbar: *~ bond* Wandelobligation; **3.** auswechselbar, gleichbedeutend; **4.** bekehrbar; **5.** *mot.* mit Klappverdeck; **II.** *s.* **6.** *mot.* Kabrio'lett *n*.

con·vex ['kɔn'veks] *adj.* □ kon'vex, erhaben, nach außen gewölbt; **con·vex·i·ty** [kɔn'veksiti] *s.* konvexe Form.

con·vey [kən'vei] *v/t.* **1.** *Waren etc.* befördern, (ver)senden, (fort)schaffen, bringen; **2.** *bsd.* ⊕ (zu)führen, fördern; **3.** über'bringen, -'mitteln, bringen, geben: *to ~ greetings* Grüße übermitteln; **4.** *phys. Schall* fortpflanzen, leiten, über'tragen; **5.** *Nachricht etc.* mitteilen, vermitteln; *Meinung, Sinn* ausdrücken; andeuten; (be)sagen: *to ~ an idea* e-n Begriff geben; *this word ~s nothing to me* dieses Wort sagt mir nichts; **6.** über'tragen, abtreten (*to* an *acc.*); **con'vey·ance** [-eiəns] *s.* **1.** Beförderung *f*, Über'sendung *f*, Trans'port *m*, Spediti'on *f*: *means of ~* Transportmittel; **2.** Über'bringung *f*, -'mittlung *f*; Vermittlung *f*, Mitteilung *f*; **3.** *phys.* Fortpflanzung *f*, Über'tragung *f*; **4.** ⊕ (Zu-) Leitung *f*, Zufuhr *f*; **5.** Beförderungs-, Trans'port-, Verkehrsmittel *n*; **6.** ⚖ **a)** Übertragung *f*, Abtretung *f*, **b)** Abtretungsurkunde *f*; **con'vey·anc·er** [-eiənsə] *s.* ⚖ No'tar *m* für Übertragungen von Grundbesitz.

con·vey·er, con·vey·or [kən'veiə] *s.* **1.** Beförderer *m*, (Über)'Bringer(in); **2.** ⊕ Fördergerät *n*, -band *n*, Förderer *m*; *~* **band,** *~* **belt** *s.* ⊕ laufendes Band, Förder-, Fließband *n*; *~* **chain** *s.* ⊕ Becher-, Förderkette *f*; *~* **spi·ral** *s.* ⊕ Förder-, Trans'portschnecke *f*.

con·vict I. *v/t.* [kən'vikt] **1.** ⚖ über'führen, für schuldig erklären (*of gen.*); **2.** verurteilen; **3.** über'zeugen (*of* von), zum Bewußtsein bringen (*s.o. of s.th.* j-m et. [*Unrechtes*]); **II.** *s.* ['kɔnvikt] **4.** ⚖ Sträfling *m*, Zuchthäusler *m*: *~ colony* Sträflingskolonie; *~ labo(u)r* Sträflingsarbeit; *~ prison* Strafanstalt; **con'vic·tion** [-kʃən] *s.* **1.** ⚖ **a)** Über'führung *f*, Schuldspruch *m*, **b)** Verurteilung *f*: *previous ~* Vorstrafe; *summary ~* Verurteilung im Schnellverfahren; **2.** Über'zeugung *f*: *to carry ~* überzeugend wirken *od.* klingen; *to live up to one's ~s* s-r Überzeugung leben; **3.** Anschauung *f*, Gesinnung *f*; **4.** Bewußtsein *n*: *~ of sin*.

con·vince [kən'vins] *v/t.* **1.** (*a. o.s.* sich) über'zeugen (*of* von, *that* daß); **2.** zum Bewußtsein bringen (*s.o. of s.th.* j-m et.); **con'vinc·ing** [-siŋ] *adj.* □ über'zeugend: *~ proof* schlagender Beweis; *to be ~* überzeugen.

con·viv·i·al [kən'viviəl] *adj.* □ **1.** gastlich, festlich, Fest...; **2.** gesellig; lustig; **con·viv·i·al·i·ty** [kənvivi'æliti] *s.* **1.** Fröhlichkeit *f* (*bei der Tafel*); Lustbarkeit *f*; Geselligkeit *f*; **2.** Schmause'rei *f*.

con·vo·ca·tion [kɔnvə'keiʃən] *s.* **1.** Ein-, Zs.-berufung *f*; **2.** *eccl. Brit.* Provinzi'alsy,node *f*; Kirchenversammlung *f*; **3.** *univ.* **a)** *Brit.* Se'natsversammlung *f*, gesetzgebende Versammlung (*Oxford etc.*), **b)** *Am.* Promoti'ons- *od.* Eröffnungsfeier *f*.

con·voke [kən'vouk] *v/t.* (*bsd. amtlich*) ein-, zs.-berufen.

con·vo·lute ['kɔnvəlu:t] *adj. bsd.* ⚘ zs.-gerollt, ringelförmig; **'con·vo·lut·ed** [-tid] *adj. bsd. zo.* zs.-gerollt, gebogen, gewunden, spi'ralig; **con·vo·lu·tion** [kɔnvə'lu:ʃən] *s.* Zs.-rollung *f*, -wicklung *f*, Windung *f*.

con·volve [kən'vɔlv] *v/t. u. v/i.* (sich) zs.- *od.* aufrollen.

con·vol·vu·lus [kən'vɔlvjuləs] *s.* ⚘ Winde *f*.

con·voy ['kɔnvɔi] **I.** *s.* **1.** Geleit *n*, (Schutz)Begleitung *f*; **2.** ⚔ **a)** Es'korte *f*, Bedeckung *f*, **b)** (bewachter) Trans'port; **3.** ⚓ Geleitzug *m*; **4.** *a.* ⚔ 'Last(kraft)wagenko,lonne *f*; **II.** *v/t.* **5.** geleiten, decken, eskortieren.

con·vulse [kən'vʌls] *v/t.* **1.** erschüttern, in Zuckungen versetzen: *to be* ~*d with laughter* (*pain*) sich vor Lachen (Schmerzen) krümmen; **2.** krampfhaft zs.-ziehen *od.* verzerren; **3.** *fig.* erschüttern, in Aufruhr versetzen; **con'vul·sion** [-lʃən] *s.* **1.** ⚕ Krampf *m*, Zuckung *f*: *to be seized with* ~*s* Krämpfe bekommen; ~*s of laughter fig.* Lachkrämpfe; **2.** *pol.*, *fig.* Erschütterung *f* (*a. geol.*), Aufruhr *m*; **con'vul·sive** [-siv] *adj.* □ **1.** *a. fig.* krampfhaft, -artig, konvul'siv; **2.** *fig.* erschütternd.

co·ny ['kouni] *s.* **1.** *zo.* Ka'ninchen *n*; **2.** Ka'ninchenfell *n*.

coo [ku:] **I.** *v/i.* gurren (*a. fig.*); **II.** *v/t. fig. et.* gurren, säuseln; **III.** *s.* Gurren *n*.

cook [kuk] **I.** *s.* **1.** Koch *m*, Köchin *f*: *too many* ~*s spoil the broth* viele Köche verderben den Brei; **II.** *v/t.* **2.** *Speisen* kochen, zubereiten, braten, backen: *to be* ~*ed alive* F vor Hitze umkommen; **3.** *a.* ~ *up fig.* zs.-brauen, erdichten; ‚frisieren', verfälschen: ~*ed account* ✝ F frisierte *od.* geschminkte Abrechnung; *to* ~ *up a story* e-e Geschichte erfinden; **III.** *v/i.* **4.** kochen, sich kochen lassen: *to* ~ *well*; **5.** *what's* ~*ing?* F was geht vor?, was ist los?; '**~-book** *Am.* → *cookery-book*.

cook·er ['kukə] *s.* **1.** Kocher *m*, 'Kochgerät *n*; Herd *m*; **2.** Kochgefäß *n*; **3.** *pl.* Kochobst *n*: *these apples are good* ~*s* das sind gute Kochäpfel; **4.** *fig.* Erfinder *m*, Erdichter *m*, Verfälscher *m*.

cook·er·y ['kukəri] *s.* Kochen *n*; Kochkunst *f*; '**~-book** *s. Brit.* Kochbuch *n*.

'**cook|-'gen·er·al** *s. Brit.* Mädchen *n* für alles; '**~-house** *s.* **1.** Küche *f* (*außerhalb e-r Wohnung*), Kochstelle *f*; **2.** ⚓ Schiffsküche *f*; **3.** ⚔ *Brit.* Feldküche *f*.

cook·ie ['kuki] *s. Am.* (süßer) Keks, Plätzchen *n*.

cook·ing ['kukiŋ] **I.** *s.* **1.** Kochen *n*, Kochkunst *f*; **2.** Küche *f*, Kochweise *f*; **II.** *adj.* **3.** Koch...: ~*-apple* Kochapfel; '**~-range** *s.* Kochherd *m*; '**~-so·da** *s.* ⚗ 'Natron *n*.

'**cook|-room** *s.* (Schiffs)Küche *f*; '**~-shop** *s.* Garküche *f*.

cook·y ['kuki] *s.* **1.** → *cookie*; **2.** *Am. sl. contp.* Per'son *f*; **3.** F Köchin *f*.

cool [ku:l] **I.** *adj.* □ **1.** kühl, frisch; **2.** kühl, gelassen, kalt(blütig): *as* ~ *as a cucumber* ‚eiskalt', gelassen, kaltblütig; *keep* ~*!* reg dich nicht auf!; **3.** kühl, gleichgültig, lau; **4.** kühl, kalt, abweisend: *a* ~ *reception* ein kühler Empfang; **5.** unverfroren, frech: ~ *cheek* Frechheit; *a* ~ *customer* ein geriebener Kunde; **6.** *fig.* glatt, rund: *a* ~ *thousand pounds* glatte *od.* die Kleinigkeit von tausend Pfund; **7.** *Am. sl.* ‚Klasse', ‚toll': *a* ~ *actor* ein klasse Schauspieler; **II.** *s.* **8.** Kühle *f*, Frische *f* (*bsd. Luft*): *the* ~ *of the evening* die Abendkühle; **9.** *sl.* (Selbst)Beherrschung *f*: *to blow* (*od. lose*) *one's* ~ hochgehen, die Beherrschung verlieren; *to keep one's* ~ ruhig bleiben, die Nerven behalten; **III.** *v/t.* **10.** (ab)kühlen: *to* ~ *one's heels fig.* warten müssen; **11.** *fig. Leidenschaften etc.* (ab)kühlen, beruhigen; *Zorn etc.* mäßigen; **IV.** *v/i.* **12.** kühl werden, sich abkühlen; **13.** *a.* ~ *down fig.* sich abkühlen, erkalten, nachlassen, sich beruhigen; **14.** ~ *down* F besonnener werden; **15.** ~ *it sl.* ruhig bleiben, die Nerven behalten: ~ *it!* immer mit der Ruhe!, reg dich ab!; '**cool·ant** [-lənt] *s.* ⊕ Kühlmittel *n*; *mot.* Kühlwasser *n*; '**cool·er** [-lə] *s.* **1.** (*Wein- etc.*) Kühler *m*; **2.** Kühlraum *m*; **3.** *sl.* ‚Kittchen' *n*, ‚Bau' *m* (*Gefängnis*); '**cool-'head·ed** *adj.* **1.** besonnen, kaltblütig; **2.** schwererregbar.

coo·lie ['ku:li] *s.* 'Kuli *m*, Tagelöhner *m* (*in China etc.*).

cool·ing ['ku:liŋ] **I.** *adj.* kühlend, erfrischend; Kühl...; **II.** *s.* (Ab)Kühlung *f*; ~ **coil** *s.* Kühlschlange *f*; ~ **plant** *s.* Kühlanlage *f*.

cool·ness ['ku:lnis] *s.* **1.** Kühle *f* (*a. fig.*); **2.** Kaltblütigkeit *f*; **3.** Unfreundlichkeit *f*; **4.** Frechheit *f*.

coomb(e) [ku:m] *s.* Talmulde *f*.

coon [ku:n] *s.* **1.** *zo.* → *raccoon*; **2.** *Am. sl.* **a)** Neger(in): ~ *song* Negerlied, **b)** primi'tiver Bursche.

coop [ku:p] **I.** *s.* **1.** Hühnerkorb *m* (*bsd. zum Brüten*); **2.** Fischreuse *f* (*aus Korbgeflecht*); **II.** *v/t.* **3.** *oft* ~ *up*, ~ *in* einsperren, einpferchen.

co-op [kou'ɔp] *s.* F 'Konsum *m*, Kon'sum(verein, -laden) *m* (*abbr. für co-operative*).

coop·er ['ku:pə] **I.** *s.* **1.** Faßbinder *m*, Küfer *m*, Böttcher *m*; **2.** *Brit. a. wine-*~ **a)** Weinprüfer *m*, **b)** Weinabfüller *m*, -verkäufer *m*; **II.** *v/t.* **3.** *Fässer* machen, ausbessern; '**coop·er·age** [-əridʒ] *s.* Böttche'rei *f*.

co-op·er·ate, *Am. mst* **co·op·er·ate** [kou'ɔpəreit] *v/i.* **1.** zs.-arbeiten (*with* mit, *to* zu *e-m Zweck, in* an *dat.*); **2.** (*to*) mitwirken (an *dat.*), beitragen (zu), helfen (bei); **co-op·er·a·tion** [kouɔpə'reiʃən] *s.* **1.** Zs.-arbeit *f*, Mitwirkung *f*; **2.** ✝ Zs.-schluß *m*, Vereinigung *f* (zu e-r Genossenschaft); **co-'op·er·a·tive** [-pərətiv] **I.** *adj.* □ **1.** zs.-arbeitend, mitwirkend; **2.** behilflich, hilfsbereit; **3.** genossenschaftlich: ~ *movement* Genossenschaftsbewegung; ~ *society* Konsumgenossenschaft; ~ *store* → 4; **II.** *s.* **4.** Verteilungsstelle *f* (*der Konsumgenossenschaften*), Kon'sumladen *m*; **co-'op·er·a·tive·ness** [-pərətivnis] *s.* Hilfsbereitschaft *f*; **co-'op·er·a·tor** [-tə] *s.* **1.** Mitarbeiter(in), Mitwirkende(r *m*) *f*, Helfer(in); **2. a)** Mitglied *n* e-s Kon'sumvereins, **b)** Anhänger *m* der Genossenschaftsbewegung.

co-opt, *Am. mst* **co·opt** [kou'ɔpt] *v/t.* kooptieren, hin'zuwählen; **co-op·ta·tion** [kouɔp'teiʃən] *s.* Kooptierung *f*, Zuwahl *f*.

co-or·di·nate, *Am. mst* **co·or·di·nate I.** *v/t.* [kou'ɔ:dineit] **1.** koordinieren, bei-, gleichordnen, gleichschalten; zs.-fassen; **2.** in Einklang bringen, aufein'ander abstimmen; richtig anordnen, anpassen; **II.** *adj.* [-dnit] **3.** koordiniert, bei-, gleichgeordnet; gleichrangig, -wertig, -artig: ~ *clause ling.* beigeordneter Satz; **4.** ♗ Koordinaten...; **III.** *s.* [-dnit] **5.** Beigeordnetes *n*, Gleichwertiges *n*; **6.** ♗ Koordi'nate *f*; **co-or·di·na·tion** [kouɔ:di'neiʃən] *s.* **1.** Gleich-, Beiordnung *f*, Gleichstellung *f*, -schaltung *f*; richtige Anordnung; **2.** Zs.-fassung *f*; Zs.-arbeit *f*; **co-'or·di·na·tor** [-tə] *s.* koordinierende Person *od.* Sache, Koordi'nator *m*.

coot [ku:t] *s. orn.* Bläß-, Wasserhuhn *n*; → *bald 1*.

coot·ie ['ku:ti] *s.* ⚔ *sl.* ‚Biene' *f* (*Laus*).

cop[1] [kɔp] *s. Spinnerei*: Kötzer *m*, Garnwickel *m*.

cop[2] [kɔp] *v/t. sl.* erwischen (*at* bei): *to* ~ *it* s-e Strafe bekommen, ‚sein Fett kriegen'.

cop[3] [kɔp] *s. sl.* ‚Po'lyp' *m* (*Polizist*).

co·pal ['koupəl] *s.* Ko'pal(harz *n*) *m*.

co·par·ce·nar·y ['kou'pɑ:sinəri] *s.* ⚖ gemeinsamer Grundbesitz durch Erbschaft; **co·par·ce·ner** ['kou'pɑ:sinə] *s.* ⚖ Miterbe *m*, -erbin *f* (*e-s Grundstücks*).

co·part·ner ['kou'pɑ:tnə] *s.* Teilhaber *m*, Mitinhaber *m*; Teilnehmer *m*; '**co'part·ner·ship** [-ʃip] *s.* ✝ **1.** Teilhaberschaft *f*; **2. a)** Gewinnbeteiligung *f*, **b)** Mitbestimmungsrecht *n* (*der Arbeitnehmer*).

cope[1] [koup] *v/i.* (*with*) bewältigen, meistern (*acc.*); fertig werden, es aufnehmen (mit); gewachsen sein (*dat.*).

cope[2] [koup] **I.** *s.* **1.** *eccl.* Priester-, Chorrock *m*; **2.** *fig.* Mantel *m*, Gewölbe *n*, Decke *f*: ~ *of heaven* Himmelszelt; **3.** → *coping*; **II.** *v/t.* **4.** bedecken; bedachen.

co·peck ['koupek] *s.* Ko'peke *f* (*russische Münze*).

cop·er ['koupə] → *horse-coper*.

Co·per·ni·can [kou'pə:nikən] *adj.* koperni'kanisch: ~ *system ast.* kopernikanisches Weltsystem.

cope-stone → *coping-stone*.

cop·i·er ['kɔpiə] *s.* **1.** Abschreiber (-in); **2.** Plagi'ator *m*, Plagia'torin *f*.

co-pi·lot, *Am.* **co·pi·lot** [kou'pailət] *s.* 'Kopi,lot *m*, zweiter Flugzeugführer.

cop·ing ['koupiŋ] *s.* Mauerkappe *f*, -krönung *f*; '**~-stone** *s.* **1.** Deck-, Kappenstein *m*; **2.** *fig.* Krönung *f*, Schlußstein *m*.

co·pi·ous ['koupjəs] *adj.* □ **1.** reichlich, aus-, ergiebig, reich, um'fassend; **2.** produk'tiv, viel schaffend; **3.** weitschweifig; 'überschwenglich; '**co·pi·ous·ness** [-nis] *s.* **1.** Fülle *f*; 'Überfluß *m*; **2.** Weitläufigkeit *f*.

cop·per[1] ['kɔpə] **I.** *s.* **1.** *min.* Kupfer *n*; **2.** Kupfermünze *f*: ~*s* Kupfer-, Kleingeld; **3.** Kupferbehälter *m*, -gefäß *n*, -kessel *m*; *bsd. Brit.* Waschkessel *m*; **II.** *adj.* **4.** kupfern, Kupfer...; **5.** kupferrot; **III.** *v/t.* **6.** verkupfern; **7.** mit Kupferblech beschlagen.

cop·per[2] ['kɔpə] → *cop*[3].

cop·per·as ['kɔpərəs] *s.* ⚗ Vitri'ol *n*.

cop·per| beech *s.* ♀ Blutbuche *f*; '~**-bit** *s.* ⊕ Lötkolben(spitze *f*) *m*; '~**-'bot·tomed** *adj.* **1.** ⚓ mit Kupferbeschlag; **2.** seetüchtig; *fig.* kerngesund; ~ **en·grav·ing** *s.* **1.** Kupferstich *m*; **2.** Kupferstechkunst *f*; ~ **glance** *s. min.* Kupferglanz *m*; '~**-head** *s. zo.* Mokas'sinschlange *f*; ♀ **In·di·an** *s.* Indi'aner *m vom Copper River* (*Alaska*); '~**-plate** *s.* ⊕ **1.** Kupferstichplatte *f*; **2.** Kupferstich *m*: *like* ~ wie gestochen (*Handschrift*); '~**-plat·ed** *adj.* verkupfert; '~**-smith** *s.* Kupferschmied *m*.

cop·per·y ['kɔpəri] *adj.* kupferartig, -farbig, -haltig.

cop·pice ['kɔpis] *s.* 'Unterholz *n*, Gestrüpp *n*; Gebüsch *n*, niedriges Wäldchen.

cop·ra ['kɔprə] *s.* 'Kopra *f*.

copse [kɔps] → *coppice*.

Copt [kɔpt] *s.* Kopte *m*, Koptin *f*; '**Cop·tic** [-tik] *adj.* koptisch.

cop·u·la ['kɔpjulə] *s.* **1.** *ling. u. phls.* 'Kopula *f*; **2.** *anat.* Bindeglied *n*; '**cop·u·late** [-leit] *v/i.* sich paaren *od.* begatten; **cop·u·la·tion** [kɔpju'leiʃən] *s.* **1.** *ling. u. phls.* Verbindung *f*; **2.** Paarung *f*, Begattung *f*, Beischlaf *m*; '**cop·u·la·tive** [-ətiv] **I.** *adj.* □ **1.** verbindend, Binde...; **2.** *ling.* kopula'tiv; **3.** Paarungs..., Begattungs...; **II.** *s.* **4.** *ling.* Kopula *f*.

cop·y ['kɔpi] **I.** *s.* **1.** Ko'pie *f*, Abschrift *f*: *fair* (*od. clean*) ~ Reinschrift; *rough* ~ erster Entwurf, Konzept, Kladde; *true* ~ (wort)getreue Abschrift; **2.** 'Durchschlag *m*, -schrift *f*; **3.** Abzug *m* (*a. phot.*), Abdruck *m*, Pause *f*; **4.** Nachahmung *f*, -bildung *f*, Reprodukti'on *f*, Kopie *f*, 'Wiedergabe *f*; **5.** Muster *n*, Mo'dell *n*, Vorlage *f*; Urschrift *f*; **6.** druckfertiges Manu'skript, lite'rarisches Materi'al; (*Zeitungs- etc.*) Stoff *m*, Text *m*; **7.** Ausfertigung *f*, Exem'plar *n*, Nummer *f* (*Zeitung etc.*); **8.** Urkunde *f*; **II.** *v/t.* **9.** abschreiben, -drucken, -zeichnen, e-e Kopie anfertigen von: *to* ~ *out* ins reine schreiben, abschreiben; **10.** *phot.* e-n Abzug machen von; **11.** nachbilden, reproduzieren, kopieren; **12.** nachahmen, -machen; **13.** 'wiedergeben, *Zeitungstext* wieder'holen; **III.** *v/i.* **14.** kopieren, abschreiben; **15.** (vom Nachbarn) abschreiben (*Schule*); **16.** nachahmen; '~**-book I.** *s.* **1.** Schreib(e)buch *n*; **2.** Schreibheft *n*; **3.** ✝ Kopierbuch *n*; **II.** *adj.* **4.** alltäglich; **5.** nor'mal; '~**-cat** F **I.** *s.* Nachäffer *m*; **II.** *v/t. u. v/i.* nachäffen, -machen; ~ **desk** *s.* Redakti'onstisch *m*; ~ **ed·i·tor** *s. Am.* 'Zeitungsredak,teur *m*; '~**-hold** *s.* ⚖ *Brit.* Lehnbesitz *m*, Lehngut *n*; '~**-hold·er** *s.* **1.** ⚖ *Brit.* Lehngutsbesitzer *m*; **2.** *typ.* **a)** Manu'skripthalter *m*, **b)** Kor'rektorgehilfe *m*.

'**cop·y·ing|-ink** ['kɔpiiŋ] *s.* Kopiertinte *f*; '~**-pa·per** *s.* 'Durchschlagpa,pier *n*; '~**-pen·cil** *s.* Tintenstift *m*.

cop·y·ist ['kɔpiist] *s.* **1.** Abschreiber *m*, Ko'pist *m*; **2.** Nachahmer *m*.

'**cop·y|·right** ⚖ **I.** *s.* Copyright *n*, Verlags-, Urheberrecht *n* (*in* an *dat.*): ~ *reserved* Nachdruck verboten, alle Rechte vorbehalten; **II.** *v/t.* das Urheber- *od.* Verlagsrecht erwerben an (*dat.*); urheberrechtlich schützen; **III.** *adj.* verlags-, urheberrechtlich (geschützt); '~**-writ·er** *s.* (Werbe)Texter *m*.

co·quet [kou'ket] **I.** *v/i.* kokettieren, flirten; *fig.* liebäugeln (*with* mit); **II.** *adj.* → *coquettish*; **co·quet·ry** ['koukitri] *s.* Gefallsucht *f*, Kokette'rie *f*; **co·quette** [kou'ket] *s.* Ko'kette *f*; **co'quet·tish** [-tiʃ] *adj.* □ gefallsüchtig, ko'kett.

cor·a·cle ['kɔrəkl] *s. Brit.* Boot *n* aus über'zogenem Weidengeflecht.

cor·al ['kɔrəl] **I.** *s.* **1.** Ko'ralle *f*; **2.** *zo.* Ko'rallenpo,lyp *m*; **3.** Beißring *m od.* Spielzeug *n* für Babys (*aus Koralle*); **II.** *adj.* **4.** Korallen...; **5.** ko'rallenrot; ~ **bead** *s.* Ko'rallenperle *f*; *pl.* Ko'rallenkette *f*; '~**-is·land** *s.* Ko'ralleninsel *f*.

cor·al·lin ['kɔrəlin] *s.* ⚗ Koral'lin *n*; '**cor·al·line** [-lain] **I.** *adj.* ko'rallenartig, -haltig; ko'rallenrot; **II.** *s.* ♀ Ko'rallenalge *f*; '**cor·al·lite** [-lait] *s.* **1.** Ko'rallenske,lett *n*; **2.** versteinerte Ko'ralle.

'**cor·al|-rag** *s. geol.* Ko'rallenkalkstein *m*; '~**-reef** *s.* Ko'rallenriff *n*; '~**-tree** *s.* ♀ Ko'rallenbaum *m*.

cor an·glais [kɔ: 'ɑ̃ŋglei] (*Fr.*) *s.* ♪ Englischhorn *n*.

cor·bel ['kɔ:bəl] ▲ **I.** *s.* Kragstein *m*, Kon'sole *f*, Balkenträger *m*, -kopf *m*: ~ *table* auf Kragsteinen ruhender Mauervorsprung; **II.** *v/t.* durch Kragsteine stützen.

cor·bie ['kɔ:bi] *s. Scot.* Rabe *m*; '~**-steps** *s. pl.* ▲ Giebelstufen *pl.*

cord [kɔ:d] **I.** *s.* **1.** Schnur *f*, Kordel *f*, Strick *m*, Strang *m*; **2.** *anat.* Band *n*, Schnur *f*, Strang *m*; **3.** ⚡ (Leitungs-, Anschluß)Schnur *f*; **4.** Rippe *f* (*e-s Stoffes*); gerippter Stoff, Rips *m*, *bsd.* → *corduroy* 1; **5.** *pl.* → *corduroy* 2; **6.** Klafter *f* (*Holz*); **II.** *v/t.* **7.** (zu)schnüren, (fest)binden, befestigen; **8.** *Bücherrücken* rippen; '**cord·age** [-didʒ] *s.* ⚓ Tauwerk *n*.

cor·date ['kɔ:deit] *adj.* ♀, *zo.* herzförmig (*Blatt, Muschel etc.*).

cord·ed ['kɔ:did] *adj.* **1.** ge-, verschnürt; **2.** gerippt (*Stoff*).

cor·de·lier [kɔ:di'liə] *s. eccl.* Franzis'kaner(mönch) *m*.

cor·dial ['kɔ:djəl] **I.** *adj.* □ **1.** *fig.* herzlich, freundlich, warm, aufrichtig; **2.** ⚕ belebend, (herz- *od.* magen)stärkend; **II.** *s.* **3.** ⚕ belebendes *od.* (herz)stärkendes Mittel; **4.** (süßer, aro'matischer) Li'kör; **cor·dial·i·ty** [kɔ:di'æliti] *s.* Herzlichkeit *f*, Wärme *f*.

cord·ite ['kɔ:dait] *s.* ⚔ Kor'dit *m*.

cor·don ['kɔ:dn] **I.** *s.* **1.** Kor'don *m*: **a)** ⚔ Postenkette *f*, **b)** Absperrkette *f*: ~ *of police*; **2.** Kette *f*, Spa'lier *n* (*Personen*); **3.** Spa'lier(obst)baum *m*; **4.** ▲ Mauerkranz *m*, -sims *m*, *n*; **5.** [*mst* kɔrdɔ̃] Ordensband *n*; **II.** *v/t.* **6.** *a.* ~ *off* mit Posten *od.* Seilen absperren; ~ **bleu** ['kɔ:dɔ̃ blə:; kɔrdɔ̃ blø] (*Fr.*) *s.* **1.** Cordon *m* bleu; **2.** hohe Per'sönlichkeit; **3.** *humor.* erstklassiger Koch.

cor·do·van ['kɔ:dəvən] *s.* 'Korduan (-leder) *n*.

cor·du·roy ['kɔ:dərɔi] **I.** *s.* **1.** Kord-, Ripssamt *m*; **2.** *pl.* Kordsamthose *f*; **II.** *adj.* **3.** Kordsamt...; ~ **road** *s. Am.* Knüppeldamm *m*.

cord·wain·er ['kɔ:dweinə] *s.* Schuhmacher *m*: ♀*s' Company* Schuhmachergilde (*London*).

'**cord·wood** *s. bsd. Am.* Klafterholz *n*.

core [kɔ:] **I.** *s.* **1.** ♀ Kerngehäuse *n*, Kern *m* (*Obst*); **2.** *fig. das* Innerste, Herz *n*, Mark *n*, Kern *m* (*a.* ⊕, ⚡); Seele *f* (*a. Kabel, Seil*): *to the* ~ bis ins Mark *od.* Innerste, durch u. durch; → *hard core*; **3.** (Eiter-) Pfropf *m* (*Geschwür*); **II.** *v/t.* **4.** *Äpfel etc.* entkernen.

co·re·la·tion → *correlation*.

co·re·li·gion·ist ['kouri'lidʒənist] *s.* Glaubensgenosse *m*, -genossin *f*.

co·re·op·sis [kɔri'ɔpsis] *s.* ♀ Mädchenauge *n*.

cor·er ['kɔ:rə] *s.* Fruchtentkerner *m*.

co·re·spond·ent, *Am.* **co·re·spond·ent** ['kourispɔndənt] *s.* ⚖ Mitbeklagte(r *m*) *f* (*im Ehebruchsprozeß*).

core time *s.* Kernzeit *f* (*Ggs. Gleitzeit*).

cor·gi, cor·gy ['kɔ:gi] → *Welsh corgi*.

co·ri·a·ceous [kɔri'eiʃəs] *adj.* **1.** ledern, Leder...; **2.** lederartig, zäh.

co·ri·an·der [kɔri'ændə] *s.* ♀ Kori'ander *m*.

Co·rin·thi·an [kə'rinθiən] **I.** *adj.* **1.** ko'rinthisch: ~ *column* korinthische Säule; **II.** *s.* **2.** Ko'rinther (-in); **3.** *pl. bibl.* (Brief *m* des Paulus an die) Ko'rinther *pl.*

cork [kɔ:k] **I.** *s.* **1.** ♀ Kork *m*, Korkrinde *f*; Korkeiche *f*; **2.** Kork(en) *m*, Stöpsel *m*, Pfropfen *m*; **3.** Angelkork *m*, Schwimmer *m*; **II.** *adj.* **4.** Kork...; **III.** *v/t.* **5.** ver-, zukorken; **6.** *Gesicht* mit gebranntem Kork schwärzen; '**cork·age** [-kidʒ] *s.* **1.** Verkorken *n*; **2.** Entkorken *n*; **3.** Korkengeld *n*; **corked** [-kt] *adj.* **1.** ver-, zugekorkt, verstöpselt; **2.** korkig, nach dem Kork schmeckend; **3.** mit Korkschwarz gefärbt; '**cork·er** [-kə] *s. sl.* **1. a)** *das* Entscheidende, **b)** faustdicke Lüge; **2.** 'prima Sache, fa'mose Per'son; '**cork·ing** [-kiŋ] *adj. sl.* großartig, ‚prima'.

cork| jack·et *s.* Kork-, Rettungs-, Schwimmweste *f*; '~**-oak** *s.* ♀ Korkeiche *f*; '~**-screw I.** *s.* Pfropfen-, Kork(en)zieher *m*: ~ *curls* Korkzieherlocken; **II.** *v/i.* sich schlängeln *od.* winden; **III.** *v/t.* spi'ralig bewegen, winden; *fig.* mühsam her'ausziehen; ~ **sole** *s.* Korkeinlegesohle *f*; '~**-tree** → *cork-oak*; '~**-wood** *s.* **1.** ♀ Korkholzbaum *m*; **2.** Korkholz *n*.

cork·y ['kɔ:ki] *adj.* **1.** korkartig, Kork...; **2.** → *corked* 2; **3.** F lebhaft, ‚aufgedreht'.

corm [kɔ:m] *s.* ♀ Knolle *f*.

cor·mo·rant ['kɔ:mərənt] *s.* **1.** *orn.* Kormo'ran *m*, Scharbe *f*, Seerabe *m*; **2.** *fig.* Vielfraß *m*.

corn[1] [kɔ:n] **I.** *s.* **1.** *coll.* Getreide *n*, Korn *n* (*Pflanze od. Frucht*); *engS. England* Weizen *m*, *Scot.*, *Ir.* Hafer *m*, *Am.* Mais *m*; *Pferdefutter*: Hafer *m*: ~ *on the cob* Maiskörner am Kolben (*als Gemüse*); **2.** *einzelnes* Getreide- *od.* Samenkorn; **3.** *Am.* → *corn whisky*; **II.** *v/t.* **4.** pökeln, einsalzen: ~*ed beef* Corned beef, Büchsenfleisch.

corn[2] [kɔ:n] *s.* ⚕ Hühnerauge *n*: *~-plaster* Hühneraugenpflaster; *to tread on s.o.'s ~s fig.* j-m auf die Hühneraugen treten.

corn| belt *s. Am.* Maisgürtel *m*, -zone *f* (*im Mittleren Westen*); **'~-bind** *s.* ♀ Ackerwinde *f*; **'~-bran·dy** *s.* Korn(branntwein) *m*, Whisky *m*; **'~-bread** *s. Am.* Maisbrot *n*; **'~-cake** *s. Am.* (Pfann)Kuchen *m* aus Maismehl; **'~-chan·dler** *s. Brit.* Korn-, Saathändler *m*; **'~-cob** *s.* Maiskolben *m*; **'~-cock·le** *s.* ♀ Kornrade *f*; **'~-crake** *s. orn.* Wiesenknarre *f*, Wachtelkönig *m*.

cor·ne·a ['kɔ:niə] *s. anat.* Hornhaut *f* (*des Auges*).

cor·nel ['kɔ:nəl] *s.* ♀ Kor'nelkirsche *f*, Hartriegel *m*.

cor·nel·ian [kɔ:'ni:ljən] *s. min.* Karne'ol *m*.

cor·ne·ous ['kɔ:niəs] *adj.* hornig.

cor·ner ['kɔ:nə] **I.** *s.* **1.** Ecke *f* (*Vorsprung*): *round the ~* um die Ecke; *blind ~* unübersichtliche (Straßen-)Biegung; *to take a ~* e-e Kurve nehmen (*Auto*); *to cut off a ~* ein Stück (Weges) abschneiden; *to turn the ~* **a)** um die (*Straßen*)Ecke biegen, **b)** *fig.* e-e Krise überstehen; **2.** Winkel *m*, Ecke *f*: *to put a child in the ~* ein Kind in die Ecke stellen; *in a tight ~ fig.* in der Klemme, in Verlegenheit; *to drive s.o. into a ~* j-n in die Enge treiben; *to look at s.o. from the ~ of one's eye* j-n von der Seite ansehen; **3.** verborgener *od.* geheimer Winkel, entlegene Stelle; **4.** Gegend *f*: *the four ~s of the earth* die vier Enden der Erde; **5.** ✝ **a)** spekula'tiver Aufkauf, **b)** (Aufkäufer)Ring *m*, Mono'pol(gruppe *f*) *n*: *~ in wheat* Weizen-Korner; **6.** *Fußball*: Ecke *f*; **II.** *v/t.* **7. in die Enge treiben; in Verlegenheit bringen; 8.** ✝ *Ware* (spekula'tiv) aufkaufen, *fig.* mit Beschlag belegen: *to ~ the market* den Markt *od.* alles aufkaufen; **III.** *v/i.* **9.** *Am.* e-e Ecke *od.* e-n Winkel bilden; an e-r Ecke gelegen sein; **IV.** *adj.* **10.** Eck...: *~ house*; **'~-boy** → *corner-man* 2; **'~-chis·el** *s.* ⊕ Winkelmeißel *m*, Geißfuß *m*.

cor·nered ['kɔ:nəd] *adj.* **1.** *in Zssgn*: ...eckig; **2.** in die Enge getrieben, in der Klemme.

cor·ner| kick *s. Fußball*: Eckball *m*; **'~-man** [-mən] *s.* [*irr.*] *Brit.* **1.** Flügelmann *m* (*e-r Negertruppe*); **2.** Tagedieb *m*, Landstreicher *m*; **~ seat** *s.* Eckplatz *m*; **'~-stone** *s.* **1.** △ Eck-, Grundstein *m*, Eckpfeiler *m* (*a. fig.*); **'~-ways**, **'~-wise** *adv.* **1.** eckig, e-e Ecke bildend; **2.** diago'nal.

cor·net ['kɔ:nit] *s.* **1.** ♪ **a)** (Pi'ston-)Kor,nett *n* (*a. Orgelregister*), **b)** Kornet'tist *m*; **2.** spitze Tüte, Spitztüte *f*; **3.** Schwesternhaube *f*; **4.** ⚔ *hist.* **a)** Fähnlein *n*, **b)** Fähnrich *m*; **'cor·net·(t)ist** [-tist] *s.* ♪ Kornettist *m*.

'corn|-ex·change *s.* ✝ Getreidebörse *f*; **'~-fac·tor** *s. Brit.* Getreidehändler *m*; **~ field** *s.* Getreidefeld *n*; **~ flakes** *s. pl.* Corn-flakes *pl.*; **'~-flour** *s.* **1.** Maismehl *n*; **2.** Reismehl *n*; **'~-flow·er** *s.* ♀ Kornblume *f*.

cor·nice ['kɔ:nis] *s.* **1.** △ Gesims *n*, Sims *m*, *n*; **2.** Kranz-, Randleiste *f*; Bilderleiste *f*; **3.** (Schnee)Wächte *f*.

Cor·nish ['kɔ:niʃ] **I.** *adj.* aus Cornwall, kornisch; **II.** *s.* kornische Sprache; **'~·man** [-mən] *s.* [*irr.*] Einwohner *m* von Cornwall.

'corn|-laws *s. pl. bsd. Brit. hist.* (*die 1846 aufgehobenen*) Korn(zoll)gesetze *pl.*; **'~·loft** *s.* Getreidespeicher *m*; **~ pop·py**, **~ rose** *s.* ♀ Klatschmohn *m*, -rose *f*; **'~-stalk** *s.* **1.** Getreidehalm *m*; **2.** *Am.* Maisstengel *m*; **3.** F Bohnen-, Hopfenstange *f* (*lange dünne Person*); **'~·starch** *s. Am.* Maisstärke *f*.

cor·nu·co·pi·a [kɔ:nju'koupjə] *s.* **1.** Füllhorn *n* (*a. fig.*); **2.** *fig.* Fülle *f*, 'Überfluß *m*.

corn whis·ky *s. Am.* Maisschnaps *m*.

corn·y ['kɔ:ni] *adj.* **1. a)** *Brit.* Korn-..., **b)** *Am.* Mais...; **2.** getreidereich; **3.** körnig; **4.** *Am. sl.* **a)** schmalzig, sentimen'tal (*bsd.* ♪), **b)** kitschig, abgedroschen.

co·rol·la [kə'rɔlə] *s.* ♀ Blumenkrone *f*.

cor·ol·lar·y [kə'rɔləri] *s.* **1.** ℞, *phls.* Folgesatz *m*; **2.** Folge *f*, Begleiterscheinung *f*.

co·ro·na [kə'rounə] *pl.* **-nae** [-ni:] *s.* **1.** *ast.* **a)** Krone *f* (*Sternbild*), **b)** Hof *m*, Ko'rona *f*, Strahlenkranz *m*: *~ discharge* ⚡ Glimmentladung; **2.** △ Kranzleiste *f*; **3.** *anat.* Zahnkrone *f*; **4.** ♀ Nebenkrone *f*; **5.** Kronleuchter *m* (*Kirche*).

cor·o·nach ['kɔrənək; -nəx] *s. Scot. u. Ir.* Totenklage *f*.

cor·o·nal ['kɔrənl] *s.* **1.** Stirnreif *m*, Dia'dem *n*; **2.** (Blumen)Kranz *m*.

cor·o·nar·y ['kɔrənəri] *adj.* **1.** kronen-, kranzartig; **2.** ⚕ koro'nar; **~ ar·ter·y** *s. anat.* 'Kranzar,terie *f*; **~ throm·bo·sis** *s.* ⚕ Koro'narthrom,bose *f*.

cor·o·na·tion [kɔrə'neiʃən] *s.* **1.** Krönung *f*; **2.** Krönungsfeier *f*.

cor·o·ner ['kɔrənə] *s.* ⚖ Leichenbeschauer *m* u. Unter'suchungsrichter *m*; → *inquest*.

cor·o·net ['kɔrənit] *s.* **1.** kleine Krone; Adelskrone *f*; **2.** Dia'dem *n*; **3.** *zo.* Hufkrone *f* (*Pferd*); **'cor·o·net·ed** [-tid] *adj.* **1.** e-e Adelskrone *od.* ein Diadem tragend; **2.** mit Adelswappen (*Briefpapier*).

cor·po·ral[1] ['kɔ:pərəl] *s.* ⚔ Obergefreite(r) *m*.

cor·po·ral[2] ['kɔ:pərəl] *adj.* □ **1.** körperlich, leiblich: *~ punishment* körperliche Züchtigung; **2.** per'sönlich; **cor·po·ral·i·ty** [kɔ:pə'ræliti] *s.* körperliche Exi'stenz.

cor·po·rate ['kɔ:pərit] *adj.* □ **1. vereinigt, körperschaftlich, korpora'tiv,** Körperschafts...; inkorporiert: *~ body* juristische Person, Körperschaft; *~ property* Körperschafts-, Gesellschaftseigentum; *~ town* Stadt mit eigenem Recht; **2.** gemeinsam, gesamt: *~ will* gemeinsamer Wille; **cor·po·ra·tion** [kɔ:pə'reiʃən] *s.* **1.** ⚖ Korporati'on *f*, Körperschaft *f*, ju'ristische Per'son: *~ tax* Körperschaftssteuer; **2.** ✝ *Am.* 'Aktiengesellschaft *f*; **3.** Vereinigung *f*; Gilde *f*, Zunft *f*; **4.** Stadtbehörde *f*; inkorporierte Stadtgemeinde; **5.** *sl.* Schmerbauch *m*; **'cor·po·ra·tive** [-rətiv] *adj.* **1.** korpora'tiv, körperschaftlich; **2.** *pol.* korporativ (*Staat*).

cor·po·re·al [kɔ:'pɔ:riəl] *adj.* □ **1.** körperlich, physisch; **2.** materi'ell, dinglich, greifbar; **cor·po·re·al·i·ty** [kɔ:pɔ:ri'æliti] *s.* Körperlichkeit *f*, körperliche Form *od.* Exi'stenz.

cor·po·sant ['kɔ:pəzənt] *s.* ⚡ Elmsfeuer *n*.

corps [kɔ:] *pl.* **corps** [kɔ:z] *s.* **1.** ⚔ **a)** (Ar'mee)Korps *n*, **b)** Korps *n*, Truppe *f*: *volunteer ~* Freiwilligentruppe; **2.** Körperschaft *f*, Korps *n*: **3.** Korps *n*, Korporati'on *f*, (Stu'denten)Verbindung *f*; **~ de bal·let** [kɔ: də 'bælei; kɔ: də balɛ] (*Fr.*) *s.* Bal'lettgruppe *f*; **♀ Di·plo·ma·tique** [di:ploumɑ:'ti:k] (*Fr.*) *s.* Diplo'matisches Korps.

corpse [kɔ:ps] *s.* Leichnam *m*, Leiche *f*.

cor·pu·lence ['kɔ:pjuləns], **'cor·pu·len·cy** [-si] *s.* Korpu'lenz *f*, Beleibtheit *f*; **'cor·pu·lent** [-nt] *adj.* □ korpu'lent, beleibt.

cor·pus ['kɔ:pəs] *pl.* **'cor·po·ra** [-pərə] *s.* **1.** ⚕ Körper *m*; **2.** *humor.* 'Korpus *m* (*Körper*); **3.** Korpus *n*, Sammlung *f* (*Werk, Gesetz etc.*); **4.** ✝ ('Stamm)Kapi,tal *n* (*Ggs. Zinsen etc.*); **♀ Chris·ti** ['kristi] *s. eccl.* Fron'leichnam(sfest *n*) *m*.

cor·pus·cle ['kɔ:pʌsl] *s.* **1.** *biol.* (Blut)Körperchen *n*; **2.** *phys.* kleinstes Teilchen, A'tom *n*; **cor·pus·cu·lar** [kɔ:'pʌskjulə] *adj. phys.* Korpuskular...; **cor·pus·cule** [kɔ:'pʌskju:l] → *corpuscle*.

cor·pus| de·lic·ti [di'liktai] *s.* ⚖ Tatbestand *m*, 'Corpus *n* de'licti; **~ ju·ris** ['dʒuəris] *s.* ⚖ Corpus *n* juris, Gesetzessammlung *f*.

cor·ral [kɔ'rɑ:l] **I.** *s.* **1.** Kor'ral *m*, (Vieh)Hof *m*, Pferch *m*, Einzäunung *f*; **2.** Wagenburg *f*; **II.** *v/t.* **3.** *Wagen* zu e-r Wagenburg zs.-stellen; **4.** in e-n Pferch treiben; **5.** *fig.* einsperren; **6.** *Am.* F sich aneignen, ‚schnappen'.

cor·rect [kə'rekt] **I.** *v/t.* **1.** korrigieren, verbessern, berichtigen, richtigstellen; **2.** regulieren, regeln, ausgleichen; mildern; **3.** *Mängel* abstellen, beheben; **4.** zu'rechtweisen, tadeln: *to stand ~ed* s-n Fehler eingestehen; **5.** *j-n od. et.* bestrafen; **II.** *adj.* □ **6.** richtig, fehlerfrei: *to be ~* **a)** stimmen, **b)** recht haben; **7.** kor'rekt, schicklich, einwandfrei: *it is the ~ thing* es gehört sich; *~ behavio(u)r* korrektes Benehmen; **8.** genau, ordentlich; **cor'rec·tion** [-kʃən] *s.* **1.** Verbesserung *f*, Berichtigung *f*, Richtigstellung *f* (*a.* ⊕, *phys.*): *I speak under ~* **ich kann mich irren; 2.** Korrek'tur *f* (*a.* ℞, *typ.*), Fehlerverbesserung *f*; **3.** Zu'rechtweisung *f*; **4.** Bestrafung *f*: *house of ~* ⚖ *Am.* Arbeitshaus; **5.** Bereinigung *f*, Abstellung *f*; Regulierung *f*; **cor'rec·tion·al** [-kʃənl] *adj.* **1.** Berichtigungs...; **2.** Straf...: *~ labo(u)r* Arbeit in e-r Strafanstalt; **cor'rect·i·tude** [-titju:d] *s.* Kor'rektheit *f* (*Benehmen*); **cor'rec·tive** [-tiv] **I.** *adj.* □ **1.** verbessernd; regulierend; **2.** mildernd, lindernd; **3.** → *correctional* 2; **II.** *s.* **4.** Korrek'tiv *n*, Abhilfe *f*, Ausgleichs-, Gegenmittel *n*: **cor'rect·ness** [-nis] *s*. Richtigkeit *f*; Kor'rektheit *f*; **cor'rec·tor** [-tə] *s*. 1. Verbesserer *m*; 2. 'Kritiker(in); 3. *mst* ~ *of the press Brit. typ.* Kor'rektor *m*; 4. Besserungsmittel *n*.

cor·re·late ['kɔrileit] I. *v/t*. in Wechselbeziehung bringen (*with* mit), aufein'ander beziehen; in Über'einstimmung bringen (*with* mit); II. *v/i*. in Wechselbeziehung stehen (*with* mit), sich aufeinander beziehen; entsprechen (*with dat.*); III. *s*. Korre'lat *n*, Gegenstück *n*; **cor·re·la·tion** [kɔri'leiʃən] *s*. Wechselbeziehung *f*, gegenseitige Abhängigkeit, Entsprechung *f*; **cor·rel·a·tive** [kɔ'relətiv] I. *adj*. □ korrela'tiv, in Wechselbeziehung stehend, sich ergänzend; entsprechend; II. *s*. Korre'lat *n*, Gegenstück *n*, Ergänzung *f*.

cor·re·spond [kɔris'pɔnd] *v/i*. 1. (*with, to*) entsprechen (*dat.*), über'einstimmen, in Einklang stehen (mit); 2. (*with, to*) passen (zu), sich eignen (für); 3. (*to*) entsprechen (*dat.*), das Gegenstück sein (von), ana'log sein (zu); 4. in Briefwechsel († in Geschäftsverkehr) stehen (*with* mit).

cor·re·spond·ence [kɔris'pɔndəns] *s*. 1. Über'einstimmung *f* (*with* mit, *between* zwischen *dat.*); 2. Angemessenheit *f*, Entsprechung *f*; 3. Korrespon'denz *f*: a) Briefwechsel *m*, b) Briefe *pl*.; 4. *Zeitung*: Beiträge *pl*.; ~ **clerk** *s*. † Korrespon'dent(in); ~ **col·umn** *s*. ‚Briefkasten' *m* der Redakti'on (*Zeitung*); ~ **course** *s*. 'Fern(ˌunterrichts)kursus *m*; ~ **school** *s*. 'Fernlehrinstiˌtut *n*.

cor·re·spond·ent [kɔris'pɔndənt] I. *s*. Korrespon'dent(in), Briefschreiber(in): a) Briefpartner(in), b) † Geschäftsfreund *m*, c) *Zeitung*: Berichterstatter(in), Mitarbeiter (-in); Einsender(in): *foreign* ~ Auslandskorrespondent; *special* ~ Sonderberichterstatter; II. *adj*. → *corresponding*; **cor·re'spond·ing** [-diŋ] *adj*. □ 1. entsprechend, gemäß (*to dat.*); 2. in Briefwechsel stehend (*with* mit): ~ *member* korrespondierendes Mitglied; **cor·re'spond·ing·ly** [-diŋli] *adv*. entsprechend, demgemäß.

cor·ri·dor ['kɔridɔ:] *s*. 1. 'Korridor *m*, Gang *m*, Flur *m*; 2. 🚂 Korridor *m*, Seitengang *m*: ~ *train* D-Zug, Durchgangszug; 3. *geogr., pol.* Korridor *m* (*Landstreifen durch fremdes Gebiet*).

cor·ri·gen·dum [kɔri'dʒendəm] *pl*. **-da** [-də] *s*. 1. zu verbessernder Druckfehler; 2. *pl*. Druckfehlerverzeichnis *n*; **cor·ri·gi·ble** ['kɔridʒəbl] *adj*. 1. zu verbessern(d); 2. lenksam, fügsam.

cor·rob·o·rant [kə'rɔbərənt] *s*. ⚕ 'Tonikum *n*, Stärkungsmittel *n*; **cor·rob·o·rate** [kə'rɔbəreit] *v/t*. bekräftigen, bestätigen, erhärten; **cor·rob·o·ra·tion** [kərɔbə'reiʃən] *s*. Bekräftigung *f*, Bestätigung *f*, Erhärtung *f*; **cor'rob·o·ra·tive** [-rətiv], **cor'rob·o·ra·to·ry** [-rətəri] *adj*. bestärkend, bestätigend.

cor·rode [kə'roud] I. *v/t*. 1. ⚗, ⊕ zer-, anfressen, angreifen, korrodieren; wegätzen, -beizen; 2. *fig*. zerfressen, zerstören, schädigen: *corroding care* nagende Sorge; II. *v/i*. 3. zerfressen werden; rosten; 4. sich einfressen; 5. verderben, verfallen; **cor'ro·dent** [-dənt] *Am*. I. *adj*. ätzend; II. *s*. Ätzmittel *n*; **cor'ro·sion** [-ouʒən] *s*. 1. ⚗, ⊕ Korrosi'on *f*, An-, Zerfressen *n*; Rostfraß *m*; Ätzen *n*, Beizen *n*; 2. *fig*. Zerstörung *f*; **cor'ro·sive** [-ousiv] I. *adj*. □ 1. ⚗, ⊕ zerfressend, ätzend, beizend, angreifend, Korrosions...; 2. *fig*. nagend, quälend; II. *s*. 3. ⚗, ⊕ Ätz-, Beizmittel *n*; **cor'ro·sive·ness** [-ousivnis] *s*. ätzende Schärfe.

cor·ru·gate ['kɔrugeit] I. *v/t*. wellen, riefen; runzeln, furchen; II. *v/i*. sich wellen *od*. runzeln, runz(e)lig werden; **'cor·ru·gat·ed** [-tid] *adj*. runz(e)lig, gefurcht; gewellt, gerieft: ~ *iron* (Eisen)Wellblech; ~ *cardboard*, ~ *paper* Wellpappe; **cor·ru·ga·tion** [kɔru'geiʃən] *s*. 1. Runzeln *n*, Furchen *n*; Wellen *n*, Riefen *n*; 2. Furche *f*, Falte *f* (*auf der Stirn*).

cor·rupt [kə'rʌpt] I. *adj*. □ 1. (*moralisch*) verdorben, schlecht, verworfen; ehrlos; 2. unehrlich, unlauter; 3. kor'rupt, bestechlich, käuflich: ~ *practices* Bestechungsmanöver, Korruption; 4. faul, verdorben, schlecht; 5. unrein, unecht, verfälscht, verderbt (*Text*); II. *v/t*. 6. verderben, zu'grunde richten: ~*ing influences* verderbliche Einflüsse; 7. verleiten, verführen; 8. korrumpieren, bestechen; 9. *Texte etc.* verderben, verfälschen, verunstalten; 10. *fig*. anstecken, infizieren; III. *v/i*. 11. (*moralisch*) verderben, verkommen; 12. schlecht werden, verderben; **cor'rupt·i·ble** [-təbl] *adj*. □ 1. zum Schlechten neigend; 2. bestechlich; 3. verderblich; vergänglich; **cor'rup·tion** [-pʃən] *s*. 1. Verdorbenheit *f*, Verfall *m*, Fäulnis *f*; 2. verderblicher Einfluß; 3. Korrupti'on *f*, Bestechlichkeit *f*, Bestechung *f*; 4. Verfälschung *f*, Entstellung *f* (*Text etc.*); **cor'rup·tive** [-tiv] *adj*. 1. zersetzend, verderblich; 2. *fig*. ansteckend; **cor'rupt·ness** [-nis] *s*. Verderbtheit *f*, Verdorbenheit *f*; Bestechlichkeit *f*.

cor·sage [kɔ:'sa:ʒ] *s*. 1. Taille *f*, Mieder *n*; 2. 'Ansteckbuˌkett *n*.

cor·sair ['kɔ:sɛə] *s*. 1. *hist*. Kor'sar *m*, Seeräuber *m*; 2. Seeräuberschiff *n*.

corse [kɔ:s] *s*. *poet*. Leichnam *m*.

corse·let ['kɔ:slit] *s*. 1. *Am*. *mst* **cor·se·let** [kɔ:sə'let] Korse'lett *n*, Mieder *n*; 2. *hist*. Harnisch *m*, Panzer *m*.

cor·set ['kɔ:sit] *s*. *oft pl*. Kor'sett *n*; **'cor·set·ed** [-tid] *adj*. (ein)geschnürt; **'cor·set·ry** [-tri] *s*. Miederwaren *pl*.

Cor·si·can ['kɔ:sikən] I. *adj*. korsisch; II. *s*. Korse *m*, Korsin *f*.

cors·let ['kɔ:slit] → *corselet*.

cor·tège [kɔ:'teiʒ] (*Fr.*) *s*. 1. Gefolge *n e-s Fürsten*; 2. Zug *m*, Prozessi'on *f*: *funeral* ~ Leichenzug.

cor·tex ['kɔ:teks] *pl*. **-ti·ces** [-tisi:z] *s*. ⚘, *zo., anat*. Rinde *f*: *cerebral* ~ Großhirnrinde.

co·run·dum [kə'rʌndəm] *s*. *min*. Ko'rund *m*.

cor·us·cate ['kɔrəskeit] *v/i*. (auf-) blitzen, funkeln, glänzen (*a. fig.*); **cor·us·ca·tion** [kɔrəs'keiʃən] *s*. (Auf)Blitzen *n*, Funkeln *n*, Glänzen *n* (*a. fig.*).

cor·vée ['kɔ:vei] (*Fr.*) *s*. Fronarbeit *f*, -dienst *m* (*a. fig.*).

cor·vette [kɔ:'vet] *s*. ⚓ Kor'vette *f*.

cor·vine ['kɔ:vain] *adj*. raben-, krähenartig.

Cor·y·don ['kɔridən] *s*. 1. *poet*. 'Korydon *m*, Schäfer *m*; 2. schmachtender Liebhaber.

cor·ymb ['kɔrimb] *s*. ⚘ Doldentraube *f*.

cor·y·phae·us [kɔri'fi:əs] *pl*. **-phae·i** [-'fi:ai] *s*. 1. *antiq*. Kory'phäe *m* (*Chorführer*); 2. *fig*. Koryphäe *m*, führender Geist; **co·ry'phée** [-'fei] *s*. Primaballe'rina *f*.

cos [kɔs] *s*. ⚘ *a*. ♀ *lettuce* Römischer Sa'lat.

co·se·cant ['kou'si:kənt] *s*. ⩚ 'Kosekans *m*.

cosh [kɔʃ] *Brit. sl*. I. *s*. Totschläger *m*; II. *v/t*. mit e-m Totschläger schlagen, *j-m* ‚eins über den Schädel hauen'.

cosh·er ['kɔʃə] *v/t*. verhätscheln.

co·sig·na·to·ry, *Am*. **co·sig·na·to·ry** ['kou'signətəri] *s*. 'Mitunterˌzeichner(in).

co·sine ['kousain] *s*. ⩚ 'Kosinus *m*.

co·si·ness ['kouzinis] *s*. Behaglichkeit *f*, Gemütlichkeit *f*.

cos·met·ic [kɔz'metik] I. *adj*. (□ ~*ally*) 1. kos'metisch: ~ *treatment* Schönheitspflege; II. *s*. 2. Schönheitsmittel *n*; 3. *a. pl*. Kos'metik *f*.

cos·mic *adj*.; **cos·mi·cal** ['kɔzmik(əl)] *adj*. □ kosmisch: a) das Weltall betreffend, Welt..., 'weltumˌspannend, b) ganzheitlich geordnet, c) riesig; **'cos·mism** [-izəm] *s*. *phls*. Kos'mismus *m* (*kosmische Evolution*).

cos·mog·o·ny [kɔz'mɔgəni] *s*. Kosmogo'nie *f*, Theo'rie *f* der Weltentstehung; **cos'mog·ra·phy** [-grəfi] *s*. Weltbeschreibung *f*; **cos'mol·o·gy** [-ələdʒi] *s*. Lehre *f* vom Weltall; Kosmolo'gie *f*.

cos·mo·naut ['kɔzmənɔ:t] *s*. (Welt-) Raumfahrer *m*, Kosmo'naut *m*.

cos·mo·pol·i·tan [kɔzmə'pɔlitən] I. *adj*. ˌkosmopo'litisch; *weitS*. weltoffen; II. *s*. ˌKosmopo'lit *m*, Weltbürger(in); **cos·mo'pol·i·tan·ism** [-tənizəm] *s*. Weltbürgertum *n*; *weitS*. Weltoffenheit *f*.

cos·mos ['kɔzmɔs] *s*. 1. 'Kosmos *m*: a) Weltall *n*, b) Weltordnung *f*; 2. geordnetes Sy'stem; 3. ⚘ Kosmos *m*, Schmuckkörbchen *n* (*Blume*).

Cos·sack ['kɔsæk] *s*. Ko'sak *m*.

cos·set ['kɔsit] *v/t*. verhätscheln: *to* ~ *up* aufpäppeln.

cost [kɔst] I. *s*. 1. *stets sg*. Preis *m*, Kosten *pl*., Aufwand *m*: ~ *of living* Lebenshaltungskosten; ~ *plus* Gestehungskosten plus Gewinnspanne; *at* ~ zum Selbstkostenpreis; 2. Kosten *pl*., Schaden *m*, Nachteil *m*: *at my* ~ auf m-e Kosten; *at a heavy* ~ unter schweren Opfern;

at the ~ of his health auf Kosten s-r Gesundheit; *to my ~* zu m-m Schaden; *I know to my ~* ich weiß aus eigener Erfahrung; *at all ~s, at any ~* a) um jeden Preis, b) auf jeden Fall; 3. *mst sg.* (Un)Kosten *pl.*, Auslagen *pl.*, Spesen *pl.*: *~ accounting* ✝ Kostenberechnung, Kalkulation; *to bear the ~* die (Un)Kosten tragen; *~ of construction* Baukosten; 4. *pl.* ⚖ (Gerichts-) Kosten *pl.*, Gebühren *pl.*: *to dismiss with ~s Klage etc.* kostenpflichtig abweisen; *to allow ~s* die Kosten bewilligen; **II.** *v/t.* 5. ✝ kalkulieren, den Preis berechnen von; **III.** *v/i.* [*irr.*] 6. *Preis* kosten: *what does it ~?* was kostet es?; *it ~ me one pound* es kostete mich ein Pfund; *it ~ him dearly fig.* es kam ihm teuer zu stehen; 7. kosten, bringen um: *it ~ him his life* es kostete ihn das Leben; 8. kosten, verursachen: *it ~ me a lot of trouble* es verursachte mir (*od.* kostete mich) große Mühe.

cos·tal ['kɔstl] *adj.* 1. *anat.* Rippen..., zwischen den Rippen; 2. ♀, *zo.* gerippt; '**cos·tate** [-teit] *adj.* ♀, *anat.* mit Rippen, gerippt.

'**cost-cov·er·ing** *adj.* ✝ kostendeckend.

cos·ter·mon·ger ['kɔstəmʌŋgə], *a. abbr.* **cos·ter** ['kɔstə] *s. Brit.* Straßenhändler(in) für Obst u. Gemüse, Höker(in).

cost·ing ['kɔstiŋ] *s.* ✝ *Brit.* Kostenberechnung *f*, Kalkulati'on *f*.

cos·tive ['kɔstiv] *adj.* □ 1. ⚕ verstopft, hartleibig; 2. *fig.* geizig; '**cos·tive·ness** [-nis] *s.* 1. ⚕ Verstopfung *f*; 2. *fig.* Geiz *m*.

cost·li·ness ['kɔstlinis] *s.* 1. Kostspieligkeit *f*; 2. Pracht *f*; **cost·ly** ['kɔstli] *adj.* 1. kostspielig, teuer; 2. kostbar, wertvoll; prächtig.

cost price *s.* ✝ **Selbstkostenpreis** *m*, **Gestehungskosten** *pl.*

cos·tume ['kɔstju:m] *s.* 1. Ko'stüm *n*, Kleidung *f*, Tracht *f*: *~ jewel(le)ry* Modeschmuck; 2. ('Masken-, 'Bühnen)Ko,stüm *n*: *~ piece* Theaterstück mit historischen Kostümen; 3. Ko'stüm(kleid) *n* (*für Damen*); **cos·tum·er** [kɔs'tju:mə], **cos·tum·i·er** [kɔs'tju:miə] *s.* 1. Ko'stümverleiher(in); 2. *thea.* Kostümi'er *m*, Gewandmeister *m*.

co·sy ['kouzi] **I.** *adj.* □ behaglich, gemütlich, traulich; **II.** *s.* → *tea-cosy*.

cot[1] [kɔt] *s.* 1. *Brit.* Kinderbettchen *n*; 2. Feldbett *n*; 3. ⚓ Schwingbett *n*, Koje *f* (*im Schiffslazarett*).

cot[2] [kɔt] *s.* 1. (Schaf- *etc.*)Stall *m*; 2. Häus-chen *n*, Hütte *f*.

cot[3] [kɔt] *s. abbr. für cotangent.*

co·tan·gent ['kou'tændʒənt] *s.* ⩚ 'Kotangens *m*.

cote [kout] *s.* Stall *m*, Hütte *f*, Häus-chen *n* (*für Kleinvieh od. Vögel*).

co·te·rie ['koutəri] *s.* Kote'rie *f*, exklu'siver 'Zirkel, Klüngel *m*, 'Clique *f*.

co·ter·mi·nous [kou'tə:minəs] → *conterminous*.

co·thur·nus [kə'θə:nəs] *pl.* **-ni** [-nai] *s.* 1. *antiq.* Ko'thurn *m*; 2. erhabener *od.* tragischer Stil.

co·tid·al lines [kou'taidl] *s. pl.* ⚓ Isor'rhachien *pl.* (*Linien gleicher Flutzeiten*).

co·til·lion, co·til·lon [kə'tiljən] *s.* 'Kotillon *m* (*Tanz*).

co·trus·tee, *Am.* **co·trus·tee** ['kou-trʌs'ti:] *s.* Mittreuhänder *m*.

cot·tage ['kɔtidʒ] *s.* 1. Bauernhaus *n*; 2. kleines Wohnhaus; 3. (kleines) Landhaus, Sommerhaus *n*; *~* **cheese** *s.* Hüttenkäse *m*; *~* **in·dus·try** *s.* Heimarbeit *f*; *~* **loaf** *s.* Weißbrot *n* (*kleiner runder Teil auf größerem*); *~* **pi·a·no** *s.* Pia'nino *n*; *~* **pud·ding** *s. ein* mit Soße übergossener Kuchen.

cot·tag·er ['kɔtidʒə] *s.* 1. Kleinbauer *m*, Häusler *m*; 2. *Am.* Besitzer *m* e-s Landhauses.

cot·tar, cot·ter ['kɔtə] *Scot.* → *cottager 1.*

cot·ter ['kɔtə] *s.* ⊕ **(Quer)Keil** *m*, **Pflock** *m*, **Bolzen** *m*, **Splint** *m*.

cot·ti·er ['kɔtiə] *Ir.* → *cottager 1.*

cot·ton ['kɔtn] **I.** *s.* 1. Baumwolle *f*: *absorbent ~* Watte; 2. Baumwollpflanze *f*; 3. Baumwollstoff *m*; 4. *pl.* a) Baumwollwaren *pl.*, b) Baumwollkleidung *f*; 5. (Näh-, Stick-) Garn *n*; **II.** *adj.* 6. baumwollen, Baumwoll...; **III.** *v/i.* 7. F *a. ~ on to* sich mit *j-m* anfreunden, sich mit *et.* befreunden; 8. F gut auskommen (*with* mit); *~* **belt** *s. Am.* Baumwollzone *f*; '*~*-**cake** *s.* Baumwollkuchen *m* (*Viehfutter*); '*~*-**gin** *s.* ⊕ Ent'körnungsma,schine *f* (*für Baumwolle*); '*~*-**grass** *s.* ♀ Wollgras *n*; '*~*-**lord** *s. Brit.* 'Baumwollma,gnat *m*; *~* **mill** *s.* 'Baumwollspinne,rei *f*; '*~*-**plant** *s.* Baumwollstaude *f*; '*~*-**press** *s.* Baumwollballenpresse *f*; *~* **print** *s.* bedruckter Kat'tun; *~* **print·er** *s.* Kat'tundrucker *m*; '*~*-**seed** *s.* ♀ Baumwollsamen *m*: *~ cake* → *cotton-cake*; *~ oil* Baumwollsamenöl; '*~*-**spin·ner** *s.* 1. ('Baumwoll)Spinne,reiar,beiter(in); 2. ('Baumwoll)Spinne,reibesitzer *m*; '*~*-**tail** *s. zo.* amer. 'Waldka,ninchen *n*; *~* **waste** *s.* 1. Baumwollabfall *m*; 2. ⊕ Putzwolle *f*; '*~*-**wood** *s.* ♀ *e-e* amer. Pappel; *~* **wool** *s.* 1. *Brit.* Watte *f*; 2. *Am.* Rohbaumwolle *f*.

cot·ton·y ['kɔtni] *adj.* 1. baumwollartig; 2. flaumig, weich.

cot·y·le·don [kɔti'li:dən] *s.* ♀ 1. Keimblatt *n*; 2. ♀ Nabelkraut *n*.

couch[1] [kautʃ] **I.** *s.* 1. Couch *f*, 'Liege,sofa *n*, Chaise'longue *f*, Ruhebett *n*; 2. Bett *n*; Lager *n* (*a. hunt.*), Lagerstätte *f*; 3. ⊕ Lage *f*, Schicht *f*, erster Anstrich; **II.** *v/t.* 4. *Gedanken etc.* in Worte fassen *od.* kleiden, ausdrücken; 5. *Lanze* einlegen; 6. ⚕ *Star* stechen; 7. *to be ~ed* liegen; **III.** *v/i.* 8. liegen, lagern (*Tier*); 9. (sich) kauern; lauern; sprungbereit sein (*Tier*).

couch[2] [kautʃ] → *couch-grass*.

couch·ant ['kautʃənt] *adj. her.* mit erhobenem Kopf liegend.

'**couch-grass** *s.* ♀ Quecke *f*.

Cou·é·ism ['ku:eiizəm] *s.* ⚕, *psych.* Coué'ismus *m*.

cou·gar ['ku:gə] *s. zo.* 'Kuguar *m*, 'Puma *m*.

cough [kɔf] **I.** *s.* 1. Husten *m*: *to give a ~* (einmal) husten; *churchyard ~* F ‚Kirchhofsjodler' (*schlimmer Husten*); **II.** *v/i.* 2. husten; **III.** *v/t.* 3. *~ out* aushusten; 4. *~ up sl.* her'ausrücken mit (*Wahrheit, Geld*); '*~*-**drop,** '*~*-**loz·enge** *s.* 'Hustenbon,bon *m, n*.

could [kud] *pret. von can*[1].

cou·loir ['ku:lwɑ:] (*Fr.*) *s.* 1. Bergschlucht *f*; 2. ⊕ 'Baggerma,schine *f*.

cou·lomb ['ku:lɔm] *s.* ⚡ Cou'lomb *n*, Am'pere-Se,kunde *f*.

coul·ter ['koultə] *s.* ✓ Kolter *n*, Pflugmesser *n*.

coun·cil ['kaunsl] *s.* 1. Ratsversammlung *f*, beratende Versammlung, Rat *m*, Beratung *f*: *to be in ~* zu Rate sitzen; *to meet in ~* e-e (Rats)Sitzung abhalten; *family ~* Familienrat; *Queen in* ♀ *Brit.* Königin und Kronrat; *~ of war* Kriegsrat (*a. fig.*); 2. Rat *m* (*Körperschaft*); *engS.* Gemeinderat *m*: *municipal ~* Stadtrat (*Behörde*); *~ school* Gemeindeschule; 3. Kirchenrat *m*, Syn'ode *f*, Kon'zil *n*; 4. Vorstand *m*, Komi'tee *n*; '*~*-**cham·ber** *s.* Ratszimmer *n*; *~* **es·tate** *s. Brit.* städtische Siedlung; '*~*-**house** *s. Brit.* stadteigenes Wohnhaus (*mit geringer Miete*).

coun·ci(l)·lor ['kaunsilə] *s.* Ratsmitglied *n*, -herr *m*, Stadtrat *m*, -rätin *f*.

coun·sel ['kaunsəl] **I.** *s.* 1. Rat (-schlag) *m*: *~ of perfection* allzu guter Rat; 2. Beratung *f*, Über'legung *f*: *to take* (*od. hold*) *~ with* a) sich beraten mit, b) sich Rat holen bei; *to take ~ together* zs. überlegen; 3. Plan *m*, Absicht *f*; Meinung *f*, Ansicht *f*: *divided ~s* geteilte Meinungen; *to keep one's (own) ~* s-e Absicht für sich behalten; 4. ⚖ (*ohne Artikel*) Rechtsbeistand *m*, Anwalt *m*: *~ for the defence* Verteidiger; *~ for the prosecution* Anklagevertreter, Staatsanwalt; 5. ⚖ *coll.* Anwälte *pl.*; **II.** *v/t.* 6. *j-m* raten *od.* e-n Rat geben; 7. zu *et.* raten: *to ~ delay* Aufschub empfehlen; '**coun·se(l)·lor** [-slə] *s.* 1. Ratgeber *m*; 2. *Am. u. Ir.* ⚖ Rechtsbeistand *m*, Anwalt *m*.

count[1] [kaunt] **I.** *s.* 1. Zählen *n*, Zählung *f*, (Be)Rechnung *f*: *to keep ~ of s.th.* et. genau zählen (können); *to lose ~* a) die Übersicht verlieren, b) sich verzählen; *by my ~* nach m-r Schätzung; *to take the ~ Boxen*: ausgezählt werden; 2. (End-) Zahl *f*, Anzahl *f*, Ergebnis *n*; 3. Berücksichtigung *f*: *to take* (*no*) *~ of* (nicht) zählen *od.* (nicht) berücksichtigen (*acc.*); 4. ⚖ (An-) Klagepunkt *m*; **II.** *v/t.* 5. (ab-, auf-) zählen, (be)rechnen: *to ~ one's money* sein Geld zählen; *to ~ the cost* a) die Kosten berechnen, b) *fig.* die Folgen bedenken; 6. (mit)zählen, einschließen, berücksichtigen: *I ~ him among my friends* ich zähle ihn zu m-n Freunden; *~ing those present* die Anwesenden eingeschlossen; *not ~ing* abgesehen von; 7. erachten, schätzen, halten für: *to ~ o.s. lucky* sich glücklich schätzen; *to ~ for* (*od. as*) *lost* als verloren ansehen; *to ~ s.th. of no importance* et. für unwichtig hal-

ten; **III.** *v/i.* **8.** zählen, rechnen: *he* ~*s among my friends* er zählt zu m-n Freunden; ~*ing from today* von heute an (gerechnet); *I* ~ *on you* ich rechne (*od.* verlasse mich) auf dich; **9.** mitzählen, gelten, von Wert sein: *to* ~ *for nothing* nichts wert sein, nicht von Belang sein; *every little* ~*s* auf jede Kleinigkeit kommt es an; *he simply doesn't* ~ er zählt überhaupt nicht;
Zssgn mit adv.:
count| in *v/t.* mitzählen, einschließen: ~ *me in!* ich bin mit von der Partie!; ~ **out** *v/t.* **1.** auszählen (*a. Boxen*): *you can count me out* **a)** rechne nicht auf mich, **b)** F ohne mich!; **2.** als unwichtig ansehen; **3.** *parl. Brit.* wegen Beschlußunfähigkeit vertagen; ~ **o·ver** *v/t.* nachzählen; ~ **up** *v/t.* zs.-zählen, 'durchrechnen.

count[2] [kaunt] *s.* (nichtbrit.) Graf *m*; → *palatine*[1] *1.*

count·down ['kauntdaun] *s.* Countdown *m, n,* Startzählung *f.*

coun·te·nance ['kauntinəns] **I.** *s.* **1.** Gesichtsausdruck *m,* Miene *f*: *his* ~ *fell* er machte ein langes Gesicht; *to change one's* ~ s-n Gesichtsausdruck ändern, die Farbe wechseln; **2.** Fassung *f,* Haltung *f,* Gemütsruhe *f*: *to keep one's* ~ die Fassung bewahren; *to put s.o. out of* ~ j-n aus der Fassung bringen; **3.** Ermunterung *f,* Unter'stützung *f*: *to give* (*od. lend*) ~ *to j-n* ermutigen, *j-n od. et.* unterstützen, *et.* bekräftigen, Glaubwürdigkeit verleihen (*dat.*); *to keep s.o. in* ~ j-n ermuntern, j-n unterstützen; **II.** *v/t.* **4.** *j-n* ermuntern, (unter)'stützen; **5.** *et.* dulden, billigen.

coun·ter[1] ['kauntə] *s.* **1.** Ladentisch *m,* Theke *f*: *to nail to the* ~ *eine Lüge etc.* festnageln; *under the* ~ *fig.* unter dem Ladentisch, im Schleichhandel; **2.** Schalter *m,* Zahltisch *m* (*Bank etc.*); **3.** Spielmarke *f,* Zahlpfennig *m*; **4.** Zählperle *f,* -kugel *f* (*Kinder-Rechenmaschine*); **5.** ⊕ Zähler *m.*

coun·ter[2] ['kauntə] **I.** *adv.* **1.** entgegengesetzt; entgegen, zu'wider: *to run* (*od. go*) ~ *to* zuwiderlaufen (*dat.*); ~ *to all rules* entgegen allen *od.* wider alle Regeln; **II.** *adj.* **2.** Gegen..., entgegengesetzt; → *counter-*; **III.** *s.* **3.** Abwehr *f*; *Boxen*: Gegen-, 'Konterschlag *m*; *fenc.* Pa'rade *f*; *Eislauf*: Gegenwende *f*; **4.** *zo.* Brustgrube *f* (*Pferd*); **IV.** *v/t. u. v/i.* **5.** entgegenwirken, entgegnen; wider'sprechen, zu'widerhandeln (*dat.*); **6.** *Boxen u. fig.*: kontern.

counter- [kauntə] *in Zssgn* Gegen..., gegen..., entgegen...

coun·ter'act [-tə'ræ-] *v/t.* **1.** entgegenwirken (*dat.*); bekämpfen, vereiteln; **2.** kompensieren, neutralisieren; **coun·ter'ac·tion** [-tə'ræ-] *s.* **1.** Gegenwirkung *f,* -maßnahme *f*; **2.** 'Widerstand *m,* Oppositi'on *f*; **coun·ter'ac·tive** [-tə'ræ-] *adj.* ☐ entgegenwirkend; **coun·ter-'a·gent** [-tə'rei-] *s.* Gegenmittel *n.*

'**coun·ter-ap·proach** [-tərə-] *s.* ⚔ Gegenlaufgraben *m.*

'**coun·ter-at·tack** [-tərə] **I.** *s.* Gegenangriff *m* (*a. fig.*); **II.** *v/i. u. v/t.* e-n Gegenangriff machen (gegen).

'**coun·ter-at·trac·tion** [-tərə-] *s.* **1.** *phys.* entgegengesetzte Anziehungskraft; **2.** *fig.* 'Gegenattrakti,on *f.*

'**coun·ter·bal·ance** **I.** *s.* Gegengewicht *n* (*a. fig.*); **II.** *v/t.* [kauntə'bæləns] ein Gegengewicht bilden zu, ausgleichen, aufwiegen; die Waage halten (*dat.*).

'**coun·ter·blast** *s.* Gegenstoß *m*; *fig.* kräftige Entgegnung.

'**coun·ter·blow** *s.* Gegenstoß *m.*

'**coun·ter·charge** **I.** *s.* **1.** ⚖ Gegenklage *f*; **2.** ⚔ Gegenangriff *m*; **II.** *v/t.* **3.** ⚖ e-e Gegenklage erheben gegen; **4.** ⚔ e-n Gegenangriff richten gegen.

'**coun·ter·check** *s.* **1.** Gegenwirkung *f*; Hindernis *n*; **2.** Gegen-, Nachprüfung *f.*

'**coun·ter-claim** ✝, ⚖ **I.** *s.* Gegenforderung *f*; **II.** *v/t.* als Gegenforderung verlangen.

'**coun·ter-'clock·wise** → *anti-clockwise.*

'**coun·ter·cy·cli·cal** *adj.* ☐ ✝ konjunk'turdämpfend.

'**coun·ter-es·pi·o·nage** [-tərə-] *s.* Spio'nageabwehr *f,* Abwehr(dienst *m*) *f.*

'**coun·ter·feit** [-fit] **I.** *adj.* **1.** nachgemacht, gefälscht, unecht, falsch: ~ *coin* Falschgeld; **2.** geheuchelt, verstellt; **II.** *s.* **3.** Fälschung *f*; **4.** Falschgeld *n*; **III.** *v/t.* **5.** nachahmen; **6.** nachmachen, fälschen; **7.** heucheln, vorgeben: *to* ~ *death* sich totstellen; '**coun·ter·feit·er** [-tə] *s.* **1.** Fälscher *m,* Falschmünzer *m*; **2.** Heuchler(in), Betrüger(in).

'**coun·ter·foil** *s.* (Kon'troll)Abschnitt *m* (*Scheckbuch etc.*).

'**coun·ter·fort** *s.* △ Strebepfeiler *m.*

'**coun·ter-in·tel·li·gence** [-tərin-] → *counter-espionage.*

coun·ter-'ir·ri·tant [-tə'ri-] *s.* ⚕ Gegen(reiz)mittel *n.*

'**coun·ter-jump·er** *s.* F Ladenschwengel *m* (*Verkäufer*).

'**coun·ter·man** [-mən] *s.* [*irr.*] Verkäufer *m.*

coun·ter·mand [kauntə'mɑ:nd] **I.** *v/t.* **1.** wider'rufen, rückgängig machen: *until* ~*ed* bis auf Widerruf; **2.** absagen, abbestellen; **II.** *s.* **3.** Gegenbefehl *m*; **4.** Wider'rufung *f,* Annullierung *f.*

'**coun·ter·march** *s.* **1.** ⚔ Rückmarsch *m*; **2.** *fig.* völlige 'Umkehr.

'**coun·ter·mark** *s.* Gegen-, Kon'trollzeichen *n* (*bsd. für die Echtheit*).

'**coun·ter·meas·ure** *s.* Gegenmaß-[nahme *f.*]

'**coun·ter·mine** **I.** *s.* **1.** ⚔ Gegenmine *f*; **2.** *fig.* Gegenanschlag *m*; **II.** *v/t.* **3.** ⚔ konterminieren; **4.** *fig.* unter'graben.

'**coun·ter-mo·tion** *s.* **1.** Gegenbewegung *f*; **2.** *pol.* Gegenantrag *m.*

'**coun·ter·move** *s.* Gegenzug *m.*

'**coun·ter-of·fer** [-tərə-] *s.* ✝ Gegenangebot *n.*

'**coun·ter-or·der** [-tərɔ:-] **1.** ✝ Abbestellung *f*; **2.** ⚔ Gegenbefehl *m.*

'**coun·ter·pane** *s.* Tagesdecke *f.*

'**coun·ter·part** *s.* **1.** Gegen-, Seitenstück *n*; **2.** genaue Ergänzung; **3.** Ebenbild *n*; **4.** Dupli'kat *n.*

'**coun·ter·plot** *s.* Gegenanschlag *m.*

'**coun·ter·point** *s.* ♪ 'Kontrapunkt *m.*

'**coun·ter·poise** **I.** *s.* **1.** Gegengewicht *n* (*a. fig.*); Gleichgewicht *n*; **II.** *v/t.* **2.** als Gegengewicht wirken zu, ausgleichen; **3.** *fig.* im Gleichgewicht halten, ausgleichen, aufwiegen.

'**coun·ter-ref·or'ma·tion** *s.* 'Gegenreformati,on *f.*

'**coun·ter-rev·o'lu·tion** *s.* 'Gegenrevoluti,on *f.*

'**coun·ter·scarp** *s.* ⚔ äußere Grabenböschung.

'**coun·ter·sign** **I.** *s.* **1.** ⚔ Losungswort *n*; **2.** Gegenzeichen *n*; **II.** *v/t.* **3.** gegenzeichnen; **4.** *fig.* bestätigen; '**coun·ter-'sig·na·ture** *s.* Gegenzeichnung *f.*

'**coun·ter·sink** **I.** *s.* **1.** Versenkbohrer *m*; **2.** Senkschraube *f*; **II.** *v/t.* [*irr.* → *sink*] ⊕ **3.** *Loch* ausfräsen; **4.** *Schraubenkopf* versenken.

'**coun·ter·stroke** *s.* Gegenschlag *m,* -hieb *m,* -stoß *m.*

'**coun·ter-'ten·or** *s.* ♪ hoher Te'nor (*Stimme u. Sänger*).

coun·ter·vail ['kauntəveil] **I.** *v/t.* aufwiegen, ausgleichen; **II.** *v/i.* stark genug sein, ausreichen (*against* gegen): ~*ing duty* Ausgleichszoll.

'**coun·ter·weight** *s.* Gegengewicht *n* (*a. fig.*).

count·ess ['kauntis] *s.* **1.** Gräfin *f*; **2.** Kom'tesse *f.*

count·ing| glass ['kauntiŋ] *s.* ⊕ Zählglas *n,* -lupe *f*; '~**-house** *s. bsd. Brit.* ✝ Bü'ro *n*; *engS.* Buchhaltung *f.*

count·less ['kauntlis] *adj.* zahllos, unzählig.

'**count|-out** *s. parl. Brit.* Vertagung *f* wegen Beschlußunfähigkeit; ~ **out** *s. Boxen*: Auszählen *n.*

coun·tri·fied ['kʌntrifaid] *adj.* **1.** ländlich, bäuerlich; **2.** bäurisch, verbauert.

coun·try ['kʌntri] **I.** *s.* **1.** Land *n,* Staat *m*: *in this* ~ hierzulande; ~ *of destination* Bestimmungsland; ~ *of origin* Ursprungsland; **2.** Nati'on *f,* Volk *n*: *to appeal* (*od. go*) *to the* ~ *pol.* an das Volk appellieren, Neuwahlen ausschreiben; **3.** Vaterland *n,* Heimat(land *n*) *f*: *the old* ~ die alte Heimat; *to fight for one's* ~ für sein Vaterland kämpfen; **4.** Gelände *n,* Landschaft *f*; Gebiet *n* (*a. fig.*): *flat* ~ Flachland; *wooded* ~ waldige Gegend; *unknown* ~ unbekanntes Gebiet (*a. fig.*); *to go up* ~ ins Innere reisen; **5.** Land *n* (*Ggs. Stadt*): *in the* ~ auf dem Lande; **6.** Pro'vinz *f* (*Ggs. Stadt*): *to go* (*down*) *into the* ~ in die Provinz *od.* aufs Land gehen; **II.** *adj.* **7.** Land...; Provinz...; ländlich: ~ *bank* Provinzbank; ~ *life* Landleben; ~ *manners* ländliche *od.* bäurische Sitten; ~ *policeman* Gendarm, Landjäger; '~**-bred** *adj.* auf dem Lande (aufgewachsen u.) erzogen; ~ **bump·kin** *s.* Bauerntölpel *m*; ~ **club** *s. Am.* Klub *m* auf dem Land (*für Städter*); ~ **cous·in** *s.* **1.** Vetter *m od.* Base *f* vom Lande; **2.** ‚Unschuld *f* vom Lande'; ~ **dance** *s.* englischer Volkstanz *m*; '~**·folk** *s.* Bauern *pl.*, Landbevölkerung *f*; ~ **gen·tle·man** *s.* **1.** Landedelmann *m*; **2.** Gutsbesitzer *m*; '~-'**house** *s.* Landhaus *n*, Landsitz *m*; '~**·man** [-mən] *s.* [*irr.*] **1.** Landsmann *m*; **2.** Landmann *m*, Bauer *m*; ~ **par·ty** *s. pol.* A'grarierparˌtei *f*, Landbund *m*; '~-'**seat** → *country-house*; '~'**side** *s.* **1.** ländliche Gegend; Land(schaft *f*) *n*; **2.** (Land-)Bevölkerung *f*; '~-'**wide** *adj.* im ganzen Land (verbreitet); '~**·wom·an** *s.* [*irr.*] **1.** Landsmännin *f*; **2.** Bauersfrau *f*.

coun·ty ['kaunti] *s.* **1.** *Brit.* **a)** Grafschaft *f*; → *palatine*[1] *1*, **b)** Bewohner *pl.* e-r Grafschaft; **2.** *the* ~ *Brit.* die Aristokra'tie e-r Grafschaft; **3.** *Am.* **a)** Kreis *m*, (Verwaltungs-)Bezirk *m*, **b)** Bewohner *pl.* e-s Kreises; ~ **bor·ough**, ~ **cor·po·rate** *s. Brit.* Stadt *f* mit den Rechten e-r Grafschaft; ~ **coun·cil** *s. Brit.* Grafschaftsrat *m* (*Behörde*); ~ **court** *s.* ⚖ **1.** *Brit.* Grafschaftsgericht *n* (*nur für Zivilsachen*); **2.** *Am.* Kreisgericht *n*; ~ **fam·i·ly** *s. Brit.* vornehme Fa'milie mit Ahnensitz in e-r Grafschaft; ~ **hall** *s. Brit.* Rathaus *n* e-r Grafschaft; ~ **seat** *s. Am.* Kreishauptstadt *f*; ~ **town** *s. Brit.* Grafschaftshauptstadt *f*.

coup [ku:] *s.* **1.** Coup *m*, gelungener Streich; **2.** Gewalt-, Staatsstreich *m*, Putsch *m*; ~ **de grâce** ['ku:də'grɑ:s] (*Fr.*) *s.* Gnadenstoß *m* (*a. fig.*); ~ **de main** ['ku:də'mɛ̃] (*Fr.*) *s. bsd.* ⚔ Handstreich *m*; ~ **d'é·tat** ['ku:dei-'tɑ:] (*Fr.*) *s.* Staatsstreich *m*.

cou·pé ['ku:pei] *s.* Cou'pé *n*: **a)** *geschlossenes, zweisitziges Auto*, **b)** *geschlossene Kutsche für zwei Personen*, **c)** 🚂 *Brit.* Halbabteil *n*.

cou·ple ['kʌpl] **I.** *s.* **1.** Paar *n*: *in* ~*s* paarweise; *a* ~ *of* zwei oder drei *od.* ein paar *Tage etc.*; **2.** Ehepaar *n*; Brautpaar *n*: *engaged* ~ Brautpaar; *loving* ~ Liebespaar; **3.** Koppel *f* (*Jagdhunde*): *to go* (*od. hunt*) *in* ~*s fig.* et. gemeinsam tun, gemeinsam handeln; **II.** *v/t.* **4.** (zs.-, ver)koppeln, verbinden; **5.** ehelich verbinden; paaren; **6.** *in Gedanken* verbinden, zs.-bringen; **7.** ⊕ (an-, ein-, ver)kuppeln; **8.** ⚡, ♪ koppeln; **III.** *v/i.* **9.** heiraten; sich paaren.

cou·pled| col·umn ['kʌpld] *s.* ⚠ gekoppelte Säule; ~ **en·gine** *s.* ⊕ 'Zwillingsmaˌschine *f*.

cou·pler ['kʌplə] *s.* **1.** ♪ Kopplung *f* (*Orgel*); **2.** *Radio*: Koppler *m*; **3.** ⊕ Kupplung *f*; ~ **plug** *s.* ⚡ Gerätestecker *m*.

cou·plet ['kʌplit] *s.* Reimpaar *n*.

cou·pling ['kʌpliŋ] *s.* **1.** Verbindung *f*; **2.** Paarung *f*; **3.** ⊕ (*feste*) Kupplung; **4.** ⚡, *Radio*: Kopplung *f*; ~ **box** *s.* ⊕ Kupplungsmuffe *f*; ~ **chain** *s.* ⊕ Kupplungskette *f*; *pl.* 🚂 Kettenkupplung *f*; ~ **coil** *s.* ⚡, *Radio*: Kopplungsspule *f*.

cou·pon ['ku:pɔn] *s.* **1.** ✝ Ku'pon *m*, Zinsschein *m*: *dividend* ~ Dividendenschein; **2.** (Gut)Schein *m*; Ra'battmarke *f*; **3.** Berechtigungs-, Bezugsschein *m*; **4.** Abschnitt *m der Lebensmittelkarte etc.*, Marke *f*.

cour·age ['kʌridʒ] *s.* Mut *m*, Tapferkeit *f*: *to have the* ~ *of one's convictions* Zivilcourage haben; *to pluck up* (*od. take*) ~ Mut fassen; *to screw up* (*od. summon up*) *one's* ~, *to take one's* ~ *in both hands* s-n ganzen Mut zs.-nehmen; → *Dutch courage*; **cou·ra·geous** [kə'reidʒəs] *adj.* □ mutig, beherzt, tapfer.

cour·i·er ['kuriə] *s.* **1.** Eilbote *m*, Ku'rier *m*; **2.** Reiseleiter(in).

course [kɔ:s] **I.** *s.* **1.** Lauf *m*, Bahn *f*, Weg *m*, Gang *m*; Ab-, Verlauf *m*, Fortgang *m*: *the* ~ *of life* der Lauf des Lebens; ~ *of events* Gang der Ereignisse, Lauf der Dinge; *the stars in their* ~*s* die Sterne in ihrer Bahn; *the* ~ *of a disease* der Verlauf e-r Krankheit; *the* ~ *of nature* der natürliche (Ver)Lauf; *a matter of* ~ e-e Selbstverständlichkeit; *of* ~ natürlich, gewiß, bekanntlich; *in the* ~ *of* im (Ver)Lauf (*gen.*), während (*gen.*); *in* ~ *of construction* im Bau (befindlich); *in* ~ *of time* im Laufe der Zeit; *in due* ~ zur gegebenen *od.* rechten Zeit; *in the ordinary* ~ *of things* normalerweise; *to let things take* (*od. run*) *their* ~ den Dingen ihren Lauf lassen; *the disease took its* ~ die Krankheit nahm ihren (natürlichen) Verlauf; **2.** feste Bahn, Strecke *f*: *golf* ~ Golfplatz; *race*~ Rennbahn; *to clear the* ~ die Bahn freimachen; **3.** Fahrt *f*, Weg *m*; Richtung *f*; ⚓ Kurs *m* (*a. fig.*): *to steer a* ~ e-n Kurs steuern (*a. fig.*); *to change one's* ~ s-n Kurs ändern (*a. fig.*); *to keep to one's* ~ beharrlich s-n Weg verfolgen; *to take a new* ~ e-n neuen Weg einschlagen; **4.** Lebensbahn *f*, -weise *f*: *evil* ~*s* üble Gewohnheiten; **5.** Handlungsweise *f*, Verfahren *n*: *a dangerous* ~ ein gefährlicher Weg; → *action 1*; **6.** Gang *m*, Gericht *n* (*Speisen*); **7.** Reihe *f*, (Reihen)Folge *f*; 'Zyklus *m*: ~ *of lectures* Vortragsreihe; ~ *of treatment* ⚕ längere Behandlung, Kur; **8.** *a.* ~ *of instruction* Kurs(us) *m*, Lehrgang *m*: *a German* ~ ein Deutschkursus, ein deutsches Lehrbuch; **9.** ⚠ Schicht *f*, Lage *f* (*Mauerstein etc.*); **10.** ⚓ *ein* Segel *n*: *main-*~ Großsegel; **11.** (*monthly*) ~*s* ⚕ Regel, Periode; **II.** *v/t.* **12.** *bsd. Hasen* mit Hunden hetzen *od.* jagen; **III.** *v/i.* **13.** rennen, eilen, jagen; **14.** an e-r Hetzjagd teilnehmen.

cours·er ['kɔ:sə] *s. poet.* Renner *m*, schnelles Pferd; '**cours·ing** [-siŋ] *s.* Hetzjagd *f* (*bsd. Hasen*) mit Hunden.

court [kɔ:t] **I.** *s.* **1.** (Vor-, 'Hinter-, Innen)Hof *m*; **2.** 'Hintergäßchen *n*; **3.** *bsd. Brit.* stattliches Wohngebäude; **4.** (abgesteckter) Spielplatz: *tennis-*~ Tennisplatz; *grass* ~ Rasentennisplatz; **5.** Hof *m*, Resi'denz *f* (*Fürst etc.*): *to be presented at* ~ bei Hofe vorgestellt werden; **6. a)** fürstlicher Hof *od.* Haushalt, **b)** fürstliche Fa'milie, **c)** Hofstaat *m*; **7.** (Empfang *m* bei) Hof *m*: *to hold a* ~ e-e Cour abhalten; **8.** fürstliche Regierung; **9.** ⚖ **a)** Gericht *n*, Gerichtshof *m*, -saal *m*, **b)** Gerichtshof *m*, *der od. die* Richter, **c)** Gerichtssitzung *f*: *in* ~ vor Gericht; *out of* ~ **a)** außergerichtlich, **b)** nicht zur Sache gehörig, **c)** indiskutabel; ~ *of justice* Gerichtshof; *to bring into* ~, *to take to* ~ vor Gericht bringen; *to go to* ~ klagen; **10.** *fig.* Hof *m*, Cour *f*, Aufwartung *f*: *to pay (one's)* ~ *to* **a)** *e-r Dame* den Hof machen, **b)** *j-m* s-e Aufwartung machen; **11.** Rat *m*, Versammlung *f*: ~ *of directors* Direktion, Vorstand; **II.** *v/t.* **12.** den Hof machen, huldigen (*dat.*); **13.** um'werben (*a. fig.*), werben *od.* freien um; ‚poussieren' mit: ~*ing couple* Liebespaar; **14.** *fig.* werben *od.* buhlen *od.* sich bemühen um *et.*; suchen; **15.** *Schicksal* her'ausfordern; *Unheil* her'aufbeschwören.

'**court|-card** *s.* Bildkarte *f* (*beim Kartenspiel*); ~ **cir·cu·lar** *s.* Hofnachrichten *pl.*; '~-'**dress** *s.* Hoftracht *f*.

cour·te·ous ['kɔ:tjəs] *adj.* □ höflich, liebenswürdig; '**cour·te·ous·ness** [-nis] *s.* Höflichkeit *f*, Artigkeit *f*.

cour·te·san [kɔ:ti'zæn] *s.* Kurti'sane *f*.

cour·te·sy ['kə:tisi] *s.* **1.** Höflichkeit *f*, Verbindlichkeit *f*, Artigkeit *f*; **2.** Gefälligkeit *f*: *by* ~ *of* mit freundlicher Genehmigung von (*od. gen.*); ~ **ti·tle** *s.* Höflichkeits- *od.* Ehrentitel *m*.

cour·te·zan → *courtesan*.

court| guide *s.* 'Hof-, 'Adelskaˌlender *m* (*Verzeichnis der hoffähigen Personen*); ~ **hand** *s.* gotische Kanz'leischrift; '~-'**house** *s.* Gerichtsgebäude *n*.

cour·ti·er ['kɔ:tjə] *s.* Höfling *m*, Hofmann *m*.

court·ly ['kɔ:tli] *adj.* **1.** vornehm, gepflegt, höflich; **2.** höfisch.

court| mar·tial *pl.* **courts mar·tial** *s.* Kriegsgericht *n*; '~-'**mar·tial** *v/t.* vor ein Kriegsgericht stellen; ~ **mourn·ing** *s.* Hoftrauer *f*; ♀ **of Ap·peal** *s.* Berufungsgericht *n*; ~ **of ar·bi·tra·tion** *s.* Schiedsgericht *n*, Schlichtungskammer *f*; ♀ **of Chan·cer·y** *s.* Kanz'leigericht *n*; ♀ **of Eq·ui·ty** *s.* Billigkeitsgericht *n*; ~ **of in·quir·y** *s.* Unter'suchungsgericht *n*; ♀ **of Pro·bate** *s.* Nachlaßgericht *n*; ♀ **of St. James's** *s.* Hof *m* von St. James (*der brit. Königshof*); ~ **plas·ter** *s.* Heftpflaster *n*; ~ **room** *s.* Gerichtssaal *m*.

court·ship ['kɔ:tʃip] *s.* **1.** Hofmachen *n*; **2.** Werbung *f*, Freien *n*.

court| shoes *s. pl.* Pumps *pl.*; '~'**yard** *s.* Hof(raum) *m*.

cous·in ['kʌzn] *s.* **a)** Vetter *m*, Cou'sin *m*, **b)** Base *f*, Ku'sine *f*: *first* ~, ~ *german* leiblicher Vetter *od.* leibliche Base; *second* ~ Vetter *od.* Base zweiten Grades; '**cous·in·ly** [-li] *adj.* vetterlich; '**cous·in·ship** [-ʃip] *s.* Vetter(n)schaft *f*.

cou·tu·rier [kuty'rje] (*Fr.*) *s.* (Damen)Schneider *m*; **cou·tu'rière** [-jɛ:r] (*Fr.*) *s.* Schneiderin *f*.

cove[1] [kouv] **I.** *s.* **1.** kleine Bucht; **2.** *fig.* Schlupfwinkel *m*; **3.** ⚠ Wölbung *f*; **II.** *v/t.* **4.** ⚠ (über)'wölben.

cove[2] [kouv] *s. sl.* Bursche *m*, Kerl *m*.

cov·en ['kʌvn] *s.* Hexensabbat *m*.

cov·e·nant ['kʌvinənt] **I.** *s.* **1.** Vertrag *m*; feierliches Abkommen; **2.**

Ver'trags‚klausel *f*; **3.** *bibl.* **a)** Bund *m*; → *ark 2*, **b)** Verheißung *f*: *the land of the ~* das Gelobte Land; **II.** *v/i.* **4.** e-n Vertrag schließen, über'einkommen (*with* mit, *for* über *acc.*); **5.** sich feierlich verpflichten, geloben; **III.** *v/t.* **6.** vertraglich zusichern; **'cov·e·nant·ed** [-tid] *adj.* vertragsmäßig; vertraglich gebunden; **'Cov·e·nant·er** [-tə] *s. Scot. hist.* Covenanter *m* (*Anhänger des National Covenant*).

Cov·en·try ['kɔvəntri] *npr. englische Stadt*: *to send s.o. to ~ fig.* j-n gesellschaftlich kaltstellen, den Verkehr mit j-m abbrechen.

cov·er ['kʌvə] **I.** *s.* **1.** Decke *f*; Dekkel *m*; **2.** (Buch)Decke *f*, Einband *m*: *from ~ to ~* von Anfang bis Ende; **3.** 'Brief‚umschlag *m*: *under (the) same ~* **beiliegend**; *under separate ~* **mit getrennter Post**; *under ~ of* **unter der (Deck)Adresse von**; **4.** **'Schutz‚umschlag** *m*, **Hülle** *f*, **Futte'ral** *n*; **'Über-, Bezug** *m*: *loose ~* loser Bezug (*Stuhl etc.*); **5.** **Gedeck** *n* (*bei Tisch*): *~ charge* **Kosten für das Gedeck** (*ohne Essen*); **6.** ⚔ **Deckung** *f*: *to take ~* **Deckung nehmen**; *air ~* **Luftsicherung**; **7.** *hunt.* **Dickicht** *n*, Lager *n*: *to break ~* ins Freie treten; **8.** Ob-, Schutzdach *n*: *to get under ~* sich unterstellen; **9.** *fig.* Schutz *m*: *under ~ of night* im Schutz der Nacht; **10.** *fig.* Deckmantel *m*, Vorwand *m*: *under ~ of friendship*; *~ name* Deckname; **11.** † Deckung *f*, Sicherheit *f*; **12.** ⊕ Decke *f*, Mantel *m* (*Bereifung*); **13.** Einbeziehung *f*, Einschließung *f*; **II.** *v/t.* **14.** be-, zudecken: *to remain ~ed* den Hut aufbehalten; **15.** *mst pass.* *~ed with* voll von; **16.** einhüllen, -wickeln (*with* in *acc.*); **17.** be-, über'ziehen: *~ed button* bezogener Knopf; *~ed wire* umsponnener Draht; **18.** ⚔, *a. sport* decken; **19.** *fig.* decken, schützen, sichern (*from* vor *dat.*, gegen): *to ~ o.s.* sich absichern (*against* gegen); **20.** be-, verdecken, verhüllen, verbergen; **21.** † decken: *to ~ the cost*; **22.** † decken, (ver-)sichern; **23.** decken, genügen für; **24.** enthalten, einschließen, um'fassen; erfassen; **25.** *Gebiet* bearbeiten, bereisen; **26.** sich erstrecken über (*acc.*); *Strecke* zu'rücklegen; **27.** *mit e-r Waffe* zielen auf (*acc.*), *j-n* in Schach halten; ⚔ beherrschen; **28.** ⚔ *mit Feuer* belegen, bestreichen; **29.** *Stute* beschälen; *Hündin etc.* decken; **30.** *Zeitung etc.*: berichten über (*acc.*); *~* **in** *v/t.* **1.** decken, bedachen; **2.** füllen; *~* **o·ver** *v/t.* **1.** über'decken; **2.** † *Emission* über'zeichnen; *~* **up** *v/t.* **1.** zu-, verdecken; **2.** *fig.* bemänteln, vertuschen.

cov·er ad·dress *s.* 'Decka‚dresse *f*.

cov·er·age ['kʌvəridʒ] *s.* **1.** Erfassung *f*, Einschluß *m*; erfaßtes Gebiet, erfaßte Menge; *Werbung*: erfaßter Per'sonenkreis; **2.** 'Umfang *m*; Reichweite *f*; Geltungsbereich *m*; **3.** † Deckung *f*; **4.** *Zeitung etc.*: Berichterstattung *f* (*of* über *acc.*).

cov·er de·sign *s.* Titelbild *n*.

cov·ered ['kʌvəd] *adj.* be-, gedeckt: *~ court Tennis*: Hallenspielplatz; *~ wag(g)on* Planwagen; *~ way* gedeckter Gang.

cov·er girl *s.* 'Covergirl *n*, Titelblattmädchen *n*.

cov·er·ing ['kʌvəriŋ] **I.** *s.* **1.** Bedekkung *f*; Be-, Ver-, Um'kleidung *f*; (*Fußboden*)Belag *m*; **2.** Hülle *f*, 'Über-, Bezug *m*; **3.** Schutz *m*, Deckung *f*; **II.** *adj.* **4.** deckend, Deck(ungs)...; *~* **let·ter** *s.* Begleitbrief *m*; *~* **note** *s.* † Deckungszusage *f* (*Versicherung*).

cov·er·let ['kʌvəlit], *a.* **'cov·er·lid** [-lid] *s.* (*Zier*)Bettdecke *f*.

cov·er sto·ry *s.* Titelgeschichte *f*.

cov·ert **I.** *adj.* □ ['kʌvət] **1.** heimlich, versteckt, verborgen; verschleiert; **II.** *s.* ['kʌvə] **2.** Obdach *n*; Schutz *m*; **3.** Versteck *n*; **4.** *hunt.* Dickicht *n*; Lager *n*; *~* **coat** ['kʌvət] *s.* Covercoat(mantel) *m*.

cov·er·ture ['kʌvətjuə] *s.* ⚖ Ehestand *m der Frau*.

cov·et ['kʌvit] *v/t.* begehren, sich gelüsten lassen (*gen.*), trachten nach; **'cov·et·a·ble** [-təbl] *adj.* begehrenswert; **'cov·et·ous** [-təs] *adj.* □ **1.** begehrlich, lüstern (*of* nach); **2.** habsüchtig; **'cov·et·ous·ness** [-təsnis] *s.* **1.** Begehrlichkeit *f*; **2.** Habsucht *f*.

cov·ey ['kʌvi] *s.* **1.** *orn.* Brut *f*, Hecke *f*; **2.** *hunt.* Volk *n*, Kette *f*; **3.** Schar *f*, Schwarm *m*, Gruppe *f*.

cov·ing ['kouviŋ] *s.* △ **1.** Wölbung *f*; **2.** gerundete Seitenwände *pl.* (*Kamin*).

cow[1] [kau] *s. zo.* **1.** Kuh *f*; **2.** Weibchen *n* (*bsd. Elefant, Wal etc.*).

cow[2] [kau] *v/t.* einschüchtern; bange machen (*dat.*).

cow·ard ['kauəd] **I.** *s.* Feigling *m*; **II.** *adj.* feig(e); **'cow·ard·ice** [-dis] *s.* Feigheit *f*; **'cow·ard·li·ness** [-linis] *s.* **1.** Feigheit *f*; **2.** Erbärmlichkeit *f*; **'cow·ard·ly** [-li] **I.** *adj.* **1.** feig(e); **2.** erbärmlich, gemein (*Lüge*); **II.** *adv.* **3.** feig(e).

'cow|-bane *s.* ⚘ Wasserschierling *m*; **'~-ber·ry** [-bəri] *s.* ⚘ Preiselbeere *f*; **'~-boy** *s.* **1.** *Am.* Cowboy *m* (*berittener Rinderhirt*); **2.** Kuhjunge *m*; **'~-catch·er** *s.* 🚂 *Am.* **Schienenräumer** *m*; **'~-dung** *s.* **Kuhmist** *m*.

cow·er ['kauə] *v/i.* **1.** kauern, hocken; **2.** sich ducken (*aus Angst etc.*).

'cow|-heel *s.* Kuhfuß-, Kalbsfußsülze *f*; **'~-herd** *s.* Kuhhirt *m*; **'~-hide** *s.* **1.** Rindsleder *n*; **2.** Ochsenziemer *m*; **'~-house** *s.* Kuhstall *m*.

cowl [kaul] *s.* **1.** Mönchskutte *f* (*mit Kapuze*); **2.** Ka'puze *f*; **3.** ⊕ Schornsteinkappe *f*; **'cowl·ing** [-liŋ] *s.* ✈ 'Motorhaube *f*.

'cow·man [-mən] *s.* [*irr.*] **1.** *Am.* Rinderzüchter *m*; **2.** Kuhknecht *m*.

'co-'work·er *s.* 'Mitar‚beiter(in).

cow| pars·ley *s.* ⚘ Wiesenkerbel *m*; *~* **pars·nip** *s.* ⚘ Bärenklau *f, m*; **'~-pox** *s.* ⚕ Kuhpocken *pl.*; **'~-punch·er** *Am.* F → *cowboy*.

cow·rie, cow·ry ['kauri] *s.* **1.** *zo.* 'Kaurischnecke *f*; **2.** 'Kauri(muschel *f*) *m, f*; Muschelgeld *n*.

'cow|-shed *s.* Kuhstall *m*; **'~-slip** *s.* ⚘ **1.** *Brit.* Schlüsselblume *f*; **2.** *Am.* Sumpfdotterblume *f*.

cox [kɔks] **I.** *s.* F → *coxswain*; **II.** *v/t.* *Rennboot* steuern.

cox·comb ['kɔkskoum] *s.* **1.** Geck *m*, Stutzer *m*; **2.** → *cockscomb 1, 2*; **'cox·comb·ry** [-koumri] *s.* Geckenhaftigkeit *f*, Albernheit *f*.

cox·swain ['kɔkswein; ⚓ 'kɔksn] *s.* **1.** Steuermann *m* (*Boot*); **2.** (Renn-)Bootsführer *m*.

cox·y ['kɔksi] → *cocky*.

coy [kɔi] *adj.* □ **1.** **schüchtern, bescheiden, scheu**; **2.** spröde, zimperlich (*Mädchen*); **'coy·ness** [-nis] *s.* Schüchternheit *f*; Sprödigkeit *f*.

coy·ote ['kɔiout] *s. zo.* **Ko'jote** *m*, **Prä'rie-, Steppenwolf** *m*.

coz·en ['kʌzn] *v/t. u. v/i.* **1.** betrügen, prellen (*out of* um); **2.** betören; (durch Täuschung) verleiten (*into doing* zu tun).

co·zi·ness *etc.* → *cosiness etc.*

crab[1] [kræb] **I.** *s.* **1.** *zo.* Taschenkrebs *m*: *to catch a ~ Rudern*: ‚**e-n Krebs fangen**', **mit dem Ruder im Wasser steckenbleiben**; **2.** ♋ *ast.* Krebs *m*; **3.** ⊕ Winde *f*, Hebezeug *n*, Laufkatze *f*; **4.** *pl.* *Würfeln*: niedrigster Wurf; **5.** → *crab-louse*; **II.** *v/t.* **6.** ✈ schieben.

crab[2] [kræb] **I.** *s.* **1.** → *crab-apple*; **2.** Nörgler *m*, Miesmacher *m*; **II.** *v/t.* **3.** F bekritteln, (her'um)nörgeln an (*dat.*); **4.** F verderben, hinter'treiben.

'crab-ap·ple *s.* ⚘ Holzapfel(baum) *m*.

crab·bed ['kræbid] *adj.* □ **1.** verdrießlich, mürrisch, kratzbürstig; boshaft, barsch; **2.** verworren; kraus; **3.** kritzelig, unleserlich (*Schrift*); **crab·by** ['kræbi] → *crabbed 1, 2*.

'crab|-louse *s* [*irr.*] *zo.* **Filzlaus** *f*; **'~-pot** *s.* **Krebsreuse** *f*; **'~-tree** *s.* ⚘ **Holzapfelbaum** *m*.

crack [kræk] **I.** *s.* **1.** Krach *m*, Knall *m* (*Peitsche, Gewehr*): *the ~ of doom* die Posaunen des Jüngsten Gerichts; *~ of dawn* Morgengrauen; **2.** (heftiger) Schlag: *in a ~* im Nu; **3.** *sl.* Versuch *m*: *to take a ~ at s.th.* e-n Versuch mit et. machen; *to have a ~ at s.o.* j-n angreifen; **4.** Riß *m*, Sprung *m*; Spalt(e *f*) *m*, Schlitz *m*; **5.** *sl.* **a)** Witz *m*, **b)** Stiche'lei *f*, Seitenhieb *m*, **c)** *sport* ‚Ka'none' *f*; **6.** *Scot.* Plaude'rei *f*; **II.** *adj.* **7.** F erstklassig, großartig: *~ shot* Meisterschütze; *~ regiment* feudales Regiment; **III.** *int.* **8.** krach!; **IV.** *v/i.* **9.** krachen, knallen, knacken; brechen (*a. Stimme*); **10.** platzen, bersten, (auf-, zer)springen, Risse bekommen, (auf)reißen: *to get ~ing* F loslegen (*anfangen*); *~ing pace* tolles Tempo; **11.** *fig.* zs.-brechen; **V.** *v/t.* **12.** knallen mit (*Peitsche*); knacken mit (*Fingern*): *to ~ jokes* Witze reißen; **13.** zerbrechen, (zer)spalten, ein-, zerschlagen; **14.** *Nuß* (auf)knacken, *Ei* aufschlagen: *to ~ a bottle* e-r Flasche den Hals brechen; *to ~ a code* e-n Kode entziffern; *to ~ a crib sl.* in ein Haus einbrechen; *to ~ a safe* e-n Geldschrank knacken; **15.** *fig.* erschüttern, zerrütten, zerstören; **16.** ⊕ *Erdöl* kracken, spalten; *~* **down** *v/i.* F (*on*) **scharf vorgehen (gegen)**; **'Razzia abhalten (bei)**; *~* **up** **I.** *v/i.*

1. *fig.* zs.-brechen; **2.** ✈ abstürzen; **II.** *v/t.* **3.** F ‚hochjubeln'.

'**crack|-brained** *adj.* verrückt; '**~-down** *s.* F scharfes 'Durchgreifen, Blitzmaßnahme(n *pl.*) *f*; 'Razzia *f*.

cracked [krækt] *adj.* **1.** gesprungen, geborsten, rissig: *the cup is ~* die Tasse hat e-n Sprung; **2.** rauh, gebrochen (*Stimme*); **3.** F verrückt, 'übergeschnappt.

crack·er ['krækə] *s.* **1.** *bsd. Am.* (ungesüßter) Keks; **2.** Schwärmer *m*, Frosch *m* (*Feuerwerk*); **3.** 'Knallbon,bon *m*, *n*; **4.** → *nutcracker 1*; **5.** *sl.* Zs.-bruch *m*; '**~·jack** *Am.* F **I.** *adj.* 'prima; **II.** *s.* prima *od.* tolle Sache *od.* Person, Aller'weltskerl *m*.

'**crack-jaw** F **I.** *adj.* zungenbrecherisch; **II.** *s.* Zungenbrecher *m* (*Wort*).

crack·le ['krækl] **I.** *v/i.* **1.** knistern, prasseln, knattern; **II.** *v/t.* **2.** ⊕ *Glas od. Glasur* krakelieren; **III.** *s.* **3.** Knistern *n*, Knattern *n*; **4.** ⊕ Krakelierung *f*, Krakelee *f*, *n*; '**crack·ling** [-liŋ] *s.* **1.** → *crackle 3*; **2.** knusprige Kruste des Schweinebratens.

crack·nel ['kræknl] *s.* Knusperkeks *m*, *n*, Brezel *f*.

'**crack·pot** *sl.* **I.** *s.* Verrückte(r *m*) *f*, verdrehte Per'son; **II.** *adj.* verrückt, verschroben.

cracks·man ['kræksmən] *s.* [*irr.*] *sl.* Einbrecher *m*.

'**crack-up** *s.* **1.** Zs.-stoß *m*; **2.** Zs.-bruch *m*; **3.** ✈ Bruch(landung *f*) *m*.

crack·y ['kræki] → *cracked 1, 3.*

cra·dle ['kreidl] **I.** *s.* **1.** Wiege *f*: *~ of the deep poet.* Meer; **2.** *fig.* Wiege *f*, Kindheit *f*; 'Anfangs,stadium *n*, Ursprung *m*: *from the ~* von Kindheit an; *in the ~* in den Kinderschuhen; **3.** *wiegenartiges Gerät, bsd.* ⊕ **a)** Hängegerüst *n* (*Bauarbeiter*), **b)** Wiegemesser *n* (*Graveur*), **c)** Räderschlitten *m* (*für Arbeiten unter e-m Auto*), **d)** Schwingtrog *m* (*Goldwäscher*), **e)** (Tele'phon)Gabel *f*; **4.** ⚒ Sensenkorb *m*; **5.** ⚓ Stapelschlitten *m*; **6.** ⚕ Schiene *f*, Schutzgestell *n*; **II.** *v/t.* **7.** in die Wiege legen; **8.** in (den) Schlaf wiegen; **9.** auf-, großziehen; **10.** um'fangen, um'geben; bergen, betten.

craft [krɑːft] *s.* **1.** (Hand- *od.* Kunst-) Fertigkeit *f*, Kunst *f*, Geschicklichkeit *f*; → *gentle 2*; **2. a)** Gewerbe *n*, Handwerk *n*: *film~* Filmgewerbe, **b)** Zunft *f*; **3.** *the* ♀ die Königliche Kunst (*Freimaurerei*); **4.** List *f*, Verschlagenheit *f*; **5.** ⚓ Fahrzeug *n*, Schiff *n*; *coll.* Fahrzeuge *pl.*, Schiffe *pl.*; **6.** ✈ Flugzeug *n*, *coll.* Flugzeuge *pl.*; '**craft·i·ness** [-tinis] *s.* List *f*, Schlauheit *f*.

crafts·man ['krɑːftsmən] *s.* [*irr.*] gelernter Handwerker, Kunsthandwerker *m*; '**crafts·man·ship** [-ʃip] *s.* Kunstfertigkeit *f*, handwerkliches Können.

craft·y ['krɑːfti] *adj.* □ listig, schlau, verschlagen.

crag [kræg] *s.* Felsenspitze *f*, Klippe *f*; '**crag·ged** [-gid] *adj.* felsig, schroff; '**crag·gi·ness** [-ginis] *s.* Felsigkeit *f*, Schroffheit *f*; '**crag·gy** [-gi] → *cragged*; **crags·man** ['krægzmən] *s.* [*irr.*] geübter Bergsteiger, Kletterer *m*.

crake [kreik] → *corn-crake*.

cram [kræm] **I.** *v/t.* **1.** 'vollstopfen, anfüllen, über'füllen (*with* mit); **2.** über'füttern, über'laden; **3.** *Geflügel* stopfen, nudeln, mästen; **4.** (hin'ein)stopfen, (-)zwängen (*into* in *acc.*); **5.** F **a)** *j-n* einpauken, **b)** *mst ~ up ein Fach* (ein)pauken; **II.** *v/i.* **6.** sich (gierig) 'vollessen; **7.** F ‚pauken'.

cram·bo ['kræmbou] *s.* Reimspiel *n*.

'**cram-'full** *adj.* zum Bersten voll.

cram·mer ['kræmə] *s.* F Einpauker *m*.

cramp¹ [kræmp] **I.** *s.* **1.** ⊕ Krampe *f*, Klammer *f*; Schraubzwinge *f*; **2.** *fig.* Fessel *f*; Einengung *f*; **II.** *v/t.* **3.** ver-, anklammern, befestigen; **4.** *fig.* einengen, einzwängen; hemmen: *to be ~ed for space* (zu) wenig Platz haben; → *style 1 b*.

cramp² [kræmp] **I.** *s.* ⚕ Krampf *m*; **II.** *v/t.* (ver)krampfen, krampfhaft verziehen (*a. fig.*); **cramped** [-pt] *adj.* **1.** verkrampft, krampfhaft; steif: *~ hand* verkrampfte Hand (-schrift); **2.** eng, beengt; **3.** verworren.

'**cramp|-fish** *s. ichth.* Zitterrochen *m*; '**~-frame** *s.* ⊕ Schraubzwinge *f*; '**~-i·ron** *s.* **1.** eiserne Klammer, Krampe *f*; **2.** △ Steinanker *m*.

cram·pon ['kræmpən], *Am. a.* **cram·poon** [kræm'puːn] *s. oft pl.* **1.** ⊕ Kanthaken *m*; **2.** Steigeisen *n*.

cran·age ['kreinidʒ] *s.* Krangebühr *f*.

cran·ber·ry ['krænbəri] *s.* ⚘ Preisel-, Kronsbeere *f*.

crane [krein] **I.** *s.* **1.** *orn.* Kranich *m*; **2.** ⊕ Kran *m*: *hoisting ~* Hebekran; **II.** *v/t.* **3.** mit e-m Kran heben; **4.** *Hals* vorstrecken: *to ~ one's neck* sich den Hals verrenken (*for* nach); '**~-fly** *s. zo.* Schnake *f*; *~* **jib** *s.* ⊕ Kranarm *m*; '**~'s-bill** [kreinz] *s.* ⚘ Storchschnabel *m*.

cra·ni·a ['kreinjə] *pl. von cranium*; '**cra·ni·al** [-əl] *adj. anat.* Schädel...; **cra·ni·ol·o·gy** [kreini'ɔlədʒi] *s.* Schädellehre *f*; '**cra·ni·um** [-əm] *pl.* **-ni·a** [-njə] *Am. a.* **-ni·ums** *s. anat.* Schädel *m*.

crank [kræŋk] **I.** *s.* **1.** ⊕ Kurbel *f*, Schwengel *m*: *~ case* Kurbelgehäuse, -kasten; *~ handle* Kurbelgriff; *~ pin* Kurbelzapfen; *~ shaft* Kurbelwelle; **2.** Wortverdrehung *f*, -spiel *n*; **3.** Verschrobenheit *f*; fixe I'dee; **4.** komischer Kauz; **II.** *v/t.* **5.** ⊕ kröpfen, krümmen; **6.** *oft ~ up* ankurbeln, *Motor* anlassen; **III.** *adj.* **7.** wack(e)lig, schwach; **8.** ⚓ rank; '**crank·i·ness** [-kinis] *s.* Wunderlichkeit *f*, Verschrobenheit *f*; '**crank·y** [-ki] *adj.* □ **1.** launenhaft; wunderlich, verschroben; **2.** → *crank 7, 8.*

cran·ny ['kræni] *s.* **1.** Ritze *f*, Spalte *f*, Riß *m*; **2.** Versteck *n*.

crap¹ [kræp] *s. Am.* **1.** Fehlwurf *m*; **2.** → *craps*.

crap² [kræp] **I.** *s.* **1.** V Scheiße *f*: *to have a ~* → *3*; **2.** *sl.* ‚Mist' *m*, ‚Käse' *m*; **II.** *v/i.* **3.** V scheißen.

crape [kreip] *s.* **1.** Krepp *m*; **2.** Trauerflor *m*.

craps [kræps] *s. pl. sg. konstr. Am. ein* Würfelspiel *n*: *to shoot ~* Würfel spielen.

crap·u·lence ['kræpjuləns] *s.* **1.** Unmäßigkeit *f*; **2.** Trunkenheit *f*; **3.** Katzenjammer *m*.

crash¹ [kræʃ] **I.** *v/i.* **1.** zs.-krachen, zerbrechen; **2.** (krachend) ab-, einstürzen; **3.** ✈ abstürzen, Bruch machen; *mot.* zs.-stoßen; verunglücken: *to ~ into* krachen gegen; **4.** poltern, platzen, rasen, stürzen: *to ~ in* hereinplatzen; **5.** *fig.* zs.-brechen, in die Brüche gehen; **II.** *v/t.* **6.** zertrümmern, zerschmettern; **7.** ✈ zum Absturz bringen; **8.** *sl.* uneingeladen hin'einplatzen in (*acc.*); **III.** *s.* **9.** Krach(en *n*) *m*; **10.** Zs.-stoß *m*; schwerer Unfall; **11.** ✈ Absturz *m*; **12.** *fig.* Krach *m*, Zs.-bruch *m*, Ru'in *m*.

crash² [kræʃ] *s.* grober Leinendrell.

crash| bar·ri·er *s. Brit.* Leitplanke *f*; *~* **course** *s.* (Inten'siv)Schnellkurs *m*; '**~-dive** *v/i.* ⚓ schnelltauchen (*U-Boot*); '**~-hel·met** *s.* Sturzhelm *m*; '**~-land** *v/i.* ✈ e-e Bruchlandung machen; '**~-land·ing** *s.* ✈ Bruchlandung *f*; *~* **test** *s. mot.* 'Crashtest *m*.

crass [kræs] *adj.* □ *fig.* grob, kraß; '**crass·ness** [-nis] *s.* krasse Dummheit.

crate [kreit] **I.** *s.* **1.** Lattenkiste *f*, Verschlag *m*; **2.** großer Packkorb; **II.** *v/t.* **3.** in e-n Verschlag *etc.* verpacken.

cra·ter ['kreitə] *s.* **1.** *geol.* 'Krater *m*; **2.** (Bomben-, Gra'nat)Trichter *m*.

cra·vat [krə'væt] *s.* **1.** Kra'watte *f*; **2.** Halsbinde *f*.

crave [kreiv] **I.** *v/t.* **1.** flehen *od.* dringend bitten um; **II.** *v/i.* **2.** sich (heftig) sehnen (*for* nach); **3.** flehen, inständig bitten (*for* um).

cra·ven ['kreivən] **I.** *adj.* feige, zaghaft; **II.** *s.* Feigling *m*, Memme *f*.

crav·ing ['kreiviŋ] *s.* heftiges Verlangen, Sehnsucht *f*, (krankhafte) Begierde (*for* nach).

craw [krɔː] *s. zo.* Kropf *m* (*Vogel*).

craw·fish ['krɔːfiʃ] **I.** *s. zo.* → *crayfish*; **II.** *v/i. Am.* F sich drücken, ‚kneifen'.

crawl [krɔːl] **I.** *v/i.* **1.** kriechen; schleichen; **2.** sich da'hinschleppen, langsam gehen *od.* fahren; **3.** *fig.* (unter'würfig) kriechen; **4.** wimmeln (*with* von); **5.** kribbeln, prickeln; **6.** *Schwimmen*: kraulen; **II.** *s.* **7.** Kriechen *n*, Schleichen *n*: *to go at a ~* im ‚Schneckentempo' gehen *od.* fahren; **8.** *Schwimmen*: Kraulstil *m*, Kraul(en) *n*; '**crawl·er** [-lə] *s.* **1.** Kriechtier *n*, Gewürm *n*; **2.** *fig.* Kriecher(in), Schmeichler(in); **3.** ‚Schnecke' *f*, *bsd.* langsam fahrendes 'Taxi; **4.** *pl.* Krabbelanzug *m für Kleinkinder*; **5.** ⊕ Raupenschlepper *m*; **6.** *Schwimmen*: Krauler *m*; '**crawl·y** [-li] *adj.* F kribbelnd.

cray·fish ['kreifiʃ] *s. zo.* **1.** Flußkrebs *m*; **2.** Lan'guste *f*.

cray·on **1.** ['kreiən] **I.** *s.* **1.** Zeichen-, Bunt-, Pa'stellstift *m*: *blue ~* Blaustift; **2.** Kreide-, Pa'stellzeichnung *f*; **II.** *v/t.* **3.** mit Kreide *etc.* zeichnen; **4.** *fig.* skizzieren.

craze [kreiz] **I.** *v/t.* **1.** verrückt machen; **2.** *Töpferei*: krakelieren; **II.** *s.* **3.** Ma'nie *f*, fixe I'dee, Verrücktheit *f*; ‚Spleen' *m*, ‚Fimmel' *m*: *to be the ~* die große Mode sein;

the latest ~ der letzte Schrei; **crazed** [-zd] *adj.* **1.** wahnsinnig (*with* vor *dat.*); **2.** (wild) begeistert, hingerissen (*about* von); ˈ**cra·zi·ness** [-zinis] *s.* Verrücktheit *f*, Tollheit *f*.

cra·zy [ˈkreizi] *adj.* ☐ **1.** verrückt, wahnsinnig: ~ *with pain*; **2.** F (*about*) begeistert (für); versessen (auf *acc.*); **3.** baufällig, wackelig; ⚓ seeuntüchtig; **4.** zs.-gestückelt; ~ **bone** *Am.* → *funny-bone*; ~ **pav·ing,** ~ **pave·ment** *s.* Pflaster *n* aus unregelmäßigen Fliesen; ~ **quilt** *s.* Flickendecke *f*.

creak [kri:k] **I.** *v/i.* knarren, kreischen, quietschen, knirschen; **II.** *s.* Knarren *n*, Knirschen *n*; ˈ**creak·y** [-ki] *adj.* ☐ knarrend, knirschend.

cream [kri:m] **I.** *s.* **1.** Rahm *m*, Sahne *f*; **2.** Krem *f*, Creme (-speise) *f*; **3.** Creme *f* (*Salbe*); **4.** sämige Suppe; **5.** *fig.* Creme *f*, Auslese *f*, Eˈlite *f*: *the* ~ *of society*; **6.** Kern *m*, Poˈinte *f* (*Witz*); **7.** Cremefarbe *f*; **II.** *v/i.* **8.** Sahne bilden; **9.** schäumen; **III.** *v/t.* **10.** absahnen, den Rahm abschöpfen von (*a. fig.*); **11.** Sahne bilden lassen; **12.** schaumig rühren; **13.** (*dem Tee od. Kaffee*) Sahne zugießen: *do you* ~ *your tea?* nehmen Sie Sahne?; **IV.** *adj.* **14.** creme(farben); ~ **cheese** *s.* Rahm-, Vollfettkäse *m*; ˈ**~-col·o(u)red** *adj.* creme(farben).

cream·er·y [ˈkri:məri] *s.* **1.** Molkeˈrei *f*; **2.** Milchhandlung *f*.

cream| ice *s. Brit.* Sahneeis *n*, Speiseeis *n*; ~ **jug** *s.* Sahnekännchen *n*, -gießer *m*; ˈ**~-ˈlaid** *adj.* cremefarben und gerippt (*Papier*); ~ **of tar·tar** *s.* ⚗ Weinstein *m*; ˈ**~-ˈwove** → *cream-laid*.

cream·y [ˈkri:mi] *adj.* sahnig; *fig.* weich.

crease [kri:s] **I.** *s.* **1.** Falte *f*, Kniff *m*; **2.** Bügelfalte *f*; **3.** Eselsohr *n* (*Buch*); **4.** *Kricket*: Torlinie *f*; **II.** *v/t.* **5.** falten, knicken, kniffen, ˈumbiegen; **6.** zerknittern; **III.** *v/i.* **7.** Falten bekommen *od.* werfen; knittern; sich falten lassen; **creased** [-st] *adj.* **1.** in Falten gelegt *od.* gebügelt; **2.** zerknittert.

ˈ**crease|-proof,** ˈ**~-re·sist·ant** *adj.* knitterfrei.

cre·ate [kri(:)ˈeit] *v/t.* **1.** (er)schaffen, herˈvorbringen, erzeugen; **2.** herˈvorrufen, verursachen; **3.** *thea., Mode*: kreˈieren, gestalten; **4.** gründen, ein-, errichten; **5.** *j-n* erheben *od.* machen *od.* ernennen zu: *to* ~ *s.o. a peer*; **creˈa·tion** [-ˈeiʃən] *s.* **1.** (Er)Schaffung *f*, Erzeugung *f*, Herˈvorbringung *f*; Verursachung *f*; **2.** *the* ♀ *eccl.* die Schöpfung, die Erschaffung; **3.** Geschöpf *n*; *coll.* (alle) Geschöpfe *pl.*; Welt *f*; **4.** (Kunst-, Mode)Schöpfung *f*, Kreatiˈon *n*; **5.** *thea.* Kreˈierung *f*, Gestaltung *f*; **6.** Errichtung *f*, Gründung *f*, Bildung *f*; **7.** Ernennung *f* (*Rang*); **creˈa·tive** [-tiv] *adj.* ☐ **1.** schöpferisch, (er)schaffend, *a.* kreaˈtiv; **2.** (*of s.th.*) *et.* verursachend; **creˈa·tive·ness** [-tivnis] *s.* Schöpfer-, Schaffenskraft *f*; **cre·a·tiv·i·ty** [kri(:)əˈtiviti] *s.* Kreativiˈtät *f*; **creˈa·tor** [-tə] *s.* Schöpfer *m*, Erschaffer *m*, Erzeuger *m*, Urheber *m*: *the* ♀ der Schöpfer, Gott.

crea·ture [ˈkri:tʃə] *s.* **1.** Geschöpf *n*, (Lebe)Wesen *n*, Kreaˈtur *f*: *fellow* ~ Mitmensch; *dumb* ~ stumme Kreatur; *lovely* ~ süßes Geschöpf (*Frau*); *silly* ~ dummes Ding; **2.** *fig.* *j-s* Kreatur *f*, Werkzeug *n*; ~ **com·forts** *s. pl. die* leiblichen Genüsse, *das* leibliche Wohl.

crèche [kreiʃ] (*Fr.*) *s.* Kinderhort *m*.

cre·dence [ˈkri:dəns] *s.* **1.** Glaube *m*: *to give* ~ *to* Glauben schenken (*dat.*); **2.** *a.* ~ *table eccl.* Kreˈdenz *f*.

cre·den·tials [kriˈdenʃəlz] *s. pl.* **1.** Beglaubigungs-, Empfehlungsschreiben *n*; **2.** (Leumunds)Zeugnis *n*, ˈAusweis(paˌpiere *pl.*) *m*.

cred·i·bil·i·ty [krediˈbiliti] *s.* Glaubwürdigkeit *f*; **cred·i·ble** [ˈkredəbl] *adj.* ☐ glaubwürdig; zuverlässig.

cred·it [ˈkredit] **I.** *s.* **1.** Glaube(n) *m*, Ver-, Zutrauen *n*: *to give* ~ *to s.th.* e-r Sache Glauben schenken; **2.** Glaubwürdigkeit *f*, Zuverlässigkeit *f*; **3.** Ansehen *n*, Achtung *f*, guter Ruf, Ehre *f*: *to be a* ~ *to s.o., to reflect* ~ *on s.o., to do s.o.* ~, *to be to s.o.'s* ~ j-m Ehre machen *od.* einbringen; *he does me* ~ mit ihm lege ich Ehre ein; *to his* ~ *it must be said* **a)** zu s-r Ehre muß man sagen, **b)** man muß es ihm hoch anrechnen; *to add to s.o.'s* ~ j-s Ansehen erhöhen; *with* ~ ehrenvoll, mit Lob; **4.** Verdienst *n*, Anerkennung *f*, Lob *n*: *to get* ~ *for* Anerkennung finden für; *very much to his* ~ sehr anerkennenswert von ihm; *to give s.o. (the)* ~ *for s.th.* **a)** j-m et. hoch anrechnen, **b)** j-m et. zutrauen, **c)** j-m et. verdanken; *to take (the)* ~ *for* sich *et.* als Verdienst anrechnen, den Ruhm für *et.* in Anspruch nehmen; **5.** *ped. Am.* Bewertung *f* nach Punkten, Anrechnungspunkt *m*; **6.** † **a)** Kreˈdit *m*, **b)** Ziel *n*: *on* ~ auf Kredit *od.* Borg; ~ *sales* Kreditverkäufe; *to give* ~ Kredit geben; *to open a* ~ e-n Kredit eröffnen; *30 days'* ~ 30 Tage Ziel; **7.** † Kreˈditwürdigkeit *f*; **8.** † **a)** ˈKredit(seite *f*) *n*, Haben *n*, **b)** Guthaben *n*, ˈKreditposten *m*, *pl. a.* Ansprüche *pl.*: *book (od. enter od. place) it to my* ~ schreiben Sie es mir gut; ~ *advice* Gutschriftsanzeige; **II.** *v/t.* **9.** *j-m od. et.* glauben; *j-m* trauen; **10.** zuschreiben, anrechnen, zutrauen, beilegen (*s.o. with s.th.* j-m et.); **11.** † *Betrag* gutschreiben, kreditieren (*to s.o.* j-m); *j-n* erkennen (*with* für); **12.** *ped. Am.* anrechnen (*s.o. with s.th.* j-m et.); ˈ**cred·it·a·ble** [-təbl] *adj.* ☐ rühmlich, anerkennenswert, ehrenvoll (*to* für): *to be* ~ *to s.o.* j-m Ehre machen.

cred·it| bal·ance *s.* † ˈKreditˌsaldo *m*, Guthaben *n*; ~ **card** *s.* † Kreˈditkarte *f*; ~ **note** *s.* † Gutschriftsanzeige *f*.

cred·i·tor [ˈkreditə] *s.* † **1.** Gläubiger(in); **2.** *a.* ~ *side* ˈKreditseite *f* *e-s Kontobuchs*.

cred·it| squeeze *s.* † Kreˈditzange *f*; ˈ**~-wor·thi·ness** *s.* † Kreˈditwürdigkeit *f*; ˈ**~-wor·thy** *adj.* † kreˈditwürdig.

cre·do [ˈkri:dou] *pl.* **-dos** [-z] *s.* Glaubensbekenntnis *n*.

cre·du·li·ty [kriˈdju:liti] *s.* Leichtgläubigkeit *f*; **cred·u·lous** [ˈkredjuləs] *adj.* ☐ leichtgläubig.

creed [kri:d] *s.* Glaubensbekenntnis *n*; Glaube *m*; *fig.* (*a. politische etc.*) Überˈzeugung.

creek [kri:k] *s.* **1.** Flüßchen *n*; kleiner Wasserlauf (*nur von der Flut gespeist*); **2.** kleine Bucht.

creel [kri:l] *s.* Fischkorb *m aus Weidengeflecht*.

creep [kri:p] **I.** *v/i.* [*irr.*] **1.** kriechen, schleichen; **2.** ⚘ sich ranken; **3.** sich langsam *od.* leise nähern: *old age is* ~*ing upon me* das Alter naht heran; *to* ~ *in* sich einschleichen (*Fehler*); *to* ~ *up* langsam steigen (*Preise*); **4.** *fig.* kriechen: *to* ~ *into s.o.'s favo(u)r* sich bei j-m einschmeicheln; **5.** kribbeln: *it made my flesh* ~ es überlief mich kalt, ich bekam eine Gänsehaut; **II.** *s.* **6.** → *crawl* 7; **7.** niedriger ˈDurchlaß; **8.** *geol.* Bergrutsch *m*; **9.** *pl.* F Gruseln *n*, Gänsehaut *f*: *it gave me the* ~*s* es überlief mich kalt; ˈ**creep·er** [-pə] *s.* **1.** *fig.* Kriecher(in); **2.** Kriechtier *n* (*Insekt, Wurm*); **3.** ⚘ Kletter-, Schlingpflanze *f*; **4.** *orn.* Baumläufer *m*; **5.** Eissporn *m*; Steigeisen *n*; **6.** ⚓ Dragganker *m*; ˈ**creep·ing** [-piŋ] *adj.* ☐ **1.** kriechend, schleichend (*a. fig.*); **2.** ⚘ kriechend, kletternd; **3.** kribbelnd, schaudernd, gruselig; **4.** → *barrage*[1] 2; ˈ**creep·y** [-pi] *adj.* **1.** kriechend, krabbelnd; **2.** gruselig.

cre·mate [kriˈmeit] *v/t. bsd. Leichen* verbrennen, einäschern; **creˈma·tion** [-eiʃən] *s.* Feuerbestattung *f*, Einäscherung *f*; **cre·ma·to·ri·um** [kreməˈtɔ:riəm] *pl.* **-ri·ums, -ri·a** [-riə], **cre·ma·to·ry** [ˈkremətəri] *s.* Kremaˈtorium *n*.

crème [kreim] (*Fr.*) *s.* Creme *f*; ~ **de menthe** [-dəˈmɑ:nt] *s.* ˈPfefferminzliˌkör *m*; ~ **de la** ~ [-dlɑ:-] *s. fig. das* Beste vom Besten; *die* Eˈlite *der Gesellschaft*.

cre·nate [ˈkri:neit], ˈ**cre·nat·ed** [-tid] *adj.* ⚘, ⚕ gekerbt, zackig; **cre·na·tion** [kri:ˈneiʃən] *s.* ⚘, ⚕ Kerbung *f*, Auszackung *f*.

cren·el [ˈkrenl] *s.* Schießscharte *f*; ˈ**cren·el·(l)ate** [-nileit] *v/t.* mit Zinnen *od.* zinnenartigem Ornaˈment versehen; krenelieren; **cren·el·(l)a·tion** [kreniˈleiʃən] *s.* Krenelierung *f*, Zinnenbildung *f*, Auszackung *f*.

Cre·ole [ˈkri:oul] **I.** *s.* Kreˈole *m*, Kreˈolin *f*; **II.** *adj.* kreˈolisch.

cre·o·sote [ˈkriəsout] ⚗ **I.** *s.* Kreoˈsot *n*; **II.** *v/t.* mit Kreosot behandeln.

crêpe [kreip] *s.* **1.** Krepp *m*; **2.** → ~ *rubber*; ~ **de Chine** [-dəˈʃi:n] *s.* Crêpe *m* de Chine; ~ **pa·per** *s.* ˈKreppaˌpier *n*; ~ **rub·ber** *s.* ˈKreppˌgummi *n, m*; ~ **soles** *s. pl.* ˈKrepp(ˌgummi)sohlen *pl.*; ~ **su·zette** [-su:ˈzet] *s.* Crêpe *f* Suˈzette.

crep·i·tate [ˈkrepiteit] *v/i.* knarren, knirschen, knacken, rasseln; **crep·i·ta·tion** [krepiˈteiʃən] *s.* Knarren *n*, Knirschen *n*, Knacken *n*, Rasseln *n*.

crept [krept] *pret. u. p.p.* von *creep*.

cre·pus·cu·lar [kriˈpʌskjulə] *adj.* **1.** Dämmerungs..., dämmerig, däm-

mernd; **2.** *zo.* im Zwielicht erscheinend.
cre·scen·do [kri'ʃendou] (*Ital.*) ♪ **I.** *pl.* **-dos** *s.* Cre'scendo *n* (*a. fig.*); **II.** *adv.* cre'scendo, stärker werdend.
cres·cent ['kresnt] **I.** *s.* **1.** Halbmond *m*, Mondsichel *f*; **2.** *hist. pol.* Halbmond *m* (*Türkei od. Islam*); **3.** *Brit. halbmondförmige Straße*; **4.** ♪ Schellenbaum *m*; **5.** Hörnchen *n* (*Gebäck*); **II.** *adj.* **6.** halbmondförmig; **7.** zunehmend.
cress [kres] *s.* ⚘ Kresse *f.*
cres·set ['kresit] *s.* Stocklaterne *f*, Kohlen-, Pechpfanne *f*; *fig.* Fackel *f.*
crest [krest] **I.** *s.* **1.** *zo.* Kamm *m* (*Hahn*); **2.** *zo.* **a)** (Feder-, Haar-) Schopf *m*, Haube *f* (*Vögel*), **b)** Mähne *f*; **3.** Helmbusch *m*, -schmuck *m*; **4.** Helm *m*; **5.** Bergrücken *m*, Kamm *m*; **6.** Kamm *m* (*Welle*): *on the ~ of the wave fig.* auf dem Gipfel des Glücks; **7.** Gipfel *m*, Krone *f*, Scheitelpunkt *m*; **8.** Verzierung *f* über dem (Fa'milien)Wappen: *family ~* Familienwappen; **9.** ⚠ Bekrönung *f*; **II.** *v/t.* **10.** erklimmen; **III.** *v/i.* **11.** hoch aufwogen; '**crest·ed** [-tid] *adj.* mit e-m Kamm *od.* Schopf *od.* e-r Haube (versehen): *~ lark* Haubenlerche; '**crest-fall·en** *adj.* zerschmettert, niedergeschlagen.
cre·ta·ceous [kri'teiʃəs] *adj.* kreideartig, -haltig: *~ period* Kreide(zeit).
Cre·tan ['kri:tən] **I.** *adj.* kretisch, aus Kreta; **II.** *s.* Kreter(in).
cre·tin ['kretin] *s.* ⚕ Kre'tin *m*; *fig.* Idi'ot(in); '**cre·tin·ism** [-nizəm] *s.* Kreti'nismus *m*; '**cre·tin·ous** [-nəs] *adj.* kre'tinhaft.
cre·tonne [kre'tɔn] *s.* Kre'tonne *f*, *m* (*Gewebe*).
cre·vasse [kri'væs] *s.* **1.** tiefer Spalt, *engS.* Gletscherspalte *f*; **2.** *Am.* Bruch *m* im Deich.
crev·ice ['krevis] *s.* Riß *m*, (Fels-) Spalte *f.*
crew[1] [kru:] *pret. von crow.*
crew[2] [kru:] *s.* **1.** ⚓, ✈ *etc.* Besatzung *f*; Mannschaft *f* (*a. Ruderboot*); **2.** Perso'nal *n*, Bedienung *f*; **3.** Schar *f*, Gruppe *f*, Ko'lonne *f*; *contp.* **Bande** *f*; *~* **cut** *s.* Bürste(nschnitt *m*) *f.*
crew·el ['kru:il] *s.* Crewelwolle *f* (*Stickwolle*).
crib [krib] **I.** *s.* **1.** (Futter)Krippe *f*; **2.** Kinderbett *n* (*mit hohen Seiten*); **3.** Hütte *f*, kleiner Raum; **4.** Weidenkorb *m* (*Fischfalle*); **5.** kleiner Diebstahl; **6.** F Plagi'at *n*; **7.** *ped.* F ‚Schlauch' *m*, ‚Klatsche' *f*; **8.** *Am.* Behälter *m* (*für Mais etc.*); **9.** *Cribbage*: abgelegte Karten; **II.** *v/t.* **10.** ein-, zs.-pferchen; **11.** F ‚mausen', ‚klauen' (*a. fig. plagiieren*); abschreiben; **III.** *v/i.* **12.** abschreiben; **13.** *ped.* F mogeln; '**crib·bage** [-bidʒ] *s.* Cribbage *n* (*Kartenspiel*); '**crib-bit·er** *s. vet.* Krippensetzer *m* (*Pferd*).
crick [krik] **I.** *s.* Muskelkrampf *m*: *~ in one's neck* steifer Hals; *~ in one's back* Hexenschuß; **II.** *v/t.* *to ~ one's neck* sich den Hals verrenken.
crick·et[1] ['krikit] *s. zo.* Grille *f*, Heimchen *n*; → *merry 1.*
crick·et[2] ['krikit] *s. sport* Kricket *n*: *~ bat* Kricketschläger; *~ field*, *~ ground* Kricket(spiel)platz; *~ pitch* Feld zwischen den beiden Dreistäben; *not ~* F nicht fair *od.* anständig; '**crick·et·er** [-tə] *s.* Kricketspieler *m.*
cri·er ['kraiə] *s.* **1.** Schreier *m*; **2.** (öffentlicher) Ausrufer.
cri·key ['kraiki] *int. sl.* herr'je!
crime [kraim] **I.** *s.* **1.** ⚖ *u. fig.* Verbrechen *n*; **2.** Frevel *m*, Übeltat *f*, Sünde *f*; **3.** Verbrechertum *n*; **4.** F ‚Verbrechen' *n*, ‚Jammer' *m*, ‚Schande' *f*; **II.** *v/t.* **5.** ⚔ beschuldigen.
Cri·me·an [krai'miən] *adj.* die Krim betreffend: *~ War* Krimkrieg.
crim·i·nal ['kriminl] **I.** *adj.* **1.** verbrecherisch, krimi'nell, strafbar; **2.** ⚖ Straf..., Kriminal...; **II.** *s.* **3.** Verbrecher(in); *~* **ac·tion** *s.* ⚖ 'Strafproˌzeß *m*; *~* **code** *s.* ⚖ Strafgesetzbuch *n*; *~* **con·ver·sa·tion** *s.* ⚖ Ehebruch *m*; *~* **in·ves·ti·ga·tion de·part·ment** *s.* Fahndungsstelle *f der Kriminalpolizei.*
crim·i·nal·i·ty [krimi'næliti] *s.* **1.** Verbrechertum *n*; **2.** Schuld *f*; Strafbarkeit *f.*
crim·i·nal| law *s.* ⚖ Strafrecht *n*; *~* **law·yer** *s.* Strafrechtler *m*; *~* **neg·lect** *s.* ⚖ grobe Fahrlässigkeit; *~* **of·fence**, *Am.* **of·fense** *s.* ⚖ strafbare Handlung; *~* **pro·ceed·ings** *s. pl.* ⚖ Strafverfahren *n.*
crim·i·nate ['krimineit] *v/t.* anklagen, beschuldigen; **crim·i·na·tion** [krimi'neiʃən] *s.* Anklage *f*, Beschuldigung *f*; **crim·i·nol·o·gist** [krimi'nɔlədʒist] *s.* Kriminologe *m*; **crim·i·nol·o·gy** [krimi'nɔlədʒi] *s.* Kriminolo'gie *f.*
crimp[1] [krimp] **I.** *v/t.* **1.** kräuseln, knittern, fälteln, wellen; **2.** *Küche*: *Fische* schlitzen; **3.** *Am. sl.* hindern, stören; **II.** *s.* **4.** Kräuselung *f*, Welligkeit *f*; **5.** Kräuselstoff *m*; **6.** gekräuselter Stoff; **7.** *Am. sl.* Behinderung *f.*
crimp[2] [krimp] ⚓, ⚔ **I.** *v/t.* gewaltsam anwerben, pressen; **II.** *s.* (verbrecherischer) Werber; '**crimp·ing house** [-piŋ] *s.* 'Preßspeˌlunke *f.*
crim·son ['krimzn] **I.** *s.* Karme'sin-, Hochrot *n*; **II.** *adj.* karme'sin-, hochrot; **III.** *v/t.* hochrot färben; **IV.** *v/i.* (puter)rot werden; *~* **ram·bler** *s.* ⚘ blutrote Kletterrose.
cringe [krindʒ] **I.** *v/i.* **1.** sich ducken, sich krümmen; **2.** *fig.* kriechen, schmeicheln, ‚katzbuckeln' (*to* vor *dat.*); **II.** *s. fig.* Krieche'rei *f*; '**cring·ing** [-dʒiŋ] *adj.* □ kriecherisch, unter'würfig.
crin·gle ['kriŋgl] *s.* ⚓ Legel *m* (*Ring od. Öse am Segel*).
crin·kle ['kriŋkl] **I.** *v/i.* **1.** sich kräuseln *od.* krümmen *od.* biegen; **2.** Falten werfen, knittern; **II.** *v/t.* **3.** kräuseln, krümmen; **4.** faltig machen, zerknittern; '**crin·kly** [-li] *adj.* **1.** kraus, faltig, wellig; **2.** zerknittert.
crin·o·line ['krinəli:n] *s.* **1.** Krino'line *f*, Reifrock *m*; **2.** ⚓ Tor'pedoabwehrnetz *n.*
crip·ple ['kripl] **I.** *s.* **1.** Krüppel *m*; **II.** *v/t.* **2.** zum Krüppel machen, lähmen; **3.** *fig.* lähmen, lahmlegen, schwächen; **4.** ⚔ kampfunfähig machen; **III.** *v/i.* **5.** humpeln; '**crip·pled** [-ld] *adj.* **1.** verkrüppelt; **2.** *fig.* lahmgelegt; '**crip·pling** [-liŋ] *adj. fig.* lähmend.
cri·sis ['kraisis] *pl.* **-ses** [-si:z] *s.* 'Krise *f*, 'Krisis *f* (*a.* ⚕); Wende-, Entscheidungs-, Höhepunkt *m.*
crisp [krisp] **I.** *adj.* □ **1.** knusp(e)rig, mürbe; **2.** kraus, gekräuselt; **3.** frisch, fest (*Gemüse*); steif, unzerknittert (*Papier*); **4.** forsch, flott, entschieden (*Benehmen*); **5.** le'bendig, klar, knapp, treffend (*Stil etc.*); **6.** scharf, frisch (*Luft*); **II.** *s.* **7.** *pl. bsd. Brit.* (Kar'toffel)Chips *pl.*; **III.** *v/t.* **8.** knusp(e)rig machen; **9.** kräuseln; **IV.** *v/i.* **10.** knusp(e)rig werden; **11.** sich kräuseln; '*~*-**bread** *s.* Knäckebrot *n.*
crisp·ness ['krispnis] *s.* **1.** Knusp(e)rigkeit *f*; **2.** Frische *f*, Schärfe *f*, Le'bendigkeit *f*; '**crisp·y** [-pi] → *crisp 1, 2, 4.*
criss-cross ['kriskrɔs] **I.** *adj.* **1.** kreuzweise, kreuz u. quer (laufend), Kreuz...; **II.** *adv.* **2.** kreuz u. quer, durchein'ander; **3.** *fig.* in die Quere, verkehrt; **III.** *s.* **4.** Gewirr *n* von Linien; **5.** Kreuzzeichen *n* (*als Unterschrift*); **IV.** *v/t.* **6.** wieder'holt 'durchkreuzen, kreuz u. quer durch'ziehen.
cri·te·ri·on [krai'tiəriən] *pl.* **-ri·a** [-riə] *s.* **1.** Kri'terium *n*, Maßstab *m*, Richtschnur *f*, Prüfstein *m*: *that is no ~* das ist nicht maßgebend (*for* für); **2.** Merkmal *n*; Gesichtspunkt *m.*
crit·ic ['kritik] *s.* **1.** 'Kritiker(in); **2.** Rezen'sent(in); 'Kunstˌkritiker (-in), -richter(in); **3.** Krittler *m*, Tadler *m*; '**crit·i·cal** [-kəl] *adj.* □ **1.** 'kritisch, tadelsüchtig (*of s.o.* j-m gegen'über): *to be ~ of s.th.* et. kritisieren *od.* beanstanden, Bedenken gegen et. haben; **2.** kritisch, kunstverständig; sorgfältig: *~ edition* kritische Ausgabe; **3.** kritisch, entscheidend: *the ~ moment*; **4.** kritisch, bedenklich, gefährlich: *~ situation*; *~ supplies* Mangelgüter; **5.** *phys.* kritisch: *~ velocity*; *~ load* Belastungsgrenze; '**crit·i·cism** [-isizəm] *s.* Kri'tik *f*: **a)** kritische Beurteilung: *open to ~* anfechtbar; *above ~* über jede Kritik *od.* jeden Tadel erhaben, **b)** Besprechung *f*, Rezensi'on *f*, **c)** kritische Unter'suchung: *textual ~* Textkritik, **d)** Tadel *m*, Vorwurf *m*; '**crit·i·cize** [-isaiz] *v/t.* **1.** kritisieren, beurteilen; **2.** besprechen, rezensieren; **3.** Kritik üben an (*dat.*), tadeln, rügen; **cri·tique** [kri'ti:k] *s.* Kritik *f*, kritische Besprechung *od.* Abhandlung.
croak [krouk] **I.** *v/i.* **1.** quaken (*Frosch*); krächzen (*Rabe*); **2.** unken (*Unglück prophezeien*); **3.** *sl.* ‚abkratzen' (*sterben*); **II.** *v/t.* **4.** *sl.* abmurksen (*töten*); **III.** *s.* **5.** Quaken *n*; Krächzen *n*; '**croak·er** [-kə] *s.* Schwarzseher *m*, Miesmacher *m*; '**croak·y** [-ki] *adj.* □ krächzend, heiser.
Cro·at ['krouət] *s.* Kro'ate *m*, Kro'atin *f*; **Cro·a·tian** [krou'eiʃjən] *adj.* kro'atisch.
cro·chet ['krouʃei] **I.** *s.* Häkelarbeit *f*, Häke'lei *f*; **II.** *v/t. u. v/i. pret. u.*

p.p. '**cro·cheted** [-ʃeid] häkeln; '**~-hook** *s.* Häkelnadel *f*, -haken *m*; '**~-work** *s.* Häkelarbeit *f*.

crock[1] [krɔk] **I.** *s.* **1.** Klepper *m*, alter Gaul; **2.** *sl.* **a)** Krüppel *m*, **b)** Klappergestell *n* (*Mensch od. Sache*); **II.** *v/i.* **3.** *mst* ~ *up* zs.-brechen, -krachen; **III.** *v/t.* **4.** arbeitsunfähig machen: *~ed* gebrechlich, ‚ka'putt'.

crock[2] [krɔk] *s.* **1.** irdener Topf, Kruke *f*; **2.** Topfscherbe *f*; '**crock·er·y** [-kəri] *s.* (irdenes) Geschirr, Steingut *n*, Töpferware *f*.

croc·o·dile ['krɔkədail] *s.* **1.** *zo.* Kroko'dil *n*; **2.** F Zweierreihe *f* von Schulmädchen; ~ **tears** *s. pl.* Kroko'dilstränen *pl*.

cro·cus ['kroukəs] *s.* ♣ 'Krokus *m*.

Croe·sus ['kri:səs] *s.* 'Krösus *m*: *as rich as* ~ steinreich.

croft [krɔft] *s. Brit.* **1.** kleines Stück Feld (*beim Haus*); **2.** kleiner Bauernhof; '**croft·er** [-tə] *s. Brit.* Kleinbauer *m*.

crom·lech ['krɔmlek] *s.* 'Kromlech *m*, dru'idischer Steinkreis (*Grab*).

crone [kroun] *s.* altes Weib.

cro·ny ['krouni] *s.* alter Freund, Kum'pan *m*: *old* ~ Busenfreund, Intimus.

crook [kruk] **I.** *s.* **1.** Hirtenstab *m*; **2.** *eccl.* Bischofs-, Krummstab *m*; **3.** Krümmung *f*, Biegung *f*; **4.** Haken *m*; **5.** (*Schirm*)Krücke *f*; **6.** F Gauner *m*, Betrüger *m*: *on the* ~ unehrlich, hintenherum; **II.** *v/t. u. v/i.* **7.** (sich) krümmen, (sich) biegen; '**~-back** *s.* Buck(e)lige(r *m*) *f*; '**~-backed** *adj.* buck(e)lig.

crooked[1] [krukt] *adj.* mit e-r Krücke (versehen): ~ *stick* Krückstock.

crook·ed[2] ['krukid] *adj.* □ **1.** krumm, gekrümmt; gebeugt; **2.** buck(e)lig, verwachsen; **3.** *fig.* unehrlich: ~ *ways* ‚krumme' Wege; '**crook·ed·ness** [-nis] *s.* **1.** Krümmung *f*, Biegung *f*; **2.** Buck(e)ligkeit *f*; **3.** Unehrlichkeit *f*; Verworfenheit *f*.

croon [kru:n] *v/i. u. v/t.* (leise u.) schmalzig singen *od.* summen; '**croon·er** [-nə] *s.* Schlager-, Schnulzensänger *m*.

crop [krɔp] **I.** *s.* **1.** Feldfrucht *f*, *bsd.* Getreide *n* auf dem Halm, Saat *f*: *the ~s* **a)** die Saaten, **b)** die Gesamternte; ~ *rotation* Fruchtfolge, -wechsel; **2.** Bebauung *f*: *in* ~ bebaut; **3.** Ernte *f*, Ertrag *m*: ~ *failure* Mißernte; **4.** *fig.* Ertrag *m*, Ausbeute *f* (of an *dat.*); **5.** Menge *f*, Haufen *m* (*Sachen od. Personen*); **6.** *zo.* Kropf *m* (*Vögel*); **7.** Peitschenstock *m*; Reitpeitsche *f*; **8.** kurzer Haarschnitt, kurzgeschnittenes Haar; **II.** *v/t.* **9.** abschneiden; *Haar* kurz scheren; *Ohren, Schwanz* stutzen; **10.** abbeißen, -fressen; **11.** ✓ bepflanzen, bebauen; **III.** *v/i.* **12.** *Ernte* tragen; **13.** *geol.* ~ *up*, ~ *out* zutage treten; **14.** ~ *up* auftauchen, erscheinen; '**crop-eared** *adj.* mit gestutzten Ohren; '**crop·per** [-pə] *s.* **1.** *a good* ~ e-e gut tragende Pflanze; **2.** F Fall *m*, Sturz *m*: *to come a* ~ **a)** vom Pferde *etc.* fallen, **b)** *fig.* Mißerfolg haben, sich blamieren, ‚reinfallen'; **3.** *orn.* Kropftaube *f*.

cro·quet ['kroukei] *sport* **I.** *s.* Krocket *n*; **II.** *v/t. u. v/i.* krokkieren.

cro·quette [krou'ket] *s. Küche*: Kro'kette *f*, Bratklößchen *n*.

crore [krɔ:] *s. Brit. Ind.* Ka'ror *m* (*10 Millionen* [*Rupien*]).

cro·sier ['krouʒə] *s. R.C.* Bischofs-, Krummstab *m*.

cross [krɔs] **I.** *s.* **1.** Kreuz *n* (*zur Kreuzigung*); **2.** *the* ♀ **a)** das Kreuz Christi, **b)** das Christentum, **c)** das Kruz'ifix *n*; **3.** Kreuz *n* (*Zeichen od. Gegenstand*): *to make the sign of the* ~ sich bekreuzigen; *to sign with a* ~ mit e-m Kreuz (*statt Unterschrift*) unterzeichnen; *to mark with a* ~ ankreuzen; **4.** Ordenskreuz *n*; **5.** *fig.* Kreuz *n*, Leiden *n*, Not *f*: *to bear one's* ~ sein Kreuz tragen; **6.** Querstrich *m* (des Buchstabens t); **7.** Gaune'rei *f*, ‚krumme Tour': *on the* ~ unehrlich; **8.** *biol.* Kreuzung *f*, Mischung *f*; *fig.* Mittelding *n*; **9.** Kreuzungspunkt *m*; **II.** *v/t.* **10.** kreuzen, über Kreuz legen: *to* ~ *one's legs* die Beine kreuzen *od.* überschlagen; *to* ~ *swords with s.o.* die Klingen mit j-m kreuzen (*a. fig.*); *to* ~ *s.o.'s hand with money* j-m (Trink)Geld geben; **11.** e-n Querstrich ziehen durch: *to* ~ *one's t's* sehr sorgfältig sein; *to* ~ *a cheque* e-n Scheck ‚kreuzen' (*als Verrechnungsscheck kennzeichnen*); → *cheque*; *to* ~ *off* (*od. out*) ausstreichen; **12.** durch-, über'queren, *Grenze* über'schreiten, *Zimmer* durch'schreiten, (hin-'über)gehen, (-)fahren über (*acc.*): *to* ~ *the ocean* über den Ozean fahren; *to* ~ *the street* über die Straße gehen; *it ~ed my mind* es fiel mir ein, es kam mir in den Sinn; *to* ~ *s.o.'s path* j-m in die Quere kommen; **13.** sich treffen, sich kreuzen mit: *your letter ~ed mine* Ihr Brief kreuzte sich mit meinem; *to* ~ *each other* sich kreuzen, sich schneiden, sich treffen; **14.** *biol.* kreuzen; **15.** *fig. Plan* durch'kreuzen, vereiteln; entgegentreten (*dat.*): *to be ~ed in love* Unglück in der Liebe haben; **16.** das Kreuzzeichen machen auf (*acc.*) *od.* über (*dat.*): *to* ~ *o.s.* sich bekreuzigen; **III.** *v/i.* **17.** *a.* ~ *over* hin'übergehen, -fahren; 'übersetzen; **18.** sich treffen; sich kreuzen (*Briefe*); **IV.** *adj.* □ **19.** quer (liegend, laufend), Quer...; schräg; sich (über)'schneidend; **20.** (*to*) entgegengesetzt (*dat.*), im 'Widerspruch (zu), Gegen...; **21.** F ärgerlich, verdrießlich, mürrisch, böse (*with* mit): *as* ~ *as two sticks* (ganz) bitterböse; **22.** *sl.* unehrlich.

cross- [krɔs] *in Zssgn* **a)** Kreuz..., **b)** Quer..., **c)** Gegen..., Wider...

cross| ac·tion *s.* ⚖ Gegen-, 'Widerklage *f*; '**~-bar** *s.* **1.** Querholz *n*, -riegel *m*, -stange *f*, -balken *m*; **2.** ⊕ Tra'verse *f*; **3.** *Fußball*: Querlatte *f*; '**~-beam** *s.* **1.** ⊕ Querträger *m*, -balken *m*; **2.** ⚓ Dwarsbalken *m*; '**~-bear·er** *s.* ⊕, *eccl.* Kreuzträger *m*; ~ **bench** *s. parl.* (*brit. Oberhaus*) Querbank *f* der unabhängigen Abgeordneten; '**~-bench** *adj. parl. Brit.* par'teilos, unabhängig; '**~-bill** *s. orn.* Kreuzschnabel *m*; '**~-bones** *s. pl.* zwei gekreuzte Knochen unter e-m Totenkopf; '**~-bow** [-bou] *s.* Armbrust *f*; '**~-bred** *adj. biol.* durch Kreuzung erzeugt, gekreuzt; '**~-breed** **I.** *s.* **1.** (Rassen)Kreuzung *f*, Mischrasse *f*; **2.** Mischling *m*; **II.** *v/t.* [*irr.* → *breed*] **3.** kreuzen, durch Kreuzung züchten; '**~-'bun** *s.* Kreuzsemmel *f* (*am Karfreitag gegessen*); '**~-'Chan·nel** *adj.* den ('Ärmel)Ka,nal über'querend: ~ *steamer* Kanaldampfer; '**~-check** *v/t. u. v/i.* kontrollieren u. gegenkontrollieren; '**~-'coun·try** *adj.* querfeld'ein; Gelände..., *mot. a.* geländegängig: ~ *race* Geländefahrt, -lauf; ~ *flight* Überlandflug; '**~-cur·rent** *s.* Gegenstrom *m*, -strömung *f* (*a. fig.*); '**~-cut** **I.** *adj.* **1.** quer schneidend, quergeschnitten: ~ *saw* ⊕ Schrotsäge; **II.** *s.* **2.** Querweg *m*; **3.** ⊕ Kreuzhieb *m*.

crosse [krɔs] *s. sport* La'crosse-Schläger *m*.

cross| en·try *s.* † Gegenbuchung *f*; Gegenposten *m*; '**~-ex·am·i'na·tion** *s.* ⚖ Kreuzverhör *n*; '**~-ex'am·ine** *v/t.* ⚖ ins Kreuzverhör nehmen; '**~-eyed** *adj.* schielend; '**~-fade** *v/t. Film etc.*: über'blenden; '**~-fire** *s.* ⚔ Kreuzfeuer *n* (*a. fig.*); '**~-grained** *adj.* **1.** quergefasert; **2.** *fig.* 'widerspenstig, eigensinnig; '**~-hatch·ing** *s.* Kreuzschraffierung *f*; ~ **head**, ~ **head·ing** *s. Zeitung*: 'Zwischen,überschrift *f*.

cross·ing ['krɔsiŋ] *s.* **1.** Kreuzen *n*, Kreuzung *f*; **2.** Durch-, Über'querung *f*; **3.** 'Überfahrt *f*, ('Straßen-),Übergang *m*; **4.** (Straßen-, Eisenbahn)Kreuzung *f*: *level* (*Am. grade*) ~ schienengleicher (*oft* unbeschrankter) Bahnübergang; *pedestrian* ~ Fußgängerüberweg; ~ **place** *s.* Weiche *f*; '**~-sweep·er** *s.* Straßenkehrer *m*.

'**cross|-legged** *adj.* mit 'übergeschlagenen Beinen; '**~-light** *s.* schrägeinfallendes Licht.

cross·ness ['krɔsnis] *s.* Verdrießlichkeit *f*, schlechte Laune.

'**cross|-patch** *s.* F mürrischer Mensch, Brummbär *m*; '**~-piece** *s.* ⊕ Querstück *n*, -balken *m*, -holz *n*; ~ **pur·pos·es** *s. pl.* **1.** 'Widerspruch *m*: *to be at* ~ **a)** einander entgegenarbeiten, **b)** sich mißverstehen; **2.** *ein* Frage- u. Antwort-Spiel *n*; ~ **ques·tion** *s.* ⚖ Frage *f* im Kreuzverhör; '**~-'ques·tion** → *cross-examine*; ~ **ref·er·ence** *s.* Kreuz-, Querverweis *m*; '**~-road** *s.* **1.** Querstraße *f*; **2.** *pl. mst sg. konstr.* **a)** Straßenkreuzung *f*: *at a ~s* an e-r Kreuzung, **b)** *fig.* Scheideweg *m*: *at the ~s*; '**~-sec·tion** *s.* **1.** Å, ⊕ Querschnitt *m*; **2.** *fig.* (*of*) Querschnitt *m* (durch), typische Auswahl (aus); '**~-stitch** *s.* Kreuzstich *m*; '**~-town** *adj. Am.* quer durch die Stadt (gehend *od.* fahrend); '**~-tree** *s.* ⚓ Dwars-, Quersaling *f*; ~ **vot·ing** *s. Brit. pol.* Abstimmung *f* über Kreuz (*wobei einzelne Abgeordnete mit der Gegenpartei stim-*

men); '~**ways** → crosswise; ~ **wind** s. ✈, ⚓ Seitenwind m; '~**wise** adv. quer, kreuzweise; kreuzförmig; '~**word (puz·zle)** s. Kreuzworträtsel n.

crotch [krɔtʃ] s. Gabelung f, Abzweigung f.

crotch·et ['krɔtʃit] s. 1. ♪ Viertelnote f; 2. Schrulle f, verrückter Einfall; '**crotch·et·y** [-ti] adj. schrullenhaft, verschroben.

cro·ton ['kroutən] s. ⚘ 'Kroton m: ~ oil ⚕ Krotonöl; ♀ **bug** s. zo. Am. Küchenschabe f.

crouch [krautʃ] I. v/i. 1. hocken, sich (nieder)ducken, sich zs.-kauern; 2. fig. kriechen, sich ducken (to vor); II. s. 3. kauernde Stellung, Hockstellung f.

croup[1] [kru:p] s. ⚕ Krupp m, Halsbräune f.

croup[2], **croupe** [kru:p] s. Kruppe f des Pferdes.

crou·pi·er ['kru:piə] s. Croupi'er m, Bankhalter m (in Spielbanken).

croû·ton ['kru:tɔ̃] s. Crou'ton m (geröstete Brotbrocken zur Suppe).

crow[1] [krou] s. orn. 1. Krähe f: as the ~ flies schnurgerade, in der Luftlinie; to eat ~ Am. F zu Kreuze kriechen, ‚klein und häßlich' sein; to have a ~ to pluck (od. pick) with s.o. mit j-m ein Hühnchen zu rupfen haben; a white ~ fig. ein weißer Rabe, e-e Seltenheit; 2. rabenähnlicher Vogel.

crow[2] [krou] I. v/i. 1. krähen (Hahn, a. Kind); 2. (vor Freude) quietschen; 3. froh'locken, triumphieren (over über acc.); 4. prahlen; II. s. 5. Krähen n (Hahn); 6. Schreien n (vor Freude).

'**crow|-bar** s. ⊕ Brech-, Stemmeisen n; '~**ber·ry** [-bəri] s. ⚘ 1. Krähenbeere f; 2. Am. Kronsbeere f; '~**bill** s. ⚕ Kugelzange f.

crowd [kraud] I. s. 1. (Menschen-) Menge f, Gedränge n: ~s of people Menschenmassen; he would pass in a ~ er ist nicht schlechter als andere; 2. the ~ das gemeine Volk; der Pöbel: to follow the ~ der Mehrheit folgen; 3. F Ver'ein m, Bande f (Gesellschaft): a jolly ~; 4. Ansammlung f, Haufen m: a ~ of books; II. v/i. 5. sich drängen, zs.-strömen; vorwärtsdrängen; III. v/t. 6. über'füllen, 'vollstopfen (with mit): ~ed hours ereignisreiche Stunden; 7. hin'einpressen, -stopfen (into in acc.); 8. zs.-drängen: to ~ (on) sail ⚓ alle Segel beisetzen; to ~ the windows sich an den Fenstern drängen; 9. F j-n drängen; ~ **in** v/i. hin'einströmen, sich hin'eindrängen: to ~ upon s.o. j-n bestürmen, auf j-n einstürmen (Gedanken etc.); ~ **out** v/t. verdrängen; ausschalten; (wegen Platzmangels) aussperren; ~ **up** v/t. Am. Preise in die Höhe treiben.

crowd·ed ['kraudid] adj. 1. (with) über'füllt, 'vollgestopft (mit), voll, wimmelnd (von): ~ to overflowing zum Bersten voll; 2. gedrängt, zs.-gepfercht; 3. bedrängt, beengt; 4. voll ausgefüllt, arbeits-, ereignisreich (Leben).

'**crow·foot** pl. **-foots** s. 1. ⚘ Hahnenfuß m; 2. → crow's-foot 2.

crown [kraun] I. s. 1. Siegerkranz m, Ehrenkrone f; 2. a) (Königs-etc.)Krone f, b) Herrschermacht f, Thron m: to succeed to the ~ den Thron besteigen, c) the ♀ die Krone, der König etc., a. der Staat od. Fiskus; 3. Krone f (Abzeichen); 4. Krone f (Währung): a) Brit. obs. Fünfschillingstück n: half a ~ 2 Schilling 6 Pence, b) Währungseinheit von Dänemark, Norwegen, Schweden; 5. a) Scheitel m, Wirbel m (Kopf), b) Kopf m: to break s.o.'s ~ j-m den Schädel einschlagen; 6. ⚘ (Baum)Krone f; 7. a) anat. (Zahn)Krone f, b) (künstliche) Krone; 8. a) Haarkrone f, b) Schopf m, Kamm m (Vogel); 9. Kopf m e-s Hutes; 10. ⚠ Krone f, Schlußstein m; 11. ⚓ Ankerkreuz n; 12. höchster Punkt, Gipfel m; fig. Höhepunkt m, Krönung f; II. v/t. 13. krönen: to be ~ed king zum König gekrönt werden; ~ed heads gekrönte Häupter; 14. fig. krönen, ehren, belohnen; zieren, schmücken; 15. fig. krönen, den Gipfel od. Höhepunkt bilden von: ~ed with success von Erfolg gekrönt; 16. fig. die Krone aufsetzen (dat.): to ~ all a) allem die Krone aufsetzen, b) zu allem Überfluß od. Unglück; 17. fig. glücklich voll'enden; 18. ⚕ Zahn über'kronen; 19. Damespiel: zur Dame machen; 20. sl. j-m ‚eins aufs Dach geben'; ♀ **Col·o·ny** s. Brit. 'Kronkolo,nie f; ♀ **Court** s. ⚖ Brit. Schwurgericht n; ~ **es·cape·ment** s. ⊕ Spindelhemmung f (Uhr); '~-'**glass** s. 1. Mondglas n, Butzenscheibe f; 2. Kronglas n.

crown·ing ['krauniŋ] adj. krönend, alles über'bietend, höchst: ~ achievement Glanzleistung.

'**crown|-jew·els** s. pl. 'Kronju,welen pl., 'Reichsklein,odien pl.; '~-'**land** s. Kron-, Staatsgut n; ~ **o·pen·er** s. Flaschenöffner m (für Patentverschlüsse); ~ **prince** s. Kronprinz m; ~ **prin·cess** s. 'Kronprin,zessin f; '~-**wheel** s. ⊕ Kronrad n (Uhr).

'**crow-quill** s. feine Stahlfeder.

'**crow's|-bill** → crow-bill; '~-**foot** s. [irr.] 1. pl. Krähenfüße pl., Fältchen pl.; 2. ⚔ Fußangel f; '~-**nest** s. ⚓ Ausguck m, Krähennest n.

cru·cial ['kru:ʃjəl] adj. 1. 'kritisch, entscheidend: ~ point springender Punkt; ~ test Feuerprobe; 2. schwierig; 3. ⚕ kreuzförmig: ~ incision Kreuzschnitt.

cru·ci·ble ['kru:sibl] s. 1. ⊕ (Schmelz)Tiegel m: ~ steel Tiegelgußstahl; 2. fig. Feuerprobe f.

cru·ci·fix ['kru:sifiks] s. Kruzi'fix n; **cru·ci·fix·ion** [kru:si'fikʃən] s. Kreuzigung f; '**cru·ci·form** [-fɔ:m] adj. kreuzförmig; '**cru·ci·fy** [-fai] v/t. kreuzigen; fig. Begierden abtöten.

crude [kru:d] adj. □ 1. roh, ungekocht; unver-, unbearbeitet: ~ oil Rohöl; 2. roh, grob, ungehobelt, unfein; 3. roh, unfertig, unreif; 'undurch,dacht; 4. grell, geschmacklos (Farbe); 5. fig. ungeschminkt, nackt: ~ facts nackte Tatsachen;

'**crude·ness** [-nis] s. Roheit f, Grobheit f, Unfertigkeit f, Unreife f (a. fig.); '**cru·di·ty** [-diti] s. 1. → crudeness; 2. et. Unfertiges od. Unbearbeitetes od. Geschmackloses.

cru·el ['kruəl] I. adj. □ 1. grausam (to gegen); 2. hart, unbarmherzig, roh, gefühllos; 3. entsetzlich, schrecklich; II. adv. 4. F furchtbar, scheußlich: ~ hot; '**cru·el·ty** [-ti] s. 1. Grausamkeit f (to gegen['über]); 2. Miß'handlung f, Quäle'rei f: ~ to animals Tierquälerei; Society for the Prevention of ♀ to Animals Tierschutzverein; 3. Schwere f, Härte f.

cru·et ['kru(:)it] s. 1. Essig-, Ölfläschchen n; 2. R. C. Meßkännchen n; 3. a. ~-stand Me'nage f, Gewürzständer m.

cruise [kru:z] I. v/i. 1. ⚓ kreuzen, e-e Seereise machen; her'umfahren: cruising taxi fahrendes Taxi auf Fahrgastsuche; 2. ✈, mot. a) e-e Vergnügungsfahrt machen, b) mit Reisegeschwindigkeit fliegen od. fahren; II. s. 3. Seereise f, Kreuz-, Vergnügungsfahrt f; '**cruis·er** [-zə] s. 1. ⚓ a) Kreuzer m, b) Vergnügungsschiff n, c) ('Motor-) Jacht f, Segler m; 2. Am. (Funk-) Streifenwagen m; 3. Boxen: ~weight F Halbschwergewicht; '**cruis·ing** [-ziŋ] adj. ✈, mot. Reise...: ~ speed; ~ level ✈ Reiseflughöhe.

crumb [krʌm] I. s. 1. Krume f, Krümel m, Brösel m: ~-brush Tischbürste; 2. fig. Brocken m, ein bißchen; 3. Krume f (weicher Teil des Brotes); II. v/t. 4. Küche: panieren; 5. zerkrümeln; '**crum·ble** [-mbl] I. v/t. 1. zerkrümeln, -bröckeln; II. v/i. 2. zerbröckeln, -fallen; 3. fig. zer-, verfallen, zu'grunde gehen; 4. ✝ abbröckeln (Kurse); III. s. 5. apple ~ Apfelspeise mit Krümelauflage; '**crum·bling** [-mbliŋ], '**crum·bly** [-mbli] adj. 1. krüm(e)lig, bröck(e)lig; 2. zerbröckelnd, -fallend; **crumb·y** ['krʌmi] adj. 1. voller Krumen; 2. weich, krüm(e)lig.

crump [krʌmp] s. ⚔ Brit. sl. ‚dicker Brocken' (schwere Granate).

crum·pet ['krʌmpit] s. 1. ein weicher Teekuchen; 2. sl. ‚Birne' f (Kopf).

crum·ple ['krʌmpl] I. v/t. 1. a. ~ up zerknittern, zer-, zs.-knüllen; fig. vernichten; II. v/i. 2. sich (zer-) drücken, faltig werden, verschrumpeln; 3. oft ~ up zerdrückt werden, zs.-brechen (a. fig.), einstürzen.

crunch [krʌntʃ] I. v/t. 1. knirschend (zer)kauen; 2. zermalmen; II. v/i. 3. knirschend kauen; 4. knirschen; III. s. sl. 5. Druck(ausübung f) m; 6. ‚Klemme' f, böse Situati'on; 7. 'kritischer Mo'ment, 'Krise f; '**crunch·y** [-tʃi] adj. F knusp(e)rig.

crup·per ['krʌpə] s. 1. Schwanzriemen m (Pferdegeschirr); 2. Kruppe f (Pferd).

cru·ral ['kruərəl] adj. anat. Schenkel..., Bein...

cru·sade [kru:'seid] I. s. Kreuzzug m (a. fig.); II. v/i. e-n Kreuzzug unter'nehmen; fig. zu Felde ziehen, kämpfen; **cru'sad·er** [-də] s. Kreuzfahrer m; fig. Kämpfer m.

cruse [kru:z] s. bibl. irdener Krug:

widow's ~ nie versiegender Vorrat.

crush [krʌʃ] **I.** *s.* **1.** Gedränge *n*, Menschenmenge *f*; **2.** F über'füllte gesellschaftliche Veranstaltung; **3.** *sl.* Schwarm *m*: *to have a* ~ *on s.o.* in j-n verliebt *od.* ‚verschossen' sein; **II.** *v/t.* **4.** zerquetschen, -drücken, -malmen; **5.** zerstoßen, -kleinern, mahlen; **6.** zerknittern; **7.** drücken, drängen; **8.** ausquetschen, -drükken; **9.** *fig.* er-, unter'drücken, über'wältigen, zerschmettern, vernichten; **III.** *v/i.* **10.** zerknittern, sich zerdrücken; **11.** zerbrechen; **12.** sich drängen; ~ **down** *v/t.* **1.** zerdrücken, -malmen; **2.** niederschmettern, über'wältigen; ~ **out** *v/t.* ausdrükken, -pressen; *fig.* zertreten; ~ **up** *v/t.* **1.** zerquetschen; **2.** zerknüllen.

crush·a·ble ['krʌʃəbl] *adj.*: ~ *zone mot.* Knautschzone.

crush·er ['krʌʃə] *s.* **1.** ⊕ 'Brechmaˌschine *f*; **2.** F *et.* Über'wältigendes.

'**crush**|-'**hat** *s.* Klapphut *m*; '~-**hour** → *rush-hour*.

crush·ing ['krʌʃiŋ] *adj.* □ *fig.* über'wältigend.

'**crush-room** *s. thea.* Foy'er *n*, Wandelhalle *f*.

crust [krʌst] **I.** *s.* **1.** Kruste *f*, Rinde *f* (*Brot, Pastete*); **2.** Knust *m*, Stück *n* hartes Brot; **3.** Erdkruste *f*; **4.** ⚕ Schorf *m*; **5.** ♀, *zo.* Schale *f*; **6.** Niederschlag *m* (*in Weinflaschen*), Ablagerung *f*; **7.** *sl.* Frechheit *f*; **8.** Harsch *m*; **II.** *v/t.* **9.** mit e-r Kruste über'ziehen; **III.** *v/i.* **10.** e-e Kruste bilden; verharschen (*Schnee*); → *crusted*.

crus·ta·cea [krʌs'teiʃjə] *s. pl. zo.* Krusten-, Krebstiere *pl.*; **crus'ta·cean** [-ʃjən] **I.** *adj.* zu den Krusten- *od.* Krebstieren gehörig, Krebs...; **II.** *s.* Krusten-, Krebstier *n*; **crus'ta·ceous** [-ʃjəs] → *crustacean I*.

crust·ed ['krʌstid] *adj.* **1.** mit e-r Kruste über'zogen: ~ *snow* Harsch (-schnee); **2.** abgelagert (*Wein*); **3.** *fig.* alt'hergebracht; eingefleischt; '**crust·y** [-ti] *adj.* □ **1.** krustig; **2.** mit e-r Kruste (versehen); **3.** *fig.* mürrisch, reizbar, bärbeißig.

crutch [krʌtʃ] *s.* **1.** Krücke *f*: *to go on* ~*es* auf *od.* an Krücken gehen; **2.** *fig.* Stütze *f*, Hilfe *f*; '**Crutch·ed Fri·ars** [-tʃid] *s. pl. eccl.* Kreuzbrüder *pl.* (*katholischer Orden in England*).

crux [krʌks] *s.* **1.** springender Punkt; **2.** Schwierigkeit *f*, ‚Haken' *m*, harte Nuß; **3.** ♀ *ast.* Kreuz *n* des Südens.

cry [krai] **I.** *s.* **1.** Schrei *m* (*a. Tier*), Ruf *m* (*for* nach): *within* ~ (*of*) in Rufweite (von); *a far* ~ *from fig.* a) weit entfernt von, **b**) et. ganz anderes als; **2.** Geschrei *n*, Ausrufen *n*: *much* ~ *and little wool* viel Geschrei u. wenig Wolle; *the popular* ~ die Stimme des Volkes; **3.** Weinen *n*, Klagen *n*: *to have a good* ~ sich (ordentlich) ausweinen; **4.** Bitten *n*, Flehen *n*; **5.** Schlag-, Losungswort *n*; **6.** *hunt.* Anschlagen *n*, Gebell *n* (*Meute*): *in full* ~ mit lautem Gebell, *fig.* in voller Jagd *od.* Verfolgung; **7.** *hunt.* Meute *f*; *fig.* Herde *f*, Menge *f*: *to follow in the* ~ mit den Wölfen heulen; **II.** *v/i.* **8.** schreien, laut (aus)rufen: *to* ~ *for help* um Hilfe rufen; *to* ~ *for vengeance* nach Rache schreien; **9.** weinen, heulen, jammern; **10.** *hunt.* anschlagen, bellen; **III.** *v/t.* **11.** schreien, (aus)rufen: *to* ~ *one's wares* s-e Waren ausrufen, -bieten; **12.** *obs.* flehen um; **13.** weinen: *to* ~ *one's eyes out* sich die Augen ausweinen; *to* ~ *o.s. to sleep* sich in den Schlaf weinen; ~ **down** *v/t.* her'absetzen, schmälern; ~ **off** *v/t.* (plötzlich) absagen, zu'rücktreten von; ~ **out I.** *v/t.* ausrufen; **II.** *v/i.* aufschreien: *to* ~ *against fig.* mißbilligen, verurteilen; ~ **up** *v/t.* laut rühmen.

'**cry-ba·by** *s.* kleiner Schreihals; *fig.* Heulsuse *f*.

cry·ing ['kraiiŋ] *adj. fig.* (himmel-) schreiend, schlimm; dringend.

crypt [kript] *s.* ⚠ 'Krypta *f*, 'unterirdisches Gewölbe, Gruft *f*; '**cryp·tic** [-tik] *adj.* geheim, verborgen; rätselhaft, dunkel: ~ *colo(u)ring zo.* Schutzfärbung; '**cryp·ti·cal** [-tikəl] *adj.* → *cryptic*.

crypto- [kriptou] *in Zssgn* geheim, verborgen: ~-*communist* verkappter Kommunist; '**cryp·to·gam** [-gæm] *s.* ♀ Krypto'game *f*, Sporenpflanze *f*; **cryp·to·gam·ic** [kriptou'gæmik], **cryp·tog·a·mous** [krip'tɔgəməs] *adj.* ♀ krypto'gamisch; '**cryp·to·gram** [-græm] *s.* Text *m* in Geheimschrift, chiffrierter Text; '**cryp·to·graph** [-grɑ:f; -græf] *s.* (Text *m* in) Geheimschrift *f*; **cryp·tog·ra·phy** [krip'tɔgrəfi] *s.* Geheimschrift *f*; **cryp·tol·o·gist** [krip'tɔlədʒist] *s.* Kenner *m od.* Erforscher *m* ar'chaischer *od.* geheimer Schriften; **cryp·to·me·ri·a** [kriptou'miəriə] *s.* ♀ Krypto'merie *f*, Ja'panische Zeder.

crys·tal ['kristl] **I.** *s.* **1.** Kri'stall *m* (*a.* ⚗, *min., phys.*): *as clear as* ~ *od.* ~ *clear* a) kristallklar, **b**) *fig.* sonnenklar; **2.** *a.* ~ *glass* a) Kri'stall (-glas) *n*, **b**) *coll.* Kristall *n*, Glaswaren *pl.*; **3.** Uhrglas *n*; **II.** *adj.* **4.** Kristall..., kri'stallen; **5.** kri'stallklar; ~ **de·tec·tor** *s.* ⚡ (Kri'stall)Deˌtektor *m*; '~-**gaz·er** *s.* Hellseher *m* (*der in e-m Kristall die Zukunft sieht*); '~-**gaz·ing** *s.* Kri'stallsehen *n*.

crys·tal·line ['kristəlain] *adj. a.* ⚗, *min.* kristal'linisch, kri'stallen, kri'stallartig, Kristall...: ~ *lens anat.* (Augen)Linse; '**crys·tal·liz·a·ble** [-aizəbl] *adj.* kristallisierbar; **crys·tal·li·za·tion** [kristəlai'zeiʃən] *s.* Kristallisati'on *f*, Kristallisierung *f*, Kri'stallbildung *f*; '**crys·tal·lize** [-aiz] **I.** *v/t.* **1.** kristallisieren; **2.** *fig.* feste Form geben (*dat.*), klären; **3.** *Früchte* kandieren; **II.** *v/i.* **4.** kristallisieren; **5.** *fig.* kon'krete *od.* feste Form annehmen; **crys·tal·log·ra·pher** [kristə'lɔgrəfə] *s.* Kristallo'graph *m*; **crys·tal·log·ra·phy** [kristə'lɔgrəfi] *s.* Kristallogra'phie *f*.

crys·tal set *s. Radio*: Kri'stall(deˌtektor)empfänger *m*.

'**C-spring** *s.* ⊕ C-Feder *f*.

cte·noid ['ti:nɔid] *ichth.* **I.** *adj.* kammschuppig; **II.** *s.* Kammschupper *m*.

cub [kʌb] **I.** *s.* **1.** *zo. das* Junge (*des Fuchses, Bären etc.*); **2.** ‚Küken' *n*, Tolpatsch *m*: *unlicked* ~ Flegel; ~ *reporter* unerfahrener junger Reporter; **3.** *a. wolf-*~ Wölfling *m*, Jungpfadfinder *m*; **II.** *v/i.* **4.** Junge werfen (*Füchse etc.*); **5.** junge Füchse jagen.

cub·age ['kju:bidʒ] → *cubature*.

Cu·ban ['kju:bən] **I.** *adj.* ku'banisch; **II.** *s.* Ku'baner(in).

cu·ba·ture ['kju:bətʃə] *s.* ⅍ **1.** Raum(inhalts)berechnung *f*; **2.** Rauminhalt *m*.

cub·by-hole ['kʌbihoul] *s.* gemütliches Plätzchen; Kämmerchen *n*, ‚Ka'buff' *n*.

cube [kju:b] **I.** *s.* **1.** ⅍ Würfel *m*, 'Kubus *m*; **2.** Würfel *m*: ~ *sugar* Würfelzucker; **3.** ⅍ Ku'bikzahl *f*, dritte Po'tenz: ~ *root* Kubikwurzel; **4.** Pflasterstein *m* (*in Würfelform*); **II.** *v/t.* **5.** ⅍ zur dritten Potenz erheben: *two* ~*d* zwei hoch drei (2^3); **6.** den Rauminhalt messen von; **7.** in Würfel schneiden.

cu·beb ['kju:beb] *s.* ♀ Ku'bebe *f*.

cu·bic ['kju:bik] *adj.* (□ ~*ally*) **1.** Kubik..., Raum...: ~ *content* Rauminhalt, Volumen; ~ *metre*, *Am. meter* Kubik-, Raum-, Festmeter; **2.** 'kubisch, würfelförmig, Würfel...; **3.** ⅍ kubisch: ~ *equation* kubische Gleichung, Gleichung dritten Grades; '**cu·bi·cal** [-kəl] *adj.* □ → *cubic*.

cu·bi·cle ['kju:bikl] *s.* kleiner abgeteilter (Schlaf)Raum; Zelle *f*, Nische *f*, Ka'bine *f*.

cub·ism ['kju:bizəm] *s.* Ku'bismus *m*; '**cub·ist** [-ist] **I.** *s.* Ku'bist *m*; **II.** *adj.* ku'bistisch.

cu·bit ['kju:bit] *s.* Elle *f* (*Längenmaß*); '**cu·bi·tal** [-tl] *adj. anat.* Unterarm...; '**cu·bi·tus** [-təs] *s. anat.* 'Unterarm *m*.

cu·boid ['kju:bɔid] *adj.* (annähernd) würfelförmig: ~ *bone anat.* Würfelbein.

cuck·old ['kʌkəld] **I.** *s.* Hahnrei *m*; **II.** *v/t.* zum Hahnrei machen, *j-m* Hörner aufsetzen.

cuck·oo ['kuku:] **I.** *s.* **1.** *orn.* Kuckuck *m*; **2.** Kuckucksruf *m*; **3.** *sl.* Tropf *m*; **II.** *v/i.* **4.** ‚kuckuck' rufen; **III.** *adj.* **5.** *sl.* verrückt, ‚plem'plem'; ~ **clock** *s.* Kuckucksuhr *f*; '~-**flow·er** *s.* ♀ Wiesenschaumkraut *n*; '~-**pint** [-pint] *s.* ♀ gefleckter 'Aronsstab; '~-**spit** *s. zo.* **1.** Kuckucksspeichel *m*; **2.** 'Schaumziˌkade *f*.

cu·cum·ber ['kju:kəmbə] *s.* Gurke *f*; → *cool 2*; '~-**tree** *s.* ♀ amer. Ma'gnolie *f*.

cu·cur·bit [kju'kə:bit] *s.* ♀ Kürbis (-gewächs *n*) *m*.

cud [kʌd] *s.* 'wiedergekäutes Futter: *to chew the* ~ a) wiederkäuen, **b**) *fig.* überlegen, nachsinnen.

cud·dle ['kʌdl] **I.** *v/t.* herzen, hätscheln, ‚knuddeln'; **II.** *v/i.* sich kuscheln, warm *od.* behaglich liegen: *to* ~ *up* sich zs.-kuscheln, sich warm einmummeln (*im Bett*); **III.** *s.* Um'armung *f*, Liebkosung *f*; '**cud·dle·some** [-səm], '**cud·dly** [-li] *adj.* anschmiegsam; ‚knuddelig'.

cudg·el ['kʌdʒəl] **I.** *s.* Knüttel *m*, Keule *f*: *to take up the* ~*s for s.o.* für j-n eintreten, für j-n e-e Lanze brechen; **II.** *v/t.* prügeln: *to* ~ *one's*

brains fig. sich den Kopf zerbrechen (*for* wegen, *about* über *acc.*).
cue[1] [kju:] *s.* **1.** *bsd. thea.* Stichwort *n*; **2.** Wink *m*, Fingerzeig *m*: *to give s.o. his ~* j-m die Worte in den Mund legen; *to take the ~ from s.o.* sich nach j-m richten.
cue[2] [kju:] *s.* **1.** Queue *n*, 'Billardstock *m*; **2.** → *queue* 2.
cuff[1] [kʌf] *s.* Man'schette *f* (*a.* ⊕), Stulpe *f*; Ärmel- (*Am. a.* Hosen-) aufschlag *m*; *mst pl.* Handschellen *pl.*: *off the ~ Am.* F aus dem Handgelenk, improvisiert; *to put on the ~ Am.* F **a)** (zur Abzahlung) anschreiben, **b)** sich *et.* notieren.
cuff[2] [kʌf] **I.** *v/t.* knuffen, ohrfeigen; **II.** *s.* Schlag *m*, Knuff *m*.
'cuff-link *s.* Man'schettenknopf *m*.
cui·rass [kwi'ræs] *s.* 'Küraß *m*, Brustharnisch *m*; **cui·ras·sier** [kwirə'siə] *s.* ⚔ Küras'sier *m*.
cui·sine [kwi(:)'zi:n] *s.* Küche *f*, Kochkunst *f*: *French ~*.
cul-de-sac ['kuldə'sæk; kydsak] *pl.* -**sacs** (*Fr.*) *s.* Sackgasse *f* (*a. fig.*).
cu·li·nar·y ['kʌlinəri] *adj.* Koch..., Küchen...: *~ art* Kochkunst; *~ herbs* Küchenkräuter.
cull [kʌl] **I.** *v/t.* **1.** pflücken; **2.** *fig.* auslesen, -suchen; **II.** *s.* **3.** *et.* (als minderwertig) Aussortiertes.
cul·len·der ['kʌlində] → *colander*.
cul·let ['kʌlit] *s.* Bruchglas *n*.
culm[1] [kʌlm] *s.* **1.** Kohlenstaub *m*, -grus *m*; **2.** *geol.* Kulm *m*, *n*.
culm[2] [kʌlm] *s.* ⚘ Halm *m*, Stengel *m* (*von Gräsern*).
cul·mi·nate ['kʌlmineit] *v/i.* **1.** *ast.* kulminieren; **2.** *fig.* den Höhepunkt erreichen; gipfeln (*in* in *dat.*); **cul·mi·na·tion** [kʌlmi'neiʃən] *s.* **1.** *ast.* Kulminati'on *f*; **2.** *bsd. fig.* Gipfel *m*, Höhepunkt *m*, höchster Stand.
cul·pa·bil·i·ty [kʌlpə'biliti] *s.* Sträflichkeit *f*, Schuld *f*; **cul·pa·ble** ['kʌlpəbl] *adj.* □ sträflich, schuldhaft; strafbar: *~ negligence* ⚖ (grobe) Fahrlässigkeit.
cul·prit ['kʌlprit] *s.* **1.** Schuldige(r *m*) *f*, Missetäter(in); **2.** ⚖ Angeklagte(r *m*) *f*.
cult [kʌlt] *s.* **1.** *eccl.* Kult(us) *m*; **2.** *fig.* Kult *m*, Verehrung *f*; **3.** (dumme) Mode.
cul·ti·va·ble ['kʌltivəbl] *adj.* kultivierbar, bebaubar (*Boden*); anbaufähig (*Pflanze*).
cul·ti·vate ['kʌltiveit] *v/t.* **1.** *Boden* bebauen, bestellen; **2.** *Pflanzen* züchten, ziehen, (an)bauen; **3.** entwickeln, fort-, ausbilden, fördern; **4.** verfeinern, veredeln; **5.** *Freundschaft etc.* pflegen, hegen; **6.** betreiben, üben; sich widmen (*dat.*), Wert legen auf (*acc.*); **'cul·ti·vat·ed** [-tid] *adj.* **1.** bebaut, bestellt (*Land*); **2.** ↗ gezüchtet (*Ggs. wildgewachsen*); **3.** kultiviert, gebildet; **cul·ti·va·tion** [kʌlti'veiʃən] *s.* **1.** Bearbeitung *f*, Bestellung *f*, Bebauung *f*: *under ~* bebaut; **2.** Anbau *m*, Züchtung *f*; Ackerbau *m*; **3.** (Aus)Bildung *f*, Pflege *f*, Übung *f*; Förderung *f*; **4.** Kul'tur *f*, Bildung *f*; **'cul·ti·va·tor** [-tə] *s.* **1.** Landwirt *m*; **2.** Züchter *m*; **3.** ↗ Kulti'vator *m* (*Gerät*).
cul·tur·al ['kʌltʃərəl] *adj.* □ **1.** Kultur..., kultu'rell; **2.** → *cultivated* 2; **cul·ture** ['kʌltʃə] *s.* **1.** Bebauung *f* (*Boden*); **2.** ↗ Anbau *m*, Zucht *f*, Kul'tur *f* (*Pflanzen*); **3.** ↗ Züchtung *f*, Zucht *f* (*Tiere*): *~ pearl* Zuchtperle; **4.** *biol.* Züchtung *f*; Kultur *f* (*Bakterien, Gewebe*): *~ medium* künstlicher Nährboden; **5.** Pflege *f*, Aus-, Fortbildung *f*: *physical ~* Leibesübungen; **6.** Kultur *f*, (geistige) Bildung; **'cul·tured** [-tʃəd] *adj.* **1.** kultiviert, gepflegt, gebildet; **2.** gezüchtet: *~ pearl* Zuchtperle.
cul·ver ['kʌlvə] *s. orn.* Ringeltaube *f*.
cul·vert ['kʌlvət] *s.* ⊕ (über'wölbter) 'Abzugska,nal; 'unterirdische (Wasser)Leitung.
cum [kʌm] (*Lat.*) *prp.* **1.** mit, samt; **2.** *Brit. humor.* und gleichzeitig, plus: *garage-~-workshop*.
cum·ber ['kʌmbə] **I.** *v/t. mst fig.* belasten, beschweren; behindern; **II.** *s. fig.* Last *f*, Bürde *f*; **'cum·ber·some** [-səm] *adj.* □ **1.** lästig, beschwerlich; unbequem; **2.** schwerfällig.
Cum·bri·an ['kʌmbriən] **I.** *adj.* Cumberland betreffend; **II.** *s.* Bewohner(in) von Cumberland.
cum·brous ['kʌmbrəs] → *cumbersome*.
cum·in ['kʌmin] *s.* ⚘ Kreuzkümmel *m*.
cum·mer·bund ['kʌməbʌnd] *s.* Kummerbund *m* (*schärpenartiger Rundbundgürtel*).
cum·min → *cumin*.
cum·quat → *kumquat*.
cu·mu·la·tive ['kju:mjulətiv] *adj.* □ **1.** *a.* ✝ kumula'tiv, Sammel...; **2.** sich (an)häufend *od.* steigernd *od.* summierend; anwachsend; **3.** zusätzlich, verstärkend; *~* **ev·i·dence** *s.* ⚖ zusätzlicher Beweis; *~* **vot·ing** *s.* Kumu'lieren *n* (*bei Wahlen*).
cu·mu·lus ['kju:mjuləs] *pl.* -**li** [-lai] *s.* 'Kumulus *m*, Haufenwolke *f*.
cu·ne·ate ['kju:nieit] *adj. bsd.* ⚘ keilförmig; **'cu·ne·i·form** [-iifɔ:m] **I.** *adj.* **1.** keilförmig; **2.** keilschriftlich: *~ characters* Keilschrift; **II.** *s.* **3.** Keilschrift *f*; **'cu·ni·form** [-ifɔ:m] → *cuneiform*.
cun·ning ['kʌniŋ] **I.** *adj.* □ **1.** listig, schlau, verschmitzt; **2.** geschickt, klug; **3.** *Am.* F niedlich, reizend; **II.** *s.* **4.** Schlauheit *f*, Verschlagenheit *f*, List *f*; **5.** Geschicklichkeit *f*.
cunt [kʌnt] *s.* V Fotze *f*, Möse *f*, ‚Loch' *n*.
cup [kʌp] **I.** *s.* **1.** Tasse *f*, Schale *f*: *~ and saucer* Ober- und Untertasse; *that's not my ~ of tea Brit.* F das ist nicht nach m-m Geschmack; **2.** Kelch *m* (*a. eccl.*), Becher *m*; **3.** *sport* Po'kal *m*: *~ final* Pokalendspiel; *~-tie* Pokalspiel, Pokalpaarung; **4.** Weinbecher *m*: *to be fond of the ~* gern (einen) trinken; *to be in one's ~s* zu tief ins Glas geschaut haben (*betrunken sein*); **5.** Bowle *f* (*Getränk*); **6.** *et.* Schalenförmiges (*vertieft od. erhaben*); **7.** *fig.* Kelch *m*, Schicksal *n*: *~ of happiness* Kelch *od.* Becher der Freude; *to drain the ~ of sorrow to the dregs* den Kelch des Leidens bis auf die Neige leeren; *his ~ is full* das Maß s-r Leiden (*od.* Freuden) ist voll; **8.** → *cupful* 2; **II.** *v/t.* **9.** ‚hohl machen': *cupped hand* hohle Hand; **10.** ⚕ schröpfen; **'~-bear·er** *s.* Mundschenk *m*.
cup·board ['kʌbəd] *s.* Schrank *m*; Speise-, Geschirrschrank *m*; *~* **love** *s.* eigennützige Liebe.
cu·pel ['kju:pəl] *s.* ⚗, ⊕ Ku'pelle *f*.
cup·ful ['kʌpful] *pl.* -**fuls** *s.* **1.** *e-e* Tasse(voll); **2.** *Am. Küche*: $^1/_2$ Pinte *f* (*0,235 l*).
Cu·pid ['kju:pid] *s.* **1.** *antiq.* 'Kupido *m*, 'Amor *m*; **2.** ♀ Amo'rette *f*; **3.** *fig.* Liebe *f*.
cu·pid·i·ty [kju(:)'piditi] *s.* Habgier *f*, Begehrlichkeit *f*.
cu·po·la ['kju:pələ] *s.* **1.** Kuppel (-dach *n*) *f*; **2.** *a. ~-furnace* ⊕ Ku'polofen *m*; **3.** ⚔, ⚓ Panzerturm *m*.
cup·ping ['kʌpiŋ] *s.* ⚕ Schröpfen *n*: *~-glass* Schröpfglas, -kopf.
cu·pre·ous ['kju:priəs] *adj.* kupfern; kupferartig, -haltig; **'cu·pric** [-ik] *adj.* ⚗ Kupfer...; **'cu·pro-'nick·el** ['kju:prou-] *s.* Kupfernickel *n*, Nickelkupfer *n*; **'cu·prous** [-rəs] → *cupric*.
cur [kə:] *s.* **1.** Köter *m*; **2.** *fig.* Schuft *m*, Ha'lunke *m*.
cur·a·bil·i·ty [kjuərə'biliti] *s.* Heilbarkeit *f*; **cur·a·ble** ['kjuərəbl] *adj.* heilbar.
cu·ra·çao, cu·ra·çoa [kjuərə'sou] *s.* Cura'çao *m* (*Likör*).
cu·ra·cy ['kjuərəsi] *s. eccl.* Hilfspfarramt *n*; **'cu·rate** [-rit] *s. eccl.* Hilfsgeistliche(r) *m*, -pfarrer *m*.
cur·a·tive ['kjuərətiv] **I.** *adj.* heilend, Heil...; **II.** *s.* Heilmittel *n*.
cu·ra·tor [kjuə'reitə] *s.* **1.** 'Kustos *m*, Mu'seumsdi,rektor *m*; **2.** *Brit. univ.* (*Oxford*) Mitglied *n* des Kura'toriums; **3.** ⚖ *Scot.* Vormund *m*; **4.** ⚖ Verwalter *m*, Pfleger *m*; **cu'ra·tor·ship** [-ʃip] *s.* Amt *n od.* Amtszeit *f* e-s Kustos *etc.*
curb [kə:b] **I.** *s.* **1.** Kan'dare *f*, Kinnkette *f*; **2.** *fig.* Zaum *m*, Zügel(ung *f*) *m*: *to put a ~ on s.th.* e-r Sache Zügel anlegen, et. zügeln; **3.** *Am.* → *kerb* 1, 2, 3; **4.** *vet.* Spat *m*, Hasenfuß *m*; **II.** *v/t.* **5.** an die Kandare nehmen; **6.** *fig.* zügeln, im Zaum halten; drosseln, einschränken; **'~-bit** → *curb* 1; *~* **mar·ket** *Am.* → *kerb* 3; **'~-stone** *Am.* → *kerb-stone*.
curd [kə:d] *s. oft pl.* geronnene *od.* dicke Milch, Quark *m*: *~ cheese* Quark-, Weißkäse; *~ soap* (Talg-) Kernseife; *~s and whey* (gesüßte) dicke Milch; **cur·dle** ['kə:dl] **I.** *v/t.* *Milch* gerinnen lassen: *to ~ one's blood* einem das Blut erstarren lassen; **II.** *v/i.* gerinnen, dick werden (*Milch*): *it made my blood ~* das Blut erstarrte mir in den Adern; **'curd·y** [-di] *adj.* geronnen; dick, flockig.
cure [kjuə] **I.** *s.* **1.** ⚕ Heilmittel *n*; *fig.* Mittel *n* (*for* für, gegen); **2.** ⚕ Kur *f*, Heilverfahren *n*, Behandlung *f*: *to take a milk-~* e-e Milchkur machen; **3.** ⚕ Heilung *f*: *to effect a ~* heilen; *past ~* unheilbar; **4.** *eccl.* **a)** *a. ~ of souls* Seelsorge *f*, **b)** Pfarre *f*; **II.** *v/t.* **5.** ⚕ *j-n* (*of* von) *od. Krankheit od. fig. Übel, a.* ⚖ *Formfehler etc.* heilen, kurieren: *to ~ s.o. of lying* j-m das Lügen abge-

wöhnen; 6. haltbar machen: a) räuchern, b) einpökeln, -salzen, c) trocknen, d) beizen; 7. ⊕ vulkanisieren; '~-all s. All'heilmittel n.

cur·few ['kəːfjuː] s. 1. *hist.* Abendläuten n; Abendglocke f; 2. Sperr-, Poli'zeistunde f; ⚔ Ausgehverbot n.

cu·ri·a ['kjuəriə] (*Lat.*) s. *R.C.* 'Kurie f.

cu·rie ['kjuəriː] s. *phys.* Cu'rie n (*Maßeinheit der Radioaktivität*).

cu·ri·o ['kjuəriou] *pl.* **-os** s. Kurio'si'tät f, Rari'tät f; *pl.* Antiqui'täten *pl.*

cu·ri·os·i·ty [kjuəri'ɔsiti] s. 1. Neugier f; Wißbegierde f; 2. → *curio*; 3. Merkwürdigkeit f, Wunderlichkeit f; ~ **shop** s. Antiqui'tätenladen m.

cu·ri·ous ['kjuəriəs] *adj.* □ 1. neugierig; wißbegierig: *I am ~ to know if* ich möchte gern wissen, ob; 2. kuri'os, seltsam, merkwürdig; 3. F komisch, wunderlich; '**cu·ri·ous·ly** [-li] *adv.*: ~ *ugly* besonders häßlich; ~ *enough* merkwürdigerweise.

curl [kəːl] I. *v/t.* 1. *Haar* locken, kräuseln, ringeln; 2. *Wasser* kräuseln; *Lippen* (verächtlich) schürzen; 3. ~ *up* zs.-rollen; *sl.* 'umwerfen (*fig.*); II. *v/i.* 4. sich locken *od.* kräuseln *od.* ringeln (*Haar*); 5. wogen, sich wellen *od.* winden; 6. ~ *up* sich hochringeln (*Rauch*); sich zs.-rollen; *sl.* zs.-brechen; 7. *sport* Curling spielen; III. s. 8. Locke f, Ringel m: *in ~s* gekräuselt; 9. (Rauch)Ring m; Windung f; Kräuseln n (*Lippen*); 10. ⚘ Kräuselkrankheit f; **curled** [-ld] *adj.* lockig, gekräuselt, gewellt; '**curl·er** [-lə] s. 1. Lokkenwickel m; 2. *sport* Curlingspieler m.

cur·lew ['kəːljuː] s. *orn.* Brachvogel m.

curl·i·cue ['kəːlikjuː] s. Schnörkel m.

curl·ing ['kəːliŋ] s. 1. Kräuseln n, Ringeln n; 2. *sport* Curling n: *~-stone* Curlingstein; '**~-i·rons**, '**~-tongs** s. *pl.* (Locken)Brennschere f.

'**curl-pa·per** s. Pa'pierhaarwickel m.

curl·y ['kəːli] *adj.* 1. lockig, kraus, gekräuselt (*bsd. Haar*); 2. wellig; gewunden; '**~-head·ed** *adj.* lockenköpfig; ~ **kale** → *kale 1*; '**~-pate** s. F Lockenkopf m (*Person*).

cur·mudg·eon [kəː'mʌdʒən] s. 1. Geizhals m, Knicker m; 2. Griesgram m, Brummbär m.

cur·rant ['kʌrənt] s. 1. Ko'rinthe f; 2. *red* (*white, black*) ~ rote (weiße, schwarze) Johannisbeere.

cur·ren·cy ['kʌrənsi] s. 1. 'Umlauf m, Zirkulati'on f: *to give ~ to s.th.* et. in Umlauf bringen; 2. (allgemeine) Geltung, Gültigkeit f, Gebräuchlichkeit f, Geläufigkeit f, Verbreitung f; 3. ✝ a) Währung f, Va'luta f; → *foreign currency, hard currency*, b) Zahlungsmittel n *od. pl.*, c) 'Geld,umlauf m, d) Laufzeit f (*Wechsel*); ~ **ac·count** s. ✝ 'Währungs-, Va'luten-, De'visen,konto n; ~ **bill** s. ✝ De'visenwechsel m; ~ **note** s. *Brit.* Schatzanweisung f; ~ **re·form** s. 'Währungsre,form f.

cur·rent ['kʌrənt] I. *adj.* □ → *currently*; 1. laufend, gegenwärtig, jetzig, aktu'ell: ~ *events* Tagesereignisse; ~ *price* Tagespreis; ~ *issue* neueste Ausgabe; ~ *month* laufender Monat; ~ *hand* → *cursive*; ~ *account* → *account 5*; 2. 'umlaufend, verbreitet: ~ *opinion* allgemeine Ansicht; 3. geläufig, allgemein bekannt *od.* anerkannt: ~ *word* übliches Wort; *in ~ use* gebräuchlich; 4. ✝ gangbar, ku'rant; kursierend, umlaufend; gültig: ~ *coin* Landesmünze; II. s. 5. Strömung f: *against the ~* gegen den Strom; ~ *of air* Luftzug, -strom; 6. ⚡ Strom m; 7. Strömung f, (Ver)Lauf m, Gang m, Richtung f, Ten'denz f; ~ **col·lec·tor** s. ⚡ a) Stromsammelschiene f, b) Stromabnehmer m; ~ **den·si·ty** s. ⚡ Stromdichte f.

cur·rent·ly ['kʌrəntli] *adv.* jetzt, zur Zeit.

cur·rent| me·ter s. ⚡ Stromzähler m; ~ **sup·ply** s. ⚡ Stromversorgung f.

cur·ric·u·lum [kə'rikjuləm] *pl.* **-lums, -la** [-lə] s. Lehr-, Studienplan m; ~ **vi·tae** ['vaitiː] s. Lebenslauf m.

cur·ri·er ['kʌriə] s. Lederzurichter m, Gerber m.

cur·rish ['kəːriʃ] *adj.* □ *fig.* bissig, mürrisch, bösartig.

cur·ry[1] ['kʌri] I. s. Curry(gericht n) m, n: *~-powder* Currypulver (*Gewürz*); II. *v/t.* mit Currysoße zubereiten: *curried chicken* Curryhuhn.

cur·ry[2] ['kʌri] *v/t.* 1. *Pferd* striegeln; 2. *Leder* zurichten; 3. verprügeln; 4. ~ *favo(u)r with s.o.* sich bei j-m lieb Kind machen (wollen); '**~-comb** s. Striegel m.

curse [kəːs] I. s. 1. Fluch(wort n) m; Verwünschung f; 2. *eccl.* Bann (-fluch) m; Verdammnis f; 3. Fluch m, Unglück n (*to* für); II. *v/t.* 4. verfluchen, verwünschen, verdammen: ~ *him* hol ihn der Teufel *od.* der Kuckuck; 5. fluchen auf (*acc.*), beschimpfen; 6. *pass. to be ~d with s.th.* mit et. gestraft *od.* geplagt sein; III. *v/i.* 7. fluchen, lästern; 8. schimpfen; '**curs·ed** [-sid] *adj.* □ 1. verflucht, verdammt; 2. F verflixt, verteufelt; '**curs·ed·ness** [-sidnis] s. 1. Verfluchtheit f; 2. Scheußlichkeit f, Bosheit f.

cur·sive ['kəːsiv] s. a. ~ *hand* Schreibschrift f.

cur·sor ['kəːsə] s. ⩘, ⊕ Schieber m.

cur·so·ri·ness ['kəːsərinis] s. Flüchtigkeit f, Oberflächlichkeit f; **cur·so·ry** ['kəːsəri] *adj.* □ flüchtig, oberflächlich.

curst [kəːst] *obs. pret. u. p.p. von curse.*

curt [kəːt] *adj.* □ 1. kurz(gefaßt), knapp; 2. barsch, schroff (*with* gegen).

cur·tail [kəː'teil] *v/t.* 1. (ab-, ver-) kürzen; 2. *Ausgaben etc.* kürzen; *a. Rechte* be-, einschränken, beschneiden; *Preise etc.* her'absetzen; **cur'tail·ment** [-mənt] s. 1. (Ab-, Ver)Kürzung f; 2. Beschneidung f, Verminderung f; Beschränkung f.

cur·tain ['kəːtn] I. s. 1. Vorhang m (*a. fig.*), Gar'dine f: *to draw the ~(s)* den Vorhang (die Gardinen) zuziehen; *to draw the ~ over s.th. fig.* et. begraben; *to lift the ~ fig.* den Schleier lüften; *behind the ~* hinter den Kulissen; ~ *of fire* ⚔ Feuervorhang; ~ *of rain* Regenwand; 2. *thea.* a) Vorhang m: *the ~ rises* der Vorhang geht auf; *the ~ falls* der Vorhang fällt (*a. fig.*), b) Aktschluß m; 3. *thea.* Her'vorruf m: *to take ten ~s* zehn Vorhänge haben; II. *v/t.* 4. mit Vorhängen versehen: *to ~ off* mit Vorhängen abschließen; '**~-call** → *curtain 3*; ~ **fall** s. *thea.* Fallen n des Vorhanges; '**~-lec·ture** s. Gar'dinenpredigt f; '**~-rais·er** s. *thea.* kurzes Vorspiel; ~ **rod** s. Gar'dinenstange f; '**~-wall** s. ⚠ 1. (nichttragende) Blendwand; Zwischenwand f; 2. Außenwand f an 'Stahlske,lettbauten.

curt·s(e)y ['kəːtsi] I. s. Knicks m: *to drop a ~* → *II*; II. *v/i.* e-n Knicks machen, knicksen (*to* vor *dat.*).

cur·va·ceous [kəː'veiʃəs] *adj.* F ‚kurvenreich', üppig (*Frau*); **cur·va·ture** ['kəːvətʃə] s. Krümmung f (*a.* ⩘): ~ *of the spine* ⚕ Rückgratverkrümmung.

curve [kəːv] I. s. 1. Kurve f (*a.* ⩘), Krümmung f, Biegung f, Bogen m; 2. *Am. Baseball*: Ef'fetball m; II. *v/t.* 3. biegen, krümmen; III. *v/i.* 4. sich biegen *od.* wölben *od.* krümmen; **curved** [-vd] *adj.* gekrümmt, gebogen; krumm.

cur·vet [kəː'vet] I. s. 1. *Reitkunst*: Kur'bette f, Bogensprung m; 2. Luftsprung m; II. *v/i.* 3. kurbettieren; 4. Luftsprünge machen.

cur·vi·lin·e·ar [kəːvi'liniə] *adj.* krummlinig (begrenzt).

cush·ion ['kuʃən] I. s. 1. Kissen n, Polster n; 2. Wulst m (*für die Frisur*); 3. Bande f (*Billard*); 4. *vet.* Strahl m (*Pferdehuf*); 5. ⊕ Puffer m, Dämpfer m; II. *v/t.* 6. durch Kissen schützen, polstern (*a. fig.*); 7. *Stoß, Fall* dämpfen *od.* auffangen; 8. *fig.* weich betten; 9. ⊕ abfedern; '**~-craft** s. Luftkissenfahrzeug n; *coll.* Luftkissenfahrzeuge *pl.*

cush·ioned ['kuʃənd] *adj.* gepolstert, Polster...: ~ *retirement fig.* behaglicher Ruhestand.

'**cush·ion-tire** s. ⊕ Halbluftreifen m.

cush·y ['kuʃi] *adj. Brit. sl.* leicht, bequem.

cusp [kʌsp] s. 1. Spitze f; 2. ⩘ Scheitelpunkt m (*Kurve*); 3. *ast.* Horn n (*Halbmond*); 4. ⚠ Nase f (*gotisches Maßwerk*); **cusped** [-pt], '**cus·pi·dal** [-pidəl] *adj.* spitz (zulaufend).

cus·pi·dor ['kʌspidɔː] s. *Am.* 1. Spucknapf m; 2. ✈ Speitüte f.

cuss [kʌs] s. F 1. Fluch m: ~ *word* Fluch, Schimpfwort; → *tinker 1*; 2. Kerl m; '**cuss·ed** [-sid] *adj.* F 1. verflucht, -flixt; 2. boshaft, gemein; '**cuss·ed·ness** [-sidnis] s. F Bosheit f, Gemeinheit f.

cus·tard ['kʌstəd] s. Eierkrem f: (*running*) ~ Vanillesoße; '**~-ap·ple** s. ⚘ Zimtapfel m; ~ **pow·der** s. *ein* 'Pudding,pulver n.

cus·to·di·an [kʌs'toudjən] s. 1. Aufseher m, Hüter m; 2. 'Kustos m (*Museum*); 3. Verwalter m, Pfleger m, Treuhänder m; **cus·to·dy** ['kʌstədi] s. 1. Aufsicht f (*of* über *acc.*), (Ob)Hut f, Schutz m; 2. Verwahrung f; Verwaltung f; 3. ⚖ a) Gewahrsam m, Haft f: *protective ~*

Schutzhaft; *to take into* ~ verhaften, in Gewahrsam nehmen, **b**) Gewahrsam *m* (*tatsächlicher Besitz*), **c**) Sorgerecht *n*, Erziehungsgewalt *f*.

cus·tom ['kʌstəm] **I.** *s.* **1.** Brauch *m*, Gewohnheit *f*, Sitte *f*; Sitten u. Gebräuche *pl.*; **2.** ⚖ Gewohnheitsrecht *n*; **3.** ✝ Kundschaft *f*: *to withdraw one's* ~ s-e Kundschaft entziehen (*from dat.*); **4.** *pl.* Zoll (-behörde *f*) *m*, Zollamt *n*: *to pay* ~*s* Zoll bezahlen; **II.** *adj.* **5.** *Am.* auf Bestellung *od.* nach Maß gemacht *od.* arbeitend: ~*-built* auf besondere Bestellung gebaut; ~ *shoes* Maßschuhe; ~ *tailor* Maßschneider; '**cus·tom·a·ble** [-məbl] *adj.* zollpflichtig; '**cus·tom·ar·i·ly** [-mərili] *adv.* üblicherweise, herkömmlicherweise; '**cus·tom·ar·y** [-məri] *adj.* □ **1.** gebräuchlich, herkömmlich, üblich, Gewohnheits...; **2.** ⚖ gewohnheitsrechtlich.

cus·tom·er ['kʌstəmə] *s.* **1.** Kunde *m*, Kundin *f*, Abnehmer(in), Käufer(in): *regular* ~ Stammkunde, -gast; **2.** F Bursche *m*, ‚Kunde' *m*: *queer* ~ komischer Kauz; *ugly* ~ übler Kunde; **3.** Freier *m* (*e-r Prostituierten*).

'**cus·tom|-house** *s.* Zollamt *n*; '~**-made** *adj. Am.* nach Maß angefertigt, Maß...

cus·toms| clear·ance *s.* Zollabfertigung *f*; ~ **dec·la·ra·tion** *s.* 'Zolldeklarati͵on *f*, -erklärung *f*; ~ **ex·am·i·na·tion** *s.* 'Zollrevisi͵on *f*, -kon͵trolle *f*; ~ **of·fi·cer** *s.* Zollbeamte(r) *m*; ~ **un·ion** *s.* 'Zollverein *m*, -uni͵on *f*.

cut [kʌt] **I.** *s.* **1.** Schnitt *m*: *a* ~ *above* e-e Stufe besser als; → *haircut*; **2.** Schnittwunde *f*; **3.** Hieb *m*, Schlag *m*: ~ *and thrust* **a**) *Fechten*: Hieb u. Stoß (*od.* Stich), **b**) *fig.* Widerstreit; **4.** Schnitte *f*, Stück *n* (*bsd. Fleisch*); Ab-, Anschnitt *m*; Schur *f* (*Wolle*); Schlag *m* (*Holzfällen*); ⚘ Mahd *f* (*Gras*); **5.** *Am.* F (An)Teil *m*: *my* ~ *is* 10%; **6.** (Zu)Schnitt *m*, Fas'son *f* (*bsd. Kleidung*); *fig.* Art *f*, Schlag *m*; **7.** *typ.* **a**) Druckplatte *f*, **b**) Holzschnitt *m*, Kupferstich *m*, Abbildung *f*; **8.** Beschneidung *f*, Kürzung *f*, Streichung *f*, Abzug *m*, Abstrich *m* (*Preis, Lohn, a. Text etc.*): *power* ~ ⚡ Stromsperre; *short* ~ Abkürzungsweg; **9.** ⊕, 🚂 *etc.* Einschnitt *m*, Kerbe *f*, Graben *m*; **10. a**) Stich *m*, Bosheit *f*, **b**) Grußverweigerung *f*: *to give s.o. the* ~ *direct* j-n schneiden; **11.** *Kartenspiel*: Abheben *n*; **12.** *Tennis*: geschnittener Ball; **II.** *adj.* **13.** ge-, beschnitten, behauen: ~ *flowers* Schnittblumen; ~ *glass* geschliffenes Glas, Kristall; ~ *prices* herabgesetzte Preise; *well-*~ *features* feingeschnittene Züge; ~ *and dried* fix u. fertig, schablonenhaft; *badly* ~ *about* arg zugerichtet; **III.** *v/t.* [*irr.*] **14.** (ab-, be-, 'durch-, zer)schneiden: *to* ~ *one's finger* sich in den Finger schneiden; *to* ~ *one's nails* sich die Nägel schneiden; *to* ~ *a book* ein Buch aufschneiden; *to* ~ *a joint* e-n Braten vorschneiden, zerlegen; *to* ~ *to pieces* zerstückeln; **15.** *Hecke* beschneiden, stutzen; **16.** *Gras, Korn* mähen; *Baum* fällen; **17.** schlagen; *Kohlen* hauen; *Weg* aushauen, -graben; *Holz* hacken; *Graben* stechen; *Tunnel* bohren: *to* ~ *one's way* sich e-n Weg bahnen (*a. fig.*); **18.** *Tier* verschneiden, kastrieren: ~ *horse* Wallach; **19.** *Kleid* zuschneiden; *et.* zu'rechtschneiden; *Stein* behauen; *Glas, Edelstein* schleifen: *to* ~ *it fine fig.* es (zu) knapp bemessen, es gerade noch schaffen; **20.** einschneiden, -ritzen, schnitzen; **21.** *Tennis*: *Ball* schneiden; **22.** *Text etc., a. Betrag* beschneiden, kürzen, zs.-streichen; *Film* schneiden; *sport Rekord* schlagen; **23.** verdünnen, verwässern; **24.** *fig.* schneiden, nicht grüßen: *to* ~ *s.o. dead* j-n völlig ignorieren; **25.** *fig.* schneiden (*Wind*); verletzen, kränken (*Worte*); **26.** *Verbindung* abbrechen, aufgeben; fernbleiben von, *Vorlesung* ‚schwänzen'; **27.** *Zahn* bekommen; **28.** *Schlüssel* anfertigen; **29.** *Spielkarten* abheben; **IV.** *v/i.* [*irr.*] **30.** schneiden (*a. fig.*), hauen: *it* ~*s both ways* es ist ein zweischneidiges Schwert; ~ *and come again* greifen Sie tüchtig zu! (*beim Essen*); *it* ~*s into his time* es kostet ihn Zeit; *to* ~ *into a conversation* in e-e Unterhaltung eingreifen; **31.** sich schneiden lassen; **32.** *a.* ~ *across* (auf dem kürzesten Wege) hin'durchgehen; **33.** F ‚abhauen': ~ *and run* ausreißen, fliehen; **34.** (*in der Schule etc.*) ‚schwänzen'; **35.** *Kartenspiel*: abheben; **36.** *sport* (den Ball) schneiden;

Zssgn mit adv.:

cut| a·way I. *v/t.* ab-, aus-, wegschneiden, -hauen; **II.** *v/i.* F weglaufen; ~ **back** *v/t.* **1.** beschneiden, stutzen; **2.** *fig.* verringern, kürzen; **3.** zu'rückblenden (*Film, Roman*); ~ **down I.** *v/t.* **1.** zerschneiden; **2.** fällen; **3.** niederschlagen; da'hinraffen; **4.** *fig.* kürzen, her'absetzen, beschneiden, verringern, drosseln; **II.** *v/i.* **5.** ~ *on s.th.* et. einschränken; ~ **in I.** *v/t.* **1.** ⊕ einschalten; *j-n* beteiligen; **II.** *v/i.* **2.** unter'brechen, sich einmengen; **3.** einspringen; **4.** *teleph.* sich einschalten; *mot.* sich (nach dem Über'holen) einreihen; **5.** F (*beim Tanzen*) abklatschen; ~ **loose I.** *v/t.* **1.** trennen, losmachen; **2.** *cut o.s. loose* sich trennen *od.* lossagen; **II.** *v/i.* **3.** sich gehenlassen; **4.** sich lossagen; ~ **off** *v/t.* **1.** abschneiden, -schlagen, -hauen: *to* ~ *s.o.'s head* j-n köpfen; **2.** unter'brechen, trennen; **3.** abschneiden, -sperren; entziehen, verschließen (*from dat.*); **4.** *Debatte* beenden; **5.** niederschlagen, da'hinraffen; vernichten; **6.** *to* ~ *s.o. off with a shilling* j-n enterben; ~ **out I.** *v/t.* **1.** aus-, zuschneiden: ~ *for a job* wie geschaffen für e-n Posten; → *work 1*; **2.** *j-n* ausstechen; verdrängen; **3.** *Am. sl.* unter'lassen, auslassen: *cut it out!* hör auf (damit)!; **4.** aufgeben; entfernen; *Am. Tier* von der Herde absondern; **5.** ⊕ ausschalten; **II.** *v/i.* **6.** ⊕ sich ausschalten, aussetzen; **7.** plötzlich abbiegen (*Fahrzeug*); **8.** *Kartenspiel*: ausscheiden; ~ **short** *v/t.* **1.** unter'brechen; *j-m* ins Wort fallen; **2.** plötzlich beenden, kürzen; *es* kurz machen; ~ **un·der** *v/t.* ✝ *j-n* unter'bieten; ~ **up I.** *v/t.* **1.** in Stücke schneiden, zerhauen; zerlegen; **2.** vernichten; **3.** scharf kritisieren, her'untermachen; **4.** tief betrüben, aufregen; **II.** *v/i.* **5.** *Brit.* F *to* ~ *well* reich sterben; *to* ~ *rough* ‚massiv' werden.

cu·ta·ne·ous [kju(:)'teinjəs] *adj.* ⚕ Haut...: ~ *eruption* Hautausschlag.

'**cut-a·way I.** *s.* Cut(away) *m*; **II.** *adj.* ⊕ Schnitt...(*-modell etc.*): ~ *view of the engine* der Motor im Schnitt.

'**cut-back,** *Am.* '**cut·back** *s.* **1.** *Film*: Rückblende *f*; **2.** Kürzung *f*, Verringerung *f*, Abstrich *m*.

cute [kju:t] *adj.* □ F **1.** klug, schlau; **2.** *Am.* nett, niedlich, reizend.

cu·ti·cle ['kju:tikl] *s.* ⚘, *anat.* Oberhaut *f*, Epi'dermis *f*; Nagelhaut *f*: ~ *scissors* Hautschere.

cu·tie ['kju:ti] *s. Am. sl.* ‚flotte Biene' (*fesches Mädchen*).

'**cut-in,** *Am.* '**cut·in** *s. Film*: Zwischentitel *m*.

cu·tis ['kju:tis] *s. anat.* 'Kutis *f*, Lederhaut *f*.

cut·lass ['kʌtləs] *s.* **1.** ⚓ Entermesser *n*; **2.** kurzer Säbel.

cut·ler ['kʌtlə] *s.* **1.** 'Messerschmied *m*, -fabri͵kant *m*; '**cut·ler·y** [-əri] *s.* **1.** Messerwaren *pl.*; **2.** *coll.* Eßbestecke *pl.*

cut·let ['kʌtlit] *s.* Schnitzel *n*.

'**cut|-off,** *Am.* '**cut·off** *s.* **1.** ⊕ Absperrvorrichtung *f*; **2.** ⚡ Ausschaltvorrichtung *f*; **3.** *Am.* Abkürzung *f* (*Straße, Weg*); '~**-out,** *Am.* '~**·out** *s.* **1.** ⚡ Ausschalter *m*, Sicherung *f*; **2.** ⊕, *mot.* Auspuffklappe *f*; '~**-purse** *s.* Taschendieb(in); ~**-rate** *adj.* ✝ Vorzugs...: ~ *price*.

cut·ter ['kʌtə] *s.* **1.** Schneidende(r) *m*; (Blech-, Holz)Schneider *m*, (Stein-)Hauer *m*; (Glas-, Dia'mant)Schleifer *m*; **2.** Zuschneider *m*; **3.** ⊕ Schneidewerkzeug *n*; **4.** *Film*: Cutter(in), Schnittmeister(in); **5.** *Küche*: Ausstechform *f*; **6.** ⚓ **a**) Kutter *m*, **b**) Beiboot *n*, **c**) *Am.* Küstenwachfahrzeug *n*.

'**cut|·throat I.** *s.* **1.** Mörder *m*; **2.** *fig.* Halsabschneider *m*, Schuft *m*; **II.** *adj.* **3.** *fig.* mörderisch, halsabschneiderisch: ~ *competition* Konkurrenz(kampf) bis aufs Messer.

cut·ting ['kʌtiŋ] **I.** *s.* **1.** Schneiden *n*; Zuschneiden *n*; **2.** ⊕, 🚂 Einschnitt *m*, 'Durchstich *m*; **3.** (Zeitungs)Ausschnitt *m*; **4.** *pl.* Schnitzel *pl.*, Abfälle *pl.*; **5.** ⚘ Ableger *m*, Steckling *m*; **6.** *Film*: Schnitt *m*; **II.** *adj.* □ **7.** schneidend, Schneid(e)...; **8.** *fig.* schneidend (*Wind*), scharf (*Worte*), beißend (*Hohn*); ~ **edge** *s.* Schneide *f*; ~ **nip·pers** *s. pl.* Kneifzange *f*; ~ **torch** *s.* ⊕ Schneidbrenner *m*.

cut·tle ['kʌtl] → *cuttle-fish*; '~**-bone** *s.* Schulp *m*, 'Sepiaschale *f*; '~**-fish** *s. zo.* 'Sepia *f*, Tintenfisch *m*.

'**cut·wa·ter** *s.* **1.** ⚓ Gali'on *n*; **2.** Pfeilerkopf *m* (*Brücke*).

cy·a·nate ['saiəneit] *s.* ⚗ Zya'nat *n*; **cy·an·ic** [sai'ænik] *adj.* ⚗ Zyan...: ~ *acid* Zyansäure; '**cy·a·nide** [-naid] *s.* ⚗ Zya'nid *n*: ~ *of potas-*

sium (*od. potash*) Zyankali; **cy·an·o·gen** [sai'ænədʒin] *s.* ⚗ Zy'an *n.*
cy·ber·net·ics [saibəː'netiks] *s.* (*sg. od. pl. konstr.*) Kyber'netik *f*; **cy·ber'net·ist** [-tist] *s.* Kyber'netiker *m.*
cyc·la·men ['sikləmən] *s.* ⚘ Alpenveilchen *n.*
cy·cle ['saikl] **I.** *s.* **1.** 'Zyklus *m*, Kreis(lauf) *m*, 'Umlauf *m*: *lunar* ~ Mondzyklus; *business* ~ Konjunkturzyklus; *to come full* ~ **a)** e-n ganzen Kreislauf beschreiben, **b)** *fig.* zum Anfangspunkt zurückkehren; **2.** *a.* ⚡, *phys.* Peri'ode *f*: *in* ~*s* periodisch wiederkehrend; ~*s per second* (*abbr. cps*) Hertz; **3.** (Gedicht-, Sagen)Kreis *m*; **4.** Folge *f*, Reihe *f*, 'Serie *f*, Zyklus *m*; **5.** ⊕ 'Kreispro,zeß *m*; Arbeitsgang *m*; **6.** *mot.* Takt *m*: *four-stroke* ~ Viertakt; *four-*~ *engine* Viertaktmotor; **7.** F Fahrrad *n*: ~ *path* Radfahrweg; **II.** *v/i.* **8.** radfahren, radeln; '**cy·clic** *adj.*; '**cy·cli·cal** [-lik(ə)l] *adj.* □ **1.** zyklisch, peri'odisch, kreisläufig; **2.** ✝ konjunk'turbedingt, -po,litisch, Konjunk'tur...; **cy·cling** [-liŋ] *s.* Radfahren *n*: ~ *race* Radrennen; ~ *track* Radrennbahn; '**cy·clist** [-list] *s.* Radfahrer(in).
cy·clom·e·ter [sai'klɔmitə] *s.* ⊕ Wegmesser *m*; Um'drehungszähler *m.*
cy·clone ['saikloun] *s. meteor.* **1.** Zy'klon *m*, Wirbelsturm *m*; **2.** Zy'klone *f*, Tief(druckgebiet) *n.*
cy·clo·p(a)e·di·a [saiklə'piːdjə] *s.* Enzyklopä'die *f*; **cy·clo'p(a)e·dic** [-dik] *adj.* univer'sal, um'fassend.
Cy·clo·pe·an [sai'kloupjən] *adj.* zy'klopisch, riesig; **Cy·clops** ['saiklɔps] *pl.* **Cy·clo·pes** [sai'kloupiːz] *s.* Zy'klop *m.*
cy·clo·style ['saikləstail] **I.** *s.* Zyklo'styl *m* (*Vervielfältigungsgerät*); **II.** *v/t.* durch Zyklostyl vervielfältigen; '**cy·clo·tron** [-ətrɔn] *s. phys.* 'Zyklotron *n* (*zur Atomumwandlung*).
cy·der → *cider*.
cyg·net ['signit] *s. orn.* junger Schwan.
cyl·in·der ['silində] *s.* **1.** ♄, ⊕, *typ.* Zy'linder *m*, Walze *f*: *six-*~ *car mot.* Sechszylinderwagen; **2.** ⊕ Trommel *f*, Rolle *f*; 'Dampfzy,linder *m*; Gas-, Stahlflasche *f*; Stiefel *m* (*Pumpe*); ~ **bar·rel** *s.* Zy'lindermantel *m*; ~ **es·cape·ment** *s.* Zy'linderhemmung *f* (*Uhr*); ~ **head** *s.* ⊕ Zy'linderkopf *m*; ~ **jack·et** → *cylinder barrel*; ~ **print·ing** *s. typ.* Walzendruck *m.*
cy·lin·dri·cal [si'lindrikəl] *adj.* zy'lindrisch; walzenförmig.
cy·ma ['saimə] *s.* **1.** ⚠ 'Kyma *n* (*Schmuckleiste*); **2.** ⚘ → *cyme*.
cym·bal ['simbəl] *s.* ♪ Becken *n*, 'Zimbel *f*; '**cym·bal·ist** [-bəlist] *s.* Beckenschläger *m*; '**cym·ba·lo** [-bəlou] *pl.* **-los** *s.* ♪ Hackbrett *n.*
cyme [saim] *s.* ⚘ Trugdolde *f.*
Cym·ric ['kimrik] **I.** *adj.* kymrisch, wa'lisisch; **II.** *s. ling.* Kymrisch *n.*
cyn·ic ['sinik] *s.* **1.** 'Zyniker *m*, bissiger Spötter; **2.** ♀ *antiq. phls.* 'Kyniker *m*; '**cyn·i·cal** [-kəl] *adj.* □ 'zynisch; '**cyn·i·cism** [-isizəm] *s.* **1.** Zy'nismus *m*; **2.** zynische Bemerkung.
cy·no·sure ['sinəzjuə] *s.* **1.** *fig.* Anziehungspunkt *m*, Gegenstand *m* der Bewunderung; **2.** *fig.* Leitstern *m*; **3.** ♀ *ast.* **a)** Kleiner Bär, **b)** Po'larstern *m.*
cy·pher → *cipher*.
cy·press ['saipris] *s.* ⚘ Zy'presse *f.*
Cyp·ri·ote ['sipriout], '**Cyp·ri·ot** [-iɔt] **I.** *s.* Zypri'ot(in), Zyprer(in); **II.** *adj.* zyprisch.
Cy·ril·lic [si'rilik] *adj.* ky'rillisch.
cyst [sist] *s.* **1.** ⚕ Zyste *f*, Sackgeschwulst *f*; **2.** Kapsel *f*, Hülle *f*; '**cyst·ic** [-tik] *adj.* ⚕ Blasen...; **cys·ti·tis** [sis'taitis] *s.* ⚕ 'Blasenka,tarrh *m*; '**cys·to·scope** [-təskoup] *s.* ⚕ Blasenspiegel *m*; **cys·tos·co·py** [sis'tɔskəpi] *s.* ⚕ Blasenspiegelung *f.*
cy·tol·o·gy [sai'tɔlədʒi] *s. biol.* Zellenlehre *f.*
czar [zɑː] *s.* Zar *m.*
czar·das ['tʃɑːdæʃ] *s.* 'Csárdás *m* (*ungarischer Tanz*).
czar·e·vitch ['zɑːrivitʃ] *s.* Za'rewitsch *m*; **cza·ri·na** [zɑː'riːnə] *s.* Zarin *f*; '**czar·ism** [-izəm] *s.* Zarentum *n*; '**czar·ist** [-ist], **czar·is·tic** [zɑː'ristik] *adj.* za'ristisch, Zaren...; **cza·rit·za** [zɑː'ritsə] → *czarina*.
Czech [tʃek] **I.** *s.* **1.** Tscheche *m*, Tschechin *f*; **2.** *ling.* Tschechisch *n*; **II.** *adj.* **3.** tschechisch.
Czech·o·slo·vak, Czech·o-Slo·vak ['tʃekou'slouvæk], *a.* **Czech·o·slo·vak·i·an, Czech·o-Slo·vak·i·an** ['tʃekouslou'vækiən] **I.** *s.* Tschechoslo'wake *m*, Tschechoslo'wakin *f*; **II.** *adj.* tschechoslo'wakisch.

D

D, d [di:] *s.* **1.** D *n*, d *n* (*Buchstabe*); **2.** ♪ D *n*, d *n* (*Note*); **3.** *ped. Am.* Vier *f*, Ausreichend *n* (*Note*).

'd [-d] F *für had, would: you'd.*

dab¹ [dæb] **I.** *v/t.* **1.** leicht klopfen, antippen; **2.** be-, abtupfen; bestreichen; *typ.* abklatschen, klischieren; **3.** *a.* ~ *on Farbe etc.* auftragen; **II.** *v/i.* **4.** *to* ~ *at s.th.* et. betupfen; **III.** *s.* **5.** (leichter) Klaps, Tupfer *m*; **6.** Klecks *m*, Spritzer *m*.

dab² [dæb] *s.* F Könner *m*, Kenner *m*: *to be a* ~ *at s.th.* sich auf et. verstehen.

dab·ber ['dæbə] *s.* (Watte)Bausch *m*, weicher Ballen, Tupfer *m*.

dab·ble ['dæbl] **I.** *v/t.* **1.** bespritzen, mit *et.* plätschern (*in* in *dat.*); **II.** *v/i.* **2.** planschen, plätschern; **3.** *fig.* stümpern: *to* ~ *in s.th.* sich aus Liebhaberei *od.* oberflächlich mit et. befassen, ein bißchen *malen etc.*; **'dab·bler** [-lə] *s.* Dilet'tant(in), Stümper(in).

dab·chick ['dæbtʃik] *s. orn.* (Zwerg-) Steißfuß *m*.

dab·ster ['dæbstə] *s.* **1.** → *dab²*; **2.** F *Am.* → *dabbler*.

da ca·po [dɑ:'kɑ:pou] (*Ital.*) *adv.* ♪ da capo, noch einmal.

dace [deis] *s. ichth. ein* Weißfisch *m*.

dachs·hund ['dækshund] *s. zo.* Dachshund *m*, Dackel *m*.

da·coit [də'kɔit] *s.* Räuber *m*, Ban'dit *m* (*in Indien u. Birma*); **da'coit·y** [-ti] *s.* Räube'rei *f*, Räuberunwesen *n*.

dac·tyl ['dæktil] *s.* 'Daktylus *m* (*Versfuß*); **dac·tyl·ic** [dæk'tilik] *adj. u. s.* dak'tylisch(er Vers).

dad [dæd] *s.* F Pa'pa *m*, Vati *m*.

Da·da·ism ['dɑ:dɑ:izəm] *s.* Dada'ismus *m*; **'Da·da·ist** [-ist] *s.* Dada'ist *m*.

dad·dy ['dædi] → *dad*; **~-long·legs** ['dædi'lɔŋlegz] *s. zo.* **a)** *Brit.* Schnake *f*, **b)** *Am.* Weberknecht *m*.

da·do ['deidou] *pl.* **-dos** *s.* △ **1.** Posta'mentwürfel *m*, Sockel *m*; **2.** untere Wand(bekleidung *od.* -bemalung).

dae·dal ['di:dəl] *adj.* kunstvoll gearbeitet, reichgestaltet, kompliziert.

dae·mon → *demon*.

daf·fo·dil ['dæfədil] *s.* ⚘ gelbe Nar'zisse, Osterblume *f*, -glocke *f*.

daft [dɑ:ft] *adj.* □ verrückt, blöde, ‚doof'.

dag·ger ['dægə] *s.* **1.** Dolch *m*: *at* ~*s drawn fig.* auf (dem) Kriegsfuß, verfeindet; *to look* ~*s at s.o.* j-n mit Blicken durchbohren; **2.** *typ.* Kreuz(zeichen) *n* (†).

Da·go ['deigou] *pl.* **-gos** *s. sl. contp.* = *Spanier, Portugiese od. Italiener*.

da·guerre·o·type [də'geroutaip] *s. phot.* **a)** Daguerreoty'pie *f*, **b)** Daguerreo'typ *n* (*Bild*).

dahl·ia ['deiljə] *s.* ⚘ 'Dahlie *f*.

Dail Eir·eann [dail'ɛərən] *a.* **Dail** *s.* Abgeordnetenhaus *n von Eire*.

dai·ly ['deili] **I.** *adj.* **1.** täglich, Tage(s)...: *our* ~ *bread* unser täglich(es) Brot; ~ *wages* Tagelohn; ~ *newspaper* Tageszeitung; **2.** alltäglich, häufig, ständig; **II.** *adv.* **3.** täglich; **4.** immer, ständig; **III.** *s.* **5.** Tageszeitung *f*; **6.** *Brit. a.* ~ *help* Tag(es)mädchen *n*, -frau *f*.

dain·ti·ness ['deintinis] *s.* **1.** Zierlichkeit *f*, Niedlichkeit *f*; **2.** wählerisches Wesen, Verwöhntheit *f*; **3.** Schmackhaftigkeit *f*; **dain·ty** ['deinti] **I.** *adj.* □ **1.** zierlich, niedlich, fein, reizend, köstlich; **2.** wählerisch, verwöhnt (*bsd. im Essen*); **3.** lecker, schmackhaft; **II.** *s.* **4.** Lekkerbissen *m*, Delika'tesse *f*.

dair·y ['dɛəri] *s.* **1.** Molke'rei *f*, Milchwirtschaft *f*; **2.** Milchhandlung *f*; ~ **cat·tle** *s. pl.* Milchvieh *n*; **'~-farm** *s.* Meie'rei *f*, Molke'rei *f*; **'~-maid** *s.* Milchmädchen *n*; **'~-man** [-mən] *s.* [*irr.*] **1.** Milchmann *m*, -händler *m*; **2.** Melker *m*, Schweizer *m*; ~ **prod·uce** *s.* Molke'reipro,dukte *pl*.

da·is ['deiis] *pl.* **-is·es** *s.* **1.** 'Podium *n*; **2.** erhöhter Platz *od.* Sitz, E'strade *f*.

dai·sy ['deizi] **I.** *s.* **1.** (*Am. English* ~) ⚘ Gänseblümchen *n*: *double* ~ Tausendschön(chen); → *fresh 4*; *to be under* (*od. to push up*) *the daisies sl.* ‚sich die Radies-chen von unten besehen' (*tot sein*); **2.** *sl.* **a)** 'Prachtexem,plar *n*, **b)** Prachtkerl *m*, ‚Perle' *f*; **II.** *adj.* **3.** *sl.* erstklassig, 'prima; **'~-chain** *s.* Gänseblumenkränzchen *n*; **'~-cut·ter** *s. sl.* **1.** Pferd *n* mit schleppendem Gang; **2.** *sport* Flachschuß *m*.

dale [deil] *s. poet.* Tal *n*; **dales·man** ['deilzmən] *s.* [*irr.*] Talbewohner *m*.

dalles [dælz] *s. pl. Am.* **1.** Steilwände *pl.* (*Schlucht*); **2.** Stromschnellen *pl*.

dal·li·ance ['dæliəns] *s.* **1.** Tröde'lei *f*, Verzögerung *f*; **2.** Spiele'rei *f*; **3.** Schäke'rei *f*, Liebe'lei *f*; **dal·ly** ['dæli] **I.** *v/i.* **1.** trödeln, Zeit verschwenden; **2.** tändeln, spielen, liebäugeln (*with* mit); **3.** scherzen, schäkern; **II.** *v/t.* **4.** ~ *away Zeit* vertrödeln, *Gelegenheit* verpassen.

Dal·ma·tian [dæl'meiʃjən] **I.** *adj.* **1.** dalma'tinisch; **II.** *s.* **2.** Dalma'tiner(in); **3.** Dalma'tiner *m* (*Hund*).

dal·ton·ism ['dɔ:ltənizəm] *s.* ⚕ Farbenblindheit *f*.

dam¹ [dæm] **I.** *s.* **1.** (Stau)Damm *m*, Wehr *n*, Talsperre *f*; **2.** Stausee *m*; **II.** *v/t.* **3.** *a.* ~ *up* **a)** stauen, (ab-, ein-, zu'rück)dämmen (*a. fig.*), **b)** (ab)sperren, hemmen (*a. fig.*).

dam² [dæm] *s. zo.* Muttertier *n*.

dam·age ['dæmidʒ] **I.** *s.* **1.** (*to*) Schaden *m* (an *dat.*), (Be)Schädigung *f* (*gen.*): *to do* ~ Schaden anrichten; *to do* ~ *to* Schaden zufügen (*dat.*), beschädigen (*acc.*), schaden (*dat.*); ~ *to ship* (*od. by sea*) ⚓ Havarie; **2.** Nachteil *m*, Verlust *m*; **3.** *pl.* ⚖ Schadensersatz *m*: *for* ~*s* auf Schadensersatz *klagen*; **4.** *sl.* Kosten *pl.*: *what's the* ~? was kostet es?; **II.** *v/t.* **5.** beschädigen; **6.** *j-n* schädigen, *j-m* schaden; **7.** beeinträchtigen, belasten; **'dam·age·a·ble** [-dʒəbl] *adj.* leicht zu beschädigen(d); **'dam·aged** [-dʒd] *adj.* beschädigt, schadhaft; verdorben; verletzt; **'dam·ag·ing** [-dʒiŋ] *adj.* □ schädlich, nachteilig; belastend.

dam·a·scene(d) ['dæməsi:n(d)] *adj.* Damaszener..., damasziert.

dam·ask ['dæməsk] **I.** *s.* **1.** Da'mast *m* (*Stoff*); **2.** *a.* ~ *steel* Damas'zenerstahl *m*; **3.** *a.* ~ *rose* ⚘ Damas'zenerrose *f*; **II.** *adj.* **4.** Damast...; Damaszener...; **5.** rosarot; **III.** *v/t.* **6.** *Stahl* damaszieren; **7.** da'mastartig weben; **8.** *fig.* verzieren.

dame [deim] *s.* **1.** Dame *f* (*bsd. Brit.* ♀ *Ordens- od. Adelstitel*): ♀ *Nature* Mutter Natur; **2.** *Am. sl.* Weibsbild *n*; **3.** Schulleiterin *f*.

damn [dæm] **I.** *v/t.* **1.** verdammen (*a. eccl.*); verwünschen, verfluchen: (*oh*) ~!, ~ *it* (*all*)! *sl.* verflucht!; ~ *you! sl.* hol dich der Kuckuck!; ~ *your cheek! sl.* zum Teufel mit deiner Frechheit!; *well, I'll be* ~*ed!* nicht zu glauben!, das ist die Höhe!; *I'll be* ~*ed if I know!* ich habe keinen blassen Dunst; **2.** verurteilen, verwerfen, ablehnen; tadeln; *thea.* auspfeifen; **3.** vernichten, ruinieren; **II.** *s.* **4.** Fluch *m*; **5.** *I don't care a* ~ *sl.* das kümmert mich einen Dreck; *not worth a* ~ keinen Pfifferling wert; **III.** *adj. u. adv.* **6.** → *damned 2, 3*; **'dam·na·ble** [-nəbl] *adj.* □ **1.** verdammenswert; **2.** F abscheulich; **dam·na·tion** [dæm'neiʃən] **I.** *s.* **1.** Verdammung *f*; **2.** Ru'in *m*; **II.** *int.* **3.** verflucht!, verflixt!; **damned** [dæmd] *adj.* **1.** verdammt: *the* ~ *eccl.* die Verdammten; **2.** *sl.* verflucht: ~ *fool* Idiot, ‚Esel'; *to do one's* ~*est* sein möglichstes tun; **3.** *a. adv. Bekräfti-*

gung sl.: *a ~ sight better* viel besser; *every ~ one* jeder einzelne; *~ funny* urkomisch; *he ~ well ought to know* das müßte er wahrhaftig wissen;
damn·ing [ˈdæmiŋ] *adj. fig.* erdrückend, vernichtend: *~ evidence.*
Dam·o·cles [ˈdæməkliːz] *npr.* ˈDamokles: *sword of ~* Damoklesschwert.
damp [dæmp] **I.** *adj.* □ **1.** feucht; dunstig; **II.** *s.* **2.** Feuchtigkeit *f*; **3.** Dunst *m*; **4.** → *fire-damp*; **5.** *fig.* Dämpfer *m*, Entmutigung *f*, Hemmnis *n*: *to cast a ~ over s.th.* et. dämpfen *od.* lähmen; **III.** *v/t.* **6.** an-, befeuchten, benetzen; **7.** *a. ~ down fig. Eifer etc.* dämpfen (*a.* ♪, ⚡, *phys.*); (ab)schwächen, drosseln (*a.* ⊕); ersticken; **~ course** *s.* ⚠ Sperrbahn *f* (*gegen Nässe*).
damp·en [ˈdæmpən] **I.** *v/t.* **1.** an-, befeuchten; **2.** *fig.* dämpfen, ˈniederdrücken; entmutigen; **II.** *v/i.* **3.** feucht werden; ˈ**damp·er** [-pə] *s.* **1.** Dämpfer *m* (*bsd. fig.*): *to cast a ~ on* entmutigen, lähmend wirken auf (*acc.*); **2.** ⊕ Ofen-, Zugklappe *f*, Schieber *m*; **3.** ♪ Dämpfer *m*; **4.** ⚡ Dämpfung *f*; **5.** *Brit.* Anfeuchter *m*; ˈ**damp·ish** [-piʃ] *adj.* etwas feucht, dumpfig; ˈ**damp·ness** [-nis] *s.* Feuchtigkeit *f*; ˈ**damp-proof** *adj.* feuchtigkeitsbeständig.
dam·sel [ˈdæmzəl] *s. obs.* junges Mädchen, Maid *f*.
dam·son [ˈdæmzən] *s.* ⚘ Damasˈzenerpflaume *f*; **~ cheese** *s.* steifes Pflaumenmus.
dance [dɑːns] **I.** *v/i.* **1.** tanzen: *to ~ to s.o.'s pipe* (*od. tune*) *fig.* nach j-s Pfeife tanzen; **2.** hüpfen, umˈherspringen; flattern, schaukeln: *to ~ with rage* vor Wut hochgehen; **II.** *v/t.* **3.** *e-n Tanz* tanzen: *to ~ attendance on s.o. fig.* j-m den Hof machen, um j-n scharwenzeln; **4.** *Tier* tanzen lassen; *Kind* schaukeln; **III.** *s.* **5.** Tanz *m*: *to give a ~* e-n Ball geben; *to lead s.o. a ~* **a)** j-n zum Narren halten, **b)** j-m Scherereien machen; ♀ *of Death* Totentanz; **~ hall** *s.* ˈTanzloˌkal *n*.
danc·er [ˈdɑːnsə] *s.* Tänzer(in).
danc·ing [ˈdɑːnsiŋ] *s.* Tanzen *n*, Tanzkunst *f*; ˈ**~-girl** *s.* (Tempel-) Tänzerin *f* (*in Asien*); ˈ**~-les·son** *s.* Tanzstunde *f*; ˈ**~-mas·ter** *s.* Tanzlehrer *m*.
dan·de·li·on [ˈdændilaiən] *s.* ⚘ Löwenzahn *m*.
dan·der [ˈdændə] *s.* F Ärger *m*, Zorn *m*: *to get s.o.'s ~ up* j-n in Harnisch bringen.
dan·di·fied [ˈdændifaid] *adj.* stutzer-, geckenhaft, geschniegelt.
dan·dle [ˈdændl] *v/t. Kind* auf den Armen wiegen, auf den Knien schaukeln.
dan·druff [ˈdændrəf] *a.* ˈ**dan·driff** [-rif] *s.* (Kopf-, Haar)Schuppen *pl.*
dan·dy [ˈdændi] **I.** *s.* **1.** Dandy *m*, Stutzer *m*; **2.** *Am.* F *et.* Großartiges: *the ~* das Richtige; **3.** ⚓ Schaˈluppe *f*; **4.** *a. ~-cart Brit.* zweirädriger Milchwagen; **II.** *adj.* **5.** stutzerhaft; **6.** F erstklassig, ˈprima, ‚bestens'; ˈ**~-brush** *s.* Karˈdätsche *f*.
dan·dy·ish [ˈdændiiʃ] → *dandy 5*; ˈ**dan·dy·ism** [-izəm] stutzerhaftes Wesen.
Dane [dein] *s.* **1.** Däne *m*, Dänin *f*; **2.** → *Great Dane.*
dan·ger [ˈdeindʒə] *s.* **1.** Gefahr *f* (*to* für): *in ~ of one's life* in Lebensgefahr; *to be in ~ of falling* Gefahr laufen zu fallen; *to be on the ~ list* F in Lebensgefahr sein; *the signal is at ~* 🚂 das Signal steht auf Halt; **2.** Bedrohung *f*, Gefährdung *f* (*to gen.*); **~ a·re·a** *s.* Gefahrenzone *f*; Sperrgebiet *n*; **~ mon·ey** *s.* Gefahrenzulage *f*.
dan·ger·ous [ˈdeindʒrəs] *adj.* □ **1.** gefährlich, gefahrvoll (*to* für); **2.** bedenklich.
ˈ**dan·ger|-point** *s.* Gefahrenpunkt *m*; ˈ**~-sig·nal** *s.* 🚂 *etc.*, *a. fig.* ˈNot-, ˈHalte-, ˈWarnsiˌgnal *n*.
dan·gle [ˈdæŋgl] **I.** *v/i.* **1.** baumeln, (herˈab)hängen; **2.** *~ after* (*od. about od. round*) *s.o.* sich j-m anhängen, j-m nachlaufen: *to ~ after girls*; **II.** *v/t.* **3.** schlenkern, baumeln lassen: *to ~ s.th. before s.o. fig.* j-m et. verlockend in Aussicht stellen.
Dan·iel [ˈdænjəl] *s. bibl.* (das Buch) ˈDaniel *m*.
Dan·ish [ˈdeiniʃ] **I.** *adj.* dänisch; **II.** *s. ling.* Dänisch *n*; **~ pas·try** *s. ein* Blätterteiggebäck *n*.
dank [dæŋk] *adj.* (*unangenehm*) feucht, naßkalt, dumpfig.
Da·nu·bi·an [dæˈnjuːbjən] *adj.* Donau...
daph·ne [ˈdæfni] *s.* ⚘ Seidelbast *m*.
dap·per [ˈdæpə] *adj.* **1.** aˈdrett, eleˈgant, schmuck; **2.** flink, gewandt.
dap·ple [ˈdæpl] *v/t.* tüpfeln, sprenkeln; ˈ**dap·pled** [-ld] *adj.* **1.** gesprenkelt, gefleckt, scheckig; **2.** bunt.
ˈ**dap·ple-ˈgrey** (**horse**) *s.* Apfelschimmel *m*.
dar·bies [ˈdɑːbiz] *s. pl. sl.* Handschellen *pl.*, Fesseln *pl.*
Dar·by and Joan [ˈdɑːbi ən(d) ˈdʒoun] glückliches altes Ehepaar.
dare [dɛə] **I.** *v/i.* [*irr.*] **1.** es wagen, sich (ge)trauen; sich erdreisten, sich unterˈstehen: *he ~n't do it* er wagt es nicht (zu tun); *how ~ you say that?* wie können Sie es wagen, das zu sagen?; *don't (you) ~ to touch me!* untersteh dich nicht, mich anzurühren!; *how ~ you!* **a)** unterstehdich!, **b)** was fällt dir ein!; *I ~ say* ich wage zu behaupten, (ich glaube) wohl, allerdings (*a. iro.*); **II.** *v/t.* [*irr.*] **2.** *et.* wagen, riskieren; **3.** mutig begegnen (*dat.*), trotzen (*dat.*); **4.** *j-n* herˈausfordern: *I ~ you!* du traust dich ja nicht!; *I ~ you to deny it* wage nicht, es abzustreiten; ˈ**~-dev·il** **I.** *s.* Wag(e)hals *m*, Draufgänger *m*, Teufelskerl *m*; **II.** *adj.* tollkühn, waghalsig.
dar·ing [ˈdɛəriŋ] **I.** *adj.* □ **1.** wagemutig, kühn, verwegen; **2.** unverschämt, dreist; **3.** *fig.* gewagt; **II.** *s.* **4.** Wagemut *m*, Kühnheit *f*.
dark [dɑːk] **I.** *adj.* □ → *darkly*; **1.** dunkel, finster: *it is getting ~* es wird dunkel; **2.** dunkel (*Farbe*): *~ blue* dunkelblau; *~ hair* braunes *od.* dunkles Haar; → *horse 1*; **3.** geheim(nisvoll), verborgen, dunkel, unklar: *a ~ secret* ein tiefes Geheimnis; *to keep s.th. ~* et. geheimhalten; **4.** böse, finster, schwarz: *~ thoughts*; **5.** düster, trübe, freudlos: *a ~ future*; *the ~ side of things* die Schattenseite der Dinge; **6.** dunkel, unerforscht; kulˈturlos; **II.** *s.* **7.** Dunkel(heit *f*) *n*, Finsternis *f*: *in the ~* im Dunkel(n); *after ~* nach Einbruch der Dunkelheit; **8.** *pl. paint.* Schatten *m*; **9.** *fig.* Dunkel *n*, Ungewißheit *f*, *das* Geheime, Unwissenheit *f*: *to keep s.o. in the ~* j-n im ungewissen lassen; *I am in the ~* ich tappe im dunkeln; ♀ **A·ges** *s. pl. das* frühe Mittelalter; ♀ **Con·ti·nent** *s. hist. der* dunkle Erdteil, ˈAfrika *n*.
dark·en [ˈdɑːkən] **I.** *v/t.* **1.** verdunkeln (*a. fig.*), verfinstern; abblenden: *don't ~ my door again!* komm mir nie wieder ins Haus!; **2.** dunkel *od.* dunkler färben; **3.** *fig.* verdüstern, trüben; **II.** *v/i.* **4.** dunkel werden, sich verdunkeln, sich verfinstern; ˈ**dark·ish** [-kiʃ] *adj.* **1.** et. dunkel, schwärzlich; **2.** trübe; **3.** dämmerig.
dark lan·tern *s.* ˈBlendlaˌterne *f*.
dark·ling [ˈdɑːkliŋ] *adj.* dunkel werdend; ˈ**dark·ly** [-li] *adv.* **1.** *fig.* finster, böse; **2.** *fig.* dunkel, geheimnisvoll; ˈ**dark·ness** [-knis] *s.* **1.** *a. fig.* Dunkelheit *f*, Finsternis *f*, Nacht *f*; **2.** dunkle Färbung; **3.** *das* Böse: *the powers of ~* die Mächte der Finsternis; **4.** Unwissenheit *f*; **5.** Undeutlichkeit *f*; Heimlichkeit *f*.
dark| room *s. phot.* Dunkelkammer *f*; ˈ**~-skinned** *adj.* dunkelhäutig; ˈ**~-slide** *s. phot.* Kasˈsette *f*.
dark·y [ˈdɑːki] *s.* F Neger(in).
dar·ling [ˈdɑːliŋ] **I.** *s.* **1.** Liebling *m*, Schatz *m*: *~ of fortune* Glückskind; *aren't you a ~* du bist doch ein Engel; **II.** *adj.* **2.** lieb, geliebt; Herzens...; **3.** reizend, allerliebst, süß.
darn[1] [dɑːn] **I.** *v/t. Strümpfe etc.* stopfen; ausbessern; **II.** *s. das* Gestopfte.
darn[2] [dɑːn] *v/t. sl. für damn 1*; **darned** [-nd] *adj. u. adv. sl. für damned 2, 3.*
dar·nel [ˈdɑːnl] *s.* ⚘ Lolch *m*.
darn·er [ˈdɑːnə] *s.* **1.** Stopfer(in); **2.** Stopf-ei *n*, -pilz *m*.
darn·ing [ˈdɑːniŋ] *s.* Stopfen *n*; ˈ**~-egg** *s.* Stopf-ei *n*; ˈ**~-nee·dle** *s.* Stopfnadel *f*; ˈ**~-yarn** *s.* Stopfgarn *n*.
dart [dɑːt] **I.** *s.* **1.** Wurfspeer *m*, -spieß *m*; **2.** (Wurf)Pfeil *m*; **3.** Satz *m*, Sprung *m*: *to make a ~ for* losstürzen auf (*acc.*); **4.** *pl. sg. konstr. Brit.* Pfeilwerfen *n* (*Spiel*): *~-board* Zielscheibe; **5.** Abnäher *m* (*in Kleidern*); **II.** *v/t.* **6.** schleudern, schießen; *Blicke* zuwerfen; **III.** *v/i.* **7.** schießen, fliegen, (los)stürzen (*at, on* auf *acc.*): *to ~ off* davonstürzen; ˈ**dart·er** [-tə] *s.* **1.** *orn.* Schlangenhalsvogel *m*; **2.** *ichth.* Spritzfisch *m*.
Dart·moor [ˈdɑːtmuə] *a.* **~ pris·on** *s. englisches Zuchthaus.*
Dar·win·ism [ˈdɑːwinizəm] *s.* Darˈwinismus *m*.
dash [dæʃ] **I.** *v/t.* **1.** schleudern, (heftig) stoßen *od.* schlagen, schmettern: *to ~ to pieces* zerschmettern; *to ~ out s.o.'s brains* j-m den Schädel einschlagen; **2.** (be)spritzen; (über)ˈschütten, überˈgießen (*a. fig.*): *to ~ off Schriftliches* hinwer-

fen, -hauen; **3.** *Hoffnung etc.* zunichte machen, vereiteln; **4.** *fig.* niederschlagen; aus der Fassung bringen, verwirren; **5.** (ver)mischen (*a. fig.*); **6.** F → *damn 1*: ~ *it (all)!* verflixt!; **II.** *v/i.* **7.** (sich) stürzen, stürmen; *sport* spurten: *to* ~ *off* davonjagen; *to* ~ *out* hinaus-, fortstürzen; **8.** heftig (auf)schlagen, prallen, klatschen; **III.** *s.* **9.** Sprung *m*, (Vor)Stoß *m*; Anlauf *m*, Ansturm *m*: *at a* (*od.* one) ~ mit 'einem Zuge *od.* Schlage, im Nu; *to make a* ~ (*for, at*) (los)stürmen, (sich) stürzen (auf *acc.*); **10.** (Auf-) Schlagen *n*, Prallen *n*, Klatschen *n*; **11.** Zusatz *m*; Schuß *m Rum etc.*; Prise *f Salz etc.*; Anflug *m*, Stich *m* (*of red* ins Rote); Klecks *m* (*Farbe*); **12.** Federstrich *m*; *typ.* Gedankenstrich *m*; ♪, 𝔄, *tel.* Strich *m*; **13.** Schneid *m*, Schwung *m*, Schmiß *m*; Ele'ganz *f*: *to cut a* ~ Aufsehen erregen, e-e gute Figur abgeben; **14.** *sport* Kurzstreckenlauf *m*; **15.** ⊕ → *dashboard*; '**~-board** *s.* **1.** ✈, *mot.* Arma'turen-, Instru'mentenbrett *n*; **2.** Spritzbrett *n*.

dashed [dæʃt] *adj. u. adv.* F verflixt; '**dash·er** [-ʃə] *s.* **1.** Butterstößel *m*; **2.** *Am.* → *dashboard 2*; **3.** F ele'gante Erscheinung (*Person*); '**dash·ing** [-ʃiŋ] *adj.* □ **1.** schneidig, forsch, kühn; **2.** ele'gant, flott, fesch.

das·tard ['dæstəd] *s.* (gemeiner) Feigling, Memme *f*; '**das·tard·li·ness** [-linis] *s.* **1.** Feigheit *f*; **2.** Heimtücke *f*; '**das·tard·ly** [-li] *adj.* **1.** feig(e); **2.** heimtückisch, gemein.

da·ta ['deitə] *s. pl. von datum* (*oft [fälschlich] sg. konstr.*) (*a. technische*) 'Daten *pl. od.* Angaben *pl. od.* Einzelheiten *pl. od.* 'Unterlagen *pl.*; Tatsachen *pl.*; ⊕ (Meß)Werte *pl.*: *personal* ~ Personalangaben, *bsd.* ⚖ Angaben zur Person; (*electronic*) ~ *processing* (elektronische) Datenverarbeitung; ~ *typist* Datentypist(in).

da·tal·ler → *daytaller*.

date¹ [deit] *s.* ♀ **1.** Dattel *f*; **2.** *a.* ~*-tree* Dattelpalme *f*.

date² [deit] **I.** *s.* **1.** 'Datum *n*, Zeitangabe *f*, (Monats)Tag *m*: *what's the* ~ *today?* der wievielte ist heute?; **2.** Zeitpunkt *m*, Ter'min *m*: *at an early* ~ (recht) bald; *of recent* ~ neu(eren Datums), modern; *to fix a* ~ e-n Termin festsetzen; **3.** Zeit (-raum *m*) *f*, Peri'ode *f*: *of Roman* ~ aus der Römerzeit; **4.** ✝ **a)** Ausstellungstag *m* (*Wechsel*), **b)** Frist *f*, Ziel *n*: *three months after* ~ drei Monate (ab) dato; **5.** heutiger Tag: *of this* (*od. today's*) ~ heutig; *to* ~ bis heute; *down to* ~ **a)** bis auf den heutigen Tag, **b)** zeitgemäß, modern; *out of* ~ **a)** veraltet, überholt, **b)** ✝ verfallen; *up to* ~ zeitgemäß, modern, auf der Höhe, auf dem laufenden; *to bring up to* ~ auf den neuesten Stand bringen, modernisieren; → *up-to-date*; **6.** F Verabredung *f*, Rendez'vous *n*: *to have a* ~ *with s.o.* mit j-m verabredet sein; *to make a* ~ sich verabreden; **7.** F (Verabredungs-) Partner(in): *who is your* ~*?* mit wem bist du verabredet?; **II.** *v/t.* **8.** *Brief etc.* datieren: *to* ~ *ahead* voraus-, vordatieren; **9.** e-e Zeit bestimmen *od.* angeben für; **10.** herleiten (*from* aus); **11.** als über'holt *od.* veraltet kennzeichnen; **12.** *a.* ~ *up* F sich (regelmäßig) verabreden mit, ‚gehen' mit: *to* ~ *a girl*; **III.** *v/i.* **13.** datieren, datiert sein (*from* von); **14.** ~ *from* (*od. back to*) stammen, sich herleiten aus; **15.** ~ *back* to zu'rückreichen bis, zu'rückgehen auf (*acc.*); **16.** rechnen (*from* von).

date block *s.* ('Abreiß)Ka͵lender *m*.

dat·ed ['deitid] *adj.* **1.** veraltet, über'holt; **2.** ~ *up* F (*mit Verabredungen*) völlig besetzt; **date·less** ['deitlis] *adj.* **1.** undatiert; **2.** endlos; **3.** zeitlos, unsterblich.

'**date|-line** *s.* **1.** 'Datumszeile *f* (*bsd. Zeitung*): ~ *London* aus London datiert; **2.** 'Datumsgrenze *f* (*180. Längengrad*); '**~-palm** → *date¹ 2*; '**~-stamp** *s.* 'Datums-, Poststempel *m*.

da·ti·val [də'taivəl] *adj. ling.* Dativ...

da·tive ['deitiv] **I.** *s. a.* ~ *case ling.* 'Dativ *m*, dritter Fall; **II.** *adj.* Dativ...

da·tum ['deitəm] *pl.* **-ta** [-tə] *s.* **1.** *et.* Gegebenes *od.* Bekanntes; **2.** Vor'aussetzung *f*, Grundlage *f*; **3.** 𝔄 gegebene Größe; '**~-line** *s. surv.* Be'zugs-, 'Grund͵linie *f*; ~ **point** *s.* **1.** 𝔄, *phys.* Bezugspunkt *m*; **2.** *surv.* Nor'malfixpunkt *m*.

daub [dɔ:b] **I.** *v/t.* **1.** be-, verschmieren, bestreichen; **2.** (*on*) schmieren, streichen (auf *acc.*); **3.** *Wand* bewerfen, verputzen; **4.** *fig.* besudeln; **II.** *v/i.* **5.** *paint.* klecksen, schmieren; **III.** *s.* **6.** (Lehm)Bewurf *m*; **7.** *paint.* Schmiere'rei *f*, Farbenkleckse'rei *f*; '**daub·(st)er** [-b(st)ə] *s.* Schmierer(in); Farbenkleckser (-in).

daugh·ter ['dɔ:tə] *s.* **1.** Tochter *f* (*a. fig.*): ~*-language* Tochtersprache; → *Eve¹*; **2.** → *daughter company*; ~ **com·pa·ny** *s.* ✝ Tochter(gesellschaft) *f*; ~**-in-law** ['dɔ:tərinlɔ:] *pl.* ~**s-in-law** [-təz-] *s.* Schwiegertochter *f*.

daugh·ter·ly ['dɔ:təli] *adj.* töchterlich.

daunt [dɔ:nt] *v/t.* einschüchtern, (er)schrecken, entmutigen: *nothing* ~*ed* unverzagt; *a* ~*ing task* e-e beängstigende Aufgabe; '**daunt·less** [-lis] *adj.* □ unerschrocken, furchtlos.

dav·en·port ['dævnpɔ:t] *s.* **1.** kleiner Schreibtisch; **2.** *Am.* Bett-, Schlafcouch *f*.

dav·it ['dævit] *s.* ⚓ 'Davit *m*, Bootskran *m*.

da·vy ['deivi] *s. sl. abbr. für affidavit.*

Da·vy Jones's lock·er ['deivi-'dʒounziz] ⚓ *s.* Meeresgrund *m*, nasses Grab: *to go to* ~ ertrinken.

daw [dɔ:] *s. orn.* Dohle *f*.

daw·dle ['dɔ:dl] **I.** *v/i.* trödeln, bummeln; **II.** *v/t. a.* ~ *away Zeit* vertrödeln; '**daw·dler** [-lə] *s.* Trödler(in), Tagedieb *m*, Schlafmütze *f*.

dawn [dɔ:n] **I.** *v/i.* **1.** tagen, dämmern, anbrechen (*Morgen, Tag*); **2.** *fig.* (her'auf)dämmern, erwachen, entstehen; **3.** ~ (*up*)*on fig. j-m* dämmern, klarwerden, zum Bewußtsein kommen; **II.** *s.* **4.** Morgendämmerung *f*, -grauen *n*, Tagesanbruch *m*; **5.** (An)Beginn *m*, Erwachen *n*, Anbruch *m*.

day [dei] *s.* **1.** Tag *m* (*Ggs. Nacht*): *by* ~ bei Tage; *before* ~ vor Tagesanbruch; ~ *and night* Tag u. Nacht, immer; **2.** Tag *m* (*Zeitraum*): ~*'s work* Tagesleistung; *three* ~*s from London* drei Tage(reisen) von London; *she is 30 if a* ~ sie ist mindestens 30 Jahre alt; *eight-hour* ~ Achtstundentag; **3.** *bestimmter* Tag: *New Year's* ♀ Neujahrstag; **4.** festgesetzter Tag: ~ *of payment* ✝ Zahlungstermin; **5.** *pl.* (Lebens-) Zeit *f*, Zeit(en *pl.*) *f*, Tage *pl.*: *in my young* ~*s* in m-r Jugend; *student* ~*s* Studentenzeit; ~ *after* ~ Tag für Tag; *the* ~ *after* tags darauf; *the* ~ *after tomorrow* übermorgen; *all* ~ *long* den ganzen Tag, den lieben langen Tag; *the* ~ *before yesterday* vorgestern; ~ *by* ~ (tag-) täglich, Tag für Tag; *to call it a* ~ F *für heute* Schluß machen; *to carry* (*od. win*) *the* ~ siegen, Sieger bleiben; *to end one's* ~*s* s-e Tage beschließen; *every other* ~ alle zwei Tage, e-n Tag um den andern; *to fall on evil* ~*s* ins Unglück geraten; *he* (*od. it*) *has had his* (*od. its*) ~ s-e beste Zeit ist vorüber; ~ *in,* ~ *out* tagaus, tagein; *in his* ~ zu s-r Zeit, einst; *late in the* ~ reichlich spät; *that's all in the* ~*'s work fig.* das gehört alles mit dazu; *what's the time of* ~*?* wieviel Uhr ist es?; *to know the time of* ~ *fig.* wissen, was die Glocke geschlagen hat; *to pass the time of* ~ *with s.o.* j-n grüßen; *one* ~ eines Tages, einmal; *the other* ~ neulich; *to save the* ~ die Lage retten; *some* ~ (*or other*) e-s Tages, nächstens einmal; *it will take me* ~*s* ich werde lange brauchen; (*in*) *these* ~*s* heutzutage; *this* ~ heute; *this* ~ *week* heute in e-r Woche; *this* ~ *last week* heute vor e-r Woche; *in those* ~*s* damals; *those were the* ~*s!* das waren noch Zeiten!; *to a* ~ auf den Tag genau; *what* ~ *of the month is it?* den wievielten haben wir heute?; '**~-bed** *s.* Ruhebett *n*; '**~-board·er** *s. Brit.* Tagesschüler(in) *e-s Internats*; '**~-book** *s.* **1.** Tagebuch *n*; **2.** ✝ Jour'nal *n*, Memori'al *n*, Kladde *f*; '**~-boy** *s. Brit.* Tagesschüler *m* (*ißt u. wohnt zu Hause*); '**~-break** *s.* Tagesanbruch *m*; '**~-care cen·ter** *s. Am.* Kindertagesstätte *f*; ~ **coach,** *a.* ~ **car** *s.* 🚃 *Am.* Per'sonenwagen *m*; '**~-dream I.** *s.* Wach-traum *m*, Träume'rei *f*; *pl.* Luftschlösser *pl.*; **II.** *v/i.* (mit offenen Augen) träumen; '**~-dream·er** *s.* Träumer(in); '**~-fly** *s. zo.* Eintagsfliege *f*; '**~-la·bo(u)r·er** *s.* Tagelöhner *m*; ~ **let·ter** *s. Am.* 'Brieftele͵gramm *n*.

'**day·light** *s.* **1.** Tageslicht *n*: *by* ~ am *od.* bei Tage; → *broad 2*; *to let* ~ *into s.th. fig.* et. der Öffentlichkeit zugänglich machen; *he saw* ~ *fig.* ihm ging ein Licht auf; **2.** Tagesanbruch *m*; **3.** (lichter) Zwischenraum; '~-**sav·ing** (**time** *Am.*) *s.* Sommerzeit *f.*

'**day|-long** *adj. u. adv.* den ganzen Tag (dauernd); ~ **nurs·er·y** *s.* **1.** Kindergarten *m*, -krippe *f*; **2.** (Kinder)Spielzimmer *n*; ~ **re·lease** *s.* zur beruflichen Fortbildung freigegebene Zeit; '~-**room** *s.* Tagesraum *m* (*bsd. in e-m Internat*); '~-**schol·ar** → *day-boy*; '~-**school** *s.* **1.** Exter'nat *n*, Schule *f* ohne Pensio'nat; **2.** Tagesschule *f*; ~ **shift** *s.* Tagschicht *f*: *to be on* ~ Tagschicht haben; '~-**stu·dent** → *day-boy*; ~**tal·ler** ['deitələ] *s. Brit.* Tagelöhner *m*; '~-**tick·et** *s.* 🚂 Tagesrückfahrkarte *f*; '~-**time** *s.* Tageszeit *f*, *heller* Tag: *in the* ~ bei Tage; '~-**to-**'~ *adj.* täglich, dauernd: ~ *money* † Tagesgeld.

daze [deiz] **I.** *v/t.* betäuben, verwirren; *fig.* lähmen; **II.** *s.* Betäubung *f*, Benommenheit *f*: *to be in a* ~ benommen *od.* betäubt sein; '**daz·ed·ly** [-zidli] *adv.* wirr, verwirrt, benommen.

daz·zle ['dæzl] **I.** *v/t.* **1.** blenden (*a. fig.*); **2.** *fig.* verwirren, verblüffen; **3.** ⚔ *durch Anstrich* tarnen; **II.** *s.* **4.** Blenden *n*; Glanz *m*; **5.** ⚔ Tarnanstrich *m*; '**daz·zling** [-liŋ] *adj.* □ **1.** blendend, glänzend (*a. fig.*); *fig.* strahlend (schön); **2.** verwirrend.

D-Day ['di:dei] *s. Tag der alliierten Landung in der Normandie, 6. Juni 1944.*

de- [di; di:] *in Zssgn* ent-, ver-, aus- *etc.*

dea·con ['di:kən] *eccl.* **I.** *s.* Dia'kon *m*; **II.** *v/t. Am.* (*die Strophen vor dem Singen*) laut vorlesen; '**dea·con·ess** [-kənis] *s. eccl.* Diako'nisse *f*; '**dea·con·ry** [-ri] *s. eccl.* Diako'nat *n.*

dead [ded] **I.** *adj.* **1.** tot, gestorben: *as* ~ *as a doornail* (*od. as mutton*) mausetot; ~ *body* Leiche, Leichnam; *you are a* ~ *man fig.* du bist ein Kind des Todes; ~ *and gone* tot u. begraben (*a. fig.*); **2.** ausgestorben, tot (*Sprache*); veraltet (*Sitte, Gesetz*); ungültig; **3.** abgestorben, erstarrt, unempfindlich (*Finger etc.*); **4.** (*to*) taub (gegen), unempfänglich (für); **5.** leb-, wesenlos: ~ *matter* **a)** tote Materie, **b)** *typ.* Ablegesatz; **6.** erloschen (*Feuer, Vulkan*); **7.** abgestorben, verwelkt, dürr (*Pflanze*); **8.** matt, stumpf (*Farbe*); gedämpft, dumpf (*Klang*); glanzlos (*Augen*); schal (*Getränk*); **9.** farb-, gefühllos, nichtssagend; **10.** leer, tot, ausdruckslos, steif; **11.** langweilig, geistlos; **12.** öde, verlassen; **13.** kraft-, wirkungslos; **14.** ⚡ stromlos: ~ *track* 🚂 totes Gleis; **15.** bewegungslos, untätig, träge; still (*Jahreszeit, Geschäft*); tief (*Schlaf*); **16.** blind (*Fenster, Wand*); **17.** † tot (*Kapital*), unverkäuflich; 'unproduk,tiv; flau (*Markt*), geschäftslos; **18.** genau; völlig, äußerst: ~ *bargain* spottbillige Ware; ~ *bargain price* Spottpreis; ~ *calm* Windstille, Flaute; ~ *certainty* völlige Gewißheit; *in* ~ *earnest* in vollem Ernst; ~ *failure* **a)** völliges Versagen, **b)** völliger Versager; ~ *faint* schwere Ohnmacht; ~ *loss* reiner Verlust, Gesamtverlust; ~ *secret* tiefes Geheimnis; ~ *shot* todsicherer Schütze; ~ *silence* Totenstille; *to come to a* ~ *stop* schlagartig stehenbleiben *od.* aufhören; **II.** *s.* **19.** *the* ~ die Toten; **20.** Totenstille *f*: *at* ~ *of night* mitten in der Nacht; *the* ~ *of winter* der tiefste Winter; **III.** *adv.* **21.** völlig, gänzlich; genau; plötzlich; tief: ~ *against* **a)** genau entgegen *od.* gegenüber, **b)** völlig gegen (*acc.*); ~ *drunk* sinnlos betrunken; ~ *slow!* Schritt fahren! (*Verkehrszeichen*); *to stop* ~ plötzlich stehenbleiben; ~ *tired* todmüde.

dead| ac·count *s.* † totes Konto; '~-(**and-**)**a'live** *adj. fig.* **a)** langweilig, **b)** halbtot; ~ **beat** *s. Am. sl.* **1.** Schnorrer *m*; **2.** Taugenichts *m*; '~-'**beat** *adj.* F todmüde, völlig erschöpft; ~ **cen·ter** *Am.*, ~ **cen·tre** *Brit. s.* ⊕ **1.** toter Punkt; **2.** genaue Mitte; **3.** tote Spitze (*Reitstock*).

dead·en ['dedn] *v/t.* **1.** *Gefühl etc.* (ab)töten, abstumpfen (*to* gegen); betäuben; **2.** *Geräusch, Schlag etc.* dämpfen, (ab)schwächen; **3.** ⊕ mattieren.

dead| end *s.* **1.** Sackgasse *f* (*a. fig.*); **2.** ⊕ blindes Ende; **3.** 🚂 Ende *n* e-r Zweiglinie; '~-**end** *adj.* blind, ohne Ausgang *od.* Ausweg (*a. fig.*): ~ *kid Am.* (verwahrlostes) Straßenkind; ~ *street* Sackgasse; ~ **file** *s.* abgelegte Akte; '~-**fire** *s.* Elmsfeuer *n*; ~ **hand** → *mortmain*; '~-**head** *s.* F **a)** Freikarteninhaber(in), **b)** Schwarzfahrer(in), **c)** Nassauer *m*; ~ **heat** *s. sport* totes Rennen; ~ **let·ter** *s.* **1.** toter Buchstabe; **2.** nicht mehr gültiges Gesetz; **3.** unzustellbarer Brief; ~ **lev·el** *s.* Eintönigkeit *f*; ~ **lift** *s.* (zu) schwere Last *od.* Anstrengung; '~-**light** *s. mst* ⚓ Fensterblende *f*; '~-**line** *s.* **1.** *Am.* 'Sperr,linie *f im Gefängnis*; **2.** Grenze *f*; äußerster Ter'min, Frist(ablauf *m*) *f*: ~ *pressure* Termindruck; **3.** Stichtag *m.*

dead·li·ness ['dedlinis] *s.* Tödlichkeit *f.*

dead| load *s.* ⊕ totes Gewicht, tote Last, Eigengewicht *n*; '~-**lock** *s. fig.* Stillstand *m*, 'Patt(situati,on *f*) *n*, toter Punkt: *to break the* ~ den toten Punkt überwinden; *to come to a* ~ sich festfahren, steckenbleiben; ~ **lock** *s.* ⊕ Einriegelschloß *n.*

dead·ly ['dedli] **I.** *adj.* **1.** tödlich, todbringend; giftig: ~ *sin* Todsünde; ~ *combat* Kampf auf Leben u. Tod; **2.** *fig.* unversöhnlich, grausam: ~ *enemy* Todfeind; **3.** totenähnlich: ~ *pallor* Leichenblässe; **4.** F schrecklich, groß: ~ *haste*; **II.** *adv.* **5.** totenähnlich: ~ *pale* leichenblaß; **6.** F äußerst, tod...: ~ *dull* sterbenslangweilig.

dead| march *s.* ♪ Trauermarsch *m*; ~ **ma·rine** *s. sl.* leere Flasche.

dead·ness ['dednis] *s.* **1.** Leblosigkeit *f* (*bsd. fig.*), Erstarrung *f*; **2.** Gefühllosigkeit *f*, Gleichgültigkeit *f*, Kälte *f*; **3.** *bsd.* † Unbelebtheit *f*, Flaute *f*; **4.** Glanzlosigkeit *f.*

'**dead|-net·tle** *s.* ✿ Taubnessel *f*; ~ **pan** *s. sl.* **1.** ausdrucksloses Gesicht; **2.** Per'son *f* mit 'undurch,dringlichem Gesicht; ~ **point** *s.* ⊕ toter Punkt; ~ **pull** → *dead lift*; ~ **reck·on·ing** *s.* **1.** ⚓ gegißtes Besteck, Koppeln *n*; **2.** *fig.* ungefähre Berechnung; ~ **set** *s.* **1.** *hunt.* Stehen *n des Hundes*; **2.** entschlossener Angriff; **3.** hartnäckiges Bemühen *od.* Werben; '~-**wa·ter** *s.* **1.** stehendes Wasser; **2.** ⚓ Kielwasser *n*, Sog *m*; ~ **weight** *s.* **1.** totes Gewicht, Eigengewicht *n*; **2.** *bsd. fig.* schwere Last; '~-**weight ca·pac·i·ty** *s.* Tragfähigkeit *f*; '~-**wood** *s.* **1.** Reisig *n*; **2.** *fig.* Plunder *m*; † Ladenhüter *m*; **3.** *fig. et.* Veraltetes *od.* Über'holtes; (nutzloser) 'Ballast; nutzlose (Mit)Glieder *pl.*

deaf [def] *adj.* □ **1.** ⚕ taub: ~ *and dumb* taubstumm; ~-*and-dumb language* Taubstummensprache; ~ *in one ear* auf einem Ohr taub; ~ *as an adder* (*od. a post*) stocktaub; **2.** schwerhörig; **3.** *fig.* (*to*) taub (gegen), unzugänglich (für); → *ear*[1] *1*; '**deaf·en** [-fn] *v/t.* **1.** taub machen; betäuben; **2.** *Schall* dämpfen; **3.** *Wände* schalldicht machen; '**deaf·en·ing** [-fniŋ] *adj.* ohrenbetäubend; '**deaf-'mute I.** *adj.* taubstumm; **II.** *s.* Taubstumme(r *m*) *f.*

deaf·ness ['defnis] *s.* **1.** ⚕ Taubheit *f* (*a. fig. to* gegen); **2.** Schwerhörigkeit *f.*

deal[1] [di:l] **I.** *v/i.* [*irr.*] **1.** (*with*) sich befassen *od.* beschäftigen *od.* abgeben (mit); **2.** (*with*) handeln (von), behandeln (*acc.*); **3.** ~ *with et.* in Angriff nehmen, erledigen, abfertigen; bekämpfen; **4.** (*with, by*) (*j-n*) behandeln, sich verhalten (gegen), 'umgehen (mit), fertig werden (mit): *to* ~ *fairly with* (*od. by*) *j-n* anständig behandeln; **5.** † (*with*) Geschäfte machen (mit), kaufen (bei); **6.** † handeln, Handel treiben (*in* mit): *to* ~ *in paper* Papier führen; **7.** *Kartenspiel*: geben; **II.** *v/t.* [*irr.*] **8.** *oft* ~ *out et.* ver-, aus-, zuteilen; zufügen: *to* ~ *s.o. a blow* j-m e-n Schlag versetzen; **9.** *Karten* geben; **III.** *s.* F **10.** Handlungsweise *f*, Verfahren *n*, Sy'stem *n*; **11.** Behandlung *f*; → *raw 7*; *square 37*; **12.** Geschäft *n*, Handel *m*; *b.s.* zweifelhaftes Geschäft: *it's a* ~*!* abgemacht!; **13.** Abkommen *n*, Über'einkunft *f*: *to make* (*od. do*) *a* ~ ein Abkommen treffen, sich einigen; **14.** *Kartenspiel*: *it is my* ~ ich muß geben.

deal[2] [di:l] *s.* **1.** Menge *f*, Teil *m*: *a great* ~ (*of money*) sehr viel (Geld); *a good* ~ ziemlich viel, ein gut Teil; *to think a great* ~ *of s.o.* sehr viel von j-m halten; **2.** e-e ganze Menge: *a* ~ *worse* F viel schlechter.

deal[3] [di:l] *s.* **1.** Diele *f*, Brett *n*, Planke *f* (*aus Tannen- od. Kiefernholz*); **2.** Tannen- *od.* Kiefernholz *n.*

deal·er ['di:lə] *s.* **1.** † Händler(in), Kaufmann *m*; **2.** *Brit. Börse*: Dealer *m* (*der auf eigene Rechnung Geschäfte tätigt*); **3.** *Kartenspiel*: Geber(in); **4.** Dealer *m*, Rauschgifthändler *m*; '**deal·ing** [-liŋ] *s.* **1.** *mst pl.* 'Umgang *m*, Verkehr *m*, Beziehungen *pl.*: *to have* ~*s with*

s.o. mit j-m zu tun haben; 2. ✝ a) Handel *m*, Geschäft *n* (*in* in *dat.*, mit), b) Geschäftsgebaren *n*; 3. Austeilen *n*, Geben *n* (*Karten*).
dealt [delt] *pret. u. p.p. von deal*[1].
dean [di:n] *s.* 1. *Brit. univ.* De'kan *m* (*Vorstand e-r Fakultät*); 2. *Am. univ.* a) Vorstand *m* e-r Fakul'tät, b) Hauptberater(in), Vorsteher(in) (*der Studenten*); 3. *eccl.* Dekan *m*, De'chant *m*, 'Superinten,dent *m*; 4. ♀ *of the Diplomatic Corps* Doyen; **'dean·er·y** [-nəri] *s.* Deka'nat *n*.
dear [diə] I. *adj.* □ → *dearly*; 1. teuer, lieb (*to dat.*): ~ *mother* liebe Mutter; ♀ *Sir*, (*in Briefen*) Sehr geehrter Herr (*Name*)!; *my* ~*est wish* mein Herzenswunsch; *for* ~ *life* als ob es ums Leben ginge; *to hold* ~ (wert)schätzen; 2. teuer, kostspielig; II. *adv.* 3. teuer: *it cost him* ~ es kam ihm teuer zu stehen; → *dearly* 2; III. *s.* 4. Liebling *m*, Schatz *m*, Teure(r *m*) *f*: *isn't she a* ~? ist sie nicht ein Engel?; *there's a* ~! sei doch so lieb!; IV. *int.* 5. *oh* ~!, ~, ~!, ~ *me!* du liebe Zeit!, ach je!; **dear·ie** → *deary*; **'dear·ly** [-li] *adv.* 1. innig, herzlich; 2. teuer; → *buy* 3; **'dear·ness** [-nis] *s.* 1. Kostspieligkeit *f*, teurer Preis; 2. (*to*) Wertschätzung *f* (für), Liebe *f* (zu).
dearth [də:θ] *s.* 1. Mangel *m* (*of* an *dat.*); 2. Teuerung *f*, Hungersnot *f*.
dear·y ['diəri] *s.* F Liebling *m*, Schätzchen *n*.
death [deθ] *s.* 1. Tod *m*: ~*s* Todesfälle; *to* (*the*) ~ zu Tode, bis zum äußersten; *at* ~*'s door* an der Schwelle des Todes; *to bleed to* ~ (sich) verbluten; *burnt to* ~ verbrannt, durch Feuer umgekommen; *to do to* ~ töten; *done to* ~ F *Küche*: totgekocht; *frozen to* ~ erfroren; *sure as* ~ tod-, bombensicher; *tired to* ~ todmüde; *to catch one's* ~ sich den Tod holen (*engS. durch Erkältung*); *to be in at the* ~ *fig.* das Ende miterleben; *that will be his* ~ das wird ihm das Leben kosten; *you'll be the* ~ *of me* du bringst mich noch ins Grab; *to hold on like grim* ~ verbissen festhalten; *to put to* ~ hinrichten; 2. Tod *m*, (Ab)Sterben *n*, Ende *n*, Vernichtung *f*: *united in* ~ im Tode vereint; **'~-ag·o·ny** *s.* Todeskampf *m*; **'~-bed** *s.* Sterbebett *n*; **~ ben·e·fit** *s.* Auszahlungssumme *f* beim Tod e-s Versicherten, Sterbegeld *n*; **'~-blow** *s.* Todesstreich *m*; *fig.* Todesstoß *m* (*to* für); **~ cell** *s.* ⚖ Todeszelle *f*; **'~-du·ty** *s. obs.* Erbschaftssteuer *f*; **~ house** *s. bsd. Am.* → *death cell*; **~ knell** *s.* Totengeläut *n*, -glocke *f* (*a. fig.*).
death·less ['deθlis] *adj.* □ unsterblich (*a. fig.*); **'death·like** *adj.* totenähnlich, Toten..., Leichen...; **'death·ly** [-li] *adj. u. adv.* totenähnlich, Todes..., Leichen..., Toten...: ~ *pale* leichenblaß.
'death|-mask *s.* Totenmaske *f*; **~ pen·al·ty** *s.* Todesstrafe *f*; **'~-rate** *s.* Sterblichkeitsziffer *f*; **'~-rat·tle** *s.* Todesröcheln *n*; **'~-ray** *s.* Todesstrahl *m*; **'~-roll** *s.* Zahl *f* der Todesopfer; ⚔ Gefallenen-, Verlustliste *f*; **'~'s-head** *s.* 1. Totenkopf *m* (*bsd. als Symbol*); 2. *zo.* Totenkopf *m* (*Falter*); **~ throes** *s. pl.* Todeskampf *m*; **'~-trap** *s.* lebensgefährlicher Ort, ‚Mausefalle' *f*; **'~-war·rant** *s.* 1. ⚖ Hinrichtungsbefehl *m*; 2. *fig.* Todesurteil *n*; **'~-watch** *s. Brit. a.* ~ *beetle zo.* Totenuhr *f*, Klopfkäfer *m*.
deb [deb] *s.* F *abbr. für débutante.*
dé·bâ·cle [dei'bɑ:kl] (*Fr.*) *s.* 1. De'bakel *n*, Zs.-bruch *m*, Kata'strophe *f*; 2. Massenflucht *f*, wildes Durchein'ander; 3. *geol.* Eisgang *m*.
de·bar [di'bɑ:] *v/t.* 1. (*from*) *j-n* ausschließen (von), hindern (an *dat. od.* zu *inf.*); 2. ~ *s.o. s.th.* j-m et. versagen: *he was* ~*red the crown.*
de·bark [di'bɑ:k] → *disembark.*
de·base [di'beis] *v/t.* 1. verderben, verschlechtern; 2. ent-, her'abwürdigen; entwerten; *Wert* mindern; 3. *bsd. Münzen* verfälschen; **de'based** [-st] *adj.* 1. minderwertig (*Geld*); 2. abgegriffen (*Wort*); **de'base·ment** [-mənt] *s.* 1. Verschlechterung *f*, Entwertung *f*; 2. Erniedrigung *f*; 3. Verfälschung *f*.
de·bat·a·ble [di'beitəbl] *adj.* 1. strittig, fraglich, um'stritten; 2. bestreitbar, anfechtbar; **de·bate** [di'beit] I. *v/i.* 1. debattieren; sich beraten; 2. über'legen (*with o.s.* bei sich); II. *v/t.* 3. debattieren, erörtern, beraten; 4. erwägen, überlegen; III. *s.* 5. De'batte *f*, Erörterung *f*; Wortstreit *m*; **de·bat·er** [di'beitə] *s. geschickter* Dispu'tant; **de'bat·ing** [-tiŋ] *adj.*: ~ *society* Debattierklub.
de·bauch [di'bɔ:tʃ] I. *v/t.* 1. *sittlich* verderben; 2. verführen, verleiten; II. *s.* 3. Ausschweifung *f*; 4. Schwelge'rei *f*; **de'bauched** [-tʃt] *adj.* ausschweifend, liederlich, verkommen; **deb·au·chee** [debɔ:'tʃi:] *s.* Wüstling *m*; **de'bauch·er** [-tʃə] *s.* Verführer *m*; **de'bauch·er·y** [-tʃəri] *s.* Ausschweifung(en *pl.*) *f*, Liederlichkeit *f*.
de·ben·ture [di'bentʃə] *s.* 1. Schuldschein *m*; 2. ✝ a) Obligati'on *f*, Schuldverschreibung *f*: ~ *holder* Obligationär, Obligationsinhaber, b) *Brit.* Pfandbrief *m*; 3. ✝ Rückzollschein *m*.
de·bil·i·tate [di'biliteit] *v/t.* schwächen, entkräften; **de·bil·i·ta·tion** [dibili'teiʃən] *s.* Schwächung *f*, Entkräftung *f*; **de·bil·i·ty** [di'biliti] *s.* Schwäche *f*, Kraftlosigkeit *f*, Erschöpfung *f*.
deb·it ['debit] I. *s.* 1. 'Debet *n*, Soll *n*, Schuldposten *m*; 2. Belastung *f*: *to the* ~ *of* zu Lasten von; 3. *a.* ~-*side* 'Debetseite *f*: *to charge* (*od. carry*) *a sum to s.o.'s* ~ j-s Konto mit e-r Summe belasten; II. *v/t.* 4. debitieren, belasten (*with* mit); **~ and cred·it** *s.* ✝ Soll *n* u. Haben *n*; **~ bal·ance** *s.* ✝ 'Debet,saldo *m*; **~ en·try** *s.* ✝ Lastschrift *f*, 'Debetposten *m*.
de·block ['di:'blɔk] *v/t.* ✝ *eingefrorene Konten* freigeben.
deb·o·nair(e) [debə'nɛə] *adj.* 1. höflich, gefällig; 2. heiter, fröhlich.
de·bouch [di'bautʃ] *v/i.* 1. ⚔ her'vorbrechen, -kommen; ausschwärmen; 2. einmünden (*Fluß, Straße*); sich ergießen; **de'bouch·ment** [-mənt] *s.* 1. ⚔ Her'vorbrechen *n*; 2. Mündung *f*.
De·brett [də'bret] *npr.*: ~*'s peerage engliches Adelsregister.*
de·bris ['debri:] *s.* Trümmer *pl.*, (Gesteins)Schutt *m* (*a. geol.*).
debt [det] *s.* Schuld *f* (*Geld od. fig.*); Verpflichtung *f*: ~-*collector* Schuldeneintreiber; *collection of* ~*s* Inkasso; *bad* ~*s* zweifelhafte Forderungen *od.* Außenstände; *heavy* ~*s* Schuldenlast; *National* ♀ Staatsschuld; ~ *of gratitude* Dankesschuld; ~ *of hono(u)r* Ehrenschuld; *to pay one's* ~ *to nature* der Natur s-n Tribut entrichten, sterben; *to run into* ~ in Schulden geraten; *to run up* ~*s* Schulden machen; *to be in* ~ verschuldet sein, Schulden haben; *to be in s.o.'s* ~ *fig.* j-m verpflichtet sein, in j-s Schuld stehen; **'debt·or** [-tə] *s.* Schuldner (-in), ✝ 'Debitor *m*: *common* ~ Gemeinschuldner.
de·bunk ['di:'bʌŋk] *v/t.* F entlarven, den Nimbus nehmen (*dat.*).
de·bu·reauc·ra·tize ['di:bjuə'rɔkrətaiz] *v/t.* entbürokratisieren.
de·bus [di:'bʌs] *v/i.* aus e-m Bus aussteigen.
dé·but, *Am.* **de·but** ['deibu:] (*Fr.*) *s.* 1. De'büt *n*, erstes Auftreten (*thea. od. in der Gesellschaft*); 2. *fig.* Beginn *m*, Erscheinen *n*; **déb·u·tant**, *Am.* **deb·u·tant** ['debju(:)tɑ̃:ŋ] (*Fr.*) *s.* Debü'tant *m*; **déb·u·tante**, *Am.* **deb·u·tante** ['debju(:)tɑ̃:nt] (*Fr.*) *s.* Debü'tantin *f* (*Brit. engS.* bei Hofe).
deca- [dekə] *in Zssgn* zehn(mal).
dec·ade ['dekeid] *s.* De'kade *f*: a) Jahrzehnt *n*, b) Zehnergruppe *f*.
de·ca·dence ['dekədəns] *s.* Deka'denz *f*, Verfall *m*, Niedergang *m*; **'de·ca·dent** [-nt] I. *adj.* deka'dent, entartet, verfallend; II. *s.* dekadenter Mensch.
dec·a·gon ['dekəgən] *s.* ⩓ Zehneck *n*; **dec·a·gram(me)** ['dekəgræm] *s.* Deka'gramm *n*.
de·cal·ci·fy [di:'kælsifai] *v/t.* entkalken.
dec·a·li·ter *Am.*, **dec·a·li·tre** *Brit.* ['dekəli:tə] *s.* Deka'liter *m, n*; **dec·a·log(ue)**, ♀ ['dekəlɔg] *s. bibl.* Deka'log *m*, *die* Zehn Gebote *pl.*; **dec·a·me·ter** *Am.*, **dec·a·me·tre** *Brit.* ['dekəmi:tə] *s.* Deka'meter *m*, *n*.
de·camp [di'kæmp] *v/i.* 1. ⚔ das Lager abbrechen; abmarschieren; 2. sich aus dem Staube machen, ausrücken; **de'camp·ment** [-mənt] *s.* ⚔ Aufbruch *m*, Abmarsch *m*.
de·cant [di'kænt] *v/t.* 1. ab-, 'umfüllen; 2. dekantieren, vorsichtig abgießen; **de·can·ta·tion** [di:kæn'teiʃən] *s.* 'Umfüllung *f*; **de'cant·er** [-tə] *s.* Ka'raffe *f*.
de·cap·i·tate [di'kæpiteit] *v/t.* 1. enthaupten, köpfen; 2. *Am.* F entlassen, ‚absägen'; **de·cap·i·ta·tion** [dikæpi'teiʃən] *s.* 1. Enthauptung *f*; 2. *Am.* F Entlassung *f*.
dec·a·pod ['dekəpɔd] *s. zo.* Zehnfüßler *m*.
de·car·bon·ize [di:'kɑ:bənaiz] *v/t.* dekarbonisieren.

de·car·bu·rize [di:ˈkɑ:bjuəraiz] → *decarbonize.*
de·car·tel·i·za·tion [di:kɑ:təlaiˈzeiʃən] *s.* Auflösung *f od.* Entflechtung *f* e-s Karˈtells; **de·car·tel·ize** [di:ˈkɑ:təlaiz] *v/t.* entflechten.
de·cas·u·al·i·za·tion [di:kæʒjuəlaiˈzeiʃən] *s. Brit.* Ausmerzung *f* der Gelegenheitsarbeit; **de·cas·u·al·ize** [di:ˈkæʒjuəlaiz] *v/t. Brit.* Gelegenheitsarbeiter entfernen aus (*e-m Betrieb*).
de·cath·lete [diˈkæθli:t] *s. sport* Zehnkämpfer *m*; **de·cath·lon** [diˈkæθlɔn] *s. sport* Zehnkampf *m.*
de·cay [diˈkei] **I.** *v/t.* **1.** verfallen, zerfallen (*a. phys.*), zuˈgrunde gehen; **2.** verderben, verkümmern, verblühen; **3.** (ver)faulen, (ver)modern, verwesen; schlecht werden (*Zahn*); **4.** schwinden, abnehmen, schwach werden, (herˈab)sinken: *~ed with age* altersschwach; **II.** *s.* **5.** Verfall *m*, Zerfall *m* (*a. phys.*): *to fall into ~* in Verfall geraten, zugrunde gehen; **6.** Nieder-, Rückgang *m*, Verblühen *n*; Ruˈin *m*; **7.** ⚕ ˈKaries *f*, (Zahn)Fäule *f*; Schwund *m*; **8.** Fäulnis *f*, Vermodern *n*; **deˈcayed** [-eid] *adj.* **1.** ver-, zerfallen; kraftlos; zerrüttet; **2.** herˈuntergekommen; **3.** verblüht; **4.** verfault, morsch; *geol.* verwittert; **5.** ⚕ kariˈös, schlecht (*Zahn*).
Dec·ca [ˈdekə] *s.* ˈDecca-Navigatiˈonssyˌstem *n.*
de·cease [diˈsi:s] **I.** *v/i.* sterben, verscheiden; **II.** *s.* Tod *m*, Ableben *n*; **deˈceased** [-st] **I.** *adj.* verstorben; **II.** *s. the ~* der *od.* die Verstorbene.
de·ce·dent [diˈsi:dənt] *s.* ⚖ *Am.* **1.** → *deceased II*; **2.** ˈErblasser(in).
de·ceit [diˈsi:t] *s.* **1.** Betrug *m*, (bewußte) Täuschung; Betrügeˈrei *f*; **2.** Falschheit *f*, Tücke *f*; **deˈceit·ful** [-ful] *adj.* □ (be)trügerisch; falsch, ˈhinterlistig; **deˈceit·ful·ness** [-fulnis] *s.* Falschheit *f*, ˈHinterlist *f*, Arglist *f.*
de·ceiv·a·ble [diˈsi:vəbl] *adj.* leicht zu betrügen(d) *od.* täuschen(d); **de·ceive** [diˈsi:v] *v/t.* **1.** täuschen, irreführen: *to be ~d* sich täuschen lassen, sich irren (*in* in *dat.*); *to ~ o.s.* sich täuschen *od.* e-r Täuschung hingeben; **2.** *mst pass. Hoffnung* enttäuschen; **3.** *a. v/i.* betrügen, täuschen.
de·cel·er·ate [di:ˈseləreit] **I.** *v/t.* verlangsamen, die Geschwindigkeit verringern von (*od. gen.*); **II.** *v/i.* s-e Geschwindigkeit verringern, langsamer fahren; **de·cel·er·a·tion** [ˈdi:seləˈreiʃən] *s.* Geschwindigkeitsabnahme *f*, Verlangsamung *f.*
De·cem·ber [diˈsembə] *s.* Deˈzember *m*: *in ~* im Dezember.
de·cen·cy [ˈdi:snsi] *s.* **1.** Anstand *m*, Schicklichkeit *f*: *for ~'s sake* anstandshalber; *sense of ~* Anstandsgefühl; **2.** Sittsam-, Ehrbarkeit *f*; **3.** *pl.* Anstandsformen *pl.*
de·cen·ni·al [diˈsenjəl] **I.** *adj.* □ **1.** zehnjährig; **2.** alle zehn Jahre ˈwiederkehrend; **II.** *s.* **3.** *Am.* Zehnˈjahrfeier *f*; **deˈcen·ni·al·ly** [-li] *adv.* alle zehn Jahre; **de·cen·ni·um** [diˈsenjəm] *pl.* **-ni·ums, -ni·a** [-jə] *s.* Jahrˈzehnt *n*, Deˈkade *f.*
de·cent [ˈdi:snt] *adj.* □ **1.** anständig, schicklich; **2.** ehrbar, sittsam; **3.** deˈzent, unaufdringlich; **4.** F ‚anständig', freundlich, nett; **5.** F (ganz) anständig, annehmbar: *a ~ meal.*
de·cen·tral·i·za·tion [di:sentrəlaiˈzeiʃən] *s.* Dezentralisierung *f*; **de·cen·tral·ize** [di:ˈsentrəlaiz] *v/t.* dezentralisieren.
de·cep·tion [diˈsepʃən] *s.* **1.** Täuschung *f*, Irreführung *f*; **2.** Betrug *m*; **3.** Trugbild *n*; **deˈcep·tive** [-ptiv] *adj.* □ täuschend, irreführend, trügerisch: *appearances are ~* der Schein trügt.
deci- [desi] *in Zssgn* Dezi...
dec·i·bel [ˈdesibel] *s. phys.* Deziˈbel *n.*
de·cide [diˈsaid] **I.** *v/t.* **1.** *et.* entscheiden; **2.** *j-n* bestimmen, veranlassen; *et.* bestimmen, festsetzen: *to ~ the right moment*; *that ~ed me* das bestimmte mich, das bestärkte mich in m-m Entschluß; **II.** *v/i.* **3.** entscheiden, bestimmen, den Ausschlag geben; **4.** beschließen; sich entscheiden *od.* entschließen (*in favo[u]r of* für; *against doing* nicht zu tun; *to do* zu tun); **5.** zu dem Schluß *od.* der Überˈzeugung kommen: *I ~d that it was worth trying*; **6.** feststellen, finden: *we ~d that the weather was too bad*; **7.** *~ (up)on* sich entscheiden für *od.* über (*acc.*); festsetzen, -legen, bestimmen (*acc.*); **deˈcid·ed** [-did] *adj.* □ **1.** entschieden, unzweifelhaft, deutlich; **2.** entschieden, entschlossen, fest, bestimmt; **deˈcid·ed·ly** [-didli] *adv.* entschieden, fraglos, bestimmt; **deˈcid·er** [-də] *s. sport* Entscheidungskampf *m.*
de·cid·u·ous [diˈsidjuəs] *adj.* **1.** ⚘ jedes Jahr abfallend (*Blätter*): *~ tree* Laubbaum; **2.** *zo.* abfallend (*Geweih etc.*).
dec·i·gram(me) [ˈdesigræm] *s.* Deziˈgramm *n*; **dec·i·li·ter** *Am.*, **dec·i·li·tre** *Brit.* [ˈdesili:tə] *s.* Deziˈliter *m, n.*
dec·i·mal [ˈdesiməl] ⅄ **I.** *adj.* □ → *decimally*; deziˈmal, Dezimal...: *to go ~* das Dezimalsystem einführen; **II.** *s.* Deziˈmalzahl *f*: *circulating (recurring) ~* periodische (unendliche) Dezimalzahl; *three places of ~s* drei Dezimalstellen; *~* **a·rith·me·tic** *s.* ⅄ Deziˈmalrechnung *f*; *~* **frac·tion** *s.* ⅄ Deziˈmalbruch *m.*
dec·i·mal·ly [ˈdesiməli] *adv.* nach dem Deziˈmalsyˌstem.
dec·i·mal| place *s.* Deziˈmalstelle *f*; *~* **point** *s.* ˈKomma *n* (*im Englischen ein Punkt*) vor der ersten Deziˈmalstelle: *floating ~* Fließkomma (*Taschenrechner etc.*); *~* **sys·tem** *s.* Deziˈmalsyˌstem *n.*
dec·i·mate [ˈdesimeit] *v/t.* dezimieren, vernichten; Verheerung(en) anrichten unter (*dat.*); **dec·i·ma·tion** [desiˈmeiʃən] *s.* Dezimierung *f.*
dec·i·me·ter *Am.*, **dec·i·me·tre** *Brit.* [ˈdesimi:tə] *s.* Deziˈmeter *m, n.*
de·ci·pher [diˈsaifə] *v/t.* entziffern, entschlüsseln, dechiffrieren; überˈsetzen; *fig.* enträtseln; **deˈci·pher·a·ble** [-fərəbl] *adj.* entzifferbar; *fig.* enträtselbar; **deˈci·pher·ment** [-mənt] *s.* Entzifferung *f*, Überˈsetzung *f*; *fig.* Enträtselung *f.*
de·ci·sion [diˈsiʒən] *s.* **1.** Entscheidung *f* (*a.* ⚖); Entscheid *m*, Urteil *n*, Beschluß *m*: *to make* (*od. take*) *a ~* e-e Entscheidung treffen; **2.** Entschluß *m*: *to arrive at a ~, to come to a ~, to take a ~* zu e-m Entschluß kommen; **3.** Entschlußkraft *f*, Entschlossenheit *f*: *~ of character* Charakterstärke; *a man of ~* ein entschlossener Mensch.
de·ci·sive [diˈsaisiv] *adj.* □ **1.** entscheidend, ausschlag-, maßgebend; endgültig, schlüssig: *to be ~ in* entscheidend beitragen zu; *to be ~ of* entscheiden (*acc.*); *~ battle* Entscheidungsschlacht; **2.** entschlossen, entschieden (*Person*); **deˈci·sive·ly** [-li] *adv.* in entscheidender Weise; **deˈci·sive·ness** [-nis] *s.* **1.** Maßgeblichkeit *f*; **2.** Endgültigkeit *f*; **3.** Entschlossenheit *f.*
deck [dek] **I.** *s.* **1.** ⚓ Deck *n*: *on ~* **a)** auf Deck, **b)** *Am.* F bereit, zur Hand; *all hands on ~!* alle Mann an Deck!; *below ~* unter Deck; *to clear the ~s (for action)* **a)** das Schiff klar zum Gefecht machen, **b)** *fig.* sich bereitmachen; **2.** ✈ Tragdeck *n*, -fläche *f*; **3.** 🚗 *Am. etc.* Dach *n*, Verdeck *n*; **4.** *bsd. Am.* Spiel *n*, Pack *m* (Spiel)Karten; **II.** *v/t.* **5.** *oft ~ out* (aus)schmücken, ausstaffieren, kostbar bekleiden; **6.** ⚓ mit e-m Deck versehen; ˈ~-ˈ**cab·in** *s.* ⚓ ˈDeckkaˌbine *f*; ˈ~-ˈ**car·go** *s.* ⚓ Deckladung *f*; ˈ~-ˈ**chair** *s.* Liegestuhl *m.*
-deck·er [dekə] *s. in Zssgn*: *three~* Dreidecker, Schiff *etc.* mit drei Decks.
ˈdeck|-games *s. pl.* Bordspiele *pl.*; ˈ~**-hand** *s.* ⚓ Maˈtrose *m*; ˈ~**-house** *s.* ⚓ Deckshaus *n.*
deck·le-edged [ˈdeklˈedʒd] *adj.* **1.** mit Büttenrand; **2.** unbeschnitten (*Buch*).
de·claim [diˈkleim] **I.** *v/i.* **1.** *öffentlich od. feierlich* reden; **2.** *~ against* eifern *od.* wettern gegen; **3.** Phrasen dreschen; **II.** *v/t.* **4.** deklamieren, vortragen.
dec·la·ma·tion [dekləˈmeiʃən] *s.* **1.** Deklamatiˈon *f* (*a.* ♪); öffentliche Rede, Ansprache *f*; **2.** schwungvolle Rede; **3.** leeres Gerede, Tiˈrade *f*; **de·clam·a·to·ry** [diˈklæmətəri] *adj.* □ **1.** rheˈtorisch; **2.** paˈthetisch, bomˈbastisch.
de·clar·a·ble [diˈklɛərəbl] *adj.* zoll-, steuerpflichtig; **deˈclar·ant** [-rənt] *s. Am.* Einbürgerungsanwärter(in).
dec·la·ra·tion [dekləˈreiʃən] *s.* **1.** Erklärung *f*, Aussage *f*: *to make a ~* eine Erklärung abgeben; *~ of war* Kriegserklärung; **2.** Maniˈfest *n*, Proklamatiˈon *f*; **3.** ⚖ Klageschrift *f*; **4.** Anmeldung *f*, Angabe *f*: *~ of bankruptcy* ☤ Konkursanmeldung; *customs ~* Zolldeklaration, -erklärung; **de·clar·a·tive** [diˈklærətiv] *adj.*: *~ sentence ling.* Aussagesatz; **de·clar·a·to·ry** [diˈklærətəri] *adj.* erklärend: *to be ~ of* erklären, erläutern, feststellen; *~ judgement* ⚖ Feststellungsurteil.
de·clare [diˈklɛə] **I.** *v/t.* **1.** erklären, aussagen, verkünden, bekannt-

machen, proklamieren: *to ~ war* den Krieg erklären, *fig.* den Kampf ansagen (*on dat.*); *he was ~d winner* er wurde zum Sieger erklärt; **2.** erklären, behaupten; **3.** angeben, anmelden; erklären, deklarieren (*Zoll*); **4.** *Kartenspiel*: ansagen; **5.** ~ *o.s.* **a)** sich erklären *od.* offenbaren, s-e Meinung kundtun, **b)** sich zeigen *od.* her'ausstellen; **6.** ~ *off* absagen, rückgängig machen; **II.** *v/i.* **7.** erklären, bestätigen: *well, I ~!* ich muß schon sagen!, nanu!; **8.** sich erklären *od.* entscheiden (*for* für; *against* gegen); **9.** *Kricket*: ein Spiel vorzeitig abbrechen; **de'clared** [-ɛəd] *adj.* □ erklärt, ausgesprochen; **de'clar·ed·ly** [-ɛəridli] *adv.* erklärtermaßen, ausgesprochen.

de·clen·sion [di'klenʃən] *s.* **1.** Abweichung *f*, Abfall *m* (*from* von); **2.** Verfall *m*, Niedergang *m*; **3.** *ling.* Deklinati'on *f*, Beugung *f*; **de'clen·sion·al** [-ʃənl] *adj. ling.* Deklinations...

de·clin·a·ble [di'klainəbl] *adj. ling.* deklinierbar; **dec·li·na·tion** [dekli'neiʃən] *s.* **1.** Neigung *f*, Abschüssigkeit *f*; **2.** Abweichung *f*; **3.** *ast.*, *phys.* Deklinati'on *f*: ~ *compass* ⚓ Deklinationsbussole; *compass* ~ Mißweisung.

de·cline [di'klain] **I.** *v/i.* **1.** sich neigen, sich senken; **2.** sich neigen, zur Neige *od.* zu Ende gehen: *declining years* Lebensabend; **3.** abnehmen, nachlassen, zu'rückgehen; sich verschlechtern, schwächer werden; verfallen; **4.** sinken, fallen (*Preise*); **5.** sich weigern, (es) ablehnen; **II.** *v/t.* **6.** neigen, senken; **7.** ablehnen, nicht annehmen, ausschlagen; **8.** *ling.* deklinieren, beugen; **III.** *s.* **9.** Neige *f*, Ende *n*: ~ *of life* Lebensabend; **10.** Nieder-, Rückgang *m*, Abnahme *f*; Verschlechterung *f*: *to be on the ~* **a)** zur Neige gehen, **b)** im Niedergang begriffen sein, sinken; ~ *of strength* Kräfteverfall; ~ *of* (*od. in*) *prices* Preisrückgang; ~ *in value* Wertminderung; **11.** ⚕ körperlicher Verfall: *to fall into a ~* **a)** dahinsiechen, **b)** die Schwindsucht bekommen.

de·cliv·i·tous [di'klivitəs] *adj.* abschüssig, (ziemlich) steil; **de'cliv·i·ty** [-ti] *s.* **1.** Abschüssigkeit *f*; **2.** Abhang *m*.

de·clutch ['di:'klʌtʃ] *v/i. mot.* auskuppeln.

de·coct [di'kɔkt] *v/t.* auskochen, absieden; **de'coc·tion** [-kʃən] *s.* **1.** Auskochen *n*, Absieden *n*; **2.** Absud *m*; *pharm.* De'kokt *n*.

de·code ['di:'koud] *v/t.* decodieren (*a. ling.*, *Computer*), dechiffrieren, entschlüsseln, über'setzen; **de'cod·er** [-də] *s. Radio*, *Computer*: De'coder *m*.

dé·col·le·té(e) [dei'kɔltei] (*Fr.*) *adj.* **1.** (tief) ausgeschnitten (*Kleid*); **2.** dekolletiert (*Dame*).

de·col·or·ant [di:'kʌlərənt] **I.** *adj.* entfärbend, bleichend; **II.** *s.* Bleichmittel *n*; **de'col·o(u)r·ize** [-raiz] *v/t.* entfärben, bleichen.

de·com·pose [di:kəm'pouz] **I.** *v/t.* **1.** zerlegen, spalten; **2.** zersetzen; **3.** ⚗, *phys.* scheiden, abbauen; **II.** *v/i.* **4.** sich auflösen, zerfallen; **5.** sich zersetzen, verwesen, verfaulen; **de·com'posed** [-zd] *adj.* verfault, verdorben; **de·com·po·si·tion** [di:kɔmpə'ziʃən] *s.* **1.** ⚗, *phys.* Zerlegung *f*, Aufspaltung *f*, Scheidung *f*, Auflösung *f*, Abbau *m*; **2.** Zersetzung *f*, Zerfall *m*; **3.** Verwesung *f*, Fäulnis *f*.

de·com·press [di:kəm'pres] *v/t.* ⊕ dekomprimieren, den Druck vermindern in (*dat.*); **de·com'pres·sion** [-eʃən] *s.* ⊕ Druckverminderung *f*.

de·con·tam·i·nate ['di:kən'tæmineit] *v/t.* entgiften, -seuchen, -strahlen; **de·con·tam·i·na·tion** ['di:kəntæmi'neiʃən] *s.* Entgiftung *f*, -seuchung *f*, -gasung *f*.

de·con·trol ['di:kən'troul] **I.** *v/t.* die Zwangsbewirtschaftung aufheben von *od.* für; *Waren, Handel* freigeben; **II.** *s.* Aufhebung *f* der Zwangsbewirtschaftung, Freigabe *f*.

dé·cor ['deikɔ:] (*Fr.*) *s.* **1.** De'kor *m*, Ausschmückung *f*; **2.** *thea.* Dekor *m*, Ausstattung *f*.

dec·o·rate ['dekəreit] *v/t.* **1.** (aus-)schmücken, (ver)zieren; **2.** *Zimmer* (neu) tapezieren *od.* streichen; **3.** *mit e-m Orden* dekorieren, auszeichnen; **dec·o·ra·tion** [dekə'reiʃən] *s.* **1.** Ausschmückung *f*, Verzierung *f*; **2.** Schmuck *m*, Zierat *m*, Dekorati'on *f*; **3.** Orden *m*, Ehrenzeichen *n*; **4.** *a. interior ~* Innenausstattung *f*; 'Innenarchitek,tur *f*.

Dec·o·ra·tion Day → *Memorial Day.*

dec·o·ra·tive ['dekərətiv] *adj.* □ dekora'tiv, schmückend, Zier..., Schmuck...; **dec·o·ra·tor** ['dekəreitə] *s.* **1.** *a. interior ~* Dekora'teur *m*, 'Innenarchi,tekt *m*; **2.** Dekorati'onsmaler *m*; **3.** Tapezierer *m* und Anstreicher *m*.

dec·o·rous ['dekərəs] *adj.* □ schicklich, (wohl)anständig.

de·cor·ti·cate [di:'kɔ:tikeit] *v/t.* **1.** entrinden; schälen; **2.** enthülsen.

de·co·rum [di'kɔ:rəm] *s.* **1.** Anstand *m*; **2.** Eti'kette *f*, Anstandsformen *pl.*

de·coy [di'kɔi] **I.** *s.* **1.** Köder *m*, Lockspeise *f*; **2.** *a. ~-bird, ~-duck* Lockvogel *m* (*a. fig.*); **3.** *hunt.* Entenfang *m*, -falle *f*; **4.** ⚔ Scheinanlage *f*; **II.** *v/t.* **5.** ködern, locken; **6.** *fig.* (ver)locken, verleiten; **~ ship** *s.* ⚓, ⚔ U-Boot-Falle *f*.

de·crease [di:'kri:s] **I.** *v/i.* abnehmen, sich vermindern, kleiner werden: *to ~ in length* kürzer werden; **II.** *v/t.* vermindern, verringern, reduzieren, her'absetzen; **III.** *s.* ['di:kri:s] Abnahme *f*, Verminderung *f*, Verringerung *f*; Rückgang *m*: ~ *in prices* Preisrückgang; *to be on the ~* abnehmen; **de'creas·ing·ly** [-siŋli] *adv.* immer weniger: ~ *rare.*

de·cree [di'kri:] **I.** *s.* **1.** De'kret *n*, Erlaß *m*, Verfügung *f*, Verordnung *f*: *to issue a ~* e-e Verfügung erlassen; *by ~* auf dem Verordnungswege; **2.** ⚖ Entscheid *m*, Urteil *n*: ~ *absolute* rechtskräftiges (Scheidungs)Urteil; → *nisi*; **3.** *fig.* Ratschluß *m Gottes*, Fügung *f des Schicksals*; **II.** *v/t.* **4.** verfügen, anverordnen.

dec·re·ment ['dekrimənt] *s.* Abnahme *f*, Verminderung *f*.

de·crep·it [di'krepit] *adj.* hinfällig, altersschwach; klapp(e)rig, verfallen, verbraucht; **de'crep·i·tude** [-tju:d] *s.* Altersschwäche *f*, Hinfälligkeit *f*.

de·cre·scen·do ['di:kri'ʃendou] (*Ital.*) ♪ **I.** *pl.* **-dos** *s.* Decre'scendo *n*; **II.** *adv.* decre'scendo, abnehmend.

de·cres·cent [di'kresnt] *adj.* abnehmend (*bsd. Mond*).

de·cre·tal [di'kri:tl] *eccl.* **I.** *adj.* Dekretal...; **II.** *s.* **a)** Dekre'tale *n*, **b)** *pl.* Dekretalien *pl.*

de·cry [di'krai] *v/t.* her'untermachen, her'absetzen, in Verruf bringen.

de·cu·bi·tus [di'kju:bitəs] *s.* ⚕ Wundliegen *n*.

dec·u·ple ['dekjupl] **I.** *adj.* zehnfach; **II.** *s. das* Zehnfache; **III.** *v/t.* verzehnfachen.

de·cus·sate [di'kʌsit] *adj.* **1.** sich kreuzend *od.* schneidend; **2.** ⚘ kreuzgegenständig.

ded·i·cate ['dedikeit] **I.** *v/t.* (*to dat.*) **1.** weihen, widmen; feierlich (ein-)weihen; **2.** *Zeit* widmen; **3.** ~ *o.s.* sich widmen *od.* hingeben; sich zuwenden; **4.** widmen, zueignen; **'ded·i·cat·ed** [-tid] *adj.* **1.** pflichtbewußt, hingebungsvoll; **2.** engagiert; **ded·i·ca·tion** [dedi'keiʃən] *s.* **1.** Weihung *f*, Widmung *f*; feierliche Einweihung; **2.** Hingabe *f* (*to* an *acc.*); **3.** Widmung *f*, Zueignung *f*; **'ded·i·ca·tor** [-tə] *s.* Widmende(r *m*) *f*; **'ded·i·ca·to·ry** [-kətəri] *adj.* (Ein)Weihungs...; Widmungs..., Zueignungs...

de·duce [di'dju:s] *v/t.* **1.** folgern, schließen (*from* aus); **2.** ab-, herleiten (*from* von); **de'duc·i·ble** [-səbl] *adj.* zu folgern(d); herzuleiten(d).

de·duct [di'dʌkt] *v/t. e-n Betrag* abziehen (*from* von), einbehalten: *after ~ing* nach Abzug von; *~ing expenses* abzüglich der Unkosten; **de'duct·i·ble** [-tibl] *adj.* abziehbar, abzugsfähig; **de'duc·tion** [-kʃən] *s.* **1.** Abzug *m*, Abziehen *n*; **2.** † Abzug *m*, Ra'batt *m*, Nachlaß *m*; **3.** (Schluß)Folgerung *f*, Schluß *m*; **4.** Herleitung *f*; **de'duc·tive** [-tiv] *adj.* □ deduk'tiv, folgernd, schließend; herleitend.

deed [di:d] **I.** *s.* **1.** Tat *f*, Handlung *f*: *in word and ~* in Wort u. Tat; **2.** Helden-, Großtat *f*; **3.** Tat(sache) *f*; **4.** ⚖ (Über'tragungs)Urkunde *f*, Doku'ment *n*: ~ *of donation* Schenkungsurkunde; **II.** *v/t.* **5.** *Am.* urkundlich über'tragen (*to* auf *j-n*); **~ box** *s.* Kas'sette *f für Urkunden*; **'~-poll** *s.* ⚖ Urkunde *f* e-s einseitigen Rechtsgeschäfts.

deem [di:m] **I.** *v/i.* denken, meinen; **II.** *v/t.* halten für, erachten für, betrachten als: *I ~ it advisable*; *I ~ it my duty.*

de·e·mo·tion·al·ize ['di:i'mouʃnəlaiz] *v/t. Diskussion etc.* versachlichen.

deem·ster ['di:mstə] *s.* Richter *m* (*auf der Insel Man*).

deep [di:p] **I.** *adj.* ☐ → *deeply*; **1.** tief (*vertikal*): ~ *hole*; ~ *snow*; ~ *sea* Tiefsee; *in* ~ *water(s) fig.* in Schwierigkeiten; *to go off the* ~ *end* **a)** *Brit.* in Rage kommen, **b)** *Am.* et. unüberlegt riskieren; **2.** tief (*horizontal*): ~ *cupboard*; ~ *forests*; ~ *border* breiter Rand; *they marched four* ~ sie marschierten in Viererreihen; *three men* ~ drei Mann hoch (*zu dritt*); **3.** tief, vertieft, versunken (*in* in *acc.*): ~ *in thought*; **4.** tief, gründlich, scharfsinnig: ~ *learning* gründliches Wissen; ~ *intellect* scharfer Verstand; *a* ~ *thinker* ein tiefer Denker; **5.** tief, heftig, stark, fest, schwer: ~ *sleep* tiefer *od.* fester Schlaf; ~ *mourning* tiefe Trauer; ~ *interest* großes Interesse; ~ *grief* schweres Leid; ~ *in debt* stark *od.* tief verschuldet; **6.** tief, innig, aufrichtig: ~ *love*; ~ *gratitude*; **7.** tief, dunkel; verborgen, geheim: ~ *night* tiefe Nacht; ~ *silence* tiefes *od.* völliges Schweigen; ~ *secret* tiefes Geheimnis; ~ *designs* versteckte Pläne; *he is a* ~ *one sl.* er hat es faustdick hinter den Ohren; **8.** schwierig: ~ *problem*; *that is too* ~ *for me* das ist mir zu hoch; **9.** tief, dunkel (*Farbe, Klang*); **II.** *adv.* **10.** tief (*a. fig.*): ~ *into the flesh* tief ins Fleisch; *still waters run* ~ stille Wasser sind tief; ~ *into the night* (bis) tief in die Nacht (hinein); *to drink* ~ unmäßig trinken; **III.** *s.* **11.** Tiefe *f* (*a. fig.*); Abgrund *m*: *in the* ~ *of night* in tiefster Nacht; **12.** *the* ~ *poet.* das Meer.

deep| breath·ing *s.* Atemübungen *pl.*; **'~-'chest·ed** *adj.* **1.** mit gewölbter Brust; **2.** mit Brustton; **'~-'drawn** *adj.*: ~ *sigh* tiefer Seufzer.

deep·en ['di:pən] **I.** *v/t.* **1.** tiefer machen, vertiefen; verbreitern; **2.** *fig.* vertiefen (*a. Farben*), verstärken, steigern; **II.** *v/i.* **3.** tiefer werden, sich vertiefen; **4.** *fig.* sich vertiefen *od.* steigern, stärker werden; **5.** dunkler werden.

'deep|-felt *adj.* tiefempfunden; **'~-'freeze I.** *s.* **1.** Tiefkühlung *f*; **2.** Tiefkühltruhe *f*; **II.** *v/t.* **3.** tiefkühlen, einfrieren; **'~-'fry** *v/t.* in schwimmendem Fett braten; **'~-'fry·ing pan** *s.* Fri'teuse *f*; ~ **hit** *s. Boxen*: Tiefschlag *m*; **'~-'laid** *adj.* schlau, listig, finster (*Plan*).

deep·ly ['di:pli] *adv.* tief (*a. fig.*): ~ *indebted* äußerst dankbar; ~ *hurt* tief *od.* schwer gekränkt; ~ *interested* höchst interessiert; ~ *read* sehr belesen; *to drink* ~ unmäßig trinken; *to go* ~ *into s.th.* e-r Sache auf den Grund gehen.

'deep-'mouthed *adj.* **1.** tieftönend; **2.** mit tiefer Stimme (bellend).

deep·ness ['di:pnis] *s.* **1.** Tiefe *f* (*a. fig.*); **2.** Dunkelheit *f*; **3.** Gründlichkeit *f*; **4.** Scharfsinn *m.*

'deep|-'read *adj.* sehr belesen; **'~-'root·ed** *adj.* tief eingewurzelt; *fig. a.* eingefleischt; **'~-'sea** *adj.* Tiefsee..., Hochsee...: ~ *fish* Tiefseefisch; ~ *fishing* Hochseefischerei; **'~-'seat·ed** *adj.* tief-, festsitzend; **'~-set** *adj.* tiefliegend (*Augen*); **the** ♀ **South** *s. Am.* der tiefe Süden (*südlichste Staaten der USA*); **'~-'throat·ed** *adj.* mit tiefer Stimme.

deer [diə] *pl.* **deer** *s.* **1.** *zo.* **a)** Hirsch *m*, **b)** Reh *n*: *red* ~ Rot-, Edelhirsch; **2.** Hoch-, Rotwild *n*; **'~-for·est** *s.* Hochwildgehege *n*; **'~-hound** *s.* schottischer Jagdhund; **'~-lick** *s.* Salzlecke *f*; **'~-park** *s.* Wildpark *m*; **'~-skin** *s.* Hirsch-, Rehleder *n*; **'~-stalk·er** *s.* **1.** Pirscher *m*; **2.** Jagdmütze *f*; **'~-stalk·ing** *s.* (Rotwild)Pirsch *f.*

de-es·ca·la·tion ['di:eskə'leiʃən] *s. pol.* Deeskalati'on *f* (*a. fig.*).

de·face [di'feis] *v/t.* **1.** entstellen, verunstalten, beschädigen; **2.** ausstreichen, unleserlich machen; **de'face·ment** [-mənt] *s.* Entstellung *f*, Verunstaltung *f*, Beschädigung *f.*

de fac·to [di:'fæktou] (*Lat.*) **I.** *adj.* tatsächlich, De-facto-...; **II.** *adv.* de 'facto, tatsächlich.

de·fal·ca·tion [di:fæl'keiʃən] *s.* **1.** Veruntreuung *f*, Unter'schlagung *f*; **2.** unter'schlagenes Geld.

def·a·ma·tion [defə'meiʃən] *s.* Verleumdung *f*, Schmähung *f*; **de·fam·a·to·ry** [di'fæmətəri] *adj.* ☐ verleumderisch, Schmäh...: *to be* ~ *of s.o.* j-n verleumden; **de·fame** [di'feim] *v/t.* verleumden; **de·fam·er** [di'feimə] *s.* Verleumder(in).

de·fat·ted [di:'fætid] *adj.* entfettet.

de·fault [di'fɔ:lt] **I.** *s.* **1.** (Pflicht-)Versäumnis *n*, Unter'lassung *f*; **2.** *bsd.* ☤ Nichterfüllung *f*, Verzug *m*, Versäumnis *n*, Zahlungseinstellung *f*; *engS.* Zahlungsverzug *m*: *to be in* ~ im Verzug sein; **3.** ⚖ Nichterscheinen *n* vor Gericht: *judg(e)ment by* ~ Versäumnisurteil; **4.** *sport* Nichtantreten *n*; **5.** Fehlen *n*, Mangel *m*: *in* ~ *of* mangels, in Ermangelung (*gen.*); *in* ~ *of which* widrigenfalls; *to go by* ~ unterbleiben; **II.** *v/i.* **6.** s-n Verpflichtungen nicht nachkommen: *to* ~ *on s.th.* et. vernachlässigen, mit et. im Rückstand sein; **7.** ☤ s-n Verbindlichkeiten nicht nachkommen, im (Zahlungs)Verzug sein: *to* ~ *on a debt* s-e Schuld nicht bezahlen; **8.** ⚖ nicht vor Gericht erscheinen; **9.** *sport* nicht antreten; **III.** *v/t.* **10.** *e-r Verpflichtung* nicht nachkommen, in Verzug geraten mit; **de'fault·er** [-tə] *s.* **1.** Säumige(r *m*) *f*; ‚Drückeberger' *m*; **2.** ☤ **a)** säumiger Zahler *od.* Schuldner, **b)** Zahlungsunfähige(r *m*) *f*; **3.** ⚖ vor Gericht nicht Erscheinende(r *m*) *f*; **4.** ⚔ *Brit.* Delin'quent *m.*

de·fea·sance [di'fi:zəns] *s.* ⚖ **1.** Aufhebung *f*, Annullierung *f*, Nichtigkeitserklärung *f*; **2.** 'Nichtigkeits,klausel *f*; **de'fea·si·ble** [-zəbl] *adj.* anfecht-, annullierbar.

de·feat [di'fi:t] **I.** *v/t.* **1.** besiegen, schlagen: *it* ~*s me to inf.* es geht über m-e Kraft zu *inf.*; **2.** *Angriff etc.* zu'rückschlagen, abwehren; **3.** *parl. Antrag* zu Fall bringen, ablehnen; **4.** vereiteln, zu'nichte machen: *that* ~*s the purpose* das verfehlt den Zweck; **II.** *s.* **5.** Niederwerfung *f*, Besiegung *f*; **6.** Niederlage *f*: *to admit* ~ sich geschlagen geben; **7.** *parl.* Ablehnung *f*; **8.** Vereitelung *f*, Vernichtung *f*; **9.** 'Mißerfolg *m*, Fehlschlag *m*; **de'feat·ism** [-tizəm] *s.* Defä'tismus *m*, Miesmache'rei *f*; **de'feat·ist** [-tist] **I.** *s.* Defä'tist *m*, Miesmacher *m*; **II.** *adj.* defä'tistisch.

def·e·cate ['defikeit] **I.** *v/t.* reinigen; *fig.* läutern; **II.** *v/i.* ⚕ Stuhlgang haben; **def·e·ca·tion** [defi'keiʃən] *s.* ⚕ Stuhlgang *m.*

de·fect [di'fekt] **I.** *s.* **1.** De'fekt *m*, Fehler *m* (*in* an *dat.*, in *dat.*); **2.** Mangel *m*, Unvollkommenheit *f*, Schwäche *f*; **3.** Gebrechen *n*; **II.** *v/i.* **4.** abtrünnig werden; **5.** *zum Feind* 'übergehen; **de'fec·tion** [-kʃən] *s.* **1.** Abfall *m*, Lossagung *f* (*from* von); **2.** Treubruch *m*; **3.** 'Übertritt *m* (*to* zu); **de'fec·tive** [-tiv] *adj.* ☐ **1.** mangelhaft, unvollkommen, unvollständig: *mentally* ~ schwachsinnig; *he is* ~ *in* es mangelt ihm an (*dat.*); **2.** schadhaft, de'fekt; **II.** *s.* **3.** *mental* ~ Schwachsinnige(r); **de'fec·tive·ness** [-tivnis] *s.* **1.** Mangelhaftigkeit *f*; **2.** Schadhaftigkeit *f*; **de'fec·tor** [-tə] *s.* Abtrünnige(r *m*) *f.*

de·fence, *Am.* **de·fense** [di'fens] *s.* **1.** Verteidigung *f*, Schutz *m*, Abwehr *f*: *to come to s.o.'s* ~ j-n verteidigen; **2.** ⚖ Verteidigung *f*: *in his* ~ zu s-r Entlastung; *to conduct one's own* ~ sich selbst verteidigen; → *counsel* 4; *witness* 1; **3.** Verteidigung *f*, Rechtfertigung *f*: *in his* ~ zu s-r Rechtfertigung; **4.** ⚔ Verteidigung *f*, *sport a.* Abwehr *f*; *pl.* Verteidigungsanlagen *pl.*: *to make a good* ~ sich tapfer verteidigen; **de'fence·less** [-lis] *adj.* ☐ **1.** schutz-, wehr-, hilflos; **2.** ⚔ unbefestigt; **de'fence·less·ness** [-lisnis] *s.* Schutz-, Wehrlosigkeit *f.*

de·fend [di'fend] *v/t.* **1.** (*from, against*) verteidigen (gegen), schützen (vor *dat.*, gegen); **2.** *Meinung etc.* verteidigen, rechtfertigen; **3.** *Rechte* schützen, wahren; **4.** ⚖ **a)** *j-n* verteidigen, **b)** sich auf *e-e Klage* einlassen: *to* ~ *the suit* den Klageanspruch bestreiten; **de'fend·a·ble** [-dəbl] *adj.* zu verteidigen(d); **de'fend·ant** [-dənt] *s.* ⚖ **a)** *Zivilrecht*: Beklagte(r *m*) *f*, **b)** *Strafrecht*: Angeklagte(r *m*) *f*; **de'fend·er** [-də] *s.* **1.** Verteidiger *m*, *sport a.* Abwehrspieler *m*; **2.** Beschützer *m.*

de·fense *etc. Am.* → **defence** *etc.*

de·fen·si·ble [di'fensəbl] *adj.* ☐ **1.** zu verteidigen(d), haltbar; **2.** zu rechtfertigen(d), vertretbar; **de'fen·sive** [-siv] **I.** *adj.* ☐ **1.** defen'siv, verteidigend, schützend, abwehrend; **2.** Verteidigungs..., Schutz..., Abwehr... (*a.* ⚔ *u. biol.*); **II.** *s.* **3.** Defen'sive *f*, Verteidigung *f*: *on the* ~ in der Defensive.

de·fer[1] [di'fə:] *v/t.* **1.** auf-, verschieben; **2.** hin'ausschieben; zu'rückstellen (*Am. a.* ⚔).

de·fer[2] [di'fə:] *v/i.* (*to*) sich fügen, nachgeben (*dat.*), sich beugen (vor *dat.*); sich *j-s* Wunsche fügen; **def·er·ence** ['defərəns] *s.* **1.** Ehrerbietung *f*, Achtung *f*: *with all due* ~ *to* bei aller Hochachtung vor (*dat.*); **2.** Nachgiebigkeit *f*, Rücksicht(-nahme) *f*: *in* ~ *to your wishes* wunschgemäß; **def·er·en·tial** [defə'renʃəl] *adj.* ☐ **1.** ehrerbietig; **2.** rücksichtsvoll.

de·fer·ment [di'fə:mənt] *s.* **1.** Aufschub *m*; **2.** ⚔ *Am.* Zu'rückstellung *f*; **de'fer·ra·ble** [-ə:rəbl] *adj.* **1.** aufschiebbar; **2.** ⚔ *Am.* zu'rückstellbar.

de·ferred| an·nu·i·ty [di'fə:d] *s.* Anwartschaftsrente *f* (*wird erst nach gewisser Frist fällig*); ~ **pay** *s.* zu'rückbehaltener Lohn; ~ **pay·ment** *s.* **1.** Zahlungsaufschub *m*; **2.** Ratenzahlung *f*; ~ **shares** *s. pl.* † Nachzugsaktien *pl.*; ~ **terms** *s. pl.* 'Abzahlungssy,stem *n*: *on* ~ auf Abzahlung *od.* Raten.

de·fi·ance [di'faiəns] *s.* **1.** Trotz *m*, 'Widerspenstigkeit *f*; 'Widerstand *m*, 'Mißachtung *f*, Hohn *m*: *in* ~ *of* ungeachtet (*gen.*), trotz (*gen. od. dat.*), *e-m Gebot etc.* zuwider, *j-m* zum Trotz; *to bid* ~ Trotz bieten, hohnsprechen (*to dat.*); *to set at* ~ zuwiderhandeln (*dat.*); **2.** Her'ausforderung *f*; **de'fi·ant** [-nt] *adj.* □ trotzig, her'ausfordernd, keck.

de·fi·cien·cy [di'fiʃənsi] *s.* **1.** (*of*) Mangel *m* (an *dat.*), Fehlen *n* (von); **2.** Fehlbetrag *m*, 'Manko *n*, Ausfall *m*, 'Defizit *n*: *to make good a* ~ das Fehlende ergänzen; **3.** Mangelhaftigkeit *f*, Schwäche *f*, Lücke *f*, Unzulänglichkeit *f*: ~ *disease* ⚕ Mangelkrankheit; **de'fi·cient** [-nt] *adj.* □ unzureichend, mangelhaft, ungenügend: *to be* ~ *in* Mangel haben an (*dat.*); *he is* ~ *in courage* ihm fehlt es an Mut; *mentally* ~ geistig behindert.

def·i·cit ['defisit] *s.* † 'Defizit *n*, Fehlbetrag *m*, 'Unterbi,lanz *f*; ~ **spend·ing** *s.* † 'Deficit-spending *n*, 'Defizitfinanzierung *f*.

def·i·lade [defi'leid] ⚔ **I.** *v/t.* gegen Feuer sichern *od.* decken; **II.** *s.* Sicherung *f*, Deckung *f*.

de·file[1] **I.** *s.* ['di:fail] **1.** Engpaß *m*, Hohlweg *m*; **2.** ⚔ Vor'beimarsch *m*; **II.** *v/i.* [di'fail] **3.** defilieren, vor'beimarschieren.

de·file[2] [di'fail] *v/t.* **1.** beschmutzen, verunreinigen; **2.** *fig.* besudeln, beflecken, verunglimpfen; **3.** schänden, entweihen; **de'file·ment** [-mənt] *s.* **1.** Verunreinigung *f*; **2.** *fig.* Besudelung *f*; **3.** Schändung *f*.

de·fin·a·ble [di'fainəbl] *adj.* □ definier-, erklär-, bestimmbar; **de·fine** [di'fain] *v/t.* **1.** *Wort etc.* definieren, (genau) erklären; **2.** (genau) bezeichnen *od.* bestimmen; kennzeichnen, festlegen; klarmachen; **3.** scharf abzeichnen, (klar) um'reißen, be-, um'grenzen.

def·i·nite ['definit] *adj.* □ **1.** bestimmt (*a. ling.*), fest; **2.** klar, deutlich; eindeutig, genau; **3.** defini'tiv, endgültig; **'def·i·nite·ly** [-li] *adv.* F gewiß, zweifellos; entschieden; **'def·i·nite·ness** [-nis] *s.* Bestimmtheit *f*; **def·i·ni·tion** [defi'niʃən] *s.* **1.** Definiti'on *f*, (genaue) Erklärung; (Begriffs)Bestimmung *f*; **2.** Genauigkeit *f*, Deutlichkeit *f*; **3.** (*a.* Bild-, Ton)Schärfe *f*, Präzisi'on *f*; *Fernsehen*: Auflösung *f*; **de·fin·i·tive** [di'finitiv] *adj.* □ **1.** defini'tiv, endgültig; **2.** bestimmt, entschieden, ausdrücklich, genau.

def·la·grate ['defləgreit] *v/t. u. v/i.* ⚗ rasch ver- *od.* abbrennen; **def·la·gra·tion** [deflə'greiʃən] *s.* ⚗ rasches Abbrennen, Verpuffen *n*.

de·flate [di'fleit] *v/t.* **1.** Luft ablassen aus, entleeren; **2.** † **a)** *Preise* her'absetzen, senken, **b)** die Inflati'on *der Währung* beseitigen; **3.** *j-n* ‚klein u. häßlich machen'; **de'fla·tion** [-eiʃən] *s.* **1.** Ablassen *n* von Luft; **2.** † Deflati'on *f*; **de'fla·tion·ar·y** [-eiʃnəri] *adj.* † deflatio'nistisch.

de·flect [di'flekt] **I.** *v/t.* ablenken, abbiegen (*from* von); **II.** *v/i.* abweichen (*from* von); **de'flec·tion**, *Brit. a.* **de'flex·ion** [-kʃən] *s.* **1.** Ablenkung *f*, Abbiegung *f* (*a. phys.*); **2.** Abweichung *f* (*a. fig.*); **3.** Ausschlag *m* (*Zeiger etc.*); **de'flec·tor coil** [-tə] *s.* ⚡ Ablenkspule *f*.

def·lo·ra·tion [di:flɔ:'reiʃən] *s.* Deflorati'on *f*, Entjungferung *f*.

de·flow·er [di:'flauə] *v/t.* **1.** deflorieren, entjungfern; **2.** schänden, entehren.

de·fo·li·ate [di:'foulieit] *v/t.* entblättern; **de·fo·li·a·tion** [difouli'eiʃən] *s.* Entblätterung *f*, Laubfall *m*.

de·for·est [di'fɔrist] *v/t.* abforsten, -holzen; **de·for·est·a·tion** [difɔris'teiʃən] *s.* Abforstung *f*, -holzung *f*.

de·form [di'fɔ:m] *v/t.* verunstalten, entstellen; verzerren (*a. fig.*, &, *phys.*); **de·for·ma·tion** [di:fɔ:'meiʃən] *s.* **1.** Verunstaltung *f*, Entstellung *f*; 'Mißbildung *f*; **2.** & Verzerrung *f*; **de'formed** [-md] *adj.* entstellt, 'mißgestaltet, verwachsen; **de'form·i·ty** [-miti] *s.* **1.** 'Mißgestalt *f*, -bildung *f*; Auswuchs *m*; **2.** Häßlichkeit *f*; **3.** Verderbtheit *f*.

de·fraud [di'frɔ:d] *v/t.* betrügen (*of* um): *to* ~ *the revenue* Steuern hinterziehen; *with intent to* ~ in betrügerischer Absicht, arglistig; **de·frau·da·tion** [difrɔ:'deiʃən] *s.* Betrug *m*; Hinter'ziehung *f*, Unter'schlagung *f*; **de'fraud·er** [-də] *s.* 'Steuerhinter,zieher *m*.

de·fray [di'frei] *v/t.* *Kosten* tragen, bestreiten, bezahlen.

de·frock ['di:'frɔk] → *unfrock*.

de·frost ['di:'frɔst] *v/t.* von Eis befreien, *Windschutzscheibe etc.* entfrosten, *Kühlschrank etc.* abtauen, *Tiefkühlkost etc.* auftauen.

deft [deft] *adj.* □ geschickt, gewandt; **'deft·ness** [-nis] *s.* Geschicktheit *f*, Gewandtheit *f*.

de·funct [di'fʌŋkt] **I.** *adj.* **1.** verstorben; **2.** erloschen, nicht mehr existierend, ehemalig; **II.** *s.* **3.** *the* ~ der *od.* die Verstorbene.

de·fuse [di'fju:z] *v/t.* *Bombe*, *fig. a. Lage* entschärfen.

de·fy [di'fai] *v/t.* **1.** trotzen, Trotz *od.* die Stirn bieten (*dat.*), es aufnehmen mit: *~ing all attempts* trotz aller Versuche; **2.** sich wider'setzen (*dat.*), sich hin'wegsetzen über (*acc.*), verstoßen gegen; **3.** standhalten, Schwierigkeiten machen (*dat.*): *to* ~ *description* jeder Beschreibung spotten; *to* ~ *translation* (fast) unübersetzbar sein; **4.** her'ausfordern: *I* ~ *you to do it* ich weiß genau, daß du es nicht (tun) kannst; *I* ~ *you not to enjoy it* ich wette, daß es dir gefällt.

de·gas [di:'gæs] *v/t.* ⚔, ⊕ entgasen.

de·gauss ['di:'gaus] *v/t.* *Schiff etc.* entmagnetisieren.

de·gen·er·a·cy [di'dʒenərəsi] *s.* Degenerati'on *f*, Entartung *f*, Verderbtheit *f*; **de·gen·er·ate I.** *v/i.* [di'dʒenəreit] degenerieren, entarten, her'absinken (*into* zu); **II.** *adj.* [di'dʒenərit] degeneriert, entartet; verderbt, verkommen; **de·gen·er·a·tion** [didʒenə'reiʃən] *s.* Degenerati'on *f*, Entartung *f*.

de·germ [di:'dʒə:m] *v/t.* entkeimen.

deg·ra·da·tion [degrə'deiʃən] *s.* **1.** Degradierung *f* (*a.* ⚔), Ab-, Entsetzung *f*; **2.** Verminderung *f*, Schwächung *f*, Verschlechterung *f*; Entartung *f*, Degenerati'on *f*; **3.** Entwürdigung *f*, Erniedrigung *f*, Her'absetzung *f*; **4.** ⚗ Abbau *m*; **5.** *geol.* Verwitterung *f*; **de·grade** [di'greid] **I.** *v/t.* **1.** degradieren (*a.* ⚔), (her)'absetzen; **2.** vermindern, her'untersetzen, verschlechtern; **3.** erniedrigen, entwürdigen; **4.** ⚗ abbauen; **II.** *v/i.* **5.** (ab)sinken, her'unterkommen; **6.** entarten; **de·grad·ing** [di'greidiŋ] *adj.* erniedrigend, entwürdigend; her'absetzend.

de·gree [di'gri:] *s.* **1.** Grad *m*, Stufe *f*, Maß *n*: *by ~s* allmählich; *by slow ~s* ganz allmählich; *in some* ~ einigermaßen; *in no* ~ keineswegs; *in the highest* ~ im höchsten Maße, aufs höchste; *to what* ~ in welchem Maße, wie weit *od.* sehr; *to a certain* ~ bis zu e-m gewissen Grade, ziemlich; *hot to a* ~ F glühend heiß; **2.** &, *geogr.*, *phys.* Grad *m*: ~ *of latitude* Breitengrad; *32 ~s centigrade* 32 Grad Celsius; ~ *of hardness* Härtegrad; *of high* ~ hochgradig; **3.** *univ.* Grad *m*, Würde *f*: *doctor's* ~ Doktorwürde; *to take one's* ~ e-n akademischen Grad erwerben, (*zum Doktor*) promovieren; ~ *day* Promotionstag; **4.** (Verwandtschafts-)Grad *m*; **5.** Rang *m*, Stand *m*: *of high* ~ von hohem Rang; **6.** *ling.* ~ *of comparison* Steigerungsstufe; **7.** ♪ Tonstufe *f*, Inter'vall *n*.

de·gres·sion [di'greʃən] *s.* † Degressi'on *f*; **de'gres·sive** [-siv] *adj.* † degres'siv: ~ *depreciation* degressive Abschreibung.

de·his·cent [di'hisnt] *adj.* ♀ aufspringend, -platzend.

de·hu·man·ize [di:'hju:mənaiz] *v/t.* entmenschlichen, verhärten.

de·hy·drate [di:'haidreit] *v/t.* ⚗ das Wasser entziehen (*dat.*), dörren, trocknen: *~d vegetables* Trocken-, Dörrgemüse; **de·hy·dra·tion** [di:hai'dreiʃən] *s.* Wasserentzug *m*, Dörren *n*, Trocknen *n*.

de·hyp·no·tize ['di:'hipnətaiz] *v/t.* aus der Hyp'nose erwecken.

de-ice ['di:'ais] *v/t.* ✈ enteisen; **'de-'ic·er** [-sə] *s.* ✈ Enteisungsmittel *n*, -anlage *f*.

de·i·fi·ca·tion [di:ifi'keiʃən] *s.* **1.** Apothe'ose *f*, Vergötterung *f*; **2.** Vergöttlichung *f*; **de·i·fy** ['di:ifai] *v/t.* **1.** zum Gott erheben; **2.** als Gott verehren.

deign [dein] **I.** *v/i.* sich her'ablassen, geruhen, belieben (*to do* zu tun);

II. *v/t.* sich herablassen zu: *he ~ed no answer.*
de·ism ['di:izəm] *s.* De'ismus *m*; **de·ist** ['di:ist] *s.* De'ist(in); **de·is·tic** *adj.*; **de·is·ti·cal** [di:'istik(əl)] *adj.* □ de'istisch; **de·i·ty** ['di:iti] *s.* **1.** Gottheit *f*; **2.** *the* ♀ *eccl.* die Gottheit, Gott *m*.
de·ject·ed [di'dʒektid] *adj.* □ niedergeschlagen, deprimiert; **de'jec·tion** [-kʃən] *s.* **1.** Niedergeschlagenheit *f*, Trübsinn *m*; **2.** ⚕ **a)** Stuhlgang *m*, Kotentleerung *f*, **b)** Kot *m*.
de ju·re [di:'dʒuəri] (*Lat.*) **I.** *adj.* De-jure-..., rechtmäßig; **II.** *adv.* de 'jure, von Rechts wegen.
dek·ko ['dekou] *s. sl.* kurzer Blick.
de·laine [də'lein] *s.* Musse'lin *m* aus Wolle *od.* Halbwolle.
de·late [di'leit] *v/t. Scot. j-n* anzeigen, denunzieren; **de'la·tion** [-eiʃən] *s.* Anzeige *f*, Denunziati'on *f*.
de·lay [di'lei] **I.** *v/t.* **1.** ver-, auf-, hin'ausschieben, verzögern: *to ~ payment* mit der Zahlung im Rückstand sein; **2.** auf-, hinhalten, hindern, hemmen; **II.** *v/i.* **3.** zögern, säumen; Zeit verlieren, sich verspäten; **III.** *s.* **4.** Aufschub *m*, Verzögerung *f*, Verzug *m*: *without ~* unverzüglich; *~ of payment* ✝ Zahlungsaufschub.
de·layed [di'leid] *adj.* verzögert, verspätet, nachträglich: *~ firing* ⊕ Spätzündung; **'~-'ac·tion** *adj.* verzögert, Verzögerungs...: *~ bomb* Bombe mit Verzögerungszünder; *~ fuse* ⊕ Verzögerungszünder.
de·lay·ing [di'leiiŋ] *adj.* aufschiebend, verzögernd; hinhaltend: *~ action* Verzögerung, Hinhaltung, Verzögerungsaktion; ⚔ hinhaltendes Gefecht; *~ tactics* Hinhaltetaktik.
del cred·er·e [del'kredəri] *s.* ✝ Del'kredere *n*, Bürgschaft *f*.
de·le ['di:li(:)] (*Lat.*) *typ.* **I.** *v/t.* tilgen; **II.** *s.* Dele'atur *n* (*Tilgungszeichen*).
de·lec·ta·ble [di'lektəbl] *adj.* □ *oft iro.* köstlich, ergötzlich; **de·lec·ta·tion** [di:lek'teiʃən] *s.* Ergötzen *n*, Vergnügen *n*.
del·e·ga·cy ['deligəsi] *s.* Abordnung *f*, Delegati'on *f*; **'del·e·gate I.** *s.* [-git] **1.** Delegierte(r) *m*, Vertreter *m*, Abgeordnete(r) *m* (*Am. a. pol.*); **II.** *v/t.* [-geit] **2.** abordnen, delegieren; bevollmächtigen; **3.** *Vollmacht etc.* über'tragen, anvertrauen (*to dat.*); **del·e·ga·tion** [deli'geiʃən] *s.* **1.** Abordnung *f*, Ernennung *f*; **2.** Über'tragung *f* (*Vollmacht etc.*); Über'weisung *f*; **3.** Delegati'on *f*, Abordnung *f*; **4.** *pl. parl. Am. die* (Kon'greß)Abgeordneten *pl. e-s Gliedstaates.*
de·lete [di'li:t] *v/t.* tilgen, (aus-)streichen, ausradieren.
del·e·te·ri·ous [deli'tiəriəs] *adj.* □ schädlich, verderblich, nachteilig.
de·le·tion [di'li:ʃən] *s.* Streichung *f*: **a)** Tilgung *f*, **b)** *das* Ausgestrichene.
delft [delft] *a.* **delf** [delf] *s.* **1.** Delfter Fay'encen *pl.*; **2.** glasiertes Steingut.
de·lib·er·ate I. *adj.* □ [di'libərit] **1.** über'legt, wohlerwogen, bewußt, absichtlich, vorsätzlich: *a ~ lie* e-e bewußte Lüge; **2.** bedächtig, besonnen, vorsichtig; **3.** gemächlich, langsam: *~ fire* ⚔ langsames Feuer; **II.** *v/t.* [-bəreit] **4.** über'legen, erwägen; **III.** *v/i.* [-bəreit] **5.** nachdenken, über'legen; **6.** beratschlagen, sich beraten (*on* über *acc.*); **de'lib·er·ate·ness** [-nis] *s.* Bedächtigkeit *f*; Besonnenheit *f*; **de·lib·er·a·tion** [dilibə'reiʃən] *s.* **1.** Über'legung *f*; **2.** Beratung *f*; **3.** Bedachtsam-, Behutsamkeit *f*, Vorsicht *f*; **de'lib·er·a·tive** [-rətiv] *adj.* beratend: *~ assembly* beratende Versammlung.
del·i·ca·cy ['delikəsi] *s.* **1.** Zartheit *f*, Feinheit *f*; Zierlichkeit *f*; **2.** Zartheit *f*, Schwächlichkeit *f*; Empfindlichkeit *f*, Anfälligkeit *f*; **3.** Anstand *m*, Zartgefühl *n*, Takt *m*: *~ of feeling* Feinfühligkeit; **4.** Feinheit *f*, Genauigkeit *f*; **5.** *fig.* Kitzligkeit *f*: *negotiations of great ~* sehr heikle Besprechungen; **6.** Leckerbissen *m*, Delika'tesse *f*; **del·i·cate** ['delikit] *adj.* □ **1.** zart, fein, zierlich; **2.** zart (*a. Gesundheit, Farbe*), empfindlich, zerbrechlich, schwächlich: *she was in a ~ condition* sie war in anderen Umständen; **3.** fein, leicht, dünn; **4.** sanft, leise: *~ hint* zarter Wink; **5.** fein, genau; **6.** fein, anständig; **7.** vornehm; verwöhnt; **8.** heikel, kitzlig, schwierig; **9.** zartfühlend, feinfühlig, taktvoll; **10.** lecker, schmackhaft, deli'kat; **del·i·ca·tes·sen** [delikə'tesn] *s. pl.* **1.** Delika'tessen *pl.*, Feinkost *f*; **2.** *sg. konstr.* Feinkostgeschäft *n*.
de·li·cious [di'liʃəs] *adj.* □ köstlich, wohlschmeckend; herrlich; **de'li·cious·ness** [-nis] *s.* Köstlichkeit *f*.
de·lict ['di:likt] *s.* ⚖ De'likt *n*.
de·light [di'lait] **I.** *s.* Vergnügen *n*, Freude *f*, Wonne *f*, Entzücken *n*: *to my ~* zu m-r Freude; *to take ~ in* Freude an *e-r Sache* haben, sich ein Vergnügen aus *et.* machen; **II.** *v/t.* erfreuen, entzücken; **III.** *v/i.* *~ in* (große) Freude haben an (*dat.*), Vergnügen finden an (*dat.*); sich ein Vergnügen machen aus; **de'light·ed** [-tid] *adj.* □ entzückt, (hoch)erfreut (*with* über *acc.*): *I am* (*od. shall be*) *~ to come* ich komme mit dem größten Vergnügen; **de'light·ful** [-ful] *adj.* □ entzückend, reizend; herrlich, wunderbar.
de·lim·it [di:'limit], **de·lim·i·tate** [di'limiteit] *v/t.* abgrenzen, die Grenze(n) festsetzen von (*od. gen.*); **de·lim·i·ta·tion** [dilimi'teiʃən] *s.* Abgrenzung *f*.
de·lin·e·ate [di'linieit] *v/t.* **1.** skizzieren, entwerfen, zeichnen; **2.** beschreiben, schildern; **de·lin·e·a·tion** [dilini'eiʃən] *s.* **1.** Skizze *f*, Entwurf *m*, Zeichnung *f*; **2.** Beschreibung *f*, Schilderung *f*.
de·lin·quen·cy [di'liŋkwənsi] *s.* **1.** Vergehen *n*; **2.** Pflichtvergessenheit *f*; **3.** ⚖ Kriminali'tät *f*: *juvenile ~* Jugendkriminalität; **de'lin·quent** [-nt] **I.** *adj.* **1.** straffällig, krimi'nell; **2.** pflichtvergessen: *~ taxes Am.* Steuerrückstände; **II.** *s.* **3.** Delin'quent *m*, Straftäter *m*: *juvenile ~* jugendlicher Täter; **4.** Pflichtvergessene(r *m*) *f*.
del·i·quesce [deli'kwes] *v/i. bsd.* ⚗ zergehen, -fließen; wegschmelzen.
de·lir·i·ous [di'liriəs] *adj.* □ **1.** ⚕ irreredend, phantasierend: *to be ~* irrereden, phantasieren; **2.** *fig.* rasend, wahnsinnig (*with* vor *dat.*).
de·lir·i·um [di'liriəm] *s.* **1.** ⚕ De'lirium *n*, Fieberwahn *m*, Irrereden *n*; **2.** *fig.* Rase'rei *f*, Verzückung *f*, Taumel *m*; *~* **tre·mens** ['tri:menz] *s.* ⚕ De'lirium *n* 'tremens, Säuferwahnsinn *m*.
de·liv·er [di'livə] *v/t.* **1.** befreien, erlösen, retten (*from* von, aus); **2.** *Frau* entbinden (*of* von), *Kind* ‚holen' (*Arzt*): *to be ~ed of* das Leben schenken (*dat.*), *Kind* zur Welt bringen; **3.** *Meinung* äußern; *Urteil* aussprechen; *Rede etc.* halten; **4.** *~ o.s.* äußern (*of acc.*), sich äußern (*on* über *acc.*); **5.** *Waren* liefern: *to ~ (the goods) sl.* Wort halten, die Sache ‚schaukeln'; **6.** ab-, ausliefern; über'geben, -'bringen, -'liefern; über'senden, (hin)befördern; **7.** *Briefe* zustellen; *Nachricht* bestellen; ⚖ zustellen; **8.** *~ up* abgeben, -treten, über'geben, -'liefern; ⚖ her'ausgeben: *to ~ o.s. up* sich ergeben; **9.** *Schlag* versetzen; ⚔ (ab)feuern; **de'liv·er·a·ble** [-vərəbl] *adj.* ✝ lieferbar, zu liefern(d); **de'liv·er·ance** [-vərəns] *s.* **1.** Befreiung *f*, Erlösung *f*, (Er)Rettung *f* (*from* aus, von); **2.** Äußerung *f*, Verkündung *f*; **de'liv·er·er** [-vərə] *s.* **1.** Befreier *m*, Erlöser *m*, (Er-)Retter *m*; **2.** Über'bringer *m*.
de·liv·er·y [di'livəri] *s.* **1.** Lieferung *f*: *on ~* bei Lieferung, bei Empfang; *to take ~ (of)* abnehmen (*acc.*); **2.** ✉ Zustellung *f*; **3.** Ab-, Auslieferung *f*; Aus-, 'Übergabe *f*; **4.** Über'bringung *f*, -'sendung *f*, Beförderung *f*; **5.** ⊕ (Zu)Leitung *f*, Zuführung *f*; Förderung *f*; Leistung *f*; **6.** *rhet.* Vortragsweise *f*; **7.** *Baseball, Kricket*: 'Wurf(ˌtechnik *f*) *m*; **8.** ⚔ Abfeuern *n*; **9.** ⚕ Entbindung *f*; *~* **charge** *s.* ✉ Zustellgebühr *f*; **'~man** *s.* [*irr.*] Ausfahrer *m*; Verkaufsfahrer *m*; *~* **note** *s.* ✝ Lieferschein *m*; *~* **or·der** *s.* ✝ Auslieferungsschein *m*, Lieferschein *m*; *~* **pipe** *s.* ⊕ Leitungsröhre *f*; *~* **serv·ice** *s.* ✉ Zustelldienst *m*; *~* **truck** *s. mot. Am.*, *~* **van** *s. mot. Brit.* Lieferwagen *m*.
dell [del] *s.* kleines, enges Tal.
de·louse ['di:'laus] *v/t.* entlausen.
Del·phic ['delfik] *adj.* **1.** delphisch; **2.** *fig.* dunkel, zweideutig.
del·phin·i·um [del'finiəm] *s.* ⚘ Rittersporn *m*.
del·ta ['deltə] *s. geogr.* ('Fluß)ˌDelta *n*; *~* **con·nec·tion** *s.* ⚡ Dreieckschaltung *f*; *~* **rays** *s. pl. phys.* 'Deltastrahlen *pl.*; *~* **wing** *s.* ✈ 'Deltaflügel *m*.
del·toid ['deltɔid] **I.** *adj.* 'deltaförmig; **II.** *s. anat.* 'Deltamuskel *m*.
de·lude [di'lu:d] *v/t.* **1.** täuschen, irreführen; (be)trügen: *to ~ o.s.* sich Illusionen hingeben, sich *et.* vormachen; **2.** verleiten (*into* zu).
del·uge ['delju:dʒ] **I.** *s.* **1.** (große) Über'schwemmung: *the* ♀ *bibl.* die Sintflut; **2.** *fig.* Flut *f*, (Un)Menge *f*; **II.** *v/t.* **3.** *a. fig.* über'schwemmen, -'fluten, -'schütten.
de·lu·sion [di'lu:ʒən] *s.* **1.** (Selbst-)Täuschung *f*, Verblendung *f*, Wahn

m; **2.** Trug *m*, Wahnvorstellung *f*: *to be* (*od.* *to labo[u]r*) *under the ~ that* in dem Wahn leben, daß; **de'lu·sive** [-u:siv] *adj.* □ irreführend, trügerisch.

de luxe [də'luks] *adj.* Luxus...: *~ edition.*

delve [delv] *v/i.* **1.** *obs.* graben; **2.** *fig.* (*into*) sich vertiefen (in *acc.*), erforschen, ergründen (*acc.*): *to ~ among* stöbern in (*dat.*).

de·mag·net·ize ['di:'mægnitaiz] *v/t.* entmagnetisieren.

dem·a·gog·ic *adj.*; **dem·a·gog·i·cal** [demə'gɔgik(əl)] *adj.* □ dema'gogisch, aufwieglerisch; **dem·a·gogue** ['deməgɔg] *s.* Dema'goge *m*; **dem·a·gog·y** ['deməgɔgi] *s.* Demago'gie *f.*

de·mand [di'mɑ:nd] **I.** *v/t.* **1.** (*von Personen*) *et.* verlangen, fordern, begehren (*of, from* von, *a. that* daß, *to do* zu tun): *I ~ payment*; **2.** (*von Sachen*) erfordern, verlangen (*acc.*, *that* daß); bedürfen (*gen.*): *the matter ~s great care* die Sache erfordert große Sorgfalt; **3.** *oft* ⚖ beanspruchen; **4.** (dringend) fragen nach: *the police ~ed his name*; **II.** *s.* **5.** Verlangen *n*, Forderung *f*, Ersuchen *n*: *on ~* **a)** auf Verlangen, **b)** † bei Vorlage, bei Sicht; **6.** † (*for*) Nachfrage *f* (nach), Bedarf *m* (an *dat.*) (*Ggs. supply*): *in ~* gefragt, begehrt, gesucht; **7.** (*on*) Anspruch *m*, Anforderung *f* (an *acc.*); Beanspruchung *f* (*gen.*): *to make great ~s on* sehr in Anspruch nehmen (*acc.*), große Anforderungen stellen an (*acc.*); **8.** ⚖ (Rechts)Anspruch *m*, Forderung *f*; **~ bill** *s.* † *Am.* Sichtwechsel *m*; **~ de·pos·it** *s.* † Sichteinlage *f*; **~ draft** → *demand bill.*

de·mand·ing [di'mɑ:ndiŋ] *adj.* **1.** anspruchsvoll (*a. fig. Musik etc.*); **2.** genau, streng.

de·mand note *s.* **1.** *Brit.* Mahnschreiben *n*; **2.** *Am.* → *demand bill.*

de·mar·cate ['di:mɑ:keit] *v/t. a. fig.* abgrenzen (*from* gegen, von); **de·mar·ca·tion** [di:mɑ:'keiʃən] *s.* Abgrenzung *f*, Grenzziehung *f*: *line of ~* **a)** *pol.* Demarkations-, Grenzlinie, **b)** *fig.* Grenze, Scheidelinie.

dé·marche ['deimɑ:ʃ] (*Fr.*) *s.* De'marche *f*, diplo'matischer Schritt.

de·mean[1] [di'mi:n] *v/t.*: *~ o.s.* sich benehmen, sich verhalten.

de·mean[2] [di'mi:n] *v/t.*: *~ o.s.* sich erniedrigen; **de'mean·ing** [-niŋ] *adj.* erniedrigend.

de·mean·o(u)r [di'mi:nə] *s.* Benehmen *n*, Verhalten *n*, Haltung *f.*

de·ment·ed [di'mentid] *adj.* □ wahnsinnig, verrückt (F *a. fig.*); **de'men·ti·a** [-nʃiə] *s.* ⚕ **1.** Schwachsinn *m*; **2.** Wahn-, Irrsinn *m.*

de·mer·it [di:'merit] *s.* **1.** Schuld (-haftigkeit) *f*, Fehler *m*, Mangel *m*; **2.** Unwürdigkeit *f*; **3.** Nachteil *m*, schlechte Seite; **4.** *mst ~ mark ped.* Minuspunkt *m*, schlechte Note.

de·mesne [di'mein] *s.* **1.** ⚖ (selbstbewohnter) freier Grundbesitz; Landgut *n*, Do'mäne *f*: *Royal ~* Krongut; **2.** *fig.* (Fach)Gebiet *n*, Domäne *f.*

demi- [demi] *in Zssgn* halb.

'dem·i|·god *s.* Halbgott *m*; **'~·john** *s.* große Korbflasche, 'Glasbal,lon *m.*

de·mil·i·ta·ri·za·tion ['di:militərai'zeiʃən] *s.* Entmilitarisierung *f*; **de·mil·i·ta·rize** ['di:'militəraiz] *v/t.* entmilitarisieren.

dem·i|·monde ['demi'mɔ̃:nd] *s.* Halbwelt *f*; **'~·'rep** *s.* Frau *f* von zweifelhaftem Ruf.

de·mise [di'maiz] ⚖ **I.** *s.* **1.** Be'sitzüber,tragung *f od.* -verpachtung *f*: *~ of the Crown* Übergehen der Krone *an den Nachfolger*; **2.** Tod *m*; **II.** *v/t.* **3.** *Besitz* über'tragen, verpachten, vermachen.

dem·i·sem·i·qua·ver ['demisemikweivə] *s.* ♪ Zweiunddreißigstel (-note *f*) *n.*

de·mis·sion [di'miʃən] *s.* Rücktritt *m*, Abdankung *f*, Demissi'on *f.*

de·mob ['di:'mɔb] *v/t. Brit.* F → *demobilize* 2.

de·mo·bi·li·za·tion ['di:moubilai'zeiʃən] *s.* **1.** Demobilisierung *f*, Abrüstung *f*; **2.** Entlassung *f* aus dem Mili'tärdienst; **de·mo·bi·lize** [di:'moubilaiz] *v/t.* **1.** demobilisieren, abrüsten; **2.** *Truppen* entlassen, *Heer* auflösen; **3.** *Kriegsschiff* außer Dienst stellen.

de·moc·ra·cy [di'mɔkrəsi] *s.* **1.** Demokra'tie *f*; **2.** ♀ *pol. Am.* die Demo'kratische Par'tei (*od.* deren Grundsätze); **dem·o·crat** ['deməkræt] *s.* **1.** Demo'krat(in); **2.** ♀ *Am. pol.* Demokrat(in), Mitglied *n* der Demokratischen Partei; **dem·o·crat·ic** [demə'krætik] *adj.* (□ *~ally*) **1.** demo'kratisch; **2.** ♀ *pol. Am.* demokratisch (*die Demokratische Partei betreffend*); **de·moc·ra·ti·za·tion** [dimɔkrətai'zeiʃən] *s.* Demokratisierung *f*; **de·moc·ra·tize** [di'mɔkrətaiz] *v/t.* demokratisieren.

dé·mo·dé [dei'moudei] (*Fr.*), **de·mod·ed** [di:'moudid] *adj.* altmodisch.

de·mog·ra·pher [di:'mɔgrəfə] *s.* Demo'graph *m*; **de'mog·ra·phy** [-fi] *s.* Demogra'phie *f.*

de·mol·ish [di'mɔliʃ] *v/t.* **1.** ab-, niederreißen; **2.** *Festung* schleifen; **3.** ⚔ sprengen; **4.** *fig.* vernichten, 'umstoßen, ('um)stürzen; **dem·o·li·tion** [demə'liʃən] *s.* **1.** Abbruch *m*, Niederreißen *n*; **2.** Schleifen *n* (*Festung*); **3.** ⚔ Spreng...: *~ bomb* Sprengbombe; *~ squad* Sprengkommando; **4.** Vernichtung *f.*

de·mon (*myth. oft daemon*) ['di:mən] **I.** *s.* **1.** 'Dämon *m*, böser Geist, 'Satan *m* (*a. fig.*); **2.** *fig.* Teufelskerl *m*: *a ~ for work* ein unermüdlicher Arbeiter; **II.** *adj.* **3.** dä'monisch; *fig. a.* wild, rasend.

de·mon·e·ti·za·tion [di:mʌnitai'zeiʃən] *s.* Außer'kurssetzung *f*, Entwertung *f*; **de·mon·e·tize** [di:'mʌnitaiz] *v/t.* außer Kurs setzen, entwerten.

de·mo·ni·ac [di'mouniæk] **I.** *adj.* **1.** dä'monisch, teuflisch; **2.** besessen, rasend, tobend; **II.** *s.* **3.** Besessene(r *m*) *f*; **de·mo·ni·a·cal** [di:mə'naiəkəl] *adj.* □ → *demoniac* 1, 2; **de·mon·ic** [di:'mɔnik] *adj.* (□ *~ally*) dämonisch, teuflisch; **de·mon·ism** ['di:mənizəm] *s.* Dä'monenglaube *m*; **de·mon·ol·o·gy** [di:mə'nɔlədʒi] *s.* Dä'monenlehre *f.*

de·mon·stra·ble ['deմənstrəbl] *adj.* □ beweisbar, nachweislich; **dem·on·strate** ['demənstreit] **I.** *v/t.* **1.** demonstrieren: **a)** be-, nachweisen, **b)** veranschaulichen, darlegen; **2.** vorführen; **II.** *v/i.* **3.** demonstrieren, e-e Kundgebung veranstalten; **dem·on·stra·tion** [demənsʼtreiʃən] *s.* **1.** Darstellung *f*; **2.** Beweis *m* (*of* für); Beweisführung *f*; **3.** Vorführung *f*: *~ car* Vorführwagen; **4.** Äußerung *f von Gefühlen*; **5.** Demonstrati'on *f* (*a. pol. u.* ⚔), öffentliche Kundgebung; **6.** ⚔ 'Täuschungsma,növer *n*; **de·mon·stra·tive** [di'mɔnstrətiv] **I.** *adj.* □ **1.** anschaulich (zeigend); über'zeugend, beweiskräftig: *to be ~ of* beweisen (*acc.*); **2.** auffällig, 'überschwenglich, betont; **3.** ausdrucks-, gefühlvoll; **4.** *ling.* Demonstrativ..., hinweisend: *~ pronoun*; **II.** *s.* **5.** *ling.* Demonstra'tivum *n*; **de·mon·stra·tive·ness** [di'mɔnstrətivnis] *s.* 'Überschwenglichkeit *f*, Betontheit *f*; **dem·on·stra·tor** ['demənstreitə] *s.* **1.** Beweisführer *m*, Erklärer *m*; **2.** † Vorführer(in); **3.** *pol.* Demon'strant *m*; **4.** *univ.* **a)** Assi'stent *m*, **b)** ⚕ 'Prosektor *m.*

de·mor·al·i·za·tion [dimɔrəlai'zeiʃən] *s.* **1.** Demoralisati'on *f*, Sittenverfall *m*, Zuchtlosigkeit *f*; **2.** Entmutigung *f*; **de·mor·al·ize** [di'mɔrəlaiz] *v/t.* demoralisieren: **a)** (sittlich) verderben, **b)** die ('Kampf)Mo,ral *od.* die Diszi'plin *der Truppe* unter'graben; **de·mor·al·iz·ing** [di'mɔrəlaiziŋ] *adj.* **1.** demoralisierend, zersetzend; **2.** verderblich.

de·mote [di'mout] *v/t.* **1.** degradieren; **2.** *ped. Am.* zu'rückversetzen; **de·mo·tion** [di'mouʃən] *s.* **1.** Degradierung *f*; **2.** *ped. Am.* Zu'rückversetzung *f.*

de·mount [di:'maunt] *v/t.* abmontieren, abnehmen; **de'mount·a·ble** [-təbl] *adj.* abmontierbar.

de·mur [di'mə:] **I.** *v/i.* **1.** Einwendungen machen, Bedenken äußern (*to* gegen); zögern; **2.** ⚖ Rechtseinwände erheben; **II.** *s.* **3.** Einwand *m*, Bedenken *n*, Zögern *n*: *without ~* anstandslos, ohne Zögern.

de·mure [di'mjuə] *adj.* □ **1.** zimperlich, spröde; **2.** sittsam, prüde; **3.** zu'rückhaltend; **4.** gesetzt, ernst, nüchtern; **de'mure·ness** [-nis] *s.* **1.** Zimperlichkeit *f*; **2.** Zu'rückhaltung *f*; **3.** Gesetztheit *f.*

de·mur·rage [di'mʌridʒ] *s.* † **1. a)** ⚓ 'Überliegezeit *f*, **b)** 🚂 zu langes Stehen (*bei der Entladung*); **2. a)** ⚓ ('Über)Liegegeld *n*, **b)** 🚂 Wagenstandgeld *n*, **c)** Lagergeld *n.*

de·mur·rer [di'mʌrə] *s.* ⚖ Rechtseinwand *m.*

de·my [di'mai] *pl.* **-'mies** [-aiz] *s.* **1.** Stipendi'at *m* (*Magdalen College, Oxford*); **2.** *ein Papierformat.*

den [den] *s.* **1.** Lager *n*, Bau *m*, Höhle *f wilder Tiere*: *lion's ~* Löwengrube, *fig.* Höhle des Löwen; **2.** *fig.* Höhle *f*, Hütte *f*, Loch *n*: *robber's ~* Räubernest; *~ of vice* Lasterhöhle; **3.** (gemütliches) Zimmer, ‚Bude' *f.*

de·na·tion·al·ize [di:'næʃnəlaiz] *v/t.*

1. entnationalisieren, den natio'nalen Cha'rakter nehmen (*dat.*); 2. ausbürgern; 3. ✝ entstaatlichen, reprivatisieren.
de·nat·u·ral·ize [di:'nætʃrəlaiz] *v/t.* 1. s-r wahren Na'tur entfremden; 2. ausbürgern.
de·na·ture [di:'neitʃə] *v/t.* ⚗ vergällen, denaturieren.
de·na·zi·fi·ca·tion ['di:nɑ:tsifi'keiʃən] *s. pol.* Entnazifizierung *f*; **de·na·zi·fy** [di:'nɑ:tsifai] *v/t.* entnazifizieren.
den·dri·form ['dendrifɔ:m] *adj.* baumförmig; **den·droid** ['dendrɔid] *adj.* baumähnlich; **den·dro·lite** ['dendrəlait] *s.* Baumversteinerung *f*; **den·drol·o·gy** [den'drɔlədʒi] *s.* Dendrolo'gie *f*, Baumkunde *f*.
dene[1] [di:n] *s. Brit.* (Sand)Düne *f*.
dene[2] [di:n] *s.* kleines Tal.
de·ni·a·ble [di'naiəbl] *adj.* abzuleugnen(d), zu verneinen(d); **de·ni·al** [di'naiəl] *s.* 1. Ablehnung *f*, Verweigerung *f*, -sagung *f*; Absage *f*, abschlägige Antwort: *to take no ~* sich nicht abweisen lassen; 2. Verneinung *f*, Leugnen *n*: *official ~* Dementi.
de·ni·er[1] [di'naiə] *s.* 1. Leugner(in); 2. Verweigerer *m*.
de·nier[2] ['deniei] *s.* ✝ Deni'er *m* (*Einheit für die Fadenstärke bei Seidengarn etc.*).
de·nier[3] [di'niə] *s. hist.* Deni'er *m* (*Münze*).
den·i·grate ['denigreit] *v/t.* anschwärzen, verunglimpfen; **den·i·gra·tion** [deni'greiʃən] *s.* Anschwärzung *f*, Verunglimpfung *f*.
den·im ['denim] *s.* (grober) Baumwolldrillich.
den·i·zen ['denizn] *s.* 1. Bewohner *m* (*a. Tier*); 2. *hist. Brit.* eingebürgerter Ausländer; 3. *et.* Eingebürgertes (*Tier, Pflanze, Wort*).
de·nom·i·nate [di'nɔmineit] *v/t.* (be)nennen, bezeichnen; **de·nom·i·na·tion** [dinɔmi'neiʃən] *s.* 1. Benennung *f*, Bezeichnung *f*; Name *m*; 2. Gruppe *f*, Klasse *f*; 3. (Maß- *etc.*)Einheit *f*; Nennwert *m* (*Banknoten*): *shares in small ~s* Aktien kleiner Stückelung; 4. a) Konfessi'on *f*, Bekenntnis *n*, b) Sekte *f*; **de·nom·i·na·tion·al** [dinɔmi'neiʃənl] *adj.* konfessio'nell, Konfessions...: *~ school* Konfessions-, Bekenntnisschule; **de·nom·i·na·tion·al·ism** [dinɔmi'neiʃnəlizəm] *s.* Prin'zip *n* des konfessio'nellen 'Unterrichts; **de·nom·i·na·tor** [di'nɔmineitə] *s.* ✗ Nenner *m*: *common ~* gemeinsamer Nenner (*a. fig.*); → *reduce 11*.
de·no·ta·tion [di:nou'teiʃən] *s.* 1. Bezeichnung *f*; 2. Bedeutung *f*; 3. Be'griffs,umfang *m*; **de·no·ta·tive** [di'noutətiv] *adj.* □ an-, bedeutend, bezeichnend (*of acc.*); **de·note** [di'nout] *v/t.* 1. be-, kennzeichnen, anzeigen, andeuten; 2. bedeuten.
dé·noue·ment [dei'nu:mɑ̃:ŋ] (*Fr.*) *s.* 1. Lösung *f* (des Knotens *im Drama etc.*); 2. Ausgang *m*.
de·nounce [di'nauns] *v/t.* 1. öffentlich rügen *od.* anprangern, brandmarken, verurteilen; 2. denunzieren, anzeigen (*to* bei); 3. *Vertrag* kündigen; **de'nounce·ment** [-mənt] *s.* 1. Anklage *f*, Verurteilung *f*; 2. Denunziati'on *f*, Anzeige *f*; 3. Kündigung *f*.
dense [dens] *adj.* □ 1. dicht (*a. phys.*), dick (*Nebel etc.*); 2. gedrängt, eng; 3. *fig.* beschränkt, schwer von Begriff; 4. *phot.* dicht, gutbelichtet, kräftig (*Negativ*); **'dense·ness** [-nis] *s.* 1. Dichtheit *f*, Dichte *f*; 2. *fig.* Beschränktheit *f*, Schwerfälligkeit *f*; **'den·si·ty** [-siti] *s.* 1. Dichte *f* (*a.* ⚗, *phys.*), Dichtheit *f*: *~ of fire* Feuerstärke, -dichte; 2. Gedrängtheit *f*, Enge *f*; 3. *fig.* Beschränktheit *f*, Dummheit *f*; 4. *phot.* Dichte *f*, Schwärzung *f*.
dent [dent] I. *s.* 1. Beule *f*, Einbeulung *f*: *to make a ~ in Am.* F *et.* ‚anknabbern', ein Loch reißen in (*acc.*); 2. Scharte *f*, Kerbe *f*; II. *v/t.* 3. einbeulen, -drücken.
den·tal ['dentl] I. *adj.* 1. ⚕ Zahn...; zahnärztlich: *~ plate* Platte, Zahnersatz; *~ surgeon* Zahnarzt; *~ technician* a) Zahntechniker, b) Dentist; 2. *ling.* Dental..., Zahn...: *~ sound* → *3*; II. *s.* 3. *ling.* Den'tal(laut) *m*; **den·tate** ['denteit] *adj.* ♀, *zo.* gezähnt; **den·ta·tion** [den'teiʃən] *s.* ♀, *zo.* Zähnung *f*; **den·ti·cle** ['dentikl] *s.* Zähnchen *n*; **den·tic·u·lat·ed** [den'tikjuleitid] *adj.* 1. gezähnt; 2. gezackt; **den·tic·u·la·tion** [dentikju'leiʃən] *s.* 1. Zähnelung *f*; 2. Auszackung *f*; **den·ti·form** ['dentifɔ:m] *adj.* zahnförmig; **den·ti·frice** ['dentifris] *s.* Zahnputzmittel *n*; **den·tils** ['dentilz] *s. pl.* △ Zahnschnitt *m*; **den·tine** ['denti:n] *s.* ⚕ Den'tin *n*, Zahnbein *n*; **den·tist** ['dentist] *s.* Zahnarzt *m*, -ärztin *f*; **den·tist·ry** ['dentistri] *s.* Zahnheilkunde *f*; **den·ti·tion** [den'tiʃən] *s.* ⚕ 1. Zahnen *n* (*der Kinder*); 2. 'Zahnformel *f*, -sy,stem *n*; **den·ture** ['dentʃə] *s.* künstliches Gebiß.
den·u·da·tion [di:nju(:)'deiʃən] *s.* 1. Entblößung *f*; 2. *geol.* Abtragung *f*; **de·nude** [di'nju:d] *v/t.* 1. (*of*) entblößen (von), berauben (*gen.*) (*a. fig.*); 2. *geol.* bloßlegen.
de·nun·ci·a·tion [dinʌnsi'eiʃən] *s.* 1. Brandmarkung *f*, öffentliche Verurteilung; 2. Denunziati'on *f*, Anzeige *f*; 3. (*of*) Kündigung *f* (*gen.*), Rücktritt *m* (von) (*Vertrag*); **de·nun·ci·a·tor** [di'nʌnsieitə] *s.* Denunzi'ant(in); **de·nun·ci·a·to·ry** [di'nʌnsiətəri] *adj.* 1. denunzierend, anzeigend; 2. brandmarkend.
de·ny [di'nai] *v/t.* 1. ab-, bestreiten, zu'rückweisen, dementieren; (ab-) leugnen, verneinen: *it cannot be denied that ..., there is no ~ing (the fact) that ...* es läßt sich nicht *od.* es ist nicht zu leugnen *od.* bestreiten, daß; *I ~ having said so* ich bestreite, daß ich das gesagt habe; *I ~ that he did it* ich bestreite, daß er es getan hat; *to ~ a charge* e-e Beschuldigung zurückweisen; 2. *Glauben, Freund* verleugnen; *Unterschrift* nicht anerkennen; 3. *Bitte etc.* ablehnen; ⚖ *Antrag* abweisen; *j-m et.* abschlagen, verweigern, versagen: *to ~ o.s. the pleasure* sich das Vergnügen versagen; *he was denied the privilege* das Vorrecht wurde ihm versagt; *he was hard to ~* es war schwer, ihn abzuweisen; *she denied herself to him* sie versagte sich ihm; 4. *~ o.s. to s.o.* sich vor j-m verleugnen lassen.
de·o·dor·ant [di:'oudərənt] *adj. u. s.* desodorierend(es Mittel); **de·o·dor·i·za·tion** [di:oudərai'zeiʃən] *s.* Desodorierung *f*; **de·o·dor·ize** [di:'oudəraiz] *v/t.* desodorieren; **de'o·dor·iz·er** [-raizə] *s.* desodorierendes Mittel.
de·ox·i·dize [di:'ɔksidaiz] *v/t.* ⚗ den Sauerstoff entziehen (*dat.*).
de·part [di'pɑ:t] *v/i.* 1. (*for* nach) abreisen, abfahren (*a.* 🚂 *etc.*); *poet.* fortgehen; 2. entschlafen, sterben: *~ed (from) this life*; 3. (*from*) abweichen (von *e-r Regel, der Wahrheit etc.*), *Plan etc.* ändern, aufgeben: *to ~ from one's word* sein Wort brechen; **de'part·ed** [-tid] *adj.* 1. vergangen; 2. verstorben: *the ~* der *od.* die Verstorbene, *coll.* die Verstorbenen; **de'part·ment** [-mənt] *s.* 1. Ab'teilung *f*; Fach *n*, Gebiet *n*; Res'sort *n*, Geschäftsbereich *m*: *~ of German univ.* germanistische Abteilung; 2. ✝ a) Abteilung *f*, b) *weitS.* Geschäftszweig *m*, Branche *f*: *export ~* Exportabteilung; *hosiery ~* Strumpfwarenabteilung, -lager; 3. *pol.* Departe'ment *n* (*in Frankreich*); 4. Dienststelle *f*, Amt *n*, *bsd. Am.* Mini'sterium *n*: *health ~* Gesundheitsamt; *♀ of Defense Am.* Verteidigungsministerium; 5. ⚔ Bereich *m*, Zone *f*; **de·part·men·tal** [di:pɑ:t'mentl] *adj.* 1. Abteilungs..., Bezirks...; Fach...; 2. Ministerial...; **de·part·men·tal·ize** [dipɑ:t'mentəlaiz] *v/t.* in Abteilungen gliedern.
de·part·ment store *s.* Kauf-, Warenhaus *n*.
de·par·ture [di'pɑ:tʃə] *s.* 1. Weggang *m*; Abgang *m*, Abzug *m*: *to take one's ~* a) fortgehen, verschwinden, b) sich verabschieden; 2. Abreise *f*; Abfahrt *f* (*a.* 🚂, ⚓); ✈ Abflug *m*: *~ platform* 🚂 Abfahrtsbahnsteig; 3. (*from*) Abweichen *n* (von), Änderung *f* (*gen.*); Ablassen *n* (von), Aufgeben *n* (*gen.*); 4. Anfang *m*: *point of ~* Ausgangspunkt, (neuer) Anfang; *a new ~* e-e Neuerung, ein neues Verfahren.
de·pend [di'pend] *v/i.* 1. (*on, upon*) abhängen (von), ankommen (auf *acc.*): *it ~s on the weather*; *it ~s on you*; *~ing on the quantity to be used* je nach (der zu verwendenden) Menge; *that ~s* F es kommt darauf an, je nachdem; 2. (*on, upon*) a) abhängig sein (von), b) angewiesen sein (auf *acc.*): *he ~s on my help*; 3. sich verlassen (*on, upon* auf *acc.*): *you may ~ on that man*; *~ upon it!* ganz gewiß; 4. ⚖ (noch) schweben;
de·pend·a·bil·i·ty [dipendə'biliti] *s.* Zuverlässigkeit *f*; **de'pend·a·ble** [-dəbl] *adj.* □ verläßlich, zuverlässig; **de·pend·ant** → *dependent II*; **de'pend·ence** [-dəns] *s.* 1. (*on, upon*) Abhängigkeit *f* (von), Angewiesensein *n* (auf *acc.*); Bedingtsein *n* (durch); 2. Vertrauen *n*, Verlaß *m* (*on, upon* auf *acc.*); 3. *in ~* ⚖ in der Schwebe; 4. Nebengebäude *n*;

de'pend·en·cy [-dənsi] *s.* Schutzgebiet *n*, Kolo'nie *f*; **de'pend·ent** [-dənt] **I.** *adj.* **1.** (*on, upon*) abhängig (von); bedingt (durch); **2.** angewiesen (*on, upon* auf *acc.*); **3.** (*on*) 'untergeordnet (*dat.*), abhängig (von), unselbständig: ~ *clause ling.* Nebensatz; **II.** *s.* **4.** abhängige Per'son, (Fa'milien)Angehörige(r *m*) *f*; **5.** 'Unterhaltsberechtigte(r *m*) *f*; **6.** Unter'gebene(r *m*) *f*, Va'sall *m*; **7.** Anhänger(in).

de·per·son·al·ize ['di:'pə:snəlaiz] *v/t.* entper'sönlichen.

de·pict [di'pikt] *v/t.* **1.** (ab)malen, zeichnen, darstellen; **2.** schildern, beschreiben.

dep·i·late ['depileit] *v/t.* enthaaren; **dep·i·la·tion** [depi'leiʃən] *s.* Enthaarung *f*; **de·pil·a·to·ry** [di'pilətəri] **I.** *adj.* enthaarend; **II.** *s.* Enthaarungsmittel *n*.

de·plane [di:'plein] *v/t. u. v/i.* aus dem Flugzeug ausladen (aussteigen).

de·plen·ish [di'pleniʃ] *v/t.* entleeren.

de·plete [di'pli:t] *v/t.* Raubbau treiben mit; *Vorräte, Kräfte etc.* erschöpfen; *Bestand etc.* dezimieren: *to ~ a lake of fish* e-n See abfischen; **de·ple·tion** [di'pli:ʃən] *s.* Raubbau *m*; Erschöpfung *f*; ⚕ *a.* Erschöpfungszustand *m*; ✝ *a.* Sub'stanzverlust *m*.

de·plor·a·ble [di'plɔ:rəbl] *adj.* □ **1.** bedauerns-, beklagenswert; **2.** erbärmlich, kläglich; **de·plore** [di'plɔ:] *v/t.* **1.** bedauern, beklagen; betrauern; **2.** bereuen; **3.** miß'billigen.

de·ploy [di'plɔi] ⚔ **I.** *v/t.* aufmarschieren lassen, entwickeln, entfalten; verteilen; **II.** *v/i.* sich entwickeln, sich entfalten, ausschwärmen, Ge'fechtsformati,on annehmen; **de'ploy·ment** [-mənt] *s.* ⚔ Entfaltung *f*, -wicklung *f*, Aufmarsch *m*; Gliederung *f*.

de·po·lar·i·za·tion ['di:pouləraі'zeiʃən] *s.* ⚡, *phys.* Depolarisierung *f*; **de·po·lar·ize** [di:'pouləraiz] *v/t.* **1.** ⚡, *phys.* depolarisieren; **2.** *fig. Überzeugung etc.* erschüttern.

de·pone [di'poun] → *depose II*; **de'po·nent** [-nənt] **I.** *adj.* **1.** ~ *verb ling.* → 2; **II.** *s.* **2.** *ling.* De'ponens *n*; **3.** ⚖ vereidigter Zeuge.

de·pop·u·late [di:'pɔpjuleit] *v/t.* entvölkern; **de·pop·u·la·tion** [di:pɔpju'leiʃən] *s.* Entvölkerung *f*.

de·port [di'pɔ:t] *v/t.* **1.** fortjagen, verbannen; deportieren, ausweisen, abschieben; **2.** ~ *o.s.* sich *wie* betragen, sich *wie* benehmen; **de·por·ta·tion** [di:pɔ:'teiʃən] *s.* Verbannung *f*; Deportati'on *f*, Ausweisung *f*, Zwangsverschickung *f*; **de·por·tee** [di:pɔ:'ti:] *s.* Deportierte(r *m*) *f*; **de'port·ment** [-mənt] *s.* **1.** Benehmen *n*, Betragen *n*, Verhalten *n*; **2.** (Körper)Haltung *f*.

de·pos·a·ble [di'pouzəbl] *adj.* absetzbar; **de·pose** [di'pouz] **I.** *v/t.* absetzen, entheben (*from gen.*); entthronen; **II.** *v/i.* (*bsd.* in Form e-r schriftlichen, beeideten Erklärung) aussagen *od.* bezeugen (*to s.th.* et., *that* daß).

de·pos·it [di'pɔzit] **I.** *v/t.* **1.** ab-, niedersetzen, niederlegen; *Eier* legen; **2.** ⚗, ⊕, *geol.* ablagern, -setzen, anschwemmen; **3.** *bsd. Geld* einzahlen, hinter'legen, deponieren; über'geben; **4.** ✝ *Geld* anzahlen; **II.** *v/i.* **5.** ⚗ sich absetzen *od.* ablagern *od.* niederschlagen; **III.** *s.* **6.** ⚗, ⊕ Ablagerung *f*, (Boden)Satz *m*, Niederschlag *m*; Schicht *f*, Belag *m*; **7.** ⚒, *geol.* Ablagerung *f*, Lager *n*, Flöz *n*; **8.** ✝ **a)** De'pot *n*: *to place on ~* einzahlen, hinterlegen, **b)** Einzahlung *f*, Einlage *f*, Guthaben *n*: *~s* Depositen; *~ account* Depositenkonto, **c)** Anzahlung *f*, **d)** Pfand *n*; **de'pos·i·tar·y** [-təri] *s.* **1.** Deposi'tar *m*, Verwahrer *m*; **2.** → *depository 1*.

dep·o·si·tion [depə'ziʃən] *s.* **1.** Amtsenthebung *f*; Absetzung *f* (*from* von); **2.** ⚗, ⊕, *geol.* Ablagerung *f*, Niederschlag *m*; **3.** ⚖ eidliche Aussage (*bsd. schriftlich*); **4.** (Bild *n* der) Kreuzabnahme *f Christi*; **de·pos·i·tor** [di'pɔzitə] *s.* ✝ **a)** Hinter'leger(in), **b)** Einzahler (-in), **c)** 'Kontoinhaber(in); **de·pos·i·to·ry** [di'pɔzitəri] *s.* **1.** Aufbewahrungsort *m*; Niederlage *f*, Lagerhaus *n*, Maga'zin *n*; **2.** *fig.* Fülle *f*, Fundgrube *f*.

de·pot ['depou] *s.* **1.** De'pot *n*, Lagerhaus *n*, -platz *m*, Niederlage *f*; **2.** *Am.* Bahnhof *m*; **3.** ⚔ **a)** Depot *n*, Gerätepark *m*, (Nachschub-)Lager *n*, **b)** Sammelplatz *m*, **c)** *Brit.* Ersatztruppenteil *m*.

dep·ra·va·tion [deprə'veiʃən] → *depravity*; **de·prave** [di'preiv] *v/t. moralisch* verderben; **de·praved** [di'preivd] *adj.* verderbt, verkommen, verworfen, entartet; **de·prav·i·ty** [di'præviti] *s.* **1.** Verderbtheit *f*, Verworfenheit *f*; **2.** böse Tat.

dep·re·cate ['deprikeit] *v/t.* miß'billigen, verurteilen, verwerfen; **'dep·re·cat·ing** [-tiŋ] *adj.* □ miß'billigend, ablehnend; **dep·re·ca·tion** [depri'keiʃən] *s.* 'Mißbilligung *f*, Ablehnung *f*; **'dep·re·ca·tor** [-tə] *s.* Gegner(in); **'dep·re·ca·to·ry** [-kətəri] *adj.* mißbilligend, ablehnend.

de·pre·ci·ate [di'pri:ʃieit] **I.** *v/t.* **1. a)** geringschätzen, **b)** her'absetzen, -würdigen; **2. a)** *im Preis od. Wert* her'absetzen, **b)** abschreiben, Abschreibungen machen von; **3.** ✝ ent-, abwerten; **II.** *v/i.* **4.** im Preis *od.* Wert sinken; **de'pre·ci·at·ing·ly** [-tiŋli] *adv.* geringschätzig, abwertend; **de·pre·ci·a·tion** [dipri:ʃi'eiʃən] *s.* **1. a)** Geringschätzung *f*, **b)** Her'absetzung *f*, -würdigung *f*; **2.** ✝ **a)** Wertminderung *f*, Kursverlust *m*, **b)** Abschreibung *f*, **c)** Ent-, Abwertung *f*; **de'pre·ci·a·to·ry** [-ʃjətəri] *adj.* geringschätzig, verächtlich.

dep·re·da·tion [depri'deiʃən] *s. oft pl.* **1.** Plünderung *f*, Verheerung *f*, Verwüstung *f*; **2.** 'Raubzug *m*, -,überfall *m*; **dep·re·da·tor** ['deprideitə] *s.* Plünderer *m*.

de·press [di'pres] *v/t.* **1.** deprimieren, entmutigen, bedrücken; **2.** *Tätigkeit, Handel* ungünstig beeinflussen, niederdrücken, hemmen; **3.** schwächen, einschränken, vermindern, her'absetzen; **4.** her'unterdrücken; **de'pres·sant** [-sənt] ⚕ **I.** *adj.* dämpfend, beruhigend; **II.** *s.* Beruhigungsmittel *n*.

de·pressed [di'prest] *adj.* **1.** deprimiert, niedergeschlagen, gedrückt; **2.** verringert, gemindert, geschwächt (*Tätigkeit*); **3.** ✝ flau (*Markt*), gedrückt (*Preis*); ~ **a·re·a** *s. Brit.* Notstandsgebiet *n*; ~ **class·es** *s. pl. Brit.* 'Parias *pl.* (*Indien*).

de·press·ing [di'presiŋ] *adj.* □ **1.** deprimierend, bedrückend; **2.** erbärmlich; **de'pres·sion** [-eʃən] *s.* **1.** Depressi'on *f*, Niedergeschlagenheit *f*, Ge-, Bedrücktheit *f*; Melancho'lie *f*; **2.** Senkung *f*, Vertiefung *f*; Tiefland *n*, Landsenke *f*; **3.** ✝ Fallen *n* (*Preise*); 'Wirtschafts-,krise *f*, Depression *f*, Flaute *f*, Tiefstand *m*; **4.** *ast., surv.* Depression *f*; **5.** *meteor.* Tief(druckgebiet) *n*; **6.** Abnahme *f*, Schwächung *f*; **7.** ⚕ Schwäche *f*, Abspannung *f*.

dep·ri·va·tion [depri'veiʃən] *s.* **1.** Beraubung *f*, Entziehung *f*; **2.** (schmerzlicher) Verlust, Entbehrung *f*; **3.** *eccl.* Amtsenthebung *f*; **de·prive** [di'praiv] *v/t.* **1.** (*of s.th.*) (*j-n od. et.* e-r Sache) berauben, (*j-m* et.) entziehen *od.* rauben *od.* nehmen: *to be ~d of s.th.* et. entbehren (müssen); **2.** (*of s.th.*) *j-n* ausschließen (von et.), (*j-m* et.) vorenthalten; **3.** *eccl. j-n* absetzen.

depth [depθ] *s.* **1.** Tiefe *f* (*vertikal, z.B. Meer, Schnee; horizontal, z.B. Schrank*): ~ *of column* ⚔ Marschtiefe; *to get out of one's ~* den (sicheren) Grund unter den Füßen verlieren (*a. fig.*); *to be out of one's ~ fig.* ratlos *od.* unsicher sein, ‚schwimmen'; *it is beyond my ~* es geht über m-n Verstand *od.* m-e Kräfte; **2.** Breite *f* (*Rand*); Dicke *f* (*Kissen*); **3.** *fig.* **a)** Tiefe *f* (*Sinn etc.*; *a. Ton etc.*), **b)** Tiefgründigkeit *f*, **c)** Dunkelheit *f*, Unergründlichkeit *f*; **4.** Stärke *f*, Fülle *f* (*Gefühl, Farbe*); *phot.* (Tiefen)Schärfe *f*; 'Umfang *m*, Weite *f*; **5.** Gründlichkeit *f*; Scharfsinn *m*; **6.** Tiefe *f*, Mitte *f*, *das* Innerste: ~ *of winter* tiefster Winter; **7.** *oft pl.* Meer *n*; Abgrund *m* (*a. fig.*): ~ *of misery* tiefstes Elend; **8.** ⚒ Teufe *f*; **'~-charge** *s.* ⚔ Wasserbombe *f*; ~ **psy·chol·o·gy** *s.* 'Tiefenpsycholo,gie *f*.

dep·u·rate ['depjureit] *v/t.* ⚗, ⚕, ⊕ reinigen, läutern.

dep·u·ta·tion [depju(:)'teiʃən] *s.* Deputati'on *f*, Abordnung *f*; **de·pute** [di'pju:t] *v/t.* **1.** abordnen, delegieren, deputieren; **2.** *Aufgabe etc.* über'tragen; **dep·u·tize** ['depjutaiz] **I.** *v/t.* (als Vertreter) ernennen, abordnen; **II.** *v/i.* ~ *for s.o.* j-n vertreten; **dep·u·ty** ['depjuti] **I.** *s.* **1.** (Stell)Vertreter(in), Beauftragte(r *m*) *f*; **2.** *pol.* Deputierte(r *m*) *f*, Abgeordnete(r *m*) *f*; **II.** *adj.* **3.** stellvertretend, Vize...: ~ *chairman* stellvertretende(r) Vorsitzende(r), Vizepräsident(in).

de·rac·i·nate [di'ræsineit] *v/t.* entwurzeln; ausrotten, vernichten (*a. fig.*).

de·rail [di'reil] *v/i. u. v/t.* entgleisen (lassen); **de'rail·ment** [-mənt] *s.* Entgleisung *f*.

de·range [di'reindʒ] *v/t.* **1.** in Unordnung bringen; verwirren, stören; **2.** ⚕ (geistig) zerrütten; **de'ranged** [-dʒd] *adj.* **1.** in Unordnung, gestört: *a ~ stomach* e-e Magenverstimmung; **2.** ⚕ *a. mentally ~* geistesgestört; **de'range·ment** [-mənt] *s.* **1.** Unordnung *f*, Verwirrung *f*; Störung *f*; **2.** ⚕ *a. mental ~* Geistesgestörtheit *f*, Geistesstörung *f*.

de·rate [di:'reit] *v/t. Gemeindesteuern für j-n* her'absetzen.

de·ra·tion ['di:'ræʃən] *v/t.* den Markenzwang für ... *od.* die Rationierung von ... aufheben, *Ware* freigeben.

Der·by ['dɑ:bi] *s.* **1. a)** (*das* englische) Derby, **b)** *Am.* (*das* Kentucky-)Derby; **2.** ♀ *Am.* steifer Hut, ‚Me'lone' *f*.

der·e·lict ['derilikt] **I.** *adj.* **1.** aufgegeben, verlassen, herrenlos; **2.** unbrauchbar; zerfallen, baufällig; **3.** *Am.* nachlässig, säumig; **II.** *s.* **4.** herrenloses Gut; **5.** ⚓ Wrack *n* (*a. fig.*); **6.** Hilflose(r *m*) *f*; **7.** *Am.* Pflichtvergessene(r *m*) *f*; **der·e·lic·tion** [deri'likʃən] *s.* **1.** Aufgeben *n*, Preisgabe *f*; **2.** Verlassenheit *f*; **3.** Vernachlässigung *f*, Versäumnis *n*: *~ of duty* Pflichtversäumnis; **4.** Versagen *n*; **5.** Ver-, Zerfall *m*; **6.** ⚖ Landgewinn *m* in'folge Rückgangs des Wasserspiegels.

de·req·ui·si·tion ['di:rekwi'ziʃən] *v/t. requiriertes Gut* freigeben.

de·re·strict [di:ri'strikt] *v/t.* von Einschränkungen befreien; **de·re'stric·tion** [-kʃən] *s.* Lockerung *f* von Einschränkungsmaßnahmen.

de·ride [di'raid] *v/t.* verlachen, -höhnen, -spotten; **de'rid·er** [-də] *s.* Spötter *m*; **de'rid·ing·ly** [-diŋli] *adv.* spöttisch.

de ri·gueur [dəri'gə:] (*Fr.*) *pred. adj.* streng nach der Eti'kette; unerläßlich.

de·ri·sion [di'riʒən] *s.* Hohn *m*, Spott *m*: *to hold in ~* verspotten; *to bring into ~* zum Gespött machen; *to be the ~ of s.o.* j-s Gespött sein; **de·ri·sive** [di'raisiv] *adj.* □, **de·ri·so·ry** [di'raisəri] *adj.* höhnisch, spöttisch.

de·riv·a·ble [di'raivəbl] *adj.* **1.** ab-, herleitbar (*from* von); **2.** erreichbar, zu gewinnen(d) (*from* aus); **der·i·va·tion** [deri'veiʃən] *s.* **1.** Ab-, Herleitung *f* (*a. ling.*); **2.** Ursprung *m*, Herkunft *f*, Abstammung *f*; **de·riv·a·tive** [di'rivətiv] **I.** *adj.* **1.** abgeleitet; **2.** sekun'där; **II.** *s.* **3.** *et.* Ab- *od.* Hergeleitetes; **4.** *ling.* Ableitung *f*, abgeleitete Form; **5.** ⚗ Deri'vat *n*, Abkömmling *m*; **de·rive** [di'raiv] **I.** *v/t.* **1.** (*from*) herleiten (von), zu'rückführen (auf *acc.*), verdanken (*dat.*): *to be ~d from* herstammen, -rühren von; **2.** bekommen, erlangen, gewinnen: *~d from coffee* aus Kaffee gewonnen; *to ~ profit from* Nutzen ziehen aus; *to ~ pleasure from* Freude haben an (*dat.*); **3.** ⚗, ⅍, *ling.* ableiten; **II.** *v/i.* **4.** (ab)stammen, herrühren, abgeleitet sein (*from* von).

derm [də:m], **der·ma** ['də:mə] *s. anat.* Haut *f*; **der·mal** ['də:məl] *adj. anat.* Haut...; **der·ma·ti·tis** [də:mə'taitis] *s.* ⚕ Derma'titis *f*, Hautentzündung *f*; **der·ma·tol·o·gist** [də:mə'tɔlədʒist] *s.* Dermato'loge *m*, Hautarzt *m*; **der·ma·tol·o·gy** [də:mə'tɔlədʒi] *s.* ⚕ Dermatolo'gie *f*, Lehre *f* von den Hautkrankheiten.

der·o·gate ['derəgeit] *v/i.* (*from*) Abbruch tun, schaden (*dat.*), beeinträchtigen, schmälern (*acc.*); **der·o·ga·tion** [derə'geiʃən] *s.* Beeinträchtigung *f*, Schmälerung *f*, Nachteil *m*; Her'absetzung *f*; **de·rog·a·to·ry** [di'rɔgətəri] *adj.* **1.** (*to*) nachteilig (für), abträglich (*dat.*), schädlich (*dat. od.* für): *to be ~* schaden, beeinträchtigen; **2.** abfällig, geringschätzig (*Worte*).

der·rick ['derik] *s.* **1.** ⊕ Drehkran *m*; **2.** ⊕ Bohrturm *m*; **3.** ⚓ Ladebaum *m*.

der·ring-do ['deriŋ'du:] *s.* Verwegenheit *f*, Tollkühnheit *f*.

der·vish ['də:viʃ] *s.* 'Derwisch *m*.

de·sal·i·nate [di'sælineit] *v/t.* entsalzen.

des·cant I. *s.* ['deskænt] **1.** *poet.* Lied *n*, Weise *f*; **2.** ♪ **a)** Dis'kant *m*, **b)** variierte Melo'die; **II.** *v/i.* [dis'kænt] **3.** sich auslassen (*on* über *acc.*); **4.** ♪ diskantieren.

de·scend [di'send] **I.** *v/i.* **1.** her'unter-, hin'untersteigen, -gehen, -kommen, -fahren, -fallen, -sinken; ab-, aussteigen; ⚒ einfahren; ✈ niedergehen, landen; **2.** sinken, fallen; sich senken (*Straße*), abfallen (*Gebirge*); **3.** *mst to be ~ed* abstammen, herkommen (*from* von, aus); **4.** (*to*) zufallen (*dat.*), 'übergehen, sich vererben (auf *acc.*); **5.** (*to*) sich hergeben, sich erniedrigen (zu); **6.** (*to*) übergehen zu, eingehen auf (*ein Thema etc.*); **7.** (*on, upon*) sich stürzen (auf *acc.*), herfallen (über *acc.*), einfallen (in *acc.*); her'einbrechen (über *acc.*); *fig.* ‚über'fallen', über'raschen (*acc.*); **8.** ♪, *ast.* fallen, absteigen; **II.** *v/t.* **9.** *Treppe etc.* her'unter-, hin'untersteigen, -gehen *etc.*; **de'scend·ant** [-dənt] *s.* Nachkomme *m*, Abkömmling *m*.

de·scent [di'sent] *s.* **1.** Her'unter-, Hin'untersteigen *n*, Abstieg *m*; Talfahrt *f*; ⚒ Einfahrt *f*; ✈ Landung *f*; (*Fallschirm*)Absprung *m*; **2.** Abhang *m*, Abfall *m*, Senkung *f*, Gefälle *n*; **3.** *fig.* Abstieg *m*, Niedergang *m*, Fallen *n*, Sinken *n*; **4.** Abstammung *f*, Herkunft *f*, Geburt *f*; **5.** Vererbung *f*, 'Übergang *m*, Über'tragung *f*; **6.** (*on, upon*) 'Überfall *m* (auf *acc.*), Einfall *m* (in *acc.*), Angriff *m* (auf *acc.*); **7.** *bibl.* Ausgießung *f* (*des Heiligen Geistes*); **8.** *~ from the cross paint.* Kreuzabnahme *f*.

de·scrib·a·ble [dis'kraibəbl] *adj.* zu beschreiben(d); **de·scribe** [dis'kraib] *v/t.* **1.** beschreiben, schildern; **2.** (*as*) bezeichnen (als), nennen (*acc.*); **3.** *bsd.* ⅍ *Kreis, Kurve* beschreiben; **de·scrip·tion** [dis'kripʃən] *s.* **1.** Beschreibung *f*, Darstellung *f*, Schilderung *f*: *beautiful beyond ~* unbeschreiblich *od.* unsagbar schön; **2.** Bezeichnung *f*; **3.** Art *f*, Sorte *f*: *of the worst ~* schlimmster Art; **de·scrip·tive** [dis'kriptiv] *adj.* □ **1.** beschreibend, schildernd: *~ geometry* darstellende Geometrie; *to be ~ of* beschreiben, bezeichnen; **2.** anschaulich (schreibend).

de·scry [dis'krai] *v/t.* gewahren, erspähen, wahrnehmen; entdecken.

des·e·crate ['desikreit] *v/t.* entweihen, -heiligen, schänden; **des·e·cra·tion** [desi'kreiʃən] *s.* Entweihung *f*, -heiligung *f*, Schändung *f*.

de·seg·re·gate ['di:'segrigeit] *v/t.* die Rassenschranken aufheben in (*dat.*); **de·seg·re·ga·tion** ['di:segri'geiʃən] *s.* Aufhebung *f* der Rassentrennung.

de·sen·si·tize ['di:'sensitaiz] *v/t.* **1.** ⚕ unempfindlich machen; **2.** *phot.* lichtunempfindlich machen.

de·sert[1] [di'zə:t] *s. oft pl.* **1.** Verdienst *n*; **2.** verdienter Lohn (*a. iro.*), Strafe *f*: *to get one's ~s* s-n wohlverdienten Lohn empfangen.

des·ert[2] ['dezət] **I.** *s.* **1.** Wüste *f*; Einöde *f*; **2.** *fig.* Öde *f*, Fadheit *f*; **II.** *adj.* **3.** öde, wüst; verlassen, unbewohnt; einsam; **4.** Wüsten...

de·sert[3] [di'zə:t] **I.** *v/t.* **1.** verlassen; im Stich lassen; ⚖ *Ehegatten* böswillig verlassen; **2.** untreu *od.* abtrünnig werden (*dat.*): *to ~ the colo(u)rs* ⚔ fahnenflüchtig werden; **II.** *v/i.* **3.** ⚔ desertieren, fahnenflüchtig werden; 'überlaufen, -gehen (*to* zu); **de'sert·ed** [-tid] *adj.* **1.** verlassen, ausgestorben, menschenleer; **2.** verlassen, einsam; **de'sert·er** [-tə] *s.* **1.** ⚔ **a)** Fahnenflüchtige(r) *m*, Deser'teur *m*, **b)** 'Überläufer *m*; **2.** *fig.* Abtrünnige(r *m*) *f*; **de'ser·tion** [-ə:ʃən] *s.* **1.** Verlassen *n*, Im'stichlassen *n*; **2.** Abtrünnigwerden *n*, Abfall *m* (*from* von); **3.** ⚖ böswilliges Verlassen; **4.** ⚔ Fahnenflucht *f*.

de·serve [di'zə:v] **I.** *v/t.* verdienen, verdient haben (*acc.*), würdig sein (*gen.*): *to ~ praise* Lob verdienen; **II.** *v/i.* *to ~ well of* sich verdient gemacht haben um; *to ~ ill of* e-n schlechten Dienst erwiesen haben (*dat.*); **de'serv·ed·ly** [-vidli] *adv.* verdientermaßen, mit Recht; **de'serv·ing** [-viŋ] *adj.* **1.** verdienstvoll, verdient (*Person*); **2.** verdienstlich, -voll (*Tat*); **3.** *to be ~ of* verdienen (*acc.*), wert *od.* würdig sein (*gen.*).

des·ha·bille ['dezæbi:l] → *dishabille*.

des·ic·cate ['desikeit] *v/t. u. v/i.* (aus)trocknen, ausdörren: *~d milk* Trockenmilch; *~d fruit* Dörrobst; **des·ic·ca·tion** [desi'keiʃən] *s.* (Aus)Trocknung *f*, Trockenwerden *n*; **'des·ic·ca·tor** [-tə] *s.* ⊕ 'Trokkenappa,rat *m*.

de·sid·er·a·tum [dizidə'reitəm] *pl.* **-ta** [-tə] *s. et.* Erwünschtes, Erfordernis *n*, Mangel *m*.

de·sign [di'zain] **I.** *v/t.* **1.** entwerfen, (auf)zeichnen, skizzieren: *to ~ a dress* ein Kleid entwerfen; **2.** gestalten, ausführen, anlegen; **3.** *fig.* entwerfen, ausdenken, ersinnen; **4.** planen, beabsichtigen: *to ~ doing* (*od. to do*) beabsichtigen zu tun; **5.** bestimmen, vorsehen (*for* für, *as* als); **6.** bestimmen, ausersehen: *~ed to be a soldier* zum Soldaten bestimmt; **II.** *v/i.* **7.** Zeichner *od.* Konstruk'teur sein; **III.** *s.* **8.** Entwurf *m*, Zeichnung *f*, Plan *m*, Skizze *f*; **9.** Muster *n*, Zeichnung *f*, Fi'gur *f*, Des'sin *n*: *floral* ~ Blumenmuster; *registered* ~ ⚖ Gebrauchsmuster; *protection of* ~*s* ⚖ Musterschutz; **10.** a) Gestaltung *f*, Formgebung *f*, b) Bauart *f*, Konstrukti'on *f*, Ausführung *f*, Mo'dell *n*; **11.** Anlage *f*, Anordnung *f*; **12.** Absicht *f*, Plan *m*; Zweck *m*, Ziel *n*: *by* ~ mit Absicht; **13.** böse Absicht, Anschlag *m*: *to have* ~*s on* (*od. against*) et. (Böses) im Schilde führen gegen.

des·ig·nate I. *v/t.* ['dezigneit] **1.** bezeichnen, (be)nennen; **2.** kennzeichnen; **3.** berufen, ausersehen, bestimmen, ernennen (*for* zu); **II.** *adj.* [-nit] **4.** designiert, einstweilig ernannt: *bishop* ~; **des·ig·na·tion** [dezig'neiʃən] *s.* **1.** Bezeichnung *f*, Name *m*; **2.** Kennzeichnung *f*; **3.** Bestimmung *f*; **4.** einstweilige Ernennung *od.* Berufung.

de·signed [di'zaind] *adj.* □ **1.** geplant, erdacht; **2.** (*for*) bestimmt (für), zugeschnitten (auf *acc.*); **3.** absichtlich; **de'sign·ed·ly** [-nidli] *adv.* mit Absicht, vorsätzlich; **de'sign·er** [-nə] *s.* **1.** (Muster-) Zeichner(in): *fashion* ~ Modezeichner(in); **2.** Entwerfer *m*, (Form)Gestalter *m*, Konstruk'teur *m*; **3.** Ränkeschmied *m*, Intri'gant (-in); **de'sign·ing** [-niŋ] *adj.* □ ränkevoll, intri'gant; berechnend.

de·sil·ver·ize [di:'silvəraiz] *v/t.* entsilbern.

de·sir·a·bil·i·ty [dizaiərə'biliti] *s.* Erwünschtheit *f*; **de·sir·a·ble** [di'zaiərəbl] *adj.* □ **1.** wünschenswert, erwünscht; **2.** begehrenswert, reizvoll; **de·sire** [di'zaiə] **I.** *v/t.* **1.** wünschen, begehren, verlangen, wollen: *if* ~*d* auf Wunsch; *leaves much to be* ~*d* läßt viel zu wünschen übrig; **2.** *j-n* bitten, ersuchen; **II.** *s.* **3.** Wunsch *m*, Verlangen *n*, Begehren *n* (*for* nach); **4.** Wunsch *m*, Bitte *f*: *at* (*od. by*) *s.o.'s* ~ auf (j-s) Wunsch; **5.** Lust *f*, Begierde *f*; **6.** *das* Gewünschte; **de·sir·ous** [di'zaiərəs] *adj.* □ (*of*) begierig, verlangend (nach), wünschend (*acc.*): *I am* ~ *to know* ich möchte (sehr) gern wissen; *the parties are* ~ *to* ... (*in Verträgen*) die Parteien beabsichtigen, zu ...

de·sist [di'zist] *v/i.* abstehen, ablassen, Abstand nehmen (*from* von): *to* ~ *from asking* aufhören zu fragen.

desk [desk] *s.* **1.** Schreibtisch *m*; **2.** (Lese-, Schreib-, Noten-, Kassen-, Kirchen)Pult *n*: *pay at the* ~*!* zahlen Sie an der Kasse!; *first* ~ ♪ erstes Pult (*Orchester*); **3.** *eccl. bsd. Am.* Kanzel *f*; **4.** *Am.* Redakti'on *f*: *city* ~ Lokalredaktion; ~ **job** *s.* Schreibtisch-, Bü'roposten *m*; ~ **work** *s.* Schreibtischarbeit *f*.

des·o·late I. *adj.* □ ['desəlit] **1.** wüst, unwirtlich, öde; verwüstet; **2.** verlassen, einsam; **3.** betrübt, elend, trostlos; **II.** *v/t.* [-leit] **4.** verwüsten; **5.** einsam zu'rücklassen; **6.** betrüben, elend machen; **'des·o·late·ness** [-nis] → *desolation 2, 3*; **des·o·la·tion** [desə'leiʃən] *s.* **1.** Verwüstung *f*, -ödung *f*; **2.** Verlassenheit *f*, Einsamkeit *f*; **3.** Trostlosigkeit *f*, Elend *n*.

de·spair [dis'pɛə] **I.** *v/i.* (*of*) verzweifeln (an *dat.*), ohne Hoffnung sein, die Hoffnung aufgeben (auf *acc.*): *the patient's life is* ~*ed of* man bangt um das Leben des Kranken; **II.** *s.* Verzweiflung *f* (*at* über *acc.*), Hoffnungslosigkeit *f*: *to drive s.o. to* ~, *to be s.o.'s* ~ j-n zur Verzweiflung bringen; **de'spair·ing** [-'pɛəriŋ] *adj.* □ verzweifelt.

des·patch → *dispatch.*

des·per·a·do [despə'rɑ:dou] *pl.* **-does**, *Am. a.* **-dos** *s.* Despe'rado *m*, *engS.* Gewaltverbrecher *m*, Ban'dit *m*.

des·per·ate ['despərit] *adj.* □ **1.** verzweifelt, hoffnungslos; äußerst gefährlich; **2.** verzweifelt, rasend, verwegen, zu allem fähig: ~ *deed* Verzweiflungstat; ~ *remedy* äußerstes Mittel; **3.** F schlimm, schrecklich: ~ *fool* kompletter Narr; **des·per·a·tion** [despə'reiʃən] *s.* **1.** (höchste) Verzweiflung, Hoffnungslosigkeit *f*; **2.** Rase'rei *f*, Verzweiflung *f*: *to drive to* ~ rasend machen, zur Verzweiflung bringen.

des·pi·ca·ble ['despikəbl] *adj.* □ verächtlich, jämmerlich.

de·spise [dis'paiz] *v/t.* verachten, -schmähen, geringschätzen.

de·spite [dis'pait] **I.** *prp.* trotz (*gen.*), ungeachtet (*gen.*); **II.** *s.* Bosheit *f*, Tücke *f*; Trotz *m*, Verachtung *f*: *in* ~ *of* → *I.*

de·spoil [dis'pɔil] *v/t.* plündern; berauben (*of gen.*); **de'spoil·ment** [-mənt], **de·spo·li·a·tion** [dispouli'eiʃən] *s.* Plünderung *f*, Beraubung *f*.

de·spond [dis'pɔnd] **I.** *v/i.* verzagen; verzweifeln (*of* an *dat.*); **II.** *s. obs.* Verzweiflung *f*; **de'spond·en·cy** [-dənsi] *s.* Verzagtheit *f*, Mutlosigkeit *f*; **de'spond·ent** [-dənt] *adj.* □, **de'spond·ing** [-diŋ] *adj.* □ verzagt, mutlos, kleinmütig.

des·pot ['despɔt] *s.* Des'pot *m*, Gewaltherrscher *m*; *fig.* Ty'rann *m*; **des·pot·ic** *adj.*; **des·pot·i·cal** [des'pɔtik(əl)] *adj.* □ des'potisch, herrisch, ty'rannisch; **des·pot·ism** ['despətizəm] *s.* Despo'tismus *m*, Tyran'nei *f*, Gewaltherrschaft *f*.

des·qua·mate ['deskwəmeit] *v/i.* **1.** ⚕ sich abschuppen; **2.** sich häuten.

des·sert [di'zə:t] *s.* Des'sert *n*, Nachtisch *m*: ~*-spoon* Dessertlöffel.

des·ti·na·tion [desti'neiʃən] *s.* **1.** Bestimmungsort *m*; Reiseziel *n*; **2.** Bestimmung *f*, Zweck *m*, Ziel *n*.

des·tine ['destin] *v/t.* bestimmen, vorsehen (*for* für, *to do* zu tun); **'des·tined** [-nd] *adj.* bestimmt: ~ *for* unterwegs nach (*Schiff etc.*); *he was* ~ (*to inf.*) es war ihm beschieden (zu *inf.*), er sollte (*inf.*); **'des·ti·ny** [-ni] *s.* **1.** Schicksal *n*, Geschick *n*, Los *n*; Vorsehung *f*; **2.** Verhängnis *n*, zwingende Notwendigkeit; **3.** *the Destinies* → *fate 3.*

des·ti·tute ['destitju:t] **I.** *adj.* **1.** verarmt, mittellos, notleidend; **2.** (*of*) ermangelnd, entblößt (*gen.*), ohne (*acc.*), bar (*gen.*); **II.** *s.* **3.** *the* ~ die Armen; **des·ti·tu·tion** [desti'tju:ʃən] *s.* **1.** Armut *f*, (bittere) Not, Elend *n*; **2.** (völliger) Mangel (*of* an *dat.*).

de·stroy [dis'trɔi] *v/t.* **1.** zerstören, zertrümmern; niederreißen; ⚔ *Truppen* aufreiben; **2.** vernichten, vertilgen; unbrauchbar *od.* unschädlich machen; **3.** töten; **4.** *fig.* zerstören, zerrütten, vernichten; **de'stroy·er** [-ɔiə] *s.* Zerstörer *m* (*a.* ⚓, ⚔).

de·struct·i·bil·i·ty [distrʌkti'biliti] *s.* Zerstörbarkeit *f*.

de·struct·i·ble [dis'trʌktəbl] *adj.* zerstörbar; **de'struc·tion** [-kʃən] *s.* **1.** Zerstörung *f*, Zertrümmerung *f*; Verwüstung *f*; **2.** Vernichtung *f*, Vertilgung *f*; Tötung *f*; **3.** Verderben *n*, 'Untergang *m*; **de'struc·tive** [-tiv] *adj.* □ **1.** zerstörend, vernichtend (*a. fig.*); zerrüttend, unter'grabend (*of, to acc.*): *to be* ~ *of* zerstören *etc.*; **2.** zerstörerisch, destruk'tiv; **3.** schädlich, verderblich, gefährlich: ~ *to health* gesundheitsschädlich; **4.** rein 'negativ, destruktiv (*Kritik*); **de'struc·tive·ness** [-tivnis] *s.* **1.** Zerstörungswut *f*; **2.** zerstörende Wirkung; **3.** destruktive Eigenschaft; Schädlichkeit *f*; **de'struc·tor** [-tə] *s.* ⊕ (Müll)Verbrennungsofen *m*.

des·ue·tude [di'sju(:)itju:d] *s.* Ungebräuchlichkeit *f*: *to fall into* ~ außer Gebrauch kommen.

de·sul·fu·rize *Am.*, **de·sul·phu·rize** [di:'sʌlfəraiz] *v/t.* ⚗ entschwefeln.

des·ul·to·ri·ness ['desəltərinis] *s.* **1.** Zs.-hangs-, Plan-, Ziellosigkeit *f*; **2.** Flüchtigkeit *f*, Unbeständigkeit *f*; Sprunghaftigkeit *f*; **des·ul·to·ry** ['desəltəri] *adj.* **1.** 'unzu‚sammenhängend, vereinzelt, spo'radisch; **2.** planlos, ziellos, oberflächlich, unstet; **3.** abschweifend, flatterhaft, sprunghaft.

de·tach [di'tætʃ] *v/t.* **1.** ab-, loslösen, losmachen, abnehmen, -trennen; **2.** absondern; befreien; **3.** ⚔ detachieren, abkommandieren; **de'tach·a·ble** [-tʃəbl] *adj.* abnehmbar (*a.* ⊕); abtrennbar; lose; **de'tached** [-tʃt] *adj.*, **de'tach·ed·ly** [-tʃtli] *adv.* **1.** getrennt, gesondert; **2.** einzeln, frei-, al'leinstehend (*Haus*); **3.** *fig.* selbständig; unvoreingenommen, objek'tiv, uninteressiert, distanziert; **4.** *fig.* losgelöst, entrückt; **de'tach·ment** [-mənt] *s.* **1.** Absonderung *f*, Abtrennung *f*, Loslösung *f*; **2.** *fig.* Abstand *m*, Losgelöstsein *n*, (innere) Freiheit; **3.** *fig.* Objektivi'tät *f*, Unvoreingenommenheit *f*; **4.** Gleichgültigkeit *f* (*from* gegen); **5.** ⚔ Ab'teilung *f*, 'Sonderkom‚mando *n*.

de·tail ['di:teil] **I.** *s.* **1.** De'tail *n*: a) Einzelheit *f*, b) *a. pl. coll.* (nähere) Einzelheiten *pl.*: *in* ~ im einzelnen, ausführlich; *to go into* ~*(s)* ins einzelne gehen, es ausführlich behandeln; **2.** Einzelteil *m*, *n*; **3.** 'Nebensache *f*, -‚umstand *m*, Kleinigkeit *f*; **4.** *Kunst etc.*: a) De'tail (-darstellung *f*) *n*, b) Ausschnitt *m*; **5.** ⚔ a) Abteilung *f*, Trupp *m*, b) Sonderauftrag *m*; **II.** *v/t.* **6.** ausführlich berichten über (*acc.*), genau schildern; einzeln aufzählen *od.*

-führen; 7. ⚔ abkommandieren; 'de·tailed [-ld; a. di'teild] *adj.* ausführlich, genau.

de·tain [di'tein] *v/t.* 1. *j-n* auf-, abhalten, zu'rück(be)halten, hindern; 2. ⚖ *j-n* in Haft behalten; 3. *et.* vorenthalten, einbehalten; 4. *ped.* nachsitzen lassen; **de·tain·ee** [di:tei'ni:] *s.* ⚖ Häftling *m*; **de'tain·er** [-nə] *s.* ⚖ 1. 'widerrechtliche Vorenthaltung; 2. Anordnung *f* der Haftfortdauer.

de·tect [di'tekt] *v/t.* 1. entdecken; (her'aus)finden, ermitteln; 2. feststellen, wahrnehmen; 3. aufdecken, enthüllen; 4. ertappen (*in* bei); 5. *Radio*: gleichrichten; **de'tect·a·ble** [-təbl] *adj.* feststellbar; **de'tec·ta·phone** [-təfoun] *s.* ⚡ Abhörgerät *n* (*am Telephon*); **de'tec·tion** [-kʃən] *s.* 1. Ent-, Aufdeckung *f*; Feststellung *f*; 2. *Radio*: Gleichrichtung *f*; 3. *coll.* Krimi'nalro,mane *pl.*; **de'tec·tive** [-tiv] I. *adj.* Detektiv..., Kriminal...: *~ force* Kriminalpolizei; *~ story* Kriminalroman; II. *s.* Detek'tiv *m*, Krimi'nalbeamte(r) *m*, Ge'heimpoli,zist *m*; **de'tec·tor** [-tə] *s.* 1. Auf-, Entdecker *m*; 2. ⊕ a) Sucher *m*, b) Anzeigevorrichtung *f*; 3. ⚡ a) De'tektor *m*, b) Gleichrichter *m*.

de·tent [di'tent] *s.* ⊕ Sperrhaken *m*, -klinke *f*, Sperre *f*; Auslösung *f*.

dé·tente [de'tɑ̃:t] (*Fr.*) *s. bsd. pol.* Entspannung *f*.

de·ten·tion [di'tenʃən] *s.* 1. Festnahme *f*; 2. Haft *f*, Gewahrsam *m*, Ar'rest *m*: *~ barracks* Militärgefängnis; *~ colony* Strafkolonie; 3. *ped.* Nachsitzen *n*, Arrest *m*; 4. Ab-, Zu'rückhaltung *f*; 5. Einbehaltung *f*, Vorenthaltung *f*.

de·ter [di'tə:] *v/t.* abschrecken, abhalten (*from* von).

de·ter·gent [di'tə:dʒənt] I. *adj.* reinigend; II. *s.* Reinigungs-, Waschmittel *n*.

de·te·ri·o·rate [di'tiəriəreit] I. *v/i.* 1. sich verschlechtern *od.* verschlimmern, schlecht(er) werden, verderben; 2. an Wert verlieren; II. *v/t.* 3. verschlechtern; 4. beeinträchtigen; im Wert mindern; **de·te·ri·o·ra·tion** [ditiəriə'reiʃən] *s.* 1. Verschlechterung *f*; Verfall *m*; 2. Wertminderung *f*.

de·ter·ment [di'tə:mənt] *s.* 1. Abschreckung *f*; 2. → *deterrent II.*

de·ter·mi·na·ble [di'tə:minəbl] *adj.* bestimmbar; **de'ter·mi·nant** [-minənt] I. *adj.* 1. bestimmend, entscheidend; II. *s.* 2. entscheidender 'Faktor; 3. ⅍, *biol.* Determi'nante *f*; **de'ter·mi·nate** [-nit] *adj.* □ bestimmt, fest(gesetzt), entschieden; **de·ter·mi·na·tion** [ditə:mi'neiʃən] *s.* 1. Ent-, Beschluß *m*; 2. Entscheidung *f*; Bestimmung *f*, Festsetzung *f*; 3. Ermittlung *f*, Feststellung *f*; 4. Bestimmtheit *f*, Entschlossenheit *f*, Zielstrebigkeit *f*; feste Absicht; 5. Ziel *n*, Begrenzung *f*; Ablauf *m*, Ende *n*; 6. Richtung *f*, Neigung *f*, Drang *m*; **de'ter·mi·na·tive** [-minətiv] I. *adj.* □ 1. (näher) bestimmend, einschränkend; 2. entscheidend; II. *s.* 3. *et.* Entscheidendes *od.* Charakte'ristisches; 4. *ling.* Determina'tivpro,nomen *n*; **de·ter·mine** [di'tə:min] I. *v/t.* 1. entscheiden; regeln; 2. *et.* bestimmen, festsetzen; beschließen (*a. to do* zu tun, *that* daß); 3. feststellen, ermitteln, her'ausfinden; 4. *j-n* bestimmen, veranlassen (*to do* zu tun); 5. *bsd.* ⚖ beendigen, aufheben; II. *v/i.* 6. (*on*) sich entscheiden (für), sich entschließen (zu); beschließen (*on doing* zu tun); 7. *bsd.* ⚖ enden, ablaufen; **de'ter·mined** [-mind] *adj.* □ (fest) entschlossen, fest, entschieden, bestimmt; **de'ter·min·ism** [-minizəm] *s. phls.* Determi'nismus *m*.

de·ter·rence [di'terəns] *s.* Abschreckung *f*; **de'ter·rent** [-nt] I. *adj.* abschreckend; II. *s.* Abschreckungsmittel *n*.

de·test [di'test] *v/t.* verabscheuen, hassen; **de'test·a·ble** [-təbl] *adj.* □ ab'scheulich, hassenswert; **de·tes·ta·tion** [di:tes'teiʃən] *s.* (*of*) Verabscheuung *f* (*gen.*), Abscheu *m* (vor *dat.*): *to hold in ~* verabscheuen.

de·throne [di'θroun] *v/t.* entthronen (*a. fig.*); **de'throne·ment** [-mənt] *s.* Entthronung *f*.

det·o·nate ['detouneit] I. *v/t.* explodieren lassen, zur Explosi'on bringen; II. *v/i.* explodieren; *mot.* klopfen; **'det·o·nat·ing** [-tiŋ] *adj.* ⊕ Spreng..., Zünd..., Knall...; **det·o·na·tion** [detou'neiʃən] *s.* Detonati'on *f*, Knall *m*; **'det·o·na·tor** [-tə] *s.* 1. ⊕ a) Bri'sanzsprengstoff *m*, b) Zünd-, Sprengkapsel *f*; 2. 🚂 'Knallsi,gnal *n*.

de·tour ['di:tuə], **dé·tour** [detu:r] I. *s.* 1. 'Umweg *m*; Abstecher *m*; 2. 'Umleitung *f*; Um'gehungsstraße *f*; 3. *fig.* 'Umschweife *pl.*; II. *v/i.* 4. e-n Umweg machen; III. *v/t.* 5. e-n Umweg machen um; 6. *Verkehr* 'umleiten.

de·tract [di'trækt] I. *v/t.* entziehen, wegnehmen; II. *v/i.* (*from*) her'absetzen, beeinträchtigen, schmälern (*acc.*), Abbruch tun (*dat.*); **de'trac·tion** [-kʃən] *s.* 1. Her'absetzung *f*, Schmälerung *f*; 2. Schmähung *f*, Verleumdung *f*; **de'trac·tor** [-tə] *s.* Verleumder(in), Lästerer *m*.

de·train [di:'trein] 🚂, ⚔ I. *v/i.* aussteigen; II. *v/t.* ausladen; **de'train·ment** [-mənt] *s.* 1. Aussteigen *n*; 2. Ausladen *n*.

det·ri·ment ['detrimənt] *s.* Schaden *m*, Nachteil *m*: *to the ~ of* zum Schaden *od.* Nachteil (*gen.*); *without ~ to* ohne Schaden für; **det·ri·men·tal** [detri'mentl] *adj.* □ (*to*) schädlich, nachteilig (für), abträglich (*dat.*).

de·tri·tal [di'traitl] *adj. geol.* Geröll..., Schutt...; **de'trit·ed** [-tid] *adj.* 1. abgenützt; abgegriffen (*Münze*); *fig.* abgedroschen; 2. *geol.* zerrieben, verwittert; **de·tri·tion** [di'triʃən] *s. geol.* Ab-, Zerreibung *f*; **de'tri·tus** [-təs] *s. geol.* Geröll *n*, Schutt *m*.

de trop [də'trou] (*Fr.*) *pred. adj.* unerwünscht, 'überflüssig.

deuce [dju:s] *s.* 1. *Würfeln, Kartenspiel*: Zwei *f*; 2. *Tennis*: Einstand *m*; 3. F Teufel *m*: *who* (*what*) *the ~?* wer (was) zum Teufel?; *a ~ of a row* ein Mordskrach (*Lärm od. Streit*); *there's the ~ to pay* F das dicke Ende kommt noch; *to play the ~ with* Schindluder treiben mit *j-m*; **deuced** [-st] *adj.* □ F verteufelt, verflixt; **'deu·ced·ly** [-sidli] *adv.* F äußerst, ‚verdammt': *~ uncomfortable.*

deu·te·ri·um [dju(:)'tiəriəm] *s.* ⚗ Deu'terium *n*, schwerer Wasserstoff.

Deu·ter·on·o·my [dju:tə'rɔnəmi] *s. bibl.* Deutero'nomium *n*, Fünftes Buch Mose.

de·val·u·ate [di:'væljueit] *Am.* → *devalue*; **de·val·u·a·tion** [di:vælju'eiʃən] *s.* ✝ Abwertung *f*; **de·val·ue** ['di:'vælju:] *v/t.* ✝ abwerten.

dev·as·tate ['devəsteit] *v/t.* verwüsten, vernichten (*beide a. fig.*); **'dev·as·tat·ing** [-tiŋ] *adj.* □ 1. F *fig.* verheerend, niederschmetternd, vernichtend (*a. Kritik etc.*); 2. *sl.* e'norm, phan'tastisch; **dev·as·ta·tion** [devəs'teiʃən] *s.* Verwüstung *f*; **'dev·as·ta·tor** [-tə] *s.* Verwüster *m*.

de·vel·op [di'veləp] I. *v/t.* 1. *Theorie, Kräfte etc.* entwickeln (*a. phot.*); erweitern, ausdehnen; 2. her'vorbringen, schaffen; entfalten; ⚔ *Angriff* eröffnen; 3. *Bauland* erschließen, nutzbar machen; ausbauen, baulich 'umgestalten; 4. her'ausbringen, darlegen; enthüllen, zeigen; 5. sich *e-e Krankheit* zuziehen *od.* ‚holen'; II. *v/i.* 6. sich entwickeln; entstehen; 7. *~ into* sich entwickeln zu, zu *et.* werden; 8. sich entfalten; 9. *Am.* sich zeigen, bekanntwerden; 10. bekommen, erlangen; **de'vel·op·er** [-pə] *s.* 1. *phot.* Entwickler *m*; 2. *late ~ bsd. ped.* Spätentwickler; 3. (Stadt-)Planer *m*; **de'vel·op·ing** [-piŋ] *adj.*: *~ bath phot.* Entwicklungsbad; *~ country pol.* Entwicklungsland.

de·vel·op·ment [di'veləpmənt] *s.* 1. Entwicklung *f* (*a. phot.*); 2. Entfaltung *f*, Entstehen *n*, Bildung *f*, Wachstum *n*; Schaffung *f*; 3. Erschließung *f*, Ausbau *m*, 'Umgestaltung *f*: *ripe for ~* baureif; 4. Darlegung *f*; 'Durchführung *f* (*a.* ♪); *~* **a·re·a** *s.* Notstandsgebiet *n*; *~* **coun·try** *s. pol.* Entwicklungsland *n*.

dé·vi·ate ['di:vieit] I. *v/i.* abweichen, abgehen, abkommen (*from* von); II. *v/t.* ablenken.

de·vi·a·tion [di:vi'eiʃən] *s.* 1. Abweichung *f*, Abweichen *n* (*from* von); 2. *bsd. phys., opt.* Ablenkung *f*; 3. ✈, ⚓ Abweichung *f*, Ablenkung *f*, Abtrieb *m*; 4. *teleph.* 'Umleitung *f*; **de·vi'a·tion·ism** [-ʃənizəm] *s. pol.* Abweichen *n* von der Par'tei,linie; **de·vi'a·tion·ist** [-ʃənist], **de·vi·a·tor** ['di:vieitə] *s. pol.* nicht 'linientreues Mitglied e-r Par'tei.

de·vice [di'vais] *s.* 1. Plan *m*, Einfall *m*, Erfindung *f*: *left to one's own ~s* sich selbst überlassen; 2. Anschlag *m*, böse Absicht, Kniff *m*; 3. ⊕ Vor-, Einrichtung *f*, Gerät *n*; *fig.* Behelf *m*, Kunstgriff *m*; 4. Wahlspruch *m*, De'vise *f*; 5. *her.* Sinn-, Wappenbild *n*; 6. Muster *n*, Zeichnung *f*.

dev·il ['devl] I. *s.* 1. *the ~, a. the* ♀ der Teufel: *between the ~ and the deep sea fig.* zwischen zwei Feuern, in auswegloser Lage; *like the ~* F wie der Teufel, wie wahnsinnig;

to go to the ~ sl. zum Teufel od. vor die Hunde gehen; go to the ~! scher dich zum Teufel!; the ~ take the hindmost den Letzten beißen die Hunde; there's the ~ to pay F das dicke Ende kommt noch; the ~! F a) (verärgert) zum Teufel!, zum Henker!, b) (erstaunt) Donnerwetter!; 2. Teufel m, böser Geist, 'Satan m (a. fig.); → due 9; 3. fig. Laster n, Übel n; 4. poor ~ armer Teufel od. Schlucker; 5. Teufelskerl m, Draufgänger m; 6. a (od. the) ~ F e-e verflixte Sache: ~ of a job Heiden-, Mordsarbeit; who (what, how) the ~ ... wer (was, wie) zum Teufel ...; ~ a one kein einziger; 7. Handlanger m, Laufbursche m; 8. ⚖ meist unbezahlter Referen'dar (bei e-m barrister); 9. scharf gewürztes Gericht; 10. ⊕ Reißwolf m; II. v/t. 11. Am. F schikanieren, piesacken; 12. scharf gewürzt braten; 13. ⊕ zerfasern, wolfen; III. v/i. 14. als Referendar (bei e-m barrister) arbeiten; '~-dodg·er s. F 1. Prediger m; 2. Betbruder m, -schwester f; '~-fish s. ichth. Seeteufel m.

dev·il·ish ['devliʃ] I. adj. □ 1. teuflisch; 2. F fürchterlich, verteufelt; II. adv. 3. F verteufelt, schrecklich.

'dev·il-may-'care adj. 1. leichtsinnig, ‚wurstig'; 2. verwegen.

dev·il·ment ['devlmənt] s. 1. Unfug m; 2. Schurkenstreich m; **dev·il·ry** ['devlri] s. 1. Teufe'lei f, Grausamkeit f, Schurke'rei f; 2. 'Übermut m; 3. Teufelsbande f.

dev·il's| ad·vo·cate ['devlz] s. R.C. Advo'catus m Di'aboli (a. fig.), Teufelsanwalt m; ~ **bones** s. pl. Würfel(spiel n) pl.; ~ **books** s. pl. Spielkarten pl.; '~-'**darn·ing-nee·dle** s. zo. Li'belle f.

'dev·il-wor·ship s. Teufelsdienst m, -anbetung f.

de·vi·ous ['di:vjəs] adj. □ 1. abwegig, irrig, gewunden: ~ path Ab-, Umweg; 2. verschlagen, unredlich: by ~ means auf krummen Wegen, ‚hintenherum'; ~ step Fehltritt; '**de·vi·ous·ness** [-nis] s. 1. Abwegigkeit f, Abweichung f; 2. Unaufrichtigkeit f; Verschlagenheit f.

de·vis·a·ble [di'vaizəbl] adj. 1. erdenkbar, -lich; 2. ⚖ vererbbar; **de·vise** [di'vaiz] I. v/t. 1. ausdenken, ersinnen, erfinden, konstruieren; 2. ⚖ Grundbesitz vermachen, hinter'lassen (to dat.); II. s. 3. ⚖ Vermächtnis n; **dev·i·see** [devi'zi:] s. ⚖ Vermächtnisnehmer(in); **de·vis·er** [di'vaizə] s. Erfinder(in); Planer(in); **de·vi·sor** [devi'zɔ:] s. ⚖ 'Erb-lasser(in).

de·vi·tal·i·za·tion [di:vaitəlai'zeiʃən] s. Schwächung f der Lebenskraft; **de·vi·tal·ize** [di:'vaitəlaiz] v/t. entkräften, schwächen.

de·void [di'vɔid] adj.: ~ of ohne (acc.), leer an (dat.), frei von, bar (gen.), ...los: ~ of feeling gefühllos.

de·voir [de'vwɑ:] (Fr.) s. obs. 1. Pflicht f; 2. pl. Höflichkeitsbezeigungen pl., Artigkeiten pl.

dev·o·lu·tion [di:və'lu:ʃən] s. 1. Ab-, Verlauf m; 2. bsd. ⚖ 'Übergang m, Über'tragung f; Heimfall m; parl. Über'weisung f; 3. ˌDezentralisati'on f; 4. biol. Entartung f.

de·volve [di'vɔlv] I. v/t. 1. (upon) über'tragen (dat.), abwälzen (auf acc.); II. v/i. 2. (on, upon) 'übergehen (auf acc.), zufallen (dat.); sich vererben auf (acc.); 3. j-m obliegen.

De·vo·ni·an [de'vounjən] I. adj. 1. Devonshire betreffend; 2. geol. de'vonisch; II. s. 3. Bewohner(in) von Devonshire; 4. geol. De'von n.

de·vote [di'vout] v/t. (to dat.) 1. widmen, opfern, weihen, hingeben; 2. ~ o.s. sich widmen od. hingeben; sich verschreiben; **de'vot·ed** [-tid] adj. □ 1. hingebungsvoll, ergeben; eifrig; 2. anhänglich, liebevoll, zärtlich; 3. gläubig; 4. ~ head todgeweihtes Haupt; **dev·o·tee** [devou'ti:] s. 1. (eifriger) Anhänger; 2. Verehrer m; Verfechter m; 3. Frömmler m; 4. Ze'lot m; **de'vo·tion** [-ouʃən] s. 1. Widmung f, Hingabe f, Ergebenheit f, (Auf)Opferung f; 2. (Pflicht)Eifer m; 3. Anhänglichkeit f, Liebe f; Verehrung f; 4. Andacht f, Frömmigkeit f; 5. pl. Gebet(e pl.) n; **de'vo·tion·al** [-ouʃənl] adj. 1. andächtig, fromm; 2. Andachts...: ~ book Erbauungsbuch.

de·vour [di'vauə] v/t. 1. verschlingen, fressen; 2. wegraffen; verzehren, vernichten; 3. fig. Buch verschlingen; mit Blicken verschlingen od. verzehren; 4. pass. to be ~ed by sich verzehren vor (Gram etc.); **de'vour·ing** [-əriŋ] adj. □ 1. gierig; 2. fig. verzehrend, vernichtend; brennend.

de·vout [di'vaut] adj. □ 1. fromm; andächtig; 2. innig, herzlich; 3. sehnlich, eifrig; **de'vout·ness** [-nis] s. 1. Frömmigkeit f; 2. Andacht f, Hingabe f; 3. Innigkeit f, Inbrunst f.

dew [dju:] s. 1. Tau m; 2. fig. Tau m: a) Frische f, b) Feuchtigkeit f, Tränen pl.; '~-**ber·ry** s. ♀ e-e Brombeere; '~-**drop** s. Tautropfen m.

dew·i·ness ['dju:inis] s. Tauigkeit f, (Tau)Feuchtigkeit f.

'dew|·lap s. 1. zo. Wamme f; 2. F Doppelkinn n; '~-**point** s. phys. Taupunkt m; '~-**worm** s. zo. großer Regenwurm.

dew·y ['dju:i] adj. □ 1. taufeucht; 2. feucht; poet. um'flort (Augen); 3. frisch, erfrischend.

dex·ter ['dekstə] adj. 1. recht, rechts(seitig); 2. her. rechts (vom Beschauer aus links); **dex·ter·i·ty** [deks'teriti] s. 1. Handfertigkeit f, Geschicklichkeit f; 2. Gewandtheit f; 3. Rechtshändigkeit f; '**dex·ter·ous** [-tərəs] adj. □ 1. gewandt, geschickt, be'hend, flink; 2. rechtshändig; '**dex·tral** [-trəl] adj. □ 1. rechtsseitig; 2. rechtshändig.

dex·trin ['dekstrin] s. ⚗ Dex'trin n.

dextro- [dekstro] in Zssgn (nach) rechts.

dex·trose ['dekstrous] s. ⚗ Dex'trose f, Traubenzucker m.

dex·trous ['dekstrəs] → dexterous.

dhar·ma ['dɑ:mə; 'dɔ:-] s. 'Dharma n (in Indien: Tugend, Pflicht, Gesetz, Lehre).

dhoo·ti ['du:ti], **dho·ti** ['douti] pl. -tis [-tiz] s. (Indien) Lendentuch n (der Männer).

di- [dai] in Zssgn zwei, doppelt.

di·a·be·tes [daiə'bi:ti:z] s. ⚕ Dia'betes m, Zuckerkrankheit f; **di·a·bet·ic** [daiə'betik] I. adj. dia'betisch, zuckerkrank; II. s. Dia'betiker(in), Zuckerkranke(r m) f.

di·a·ble·rie [di'ɑ:bləri:] s. Zaube'rei f, Hexe'rei f.

di·a·bol·ic adj.; **di·a·bol·i·cal** [daiə'bɔlik(əl)] adj. □ dia'bolisch, teuflisch; **di·ab·o·lism** [dai'æbəlizəm] s. 1. Teufe'lei f; 2. Teufelskult m; **di·ab·o·lo** [di'ɑ:bəlou] s. Di'abolo (-spiel) n.

di·ac·id [dai'æsid] adj. ⚗ zweisäurig.

di·ac·o·nal [dai'ækənl] adj. eccl. Diakons...; **di'ac·o·nate** [-nit] s. eccl. Diako'nat n.

di·a·crit·ic [daiə'kritik] I. adj. dia'kritisch, unter'scheidend; II. s. ling. diakritisches Zeichen; **di·a'crit·i·cal** [-kəl] → diacritic I.

di·ac·tin·ic [daiæk'tinik] adj. phys. die ak'tinischen Strahlen 'durchlassend.

di·a·dem ['daiədem] s. 1. Dia'dem n, Stirnband n; 2. Hoheit f, Herrscherwürde f, -gewalt f.

di·aer·e·sis [dai'iərisis] s. ling. a) Diä'rese f, b) 'Trema n.

di·ag·nose ['daiəgnouz] v/t. 1. ⚕ diagnostizieren; 2. bestimmen, feststellen; **di·ag·no·sis** [daiəg'nousis] pl. -ses [-si:z] s. 1. ⚕ Dia'gnose f; 2. Beurteilung f, Bestimmung f, Befund m; **di·ag·nos·tic** [daiəg'nɔstik] ⚕ I. adj. (□ ~ally) dia'gnostisch; II. s. a) Sym'ptom n, b) pl. Dia'gnostik f; **di·ag·nos·ti·cian** [daiəgnɔs'tiʃən] s. ⚕ Dia'gnostiker(in).

di·ag·o·nal [dai'ægənl] I. adj. □ 1. diago'nal; schräg(laufend), über Kreuz; II. s. 2. a. ~ line ⩓ Diago'nale f; 3. a. ~ cloth Diago'nal m, schräggeripptes Gewebe.

di·a·gram ['daiəgræm] s. Dia'gramm n, 'graphische Darstellung, Schaubild n, Plan m, 'Schema n; **di·a·gram·mat·ic** [daiəgrə'mætik] adj. (□ ~ally) diagram'matisch, graphisch, sche'matisch; '**di·a·graph** [-grɑ:f; -græf] s. ⊕ Dia'graph m.

di·al ['daiəl] I. s. 1. Zifferblatt n (Uhr); 2. a. ~-plate ⊕ 'Skala f, 'Skalen-, Ziffernscheibe f; 3. teleph. Wähler-, Nummernscheibe f: ~ telephone Selbstanschlußtelephon; ~ (od. ~[l]ing) tone Amtszeichen; 4. Radio: Skalenscheibe f, (runde) Skala: ~ light Skalenbeleuchtung; 5. → sun-dial; 6. sl. Vi'sage f (Gesicht); II. v/t. 7. teleph. wählen: ~(l)ing code Vorwählnummer.

di·a·lect ['daiəlekt] s. Dia'lekt m, Mundart f; **di·a·lec·tal** [daiə'lektl] adj. □ dia'lektisch, mundartlich; **di·a·lec·tic** [daiə'lektik] I. adj. 1. phls. dia'lektisch; 2. spitzfindig; 3. ling. → dialectal; II. s. 4. oft pl. phls. Dia'lektik f; 5. Spitzfindigkeit f; **di·a·lec·ti·cal** [daiə'lektikəl] adj. □ 1. → dialectal; 2. → dialectic 1, 2, 3; **di·a·lec·ti·cian** [daiəlek'tiʃən] s. phls. Dia'lektiker m.

di·a·logue, Am. a. **di·a·log** ['daiəlɔg] s. Dia'log m, (Zwie)Gespräch n; ~ **track** s. Film: Sprechband n.

di·am·e·ter [dai'æmitə] s. 1. ⩓ Dia-

'meter *m*, 'Durchmesser *m*; **2.** Durchmesser *m*, Dicke *f*, Stärke *f*: *inner* ~ lichte Weite; **di·a·met·ri·cal** [daiə'metrikəl] *adj.* □ **1.** dia'metrisch; **2.** *fig.* diame'tral, genau entgegengesetzt.

di·a·mond ['daiəmənd] **I.** *s.* **1.** *min.* Dia'mant *m*: *black* ~ **a)** schwarzer Diamant, **b)** *fig.* (Stein)Kohle; *rough* ~ **a)** ungeschliffener Diamant, **b)** *fig.* Mensch mit gutem Kern u. rauher Schale; ~ *cut* ~ Wurst wider Wurst, List gegen List; **2.** *a. cutting* ~ ⊕ 'Glaserdiaˌmant *m*; **3.** Ꭿ **a)** Raute *f*, 'Rhombus *m*, **b)** spitzgestelltes Viereck; **4.** *Kartenspiel*: 'Karo *n*; **5.** *Baseball*: **a)** *rautenförmiges* Spielfeld, **b)** 'Malquaˌdrat *n*; **6.** ✝ Raute *f*, Karo *n* (*als Kistenmarke etc.*); **7.** *typ.* Dia'mant (-schrift) *f*; **II.** *v/t.* **8.** (wie) mit Diamanten schmücken; **III.** *adj.* **9.** dia'manten, Diamant...; ~ **cut·ter** *s.* Dia'mantschleifer *m*; '~**-drill** *s.* ⊕ Dia'mantbohrer *m*; '~**-field** *s.* Dia'mantenfeld *n*; '~-'**ju·bi·lee** *s.* dia'mantenes Jubi'läum; '~**-mine** *s.* Dia'mantengrube *f*; ~ **pane** *s.* rautenförmige Fensterscheibe; ~ **set·ter** *s.* Dia'mantenfasser *m*; '~**-shaped** *adj.* rautenförmig; ~ **wed·ding** *s.* dia'mantene Hochzeit.

di·an·thus [dai'ænθəs] *s.* ⚘ Nelke *f*.

di·a·pa·son [daiə'peisn] *s.* **1.** *antiq.* ♪ Ok'tave *f*; **2.** ♪ 'Ton-, 'Stimmˌumfang *m*; **3.** ♪ Men'sur *f* (*Orgel*); **4.** Zs.-klang *m*; har'monisches Ganzes; **5.** *fig.* 'Umfang *m*, Bereich *m*.

di·a·per ['daiəpə] **I.** *s.* **1.** karierte *od.* rautenförmig gemusterte Leinwand; **2.** *a.* ~ *pattern* Rauten-, 'Karomuster *n*; **3.** *Am.* Windel *f*; **4.** Monatsbinde *f*; **II.** *v/t.* **5.** mit Rautenmuster verzieren; ~ **rash** *s.* ⚕ Wundsein *n beim Säugling*.

di·aph·a·nous [dai'æfənəs] *adj.* 'durchsichtig, -scheinend.

di·a·pho·ret·ic [daiəfə'retik] *adj. u. s.* ⚕ schweißtreibend(es Mittel).

di·a·phragm ['daiəfræm] *s.* **1.** *anat.* Scheidewand *f*, *bsd.* Zwerchfell *n*; **2.** ⚕ Pes'sar *n*; **3.** *teleph. etc.* Mem'bran(e) *f*; **4.** *opt.*, *phot.* Blende *f*; ~ **pump** *s.* ⊕ Mem'branpumpe *f*; ~ **shut·ter** *s. phot.* Zen'tralverschluß *m*.

di·arch·y ['daiɑːki] *s.* Diar'chie *f*, Doppelherrschaft *f*.

di·a·rist ['daiərist] *s.* Tagebuchschreiber(in); **di·a·rize** ['daiəraiz] **I.** *v/i.* Tagebuch führen; **II.** *v/t.* ins Tagebuch eintragen.

di·ar·rh(o)e·a [daiə'riə] *s.* ⚕ Diar'rhöe *f*, 'Durchfall *m*.

di·a·ry ['daiəri] *s.* **1.** Tagebuch *n*: *to keep a* ~ ein Tagebuch führen; **2.** 'Taschenkaˌlender *m*, (Vor)Merkbuch *n*.

Di·as·po·ra [dai'æspərə] *s.* Di'aspora *f*: **a)** *die in der Zerstreuung lebenden Juden*, **b)** *die unter Heiden lebenden Judenchristen*.

di·a·ther·my ['daiəθəːmi] *s.* ⚕ Diather'mie *f*.

di·ath·e·sis [dai'æθisis] *pl.* -ses [-siːz] *s.* ⚕ Veranlagung *f*, Krankheitsneigung *f*.

di·a·tom ['daiətəm] *s.* ⚘ Diato'mee *f*, Kieselalge *f*.

di·a·to·ma·ceous [daiətə'meiʃəs] *adj.* Diatomeen...; ~ **earth** *s. geol.* Kieselgur *f*.

di·a·ton·ic [daiə'tɔnik] *adj.* ♪ dia'tonisch.

di·a·tribe ['daiətraib] *s.* gehässiger Angriff, Hetze *f*, Hetzrede *f od.* -schrift *f*.

dib [dib] *s.* **1.** *pl. sg. konstr. Brit.* (*Kinder*)Spiel *n* mit Knöchelchen; **2.** Spielmarke *f*; **3.** *pl. sl.* Mo'neten *pl.* (*Geld*).

dib·ber ['dibə] → *dibble I.*

dib·ble ['dibl] **I.** *s.* Dibbelstock *m*, Pflanz-, Setzholz *n*; **II.** *v/t. a.* ~ *in* mit e-m Setzholz pflanzen; **III.** *v/i.* mit e-m Setzholz Löcher machen, dibbeln.

dice [dais] **I.** *s. pl. von die*[1] *1* Würfel *pl.*, Würfelspiel *n*: *to play (at)* ~ → *II*; → *load 8*; **II.** *v/i.* würfeln, knobeln; **III.** *v/t. Küche*: in Würfel schneiden; '~**-box** *s.* Würfel-, Knobelbecher *m*.

dic·er ['daisə] *s.* Würfelspieler(in).

di·chot·o·my [di'kɔtəmi] *s.* **1.** *Logik*: Zweiteilung *f e-s Begriffs*; **2.** ⚘, *zo.* wieder'holte Gabelung; **3.** *fig.* Zwiespalt *m*.

di·chro·mat·ic [daikrou'mætik] *adj. bsd. biol.* dichro'matisch, zweifarbig.

dick[1] [dik] *s. Am. sl.* ‚Krimi'naler' *m*, Schnüffler *m*: *private* ~ Privatdetektiv.

Dick[2] [dik] *npr. abbr. für Richard*; → *Tom 3.*

dick·ens ['dikinz] *s. sl.* Teufel *m*: *what the* ~! was zum Teufel!; ~ *of a mess* Schlamassel.

dick·er[1] ['dikə] *v/i.* feilschen, schachern (*with* mit *j-m*, *for* um *et.*).

dick·er[2] ['dikə] *s.* ✝ zehn Stück.

dick·(e)y ['diki] *s.* F **1.** Hemdbrust *f*, Vorhemd *n*; Bluseneinsatz *m*; **2.** Kinderlätzchen *n*, Schürzchen *n*; **3.** *a.* ~*-bird* Vögelchen *n*, Piepmatz *m*; **4.** Rück-, Not-, Klappsitz *m*; **5.** Dienersitz *m* (*Wagen*); **6.** Esel *m*.

dick·y ['diki] *adj. sl.* kränklich, schwächlich; jämmerlich; wackelig (*a. fig. u.* ✝).

di·cot·y·le·don ['daikɔti'liːdən] *s.* ⚘ Diko'tyle *f*, zweikeimblättrige Pflanze; **di·cot·y·le·don·ous** [daikɔti'liːdənəs] *adj.* ⚘ zweikeimblättrig.

dic·ta ['diktə] *pl. von dictum.*

dic·tate [dik'teit] **I.** *v/t.* (*to dat.*) **1.** *Brief etc.* diktieren; **2.** diktieren, vorschreiben, gebieten; **3.** auferlegen; **4.** eingeben; **II.** *v/i.* **5.** diktieren, ein Dik'tat geben; **6.** diktieren, befehlen: *he will not be* ~*d to* er läßt sich keine Vorschriften machen; **III.** *s.* ['dikteit] **7.** Gebot *n*, Befehl *m*, Diktat *n*; Eingebung *f*, Mahnung *f*: *the* ~*s of reason* das Gebot der Vernunft; **dic'ta·tion** [-eiʃn] *s.* **1.** Dik'tat *n*: **a)** Diktieren *n*, **b)** Dik'tatschreiben *n*, **c)** diktierter Text; **2.** Gebot *n*, Geheiß *n*; **dic'ta·tor** [-tə] *s.* Dik'tator *m*, Gewalthaber *m*; **dic·ta·to·ri·al** [diktə'tɔːriəl] *adj.* □ dikta'torisch: **a)** gebieterisch, **b)** 'unumˌschränkt (*Macht etc.*); **dic'ta·tor·ship** [-təʃip] *s.* Dikta'tur *f*; **dic'ta·tress** [-tris] *s.* Dikta'torin *f*.

dic·tion ['dikʃən] *s.* Dikti'on *f*, Ausdrucksweise *f*, Stil *m*; Sprache *f*, Vortrag *m*.

dic·tion·ar·y ['dikʃənri] *s.* **1.** Wörterbuch *n*; **2.** (einsprachiges) enzyklo'pädisches Wörterbuch; **3.** Lexikon *n*, Enzyklopä'die *f*: *a walking* (*od. living*) ~ *fig.* ein wandelndes Lexikon.

dic·to·graph ['diktəgrɑːf; -græf] *s.* Abhörgerät *n* (*beim Telefon*).

dic·tum ['diktəm] *pl.* **-ta** [-tə] **-tums** *s.* **1.** Machtspruch *m*; **2.** ⚖ nicht rechtsverbindlicher Ausspruch des Richters; **3.** Spruch *m*, geflügeltes Wort.

did [did] *pret. von do*[1].

di·dac·tic [di'dæktik] *adj.* (□ ~*ally*) **1.** di'daktisch, lehrhaft, belehrend; **2.** schulmeisterlich.

did·dle[1] ['didl] *v/t. sl.* beschwindeln, betrügen, übers Ohr hauen.

did·dle[2] ['didl] *v/i. Am. sl.* zappeln.

did·n't ['didnt] F *für did not.*

didst [didst] *2. sg. obs. pret. von do*[1].

die[1] [dai] *v/i. p.pr.* **dy·ing** ['daiiŋ] **1.** sterben: *to* ~ *of cholera* an (der) Cholera sterben; *to* ~ *of old age* an Altersschwäche sterben; *to* ~ *of hunger* Hungers sterben, verhungern; *to* ~ *from a wound* an e-r Verwundung sterben; *to* ~ *a violent death* e-s gewaltsamen Todes sterben; *to* ~ *of laughing* (*od. with laughter*) *fig.* sich totlachen; *dying with sleep fig.* todmüde; *to* ~ *of boredom fig.* vor Lange(r)weile umkommen; *to* ~ *a beggar* als Bettler sterben; *to* ~ *game* kämpfend sterben (*a. fig.*); *to* ~ *hard* **a)** ein zähes Leben haben, ‚nicht tot zu kriegen sein', **b)** nicht nachgeben; *never say* ~*!* nur nicht verzweifeln!, Kopf hoch!; → ***bed 1, boot*[1] *1, ditch 1, harness 1***; **2.** eingehen (*Pflanze, Tier*), verenden (*Tier*); **3.** *fig.* ver-, 'untergehen, schwinden, aufhören, sich verlieren, verhallen, erlöschen, vergessen werden; **4.** *mst to be dying* (*for*; *to inf.*) sich sehnen (nach; danach, zu *inf.*), brennen (auf *acc.*; darauf, zu *inf.*): *I am dying to ...* ich würde schrecklich gern *wissen etc.*;

Zssgn mit adv.:

die| a·way *v/i.* **1.** schwächer werden, nachlassen, sich verlieren, schwinden; **2.** ohnmächtig werden; ~ **back** *v/i.* ⚘ (bis auf die Wurzeln) absterben; ~ **down** *v/i.* **1.** → *die away 1*; **2.** → *die back*; ~ **off** *v/i.* hin-, wegsterben; ~ **out** *v/i.* aussterben (*a. fig.*).

die[2] [dai] *s.* **1.** *pl.* dice Würfel *m*: *the* ~ *is cast* die Würfel sind gefallen; → *dice, straight 4*; **2.** *pl.* dies △ Würfel *m* e-s Sockels; **3.** *pl.* dies ⊕ **a)** (Preß-, Spritz)Form *f*, Gesenk *n*: *lower* ~ Matrize; *upper* ~ Patrize, **b)** (*Münz*)Prägestempel *m*, **c)** Schneideisen *n*, Stanze *f*, **d)** Gußform *f*.

'**die|-a·way** *adj.* schmachtend; ~ **cast·ing** *s.* ⊕ Spritzguß *m*; '~**-hard** **I.** *s.* **1.** unnachgiebiger Mensch, Unentwegte(r *m*) *f*; **2.** *pol.* hartnäckiger Reaktio'när; **II.** *adj.* **3.** hartnäckig, verstockt, zäh, nicht 'umzubringen(d); ~ **head** *s.* ⊕ Schneidkopf *m*.

di·e·lec·tric [daii'lektrik] ⚡ **I.** *s.* Die'lektrikum *n*; **II.** *adj.* (□ ~*ally*) die'lektrisch: ~ *strength* Spannungs-, Durchschlagfestigkeit.

di·er·e·sis *Am.* → *diaeresis.*

Die·sel en·gine ['di:zəl] *s.* ⊕ 'Diesel,motor *m.*

die·sel·i·za·tion [di:zəlai'zeiʃən] *s.* ⊕ Verdieselung *f*; **die·sel·ize** ['di:zəlaiz] *v/t.* ⊕ verdieseln; **diesel oil** *s.* Dieselöl *n.*

'die-sink·er *s.* ⊕ Stempelschneider *m*, Werkzeugmacher *m.*

di·es non ['daii:z'nɔn] *s.* **1.** ⚖ gerichtsfreier Tag; **2.** *fig.* Tag, der nicht zählt.

'die-stock *s.* ⊕ Schneidkluppe *f.*

di·et[1] ['daiət] *s.* **1.** Parla'ment *n* (*nicht brit. od. amer.*), Landtag *m*, Reichstag *m*; **2.** Tagung *f.*

di·et[2] ['daiət] **I.** *s.* **1.** Nahrung *f*, Ernährung *f*, Kost *f*: *vegetable* ~ vegetarische Kost; *full* (*low*) ~ reichliche (magere) Kost; **2.** ⚕ Di'ät *f*, Krankenkost *f*: *to be* (*put*) *on a* ~ auf Diät gesetzt sein, diät leben (müssen) **II.** *v/t.* **3.** *j-n* auf Diät setzen: *to* ~ *o.s.* Diät halten, sich kasteien; **III.** *v/i.* **4.** Diät halten; **'di·e·tar·y** [-təri] ⚕ **I.** *adj.* **1.** diä'tetisch, Diät...; **II.** *s.* **2.** Di'ätvorschrift *f*; **3.** 'Speise(rati,on) *f.*

di·e·tet·ic [daii'tetik] *adj.* (□ ~*ally*) → *dietary 1*; **di·e'tet·ics** [-ks] *s. pl. sg. od. pl. konstr.* ⚕ Diä'tetik *f*, Di'ätkunde *f*; **di·e'ti·tian, di·e'ti·cian** [-'tiʃən] *s.* ⚕ Di'ätspezia,list (-in).

dif·fer ['difə] *v/i.* **1.** sich unter'scheiden, verschieden sein, abweichen (*from* von); **2.** (*mst with, a. from*) nicht über'einstimmen (mit), anderer Meinung sein (als): *I beg to* ~ ich bin (leider) anderer Meinung; **3.** uneinig sein (*on* über *acc.*); → *agree* 2; **dif·fer·ence** ['difrəns] *s.* **1.** 'Unterschied *m*, Verschiedenheit *f*: ~ *in price* Preisunterschied; ~ *of opinion* Meinungsverschiedenheit; *that makes a* ~ das ändert die Sache; *that makes all the* ~ darin liegt der ganze Unterschied; *it makes no* ~ (*to me*) es ist (mir) gleich(gültig); *what's the* ~? was macht es schon aus?; **2.** 'Unterschied *m*, unter'scheidendes Merkmal: *the* ~ *between him and his brother*; **3.** Unterschied *m* (*in Menge*), Diffe'renz *f* (*a.* ✝, ⅋): *to split the* ~ **a)** sich in die Differenz teilen, **b)** sich auf halbem Wege treffen; **4.** Besonderheit *f*: *a cake with a* ~ ein Kuchen von ganz besonderer Art; **5.** Meinungsverschiedenheit *f*, Differenz *f*: *to settle a* ~ e-n Streit beilegen; **different** ['difrənt] *adj.* □ **1.** (*from, a. to*) verschieden (von), abweichend (von); anders (*pred.* als), ander (*attr.* als): *in two* ~ *countries* in zwei verschiedenen Ländern; *that's a* ~ *matter* das ist etwas anderes; *at* ~ *times* verschiedentlich, mehrmals; **2.** außergewöhnlich, besonder.

dif·fer·en·tial [difə'renʃəl] **I.** *adj.* □ **1.** 'unterschiedlich, charakte'ristisch, Unterscheidungs...; **2.** ⊕, ⚡, ⅋, *phys.* Differential...; **3.** ✝ abgestuft, gestaffelt; Sonder...; **II.** *s.* **4.** ⊕, *mot.* Differenti'al-, Ausgleichsgetriebe *n*; **5.** ⅋ Differenti'al *n*; **6.** ✝ ('Preis-, 'Lohn)Diffe,renz *f*, (-)Gefälle *n*, Lohnstufe *f*; ~ **cal·cu·lus** *s.* ⅋ Differenti'alrechnung *f*; ~ **du·ty** *s.* ✝ Differenti'alzoll *m*; ~ **gear** *s.* ⊕ Differential-, Ausgleichsgetriebe *n*; ~ **rate** *s.* ✝ 'Ausnahmeta,rif *m.*

dif·fer·en·ti·ate [difə'renʃieit] **I.** *v/t.* **1.** (*between*) einen 'Unterschied machen, unter'scheiden (zwischen *dat.*); **2.** (*from*) unterscheiden, trennen (von): *to be* ~*d* sich verschieden entwickeln; **II.** *v/i.* **3.** sich unterscheiden *od.* entfernen; sich verschieden entwickeln; **dif·fer·en·ti·a·tion** [difərenʃi'eiʃən] *s.* Unter'scheidung *f*; Differenzierung *f*; 'unterschiedliche Behandlung *od.* Entwicklung; Teilung *f.*

dif·fi·cult ['difikəlt] *adj.* **1.** schwierig, schwer; **2.** beschwerlich, mühsam; **3.** schwierig, schwer zu behandeln(d); **'dif·fi·cul·ty** [-ti] *s.* **1.** Schwierigkeit *f*: **a)** Mühe *f*: *with* ~ schwer, mühsam; *to have* (*od. find*) ~ *in doing s.th.* et. schwierig (zu tun) finden, **b)** schwierige Sache, **c)** Hindernis *n*, 'Widerstand *m*: *to come up against a* ~ auf Widerstand stoßen; *to make difficulties* Schwierigkeiten bereiten; **2.** *oft pl.* (*a.* Geld)Schwierigkeiten *pl.*, (-)Verlegenheit *f.*

dif·fi·dence ['difidəns] *s.* Schüchternheit *f*, mangelndes Selbstvertrauen; **'dif·fi·dent** [-nt] *adj.* □ schüchtern, ohne Selbstvertrauen, scheu: *to be* ~ *in doing* sich scheuen zu tun.

dif·fract [di'frækt] *v/t. phys.* beugen; **dif'frac·tion** [-kʃən] *s. phys.* Beugung *f*, Diffrakti'on *f.*

dif·fuse [di'fju:z] **I.** *v/t.* **1.** ausgießen, -schütten; **2.** *bsd. fig.* aus-, zerstreuen, verbreiten; **3.** ⚗, *phys., opt.* diffundieren: **a)** zerstreuen, **b)** vermischen, **c)** durch'dringen; **II.** *v/i.* **4.** sich zerstreuen, sich verbreiten; **5.** ⚗, *phys.* **a)** sich vermischen, **b)** diffundieren, eindringen; **III.** *adj.* [di'fju:s] □ **6.** weitschweifig, langatmig; **7.** zerstreut, verbreitet; **dif'fused** [-zd] *adj.*, **dif'fus·ed·ly** [-zidli] *adv.* zerstreut (*Licht*), verbreitet; **dif·fus·i·bil·i·ty** [difju:zə'biliti] *s. phys.* Diffusi'onsvermögen *n*; **dif'fus·i·ble** [-zəbl] *adj. phys.* diffusi'onsfähig; **dif·fu·sion** [di'fju:ʒən] *s.* **1.** Aus-, Verbreitung *f*, Aus-, Zerstreuung *f*; **2.** Weitschweifigkeit *f*; **3.** ⚗, *phys.* Diffusi'on *f*; **dif·fu·sive** [di'fju:siv] *adj.* □ **1.** sich verbreitend; **2.** *fig.* weitschweifig; **3.** *phys.* Diffusions...; **dif·fu·sive·ness** [di'fju:sivnis] *s.* **1.** Verbreitung *f*, Ausdehnung *f*; **2.** Weitschweifigkeit *f.*

dig [dig] **I.** *s.* **1.** Grabung *f*, Ausgrabungsstelle *f*; **2.** F Puff *m*, Stoß *m*: ~ *in the ribs* Rippenstoß; **3.** F *fig.* (*at*) (Seiten)Hieb *m* (auf *j-n*), Ausfall *m* (gegen); **4.** *Am. sl.* ‚Büffler' *m* (*fleißiger Student*); **5.** *pl. Brit. sl.* ‚Bude' *f*, (*bsd. Studenten-*) Zimmer *n*, Quar'tier *n*; **II.** *v/t.* [*irr.*] **6.** *Loch etc.* graben; *Boden* 'umgraben; *Bodenfrüchte* ausgraben: *to* ~ *one's way* (*out*) sich e-n Weg bahnen; **7.** *fig.* ans Tageslicht bringen, her'ausfinden; **8.** F *j-m* e-n Stoß geben: *to* ~ *spurs into a horse* e-m Pferde die Sporen geben; **9.** *Am. sl.* **a)** ‚kapieren', **b)** ‚büffeln', lernen, **c)** auftreiben, finden; **III.** *v/i.* [*irr.*] **10.** graben (*for* nach); **11.** *fig.* forschen (*for* nach); gründlich eindringen (*into* in *acc.*), studieren (*into acc.*); **12.** *Brit. sl.* wohnen, hausen; **13.** *Am. sl.* ‚büffeln' (*Student*);

Zssgn mit adv.:

dig| in I. *v/t.* **1.** eingraben (*a. fig.*); **2.** *to dig o.s. in* sich eingraben; *fig.* sich verschanzen, sich festsetzen; **II.** *v/i.* **3.** ⚔ sich eingraben, sich verschanzen; **4.** *sl.* schuften; ~ **out** *v/t.* **1.** ausgraben; **2.** → *dig 7*; ~ **up** *v/t.* **1.** 'um-, ausgraben; **2.** → *dig 7.*

di·gest [di'dʒest; dai-] **I.** *v/t.* **1.** *Speisen* verdauen; **2.** *fig.* verdauen: **a)** (innerlich) verarbeiten, über'denken, in sich aufnehmen, **b)** ertragen, verwinden; **3.** ordnen, einteilen; **4.** ⚗ digerieren, ausziehen, auflösen; **II.** *v/i.* **5.** sich verdauen lassen: *to* ~ *well* leicht verdaulich sein; **6.** ⚗ sich auflösen; **III.** *s.* ['daidʒest] **7.** (*of*) **a)** Auslese *f* (*a. Zeitschrift*), Auswahl *f* (aus), **b)** Abriß *m* (*gen.*), 'Überblick *m* (über *acc.*); **8.** ⚖ systematisierte Sammlung von Gerichtsentscheidungen; **di'gest·i·ble** [-təbl] *adj.* □ verdaulich, bekömmlich; **di'ges·tion** [-tʃən] *s.* **1.** Verdauung *f*: *easy of* ~ leichtverdaulich; **2.** *fig.* (innerliche) Verarbeitung; **di'ges·tive** [-tiv] **I.** *adj.* □ **1.** verdauungsfördernd; **2.** bekömmlich; **3.** Verdauungs...; **II.** *s.* **4.** Verdauungsmittel *n.*

dig·ger ['digə] *s.* **1.** Gräber(in); **2.** → *gold-digger*; **3.** 'Grabgerät *n*, -ma,schine *f*; **4.** Erdarbeiter *m*; **5.** 2*s pl. primitiver Indianerstamm*; **6.** *a.* ~*-wasp* Grabwespe *f*; **'dig·gings** [-giŋz] *s. pl.* **1.** *sg. od. pl. konstr.* Goldbergwerk *n*; **2.** → *dig 5.*

dig·it ['didʒit] *s.* **1.** *anat., zo.* Finger *m od.* Zehe *f*; **2.** Fingerbreite *f* (*Maß*); **3.** *ast.* 1/12 des 'Sonnen- *od.* 'Mond,durchmessers (*bei Finsternissen*); **4.** ⅋ **a)** eine der Ziffern von 0 bis 9, Einer *m*, **b)** Stelle *f*: *three-*~ *number* dreistellige Zahl; **'dig·it·al** [-tl] **I.** *adj.* **1.** Finger...; **2.** Digital...: ~ *clock*; **II.** *s.* **3.** ♪ Taste *f*; **dig·i·tal·is** [didʒi'teilis] *s.* **1.** ♀ Fingerhut *m*; **2.** ⚕ Digi'talis (-präpa,rat *n*) *f*; **'dig·i·tate, 'dig·i·tat·ed** [-teit(id)] *adj.* **1.** ♀ gefingert, handförmig; **2.** *zo.* gefingert; **'dig·i·ti·grade** [-tigreid] *zo.* **I.** *adj.* auf den Zehen gehend; **II.** *s.* Zehengänger *m.*

dig·ni·fied ['dignifaid] *adj.* würdevoll, würdig; **dig·ni·fy** ['dignifai] *v/t.* **1.** ehren, auszeichnen; Würde verleihen (*dat.*); **2.** hochtrabend benennen; **3.** *fig.* adeln.

dig·ni·tar·y ['dignitəri] *s.* **1.** Würdenträger *m*; **2.** *eccl.* Prä'lat *m*; **dig·ni·ty** ['digniti] *s.* **1.** Würde *f* (*a. fig.*); Hoheit *f*, Erhabenheit *f*; **2.** Würde *f*, (hoher) Rang; Ansehen *n*: *beneath my* ~ unter m-r Würde; **3.** *fig.* Größe *f*: ~ *of soul* Seelengröße, -adel.

di·graph ['daigrɑ:f; -græf] *s. ling.* Di'graph *m* (*Verbindung von zwei Buchstaben zu einem Laut*).
di·gress [dai'gres] *v/i.* abschweifen; **di'gres·sion** [-eʃən] *s.* Abschweifung *f*; **di'gres·sive** [-siv] *adj.* □ 1. abschweifend; 2. abwegig.
digs [digz] → *dig 5.*
di·he·dral [dai'hi:drəl] **I.** *adj.* **1.** di'edrisch, zweiflächig: ~ *angle* ⩓ Flächenwinkel; **2.** ✈ V-förmig; **II.** *s.* **3.** ⩓ Di'eder *m*, Zweiflächner *m*; **4.** ✈ V-Form *f*, V-Stellung *f* (*Tragflächen*).
dike [daik] **I.** *s.* **1.** Deich *m*, Damm *m*; **2.** Erdwall *m*, erhöhter Fahrdamm; **3.** *a. fig.* Schutzwall *m*, Bollwerk *n*; **4.** *obs.* Graben *m*, Wasserlauf *m*; **5.** *a.* ~ *rock geol.* Gangstock *m*; **II.** *v/t.* **6.** eindämmen, -deichen; '~**-reeve** *s. Brit.* Deichaufseher *m*.
dik·tat [dik'tɑ:t] *s.* (*Ger.*) *pol.* Dik'tat *n*.
di·lap·i·date [di'læpideit] **I.** *v/t.* zu'grunde richten, zerstören, ver- *od.* zerfallen lassen, ruinieren; **II.** *v/i.* ver-, zerfallen, in Verfall geraten; **di'lap·i·dat·ed** [-tid] *adj.* **1.** ver-, zerfallen, baufällig; **2.** schäbig, verwahrlost; **di·lap·i·da·tion** [dilæpi'deiʃən] *s.* **1.** Verfallenlassen *n*, Zerstörung *f*; **2.** Ver-, Zerfall *m*, Baufälligkeit *f*.
di·lat·a·bil·i·ty [daileitə'biliti] *s. phys.* Dehnbarkeit *f*, (Aus)Dehnungsvermögen *n*; **di·lat·a·ble** [dai'leitəbl] *adj. phys.* (aus)dehnbar.
dil·a·ta·tion [dailei'teiʃən] *s.* **1.** *phys.* Ausdehnung *f*; **2.** ⚕ Erweiterung *f*.
di·late [dai'leit] **I.** *v/t.* **1.** (aus)dehnen, (aus)weiten, erweitern: *with* ~*d* eyes mit aufgerissenen Augen; **II.** *v/i.* **2.** sich (aus)dehnen *od.* (aus-)weiten *od.* erweitern; **3.** *fig.* sich (ausführlich) verbreiten *od.* auslassen ([*up*]*on* über *acc.*); **di'la·tion** [-eiʃən] → *dilatation*; **di'la·tor** [-tə] *s. anat.* Dehnmuskel *m*.
dil·a·to·ri·ness ['dilətərinis] *s.* Zaudern *n*, Saumseligkeit *f*, Verschleppung *f*; **dil·a·to·ry** ['dilətəri] *adj.* □ **1.** aufschiebend, verzögernd, hinhaltend, Verschleppungs...; **2.** zaudernd, saumselig, säumig.
di·lem·ma [di'lemə] *s.* Di'lemma *n*, Verlegenheit *f*, Klemme *f*: *on the horns of a* ~ in e-r Zwickmühle.
dil·et·tan·te [dili'tænti] **I.** *pl.* **-ti** [-ti:], **-tes** [-tiz] *s.* Dilet'tant(in): **a)** Nichtfachmann *m*, Ama'teur(in), **b)** Stümper(in); **II.** *adj.* dilet'tantisch, laien-, stümperhaft, oberflächlich; **dil·et'tant·ish** [-tiʃ] → *dilettante II*; **dil·et'tant·ism** [-tizəm] *s.* Dilettan'tismus *m*.
dil·i·gence[1] ['diliʒɑ̃:ns] (*Fr.*) *s. bsd. französische* Postkutsche.
dil·i·gence[2] ['dilidʒəns] *s.* Fleiß *m*, Eifer *m*; Sorgfalt *f* (*a.* ⚖); '**dil·i·gent** [-nt] *adj.* □ **1.** fleißig, emsig; **2.** sorgfältig, gewissenhaft.
dill [dil] *s.* ♀ Dill *m*, Gurkenkraut *n*.
dil·ly-dal·ly ['dilidæli] *v/i.* F **1.** die Zeit vertrödeln, (her'um)trödeln; **2.** zaudern, schwanken.
dil·u·ent ['diljuənt] **I.** *adj.* ⚗ verdünnend; **II.** *s.* ⚕ Verdünnungsmittel *n*.
di·lute [dai'lju:t] **I.** *v/t.* **1.** verdünnen, *bsd.* wässern; **2.** *fig.* (ab)schwächen, verwässern: *to* ~ *labo(u)r Facharbeit in Arbeitsgänge zerlegen, deren Ausführung nur geringe Fachkenntnisse erfordert*; **II.** *adj.* **3.** verdünnt; **4.** *fig.* (ab)geschwächt, verwässert; **di'lut·ed** [-tid] *adj.* → *dilute II*; **dil·u·tee** [dailju:'ti:] *s. zwischen dem angelernten u. dem Facharbeiter stehender Beschäftigter*; **di·lu·tion** [dai'lu:ʃən] *s.* **1.** Verdünnung *f*, Verwässerung *f*; **2.** verdünnte Lösung; **3.** *fig.* Abschwächung *f*, Verwässerung *f*: ~ *of labo(u)r Zerlegung von Facharbeit in Arbeitsgänge, deren Ausführung nur geringe Fachkenntnisse erfordert*.
di·lu·vi·al [dai'lu:vjəl], **di'lu·vi·an** [-ən] *adj.* **1.** *geol.* diluvi'al, Eiszeit...; **2.** Überschwemmungs...; **3.** (Sint)Flut...; **di·lu·vi·um** [dai'lu:vjəm] *s. geol.* Di'luvium *n*.
dim [dim] **I.** *adj.* □ **1.** (halb)dunkel, düster, trübe; **2.** undeutlich, verschwommen, schwach; **3.** blaß, matt (*Farbe*); **4.** F schwer von Begriff; **II.** *v/t.* **5.** verdunkeln, verdüstern; trüben; **6.** *a.* ~ *out Licht* abblenden, dämpfen; **7.** mattieren; **III.** *v/i.* **8.** sich verdunkeln; **9.** matt *od.* trübe werden; **10.** undeutlich werden; verblassen (*a. fig.*).
dime [daim] *s. Am.* Zehn'centstück *n*: *a* ~ *a dozen* spottbillig; ~ *novel* Groschenroman; ~ *store* billiges Warenhaus.
di·men·sion [di'menʃən] **I.** *s.* **1.** ⩓ Dimensi'on *f*; **2.** Maß *n*, Abmessung *f*, Ausdehnung *f*; **3.** *pl. oft fig.* Ausmaß *n*, Größe *f*, 'Umfang *m*: *of vast* ~*s* riesengroß; **II.** *v/t.* **4.** bemessen, dimensionieren: *amply* ~*ed*; **5.** mit Maßangaben versehen: ~*ed sketch* Maßskizze; **di'men·sion·al** [-ʃənl] *adj.* in *Zssgn*: *three-*~ dreidimensional.
dim·e·ter ['dimitə] *s.* 'Dimeter *m* (*Vers*).
di·min·ish [di'miniʃ] **I.** *v/t.* **1.** vermindern (*a.* ♪), verringern; **2.** verkleinern, her'absetzen (*a. fig.*); **3.** (ab)schwächen; **4.** ⚠ verjüngen; **II.** *v/i.* **5.** sich vermindern, abnehmen; **6.** ⚠ sich verjüngen; **di'min·ished** [-ʃt] *adj.* **1.** vermindert (*a.* ♪); **2.** *fig.* ‚klein', demütig; **di'min·ish·ing** [-ʃiŋ] *adj.* □ kleiner werdend, (ver)schwindend.
di·min·u·en·do [diminju'endou] *adv.* ♪ diminu'endo, abnehmend.
dim·i·nu·tion [dimi'nju:ʃən] *s.* **1.** Verminderung *f*, Verringerung *f*; Verkleinerung *f* (*a.* ♪); **2.** Abnahme *f*, Nachlassen *n*; **3.** ⚠ Verjüngung *f*; **di·min·u·ti·val** [diminju:'taivəl] *adj.* □ → *diminutive 2*; **di·min·u·tive** [di'minjutiv] **I.** *adj.* □ **1.** klein, winzig; **2.** *ling.* Diminutiv..., Verkleinerungs...; **II.** *s.* **3.** *ling.* Diminu'tiv(um) *n*, Verkleinerungsform *f*; **di·min·u·tive·ness** [di'minjutivnis] *s.* Winzigkeit *f*.
dim·is·so·ry ['dimisəri] *adj. eccl.*: *letter* ~, ~ *letter* Dimissoriale, Entlassungsschreiben.
dim·i·ty ['dimiti] *s.* geköperter 'Barchent.
dim·mer ['dimə] *s.* Verdunkelungs-, Abblendungsvorrichtung *f*, (*Licht-*)Dämpfer *m*: ~ *switch* Abblendschalter; **dim·ness** ['dimnis] *s.* **1.** Dunkelheit *f*, Düsterkeit *f*; **2.** Mattheit *f*; **3.** Undeutlichkeit *f*.
di·mor·phic [dai'mɔ:fik], **di'morphous** [-fəs] *adj.* di'morph, zweigestaltig.
'**dim-out** *s.* **1.** Abblendung *f*; **2.** ⚔ (mäßige) Verdunkelung.
dim·ple ['dimpl] **I.** *s.* **1.** Grübchen *n* (*Wange*); **2.** Vertiefung *f*; **3.** Kräuselung *f* (*Wasser*); **II.** *v/t.* **4.** Grübchen machen in (*acc.*); **5.** *Wasser* kräuseln; **III.** *v/i.* **6.** Grübchen bekommen; **7.** sich kräuseln (*Wasser*); '**dim·pled** [-ld], '**dimp·ly** [-li] *adj.* **1.** mit Grübchen; **2.** gekräuselt (*Wasser*).
'**dim-wit·ted** *adj. sl.* ‚dusselig', ‚dämlich'.
din [din] **I.** *s.* **1.** Lärm *m*, Getöse *n*; **2.** Geklirr *n* (*Waffen*), Gerassel *n*; **II.** *v/t.* **3.** schreien, grölen; **4.** *et.* dauernd vorpredigen: *to* ~ *s.th. into s.o.('s ears)* j-m et. einhämmern; **III.** *v/i.* **5.** lärmen; **6.** dröhnen (*with* von).
di·nar ['di:nɑ:] *s.* Di'nar *m*.
dine [dain] **I.** *v/i.* **1.** speisen, *die Hauptmahlzeit* essen: *to* ~ *out* zum Essen ausgehen; *to* ~ *off* (*od. on*) *roast beef zur Mahlzeit* Rostbraten essen; *to* ~ *with s.o.* bei j-m speisen; *to* ~ *with Duke Humphrey* nichts zu essen haben; **II.** *v/t.* **2.** *j-n* bei sich zu Gaste haben, bewirten; **3.** für ... *Personen* Platz zum Essen haben, fassen (*Zimmer, Tisch*); '**din·er** [-nə] *s.* **1.** Tischgast *m*; **2.** 🚃 Speisewagen *m*; **3.** *Am.* Restau'rant *n* in Form e-s Speisewagens; '**din·er-'out** *s.* **1.** häufig zum Essen Eingeladene(r), Tischgast *m*; **2.** j-d, der oft außer Hause ißt.
di·nette [dai'net] *s.* Eßecke *f*.
ding [diŋ] **I.** *v/t.* **1.** läuten; **2.** → *din 4*; **II.** *v/i.* **3.** läuten.
ding-dong ['diŋ'dɔŋ] **I.** *s.* Bimbam *n*; **II.** *adj.* heiß, heftig (u. wechselvoll) (*Kampf etc.*).
din·ghy ['diŋgi] *s.* **1.** ⚓ **a)** 'Dingi *n*, **b)** Beiboot *n*; **2.** Schlauchboot *n e-s Flugzeugs*.
din·gi·ness ['dindʒinis] *s.* **1.** dunkle Farbe, Schmutzfarbe *f*; **2.** Schäbigkeit *f* (*a. fig.*); **3.** *fig.* Anrüchigkeit *f*.
din·gle ['diŋgl] *s.* Waldschlucht *f*.
din·go ['diŋgou] *pl.* **-goes** *s. zo.* Dingo *m* (*Wildhund Australiens*).
din·gy ['dindʒi] *adj.* □ **1.** schmutzig, schmuddelig; **2.** schäbig; **3.** anrüchig.
'**din·ing|-car** ['dainiŋ] *s.* 🚃 Speisewagen *m*; '~**-room** *s.* Speise-, Eßzimmer *n*; '~**-ta·ble** *s.* Eßtisch *m*.
dink·ey ['diŋki] *s. Am.* F **1.** *et.* Kleines; **2.** kleine Ran'gierlokomo,tive.
din·kum ['diŋkəm] *Austral. sl.* **I.** *adj.* ehrlich, echt: ~ *oil* die volle Wahrheit; **II.** *s.* schwere Arbeit.
dink·y ['diŋki] *adj.* F **1.** *Brit.* zierlich, niedlich, nett; **2.** *Am.* klein.
din·ner ['dinə] *s.* **1.** Hauptmahlzeit *f*, Mittag-, Abendessen *n*: *after* ~ nach dem Essen, nach Tisch; *to be at* ~ bei Tisch sein; *to stay for* (*od. to*) ~ zum Essen bleiben; ~ *is ready* es (*od.* das Essen) ist angerichtet; *what are we having for* ~? was gibt es zum Essen?; **2.** Di'ner *n*, Fest-

essen *n*; '~-**bell** *s.* Essensglocke *f*; ~ **car·ri·er** *s.* Essenträger *m* (*Gerät*); '~-**clar·et** *s.* roter Tischwein; '~-**coat** *bsd. Am.* → *dinner-jacket*; '~-**dance** *s.* Abendgesellschaft *f* mit Tanz; '~-**jack·et** *s. bsd. Brit.* Smoking *m*; '~-**pail** *Am.* → *dinner carrier*; '~-**par·ty** *s.* Tisch-, Abendgesellschaft *f*; '~-**serv·ice**, '~-**set** *s.* Tafelgeschirr *n*; '~-**ta·ble** *s.* Eßtisch *m*; '~-**time** *s.* Tischzeit *f*; '~-**wag·on** *s.* Servierwagen *m*.

di·no·saur ['dainəsɔː] *s. zo.* Dino'saurier *m*.

dint [dint] **I.** *s.* **1.** Beule *f*, Vertiefung *f*; Strieme *f*; **2.** *by* ~ *of* kraft, vermöge, mittels (*alle gen.*); **II.** *v/t.* **3.** einbeulen, -drücken.

di·oc·e·san [dai'ɔsisən] **I.** *adj.* Diözesan...; **II.** *s.* (Diöze'san)Bischof *m*; **di·o·cese** ['daiəsis] *s.* Diö'zese *f*, Sprengel *m*.

di·ode ['daioud] *s.* ⚡ *Radio*: Di'ode *f*, Zweipolröhre *f*: *light-emitting* ~ Leuchtdiode.

Di·o·nys·i·ac [daiə'niziæk], **Di·o'ny·sian** [-ziən] *adj.* dio'nysisch.

di·op·ter [dai'ɔptə] *s. phys.* Diop'trie *f*; **di'op·tric** [-trik] *phys.* **I.** *adj.* **1.** di'optrisch, lichtbrechend; **II.** *s.* **2.** → *diopter*; **3.** *pl. sg. konstr.* Di'optrik *f*, (Licht)Brechungslehre *f*.

di·o·ra·ma [daiə'rɑːmə] *s.* Dio'rama *n* (*plastisch wirkendes Bild*).

Di·os·cu·ri [daiɔs'kjuərai] *s. pl.* Dios'kuren *pl.* (*Castor u. Pollux*).

di·ox·ide [dai'ɔksaid] *s.* ⚗ 'Dio,xyd *n*.

dip [dip] **I.** *v/t.* **1.** (ein)tauchen (*in, into* in *acc.*): *to* ~ *one's hand into one's pocket* in die Tasche greifen (*a. fig. Geld ausgeben*); *to be* ~*ped* F in Schulden *od.* Schwierigkeiten geraten; **2.** färben; **3.** *Schafe durch ein Tauchbad* waschen, dippen; **4.** *Kerzen* ziehen; **5.** ⚓ *Flagge* dippen (*zum Gruß niederholen u. wieder aufziehen*); **6.** *a.* ~ *up* schöpfen (*from, out of* aus); **7.** *mot. Scheinwerfer* abblenden; **II.** *v/i.* **8.** 'unter-, eintauchen; **9.** sich senken *od.* neigen (*Gelände, Waage, Magnetnadel*); **10.** ⚒ ab-, einfallen; **11.** nieder- u. wieder auffliegen; **12.** ✈ vor dem Steigen tiefer gehen; **13.** *fig.* hin'eingreifen: *to* ~ *into* **a)** e-n Blick werfen in (*acc.*), sich flüchtig befassen mit, **b)** *Reserven* angreifen; *to* ~ *into one's purse* in die Tasche *od.* in den Geldbeutel greifen; *to* ~ *deep into the past* die Vergangenheit erforschen; **III.** *s.* **14.** Eintauchen *n*; **15.** kurzes Bad(en); **16.** ⊕ Farbbad *n*; Tauchbad *n*; **17.** Desinfekti'onsbad *n* (*Schafe*); **18.** geschöpfte Flüssigkeit; **19.** *Am.* F Tunke *f*, Soße *f*; **20.** (gezogene) Kerze; **21.** Neigung *f*, Senkung *f*, Gefälle *n*; Neigungswinkel *m*; **22.** *geol.* Abdachung *f*; Einfallen *n*, Versinken *n*; **23.** schnelles Hin'ab(- u. Hin'auf)Fliegen; **24.** ✈ plötzliches Tiefergehen vor dem Steigen; **25.** ⚓ Dippen *n* (*kurzes Niederholen der Flagge*); **26.** flüchtiger Blick; **27.** Angreifen *n* (*into e-s Vorrats etc.*); **28.** → *lucky-dip*.

diph·the·ri·a [dif'θiəriə] *s.* ⚕ Diphthe'rie *f*; **diph'ther·ic** [-'θerik], **diph·the·rit·ic** [difθə'ritik] *adj.* diph'therisch.

diph·thong ['difθɔŋ] *s. ling.* **1.** Diph'thong *m*, 'Doppelvo,kal *m*; **2.** *die Ligatur* æ *od.* œ; **diph·thon·gal** [dif'θɔŋgəl] *adj. ling.* diph'thongisch; **diph·thong·i·za·tion** [difθɔŋgai'zeiʃən] *s. ling.* Diphthongierung *f*.

di·plo·ma [di'ploumə] *s.* Di'plom *n*, Urkunde *f*; **di'plo·ma·cy** [-əsi] *s. pol., a. fig.* Diploma'tie *f*; **di'plo·maed** [-məd] *adj.* diplomiert, Diplom...; **dip·lo·mat** ['dipləmæt] *s. pol., a. fig.* Diplo'mat *m*; **dip·lo·mat·ic** [diplə'mætik] *adj.* (□ ~*ally*) **1.** *pol.* diplo'matisch: ~ *body* (*od. corps*) diplomatisches Korps; ~ *service* diplomatischer Dienst; **2.** *fig.* diplomatisch: **a)** taktvoll, **b)** schlau, berechnend; **3.** urkundlich; **dip·lo·mat·ics** [diplə'mætiks] *s. pl. sg. konstr.* Diplo'matik *f*, Urkundenlehre *f*; **di'plo·ma·tist** [-ətist] → *diplomat*.

'**dip|-nee·dle** → *dipping-needle*; '~-**net** *s. Fischerei*: Streichnetz *n*.

di·po·lar [dai'poulə] *adj.* ⚡ zweipolig; **di·pole** ['daipoul] *s.* ⚡ 'Dipol *m*.

dip·per ['dipə] *s.* **1.** *orn.* Taucher *m*; **2.** Schöpflöffel *m*; **3.** ⊕ **a)** Baggereimer *m*, **b)** Bagger *m*; **4.** *ast.* ♎, *Big* ♎ *Am.* Großer Bär; *Little* ♎ *Am.* Kleiner Bär; **5.** *s. eccl.* 'Wiedertäufer *m*; ~ **dredg·er** *s.* ⊕ Schaufel- *od.* Löffelbagger *m*.

dip·ping ['dipiŋ] *s.* **1.** Tauchbad *n*; **2.** *in Zssgn* Tauch...; '~-**nee·dle** *s.* ⚓ Inklinati'onsnadel *f*.

dip·py ['dipi] *adj. sl.* ‚plem'plem', verrückt, verdreht.

dip·so·ma·ni·a [dipsou'meinjə] *s.* Trunksucht *f*; **dip·so'ma·ni·ac** [-niæk] *s.* Trunksüchtige(r *m*) *f*.

'**dip|·stick** *s. mot.* Meßstab *m* (*Öl etc.*); ~ **switch** *s. mot.* Abblendschalter *m*.

dip·ter·a ['diptərə] *s. pl. zo.* Zweiflügler *pl.* (*Insekten*); '**dip·ter·al** [-rəl], '**dip·ter·ous** [-rəs] *adj.* ♀, *zo.* zweiflügelig.

dip·tych ['diptik] *s.* 'Diptychon *n*: **a)** *antiq. zs.-klappbare Schreibtafel*, **b)** *eccl. zweiflügeliges Altarbild*.

dire ['daiə] *adj.* **1.** gräßlich, entsetzlich, schrecklich; **2.** schlimm, unheilvoll; **3.** äußerst, höchst: *to be in* ~ *need of et.* dringend brauchen.

di·rect [di'rekt] **I.** *v/t.* **1.** lenken, leiten, führen; beaufsichtigen; ♪ dirigieren; *Film, Fernsehen*: Re'gie führen bei: ~*ed by* unter der Regie von; **2.** *Aufmerksamkeit, Blicke* richten, lenken (*to, towards* auf *acc.*); **3.** *Worte etc.* richten, *Brief* richten, adressieren (*to* an *acc.*); **4.** anweisen, beauftragen; (An-)Weisung geben (*dat.*): *to* ~ *the jury as to the law* ⚖ den Geschworenen Rechtsbelehrung geben; **5.** anordnen, verfügen, bestimmen: *to* ~ *s.th. to be done* anordnen, daß et. geschieht; *as* ~*ed* nach Vorschrift, laut Anordnung; **6.** befehlen; **7.** (to) den Weg zeigen (nach, zu), verweisen (an *acc.*); **II.** *v/i.* **8.** befehlen, bestimmen; **9.** ♪ dirigieren; *Film, Fernsehen*: Regie führen; **III.** *adj.* □ → *directly*; **10.** di'rekt, gerade; **11.** direkt, unmittelbar (*a.* ⊕, ✝, *phys., pol.*): ~ *action pol.* direkte Aktion, eigenmächtige Handlungsweise; ~ *current* ⚡ Gleichstrom; ~ *evidence* ⚖ Zeugenbeweis; ~ *hit* Volltreffer; ~ *line* direkte (Abstammungs)Linie; ~ *method* direkte Methode (*Sprachunterricht*); *the* ~ *opposite* das genaue Gegenteil; ~ *responsibility* persönliche Verantwortung; ~ *taxes* direkte Steuern; ~ *train* direkter *od.* durchgehender Zug; **12.** gerade, offen, deutlich: ~ *answer*; ~ *question*; **13.** *ling.* ~ *object* direktes Objekt; ~ *speech* direkte Rede; **14.** *ast.* rechtläufig; **IV.** *adv.* **15.** direkt, unmittelbar (*to* zu, an *acc.*).

di·rec·tion [di'rekʃən] *s.* **1.** Richtung *f* (*a.* ⊕, *phys., fig.*): *sense of* ~ Orts-, Orientierungssinn; *in the* ~ *of* in (der) Richtung nach *od.* auf (*acc.*); *in all* ~*s* nach allen Richtungen *od.* Seiten; *in many* ~*s* in vieler Hinsicht; **2.** Leitung *f*, Führung *f*, Lenkung *f*: *under his* ~ unter s-r Leitung; **3.** Leitung *f*, Direkti'on *f*, Direk'torium *n*; **4.** *Film, Fernsehen*: Re'gie *f*; **5.** *mst pl.* (An-)Weisung *f*, Anleitung *f*, Belehrung *f*, Anordnung *f*, Vorschrift *f*, 'Richt,linie *f*: *by* ~ *of* auf Anordnung von; *to give* ~*s* Anweisungen *od.* Vorschriften geben; ~*s for use* Gebrauchsanweisung; *full* ~*s inside* genaue Anweisung(en) anbei; **6.** Anschrift *f*, A'dresse *f* (*Brief*).

di·rec·tion·al [di'rekʃənl] *adj.* **1.** Richtungs...; **2.** ⚡ **a)** Richt..., **b)** Peil...; ~ **a·e·ri·al**, ~ **an·ten·na** *s.* ⚡ 'Richtan,tenne *f*, -strahler *m*; ~ **beam** *s.* ⚡ Richtstrahl *m*; ~ **ra·di·o** *s.* ⚡ **1.** Richtfunk *m*: ~ *beacon* ⚓ Richtfunkfeuer; **2.** Peilfunk *m*; ~ **trans·mit·ter** *s.* ⚡ **1.** Richtfunksender *m*; **2.** Peilsender *m*.

di'rec·tion-find·er *s.* ⚡ (Funk-)Peiler *m*, Peilempfänger *m*.

di'rec·tion-find·ing *s.* ⚡ **a)** (Funk-)Peilung *f*, Richtungsbestimmung *f*, **b)** Peilwesen *n*: ~ *set* Peilgerät.

di·rec·tion| in·di·ca·tor *s.* **1.** *mot.* (Fahrt)Richtungsanzeiger *m*, Blinker *m*; **2.** ✈ Kursweiser *m*; ~ **post** *s.* Wegweiser *m*.

di·rec·tive [di'rektiv] **I.** *adj.* lenkend, leitend, richtungweisend; **II.** *s.* Direk'tive *f*, (An)Weisung *f*, Vorschrift *f*; **di·rect·ly** [di'rektli] **I.** *adv.* **1.** gerade, di'rekt; **2.** unmittelbar, direkt (a. ⊕): ~ *proportional* direkt proportional; ~ *opposed* genau entgegengesetzt; **3.** *bsd. Brit.* [F *a.* 'drekli] so'fort, gleich, bald; **II.** *cj.* **4.** *bsd. Brit.* [F *a.* 'drekli] so'bald (als): ~ *he entered* sobald er eintrat; **di'rect·ness** [-tnis] *s.* **1.** Geradheit *f*, gerade Richtung; **2.** Unmittelbarkeit *f*; **3.** Offenheit *f*; **4.** Deutlichkeit *f*.

di·rec·tor [di'rektə] *s.* **1.** Di'rektor *m*, Leiter *m*, Vorsteher *m*; **2.** ✝ **a)** Direktor *m*: ~-*general* Generaldirektor, **b)** Mitglied *n* des Verwaltungsrats; → *board 8*; **3.** *Film*: Regis'seur *m*; **4.** ⊕ Richtgerät *n*; **5.** ⚔ Kom'mandogerät *n*; **di'rec·to·rate** [-tərit] *s.* **1.** Di'rektorstelle *f*; **2.** Direk'torium *n*, Leitung *f*;

di'rec·tor·ship [-ʃip] *s.* Direk'torenamt *n*, -stelle *f*.

di·rec·to·ry [di'rektəri] *s.* **1. a)** A'dreßbuch *n*, **b)** *a. telephone* ~ Tele'phonbuch *n*; **2.** *bsd. eccl.* Regelverzeichnis *n*, Leitfaden *m*; **3.** ♀ *hist.* Direk'torium *n* (*französische Revolution*).

di·rec·tress [di'rektris] *s.* Direk'torin *f*, Vorsteherin *f*, Leiterin *f*.

dire·ful ['daiəful] → *dire*.

dirge [də:dʒ] *s.* Klagelied *n*, Grabgesang *m*, Totenklage *f*.

dir·i·gi·ble ['diridʒəbl] **I.** *adj.* lenkbar; **II.** *s.* lenkbares Luftschiff.

dirk [də:k] **I.** *s.* Dolch *m*; **II.** *v/t.* erdolchen.

dirn·dl ['də:ndl] (*Ger.*) *s.* Dirndl[(-kleid) *n*.]

dirt [də:t] *s.* **1.** Schmutz *m* (*a. fig.*), Kot *m*, Dreck *m*; **2.** Staub *m*, Boden *m*, (lockere) Erde; **3.** *fig.* Plunder *m*, Schund *m*; **4.** *fig.* unflätige Reden *pl.*; Gemeinheit(en *pl.*) *f*: *to eat* ~ sich demütigen müssen; *to fling* (*od. throw*) ~ *at s.o.* j-n in den Schmutz ziehen; *to treat s.o. like* ~ j-n wie (den letzten) Dreck behandeln; '~-'**cheap** *adj. u. adv.* spottbillig.

dirt·i·ness ['də:tinis] *s.* **1.** Schmutz *m*, Schmutzigkeit *f* (*a. fig.*); **2.** Gemeinheit *f*, Niedertracht *f*.

'**dirt|-road** *s. Am.* Erdstraße *f*, unbefestigte Straße; ~ **track** *s.* Sandbahn *f* (*für Motorradrennen*).

dirt·y ['də:ti] **I.** *adj.* □ **1.** schmutzig, dreckig, Schmutz...: ~ *hands* schmutzige Hände; ~ *brown* schmutzigbraun; ~ *work* **a)** Schmutzarbeit, niedere Arbeit, **b)** *fig.* unsauberes Geschäft, Schurkerei; **2.** *fig.* gemein, niederträchtig: *a* ~ *lot* ein Lumpenpack; ~ *trick* Gemeinheit; *to do the* ~ *on s.o. Brit. sl.* j-n gemein behandeln, j-m übel mitspielen; **3.** *fig.* schmutzig, unflätig, unanständig: *a* ~ *mind* schmutzige Gedanken; **4.** schlecht, *bsd.* ⚓ stürmisch (*Wetter*); **II.** *v/t.* **5.** beschmutzen, besudeln (*a. fig.*); **III.** *v/i.* **6.** schmutzig werden.

dis·a·bil·i·ty [disə'biliti] *s.* **1.** Unvermögen *n*, Unfähigkeit *f*; **2.** ⚖ Geschäfts-, Rechtsunfähigkeit *f*; **3.** Körperbeschädigung *f*, -behinderung *f*; ⚔ Dienstuntauglichkeit *f*; Erwerbsunfähigkeit *f*; Invalidi'tät *f*; **4.** Unzulänglichkeit *f*; **5.** Benachteiligung *f*, Nachteil *m*; ~ **ben·e·fit** *s.* Inva'lidenrente *f*; ~ **in·sur·ance** *s.* Inva'lidenversicherung *f*; ~ **pen·sion** *s.* (Kriegs)Versehrtenrente *f*.

dis·a·ble [dis'eibl] *v/t.* **1.** unfähig machen, außer'stand setzen (*from doing s.th.* et. zu tun); **2.** unbrauchbar *od.* untauglich machen (*for* für, zu); **3.** ⚔ dienstuntauglich *od.* kampfunfähig machen; **4.** ⚖ rechtsunfähig machen; **5.** entkräften, lähmen; **6.** verkrüppeln; **dis'a·bled** [-ld] *adj.* **1.** dienst-, arbeitsunfähig; körperbehindert, inva'lid(e); ⚔ untauglich; **2.** ⚔ kampfunfähig; abgeschossen (*Panzer etc.*); **3.** kriegsversehrt: ~ *soldier* Kriegsversehrte(r); **4.** unbrauchbar, untauglich; **dis'a·ble·ment** [-mənt] *s.* **1.** (Dienst-, Arbeits-, Erwerbs)Unfähigkeit *f*; Invalidi'tät *f*: *degree of* ~ Invaliditätsgrad; **2.** ⚔ (Dienst)Untauglichkeit *f*, Kampfunfähigkeit *f*.

dis·a·buse [disə'bju:z] *v/t.* aus dem Irrtum befreien, e-s Besseren belehren, aufklären (*of s.th.* über *acc.*): *to* ~ *o.s.* (*od. one's mind*) *of s.th.* sich von et. *Irrtümlichem* befreien, sich et. aus dem Kopf schlagen.

dis·ac·cord [disə'kɔ:d] **I.** *v/i.* nicht über'einstimmen; **II.** *s.* Uneinigkeit *f*; 'Widerspruch *m*.

dis·ac·cus·tom ['disə'kʌstəm] *v/t.* abgewöhnen (*s.o. to s.th.* j-m et.).

dis·ad·van·tage [disəd'vɑ:ntidʒ] *s.* Nachteil *m*, Schaden *m*: *to be at a* ~, *to labo(u)r under a* ~ im Nachteil sein; *to s.o.'s* ~ zu j-s Nachteil *od.* Schaden; *to take s.o. at a* ~ j-s ungünstige Lage ausnutzen; *to sell to* (*od. at a*) ~ mit Verlust verkaufen; **dis·ad·van·ta·geous** [disædvɑ:n'teidʒəs] *adj.* □ nachteilig, ungünstig, schädlich (*to* für).

dis·af·fect·ed [disə'fektid] *adj.* □ **1.** (*to, towards*) unzufrieden (mit), abgeneigt (*dat.*); **2.** *pol.* unzuverlässig, untreu; **dis·af'fec·tion** [-kʃən] *s.* **1.** Unzufriedenheit *f* (*for* mit); **2.** *pol.* Unzuverlässigkeit *f*, Untreue *f*.

dis·af·fil·i·ate [disə'filieit] *v/t.* (von der Mitgliedschaft) ausschließen.

dis·af·firm [disə'fə:m] *v/t.* ⚖ *Entscheidung* aufheben, 'umstoßen.

dis·af·for·est [disə'fɔrist] *v/t.* **1.** ⚖ *e-m Wald* den Schutz durch das Forstrecht nehmen; **2.** abholzen.

dis·a·gree [disə'gri:] *v/i.* **1.** (*with*) nicht über'einstimmen (mit), im 'Widerspruch stehen (zu, mit); sich wider'sprechen; **2.** (*with*) anderer Meinung sein (als), nicht zustimmen (*dat.*); **3.** (*with*) nicht einverstanden sein (mit), gegen *et.* sein, ablehnen (*acc.*); **4.** (sich) streiten (*on* über *acc.*); **5.** (*with j-m*) schlecht bekommen, nicht zuträglich sein (*Essen etc.*); **dis·a'gree·a·ble** [-'griəbl] *adj.* □ **1.** unangenehm, widerlich, lästig; **2.** unliebenswürdig, eklig; **dis·a'gree·a·ble·ness** [-'griəblnis] *s.* **1.** Unannehmlichkeit *f*, Lästigkeit *f*; **2.** Unliebenswürdigkeit *f*; **dis·a'gree·ment** [-mənt] *s.* **1.** Unstimmigkeit *f*, Verschiedenheit *f*, 'Widerspruch *m*; **2.** Meinungsverschiedenheit *f*, 'Mißhelligkeit *f*, Streit *m*.

dis·al·low ['disə'lau] *v/t.* **1.** nicht zulassen (*a.* ⚖) *od.* erlauben, verweigern; **2.** nicht anerkennen (*a. sport*), nicht gelten lassen, ablehnen; **dis·al·low·ance** [disə'lauəns] *s.* Nichtanerkennung *f* (*a. sport*), Ablehnung *f*.

dis·ap·pear [disə'piə] *v/i.* **1.** verschwinden (*from* von, aus); **2.** verlorengehen, aufhören; **dis·ap'pear·ance** [-'piərəns] *s.* **1.** Verschwinden *n*; **2.** ⊕ Schwindung *f*, Schwund *m*; **dis·ap'pear·ing** [-'piəriŋ] *adj.* **1.** verschwindend; **2.** versenkbar.

dis·ap·point [disə'pɔint] *v/t.* **1.** enttäuschen: *to be* ~*ed* enttäuscht werden *od.* sein (*at od. with* über *acc.*, *in* in *dat.*); *to be* ~*ed of s.th.* um et. betrogen *od.* gebracht werden; **2.** *Hoffnung* (ent)täuschen; *Plan* vereiteln; **3.** F im Stich lassen, versetzen; **dis·ap'point·ed** [-tid] *adj.* □ enttäuscht; **dis·ap'point·ing** [-tiŋ] *adj.* □ enttäuschend; **dis·ap'point·ment** [-mənt] *s.* **1.** Enttäuschung *f*; **2.** Vereitelung *f*; **3.** Fehlschlag *m*.

dis·ap·pro·ba·tion [disæprou'beiʃən] *s.* 'Mißbilligung *f*.

dis·ap·prov·al [disə'pru:vəl] *s.* **1.** (*of*) 'Mißbilligung *f* (*gen.*), 'Mißfallen *n* (über *acc.*); **2.** Tadel *m*; **dis·ap·prove** ['disə'pru:v] **I.** *v/t.* miß'billigen, verurteilen; **II.** *v/i.* (*of*) sein Mißfallen äußern (über *acc.*), mißbilligen (*acc.*); **dis·ap·prov·ing·ly** ['disə'pru:viŋli] *adv.* miß'billigend.

dis·arm [dis'ɑ:m] **I.** *v/t.* **1.** entwaffnen (*a. fig.*); **2.** unschädlich machen; *Bomben etc.* entschärfen; **II.** *v/i.* **3.** ⚔ abrüsten; **dis'ar·ma·ment** [-məmənt] *s.* **1.** Entwaffnung *f*; **2.** ⚔, *pol.* Abrüstung *f*; **dis'arm·ing** [-miŋ] *adj.* □ *fig.* entwaffnend, gewinnend: ~ *smile*.

dis·ar·range ['disə'reindʒ] *v/t.* in Unordnung bringen; **dis·ar·range·ment** [disə'reindʒmənt] *s.* Verwirrung *f*, Unordnung *f*.

dis·ar·ray ['disə'rei] **I.** *v/t.* **1.** in Unordnung *od.* Verwirrung bringen; **2.** *obs.* entkleiden; **II.** *s.* **3.** Unordnung *f*, Verwirrung *f*.

dis·as·sem·ble [disə'sembl] *v/t.* ausein'andernehmen, -montieren, zerlegen; **dis·as'sem·bly** [-bli] *s.* Zerlegung *f*.

dis·as·ter [di'zɑ:stə] *s.* Unglück *n* (*to* für), Unheil *n*, Kata'strophe *f*; 'Mißgeschick *n*: ~ *area* Katastrophengebiet; **dis'as·trous** [-trəs] *adj.* □ unglückselig, verhängnisvoll, katastro'phal, verheerend.

dis·a·vow ['disə'vau] *v/t.* **1.** nicht anerkennen, abrücken *od.* sich lossagen von; **2.** in Abrede stellen, ableugnen; **dis·a·vow·al** [disə'vauəl] *s.* **1.** Nichtanerkennung *f*; **2.** Bestreitung *f*.

dis·band [dis'bænd] **I.** *v/t.* ⚔ *Truppen etc.* entlassen, auflösen; **II.** *v/i.* sich auflösen, ausein'andergehen; **dis'band·ment** [-mənt] *s.* ⚔ Auflösung *f*.

dis·bar [dis'bɑ:] *v/t.* ⚖ aus dem Anwaltstand ausschließen.

dis·be·lief ['disbi'li:f] *s.* Unglaube *m*, Zweifel *m* (*in an dat.*); '**dis·be'lieve** [-i:v] **I.** *v/t. et.* nicht glauben, bezweifeln; *j-m* nicht glauben; **II.** *v/i.* nicht glauben (*in* an *acc.*); '**dis·be'liev·er** [-i:və] *s.* Ungläubige(r *m*) *f*, Zweifler(in).

dis·bench [dis'bentʃ] *v/t.* ⚖ *Brit.* aus dem Vorstand e-s der *Inns of Court* ausstoßen.

dis·bud [dis'bʌd] *v/t.* 'überschüssige Knospen entfernen von.

dis·bur·den [dis'bə:dn] *v/t. mst fig.* von e-r Bürde befreien, entlasten (*of, from* von): *to* ~ *one's mind* sein Herz erleichtern.

dis·burse [dis'bə:s] *v/t.* **1.** be-, auszahlen; **2.** ausgeben, -legen; **dis'burse·ment** [-mənt] *s.* **1.** Auszahlung *f*; **2.** Ausgabe *f*; Auslage *f*, Verauslagung *f*.

disc → *disk*.

dis·card [dis'kɑ:d] **I.** *v/t.* **1.** *Kleider, Gewohnheit, Vorurteil etc.* ablegen; aufgeben; **2.** ausscheiden, -schalten, ausrangieren; **3.** *j-n* verabschieden, entlassen; **4.** *Karten* ablegen, abwerfen; **II.** *v/i.* **5.** *Kartenspiel*: Karten ablegen *od.* abwerfen; **III.** *s.* ['diskɑ:d] **6.** *Kartenspiel*: **a)** Ablegen *n*, Abwerfen *n*, **b)** abgeworfene Karte(n *pl.*).

dis·cern [di'sə:n] *v/t.* **1.** wahrnehmen, erkennen; **2.** feststellen; **3.** unter'scheiden (können); **dis'cern·i·ble** [-nəbl] *adj.* □ erkennbar, sichtbar; **dis'cern·ing** [-niŋ] *adj.* scharf(sichtig), 'kritisch (urteilend), klug; **dis'cern·ment** [-mənt] *s.* Scharfblick *m*, Urteilskraft *f*, Einsicht *f*.

dis·charge [dis'tʃɑ:dʒ] **I.** *v/t.* **1.** *Waren, Wagen* ab-, ausladen; *Schiff* aus-, entladen; *Personen* ausladen, absetzen; *(Schiffs)Ladung* löschen; **2.** ⚡ entladen; **3.** ausströmen (lassen), aussenden, -stoßen, ergießen; absondern: *to ~ matter* ⚕ eitern; **4.** ⚔ *Geschütz etc.* abfeuern, abschießen; **5.** entlassen, verabschieden, fortschicken; **6.** *Gefangene* ent-, freilassen; *Patienten* entlassen; **7.** *Zorn* auslassen (*on* an *dat.*); *Flüche* ausstoßen; **8.** freisprechen, entlasten (*of* von); **9.** befreien, entbinden (*of, from* von); **10.** *Schulden* bezahlen, tilgen; *Wechsel* einlösen; *Verpflichtungen, Aufgabe* erfüllen; *s-n Verbindlichkeiten* nachkommen; *Gläubiger* befriedigen; **11.** *Amt* ausüben, versehen; *Rolle* spielen; **12.** ~ *o.s.* sich ergießen, münden; **II.** *v/i.* **13.** ⚡ sich entladen (*a. Gewehr*); **14.** sich ergießen, abfließen; **15.** ⚕ eitern; **III.** *s.* **16.** Ent-, Ausladung *f*, Löschen *n* (*Schiff, Waren*); **17.** ⚡ Entladung *f*: *~ current* Entladestrom; **18.** Ausfließen *n*, -strömen *n*, Abfluß *m*; Ausstoßen *n* (*Rauch*); **19.** Absonderung *f* (*Eiter*), Ausfluß *m*; **20.** Abfeuern *n* (*Geschütz etc.*); **21. a)** (Dienst)Entlassung *f*, **b)** (Entlassungs)Zeugnis *n*; **22.** Ent-, Freilassung *f*; **23.** †, ⚖ Befreiung *f*, Entlastung *f*; ˌRehabilitati'on *f*: *~ of a bankrupt* Aufhebung des Konkursverfahrens; **24.** Erfüllung *f* (*Aufgabe*), Ausübung *f*, Ausführung *f*; **25.** Bezahlung *f*, Einlösung *f*; **26.** Quittung *f*: *~ in full* vollständige Quittung; **dis·charge cock** *s.* ⊕ Abflußhahn *m*; **dis'charged bank·rupt** [-dʒd] *s.* †, ⚖ entlasteter Gemeinschuldner (*nach Aufhebung des Konkursverfahrens*); **dis'charg·er** [-dʒə] *s.* ⚡ Entlader *m*.

dis·ci·ple [di'saipl] *s.* Jünger *m* (*bsd. bibl.*; *a. fig.*), Schüler *m*; **dis'ci·ple·ship** [-ʃip] *s.* Jünger-, Anhängerschaft *f*.

dis·ci·pli·nar·i·an [disipli'nɛəriən] *s.* Zuchtmeister *m*, strenger Lehrer *od.* Vorgesetzter; **dis·ci·pli·nar·y** ['disiplinəri] *adj.* **1.** erzieherisch, Zucht...; **2.** diszipli'narisch: *~ action* Disziplinarverfahren; *~ punishment* Disziplinarstrafe; *~ transfer* Strafversetzung; **dis·ci·pline** ['disiplin] **I.** *s.* **1.** Schulung *f*, Erziehung *f*; **2.** Diszi'plin *f* (*a. eccl.*), Zucht *f*; 'Selbstdisziˌplin *f*; **3.** Bestrafung *f*, Züchtigung *f*; **4.** Disziplin *f*, Wissenszweig *m*; **II.** *v/t.* **5.** schulen, erziehen; **6.** an Disziplin gewöhnen, zur (Selbst)Zucht erziehen: *well-~d* wohldiszipliniert; **7.** bestrafen.

dis·claim [dis'kleim] *v/t.* **1.** abstreiten, dementieren; nicht anerkennen, (ab-, ver)leugnen; **2.** verzichten auf (*acc.*), nicht für sich beanspruchen; ⚖ *Erbschaft* ausschlagen; **dis'claim·er** [-mə] *s.* **1.** Verzicht (-leistung *f*) *m*; ⚖ Ausschlagung *f* (*Erbschaft*); **2.** (öffentlicher) 'Widerruf, De'menti *n*.

dis·close [dis'klouz] *v/t.* **1.** aufdecken, ans Licht bringen; **2.** bekanntgeben; enthüllen, offen'baren; *Geheimnis* verraten; **dis'clo·sure** [-ouʒə] *s.* **1.** Aufdeckung *f*, Enthüllung *f*, Offen'barung *f*; **2.** Bekanntgabe *f*, Mitteilung *f*.

dis·co ['diskou] *pl.* **-cos** *s.* F → *discotheque*.

dis·cog·ra·phy [dis'kɔgrəfi] *s.* Schallplattenverzeichnis *n*.

dis·col·o(u)r [dis'kʌlə] **I.** *v/t.* **1.** verfärben; entfärben; **2.** *fig.* entstellen; **II.** *v/i.* **3.** sich verfärben; **4.** verschießen; **dis·col·o(u)r·a·tion** [diskʌlə'reiʃən] *s.* **1.** Verfärbung *f*; Entfärbung *f*; **2.** verschossene Stelle; **3.** Fleck *m*; **dis'col·o(u)red** [-əd] *adj.* verfärbt, verschossen.

dis·com·fit [dis'kʌmfit] *v/t.* **1.** schlagen, besiegen; **2.** *j-s* Pläne durch'kreuzen; **3.** aus der Fassung bringen, verwirren; **dis'com·fi·ture** [-tʃə] *s.* **1.** Niederlage *f*; **2.** Enttäuschung *f*; **3.** Verwirrung *f*.

dis·com·fort [dis'kʌmfət] *s.* Unbehagen *n*, *körperliche* Beschwerde.

dis·com·mode [diskə'moud] *v/t.* belästigen, *j-m* zur Last fallen.

dis·com·pose [diskəm'pouz] *v/t.* verwirren, beunruhigen, aufregen; **dis·com'pos·ed·ly** [-zidli] *adj.* verwirrt, beunruhigt; **dis·com'po·sure** [-ouʒə] *s.* Verwirrung *f*, Aufregung *f*.

dis·con·cert [diskən'sə:t] *v/t.* **1.** aus der Fassung bringen, verwirren; **2.** beunruhigen; **3.** verstimmen; **4.** *Pläne etc.* zu'nichte machen, über den Haufen werfen; **dis·con'cert·ed** [-tid] *adj.* bestürzt, verlegen; beunruhigt; **dis·con'cert·ing** [-tiŋ] *adj.* beunruhigend, peinlich.

dis·con·nect ['diskə'nekt] *v/t.* **1.** trennen (*with, from* von); **2.** ⊕ auskuppeln, ausrücken; **3.** ⚡ trennen, ab-, ausschalten; **'dis·con'nect·ed** [-tid] *adj.* □ **1.** getrennt, losgelöst; **2.** zs.-hanglos; **'dis·con'nect·ing** [-tiŋ] *adj.* ⚡ Trenn..., Ausschalt...; **dis·con·nec·tion, dis·con·nex·ion** [diskə'nekʃən] *s.* **1.** Trennung *f*; **2.** ⚡ Abschaltung *f*, Trennung *f*.

dis·con·so·late [dis'kɔnsəlit] *adj.* □ untröstlich; trostlos (*a. fig. freudlos*).

dis·con·tent ['diskən'tent] *s.* **1.** (*at, with*) Unzufriedenheit *f* (mit), 'Mißvergnügen *n* (über *acc.*); **2.** Unzufriedene(r *m*) *f*; **'dis·con'tent·ed** [-tid] *adj.* □ (*with*) unzufrieden (mit), 'mißvergnügt (über *acc.*); **'dis·con'tent·ed·ness** [-tidnis], **'dis·con'tent·ment** [-mənt] → *discontent 1.*

dis·con·tin·u·ance [diskən'tinjuəns], **dis·con·tin·u·a·tion** ['diskəntinju'eiʃən] *s.* **1.** Unter'brechung *f*; **2.** Einstellung *f* (*a.* ⚖ *des Verfahrens*); **3.** Aufgeben *n*; **dis·con·tin·ue** ['diskən'tinju(:)] **I.** *v/t.* **1.** unter'brechen, aussetzen; **2.** einstellen (*a.* ⚖), aufgeben; **3.** *Zeitung* abbestellen; **4.** aufhören (*doing* zu tun); **II.** *v/i.* **5.** aufhören; **dis·con·ti·nu·i·ty** ['diskɔnti'nju(:)iti] *s.* **1.** Unter'brechung *f*; **2.** Zs.-hanglosigkeit *f*; **dis·con·tin·u·ous** ['diskən'tinjuəs] *adj.* □ **1.** unter'brochen, mit Unter'brechungen; **2.** 'unzuˌsammenhängend; **3.** sprunghaft.

dis·cord ['diskɔ:d] *s.* **1.** Uneinigkeit *f*, Zwietracht *f*, Streit *m*; → *apple*; **2.** ♪ Disso'nanz *f*, 'Mißklang *m*; **3.** Lärm *m*; **dis·cord·ance** [dis'kɔ:dəns] *s.* **1.** Uneinigkeit *f*; **2.** Mißklang *m*, Dissonanz *f*; **dis·cord·ant** [dis'kɔ:dənt] *adj.* □ **1.** uneinig, sich wider'sprechend; **2.** 'unharˌmonisch; **3.** ♪ disso'nantisch, 'mißtönend.

dis·co·theque ['diskoutek] *s.* Disko'thek *f*.

dis·count ['diskaunt] **I.** *s.* **1.** † Preisnachlaß *m*, Abschlag *m*, Ra'batt *m*, 'Skonto *m, n*: *to allow a ~* (e-n) Rabatt gewähren; **2.** † Dis'kont *m*, Wechselzins *m*: *to raise the ~* den Diskontsatz erhöhen; **3.** † Abzug *m* (*vom Nominalwert*): *at a ~* **a)** unter Pari, **b)** *fig.* unbeliebt, nicht geschätzt *od.* gefragt; *to sell at a ~* mit Verlust verkaufen; **4.** *fig.* Abzug *m*, Vorbehalt *m*, Einschränkung *f*; **II.** *v/t.* [*a.* dis'kaunt] **5.** † e-n Abzug gewähren auf (*acc.*); **6.** *Wechsel* diskontieren; **7.** im Wert vermindern, beeinträchtigen; **8.** unberücksichtigt lassen; **9.** gering(er)en Wert beimessen (*dat.*), mit Vorsicht aufnehmen, nur teilweise glauben; **dis·count·a·ble** [dis'kauntəbl] *adj.* † diskontierbar, dis'kontfähig.

dis·count| bank *s.* † Dis'kontbank *f*; *~* **bills** *s. pl.* † Dis'konten(wechsel) *pl.*; *~* **bro·ker** *s.* † Dis'kont-, Wechselmakler *m*.

dis·coun·te·nance [dis'kauntinəns] *v/t.* (offen) miß'billigen, verurteilen; zu hindern suchen; **dis'coun·te·nanced** [-st] *adj.* entmutigt.

dis·count| house *s.* † **1.** *Am.* Discount-, Dis'kontgeschäft *n*; **2.** *Brit.* Dis'kontbank *f*; *~* **rate** *s.* † Dis'kontsatz *m*, 'Bankdisˌkont *m*; *~* **shop** *s.* † Dis'kontladen *m*, -geschäft *n*.

dis·cour·age [dis'kʌridʒ] *v/t.* **1.** entmutigen; **2.** abschrecken, abhalten, *j-m* abraten (*from* von); **3.** miß'billigen, nicht begünstigen; **4.** verhindern; **dis'cour·age·ment** [-mənt] *s.* **1.** Entmutigung *f*, Mutlosigkeit *f*; **2.** Abschreckungsmittel *n*; **3.** Hindernis *n*, Schwierigkeit *f* (*to* für); **dis'cour·ag·ing** [-dʒiŋ] *adj.* □ entmutigend.

dis·course [dis'kɔ:s] **I.** *s.* **1.** Rede *f*, Vortrag *m*; Predigt *f*; **2.** Unter'haltung *f*; **3.** Abhandlung *f*; **II.** *v/i.* **4.** e-n Vortrag *od.* e-e Ansprache halten (*on* über *acc.*); predigen (*mst fig.*); **5.** sich unter'halten (*on* über *acc.*).

dis·cour·te·ous [dis'kə:tjəs] *adj.* □ unhöflich, unartig, ungezogen; **dis'cour·te·sy** [-tisi] *s.* Unhöflichkeit *f*.

dis·cov·er [dis'kʌvə] *v/t.* **1.** entdecken (*a. fig.*); **2.** ausfindig machen, ermitteln; **3.** erkennen, einsehen, (her'aus)finden; **4.** aufdecken, enthüllen; **dis'cov·er·a·ble** [-vərəbl] *adj.* **1.** zu entdecken(d); **2.** ersichtlich, wahrnehmbar; **3.** feststellbar; **dis'cov·er·er** [-vərə] *s.* Entdecker (-in); **dis'cov·er·y** [-vəri] *s.* **1.** Entdeckung *f* (*a. fig.*); **2.** Fund *m*; **3.** Enthüllung *f*, Ermittlung *f*; **4.** ~ *of documents* ⚖ Offenlegung prozeßwichtiger Urkunden.

dis·cred·it [dis'kredit] **I.** *v/t.* **1.** in Verruf *od.* 'Mißkreˌdit bringen (*with* bei); ein schlechtes Licht werfen auf (*acc.*); Unehre machen (*dat.*), diskreditieren; **2.** anzweifeln; keinen Glauben schenken (*dat.*); **II.** *s.* **3.** schlechter Ruf; Unehre *f*, Schande *f*: *to bring s.o. into* ~, *to bring* ~ *on s.o.* → *1*; **4.** Zweifel *m*, 'Mißtrauen *n*: *to throw* ~ *on* mißtrauen (*dat.*), zweifelhaft erscheinen lassen; **dis'cred·it·a·ble** [-təbl] *adj.* □ entehrend, schimpflich; **dis'cred·it·ed** [-tid] *adj.* **1.** verrufen; **2.** unglaubwürdig.

dis·creet [dis'kri:t] *adj.* □ **1.** 'um-, vorsichtig, besonnen, verständig; **2.** dis'kret, taktvoll, verschwiegen; **3.** zu'rückhaltend.

dis·crep·an·cy [dis'krepənsi] *s.* **1.** Diskre'panz *f*, Unstimmigkeit *f*, Verschiedenheit *f*; **2.** 'Widerspruch *m*, Zwiespalt *m*.

dis·crete [dis'kri:t] *adj.* □ **1.** getrennt, einzeln; **2.** unstet, unbeständig; **3.** ⅍ unstetig, dis'kret.

dis·cre·tion [dis'kreʃən] *s.* **1.** 'Um-, Vorsicht *f*, Besonnenheit *f*, Klugheit *f*: *to act with* ~ vorsichtig handeln; **2.** Verfügungsfreiheit *f*, Machtbefugnis *f*: *age* (*od. years*) *of* ~ Alter der freien Willensbestimmung, Strafmündigkeit (*14 Jahre*); **3.** Gutdünken *n*, Belieben *n*; (⚖ freies) Ermessen: *at* (*your*) ~ nach (Ihrem) Belieben; *it is within your* ~ es steht Ihnen frei; *use your own* ~ handle nach eigenem Gutdünken *od.* Ermessen; *to surrender at* ~ bedingungslos kapitulieren; **4.** Diskreti'on *f*, Takt(gefühl *n*) *m*, Verschwiegenheit *f*; **5.** Nachsicht *f*: *to ask for* ~; **dis'cre·tion·ar·y** [-ʃnəri] *adj.* □ dem eigenen Gutdünken über'lassen, ins freie Ermessen gestellt, wahlfrei: ~ *clause* ⚖ Kannvorschrift; ~ *powers* unumschränkte Vollmacht, Handlungsfreiheit.

dis·crim·i·nate [dis'krimineit] **I.** *v/i.* (scharf) unter'scheiden, e-n 'Unterschied machen: *to* ~ *between* unterschiedlich behandeln (*acc.*); *to* ~ *against s.o.* j-n benachteiligen *od.* diskriminieren; *to* ~ *in favo(u)r of s.o.* j-n begünstigen *od.* bevorzugen; **II.** *v/t.* (scharf) unter'scheiden; abheben, absondern (*from* von); **dis'crim·i·nat·ing** [-tiŋ] *adj.* □ **1.** unter'scheidend, charakte'ristisch; **2.** scharfsinnig, klug, urteilsfähig; anspruchsvoll; **3.** † Differential..., Sonder...: ~ *duty* Differentialzoll; **4.** ⚡ Rückstrom...; Selektiv...; **dis·crim·i·na·tion** [diskrimi'neiʃən] *s.* **1.** 'unterschiedliche Behandlung, Diskriminierung *f*: ~ *against* (*in favo[u]r of*) *s.o.* Benachteiligung (Begünstigung) e-r Person; **2.** Scharfblick *m*, Urteilsfähigkeit *f*, Unter'scheidungsvermögen *n*; **dis'crim·i·na·tive** [-nətiv] *adj.* □, **dis'crim·i·na·to·ry** [-nətəri] *adj.* **1.** charakte'ristisch unter'scheidend; **2.** 'unterschiedlich (behandelnd); Sonder..., Ausnahme...

dis·cur·sive [dis'kə:siv] *adj.* □ **1.** abschweifend, unbeständig; sprunghaft; **2.** weitschweifig, allgemein gehalten; **3.** *phls.* folgernd, diskur'siv.

dis·cus ['diskəs] *s. sport* 'Diskus *m*.

dis·cuss [dis'kʌs] *v/t.* **1.** diskutieren, besprechen, erörtern; beraten über (*acc.*); **2.** behandeln, unter'suchen; **3.** F sich *e-e Flasche Wein etc.* zu Gemüte führen; **dis'cus·sion** [-ʌʃən] *s.* **1.** Diskussi'on *f*, Erörterung *f*, Aussprache *f*, Besprechung *f*: *to be under* ~ zur Debatte stehen, erörtert werden; *matter for* ~ Diskussionsthema; ~ *group* Diskussionsgruppe; **2.** Beratung *f*, Verhandlung *f*.

dis·cus| throw *s. sport* 'Diskuswerfen *n*; ~ **throw·er** *s. sport* 'Diskuswerfer(in).

dis·dain [dis'dein] **I.** *v/t.* **1.** verachten; *a. Essen etc.* verschmähen; **2.** es für unter s-r Würde halten (*doing, to do* zu tun); **II.** *s.* **3.** Verachtung *f*, Geringschätzung *f*; **4.** Hochmut *m*; **dis'dain·ful** [-ful] *adj.* □ **1.** verachtungsvoll, geringschätzig: *to be* ~ *of s.th.* et. verachten; **2.** hochmütig.

dis·ease [di'zi:z] *s.* ⚕, *biol.* Krankheit *f* (*a. fig.*), Leiden *n*; **dis'eased** [-zd] *adj.* **1.** krank, erkrankt; **2.** krankhaft.

dis·em·bark ['disim'bɑ:k] **I.** *v/t.* ausschiffen, -laden, landen; **II.** *v/i.* landen, aussteigen, von Bord *od.* an Land gehen; **dis·em·bar·ka·tion** [disembɑ:'keiʃən] *s.* Ausschiffung *f*, Landung *f*.

dis·em·bar·rass ['disim'bærəs] *v/t.* befreien, erlösen (*of* von): *to* ~ *o.s. of* sich freimachen von, ablegen.

dis·em·bod·i·ment [disim'bɔdimənt] *s.* **1.** Entkörperlichung *f*; **2.** ⚔ Auflösung *f*; **dis·em·bod·y** ['disim'bɔdi] *v/t.* **1.** entkörperlichen: *disembodied voice* geisterhafte Stimme; **2.** ⚔ auflösen.

dis·em·bogue [disim'boug] **I.** *v/i.* sich ergießen, münden; sich entladen; **II.** *v/t.* ergießen; entladen.

dis·em·bow·el [disim'bauəl] *v/t.* **1.** ausweiden, Eingeweide her'ausnehmen (*dat.*); **2.** *j-m* den Bauch aufschlitzen.

dis·en·chant ['disin'tʃɑ:nt] *v/t.* desillusionieren, entzaubern, ernüchtern; **dis·en·chant·ment** [disin'tʃɑ:ntmənt] *s.* Ernüchterung *f*, Enttäuschung *f*.

dis·en·cum·ber ['disin'kʌmbə] *v/t.* **1.** befreien (*of* von *e-r Last etc.*) (*a. fig.*); **2.** ⚖ *Grundstück etc.* hypo'thekenfrei machen.

dis·en·dow ['disin'dau] *v/t.* *e-r Kirche* die Pfründe *od.* die Schenkung entziehen.

dis·en·fran·chise ['disin'fræntʃaiz] → *disfranchise*.

dis·en·gage ['disin'geidʒ] **I.** *v/t.* **1.** los-, freimachen, (los)lösen, befreien (*from* von); **2.** befreien, entbinden (*from* von); **3.** ⊕ loskuppeln, ausrücken, ausschalten; **4.** ⚗ abscheiden, entbinden; **II.** *v/i.* **5.** sich freimachen, loskommen (*from* von); **6.** ⚔ sich absetzen (*vom Feind*); **'dis·en'gaged** [-dʒd] *adj.* frei, nicht besetzt; abkömmlich; **dis·en·gage·ment** [disin'geidʒmənt] *s.* **1.** Befreiung *f*; Loslösung *f* (*a.* ⚔), Entbindung *f* (*a.* ⚗); **2.** ⚔ Absetzen *n*; *pol.* Disengagement *n*; **'dis·en'gag·ing gear** [-dʒiŋ] *s.* ⊕ Ausrück-, Auskuppelungsvorrichtung *f*.

dis·en·tan·gle ['disin'tæŋgl] **I.** *v/t.* entwirren, lösen; *fig.* befreien; **II.** *v/i.* sich loslösen; *fig.* sich befreien; **dis·en·tan·gle·ment** [disin'tæŋglmənt] *s.* Loslösung *f*, Entwirrung *f*; Befreiung *f*.

dis·en·thral(l) ['disin'θrɔ:l] *v/t.* *aus der Knechtschaft* befreien.

dis·en·ti·tle ['disin'taitl] *v/t.* *j-m* e-n Rechtsanspruch nehmen: *to be* ~*d to* keinen Anspruch haben auf (*acc.*).

dis·en·tomb ['disin'tu:m] *v/t.* exhumieren; ausgraben (*a. fig.*).

dis·e·qui·lib·ri·um [disekwi'libriəm] *s.* mangelndes *od.* gestörtes Gleichgewicht, 'Übergewicht *n*; Unausgeglichenheit *f*.

dis·es·tab·lish ['disis'tæbliʃ] *v/t.* **1.** abschaffen, aufheben; **2.** *e-s Amtes* entheben; **3.** *Kirche* entstaatlichen; **dis·es·tab·lish·ment** [disis'tæbliʃmənt] *s.*: ~ *of the Church* Trennung von Kirche u. Staat.

dis·fa·vo(u)r ['dis'feivə] **I.** *s.* 'Mißbilligung *f*, -fallen *n*, Ungunst *f*; Ungnade *f*: *to regard with* ~ mit Mißfallen betrachten; *to be in* (*fall into*) ~ in Ungnade gefallen sein (fallen); **II.** *v/t.* miß'billigen; ungnädig behandeln.

dis·fig·u·ra·tion [disfigjuə'reiʃən] → *disfigurement*; **dis·fig·ure** [dis'figə] *v/t.* **1.** entstellen, verunstalten; **2.** beeinträchtigen; Abbruch tun (*dat.*); **dis·fig·ure·ment** [dis'figəmənt] *s.* Entstellung *f*, Verunstaltung *f*.

dis·fran·chise ['dis'fræntʃaiz] *v/t.* *j-m* die Bürgerrechte *od.* das Wahlrecht entziehen; **dis·fran·chise·ment** [dis'fræntʃizmənt] *s.* Entziehung *f* der Bürgerrechte *od.* des Wahlrechts.

dis·gorge [dis'gɔ:dʒ] **I.** *v/t.* **1.** ausspeien, -werfen, -stoßen, ergießen; **2.** *widerwillig* wieder her'ausgeben; **II.** *v/i.* **3.** sich ergießen, sich entladen.

dis·grace [dis'greis] **I.** *s.* **1.** Schande *f*, Schmach *f*: *to bring* ~ *on s.o.* j-m Schande machen; **2.** Schande *f*, Schandfleck *m* (*to* für): *he is a* ~ *to the party*; **3.** Ungnade *f*: *to be in* ~ *with* in Ungnade gefallen sein bei; **II.** *v/t.* **4.** Schande bringen über (*acc.*), entehren, schänden; **5.** *j-m* s-e Gunst entziehen; mit Schimpf entlassen: *to be* ~*d* in Ungnade fallen; **6.** ~ *o.s.* **a)** sich blamieren, **b)** sich schändlich benehmen; **dis'grace·ful** [-ful] *adj.* □ schändlich, schimpflich, schmachvoll.

dis·grun·tle [dis'grʌntl] *v/t.* *Am.* verärgern, verstimmen; **dis'grun·tled** [-ld] *adj.* verärgert, verstimmt, ungehalten (*at* über *acc.*).

dis·guise [dis'gaiz] **I.** *v/t.* **1.** verkleiden, maskieren; tarnen; **2.** *Handschrift, Stimme* verstellen; **3.** *Gefühle, Wahrheit* verhüllen, verbergen, verhehlen; **II.** *s.* **4.** Verkleidung *f*, Maske *f*: *in* ~ maskiert, verkleidet; → *blessing*; **5.** Verstellung *f*; **6.** Vorwand *m*, Schein *m*; **dis'guised** [-zd] *adj.* verkleidet, verkappt.

dis·gust [dis'gʌst] **I.** *s.* **1.** (*at, for*) Ekel *m* (vor *dat.*), 'Widerwille *m* (gegen): *in* ~ mit Abscheu; **II.** *v/t.* **2.** anekeln, anwidern; **3.** entrüsten, verärgern, empören; **dis'gust·ed** [-tid] *adj.* □ (*with, at*) **1.** angeekelt, angewidert (von): ~ *with life* lebensüberdrüssig; **2.** em'pört, entrüstet (über *acc.*); **dis'gust·ing** [-tiŋ] *adj.* □ **1.** ekelhaft, widerlich, ab'scheulich; **2.** F entsetzlich, schrecklich.

dish [diʃ] **I.** *s.* **1.** Schüssel *f*, Platte *f*: *meat* ~ Fleischschüssel; **2.** Gericht *n*, Speise *f*: *cold* ~ kaltes Gericht; **3.** *pl.* Geschirr *n*; → *wash 16*; **II.** *v/t.* **4.** *mst* ~ *up Speisen* anrichten, auftragen; **5.** ~ *up fig.* auftischen; **6.** ~ *out* **a)** austeilen, **b)** *sl.* erzählen; **7.** *sl.* ‚anschmieren', her'einlegen; **8.** *sl.* **a)** *j-n* ‚erledigen', ‚fertigmachen', **b)** *et.* restlos vermasseln; **9.** ⊕ wölben.

dis·ha·bille [disæ'bi:l] *s.* Negli'gé *n*, Morgenrock *m*: *in* ~ **a)** nachlässig gekleidet, **b)** im Negligé.

dis·har·mo·ni·ous ['disha:'mounjəs] *adj.* □ 'dis-, 'unhar,monisch; **dis·har·mo·ny** ['dis'ha:məni] *s.* 'Mißklang *m*; 'Mißhelligkeit *f*.

'dish|-cloth *s.* Geschirr-, Abwaschtuch *n*; **'~-cov·er** *s.* Cloche *f*, (Platten)Haube *f* (*zum Warmhalten*).

dis·heart·en [dis'ha:tn] *v/t.* entmutigen, deprimieren; **dis'heart·en·ing** [-niŋ] *adj.* □ entmutigend, bedrückend.

dished [diʃt] *adj.* **1.** kon'kav gewölbt; **2.** *sl.* ‚erledigt', ‚fertig', ‚ka'putt'.

di·shev·el(l)ed [di'ʃevəld] *adj.* **1.** zerzaust, wirr, aufgelöst (*Haar*); **2.** unordentlich, ungepflegt, schlampig.

dis·hon·est [dis'ɔnist] *adj.* □ unehrlich, unredlich; unlauter, betrügerisch; **dis'hon·es·ty** [-ti] *s.* Unehrlichkeit *f*, Unredlichkeit *f*; Betrug *m*.

dis·hon·o(u)r [dis'ɔnə] **I.** *s.* **1.** Unehre *f*, Schmach *f*, Schande *f*; Schandfleck *m* (*to* für); **2.** Beschimpfung *f*; **II.** *v/t.* **3.** entehren, Schande bringen über (*acc.*); **4.** *Frau* schänden; **5.** schimpflich behandeln; **6.** *sein Wort* nicht einlösen; **7.** ✝ *Scheck etc.* nicht honorieren, nicht einlösen: *~ed* notleidend; **dis'hon·o(u)r·a·ble** [-nərəbl] *adj.* □ **1.** schimpflich, unehrenhaft: ~ *discharge* ⚔ unehrenhafte Entlassung; **2.** ehrlos, verachtet; **dis'hon·o(u)r·a·ble·ness** [-nərəblnis] *s.* **1.** Schändlichkeit *f*, Gemeinheit *f*; **2.** Ehrlosigkeit *f*.

'dish|-rack *s.* Abtropf-, Abstellbrett *n* (*für Geschirr*); **'~-wash** → *dish-water*; **'~-wash·er** *s.* **1.** Tellerwäscher(in); **2.** Ge'schirr,spülma,schine *f*; **3.** → *water wagtail*; **'~-wa·ter** *s.* Abwasch-, Spülwasser *n*.

dish·y ['diʃi] *adj. sl.* schick, ‚toll': ~ *girl*.

dis·il·lu·sion [disi'lu:ʒən] **I.** *s.* Ernüchterung *f*, Enttäuschung *f*; **II.** *v/t.* ernüchtern, desillusionieren, von Illusi'onen befreien; **dis·il'lu·sion·ment** [-mənt] → *disillusion I*.

dis·in·cen·tive [disin'sentiv] *s.* Abhaltung *f*, Entmutigung *f*; ✝ leistungshemmender 'Faktor.

dis·in·cli·na·tion [disinkli'neiʃən] *s.* Abneigung *f* (*for, to* gegen, *to do* zu tun): ~ *to buy* Kaufunlust; **dis·in·cline** ['disin'klain] *v/t.* abgeneigt machen; **dis·in·clined** ['disin'klaind] *adj.* abgeneigt (*to dat.*, *to do* zu tun).

dis·in·fect [disin'fekt] *v/t.* desinfizieren, keimfrei machen, entseuchen; **dis·in'fect·ant** [-tənt] **I.** *s.* Desinfekti'onsmittel *n*; **II.** *adj.* desinfizierend, keimtötend; **dis·in'fec·tion** [-kʃən] *s.* Desinfekti'on *f*; **dis·in'fec·tor** [-tə] *s.* Desinfekti'onsgerät *n*.

dis·in·fest ['disin'fest] *v/t.* von Ungeziefer *etc.* befreien, entlausen, entwesen; **dis·in·fes·ta·tion** ['disinfes'teiʃən] *s.* Säuberung *f* von Ungeziefer, Entlausung *f*.

dis·in·fla·tion [disin'fleiʃən] → *deflation 2*; **dis·in'fla·tion·ar·y** [-ʃnəri] → *deflationary*.

dis·in·gen·u·ous [disin'dʒenjuəs] *adj.* □ **1.** unaufrichtig; 'hinterhältig; arglistig; **2.** schlau, verschlagen; **dis·in'gen·u·ous·ness** [-nis] *s.* **1.** Unredlichkeit *f*, Unaufrichtigkeit *f*; **2.** Schläue *f*, Verschlagenheit *f*.

dis·in·her·it ['disin'herit] *v/t.* enterben; **dis·in·her·it·ance** [disin'heritəns] *s.* Enterbung *f*.

dis·in·te·grate [dis'intigreit] **I.** *v/t.* **1.** (*a. phys.*) auflösen, aufspalten, zerkleinern, aufschließen, zersetzen; **2.** *fig.* auflösen, zersetzen, zerrütten; **II.** *v/i.* **3.** sich aufspalten, sich auflösen, zerrinnen, sich zersetzen; **4.** ver-, zerfallen (*a. fig.*); **5.** *geol.* verwittern; **dis·in·te·gra·tion** [disinti'greiʃən] *s.* **1.** (*a. phys.*) Auflösung *f*, Aufspaltung *f*, Zerstückelung *f*, Zertrümmerung *f*, Zersetzung *f*; **2.** Zerfall *m* (*a. fig.*); **3.** *geol.* Verwitterung *f*.

dis·in·ter ['disin'tə:] *v/t. Leiche* exhumieren, ausgraben (*a. fig.*).

dis·in·ter·est·ed [dis'intristid] *adj.* □ **1.** uneigennützig, selbstlos; **2.** 'unpar,teiisch; **3.** unbeteiligt; **dis'in·ter·est·ed·ness** [-nis] *s.* **1.** Uneigennützigkeit *f*, Selbstlosigkeit *f*; **2.** 'Unpar,teilichkeit *f*.

dis·in·ter·ment [disin'tə:mənt] *s.* Ausgrabung *f* (*a. fig.*).

dis·joint [dis'dʒɔint] *v/t.* **1.** ausein'andernehmen, zerlegen, zerstückeln; **2.** ⚕ ver-, ausrenken; **3.** (ab)trennen; **4.** *fig.* in Unordnung *od.* aus den Fugen bringen; **dis'joint·ed** [-tid] *adj.* □ *fig.* 'unzu,sammenhängend (*a. Rede*), zer-, abgerissen; **dis'joint·ed·ness** [-tidnis] *s.* Zs.-hanglosigkeit *f*.

dis·junc·tion [dis'dʒʌŋkʃən] *s.* Trennung *f*; **dis'junc·tive** [-ktiv] *adj.* □ **1.** (ab)trennend, ausschließend; **2.** *ling., phls.* disjunk'tiv.

disk [disk] *s.* **1.** (*a. Sonnen- etc.*) Scheibe *f*; runde Platte, Teller *m*; **2.** ⊕ Scheibe *f*, La'melle *f*; Si'gnalscheibe *f*; **3.** ❀, *anat., zo.* Scheibe *f*; **4.** *teleph.* Wähl(er)scheibe *f*; **5.** *sport* 'Diskus *m*; **6.** (Schall)Platte *f*; ~ **brake** *s.* ⊕ Scheibenbremse *f*; ~ **clutch** *s. mot.* Scheibenkupplung *f*; **'~-jock·ey** *s.* Diskjockey *m*, Ansager *m* e-r Schallplattensendung *etc.*; ~ **valve** *s.* ⊕ 'Tellerven,til *n*; ~ **wheel** *s.* ⊕ (Voll)Scheibenrad *n*.

dis·like [dis'laik] **I.** *v/t.* nicht leiden können, nicht mögen, nicht lieben, e-e Abneigung haben gegen; **II.** *s.* Abneigung *f*, 'Widerwille *m* (*to, of, for* gegen): *to take a* ~ *to* e-e Abneigung fassen gegen; **dis'liked** [-kt] *adj.* unbeliebt: *to get o.s.* ~ sich unbeliebt machen.

dis·lo·cate ['disləkeit] *v/t.* **1.** verrücken; *a. Industrie, Truppen etc.* verlagern; **2.** ⚕ ver-, ausrenken: *to* ~ *one's arm* sich den Arm verrenken; **3.** *fig.* erschüttern, zerrütten; stören, in Verwirrung bringen; **4.** *geol.* verwerfen; **dis·lo·ca·tion** [dislə'keiʃən] *s.* **1.** Verrückung *f*; Verlagerung *f* (*a.* ⚔); **2.** ⚕ Verrenkung *f*; **3.** *fig.* Verwirrung *f*, Erschütterung *f*, Störung *f*; **4.** *geol.* Verwerfung *f*.

dis·lodge [dis'lɔdʒ] *v/t.* **1.** entfernen, her'ausnehmen, losreißen; **2.** vertreiben, verjagen, verdrängen; **3.** ⚔ *Feind* aus der Stellung werfen; **4.** 'umquartieren.

dis·loy·al ['dis'lɔiəl] *adj.* □ untreu, treulos, verräterisch; **dis'loy·al·ty** [-ti] *s.* Untreue *f*, Treulosigkeit *f*.

dis·mal ['dizməl] **I.** *adj.* □ **1.** düster, trübe, bedrückend, trostlos, elend; **2.** schaurig, furchtbar, gräßlich; **II.** *s.* **3.**: *the* ~*s* der Trübsinn; **'dis·mal·ly** [-məli] *adv.* düster *etc.*; schmählich.

dis·man·tle [dis'mæntl] *v/t.* **1.** de-, abmontieren; *Bau* abbrechen, niederreißen; **2.** ausein'andernehmen, zerlegen; **3.** ⚓ **a)** abtakeln, **b)** abwracken; **4.** *Festung* schleifen; **5.** *Haus* (aus)räumen; **6.** unbrauchbar machen; **dis'man·tle·ment** [-mənt] *s.* **1.** Abbruch *m*, Demon'tage *f*; **2.** ⚓ Abtakelung *f*; **3.** ⚔ Schleifung *f*.

dis·may [dis'mei] **I.** *v/t.* erschrecken, in Schrecken versetzen, bestürzen, entsetzen: *not* ~*ed* unbeirrt; **II.** *s.* Schreck(en) *m*, Entsetzen *n*, Bestürzung *f*.

dis·mem·ber [dis'membə] *v/t.* zergliedern, zerstückeln, verstümmeln (*a. fig.*); **dis'mem·ber·ment** [-mənt] *s.* Zerstückelung *f*, Verstümmelung *f*.

dis·miss [dis'mis] *v/t.* **1.** entlassen, gehen lassen, verabschieden: ~*!* ⚔ weg(ge)treten!; **2.** entlassen (*from* aus *dem Dienst*), absetzen, abbauen; wegschicken: *to be* ~*ed* (*from*) *the service* ⚔ aus dem Heere *etc.* entlassen *od.* ausgestoßen werden; **3.** *Thema etc.* fallenlassen, aufgeben, hin'weggehen über (*acc.*), *Vorschlag* ab-, zu'rückweisen, *Gedanken* verbannen, von sich weisen; ⚖ *Klage* abweisen: *to* ~ *from one's mind et.* aus s-n Gedanken verbannen; *to* ~ *as* ... als ... abtun, kurzerhand als ... betrachten; **dis'miss·al** [-səl] *s.* **1.** Entlassung *f* (*from* aus); **2.** Aufgabe *f*, Abtun *n*; **3.** ⚖ Abweisung *f*.

dis·mount ['dis'maunt] **I.** *v/i.* **1.** absteigen, absitzen (*from* von);

II. *v/t.* 2. aus dem Sattel heben; abwerfen (*Pferd*); 3. (ab)steigen von; 4. abmontieren, ausbauen, ausein'andernehmen.

dis·o·be·di·ence [disə'bi:djəns] *s.* 1. Ungehorsam *m* (*to* gegen), Gehorsamsverweigerung *f*: *civil* ~ bürgerlicher Ungehorsam (*als politisches Druckmittel*); 2. Nichtbefolgung *f*; **dis·o'be·di·ent** [-nt] *adj.* □ ungehorsam (*to* gegen); **dis·o·bey** ['disə'bei] *v/t.* 1. *j-m* nicht gehorchen, ungehorsam sein gegen *j-n*; 2. *Befehl etc.* nicht befolgen, miß'achten: *I will not be* ~*ed* ich dulde keinen Ungehorsam.

dis·o·blige ['disə'blaidʒ] *v/t.* 1. ungefällig sein gegen *j-n*; 2. kränken, verletzen; '**dis·o'blig·ing** [-dʒiŋ] *adj.* □ ungefällig, unfreundlich; '**dis·o'blig·ing·ness** [-dʒiŋnis] *s.* Ungefälligkeit *f*, Unfreundlichkeit *f*.

dis·or·der [dis'ɔ:də] I. *s.* 1. Unordnung *f*, Verwirrung *f*: *to flee in* ~ in wilder Flucht davoneilen; 2. Störung *f*, Ruhestörung *f*; Aufruhr *m*, Unruhe(n *pl.*) *f*; 3. ungebührliches Betragen; 4. ⚕ Störung *f*, Erkrankung *f*: *mental* ~ Geistesstörung; II. *v/t.* 5. in Unordnung bringen, verwirren, stören; 6. zerrütten, verderben; **dis'or·dered** [-əd] *adj.* 1. unordentlich; 2. zerrüttet; gestört, erkrankt: *my stomach is* ~ ich habe mir den Magen verdorben; **dis'or·der·li·ness** [-linis] *s.* 1. Unordnung *f*, Verwirrung *f*; 2. Unbotmäßigkeit *f*; 3. Liederlichkeit *f*; **dis'or·der·ly** [-li] *adj.* 1. verwirrt, unordentlich, schlampig; 2. ordnungs-, gesetzwidrig, aufrührerisch; 3. Ärgernis erregend: ~ *conduct* ⚖ ungebührliches Benehmen, grober Unfug; ~ *person* Ruhestörer; ~ *house mst* Bordell; *a.* Spielhölle.

dis·or·gan·i·za·tion [disɔ:gənai'zeiʃən] *s.* Auflösung *f*, Zerrüttung *f*, Unordnung *f*, ˌDesorganisati'on *f*; **dis·or·gan·ize** [dis'ɔ:gənaiz] *v/t.* auflösen, zerrütten, in Unordnung bringen, desorganisieren; **dis·or·gan·ized** [dis'ɔ:gənaizd] *adj.* in Unordnung, desorganisiert.

dis·o·ri·ent·ed [dis'ɔ:rientid] *adj. psych.* ‚gestört', la'bil.

dis·own [dis'oun] *v/t.* 1. nicht (als sein eigen) anerkennen, nichts zu tun haben wollen mit; 2. ver-, ableugnen; *Kind* verstoßen, -leugnen.

dis·par·age [dis'pæridʒ] *v/t.* in Verruf bringen, her'absetzen, verächtlich machen; schmälern; **dis'par·age·ment** [-mənt] *s.* Her'absetzung *f*, Verunglimpfung *f*; Schande *f*: *no* ~ (*intended*) ohne Ihnen nahetreten zu wollen; **dis'par·ag·ing** [-dʒiŋ] *adj.* □ geringschätzig, verächtlich.

dis·pa·rate ['dispərit] I. *adj.* □ unvereinbar, ungleichartig; (völlig) verschieden; II. *s. pl.* unvergleichbare Dinge *pl.*; **dis·par·i·ty** [dis'pæriti] *s.* Verschiedenheit *f*: ~ *in age* (*zu großer*) Altersunterschied.

dis·pas·sion·ate [dis'pæʃnit] *adj.* □ 1. leidenschaftslos, ruhig, gelassen; 2. 'unparˌteiisch, objek'tiv; 3. sachlich.

dis·patch [dis'pætʃ] I. *v/t.* 1. *j-n od. et.* (ab)senden, befördern; 2. abfertigen (*a.* 🚂); 3. schnell erledigen *od.* ausführen; 4. ins Jenseits befördern, töten; 5. F rasch aufessen, ‚wegputzen'; II. *s.* 6. Absendung *f*, Versand *m*, Abfertigung *f*, Beförderung *f*; 7. (schnelle) Erledigung; 8. Eile *f*, Schnelligkeit *f*: *with* ~ eilends, prompt; 9. (*bsd.* amtlicher) Bericht, Meldung *f*, De'pesche *f*: *mentioned in* ~*es* ⚔ im Kriegsbericht rühmend erwähnt; 10. Tod *m*, Tötung *f*: *happy* ~ Harakiri.

dis'patch-boat *s.* A'viso *m*, De'peschenboot *n*.

dis'patch-box *s.* Kas'sette *f* mit amtlichen Pa'pieren.

dis'patch-case *s.* Aktenmappe *f*.

dis·patch| goods *s. pl.* Eilgut *n*; ~ **note** *s.* Pa'ketkarte *f* für 'Auslandspaˌket.

dis'patch-rid·er *s.* ⚔ Meldereiter *m*, -fahrer *m*.

dis·pel [dis'pel] *v/t. bsd. fig.* zerstreuen, verbannen, vertreiben, verjagen.

dis·pen·sa·ble [dis'pensəbl] *adj.* □ entbehrlich; unwesentlich; erläßlich; **dis'pen·sa·ry** [-səri] *s.* 1. ('Armen)Apoˌtheke *f*; 2. La'bor *n e-r Apotheke*; 3. ⚕ a) Ambu'lanz *f* für Unbemittelte, b) ⚔ ('Kranken-)Reˌvier *n*; **dis·pen·sa·tion** [dispen'seiʃən] *s.* 1. Aus-, Verteilung *f*; 2. Gabe *f*; 3. göttliche Fügung; Fügung *f* (*des Schicksals*); 4. religi'öses Sy'stem; 5. Regelung *f*, System *n*; 6. ⚖, *eccl.* (*with, from*) Dis'pens *m*, Befreiung *f* (von), Erlaß *m* (*gen.*); **dis·pense** [dis'pens] I. *v/t.* 1. aus-, verteilen; *Sakrament* spenden: *to* ~ *justice* Recht sprechen; 2. *Arzneien* (nach Re'zept) zubereiten u. abgeben; *Rezept* ausführen; 3. entheben, befreien, entbinden (*from* von); II. *v/i.* 4. Dis'pens erteilen; 5. ~ *with* a) verzichten auf (*acc.*), b) 'überflüssig machen, auskommen ohne: *it can be* ~*d with* man kann darauf verzichten, es ist entbehrlich; **dis·pens·er** [dis'pensə] *s.* 1. Austeiler *m*, Spender *m* (*a. Gerät*); 2. Apo'theker(gehilfe) *m*; **dis'pens·ing chem·ist** [-siŋ] *s.* Apotheker *m*.

dis·per·sal [dis'pə:səl] *s.* 1. (Zer-)Streuung *f*; Verbreitung *f*; Zersplitterung *f*; 2. ⚔ Auflockerung *f*, Auflösung *f*; ~ **a·pron** *s.* ✈ (ausein'andergezogener) Abstellplatz; ~ **a·re·a** *s.* 1. ✈ → *dispersal apron*; 2. ⚔ Auflockerungsgebiet *n*.

dis·perse [dis'pə:s] I. *v/t.* 1. (*a. phys.*) zerstreuen; 2. (*a.* ⚗) verteilen; 3. *opt.* zerlegen, streuen; 4. ver-, ausbreiten; 5. ⚔ auflokkern; 6. ⚔ versprengen; II. *v/i.* 7. sich zerstreuen (*Menge*); 8. sich verteilen *od.* zersplittern; **dis'persed·ly** [-sidli] *adv.* verstreut, hier u. dort; **dis'per·sion** [-ə:ʃən] *s.* 1. Zerstreuung *f* (*a.* ⚔, *phys.*); 2. ⚔, *phys.* Streuung *f*; 3. Verteilung *f*, Auflösung *f*, Zerstäubung *f*; 4. Ver-, Ausbreitung *f*; 5. ⚔ → *dispersal* 2; 6. ♀ Zerstreuung *f*, Di'aspora *f der Juden*.

dis·pir·it [di'spirit] *v/t.* entmutigen, niederdrücken, deprimieren; **dis'pir·it·ed** [-tid] *adj.* □ niedergeschlagen, mutlos, deprimiert.

dis·place [dis'pleis] *v/t.* 1. versetzen, -rücken, -lagern, -schieben; 2. verdrängen (*a.* ⚓); 3. *j-n* absetzen, entlassen; 4. ersetzen; 5. verschleppen: ~*d person* (*abbr.* D. P.) Verschleppte(r); **dis'place·ment** [-mənt] *s.* 1. Verlagerung *f*, Verschiebung *f*; Verdrängung *f*; 2. ⚓ Wasserverdrängung *f*; 3. Ersetzung *f*; anderweitige Verwendung.

dis·play [dis'plei] I. *v/t.* 1. entfalten, ausbreiten; 2. zeigen, offenbaren; 3. zur Schau stellen, her'vorkehren, an den Tag legen; 4. ✝ ausstellen, -legen; 5. *typ.* her'vorheben; II. *s.* 6. Entfaltung *f* (*a.* ⚔), Vorführung *f*, (Zur)'Schaustellung *f*, (Waren)Auslage *f*: ~ *of energy fig.* Entfaltung von Tatkraft; 7. Aufwand *m*, Pomp *m*, Prunk *m*: *to make a great* ~ *of* prunken mit; 8. *typ.* Her'vorhebung *f*; ~ **case** *s.* Schaukasten *m*, Vi'trine *f*.

dis·please [dis'pli:z] *v/t.* 1. miß'fallen (*dat.*); 2. kränken, ärgern, verletzen; *Auge* beleidigen; **dis'pleased** [-zd] *adj.* (*at, with*) unzufrieden (mit), ungehalten (über *acc.*); **dis'pleas·ing** [-ziŋ] *adj.* □ unangenehm, leidig; **dis·pleas·ure** [dis'pleʒə] *s.* 'Mißfallen *n*, Ärger *m*, Verdruß *m*, Unwille *m* (*at, over* über *acc.*): *to incur s.o.'s* ~ j-s Unwillen erregen.

dis·port [dis'pɔ:t] *v/t.*: ~ *o.s.* a) sich vergnügen *od.* belustigen, b) her'umtollen, sich tummeln.

dis·pos·a·ble [dis'pousəbl] *adj.* 1. (frei) verfügbar, verwendbar: ~ *income* Nettoeinkommen; 2. Einweg..., Wegwerf...: ~ *package*; 3. verkäuflich; **dis·pos·al** [dis'pouzəl] *s.* 1. Anordnung *f*, Aufstellung *f* (*a.* ⚔); Verwendung *f*; 2. Erledigung *f*; 3. Verfügung(srecht *n*) *f*, Macht *f* (*of* über *acc.*): *to be at s.o.'s* ~ j-m zur Verfügung stehen; *to place s.th. at s.o.'s* ~ j-m et. zur Verfügung stellen; *to have the* ~ *of* verfügen (können) über (*acc.*); 4. 'Übergabe *f*, Über'tragung *f*; 5. Verfügung *f*, Beseitigung *f*; 6. Veräußerung *f*, Verkauf *m*: *for* ~ zum Verkauf; **dis·pose** [dis'pouz] I. *v/t.* 1. anordnen, aufstellen (*a.* ⚔); zu'rechtlegen, einrichten; ein-, verteilen; 2. *j-n* bewegen, bestimmen, veranlassen; II. *v/i.* 3. ordnen, verfügen; → *propose* 6; 4. *frei* verfügen, gebieten, entscheiden (*of* über *acc.*): *to* ~ *of by will* testamentarisch vermachen; 5. ~ *of* verwenden, 'unterbringen: *to* ~ *of in marriage* verheiraten; 6. ~ *of* erledigen, abfertigen; beseitigen, loswerden, weg-, abschaffen; 7. (*of*) sich entledigen (*gen.*), sich trennen (von); 8. ~ *of* veräußern, verkaufen; 9. ~ *of* unschädlich machen; 'umbringen; ⚔ entschärfen; 10. ~ *of* verzehren, trinken; **dis·posed** [dis'pouzd] *adj.* 1. geneigt, bereit (*to* zu, *to do* zu tun); **2.** gelaunt, gesinnt: *well-*~ wohlgesinnt, *ill-*~ übelgesinnt (*towards dat.*); **dis·po·si·tion** [dispə'ziʃən] *s.* **1.** Anordnung *f*, Verteilung *f*, Aufstellung *f* (*a.* ⚔); **2.** *freie* Verfügung, Bestimmung *f*, Macht *f* (*of* über *acc.*); *göttliche* Lenkung; **3.** Über'tragung *f*, Verleihung *f*; **4.** Dispositi'on *f*, Neigung *f*, Veranlagung *f*, Bereitschaft *f* (*to* zu); **5.** Wesen *n*, Gemütsart *f*, Stimmung *f*; **6.** *mst pl.* Plan *m*, Vorbereitungen *pl.*: *to make* ~*s* Vorkehrungen treffen, disponieren.

dis·pos·sess ['dispə'zes] *v/t.* **1.** enteignen; vertreiben, verjagen (*of* von); **2.** berauben (*of gen.*); **3.** *fig.* befreien (*of* von); **'dis·pos'ses·sion** [-eʃən] *s.* Enteignung *f etc.*

dis·praise [dis'preiz] **I.** *v/t.* tadeln, her'absetzen; **II.** *s.* Her'absetzung *f*, Geringschätzung *f*: *in* ~ geringschätzig.

dis·proof ['dis'pru:f] *s.* Wider'legung *f*.

dis·pro·por·tion ['disprə'pɔ:ʃən] *s.* 'Mißverhältnis *n*; **dis·pro·por·tion·ate** [disprə'pɔ:ʃnit] *adj.* □ **1.** unverhältnismäßig (groß *od.* klein), in keinem Verhältnis stehend (*to* zu); **2.** über'trieben (*Erwartung etc.*).

dis·prove ['dis'pru:v] *v/t.* wider'legen.

dis·pu·ta·ble [dis'pju:təbl] *adj.* □ bestreitbar, strittig, fraglich; **dis'pu·tant** [-tənt] *s.* Dispu'tant *m*, Gegner *m* (*im Wortstreit*).

dis·pu·ta·tion [dispju(:)'teiʃən] *s.* Disputati'on *f*: **a)** Wortstreit *m*, **b)** Streitgespräch *n*; **dis·pu'ta·tious** [-ʃəs] *adj.* □ streitsüchtig; rechthaberisch; **dis·pu'ta·tious·ness** [-ʃəsnis] *s.* Streitsucht *f*; Rechthabe'rei *f*; **dis·pute** [dis'pju:t] **I.** *v/i.* **1.** disputieren, debattieren, streiten (*on, about* über *acc.*); **2.** (sich) streiten, zanken; **II.** *v/t.* **3.** diskutieren, erörtern; **4.** bestreiten, anzweifeln, anfechten; **5.** kämpfen um, *j-m et.* streitig machen; **III.** *s.* **6.** Wortstreit *m*, De'batte *f*: *in* ~ umstritten, fraglich; *beyond* (*od. without*) ~ unstreitig, fraglos; **7.** Zank *m*, Streit(igkeit *f*) *m*, Kontro'verse *f*.

dis·qual·i·fi·ca·tion [diskwɔlifi'keiʃən] *s.* **1.** ˌDisqualifikati'on *f*, Untauglichkeit *f*, Ungeeignetheit *f*; **2.** disqualifizierender 'Umstand; **3.** *sport* Disqualifikation *f*, Ausschluß *m*; **dis·qual·i·fied** [dis'kwɔlifaid] *adj.* **1.** untauglich, ungeeignet (*for* für); **2.** ⚖ unfähig (*from* zu); **dis·qual·i·fy** [dis'kwɔlifai] *v/t.* **1.** ungeeignet machen (*for* für); **2.** für ungeeignet *od.* unfähig erklären; **3.** *sport* disqualifizieren, ausschließen.

dis·qui·et [dis'kwaiət] **I.** *v/t.* beunruhigen; **II.** *s.* Unruhe *f*, Sorge *f*, Angst *f*; **dis'qui·et·ing** [-tiŋ] *adj.* beunruhigend; **dis'qui·e·tude** [-aiitju:d] → *disquiet II.*

dis·qui·si·tion [diskwi'ziʃən] *s.* **1.** *ausführliche* Abhandlung *od.* Rede; **2.** *obs.* Unter'suchung *f*.

dis·rate [dis'reit] *v/t.* ⚓ degradieren.

dis·re·gard ['disri'gɑ:d] **I.** *v/t.* **1. a)** nicht beachten, ignorieren, außer acht lassen, **b)** absehen von, ausklammern; **2.** nicht befolgen, miß'achten; **II.** *s.* **3.** Nichtbeachtung *f*, Vernachlässigung *f* (*of, for gen.*); **4.** (*of, for*) 'Mißachtung *f* (*gen.*), Gleichgültigkeit *f* (gegen-'über); **dis·re·gard·ful** [disri'gɑ:dful] *adj.* □: *to be* ~ *of* → *disregard 1 a.*

dis·rel·ish ['dis'reliʃ] **I.** *s.* Abneigung *f*, 'Widerwille *m* (*for* gegen); **II.** *v/t.* e-n Widerwillen haben gegen.

dis·re·pair ['disri'pɛə] *s.* Verfall *m*; Baufälligkeit *f*, schlechter Zustand: *in* (*a state of*) ~ baufällig; *to fall into* ~ verfallen.

dis·rep·u·ta·ble [dis'repjutəbl] *adj.* □ **1.** verrufen; **2.** schändlich, gemein; **dis·re·pute** ['disri'pju:t] *s.* Verruf *m*, schlechter Ruf, Schande *f*: *to bring into* ~ in Verruf bringen.

dis·re·spect ['disris'pekt] **I.** *s.* **1.** (*to*) Re'spektlosigkeit *f*, Unehrerbietigkeit *f* (gegen), 'Mißachtung *f* (*gen.*); **2.** Unhöflichkeit *f* (*to* gegen); **II.** *v/t.* **3.** nicht achten; **4.** unhöflich behandeln.

dis·re·spect·ful [disris'pektful] *adj.* □ unehrerbietig, re'spektlos (*to* gegen); **dis·re'spect·ful·ness** [-nis] *s.* Unehrerbietigkeit *f*.

dis·robe ['dis'roub] **I.** *v/t.* entkleiden (*a. fig.*); **II.** *v/i.* s-e Kleidung *od.* Amtstracht ablegen.

dis·root ['dis'ru:t] *v/t.* **1.** entwurzeln, ausreißen; **2.** vertreiben.

dis·rupt [dis'rʌpt] **I.** *v/t.* **1.** zerbrechen, zerschlagen, zertrümmern; **2.** zerreißen; spalten; unter'brechen; **3.** zerrütten; **II.** *v/i.* **4.** ⚡ 'durchschlagen; **dis'rup·tion** [-pʃən] *s.* **1.** Zerreißung *f*, Zerschlagung *f*; Unter'brechung *f*; **2.** Zerrissenheit *f*, Spaltung *f*; Bruch *m*; **3.** Zerrüttung *f*, Zerfall *m*; **dis'rup·tive** [-tiv] *adj.* **1.** zertrümmernd, zerreißend; **2.** auflösend, zersetzend; **3.** ⚡ Durchschlags...(*-festigkeit etc.*): ~ *strength.*

dis·sat·is·fac·tion ['disætis'fækʃən] *s.* **1.** Unzufriedenheit *f* (*at, with* mit); **2.** *et.* Unbefriedigendes; **'dis·sat·is'fac·to·ry** [-ktəri] *adj.* unbefriedigend; **dis·sat·is·fied** ['di'sætisfaid] *adj.* **1.** unzufrieden (*with, at* mit); **2.** *pred.* unzufrieden, verdrießlich; **dis·sat·is·fy** ['di'sætisfai] *v/t.* nicht befriedigen; *j-m* miß'fallen.

dis·sect [di'sekt] *v/t.* **1.** zergliedern, zerlegen; **2.** ⚕ sezieren; **3.** *fig.* zer-, aufgliedern, analysieren; **dis'sec·tion** [-kʃən] *s.* **1.** Zergliederung *f* (*a. fig.*); **2.** ⚕ Sekti'on *f*; **3.** ⚘, *anat., zo.* Präpa'rat *n*; **4.** genaue Unter'suchung; **dis'sec·tor** [-tə] *s.* ⚕ Sezierer *m*.

dis·seise, dis·seize ['dis'si:z] *v/t.* ⚖ 'widerrechtlich enteignen; **'dis'sei·sin, dis'sei·zin** [-zin] *s.* ⚖ widerrechtliche Enteignung.

dis·sem·ble [di'sembl] **I.** *v/t.* **1.** verhehlen, verbergen, sich *et.* nicht anmerken lassen; **2.** unbeachtet lassen; **II.** *v/i.* **3.** sich verstellen, dissimulieren; **4.** heucheln; **dis'sem·bler** [-lə] *s.* **1.** Heuchler(in); **2.** Dissimu'lant(in).

dis·sem·i·nate [di'semineit] *v/t.* **1.** *Saat* ausstreuen (*a. fig.*); **2.** *fig.* verbreiten; **dis·sem·i·na·tion** [disemi'neiʃən] *s.* Ausstreuung *f*; *fig.* Ver-, Ausbreitung *f*.

dis·sen·sion [di'senʃən] *s.* Zwietracht *f*, Meinungsverschiedenheit *f*, Streit *m*.

dis·sent [di'sent] **I.** *v/i.* **1.** (*from*) anderer Meinung sein (als), nicht über'einstimmen (mit); **2.** *eccl.* von der Staatskirche abweichen; **II.** *s.* **3.** abweichende *od.* andere Meinung; **4.** *eccl.* Abweichen *n* von der Staatskirche; **dis'sent·er** [-tə] *s.* **1.** Andersdenkende(r *m*) *f*; **2.** *eccl.* Dissi'dent *m*; Dis'senter *m*, Nonkonfor'mist(in); **dis'sen·tient** [-nʃiənt] **I.** *adj.* andersdenkend, abweichend: *without a* ~ *vote* ohne Gegenstimme; **II.** *s.* Andersdenkende(r *m*) *f*, Gegenstimme *f*: *with no* ~ ohne Gegenstimme.

dis·ser·ta·tion [disə(:)'teiʃən] *s.* gelehrte Abhandlung, Dissertati'on *f* (*on* über *acc.*).

dis·serv·ice ['dis'sə:vis] *s.* (*to*) schlechter Dienst (an *dat.*), Schaden *m* (für): *to do a* ~ *j-m* e-n schlechten Dienst erweisen.

dis·sev·er [dis'sevə] *v/t.* trennen, absondern, spalten.

dis·si·dence ['disidəns] *s.* **1.** Meinungsverschiedenheit *f*, Uneinigkeit *f*, Diffe'renz *f*; **2.** *eccl.* Abfall *m* von der Staatskirche; **'dis·si·dent** [-nt] **I.** *adj.* **1.** andersdenkend, nicht über'einstimmend, abweichend; **II.** *s.* **2.** Andersdenkende(r *m*) *f*; **3.** *eccl.* Abtrünnige(r *m*) *f*, Dissi'dent(in).

dis·sim·i·lar ['di'similə] *adj.* □ (*to*) verschieden (von), unähnlich (*dat.*); **dis·sim·i·lar·i·ty** [disimi'læriti] *s.* Verschiedenartigkeit *f*, Unähnlichkeit *f*; 'Unterschied *m*.

dis·sim·u·late [di'simjuleit] **I.** *v/t.* verheimlichen, verbergen, verhehlen; **II.** *v/i.* sich verstellen; dissimulieren; heucheln; **dis·sim·u·la·tion** [disimju'leiʃən] *s.* **1.** Verheimlichung *f*; **2.** Verstellung *f*, Heuche'lei *f*.

dis·si·pate ['disipeit] **I.** *v/t.* **1.** zerteilen; zerstreuen (*a. fig. u. phys.*); **2.** verschwenden, verzetteln; **3.** *fig.* verscheuchen, vertreiben; **4.** auflösen; **II.** *v/i.* **5.** sich zerstreuen *od.* auflösen *od.* verflüchtigen; **6.** sich zersplittern; **7.** ein zügelloses Leben führen; **'dis·si·pat·ed** [-tid] *adj.* ausschweifend, liederlich; **dis·si·pa·tion** [disi'peiʃən] *s.* **1.** Zerstreuung *f* (*a. fig. u. phys.*); **2.** Auflösung *f*; Zersplitterung *f*; **3.** *fig.* Vertreibung *f*, Verscheuchung *f*; **4.** Verschwendung *f*; **5.** Zeitvertreib *m*; **6.** Ausschweifung *f*; Liederlichkeit *f*, ausschweifendes Leben.

dis·so·ci·ate [di'souʃieit] **I.** *v/t.* **1.** trennen (*a.* ⚗), zersetzen, absondern (*from* von); **2.** ⚗, *psych.* dissoziieren; **3.** ~ *o.s.* sich lossagen *od.* distanzieren, abrücken (*from* von); **II.** *v/i.* **4.** ⚗ sich spalten, zerfallen; **dis·so·ci·a·tion** [disousi'eiʃən] *s.* **1.** Trennung *f*, Absonderung *f*, Auflösung *f*; **2.** ⚗ Spaltung *f*, Zerfall *m*; **3.** *psych.* Bewußtseinsspaltung *f*, Doppelbewußtsein *n*.

dis·sol·u·bil·i·ty [disɔlju'biliti] *s.* **1.** Löslichkeit *f*; **2.** (Auf)Lösbarkeit *f*, Trennbarkeit *f*; **dis·sol·u·ble**

[di'sɔljubl] *adj.* **1.** (auf)lösbar; **2.** dem Zerfall ausgesetzt; **3.** löslich; **4.** trennbar (*Ehe etc.*).

dis·so·lute ['disəlu:t] *adj.* □ ausschweifend, liederlich; **'dis·so·lute·ness** [-nis] *s.* Liederlichkeit *f*, Ausschweifung *f*, Zügellosigkeit *f*.

dis·so·lu·tion [disə'lu:ʃən] *s.* **1.** Auflösung *f* (*a. Ehe, Parlament, Firma*); **2.** ⚗ (Auf)Lösung *f*, Zersetzung *f*; **3.** Ver-, Zerfall *m*, Vernichtung *f*; Tod *m*.

dis·solv·a·ble [di'zɔlvəbl] *adj.* **1.** auflösbar; **2.** löslich; **dis·solve** [di'zɔlv] **I.** *v/t.* **1.** auflösen (*a. fig., Ehe, Parlament, Firma etc.*); *Ehe a.* scheiden; lösen (*a.* ⚗): *~d in tears* in Tränen aufgelöst; **2.** trennen, aufheben; **3.** *Film*: über'blenden; **II.** *v/i.* **4.** sich auflösen, schmelzen, zerfallen; **5.** vergehen, hin-, verschwinden; **6.** *fig.* sich auflösen (*Parlament etc.*), ausein'andergehen; **7.** *Film*: über'blenden, inein'ander 'übergehen; **dis'sol·vent** [-vənt] **I.** *adj.* (auf-)lösend; zersetzend; **II.** *s.* ⚗ (Auf-)Lösungsmittel *n* (*a. fig.*).

dis·so·nance ['disənəns] *s.* **1.** ♪ Disso'nanz *f*, 'Mißklang *m* (*a. fig.*); **2.** *fig.* Uneinigkeit *f*, 'Mißhelligkeit *f*; **'dis·so·nant** [-nt] *adj.* □ **1.** ♪ 'mißtönend, disso'nant; **2.** *fig.* unvereinbar, abweichend, gegensätzlich.

dis·suade [di'sweid] *v/t.* **1.** *j-m* abraten (*from* von); **2.** *j-n* abbringen (*from* von); **dis'sua·sion** [-eiʒən] *s.* Abraten *n*, Abmahnung *f*; Abbringen *n*; **dis'sua·sive** [-eisiv] *adj.* □ abratend, abmahnend.

dis·syl·lab·ic, dis·syl·la·ble → *disyllabic, disyllable*.

dis·sym·met·ri·cal ['disi'metrikəl] *adj.* □ 'unsym,metrisch; **dis·sym·met·ry** ['di'simitri] *s.* Asymme'trie *f*.

dis·taff ['distɑ:f] *s.* Spinnrocken *m*: *~ side* weibliche Linie *e-r Familie*.

dis·tance ['distəns] **I.** *s.* **1.** Entfernung *f*; Ferne *f*, Weite *f*: *at a ~* **a)** in einiger Entfernung, **b)** von weitem; *in the ~* in der Ferne; *from a ~* aus einiger Entfernung; *at an equal ~* gleich weit (entfernt); *a good ~ off* ziemlich weit entfernt; *braking ~ mot.* Bremsweg; *hailing ~* Rufweite; *stopping ~ mot.* Anhalteweg; *within walking ~* zu Fuß erreichbar; *within striking ~* handgreiflich nahe, in erreichbarer Nähe; **2.** *bsd.* ⚔, *phys., a. ~ apart* Zwischenraum *m*, Abstand *m*; **3. a)** Entfernung *f*, Strecke *f* (*a. sport*): *~ covered* zurückgelegte Strecke, **b)** *sport* Langstrecke *f*; **4.** *zeitlicher* Zwischenraum, (Zeit-) Abstand *m*; **5.** *fig.* Abstand *m*, Entfernung *f*, 'Unterschied *m*; **6.** *fig.* Di'stanz *f*, Abstand *m*, Re'serve *f*, Zu'rückhaltung *f*: *to keep s.o. at a ~* j-m gegenüber reserviert sein; *to keep one's ~* den Abstand wahren, Distanz halten; **7.** *paint.* 'Hintergrund *m*: *middle ~* Mittelgrund; **II.** *v/t.* **8.** über'holen, hinter sich lassen; **9.** *fig.* über'treffen, -'flügeln.

dis·tant ['distənt] *adj.* □ **1.** entfernt (*a. fig.*), weit (*from* von); fern (*Ort od. Zeit*): *~ relation* entfernte(r) *od.* weitläufige(r) Verwandte(r); *~ resemblance* entfernte *od.* schwache Ähnlichkeit; *~ dream* schwache Aussicht; **2.** zu'rückhaltend, kühl: *~ attitude* Zurückhaltung; *~ control s.* ⊕ Fernsteuerung *f*; *~ signal s.* 🚂 'Vorsi,gnal *n*.

dis·taste ['dis'teist] *s.* (*for*) 'Widerwille *m*, Abneigung *f* (gegen), Ekel *m*, Abscheu *m* (vor *dat.*); **dis·taste·ful** [dis'teistful] *adj.* □ unangenehm, widerlich, zu'wider (*to dat.*); ekelhaft, geschmacklos; **dis·taste·ful·ness** [dis'teistfulnis] *s.* Widerlichkeit *f*.

dis·tem·per[1] [dis'tempə] **I.** *s.* **1.** 'Tempera- *od.* Leimfarbe *f*; **2.** 'Temperamale,rei *f*; **II.** *v/t.* **3.** mit Temperafarbe(n) (an)malen.

dis·tem·per[2] [dis'tempə] *s.* **1.** *vet.* Staupe *f*; **2.** po'litische Unruhe; **3.** *obs.* Krankheit *f*; **dis'tem·pered** [-əd] *adj.* **1.** krank; **2.** (geistes)gestört; **3.** 'mißgestimmt.

dis·tend [dis'tend] **I.** *v/t.* (aus-)dehnen, weiten, aufblasen, -blähen; **II.** *v/i.* sich (aus)dehnen, (an-)schwellen; **dis'ten·si·ble** [-nsəbl] *adj.* (aus)dehnbar; **dis'ten·sion** [-nʃən] *s.* Dehnung *f*; Streckung *f*; Aufblähung *f*, (An)Schwellen *n*.

dis·tich ['distik] *s.* 'Distichon *n*, Zweizeiler *m*; **'dis·tich·ous** [-kəs] *adj.* ♀ zweireihig, -zeilig.

dis·til, *Am.* **dis·till** [dis'til] **I.** *v/t.* **1.** ⚗ **a)** destillieren, abziehen, **b)** abdestillieren (*from* aus); **2.** *Branntwein* brennen (*from* aus); **3.** her'abtropfen lassen: *to be ~led* sich niederschlagen; **4.** *fig. das Wesentliche* entnehmen, (her'aus-)ziehen, gewinnen (*from* aus); **II.** *v/i.* **5.** ⚗ destillieren; **6.** (her'ab-)tropfen, her'ausfließen; **dis·til·late** ['distilit] *s.* ⚗ Destil'lat *n*; **dis·til·la·tion** [disti'leiʃən] *s.* **1.** ⚗ Destillati'on *f*; **2.** Brennen *n* (*von Branntwein*); **3.** Destillat *n*, Auszug *m*; **4.** *fig.* Wesen *n*, Kern *m*; **dis'til·ler** [-lə] *s.* Branntweinbrenner *m*; **dis'til·ler·y** [-ləri] *s.* ('Branntwein)Brenne,rei *f*; **dis'til·ling flask** [-liŋ] *s.* ⚗ Destillierkolben *m*.

dis·tinct [dis'tiŋkt] *adj.* □ → *distinctly*; **1.** ver-, unter'schieden, getrennt, abgesondert; **2.** eigen, selbständig; **3.** ausgeprägt, entschieden; **4.** klar, deutlich; **5.** merklich, unverkennbar; vernehmlich; **dis'tinc·tion** [-kʃən] *s.* **1.** Unter'scheidung *f*: *a ~ without a difference* e-e spitzfindige Unterscheidung, Haarspalterei; **2.** 'Unterschied *m*: *in ~ from* (*od. to*) zum Unterschied von; *to draw* (*od. make*) *a ~ between* e-n Unterschied machen zwischen (*dat.*); **3.** Unter'scheidungsmerkmal *n*, Kennzeichen *n*; *weitS.* her'vorragende Eigenschaft; **4.** Auszeichnung *f*, Ehrung *f*; **5.** Rang *m*, Würde *f*; Vornehmheit *f*; **6.** Ruf *m*, Berühmtheit *f*; **dis'tinc·tive** [-tiv] *adj.* □ **1.** unter'scheidend, besonder; **2.** kenn-, bezeichnend, charakte'ristisch (*of* für); **3.** deutlich, ausgesprochen; **dis'tinc·tive·ness** [-tivnis] *s.* **1.** Besonderheit *f*; **2.** Deutlichkeit *f*; **dis'tinct·ly** [-li] *adv.* deutlich, *fig. a.* ausdrücklich; **dis'tinct·ness** [-nis] *s.* **1.** Deutlichkeit *f*; **2.** Verschiedenheit *f*, deutlicher 'Unterschied (*from* von).

dis·tin·gué [distæŋ'gei; distɛ̃ge] (*Fr.*) *adj.* distingu'iert, vornehm.

dis·tin·guish [dis'tiŋgwiʃ] **I.** *v/t.* **1.** unter'scheiden: *as ~ed from* zum Unterschied von; *to be ~ed by* sich durch *et.* unterscheiden *od.* auszeichnen; **2.** wahrnehmen, erkennen; **3.** kennzeichnen, charakterisieren: *~ing mark* Merkmal, Kennzeichen; **4.** auszeichnen, rühmend her'vorheben: *to ~ o.s.* sich auszeichnen (*a. iro.*); **II.** *v/i.* **5.** unter'scheiden, e-n 'Unterschied machen; **dis'tin·guish·a·ble** [-ʃəbl] *adj.* □ **1.** zu unter'scheiden(d); **2.** erkennbar, kenntlich; **dis'tin·guished** [-ʃt] *adj.* **1.** kenntlich (*by* an *dat.*, durch); **2.** bemerkenswert, berühmt (*for* wegen, *by* durch); **3.** vornehm; **4.** her'vorragend, ausgezeichnet: *♀ Service Order* ⚔ *Brit.* Kriegsverdienstorden.

dis·tort [dis'tɔ:t] *v/t.* **1.** verdrehen (*a. fig.*); *a. Gesicht* verziehen, verzerren (*a.* ⊕, ⚡); verrenken; ⊕ verformen: *to be ~ed* sich verziehen; **2.** *fig. Tatsachen etc.* entstellen; **dis'tort·ed·ly** [-tidli] *adv.* verdreht; entstellt; **dis'tort·ing mir·ror** [-tiŋ] *s.* Ve'xierspiegel *m*; **dis'tor·tion** [-ɔ:ʃən] *s.* **1.** Verdrehung *f* (*a. fig.*), Verrenkung *f*; Verzerrung *f* (*a.* ⚡, *phot.*); Verziehung *f*, Verwindung *f* (*a.* ⊕); **2.** *fig.* Entstellung *f*; **dis'tor·tion·ist** [-ɔ:ʃənist] → *contortionist 1*.

dis·tract [dis'trækt] *v/t.* **1.** *Aufmerksamkeit, Person etc.* ablenken; **2.** verwirren, aufwühlen; **3.** beunruhigen, stören, quälen; **4.** zur Verzweiflung bringen; **dis'tract·ed** [-tid] *adj.* □ verwirrt, gequält; außer sich, von Sinnen: *~ with* (*od. by*) *pain* wahnsinnig vor Schmerzen; *to drive ~* verrückt machen; **dis'tract·ing** [-tiŋ] *adj.* □ verwirrend, quälend; **dis'trac·tion** [-kʃən] *s.* **1.** Ablenkung *f*, Zerstreuung *f*; **2.** Zerstreutheit *f*; **3.** Verwirrung *f*, Bestürzung *f*; **4.** Wahnsinn *m*, Rase'rei *f*: *to drive s.o. to ~* j-n zur Raserei bringen; *to love to ~* bis zum Wahnsinn lieben; **5.** *oft pl.* Ablenkung *f*, Zerstreuung *f*, Unter'haltung *f*.

dis·train [dis'trein] ⚖ *v/i.*: *~* (*up*)*on* **a)** *j-n* pfänden, **b)** *et.* pfänden *od.* beschlagnahmen (*for* wegen); **dis'train·a·ble** [-nəbl] *adj.* pfändbar; **dis·train·ee** [distrei'ni:] *s.* ⚖ Gepfändete(r *m*) *f*, Pfandschuldner (-in); **dis'train·er** [-nə], **dis·train·or** [distrei'nɔ:] *s.* ⚖ Pfänder(in), Pfandgläubiger(in); **dis'traint** [-nt] *s.* ⚖ Pfändung *f*, 'Zwangsvoll,streckung *f*, Beschlagnahme *f*.

dis·traught [dis'trɔ:t] *adj.* **1.** verwirrt, bestürzt, durchein'ander; **2.** wahnsinnig, rasend (*with* vor *dat.*).

dis·tress [dis'tres] **I.** *s.* **1.** Qual *f*, Pein *f*, Schmerz *m*; Erschöpfung *f*; **2.** Leid *n*, Kummer *m*, Sorge *f*; **3.** Elend *n*; Not(lage) *f*; **4.** ⚓ Seenot *f*: *~ signal* Notsignal; *~-rocket* Alarmrakete; **5.** ⚖ **a)** Pfändung *f*,

'Zwangsvoll,streckung *f*: *to levy a ~ on s.th.* et. pfänden *od.* beschlagnahmen; *~-warrant* Pfändungsbefehl, b) gepfändeter Gegenstand; **II.** *v/t.* **6.** quälen, peinigen, bedrükken; erschöpfen; **7.** beunruhigen; betrüben, unglücklich machen: *to ~ o.s.* sich sorgen (*about* um); **dis'tressed** [-st] *adj.* **1.** gequält, gepeinigt; **2.** bekümmert, besorgt (*about* um); **3.** unglücklich, bedrängt, in Not, notleidend: *~ area Brit.* Elends-, Notstandsgebiet; **4.** erschöpft; **dis'tress·ful** [-ful] *adj.* □ qualvoll; unglücklich, jämmerlich, notleidend; **dis'tress·ing** [-siŋ] *adj.* □ qual-, kummervoll, peinlich, betrüblich; erschütternd.

dis·trib·ut·a·ble [dis'tribjutəbl] *adj.* verteilbar, zu verteilen(d); **dis·trib·ute** [dis'tribju(:)t] *v/t.* **1.** ver-, austeilen (*among* unter *acc.*, *to* an *acc.*); **2.** spenden, zuteilen (*to dat.*); **3.** † *Waren* vertreiben, absetzen; *Dividende* ausschütten; **4.** austeilen, ab-, ausgeben; *Post* zustellen; **5.** ausstreuen, verbreiten; *Farbe etc.* auftragen; **6.** auf-, einteilen; ⚔ gliedern; **7.** *typ. Satz* ablegen; **dis·trib·u·tee** [distribju'ti:] *s.* ⚖ gesetzlicher Erbe, gesetzliche Erbin; **dis·trib·ut·er** → *distributor.*

dis·trib·ut·ing| a·gent [dis'tribjutiŋ] *s.* † (Großhandels)Vertreter *m*; *~* **cen·tre**, *Am.* **cen·ter** *s.* † 'Absatz-, Ver'teilungs,zentrum *n*; *~* **sys·tem** *s.* ⚡ Verteilernetz *n.*

dis·tri·bu·tion [distri'bju:ʃən] *s.* **1.** Ver-, Austeilung *f*; **2.** ⊕, ⚡ Verteilung *f*, Verzweigung *f*; **3.** Ver-, Ausbreitung *f*; **4.** Einteilung *f*, Gliederung *f*; **5.** Zuteilung *f*, Gabe *f*, Spende *f*; **6.** † Verteilung *f*, Vertrieb *m*, Absatz *m*; *Film*: Verleih *m*; **7.** † Zwischenhandel *m*; **8.** † Verteilung *f* (*Gewinn, Vermögen*); Ausschüttung *f* (*Dividende*); **9.** Ausstreuen *n* (*Samen*); Auftragen *n* (*Farbe*); **10.** *typ.* Ablegen *n* (*Satz*); **dis·trib·u·tive** [dis'tribjutiv] **I.** *adj.* □ **1.** aus-, zu-, verteilend, Verteilungs...: *~ share* ⚖ gesetzlicher Erbteil; **2.** jeden einzelnen betreffend; **3.** *ling.* distribu'tiv; **II.** *s.* **4.** *ling.* Distribu'tivum *n*; **dis·trib·u·tor** [dis'tribjutə] *s.* **1.** Verteiler *m* (*a.* ⊕, ⚡); **2.** † Verteiler *m*; Groß-, Zwischenhändler *m*; *pl.* (Film)Verleih *m* (*Gesellschaft*).

dis·trict ['distrikt] *s.* **1.** Di'strikt *m*, (Verwaltungs)Bezirk *m*, Kreis *m*; **2.** Gegend *f*, Gebiet *n*, Landstrich *m*; *~* **at·tor·ney** *s. Am.* (Bezirks-) Staatsanwalt *m*; ♀ **Coun·cil** *s. Brit.* Bezirksamt *n*; ♀ **Court** *s.* ⚖ *Am.* Bezirksgericht *n*, *bsd.* (Bundes)Gericht *n* erster In'stanz; *~* **heat·ing** *s.* Fernheizung *f*; *~* **nurse** *s. Brit. amtliche* Bezirkskrankenschwester; ♀ **Rail·way** *s. e-e Londoner Vorortbahn.*

dis·trust [dis'trʌst] **I.** *s.* 'Mißtrauen *n*, Argwohn *m* (of gegen): *to hold s.o. in ~* j-m mißtrauen; **II.** *v/t.* miß'trauen (*dat.*); **dis'trust·ful** [-ful] *adj.* □ 'mißtrauisch, argwöhnisch (of gegen): *~ of o.s.* gehemmt, ohne Selbstvertrauen.

dis·turb [dis'tə:b] *v/t.* **1.** stören (*a.* ⊕, ⚡, ⚓, *meteor.*); belästigen, behindern: *to ~ the peace* a) Unruhe stiften, b) ⚖ die öffentliche Ruhe stören; **2.** beunruhigen, auf-, erregen; **3.** aufrühren, aufscheuchen; **4.** in Unordnung bringen, verwirren; **dis'turb·ance** [-bəns] *s.* **1.** Störung *f* (*a.* ⊕, ⚡, ⚕, ♪); **2.** Belästigung *f*; Beunruhigung *f*; Aufregung *f*; **3.** Unruhe *f*, Tu'mult *m*, Aufruhr *m*: *~ of the peace* ⚖ öffentliche Ruhestörung; *to cause* (*od. create*) *a ~* ⚖ die öffentliche Ruhe stören; **4.** Verwirrung *f*; **5.** ⚖ Behinderung *f*, Beeinträchtigung *f*, Besitzstörung *f*; **dis'turb·er** [-bə] *s.* Störenfried *m*, Unruhestifter *m*: *~ of the peace* Verletzer der öffentlichen Ordnung, Ruhestörer; **dis'turb·ing** [-biŋ] *adj.* □ beunruhigend; peinlich (*to* für).

dis·un·ion ['dis'ju:njən] *s.* **1.** Trennung *f*, Spaltung *f*; **2.** Uneinigkeit *f*, Zwietracht *f*; **dis·u·nite** ['disju:'nait] *v/i. u. v/t.* (sich) trennen; *fig.* (sich) entzweien; **dis·u·nit·ed** ['disju:'naitid] *adj.* entzweit, in Unfrieden lebend, verfeindet; **dis·u·ni·ty** [dis'ju:niti] *s.* Uneinigkeit *f.*

dis·use I. *s.* ['dis'ju:s] Nichtgebrauch *m*; Aufhören *n e-s Brauchs*: *to fall into ~* ungebräuchlich werden; **II.** *v/t.* ['dis'ju:z] nicht mehr gebrauchen; '**dis'used** [-'ju:zd] *adj.* **1.** ausrangiert, ausgedient; **2.** stillgelegt (*Bergwerk*).

dis·syl·lab·ic ['disi'læbik] *adj.* (□ *~ally*) zweisilbig; **di·syl·la·ble** [di'siləbl] *s.* zweisilbiges Wort.

ditch [ditʃ] **I.** *s.* **1.** (Straßen)Graben *m*: *last ~* verzweifelter Kampf, Not (-lage); *to die in the last ~* bis zum letzten Blutstropfen (*od.* bis zum äußersten) kämpfen (*a. fig.*); **2.** Abzugsgraben *m*; **3.** Bewässerungs-, Wassergraben *m*, Ka'nal *m*; **4.** *the* ♀ *Brit. sl.* a) der ('Ärmel)Ka,nal, b) die Nordsee; **II.** *v/t.* **5.** mit e-m Graben versehen, Gräben ziehen durch; entwässern; **6.** *to be ~ed* in e-m Graben landen (*Fahrzeug*); *Am.* entgleisen (*Zug*); **7.** ✈ notlanden, notwassern; **8.** *Am. sl.* a) ‚wegschmeißen', loswerden, b) im Stich lassen; **III.** *v/i.* **9.** Gräben ziehen *od.* ausbessern; **10.** ✈ *sl.* notlanden, notwassern; '**ditch·er** [-tʃə] *s.* **1.** Grabenbauer *m*; **2.** Grabbagger *m*; '**ditch·ing** [-tʃiŋ] *s.* Ziehen *n od.* Ausbessern *n* von Gräben; '**ditch-wa·ter** *s.* abgestandenes, fauliges Wasser; → *dull* 4.

dith·er ['diðə] **I.** *v/i.* F bibbern, zittern; zaudern, schwanken; **II.** *s.* F Zittern *n*: *all of a ~* ganz verdattert *od.* aus dem Häus·chen.

dith·y·ramb ['diθiræmb] *s.* **1.** Dithy'rambus *m*; **2.** Lobeshymne *f*; **dith·y·ram·bic** [diθi'ræmbik] *adj.* dithy'rambisch; enthusi'astisch.

dit·to ['ditou] (*abbr.* do.) **I.** *adv.* 'dito, des'gleichen, ebenfalls: *~ marks* Ditozeichen; *to say ~ to s.o.* j-m beipflichten; **II.** *s.* (*suit of*) *~s pl.* (zs.-gehörende) Kleidungsstücke *pl.* aus dem gleichen Stoff.

dit·ty ['diti] *s.* ♪ Liedchen *n.*

'**dit·ty|-bag**, '*~*-**box** *s.* ⚓ **1.** Nähzeug *n*; **2.** Uten'silienkasten *m.*

di·u·ret·ic [daijuə'retik] ⚕ **I.** *adj.* diu'retisch, harntreibend; **II.** *s.* harntreibendes Mittel, Diu'retikum *m.*

di·ur·nal [dai'ə:nl] *adj.* □ **1.** täglich ('wiederkehrend), Tag(es)...; **2.** nur bei Tag auftretend.

di·va ['di:və] *s.* 'Diva *f.*

di·va·gate ['daivəgeit] *v/i.* abschweifen, nicht bei der Sache bleiben; **di·va·ga·tion** [daivə'geiʃən] *s.* Abschweifung *f*; Ex'kurs *m.*

di·va·lent ['daiveilənt] *adj.* ⚗ zweiwertig.

di·van [di'væn] *s.* **1.** a) 'Diwan *m*, (Liege)Sofa *n*, b) *a. ~-bed* Liege *f* (*Art Bettcouch*); **2.** Diwan *m* (*orientalischer Staatsrat*); **3.** Diwan *m*, Gedichtsammlung *f.*

di·var·i·cate [dai'værikeit] *v/i.* sich gabeln, sich spalten; abzweigen; **di·var·i·ca·tion** [daiværi'keiʃən] *s.* **1.** Gabelung *f*; **2.** *fig.* Meinungsverschiedenheit *f*, Diffe'renz *f.*

dive [daiv] **I.** *v/i.* **1.** tauchen (*for* nach, *into* in *acc.*); **2.** 'untertauchen; F *fig.* sich ducken; **3.** e-n Kopfsprung machen; **4.** ✈ e-n Sturzflug machen; **5.** (hastig) hin'eingreifen (*into* in *acc.*); **6.** sich stürzen, fahren, verschwinden (*into* in *acc.*); **7.** (*into*) sich vertiefen (in *acc.*); durch'stöbern (*acc.*); **II.** *s.* **8.** ('Unter)Tauchen *n*; ⚓ Tauchfahrt *f*; **9.** Kopfsprung *m*; **10.** ✈ Sturzflug *m*; **11.** hastiger Griff: *to make a ~ at* greifen *od.* langen nach; **12.** Eindringen *n*: *to make a ~ for* sich stürzen auf (*acc.*); *to take a ~ into* sich vertiefen in (*acc.*); **13.** *Brit.* 'Kellerlo,kal *n*: *oyster ~* Austernkeller; **14.** F Spe'lunke *f*, Kneipe *f*; '*~*-**bomb** *v/t. u. v/i.* im Sturzflug mit Bomben angreifen; '*~*-**bomb·er** *s.* Sturzkampfflugzeug *n*, Sturzbomber *m*, Stuka *m*: *~ pilot* Sturzkampfflieger.

div·er ['daivə] *s.* **1.** Taucher(in); *sport* Wasserspringer(in); **2.** *orn. ein* Tauchvogel *m.*

di·verge [dai'və:dʒ] *v/i.* **1.** divergieren (*a.* ⚕, *phys.*), ausein'andergehen, -laufen, sich trennen; abweichen; **2.** abzweigen (*from* von); **3.** verschiedener Meinung sein; **di'ver·gence** [-dʒəns], **di'ver·gen·cy** [-dʒənsi] *s.* **1.** Diver'genz *f*, Ausein'anderlaufen *n*; **2.** Abzweigung *f*; **3.** Abweichung *f*; **4.** ⚔, *opt.* Streuung *f*; **di'ver·gent** [-dʒənt] *adj.* □ **1.** divergierend (*a.* ⚕, *phys.*, *opt.*); **2.** ausein'anderlaufend; streuend; **3.** abweichend.

di·vers ['daivə(:)z] *adj. obs.* mehrere *pl.*

di·verse [dai'və:s] *adj.* □ **1.** verschieden, ungleich; **2.** mannigfaltig; **di·ver·si·fi·ca·tion** [daivə:sifi'keiʃən] *s.* **1.** Ab-, Veränderung *f*; **2.** abwechslungsreiche Gestaltung; Mannigfaltigkeit *f*; **3.** † Diversifizierung *f*; **di'ver·si·fied** [-sifaid] *adj.* verschieden(artig), mannigfaltig, abwechslungsreich; **di'ver·si·fy** [-sifai] *v/t.* **1.** (ver)ändern; **2.** abwechslungsreich gestalten, beleben, variieren; **3.** † diversifizieren.

di·ver·sion [dai'və:ʃən] *s.* **1.** Ablenkung *f*; **2.** ⚔ 'Ablenkungsma,növer *n* (*a. fig.*); **3.** *Brit.* 'Umleitung *f* (*Verkehr*); **4.** *fig.* Zerstreuung *f*, Erholung *f*, Zeitvertreib *m*; **di'ver-**

sion·ar·y [-ʃnəri] *adj.* ⚔ Ablenkungs...

di·ver·si·ty [daiˈvəːsiti] *s.* **1.** Verschiedenheit *f*, Ungleichheit *f*; **2.** Mannigfaltigkeit *f*, Vielgestaltigkeit *f*, Abwechslung *f*.

di·vert [daiˈvəːt] *v/t.* **1.** ablenken, ableiten, abwenden (*from* von, *to* nach), lenken (*to* auf *acc.*); **2.** abbringen (*from* von); **3.** *Geld etc.* abzweigen (*to* für); **4.** *Brit. Verkehr* ˈumleiten; **5.** zerstreuen, unterˈhalten; **diˈvert·ing** [-tiŋ] *adj.* □ unterˈhaltend, amüˈsant.

di·vest [daiˈvest] *v/t.* **1.** entkleiden (*of gen.*); **2.** *fig.* entblößen, berauben (*of gen.*): *to ~ s.o. of s.th.* j-m et. entziehen *od.* nehmen; *to ~ o.s. of s.th.* et. ablegen, et. ab- *od.* aufgeben, sich *e-s Rechts etc.* entäußern; **diˈvest·i·ture** [-titʃə], **diˈvest·ment** [-mənt] *s.* Entblößung *f*, Beraubung *f*.

ˈdive-un·der *s. Brit.* (ˈStraßen-)Unterˌführung *f*.

di·vide [diˈvaid] **I.** *v/t.* **1.** (ein)teilen (*in, into* in *acc.*): *to be ~d into* zerfallen in (*acc.*); **2.** 𝒜 teilen, dividieren (*by* durch); **3.** verteilen (*between, among* unter *acc. od. dat.*): *to ~ s.th. with s.o.* et. mit j-m teilen; **4.** *a. ~ up* zerteilen, zerlegen; zerstückeln; spalten; **5.** entzweien, auseinˈanderbringen; **6.** trennen, absondern, scheiden (*from* von); *Haar* scheiteln; **7.** *Brit. parl.* (durch Hammelsprung) abstimmen lassen; **II.** *v/i.* **8.** sich teilen; zerfallen (*in, into* in *acc.*); **9.** 𝒜 aufgehen (*into* in *dat.*); **10.** sich trennen *od.* auflösen; **11.** *parl.* durch Hammelsprung abstimmen; **III.** *s.* **12.** *Am.* Wasserscheide *f*; **13.** *fig.* Scheidung *f*, Trennlinie *f*: *the Great* ♀ der Tod; **diˈvid·ed** [-did] *adj.* geteilt; uneinig: *~ opinions* geteilte Meinungen; *~ counsel* Uneinigkeit; *my mind is ~* ich bin noch nicht entschlossen; *~ against themselves* unter sich uneins.

div·i·dend [ˈdividend] *s.* **1.** 𝒜 Diviˈdend *m*; **2.** † Diviˈdende *f*, Gewinnanteil *m*: *Brit.* cum *~*, *Am. ~ on* mit Dividende; *Brit.* ex *~*, *Am. ~ off* ohne Dividende; **3.** ⚖ Rate *f*, (Konˈkurs)quote *f*; **4.** *to pay a ~ fig.* sich bezahlt machen; **ˈ~-cou·pon, ˈ~-war·rant** *s.* † Diviˈdendenschein *m*.

di·vid·er [diˈvaidə] *s.* **1.** Teiler(in); **2.** *pl.* Stechzirkel *m*; **diˈvid·ing** [-diŋ] *adj.* Trennungs..., Scheide...; ⊕ Teil...

div·i·na·tion [diviˈneiʃən] *s.* **1.** Weissagung *f*, Wahrsagung *f*; **2.** (Vor-)Ahnung *f*.

di·vine [diˈvain] **I.** *adj.* □ **1.** Gottes..., göttlich, heilig: *~ service* Gottesdienst; *~ right of kings* Königtum von Gottes Gnaden, Gottesgnadentum; **2.** *fig.* F göttlich, himmlisch, herrlich; **II.** *s.* **3.** Geistliche(r) *m*; **4.** Theoˈloge *m*; **III.** *v/t.* **5.** (vorˈaus)ahnen; erraten; **6.** wahrsagen, propheˈzeien; **diˈvin·er** [-nə] *s.* **1.** Wahrsager *m*; **2.** Errater *m*; **3.** (Wünschel)Rutengänger *m*.

div·ing [ˈdaiviŋ] *s.* **1.** Tauchen *n*; **2.** *sport* Wasserspringen *n*; **ˈ~-bell** *s.* Taucherglocke *f*; **ˈ~-board** *s.* Sprungbrett *n*; **ˈ~-dress** → *diving-suit*; **~ hel·met** *s.* Taucherhelm *m*; **ˈ~-suit** *s.* Taucheranzug *m*; **~ tow·er** *s.* Sprungturm *m*.

diˈvin·ing-rod [diˈvainiŋ] *s.* Wünschelrute *f*.

di·vin·i·ty [diˈviniti] *s.* **1.** Göttlichkeit *f*, göttliches Wesen; **2.** Gottheit *f*: *the* ♀ die Gottheit, Gott; **3.** Theoloˈgie *f*; **div·i·nize** [ˈdivinaiz] *v/t.* vergöttlichen.

di·vis·i·bil·i·ty [diviziˈbiliti] *s.* Teilbarkeit *f*; **di·vis·i·ble** [diˈvizəbl] *adj.* □ teilbar; **di·vi·sion** [diˈviʒən] *s.* **1.** (Ein)Teilung *f* (*into* in *acc.*); Verteilung *f*, Gliederung *f*: *~ of labo(u)r* Arbeitsteilung; *~ into shares* † Stückelung; **2.** Trennung *f*, Grenze *f*, Scheidelinie *f*, -wand *f*; **3.** Teil *m*, Abˈteilung *f* (*a. e-s Amtes*), Abschnitt *m*; **4.** Gruppe *f*, Klasse *f*; **5.** ⚔ Divisiˈon *f*; *sport* ˈLiga *f*; **6.** *pol.* Bezirk *m*, **7.** *parl.* (Abstimmung *f* durch) Hammelsprung *m*: *to go into ~* zur Abstimmung schreiten; *upon a ~* nach Abstimmung; **8.** *fig.* Spaltung *f*, Kluft *f*; Uneinigkeit *f*, Diffeˈrenz *f*; **9.** 𝒜 Division *f*, Dividieren *n*; **10.** *Brit. Gefängnis*: *first* (*second, third*) *~* milde (strenge, sehr strenge) Behandlung; **di·vi·sion·al** [diˈviʒənl] *adj.* □ **1.** Teilungs..., Trennungs...; **2.** Abteilungs...; **3.** ⚔ Divisions...; **di·vi·sive** [diˈvaisiv] *adj.* **1.** teilend; scheidend; **2.** entzweiend; trennend; **di·vi·sor** [diˈvaizə] *s.* 𝒜 Diˈvisor *m*, Teiler *m*.

di·vorce [diˈvɔːs] **I.** *s.* **1.** ⚖ (Ehe-)Scheidung *f*: *to obtain a ~* geschieden werden; *to seek a ~* die Scheidung begehren; **2.** *fig.* Scheidung *f*, Trennung *f* (*from* von, *between* zwischen *dat.*); **II.** *v/t.* **3.** ⚖ *Ehegatten* scheiden; **4.** *to ~ one's husband* (*wife*) ⚖ sich von s-m Manne (s-r Frau) scheiden lassen; **5.** *fig. völlig* trennen, scheiden, (los)lösen; **di·vor·cee** [divɔːˈsiː] *s.* Geschiedene(r *m*) *f*; **diˈvorce·ment** [-mənt] → *divorce I*.

div·ot [ˈdivət] *s. Scot.* Sode *f*, Rasenstück *n*; *Golf*: ˈDivot *n*, Koteˈlett *n*, ausgehacktes Rasenstück.

di·vul·ga·tion [daivʌlˈgeiʃən] *s.* Enthüllung *f*, Verbreitung *f*.

di·vulge [daiˈvʌldʒ] *v/t.* ausplaudern, bekanntmachen, enthüllen, preisgeben; **diˈvulge·ment** [-mənt], **diˈvul·gence** [-dʒəns] → *divulgation*.

dix·ie[1] [ˈdiksi] *s.* ⚔ *sl.* **1.** Kochgeschirr *n*; **2.** Feldkessel *m*, ˈGulaschkaˌnoneˈ *f*.

Dix·ie[2] [ˈdiksi], **~ Land** *s.* Südstaaten *pl.* der U.S.A.; **ˈDix·ie·crat** [-kræt] *s. pol. Mitglied der Demokratischen Partei in den Südstaaten*; **ˈDix·ie·land** *s.* ♪ Dixieland *m* (*Jazzstil*).

dix·y → *dixie*[1].

diz·zi·ness [ˈdizinis] *s.* Schwindel (-anfall) *m*; Benommenheit *f*; **diz·zy** [ˈdizi] **I.** *adj.* □ **1.** schwindlig; **2.** schwindelnd, schwindelerregend: *~ heights*; **3.** verwirrt, benommen; **4.** unbesonnen; **II.** *v/t.* **5.** schwindlig machen; **6.** verwirren.

D-mark [ˈdiːmɑːk] *s.* Deutsche Mark, *abbr.* DM.

do[1] [duː; du] **I.** *v/t.* [*irr.*] **1.** tun, machen: *what can I ~ for you?* womit kann ich dienen?; *what does he ~ for a living?* womit verdient er sein Brot?; *to ~ right* recht tun; → *done 1*; **2.** tun, ausführen, sich beschäftigen mit, verrichten, vollˈbringen, erledigen: *to ~ business* Geschäfte machen; *to ~ one's duty* s-e Pflicht tun; *to ~ French* Französisch lernen *od.* treiben; *to ~ Shakespeare* Shakespeare durchnehmen *od.* behandeln; *to ~ it into German* es ins Deutsche übersetzen; *to ~ lecturing* Vorlesungen halten; *my work is done* m-e Arbeit ist getan *od.* fertig; *he had done working* er war mit der Arbeit fertig; *to ~ 60 miles per hour* 60 Meilen die Stunde fahren; *he is ~ing six months for theft* er ‚sitzt' wegen Diebstahls sechs Monate (im Gefängnis); *he did all the talking* er führte das große Wort; *it can't be done* es geht nicht; *to ~ one's best* sein Bestes tun, sich alle Mühe geben; *to ~ better* **a)** (et.) Besseres tun *od.* leisten, **b)** sich verbessern; → *done*; **3.** herstellen, anfertigen: *to ~ a translation* e-e Übersetzung machen; *to ~ a portrait* ein Porträt malen; **4.** *j-m et.* tun, zufügen, erweisen, gewähren: *to ~ s.o. harm* j-m schaden; *to ~ s.o. a favo(u)r* j-m e-n Gefallen tun; *to ~ s.o. an injustice* j-m ein Unrecht zufügen, j-m Unrecht tun; *these pills ~ me* (*no*) *good* diese Pillen helfen mir (nicht); **5.** bewirken, erreichen: *I did it* ich habe es erreicht *od.* geschafft; *now you've done it!* *b.s.* nun hast du es glücklich geschafft!; **6.** herrichten, in Ordnung bringen, (zuˈrecht)machen, *Speisen* zubereiten: *to ~ a room* ein Zimmer aufräumen *od.* ‚machen'; *to ~ one's hair* sich das Haar machen, sich frisieren; *to ~ one's teeth* sich die Zähne putzen; *I'll ~ the flowers* ich werde die Blumen gießen; *she does the vegetables* sie kocht das Gemüse; **7.** *Rolle etc.* spielen: *to ~ Hamlet* den Hamlet spielen; *to ~ the host* den Wirt spielen; *to ~ the polite* den höflichen Mann markieren; **8.** genügen, passen, recht sein (*dat.*): *will this glass ~ you?* genügt Ihnen dieses Glas?; **9.** F erschöpfen, ermüden: *he was pretty well done* er war ‚erledigt' (*am Ende s-r Kräfte*); **10.** F erledigen, abfertigen, ab-, fertigmachen: *I'll ~ you next* ich nehme Sie als nächsten dran; *to ~ a town* e-e Stadt besichtigen *od.* ‚erledigen'; *I'll ~ him in three rounds* ich werde ihn in drei Runden erledigen; *that has done me* das hat mich fertiggemacht *od.* ruiniert; **11.** F betrügen, ‚reinlegen', ‚übers Ohr hauen', ‚einseifen': *to ~ s.o. out of s.th.* j-n um et. betrügen *od.* bringen; *you have been done* (*od. done brown*) du bist schön angeschmiert worden; **12.** F behandeln, versorgen, bewirten: *to ~ s.o. well* j-n gut versorgen; *to ~ o.s. well* es sich gutgehen lassen, sich gütlich tun; **II.** *v/i.* [*irr.*] **13.** handeln, vorgehen, tun, sich verhalten: *he did well to come* er tat gut daran zu kommen; *nothing ~ing!* **a)** es ist nichts los, **b)** F nichts zu machen!, ausgeschlossen!; *it's ~ or die now!* jetzt geht's ums Ganze!; *have done!* hör auf!, genug davon!; → *Rome*; **14.** vor'ankommen, Leistungen voll'bringen: *to ~ well* **a)** es gut machen, Erfolg haben, **b)** gedeihen, gut verdienen; *to ~ badly* schlecht daran sein, schlecht *mit et.* fahren; *he did brilliantly at his examination* er hat ein glänzendes Examen gemacht; **15.** sich befinden: *to ~ well* **a)** gesund sein, **b)** in guten Verhältnissen leben, **c)** sich gut erholen; *how ~ you ~?* **a)** guten Tag!, **b)** *obs.* wie geht es Ihnen?, **c)** es freut mich (,Sie kennenzulernen); **16.** genügen, ausreichen, passen, recht sein: *will this quality ~?* reicht diese Qualität aus?; *that will ~* **a)** das genügt, **b)** genug davon!; *it will ~ tomorrow* es hat Zeit bis morgen; *that won't ~* **a)** das genügt nicht, **b)** das geht nicht (an); *that won't ~ with me* das verfängt bei mir nicht; *it won't ~ to be rude* mit Grobheit kommt man nicht weit(er), man darf nicht unhöflich sein; *I'll make it ~* ich werde damit (schon) auskommen *od.* reichen; **III.** *Hilfsverb* **17.** *Verstärkung*: *I ~ like it* es gefällt mir sehr; *~ be quiet! od. be quiet, ~!* sei doch still!; *he did come* er ist tatsächlich gekommen; *they did go, but* sie sind zwar *od.* wohl gegangen, aber; **18.** *Umschreibung*: **a)** *in Fragesätzen*: *~ you know him? No, I don't* kennst du ihn? Nein (, ich kenne ihn nicht), **b)** *in mit not verneinten Sätzen*: *he did not (od. didn't) come* er ist nicht gekommen; **19.** *bei Umstellung nach hardly, rarely, little etc.*: *rarely does one see such things* solche Dinge sieht man selten; **20.** *statt Wiederholung des Verbs*: *you know as well as I ~* Sie wissen so gut wie ich; *did you buy it? — I did!* hast du es gekauft? — jawohl!; *I take a bath — so ~ I* ich nehme ein Bad — ich auch; **21.** *you learn German, don't you?* du lernst Deutsch, nicht wahr?; *he doesn't work too hard, does he?* er arbeitet sich nicht tot, nicht wahr?;

Zssgn mit prp.:

do| by *v/t.* behandeln, handeln an (*dat.*): *to do well by s.o.* j-n gut *od.* anständig behandeln; *do ([un]to others) as you would be done by* was du nicht willst, daß man dir tu', das füg auch keinem andern zu; *~* **for** *v/t.* **1.** passen *od.* sich eignen für *od.* als; ausreichen für; **2.** F *j-m* den Haushalt führen; **3.** sorgen für: *how shall we ~ food?* wie werden wir zu essen bekommen?; **4.** F zu'grunde richten: *he is done for* er ist ,erledigt' *od.* ,geliefert'; *my shoes are done for* m-e Schuhe sind ,hin'; *~* **to** → *do by*; *~* **with** *v/t.* **1.**: *I can't do anything with him (it)* ich kann nichts mit ihm (damit) anfangen; *I have nothing to ~ it* ich habe nichts damit zu schaffen, es geht mich nichts an, es betrifft mich nicht; *I won't have anything to ~ you* ich will mit dir nichts zu schaffen haben; **2.** auskommen *od.* sich begnügen mit: *he does with very little bread* er kommt mit ganz wenig Brot aus; *can you ~ bread and cheese for supper?* genügen dir Brot und Käse zum Abendbrot?; **3.** ertragen: *I can't ~ him and his cheek* ich kann ihn mit s-r Frechheit nicht ertragen; **4.** *mst could ~* (gut) gebrauchen können: *I could ~ the money*; *he could ~ a haircut* er müßte sich mal (wieder) die Haare schneiden lassen; *~* **with·out** *v/t.* auskommen ohne, *et.* entbehren, verzichten auf (*acc.*): *we shall have to ~* wir müssen ohne (es) auskommen;

Zssgn mit adv.:

do| a·way with *v/t.* **1.** beseitigen, abschaffen, aufheben; **2.** *Geld* 'durchbringen; **3.** 'umbringen, töten; *~* **down** *v/t.* F her'einlegen, ,übers Ohr hauen'; *~* **in** *v/t. sl.* **1.** um die Ecke bringen, 'umbringen; **2.** her'einlegen, ,anschmieren', ,bescheißen'; *~* **out** *v/t. Zimmer etc.* säubern; *~* **up** *v/t.* **1.** zu'rechtmachen, in'stand setzen, neu herrichten, renovieren; **2.** einpacken; **3.** zuknöpfen, schließen; **4.** ermüden, erschöpfen.

do² [du:] *pl.* **dos, do's** [-z] *s.* **1.** *sl.* Schwindel *m*, ,Beschiß' *m*, fauler Zauber; **2.** *Brit.* F Fest *n*, ,Festivi'tät' *f*, ,große Sache'.

do³ [dou] *s.* ♪ do *n* (*Solmisationssilbe*).

do·a·ble ['du:əbl] *adj.* aus-, 'durchführbar; '**do-all** *s.* Fak'totum *n*.

doat → *dote*.

doc [dɔk] F *abbr. für doctor.*

do·cent [dou'sent] *s. Am.* Pri'vatdo͵zent *m*.

doc·ile ['dousail] *adj.* □ **1.** fügsam, gefügig; **2.** gelehrig; **3.** fromm (*Pferd*); **do·cil·i·ty** [dou'siliti] *s.* **1.** Fügsamkeit *f*; **2.** Gelehrigkeit *f*.

dock¹ [dɔk] **I.** *s.* **1.** Dock *n*: *dry ~, graving ~* Trockendock; *floating ~* Schwimmdock; *wet ~* Dockhafen; *to put a ship in ~* ein Schiff (ein-) docken; **2.** Hafenbecken *n*, Anlegeplatz *m*: *~ authorities* Hafenbehörde; *~-dues* → *dockage¹*; **3.** *pl.* Hafen *m*, Hafenanlagen *pl.*; **4.** *Am.* Kai *m*; **5.** 🚂 *Am.* Laderampe *f*; **II.** *v/t.* **6.** *Schiff* (ein)docken; **III.** *v/i.* **7.** ins Dock gehen; im Dock liegen; **8.** landen (*Schiff*); **9.** andocken (*Raumschiffe*).

dock² [dɔk] **I.** *s.* **1.** Fleischteil *m* des Schwanzes; **2.** Schwanzstummel *m*, Stutzschwanz *m*; **3.** Schwanzriemen *m*; **4.** (Lohn- *etc.*)Kürzung *f*; **II.** *v/t.* **5.** stutzen; **6.** *fig.* beschneiden, kürzen.

dock³ [dɔk] *s.* ⚖ Anklagebank *f*: *to be in the ~* auf der Anklagebank sitzen; *to put in the ~ fig.* anklagen.

dock⁴ [dɔk] *s.* ⚘ Ampfer *m*.

dock·age¹ ['dɔkidʒ] *s.* ⚓ Dock-, Hafengebühren *pl.*, Kaigebühr *f*.

dock·age² ['dɔkidʒ] *s.* Kürzung *f*.

dock·er ['dɔkə] *s. Brit.* Dock-, Hafenarbeiter *m*.

dock·et ['dɔkit] **I.** *s.* **1.** ⚖ Ge'richtska͵lender *m*, Pro'zeßliste *f*; Liste *f* der Urteile; **2.** Inhaltsangabe *f*, -vermerk *m*; *engS.* Aktenschwanz *m*; **3.** *Am.* Tagesordnung *f*; **4.** † **a)** A'dreßzettel *m*, Eti'kett *n*, **b)** *Brit.* Zollquittung *f*, **c)** *Brit.* Bestell-, Lieferschein *m*; **II.** *v/t.* **5.** in e-e Liste eintragen; **6.** mit Inhaltsangabe *od.* Etikett versehen.

'**dock|·land** *s.* Hafenviertel *n*; '**~-mas·ter** *s.* 'Hafenkapi͵tän *m*, -meister *m*; '**~-war·rant** *s.* † Kailagerschein *m*; **~ work·er** → *docker*; '**~·yard** *s.* ⚓ **1.** Werft *f*; **2.** *engS. Brit.* Ma'rinewerft *f*.

doc·tor ['dɔktə] **I.** *s.* **1.** 'Doktor *m*, Arzt *m*: *~'s stuff* F Medizin; **2.** Doktor *m* (*akademischer Grad*): ♀ *of Divinity (Laws)* Doktor der Theologie (Rechte); *to take one's ~'s degree* (zum Doktor) promovieren; *Dear ~* Sehr geehrter Herr Doktor!; *Dr. and Mrs. X* Herr Dr. X u. Frau; **3.** ♀ *of the Church* Kirchenvater *m*; **4.** ⚓ *sl.* Smutje *m*, Schiffskoch *m*; **5.** ⊕ Schaber *m*, Abstreichmesser *n*; **6.** *Angeln*: künstliche Fliege; **II.** *v/t.* **7.** ,verarzten', ärztlich behandeln; ,her'umdoktern' an (*dat.*), ,ausbessern', ,zu'rechtflicken'; **8.** *a. ~ up Getränke* vermischen, verfälschen; **9.** *Abrechnungen etc.* ,frisieren', zu'rechtdoktern; **III.** *v/i.* **10.** F (als Arzt) praktizieren; '**doc·tor·al** [-tərəl] *adj.* Doktor(s)...; '**doc·tor·ate** [-tərit] *s.* Dokto'rat *n*, Doktorwürde *f*.

doc·tri·naire [dɔktri'nεə] **I.** *s.* Doktri'när *m*, Prin'zipienreiter *m*; **II.** *adj.* doktri'när, schulmeisterlich.

doc·tri·nal [dɔk'trainl] *adj.* □ lehrmäßig, Lehr...; dog'matisch: *~ proposition* Lehrsatz; *~ theology* Dogmatik; **doc·trine** ['dɔktrin] *s.* **1.** Dok'trin *f*, Lehre *f*, Lehrmeinung *f*; **2.** *bsd. pol.* Doktrin *f*, Grundsatz *m*, Satzung *f*, Pro'gramm *n*.

doc·u·ment ['dɔkjumənt] **I.** *s.* **1.** Doku'ment *n*, Urkunde *f*, Schrift-, Aktenstück *n*; *pl.* Akten *pl.*; **2.** Beweisstück *n*; **3.** (*shipping*) *~s pl.* † Ver'lade-, 'Schiffspa͵piere *pl.*: *~s against acceptance (payment)* Dokumente gegen Akzept (Bezahlung); **II.** *v/t.* [-ment] **4.** dokumentieren, urkundlich belegen; **5.** *Buch etc.* mit Belegstellen ausstatten; **6.** † mit den notwendigen Pa'pieren versehen; **doc·u·men·ta·ry** [dɔkju'mentəri] **I.** *adj.* dokumen'tarisch, urkundlich: *~ bill* † Dokumententratte; *~ evidence* Urkundenbeweis, schriftliches Beweisstück; *~ film* → *II*; **II.** *s.* Lehr-, Kul'tur-, Dokumen'tar-, Tatsachenfilm *m*; **doc·u·men·ta·tion** [dɔkjumen'teiʃən] *s.* **1.** Urkunden-, Quellenbenutzung *f*; **2.** Dokumentati'on *f*, dokumen'tarischer Nachweis *od.* Beleg.

dod·der¹ ['dɔdə] *s.* ⚘ Teufelszwirn *m*, Flachsseide *f*.

dod·der² ['dɔdə] *v/i.* **1.** schlottern, wackeln, schwanken, zittern (*vor Schwäche*); **2.** blöde reden, quasseln; **3.** vertrotteln; '**dod·dered** [-əd] *adj.* **1.** astlos, ohne Krone (*Baum*); **2.** altersschwach, tatterig; '**dod·der·ing** [-əriŋ], '**dod·der·y** [-əri] *adj.* **1.** schwankend, zittrig; **2.** se'nil, tatterig, vertrottelt.

do·dec·a·gon [dou'dekəgən] *s.* ⩘ Zwölfeck *n*.

do·dec·a·he·dron ['doudikə'hedrən] *pl.* **-drons, -dra** [-drə] *s.* ⩘ Dodeka'eder *n*, Zwölfflächner *m*; '**do·dec·a'syl·la·ble** [-'siləbl] *s.* zwölfsilbiger Vers.

dodge [dɔdʒ] **I.** *v/i.* **1.** (rasch) zur Seite springen, ausweichen, schlüpfen; **2.** Ausflüchte *od.* Winkelzüge machen, sich drücken; **II.** *v/t.* **3.** ausweichen (*dat.*); **4.** sich drücken vor, um'gehen, aus dem Weg gehen (*dat.*), vermeiden; **5.** zum besten haben, irreführen, blenden; **III.** *s.* **6.** Sprung *m* zur Seite, rasches Ausweichen; **7.** Schlich *m*, Kniff *m*, Trick *m*: *to be up to all the* ~*s* mit allen Wassern gewaschen sein; **8.** F sinnreicher Mecha'nismus, Pa'tent *n*, Hilfsmittel *n*; **'dodg·er** [-dʒə] *s.* **1.** verschlagener Mensch, Schwindler *m*; **2.** Drückeberger *m*; **3.** *Am.* Hand-, Re'klamezettel *m*, Flugblatt *n*; **4.** ⚓ F Wetterschutz *m* auf der Brücke; **5.** *Am.* Maiskuchen *m*, -brot *n*.

do·do ['doudou] *pl.* **-does, -dos** *s. orn.* Do'do *m*, Dronte *f* (*ausgestorben*): *as dead as the* ~ völlig veraltet.

doe [dou] *s. zo.* **1. a)** Damhirschkuh *f*, **b)** Rehgeiß *f*; **2.** *Weibchen der Hasen, Kaninchen etc.*

do·er ['du(:)ə] *s.* **1.** Handelnde(r *m*) *f*, Täter(in); **2.** *sl.* Gauner *m*.

does [dʌz; dəz] *3. pres. sg. von* do[1].

'doe·skin *s.* **1. a)** Rehfell *n*, **b)** Rehleder *n*; **2.** Doeskin *n* (*ein Wollstoff*).

does·n't ['dʌznt] F *für does not.*

doest [dʌst] *obs. od. poet. 2. pres. sg. von* do[1].

doff [dɔf] *v/t.* **1.** *Kleider* ablegen, ausziehen; *Hut* abnehmen; **2.** *fig. Gewohnheit* ablegen.

dog [dɔg] **I.** *s.* **1.** *zo.* Hund *m*; **2.** *engS.* Rüde *m* (*männlicher Hund, Wolf* [*a.* dog-wolf], *Fuchs* [*a.* dog-fox] *etc.*); **3.** Hund *m*, Schurke *m*: *dirty* ~ gemeiner Schuft; **4.** F Bursche *m*, Kerl *m*: *gay* ~ lustiger Vogel, Lebemann; *lucky* ~ Glückspilz; *sly* ~ schlauer Fuchs; **5.** *ast.* **a)** *Greater* (*Lesser*) ♀ Großer (Kleiner) Hund, **b)** → *dog-star*; **6.** *the* ~*s Brit.* F das Windhundrennen; **7.** ⊕ **a)** Klaue *f*, Knagge *f*, Anschlag(bolzen) *m*, **b)** Bock *m*, Gestell *n*; **8.** ⚒ Hund *m*, Förderwagen *m*; **9.** → *fire-dog*; *Besondere Redewendungen*: *not a* ~*'s chance* keinerlei Aussicht; ~ *in the manger* Neidhammel; ~*s of war* Kriegsfurien; ~ *does not eat* ~ eine Krähe hackt der anderen kein Auge aus; *to go to the* ~*s* vor die Hunde *od.* zugrunde gehen; *every* ~ *has his day* jeder hat einmal Glück im Leben; *to help a lame* ~ *over a stile* j-m in der Not helfen; *to lead a* ~*'s life* ein Hundeleben führen; *to lead s.o. a* ~*'s life* j-m das Leben zur Hölle machen; *let sleeping* ~*s lie* schlafende Hunde soll man nicht aufwecken, rühre nicht an alte Geschichten; *to put on* ~ F ‚angeben', vornehm tun; *to throw to the* ~*s* zum Fenster hinauswerfen, wegwerfen, vergeuden; **II.** *v/t.* **10.** *j-m* auf dem Fuße folgen, *j-n* verfolgen, jagen, *j-m* nachspüren: *to* ~ *s.o.'s steps* j-m auf den Fersen bleiben; **11.** *fig.* verfolgen; **12.** *fig.* Abbruch tun (*dat.*), schädigen.

'dog|·ber·ry *s.* ⚘ Hundsbeere *f*; **'~-bis·cuit** *s.* Hundekuchen *m*; **'~-box** *s.* 🚂 *Brit.* Hundeabteil *n*; **'~-cart** *s.* Dogcart *m* (*Wagen*); **'~-col·lar** *s.* **1.** Hundehalsband *n*; **2.** F Kol'lar *n*, steifer Kragen e-s Geistlichen; **'~-days** *s. pl.* Hundstage *pl.*

doge [doudʒ] *s.* Doge *m* (*Oberhaupt der Republiken Venedig od. Genua*).

'dog|-ear *s.* Eselsohr *n*; **'~-eared** *adj.* mit Eselsohren (*Buch*); **'~-fight** *s.* Handgemenge *n*; ⚔ Nahkampf *m*; ✈ Kurven-, Luftkampf *m*; **'~-fish** *s. ichth.* Hundshai *m*.

dog·ged ['dɔgid] *adj.* □ verbissen, hartnäckig, zäh: *it's* ~ (*as*) *does it* Beharrlichkeit führt zum Ziel; **'dog·ged·ness** [-nis] *s.* Verbissenheit *f*, Zähigkeit *f*, Beharrlichkeit *f*.

dog·ger ['dɔgə] *s.* ⚓ Dogger *m* (*holländisches Fischerboot*).

dog·ger·el ['dɔgərəl] **I.** *s.* Knittelvers *m*; **II.** *adj.* holperig (*Vers etc.*).

dog·gie → *doggy 1.*

dog·gish ['dɔgiʃ] *adj.* □ **1.** hundeartig, hündisch; **2.** bissig, mürrisch.

dog·go ['dɔgou] *adv. sl.* mäus·chenstill: *to lie* ~ sich nicht mucksen.

'dog-grass *s.* ⚘ Hundequecke *f*.

dog·gy ['dɔgi] **I.** *s.* **1.** Hündchen *n*, Wauwau *m*; **II.** *adj.* **2.** hundeartig; **3.** hundeliebend; **4.** *Am.* F ‚supervornehm', schick.

'dog|-house *s.* Hundehütte *f*: *in the* ~ *Am.* F in Ungnade; ~ **lat·in** *s.* 'Küchenla₁tein *n*; **'~-'lead** ['li:d] *s.* Hundeleine *f*.

dog·ma ['dɔgmə] *pl.* **-mas,** *selten* **-ma·ta** [-mətə] *s.* **1.** *eccl.* 'Dogma *n* (*a. fig.*), Glaubenssatz *m*, -lehre *f*; **2.** Lehrsatz *m*; **3.** Grundsatz *m*, Über'zeugung *f*; **4.** dreiste Behauptung; **dog·mat·ic** [dɔg'mætik] *adj.* (□ ~*ally*) **1.** *eccl.* dog'matisch; **2.** entschieden, bestimmt; **3.** gebieterisch, anmaßend, rechthaberisch, dogmatisch; **dog·mat·ics** [dɔg'mætiks] *s. pl. sg. konstr.* Dog'matik *f*; **'dog·ma·tism** [-ətizəm] *s.* **1.** Dogma'tismus *m*; **2.** Bestimmtheit *f*, Selbstherrlichkeit *f*, Rechthabe'rei *f*; **'dog·ma·tist** [-ətist] *s.* **1.** Dog'matiker *m*; **2.** dreister Behaupter; **'dog·ma·tize** [-ətaiz] **I.** *v/i.* dreiste Behauptungen aufstellen (*on* über *acc.*), s-e Meinung als maßgeblich hinstellen; **II.** *v/t.* mit Bestimmtheit behaupten; *bsd. eccl.* zum 'Dogma erheben.

'do-'good·er *s.* F Weltverbesserer *m*, Humani'tätsa₁postel *m*.

dog| rac·ing *s.* Hunderennen *n*; **'~-rose** *s.* ⚘ Hecken-, Hundsrose *f*.

'dog's-ear *etc.* → *dog-ear etc.*

'dog|-show *s.* Hundeausstellung *f*; **'~-skin** *s.* Hundsleder *n*; **'~-sleep** *s.* leichter *od.* unruhiger Schlaf.

'dog|-star *s. ast.* 'Sirius *m*, Hundsstern *m*; ~ **tag** *s.* ⚔ *Am. sl.* Erkennungsmarke *f*; ~ **tax** *s.* Hundesteuer *f*; **'~-'tired** *adj.* F hundemüde; **'~-tooth** *s.* [*irr.*] △ 'Zahnorna₁ment *n*; **'~-track** *s.* Hunderennbahn *f*; **'~-'vi·o·let** *s.* ⚘ Hundsveilchen *n*; **'~-watch** *s.* ⚓ Hundewache *f*; **'~-wood** *s.* ⚘ Hartriegel *m*.

doi·ly ['dɔili] *s.* Deckchen *n*, 'Tassen-, 'Teller₁unterlage *f*.

do·ing ['du(:)iŋ] *s.* **1.** Tun *n*: *that was your* ~ **a)** das haben Sie getan, **b)** es war Ihre Schuld; **2.** *pl.* Taten *pl.*, Tätigkeit *f*; **3.** Treiben *n*, Betragen *n*; **4.** *pl.* Ereignisse *pl.*; **5.** F ‚Geschichten' *pl.*, ‚Bescherung' *f*; **6.** *pl. sl.* notwendiges Zubehör.

doit [dɔit] *s.* Deut *m*, Pfifferling *m*: *not worth a* ~ keinen Pfifferling wert.

'do-it-your'self **I.** *s.* Selbstmachen *n*, -anfertigen *n*; **II.** *adj.* Selbstanfertigungs..., Bastel...; **'do-it-your'self·er** [-fə] *s.* F Heimwerker *m*, Bastler *m*.

dol·drums ['dɔldrəmz] *s. pl.* **1.** Flaute *f*, (Gegend *f* der) Windstillen *pl.*, 'Kalmen₁zone *f*; **2.** Niedergeschlagenheit *f*, Trübsinn *m*: *in the* ~ **a)** deprimiert, **b)** darniederliegend (*Geschäft*).

dole [doul] **I.** *s.* **1.** milde Gabe, Almosen *n*; **2.** *bsd. Brit.* F 'Arbeitslosenunter₁stützung *f*: *to be* (*od. go*) *on the* ~ stempeln gehen; **II.** *v/t.* **3.** *mst* ~ *out* sparsam aus-, verteilen.

dole·ful ['doulful] *adj.* □ traurig; klagend; trübselig; **'dole·ful·ness** [-nis] *s.* Trauer *f*, Kummer *m*.

dol·i·cho·ce·phal·ic ['dɔlikouke'fælik] *adj.* langköpfig, -schädelig.

'do-lit·tle *s.* F Faulenzer(in), Faulpelz *m*.

doll [dɔl] **I.** *s.* Puppe *f* (*a. fig. hübsches Mädchen*): ~*'s house* Puppenstube, -haus; ~*'s pram bsd. Brit.* Puppenwagen; **II.** *v/t. u. v/i.* ~ *up sl.* (sich) aufputzen *od.* -donnern.

dol·lar ['dɔlə] *s.* Dollar *m*: *the almighty* ~ das Geld, der Mammon; ~ *diplomacy* Dollardiplomatie.

doll·ish ['dɔliʃ] *adj.* □ puppenhaft.

dol·lop ['dɔləp] *s.* F Klumpen *m*, Brocken *m*, Happen *m*.

doll·y ['dɔli] **I.** *s.* **1.** Püppchen *n* (*Kinderwort*); **2.** ⊕ **a)** niedriger Trans'portkarren, **b)** *Film*: 'Kamerawagen *m*, **c)** 'Schmalspurlokomo₁tive *f* (*an Baustellen*); **3.** ⊕ Nietkolben *m*; **4.** Wäschestampfer *m*, -stößel *m*; **II.** *adj.* **5.** puppenhaft, -artig; ~ **shot** *s. Film*: Fahraufnahme *f*; **'~-tub** *s.* Waschfaß *n*.

dol·man ['dɔlmən] *pl.* **-mans** *s.* **1.** Damenmantel *m* mit capeartigen Ärmeln: ~ *sleeve* capeartiger Ärmel; **2.** 'Dolman *m* (*Husarenjacke*).

dol·men ['dɔlmen] *s.* 'Dolmen *m* (*vorgeschichtliches Steingrabmal*).

dol·o·mite ['dɔləmait] *s. min.* Dolo'mit(gestein *n*) *m*: *the* ♀*s* die Dolomiten.

do·lor *Am.* → *dolour*; **dol·or·ous** ['dɔlərəs] *adj.* □ traurig, schmerzlich; **do·lour** ['doulə] *s.* Leid *n*, Pein *f*, Qual *f*, Schmerz *m*.

dol·phin ['dɔlfin] *s.* **1.** *zo.* **a)** Del'phin *m*, **b)** Tümmler *m*; **2.** ⚓ **a)** Ankerboje *f*, **b)** Dalbe *f*, Anlegepfahl *m*.

dolt [doult] *s.* Strohkopf *m*, Tölpel *m*; **'dolt·ish** [-tiʃ] *adj.* □ tölpelhaft; **'dolt·ish·ness** [-tiʃnis] *s.* Tölpelhaftigkeit *f*.

do·main [də'mein] *s.* **1.** Do'mäne *f*, Staatsgut *n*; **2.** Grundbesitz *m*, Herrengut *n*; **3.** *power of eminent* ~ Enteignungsrecht *des Staates* (zu öffentlichen Zwecken); *to take by eminent* ~ *Land* enteignen; **4.** *fig.* Gebiet *n*, Bereich *m*, Sphäre *f*, Reich *n*, Domäne *f*.

dome [doum] *s.* **1.** Kuppel *f*; **2.** Wölbung *f*; **3.** *poet.* stolzer Bau; **4.** ⊕ Haube *f*, Deckel *m*; **5.** *Am. sl.* ‚Birne' *f* (*Kopf*); **domed** [-md] *adj.* gewölbt.

Domes·day (**Book**) ['du:mzdei] *s. hist. Reichsgrundbuch Englands (1086).*

'**dome-shaped** *adj.* kuppelförmig.

do·mes·tic [də'mestik] *adj.* (□ *~ally*) **1.** häuslich, Haus..., Haushalts..., Familien..., Privat...: *~ affairs* häusliche Angelegenheiten; *~ coal* Hausbrandkohle; *~ life* Familienleben; *~ relations (law)* ⚖ *Am.* Familienrecht; *~ servant* Hausangestellte(r); *~ science* Hauswirtschaftskunde; **2.** häuslich (veranlagt); **3.** inländisch, Inland(s)..., einheimisch, Landes...; Innen..., Binnen...: *~ bill* ✝ Inlandswechsel; *~ goods* Inlandswaren; *~ mail Am.* Inlandspost; *~ trade* Binnenhandel; **4.** *pol.* inner, Innen...: *~ policy* Innenpolitik; **5.** bürgerlich (*Drama*); **6.** zahm, Haus...: *~ animal* Haustier; **do'mes·ti·cate** [-keit] *v/t.* **1.** an häusliches Leben gewöhnen: *not ~d* **a)** nichts vom Haushalt verstehend, **b)** nicht am Familienleben hängend; **2.** *Tiere* zähmen; **3.** *Wilde* zivilisieren; **4.** ⚘ heimisch machen; **do·mes·ti·ca·tion** [dəmesti'keiʃən] *s.* **1.** (Gewöhnung *f* an) häusliches Leben; **2.** Eingewöhnung *f*; **3.** Zähmung *f* (*Tiere*); **4.** ⚘ Kultivierung *f*; **do·mes·tic·i·ty** [doumes'tisiti] *s.* **1.** (Neigung *f* zur) Häuslichkeit *f*; häusliches Leben; **2.** *pl.* häusliche Angelegenheiten *pl.*

dom·i·cile ['dɔmisail], *Am. a.* '**dom·i·cil** [-sil] **I.** *s.* **1. a)** (ständiger) Wohnsitz (*mit vollem Bürgerrecht*), **b)** Wohnort *m*, **c)** Wohnung *f*; **2.** ✝ Zahlungsort *m*; **3.** *a. legal ~* ⚖ Gerichtsstand *m*; **II.** *v/t.* **4.** ansässig *od.* wohnhaft machen, ansiedeln; **5.** ✝ *Wechsel* domizilieren; '**dom·i·ciled** [-ld] *adj.* **1.** ansässig, wohnhaft; **2.** *~ bill* ✝ Domizilwechsel; **dom·i·cil·i·ar·y** [dɔmi'siljəri] *adj.* Haus..., Wohnungs...: *~ arrest* Hausarrest; *~ visit* Haussuchung; **dom·i·cil·i·ate** [dɔmi'siljeit] *v/t.* ✝ *Wechsel* domizilieren.

dom·i·nance ['dɔminəns] *s.* (Vor-)Herrschaft *f*, (Vor)Herrschen *n*; '**dom·i·nant** [-nt] **I.** *adj.* □ **1.** herrschend, be-, vorherrschend; **2.** entscheidend; **3.** em'porragend, weithin sichtbar; **4.** *biol.* domi'nant, über'deckend; **5.** ♪ Dominant...; **II.** *s.* **6.** *biol.* vorherrschendes Merkmal; **7.** ♪ Domi'nante *f*; '**dom·i·nate** [-neit] **I.** *v/t.* beherrschen (*a. fig.*); herrschen *od.* em'porragen über (*acc.*); **II.** *v/i.* dominieren, (vor)herrschen: *to ~ over* herrschen über (*acc.*).

dom·i·na·tion [dɔmi'neiʃən] *s.* (Vor)Herrschaft *f*; **dom·i'neer** [-'niə] *v/i.* **1.** den Herrn spielen; über'heblich sein; **2.** (*over*) des'potisch herrschen (über *acc.*), tyrannisieren, gängeln (*acc.*); **dom·i'neer·ing** [-'niəriŋ] *adj.* □ **1.** ty'rannisch, herrisch, gebieterisch; **2.** anmaßend, überheblich.

do·min·i·cal [də'minikəl] *adj. eccl.* des Herrn (Jesus): *~ day* Tag des Herrn (*Sonntag*); *~ prayer das* Gebet des Herrn (*Vaterunser*); *~ year* Jahr des Herrn.

Do·min·i·can [də'minikən] *eccl.* **I.** *adj.* Dominikaner..., domini'kanisch; **II.** *s. a. ~ friar* Domini'kaner(mönch) *m.*

dom·i·nie ['dɔmini] *s.* **1.** *Scot.* Schulmeister *m*; **2.** *Am.* F Pastor *m.*

do·min·ion [də'minjən] *s.* **1.** (Ober-)Herrschaft *f*, (Regierungs)Gewalt *f*; **2.** ⚖ **a)** Besitzrecht *n*, **b)** (tatsächliche) Gewalt (*over* über *e-e Sache*); **3.** (Herrschafts)Gebiet *n*; **4. a)** ♀ Do'minion *n* (*im Brit. Commonwealth*), **b)** *the* ♀ *Am.* 'Kanada *n.*

dom·i·no ['dɔminou] *pl.* **-noes** *s.* **1.** *pl. sg. konstr.* 'Domino(spiel) *n*; **2.** 'Dominostein *m*; **3.** 'Domino *m* (*Maskenkostüm od. Person*); '**dom·i·noed** [-oud] *adj.* mit e-m Domino bekleidet.

don[1] [dɔn] *s.* **1.** ♀ *span. Titel; weitS.* Spanier *m*; **2.** *Brit.* Würdenträger *m* e-r Universi'tät (*Fellow od. Tutor*); **3.** Fachmann *m* (*at* in *dat.*, für).

don[2] [dɔn] *v/t. et.* anziehen, *Hut* aufsetzen.

do·nate [dou'neit] *v/t.* schenken, spenden, stiften; **do'na·tion** [-eiʃən] *s.* Schenkung *f* (*a.* ⚖), Stiftung *f*, Gabe *f*, Geschenk *n*; **don·a·tive** ['dounətiv] **I.** *s.* **1.** Schenkung *f*; **2.** *eccl.* durch Schenkung über'tragene Pfründe; **II.** *adj.* **3.** Schenkungs...; **4.** *eccl.* durch bloße Schenkung übertragen (*Pfründe*).

done [dʌn] **I.** *p.p. von do*[1]; **II.** *adj.* **1.** getan: *well ~!* gut gemacht!, bravo!; *it isn't ~* so et. tut man nicht, das gehört sich nicht; *what is to be ~?* was ist zu tun?, was soll geschehen?; *~ at ... in Urkunden*: gegeben in *der Stadt New York etc.*; **2.** erledigt (*a. fig.*): *to get s.th. ~* et. erledigen (lassen); **3.** gar: *is the meat ~ yet?*; **4.** F fertig: *to have ~ with* **a)** fertig sein mit (*a. fig.*), **b)** nicht mehr brauchen, **c)** nichts mehr zu tun haben wollen mit; **5.** *a. ~ up* erschöpft, ‚erledigt', ‚fertig'; **6.** *~!* abgemacht!

do·nee [dou'ni:] *s.* ⚖ Beschenkte(r *m*) *f.*

don·jon ['dɔndʒən] *s.* **1.** Burgverlies *n*; **2.** Bergfried *m*, Burgturm *m.*

Don Ju·an [dɔn'dʒu(:)ən] *s.* Don Ju'an *m* (*Frauenheld*).

don·key ['dɔŋki] *s.* Esel *m* (*a. fig.*): *~'s years Brit.* F lange Zeit, Ewigkeit; '**~-boil·er** *s.* ⚓, ⊕ Hilfskessel *m*; '**~-en·gine** *s.* ⚓ kleine (*transportable*) 'Hilfsma,schine; '**~man** [-mən] *s.* [*irr.*] **1.** Eseltreiber *m*; **2.** ⚓ Bediener *m* der Hilfsmaschine; '**~-work** *s.* F Placke'rei *f.*

don·nish ['dɔniʃ] *adj.* steif, pe'dantisch, gravi'tätisch; '**don·nish·ness** [-nis] *s.* Steifheit *f*, Pedante'rie *f.*

do·nor ['dounə] *s.* Geber *m*; Schenker *m* (*a.* ⚖); Spender *m* (*a.* ⚕), Stifter *m.*

'**do-noth·ing** **I.** *s.* Faulenzer(in); **II.** *adj.* faul.

Don Quix·ote [dɔn'kwiksət] *s.* Don Qui'chotte *m* (*weltfremder Idealist*).

don't [dount] **I. a)** F *für do not*, **b)** *sl. für does not*; **II.** *s.* F Verbot *n*: *dos and ~s* Weisungen und Verbote.

doo·dle ['du:dl] **I.** *s.* gedankenlos hingezeichnete Fi'gur, Gekritzel *n*; **II.** *v/i.* (gedankenlos) kritzeln *od.* zeichnen, ‚Männchen malen'.

doo·dle-bug ['du:dlbʌg] *s.* **1.** *Am.* Wünschelrute *f*; **2.** *Brit.* F (*2. Weltkrieg*) Ra'kete *f*, V 1 *f.*

doom [du:m] **I.** *s.* **1.** Schicksal *n*; (*bsd.* böses) Geschick, Verhängnis *n*: *he met his ~* das Schicksal ereilte ihn; **2.** Verderben *n*, 'Untergang *m*, schlimmes Ende; *fig.* Todesurteil *n*; **3.** *obs.* Urteilsspruch *m*, Verdammung *f*; **4.** *the day of ~* das Jüngste Gericht; → *crack 1*; **II.** *v/t.* **5.** verurteilen: *to ~ to death*; **doomed** [-md] *adj.* verloren, dem 'Untergang geweiht; verdammt (*to* zu, *to do* zu tun): *~ to failure* zum Scheitern verurteilt; *the ~ train* der Unglückszug; **dooms·day** ['du:mzdei] *s. das* Jüngste Gericht: *till ~* bis zum Jüngsten Tag; **Dooms·day Book** → *Domesday (Book).*

door [dɔ:] *s.* **1.** Tür *f*: *out of ~s* außer dem Hause, draußen, im Freien; *within ~s* im Hause, drinnen; *from ~ to ~* von Haus zu Haus; *delivered to your ~* (Ihnen) frei ins Haus geliefert; *two ~s away* (*od. off*) zwei Häuser weiter; → *next 1*; **2.** Ein-, Zugang *m*, Tor *n*, Pforte *f* (*alle a. fig.*): *at death's ~* am Rande des Grabes; *to lay s.th. at s.o.'s ~* j-m et. zur Last legen; *to lay the blame at s.o.'s ~* j-m die Schuld zuschieben; *the fault lies at my ~* ich bin schuld; *to close the ~ against s.o.* j-m die Tür verschließen; *to close (od. bang) the ~ on s.th.* et. unmöglich machen; *to open a ~ to s.th.* et. ermöglichen, *b.s.* e-r Sache Tür u. Tor öffnen; *packed to the ~s* voll (besetzt); *to see (od. show) s.o. to the ~* j-n zur Tür begleiten; *to show s.o. the ~* j-m die Tür weisen; *to turn out of ~s* j-n hinauswerfen; → *darken 1*; '**~-bell** *s.* Türklingel *f*; '**~-case** → *door-frame*; '**~-check** → *door-stop*; '**~-frame** *s.* Türrahmen *m*; **~ han·dle** *s.* Türgriff *m*, -klinke *f*; '**~-keep·er** *s.* Pförtner *m*; '**~-knob** *s.* Türgriff *m*; '**~man** [-mən] *s.* [*irr.*] (livrierter) Porti'er; '**~mat** *s.* Türmatte *f*, Abtreter *m*; '**~-nail** *s.* Türnagel *m*; → *dead 1*; '**~-plate** *s.* Türschild *n*; '**~-post** *s.* Türpfosten *m*; '**~step** *s.* (Haus)Türstufe *f*: *on s.o.'s ~* vor j-s Tür (*a. fig.*); '**~-stop** *s.* Türpuffer *m*; '**~-to-'~** *adj.*: *~ selling* Hausieren; '**~way** *s.* **1.** Torweg *m*; **2.** Türöffnung *f*; **3.** *fig.* Zugang *m*; '**~-yard** *s. Am.* Vorhof *m*, -garten *m.*

dope [doup] **I.** *s.* **1.** dicke Flüssigkeit, Schmiere *f*; **2.** ✈ (Spann-)Lack *m*, Firnis *m*; **3.** ⊕ Ben'zinzusatz *m*; **4.** *sl.* Rauschgift *n*, *bsd.* 'Opium *n*; **5.** *sl.* Reiz-, Aufputschmittel *n*; **6.** *sl.* Geheimtip *m*, Informati'on *f*; **7.** *sl.* Trottel *m*, Depp *m*; **II.** *v/t.* **8.** ✈ lackieren, firnissen; **9.** ⊕ Ben'zin mit e-m Zusatzmittel versehen; **10.** *sl.* Rauschgift geben (*dat.*); **11.** *sport sl.* dopen; **12.** *sl.* betäuben; **13.** *sl.* übers Ohr hauen, bescheißen; **14.** *mst ~ out sl.* **a)** aus-

knobeln, ausfindig machen, b) ausarbeiten, errechnen; '~-**fiend** *s. sl.* Rauschgiftsüchtige(r *m*) *f*.
dope·y ['doupi] *adj. sl.* doof, bekloppt, dämlich.
dor [dɔ:] → *dor-beetle.*
Do·ra ['dɔ:rə] *s. Brit.* F *abbr. für Defence of the Realm Act.*
dor-bee·tle ['dɔ:bi:tl] *s. zo.* **1.** Mist-, Roßkäfer *m*; **2.** Maikäfer *m*.
Do·ri·an ['dɔ:riən] **I.** *adj.* dorisch; **II.** *s.* Dorier *m*; **Dor·ic** ['dɔrik] **I.** *adj.* **1.** dorisch: ~ *capital* ⚠ dorisches Kapitell; ~ *order* ⚠ dorische (Säulen)Ordnung; **2.** bäurisch, breit, grob (*Mundart*); **II.** *s.* **3.** Dorisch *n*, dorischer Dia'lekt; **4.** breiter *od.* grober Dialekt.
dorm [dɔ:m] *s.* F *für dormitory.*
dor·man·cy ['dɔ:mənsi] *s.* Schlafzustand *m*, Ruhe(zustand *m*) *f* (*a.* ⚘); '**dor·mant** [-nt] *adj.* **1.** schlafend (*a. her.*), ruhend (*a.* ⚘), untätig; **2.** *zo.* Winterschlaf haltend; **3.** *fig.* schlummernd, la'tent, verborgen; **4.** unbenutzt, brachliegend: ~ *capital* ✝ totes Kapital; ~ *partner* ✝ stiller Teilhaber (mit unbeschränkter Haftung).
'**dor·mer**(-'**win·dow**) ['dɔ:mə] *s.* ⚠ Dach-, Boden-, Man'sardenfenster *n*.
dor·mi·to·ry ['dɔ:mitri] *s.* **1.** Schlafsaal *m*; **2.** *Am.* Gebäude *n* mit Schlafräumen, *engS.* Stu'denten(wohn)heim *n*; ~ **sub·urb** *s.* Schlafstadt *f* (*außerhalb gelegenes Wohnviertel e-r Großstadt*).
dor·mouse ['dɔ:maus] *pl.* **-mice** [-mais] *s. zo.* Haselmaus *f*; → *sleep 1.*
dor·my ['dɔ:mi] *adj. Golf*: mit so viel Löchern führend, wie noch zu spielen sind: *to be* ~ *two.*
dor·sal ['dɔ:səl] *adj.* □ dor'sal (⚘, *zo., anat., ling.*), Rücken...; '**dor·sal·ly** [-səli] *adv.* am Rücken.
do·ry[1] ['dɔ:ri] *s.* ⚓ Dory *n* (*kleines Boot*).
do·ry[2] ['dɔ:ri] → *John Dory.*
dos·age ['dousidʒ] *s.* **1.** Dosierung *f*; **2.** 'Dosis *f*; **dose** [dous] **I.** *s.* **1.** ⚕ Dosis *f*; **2.** *fig.* Dosis *f*, Menge *f*, Porti'on *f*; **II.** *v/t.* **3.** *Arznei* dosieren; **4.** *j-m* Arz'nei geben; **5.** *Wein* verfälschen, panschen.
doss [dɔs] *Brit. sl.* **I.** *s.* ‚Falle' *f*, ‚Klappe' *f*, ‚Flohkiste' *f* (*Bett*); **II.** *v/i.* ‚pennen'; '~-**house** *s. Brit. sl.* ‚Penne' *f* (*primitive Herberge*).
dos·si·er ['dɔsiei] *s.* Dossi'er *m*, Akten(heft *n*, -bündel *n*) *pl.*, Vorgang *m*.
dost [dʌst; dəst] *obs. od. poet. 2. pres. sg. von* do[1].
dot[1] [dɔt] *s.* ⚖ Mitgift *f*.
dot[2] [dɔt] **I.** *s.* **1.** Punkt *m* (*a.* ♪), Tüpfelchen *n*: ~*s and dashes* Punkte u. Striche, *tel.* Morsezeichen; *to come on the* ~ F auf den Glockenschlag pünktlich kommen; **2.** Tupfen *m*, Fleck *m*; **3.** *et.* Winziges, Knirps *m*; **II.** *v/t.* **4.** punktieren (*a.* ♪): ~*ted line (note)*; **5.** mit dem i-Punkt versehen: *to* ~ *the (od. one's) i's [and cross the (od. one's) t's] fig.* a) peinlich genau sein, b) alles genau klarmachen; **6.** tüpfeln, sprenkeln; **7.** verstreuen: ~*ted with houses* mit Häusern übersät; **8.** *sl. to* ~ *him one* ihm eine ‚runterhauen'.
dot·age ['doutidʒ] *s.* **1.** (*bsd.* geistige) Altersschwäche, Senili'tät *f*: *he is in his* ~ er ist kindisch *od.* senil geworden; **2.** *fig.* Affenliebe *f*, Vernarrtheit *f*; '**do·tard** [-təd] *s.* se'niler Mensch, kindischer Greis; **dote** [dout] *v/i.* **1.** kindisch *od.* senil sein *od.* werden; sabbeln, faseln; **2.** (*on*) vernarrt sein (in *acc.*), zärtlich lieben (*acc.*).
doth [dʌθ; dəθ] *obs. od. poet. 3. pres. sg. von* do[1].
dot·ing ['doutiŋ] *adj.* □ **1.** vernarrt, verliebt; **2.** se'nil, kindisch.
dot·ter·el, dot·trel ['dɔtrəl] *s. orn.* Regenpfeifer *m*.
dot·ty ['dɔti] *adj.* **1.** punktiert, getüpfelt; **2.** verstreut; **3.** F wakkelig; **4.** F 'übergeschnappt, verrückt.
dou·ble ['dʌbl] **I.** *adj.* □ **1.** doppelt, Doppel..., zweifach, gepaart: ~ *the amount* der doppelte *od.* zweifache Betrag; ~ *bottom* doppelter Boden (*Schiff, Koffer*); ~ *doors* Doppeltür; ~ *taxation* Doppelbesteuerung; ~ *width* doppelte Breite, doppelt breit; ~ *(of) what it was* doppelt *od.* zweimal soviel wie vorher; **2.** Doppel..., verdoppelt, verstärkt: ~ *ale* Starkbier; ~ *cream* Sahne zum Schlagen; **3.** Doppel..., für zwei bestimmt: ~ *bed* Doppelbett; ~ *room* Doppel-, Zweibettzimmer; **4.** ⚘ gefüllt (*Blume*); **5.** ♪ eine Ok'tave tiefer, Kontra...; **6.** zwiespältig, zweideutig, doppelsinnig; **7.** unaufrichtig, falsch: ~ *character*; **8.** gekrümmt, gebeugt; **II.** *adv.* **9.** doppelt, noch einmal: ~ *as long*; **10.** doppelt, zweifach: *to see* ~ doppelt sehen; *to play (at)* ~ *or quit(s)* alles aufs Spiel setzen; **11.** paarweise, zu zweit: *to sleep* ~; **III.** *s.* **12.** *das* Doppelte *od.* Zweifache; **13.** Doppel *n*, Dupli'kat *n*; **14.** Seitenstück *n*, Ebenbild *n*, Doppelgänger *m*; **15.** Windung *f*, Falte *f*; **16.** Haken *m* (*bsd. Hase, a. Person*); 'Umkehr *f*; **17.** ⚔ Laufschritt *m*: *at the* ~ im Laufschritt; **18.** *pl. sg. konstr. sport* Doppel *n*: *to play a* ~*s*; *men's* ~*s* Herrendoppel; **19.** *Film*: Double *n*; *thea.* zweite Besetzung; **IV.** *v/t.* **20.** verdoppeln (*a.* ♪); **21.** *oft* ~ *up* ('um-, zs.-)falten, 'um-, zs.-legen, 'umschlagen; **22.** *Beine* 'überschlagen; *Faust* ballen; **23.** ⚓ um'segeln, -'schiffen, um *ein Kap* fahren; **24.** zwirnen; **25.** *fig. j-n* 'umwerfen; **26.** *mst thea.* als Double einspringen für: *to* ~ *parts* e-e Doppelrolle spielen, *a.* zwei Tätigkeiten ausüben; **27.** *Karten*: *Gebot* doppeln; **28.** *a.* ~ *up* F einquartieren (*with* zs. mit); **V.** *v/i.* **29.** sich verdoppeln; **30.** sich biegen *od.* krümmen *od.* falten; **31.** plötzlich kehrtmachen, *bsd.* e-n Haken schlagen; **32.** ⚔ im Laufschritt marschieren; F Tempo vorlegen; **33.** den Einsatz verdoppeln; **34.** *thea. etc.* als Double spielen;
Zssgn mit adv.:
dou·ble| back **I.** *v/t.* zs.-falten, 'umbiegen, -schlagen, zu'rückschlagen; **II.** *v/i.* kehrtmachen u. zu'rücklaufen; ~ **down** *v/t.* 'umbiegen, 'umfalten; ~ **in** *v/t.* nach innen falten, einbiegen, -schlagen; ~ **up** **I.** *v/t.* **1.** zs.-falten, -legen, -rollen; **2.** krümmen, biegen (*a. fig.*); **II.** *v/i.* **3.** sich falten *od.* zs.-rollen (lassen); **4.** sich krümmen *od.* biegen (*a. fig. with* vor *Schmerz, Lachen*); **5.** zs.-brechen; **6.** ein Zimmer teilen.
'**dou·ble|-'act·ing**, '~-'**ac·tion** *adj.* ⊕ doppeltwirkend; '~-**bar·rel(l)ed** *adj.* **1.** doppelläufig: ~ *gun* Doppelflinte; **2.** zweideutig, zweischneidig: ~ *policy*; ~ *compliment* zweifelhaftes Kompliment; **3.** ~ *name* F Doppelname; '~-'**bass** → *contrabass*; '~-**bed·ded** *adj.*: ~ *room* a) Zweibettzimmer, b) Zimmer mit Doppelbett; '~-'**breast·ed** *adj.* zweireihig (*Anzug*); ~ **chin** *s.* Doppelkinn *n*; ~ **col·umn** *s.* Doppelspalte *f* (*Zeitung etc.*): *in* ~*s* zweispaltig; '~-**cross** *s. sl.* Schwindel *m*, Betrug *m*; '~-'**cross** *v/t. sl. bsd. Partner* hinter'gehen, beschummeln; ~ **date** *s.* 'Doppelrendez,vous *n* (*zweier Paare*); '~-'**deal·er** *s.* Achselträger *m*, Heuchler *m*, Betrüger *m*; '~-'**deal·ing** **I.** *adj.* unaufrichtig, falsch; **II.** *s.* Doppelzüngigkeit *f*, Falschheit *f*; '~-'**deck·er** *s.* **1.** Doppeldecker *m* (*Schiff, Flugzeug, Omnibus*); **2.** *Am.* F Doppelsandwich *n* (*3 Brotscheiben u. 2 Einlagen*); ~ **Dutch** *s.* F Kauderwelsch *n*; '~-'**dyed** *adj.* **1.** zweimal gefärbt; **2.** *fig.* eingefleischt, Erz...: ~ *villain* Erzgauner; ~ **ea·gle** *s.* **1.** *her.* Doppeladler *m*; **2.** *Am.* goldenes 20-Dollar-Stück; '~-'**edged** *adj.* zweischneidig (*a. fig.*); ~ **en·ten·dre** ['du:blɑ̃:n'tɑ̃:ndr] (*Fr.*) *s.* zweideutiger Ausdruck; ~ **en·try** *s.* ✝ *a.* ~ *book-keeping* doppelte Buchführung; ~ **ex·po·sure** *s. phot.* Doppelbelichtung *f*; '~-**faced** *adj.* heuchlerisch, scheinheilig, unaufrichtig; ~ **fault** *s. Tennis*: Doppelfehler *m*; ~ **fea·ture** *s. Film*: 'Doppelpro,gramm *n* (*zwei Spielfilme in jeder Vorstellung*); ~ **first** *s. univ. Brit.* mit Auszeichnung erworbener Honours-Grad in zwei Fächern; '~-'**flow·ered** *adj.* ⚘ gefüllt; '~-'**flu·id** *adj.* ⚡ mit zwei Flüssigkeiten (*Batterie*); '~-**gang·er** *s.* Doppelgänger *m*; ~ **har·ness** *s. fig.* Ehestand *m*, -joch *n*; '~-'**lead·ed** ['ledid] *adj. typ.* doppelt durchschossen; ~ **line** *s.* 🚂 zweigleisige Strecke; '~-'**lock** *v/t.* doppelt verschließen; ~ **mean·ing** *s.* Doppelbedeutung *f*; *b.s.* Zweideutigkeit *f*; '~-'**mean·ing** *adj.* zweideutig, doppelsinnig; '~-'**mind·ed** *adj.* wankelmütig, unentschlossen.
dou·ble·ness ['dʌblnis] *s.* **1.** *das* Doppelte; **2.** Doppelzüngigkeit *f*, Falschheit *f*.
'**dou·ble|-'park** *v/t. u. v/i. mot.* in zweiter Reihe parken; '~-'**quick** ⚔ **I.** *s.* → *double time*; **II.** *adj. u. adv.* im Laufschritt; ~ **star** *s. ast.* Doppelstern *m*; '~-'**stop** ♪ **I.** *s.* Doppelgriff *m* (*Streichinstrument*); **II.** *v/t.* Doppelgriffe spielen auf (*dat.*).
dou·blet ['dʌblit] *s.* **1.** *hist.* Wams *n*; **2.** Paar *n* (*Dinge*); **3.** Du'blette *f* (*a. typ.*), Dupli'kat *n*; **4.** *pl.* Pasch *m* (*beim Würfeln*).

'**dou·ble|-take** *s. sl.* ‚Spätzündung' *f*; ~ **talk** *s.* F doppelzüngiges Gerede; '~**-think** *s. humor.* ‚Zwiedenken' *n*; ~ **time** *s.* ⚔ Laufschritt *m*: *in* ~ F schnell, fix; '~-'**tongued** *adj.* doppelzüngig, falsch; '~-'**tracked** *adj.* 🚂 zweigleisig.

dou·bling ['dʌbliŋ] *s.* **1.** Verdoppelung *f*; **2.** Faltung *f*; **3.** Windung *f*, Ausweichen *n*, Seitensprung *m*; **4.** ⚓ Um'segelung *f*; **dou·bly** ['dʌbli] *adv.* doppelt.

doubt [daut] **I.** *v/i.* **1.** zweifeln; schwanken, Bedenken haben; **2.** zweifeln (*of, about* an *e-r Sache*); (dar'an) zweifeln, (es) bezweifeln (*whether, if* ob; *that* daß; *neg. u. interrog. that, but that, but* daß): *I* ~ *whether he will come* ich zweifle, ob er kommen wird; *I* ~ *that he can come* ich bezweifle es, daß er kommen kann; **II.** *v/t.* **3.** *et.* bezweifeln: *I* ~ *his honesty*; *I* ~ *it*; **4.** miß'trauen (*dat.*), keinen Glauben schenken (*dat.*): *to* ~ *s.o.*; *to* ~ *s.o.'s words*; **III.** *s.* **5.** Zweifel *m* (*of* an *dat.*, *about* hinsichtlich *gen.*; *that* daß): *no* ~, *without* ~, *beyond* ~ zweifellos, fraglos, gewiß; *I have no* ~ ich zweifle nicht (daran), ich bezweifle es nicht; *to leave s.o. in no* ~ *about s.th.* j-n nicht im Zweifel *od.* im ungewissen über et. lassen; → *benefit 1*; **6.** Bedenken *n*, Besorgnis *f*, Befürchtung *f* (*about* wegen, in *dat.*); **7.** Ungewißheit *f*: *to be in* ~ unschlüssig sein; '**doubt·er** [-tə] *s.* Zweifler(in): '**doubt·ful** [-ful] *adj.* □ **1.** zweifelnd, im Zweifel, unschlüssig: *to be* ~ *of* (*od. about*) *s.th.* an e-r Sache zweifeln, im Zweifel über et. sein; **2.** zweifelhaft, fraglich, unentschieden, unklar; **3.** fragwürdig, bedenklich, verdächtig; '**doubt·ful·ness** [-fulnis] *s.* **1.** Zweifelhaftigkeit *f*, Ungewißheit *f*; **2.** Fragwürdigkeit *f*; '**doubt·ing** [-tiŋ] *adj.* □ **1.** zweifelnd, schwankend, unschlüssig; **2.** 'mißtrauisch: ♀ *Thomas* ungläubiger Thomas; '**doubt·less** [-lis] *adv.* **1.** zweifellos, sicherlich; **2.** gewiß, wohl, ich gebe zu; **3.** (höchst)wahrscheinlich.

dou·ceur [du'sœ:r] (*Fr.*) *s.* **1.** (Geld-) Geschenk *n*, Trinkgeld *n*; **2.** Bestechungsgeld *n*.

douche [du:ʃ] **I.** *s.* **1.** Dusche *f* (*a.* ⚕), Brause *f*: *cold* ~ *a. fig.* kalte Dusche; **2.** ⚕ Irri'gator *m*; **II.** *v/t. u. v/i.* **3.** (sich) (ab)duschen; **4.** ⚕ spülen.

dough [dou] *s.* **1.** Teig *m*; **2.** *sl.* ‚Pinke' *f*, ‚Zaster' *m* (*Geld*); '~**boy** *s.* **1.** Mehlkloß *m*; **2.** *Am. sl.* Landser *m* (*Infanterist*); '~**nut** *s.* Krapfen *m*, (Ber'liner) Pfannkuchen *m*.

dough·ty ['dauti] *adj.* □ *obs. od. humor.* beherzt, mannhaft, tapfer.

dough·y ['doui] *adj.* **1.** teigig (*a. fig.*); **2.** klitschig, nicht 'durchgebacken.

Doug·las| fir ['dʌgləs], *a.* ~ **pine**, ~ **spruce** *s.* ♆ 'Douglastanne *f*, -fichte *f*.

dou·ma → *duma*.

dour ['duə] *adj.* □ *Scot.* **1.** mürrisch, streng, herb; **2.** hartnäckig, stur.

douse [daus] *v/t.* **1.** ins Wasser tauchen, begießen; **2.** F *Licht* auslöschen; **3.** ⚓ **a)** *Segel* laufen lassen, **b)** *Tau* loswerfen.

dove [dʌv] *s.* **1.** *orn.* Taube *f*: ~ *of peace* Friedenstaube; **2.** Täubchen *n*, Herzchen *n*; **3.** *eccl.* Taube *f* (*Symbol des Heiligen Geistes*); **4.** *pol.* ‚Taube' *f*: ~*s and hawks* Tauben u. Falken; '~**-col·o(u)r** *s.* Taubengrau *n*; '~**-cot(e)** *s.* Taubenschlag *m*; '~**-eyed** *adj.* sanftäugig; '~**-like** *adj.* sanft.

'**dove's-foot** ['dʌvz] *s.* ♆ Storchschnabel *m*; '**dove·tail I.** *s.* **1.** ⊕ Schwalbenschwanz *m*, Zinke *f*; **II.** *v/t.* **2.** verschwalben, verzinken; **3.** *fig.* fest zs.-fügen, verzahnen, verquicken; **4.** einfügen, -passen, -gliedern (*into* in *acc.*); **5.** passend zs.-setzen; einpassen (*into* in *acc.*); **III.** *v/i.* **6.** genau passen (*into* in *acc.*, zu; *with* mit); angepaßt sein (*with dat.*); genau inein'andergreifen.

dow·a·ger ['dauədʒə] *s.* **1.** Witwe *f* (von Stande): *queen* ♀ Königinwitwe; ~ *duchess* Herzoginwitwe; **2.** F Ma'trone *f*, würdevolle ältere Dame.

dow·di·ness ['daudinis] *s.* Schäbigkeit *f*; Schlampigkeit *f*; **dow·dy** ['daudi] **I.** *adj.* □ schlechtgekleidet, nachlässig gekleidet, 'unmo,dern, 'unele,gant, schäbig, schlampig; **II.** *s.* nachlässig gekleidete Frau, Schlampe *f*.

dow·el ['dauəl] ⊕ **I.** *s.* Dübel *m*, Holzpflock *m*; **II.** *v/t.* (ver)dübeln.

dow·er ['dauə] **I.** *s.* **1.** ⚖ Wittum *n* (*Witwenerbteil*); **2.** *bsd. fig.* Mitgift *f*; **3.** Begabung *f*; **II.** *v/t.* **4.** ausstatten.

dow·las ['dauləs] *s.* Dowlas *n*, Daulas *n* (*grobes Baumwollgewebe*).

down[1] [daun] *s.* **1. a)** Daunen *pl.* (*a.* ♆), flaumiges Gefieder, **b)** Daune *f*, Flaumfeder *f*: ~ *quilt* Daunendecke; **2.** Flaum *m* (*a.* ♆), feine Härchen.

down[2] [daun] *s.* **1.** *pl.* waldloses, *bsd.* grasbewachsenes Hügelland; **2.** → *dune*.

down[3] [daun] **I.** *adv.* **1.** (*Richtung*) nach unten, her-, hin'unter, her-, hin'ab, abwärts, zum Boden, nieder-...: ~ *from* von ... herab, von ... an, fort von; ~ *to* bis (hinunter) zu; ~ *to the last man* bis zum letzten Mann; ~ *to our times* bis auf unsere Zeit; *to burn* ~ niederbrennen; **2.** *bsd. Brit.* von London *od.* der Großstadt fort: ~ *to the country* aufs Land, in die Provinz; **3.** *Am.* ins Geschäftsviertel; **4.** südwärts; **5.** angesetzt: ~ *for Friday* für Freitag angesetzt; ~ *for second reading parl.* zur zweiten Lesung angesetzt; **6.** (in) bar, so'fort: *to pay* ~ bar bezahlen; *one pound* ~ ein Pfund sofort *od.* als Anzahlung; **7.** *to be* ~ *on s.o.* F **a)** j-n ‚auf dem Kieker' haben, **b)** über j-n herfallen; **8.** (*Lage, Zustand*) unten; unten im Hause: ~ *below* unten; ~ *there* dort unten; ~ *under* **a)** dort unten, **b)** in Australien; ~ *in the country* auf dem Lande; ~ *south* (unten) im Süden; *he is not* ~ *yet* er ist noch nicht unten *od.* (*morgens*) noch nicht aufgestanden; **9.** 'untergegangen (*Gestirne*); **10.** her'abgelassen (*Haare, Vorhänge*); **11.** gefallen (*Preise, Temperatur etc.*); billiger (*Ware*); **12.** *two points* ~ *sport* zwei Punkte zurück; *he is £10* ~ *fig.* er hat 10 £ verloren; **13.** 'umgefallen, nieder-, hingestreckt, am Boden (liegend): ~ *and out* kampfunfähig, *fig.* erledigt, ruiniert; ~ *with flu* mit Grippe im Bett; **14.** niedergeschlagen, unglücklich; **15.** erschöpft, geschwächt; geringer (geworden); **16.** her'untergekommen, mittellos: ~ *at heels* abgerissen; **17.** ~ *on paper* schriftlich, schwarz auf weiß; **II.** *adj.* **18.** abwärts gerichtet, nach unten: ~ *trend* fallende Tendenz; **19.** *Brit.* von London (fort): *the* ~ *train*; ~ *platform* Abfahrtsbahnsteig (*London*); **20.** ~ *payment* Bar-, Anzahlung; **III.** *prp.* **21.** her-, hin'unter, her-, hin'ab, entlang: ~ *the hill* den Hügel hinunter; ~ *the river* flußabwärts; *further* ~ *the river* weiter unten am Fluß; ~ *the road* die Straße entlang; ~ *the middle* durch die Mitte; *to fall* ~ *a precipice* in e-n Abgrund stürzen; ~ (*the*) *wind* ⚓ mit dem Wind; ~ *town* in die Stadt(mitte); **22.** (*Zeit*) durch: ~ *the ages* durch alle Zeiten; **IV.** *s.* **23.** *fig.* Niedergang *m*, Tiefstand *m*; → *up 32*; **24.** Groll *m*: *to have a* ~ *on s.o.* F e-n Pik auf j-n haben; **V.** *v/t.* **25.** niederwerfen, -schlagen, bezwingen; ruinieren; **26.** *to* ~ *tools* die Arbeit einstellen *od.* niederlegen, streiken; **27.** ✈ zum Absturz bringen, abschießen; **28.** *Brit.* F *Getränk* hinter die Binde gießen; **VI.** *int.* **29.** ~ (*with*)! nieder (mit)!; **30.** (*zum Hund*) leg dich!, kusch (dich)!

'**down|·cast I.** *adj.* **1.** niedergeschlagen (*a. Augen*), deprimiert; **2.** ⊕ einziehend (*Schacht*); **II.** *s.* **3.** ⊕ Wetterschacht *m*; '~-'**draft**, '~-'**draught** *s.* ⊕ Fallstrom *m*, Abwind *m*; ~ **East** *s. Am.* die Neu'england-Staaten; ~-'**East·er** *s. Am.* Bewohner(in) der Neuengland-Staaten; '~**fall** *s.* **1.** Fall *m*, Sturz *m* (*a. fig.*); **2.** starker Regen- *od.* Schneefall; **3.** *fig.* Nieder-, 'Untergang *m*; ~ **grade** *s.* **1.** Gefälle *n*, Neigung *f*; **2.** *fig.* Niedergang *m*: *on the* ~ auf dem absteigenden Ast; '~-'**grade** *v/t.* **1.** im Rang her'absetzen, degradieren; **2.** in der Quali'tät herabsetzen, im Wert mindern; '~-'**heart·ed** *adj.* niedergeschlagen, verzagt; '~'**hill I.** *adv.* abwärts, berg'ab (*a. fig.*): *he is going* ~ *fig.* es geht bergab mit ihm; **II.** *adj.* abschüssig, Abwärts...: ~ *race Schisport*: Abfahrtslauf.

Down·ing Street ['dauniŋ] *s.* Downing Street *f* (*brit. Regierung*).

'**down|-lead** [-li:d] *s.* ⚡ Niederführung *f*; '~**most** *adj. u. adv.* zu'unterst; '~**-pipe** *s.* ⊕ Abflußrohr *n*; '~**pour** *s.* Regenguß *m*, Platzregen *m*; '~**right I.** *adj.* **1.** völlig, abso'lut, ausgesprochen: *a* ~ *lie* e-e glatte Lüge; *a* ~ *rogue* ein Erzschurke; **2.** gerade(her'aus), offen, ehrlich, unverhohlen, unverblümt, unzweideutig; **II.** *adv.* **3.** völlig, gänzlich, ausgesprochen, wirklich; '~**right·ness** *s.* Geradheit *f*, Offenheit *f*; '~'**stairs** *adv.* **1.** (die Treppe) hin'unter; **2.** unten (im Haus); '~**·stairs** *adj.*: *a* ~ *room* ein unteres Zimmer (*bsd. im Erdgeschoß*); '~'**stream** *adv.* fluß'ab(wärts); '~-**stroke** *s.* **1.** Grundstrich *m beim Schreiben*; **2.** ⊕ (Kolben)Niedergang *m*; '~-**to-'earth** *adj.* rein sachlich, nüchtern; '~'**town** *adv. Am.* im *od.* zum Geschäftsviertel (*der Stadt*); '~-**town** *Am.* **I.** *adj.* im Geschäftsviertel (gelegen *od.* tätig); das Geschäftsviertel betreffend; **II.** *s. a. down town* **a)** Geschäftsviertel *n*, **b)** Innenstadt *f*, City *f*; '~-**trod·den** *adj.* unter'drückt.

down·ward ['daunwəd] **I.** *adj.* **1.** Abwärts..., sich neigend; **2.** sinkend (*Preise*); **3.** *fig.* im Niedergang, zu'grunde gehend; **II.** *adv. a.* '**down·wards** [-wədz] **4.** abwärts, berg'ab (*a. fig.*); **5.** (*zeitlich*) her'ab.

down·y[1] ['dauni] *adj.* **1.** mit Daunen *od.* Flaum bedeckt; **2.** flaumig, weich; **3.** *sl.* gerieben, ausgekocht.

down·y[2] ['dauni] *adj.* wellig, hügelig.

dow·ry ['dauəri] *s.* **1.** Mitgift *f*, Aussteuer *f*, -stattung *f*; **2.** Gabe *f*, Ta'lent *n*.

dowse[1] → *douse*.

dowse[2] [dauz] *v/i.* mit der Wünschelrute suchen; '**dows·er** [-zə] *s.* Rutengänger *m*; '**dows·ing-rod** [-ziŋ] *s.* Wünschelrute *f*.

dox·ol·o·gy [dɔk'sɔlədʒi] *s. eccl.* Lobgesang *m*; *engS. das* Gloria.

dox·y ['dɔksi] *s. sl.* Flittchen *n*, Nutte *f*, Dirne *f*.

doy·en ['dɔiən] *s.* (*Fr.*) Rangälteste(r) *m*; *engS.* Doy'en *m eines diplomatischen Korps*.

doy·ley → *doily*.

doze [douz] **I.** *v/i.* dösen, (halb) schlummern: *to ~ off* einnicken; **II.** *s.* Schläfchen *n*, Nickerchen *n*.

doz·en ['dʌzn] *s.* Dutzend *n*: **a)** *pl.* ~ *nach Zahl- u. vor Hauptwörtern*: *two ~*; *two ~ eggs* 2 Dutzend Eier; *by the ~* dutzendweise, im Dutzend, **b)** *pl.* ~*s*: ~*s of birds* Dutzende von Vögeln; ~*s of people* F ein Haufen Leute; *to do one's daily ~* Frühsport treiben; *to talk nineteen to the ~ Brit.* das Blaue vom Himmel herunterschwatzen; → *baker 1*.

doz·i·ness ['douzinis] *s.* Schläfrigkeit *f*; **doz·y** ['douzi] *adj.* ☐ schläfrig.

drab[1] [dræb] **I.** *adj.* gelbgrau, graubraun; *fig.* düster, grau, eintönig; **II.** *s.* Gelbgrau *n*, Graubraun *n*.

drab[2] [dræb] *s.* Schlampe *f*; Dirne *f*, Hure *f*.

drab·ble ['dræbl] *v/t.* beschmutzen.

drachm [dræm] *s.* **1.** → *drachma 1*; **2.** → *dram 1*.

drach·ma ['drækmə] *pl.* **-mas, -mae** [-mi:] *s.* **1.** 'Drachme *f*; **2.** → *dram 1*.

Dra·co ['dreikou] *s. ast.* Drache *m*; **Dra·co·ni·an** [drei'kounjən], **Dra·con·ic** [drei'kɔnik] *adj.* dra'konisch, äußerst streng.

draff [dræf] *s.* **1.** Bodensatz *m*; *engS.* Treber *m*; **2.** Schweinetrank *m*.

draft [drɑ:ft] **I.** *s.* **1.** Skizze *f*, Entwurf *m*, Kon'zept *n*, Abriß *m*: ~ *agreement* Vertragsentwurf; **2.** ⚔ **a)** ('Sonder)Kom,mando *n*, Ab'teilung *f*, **b)** Ersatz(truppe *f*) *m*; **3.** ⚔ Aushebung *f*, Einberufung *f*, Einziehung *f*; **4.** † Tratte *f*, Wechsel *m*; **5.** † Abhebung *f*, Entnahme *f*: *to make a ~ on Geld* abheben von; **6.** *fig.* (starke) Beanspruchung: *to make a ~ on* in Anspruch nehmen (*acc.*); **7.** → *draught*; *bsd. Am.* → *draught 1, 7, 8*; **II.** *v/t.* **8.** skizzieren, entwerfen; **9.** *Schriftstück* aufsetzen, abfassen; **10.** ⚔ auswählen, abkommandieren; **11.** ⚔ einziehen, -berufen (*into* zu); **draft·ee** [drɑ:f'ti:] *s.* ⚔ *Am.* Einberufene(r) *m*, Eingezogene(r) *m*; '**draft·er** [-tə] *s.* **1.** Urheber *m*, Verfasser *m*, Planer *m*; **2.** → *draftsman 2*.

draft·ing| **board** ['drɑ:ftiŋ] → *drawing-board*; ~ **room** → *drawing office*.

drafts·man ['drɑ:ftsmən] *s.* [*irr.*] **1.** (Konstrukti'ons-, Muster)Zeichner *m*; **2.** Entwerfer *m*, Verfasser *m* (*Schriftstücke etc.*); **3.** → *draughtsman 1*; '**drafts·man·ship** [-ʃip] *s.* Zeichenkunst *f*, zeichnerische Begabung.

draft·y *Am.* → *draughty*.

drag [dræg] **I.** *s.* **1.** ⚓ Schleppnetz *n*; **2.** ⚘ **a)** schwere Egge, **b)** Mistharke *f*; **3.** ⊕ Baggerschaufel *f*; **4.** ⊕ **a)** Rollwagen *m*, **b)** Lastschlitten *m*, Schleife *f*; **5.** vierspännige Kutsche; **6.** Hemmschuh *m* (*a. fig. on* für); **7. a)** *et.* Schleppendes *od.* Langweiliges, **b)** fader Kerl; **8.** ⊕, ✈, *phys.* 'Widerstand *m*; **9.** *hunt.* **a)** (künstliche) Spur, Schleppe *f*, **b)** Schleppjagd *f*; **10.** *Am. sl.* Einfluß *m*, Protekti'on *f*; **II.** *v/t.* **11.** schleppen, schleifen, zerren, ziehen: *to ~ one's feet* schlurfen; *to ~ the anchor* ⚓ vor Anker treiben; **12.** mit e-m Schleppnetz absuchen (*for* nach); **13.** ausbaggern; **14.** ⚘ eggen; **15.** *fig.* da'hinschleppen, in die Länge ziehen; **III.** *v/i.* **16.** geschleppt werden; **17.** schleppen, schleifen, zerren; schlurfen (*Füße*): *the anchor ~s* ⚓ der Anker findet keinen Halt; **18.** *fig.* zerren, ziehen, nagen (*at* an *dat.*); **19.** mit e-m Schleppnetz suchen (*for* nach); **20.** *fig.* sich hinschleppen, ermüden; **21.** zu'rückbleiben, nachklappen, -hinken; **22.** langweilig *od.* (*a.* ♪) langsam werden; † flau sein: *time ~s on his hands* die Zeit wird ihm lang; ~ **in** *v/t. mst fig.* hin'einziehen, (an den Haaren) her'beiziehen; ~ **on** *v/t. u. v/i.* (sich) hinziehen; ~ **out** *v/t. fig.* hin-, hin'ausziehen; ~ **up** *v/t.* F *Kind* lieblos aufziehen.

'**drag**|**-an·chor** *s.* ⚓ Treib-, Schleppanker *m*; '~**-bar** *s.* 🚂 Kuppelstange *f*; '~**-chain** *s.* ⊕ **1.** Hemmkette *f*; **2.** *fig.* Hemmschuh *m*.

drag·gle ['drægl] **I.** *v/t.* durch den Schmutz schleifen, beschmutzen; **II.** *v/i.* nachschleifen; '**drag·gled** [-ld] *adj.* schmutzig; schlampig; '**drag·gle-tail** *s.* Schlampe *f*.

'**drag**|**-hound** *s. hunt.* Jagdhund *m* für Schleppjagden; '~**-hunt** *s.* Schleppjagd *f*; '~**-lift** *s.* Schlepplift *m*; '~**-net** *s.* **1.** → *drag 1*; **2.** *fig.* Netz *n* (*der Polizei*).

drag·o·man ['drægoumən] *pl.* **-mans** *od.* **-men** *s.* 'Dragoman *m*, Dolmetscher *m*.

drag·on ['drægən] *s.* **1.** Drache *m*; **2.** Lindwurm *m*, Schlange *f*: *the old ♀* Satan; **3.** ‚Drachen' *m*, böses Weib; **4.** Anstandsdame *f*; '~**-fly** *s. zo.* Li'belle *f*, Wasserjungfer *f*; '~'s-**blood** *s.* ⚘ Drachenblut *n* (*Färbemittel*); ~'**s teeth** *s. pl.* **1.** ⚔ Hökkerhindernis *n*, Panzerhöcker *pl.*; **2.** *fig.* Drachensaat *f*: *to sow ~* Zwietracht säen; '~**-tree** *s.* ⚘ Drachenbaum *m*.

dra·goon [drə'gu:n] **I.** *s.* **1.** ⚔ Dra'goner *m*; **2.** *fig.* Schläger *m*, Rohling *m*; **II.** *v/t.* **3.** peinigen, schinden; **4.** *fig.* zwingen (*into* zu).

'**drag**|**-rope** *s.* **1.** Schlepp-, Zugseil *n*; **2.** ✈ **a)** Leitseil *n*, **b)** Vertauungsleine *f*; ~ **sail**, ~ **sheet** *s.* ⚓ Treibanker *m*.

drain [drein] **I.** *v/t.* **1.** *Land* entwässern, dränieren, trockenlegen; **2.** ⚕ *Wunde von Eiter* säubern; **3.** ⚕ *Eiter* abziehen; **4.** *a. ~ off*, *~ away* (*Ab-*)*Wasser etc.* ableiten, -führen, -ziehen; **5.** austrinken, leeren; → *dreg 1*; **6.** *Gebäude od. Ort* mit 'Abwässerka,nälen *od.* Abflußröhren versehen, kanalisieren; **7.** *fig.* aufzehren, verschlucken; *Vorräte etc.* aufbrauchen, erschöpfen; **8.** (*of*) berauben (*gen.*), arm machen (an *dat.*); **II.** *v/i.* **9.** *a. ~ off*, *~ away* (langsam) abfließen, -tropfen; versickern; **10.** *a. ~ away fig.* da'hin-, verschwinden; **11.** (langsam) austrocknen; **12.** sich entwässern; **III.** *s.* **13.** Ableitung *f*, Abfluß *m* (*a. fig.*): *foreign ~* † Kapitalabwanderung; **14.** Abflußrohr *n*, 'Abzugska,nal *m*, -rinne *f*, Entwässerungsgraben *m*; Gosse *f*: *to pour down the ~* zum Fenster hinauswerfen, vergeuden; **15.** *pl.* Kanalisati'on *f*; **16.** ⚕ Drän *m*, Ka'nüle *f*; **17.** *fig.* (*on*) Beanspruchung *f* (*gen.*), Anforderung *f* (an *acc.*): *a great ~ on the purse* e-e schwere finanzielle Belastung; **18.** F ‚Tropfen' *m*, Schlückchen *n*.

drain·age ['dreinidʒ] *s.* **1.** Ableitung *f*, Abfluß *m*; Entleerung *f*; **2.** Entwässerung *f*, Trockenlegung *f*; **3.** Entwässerungsanlage *f*; **4.** Kanalisati'on *f*; **5.** Abwasser *n*; '~**-ba·sin**, *a.* ~ **a·re·a** *s. geogr.* Einzugsgebiet *n e-s Flusses*; '~**-tube** *s.* ⚕ 'Abflußka,nüle *f*.

drain cock *s.* ⊕ Abflußhahn *m*.

drain·er ['dreinə] *s.* **1.** Abtropfgefäß *n*, Seiher *m*; **2.** Schöpfkelle *f*.

drain·ing| **board** ['dreiniŋ] Tropfplatte *f*, Abtropfbrett *n*; ~ **rack** *s.* Abtropf-, Trockengestell *n*; ~ **well** *s.* Abzugs-, Senkgrube *f*.

'**drain-pipe** *s.* ⊕ Abfluß-, Abzugsrohr *n*: ~ *trousers* F Röhrenhose(n).

drake [dreik] *s. orn.* Enterich *m*.

dram [dræm] *s.* **1.** 'Drachme *f* (*Gewicht*); **2.** Schluck *m* (*Alkohol*): ~*-drinker* Zechbruder; ~*-shop* Kneipe; *fond of a ~* trinkfreudig, für e-n Schluck zu haben.

dra·ma ['drɑ:mə] *s.* **1.** 'Drama *n*, Schauspiel *n*; **2.** Dra'matik *f*, dra'matische Litera'tur; **3.** Schauspielkunst *f*; **4.** *fig.* Drama *n*, erregendes Geschehen.

dra·mat·ic [drə'mætik] *adj.* (☐ ~*ally*) **1.** dra'matisch, Schauspiel..., Theater...: ~ *rights* Aufführungsrechte; ~ *school* Schauspielschule; **2.** *fig.* dramatisch, spannend, aufregend, erregend; **dra'mat·ics**

[-ks] *s. pl. sg. od. pl. konstr.* **1.** Darstellungskunst *f*; **2.** The'aterwissenschaft *f*; **3.** thea'tralisches Benehmen.
dram·a·tis per·so·nae ['drɑːmətis pəː'sounai] *s. pl.* **1.** Per'sonen *pl.* der Handlung; **2.** Rollenverzeichnis *n*.
dram·a·tist ['dræmətist] *s.* Dra'matiker *m*, Schauspieldichter *m*; **dram·a·ti·za·tion** [dræmətai'zeiʃən] *s.* Dramatisierung *f* (*a. fig.*); Bühnenbearbeitung *f*; **dram·a·tize** ['dræmətaiz] *v/t.* dramatisieren: **a)** für die Bühne bearbeiten *od.* einrichten, **b)** *fig.* aufbauschen, (als) aufregend darstellen; **dram·a·tur·gic** [dræmə'təːdʒik] *adj.* drama'turgisch; '**dram·a·tur·gist** [-təːdʒist] *s.* Drama'turg *m*; '**dram·a·tur·gy** [-təːdʒi] *s.* Dramatur'gie *f*.
drank [dræŋk] *pret. von drink.*
drape [dreip] **I.** *v/t.* **1.** drapieren, (mit Stoff) behängen *od.* (aus-) schmücken; **2.** drapieren, in (schöne) Falten legen; **II.** *v/i.* **3.** in (schönen) Falten her'abfallen, schön fallen; '**drap·er** [-pə] *s.* Tuch-, Schnittwarenhändler *m*: *~'s (shop)* Textilgeschäft; '**dra·per·y** [-pəri] *s.* **1.** dekora'tiver Behang, Drapierung *f*; **2.** Faltenwurf *m*; **3.** *coll.* Tex'til-, Webwaren *pl.*, Stoffe *pl.*; **4.** ✝ Tex'tilhandel *m*; **5.** *Am.* Vorhangstoffe *pl.*, Vorhänge *pl.*
dras·tic ['dræstik] *adj.* (□ *~ally*) drastisch, 'durchgreifend, gründlich.
drat [dræt] *int.* F: *~ it (you)* zum Teufel damit (mit dir); '**drat·ted** [-tid] *adj.* F verflixt, verflucht.
draught [drɑːft] **I.** *s.* **1.** Ziehen *n*, Zug *m*: *~ animal* Zugtier; **2.** Fischzug *m* (*Fischen od. Fang*); **3.** Abziehen *n* (aus dem Faß): *beer on ~* Bier vom Faß; *~ beer Brit.* Faßbier; **4.** Zug *m*, Schluck *m*: *a ~ of beer* ein Schluck Bier; *at a (od. one) ~* auf 'einen Zug, mit 'einem Male; **5.** ⚕ Arz'neitrank *m*: *black ~ ein* Abführmittel; **6.** ⚓ Tiefgang *m*; **7.** (Luft)Zug *m*, Zugluft *f*: *there is a ~* es zieht; *~ excluder* Dichtungsstreifen (*für Türen etc.*); *to feel the ~ sl.* die üblen Folgen spüren, in Bedrängnis sein; **8.** ⊕ Zug *m* (*Schornstein etc.*); **9.** *pl. sg. konstr. Brit.* Damespiel *n*; **10.** → *draft I*; **II.** *v/t.* **11.** → *draft II*; '*~*-**board** *s. Brit.* Damebrett *n*.
draught·i·ness ['drɑːftinis] *s.* Zugigkeit *f*.
'**draught-net** *s. Fischerei:* Zugnetz *n*.
draughts·man *s.* [*irr.*] **1.** ['drɑːftsmæn] *Brit.* Damestein *m*; **2.** [-mən] → *draftsman 1, 2*; '**draughts·man·ship** [-mənʃip] → *draftsmanship*.
draught·y ['drɑːfti] *adj.* zugig, windig.
draw [drɔː] **I.** *s.* **1.** *a.* ⊕ Ziehen *n*, Zug *m*: *quick on the ~* F schnell mit dem Revolver bei der Hand; **2.** Ziehung *f*, Verlosung *f*; **3.** *fig.* Zugkraft *f*; **4.** *fig.* Attrakti'on *f*, Glanznummer *f* (*Person od. Sache*); **5.** *thea.* Zugstück *n*, Schlager *m*: *box-office ~* Kassenschlager; **6.** *Am.* Aufzug *m e-r Zugbrücke*; **7.** F Fangfrage *f*, Fühler *m* (*Frage*); **8.** unentschiedenes Spiel, Unentschieden *n*, Re'mis *n*: *to end in a ~* unentschieden ausgehen; **II.** *v/t.* [*irr.*] **9.** *Wagen, Pistole, Schwert, Los,* (*Spiel*)*Karte, Zahn etc.* ziehen; *Gardine* zuziehen, *a.* aufziehen; *Bier, Wein* abziehen, -zapfen; *Bogen* (*-sehne*) spannen: *to ~ s.o. into talk* j-n ins Gespräch ziehen; → *conclusion 3, bow² 1, parallel 3*; **10.** *fig.* anziehen, -locken, fesseln; her'vorrufen; *j-n zu et.* bewegen; *sich et.* zuziehen: *to feel ~n to s.o.* sich zu j-m hingezogen fühlen; *to ~ attention* die Aufmerksamkeit lenken (*to* auf *acc.*); *to ~ an audience* Zuhörer anlocken; *to ~ a full house thea.* das Haus füllen; *~ing power* Anziehungs-, Zugkraft; *to ~ ruin upon o.s.* sich selbst sein Grab graben; *to ~ tears from s.o.* j-n zu Tränen rühren; **11.** *Gesicht* verziehen, -zerren; → *drawn 3*; **12.** holen, sich verschaffen; entnehmen: *to ~ water* Wasser holen *od.* schöpfen; *to ~ (a) breath* Atem holen, *fig.* aufatmen; *to ~ a sigh* seufzen; *to ~ consolation* Trost schöpfen; *to ~ inspiration* sich Anregung holen (*from* von, bei, durch); **13.** *Mahlzeiten,* ⚔ *Rationen* in Empfang nehmen, *a. Gehalt, Lohn* beziehen; *Geld* holen, abheben, entnehmen; **14.** ziehen, auslosen: *to ~ a prize* e-n Preis gewinnen, *fig.* Erfolg haben; *to ~ bonds* ✝ Obligationen auslosen; **15.** *fig.* her'ausziehen, -bringen, her'aus-, entlocken: *to ~ applause* Beifall entlocken (*from dat.*); *to ~ information from s.o.* j-n aushorchen; *to ~ a reply from s.o.* e-e Antwort aus j-m herausholen; **16.** ausfragen, -horchen (*s.o. on s.th.* j-n über et.): *he declined to be ~n* er ließ sich nicht aushorchen; **17.** zeichnen: *to ~ a portrait*; *to ~ a line* e-e Linie ziehen; *to ~ it fine fig.* es *zeitlich etc.* gerade noch schaffen; → *line¹ 7*; **18.** gestalten, darstellen, schildern; **19.** *a. ~ up Schriftstück* entwerfen, aufsetzen, ausschreiben: *to ~ a deed* e-e Urkunde aufsetzen; *to ~ a cheque* (*Am. check*) e-n Scheck ausstellen; *to ~ a bill* e-n Wechsel ziehen (*on* auf *j-n*); **20.** ⚓ e-n Tiefgang von ... haben; **21.** *Tee* ziehen lassen; **22.** *Geflügel* ausnehmen; **23.** *hunt. Wald, Gelände* durch'stöbern, abpirschen; *Teich* ausfischen; **24.** ⊕ *Draht* ziehen; strecken, dehnen; **III.** *v/i.* [*irr.*] **25.** ziehen (*a. Tee, Schornstein*); **26.** das Schwert *etc.* ziehen, zur Waffe greifen; **27.** sich (*leicht etc.*) ziehen lassen; **28.** zeichnen, malen; **29.** Lose ziehen, losen (*for* um); **30.** unentschieden spielen; **31.** sich (hin)begeben; sich nähern: *to ~ close to s.o.* j-m näherrücken; *to ~ level* einholen (*with acc.*); *to ~ round the table* sich um den Tisch versammeln; *to ~ into the station* 🚂 in den Bahnhof einfahren; **32.** *Leute* anziehen, -locken; **33.** ✝ (e-n Wechsel) ziehen (*on* auf *acc.*); **34.** (*on*) in Anspruch nehmen (*acc.*), her'anziehen (*acc.*), Gebrauch machen (von), zu'rückgreifen (auf *acc.*); *Kapital, Vorräte* angreifen: *to ~ on one's imagination* sich et. ausdenken, sich et. einfallen lassen; *Zssgn mit adv.:*
draw| a·side *v/t. j-n* bei'seite nehmen, *a. et.* zur Seite ziehen; *~* **a·way** **I.** *v/t.* **1.** zu'rückziehen; **2.** ablenken; **II.** *v/i.* **3.** (*from*) sich entfernen (von); Vorsprung gewinnen (vor *dat.*); *~* **back** **I.** *v/t.* **1.** *Truppen, Vorhang etc.* zu'rückziehen; **2.** ✝ *Zoll* zu'rückerhalten; **II.** *v/i.* **3.** sich zu'rückziehen; *~* **down** *v/t.* **1.** her'abziehen; **2.** her'aufbeschwören, sich *et.* zuziehen; **3.** verursachen, her'vorrufen; *~* **forth** *v/t. fig.* her'auslocken; *~* **in** **I.** *v/t.* **1.** ein-, zs.-ziehen; **2.** zu'rückfordern; **3.** verlocken, verleiten; **4.** *Ausgaben etc.* be-, einschränken; **II.** *v/i.* **5.** abnehmen, kürzer werden (*Tage*); **6.** sich einschränken; *~* **near** *v/i.* sich nähern (*to dat.*), her'anrücken; *~* **off** **I.** *v/t.* **1.** zu'rückziehen; **2.** ableiten, -ziehen; **3.** *fig.* ablenken; **II.** *v/i.* **4.** abziehen, sich zurückziehen; *~* **on** **I.** *v/t.* **1.** *fig.* anziehen, anlocken; **2.** → *draw down*; **II.** *v/i.* **3.** sich nähern; *~* **out** **I.** *v/t.* **1.** her'ausziehen, -holen; **2.** *fig.* **a)** *Aussage* her'ausholen, -locken, **b)** *j-n* ausholen, -horchen; **3.** ⚔ *Truppen* **a)** detachieren, **b)** aufstellen; **4.** (*a. fig.*) ausdehnen, hin'ausziehen; **II.** *v/i.* **5.** länger werden; sich hinziehen; *~* **up** **I.** *v/t.* **1.** her'aufziehen, aufrichten: *to draw o.s. up* sich aufrichten; **2.** *Truppen etc.* aufstellen; **3.** *Schriftstück* aufsetzen, abfassen; entwerfen; ✝ *Bilanz* aufstellen; **II.** *v/i.* **4.** halten, stehenbleiben; **5.** vorfahren (*Wagen*); **6.** aufmarschieren; **7.** (*with, to*) her'ankommen (an *acc.*), einholen (*acc.*).
'**draw|·back** *s.* **1.** Nachteil *m*, Hindernis *n*, Haken *m* (an der Sache); **2.** Schatten-, Kehrseite *f*; **3.** ✝ Zollrückvergütung *f*, Rückzoll *m*; '*~*-**bar** *s.* 🚂 Zugstange *f*; '*~*-**bridge** *s.* Zugbrücke *f*.
draw·ee [drɔː'iː] *s.* ✝ Bezogene(r) *m*.
draw·er ['drɔːə] *s.* **1.** Zieher *m*: *~ of water* Wasserschöpfer; **2.** Zeichner *m*; **3.** ✝ Aussteller *m e-s Wechsels*; **4.** [drɔː] Schublade *f*, -fach *n*; *pl.* → *chest 1*.
draw·ers [drɔːz] *s. pl., a. pair of ~* **a)** ('Herren),Unterhose *f*, **b)** Schlüpfer *m*: *bathing-~* Badehose.
draw·ing ['drɔːiŋ] *s.* **1.** Zeichnen *n*, Zeichenkunst *f*: *out of ~* verzeichnet; **2.** Zeichnung *f*, Skizze *f*; **3.** Ziehung *f*; **4.** *pl.* ✝ Bezüge *pl.*, Einnahmen *pl.*; **5.** ✝ Abhebung *f*, Entnahme *f*; **6.** ✝ Trassierung *f*, Ziehung *f* (*Wechsel*); *~* **ac·count** *s.* ✝ **1.** laufende Rechnung; **2.** offenes 'Konto, 'Giro,konto *n*; '*~*-**block** *s.* Zeichenblock *m*; '*~*-**board** *s.* Reiß-, Zeichenbrett *n*; *~* **card** *s. thea. Am.* Zugnummer *f* (*Stück od. Person*); '*~*-**com·pass·es** *s. pl.* (Reiß-, Zeichen)Zirkel *m*; *~* **ink** *s.* (Auszieh-) Tusche *f*; '*~*-**mas·ter** *s.* Zeichenlehrer *m*; *~* **of·fice** *s. surv. etc. Brit.* 'Zeichenbü,ro *n*; '*~*-**pa·per** *s.* 'Zeichenpa,pier *n*; '*~*-**pen** *s.* Reißfeder *f*; '*~*-**pen·cil** *s.* Zeichenstift *m*; '*~*-**pin** *s. Brit.* Reiß-, Heftzwecke *f*; '*~*-**room** *s.* **1.** Gesellschaftszimmer *n*, Sa'lon *m*: *not fit for a ~* nicht ‚salonfähig'; **2.** *Brit.* Empfang *m* bei Hof; **3.** 🚂 *Am.* Pri'vatabteil *n*: *~ car* Salonwagen; *~* **set** *s.* Reißzeug *n*.
drawl [drɔːl] **I.** *v/t. u. v/i.* gedehnt

od. schleppend sprechen; **II.** *s.* gedehntes *od.* affektiertes Sprechen; **'drawl·ing** [-liŋ] *adj.* □ schleppend, gedehnt, affektiert.

drawn [drɔːn] **I.** *p.p. von draw*; **II.** *adj.* **1.** gezogen (*a.* ⊕): *horse-~* von Pferden gezogen, mit Pferden bespannt; *long-~ pain* endlose Pein; **2.** *~ from the wood* vom Faß (*Bier*); **3.** verzogen, -zerrt: *~ with pain* schmerzverzerrt (*Gesicht*); **4.** unentschieden (*Spiel*); *~* **but·ter (sauce)** *s. Am.* Buttersoße *f*; **'~-work** *s.* Hohlsaumarbeit *f.*

'draw|-plate *s.* (*Draht*)Zieheisen *n*, Lochplatte *f*; **'~-sheet** *s.* 'Bettˌunterlage *f* (*für Kranke*); **'~-string** *s.* Zug-, Vorhangschnur *f*; **'~-well** *s.* Ziehbrunnen *m.*

dray [drei] *a.* **~ cart** *s.* Roll-, *bsd.* Bierwagen *m*; **'~-horse** *s.* schwerer Karrengaul, Lastpferd *n*; **'~·man** [-mən] *s.* [*irr.*] Roll-, *bsd.* Bierkutscher *m.*

dread [dred] **I.** *v/t.* (sehr) fürchten, (große) Angst haben *od.* sich fürchten vor (*dat.*); **II.** *s.* Furcht *f*, große Angst, Grauen *n*, Schrecken *m* (*of* vor *dat.*); **III.** *adj. poet.* → *dreadful 1*; **'dread·ed** [-did] *adj.* gefürchtet, furchtbar; **'dread·ful** [-ful] *adj.* □ **1.** furchtbar, schrecklich; → *penny dreadful*; **2.** F scheußlich, fürchterlich; kolos'sal; **'dread·nought** *s.* **1.** ⚔ Dreadnought *m*, Schlachtschiff *n*; **2.** dikker, wetterfester Stoff *od.* Mantel.

dream [driːm] **I.** *s.* **1.** Traum *m*; **2.** Traum(zustand) *m*, Träume'rei *f*; **3.** Wunschtraum *m*, Sehnsucht *f*; **4.** *fig.* Ide'al *n*: *a ~ of a hat* ein Gedicht von e-m Hut, ein traumhaft schöner Hut; *a perfect ~* traumhaft schön; *it is a ~ to wash* es wäscht sich ideal; **5.** *wet ~* ⚕ V ‚Abgänger' *m* (*Pollution*); **II.** *v/i.* [*a. irr.*] **6.** träumen (*of* von) (*a. fig.*); **7.** träumerisch *od.* verträumt sein; **8.** *mst neg.* ahnen: *I shouldn't ~ of such a thing* das würde mir nicht einmal im Traume einfallen; *I shouldn't ~ of doing that* ich würde nie daran denken, das zu tun; *he little dreamt that* er ahnte kaum, daß; **III.** *v/t.* [*a. irr.*] **9.** träumen (*a. fig.*); **10.** *~ away* verträumen; **'dream·er** [-mə] *s.* Träumer(in) (*a. fig.*); **'dream·i·ness** [-minis] *s.* **1.** Verträumtheit *f*; **2.** Traumhaftigkeit *f*, Verschwommenheit *f*; **'dream·ing** [-miŋ] *adj.* □ verträumt.

'dream|-land *s.* Traumwelt *f*, Märchenland *n*; **'~-like** *adj.* traumhaft; **'~-read·er** *s.* Traumdeuter(in).

dreamt [dremt] *pret. u. p.p. von dream.*

'dream-world → *dream-land.*

dream·y ['driːmi] *adj.* □ verträumt, träumerisch.

drear [driə] *adj. poet.* → *dreary*; **drear·i·ness** ['driərinis] *s.* **1.** Düsterkeit *f*, Trostlosigkeit *f*; **2.** Langweiligkeit *f*, Öde *f*; **drear·y** ['driəri] *adj.* □ **1.** düster, trostlos; **2.** öde, langweilig; **3.** langwierig; **4.** F ‚mies'.

dredge[1] [dredʒ] **I.** *s.* **1.** ⊕ Bagger *m*; **2.** Schleppnetz *n*; **II.** *v/t.* **3.** ⊕ ausbaggern; **4.** *oft ~ up* mit dem Schleppnetz fangen *od.* her'aufholen; **III.** *v/i.* **5.** mit dem Schleppnetz fischen (*for* nach).

dredge[2] [dredʒ] *v/t.* **1.** (mit Mehl *etc.*) bestreuen; **2.** *Mehl etc.* streuen.

dredg·er[1] ['dredʒə] *s.* **1.** ⊕ Bagger *m*; **2.** Baggerschiff *n*; **3.** Schleppnetzfischer *m.*

dredg·er[2] ['dredʒə] *s.* (Mehl- *etc.*) Streubüchse *f*, (-)Streuer *m.*

dreg [dreg] *s.* **1.** *mst pl.* (Boden-)Satz *m*, Hefe *f*: *to drain* (*od. drink*) *a cup to the ~s* e-n Becher bis zur Neige leeren; *not a ~* gar nichts; **2.** *mst pl. fig.* Abschaum *m*, Hefe *f*: *the ~s of mankind* der Abschaum der Menschheit.

drench [drentʃ] **I.** *v/t.* **1.** durch'nässen: *~ed with rain* vom Regen (völlig) durchnäßt; *~ed in tears* in Tränen gebadet; *sun-~ed* sonnengebadet; **2.** *vet. Tieren* Arz'nei eingeben; **II.** *s.* **3.** (Regen)Guß *m*; **4.** *vet.* Arz'neitrank *m*; **'drench·er** [-tʃə] *s.* **1.** Regenguß *m*; **2.** *vet.* Gerät *n* zum Eingeben von Arzneitränken.

Dres·den chi·na ['drezdən] *s.* Meißner Porzel'lan *n.*

dress [dres] **I.** *s.* **1.** Kleidung *f*, Anzug *m*; **2.** (Damen)Kleid *n*: *~ designer* Modezeichner(in); **3.** Abend-, Gesellschaftskleidung *f*: *full ~* Gesellschaftsanzug, Gala; **4.** *fig.* Gewand *n*, Kleid *n*, Gestalt *f*, äußere Form; **II.** *v/t.* **5.** be-, ankleiden, anziehen: *to ~ o.s.* sich anziehen; **6.** (ein)kleiden, mit Kleidung versehen; **7.** *thea.* mit Ko'stümen versorgen: *to ~ it* Kostümprobe abhalten; **8.** schmücken, putzen: *to ~ a shop-window* ein Schaufenster dekorieren; *to ~ ship* ⚓ über die Toppen flaggen; **9.** zu'rechtmachen, herrichten, zubereiten, behandeln, bearbeiten; *Salat* anmachen; *Huhn etc.* koch- *od.* bratfertig machen; *Haare* frisieren; *Leder* zurichten; *Tuch* glätten, appretieren; *Erz* aufbereiten; *Stein* behauen; *Flachs* hecheln; *Boden* düngen; ⚕ *Wunde* behandeln, verbinden; **10.** ⚔ (aus-) richten; **III.** *v/i.* **11.** sich ankleiden *od.* anziehen; **12.** Abend- *od.* Festkleidung anziehen; **13.** sich (*geschmackvoll etc.*) kleiden; **14.** ⚔ sich (aus)richten; *~* **down** *v/t.* **1.** *Pferd* striegeln, abreiben; **2.** (aus)schimpfen; **3.** 'durchprügeln; *~* **out** *v/t.* (aus)schmücken, (auf)putzen; *~* **up I.** *v/t.* **1.** fein anziehen, her'ausputzen; **II.** *v/i.* **2.** sich fein machen, sich auftakeln; **3.** sich kostümieren *od.* verkleiden.

dres·sage ['dresɑːʒ] *s. sport* Dres'sur(reiten *n*) *f.*

dress| cir·cle *s. thea.* erster Rang; *~* **clothes** *s. pl.* Gesellschaftskleidung *f*; *~* **coat** *s.* Frack *m.*

dress·er[1] ['dresə] *s.* **1.** Ankleider(in); **2.** *thea.* Kostümi'er *m*; **3.** ⚕ chir'urgischer Assi'stent; **4.** 'Schaufensterdekoraˌteur *m*; **5.** ⊕ Zurichter *m.*

dress·er[2] ['dresə] *s.* **1. a)** Küchen-, Geschirrschrank *m*, **b)** Anrichte *f*; **2.** *Am.* → *dressing-table.*

'dress|-guard *s.* Kleiderschutz *m* (*am Damenfahrrad*); **'~-im·prov·er** *s.* Tur'nüre *f.*

dress·ing ['dresiŋ] *s.* **1.** Ankleiden *n*; **2.** Ordnen *n*; **3.** Bearbeitung *f*, Zubereitung *f*; **4. a)** Soße *f*: *salad ~*, **b)** Füllung *f*; **5.** ⚕ **a)** Verbinden *n* (*Wunde*), **b)** Verband *m*; **6.** ↗ Dünger *m*; **7.** ⊕ Appre'tur *f*; **8.** F → *dressing-down*; **'~-case** *s.* Toi'lettenkästchen *n*, 'Reiseneces,saire *n*; **'~-'down** *s.* F **1.** Standpauke *f*, Rüffel *m*; **2.** Haue *f*, Prügel *pl.*; **'~-gown** *s.* Schlaf-, Morgenrock *m*; **'~-jack·et** *s. Brit.* Fri'siermantel *m*; **'~-room** *s.* Ankleidezimmer *n*; *engS.* 'Künstlergardeˌrobe *f*; *sport* ('Umkleide)Kaˌbine *f*; **'~-sack** → *dressing-jacket*; **'~-sta·tion** *s.* ⚕, ⚔ Verband(s)platz *m*; **'~-ta·ble** *s.* Fri'sierkomˌmode *f.*

'dress|·mak·er *s.* Damenschneiderin *f*; **'~·mak·ing** *s.* 'Damenschneideˌrei *f*; *~* **pat·tern** *s.* Schnittmuster *n*; **'~-pre·serv·er** → *dress-shield*; *~* **re·hears·al** *s. thea.* Haupt-, Gene'ralprobe *f*; **'~-shield** *s.* Schweißblatt *n*; **'~-shirt** *s.* Frackhemd *n*; **'~-suit** *s.* Frackanzug *m*; *~* **u·ni·form** *s.* ⚔ Pa'rade-, 'Ausgehuniˌform *f.*

dress·y ['dresi] *adj.* **1.** ele'gant *od.* auffällig gekleidet; **2.** geschniegelt; (her'aus)geputzt; **3.** F elegant, schick, fesch (*Kleid*).

drew [druː] *pret. von draw.*

drib·ble ['dribl] **I.** *v/i.* **1.** tröpfeln (*a. fig.*); **2.** sabbern, geifern; **3.** *Fußball*: dribbeln; **II.** *v/t.* **4.** (her'ab)tröpfeln lassen, träufeln; **5.** *Fußball*: *Ball* vor sich hertreiben.

drib·(b)let ['driblit] *s. ein* bißchen: *by ~s* in kleinen Mengen, tropfenweise.

dried [draid] *adj.* Dörr..., getrocknet: *~ cod* Stockfisch; *~ fruit* Dörrobst; *~ milk* Trockenmilch.

dri·er[1] ['draiə] *s.* **1.** Trockenmittel *n*, Sikka'tiv *n*; **2.** 'Trockenappaˌrat *m*, Trockner *m*: *hair-~* Fön; *these towels are good ~s* diese Handtücher trocknen gut.

dri·er[2] ['draiə] *comp. von dry.*

dri·est ['draiist] *sup. von dry.*

drift [drift] **I.** *s.* **1.** Treiben *n*, Getriebenwerden *n*; *fig.* Abwanderung *f*: *~ from the land* Landflucht; **2.** ⚓, ✈ Abtrift *f*, -trieb *m*; **3.** Seitenabweichung *f* (*Geschoß*); (Wind-) Versetzung *f*; **4.** Trift *f*, Strömung *f*; **5.** *fig.* Richtung *f*, Lauf *m*, Ten'denz *f*; Gedankengang *m*, Absicht *f*; **6.** *fig.* Einfluß *m*, treibende Kraft; **7.** Schneetreiben *n*; Treibeis *n*, -holz *n*, -gut *n*; Schnee-, Sandwehe *f*; **8.** (Schnee)Verwehung *f*; Haufen *m*; **9.** (Sich)'Treibenlassen *n*, Ziellosigkeit *f*: *policy of ~*; **10.** ⚒ Stollen *m*; **11.** *geol.* Geschiebe *n*; **II.** *v/i.* **12.** treiben (*a. fig. into* in *e-n Krieg etc.*), getrieben werden; ziehen, strömen: *to let things ~* den Dingen ihren Lauf lassen; *to ~ away* abwandern; *to ~ apart fig.* sich auseinanderleben; **13.** sich (willenlos) treiben lassen; **14.** zutreiben, gezogen werden, geraten; **15.** sich häufen (*Sand, Schnee*); **III.** *v/t.* **16.** (da'hin)treiben, forttragen; **17.** aufhäufen, zs.-tragen; **'~-an·chor** *s.* ⚓ Treibanker *m.*

drift·er ['driftə] *s.* **1.** zielloser

Mensch; 2. Treibnetzfischer(boot *n*) *m*.
'drift|-ice *s*. Treibeis *n*; **'~-net** *s*. Treibnetz *n*; **'~-sand** *s*. Flugsand *m*; **'~-way** *s*. 1. Trift *f* (*Viehweg*); 2. ⚒ Abbaustrecke *f*; **'~-wood** *s*. Treibholz *n*.
drill[1] [dril] I. *s*. 1. ⊕ Bohrgerät *n*, Bohrer *m*: ~ *chuck* Bohrfutter; 2. Drill *m*: a) ⚔ Exerzieren *n*, b) *fig*. strenge Schulung; 3. Leibesübungen *pl*., Turnen *n*; II. *v/t*. 4. *Loch* bohren; 5. ⚔ drillen, einexerzieren (*beide a. fig*.): *to* ~ *him in Latin* ihm Lateinisch einpauken; III. *v/i*. 6. ⊕ (*ins Volle*) bohren (*Ggs. bore*); 7. exerzieren; gedrillt *od*. ausgebildet werden.
drill[2] [dril] ✓ I. *s*. 1. (Saat)Rille *f*, Furche *f*; 2. *a*. ~-*plough Brit*., ~ *plow Am*. 'Drill-, 'Sämaˌschine *f*; II. *v/t*. 3. *Saat* in Reihen säen; 4. *Land* in Reihen besäen.
drill[3] [dril] *s*. Drill(ich) *m*, Drell *m*.
drill| book *s*. ⚔ Exer'zierregleˌment *n*; ~ **ground** *s*. ⚔ Exerzierplatz *m*; ~ **hall** *s*. ⚔ Exerzierhalle *f*; **'~-sergeant** *s*. ⚔ 'Ausbildungsˌunteroffiˌzier *m*.
dri·ly ['draili] *adv*. *von dry* (*mst fig*.).
drink [driŋk] I. *s*. 1. Getränk(e *pl*.) *n*: *food and* ~ Speise u. Trank; 2. Trunk *m*, Schluck *m*: *a* ~ *of water* ein Schluck Wasser; *to have* (*od*. *take*) *a* ~ etwas trinken; → 3; 3. *a*. *strong* ~ Drink *m*, geistiges Getränk: *in* ~ betrunken; *to be fond of* ~ gern trinken; *have a* ~ *with me!* trinken Sie ein Glas mit mir!; 4. F *das* ‚große Wasser' (*Meer*); II. *v/t*. [*irr*.] 5. *Tee etc*. trinken; *Suppe* essen; 6. trinken, saufen (*Tier*); 7. *Alkohol* trinken: *to* ~ *s.o. under the table* → *drink down*; *to* ~ *o.s. to death* sich zu Tode trinken; → *health 3*; 8. (aus)trinken, leeren: *to* ~ *the cup of joy fig*. den Becher der Freude leeren; 9. *fig*. → *drink in*; 10. *Flüssigkeit* aufsaugen; III. *v/i*. [*irr*.] 11. trinken; 12. saufen (*Tier*); 13. trinken, zechen: *to* ~ *hard* (*od*. *deep*) a) viel trinken, b) ein (starker) Trinker sein; 14. trinken *od*. anstoßen (*to* auf *acc*.); ~ **a·way** *v/t*. vertrinken; *fig*. *Sorgen etc*. ersäufen; ~ **down** *v/t*. *j-n* unter den Tisch trinken; ~ **in** *v/t*. *fig*. 1. trinken, einatmen; 2. auf-, einsaugen, in sich aufnehmen, verschlingen; ~ **off**, ~ **up** *v/t*. austrinken.
drink·a·ble ['driŋkəbl] *adj*. trinkbar; **drink·er** ['driŋkə] *s*. 1. Trinkende(r *m*) *f*: *beer*-~ Biertrinker; 2. Trinker *m*, Zecher *m*, Säufer *m*.
drink·ing ['driŋkiŋ] *s*. Trinken *n*; Zechen *n*: *given to* ~ dem Trunk ergeben; **'~-bout** *s*. Trinkgelage *n*; **'~-cup** *s*. Trinkbecher *m*; **'~-fountain** *s*. Trinkbrunnen *m*; **'~-song** *s*. Trinklied *n*; **'~-straw** *s*. Trinkhalm *m*; **'~-wa·ter** *s*. Trinkwasser *n*.
'drink-of·fer·ing *s*. *eccl*. Trankopfer *n*.
drip [drip] I. *v/i*. 1. (her'ab)tropfen, (-)tröpfeln; 2. triefen (*with* von); *fig*. schwitzen; II. *v/t*. 3. (her'ab-)tröpfeln *od*. (herab)tropfen lassen; III. *s*. 4. Tröpfeln *n*; 5. herabtröpfelnde Flüssigkeit; 6. ⚠ Traufe *f*; 7. ⊕ Tropfrohr *n*; 8. *sl*. a) Quatsch *m*, b) ‚Nulpe' *f*, Idi'ot *m*; ~ **cof·fee** *s*. *Am*. 'Filterˌkaffee *m*; **'~-'dry** *adj*.: ~ *shirts* bügelfreie Hemden.
drip·ping ['dripiŋ] I. *s*. 1. (Her'ab-)Tröpfeln *n*; 2. *a*. *pl*. her'abtröpfelnde Flüssigkeit; 3. Bratenfett *n*, -schmalz *n*: ~ *pan* Bratpfanne; II. *adj*. 4. triefend (*with* von): ~ *wet*.
'drip|-proof *adj*. ⊕ tropfwassergeschützt; **'~-stone** *s*. ⚠ Traufe *f*, Sims *m*, *n*.
drive [draiv] I. *s*. 1. Fahrt *f*, Aus-, Spa'zierfahrt *f*: *to take* (*od*. *go for*) *a* ~ ausfahren; 2. Auf-, Einfahrt *f*; Fahrweg *m*; 3. (Zs.-)Treiben *n* (*Vieh etc*.); 4. Treibjagd *f*; 5. ⊕ Antrieb *m*, Triebkraft *f*, -werk *n*, Steuerung *f*: *rear(-wheel)* ~ Hinterradantrieb; *left-hand* ~ Linkssteuerung; 6. ⚔ a) Vorstoß *m*, b) Großangriff *m*; 7. *sport* Stoß *m*, (Treib-)Schlag *m*; 8. Tatkraft *f*, Schwung *m*, E'lan *m*, Stoßkraft *f*; 9. Trieb *m*, Drang *m*: *sexual* ~; 10. ('Sammel- *etc*.)Aktiˌon *f*, Kam'pagne *f*, Feldzug *m*: *production* ~ Erzeugungsschlacht; 11. † *sl*. Schleuderverkauf *m*; II. *v/t*. [*irr*.] 12. *Vieh, Wild, Keil, etc*. treiben; *Ball* treiben, weit schlagen; *Nagel* einschlagen, treiben (*into* in *acc*.); *Pfahl* einrammen; *Schwert* stoßen; *Tunnel* bohren, treiben; *Lektion* einhämmern: *to* ~ *all before one* alles *od*. alle Hindernisse überwinden; 13. vertreiben, -jagen; 14. *hunt*. jagen, treiben; 15. über'anstrengen, hetzen: *to* ~ *s.o. hard* a) j-n schinden, b) j-n in die Enge treiben; 16. *Wagen* fahren, lenken, steuern; 17. *j-n od. et*. fahren, befördern; 18. ⊕ (an-, be)treiben (*mst pass*.): *driven by steam* mit Dampf betrieben; 19. *j-n* (an)treiben, drängen; dazu bringen, nötigen: *driven by hunger* vom Hunger getrieben; *to* ~ *to despair* zur Verzweiflung treiben; *to* ~ *mad* verrückt machen; 20. *Geschäft* betreiben, machen; *Handel* abschließen: *he* ~*s a hard bargain* er geht mächtig ran (*beim Handeln*); III. *v/i*. [*irr*.] 21. (da'hin)treiben; getrieben werden; fahren: *to* ~ *before the wind* ⚓ vor dem Winde treiben; 22. eilen, stürmen, jagen; stoßen, schlagen; 23. (*at*) sich anstrengen (mit), schwer arbeiten (an *dat*.); 24. (e-n *od*. in e-m Wagen) fahren: *can you* ~? können Sie Auto fahren?; *will you walk or* ~?; 25. *sport* e-n Treibschlag ausführen; 26. (ab)zielen: *what is he driving at?* was will *od*. meint er eigentlich?, worauf will er hinaus?; → *let*[1] *Redew*.;
Zssgn mit adv.:
drive| a·way *v/t*. vertreiben, verjagen (*a. fig*.); ~ **in** I. *v/t*. 1. *Pfahl* einrammen, *Nagel* einschlagen; 2. *Vieh* eintreiben; II. *v/i*. 3. (*mit e-m Fahrzeug*) hin'einfahren; ~ **on** *v/t*. 1. an-, vorwärtstreiben; 2. *fig*. eifrig betreiben; ~ **out** I. *v/t*. aus-, vertreiben; II. *v/i*. spazieren-, ausfahren; ~ **up** I. *v/t*. *Preise* in die Höhe treiben; II. *v/i*. vorfahren.
'drive-in I. *adj*. Auto..., Vorfahr..., Sitz-im-Auto-...: ~ *cinema* Autokino; II. *s*. 'Autoˌkino *n*, -restauˌrant *n etc*.
driv·el ['drivl] I. *v/i*. 1. sabbern, geifern; 2. dummes Zeug schwatzen, sabbeln; II. *s*. 3. Unsinn *m*; Fase'lei *f*; **'driv·el·(l)er** [-lə] *s*. Faselhans *m*.
driv·en ['drivn] *p.p*. *von drive*.
driv·er ['draivə] *s*. 1. (Vieh)Treiber *m*; 2. *mst* Fahrer *m*, Chauf'feur *m*; 🚂 Führer *m*; *obs*. Kutscher *m*; 3. *Golf*: Holz *n* 1 (*Schläger*); 4. (Leute)Schinder *m*; 5. ⊕ Triebrad *n*; Rammblock *m*; Mitnehmer *m*; ~**'s cab** *s*. ⊕ Führerhaus *n*, -stand *m*; ~**'s li·cense** *s*. *mot*. *Am*. Führerschein *m*.
'drive·way *s*. *Am*. 1. Fahrweg *m*; 2. Einfahrt *f*.
driv·ing ['draiviŋ] I. *adj*. 1. (an-)treibend: ~ *force* treibende Kraft; ~ *rain* stürmischer Regen; 2. a) ⊕ Antriebs..., Treib..., Trieb..., b) *Fernsehen*: Treiber...(-*impulse etc*.); 3. *mot*. Fahr...: ~ *instructor* Fahrlehrer; ~ *lessons* Fahrstunden; ~ *licence Brit*. Führerschein; ~ *mirror* Rück(blick)spiegel; ~ *school* Fahrschule; ~ *test* Fahrprüfung; II. *s*. 4. Treiben *n*; 5. Fahren *n*; **'~-belt** *s*. ⊕ Treibriemen *m*; **'~-gear** *s*. ⊕ Triebwerk *n*, Getriebe *n*; **'~-i·ron** *s*. *Golf*: Eisen *n* 1 (*Schläger*); ~ **pow·er** *s*. ⊕ Antriebskraft *f*, -leistung *f*; **'~-shaft** *s*. 1. ⊕ Antriebswelle *f*; 2. *mot*. Kar'danwelle *f*; **'~-wheel** *s*. ⊕ Triebrad *n*.
driz·zle ['drizl] I. *v/i*. nieseln, sprühen; II. *s*. Sprühregen *m*.
droll [droul] *adj*. □ drollig, spaßig; komisch; **droll·er·y** ['drouləri] *s*. 1. Posse *f*, Schwank *m*, Spaß *m*; 2. 'Komik *f*, Spaßigkeit *f*.
drome [droum] *sl*. *abbr*. → *aerodrome, airdrome*.
drom·e·dar·y ['drʌmədəri] *s*. *zo*. Drome'dar *n*.
drone[1] [droun] I. *s*. 1. *zo*. Drohne *f*; 2. *fig*. Drohne *f*, Nichtstuer *m*, Schma'rotzer *m*; 3. ⚔ Fernlenkflugzeug *n*, 'Fernlenkraˌkete *f*; II. *v/i*. 4. faulenzen; III. *v/t*. 5. ~ *away* müßig verbringen, vertrödeln.
drone[2] [droun] I. *v/i*. 1. brummen, summen, dröhnen; 2. *fig*. leiern, eintönig reden; II. *v/t*. 3. herleiern; III. *s*. 4. ♪ Baßpfeife *f* des Dudelsacks; 5. Brummen *n*, Summen *n*; 6. *fig*. Geleier *n*.
droop [dru:p] I. *v/i*. 1. (schlaff) her'abhängen *od*. -sinken; 2. schmachten, (ver)welken; 3. ermatten, zs.-sinken; 4. *fig*. den Kopf hängenlassen; II. *v/t*. 5. (schlaff) her'abhängen lassen; III. *s*. 6. Her'abhängen *n*, Senken *n*; 7. Erschlaffen *n*; **'droop·ing** [-piŋ] *adj*. □ schlaff, hängend.
drop [drɔp] I. *s*. 1. Tropfen *m*: *in* ~*s* tropfenweise (*a. fig*.); *a* ~ *in the bucket* (*od*. *ocean*) *fig*. ein Tropfen auf e-n heißen Stein; 2. ⚕ *mst pl*. Tropfen *pl*.; 3. Tropfen *m*, Tröpfchen *n*, Schluck *m*, ‚Gläs-chen' *n*: *to take a* ~ *too much* e-n über den Durst trinken; 4. *fig*. *ein* bißchen; 5. ('Frucht)Bonˌbon *m*, *n*; 6. Fall

(-tiefe *f*) *m*: *a* ~ *of 10 feet* ein Fall **aus** 10 Fuß Höhe; **7.** Fallvorrichtung *f*, -tür *f*; **8.** ⊕ Klappe *f* (*über Schlüsselloch etc., a. teleph.*); **9.** Senkung *f*, Abfall *m*; (*Bomben- etc.*) Abwurf *m*; **10.** Fallen *n*, Sinken *n*, Sturz *m*; Rückgang *m* (*Preise etc.*): ~ *in prices* Preisrückgang; *at the* ~ *of a hat fig.* beim geringsten Anlaß, sofort; **11.** *Am.* Briefeinwurf *m*; **12.** → *drop-curtain*; **II.** *v/i.* **13.** (her'ab)tropfen, -tröpfeln; **14.** (her'unter-, ab)fallen: *to let s.th.* ~ et. fallen lassen; → *18*; **15.** nieder-, 'umfallen, zu Boden sinken: *to* ~ *dead* tot umfallen; *ready* (*od. fit*) *to* ~ zum Umfallen müde; **16.** sich her'unterlassen, sich senken, sinken, fallen: *to* ~ *on one's knees* in die Knie sinken; *to* ~ *into a habit* in e-e Gewohnheit verfallen; *to* ~ *asleep* einschlafen; **17.** *fig.* her'untergehen, sinken (*Preis*), geringer *od.* schwächer werden (*Stimme, Wind*); **18.** *fig.* aufhören, eingehen: *to let s.th.* ~ et. fallenlassen *od.* aufgeben; → *14*; **19.** zufällig kommen: *to* ~ *across s.o.* j-n zufällig treffen; *to* ~ *into the room* unerwartet ins Zimmer treten; *to* ~ *on s.th.* zufällig auf et. stoßen; **III.** *v/t.* **20.** tropfen *od.* tröpfeln lassen; **21.** fallen lassen: *to* ~ *a book*; *to* ~ *money sl.* Geld verlieren (*on* bei); **22.** auslassen: *to* ~ *one's h's* das „h" nicht aussprechen; **23.** *Passagier, Last* absetzen; **24.** *Sachen* abwerfen; *Paket* abgeben: *to* ~ *a letter into the letter-box* (*Am. mailbox*) e-n Brief einwerfen; **25.** abschießen, zu Fall bringen, zu Boden schlagen; **26.** *et.* von sich geben: ~ *me a line!* schreib mir ein paar Zeilen!; *to* ~ *a remark* e-e Bemerkung fallenlassen; **27.** *j-n* fallenlassen, sich von *j-m* trennen; **28.** *Gewohnheit etc.* aufgeben, aufhören mit: *to* ~ *a subject* ein Thema fallenlassen; ~ *it!* hör auf (damit)!, laß das!; **29.** *Stimme, Augen* senken; **30.** *Junge* werfen;
Zssgn mit adv.:

drop| a·way *v/i.* **1.** all'mählich außer Sicht kommen *od.* sich entfernen; **2.** → *drop off 2*; ~ **be·hind** *v/i.* zu'rückbleiben, -fallen, ins 'Hintertreffen geraten; ~ **down** *v/i.* niedersinken; ~ **in** *v/i.* **1.** her'einkommen; **2.** e-n kurzen Besuch machen (*on* bei); ~ **off** *v/i.* **1.** abfallen; **2.** *fig.* nachlassen, zu'rückgehen, geringer werden; **3.** einschlafen; ~ **out** *v/i.* **1.** vorzeitig von der Schule *od.* Universi'tät abgehen; **2.** aus der (bürgerlichen) Gesellschaft ausbrechen; **3.** *bsd. sport* aufgeben, ‚aussteigen'.

'drop|-cur·tain *s. thea.* bemalter Zwischenaktvorhang; **'~-forge** *v/t. u. v/i.* ⊕ im Gesenk schmieden; **'~-forg·ing** *s.* ⊕ Gesenkschmieden *n*; **'~-ham·mer** *s.* ⊕ Fallhammer *m*; **'~-head** *s.* **1.** Versenkvorrichtung *f*; **2.** Klappverdeck *n*; **'~-kick** *s. Fußball*: **a)** Fallabstoß *m*, **b)** 'Halb‚volleyball *m*.

drop·let ['drɔplit] *s.* Tröpfchen *n*.

'drop-let·ter *s. Am.* Brief *m* im Ortsverkehr.

'drop-out *s.* 'Drop-out *m*: **a)** j-d, der vorzeitig von der Schule *od.* Universi'tät abgeht, **b)** j-d, der aus der (bürgerlichen) Gesellschaft ausbricht.

drop·per ['drɔpə] *s.* Tropfglas *n*, Tropfenzähler *m*: *eye* ~ Augentropfer; **'drop·pings** [-piŋz] *s. pl.* Mist *m*, tierischer Kot.

'drop|-scene *s.* **1.** → *drop-curtain*; **2.** *fig.* Fi'nale *n*, 'Schluß‚szene *f*; **'~-shot** *s.* (*Tisch*)*Tennis*: Stoppball *m*; **'~-shut·ter** *s.* **1.** *phot.* Fallverschluß *m*; **2.** ⊕ Fallklappe *f*.

drop·si·cal ['drɔpsikəl] *adj.* □ ⚕ wassersüchtig, Wassersucht...

'drop-stitch *s.* Fallmasche *f*.

drop·sy ['drɔpsi] *s.* ⚕ Wassersucht *f*.

drosh·ky ['drɔʃki] *s.* Droschke *f*.

dross [drɔs] *s.* **1.** ⊕ Schlacke *f*; **2.** Abfall *m*, Unrat *m*; Auswurf *m* (*a. fig.*), wertloses Zeug.

drought [draut] *s.* Dürre *f*, (Zeit *f* der) Trockenheit *f*; **'drought·y** [-ti] *adj.* **1.** trocken, dürr; **2.** von e-r Dürre befallen (*Gebiet*).

drove[1] [drouv] *pret. von drive*.

drove[2] [drouv] *s.* (Vieh)Herde *f* (*a. fig.*); **'dro·ver** [-və] *s.* Viehtreiber *m*, -händler *m*.

drown [draun] **I.** *v/i.* **1.** ertrinken; **II.** *v/t.* **2.** ertränken, ersäufen: *to be* ~*ed* ertrinken, ersaufen; **3.** über'schwemmen (*a. fig.*): ~*ed in tears* tränenüberströmt; **4.** über'tönen; **5.** *fig.* ersticken, ertränken.

drowse [drauz] **I.** *v/i.* **1.** schläfrig sein, dösen, schlummern; **II.** *v/t.* **2.** einschläfern, schläfrig machen; **3.** *Zeit* verschlafen, verträumen; **'drow·si·ness** [-zinis] *s.* Schläfrigkeit *f*; **'drow·sy** [-zi] *adj.* □ **1.** schläfrig, schlaftrunken; **2.** einschläfernd; **3.** schwerfällig, träge.

drub [drʌb] *v/t.* **1.** (ver)prügeln, schlagen: *to* ~ *s.th. into s.o.* j-m et. einbleuen; **2.** besiegen; **'drub·bing** [-biŋ] *s.* **1.** Tracht *f* Prügel; **2.** Niederlage *f*: *to take a* ~ geschlagen werden.

drudge [drʌdʒ] **I.** *s. fig.* Packesel *m*, Arbeitstier *n*, Kuli *m*; Aschenbrödel *n*; **II.** *v/i.* sich (ab)placken, sich abschinden, schuften; **'drudg·er·y** [-dʒəri] *s.* Placke'rei *f*, Schinde'rei *f*; **'drudg·ing·ly** [-dʒiŋli] *adv.* mühsam.

drug [drʌg] **I.** *s.* **1.** Droge *f*, Arz'nei(mittel *n*) *f*, Medika'ment *n*; **2.** Nar'kotikum *n*; Rauschgift *n*: ~ *habit* Rauschgiftsucht; *to be on* ~*s* rauschgiftsüchtig sein; **3.** ~ *on* (*od. in*) *the market* † Ladenhüter (*unverkäuflicher Artikel*); **II.** *v/t.* **4.** mit chemischen Zusatzmitteln versetzen; **5.** unter Drogen setzen, betäuben: ~*ged with sleep* schlaftrunken; **6.** viel Medika'mente eingeben (*dat.*); **III.** *v/i.* **7.** rauschgiftsüchtig sein; ~ **a·buse** *s.* 'Drogen‚mißbrauch *m*; **'~-ad·dict·ed** *adj.* drogenabhängig, -süchtig; ~ **de·pend·ence** *s.* Drogenabhängigkeit *f*.

drug·get ['drʌgit] *s.* grober Wollstoff (*als Bodenbelag etc.*).

drug·gist ['drʌgist] *s.* **1.** Dro'gist *m*; **2.** *bsd. Am. u. Scot.* Apo'theker *m*.

drug scene *s.* 'Drogen‚szene *f*.

drug·ster ['drʌgstə] *s.* Fixer(in), Rauschgiftsüchtige(r *m*) *f*.

'drug·store *s.* 'Drugstore *m*.

Dru·id ['dru(:)id] *s.* Dru'ide *m*; **'Dru·id·ess** [-dis] *s.* Dru'idin *f*.

drum [drʌm] **I.** *s.* **1.** ♪ Trommel *f*: *to beat the* ~ die Trommel schlagen *od.* rühren, trommeln; *with* ~*s beating* mit klingendem Spiel; **2.** *pl.* Schlagzeug *n* (*Orchesterabteilung*); **3.** Pauken-, Trommelschlag *m* (*a. fig.*); **4.** ⊕ Trommel *f*, Walze *f*, Zy'linder *m*; **5.** ⚔ Trommel *f* (*am Maschinengewehr*); **6.** Trommel *f*, trommelförmiger Behälter; **7.** *anat.* **a)** Mittelohr *n*, **b)** Trommelfell *n*; **8.** ⚠ Säulentrommel *f*; **II.** *v/i.* **9.** *a. weitS.* trommeln (*on* auf *acc.*, *at* an *acc.*); **10.** summen, dröhnen; **III.** *v/t.* **11.** *Rhythmus* trommeln: *to* ~ *s.th. into s.o.* j-m et. einpauken; **12.** trommeln auf (*acc.*); ~ **out** *v/t.* schimpflich ausstoßen; ~ **up** *v/t.* zs.-trommeln; werben.

drum| brake *s.* ⊕ Trommelbremse *f*; **'~-fire** *s.* ⚔ Trommelfeuer *n*; **'~-fish** *s. ichth.* Trommelfisch *m*; **'~-head** *s.* **1.** ♪, *anat.* Trommelfell *n*; **2.** ~ *court martial* ⚔ Standgericht; **3.** ~ *service* ⚔ Feldgottesdienst; ~ **ma·jor** *s.* ⚔ 'Tambour‚major *m*.

drum·mer ['drʌmə] *s.* **1.** Trommler *m*; Tambour *m*; ♪ Schlagzeuger *m*; **2.** † *Am.* Vertreter *m*, Handlungsreisende(r) *m*.

'drum·stick *s.* **1.** Trommelstock *m*, -schlegel *m*; **2.** 'Unterschenkel *m* (*von zubereitetem Geflügel*).

drunk [drʌŋk] **I.** *pred. adj.* **1.** betrunken: *to get* ~ sich betrinken; ~ *as a lord* (*od. a fish*) total blau; ~ *and incapable* sinnlos betrunken; **2.** *fig.* trunken, berauscht (*with* vor, von): ~ *with joy* freudetrunken; **II.** *s.* **3.** Betrunkene(r *m*) *f*; **4.** *sl.* Saufgelage *n*, Besäufnis *n*; **III.** *p.p. von drink*; **'drunk·ard** [-kəd] *s.* Säufer *m*, Trunkenbold *m*; **'drunk·en** [-kən] *adj.* □ betrunken, trunksüchtig: *a* ~ *man* ein Betrunkener; *a* ~ *brawl* ein im Rausch angefangener Streit; **'drunk·en·ness** [-kənnis] *s.* Trunkenheit *f*, Rausch *m* (*a. fig.*).

drupe [dru:p] *s.* ⚘ Steinfrucht *f*, -obst *n*.

dry [drai] **I.** *adj.* □ **1.** trocken: *not* ~ *behind the ears* noch nicht trocken hinter den Ohren; ~ *cough* trockener Husten; *with* ~ *eyes* trockenen Auges, *fig.* ungerührt; *to run* ~ austrocknen, versiegen; → *dock*[1] *1*; **2.** regenarm, -los; dürr, ausgetrocknet; **3.** F durstig; **4.** durstig machend: ~ *work*; **5.** trockenstehend (*Kuh*); **6.** *Am.* F ‚trocken', mit Alkoholverbot: *to go* ~ das Alkoholverbot einführen; **7.** herb, trocken (*Wein*); **8.** *fig.* trocken, langweilig; nüchtern: ~ *as dust* sterbenslangweilig; ~ *facts* nüchterne *od.* nackte Tatsachen; **9.** *fig.* trocken, kühl, gelassen: ~ *humo(u)r* trockener Humor; **II.** *v/t.* **10.** (ab)trocknen: *to* ~ *one's hands* sich die Hände abtrocknen; **11.** *Obst* dörren; **12.** *a.* ~ *up* austrocknen, trockenlegen; **III.** *v/i.* **13.** trocknen, trocken werden; **14.** ~ *up* **a)** ein-, ver-, austrocknen, **b)** versiegen (*a. fig.*), **c)** aufhören, sich erschöpfen, **d)** F die ‚Klappe' halten: ~ *up!*; **IV.** *s.* **15.** Trockenheit *f.*

dry·ad ['draiəd] *s.* Dry'ade *f.*

Dry·as·dust ['draiəzdʌst] **I.** *s.* Stubengelehrte(r) *m*; **II.** *adj.* ≗ langweilig.

dry| bat·ter·y *s.* ⚡ 'Trockenbatte‚rie *f*; ~ **cell** *s.* ⚡ 'Trockenele‚ment *n*; '~-'**clean** *v/t.* chemisch reinigen; '~-'**clean·er** *s.* chemische Reinigung(sanstalt); '~-'**clean·ing** *s.* chemische Reinigung; '~-**cure** *v/t.* *Lebensmittel* dörren *od.* einsalzen.

dry·er → *drier*[1].

'**dry|-fly** *s.* *Angeln*: künstliche Fliege; ~ **goods** *s. pl.* ✝ *Am.* Tex'tilien *pl.*, Meterware *f.*

dry·ing ['draiiŋ] *adj.* Trocken...

dry·ly → *drily.*

dry meas·ure *s.* Trocken(hohl)maß *n.*

dry·ness ['drainis] *s.* **1.** Trockenheit *f* (*a. fig.*), Dürre *f*; **2.** *fig.* Nüchternheit *f*; Kühle *f*; Langweiligkeit *f.*

'**dry|-nurse I.** *s.* Kinderfrau *f*, -schwester *f*; **II.** *v/t.* bemuttern (*a. fig.*); '~-'**plate** *s. phot.* Trockenplatte *f*; '~-'**rot** *s.* **1.** Trockenfäule *f*; **2.** ⚘ Hausschwamm *m*; **3.** *fig.* Verfall *m*; '~-'**salt** *v/t.* dörren u. einsalzen; '~-**salt·er** *s. Brit.* Drogen-, Farben-, Öl- u. Kon'servenhändler *m*; '~-'**shod** *adv.* trockenen Fußes.

du·al ['dju(:)əl] **I.** *adj.* □ doppelt, Doppel..., Zwei...: ~ *carriage-way mot.* doppelte Fahrbahn; ~ *tyres* (*od. tires*) *mot.* Zwillingsbereifung; **II.** *s. ling. a.* ~ *number* 'Dual *m*, Du'alis *m*; '**du·al·ism** [-lizəm] *s.* Dua'lismus *m*; **du·al·i·ty** [dju(:)'æliti] *s.* Zweiheit *f*; '**du·al-'pur·pose** *adj.* Doppel..., Mehrzweck...

dub [dʌb] *v/t.* **1.** *to* ~ *s.o. a knight* j-n zum Ritter schlagen; **2.** *fig.* titulieren, nennen: *to* ~ *s.o. an idiot*; **3.** ⊕ zurichten; **4.** *Leder* einfetten; **5.** *Film* synchronisieren.

dub·bin ['dʌbin], '**dub·bing** [-biŋ] *s.* Lederfett *n*, -schmiere *f.*

du·bi·e·ty [dju(:)'baiəti] *s.* Zweifelhaftigkeit *f*, Fragwürdigkeit *f*; Ungewißheit *f.*

du·bi·ous ['dju:bjəs] *adj.* □ **1.** zweifelhaft; **2.** fragwürdig, unzuverlässig; **3.** im Zweifel, unschlüssig, unsicher; **4.** unbestimmt; '**du·bi·ous·ness** [-nis] → *dubiety*; '**du·bi·ta·tive** [-bitətiv] *adj.* □ zweifelnd, zögernd: *to be* ~ im Zweifel sein (*on, over, about* über *acc.*).

du·cal ['dju:kəl] *adj.* herzoglich, Herzogs...

duc·at ['dʌkət] *s.* **1.** *hist.* Du'katen *m*; **2.** *pl. obs. sl.* ‚Mo'neten' *pl.*; **3.** *Am. sl. für ticket.*

du·ce ['du:tʃi] (*Ital.*) *s. pol. hist.* 'Duce *m*, Führer *m.*

duch·ess ['dʌtʃis] *s.* Herzogin *f*;

duch·y ['dʌtʃi] *s.* Herzogtum *n.*

duck[1] [dʌk] *s.* **1.** *pl.* **ducks**, *coll.* **duck** *orn.* Ente *f*: *like a* ~ *in a thunderstorm* bestürzt; *like a* ~ *takes to water fig.* mit der größten Selbstverständlichkeit, sofort; *like water off a* ~*'s back* ohne den geringsten Eindruck zu machen; *a fine day for* ~*s* ein regnerischer Tag; *to play* ~*s and drakes* **a)** Hüpfsteine werfen, **b)** *fig.* (*with*) vergeuden (*acc.*), aasen (mit); **2.** Ente *f*, Entenfleisch *n*; **3.** F Schätzchen *n*, Liebling *m*: *a* ~ *of a girl* ein süßes Mädel; **4.** *Kricket*: Null *f.*

duck[2] [dʌk] **I.** *v/i.* **1.** (rasch) 'untertauchen; **2.** (*a. fig.*) sich ducken (*to* vor *dat.*); **3.** *a.* ~ *out Am. sl.* ‚auskneifen', ‚Leine ziehen'; **II.** *v/t.* **4.** ('unter)tauchen; **5.** *den Kopf* ducken; **6.** *Am.* F sich drücken vor, ausweichen (*dat.*), um'gehen.

duck[3] [dʌk] *s.* **1.** grobe Leinwand; **2.** *pl.* F Leinenhose *f*, -anzug *m.*

'**duck|-bill** *s.* **1.** *zo.* Schnabeltier *n*; **2.** ⚘ *Brit.* roter Weizen; '~-**billed plat·y·pus** → *duckbill 1*; '~-**boards** *s. pl.* Lattenrost *m*; '~-**egg** *s.* **1.** Entenei *n*; **2.** → *duck*[1] *4*; '~-**hawk** *s. orn.* **1.** *Brit.* Rohrweihe *f*; **2.** Amer. Wanderfalke *m.*

duck·ing ['dʌkiŋ] *s.* ('Unter)Tauchen *n*: *to give s.o. a* ~ j-n untertauchen; *to get a* ~ *fig.* völlig durchnäßt werden.

duck·ling ['dʌkliŋ] *s.* Entchen *n.*

'**duck|'s-egg** → *duck-egg*; '~-**shot** *s.* Entenschrot *m, n*; '~-**weed** *s.* ⚘ Wasserlinse *f.*

duck·y ['dʌki] F **I.** *s.* Liebling *m* (*Kosename*); **II.** *adj.* lieb, ‚goldig'.

duct [dʌkt] **I.** *s.* **1.** ⊕ Röhre *f*, Leitung *f*; Ka'nal *m* (*als Kabelführung etc.*); **2.** ⚘, *anat.*, *zo.* Gang *m*, Kanal *m*, Weg(e *pl.*) *m*; **II.** *v/t.* **3.** leiten, zuführen; '**duc·tile** [-tail] *adj.* **1.** ⊕ dehnbar, streckbar, schmiedbar; **2.** biegsam, fügsam, geschmeidig; **duc·til·i·ty** [dʌk'tiliti] *s.* **1.** ⊕ Dehn-, Streckbarkeit *f*; **2.** Fügsamkeit *f*; '**duct·less** [-lis] *adj.*: ~ *gland anat.* endokrine Drüse, Hormondrüse.

dud [dʌd] *sl.* **I.** *s.* **1.** ⚔ Blindgänger *m* (*a. fig.*); **2.** Versager *m*; **3.** Niete *f*, Reinfall *m*; **4.** *pl.* ‚Kla'motten' *pl.* (*Kleider*); **5.** ungedeckter Scheck; **II.** *adj.* **6.** wertlos, falsch; **7.** mise'rabel.

dude [dju:d] *s. Am.* Geck *m*, Gigerl *m*: ~ *ranch* Vergnügungsfarm *für Feriengäste aus der Großstadt.*

dudg·eon ['dʌdʒən] *s.* Unwille *m*, Groll *m*: *in high* ~ kochend vor Wut.

due [dju:] **I.** *adj.* □ → *duly*; **1.** ✝ fällig, so'fort zahlbar: *to fall* (*od. become*) ~ fällig werden; *when* ~ bei Verfall *od.* Fälligkeit; ~ *date* Fälligkeitstag; *the balance* ~ *to us from A.* der uns von A. geschuldete Saldo; **2.** *zeitlich* fällig, erwartet: *the train is* ~ (*in*) *at* ... der Zug ist um ... fällig *od.* soll um ... ankommen; *he is* ~ *to return today* er wird heute zurückerwartet; **3.** gebührend, angemessen, gehörig: *hono(u)r to whom hono(u)r is* ~ Ehre, wem Ehre gebührt; *with all* ~ *respect to you* bei aller dir schuldigen Achtung; *after* ~ *consideration* nach reiflicher Überlegung; *in* ~ *time* zur rechten *od.* gegebenen Zeit; **4.** verpflichtet: *to be* ~ *to go* gehen müssen *od.* sollen; *flats* ~ *to be let* zu vermietende Wohnungen; **5.** zuzuschreiben(d) (*dat.*), verursacht durch: ~ *to an accident* auf einen Unfall *od.* Zufall zurückzuführen; *death was* ~ *to cancer* Krebs war die Todesursache; *it is* ~ *to him* es ist ihm zu verdanken; **6.** ~ *to* (*fälschlich statt owing to*) wegen, in'folge (*gen.*): ~ *to his poverty*; **7.** *Am.* im Begriff *sein*; **II.** *adv.* **8.** genau, gerade: ~ *east* genau östlich; **III.** *s.* **9.** *das* Gebührende, (An)Recht *n*, Anspruch *m*: *it is my* ~ es gebührt mir; *to give you your* ~ um dir nicht unrecht zu tun; *to give the devil his* ~ *fig.* selbst dem Teufel *od.* s-m Feind Gerechtigkeit widerfahren lassen; *give him his* ~*!* das muß man ihm lassen!; **10.** *pl.* Gebühren *pl.*, Abgaben *pl.*, Beitrag *m.*

du·el ['dju(:)əl] **I.** *s.* **1.** Du'ell *n*, Zweikampf *m*: *to fight a* ~ → *3*; *students'* ~ Mensur; **2.** *fig.* Kampf *m*; **II.** *v/i.* **3.** sich duellieren; '**du·el·(l)ist** [-list] *s.* Duel'lant *m.*

du·en·na [dju(:)'enə] *s.* Anstandsdame *f.*

du·et [dju(:)'et] *s.* **1.** ♪ Du'ett *n*: *to play a* ~ vierhändig spielen (*Klavier*); **2.** Wortgefecht *n.*

duf·fel ['dʌfəl] *s.* **1.** Düffel *m* (*Wollstoff*): ~ *coat* Dufflecoat; **2.** F Ausrüstung *f.*

duff·er ['dʌfə] *s.* Dummkopf *m*, ‚Dussel' *m.*

duf·fle → *duffel.*

dug[1] [dʌg] *pret. u. p.p. von dig.*

dug[2] [dʌg] *s.* **1.** Zitze *f*; **2.** Euter *n.*

du·gong ['du:gɔŋ] *s. zo.* Seekuh *f.*

'**dug-out** *s.* **1.** ⚔ 'Unterstand *m*, Bunker *m*; **2.** Einbaum *m*, Kanu *n.*

duke [dju:k] *s.* Herzog *m*; → *dine 1*; '**duke·dom** [-dəm] *s.* **1.** Herzogswürde *f*; **2.** Herzogtum *n.*

dul·cet ['dʌlsit] *adj.* **1.** wohlklingend, einschmeichelnd; **2.** lieblich, köstlich; '**dul·ci·fy** [-sifai] *v/t.* **1.** (ver)süßen; **2.** *fig.* besänftigen; '**dul·ci·mer** [-simə] *s.* ♪ Hackbrett *n*, 'Zimbel *f.*

dull [dʌl] **I.** *adj.* □ **1.** stumpfsinnig, dumm, schwer von Begriff; geistlos; **2.** langsam, behäbig, schwerfällig, träge; **3.** unempfindlich, teilnahmslos; **4.** langweilig, fade: ~ *as ditch-water* F stinklangweilig; *to feel* ~ sich langweilen; **5.** schwach (*Licht etc.*; *Sehkraft, Gehör*); **6.** matt, trübe (*Farbe, Augen*); dumpf (*Klang, Schmerz*); glanzlos; **7.** stumpf (*Klinge*); **8.** trübe (*Wetter*); blind (*Spiegel*); **9.** gedrückt, betrübt; **10.** ⚓ windstill; ✝ flau, still; *Börse*: lustlos; **II.** *v/t.* **11.** *Klinge* stumpf machen; **12.** mattieren, glanzlos machen; trüben; **13.** *fig.* **a)** abstumpfen, **b)** dämpfen, schwächen, mildern; **III.** *v/i.* **14.** abstumpfen (*a. fig.*); **15.** sich trüben; **15.** abflauen; '**dull·ard** [-ləd] *s.* Dummkopf *m*; '**dull·ish** [-liʃ] *adj.* leicht *od.* et. dumm *etc.*; '**dul(l)·ness** [-nis] *s.* **1.** Dummheit *f*, Stumpfsinn *m*; **2.** Langweiligkeit *f*, Trägheit *f*; **3.** Schwäche *f*; **4.** Mattheit *f*; Trübheit *f*; **5.** ✝ Stille *f*, Flaute *f.*

du·ly ['dju:li] *adv.* **1.** ordnungsgemäß, gehörig, richtig; **2.** rechtzeitig, pünktlich.

du·ma ['du:mə] *s. hist.* Duma *f* (*russisches Parlament*).

dumb [dʌm] *adj.* □ **1.** stumm (*a. fig.*): *struck* ~ *with horror* sprachlos

vor Entsetzen; → *deaf 1*; **2.** schweigsam, still: *the ~ masses* die urteilslosen (Volks)Massen; **3.** *Am.* F doof, blöd; '**~-bell** *s.* **1.** *sport* Hantel *f*; **2.** *Am. sl.* Trottel *m*, ‚Dussel' *m*; **~'found** *v/t.* verblüffen; **~'found·ed** *adj.* verblüfft, sprachlos.
dumb·ness ['dʌmnis] *s.* Stummheit *f*; Stillschweigen *n*.
dumb| show *s.* Gebärdenspiel *n*, stummes Spiel, Panto'mime *f*; '**~-'wait·er** *s.* **1.** stummer Diener (*Drehtisch für Speisen*); **2.** *Am.* Speisenaufzug *m*.
dum·dum ['dʌmdʌm], *a.* **~ bul·let** *s.* Dum'dum(geschoß) *n*.
dum·my ['dʌmi] **I.** *s.* **1.** *allg.* At'trappe *f*, ✝ *a.* Schau-, Leerpackung *f*; **2.** Kleider-, Schaufensterpuppe *f*; **3.** Fi'gur *f* (*als Zielscheibe*); **4.** ✝ *etc.* Strohmann *m* (*a. Kartenspiel*); *fig.* Sta'tist *m*; **5.** Schnuller *m*; **II.** *adj.* **6.** falsch, Schein...: *~ cartridge* Übungspatrone; *~ coil* ⚡ Hilfsspule.
dump [dʌmp] **I.** *v/t.* **1.** hinplumpsen lassen, heftig 'hinwerfen; wegwerfen; **2.** abladen, schütten, auskippen; **3.** *Personen* abschieben; **4.** ⚔ lagern, stapeln, verstauen; **5.** ✝ zu Schleuderpreisen verkaufen, verschleudern; **II.** *s.* **6.** Plumps *m*, dumpfer Schlag; **7.** Schutt-, Müllhaufen *m*, -abladeplatz *m*; **8.** ⚒ Halde *f*; **9.** ⚔ Stapelplatz *m*, (Nachschub)Lager *n*: *ammunition ~* Munitionsdepot; **10.** *sl.* ‚Loch' *n* (*Wohnung*); Bruchbude *f* (*Haus*); verwahrlostes Kaff; '**~-cart** *s.* Kippkarren *m*, -wagen *m*.
dump·ing ['dʌmpiŋ] *s.* **1.** Schuttabladen *n*; **2.** ✝ 'Schleuderexˌport *m*, Dumping *n*; '**~-ground** *s.* (Schutt)Abladeplatz *m*.
dump·ling ['dʌmpliŋ] *s.* **1.** (Mehl-)Kloß *m*, Knödel *m*; **2.** F ‚Dickerchen' *n* (*Person*).
dumps [dʌmps] *s. pl.* F trübe Stimmung, Trübsinn *m*: (*down*) *in the ~* niedergeschlagen.
dump truck *s. Am.* Kipp-Lastwagen *m*.
dump·y ['dʌmpi] *adj.* plump, unter'setzt.
dun¹ [dʌn] **I.** *v/t.* **1.** *Schuldner* dringend mahnen: *~ning letter* → 5; **2.** drängen, plagen, ‚treten'; **II.** *s.* **3.** drängender Gläubiger; **4.** Schuldeneintreiber *m*; **5.** Mahnbrief *m*.
dun² [dʌn] **I.** *adj.* grau-, schwärzlichbraun; *fig.* dunkel; **II.** *s.* Braune(r) *m* (*Pferd*).
dunce [dʌns] *s.* Dummkopf *m*: *~'s cap* Narrenkappe (*für dumme Schüler*).
dun·der·head ['dʌndəhed] *s.* Dumm-, Schwachkopf *m*; '**dun·der·head·ed** [-did] *adj.* dumm, schwachköpfig.
dune [dju:n] *s.* Düne *f*.
dung [dʌŋ] **I.** *s.* Mist *m*, Dung *m*, Dünger *m*; (Tier)Kot *m*; **II.** *v/t.* düngen.
dun·ga·ree [dʌŋgə'ri:] *s.* **1.** grober Kat'tun; **2.** *pl.* grober Arbeitsanzug *od.* -kittel.
'**dung|-bee·tle** *s. zo.* Mistkäfer *m*; '**~-cart** *s.* Mistkarren *m*.
dun·geon ['dʌndʒən] *s.* Burgverlies *n*; Kerker *m*.
'**dung|-fork** *s.* Mistgabel *f*; '**~-heap**, '**~-hill** *s.* Dünger-, Misthaufen *m*; '**~-hill fowl** *s.* Hausgeflügel *n*.
dunk [dʌŋk] *v/i. u. v/t. Am.* (Brot *etc.* beim Essen) eintunken.
dun·lin ['dʌnlin] *s. orn.* Strandläufer *m*.
dun·nage ['dʌnidʒ] *s.* ⚓ Stauholz *n*.
dun·no [də'nou] F *für do not know.*
du·o ['dju(:)ou] *pl.* **-os** *s.* **1.** ♪ 'Duo *n*, Du'ett *n*; **2.** Duo *n* (*Künstlerpaar*).
duo- [dju(:)ou] *in Zssgn* zwei.
du·o·dec·i·mal [dju(:)ou'desiməl] *adj.* ⅍ duodezi'mal; **du·o'dec·i·mo** [-mou] *pl.* **-mos** *s.* (Buch *n* im) Duo'dezforˌmat *n*.
du·o·de·nal [dju(:)ou'di:nl] *adj.*: *~ ulcer* ⚕ Zwölffingerdarm-Geschwür; **du·o'de·num** [-nəm] *s. anat.* Zwölf'fingerdarm *m*.
du·o·logue ['djuəlɔg] *s.* **1.** Zwiegespräch *n*; **2.** Duo'drama *n*.
dupe [dju:p] **I.** *s.* **1.** Gefoppte(r *m*) *f*, Betrogene(r *m*) *f*, ‚Lackierte(r *m*)*f*: *to be the ~ of* sich anführen lassen von, hereinfallen auf *j-n*; **2.** Leichtgläubige(r *m*) *f*; **II.** *v/t.* **3.** *j-n* über'tölpeln, anführen, anschmieren, hinter'gehen: *to be ~d* sich an der Nase herumführen lassen.
du·ple ['dju:pl] *adj.* zweifach: *~ ratio* ⅍ doppeltes Verhältnis; *~ time* ♪ Zweiertakt; '**du·plex** [-leks] *adj. mst* ⊕ doppelt, Doppel..., Duplex...: *~ apartment Am.* Maisonette; *~ burner* Doppelbrenner; *~ house Am.* Zweifamilien-, Doppelhaus; *~ telegraphy* Gegensprech-, Duplextelegraphie.
du·pli·cate ['dju:plikit] **I.** *adj.* **1.** doppelt: *~ proportion* ⅍ doppeltes Verhältnis; **2.** genau gleich *od.* entsprechend, Duplikat...: *~ parts* Ersatzteile; *~ production* Serienfertigung, Massenproduktion; *~ train* 🚂 Vor- *od.* Nachzug; **II.** *s.* **3.** Dupli'kat *n*, Doppel *n*, Zweitschrift *f*; **4.** doppelte Ausfertigung: *in ~*; **5.** Seitenstück *n*, Ko'pie *f*; **III.** *v/t.* [-keit] **6.** verdoppeln; **7.** kopieren, abschreiben; **8.** vervielfältigen, 'umdrucken; **9.** wieder'holen; **du·pli·ca·tion** [dju:pli'keiʃən] *s.* **1.** Verdoppelung *f*; Vervielfältigung *f*; 'Umdruck *m*; **2.** Wieder'holung *f*; '**du·pli·ca·tor** [-keitə] *s.* Ver'vielfältigungsappaˌrat *m*; **du·plic·i·ty** [dju(:)'plisiti] *s.* **1.** Doppelzüngigkeit *f*, Falschheit *f*; **2.** Duplizi'tät *f*.
du·ra·bil·i·ty [djuərə'biliti] *s.* Beständigkeit *f*, Dauerhaftigkeit *f*, Haltbarkeit *f*, Lebensdauer *f*; **du·ra·ble** ['djuərəbl] **I.** *adj.* □ dauerhaft, haltbar, beständig: *~ goods* → *II*; **II.** *s. pl.* ✝ Gebrauchsgüter *pl.*
du·ral·u·min [djuə'ræljumin] *s.* Du'ral *n*, 'Duraluˌmin *n*.
dur·ance ['djuərəns] *s.* Haft *f*: *in ~ vile* hinter Schloß u. Riegel.
du·ra·tion [djuə'reiʃən] *s.* Dauer *f*: *for the ~* **a)** für unbestimmte Zeit, **b)** F bis Kriegsende.
dur·bar ['də:bɑ:] *s.* 'Durbar *m*, *n*, feierlicher Staatsempfang (*Indien*).
du·ress(e) [djuə'res] *s.* ⚖ **1.** Zwang *m* (*a. fig.*), Nötigung *f*: *to act under ~* unter Zwang handeln; **2.** *~* (*of imprisonment*) Freiheitsberaubung *f*.
du·ri·an ['duəriən] *s.* ♀ **1.** 'Durian *m*, 'Zibetbaum *m*; **2.** 'Zibetfrucht *f*.
dur·ing ['djuəriŋ] *prp.* während: *~ the night* während (*od.* in *od.* im Laufe) der Nacht; *~ life* auf Lebenszeit.
durst [də:st] *pret. von dare.*
dusk [dʌsk] **I.** *s.* (Abend)Dämmerung *f*, Halbdunkel *n*: *at ~* bei Einbruch der Dunkelheit; **II.** *adj. poet.* dunkel, düster, dämmerig; '**dusk·i·ness** [-kinis] *s.* dunkle Farbe; '**dusk·y** [-ki] *adj.* □ düster; dunkel (*a. Hautfarbe*).
dust [dʌst] **I.** *s.* **1.** Staub *m*: *to bite the ~ fig.* ins Gras beißen; *to shake the ~ off one's feet fig.* **a)** den Staub von seinen Füßen schütteln, **b)** entrüstet weggehen; *to throw ~ in s.o.'s eyes fig.* j-m Sand in die Augen streuen; *in the ~ fig.* im Staube, gedemütigt; *to lick the ~ fig.* im Staube kriechen; **2.** Staub *m*, Asche *f*, sterbliche 'Überreste *pl.*: *to turn to ~ and ashes* zerfallen, zerstieben; **3.** *fig.* Staub *m*, Aufsehen *n*: *to raise* (*od. make*) *a ~ bsd. fig.* Staub aufwirbeln; *the ~ has settled* die Aufregung hat sich gelegt; **4.** *Brit.* Müll *m*, Kehricht *m*, *n*; **5.** Goldstaub *m*; *sl.* ‚Kies' *m*, ‚Moos' *n* (*Geld*); **II.** *v/t.* **6.** abstauben; ausbürsten, -klopfen: *to ~ s.o.'s jacket* F j-n vermöbeln; **7.** bestreuen; (ein-)pudern; '**~-bin** *s. Brit.* Müllkasten *m*, -eimer *m*; '**~-bowl** *s. Am. geogr.* Sandsturm- u. Dürregebiet *n*; '**~-cart** *s. Brit.* Müll(abfuhr)wagen *m*; '**~-cloth** *s.* Staubdecke *f* (*für Möbel*); '**~-coat** *s.* Staubmantel *m*; '**~-cov·er** *s.* **1.** 'Schutzˌumschlag *m* (*um Bücher*); **2.** → *dust-cloth.*
dust·er ['dʌstə] *s.* **1.** Staubtuch *n*, Wischlappen *m*; **2.** Streudose *f*; **3.** *Am.* → *dust-coat.*
'**dust-hole** *s.* Müll-, Abfallgrube *f*.
dust·ing ['dʌstiŋ] *s.* **1.** Abstauben *n*; **2.** (Ein)Pudern *n*: *~ powder* Körperpuder; **3.** *sl.* Abreibung *f*, Dresche *f*, Senge *f* (*Prügel*).
'**dust|-jack·et** → *dust-cover 1*; '**~·man** [-mən] *s.* [*irr.*] **1.** *Brit.* Müllkutscher *m*, -abfuhrmann *m*; **2.** *fig.* → *sandman*; '**~-pan** *s.* Müllschaufel *f*; '**~-proof** *adj.* staubdicht; '**~-sheet** → *dust-cloth*; '**~-'up** *s. sl.* Krach *m*, (laute) Auseinandersetzung.
dust·y ['dʌsti] *adj.* □ **1.** staubig; **2.** *fig.* verstaubt, fade: *not so ~* F gar nicht so übel; **3.** vage, unklar, verschwommen: *a ~ answer.*
Dutch [dʌtʃ] **I.** *adj.* **1.** holländisch; *Am. a.* deutsch; **II.** *s.* **2.** *ling.* Holländisch *n*; → *double Dutch*; **3.** *the* ♀ die Holländer *pl.*; **4.** *my old ~ sl.* meine ‚Alte' (*Ehefrau*); **~ cour·age** *s.* F angetrunkener Mut; **~ hoe** *s.* ⚒ Häufelhacke *f*, Wegeisen *n*.
'**Dutch|·man** [-mən] *s.* [*irr.*] Holländer *m*, Niederländer *m*: *I'm a ~ if* F ich laß' mich hängen, wenn; **~ ov·en** *s.* Röstblech *n* (*vor offenem Feuer*); **~ stove** *s.* Kachelofen *m*; **~ tile** *s.* Delfter Kachel *f*; **~ treat** *s.* F getrennte Kasse (*bei gemeinsamen Vergnügungen*); **~ un·cle** *s.*: *to talk to s.o. like a ~* **a)** *Brit.* j-n väterlich ermahnen, **b)** *Am.* j-m e-e Stand-

pauke halten; '~·**wom·an** *s.* [*irr.*] Holländerin *f*, Niederländerin *f*.

du·te·ous ['dju:tjəs] *adj.* □ → *dutiful*; '**du·ti·a·ble** [-əbl] *adj.* zoll-, steuerpflichtig; '**du·ti·ful** [-tiful] *adj.* □ **1.** pflichtgetreu; **2.** gehorsam; ehrerbietig; **3.** pflichtgemäß.

du·ty ['dju:ti] *s.* **1.** Pflicht *f*, Schuldigkeit *f* (*to, towards* gegen['über]): *to do one's* ~ s-e Pflicht tun (*by s.o.* an j-m); *in* ~ *bound* pflichtgemäß, verpflichtet; ~ *call* Pflichtbesuch; **2.** Aufgabe *f*, Amt *n*, Dienst *m*: *on* ~ **a)** diensthabend, -tuend, im Dienst, **b)** dienstbereit (*Apotheke etc.*); *to be on* ~ Dienst haben; *off* ~ dienstfrei; ~ *chemist* dienstbereite Apotheke; ~ *doctor* ⚕ Bereitschaftsarzt; ~ *officer* ⚔ Offizier vom Dienst; *to do* ~ *for* **a)** *j-n* vertreten, **b)** *fig.* dienen *od.* benutzt werden als; **3.** Ehrerbietung *f*; **4.** ⊕ Nutzleistung *f*; **5.** ✝ Zoll *m*, Steuer *f*, Abgabe *f*: ~-*free* zollfrei; ~-*free shop* Duty-free-Shop; ~-*paid* verzollt; *to pay* ~ *on et.* verzollen *od.* versteuern.

du·um·vir [dju(:)'ʌmvə] *pl.* **-virs** *u.* **-vi·ri** [du:'umviri:] *s. antiq.* Du'umvir *m*; **du'um·vi·rate** [-virit] *s.* Duumvi'rat *n*.

dwarf [dwɔ:f] **I.** *s.* **1.** Zwerg(in) (*a. fig.*); **II.** *adj.* **2.** *bsd.* ♀, *zo.* Zwerg...; **III.** *v/t.* **3.** verkümmern lassen, in der Entwicklung hindern *od.* hemmen (*beide a. fig.*); **4.** klein erscheinen lassen; **5.** *fig.* in den Schatten stellen; '**dwarf·ish** [-fiʃ] *adj.* □ zwergenhaft, winzig.

dwell [dwel] *v/i.* [*irr.*] **1.** wohnen; sich aufhalten; **2.** *fig.* (*on*) verweilen (bei), näher eingehen (auf *acc.*), Nachdruck legen (auf *acc.*), nachdenken (über *acc.*); **3.** ~ *on* ♪ *Ton etc.* halten, dehnen; **4.** zögern, stutzen; '**dwell·er** [-lə] *s. mst in Zssgn* Bewohner(in); '**dwell·ing** [-liŋ] *s.* Wohnung *f*, Wohnsitz *m*; Aufenthalt *m*: ~-*house* Wohnhaus; ~-*place* Wohnsitz, Wohnung; ~ *unit* Wohneinheit.

dwelt [dwelt] *pret. u. p.p.* von *dwell*.

dwin·dle ['dwindl] *v/i.* **1.** abnehmen, schwinden, (ein)schrumpfen: *to* ~ *away* dahinschwinden; **2.** verfallen, entarten (*into* zu).

dye [dai] **I.** *s.* **1.** Farbstoff *m*, Farbe *f*; **2.** Färbung *f* (*a. fig.*): *of the deepest* ~ übelster Sorte; **II.** *v/t.* **3.** färben: ~*d-in-the-wool fig.* waschecht, *Politiker etc.* durch und durch; **III.** *v/i.* **4.** sich färben (lassen); '**dye-house** *s.* Färbe'rei *f*; **dye·ing** ['daiiŋ] *s.* **1.** Färben *n*; **2.** Färbe'reigewerbe *n*.

dy·er ['daiə] *s.* Färber *m*; ~**'s broom** *s.* ♀ Färberginster *m*; ~**'s oak** *s.* ♀ Färbereiche *f*.

'**dye**|**-stuff** *s.* Färbstoff *m*; '~**-wood** *s.* Farbholz *n*; '~**-works** *s. pl. oft sg. konstr.* Färbe'rei *f*.

dy·ing ['daiiŋ] *adj.* **1.** sterbend: *to be* ~ im Sterben liegen; ~ *wish* letzter Wunsch; ~ *words* letzte Worte; *to one's* ~ *day* bis zum Tode; **2.** *fig. a.* ~ *away* zu Ende gehend, erlöschend; zu'grunde gehend; ersterbend, verhallend; **3.** schmachtend (*Blick*).

dyke [daik] *s.* **1.** → *dike*; **2.** *sl.* Lesbierin *f*.

dy·nam·ic [dai'næmik] *adj.* (□ ~*ally*) dy'namisch (*a. fig.*); **dy'nam·ics** [-ks] *s. pl. sg. konstr.* **1.** Dy'namik *f*; Bewegungslehre *f*; **2.** *fig.* Kräftespiel *n*; **3.** Trieb-, Schwungkraft *f*; **dy·na·mism** ['dainəmizəm] *s.* **1.** *phls.* Dyna'mismus *m*; **2.** → *dynamics* 2.

dy·na·mite ['dainəmait] **I.** *s.* Dyna'mit *n*; **II.** *v/t.* (mit Dynamit) sprengen; '**dy·na·mit·er** [-tə] *s.* 'Sprengstoffattenˌtäter *m*.

dy·na·mo ['dainəmou] *s.* ⚡ Dy'namo(maˌschine *f*) *m*, 'Gleichstrom-, 'Lichtmaˌschine *f*; '~**-e·lec·tric** *adj.* (□ ~*ally*) *phys.* dy'namoeˌlektrisch, e'lektrodyˌnamisch.

dy·na·mom·e·ter [dainə'mɔmitə] *s.* ⊕ Dynamo'meter *n*, Kraftmesser *m*.

dy·nast ['dinəst] *s.* Dy'nast *m*, Herrscher *m*; **dy·nas·tic** [di'næstik] *adj.* (□ ~*ally*) dy'nastisch; '**dy·nas·ty** [-ti] *s.* Dyna'stie *f*, Herrscherhaus *n*.

dyne [dain] *s. phys.* Dyn *n* (*Krafteinheit*).

dys·en·ter·ic [disn'terik] *adj.* ⚕ Ruhr..., ruhrartig; ruhrkrank; **dys·en·ter·y** ['disntri] *s.* Dysente'rie *f*, Ruhr *f*.

dys·pep·si·a [dis'pepsiə] *s.* ⚕ Verdauungsstörung *f*, -schwäche *f*; **dys'pep·tic** [-ptik] **I.** *adj.* **1.** ⚕ magenkrank; **2.** *fig.* schwermütig, deprimiert; **II.** *s.* **3.** Magenkranke(r *m*) *f*.

dysp·noe·a [dis'pni(:)ə] *s.* ⚕ Atemnot *f*, Kurzatmigkeit *f*.

E

E, e [iː] *s.* **1.** E *n*, e *n* (*Buchstabe*); **2.** ♪ E *n*, e *n* (*Note*); **3.** *ped. Am.* Fünf *f*, Mangelhaft *n* (*Note*).

each [iːtʃ] **I.** *adj.* jeder, jede, jedes: ~ *man* jeder (Mann); ~ *one* jede(r) einzelne; ~ *and every one* all u. jeder; **II.** *pron.* (ein) jeder, (e-e) jede, (ein) jedes: ~ *of us* jede(r) von uns; ~ *has a pound* jede(r) hat ein Pfund; ~ *other* einander, sich (gegenseitig); **III.** *adv.* je, pro Per'son *od.* Stück: *a penny* ~ je e-n Penny.

ea·ger ['iːgə] *adj.* □ **1.** eifrig: ~ *beaver* F Streber, Übereifrige(r); **2.** (*for, after, to inf.*) begierig (auf *acc.*, nach, zu *inf.*), erpicht, gespannt (auf *acc.*); **3.** heftig (*Begierde etc.*); **'ea·ger·ness** [-nis] *s.* Eifer *m*, Begierde *f*, Ungeduld *f*.

ea·gle ['iːgl] *s.* **1.** *orn.* Adler *m*; **2.** *Am.* goldenes Zehn'dollarstück; **'~-'eyed** *adj.* adleräugig, scharfsichtig; **'~-'owl** *s. orn.* Uhu *m*, Adlereule *f*.

ea·glet ['iːglit] *s. orn.* junger Adler.

ea·gre ['eigə] *s.* Flutwelle *f*.

ear¹ [iə] *s.* **1.** *anat.* Ohr *n*: *about one's* ~*s* um die Ohren, rings um sich; *up to the* ~*s* bis über die Ohren; *a word in your* ~ ein Wort im Vertrauen; *not to believe one's* ~*s* s-n Ohren nicht trauen; *his* ~*s were burning* ihm klangen die Ohren; *to have one's* ~ *to the ground* F aufpassen, was vorgeht; *to set by the* ~*s* gegeneinander aufhetzen; *to turn a deaf* ~ *to* taub sein gegen; *it came to my* ~*s* es kam mir zu Ohren; **2.** *fig.* Gehör *n*, Ohr *n*: *by* ~ nach dem Gehör; *to have a good* ~ ein feines Gehör haben; *an* ~ *for music* musikalisches Gehör, *weitS.* Sinn für Musik; **3.** *fig.* Gehör *n*, Aufmerksamkeit *f*: *to fall on deaf* ~*s* auf taube Ohren stoßen, kein Gehör finden; *to give* (*od. lend*) *one's* ~ *to s.o.* j-m Gehör schenken; *to have s.o.'s* ~ j-s Vertrauen genießen; → *all* 6; **4.** Henkel *m*; Öse *f*, Öhr *n*.

ear² [iə] *s.* (Getreide)Ähre *f*.

ear|-ache ['iəreik] *s.* ⚕ Ohrenschmerzen *pl.*, -reißen *n*; **'~·drops** *s. pl.* Ohrgehänge *n*; **'~·drum** *s. anat.* Trommelfell *n*.

earl [əːl] *s.* (brit.) Graf *m*: ≈ *Marshal* Großzeremonienmeister; **'earl·dom** [-dəm] *s.* Grafenwürde *f*.

ear·li·er ['əːliə] *comp. von early* **I.** *adv.* früher, 'vorher; **II.** *adj.* früher, vergangen; **'ear·li·est** [-iist] *sup. von early* **I.** *adv.* am frühesten, frühestens; **II.** *adj.* frühest: *at the* ~ frühestens; → *convenience 1*; **'ear·li·ness** [-inis] *s.* Frühe *f*, Frühzeitigkeit *f*.

ear·ly ['əːli] **I.** *adv.* **1.** früh(zeitig): ~ *in the day* früh am Tag; *as* ~ *as May* schon im Mai; **2.** bald: *as* ~ *as possible* so bald wie möglich; **3.** am Anfang: ~ *on* schon früh(zeitig); ~ *in the list* am Anfang der Liste; **4.** zu früh: *he arrived five minutes* ~; **5.** früher: *he left five minutes* ~; **II.** *adj.* **6.** früh(zeitig): *at an* ~ *hour* zu früher Stunde; *in his* ~ *days* in s-r Jugend; ~ *fruit* Frühobst; ~ *riser* (F *bird*) Frühaufsteher; **7.** anfänglich, Früh...: *the* ~ *Christians* die ersten Christen; **8.** vorzeitig, zu früh: *an* ~ *death*; *you are* ~ *today* du bist heute (et.) zu früh gekommen; **9.** baldig, schnell: *an* ~ *reply*; ~ **clos·ing** *s.* ✝ früher Geschäftsschluß; ~ **morn·ing tea** *s.* e-e Tasse Tee(, die morgens ans Bett gebracht wird); ~ **warn·ing sys·tem** *s.* ⚔ 'Frühwarnsys,tem *n*.

'ear|·mark I. *s.* **1.** Ohrmarke *f* (*Vieh*); **2.** *fig.* Kennzeichen *n*, Merkmal *n*; **3.** Eselsohr *n*; **II.** *v/t.* **4.** kenn-, bezeichnen; **5.** *Geld etc.* bestimmen, vorsehen, zu'rücklegen (*for* für): ~*d* zweckgebunden (*Mittel etc.*); **'~-muffs** *s. pl. Am.* Ohrenschützer *pl.*

earn [əːn] *v/t.* **1.** *Geld etc.* verdienen, erwerben: ~*ed income* Arbeitseinkommen; ~*ing capacity* Ertragsfähigkeit; ~*ing power* Erwerbsfähigkeit; **2.** *fig.* verdienen: *a well-*~*ed rest* e-e wohlverdiente Ruhepause; **3.** *j-m et.* einbringen; *Lob etc.* ernten.

ear·nest¹ ['əːnist] *s.* **1.** *a.* ~*-money* Drauf-, Handgeld *n*, Anzahlung *f* (*of* auf *acc.*): *in* ~ als Anzahlung; **2.** ('Unter)Pfand *n*, Zusicherung *f*; **3.** *fig.* Vorgeschmack *m*, Probe *f*.

ear·nest² ['əːnist] **I.** *adj.* □ **1.** ernst (-gemeint), gewissenhaft; **2.** eifrig; **3.** ernstlich, dringend; **4.** ehrlich, aufrichtig; **II.** *s.* **5.** Ernst *m*: *in good* ~ in vollem Ernst; *are you in* ~? ist das Ihr Ernst?; **'ear·nest·ness** [-nis] *s.* Ernst *m*; Eifer *m*.

earn·ings ['əːniŋz] *s. pl.* Verdienst *m*, Lohn *m*, Einkommen *n*, Einnahmen *pl.*

'ear|-phone → *head-phone*; **'~-piece** *s. teleph.* Hörer *m*; **'~-pierc·ing** *adj.* ohrenzerreißend; **'~-ring** *s.* Ohrring *m*; **'~-shot** *s.* Hörweite *f*: *within* (*out of*) ~ in (außer) Hörweite; **'~-split·ting** *adj.* ohrenzerreißend.

earth [əːθ] **I.** *s.* **1.** Erde *f*, Erdball *m*, Welt *f*: *on* ~ auf Erden, auf der Erde; *why on* ~? F warum in aller Welt?; **2.** *das* (trockene) Land; Erde *f*, (Erd)Boden *m*: *down to* ~ *fig.* nüchtern, prosaisch; *to come down* (*od. back*) *to* ~ auf den Boden der Wirklichkeit zurückkehren; **3.** ⚗ Erde *f*: *rare* ~*s* seltene Erden; **4.** (*Fuchs- etc.*)Bau *m*: *to run to* ~ **a)** *hunt. Fuchs etc.* bis in s-n Bau verfolgen (*Hund, Frettchen*), **b)** *oft fig.* erjagen, aufstöbern, herausfinden; **5.** ⚡ *Brit.* Erdung *f*, Erdschluß *m*, Erde *f*; **II.** *v/t.* **6.** *mst* ~ *up* ✿ mit Erde bedecken, häufeln; **7.** ⚡ *Brit.* erden; **'~-born** *adj.* staubgeboren, irdisch, sterblich; **'~-bound** *adj.* erdgebunden.

earth·en ['əːθən] *adj.* irden, tönern; **'~·ware** *s.* Steingut(geschirr) *n*, Töpferware *f*.

earth·i·ness ['əːθinis] *s.* materi'elle *od.* weltliche Gesinnung, nüchterne Denkart.

earth·li·ness ['əːθlinis] *s.* *das* Irdische, Weltlichkeit *f*; **earth·ly** ['əːθli] *adj.* **1.** irdisch, weltlich: ~ *joys*; **2.** F denkbar, begreiflich: *no* ~ *reason* kein erfindlicher Grund; *of no* ~ *use* völlig unnütz; *you haven't an* ~ *sl.* du hast nicht die geringste Aussicht; **'earth·ly-'mind·ed** *adj.* weltlich gesinnt.

'earth|·quake *s.* **1.** Erdbeben *n*; **2.** *fig.* 'Umwälzung *f*, Erschütterung *f*; **'~-shak·ing** *adj.* welterschütternd; **'~·ward(s)** [-wəd(z)] *adv.* erdwärts; **'~·work** *s.* Erdwall *m*; ⚔ Schanze *f*; **'~·worm** *s. zo.* Regenwurm *m*.

earth·y ['əːθi] *adj.* **1.** erdig, Erd...; **2.** irdisch, weltlich *od.* materi'ell (gesinnt); **3.** roh, gemein, sinnlich; ro'bust, erdhaft: ~ *humo(u)r* derber Humor.

'ear|-trum·pet *s.* ⚕ Hörrohr *n*; **'~-wax** *s.* ⚕ Ohrenschmalz *n*; **'~·wig** *s. zo.* Ohrwurm *m*; **'~-'wit·ness** *s.* Ohrenzeuge *m*.

ease [iːz] **I.** *s.* **1.** Bequemlichkeit *f*, Behagen *n*, Wohlgefühl *n*: *at* (*one's*) ~ **a)** behaglich, bequem, **b)** gemächlich, ruhig, **c)** ungeniert, ungezwungen, zwanglos, wie zu Hause; *to take one's* ~ es sich bequem machen; *to be* (*od. feel*) *at* ~ sich wohl *od.* wie zu Hause fühlen; **2.** Gemächlichkeit *f*, *innere* Ruhe, Sorglosigkeit *f*, Entspannung *f*: *ill at* ~ unbehaglich, unruhig; *to put* (*od. set*) *s.o. at* ~ **a)** j-n beruhigen, **b)** j-m die Befangenheit nehmen; **3.** Ungezwungenheit *f*, Na'türlichkeit *f*, Zwanglosigkeit *f*, Freiheit *f*: *to live at* ~ in guten Verhältnissen leben; *at* ~! ⚔ rührt euch!; **4.** Linderung *f*, Erleichterung *f*; **5.** Spielraum *m*, Weite *f*; **6.** Leichtigkeit *f*: *with* ~ bequem, mühelos; **7.** ✝ **a)** Nachgeben *n*

(*Preise*), b) Flüssigkeit *f* (*Kapital*); **II.** *v/t.* **8.** erleichtern, beruhigen, lindern: *to ~ one's mind* sich beruhigen; **9.** lockern, weiten; bequem(er) *od.* leichter machen; (ab)helfen (*dat.*); *Saum* auslassen; **10.** lösen; entlasten, befreien (of von); → *nature* 7; **11.** *a. ~ down, ~ off* mäßigen, verlangsamen: *~ her!* ⚓ langsam!; **III.** *v/i.* **12.** *a. ~ down, ~ off* schwächer werden, nachlassen, -geben (*a.* ✝); sich entspannen (*Lage*).

ea·sel ['i:zl] *s. paint.* Staffe'lei *f.*

ease·ment ['i:zmənt] *s.* **1.** Erleichterung *f*; **2.** ⚖ Grunddienstbarkeit *f.*

eas·i·ly ['i:zili] *adv.* **1.** leicht, mühelos, bequem, glatt; **2.** sicher, bei weitem; '**eas·i·ness** [-inis] *s.* **1.** Leichtigkeit *f*; **2.** Ungezwungenheit *f*, Zwanglosigkeit *f*; **3.** Bequemlichkeit *f.*

east [i:st] **I.** *s.* **1.** Osten *m*: (*to the*) *~ of* östlich von; *~ by north* ⚓ Ost zu Nord; **2.** ♀ Osten *m* (*a. pol.*), 'Orient *m*; **3.** *the* ♀ *Am.* die Oststaaten *der USA*; **II.** *adj.* **4.** Ost..., östlich: *~ gate* Osttor; *~ wind* Ostwind; **III.** *adv.* **5.** nach Osten, ostwärts; '**~·bound** *adj.* nach Osten gehend *od.* reisend; ♀ **End** *s. Ostteil von London*; '♀-'**End·er** *s. Bewohner(in) des Ostteils von London.*

East·er ['i:stə] *s.* Ostern *n od. pl.*, Osterfest *n*: *at ~* zu Ostern; *~ bonnet der* neue Frühjahrshut; *~ day* Oster(sonn)tag; *~ egg* Osterei.

east·er·ly ['i:stəli] *adj.* östlich, Ost...; nach Osten.

east·ern ['i:stən] *adj.* **1.** östlich; **2.** ♀ orien'talisch; ♀ **Church** *s.* griechisch-ortho'doxe Kirche; ♀ **Em·pire** *s. hist.* Oströmisches Reich.

east·ern·er ['i:stənə] *s.* **1.** a) Ostländer(in), b) Orien'tale *m*; **2.** ♀ *Am.* Oststaatler(in); '**east·ern·most** [-nmoust] *adj.* am weitesten östlich gelegen.

East In·di·a·man *s.* [*irr.*] *hist.* Ost'indienfahrer *m* (*Schiff*).

east·ing ['i:stiŋ] *s.* **1.** ⚓ zu'rückgelegter Ostkurs; **2.** Ostrichtung *f.*

East Side *s. Am. Ostteil von Manhattan.*

east|**·ward** ['i:stwəd] *adj.*, '**~·ward(s)** [-wəd(z)] *adv.* ostwärts (gerichtet).

eas·y ['i:zi] **I.** *adj.* □ → *easily*; **1.** leicht, mühelos, einfach: *~ of access* leicht zugänglich (*a. fig.*); *it is ~ for him to talk* er hat gut reden; **2.** bequem, gemächlich, behaglich; lose (*Kleidung etc.*); erleichtert: *in ~ circumstances, on ~ street* wohlhabend; **3.** frei von Schmerzen: *to feel easier* sich besser fühlen; **4.** ✝ schwach, flau (*Markt*); nicht gefragt *od.* gesucht (*Ware*); **5.** erträglich, günstig, mäßig: *on ~ terms* ✝ zu günstigen Bedingungen; **6.** ruhig, unbesorgt (*about* um): *~ in one's mind* guten Mutes; **7.** leichtfertig, frei, locker (*Sitten*); **8.** frei, na'türlich, ungezwungen, zwanglos: *~ style* flüssiger Stil; **9.** (bereit)willig, nachgiebig; **II.** *adv.* **10.** leicht, bequem: *to take it ~, to go ~* es sich leicht machen, sich Zeit lassen; *to take it ~* a) sich Zeit lassen, b) es sich gemütlich machen, c) sich nicht aufregen; *take it ~!* a) nur keine Bange!, b) immer mit der Ruhe!; *stand ~!* ⚔ rührt euch!; '**~-care** *adj.* pflegeleicht; *~* **chair** *s.* Lehnstuhl *m*, Sessel *m*; '**~-go·ing** *adj.* **1.** bequem, träge; lässig; **2.** unbekümmert, leichtlebig.

eat [i:t] **I.** *s.* **1.** *pl. sl.* Eßwaren *pl.*, Essen *n*, ‚Futter' *n*; **II.** *v/t.* [*irr.*] **2.** essen (*Mensch*), fressen (*Tier*): *fit to ~* genießbar; *to ~ o.s. sick* sich krank essen; *to ~ s.o. out of house and home* a) j-n arm (fr)essen, b) j-n ruinieren; *don't ~ me! humor.* friß mich nur nicht gleich (auf)!; *what's ~ing him? sl.* was für e-e Laus ist ihm über die Leber gelaufen?; **3.** zerfressen, nagen an (*dat.*); **4.** *ein Loch* fressen; **5.** → *eat up*; **III.** *v/i.* [*irr.*] **6.** essen: *to ~ well* e-n guten Appetit haben; *to ~ out* auswärts speisen; **7.** sich essen (lassen); **8.** fressen, nagen: *to ~ into s.th.* et. anfressen, in et. eindringen; *to ~ into one's capital* vom Kapital zehren;

Zssgn mit adv.:

eat| **a·way** *v/t. langsam* verzehren; aushöhlen; angreifen; vernichten; *~* **up** *v/t.* **1.** aufessen; **2.** *fig.* verzehren, verschlingen, über'wältigen: *to be eaten up with* vergehen *od.* sich verzehren vor (*dat.*).

eat·a·ble ['i:təbl] **I.** *adj.* eß-, genießbar; **II.** *s. mst pl.* Eßwaren *pl.*; **eat·en** ['i:tn] *p.p. von eat*; **eat·er** ['i:tə] *s.* Esser(in): *to be a great (poor) ~* ein starker (schwacher) Esser sein.

eat·ing ['i:tiŋ] **I.** *s.* **1.** Essen *n*, Speise *f*; **II.** *adj.* **2.** Eß...: *~ apple*; **3.** *fig.* nagend; zehrend; '**~-house** *s.* Gast-, Speisehaus *n.*

eau-de-Co·logne ['oudəkə'loun] (*Fr.*) *s.* Kölnischwasser *n.*

eaves [i:vz] *s. pl.* **1.** 'überhängende Dachkante; **2.** Dachrinne *f*, Traufe *f*; '**~·drop** *v/i.* (heimlich) lauschen *od.* horchen; '**~·drop·per** *s.* Horcher(in), Lauscher(in).

ebb [eb] **I.** *s.* **1.** Ebbe *f*: *~ and flow* Ebbe u. Flut; **2.** *fig.* Ebbe *f*, Tiefstand *m*, Abnahme *f*: *at a low ~* heruntergekommen, zurückgegangen, schlecht, auf e-m Tiefstand; **II.** *v/i.* **3.** ebben, fallen; **4.** *fig.* verebben, -siegen; abnehmen, (da'hin)schwinden; '**~-'tide** *s.* Ebbe *f* (*a. fig.*).

'**E-boat** *s.* ⚓ *Brit.* Schnellboot *n.*

eb·on ['ebən] *adj. poet.* **1.** aus Ebenholz; **2.** schwarz; '**eb·on·ite** [-nait] *s.* Ebo'nit *n* (*Hartkautschuk*); '**eb·on·ize** [-naiz] *v/t.* schwarz beizen; '**eb·on·y** [-ni] **I.** *s.* Ebenholz *n*; **II.** *adj.* → *ebon.*

e·bri·e·ty [i(:)'braiəti] → *inebriety.*

e·bul·li·ence [i'bʌljəns], **e'bul·li·en·cy** [-si] *s. fig.* 'Überschäumen *n*, -schwenglichkeit *f*; **e'bul·li·ent** [-nt] *adj. fig.* sprudelnd, 'überschäumend, -schwenglich; **eb·ul·li·tion** [ebə'liʃən] *s.* **1.** Aufwallen *n* (*a. fig.*); **2.** *fig.* 'Überschäumen *n*, Aufbrausen *n*, Ausbruch *m.*

ec·cen·tric [ik'sentrik] **I.** *adj.* (□ *~ally*) **1.** ⊕, ⊿ ex'zentrisch; nicht rund (*bsd. ast.*); **2.** *fig.* exzentrisch, wunderlich, über'spannt, verschroben; ausgefallen; **II.** *s.* **3.** Sonderling *m*, wunderlicher Kauz; **4.** ⊕ Ex'zenter *m*: *~ rod* Exzenterstange; *~ wheel* Exzenterscheibe; **ec·cen·tric·i·ty** [eksen'trisiti] *s.* **1.** ⊕, ⊿ Exzentrizi'tät *f* (*a. fig.*); **2.** *fig.* Über'spanntheit *f*, Verschrobenheit *f.*

Ec·cle·si·as·tes [ikli:zi'æsti:z] *s. bibl.* Ekklesi'astes *m*, der Prediger 'Salomo; **ec·cle·si'as·ti·cal** [-tikəl] *adj.* □ kirchlich, geistlich: *~ law* Kirchenrecht; **ec·cle·si'as·ti·cism** [-tisizəm] *s.* Kirchentum *n*; Kirchlichkeit *f*; **Ec·cle·si'as·ti·cus** [-tikəs] *s. bibl.* Ekklesi'astikus *m*, (das Buch) Jesus Sirach *m.*

ec·dy·sis ['ekdisis] *pl.* **-ses** [-si:z] *s. zo.* Häutung *f.*

ech·e·lon ['eʃəlɔn] **I.** *s.* **1.** ⚔ Staffel(ung) *f*, (Angriffs)Welle *f*: *in ~* staffelförmig; **2.** ✈ 'Staffelflug *m*, -formati,on *f*; **3.** ⚔ (Befehls)Ebene *f*; **4.** *fig.* Rang *m*, Stufe *f*; **II.** *v/t.* **5.** staffeln, (staffelförmig) gliedern.

e·chid·na [e'kidnə] *s. zo.* Ameisenigel *m*; **ech·i·nite** ['ekinait] *s. zo.* versteinerter Seeigel.

e·chi·no·derm [e'kainədə:m] *s. zo.* Stachelhäuter *m*; **e'chi·nus** [-nəs] *s.* **1.** *zo.* Seeigel *m*; **2.** ⌂ E'chinus *m* (*Säulenwulst*).

ech·o ['ekou] **I.** *pl.* **-oes** *s.* **1.** 'Echo *n* (*a. fig. Person*), 'Widerhall *m*: *to the ~* laut, schallend; **2.** *fig.* Echo *n*, Widerhall *m*, Anklang *m*; **3.** ♪ Wieder'holung *f*; **4.** ⚡ a) Echo *n* (*Radio*), b) Echo *n*, Schattenbild *n* (*Radar*); **5.** Nachahmung *f*; **II.** *v/i.* **6.** 'widerhallen (*with* von); **7.** hallen; **III.** *v/t.* **8.** *Ton* zu'rückwerfen, widerhallen lassen; **9.** *fig.* Widerhall erwecken; **10.** *Worte* echoen, (me'chanisch) nachsprechen, *j-m et.* nachbeten; **11.** echoen, nachahmen; '**~-sound·er** *s.* ⚓ 'Echolot *n*; '**~-sound·ing** *s.* ⚓ 'Echolotung *f.*

é·clair ['eiklɛə] (*Fr.*) *s.* E'clair *n.*

é·clat ['eiklɑ:] (*Fr.*) *s.* **1.** E'klat *m*, glänzender Erfolg, allgemeiner Beifall, Aufsehen *n*; **2.** *fig.* Auszeichnung *f*, Geltung *f.*

ec·lec·tic [ek'lektik] **I.** *adj.* (□ *~ally*) ek'lektisch: a) auswählend, b) aus verschiedenen Quellen zs.-gestellt; **II.** *s.* Ek'lektiker *m*; **ec'lec·ti·cism** [-isizəm] *s. phls.* Eklekti'zismus *m.*

e·clipse [i'klips] **I.** *s.* **1.** *ast.* Verfinsterung *f*, Finsternis *f*: *~ of the moon* Mondfinsternis; *partial ~* partielle Finsternis; **2.** *fig.* Verdunkelung *f*, (Ver)Schwinden *n*, Nieder-, 'Untergang *m*: *in ~* verdunkelt, im Schwinden, entschwunden; **II.** *v/t.* **3.** *ast.* verfinstern; **4.** *fig.* verdunkeln; **5.** *fig.* in den Schatten stellen, über'ragen; **e'clip·tic** [-ptik] *s. ast.* Ek'liptik *f*, scheinbare Sonnenbahn.

ec·logue ['eklɔg] *s.* Ek'loge *f*, Hirtengedicht *n.*

eco- [i:kou; -ə] *in Zssgn* Umwelt..., Öko...

ec·o·log·i·cal [ekə'lɔdʒikəl] *adj.* □ *biol.* öko'logisch, Umwelt...; **ec·o'log·i·cal·ly** [-kəli] *adv.*: *~ harmful* (*od. noxious*) umweltfeindlich; *~ beneficial* umweltfreundlich; **e·col·o·gist** [i(:)'kɔlədʒist] *s. biol.* Öko-

'loge *m*, 'Umweltforscher *m*; **e·col·o·gy** [i(:)'kɔlədʒi] *s. biol.* Ökolo'gie *f*, 'Umweltforschung *f*.

e·co·nom·ic [i:kə'nɔmik] **I.** *adj.* (□ *~ally*) natio'nalöko,nomisch, (volks-)wirtschaftlich, Wirtschafts...: *~ geography* Wirtschaftsgeographie; *~ growth* Wirtschaftswachstum; *~ miracle* Wirtschaftswunder; *~ policy* Wirtschaftspolitik; *~ recovery* Konjunkturanstieg, -belebung; *~ stability* Wirtschaftsstabilität; **II.** *s. pl. sg. konstr.* Natio'nalökono,mie *f*, Volkswirtschaft(slehre) *f*; **e·co'nom·i·cal** [-kəl] *adj.* □ wirtschaftlich, haushälterisch, sparsam (of mit).

e·con·o·mist [i(:)'kɔnəmist] *s.* **1.** *a. political ~* Natio'nalöko,nom *m*, Volkswirt(schaftler) *m*; **2.** sparsamer Wirtschafter, guter Haushälter; **e'con·o·mize** [-maiz] **I.** *v/t.* **1.** sparsam 'umgehen mit; **2.** ausnützen; **II.** *v/i.* **3.** (*in, on*) sparen (an *dat.*); sparsam sein *od.* umgehen (mit); **e'con·o·miz·er** [-maizə] *s.* ⊕ Sparanlage *f*; *engS.* Vorwärmer *m*; **e·con·o·my** [i(:)'kɔnəmi] *s.* **1.** Wirtschaft *f*, Haushaltung *f*; **2.** (Volks-)Wirtschaft *f*: *free enterprise ~* freie Marktwirtschaft; *planned ~* Planwirtschaft; *political ~* → *economic II*; **3.** Sparsamkeit *f*; **4.** Ausnützung *f*; **5.** *pl.* Einsparung *f*, Sparmaßnahmen *pl.*; **6.** Sy'stem *n*, (An)Ordnung *f*, Bau *m*; **7.** Handhabung *f*.

e·co·sphere ['i:kosfiə] *s. biol.* Öko'sphäre *f*.

ec·ru ['eikru:] *adj.* e'krü, na'turfarben, ungebleicht (*Stoff*).

ec·sta·sy ['ekstəsi] *s.* **1.** Ek'stase *f*, (Taumel *m* der) Begeisterung *f*, Verzückung *f*: *to go into ecstasies over* in Verzückung geraten über (*acc.*), hingerissen sein von; **2.** Aufregung *f*; **3.** ⚕ Ekstase *f*, krankhafte Erregung; **ec·stat·ic** [eks'tætik] *adj.* (□ *~ally*) **1.** ek'statisch, ent-, verzückt, begeistert, hingerissen; **2.** entzückend, hinreißend.

ec·to·blast ['ektoublɑ:st], **'ec·to·derm** [-də:m] *s. biol.* äußeres Keimblatt; **'ec·to·plasm** [-plæzəm] *s. biol.* äußere Proto'plasmaschicht.

ec·u·men·i·cal → *oecumenical*.

ec·ze·ma ['eksimə] *s.* ⚕ Ek'zem *n*; **ec·zem·a·tous** [ek'semətəs] *adj.* ⚕ ek'zemartig.

e·da·cious [i'deiʃəs] *adj.* gefräßig, gierig.

E·dam (cheese) ['i:dæm] *s.* Edamer (Käse) *m*.

Ed·da ['edə] *s.* Edda *f*.

ed·dy ['edi] **I.** *s.* (*Wasser-, Luft-*) Wirbel *m*, Strudel *m*; **II.** *v/i.* (um'her)wirbeln; *~* **cur·rent** *s.* ⚡ Wirbelstrom *m*.

e·del·weiss ['eidlvais] *s.* ♣ Edelweiß *n*.

e·de·ma *Am.* → *oedema*.

E·den ['i:dn] *s. bibl.* (der Garten) Eden *n*; das Para'dies (*a. fig.*).

e·den·tate [i(:)'denteit] *zo.* **I.** *adj.* zahnlos, -arm; **II.** *s.* zahnarmes Tier.

edge [edʒ] **I.** *s.* **1.** Schneide *f*, Schärfe *f* (*Klinge*): *cutting ~* Schneide; *the knife has no ~* das Messer schneidet nicht; *to put an ~ on s.th.* et. schärfen *od.* schleifen; *to take the ~ off* **a)** *Messer etc.* stumpf machen, **b)** *fig. e-r Sache* die Spitze abbrechen, die Schärfe nehmen; **2.** *fig.* Schärfe *f*, Spitze *f*, Heftigkeit *f*: *to give an ~ to s.th.* et. (ver)schärfen *od.* verstärken *od.* anregen; *not to put too fine an ~ on it* kein Blatt vor den Mund nehmen; *he is (od. his nerves are) on ~* er ist gereizt *od.* nervös; **3.** Ecke *f*, Zacke *f*, (scharfe) Kante; Grat *m*: *to set (up) on ~* hochkant stellen; *~ of a chair* Stuhlkante; **4.** Rand *m*, Kante *f*, Saum *m*, Grenze *f*: *the ~ of the lake* der Rand *od.* das Ufer des Sees; *~ of a page* Rand e-r (Buch)Seite; *on the ~ of* **a)** am Rande, an der Schwelle (*gen.*), kurz vor (*dat.*), **b)** im Begriff zu; **5.** Schnitt *m* (*Buch*); → *gilt-edged 1*; **6.** *sport u.* F Vorteil *m*: *to have the ~ on (od. over) s.o.* e-n Vorteil gegenüber j-m haben, j-m ‚über' sein; **II.** *v/t.* **7.** schärfen, schleifen; **8.** um'säumen, um'randen; begrenzen, einfassen; **9.** ⊕ beschneiden, abkanten; **10.** *langsam* schieben, rücken, drängen: *to ~ o.s. into s.th.* sich in et. (hinein)drängen; **III.** *v/i.* **11.** sich *wohin* schieben *od.* drängen;

Zssgn mit adv.:

edge| a·way *v/i.* (langsam) wegrücken, wegschleichen; *~* **in I.** *v/t.* einschieben, -fügen; **II.** *v/i.* sich hin'eindrängen *od.* -schieben; *~* **off** → *edge away*; *~* **out** *v/t. u. v/i.* (sich) langsam hin'ausdrängen.

edged [edʒd] *adj.* **1.** schneidend, scharf; **2.** *in Zssgn* ...schneidig; **3.** eingefaßt, gesäumt; **4.** *in Zssgn* ...randig; *~* **tool** *s.* **1.** → *edge-tool*; **2.** *to play with edged tools fig.* mit dem Feuer spielen.

'edge|-tool *s.* Schneidewerkzeug *n*; **'~-ways, '~-wise** *adv.* seitlich, mit der Kante nach oben *od.* vorn; hochkant: *I couldn't get a word in ~ fig.* ich konnte nicht zu Worte kommen.

edg·ing ['edʒiŋ] *s.* Rand *m*; Besatz *m*, Einfassung *f*, Borte *f*; **edg·y** ['edʒi] *adj.* **1.** kantig, scharf; **2.** *fig.* bissig, reizbar, gereizt; **3.** *paint.* mit scharfen Kon'turen.

ed·i·bil·i·ty [edi'biliti] *s.* Eß-, Genießbarkeit *f*; **ed·i·ble** ['edibl] **I.** *adj.* eß-, genießbar: *~ oil* Speiseöl; **II.** *s. pl.* Eßwaren *pl.*

e·dict ['i:dikt] *s.* E'dikt *n*, Erlaß *m*.

ed·i·fi·ca·tion [edifi'keiʃən] *s. fig.* Erbauung *f*.

ed·i·fice ['edifis] *s.* **1.** Gebäude *n*, Bau *m* (*a. fig.*); **2.** *fig.* Gefüge *n*; **'ed·i·fy** [-fai] *v/t. fig.* erbauen, aufrichten; **'ed·i·fy·ing** [-faiiŋ] *adj.* □ erbauend, erbaulich, belehrend.

ed·it ['edit] *v/t.* **1.** *Texte etc.* **a)** her'ausgeben, edieren, **b)** redigieren, druckfertig machen; **2.** *Zeitung* als Her'ausgeber leiten; **3.** bearbeiten, zur Veröffentlichung fertigmachen; **e·di·tion** [i'diʃən] *s.* **1.** Ausgabe *f* (*a. fig.*): *pocket ~* Taschen(buch)ausgabe; *morning ~* Morgenausgabe (*Zeitung*); **2.** Auflage *f*: *first ~* erste Auflage, Erstdruck, -ausgabe (*Buch*); **'ed·i·tor** [-tə] *s.* **1.** Her'ausgeber *m* (*Buch*); **2.** Redak'teur *m* (*Zeitung, Fernsehen*): *letter to the ~* Leserbrief, -zuschrift; **ed·i·to·ri·al** [edi'tɔ:riəl] **I.** *adj.* □ **1.** Herausgeber...; **2.** redaktio'nell, Redaktions...: *~ staff* Schriftleitung, Redaktion; **II.** *s.* **3.** 'Leitar,tikel *m*; **'ed·i·tor·ship** [-təʃip] *s.* Amt *n* e-s Her'ausgebers *od.* Schriftleiters; **'ed·i·tress** [-tris] *s.* Her'ausgeberin *f*; Schriftleiterin *f*, Redak'teurin *f*.

ed·u·cate ['edju(:)keit] *v/t.* **1.** erziehen, unter'richten, (aus)bilden: *he was ~d at ...* er besuchte die (Hoch-)Schule in ...; **2.** ausbilden lassen; **'ed·u·cat·ed** [-tid] *adj.* gebildet, kultiviert.

ed·u·ca·tion [edju(:)'keiʃən] *s.* **1.** Erziehung *f*, Ausbildung *f*; **2.** Bildung *f*; **3.** Erziehungs-, Schulwesen *n*; **4.** (Aus)Bildungsgang *m*; **5.** Päda'gogik *f*; **ed·u'ca·tion·al** [-ʃənl] *adj.* □ erzieherisch, belehrend, Erziehungs..., Unterrichts..., Bildungs-..., päda'gogisch: *~ film* Lehrfilm; *~ leave* Bildungsurlaub; *~ publisher* Verleger von Lehrbüchern; **ed·u'ca·tion·al·ist** [-ʃnəlist], **ed·u'ca·tion·ist** [-ʃnist] *s.* Päda'goge *m*, Päda'gogin *f*; **ed·u·ca·tive** ['edju(:)kətiv] *adj.* erzieherisch, pädagogisch; **ed·u·ca·tor** ['edju(:)keitə] *s.* Erzieher(in), Lehrer(in).

e·duce [i(:)'dju:s] *v/t.* **1.** her'ausholen, entwickeln; **2.** *Begriff* ableiten; **3.** ⚗ ausziehen, darstellen.

e·duct ['i(:)dʌkt] *s.* ⚗ Auszug *m*; **e·duc·tion** [i(:)'dʌkʃən] *s.* **1.** *fig.* Her'ausholen *n*, Entwicklung *f*; **2.** Ableitung *f*, Folgerung *f*; **3.** ⚗ Ausziehen *n*; Auszug *m*; **4.** ⊕ Abzug *m*.

Ed·war·di·an [ed'wɔ:djən] *adj.* aus der Zeit König Eduards (*bsd.* Eduards VII.).

eel [i:l] *s. ichth.* Aal *m*; **'~-buck, '~-pot** *s.* Aalreuse *f*; **'~-pout** *s. ichth.* Aalraupe *f*; **'~-spear** *s.* Aalgabel *f*; **'~-worm** *s. zo.* Älchen *n*, Fadenwurm *m*.

e'en [i:n] *poet.* → *even*[1], [3].

e'er [ɛə] *poet.* → *ever*.

ee·rie, ee·ry ['iəri] *adj.* □ **1.** unheimlich, furchterregend; **2.** furchtsam; **'ee·ri·ness** [-nis] *s.* **1.** Unheimlichkeit *f*; **2.** Furchtsamkeit *f*.

ef·face [i'feis] *v/t.* **1.** ausstreichen; **2.** *bsd. fig.* auslöschen, tilgen, verwischen; **3.** in den Schatten stellen: *to ~ o.s.* (bescheiden) in den Hintergrund treten, sich zurückhalten; **ef'face·a·ble** [-səbl] *adj.* auslöschbar; **ef'face·ment** [-mənt] *s.* Auslöschung *f*, Tilgung *f*.

ef·fect [i'fekt] **I.** *s.* **1.** Wirkung *f* (*on* auf *acc.*): *to take ~* wirken; → *4*; **2.** (Ein)Wirkung *f*, Einfluß *m*, Erfolg *m*, Folge *f*: *of no ~* nutzlos, vergeblich; **3.** (gesuchte) Wirkung, Eindruck *m*, Ef'fekt *m*: *general ~* Gesamteindruck; *to have an ~ on* wirken auf (*acc.*); *meant for ~* auf Effekt berechnet; *straining after ~* Effekthascherei; **4.** Wirklichkeit *f*; ⚖ (Rechts)Wirksamkeit *f*, (-)Kraft *f*, Gültigkeit *f*: *in ~* **a)** tatsächlich, eigentlich, im wesentlichen, **b)** ⚖ *etc.* in Kraft; *with ~ from* mit Wirkung von; *to come into (od. take) ~* wirksam werden, in Kraft treten; *to carry into ~* ausführen, verwirklichen; **5.** Inhalt *m*, Sinn *m*, Absicht *f*; Nutzen *m*: *to the ~* des Inhalts; *to this ~* diesbezüglich, in diesem Sinn; *words to this ~* derartige Worte; **6.** ⊕ Leistung *f*, ˈNutzefˌfekt *m*; **7.** *pl. a. personal ~s* (Priˈvat)Efˌfekten *pl.*, Habe *f*; **8.** *pl.* ✝ Guthaben *n*: *no ~s* ohne Deckung (*Scheck*); **II.** *v/t.* **9.** be-, erwirken, verursachen; **10.** ausführen, erledigen, vollˈziehen: *to ~ an insurance* ✝ e-e Versicherung abschließen; *to ~ payment* ✝ Zahlung leisten; **efˈfec·tive** [-tiv] **I.** *adj.* □ **1.** wirksam, erfolgreich, wirkungsvoll, kräftig: *~ range* ⚔ wirksame Schußweite; **2.** eindrucks-, efˈfektvoll; **3.** (rechts)wirksam, gültig, in Kraft: *~ immediately* mit sofortiger Wirkung; *~ date* Tag des Inkrafttretens; *to become ~* in Kraft treten; **4.** tatsächlich, effekˈtiv, wirklich; **5.** ⚔ dienstfähig, kampffähig; einsatzbereit: *~ strength* Ist-Stärke; **6.** ⊕ wirksam, nutzbar, Nutz...: *~ capacity* Nutzleistung; **II.** *s. pl.* **7. a)** ⚔ einsatzfähige Solˈdaten *pl.*, **b)** ✝ Effekˈtiv-, Ist-Bestand *m*; **efˈfec·tive·ness** [-tivnis] *s.* Wirksamkeit *f*; **efˈfec·tu·al** [-tjuəl] *adj.* □ **1.** wirksam; **2.** (rechts)gültig, in Kraft; **3.** genügend; **efˈfec·tu·ate** [-tjueit] *v/t.* ausführen, bewirken, bewerkstelligen.

ef·fem·i·na·cy [iˈfeminəsi] *s.* **1.** Weichlichkeit *f*, Verweichlichung *f*; **2.** unmännliches Wesen; **efˈfem·i·nate** [-nit] *adj.* □ **1.** weichlich, verweichlicht; **2.** unmännlich, weibisch.

ef·fer·vesce [efəˈves] *v/i.* **1.** (auf-)brausen, moussieren, sprudeln, schäumen; **2.** *fig.* (ˈüber)sprudeln, ˈüberschäumen; **ef·ferˈves·cence** [-sns] *s.* **1.** (Auf)Brausen *n*, Moussieren *n*; **2.** *fig.* (ˈÜber)Sprudeln *n*, ˈÜberschäumen *n*; **ef·ferˈves·cent** [-snt] *adj.* **1.** sprudelnd, schäumend; moussierend: *~ powder* Brausepulver; **2.** *fig.* (ˈüber)sprudelnd, ˈüberschäumend.

ef·fete [eˈfi:t] *adj.* **1.** erschöpft, entkräftet, verbraucht; **2.** unfruchtbar, steˈril.

ef·fi·ca·cious [efiˈkeiʃəs] *adj.* □ wirksam; **ef·fi·ca·cy** [ˈefikəsi] *s.* Wirksamkeit *f*.

ef·fi·cien·cy [iˈfiʃənsi] *s.* **1.** Tüchtigkeit *f*; Leistungsfähigkeit *f* (*a. e-s Betriebs etc.*): *~ engineer, ~ expert* ✝ Rationalisierungsfachmann; *principle of ~* Leistungsprinzip; **2.** Tauglichkeit *f*; **3.** ⊕, *phys.* Wirkungsgrad *m*, (Nutz)Leistung *f*; **efˈfi·cient** [-nt] *adj.* □ **1.** tüchtig, (*a.* ⊕ leistungs)fähig; **2.** wirksam, gründlich; zügig, rasch; ratioˈnell; **3.** tauglich, gut funktionierend; **4.** *~ cause phls.* wirkende Ursache.

ef·fi·gy [ˈefidʒi] *s.* Abbild *n*, Bild(nis) *n*: *to burn s.o. in ~* j-s Bild verbrennen.

ef·flo·resce [eflɔ:ˈres] *v/i.* **1.** *bsd. fig.* aufblühen, sich entfalten; **2.** ⚗ ausblühen, -wittern; **ef·floˈres·cence** [-sns] *s.* **1.** *bsd. fig.* (Auf)Blühen *n*; **2.** ⚗ Ausblühen *n*, Beschlag *m*; **3.** ⚕ Ausschlag *m*; **ef·floˈres·cent** [-snt] *adj.* **1.** *bsd. fig.* (auf)blühend; **2.** ⚗ ausblühend.

ef·flu·ence [ˈefluəns] *s.* Ausfließen *n*, -strömen *n*; Ausfluß *m*; **ˈef·flu·ent** [-nt] **I.** *adj.* **1.** ausfließend, -strömend; **II.** *s.* **2.** Ausfluß *m*; **3.** Abwasser *n*.

ef·flu·vi·um [eˈflu:vjəm] *pl.* **-vi·a** [-vjə] *s.* Ausdünstung *f*.

ef·flux [ˈeflʌks] *s.* **1.** Ausfluß *m*, Ausströmen *n*; **2.** *fig.* Ablauf *m*, Ende *n*.

ef·fort [ˈefət] *s.* **1.** Anstrengung *f*, Bemühung *f*, Mühe *f*, Versuch *m*, Bestreben *n*: *to make an ~* sich bemühen, sich anstrengen; *to make every ~* alle Kräfte anspannen; *to spare no ~* keine Mühe scheuen; *with an ~* mühsam; **2.** F Leistung *f*; **ˈef·fort·less** [-lis] *adj.* mühelos, leicht.

ef·fron·ter·y [eˈfrʌntəri] *s.* Frechheit *f*, Zumutung *f*, Unverfrorenheit *f*.

ef·ful·gence [eˈfʌldʒəns] *s.* Glanz *m*; **efˈful·gent** [-nt] *adj.* □ strahlend, glänzend.

ef·fuse [eˈfju:z] **I.** *v/t.* **1.** ausgießen (*a. fig.*); **2.** *Licht* verbreiten; **II.** *v/i.* **3.** ausströmen; **III.** *adj.* [-s] **4.** ⚘ ausgebreitet; **ef·fu·sion** [iˈfju:ʒən] *s.* **1.** Ausströmen *n*; Ausgießung *f*; Erguß *m* (*a. fig.*): *~ of blood* ⚕ Bluterguß; **2.** ˈÜberschwenglichkeit *f*; **ef·fu·sive** [iˈfju:siv] *adj.* □ ˈüberschwenglich, überˈtrieben; **ef·fu·sive·ness** [iˈfju:sivnis] → *effusion* 2.

e·gad [iˈgæd] *int.* F wahrˈhaftig!, bei Gott!

e·gal·i·tar·i·an [igæliˈtɛəriən] **I.** *s.* Gleichmacher *m*; **II.** *adj.* gleichmacherisch; **e·gal·iˈtar·i·an·ism** [-nizəm] *s.* Lehre *f* von der Gleichheit aller.

egg[1] [eg] *s.* **1.** Ei *n*: *in the ~ fig.* im Anfangsstadium; *a bad ~ fig.* F ein übler Kerl, ein ‚Früchtchen'; *as sure as ~s is* (*a. are*) *~s sl.* todsicher; *to have* (*od. put*) *all one's ~s in one basket* alles auf ˈeine Karte setzen; → *grandmother*; **2.** *biol.* Eizelle *f*; **3.** ⚔ *sl.* Bombe *f*, Graˈnate *f*.

egg[2] [eg] *v/t. mst ~ on* auf-, anreizen, anstacheln, aufhetzen (*to* zu).

egg| and dart *s.* △ Eierstab *m*; **ˈ~-beat·er** *s.* **1.** *Küche*: Schneeschläger *m*; **2.** ✈ *sl.* Hubschrauber *m*; **~ coal** *s.* Nußkohle *f*; **ˈ~-co·sy** *s. Brit.* Eierwärmer *m*; **ˈ~-cup** *s.* Eierbecher *m*; **ˈ~-flip** *s.* Eierflip *m*; **ˈ~·head** *s. sl.* ‚Eierkopf' *m* (*Intellektueller*) (*oft contp.*); **ˈ~-nog** → *egg-flip*; **ˈ~-plant** *s.* ⚘ Eierfrucht *f*, Auberˈgine *f*; **ˈ~-shaped** *adj.* eiförmig; **ˈ~-shell I.** *s.* Eierschale *f*: *~ china* Eierschalenporzellan; **II.** *adj.* zerbrechlich; **ˈ~-spoon** *s.* Eierlöffel *m*; **ˈ~-tim·er** *s.* Eieruhr *f*; **ˈ~-whisk** *s. Küche*: Schneebesen *m*.

eg·lan·tine [ˈegləntain] *s.* ⚘ Weinrose *f*.

e·go [ˈegou] *pl.* **-os** *s.* Ich *n*.

e·go·cen·tric [egouˈsentrik] *adj.* egoˈzentrisch, ichbezogen; **e·go·ism** [ˈegouizəm] *s.* Egoˈismus *m* (*a. phls.*), Selbstsucht *f*; **e·go·ist** [ˈegouist] *s.* Egoˈist(in); **e·go·is·tic** *adj.*; **e·go·is·ti·cal** [egouˈistik(əl)] *adj.* □ egoˈistisch; **e·go·ma·ni·a** [egouˈmeinjə] *s.* krankhafte Selbstsucht; **e·go·tism** [ˈegoutizəm] *s.* Eigendünkel *m*; Geltungsbedürfnis *n*; Egoˈtismus *m*; **e·go·tist** [ˈegoutist] *s.* geltungsbedürftiger *od.* selbstgefälliger Mensch, Egoˈtist(in); **e·go·tis·tic** *adj.*; **e·go·tis·ti·cal** [egouˈtistik(əl)] *adj.* □ selbstgefällig, egoˈtistisch, geltungsbedürftig.

e·gre·gious [iˈgri:dʒəs] *adj.* □ unerhört, ungeheuer(lich), kraß, Erz...

e·gress [ˈi:gres] *s.* **1.** Ausgang *m*; **2.** Ausgangsrecht *n*; **3.** *fig.* Ausweg *m*; **4.** *ast.* Austritt *m*; **e·gres·sion** [i(:)ˈgreʃən] *s.* Ausgang *m*, -tritt *m*.

e·gret [ˈi:gret] *s.* **1.** *orn.* Silberreiher *m*; **2.** Reiherfeder *f*; **3.** ⚘ Federkrone *f*.

E·gyp·tian [iˈdʒipʃən] **I.** *adj.* **1.** äˈgyptisch: *~ cotton* Mako; **II.** *s.* **2.** Äˈgypter(in); **3.** *ling.* Äˈgyptisch *n*.

E·gyp·tol·o·gist [i:dʒipˈtɔlədʒist] *s.* Ägyptoˈloge *m*, Ägyptoˈlogin *f*; **E·gypˈtol·o·gy** [-dʒi] *s.* Ägyptoloˈgie *f*.

eh [ei] *int.* **1. a)** wie?, wie bitte?, **b)** nicht wahr?; **2.** ei!, sieh da!

ei·der [ˈaidə] *s. orn. a.* *~-duck* Eiderente *f*; **ˈ~-down** *s.* **1.** *coll.* Eiderdaunen *pl.*; **2.** Daunendecke *f*.

eight [eit] **I.** *adj.* **1.** acht: *~-hour day* Achtstundentag; **II.** *s.* **2.** Acht *f*: *to have one over the ~ sl.* e-n über den Durst trinken; **3.** *sport* **a)** Achter(mannschaft *f*) *m*, **b)** Achter *m* (*Boot*); **eight·een** [ˈeiˈti:n] **I.** *adj.* achtzehn; **II.** *s.* Achtzehn *f*; **eight·eenth** [ˈeiˈti:nθ] **I.** *adj.* achtzehnt; **II.** *s.* Achtzehntel *n*; **ˈeight·fold** *adj. u. adv.* achtfach; **eighth** [eitθ] **I.** *adj.* □ acht(er, e, es); **II.** *s.* Achtel *n* (*a.* ♪); **eighth·ly** [ˈeitθli] *adv.* achtens; **ˈeight·i·eth** [-tiiθ] **I.** *adj.* achtzigst; **II.** *s.* Achtzigstel *n*; **ˈeight·some** [-səm] *s. Scot. mst ~ reel schottischer Tanz für 8 Tänzer*; **ˈeight·y** [-ti] **I.** *adj.* achtzig; **II.** *s.* Achtzig *f*: *the eighties* **a)** die achtziger Jahre (*eines Jahrhunderts*), **b)** die Achtziger(jahre) (*Lebensalter*).

eis·tedd·fod [aisˈteðvɔd] *s.* Eisˈteddfod *n* (*walisisches Sänger- u. Dichterfest*).

ei·ther [ˈaiðə] **I.** *adj.* **1.** jeder, jede, jedes (*von zweien*), beide: *on ~ side* auf beiden Seiten; *there is nothing in ~ bottle* beide Flaschen sind leer; **2.** (irgend)ein (*von zweien*): *~ way* auf die e-e od. andere Art; *~ half of the cake* (irgend)eine Hälfte des Kuchens; **II.** *pron.* **3.** (irgend)ein (*von zweien*): *~ of you can come* (irgend)einer von euch (beiden) kann kommen; *I didn't see ~* ich sah keinen (von beiden); **4.** beides: *~ is possible*; **III.** *cj.* **5.** *~ ... or* entweder ... oder: *~ be quiet or go!* entweder sei still oder geh!; **6.** *neg.*: *~ ... or* weder ... noch: *it isn't good ~ for parent or child* es ist weder für Eltern noch Kinder gut; **IV.** *adv.* **7.** *neg.*: *nor ... ~* (und) auch nicht, noch: *he could not hear nor speak ~* er konnte nicht hören u. auch nicht sprechen, er konnte weder hören noch sprechen; *I shall not go ~* ich werde auch nicht gehen; *she sings, and not badly ~* sie singt, und gar nicht schlecht; **8.** *without ~ good or bad intentions* ohne gute oder schlechte Absichten.

e·jac·u·late [iˈdʒækjuleit] **I.** *v/t.* **1.** ⚕ *bsd. Samen* ejakulieren, ausstoßen; **2.** *Worte* ausstoßen; **II.** *v/i.* **3.** Worte ausstoßen; **e·jac·u·la·tion** [idʒækjuˈleiʃən] *s.* **1.** ⚕ Ejakulatiˈon *f*, Samenerguß *m*; **2.** Ausruf *m*, Stoßseufzer *m*, -gebet *n*; **eˈjac·u·la·to·ry** [-lətəri] *adj.* **1.** ⚕ ausstoßend, Ausstoß...; **2.** hastig (ausgestoßen), Stoß...: ~ *prayer.*

e·ject [i(:)ˈdʒekt] *v/t.* **1.** (*from*) *j-n* hinˈauswerfen (aus), vertreiben (aus, von); entlassen (aus), *e-s Amtes* entsetzen; **2.** ⚖ exmittieren, ausweisen; **3.** ⊕ ausstoßen, -werfen; **eˈjec·tion** [-kʃən] *s.* **1.** Vertreibung *f*, Entfernung *f*; Entlassung *f*, Absetzung *f*; **2.** ⚖ **a)** Exmissiˈon *f*, Ausweisung *f*, **b)** Klage *f* auf Herˈausgabe *von unbeweglichem Gut*; **3.** ⊕ Ausstoßung *f*, Auswerfen *n*; **eˈject·ment** [-mənt] *s.* **1.** Vertreibung *f*; **2.** ⚖ Exmissiˈon *f*; **eˈjec·tor** [-tə] *s.* **1.** Vertreiber *m*; **2.** ⊕ **a)** Auswerfer *m*, **b)** ⚔ Paˈtronenauswerfer *m*: ~ *seat* ✈ Katapult-, Schleudersitz.

eke [i:k] *v/t.* ~ *out* ergänzen, verlängern; *Flüssigkeit, Vorrat etc., a. Einkommen* strecken: *to* ~ *out a miserable existence* sich kümmerlich durchschlagen.

el [el] *s. Am.* F *abbr. für elevated railroad.*

e·lab·o·rate I. *adj.* [iˈlæbərit] □ → *elaborately*; **1.** sorgfältig ausgeführt *od.* (aus)gearbeitet; **2.** reichhaltig, ausführlich; **3.** kunstvoll; **4.** kompliziert, ˈumständlich; **II.** *v/t.* [-bəreit] **5.** sorgfältig aus- *od.* herˈausarbeiten, verˈvollkommnen; **6.** *Theorie* entwickeln; **7.** genau darlegen; **eˈlab·o·rate·ly** [-li] *adv.* **1.** sorgfältig, genau; **2.** ausführlich; **eˈlab·o·rate·ness** [-nis] *s.* sorgfältige *od.* kunstvolle Ausführung; Genauigkeit *f*; **e·lab·o·ra·tion** [ilæbəˈreiʃən] *s.* **1.** Ausarbeitung *f*; **2.** (Weiter-)Entwicklung *f*, Verˈvollkommnung *f*; **3.** genaue Darlegung.

é·lan [eiˈlɑ̃; elɑ̃] (*Fr.*) *s.* Eˈlan *m*, Schwung *m*, Feuer *n*, Begeisterung *f*.

e·land [ˈi:lənd] *s. zo.* ˈElenantiˌlope *f*.

e·lapse [iˈlæps] *v/i.* vergehen, verstreichen (*Zeit*), ablaufen (*Frist*).

e·las·tic [iˈlæstik] **I.** *adj.* (□ ~*ally*) **1.** eˈlastisch, federnd, dehnbar (*a. fig.*): ~ *force phys.* Elastizität, Federkraft; **2.** biegsam, geschmeidig (*a. fig.*); **3.** *fig.* anpassungsfähig: ~ *conscience* weites Gewissen; **4.** lebhaft, spannkräftig; **5.** Gummi...: ~ *band* Gummiband; ~*-side boots* Zugstiefel; **II.** *s.* **6.** ˈGummiband *n*, -zug *m*; **eˈlas·ti·cat·ed** [-keitid] *adj.* mit Gummizug; **e·las·tic·i·ty** [elæsˈtisiti] *s.* Elastiziˈtät *f*, Feder-, Spannkraft *f* (*a. fig.*); **eˈlas·ti·cize** [-isaiz] *v/t.* mit Gummizug versehen.

e·late [iˈleit] *v/t.* **1.** ermutigen, erheben, freudig erregen; **2.** aufblähen, stolz machen; **eˈlat·ed** [-tid] *adj.* □ **1.** in gehobener Stimmung, freudig erregt (*at* über *acc.*, *with* durch); **2.** hochmütig, stolz; **eˈla·tion** [-eiʃən] *s.* **1.** gehobene Stimmung; **2.** Stolz *m*.

el·bow [ˈelbou] **I.** *s.* **1.** Ell(en)bogen *m*: *at one's* ~ bei der Hand, nahe; *out at* ~*s* **a)** schäbig (*Kleidung*), **b)** heruntergekommen (*Person*); *up to the* ~*s in work* bis über die Ohren in der Arbeit; **2.** Biegung *f*, Krümmung *f*, Ecke *f*, Knie *n*; **3.** ⊕ Kniestück *n*, Krümmer *m*, Winkel (-stück *n*) *m*; **II.** *v/t.* **4.** *mit dem Ellbogen* stoßen, drängen (*a. fig.*): *to* ~ *s.o. out* j-n hinausdrängen, j-n beiseite schieben; *to* ~ *one's way through* sich durchdrängeln; ˈ~-ˈ**chair** → *arm-chair*; ˈ~**-grease** *s. humor.* **1.** ‚Arm-, Knochenschmalz' *n* (*Kraft*); **2.** schwere Arbeit; ˈ~-**room** *s.* Bewegungsfreiheit *f*, Spielraum *m* (*a. fig.*).

eld [eld] *s. poet.* **1.** Alter *n*; **2.** alte Zeiten *pl.*

eld·er[1] [ˈeldə] **I.** *adj.* **1.** älter: *my* ~ *brother* mein älterer Bruder; **II.** *s.* **2.** (der, die) Ältere: *my* ~ *by two years* zwei Jahre älter als ich; *my* ~*s* ältere Leute als ich; **3.** Reˈspektsperˌson *f*; **4.** *oft pl.* (Kirchen-, Gemeinde- *etc.*)Älteste(r) *m*.

el·der[2] [ˈeldə] *s.* ✿ Hoˈlunder *m*; ˈ**el·der·ber·ry** *s.* ✿ Hoˈlunderbeere *f*.

eld·er·ly [ˈeldəli] *adj.* ältlich.

Eld·er States·man *s.* [*irr.*] erfahrener (u. geachteter) Staatsmann (*als Berater*).

eld·est [ˈeldist] *adj.* ältest: *my* ~ *brother* mein ältester Bruder; ~ *born* erstgeboren.

El Do·ra·do [eldɔˈrɑ:dou] *pl.* **-dos** *s.* (El)Doˈrado *n*.

e·lect [iˈlekt] **I.** *v/t.* **1.** *j-n zu e-m Amt* (er)wählen: *he was* ~*ed president* er wurde zum Präsidenten gewählt; **2.** *eccl.* auserwählen; **II.** *v/i.* **3. a)** sich entschließen, es vorziehen (*to inf.* zu *inf.*), **b)** wählen; **III.** *adj.* **4.** *eccl.* auserwählt, -erlesen; **5.** (*nachgestellt*) designiert, zukünftig: *bride* ~ Zukünftige, Braut; *president* ~ zukünftiger (*noch nicht amtierender*) Präsident; **IV.** *s.* **6.** *eccl. u. fig. the* ~ *coll.* die Auserwählten *pl.*; **eˈlec·tion** [-kʃən] *s. mst pol.* Wahl *f*: ~ *campaign* Wahlkampf; ~ *returns* Wahlergebnisse; **e·lec·tion·eer** [ilekʃəˈniə] *v/i. pol.* ˈWahlpropaˌganda machen, Stimmen werben; **e·lec·tion·eer·ing** [ilekʃəˈniəriŋ] *s. pol.* ˈWahlagitatiˌon *f*; **eˈlec·tive** [-tiv] **I.** *adj.* □ → *electively*; **1.** gewählt, durch Wahl, Wahl...; **2.** wahlberechtigt, wählend; **3.** *ped. Am.* wahlfrei, fakultaˈtiv; **II.** *s.* **4.** *ped. Am.* Wahlfach *n*; **eˈlec·tive·ly** [-tivli] *adv.* durch Wahl; **eˈlec·tor** [-tə] *s.* **1.** *pol.* **a)** Wähler(in), **b)** *Am.* Wahlmann *m*; **2.** ♔ *hist.* Kurfürst *m*; **eˈlec·tor·al** [-tərəl] *adj.* Wahl..., Wähler...: ~ *college Am.* Wahlkomitee, Wahlmänner; ~ *rally* Wahlversammlung; ~ *roll* Wählerliste; **eˈlec·tor·ate** [-tərit] *s.* **1.** *pol.* Wähler(schaft *f*) *pl.*; **2.** *hist.* **a)** Kurwürde *f*, **b)** Kurfürstentum *n*; **eˈlec·tress** [-tris] *s.* **1.** Wählerin *f*; **2.** ♔ *hist.* Kurfürstin *f*.

e·lec·tric *adj.*; **e·lec·tri·cal** [iˈlektrik(əl)] *adj.* □ **1.** eˈlektrisch, Elektro...; eˌlektroˈtechnisch; **2.** *fig.* elektrisierend.

e·lec·tri·cal| en·gi·neer *s.* Eˈlektroingeniˌeur *m*, Eˌlektroˈtechniker *m*; ~ **en·gi·neer·ing** *s.* Eˌlektroˈtechnik *f*; ~ **in·dus·try** *s.* Eˈlektroinduˌstrie *f*.

e·lec·tric| blan·ket *s.* Heizdecke *f*; ~ **blue** *s.* Stahlblau *n*; ~ **chair** *s.* eˈlektrischer Stuhl (*für Hinrichtungen*); ~ **charge** *s.* eˈlektrische Ladung; ~ **cir·cuit** *s.* **1.** Stromkreis *m*; **2.** eˈlektrische Leitung; ~ **cur·rent** *s.* eˈlektrischer Strom; ~ **cush·ion** *s.* Heizkissen *n*; ~ **eel** *s. ichth.* Zitteraal *m*; ~ **fan** *s.* eˈlektrischer Ventiˈlator; ~ **fence** *s.* eˈlektrisch geladener Drahtzaun.

e·lec·tri·cian [ilekˈtriʃən] *s.* Eˌlektroˈtechniker *m*, Eˈlektriker *m*.

e·lec·tric i·ron *s.* eˈlektrisches Bügeleisen.

e·lec·tric·i·ty [ilekˈtrisiti] *s.* Elektriziˈtät *f*.

e·lec·tric| plant *s.* eˈlektrische Anlage; ~ **rail·way**, *Am.* ~ **rail·road** *s.* eˈlektrische Eisenbahn; ~ **ray** *s. ichth.* Zitterrochen *m*; ~ **seal** *s.* ˈSealeˌlectric *n*, -kaˌnin *n* (*Pelzimitation*); ~ **shock** *s.* eˈlektrischer Schlag; ~ **steel** *s.* ⊕ Eˈlektrostahl *m*; ~ **storm** *s.* Gewittersturm *m*; ~ **torch** *s.* (eˈlektrische) Taschenlampe.

e·lec·tri·fi·ca·tion [ilektrifiˈkeiʃən] *s.* **1.** Elektrisierung *f* (*a. fig.*); **2.** Elektrifizierung *f*; **e·lec·tri·fy** [iˈlektrifai] *v/t.* **1.** elektrisieren (*a. fig.*), eˈlektrisch laden; **2.** elektrifizieren; **3.** *fig.* anfeuern, erregen, begeistern.

e·lec·tro [iˈlektrou] *pl.* **-tros** *s. typ.* F Galˈvano *n*, Kliˈschee *n*.

electro- [ilektrou; -ə] *in Zssgn* Elektro..., elektro..., eˈlektrisch.

eˈlec·tro|·aˈnal·y·sis *s.* ⚗ Eˌlektroanaˈlyse *f*; ~ˈ**car·di·o·gram** *s.* ⚕ Eˌlektrokardioˈgramm *n*, EKˈG *n*; ~-ˈ**chem·is·try** *s.* Eˌlektrocheˈmie *f*.

e·lec·tro·cute [iˈlektrəkju:t] *v/t.* **1.** auf dem eˈlektrischen Stuhl hinrichten; **2.** durch elektrischen Strom töten; **e·lec·tro·cu·tion** [ilektrəˈkju:ʃən] *s.* Hinrichtung *f* *od.* Tod *m* durch elektrischen Strom.

e·lec·trode [iˈlektroud] *s.* ⚡ Elekˈtrode *f*.

eˈlec·tro|·dyˈnam·ics *s. pl. sg. konstr.* Eˌlektrodyˈnamik *f*; ~·**kiˈnet·ics** *s. pl. sg. konstr.* Eˌlektrokiˈnetik *f*.

e·lec·trol·y·sis [ilekˈtrɔlisis] *s.* Elektroˈlyse *f*; **e·lec·tro·lyte** [iˈlektroulait] *s.* Elektroˈlyt *m*; **e·lec·tro·lyt·ic** [ilektrouˈlitik] *adj.* (□ ~*ally*) elektroˈlytisch, Elektrolyt...

eˈlec·tro|ˈmag·net *s.* Eˌlektromaˈgnet *m*; ~·**magˈnet·ic** *adj.* (□ ~*ally*) eˌlektromaˈgnetisch.

e·lec·trom·e·ter [ilekˈtrɔmitə] *s.* Eˌlektroˈmeter *n*.

eˈlec·tro|ˈmo·tive *adj.* eˌlektromoˈtorisch; ~ˈ**mo·tor** *s.* Eˌlektroˈmotor *m*.

e·lec·tron [iˈlektrɔn] *phys.* **I.** *s.* ˈElektron *n*; **II.** *adj.* Elektronen...: ~ *microscope*; **e·lec·tron·ic** [ilekˈtrɔnik] *adj.* (□ ~*ally*) elekˈtronisch, Elektronen...: ~ *flash phot.* Elektronenblitz; ~ *music* elektronische Musik; **e·lec·tron·ics** [ilekˈtrɔniks] *s. pl. sg. konstr.* Elekˈtronik *f*.

eˈlec·tro|·plate I. *v/t.* elektroplattieren, galvanisieren; **II.** *s.* elektroplattierte Ware; **~·scope** [i'lektrəskoup] *s. phys.* Eˌlektro'skop *n*; **~·scop·ic** [ilektrə'skɔpik] *adj.* (□ **~ally**) eˌlektro'skopisch; **~'ther·a·py** *s.* ⚕ Eˌlektrothera'pie *f*; **~·type I.** *s.* **1.** Gal'vano *n*; **2.** galˌvano'plastischer Druck; **II.** *v/t.* **3.** galvanoplastisch vervielfältigen.

e·lec·tu·ar·y [i'lektjuəri] *s.* ⚕ Lat'werge *f*.

el·ee·mos·y·nar·y [elii:'mɔsinəri] *adj.* **1.** Almosen..., Wohltätigkeits..., wohltätig; **2.** Almosen empfangend.

el·e·gance ['eligəns] *s.* Ele'ganz *f*, Vornehmheit *f*, Gepflegtheit *f*, Anmut *f*, feiner Geschmack; Gewähltheit *f*, Schönheit *f*; **'el·e·gant** [-nt] *adj.* □ **1.** ele'gant, fein, geschmackvoll, vornehm, anmutig, gewählt, gepflegt; **2.** *Am. sl.* erstklassig, ,'prima'.

el·e·gi·ac [eli'dʒaiək] **I.** *adj.* e'legisch, klagend, Klage...; **II.** *s.* elegischer Vers; *pl.* elegisches Gedicht; **el·e·gize** ['elidʒaiz] *v/i.* e-e Ele'gie schreiben (*upon* auf *acc.*); **el·e·gy** ['elidʒi] *s.* Ele'gie *f*, Klagelied *n*.

el·e·ment ['elimənt] *s.* **1.** Ele'ment *n* (*a.* ⚗, ⚡), Grundbestandteil *m*, Grund-, Urstoff *m*; **2.** Grundzug *m*, -lage *f*; **3.** wesentlicher 'Umstand *od.* 'Faktor; ⚖ Tatbestandsmerkmal *n*; **4.** *pl.* Anfangsgründe *pl.*, Anfänge *pl.*; **5.** *pl.* Na'turkräfte *pl.*, Elemente *pl.*; **6.** ('Lebens)Eleˌment *n*, gewohnte Um'gebung: *to be in one's ~* in s-m Element sein; *to be out of one's ~* sich fehl am Platze fühlen; **7.** *fig.* Körnchen *n*, Fünkchen *n*: *an ~ of truth* ein Körnchen Wahrheit; **8. a)** ⚔ Truppenteil *m*, **b)** ✈ Rotte *f*; **el·e·men·tal** [eli'mentl] *adj.* **1.** elemen'tar: **a)** ursprünglich, na'türlich, **b)** urgewaltig, **c)** wesentlich; **2.** Elementar..., Ur...

el·e·men·ta·ry [eli'mentəri] *adj.* □ **1.** elemen'tar (*a.* ⚗, *phys.*), einfach, grundlegend; Elementar..., Anfangs...; **2.** unentwickelt; **~ ed·u·ca·tion** *s.* **1.** Grundschul-, Volksschulbildung *f*; **2.** Volksschulwesen *n*; **~ school** *s.* Grundschule *f*, Volksschule *f*.

e·len·chus [i'leŋkəs] *pl.* **-chi** [-kai] (*Lat.*) *s.* Gegenbeweis *m*, Wider'legung *f*.

el·e·phant ['elifənt] *s.* **1.** *zo.* Ele'fant *m*: *white ~ fig.* lästiger *od.* kostspieliger Besitz; **2.** *ein Papierformat* (*28×23 Zoll*); **el·e·phan·ti·a·sis** [elifən'taiəsis] *s.* ⚕ Elefan'tiasis *f*; **el·e·phan·tine** [eli'fæntain] *adj.* **1.** ele'fantenartig, Elefanten...; **2.** *fig.* riesenhaft; **3.** grobschlächtig, plump, schwerfällig.

'el·e·phant-seal *s. zo.* 'See-Eleˌfant *m*.

'el·e·phant's-ear *s.* ♣ Be'gonie *f*.

El·eu·sin·i·an [elju(:)'siniən] *adj.* *antiq.* eleu'sinisch.

el·e·vate ['eliveit] *v/t.* **1.** hoch-, em'porheben; aufrichten; **2.** *Blick* erheben; *Stimme* heben; **3.** *j-n* erheben, befördern (*to* zu); **4.** *fig.* besser machen, heben, veredeln; **5.** beleben, erheitern; **6.** ⚔ *Geschützrohr* erhöhen.

el·e·vat·ed ['eliveitid] **I.** *adj.* **1.** erhaben, gehoben, edel, vornehm; **2.** hoch, Hoch...; **3.** F angeheitert; **II.** *s.* **4.** *Am.* F Hochbahn *f*; **~ rail·way,** *Am.* **~ rail·road** *s.* Hochbahn *f*.

el·e·vat·ing ['eliveitiŋ] *adj.* **1.** *bsd.* ⊕ hebend, Hebe..., Höhen...; **2.** *fig.* erhebend, belebend; **el·e·va·tion** [eli'veiʃən] *s.* **1.** Hoch-, Em'porheben *n*; **2.** Erhebung *f*, Erhöhung *f*, (An)Höhe *f*; **3.** *fig.* Erhebung *f*, Beförderung *f* (*to* zu); **4.** Erhabenheit *f*, Vornehmheit *f*; **5.** Würde *f*, hoher Rang; **6.** △ Aufriß *m*: *front ~* Vorderansicht; **7.** *ast.* Höhe *f*; **8.** ⊕, ⚔ Richthöhe *f*; **'el·e·va·tor** [-tə] *s.* **1.** ⊕ Hebe-, Förderwerk *n*, Aufzug *m*: *bucket ~* Becherwerk; **2.** *Am.* Fahrstuhl *m*; **3.** *Am.* Getreidesilo *m* (*mit Aufzug*); **4.** ✈ Höhensteuer *n*, -ruder *n*; **5.** *anat.* Hebemuskel *m*.

e·lev·en [i'levn] **I.** *adj.* **1.** elf; **II.** *s.* **2.** Elf *f*; **3.** *sport* Elf *f*; **~-'plus (ex·am·i·na·tion)** *s. ped. Brit. im Alter von ungefähr 11 Jahren abzulegende Prüfung, die über die schulische Weiterbildung entscheidet.*

e·lev·en·ses [i'levnziz] *s. pl.* F Imbiß *m* um 11 Uhr morgens; **e'lev·enth** [-nθ] **I.** *adj.* □ elft; → *hour* 2; **II.** *s.* Elftel *n*; **e'lev·enth·ly** [-nθli] *adv.* elftens.

elf [elf] *pl.* **elves** [elvz] *s.* **1.** Elf *m*, Elfe *f*; **2.** 'Kobold *m*; **3.** Zwerg *m*, Knirps *m*; **elf·in** ['elfin] **I.** *adj.* Elfen..., Zwergen...; **II.** *s.* → *elf*; **elf·ish** ['elfiʃ] *adj.* **1.** elfenartig; **2.** boshaft, 'koboldhaft.

'elf|-lock *s.* Weichselzopf *m*, verfilztes Haar; **'~-struck** *adj.* be-, verhext.

e·lic·it [i'lisit] *v/t.* **1.** (*from*) *et.* (aus *j-m*) her'auslocken, -holen, (*j-m*) *et.* entlocken; **2.** her'ausbekommen, ans Licht bringen.

e·lide [i'laid] *v/t. ling. Vokal od. Silbe* elidieren, auslassen.

el·i·gi·bil·i·ty [elidʒə'biliti] *s.* **1.** Eignung *f*, Würdigkeit *f*, Befähigung *f*: *his eligibilities* s-e Vorzüge; **2.** Erwünschtheit *f*; **3.** Teilnahmeberechtigung *f*, *sport a.* Startberechtigung *f*; **el·i·gi·ble** ['elidʒəbl] *adj.* □ **1.** geeignet; annehmbar, akzep'tabel (*a. als Ehemann*); **2.** erwünscht, begehrenswert; **3.** (*for*) befähigt, berechtigt (zu), in Frage kommend (für); **4.** teilnahmeberechtigt, *sport a.* startberechtigt.

e·lim·i·nate [i'limineit] *v/t.* **1.** tilgen, beseitigen, entfernen, ausmerzen, ausschließen; *a. Gegner* ausschalten; *bsd. Algebra*: eliminieren: *to be ~d sport* ausscheiden; **2.** *Geschriebenes* streichen; **3.** ⚕, ⚗ ausscheiden; **e·lim·i·na·tion** [ilimi'neiʃən] *s.* **1.** Tilgung *f*, Beseitigung *f*, Entfernung *f*, Ausmerzung *f*, -schaltung *f*, -lassung *f*; **2.** Streichung *f*; **3.** ⚕, ⚗, *sport* Ausscheidung *f*: *~ contest* Ausscheidungs-, Qualifikationswettbewerb; **e'lim·i·na·tor** [-tə] *s. Radio*: Sieb-, Sperrkreis *m*.

e·li·sion [i'liʒən] *s. ling.* Elisi'on *f*, Auslassung *f* (*bsd. e-s Vokals*).

é·lite [ei'li:t] (*Fr.*) *s.* **1.** E'lite *f*, Auslese *f*; Oberschicht *f*; **2.** ⚔ E'lite-, Kerntruppe *f*; **é'lit·ist** [-tist] *adj.* eli'tär: *~ thinking*.

e·lix·ir [i'liksə] *s.* **1.** Eli'xier *n*, Zauber-, Heiltrank *m*; **2.** All'heilmittel *n*.

E·liz·a·be·than [ilizə'bi:θən] **I.** *adj.* elisabe'thanisch; **II.** *s.* Zeitgenosse *m* E'lisabeths I. von England.

elk [elk] *s. zo.* **1.** Elch *m*, Elen *m*, *n*; **2.** *Am.* Elk *m*, Wa'piti *m*.

ell [el] *s.* Elle *f* (*Längenmaß*); → *inch* 2.

el·lipse [i'lips] *s.* **1.** ⅍ El'lipse *f*; **2.** → *ellipsis*; **el'lip·sis** [-sis] *pl.* **-ses** [-si:z] *s. ling.* El'lipse *f*, Auslassung *f*; **el'lips·oid** [-sɔid] *s.* ⅍ Ellipso'id *n*; **el'lip·tic** *adj.*; **el'lip·ti·cal** [-ptik(əl)] *adj.* □ **1.** ⅍ el'liptisch, Ellipsen...; **2.** *ling.* elliptisch, unvollständig.

elm [elm] *s.* ♣ Ulme *f*, Rüster *f*.

el·o·cu·tion [elə'kju:ʃən] *s.* Vortrag *m*, Dikti'on *f*; Vortragskunst *f*; **el·o'cu·tion·ist** [-ʃnist] *s.* **1.** Vortragskünstler(in); **2.** Vortragslehrer(in), Sprecherzieher(in).

e·lon·gate ['i:lɔŋgeit] **I.** *v/t.* **1.** verlängern, strecken, ausdehnen; **II.** *v/i.* **2.** sich verlängern; **3.** ♣ spitz zulaufen; **III.** *adj.* **4.** lang u. dünn, länglich; **'e·lon·gat·ed** [-tid] *adj.* → *elongate* 4; **e·lon·ga·tion** [i:lɔŋ'geiʃən] *s.* **1.** Verlängerung *f*, Streckung *f*, Ausdehnung *f*; **2.** *ast.* Winkelabstand *m* (*e-s Planeten von der Sonne*).

e·lope [i'loup] *v/i.* (mit s-m *od.* s-r Geliebten) entlaufen, 'durchgehen: *to ~ with a. die Geliebte* entführen; **e'lope·ment** [-mənt] *s.* Entlaufen *n*, Flucht *f*; Entführung *f*; **e'lop·er** [-pə] *s.* Ausreißer(in).

el·o·quence ['eləkwəns] *s.* Beredsamkeit *f*, Redegabe *f*, -gewandtheit *f*; **'el·o·quent** [-nt] *adj.* □ **1.** beredt, redegewandt; **2.** über'zeugend; **3.** *fig.* deutlich, sprechend, ausdrucksvoll; vielsagend (*Blick etc.*).

else [els] *adv.* **1.** (*neg. u. interrog.*) sonst, weiter, außerdem: *anything ~?* sonst noch etwas?; *what ~ can we do?* was können wir sonst noch tun?; *no one ~* sonst *od.* weiter niemand; *where ~?* wo anders?, wo sonst (noch)?; **2.** anderer, andere, anderes: *that's something ~* das ist et. anderes; *everybody ~* alle anderen *od.* übrigen; *somebody ~'s dog* der Hund e-s (*od.* e-r) anderen; **3.** oft *or ~* oder, sonst, wenn nicht: *hurry, (or) ~ you will be late* beeile dich, oder du kommst zu spät *od.* sonst kommst du zu spät; *or ~!* (*drohend*) sonst passiert was!; **'~'where** *adv.* **1.** sonst-, anderswo; **2.** 'anderswo'hin.

e·lu·ci·date [i'lu:sideit] *v/t.* aufhellen, auf-, erklären, erläutern; **e·lu·ci·da·tion** [ilu:si'deiʃən] *s.* **1.** Erläuterung *f*, Er-, Aufklärung *f*, Aufhellung *f*; **2.** Aufschluß *m* (*of* über *acc.*); **e'lu·ci·da·to·ry** [-təri] *adj.* erklärend, erläuternd.

e·lude [i'lu:d] *v/t.* **1.** ausweichen, entgehen, -wischen, sich entziehen (*dat.*); *Gesetz* um'gehen; **2.** *fig. j-m* entgehen, der Aufmerksamkeit entgehen (*gen.*); **3.** sich nicht (er-) fassen lassen von, sich entziehen (*dat.*): *it* ~*s definition* es läßt sich nicht definieren; *points that* ~ *agreement* Punkte, über die man sich nicht einigen kann; **e'lu·sion** [-u:ʒən] *s.* **1.** (*of*) Ausweichen *n*, Entkommen *n* (vor *dat.*); Um'gehung *f* (*gen.*); **2.** Ausflucht *f*, List *f*; **e'lu·sive** [-u:siv] *adj.* □ **1.** ausweichend (*of dat.*, vor *dat.*); **2.** schwer(er)faßbar, schwer zu definieren(d); **3.** um'gehend; **4.** unzuverlässig; **e'lu·sive·ness** [-u:sivnis] *s.* **1.** Ausweichen *n* (*of* vor *dat.*); **2.** Undefinierbarkeit *f*; **e'lu·so·ry** [-u:səri] *adj.* **1.** trügerisch; **2.** → *elusive*.

el·ver ['elvə] *s. ichth.* junger Aal.

elves [elvz] *pl. von elf*; **'elv·ish** [-viʃ] → *elfish*.

E·ly·sian [i'liziən] *adj.* e'lysisch, himmlisch; **E'ly·si·um** [-əm] *s.* E'lysium *n* (*a. fig.*).

em [em] *s.* **1.** M *n*, m *n* (*Buchstabe*); **2.** *typ.* Geviert *n*.

'em [əm] F *für them*: *let 'em*.

e·ma·ci·ate [i'meiʃieit] *v/t.* **1.** abzehren, ausmergeln; **2.** *Boden* auslaugen; **e'ma·ci·at·ed** [-tid] *adj.* **1.** abgemagert, abgezehrt, ausgemergelt; **2.** ausgelaugt (*Boden*); **e·ma·ci·a·tion** [imeisi'eiʃən] *s.* **1.** Abzehrung *f*, Abmagerung *f*; **2.** Auslaugung *f*.

em·a·nate ['eməneit] *v/i.* **1.** (*from*) ausfließen (aus), ausströmen, ausstrahlen (von); **2.** *fig.* herrühren, ausgehen (*from* von); **em·a·na·tion** [emə'neiʃən] *s.* **1.** Ausströmen *n*; **2.** Ausströmung *f*, Ausstrahlung *f* (*a. fig.*); **3.** Ausdünstung *f*; **4.** *phls.*, ⚗ Emanati'on *f*.

e·man·ci·pate [i'mænsipeit] *v/t.* **1.** freigeben, -lassen, befreien; **2.** emanzipieren, gleichstellen; **3.** ⚖ für volljährig erklären; **e'man·ci·pat·ed** [-tid] *adj.* emanzipiert: **a)** frei, **b)** gleichberechtigt, **c)** vorurteilslos, **d)** ungebunden; **e·man·ci·pa·tion** [imænsi'peiʃən] *s.* **1.** Freilassung *f*, Befreiung *f* (*a. fig.*); **2.** Gleichstellung *f*, Emanzipati'on *f*; **3.** ⚖ Volljährigkeitserklärung *f*; **e·man·ci·pa·tion·ist** [imænsi'peiʃnist] *s.* Fürsprecher (-in) der Sklavenbefreiung *od.* der Gleichberechtigung; **e'man·ci·pa·tor** [-tə] *s.* Befreier *m*.

e·mas·cu·late I. *v/t.* [i'mæskjuleit] **1.** entmannen, kastrieren; **2.** *fig.* verweichlichen; entkräften, (ab-)schwächen; **3.** *Sprache* farb- *od.* kraftlos machen; **4.** *Text* verstümmeln; **II.** *adj.* [-lit] **5.** entmannt; **6.** verweichlicht; **7.** kraftlos; **e·mas·cu·la·tion** [imæskju'leiʃən] *s.* **1.** Entmannung *f*; **2.** Verweichlichung *f*; **3.** Schwächung *f*; **4.** *fig.* Verstümmelung *f* (*Text etc.*).

em·balm [im'bɑ:m] *v/t.* **1.** einbalsamieren; **2.** *fig. j-s Andenken* sorgsam bewahren *od.* pflegen: *to be* ~*ed in* fortleben in (*dat.*); **em'balm·ment** [-mənt] *s.* Einbalsamierung *f*.

em·bank [im'bæŋk] *v/t.* eindämmen, -deichen; **em'bank·ment** [-mənt] *s.* **1.** Eindämmung *f*, -deichung *f*; **2.** Deich *m*, Damm *m*; Böschung *f*; **3.** 🚂 Bahndamm *m*; **4.** gemauerte Uferstraße, Kai *m*.

em·bar·go [em'bɑ:gou] **I.** *s.* **1.** ⚓ Em'bargo *n*: **a)** Beschlagnahme *f* (*e-s Schiffes durch den Staat*), **b)** Hafensperre *f*; **2.** ✝ **a)** Handelssperre *f*, **b)** Sperre *f*, Verbot *n*: ~ *on imports* Einfuhrsperre; **II.** *v/t.* **3.** *Handel, Hafen* sperren; **4.** beschlagnahmen.

em·bark [im'bɑ:k] **I.** *v/t.* **1.** ⚓ einschiffen, verladen (*for* nach); **2.** *Geld* investieren; **II.** *v/i.* **3.** ⚓ sich einschiffen (*for* nach); die Reise antreten; **4.** *fig.* (*on*) (*et.*) anfangen *od.* unter'nehmen, sich einlassen (in *od.* auf *acc.*), hin'einsteigen (in *acc.*); **em·bar·ka·tion** [embɑ:'keiʃən] *s.* ⚓ Einschiffung *f*, Verladung *f*.

em·bar·rass [im'bærəs] *v/t.* **1.** *j-n* in Verlegenheit *od.* e-e peinliche Lage bringen, verwirren; **2.** *et.* behindern, erschweren, komplizieren; **3.** ✝ in Geldverlegenheit bringen; **em'bar·rassed** [-st] *adj.* **1.** verlegen, befangen; verwirrt, betreten; **2.** ✝ in Geldverlegenheit; **em'bar·rass·ing** [-siŋ] *adj.* □ unangenehm, peinlich; unbequem; **em'bar·rass·ment** [-mənt] *s.* **1.** Verlegenheit *f*, Verwirrung *f*; **2.** Verwicklung *f*, Behinderung *f*, Schwierigkeit *f*, Störung *f*; **3.** ✝ Geldverlegenheit *f*.

em·bas·sy ['embəsi] *s.* **1.** Botschaft *f*: **a)** Botschaftsgebäude *n*, **b)** 'Botschaftsperso,nal *n*; **2.** diplo'matische Missi'on.

em·bat·tle [im'bætl] *v/t.* **1.** ⚔ in Schlachtordnung aufstellen; **2.** △ mit Zinnen versehen.

em·bed [im'bed] *v/t.* **1.** (ein)betten, (ein)lagern, eingraben, -schließen; **2.** *fig. im Gedächtnis* verankern.

em·bel·lish [im'beliʃ] *v/t.* **1.** verschöne(r)n, schmücken, verzieren; **2.** *fig. Erzählung etc.* ausschmücken; **em'bel·lish·ment** [-mənt] *s.* **1.** Verschönerung *f*, Schmuck *m*; **2.** *fig.* Ausschmückung *f*.

em·ber[1] ['embə] *s.* **1.** *mst pl.* glühende Kohle *od.* Asche; **2.** *pl. fig.* (letzte) Funken *pl*.

em·ber[2] ['embə] *adj.*: ~ *days eccl. die* Quatembertage.

em·ber[3] ['embə] *s. orn. a.* ~*-goose* 'Imbergans *f*, Eistaucher *m*.

em·bez·zle [im'bezl] *v/t.* veruntreuen, unter'schlagen; **em'bez·zle·ment** [-mənt] *s.* Veruntreuung *f*, Unter'schlagung *f*; **em'bez·zler** [-lə] *s.* Veruntreuer(in).

em·bit·ter [im'bitə] *v/t.* **1.** verbittern (*a. fig.*); **2.** erschweren, verschlimmern; **3.** *fig. j-n* erbittern; **em'bit·ter·ment** [-mənt] *s.* **1.** Verbitterung *f* (*a. fig.*); **2.** Erschwerung *f*; **3.** *fig.* Erbitterung *f*.

em·bla·zon [im'bleizən] *v/t.* **1.** mit e-m Wappenbild bemalen; **2.** schmücken; **3.** *fig.* feiern, verherrlichen; **4.** 'auspo,saunen; **em'bla·zon·ment** [-mənt] *s.* Wappenschmuck *m*; **em'bla·zon·ry** [-ri] *s.* **1.** Wappenmale'rei *f*; **2.** Wappenschmuck *m*.

em·blem ['embləm] *s.* **1.** Em'blem *n*, Sinnbild *n*; **2.** Wahr-, Abzeichen *n*; **3.** *fig.* Verkörperung *f*; Sym'bol *n*; **em·blem·at·ic** *adj.*; **em·blem·at·i·cal** [embli'mætik(əl)] *adj.* □ sym'bolisch, sinnbildlich.

em·bod·i·ment [im'bɔdimənt] *s.* **1.** Verkörperung *f*, Darstellung *f*; ⊕ Anwendungsform *f*, Verwirklichung *f*; **2.** Einverleibung *f*; **em·bod·y** [im'bɔdi] *v/t.* **1.** kon'krete Form geben (*dat.*); **2.** verkörpern, darstellen; **3.** einverleiben, aufnehmen; **4.** um'fassen, (in sich) vereinigen.

em·bold·en [im'bouldən] *v/t.* ermutigen, Mut einflößen (*dat.*).

em·bo·lism ['embəlizəm] *s.* ⚕ Embo'lie *f*.

em·bon·point [ɔ̃:mbɔ̃:m'pwɛ̃:ŋ; ɑ̃bɔ̃pwɛ̃] (*Fr.*) *s.* Beleibtheit *f*, Körperfülle *f*, Korpu'lenz *f*.

em·bos·om [im'buzəm] *v/t.* **1.** um'armen, ans Herz drücken; **2.** *fig.* ins Herz schließen; **3.** *fig.* einschließen, um'geben.

em·boss [im'bɔs] *v/t.* ⊕ **1.** **a)** bosseln, erhaben *od.* in Reli'ef ausarbeiten, prägen, **b)** (mit dem Hammer) treiben; **2.** mit erhabener Arbeit schmücken; **3.** *Stoffe* gaufrieren; **em'bossed** [-st] *adj.* ⊕ **a)** erhaben gearbeitet, Relief..., getrieben, **b)** geprägt, gepreßt, **c)** gaufriert; **em'boss·ment** [-mənt] *s.* Reli'efarbeit *f*.

em·bou·chure [ɔmbu'ʃuə; ɑ̃buʃy:r] (*Fr.*) *s.* **1.** Mündung *f* (*Fluß*); **2.** ♪ **a)** Mundstück *n* (*Blasinstrument*), **b)** Ansatz *m*.

em·bow·el [im'bauəl] → *disembowel*.

em·brace [im'breis] **I.** *v/t.* **1.** um'armen, in die Arme schließen; **2.** um'schließen, um'geben, um'klammern; einschließen, um'fassen (*beide a. fig.*); **3.** erfassen, (in sich) aufnehmen; **4.** *Religion, Angebot* annehmen; *Beruf, Gelegenheit* ergreifen; *Hoffnung* hegen; **II.** *v/i.* **5.** sich umarmen; **III.** *s.* **6.** Um'armung *f*.

em·bra·sure [im'breiʒə] *s.* **1.** △ Laibung *f*; **2.** ⚔ Schießscharte *f*.

em·bro·ca·tion [embrou'keiʃən] *s.* ⚕ **1.** Einreibemittel *n*; **2.** Einreibung *f*.

em·broi·der [im'brɔidə] *v/t.* **1.** *Muster* sticken; **2.** *Stoff* besticken, mit Sticke'rei verzieren; **3.** *fig. Bericht* ausschmücken.

em·broi·der·y [im'brɔidəri] *s.* **1.** Sticke'rei *f*: *to do* ~ sticken; **2.** *fig.* Ausschmückung *f*; ~ **cot·ton** *s.* Stickgarn *n*; ~ **frame** *s.* Stickrahmen *m*.

em·broil [im'brɔil] *v/t.* **1.** *j-n* verwickeln, hin'einziehen (*in* in *acc.*); **2.** *j-n* in e-n Streit verwickeln (*with* mit); **3.** durchein'anderbringen, verwirren; **em'broil·ment** [-mənt] *s.* **1.** Verwicklung *f*, Streit *m*; **2.** Verwirrung *f*.

em·bry·o ['embriou] *pl.* **-os** *s. biol.* **a)** 'Embryo *m*, **b)** Fruchtkeim *m*: *in* ~ *fig.* im Keim, im Entstehen, im Werden; **em·bry·on·ic** [embri'ɔnik] *adj.* **1.** Embryo..., embryo'nal; **2.** (noch) unentwickelt (*a. fig.*).

em·bus [im'bʌs] ⚔ *Brit.* **I.** *v/t.* auf Kraftfahrzeuge verladen; **II.** *v/i.* aufsitzen.

em·cee [em'si:] **I.** *s.* Conférenci'er

m; **II.** *v/t. u. v/i.* als Conférencier leiten (auftreten).

e·mend [i(:)'mend] *v/t. Text* verbessern, emendieren; **e·men·da·tion** [i:men'deiʃən] *s.* Verbesserung *f*, Emendati'on *f*, Berichtigung *f*; **e·men·da·tor** ['i:mendeitə] *s.* (Text)Verbesserer *m*; **e'mend·a·to·ry** [-dətəri] *adj.* emenda'torisch, verbessernd.

em·er·ald ['emərəld] **I.** *s.* **1.** Sma'ragd *m*; **2.** Sma'ragdgrün *n*; **3.** *typ.* e-e $6^1/_2$-*Punkt-Schrift*; **II.** *adj.* **4.** sma'ragdgrün; **5.** mit Smaragden besetzt; ♀ **Isle** *s.* Grüne Insel (*Irland*).

e·merge [i'mə:dʒ] *v/i.* **1.** *allg.* auftauchen (*a. fig. Frage etc.*) (*from* aus *dem Wasser, e-m Versteck etc.*); **2.** her'auskommen, -ragen, her'vortreten; zum Vorschein kommen, sich zeigen, in Erscheinung treten, auftreten (*alle a. fig.*); **3.** em'porkommen (*a. fig.*); **4.** *fig.* (*a. als Sieger*) her'vorgehen, sich ergeben *od.* her'ausstellen (*Tatsache*) (*from* aus *dat.*); **5.** *fig.* sich erheben, entstehen, sich entwikkeln; **e'mer·gence** [-dʒəns] *s.* **1.** Her'aus-, Her'vorkommen *n*; **2.** Auftreten *n*, Erscheinen *n*, Auftauchen *n*; **3.** Entstehen *n*.

e·mer·gen·cy [i'mə:dʒənsi] **I.** *s. plötzliche* Not(lage), unvorhergesehenes Ereignis, dringender Fall: *in an* ~, *in case of* ~ im Notfall, notfalls; *state of* ~ Notstand, *pol. a.* Ausnahmezustand; **II.** *adj.* Not..., Behelfs..., (Aus)Hilfs...; ~ **brake** *s.* Notbremse *f*; ~ **call** *s. teleph.* Notruf *m*; ~ **de·cree** *s.* Notverordnung *f*; ~ **door**, ~ **ex·it** *s.* Notausgang *m*; ~ **house** *s.* Behelfsheim *n*; ~ **land·ing** *s.* ✈ Notlandung *f*; ~ **pow·ers** *s. pl. pol.* Vollmachten *pl.* auf Grund e-s Notstandsgesetzes; ~ **ra·tion** *s.* ⚔ eiserne Rati'on; ~ **ward** *s.* 'Unfallstati,on *f* (*Krankenhaus*).

e·mer·gent [i'mə:dʒənt] **I.** *adj.* □ **1.** auftauchend, em'porkommend (*a. fig.*); **2.** *fig.* (neu) entstehend, her'vorgehend: ~ *countries* Entwicklungsländer; **II.** *s.* **3.** Neubildung *f* (*im Verlauf e-r Entwicklung*).

e·mer·i·tus [i(:)'meritəs] *adj.* emeritiert.

e·mer·sion [i(:)'mə:ʃən] *s.* **1.** Auftauchen *n*; **2.** *ast.* Austritt *m*.

em·er·y ['eməri] *s. min.* Schmirgel *m*; '~**-cloth** *s.* Schmirgelleinen *n*; '~**-pa·per** *s.* 'Schmirgelpa,pier *n*; '~**-wheel** *s.* ⊕ Schmirgelscheibe *f*.

e·met·ic [i'metik] ⚕ **I.** *adj.* e'metisch, Brechreiz erregend; **II.** *s.* E'metikum *n*, Brechmittel *n* (*a. fig.*).

em·i·grant ['emigrənt] **I.** *s.* Auswanderer *m*, Emi'grant(in); **II.** *adj.* auswandernd, Auswanderungs...; '**em·i·grate** [-reit] *v/i.* emigrieren, auswandern; **em·i·gra·tion** [emi'greiʃən] *s.* Auswanderung *f*, Emigrati'on *f* (*a. fig.*).

em·i·nence ['eminəns] *s.* **1.** Erhöhung *f*, (An)Höhe *f*; **2.** hohe Stellung, (hoher) Rang, Würde *f*; **3.** Ansehen *n*, Berühmtheit *f*, Bedeutung *f*; **4.** ♀ *eccl.* Emi'nenz *f* (*Titel*); '**em·i·nent** [-nt] *adj.* □ **1.** her'vorragend, ausgezeichnet, berühmt; **2.** emi'nent, bedeutend, außergewöhnlich; **3.** → *domain 3*; '**em·i·nent·ly** [-ntli] *adv.* ganz besonders, in hohem Maße.

e·mir [e'miə] *s.* 'Emir *m*; **e'mir·ate** [-ərit] *s.* Emi'rat *n* (*Würde od. Land e-s Emirs*).

em·is·sar·y ['emisəri] *s.* (Send-) Bote *m*, Abgesandte(r) *m*; Emis'sär *m*.

e·mis·sion [i'miʃən] *s.* **1.** Ausstrahlung *f*, Ausströmung *f*, -sendung *f*; **2.** *biol.* Erguß *m*, Ausfluß *m*; **3.** ♆ Emissi'on *f*, Ausgabe *f*; **e'mis·sive** [-isiv] *adj.* ausstrahlend;

e·mit [i'mit] *v/t.* **1.** aussenden, -strahlen, -strömen; **2.** ausstoßen, -werfen, -scheiden, von sich geben; **3.** ♆ ausgeben, in 'Umlauf setzen.

em·mesh [i'meʃ] → *enmesh*.

e·mol·li·ent [i'mɔliənt] **I.** *adj.* erweichend (*a. fig.*); **II.** *s.* ⚕ erweichendes Mittel.

e·mol·u·ment [i'mɔljumənt] *s.* **1.** Vergütung *f*, Gebühr *f*; **2.** *pl.* Einkünfte *pl.*, Bezüge *pl.*

e·mo·tion [i'mouʃən] *s.* Emoti'on *f*: **a)** Gemütsbewegung *f*, (Gefühls-) Regung *f*, Gefühl *n*, **b)** Erregung *f*, Leidenschaft *f*; **e'mo·tion·al** [-ʃənl] *adj.* □ → *emotionally*; **1.** gefühlsmäßig, -bedingt, Gefühls..., Gemüts...; **2.** emotio'nal, gefühlsbetont; gefühlvoll, rührselig; **3.** rührend, ergreifend; **e'mo·tion·al·ism** [-ʃnəlizəm] *s.* Empfindsamkeit *f*; Gefühlsduse'lei *f*, -seligkeit *f*; **e'mo·tion·al·ist** [-ʃnəlist] *s.* Gefühlsmensch *m*; **e·mo·tion·al·i·ty** [imouʃə'næliti] *s.* **1.** Empfindsamkeit *f*; **2.** Erregbarkeit *f*; **e'mo·tion·al·ize** [-ʃnəlaiz] *v/t.* **1.** Emotionen wecken in (*dat.*); **2.** emotionalisieren; **e'mo·tion·al·ly** [-ʃnəli] *adv.* gefühlsmäßig, emotio'nell; **e'mo·tion·less** [-lis] *adj.* ungerührt, gefühllos, kühl; **e'mo·tive** [-outiv] *adj.* □ emotional, gefühlsmäßig, Gefühls..., Emotions...

em·pale → *impale*.

em·pan·el [im'pænl] *v/t.* in die Liste (*bsd.* der Geschworenen) eintragen; *Am. die Geschworenen für ein bestimmtes Verfahren* auswählen.

em·pa·thize ['empəθaiz] *v/i.* Einfühlungsvermögen haben *od.* zeigen; sich einfühlen können (*with* in *acc.*); '**em·pa·thy** [-θi] *s.* Einfühlung(svermögen *n*) *f*.

em·pen·nage [im'penidʒ; ɑ̃pɛna:ʒ] (*Fr.*) *s.* ✈ Leitwerk *n*.

em·per·or ['empərə] *s.* Kaiser *m*; ~ **moth** *s. zo.* kleines Nachtpfauenauge.

em·pha·sis ['emfəsis] *s.* **1.** *ling.* Betonung *f*, Ton *m*, Ak'zent *m*; **2.** *fig.* Betonung *f*, Gewicht *n*, Schwerpunkt *m*: *to lay* ~ *on s.th.* Gewicht *od.* Wert auf e-e Sache legen, et. hervorheben *od.* betonen; **3.** Bestimmtheit *f*, Nachdruck *m*, Deutlichkeit *f*; '**em·pha·size** [-saiz] *v/t.* (nachdrücklich) betonen (*a. ling.*), her'vorheben, unter'streichen; **em·phat·ic** [im'fætik] *adj.* (□ ~*ally*) **1.** nachdrücklich, betont: *to be* ~ *about et.* betonen; **2.** ausdrücklich, ausgesprochen, deutlich; **3.** bestimmt, (ganz) entschieden.

em·pire ['empaiə] **I.** *s.* **1.** (Kaiser-) Reich *n*: *British* ♀ brit. Weltreich; ♀ *Day brit. Staatsfeiertag* (*am 24. Mai, dem Geburtstag Königin Victorias*); ~ *produce Brit.* Erzeugnis aus dem brit. Weltreich; **2.** ♆ 'Großkon,zern *m*, Im'perium *n*: *tobacco* ~; **3.** Herrschaft *f* (*over* über *acc.*); **II.** *adj.* **4.** Reichs...; **5.** Em'pire... (*Stil*): ~ *furniture*.

em·pir·ic [em'pirik] **I.** *s.* **1.** Em'piriker *m*; **2.** Kurpfuscher *m*; **II.** *adj.* **3.** → *empirical*; **em'pir·i·cal** [-kəl] *adj.* □ **1.** em'pirisch, erfahrungsmäßig; **2.** nicht wissenschaftlich; **em'pir·i·cism** [-isizəm] *s.* **1.** Empi'rismus *m*; **2.** Quacksalbe'rei *f*; **em'pir·i·cist** [-isist] → *empiric 1*.

em·place [im'pleis] *v/t.* ⚔ *Geschütz* in Stellung bringen; **em'place·ment** [-mənt] *s.* **1.** Stellung *f*, Lage *f*; **2.** ⚔ **a)** In'stellungbringen *n*, **b)** Geschützstellung *f*, -stand *m*, **c)** Bettung *f*.

em·plane [im'plein] ✈ **I.** *v/t.* in ein Flugzeug (ver)laden; **II.** *v/i.* an Bord e-s Flugzeugs gehen.

em·ploy [im'plɔi] **I.** *v/t.* **1.** *j-n* beschäftigen, an-, einstellen, einsetzen: *to* ~ *o.s.* sich beschäftigen; **2.** an-, verwenden, gebrauchen, benutzen; **II.** *s.* **3.** Dienst(e *pl.*) *m*, Beschäftigung *f*: *in s.o.'s* ~ in j-s Dienst(en), bei j-m angestellt; **em'ploy·a·ble** [-ɔiəbl] *adj.* **1.** zu beschäftigen(d); **2.** arbeitsfähig; **3.** verwendbar; **em·ploy·é** *m*, **em·ploy·ée** *f* [ɔm'plɔiei], **em·ploy·ee** [emplɔi'i:] *s.* Arbeitnehmer(in), (*engS. salaried* ~) Angestellte(r *m*) *f*; *pl.* Belegschaft *f e-s Betriebs*; **em'ploy·er** [-ɔiə] *s.* **1.** Arbeitgeber(in), Unter'nehmer(in), Chef (-in), Dienstherr(in): ~*'s liability* Unternehmerhaftpflicht; ~*s' association* Arbeitgeberverband; **2.** ♆ Auftraggeber(in).

em·ploy·ment [im'plɔimənt] *s.* **1.** Beschäftigung *f*, Arbeit *f*, (An-) Stellung *f*, Arbeitsverhältnis *n*: *in* ~ beschäftigt; *out of* ~ stellungs-, arbeitslos; *full* ~ Vollbeschäftigung; **2.** Ein-, Anstellung *f*, Einsatz *m*; **3.** Beruf *m*, Tätigkeit *f*, Geschäft *n*; **4.** Gebrauch *m*, Ver-, Anwendung *f*; ~ **a·gen·cy**, ~ **bu·reau** *s.* 'Stellenvermittlungsbü,ro *n*, Arbeitsnachweis *m*; ~ **ex·change** *s. Brit.* Arbeitsamt *n*, -nachweis *m*; ~ **market** *s.* Arbeitsmarkt *m*.

em·po·ri·um [em'pɔ:riəm] *s.* **1.** Handelsplatz *m*, -zentrum *n*; Stapelplatz *m*; **2.** F Kauf-, Warenhaus *n*, ‚Laden' *m*.

em·pow·er [im'pauə] *v/t.* **1.** bevollmächtigen, ermächtigen (*to* zu): *to be* ~*ed to* befugt sein zu; **2.** befähigen (*for* zu).

em·press ['empris] *s.* Kaiserin *f*.

emp·ti·ness ['emptinis] *s.* **1.** Leerheit *f*, Leere *f*; **2.** *fig.* Hohlheit *f*; **3.** Nichtigkeit *f*.

emp·ty ['empti] **I.** *adj.* **1.** leer: ~ *of* bar (*gen.*), ohne; **2.** leer(stehend), unbewohnt; **3.** unbeladen; **4.** *fig.* leer, eitel, hohl, nichtig; **5.** F hungrig: *on an* ~ *stomach* auf nüchternen Magen; **II.** *v/t.* **6.** (aus-, ent-) leeren; **7.** *Glas* austrinken; **8.** *Haus etc.* räumen; **9.** (aus)gießen, abfüllen, -lassen; **10.** berauben (of *gen.*); **11.** ~ *itself* → *13*; **III.** *v/i.* **12.** sich leeren; **13.** sich ergießen, münden; **IV.** *s.* **14.** *pl.* ✝ Leergut *n*; '~-'**hand·ed** *adj.* mit leeren Händen; '~-'**head·ed** *adj. fig.* hohlköpfig; ~ **weight** *s.* Eigen-, Leergewicht *n.*

em·py·e·ma [empai'i:mə] *s.* ⚕ Empy'em *n*, Eiteransammlung *f.*

em·pyr·e·al [empai'ri(:)əl] *adj.* empy'reisch, himmlisch; **em·py're·an** [-ən] **I.** *s. antiq. phls.* Feuer-, Lichthimmel *m*; **II.** *adj.* → *empyreal.*

e·mu ['i:mju:] *s. orn.* 'Emu *m.*

em·u·late ['emjuleit] *v/t.* nacheifern (*dat.*); nachahmen (*acc.*), es gleichtun (*dat.*); **em·u·la·tion** [emju'leiʃən] *s.* Wetteifer *m*, Nacheifern *n*; '**em·u·lous** [-ləs] *adj.* □ (of) **1.** wetteifernd (mit), nacheifernd (*dat.*); **2.** eifrig strebend, (be)gierig (nach).

e·mul·si·fy [i'mʌlsifai] *v/t.* emulgieren; **e'mul·sion** [-lʃən] *s.* ⚗, ⚕, *phot.* Emulsi'on *f.*

e·munc·to·ry [i'mʌŋktəri] *anat.* **I.** *s.* 'Ausscheidungsorˌgan *n*; **II.** *adj.* Ausscheidungs...

en·a·ble [i'neibl] *v/t.* **1.** *j-n* befähigen, in den Stand setzen, es *j-m* ermöglichen: *to be* ~*d* imstande sein; **2.** ermächtigen: *Enabling Act* Ermächtigungsgesetz; **3.** *et.* möglich machen, ermöglichen.

en·act [i'nækt] *v/t.* **1.** ⚖ **a)** *Gesetz* erlassen: ~*ing clause* Einführungsklausel, **b)** verfügen, verordnen, **c)** Gesetzeskraft verleihen (*dat.*); **2.** *thea.* **a)** *Stück* aufführen, **b)** *Person, Rolle* darstellen, spielen; **3.** *to be* ~*ed fig.* stattfinden, über die Bühne *od.* vor sich gehen; **en'ac·tion** [-kʃən], **en'act·ment** [-mənt] *s.* ⚖ **a)** Erlassen *n* (*Gesetz*), **b)** Erhebung *f zum Gesetz*, **c)** Verfügung *f*, Verordnung *f*, Erlaß *m.*

en·am·el [i'næməl] **I.** *s.* **1.** E'mail(le *f*) *n*, Schmelz *m*; **2.** Gla'sur *f*; Lack *m*; **3.** E'mailmaleˌrei *f*; **4.** *anat.* Zahnschmelz *m*; **II.** *v/t.* **5.** emaillieren: ~*(l)ing furnace* Emaillierofen; **6.** glasieren, lackieren; **7.** in Email malen; **en'am·el(l)ed** [-ld] *adj.* emailliert, Email...; **en'am·el·(l)er** [-mlə] *s.* Email'leur *m*, Schmelzarbeiter *m.*

en·am·el ware *s.* E'mailwaren *pl.*, -geschirr *n.*

en·am·o(u)r [i'næmə] *v/t. mst pass.* verliebt machen: *to be* ~*ed of* **a)** verliebt sein in (*acc.*), **b)** *fig.* sehr gern haben, versessen sein auf (*acc.*).

en bloc [ɑ̃'blɔk; en-] (*Fr.*) en bloc, im ganzen, als Ganzes.

en·cae·ni·a [en'si:njə] *s.* **1.** Gründungs-, Stiftungsfest *n*; **2.** *Brit. engS. jährliches Gründungsfest der Universität Oxford.*

en·cage [in'keidʒ] *v/t.* (in e-n Käfig) einsperren, ein-, abschließen.

en·camp [in'kæmp] **I.** *v/i.* (sich) lagern, ein Lager aufschlagen; **II.** *v/t. bsd.* ⚔ lagern lassen: *to be* ~*ed* lagern; **en'camp·ment** [-mənt] *s.* **1.** ⚔ (Feld)Lager *n*; **2.** Park *m* von Wohnwagen, Zeltlager *n*; **3.** Lagern *n.*

en·case [in'keis] *v/t.* **1.** einschließen, um'hüllen; **2.** ⊕ verschalen, -kleiden, um'manteln; mit e-m Gehäuse versehen; **en'case·ment** [-mənt] *s.* **1.** Um'hüllung *f*; **2.** ⊕ Verkleidung *f*, Gehäuse *n.*

en·cash [in'kæʃ] *v/t.* ✝ einkassieren, in bar einlösen; **en'cash·ment** [-mənt] *s.* ✝ In'kasso *n*, Einkassierung *f.*

en·caus·tic [en'kɔ:stik] *paint.* **I.** *adj.* en'kaustisch, eingebrannt; **II.** *s.* En'kaustik *f*; ~ **tile** *s.* buntglasierte Kachel.

en·ceinte [ɑ̃:ŋ'sɛ̃:nt; ɑ̃sɛ̃:t] (*Fr.*) **I.** *adj.* schwanger; **II.** *s.* ⚔ Um'wallung *f.*

en·ce·phal·ic [enke'fælik] *adj.* ⚕ Gehirn...; **en·ceph·a·li·tis** [enkefə'laitis] *s.* ⚕ Gehirnentzündung *f*, Encepha'litis *f.*

en·chain [in'tʃein] *v/t.* **1.** ver-, anketten; **2.** *fig.* fesseln, festhalten.

en·chant [in'tʃɑ:nt] *v/t.* **1.** be-, verzaubern, behexen; **2.** *fig.* bezaubern, entzücken, hinreißen; **en'chant·er** [-tə] *s.* Zauberer *m*; **en'chant·ing** [-tiŋ] *adj.* □ bezaubernd, entzückend; **en'chant·ment** [-mənt] *s.* **1.** Zauber *m*, Zaube'rei *f*; Ver-, Bezauberung *f*; **2.** *fig.* Zauber *m*, Entzücken *n*; **en'chant·ress** [-tris] *s.* **1.** Zauberin *f*; **2.** *fig.* bezaubernde Frau.

en·chase [in'tʃeis] *v/t.* **1.** *Edelstein* fassen; **2.** ziselieren: ~*d work* getriebene Arbeit; **3.** (ein)gravieren; **4.** *fig.* schmücken.

en·ci·pher [in'saifə] *v/t.* chiffrieren, verschlüsseln.

en·cir·cle [in'sə:kl] *v/t.* **1.** um'geben, -'fassen, -'ringen; **2.** einkreisen, um'zingeln; ⚔ *a.* einkesseln; **en'cir·cle·ment** [-mənt] *s.* **1.** Um'fassung *f*; **2.** Einkreisung *f*; ⚔ *a.* Einkesselung *f.*

en·clasp [in'klɑ:sp] *v/t.* um'fassen, -'schließen.

en·clave **I.** *s.* ['enkleiv] En'klave *f*; **II.** *v/t.* [en'kleiv] *Gebiet* einschließen, um'geben.

en·clit·ic [in'klitik] *ling.* **I.** *adj.* (□ ~*ally*) en'klitisch; **II.** *s.* enklitisches Wort.

en·close [in'klouz] *v/t.* **1.** (*in*) einschließen (in *acc.*), um'geben (mit); ⊕ einkapseln; **2.** um'ringen; **3.** *Land* einfried(ig)en, um'zäunen; **4.** beilegen, -fügen; **5.** enthalten; **en'closed** [-zd] *adj.* **1.** *a. adv.* an'bei, beiliegend, in der Anlage: ~ *please find* in der Anlage erhalten Sie; **2.** ⊕ geschlossen, gekapselt: ~ *motor*; **en'clo·sure** [-ouʒə] *s.* **1.** Einschließung *f*; **2.** Einfried(ig)ung *f*, Um'zäunung *f*; **3.** eingehegtes Grundstück; **4.** Zaun *m*, Mauer *f*; **5.** Anlage *f* (*in e-m Brief*).

en·code [in'koud] → *encipher.*

en·co·mi·ast [en'koumiæst] *s.* Lobredner *m*, Schmeichler *m*; **en'co·mi·um** [-mjəm] *s.* Lobrede *f*, -lied *n*, -preisung *f.*

en·com·pass [in'kʌmpəs] *v/t.* um'fassen, -'geben, -'ringen, einschließen (*a. fig.*).

en·core [ɔŋ'kɔ:] (*Fr.*) **I.** *int.* **1.** da 'capo!, noch einmal!; **II.** *s.* **2.** Da'kapo(ruf *m*) *n*; **3.** **a)** Wieder'holung *f*, **b)** Zugabe *f*; **III.** *v/t.* **4.** da capo rufen, Wiederholung *od.* e-e Zugabe verlangen.

en·coun·ter [in'kauntə] **I.** *v/t.* **1.** *j-m od. e-r Sache* begegnen, *j-n od. et.* treffen, auf *j-n*, *a.* auf *Fehler, Widerstand, Schwierigkeiten etc.* stoßen; **2.** mit *j-m* (feindlich) zs.-stoßen *od.* anein'andergeraten; **3.** entgegentreten (*dat.*); **II.** *v/i.* **4.** sich begegnen; **III.** *s.* **5.** Begegnung *f*; **6.** Zs.-stoß *m* (*a. fig.*), Gefecht *n.*

en·cour·age [in'kʌridʒ] *v/t.* **1.** ermutigen, auf-, ermuntern; **2.** anfeuern, -reizen; anspornen; **3.** *j-m* zureden; **4.** *j-n* unter'stützen, bestärken (*in* in *dat.*); **5.** *et.* fördern, anregen, beleben; *b.s. et.* verstärken, verschlimmern; **en'cour·age·ment** [-mənt] *s.* **1.** Ermutigung *f*, Auf-, Ermunterung *f*, Ansporn *m* (*to* für); **2.** Förderung *f*, Unter'stützung *f*, Begünstigung *f*, Gunst *f*; **en'cour·ag·ing** [-dʒiŋ] *adj.* □ **1.** ermutigend; entgegenkommend; **2.** hoffnungsvoll, vielversprechend, erfreulich.

en·croach [in'koutʃ] *v/i.* **1.** (*on, upon*) unbefugt eindringen *od.* -greifen (in *acc.*), sich 'Übergriffe leisten (in, auf *acc.*); **2.** (*on, upon*) 'übermäßig beanspruchen, miß'brauchen; zu weit gehen; **3.** (*on, upon acc.*) beeinträchtigen, schmälern; (ver)mindern; **4.** *fig.* (*on, upon*) **a)** berauben (*gen.*), **b)** sich *et.* anmaßen; **en'croach·ment** [-mənt] *s.* **1.** (*on, upon*) Eingriff *m* (in *acc.*), 'Übergriff *m* (in, auf *acc.*); **2.** Beeinträchtigung *f*, Anmaßung *f*; **3.** 'Übergreifen *n*, Vordringen *n.*

en·crust [in'krʌst] **I.** *v/t.* **1.** über'krusten, -'ziehen; **2.** ⊕ inkrustieren; **3.** bedecken, belegen, verkleiden; **II.** *v/i.* **4.** sich über-, verkrusten; e-e Kruste bilden.

en·cum·ber [in'kʌmbə] *v/t.* **1.** beschweren, belasten (*a. mit Schulden*); **2.** (be)hindern; **3.** voll-, verstopfen; versperren; **en'cum·brance** [-brəns] *s.* **1.** Last *f*, Belastung *f*; **2.** Hindernis *n*, Behinderung *f*; **3.** ✝ (Grundstücks)Belastung *f*, Schuldenlast *f*, Hypo'thek *f*; **4.** (Fa'milien)Anhang *m*, *bsd.* Kinder *pl.*: *without* ~*(s)*; **en'cum·bran·cer** [-brənsə] *s.* ⚖ Pfand-, Hypo'thekengläubiger(in).

en·cy·clic *adj. u. s.*; **en·cy·cli·cal** [en'siklik(əl)] **I.** *adj.* □ en'zyklisch; **II.** *s. eccl.* (päpstliche) En'zyklika.

en·cy·clo·p(a)e·di·a [ensaiklou'pi:djə] *s.* Enzyklopä'die *f*, Konversati'onsˌlexikon *n*; **en·cy·clo'p(a)e·dic** *adj.*; **en·cy·clo'p(a)e·di·cal** [-dik(əl)] *adj.* enzyklo'pädisch.

en·cyst [en'sist] *v/t.* ⚕, *zo.* ein-, verkapseln; **en'cyst·ment** [-mənt] *s.* ⚕, *zo.* Ein-, Verkapselung *f.*

end [end] **I.** *s.* **1.** (*örtlich*) Ende *n*: *to begin at the wrong* ~ falsch herum anfangen; *from one* ~ *to another, from* ~ *to* ~ von Anfang bis (zum) Ende; *at the* ~ *of the letter* am Ende *od.* Schluß des Briefes; *no* ~ **a)** unendlich, unzählig, **b)** sehr viel(e); *no* ~ *of trouble* endlose Mühe *od.* Scherereien; *no* ~ *of a fool* Vollidiot; *no* ~ *disappointed* F maßlos enttäuscht; *he thinks no* ~ *of him-*

self er ist grenzenlos eingebildet; *on* ~ a) ununterbrochen, b) aufrecht, hochkant; *for hours on* ~ stundenlang; *to stand on* ~ hochkant stellen; *my hair stood on* ~ mir standen die Haare zu Berge; *at our* (*od. this*) ~ bei uns, hier; *to be at an* ~ a) am Ende sein, b) mit s-n Mitteln *od.* Kräften am Ende sein; *at a loose* ~ a) müßig, b) ohne feste Bindung, c) verwirrt; *there's an* ~ *of it!* Schluß damit!, basta!; *there's an* ~ *to everything* alles hat mal ein Ende; *you'll be the* ~ *of me* du bringst mich noch ins Grab; *to come to an* ~ ein Ende nehmen, zu Ende gehen; *to come to a bad* ~ ein schlimmes Ende nehmen; *to keep one's* ~ *up* a) gut abschneiden, b) s-n Mann stehen, c) nicht nachgeben; *to make both* ~*s meet* mit s-m Einkommen reichen, sich nach der Decke strecken; *to make an* ~ *of* (*od. put an* ~ *to*) *s.th.* a) mit et. aufhören, b) et. abschaffen *od.* zerstören; **2.** (äußerstes) Ende, *mst* entfernte Gegend: *the other* ~ *of the street* das andere Ende der Straße; *the east* ~ der Osten *e-r Stadt*; *to the* ~*s of the earth* bis ans Ende der Welt; *the* ~ *house* das letzte Haus *e-r Reihe*; **3.** ⊕ Spitze *f*, Kopf(ende *n*) *m*, Stirnseite *f*: ~ *to* ~ der Länge nach; ~ *on* mit dem Ende *od.* der Spitze voran; **4.** (*zeitlich*) Ende *n*, Schluß *m*: *in the* ~ am Ende, schließlich; *at the* ~ *of May* Ende Mai; *to the bitter* ~ bis zum bitteren Ende; *to the* ~ *of time* bis in alle Ewigkeit; *without* ~ unaufhörlich; **5.** Tod *m*, Vernichtung *f*, Nieder-, 'Untergang *m*: *near one's* ~ dem Tode nahe; *the* ~ *of the world* das Ende der Welt; **6.** (*Menge*) Ende *n*, Erschöpfung *f*; **7.** Rest *m*, Endchen *n*, Stück(chen) *n*; Stummel *m*, Stumpf *m*; **8.** Folge *f*, Ergebnis *n*: *the* ~ *of the matter was that* die Folge (davon) war, daß; *to foresee the* ~ die Folgen absehen; **9.** Ziel *n*, (End-)Zweck *m*, Absicht *f*: *to this* ~ zu diesem Zweck; *to no* ~ vergebens; *to gain one's* ~*s* s-n Zweck erreichen; *for one's own* ~ zum eigenen Nutzen; *private* ~*s* Privatinteressen; *the* ~ *justifies the means* der Zweck heiligt die Mittel; **II.** *v/t.* **10.** *a.* ~ *off* beend(ig)en, zu Ende führen; *e-r Sache* ein Ende machen *od.* bereiten; **11.** a) *et.* ab-, beschließen, b) *Rest der Tage* verbringen; **III.** *v/i.* **12.** *a.* ~ *off* end(ig)en, aufhören, schließen: *all's well that* ~*s well* Ende gut, alles gut; **13.** *a.* ~ *up* end(ig)en, ausgehen (*by, in, with* damit, daß): *he* ~*ed by boring me* schließlich langweilte er mich; *to* ~ *in disaster* mit e-m Fiasko enden; **14.** ~ *up* enden: *to* ~ *up with* zum *od.* als Schluß.

'end-all *s.* **1.** Abschluß *m*; **2.** → *be-all.*

en·dan·ger [in'deindʒə] *v/t.* gefährden, in Gefahr bringen.

en·dear [in'diə] *v/t. j-m* teuer *od.* lieb *od.* wert machen: *to* ~ *o.s. to s.o.* a) j-s Zuneigung gewinnen, b) sich bei j-m einschmeicheln *od.* lieb Kind machen; **en'dear·ing** [-iəriŋ] *adj.* □ zärtlich, lockend, reizend; gefällig; **en'dear·ment** [-mənt] *s.* **1.** Beliebtheit *f*; **2.** Liebkosung *f*, Zärtlichkeit *f*: (*term of*) ~ Kosewort, -name.

en·deav·o(u)r [in'devə] **I.** *v/i.* **1.** (*after*) sich bemühen (um), streben (nach); **II.** *v/t.* **2.** (ver)suchen (*to do s.th.* et. zu tun); **III.** *s.* **3.** Bemühung *f*, Bestreben *n*; **4.** Anstrengung *f*.

en·dem·ic [en'demik] **I.** *adj.* (□ ~*ally*) **1.** ⚕ en'demisch, örtlich (auftretend); **2.** ⚘, *zo.* einheimisch; **II.** *s.* **3.** ⚕ endemische Krankheit.

en·der·mic [en'də:mik] *adj.* ⚕ ender'matisch, auf die Haut wirkend.

end·ing ['endiŋ] *s.* **1.** Ende *n*, (Ab-)Schluß *m*: *a happy* ~ ein glückliches Ende, ein Happy-End; **2.** *ling.* Endung *f*; **3.** *fig.* Ende *n*, Tod *m*.

en·dive ['endiv] *s.* ⚘ En'divie *f*.

end·less ['endlis] *adj.* □ **1.** endlos, ohne Ende, un'endlich; **2.** ewig, unauf'hörlich; **3.** unendlich lang; **4.** ⊕ endlos: ~ *band* endloses Band; ~ *chain* endlose Kette, Raupenkette, Paternosterwerk; ~ *paper* Endlos-, Rollenpapier; ~ *screw* Schraube ohne Ende, Schnecke; **'end·less·ness** [-nis] *s.* Un'endlichkeit *f*, Endlosigkeit *f*.

end line *s. sport* 'End,linie *f*.

endo- [endou] *in Zssgn* Innen...

en·do·car·di·tis [endouka:'daitis] *s.* ⚕ Herzinnenhautentzündung *f*, Endokar'ditis *f*; **en·do·car·di·um** [endou'ka:diəm] *s. anat.* innere Herzhaut, Endo'kard *n*; **en·do·carp** ['endouka:p] *s.* ⚘ Endo'karp *n* (*innere Fruchthaut*); **en·do·crane** ['endoukrein] *s. anat.* Schädelinnenfläche *f*, Endo'kranium *n*; **en·do·crine** ['endoukrain] *adj.* mit innerer Sekreti'on: ~ *glands*; **en·dog·a·my** [en'dɔgəmi] *s. biol.* Inzucht *f*; **en·do·gen** ['endoudʒen] *s.* ⚘ ,Monokotyle'done *f*; **en·dog·e·nous** [en'dɔdʒinəs] *adj. bsd.* ⚘ endo'gen, von innen her'auswachsend; **en·do·par·a·site** [endou'pærəsait] *s. zo.* 'Innenschma,rotzer *m*; **en·do·plasm** ['endouplæzəm] *s. biol.* innere 'Plasmaschicht.

en·dorse [in'dɔ:s] *v/t.* **1.** a) *Dokument* auf der Rückseite beschreiben, b) e-n Vermerk *od.* Zusatz machen: *to* ~ *a licence* e-e Strafe auf e-m Führerschein *etc.* vermerken; **2.** ✝ a) *Scheck etc.* indossieren, girieren, b) *a.* ~ *over* über'tragen, -'weisen; **3.** *Ansicht etc.* bekräftigen, unter'stützen, bestätigen, billigen, gutheißen; **en·dor·see** [endɔ:'si:] *s.* ✝ Indos'sat *m*, Indossa'tar *m*; Gi'rat *m*; **en'dorse·ment** [-mənt] *s.* **1.** Vermerk *m od.* Zusatz *m* (*mst auf der Rückseite von Dokumenten*); **2.** ✝ a) Indossa'ment *n*, 'Giro *n*, b) Über'tragung *f*; **3.** Bekräftigung *f*, Bestätigung *f*; Unter'stützung *f*, Beistand *m*; **en'dors·er** [-sə] *s.* ✝ Indos'sant *m*, Gi'rant *m*: *preceding* ~ Vordermann; **en'dors·ing ink** [-siŋ] *s.* Stempelfarbe *f*.

en·do·sperm ['endouspə:m] *s.* ⚘ Endo'sperm *n*, Nährgewebe *n des Samens.*

en·dow [in'dau] *v/t.* **1.** dotieren, ausstatten (*with* mit); **2.** stiften, gründen, subventionieren; **3.** *fig.* ausstatten, begaben; **en'dowed** [-aud] *adj.* **1.** ausgestattet, dotiert: *well-*~ wohlhabend; ~ *school* durch e-e Stiftung erhaltene Schule; **2.** *fig.* begabt (*with* mit); **en'dow·ment** [-mənt] *s.* **1.** Ausstattung *f*, Aussteuer *f*: ~ *insurance* (*od. assurance*) ✝ Lebensversicherung auf den Erlebensfall; **2.** Dotati'on *f*, Stiftung *f*; 'Stiftungskapi,tal *n*; **3.** *mst pl.* Begabung *f*, Ta'lent *n*.

'end|-pa·per *s.* 'Vorsatz(pa,pier) *n*; ~ **plate** *s.* ⊕ Endplatte *f*, -scheibe *f*; ~ **rhyme** *s.* Endreim *m*.

en·due [in'dju:] *v/t. mst fig.* bekleiden, versehen, ausstatten (*with* mit).

en·dur·a·ble [in'djuərəbl] *adj.* □ erträglich, leidlich.

en·dur·ance [in'djuərəns] **I.** *s.* **1.** Ausdauer *f*, Geduld *f*; Aushalten *n*, Ertragen *n*: *beyond* (*od. past*) ~ unerträglich, nicht auszuhalten; **2.** ⊕ Dauerleistung *f*; Lebensdauer *f*; **II.** *adj.* **3.** Dauer...; ~ **flight** *s.* ✈ Dauerflug *m*; ~ **limit** *s.* ⊕ Belastungsgrenze *f*; ~ **run** *s.* Dauerlauf *m*; ~ **test** *s.* ⊕ Belastungs-, Ermüdungsprobe *f*.

en·dure [in'djuə] **I.** *v/i.* **1.** (aus-, fort)dauern; **2.** ausharren, aus-, 'durchhalten; **II.** *v/t.* **3.** aushalten, ertragen, erdulden, 'durchmachen: *not to be* ~*d* unerträglich; **4.** *fig.* (*nur neg.*) ausstehen, leiden: *I cannot* ~ *him*; **en'dur·ing** [-əriŋ] *adj.* □ (an-, fort)dauernd, bleibend.

'end·ways, 'end·wise *adv.* **1.** mit dem Ende nach vorn *od.* oben; **2.** aufrecht; **3.** der Länge nach.

en·e·ma ['enimə] *s.* ⚕ **1.** Kli'stier *n*, Einlauf *m*; **2.** Kli'stierspritze *f*.

en·e·my ['enimi] **I.** *s.* **1.** ⚔ Feind *m*; **2.** Gegner *m*, Feind *m*: *the Old* ♀ *bibl.* der Teufel, der böse Feind; *to be one's own* ~ sich selbst schaden *od.* im Wege stehen; *she made no enemies* sie schaffte sich keine Feinde; *how goes the* ~? *F* wie spät ist es?; **II.** *adj.* **3.** feindlich, Feind...: ~ *action* Feind-, Kriegseinwirkung; ~ *alien* feindlicher Ausländer; ~ *country* Feindesland; ~ *property* ✝ Feindvermögen.

en·er·get·ic [enə'dʒetik] *adj.* (□ ~*ally*) **1.** e'nergisch, tatkräftig, tätig, unter'nehmend, voll Tatendrang; **2.** (sehr) wirksam; **en·er·gize** ['enədʒaiz] **I.** *v/t.* **1.** *et.* kräftigen, antreiben; *j-n* anspornen; **2.** ⚡, ⊕, *phys.* erregen; **3.** Nachdruck verleihen (*dat.*); **II.** *v/i.* **4.** energisch handeln.

en·er·gu·men [enə:'gju:men] *s.* Enthusi'ast(in), Fa'natiker(in), Eiferer *m*.

en·er·gy ['enədʒi] *s.* **1.** Ener'gie *f*, Tat-, Schaffenskraft *f*, Kraft *f*; **2.** Kraft(aufwand *m*) *f*, Nachdruck *m*; **3.** Wirksamkeit *f*, Tätigkeit *f*, Rührigkeit *f*; **4.** ⚗, ⊕, *phys.* Energie *f*, Kraft *f*, Leistung *f*.

en·er·vate ['enə:veit] *v/t.* entnerven, -kräften, ermüden, schwächen (*alle a. fig.*); **en·er·va·tion** [enə:'veiʃən] *s.* **1.** Schwächung *f*; **2.** Schwäche *f*, Abgespanntheit *f*.

en·fee·ble [in'fi:bl] *v/t.* entkräften, schwächen.

en·feoff [in'fef] *v/t.* **1.** belehnen (*with* mit); **2.** *j-m et.* über'geben, ausliefern; **en'feoff·ment** [-mənt] *s.* **1.** Belehnung *f*; **2.** Lehnsbrief *m*; **3.** Lehen *n*.

en·fi·lade [enfi'leid] ⚔ **I.** *s.* Flanken-, Längsfeuer *n*; **II.** *v/t.* bestreichen, der Länge nach beschießen.

en·fold [in'fould] *v/t.* **1.** einhüllen (*in* in *acc.*), um'hüllen (*with* mit); **2.** *fig.* um'fassen, -'armen; **3.** falten.

en·force [in'fɔ:s] *v/t.* **1.** Geltung verschaffen (*dat.*), 'durchführen, wirksam machen; einschärfen; **2.** (*upon*) *et.* 'durchsetzen (bei *j-m*); *Gehorsam etc.* erzwingen (von *j-m*); **3.** (*upon dat.*) aufzwingen, auferlegen; **4.** nachdrücklich betonen; **5.** *Forderungen etc.* (gerichtlich) geltend machen; **en'force·a·ble** [-səbl] *adj.* 'durchsetz-, erzwingbar; ⚖ voll'streckbar, beitreibbar; **en'forced** [-st] *adj.* □ erzwungen, aufgezwungen; Zwangs...; **en'for·ced·ly** [-sidli] *adv.* **1.** notgedrungen; **2.** zwangsweise, gezwungenermaßen; **en'force·ment** [-mənt] *s.* **1.** Erzwingung *f*; 'Durchsetzung *f*, -führung *f*, Voll'zug *m*; **2.** Zwang *m*.

en·frame [in'freim] *v/t.* einrahmen, um'rahmen, einfassen.

en·fran·chise [in'fræntʃaiz] *v/t.* **1.** *j-m* das Wahlrecht verleihen: *to be* ~*d* das Wahlrecht erhalten; **2.** *e-r Stadt* po'litische Rechte gewähren; **3.** *Brit. e-m Ort* Vertretung im 'Unterhaus verleihen; **4.** *Sklaven* freilassen; **en'fran·chise·ment** [-tʃizmənt] *s.* **1.** Verleihung *f* des Wahlrechts; **2.** Gewährung *f* von 'Stadtprivi,legien; **3.** Freilassung *f*, Befreiung *f* (*Sklaven*).

en·gage [in'geidʒ] **I.** *v/t.* **1.** (*a. o.s.* sich) verpflichten, binden (*to inf.* zu *inf.*); **2.** *mst pass. od. o.s.* sich verloben (*to* mit): *to become* (*od. get*) ~*d* sich verloben; **3.** *j-n* an-, einstellen, in Dienst nehmen, engagieren; **4. a)** *Zimmer etc.* mieten, nehmen, **b)** *Platz etc.* bestellen, belegen; **5.** *mst pass.* beschäftigen: *to be* ~*d in* (*od. on*) *s.th.* mit et. beschäftigt sein, an et. arbeiten; **6.** in Anspruch nehmen, verwickeln; interessieren, fesseln: *to be* ~*d* et. vorhaben, verabredet sein; *to* ~ *s.o. in conversation* j-n ins Gespräch ziehen; *to* ~ *s.o.'s attention* j-s Aufmerksamkeit auf sich lenken *od.* in Anspruch nehmen (*Sache*); *my time is fully* ~*d* m-e Zeit ist voll besetzt; **7.** ⚔ **a)** *Truppen* einsetzen, **b)** *Feind* angreifen; **8.** ⊕ einrasten lassen; *Kupplung* einrücken; *Motor* einschalten: *to* ~ *the clutch* (ein-)kuppeln; **II.** *v/i.* **9.** sich verpflichten, es über'nehmen (*to inf.* zu *inf.*); **10.** für *et.* einstehen, die Garan'tie über'nehmen, sich verbürgen (*that* daß); **11.** ⚔ angreifen, den Kampf beginnen; **12.** ~ *in et.* betreiben, sich beschäftigen *od.* befassen mit; **13.** ~ *in* sich beteiligen an (*dat.*), sich einlassen in *od.* auf (*acc.*); **14.** ⊕ inein'andergreifen, einrasten; **en'gaged** [-dʒd] *adj.* **1.** verpflichtet; **2.** besetzt, beschäftigt, vergeben, nicht abkömmlich: *are you* ~? sind Sie frei?; **3.** ~ (*to be married*) verlobt; **4.** (vor)bestellt (*Zimmer, Tisch etc.*); besetzt (*Telephon*): ~ *signal* Besetztzeichen;

en'gage·ment [-mənt] *s.* **1.** Verpflichtung *f*, Verbindlichkeit *f*: *without* ~ unverbindlich, † freibleibend; *to be under an* ~ *to s.o.* j-m vertraglich verpflichtet sein; ~*s* † Zahlungsverpflichtungen; **2.** Verabredung *f*, Einladung *f*: ~ *book* Merkbuch für Verabredungen; ~ *calendar* Terminkalender; **3.** Verlobung *f* (*to* mit): *to break off an* ~ e-e Verlobung lösen, sich entloben; ~*-ring* Verlobungsring; **4.** (An)Stellung *f*, Posten *m*; **5.** *thea.* Engage'ment *n*; **6.** ⚔ Kampf *m*, Gefecht *n*; **en'gag·ing** [-dʒiŋ] *adj.* □ einnehmend, gewinnend, reizend; verbindlich (*Lächeln*).

en·gen·der [in'dʒendə] *v/t.* *fig.* erzeugen, her'vorbringen, -rufen.

en·gine ['endʒin] **I.** *s.* **1.** Ma'schine *f*, me'chanisches Werkzeug; **2.** 'Motor *m*; **3.** 🚂 Lokomo'tive *f*: *seat facing the* ~ Sitz in Fahrtrichtung; *seat back to the* ~ Sitz gegen die Fahrtrichtung; **4.** *fig.* Mittel *n*, Werkzeug *n*; **II.** *v/t.* **5.** mit Maschinen *od.* Mo'toren versehen: *twin-*~*d* zweimotorig; ~ **beam** *s.* ⊕ Balanci'er *m* (*Dampfmaschine*); ~ **bed** *s.* ⊕ Ma'schinenfunda,ment *n*; ~ **build·er** *s.* Ma'schinenbauer *m*; '~**-driv·er** *s.* Lokomo'tivführer *m*.

en·gi·neer [endʒi'niə] **I.** *s.* **1. a)** Ingeni'eur *m*, **b)** 'Techniker *m*, **c)** Me'chaniker *m*; **2.** *a. mechanical* ~ Ma'schinenbauer *m*, -ingeni,eur *m*; **3.** *a.* ⚓ Maschi'nist *m*; **4.** *Am.* Lokomo'tivführer *m*; **5.** ⚔ Pio'nier *m*; **II.** *v/t.* **6.** *Straßen, Brücken etc.* bauen, anlegen, konstruieren, errichten; **7.** F *geschickt* in die Wege leiten, bewerkstelligen, ‚organisieren', ‚einfädeln', ‚deichseln'; **III.** *v/i.* **8.** Ingeni'eur sein; **en·gi'neer·ing** [-iəriŋ] *s.* **1.** 'Technik *f*, *engS.* Ingeni'eurwesen *n*; (*a. mechanical* ~) Ma'schinenbau *m*: *railway* ~ Eisenbahnbau; ~ *department* technische Abteilung, Konstruktionsbüro; ~ *sciences* technische Wissenschaften; ~ *standards committee* Fachnormenausschuß; ~ *works* Maschinenfabrik; **2.** *social* ~ angewandte Sozialwissenschaft; **3.** *fig.* F ‚Ma'növer' *n*, Manipulati'on *f*.

'en·gine|-fit·ter *s.* Ma'schinenschlosser *m*, Mon'teur *m*; '~**-house** *s.* Ma'schinenhaus *n*, Lokomo'tivschuppen *m*; '~**-lathe** *s.* ⊕ Leitspindeldrehbank *f*; '~**-man** [-mən] *s.* [*irr.*] **1.** Ma'schinenwärter *m*; **2.** Lokomo'tivführer *m*; '~**-room** *s.* Ma'schinenraum *m*, -halle *f*; '~**-shed** → *engine-house*; ~ **trou·ble** *s.* ⊕ Ma'schinenschaden *m*, 'Motorpanne *f*.

en·gird [in'gə:d], **en'gir·dle** [-dl] *v/t.* um'gürten, -'geben, -'schließen.

Eng·land·er ['iŋgləndə] *s.*: *Little* ~ Gegner der imperialistischen Politik.

Eng·lish ['iŋgliʃ] **I.** *adj.* **1.** englisch; **II.** *s.* **2.** *the* ~ die Engländer; **3.** *ling.* Englisch *n*: *in* ~ auf englisch, im Englischen; *into* ~ ins Englische; *the King's* (*od. Queen's*) ~ gutes, reines Englisch; *in plain* ~ *fig.* unverblümt; **4.** *typ.* Mittel *f* (*Schriftgrad*); **'Eng·lish·man** [-mən] *s.* [*irr.*] Engländer *m*; **'Eng·lish·wom·an** *s.* [*irr.*] Engländerin *f*.

en·gorge [in'gɔ:dʒ] *v/t.* **1.** gierig verschlingen; **2.** ⚕ verstopfen: ~*d kidney* Stauungsniere.

en·graft [in'grɑ:ft] *v/t.* **1.** (auf-)pfropfen (*into* in *acc.*, *upon* auf *acc.*); **2.** *fig.* einprägen (*in dat.*).

en·grailed [in'greild] *adj.* ausgezackt (*Wappen*), gerändelt (*Münze*).

en·grain [in'grein] *v/t.* in der Wolle *od.* tief *od.* echt färben (*a. fig.*); **en'grained** [-nd] *adj. fig.* **1.** eingefleischt, unverbesserlich; **2.** eingewurzelt, tiefsitzend.

en·grave [in'greiv] *v/t.* **1.** gravieren, stechen, einschneiden, -graben (*on* in, auf *acc.*); **2.** *fig.* ~ *on s.o.'s memory* (*od. in s.o.'s mind*) j-m tief einprägen; **en'grav·er** [-və] *s.* Gra'veur *m*, (Kunst)Stecher *m*: ~ *of music* Notenstecher; ~ *on copper* Kupferstecher; **en'grav·ing** [-viŋ] *s.* **1.** Gravieren *n*, Gravierkunst *f*; **2.** (*Kupfer-, Stahl*)Stich *m*, Holzschnitt *m*.

en·gross [in'grous] *v/t.* **1.** ⚖ **a)** *Urkunde* in großer *od.* deutlicher Schrift *od.* ins reine schreiben, **b)** in gesetzlicher Form ausdrücken *od.* ausfertigen; **2.** *fig.* beschlagnahmen, an sich reißen; ganz (für sich) in Beschlag *od.* Anspruch nehmen; **en'grossed** [-st] *adj.* vertieft, versunken (*in* in *acc.*); **en'gross·ing** [-siŋ] *adj.* **1.** fesselnd, spannend; **2.** ~ *hand* Kanzleischrift; **en'gross·ment** [-mənt] *s.* ⚖ Ausfertigung *f*, Reinschrift *f e-r Urkunde* in großer Schrift.

en·gulf [in'gʌlf] *v/t.* **1.** versenken; **2.** verschlingen; **3.** *fig.* einhüllen, über'wältigen: *to be* ~*ed* versinken, ertrinken.

en·hance [in'hɑ:ns] *v/t.* **1.** erhöhen, vergrößern, steigern; heben; **2.** über'treiben; **en'hance·ment** [-mənt] *s.* **1.** Steigerung *f*, Erhöhung *f*, Vergrößerung *f*; **2.** Über'treibung *f*.

e·nig·ma [i'nigmə] *s.* Rätsel *n* (*a. Sache od. Person*); **e·nig·mat·ic** *adj.*; **e·nig·mat·i·cal** [enig'mætik(ə)l] *adj.* □ rätselhaft, dunkel, zweideutig; **e'nig·ma·tize** [-ətaiz] **I.** *v/i.* in Rätseln sprechen; **II.** *v/t.* *et.* in Dunkel hüllen, verschleiern.

en·join [in'dʒɔin] *v/t.* **1.** *j-m et.* auferlegen, vorschreiben; **2.** *j-m* (an-)befehlen, einschärfen (*to inf.* zu *inf.*); *j-m* unter'sagen (*from doing* zu tun); **3.** bestimmen, Anweisung(en) erteilen (*that* daß).

en·joy [in'dʒɔi] *v/t.* **1.** Vergnügen *od.* Gefallen finden *od.* Freude haben an (*dat.*), sich erfreuen an (*dat.*): *I* ~ *walking* ich gehe gern spazieren; *did you* ~ *the play?* hat dir das (Theater)Stück gefallen?; *to* ~ *o.s.* sich amüsieren *od.* gut unterhalten; **2.** genießen, sich *et.* schmecken lassen: *I* ~ *my food* das Essen schmeckt mir; **3.** sich *e-s Besitzes* erfreuen; haben, besitzen; erleben: *to* ~ *good health* sich e-r guten Gesundheit erfreuen; *to* ~ *a modest income* ein bescheidenes Einkommen haben; **en'joy·a·ble** [-ɔiəbl] *adj.* □ **1.** brauch-, genießbar; **2.** genußreich, erfreulich; **en'joy·ment**

[-mənt] *s.* **1.** Genuß *m*, Vergnügen *n*, Gefallen *n*, Freude *f*; **2.** Genuß *m* (*e-s Besitzes od. Rechtes*), Besitz *m*.

en·kin·dle [in'kindl] *v/t. fig.* entflammen, entzünden, erregen, entfachen.

en·lace [in'leis] *v/t.* **1.** um'schlingen, verstricken; **2.** *fig.* um'geben.

en·large [in'lɑːdʒ] **I.** *v/t.* **1.** erweitern, ausdehnen, vergrößern (*a. phot.*): *~d and revised edition* vermehrte u. verbesserte Auflage; *to ~ the mind* den Gesichtskreis erweitern; **II.** *v/i.* **2.** sich ausdehnen *od.* erweitern *od.* vergrößern; **3.** *phot.* sich zur Vergrößerung eignen; **4.** *fig.* sich verbreiten *od.* weitläufig auslassen (*upon* über *acc.*); **en'large·ment** [-mənt] *s.* **1.** Erweiterung *f* (*a. fig.*); Ausdehnung *f*, Vergrößerung *f* (*a. phot.*); **2.** Zusatz *m*, Anhang *m*; **3.** Erweiterungs-, Anbau *m*; **en'larg·er** [-dʒə] *s.* Vergrößerungsgerät *n*.

en·light·en [in'laitn] *v/t. fig.* erleuchten, aufklären; belehren, unter'richten (*on, as to* über *acc.*); **en'light·ened** [-nd] *adj.* **1.** erleuchtet, aufgeklärt; **2.** vorurteilsfrei; **en'light·en·ing** [-niŋ] *adj.* aufschlußreich; **en'light·en·ment** [-mənt] *s.* Aufklärung *f*, Erleuchtung *f*: (*Age of*) ♀ *phls.* (Zeitalter der) Aufklärung.

en·list [in'list] **I.** *v/t.* **1.** *Soldaten* anwerben, *Rekruten* einstellen: *~ed men Am.* Unteroffiziere und Mannschaften; **2.** *fig. j-n* her'anziehen, gewinnen, engagieren (*in* für): *to ~ s.o.'s services* j-s Dienste in Anspruch nehmen; **II.** *v/i.* **3.** ⚔ sich anwerben lassen, Sol'dat werden, sich (freiwillig) melden; **4.** (*in*) eintreten (für), mitwirken (bei), sich beteiligen (an *dat.*); **en'list·ment** [-mənt] *s.* **1.** ⚔ (An)Werbung *f*, Einstellung *f*; **2.** *Am.* Mili'tärdienstzeit *f*; **3.** *fig.* Gewinnung *f*, Her'an-, Hin'zuziehung *f* (*von Helfern, Mitarbeitern*).

en·liv·en [in'laivn] *v/t.* beleben, anfeuern, ermuntern, erheitern.

en masse [ɑ̃ːŋ'mæs; ɑ̃mas] (*Fr.*) *adv.* **1.** in Massen, im großen; **2.** zu'sammen, als Ganzes.

en·mesh [in'meʃ] *v/t.* **1.** (wie) mit e-m Netz um'geben; um'spannen; **2.** *fig.* um'garnen, verstricken.

en·mi·ty ['enmiti] *s.* Feindschaft *f*, -seligkeit *f*, Haß *m*: *at ~ with* verfeindet *od.* in Feindschaft mit; *to bear no ~* nichts nachtragen.

en·no·ble [i'noubl] *v/t.* **1.** adeln (*a. fig.*), in den Adelsstand erheben; **2.** *fig.* veredeln, erhöhen; **en'no·ble·ment** [-mənt] *s.* **1.** Erhebung *f* in den Adelsstand; **2.** *fig.* Veredelung *f*.

en·nui [ɑ̃ː'nwiː; ɑ̃nɥi] (*Fr.*) *s.* Langeweile *f*.

e·nor·mi·ty [i'nɔːmiti] *s.* **1.** Ungeheuerlichkeit *f* (*a.* = *Untat*); **2.** Frevel *m*, (ab'scheuliches) Verbrechen, Greuel *m*; **e'nor·mous** [-məs] *adj.* □ e'norm, ungeheuer(lich), gewaltig, riesig, ‚kolos'sal'; **e'nor·mous·ness** [-məsnis] *s.* Riesengröße *f*.

e·nough [i'nʌf] **I.** *adj.* genug, ausreichend: *~ bread, bread ~* genug Brot, Brot genug; *not ~ sense* nicht genug Verstand; *this is ~ (for us)* das genügt (uns); *he was not man ~* (*od. ~ of a man*) (*to inf.*) er war nicht Manns genug (zu *inf.*); *that's ~ to drive me mad* das macht mich (noch) ganz verrückt; **II.** *s.* Genüge *f*, genügende Menge: *to have (quite) ~* (völlig) genug haben; *I've had ~, thank you* danke, ich bin satt; *I have ~ of it* ich bin (*od.* habe) es satt, ‚ich bin bedient'; *~ of that!, ~ said!* genug davon!, Schluß damit!; *~ and to spare* mehr als genug; *~ is as good as a feast* allzuviel ist ungesund; **III.** *adv.* genug, genügend; ganz, recht, ziemlich: *it's a good ~ story* die Geschichte ist nicht übel; *he does not sleep ~* er schläft nicht genug; *be kind ~ to help me* sei so gut und hilf mir; *oddly ~* sonderbarerweise; *safe ~* durchaus sicher; *sure ~* tatsächlich, gewiß; *true ~* nur zu wahr; *well ~* recht *od.* ziemlich *od.* ganz gut; *he could do it well ~ (but ...)* er könnte es (zwar) recht gut(, aber ...); *you know well ~* du weißt es (ganz) genau; *that's not good ~* das lasse ich nicht gelten.

en pas·sant [ɑ̃ːm'pæsɑ̃ːŋ; ɑ̃pasɑ̃] (*Fr.*) *adv.* beiläufig, neben'her, -'bei.

en·plane [in'plein] → *emplane*.

en·quire, en·quir·y → *inquire etc.*

en·rage [in'reidʒ] *v/t.* wütend machen, aufbringen; **en'raged** [-dʒd] *adj.* wütend, aufgebracht, böse: *~ at s.th.* wütend über et.; *~ with s.o.* wütend auf j-n.

en·rank [in'ræŋk] *v/t.* ordnen, in Reihen aufstellen.

en·rapt [in'ræpt] *adj.* hingerissen, entzückt; **en'rap·ture** [-tʃə] *v/t.* entzücken: *~d with* hingerissen von.

en·rich [in'ritʃ] *v/t.* **1.** (*a. o.s.* sich) bereichern (*a. fig.*); wertvoll(er) machen; **2.** anreichern: **a)** ⊕, ⚗ veredeln, **b)** ⚘ ertragreich(er) machen; **3.** ausschmücken, verzieren; **4.** *fig.* **a)** *Geist* befruchten, **b)** *Wert* steigern; **en'rich·ment** [-mənt] *s.* **1.** Bereicherung *f*; **2.** ⊕, ⚗ Anreicherung *f*; **3.** *fig.* Befruchtung *f*; **4.** Ausschmückung *f*.

en·rol(l) [in'roul] **I.** *v/t.* **1.** *j-s Namen* eintragen, -schreiben (*in* in *acc.*); **2. a)** *mst* ⚔ anwerben, **b)** ⚓ anmustern, anheuern, **c)** *Arbeiter* einstellen: *to be enrolled* eingestellt werden, *in e-e Firma* eintreten; **3.** als Mitglied aufnehmen: *to ~ o.s. in a society* e-r Gesellschaft beitreten; **4.** registrieren, protokollieren; **5.** *fig.* aufzeichnen, verewigen; **II.** *v/i.* **6.** sich einschreiben *od.* (*ped. Am.*) immatrikulieren (lassen); **7.** ⚔ sich anwerben lassen; **en'rol·ment,** *bsd. Am.* **en'roll·ment** [-mənt] *s.* **1.** Eintragung *f*, -schreibung *f*; **2.** *bsd.* ⚔ Anwerbung *f*, Einstellung *f*; **3.** Aufnahme *f*; **4.** Beitrittserklärung *f*.

en route [ɑ̃ːn'ruːt] (*Fr.*) *adv.* unter'wegs.

en·sconce [in'skɔns] *v/t.* **1.** (*mst ~ o.s.* sich) verstecken, verbergen; **2.** *~ o.s.* sich behaglich niederlassen, es sich bequem machen.

en·sem·ble [ɑ̃ːn'sɑ̃ːmbl; ɑ̃sɑ̃ːbl] (*Fr.*) *s.* **1.** *das* Ganze, Gesamteindruck *m*; **2.** ♪, *thea.* En'semble(spiel) *n*; **3.** *Kleider:* Kom'plet *n*.

en·shrine [in'ʃrain] *v/t.* **1.** *in e-n Schrein* einschließen; **2.** (als Heiligtum) verwahren *od.* verehren; **3.** als Schrein dienen für (*acc.*).

en·shroud [in'ʃraud] *v/t.* ein-, verhüllen (*a. fig.*).

en·sign ['ensain; *bsd.* ⚔ *u.* ⚓ 'ensn] *s.* **1.** Fahne *f*, (Natio'nal)Flagge *f*: *white (red) ~* Flagge der brit. Kriegs- (Handels)marine; *blue ~* Flagge der brit. Flottenreserve; **2.** ['ensain] *hist. Brit.* Fähnrich *m*; **3.** ['ensn] ⚓ *Am.* Leutnant *m* zur See; **4.** (Rang)Abzeichen *n*.

en·si·lage ['ensilidʒ] ⚘ **I.** *s.* **1.** 'Silospeicherung *f*; **2.** 'Silo-, Grün-, Süßpreßfutter *n*; **II.** *v/t.* **3.** → *ensile*; **en·sile** [in'sail] *v/t.* ⚘ *Grünfutter* in 'Silos speichern.

en·slave [in'sleiv] *v/t.* **1.** versklaven, knechten, unter'jochen (*a. fig.*); **2.** *fig.* fesseln, be-, verstricken; **en'slave·ment** [-mənt] *s.* Unter'jochung *f*, Knechtschaft *f*, Knechtung *f* (*a. fig.*); **en'slav·er** [-və] *s.* **1.** Unter'jocher *m*; **2.** Verführerin *f*, ‚Vamp' *m*.

en·snare [in'snɛə] *v/t.* **1.** *in e-r Schlinge* fangen; **2.** *fig.* berücken, um'garnen, verführen.

en·sue [in'sjuː] *v/i.* **1.** 'darauf folgen, (nach)folgen; **2.** folgen, sich ergeben (*from* aus); **en'su·ing** [-iŋ] *adj.* (nach)folgend.

en·sure [in'ʃuə] *v/t.* **1.** (*against, from*) (*a. o.s.* sich) sichern, sicherstellen (gegen), schützen (vor); **2.** Gewähr bieten für; garantieren (*et., that* daß, *s.o. being* daß j-d ist); **3.** für *et.* sorgen.

en·tab·la·ture [en'tæblətʃə] *s.* △ Säulengebälk *n*.

en·tail [in'teil] **I.** *v/t.* **1.** ⚖ als Fideikom'miß *od.* unveräußerliches Gut vererben (*on* auf *acc.*): *~ed estate* Erb-, Familiengut; **2.** *fig.* mit sich bringen, zur Folge haben, nach sich ziehen, erfordern; **3.** *fig.* aufbürden, auferlegen (*on dat.*); **II.** *s.* **4.** ⚖ (Über'tragung *f* als) unveräußerliches Erbgut; Fideikommiß *n*.

en·tan·gle [in'tæŋgl] *v/t.* **1.** *Haare, Garn etc.* verwirren, ‚verfitzen': *to get ~d* hängenbleiben, sich verwirren; **2.** *fig.* (in Schwierigkeiten) verwickeln *od.* verstricken *od.* verheddern; in Verlegenheit bringen: *to ~ o.s. in s.th.* sich in e-e Sache verwickeln; *to become ~d* (*with*) sich kompromittieren (mit); **en'tan·gle·ment** [-mənt] *s.* **1.** Verwicklung *f*, Verwirrung *f*, Verstrickung *f* (*a. fig.*); **2.** *fig.* Verlegenheit *f*, Fallstrick *m*; Komplikati'onen *pl.*; **3.** ‚Techtelmechtel' *n*, Liai'son *f*; **4.** ⚔ Drahtverhau *m*.

en·tente [ɑ̃ː'tɑ̃ːnt; ɑ̃tɑ̃ːt] (*Fr.*) *s.* Bündnis *n*, En'tente *f*.

en·ter ['entə] **I.** *v/t.* **1.** eintreten, -fahren, -steigen, (hin'ein)gehen, (-)kommen in (*acc.*), *Haus etc.* betreten; ⚔ einrücken in (*acc.*); ⚓, 🚂 einlaufen in (*acc.*): *to ~ the skull* in den Schädel eindringen; *the idea ~ed my head* (*od. mind*) mir kam der Gedanke, ich hatte die Idee; **2.** sich in *et.* begeben: *to ~ a hospital* ein Krankenhaus aufsuchen; **3.** eintreten in (*acc.*), beitreten (*dat.*), Mitglied werden (*gen.*): *to ~ s.o.'s service* in j-s Dienst treten; *to ~ a club* e-m Klub beitreten; *to ~ the university* mit dem Studium an der Universität beginnen; *to ~ the army* (*the Church*) Soldat (Geistlicher) werden; *to ~ a profession* e-n Beruf ergreifen; **4.** eintragen, -schreiben; hin'einbringen; *j-n* aufnehmen, zulassen: *to ~ one's name* sich einschreiben *od.* anmelden; *to ~ s.o. at a school* j-n zur Schule anmelden; *to be ~ed univ.* immatrikuliert werden; **5.** ✝ (ver)buchen, eintragen: *to ~ to s.o.'s credit* j-m *et.* gutschreiben; *to ~ to s.o.'s debit* j-m *et.* in Rechnung stellen; **6.** *sport* (an)melden, nennen; **7.** ⚓, ✝ *Schiff* einklarieren; *Waren beim Zollamt* deklarieren; **8.** einreichen, -bringen, geltend machen: *to ~ an action* ⚖ e-e Klage einreichen; *to ~ a protest* Protest erheben; **II.** *v/i.* **9.** (ein-)treten, her'ein-, hin'einkommen, -gehen; ⚔ einrücken; eindringen: *~!* herein!; **10.** *sport* sich (an)melden, nennen (*for* zu); **11.** *thea.* auftreten: ♀ *Hamlet* Hamlet tritt auf;

Zssgn mit prp.:

en·ter| in·to *v/i.* **1.** *Vertrag, Bündnis* eingehen, schließen: *to ~ an engagement* e-e Verpflichtung eingehen; *to ~ a partnership* sich assoziieren; **2.** *et.* beginnen, sich beteiligen an (*dat.*), eingehen auf (*acc.*), sich einlassen auf *od.* in (*acc.*): *to ~ correspondence* in Briefwechsel treten; *to ~ details* ins einzelne gehen; *to ~ a joke* auf e-n Scherz eingehen; **3.** sich hin'einversetzen in (*acc.*): *to ~ s.o.'s feelings* j-s Gefühle verstehen, mit j-m sympathisieren; *to ~ the spirit* sich in den Geist einfühlen *od.* hineinversetzen; *to ~ the spirit of the game* mitmachen; **~ on** *v/i.* **1.** Besitz ergreifen von; **2. a)** *Thema* anschneiden, **b)** sich in *ein Gespräch* einlassen; **3. a)** beginnen, in *ein* (*neues*) *Stadium od. ein neues Lebensjahr* eintreten, **b)** *Amt* antreten, *Laufbahn* einschlagen; **~ up·on** → *enter on.*

en·ter·ic [en'terik] *adj.* ⚕ Darm...: *~ fever* (Unterleibs)Typhus; **en·ter·i·tis** [entə'raitis] *s.* ⚕ 'Darmka͵tarrh *m*, Ente'ritis *f*; **en·ter·o·lith** ['entərouliθ] *s.* ⚕ Darmstein *m*, Entero'lith *m*; **en·ter·os·to·my** [entə'rɔstəmi] *s.* ⚕ Enterosto'mie *f*, Anlegen *n* e-s künstlichen Afters.

en·ter·prise ['entəpraiz] *s.* **1.** Unter'nehmen *n*, -'nehmung *f*; **2.** ✝ Unternehmen *n*, Betrieb *m*: *private ~* freie Wirtschaft, freies Unternehmertum; **3.** Initia'tive *f*, Unter'nehmungsgeist *m*, -lust *f*; **4.** Wagnis *n*, Spekulati'on *f*; **'en·ter·pris·ing** [-ziŋ] *adj.* □ **1.** unter'nehmend, unter'nehmungslustig; **2.** kühn, wagemutig.

en·ter·tain [entə'tein] **I.** *v/t.* **1.** (angenehm) unter'halten, amüsieren; **2.** gastlich aufnehmen, bewirten: *to ~ s.o. at* (*Brit. a. to*) *supper* j-n zum Abendbrot einladen; **3.** *Furcht, Hoffnung etc.* hegen; **4.** *Forderung, Vorschlag etc.* in Erwägung ziehen, eingehen auf (*acc.*), nähertreten (*dat.*): *to ~ an idea* sich mit e-m Gedanken tragen; **II.** *v/i.* **5.** Gäste empfangen, Gesellschaften geben; **en·ter'tain·er** [-nə] *s.* **1.** Gastgeber(in); **2.** Unter'haltungskünstler(in); **en·ter'tain·ing** [-niŋ] *adj.* □ unter'haltend, ergötzlich, amü'sant; **en·ter'tain·ment** [-mənt] *s.* **1.** Unter'haltung *f*, Ablenkung *f*, Belustigung *f*: *place of ~* Vergnügungsstätte; *~ tax* Lustbarkeits-, Vergnügungssteuer; **2.** *thea. etc.* Aufführung *f*, Veranstaltung *f*; **3.** Gastfreundschaft *f*, Bewirtung *f*: *~ allowance* ✝ Aufwandsentschädigung; **4.** Fest *n*, Gesellschaft *f*.

en·thral(l) [in'θrɔ:l] *v/t.* **1.** *fig.* bezaubern, fesseln, in Bann schlagen; **2.** *obs.* unter'jochen; **en'thrall·ing** [-liŋ] *adj.* fesselnd, entzückend; **en'thral(l)·ment** [-mənt] *s.* Bezauberung *f*, Entzücken *n*.

en·throne [in'θroun] *v/t.* **1.** auf den Thron setzen; **2.** *eccl. Bischof* einsetzen, inthronisieren; **3.** *fig.* erhöhen: *to be ~d* thronen; **en'throne·ment** [-mənt] *s.* Einsetzung *f* e-s Herrschers *od.* Bischofs.

en·thuse [in'θju:z] *v/i.* F (*about*) begeistert sein (von), schwärmen (für, von); **en'thu·si·asm** [-ziæzəm] *s.* **1.** Enthusi'asmus *m*, Begeisterung *f* (*for* für, *about* über *acc.*); **2.** Entzücken *n*, Schwärme'rei *f*; **en'thu·si·ast** [-ziæst] *s.* Enthusi'ast(in), Schwärmer(in); **en·thu·si·as·tic** [inθju:zi'æstik] *adj.* (□ *~ally*) enthusi'astisch, begeistert (*about* über *acc.*).

en·tice [in'tais] *v/t.* **1.** (ver-, an)locken: *to ~ away* abspenstig machen, ✝ abwerben; **2.** reizen, verleiten, -führen (*into s.th.* zu et., *to do od. into doing* zu tun); **en'tice·ment** [-mənt] *s.* **1.** (Ver)Lockung *f*, (An)Reiz *m*; **2.** Verführung *f*, -leitung *f*; **en'tic·ing** [-siŋ] *adj.* □ verlockend, verführerisch.

en·tire [in'taiə] **I.** *adj.* □ → *entirely*; **1.** ganz, völlig, vollständig, vollzählig, ungeteilt; Gesamt...; **2.** unversehrt, ungeschmälert, unvermindert, uneingeschränkt; **3.** nicht kastriert: *~ horse* Hengst; **II.** *s.* **4.** *das* Ganze; **5.** nicht kastriertes Pferd; **6.** *Am.* Ganzsache *f* (*Postkarte od. Umschlag mit eingeprägter Marke*); **en'tire·ly** [-li] *adv.* **1.** völlig, gänzlich, durch'aus; **2.** lediglich, bloß; **en'tire·ty** [-ti] *s. das* Ganze, Ganzheit *f*, Gesamtheit *f*: *in its ~* in s-r Gesamtheit, als Ganzes.

en·ti·tle [in'taitl] *v/t.* **1.** *Buch etc.* betiteln; **2.** *j-n* titulieren; **3.** *j-n* berechtigen; *j-m* ein Anrecht geben (*to* auf *acc.*): *to be ~d to* berechtigt sein zu, Anspruch *od.* Anrecht haben auf (*acc.*); *~d to vote* stimm-, wahlberechtigt; **en'ti·tle·ment** [-mənt] *s.* Anspruch *m*.

en·ti·ty ['entiti] *s.* **1.** Dasein *n*; **2.** Wesen *n*, Ding *n*; **3.** ⚖ 'Rechtsper͵sönlichkeit *f*: *legal ~* juristische Person.

en·tomb [in'tu:m] *v/t.* **1.** begraben, beerdigen; **2.** verschütten; vergraben, einschließen; **en'tomb·ment** [-mənt] *s.* Begräbnis *n*, Beerdigung *f*.

en·to·mo·log·i·cal [entəmə'lɔdʒikəl] *adj.* □ entomo'logisch, Insekten...; **en·to·mol·o·gist** [entə'mɔlədʒist] *s.* Entomo'loge *m*; **en·to·mol·o·gy** [entə'mɔlədʒi] *s.* Entomolo'gie *f*, In'sektenkunde *f*.

en·tou·rage [ɔntu'rɑ:ʒ; ɑ̃tura:ʒ] (*Fr.*) *s.* **1.** Um'gebung *f*; **2.** Begleitung *f*.

en·to·zo·a [entə'zouə] *s. pl. zo.* Ento'zoa *pl.*, Eingeweidewürmer *pl.*

entr'acte ['ɔntrækt; ɑ̃trakt] (*Fr.*) *s. thea.* 'Zwischen͵akt *m*, -spiel *n*.

en·trails ['entreilz] *s. pl.* **1.** *anat.* Eingeweide *pl.*; **2.** *fig. das* Innere.

en·train [in'trein] *v/t. u. v/i.* in e-n Eisenbahnzug verladen (einsteigen).

en·tram·mel [in'træməl] *v/t. fig.* verwickeln, hemmen.

en·trance[1] ['entrəns] *s.* **1.** Eintritt *m*, -zug *m*, -fahrt *f*, -stieg *m*, -flug *m*; **2.** Ein-, Zugang *m*, Tür *f*, Torweg *m*, (*a.* Hafen)Einfahrt *f*: *~ hall* (Eingangs-, Vor)Halle, Hausflur; **3.** Einlaß *m*, Zutritt *m*: *~ fee* **a)** Eintrittsgeld, **b)** Beitrittsgebühr; *~ examination* Aufnahmeprüfung; **4.** *thea.* Auftritt *m*; **5.** (*into, upon*) Antritt *m* (*e-s Amtes etc.*); **6.** *fig.* Beginn *m* (*to gen.*).

en·trance[2] [in'trɑ:ns] *v/t.* in Entzücken versetzen, hinreißen: *~d* begeistert, hingerissen, gebannt; *~d with joy* freudetrunken; **en'trance·ment** [-mənt] *s.* Verzückung *f*; **en'tranc·ing** [-siŋ] *adj.* hinreißend, bezaubernd; über'wältigend.

en·trant ['entrənt] *s.* **1.** Eintretende(r *m*) *f*, Besucher(in); **2.** neues Mitglied; **3.** *bsd. sport* (Wett)Bewerber(in), Teilnehmer(in), Konkur'rent(in).

en·trap [in'træp] *v/t.* **1.** (in e-r Falle) fangen; **2.** verführen, verleiten (*into doing* zu tun).

en·treat [in'tri:t] *v/t.* **1.** *j-n* dringend bitten *od.* ersuchen, anflehen; **2.** *obs. od. bibl. j-n* behandeln; **en'treat·ing·ly** [-tiŋli] *adv.* flehentlich; **en'treat·y** [-ti] *s.* dringende Bitte, Begehren *n*.

en·trée ['ɔntrei; ɑ̃tre] (*Fr.*) *s.* **1.** Ein-, Zutritt *m* (*of* zu); **2.** *Küche*: **a)** Zwischengericht *n*, **b)** Fleischgericht *n* (*außer Braten*).

en·tre·mets ['ɔntrəmei; ɑ̃trəmɛ; *pl.* 'ɔntrəmeiz; ɑ̃trəmɛ] (*Fr.*) *s.* Zwischengericht *n*, Beilage *f*.

en·trench [in'trentʃ] *v/t.* **1.** ⚔ mit Schützengräben durch'ziehen, befestigen; (*a. o.s.* sich) eingraben *od.* verschanzen; **2.** *~ o.s. fig.* sich festsetzen; **en'trenched** [-tʃt] *adj. fig.* feststehend, eingewurzelt; **en'trench·ment** [-mənt] *s.* ⚔ **1.** Verschanzung *f*; **2.** *pl.* Schützengräben *pl.*

en·tre·pôt ['ɔntrəpou; ɑ̃trəpo] (*Fr.*) *s.* **1.** Niederlage *f*, Speicher *m*; Stapel-, 'Umschlagplatz *m*; **2.** ✝ 'Transitlager *n*.

en·tre·pre·neur [ɔntrəprə'nə:; ɑ̃trəprənœ:r] (*Fr.*) *s.* **1.** ✝ Unter'nehmer *m*; **2.** Veranstalter *m*, The'aterunter͵nehmer *m*; **en·tre·pre'neur·i·al** [-ə:riəl] *adj.* ✝ unter'nehmerisch, Unternehmer...

en·tre·sol ['ɔntrəsɔl; ɑ̃trəsɔl] (*Fr.*) *s.* Zwischenstock *m.*
en·trust [in'trʌst] *v/t.* **1.** anvertrauen (*to dat.*); **2.** *j-n* betrauen (*with s.th.* mit et.).
en·try ['entri] *s.* **1.** Zugang *m*, Zutritt *m*, Einreise *f*; *fig.* Beitritt *m*: ~ *permit* Einreisegenehmigung; ~ *visa* Einreisevisum; *no* ~ Zutritt verboten!; **2.** Eintritt *m*, -gang *m*, -fahrt *f*, -zug *m*, -rücken *n*; **3.** *thea.* Auftritt *m*; **4.** ⚖ Besitzantritt *m*, -ergreifung *f* (*upon gen.*); **5.** ✝, ⚓ Einklarierung *f*: ~ *inwards* Einfuhrdeklaration; **6.** Eintragung *f*, Vermerk *m*; **7.** ✝ **a)** Buchung *f*: *credit* ~ Gutschrift; *debit* ~ Lastschrift; *to make an* ~ (*of*) (*et.*) buchen, **b)** Posten *m*; **8.** *bsd. sport* **a)** (An)Meldung *f*, Nennung *f*, Teilnahme *f*: ~ *form* (An)Meldeformular, **b)** → *entrant 3.*
en·twine [in'twain] *v/t.* **1.** um'schlingen, um'winden, (ver)flechten (*a. fig.*): ~*d letters* verschlungene Buchstaben; **2.** um'armen.
en·twist [in'twist] *v/t.* (ver)flechten, um'winden, verknüpfen.
e·nu·cle·ate [i'nju:klieit] *v/t.* **1.** ⚕ *Geschwulst* her'ausschälen; **2.** *fig.* aufklären, erläutern.
e·nu·mer·ate [i'nju:məreit] *v/t.* **1.** aufzählen; **2.** spezifizieren; **e·nu·mer·a·tion** [inju:mə'reiʃən] *s.* **1.** Aufzählung *f*; **2.** Liste *f*, Verzeichnis *n*; **e'nu·mer·a·tor** [-tə] *s.* Zähler *m* (*bei Volkszählungen*).
e·nun·ci·ate [i'nʌnsieit] *v/t.* **1.** ausdrücken, *deutlich* aussprechen; **2.** behaupten, *Grundsatz* aufstellen; **3.** verkünden; **e·nun·ci·a·tion** [inʌnsi'eiʃən] *s.* **1.** Ausdruck *m*; Ausdrucks-, Vortragsweise *f*; **2.** Aufstellung *f* (*e-s Grundsatzes*); **3.** Verkündung *f*, Kundgebung *f*; **e'nun·ci·a·tive** [-nʃiətiv] *adj.* ausdrückend, Ausdrucks...: *to be* ~ *of* ausdrücken; **e'nun·ci·a·tor** [-tə] *s.* Verkünder *m.*
en·ure → *inure.*
en·vel·op [in'veləp] **I.** *v/t.* **1.** einwickeln, -schlagen, (ein)hüllen (*in* in *acc.*); **2.** *oft fig.* um-, ver'hüllen, um'geben; **3.** ⚔ um'fassen, um'klammern; **II.** *s.* **4.** *Am.* → *envelope*; **en·ve·lope** ['enviloup] *s.* **1.** Decke *f*, Hülle *f*, 'Umschlag *m*; **2.** 'Brief,umschlag *m*; **3.** ✈ (Bal'lon)Hülle *f*; **4.** ⚘ Kelch *m*; **en'vel·op·ment** [-mənt] *s.* **1.** Um'hüllung *f*, Hülle *f*; **2.** ⚔ Um'fassung *f*, Um'klammerung *f.*
en·ven·om [in'venəm] *v/t.* **1.** vergiften (*a. fig.*); **2.** *fig.* ver-, erbittern, verschärfen.
en·vi·a·ble ['enviəbl] *adj.* □ beneidenswert, zu beneiden(d); **en·vi·er** ['enviə] *s.* Neider(in); **'en·vi·ous** [-əs] *adj.* □ (*of*) neidisch (auf *acc.*), 'mißgünstig (gegen): *to be* ~ *of s.o. because of* j-n beneiden um.
en·vi·ron [in'vaiərən] *v/t.* um'geben, um'ringen (*with* mit) (*a. fig.*); **en'vi·ron·ment** [-mənt] *s.* **1.** *a.* ~*s pl.* Um'gebung *f e-s Ortes*; **2.** *biol.*, *psych.* Umgebung *f*, 'Umwelt *f*, Mili'eu *n*: ~ *policy* Umweltpolitik; **en·vi·ron·men·tal** [invaiərən'mentl] *adj.* □ *biol.*, *psych.* Milieu..., Umwelt(s)...: ~ *pollution* Umweltverschmutzung; ~ *protection* Umweltschutz; **en·vi·ron·men·tal·ism** [invaiərən'mentəlizəm] *s.* Umweltschutz(bewegung *f*) *m*; **en·vi·ron·men·tal·ist** [invaiərən'mentəlist] *s.* 'Umweltschützer *m*, -ex,perte *m*; **en·vi·ron·men·tal·ly** [invaiərən'mentəli] *adv.* in bezug auf die Umwelt; **en·vi·rons** ['envirənz] *s. pl.* Um'gebung *f*, 'Umgegend *f*, Vororte *pl.*
en·vis·age [in'vizidʒ] *v/t.* **1.** *e-r Gefahr etc.* ins Auge sehen; **2.** in Aussicht nehmen, ins Auge fassen (*doing et.* zu tun); **3.** im Geiste betrachten.
en·voy[1] ['envɔi] *s.* 'Schluß,strophe *f*; Nachwort *n.*
en·voy[2] ['envɔi] *s.* **1.** *pol.* Gesandte(r) *m*; **2.** Abgesandte(r) *m*, Be'vollmächtigte(r) *m.*
en·vy ['envi] **I.** *s.* **1.** (*of*) Neid *m* (auf *acc.*), 'Mißgunst *f* (gegen): *to be eaten up with* ~ vor Neid platzen; **2.** Gegenstand *m* des Neides: *his car is the* ~ *of his friends* s-e Freunde beneiden ihn um sein Auto; **II.** *v/t.* **3.** *j-n* (um *et.*) beneiden: *I* ~ *him his car* ich beneide ihn um sein Auto; **4.** *j-m et.* miß'gönnen.
en·wrap [in'ræp] *v/t.* einhüllen, -wickeln (*a. fig.*): ~*ped in thought* in Gedanken versunken.
en·zyme ['enzaim] *s.* ⚗ En'zym *n*, Fer'ment *n.*
e·o·cene ['i(:)ousi:n] *s. geol.* Eo'zän *n*; **e·o·lith·ic** [i(:)ou'liθik] *adj.* frühsteinzeitlich, eo'lithisch.
e·on → *aeon.*
e·o·sin ['i(:)ousin] *s.* ⚗ Eo'sin *n.*
ep·au·let(te) ['epoulet] *s.* ⚔ Epau'lette *f*, Achselschnur *f*, -stück *n.*
ep·en·the·sis [e'penθisis] *s. ling.* Epen'these *f*, Lauteinfügung *f.*
e·pergne [i'pə:n] (*Fr.*) *s.* Tafelaufsatz *m.*
e·phed·rin(e) [i'fedrin; ⚗ 'efidri:n] *s.* ⚗ Ephe'drin *n.*
e·phem·er·a [i'femərə] *s. zo.* Eintagsfliege *f* (*a. fig. kurzlebige Erscheinung*); **e'phem·er·al** [-rəl] *adj.* ephe'mer: **a)** eintägig, **b)** *fig.* flüchtig, kurzlebig, vergänglich; **e'phem·er·on** [-rɔn] *pl.* **-a** [-ə], **-ons** → *ephemera.*
E·phe·sian [i'fi:ʒjən] *s.* **1.** 'Epheser (-in); **2.** *pl. bibl.* (Brief *m* des Paulus an die) Epheser *pl.*
ep·i·blast ['epiblæst] *s. biol.* äußeres Keimblatt.
ep·ic ['epik] **I.** *adj.* (□ ~*ally*) **1.** 'episch; **2.** *fig.* heldenhaft, Helden...; **II.** *s.* **3.** 'Epos *n*, Heldengedicht *n*; **'ep·i·cal** [-kəl] *adj.* □ episch.
ep·i·cene ['episi:n] *adj. ling. u. fig.* beiderlei Geschlechts.
ep·i·cen·ter *Am.*, **ep·i·cen·tre** ['episentə] *Brit.*, **ep·i·cen·trum** [epi'sentrəm] *s.* **1.** (Gebiet *n* über dem) Erdbebenherd *m*; **2.** *fig.* Mittelpunkt *m.*
ep·i·cure ['epikjuə] *s.* Genießer *m*, Genußmensch *m*; Feinschmecker *m*; **ep·i·cu·re·an** [epikjuə'ri(:)ən] **I.** *adj.* genußsüchtig, schwelgerisch; feinschmeckerisch; **II.** *s.* Genußmensch *m*; Feinschmecker *m*; **'ep·i·cur·ism** [-ərizəm] *s.* Genußsucht *f.*
ep·i·cy·cle ['episaikl] *s.* ⚹, *ast.* Epi'zykel *m*, Nebenkreis *m*; **ep·i·cy·clic** [epi'saiklik] *adj.* epi'zyklisch: ~ *gear* ⊕ Planetengetriebe; **ep·i·cy·cloid** ['epi'saiklɔid] *s.* ⚹ 'Rad,linie *f.*
ep·i·dem·ic [epi'demik] **I.** *adj.* (□ ~*ally*) **1.** ⚕ epi'demisch, seuchenartig; **2.** *fig.* grassierend, weitverbreitet; **II.** *s.* **3.** ⚕ Epide'mie *f*, Seuche *f* (*a. fig.*); **ep·i'dem·i·cal** [-kəl] → *epidemic 1, 2*; **ep·i·de·mi·ol·o·gy** [epidi:mi'ɔlədʒi] *s.* ⚕ Epidemiolo'gie *f*, Seuchenlehre *f.*
ep·i·der·mis [epi'də:mis] *s. anat.* Epi'dermis *f*, Oberhaut *f.*
ep·i·gas·tri·um [epi'gæstriəm] *s. anat.* Epi'gastrium *n*, Oberbauchgegend *f.*
ep·i·glot·tis [epi'glɔtis] *s. anat.* Epi'glottis *f*, Kehldeckel *m.*
ep·i·gram ['epigræm] *s.* Epi'gramm *n*, Sinngedicht *n*, -spruch *m*; **ep·i·gram·mat·ic** [epigrə'mætik] *adj.* (□ ~*ally*) **1.** epigram'matisch; **2.** kurz u. treffend, scharf pointiert; **ep·i·gram·ma·tist** [epi'græmətist] *s.* Epi'grammdichter *m.*
ep·i·graph ['epigrɑ:f; -græf] *s.* Epi'graph *n*: **a)** (*Grab*)Inschrift *f*, **b)** Auf-, 'Umschrift *f* (*Münze*), **c)** Sinnspruch *m*, 'Motto *n*; **ep·i·graph·ic** [epi'græfik] *adj.* epi'graphisch; **e·pig·ra·phist** [e'pigrəfist] *s.* Inschriftenkenner *m*, -forscher *m*; **e·pig·ra·phy** [e'pigrəfi] *s.* Inschriftenkunde *f.*
ep·i·lep·sy ['epilepsi] *s.* ⚕ Epilep'sie *f*, Fallsucht *f*; **ep·i·lep·tic** [epi'leptik] **I.** *adj.* epi'leptisch, fallsüchtig; **II.** *s.* Epi'leptiker(in).
ep·i·logue, *Am. a.* **ep·i·log** ['epilɔg] *s.* Epi'log *m*: **a)** Nachwort *n*, **b)** *thea.* Schlußrede *f.*
E·piph·a·ny [i'pifəni] *s. eccl.* **1.** Epi'phaniasfest *n*, Drei'königsfest *n*; **2.** ♀ Epipha'nie *f*, göttliche Erscheinung.
e·pis·co·pa·cy [i'piskəpəsi] *s. eccl.* Episko'pat *m*, *n*: **a)** bischöfliche Verfassung, **b)** Gesamtheit *f* der Bischöfe; **e'pis·co·pal** [-pəl] *adj.* □ *eccl.* bischöflich, Bischofs...: ♀ *Church* Episkopalkirche; **e·pis·co·pa·li·an** [ipiskə'peiljən] **I.** *adj.* **1.** bischöflich; **2.** zu e-r Episko'palkirche gehörig; **II.** *s.* **3.** Mitglied *n* e-r Episkopalkirche; **e'pis·co·pate** [-pit] *s. eccl.* Episko'pat *m*, *n*: **a)** Bischofswürde *f*, **b)** Bistum *n*, **c)** Gesamtheit *f* der Bischöfe.
ep·i·sode ['episoud] *s.* Epi'sode *f*: **a)** Neben-, Zwischenhandlung *f* (*im Drama etc.*), **b)** (Neben)Ereignis *n*, Vorfall *m*; **ep·i·sod·ic** *adj.*; **ep·i·sod·i·cal** [epi'sɔdik(əl)] *adj.* □ epi'sodisch.
e·pis·te·mol·o·gy [ipisti:'mɔlədʒi] *s. phls.* Er'kenntnistheo,rie *f.*
e·pis·tle [i'pisl] *s.* **1.** E'pistel *f*, Sendschreiben *n*; **2.** ♀ *bibl.* Brief *m*: ♀ *to the Romans* Römerbrief; **3.** ♀ *eccl.* Epistel *f* (*Lesung od. Abschnitt aus den neutestamentlichen Briefen*); **e'pis·to·lar·y** [-stələri] *adj.* brieflich, Brief...
ep·i·style ['epistail] *s.* ⚠ Archi'trav *m*, Hauptbalken *m.*
ep·i·taph ['epitɑ:f] *s.* **1.** Grabschrift *f*; **2.** Totengedicht *n.*

ep·i·the·li·um [epi'θi:ljəm] *pl.* **-ums** *od.* **-a** [-ə] *s. anat.* Epi'thel *n.*
ep·i·thet ['epiθet] *s.* **1.** E'pitheton *n*, Beiwort *n*, Attri'but *n*; **2.** Beiname *m*.
e·pit·o·me [i'pitəmi] *s.* **1.** Auszug *m*, Abriß *m*, Inhaltsangabe *f*: *in* ~ **a)** auszugsweise, **b)** in gedrängter Form; **2.** *fig.* (*of*) kleines Gegenstück (zu), Minia'tur *f* (*gen.*); **e'pit·o·mize** [-maiz] *v/t.* e-n Auszug machen aus, *et.* kurz darstellen *od.* ausdrücken.
ep·i·zo·on [epi'zouən] *pl.* **-a** [-ə] *s. zo.* 'Außen-, 'Hautschma,rotzer *m*;
ep·i·zo·ot·ic [epizou'ɔtik] *vet.* **I.** *adj.* seuchenartig; **II.** *s.* Viehseuche *f.*
ep·och ['i:pɔk] *s.* **1.** E'poche *f* (*a. geol.*), Zeitabschnitt *m*, -alter *n*; **2.** Wendepunkt *m*, Markstein *m*: *to mark an* ~ Epoche machen, ein Wendepunkt *od.* Markstein sein; **ep·och·al** ['epɔkəl] *adj.* **1.** Epochen...; **2.** e'pochemachend, bahnbrechend.
'ep·och-mak·ing → *epochal* 2.
ep·ode ['epoud] *s. poet.* E'pode *f*: **a)** Schlußgesang *m* e-r Ode, **b)** *lyrisches Gedicht aus abwechselnden Lang- u. Kurzversen.*
ep·o·nym ['epounim] *s.* Epo'nym *m*: **a)** Stammvater *m*, **b)** Per'son *f*, nach der et. benannt ist; **ep·on·y·mous** [i'pɔniməs] *adj.* namengebend.
ep·o·pee ['epoupi:] *s.* **1.** 'Epos *n*, Heldengedicht *n*; **2.** 'Epik *f*, 'epische Dichtung.
ep·os ['epɔs] *s.* **1.** 'Epos *n*; **2.** (*mündlich überlieferte*) 'epische Dichtung.
Ep·som salt ['epsəm] *s.*, *oft pl. sg. konstr.* ⚕ 'Epsomer Bittersalz *n*.
eq·ua·bil·i·ty [ekwə'biliti] *s.* **1.** Gleichmäßigkeit *f*; **2.** Gleichmut *m*; **eq·ua·ble** ['ekwəbl] *adj.* □ **1.** gleichförmig, -mäßig; **2.** gleichmütig, gelassen.
e·qual ['i:kwəl] **I.** *adj.* □ → *equally*; **1.** gleich: *to be* ~ *to* gleich sein, gleichen (*dat.*); → **2**; *of* ~ *size*, ~ *in size* gleich groß; *with* ~ *courage* mit demselben Mut; *not* ~ *to* geringer als; *other things being* ~ unter sonst gleichen Umständen; **2.** entsprechend: ~ *to the demand*; *to be* ~ *to* gleichkommen (*dat.*); → *1*; ~ *to new* wie neu; **3.** fähig, im'stande, gewachsen: ~ *to do* fähig zu tun; ~ *to a task* e-r Aufgabe gewachsen; **4.** aufgelegt, geneigt (*to dat. od.* zu): ~ *to a cup of tea* e-r Tasse Tee nicht abgeneigt; **5.** gleichmäßig; **6.** gleichberechtigt, -wertig, ebenbürtig: *on* ~ *terms* **a)** unter gleichen Bedingungen, **b)** auf gleichem Fuße; ~ *rights for women* Gleichberechtigung der Frau; **7.** gleichmütig, gelassen: ~ *mind* Gleichmut; **II.** *s.* **8.** Gleichgestellte(r *m*) *f*: *your* ~*s* deinesgleichen; ~*s in age* Altersgenossen; *he has no* ~, *he is without* ~ er hat nicht seinesgleichen; *to be the* ~ *of s.o.* j-m ebenbürtig sein; **III.** *v/t.* **9.** gleichen (*dat.*), gleichkommen (*in* an *dat.*): *not to be* ~*(l)ed* ohnegleichen.
e·qual·i·tar·i·an [i:kwɔli'tɛəriən] → *egalitarian*; **e·qual·i'tar·i·an·ism** [-nizəm] → *egalitarianism*.
e·qual·i·ty [i(:)'kwɔliti] *s.* Gleichheit *f*, -berechtigung *f*: *to be on an* ~ *with* **a)** auf gleicher Stufe stehen mit (*j-m*), **b)** gleichbedeutend sein mit (*et.*); *sign of* ~ ⩓ Gleichheitszeichen; *political* ~ politische Gleichberechtigung; ~ *of votes* Stimmengleichheit; ~ *of opportunity* Chancengleichheit; **e·qual·i·za·tion** [i:kwəlai'zeiʃən] *s.* **1.** Gleichstellung *f*, -machung *f*; **2.** *a.* ⊕ Ausgleich *m*; **3.** ⚡, *phot.* Entzerrung *f.*
e·qual·ize ['i:kwəlaiz] **I.** *v/t.* **1.** gleichmachen, -stellen, -setzen; **2.** *a.* ⊕ ausgleichen, kompensieren; *Uhr* abgleichen; **3.** ⩓ egalisieren; **4.** ⚡, *phot.* entzerren; **II.** *v/i.* **5.** *sport* ausgleichen; **'e·qual·iz·er** [-zə] *s.* **1.** *a.* ⊕ Ausgleicher *m*; **2.** ⊕, ✈ Stabili'sator *m*; **3.** ⚡ Entzerrer *m*; **4.** *sport Brit.* Ausgleichspunkt *m*, -tor *n*; **'e·qual·ly** [-əli] *adv.* ebenso, gleichermaßen, in gleicher Weise.
e·qua·nim·i·ty [i:kwə'nimiti] *s.* Gleichmut *m*.
e·quate [i'kweit] *v/t.* **1.** gleichstellen, -setzen (*to*, *with dat.*); **2.** ⩓ in die Form e-r Gleichung bringen; **3.** als gleichwertig ansehen *od.* behandeln; **e'qua·tion** [-eiʃən] *s.* **1.** Ausgleich *m*; Gleichheit *f*; **2.** ⩓, *ast.* Gleichung *f*; **e'qua·tor** [-tə] *s.* Ä'quator *m*; **e·qua·to·ri·al** [ekwə'tɔ:riəl] **I.** *adj.* □ äquatori'al; **II.** *s. ast. a.* ~ *telescope* Äquatore'al *n*.
eq·uer·ry [i'kweri] *s.* königlicher (Ober)Stallmeister.
e·ques·tri·an [i'kwestriən] **I.** *adj.* Reit(er)...: ~ *sports* Reitsport; ~ *statue* Reiterstandbild; **II.** *s.* (*bsd.* Kunst)Reiter(in).
equi- [i:kwi] *in Zssgn* gleich.
e·qui|'an·gu·lar *adj.* ⩓ gleichwink(e)lig; **'~'dis·tant** *adj.* □ gleich weit entfernt, in gleichem Abstand; **'~'lat·er·al** *bsd.* ⩓ **I.** *adj.* gleichseitig; **II.** *s.* gleichseitige Fi'gur.
e·qui·li·brate [i:kwi'laibreit] *v/t.* **1.** ins Gleichgewicht bringen; ausbalancieren; **2.** ⊕ auswuchten; **e·qui·li·bra·tion** [i:kwilai'breiʃən] *s.* Gleichgewicht *n*; **e·quil·i·brist** [i(:)'kwilibrist] *s.* Seiltänzer(in), Akro'bat(in); **e·qui'lib·ri·um** [-'libriəm] *s. phys. u. fig.* Gleichgewicht *n*, Ba'lance *f.*
e·quine ['i:kwain] *adj.* Pferde...
e·qui·noc·tial [i:kwi'nɔkʃəl] **I.** *adj.* **1.** Äquinoktial..., die Tagund'nachtgleiche betreffend; **II.** *s.* **2.** 'Himmelsä,quator *m*; **3.** *pl.* → *equinoctial gale*; ~ **gale** *s.* Äquinokti'alsturm *m*.
e·qui·nox ['i:kwinɔks] *s.* Äqui'noktium *n*, Tagund'nachtgleiche *f*: *vernal* ~ Frühlingsäquinoktium.
e·quip [i'kwip] *v/t.* **1.** ausrüsten (*a.* ⊕, ⚔, ⚓); ausstatten, versehen; **2.** einkleiden, ausstaffieren; **3.** *fig.* *j-m* das geistige Rüstzeug geben;
eq·ui·page ['ekwipidʒ] *s.* **1.** Ausrüstung *f* (*a.* ⚔, ⚓); **2.** Gebrauchsgegenstände *pl.*; **3.** Equi'page *f*, Wagen *m*, Kutsche *f*; **e'quip·ment** [-mənt] *s.* **1.** Ausrüstung *f* (*a.* ⊕, ⚔, ⚓), Ausstattung *f* (*a.* ⊕); **2.** *oft pl.* Ausrüstungsgegenstände *pl.*, Materi'al *n*; **3.** ⊕ Ma'schine(n *pl.*) *f*; (Betriebs)Anlage *f*; Appara'tur *f*; Gerät(schaften *pl.*) *n*; **4.** 🚃 *Am.* rollendes Material; **5.** *fig.* (geistiges) Rüstzeug.
e·qui·poise ['ekwipɔiz] **I.** *s.* **1.** Gleichgewicht *n* (*a. fig.*); **2.** *fig.* Gegengewicht *n*; **II.** *v/t.* **3.** aufwiegen.
eq·ui·ta·ble ['ekwitəbl] *adj.* □ **1.** gerecht, (recht u.) billig; **2.** 'unpar,teiisch; **3.** ⚖ auf dem Billigkeitsrecht beruhend: ~ *mortgage* ✝ Billigkeitspfand; **'eq·ui·ta·ble·ness** [-nis] → *equity 1*; **'eq·ui·ty** [-ti] *s.* **1.** Billigkeit *f*, Gerechtigkeit *f*, 'Unpar,teilichkeit *f*: *in* ~ billiger-, gerechterweise; **2.** ⚖ **a)** (*ungeschriebenes*) Billigkeitsrecht: *Court of* ♀ Billigkeitsgericht, **b)** billiger Anspruch; **3.** *Am.* die hypothe'karische Belastung über'steigender Wert, reiner Wert; **4.** *pl.* ✝ 'Aktien *pl.*, Divi'dendenpa,piere *pl.*: ~ *prices* Aktienkurse; **5.** ♀ Berufsgenossenschaft *f* der Schauspieler.
e·quiv·a·lence [i'kwivələns] *s.* Gleichwertigkeit *f* (*a.* ⩓); **e'quiv·a·lent** [-nt] **I.** *adj.* □ **1.** gleichwertig, -bedeutend, entsprechend: *to be* ~ *to* gleichkommen, entsprechen (*dat.*), den gleichen Wert haben wie; **2.** ⩓, ⩓ gleichwertig, äquiva'lent; **II.** *s.* **3.** Gegenwert *m* (*of* von *od. gen.*); gleiche Menge; **4.** Gegen-, Seitenstück *n* (*of*, *to* zu); **5.** *genaue* Entsprechung, Äquiva'lent *n* (*a.* ⩓, *phys.*).
e·quiv·o·cal [i'kwivəkəl] *adj.* □ **1.** zweideutig, doppelsinnig; **2.** ungewiß, zweifelhaft; **3.** fragwürdig, verdächtig; **e'quiv·o·cal·ness** [-nis] *s.* Zweideutigkeit *f*; **e'quiv·o·cate** [-keit] *v/i.* zweideutig reden, Worte verdrehen; Ausflüchte machen; **e·quiv·o·ca·tion** [ikwivə'keiʃən] *s.* Zweideutigkeit *f*; Ausflucht *f*; Wortverdrehung *f*; **e'quiv·o·ca·tor** [-keitə] *s.* Wortverdreher(in).
e·ra ['iərə] *s.* 'Ära *f*: **a)** Zeitrechnung *f*, E'poche *f*, Zeitalter *n*: *Christian* (*od. Common od. Vulgar*) ~ christliche Zeitrechnung, **b)** (neuer) Zeitabschnitt.
e·rad·i·ca·ble [i'rædikəbl] *adj.* ausrottbar, auszurotten(d); **e'rad·i·cate** [-keit] *v/t.* ausrotten; entwurzeln (*mst fig.*); **e·rad·i·ca·tion** [irædi'keiʃən] *s.* Ausrottung *f*; Entwurzelung *f.*
e·rase [i'reiz] *v/t.* **1. a)** *Farbe etc.* ab-, auskratzen, **b)** *Schrift etc.* ausstreichen, -radieren; **2.** *fig.* auslöschen, (aus)tilgen (*from* aus): *to* ~ *from one's memory*; **3.** *sl.* ‚kaltmachen', ‚abmurksen' (*töten*); **e'ras·er** [-zə] *s.* **1.** Radiermesser *n*; **2.** Radiergummi *m*: *ink-*~ Tinten-(radier)gummi; **e·ra·sion** [i'reiʒən] *s.* **1.** → *erasure*; **2.** ⚕ Auskratzung *f.*
E·ras·mi·an [i'ræzmiən] *adj.* e'rasmisch (*Erasmus von Rotterdam betreffend*): ~ *pronunciation* erasmische Aussprache (*des Griechischen*).
e·ra·sure [i'reiʒə] *s.* **1.** Ausradieren *n*, Tilgung *f*; **2.** ausradierte Stelle, Ra'sur *f.*
ere [ɛə] *poet.* **I.** *cj.* ehe, bevor; **II.**

prp. vor: ~ *long* bald; ~ *this* schon vorher.

Er·e·bus ['eribəs] *s. myth.* 'Unterwelt *f*.

e·rect [i'rekt] **I.** *v/t.* **1.** aufrichten, -stellen; **2.** errichten, bauen; **3.** ⊕ aufstellen, montieren; **4.** *fig. Theorie* aufstellen; **5.** ⚖ einrichten, gründen; **II.** *adj.* □ **6.** aufgerichtet, aufrecht: *with head* ~ erhobenen Hauptes; *to stand* ~*(ly)* geradestehen; **7.** zu Berge stehend, sich sträubend (*Haare*); **e'rec·tile** [-tail] *adj.* **1.** aufrichtbar; **2.** aufgerichtet; **3.** *biol.* erek'til, Schwell...: ~ *tissue*; **e'rect·ing** [-tiŋ] *s.* **1.** ⊕ Aufbau *m*, Mon'tage *f*; **2.** *opt.* Bildaufrichtung *f*; **e'rec·tion** [-kʃən] *s.* **1.** Auf-, Errichtung *f*, Aufführung *f*; **2.** Bau *m*, Gebäude *n*; **3.** ⊕ Mon'tage *f*; **4.** *biol.* Erekti'on *f*; **e'rect·ness** [-nis] *s.* **1.** aufrechte Haltung (*a. fig.*); **2.** *fig.* Geradheit *f*; **e'rec·tor** [-tə] *s.* **1.** Erbauer *m*; **2.** *anat.* E'rektor *m*, Aufrichtmuskel *m*.

er·e·mite ['erimait] *s.* Ere'mit *m*, Einsiedler *m*.

erg [ə:g], **er·gon** ['ə:gən] *s. phys.* Erg *n* (*Arbeitseinheit*).

er·go·nom·ics [ə:gə'nɔmiks] *s. pl. sg.konstr. sociol.* Ergo'nomik *f* (*Lehre von den Leistungsmöglichkeiten des Menschen*).

er·got ['ə:gət] *s.* **1.** ⚘ Mutterkorn *n*, Brand *m*; **2.** → *ergotin*; **'er·got·in** [-tin] *s. pharm.* Ergo'tin *n*; **'er·got·ism** [-tizəm] *s.* ⚕ Kornstaupe *f*, Ergo'tismus *m*.

er·i·ca ['erikə] *s.* ⚘ Erika *f*, Heidekraut *n*.

Er·in ['iərin] *npr. poet.* 'Erin *n*, Irland *n*.

er·mine ['ə:min] *s.* **1.** *zo.* Herme'lin *n* (*a. her.*); **2.** Herme'lin(pelz) *m*; **3.** *fig.* richterliche Würde.

erne, *Am. a.* **ern** [ə:n] *s. orn.* Seeadler *m*.

e·rode [i'roud] *v/t.* **1.** an-, zer-, wegfressen; **2.** *geol.* erodieren, auswaschen.

e·rog·e·nous [i'rɔdʒənəs] *adj.* ⚕ ero'gen: ~ *zone*.

e·ro·sion [i'rouʒən] *s.* **1.** Zerfressen *n*; **2.** *geol.* Erosi'on *f*, Auswaschung *f*; Verwitterung *f*; **3.** ⊕ Verschleiß *m*, Abnützung *f*, Schwund *m*; **e'ro·sive** [-ousiv] *adj.* ätzend, zerfressend.

e·rot·ic [i'rɔtik] **I.** *adj.* (□ ~*ally*) e'rotisch, sinnlich; Liebes...; **II.** *s.* erotisches Gedicht; **e·rot·i·cism** [e'rɔtisizəm] *s.* E'rotik *f*.

err [ə:] *v/i.* **1.** (sich) irren: *to* ~ *on the safe side* übervorsichtig sein; *to* ~ *is human* Irren ist menschlich; **2.** falsch *od.* unrichtig sein (*Urteil*); **3.** sündigen, fehlen, (mo'ralisch) auf Abwege geraten.

er·rand ['erənd] *s.* Botengang *m*, Auftrag *m*: *to go* (*od. run*) (*on*) ~*s* Botengänge *od.* Besorgungen machen; **'~-boy** *s.* Laufbursche *m*.

er·rant ['erənt] *adj.* **1.** um'herziehend, wandernd, fahrend; → *knight-errant*; **2.** abweichend, abschweifend, fehlgehend; **'er·rant·ry** [-tri] **1.** → *knight-errantry*; **2.** Irrfahrt *f*.

er·ra·ta [e'rɑ:tə] → *erratum*.

er·rat·ic [i'rætik] *adj.* (□ ~*ally*) **1.** wandernd, hin u. her ziehend (*a.* ⚕); **2.** *geol.* er'ratisch: ~ *block*, ~ *boulder* erratischer Block, Findling(sblock); **3.** ungleich-, unregelmäßig, regel-, ziellos; **4.** unstet, unberechenbar, sprunghaft.

er·ra·tum [e'rɑ:təm] *pl.* **-ta** [-tə] *s.* **1.** Druckfehler *m*; **2.** *pl.* Druckfehlerverzeichnis *n*.

err·ing ['ə:riŋ] *adj.* □ **1.** irrig; **2.** sündig.

er·ro·ne·ous [i'rounjəs] *adj.* □ irrig, irrtümlich, unrichtig, falsch; **er'ro·ne·ous·ly** [-li] *adv.* irrtümlicherweise, zu Unrecht; aus Versehen.

er·ror ['erə] *s.* **1.** Irrtum *m*, Fehler *m*, Versehen *n*: *in* ~ irrtümlicherweise; *to be in* ~ sich irren; ~*s* (*and omissions*) *excepted* ✝ Irrtümer (u. Auslassungen) vorbehalten; ~ *of omission* Unterlassungssünde; ~ *of judg(e)ment* Trugschluß, irrige Ansicht, falsche Beurteilung; **2.** ♈, *ast.* Fehler *m*, Abweichung *f*: ~ *in range a.* ⚔ Längenabweichung; **3.** ⚖ Formfehler *m*, Verfahrensmangel *m*: *writ of* ~ Revisionsbefehl; **4.** Fehltritt *m*, Vergehen *n*.

er·satz ['ɛəzæts] (*Ger.*) **I.** *s.* Ersatz (-stoff) *m*; **II.** *adj.* Ersatz...

Erse [ə:s] *ling.* **I.** *adj.* **1.** gälisch; **2.** irisch; **II.** *s.* **3.** Gälisch *n*; **4.** Irisch *n*.

erst·while ['ə:stwail] **I.** *adv.* ehedem, früher; **II.** *adj.* ehemalig, früher.

e·ruc·tate [i'rʌkteit] *v/i.* aufstoßen, rülpsen; **e·ruc·ta·tion** [i:rʌk'teiʃən] *s.* Aufstoßen *n*, Rülpsen *n*.

er·u·dite ['eru(:)dait] *adj.* □ gelehrt, belesen; **er·u·di·tion** [eru(:)'diʃən] *s.* Gelehrsamkeit *f*, Belesenheit *f*.

e·rupt [i'rʌpt] *v/i.* **1.** ausbrechen (*Vulkan*); **2.** 'durchbrechen (*Zähne*); **3.** *fig.* her'vorbrechen, plötzlich auftauchen; **e'rup·tion** [-pʃən] *s.* **1.** Ausbruch *m* (*Vulkan*); **2.** 'Durchbruch *m* (*Zähne*); **3.** ⚕ Hautausschlag *m*; **4.** *fig.* Her'vorbrechen *n*, (Wut- *etc.*)Ausbruch *m*; **e'rup·tive** [-tiv] *adj.* □ **1.** *geol.* erup'tiv: ~ *rock* Eruptivgestein; **2.** ⚕ ausschlagartig, von Ausschlag begleitet; **3.** *fig.* losbrechend, stürmisch, explo'siv.

e·ryn·go [e'riŋgou] *s.* ⚘ Männertreu *f*.

er·y·sip·e·las [eri'sipiləs] *s.* ⚕ (Wund)Rose *f*, Rotlauf *m*.

es·ca·lade [eskə'leid] ⚔ *hist.* **I.** *s.* Eska'lade *f*, Mauerersteigung *f* (*mit Leitern*), Erstürmung *f*; **II.** *v/t.* mit Sturmleitern ersteigen.

es·ca·late ['eskəleit] *v/t. u. v/i.* ⚔, *pol.* eskalieren ([*sich*] *stufenweise verschärfen*) (*a. fig.*); **es·ca·la·tion** [eskə'leiʃən] *s.* ⚔, *pol.* Eskalati'on *f* (*stufenweise Verschärfung*) (*a. fig.*).

es·ca·la·tor ['eskəleitə] *s.* **1.** Rolltreppe *f*; **2.** ✝ 'Indexlohn *m*; ~ **clause** *s.* ✝ (Preis- *etc.*) Gleitklausel *f*.

es·cal·(l)op, *Brit.* **es·cal·lop** [is'kɔləp] → *scallop*.

es·ca·pade [eskə'peid] *s.* Eska'pade *f*: **a)** toller Streich, **b)** ‚Seitensprung' *m*.

es·cape [is'keip] **I.** *v/t.* **1.** *e-r Sache* entgehen, -rinnen, ausweichen; *et.* vermeiden, um'gehen: *he just* ~*d being killed* er entging knapp dem Tode; **2.** *oft neg.* sich entziehen (*dat.*): *I cannot* ~ *the impression* ich kann mich des Eindrucks nicht erwehren; **3.** *fig. j-m* entgehen, über'sehen *od.* nicht verstanden werden von *j-m*: *that fact* ~*d me* diese Tatsache entging mir; *the opportunity* ~*d him* er versäumte die Gelegenheit; *the sense* ~*s me* der Sinn leuchtet mir nicht ein; *it* ~*d my notice* ich bemerkte es nicht; **4.** (*dem Gedächtnis*) entfallen: *his name* ~*d me* (*od. my memory*) sein Name ist mir (*od.* m-m Gedächtnis) entfallen; **5.** entfahren, -schlüpfen: *an oath* ~*d him* ein Fluch entfuhr ihm; **II.** *v/i.* **6.** (*from*) entkommen, -gehen, -rinnen (*dat.*), ausbrechen (aus); entschlüpfen, -wischen, -fliehen (*dat. od.* aus); flüchten; entlaufen, -fliegen; **7.** (*oft from*) sich retten (vor *dat.*), (ungestraft *od.* mit dem Leben) da'vonkommen: *he* ~*d with a fright* er kam mit dem Schrecken davon; **8.** sich freimachen (*from* von); **9.** aus-, abfließen, auslaufen (*Flüssigkeit*); **10.** entweichen, ausströmen (*Gas*); **III.** *s.* **11.** Entrinnen *n*, -weichen *n*, -kommen *n*, Flucht *f* (*from* aus, von): *to have a narrow* ~ mit genauer *od.* knapper Not entkommen; *I had a narrow* ~ *from falling* beinahe wäre ich gestürzt; *to make* (*good*) *one's* ~ entkommen, ausrücken; **12.** Rettung *f*, Befreiung *f* (*from* von, aus): (*way of*) ~ Ausweg; *my* ~ *from infection is a miracle* daß ich nicht angesteckt wurde, ist ein wahres Wunder; **13.** *Mittel zum Entkommen*: ~ *apparatus* ⚓ Tauchretter; *fire-*~ Feuerleiter; **14.** Ausströmen *n*, Entweichen *n*; **15.** *bsd. attr.* Ab-, Ausfluß *m*; **16.** *fig.* (Mittel *n* der) Entspannung *f*, Zerstreuung *f*: ~ *reading* Unterhaltungslektüre; ~ **clause** *s.* Befreiungsklausel *f*.

es·ca·pee [eskei'pi:] *s.* Flüchtling *m*, Ausreißer *m*, -brecher *m*, entwichener Häftling *od.* (Kriegs)Gefangener.

es·cape| hatch *s.* **1.** ⚓ Sicherheits-, Notluke *f*; **2.** ✈ Notausstieg *m*; ~ **hole** *s.* Schlupfloch *n*.

es·cape·ment [is'keipmənt] *s.* ⊕ Hemmung *f* (*Uhr*); ~ **wheel** *s.* Hemmungsrad *n* (*Uhr*).

es'cape|-pipe *s.* ⊕ Abfluß-, Abzugsrohr *n*; ~ **route** *s.* Fluchtweg *m*; **~-shaft** *s.* Rettungsschacht *m*; **~-valve** *s.* ⊕ 'Abfluß-, 'Auslaß-, 'Sicherheitsven,til *n*; ~ **wheel** → *escapement wheel*.

es·cap·ism [is'keipizəm] *s.* Eska'pismus *m*, Flucht *f* vor der Reali'tät; **es'cap·ist** [-pist] **I.** *s.* j-d der vor der Realität flieht; **II.** *adj.* Zerstreuungs..., Unterhaltungs...: ~ *literature*.

es·carp [is'kɑ:p] ⚔ **I.** *s.* **1.** Böschung *f*, Abdachung *f*; **2.** vordere Grabenwand; **II.** *v/t.* **3.** mit e-r Böschung versehen; **es'carp·ment** [-mənt] *s.* → *escarp* **1**.

es·cha·tol·o·gy [eskə'tɔlədʒi] *s. eccl.* Es-chatolo'gie *f*.

es·cheat [is'tʃi:t] ⚖ **I.** *s.* **1.** Heimfallsrecht *n des Staates*; **2.** Heimfall *m*; **3.** heimgefallenes Gut; **II.** *v/i.* **4.** heimfallen; **III.** *v/t.* **5.** konfiszieren, einziehen.

es·chew [is'tʃu:] *v/t.* scheuen, (ver)meiden, sich fernhalten von.

es·cort I. *s.* ['eskɔ:t] 1. ⚔ Es'korte *f*, Bedeckung *f*, Begleitmannschaft *f*; 2. ✈, ⚓ Geleitschutz *m*; ⚓ Geleitschiff *n*: ~ *fighter* ✈ Begleitjäger; 3. *fig.* Begleitung *f*, Geleit *n*, Schutz *m*; Begleiter(in); II. *v/t.* [is'kɔ:t] 4. *j-n* eskortieren, geleiten; 5. *fig.* begleiten.
es·cri·toire [eskri(:)'twɑ:] (*Fr.*) *s.* Schreibtisch *m*, -pult *n*.
es·crow [es'krou] *s.* ⚖ (bei e-m Treuhänder) *bis zur Erfüllung e-r Bedingung* hinter'legtes Doku'ment.
es·cu·lent ['eskjulənt] I. *adj.* eßbar, genießbar; II. *s.* Nahrungsmittel *n*.
es·cutch·eon [is'kʌtʃən] *s.* 1. Wappen(schild *m*) *n*: *a blot on his* ~ *fig.* ein Fleck auf s-r Ehre; 2. ⊕ Schlüsselloch-, Namensschild *n*.
Es·dras ['ezdræs] → *Ezra*.
Es·ki·mo ['eskimou] *pl.* **-mos** *s.* 1. 'Eskimo *m*; 2. 'Eskimosprache *f*.
e·soph·a·gus → *oesophagus*.
es·o·ter·ic [esou'terik] *adj.* (□ ~*ally*) 1. *phls.* eso'terisch, nur für Eingeweihte bestimmt; 2. geheim.
es·pal·ier [is'pæljə] *s.* Spa'lier(baum *m*) *n*.
es·par·to [es'pɑ:tou] *s.* ⚘ Es'parto-, Spart-, 'Alfagras *n*.
es·pe·cial [is'peʃəl] *adj.* □ besonder, her'vorragend, Haupt..., hauptsächlich; **es'pe·cial·ly** [-li] *adv.* besonders, hauptsächlich: *more* ~ ganz besonders.
Es·pe·ran·tist [espə'ræntist] *s.* Esperan'tist(in); **Es·pe·ran·to** [espə'ræntou] *s.* Espe'ranto *n*.
es·pi·al [is'paiəl] *s.* (Er)Spähen *n*.
es·pi·o·nage [espiə'nɑ:ʒ] *s.* Spio'nage *f*, (Aus)Spionieren *n*: *industrial* ~ Werkspionage.
es·pla·nade [esplə'neid] *s.* Espla'nade *f* (*a.* ⚔); Prome'nade *f*, freier Platz.
es·pous·al [is'pauzəl] *s.* 1. (*of*) Eintreten *n*, Par'teinahme *f* (für); Annahme *f* (*gen.*), Anschluß *m* (an *acc.*); 2. *pl. obs.* a) Vermählung *f*, b) Verlobung *f*; **es·pouse** [is'pauz] *v/t.* 1. heiraten (*vom Mann*); 2. unter'stützen; eintreten für; annehmen.
es·pres·so [es'presou] (*Ital.*) *s.* Es'presso *m* (*Getränk*); ~ **bar**, ~ **ca·fé** *s.* Espresso *n*.
es·prit ['espri:] (*Fr.*) *s.* Es'prit *m*, Geist *m*, Witz *m*; ~ **de corps** [də'kɔ:] (*Fr.*) *s.* Korpsgeist *m*.
es·py [is'pai] *v/t.* erspähen, entdecken.
Es·qui·mau ['eskimou] *pl.* **-maux** [-mouz] → *Eskimo*.
es·quire [is'kwaiə] *s.* 1. *Brit. obs.* → *squire*[1]; 2. *abbr.* Esq. (*ohne Mr., auf Briefen dem Namen nachgestellt*) Wohlgeboren.
ess [es] *s.* 1. *das* S; 2. S-Form *f*.
es·say I. *s.* ['esei] 1. Versuch *m*; 2. 'Essay *n, m*, Abhandlung *f*, Aufsatz *m*; II. *v/t. u. v/i.* [e'sei] 3. versuchen, probieren; **'es·say·ist** [-ist] *s.* Essay'ist(in), Verfasser(in) von Essays.
es·sence ['esns] *s.* 1. *phls.* Sub'stanz *f*, (Da)Sein *n*; 2. Wesen *n*, Geist *m*; 3. *das* Wesentliche, Kern *m*: *of the* ~ von entscheidender Bedeutung; 4. Es'senz *f*, Auszug *m*, Ex'trakt *m*.
es·sen·tial [i'senʃəl] I. *adj.* □ → *essentially*; 1. wesentlich; 2. wichtig, unentbehrlich, erforderlich; lebenswichtig: ~ *industry*; 3. ⚗ ä'therisch: ~ *oil*; II. *s. mst pl.* 4. *das* Wesentliche, Hauptsache *f*; wesentliche Punkte *pl.*; **es·sen·ti·al·i·ty** [isenʃi'æliti] → *essential 4*; **es'sen·tial·ly** [-li] *adv.* im wesentlichen, eigentlich, in der Hauptsache.
es·tab·lish [is'tæbliʃ] *v/t.* 1. ein-, errichten, gründen; einführen; *Regierung* bilden; *Gesetz* erlassen; *Rekord, Theorie* aufstellen; ✝ *Konto* eröffnen; 2. *j-n* einsetzen, 'unterbringen; ✝ etablieren: *to* ~ *o.s.* a) sich niederlassen *od.* einrichten, b) ✝ sich etablieren, c) sich eingewöhnen; 3. *Kirche* verstaatlichen; 4. feststellen, festsetzen, nachweisen; Geltung verschaffen (*dat.*); 5. *Forderung, Ansicht* 'durchsetzen; *Ordnung* schaffen; 6. *Verbindung* herstellen; 7. begründen: *to* ~ *one's reputation* sich e-n Namen machen; **es'tab·lished** [-ʃt] *adj.* 1. bestehend; 2. feststehend, festbegründet, unzweifelhaft; 3. planmäßig (*Beamter*), zum festen Perso'nal gehörend: *the* ~ *staff* das Stammpersonal; 4. ♀ *Church* Staatskirche; **es'tab·lish·ment** [-mənt] *s.* 1. Er-, Einrichtung *f*, Einsetzung *f*, Gründung *f*, Einführung *f*, Schaffung *f*; 2. Feststellung *f*, -setzung *f*; 3. (*großer*) Haushalt; ✝ Unter'nehmen *n*, Firma *f*: *to keep a large* ~ a) ein großes Haus führen, b) ein bedeutendes Unternehmen leiten; 4. Anstalt *f*, Insti'tut *n*; 5. organisierte Körperschaft: *civil* ~ Beamtenschaft; *military* ~ stehendes Heer; *naval* ~ Flotte; 6. festes Perso'nal, Perso'nal- *od.* ⚔ Mannschaftsbestand *m*; Sollstärke *f*: *peace* ~ Friedensstärke; *war* ~ Kriegsstärke; 7. Staatskirche *f*; 8. *the* ♀ das Establishment (*Machtgefüge, konventionelle Gesellschaft*).
es·tate [is'teit] *s.* 1. Stand *m*, Klasse *f*, Rang *m*: *the Three* ♀*s* (*of the Realm*) *Brit.* die drei (*gesetzgebenden*) Stände; *third* ~ *Fr. hist.* dritter Stand, Bürgertum; *fourth* ~ *humor.* Presse; 2. *obs.* (Zu)Stand *m*: *man's* ~ *bibl.* Mannesalter; 3. ⚖ a) Besitz *m*, Vermögen *n*; → *personal 1, real 3 b*, b) (Kon'kurs- *etc.*)Masse *f*, Nachlaß *m*; 4. ⚖ Besitzrecht *n*, Nutznießung *f*; 5. Grundbesitz *m*, Besitzung *f*, Gut *n*; 6. (Wohn)Siedlung *f*; ~ **a·gent** *s. Brit.* 1. Grundstücks-, Häusermakler *m*; 2. Häuser-, Grundstücksverwalter *m*; ~ **car** *s. Brit.* 'Kombiwagen *m*; ~ **du·ty** *s. bsd. Brit.*, ~ **tax** *s. Am.* Erbschaftssteuer *f*.
es·teem [is'ti:m] I. *v/t.* 1. achten, (hoch)schätzen; 2. erachten *od.* ansehen als, halten für; II. *s.* 3. Wertschätzung *f*, Achtung *f*: *to hold in* (*high*) ~ achten.
es·ter ['estə] *s.* ⚗ Ester *m*.
Es·ther ['estə] *npr. u. s. bibl.* (das Buch) 'Esther *f*.
Es·tho·ni·an [es'tounjən] I. *s.* 1. Este *m*, Estin *f*; 2. *ling.* Estnisch *n*; II. *adj.* 3. estnisch, estländisch.
es·ti·ma·ble ['estiməbl] *adj.* □ achtens-, schätzenswert; **es·ti·mate** I. *v/t.* ['estimeit] 1. (ab-, ein)schätzen, taxieren, veranschlagen (*at* auf *acc.*): *an* ~*d 200 buyers* schätzungsweise 200 Käufer; 2. bewerten, beurteilen; II. *s.* ['estimit] 3. (Ab-, Ein)Schätzung *f*, Veranschlagung *f*, (Kosten)Anschlag *m*: *rough* ~ grober Überschlag; 4. ♀*s pl. Brit.* Staatshaushaltsplan *m*, Bud'get *n*; 5. Bewertung *f*, Beurteilung *f*: *to form an* ~ *of et.* beurteilen; **es·ti·ma·tion** [esti'meiʃən] *s.* 1. Urteil *n*, Meinung *f*: *in my* ~ nach m-r Ansicht; 2. Bewertung *f*, Schätzung *f*; 3. Achtung *f*: *to hold in* (*high*) ~ hochschätzen.
es·ti·val → *aestival*.
Es·to·ni·an → *Esthonian*.
es·top [is'tɔp] *v/t.* ⚖ hindern (*from* an *dat.*, *from doing* zu tun); **es'top·pel** [-pəl] *s.* ⚖ Ausschluß *m* e-r Klage *od.* Einrede.
es·trange [is'treindʒ] *v/t.* 1. entfremden (*from dat.*); 2. zweckentfremden; **es'tranged** [-dʒd] *adj.* ⚖ getrennt lebend: *his* ~ *wife* s-e von ihm getrennt lebende Frau; *she is* ~ *from her husband* sie lebt von ihrem Mann getrennt; **es'trange·ment** [-mənt] *s.* 1. Entfremdung *f*; 2. Zweckentfremdung *f*; 3. ⚖ Getrenntleben *n*.
es·treat [is'tri:t] *v/t.* ⚖ a) *j-m* e-e Geldstrafe auferlegen, b) *et.* eintreiben.
es·tu·ar·y ['estjuəri] *s.* (den Gezeiten ausgesetzte) weite Flußmündung, Meeresarm *m*.
et cet·er·a, et·cet·er·a [it'setrə] *abbr.* etc., &c. (*Lat.*) und so weiter; **et'cet·er·as** [-əz] *s. pl.* Kleinigkeiten *pl.*, 'Extraausgaben *pl.*
etch [etʃ] *v/t. u. v/i.* ätzen; kupferstechen; radieren; **etch·er** ['etʃə] *s.* Kupferstecher *m*, Radierer *m*.
etch·ing ['etʃiŋ] *s.* Kupferstich *m*, Radierung *f*: ~ *needle* Radiernadel.
e·ter·nal [i(:)'tə:nl] I. *adj.* □ 1. ewig, immerwährend: *the* ♀ *City* die Ewige Stadt (*Rom*); 2. unveränderlich, unabänderlich; 3. F ewig, unaufhörlich; II. *s.* 4. *the* ♀ Gott *m*; 5. *pl.* ewige Dinge *pl.*; **e'ter·nal·ize** [-nəlaiz] *v/t.* verewigen; **e'ter·ni·ty** [-niti] *s.* 1. Ewigkeit *f*; 2. *eccl. das* Jenseits; 3. F Ewigkeit *f*, sehr lange Zeit; **e'ter·nize** [-naiz] → *eternalize*.
eth·ane ['eθein] *s.* ⚗ Ä'than *n*.
e·ther ['i:θə] *s.* 1. ⚗, *phys.* 'Äther *m*; 2. *poet.* Äther *m*, Himmel *m*; **e·the·re·al** [i(:)'θiəriəl] *adj.* □ 1. ⚗ 'ätherartig; 2. ä'therisch, himmlisch, zart, vergeistigt; **e·the·re·al·ize** [i(:)'θiəriəlaiz] *v/t.* 1. ⚗ ätherisieren; 2. vergeistigen, verklären; **'e·ther·ize** [-əraiz] *v/t.* □ 1. ⚗ in Äther verwandeln; 2. ⚕ mit Äther narkotisieren.
eth·ic ['eθik] I. *adj.* 1. *selten für ethical*; II. *s.* 2. *pl. sg. konstr.* Sittenlehre *f*, 'Ethik *f*; 3. *pl.* Sittlichkeit *f*, Mo'ral *f*: *professional* ~*s* Standesehre, Berufsethos; **'eth·i·cal** [-kəl] *adj.* □ 'ethisch, mo'ralisch, sittlich; **'eth·i·cist** [-isist] *s.* 'Ethiker *m*.
E·thi·o·pi·an [i:θi'oupjən] I. *adj.* äthi'opisch; II. *s.* Äthi'opier(in).

eth·nic *adj.*; **eth·ni·cal** ['eθnik(əl)] *adj.* □ **1.** 'ethnisch, rassisch, völkisch, Volks...; **2.** heidnisch; **eth·nog·ra·pher** [eθ'nɔgrəfə] *s.* Ethno'graph *m*; **eth·no·graph·ic** *adj.*; **eth·no·graph·i·cal** [eθnou'græfik(əl)] *adj.* □ ethno'graphisch, völkerkundlich; **eth·nog·ra·phy** [eθ'nɔgrəfi] *s.* Ethnogra'phie *f*, (beschreibende) Völkerkunde; **eth·no·log·ic** *adj.*; **eth·no·log·i·cal** [eθnou'lɔdʒik(əl)] *adj.* □ ethno'logisch; **eth·nol·o·gist** [eθ'nɔlədʒist] *s.* Ethno'loge *m*, Völkerkundler *m*; **eth·nol·o·gy** [eθ'nɔlədʒi] *s.* Ethnolo'gie *f*, (vergleichende) Völkerkunde.

e·thol·o·gist [i(:)'θɔlədʒist] *s.* Etho'loge *m*; **e'thol·o·gy** [-dʒi] *s.* **1.** Per'sönlichkeits-, Wesensforschung *f*; **2.** Etholo'gie *f*, Erforschung *f* des Tierlebens.

e·thos ['i:θɔs] *s.* **1.** 'Ethos *n*, Cha'rakter *m*, Wesensart *f*; **2.** sittlicher Gehalt (*Kultur*); 'ethischer Wert.

eth·yl ['eθil; ⚗ 'i:θail] *s.* **1.** ⚗ Ä'thyl *n*; **2.** *mot.* ♀ *Name e-s Antiklopfmittels*; ~ **al·co·hol** *s.* ⚗ Ä'thyl,alkohol *m*.

eth·yl·ene ['eθili:n] *s.* Äthy'len *n*, Kohlenwasserstoffgas *n*.

e·ti·o·late ['i:tiouleit] *v/t.* **1.** etiolieren, (*durch Ausschluß von Licht*) bleichen; **2.** *fig.* verkümmern lassen, schwächen.

et·i·quette [eti'ket] *s.* Eti'kette *f*: **a)** Zeremoni'ell *n*, **b)** Anstandsregeln *pl.*, gute 'Umgangsformen *pl.*

E·ton| col·lar ['i:tn] *s.* breiter, steifer 'Umlegekragen; ~ **Col·lege** *s.* *berühmte englische Public School*; ~ **crop** *s.* kurzgeschnittenes Haar (*bei Damen*), Herrenschnitt *m*.

E·to·ni·an [i(:)'tounjən] *s.* Schüler *m* des *Eton College*.

E·ton jack·et *s.* schwarze, kurze Jacke *der Etonschüler*.

E·trus·can [i'trʌskən] **I.** *adj.* **1.** e'truskisch; **II.** *s.* **2.** E'trusker(in); **3.** *ling.* Etruskisch *n*.

et·y·mo·log·ic *adj.*; **et·y·mo·log·i·cal** [etimə'lɔdʒik(əl)] *adj.* □ etymo'logisch; **et·y·mol·o·gist** [eti'mɔlədʒist] *s.* Etymo'loge *m*; **et·y·mol·o·gy** [eti'mɔlədʒi] *s.* Etymolo'gie *f*, Wortableitung *f*: *popular* ~ Volksetymologie; **et·y·mon** ['etimɔn] *s.* 'Etymon *n*, Stammwort *n*.

eu- [ju:] *in Zssgn* gut, wohl.

eu·ca·lyp·tus [ju:kə'liptəs] *s.* ♣ Euka'lyptus *m*.

Eu·cha·rist ['ju:kərist] *s.* *eccl.* Euchari'stie *f*: **a)** das heilige Abendmahl, **b)** Al'tarssakra,ment *n*.

eu·chre ['ju:kə] **I.** *s.* *ein amer. Kartenspiel*; **II.** *v/t.* *sl.* über'tölpeln.

Eu·clid ['ju:klid] *s.* (*die euklidische*) Geome'trie.

eu·gen·ic [ju:'dʒenik] **I.** *adj.* (□ ~*ally*) eu'genisch, 'rassenhygi,enisch, -veredelnd; **II.** *s. pl. sg. konstr.* Eu'genik *f*, 'Rassenhygi,ene *f*; **eu·ge·nist** ['ju:dʒinist] *s.* 'Rassenhygi,eniker *m*.

eu·lo·gist ['ju:lədʒist] *s.* Lobredner(in); **eu·lo·gis·tic** [ju:lə'dʒistik] *adj.* (□ ~*ally*) preisend, lobend; '**eu·lo·gize** [-dʒaiz] *v/t.* loben, preisen, in den Himmel heben; '**eu·lo·gy** [-dʒi] *s.* E'loge *f*, Lob(rede *f*) *n*.

eu·nuch ['ju:nək] *s.* Eu'nuch *m*.

eu·pep·sia [ju:'pepsiə] *s.* ⚕ nor'male Verdauung; **eu'pep·tic** [-ptik] *adj.* ⚕ **1.** verdauungsfördernd; **2.** gut verdauend.

eu·phe·mism ['ju:fimizəm] *s.* Euphe'mismus *m*, beschönigender Ausdruck, sprachliche Verhüllung; **eu·phe·mis·tic** *adj.*; **eu·phe·mis·ti·cal** [ju:fi'mistik(əl)] *adj.* □ euphe'mistisch, beschönigend, mildernd.

eu·phon·ic *adj.*; **eu·phon·i·cal** [ju:'fɔnik(əl)] *adj.* □ eu'phonisch, wohlklingend; **eu·pho·ny** ['ju:fəni] *s.* Eupho'nie *f*, Wohlklang *m*.

eu·phor·bi·a [ju:'fɔ:bjə] *s.* ♣ Wolfsmilch *f*.

eu·pho·ri·a [ju:'fɔ:riə] *s.* Eupho'rie *f*, subjek'tives Wohlbefinden (*bsd. von Schwerkranken*); **eu'phor·ic** [-'fɔrik] *adj. u. s.* ⚕ euphorisch(es Mittel); **eu·pho·ry** ['ju:fəri] → *euphoria*.

eu·phu·ism ['ju:fju(:)izəm] *s.* Euphu'ismus *m* (*verstiegener Stil*); **eu·phu·is·tic** [ju:fju(:)'istik] *adj.* (□ ~*ally*) euphu'istisch, geziert, schwülstig.

Eur·a·sian [juə'reiʒjən] **I.** *s.* Eu'rasier(in); **II.** *adj.* eu'rasisch.

Euro- [juərə] *in Zssgn* Euro...: ~*dollar*.

Eu·ro·pe·an [juərə'pi(:)ən] **I.** *adj.* euro'päisch: ~ *Community pol.* Europäische Gemeinschaft (*abbr.* EG); ~ *Parliament pol.* Europäisches Parlament; ~ *plan Am.* Hotelzimmer-Vermietung ohne Verpflegung; **II.** *s.* Euro'päer(in); **Eu·ro'pe·an·ism** [-nizəm] *s.* Euro'päertum *n*; **Eu·ro'pe·an·ize** [-naiz] *v/t.* europäisieren.

Eu·ro·vi·sion ['juərəviʒən] **I.** *s.* *Fernsehen*: Eurovisi'on *f*; **II.** *adj.* *Fernsehen*: Eurovisions...: ~ *transmission*.

Eu·sta·chi·an tube [ju:s'teiʃjən] *s.* *anat.* Eu'stachische Röhre, 'Ohrtrom,pete *f*.

eu·tha·na·si·a [ju:θə'neizjə] *s.* **1.** sanfter *od.* leichter Tod; **2.** Euthana'sie *f*, Sterbehilfe *f*: *active* (*passive*) ~ aktive (passive) Sterbehilfe.

e·vac·u·ant [i'vækjuənt] **I.** *adj.* abführend; **II.** *s.* Abführmittel *n*; **e·vac·u·ate** [i'vækjueit] *v/t.* **1.** ent-, ausleeren; ⊕ luftleer pumpen; **2.** ⚕ entleeren, ausscheiden: *to* ~ *the bowels* den Darm entleeren, abführen; **3.** ⚔ fortschaffen, verlagern; *Gebiet* räumen; *Truppen etc.* verlegen, abtransportieren; **4.** *Personen* evakuieren, aussiedeln, verschicken; **e·vac·u·a·tion** [ivækju'eiʃən] *s.* **1.** Aus-, Entleerung *f*; **2.** ⚕ **a)** Stuhlgang *m*, **b)** Kot *m*; **3.** *bsd.* ⚔ Evakuierung *f*, 'Um-, Aussiedlung *f*, Abschub *m*; Verlegung *f* (*Truppen*), 'Abtrans,port *m*; Räumung *f*; **e·vac·u·ee** [ivækju(:)'i:] *s.* Evakuierte(r *m*) *f*, 'Um-, Aussiedler(in).

e·vade [i'veid] *v/t.* *e-r Sache* sich entziehen, entgehen, -rinnen, ausweichen; *et.* um'gehen, vermeiden; sich von *e-r Pflicht etc. od.* um *e-e Antwort etc.* drücken; *Steuern* hinter'ziehen; **e'vad·er** [-də] *s.* Flüchtige(r *m*) *f*: *tax* ~ Steuerhinterzieher.

e·val·u·ate [i'væljueit] *v/t.* **1.** abschätzen, berechnen; **2.** beurteilen, bewerten; **3.** auswerten; **e·val·u·a·tion** [ivælju'eiʃən] *s.* **1.** Abschätzung *f*, Bewertung *f*; **2.** Beurteilung *f*; **3.** Auswertung *f*.

ev·a·nesce [i:və'nes] *v/i.* (ver-)schwinden; **ev·a'nes·cence** [-sns] *s.* (Da'hin)Schwinden *n*; Vergänglichkeit *f*; **ev·a'nes·cent** [-snt] *adj.* □ **1.** (ver-, da'hin)schwindend, flüchtig; **2.** ♈ unendlich klein (*a. fig.*).

e·van·gel·ic [i:væn'dʒelik] *adj.* (□ ~*ally*) **1.** die Evan'gelien betreffend, Evangelien...; **2.** evan'gelisch; **e·van'gel·i·cal** [-kəl] **I.** *adj.* □ → *evangelic*; **II.** *s.* Evan'gelische(r *m*) *f*; **e·van'gel·i·cal·ism** [-kəlizəm] *s.* evan'gelischer Glaube.

e·van·ge·lism [i'vændʒilizəm] *s.* Verkündigung *f* des Evan'geliums; **e'van·ge·list** [-list] *s.* **1.** Evange'list *m*; **2.** Erweckungs-, Wanderprediger *m*; **e'van·ge·lize** [-laiz] **I.** *v/i.* das Evangelium predigen; **II.** *v/t.* zum Christentum bekehren.

e·vap·o·rate [i'væpəreit] **I.** *v/i.* **1.** verdampfen; (*a. fig.*) verfliegen, sich verflüchtigen, verschwinden; **II.** *v/t.* **2.** verdampfen *od.* verdunsten lassen; **3.** ⊕ ab-, eindampfen, einkochen, kondensieren: ~*d milk* Kondensmilch; **e·vap·o·ra·tion** [ivæpə'reiʃən] *s.* **1.** Verdampfung *f*, Verdunstung *f*, Verflüchtigung *f*; **2.** ⊕ Ab-, Eindampfen *n*, Einkochen *n*; **3.** *fig.* Verfliegen *n*; **e'vap·o·ra·tor** [-tə] *s.* ⊕ Abdampfvorrichtung *f*, Verdampfer *m*.

e·va·sion [i'veiʒən] *s.* **1.** Entkommen *n*, -rinnen *n*; **2.** Ausweichen *n*, Um'gehung *f* (*Gesetz*), Vernachlässigung *f* (*Pflicht*), Hinter'ziehung *f* (*Steuern*); **3.** Ausflucht *f*, Ausrede *f*.

e·va·sive [i'veisiv] *adj.* □ **1.** ausweichend: *to be* ~ *fig.* ausweichen; **2.** schwerfaßbar, -verständlich; **e'va·sive·ness** [-nis] *s.* ausweichendes Verhalten.

Eve[1] [i:v] *npr. bibl.* 'Eva *f*: *daughter of* ~ Evastochter, typische Frau.

eve[2] [i:v] *s.* **1.** *poet.* Abend *m*; **2.** *mst* ♀ Vorabend *m*, -tag *m* (*e-s Festes*); **3.** *fig.* Vorabend *m*: *on the* ~ *of* am Vorabend von (*od. gen.*); *to be on the* ~ *of* kurz vor *et.* stehen.

e·ven[1] ['i:vən] *adv.* **1.** so'gar, selbst, auch: ~ *the king* sogar der König; ~ *in winter* selbst im Winter; *he* ~ *kissed her* er küßte sie sogar; ~ *if*, ~ *though* selbst wenn, wenn auch; ~ *now* **a)** selbst jetzt, noch jetzt, **b)** eben *od.* gerade jetzt; *or* ~ oder auch (nur), oder gar; *if* ~ *so much* wenn überhaupt (*od.* auch nur) soviel; *without* ~ *looking* ohne auch nur hinzusehen; **2.** *vor comp.* noch: ~ *better* (sogar) noch besser; **3.** *nach neg.*: *not* ~ nicht einmal; *not* ~ *now* nicht einmal jetzt, sogar *od.* selbst *od.* auch jetzt noch nicht; *I never* ~ *saw it* ich habe es nicht einmal gesehen; **4.** gerade: ~ *as I expected* gerade *od.* genau wie ich erwartete; ~ *as he spoke* gerade als er sprach; ~ *so* dennoch, trotzdem, immerhin, wenn schon.

e·ven[2] ['i:vən] **I.** *adj.* □ **1.** eben, flach, gerade, waag(e)recht, in gleicher Höhe: ~ *with the ground* dem (Erd-)

Boden gleich; *on an ~ keel* a) ⚓ gleichmäßig beladen, b) *fig.* im Gleichgewicht, ruhig; 2. gleich: *~ chances* gleiche Chancen; *~ money* gleicher Einsatz (*Wette*); *~ bet* Wette mit gleichem Einsatz; *of ~ date* † gleichen Datums; *on ~ terms* in gutem Einvernehmen; 3. † ausgeglichen, glatt, quitt: *to be ~ with s.o.* mit j-m quitt sein; *to get ~ with s.o.* mit j-m abrechnen *od.* quitt werden, es j-m heimzahlen; 4. gleich-, regelmäßig; im Gleichgewicht (*a. fig.*); 5. ausgeglichen, ruhig (*Gemüt*); 6. gerecht, 'unpar‚teiisch; 7. gerade (*Zahl*); geradzahlig (*Schwingungen etc.*): *~ page* (Buch)Seite mit gerader Zahl; *to end ~ typ.* mit voller Zeile schließen; 8. genau, prä'zise: *an ~ dozen* genau ein Dutzend; II. *v/t.* 9. (ein)ebnen, glätten; 10. *~ up* † ausgleichen.

e·ven³ ['i:vən] *s. poet.* Abend *m.*

'e·ven|-'hand·ed *adj.* 'unpar‚teiisch, objek'tiv; **'~-'hand·ed·ness** *s.* 'Unpar‚teilichkeit *f*, Objektivi'tät *f.*

eve·ning ['i:vniŋ] *s.* 1. Abend *m*: *in the ~* abends, am Abend; *on the ~ of* am Abend (*gen.*); *this (tomorrow) ~* heute (morgen) abend; *to make an ~ of it* den ganzen Abend damit verbringen; 2. *fig.* Ende *n*, *bsd.* Lebensabend *m*; **~ dress** *s.* 1. Abend-, Gesellschaftskleid *n*; 2. a) Frack *m*, b) 'Smoking *m*; **~ pa·per** *s.* Abendzeitung *f*; **~ school** → *night-school*; **~ serv·ice** *s.* Abendgottesdienst *m*; **~ shirt** *s.* Frackhemd *n*; **~ star** *s. ast.* Abendstern *m.*

e·ven·ness ['i:vənnis] *s.* 1. Ebenheit *f*, gerade Richtung; 2. Gleichmäßigkeit *f*; 3. Gleichheit *f*; 4. Gleichmut *m*, Seelenruhe *f.*

'e·ven·song *s.* Abendandacht *f.*

e·vent [i'vent] *s.* 1. Ereignis *n*, Vorfall *m*, Begebenheit *f*: *quite an ~* ein großes Ereignis; *after (before) the ~* nachher (vorher); 2. Ergebnis *n*, Ausgang *m*: *in the ~* schließlich; 3. Fall *m*, 'Umstand *m*: *in either ~* in jedem Fall; *in any ~* auf jeden Fall; *at all ~s* auf alle Fälle, jedenfalls; *in the ~ of* im Falle (*gen. od.* daß); 4. *bsd. sport* Veranstaltung *f*; (Pro'gramm)Nummer *f*; Sportart *f*, Diszi'plin *f*: *athletic ~s* Leichtathletikwettkämpfe; *table of ~s* (Fest- *etc.*)Programm; **e'vent·ful** [-ful] *adj.* 1. ereignisreich; 2. denkwürdig, bedeutsam.

'e·ven·tide *s. poet.* 1. Abend *m*; 2. Lebensabend *m.*

e·ven·tu·al [i'ventjuəl] *adj.* □ → *eventually*; 1. sich (als Folge) ergebend; 2. schließlich; **e·ven·tu·al·i·ty** [iventju'æliti] *s.* Möglichkeit *f*; **e'ven·tu·al·ly** [-li] *adv.* schließlich, endlich; **e'ven·tu·ate** [-jueit] *v/i.* 1. ausgehen, -laufen (*in* in *dat.*); 2. *Am.* sich ereignen, eintreten.

ev·er ['evə] *adv.* 1. immer, ständig, unaufhörlich: *for ~, for ~ and a day* für immer (u. ewig); *~ and anon (od. again)* immer wieder; *~ since, ~ after* von der Zeit an, seitdem; *yours ~* stets Dein (*Briefschluß*); 2. *vor comp.* immer: *~ larger* immer größer; *~ increasing* stets zunehmend; 3. *neg., interrog., konditional*: je(mals): *do you ~ see him?* siehst du ihn jemals?; *if I ~ meet him* falls ich ihn je treffe; *did you ~?* F hast du Töne?; na, so was!; *the fastest ~ sl.* schneller als je zuvor; 4. nur, irgend, über'haupt: *as soon as ~ I can* sobald ich nur kann; *what ~ do you mean?* was (in aller Welt) meinst du denn (eigentlich)?; *how ~ did he manage?* wie hat er es nur fertiggebracht?; *seldom if ~* fast niemals; 5. *~ so* F sehr, noch so: *~ so simple* ganz einfach; *~ so long* e-e Ewigkeit; *~ so many* sehr viele; *thank you ~ so much* tausend Dank!; *if I were ~ so rich* wenn ich noch so reich wäre; *~ such a nice man* wirklich ein netter Mann.

'ev·er|·glade *s. Am.* sumpfiges Grasland; **'~·green** I. *adj.* 1. immergrün; 2. unverwüstlich; nie veraltend; II. *s.* 3. ♀ a) immergrüne Pflanze, b) Immergrün *n*; **~'last·ing** I. *adj.* □ 1. immerwährend, perma'nent, ewig: *~ flower* ♀ Strohblume; 2. *fig.* F unaufhörlich, endlos; 3. dauerhaft, unbegrenzt dauernd *od.* haltend, unverwüstlich; II. *s.* 4. Ewigkeit *f*; **'~'more** *adv.* immerfort: *for ~* in Ewigkeit.

ev·er·y ['evri] *adj.* 1. jeder, jede, jedes, all: *he has read ~ book on this subject* er hat alle Bücher über dieses Thema gelesen; *~ other* a) jeder andere, b) → *other 6*; *~ day* jeden Tag, alle Tage, täglich; *~ four days* alle vier Tage; *~ fourth day* jeden vierten Tag; *~ now and then (od. again), ~ so often* F gelegentlich, hin u. wieder; *~ bit (of it)* ganz, völlig; *~ bit as good* genauso gut; *~ time* a) jedesmal(, wenn), sooft, b) jederzeit, stets; 2. jeder, jede, jedes (einzelne *od.* erdenkliche), all: *her ~ wish* jeder ihrer Wünsche, alle ihre Wünsche; *with ~ good wish* mit allen guten Wünschen; *to have ~ reason* allen Grund haben; *their ~ liberty* ihre ganze Freiheit; **'~·bod·y** *pron.* jeder(mann); **'~·day** *adj.* 1. (all)täglich; 2. Alltags...; 3. (mittel)mäßig; **'~·one** *pron.* jeder(mann): *in ~'s mouth* in aller Munde; **~ one** → *everyone*; **'~·thing** *pron.* 1. alles: *~ new* alles Neue; 2. F die Hauptsache, das A u. O: *speed is ~*; **'~·where** *adv.* 'überall, allenthalben.

e·vict [i(:)'vikt] *v/t.* ⚖ *j-n* aus dem Besitz *od.* der Wohnung vertreiben, exmittieren; **e'vic·tion** [-kʃən] *s.* ⚖ Vertreibung *f* aus dem Besitz *od.* der Wohnung, Exmissi'on *f*: *~ order* Räumungsbefehl.

ev·i·dence ['evidəns] I. *s.* 1. ⚖ Zeugenaussage *f*, Zeugnis *n*: *to give ~* (als Zeuge) aussagen, bezeugen; *to hear ~* Zeugen vernehmen; *medical ~* Aussage *od.* Gutachten des medizinischen Sachverständigen; 2. Zeuge *m*, Zeugin *f*: *to call s.o. in ~* j-n als Zeugen anrufen; 3. ⚖ Be'weis(mittel *n*, -stück *n*, -materi‚al *n*) *m*; Ergebnis *n* der Beweisaufnahme; 'Unterlage *f*, Beleg *m*: *to be (od. furnish) ~ of et.* beweisen; *a piece of ~* ein Beweisstück *od.* Beleg; *in ~* als Beweis *zulassen etc.*; → 4; *in ~ of* zum Beweis (*gen.*); *for lack of ~* aus Mangel an Beweisen; *to turn King's (od. Queen's, Am. State's) ~* als Kronzeuge auftreten; 4. Augenscheinlichkeit *f*, Klarheit *f*: *in ~* sichtbar, er-, offensichtlich; → 3; *to be much in ~* stark in Erscheinung treten, stark vertreten sein; 5. (An)Zeichen *n*, Spur *f*: *there is no ~* es ist nicht ersichtlich *od.* feststellbar, nichts deutet darauf hin; *to give (od. bear) ~ of* zeugen von, beweisen; II. *v/t.* 6. zeigen, beweisen; **'ev·i·dent** [-nt] *adj.* □ → *evidently*; augenscheinlich, einleuchtend, offensichtlich, klar; **ev·i·den·tial** [evi'denʃəl] *adj.* □ → *evidentially*; 1. über'zeugend: *to be ~ of et.* beweisen; 2. → *evidentiary 1*; **ev·i·den·tial·ly** [evi'denʃəli] *adv.* erwiesenermaßen; **ev·i·den·tia·ry** [evi'denʃəri] *adj.* 1. ⚖ beweiserheblich; Beweis...(*-kraft, -wert*); 2. → *evidential 1*; **'ev·i·dent·ly** [-ntli] *adv.* offensichtlich, zweifellos.

e·vil ['i:vl] I. *adj.* □ 1. übel, böse, schlimm: *~ eye* a) böser Blick, b) *fig.* schlechter Einfluß; *the ♀ One* der Teufel; *~ repute* schlechter Ruf; *~ spirit* böser Geist; 2. gottlos, boshaft, schlecht: *~ tongue* Lästerzunge; *to look with an ~ eye upon s.o.* j-n scheel ansehen; 3. unglücklich: *~ day* Unglückstag; *to fall on ~ days* ins Unglück geraten; II. *s.* 4. Übel *n*, Unglück *n*; 5. *das* Böse, Sünde *f*, Verderbtheit *f*: *to do ~* sündigen; *the powers of ~* die Mächte der Finsternis; *the social ~* die Prostitution; **'~-dis'posed** → *evil-minded*; **'~-'do·er** *s.* Übeltäter(in); **'~-'mind·ed** *adj.* übelgesinnt, boshaft; **'~-'speak·ing** *adj.* verleumderisch.

e·vince [i'vins] *v/t.* dartun, be-, erweisen, bekunden, zeigen.

e·vis·cer·ate [i'visəreit] *v/t.* 1. *Tiere* ausweiden; 2. *fig. et.* inhalts- *od.* bedeutungslos machen; **e·vis·cer·a·tion** [ivisə'reiʃən] *s.* 1. Ausweidung *f*; 2. *fig.* Verstümmelung *f.*

ev·i·ta·ble ['evitəbl] *adj.* vermeidbar.

ev·o·ca·tion [evou'keiʃən] *s.* 1. Her'beirufen *n*; (Geister)Beschwörung *f*; 2. *fig.* Erzeugung *f*, Her'vorrufen *n*; 3. Erinnerung *f* (*of* an *acc.*); **e·voc·a·tive** [i'vɔkətiv] *adj.* 1. wachrufend: *to be ~ of* erinnern an (*acc.*); 2. sinnträchtig, beziehungsreich.

e·voke [i'vouk] *v/t.* 1. *Geister* her'beirufen, beschwören; 2. *Gefühl* her'vor-, wachrufen.

ev·o·lu·tion [i:və'lu:ʃən] *s.* 1. Entfaltung *f*, Entwicklung *f*, (Her'aus-)Bildung *f*, Werdegang *m*; 2. *biol.* Evoluti'on *f*, Abstammung *f*: *theory of ~* Evolutionstheorie; 3. Folge *f*, (Handlungs)Ablauf *m*; 4. ⚔, ⚓ Entfaltung *f* e-r Formati'on; 5. ⚗ Entwicklung *f* (*Gas, Hitze*); 6. ⚔ Wurzelziehen *n*; **ev·o'lu·tion·ar·y** [-ʃnəri] *adj.* 1. Entwicklungs..., Evolutions...; 2. ⚔, ⚓ Entfaltungs..., Schwenkungs...; **ev·o'lu·tion·ist** [-ʃənist] I. *s.* Anhänger(in) der (*biologischen*) Entwicklungslehre; II. *adj.* die Entwicklungslehre betreffend.

e·volve [i'vɔlv] I. *v/t.* 1. entwickeln, entfalten, her'ausbilden, ausarbeiten; 2. her'vorrufen, erzeugen; 3. ⚗, ⊕ abgeben, ausscheiden; II. v/i. 4. sich entwickeln od. entfalten, entstehen.

ewe [ju:] s. zo. Mutterschaf n; ~ **lamb** s. zo. Schaflamm n; fig. kostbarster Besitz.

ew·er ['ju(:)ə] s. Wasserkanne f, -krug m.

ex [eks] prp. † 1. aus, ab, von: ~ *factory* ab Fabrik; ~ *works* ab Werk; → *ex officio*; 2. ohne, ex-klu'sive: ~ *dividend* ohne Dividende.

ex- [eks] in Zssgn Ex..., ehemalig; Alt...

ex·ac·er·bate [eks'æsə(:)beit] v/t. 1. j-n er-, verbittern, reizen; 2. et. verschlimmern; **ex·ac·er·ba·tion** [eksæsə(:)'beiʃən] s. 1. Erbitterung f; 2. ⚕ Verschlimmerung f.

ex·act [ig'zækt] I. adj. □ → *exactly*; 1. ex'akt, genau, (genau) richtig; 2. tatsächlich, eigentlich; 3. me'thodisch, gewissenhaft, sorgfältig, pünktlich (*Person*); 4. strikt, streng (*Regel*); II. v/t. 5. fordern, verlangen, erzwingen; 6. *Zahlung* eintreiben; *Geld* erpressen; 7. erfordern; **ex'act·ing** [-tiŋ] adj. 1. streng, genau; 2. anspruchsvoll: *to be* ~ hohe Anforderungen stellen; *an* ~ *customer*; 3. hart, aufreibend (*Aufgabe etc.*); **ex'ac·tion** [-kʃən] s. 1. 'übermäßige (An)Forderung; 2. erpreßte Abgabe; 3. Eintreibung f, Erpressung f; **ex'act·i·tude** [-titju:d] → *exactness*; **ex'act·ly** [-li] adv. 1. genau; 2. sorgfältig; 3. *als Antwort*: genau, ganz recht; 4. *wo, wann etc.* eigentlich: *not* ~ nicht gerade od. eigentlich; **ex'act·ness** [-nis] s. 1. Ex'aktheit f, Genauigkeit f, Richtigkeit f; 2. Sorgfalt f, Pünktlichkeit f.

ex·ag·ger·ate [ig'zædʒəreit] I. v/t. 1. über'treiben; aufbauschen; 2. über'schätzen, 'überbewerten; 3. *ling.* zu stark betonen od. her'vorheben; 4. verstärken, verschlimmern, vergrößern; II. v/i. 5. über'treiben; **ex'ag·ger·at·ed** [-tid] adj. □ über'trieben; exaltiert; **ex·ag·ger·a·tion** [igzædʒə'reiʃən] s. Über'treibung f.

ex·alt [ig'zɔ:lt] v/t. 1. *im Rang* erheben, erhöhen; 2. erheben, loben, verherrlichen: *to* ~ *to the skies* in den Himmel heben; 3. verstärken (*a. fig.*); **ex·al·ta·tion** [egzɔ:l'teiʃən] s. 1. Erhebung f; 2. Begeisterung f, Ek'stase f, Erregung f; **ex'alt·ed** [-tid] adj. 1. gehoben; 2. erhaben; 3. begeistert, ek'statisch.

ex·am [ig'zæm] F abbr. für *examination* 2.

ex·am·i·na·tion [igzæmi'neiʃən] s. 1. Unter'suchung f (*a.* ⚕), Prüfung f; Besichtigung f, 'Durchsicht f: *upon* ~ bei näherer Untersuchung; *Customs* ~ Zollrevision; *to be under* ~ erwogen werden; → 3; *to make an* ~ *of s.th.* et. besichtigen od. untersuchen; 2. *ped.* Prüfung f, Ex'amen n: ~-*paper* Liste der Prüfungsfragen od. -aufgaben; *to take an* ~ sich e-r Prüfung unterziehen; 3. ⚖ Verhör n, Vernehmung f: *to be under* ~ vernommen werden; → 1.

ex·am·ine [ig'zæmin] I. v/t. 1. unter'suchen (*a.* ⚕), prüfen (*a. ped.*), besichtigen, 'durchsehen, revidieren: *to* ~ *one's conscience* sein Gewissen erforschen; 2. ⚖ vernehmen, verhören; II. v/i. 3. untersuchen (*into s.th.* et.); **ex·am·i·nee** [igzæmi'ni:] s. Prüfling m, Kandi'dat(in): *to be a bad* ~ e-e Examenspsychose haben; **ex'am·in·er** [-nə] s. Prüfer(in), Unter'sucher m, Exami'nator m.

ex·am·ple [ig'zɑ:mpl] s. 1. Beispiel n (*of* für): *for* ~ zum Beispiel; *without* ~ beispiellos, ohnegleichen; 2. Vorbild n, Beispiel n: *to hold up as an* ~ als Beispiel hinstellen; *to give* (*od. set*) *a good* ~ ein gutes Beispiel geben; *take him as an* ~ nimm ihn dir zum Vorbild; 3. warnendes Beispiel, Warnung f: *let this be an* ~ *to you* laß dir dies zur Warnung dienen; *to make an* ~ *of s.o.* an j-m ein Exempel statuieren.

ex·as·per·ate [ig'zɑ:spəreit] v/t. 1. ärgern, in Rage bringen, erzürnen, erbittern, reizen; 2. *fig.* verschlimmern; vergrößern; **ex'as·per·at·ed** [-tid] adj. erbost; **ex'as·per·at·ing** [-tiŋ] adj. □ ärgerlich, zum Verzweifeln; aufreizend; **ex·as·per·a·tion** [igzɑ:spə'reiʃən] s. Erbitterung f.

ex ca·the·dra [kə'θi:drə] I. adj. maßgeblich, verbindlich; II. adv. ex 'cathedra; maßgebend.

ex·ca·vate ['ekskəveit] v/t. ausgraben (*a. fig.*), ausschachten, -höhlen; **ex·ca·va·tion** [ekskə'veiʃən] s. 1. Ausschachtung f, Aushöhlung f; Aushub m; 2. 🚂 'Durchstich m; 3. *geol.* Ausgrabung f; **'ex·ca·va·tor** [-tə] s. 1. Ausgräber m; 2. Erdarbeiter m; 3. ⊕ Trocken-, Greifbagger m.

ex·ceed [ik'si:d] I. v/t. 1. über'schreiten, -'steigen (*a. fig.*); 2. *fig.* über'treffen, hin'ausgehen über (*acc.*); II. v/i. 3. zu weit gehen, das Maß über'schreiten; 4. sich auszeichnen; **ex'ceed·ing** [-diŋ] adj. □ → *exceedingly*; 1. außer'ordentlich, äußerst; 2. mehr als, über; **ex'ceed·ing·ly** [-diŋli] adv. 'überaus, äußerst, aufs äußerste.

ex·cel [ik'sel] I. v/t. über'treffen; II. v/i. sich auszeichnen, her'vorragen (*in od. at* in *dat.*).

ex·cel·lence ['eksələns] s. 1. Vor'trefflichkeit f; 2. hohe Leistung; **'Ex·cel·len·cy** [-si] s. Exzel'lenz f (*Titel*): *Your* ~ Eure Exzellenz; **'ex·cel·lent** [-nt] adj. □ vor'züglich, ausgezeichnet.

ex·cel·si·or [ek'selsiɔ:] I. adj. höher hin'auf, noch besser; II. s. † *Am.* Holzwolle f.

ex·cept [ik'sept] I. v/t. 1. ausnehmen, -schließen (*from* von, aus); 2. vorbehalten; → *error* 1; II. v/i. 3. Einwendungen machen, Einspruch erheben (*against* gegen); III. prp. 4. ausgenommen, außer, mit Ausnahme von (*od. gen.*): ~ *for* abgesehen von, bis auf (*acc.*); IV. cj. 5. *obs.* es sei denn, daß; außer wenn: ~ *that* außer od. nur daß; **ex'cept·ing** [-tiŋ] prp. (*nach always od. neg.*) ausgenommen, außer; **ex'cep·tion** [-pʃən] s. 1. Ausnahme f: *by way of* ~ ausnahmsweise; *with the* ~ *of* mit Ausnahme von (*od. gen.*), außer, bis auf (*acc.*); *without* ~ ohne Ausnahme, ausnahmslos; *to make no* ~(*s*) keine Ausnahme machen; *an* ~ *to the rule* e-e Ausnahme von der Regel; 2. Einwendung f, Einwand m, Einspruch m (*a.* ⚖ *Rechtsmittelvorbehalt*): *to take* ~ *to* Einwendungen machen od. protestieren gegen, Anstoß nehmen an (*dat.*); **ex'cep·tion·a·ble** [-pʃnəbl] adj. □ 1. anfechtbar; 2. anstößig; **ex'cep·tion·al** [-pʃənl] adj. □ → *exceptionally*; 1. außergewöhnlich, Ausnahme..., Sonder...: ~ *case* Ausnahmefall; ~ *circumstances* außergewöhnliche Umstände; 2. ungewöhnlich (gut); **ex'cep·tion·al·ly** [-pʃnəli] adv. 1. ausnahmsweise; 2. außergewöhnlich.

ex·cerpt I. v/t. [ek'sə:pt] 1. *Schriftstelle* exzerpieren, ausziehen; II. s. ['eksə:pt] 2. Ex'zerpt n, Auszug m; 3. Sonder(ab)druck m.

ex·cess [ik'ses] s. 1. 'Übermaß n, -fluß m (*of* an *dat.*): ~ *of* ... zuviel ...; *to carry to* ~ übertreiben; 2. Ex'zeß m, Unmäßigkeit f, Ausschweifung f; *mst pl.* Ausschreitungen *pl.*: *to drink to* ~ übermäßig trinken; 3. 'Überschuß m (*a.* ⚖, ⚗), Mehrsumme f: *in* ~ *of* mehr als, über ...; *to be in* ~ *of* überschreiten, -steigen; ~ *of exports* Ausfuhrüberschuß; ~ **cost** s. Mehrkosten *pl.*; ~ **cur·rent** s. ⚡ 'Überstrom m; ~ **fare** s. Zuschlag m (*zum Fahrpreis*); ~ **freight** s. 'Überfracht f.

ex·ces·sive [ik'sesiv] adj. □ 'übermäßig, über'trieben; unangemessen hoch (*Strafe etc.*).

ex·cess| lug·gage s. 'Übergewicht n (*Gepäck*); ~ **post·age** s. 'Nachˌporto n, -gebühr f; ~ **prof·its tax** s. Mehrgewinnsteuer f; ~ **volt·age** s. ⚡ 'Überspannung f; ~ **weight** s. Mehr-, 'Übergewicht n.

ex·change [iks'tʃeindʒ] I. v/t. 1. (*for*) aus-, 'umtauschen (gegen), vertauschen (mit); 2. *Geld* eintauschen, ('um)wechseln (*for* gegen); 3. (*gegenseitig*) *Blicke, Küsse, Plätze* tauschen; *Grüße, Gedanken, Gefangene* austauschen; *Worte, Schüsse* wechseln: *to* ~ *blows* sich prügeln; 4. ersetzen (*for* durch); 5. ⊕ auswechseln; II. v/i. 6. wert sein: *2.50 D-marks* ~ *for one dollar*; 7. ⚔ sich versetzen lassen (*into* in *acc.*); III. s. 8. (Aus-, 'Um)Tausch m, Auswechselung f, Tauschhandel m: *in* ~ als Ersatz, dafür; *in* ~ *for* gegen, als Entgelt für; ~ *of letters* Schriftwechsel; ~ *of shots* Schußwechsel; ~ *of views* Meinungsaustausch; 9. † a) ('Um)Wechseln n, Wechselverkehr m: *money* ~ Geldwechsel, b) → *bill*[2] *3*, c) → *rate*[1] 2, d) *foreign* ~ Devisen, Valuta; 10. † Börse f; 11. (Fernsprech)Amt n, Vermittlung f, Zen'trale f; **ex'change·a·ble** [-dʒəbl] adj. (aus-)tausch-, auswechselbar (*for* gegen); Tausch...

ex·change| bro·ker s. Wechselmakler m; ~ **con·trol** s. † 1. De'visenbewirtschaftung f; 2. De'visenstelle f; ~ **line** s. *teleph.* Amtsleitung *f*; ~ **list** *s.* † Kurszettel *m*; ~ **rate** *s.* † 'Umrechnungs-, Wechselkurs *m*; ~ **reg·u·la·tions** *s. pl.* † De'visenbestimmungen *pl.*; ~ **re·stric·tions** *s. pl.* † De'visenbeschränkungen *pl.*; ~ **stu·dent** *s.* 'Austauschstu,dent(in).

ex·cheq·uer [iks'tʃekə] *s.* **1.** *Brit.* Schatzamt *n*, Staatskasse *f*, 'Fiskus *m*: *the* ≈ das Finanzministerium; ~ *bill* Schatzwechsel; ~ *bond* Schatzanweisung; **2.** † (Geschäfts)Kasse *f*.

ex·cis·a·ble [ek'saizəbl] *adj.* (verbrauchs)steuerpflichtig.

ex·cise[1] [ek'saiz] **I.** *v/t.* besteuern; **II.** *s. a.* ~ *duty* 'indi,rekte Steuer, Waren-, Verbrauchssteuer *f*: ~*man* Steuereinnehmer; *Commissioners of Customs and* ≈ Finanzabteilung für indirekte Steuern.

ex·cise[2] [ek'saiz] *v/t.* ⚕ exzidieren, her'ausschneiden; **ex·ci·sion** [ek'siʒən] *s.* **1.** ⚕ Ausschneidung *f*; **2.** Ausrottung *f*.

ex·cit·a·bil·i·ty [iksaitə'biliti] *s.* Reizbar-, Erregbarkeit *f*, Nervosi'tät *f*; **ex·cit·a·ble** [ik'saitəbl] *adj.* reiz-, erregbar, ner'vös; **ex·cit·ant** ['eksitənt] *s.* ⚕ Reizmittel *n*, 'Stimulans *n*; **ex·ci·ta·tion** [eksi'teiʃən] *s.* **1.** *a.* ⚡, 📻 Erregung *f*; **2.** ⚕ Reiz *m*, 'Stimulus *m*.

ex·cite [ik'sait] *v/t.* **1.** *j-n* er-, aufregen: *to get* ~*d* (*over*) sich aufregen (über *acc.*); **2.** *j-n* an-, aufreizen, aufstacheln; **3.** *Interesse etc.* erregen, erwecken, her'vorrufen; **4.** ⚕ *Nerv* reizen; **5.** ⚡ erregen; **6.** *phot.* lichtempfindlich machen; **ex'cit·ed** [-tid] *adj.* □ auf-, angeregt, bewegt; **ex'cite·ment** [-mənt] *s.* **1.** Er-, Aufregung *f*; **2.** Reizung *f*; **ex'cit·er** [-tə] *s.* ⚡ Erreger *m*; **ex'cit·ing** [-tiŋ] *adj.* **1.** an-, erregend; **2.** aufreizend, aufregend, spannend, interes'sant; **3.** erstaunlich, wunderbar; **4.** ⚡ Erreger...

ex·claim [iks'kleim] **I.** *v/i.* **1.** ausrufen, (auf)schreien; **2.** eifern, wettern (*against* gegen); **II.** *v/t.* **3.** ausrufen.

ex·cla·ma·tion [ekslə'meiʃən] *s.* **1.** Ausruf *m*, (Auf)Schrei *m*; **2.** *a.* ~ *mark*, *note of* ~, *Am. point of* ~ Ausrufe-, Ausrufungszeichen *n*; **3.** heftiger Pro'test; **ex·clam·a·to·ry** [eks'klæmətəri] *adj.* **1.** ausrufend; schreierisch; **2.** Ausrufungs...

ex·clave ['ekskleiv] *s.* Ex'klave *f*.

ex·clude [iks'klu:d] *v/t.* **1.** ausschließen; **2.** ausstoßen; **3.** ausweisen; **4.** ⊕ absperren; **ex·clud·er** [-də] *s.* ⊕ Sperrer *m*: *draught* ~ Abdichtungsstreifen (*für Fenster etc.*); **ex'clu·sion** [-u:ʒən] *s.* **1.** Ausschließung *f*, Ausschluß *m* (*from* von): *to the* ~ *of* unter Ausschluß von; **2.** ⊕ Abschluß *m*, -sperrung *f*.

ex·clu·sive [iks'klu:siv] *adj.* □ → *exclusively*; **1.** ausschließend: ~ *of* abgesehen von, ohne; *to be* ~ *of* außer Betracht lassen, nicht einschließen; **2.** ausschließlich, einzig, Allein..., Sonder...: ~ *right* Monopol; ~ *report* Sonderbericht; ~ *to* † nur *zu haben* bei; **3.** exklu'siv, sich abschließend, unnahbar, wählerisch, vornehm; **ex'clu·sive·ly** [-li] *adv.* nur, ausschließlich; **ex'clu·sive·ness** [-nis] *s.* Exklusivi'tät *f*.

ex·cog·i·tate [eks'kɔdʒiteit] *v/t.* ausdenken, -hecken, ersinnen.

ex·com·mu·ni·cate [ekskə'mju:nikeit] *v/t. eccl.* exkommunizieren, in den Bann tun; **ex·com·mu·ni·ca·tion** ['ekskəmju:ni'keiʃən] *s. eccl.* (Kirchen)Bann *m*, ,Exkommunikati'on *f*.

ex·co·ri·ate [eks'kɔ:rieit] *v/t.* **1.** *Haut* abziehen; *Rinde* abschälen; **2.** *Haut* wund reiben, abschürfen; **3.** heftig angreifen, vernichtend kritisieren; **ex·co·ri·a·tion** [ekskɔ:ri'eiʃən] *s.* **1.** Abschälen *n*; Abziehen *n*; **2.** (Haut)Abschürfung *f*; Wundreiben *n*.

ex·cre·ment ['ekskrimənt] *s. oft pl.* Auswurf *m*, Kot *m*, Exkre'mente *pl.*

ex·cres·cence [iks'kresns] *s.* **1.** Auswuchs *m* (*a. fig.*); **2.** Vorsprung *m*; **3.** ⚕ Wucherung *f*; **ex'cres·cent** [-nt] *adj.* **1.** auswachsend; ⚕ wuchernd; **2.** *fig.* 'überflüssig.

ex·cre·ta [eks'kri:tə] *s. pl.* → *excrement*; **ex·crete** [eks'kri:t] *v/t.* absondern, ausscheiden; entleeren; **ex'cre·tion** [-i:ʃən] *s.* Ausscheidung *f*, Absonderung *f*, Auswurf *m*.

ex·cru·ci·ate [iks'kru:ʃieit] *v/t.* foltern, quälen; **ex'cru·ci·at·ing** [-tiŋ] *adj.* □ **1.** qualvoll; heftig; **2.** F schauderhaft; unerträglich.

ex·cul·pate ['ekskʌlpeit] *v/t.* reinwaschen, rechtfertigen; freisprechen (*from* von); **ex·cul·pa·tion** [ekskʌl'peiʃən] *s.* Entschuldigung *f*, Rechtfertigung *f*, Entlastung *f*.

ex·curse [iks'kə:s] *v/i.* abschweifen; **ex'cur·sion** [-ə:ʃən] *s.* **1.** Exkursi'on *f*, Ausflug *m*, Abstecher *m*, Streifzug *m*: ~ *ticket* (Sonntags-) Ausflugskarte; ~ *train* Sonder-, Ferienzug; **2.** Abschweifung *f*; **3.** Abweichung *f* (*a. ast.*); **ex'cur·sion·ist** [-ə:ʃnist] *s.* Ausflügler(in); **ex'cur·sive** [-siv] *adj.* □ **1.** abschweifend, weitschweifig; **2.** ziellos, sprunghaft; **ex'cur·sus** [-səs] *pl.* **-sus·es** *s.* Ex'kurs *m*, ausführliche Erörterung (*im Anhang*).

ex·cus·a·ble [iks'kju:zəbl] *adj.* □ entschuldbar, verzeihlich.

ex·cuse **I.** *v/t.* [iks'kju:z] **1.** *j-n od. et.* entschuldigen, *j-m et.* verzeihen: ~ *me* **a)** entschuldigen Sie!, **b)** aber erlauben Sie mal!; ~ *me for being late*, ~ *my being late* verzeih, daß ich zu spät komme; *please* ~ *my error* bitte entschuldige m-n Irrtum; ~ *my* (*od.* F *me*) *not coming* entschuldige, wenn ich nicht komme; *to* ~ *o.s.* sich entschuldigen *od.* rechtfertigen; **2.** Nachsicht mit *j-m* haben; **3.** *et.* entschuldigen, über'sehen; **4.** *et.* entschuldigen, e-e Entschuldigung für *et.* sein, rechtfertigen: *that does not* ~ *your conduct* das entschuldigt Ihr Benehmen nicht; **5.** (*from*) *j-n* befreien (von), *j-m et.* erlassen: *to* ~ *s.o. from attendance*; ~*d from duty* vom Dienst befreit; *he begs to be* ~*d* er läßt sich entschuldigen; *I must be* ~*d* (*od. I must* ~ *myself*) *from speaking* ich muß leider davon absehen zu sprechen; *please* ~ *more for the present* bitte erlaß mir einstweilen Weiteres; **6.** *j-m et.* erlassen: *he was* ~*d payment* man erließ ihm die Zahlung; **II.** *s.* [-'kju:s] **7.** Entschuldigung *f*: *to offer* (*od. make*) *an* ~ sich entschuldigen; *please make my* ~*s to her* bitte entschuldige mich bei ihr; **8.** Rechtfertigung *f*, Milderungsgrund *m*: *there is no* ~ *for his conduct* sein Benehmen ist nicht zu entschuldigen; **9.** Vorwand *m*, Ausrede *f*, Ausflucht *f*; **10.** dürftiger Ersatz; schwache Andeutung.

ex·e·at ['eksiæt] (*Lat.*) *s. Brit.* (kurzer) Urlaub (*für Studenten*).

ex·e·cra·ble ['eksikrəbl] *adj.* □ ab'scheulich, widerlich, scheußlich; **ex·e·crate** ['eksikreit] **I.** *v/t.* verfluchen, verwünschen; verabscheuen; **II.** *v/i.* fluchen; **ex·e·cra·tion** [eksi'kreiʃən] *s.* **1.** Verwünschung *f*, Fluch *m*; **2.** Abscheu *m*: *to hold in* ~ verabscheuen.

ex·ec·u·tant [ig'zekjutənt] *s.* Ausführende(r *m*) *f*, *bsd.* ♪ Vortragende(r *m*) *f*; **ex·e·cute** ['eksikju:t] *v/t.* **1.** aus-, 'durchführen, verrichten, tätigen; verfertigen; **2.** ♪, *thea.* vortragen, spielen; **3.** ⚖ **a)** *Urkunde* (rechtsgültig) ausfertigen, durch 'Unterschrift, Siegel *etc.* voll'ziehen, **b)** *Urteil* voll'strecken, *bsd. j-n* hinrichten, **c)** *j-n* pfänden; **ex·e·cu·tion** [eksi'kju:ʃən] *s.* **1.** Aus-, 'Durchführung *f*, Verrichtung *f*: *to carry into* ~ ausführen; **2.** ♪ Vortrag *m*, Spiel *n*, 'Technik *f*; **3.** ⚖ **a)** Ausfertigung *f*, **b)** Voll'ziehung *f*, ('Urteils-, *a.* 'Zwangs)Voll,streckung *f*, **c)** Pfändung *f*, **d)** Hinrichtung *f*; **4.** *to do great* ~ **a)** Verheerung(en) anrichten, **b)** *fig.* Eroberungen machen; **ex·e·cu·tion·er** [eksi'kju:ʃnə] *s.* Henker *m*, Scharfrichter *m*; **ex'ec·u·tive** [-tiv] **I.** *adj.* □ **1.** ausübend, voll'ziehend, Exekutiv...: ~ *officer* Verwaltungsbeamter; ~ *power* Exekutive, vollziehende Gewalt; **2.** † geschäftsführend, leitend: ~ *committee* Exekutivausschuß; ~ *functions* Führungsaufgaben; ~ *post* leitender Posten; ~ *staff* leitende Angestellte; **II.** *s.* **3.** Exeku'tive *f*, Voll'ziehungsgewalt *f*, Verwaltung *f*; **4.** *Am.* Verwaltungsbeamte(r) *m*; **5.** *Am.* ('Staats)Präsi,dent *m*, Gouver'neur *m*; **6.** *a. senior* ~ † leitender Angestellter; **ex'ec·u·tor** [-tə] *s.* ⚖ Testa'mentsvoll,strecker *m*; **ex'ec·u·to·ry** [-təri] *adj.* ⚖ bedingt, erfüllungsbedürftig; **ex'ec·u·trix** [-triks] *s.* ⚖ Testa'mentsvoll,streckerin *f*.

ex·e·ge·sis [eksi'dʒi:sis] *s.* Exe'gese *f*, (Bibel)Auslegung *f*; **ex·e·gete** ['eksidʒi:t] *s.* Exe'get *m*; **ex·e'get·ic** [-'dʒetik] *adj.*; **ex·e'get·i·cal** [-'dʒetikəl] *adj.* □ exe'getisch, auslegend; **ex·e'get·ics** [-'dʒetiks] *s. pl. sg. konstr.* Exe'getik *f*.

ex·em·plar [ig'zemplə] *s.* Muster (-beispiel) *n*, Vorbild *n*; **ex'em·pla·ry** [-əri] *adj.* □ **1.** musterhaft, -gültig, vorbildlich; **2.** exem'plarisch, abschreckend, dra'konisch (*Strafe etc.*).

ex·em·pli·fi·ca·tion [igzemplifi'keiʃən] *s.* **1.** Erläuterung *f* durch Beispiele; Veranschaulichung *f*; **2.** Beleg *m*, Beispiel *n*, Muster *n*; **3.** ⚖ beglaubigte Abschrift, Ausfertigung *f*; **ex·em·pli·fy** [ig'zemplifai] *v/t.* **1.** veranschaulichen: **a)** durch Beispiele erläutern, **b)** als Beispiel dienen für; **2.** ⚖ e-e beglaubigte Abschrift machen von.

ex·empt [ig'zempt] **I.** *v/t. j-n* befreien, ausnehmen (*from* von *Steuern, Verpflichtungen etc.*); **II.** *adj.* befreit, ausgenommen, frei (*from* von): ~ *from taxes* steuerfrei; **ex'emp·tion** [-pʃən] *s.* **1.** Befreiung *f*, Freisein *n* (*from* von): ~ *from taxes* Steuerfreiheit; ~ *from liability* ⚖ Haftungsausschluß; **2.** ⚖ unpfändbare Gegenstände *pl. od.* Beträge *pl.*; **3.** Sonderstellung *f*, Vorrechte *pl.*

ex·e·qua·tur [eksi'kweitə] *s.* Exe'quatur *n* (*Anerkennung e-s ausländischen Konsuls od. e-s Bischofs*).

ex·er·cise ['eksəsaiz] **I.** *s.* **1.** Ausübung *f* (*der Pflicht, e-r Kunst*), Gebrauch *m*, Anwendung *f*; **2.** *oft pl.* (*körperliche od. geistige*) Übung, (*körperliche*) Bewegung: *to take* ~ sich Bewegung machen; *physical* ~ Leibesübungen; *military* ~ **a)** Exerzieren, **b)** Manöver; *religious* ~ Gottesdienst, Andacht; **3.** Übungsarbeit *f*, Schulaufgabe *f*: ~*-book* Schul-, Schreibheft; **4.** ♪ Übungsstück *n*; E'tüde *f*; **5.** *pl. Am.* Feier (-lichkeiten *pl.*) *f*; **II.** *v/t.* **6.** gebrauchen, anwenden; *Einfluß, Recht(e)* geltend machen; *Macht* ausüben; *Geduld* üben; **7.** *Körper, Geist* üben; **8.** *j-n* üben, ausbilden; **9.** *s-e Glieder, Tiere* bewegen; **10.** *j-n, j-s Geist* stark beschäftigen, plagen; *pass.* beunruhigt sein (*about* über *acc.*); **III.** *v/i.* **11.** sich Bewegung machen; **12.** *sport* trainieren; **13.** ⚔ exerzieren.

ex·ert [ig'zə:t] *v/t.* gebrauchen, anwenden; *Druck, Einfluß etc.* ausüben: *to* ~ *o.s.* sich anstrengen; **ex'er·tion** [-ə:ʃən] *s.* **1.** Anwendung *f*, Ausübung *f*; **2.** Anstrengung *f*.

ex·e·unt ['eksiʌnt] (*Lat.*) *thea.* (sie gehen) ab: ~ *omnes* alle ab.

ex·fo·li·ate [eks'foulieit] *v/i. mst* ⚕ abblättern, sich abschälen; **ex·fo·li·a·tion** [eksfouli'eiʃən] *s.* Abblätterung *f*.

ex·ha·la·tion [eksha'leiʃən] *s.* **1.** Ausatmung *f*; **2.** Ausdünstung *f*; **3.** Dunst *m*, Dampf *m*; **4.** *fig.* Ausbruch *m* (*Zorn*); **ex·hale** [eks'heil] **I.** *v/t.* **1.** *a. fig. Leben etc.* aushauchen; **2.** verdunsten lassen: *to* ~ *one's anger fig.* s-r Wut Luft machen; **II.** *v/i.* **3.** verdampfen; ausströmen.

ex·haust [ig'zɔ:st] **I.** *v/t.* **1.** *mst* ⊕, *phys.* ausschöpfen, auspumpen (*a. fig.*), absaugen (*a.* ⚒), entleeren; *Gas* auspuffen; **2.** erschöpfen, aufbrauchen; **3.** *fig.* ermüden, entkräften, schwächen; **4.** *Thema* erschöpfend behandeln; **II.** *v/i.* **5.** ausströmen, sich entleeren; **III.** *s.* **6.** ⊕ Abgas *n*, -dampf *m*; **7.** *mot.* Auspuff *m*: ~ *box* Auspufftopf; **ex'haust·ed** [-tid] *adj.* **1.** aufgebraucht, zu Ende, erschöpft (*Vorräte*), vergriffen (*Auflage*), abgelaufen (*Frist*); **2.** *fig.* erschöpft, ermattet, kraftlos, am Ende; **ex'haust·er** [-tə] *s.* ⊕ (Ent)Lüfter *m*, Ex'haustor *m*; **ex'haust·ing** [-tiŋ] *adj.* mühsam, ermüdend, anstrengend; **ex'haus·tion** [-tʃən] *s.* **1.** ⊕ Ausschöpfung *f*, Aufsaugung *f*, Entleerung *f*; **2.** *fig.* Erschöpfung *f*, (völliger) Verbrauch; **3.** *fig.* Erschöpfung *f*, Ermüdung *f*, Entkräftung *f*; **4.** ⊕ Ausströmen *n*; **ex'haus·tive** [-tiv] *adj.* ☐ **1.** *fig.* erschöpfend; **2.** → *exhausting*.

ex'haust|-pipe *s.* ⊕ Auspuffrohr *n*; ~**-steam** *s.* ⊕ Abdampf *m*; ~**-valve** *s.* ⊕ 'Auslaß-, 'Auspuffven,til *n*.

ex·hib·it [ig'zibit] **I.** *v/t.* **1.** ausstellen, *Waren* auslegen; **2.** zeigen, an den Tag legen, aufweisen, entfalten; **3.** ⚖ vorlegen, -bringen; **II.** *v/i.* **4.** ausstellen; **III.** *s.* **5.** Ausstellungsstück *n*; **6.** ⚖ **a)** Eingabe *f*, **b)** Beweisstück *n*, Beleg *m*.

ex·hi·bi·tion [eksi'biʃən] *s.* **1.** Ausstellung *f*, Schau *f*; Auslage *f* (*Waren*): *on* ~ **a)** ausgestellt, **b)** zu sehen(d) (*Filme*); *to make an* ~ *of o.s.* sich lächerlich *od.* zum Gespött machen; **2.** Vorführung *f*, Schauspiel *n*; **3.** Zeigen *n*, Bekundung *f*, Entfaltung *f*; **4.** ⚖ Einreichung *f*, Vorlage *f*; **5.** *Brit. univ.* Sti'pendium *n*; **ex·hi'bi·tion·er** [-ʃnə] *s. Brit. univ.* Stipendi'at *m*; **ex·hi'bi·tion·ism** [-ʃnizəm] *s. psych.* Exhibitio'nismus *m* (*a. fig.*); **ex·hi'bi·tion·ist** [-ʃnist] *s. psych.* Exhibitio'nist *m* (*a. fig.*); **ex·hib·i·tor** [ig'zibitə] *s.* Aussteller *m*.

ex·hil·a·rate [ig'ziləreit] *v/t.* er-, aufheitern; **ex'hil·a·rat·ed** [-tid] *adj.* **1.** heiter, angeregt; **2.** angeheitert; **ex'hil·a·rat·ing** [-tiŋ] *adj.* ☐ erheiternd, amü'sant; **ex·hil·a·ra·tion** [igzilə'reiʃən] *s.* **1.** Erheiterung *f*; **2.** Heiterkeit *f*.

ex·hort [ig'zɔ:t] *v/t.* **1.** ermahnen; **2.** ermuntern, zureden; **ex·hor·ta·tion** [egzɔ:'teiʃən] *s.* **1.** Ermahnung *f*; **2.** Ermunterung *f*, Zureden *n*.

ex·hu·ma·tion [ekshju:'meiʃən] *s.* Exhumierung *f*; **ex·hume** [eks'hju:m] *v/t.* **1.** *Leiche* exhumieren; **2.** *fig.* ans Tageslicht bringen.

ex·i·gence ['eksidʒəns], **ex·i·gen·cy** ['eksidʒənsi; ig'zi-] *s.* **1.** Dringlichkeit *f*, dringender Fall; **2.** (dringendes) Erfordernis; **3.** Not(lage) *f*, 'kritische Lage; **'ex·i·gent** [-nt] *adj.* **1.** dringend, 'kritisch: *to be* ~ *of s.th.* et. dringend erfordern; **2.** anspruchsvoll.

ex·i·gu·i·ty [eksi'gju(:)iti] *s.* Kleinheit *f*, Winzigkeit *f*, Geringfügigkeit *f*; Knappheit *f*; **ex·ig·u·ous** [eg'zigjuəs] *adj.* klein, dürftig, knapp, geringfügig.

ex·ile ['eksail] **I.** *s.* **1.** Ex'il *n*, Verbannung *f* (*a. fig.*); **2.** *fig.* lange Abwesenheit; **3.** im Exil Lebende(r *m*) *f*; Verbannte(r *m*) *f*; **II.** *v/t.* **4.** verbannen (*a. fig.*).

ex·ist [ig'zist] *v/i.* **1.** existieren, vor'handen sein, dasein: *do such things* ~? gibt es so etwas?; **2.** sich finden, vorkommen; **3.** leben, bestehen, vegetieren: *to* ~ *on* auskommen mit; **ex'ist·ence** [-təns] *s.* **1.** Da-, Vor'handensein *n*, Leben *n*, Bestehen *n*, Exi'stenz *f*: *in* ~ bestehend, vorhanden; *the biggest in* ~ die größten der Welt; *to come into* ~ entstehen; *a wretched* ~ ein kümmerliches Dasein; **2.** Dauer *f*, (Fort)Bestand *m*; **ex'ist·ent** [-tənt] *adj.* **1.** existierend, bestehend, vor'handen, lebend; **2.** gegenwärtig.

ex·is·ten·tial [egzis'tenʃəl] *adj.* **1.** Existenz...; **2.** *phls.* Existential...; **ex·is'ten·tial·ism** [-ʃəlizəm] *s.* Existentia'lismus *m*, Exi'stenzphiloso,phie *f*; **ex·is'ten·tial·ist** [-ʃəlist] *s.* Existentia'list(in).

ex·ist·ing [ig'zistiŋ] → *existent*.

ex·it ['eksit] **I.** *s.* **1.** Ausgang *m*; **2.** *thea.* Abgang *m* (*a. fig. Tod*): *to make one's* ~ **a)** weggehen, abtreten, **b)** *fig.* sterben; **3.** ⊕ Abzug *m*, -fluß *m*, Austritt *m*; **4.** Ausreise *f*: ~ *permit* Ausreisegenehmigung; **5.** ('Autobahn)Ausfahrt *f*; **II.** *v/i.* **6.** *thea.* (*er, sie* geht) ab: ♀ *Romeo*.

ex li·bris [eks'laibris] (*Lat.*) *s.* Ex'libris *n*, Buchzeichen *n*.

ex·o·dus ['eksədəs] *s.* **1.** Auszug *m* (*der Juden aus Ägypten*); **2.** *fig.* Ab-, Auswanderung *f*, Aufbruch *m*; Massenflucht *f*: ~ *of capital* ✝ Kapitalabwanderung; *rural* ~ *sociol.* Landflucht; **3.** ♀ *bibl.* 'Exodus *m*, Zweites Buch Mose.

ex of·fi·ci·o [eksə'fiʃiou] (*Lat.*) **I.** *adv.* von Amts wegen; **II.** *adj.* Amts..., amtlich.

ex·og·a·mous [ek'sɔgəməs] *adj. biol.* exo'gamisch; **ex'og·a·my** [-mi] *s.* Exoga'mie *f*, Fremdheirat *f*.

ex·og·e·nous [ek'sɔdʒinəs] *adj.* exo'gen, (von) außen erzeugt.

ex·on·er·ate [ig'zɔnəreit] *v/t.* **1.** *Angeklagten etc., a. Schuldner* entlasten (*from* von); **2.** *j-n von e-r Pflicht* entbinden; **ex·on·er·a·tion** [igzɔnə'reiʃən] *s.* Entlastung *f*.

ex·or·bi·tance [ig'zɔ:bitəns] *s.* 'Übermaß *n*, Maßlosigkeit *f*; **ex'or·bi·tant** [-nt] *adj.* ☐ 'übermäßig, maßlos; über'trieben, ungeheuer: ~ *price* Phantasiepreis.

ex·or·cism ['eksɔ:sizəm] *s.* Exor'zismus *m*, Geisterbeschwörung *f*, Teufelsaustreibung *f*; **'ex·or·cist** [-ist] *s.* Geisterbeschwörer *m*, Teufelsaustreiber *m*; **'ex·or·cize** [-saiz] *v/t. Geister* beschwören, bannen.

ex·or·di·um [ek'sɔ:djəm] *s.* Einleitung *f*, Anfang *m* (*e-r Rede*).

ex·o·ter·ic [eksou'terik] *adj.* (☐ ~*ally*) exo'terisch, für Außenstehende bestimmt, gemeinverständlich.

ex·ot·ic [eg'zɔtik] *adj.* (☐ ~*ally*) ex'otisch, aus-, fremdländisch.

ex·pand [iks'pænd] **I.** *v/t.* **1.** ausbreiten, -spannen, entfalten; **2.** (aus-) dehnen, strecken, erweitern (*a. fig.*); **3.** *Abkürzung* ausschreiben; **II.** *v/i.* **4.** sich ausbreiten *od.* -dehnen; sich erweitern (*a. fig.*): *his heart* ~*ed with joy* sein Herz schwoll vor Freude; **5.** sich entfalten; sich entwickeln (*into* zu); größer werden; **ex'pand·er** [-də] *s. sport* Ex'pander *m*; **ex'pand·ing** [-diŋ] *adj.* sich (aus)dehnend, dehnbar; **ex'panse** [-ns] *s.* weiter Raum, weite Fläche, Weite *f*, Ausdehnung *f*; *orn.* Spannweite *f*; **ex'pan·sion** [-nʃən] *s.* **1.** Ausbreitung *f*, Erweiterung *f*, Zunahme *f*; (✝ *Industrie-, Produktions-, a. Kredit*)Ausweitung *f*; *pol.* Expansi'on *f*; **2.** *a.* ⊕, *phys.* (Aus-) Dehnung *f*, Expansi'on *f*: ~ *stroke mot.* Arbeitstakt, Expansionshub; **3.** 'Umfang *m*, Raum *m*, Weite *f*.

ex·pan·sion| en·gine *s.* ⊕ Expansi'onsmaˌschine *f*; ~ **gear** *s.* ⊕ Spannungshebel *m*, -steuerung *f*.

ex·pan·sion·ism [iks'pænʃənizəm] *s.* Expansi'onspoliˌtik *f*; **ex'pan·sion·ist** [-nist] **I.** *s.* Anhänger(in) der Expansionspolitik; **II.** *adj.* Expansions...; **ex'pan·sive** [-nsiv] *adj.* □ **1.** ausdehnungsfähig, ausdehnend, (Aus)Dehnungs...; **2.** ausgedehnt, weit, um'fassend; **3.** *fig.* mitteilsam, offen; **4.** *fig.* 'überschwenglich; **ex'pan·sive·ness** [-nsivnis] *s.* **1.** Ausdehnungsvermögen *n*; **2.** *fig.* Mitteilsamkeit *f*, Offenheit *f*; **3.** *fig.* 'Überschwenglichkeit *f*.

ex par·te ['eks'pɑ:ti] (*Lat.*) *adj. u. adv.* ⚖ einseitig (*Prozeßhandlung*).

ex·pa·ti·ate [eks'peiʃieit] *v/i.* sich weitläufig auslassen *od.* verbreiten (*on* über *acc.*); **ex·pa·ti·a·tion** [ekspeiʃi'eiʃən] *s.* weitläufige Erörterung, Erguß *m*, ‚Salm' *m*.

ex·pa·tri·ate [eks'pætrieit] **I.** *v/t.* **1.** ausbürgern, *j-m* die Staatsangehörigkeit aberkennen: *to ~ o.s.* auswandern, s-e Staatsangehörigkeit aufgeben; **II.** *adj.* **2.** verbannt, ausgebürgert; **III.** *s.* **3.** Verbannte(r *m*) *f*, Ausgebürgerte(r *m*) *f*; **4.** im Ex'il *od.* dauernd im Ausland Lebende(r *m*) *f*; j-d der s-e Nationali'tät aufgegeben hat; **ex·pa·tri·a·tion** [ekspætri'eiʃən] *s.* **1.** Verbannung *f*, Ausbürgerung *f*; Aberkennung *f* der Staatsangehörigkeit; **2.** Auswanderung *f*; Aufgeben *n* s-r Staatsangehörigkeit.

ex·pect [iks'pekt] *v/t.* **1.** *j-n* erwarten: *I ~ him to dinner* ich erwarte ihn zum Essen; **2.** *et.* erwarten *od.* vor'hersehen; entgegensehen (*dat.*): *I did not ~ that question* auf diese Frage war ich nicht gefaßt *od.* vorbereitet; **3.** erwarten, hoffen, rechnen auf (*acc.*): *I ~ you to come* ich erwarte, daß du kommst; *I ~ (that) he will come* ich erwarte, daß er kommt; *I ~ to be successful* ich hoffe, Erfolg zu haben; **4.** *et. von j-m* erwarten, verlangen: *you ~ too much from him; that is not ~ed of you* das mutet man dir nicht zu; **5.** F annehmen, denken, vermuten: *that is hardly to be ~ed* das ist kaum anzunehmen; *I ~ so* ich denke ja (*od.* wohl); **ex'pect·ance** [-təns], **ex'pect·an·cy** [-tənsi] *s.* (*of*) **1.** Erwartung *f* (*gen.*); Hoffnung *f*, Aussicht *f* (auf *acc.*); **2.** Anwartschaft *f* (auf *acc.*); **ex'pect·ant** [-tənt] **I.** *adj.* □ **1.** erwartungsvoll; **2.** *~ heir* Thronanwärter; **3.** *~ mother* werdende Mutter; **II.** *s.* **4.** ⚖ Anwärter(in) (*of* auf *acc.*); **ex·pec·ta·tion** [ekspek'teiʃən] *s.* **1.** Erwartung *f*, Erwarten *n*: *beyond (contrary to) ~* über (wider) Erwarten; *according to ~* erwartungsgemäß; **2.** Gegenstand *m* der Erwartung; **3.** *oft pl.* Hoffnung *f*, Aussicht *f*: *~ of life* Lebenserwartung, mutmaßliche Lebensdauer; **ex'pect·ing** [-tiŋ] *adj.*: *she is ~* F sie ist in anderen Umständen.

ex·pec·to·rant [eks'pektərənt] *s.* schleimlösendes Mittel; **ex·pec·to·rate** [eks'pektəreit] **I.** *v/t.* ausspucken, -husten; **II.** *v/i.* **a)** (aus-) spucken, **b)** Blut spucken; **ex·pec·to·ra·tion** [ekspektə'reiʃən] *s.* **1.** Auswerfen *n*, (Aus)Spucken *n*; **2.** Auswurf *m*.

ex·pe·di·ence [iks'pi:djəns], **ex'pe·di·en·cy** [-si] *s.* **1.** Tunlichkeit *f*, Ratsamkeit *f*, Zweckmäßigkeit *f*; **2.** Anstand *m*, Angemessenheit *f*; **3.** Nützlichkeit *f*; **ex'pe·di·ent** [-nt] **I.** *adj.* □ **1.** tunlich, ratsam, zweckmäßig, praktisch; **2.** angemessen, angebracht; **3.** nützlich, vorteilhaft; **II.** *s.* **4.** (Hilfs)Mittel *n*, (Not)Behelf *m*, Ausweg *m*.

ex·pe·dite ['ekspidait] *v/t.* **1.** beschleunigen, fördern; **2.** expedieren.

ex·pe·di·tion [ekspi'diʃən] *s.* **1.** Eile *f*, Schnelligkeit *f*; **2.** (Forschungs-) Reise *f*, Expediti'on *f*; **3.** ⚔ Feldzug *m*; **ex·pe'di·tion·ar·y** [-ʃnəri] *adj.* Expeditions...: *~ force* Expeditionskorps; **ex·pe'di·tious** [-ʃəs] *adj.* □ schnell, rasch, prompt.

ex·pel [iks'pel] *v/t.* **1.** vertreiben, hin'auswerfen (*from* aus); **2.** ausstoßen, -schließen (*from* aus); **3.** aus-, verweisen, verbannen (*from* aus); **ex·pel·lee** [ekspe'li:] *s.* (Heimat)Vertriebene(r *m*) *f*.

ex·pend [iks'pend] *v/t.* **1.** *Geld* ausgeben; **2.** *Mühe, Zeit etc.* ver-, aufwenden (*on* für); **3.** verbrauchen; **ex'pend·a·ble** [-dəbl] **I.** *adj.* **1.** entbehrlich: *~ stores Brit.*, *~ supplies Am.* ⚔ Verbrauchsmaterial; **2.** ⚔ (*im Notfall*) zu opfern(d); **II.** *s.* **3.** *mst pl. et.* Entbehrliches *od.* Aufzugebendes; **4.** ⚔ verlorener Haufe; **ex'pend·i·ture** [-ditʃə] *s.* **1.** Ausgabe *f*, Verausgabung *f*; **2.** Aufwand *m*, Verbrauch *m* (*of* an *dat.*); **3.** Kosten *pl.*, Ausgaben *pl.*: *public ~* Staatsausgaben.

ex·pense [iks'pens] *s.* **1.** (Geld-) Ausgabe *f*, Auslage *f*; Aufwand *m*: *~ account* ✝ Spesenkonto; *~ allowance* ✝ Aufwandsentschädigung, Spesenvergütung; *at an ~ of* mit e-m Aufwand von; *at great ~* mit großen Kosten; *at my ~* auf m-e Kosten, für m-e Rechnung; → *3*; *to go to the ~ of* (viel) Geld ausgeben für; *to go to great ~* sich in (große) (Un)Kosten stürzen; *to put to great ~ j-n* in große (Un)Kosten stürzen; *to spare no ~* keine Kosten scheuen; **2.** *pl.* Unkosten *pl.*, Spesen *pl.*: *travel(l)ing ~s* Reisespesen; *and all ~s paid* und alle Unkosten *od.* Spesen (werden) vergütet; **3.** *fig.* Kosten *pl.*: *they laughed at my ~*; → *1*; *at the ~ of his health* auf Kosten s-r Gesundheit; **ex'pen·sive** [-siv] *adj.* □ teuer, kostspielig.

ex·pe·ri·ence [iks'piəriəns] **I.** *s.* **1.** Erfahrung *f*, 'Praxis *f*, praktische Kenntnisse *pl.*, Fach-, Sachkenntnis *f*: *a man of ~* ein erfahrener Mann; *to know by (od. from) ~* aus Erfahrung wissen; *~ in cooking* Kochkenntnisse; *business ~* Geschäftserfahrung, -routine; *previous ~* Vorkenntnisse; **2.** Erlebnis *n*: *I had a strange ~*; **3.** Vorkommnis *n*, Geschehnis *n*; **II.** *v/t.* **4.** erfahren, aus Erfahrung wissen; **5.** erleben, 'durchmachen; empfinden: *to ~ kindness* Freundlichkeit erfahren; *to ~ difficulties* auf Schwierigkeiten stoßen; **ex'pe·ri·enced** [-st] *adj.* routiniert, erfahren, bewandert, (fach-, sach)kundig.

ex·pe·ri·en·tial·ism [ikspiəri'enʃəlizəm] *s. phls.* Empi'rismus *m*.

ex·per·i·ment **I.** *s.* [iks'perimənt] Versuch *m*, Probe *f*, Experi'ment *n*; **II.** *v/i.* [-ment] experimentieren, Versuche anstellen (*on, upon* an *dat.*; *with* mit): *to ~ with s.th.* et. erproben.

ex·per·i·men·tal [eksperi'mentl] *adj.* □ → *experimentally*; **1.** *phys.* Versuchs..., experimen'tell, Experimental...: *~ physics* Experimentalphysik; *~ station* Versuchsanstalt; **2.** Erfahrungs...: *~ philosophy*; **ex·per·i'men·tal·ist** [-təlist] *s.* Experimen'tator *m*; **ex·per·i'men·tal·ly** [-təli] *adv.* auf experimentellem Wege; **ex·per·i·men·ta·tion** [eksperimen'teiʃən] *s.* Experimentieren *n*.

ex·pert ['ekspə:t] **I.** *adj.* [*pred. a.* iks'pə:t] □ **1.** erfahren, kundig; **2.** geschickt, gewandt (*at, in* in *dat.*); **3.** fachmännisch, fach-, sachkundig; Fach...(*-ingenieur etc.*); **II.** *s.* **4.** Fachmann *m*, Kenner *m*; Sachverständige(r) *m*, Gutachter *m*, Sachbearbeiter *m*, Ex'perte *m* (*at, in* in *dat.*; *on s.th.* [auf dem Gebiet] e-r Sache): *~ opinion* ⚖ (Sachverständigen)Gutachten; *~ knowledge* Sach-, Fachkenntnis; *~ witness* ⚖ Sachverständiger; **ex·per·tise** [ekspə:'ti:z] *s.* **1.** Exper'tise *f*, (Sachverständigen)Gutachten *n*; **2.** Sach-, Fachkenntnis *f*; **'ex·pert·ness** [-nis] *s.* Erfahrenheit *f*; Geschicklichkeit *f*.

ex·pi·a·ble ['ekspiəbl] *adj.* sühnbar; **'ex·pi·ate** [-ieit] *v/t.* sühnen, wieder'gutmachen, (ab)büßen; **ex·pi·a·tion** [ekspi'eiʃən] *s.* Sühne *f*, Buße *f*, Tilgung *f*; **'ex·pi·a·to·ry** [-iətəri] *adj.* sühnend, Sühn(e)..., Buß...: *to be ~ of et.* sühnen.

ex·pi·ra·tion [ekspaiə'reiʃən] *s.* **1.** Ausatmen *n*, Ausatmung *f*; **2.** *fig.* Ablauf *m*, Ende *n*; **3.** ✝ Verfall *m* (*Wechsel*); **ex·pir·a·to·ry** [iks'paiərətəri] *adj.* ausatmend, Atmungs...

ex·pire [iks'paiə] *v/i.* **1.** ausatmen, -hauchen; **2.** sterben, verscheiden; **3.** enden, ablaufen (*Frist, Vertrag*); ungültig werden, verfallen, erlöschen; ✝ fällig werden; **ex'pired** [-əd] *adj.* ungültig, verfallen, erloschen; **ex'pi·ry** [-əri] *s.* Ablauf *m*.

ex·plain [iks'plein] **I.** *v/t.* **1.** erklären, erläutern, ausein'andersetzen: *to ~ away* **a)** (durch Erklärungen) beseitigen, **b)** vertuschen; **2.** begründen, rechtfertigen: *to ~ o.s.* sich rechtfertigen; **II.** *v/i.* **3.** Erklärungen geben; **ex'plain·a·ble** [-nəbl] *adj.* **1.** zu erklären(d); **2.** zu rechtfertigen(d); **ex·pla·na·tion** [eksplə'neiʃən] *s.* **1.** Erklärung *f*, Erläuterung *f*, Begründung *f*: *to make some ~* e-e Erklärung abgeben; **2.** Auslegung *f*, Aufklärung *f*; **3.** Verständigung *f*; **ex·plan·a·to·ry** [iks'plænətəri] *adj.* □ erklärend, erläuternd.

ex·ple·tive [eks'pli:tiv] **I.** *adj.* **1.** ausfüllend; **II.** *s.* **2.** *ling.* Füll-, Flickwort *n*; **3.** Lückenbüßer *m*; **4.** Fluch (-wort *n*) *m*.

ex·pli·ca·ble ['eksplikəbl] *adj.* erklärbar, erklärlich; **ex·pli·cate** ['eksplikeit] *v/t.* erklären, *Begriff etc.* entwickeln; **ex·pli·ca·tion**

[ekspli'keiʃən] *s.* Erklärung *f*, Erläuterung *f*.
ex·plic·it [iks'plisit] *adj.* □ **1.** deutlich, klar, ausdrücklich; **2.** offen, deutlich (*Person*) (*on* in bezug auf *acc.*).
ex·plode [iks'ploud] **I.** *v/t.* **1.** (in die Luft) sprengen, explodieren lassen; **2.** *fig. Plan, Theorie etc.* 'umwerfen, über den Haufen werfen, zum Platzen bringen, zu'nichte machen: *to* ~ *a myth* e-e Illusion zerstören; **3.** wider'legen, entlarven; **II.** *v/i.* **4.** explodieren, in die Luft fliegen, (zer)platzen, sich entladen; ⚔ krepieren (*Granate*); **5.** *fig.* ausbrechen, ‚platzen': *to* ~ *with rage* (vor Wut) ‚explodieren'; **ex'plod·ed** [-did] *adj.* **1.** geplatzt: ~ *view* ⊕ Darstellung *e-r Maschine etc.* in zerlegter Anordnung; **2.** *fig.* über'lebt, veraltet, pas'sé.
ex·ploit I. *v/t.* [iks'plɔit] **1.** *et.* auswerten; *kommerziell* verwerten; ⚒ *etc.* ausbeuten, abbauen; **2.** *fig. b.s. et. od. j-n* ausbeuten, -nutzen; *et.* ausschlachten; **II.** *s.* ['eksplɔit] **3.** (Helden)Tat *f*; **ex·ploi·ta·tion** [eksplɔi'teiʃən] *s.* **1.** ✝ (*Patent- etc.*) Verwertung *f*; ⊕ Ausnutzung *f*, -beutung *f*; ⚒ Abbau *m*, Gewinnung *f*; **2.** *fig. b.s.* Ausnutzung *f*, Ausbeutung *f*; **ex'ploi·ter** [-tə] *s.* Ausbeuter *m* (*a. fig.*).
ex·plo·ra·tion [eksplɔː'reiʃən] *s.* **1.** Erforschung *f* (*e-s Landes*); **2.** Unter'suchung *f*.
ex·plor·a·tive [eks'plɔːrətiv], **ex·'plor·a·to·ry** [-təri] *adj.* **1.** (er-)forschend, unter'suchend; **2.** erkundend, sondierend, Probe...: ~ *talks* Sondierungsgespräche; **3.** informa'torisch; **ex·plore** [iks'plɔː] *v/t.* **1.** *Land* erforschen; **2.** unter'suchen, erkunden, sondieren (*a.* ⚕); **ex·plor·er** [iks'plɔːrə] *s.* **1.** Forscher *m*, Forschungsreisende(r) *m*; **2.** ⚕ Sonde *f*.
ex·plo·sion [iks'plouʒən] *s.* **1.** Explosi'on *f*, Entladung *f*; Knall *m*; **2.** *fig.* Explosion *f*: *education* ~; *population* ~; **3.** *fig.* (*Wut- etc.*)Ausbruch *m*.
ex·plo·sive [iks'plousiv] **I.** *adj.* □ **1.** explo'siv, Knall..., Spreng..., Explosions...; **2.** *fig.* jähzornig, aufbrausend; **II.** *s.* **3.** Explo'siv-, Sprengstoff *m*; ~ **charge** *s.* ⚔, ⊕ Sprengladung *f*; ~ **cot·ton** *s.* ⊕ Schießbaumwolle *f*; ~ **flame** *s.* ⊕ Stichflamme *f*.
ex·po·nent [eks'pounənt] *s.* **1.** Expo'nent *m*: **a)** Typ *m*, Repräsen'tant *m*, **b)** & Hochzahl *f*, **c)** *fig.* Vertreter(in), Verfechter(in); **2.** *fig.* Erläuterer *m*.
ex·port [eks'pɔːt] **I.** *v/t.* **1.** exportieren, ausführen; **II.** *v/i.* **2.** sich exportieren lassen; **III.** *s.* ['ekspɔːt] **3.** Ex'port *m*, Ausfuhr(handel *m*) *f*; **4.** 'Ausfuhrar,tikel *m*; **5.** *pl.* **a)** Gesamtausfuhr *f*, **b)** Ex'portgüter *pl.*; **IV.** *adj.* **6.** Ausfuhr..., Export...: ~ *duty* Ausfuhrzoll; **ex'port·a·ble** [-təbl] *adj.* ex'portfähig, zur Ausfuhr geeignet; **ex·por·ta·tion** [ekspɔː'teiʃən] *s.* Ausfuhr *f*, Export *m*; **ex'port·er** [-tə] *s.* Expor'teur *m*.
ex·port| li·cense, ~ **per·mit** ['ekspɔːt] *s.* ✝ Ausfuhrgenehmigung *f*; ~ **trade** *s.* Ex'port-, Ausfuhr-, Außenhandel *m*.
ex·pose [iks'pouz] *v/t.* **1.** *Kind* aussetzen; **2.** *Waren* auslegen, -stellen; **3.** *fig. e-r Gefahr, e-m Übel* aussetzen, preisgeben: *to* ~ *o.s. to ridicule* sich lächerlich machen; **4.** aufdecken, enthüllen, zeigen, darlegen; **5.** entblößen (*a.* ⚔), bloßlegen; **6. a)** *j-n* bloßstellen, **b)** *j-n* entlarven; **7.** *phot.* belichten.
ex·po·sé [eks'pouzei] (*Fr.*) *s.* **1.** Expo'sé *n*, Denkschrift *f*; **2.** Enthüllung *f*, Entlarvung *f*.
ex·posed [iks'pouzd] *adj.* **1.** unbedeckt, offen, frei; **2.** exponiert, gefährdet; **3.** *phot.* belichtet.
ex·po·si·tion [ekspə'ziʃən] *s.* **1.** Ausstellung *f*, Schau *f*; **2.** Erklärung *f*, Kommen'tar *m*; Ausführung(en *pl.*) *f*; Auslegung *f*; **3.** Expositi'on *f* (*Drama*); **ex·pos·i·tor** [eks'pɔzitə] *s.* Ausleger *m*, Erklärer *m*; **ex·pos·i·to·ry** [eks'pɔzitəri] *adj.* erklärend.
ex·pos·tu·late [iks'pɔstjuleit] *v/i.* **1.** protestieren; **2.** ~ *with j-m* ernste Vorhaltungen machen, *j-n* zu'rechtweisen; **ex·pos·tu·la·tion** [ikspɔstju'leiʃən] *s.* **1.** Pro'test *m*; **2.** ernste Vorhaltung, Verweis *m*.
ex·po·sure [iks'pouʒə] *s.* **1.** (Kindes-)Aussetzung *f*; **2.** Aussetzen *n*, Darbieten *n*; **3.** Ausgesetztsein *n*, Preisgabe *f*: *death from* ~ Tod durch Erfrieren *od.* vor Entkräftung; **4.** Entblößung *f*: *indecent* ~ unsittliche (Selbst)Entblößung; **5.** Enthüllung *f*, Aufdeckung *f*, Entlarvung *f*; **6.** *phot.* Belichtung *f*: ~ *meter* Belichtungsmesser; *time* ~ Zeitaufnahme; ~ *value* Lichtwert (*e-s Films*); **7.** Lage *f*: *southern* ~ Südlage.
ex·pound [iks'paund] *v/t.* **1.** erklären, erläutern; *Theorie* entwickeln; **2.** auslegen.
ex·press [iks'pres] **I.** *v/t.* **1.** *obs. Saft* auspressen, ausdrücken; **2.** ausdrücken, äußern, zum Ausdruck bringen: *to* ~ *o.s.* sich äußern, sich erklären; *to be* ~*ed* zum Ausdruck kommen; **3.** bezeichnen, bedeuten, darstellen; **4.** zeigen, bekunden; **5.** ✉ durch Eilboten *od.* als Eilgut schicken; **II.** *adj.* □ → *expressly*; **6.** ausdrücklich, bestimmt, eindeutig; genau; **7.** eigen, besonder: *for the* ~ *purpose* eigens zu dem Zweck; **8.** Expreß..., Schnell..., Eil...; **III.** *adv.* **9.** ex'preß, eigens; **10.** ✉ *Brit.* durch Eilboten, per Ex'preß, als Eilgut; **IV.** *s.* **11.** ✉ **a)** Eilbote *m*, **b)** Eilbeförderung *f*, **c)** Eilbrief *m*, -gut *n*; **12.** 🚂 D-Zug *m*; **13.** *Am.* → *express company*; **ex'press·age** [-sidʒ] *s. Am.* **1.** Beförderung *f* als Eilgut *etc.*; **2.** Eilfracht(gebühr) *f*.
ex·press| com·pa·ny *s. Am.* Eilgut- *od.* Pa'ketbeförderungsgesellschaft *f*; ~ **de·liv·er·y** *s. Brit.* Zustellung *f* durch Eilboten (*Brief*); ~ **goods** *s. pl.* Eilfracht *f*, -gut *n*.
ex·pres·sion [iks'preʃən] *s.* **1.** Ausdruck *m*, Äußerung *f*: *to give* ~ *to* Ausdruck verleihen (*dat.*); *beyond* ~ unsagbar; **2.** Redensart *f*; **3.** Ausdrucksweise *f*, Dikti'on *f*; Tonfall *m*; **4.** Ausdruck *m*, Gefühl *n*; **5.** (Gesichts)Ausdruck *m*; **6.** & Formel *f*; **ex'pres·sion·ism** [-ʃnizəm] *s.* Expressio'nismus *m*; **ex'pres·sion·ist** [-ʃnist] **I.** *s.* Expressio'nist(in); **II.** *adj.* expressio'nistisch; **ex'pres·sion·less** [-lis] *adj.* ausdruckslos.
ex·pres·sive [iks'presiv] *adj.* □ **1.** ausdrückend, bezeichnend: *to be* ~ *of et.* ausdrücken; **2.** ausdrucksvoll, nachdrücklich; **ex'pres·sive·ness** [-nis] *s.* Ausdruckskraft *f*; Nachdruck *m*; **ex'press·ly** [-sli] *adv.* **1.** ausdrücklich; **2.** eigens.
ex'press|·man [-mæn] *s.* [*irr.*] *Am.* Angestellte(r) *m* e-r Pa'ketpostgesellschaft; ~ **train** *s.* D-Zug *m*; ~·**way** *s. Am.* Autobahn *f*, Schnellstraße *f*.
ex·pro·pri·ate [eks'prouprieit] *v/t.* ⚖ *j-n* enteignen; **ex·pro·pri·a·tion** [eksproupri'eiʃən] *s.* ⚖ Enteignung *f*.
ex·pul·sion [iks'pʌlʃən] *s.* (*from*) **1.** Aus-, Vertreibung *f* (aus), Entfernung *f* (von), Abschiebung *f* (aus); **2.** Ausstoßung *f*, Ausweisung *f* (aus); **ex'pul·sive** [-lsiv] *adj.* aus-, vertreibend.
ex·punge [eks'pʌndʒ] *v/t.* **1.** (aus-)streichen; **2.** *fig.* ausmerzen, tilgen.
ex·pur·gate ['ekspəːgeit] *v/t. Buch* säubern, reinigen (*from* von); **ex·pur·ga·tion** [ekspəː'geiʃən] *s.* Reinigung *f*, Säuberung *f*.
ex·qui·site ['ekskwizit] *adj.* □ **1.** köstlich, vor'züglich, ausgezeichnet, (aus)erlesen; **2.** äußerst fein (*Gehör*); **3.** äußerst, höchst; **4.** heftig; **'ex·qui·site·ly** [-li] *adv.* ausnehmend, ungemein, höchst; genau.
ex-serv·ice·man ['eks'səːvismən] *s.* [*irr.*] ehemaliger 'Frontsol,dat, Vete'ran *m*.
ex·tant [eks'tænt] *adj.* (noch) vor'handen *od.* bestehend.
ex·tem·po·ra·ne·ous [ekstempə'reinjəs] *adj.* □, **ex·tem·po·rar·y** [iks'tempərəri] *adj.* □ improvisiert, extemporiert, unvorbereitet, aus dem Stegreif; **ex·tem·po·re** [eks'tempəri] *adj. u. adv.* → *extemporaneous*; **ex·tem·po·rize** [iks'tempəraiz] *v/t. u. v/i.* aus dem Stegreif *od.* unvorbereitet reden *od.* dichten *od.* spielen, improvisieren; **ex·tem·po·riz·er** [iks'tempəraizə] *s.* Improvi'sator *m*, Stegreifdichter *m*.
ex·tend [iks'tend] **I.** *v/t.* **1.** ausdehnen (*a. fig.*); *Hand etc.* ausstrecken; ausbreiten; **2.** *Seil etc.* spannen, ziehen; strecken, dehnen (*a.* ⊕); **3.** vergrößern, erweitern, ausbauen; **4.** *Paß, Frist etc.* verlängern; fortsetzen; **5.** ✝ prolongieren; **6.** ✈ *Fahrgestell* ausfahren; **7.** ⚔ ausschwärmen lassen; **8.** *Abkürzungen* ausschreiben; *Kurzschrift* in Nor'malschrift über'tragen; **9.** *Hilfe* gewähren; *Gutes* erweisen; *Einladung* aussprechen; *Willkommen* bieten; **II.** *v/i.* **10.** sich ausdehnen *od.* erstrecken, reichen (*to* bis zu); hin'ausgehen (*beyond* über *acc.*); **11.** ⚔ ausschwärmen; **ex'tend·ed** [-did] *adj.* **1.** ausgedehnt (*a. Zeitraum*); **2.** ausgestreckt; **3.** verlängert; **4.** ausgebreitet: ~ *formation* ⚔ auseinandergezogene Formation; ~ *order* ⚔ geöffnete Ordnung.
ex·ten·si·bil·i·ty [ikstensə'biliti] *s.* (Aus)Dehnbarkeit *f*; **ex·ten·si·ble**

[iks'tensəbl] *adj.* (aus)dehnbar, (aus)streckbar; ausziehbar (*Tisch*): ~ *table* Ausziehtisch.

ex·ten·sion [iks'tenʃən] *s.* **1.** Ausdehnung *f* (*a. fig.*), Ausbreitung *f*; (*Frist- etc.*)Verlängerung *f*: ~ *of leave* Nachurlaub; **2.** ⊕ Dehnung *f*, Streckung *f* (*a.* ⚕); **3.** *fig.* Vergrößerung *f*, Erweiterung *f*, Ausbau *m*; → *university II*; **4.** † Prolongati'on *f*; **5.** Ausdehnung *f*, 'Umfang *m*; **6.** ⚠ Anbau *m*; **7.** *teleph.* Nebenanschluß *m*; **8.** *phot.* ('Kamera)Auszug *m*; **9.** ⚔ Ausschwärmen *n*; ~ **board** *s. teleph.* 'Hauszen,trale *f*; ~ **class·es** *s. pl.* Fortbildungskurse *pl.*; ~ **cord** *s.* ⚡ Verlängerungskabel *n*; ~ **flex** → *extension cord*; ~ **lad·der** *s.* Ausziehleiter *f*; ~ **line** *s. teleph.* Nebenanschluß *m*; ~ **ta·ble** *s.* Ausziehtisch *m*; ~ **tel·e·phone** *s. teleph.* 'Nebenstellenappa,rat *m*.

ex·ten·sive [iks'tensiv] *adj.* □ ausgedehnt, um'fassend; exten'siv (*a.* ⚘); **ex'ten·sive·ness** [-nis] *s.* Ausdehnung *f*, 'Umfang *m*; **ex'ten·sor** [-nsə] *s. anat.* Ex'tensor *m*, Streckmuskel *m*.

ex·tent [iks'tent] *s.* **1.** Ausdehnung *f*, Länge *f*, Weite *f*, Höhe *f*, Größe *f*; **2.** Raum *m*, Bereich *m*, Strecke *f*; **3.** *fig.* 'Umfang *m*, (Aus)Maß *n*, Grad *m*: *to the* ~ *of* bis zum Betrag *od.* zur Höhe von; *to a certain* ~ gewissermaßen, bis zu e-m gewissen Grade; *to the full* ~ in vollem Umfang, völlig.

ex·ten·u·ate [eks'tenjueit] *v/t.* **1.** (ab-)schwächen, mildern: *extenuating circumstances* ⚖ mildernde Umstände; **2.** beschönigen, bemänteln; **ex·ten·u·a·tion** [ekstenju'eiʃən] *s.* **1.** Abschwächung *f*, Milderung *f*; **2.** Beschönigung *f*.

ex·te·ri·or [eks'tiəriə] **I.** *adj.* **1.** äußer, Außen...: ~ *angle* Außenwinkel; ~ *to* abseits von, außerhalb (*gen.*); **2.** *pol.* auswärtig: ~ *possessions*; ~ *policy* Außenpolitik; **II.** *s.* **3.** *das* Äußere: **a)** Außenseite *f* (*Sache*), **b)** Erscheinung *f* (*Person*), **c)** *pol.* auswärtige Angelegenheiten *pl.*; **4.** *Film*: Außenaufnahme *f*.

ex·ter·mi·nate [eks'tə:mineit] *v/t.* ausrotten, vertilgen; **ex·ter·mi·na·tion** [ekstə:mi'neiʃən] *s.* Ausrottung *f*, Vertilgung *f*; **ex'ter·mi·na·tor** [-tə] *s.* **1.** Vertilger *m*; **2.** Kammerjäger *m*; **3.** Schädlingsbekämpfungsmittel *n*.

ex·tern [eks'tə:n] *s.* **1.** → *day-boy*; **2.** ex'terner 'Krankenhausassi,stent; **ex'ter·nal** [-nl] **I.** *adj.* □ → *externally*; **1.** äußer, äußerlich, Außen...: ~ *ear* äußeres Ohr; ~ *evidence* ⚖ äußere Beweise; *for* ~ *use* ⚕ zum äußerlichen Gebrauch, äußerlich; ~ *to* außerhalb (*gen.*); ~ *world* Außenwelt; **2.** †, *pol.* auswärtig, Außen..., Auslands...: ~ *affairs* auswärtige Angelegenheiten; ~ *loan* Auslandsanleihe; ~ *trade* Außenhandel; **3.** † außerbetrieblich, Fremd...; **II.** *s.* **4.** *mst pl. das* Äußere; **5.** *pl.* Äußerlichkeiten *pl.*, Nebensächlichkeiten *pl.*; **ex'ter·nal·ly** [-nəli] *adv.* äußerlich, von außen.

ex·ter·ri·to·ri·al ['eksteri'tɔ:riəl] → *extraterritorial*; **ex·ter·ri·to·ri·al·i·ty** ['eksteritɔ:ri'æliti] → *extraterritoriality*.

ex·tinct [iks'tiŋkt] *adj.* **1.** erloschen (*a. fig.*); **2.** ausgestorben (*Tiergattung*); 'untergegangen (*Rasse*); **3.** abgeschafft, aufgehoben; **ex'tinc·tion** [-kʃən] *s.* **1.** Erlöschen *n*; **2.** Aussterben *n*, 'Untergang *m*; **3.** Vernichtung *f*, Tilgung *f*.

ex·tin·guish [iks'tiŋgwiʃ] *v/t.* **1.** *Feuer* (aus)löschen; **2.** *fig. Leben, Gefühl* auslöschen; ersticken, töten; **3.** *fig.* in den Schatten stellen; **4.** *fig. Gegner* zum Schweigen bringen; **5.** (*a.* ⚖) abschaffen, aufheben; *Schuld* tilgen; **ex'tin·guish·er** [-ʃə] *s.* **1.** Löschgerät *n*; **2.** Löschhütchen *n* (*für Kerzen*); **3.** Guttöter *m*.

ex·tir·pate ['ekstə:peit] *v/t.* **1.** ausrotten, vernichten; **2.** ⚕ (her)'ausschneiden, entfernen; **ex·tir·pa·tion** [ekstə:'peiʃən] *s.* **1.** Ausrottung *f*; **2.** ⚕ Exstirpati'on *f*.

ex·tol(l) [iks'tɔl] *v/t.* erheben, (lob-)preisen, rühmen: *to* ~ *to the skies* in den Himmel heben.

ex·tort [iks'tɔ:t] *v/t.* (*from*) **a)** *et.* erpressen, erzwingen (von), **b)** abringen, abnötigen (*dat.*).

ex·tor·tion [iks'tɔ:ʃən] *s.* **1.** Erpressung *f*; **2.** Wucher *m*; **ex'tor·tion·ate** [-ʃnit] *adj.* **1.** erpresserisch; **2.** unmäßig, über'höht (*Preis*); **ex'tor·tion·er** [-ʃnə] *s.* **1.** Erpresser *m*; **2.** Wucherer *m*.

ex·tra ['ekstrə] **I.** *adj.* **1.** zusätzlich, Reserve..., Extra..., Sonder..., Neben...: ~ *charges* Nebenkosten; ~ *pay* Zulage; ~ *freight* Mehr-, Überfracht; ~ *time sport* (Spiel-)Verlängerung; *if you pay an* ~ *two pounds* wenn Sie noch zwei Pfund zulegen; **2.** besonder, außergewöhnlich; besonders gut: *it is nothing* ~ es ist nichts Besonderes; **II.** *adv.* **3.** 'extra, besonders: ~ *high*; *to work* ~ Überstunden machen; **III.** *s.* **4.** *et.* Außergewöhnliches, Sonderarbeit *f*, -leistung *f*; Sonderberechnung *f*, Zuschlag *m*: *heating and light are* ~*s* Heizung u. Licht werden extra berechnet; **5.** *pl.* Nebenkosten *pl.*; **6.** *Brit.* 'Extrablatt *n* (*Zeitung*); **7.** *thea.* Sta'tist(in).

extra- [ekstrə] *in Zssgn* außen, außerhalb, jenseits.

ex·tract I. *v/t.* [iks'trækt] **1** extrahieren: **a)** ⚕ *Zahn*(*wurzel*) ziehen, **b)** ⚗ ausscheiden, -ziehen, gewinnen, **c)** ⚘ *Wurzel* ziehen; **2.** *Beispiele etc.* ausziehen, e-n Auszug machen aus; **3.** *fig.* (*from*) *et.* her'ausholen (aus), entlocken (*dat.*); **4.** *fig.* ab-, herleiten; **II.** *s.* ['ekstrækt] **5.** Ex'trakt *m* (*a.* ⚗): ~ *of beef* Fleischextrakt; **6.** Auszug *m*, Zi'tat *n*; **ex'trac·tion** [-kʃən] *s.* **1.** Extrakti'on *f*: **a)** ⚕ (Her'aus)Ziehen *n* (*Zahn*), **b)** ⚗ Ausziehen *n*, Ausscheidung *f*, Gewinnung *f*, **c)** ⚘ Ziehen *n* (*Wurzel*); **2.** *fig.* Entlokkung *f*; **3.** Abstammung *f*, Herkunft *f*; **ex'trac·tive** [-tiv] *adj.*: ~ *industry* Industrie zur Gewinnung von Naturprodukten; **ex'trac·tor** [-tə] *s.* **1.** ⊕ Auszieher *m*, -werfer *m*; **2.** ⚕ (Zahn-, Wurzel)Zange *f*.

ex·tra·dit·a·ble ['ekstrədaitəbl] *adj.* auszuliefern(d); **ex·tra·dite** ['ekstrədait] *v/t. ausländischen Verbrecher* ausliefern; **ex·tra·di·tion** [ekstrə'diʃən] *s.* Auslieferung *f*: *request for* ~ Auslieferungsantrag.

'ex·tra|·ju'di·cial *adj.* ⚖ außergerichtlich; **'~'mu·ral** *adj.* außerhalb der Mauern (*e-r Stadt od. Universität*): ~ *courses* Hochschulkurse außerhalb der Universität; ~ *student* Gasthörer.

ex·tra·ne·ous [eks'treinjəs] *adj.* □ **1.** fremd (*to dat.*); **2.** unwesentlich, nicht zu *et.* gehörig: *to be* ~ *to* nicht gehören zu.

ex·traor·di·nar·i·ly [iks'trɔ:dnrili] *adv.* außerordentlich, besonders; **ex·traor·di·nar·y** [iks'trɔ:dnri] *adj.* □ → *extraordinarily*; **1.** außerordentlich (*a. von Beamten*): *ambassador* ~ Sonderbotschafter; **2.** ungewöhnlich, seltsam, merkwürdig.

'ex·tra|-'sen·so·ry *adj. psych.* außersinnlich: ~ *perception* außersinnliche Wahrnehmung; **'~-'spe·cial I.** *adj.* **1.** Extra..., Sonder...; **2.** ganz besonders (gut); **II.** *s.* **3.** → *extra* 6; **'~·ter·ri'to·ri·al** *adj.* ,exterritori'al; **'~·ter·ri·to·ri'al·i·ty** *s.* ,Exterritoriali'tät *f*.

ex·trav·a·gance [iks'trævigəns] *s.* **1.** Verschwendung *f*; **2.** Ausschweifung *f*, Zügellosigkeit *f*; 'Übermut *m*; **3.** Extrava'ganz *f*, 'Übermaß *n*, Über'spanntheit *f*; **ex'trav·a·gant** [-nt] *adj.* □ **1.** verschwenderisch, üppig; **2.** ausschweifend, zügellos; **3.** extrava'gant, über'trieben, -'spannt; **ex·trav·a·gan·za** [ekstrævə'gænzə] *s.* **1.** phan'tastisches Werk (*Musik od. Literatur*); **2.** Ausstattungsstück *n*; (Zauber)Posse *f*.

ex·treme [iks'tri:m] **I.** *adj.* □ → *extremely*; **1.** äußerst, weitest, letzt: ~ *border* äußerster Rand; → *unction* 3c; **2.** äußerst, höchst; außergewöhnlich, über'trieben: ~ *case* äußerster (Not)Fall; ~ *measure* radikale Maßnahme; ~ *necessity* zwingende Notwendigkeit; ~ *old age* hohes Greisenalter; ~ *penalty* höchste Strafe, *a.* Todesstrafe; **3.** *pol.* ex'trem, radi'kal: ~ *Left* äußerste Linke; ~ *views*; **II.** *s.* **4.** äußerstes Ende: *at the other* ~ am entgegengesetzten Ende; **5.** *das* Äußerste, höchster Grad, Ex'trem *n*: *awkward in the* ~ höchst peinlich; *to go to* ~*s* vor nichts zurückschrecken; *to go to the other* ~ ins andere Extrem fallen; **6.** 'Übermaß *n*, Über'triebenheit *f*: *to carry s.th. to an* ~ et. zu weit treiben; **7.** Gegensatz *m*: ~*s meet* Extreme berühren sich; **8.** *pl.* äußerste Not; **ex'treme·ly** [-li] *adv.* äußerst, sehr, höchst; **ex'trem·ism** [-mizəm] *s.* Radika'lismus *m*; **ex'trem·ist** [-mist] *s.* Extre'mist(in), Fa'natiker(in), Radi'kale(r *m*) *f*; **ex'trem·i·ty** [-remiti] *s.* **1.** *das* Äußerste, äußerstes Ende, äußerste Grenze, Spitze *f*: *to the last* ~ bis zum Äußersten; *to go to extremities* die äußersten Maßnahmen ergreifen; **2.** *fig.* **a)** höchster Grad: ~ *of joy* Übermaß der Freude, **b)** höchste Verlegenheit *od.* Not: *reduced to extremities* in bitterster Not; **3.** *pl.* Gliedmaßen *pl.*, Extremi'täten *pl.*

ex·tri·cate ['ekstrikeit] *v/t.* **1.** (*from*)

her'auswinden, -ziehen (aus), befreien (aus, von): *to ~ o.s.* sich befreien; **2.** ⚗ entwickeln; **ex·tri·ca·tion** [ekstri'keiʃən] *s.* **1.** Befreiung *f*; **2.** ⚗ Entwicklung *f*.

ex·trin·sic [eks'trinsik] *adj.* (□ *~ally*) **1.** äußer, außen gelegen; **2.** *to be ~ to s.th.* nicht zu et. gehören, außerhalb e-r Sache liegen.

ex·tro·ver·sion [ekstrou'və:ʃən] *s. psych.* nach außen gerichtetes Inter'esse, Extraversi'on *f*; **ex·tro·vert** ['ekstrouvə:t] *psych.* **I.** *s.* Extraver'tierte(r *m*) *f*; **II.** *adj.* extraver'tiert.

ex·trude [eks'tru:d] *v/t.* **1.** aussto-ßen, verdrängen; **2.** ⊕ strangpressen; **ex'tru·sion** [-u:ʒən] *s.* **1.** Verdrängung *f*, Vertreibung *f*; **2.** ⊕ Strangpressen *n*: *~ press* Strangpresse.

ex·u·ber·ance [ig'zju:bərəns] *s.* **1.** Üppigkeit *f*, 'Überfluß *m*, Fülle *f*; **2.** 'Überschwang *m*; Ausgelassenheit *f*; **3.** (Wort)Schwall *m*; **ex'u·ber·ant** [-nt] *adj.* □ **1.** üppig, ('über)reichlich; **2.** *fig.* 'überschwenglich; 'übermütig.

ex·u·da·tion [eksju:'deiʃən] *s.* Ausschwitzen *n*; (Schweiß)Absonderung *f*; **ex·ude** [ig'zju:d] **I.** *v/t.* **1.** ausschwitzen, absondern; **2.** *fig.* ausstrahlen; **II.** *v/i.* **3.** ausströmen.

ex·ult [ig'zʌlt] *v/i.* froh'locken, jubeln, triumphieren (*at, over, in* über *acc.*); **ex'ult·ant** [-tənt] *adj.* □ froh'lockend, triumphierend; **ex·ul·ta·tion** [egzʌl'teiʃən] *s.* Jubel *m*, Froh'locken *n*, Tri'umph *m*.

eye [ai] **I.** *s.* **1.** Auge *n*: *~s like saucers* Glotzaugen; *~s right (front, left)!* ⚔ Augen rechts (geradeaus, die Augen links)!; *an ~ for an ~ bibl.* Auge um Auge; *under my ~s* vor m-n Augen; *up to the ~s in work* bis über die Ohren in Arbeit; *with one's ~s shut* mit geschlossenen Augen (*a. fig.*); *to be all ~s* ganz Auge sein; *to cry one's ~s out* sich die Augen ausweinen; **2.** *fig.* Blick *m*, Gesichtssinn *m*, Auge(nmerk) *n*: *with an ~ to* **a)** im Hinblick auf (*acc.*), **b)** mit der Absicht zu (*inf.*); *to cast an ~ over* e-n Blick werfen auf (*acc.*); *to catch (od. strike) the ~* ins Auge fallen; *she caught his ~* sie fiel ihm auf; *to catch the Speaker's ~ parl.* das Wort erhalten; *to do s.o. in the ~* F j-n ‚reinlegen' *od.* ‚übers Ohr hauen'; *to give an ~ to s.th.* et. anblicken, ein Auge auf et. haben; *to have an ~ for* e-n Sinn *od.* Blick *od.* ein (offenes) Auge haben für; *he has an ~ for beauty* er hat Sinn für Schönheit; *he has the ~ of a painter* er hat ein Malerauge; *to have an ~ to s.th.* ein Auge auf et. haben, auf et. achten; *to keep an ~ on* ein (wachsames) Auge haben auf (*acc.*); *to make ~s at j-m* verliebte Blicke zuwerfen; → *meet 9*; *you can see that with half an ~* das sieht doch ein Blinder!; *to set (od. clap) ~s on* zu Gesicht bekommen; *to shut one's ~s to* die Augen verschließen vor (*dat.*); *mind your ~!* Vorsicht!; *oh my ~!* o je!; *all my ~ (and Betty Martin)! sl.* Unsinn!, Quatsch!, Mumpitz!; **3.** Ansicht *f*: *in the ~s of* nach Ansicht von; *to open s.o.'s ~s (to s.th.)* j-m die Augen öffnen (für et.); *that made him open his ~s* das verschlug ihm die Sprache; *to see ~ to ~ with s.o.* mit j-m übereinstimmen; **4.** Öhr *n* (*Nadel*); Öse *f*; **5.** ♀ Auge *n*, Knospe *f*; **6.** *zo.* Auge *n* (*Schmetterling, Pfauenschweif*); **7.** ⚠ rundes Fenster; **II.** *v/t.* **8.** ansehen, betrachten, (scharf) beobachten, ins Auge fassen: *to ~ s.o. from top to toe* j-n von oben bis unten mustern.

'eye|·ball *s.* Augapfel *m*; **'~·brow** *s.* Augenbraue *f*: *to raise one's ~s fig.* die Stirne runzeln; **'~-catch·er** *s.* Blickfang *m*.

eyed [aid] *adj. in Zssgn* ...äugig.

'eye|-glass *s.* **1.** Augenglas *n*, Mon'okel *n*; *opt.* Oku'lar *n*; **2.** *pl.* **a)** Zwicker *m*, Kneifer *m*, **b)** Brille *f*; **'~·hole** *s.* **1.** Augenhöhle *f*; **2.** Guckloch *n*; **~ hos·pi·tal** *s.* 'Augenklinik *f*; **'~·lash** *s. mst pl.* Augenwimper *f*: *without batting an ~* F ohne mit der Wimper zu zucken.

eye·let ['ailit] *s.* **1.** Öse *f*; **2.** Loch *n*.

'eye|·lid *s.* Augenlid *n*; **~ lo·tion** *s. pharm.* Augenwasser *n*; **'~-o·pen·er** *s. fig.* Über'raschung *f*, Entdeckung *f*: *that was an ~ to me* das öffnete mir die Augen; **'~·piece** *s. opt.* Oku'lar *n*; **'~·shot** *s.* Sicht-, Sehweite *f*: *(with)in (beyond od. out of) ~* in (außer) Sichtweite; **'~·sight** *s.* Augenlicht *n*, Sehkraft *f*: *poor ~* schwache Augen; **~ sock·et** *s. anat.* Augenhöhle *f*; **'~·sore** *s. fig.* Dorn *m* im Auge, Schandfleck *m*; **'~-·tooth** *s.* [*irr.*] *anat.* Augen-, Eckzahn *m*; **'~·wash** *s.* **1.** *pharm.* Augenwasser *n*; **2.** *fig. sl.* Schwindel *m*, fauler Zauber; **'~·wit·ness I.** *s.* Augenzeuge *m*; **II.** *v/t.* Augenzeuge sein von (*od. gen.*).

E·zek·iel, E·ze·chi·el [i'zi:kjəl] *npr. u. s. bibl.* (das Buch) He'sekiel *m od.* E'zechiel *m*; **Ez·ra** ['ezrə] *npr. u. s. bibl.* (das Buch) 'Esra *m od.* 'Esdras *m*.

F

F, f [ef] *s.* **1.** F *n*, f *n* (*Buchstabe*); **2.** ♪ F *n*, f *n* (*Note*); **3.** *ped. Am.* Sechs *f*, Ungenügend *n* (*Note*).
fa [fɑ:] *s.* ♪ fa *n* (*Solmisationssilbe*).
fab [fæb] *adj. sl.* → *fabulous* 2.
Fa·bi·an [ˈfeibjən] **I.** *adj.* **1.** zögernd: ~ *policy* Verzögerungspolitik; **2.** die *Fabian Society* betreffend; **II.** *s.* **3.** ˈFabier *m*; **ˈFa·bi·an·ism** [-nizəm] *s.* Poliˈtik *f* der *Fabian Society*; **Fa·bi·an So·ci·e·ty** *s.* (*sozialistische*) Gesellschaft der ˈFabier.
fa·ble [ˈfeibl] **I.** *s.* **1.** Fabel *f*; Märchen *n*; **2.** *coll.* Mythen *pl.*, Leˈgenden *pl.*; **3.** *fig.* ‚Märchen' *n* (*Lüge*); **II.** *v/i. u. v/t.* **4.** *obs. od. poet.* erdichten, fabeln; **ˈfa·bled** [-ld] *adj.* erdichtet.
fab·ric [ˈfæbrik] *s.* **1.** Bau *m* (*a. fig.*); Gebilde *n*; **2.** *fig.* Gefüge *n*, Strukˈtur *f*, Syˈstem *n*; **3.** Stoff *m*, Gewebe *n*: *silk* ~*s* Seidenstoffe; ~ *gloves* Stoffhandschuhe; **ˈfab·ri·cate** [-keit] *v/t.* **1.** fabrizieren, herstellen, anfertigen; **2.** *fig.* ‚fabrizieren': **a)** erfinden, **b)** fälschen; **fab·ri·ca·tion** [fæbriˈkeiʃən] *s.* **1.** Herstellung *f*, Fabrikatiˈon *f*; **2.** *fig.* Erfindung *f*, ‚Märchen' *n*, Lüge *f*; **3.** Fälschung *f*; **ˈfab·ri·ca·tor** [-keitə] *s.* **1.** Hersteller *m*; **2.** *fig. b.s.* Erfinder *m*, Urheber *m e-r Lüge etc.*, Lügner *m*; Fälscher *m*.
fab·u·list [ˈfæbjulist] *s.* **1.** Fabeldichter *m*; **2.** Schwindler *m*, Lügner *m*; **ˈfab·u·lous** [-ləs] *adj.* □ **1.** legenˈdär, sagenhaft, Fabel...; **2.** *fig.* fabel-, sagenhaft, ungeheuer, unglaublich.
fa·çade [fəˈsɑ:d] (*Fr.*) *s.* ⚠ Fasˈsade *f* (*a. fig.*), Vorderseite *f*.
face [feis] **I.** *s.* **1.** Gesicht *n*, Angesicht *n*, Antlitz *n* (*a. fig.*): *before his* ~ vor s-n Augen, in s-r Gegenwart; *in (the)* ~ *of* **a)** angesichts (*gen.*), gegenüber (*dat.*), **b)** trotz (*gen. od. dat.*); *in the* ~ *of danger* angesichts der Gefahr; *to s.o.'s* ~ j-m ins Gesicht *sagen etc.*; ~ *to* ~ von Angesicht zu Angesicht; ~ *to* ~ *with* Auge in Auge mit, gegenüber, vor (*dat.*); *to fly in the* ~ *of j-m* ins Gesicht fahren, *fig.* sich offen widersetzen (*dat.*), trotzen (*dat.*); *to look s.o. in the* ~ j-m ins Gesicht sehen; *I couldn't look him in the* ~ ich konnte ihm (vor Scham) nicht in die Augen sehen; *to set one's* ~ *against s.th.* sich widersetzen (*dat.*), sich gegen et. wenden; *to show one's* ~ sich blicken lassen; *to shut the door in s.o.'s* ~ j-m die Tür vor der Nase zuschlagen; **2.** (Gesichts)Ausdruck *m*, Aussehen *n*, Miene *f*: *to make (od. pull) a* ~ (*od.* ~*s*) ein Gesicht (*od.* Fratzen) machen *od.* schneiden; *to make (od. pull) a long* ~ *fig.* ein langes Gesicht machen; *to put a bold* ~ *on* **a)** *e-r Sache* gelassen entgegensehen, **b)** nicht zurückschrecken vor (*dat.*); *to put a good (od. brave)* ~ *on a matter* gute Miene zum bösen Spiel machen; **3.** *fig.* Stirn *f*, Unverfrorenheit *f*, Frechheit *f*: *to have the* ~ *to inf.* die Stirn haben *od.* so unverfroren sein zu *inf.*; **4.** Ansehen *n*: *to save (one's)* ~ das Gesicht wahren; *to lose* ~ das Gesicht verlieren; *loss of* ~ Prestigeverlust; **5.** *das* Äußere, Gestalt *f*, Erscheinung *f*, Anschein *m*: *on the* ~ *of it* auf den ersten Blick, äußerlich *od.* oberflächlich betrachtet, augenscheinlich; *to put a new* ~ *on s.th.* et. in neuem *od.* anderem Lichte erscheinen lassen; **6.** Ober-, Außenfläche *f*, Fläche *f* (*a.* ⩓), Seite *f*; ⊕ Stirnfläche *f*; ⊕ (Amboß-, Hammer)Bahn *f*: *the* ~ *of the earth* die Erdoberfläche, die Welt; **7.** Oberseite *f*; rechte Seite (*Stoff etc.*): *lying on its* ~ nach unten gekehrt liegend; **8.** Fasˈsade *f*, Vorderseite *f*; **9.** Bildseite *f* (*Spielkarte*); *typ.* Bild *n* (*Type*); Zifferblatt *n* (*Uhr*); **10.** Wand *f* (*Berg etc.*, ⚒ *Kohlenflöz*): *at the* ~ ⚒ am (Abbau-) Stoß, vor Ort; **II.** *v/t.* **11.** ansehen, *j-m* ins Gesicht sehen; **12.** gegenˈüberstehen, -liegen, -sitzen, -sein; nach *Osten etc.* blicken, liegen (*Raum*): *the man facing me* der Mann mir gegenüber; *the house* ~*s the sea* das Haus liegt nach dem Meere zu; *the window* ~*s the street* das Fenster geht auf die Straße; *the room* ~*s east* das Zimmer liegt nach Osten; **13.** *a.* ~ *up to* (mutig) entgegentreten *od.* begegnen (*dat.*), ins Auge sehen (*dat.*), die Stirn bieten (*dat.*): *to* ~ *the enemy*; *to* ~ *death* dem Tod ins Auge blicken; *to* ~ *it out* die Sache (dreist *od.* kühl) durchstehen; → *music* 1; **14.** *oft to be* ~*d with* sich *e-r Gefahr etc.* gegenˈübersehen, gegenˈüberstehen (*dat.*): *he was* ~*d with ruin* er stand vor dem Nichts; **15.** *a.* ~ *up to et.* hinnehmen: *to* ~ *the facts*; **16.** ˈumkehren, -wenden; *Spielkarten* aufdecken; **17.** *Schneiderei*: besetzen, einfassen, mit Aufschlägen versehen; **18.** ⊕ verkleiden, verblenden, überˈziehen; **19.** ⊕ *Stirnflächen* bearbeiten, (plan)schleifen, glätten; **III.** *v/i.* **20.** *bsd.* ⚔ *to* ~ *about* kehrtmachen (*a. fig.*): *left* ~*! Am.* links um!; *right about* ~*!* rechts um kehrt!
ˈface|-ache *s.* Geˈsichtsschmerz *m*, -neuralˌgie *f*; ~ **brick** *s.* ⚠ Verblendstein *m*; ~ **card** *s.* *Kartenspiel*: Bildkarte *f*; **ˈ~-cloth** *s.* Waschlappen *m*; ~ **cream** *s.* Gesichtskrem *f*.
-faced [feist] *adj. in Zssgn* mit e-m ... Gesicht.
face| flan·nel → *face-cloth*; ~ **grind·ing** *s.* ⊕ Planschleifen *n*; **ˈ~-guard** *s.* Schutzmaske *f*; **ˈ~-lift(·ing)** *s.* **1.** Gesichtsstraffung *f*, ˈFacelifting *n* (*kosmetische Operation*); **2.** *fig.* Verschönerung *f*; Renovierung *f*.
ˈface-pow·der *s.* (Gesichts)Puder *m*.
fac·er [ˈfeisə] *s.* **1.** Schlag *m* ins Gesicht (*a. fig.*); **2.** *fig.* plötzliche Schwierigkeit.
ˈface-sav·ing *adj.* ehrenrettend; den Schein wahrend.
fac·et [ˈfæsit] *s.* **1.** Faˈcette *f*; Schliff-, Kriˈstallfläche *f*; **2.** *fig.* Seite *f*, Zug *m*, Aˈspekt *m*.
fa·ce·tious [fəˈsi:ʃəs] *adj.* □ witzig, drollig, spaßig; schalkhaft; **faˈce·tious·ness** [-nis] *s.* Scherzhaftigkeit *f*, Schalk *m*.
face| tow·el *s.* (Gesichts)Handtuch *n*; ~ **val·ue** *s.* **1.** ✝ Nenn-, Nomiˈnalwert *m*; **2.** *das* Äußere, *der* Schein: *to take s.th. at its* ~ et. für bare Münze nehmen.
fa·ci·a [ˈfeiʃə] *s.* **1.** Firmen-, Ladenschild *n*; **2.** *a.* ~ *board*, ~ *panel mot.* Armaˈturenbrett *n*.
fa·cial [ˈfeiʃəl] **I.** *adj.* □ Gesichts...; im Gesicht: ~ *angle Anthropologie*: Gesichtswinkel; **II.** *s.* Geˈsichtsmasˌsage *f*.
fac·ile [ˈfæsail] *adj.* □ **1.** leicht (*getan*), schnell (*erworben*): ~ *style* flüssiger Stil; **2.** gefällig, ˈumgänglich; **3.** gewandt, flink, geschickt; **4.** nachgiebig, fügsam.
fa·cil·i·tate [fəˈsiliteit] *v/t.* erleichtern, fördern; **fa·cil·i·ta·tion** [fəsiliˈteiʃən] *s.* Erleichterung *f*, Förderung *f*; **faˈcil·i·ty** [-ti] *s.* **1.** Leichtigkeit *f*; **2.** Gewandtheit *f*; **3.** Gefälligkeit *f*; **4.** Gelegenheit *f*, Möglichkeit *f* (*for* für, zu); **5.** *mst pl.* Einrichtung(en *pl.*) *f*, Anlage(n *pl.*) *f*; **6.** *mst pl.* Erleichterung(en *pl.*) *f*, Vorteil(e *pl.*) *m*, Vergünstigung(en *pl.*) *f*, Annehmlichkeit(en *pl.*) *f*.
fac·ing [ˈfeisiŋ] *s.* **1.** ⚔ Wendung *f*, Schwenkung *f*: *to put s.o. through his* ~*s fig.* j-n auf Herz u. Nieren prüfen; **2.** Außen-, Oberschicht *f*, Belag *m*, ˈÜberzug *m*; **3.** ⊕ Plandrehen *n*: ~ *lathe* Plandrehbank; **4.** ⚠ Verkleidung *f*, -blendung *f*, Bewurf *m*: ~ *brick* Verblendstein; **5.** *Schneiderei*: Aufschlag *m*, Besatz

m, Einfassung *f*: ~ *ribbon* Besatzband.

fac·sim·i·le [fæk'simili] *s.* **1.** Fak'simile *n*, Reprodukti'on *f*; **2.** *a.* ~ *transmission od. broadcast(ing)* ⚡, *tel.* Bildfunk *m*: ~ *apparatus* Bildfunkgerät.

fact [fækt] *s.* **1.** Tatsache *f*, Wirklichkeit *f*, Wahrheit *f*: ~ *and fancy* Dichtung u. Wahrheit; *hard* ~*s* nackte Tatsachen; *in (point of)* ~ in der Tat, tatsächlich; eigentlich, offen gesagt; *it is not a* ~ es stimmt nicht; *founded on* ~ auf Tatsachen beruhend; *the* ~ *of the matter is* die Wahrheit ist; *to explain the* ~*s of life to a child* ein Kind (sexuell) aufklären; **2.** *mst pl.* (*of the case*) ⚖ 'Tatbestand *m*, -umˌstände *pl.*, Sachverhalt *m*; **3.** (*böse*) Tat: *before (after) the* ~ vor (nach) begangener Tat; → *accessory 7*; **4.** *a. pl.* Tatbericht *m*; '**~-find·ing** *adj.* zur Feststellung des Sachverhalts; Untersuchungs...: ~ *committee*; ~ *tour* Informationsreise.

fac·tion ['fækʃən] *s.* **1.** 'Splitterparˌtei *f*, Klüngel *m*, Clique *f*; **2.** Par'teisucht *f*; **3.** Zwietracht *f*; '**fac·tion·al·ism** [-ʃnəlizəm] *s.* Par'teigeist *m*; '**fac·tion·ist** [-ʃənist] *s.* Par'teigänger *m*; '**fac·tious** [-ʃəs] *adj.* □ **1.** par'teisüchtig; **2.** aufrührerisch; '**fac·tious·ness** [-ʃəsnis] *s.* Par'teigeist *m*.

fac·ti·tious [fæk'tiʃəs] *adj.* □ **1.** künstlich, unecht; **2.** konventio'nell.

fac·ti·tive ['fæktitiv] *adj. ling.* fakti'tiv: ~ *verb*.

fac·tor ['fæktə] *s.* **1.** ✝ A'gent *m*, Vertreter *m*, Kommissio'när *m*; **2.** *fig.* 'Faktor *m* (*a.* ⚗, ⚕, *phys.*), (mitwirkender) 'Umstand, Mo'ment *n*, Ele'ment *n*: *safety* ~ Sicherheitsfaktor; **3.** *biol.* 'Erbˌfaktor *m*; **4.** ⚖ *Scot.* (Guts)Verwalter *m*; '**fac·tor·ing** [-təriŋ] *s.* ✝ Finanzierung *f* offener Buchforderungen; '**fac·to·ry** [-təri] *s.* **1.** Fa'brik *f*: ~ *cost* Herstellungskosten; ~ *expenses* Gemeinkosten; ~ *hand* Fabrikarbeiter; ~ *owner* Fabrikbesitzer, Unternehmer; ~ *ship* Fabrikschiff; *spinning* ~ Spinnerei; **2.** ✝ Handelsniederlassung *f*, Fakto'rei *f*.

fac·to·tum [fæk'toutəm] *s.* Fak'totum *n*, ‚Mädchen *n* für alles'.

fac·tu·al ['fæktjuəl] *adj.* □ **1.** Tatsachen...: ~ *report*; **2.** sachlich.

fac·ul·ta·tive ['fækəltətiv] *adj.* fakulta'tiv, wahlfrei; **fac·ul·ty** ['fækəlti] *s.* **1.** Fähigkeit *f*, Vermögen *n*, Kraft *f*: ~ *of hearing* Hörvermögen; **2.** Gabe *f*, Anlage *f*, Ta'lent *n*; **3.** Gewandtheit *f*; **4.** *univ.* **a)** Fakul'tät *f*, Wissenszweig *m*, **b)** Mitglieder *pl.* e-r Fakultät, *Am.* Lehrkörper *m*; **5.** ⚖ Ermächtigung *f*; Befugnis *f*; Vorrecht *n*; **6.** *eccl.* 'Vollmacht *f*; **7.** ⚗ Fakultät *f*.

fad [fæd] *s.* **1.** Schrulle *f*, Laune *f*; **2.** Liebhabe'rei *f*, Ma'rotte *f*, Steckenpferd *n*; '**fad·dish** [-diʃ] *adj.* schrullenhaft; '**fad·dist** [-dist] *s.* Fex *m*; '**fad·dy** [-di] → *faddish*.

fade [feid] **I.** *v/i.* **1.** (ver)welken; **2.** verschießen, -blassen; verschwimmen; **3.** verklingen; **4.** *a.* ~ *away,* ~ *out fig.* da'hin-, verschwinden, vergehen, zerrinnen; **5.** *Radio*: schwinden, unhörbar werden; **II.** *v/t.* **6.** verwelken *od.* verblassen lassen; **7.** über'tönen; ~ **in** *v/t.* ⚡, *phot.* ein-, auf-, 'überblenden; ~ **out** *v/t.* ⚡, *phot.* aus-, abblenden.

fad·ed ['feidid] *adj.* □ **1.** *a. fig.* verwelkt, -blüht, -blaßt; **2.** verblichen, -schossen; '**fade-in** *s.* ⚡, *phot.* Einblenden *n*; Einblendung *f*; '**fade·less** [-lis] *adj.* □ **1.** licht-, farbecht; **2.** *fig.* unvergänglich; '**fade-out** *s.* ⚡, *phot.* Ausblenden *n*; '**fad·ing** [-diŋ] **I.** *adj.* **1.** verblassend; **2.** vergänglich; **3.** lichtunecht; **II.** *s.* **4.** Verblassen *n*; **5.** *Radio*: Schwund *m*, 'Fading *n*.

fae·cal ['fi:kəl] *adj.* fä'kal, kotig: ~ *matter* Kot; **fae·ces** ['fi:si:z] *s. pl.* Kot *m*.

fa·er·ie, fa·er·y ['feiəri] *s. obs.* **1.** → *fairy 1.*; **2.** Märchenland *n*.

fag[1] [fæg] *s. sl.* **1.** ‚Glimmstengel' *m*, Ziga'rette *f*; **2.** → *fag(g)ot 5*.

fag[2] [fæg] **I.** *v/i.* **1.** *Brit.* sich placken *od.* abmühen; **2.** *to* ~ *for s.o. Brit. ped.* j-s ‚Fuchs' sein (*älterem Schüler Dienste leisten*); **II.** *v/t.* **3.** *a.* ~ *out* ermüden, erschöpfen; **4.** *Brit. ped.* sich von *jüngerem Schüler* bedienen lassen; **III.** *s.* **5.** Placke'rei *f*, Schinde'rei *f*; **6.** Erschöpfung *f*; **7.** *Brit. ped.* Fuchs *m*.

'**fag-'end** *s.* **1.** Ende *n*, Schluß *m*; **2.** letzter *od.* schäbiger Rest; **3.** *Brit. sl.* Ziga'rettenstummel *m*, ‚Kippe' *f*.

fag·ging ['fægiŋ] *s.* **1.** Placke'rei *f*; **2.** *Brit. ped. die Sitte, daß jüngere Schüler den älteren Dienste leisten müssen.*

fag·(g)ot ['fægət] *s.* **1.** Reisigbündel *n*; **2.** Fa'schine *f*; **3.** ⊕ Bündel *n* Stahlstangen; **4.** *Brit. Küche*: Frika'delle *f* aus Inne'reien; **5.** *sl.* ‚Warme(r)' *m*.

Fahr·en·heit ['færənhait] *s.*: *10°* ~ zehn Grad Fahrenheit, 10° F.

fa·ience [fai'ɑ̃:ns; fajɑ̃s] (*Fr.*) *s.* Fay'ence *f*.

fail [feil] **I.** *v/i.* **1.** versagen (*Stimme, Motor etc.*); aufhören, zu Ende gehen, nicht (aus)reichen (*Vorrat*); fehlen, stocken; ausbleiben (*Wind etc.*); **2.** miß'raten (*Ernte*), nicht aufgehen (*Saat*); **3.** nachlassen, schwächer werden, schwinden: *his health* ~*ed* s-e Gesundheit ließ nach; **4.** unter'lassen, versäumen, vernachlässigen: *he* ~*ed to come* er kam nicht; *he never* ~*s to come* er kommt immer; *don't* ~ *to come* komm ganz bestimmt!; *he cannot* ~ *to inf.* er muß (einfach) *inf.*; *to* ~ *in one's duty* s-e Pflicht versäumen; *he* ~*s in perseverance* es fehlt ihm an Ausdauer; **5.** s-n Zweck verfehlen, miß'lingen, fehlschlagen: *the plan* ~*ed* der Plan scheiterte; *if everything else* ~*s* wenn alle Stränge reißen; *I* ~ *to see* ich sehe nicht ein; *he* ~*ed in his attempt* der Versuch mißlang ihm; *it* ~*ed in its effect* die erhoffte Wirkung blieb aus; **6.** *ped.* 'durchfallen (*in* in *dat.*); **7.** ✝ Bank'rott machen; **II.** *v/t.* **8.** im Stich lassen, verlassen: *I will never* ~ *you*; *my courage* ~*ed me* mir sank der Mut; *words* ~ *me* mir fehlen die Worte; **9.** *j-m* fehlen; **10.** *ped.* 'durchfallen lassen (*in der Prüfung*); **11.** *ped.* 'durchfallen in (*der Prüfung*); **III.** *s.* **12.** *without* ~ unbedingt, ganz gewiß; '**fail·ing** [-liŋ] **I.** *adj.*: *never* ~ nie versagend, unfehlbar; **II.** *prp.* in Ermangelung (*gen.*), ohne: ~ *this* andernfalls; ~ *which* widrigenfalls; **III.** *s.* Mangel *m*, Schwäche *f*; Fehler *m*, De'fekt *m*.

'**fail|-safe**, '**~-proof** *adj.* pannensicher (*a. fig.*).

fail·ure ['feiljə] *s.* **1.** Ausbleiben *n*, Fehlen *n*, Versagen *n*; **2.** Unter'lassung *f*, Versäumnis *n*: ~ *to pay* Nichtzahlung; **3.** Fehlschlag(en *n*) *m*, Scheitern *n*, Miß'lingen *n*, 'Mißerfolg *m*: *crop* ~ Mißernte; **4.** Versager *m*, ‚Niete' *f* (*Person od. Sache*), ‚Reinfall' *m*, ‚Pleite' *f* (*Sache*); **5.** Verfall *m*, Zs.-bruch *m*; Schwäche *f*, Abnahme *f*; **6.** *ped.* 'Durchfall(en *n*) *m* (*Prüfung*); **7.** ✝ Bank'rott *m*, Kon'kurs *m*; **8.** ⊕ De'fekt *m*, Störung *f*, Panne *f*.

fain [fein] **I.** *adj.*: *to be* ~ *to inf.* genötigt sein zu *inf.*; **II.** *adv.*: (*I*) *would* ~ (ich) würde gern *inf.*

faint [feint] **I.** *adj.* □ **1.** schwach, matt, kraftlos: *to feel* ~ sich matt *od.* der Ohnmacht nahe fühlen; **2.** schwach, matt (*Ton, Farbe, a. fig.*): *ruled* ~ schwach lini(i)ert; *I have not the* ~*est idea* ich habe nicht die leiseste *od.* geringste Ahnung; ~ *hope* schwache Hoffnung; **II.** *s.* **3.** ⚕ Ohnmacht *f*: *dead* ~ tiefe Ohnmacht; **III.** *v/i.* **4.** schwach *od.* matt werden (*with* vor *dat.*); **5.** in Ohnmacht fallen: ~*ing fit* Ohnmachtsanfall; '**~-heart** *s.* Feigling *m*; '**~-'heart·ed** *adj.* □ mutlos, kleinmütig, zaghaft; '**~-'heart·ed·ness** *s.* Mutlosigkeit *f*, Kleinmut *m*, Zaghaftigkeit *f*.

faint·ness ['feintnis] *s.* **1.** Schwäche *f* (*a. fig.*), Mattigkeit *f*; **2.** Ohnmachtsgefühl *n*.

fair[1] [fɛə] **I.** *adj.* □ → *fairly*; **1.** schön, hübsch, lieblich: *the* ~ *sex* das schöne Geschlecht; **2.** rein, sauber, tadel-, makellos, unbescholten: ~ *name* guter Ruf; **3.** *fig.* schön, freundlich, gefällig: *to give s.o.* ~ *words* j-n mit schönen Worten abspeisen; *a* ~ *swindle* ein glatter Betrug; **4.** deutlich, leserlich (*Handschrift*); **5.** schön, trocken (*Wetter*): *set* ~ beständig; **6.** klar, frei, unbehindert: ~ *game* Freiwild (*a. fig.*); **7.** günstig (*Wind*), aussichtsreich, gut: *to be in a* ~ *way to* auf dem besten Wege sein zu; **8.** ehrlich, offen, aufrichtig, gerecht, billig, anständig, 'unparˌteiisch, fair: ~ *dealing* Redlichkeit; ~ *play* **a)** faires Spiel, **b)** *fig.* Anständigkeit, Fairneß; ~ *price* angemessener Preis; ~ *warning* rechtzeitige Warnung; *by* ~ *means or foul* so oder so; ~ *and square* anständig, ehrlich; ~ *is* ~ Gerechtigkeit muß sein!; **9.** leidlich, mittelmäßig, recht gut, nicht übel: ~ *chance* recht gute Chance; *to be a* ~ *judge* ein recht gutes Urteil haben; **10.** ansehnlich, beträchtlich, ganz schön: *a* ~ *sum* e-e nette Summe; ~ *average* guter Durchschnitt; **11. a)** blond (*Haar*), **b)** hell (*Haut*); **II.** *adv.* → *fairly*; **12.** schön, gut, freundlich, höflich: *to speak s.o.* ~ j-m schöne *od.* freundliche Worte sagen; *to bid* (*od.*

promise) ~ Aussicht haben, versprechen (*to inf.* zu *inf.*); **13.** ehrlich, anständig: *to play* ~ ehrlich *od.* fair spielen, *fig.* ehrlich sein, sich an die Spielregeln halten; **14.** genau: ~ *in the face* mitten ins Gesicht.

fair[2] [fɛə] *s.* **1.** Messe *f*: **a)** Jahrmarkt *m*, **b)** Ausstellung *f*: *industrial* ~; ~ *ground(s) od. site* Messegelände; **2.** Ba'sar *m*.

'fair-'haired *adj.* blond.

fair·ing[1] ['fɛəriŋ] *s.* ✈ Verkleidung *f*, Verschalung *f*.

fair·ing[2] ['fɛəriŋ] *s.* Jahrmarkts-, Meßgeschenk *n*.

fair·ish ['fɛəriʃ] *adj.* leidlich, pas'sabel.

fair·ly ['fɛəli] *adv.* **1.** ehrlich, gerecht: ~ *and squarely* → *fair*[1] *8*; **2.** leidlich, ziemlich, ganz schön; **3.** gänzlich, völlig; wirklich, gerade'zu.

'fair-'mind·ed *adj.* aufrichtig, gerecht (denkend).

fair·ness ['fɛənis] *s.* **1.** Schönheit *f*; Reinheit *f*; Frische *f*; **2.** Blondheit *f*; **3.** Gerechtigkeit *f*, 'Unpar,teilichkeit *f*, Fairneß *f*, Ehrlichkeit *f*: *in* ~ gerechterweise; *in* ~ *to him* um ihm Gerechtigkeit widerfahren zu lassen.

'fair|-'spo·ken *adj.* freundlich, höflich; **'~·way** *s.* **1.** ⚓ Fahrwasser *n*, -rinne *f*; **2.** *Golf*: 'Fairway *n*; **'~-weath·er** *adj.* Schönwetter...: ~ *friends fig.* Freunde im Glück.

fair·y ['fɛəri] **I.** *s.* **1.** Fee *f*, Elf(e *f*) *m*; **2.** *sl.* ‚Homo' *m*, Schwule(r) *m*; **II.** *adj.* □ **3.** feenhaft (*a. fig.*); **'~land** *s.* Feen-, Märchenland *n*; **'~-tale** *s.* Märchen *n* (*a. fig.*).

faith [feiθ] *s.* **1.** (*in*) Glaube(n) *m* (an *acc.*), Vertrauen *n* (auf *acc.*, zu): *to have* ~ *in* Glauben schenken (*dat.*), Vertrauen haben zu; *on the* ~ *of* im Vertrauen auf (*acc.*); **2.** *eccl.* Glaube(n) *m*, Bekenntnis *n*: *the Christian* ~; **3.** Treue *f*, Redlichkeit *f*: *breach of* ~ Treu-, Vertrauensbruch; *in good* ~ in gutem Glauben, auf Treu u. Glauben, gutgläubig (*a.* ⚖), ehrlich; *in bad* ~ in böser Absicht, arglistig; **4.** Versprechen *n*: *to keep one's* ~ (sein) Wort halten; **'~-cure** → *faith-healing*.

faith·ful ['feiθful] **I.** *adj.* □ **1.** treu (*to dat.*), pflichttreu; **2.** ehrlich, gewissenhaft; **3.** (wahrheits)getreu, genau; **4.** glaubwürdig, wahr, zuverlässig; **5.** gläubig; **II.** *s.* **6.** *the* ~ *coll. eccl.* die Gläubigen *pl.*; **7.** *pl.* treue Anhänger *pl.*; **'faith·ful·ly** [-fuli] *adv.* **1.** treu, ergeben: *yours* ~ hochachtungsvoll (*Briefschluß*); **2.** ehrlich, gewissenhaft; getreu (-lich), genau: *to promise* ~ fest versprechen; **'faith·ful·ness** [-nis] *s.* (Pflicht)Treue *f*, Ehrlichkeit *f*, Gewissenhaftigkeit *f*.

'faith|-heal·er *s.* Gesundbeter(in); **'~-heal·ing** *s.* Gesundbeten *n*.

faith·less ['feiθlis] *adj.* □ **1.** ungläubig; **2.** untreu, treulos; unzuverlässig; **'faith·less·ness** [-nis] *s.* **1.** Unglaube *m*; **2.** Treulosigkeit *f*; Unzuverlässigkeit *f*.

fake [feik] F **I.** *v/t.* **1.** nachmachen, fälschen; **2.** zu'rechtmachen, ‚frisieren'; **3.** *Am.* vortäuschen; **II.** *s.* **4.** Schwindel *m*; Fälschung *f*, Nachahmung *f*; **5.** Schwindler *m*, ‚Schauspieler' *m*: *medical* ~ Scharlatan.

fa·kir ['fɑːkiə] *s.* 'Fakir *m*.

fal·con ['fɔːlkən] *s. orn.* Falke *m*; **'fal·con·er** [-nə] *s. hunt.* Falkner *m*; **'fal·con·ry** [-kənri] *s. hunt.* **1.** Falkne'rei *f*; **2.** Falkenbeize *f*, -jagd *f*.

fald·stool ['fɔːldstuːl] *s.* Betstuhl *m*, -pult *n*.

fall [fɔːl] **I.** *s.* **1.** Fall(en *n*) *m*, Sturz *m*: *to have a* ~ hinfallen, stürzen; *to break s.o.'s* ~ j-n auffangen; *to ride for a* ~ **a)** verwegen reiten, **b)** *fig.* das Unheil herausfordern; **2.** (Ab-, Her'ab)Fallen *n* (*Blätter etc.*); Fallen *n* (*Vorhang*); **3.** (*Regen-, Schnee*)Fall *m*; Regen-, Schneemenge *f*; **4.** Zs.-fallen *n*, Einsturz *m* (*Haus*), 'Umstürzen *n* (*Baum etc.*); **5.** Fallen *n*, Sinken *n*, Abnehmen *n* (*Temperatur, Flut, Preis*): *heavy* ~ *in prices* Kurs-, Preissturz; *to speculate on the* ~ auf Baisse spekulieren; **6.** Abfallen *n*, Gefälle *n*, Senkung *f* (*Gelände*); **7.** Fall *m* (*Festung*), Sturz *m*, Niedergang *m*, Abstieg *m*, Verfall *m*, Ende *n*, Vernichtung *f*; **8.** ♀ (*of man*) *bibl.* Sündenfall *m*; **9.** *Am.* Herbst *m*; **10.** *mst pl.* Wasserfall *m*; **11.** Wurf *m* (*Lämmer*); **12.** *Ringen*: **a)** Niederwurf *m*, **b)** Runde *f*: *win by* ~ Schultersieg; *to try a* ~ *with s.o.* sich mit j-m messen; **II.** *v/i.* [*irr.*] **13.** (nieder-, her'unter)fallen, zu Boden fallen; (ab)stürzen; (ab-)fallen (*Blätter*); ausfallen (*Haare*): *the curtain* ~*s* der Vorhang fällt; *he fell to his death* er stürzte tödlich ab; **14.** 'umfallen, -stürzen; einfallen, -stürzen (*Haus*); **15.** (in Falten *od.* Locken) her'abfallen, -hängen; **16.** *fig.* fallen: **a)** (*im Kampf*) getötet werden, **b)** erobert werden, **c)** gestürzt werden (*Regierung*), **d)** (*moralisch*) sinken (*Frau*); **17.** *fig.* fallen (*Preis, Temperatur, Flut*), nachlassen (*Wind*), abnehmen, sinken: *his courage fell* ihm sank der Mut; *his eyes fell* er senkte die Augen; *his face fell* er machte ein langes Gesicht; **18.** abfallen, sich senken (*Land*); **19.** (*in Stücke*) zerfallen; **20.** fallen, sich ereignen; her'einbrechen (*Nacht*); **21.** *fig.* fallen (*Worte etc.*); → *let*[1] *Redew.*;

Zssgn mit prp.:

fall| a·mong *v/t.* unter ... (*acc.*) geraten: *to* ~ *the thieves* unter die Räuber fallen (*a. fig.*); ~ **be·hind** *v/t.* hinter *j-m* zu'rückbleiben; ~ **for** *v/t.* F **1.** auf *et.* reinfallen; **2.** sich ‚verknallen' in (*acc.*); ~ **from** *v/t.* von *et.* abfallen, abtrünnig *od.* untreu werden (*dat.*): *to* ~ *grace* sündigen; ~ **in** *v/t.* in *j-s Bereich* fallen, zu *et.* gehören *od.* gerechnet werden; ~ **in·to** *v/t.* **1.** kommen *od.* geraten *od.* verfallen in (*acc.*): *to* ~ *disuse* außer Gebrauch kommen; *to* ~ *a habit* in e-e Gewohnheit verfallen; → *line*[1] *9*; *to* ~ *a rage* in Wut geraten; **2.** in *Teile* zerfallen: *to* ~ *ruin* zerfallen; **3.** münden in (*acc.*) (*Fluß*); ~ **on** *v/t.* **1.** treffen, fallen auf (*acc.*): *his eye fell on me* sein Blick fiel auf mich; **2.** herfallen über (*acc.*), über'fallen (*acc.*); **3.** in *et.* geraten, auf *et.* stoßen: *to* ~ *evil days* ins Unglück geraten; ~ **o·ver** *v/t.* **1.** → *fall on 2*; **2.** *to* ~ *each other* (*od. o.s.*) *to* (*inf.*) F sich die Beine ausreißen, um zu (*inf.*); ~ **to** *v/t.* **1.** mit *et.* beginnen; **2.** fallen an (*acc.*), *j-m* zufallen *od.* beschieden sein, *j-m* über'lassen bleiben; ~ **un·der** *v/t.* **1.** unter *et.* fallen, zu *et.* gehören; **2.** *e-r Sache* unter'liegen; ~ **with·in** → *fall in*;

Zssgn mit adv.:

fall| a·stern *v/i.* ⚓ zu'rückbleiben; ~ **a·way** *v/i.* **1.** abmagern; schwinden, schwächer werden; **2.** (*from*) abfallen (von), verlassen (*acc.*); ~ **back** *v/i.* **1.** sich zu'rückziehen; **2.** zu'rückbleiben; **3.** (*on*) zu'rückgreifen (auf *acc.*), e-n Rückhalt haben (an *dat.*); ~ **be·hind** *v/i.* zu'rückbleiben (*a. fig.*); ins 'Hintertreffen geraten: *to* ~ *with* in Verzug geraten mit; ~ **down** *v/i.* **1.** 'umfallen, einstürzen; **2.** (*ehrfürchtig*) auf die Knie sinken, niederfallen; **3.** *Am. sl.* (*on*) versagen (bei), Pech haben (mit); ~ **foul** → *foul 11*; ~ **in** *v/i.* **1.** einfallen, -stürzen; **2.** ⚔ antreten; **3.** † ablaufen, fällig werden; **4.** (*with*) **a)** treffen (*acc.*), stoßen auf (*acc.*), **b)** zustimmen (*dat.*), **c)** passen zu, entsprechen (*dat.*), sich anpassen (*dat.*); ~ **off** *v/i.* **1.** nachlassen, fallen, abnehmen; **2.** sich zu'rückziehen; **3.** ⚓ abfallen; **4.** ✈ abrutschen; ~ **out** *v/i.* **1.** her'ausfallen: *to* ~ *of use* nicht mehr verwendet werden; **2.** *fig.* ausfallen; sich erweisen (als); **3.** sich ereignen; **4.** ⚔ wegtreten; **5.** sich entzweien; ~ **o·ver** *v/i.* 'umfallen, -kippen; ~ **short** → *short 3*; ~ **through** *v/i.* **1.** 'durchfallen (*a. fig.*); **2.** *fig.* miß'lingen, ins Wasser fallen; ~ **to** *v/i.* **1.** zufallen (*Tür*); **2.** (tüchtig) zugreifen (*beim Essen*).

fal·la·cious [fə'leiʃəs] *adj.* □ trügerisch: **a)** irreführend, **b)** irrig, falsch.

fal·la·cy ['fæləsi] *s.* Trugschluß *m*, irrige Ansicht, Irrtum *m*, Täuschung *f*: *popular* ~ weitverbreiteter Irrtum.

fall·en ['fɔːlən] **I.** *p.p. von fall*; **II.** *adj.* gefallen: **a)** gestürzt (*a. fig.*), **b)** prostituiert, **c)** (*im Kriege*) getötet, **d)** erobert (*Stadt etc.*); **III.** *s. coll. the* ~ die Gefallenen *pl.*; ~ **arch·es** *s. pl.* Senkfüße *pl.*

fall guy *s. Am. sl. das* (unschuldige) Opfer, *der* ‚Lackierte'.

fal·li·bil·i·ty [fæli'biliti] *s.* Fehlbarkeit *f*; **fal·li·ble** ['fæləbl] *adj.* □ fehlbar.

fall·ing ['fɔːliŋ] **I.** *adj.* fallend, sinkend, abnehmend: ~ *hair* Haarausfall; **II.** *s.* Fall(en *n*) *m*, Sinken *n*; **'~-a'way**, ~ **off** *s.* **1.** Rückgang *m*, Abnahme *f*; **2.** Abmagern *n*; ~ **star** *s.* Sternschnuppe *f*.

Fal·lo·pi·an tubes [fæ'loupjən] *s. pl. anat.* Eileiter *pl.*

'fall-out *s. phys.* radioak'tiver Niederschlag, Fall'out *m*.

fal·low[1] ['fælou] **I.** *adj.* brach(liegend): *to lie* ~ brachliegen; **II.** *s.* Brachfeld *n*.

fal·low[2] ['fælou] *adj.* falb, fahl,

braungelb; **~-deer** ['fæloudiə] *s. zo.* Damhirsch *m*, -wild *n*.

false [fɔ:ls] **I.** *adj.* □ falsch: **a)** unrichtig, fehlerhaft, irrig, **b)** unwahr, **c)** (*to*) treulos (gegen), untreu (*dat.*), **d)** irreführend, vorgetäuscht, trügerisch, 'hinterhältig, **e)** gefälscht, unecht, künstlich, **f)** Schein..., fälschlich (so genannt), **g)** 'widerrechtlich, rechtswidrig: *~ acacia* ⚘ Robinie, falsche Akazie; *~ bottom* doppelter Boden; *~ ceiling* △ Einschubdecke; *~ coin* Falschgeld; *~ hair* falsche Haare; *~ imprisonment* ⚖ Freiheitsberaubung; *~ key* Nachschlüssel; *~ shame* falsche Scham; *~ start* Fehlstart; *~ step* Fehltritt; *~ tears* Krokodilstränen; *~ teeth* falsche *od.* künstliche Zähne; *~ verdict* ⚖ Fehlurteil; *~ window* blindes Fenster; **II.** *adv.*: *to play s.o. ~* ein falsches Spiel mit j-m treiben; **'false-'heart·ed** *adj.* falsch, treulos; **'false·hood** [-hud] *s.* **1.** Unwahrheit *f*, Lüge *f*; **2.** Falschheit *f*; **'false·ness** [-nis] *s.* Falschheit *f*, Unaufrichtigkeit *f*, 'Hinterhältigkeit *f*, Treulosigkeit *f*.

fal·set·to [fɔ:l'setou] *pl.* **-tos** *s.* Fal'sett *n*, Fistelstimme *f*.

fal·si·fi·ca·tion [fɔ:lsifi'keiʃən] *s.* (Ver)Fälschung *f*; **fal·si·fi·er** ['fɔ:lsifaiə] *s.* Fälscher(in); **fal·si·fy** ['fɔ:lsifai] *v/t.* **1.** fälschen; **2.** verfälschen, falsch *od.* irreführend darstellen; **3.** *Hoffnungen* (ent-)täuschen, vereiteln; als falsch erweisen; **fal·si·ty** ['fɔ:lsiti] *s.* **1.** Irrtum *m*, Unrichtigkeit *f*; **2.** Lüge *f*, Falschheit *f*.

fal·ter ['fɔ:ltə] *v/i.* **1.** schwanken: **a)** taumeln, **b)** zögern, zaudern, **c)** stocken (*a. Stimme*); **2.** stammeln; **'fal·ter·ing** [-təriŋ] *adj.* □ zögernd, schwankend, stockend.

fame [feim] *s.* **1.** Ruhm *m*, (guter) Ruf, Berühmtheit *f*: *of ill ~* berüchtigt; *house of ill ~* Freudenhaus; **2.** *obs.* Gerücht *n*; **famed** [-md] *adj.* berühmt, bekannt (*for* wegen *gen.*, für).

fa·mil·iar [fə'miljə] **I.** *adj.* □ **1.** vertraut, bekannt, gewohnt, geläufig: *a ~ sight* ein gewohnter Anblick; **2.** vertraut, bekannt (*with* mit): *to be ~ with et.* gut kennen; *the name is ~ to me* der Name ist mir vertraut; **3.** vertraut, freundschaftlich, in'tim: *a ~ friend* ein enger Freund; *to be on ~ terms* mit *j-m* gut bekannt sein; **4.** ungezwungen (*a. Schreibweise*), (zu) frei, ungeniert, famili'är; **II.** *s.* **5.** Vertraute(r *m*) *f*; **6.** *a. ~ spirit* Schutzgeist *m*; **fa·mil·i·ar·i·ty** [fəmili'æriti] *s.* **1.** Vertrautheit *f*, Bekanntschaft *f* (*with* mit); **2.** Freundlichkeit *f*, Herzlichkeit *f*; **3.** *a. pl.* Ungezwungenheit *f*; (*b.s.* plumpe) Vertraulichkeit; **fa·mil·iar·i·za·tion** [fəmiljərai'zeiʃən] *s.* Gewöhnung *f* (*with* an *acc.*); **fa'mil·iar·ize** [-əraiz] *v/t.* (*with*) vertraut *od.* bekannt machen (mit), gewöhnen (an *acc.*).

fam·i·ly ['fæmili] **I.** *s.* **1.** Fa'milie *f*: *to have a (large) ~* (viele) Kinder haben; *in the ~ way* F in anderen Umständen; **2.** Sippe *f*, Verwandtschaft *f*; **3.** Familie *f*, Herkunft *f*: *of (good) ~* aus gutem *od.* vornehmem Hause; **4.** ⚘, *zo.* **a)** Familie *f*, **b)** Gattung *f*; **5.** ⚗ Gruppe *f*; **II.** *adj.* **6.** Familien..., Haus...; **~ al·low·ance** *s.* Kinderzulage *f*; **~ butch·er** *s.* Schlächter *m*, Fleischer *m* (*für Privatkundschaft*); **~ cir·cle** *s.* Fa'milienkreis *m*; **~ doc·tor** *s.* Hausarzt *m*; **~ man** *s.* [*irr.*] häuslicher Mensch; *engS.* Mann *m* mit Fa'milie; **'~-owned en·ter·prise** *s.* ✝ Fa'milienbetrieb *m*; **~ plan·ning** *s.* Fa'milienplanung *f*; **~ tree** *s.* Stammbaum *m*; **~ wel·fare** *s.* Fa'milienfürsorge *f*.

fam·ine ['fæmin] *s.* **1.** Hungersnot *f*; **2.** Not *f*, Mangel *m*, Knappheit *f*: *coal ~* Kohlenknappheit.

fam·ish ['fæmiʃ] **I.** *v/i.* (ver)hungern, Hungers sterben, darben; verschmachten (*a. fig.*); **II.** *v/t.* aushungern, verhungern lassen; **'fam·ished** [-ʃt], **'fam·ish·ing** [-ʃiŋ] *adj.* F ausgehungert: *to be famishing* vor Hunger vergehen.

fa·mous ['feiməs] *adj.* □ **1.** berühmt (*for* wegen *gen.*, für); **2.** F fa'mos, ausgezeichnet.

fan[1] [fæn] **I.** *s.* **1.** Fächer *m*; **2.** ⊕ **a)** Venti'lator *m*, Lüfter *m*, **b)** Gebläse *n*, **c)** ✓ (Worfel)Schwinge *f*, **d)** ⚓ Flügel *m*, Schraubenblatt *n*; **II.** *v/t.* **3.** fächeln, (an)wedeln; **4.** ✓ worfeln, schwingen; **5.** anfachen, schüren (*a. fig.*); **6.** *fig.* entfachen (*into* zu); **III.** *v/i.* **7.** *oft ~ out* sich (fächerförmig) ausbreiten; ⚔ ausschwärmen.

fan[2] [fæn] *s.* F begeisterter Anhänger, Fa'natiker *m*, Schwärmer *m*; *in Zssgn* ...fex *m*, ...narr *m*: *~ mail* Verehrerpost

fa·nat·ic [fə'nætik] **I.** *s.* Fa'natiker *m*, Eiferer *m*, Schwärmer *m*; **II.** *adj.* fa'natisch; **fa'nat·i·cal** [-kəl] *adj.* □ fanatisch; **fa'nat·i·cism** [-isizəm] *s.* Fana'tismus *m*.

fan| blade *s.* ⊕ Wind-, Venti'latorflügel *m*; **~ blow·er** *s.* ⊕ Flügelgebläse *n*.

fan·ci·er ['fænsiə] *s.* **1.** (*Tier-, Blumen*)Liebhaber *m od.* Kenner *m od.* Züchter *m*; **2.** Phan'tast *m*; **'fan·ci·ful** [-iful] *adj.* □ **1.** phanta'siereich; **2.** schwärmerisch, launisch; **3.** seltsam, wunderlich, neckisch; **4.** phan'tastisch, wirklichkeitsfremd; **'fan·ci·ful·ness** [-ifulnis] *s.* Phantaste'rei *f*; Wunderlichkeit *f*.

fan·cy ['fænsi] **I.** *s.* **1.** Phanta'sie *f*, (bloße) Einbildung, Wahn(gebilde *n*) *m*; **2.** Einbildungskraft *f*, Phantasie *f*; **3.** I'dee *f*, Einfall *m*, Laune *f*: *I have a ~ that* ich habe so e-e Idee, daß; **4.** (*for*) Neigung *f* (zu), Vorliebe *f* (für), Gefallen *n* (an *dat.*): *after my ~* nach m-m Geschmack; *to have a ~ for* gern haben (wollen) (*acc.*); *to take a ~ to* Gefallen finden an (*dat.*); *to take (od. catch od. strike) s.o.'s ~* j-m gefallen; **5.** *coll.* *the ~* die (*Sport-, Tier- etc.*)Liebhaberwelt; **II.** *adj.* **6.** Phantasie..., phan'tastisch: *~ name* Phantasiename; *~ price* Liebhaberpreis; **7.** Mode..., Luxus..., fein: *~ goods* Mode-, Galanteriewaren; **8.** verziert, bunt, gemustert; kunstvoll, ausgefallen: *~ cakes* feines Gebäck; *~ dog* Hund aus e-r Liebhaberzucht; *~ paper* Buntpapier; *~ skating* Eiskunstlauf; **III.** *v/t.* **9.** sich *j-n od. et.* vorstellen, sich *et.* einbilden: *~ (that)!* stell dir vor!, nicht zu glauben!; *~ meeting you here!* nanu, du hier?; **10.** meinen; halten für: *I ~ he is out* ich glaube (fast), daß er aus ist; *to ~ o.s. (very important)* sich sehr wichtig vorkommen; **11.** gern haben *od.* mögen: *I don't ~ this suit* dieser Anzug gefällt mir nicht; *I could ~ an ice-cream* ich hätte Lust auf ein Eis; **'~-'ball** *s.* Ko'stümfest *n*, Maskenball *m*; **'~-'dress** *s.* ('Masken)Ko,stüm *n*: *~ ball* → *fancy-ball*; **~ fair** *s.* *Art* 'Wohltätigkeitsba,sar *m*; **~ man** *s.* [*irr.*] *sl.* ‚Louis' *m*, Zuhälter *m*; **'~-work** *s.* feine Handarbeit, Stikke'rei *f*.

fane [fein] *s. obs.* Tempel *m*, Kirche *f*.

fan·fare ['fænfɛə] *s.* ♪ Fan'fare *f*, Tusch *m*: *with much ~ fig.* mit großem Tamtam; **fan·fa·ron·ade** [fænfærə'nɑ:d] *s.* Prahle'rei *f*, Großspreche'rei *f*.

fang [fæŋ] *s.* **1.** *zo.* **a)** Fang(zahn) *m* (*Raubtier*), **b)** Hauer *m* (*Eber*), **c)** Giftzahn *m* (*Schlange*); **2.** *anat.* Zahnwurzel *f*; **3.** ⊕ Dorn *m*, Zapfen *m*, Klaue *f*.

'fan-light *s.* △ (fächerförmiges) Oberlicht (*Fenster über e-r Tür*).

fan·ner ['fænə] *s.* ⊕ Gebläse *n*.

'fan|-palm *s.* ⚘ Fächerpalme *f*; **'~-tail** *s. orn.* Pfau(en)taube *f*.

fan·ta·sia [fæn'teizjə] *s.* ♪ Fanta'sia *f*; **fan'tas·tic** [-'tæstik] *adj.* (□ *~ally*) phan'tastisch: **a)** wunderlich, gro'tesk, **b)** unbegründet, (nur) eingebildet, **c)** närrisch, über'spannt; **fan·tas·ti·cal·i·ty** [fæntæsti'kæliti] *s.* Phantaste'rei *f*; Wunderlichkeit *f*; **fan·ta·sy** ['fæntəsi] *s.* **1.** Phanta'sie *f*: **a)** Einbildungskraft *f*, **b)** Einbildung *f*, Hirngespinst *n*, Wahnvorstellung *f*; **2.** ♪ Fanta'sia *f*.

fan| trac·er·y, **~ vault·ing** *s.* △ Fächergewölbe *n*; **'~-wheel** *s.* ⊕ Flügel-, Gebläse-, Windrad *n*.

far [fɑ:] **I.** *adj.* **1.** fern, entfernt; weit (*Reise etc.*); **2.** entfernter (*vom Sprecher aus*): *at the ~ end* am anderen Ende; **II.** *adv.* **3.** weit, fern: *from ~* von weit her; *~ and near* nah u. fern, überall; *~ and wide* weit und breit; *~ and away* bei weitem, um vieles; *as ~ as* **a)** soweit *od.* soviel (wie), **b)** bis (nach); *as ~ as that goes* was das betrifft; *as ~ back as last year* schon *od.* noch voriges Jahr; *in as (od. so) ~ as* insofern als, falls; *so ~* bisher, bis jetzt; *so ~ so good* so weit, so gut; *~ from* keineswegs, durchaus nicht, nicht nur, daß *ich etc.* nicht ..., nicht zu reden von; *~ from rich* alles andere als reich; *~ from it!* keineswegs!, nicht die Spur!; *I am ~ from doing* es liegt mir fern (*od.* ich bin weit entfernt davon) zu tun; *~ away*, *~ off* weit weg *od.* entfernt; *not ~ off 70* an die *od.* fast 70; *~ into* bis weit *od.* hoch *od.* tief in (*acc.*); *~ out* **a)** weit draußen *od.* hinaus, **b)** weit gefehlt; *~ up* hoch oben; *~ be it from me (to inf.)* es liegt mir fern (zu *inf.*); *to go ~* **a)** weit *od.* lange (aus)reichen, **b)** es weit bringen; *to go too ~ fig.* zu weit gehen; *that* *went* ~ *to convince me* das überzeugte mich beinahe; *I will go so* ~ *as to say* ich will sogar behaupten; **4.** *a. by* ~ weit(aus), bei weitem, sehr viel, ganz: ~ *better* viel besser; (*by*) ~ *the best* weitaus der (die, das) beste, bei weitem am besten.

far·ad ['færəd] *s.* ⚡ Fa'rad *n.*

'far|-a·way *adj.* **1.** weitentfernt; **2.** *fig.* entrückt, verträumt; **'~-be·'tween** *adj.* vereinzelt, sehr selten; → *few 1.*

farce [fɑːs] *s.* **1.** *thea.* Posse *f*, Schwank *m*; **2.** *fig.* Farce *f*, The'ater *n*; **'far·ci·cal** [-sikəl] *adj.* □ **1.** possenhaft; **2.** *fig.* lächerlich, ab'surd.

far·del ['fɑːdəl] *s. obs.* Bürde *f*, Last *f* (*a. fig.*).

fare [fɛə] **I.** *s.* **1. a)** Fahrpreis *m*, **b)** Flugpreis *m*: *what's the* ~? was kostet die Fahrt?; ~ *stage* Zahlgrenze, Teilstrecke (*Bus etc.*); *any more* ~*s?* noch jemand ohne Fahrschein?; **2.** Fahrgast *m*; **3.** Kost *f*, Verpflegung *f*, Nahrung *f*; **II.** *v/i.* **4.** sich befinden, dar'an sein, (er)gehen: *how did you* ~? wie ist es dir ergangen?; *he* ~*d ill, it* ~*d ill with him* es erging ihm schlecht; *we* ~*d well* es ging uns gut; ~ *thee well poet.* leb wohl; **5.** *poet.* reisen, sich aufmachen.

Far East *s.*: *the* ~ der Ferne Osten.

'fare'well I. *int.* lebe(n Sie) wohl!; **II.** *s.* Lebe'wohl *n*, Abschiedsgruß *m*: *to bid s.o.* ~ j-m Lebewohl sagen; *to make one's* ~*s* Abschied nehmen; ~ *to* genug von, nie wieder ...; **III.** *adj.* Abschieds...

'far|-'famed *adj.* 'weithin berühmt; **'~-'fetched** *adj. fig.* weithergeholt, gesucht, an den Haaren her'beigezogen; **'~-'flung** *adj.* weit (-ausgedehnt); *fig.* weitgespannt; ~ **gone** *adj. pred.* schlimm dran: **a)** stark angetrunken, **b)** halb verrückt, **c)** stark verschuldet, **d)** fast tot.

fa·ri·na [fə'rainə] *s.* **1.** feines Mehl; **2.** ⚗ Stärke *f*; **3.** *Brit.* ♀ Blütenstaub *m*; **4.** *zo.* Staub *m*; **far·i·na·ceous** [færi'neiʃəs] *adj.* Mehl..., Stärke...: ~ *food* (*od. products*) Teigwaren.

farm [fɑːm] **I.** *s.* **1.** Bauernhof *m*, -gut *n*, Gehöft *n*, Farm *f*; **2.** → *farm-house*; **3.** Farm *f*, Zucht (-stätte) *f*: *chicken* ~ Hühnerfarm; *oyster-*~ Austernzucht; **II.** *v/t.* **4.** *Land* bebauen, bewirtschaften; **5.** pachten; **6.** *oft* ~ *out Gut, Steuer (-einkünfte) etc.* verpachten, in Pacht geben; **7.** *mst* ~ *out* **a)** in (bezahlte) Pflege geben, 'unterbringen, **b)** ✝ *Arbeit* vergeben; **III.** *v/i.* **8.** Landwirt sein; **'farm·er** [-mə] *s.* **1.** (Groß)Bauer *m*, Landwirt *m*; **2.** Pächter *m*; **3.** Züchter *m*, Bauer *m*: *cattle* ~ Viehzüchter; *fruit* ~ Obstbauer; **4.** Steuerpächter *m*; **5.** Betreuer(in).

'farm|-hand *s.* Landarbeiter(in); Knecht *m*, Magd *f*; **'~-house** *s.* Bauern-, Gutshaus *n*: ~ *bread* Landbrot; ~ *butter* Landbutter.

farm·ing ['fɑːmiŋ] *s.* Landwirtschaft *f*.

'farm|-la·bo(u)r·er → *farm-hand*; ~ **land** *s.* Ackerland *n*; **'~stead** *s.* Bauernhof *m*, Gehöft *n*; ~ **work·er** → *farm-hand*; **'~yard** *s.* Wirtschaftshof *m* e-s Bauerngutes.

far·o ['fɛərou] *s.* 'Phar(a)o *n* (*Kartenglücksspiel*).

fa·rouche [fə'ruːʃ] (*Fr.*) *adj.* **1.** bissig, mürrisch; **2.** scheu.

far·ra·go [fə'rɑːgou] *pl.* **-gos**, *Am.* **-goes** *s.* Gemisch *n*, Mischmasch *m*.

'far-'reach·ing *adj.* **1.** weitreichend (*a. fig.*); **2.** *fig.* folgenschwer.

far·ri·er ['færiə] *s.* Hufschmied *m*; ⚔ Beschlagmeister *m*.

far·row ['færou] **I.** *s.* Wurf *m* Ferkel; **II.** *v/i.* ferkeln; **III.** *v/t. Ferkel* werfen.

'far|-'see·ing *adj. fig.* weitblickend, 'umsichtig; **'~-'sight·ed** *adj.* **1.** *fig.* → *far-seeing*; **2.** ⚕ weitsichtig; **'~'sight·ed·ness** *s.* **1.** Scharfsinn *m*, 'Umsicht *f*; **2.** ⚕ Weitsichtigkeit *f*.

fart [fɑːt] ∨ **I.** *s.* Furz *m*; **II.** *v/i.* furzen.

far·ther ['fɑːðə] **I.** *adj.* **1.** *comp. von far*; **2.** → *further 3, 4*; **3.** entfernter (*vom Sprecher aus*): *the* ~ *shore* das gegenüberliegende Ufer; **II.** *adv.* **4.** weiter: *so far and no* ~ bis hierher u. nicht weiter; **5.** → *further 1, 2*; **'far·thest** [-ðist] *adj. u. adv., sup. von far*: ~ *north* **a)** höchster Norden, **b)** am weitesten nördlich.

far·thing ['fɑːðiŋ] *s.* Farthing *m* (¼ *Penny; seit 1. 1. 1961 abgeschafft*): *not worth a (brass)* ~ *Brit.* keinen (roten) Heller wert.

far·thin·gale ['fɑːðiŋgeil] *s. hist.* Reifrock *m*, Krino'line *f*.

Far West *s. Am. Gebiet der Rocky Mountains u. der pazifischen Küste.*

fas·ces ['fæsiːz] *s. pl. antiq.* 'Faszes *pl.*, Lik'torenbündel *n*.

fas·ci·a ['feiʃə] *pl.* **-ae** [-iː] *s.* **1.** Binde *f*, (Quer)Band *n*; **2.** *zo.* Farbstreifen *m*; **3.** ['fæʃiə] *anat.* Muskelbinde *f*; **4.** ⚠ Gurtsims *m*; **5.** → *facia 1, 2*; **fas·ci·at·ed** ['fæʃieitid] *adj.* **1.** quergestreift; **2.** ♀ zs.-gewachsen.

fas·ci·cle ['fæsikl] *s.* **1.** *a.* ♀ Bündel *n*, Büschel *n*; **2.** Fas'zikel *m*: **a)** (Teil-) Lieferung *f*, Einzelheft *n* (*Buch*), **b)** Aktenbündel *n*; **fas·cic·u·lar** [fə'sikjulə], **fas·cic·u·late** [fə'sikjuleit] *adj.* büschelförmig; **'fas·ci·cule** [-kjuːl] → *fascicle*.

fas·ci·nate ['fæsineit] *v/t.* **1.** faszinieren, bezaubern, reizen, fesseln, bannen: ~*d* gebannt; **2.** hypnotisieren; **'fas·ci·nat·ing** [-tiŋ] *adj.* □ faszinierend, bannend, fesselnd, spannend; **fas·ci·na·tion** [fæsi'neiʃən] *s.* **1.** Faszinati'on *f*, Bezauberung *f*; **2.** Zauber *m*, Reiz *m*.

fas·cine [fæ'siːn] *s.* **1.** Reisigbündel *n*; **2.** ⚔, ⊕ Fa'schine *f*.

Fas·cism ['fæʃizəm] *s. pol.* Fa'schismus *m*; **'Fas·cist** [-ist] **I.** *s.* Fa'schist *m*; **II.** *adj.* fa'schistisch.

fash [fæʃ] *Scot.* **I.** *v/i.* sich ärgern *od.* aufregen, aufbrausen; **II.** *v/t.* ärgern: *to* ~ *o.s.*

fash·ion ['fæʃən] **I.** *s.* **1.** Mode *f*: *to come into* ~ Mode werden; *it is the* ~ es ist Mode *od.* modern (*od.* Sitte, → 2); *in the English* ~ nach englischer Mode (*od.* Art, → 2); *to be all the* ~ hochmodern sein; *out of* ~ unmodern; *to set the* ~ **a)** die Mode vorschreiben, **b)** *fig.* den Ton angeben; ~ *designer* Modezeichner(in); **2.** Sitte *f*, Brauch *m*, Art *f* (u. Weise *f*), Stil *m*, Ma'nier *f*: *to behave in a strange* ~ sich sonderbar benehmen; *after their* ~ nach ihrer Weise; *after (od. in) a* ~ schlecht u. recht, soso lala; *crab-*~ (nach) Krebsart; **3.** (feine) Lebensart, gute Ma'nieren *pl.*: *a man of* ~; **4.** Machart *f*, Form *f*, (Zu)Schnitt *m*, Fas'son *f*; **II.** *v/t.* **5.** herstellen, machen; **6.** bilden, formen, gestalten, arbeiten; **7.** anpassen; **fash·ion·a·ble** ['fæʃnəbl] **I.** *adj.* □ **1.** mo'dern, modisch; **2.** vornehm, ele'gant; **3.** Mode...: ~ *complaint* Modekrankheit; **II.** *s.* **4.** *the* ~*s* die elegante Welt; **'fash·ioned** [-nd] *adj. in Zssgn* ...geformt, ...ausgeführt.

'fash·ion|·mon·ger *s.* Modenarr *m*; ~ **pa·rade** → *fashion show*; **'~-plate** *s.* Modebild *n*, -blatt *n*; ~ **show** *s.* Mode(n)schau *f*.

fast[1] [fɑːst] **I.** *adj.* **1.** schnell, geschwind: ~ *train* Schnell-, D-Zug; *my watch is* ~ m-e Uhr geht vor; **2.** ‚schnell' (*hohe Geschwindigkeit gestattend*): ~ *road*; ~ *racecourse*; ~ *tennis-court*; **3.** *phot.* lichtstark; **4.** flott, leichtlebig; locker, liederlich; **II.** *adv.* **5.** schnell; **6.** häufig, reichlich, stark; **7.** leichtsinnig.

fast[2] [fɑːst] **I.** *adj.* **1.** fest, befestigt, unbeweglich; fest zs.-haltend: *to make* ~ festmachen, fest schließen; ~ *friend* treuer Freund; **2.** beständig, haltbar: ~ *colo(u)r* (wasch)echte Farbe; ~ *to light* lichtecht; **II.** *adv.* **3.** fest, sicher: *to be* ~ *asleep* fest schlafen; *stuck* ~ festgefahren; *to play* ~ *and loose* Schindluder treiben (*with* mit).

fast[3] [fɑːst] **I.** *v/i.* **1.** fasten; **II.** *s.* **2.** *R.C.* Fasten *n*; **3.** Fastenzeit *f*.

'fast|·back *s. mot.* (*a.* Wagen *m* mit) Fließheck *n*; **'~-day** *s.* Fasttag *m*.

fas·ten ['fɑːsn] **I.** *v/t.* **1.** befestigen, festmachen, -binden (*to, on* an *dat.*); **2.** *a.* ~ *up* fest zumachen, (ver-, ab)schließen, zuknöpfen, zuschnüren; zs.-fügen, verbinden: *to* ~ *with nails* zunageln; **3.** *Augen* heften, *s-e Aufmerksamkeit* richten (*on* auf *acc.*); **4.** (*on*) **a)** *Namen* anhängen (*dat.*), **b)** *j-m et.* anhängen *od.* in die Schuhe schieben; **II.** *v/i.* **5.** sich schließen lassen, geschlossen werden; **6.** *a. fig.* (*on*) sich heften *od.* klammern an (*acc.*); sich stürzen (auf *acc.*); **7.** (*on*) ausersehen, her'ausgreifen (*acc.*); aufs Korn nehmen (*acc.*); ~ **down** *v/t.* befestigen; ~ **off** *v/t.* befestigen, verknoten.

fas·ten·er ['fɑːsnə] *s.* Verschluß *m*, Halter *m*, Druckknopf *m*: *paper-*~ Musterklammer; **'fas·ten·ing** [-niŋ] *s.* Verschluß *m*, Befestigung(svorrichtung) *f*, Sicherung *f*.

fas·tid·i·ous [fæs'tidiəs] *adj.* □ schwer zu befriedigen(d), eigen, anspruchsvoll, heikel, wählerisch; **fas'tid·i·ous·ness** [-nis] *s.* Verwöhntheit *f*, anspruchsvolles Wesen.

fast·ing cure ['fɑːstiŋ] *s.* Fasten-, Hungerkur *f*.

fast·ness ['fɑːstnis] *s.* **1.** Festigkeit *f*, Haltbarkeit *f*; Echtheit *f* (*Farben*); **2.** fester Platz, Feste *f*; Schlupfwinkel *m*; **3.** Schnelligkeit *f*; **4.** *fig.* Leichtlebigkeit *f*.

fat [fæt] **I.** *adj.* □ → *fatly*; **1.** dick, beleibt, fett, feist: ~ *cattle* Mastvieh; ~ *type typ.* Fettdruck; **2.** fett, fetthaltig, fettig, ölig: ~ *coal* Fettkohle; **3.** *fig.* fett, reich(lich), einträglich: ~ *purse* dicker Geldbeutel; ~ *soil* fruchtbarer Boden; *a* ~ *lot* F *iro.* herzlich wenig; **II.** *s.* **4.** *a.* ♁, *biol.* Fett *n*: *to run to* ~ Fett ansetzen; *the* ~ *is in the fire* der Teufel ist los; **5.** *the* ~ das Beste: *to live on the* ~ *of the land* in Saus u. Braus leben; **III.** *v/t.* **6.** mästen: *to kill the* ~*ted calf fig.* das gemästete Kalb schlachten.

fa·tal ['feitl] *adj.* □ **1.** tödlich, todbringend; lebensgefährlich: *a* ~ *accident* ein tödlicher Unfall; **2.** vernichtend, unheilvoll, verhängnisvoll (*to* für): ~ *thread* Lebensfaden; **3.** schicksalhaft, entscheidend; '**fa·tal·ism** [-təlizəm] *s.* Fata'lismus *m*, Schicksalsglaube *m*; '**fa·tal·ist** [-təlist] *s.* Fata'list *m*; **fa·tal·is·tic** [feitə'listik] *adj.* (□ ~*ally*) fata'listisch.

fa·tal·i·ty [fə'tæliti] *s.* **1.** Verhängnis *n*, Schicksalsschlag *m*, Unglück *n*; **2.** Unglücks-, Todesfall *m*; Todesopfer *n*; **3.** tödlicher Ausgang.

fa·ta mor·ga·na ['fɑːtə mɔː'gɑːnə] *s.* 'Fata Mor'gana *f*, Luftspiegelung *f*.

fate [feit] *s.* **1.** Schicksal *n*, Geschick *n*, Los *n*: *he met his* ~ das Schicksal ereilte ihn; *he met his* ~ *calmly* er sah s-m Schicksal ruhig entgegen; *to seal s.o.'s* ~ j-s Schicksal besiegeln; **2.** Verhängnis *n*, Verderben *n*, 'Untergang *m*: *to go to one's* ~ den Tod finden; **3.** Schicksalsgöttin *f*: *the* ♀*s* die Parzen; '**fat·ed** [-tid] *adj.* vom Schicksal bestimmt; '**fate·ful** [-ful] *adj.* □ **1.** schicksalhaft; **2.** verhängnisvoll; **3.** schicksalsschwer.

'**fat|-head** *s.* Dummkopf *m*, ,Hammel' *m*; '~-'**head·ed** *adj.* dumm, blöde, doof.

fa·ther ['fɑːðə] **I.** *s.* **1.** Vater *m*: *like* ~ *like son* der Apfel fällt nicht weit vom Stamm; ~ *of his country* Landesvater; **2.** ♀ Gott(vater) *m*; **3.** *R.C.* **a)** 'Pater *m*: *the Holy* ♀ der Heilige Vater, **b)** *a.* ~ *confessor* Beichtvater *m*; **4.** *mst pl.* Ahn *m*, Vorfahr *m*: *to be gathered to one's* ~*s* zu s-n Vätern versammelt werden; **5.** *fig.* Vater *m*, Urheber *m*, Älteste(r) *m*: *the* ~ *of chemistry* der Vater der Chemie; ♀*s* (*of the Church*) Kirchenväter; ♀ *of the House Brit.* rangältestes Parlamentsmitglied; *the wish is* ~ *to the thought* der Wunsch ist der Vater des Gedankens; **6.** *fig.* Beschützer *m*; **II.** *v/t.* **7.** *Kind* zeugen; **8.** *et.* ins Leben rufen, her'vorbringen; **9.** väterlich behandeln; sich annehmen (*gen.*); **10.** sich als Vater *od.* Urheber (*gen.*) bekennen; **11.** die Vaterschaft (*a. fig.*) *od.* die Schuld *etc.* für *et.* zuschreiben (*on dat.*); ♀ **Christ·mas** *s. Brit.* Weihnachtsmann *m*; '~-**fig·ure** *s. psych.* 'Vaterfiˌgur *f*, Leitbild *n*.

fa·ther·hood ['fɑːðəhud] *s.* Vaterschaft *f*; '**fa·ther-in-law** *s.* Schwiegervater *m*; '**fa·ther·land** *s.* Vaterland *n*; '**fa·ther·less** [-lis] *adj.* vaterlos; '**fa·ther·li·ness** [-linis] *s.* Väterlichkeit *f*; '**fa·ther·ly** [-li] *adj.* väterlich.

fath·om ['fæðəm] **I.** *s.* **1.** Faden *m*, Klafter *f* (⚓ *Tiefenmaß*); **2.** Klafter *f* (*Holzmaß*); **II.** *v/t.* **3.** loten, sondieren; **4.** *fig.* ergründen, eindringen in (*acc.*), verstehen; '**fath·om·less** [-lis] *adj.* □ unergründlich, bodenlos; '**fath·om-line** *s.* ⚓ Lotleine *f*.

fa·tigue [fə'tiːg] **I.** *s.* **1.** Ermüdung *f* (*a.* ⊕), Müdigkeit *f*, Ermattung *f*; Erschöpfung *f*; **2.** schwere Arbeit, Mühsal *f*, Stra'paze *f*; **3.** ⚔ **a)** Arbeitsdienst *m*, **b)** *pl.* Arbeits-, Drillichanzug *m*; **II.** *v/t.* **4.** *a.* ⊕ ermüden; **5.** ⊕ altern; ~ **de·tail** *s.* ⚔ 'Arbeitskomˌmando *n*; ~-**dress** → *fatigue 3b*; ~-**du·ty** → *fatigue 3a*; ~ **lim·it** *s.* ⊕ Ermüdungsgrenze *f*; ~-**par·ty** → *fatigue detail*; ~ **test** *s.* ⊕ Dauerprüfung *f*.

fa·ti·guing [fə'tiːgiŋ] *adj.* □ ermüdend, anstrengend.

fat·less ['fætlis] *adj.* ohne Fett, mager; '**fat·ling** [-liŋ] *s.* junges Masttier; '**fat·ly** [-li] *adv. fig.* reichlich; '**fat·ness** [-nis] *s.* Fettheit *f*: **a)** Beleibtheit *f*, **b)** Fette *f*, Fettigkeit *f*; **fat stock** *s.* Mastvieh *n*; '**fat·ten** [-tn] **I.** *v/t.* **1.** fett *od.* dick machen; **2.** *Tier* mästen; **3.** *Land* düngen; **II.** *v/i.* **4.** fett *od.* dick werden; **5.** sich mästen (*on* von); '**fat·tish** [-tiʃ] *adj.* etwas fett *od.* dick; '**fat·ty** [-ti] **I.** *adj. a.* ♁, ⚕ fetthaltig, fettig, Fett...: ~ *acid* Fettsäure; ~ *degeneration* Verfettung; ~ *heart* Herzverfettung; ~ *tissue* Fettgewebe; **II.** *s.* F Dickerchen *n*.

fa·tu·i·ty [fə'tju(ː)iti] *s.* Albernheit *f*, Einfältigkeit *f*; **fat·u·ous** ['fætjuəs] *adj.* □ **1.** albern, einfältig, dumm; **2.** sinnlos.

fau·cal ['fɔːkəl] *adj.* Kehl..., Rachen...; **fau·ces** ['fɔːsiːz] *s. pl. mst sg. konstr. anat.* **Rachen** *m*, **Schlund** *m*.

fau·cet ['fɔːsit] *s.* ⊕ *bsd. Am.* Hahn *m*, (Faß)Zapfen *m*.

faugh [fɔː] *int.* pfui!

fault [fɔːlt] *s.* **1.** Fehler *m*, Makel *m*, Mangel *m*: *in spite of all his* ~*s* trotz all s-r Fehler; *to find* ~ tadeln, nörgeln, et. auszusetzen haben (*with* an *dat.*); *to a* ~ allzu(sehr); **2.** Schuld *f*, Verschulden *n*; Vergehen *n*, Fehltritt *m*: *it is my* ~ es ist m-e Schuld, ich bin schuld; *at* (*od. in*) ~ schuldig, im Unrecht; → *3 u. 4*; **3.** Irrtum *m*, Versehen *n*: *to be at* ~ sich irren; → *2 u. 4*; **4.** *to be at* ~ **a)** *hunt.* die Spur verlieren, **b)** *fig.* auf falscher Fährte sein; → *2 u. 3*; **5.** ⚡, ⊕ De'fekt *m*, Störung *f*; ⚡ Erdfehler *m*: ~ *current* Fehlstrom; **6.** *geol.* Verwerfung *f*; **7.** *Tennis etc.*: **Fehler** *m*; '~-**find·er** *s.* Besserwisser *m*, Nörgler *m*, Krittler *m*; '~-**find·ing I.** *s.* Kritte'lei *f*, Nörge'lei *f*; **II.** *adj.* krittelnd, nörgelnd.

fault·i·ness ['fɔːltinis] *s.* Fehlerhaftigkeit *f*; '**fault·less** [-tlis] *adj.* □ einwand-, fehlerfrei, tadellos; '**fault·less·ness** [-tlisnis] *s.* Fehler-, Tadellosigkeit *f*; **faults·man** ['fɔːltsmən] *s.* [*irr.*] *tel., teleph.* Störungssucher *m*; '**fault·y** [-ti] *adj.* □ fehler-, schadhaft, schlecht, Fehl...

faun [fɔːn] *s. antiq.* Faun *m*.

fau·na ['fɔːnə] *s.* 'Fauna *f*, (*a.* Abhandlung *f* über e-e) Tierwelt *f*.

fau·teuil ['foutəːi; fotœːj] (*Fr.*) *s.* **1.** Armsessel *m*; **2.** *thea.* Sperrsitz *m*.

faux pas ['fou'pɑː] *pl.* **pas** [pɑːz] *s.* Faux'pas *m*, Fehltritt *m*.

fa·vo(u)r ['feivə] **I.** *s.* **1.** Gunst *f*, Gnade *f*, Wohlwollen *n*: *in* ~ *of* zugunsten von (*od. gen.*); *in my* ~ zu m-n Gunsten; *who is in* ~*?* wer ist dafür *od.* einverstanden?; *to be in* ~ (*with*) beliebt sein (bei), begehrt sein (von); *to fall from* ~ in Ungnade fallen; *to find* ~ Anklang finden; *to find* ~ *in s.o.'s eyes* Gnade vor j-s Augen finden; *to grant a* ~ e-e Gunst gewähren; **2.** Gefallen *m*, Gefälligkeit *f*: *as a* ~ aus Gefälligkeit; *by* ~ *of* mit gütiger Erlaubnis von, durch gütige Vermittlung von; *do me a* ~ tu mir e-n Gefallen; *to ask s.o. a* ~ j-n um e-n Gefallen bitten; *I request the* ~ *of your company* ich lade Sie höflich ein; **3.** Begünstigung *f*, Bevorzugung *f*, Vorteil *m*, Vorliebe *f*: *to show* ~ *to s.o.* j-n (parteiisch) bevorzugen; *under* ~ *of night* im Schutze der Nacht; **4.** *pl.* Gunstbezeigung *f* (*e-r Frau*): *to grant one's* ~*s to j-m* s-e Liebe schenken; **5.** ✝ *obs.* Schreiben *n*: *your* ~ *of yesterday* Ihr Geehrtes von gestern; **6.** (Band)Schleife *f*, Ro'sette *f*, Abzeichen *n*; **II.** *v/t.* **7.** begünstigen, günstig sein (*dat.*); bevorzugen; **8.** geneigt sein (*dat. od.* zu *inf.*), einverstanden sein mit; für *et.* sprechen; **9.** fördern, unter'stützen, bestätigen; **10.** beehren, erfreuen (*with* mit); '**fa·vo(u)r·a·ble** [-vərəbl] *adj.* □ **1.** günstig, vorteilhaft (*for* für); **2.** gefällig, geneigt (*to dat.*), freundlich; **3.** dienlich, förderlich (*to dat.*); **4.** bejahend; '**fa·vo(u)red** [-vəd] *adj.* begünstigt: *the* ~ *few* die Auserwählten; → *most-favo(u)red-nation clause*; '**fa·vo(u)r·ite** [-vərit] **I.** *s.* **1.** Günstling *m*; Liebling *m* (*a. fig. Schriftsteller, Schallplatte etc.*): *to be s.o.'s* (*great*) ~ bei j-m (sehr) beliebt sein; *that book is a great* ~ *of mine* dieses Buch liebe ich sehr; **2.** *sport* Favo'rit(in); **II.** *adj.* **3.** Lieblings...: ~ *dish* Leibgericht; '**fa·vo(u)r·it·ism** [-vəritizəm] *s.* Günstlingswirtschaft *f*.

fawn[1] [fɔːn] **I.** *s.* **1.** *zo.* Damkitz *n*, Rehkalb *n*; **2.** Rehbraun *n*; **II.** *adj.* **3.** *a.* ~-colo(u)red rehbraun; **III.** *v/t.* **4.** *Kitze* setzen.

fawn[2] [fɔːn] *v/i.* **1.** schwänzeln, wedeln; **2.** *fig.* (*upon*) sich einschmeicheln (bei), kriechen (vor *dat.*); '**fawn·ing** [-niŋ] *adj.* □ *fig.* kriecherisch, schmeichlerisch.

fay [fei] *s. poet.* Fee *f*.

faze [feiz] *v/t. Am.* F *j-n* durchein'anderbringen, beunruhigen.

fe·al·ty ['fiːəlti] *s. hist.* (Lehens-) Treue *f*.

fear [fiə] **I.** *s.* **1.** Furcht *f*, Angst *f* (*of* vor *dat.*, *that od. lest* daß ...): *to be in* ~ *of* fürchten (*acc.*); *in* ~ *of one's life* in Todesangst; *for* ~ *of* **a)** aus Furcht vor (*dat.*) *od.* daß, **b)** um nicht, damit nicht; *for* ~ *of losing it* um es nicht zu verlieren; *without* ~ *or favo(u)r* objektiv, unparteiisch; *in* ~ *and trembling* mit

Furcht u. Zittern; **2.** *pl.* Befürchtung *f*, Bedenken *n*; **3.** Sorge *f*, Besorgnis *f* (*for* um); **4.** Gefahr *f*, 'Risiko *n*: *there is not much ~ of that* das ist kaum zu befürchten; *no ~!* sei unbesorgt, k-e Bange; **5.** Scheu *f*, Ehrfurcht *f* (*of* vor): *~ of God* Gottesfurcht; **II.** *v/t.* **6.** fürchten, sich fürchten vor (*dat.*), Angst haben vor (*dat.*); **7.** *et.* befürchten: *to ~ the worst* das Schlimmste befürchten; **8.** *Gott* fürchten; **III.** *v/i.* **9.** Furcht *od.* Angst haben; **10.** besorgt sein (*for* um): *never ~!* sei unbesorgt!; **'fear·ful** [-ful] *adj.* □ **1.** furchtbar, fürchterlich, schrecklich (*alle a.* F = *kolossal*); **2.** schreckhaft, furchtsam, bange (*of* vor *dat.*); **3.** besorgt (*of* um, *that od. lest* daß); **4.** ehrfürchtig; **'fear·ful·ly** [-fəli] *adv.* F furchtbar, ungemein; **'fear·ful·ness** [-fulnis] *s.* **1.** Furchtbarkeit *f*; **2.** Furchtsamkeit *f*; Schreckhaftigkeit *f*; **'fear·less** [-lis] *adj.* □ furchtlos, unerschrocken; **'fear·less·ness** [-lisnis] *s.* Furchtlosigkeit *f*; **'fear·some** [-səm] *adj.* □ *mst humor.* fürchterlich, gräßlich.

fea·si·bil·i·ty [fi:zə'biliti] *s.* 'Durchführbarkeit *f*, Möglichkeit *f*; **fea·si·ble** ['fi:zəbl] *adj.* □ aus-, 'durchführbar, möglich.

feast [fi:st] **I.** *s.* **1.** Fest(tag *m*) *n*, Feiertag *m*: *(im)movable ~* (un)bewegliches Fest; **2.** Festlichkeit *f*, Festmahl *n*, -essen *n*, Schmaus *m*; → *enough II*; **3.** (Hoch)Genuß *m*: *~ for the eyes* Augenweide; **II.** *v/t.* **4.** (festlich) bewirten; **5.** ergötzen: *to ~ one's eyes on* s-e Augen weiden an (*dat.*); **III.** *v/i.* **6.** (*on*) schmausen (von), sich gütlich tun (an *dat.*); schwelgen (in *acc.*); **7.** sich ergötzen *od.* weiden (*on* an *dat.*).

feat [fi:t] *s.* **1.** Helden-, Großtat *f*: *~ of arms* Waffentat; **2.** *technische etc.* Großtat, große Leistung; Kunst-, Meisterstück *n*.

feath·er ['feðə] **I.** *s.* **1.** Feder *f*, *pl.* Gefieder *n*: *in high ~* in gehobener Stimmung; *in full ~* **a)** ‚aufgedonnert', **b)** in gehobener Stimmung; *to make the ~s fly* sich heftig streiten, Krach machen; *that is a ~ in his cap* darauf kann er stolz sein; *you might have knocked me down with a ~* ich war einfach ‚platt' (*erstaunt*); → *bird 2, fur 4, white feather*; **2.** Schaumkrone *f* (*e-r Welle*); **3.** *Rudern*: Flachhalten *n* der Riemen; **II.** *v/t.* **4.** mit Federn versehen *od.* schmücken; *Pfeil* fiedern; **5.** *Rudern*: *Riemen* flach drehen; **6.** ✈ *Propeller* auf Segelstellung fahren; **'~-bed I.** *s.* (*Feder*)'Unterbett *n*; **II.** *v/t. sl.* verpäppeln, verwöhnen; **'~-brained** *adj.* unbesonnen; dumm; **'~-dust·er** *s.* Staubwedel *m*.

feath·ered ['feðəd] *adj.* **1.** be-, gefiedert; Feder...: *~ tribe(s)* Vogelwelt; **2.** federartig, flaumig.

'feath·er|-edge *s.* ⊕ zugeschärfte Kante; **'~-grass** *s.* ⚘ Federgras *n*; **'~-head·ed** → *feather-brained*.

feath·er·ing ['feðəriŋ] *s.* **1.** Gefieder *n*; **2.** Befiederung *f*; **3.** ✈ Segelstellung *f* (*Propeller*).

'feath·er|-stitch *s.* Hexenstich *m*; **'~-weight** *s. sport* Federgewicht(ler *m*) *n*.

feath·er·y ['feðəri] *adj.* federartig.

fea·ture ['fi:tʃə] **I.** *s.* **1.** (Gesichts-)Zug *m*; *mst pl.* Gesichtsbildung *f*, Züge *pl.*; **2.** Grundzug *m*, Merkmal *n*, Charakte'ristikum *n*, (Haupt-)Eigenschaft *f*; Hauptpunkt *m*, -teil *m*, Besonderheit *f*; **3.** (Gesichts-)Punkt *m*, Seite *f*; **4.** ('Haupt-)Attrakti͵on *f*, Darbietung *f*; *Zeitung*: Spezi'alar͵tikel *m*; → *feature film, feature program(me)*; **II.** *v/t.* **5.** kennzeichnen, bezeichnend sein für; **6.** (als Besonderheit) haben *od.* aufweisen, sich auszeichnen durch; **7.** (groß her'aus)bringen, her'ausstellen; als Hauptschlager zeigen *od.* bringen; *Film etc.*: in der Hauptrolle zeigen: *a film featuring X* ein Film mit X in der Hauptrolle; **~ film** *s.* Spiel-, Hauptfilm *m*.

fea·ture·less ['fi:tʃəlis] *adj.* nichtssagend.

fea·ture pro·gram(me) *s. Radio, Fernsehen*: 'Feature *n*.

feb·ri·fuge ['febrifju:dʒ] *s.* ⚕ Fiebermittel *n*; **fe·brile** ['fi:brail] *adj.* fiebernd, fe'bril, Fieber...

Feb·ru·ar·y ['februəri] *s.* Februar *m*: *in ~* im Februar.

fe·cal → *faecal*.

feck·less ['feklis] *adj.* □ schwach, unfähig, kraftlos, wertlos.

fec·u·lence ['fekjuləns] *s.* **1.** Schlammigkeit *f*; **2.** Bodensatz *m*; **3.** Schmutz *m*; **'fec·u·lent** [-nt] *adj.* schlammig; schmutzig.

fe·cund ['fi:kənd] *adj.* fruchtbar, produk'tiv (*beide a. fig. schöpferisch*); **'fe·cun·date** [-deit] *v/t.* fruchtbar machen; befruchten (*a. biol.*); **fe·cun·da·tion** [fi:kən'deiʃən] *s.* Befruchtung *f*; **fe·cun·di·ty** [fi'kʌnditi] *s.* Fruchtbarkeit *f*; Schöpferkraft *f*.

fed [fed] *pret. u. p.p. von feed.*

fed·er·al ['fedərəl] **I.** *adj.* □ *pol.* **1.** föder'tiv, Bundes...: *~ council (state)* Bundesrat (-staat); **2.** *USA* Unions..., Zentral..., *mst* Bundes... (*-gericht, -post etc.*); *hist.* födera'listisch; **II.** *s.* **3.** *USA hist.* Födera'list *m*; ♀ **Bu·reau of In·ves·ti·ga·tion** *s.* amer. ͵Bundes'sicherheitspoli͵zei *f*, amer. ͵Bundeskrimi'nalamt *n* (*abbr. FBI*).

fed·er·al·ism ['fedərəlizəm] *s. pol.* Födera'lismus *m*; **'fed·er·al·ist** [-ist] **I.** *adj.* födera'listisch; **II.** *s.* Födera'list *m*; **'fed·er·al·ize** [-laiz] → *federate I*.

Fed·er·al Re·pub·lic *s. pol.* 'Bundesrepu͵blik *f* (Deutschland).

fed·er·ate ['fedəreit] **I.** *v/t.* zu e-m Bündnis *od.* Staatenbund vereinigen; **II.** *v/i.* sich vereinigen *od.* verbünden; **III.** *adj.* [-rit] verbündet; **fed·er·a·tion** [fedə'reiʃən] *s.* **1.** po'litischer Zs.-schluß; **2.** Föderati'on *f*, Staatenbund *m*; **3.** ✝ Vereinigung *f*, Verband *m*; **'fed·er·a·tive** [-rətiv] *adj.* □ → *federal 1*.

fe·do·ra [fi'dɔ:rə] *s. Am.* weicher Filzhut.

fee [fi:] **I.** *s.* **1.** *amtliche etc.* Gebühr; (Mitglieds)Beitrag *m*; Vergütung *f*, Hono'rar *n* (*Arzt, Anwalt etc.*); Lohn *m*, Trinkgeld *n*: *entrance ~* Eintrittsgeld; *school ~s* Schulgeld; **2.** *hist.* Lehensgut *n*; **3.** Eigentum *n*, Gut *n*: *~ farm* Erbpacht; *~ simple* volles Eigengut; *~-tail* Gut mit Erbbeschränkung; *to hold in ~* zu eigen haben; **II.** *v/t.* **4.** *j-m* e-e Gebühr bezahlen.

fee·ble ['fi:bl] *adj.* □ **1.** schwach (*a. fig. Lächeln, Versuch etc.*), schwächlich, kraftlos; **2.** unbedeutend, unwirksam; **3.** undeutlich; **'fee·ble-'mind·ed** *adj.* geistesschwach; **'fee·ble·ness** [-nis] *s.* Schwäche *f*.

feed [fi:d] **I.** *v/t.* [*irr.*] **1.** *Tier, Kind* füttern (*on, with* mit); *Säugling* nähren, stillen; *e-m Menschen* zu essen geben, *e-m Tier* zu fressen geben; *Vieh* weiden: *to ~ up* mästen, aufpäppeln; *to be fed up with sl. et.* satt haben, ‚die Nase voll haben' von; *to ~ o.s.* ohne Hilfe essen; *to ~ the fishes* **a)** seekrank sein, **b)** ertrinken; *to ~ a cold* bei Erkältung tüchtig essen; **2.** ernähren (*on* von), erhalten; **3.** versorgen (*with* mit); **4.** ⊕ *Maschine* speisen, beschicken, füllen; *Fluß* speisen; **5.** ⊕ *Material* zuführen; *Werkstück* vorschieben; **6.** *Feuer* unter'halten; *Hoffnung etc.* nähren, Nahrung geben (*dat.*); *s-e Augen* weiden (*on* an *dat.*); **7.** *oft ~ down, ~ close Wiese* abweiden lassen; **II.** *v/i.* [*irr.*] **8. a)** fressen (*Tier*), **b)** F essen (*Mensch*); **9.** sich ernähren, leben (*on* von); **III.** *s.* **10.** Fütterung *f*; F Mahlzeit *f*; **11.** Futter *n*, Nahrung *f*: *off one's ~* ohne Appetit; *out at ~* auf der Weide; **12.** ⊕ Speisung *f*, Beschickung *f*, Zuführung *f*, Vorschub *m*; **13.** Zufuhr *f*, Ladung *f*; **'~-back** *s.* ⚡ 'Feedback *n*, Rückkoppelung *f*; **~ bag** *s. Am.* Futtersack *m*; **~ cock** *s.* Speise-, Füllhahn *m*; **~ con·trol** *s.* ⊕ Vorschubschaltung *f*.

feed·er ['fi:də] *s.* **1.** *a large ~* ein starker Esser (*Mensch*) *od.* Fresser (*Tier*); **2.** ⊕ Zu-, Speiseleitung *f*; **3.** 🚂 *etc.* Zubringerzug *m etc.*; **4.** Bewässerungs-, Zuflußgraben *m*; Nebenfluß *m*; **5.** *Brit.* **a)** Kinderlatz *m*, **b)** Saugflasche *f*; **~ line** *s.* **1.** 🚂, ✈ 'Zubringer͵linie *f*; **2.** ⚡ Speiseleitung *f*; **~ road** *s.* Zubringerstraße *f*.

feed·ing ['fi:diŋ] **I.** *s.* **1.** Fütterung *f*; **2.** Ernährung *f*; **3.** ⊕ Speisung *f*, Zuleitung *f*; **II.** *adj.* **4.** Zufuhr...; **5.** zunehmend: *a ~ storm*; **'~-bot·tle** *s.* Saugflasche *f*; **~ cup** *s.* ⚕ Schnabel-, Krankentasse *f*.

'feed|-pipe *s.* ⊕ Zuleitungsrohr *n*; **'~-pump** *s.* ⊕ Speisewasserpumpe *f*; **'~-tank** *s.* ⊕ Speisewasserbehälter *m*.

feel [fi:l] **I.** *v/t.* [*irr.*] **1.** fühlen, empfinden: *to ~ pain*; → *draught 7*; **2.** (an-, be)fühlen, betasten: *just ~ my hand* fühl mal m-e Hand (an); *to ~ one's way* sich vortasten (*a. fig.*), *fig.* sondieren; **3.** spüren, merken, (tief) empfinden: *to ~ the earthquake* das Erdbeben spüren; *I felt his loss* ich fühlte s-n Verlust; *a (long-)felt want* ein dringendes Bedürfnis, ein (längst) spürbarer Mangel; *to make o.s. (od. itself) felt* sich fühlbar *od.* geltend machen; **4.** einsehen, verstehen; **5.** glauben, halten für: *I ~ it (to be) my duty* ich halte es für m-e Pflicht; **6.** erkunden; **II.** *v/i.* [*irr.*] **7.** fühlen, tasten; suchen (*for* nach, *if* ob); **8.** sich fühlen, sich befinden, sich vorkommen wie, sein: *to ~ ill* sich krank fühlen; *I ~ cold* mir ist kalt; *to ~ certain* sicher sein; *to ~ quite o.s. again* wieder ‚auf dem Posten' sein; *to ~ like (doing) s.th.* Lust haben zu et. (*od.* et. zu tun); *to ~ up to* sich stark genug fühlen für; → *out 31 g*; **9.** Gefühle haben, empfinden: *to ~ for* (*od. with*) *s.o.* Mitgefühl mit j-m haben; *to ~ strongly* a) entschiedene Ansichten haben, b) sich erregen (*about* über *acc.*); **10.** sich *weich etc.* anfühlen: *velvet ~s soft*; *it ~s like rain* es sieht nach Regen aus; **11.** finden, glauben: *I ~ that ...* ich finde *od.* es scheint mir, daß; *it is felt in London* in London meint man; **III.** *s.* **12.** Gefühl *n*, Empfindung *f*: *a sticky ~* ein klebriges Gefühl; *soft to the ~* weich anzufühlen; **13.** (Fein)Gefühl *n*: *clutch ~ mot.* Gefühl für richtiges Kuppeln.

feel·er ['fi:lə] *s.* **1.** *zo.* Fühler *m*, Fühlhorn *n*; **2.** *fig.* Fühler *m*, Ver'suchsbal,lon *m*: *to throw out a ~* e-n Fühler ausstrecken; **3.** ⚔ Kundschafter *m*; '**feel·ing** [-liŋ] **I.** *s.* **1.** Gefühl *n*, Gefühlssinn *m*; **2.** Gefühl *n*, Empfindung *f*, Gesinnung *f*, Stimmung *f*: *good ~* Wohlwollen; *ill ~* Unwille, Ressentiment; *to hurt s.o.'s ~s* j-s Gefühle verletzen; **3.** Rührung *f*: *with ~* a) mit Gefühl, gefühlvoll, b) mit Nachdruck, c) erbittert; *strong ~* a) feste Meinung, b) Erregung; → *high 11*; **4.** Fein-, Mitgefühl *n*; **5.** (Vor)Gefühl *n*; Ahnung *f*; **II.** *adj.* □ **6.** gefühlvoll; mitfühlend.

feet [fi:t] *pl. von foot.*

feign [fein] **I.** *v/t.* **1.** heucheln, so tun als ob, vorgeben, vortäuschen: *to ~ madness, to ~ o.s. mad* sich verrückt stellen; **2.** erfinden, erdichten; **II.** *v/i.* **3.** simulieren, sich verstellen; **feigned** [-nd] *adj.* □ vorgeblich, falsch, Schein...; '**feign·ed·ly** [-nidli] *adv.* zum Schein.

feint[1] [feint] **I.** *s.* **1.** *fenc. etc.* Finte *f* (*a. fig.*); **2.** ⚔ Scheinangriff *m*, 'Täuschungsma,növer *n* (*a. fig.*); **II.** *v/i.* **3.** fintieren.

feint[2] [feint] *adj. u. adv.* **1.** *Brit. für faint I*; **2.** *typ. ruled ~* schwach lini(i)ert.

feld·spar ['feldspɑ:] *s. min.* Feldspat *m.*

fe·lic·i·tate [fi'lisiteit] *v/t.* (*on*) beglückwünschen, gratulieren (zu); **fe·lic·i·ta·tion** [filisi'teiʃən] *s.* Glückwunsch *m*; **fe'lic·i·tous** [-təs] *adj.* □ glücklich (gewählt), treffend (*Ausdruck etc.*); **fe'lic·i·ty** [-ti] *s.* **1.** Glück(seligkeit *f*) *n*; **2.** glückliche Wahl; glücklicher Griff *od.* Einfall; **3.** treffender Ausdruck.

fe·line ['fi:lain] *adj.* **1.** katzenartig, Katzen...; **2.** *fig.* falsch, verschlagen.

fell[1] [fel] *pret. von fall.*

fell[2] [fel] *v/t.* **1.** *Baum* fällen; **2.** *Gegner* niederstrecken; **3.** (ein)säumen.

fell[3] [fel] *adj. poet.* grausam; → *swoop 4 b.*

fell[4] [fel] *s.* **1.** Balg *m*, Tierfell *n*; Vlies *n*; **2.** struppiges Haar.

fell[5] [fel] *s.* kahler *od.* felsiger Berg.

fel·lah ['felə] *pl.* **-lahs, -la·heen** [-ləhi:n] (*Arab.*) *s.* Fel'lache *m.*

fell·er[1] ['felə] *s.* (Holz)Fäller *m.*

fell·er[2] ['felə] F *od. humor.* → *fellow 4.*

'**fell·mon·ger** *s.* (Schaf)Fellhändler *m.*

fel·loe ['felou] *s.* (Rad)Felge *f*, Radkranz *m.*

fel·low ['felou] **I.** *s.* **1.** Gefährte *m*, Gefährtin *f*, Genosse *m*, Genossin *f*, Kame'rad(in): *~s in misery* Leidensgenossen; **2.** Mitmensch *m*, Zeitgenosse *m*; **3.** Ebenbürtige(r *m*) *f*: *he has not his ~* er hat nicht seinesgleichen; **4.** F Kerl *m*, Geselle *m*, Bursche *m*, Mensch *m*: *my dear ~* mein lieber Freund!; *good ~* guter Kerl, netter Mensch; *old ~!* alter Knabe!; *a ~* man, einer; **5.** Gegenstück *n*, der (die, das) andere *e-s Paares*: *where is the ~ of this shoe?*; *to be ~s* zs.-gehören; **6.** Fellow *m*: a) Mitglied *n* e-s College *od.* e-r gelehrten Gesellschaft, b) Stipendi'at *m* mit aka'demischem Titel (*für höheres Studium*); **II.** *adj.* **7.** Mit...: *~ being* Mitmensch; *~ citizen* Mitbürger; *~ passenger* Mitreisende(r); *his ~ Slavs* s-e slawischen Brüder; *~ student* Studienkollege, Kommilitone; *~ writer* (Schriftsteller)Kollege; '**~-'coun·try·man** [-mən] *s.* [*irr.*] Landsmann *m*; '**~-'feel·ing** *s.* Zs.-gehörigkeits-, Mitgefühl *n.*

fel·low·ship ['felouʃip] *s.* **1.** Kame'radschaft *f*, Gemeinschaft *f*, Verbundenheit *f*; **2.** Gesellschaft *f*, Körperschaft *f*; **3.** *univ.* a) Stellung *f* e-s Fellow, b) Sti'pendium *n* für höheres 'Studium.

'**fel·low|-trav·el·(l)er** *s.* **1.** Mitreisende(r *m*) *f*; **2.** *pol.* Mitläufer *m*, *bsd.* Kommu'nistenfreund *m*; '**~-trav·el·(l)ing** *adj. pol.* sympathisierend, *bsd.* kommu'nistenfreundlich.

fel·ly ['feli] → *felloe.*

fe·lo de se ['fi:loudi:'si:] *s.* ⚖ a) Selbstmörder *m*, b) Selbstmord *m.*

fel·on[1] ['felən] *s.* ⚕ Nagelgeschwür *n.*

fel·on[2] ['felən] *s.* (Schwer)Verbrecher *m*; **fe·lo·ni·ous** [fi'lounjəs] *adj.* □ ⚖ verbrecherisch; '**fel·o·ny** [-ni] *s.* ⚖ (*mst* schweres) Verbrechen: *~ murder* Mord in Tateinheit mit e-m anderen Verbrechen.

fel·spar ['felspɑ:] → *feldspar.*

felt[1] [felt] *pret. u. p.p. von feel.*

felt[2] [felt] **I.** *s.* Filz *m*; **II.** *adj.* Filz...; **III.** *v/t. u. v/i.* (sich) verfilzen; '**felt·ing** [-tiŋ] *s.* Filzstoff *m.*

'**felt-tipped pen** *s.* Filzstift *m*, -schreiber *m.*

fe·luc·ca [fe'lʌkə] *s.* ⚓ Fe'luke *f.*

fe·male ['fi:meil] **I.** *adj.* **1.** weiblich (*a.* ⚘): *~ dog* Hündin; *~ slave* Sklavin; **2.** weiblich, Frauen...: *~ dress* Frauenkleidung; *~ labo(u)r* Frauenarbeit; **3.** ⊕ Mutter...(*-gewinde, -schraube etc.*); **II.** *s.* **4.** Frau *f*, Mädchen *n*; **5.** *contp.* Weibsbild *n*, -stück *n*, Weib *n*; **6.** *zo.* Weibchen *n.*

feme| cov·ert [fi:m] *s.* ⚖ verheiratete Frau; *~ sole s.* ⚖ a) unverheiratete Frau, b) vermögensrechtlich selbständige Ehefrau.

fem·i·nine ['feminin] **I.** *adj.* □ **1.** weiblich (*a. ling.*); **2.** weiblich, Frauen...: *~ voice*; **3.** fraulich, sanft, zart; **4.** unmännlich, femi'nin; **II.** *s.* **5.** *ling.* 'Femininum *n*; *~* **rhyme** *s.* weiblicher Reim.

fem·i·nin·i·ty [femi'niniti] *s.* **1.** Fraulich-, Weiblichkeit *f*; **2.** unmännliche Art; **fem·i·nism** ['feminizəm] *s.* Frauenrechtlertum *n*; **fem·i·nist** ['feminist] *s.* Frauenrechtler(in).

fem·o·ral ['femərəl] *adj. anat.* Oberschenkel(knochen)...; **fe·mur** ['fi:mə] *pl.* **-murs** *od.* **fem·o·ra** ['femərə] *s. anat.* Oberschenkel(knochen) *m.*

fen [fen] *s.* Fenn *n*, Marschland *n*: *the ~s* die Niederungen in *East Anglia*; '**~-ber·ry** [-bəri] *s.* ⚘ Moosbeere *f.*

fence [fens] **I.** *s.* **1.** Zaun *m*, Einzäunung *f*, Einfriedigung *f*; ⊕, ⚖ Schutzvorrichtung *f*: *to sit on the ~* sich abwartend *od.* neutral verhalten, unschlüssig sein; **2.** *sport* Hindernis *n*; **3.** *sport* Fechtkunst *f*; *fig.* Debattierkunst *f*; **4.** *sl.* a) Hehler *m*, b) Hehlernest *n*; **II.** *v/t.* **5.** *a. ~ in* einzäunen, einfriedigen; **6.** schützen, sichern (*from* vor *dat.*); **7.** *~ off, ~ out* absperren, -wehren; **III.** *v/i.* **8.** fechten; **9.** *fig.* Spiegelfechte'rei treiben, ausweichen, parieren; **10.** *sl.* Hehle'rei treiben; '**~-month** *s. hunt. Brit.* Schonzeit *f.*

fenc·er ['fensə] *s. sport* Fechter(in).

'**fence-sea·son** → *fence-month.*

fenc·ing ['fensiŋ] *s.* **1.** *sport* Fechten *n*; **2.** *fig.* Wortgefecht *n*, Ausflüchte *pl.*; **3.** a) Zaun *m*, b) 'Zaunmateri,al *n*; *~* **foil** *s. sport* Ra'pier *n.*

fend [fend] **I.** *v/t.* **1.** *~ off* abwehren; **II.** *v/i.* **2.** sich wehren; **3.** *~ for* sorgen für: *to ~ for o.s.* sich ganz allein durchs Leben schlagen; '**fend·er** [-də] *s.* **1.** Schutzblech *n*; **2.** *Brit.* Stoßfänger *m*, Puffer *m*; **3.** *mot. Am.* Kotflügel *m*; **4.** ⚓ Fender *m*; **5.** Ka'minvorsetzer *m*, -gitter *n.*

fe·nes·tral [fi'nestrəl] *adj.* Fenster...; **fe'nes·trate** [-reit] *adj.* △, *biol.* mit Fenstern *od.* (kleinen) Löchern (versehen); **fen·es·tra·tion** [fenis'treiʃən] *s.* Fensterwerk *n.*

'**fen-fire** *s.* Irrlicht *n.*

Fe·ni·an ['fi:njən] **I.** *s. hist.* 'Fenier *m*; **II.** *adj.* 'fenisch; '**Fe·ni·an·ism** [-nizəm] *s.* 'Feniertum *n.*

'**fen-man** [-mən] *s.* [*irr.*] Fennbewohner *m.*

fen·nel ['fenl] *s.* ⚘ Fenchel *m.*

fen·ny ['feni] *adj.* sumpfig, Moor...

'**fen-reeve** *s. Brit.* Mooraufseher *m.*

feoff [fef] → *fief*; **feoff·ee** [fe'fi:] *s.* ⚖ Belehnte(r) *m*: *~ in* (*od. of*) *trust* Treuhänder; **feof·fer** ['fefə], **feof·for** [fe'fɔ:] *s.* ⚖ Lehnsherr *m.*

fe·ral ['fiərəl] *adj.* **1.** ⚘, *zo.* wild; **2.** *fig.* wild, bar'barisch.

fer·e·to·ry ['feritəri] *s.* Re'liquienschrein *m.*

fe·ri·al ['fiəriəl] *adj. eccl.* Wochentags...

fer·ment [fə(:)'ment] **I.** *v/t.* **1.** in Gärung bringen; **2.** *fig.* erregen; **II.** *v/i.* **3.** gären (*a. fig.*); **III.** *s.* ['fə:ment] **4.** ⚗ Fer'ment *n*, Gärmittel *n*; **5.** ⚗ Gärung *f* (*a. fig.*); **6.** *fig.* Unruhe *f*, Aufruhr *m*; **fer·men·ta·tion** [fə:men'teiʃən] *s.* **1.** ⚗ Gärung *f* (*a. fig.*); **2.** *fig.* Aufruhr *m*, Aufregung *f.*

fern [fə:n] *s.* ⚘ Farn(kraut *n*) *m*;

ˈ**fern·er·y** [-nəri] *s.* Farnkrautpflanzung *f*; ˈ**fern·y** [-ni] *adj.* farnartig, voller Farnkraut.

fe·ro·cious [fəˈrouʃəs] *adj.* □ **1.** wild, grausam, grimmig; **2.** *Am.* F ‚toll'; **fe·roc·i·ty** [fəˈrɔsiti] *s.* Grausamkeit *f*, Wildheit *f*.

fer·re·ous [ˈferiəs] *adj.* eisenhaltig.

fer·ret [ˈferit] **I.** *s.* **1.** *zo.* Frettchen *n*; **2.** *fig.* ‚Spürhund' *m* (*Person*); **II.** *v/i.* **3.** *hunt.* mit Frettchen jagen; **4.** ~ *about* herˈumsuchen (*for* nach); **III.** *v/t.* **5.** ~ *out* **a)** (*mit Frettchen*) herˈausjagen, **b)** *fig.* aufspüren, -stöbern, herˈausfinden.

fer·ric [ˈferik] *adj.* ⚗ Eisen...; **fer·rif·er·ous** [feˈrifərəs] *adj.* ⚗ eisenhaltig.

ferro- [ferou] *in Zssgn* Eisen...; ˈ~-ˈ**con·crete** *s.* ˈEisenbeˌton *m*; ˈ~·**type** *s.* *phot.* Ferrotyˈpie *f*.

fer·rous [ˈferəs] *adj.* eisenhaltig; **fer·ru·gi·nous** [feˈru:dʒinəs] *adj.* **1.** ⚗, *min.* eisenhaltig; **2.** rostbraun.

fer·rule [ˈferu:l] ⊕ **I.** *s.* Stockzwinge *f*, Ringbeschlag *m*, End-, Hirnring *m*; **II.** *adj.* mit Stockzwinge.

fer·ry [ˈferi] **I.** *s.* **1.** Fähre *f*, Fährboot *n*; **2.** ⚖ Fährgerechtigkeit *f*; **3.** ✈ Überˈführungsdienst *m* (*von der Fabrik zum Benutzer*); **II.** *v/t.* **4.** ˈübersetzen; *bsd.* ✈ überˈführen; abliefern; befördern; **III.** *v/i.* **5.** ˈübersetzen; ˈ~-**boat** → *ferry 1*; ˈ~-**bridge** *s.* Traˈjekt *m*, *n*, Eisenbahnfähre *f*; ~ **com·mand** *s.* ✈ ˈAbhol-, Überˈführungskomˌmando *n*; ˈ~·**man** [-mən] *s.* [*irr.*] Fährmann *m*.

fer·tile [ˈfə:tail] *adj.* □ **1.** fruchtbar, produkˈtiv (*a. fig.*), reich (*in*, *of* an *dat.*); **2.** *fig.* schöpferisch; **fer·til·i·ty** [fə:ˈtiliti] *s.* Fruchtbarkeit *f*, Reichtum *m* (*a. fig.*); **fer·ti·li·za·tion** [fə:tilaiˈzeiʃən] *s.* **1.** Fruchtbarmachen *n*, Befruchtung *f* (*a. biol.*); **2.** ⚒ Düngung *f*; ˈ**fer·ti·lize** [-tilaiz] *v/t.* **1.** fruchtbar machen; **2.** *biol.* befruchten (*a. fig.*); **3.** ⚒ düngen; ˈ**fer·ti·liz·er** [-tilaizə] *s.* (Kunst)Dünger *m*, Düngemittel *n*.

fer·ule [ˈferu:l] **I.** *s.* (flaches) Lineˈal (*zur Züchtigung*); Rute *f* (*a. fig.*); **II.** *v/t.* züchtigen.

fer·ven·cy [ˈfə:vənsi] → *fervo(u)r 1*; ˈ**fer·vent** [-nt] *adj.* □ **1.** glühend, feurig, inbrünstig, leidenschaftlich; **2.** (glühend) heiß; ˈ**fer·vid** [-vid] *adj.* □ *poet.* → *fervent 1*; ˈ**fer·vo(u)r** [-və] *s.* **1.** Glut *f*, Feuer(eifer *m*) *n*, Leidenschaft *f*, Inbrunst *f*; **2.** Hitze *f*.

fes·cue [ˈfeskju:] *s.* *a.* ~ *grass* ⚘ Schwingelgras *n*.

fess(e) [fes] *s.* *her.* (Quer)Balken *m*.

fes·tal [ˈfestl] *adj.* □ festlich, Fest...

fes·ter [ˈfestə] **I.** *v/i.* **1.** schwären, eitern: ~*ing sore* Eiterbeule (*a. fig.*); **2.** verwesen, verfaulen; **3.** *fig.* nagen, um sich fressen; **II.** *v/t.* **4.** zum Eitern bringen; **III.** *s.* **5.** Schwäre *f*, Geschwür *n*, Fistel *f*.

fes·ti·val [ˈfestəvəl] **I.** *s.* **1.** Fest(tag *m*) *n*, Feier *f*; **2.** Festspiele *pl.*; **II.** *adj.* **3.** festlich, Fest...: ~ *play* Festspiel; ˈ**fes·tive** [-tiv] *adj.* □ festlich, fröhlich, Fest...; **fes·tiv·i·ty** [fesˈtiviti] *s.* **1.** *oft pl.* Fest(lichkeit *f*) *n*; **2.** Fröhlichkeit *f*.

fes·toon [fesˈtu:n] **I.** *s.* Girˈlande *f*; **II.** *v/t.* mit Girlanden schmücken.

fetch [fetʃ] **I.** *v/t.* **1.** (herˈbei)holen: ~ *it here!* hol *od.* bring es her!; *to* ~ *and carry* (nur) Handlanger sein; **2.** abholen; **3.** herˈvorholen, -bringen, *Atem* holen: *to* ~ *a sigh* (auf-) seufzen; *to* ~ *tears* (ein paar) Tränen hervorlocken; **4.** apportieren (*Hund*); **5.** ~ *up* ausspeien, -brechen; **6.** *Preis etc.* (ein)bringen, erzielen; **7.** *fig.* fesseln, anziehen, reizen; **8.** *j-m e-n Schlag* versetzen: *to* ~ *s.o. one* j-m ‚eine langen' *od.* ‚runterhauen'; **9.** ⚓ erreichen; **II.** *s.* **10.** Kniff *m*, Finte *f*; **11.** *bsd.* ⚓ Weg *m*, Strecke *f*; ˈ**fetch·ing** [-tʃiŋ] *adj.* F reizend, bezaubernd.

fête [feit] **I.** *s.* Fest(lichkeit *f*) *n*; **II.** *v/t.* *j-n* feiern *od.* festlich bewirten; ˈ~-**day** *s.* *R.C.* Namenstag *m*.

fet·id [ˈfetid] *adj.* □ stinkend.

fe·tish [ˈfi:tiʃ] *s.* Fetisch *m*; ˈ**fe·tish·ism** [-ʃizəm] *s.* **1.** Fetischverehrung *f*; **2.** *psych.* Fetiˈschismus *m*.

fet·lock [ˈfetlɔk] *s.* Fesselgelenk *n* (*Pferd*).

fet·ter [ˈfetə] **I.** *s.* **1.** (Fuß)Fessel *f*; **2.** *pl. fig.* Fesseln *pl.*, Gefangenschaft *f*; **II.** *v/t.* **3.** fesseln (*a. fig.*); **4.** hemmen, zügeln.

fet·tle [ˈfetl] *s.* Verfassung *f*, Zustand *m*: *in good* (*od. fine*) ~ (gut) in Form.

fe·tus → *foetus*.

feu [fju:] *s.* ⚖ *Scot.* Lehen *n*.

feud[1] [fju:d] *s.* Fehde *f*: *to be at* ~ *with* befehden (*acc.*).

feud[2] [fju:d] *s.* ⚖ Lehen *n*, Lehnsgut *n*; ˈ**feu·dal** [-dl] *adj.* ⚖ Feudal..., Lehns...; ˈ**feu·dal·ism** [-dəlizəm] *s.* Lehenswesen *n*, Feudaˈlismus *m*; **feu·dal·i·ty** [fju:ˈdæliti] *s.* **1.** Lehnswesen *n*; **2.** Lehnsgut *n*; ˈ**feu·da·to·ry** [-dətəri] *s.* Lehnsmann *m*, Vaˈsall *m*.

feuil·le·ton [ˈfə:itɔ̃:ŋ; fœjtɔ̃] (*Fr.*) *s.* Feuilleˈton *n*, Unterˈhaltungsteil *m*.

fe·ver [ˈfi:və] *s.* **1.** ⚕ Fieber *n*: ~ *heat* **a)** Fieberhitze, **b)** *fig.* fieberhafte Erregung; **2.** *fig.* Auf-, Erregung *f*, Eifer *m*: *in a* ~ *of excitement* in fieberhafter *od.* höchster Aufregung; ˈ**fe·vered** [-əd] *adj.* **1.** fiebernd, fiebrig; **2.** *fig.* erregt, fieberhaft; ˈ**fe·ver·ish** [-vəriʃ] *adj.* □ **1.** fieberkrank, fiebrig, Fieber...; **2.** *fig.* fieberhaft, aufgeregt; ˈ**fe·ver·ish·ness** [-vəriʃnis] *s.* Fieberhaftigkeit *f* (*a. fig.*).

few [fju:] *adj. u. s.* (*pl.*) **1.** (*Ggs. many*) wenige: ~ *persons* wenige Personen; *the* ~ *who came* die wenigen, die kamen; *some* ~ einige wenige; *his friends are* ~ er hat wenige Freunde; ~ *and far-between* (sehr) vereinzelt; **2.** *a* ~ (*Ggs. none*) einige, ein paar: *a* ~ *days* einige Tage; *not a* ~ nicht wenige, viele; *a good* ~ e-e ganze Menge; *only a* ~ nur wenige; *every* ~ *days* alle paar Tage; **few·er** [ˈfju:ə] *adj. u. s. pl.* weniger: *no* ~ *than* nicht weniger als; ˈ**few·ness** [-nis] *s.* geringe Anzahl.

fey [fei] *adj.* *Scot.* todgeweiht.

fez [fez] *s.* Fes *m*.

fi·an·cé [fiˈɑ̃:nsei; fjɑ̃se] (*Fr.*) *s.* Verlobte(r) *m*; **fi·an·cée** [fiˈɑ̃:nsei; fjɑ̃se] (*Fr.*) *s.* Verlobte *f*.

Fi·an·na [ˈfi:ənə] (*Ir.*) *s.* *pol.* die ˈFenier *pl.*; ~ **Fail** [fɔ:l] *s.* *pol.* irische Parˈtei de Vaˈleras.

fi·as·co [fiˈæskou] *pl.* **-cos** *s.* Fiˈasko *n*, ˈMißerfolg *m*; Blaˈmage *f*, Reinfall *m*.

fi·at [ˈfaiæt] *s.* **1.** ⚖ *Brit.* Gerichtsbeschluß *m*; **2.** Gebot *n*, Befehl *m*, Machtspruch *m*; **3.** Ermächtigung *f*; ~ **mon·ey** *s.* *Am.* Paˈpiergeld *n* (*ohne Golddeckung*).

fib [fib] **I.** *s.* kleine Lüge, Schwindeˈlei *f*, Flunkeˈrei *f*: *to tell a* ~ flunkern; **II.** *v/i.* schwindeln, flunkern; ˈ**fib·ber** [-bə] *s.* F Flunkerer *m*, Schwindler *m*.

fi·ber *Am.*, **fi·bre** [ˈfaibə] *Brit.* *s.* **1.** ⊕, *biol.* Faser *f*, Fiber *f*; **2.** Texˈtur *f*: ~ *trunk* (Vulkan)Fiberkoffer; *bulb* ~ Blumentopferde; **3.** *fig.* Schlag *m*, Chaˈrakter *m*, Strukˈtur *f*: *of coarse* ~ grobschlächtig; ˈ~·**board** *s.* ⊕ Holzfaserplatte *f*; ˈ~·**glass** *s.* ⊕ Glaswolle *f*.

fi·bril [ˈfaibril] *s.* **1.** Fäserchen *n*; **2.** ⚘ Wurzelfaser *f*; ˈ**fi·brin** [-brin] *s.* **1.** Fiˈbrin *n*, Blutfaserstoff *m*; **2.** *a. plant* ~ Pflanzenfaserstoff *m*; ˈ**fi·broid** [-brɔid] **I.** *adj.* faserartig, Faser...; **II.** *s.* ⚕ Fasergeschwulst *f*; **fi·bro·ma** [faiˈbroumə] *pl.* **-ma·ta** [-mətə] *s.* ⚕ Fasergeschwulst *f*; **fi·bro·si·tis** [faibrouˈsaitis] *s.* ⚕ Bindegewebsentzündung *f*, ˈMuskelrheumaˌtismus *m*; ˈ**fi·brous** [-brəs] *adj.* □ **1.** faserig, Faser...; **2.** ⊕ sehnig (*Metall*).

fib·u·la [ˈfibjulə] *pl.* **-lae** [-li:] *s.* **1.** *anat.* Wadenbein *n*; **2.** *antiq.* Fibel *f*, Spange *f*.

fick·le [ˈfikl] *adj.* unbeständig, wankelmütig, launenhaft; ˈ**fick·le·ness** [-nis] *s.* Unbeständigkeit *f*, Wankelmut *m*.

fic·tile [ˈfiktail] *adj.* **1.** formbar, plastisch; **2.** tönern, irden: ~ *art* Töpferkunst; ~ *ware* Steingut.

fic·tion [ˈfikʃən] *s.* **1.** (freie) Erfindung, Dichtung *f*; **2.** ˈProsa-, Roˈmanliteraˌtur *f*: *work of* ~; **3.** *coll.* erzählende Literaˈtur, Roˈmane *pl.*; **4.** ⚖ Fiktiˈon *f*; ˈ**fic·tion·al** [-ʃənl] *adj.* **1.** erdichtet; **2.** Roman...

fic·ti·tious [fikˈtiʃəs] *adj.* □ **1.** (frei) erfunden, unecht, falsch; **2.** unwirklich, Phantasie..., Roman..., Schein..., angenommen (*Name*); **3.** ⚖ fingiert, fikˈtiv: ~ *bill* ✝ Kellerwechsel; ~ *person* juristische Person; **ficˈti·tious·ness** [-nis] *s.* Unechtheit *f*; **fic·tive** [ˈfiktiv] *adj.* erdichtet.

fid·dle [ˈfidl] **I.** *s.* **1.** ♪ Fiedel *f*, Geige *f*: *to play first* (*second*) ~ *fig.* die erste (zweite) Geige spielen; *to have a face as long as a* ~ ein Gesicht machen, als wäre e-m die Petersilie verhagelt; → *fit*[1] 4; **II.** *v/i.* **2.** ♪ fiedeln, geigen; **3.** ~ *about* trödeln, herˈumtändeln; **4.** (*with*) spielen (mit), herˈumfingern (an *dat.*); **III.** *v/t.* **5.** ♪ spielen; **6.** *Zeit* vertrödeln; **IV.** *int.* **7.** Unsinn!, Blödsinn!, Quatsch!; ˈ~-**de**-ˈ**dee** [-diˈdi:] → *fiddle 7*; ˈ~-**fad·dle** [-fædl] **I.** *s.* **1.** Lapˈpalie *f*; **2.** Unsinn *m*; **II.** *v/i.* **3.** die Zeit vertrödeln.

fid·dler ['fidlə] *s.* ♪ Geiger(in).

'fid·dle·stick I. *s.* Geigenbogen *m*; **II.** *int.* ~s → *fiddle 7.*

fid·dling ['fidliŋ] *adj.* läppisch, unnütz, geringfügig.

fi·del·i·ty [fi'deliti] *s.* **1.** Ergebenheit *f*, Treue *f* (*to* gegenüber, zu); **2.** Genauigkeit *f*, genaue Über'einstimmung *od.* 'Wiedergabe: *with* ~ wortgetreu; **3.** ⚡ 'Wiedergabegüte *f*, Klangtreue *f*.

fidg·et ['fidʒit] **I.** *s.* **1.** *oft pl.* ner'vöse Unruhe; **2.** ‚Zappelphilipp' *m*, unruhiger Mensch; **II.** *v/t.* **3.** ner'vös machen; **III.** *v/i.* **4.** (her'um)zappeln, unruhig sein: *to* ~ *with* (herum)spielen *od.* (-)fuchteln mit; **'fidg·et·i·ness** [-tinis] *s.* Unruhe *f*, Zappe'lei *f*, Nervosi'tät *f*; **'fidg·et·y** [-ti] *adj.* unruhig, ner'vös, zappelig: ~ *Philipp* → *fidget 2.*

Fi·do ['faidou] *s.* ✈ *ein Verfahren zur Bodenentnebelung.*

fi·du·cial [fi'dju:ʃjəl] *adj. ast., phys.* Vergleichs...; **fi'du·ci·ar·y** [-jəri] ⚖ **I.** *s.* **1.** Treuhänder *m*; **II.** *adj.* **2.** fiduzi'arisch, Treuhand..., Treuhänder..., Vertrauens...; **3.** ✝ ungedeckt (*Noten*).

fie [fai] *int.* pfui!, (*oft* ~ *upon you!*) schäm dich!

fief [fi:f] *s.* ⚖ Lehen *n*, Lehnsgut *n*.

field [fi:ld] **I.** *s.* **1.** ↗ Feld *n* (*a. her., opt., phys., a. e-r Flagge*), Acker *m*: *rice-*~ Reisfeld; **2.** ⚒ Feld *n*: *coal-*~; *gold-*~; **3.** Feld *n*, Fläche *f*: *ice-*~ Eisfeld; ~ *of vision* (*od. view*) Gesichts-, Blickfeld, *fig.* Horizont, Gesichtskreis; **4.** Bereich *m*, (Sach-, Arbeits)Gebiet *n*, Fach *n*: *in my* ~ in m-m Fach; *in the* ~ *of art* auf dem Gebiet der Kunst; **5.** ⚔ (Schlacht)Feld *n*, Schlacht *f*: *in the* ~ im Felde, an der Front, *fig.* im Wettbewerb; *to hold the* ~ das Feld behaupten; *to take the* ~ den Kampf eröffnen; *to win the* ~ den Sieg davontragen; ~ *of hono(u)r* Feld der Ehre; **6.** *sport* **a)** Sportfeld *n*, (Spiel)Platz *m*, **b)** Feld *n*, Teilnehmer *pl.*, Besetzung *f*, *fig.* Wettbewerbsteilnehmer *pl.*: *fair* ~ *and no favo(u)r* gleiche Bedingungen für alle, **c)** *Kricket, Baseball*: 'Fängerpar,tei *f*; **7.** *bsd.* ✝, *psych., sociol.* 'Praxis *f*, Wirklichkeit *f* (*Ggs. Theorie*): ~ **service** *bsd.* ✝ Außendienst; ~ *staff* ✝ Außendienstmitarbeiter; ~ *work* **a)** *Meinungsforschung*: Field-work, Feldarbeit, Meinungsbefragungen (durch Interviewer), **b)** praktische (wissenschaftliche) Arbeit, *archaeol. etc. a.* Arbeit im Gelände; ~ *worker Meinungsforschung*: Befrager, Interviewer; **8.** *paint.* Grund *m*; **9.** ⚡ (Spannungs-, Kraft)Feld *n*: ~ *coil* Feldspule; **10.** *Fernsehen*: Feld *n*, Raster(bild *n*) *m*; **II.** *v/t.* **11.** *Kricket etc.*: *Ball* auffangen u. zu'rückwerfen; **III.** *v/i.* **12.** *Kricket etc.*: als Fänger spielen.

'field|-al·low·ance *s.* ⚔ Frontzulage *f*; **'~-ar'til·ler·y** *s.* ⚔ 'Feldartille,rie *f*; **'~-day** *s.* **1.** ⚔ Felddienstübung *f*; Pa'radetag *m*; **2.** *Am.* Sportfest *n*; **3.** *Am.* Exkursi'onstag *m*; **4.** *fig. ein* großer Tag; ~ **dress·ing** *s.* ⚔ Notverband *m*.

field·er ['fi:ldə] *s. Kricket etc.*: Fänger *m*; *pl.* 'Fängerpar,tei *f*.

field| e·vent *s. sport* 'technische Diszi'plin; **'~-fare** *s. orn.* Krammetsvogel *m*; **'~-glass(·es** *pl.*) *s.* Fernglas *n*, Feldstecher *m*; **'~-gun** *s.* ⚔ Feldgeschütz *n*; ~ **hos·pi·tal** *s.* ⚔ 'Feldlaza,rett *n*; ~ **kitch·en** *s.* ⚔ Feldküche *f*; ♀ **Mar·shal** *s.* ⚔ Feldmarschall *m*; **'~-mouse** *s.* [*irr.*] *zo.* Feldmaus *f*; **'~-night** *s. pol. Brit.* entscheidende (Nacht)Sitzung; **'~-of·fi·cer** *s.* ⚔ 'Stabsoffi,zier *m*; ~ **of fire** *s.* ⚔ Schußfeld *n*; ~ **of force** *s. phys.* Kraftfeld *n*; ~ **rank** *s.* ⚔ Rang *m* eines 'Stabsoffi,ziers.

fields·man ['fi:ldzmən] *s.* [*irr.*] → *fielder.*

'field|-sports *s. pl.* Sport *m* im Freien (*bsd. Jagen, Fischen*); ~ **strength** *s.* ⚡ Feldstärke *f*; ~ **stud·y** *s.* 'Feld,studie *f*; ~ **train·ing** *s.* ⚔ Geländeausbildung *f*; **'~-work** *s.* ⚔ Schanze *f*.

fiend [fi:nd] *s.* **1.** 'Satan *m*, Teufel *m*; **2.** Unhold *m*, Unmensch *m*; **3.** *bsd. in Zssgn*: **a)** Süchtige(r *m*) *f*: *opium* ~, **b)** Fa'natiker(in), Narr *m*; → *fresh-air fiend*; **'fiend·ish** [-diʃ] *adj.* □ teuflisch, unmenschlich; *fig.* F verteufelt; **'fiend·ish·ness** [-diʃnis] *s.* teuflische Bosheit.

fierce [fiəs] *adj.* □ **1.** wild, grimmig, wütend (*a. fig.*); **2.** heftig, hitzig, glühend, verbissen, fa'natisch; **3.** grell; **'fierce·ness** [-nis] *s* Wildheit *f*, Ungestüm *n*, Heftigkeit *f*.

fi·er·i·ness ['faiərinis] *s.* Hitze *f*, Feuer *n*; **fi·er·y** ['faiəri] *adj.* □ **1.** brennend, glühend (*a. fig.*); **2.** *fig.* feurig, hitzig, heftig; **3.** feuergefährlich; **4.** Feuer...

fife [faif] ♪ **I.** *s.* **1.** (Quer)Pfeife *f*; **2.** → *fifer*; **II.** *v/t. u. v/i.* **3.** (*auf der Querpfeife*) pfeifen; **'fif·er** [-fə] *s.* Pfeifer *m*.

fif·teen ['fif'ti:n] **I.** *adj.* **1.** fünfzehn; **II.** *s.* **2.** Fünfzehn *f*; **3.** *sport* Fünfzehn *f*, Rugbymannschaft *f*; **'fif'teenth** [-nθ] **I.** *adj.* fünfzehnt; **II.** *s.* Fünfzehntel *n*.

fifth [fifθ] **I.** *adj.* □ **1.** fünft; **II.** *s.* **2.** Fünftel *n*; **3.** ♪ Quinte *f*; ~ **col·umn** *s. pol.* Fünfte Ko'lonne; ~ **col·umn·ist** *s.* Mitglied *n* der Fünften Ko'lonne.

fifth·ly ['fifθli] *adv.* fünftens.

fifth wheel *s.* **1.** *mot.* Drehschemel *m* (*Sattelschlepper*); **2.** *fig.* fünftes Rad am Wagen.

fif·ti·eth ['fiftiiθ] **I.** *adj.* fünfzigst; **II.** *s.* Fünfzigstel *n*; **fif·ty** ['fifti] **I.** *adj.* fünfzig; **II.** *s.* Fünfzig *f*: *the fifties* **a)** die fünfziger Jahre (*Zeitalter*), **b)** die Fünfziger(jahre) (*Lebensalter*); **'fif·ty-'fif·ty** *adj. u. adv.* F halb u. halb, fifty-fifty.

fig[1] [fig] *s.* ♆ **1.** Feige *f*: *I don't care a* ~ (*for it*) F ich mache mir nichts daraus, es ist mir Wurst; *a* ~ *for* zum Teufel mit; **2.** Feigenbaum *m*.

fig[2] [fig] **I.** *s.* F **1.** Kleidung *f*, 'Gala *f*: *in full* ~ in vollem Wichs; **2.** Zustand *m*: *in good* ~ gut in Form; **II.** *v/t.* **3.** ~ *out* her'ausputzen.

fight [fait] **I.** *s.* **1.** Kampf *m* (*a. fig.*), Gefecht *n*: *to put up a good* ~ sich tapfer schlagen; **2. a)** Schläge'rei *f*, **b)** *sport* Boxkampf *m*: *to have a* ~ sich schlagen; *to make a* ~ *for* kämpfen um; **3.** Kampflust *f*, -fähigkeit *f*: *to show* ~ sich zur Wehr setzen; *there is no* ~ *left in him* er ist kampfmüde *od.* ‚fertig'; **4.** Streit *m*, Kon'flikt *m*; **II.** *v/t.* [*irr.*] **5.** *j-n od. et.* bekämpfen, bekriegen; kämpfen mit *od.* gegen, sich schlagen mit; **6.** ausfechten: *to* ~ *a battle* e-e Schlacht schlagen; *to* ~ *a duel* sich duellieren; *to* ~ *an election* kandidieren; *to* ~ *it out* es ausfechten; **7.** verteidigen, verfechten, erkämpfen: *to* ~ *one's way* sich durchschlagen; *to* ~ *an action* e-n Prozeß führen; **8.** ⚔ *Truppen od. Schiff* im Kampf führen; **III.** *v/i.* [*irr.*] **9.** kämpfen (*with od. against* mit *od.* gegen, *for* um): *to* ~ *against s.th.* gegen et. ankämpfen; **10.** sich schlagen; ~ **back** *v/i.* sich wehren, zu'rückschlagen; ~ **off** *v/t.* abwehren; ~ **out** *v/t.* ausfechten.

fight·er ['faitə] *s.* **1.** Kämpfer *m*, Streiter *m*; **2.** Schläger *m*; **3.** *sport* Fighter *m*, Offen'sivboxer *m*; **4.** ⚔, ✈ Jagdflugzeug *n*, Jäger *m*: ~-*bomber* Jagdbomber; ~ *group Brit.* Jagdgeschwader, *Am.* Jagdgruppe; ~ *pilot* Jagdflieger.

fight·ing ['faitiŋ] **I.** *s.* Kampf *m*; **II.** *adj.* Kampf...; streitlustig; ~ **chance** *s.* Erfolgschance *f* (bei großer Anstrengung); **'~-cock** *s.* Kampfhahn *m* (*a. fig.*): *to feel like a* ~ in bester Form sein.

'fig-leaf *s.* Feigenblatt *n* (*a. fig. Bemäntelung*).

fig·ment ['figmənt] *s.* (pure) Erfindung; reine Einbildung.

'fig-tree *s.* Feigenbaum *m*.

fig·u·ra·tion [figju'reiʃən] *s.* **1.** Gestaltung *f*, Darstellung *f*; **2.** Figurati'on *f*, Verzierung *f* (*a.* ♪).

fig·ur·a·tive ['figjurətiv] *adj.* □ **1.** bildlich, über'tragen, fi'gürlich; **2.** bilderreich (*Stil*); **3.** sym'bolisch; **'fig·ur·a·tive·ness** [-nis] *s.* Bildlichkeit *f*, Fi'gürlichkeit *f*; Bilderreichtum *m*.

fig·ure ['figə] **I.** *s.* **1.** Fi'gur *f* (*a.* ⛸), (Körper)Form *f*, Gestalt *f*, Aussehen *n*: *to keep one's* ~ schlank bleiben; **2.** *fig.* Per'son *f*, Per'sönlichkeit *f*, Cha'rakter *m*, Erscheinung *f*: *a public* ~ e-e allgemein bekannte Persönlichkeit; ~ *of fun* komische Figur; *to cut a* ~ Eindruck machen; *to cut* (*od. make*) *a poor* ~ e-e traurige Figur abgeben; **3.** Statue *f*; Bild *n*, Abbildung *f*, Zeichnung *f*, Dia'gramm *n*, Fi'gur *f*; (*Web- etc.*) Muster *n*; **4.** Ziffer *f*, Zahl *f*; Summe *f*, Preis *m*: *three-*~ *number* dreistellige Zahl; *to run into three* ~*s* in die Hunderte gehen; *to be good at* ~*s* ein guter Rechner sein; *at a low* ~ billig; **5.** ('Tanz- *etc.*)Fi,gur *f*; **6.** *a.* ~ *of speech* Me'tapher *f*, Redewendung *f*; **7.** ♪ Figur *f*, Phrase *f*; **II.** *v/t.* **8.** gestalten, formen; **9.** darstellen, abbilden; **10.** *a.* ~ *to o.s.* sich *et.* vorstellen; **11.** *a.* ~ *out Problem etc.* lösen; **III.** *v/i.* **12.** e-e Rolle spielen, erscheinen, figurieren (*as* als): *to* ~ *on the list* auf der Liste stehen; **13.** rechnen: *to* ~ *out* **a)** ausrechnen, **b)** rauskriegen, verstehen; **14.** *Am.* F meinen, glauben;

beabsichtigen: *to ~ on s.th.* mit et. rechnen; **15.** *~ out* sich belaufen (*at* auf *acc.*); '**fig·ured** [-əd] *adj.* **1.** gemustert, geblümt; **2.** ♪ beziffert (*Baß*); **3.** bildlich, bilderreich (*Stil*).

'**fig·ure**|**-dance** *s.* Fi'gurentanz *m*; '**~-head** *s.* **1.** ⚓ Gali'onsfiˌgur *f*; **2.** *fig.* (reine) Repräsentati'onsfiˌgur; Strohmann *m*, Aushängeschild *n*; **~ skat·er** *s. sport* (Eis-) Kunstläufer(in); **~ skat·ing** *s. sport* (Eis)Kunstlauf *m*.

fig·u·rine ['figjuri:n] *s.* Figu'rine *f*, Fi'gürchen *n* (*aus Ton etc.*).

fil·a·ment ['filəmənt] *s.* **1.** Faden *m*, Faser *f*; **2.** ⚘ Staubfaden *m*; **3.** ⚡ (Glüh-, Heiz)Faden *m*: *~ battery* Heizbatterie; **fil·a·men·tous** [filə'mentəs] *adj.* faserartig, Faden...

fil·a·ture ['filətʃə] *s.* ⊕ **1.** Abhaspeln *n* (*Seide*); **2.** Seidenspinne'rei *f*.

fil·bert ['filbə(:)t] *s.* ⚘ Haselnußstrauch *m*, Haselnuß *f*.

filch [filtʃ] *v/t.* F ‚mausen', ‚klauen' (*stehlen*).

file[1] [fail] **I.** *s.* **1.** Aufreihdraht *m*, -faden *m*; **2.** Briefordner *m*, Aktenbündel *n*, -mappe *f*, Zeitungshalter *m*; **3. a)** Akte(nstück *n*) *f*: *~ number* Aktenzeichen, **b)** Akten *pl.*, Ablage *f*, abgelegte Briefe *pl. od.* Pa'piere *pl.*: *on ~* bei *od.* zu den Akten; **4.** ⚔ Rotte *f*, Reihe *f*: *in ~* im Gänsemarsch; **5.** Reihe *f* (*Personen od. Sachen hintereinander*); **II.** *v/t.* **6.** *Briefe etc.* einreihen, -heften, ablegen, zu den Akten legen; **7.** *Gesuch etc.* einreichen; **III.** *v/i.* **8.** hinterein'ander *od.* ⚔ in Reihe marschieren.

file[2] [fail] **I.** *s.* **1.** ⊕ Feile *f*; **II.** *v/t.* **2.** ⊕ feilen; **3.** *Stil* feilen, glätten; '**~-cut·ter** *s.* ⊕ Feilenhauer *m*.

fi·let ['fi:lei] (*Fr.*) *s.* **1.** *Am. Küche*: Fi'let *n*; **2.** *a. ~ lace* Fi'let(stickeˌrei *f*) *n*.

fil·i·al ['filjəl] *adj.* □ kindlich, Kindes...; **fil·i·a·tion** [fili'eiʃən] *s.* **1.** Kindschaft *f*: *~ proceeding* ⚖ Verfahren zur Feststellung der Vaterschaft; **2.** Abstammung *f*; **3.** Verwandtschaftsverhältnis *n*; **4.** Abzweigung *f*, Zweig *m*.

fil·i·beg ['filibeg] → *kilt 1*.

fil·i·bus·ter ['filibʌstə] **I.** *s.* **1.** *hist.* Freibeuter *m*; **2.** *pol. Am.* **a)** Obstrukti'on *f*, **b)** Obstrukti'onspoˌlitiker *m*; **II.** *v/i.* **3.** *pol. Am.* Obstrukti'on *od.* Ver'schleppungspoliˌtik treiben.

fil·i·gree ['filigri:] *s.* Fili'gran(arbeit *f*) *n*.

fil·ing| **cab·i·net** ['failiŋ] *s.* Aktenschrank *m*; **~ card** *s.* Kar'teikarte *f*.

fil·ings ['failiŋz] *s. pl.* ⊕ Feilspäne *pl.*

Fil·i·pi·no [fili'pi:nou] *pl.* **-nos** *s.* Philip'pino *m* (*Bewohner der Philippinen*).

fill [fil] **I.** *s.* **1.** Fülle *f*, Genüge *f*: *to eat one's ~* sich satt essen; *to have one's ~ of s.th.* genug von et. haben; **2.** Füllung *f*; **II.** *v/t.* **3.** (an-, aus-, ein)füllen: *to ~ s.o.'s glass* j-m einschenken; **4.** 'vollfüllen, (be)laden; sättigen; *Loch, Pfeife* stopfen; *Zahn* füllen, plombieren; **5.** erfüllen: *smoke ~ed the room*; *grief ~ed his heart*; *~ed with fear* angsterfüllt; **6.** zahlreich sein in (*dat.*), bevölkern; **7.** *Posten* innehaben, ausfüllen: *to ~ s.o.'s place* j-s Stelle einnehmen, j-n ersetzen; **8.** *Stelle* besetzen; **9.** *Am. Auftrag* ausführen; **10.** durch Zusätze fälschen; **11.** entsprechen, genügen (*dat.*); → *bill*[2] *4*; **III.** *v/i.* **12.** sich füllen; **~ in** *v/t.* **1.** *Loch, Zeit, Brit. Formular* ausfüllen; **2.** *Namen etc.* einsetzen; **3.** *fill s.o. in* F (on über *acc.*) j-n ins Bild setzen, j-n informieren; **~ out I.** *v/t.* **1.** ausdehnen, -füllen, rund machen; **2.** *bsd. Am. Formular* ausfüllen; **II.** *v/i.* **3.** sich ausdehnen, schwellen; **~ up I.** *v/t.* **1.** an-, auf-, 'vollfüllen; **2.** *Brit. Formular* ausfüllen; **II.** *v/i.* **3.** sich füllen.

fill·er ['filə] *s.* **1.** 'Füllappaˌrat *m*; Trichter *m*: *~ cap mot.* Einfüllstutzen; **2.** Füllstoff *m*, Zusatzmittel *n*; **3.** Füllsel *n*, Lückenbüßer *m*.

fil·let ['filit] **I.** *s.* **1.** Haarband *n*, Kopfbinde *f*; **2.** (Gold)Zierstreifen *m* (*Buch*); **3.** △ Leiste *f*, Rippe *f*, Reif *m*, Band *n*; **4.** Lendenstück *n*, Fleischschnitte *f*, Rou'lade *f*, Fi'let *n*, 'Fischfiˌlet *n* (*entgrätet*); **II.** *v/t.* **5.** mit e-r Kopfbinde *od.* e-r Leiste *etc.* schmücken; **6.** *Fleisch etc.* als Filet zubereiten.

fill·ing ['filiŋ] **I.** *s.* **1.** Füllung *f*, Füllmasse *f*, Einlage *f*, (*Brot*)Belag *m*; **2.** (Zahn)Plombe *f*, (-)Füllung *f*; **II.** *adj.* **3.** sättigend; **~ sta·tion** *s. Am.* Tankstelle *f*.

fil·lip ['filip] **I.** *s.* **1.** Schnippchen *n* (*mit Finger u. Daumen*); **2.** Klaps *m*, Nasenstüber *m* (*a. fig.*); **3.** *fig.* Ansporn *m*, Anregung *f*: *to give a ~ to* → *5*; **II.** *v/t.* **4.** e-n Klaps *od.* Nasenstüber geben (*dat.*); **5.** *fig.* antreiben, anspornen.

fil·ly ['fili] *s.* **1.** *zo.* weibliches Füllen; **2.** *fig.* wilde Hummel.

film [film] **I.** *s.* **1.** Mem'bran(e) *f*, Häutchen *n*; **2.** *phot. u. thea.* Film *m*: *the ~s* die Filmindustrie, der Film; *to take* (*od. shoot*) *a ~* e-n Film drehen; **3.** dünne Schicht, 'Überzug *m*; (*a.* Zahn)Belag *m*; **4.** zartes Gewebe, Schleier *m* (*a. fig.*); **5.** Trübung *f* (*Auge*); **II.** *v/i.* **6.** sich mit e-m Häutchen über'ziehen; **7.** sich zur Verfilmung eignen (*Romane etc.*); **III.** *v/t.* **8.** (ver)filmen; '**~-fan** *s.* F 'Kinonarr *m*; **~ li·brar·y** *s.* 'Filmarˌchiv *n*; **~ star** *s.* Filmstar *m*; **~ strip** *s.* Bildstreifen *m*; **~ ver·sion** *s.* Verfilmung *f*.

film·y ['filmi] *adj.* □ **1.** mit e-m Häutchen bedeckt; **2.** duftig, hauchdünn; **3.** trübe, verschleiert.

fil·ter ['filtə] **I.** *s.* **1.** Filter *m*, Seihtuch *n*, Seiher *m*; **2.** ⚗, ⊕, *phot., phys., tel.* Filter *n*, *m*; **II.** *v/t.* **3.** filtern, ('durch)seihen, filtrieren, klären; **III.** *v/i.* **4.** 'durchsickern (*a. fig. Nachrichten*); langsam eindringen; **~ in** *v/i. mot.* sich einordnen.

'**fil·ter**|**-bed** *s.* Kläranlage *f*; '**~-pa·per** *s.* 'Filterpaˌpier *n*; '**~-tip** *s.* Filtermundstück *n* (*Zigarette*).

filth [filθ] *s.* **1.** Schmutz *m* (*a. fig.*), Dreck *m*, Unrat *m*; **2.** *fig.* Unflätigkeit *f*, Obszöni'tät *f*, unflätige Sprache; '**filth·i·ness** [-θinis] *s.* Schmutz *m*, Unflätigkeit *f*; '**filth·y** [-θi] *adj.* □ **1.** schmutzig (*a. fig.*), dreckig; **2.** *fig.* unflätig, ob'szön; **3.** *fig.* ekelhaft, scheußlich (*a. Wetter etc.*).

fil·trate I. *v/t. u. v/i.* ['filtreit] filtrieren; **II.** *s.* [-trit] Fil'trat *n*; **fil·tra·tion** [fil'treiʃən] *s.* Filtrierung *f*.

fin[1] [fin] *s.* **1.** *zo.* Flosse *f*, Finne *f*; **2.** ⚓, ✈ Flosse *f*; Steuerschwanz *m* (*Bombe*); **3.** ⊕ Kühlrippe *f*; **4.** *sl.* ‚Flosse' *f* (*Hand*).

Fin[2] → *Finn.*

fi·nal ['fainl] **I.** *adj.* □ → *finally*; **1.** letzt, schließlich; **2.** defini'tiv, endgültig, entscheidend: *~ cause phls.* Urgrund (u. Endzweck) aller Dinge; **3.** 'unwiderˌruflich, rechtskräftig: *after ~ judg(e)ment* nach Rechtskraft des Urteils; **4.** End..., Schluß... (*a. ling.*): *~ assembly* ⊕ Endmontage; *~ clause ling.* Finalsatz; *~ examination* (Ab)Schlußprüfung; *~ product* ✝ Endprodukt; *~ s ling.* Schluß-s; *~ score sport* Schlußstand; *~ sound ling.* Auslaut; *~ velocity* Endgeschwindigkeit; **II.** *s.* **5.** *oft pl. sport* Endspiel *n*, Endrunde *f*, Fi'nale *n*; **6.** *oft pl.* 'Schlußexˌamen *n*, -prüfung *f*; **7.** F Spätausgabe *f* (*Zeitung*); **fi·na·le** [fi'nɑ:li] *s.* Fi'nale *n*: **a)** ♪ (*mst* schneller) Schlußsatz, **b)** *thea.* Schluß(szene *f*) *m* (*bsd. Oper*); '**fi·nal·ist** [-nəlist] *s.* **1.** *sport* Endspiel-, Endrundenteilnehmer(in); **2.** *univ.* Ex'amenskandiˌdat(in); **fi·nal·i·ty** [fai'næliti] *s.* **1.** Endgültigkeit *f*; **2.** Entschiedenheit *f*; '**fi·nal·ize** [-nəlaiz] *v/t.* **1.** be-, voll'enden, (endgültig) erledigen; **2.** endgültige Form geben (*dat.*); '**fi·nal·ly** [-nəli] *adv.* **1.** endlich, zum Schluß, zu'letzt; **2.** endgültig, defini'tiv.

fi·nance [fai'næns] **I.** *s.* **1.** Fi'nanz *f*, Fi'nanzwesen *n*, -wissenschaft *f*; **2.** *pl.* Fi'nanzen *pl.*, Einkünfte *pl.*, Vermögenslage *f*; **II.** *v/t.* **3.** finanzieren; **~ act** *s. pol.* Steuergesetz *n*; **~ bill** *s.* **1.** *pol.* Steuervorlage *f*; **2.** ✝ Fi'nanzwechsel *m*; **~ com·pa·ny** *s.* ✝ Finanzierungsgesellschaft *f*.

fi·nan·cial [fai'nænʃəl] *adj.* □ finanzi'ell, Finanz..., Geld..., Fiskal...: *~ aid* Finanzhilfe; *~ backer* Geldgeber; *~ column* Handelsteil (*Zeitung*); *~ paper* Börsenblatt; *~ plan* Finanzierungsplan; *~ policy* Finanzpolitik; *~ situation* Vermögenslage; *~ standing* Kreditwürdigkeit; *~ statement* ✝ Bilanz; *~ year* **a)** ✝ Geschäftsjahr, **b)** *pol. Brit.* Rechnungsjahr; **fin'an·cier** [-nsiə] *s.* **1.** Finanzi'er *m*, Geldgeber *m*; **2.** Fi'nanz(fach)mann *m*.

finch [fintʃ] *s. orn.* Fink *m*.

find [faind] **I.** *v/t.* [*irr.*] **1.** (an-, auf-) finden, entdecken, (an)treffen: *I found him in* ich traf ihn zu Hause an; *to ~ one's way* (*to*) sich zurechtfinden (nach), erreichen (*acc.*); **2.** finden, gewahr werden, erkennen; entdecken, feststellen (*that* daß): *I ~ it easy* ich finde es leicht; *he was found to be alive* man fand ihn noch am Leben; **3.** *to ~ o.s.* **a)** sich *wo od. wie* befinden, **b)** sich sehen: *to ~ o.s. surrounded*, **c)** sich finden, s-e Fähigkeiten erkennen, **d)** sich selbst versorgen; **4.** suchen: *to ~ a new flat*; **5.** beschaffen, liefern,

Geld, Zeit aufbringen; sich *et.* verschaffen; **6.** versorgen, ausstatten, -rüsten (*in* mit): *to be well-found in clothes*; *£ 50 and all found* (*Am. and found*) £ 50 (Gehalt) und freie Station; **7.** ⚖ (be)finden für, erklären (für): *he was found guilty*; *to ~ out et.* herausfinden, -bekommen; *to ~ s.o. out* j-n entlarven *od.* erkennen, j-n ertappen; **II.** *v/i.* [*irr.*] **8.** (be)finden, feststellen, erklären, erkennen (*that* daß): *the court found for him* (*against him*) das Gericht sprach ihn frei (verurteilte ihn); **9.** *to ~ out about* sich erkundigen nach; **III.** *s.* **10.** Fund *m*, Entdeckung *f*; **'find·er** [-də] *s.* **1.** Finder *m*, Entdecker *m*; **2.** *phot.* Sucher *m*; **'find·ing** [-diŋ] *s.* **1.** Fund *m*, Entdeckung *f*; **2.** *oft pl.* ⚖ Befund *m* (*a.* ⚕), (Wahr-)Spruch *m*, Urteil *n*: *~s of fact* Tatsachenfeststellungen; **3.** *pl. Am.* Werkzeuge *pl.* (*von Handwerkern*).

fine¹ [fain] **I.** *adj.* □ **1.** fein: **a)** dünn, zart, zierlich; feinkörnig, **b)** genau, scharfsinnig, **c)** gut, vor'züglich, großartig: *a ~ scholar*, **d)** vornehm, ele'gant, stattlich, **e)** rein (*Gold etc.*), **f)** schön, hübsch, gepflegt, geschmackvoll, **g)** gutgearbeitet *od.* -gebaut, feingeformt, tadellos, **h)** vornehm, edel, gut, gebildet; **2.** schön, regenfrei (*Wetter*); **3.** geziert, pom'pös, auffällig; **4.** scharf (*a. fig.*), spitz, dünn; **5.** F fein: *that's ~!* das ist schön!; *that's all very ~ but ...* das ist ja alles gut u. schön, aber ...; *you are a ~ fellow iro.* du bist mir ein sauberer Genosse!; *a ~ excuse!* e-e hübsche Ausrede; **II.** *adv.* **6.** *to cut* (*od. run*) *it ~* (mit der Zeit, mit dem Geld) knapp hinkommen; *that will suit me ~* F das paßt mir ausgezeichnet; **III.** *v/t.* **7.** *~ down Wein etc.* klären; **IV.** *s.* **8.** schönes Wetter.

fine² [fain] **I.** *s.* Geldstrafe *f*, Bußgeld *n*; **II.** *v/t.* mit e-r Geldstrafe *od.* e-m Bußgeld belegen: *he was ~d £2* er mußte 2 Pfund (Strafe) bezahlen.

fine| arts *s. pl. the ~* die schönen Künste *pl.*; **'~-'draw** *v/t.* [*irr.* → *draw*] **1.** fein zs.-nähen, kunststopfen; **2.** ⊕ *Draht* fein ausziehen; **'~-'drawn** → *fine-spun*.

fine·ness ['fainnis] *s.* **1.** Fein-, Zart-, Schönheit *f*, Ele'ganz *f*; **2.** Feingehalt *m* (*Gold etc.*); **3.** Schärfe *f* (*a. fig.*), Genauigkeit *f*; **'fin·er·y** [-nəri] *s.* **1.** Putz *m*, Staat *m*; **2.** ⊕ Frischofen *m*; **'fine-'spun** *adj.* feingesponnen (*a. fig.*).

fi·nesse [fi'nes] *s.* **1.** Fi'nesse *f*, Schlauheit *f*; Spitzfindigkeit *f*, List *f*; **2.** *Kartenspiel*: Schneiden *n*.

fin·ger ['fiŋgə] **I.** *s.* **1.** Finger *m*: *first, second, third ~* Zeige-, Mittel-, Ringfinger; *fourth ~* kleiner Finger; *to cross one's ~s* den Daumen drükken; *to have one's ~ in the pie* s-e Hand im Spiel haben; *to have at one's ~s' ends Kenntnisse* parat haben, *et.* aus dem Effeff beherrschen; *not to lift* (*od. stir*) *a ~* keinen Finger rühren; *to put one's ~ on s.th. fig.* den Finger auf et. legen; *I can twist him round my* (*little*) *~* ich kann ihn um den (kleinen) Finger wickeln; **2.** Fingerbreit *m*; **3.** Zeiger *m* (*Uhr*); **4.** schmales *od.* winziges Stück: *a ~ of cake*; **II.** *v/t.* **5.** befühlen, berühren, befingern; **6. a)** mit den Fingern spielen, **b)** mit Fingersatz versehen; **'~-board** *s.* ♪ **a)** Griffbrett *n*, **b)** Manu'al *n*; **'~-bowl** *s.* Fingerschale *f*.

-fin·gered [fiŋgəd] *adj. in Zssgn* mit ... Fingern, ...fingerig.

fin·ger·ing¹ ['fiŋgəriŋ] *s.* ♪ Fingersatz *m*.

fin·ger·ing² ['fiŋgəriŋ] *s.* Strumpf-, Strickwolle *f*.

'fin·ger|-mark *s.* (durch Finger verursachter) Schmutzfleck; **'~-nail** *s.* Fingernagel *m*; **'~-plate** *s.* Türschoner *m*; **'~-post** *s.* Wegweiser *m*; **'~-print** *s.* Fingerabdruck *m*; **'~-stall** *s.* Fingerling *m*; **'~-tip** *s. mst fig.* Fingerspitze *f*: *to have at one's ~s Kenntnisse* parat haben; *to one's ~s* durch u. durch.

fin·i·cal ['finikəl] *adj.* □, **'fin·ick·ing** [-kiŋ], **'fin·ick·y** [-ki], **'fin·i·kin** [-kin] *adj.* **1.** über'trieben genau, pe'dantisch; **2.** affek'tiert, geziert; **3.** knifflig.

fi·nis ['fainis] (*Lat.*) *s.* Ende *n*.

fin·ish ['finiʃ] **I.** *s.* **1.** Ende *n*; **2.** *sport* **a)** Ziel *n*, **b)** Endkampf *m*, Entscheidung *f*: *to be in at the ~* in die Endrunde kommen (*a. fig.*); **3.** Voll'endung *f*, letzter Schliff, (gute) Ausführung; **4.** ⊕ Fertigbearbeitung *f*; äußere Beschaffenheit, Ausführung *f*; Poli'tur *f*; Appre'tur *f* (*Stoff*); **II.** *v/t.* **5.** (be)enden, abschließen, aufhören mit: *to ~ reading* aufhören zu lesen; **6.** voll'enden, fertigstellen, beend(ig)en, erledigen, zu Ende führen: *to ~ a book* ein Buch auslesen; **7.** *Vorräte* erschöpfen, aufbrauchen; aufessen, austrinken; **8.** F ‚fertigmachen', ‚erledigen', den Rest geben (*dat.*) (*a. töten*); **9.** ⊕ **a)** (fertig) bearbeiten, fertigen, **b)** glätten, polieren, **c)** *Stoff* appretieren, zurichten; **III.** *v/i.* **10.** aufhören, enden (*with, in* mit, in *dat.*); zu Ende sein, fertig sein: *he ~ed by saying* zuletzt sagte er; *he ~ed second* **a)** er war als zweiter fertig, **b)** *sport* er belegte den zweiten Platz; *I have ~ed with you* F mit dir bin ich fertig; *~* **off** *v/t.* **1.** beend(ig)en, zu Ende führen; **2.** → *finish* 7, 8; *~* **up** *v/t.* **1.** → *finish off* 1: *to ~ with* (ab)schließen mit; **2.** → *finish* 7, 8.

fin·ished ['finiʃt] *adj.* **1.** beendet, fertig: *half-~ products* Halbfabrikate; *~ goods* Fertigwaren; **2.** *fig.* F ‚erledigt', verloren: *he is ~* es ist aus mit ihm; **3.** voll'endet, voll'kommen; **'fin·ish·er** [-ʃə] *s.* **1.** ⊕ Fertigsteller *m*; Appretierer *m*; **2.** F vernichtender Schlag, ‚K.-'o.-Schlag' *m*.

fin·ish·ing ['finiʃiŋ] **I.** *s.* **1.** Voll'enden *n*, Fertigstellen *n*; **2.** Verzieren *n*; **3.** ⊕ Fertigbearbeiten *n*; Appretieren *n* (*Stoff*); **II.** *adj.* **4.** abschließend; → *touch 3*; **5.** ⊕ veredelnd; *~* **coat** *s.* ⚠ Deckanstrich *m*; *~* **in·dus·try** *s.* Ver'edelungsindu,strie *f*; *~* **line** *s. sport* Ziellinie *f*; *~* **post** *s. sport* Zielpfosten *m*; *~* **school** *s.* 'Mädchenpensio,nat *n*; *~* **stroke** *s.* Gnadenstoß *m*.

fi·nite ['fainait] *adj.* **1.** begrenzt, endlich (*a.* ⅄); **2.** *~ verb ling.* Verbum finitum.

Finn [fin] *s.* Finne *m*, Finnin *f*.

fin·nan had·dock ['finən] *s.* geräucherter Schellfisch.

finned [find] *adj.* **1.** *ichth.* mit Flossen; **2.** ⊕ gerippt; **fin·ner** ['finə] *s. zo.* Finnwal *m*.

Finn·ish ['finiʃ] **I.** *adj.* finnisch; **II.** *s. ling.* Finnisch *n*.

fin·ny ['fini] *adj. ichth.* Flossen..., Fisch...

fiord [fjɔ:d] *s. geogr.* Fjord *m*.

fir [fə:] *s.* **1.** ⚘ Tanne *f*, Fichte *f*; **2.** Tannen-, Fichtenholz *n*; **'~-cone** *s.* ⚘ Tannenzapfen *m*.

fire ['faiə] **I.** *s.* **1.** Feuer *n* (*a. Edelstein*): *to be on ~* brennen (*a. fig.*); *to catch ~* Feuer fangen, in Brand geraten; *to set ~ to* anzünden, in Brand stecken; *to strike ~* Funken schlagen; → *Thames*; **2.** Brand *m*, Feuer *n*, Feuersbrunst *f*: *to go through ~ and water* durchs Feuer gehen; **3.** Feuer *n* (*Heizung etc.*): *a slow ~* ein kleines *od.* niedriges Feuer; *to lay a ~* Feuer anlegen; **4.** (*Gas- etc.*)Ofen *m*; **5.** *fig.* Feuer *n*, Glut *f*, Leidenschaft *f*, Begeisterung *f*; **6.** ⚔ Feuer *n*: *under ~* unter Beschuß, *fig.* angegriffen; *between two ~s* zwischen zwei Feuern (*a. fig.*); *to hang ~* schwer losgehen (*Schußwaffe*), *fig.* auf sich warten lassen (*Sache*); *to open* (*cease*) *~* das Feuer eröffnen (einstellen); *to miss ~* versagen, *fig.* fehlschlagen; **II.** *v/t.* **7.** anzünden, in Brand stecken; **8.** ⊕ *Ziegel etc.* brennen; *Maschine* heizen: *oil-~d ship* Schiff mit Ölfeuerung; **9.** ⚔ abfeuern: *to ~ s.th. at s.o. fig.* j-n mit et. bombardieren; **10.** *fig.* aufpulvern, anfeuern; **11.** *fig.* F entlassen, rausschmeißen; **III.** *v/i.* **12.** Feuer fangen, (an)brennen; **13.** ⚔ feuern, schießen (*at, on* auf *acc.*): *to ~ blank* mit Platzpatronen schießen; **14.** *a. ~ up* ‚hochgehen', ‚platzen'; *~* **a·way** *v/i. fig.* F anfangen: *~!* schieß los!; *~* **off** *v/t.* abschießen; *fig. Fragen* vom Stapel lassen.

'fire|-a·larm [-ərə-] *s.* **1.** 'Feuera,larm *m*; **2.** Feuermelder *m*; **'~-arm** [-ərɑ:m] *s.* Feuer-, Schußwaffe *f*: *~ certificate Brit.* Waffenschein; **'~-ball** *s.* **1.** *hist.* ⚔ Feuerkugel *f*; **2.** Mete'or *m*; **'~-box** *s.* ⊕ Feuerbuchse *f*; **'~-brand** *s.* **1.** brennendes Holzscheit; **2.** *fig.* Unruhestifter *m*, Hetzer *m*; **'~-brick** *s.* ⊕ feuerfester Scha'mottestein *m*; **'~-bri·gade** *s. Brit.* Feuerwehr *f*; **'~-bug** *s. sl.* ‚Feuerteufel' *m*; **'~-clay** *s.* feuerfester Ton, Scha'motte *f*; *~* **com·pa·ny** *s.* **1.** *Am.* Feuerwehr *f*; **2.** *Brit.* Feuerversicherungsgesellschaft *f*; **'~-con·trol** *s.* ⚔ Feuerleitung *f*; **'~-crack·er** *s.* Frosch *m* (*Feuerwerkskörper*); **'~-damp** *s.* ⚒ schlagende Wetter *pl.*, Grubengas *n*; *~* **de·part·ment** *s. Am.* Feuerwehr *f*; **'~-dog** *s.* ⊕ Feuerbock *m*; **'~-drill** *s.* Feuerlöschübung *f*; **'~-eat·er** [-əri:-] *s.* **1.** Feuerfresser *m*; **2.** *fig.* **a)** Raufbold *m*, **b)** ‚Kampfhahn' *m*; **'~-en·gine** [-ərе-] *s.* ⊕ Löschfahrzeug *n*; Feuerspritze *f*; **'~-es·cape** [-əri-] *s.*

1. Rettungs-, Feuerleiter *f*, Nottreppe *f*; **2.** Notausgang *m*; '~-**ex·tin·guish·er** [-əri-] *s.* Feuerlöscher *m*; '~-**fight·er** *s.* Feuerwehrmann *m*; '~-**fight·ing I.** *s.* Brandbekämpfung *f*; **II.** *adj.* Lösch..., Feuerwehr...; '~-**fly** *s. zo.* Leuchtkäfer *m*, Glühwurm *m*; '~-**guard** *s.* **1.** Ka'mingitter *n*; **2.** Brandwache *f*; '~-**hose** *s.* Feuerwehrschlauch *m*; '~-**in·sur·ance** [-əri-] *s.* Feuerversicherung *f*; '~-**i·rons** [-əraı-] *s. pl.* Ka'min-, Ofengeräte *pl.*; '~-**light·er** *s. Brit.* Feueranzünder *m*; '~-**man** [-mən] *s.* [*irr.*] **1.** Feuerwehrmann *m*; *pl.* Löschmannschaft *f*; **2.** Heizer *m*; '~-**of·fice** [-ərɔ-] *s. Brit.* Feuerversicherungsanstalt *f*; '~-**place** *s.* (offener) Ka'min; '~-**plug** *s.* ⊕ Hy'drant *m*; '~-**pol·i·cy** *s. Brit.* 'Feuerversicherungspo,lice *f*; '~-**pow·er** *s.* ⚔ Feuerkraft *f*; '~-**proof I.** *adj.* feuerfest, -sicher, -beständig: ~ *curtain thea.* eiserner Vorhang; **II.** *v/t.* feuerfest machen; '~-**rais·er** *s. Brit.* Brandstifter *m*; '~-**rais·ing** *s. Brit.* Brandstiftung *f*; '~-**screen** *s.* Ofenschirm *m*; '~-**ship** *s.* ⚓ Brander *m*; '~-**side** *s.* **1.** Ka'min *m*; **2.** *fig.* häuslicher Herd, Da'heim *n*; ~ **sta·tion** *s.* Feuerwehrwache *f*; ~ **tongs** *s. pl.* Feuerzange *f*; '~-**trap** *s.* feuergefährdetes Gebäude ohne (genügende) Notausgänge; ~ **wall** *s.* Brandmauer *f*; '~-**ward·en** *s. Am.* Brandmeister *m*; '~-**watch·er** *s. Brit.* Brandwache *f*, Luftschutzwart *m*; '~-**wa·ter** *s.* F Feuerwasser *n*, Branntwein *m*; '~-**wood** *s.* Brennholz *n*; '~-**work** *s. mst pl.* Feuerwerk *n* (*a. fig.*); '~-**wor·ship·per** *s.* Feueranbeter *m*.

fir·ing ['faiəriŋ] *s.* **1.** ⚔ (Ab)Feuern *n*; **2.** ⊕ Heizung *f*; *mot.* Zündung *f*; Feuerung *f*; **3.** Brennstoff *m*; '~-**line** *s.* ⚔ Feuerstellung *f*; Kampffront *f*; ~ **or·der** *s. mot.* Zündfolge *f*; '~-**par·ty** *s.* ⚔ a) 'Ehrensa,lutkom,mando *n*, b) Exekuti'onskom,mando *n*; '~-**squad** → *firing-party*.

fir·kin ['fə:kin] *s.* **1.** (Butter- *etc.*) Fäßchen *n*; **2.** Viertelfaß *n* (*Hohlmaß*).

firm[1] [fə:m] **I.** *adj.* □ **1.** fest, stark, hart; **2.** ✝ fest: ~ *offer*; ~ *market*; **3.** fest, beständig; **4.** sicher; entschlossen, bestimmt; **II.** *adv.* **5.** fest, sicher: *to stand* ~.

firm[2] [fə:m] *s.* Firma *f*: a) Firmenname *m*, b) Unter'nehmen *n*, Geschäft *n*.

fir·ma·ment ['fə:məmənt] *s.* Firma'ment *n*, Himmelsgewölbe *n*.

firm·ness ['fə:mnis] *s.* Festigkeit *f*, Beständigkeit *f*, Entschlossenheit *f*.

'**fir-nee·dle** *s.* Tannennadel *f*.

first [fə:st] **I.** *adj.* □ → *firstly*; **1.** erst: *at* ~ *hand* aus erster Hand, direkt; *in the* ~ *place* zuerst, an erster Stelle; ~ *thing* (*in the morning*) (morgens) als allererstes; *he doesn't know the* ~ *thing* er hat keine (blasse) Ahnung; → *cousin*; **2.** erst, best, bedeutendst: ~ *officer* ⚓ Erster Offizier; ~ *quality* beste *od.* prima Qualität; **II.** *adv.* **3.** (zu)'erst; zum erstenmal; frisch, neu; erstens; in erster 'Linie: *at* ~ zuerst, anfangs; ~ *of all* zu allererst, vor allen Dingen; **4.** eher, lieber; **III.** *s.* **5.** (*der, die, das*) Erste *od.* (*fig.*) Beste: *from the* ~ von Anfang an; *from* ~ *to last* immerfort, durchweg, völlig; **6.** 🚂 *etc.* F erste(r) Klasse; **7.** *Brit. univ.* beste Note *bei der Schlußprüfung*; **8.** *pl.* ✝ Waren *pl.* erster Quali'tät; ~ **aid** *s.* Erste Hilfe; '~-'**aid** *adj.* Verband(s)...: ~ *kit* Verbandskasten; ~ *post od. station* Verbandsplatz, Unfallstation; '~-**born I.** *adj.* erstgeboren; **II.** *s.* (*der, die, das*) Erstgeborene; ~ **cause** *s. phls.* Urgrund *m* aller Dinge, Gott *m*; '~-'**class** *adj. u. adv.* **1.** erstklassig, ausgezeichnet; **2.** 🚂 *etc.* erster Klasse: ~ *mail Am.* Briefpost; **3.** F großartig, 'prima; ~ **cost** *s.* ✝ Gestehungskosten *pl.*, Einkaufspreis *m*; ~ **draft** *s.* erste(r) Entwurf, Kon'zept *n*; ~ **floor** *s.* **1.** *Brit.* erste(r) Stock, erste E'tage; **2.** *Am.* Erdgeschoß *n*; ~ **form** *s. ped. Brit.* unterste Klasse; '~-**fruits** *s. pl.* **1.** ♀ Erstlinge *pl.*; **2.** *fig.* Erstlingswerk *n*; erster Erfolg; ~ **grade** *Am.* → *first form*; '~-'**hand** *adj. u. adv.* aus erster Hand *od.* Quelle, di'rekt; ~ **la·dy** *s.* Gattin *f* e-s Staatsoberhauptes, First Lady *f*; ~ **lieu·ten·ant** *s.* ⚔ Oberleutnant *m*.

first·ling ['fə:stliŋ] *s.* Erstling *m*; **first·ly** ['fə:stli] *adv.* erstens, erstlich, zu'erst.

first| name *s.* Vorname *m*; '~-'**night** *s. thea.* Erst-, Uraufführung *f*, Premi'ere *f*; '~-'**night·er** *s.* Premi'erenbesucher(in); *pl.* Premi'eren,publikum *n*; ~ **pa·pers** *s. pl. Am. die ersten Dokumente, die zur Naturalisierung einzureichen sind*; ~ **per·son** *s. ling.* erste Per'son; '~-'**rate** → *first-class 1, 3*; ~ **ser·geant** *s.* ⚔ *Am.* Ober-, Hauptfeldwebel *m*; ~ **vi·o·lin** *s.* ♪ erste Vio'line.

firth [fə:θ] *s.* Meeresarm *m*, (weite) Mündung, Förde *f*.

'**fir-tree** *s.* ♀ Tanne(nbaum *m*) *f*.

fis·cal ['fiskəl] *adj.* □ fis'kalisch, Finanz...: ~ *policy* Finanzpolitik; ~ *year* a) ✝ Geschäfts-, Rechnungsjahr, b) *bsd. Am.* Etats-, Steuerjahr.

fish[1] [fiʃ] **I.** *pl.* '**fish·es** *od. coll.* **fish** *s.* **1.** a) Fisch *m*, b) *coll.* Fische *pl.*: *fried* ~ Bratfisch; *to drink like a* ~ saufen wie ein Bürstenbinder; *he is like a* ~ *out of water* er ist nicht in s-m Element; *I have other* ~ *to fry* ich habe Wichtigeres zu tun; *all is* ~ *that comes to his net* er nimmt unbesehen alles (mit); *a pretty kettle of* ~ F e-e schöne Bescherung; *neither* ~ *nor flesh* (*nor good red herring*) weder Fisch noch Fleisch, nichts Halbes und nichts Ganzes; *loose* ~ F lockerer Vogel; *queer* ~ F komischer Kauz; → *feed 1*; **2.** *ast. the* ♓(*es pl.*) die Fische *pl.*; **II.** *v/t.* **3.** fischen, *Fische* fangen; **4.** *Fluß etc.* abfischen, absuchen; **5.** *fig. a.* ~ *out* her'aus-, her'vorkramen; **6.** ~ *up* auffischen, retten; **III.** *v/i.* **7.** (*for*) fischen, angeln (nach) (*a. fig.*): *to* ~ *for compliments* nach Komplimenten haschen.

fish[2] [fiʃ] 🚂 **I.** *s.* Lasche *f*; **II.** *v/t.* verbinden, verlaschen.

fish| and chips *s. Brit.* Bratfisch *m* u. Pommes 'frites; '~-**ball** *s. Küche*: 'Fischfrika,delle *f*; ~ **bas·ket** *s.* (Fisch)Reuse *f*; '~-**bolt** *s.* ⊕ Laschenbolzen *m*; '~-**bone** *s.* Gräte *f*; '~-**bowl** *s.* Goldfischglas *n*; '~-**cake** → *fish-ball*; '~-**carv·er** *s.* Fischvorlegemesser *n*.

fish·er·man ['fiʃəmən] *s.* [*irr.*] (Sport)Fischer *m*; **fish·er·y** ['fiʃəri] *s.* **1.** Fische'rei *f*, Fischfang *m*; **2.** Fische'reigebiet *n*, Fischgrund *m*; **3.** Fische'reirecht *n*.

'**fish|-globe** → *fish-bowl*; '~-**glue** *s.* Fischleim *m*; '~-**hawk** *s. orn.* Fischadler *m*; '~-**hook** *s.* Angelhaken *m*.

fish·i·ness ['fiʃinis] *s. sl.* Verdächtigkeit *f*, Anrüchigkeit *f*.

fish·ing ['fiʃiŋ] *s.* **1.** Fischen *n*, Angeln *n*; **2.** → *fishery 1, 2*; '~-**boat** *s.* Fischerboot *n*; ~ **grounds** *s. pl.* → *fishery 2*; ~ **in·dus·try** *s.* Fische'rei (-gewerbe *n*) *f*; '~-**line** *s.* Angelschnur *f*; '~-**net** *s.* Fischnetz *n*; '~-**rod** *s.* Angelrute *f*; '~-**tack·le** *s.* Angel-, Fische'reigeräte *pl.*

fish| joint *s.* 🚂 Laschenverbindung *f*, Schienenstoß *m*; '~-**knife** *s.* [*irr.*] Fischmesser *n*; '~-**mon·ger** *s. Brit.* Fischhändler *m*; '~-**oil** *s.* Fischtran *m*; '~-**plate** *s.* 🚂 Lasche *f*; '~-**pond** *s.* Fischteich *m*; '~-**pot** *s.* Fischreuse *f* (*zum Krebsfang*); '~-**slice** *s.* **1.** → *fish-carver*; **2.** *Brit.* Fischheber *m*; '~-**tail I.** *s.* Fischschwanz *m*; **II.** *adj.* fischschwanzähnlich: ~ *burner* ⊕ Fischschwanzbrenner; **III.** *v/i.* ✈ abbremsen; '~-**wife** *s.* [*irr.*] Fischhändlerin *f*, -weib *n*: *to swear like a* ~ keifen.

fish·y ['fiʃi] *adj.* □ **1.** fischartig, Fisch...; **2.** fischreich; **3.** trüb, ausdrucks-, glanzlos: ~ *eyes* Fischaugen; **4.** *sl.* verdächtig, anrüchig, ‚faul'.

fis·sile ['fisail] *adj.* spaltbar; **fis·sion** ['fiʃən] *s.* **1.** *phys.* Spaltung *f*; **2.** *biol.* (Zell)Teilung *f*; **fis·sion·a·ble** ['fiʃnəbl] *adj. phys.* spaltbar.

fis·sip·a·rous [fi'sipərəs] *adj. biol.* sich durch Teilung vermehrend.

fis·sure ['fiʃə] *s.* Spalt(e *f*) *m*, Riß *m* (*a.* ⚕), Sprung *m*; '**fis·sured** [-əd] *adj.* gespalten, rissig (*a. fig.*).

fist [fist] **I.** *s.* **1.** Faust *f*: ~ *law* Faustrecht; **2.** *humor.* a) ‚Pfote' *f*, Hand *f*, b) Handschrift *f*, ‚Klaue' *f*; **II.** *v/t.* **3.** mit der Faust schlagen; **4.** *bsd.* ⚓ anpacken.

-fist·ed [fistid] *adj. in Zssgn* mit e-r ... Faust *od.* Hand (*a. fig.*).

fist·ic *adj.*; **fist·i·cal** ['fistik(ə)l] *adj. sport* F Box...; '**fist·i·cuffs** [-kʌfs] *s. pl.* Faustschläge *pl.*, Schläge'rei *f*.

fis·tu·la ['fistjulə] *s.* ⚕ Fistel *f*.

fit[1] [fit] **I.** *adj.* □ **1.** passend, geeignet; fähig, tauglich: ~ *for wear* zum Tragen geeignet; ~ *for service* dienstfähig, -tauglich; ~ *to drink* trinkbar; *to laugh* ~ *to burst* F vor Lachen beinahe platzen; → *drop 15*; **2.** wert, würdig: *not to be* ~ *to inf.* es nicht verdienen zu *inf.*; *not* ~ *to be seen* nicht präsentabel; **3.** geziemend, gehörig, angebracht: *it is* ~ *to do*; *more than* ~ über Gebühr; *to see* (*od. think*) ~ es für richtig halten; *he didn't think* ~ *to* er hielt es nicht für angebracht zu; **4.** in (guter) Form, gut in Schuß, fit: *to keep* ~ sich gesund erhalten; *as* ~ *as a* *fiddle* a) kerngesund, b) quietschvergnügt; **II.** *s.* **5.** Passen *n*, Sitz *m* (*Kleid*): *it is a bad* ~ es sitzt schlecht; *a tight* ~ *fig.* sehr knapp bemessen; **6.** ⊕ Passung *f*; **III.** *v/t.* **7.** *j-m* passen, sitzen (*Kleid*); **8.** für *od.* zu *od.* auf *e-e Sache* passen (*a. fig.*), angepaßt sein (*dat.*): *the key* ~*s the lock*; *to* ~ *the occasion*; *to* ~ *the facts* (mit den Tatsachen überein)stimmen; **9.** geeignet machen, anpassen; vorbereiten, befähigen; **10.** *oft* ⊕ *et.* einsetzen, aufstellen, anbringen, montieren; **11.** versorgen, ausrüsten, einrichten (*with* mit); **12.** anpassen, anprobieren: *to go to be* ~*ted* zur Anprobe gehen; **IV.** *v/i.* **13.** sitzen (*Kleid*): *close-*~*ting* enganliegend; **14.** passen; sich eignen; **15.** (*into*) sich anpassen (*dat.*), sich einfügen (in *acc.*); ~ **in I.** *v/t.* einfügen, -schieben; **II.** *v/i.* (*with*) passen (zu), über'einstimmen (mit); ~ **on** *v/t.* anpassen, -probieren, -bringen; ~ **out** ausstatten, einrichten; ~ **up** *v/t.* **1.** aufstellen; **2.** → *fit out.*

fit² [fit] *s.* **1.** ⚕ *u. fig.* Anfall *m*, Ausbruch *m*: ~ *of coughing* Hustenanfall; ~ *of anger* Wutanfall; ~ *of laughter* Lachkrampf; *to give s.o. a* ~ F **a)** j-m e-n Schrecken einjagen, **b)** j-n ‚ganz aus dem Häus-chen bringen'; **2.** Anwandlung *f*, Laune *f*: *a* ~ *of generosity* e-e Anwandlung von Großzügigkeit, Spendierlaune; *by* ~*s and starts* stoß-, ruckweise, dann u. wann.

fit·ful ['fitful] *adj.* □ unregelmäßig, unbeständig, veränderlich; launenhaft; '**fit·ful·ness** [-nis] *s.* Ungleichmäßigkeit *f*; Launenhaftigkeit *f*; **fit·ment** ['fitmənt] *s.* Einrichtungsgegenstand *m*; *pl.* Ausstattung *f*, Einrichtung *f*; **fit·ness** ['fitnis] *s.* **1.** Eignung *f*, Fähig-, Tauglichkeit *f*; **2.** Zweckmäßigkeit *f*; **3.** Angemessenheit *f*, Schicklichkeit *f*; **4.** ‚gute Form', Gesundheit *f*, Fitneß *f*: ~ *test sport* Fitneßtest; '**fit-out** *s.* Ausrüstung *f*; **fitted** ['fitid] *adj.* zugeschnitten, nach Maß: ~ *carpet* Auslegeteppich; ~ *coat* auf Taille gearbeiteter Mantel; **fit·ter** ['fitə] *s.* **1.** Ausrüster *m*, Einrichter *m*; **2.** Anprobeschneider (-in); **3.** ⊕ Mon'teur *m*, Me'chaniker *m*; Installa'teur *m*; (Bau)Schlosser *m*; **fit·ting** ['fitiŋ] **I.** *adj.* □ **1. a)** passend, geeignet, **b)** angemessen, schicklich; **II.** *s.* **2.** ⊕ Installieren *n*; Aufstellung *f*, Mon'tage *f*; Paßarbeit *f*: ~ *shop* Montagehalle; **3.** Anprobe *f*; **4.** ⊕ Bau-, Zubehörteil *m*, *n*; *pl.* Beschläge *pl.*, Arma'turen *pl.*: *light-*~ Beleuchtungskörper; **5.** *pl.* Zubehör *n*, *m*, Ausstattungsgegenstände *pl.*; **6.** Einrichtung *f*, Ausrüstung *f*.

five [faiv] **I.** *adj.* fünf: ~*-day week* Fünftagewoche; ~*-finger exercise* ♪ Fünffingerübung; ~*-year plan* Fünfjahresplan; **II.** *s.* Fünf *f*; '**five·fold** *adj. u. adv.* fünffach; '**fiv·er** [-və] *s.* F *Brit.* Fünfpfundnote *f*; **fives** [-vz] *s. pl. sg. konstr. sport Brit. ein* Wandballspiel *n*.

fix [fiks] **I.** *v/t.* **1.** befestigen, festmachen, anheften (*to* an *acc.*); ⚔ *Seitengewehr* aufpflanzen; **2.** aufstellen, anbringen, einsetzen; *fig.* einprägen (*in dat.*); **3.** *fig. Termin etc.* festsetzen, -legen, bestimmen, verabreden; **4.** *Blick, Gedanken* richten, heften, *Hoffnung* setzen (*on* auf *acc.*); **5.** *Aufmerksamkeit* fesseln; **6.** *Schuld etc.* zuschreiben (*on dat.*); **7.** *bsd. Am.* **a)** ein-, herrichten, **b)** in Ordnung bringen, richten, **c)** arrangieren, regeln; **8.** *a.* ~ *up* F *j-n* 'unterbringen, versorgen; *j-m* e-e Stellung besorgen; **9.** ~ *up* festsetzen, arrangieren; *Streit* beilegen; **10.** *j-n* anstarren, fixieren; **11.** ⊕, *phot.* fixieren; **12.** ⚓, ✈ die Positi'on bestimmen von; **13.** *sl.* **a)** *Spiel etc.* (vorher) ‚arrangieren', **b)** *j-n* bestechen, **c)** es *j-m* ‚besorgen', es *j-m* ‚geben'; **II.** *v/i.* **14.** fest werden; **15.** ~ *on* **a)** sich entscheiden *od.* entschließen für *od.* zu, wählen, **b)** *Termin etc.* festsetzen; **16.** *sl.* ‚fixen' (*sich bsd. Heroin injizieren*); **III.** *s.* **17.** F heikle Lage, ‚Klemme' *f*; **18.** ⚓, ✈ Standort *m*, Positi'on *f*; **19.** *sl.* ‚Schuß' *m* (*bsd. Heroininjektion*): *to give o.s. a* ~ sich e-n Schuß verpassen; **fix·a·tion** [fik'seiʃən] *s.* **1.** Fi'xierung *f*, Befestigung *f*; **2.** Festlegung *f*, -setzung *f*; **3.** → *fixed idea*; '**fix·a·tive** [-sətiv] **I.** *s.* Fixa'tiv *n*, Fi'xiermittel *n*; **II.** *adj.* Fixier...; '**fix·a·ture** [-sətʃə] *s.* Frisiercreme *f*, Haarfestiger *m*.

fixed [fikst] *adj.* □ → *fixedly*; **1.** festgemacht, befestigt, (orts)fest, Fest... (*-antenne etc.*); starr (*Kanone etc.*); **2.** fest (*Preis, Grundsatz*), sta'bil (*a. Preis*), bestimmt, unveränderlich, festgesetzt: ~ *assets* ✝ Anlagevermögen; ~ *capital* ✝ Anlagekapital; **3.** ständig, laufend (*Ausgaben*): ~ *charge* ✝ ständige Belastung; **4.** ortsfest, Stand...; **5.** *phys.* nicht flüchtig; gehärtet; starr (*a. Blick*); **6.** *Am.* ‚arrangiert', insgeheim verabredet; ~ **de·pos·it** *s.* ✝ feste Einlage; ~ **i·de·a** *s. psych.* fixe I'dee, Kom'plex *m*; '~-'**in·ter·est** *adj.* festverzinslich.

fix·ed·ly ['fiksidli] *adv.* **1.** bestimmt, ständig; **2.** starr, unverwandt.

fixed| point *s.* **1.** fester Platz; **2.** ⅍ Fixpunkt *m*; ~ **star** *s. ast.* Fixstern *m*.

fix·er ['fiksə] *s.* **1.** *phot.* Fi'xiermittel *n*; **2.** *sl.* ‚Fixer' *m* (*j-d der sich bsd. Heroin injiziert*); '**fix·ings** [-siŋz] *s. pl. Am. sl.* Zeug *n* (*Geräte etc.*), Drum und Dran *n*, Verzierungen *pl.*; Zubehör *n*, *m*; Zutaten *pl.*; '**fix·i·ty** [-siti] *s.* Festigkeit *f*, Beständigkeit *f*: ~ *of purpose* Zielstrebigkeit; '**fix·ture** [-stʃə] *s.* **1.** fester Gegenstand, feste Anlage, Installati'onsteil *m*: *lighting* ~ Beleuchtungskörper; **2.** Inven'tarstück *n* (*a. fig.* F), festes Zubehör: *to be a* ~ *fig.* F **a)** zum Inventar gehören (*Angestellter*), **b)** (zu) lange bleiben; **3.** ⊕ (Aufspann-, Halte-) Vorrichtung *f*, Befestigung *f*, Spannzeug *n*; **4.** *pl.* (totes) Inven'tar, Einrichtung *f*; **5.** *sport Brit.* (festgesetzte) Veranstaltung.

fizz [fiz] **I.** *v/i.* **1.** zischen, moussieren, sprudeln; **II.** *s.* **2.** Zischen *n*, Sprudeln *n*; **3.** *Brit. sl.* ‚Schampus' *m* (*Sekt*); **4.** *Am.* **a)** Sodawasser *n*, Sprudel *m*, **b)** eisgekühltes Getränk; '**fiz·zle** [-zl] **I.** *s.* **1.** Zischen *n*, Summen *n*; **2.** F Fi'asko *n*, Pleite *f*; **II.** *v/i.* **3.** zischen, summen; **4.** *Am.* (*Brit.* ~ *out*) verpuffen (*a. fig.*); *fig.* miß'glücken, 'durchfallen, im Sande verlaufen; '**fiz·zy** [-zi] *adj.* sprudelnd, moussierend.

fjord → *fiord*.

flab·ber·gast ['flæbəgɑ:st] *v/t.* F verblüffen: *I was* ~*ed* ich war ‚platt'.

flab·bi·ness ['flæbinis] *s.* Schlaffheit *f*; **flab·by** ['flæbi] *adj.* □ **1.** schlaff; **2.** *fig.* schlapp, kraft-, gehaltlos.

flac·cid ['flæksid] *adj.* **1.** schlaff, weich; **2.** *fig.* ener'gie-, kraftlos, schwach; **flac·cid·i·ty** [flæk'siditi] *s.* **1.** Schlaff-, Weichheit *f*; **2.** *fig.* Schwäche *f*.

flag¹ [flæg] **I.** *s.* **1.** Fahne *f*, Flagge *f*: *to hoist* (*od. fly*) *one's* ~ **a)** die Fahne aufziehen, **b)** den Befehl übernehmen (*Admiral*); *to strike one's* ~ **a)** die Flagge streichen, *fig.* kapitulieren, **b)** den Befehl abgeben (*Admiral*); *to keep the* ~ *flying fig.* die Fahne hochhalten; ~ *of convenience* ⚓ billige Flagge; **II.** *v/t.* **2.** beflaggen; **3.** mit Flaggen signalisieren.

flag² [flæg] *s.* ⚘ gelbe Schwertlilie.

flag³ [flæg] *v/i.* **1.** schlaff her'abhängen; **2.** *fig.* nachlassen, erlahmen, erschlaffen.

flag⁴ [flæg] **I.** *s.* Steinplatte *f*, Fliese *f*; **II.** *v/t.* mit Fliesen belegen.

'**flag|-'cap·tain** *s.* ⚓ *Brit.* Komman'dant *m* des Flaggschiffs; '~**-day** *s. Brit.* Opfertag *m* (*Straßensammlung für wohltätige Zwecke*); ♀ **Day** *s. Am.* Jahrestag *m* der Natio'nalflagge.

flag·el·lant ['flædʒilənt] **I.** *s.* Geißler *m*, Flagel'lant *m*; **II.** *adj.* geißelnd; '**flag·el·late** [-dʒeleit] **I.** *v/t.* geißeln; **II.** *s. zo.* Geißeltierchen *n*; **flag·el·la·tion** [flædʒe'leiʃən] *s.* Geißelung *f*.

flag·eo·let [flædʒə'let] *s.* ♪ Flageo'lett *n*.

flag·ging¹ ['flægiŋ] *adj.* erlahmend.

flag·ging² ['flægiŋ] *s.* Fliesenweg *m*.

'**flag|-lieu'ten·ant** [-le'tenənt] *s.* ⚓ *Brit.* Flaggleutnant *m*; '~**man** [-mən] *s.* [*irr.*] **1.** Winker *m*; Si'gnalgeber *m*; **2.** *sport* Starter *m*; '~**-of·fi·cer** *s.* ⚓ 'Flaggoffi,zier *m*.

flag·on ['flægən] *s.* **1.** *bauchige* (Wein)Flasche (*bsd. in Bocksbeutelform*); **2.** (Deckel)Krug *m*.

fla·gran·cy ['fleigrənsi] *s.* (offenkundige) Schamlosigkeit, Ungeheuerlichkeit *f*; '**fla·grant** [-nt] *adj.* □ schamlos, schändlich, ungeheuerlich; schreiend, offenkundig, fla'grant; kraß.

'**flag|·ship** *s.* ⚓ Flaggschiff *n*; '~**-staff** *s.* Fahnenstange *f*, Flaggenstock *m*, -mast *m*; '~**-sta·tion** *s.* 🚂 Bedarfshaltestelle *f*; '~**-stone** → *flag⁴* I; '~**-wag·ging** *s. sl.* **1.** Signalisieren *n*; **2.** → *flag-waving* 2; '~**-wav·ing** *s.* **1.** Agitati'on *f*; **2.** Chauvi'nismus *m*, Hur'rapatrio,tismus *m*.

flail [fleil] ⚒ **I.** *s.* Dreschflegel *m*; **II.** *v/t.* dreschen.

flair [flɛə] *s.* Flair *n*, Spürsinn *m*, feine Nase, feiner In'stinkt, ‚Riecher' *m* (*for* für).

flak [flæk] (*Ger.*) *s.* ⚔ Flak *f*: **a)**

ˈFliegerabwehr(ka̩none *od.* -truppe) *f*, **b)** Flakfeuer *n*.

flake [fleik] **I.** *s.* **1.** (*Schnee-, Seifen-, Hafer- etc.*)Flocke *f*; **2.** dünne Schicht, Schuppe *f*, Blatt *n*, Fetzen *m*, Splitter *m*; **II.** *v/t.* **3.** abblättern, -spalten; **4.** flockig machen; **III.** *v/i.* **5.** in Flocken fallen; **6.** ~ *off* abblättern, sich abschälen; **flaked** [-kt] *adj.* flockig, schuppig, Blättchen..., Flocken...; ˈ**flak·y** [-ki] *adj.* **1.** flockig, schuppig, Schicht...; **2.** blätterig: ~ *pastry* Blätterteig.

flam·beau [ˈflæmbou] *pl.* **-x** [-z] *od.* **-s** *s.* **1.** Fackel *f*; **2.** Leuchter *m*.

flam·boy·ance [flæmˈbɔiəns] *s.* überˈladener Schmuck; **flamˈboy·ant** [-nt] *adj.* □ **1.** leuchtend, flammend, grell; **2.** auffallend, überˈladen (*a. Stil*); pomˈpös, bomˈbastisch; **3.** ~ *style* △ (welliger) Flammenstil.

flame [fleim] **I.** *s.* **1.** Flamme *f*: *to burst into* ~(*s*) in Flammen aufgehen; *to commit to the* ~*s* einäschern; **2.** *fig.* Feuer *n*, Eifer *m*, Glut *f*, Leidenschaft *f*, Heftigkeit *f*: *to fan the* ~ Öl ins Feuer gießen; **3.** Leuchten *n*, Glanz *m*; **4.** F ,Flamme' *f*, ,Angebetete' *f*; **II.** *v/i.* **5.** flammen, lodern; **6.** leuchten; **7.** ~ *up* aufflammen; in Wut geraten; tief erröten; ~ **cut·ter** *s.* ⊕ Schneidbrenner *m*; ˈ~**-throw·er** *s.* ⚔ Flammenwerfer *m*.

flam·ing [ˈfleimiŋ] *adj.* □ flammend, feurig, heiß, lodernd, leuchtend (*alle a. fig.*).

fla·min·go [fləˈmiŋgou] *pl.* **-goes**, *Am. a.* **-gos** *s. orn.* Flaˈmingo *m*.

flam·ma·ble [ˈflæməbl] *Am.* → *inflammable*.

flan [flæn] *s.* Obsttorte *f*.

flange [flændʒ] ⊕ **I.** *s.* **1.** Flansch *m*: ~*-mounted motor* Flanschmotor; **2.** Rad-, Spurkranz *m*; **II.** *v/t.* **3.** (an)flanschen.

flank [flæŋk] **I.** *s.* **1.** Flanke *f*, Weiche *f* (*der Tiere*); **2.** Seite *f* (*Gebäude etc.*); **3.** ⚔ Flanke *f*, Flügel *m*: *to turn the* ~ die Flanke aufrollen; **II.** *v/t.* **4.** flankieren, seitlich stehen von, säumen, umˈgeben; **5.** ⚔ die Flanke decken *od.* angreifen; **6.** seitlich umˈgehen; **III.** *v/i.* **7.** angrenzen, -stoßen; seitlich liegen; ~ **guard** *s.* ⚔ Flankendeckung *f*.

flank·ing [ˈflæŋkiŋ] *adj.* seitlich; angrenzend; ~ **fire** *s.* ⚔ Flankenfeuer *n*; ~ **march** *s.* ⚔ Flankenmarsch *m*.

flan·nel [ˈflænl] **I.** *s.* **1.** Flaˈnell *m*; **2.** Flaˈnell-, Waschlappen *m*; **3.** *pl.* Flaˈnellkleidung *f*, *bsd.* Flaˈnellhose *f*; **II.** *v/t.* **4.** mit Flanell bekleiden; **5.** mit Flanell abreiben.

flan·nel·et(te) [flænlˈet] *s.* ˈBaumwollfla̩nell *m*.

flap [flæp] **I.** *s.* **1.** Schlag *m*, Klaps *m*; **2.** Flügelschlag *m*; **3.** (*Verschluß-*)Klappe *f* (*Tasche, Briefkasten etc.*); **4.** (*Tisch-, Fliegen-,* ✈ *Lande-*)Klappe *f*; Falltür *f*; **5.** Lasche *f* (*Schuh*); **6.** weiche Krempe; **7.** ⚕ Hautlappen *m*; **8.** F Nervosiˈtät *f*, (innere) Unruhe, Aufregung *f*: *to be* (*all*) *in a* ~ (ganz) aufgeregt *od.* nervös sein; **II.** *v/t.* **9.** schlagen, klapsen; **10.** auf u. ab (*od.* hin u. her) bewegen, mit *den Flügeln etc.* schlagen; **III.** *v/i.* **11.** flattern; **12.** lose herˈunterhängen; ˈ~**-doo·dle** *s.* F Unsinn *m*, ,Blech' *n*, ,Mumpitz' *m*; ˈ~**-eared** *adj.* schlappohrig; ˈ~**-jack** *s.* **1.** Pfannkuchen *m*; **2.** *Brit.* (flache) Puderdose.

flap·per [ˈflæpə] *s.* **1.** Fliegenklappe *f*; **2.** Klapper *f*; **3.** Flosse *f*; **4.** *sl.* ,Flosse' *f* (*Hand*); **5.** *orn.* noch nicht flügge Wildente; **6.** *sl.* Göre *f*, junges ,Ding'.

flare [flɛə] **I.** *s.* **1.** flackerndes Licht; Aufflackern *n*, -leuchten *n*; **2.** ⚓, ⚔, ✈ ˈLeuchtsi̩gnal *n*, -kugel *f*, -bombe *f*; **3.** *fig.* Aufbrausen *n*, Wutausbruch *m*; **4.** Aufbauschen *n*; Ausbauchen *n*; **II.** *v/i.* **5.** flackern: *to* ~ *up* auflodern; **6.** ~ *up* (*od. out*) *fig.* ,platzen', aufbrausen; **7.** sich (glokkenförmig) bauschen (*Rock*); **8.** ⚓ ˈüberhängen (*Bug*); **III.** *v/t.* **9.** *brennende Kerze* schwenken; **10.** ⚓ mit Licht *od.* Feuer signalisieren; **11.** glockenförmig bauschen: ~*d skirt* Glockenrock; ˈ~**-path** *s.* ✈ Leuchtpfad *m*; ~ **pis·tol** *s.* ⚔ ˈLeuchtpi̩stole *f*; ˈ~**-ˈup** [-ərˈʌp] *s.* **1.** Aufflackern *n*; **2.** *fig.* Aufbrausen *n*, Wutausbruch *m*; **3.** *fig.* kurzlebiger Erfolg, Strohfeuer *n*.

flar·ing [ˈflɛəriŋ] *adj.* □ *fig.* auffallend, protzig.

flash [flæʃ] **I.** *s.* **1.** Aufblitzen *n*, Blitz *m*: ~ *of lightning* Blitzstrahl; ~ *of fire* Feuergarbe; *a* ~ *in the pan fig.* ein Versager nach blendendem Start, ein Schlag ins Wasser; **2.** ⚔ Mündungsfeuer *n*; **3.** *phot.* Blitzlicht(aufnahme *f*) *n*; **4.** *fig.* Aufflammen *n*: ~ *of hope* Hoffnungsstrahl; ~ *of wit* Geistesblitz; **5.** Augenblick *m*: *in a* ~ im Nu; **6.** auffälliger Glanz, Pracht *f*; **7.** *Zeitung*: Kurzmeldung *f*; *tel.* Blitzmeldung *f*; **II.** *v/i.* **8.** aufleuchten, -blitzen; glänzen, leuchten, funkeln; **9.** ausbrechen, auftauchen; **10.** rasen, flitzen, fliegen; zucken (*Blitz*): *it* ~*ed upon me* (*od. into my mind*) es fuhr mir plötzlich *od.* blitzartig durch den Sinn; **III.** *v/t.* **11.** aufleuchten *od.* aufblitzen lassen; durchˈzucken: *his eyes* ~*ed fire* s-e Augen blitzten *od.* funkelten; **12.** schnell *wohin* richten, *Blick* werfen *od.* schleudern: *he* ~*ed a light in my face* er leuchtete mir plötzlich ins Gesicht; **13.** *Nachricht* ˈdurchsagen, -geben, telegraphieren; **14.** schnell herˈvorziehen; zur Schau tragen; **IV.** *adj.* **15. a)** → *flashy*, **b)** geschniegelt, ,aufgedonnert' (*Person*), **c)** *sl.* todschick (*Restaurant, Wagen etc.*); **16.** unecht; **17.** Gauner...; ˈ~**·back** *s.* Rückblende *f*, -blick *m* (*Film, Roman etc.*); ~ **bulb** *s. phot.* Blitzlicht(-lampe *f*) *n*.

flash·er [ˈflæʃə] *s. mot.* Lichthupe *f*.

flash·i·ness [ˈflæʃinis] *s.* auffälliger Prunk, oberflächlicher Glanz; ˈ**flash·ing light** [-iŋ] *s.* ⚓ Blinkfeuer *n*.

ˈ**flash**|**-lamp** *s.* **1.** Siˈgnallampe *f*; **2.** → *flash bulb*; **3.** Taschenlampe *f*; ˈ~**-light** *s.* **1.** Leucht-, Siˈgnalfeuer *n*; **2.** *phot.* Blitzlicht *n*: ~ *photo* (*-graph*) Blitzlichtaufnahme; **3.** *Am.* Taschenlampe *f*; ˈ~**·o·ver** *s.* ⚡ ˈÜberschlag *m*; ˈ~**-point** *s. phys.* Flammpunkt *m*; ~ **weld·ing** *s.* ⊕ Abschmelzschweißen *n*.

flash·y [ˈflæʃi] *adj.* □ glänzend, protzig, auffällig, ,knallig'.

flask [flɑːsk] *s.* **1.** Taschen-, Reise-, Feldflasche *f*; **2.** ⊕ Kolben *m*, Flasche *f*.

flat[1] [flæt] **I.** *s.* **1.** Fläche *f*, Ebene *f*; **2.** flache Seite: ~ *of the hand* Handfläche; **3.** Flachland *n*, Niederung *f*; **4.** Untiefe *f*, Sandbank *f*; **5.** ♪ B *n* (*b*); **6.** 🚃 *Am.* → *flatcar*; **7.** *sl.* Schafskopf *m*, Depp *m*; **8.** F ,Platte(r)' *m*, Reifenpanne *f*; **II.** *adj.* **9.** flach, eben; platt (*a. Reifen*); raˈsant (*Flugbahn*): ~ *feet* Plattfüße; *the* ~ *hand* die flache *od.* offene Hand; ~ *nose* platte Nase; ~ *pan* flache Pfanne; *as* ~ *as a pancake* flach wie ein Brett; **10.** hingestreckt, ˈumgelegt: *to fall* ~ lang hinfallen; → *17*; *to knock* ~ zu Boden strecken; *to lay* ~ dem Erdboden gleichmachen; **11.** entschieden, glatt: *a* ~ *no*; *that's* ~ damit basta!; **12.** fade, schal (*Wein etc.*); **13.** *a.* † lustlos, flau; **14.** langweilig, matt (*a. Farbe*); seicht, geist-, wirkungslos; **15. a)** einheitlich: ~ *price* (*od. rate*) Einheitspreis, **b)** pauˈschal: ~ *fee* Pauschalgebühr; **16.** ♪ erniedrigt: *A* ~ as; *B* ~ b; *D* ~ des; *E* ~ es; **III.** *adv.* **17.** glatt, rundweg; völlig: *to fall* ~ **a)** s-e Wirkung verfehlen, danebengehen, **b)** ,flachfallen' (*mißglücken*); → *10*; **18.** *to sing* ~ ♪ zu tief singen.

flat[2] [flæt] *s. Brit.* **1.** (Eˈtagen)Wohnung *f*; *pl.* Eˈtagenhaus *n*; **2.** Stockwerk *n*.

ˈ**flat**|**-bed trail·er** *s. mot.* Tiefladeanhänger *m*; ˈ~**-boat** *s.* ⚓ Prahm *m*; ˈ~**-car** *s.* 🚃 *Am.* Plattformwagen *m*; ˈ~**-fish** *s. ichth.* Plattfisch *m*; ˈ~**-foot** *s.* [*irr.*] **1.** ⚕ Platt-, Senkfuß *m*; **2.** *Am. sl.* ,Bulle' *m* (*Polizist*); ˈ~**-ˈfoot·ed** *adj.* **1.** ⚕ plattfüßig: *to be* ~ Plattfüße haben; **2.** *Brit.* F schwerfällig, phantaˈsielos; **3.** *Am. sl.* komproˈmißlos, entschieden; eisern; ˈ~**-i·ron** *s.* Bügel-, Plätteisen *n*.

flat·let [ˈflætlit] *s. Brit.* **1.** Kleinwohnung *f*; **2.** Apparteˈment *n*; ˈ**flat·ness** [-tnis] *s.* **1.** Flachheit *f*; **2.** Plattheit *f*, Eintönigkeit *f*; **3.** Entschiedenheit *f*; **4.** † Flauheit *f*.

ˈ**flat**|**-nosed pli·ers** *s. pl.* ⊕ Flachzange *f*; ~ **race** *s. sport* Flachrennen *n*.

flat·ten [ˈflætn] **I.** *v/t.* **1.** planieren, (ein)ebnen; **2.** abflachen; **3.** ⊕ hämmern, strecken; *Delle etc.* ausbeulen; **4.** *fig. j-n* be-, niederdrükken; **II.** *v/i.* **5.** flach werden; ~ **out I.** *v/t.* **1.** ⊕ → *flatten 1, 3*; **2.** ✈ *Flugzeug* abfangen, aufrichten; **II.** *v/i.* **3.** ✈ ausschweben.

flat·ter [ˈflætə] *v/t.* **1.** schmeicheln (*dat.*), Kompliˈmente machen (*dat.*): *to* ~ *s.o. into s.th.* j-n durch Schmeicheln zu et. überreden; **2.** (zu) günstig darstellen; **3.** erfreuen; *Eitelkeit* befriedigen; **4.** ~ *o.s.* sich schmeicheln *od.* einbilden (*that* daß); sich beglückwünschen (*on* zu); ˈ**flat·ter·er** [-ərə] *s.* Schmeichler(in); ˈ**flat·ter·ing** [-əriŋ] *adj.* □ schmeichelhaft, schmeichlerisch; geschmeichelt (*Bild etc.*); ˈ**flat·ter·y** [-əri] *s.* Schmeicheˈlei *f.*

flat·ting [ˈflætiŋ] *s.* ⊕ Platthämmern *n*: ~ *mill* Walzwerk.

flat·tish [ˈflætiʃ] *adj.* ziemlich flach.

ˈ**flat·top** *s.* ⚓ *Am. sl.* Flugzeugträger *m.*

flat·u·lence [ˈflætjuləns], ˈ**flat·u·len·cy** [-si] *s.* **1.** ⚕ Blähung(en *pl.*) *f*; **2.** *fig.* Nichtigkeit *f*, Schwulst *m*; ˈ**flat·u·lent** [-nt] *adj.* □ **1.** blähend; **2.** *fig.* nichtig, schwülstig; aufgeblasen.

ˈ**flat·ware** *s. Am.* **1.** flache Teller *pl. od.* Schüsseln *pl. etc.*; **2.** Eßbestecke *pl.*

flaunt [flɔ:nt] **I.** *v/t.* **1.** prunken *od.* paradieren mit, frech zur Schau tragen, nicht verbergen, offen zeigen; **II.** *v/i.* **2.** stolzieren, paradieren; **3.** stolz wehen, prangen.

fla·vo(u)r [ˈfleivə] **I.** *s.* **1.** (Wohl-)Geschmack *m*, Aˈroma *n*; Blume *f* (*Wein*); **2.** Würze *f* (*a. fig.*), ˈWürzstoff *m*, -esˌsenz *f*; **3.** *fig.* Beigeschmack *m*, Anflug *m*; **II.** *v/t.* **4.** würzen (*a. fig.*), Geschmack geben (*dat.*); **III.** *v/i.* **5.** ~ *of* schmekken nach; *fig.* erinnern an; ˈ**fla·vo(u)red** [-əd] *adj.* würzig; *in Zssgn* mit ... Geschmack; ˈ**fla·vo(u)r·ing** [-vəriŋ] *s.* → *flavo(u)r 2, 3*; ˈ**fla·vo(u)r·less** [-lis] *adj.* ohne Geschmack, fade, schal.

flaw [flɔ:] *s.* **1.** Fehler *m*, fehlerhafte Stelle, Deˈfekt *m* (*alle a. fig.*); **2.** Sprung *m*, Riß *m*, Bruch *m*; **3.** ⊕ Blase *f*, Wolke *f*; **4.** ⚖ **a)** Formfehler *m*, **b)** Fehler *m* im Recht; **5.** *fig.* schwacher Punkt, Mangel *m*; ˈ**flaw·less** [-lis] *adj.* □ fehler-, einwandfrei, tadellos.

flax [flæks] *s.* ♀ **1.** Flachs *m*, Lein *m*; **2.** Flachs(faser *f*) *m*; ˈ~**-comb** *s.* ⊕ Flachshechel *f*; ˈ~**-dress·er** *s.* ⊕ Flachshechler *m.*

flax·en [ˈflæksən] *adj.* **1.** Flachs...; **2.** flachsartig; **3.** flachsen, flachsfarben: ~*-haired* strohblond; ˈ**flax·seed** *s.* ♀ Leinsamen *m.*

flay [flei] *v/t.* **1.** schinden, die Haut abziehen (*dat.*), ausbalgen; **2.** *Rinde* abschälen; **3.** *fig. j-n* herˈuntermachen, ‚verreißen'; **4.** *fig. j-n* ausrauben, -beuten, schinden.

flea [fli:] *s. zo.* Floh *m*: *to put a ~ in s.o.'s ear* j-m e-n Floh ins Ohr setzen; *to send s.o. away with a ~ in his ear* j-n zs.-stauchen, j-n abfahren lassen; ˈ~**-bag** *s. sl.* ‚Flohkiste' *f* (*Schlafsack*); ˈ~**-bane** *s.* ♀ Flohkraut *n*; ˈ~**-bite** *s.* **1.** Flohstich *m*; **2.** Bagaˈtelle *f*; ˈ~**-bit·ten** *adj.* **1.** von Flöhen zerstochen; **2.** rötlich gesprenkelt (*Pferd*).

fleam [fli:m] *s. vet.* Lanˈzette *f.*

fleck [flek] **I.** *s.* **1.** Licht-, Farbfleck *m*, -tupfen *m*; **2.** Sommersprosse *f*; **3.** Teilchen *n*: ~ *of dust*; **II.** *v/t.* **4.** sprenkeln; ˈ**fleck·er** [-kə] → *fleck 4.*

flec·tion, flec·tion·al *Am.* → *flexion, flexional.*

fled [fled] *pret. u. p.p. von flee.*

fledge [fledʒ] **I.** *v/t.* befiedern, mit Federn versehen; **II.** *v/i.* flügge werden: ~*d* flügge; ˈ**fledg(e)·ling** [-dʒliŋ] *s.* **1.** eben flügge gewordener Vogel; **2.** *fig.* Neuling *m*, Grünschnabel *m.*

flee [fli:] **I.** *v/i.* [*irr.*] **1.** fliehen; **2.** entschwinden; **3.** (*from*) sich fernhalten (von), meiden (*acc.*); **II.** *v/t.* [*irr.*] **4.** fliehen aus: *to ~ the country*; **5.** fliehen, meiden.

fleece [fli:s] **I.** *s.* **1.** Vlies *n*, Schaffell *n*; **2.** *fig.* **a)** Haarmähne *f*, **b)** Schnee- *od.* Wolkendecke *f*; **II.** *v/t.* **3.** *fig.* schröpfen (*of* um), ‚rupfen'; **4.** bedecken; ˈ**fleec·y** [-si] *adj.* wollig, weich: ~ *clouds* Schäfchenwolken.

fleer [fliə] *dial.* **I.** *s.* Hohn(gelächter *n*) *m*, Spott *m*; **II.** *v/i.* hämisch lachen, spotten (*at* über *acc.*).

fleet[1] [fli:t] *s.* **1.** (*bsd.* Kriegs)Flotte *f*: *merchant ~* Handelsflotte; **2. a)** ✈ Gruppe *f*, Geschwader *n*, **b)** Koˈlonne *f*, Zug *m* (*Fahrzeuge*): ~ *of cars* Wagenpark.

fleet[2] [fli:t] *adj.* □ schnell, flink: ~ *of foot* schnellfüßig.

Fleet| Ad·mi·ral *s. Am.* ˈFlottenadmiˌral *m* (*höchster Rang*); ~ **Air Arm** *s. Brit.* Maˈrineluftwaffe *f*; ~ **Com·mand·er** *s.* Flottenchef *m.*

fleet·ing [ˈfli:tiŋ] *adj.* □ daˈhineilend, flüchtig, vergänglich; ˈ**fleet·ness** [-tnis] *s.* Schnelligkeit *f*; Flüchtigkeit *f.*

Fleet Street *s.* **1.** Londoner Presseviertel *n*; **2.** *fig. Brit.* Presse *f.*

Flem·ing [ˈflemiŋ] *s.* Flame *m*, Flamländer *m*; ˈ**Flem·ish** [-miʃ] **I.** *s. ling.* Flämisch *n*; **II.** *adj.* flämisch.

flench [flentʃ], **flense** [flenz] *v/t.* **1.** flensen, *dem Walfisch* den Speck abziehen; **2.** *Seehund* häuten.

flesh [fleʃ] **I.** *s.* **1.** Fleisch *n*: ~ *diet* Fleischkost; *horseflesh* Pferdefleisch; ~ *and blood* menschliche Natur; *my own ~ and blood* mein eigen Fleisch u. Blut; *in ~* korpulent, wohlbeleibt; *to lose ~* abmagern, abnehmen; *to put on ~* Fett ansetzen, zunehmen; → *creep 5*; **2.** Körper *m*, Leib *m*: *in the ~* leibhaftig; *to become one ~* ˈein Leib u. ˈeine Seele werden; **3. a)** *sündiges* Fleisch, **b)** Fleischeslust *f*; **4.** Menschheit *f*: *to go the way of all ~* den Weg alles Fleisches gehen; **5.** (Frucht)Fleisch *n*; **II.** *v/t.* **6.** *Jagdhund* Fleisch kosten lassen; *fig.* kampfbegierig machen; **7.** *to ~ one's sword (pen)* (zum ersten Mal) sein Schwert (s-e Feder) üben; **8.** ausfleischen; **III.** *v/i.* **9.** Fleisch ansetzen; ˈ~**-brush** *s.* Frotˈtierbürste *f*; ˈ~**-col·o(u)r** *s.* Fleischfarbe *f*; ˈ~**-col·o(u)red** *adj.* fleischfarben; ˈ~**-eat·er** *s.* Fleischesser *m*, -fresser *m.*

flesh·er [ˈfleʃə] *s. Scot.* Fleischer *m.*

ˈ**flesh-fly** *s. zo.* Fleischfliege *f.*

flesh·ings [ˈfleʃiŋz] *s. pl.* fleischfarbenes Triˈkot; **flesh·ly** [ˈfleʃli] *adj.* **1.** fleischlich, sinnlich; **2.** sterblich; irdisch.

ˈ**flesh|-pot** *s.*: *the ~s of Egypt fig.* die Fleischtöpfe Ägyptens; ~ **tights** → *fleshings*; ~ **tints** *s. pl. paint.* Fleischtöne *pl.*; ˈ~**-wound** *s.* Fleischwunde *f.*

flesh·y [ˈfleʃi] *adj.* **1.** fleischig (*a. Früchte*); feist; **2.** fleischartig.

fleur-de-lis *pl.* **fleurs-de-lis** [ˈflə:dəˈli:] (*Fr.*) *s.* **1.** *her.* Lilie *f*; **2.** *sg. od. pl. königliches Wappen Frankreichs.*

flew [flu:] *pret. von fly*[1].

flews [flu:z] *s. pl.* Lefzen *pl.* (*Hund*).

flex [fleks] **I.** *v/t. anat.* beugen, biegen; **II.** *s.* ⚡ *bsd. Brit.* (Anschluß-, Verlängerungs)Kabel *n*; **flex·i·bil·i·ty** [fleksəˈbiliti] *s.* **1.** Biegsamkeit *f*, Schmiegsamkeit *f*; **2.** *fig.* geistige Beweglichkeit, Anpassungsfähigkeit *f*; **flex·i·ble** [ˈfleksəbl] *adj.* □ **1.** fleˈxibel, biegsam, geschmeidig (*alle a.* ⊕ *u. fig.*): ~ *metal tube* Metallschlauch; ~ *working hours* gleitende Arbeitszeit; **2.** unzerbrechlich (*Schallplatte*); **3.** wendig (*Auto*); **4.** *fig.* fügsam, nachgiebig; **5.** anpassungsfähig, flexibel; ˈ**flex·ile** [-sil] → *flexible 1, 4, 5*; ˈ**flex·ion** [-kʃən] *s.* **1.** *bsd. anat.* Biegen *n*, Beugung *f*; **2.** *ling.* Flexiˈon *f*, Beugung *f*; ˈ**flex·ion·al** [-kʃənl] *adj. ling.* flektiert, Flexions...; ˈ**flex·or** [-sə] *s. anat.* Beugemuskel *m*, Beuger *m.*

flex·ure [ˈflekʃə] *s.* **1.** Biegung *f*, Krümmung *f*; **2.** *geol.* Falte *f.*

flib·ber·ti·gib·bet [ˈflibətiˈdʒibit] *s.* Schwätzer(in); Irrwisch *m*, ‚Windhund' *m* (*Person*).

flick [flik] **I.** *s.* **1.** leichter, schneller Hieb *od.* Schlag; **2.** *pl. Brit. sl.* ‚Kintopp' *m*, *n*, Kino *n*; **II.** *v/t.* **3.** leicht u. schnell schlagen; **4.** (weg)schnellen.

flick·er [ˈflikə] **I.** *s.* **1.** Flattern *n*, Zucken *n*; **2.** Flackern *n*, Flimmern *n*; **3.** *fig.* Funke *m*; **II.** *v/i.* **4.** flakkern (*a. fig.*), flimmern; flattern.

flight[1] [flait] *s.* Flucht *f*: *to put to ~* in die Flucht schlagen; *to take (to) ~* die Flucht ergreifen; ~ *of capital* † Kapitalflucht.

flight[2] [flait] *s.* **1.** *a.* ✈ Flug *m*, Fliegen *n*: *to make (od. take) a ~* fliegen; **2.** Flug(strecke *f*) *m*; **3.** Zug *m*, Schwarm *m*, Schar *f* (*Vögel*): *in the first ~* an der Spitze; **4.** ✈ Kette *f*, Schwarm *m*; **5.** (*Geschoß*)Hagel *m*, (-)Regen *m*; **6.** Verfliegen *n*, Flug *m* (*Zeit*); **7.** *fig.* (*Gedanken- etc.*)Flug *m*, Schwung *m*; **8.** ~ *of stairs (od. steps)* Treppe *f*; ˈ~**-deck** *s.* ⚓ Flugdeck *n*; ~ **en·gi·neer** *s.* ˈBordmeˌchaniker *m*, -wart *m*; ˈ~**-feath·er** *s. orn.* Schwungfeder *f.*

flight·i·ness [ˈflaitinis] *s.* **1.** Flatterhaftigkeit *f*; **2.** Leichtsinn *m.*

flight| in·struc·tor *s.* ✈ Fluglehrer *m*; ~ **lane** *s.* ✈ Flugschneise *f.*

flight·less [ˈflaitlis] *adj.* flugunfähig (*Vögel*).

ˈ**flight|-lieuˈten·ant** *s.* ✈ ⚔ *Brit.* Fliegerhauptmann *m*; ~ **me·chan·ic** → *flight engineer*; ~ **re·cord·er** *s.* ✈ Flugschreiber *m*; ~ **tick·et** *s.* Flugticket *n*; ~ **tri·al** *s.* ✈ Flugerprobung *f.*

flight·y [ˈflaiti] *adj.* □ **1.** flatterhaft, flüchtig; fahrig; **2.** leichtsinnig; **3.** schwärmerisch.

flim-flam [ˈflimflæm] *s.* **1.** Unsinn *m*, ‚Kokoˈlores' *m*; **2.** Schwindel *m.*

flim·si·ness [ˈflimzinis] *s.* **1.** Schwach-, Dünnheit *f*; **2.** *fig.* Fadenscheinigkeit *f*, Nichtigkeit *f*; **3.** loses Gefüge; **flim·sy** [ˈflimzi] **I.** *adj.* □ **1.** schwach, lose, (hauch-)dünn, zart; **2.** *fig.* dürftig, ˈdurchsichtig, schwach, fadenscheinig; **II.** *s.* **3.** dünnes ˈDurchschlag- *od.* ˈKohlepaˌpier; **4.** *Brit. sl.* **a)** ‚Lappen' *m* (*Geldschein*), **b)** Teleˈgramm *n*; **5.** *pl.* F ‚Reizwäsche' *f*, zarte ˈDamenˌunterwäsche.

flinch[1] [flintʃ] *v/i.* (*from, a. at*) zuˈrückweichen, -schrecken (vor *dat.*); kneifen (vor *dat.*); ausweichen (*dat.*), (zuˈrück)zucken: *without ~ing* ohne mit der Wimper zu zucken.

flinch[2] [flintʃ] → *flench.*

fling [fliŋ] **I.** *s.* **1.** Wurf *m*, Hieb *m* (*a. fig.*); **2.** Ausschlagen *n* (*Pferd*); **3.** *fig.* Anlauf *m*, Versuch *m*: *to have a ~ at s.th.* et. probieren; *to have a ~ at s.o.* auf j-n losgehen, j-n beschimpfen, gegen j-n sticheln; *to have one's ~* über die Stränge *od.* ‚auf die Pauke' hauen, sich austoben; *to have had one's ~* s-e beste Zeit hinter sich haben; **4.** *Highland ~ ein schottischer Tanz*; **II.** *v/t.* [*irr.*] **5.** schleudern, werfen: *to ~ open Tür* aufreißen; *to ~ to Tür* zuschlagen; *to ~ one's clothes on* schnell in s-e Kleider schlüpfen; *to ~ s.th. in s.o.'s teeth fig.* j-m et. ins Gesicht schleudern; **III.** *v/i.* [*irr.*] **6.** eilen, stürzen: *to ~ o.s.* sich stürzen (*on s.o.* auf j-n, *into s.th.* in e-e Sache);

Zssgn mit adv.:

fling| a·way *v/t.* **1.** wegwerfen; **2.** *fig.* verschleudern; **~ back** *v/t.* heftig erwidern; **~ off** *v/i.* fortstürzen; **~ out I.** *v/t.* **1.** *j-n* hinˈauswerfen; **2.** *Worte* herˈvorstoßen; **3.** *Arme* (plötzlich) ausstrecken; **II.** *v/i.* **4.** hinˈausrennen; **5.** ausschlagen (*Pferd*); **6.** wild werden, toben; **~ up** *v/t. fig.* auf-, preisgeben.

flint [flint] *s. min.* Flint *m*, Kiesel *m*, Feuerstein *m*: *~ and steel* Feuerzeug; *a heart of ~* ein Herz von Stein; *to skin a ~* ein Pfennigfuchser (*geizig*) sein; **ˈ~-ˈglass** *s.* ⊕ Blei-, Flint-, Kriˈstallglas *n*; **ˈ~-lock** *s.* ⚔ *hist.* Steinschloß(gewehr) *n*.

flint·y [ˈflinti] *adj.* □ **1.** aus Feuerstein, Kiesel...; **2.** *fig.* hart(herzig), unerbittlich.

flip[1] [flip] **I.** *v/t.* **1.** klapsen; **2.** schnellen, mit e-m Ruck bewegen; **II.** *v/i.* **3.** schnippen; klapsen; **4.** sich flink bewegen; **5.** *a. ~ out sl.* ‚ausflippen'; **III.** *s.* **6.** Klaps *m*, leichter Schlag; **7.** Ruck *m*; **8.** *Brit.* F **a)** kurzer Rundflug, **b)** Spritztour *f*.

flip[2] [flip] → *egg-flip.*

ˈflip-flap *s.* **1.** *Turnen*: Salto *m* rückwärts; **2.** *Brit.* Schwärmer *m* (*Feuerwerk*); **3.** Luftschaukel *f*.

ˈflip-flop *s.* ⚡ Flipflopschaltung *f*.

flip·pan·cy [ˈflipənsi] *s.* **1.** Keckheit *f*, vorlaute Art; **2.** Leichtfertigkeit *f*, Frivoliˈtät *f*; **ˈflip·pant** [-nt] *adj.* □ **1.** keck, frech, schnippisch, vorlaut; **2.** friˈvol, leichtfertig.

flip·per [ˈflipə] *s.* **1.** *zo.* (Schwimm-) Flosse *f*; **2.** Tauch-, Schwimmflosse *f der Froschmänner*; **3.** *sl.* ‚Flosse' *f* (*Hand*); **4.** ✈ *sl.* Höhensteuer *n*.

flip·per·ty-flop·per·ty [ˈflipətiˈflɔpəti] *adj.* lose, hängend, baumelnd.

flirt [flə:t] **I.** *v/t.* **1.** schnell hin u. her bewegen; **II.** *v/i.* **2.** herˈumflattern; **3.** flirten, kokettieren; **4.** *mit e-r Idee* liebäugeln; **III.** *s.* **5.** Ruck *m*; **6.** Koˈkette *f*; **7.** Schwerenöter *m*, Schäker *m*; **flir·ta·tion** [flə:ˈteiʃən] *s.* **1.** Flirt *m*, Liebeˈlei *f*, Techtelmechtel *n*; **2.** Liebäugeln *n*; **flir·ta·tious** [flə:ˈteiʃəs] *adj.* koˈkett; flirtend.

flit [flit] *v/i.* **1.** flitzen, huschen, sausen; **2.** (umˈher)flattern; **3.** *Scot.* ˈum-, wegziehen.

flitch [flitʃ] *s.* **1.** *a. ~ of bacon* gesalzene *od.* geräucherte Speckseite; **2.** Heilbuttschnitte *f*; **3.** Walspeckstück *n*.

flit·ter [ˈflitə] *v/i.* flattern.

fliv·ver [ˈflivə] *s. Am. sl.* **1.** kleine ‚Blechkiste' (*Auto, Flugzeug*); **2.** billiger Plunder, Tinnef *m, n*.

float [flout] **I.** *v/i.* **1.** (obenauf) schwimmen, treiben; **2.** ⚓ flott sein; **3.** schweben, treiben, gleiten; **4.** *fig.* (vor)schweben; **5.** *a.* † ˈumlaufen, in ˈUmlauf sein; **II.** *v/t.* **6.** schwimmen *od.* treiben lassen; zum Schwimmen *od.* Schweben bringen; **7.** ⚓ flottmachen; **8.** schwemmen, tragen (*a. fig.*); **9.** überˈschwemmen (*a. fig.*); **10.** in Gang *od.* in Umlauf bringen; lancieren; **11.** † *Gesellschaft* gründen; *Anleihe* auflegen; **12.** † floaten, den Wechselkurs (*gen.*) freigeben; **III.** *s.* **13.** Floß *n*; **14.** schwimmende Landebrücke; **15.** *Angeln*: (Kork-) Schwimmer *m*; **16.** *ichth.* Schwimmblase *f*; **17.** ⊕, ✈ Schwimmer *m*; **18.** *a. ~-board* (Rad)Schaufel *f*; **19.** niedriger Plattformwagen: **a)** *für Güter*, **b)** *für Personen bei Festzügen*; **20.** ⊕ **a)** Raspel *f*, **b)** Traufel *f* (*der Maurer*); **21.** *a. pl. thea.* Rampenlicht *n*; **ˈfloat·a·ble** [-təbl] *adj.* **1.** schwimmfähig; **2.** flößbar; **ˈfloat·age** [-tidʒ] *s.* **1.** Schwimmen *n*, Schwimmkraft *f*; **2.** *et.* Schwimmendes, Strandgut *n*; **float·a·tion** [flouˈteiʃən] *s.* **1.** Schwimmen *n*, Schweben *n*; **2.** † Gründung *f*; Begebung *f* (*Wechsel*); Auflegung *f* (*Anleihe*).

ˈfloat|-bridge *s.* Floßbrücke *f*; **~ cham·ber** *s.* ⊕ Schwimmergehäuse *n*; **~ chas·sis** *s.* ✈ Schwimmergestell *n*; **~ cock** *s.* ⊕ Schwimmerhahn *m*.

float·er [ˈfloutə] *s.* **1.** † Gründer *m e-r Firma*; **2.** † *Brit.* börsenfähiges Paˈpier; **3.** *Am.* F ‚Zugvogel' *m* (*j-d der ständig Wohnsitz od. Arbeitsplatz wechselt*); **4.** *pol. Am.* Wechselwähler *m*.

float·ing [ˈfloutiŋ] **I.** *adj.* □ **1.** schwimmend, treibend, Schwimm..., Treib...; **2.** schwebend (*a. fig.*); **3.** lose, beweglich; **4.** schwankend, unbestimmt, veränderlich; **5.** ohne festen Wohnsitz; **6.** † **a)** ˈumlaufend (*Geld etc.*), **b)** schwebend (*Schuld*), **c)** flüssig (*Kapital*), **d)** fleˈxibel (*Wechselkurs*); **II.** *s.* **7.** † Floating *n*; **~ an·chor** *s.* ⚓ Treibanker *m*; **~ as·sets** *s. pl.* † flüssige Akˈtiva *pl.*; **~ ax·le** *s.* ⊕ Schwingachse *f*; **~ bridge** *s.* Schwimm-, Floßbrücke *f*; **~ cap·i·tal** *s.* † ˈUmlaufs-, Beˈtriebskapiˌtal *n*; **~ crane** *s.* ⊕ Schwimmkran *m*; **~ dock** *s.* ⚓ Schwimmdock *n*; **~ ice** *s.* Treibeis *n*; **~ kid·ney** *s.* ⚕ Wanderniere *f*; **~ light** *s.* ⚓ Leuchtboje *f*, -schiff *n*; **~ mine** *s.* ⚔ Treibmine *f*; **~ pol·i·cy** *s.* † Geneˈral-, Pauˈschalpoˌlice *f*; **~ ribs** *s. pl. anat.* fliegende *od.* falsche Rippen *pl.*; **~ stock** *Am.* → *floating capital*; **~ sup·ply** *s.* † laufendes Angebot; **~ trade** *s.* † See(fracht)handel *m*; **~ vote** (*od.* **vot·ers** *pl.*) *s. pol.* Wechselwähler *pl.*

ˈfloat|-plane *s.* ✈ Schwimmerflugzeug *n*; **ˈ~-stone** *s. min.* Schwimmstein *m*; **~ un·der·car·riage** *s.* ✈ Schwimmergestell *n*; **~ valve** *s.* ⊕ ˈSchwimmervenˌtil *n*.

floc·cose [ˈflɔkous] *adj.* ⚘ flockig, wollig; **ˈfloc·cu·lent** [-kjulənt] *adj.* **1.** → *floccose*; **2.** locker, lose; **ˈfloc·cus** [-kəs] *pl.* **-ci** [-sai] *s.* **1.** Haarbüschel *n*; **2.** Flaum *m*, Flocke *f*.

flock[1] [flɔk] **I.** *s.* **1.** Herde *f* (*bsd. Schafe*): *~s and herds* Schafe u. Rinder; **2.** Flug *m* (*Vögel*); **3.** Menge *f*, Schar *f* (*Personen*); F Herde *f* (*Kinder*); **4.** *eccl.* Herde *f*, Gemeinde *f*; **II.** *v/i.* **5.** sich versammeln *od.* scharen, (zs.-)strömen: *to ~ to s.o.* j-m zuströmen, in Scharen zu j-m kommen.

flock[2] [flɔk] *s.* **1.** (Woll)Flocke *f*; **2.** *sg. od. pl. coll.* Wollabfall *m*, -flocken *pl.*, Flockwolle *f*; **ˈ~-ˈbed** *s.* ˈWollmaˌtratze *f*; **ˈ~-ˈpa·per** *s.* (unechte) ˈSamttaˌpete.

floe [flou] *s.* (treibende) Eisscholle.

flog [flɔg] *v/t.* **1.** peitschen; schlagen, prügeln: *to ~ along* vorwärtstreiben; **2.** *et.* einbleuen (*into s.o.* j-m); *et.* austreiben (*out of s.o.* j-m); **ˈflog·ging** [-giŋ] *s.* Prügel(strafe *f*) *pl.*, Tracht *f* Prügel.

flood [flʌd] **I.** *s.* **1.** *a. ~-tide* ⚓ Flut *f* (*Ggs. Ebbe*): *to be at the ~* steigen; **2.** Überˈschwemmung *f* (*a. fig.*), Hochwasser *n*: *the* ♀ die Sintflut; **3.** *fig.* Flut *f*, Strom *m*, Schwall *m* (*Worte etc.*): *a ~ of tears* ein Tränenstrom; *~s of ink fig.* Tintenströme; **II.** *v/t.* **4.** überˈschwemmen, -ˈfluten (*a. fig.*); unter Wasser setzen; **5.** mit Wasser füllen, fluten; **6.** *Fluß* anschwellen lassen; **7.** *fig.* strömen in (*acc.*), sich ergießen über (*acc.*); **III.** *v/i.* **8.** ˈüberfließen; **9.** *a. fig.* sich ergießen: *to ~ in upon s.o.* j-n überschwemmen; **~ dis·as·ter** *s.* ˈHochwasserkataˌstrophe *f*; **ˈ~-gate** *s.* **1.** Schleusentor *n*; **2.** *fig.* Schleuse *f*, Tor *n*.

flood·ing [ˈflʌdiŋ] *s.* **1.** Überˈschwemmung *f*; **2.** ⚕ Gebärmutterblutung *f*.

ˈflood|-light I. *s.* Scheinwerfer-, Flutlicht *n*: *~ projector* Scheinwerfer; **II.** *v/t.* [*irr.* → *light*[1]] (mit Scheinwerfern) anstrahlen: *flood-lit* in Flutlicht getaucht; *flood-lit match sport* Flutlichtspiel; **ˈ~-mark** *s.* Hochwasserstandszeichen *n*; **ˈ~-tide** → *flood 1*.

floor [flɔ:] **I.** *s.* **1.** (Fuß)Boden *m*: *to take the ~* tanzen (→ *2*); *to mop* (*od. wipe*) *the ~ with s.o.* j-m heimleuchten, mit j-m ‚Schlitten fahren'; **2.** *parl.* (Sitzungs)Saal *m*: *to cross the ~* zur Gegenpartei übergehen; *to give the ~ j-m* das Wort erteilen; *to hold the ~* die Hörer fesseln; *to take the ~* das Wort ergreifen (→ *1*);

~ *of the House Brit.* Sitzungssaal; **3.** Versammlung *f, die* Anwesenden *pl.*; **4.** Stock(werk *n*) *m*, Geschoß *n*; → *first floor, ground floor*; **5.** Sohle *f* (*Tal, Fluß,* ⚒ *Stollen*); **6.** 'Minimum *n*: ~ *price* Mindestpreis; **II.** *v/t.* **7.** e-n (Fuß)Boden legen in (*dat.*); **8.** zu Boden strecken, besiegen; **9.** verblüffen: ~*ed* sprachlos, ‚baff'; **10.** *Examensfrage* glatt beantworten; '~**-cloth** *s.* **1.** Scheuertuch *n*; **2.** → *floor covering*; ~ **cov·er·ing** *s.* Fußbodenbelag *m.*

floor·er ['flɔːrə] *s.* F **1.** *fig.* ‚Schlag *m* ins Kon'tor' (*böse Überraschung*); **2.** ‚harte Nuß', knifflige Frage.

floor ex·er·cis·es *s. pl. sport* Bodenturnen *n.*

floor·ing ['flɔːriŋ] *s.* **1.** Boden *m*; **2.** Bodenbelag *m.*

'**floor|-lamp** *s.* Stehlampe *f*; ~ **lead·er** *s. pol. Am.* Frakti'onsvorsitzende(r) *m* (*im Kongreß*); ~ **plan** *s.* ⚠ Grundriß *m*; ~ **pol·ish** *s.* Bohnerwachs *n*; ~ **show** *s.* Kaba'rett-, Nachtklubvorstellung *f*; ~ **space** *s.* Bodenfläche *f*; ~ **tile** *s.* Fliese *f*; '~**-walk·er** *s.* (aufsichtsführender) Ab'teilungsleiter (*Kaufhaus*).

flop [flɔp] **I.** *v/i.* **1.** (hin)plumpsen; sich *wohin* plumpsen lassen; **2.** ✝ stürzen, fallen (*Aktien etc.*); **3.** flattern, schlottern; **4.** *sl.* 'durchfallen (*Prüfling, Theaterstück etc.*); *allg.* ‚da'nebengehen', e-e ‚Pleite' sein; **II.** *v/t.* **5.** hinwerfen; her'unterklappen; **6.** *sl. in der Prüfung* 'durchfallen lassen; **III.** *s.* **7.** Plumps *m*; **8.** *sl.* Reinfall *m*, ‚Pleite' *f*; *thea.* 'Durchfall *m*; *Am.* Versager *m*, ‚Niete' *f* (*Person*); **IV.** *adv. u. int.* **9.** plumps; '**flop·house** *s. Am. sl.* ‚Penne' *f* (*Herberge*); '**flop·py** [-pi] *adj.* □ **1.** schlaff, hängend, schlapp, schlotterig; **2.** schlampig, schludrig.

flo·ra ['flɔːrə] *pl.* **-ras**, *a.* **-rae** [-riː] *s.* Flora *f*, (*a.* Abhandlung *f* über e-e) Pflanzenwelt *f*; '**flo·ral** [-rəl] *adj.* □ **1.** Blumen..., Blüten...: ~ *design* Blumenmuster; **2.** Flora..., Floren...: ~ *emblem* Wappenblume.

Flor·en·tine ['flɔrəntain] **I.** *adj.* floren'tinisch, Florentiner...; **II.** *s.* Floren'tiner(in).

flo·res·cence [flɔː'resns] *s.* ⚘ Blüte (-zeit) *f* (*a. fig.*); **flo·ret** ['flɔːrit] *s.* ⚘ Blümchen *n.*

flo·ri·cul·tur·e ['flɔːrikʌltʃə] *s.* Blumenzucht *f.*

flor·id ['flɔrid] *adj.* □ **1.** blühend, rosig; **2.** blumig (*Stil etc.*); (zu) reich verziert, über'laden; **3.** auffallend, grell.

Flor·i·da wa·ter ['flɔridə] *s. Art* Kölnischwasser *n.*

Flo·rid·i·an [flɔ'ridiən] **I.** *adj.* Florida...; **II.** *s.* Bewohner(in) von 'Florida.

flo·rid·i·ty [flɔː'riditi] *s.* **1.** blühende (Gesichts)Farbe; **2.** *das* Blumenreiche (*Stil*); **3.** Über'ladenheit *f.*

flor·in ['flɔrin] *s.* **1.** *Brit. obs.* Zwei'schillingstück *n*; **2.** (*holl.*) Gulden *m.*

flo·rist ['flɔrist] *s.* Blumenhändler *m*, -züchter *m.*

floss [flɔs] *s.* **1.** Außenfäden *pl.* des 'Seidenkoˌkons, Flo'rettgarn *n*; **2.** Schappe-, Flo'rettseide *f*; **3.** Flaum *m*, seidige Sub'stanz; ~ **silk** → *floss* 1, 2.

floss·y ['flɔsi] *adj.* **1.** flo'rettseiden; **2.** seidig.

flo·tage, flo·ta·tion → *floatage, floatation.*

flo·til·la [flou'tilə] *s.* ⚓ Flot'tille *f.*

flot·sam ['flɔtsəm], *a.* ~ **and jet·sam** *s.* ⚓ Strand-, Treibgut *n.*

flounce[1] [flauns] *v/i.* erregt stürmen *od.* stürzen; sich her'umwerfen.

flounce[2] [flauns] **I.** *s.* Vo'lant *m*, Besatz *m*; Falbel *f*; **II.** *v/t.* mit Volants besetzen; '**flounc·ing** [-siŋ] *s.* (Materi'al *n* für) Volants *pl.*

floun·der[1] ['flaundə] *v/i.* **1.** zappeln, sich abquälen; sich mühen; **2.** taumeln, stolpern, um'hertappen; **3.** *fig.* sich verhaspeln, ins ‚Schwimmen' kommen.

floun·der[2] ['flaundə] *s. ichth.* Flunder *f.*

flour ['flauə] **I.** *s.* **1.** (*bsd.* Weizen-) Mehl *n*; **2.** feines Pulver, Mehl *n*; **II.** *v/t.* **3.** *Am.* (zu Mehl) mahlen; **4.** mit Mehl bestreuen; '~**-bag** *s.* Mehlbeutel *m*, -sack *m.*

flour·ish ['flʌriʃ] **I.** *v/i.* **1.** blühen, gedeihen (*a. fig.*); **2.** auf der Höhe der Macht stehen; **3.** wirken, tätig sein (*Künstler etc.*); **4.** prahlen; **5.** sich geziert *od.* geschraubt ausdrücken; **6.** ♪ **a)** phantasieren, **b)** e-n Tusch spielen; **II.** *v/t.* **7.** schwingen, schwenken; **8.** zur Schau stellen; **III.** *s.* **9.** Schwingen *n*, Schwenken *n*; **10.** Schnörkel *m*, Verzierung *f*; **11.** 'Floskel *f*, Schwulst *m*; **12.** Schwung *m*; **13.** ♪ **a)** bravou'röse Pas'sage, **b)** Tusch *m*: ~ *of trumpets* Fanfare, *fig.* (viel) Trara; '**flour·ish·ing** [-ʃiŋ] *adj.* □ blühend, gedeihend.

'**flour-mill** *s.* (*bsd.* Getreide)Mühle *f.*

flour·y ['flauəri] *adj.* **1.** mehlig; **2.** mit Mehl bestreut.

flout [flaut] **I.** *v/t.* **1.** verspotten, -höhnen; **2.** *Befehl, Ratschlag etc.* miß'achten; **II.** *v/i.* **3.** spotten (*at* über *acc.*), höhnen.

flow [flou] **I.** *v/i.* **1.** fließen, strömen; **2.** *fig.* da'hinfließen, gleiten; **3.** ⚓ steigen (*Flut*); **4.** *oft fig.* fluten, strömen, sich ergießen; **5.** (*from*) entspringen (*dat.*), herrühren (von); **6.** voll sein (*with* von); **7.** lose her'abhängen, wallen; **II.** *s.* **8.** *a. fig.* Strömen *n*, Fließen *n*, Strom *m*, *a.* ⊕, *phys.* Strömung *f*: ~ *characteristics* Strömungsbild; **9.** ⚓ Flut *f* (*a. fig.*); **10.** 'Über-, Zufluß *m*; **11.** *bsd.* ✝ Menge *f*, Leistung *f*; 'Umlauf *m*, Verkehr *m*; **12.** Wallen *n*, Wogen *n*; **13.** *fig.* (Wort- *etc.*) Schwall *m.*

flow·er ['flauə] **I.** *s.* **1.** Blume *f*; Blüte *f* (*a. fig.*): *in* ~ in Blüte, blühend; *say it with* ~*s* laßt Blumen sprechen!; **2.** Blütenpflanze *f*; **3.** Blüte(zeit) *f* (*a. fig.*): *in the* ~ *of his life* in der Blüte der Jahre; **4.** *das* Beste *od.* Feinste; E'lite *f*, Zierde *f*, Blüte *f*: *the* ~ *of his age* die Zierde s-r Zeit; **5.** Blumenverzierung *f*, Ausschmückung *f*: ~*s of speech* Redeblüten, Floskeln; **6.** ~*s of sulphur* ⚗ Schwefelblumen; **II.** *v/i.* **7.** blühen (*a. fig.*); **8.** *fig.* in höchster Blüte stehen; '**flow·er·age** [-əridʒ] *s.* Blütenpracht *f*, Blumenflor *m.*

'**flow·er|-bed** *s.* Blumenbeet *n*; ~ **cup** *s.* ⚘ Blütenkelch *m.*

flow·ered ['flauəd] *adj.* **1.** geblümt; **2.** *in Zssgn* ...blütig.

'**flow·er|-gar·den** *s.* (Blumen)Garten *m*; '~**-girl** *s.* Blumenmädchen *n*, -frau *f.*

flow·er·ing ['flauəriŋ] **I.** *adj.* blühend, Blüten...: ~ *plant* Blütenpflanze; **II.** *s.* Blüte(zeit) *f*; ~ **cur·rant** *s.* ⚘ 'Blut-JoˌhannisbeereWhite *f* (*Zierstrauch*); ~ **fern** *s.* ⚘ Rispenfarn *m*; ~ **rush** *s.* ⚘ Blumenbinse *f*; ~ **to·bac·co** *s.* ⚘ 'Zierˌtabak *m.*

'**flow·er|-piece** *s. paint.* Blumenstück *n*; '~**-pot** *s.* Blumentopf *m*; '~**-show** *s.* Blumenausstellung *f*; '~**-stalk** *s.* ⚘ Blütenstiel *m.*

flow·er·y ['flauəri] *adj.* **1.** blumig, blumenreich (*a. fig.*); **2.** geblümt.

flow·ing ['flouiŋ] *adj.* □ **1.** fließend, strömend; **2.** *fig.* flüssig, glatt (*Stil etc.*); **3.** wehend, wallend, fließend, flatternd.

flown [floun] *p.p. von fly*[1].

flu → *flue*[4].

flub·dub ['flʌbdʌb] *s. Am. sl.* Geschwafel *n*, ‚Quatsch' *m*, ‚Blech' *n.*

fluc·tu·ate ['flʌktjueit] *v/i.* schwanken: **a)** fluktuieren, sich (ständig) verändern, **b)** unschlüssig sein; '**fluc·tu·at·ing** [-tiŋ] *adj.* schwankend, veränderlich; **fluc·tu·a·tion** [flʌktju'eiʃən] *s.* **1.** Schwankung *f* (*a.* ✝, ⚡, *phys.*): *cyclical* ~ ✝ Konjunkturschwankung; **2.** Schwanken *n.*

flue[1] [fluː] *s.* **1.** ⊕ **a)** Rauchfang *m*, Esse *f*, **b)** Abzugsrohr *n*, (Feuerungs)Zug *m*: ~ *gas* Rauch-, Abgas, **c)** Heizröhre *f*, **d)** Flammrohr *n*, 'FeuerkaˌnaI *m*; **2.** ♪ Kernspalt *m der Orgelpfeife.*

flue[2] [fluː] *s.* Flaum *m*, Staubflocken *pl.*

flue[3] [fluː] *s.* ⚓ Schleppnetz *n.*

flue[4] [fluː] *s.* ⚕ F Grippe *f.*

flu·en·cy ['flu(ː)ənsi] *s.* Geläufigkeit *f*, Fluß *m* (*Rede etc.*); Zungenfertigkeit *f*; '**flu·ent** [-nt] *adj.* □ **1.** fließend, geläufig: *to speak* ~ *German, to be a* ~ *speaker of German* fließend deutsch sprechen; **2.** flüssig, ele'gant (*Stil*).

fluff [flʌf] **I.** *s.* **1.** Staub-, Federflocke *f*, Fussel(n *pl.*) *f*; **2.** Flaum *m* (*a. fig. erster Bartwuchs*); **3.** *thea. sl.* schlechtgelernte Rolle; **4.** *bit of* ~ *sl.* ‚Betthäs-chen' *n*; **II.** *v/t.* **5.** flokkig machen; **6.** ~ *out*, ~ *up* aufplustern; **7.** *bsd. thea. sl. et.* verpatzen: *to* ~ *one's lines*; **III.** *v/i.* **8.** *bsd. thea. sl.* patzen; '**fluff·y** [-fi] *adj.* **1.** flaumig, flockig; locker, weich; **2.** *bsd. thea. sl.* patzend (*Schauspieler*); **3.** *Brit. sl.* ‚besoffen'.

flu·id ['flu(ː)id] **I.** *s.* **1.** *konkr.* Flüssigkeit *f*; **II.** *adj.* **2.** flüssig; **3.** *fig.* geläufig, fließend; **4.** beweglich, veränderlich; ~ **cou·pling** *s.* ⊕ hy'draulische Kupplung; ~ **drive** *s.* ⊕ Flüssigkeitsgetriebe *n.*

flu·id·i·ty [flu(ː)'iditi] *s.* **1.** *phys.* flüssiger Zustand, Flüssigkeit *f*; **2.** *fig.* Wankelmütigkeit *f.*

flu·id| ounce *s. Hohlmaß:* **a)** *Brit.* = *28,4 ccm*, **b)** *Am.* = *29,6 ccm*;

~ pres·sure *s.* ⊕, *phys.* hy'draulischer Druck.

fluke¹ [flu:k] *s.* **1.** ⚓ Ankerflügel *m*, -schaufel *f*; **2.** 'Widerhaken *m*; **3.** Schwanzflosse *f* (*Wal*); **4.** *zo.* Leber-egel *m*.

fluke² [flu:k] *s.* **1.** *Billard*: glücklicher Stoß, Fuchs *m*; **2.** *sl.* glücklicher Zufall, ‚Dusel' *m*; **'fluk·(e)y** [-ki] *adj.* □ *sl.* **1.** Glücks..., Zufalls...; **2.** unsicher.

flume [flu:m] *Am.* **I.** *s.* **1.** Klamm *f*; **2.** künstlicher Wasserlauf, Ka'nal *m*; **II.** *v/t.* **3.** durch e-n Kanal flößen.

flum·mer·y ['flʌməri] *s.* **1.** *Küche*: 'Flammeri *m*; **2.** *fig.* leere Schmeiche'lei, Gewäsch *n*.

flum·mox ['flʌməks] *v/t. sl.* verblüffen.

flung [flʌŋ] *pret. u. p.p. von fling.*

flunk [flʌŋk] *ped. Am. sl.* **I.** *v/t.* **1.** ‚'durchrauschen' (*durchfallen*) lassen; **2.** *aus der Schule* entfernen; **II.** *v/i.* **3.** ‚'durchrauschen'; **4.** sich drücken; **III.** *s.* **5.** 'Durchfallen *n*; **6.** Drückeberge'rei *f*.

flunk·(e)y ['flʌŋki] *s.* **1.** livrierter Diener, La'kai *m*; **2.** La'kaienseele *f*, Speichellecker *m*; **'flunk·(e)y·dom** [-dəm] *s. coll.* Dienerschaft *f*; **'flunk·(e)y·ism** [-iizəm] *s.* Speichellecke'rei *f*.

flu·or ['flu(:)ɔ:] → *fluorite*.

flu·o·resce [fluə'res] *v/i.* ⚗, *phys.* fluoreszieren, schillern; **flu·o'res·cence** [-sns] *s.* ⚗, *phys.* Fluores'zenz *f*; **flu·o'res·cent** [-snt] *adj.* fluoreszierend, schillernd: ~ *lamp* Leuchtstofflampe; ~ *screen* Leuchtschirm; ~ *tube* Leucht(stoff)röhre.

flu·or·ic [flu(:)'ɔrik] *adj.* ⚗ Fluor...: ~ *acid* Flußsäure; **flu·o·ri·da·tion** [fluərai'deiʃən] *s.* Fluo'ridbehandlung *f* (*Trinkwasser*); **flu·o·ride** ['fluəraid] *s.* ⚗ Fluo'rid *n*; **flu·o·rine** ['fluəri:n] *s.* ⚗ 'Fluor *n*; **flu·o·rite** ['fluərait] *s.* → *fluor-spar*; **flu·o·ro·scop·ic** [fluərə'skɔpik] *adj.*: ~ *screen* ⚕ Leuchtschirm; **'flu·or-spar** *s. min.* Flußspat *m*, 'Fluor,kalzium *n*.

flur·ry ['flʌri] **I.** *s.* **1. a)** Windstoß *m*, **b)** kurzer Regenguß, **c)** kurzes Schneegestöber, **d)** Hagel *m*, Wirbel *m von Schlägen etc.*; **2.** *fig.* Aufregung *f*, Unruhe *f*, Hast *f*: *in a* ~ aufgeregt; **3.** † kurzes Aufflackern (*Kurse*); **II.** *v/t.* **4.** ner'vös machen, beunruhigen, verwirren.

flush¹ [flʌʃ] **I.** *v/i.* (aufgeregt) auffliegen; **II.** *v/t.* aufscheuchen; **III.** *s.* aufgescheuchter Vogelschwarm.

flush² [flʌʃ] **I.** *v/i.* **1.** sich ergießen, ins Gesicht schießen (*Blut*), über'flutet werden; **2.** erröten, glühen; **II.** *v/t.* **3.** über'fluten; (aus)spülen: *to ~ down* hinunterspülen; **4.** durch'bluten; erröten lassen; **5.** *fig.* erregen, erhitzen: *~ed with anger* zornentbrannt; *~ed with joy* freudetrunken; **III.** *s.* **6.** Wassersturz *m*, Strom *m*, Zufluß *m*; **7.** 'Überfluß *m*, -fülle *f*; **8.** Spülung *f*; **9.** *fig.* Aufblühen *n*, Glanz *m*: ~ *of youth* Jugendblüte; **10.** Erröten *n*, Erregung *f*, Glühen *n*: ~ *of hope* Hoffnungsfreudigkeit; ~ *of victory* Siegesrausch; **11.** ⚕ Fieberanfall *m*.

flush³ [flʌʃ] **I.** *adj.* **1.** 'übervoll; **2.** ⊕ fluchtrecht, glatt, bündig (abschneidend) (*with* mit); **3.** blühend, frisch; **4.** F üppig, reichlich: ~ (*of money*) gut bei Kasse; ~ *with one's money* verschwenderisch; **II.** *v/t.* **5.** eben machen, glätten.

flush⁴ [flʌʃ] *Kartenspiel*: **a)** lange Farbe, Se'quenz *f*, ‚Flöte' *f*, **b)** *Poker*: Flush *m*.

flush·ing box ['flʌʃiŋ] *s.* ⊕ Spülkasten *m*.

flush| screw *s.* ⊕ Senkschraube *f*; **~ toi·let** *s.* 'Spülklo,sett *n*.

flus·ter ['flʌstə] **I.** *v/t.* durchein'anderbringen, verwirren, ner'vös machen; **II.** *v/i.* ner'vös werden, sich aufregen; **III.** *s.* Aufregung *f*, Tu'mult *m*: *all in a* ~ ganz verwirrt.

flute [flu:t] **I.** *s.* **1.** ♪ **a)** Flöte *f*, **b)** → *flutist*, **c)** 'Flötenre,gister *n* (*Orgel*); **2.** △, ⊕ Rille *f*, Riefe *f*, Hohlkehle *f*; **3.** ⊕ (Span-)Nut *f*; **4.** Rüsche *f*; **II.** *v/i.* **5.** Flöte spielen, flöten (*a. fig.*); **III.** *v/t.* **6.** *et.* auf der Flöte spielen, flöten (*a. fig.*); **7.** △, ⊕ riefen, riffeln, auskehlen, kannelieren; *Stoff* kräuseln; **'flut·ed** [-tid] *adj.* **1.** flötenartig, sanft; **2.** gerieft, gerillt; **'flut·ing** [-tiŋ] *s.* **1.** △ Riffelung *f*; **2.** Falten *pl.*, Rüschen *pl.*; **'flut·ist** [-tist] *s.* Flö'tist(in).

flut·ter ['flʌtə] **I.** *v/i.* **1.** flattern (*a.* ⚕ *Herz*), wehen; **2.** sich unruhig hin u. her bewegen; aufgeregt sein, zittern; **3.** flackern; **II.** *v/t.* **4.** schwenken, flattern lassen; **5.** aufregen, beunruhigen; **III.** *s.* **6.** Flattern *n* (*a.* ⚕ *Puls etc.*), Wehen *n*; **7.** Aufregung *f*, Tu'mult *m*; **8.** Aufsehen *n*, Sensati'on *f*; **9.** *sl.* kleine Spekulati'on.

flu·vi·al ['flu:vjəl] *adj.* Fluß..., in Flüssen vorkommend.

flux [flʌks] *s.* **1.** Fließen *n*, Fluß *m* (*a.* ⚡, *phys.*); **2.** Ausfluß *m* (*a.* ⚕), Strom *m* (*a. fig.*), Strömung *f*; **3.** ~ *and reflux* Flut u. Ebbe (*a. fig.*); ~ *of words* Wortschwall; **4.** Lauf *m*, ständige Bewegung; Wandel *m*: *in (a state of)* ~ im Fluß; **5.** ⊕ Fluß-, Schmelzmittel *n*, Zuschlag *m*; **'flux·ion** [-kʃən] *s.* **1.** Fluß *m* (*a.* ⚕); **2.** & Differenti'al *n*: *method of ~s* Differentialrechnung; **'flux·ion·al** [-kʃənl] *adj.* **1.** fließend; **2.** & Differential...

fly¹ [flai] **I.** *s.* **1.** Fliegen *n*, Flug *m* (*a.* ✈); **2.** *Brit.* Einspänner *m*, Droschke *f*; **3.** Knopfleiste *f*; Hosenklappe *f*, -schlitz *m*; **4.** Zelttür *f*; **5.** ⊕ → *fly-wheel*; **6.** Unruh *f* (*Uhr*); **7.** *pl. thea.* Sof'fitten *pl.*; **II.** *v/i.* [*irr.*] **8.** fliegen: *to ~ blind (od. on instruments)* ✈ blindfliegen; *to ~ high (od. at high game) fig.* hoch hinauswollen; → *let¹ Redew.*; **9.** flattern, wehen; **10.** verfliegen (*Zeit*), zerrinnen (*Geld*); **11.** eilen, stürzen, springen; stieben (*Funken*): *to ~ to arms* zu den Waffen eilen; *he flew to her arms* er flog in ihre Arme; *to ~ in pieces* in Stücke gehen; *to send s.o. ~ing* j-n fortjagen; *to send things ~ing* Sachen umherwerfen; *to ~ at s.o.* auf j-n losgehen, über j-n herfallen; → *temper 3*; **12.** (*nur pres., inf. u. p.pr.*) fliehen; **III.** *v/t.* [*irr.*] **13.** fliegen lassen: *to ~ hawks hunt.* mit Falken jagen; **14.** ✈ **a)** *Flugzeug* fliegen, führen, **b)** *j-n, et.* (hin)fliegen, im Flugzeug befördern, **c)** *Strecke* fliegen, **d)** *Ozean* über'fliegen; **15.** *Fahne* führen, hissen, wehen lassen; **16.** *Zaun etc.* im Sprung nehmen; **17.** (*nur pres., inf. u. p.pr.*) **a)** fliehen aus, **b)** fliehen vor (*dat.*), meiden; **~ in** ✈ *v/t. u. v/i.* einfliegen; **~ off** *v/i.* forteilen; **~ o·pen** *v/i.* auffliegen (*Tür*); **~ out I.** *v/i.* **1.** hin'auseilen; **2.** wütend werden: *to ~ at s.o.* auf j-n losgehen, gegen j-n ausfallend werden; **II.** *v/t.* **3.** ausfliegen.

fly² [flai] *s.* **1.** *zo.* Fliege *f*: *a ~ in the ointment* ein Haar in der Suppe; *to break a ~ on the wheel* mit Kanonen nach Spatzen schießen; *no flies on him (od. it) sl.* an ihm (*od.* daran) ist ‚nicht zu tippen'; *they died (od. dropped) like flies* sie starben wie die Fliegen; **2.** *Angeln*: (künstliche) (Angel)Fliege: *to cast a ~* e-e Angel auswerfen; **3.** *typ.* (Bogen)Ausleger *m*.

fly³ [flai] *adj. sl.* mit allen Wassern gewaschen, gerissen, raffiniert.

fly| a·gar·ic *s.* ♀ Fliegenpilz *m*; **'~-a·way** *adj.* **1.** flatternd; **2.** flatterhaft; **'~-bane** *s.* ♀ Leimkraut *n*; **'~-blow I.** *s.* Fliegen-ei *n*, -dreck *m*, -made *f*; **II.** *v/t.* beschmeißen; *fig.* beschmutzen; **'~-blown** *adj.* **1.** von Fliegen beschmutzt; madig; **2.** *fig.* in 'Mißkre,dit, besudelt; **'~-by-night I.** *s.* **1.** Nachtschwärmer *m*; **2.** Schuldner, der in der Nacht 'durchbrennt; **II.** *adj.* **3.** *Am.* † zweifelhaft, anrüchig; **'~-catch·er** *s.* **1.** Fliegenfänger *m*; **2.** *orn.* Fliegenschnäpper *m*.

fly·er ['flaiə] *s.* **1.** Fliegende(r *m*) *f*; **2.** Fliehende(r *m*) *f*; **3.** ✈ Flieger *m*: **a)** Pi'lot *m*, **b)** Flugzeug *n*; **4.** Ex'preß(zug) *m*; **5.** Rennpferd *n*; **6.** *pl.* Freitreppe *f*; **7.** *Am. sl.* Sprung *m* mit Anlauf; **8.** *sl.* gewagte Spekulati'on; **9.** *Am.* Flugblatt *n*; **10.** *Am.* Spezi'alkata,log *m e-s Versandhauses*; **11.** → *fly-wheel*.

'fly|-fish *v/i.* mit (künstlichen) Fliegen angeln; **'~-flap** *s.* Fliegenwedel *m*.

fly·ing ['flaiiŋ] **I.** *adj.* **1.** fliegend, Flug...; **2.** flatternd, fliegend, wehend, wallend; **3.** kurz, flüchtig: ~ *visit* Stippvisite; **4.** *sport* **a)** fliegend: ~ *start* fliegender Start, **b)** mit Anlauf: ~ *jump*; **5.** schnell; **6.** ⊕ beweglich; **II.** *s.* **7.** Fliegen *n*, Flug *m*; Flugwesen *n*; **~ boat** *s.* ✈ Flugboot *n*; **~ bomb** *s.* ⚔ fliegende Bombe, Ra'ketenbombe *f*; **~ bridge** *s.* **1.** Rollfähre *f*; **2.** Schiffbrücke *f*; **~ but·tress** *s.* △ Strebebogen *m*; **~ col·umn** *s.* ⚔ fliegende *od.* schnelle Ko'lonne; **~ ex·hi·bi·tion** *s.* Wanderausstellung *f*; **~ field** *s.* ✈ (*kleiner*) Flugplatz; **~ fish** *s. ichth.* fliegender Fisch; **~ fox** *s. zo.* Flughund *m*; **~ lane** *s.* ✈ Flugschneise *f*; **~ man** *s.* [*irr.*] Flieger *m*; **~ mile** *s. sport* fliegende Meile; **~ Of·fi·cer** *s.* ✈ *Brit.* Oberleutnant *m der R.A.F.*; **~ range** *s.* ✈ Akti'ons,radius *m*; **~ sau·cer** *s.* fliegende 'Untertasse; **~ scaf·fold** *s.* ⊕ Hängegerüst *n*; **~ school** *s.* ✈ Fliegerschule *f*; **~ speed** *s.* Fluggeschwindigkeit *f*; **~ squad** *s. Brit.* 'Überfallkom,mando *n* (*Polizei*); **~ squad·ron** *s.* ✈ Staffel *f*; **~ u·nit** *s.* ✈ fliegender Verband; **~ weight** *s.* ✈

Fluggewicht *n*; ~ **wing** *s.* ✈ Nurflügelflugzeug *n*.

'**fly|-leaf** *s. typ.* Vorsatz-, Deckblatt *n*; '~-**o·ver** *s. Brit.* ('Straßen-, 'Eisenbahn)Über,führung *f*; '~-**pa·per** *s.* Fliegenfänger *m* (*Klebestreifen*); '~-**past** *s.* ✈ 'Luftpa,rade *f*; '~-**rod** *s.* Angelrute *f* (*für künstliche Fliegen*); '~-**sheet** *s.* Flug-, Re'klameblatt *n*; '~-**trap** *s.* **1.** Fliegenfalle *f*; **2.** ♀ Fliegenfänger *m*; '~-**un·der** *s. Brit.* ('Straßen-, 'Eisenbahn)Unter,führung *f*; '~-**weight** *s. sport* Fliegengewicht(ler *m*) *n*; '~-**wheel** *s.* ⊕ Schwungrad *n*; '~-**whisk** *s.* Fliegenwedel *m*.

foal [foul] *zo.* **I.** *s.* Fohlen *n*, Füllen *n*: *in* (*od. with*) ~ trächtig (*Stute*); **II.** *v/t. Fohlen* werfen; **III.** *v/i.* fohlen, werfen; '~**foot** *pl.* '~**foots** *s.* ♀ Huflattich *m*.

foam [foum] **I.** *s.* **1.** Schaum *m*; **II.** *v/i.* **2.** schäumen: *he* ~*ed at the mouth* er hatte Schaum vor dem Mund, *fig.* er schäumte vor Wut; **3.** schäumend fließen; ~ **ex·tin·guish·er** *s.* Schaum(feuer)löscher *m*; ~ **rub·ber** *s.* Schaumgummi *n*, *m*.

foam·y ['foumi] *adj.* schäumend.

fob[1] [fɔb] *s.* **1.** Uhrtasche *f* (*im Hosenbund*); **2.** *a.* ~ *chain* Chate'laine *f* (*Uhrband, -kette*).

fob[2] [fɔb] *v/t.* ~ *off*: **a)** *to* ~ *off s.th. on s.o.* j-m et. ‚andrehen' *od.* ‚aufhängen', **b)** *j-n* abspeisen (*with* mit).

fob[3], **f.o.b** [fɔb] *abbr. für* free on board.

fo·cal ['foukəl] *adj.* ℞, *phys.*, *opt.* im Brennpunkt stehend, fo'kal, Brenn(punkt)...; ~ **dis·tance**, ~ **length** *s. opt.* Brennweite *f*; ~ **plane** *s. phys.* Brennebene *f*; '~-**plane shut·ter** *s. phot.* Schlitzverschluß *m*; ~ **point** *s. phys.* Brennpunkt *m* (*a. fig.*).

fo'c's'le ['fouksl] → *forecastle*.

fo·cus ['foukəs] *pl.* -**cus·es**, -**ci** [-sai] **I.** *s.* **1. a)** ℞, ⊕, *phys.* Brennpunkt *m*, Brennweite *f*, 'Fokus *m*, **b)** *opt.* Scharfeinstellung *f*: *in* ~ scharf eingestellt, *fig.* klar und richtig; *out of* ~ unscharf, *fig.* verschwommen; *to bring into* ~ in den Brennpunkt rücken (*a. fig.*), scharf einstellen; **2.** *fig.* Brenn-, Mittel-, Schwerpunkt *m*; **3.** *fig.* ⚕ Herd *m* (*a. Erdbeben, Aufruhr*); **II.** *v/t.* **4.** *phys.* (*v/i.* sich) im Brennpunkt vereinigen, (sich) sammeln, fokussieren; scharf einstellen; **5.** *fig.* konzentrieren.

fo·cus·(s)ing| **lens** ['foukəsiŋ] *s.* Sammellinse *f*; ~ **mag·ni·fi·er** *s. phot.* Einstellupe *f*; ~ **screen** *s. phot.* Mattscheibe *f*.

fod·der ['fɔdə] **I.** *s.* (Trocken)Futter *n*; **II.** *v/t. Vieh* füttern.

foe [fou] *s.* Feind *m* (*a. fig.*); Gegner *m*, 'Widersacher *m* (*to gen.*); '~-**man** [-mən] *s.* [*irr.*] *obs.* Feind *m*.

foe·tus ['fi:təs] *s.* ⚕ 'Fötus *m*, Leibesfrucht *f*.

fog [fɔg] **I.** *s.* **1.** (dichter) Nebel; **2.** Dunst *m*; Dunkelheit *f*; **3.** *fig.* Um'nebelung *f*, Verwirrung *f*; **4.** *phot.* Schleier *m*; **II.** *v/t.* **5.** in Nebel hüllen, einnebeln; **6.** *fig.* verdunkeln, verwirren; **7.** *phot.* verschleiern; **III.** *v/i.* **8.** neb(e)lig werden; beschlagen (*Scheibe etc.*); **9.** 🚂 *Brit.* 'Nebelsi,gnale geben; '~-**bank** *s.* Nebelbank *f*; '~-**bound** *adj.* ⚓ durch Nebel behindert.

fo·gey → *fogy*.

fog·gi·ness ['fɔginis] *s.* **1.** Nebligkeit *f*; **2.** Verschwommenheit *f*, Verworrenheit *f*; '**fog·gy** [-gi] *adj.* □ **1.** neb(e)lig; **2.** trüb, dunstig; verschwommen (*a. fig. nebelhaft, unklar*); **3.** *phot.* verschleiert.

'**fog|-horn** *s.* Nebelhorn *n*; '~-**light** *s. mot.* Nebellampe *f*, -scheinwerfer *m*; '~-**sig·nal** *s.* 🚂 'Nebelsi,gnal *n*.

fo·gy ['fougi] *s. mst old* ~ komischer (alter) Kauz; (alter) Spießer; '**fo·gy·ish** [-iiʃ] *adj.* phi'listerhaft, rückständig, altmodisch.

foi·ble ['fɔibl] *s. fig.* Faible *n*, Schwäche *f*, schwache Seite.

foil[1] [fɔil] *v/t.* **1.** vereiteln, durch'kreuzen, zu'nichte machen; **2.** *Spur* verwischen.

foil[2] [fɔil] **I.** *s.* **1.** ⊕ 'Folie *f*, 'Blattme,tall *n*; → *tin foil*; **2.** ⊕ (Spiegel-) Belag *m*; **3.** Folie *f*, 'Unterlage *f* (*für Edelsteine*); **4.** *fig.* Folie *f*, 'Hintergrund *m*: *to serve as a* ~ *to* als Folie dienen (*dat.*); **5.** ⩓ Blattverzierung *f*; **II.** *v/t.* **6.** ⊕ mit Me'tall,folie belegen; **7.** ⩓ mit Blätterwerk verzieren.

foil[3] [fɔil] *s. fenc.* **1.** Flo'rett *n*; **2.** *pl.* Flo'rettfechten *n*.

foils·man ['fɔilzmən] *s.* [*irr.*] *fenc.* Flo'rettfechter *m*.

foist [fɔist] *v/t.* **1.** *to* ~ *s.th. on s.o.* j-m et. anhängen *od.* -drehen *od.* aufhalsen; **2.** einschmuggeln.

fold[1] [fould] **I.** *v/t.* **1.** falten: *to* ~ *one's hands* die Hände falten; *to* ~ *one's arms* die Arme verschränken; **2.** *oft* ~ *up* zs.-falten, -legen, -klappen; **3.** *a.* ~ *down* 'umbiegen, kniffen; her'unterklappen; **4.** ⊕ falzen; **5.** einhüllen, um'schließen: *to* ~ *in one's arms* umarmen, in die Arme schließen; **6.** *Küche*: ~ *in* 'unterziehen; **II.** *v/i.* **7.** sich falten *od.* zs.-legen *od.* zs.-klappen (lassen); **8.** ~ *up* F **a)** zs.-brechen (*a. fig.*), **b)** † ‚zumachen', ‚eingehen' (*Firma etc.*); **III.** *s.* **9.** Falte *f*; Windung *f*; 'Umschlag *m*; **10.** ⊕ Falz *m*, Kniff *m*, Bruch *m*; **11.** *geol.* Bodenfalte *f*, Senkung *f*.

fold[2] [fould] **I.** *s.* **1.** (Schaf)Hürde *f*, Pferch *m*; **2.** Schafherde *f*; **3.** *eccl.* (Schoß *m* der) Kirche *f*; Gemeinde *f*; **4.** *fig.* Schoß *m* der Fa'milie *od.* Par'tei; **II.** *v/t.* **5.** *Schafe* einpferchen.

-fold [-fould] *in Zssgn* ...fach, ...fältig.

fold·er ['fouldə] *s.* **1.** 'Faltpro,spekt *m*, -blatt *n*, Bro'schüre *f*, Heft *n*; **2.** Aktendeckel *m*, 'Umschlag *m*, Mappe *f*, Schnellhefter *m*; **3.** ⊕ 'Falzma,schine *f*, -bein *n*; **4.** Falzer *m* (*Person*).

fold·ing ['fouldiŋ] *adj.* zs.-legbar, zs.-klappbar, aufklappbar, Falt..., Klapp..., Flügel...; ~ **bed** *s.* Klapp-, Feldbett *n*; ~ **boat** *s.* Faltboot *n*; ~ **cam·er·a** *s.* 'Klapp,kamera *f*; ~ **chair** *s.* Klappstuhl *m*; ~ **doors** *s. pl.* Flügeltür *f*; ~ **gate** *s.* zweiflügeliges Tor; ~ **hat** *s.* Klapphut *m*; ~ **lad·der** *s.* Klappleiter *f*; ~ **rule** *s.* zs.-legbares Metermaß, zs.-legbarer Zollstock; ~ **screen** *s.* spanische Wand; ~ **ta·ble** *s.* Klapptisch *m*.

fo·li·a·ceous [fouli'eiʃəs] *adj.* blattartig; blätt(e)rig, Blätter...; **fo·li·age** ['fouliidʒ] *s.* **1.** Laub(werk) *n*, Blätter *pl.*: ~ *plant* Blattpflanze; **2.** ⩓ Blattverzierung *f*; **fo·li·aged** ['fouliidʒd] *adj. in Zssgn* ...blätt(e)rig.

fo·li·ate ['foulieit] **I.** *v/t.* **1.** ⩓ mit Blätterwerk verzieren: ~*d capital* Blätterkapitell; **2.** ⊕ *Spiegel* mit 'Folie belegen; **II.** *v/i.* **3.** ♀ Blätter treiben; **4.** sich in Blätter spalten; **III.** *adj.* [-iit] **5.** belaubt; **6.** blattartig; **fo·li·a·tion** [fouli'eiʃən] *s.* **1.** ♀ Blattbildung *f*, -wuchs *m*, Belaubung *f*; **2.** ⩓ Verzierung *f* mit Laubwerk, Blätterschmuck *m*; **3.** ⊕ Belegen *n* mit Folie; **4.** Schieferung *f*.

fo·li·o ['fouliou] *pl.* -**os** *s.* **1.** ('Folio-) Blatt *n*; **2.** 'Folio(for,mat) *n*; **3.** *a.* ~ *volume* Foli'ant *m*; **4.** nur vorderseitig numeriertes Blatt; **5.** Seitenzahl *f* (*Buch*); **6.** † 'Kontobuchseite *f* (*Debet und Kredit*).

folk [fouk] *pl.* **folk**, **folks** *s.* **1.** *pl.* (*die*) Leute *pl.*: *poor* ~ arme Leute; *town* ~ Städter; ~*s say* die Leute sagen; **2.** *pl.* (*nur* ~*s*) F *m-e etc.* ‚Leute' *pl.*, (*die*) Angehörigen *pl.*; **3.** *obs.* Volk *n*, Nati'on *f*; '~-**dance** *s.* Volkstanz *m*; '~·**lore** [-lɔ:] *s.* Folk'lore *f*: **a)** Volkskunde *f*, **b)** Volkstum *n* (*Bräuche etc.*); '~·**lor·ist** [-lɔ:rist] *s.* Folklo'rist *m*; '~-**song** *s.* Volkslied *n*.

folk·sy ['fouksi] *adj.* F gesellig.

'**folk|-tale** *s.* Volkssage *f*; '~-**weave** *s.* handgewebte Stoffe *pl.*

fol·li·cle ['fɔlikl] *s.* **1.** ♀ Fruchtbalg *m*; **2.** *anat.* **a)** Fol'likel *n*, Drüsenbalg *m*, **b)** Haarbalg *m*.

fol·low ['fɔlou] **I.** *s.* **1.** *Billard*: Nachläufer *m*; **2.** kleine zweite Porti'on (*im Restaurant*); **II.** *v/t.* **3.** folgen (*dat.*): **a)** nachfolgen (*dat.*), sich anschließen (*dat.*): *to* ~ *s.o. close* j-m auf dem Fuß folgen; *a dinner* ~*ed by a ball* ein Essen mit anschließendem Ball, **b)** verfolgen (*acc.*), entlanggehen, -führen (*acc.*) (*Straße*), **c)** (*zeitlich*) folgen auf (*acc.*), nachfolgen (*dat.*): *to* ~ *one's father as manager* s-m Vater als Direktor (nach)folgen, **d)** nachgehen (*dat.*), verfolgen (*acc.*), sich widmen (*dat.*), betreiben (*acc.*), *Beruf* ausüben: *to* ~ *one's pleasure* s-m Vergnügen nachgehen; *to* ~ *the sea* (*the law*) Seemann (Jurist) sein, **e)** befolgen, beachten, *die Mode* mitmachen; sich richten nach (*Sache*): ~ *my advice*, **f)** *j-m als Führer od. Vorbild* folgen, sich bekennen zu, zustimmen (*dat.*): *I cannot* ~ *your view* Ihren Ansichten kann ich nicht zustimmen, **g)** folgen können (*dat.*), verstehen (*acc.*): *do you* ~ *this explanation?*, **h)** (*mit dem Auge od. geistig*) verfolgen, beobachten (*acc.*): *to* ~ *a tennis match*; *to* ~ *events*; **4.** verfolgen (*acc.*), ⚔ nachstoßen (*dat.*): *to* ~ *the enemy*; **II.** *v/i.* **5.** (*Ort od. Zeit*) (nach)folgen, nachkommen: *I* ~*ed after him* ich folgte ihm nach; *as* ~*s* wie folgt; **6.** *mst impers.* folgen, sich ergeben

(*from* aus): *it* ~*s from this* hieraus folgt; *it does not* ~ *that* dies besagt nicht, daß;
Zssgn mit adv.:
fol·low| a·bout *v/i.* überall('hin) folgen; ~ **on** *v/i.* **1.** (*nach kurzer Pause*) folgen; **2.** nachdrängen; ~ **out** *v/t.* weiter verfolgen, 'durchführen; ~ **through** *v/i. sport* 'durchziehen; ~ **up I.** *v/t.* **1.** eifrig *od.* weiter verfolgen (*a. fig.*); *auf e-e Sache e-e andere* folgen lassen, nachstoßen mit; **2.** *fig.* im Auge behalten; ausnutzen; **II.** *v/i.* **3.** ⚔ nachdrängen, -stoßen; **4.** ✝ nachfassen.
fol·low·er ['fɔlouə] *s.* **1.** Verfolger(in); Nachfolger(in); **2.** Anhänger *m*, Jünger *m*; **3.** Teilnehmer *m*; **4.** Begleiter *m*, Diener *m*; *pl.* Gefolge *n*, Gefolgschaft *f*; **5.** *Brit. obs.* F Verehrer *m* (*e-s Dienstmädchens*); *pl.* Anhang *m*; '**fol·low·ing** [-ouiŋ] **I.** *s.* **1.** *the* ~ **a**) das Folgende, **b**) die Folgenden; **2.** Gefolge *n*, Anhänger-, Gefolgschaft *f*; **II.** *adj.* **3.** folgend, nächst; **4.** ~ *wind* Rückenwind *m*.
'**fol·low|-'through** *s. sport* 'Durchziehen *n* (*Schlag*); '~-'**up** *s.* **1.** Nachstoßen *n*; **2.** Ausnutzung *f*, -wertung *f e-s Erfolgs etc.*; weitere Verfolgung *e-r Sache*; Rück-, Nachfrage *f*: ~ *advertising* Nachfaßwerbung; ~ *file* Wiedervorlagemappe; ~ *letter* Nachfaßschreiben.
fol·ly ['fɔli] *s.* **1.** Torheit *f*; **2.** Unsinn *m*, Narre'tei *f*; **3.** *pl. thea.* Re'vue *f*.
fo·ment [fou'ment] *v/t.* **1.** ⚕ bähen, warm baden; **2.** *fig.* anfachen, erregen, schüren, aufpeitschen; **fo·men·ta·tion** [foumen'teiʃən] *s.* **1.** ⚕ Bähung *f*; heißer 'Umschlag; **2.** *fig.* Anstiftung *f*, Aufwiegelung *f*; **fo'ment·er** [-tə] *s.* Anstifter *m*, Aufwiegler *m*.
fond [fɔnd] *adj.* □ → *fondly*; **1.** zärtlich, liebevoll; **2.** *a.* ~ *and foolish* vernarrt; **3.** töricht, (allzu) kühn: ~ *hope*; *it went beyond my* ~*est dreams* es übertraf m-e kühnsten Träume; **4.** *to be* ~ *of* lieben, mögen, gern haben: *to be* ~ *of smoking* gern rauchen.
fon·dant ['fɔndənt] *s.* Fon'dant *m*: ~ *chocolate* Schmelzschokolade.
fon·dle ['fɔndl] *v/t.* hätscheln, liebkosen, herzen, streicheln; '**fond·ly** [-li] *adv.* **1.** → *fond 1*; **2.** *I* ~ *hoped* (*od. imagined*) *that* ... ich war so töricht zu hoffen *od.* anzunehmen, daß ...; ich schmeichelte mir, daß ...; '**fond·ness** [-dnis] *s.* **1.** Zärtlichkeit *f*, Liebe *f*; **2.** (*for*) Vorliebe *f* (für), Hang *m* (zu); Vernarrtheit *f* (in *acc.*).
font [fɔnt] *s.* **1.** *eccl.* Taufstein *m*: ~ *name* Taufname; **2.** Ölbehälter *m* (*Lampe*); **3.** *bsd. Am.* → *fount*[1].
fon·ta·nel(le) [fɔntə'nel] *s. anat.* Fonta'nelle *f*.
food [fu:d] *s.* **1.** Essen *n*, Kost *f*, Nahrung *f*, Lebensmittel *pl.*, Verpflegung *f*: ~ *and drink* Essen u. Trinken; **2.** Futter *n*; **3.** *fig.* Nahrung *f*, Stoff *m*: ~ *for thought* Stoff zum Nachdenken; ~ **poi·son·ing** *s.* ⚕ Lebensmittelvergiftung *f*; '~-**stuff** *s.* Nahrungsmittel *n*, Nährstoff *m*; ~ **sup·ply** *s.* Lebensmittelversorgung *f*.
fool[1] [fu:l] **I.** *s.* **1.** Narr *m*, Närrin *f*, Tor *m*, Dummkopf *m*: *he is no* ~ er ist nicht auf den Kopf gefallen; *I am a* ~ *to him* ich bin ein Waisenknabe gegen ihn; *to make a* ~ *of s.o.* j-n zum Narren *od.* zum besten haben; *to make a* ~ *of o.s.* sich lächerlich machen, sich blamieren; **2.** (Hof)Narr *m*, Hans'wurst *m*: *to play the* ~ Possen treiben; **II.** *v/t.* **3.** zum Narren haben, hänseln; **4.** betrügen (*out of* um), täuschen; verleiten (*into doing* zu tun); **5.** ~ *away* vergeuden; *Zeit* vertrödeln; **III.** *v/i.* **6.** Possen treiben, spaßen; (her'um)spielen (*with* mit); **7.** ~ *about*, ~ *around* her'umalbern, Unsinn machen, sich her'umtreiben.
fool[2] [fu:l] *s. Brit. mst in Zssgn* Fruchtkrem *f*, -mus *n*.
fool·er·y ['fu:ləri] *s.* Tor-, Dummheit *f*.
'**fool|·har·di·ness** *s.* Tollkühnheit *f*; '~·**har·dy** *adj.* tollkühn, verwegen.
fool·ing ['fu:liŋ] *s.* Dummheit(en *pl.*) *f*, Unfug *m*, Spiele'rei *f*; '**fool·ish** [-liʃ] *adj.* □ dumm, albern, läppisch; '**fool·ish·ness** [-liʃnis] *s.* Tor-, Albernheit *f*; '**fool·proof** *adj.* **1.** kinderleicht, idi'otensicher, ungefährlich; **2.** ⊕ narren-, betriebssicher.
fools·cap ['fu:lskæp] *s.* Kanz'leifor,mat *n*, -pa,pier *n*; → *fool's-cap*.
'**fool's|-cap** [fu:lz] *s.* Narrenkappe *f*; ~ **er·rand** *s.* **a**) unnützer Gang, **b**) vergebliche Mühe; ~ **par·a·dise** *s.* Wolken'kuckucksheim *n*: *to live in a* ~ sich Illusionen hingeben; ~ **pars·ley** *s.* ⚘ 'Hundspeter,silie *f*.
foot [fut] **I.** *pl.* **feet** [fi:t] *s.* **1.** Fuß *m*: *on* ~ **a**) zu Fuß, **b**) *fig.* im Gange; *at a* ~*'s pace* im Fußgängertempo; *on one's feet* auf den Beinen (*a. fig.*); *my feet!* F Quatsch!; *it is wet under* ~ der Boden ist naß; *carried off one's feet* überwältigt; *to fall on one's feet fig.* immer auf die Füße fallen; *to get on* (*od. to*) *one's feet* aufstehen; *to find one's feet* **a**) gehen können, **b**) wissen, was man tun soll *od.* kann, **c**) festen Boden unter den Füßen haben; *to have one* ~ *in the grave* mit einem Fuß im Grabe stehen; *to put one's* ~ *down* energisch werden, ein Machtwort sprechen; *to put one's* ~ *in it* F ins Fettnäpfchen treten, sich danebenbenehmen; *to put one's best* ~ *forward* **a**) sein Bestes tun, **b**) sich von der besten Seite zeigen; *to put s.o.* (*od. s.th.*) *on his* (*its*) *feet fig.* j-n (*od.* et.) wieder auf die Beine bringen; *to set on* ~ in Gang bringen; *to set* ~ *on od. in* betreten; *to tread under* ~ mit Füßen treten (*mst fig.*); → *cold 3*; **2.** Fuß *m* (*0,3048 m*): *3 feet long* 3 Fuß lang; **3.** *fig.* Fuß *m* (*Berg, Glas, Säule, Seite, Strumpf*); **4.** Fußende *n* (*Bett*); **5.** ⚔ Fußvolk *n*: *500* ~ 500 Fußsoldaten; *the 4th* ~ Infanterieregiment Nr. 4; **6.** Versfuß *m*; **7.** Schritt *m*, Tritt *m*: *a heavy* ~; **8.** *pl.* ~*s* Bodensatz *m*; **II.** *v/i.* **9.** *to* ~ *it* **a**) zu Fuß gehen, **b**) tanzen; **10.** ~ *up* sich belaufen (*to* auf *acc.*); **III.** *v/t.* **11.** betreten; **12.** F bezahlen: *to* ~ *the bill* die Zeche bezahlen; *to* ~ *up* zs.-rechnen; **13.** *Strümpfe* anstricken.
foot·age ['futidʒ] *s.* **1.** Gesamtlänge *f*, -maß *n* (*in Fuß*); **2.** Filmmeter *pl.*
'**foot|-and-'mouth dis·ease** *s. vet.* Maul- u. Klauenseuche *f*; '~·**ball** *s. sport* (*a. amer.*) Fußball(spiel *n*) *m*: ~ *ground* (*match*, *team*) Fußballplatz (-spiel, -mannschaft); '~·**ball·er** *s.* Fußballspieler *m*, Fußballer *m*; '~·**bath** *s.* Fußbad *n*; '~·**board** *s.* **1.** Trittbrett *n*; **2.** 🚂 Laufrahmen *m*; '~·**boy** *s.* **1.** Laufbursche *m*; **2.** Page *m*; ~ **brake** *s.* Fußbremse *f*; '~-**bridge** *s.* Fußgängerbrücke *f*, (Lauf)Steg *m*, ⚔ Laufbrücke *f*; ~ **con·trol** *s.* ⊕ Fußsteuerung *f*, -schaltung *f*.
foot·ed ['futid] *adj. mst in Zssgn* mit ... Füßen, ...füßig; '**foot·er** [-tə] *s.* **1.** *in Zssgn* ... Fuß groß *od.* lang: *a six-*~ ein sechs Fuß großer Mensch; **2.** *Brit. sl.* Fußball(spiel *n*) *m*.
'**foot|·fall** *s.* Schritt *m*, Tritt *m* (*a. Geräusch*); '~-**fault** *s. Tennis*: Fußfehler *m*; '~-**gear** *s.* Schuhwerk *n*, -zeug *n*; ~ **guard** *s.* Fußschutz *m* (*a.* ⊕); ♀ **Guards** *s. pl. Brit.* 'Gardeinfante,rie *f*; '~-**hill** *s.* Vorberg *m*; *pl.* Ausläufer *pl.* e-s Gebirges; '~-**hold** *s.* Raum *m* zum Stehen; *fig.* Halt *m*, Stütze *f*: *to gain a* ~ Fuß fassen.
foot·ing ['futiŋ] *s.* **1.** Setzen *n* der Füße; **2.** Platz *m* zum Stehen; **3.** sichere Stellung (*a. fig.*), Stütze *f*, Grundlage *f*: *to gain a* ~ festen Fuß fassen; *to miss* (*od. lose*) *one's* ~ stolpern, ausgleiten; **4.** *fig.* Stellung *f*, Zustand *m*, Beziehung *f*, Verhältnis *n*: *on a friendly* ~ auf freundschaftlichem Fuße; *on a war* ~ auf dem Kriegsfuß; *to place on the same* ~ gleichstellen (*with dat.*); **5.** Mauerfuß *m*, Sockel *m*.
foo·tle ['fu:tl] *sl.* **I.** *v/i.* ‚kälbern', töricht reden; **II.** *s.* Unsinn *m*, ‚Gewäsch' *n*, ‚Stuß' *m*, Lari'fari *n*.
'**foot·lights** *s. pl. thea.* **1.** Rampenlicht(er *pl.*) *n*; **2.** Bühne *f* (*a. Schauspielerberuf*).
foo·tling ['fu:tliŋ] *adj. sl.* albern, läppisch.
'**foot|·man** [-mən] *s.* [*irr.*] Bediente(r) *m*, La'kai *m*; '~-**mark** *s.* Fußspur *f*; '~-**note** *s.* Fußnote *f*, Anmerkung *f*; '~-'**op·er·at·ed** *adj.* mit Fußantrieb; '~·**pad** *s.* Straßenräuber *m*; '~-**pas·sen·ger** *s.* Fußgänger(in); '~-**path** *s.* (Fuß)Pfad *m*, Gehweg *m*; '~-**plate** *s.* 🚂 Stand *m* des Lokomo'tivführers u. Heizers; '~-**pound** *s.* Fußpfund *n* (*engl. Energie-Einheit*); '~·**print** *s.* Fußspur *f*, -stapfe *f*; '~-**race** *s.* Wettlauf *m*; '~·**rest** *s.* Fußstütze *f*, -raste *f*; '~-**rule** *s.* Zollstock *m*; '~·**sore** *adj.* fußkrank; '~·**step** *s.* **1.** Tritt *m*, Schritt *m*; **2.** Fußstapfe *f*: *to follow in s.o.'s* ~*s* j-s Beispiel folgen; '~·**stool** *s.* Fußbank *f*, Schemel *m*; ~ **switch** *s.* ⊕ Fußschalter *m*; '~·**way** *s.* Fußweg *m*; '~-**wear** → *foot-gear*.
foo·zle ['fu:zl] *sl.* **I.** *v/t.* ‚verpatzen', vermasseln; **II.** *v/i.* ‚Mist bauen' (*ungeschickt handeln*); **III.** *s.* Murks *m*, Mist *m*.
fop [fɔp] *s.* Stutzer *m*, Geck *m*, ‚Fatzke' *m*; '**fop·per·y** [-pəri] *s.*

Ziere'rei *f*, Affe'rei *f*; **'fop·pish** [-piʃ] *adj.* □ geckenhaft, affig.

for [fɔː; fə] **I.** *prp. mst* für: **a)** *Vorteil, zugunsten*: *a gift ~ him* ein Geschenk für ihn; *that speaks ~ you* das spricht für Sie; *I am ~ a price cut* ich bin für e-e Preisermäßigung, **b)** *Zweck, Absicht*: *horses ~ riding* Reitpferde; *to come ~ dinner* zum Essen kommen; *to go ~ a walk* spazierengehen; *~ fun* aus *od.* zum Spaß; *books ~ presents* Bücher als Geschenk, **c)** *Ziel*: *to wait ~ an answer* auf Antwort warten; *it is fixed ~ 2 o'clock* es ist für *od.* auf 2 Uhr festgesetzt; *to start ~ Paris* nach Paris abreisen; *the train ~ London* der Zug nach London, **d)** *Grund*: *~ this reason* aus diesem Grunde; *what is all this good ~?* was soll der Unsinn?; *~ fear of* aus Furcht vor; *to die ~ grief* aus *od.* vor Gram sterben; *I can't see ~ the fog* wegen des Nebels kann ich nichts sehen, **e)** *Zeitdauer*: *to stay ~ a week* eine Woche (lang) bleiben; *you may come ~ a week* du kannst für *od.* auf eine Woche kommen; *~ some time past* seit einiger Zeit, **f)** *Ausdehnung*: *to run ~ a mile* eine Meile (weit) laufen, **g)** *Menge, Preis*: *I sold it ~ 11 pounds* ich habe es für 11 Pfund verkauft, **h)** *Entgelt, Austausch*: *to swop a pencil ~ a penknife* e-n Bleistift für *od.* gegen ein Taschenmesser tauschen; *I took him ~ a German* ich hielt ihn für e-n Deutschen, **i)** *in Anbetracht*: *rather cold ~ July* ziemlich kalt für Juli; *Smith's ~ value* Smiths sind am preiswertesten; *there is nothing ~ it but* es geht nicht anders als, es bleibt nichts (anderes) übrig als, **j)** *Wunsch etc.*: *oh, ~ a horse* ach, hätte ich doch ein Pferd; *an eye ~ beauty* ein Blick für das Schöne, **k)** *Pflicht, Betreff*: *it is ~ you to decide* es ist an dir zu entscheiden; *I ~ one* ich zum Beispiel, ich für mein Teil, **l)** *nach adj. u. vor inf.*: *it is too heavy ~ me to lift* es ist zu schwer, als daß ich es heben könnte, **m)** *mit s. od. pron. u. inf.*: *it is wicked ~ him to drink* es ist schändlich von ihm, daß er trinkt; *it is usual ~ hats to be worn* es ist üblich, Hüte zu tragen; es ist üblich, den Hut aufzubehalten; **II.** *cj.* denn, nämlich.

for·age ['fɔridʒ] **I.** *s.* **1.** (Vieh)Futter *n*; **2.** Futterbeschaffung *f*; **II.** *v/i.* **3.** (nach) Futter suchen; **4.** hamstern; **5.** *fig.* her'umsuchen, -stöbern (*for* nach); **III.** *v/t.* **6.** mit Futter versorgen; **7.** (aus)plündern; **'~-cap** *s.* ⚔ *Brit.* Feldmütze *f.*

for·ag·er ['fɔridʒə] *s.* Fu'rier *m*, Verpflegungsbeamte(r) *m.*

for·as·much [fərəz'mʌtʃ] *cj. obs.* *~ as* insofern (als).

for·ay ['fɔrei] **I.** *s.* feindlicher Einfall, Streif-, Raubzug *m*; Kampf *m*; **II.** *v/i. u. v/t.* plündern.

for·bade [fə'beid], *a.* **for'bad** [-'bæd] *pret. von forbid.*

for·bear¹ ['fɔːbɛə] *s.* Vorfahr *m*, Ahn *m.*

for·bear² [fɔː'bɛə] **I.** *v/t.* [*irr.*] unter'lassen, -'drücken, abstehen von, sich enthalten (*gen.*): *I cannot ~ laughing* ich muß (einfach) lachen; **II.** *v/i.* [*irr.*] abstehen, -lassen (*from* von); es unterlassen;

for'bear·ance [-ɛərəns] *s.* **1.** Unter'lassung *f*; **2.** Geduld *f*, Nachsicht *f*; ✝ Stundung *f*; **for'bear·ing** [-ɛəriŋ] *adj.* □ nachsichtig, geduldig.

for·bid [fə'bid] *v/t.* [*irr.*] **1.** verbieten, unter'sagen (*j-m et. od. zu tun*): *I am ~den wine* mir ist der Wein verboten; *I ~ you my house*; **2.** hindern, unmöglich machen, ausschließen; **for'bid·den** [-dn] *p.p. von forbid u. adj.* verboten: *~ fruit fig.* verbotene Frucht; ♀ *City hist. die* Verbotene Stadt (*in Peking*); **for'bid·ding** [-diŋ] *adj.* □ **1.** abschreckend, abstoßend, scheußlich; **2.** bedrohlich, gefährlich.

for·bore [fɔː'bɔː] *pret. von forbear².*

for'borne [-ɔːn] *p.p. von forbear².*

force [fɔːs] **I.** *s.* **1.** Kraft *f* (*a. phys.*), Stärke *f* (*a. Geist, Charakter*), Wucht *f*: *to join ~s* **a)** sich zs.-tun, **b)** ⚔ Streitkräfte vereinigen; **2.** Gewalt *f*, Macht *f*: *by ~* gewaltsam; **3.** Zwang *m* (*a.* ⚖), Druck *m*: *~ of circumstances* Zwang der Verhältnisse; **4.** Einfluß *m*, Wirkung *f*, Wert *m*; Nachdruck *m*, Über'zeugungskraft *f*: *by ~ of* vermittels; *~ of habit* Macht der Gewohnheit; *to lend ~ to* bekräftigen (*acc.*); **5.** (Rechts)Gültigkeit *f*, (-)Kraft *f*: *to come* (*put*) *into ~* in Kraft treten (setzen); **6.** *ling.* Bedeutung *f*, Gehalt *m*; **7.** ⚔ Streit-, Kriegsmacht *f*, Truppe(n *pl.*) *f*, Verband *m*: *the* (*armed*) *~s* die Streitkräfte; *labo(u)r ~* Arbeiterschaft; **8.** *the* ♀ *Brit.* die Poli'zei; **9.** Menge *f*: *in ~* in großer Zahl *od.* Stärke; **II.** *v/t.* **10.** zwingen, nötigen: *to ~ s.o.'s hand* j-n zwingen; *to ~ one's way* sich durchzwängen; *to ~ s.th. from s.o.* j-m et. entreißen; **11.** erzwingen, forcieren, 'durchsetzen; **12.** treiben, drängen; *Preise* hochtreiben: *to ~ s.th. on s.o.* j-m et. aufdrängen *od.* -zwingen; **13.** ⚘ treiben, hochzüchten; **14.** forcieren, beschleunigen; **15.** *dem Sinn, a. e-r Frau* Gewalt antun; *Ausdruck* zu Tode hetzen; **16.** *Tür etc.* aufbrechen, (-)sprengen; **17.** ⚔ erstürmen; über'wältigen; **18.** *~ down* ✈ zur Landung zwingen.

forced [fɔːst] *adj.* □ **1.** erzwungen, forciert, Zwangs...: *~ draught* ⊕ Druckluftstrom; *~(-feed) lubrication* ⊕ Druckschmierung; *~ labo(u)r* Zwangsarbeit; *~ landing* ✈ Notlandung; *~ loan* ✝ Zwangsanleihe; *~ march* ⚔ Eil-, Gewaltmarsch; *~ sale* ⚖ Zwangsverkauf; **2.** gezwungen (*Lächeln etc.*); manieriert (*Stil etc.*); **'forc·ed·ly** [-sidli] *adv.* → *forced.*

'force-feed *v/t.* [*irr.* → *feed*] *j-n* zwangsernähren.

force·ful ['fɔːsful] *adj.* □ **1.** kräftig, wuchtig (*a. fig.*); **2.** eindringlich, -drucksvoll; **'force·ful·ness** [-nis] *s.* Eindringlichkeit *f*, Ungestüm *n.*

force ma·jeure [fɔrs maʒœːr] (*Fr.*) *s.* ⚖ höhere Gewalt.

'force-meat *s. Küche*: Farce *f* (*Füllung*).

for·ceps ['fɔːseps] *s. sg. u. pl., mst a pair of ~* ⚕ Zange *f*, Pin'zette *f*: *~ delivery* ⚕ Zangengeburt.

'force-pump *s.* ⊕ Druckpumpe *f.*

forc·er ['fɔːsə] *s.* ⊕ Kolben *m* (*Druckpumpe*).

for·ci·ble ['fɔːsəbl] *adj.* □ **1.** gewaltsam: *~ feeding* Zwangsernährung; **2.** wirksam, über'zeugend, eindringlich, zwingend, nachdrücklich.

'forc·ing|-bed ['fɔːsiŋ], **'~-frame** *s.* ⚘ Mistbeet *n*; **'~-house** *s.* ⚘ Treibhaus *n.*

ford [fɔːd] **I.** *s.* Furt *f*; **II.** *v/i.* 'durchwaten; **III.** *v/t.* durch'waten; **'ford·a·ble** [-dəbl] *adj.* durch'watbar, seicht.

fore [fɔː] **I.** *adj.* vorder, Vorder..., Vor...; früher; **II.** *adv.* ⚓ vorn; **III.** *s.* **Vorderteil** *m*, -seite *f*; *fig.* Spitze *f*: *to the ~* **a)** voran, (nach) vorn, **b)** zur Hand, zur Stelle, **c)** sichtbar, **d)** rührig, **e)** an der Spitze; *to come to the ~* hervortreten, in den Vordergrund *od.* an die Spitze treten; **IV.** *int. Golf*: Achtung!

'fore-and-'aft [-ɔːrə-] *adj.* ⚓ längsschiffs: *~ sail* Stagsegel.

fore·arm¹ ['fɔːrɑːm] *s.* 'Unterarm *m.*

fore·arm² [fɔːr'ɑːm] *v/t.* im vor'aus bewaffnen; wappnen.

'fore|·bear → *forbear¹*; **~'bode** [-'boud] *v/t.* **1.** vor'hersagen; deuten auf (*acc.*); **2.** ahnen, vor'aussehen; **~'bod·ing** [-'boudiŋ] *s.* (böses) Vorzeichen *od.* Omen; (böse) Ahnung; Prophe'zeiung *f*; **'~-cab·in** *s.* ⚓ *Brit.* vordere Ka'jüte; **'~-car·riage** *s.* ⊕ Vordergestell *n* (*Wagen*); **'~·cast I.** *v/t.* [*irr.* → *cast*] **1.** vor'aussagen, vor'hersehen; **2.** im vor'aus schätzen *od.* planen; **II.** *s.* **3.** Vor'aussage *f*: *weather ~* Wetterbericht; **~·cas·tle** ['fouksl] *s.* ⚓ Back *f*, Vorderdeck *n*; **~'close** *v/t.* **1.** ⚖ ausschließen (*of* von *e-m Rechtsanspruch*); **2.** ⚖ *Hypothek* für verfallen erklären; **3.** (ver)hindern; **4.** *Ergebnis* vor'wegnehmen; **~'clo·sure** *s.* ⚖ Rechtsausschließung *f*; Verfallserklärung *f*; **'~-court** *s.* Vorhof *m*; **'~·deck** *s.* ⚓ Vorderdeck *n*; **~'doom** *v/t.* im vor'aus verurteilen (*to* zu): *~ed to failure fig.* im voraus verfehlt, totgeboren; **'~·fa·ther** *s.* Ahn *m*, Vorfahr *m*; **'~·fin·ger** *s.* Zeigefinger *m*; **'~·foot** *s.* [*irr.*] **1.** *zo.* Vorderfuß *m*; **2.** ⚓ Stevenanlauf *m*; **'~·front** *s.* Vorderseite *f*, vorderste Reihe; *fig.* Vordergrund *m*, Spitze *f*; **~'gath·er** → *forgather*; **~'go** *v/t. u. v/i.* [*irr.*] **1.** vor'her-, vor'angehen (*dat.*): *~ing* vorhergehend, vorerwähnt, vorig; **2.** → *forgo*; **~'gone** *adj.* vor'herbestimmt, vor'auszusehen(d): *~ conclusion* Selbstverständlichkeit, ausgemachte Sache; **'~·ground** *s.* Vordergrund *m* (*a. fig.*); **'~·hand I.** *s.* **1.** Vorderhand *f* (*Pferd*); **2.** *sport* Vorhand(schlag *m*) *f*; **II.** *adj.* **3.** *sport* Vorhand...: *~ stroke* Vorhandschlag; **'~'hand·ed** *adj. Am.* **1.** vorsorglich, 'umsichtig, sparsam; **2.** wohlhabend.

fore·head ['fɔrid] *s.* Stirn *f.*

'fore·hold *s.* ⚓ vorderer Laderaum.

for·eign ['fɔrin] *adj.* **1.** fremd, ausländisch, auswärtig, Auslands...,

Außen...: ~ *accent* ausländischer Akzent; ~ *aid* Auslands-, Wirtschaftshilfe; ~-*born* aus dem Ausland stammend; ~ *country*, ~ *countries* Ausland; ~ *department* Auslandsabteilung; ~ *language* Fremdsprache; ~ *loan* Auslandsanleihe; ~ *parts* Ausland; ~ *trade* Außenhandel; ~ *transaction* Auslandsgeschäft; ~ *worker* Gastarbeiter; **2.** (*Ggs. eigen, zugehörig*) fremd (*to dat.*): ~ *to his nature*; ~ *body*, ~ *matter* Fremdkörper; ~ **af·fairs** *s. pl. pol.* auswärtige Angelegenheiten *pl.*; ~ **bill (of ex·change)** *s.* Auslandswechsel *m*; ~ **cur·ren·cy** *s.* fremde Währung, (fremde) Va'luta, De'visen *pl.*

for·eign·er ['fɔrinə] *s.* **1.** Ausländer(in), Fremde(r *m*) *f*; **2.** *et.* Ausländisches (*Schiff, Tier,* ✝ *Wechsel etc.*).

for·eign| ex·change *s.* ✝ De'visen *pl.*; ~ **le·gion** *s.* ⚔ 'Fremdenlegi,on *f*; ~ **mis·sion·ar·y** *s. eccl.* Missio'nar *m* im Ausland.

for·eign·ness ['fɔrinnis] *s.* Fremdheit *f*, -artigkeit *f*.

For·eign| Of·fice *s. pol. Brit.* Auswärtiges Amt, 'Außenmini,sterium *n*; ♀ **pol·i·cy** *s.* 'Außenpoli,tik *f*; ~ **Sec·re·tar·y** *s. pol. Brit.* 'Außenmi,nister *m*.

fore|'judge *v/t.* im vor'aus *od.* voreilig entscheiden *od.* beurteilen; ~'**know** *v/t.* [*irr.* → *know*] vor'herwissen, vor'aussehen; '~'**knowl·edge** *s.* Vor'herwissen *n*; Vor'aussicht *f*; '~**la·dy** *Am.* → *forewoman*; '~**land** [-lənd] *s.* Vorland *n*, Vorgebirge *n*, Landspitze *f*; '~**leg** *s.* Vorderbein *n*; '~**lock** *s.* Stirnlocke *f*, -haar *n*: *to take time by the* ~ die Gelegenheit beim Schopfe fassen; '~**man** [-mən] *s.* [*irr.*] **1.** Werkmeister *m*, Vorarbeiter *m*; Aufseher *m*; **2.** ⚖ Obmann *m der Geschworenen*; '~**mast** [-mɑːst; ⚓ -məst] *s.* ⚓ Fockmast *m*; '~**most I.** *adj.* vorderst; erst, best, vornehmst: *feet* ~ mit den Füßen zuerst; **II.** *adv.* zu'erst: *first and* ~ zu allererst; '~**name** *s. bsd. Am.* Vorname *m*; '~**noon** *s.* Vormittag *m*.

fo·ren·sic [fə'rensik] *adj.* (□ ~*ally*) gerichtlich, Gerichts...: ~ *medicine*.

'**fore|·or'dain** *v/t.* vor'herbestimmen; '~**or·di'na·tion** *s. eccl.* Fügung *f*, Vor'herbestimmung *f*; '~**part** *s.* erster Teil; Vorderteil *m*; '~**play** *s.* (sexu'elles) Vorspiel; ~-'**reach** *v/t. u. v/i.* über'holen; '~**run·ner** *s. fig.* **1.** Vorläufer *m*, -gänger *m*; **2.** Vorbote *m*, Anzeichen *n*; '~**sail** [-seil; ⚓ -sl] *s.* ⚓ Focksegel *n*; ~'**see** *v/t.* [*irr.* → *see*[1]] vor'aussehen *od.* -wissen; ~'**see·a·ble** *adj.* vor'auszusehen(d); absehbar: *in the* ~ *future* in absehbarer Zeit; ~'**shad·ow** *v/t.* ahnen lassen, (drohend) ankündigen; (seine) Schatten vor'auswerfen; ~'**shad·ow·ing** *s.* Vorahnung *f*; '~**sheet** *s.* ⚓ **1.** Fockschot *f*; **2.** *pl.* Vorderboot *n*; '~**shore** *s.* Uferland *n*, (Küsten)Vorland *n*; ~'**short·en** *v/t.* *Figuren* in Verkürzung *od.* perspek'tivisch zeichnen; '~**sight** *s.* **1.** Vorsorge *f*, Vorbedacht *m*, (weise) Vor'aussicht; **2.** Vor'aussehen *n*; **3.** ⚔ (Vi'sier)Korn *n*; '~**skin** *s. anat.* Vorhaut *f*.

for·est ['fɔrist] **I.** *s.* Wald *m* (*a. fig. von Masten etc.*), Forst *m*, Waldung *f*; **II.** *v/t.* aufforsten.

fore|'stall *v/t.* **1.** *j-m* (*hindernd*) zu'vorkommen; **2.** *et.* verhindern, vereiteln, vor'wegnehmen; **3.** ✝ (spekula'tiv) aufkaufen; '~**stay** *s.* ⚓ Fockstag *n*.

for·est·ed ['fɔristid] *adj.* bewaldet; '**for·est·er** [-tə] *s.* **1.** Förster *m*; Waldarbeiter *m*; **2.** Waldbewohner *m* (*Mensch od. Tier*).

for·est| fire *s.* Waldbrand *m*; ~ **re·serve** *s. Am.* Waldschutzgebiet *n*.

for·est·ry ['fɔristri] *s.* **1.** Forstwirtschaft *f*, -wesen *n*; **2.** Wälder *pl.*

'**fore|·taste** *s.* Vorgeschmack *m*; ~'**tell** *v/t.* [*irr.* → *tell*] **1.** vor'her-, vor'aussagen; **2.** andeuten, ahnen lassen; '~**thought** → *foresight 1*; '~**top** [-tɔp; ⚓ -təp] *s.* ⚓ Fock-, Vormars *m*; '~**top-'gal·lant** *s.* ⚓ Vorbramsegel *n*: ~ *mast* Vorbramstenge; '~**top·mast** *s.* ⚓ Fock-, Vormarsstenge *f*; '~**top·sail** [-seil; ⚓ -sl] *s.* ⚓ Vormarssegel *n*.

for ev·er, for'ev·er *adv.* **1.** für immer, ewig; **2.** andauernd, ständig; **for ev·er more, for'ev·er·more** → *evermore*.

fore|'warn *v/t.* vorher warnen (*of* vor *dat.*): ~*ed is forearmed* gewarnt sein heißt gewappnet sein; '~**wom·an** *s.* [*irr.*] **1.** Vorarbeiterin *f*, Werkführerin *f*, Aufseherin *f*; **2.** ⚖ Sprecherin *f* der Geschworenen; '~**word** *s.* Vorwort *n*, Einführung *f* (*zu e-m Buch*); '~**yard** *s.* ⚓ Fockrahe *f*.

for·feit ['fɔːfit] **I.** *s.* **1.** (Geld)Strafe *f*, Buße *f*; **2.** Verlust *m*, Einbuße *f*, verwirktes Pfand: *to pay a* ~ ein Pfand geben; **3.** Reugeld *n*, Vertragsstrafe *f*; **4.** *pl.* Pfänderspiel *n*; **II.** *v/t.* **5.** verwirken, einbüßen, verlieren, verscherzen: *to be* ~*ed* verfallen, eingezogen werden; **III.** *adj.* **6.** verwirkt, verfallen: *to make* ~ einziehen; '**for·fei·ture** [-tʃə] *s.* Verlust *m*, Verwirkung *f*, Verfall *m*, Ein-, Entziehung *f*.

for·fend [fɔː'fend] *v/t.* **1.** *obs.* verhüten, abwehren: *God* ~! Gott behüte!; **2.** *Am.* schützen, sichern.

for·gath·er [fɔː'gæðə] *v/i.* zs.-kommen, sich treffen, verkehren.

for·gave [fə'geiv] *pret. von forgive*.

forge[1] [fɔːdʒ] *v/i.* mühsam vorwärtskommen, sich Bahn brechen: *to* ~ *ahead* vorankommen, sich an die Spitze setzen.

forge[2] [fɔːdʒ] **I.** *s.* **1.** Schmiede *f* (*a. fig.*); **2.** ⊕ Schmiedefeuer *n*, -esse *f*; Glühofen *m*: ~ *lathe* Schmiededrehbank; **II.** *v/t.* **3.** schmieden (*a. fig.*), hämmern; **4.** formen, erfinden, sich ausdenken; **5.** fälschen; '**forge·a·ble** [-dʒəbl] *adj.* schmiedbar; '**forg·er** [-dʒə] *s.* **1.** Schmied *m*; **2.** Erfinder *m*; **3.** Fälscher *m*; '**forg·er·y** [-dʒəri] *s.* **1.** Fälschen *n*: ~ *of a document* ⚖ Urkundenfälschung; **2.** Fälschung *f*, Falsifi'kat *n*.

for·get [fə'get] **I.** *v/t.* [*irr.*] **1.** vergessen, nicht denken an (*acc.*), nicht bedenken, sich nicht erinnern an (*acc.*): *I* ~ *his name* s-n Namen weiß ich nicht mehr; **2.** verlernen: *I have forgotten my French*; **3.** unter'lassen, über'sehen, vernachlässigen: ~ *it!* F laß gut sein!; *don't you* ~ *it* merk dir das!; **4.** ~ *o.s.* **a)** (nur) an andere denken, **b)** ‚aus der Rolle fallen', sich vergessen; **II.** *v/i.* [*irr.*] **5.** vergessen: ~ *about it!* denk nicht mehr daran!; **for'get·ful** [-ful] *adj.* □ vergeßlich: *to be* ~ *of et.* (*achtlos*) vergessen; **for'get·ful·ness** [-fulnis] *s.* **1.** Vergessenheit *f*; **2.** Vergeßlichkeit *f*; **3.** Achtlosigkeit *f*.

for'get-me-not *s.* ⚘ Ver'gißmein-[nicht *n*.]

for·giv·a·ble [fə'givəbl] *adj.* verzeihlich, entschuldbar; **for·give** [fə'giv] *v/t.* [*irr.*] **1.** verzeihen, vergeben: *to* ~ *s.o.* (*for doing*) *s.th.*; **2.** *Schulden etc.* erlassen; **for'giv·en** [-vn] *p.p. von forgive*; **for'give·ness** [-vnis] *s.* **1.** Verzeihung *f*, -gebung *f*; **2.** Versöhnlichkeit *f*; **for'giv·ing** [-viŋ] *adj.* □ versöhnlich, nachsichtig.

for·go [fɔː'gou] *v/t.* [*irr.* → *go*] verzichten auf (*acc.*), aufgeben, Abstand nehmen von.

for·got [fə'gɔt] *pret.* [*u. p.p. obs.*] *von forget*; **for'got·ten** [-tn] *p.p. von forget*.

fork [fɔːk] **I.** *s.* **1.** (*Eß- etc.*)Gabel *f* (*a.* ⊕); **2.** (*Heu- etc.*)Gabel *f*, Forke *f*; **3.** → *tuning-fork*; **4.** Gabelung *f*, Abzweigung *f*; **5.** *Am.* Nebenfluß *m*; **II.** *v/t.* **6.** mit e-r Gabel heben *od.* graben; **7.** *Schach*: *zwei Figuren* gleichzeitig angreifen; **III.** *v/i.* **8.** sich gabeln *od.* spalten; ~ **out** *sl.* **I.** *v/t.* *Geld* her'ausrücken; **II.** *v/i.* ‚blechen', zahlen; **forked** [-kt] *adj.* gabelförmig, gegabelt, gespalten; zickzackförmig (*Blitz*); '**fork-lift truck** *s.* ⊕ Gabelstapler *m*.

for·lorn [fə'lɔːn] *adj.* **1.** verlassen, einsam; **2.** verzweifelt, hilflos; unglücklich, elend; ~ **hope** *s.* **1.** aussichtsloses Unter'nehmen; **2.** ⚔ verlorener Posten; 'Himmelfahrtskom,mando *n*.

form [fɔːm] **I.** *s.* **1.** Form *f*, Gestalt *f*, Fi'gur *f*; **2.** ⊕ Form *f*, Fas'son *f*, Mo'dell *n*, Scha'blone *f*; **3.** Form *f*, Art *f*; Me'thode *f*, (An)Ordnung *f*, 'Schema *n*: *in due* ~ vorschriftsmäßig; **4.** Form *f*, Fassung *f* (*Wort, Text, a. ling.*), Formel *f* (*Gebet etc.*); **5.** *phls.* Wesen *n*, Na'tur *f*; **6.** 'Umgangsform *f*, Ma'nier *f*, Brauch *m*: *good* ~ guter Ton, Takt; *bad* ~ schlechte Manier; *it is good* (*bad*) ~ es gehört *od.* schickt sich (nicht); **7.** Formblatt *n*, Formu'lar *n*: *printed* ~ Vordruck; ~ *letter* Schemabrief; **8.** Formali'tät *f*, Äußerlichkeit *f*: *matter of* ~ Formsache; *mere* ~ bloße Förmlichkeit; **9.** (körperliche *od.* geistige) Verfassung, Zustand *m*: *in* ~ in Form, in guter Verfassung; **10.** *Brit.* **a)** (Schul)Bank *f*, **b)** (Schul)Klasse *f*: ~ *master* (*mistress*) Klassenlehrer (-in); **11.** → *forme*; **II.** *v/t.* **12.** formen, bilden (*a. ling.*), machen, gestalten (*into* zu, *after* nach); *Gesellschaft etc.* gründen; *Bündnis etc.* schließen; *Gewohnheit* annehmen; **13.** schaffen, ausbilden, entwickeln, aufbauen; **14.** einrichten, zs.-stellen, *Plan* entwerfen; **15.** ⚔ formieren, aufstellen; **III.** *v/i.* **16.** sich formen *od.* bilden *od.* gestalten, Form annehmen; **17.** entstehen; **18.** *a.* ~ *up* ⚔ sich aufstellen, antreten: *to* ~ *into line.*

-form [-fɔ:m] *in Zssgn* ...förmig.

for·mal ['fɔ:məl] *adj.* □ → *formally*; **1.** förmlich, for'mell: **a)** (rein) äußerlich, **b)** vorschriftsmäßig, formgerecht, **c)** offizi'ell, **d)** feierlich, **e)** steif, 'unper,sönlich, **f)** genau, (die Form) pe'dantisch (beobachtend): ~ *call* Höflichkeitsbesuch; **2.** formell: **a)** herkömmlich, üblich, konventio'nell, **b)** rein gewohnheitsmäßig, **c)** scheinbar, zum Schein vorgenommen; **3.** for'mal, Form...: ~ *requirements* Formvorschriften; **4.** *phls.* **a)** for'mal, **b)** wesentlich.

form·al·de·hyde [fɔ:'mældihaid] *s.* ⚗ Formalde'hyd *m*; **for·ma·lin** ['fɔ:məlin] *s.* ⚗ Forma'lin *n.*

for·mal·ism ['fɔ:məlizəm] *s.* Forma'lismus *m*, (leeres) Formenwesen; **'for·mal·ist** [-list] *s.* Forma'list *m*; Pe'dant *m*; **for·mal·is·tic** [fɔ:mə'listik] *adj.* forma'listisch, nur auf die Form bedacht; **for·mal·i·ty** [fɔ:'mæliti] *s.* **1.** Förmlichkeit *f*, Brauch *m*, übliche Form; *pl.* Formali'täten *pl.*: *without formalities* ohne (viel) Umstände; *for* ~*'s sake* aus formellen Gründen; **2.** Steifheit *f*, Pedante'rie *f*; 'Umständlichkeit *f*; **3.** leere Geste; **'for·mal·ize** [-laiz] *v/t.* **1.** zur bloßen Formsache machen, in übliche Formen kleiden; **2.** feste Form geben (*dat.*); **'for·mal·ly** [-əli] *adv.* **1.** ausdrücklich, in aller Form; **2.** in Bezug auf (die) Form.

for·mat ['fɔ:mæt] *s.* For'mat *n* (*Buch*).

for·ma·tion [fɔ:'meiʃən] *s.* **1.** Formung *f*, Gestaltung *f*, Bildung *f*; **2.** Entstehung *f*, Gründung *f*; **3.** Anordnung *f*, Zs.-setzung *f*, Bau *m*; **4.** ⚔, ✈, *sport* Formati'on *f* (*a. geol.*), Aufstellung *f*, Gliederung *f*, Verband *m*: ~ *flying* Fliegen im Verband; ~ *in depth* Tiefengliederung; **form·a·tive** ['fɔ:mətiv] *adj.* **1.** formend, gestaltend, bildend: ~ *years* Entwicklungsjahre; **2.** *ling.* formbildend, Ableitungs...: ~ *element* Wortbildungselement; **3.** ⚘, *zo.* morpho'gen.

form cut·ter *s.* ⊕ Pro'filfräser *m.*

forme [fɔ:m] *s. typ. Brit.* (Druck-) Form *f.*

form·er¹ ['fɔ:mə] *s.* **1.** Former *m*, Gestalter *m*; Urheber(in); **2.** ⊕ Former *m*; **3.** ✈ Spant *m.*

for·mer² ['fɔ:mə] *adj.* □ **1.** früher, vorig, ehe-, vormalig, vergangen: *in* ~ *times* vormals, einst; *he is his* ~ *self again* er ist wieder (ganz) der alte; *the* ~ *Mrs. A.* die frühere Frau A.; **2.** *the* ~ *sg. u. pl.* ersterwähnt, -genannt, erster: *the* ~..., *the latter* ... der erstere..., der letztere; **'for·mer·ly** [-li] *adv.* früher, vor-, ehemals: *Mrs. A.,* ~ *B.* **a)** Frau A., geborene B., **b)** Frau A., ehemalige Frau B.

for·mic ac·id ['fɔ:mik] *s.* ⚗ Ameisensäure *f.*

for·mi·ca·tion [fɔ:mi'keiʃən] *s.* ⚕ Kribbelgefühl *n.*

for·mi·da·ble ['fɔ:midəbl] *adj.* □ **1.** schrecklich, furchtbar; **2.** gewaltig, ungeheuer; **3.** beachtlich, ernstzunehmend: ~ *opponent.*

form·ing ['fɔ:miŋ] *s.* ⊕ Formen *n*, Fassonieren *n*; **'form·ing-'up** *s.* ⚔ Bereit-, Aufstellung *f*, ✈ Versammlung *f*; **form·less** ['fɔ:mlis] *adj.* □ formlos.

for·mu·la ['fɔ:mjulə] *pl.* **-las, -lae** [-li:] *s.* **1.** ⚗, ⚔ *etc.*, *a. mot.* Formel *f*; **2.** Formel *f*, fester Wortlaut; *contp.* ,'Schema F'; **3.** *pharm.* Re'zept *n*; **'for·mu·lar·y** [-əri] *s.* **1.** Formelsammlung *f*, -buch *n* (*bsd. eccl.*); **2.** *pharm.* Re'zeptbuch *n*; **'for·mu·late** [-leit] *v/t.* formulieren, dar-, klarlegen; **for·mu·la·tion** [fɔ:mju'leiʃən] *s.* Formulierung *f*, Fassung *f.*

for·ni·cate ['fɔ:nikeit] *v/i.* unerlaubten außerehelichen Geschlechtsverkehr haben; **for·ni·ca·tion** [fɔ:ni'keiʃən] *s.* ⚖ unerlaubter außerehelicher Geschlechtsverkehr; **'for·ni·ca·tor** [-tə] *s.* j-d, der unerlaubten außerehelichen Geschlechtsverkehr hat.

for·rad·er ['fɔrədə] *adj.*: *to get no* ~ F nicht vorwärtskommen.

for·sake [fə'seik] *v/t.* [*irr.*] **1.** *j-n* verlassen, im Stich lassen; **2.** *et.* aufgeben; **for'sak·en** [-kən] **I.** *p.p. von forsake*; **II.** *adj.* verlassen, einsam; **for'sook** [-'suk] *pret. von forsake.*

for·sooth [fə'su:θ] *adv. iro.* wahrlich, für'wahr.

for·swear [fɔ:'sweə] *v/t.* [*irr.*] **1.** eidlich bestreiten; e'nergisch protestieren gegen; **2.** abschwören (*dat.*), eidlich *od.* feierlich entsagen (*dat.*); **3.** ~ *o.s.* e-n Meineid leisten; **for'swore** [-'swɔ:] *pret. von forswear*; **for'sworn** [-'swɔ:n] **I.** *p.p. von forswear*; **II.** *adj.* meineidig.

for·syth·i·a [fɔ:'saiθjə] *s.* ⚘ For'sythie *f.*

fort [fɔ:t] *s.* ⚔ Fort *n*, Feste *f*, Festungswerk *n.*

forte¹ [fɔ:t] *s. j-s* Stärke *f*, starke Seite.

for·te² ['fɔ:ti] *adv.* ♪ 'forte, laut, kräftig.

forth [fɔ:θ] *adv.* **1.** weiter, vor'an, fort('an): *and so* ~ und so weiter; *from this day* ~ von diesem Tage an; *back and* ~ hin und her; **2.** her..., vor..., hervor...: *to come* ~ hervorkommen; *to bring* ~ hervorbringen; **~'com·ing** *adj.* **1.** bevorstehend, kommend; **2.** erscheinend, unter'wegs: *to be* ~ erscheinen, zum Vorschein kommen, erfolgen; **3.** in Kürze erscheinend (*Buch*); **4.** bereit, verfügbar; **5.** entgegenkommend (*Person*); **6.** mitteilsam; **'~·right** *adj.* offen, ehrlich, gerade (-her'aus); **'~'with** [-'wiθ] *adv.* so'fort, (so)'gleich, unverzüglich.

for·ti·eth ['fɔ:tiiθ] **I.** *adj.* vierzigst; **II.** *s.* Vierzigstel *n.*

for·ti·fi·a·ble ['fɔ:tifaiəbl] *adj.* zu befestigen(d); **for·ti·fi·ca·tion** [fɔ:tifi'keiʃən] *s.* **1.** Verbesserung *f* durch 'Alkohol,zusatz (*Wein etc.*); **2.** (Be)Festigung *f*, Stärkung *f*; **3.** ⚔ **a)** Festungsbauwesen *n*, **b)** Festung *f*, **c)** *mst pl.* Festungswerk *n*; **'for·ti·fi·er** [-faiə] *s.* Stärkungsmittel *n*; **for·ti·fy** ['fɔ:tifai] *v/t.* **1.** stärken (*a. geistig*), kräftigen; **2.** ⊕ verstärken; *Nahrungsmittel* anreichern; *Wein etc.* verbessern; **3.** ⚔ befestigen; **4.** bekräftigen, bestätigen; stützen; **5.** bestärken, ermutigen; **6.** ~ *o.s.* sich verschanzen, *fig.* sich wappnen (*against* gegen).

for·tis·si·mo [fɔ:'tisimou] *adv.* ♪ sehr stark *od.* laut, for'tissimo.

for·ti·tude ['fɔ:titju:d] *s.* **1.** (seelische) Kraft, Fassung *f*, Seelenruhe *f*; **2.** Mut *m*, Standhaftigkeit *f.*

fort·night ['fɔ:tnait] *s. bsd. Brit.* vierzehn Tage: *today* ~ heute in 14 Tagen *od.* über 14 Tage; *in a* ~ in 14 Tagen; *a* ~*'s holiday* ein vierzehntägiger Urlaub; **'fort·night·ly** [-li] *bsd. Brit.* **I.** *adj.* vierzehntägig, halbmonatlich, Halbmonats...; **II.** *adv.* alle 14 Tage; **III.** *s.* Halbmonatsschrift *f.*

For·tran ['fɔ:træn] *s.* FORTRAN *n* (*Computersprache*).

for·tress ['fɔ:tris] *s.* ⚔ Festung *f.*

for·tu·i·tous [fɔ:'tju(:)itəs] *adj.* □ zufällig; **for'tu·i·tous·ness** [-nis], **for'tu·i·ty** [-ti] *s.* Zufall *m*, Zufälligkeit *f.*

for·tu·nate ['fɔ:tʃnit] *adj.* □ **1.** glücklich: *how* ~*!* welch ein Glück!; **2.** glückverheißend; günstig; vom Glück begünstigt (*Leben*); **'for·tu·nate·ly** [-li] *adv.* glücklicherweise, zum Glück.

for·tune ['fɔ:tʃən] *s.* **1.** Glücksfall *m*, (glücklicher) Zufall: *good* ~ Glück; *ill* ~ Unglück; *to try one's* ~ sein Glück versuchen; **2.** *a.* ♀ *myth.* For'tuna *f*, Glücksgöttin *f*; **3.** Schicksal *n*, Geschick *n*, Los *n*: *to tell* (*od. read*) ~*s* wahrsagen; *to have one's* ~ *told* sich wahrsagen lassen; **4.** Wohlstand *m*, Erfolg *m*: *to make one's* ~ sein Glück machen; **5.** Vermögen *n*: *to make a* ~ ein Vermögen verdienen; *to come into a* ~ ein Vermögen erben; *to marry a* ~ e-e gute Partie machen; *a small* ~ F ein kleines Vermögen (*viel Geld*); **'~-hunt·er** *s.* Glücksritter *m*, *bsd.* Mitgiftjäger *m*; **'~-tell·er** *s.* Wahrsager(in); **'~-tell·ing** *s.* Wahrsagen *n*, -sage'rei *f.*

for·ty ['fɔ:ti] **I.** *adj.* vierzig: *the* ♀ *Thieves* die 40 Räuber (*1001 Nacht*); → *wink* 4; **II.** *s.* Vierzig *f*: *the forties* **a)** die vierziger Jahre (*Zeitalter*), **b)** die Vierziger(jahre) (*Lebensalter*).

fo·rum ['fɔ:rəm] *s.* **1.** *antiq. u. fig.* 'Forum *n*; **2.** Gericht *n*, Tribu'nal *n* (*a. fig.*); *engS.* ⚖ Gerichtsort *m*, örtliche Zuständigkeit.

for·ward ['fɔ:wəd] **I.** *adj.* **1.** vorder, vornliegend; vorwärts gerichtet, vorgerückt, vorspringend: ~ *march* Vormarsch; ~ *motion* Vorwärtsbewegung; ~ *pass sport* Vorlage; ~ *speed mot.* Vorwärtsgang; **2.** vor-, fortgeschritten; **3.** fortschrittlich; **4.** vorzeitig, frühreif (*a.* ⚘); voreilig; **5.** vorlaut, keck; **6.** forsch; **7.** ✝ **a)** für spätere Lieferung, Termin...: ~ *rate* Kurs für Termin- *od.* Zeitgeschäfte; ~ *sale* Terminverkauf, **b)** vom Empfänger zu bezahlen; **8.** schnell bereit, entgegenkommend; **II.** *adv. a. forwards* **9.** nach vorn, vorwärts, vor'an, vor'aus, weiter; vor..., voran...: *to bring* ~ vor-, voranbringen; *to go* ~ vor(an)gehen; *to help* ~ weiterhelfen; *to send* ~ vorschicken; *to date* ~ vorausdatieren; → *put forward*; **III.** *s.* **10.** Fortschrittler *m*; **11.** *sport* Stürmer *m*; **IV.** *v/t.* **12.** fördern, beschleunigen; **13.** befördern, schicken, verladen; **14.** *Brief* nachsenden, weiterbefördern; ~ **a·re·a** *s.* ⚔ Frontgebiet *n*; ~ **con·trols** *s. pl.* ✈ Kopfsteuerung *f*; ~ **de·fence** (*Am.* **de·fense**) *s.* ⚔ Vorwärtsverteidigung *f.*

for·ward·er ['fɔ:wədə] *s.* **1.** Absender *m*; **2.** Spedi'teur *m*; '**for·ward·ing** [-diŋ] *s.* Versand *m*: ~ *agent* Spediteur; ~ *instructions* Versandvorschriften; ~ *note* Frachtbrief; ~ *station* Weiterleitungsstelle; '**for·ward·ness** [-dnis] *s.* **1.** Frühzeitigkeit *f*, Frühreife *f* (*a.* ♀); **2.** Bereitwilligkeit *f*; **3.** Dreistigkeit *f*; Voreiligkeit *f.*

for·wards ['fɔ:wədz] → *forward* 9.

fosse [fɔs] *s.* **1.** Graben *m*; **2.** *anat.* Grube *f.*

fos·sick ['fɔsik] *v/i. austral.* **1.** nach Gold suchen; **2.** her'umstöbern; '**fos·sick·er** [-kə] *s.* Goldgräber *m.*

fos·sil ['fɔsl] **I.** *s.* **1.** *geol.* Fos'sil *n*; Versteinerung *f*; **2.** F **a)** ‚Fossil' *n*, verkalkter *od.* verknöcherter Mensch, **b)** *et.* ‚Vorsintflutliches'; **II.** *adj.* **3.** fos'sil, versteinert; **4.** F **a)** verknöchert, verkalkt (*Person*), **b)** vorsintflutlich (*Sache*); **fos·sil·if·er·ous** [fɔsi'lifərəs] *adj.* fos'silienhaltig; **fos·sil·i·za·tion** [fɔsilai'zeiʃən] *s.* Versteinerung *f*; '**fos·sil·ize** [-silaiz] **I.** *v/t. geol.* versteinern; **II.** *v/i.* versteinern; *fig.* verknöchern, verkalken.

fos·so·ri·al [fɔ'sɔ:riəl] *adj. zo.* grabend.

fos·ter ['fɔstə] *v/t.* **1.** *Kind* aufziehen, nähren, pflegen; **2.** *et.* fördern; begünstigen, protegieren; **3.** *Wunsch etc.* hegen, nähren; '~-**broth·er** *s.* Pflegebruder *m*; '~-**child** *s.* Pflegekind *n*; '~-**fa·ther** *s.* Pflegevater *m.*

fos·ter·ling ['fɔstəliŋ] *s.* Pflegekind *n*; *fig.* Schützling *m*, Protekti'onskind *n.*

'**fos·ter|-moth·er** *s.* **1.** Pflegemutter *f*; **2.** 'Brutappa,rat *m*; '~-**par·ents** *s. pl.* Pflegeeltern *pl.*; '~-**sis·ter** *s.* Pflegeschwester *f.*

fought [fɔ:t] *pret. u. p.p. von fight.*

foul [faul] **I.** *adj.* □ **1.** schmutzig (*a. fig. zotig, unflätig, gemein*); verdorben, faul, verpestet; **2.** verschmutzt, verstopft; über'wachsen, über'wuchert; **3.** stürmisch, schlecht (*Wetter*); widrig (*Wind*); **4.** gefährlich, schädlich; **5.** *bsd.* ⚓ in Kollisi'on, unklar, eingeklemmt, im Wege; **6.** widerlich, ekelhaft, übel, schlimm, ruchlos (*Tat*); übelriechend (*Atem*): *the* ~ *fiend* der böse Feind, der Teufel; *fair or* ~ schön od. häßlich; *by fair means or* ~ mit allen Mitteln, skrupellos; ~ *tongue* Lästerzunge, übles Mundwerk; **7.** *sport* unfair, regelwidrig; **8.** betrügerisch; **9.** *typ.* voller Fehler; **10.** F gräßlich, scheußlich; **II.** *adv.* **11.** *to fall* (*od. run*) ~ *of* ⚓ anfahren, zs.-stoßen mit (*a. fig.*); *to hit* ~ *Boxen*: e-n regelwidrigen Schlag führen, *fig.* an *j-m* gemein handeln; *to play* ~ betrügen, gemein handeln; **III.** *s.* **12.** Zs.-stoß *m*; **13.** *sport* **a)** Foul *n*, Regelverstoß *m*, **b)** ungültiger Versuch; **14.** *through fair and* ~ durch dick u. dünn; **IV.** *v/t.* **15.** beschmutzen; beflecken (*a. fig.*); **16.** verschmutzen, -stopfen, versperren; hemmen; **17.** zs.-stoßen mit, sich verwickeln mit; **18.** *sport* regelwidrig behindern *od.* angreifen, foulen; **V.** *v/i.* **19.** schmutzig werden; **20.** sich verwickeln; **21.** e-n Zs.-stoß haben; **22.** *sport* regelwidrig spielen, ein Foul begehen.

fou·lard ['fu:lɑ:(d)] (*Fr.*) *s.* Fou'lard *m* (*Seidenstoff*).

foul| ball *s. Baseball*: ‚Aus'-Schlag *m*; ~ **line** *s. Baseball*: Foul-, Fehllinie *f*; '~-**mouthed** *adj.* zotige Reden führend, gemein.

foul·ness ['faulnis] *s.* **1.** Schmutzigkeit *f*, Schmutz *m*; **2.** Gemeinheit *f*, Schändlichkeit *f.*

foul| play *s.* **1.** *sport* unfaires Spiel, Unsportlichkeit *f*; **2. a)** Verbrechen *n*, **b)** Verräte'rei *f*, **c)** Schwindel *m*; '~-**spo·ken** → *foulmouthed*; ~ **tip** *s. Baseball*: ‚Aus'-Ball *m*; '~-**tongued** → *foulmouthed.*

found[1] [faund] *pret. u. p.p. von find.*

found[2] [faund] *v/t.* ⊕ schmelzen; gießen.

found[3] [faund] *v/t.* **1.** gründen; begründen, stiften; er-, einrichten; *Theorie* aufstellen; **2.** den Grund (-stock) zu *et.* legen; **3.** *fig.* gründen, stützen (*on* auf *acc.*): *to be* ~*ed on* sich gründen auf (*acc.*), beruhen auf (*dat.*); *well-*~*ed* wohlbegründet;

foun·da·tion [faun'deiʃən] *s.* **1.** *oft pl.* ⚠ Grundmauer *f*, Funda'ment *n*; 'Unterbau *m*, -lage *f*, Bettung *f* (*Straße etc.*); **2.** Grundlage *f*, Stütze *f*, Grund *m*: *without* ~ unbegründet; *shaken to the* ~*s* in den Grundfesten erschüttert; **3.** Gründung *f*, Errichtung *f*; **4.** Stiftung *f*, (*gestiftete*) Anstalt: *to be on the* ~ *of* Stipendiat sein von; ~-*school* gestiftete Schule; ~ *scholar* Freischüler; **5.** Ursprung *m*, Beginn *m*; **6.** steifes (Zwischen)Futter: ~ *garment* Korsett, Mieder; ~-*muslin* Steifleinen; **foun·da·tion·er** [faun'deiʃnə] *s. ped. Brit.* Stipendi'at *m*; **foun'da·tion-stone** *s.* Grundstein *m* (*a. fig.*); → *lay*[1] 4.

found·er[1] ['faundə] *s.* Gründer *m*, Stifter *m*: ~*'s shares* † Gründeraktien.

found·er[2] ['faundə] *s.* ⊕ *mst in Zssgn* Gießer *m.*

foun·der[3] ['faundə] **I.** *v/i.* **1.** ⚓ sinken, 'untergehen; **2.** einstürzen, -fallen; **3.** *fig.* scheitern; **4.** (*Pferd*) **a)** lahmen, **b)** steckenbleiben; **II.** *v/t.* **5.** *Golf*: *Ball* in den Boden schlagen.

found·ling ['faundliŋ] *s.* Findling *m*, Findelkind *n*: ~ *hospital* Findelhaus.

found·ress ['faundris] *s.* Gründerin *f*, Stifterin *f.*

found·ry ['faundri] *s.* ⊕ Gieße'rei *f.*

fount[1] [faunt] *s. typ.* (Setzkasten *m* mit) Schriftsatz *m.*

fount[2] [faunt] *s. poet.* Quell(e *f*) *m* [(*a. fig.*).]

foun·tain ['fauntin] *s.* **1.** Springbrunnen *m*; **2.** Quelle *f* (*bsd. fig.*), Ursprung *m*; **3.** ⊕ (Öl- *etc.*)Behälter *m* (*e-r Lampe etc.*); **4.** *Am.* → *soda-fountain* 2; '~-'**head** *s. fig.* Urquell *m*, Quelle *f*; '~-**pen** *s.* Füllfeder (-halter *m*) *f.*

four [fɔ:] **I.** *adj.* **1.** vier; **II.** *s.* **2.** Vier *f*: *on all* ~*s* auf allen vieren; *to be on all* ~*s with* übereinstimmen mit, genau entsprechen (*dat.*); **3.** *sport* **a)** Vierer(boot *n*) *m*, **b)** Vierermannschaft *f*; **4.** *pl.* ⚔ Viererreihe *f*; '~-'**bar·rel(l)ed** *adj.* ⚔ Vierlings...; '~-**blade** *adj.*: ~ *propeller* ✈ Vierblattschraube; '~-'**cor·nered** *adj.* viereckig, mit vier Ecken; '~-**cy·cle** *adj.*: ~ *engine* ⊕ Viertaktmotor; '~-**door** *adj.* viertürig (*Auto*); '~-**en·gined** *adj.* 'viermo,torig; '~-'**flush·er** *s. Am. sl.* ‚Hochstapler' *m*, ‚falscher Fuffziger', Angeber *m*; '~-**fold** *adj. u. adv.* vierfach; '~-'**foot·ed** *adj.* vierfüßig; '~-'**hand·ed** *adj.* ♪, *zo.* vierhändig; ~ **hun·dred**: *the* ~ *Am.* die Hautevolee, ‚die oberen Zehntausend'; '~-**in-**'**hand** *s.* **1.** Vierspänner *m*; **2.** Viergespann *n*; '~-**leaf clo·ver** *s.* ♀ vierblätt(e)riger Klee; '~-**legged** *adj.* vierbeinig; '~-**let·ter word** *s.* unanständiges Wort; '~-'**oar** *s.* Vierer *m* (*Boot*); '~-**part** *adj.* ♪ vierstimmig (*Satz*); '~-**pence** [-pəns] *s. Brit.* vier Pence (*Geld*); '~-'**post·er** *s.* **1.** Himmelbett *n*; **2.** ⚓ *sl.* Viermastschiff *n*; '~-'**pound·er** *s.* ⚔ Vierpfünder *m*; '~-'**score** *adj.* achtzig; '~-**seat·er** *s. mot.* Viersitzer *m*; '~-**some** [-səm] *s. Golf*: Viererspiel *n*; *fig. humor.* Quar'tett *n*; '~-**speed gear** *s.* ⊕ Viergang-getriebe *n*; '~-'**square** *adj. u. adv.* **1.** *obs.* viereckig, qua'dratisch; **2.** *fig.* fest, unerschütterlich; **3.** grob, barsch; '~-**stroke** *adj.*: ~ *engine* ⊕ Viertaktmotor.

four·teen ['fɔ:'ti:n] **I.** *adj.* vierzehn; **II.** *s.* Vierzehn *f*; '**four'teenth** [-nθ] **I.** *adj.* vierzehnt; **II.** *s.* Vierzehntel *n.*

fourth [fɔ:θ] **I.** *adj.* □ **1.** viert; **II.** *s.* **2.** Viertel *n*; **3.** ♪ Quarte *f*; **4.** *the* ♀ (*of July*) *Am.* der Vierte (Juli), der Unabhängigkeitstag; '**fourth·ly** [-li] *adv.* viertens.

'**four|-way** *adj.*: ~ *switch* ⚡ Vierfach-, Vierwegeschalter; '~-**wheel** *adj.* vierräd(e)rig; Vierrad...(-*antrieb*, -*bremse*).

fowl [faul] **I.** *pl.* **fowls**, *coll. a.* **fowl** *s.* **1.** Haushuhn *n*; *coll.* Geflügel *n* (*a. Fleisch*); Hühner *pl.*: ~ *house* Hühnerstall; ~-*run* Hühnerhof, Auslauf; **2.** *selten* Vogel *m*, Vögel *pl.*: *the* ~(*s*) *of the air bibl.* die Vögel unter dem Himmel; **II.** *v/i.* **3.** Vögel fangen *od.* schießen; '**fowl·er** [-lə] *s.* Vogelsteller *m*, -fänger *m*; '**fowl·ing** [-liŋ] *s.* Vogelfang *m*, -jagd *f*: ~-*piece* Vogelflinte; ~-*shot* Hühnerschrot.

fowl| pest *s. vet.* Hühner-, Geflügelpest *f*; ~ **pox** *s. vet.* Geflügelpocken *pl.*

fox [fɔks] **I.** *s.* **1.** *zo.* Fuchs *m*: *to follow the* ~ auf die Fuchsjagd gehen; *to set the* ~ *to keep the geese* den Bock zum Gärtner machen; ~ *and geese* Wolf u. Schafe (*ein Brettspiel*); **2.** *fig.* (schlauer) Fuchs, Schlaukopf *m*, (arg)listiger Mensch; **3.** Fuchspelz(kragen) *m*; **II.** *v/t.* **4.** *sl.* täuschen, über'listen, her'einlegen; **III.** *v/i.* **5.** stockfleckig werden (*Papier*): ~**ed a)** stockfleckig, **b)** F ‚voll' (*betrunken*); '~**-brush** *s. hunt.* Fuchsschwanz *m*, Rute *f*; '~**-earth** *s.* Fuchsbau *m*; '~**-glove** *s.* ⚘ Fingerhut *m*; '~**-hole** *s.* ⚔ Dekkungs-, Schützenloch *n*; '~**-hound** *s. zo.* Hetzhund *m*; '~**-hunt(-ing)** *s.* Fuchsjagd *f*; '~**-tail** *s.* **1.** Fuchsschwanz *m*; **2.** ⚘ Fuchsschwanzgras *n*; '~**-'ter·ri·er** *s. zo.* 'Fox,terrier *m*; '~**-trot** *s.* Foxtrott *m* (*Tanz*).

fox·y ['fɔksi] *adj.* **1.** schlau, listig; **2.** fuchsrot, rotbraun; **3.** stockfleckig (*Papier*).

foy·er ['fɔiei] (*Fr.*) *s. bsd. thea.* Fo'yer *n*, Wandelhalle *f*.

fra·cas ['frækɑ:] *pl.* ~ [-kɑ:z] *s.* Aufruhr *m*, Lärm *m*, Spek'takel *m*.

frac·tion ['frækʃən] *s.* **1.** ✗ Bruch *m*: ~**s** Bruchrechnung; ~ *bar*, ~ *stroke* Bruchstrich; **2.** Bruchteil *m*, Frag'ment *n*; Stückchen *n*, *ein* bißchen: *not by a* ~ nicht im geringsten; *by a* ~ *of an inch* um ein Haar; **3.** *eccl.* Brechen *n des Brotes*; '**frac·tion·al** [-ʃənl] *adj.* **1.** *a.* ✗ Bruch..., gebrochen: ~ *amount* Teilbetrag, Bruchteil; ~ *currency* **a)** Scheidemünze, **b)** Papiergeld (*kleine Beträge*); **2.** *fig.* unbedeutend, mini'mal; **3.** ⚗ fraktioniert, teilweise; '**frac·tion·ar·y** [-ʃnəri] *adj.* Bruch(-stück)..., Teil...; '**frac·tion·ate** [-ʃəneit] *v/t.* ⚗ fraktionieren.

frac·tious ['frækʃəs] *adj.* □ mürrisch, zänkisch, reizbar; störrisch; '**frac·tious·ness** [-nis] *s.* Reizbarkeit *f*, Zanksucht *f*; 'Widerspenstigkeit *f*.

frac·ture ['fræktʃə] **I.** *s.* **1.** ⚕ Frak'tur *f*, Bruch *m*; **2.** *min.* Bruchfläche *f*; **3.** *ling.* Brechung *f*; **II.** *v/t.* **4.** (zer)brechen: *to* ~ *one's arm* sich den Arm brechen; ~**d** *skull* Schädelbruch; **III.** *v/i.* **5.** brechen.

frag·ile ['frædʒail] *adj.* **1.** (leicht-)zerbrechlich; **2.** ⊕ brüchig; **3.** *fig.* gebrechlich, schwach, zart; **fra·gil·i·ty** [frə'dʒiliti] *s.* **1.** Zerbrechlich-, Brüchigkeit *f*; **2.** *fig.* Gebrechlichkeit *f*, Schwäche *f*, Zartheit *f*.

frag·ment ['frægmənt] *s.* **1.** Bruchstück *n* (*a.* ⊕), -teil *m*; **2.** Stück *n*, Brocken *m*, Splitter *m* (*a.* ⚔), Fetzen *m*; 'Überrest *m*; **3.** 'unvoll,endetes Werk, Frag'ment *n*; **frag·men·tal** [fræg'mentl] *adj. geol.* Trümmer...; '**frag·men·tar·y** [-təri] *adj.* **1.** zerstückelt, aus Stücken bestehend; **2.** fragmen'tarisch, unvollständig, bruchstückartig; **3.** ⊕ brüchig; **frag·men·ta·tion** [frægmen'teiʃən] *s.* Zerstückelung *f*, -splitterung *f*: ~ *bomb* ⚔ Splitterbombe.

fra·grance ['freigrəns] *s.* Wohlgeruch *m*, Duft *m*, A'roma *n*; '**fra·grant** [-nt] *adj.* □ **1.** wohlriechend, duftend: *to be* ~ *with* duften nach; **2.** *fig.* angenehm, köstlich: ~ *memories*.

frail[1] [freil] *s. Brit.* Binsenkorb *m*.

frail[2] [freil] *adj.* □ **1.** gebrechlich, hinfällig, zart, schwach; **2.** zerbrechlich; **3.** vergänglich; **4.** *fig. moralisch* schwach; '**frail·ty** [-ti] *s.* **1.** Gebrechlichkeit *f*; **2.** Schwachheit *f*, mo'ralische Schwäche; Fehltritt *m*.

fraise [freiz] *s.* **1.** ⚔ Pali'sade *f*; Pfahlwerk *n*; **2.** ⊕ Bohrfräse *f*.

fram·b(o)e·si·a [fræm'bi:ziə] *s.* ⚕ Frambö'sie *f*, Himbeerpocken *pl*.

frame [freim] **I.** *s.* **1.** Rahmen *m* (*a.* ⊕, *mot.*): *picture*-~; *window*-~; *embroidery* ~ Stickrahmen; **2.** Einrahmung *f*, -fassung *f*; **3.** *a.* ⊕ Gerüst *n*; Gestell *n* (*a. Wagen, Schirm, Brille*); Gerippe *n*; Balkenwerk *n* (*Haus*); **4.** ⚓, ✈ Spant *n*, Gerippe *n*; **5.** *typ.* Re'gal *n* (*für Setzkasten*); **6.** ✓ verglastes Treibbeet; **7.** Körper(bau) *m*, Gestalt *f*, Fi'gur *f*; **8.** Verfassung *f*, Zustand *m*: ~ *of mind* (Gemüts)Verfassung, Stimmung; **9.** Einrichtung *f*, (An)Ordnung *f*, Bau *m*, Sy'stem *n*; **10.** *Fernsehen, Film*: (Teil)Bild *n*, Raster *m*; **11.** → *frame-up*; **II.** *v/t.* **12.** einrahmen, einfassen; *fig.* um'rahmen; **13.** gestalten, aufbauen, verfertigen, machen; einrichten, anpassen; **14.** schmieden, entwerfen, schaffen; planen; ausdrücken, **15.** F **a)** *a.* ~ *up Unschuldigen* ‚reinhängen', intrigieren gegen, **b)** ~ *up Sache* ‚drehen', betrügerisch planen, fälschen; **III.** *v/i.* **16.** sich entwickeln, Form annehmen; ~ **a·e·ri·al** *s.* ⚡ 'Rahmenan,tenne *f*.

framed [freimd] *adj.* **1.** ⚠ Fachwerk...; **2.** ⚓, ✈ in Spanten.

frame| find·er *s. phot.* Rahmensucher *m*; '~**-house** *s.* Holz-, Fachwerkhaus *n*.

fram·er ['freimə] *s.* **1.** (Bilder)Rahmer *m*; **2.** *fig.* Bildner *m*, Gestalter *m*, Schöpfer *m*.

'**frame|-saw** *s.* ⊕ Spannsäge *f*; ~ **tale** *s.* Rahmenerzählung *f*; ~ **tent** *s.* Hauszelt *n*; '~**-up** *s.* F Kom'plott *n*, In'trige *f*; abgekartetes Spiel, Schwindel *m*; '~**-work** *s.* **1.** ⊕ Gerüst *n*, Gerippe *n* (*a.* ✈); 🚗 Gestell *n*; **2.** ⚠ Fachwerk *n*; **3.** *fig.* Rahmen *m*, Gefüge *n*, Sy'stem *n*.

franc [fræŋk] *s.* **1.** Franc *m* (*Währungseinheit Frankreichs u. Belgiens*); **2.** Franken *m* (*Währungseinheit der Schweiz*).

fran·chise ['fræntʃaiz] *s.* **1.** *pol.* **a)** Wahl-, Stimmrecht *n*, **b)** Bürgerrecht *n*; **2.** *Am.* Privi'leg *n*; Gerechtsame *f*, Konzessi'on *f*.

Fran·cis·can [fræn'siskən] **I.** *s.* Franzis'kaner(mönch) *m*; **II.** *adj.* Franziskaner...

Franco- [fræŋkou-] *in Zssgn* französisch.

'**Fran·co-'Ger·man** *adj.*: ~ *War der* Deutsch-Französische Krieg (*1870/71*).

Fran·co·ni·an [fræŋ'kounjən] *adj.* fränkisch.

Fran·co|·phile ['fræŋkoufail], '~**·phil** [-fil] **I.** *s.* Fran'zosenfreund *m*; **II.** *adj.* franko'phil, fran'zosenfreundlich; '~**·phobe** [-foub] **I.** *s.* Fran'zosenhasser *m*, -feind *m*; **II.** *adj.* franko'phob, fran'zosenfeindlich; '~**-'Prus·sian** → *Franco-German*.

franc ti·reur [frɑ̃:ŋ ti:'rə:; frɑ̃ tirœ:r] *pl.* **francs ti·reurs** [frɑ̃:ŋ ti:'rə:z; frɑ̃ tirœ:r] *s.* Freischärler *m*.

fran·gi·bil·i·ty [frændʒi'biliti] *s.* Zerbrechlichkeit *f*; **fran·gi·ble** ['frændʒibl] *adj.* zerbrechlich.

Frank[1] [fræŋk] *s. hist.* Franke *m*.

frank[2] [fræŋk] **I.** *adj.* □ → *frankly*; **1.** offen, aufrichtig, frei(mütig); **II.** *s.* **2.** *hist.* 'Franko-, Freivermerk *m*; 'Portofreiheit *f*; **III.** *v/t.* **3.** *Brief* mit der Ma'schine frankieren: ~*ing machine* Frankiermaschine; **4.** *j-m* (freien) Zutritt gewähren; **5.** *et.* amtlich freigeben.

frank·furt(·er) ['fræŋkfət(ə)] *s.* Frankfurter (Würstchen *n*) *f*.

frank·in·cense ['fræŋkinsens] *s.* Weihrauch *m*.

Frank·ish ['fræŋkiʃ] *adj. hist.* fränkisch: ~ *Empire das* Fränkische Reich.

frank·lin ['fræŋklin] *s. hist.* **1.** Freisasse *m*; **2.** kleiner Landbesitzer.

Frank·lin stove *s. Am.* freistehender eiserner Ka'min *od.* Ofen.

frank·ly ['fræŋkli] *adv.* **1.** → *frank*[2] *1*; **2.** offen gestanden; rückhaltlos; '**frank·ness** [-nis] *s.* Offenheit *f*, Freimut *m*, Treuherzigkeit *f*.

fran·tic ['fræntik] *adj.* □ (*mst* ~*ally*) **1.** wild, außer sich, rasend (*with* vor *dat.*); wütend; **2.** krampfhaft: ~ *efforts*; **3.** F wahnsinnig, schrecklich.

frap [fræp] *v/t.* ⚓ zurren.

frap·pé ['fræpei] (*Fr.*) **I.** *adj.* eisgekühlt (*Getränk*); **II.** *s.* eisgekühltes Mischgetränk.

frat [fræt] *sl. abbr.* **I.** *s. Am.* → *fraternity 4*; **II.** *v/i. Brit.* → *fraternize 2*.

fra·ter·nal [frə'tə:nl] *adj.* □ brüderlich: ~ *society Am.* Verein zur Förderung gemeinsamer Interessen; **fra'ter·ni·ty** [-niti] *s.* **1.** Brüderlichkeit *f*; **2.** Bruderschaft *f*, Orden *m*; **3.** Gemeinschaft *f*, Vereinigung *f*, Zunft *f*: *the angling* ~ die Zunft der Angler; *the legal* ~ die Juristen(welt); **4.** *Am.* Stu'dentenverbindung *f*; **frat·er·ni·za·tion** [frætənai'zeiʃən] *s.* Verbrüderung *f*; **frat·er·nize** ['frætənaiz] *v/i.* **1.** fraternisieren, sich verbrüdern; **2.** *bsd. Brit.* liebenswürdig sein; sich anfreunden *od.* anbiedern.

frat·ri·cid·al [freitri'saidl] *adj.* brudermörderisch: ~ *war* Bruderkrieg; **frat·ri·cide** ['freitrisaid] *s.* **1.** Bruder-, Geschwistermord *m*; **2.** Bruder-, Geschwistermörder *m*.

fraud [frɔ:d] *s.* **1.** ⚖ Betrug *m* (*against, on an dat.*): *to obtain by* ~ sich *et.* erschleichen; **2.** Schwindel *m*; Trick *m*; **3.** F Schwindler *m*, Hochstapler *m*, ‚falscher Fuffziger'; '**fraud·u·lence** [-djuləns] *s.* Betrüge'rei *f*; '**fraud·u·lent** [-djulənt] *adj.* □ betrügerisch, arglistig: ~ *bankruptcy* betrügerischer Bankrott; ~ *conversion* Unterschlagung.

fraught [frɔ:t] *adj. mst fig.* (*with*) voll (von), beladen (mit): ~ *with danger* gefahrvoll; ~ *with meaning* bedeutungsvoll, -schwer; ~ *with sorrow* kummerbeladen.

fray[1] [frei] *s.* Schläge'rei *f*, Streit *m*: *eager for the* ~ kampflustig.

fray[2] [frei] **I.** *v/t.* **1.** *a.* ~ *out Stoff etc.*

abtragen, 'durchscheuern, ausfransen: *~ed temper fig.* gereizte Stimmung; **2.** *Geweih* fegen; **II.** *v/i.* **3.** sich ausfransen *od.* 'durchscheuern; **4.** *fig.* sich ereifern: *tempers began to ~* die Gemüter erhitzten sich.

fraz·zle ['fræzl] *bsd. Am.* F **I.** *v/t.* **1.** zerfetzen, ausfransen; **2.** ermüden (*a. v/i.*); **II.** *s.* **3.** Fetzen *m* (*a. pl.*); **4.** Ermüdung *f*: *to a ~* bis zur Erschöpfung, total; *to beat to a ~* in Fetzen hauen, ‚durch den Wolf drehen'.

freak [fri:k] **I.** *s.* **1.** (verrückter) Einfall, Grille *f*, Laune *f*: *~ of nature* **a)** Laune der Natur, Phänomen, **b)** → *2*; **2.** 'Mißbildung *f*, -geburt *f*, 'Monstrum *n*; **3.** verrückter Kerl, Ex'zentriker *m*; **4.** *sl.* ‚Fixer' *m*; **5.** *sl.* Ausgeflippte(r) *m*; **II.** *v/i.* **6.** *~ out sl.* **a)** (to'tal) ausflippen, **b)** aus der (bürgerlichen) Gesellschaft ausbrechen; '**freak·ish** [-kiʃ] *adj.* □ launisch, unberechenbar; wunderlich, gro'tesk, verrückt.

freck·le ['frekl] **I.** *s.* **1.** Sommersprosse *f*; **2.** Fleck(chen *n*) *m*; **II.** *v/t.* **3.** tüpfeln, sprenkeln; **III.** *v/i.* **4.** Sommersprossen bekommen; '**freck·led** [-ld] *adj.* sommersprossig.

free [fri:] **I.** *adj.* □ → *free 14, 15 u. freely*; **1.** frei (*a.* ⚗), unbehindert, unabhängig: *of one's own ~ will* aus freien Stücken; *you are ~ to go* es steht dir frei zu gehen; *to go ~* frei ausgehen; *to set ~* freilassen, -geben; **2.** frei, zwanglos, ungezwungen (*Haltung etc.*); **3.** allzu frei, dreist, unverschämt, zügellos: *to make* (*od. be*) *~ with s.o.* sich Freiheiten gegen j-n herausnehmen; **4.** frei: **a)** unbeschäftigt: *I am ~ after 5 o'clock*, **b)** nicht besetzt: *this room is ~*; **5.** frei, uneingeschränkt, offen: *to be made ~ of* freien Zutritt haben zu; *to be made ~ of the city* zum Ehrenbürger ernannt werden; **6.** reichlich, großzügig, üppig: *~ with one's money* freigebig; **7.** freiwillig, bereit(willig); **8.** freimütig, offen; **9.** lose, ungebunden, nach Belieben: *~ translation* freie Übersetzung; **10.** frei, unentgeltlich, kostenlos: *all seats are ~*; *~ gift* Geschenk, Zugabe, Gratisprobe; → *charge 15*; **11.** ✝ 'franko, frei (verfügbar); **12.** frei, unbeengt, unbelastet: *~ imports* zoll- *od.* genehmigungsfreie Einfuhrgüter; *~ of debt* schuldenfrei; *~ of duty* zollfrei; *~ and unencumbered* unbelastet (*Grundstück*); *not ~ of the harbo(u)r yet* noch nicht aus dem Hafen heraus; **13.** (*from*) frei, befreit (von); ohne (*acc.*): *~ from error* fehlerfrei; *~ from pain* ohne Schmerzen; *~ from wind* windgeschützt; **II.** *adv.* **14.** frei, 'gratis, kostenlos; **15.** *to run ~* ⊕ leer laufen; **III.** *v/t.* **16.** befreien (*a. fig.*); freilassen; **17.** entlasten.

free| a·long·side (ship) ✝ frei Längsseite (See)Schiff; **~ and eas·y** *adj.* ungeniert, zwanglos; '**~-board** *s.* ⚓ Freibord *n*; '**~-boot·er** *s.* Freibeuter *m*; ♀ **Church** *s.* Freikirche *f*: *~ man* Anhänger e-r Freikirche; '**~-cut·ting** *adj.*: *~ steel* ⊕ Automatenstahl.

freed·man ['fri:dmæn] *s.* [*irr.*] Freigelassene(r) *m*.

free·dom ['fri:dəm] *s.* **1.** Freiheit *f*, Unabhängigkeit *f*: *~ of the press* Pressefreiheit; *~ of the seas* Freiheit der Meere; *~ of the city* Ehrenbürgerrecht; *~ from taxation* Steuerfreiheit; **2.** freier Zutritt, Nutznießungsrecht *n*; **3.** Freimütigkeit *f*, Offenheit *f*; **4.** Zwanglosigkeit *f*; **5.** Aufdringlichkeit *f*, (plumpe) Vertraulichkeit; **6.** *phls.* Willensfreiheit *f*, Selbstbestimmung *f*.

free| en·er·gy *s. phys.* freie *od.* ungebundene Ener'gie; **~ en·ter·prise** *s.* freie Wirtschaft; **~ fight** *s.* (allgemeine) Raufe'rei, ('Massen)Schläge'rei *f*; '**~-for-'all** *s.* F **1.** allgemeiner Wettbewerb, offenes Spiel; **2.** → *free fight*; **~ hand** *s.*: *to give s.o. a ~* j-m freie Hand lassen; '**~-hand** *adj.* Freihand..., freihändig; '**~-'hand·ed** *adj.* freigebig, großzügig; '**~-'heart·ed** *adj.* **1.** freimütig, offen(herzig); **2.** → *free-handed*; '**~·hold** *s.* freier Grundbesitz: *~ flat* Eigentumswohnung; '**~·hold·er** *s.* Grund- u. Hauseigentümer *m*; **~ kick** *s. Fußball*: Freistoß *m*: (*in*)*direct ~*; **~ la·bo(u)r** *s.* 'nichtorgani,sierte Arbeiter(schaft *f*) *pl.*; **~ lance** *s.* **1.** freier Schriftsteller *od.* Journa'list; freischaffender Künstler; freier Mitarbeiter; **2.** *pol.* Unabhängige(r) *m*, Par'teilose(r) *m*; '**~-'lance I.** *adj.* freiberuflich (tätig), unabhängig; **II.** *v/i.* freiberuflich tätig sein; **~ li·brar·y** *s.* (*gebührenfreie*) 'Volksbiblio,thek; '**~-'list** *s.* **1.** Liste *f* zollfreier Ar'tikel; **2.** Liste *f* der Empfänger von 'Freikarten *od.* -exem,plaren; **~ liv·er** *s.* Schlemmer *m*, Genießer *m*; **~ liv·ing** *s.* Schlemme'rei *f*, Genußsucht *f*; **~ love** *s.* freie Liebe.

free·ly ['fri:li] *adv.* **1.** frei, offen, zwanglos; **2.** reichlich, **sehr** (viel); **3.** frei, beweglich.

'**free|·man** *s.* [*irr.*] **1.** [-mæn] freier Mann; **2.** [-mən] (Ehren)Bürger *m* (*Stadt*); **~ mar·ket** *s.* ✝ freier *od.* offener Markt; '**~·ma·son** *s.* Freimaurer *m*: *~s' lodge* Freimaurerloge; '**~·ma·son·ry** *s.* **1.** Freimaure'rei *f*; **2.** *fig.* Zu'sammengehörigkeitsgefühl *n*; **~ on board** ✝ frei an Bord; **~ on rail** ✝ frei Wag'gon; **~ par·don** *s.* Begnadigung *f*; **~ pass** *s.* Freikarte *f*; **~ place** *s. ped.* Freistelle *f*; **~ play** *s.* ⊕ Spielraum *m*; **~ port** *s.* Freihafen *m*; **~ school** *s.* Freischule *f*; **~ scope** *s. fig.* freie Hand.

free·si·a ['fri:zjə] *s.* ⚘ Freesie *f*.

free| speech *s.* Redefreiheit *f*; '**~-'spo·ken** *adj.* gerade, offen, freimütig; '**~-stand·ing ex·er·cis·es** *s. pl.* Freiübungen *pl.*; **~ state** *s.* Freistaat *m*; '**~·stone** *s.* ⊕ Sandstein *m*, Quader *m*; '**~-'think·er** *s.* Freidenker *m*, Freigeist *m*; '**~-'think·ing** *s.*, '**~-thought** *s.* Freidenke'rei *f*, -geiste'rei *f*; **~ trade** *s.* Freihandel *m*; '**~-trade a·re·a** *s.* Freihandelszone *f*; '**~-'trad·er** *s.* Anhänger *m* des Freihandels; **~ verse** *s.* freier Vers; '**~-'wheel** ⊕ **I.** *s.* Freilauf *m*; **II.** *v/i.* mit Freilauf fahren; **~ will** *s.* freier Wille; Willensfreiheit *f*; '**~-'will** *adj.* freiwillig; aus freien Stücken.

freeze [fri:z] **I.** *v/i.* [*irr.*] → *frozen*; **1.** frieren (*a. impers.*): *I am freezing* mir ist eiskalt; *to ~ to death* erfrieren; **2.** *a. ~ up* ein-, zufrieren: *to ~ up* ✈ vereisen; **3.** festfrieren: *to ~ on to sl.* sich wie eine Klette an *j-n* heften; **4.** erkalten, erstarren: *it made my blood ~* mir erstarrte das Blut in den Adern; **II.** *v/t.* [*irr.*] **5.** zum Gefrieren bringen, erfrieren lassen; **6.** *Fleisch etc.* einfrieren, tiefkühlen; ✈ vereisen; **7.** *fig.* erstarren *od.* schaudern machen; lähmen; **8.** ✝ *Guthaben etc.* einfrieren; *Löhne, Preise* stoppen; **9.** ✝ *Am.* lahmlegen; **10.** *~ out sl. j-n* loswerden, hin'ausekeln; **III.** *s.* **11.** Gefrieren *n*, Frost *m*; **12.** Stopp *m*, Stillstand *m* (*Preise etc.*); '**freez·er** [-zə] *s.* **1.** *a. ~ compartment* Tiefkühlfach *n*; **2.** Gefrierkammer *f*; '**freeze-up** *s.* starker Frost; '**freez·ing** [-ziŋ] **I.** *adj.* □ **1.** Gefrier..., Kälte...: *~-mixture* Kältemischung; *~-point phys.* Gefrierpunkt; **2.** eisig; **3.** kalt, unnahbar; **II.** *s.* **4.** Einfrieren *n* (*a.* ✝): *below ~* unter dem Gefrierpunkt.

freight [freit] **I.** *s.* **1.** Fracht *f*, Beförderung *f* (*Schiff, Am. a.* 🚂 *etc.*); **2.** *Am.* Frachtgut *n*, Ladung *f*; **3.** Fracht(gebühr) *f*: *~ forward Am.* Fracht bezahlt Empfänger; **4.** *Am.* → *freight train*; **II.** *v/t.* **5.** *Schiff, Am. a. Güterwagen* befrachten, beladen; **6.** *Güter* verfrachten; '**freight·age** [-tidʒ] *s.* **1.** Trans'port *m*; **2.** Frachtgebühr *f*; **3.** Ladung *f*, Fracht *f*.

freight| bill *s.* ✝ *Am.* Frachtbrief *m*; **~ car** *s. Am.* Güterwagen *m*; **~ en·gine** *s. Am.* 'Güterzuglokomo,tive *f*.

freight·er ['freitə] *s.* **1. a)** Frachtschiff *n*, Frachter *m*, **b)** Trans'portflugzeug *n*; **2.** Befrachter *m*, Verlader *m*.

freight| house *s. Am.* Lagerhaus *n*; **~ rate** *s.* ✝ Frachtsatz *m*, -rate *f*; **~ sta·tion** *s. Am.* Güterbahnhof *m*; **~ train** *s. Am.* Güterzug *m*.

French [frentʃ] **I.** *adj.* **1.** fran'zösisch: *~ master* Französischlehrer; **II.** *s.* **2.** *the ~* die Franzosen *pl.*; **3.** *ling.* Französisch *n*; **~ beans** *s. pl.* grüne Bohnen *pl.*; **~ chalk** *s.* Schneiderkreide *f*; **~ clean·er** *s.*: *to send to the ~(s)* in die (chemische) Reinigung geben; **~ dress·ing** *s.* Sa'latsauce *f aus Öl, Essig etc.*, French Dressing *n*; **~ fried po·ta·toes** *s. pl. Am.* Pommes 'frites *pl.*; **~ horn** *s.* ♪ Horn *n*.

French·i·fy ['frentʃifai] *v/t.* französieren.

French| kiss *s.* Zungenkuß *m*; **~ leave** *s.*: *to take ~* sich französisch empfehlen; **~ let·ter** *s. Brit. sl.* ‚Pa'riser' *m* (*Präservativ*); **~ loaf** *s.* 'Kaviarbrot *n*; '**~·man** [-mən] *s.* [*irr.*] Fran'zose *m*; **~ mar·i·gold** *s.* ⚘ Stu'dentenblume *f*.

French·ness ['frentʃnis] *s.* fran'zösisches Aussehen *od.* Wesen.

French| pol·ish *s.* 'Möbelpoli,tur *f*; '**~-'pol·ish** *v/t. Möbel* polieren; **~ roof** *s.* Δ Man'sardendach *n*; **~**

win·dow *s.* Ter'rassen-, Bal'kontür *f*; '**~·wom·an** *s.* [*irr.*] Fran'zösin *f*.
fre·net·ic → *phrenetic*.
fren·zied ['frenzid] *adj.* wahnsinnig, rasend: *~ applause* frenetischer Beifall; **fren·zy** ['frenzi] *s.* **1.** Wahnsinn *m*, Rase'rei *f*; **2.** wilde Aufregung; **3.** Verzückung *f*, Ek'stase *f*.
fre·quen·cy ['fri:kwənsi] *s.* **1.** Häufigkeit *f* (*a.* ⚕, *biol.*); **2.** *phys.* Fre'quenz *f*, Schwingungszahl *f*: *high ~* Hochfrequenz; *~* **band** *s.* ⚡ Fre'quenzband *n*; *~* **chang·er,** *~* **con·vert·er** *s.* ⚡, *phys.* Fre'quenzwandler *m*; *~* **curve** *s.* ⚕, *biol.* Häufigkeitskurve *f*; *~* **mod·u·la·tion** *s.* *Radio*: Fre'quenzmodulati,on *f*; *~* **range** *s.* **1.** Tonbereich *m* (*Stimme*); **2.** *Radio*: Fre'quenzbereich *m*.
fre·quent I. *adj.* ['fri:kwənt] □ → *frequently*; **1.** häufig, häufig wieder'holt: *to be ~* häufig vorkommen; **2.** regelmäßig, beständig (*Person*); **II.** *v/t.* [fri'kwent] **3.** oft *od.* fleißig be-, aufsuchen, frequentieren; **fre·quen·ta·tive** [fri'kwentətiv] *adj. ling.* frequenta'tiv; **fre·quent·er** [fri'kwentə] *s.* (fleißiger) Besucher, Stammgast *m*; '**fre·quent·ly** [-li] *adv.* oft, häufig.
fres·co ['freskou] **I.** *pl.* **-cos, -coes** *s.* **a)** 'Freskomale,rei *f*, **b)** 'Fresko(gemälde) *n*; **II.** *v/t.* in Fresko (be-)malen.
fresh [freʃ] **I.** *adj.* □ → *a. fresh 14*; **1.** frisch (*neu entstanden od. gemacht*): *~ eggs*; *~ tea*; *~ paint!* frisch gestrichen!; **2.** frisch (*nicht eingemacht od. künstlich etc.*): *~ vegetables*; *~ herrings* grüne Heringe; **3.** frisch, sauber, guterhalten; **4.** frisch, munter, spannkräftig, lebhaft; gesund, blühend: *as ~ as a daisy* quicklebendig; **5.** frisch, erfrischend, kühl (*Luft*); **6.** frisch, kräftig (*Wind*); **7.** neu: *to make a ~ start* neu anfangen; *~ arrival* Neuankömmling; **8.** unerfahren, ‚grün'; **9.** nicht salzig: *~ water* Süßwasser; **10.** F beschwipst; **11.** *Am. sl.* frech, ‚pampig'; **II.** *s.* **12.** Frische *f*, Kühle *f*; **13.** Flut *f*, Strömung *f* (*Fluß*); **III.** *adv.* **14.** frisch, neu, kürzlich: *~-killed* frisch geschlachtet.
'**fresh-'air fiend** *s.* 'Frischluftfa,natiker(in), -a,postel *m*.
fresh·en ['freʃn] **I.** *v/t. a. ~ up* auf-, erfrischen, beleben; **II.** *v/i. a. ~ up* aufleben; auffrischen (*Wind*); '**fresh·er** [-ʃə] *Brit. sl.* → *freshman*; '**fresh·et** [-ʃit] *s.* Hochwasser *n*, Flut *f* (*a. fig.*), Über'schwemmung *f*; '**fresh·man** [-mən] *s.* [*irr.*] Stu'dent *m* im ersten Jahr, Fuchs *m*; '**fresh·ness** [-ʃnis] *s.* Frische *f*, Neuheit *f*, Unerfahrenheit *f*.
'**fresh·wa·ter** *adj.* **1.** Süßwasser...: *~ fish* Süßwasser-, Flußfisch; **2.** *Am.* Provinz...: *~ college*.
fret[1] [fret] *s.* ♪ Bund *m*, Griffleiste *f*.
fret[2] [fret] **I.** *s.* △ *etc.* **1.** durch'brochene Verzierung; **2.** Gitterwerk *n*; **II.** *v/t.* **3.** durch'brochen *od.* gitterförmig verzieren.
fret[3] [fret] **I.** *v/t.* **1.** an-, zerfressen, aufreiben; abnutzen; **2.** aushöhlen; **3.** kräuseln (*Wasser*); **4.** *fig.* ärgern, kränken, aufregen; **II.** *v/i.* **5.** sich ärgern *od.* grämen: *to ~ and fume* vor Wut schäumen; **III.** *s.* **6.** Ärger *m*, Verdruß *m*; **7.** Ärgernis *n*; '**fret·ful** [-ful] *adj.* □ ärgerlich, mürrisch; '**fret·ful·ness** [-fulnis] *s.* Verdrießlichkeit *f*.
'**fret|-saw** *s.* ⊕ Schweif-, Laubsäge *f*; '**~·work** *s.* **1.** △ *etc.* Gitterwerk *n*; **2.** Laubsägearbeit *f*.
Freud·i·an ['frɔidjən] **I.** *s.* Freudi'aner *m*; **II.** *adj.* die Freudsche Lehre betreffend, Freudsch: *~ slip* Freudsche Fehlleistung.
fri·a·bil·i·ty [fraiə'biliti] *s.* Zerreibbarkeit *f*, Bröckligkeit *f*; **fri·a·ble** ['fraiəbl] *adj.* zerreibbar; bröcklig, krümelig.
fri·ar ['fraiə] *s. eccl.* (Bettel)Mönch *m*: *Austin* ♀ Augustiner; *Black* ♀ Dominikaner; *Grey* ♀ Franziskaner; *White* ♀ Karmeliter.
fri·ar's| bal·sam *s. pharm. ein* 'Wund,balsam *m*; *~* **cap** *s.* ⚘ Blauer Eisenhut; *~* **cowl** *s.* ⚘ **1.** 'Kohl,aron *m*; **2.** → *friar's cap*.
fri·ar·y ['fraiəri] *s.* Mönchskloster *n*.
frib·ble ['fribl] **I.** *v/i.* trödeln, tändeln, in den Tag hin'ein leben; **II.** *s.* Tagedieb *m*, Trödler *m*.
fric·as·see [frikə'si:] (*Fr.*) **I.** *s.* Frikas'see *n*; **II.** *v/t.* frikassieren.
fric·a·tive ['frikətiv] *ling.* **I.** *adj.* Reibe...; **II.** *s.* Reibelaut *m*.
fric·tion ['frikʃən] *s.* **1.** ⊕, *phys.* Reibung *f*, Frikti'on *f*; **2.** Abreibung *f*, Frottieren *n*; **3.** *fig.* Reibe'rei *f*, Spannung *f*, 'Mißhelligkeit *f*; '**fric·tion·al** [-ʃənl] *adj.* Schleif..., Reibungs...
fric·tion| brake *s.* ⊕ Reibungsbremse *f*; '**~-clutch** *s.* ⊕ Reibungskupplung *f*; *~* **drive** *s.* ⊕ Reibrad-, Frikti'onsantrieb *m*; '**~-gear(·ing)** *s.* Reib(rad)-, Frikti'onsgetriebe *n*; *~* **match** *s.* Streichholz *m*; *~* **surface** *s.* ⊕ Reibungs-, Lauffläche *f*.
Fri·day ['fraidi] *s.* Freitag *m*: *on ~* am Freitag; *on ~s* freitags; → *Good Friday*.
fridge [fridʒ] *s. Brit.* F Kühlschrank *m*.
fried [fraid] *adj.* gebraten; → *fry*[2] *1*; '**~·cake** *s. Am.* in Fett gebackener Krapfen.
friend [frend] *s.* **1.** Freund(in): *~ at court* ‚Vetter' (*einflußreicher Freund*); *to be ~s with s.o.* mit j-m befreundet sein; *to make ~s with* mit *j-m* Freundschaft schließen; **2.** Bekannte(r *m*) *f*; **3.** Helfer(in), Förderer *m*; **4.** Hilfe *f*, Freund(in); **5.** *Brit.* **a)** *my honourable ~ parl.* mein Herr Kollege *od.* Vorredner (*Anrede*), **b)** *my learned ~* ⚖ mein Herr Kollege (*Anrede*); **6.** *Society of ♀s* Gesellschaft der Freunde, *die* Quäker; '**friend·less** [-lis] *adj.* freundlos; '**friend·less·ness** [-lisnis] *s.* Freundlosigkeit *f*; '**friend·li·ness** [-linis] *s.* Freundlichkeit *f*, freundschaftliche Gesinnung; '**friend·ly** [-li] *adj.* **1.** freundlich; **2.** freundschaftlich, Freundschafts...: *a ~ nation* e-e befreundete Nation; *to be on ~ terms with s.o.* mit j-m auf freundschaftlichem Fuß stehen; **3.** wohlwollend, -gesinnt, geneigt, hilfsbereit: ♀ *Society* Versicherungsverein auf Gegenseitigkeit; **4.** günstig, gelegen; '**friend·ship** [-ʃip] *s.* **1.** Freundschaft *f*; **2.** freundschaftliche Gesinnung.
fri·er → *fryer*.
Frie·sian ['fri:zjən] *s.* friesisches Vieh; '**Fries·ic** [-zik] → *Friesian*.
frieze[1] [fri:z] **I.** *s.* **1.** △ Fries *m*; **2.** Zierstreifen *m* (*Tapete etc.*); **II.** *v/t.* **3.** mit e-m Fries versehen.
frieze[2] [fri:z] *s.* Fries *m* (*Wollzeug*).
frig·ate ['frigit] *s.* ⚓ Fre'gatte *f*.
frige → *fridge*.
fright [frait] **I.** *s.* **1.** Schreck(en) *m*, Entsetzen *n*: *to get* (*od. have*) *a ~* erschrecken; *to give s.o. a ~* j-n erschrecken; *to take ~* erschrecken, scheuen (*Pferd*); *to get off with a ~* mit dem Schrecken davonkommen; **2.** *fig.* F Scheusal *n*, Vogelscheuche *f*, Schreckbild *n*: *he looked a ~* er sah ‚verboten' aus; **II.** *v/t. poet.* **3.** → *frighten*; '**fright·en** [-tn] *v/t.* **1.** erschrecken, in Schrecken versetzen; einschüchtern: *to ~ s.o. into doing s.th.* j-n durch Einschüchterung zu et. treiben; *to ~ s.o. to death* j-n zu Tode erschrecken; *I was ~ed* ich erschrak (*of* vor *dat.*); **2.** *~ away*, *~ off* vertreiben, -scheuchen; '**fright·ened** [-tnd] *adj.* erschreckt, erschrocken; ver-, eingeschüchtert; '**fright·en·ing** [-tniŋ] *adj.* □ schreckerregend; '**fright·ful** [-ful] *adj.* □ **1.** furchteinflößend, schrecklich, entsetzlich; **2.** gräßlich, häßlich; **3.** F scheußlich; '**fright·ful·ly** [-fli] *adv.* schrecklich (*a.* F *sehr*); '**fright·ful·ness** [-fulnis] *s.* **1.** Schrecklichkeit *f*; **2.** *bsd.* ⚔ Schreckensherrschaft *f*.
frig·id ['fridʒid] *adj.* □ **1.** kalt, frostig, eisig: *~ zone geogr.* kalte Zone; **2.** *fig.* kühl, kalt, eisig; **3.** *psych.* fri'gid, gefühlskalt; **fri·gid·i·ty** [fri'dʒiditi] *s.* Kälte *f*, Frostigkeit *f* (*a. fig.*); *psych.* Frigidi'tät *f*.
frill [fril] **I.** *s.* **1.** (Hals-, Hand-) Krause *f*, Rüsche *f*; Pa'pierkrause *f*, Zierband *n*; **2.** *zo.*, *orn.* Kragen *m*; **3.** *mst pl. contp.* ‚Verzierungen' *pl.*: *to put on ~s fig.* ‚auf vornehm machen', sich aufplustern; *without ~s* ‚ohne Kinkerlitzchen' (*einfach*); **II.** *v/t.* **4.** mit e-r Krause besetzen; **5.** kräuseln; **III.** *v/i.* **6.** *phot.* sich kräuseln; '**frill·ies** [-liz] *s. pl. Brit.* F ‚Reizwäsche' *f*, 'Spitzen,unterwäsche *f*; '**frill·ing** [-liŋ] *s.* Stoff *m* für Krausen.
fringe [frindʒ] **I.** *s.* **1.** Franse *f*, Besatz *m*; **2.** Rand *m*, Einfassung *f*, Um'randung *f*; **3.** 'Ponyfri,sur *f*; **4.** *mst fig.* äußerer Rand, Grenze *f*, Anfänge *pl.*; → *lunatic I*; **II.** *v/t.* **5.** mit Fransen besetzen; **6.** (um-)'säumen; *~* **ben·e·fits** *s. pl.* zusätzliche Sozi'alleistungen *pl.* des Arbeitgebers.
fringed [frindʒd] *adj.* gefranst.
frip·per·y ['fripəri] *s.* Tand *m*, Putz *m*, Blendwerk *n*, Tinnef *m*, *n*, Kinkerlitzchen *pl.*
Fri·sian ['friziən] **I.** *s.* **1.** Friese *m*, Friesin *f*; **2.** *ling.* Friesisch *n*; **3.** → *Friesian*; **II.** *adj.* **4.** friesisch.
frisk [frisk] **I.** *v/i.* **1.** hüpfen u. springen, her'umtanzen; **II.** *v/t.* **2.** wedeln mit; **3.** *sl.* *j-n* ‚filzen',

durch'suchen; **III.** *s.* **4.** Ausgelassenheit *f*; Freudensprung *m*; **'frisk·i·ness** [-kinis] *s.* Munter-, Lustigkeit *f*, Ausgelassenheit *f*; **'frisk·y** [-ki] *adj.* □ lebhaft, munter, ausgelassen.

frit [frit] ⊕ **I.** *s.* Glas(schmelz)masse *f*, Fritte *f*; **II.** *v/t.* fritten.

frith [friθ] → *firth.*

frit·il·lar·y [fri'tiləri] *s.* **1.** ⚘ Kaiserkrone *f*; **2.** *zo.* Perlmutterfalter *m.*

frit·ter[1] ['fritə] *s.* in Teig gebackene Obstschnitte.

frit·ter[2] ['fritə] *v/t. mst* ~ *away* verplempern, verzetteln, vertrödeln.

friv·ol ['frivəl] **I.** *v/i.* leichtsinnig sein; **II.** *v/t.* ~ *away* → *fritter*[2]; **fri·vol·i·ty** [fri'vɔliti] *s.* **1.** Frivoli'tät *f*, Leichtsinn(igkeit *f*) *m*, Oberflächlichkeit *f*; **2.** Nichtigkeit *f*; **'friv·o·lous** [-vələs] *adj.* □ **1.** fri'vol, leichtsinnig, -fertig, oberflächlich; **2.** geringfügig, nichtig.

friz(z)[1] [friz] **I.** *v/t. u. v/i.* (sich) kräuseln; **II.** *s.* gekräuseltes Haar, Locken *pl.*

frizz[2] [friz] *v/i.* zischen, brutzeln.

friz·zle[1] ['frizl] **I.** *v/i.* zischen, brutzeln; schmoren (*a. fig.*); **II.** *v/t.* braun rösten.

friz·zle[2] ['frizl] **I.** *v/t. Haar* kräuseln, eindrehen; **II.** *v/i.* sich kräuseln; **'friz·zly** [-li], **'friz·zy** [-zi] *adj.* kraus.

fro [frou] *adv.*: *to and* ~ hin u. her, auf u. ab.

frock [frɔk] **I.** *s.* **1.** Mönchskutte *f*; **2.** (Damen)Kleid *n*: *summer* ~ Sommerkleid; **3.** ⚓ Wolljacke *f*; **4.** Kinderkleid *n*, Kittel *m*; **II.** *v/t.* **5.** mit e-m geistlichen Amt bekleiden; **6.** in e-n Rock kleiden; **'~-'coat** *s.* Gehrock *m.*

frog [frɔg] *s.* **1.** *zo.* Frosch *m*: *to have a* ~ *in the throat* e-n Frosch im Hals haben, heiser sein; **2.** Schnurbesatz *m*, -verschluß *m* (*Rock*); **3.** ⚔ Quaste *f*, Säbeltasche *f*; **4.** 🚂 Herz-, Kreuzungsstück *n*; **5.** ⚡ Oberleitungsweiche *f*; **6.** *zo.* Strahl *m* (*Pferdehuf*); **7.** *Am. sl.* 'Bizeps *m*; **8.** *sl.* Fran'zose *m*; **'~-eat·er** → *frog 8.*

frogged [frɔgd] *adj.* mit Schnurbesatz *od.* -verschluß (*Rock*); **'frog·gy** [-gi] *s.* **1.** Frosch *m* (*Kindersprache*); **2.** → *frog 8.*

'frog|-hop·per *s. zo.* Schaumzirpe *f*; **'~·man** [-mən] *s.* [*irr.*] ⚔ Kampfschwimmer *m*, Froschmann *m*; **~'s legs** *s. pl.* Froschschenkel *pl.* (*als Speise*); **'~-'spawn** *s.* **1.** *zo.* Froschlaich *m*; **2.** ⚘ Froschlaichalge *f.*

frol·ic ['frɔlik] **I.** *s.* **1.** Scherz *m*, lustiger Streich, Ausgelassenheit *f*; **2.** Lustbarkeit *f*; **II.** *v/i. pret. u. p.p.* **'frol·icked** [-kt] **3.** ausgelassen sein, Possen treiben, tollen, spaßen; **'frol·ic·some** [-səm] *adj.* vergnügt, ausgelassen.

from [frɔm; frəm] *prp.* von, von ... her, aus, aus ... her'aus: **a)** *Ort, Herkunft*: *a gift* ~ *his son* ein Geschenk von s-m Sohn; ~ *outside* (*od. without*) von (dr)außen; ~ *the well* aus dem Brunnen; *the train* ~ *X* der Zug von *od.* aus X; *he is* ~ *Kent* er ist *od.* stammt aus Kent; *auf Sendungen*: ~ ... Absender ..., **b)** *Zeit*: ~ *2 to 4 o'clock* von 2 bis 4 Uhr; ~ *now* von jetzt an; ~ *a child* von Kindheit an, **c)** *Entfernung*: *6 miles* ~ *Rome* 6 Meilen von Rom (entfernt); *far* ~ *the truth* weit von der Wahrheit entfernt, **d)** *Fortnehmen*: *stolen* ~ *the shop* (*the table*) aus dem Laden (vom Tisch) gestohlen; *take it* ~ *him!* nimm es ihm weg!, **e)** *Anzahl*: ~ *six to eight boats* sechs bis acht Boote, **f)** *Wandlung*: ~ *bad to worse* immer schlimmer, **g)** *Unterscheidung*: *he does not know black* ~ *white* er kann Schwarz u. Weiß nicht unterscheiden, **h)** *Quelle, Grund*: ~ *my point of view* von meinem Standpunkt (aus); ~ *what he said* nach dem, was er sagte; *painted* ~ *life* nach dem Leben gemalt; *he died* ~ *hunger* er verhungerte; ~ **a·bove** *adv.* von oben; ~ **a·cross** *adv. u. prp.* von jenseits (*gen.*), von der anderen Seite (*gen.*); ~ **a·mong** *prp.* aus ... her'aus; ~ **be·fore** *prp.* aus der Zeit vor (*dat.*); ~ **be·neath** *adv. u. prp.* unter (*dat.*) ... her'vor *od.* her'aus; ~ **between** *prp.* zwischen (*dat.*) ... her'vor; ~ **be·yond** *adv. u. prp.* von jenseits (*gen.*); ~ **in·side** *adv. u. prp.* von innen: ~ *the house* aus dem Inneren des Hauses (heraus); ~ **out of** *prp.* aus (*dat.*) ... her'aus; ~ **o·ver** → *from across*; ~ **un·der** → *from beneath.*

frond [frɔnd] *s.* ⚘ (Farn)Wedel *m*; **'frond·age** [-didʒ] *s.* Farnkrautwedel *pl.*, Laub *n.*

Fronde [frɔ:nd] (*Fr.*) *s. hist.* Fronde *f* (*a. fig. pol. erbitterte Opposition*).

fron·des·cence [frɔn'desns] *s.* ⚘ **1.** Zeit *f* der Blattbildung; **2.** Laub *n*; **fron·dose** ['frɔndous] *adj.* ⚘ farnwedeltragend.

front [frʌnt] **I.** *s.* **1.** Vorder-, Außenseite *f*: *east* ~ Ostseite; **2.** ⚠ Front *f*, Vorderansicht *f*, Fas'sade *f* (*a. fig.*): *to maintain a* ~ den Schein wahren; **3.** ⚔ Front *f*, 'Kampf-ˌlinie *f*, -gebiet *n*; **4.** *fig.* **a)** Front *f*, Organisati'on *f*, **b)** ‚Aushängeschild' *n* (*e-r Organisation etc.*); **5.** Vorderteil *n*, -grund *m*: *in* ~ vorn, an der Spitze; *in* ~ *of* vor, gegenüber; *to the* ~ nach vorn, voran, voraus; *to come to the* ~ hervortreten, in den Vordergrund treten; *eyes* ~*!* ⚔ Augen geradeaus!; **6.** *the* ~ *Brit.* die 'Strandpromeˌnade; **7.** *poet.* Stirn *f*; **8.** *fig.* Kühn-, Frechheit *f*: *to have the* ~ *to* (*inf.*) die Stirn haben zu (*inf.*); *to show a bold* ~ frech auftreten, feste Haltung zeigen (*a.* ✝); **9.** *falsche* Stirnlocken *pl.*; **10.** Hemdbrust *f*, Vorhemd *n*; **11.** *meteor.* Front *f*: *cold* ~ Kalt(luft)front; **12.** *ling.* Gaumenlaut *m*; **II.** *adj.* **13.** Front..., Vorder...: ~ *tooth* Vorderzahn; ~ *row* vorder(st)e Reihe; **14.** *ling.* Gaumen...; **III.** *v/t.* **15.** gegen'überstehen, -liegen (*dat.*), mit der Front nach ... liegen; **16.** *j-m* gegen'über-, entgegentreten; **17.** e-e (neue) Vorderseite geben (*dat.*); **IV.** *v/i.* **18.** ~ *on* (*od. to*[*wards*]) mit der Front nach ... liegen.

front·age ['frʌntidʒ] *s.* **1.** Vorder-, Straßenfront *f*: ~ *line* Baufluchtlinie; **2.** Land *n* an der Straßen- *od.* Wasserfront; **3.** ⚔ Frontbreite *f*, -ausdehnung *f*; **'front·ag·er** [-dʒə] *s.* Vorderhausbewohner *m.*

fron·tal ['frʌntl] **I.** *adj.* **1.** Vorder..., Front..., fron'tal: ~ *attack* ⚔ Frontalangriff; **2.** ⊕, *anat.* Stirn...; **II.** *s.* **3.** *eccl.* Ante'pendium *n*; **4.** ⚠ Ziergiebel *m*; ~ **bone** *s. anat.* Stirnbein *n*; ~ **si·nus** *s. anat.* Stirn(bein)höhle *f.*

front| bench *s. parl.* Vordersitze *pl. für Minister etc.*; **'~-'bench·er** *s. parl.* führendes Frakti'onsmitglied; ~ **con·trol** *s.* ✈ Kopfsteuerung *f*; ~ **door** *s.* Haus-, Vordertür *f*; ~ **el·e·va·tion** *s.* ⚠ Vorderansicht *f*, Aufriß *m*; ~ **en·gine** *s. mot.* 'Front-ˌmotor *m*; ~ **gar·den** *s.* Vorgarten *m.*

fron·tier ['frʌntjə] **I.** *s.* **1.** (*Landes-*) Grenze *f*; **2.** *Am.* Grenzgebiet *n*, Grenze *f* (zum Wilden Westen): *new* ~*s fig.* neue Ziele; **3.** *fig. oft pl.* Grenze *f*, Grenzbereich *m*; **II.** *adj.* **4.** Grenz...: ~ *town*; **'fron·tiers·man** [-jəzmən] *s.* [*irr.*] Grenzbewohner *m.*

fron·tis·piece ['frʌntispi:s] *s.* **1.** Titelbild *n* (*Buch*); **2.** ⚠ Vorderseite *f.*

front·less ['frʌntlis] *adj.* ohne Front *od.* Fas'sade; **'front·let** [-lit] *s.* **1.** *zo.* Stirn *f*; **2.** Stirnband *n.*

front| line *s.* ⚔ Kampffront *f*, Front(linie) *f*; **'~-line** *adj.*: ~ *officer* Frontoffizier; ~ *trench* vorderster Schützengraben; ~ **page** *s.* erste Seite (*Zeitung*); **'~-'page** *adj.*: ~ *news* wichtige *od.* aktuelle Nachricht(en); **'~-run·ner** *s. sport* **1.** Spitzenreiter *m* (*a. fig.*); **2.** Tempoläufer *m*; ~ **seat** *s.* Vordersitz *m*; ~ **sight** *s.* ⚔ Korn *n*; ~ **view** *s.* Vorderansicht *f*; **'~-wheel** *adj.*: ~ *drive* ⊕ Vorderradantrieb.

frosh [frɔʃ] *s. sg. u. pl. Am.* Stu'dent(in) im ersten Studienjahr.

frost [frɔst] **I.** *s.* **1.** Frost *m*: *10 degrees of* ~ *Brit.* 10 Grad Kälte; **2.** Reif *m*; **3.** *fig.* Kühle *f*, Kälte *f*, Frostigkeit *f*; **4.** *sl.* 'Mißerfolg *m*, ‚Pleite' *f*; **II.** *v/t.* **5.** mit Reif *od.* Eis über'ziehen; **6.** ⊕ *Glas* mattieren; **7.** *Küche*: mit Zuckerguß über'ziehen, mit (Puder)Zucker bestreuen; **8.** durch Frost beschädigen; **9.** *j-n* sehr kühl behandeln; **'~-bite** *s.* ⚕ Erfrierung *f*; **'~-bit·ten** *adj.* ⚕ erfroren; **'~-bound** *adj.* ein-, festgefroren.

frost·ed ['frɔstid] *adj.* **1.** bereift, über'froren; **2.** ⊕ mattiert: ~ *glass* Matt-, Milchglas; **3.** ⚕ erfroren; **4.** *Küche*: mit Zuckerguß, glasiert; **'frost·i·ness** [-tinis] *s.* Frost *m*, eisige Kälte (*a. fig.*); **'frost-work** *s.* Eisblumen *pl.*; **'frost·y** [-ti] *adj.* □ **1.** eisig, frostig (*a. fig.*); **2.** mit Reif *od.* Eis bedeckt; **3.** eisgrau, ergraut (*Haar*).

froth [frɔθ] **I.** *s.* **1.** Schaum *m*; Blume *f* (*Bier*); **2.** ⚕ Schaum *m*, Speichel *m*; **3.** *fig.* Hohl-, Seichtheit *f*, Schaumschläge'rei *f*; **II.** *v/t.* **4.** zum Schäumen bringen, zu Schaum schlagen; **III.** *v/i.* **5.** schäumen (*a. fig. wüten*); **6.** geifern; **'froth·i·ness** [-θinis] *s.* **1.** Schäumen *n*, Schaum *m*; **2.** → *froth 3*; **'froth·y** [-θi] *adj.* □ **1.** schaumig, schäumend; **2.** *fig.* schaumschlägerisch, seicht, leer.

frou-frou ['fru:fru:] (*Fr.*) *s.* Knistern *n*, Rauschen *n*, Rascheln *n* (*Seide*).

fro·ward ['frouəd] *adj.* □ *obs.* eigensinnig, 'widerspenstig, trotzig.

frown [fraun] **I.** *v/i.* **1.** die Stirn runzeln; **2.** finster dreinschauen: *to ~ at* (*od.* [*up*]*on*) stirnrunzelnd *od.* finster betrachten, *fig.* mißbilligen (*acc.*); **II.** *v/t.* **3.** *~ down j-m* e-n drohenden Blick zuwerfen, *j-n* mit drohenden Blicken einschüchtern; **III.** *s.* **4.** Stirnrunzeln *n*; finsterer Blick; '**frown·ing** [-niŋ] *adj.* □ **1.** miß'billigend; finster (*Blick*); **2.** bedrohlich.

frowst [fraust] *bsd. Brit.* **I.** *s.* **1.** ‚Mief' *m*, stickige Luft; **II.** *v/i.* **2.** ein Stubenhocker sein; **3.** her'umlungern; '**frowst·y** [-ti] *adj. bsd. Brit.* muffig.

frowz·i·ness ['frauzinis] *s.* **1.** Schlampigkeit *f*; Unordentlichkeit *f*; **2.** muffiger Geruch; **frowz·y** ['frauzi] *adj.* **1.** schmutzig, schlampig, ungepflegt; **2.** muffig, übelriechend.

froze [frouz] *pret. von freeze*; '**fro·zen** [-zn] **I.** *p.p. von freeze*; **II.** *adj.* **1.** (ein-, zu)gefroren: *~ meat* Gefrierfleisch; **2.** eisig, frostig (*a. fig.*); **3.** kalt, teilnahms-, gefühllos; **4.** † festliegend, eingefroren: *~ capital*; **5.** *~ facts Am.* unumstößliche Tatsachen.

fruc·ti·fi·ca·tion [frʌktifi'keiʃən] *s.* ♀ **1.** Fruchtbildung *f*; **2.** Befruchtung *f*; **fruc·ti·fy** ['frʌktifai] ♀ **I.** *v/i.* Früchte tragen (*a. fig.*); **II.** *v/t.* befruchten (*a. fig.*); **fruc·tose** ['frʌktous] *s.* ⚗ Fruchtzucker *m.*

fru·gal ['fru:gəl] *adj.* □ **1.** sparsam, genügsam, bescheiden; **2.** einfach, spärlich, fru'gal; **fru·gal·i·ty** [fru(:)'gæliti] *s.* Genügsamkeit *f*, Einfachheit *f.*

fru·giv·o·rous [fru:'dʒivərəs] *adj. zo.* fruchtfressend.

fruit [fru:t] **I.** *s.* **1.** Frucht *f*; **2.** *coll.* **a)** Früchte *pl.*: *to bear ~* Früchte tragen (*a. fig.*), **b)** Obst *n*: *to grow ~* Obst züchten; *dried ~* Dörr-, Backobst, Rosinen, Korinthen *etc.*; **3.** ♀ Frucht *f*, Samenkapsel *f*; **4.** *bibl.* Nachkommen *pl.*; **5.** *mst pl. fig.* Frucht *f*, Ergebnis *n*, Erfolg *m*, Gewinn *m*; **II.** *v/i.* **6.** ♀ (Früchte) tragen; '**fruit·age** [-tidʒ] *s.* **1.** (Frucht)Tragen *n*; **2.** Obsternte *f*; **fruit·ar·i·an** [fru:'tɛəriən] *s.* Rohköstler(in).

'**fruit|-cake** *s.* englischer Kuchen (*mit viel Korinthen etc.*); *~* **cock·tail** *s.* Früchtecocktail *m*, gemischtes Obst (*als Vorspeise*).

fruit·ed ['fru:tid] *adj.* mit viel Ko'rinthen *etc.* (*Kuchen*); '**fruit·er** [-tə] *s.* **1.** Obstschiff *n*; **2.** *a good ~* ein guttragender Obstbaum; '**fruit·er·er** [-tərə] *s.* Obsthändler *m*; '**fruit·ful** [-tful] *adj.* □ **1.** fruchtbar (*a. fig.*); **2.** *fig.* ergiebig, ertrag-, erfolgreich; '**fruit·ful·ness** [-tfulnis] *s.* Fruchtbarkeit *f*; Ergiebigkeit *f.*

fru·i·tion [fru(:)'iʃən] *s.* **1.** Erfüllung *f*, Erreichen *n*; **2.** (Voll)Genuß *m.*

fruit| jar *s.* Einweckglas *n* (*für Obst*); *~* **juice** *s.* Obstsaft *m*; '*~*-**knife** *s.* [*irr.*] Obstmesser *n.*

fruit·less ['fru:tlis] *adj.* □ **1.** unfruchtbar; **2.** *fig.* fruchtlos, vergeblich; '**fruit·less·ness** [-nis] *s.* Fruchtlosigkeit *f.*

fruit| pulp *s.* Fruchtfleisch *n*; *~* **sal·ad** *s.* **1.** 'Obstsa,lat *m*; **2.** *fig. humor.* ‚La'metta' *n*, Ordenspracht *f*; '*~*-**tree** *s.* Obstbaum *m.*

fruit·y ['fru:ti] *adj.* **1.** fruchtartig; **2.** mit Fruchtgeschmack; **3.** würzig; **4.** *Brit. sl.* ‚saftig', ‚gepfeffert', derb (*Witz*); **5.** *Am. sl.* kinderleicht.

fru·men·ta·ceous [fru:mən'teiʃəs] *adj.* getreideartig, Getreide...

frump [frʌmp] *s. a. old ~* alte Schachtel, ‚Spi'natwachtel' *f*, Schlampe *f*; '**frump·ish** [-piʃ], '**frump·y** [-pi] *adj.* **1. a)** altmodisch, **b)** schlampig; **2.** säuerlich (*Miene*).

frus·trate [frʌs'treit] *v/t.* **1.** *et.* vereiteln, durch'kreuzen, zu'nichte machen, hemmen; **2.** *j-n* hemmen, einengen, be-, unter'drücken, zu'rücksetzen; **3.** *j-n* am Fortkommen hindern; **4.** frustrieren: **a)** enttäuschen: *I was ~d in my efforts* meine Bemühungen wurden vereitelt, **b)** *j-m* die *od.* alle Hoffnung *od.* Aussicht nehmen; **5.** *j-s* Pläne vereiteln; **frus'trat·ed** [-tid] *adj.* **1.** gehemmt, bedrückt; **2.** frustriert, enttäuscht, (in s-n Hoffnungen) betrogen, ohne Hoffnung; voller ('Minderwertigkeits)Kom,plexe; **3.** aussichtslos, gescheitert (*Pläne etc.*); **4.** ‚verhindert': *a ~ painter*; **frus'trat·ing** [-tiŋ] *adj.* frustrierend, enttäuschend, entmutigend; **frus'tra·tion** [-'treiʃən] *s.* **1.** Behinderung *f*; Zu'rücksetzung *f*; **2.** Vereitelung *f*, Durch'kreuzung *f*; **3.** *a. sense of ~* Frustrati'on *f*, Enttäuschung *f*; *das* Gefühl, ein Versager zu sein, ('Minderwertigkeits-) Kom,plexe *pl.*; **4.** Unvermögen *n*, Ohnmacht *f*; **5.** Aussichtslosigkeit *f* (*Pläne etc.*).

frus·tum ['frʌstəm] *pl.* **-tums** *od.* **-ta** [-tə] *s.* ⅍ Stumpf *m*: *~ of a cone* Kegelstumpf.

fru·tex ['fru:teks] *pl.* **-ti·ces** [-tisi:z] *s.* ♀ Strauch *m.*

fry[1] [frai] *s. sg. u. pl.* **1.** Fischbrut *f*, junge Fische *pl.*; **2.** *small ~* **a)** ‚junges Gemüse', Kinder, **b)** kleine (*unbedeutende*) Leute.

fry[2] [frai] **I.** *v/t.* **1.** braten, *in der Pfanne* backen: *frieds eggs* Spiegel-, Setzeier; *fried potatoes* Bratkartoffeln; **II.** *v/i.* **2.** braten, schmoren; **III.** *s.* **3.** Gebratenes *n*; **4.** *Brit.* Gekröse *n*; **fry·er** ['fraiə] *s.* **1.** j-d der et. brät: *he is a fish-~* er hat ein Fischrestaurant; **2.** *Brit.* (Fisch-) Bratpfanne *f*; **3.** *Am. et.* zum Braten Geeignetes, *engS.* Brat-, Backhühnchen *n*; '**fry·ing-pan** ['fraiiŋ] *s.* Bratpfanne *f*: (*to jump*) *out of the ~ into the fire* vom Regen in die Traufe (kommen).

fub·sy ['fʌbsi] *adj. Brit.* plump, rundlich, pummelig.

fuch·sia ['fju:ʃə] *s.* ♀ Fuchsie *f.*

fuch·sine ['fu:ksi:n] *s.* ⚗ Fuch'sin *n.*

fuck [fʌk] V **I.** *v/t. u. v/i.* **1.** ficken, vögeln, ‚bumsen': *~ you!* leck(t) mich (doch) am Arsch!; *get ~ed!* der Teufel soll dich holen!; **2.** *~ up et.* ‚zur Sau machen' *od.* ‚versauen': *all ~ed up* total im Arsch; **II.** *s.* **3.** Fick *m*: *to have a ~* → **1**; *~!* Scheiße!

fud·dle ['fʌdl] **I.** *v/t.* **1.** berauschen: *to ~ o.s.* sich betrinken; **2.** verwirren; **II.** *v/i.* **3.** zechen, kneipen; **III.** *s.* **4.** Rausch *m*, Saufe'rei *f*; **5.** Verwirrung *f*; '**fud·dled** [-ld] *adj.* beschwipst, ‚angesäuselt'.

fudge [fʌdʒ] **I.** *v/t.* **1.** *oft ~ up* zu'rechtpfuschen, zs.-stoppeln; ‚frisieren', fälschen; **II.** *s.* **2.** Stuß *m*, Blödsinn *m*; **3.** *Zeitung*: **a)** letzte Meldungen *pl.*, **b)** *Maschine zum Druck letzter Meldungen*; **4.** weiches Zuckerwerk; **5.** *int.* Blödsinn!, Quatsch!

fu·el ['fjuəl] **I.** *s.* Brennstoff *m*: **a)** 'Heizmateri,al *n*, Feuerung *f*, **b)** Betriebs-, Treib-, Kraftstoff *m*: *to add ~ to the flames* (*od. fire*) *fig.* Öl ins Feuer gießen; **II.** *v/i.* Brennstoff nehmen; (auf)tanken, ⚓ bunkern; **III.** *v/t.* mit Brennstoff versehen; betanken; ⚓ Öl bunkern; '*~*-**air mix·ture** *s. mot.* Kraftstoff-Luft-Gemisch *n*; *~* **feed** *s.* Brennstoffzuleitung *f*; *~* **gas** *s.* Heizgas *n*; *~* **ga(u)ge** *s. mot.* Kraftstoffmesser *m*, Ben'zinuhr *f*; *~* **in·jec·tion engine** *s.* 'Einspritz,motor *m*; *~* **jet** *s.* Kraftstoffdüse *f.*

fu·el(l)ed ['fjuəld] *adj.*: *~ with* ⊕ getrieben mit.

fu·el| oil *s.* Heizöl *n*; *~* **pump** *s. mot.* Kraftstoff-, Ben'zinpumpe *f.*

fug [fʌg] F **I.** *s.* **1.** ‚Mief' *m*, stickige Luft, muffiger Geruch; **2.** Staubflocken *pl.*, Schmutz *m*; **II.** *v/i.* **3.** (gern) im warmen *od.* muffigen Zimmer hocken.

fu·ga·cious [fju(:)'geiʃəs] *adj.* flüchtig, vergänglich.

fug·gy ['fʌgi] *adj.* F stickig, dumpf.

fu·gi·tive ['fju:dʒitiv] **I.** *s.* **1.** Flüchtling *m*, Ausreißer *m*: *a ~ from justice* wer sich der Justiz entzieht; **II.** *adj.* **2.** flüchtig (*a. fig.*); **3.** *fig.* vergänglich, unbeständig, kurzlebig.

fu·gle·man ['fju:glmæn] *s.* [*irr.*] (An-, Wort)Führer *m*, Sprecher *m*, Organi'sator *m.*

fugue [fju:g] *s.* ♪ Fuge *f*; **fugued** [-gd] *adj.* ♪ fugiert.

ful·crum ['fʌlkrəm] *pl.* **-cra** [-krə] *s.* **1.** *phys.* Dreh-, Hebe-, Stützpunkt *m*; **2.** *fig.* Angelpunkt *m*, Hebel *m.*

ful·fil(l) [ful'fil] *v/t.* erfüllen, vollbringen, -'ziehen, ausführen; **ful'fil(l)·ment** [-mənt] *s.* Erfüllung *f.*

ful·gent ['fʌldʒənt] *adj.* □ *poet.* strahlend, glänzend; **ful·gu·rant** ['fʌlgjuərənt] *adj.* (auf)blitzend.

fu·lig·i·nous [fju:'lidʒinəs] *adj.* □ rußig, rauchig, Ruß...

full[1] [ful] **I.** *adj.* □ → *fully*; **1.** *allg.* voll: *~ of* voll von, voller ..., gefüllt mit; **2.** besetzt: *~ up* (*voll*) besetzt! (*Bus etc.*); *house ~ thea.* ausverkauft; **3.** (of) erfüllt (von), beschäftigt (mit): *~ of the news* von der Nachricht (ganz) erfüllt; *~ of o.s.* von sich eingenommen; **4.** *fig.* bewegt, gerührt; **5.** (of) reich (an *dat.*), reichlich versehen (mit), voll(er): *~ of fish* voller Fische; *~ of plans* voller Pläne; *a ~ meal* ein reichliches Mahl; **6.** voll(-ständig), ganz: *a ~ hour* e-e volle

Stunde; *in ~ bloom* in voller Blüte; *~ citizen* Vollbürger; **7.** voll, rundlich, dick (*Körper*); **8.** weit, voll, groß (*Kleidung*); **9.** kräftig, voll (*Farbe, Stimme*); **10.** ausführlich, genau: *~ details*; **11.** stark, würzig (*Wein*); **12.** leiblich (*Geschwister*); **13.** F ‚voll': **a)** betrunken, **b)** satt; **II.** *adv.* **14.** völlig, gänzlich, ganz: *~ automatic* vollautomatisch; *~ well poet.* sehr wohl; **15.** gerade, genau, di'rekt: *~ in the face*; **III.** *s.* **16.** *in ~* voll(ständig); *to write in ~ et.* ausschreiben; *to the ~* vollständig, bis ins kleinste, durchaus; *at the ~* auf dem Höhepunkt *od.* Höchststand.

full² [ful] *v/t.* ⊕ *Tuch* walken.

full| age *s.*: *of ~* ⚖ mündig; '**~-back** *s.* **a)** *Fußball*: Verteidiger *m*, **b)** *Rugby*: Schlußmann *m*; '**~-'blood·ed** *adj.* **1.** reinrassig, Vollblut...; **2.** *fig.* vollblütig; kräftig; '**~-'blown** *adj.* **1.** ⚘ ganz aufgeblüht; **2.** voll entwickelt; **3.** F wirklich, richtig (-gehend); **~ board** *s.* 'Vollpensi,on *f* (*Hotel*); '**~-'bod·ied** *adj.* schwer (*Wein*); '**~-'bot·tomed** *adj.* **1.** breit, mit großem Boden: *~ wig* Allongeperücke; **2.** ⚓ mit großem Laderaum; **~ dress** *s.* **1.** Gesellschaftsanzug *m*; **2.** ⚔ Pa'radeanzug *m*; '**~-dress** *adj.* for'mell, Gala...: *~ debate parl. Brit.* wichtige Debatte; *~ rehearsal thea.* Generalprobe.

full·er ['fulə] *s.* ⊕ Walker *m*; **~'s earth** *s. min.* Fullererde *f*.

'**full|-eyed** *adj.* großäugig; '**~-'face** *s.* **1.** En-'face-Bild *n*, Vorderansicht *f*; **2.** *typ.* Fettdruck *m*; '**~-'faced** *adj.* **1.** mit vollem (*od.* voll zugewandtem) Gesicht; **2.** *typ.* fett; '**~-'fash·ioned** *Am.* → *fully fashioned*; '**~-'fledged** *adj.* **1.** *orn.* flügge (*Vögel*); **2.** ausgewachsen; **3.** fertig, selbständig; **4.** F richtig(gehend); **~ gal·lop** *s.*: *at ~* in gestrecktem Galopp; '**~-'grown** *adj.* **1.** ausgewachsen; **2.** voll entwickelt; '**~-'heart·ed** *adj.* **1.** tiefbewegt; **2.** eifrig, mutig.

'**full·ing-mill** ['fuliŋ] *s.* ⊕ Walkmühle *f*.

'**full|-'length** *adj.* **1.** in Lebensgröße; **2.** abendfüllend (*Film*); '**~-'mouthed** *adj.* **1.** *zo.* mit vollem Gebiß (*Vieh*); **2.** laut bellend; **3.** laut.

full·ness ['fulnis] *s.* **1.** Fülle *f*: *in the ~ of time* zur gegebenen Zeit; **2.** *fig.* Fülle *f* (*des Herzens*); **3.** Körperfülle *f*, Dicke *f*; **4.** Sattheit *f* (*a. Farben*); **5.** ♪ Klangfülle *f*; **6.** Weite *f* (*Kleid*); **7.** Ausführlichkeit *f*.

'**full|-'page** *adj.* ganzseitig; **~ pitch** *s. Kricket*: di'rekter Wurf; **~ pro·fes·sor** *s. Am. univ.* Ordi'narius *m*; '**~-'rigged** *adj.* **1.** ⚓ vollgetakelt: *~ vessel* Vollschiff; **2.** voll ausgerüstet; **~ scale** *s.* ⊕ na'türliche Größe; '**~-'scale** *adj.* vollständig, gründlich, regelrecht: *~ attack* ⚔ Großangriff; *~ test* gründliche Prüfung *od.* Probe; '**~-'time** *adj.* ✝ hauptberuflich (tätig): *~ job* Ganztagsstellung; '**~-'tim·er** *s.* ganztägig Beschäftigte(r *m*) *f*; **~ toss** → *full pitch*; '**~-'track** *adj.*: *~ vehicle* ⊕ Vollketten-, Raupenfahrzeug; '**~-'view** *adj.* ✈ Vollsicht...

ful·ly ['fuli] *adv.* voll, völlig, gänzlich; ausführlich: *~ ten minutes* volle zehn Minuten; *~ entitled* voll berechtigt; **~ fash·ioned** *adj.* mit (voller) Paßform (*Strümpfe etc.*).

ful·mar ['fulmə] *s. orn.* 'Fulmar *m*, Eissturmvogel *m*.

ful·mi·nant ['fʌlminənt] *adj.* ⚕ plötzlich ausbrechend; **ful·mi·nate** ['fʌlmineit] **I.** *v/i.* **1.** donnern, explodieren (*a. fig.*); **2.** *fig.* losdonnern, wettern; **II.** *v/t.* **3.** zur Explosi'on bringen; **4.** *fig. Befehle* her'ausbrüllen; *Bannstrahl* schleudern; **III.** *s.* **5.** *~ of mercury* ⚗ Knallquecksilber *n*; '**ful·mi·nat·ing** [-neitiŋ] *adj.* **1.** ⚗ explodierend, Knall...: *~ powder* Knallpulver; **2.** *fig.* donnernd, wetternd; **3.** → *fulminant*; **ful·mi·na·tion** [fʌlmi'neiʃən] *s.* **1.** Explosi'on *f*, Knall *m*; **2.** *fig.* schwere Drohung, Wettern *n*; **3.** *eccl.* Bannstrahl *m*; '**ful·mi·nous** [-nəs] *adj.* Gewitter...

ful·ness → *fullness*.

ful·some ['fulsəm] *adj.* □ widerlich, ekelhaft, über'trieben: *~ flattery*; '**ful·some·ness** [-nis] *s.* Widerlichkeit *f*.

ful·vous ['fʌlvəs] *adj.* rötlichgelb.

fum·ble ['fʌmbl] **I.** *v/i.* um'hertappen, -tasten (*for* nach), (her'um-) fummeln (*at* an *dat.*); (*with*) sich ungeschickt anstellen (bei), sich zu schaffen machen (mit): *to ~ for* tappen *od.* suchen nach; **II.** *v/t.* ‚verpatzen', verpfuschen; '**fum·bler** [-lə] *s.* Stümper *m*, Tölpel *m*; ‚Dilet'tant' *m*; '**fum·bling** *adj.* □ tappend; täppisch, linkisch.

fume [fju:m] **I.** *s.* **1.** *oft pl.* (*unangenehmer*) Dampf, Dunst *m*, Rauch (-gas *n*) *m*; **2.** *fig.* Koller *m*, Erregung *f*, Wut *f*; **3.** *fig.* Schall *m* u. Rauch *m*; **II.** *v/t.* **4.** *Holz, Film* räuchern, dunkler machen, beizen: *~d oak* dunkles Eichenholz; **III.** *v/i.* **5.** rauchen, dunsten, dampfen; **6.** *fig.* wütend sein, (vor Wut) ‚kochen'.

fu·mi·gant ['fju:migənt] *s.* Ausräucherungs-, Desinfekti'onsmittel *n*; **fu·mi·gate** ['fju:migeit] *v/t.* ausräuchern, desinfizieren; entwesen; **fu·mi·ga·tion** [fju:mi'geiʃən] *s.* (Aus)Räucherung *f*, Desinfekti'on *f*; '**fu·mi·ga·tor** [-geitə] *s.* 'Räucherappa,rat *m*.

fum·ing ['fju:miŋ] *adj.* wütend, erbost.

fu·mi·to·ry ['fju:mitəri] *s.* ⚘ Erdrauch *m*.

fum·y ['fju:mi] *adj.* rauchig, dunstig.

fun [fʌn] *s.* Scherz *m*, Spaß *m*, Ulk *m*: *for* (*od. in*) *~* aus *od.* zum Spaß; *for the ~ of it* spaßeshalber; *it is ~* es macht Spaß, es ist lustig; *he is great ~* F er ist sehr amüsant; *to make ~ of s.o.* j-n zum besten haben, sich über j-n lustig machen; *I don't see the ~ of it* ich finde das (gar) nicht komisch.

func·tion ['fʌŋkʃən] **I.** *s.* **1.** Funkti'on *f* (*a.* ✗, ⊕, *biol.*), (Amts)Tätigkeit *f*, (-)Pflicht *f*; Dienst *m*, Amt *n*: *out of ~* ⊕ außer Betrieb, kaputt; **2.** Obliegenheit *f*, Aufgabe *f*; Zweck *m*; **3.** Veranstaltung *f*, Feier *f*, Zeremo'nie *f*; **II.** *v/i.* **4.** fungieren, tätig sein; **5.** funktionieren, arbeiten.

func·tion·al ['fʌŋkʃənl] *adj.* □ → *functionally*; **1.** amtlich, dienstlich; **2.** ⚕, ✗, ⊕ funktio'nell, Funktions...: *~ disorder* ⚕ Funktionsstörung; **3.** praktisch, sachlich; zweckbetont, -mäßig: *~ building* Zweckbau; '**func·tion·al·ism** [-ʃnəlizəm] *s.* Sachlichkeit *f*, Zweckmäßigkeit *f*; '**func·tion·al·ly** [-ʃnəli] *adv.* in funktioneller Hinsicht.

func·tion·ar·y ['fʌŋkʃnəri] *s.* **1.** Beamte(r) *m*; **2.** *bsd. pol.* Funktio'när *m*.

fund [fʌnd] **I.** *s.* **1.** Kapi'tal *n*, Geldsumme *f*, Fonds *m*: *pension* (*od. superannuation*) *~* Pensionskasse; *relief ~* Hilfsfonds; → *sinking 6*; **2.** *pl.* (Bar-, Geld)Mittel *pl.*, Gelder *pl.*: *to be in ~s* (gut) bei Kasse sein; *no ~s* ✝ kein Guthaben, keine Deckung; *the necessary ~s* die erforderlichen (Geld)Mittel; *public ~s* öffentliche Gelder; **3.** *2s pl. Brit.* fundierte 'Staatspa,piere *pl.*, Kon'sols *pl.*; **4.** *fig.* Vorrat *m*, Schatz *m*, Fülle *f* (*of* von, an *dat.*); Quelle *f*; **II.** *v/t.* **5.** ✝ **a)** in Staatspapieren anlegen, **b)** fundieren, konsolidieren: *~ed debt* fundierte Schuld.

fun·da·ment ['fʌndəmənt] *s.* Gesäß *n*.

fun·da·men·tal [fʌndə'mentl] **I.** *adj.* □ → *fundamentally*; **1.** fundamen'tal, grundlegend, wesentlich (*to* für), Haupt...; **2.** ursprünglich, grundsätzlich, Grund..., elemen'tar: *~ colo(u)r* Grund-, Primärfarbe; *~ tone* ♪, *phys.* Grundton; *~ truth(s)* Grundwahrheit(en); **II.** *s.* **3.** *oft pl.* 'Grundlage *f*, -prin,zip *n*, -begriff *m*; **4.** ♪ Grundton *m*; **fun·da'men·tal·ism** [-təlizəm] *s. Am. eccl.* Fundamenta'lismus *m*, streng wörtliche Bibelgläubigkeit; **fun·da'men·tal·ly** [-təli] *adv.* im Grunde, im wesentlichen.

fu·ner·al ['fju:nərəl] **I.** *s.* **1.** Begräbnis *n*, Leichenbegängnis *n*, Beerdigung *f*, Bestattung *f*: *it's your ~! Am. sl.* das ist deine Sache!, das geht dich an!; **2.** *a. ~ procession* Leichenzug *m*; **3.** *Am.* Trauerfeier *f*; **II.** *adj.* **4.** Begräbnis..., Leichen..., Trauer..., Grab...: *~ director*, *~ furnisher* Bestattungsunternehmer; *~ march* ♪ Trauermarsch; *~ pile*, *~ pyre* Scheiterhaufen; *~ service* Trauergottesdienst; *~ urn* Totenurne; '**fu·ner·ar·y** [-nərəri] *adj.* Begräbnis...; Bestattungs...; **fu·ne·re·al** [fju(:)'niəriəl] *adj.* □ Trauer..., traurig, düster, feierlich.

'**fun·fair** *s. bsd. Brit.* Vergnügungspark *m*, Rummelplatz *m*.

fun·gal ['fʌŋgəl] ⚘ **I.** *adj.* Pilz...; **II.** *s.* Pilz *m*, Schwamm *m*; **fun·gi** ['fʌŋgai] *pl. von fungus*.

fun·gi·ble ['fʌndʒibl] *adj.* ⚖ vertretbar (*Sache*).

fun·gi·cid·al [fʌndʒi'saidl] *adj.* pilztötend; **fun·gi·cide** ['fʌndʒisaid] *s.* pilztötendes Mittel; **fun·goid** ['fʌŋgɔid] *adj.*, **fun·gous** ['fʌŋgəs] *adj.* pilz-, schwammartig; **fun·gus** ['fʌŋgəs] *pl.* **fun·gi** ['fʌŋgai] *od.* **-gus·es** *s.* ⚘, ⚕ Pilz *m*, Schwamm *m*.

fu·nic·u·lar [fju(:)'nikjulə] **I.** *adj.* Seil..., Ketten..., Strang...; **II.** *s. a. ~ railway* (Draht)Seilbahn *f*.

funk [fʌŋk] *Brit. sl., Am.* F **I.** *s.* **1.** ‚Schiß' *m*, ‚Bammel' *m* (*Angst*): *blue* ~ Mordsschiß; **2.** Feigling *m*, Schißhase *m*; Drückeberger *m*: ~*-hole Brit.* ⚔ **a)** ‚Heldenkeller', Unterstand, **b)** *fig.* Druckposten; **II.** *v/i.* **3.** Schiß haben, ‚kneifen': *to* ~ *out Am.* sich drücken; **III.** *v/t.* **4.** Angst haben vor (*dat.*); **5.** sich drücken von *od.* um; '**funk·y** [-ki] *adj.* bange, feige.

fun·nel ['fʌnl] *s.* **1.** Trichter *m*; **2.** ⚓, 🚂 Schornstein *m*; **3.** ⊕ Luftschacht *m*; Rauchabzug *m*, Ka'min *m*.

fun·nies ['fʌniz] *s. pl.* F **1.** → *comic strips*; **2.** Witzseite *f*.

fun·ny ['fʌni] *adj.* □ **1.** komisch, drollig, lustig, ulkig; **2.** ‚komisch': **a)** sonderbar, merkwürdig: *the* ~ *thing is that* das Merkwürdige ist, daß; *funnily enough* merkwürdigerweise, **b)** unbehaglich, unwohl: *to feel* ~, **c)** zweifelhaft, ‚faul': ~ *business* F ‚faule Sache', ‚krumme Tour'; '~**-bone** *s.* Musi'kantenknochen *m*; '~**-man** [-mən] *s.* [*irr.*] Clown *m*, Hans'wurst *m*; ~ **pa·per** *s. Am.* lustige Kinderzeitung.

fun·ster ['fʌnstə] *s.* F Spaßvogel *m*.

fur [fəː] **I.** *s.* **1.** Pelz *m*, Fell *n*: *to make the* ~ *fly* Unruhe *od.* Streit stiften; **2.** *pl.* Pelzwerk *n*, -kleidung *f*; **3.** *a.* ~ *coat* Pelzmantel *m*; **4.** *coll.* Pelztiere *pl.*: ~ *and feather* Wild u. Federwild; **5.** ⚕ (Zungen)Belag *m*; **6.** ⊕ Kessel-, Pfannenstein *m*; **II.** *v/t.* **7.** ⊕ mit Kessel- *od.* Pfannenstein über'ziehen; → *furred*; **III.** *v/i.* **8.** ⚕ sich mit Belag bedecken; **9.** ⊕ Kesselstein ansetzen.

fur·be·low ['fəːbilou] *s.* **1.** Falbel *f*; Faltensaum *m*; **2.** *pl. fig.* Putz *m*, Staat *m*; '**fur·be·lowed** [-oud] *adj.* mit Falbeln verziert.

fur·bish ['fəːbiʃ] *v/t.* mst ~ *up* aufputzen, herrichten (*a. fig.*); blank putzen, polieren.

fur·cate ['fəːkeit] **I.** *adj.* gabelförmig, gegabelt, gespalten; **II.** *v/i.* sich gabeln *od.* teilen; **fur·ca·tion** [fəː'keiʃən] *s.* Gabelung *f*.

fu·ri·ous ['fjuəriəs] *adj.* □ wütend, rasend; wild, ungestüm, heftig; '**fu·ri·ous·ness** [-nis] *s.* Rase'rei *f*, Wut *f*, Ungestüm *n*.

furl [fəːl] *v/t. Fahne, Schirm, Segel* auf-, zs.-rollen; *Vorhang* aufziehen; *fig. Hoffnung* begraben.

fur·long ['fəːlɔŋ] *s.* Achtelmeile *f*.

fur·lough ['fəːlou] *mst* ⚔ **I.** *s.* Urlaub *m*; **II.** *v/t.* beurlauben.

fur·nace ['fəːnis] *s.* **1.** ⊕ (Schmelz-, Brenn-, Hoch)Ofen *m*: *enamel(l)ing* ~ Farbenschmelzofen; **2.** ⊕ (Heiz-) Kessel *m*, Feuerung *f*; **3.** *fig.* glühendheißer Raum, ‚Backofen' *m*; **4.** *fig.* Feuerprobe *f*, harte Prüfung: *tried in the* ~ gründlich erprobt.

fur·nish ['fəːniʃ] *v/t.* **1.** versehen, ausstatten, -rüsten; **2.** *Wohnung* einrichten, möblieren: ~*ed room* möbliertes Zimmer; **3.** *a. Beweise etc.* liefern, beschaffen, bieten; '**fur·nish·er** [-ʃə] *s.* (*engS.* 'Möbel-) Liefe,rant *m*; '**fur·nish·ing** [-ʃiŋ] *s.* **1.** Ausrüstung *f*, -stattung *f*; **2.** *pl.* Einrichtung *f*, Mobili'ar *n*: *soft* ~*s* Möbelstoffe.

fur·ni·ture ['fəːnitʃə] *s.* **1.** Möbel *pl.*, Einrichtung *f*, Hausrat *m*: *piece of* ~ Möbel(stück); **2.** Ausrüstung *f*, -stattung *f*; **3.** Inhalt *m*, Bestand *m*; **4.** *geistiges* Rüstzeug, Wissen *n*; **5.** ⊕ Zubehör *m*, *n*; ~ **van** *s.* Möbelwagen *m*.

fu·ror ['fjuːrɔː] *s. Am.*, **fu·ro·re** [fjuə'rɔːri] *s.* **1.** Ek'stase *f*, Begeisterungstaumel *m*; **2.** Fu'rore *n*, Aufsehen *n*, große Mode: *to create a* ~ Furore machen.

furred [fəːd] *adj.* **1.** mit Pelz besetzt; **2.** ⚕ belegt (*Zunge*); **3.** ⊕ mit Kesselstein belegt.

fur·ri·er ['fʌriə] *s.* Kürschner *m*, Pelzhändler *m*; '**fur·ri·er·y** [-əri] *s.* **1.** Pelzwerk *n*; **2.** Kürschne'rei *f*.

fur·row ['fʌrou] **I.** *s.* **1.** ✍ Furche *f*, Rille *f*, Rinne *f*; Bodenfalte *f*; **2.** ⊕ Nut(e) *f*, Hohlkehle *f*; **3.** Spur *f*, Bahn *f*; **4.** Runzel *f*, Furche *f*; **II.** *v/t.* **5.** pflügen; **6.** ⊕ riefen, auskehlen; **7.** *Wasser* durch'furchen; **8.** runzeln; **III.** *v/i.* **9.** sich furchen (*Stirn etc.*).

fur·ry ['fəːri] *adj.* pelzartig, Pelz...

fur seal *s. zo.* Seebär *m*, Bärenrobbe *f*.

fur·ther ['fəːðə] **I.** *adv.* **1.** weiter, ferner, entfernter: *no* ~ nicht weiter; *I'll see you* ~ *first* F ich werde dir was husten!, ‚das fällt mir nicht im Traum ein'!; **2.** ferner, mehr; über'dies, außerdem; **II.** *adj.* **3.** weiter, ferner, entfernter: *the* ~ *end* das andere Ende; **4.** weiter: ~ *particulars* weitere Einzelheiten, Näheres; *until* ~ *notice* bis auf weiteres; *anything* ~? (sonst) noch etwas?; **III.** *v/t.* **5.** fördern, unter'stützen; '**fur·ther·ance** [-ðərəns] *s.* Förderung *f*, Unter'stützung *f*; *b.s., a.* ⚖ Begünstigung *f*.

fur·ther| ed·u·ca·tion *s.* Fortbildung *f*; ♀ **In·di·a** *npr.* 'Hinter,indien *n*; '~**·more** *adv.* ferner, über'dies, außerdem; '~**·most** *adj.* fernst, weitest.

fur·thest ['fəːðist] *adj. u. adv. sup. von far.*

fur·tive ['fəːtiv] *adj.* □ **1.** heimlich, verstohlen; **2.** 'hinterhältig, heimlichtuerisch; '**fur·tive·ness** [-nis] *s.* Heimlichkeit *f*, 'Hinterhältigkeit *f*.

fu·run·cle ['fjuərʌŋkl] *s.* ⚕ Fu'runkel *m*; **fu·run·cu·lo·sis** [fjuərʌŋkju'lousis] *s.* ⚕ Furunku'lose *f*.

fu·ry ['fjuəri] *s.* **1.** Zorn *m*, Wut *f*, Rase'rei *f*, Tollheit *f*; **2.** Heftigkeit *f*, Hitze *f*, Ungestüm *n*: *like* ~ wie toll; **3.** ♀ *antiq.* 'Furie *f* (*a. fig. böses Weib etc.*).

furze [fəːz] *s.* ♀ Stechginster *m*.

fuse [fjuːz] **I.** *s.* **1.** ⚔ Zünder *m*: ~ *cord* Abreißschnur; → *time-fuse*; **2.** ⚡ (Schmelz)Sicherung *f*: ~ *box* Sicherungsdose, -kasten; ~ *wire* Sicherungsdraht; **II.** *v/t.* **3.** ⚔ Zünder anbringen an (*dat.*); **4.** ⊕ (ver)schmelzen; vermischen; **5.** *fig.* verschmelzen, vereinigen; **III.** *v/i.* **6.** ⚡ 'durchbrennen.

fu·see [fjuː'ziː] *s.* **1.** Windstreichholz *n*; **2.** 🚂 *Am.* 'Warnungs-, 'Lichtsi,gnal *n*; **3.** Schnecke *f* (*Uhr*).

fu·se·lage ['fjuːzilɑːʒ] *s.* ✈ (Flugzeug)Rumpf *m*.

fu·sel oil ['fjuːzl] *s.* Fuselöl *n*.

fu·si·bil·i·ty [fjuːzə'biliti] *s.* Schmelzbarkeit *f*; **fu·si·ble** ['fjuːzəbl] *adj.* schmelzbar: ~ *cut-out* ⚡ Schmelzsicherung.

fu·sil ['fjuːzil] *s.* ⚔ *hist.* Steinschloßflinte *f*; Mus'kete *f*; **fu·sil·ier**, *Am. a.* **fu·sil·eer** [fjuːzi'liə] *s.* ⚔ Füsi'lier *m*; **fu·sil·lade** [fjuːzi'leid] **I.** *s.* **1.** ⚔ Salve *f*; **2.** Massenerschießung *f*; **3.** *fig.* Hagel *m* (*Steine*), Flut *f*; **II.** *v/t.* **4.** ⚔ beschießen; **5.** zs.-schießen, füsilieren.

fus·ing ['fjuːziŋ] *s.* ⊕ Schmelzen *n*: ~*-point*, ~ *temperature* Schmelzpunkt; **fu·sion** ['fjuːʒən] *s.* **1.** ⊕ Schmelzen *n*: ~ *welding* Schmelzschweißen; **2.** Schmelzmasse *f*; **3.** *phys.* Verschmelzung *f*; **4.** *fig.* Verschmelzung *f*, Vereinigung *f*; Zs.-schluß *m*, Fusi'on *f* (*a.* ✝, *pol.*), *pol.* Koaliti'on *f*; **fu·sion·ism** ['fjuːʒənizəm] *s. pol.* Fusio'nismus *m* (*Eintreten für Zs.-schlüsse od. Koalitionen*); **fu·sion·ist** ['fjuːʒənist] *s.* Fusion'ist *m*.

fuss [fʌs] **I.** *s.* **1.** Aufregung *f*: **a)** Betrieb(samkeit *f*) *m*, Getriebe *n*, ‚Wirbel' *m*, **b)** Getue *n*, ‚The'ater' *n*, ‚Klim'bim' *m*: *to make a* ~ *about s.th.* um et. viel Aufhebens machen, sich über et. echauffieren; *to make a* ~ *of s.o.* viel Wesens um j-n machen; **2.** *Am.* → *fuss-pot*; **II.** *v/i.* **3.** viel Aufhebens machen, sich aufregen: *to* ~ *about* ‚Betrieb machen', herumfuhrwerken; *don't* ~! mach kein Theater!; **III.** *v/t.* **4.** F ner'vös machen; '**fuss·i·ness** [-sinis] *s.* Aufregung *f*, Betriebsamkeit *f*, 'Umständlichkeit *f*; '**fuss-pot** *s.* **1.** Wichtigtuer *m*; **2.** 'Umstandskrämer *m*; '**fuss·y** [-si] *adj.* □ **1.** geschäftig, aufgeregt; **2.** kleinlich, 'umständlich: *to be* ~ ‚sich anstellen', ‚sich haben', Umstände machen; **3.** affektiert, über'trieben; **4.** heikel, wählerisch (*about* mit).

fus·tian ['fʌstiən] **I.** *s.* **1.** Barchent *m*; **2.** *fig.* Schwadro'nage *f*, hohles 'Pathos; **II.** *adj.* **3.** Barchent...; **4.** *fig.* schwülstig, phrasenhaft.

fus·ti·gate ['fʌstigeit] *v/t.* prügeln; **fus·ti·ga·tion** [fʌsti'geiʃən] *s.* Prügelstrafe *f*.

fust·i·ness ['fʌstinis] *s.* Moder(geruch) *m*; **fust·y** ['fʌsti] *adj.* **1.** mod(e)rig, muffig; **2.** verstaubt, anti'quiert.

fu·tile ['fjuːtail] *adj.* □ nutz-, sinn-, zweck-, aussichtslos, vergeblich; **fu·til·i·ty** [fju(ː)'tiliti] *s.* Zweck-, Nutz-, Wert-, Sinnlosigkeit *f*, Nichtigkeit *f*.

fut·tock ['fʌtək] *s.* ⚓ Auflanger *m*, Sitzer *m*; ~ **plate** *s.* ⚓ Püttingschiene *f*; ~ **shrouds** *s. pl.* ⚓ Püttingswanten *pl.*

fu·ture ['fjuːtʃə] **I.** *s.* **1.** Zukunft *f*: *in (the)* ~ in Zukunft, künftig; *in the near* ~ bald; *to have no* ~ keine Zukunft haben; **2.** *ling.* Fu'tur *n*, Zukunft *f*; **3.** *pl.* ✝ Ter'min-, Lieferungsgeschäfte *pl.*; **II.** *adj.* **4.** (zu)künftig, Zukunfts...; **5.** ~ *tense ling.* Futur; **6.** ✝ Termin...; ~ **life** *s.* Leben *n* nach dem Tod *od.* im Jenseits.

fu·tur·ism ['fjuːtʃərizəm] *s.* Futu-

'rismus *m*; '**fu·tur·ist** [-ist] **I.** *adj.* **1.** futu'ristisch; **II.** *s.* **2.** Futu'rist *m*; **3.** → *futurologist*; **fu·tu·ri·ty** [fju(:)'tjuəriti] *s.* **1.** Zukunft *f*; **2.** zukünftiges Ereignis; **3.** → *future life*.

fu·tur·ol·o·gist [fju:tʃə'rɔlədʒist] *s.* Futuro'loge *m*, Zukunftsforscher *m*; **fu·tur'ol·o·gy** [-dʒi] *s.* Futurolo'gie *f*, Zukunftsforschung *f*.

fuze *Am.* → *fuse 1, 2, 4.*

fuzz [fʌz] **I.** *s.* **1.** Flaum *m* (*a. auf Obst*), Fäserchen *n*, ‚Fussel' *f*; **2.** Wuschel-, Krauskopf *m*; **3.** *sl.* **a)** ‚Bulle' *m*, Poli'zist *m*, **b)** *the ~ coll.* die Bullen, die Polizei; **II.** *v/i.* **4.** sich zerfasern; '**fuzz·y** [-zi] *adj.* □ **1.** flaumig, faserig, ‚fusselig'; **2.** kraus, struppig (*Haar*); **3.** undeutlich, verschwommen.

fyl·fot ['filfɔt] *s.* Hakenkreuz *n*.

G

G, g [dʒiː] s. **1.** G n, g n (*Buchstabe*); **2.** ♪ G n, g n (*Note*).

gab [gæb] F **I.** s. Geplapper n, Geschwätz n: *stop your ~!* halt den Mund!; *the gift of the ~* ein gutes Mundwerk; **II.** v/i. plappern.

gab·ar·dine ['gæbədiːn] s. 'Gabardine m (*feiner Wollstoff*).

gab·ble ['gæbl] **I.** v/i. plappern, (schnell) schwatzen; **II.** v/t. a. *~ over* her'unterplappern, -leiern; **III.** s. Geplapper n; '**gab·bler** [-lə] s. Schwätzer(in); '**gab·by** [-bi] adj. F geschwätzig.

ga·belle [gə'bel] s. hist. (Salz-)Steuer f.

gab·er·dine → *gabardine*.

ga·bi·on ['geibjən] s. ⚔, ⊕ Schanzkorb m; **ga·bi·on·ade** [geibjə'neid] s. ⚔ Befestigung f od. ⊕ Buhne f aus Schanzkörben.

ga·ble ['geibl] s. △ **1.** Giebel m; **2.** a. *~-end* Giebelwand f; '**ga·bled** [-ld] adj. giebelig, Giebel...; '**ga·blet** [-lit] s. giebelförmiger Aufsatz (*über Fenstern*), Dachaufbau m.

ga·by ['geibi] s. F Tropf m, Dummkopf m, Trottel m.

gad[1] [gæd] **I.** v/i. **1.** mst *~ about* sich her'umtreiben, her'umstreunen; **2.** ⚘ wuchern; **II.** s. **3.** *to be on the ~* sich herumtreiben.

gad[2] [gæd] int.: *by ~* → *begad*.

'**gad|·a·bout** s. Her'umtreiber m, Bummler m; '**~-fly** s. **1.** zo. Viehbremse f; **2.** fig. Störenfried m, aufdringlicher Mensch.

gadg·et ['gædʒit] s. F **1.** Dings(da) n, Appa'rat m, ‚Appa'rätchen' n, Vorrichtung f; **2.** fig. ‚Dreh' m, Kniff m.

Ga·dhel·ic [gæ'delik] → *Gaelic*.

ga·droon [gə'druːn] s. △ verzierte erhabene Arbeit, Zierleiste f.

gad·wall ['gædwɔːl] s. orn. Schnatterente f.

Gael [geil] s. Gäle m, bsd. schott. Kelte m; '**Gael·ic** [-lik] **I.** s. ling. Gälisch n, Goi'delisch n; **II.** adj. gälisch.

gaff[1] [gæf] s. **1.** *Fischen:* Landungshaken m; **2.** Stahlsporn m: *to stand the ~* Am. sl. die Ohren steifhalten, durchhalten; **3.** ⚓ Gaffel f: *to blow the ~* sl. alles verraten, ‚plaudern'.

gaff[2] [gæf] s. Brit. sl. a. *penny ~* Varie'té n, Schmiere f, 'Bums(-loˌkal n) m.

gaffe [gæf] s. Dummheit f, taktlose Bemerkung, Faux'pas m.

gaf·fer ['gæfə] s. Brit. **1.** Alte(r) m, Gevatter m, Väterchen n; **2.** Vorarbeiter m.

gag [gæg] **I.** v/t. **1.** knebeln; **2.** fig. mundtot machen; **II.** v/i. **3.** thea. Gags machen; improvisieren; allg. witzeln; **III.** s. **4.** Knebel m (a. fig.): *~-bit* Zaumgebiß (für unbändige Pferde); **5.** ⚕ Mundsperre f; **6.** fig. Knebelung f, Hemmung f; **7.** pol. Schluß m der De'batte; **8.** thea. Gag m, witziger Einfall, ‚Knüller' m; Improvisati'on f: *~-man* Pointenmacher, Verfasser witziger Dialoge etc.; **9.** Witz m; (amü'santer) Trick; **10.** sl. Schwindel m, ‚blauer Dunst'.

ga·ga ['gægaː] adj. sl. verblödet, ‚plem'plem': *to go ~ over* in Verzückung geraten über (acc.).

gage[1] [geidʒ] **I.** s. **1.** Her'ausforderung f, Fehdehandschuh m; **2.** ('Unter)Pfand n, Bürgschaft f; **II.** v/t. **3.** fig. zum Pfand geben.

gage[2], **gag·er, gag·ing** → *gauge, gauger, gauging*.

gag·gle ['gægl] **I.** v/i. schnattern, gackern; **II.** s. Schnattern n, Gakkern n.

gai·e·ty ['geiəti] s. **1.** Frohsinn m, Fröhlich-, Lustigkeit f; **2.** oft pl. Lustbarkeit f, Fest n; **3.** fig. Pracht f, Glanz m, Prunk m.

gai·ly ['geili] adv. **1.** → *gay 1, 2*; **2.** unbekümmert, sorglos.

gain[1] [gein] s. Fuge f, Kerbe f, Einschnitt m.

gain[2] [gein] **I.** v/t. **1.** gewinnen, verdienen: *to ~ one's living* s-n Lebensunterhalt verdienen; *to ~ ten pounds* a) zehn Pfund verdienen (*Geld*), b) zehn Pfund zunehmen (*Gewicht*); *to ~ weight* (an Gewicht) zunehmen; *to ~ strength (speed)* kräftiger (schneller) werden; **2.** erlangen, erringen, erreichen, erwirken: *to ~ wealth* Reichtümer erwerben; *to ~ admittance* Einlaß finden; **3.** *~ over* j-n für sich gewinnen; **II.** v/i. **4.** gewinnen, Nutzen haben; **5.** (an Wert od. Ansehen) gewinnen; **6.** besser od. kräftiger werden; **7.** (*on*) näher (an j-n) her'ankommen, (an) Boden gewinnen (gegen'über); **8.** 'übergreifen (*on* auf acc.); **9.** vorgehen (*Uhr*); **III.** s. **10.** a. ⚚ Gewinn m, Pro'fit m; Einnahme f; **11.** Vorteil m, Nutzen m; **12.** Zunahme f, Steigerung f, Wertzuwachs m: *capital ~* Kapitalzuwachs; **13.** ⚡, phys. Verstärkung f: *~ control* Lautstärkeregelung; '**gain·er** [-nə] s. Gewinner m: *to be the ~* gewinnen; '**gain·ful** [-ful] adj. □ einträglich; vorteilhaft: *~ occupation* Erwerbstätigkeit; *~ly employed* erwerbstätig; '**gain·ings** [-niŋz] s. pl. Gewinn m, Verdienst m, Einkünfte pl.; '**gain·less** [-lis] adj. **1.** unvorteilhaft, ohne Gewinn; **2.** nutzlos.

gain·say [gein'sei] v/t. [*irr.* → *say*] **1.** et. bestreiten, leugnen; **2.** j-m wider'sprechen.

gainst, 'gainst [geinst] poet. abbr. für *against*.

gait [geit] s. Gang(art f) m, Haltung f.

gai·ter ['geitə] s. Ga'masche f.

gal [gæl] s. sl. ‚Mädel' n.

ga·la ['gaːlə] **I.** s. **1.** Fest(lichkeit f) n; **2.** Festkleidung f, 'Gala f; **II.** adj. **3.** festlich, Gala...

ga·lac·tic [gə'læktik] adj. ast. Milchstraßen...; **gal·ac·tom·e·ter** [gælæk'tɔmitə] s. Galakto'meter n, Milchmesser m, -waage f.

gal·an·tine ['gæləntiːn] s. *Gericht aus Huhn, Fleisch, Fisch etc. in Gelee.*

ga·lan·ty show [gə'lænti] s. Schattenspiel n.

Ga·la·tians [gə'leiʃjənz] s. pl. bibl. (Brief m des Paulus an die) 'Galater pl.

gal·ax·y ['gæləksi] s. **1.** ast. Milchstraße f; **2.** fig. glänzende Versammlung, strahlende Schar.

gale[1] [geil] s. Sturm m (a. fig.); steife Brise: *~ force* Sturmstärke.

gale[2] [geil] s. ⚘ Heidemyrthe f.

ga·le·at·ed ['geilieitid] adj. ⚘ gehelmt.

ga·le·na [gə'liːnə] s. min. Gale'nit m, Bleiglanz m.

Ga·li·cian [gə'liʃiən] **I.** adj. ga'lizisch; **II.** s. Ga'lizier(in).

Gal·i·le·an[1] [gæli'li(ː)ən] **I.** adj. **1.** gali'läisch; **II.** s. **2.** Gali'läer(in); **3.** *the ~* der Galiläer (*Christus*); **4.** Christ(in).

Gal·i·le·an[2] [gæli'li(ː)ən] adj. gali'leisch: *~ telescope*.

gal·i·lee ['gæliliː] s. Vorhalle f (*Kirche*).

gal·i·pot ['gælipɔt] s. Gali'pot-, Fichtenharz n.

gall[1] [gɔːl] s. **1.** anat. Gallenblase f; **2.** ⚕ Galle f; **3.** fig. Galle f, Bitterkeit f, Erbitterung f, Bosheit f; **4.** F Frechheit f.

gall[2] [gɔːl] **I.** s. **1.** Wolf m, wundgeriebene Stelle; **2.** Pustel f, schmerzhafte Schwellung (*Pferd*); **3.** fig. Ärger m, Qual f; Ärgernis n; **4.** kahle Stelle; **II.** v/t. **5.** wund reiben; **6.** fig. ärgern, quälen, reizen.

gall[3] [gɔːl] s. ⚘ Gallapfel m; 'Mißbildung f, Wucherung f.

gal·lant ['gælənt] **I.** adj. □ **1.** tapfer, ritterlich; **2.** prächtig, stattlich, schön; **3.** ga'lant: **a)** höflich, zu'vorkommend, **b)** Liebes...; **II.** s. **4.** Kava'lier m, vornehmer Mann;

5. Ga'lan *m*, Verehrer *m*; **6.** Geliebte(r) *m*; '**gal·lant·ry** [-tri] *s.* **1.** Tapferkeit *f*, Ritterlichkeit *f*; **2.** Galante'rie *f*, Artigkeit *f* (*gegen Damen*); **3.** Liebe'lei *f*.

'**gall|-blad·der** → *gall¹ 1*; '**~-duct** *s. anat.* Gallengang *m*.

gal·le·on ['gæliən] *s.* ⚓ *hist.* Gale'one *f*.

gal·ler·y ['gæləri] *s.* **1.** ⚠ Gale'rie *f*, Säulenhalle *f*; Laufgang *m*, gedeckter Gang; **2.** Em'pore *f*; **3.** *Am.* Ve'randa *f*; **4.** *thea.* **a)** Galerie *f*, **b)** 'Publikum *n* auf der Galerie: *to play to the ~* den niederen Geschmack ansprechen, nach Effekt haschen; **5.** (Ge'mälde- *etc.*)Gale'rie *f*; **6.** ⚒, ⚔ Stollen *m*; ⚔ *a. abbr. für shooting-gallery*.

gal·ley ['gæli] *s.* **1.** ⚓ **a)** Ga'leere *f*, **b)** Langboot *n*; **2.** ⚓ Kom'büse *f*, Küche *f*; **3.** *typ.* Setzschiff *n*; **4.** *typ.* Bürstenabzug *m*, Fahne *f*; '**~-proof** → *galley 4*; '**~-slave** *s.* **1.** Ga'leerensklave *m*; **2.** *fig.* Sklave *m*.

'**gall-fly** *s. zo.* Gallwespe *f*.

gal·lic¹ ['gælik] *adj.*: *~ acid* ⚗ Gallussäure.

Gal·lic² ['gælik] *adj.* **1.** gallisch; **2.** *bsd. humor. od. poet.* fran'zösisch; '**Gal·li·can** [-kən] *adj. eccl.* galli'kanisch, fran'zösisch-ka'tholisch; '**gal·li·can·ism** [-kənizəm] *s. eccl.* Gallika'nismus *m*; '**gal·li·cism** [-isizəm] *s. ling.* Galli'zismus *m*, französische Spracheigenheit; '**gal·li·cize** [-isaiz] *v/t.* französieren.

gal·li·gas·kins [gæli'gæskinz] *s. pl.* **1.** *hist.* Pluderhosen *pl.*; **2.** (sehr) weite Hosen *pl.*

gal·li·mau·fry [gæli'mɔ:fri] *s.* Mischmasch *m*, Durchein'ander *n*.

gal·li·na·ceous [gæli'neiʃəs] *adj. orn.* hühnerartig.

gall·ing ['gɔ:liŋ] *adj.* ärgerlich, peinlich, kränkend: *it is ~* es wurmt (einen).

gal·li·nule ['gælinju:l] *s. orn.* Wasserhuhn *n*.

gal·li·pot¹ → *galipot*.

gal·li·pot² ['gælipɔt] *s.* Salbentopf *m*, Medika'mentenbehälter *m*.

gal·li·vant [gæli'vænt] *v/i.* schäkern, flirten; sich her'umtreiben.

'**gall-nut** *s.* ⚘ Gallapfel *m*.

gal·lon ['gælən] *s.* Gal'lone *f* (*Hohlmaß; Brit. 4,5459 l, Am. 3,7853 l*).

gal·loon [gə'lu:n] *s.* Ga'lon *m*, Borte *f*, Tresse *f*.

gal·lop ['gæləp] **I.** *v/i.* **1.** galoppieren, lossprengen; **2.** eilen, jagen: *to ~ through a book* ein Buch durchfliegen; *~ing consumption* ⚕ galoppierende Schwindsucht; **II.** *v/t.* **3.** galoppieren lassen; **III.** *s.* **4.** Ga'lopp *m* (*a. fig.*): *at full ~* in gestrecktem Galopp; **gal·lo·pade** [gælə'peid] *s.* Galop'pade *f* (*Tanz*); '**gal·lop·er** [-pə] *s.* ⚔ *Brit.* **1.** Adju'tant *m*, Meldereiter *m*; **2.** leichtes Feldgeschütz.

Gal·lo·phile ['gæloufail], '**Gal·lo·phil** [-fil] *s.* Fran'zosenfreund *m*; '**Gal·lo·phobe** [-foub] *s.* Fran'zosenhasser *m*.

gal·lows ['gælouz] *s. pl. mst sg. konstr.* **1.** Galgen *m*: *~ look* Galgengesicht; **2.** galgenähnliches Gestell; '**~-bird** *s.* F Galgenvogel *m*; **~ humo(u)r** *s.* 'Galgenhu,mor *m*; '**~-tree** → *gallows 1*.

'**gall-stone** *s.* ⚕ Gallenstein *m*.

Gal·lup poll ['gæləp] *s.* 'Meinungsforschung *f*, -,umfrage *f*.

gal·lus·es ['gæləsiz] *s. pl. Am.* F Hosenträger *pl.*

gal·op ['gæləp] **I.** *s.* Ga'lopp *m* (*Tanz*); **II.** *v/i.* e-n Galopp tanzen.

ga·lore [gə'lɔ:] *adv.* F in Hülle u. Fülle: *whisk(e)y ~* jede Menge Whisky.

ga·losh [gə'lɔʃ] *s. mst pl.* 'Über-, 'Gummischuh *m*, Ga'losche *f*.

gal·van·ic [gæl'vænik] *adj.* (□ *~ally*) ⚡, *phys.* gal'vanisch; *fig.* elektrisierend; **gal·va·nism** ['gælvənizəm] *s.* ⚕, *phys.* Galva'nismus *m*; **gal·va·ni·za·tion** [gælvənai'zeiʃən] *s.* ⚕, ⚗ Galvanisierung *f*; **gal·va·nize** ['gælvənaiz] *v/t.* **1.** ⚕ mit galvanischem Strom behandeln; **2.** *fig.* stimulieren: *to ~ into action j-n* in Schwung bringen; **3.** ⊕ verzinken: *~d iron*; **gal·va·nom·e·ter** [gælvə'nɔmitə] *s. phys.* Galvano'meter *n*; **gal·va·no·plas·tic** [gælvənou'plæstik] *adj.* galvano'plastisch; **gal·va·no·plas·tics** [gælvənou'plæstiks] *s. pl. sg. konstr.*, **gal·va·no·plas·ty** [gælvənou'plæsti] *s.* Galvano'plastik *f*, E,lektroty'pie *f*; **gal·va·no·scope** ['gælvənouskoup] *s. phys.* Galvano'skop *n*; **gal·va·no·scop·ic** [gælvənou'skɔpik] *adj.* galvano'skopisch.

gam·bier ['gæmbiə] *s.* ⚘ 'Gambir *m*, gelbes 'Katechu.

gam·bit ['gæmbit] *s.* **1.** *Schach*: Gam'bit *n*; **2.** *fig.* erster Schritt, Einleitung *f*.

gam·ble ['gæmbl] **I.** *v/i.* **1.** (um Geld) spielen: *to ~ with s.th. fig.* et. aufs Spiel setzen; *you can ~ on that* darauf kannst du wetten; **2.** spekulieren; **II.** *v/t.* **3.** *~ away* verspielen; **III.** *s.* **4.** Glücksspiel *n*; Ha'sardspiel *n* (*a. fig.*); **5.** *fig.* Wagnis *n*, 'Risiko *n*; '**gam·bler** [-lə] *s.* Spieler (-in); *fig.* Hasar'deur *m*; '**gam·bling** [-bliŋ] *s.* Spielen *n*: *~ den* Spielhölle; *~ debt* Spielschuld.

gam·boge [gæm'bu:ʒ] *s.* Gummigutt *n* (*ein Gummiharz*).

gam·bol ['gæmbəl] **I.** *v/i.* her'umtanzen, Luftsprünge machen; **II.** *s.* Freuden-, Luftsprung *m*.

game¹ [geim] **I.** *s.* **1.** Spiel *n*, Zeitvertreib *m*, Sport *m*: *~ of golf* Golfspiel; *~ of skill* Geschicklichkeitsspiel; *to play the ~* sich an die Spielregeln halten (*a. fig. fair sein*); *to play a good ~* gut spielen; *the ~ is yours* du hast gewonnen; **2.** *sport* Runde *f*, Par'tie *f*: *a ~ of chess* e-e Partie Schach; **3.** Spott *m*, Ulk *m*: *to make ~ of* sich lustig machen über (*acc.*); **4.** Spiel *n*, Unter'nehmen *n*, Plan *m*: *the ~ is up* das Spiel ist aus *od.* verloren; *the ~ is not worth the candle* die Sache lohnt nicht; *to give the ~ away* F ‚die Stellung verraten'; *to play a double ~* ein doppeltes Spiel treiben; *to play a waiting ~* e-e abwartende Haltung einnehmen; **5.** geheime Absicht, Schlich *m*: *I know what his ~ is* ich weiß, was er im Schilde führt; *to see through s.o.'s ~* hinter j-s Schliche kommen; *to beat s.o. at his own ~* j-n mit s-n eigenen Waffen schlagen; **6.** Wild(bret) *n*: *big ~* Großwild; *to eat ~* Wild(bret) essen; *~ pie* Wildpastete; *to fly at higher ~* höher hinaus wollen; → *fair¹ 6*; **7.** *Am.* Kampfgeist *m*, Schneid *m*; **II.** *adj.* □ **8.** Jagd..., Wild...; **9.** schneidig, entschlossen, mutig; **10.** bereit (*for* zu, *to do* zu tun): *to be ~* mitmachen, mit von der Partie sein; **III.** *v/i.* **11.** (um Geld) spielen; **IV.** *v/t.* **12.** *~ away* verspielen.

game² [geim] *adj.* F lahm: *a ~ leg*.

'**game|-act** *s. mst pl.* ⚖ Wildschutz-, Jagdgesetz *n*; '**~-bag** *s.* Jagdtasche *f*; **~ ball** *s. Tennis*: Spielball *m* (*spielentscheidender Ball*); '**~-bird** *s.* Jagdvogel *m*; '**~-cock** *s.* Kampfhahn *m*; '**~-fowl** *s.* **1.** Federwild *n*; **2.** Kampfhahn *m*; '**~-keep·er** *s. Brit.* Wildhüter *m*, Heger *m*; '**~-law** → *game-act*; '**~-li·cence** (*Am.* **li·cense**) *s.* Jagdschein *m*.

game·ness ['geimnis] *s.* Mut *m*, Schneid *m*.

'**game|-pre·serve** *s.* Wildpark *m*; '**~-pre·serv·er** *s.* Heger *m* e-s Wildstandes.

'**games|-mas·ter** [geimz] *s. ped.* Sportlehrer *m*; '**~-mis·tress** *s. ped.* Sportlehrerin *f*.

game·some ['geimsəm] *adj.* □ lustig, ausgelassen.

game·ster ['geimstə] *s.* Spieler(in) (*um Geld*).

gam·ete [gæ'mi:t] *s.* ⚘, *zo.* Keimzelle *f*, Ga'met *m*.

'**game|-ten·ant** *s.* Jagdpächter *m*; **~ ward·en** *s.* Jagdaufseher *m*.

gam·ing ['geimiŋ] *s.* Spielen *n* (*um Geld*): *~ laws* Gesetze über Glücksspiele u.Wetten; '**~-house** *s.* Spielhölle *f*, 'Spielka,sino *n*; '**~-ta·ble** *s.* Spieltisch *m*.

gam·ma ['gæmə] *s.* **1.** 'Gamma *n* (*griech. Buchstabe*); **2.** *ped. Brit.* Drei *f*, Befriedigend *n*; **~ moth** *s. zo.* 'Gammaeule *f*; **~ rays** *s. pl. phys.* 'Gammastrahlen *pl.*

gam·mer ['gæmə] *s. Brit.* Mütterchen *n*, Gevatterin *f*.

gam·mon¹ ['gæmən] **I.** *s.* geräucherter Schinken; **II** *v/t. Schinken* räuchern.

gam·mon² ['gæmən] **I.** *s. Puffspiel*: doppelter Sieg; **II.** *v/t.* doppelt schlagen.

gam·mon³ ['gæmən] F **I.** *s.* **1.** Humbug *m*, Unsinn *m*, Schwindel *m*; **II.** *v/i.* **2.** ‚quatschen', Unsinn reden; **3.** sich verstellen, so tun als ob; **III.** *v/t.* **4.** beschwindeln.

gamp [gæmp] *s. Brit.* F (großer) Regenschirm.

gam·ut ['gæmət] *s.* **1.** ♪ Tonleiter *f*; **2.** *fig.* 'Skala *f*, Stufenleiter *f*: *to run the whole ~ of emotion* von e-m Gefühl ins andere taumeln.

gam·y ['geimi] *adj.* **1.** wildreich; **2.** nach Wild riechend *od.* schmeckend; **3.** F schneidig, mutig.

gan·der ['gændə] *s.* **1.** Gänserich *m*; → *sauce 1*; **2.** *fig.* Dummkopf *m*, Dussel *m*; **3.** *Am. sl.* Blick *m*: *to take a ~ at* e-n Blick werfen auf (*acc.*).

gang¹ [gæŋ] **I.** *s.* **1.** Gruppe *f*, Schar *f*, Trupp *m*, Ab'teilung *f*; **2.** *contp.* (*engS.* Verbrecher)Bande *f*, Horde *f*; **3.** ('Arbeiter)Ko,lonne *f*:

~ boss *Am.* Vorarbeiter; **4.** ⊕ Satz *m* Werkzeuge; **II.** *v/i.* **5.** *mst* ~ *up* F sich zs.-rotten (*on* gegen); **III.** *v/t.* **6.** *Radio*: abgleichen.

gang² [gæŋ] *v/i. Scot.* gehen.

'gang|-board *s.* ⚓ Laufplanke *f*; ~ **cut·ter** *s.* ⊕ Satz-, Mehrfachfräser *m.*

gang·er ['gæŋə] *s.* Vorarbeiter *m*, Rottenführer *m.*

gan·gling ['gæŋliŋ] *adj.* schlaksig.

gan·gli·on ['gæŋgliən] *pl.* **-a** [-ə] *s.* **1.** *anat.* 'Ganglion *n*, Nervenknoten *m*: ~ *cell* Ganglienzelle; **2.** ⚕ 'Überbein *n* (*an e-r Sehne*); **3.** *fig.* Knoten-, Mittelpunkt *m*, Kraftquelle *f.*

'gang-plank → *gangway 2b.*

gan·grene ['gæŋgri:n] **I.** *s.* **1.** ⚕ Brand *m*; **2.** *fig.* Fäulnis *f*, Verfall *m*, Verderbtheit *f*; **II.** *v/t. u. v/i.* **3.** ⚕ brandig machen (werden); **'gan·gre·nous** [-rinəs] *adj.* ⚕ brandig.

gang·ster ['gæŋstə] *s.* Gangster *m*, Verbrecher *m.*

'gang·way I. *s.* **1.** 'Durchgang *m*; **2. a)** ⚓ Fallreepstreppe *f*, **b)** ⚓ Gangway *f*, Landungsbrücke *f*, **c)** ✈ Gangway *f*; **3.** *Brit. thea. etc.* Gang *m* (zwischen Sitzreihen); **4.** *Brit.* Quergang *m* im *House of Commons*: *the members below the* ~ die ‚Wilden'; **5.** ⚒ Strecke *f*; **6.** ⊕ **a)** Schräge *f*, Rutsche *f*, **b)** Laufbühne *f*; **II.** *int.* **7.** Platz (machen) (, bitte)!

gan·net ['gænit] *s. orn.* Tölpel *m.*

gant·let ['gæntlit] *Am.* → *gauntlet¹.*

gan·try ['gæntri] *s.* **1.** Faßgestell *n*; **2.** ⊕ Gerüst *n*, Stütze *f*, Bock *m*: ~ *crane* Portalkran; **3.** 🚆 Si'gnalbrücke *f.*

Gan·y·mede ['gænimi:d] *s.* **1.** *humor.* Kellner *m*; **2.** *ast.* Gany'med *m.*

gaol [dʒeil] *bsd. Brit.* **I.** *s.* Gefängnis *n* (*a. Haft*); **II.** *v/t.* ins Gefängnis werfen, einsperren; **'~-bird** *s. humor.* ‚Zuchthäusler' *m*, Galgenvogel *m* (*Sträfling, Gewohnheitsverbrecher, Taugenichts*); **'~-break** *s.* Ausbruch *m* aus dem Gefängnis; **'~-break·er** *s.* Ausbrecher *m* (*aus dem Gefängnis*).

gaol·er ['dʒeilə] *s. bsd. Brit.* (Gefängnis)Wärter *m*, Kerkermeister *m.*

gap [gæp] *s.* **1.** Lücke *f*, Spalt *m*, Öffnung *f*; **2.** ⚔ Bresche *f*, Gasse *f*; **3.** (Berg)Schlucht *f*; **4.** *fig.* Lücke *f*, Zwischenraum *m*, -zeit *f*, Unter'brechung *f*; 'Unterschied *m*: *to fill* (*od. stop*) *a* ~ e-e Lücke ausfüllen, ein Loch (zu)stopfen (*a. fig.*); *dollar* ~ ✝ Dollarlücke.

gape [geip] **I.** *v/i.* **1.** den Mund aufreißen (*vor Staunen*), staunen: *to stand gaping* Maulaffen feilhalten; **2.** starren, glotzen, gaffen: *to* ~ *at s.o.* j-n anstarren; **3.** gähnen; **4.** *fig.* klaffen, gähnen, sich öffnen *od.* auftun; **II.** *s.* **5.** Gaffen *n*, Glotzen *n*; **6.** Staunen *n*; **7.** Gähnen *n*; **8.** *the* ~*s pl. sg. konstr.* **a)** *vet.* Schnabelsperre *f*, **b)** *humor.* Gähnkrampf *m*; **'gap·ing** [-piŋ] *adj.* □ klaffend, weit offen.

ga·rage ['gærɑ:ʒ; -ridʒ] **I.** *s.* **1. a)** Ga'rage *f*, **b)** Repara'turwerkstätte *f* u. Tankstelle *f*, 'Autohof *m*; **2.** 'Autobox *f*; **3.** Flugzeugschuppen *m*; **II.** *v/t.* **4.** *Auto* einstellen.

garb [gɑ:b] **I.** *s.* Tracht *f*, Gewand *n*; **II.** *v/t.* kleiden.

gar·bage ['gɑ:bidʒ] *s.* **1.** *Am.* Abfall *m*, Müll *m*, *bsd.* Küchenabfälle *pl.*: ~ *can* Mülleimer, -tonne; ~ *chute* Müllschlucker; **2.** *fig.* Schund *m.*

gar·ble ['gɑ:bl] *v/t. Text etc.* verstümmeln, entstellen, zustutzen, ‚frisieren'.

gar·board ['gɑ:bəd], *a.* ~ **strake** *s.* ⚓ Kielgang *m*, -beplankung *f.*

gar·den ['gɑ:dn] **I.** *s.* **1.** Garten *m*: *to lead up the* ~ (*path*) täuschen, an der Nase herumführen; **2.** *fig.* Garten *m*, fruchtbare Gegend: *the* ~ *of England* die Grafschaft Kent; **3.** *mst pl.* Gartenanlagen *pl.*: *botanical* ~(*s*) botanischer Garten; **II.** *v/i.* **4.** gärtnern; Gartenbau treiben; **III.** *adj.* **5.** Garten...: ~ *plants*; ~ *roller* Gartenwalze; → *common 4*; ~ **cit·y** *s.* Gartenstadt *f*; **'~-cress** *s.* ♀ Gartenkresse *f.*

gar·den·er ['gɑ:dnə] *s.* Gärtner(in).

'gar·den|-frame *s.* Mistbeet *n*; **'~-glass** *s.* Glasglocke *f für Pflanzen*; ~ **hose** *s.* Gartenschlauch *m.*

gar·de·ni·a [gɑ:'di:njə] *s.* ♀ Gar'denie *f.*

gar·den·ing ['gɑ:dniŋ] *s.* **1.** Gartenbau *m*; **2.** Gartenarbeit *f.*

gar·den| mo(u)ld *s.* Blumen(topf)erde *f*; **'~-par·ty** *s.* Gartenfest *n*, -gesellschaft *f*; **'~-patch** *s. Am.*, **'~-plot** *s. Brit.* (Stück *n*) Gartenland *n*; ~ **seat** *s.* Gartenbank *f*; ~ **shears** *s. pl.* Heckenschere *f*; ♀ **State** *s. Am.* (*Beiname für*) New Jersey *n*; **'~-stuff** *s.* Gärtne'reierzeugnisse *pl.*; ~ **sub·urb** *s. Brit.* Villenvorort *m*; **'~-war·bler** *s. orn.* Gartengrasmücke *f*; **'~-white** *s. zo.* Weißling *m.*

gar·gan·tu·an [gɑ:'gæntjuən] *adj.* riesig, gewaltig, ungeheuer.

gar·gle ['gɑ:gl] **I.** *v/t. Mund* ausspülen; **II.** *v/i.* gurgeln; **III.** *s.* Mundwasser *n*; ⚕ Gurgelmittel *n.*

gar·goyle ['gɑ:gɔil] *s.* △ Wasserspeier *m*; *fig.* Scheusal *n.*

gar·ish ['gɛəriʃ] *adj.* □ grell, schreiend, auffallend, prunkend.

gar·land ['gɑ:lənd] **I.** *s.* **1.** Gir'lande *f* (*a.* △), Laub-, Blumengewinde *n*; **2.** *fig.* Siegespreis *m*, -palme *f*; **II.** *v/t.* **3.** bekränzen.

gar·lic ['gɑ:lik] *s.* ♀ Knoblauch *m.*

gar·ment ['gɑ:mənt] *s.* **1.** Kleidungsstück *n*, Gewand *n*; *pl.* Kleider *pl.*; **2.** *fig.* Decke *f*, Hülle *f.*

gar·ner ['gɑ:nə] **I.** *s.* **1.** Getreidespeicher *m*, Kornkammer *f*; **2.** *fig.* Speicher *m*, Vorrat *m*, Sammlung *f*; **II.** *v/t.* **3.** *fig.* (an)sammeln, (auf-)speichern.

gar·net ['gɑ:nit] **I.** *s. min.* Gra'nat *m*; **II.** *adj.* gra'natrot.

gar·nish ['gɑ:niʃ] **I.** *v/t.* **1.** schmükken, verzieren; **2.** *Küche*: garnieren; **3.** ⚖ *Forderung* pfänden; **II.** *s.* **4.** Orna'ment *n*, Verzierung *f*; **5.** *Küche*: Garnierung *f*; **gar·nish·ee** [gɑ:ni'ʃi:] *s.* ⚖ Drittschuldner *m*; **'gar·nish·ment** [-mənt] *s.* **1.** → *garnish 4*; **2.** ⚖ (Forderungs)Pfändung *f*: ~ *of wages* Lohnpfändung; **'gar·ni·ture** [-itʃə] *s.* **1.** → *garnish 4*; **2.** Zubehör *n*, *m*, Ausstattung *f.*

ga·rotte → *garrot(t)e.*

gar·ret ['gærət] *s.* Dachstube *f*, Man'sarde *f*, Bodenkammer *f*: *wrong in the* ~ *sl.* nicht richtig im Oberstübchen.

gar·ri·son ['gærisn] ⚔ **I.** *s.* **1.** Garni'son *f*, Besatzung *f*; Standort *m*: ~ *town* Garnisonstadt; **2.** *Am.* befestigte Stadt, Festung *f*; **II.** *v/t.* **3.** mit e-r Garnison belegen, besetzen; **4.** *Truppen* in Garnison legen: *to be* ~*ed* in Garnison stehen; ~ **ar·til·ler·y** *s.* 'Festungsartille,rie *f*; ~ **cap** *s.* Schirmmütze *f*; ~ **command·er** *s.* 'Standortkomman,dant *m.*

gar·rot(t)e [gə'rɔt] **I.** *s.* **1.** (Hinrichtung *f* durch die) Ga(r)'rotte *f*; **2.** Erdrosselung *f*; **II.** *v/t.* **3.** ga(r)rottieren; **4.** erdrosseln.

gar·ru·li·ty [gæ'ru:liti] *s.* Geschwätzigkeit *f*; **gar·ru·lous** ['gæruləs] *adj.* □ **1.** geschwätzig; **2.** plätschernd, murmelnd (*Bach*).

gar·ter ['gɑ:tə] **I.** *s.* **1.** Strumpfband *n*; *Am.* Sockenhalter *m*: ~ *belt Am.* Strumpfhalter, Sportgürtel; ~ *girdle* Hüfthalter, -gürtel; **2.** (*Order of*) *the* ♀ Hosenbandorden *m*; **3.** ♀ *od.* ♀ *King of Arms* erster Wappenherold Englands; **II.** *v/t.* **4.** mit e-m Strumpfband *etc.* befestigen.

garth [gɑ:θ] *s. Brit. obs.* Garten *m*, Hof *m.*

gas [gæs] **I.** *s.* **1.** ⚗ Gas *n*; **2.** (Leucht)Gas *n*, Gaslicht *n*; **3.** ⚒ Grubengas *n*; **4.** *a. poison-*~ ⚔ (Gift)Gas *n*, Kampfstoff *m*; **5.** *bsd. Am.* F (*abbr. für gasoline*) Ben'zin *n*, Sprit *m*: *to step on the* ~ *mot.* Gas geben (*a. fig.*); **6.** *sl.* Gewäsch *n*; **II.** *v/t.* **7.** ⚔ vergasen; **8.** ⊕ mit Gas versorgen *od.* füllen *od.* behandeln; **III.** *v/i.* **9.** *sl.* faseln, schwadronieren; **'~-air mix·ture** *s.* ⊕ Brennstoffluftgemisch *n*; **'~-bag** *s.* **1.** ⊕ Gassack *m*, -zelle *f*; **2.** F Schwätzer *m*, Schwadro'neur *m*; **'~-bot·tle** *s.* ⊕ Gas-, Stahlflasche *f*; **'~-brack·et** *s.* ⊕ Gasarm *m*; **'~-burn·er** *s.* Gasbrenner *m*; ~ **cham·ber** *s.* **1.** Gas-, Vergasungskammer *f*; **2.** Gasprüfraum *m*; **'~-coal** *s.* Gas-, Fettkohle *f*; **'~-coke** *s.* (Gas)Koks *m.*

Gas·con ['gæskən] *s.* **1.** Gas'kogner *m*; **2.** *fig.* Prahlhans *m*; **gas·con·ade** [gæskə'neid] **I.** *s.* Prahle'rei *f*; **II.** *v/i.* prahlen, aufschneiden.

'gas|-cook·er *s.* Gasherd *m*; ~ **cyl·in·der** *s.* ⊕ Gasflasche *f*; **'~-en·gine** *s.* ⊕ 'Gas,motor *m*, -ma,schine *f.*

gas·e·ous ['geizjəs] *adj.* ⚗ gasartig, -förmig, Gas...

'gas|-fire *s.* Gasofen *m*, Gasheizung *f*; **'~-'fired** *adj.* mit Gasfeuerung, gasbeheizt; **'~-fit·ter** *s.* 'Gasinstalla,teur *m*, Rohrleger *m*; **'~-fit·ting** *s.* **1.** 'Gasinstallati,on *f*; **2.** *pl.* 'Gasanlage *f*, -arma,turen *pl.*; ~ **gen·er·a·tor** *s.* ⊕ 'Gaserzeuger *m*, -gene,rator *m.*

gash [gæʃ] **I.** *s.* klaffende Wunde, tiefer Schnitt; **II.** *v/t.* *j-m* e-e tiefe (Schnitt)Wunde beibringen.

'gas|-heat·er *s.* Gasofen *m*; ~ **heat·ing** *s.* Gasheizung *f*; **'~-hel·met** → *gas-mask*; **'~-hold·er** → *gasometer.*

gas·i·fi·ca·tion [gæsifi'keiʃən] *s.*

Vergasung *f* (*Verwandlung in Gas*); **gas·i·fy** [ˈgæsifai] *v/t.* vergasen, in Gas verwandeln.

ˈ**gas-jet** *s.* Gasflamme *f*, -brenner *m*.

gas·ket [ˈgæskit] *s.* **1.** ⊕ ˈDichtungsring *m*, -manˌschette *f*, Packung *f*; **2.** ⚓ Seising *n*.

ˈ**gas|·light** *s.* Gaslicht *n*, -lampe *f*: ~ *paper phot.* Gaslichtpapier; ˈ**~-light·er** *s.* **1.** Gasfeuerzeug *n*; **2.** Gasanzünder *m*; ˈ**~-main** *s.* (Haupt)Gasleitung *f*; ˈ**~-man** [-mæn] *s.* [*irr.*] **1.** ˈGasinstallaˌteur *m*; **2.** Gasmann *m*, -ableser *m*; ˈ**~-man·tle** *s.* (Gas)Glühstrumpf *m*; ˈ**~-mask** *s.* ⚔ Gasmaske *f*; ˈ**~-me·ter** *s.* ⊕ Gasuhr *f*, -zähler *m*; ˈ**~-mo·tor** → *gas-engine.*

gas·o·gene [ˈgæsoudʒi:n] → *gazogene.*

gas·o·lene, gas·o·line [ˈgæsəli:n] *s.* **1.** ⚗ Gasoˈlin *n*, ˈGasˌäther *m*; **2.** *Am. mst* Benˈzin *n*: ~ *ga(u)ge* Kraftstoffmesser, Benzinuhr.

gas·om·e·ter [gæˈsɔmitə] *s.* Gasoˈmeter *m*, Gasbehälter *m*.

ˈ**gas-ˈov·en** *s.* Gasbackofen *m*.

gasp [gɑ:sp] **I.** *v/i.* schwer atmen, keuchen: *to ~ for breath* nach Luft schnappen; *it made me ~* mir stockte der Atem (*vor Erstaunen*); *to ~ for s.th.* nach et. lechzen; **II.** *v/t.* (herˈvor)keuchen: *to ~ one's life out* sein Leben aushauchen; **III.** *s.* Keuchen *n*, schweres Atmen: *at one's last ~* in den letzten Zügen, sterbend; ˈ**gasp·er** [-pə] *s. Brit. obs. sl.* ‚Sargnagel' *m* (*billige Zigarette*).

ˈ**gas|-pipe** *s.* Gasrohr *n*; **~ range** *s. Am.* Gasherd *m*; ˈ**~-ˈring** *s.* Gasbrenner *m*, -ring *m*.

gassed [gæst] *adj.* vergast, gaskrank, -vergiftet.

ˈ**gas|-ˈshell** *s.* ⚔ ˈGasgraˌnate *f*; **~ sta·tion** *s. Am.* Tankstelle *f*; ˈ**~-ˈstove** *s.* **1.** Gasherd *m*; **2.** Gasofen *m*.

gas·sy [ˈgæsi] *adj.* **1.** ⚗ gasartig; **2.** voll Gas; **3.** *fig.* großsprecherisch, schwadronierend; leer (*Gerede*).

ˈ**gas|-tank** *s.* Gas-, Benˈzinbehälter *m*; ˈ**~-tar** *s.* Steinkohlenteer *m*.

gas·ter·o·pod [ˈgæstərəpɔd] → *gastropod.*

ˈ**gas-tight** *adj.* gasdicht.

gas·tric [ˈgæstrik] *adj.* ⚕ gastrisch, Magen(gegend)...: ~ *acid* Magensäure; ~ *flu* Darmgrippe; ~ *juice* Magensaft; ~ *ulcer* Magengeschwür; **gas·tri·tis** [gæsˈtraitis] *s.* ⚕ Gaˈstritis *f*, Magenschleimhautentzündung *f*; **gas·tro·en·ter·i·tis** [gæstrouentəˈraitis] *s.* ⚕ Gastroenteˈritis *f*, ˈMagen-ˈDarmkaˌtarrh *m*.

gas·tro·nome [ˈgæstrənoum], **gas·tron·o·mer** [gæsˈtrɔnəmə] *s.* Feinschmecker *m*; **gas·tro·nom·ic** *adj.*; **gas·tro·nom·i·cal** [gæstrəˈnɔmik(əl)] *adj.* □ feinschmeckerisch; **gas·tron·o·mist** [gæsˈtrɔnəmist] → *gastronome*; **gas·tron·o·my** [gæsˈtrɔnəmi] *s.* Gastronoˈmie *f*, Feinschmeckeˈrei *f*, feine Kochkunst.

gas·tro·pod [ˈgæstrəpɔd] *s. zo.* Bauchfüßler *m*.

ˈ**gas-works** *s. pl. mst sg. konstr.* Gasanstalt *f*, -werk *n*.

gat [gæt] *s. Am. sl.* ‚Schießeisen' *n* (*Pistole*).

gate[1] [geit] **I.** *s.* **1.** Tor *n*, Pforte *f*; *pl.* zweiflügeliges Tor; **2. a)** 🚂 Schranke *f*, Sperre *f*, **b)** ✈ Flugsteig *m*; **3.** *fig.* Zugang *m*; **4.** Schleusentor *n*; **5.** *bsd. sport* **a)** Besucherzahl *f*, **b)** gesamtes Eintrittsgeld; **6.** *Fernsehen*: Ausblendstufe *f*; **7.** *Gießerei*: Trichter *m*; Anschnitt *m*; **II.** *v/t.* **8.** *Brit. univ.* (*in Oxford u. Cambridge*) den Ausgang sperren (*dat.*): *he was ~d* er erhielt Ausgangsverbot.

gate[2] [geit] *s. dial.* Gasse *f*, Straße *f*.

ˈ**gate|-bill** *s. Brit. univ.* **a)** *Protokoll über überschrittene Ausgangszeit*, **b)** *Geldstrafe hierfür*; ˈ**~-crash·er** *s. sl.* Eindringling *m* (*ohne Eintrittskarte*), ungeladener Gast; ˈ**~-house** *s.* Pförtnerhäus-chen *n*; ˈ**~-keep·er** *s.* **1.** Pförtner *m*, Torhüter *m*; **2.** *Am.* 🚂 Bahnwärter *m*; ˈ**~-leg(ged) ta·ble** *s.* Klapptisch *m*; ˈ**~-mon·ey** → *gate*[1] *5b*; ˈ**~-post** *s.* Tor-, Türpfosten *m*: *between you and me and the ~* im Vertrauen *od.* unter uns (gesagt); ˈ**~-way** *s.* **1.** Torweg *m*, Einfahrt *f*, Eingang *m*; **2.** *fig.* (Eingangs)Tor *n*, Zugang *m*.

gath·er [ˈgæðə] **I.** *v/t.* **1.** *Personen* versammeln; → *father 4*; **2.** *Dinge* (an)sammeln, anhäufen: *to ~ wealth*; *to ~ experience* Erfahrung(en) sammeln; **3.** anziehen (*a. fig.*); gewinnen, erwerben: *to ~ s.o. in one's arms* j-n in s-e Arme schließen; *to ~ o.s. together* sich aufraffen; *to ~ strength* zu Kräften kommen; *to ~ dust* verstauben; *to ~ speed* Geschwindigkeit aufnehmen, schneller werden; *to ~ way* ⚓ in Fahrt kommen (*a. fig.*); **4.** (auf)lesen, sammeln; pflücken, ernten; **5.** *fig.* folgern (*a.* ℞), schließen (*from* aus); sich zs.-reimen *od.* denken; **6.** (zs.-)raffen, falten, kräuseln; → *brow 1*; **II.** *v/i.* **7.** sich versammeln (*round s.o.* um j-n); **8.** sich zs.-ziehen *od.* -ballen (*Wolken, Gewitter*); **9.** sich entwickeln, zunehmen; **10.** ~ *to a head* ⚕ reifen (*Abszeß etc., a. fig.*), eitern; **~ up** *v/t.* **1.** zs.-suchen, -legen, auflesen, -nehmen (*a. fig.*); **2.** *Glieder* ein-, zs.-ziehen.

gath·er·er [ˈgæðərə] *s.* **1.** Ernteude(r *m*) *f*, Schnitter(in); **2.** Steuer-, Geldeinnehmer *m*; ˈ**gath·er·ing** [-ðəriŋ] *s.* **1.** (Ein-, Ver)Sammeln *n*; **2.** Ernten *n*; **3.** An-, Versammlung *f*; Zs.-kunft *f*; **4.** ⚕ Eiterung *f*; **5.** *Buchbinderei*: Lage *f*.

gauche [gouʃ] *adj.* linkisch; taktlos; **gau·che·rie** [ˈgouʃəri(:)] *s.* Taktlosigkeit *f*.

Gau·cho [ˈgautʃou] *pl.* **-chos** *s.* Gaucho *m* (*Viehhüter*).

gaud [gɔ:d] *s.* Putz *m*, billiger Schmuck, Tand *m*; *pl.* Prunk *m*, Pomp *m*; ˈ**gaud·i·ness** [-dinis] *s.* geschmackloser Prunk, überˈtriebener Putz; ˈ**gaud·y** [-di] **I.** *adj.* □ **1.** prunkhaft, farbenprächtig, geschmacklos; grell: ~ *colo(u)rs*; **2.** überˈladen, aufgeputzt; **II.** *s.* **3.** *Brit. univ.* jährliches Festmahl (*für ehemalige Studenten*).

gauf·fer → *goffer.*

gauge [geidʒ] **I.** *s.* **1.** Norˈmal-, Eichmaß *n*; **2.** ⊕ Meßgerät *n*, Messer *m*, Anzeiger *m*; Pegel *m*, Wasserstandsanzeiger *m*; ⊕ Manoˈmeter *n*; ⊕ Lehre *f*; Maß-, Zollstock *m*; **3.** ⊕ (Blech-, Draht-) Stärke *f*; *Strumpfherstellung*: gg-Zahl *f*; *typ.* Zeilenmaß *n*; ⚔ Kaˈliber *n*; 🚂 Spurweite *f*; ⚓ *oft gage* Abstand *m*, Lage *f*: *to have the lee (weather) ~* zu Lee (Luv) liegen (*Schiff*); **4.** ˈUmfang *m*, Inhalt *m*, Dicke *f*, Stärke *f*: *to take the ~ of fig.* abschätzen; **5.** *fig.* Maßstab *m*, Norm *f*; **II.** *v/t.* **6.** (ab)lehren, (ab-, aus)messen; **7.** eichen, justieren; **8.** *fig.* (ab)schätzen, beurteilen; **~ cock** *s.* ⊕ Wasserstandshahn *m*; **~ lathe** *s.* ⊕ Präzisiˈonsdrehbank *f*.

gaug·er [ˈgeidʒə] *s.* Eichmeister *m*.

gaug·ing [ˈgeidʒiŋ] *s.* ⊕ Eichung *f*, Messung *f*: ~ *office* Eichamt; *~-rod* Eichstab.

Gaul [gɔ:l] *s.* ˈGallier *m*; *humor.* Franˈzose *m*; ˈ**Gaul·ish** [-liʃ] **I.** *adj.* gallisch; *humor.* franˈzösisch; **II.** *s. ling.* Gallisch *n*.

gault [gɔ:lt] *s. geol.* Flammenmergel *m*.

gaunt [gɔ:nt] *adj.* □ **1.** hager, mager, dünn; **2.** schauerlich, finster.

gaunt·let[1] [ˈgɔ:ntlit] *s.* **1.** Panzerhandschuh *m*; **2.** *fig.* Fehdehandschuh *m*: *to fling (od. throw) down the ~ (to s.o.)* (j-m) den Fehdehandschuh hinwerfen, (j-n) herausfordern; *to pick (od. take) up the ~* die Herausforderung annehmen; **3.** Reit-, Fecht-, Stulpenhandschuh *m*.

gaunt·let[2] [ˈgɔ:ntlit] *s.*: *to run the ~* Spießruten laufen (*a. fig.*).

gaun·try [ˈgɔ:ntri] → *gantry.*

gauss [gaus] *s. phys.* Gauß *n*.

gauze [gɔ:z] *s.* **1.** Gaze *f*, Mull *m*, Flor *m*: ~ *bandage* Gazebinde; **2.** feines Drahtgeflecht; **3.** *fig.* Dunst *m*, Schleier *m*; ˈ**gauz·y** [-zi] *adj.* gazeartig, hauchdünn.

gave [geiv] *pret. von give.*

gav·el [ˈgævl] *s.* Hammer *m e-s Auktionators od. Vorsitzenden.*

ga·vot(te) [gəˈvɔt] *s.* ♪ Gaˈvotte *f*.

gawk [gɔ:k] **I.** *s.* Tölpel *m*, Einfaltspinsel *m*; Schlaks *m*; **II.** *v/i. Am.* F dumm glotzen; ˈ**gawk·y** [-ki] **I.** *adj.* einfältig; schlaksig, unbeholfen; **II.** *s.* Tölpel *m*.

gay [gei] *adj.* □ → *gaily*; **1.** lustig, fröhlich; **2.** bunt, glänzend, prächtig: ~ *with* belebt von, geschmückt mit; **3.** lebenslustig, flott: *a ~ bird* F ein lustiger Gesell, ein lockerer Vogel; **4.** liederlich: *a ~ life*; **5.** *Am. sl.* kess, frech; **6.** F homoˈphil, ˌhomosexuˈell.

gaze [geiz] **I.** *v/i.* (*at, on, upon*) starren (auf *acc.*), anstarren, lange betrachten, bestaunen (*acc.*); **II.** *s.* (fester *od.* starrer) Blick, Anstaunen *n*.

ga·ze·bo [gəˈzi:bou] *s.* ˈAussichtspunkt *m*, -turm *m*, -terˌrasse *f*.

ga·zelle [gəˈzel] *s. zo.* Gaˈzelle *f*.

gaz·er [ˈgeizə] *s.* Gaffer *m*.

ga·zette [gəˈzet] **I.** *s.* **1.** Zeitung *f*; **2.** *Brit.* Amtsblatt *n*, Staatsanzeiger *m*; **II.** *v/t.* **3.** *Brit.* im Amtsblatt bekanntgeben: *he was ~d ...* s-e Ernennung zum ... wurde bekanntgegeben; **gaz·et·teer** [gæziˈtiə] *s.* geoˈgraphisches Lexikon *od.* Namensverzeichnis.

gaz·o·gene ['gæzədʒi:n] *s.* ⊕ Appa'rat *m* zur Erzeugung kohlensauren Wassers.

gear [giə] **I.** *s.* **1.** ⊕ **a)** Zahnrad *n*, **b)** *mst pl.* Getriebe *n*, Triebwerk *n*, Gestänge *n*; **2.** ⊕ Transmissi'on *f*, Antrieb *m*; **3.** *mot.* Gang *m*; *Fahrrad*: Über'setzung *f*: *high* ~ **a)** schneller Gang, **b)** große Übersetzung; *low* (*od. bottom*) ~ **a)** erster Gang, **b)** kleine Übersetzung; *second* ~ zweiter Gang; *top* ~ höchste Geschwindigkeit; *in* ~ eingeschaltet, in Betrieb; *out of* ~ ausgeschaltet, *fig.* außer Betrieb, in Unordnung; *to throw out of* ~ ausrücken, -schalten, *fig.* aus dem Gleichgewicht bringen, durcheinanderbringen; *to change* ~ (um)schalten; **4.** ⚓, ✈ *oft in Zssgn* Geschirr *n*, Gerät *n*; **5.** Werkzeug *n*, Gerät *n*; Zubehör *n*, *m*; **6.** *bsd. in Zssgn* Ausrüstung *f*: *foot-*~ Schuhwerk; *fishing-*~ Angel- *od.* Fischereigeräte; **7.** Geschirr *n* der Zugtiere; **II.** *v/t.* **8.** ⊕ mit Getriebe versehen; verzahnen; **9.** ⊕ in Gang setzen (*a. fig.*), über'setzen, einschalten: *to* ~ *up* (*down*) Gang *od.* Geschwindigkeit (*gen.*) herauf- (herab)setzen, über- (unter)setzen; **10.** ausrüsten; **11.** *fig.* (*to, for*) einstellen (auf *acc.*), einrichten (für), anpassen (*dat.*); **12.** ~ *up* beschleunigen, steigern, verstärken; **13.** *Tiere* anschirren; **III.** *v/i.* **14.** ⊕ eingreifen (*into* in *acc.*), inein'andergreifen; **15.** *fig.* (*with*) passen (zu), eingerichtet sein (auf *acc.*).

'**gear|-box,** '~**-case** *s.* ⊕ **1.** Getriebe(gehäuse) *n*; **2.** Zahnrad-, Kettenschützer *m*; ~ **change** *s.* ⊕ Gangschaltung *f*; ~ **cut·ter** *s.* ⊕ Zahnradfräser *m*; ~ **drive** *s.* ⊕ Zahnradantrieb *m*; Triebwerk *n*.

gear·ing ['giəriŋ] *s.* ⊕ **1.** (Zahnrad-) Getriebe *n*; **2.** *oft in Zssgn* Über'setzung *f*, Transmissi'on *f*: *belt* ~ Riementransmission.

gear| le·ver *s.* ⊕ Schalthebel *m*; ~ **rim** *s.* ⊕ Zahnkranz *m*; ~ **shaft** *s.* ⊕ Getriebe-, Schaltwelle *f*; ~ **shift** *s.* ⊕ **1.** → *gear change*; **2.** → *gear lever*; '~**-wheel** *s.* ⊕ Getriebe-, Zahnrad *n*.

geck·o ['gekou] *pl.* **-os, -oes** *s. zo.* Gecko *m* (*Echse*).

gee [dʒi:] **I.** *s.* **1.** *a.* ~-~ *Kindersprache*: ‚Hotte'hü' *n* (*Pferd*); **II.** *int.* **2.** *a.* ~ *up!* hü!, hott! (*Fuhrmannsruf*); **3.** *a.* ~ *whiz!* na so was!, Donnerwetter!

geese [gi:s] *pl. von goose.*

gee·zer ['gi:zə] *s. sl.* **1.** komischer Kauz, alter Knacker; **2.** altes Weib.

Gei·ger count·er ['gaigə] *s. phys.* Geigerzähler *m*.

gei·sha ['geiʃə] *s.* Geisha *f*.

gel·a·tin(e) [dʒelə'ti:n] *s.* **1.** Gela'tine *f*, Knochenleim *m*; **2.** Gal'lerte *f*, 'Gallert *n*; **3.** *a. blasting* ~ 'Sprenggela,tine *f*; **ge·lat·i·nize** [dʒi'lætinaiz] *v/i. u. v/t.* gelatinieren *od.* gelieren (lassen); **ge·lat·i·nous** [dʒi'lætinəs] *adj.* gallertartig.

geld [geld] *v/t. Tier* kastrieren, verschneiden; '**geld·ing** [-diŋ] *s.* kastriertes Tier, *engS.* Wallach *m*.

gel·id ['dʒelid] *adj.* □ kalt, eisig (*a. fig.*).

gel·ig·nite ['dʒelignait] **I.** *s.* ⚗ Gela'tinedyna,mit *n*; **II.** *v/t.* mit Gelatinedynamit sprengen.

gem [dʒem] **I.** *s.* **1.** Edelstein *m*; **2.** Gemme *f*; **3.** *fig.* Perle *f*, Ju'wel *n*, Glanz-, Prachtstück *n*; **4.** *Am.* Brötchen *n*; **II.** *v/t.* **5.** mit Edelsteinen schmücken.

gem·i·nate **I.** *adj.* ['dʒeminit] paarweise, Zwillings...; **II.** *v/t.* [-neit] verdoppeln (*a. ling.*); **gem·i·na·tion** [dʒemi'neiʃən] *s.* Verdoppelung *f* (*a. ling.*).

Gem·i·ni ['dʒemini:] *s. pl. ast.* Zwillinge *pl*.

gem·ma ['dʒemə] *pl.* **-mae** [-mi:] *s.* **1.** ♆ Blattknospe *f*; **2.** *biol.* Spore *f*, Knospe *f*, Gemme *f*; '**gem·mate** [-meit] *adj. biol.* sich durch Knospung fortpflanzend; **gem·ma·tion** [dʒe'meiʃən] *s.* **1.** ♆ Knospenbildung *f*; **2.** *biol.* Fortpflanzung *f* durch Knospen; **gem·mif·er·ous** [dʒe'mifərəs] *adj.* **1.** edelsteinhaltig; **2.** *biol.* → *gemmate*; **gem·mip·a·rous** [dʒe'mipərəs] → *gemmate*.

gems·bok ['gemzbɔk] *s. zo.* 'Gemsanti,lope *f*.

gen [dʒen] *s.* ⚔ *Brit. sl.* allgemeine Anweisungen *pl*.

-gen [dʒen; dʒən] *in Zssgn* erzeugend, erzeugt.

gen·darme ['ʒɑ̃:ndɑ:m; ʒɑ̃darm] (*Fr.*) *s.* **1.** Gen'darm *m*, Landjäger *m*; **2.** Felsspitze *f*.

gen·der ['dʒendə] *s. ling.* 'Genus *n*, Geschlecht *n*.

gene [dʒi:n] *s. biol.* Gen *n*, Erbeinheit *f*.

gen·e·a·log·i·cal [dʒi:njə'lɔdʒikəl] *adj.* □ genea'logisch, Abstammungs...: ~ *tree* Stammbaum.

gen·e·al·o·gist [dʒi:ni'ælədʒist] *s.* Genea'loge *m*, Sippenforscher *m*; **gen·e'al·o·gize** [-dʒaiz] *v/i.* Stammbaumforschung treiben.

gen·e·al·o·gy [dʒi:ni'ælədʒi] *s.* Genealo'gie *f*, Stammbaum(forschung *f*) *m*.

gen·er·a ['dʒenərə] *pl. von genus.*

gen·er·al ['dʒenərəl] **I.** *adj.* □ → *generally*; **1.** allgemein, um'fassend: ~ *knowledge* Allgemeinbildung; ~ *outlook* allgemeine Aussichten; *the* ~ *public* die breite Öffentlichkeit; **2.** allgemein (*nicht spezifisch*): ~ *dealer Brit.* Gemischtwarenhändler; ~ *store* Gemischtwarenhandlung; *the* ~ *reader* der Durchschnittsleser; *in* ~ *terms* allgemein (ausgedrückt); **3.** allgemein (üblich), gängig, verbreitet: *in* ~ im allgemeinen; *as a* ~ *rule* meistens; **4.** allgemein gehalten, ungefähr: *a* ~ *idea* e-e ungefähre Vorstellung; ~ *resemblance* vage Ähnlichkeit; *in a* ~ *way* in großen Zügen, in gewisser Weise; **5.** allgemein, General..., Haupt...: ~ *agent* ✝ Generalvertreter; ~ *manager* ✝ Generaldirektor; ~ *meeting* ✝ General-, Hauptversammlung; **6.** (*Amtstiteln nachgestellt*) *mst* General...: *consul* ~ Generalkonsul; **II.** *s.* **7.** ⚔ **a)** Gene'ral *m*, **b)** Heerführer *m*, Feldherr *m*, Stra'tege *m*; **8.** ⚔ *Am.* **a)** (Vier-'Sterne-)Gene,ral *m* (*zweithöchster Offiziersrang*), **b)** ~ *of the Army* Fünf-'Sterne-Gene,ral *m* (*höchster Offiziersrang*); **9.** *the* ~ das Allgemeine; **10.** F → *general servant*.

Gen·er·al As·sem·bly *s.* **1.** Voll-, Gene'ralversammlung *f*; **2.** *pol. Am.* gesetzgebende Körperschaft; **3.** *eccl.* gesetzgebende Jahresversammlung der schottischen Kirche.

gen·er·al| car·go *s.* ✝, ⚓ Stückgutladung *f*; ~ **de·liv·er·y** *s.* ✉ *Am.* **1.** (Ausgabestelle *f* für) postlagernde Sendungen *pl.*; **2.** „postlagernd"; ~ **e·lec·tion** *s. pol.* allgemeine (*Parlaments*)Wahlen *pl.*; ~ **ex·pens·es** *s. pl.* ✝ Handlungsunkosten *pl.*; ~ **head·quar·ters** *s. pl. oft sg. konstr.* ⚔ Großes Hauptquartier; ~ **hos·pi·tal** *s.* **1.** ⚔ 'Kriegslaza,rett *n*; **2.** allgemeines Krankenhaus.

gen·er·al·is·si·mo [dʒenərə'lisimou] *pl.* **-mos** *s.* ⚔ Genera'lissimus *m*, Oberbefehlshaber *m*.

gen·er·al·i·ty [dʒenə'ræliti] *s.* **1.** *pl.* allgemeine Redensarten *pl.*, Gemeinplätze *pl.*; **2.** Allgemeingültigkeit *f*, allgemeine Regel; **3.** *sg. pl. konstr.* Mehrzahl *f*, große Masse; **gen·er·al·i·za·tion** [dʒenərəlai'zeiʃən] *s.* Verallgemeinerung *f*;

gen·er·al·ize ['dʒenərəlaiz] **I.** *v/t.* **1.** verallgemeinern; **2.** in großen Zügen darstellen, um'reißen; **II.** *v/i.* **3.** verallgemeinern; allgemeine Schlüsse ziehen *od.* Feststellungen machen; **gen·er·al·ly** ['dʒenərəli] *adv.* allgemein; gewöhnlich, meistens: ~ *speaking* im allgemeinen, im großen u. ganzen.

gen·er·al| of·fi·cer *s.* ⚔ Gene'ral *m*, Offi'zier *m* im Gene'ralsrang; ~ **par·don** *s.* Amne'stie *f*; ♀ **Post Of·fice** *s.* Hauptpostamt *n*; ~ **prac·ti·tion·er** *s.* praktischer Arzt; '~**-pur·pose** *adj.* ⊕ Mehrzweck..., Universal...; ~ **serv·ant** *s.* Mädchen *n* für alles.

gen·er·al·ship ['dʒenərəlʃip] *s.* **1.** ⚔ Gene'ralsrang *m*; **2.** ⚔ Feldherrnkunst *f*, Strate'gie *f* (*a. fig.*); **3.** *fig.* geschickte Leitung *od.* 'Taktik; **4.** *e-m Amtstitel nachgestellt*: *inspector* ~ Amt e-s Generalinspekteurs.

gen·er·al| staff *s.* ⚔ Gene'ralstab *m*: *chief of* ~ Generalstabschef; ~ **strike** *s.* ✝ Gene'ralstreik *m*.

gen·er·ate ['dʒenəreit] *v/t.* **1.** *bsd.* ⚗, *phys.* erzeugen (*a.* ⚡); *Gas, Rauch* entwickeln; bilden (*a.* ⚡); **2.** *biol.* zeugen; **3.** *fig.* erzeugen, her'vorrufen, bewirken, verursachen.

gen·er·at·ing plant (*od.* **sta·tion**) ['dʒenəreitiŋ] *s.* ⚡ Elektrizi'täts-, Kraftwerk *n*.

gen·er·a·tion [dʒenə'reiʃən] *s.* **1.** Generati'on *f*: *the rising* ~ die junge Generation; **2.** Menschen-, Zeitalter *n*: ~*s* F e-e Ewigkeit; **3.** *bsd.* ⚗, ⚡, *phys.* Erzeugung *f*, Her'vorbringung *f*, Entwicklung *f*; **4.** ⊕, ✝ Generation *f*: *a new* ~ *of cars*; **gen·er'a·tion·al** [-ʃənl] *adj.* Generations...: ~ *conflict*; **gen·er·a·tive** ['dʒenərətiv] *adj.* **1.** *biol.* Zeugungs..., Fortpflanzungs..., Geschlechts...; **2.** Erzeugungs...; **3.** produk'tiv, fruchtbar; **gen·er·a·tor** ['dʒenəreitə] *s.* **1.** ⚡ Gene'rator *m*, Stromerzeuger *m*, Dy'namoma₁schine *f*; **2.** ⊕ **a)** Gaserzeuger *m*: ~ *gas* Generatorgas, **b)** Dampferzeuger *m*, -kessel *m*; **3.** ⊕ Wälzfräser *m*; **4.** 📷 Entwickler *m*; **5.** ♪ Grundton *m*.

ge·ner·ic [dʒi'nerik] *adj.* (□ *~ally*) allgemein, gene'rell: ~ *term* Gattungsname, Oberbegriff.

gen·er·os·i·ty [dʒenə'rɔsiti] *s.* **1.** Freigebigkeit *f*, Großzügigkeit *f*; **2.** Großmut *f*, Edelmut *m*; **3.** Fülle *f*; **gen·er·ous** ['dʒenərəs] *adj.* □ **1.** freigebig, großzügig; **2.** edel, hochherzig; **3.** reichlich, üppig; **4.** stark, gehaltvoll (*Wein*); fruchtbar (*Boden*).

gen·e·sis ['dʒenisis] *s.* **1.** Ursprung *m*, Beginn *m*, Entstehung *f*, Werden *n*; **2.** ♀ *bibl.* 'Genesis *f*, Erstes Buch Mose.

gen·et ['dʒenit] *s.* **1.** *zo.* Ge'nette *f*, Ginsterkatze *f*; **2.** Ge'nettepelz *m*.

ge·net·ic *adj.*; **ge·net·i·cal** [dʒi'netik(əl)] *adj.* □ *biol.* **1.** ge'netisch, Entstehungs..., Entwicklungs...; **2.** Erb...; **ge'net·i·cist** [-isist] *s. biol.* Ge'netiker *m*; **ge'net·ics** [-ks] *s. pl. sg. konstr.* Ge'netik *f*, Vererbungslehre *f*.

ge·nette [dʒi'net] *Am.* → *genet.*

ge·ne·va¹ [dʒi'ni:və] *s.* Ge'never *m*, Wa'cholderschnaps *m*.

Ge·ne·va² [dʒi'ni:və] *npr.* Genf *n*; ~ **bands** *s. pl. eccl.* Beffchen *n*; ~ **Con·ven·tion** *s.* ⚔ Genfer Konventi'on *f*; ~ **cross** → *Red Cross*; ~ **drive** *s.* ⊕ Mal'teserkreuzantrieb *m*; ~ **gown** *s. eccl.* Ta'lar *m*, (*schwarzer*) Chorrock.

gen·ial ['dʒi:njəl] *adj.* □ **1.** freundlich (*a. fig. Klima etc.*), jovi'al, herzlich; **2.** belebend, anregend; **ge·ni·al·i·ty** [dʒi:ni'æliti] *s.* **1.** Freundlichkeit *f*, Herzlichkeit *f*; Wärme *f*; **2.** Milde *f* (*Klima*).

ge·nie ['dʒi:ni] *s.* 'Kobold *m*, Geist *m* (*mohammedanische Mythologie*).

ge·ni·i ['dʒi:niai] *pl. von genie u. genius 5.*

ge·nis·ta [dʒi'nistə] *s.* ♀ *ein* Ginster *m*.

gen·i·tal ['dʒenitl] *adj.* Zeugungs..., Geschlechts...; **'gen·i·tals** [-lz] *s. pl.* Geni'talien *pl.*, Geschlechtsteile *pl.*

gen·i·ti·val [dʒeni'taivəl] *adj.* Genitiv..., 'genitivisch; **gen·i·tive** ['dʒenitiv] *s. a.* ~ *case ling.* 'Genitiv *m*, zweiter Fall.

gen·i·to-u·ri·nar·y ['dʒenitou'juərinəri] *adj.* ⚕ die Ge'schlechts- u. 'Harnor₁gane betreffend.

gen·ius ['dʒi:njəs] *pl.* **'gen·ius·es** *s.* **1.** Ge'nie *n* (*Mensch*); **2.** (*ohne pl.*) Genie *n*, geni'ale Schöpferkraft; **3.** Begabung *f*, Gabe *f*; **4.** 'Genius *m*, Geist *m*, Seele *f*, Eigenart *f*: ~ *of a period* Zeitgeist; **5.** *pl.* **'ge·ni·i** [-niai] Genius *m*, Schutzgeist *m*: *good (evil)* ~ guter (böser) Geist (*a. fig.*); ~ **lo·ci** ['lousai] (*Lat.*) *s.* Schutzgeist *m od.* Atmo'sphäre *f* e-s Ortes.

Gen·o·a cake ['dʒenouə] *s. Brit.* mit Mandeln bestreuter Ro'sinenkuchen.

gen·o·cide ['dʒenousaid] *s.* Völker-, Gruppenmord *m*.

Gen·o·ese [dʒenou'i:z] **I.** *s.* Genu'eser(in); **II.** *adj.* genu'esisch, Genueser...

gen·re [ʒɑ:ŋr] (*Fr.*) *s.* Genre *n*, Stil *m*, (*a.* Litera'tur)Gattung *f*: ~ *painting* Genremalerei.

gent [dʒent] F *abbr. für gentleman.*

gen·teel [dʒen'ti:l] *adj.* □ **1.** *obs.* vornehm, artig, wohlerzogen; **2.** vornehm tuend, geziert, affek'tiert.

gen·tian ['dʒenʃiən] *s.* ♀ 'Enzian *m*; '~-**'bit·ter** *s.* **1.** *pharm.* 'Enziantink₁tur *f*; **2.** Enzian(schnaps) *m*.

gen·tile ['dʒentail] **I.** *s.* **1.** Nichtjude *m*, *bsd.* Christ *m*; **2.** *selten* Heide *m*; **II.** *adj.* **3.** nichtjüdisch, *bsd.* christlich; **4.** *selten* heidnisch.

gen·til·i·ty [dʒen'tiliti] *s.* **1.** vornehme Herkunft *od.* Lebensart; **2.** Vornehmtue'rei *f*.

gen·tle ['dʒentl] *adj.* □ **1.** freundlich, sanft, gütig, liebenswürdig: ~ *reader* geneigter Leser; **2.** milde, ruhig, mäßig, leicht, sanft, zart: ~ *blow* leichter Schlag; ~ *craft* Angelsport; ~ *hint* zarter Wink; ~ *rebuke* sanfter Tadel; *the* ~ *sex* das zarte Geschlecht; **3.** zahm, fromm (*Tier*); **4.** edel, vornehm: *of* ~ *birth* von vornehmer Geburt; *a* ~ *knight* ein edler Ritter; '~**·folk(s)** *s. pl.* vornehme Leute *pl.*

gen·tle·man ['dʒentlmən] *s.* [*irr.*] **1.** Gentleman *m*, Ehrenmann *m*, vornehmer Mann, Mann *m* von Bildung u. guter Erziehung, Herr *m*: *gentlemen!* meine Herren!; *he is no* ~ er hat keine Lebensart; *country* ~ Landedelmann; **2.** *Titel von Hofbeamten*: ~*-at-arms* königlicher Leibgardist; ~ *in waiting* Kämmerer; **3.** *hist.* **a)** Mann *m* von Stand, **b)** Edelmann *m*; ~ **driv·er** *s.* Herrenfahrer *m*; ~ **farm·er** *s.* Gutsbesitzer *m*; '~**·like** → *gentlemanly.*

gen·tle·man·li·ness ['dʒentlmənlinis] *s.* vornehme Haltung *od.* Lebensart, feines Wesen, Vornehmheit *f*, Bildung *f*; **gen·tle·man·ly** ['dʒentlmənli] *adj.* eines Gentlemans würdig, vornehm, fein, gebildet; ehrenhaft, anständig.

gen·tle·man rid·er *s.* Herrenreiter *m*.

gen·tle·man's| a·gree·ment *s.* Gentleman's Agreement *n*, Kava'liersabkommen *n*, Vereinbarung *f* auf Treu u. Glauben; ~ **man** *s.* [*irr.*] (Kammer)Diener *m*.

gen·tle·ness ['dʒentlnis] *s.* Freundlichkeit *f*, Güte *f*, Milde *f*, Sanftheit *f*.

'gen·tle·wom·an *s.* [*irr.*] Dame *f* (von Stand *od.* Bildung); **'gen·tle·wom·an·like**, **'gen·tle·wom·an·ly** [-li] *adj.* damenhaft, vornehm.

gen·tly ['dʒentli] *adv. von gentle.*

gen·try ['dʒentri] *s.* **1.** gebildete u. besitzende Stände *pl.*; **2.** *Brit.* niederer Adel, Landadel *m*; **3.** *a. pl. konstr. sl.* Leute *pl.*, Pack *n*.

gen·u·flect ['dʒenju(:)flekt] *v/i.* (*bsd. eccl.*) knien, die Knie beugen; **gen·u·flec·tion**, *Brit. a.* **gen·u·flex·ion** [dʒenju(:)'flekʃən] *s.* Kniebeugung *f*, Knien *n*.

gen·u·ine ['dʒenjuin] *adj.* □ echt, unverfälscht; wahr, wirklich; aufrichtig; **'gen·u·ine·ness** [-nis] *s.* Echtheit *f*, Wahrheit *f*.

ge·nus ['dʒi:nəs] *pl.* **gen·er·a** ['dʒenərə] *s.* ♀, *zo.*, *phls.* Gattung *f*; *fig.* Art *f*, Sorte *f*.

ge·o·cen·tric [dʒi(:)ou'sentrik] *adj. ast.* geo'zentrisch; **ge·o'cy·clic** [-'saiklik] *adj. ast.* die Erde um'kreisend.

ge·ode ['dʒi(:)oud] *s. min.* Ge'ode *f*, Druse *f*.

ge·o·des·ic *adj.*; **ge·o·des·i·cal** [dʒi(:)ou'desik(əl)] *adj.* □ geo'dätisch; **ge·od·e·sist** [dʒi(:)'ɔdisist] *s.* Geo'dät *m*, Land-, Feldmesser *m*; **ge·od·e·sy** [dʒi(:)'ɔdisi] *s.* Geodä'sie *f*, (Lehre *f* von der) Erdvermessung *f*; **ge·o'det·ic** [-etik], **ge·o'det·i·cal** [-etikəl] → *geodesic, geodesical*; **ge·od·e·tist** [dʒi(:)'ɔditist] → *geodesist.*

ge·og·ra·pher [dʒi'ɔgrəfə] *s.* Geo'graph(in); **ge·o·graph·ic** *adj.*; **ge·o·graph·i·cal** [dʒiə'græfik(əl)] *adj.* □ geo'graphisch: *geographical mile* geographische Meile; **ge'og·ra·phy** [-fi] *s.* **1.** Geogra'phie *f*, Erdkunde *f*; **2.** Geogra'phiebuch *n*; **3.** geographische Beschaffenheit; **4.** Lageplan *m*.

ge·o·log·ic *adj.*; **ge·o·log·i·cal** [dʒiə'lɔdʒik(əl)] *adj.* □ geo'logisch; **ge·ol·o·gist** [dʒi'ɔlədʒist] *s.* Geo'loge *m*, Geo'login *f*; **ge·ol·o·gize** [dʒi'ɔlədʒaiz] **I.** *v/i.* geologische Studien betreiben; **II.** *v/t.* geologisch unter'suchen; **ge·ol·o·gy** [dʒi'ɔlədʒi] *s.* **1.** Geolo'gie *f*; **2.** Buch *n* über Geologie; **3.** geo'logische Beschaffenheit.

ge·o·mag·net·ism [dʒiou'mægnitizəm] *s. phys.* 'Erdmagne₁tismus *m*.

ge·o·man·cer ['dʒi:oumænsə] *s.* Geo'mant(in), Erdwahrsager(in); **'ge·o·man·cy** [-si] *s.* Geoman'tie *f*, Geo'mantik *f*; **ge·o·man·tic** [dʒiə'mæntik] *adj.* geo'mantisch.

ge·om·e·ter [dʒi'ɔmitə] *s.* **1.** *obs.* Geo'meter *m*; **2.** Ex'perte *m* auf dem Gebiet der Geome'trie; **3.** *zo.* Spannerraupe *f*; **ge·o·met·ric** *adj.*; **ge·o·met·ri·cal** [dʒiə'metrik(əl)] *adj.* □ **1.** geo'metrisch; **2.** mit geometrischen Formen, sym'metrisch: *geometrical pattern*; **ge·om·e·tri·cian** [dʒioume'triʃən] → *geometer 1, 2*; **ge'om·e·try** [-tri] *s.* **1.** Geome'trie *f*; **2.** Geome'triebuch *n*.

ge·o·phys·i·cal [dʒi(:)ou'fizikəl] *adj.* geophysi'kalisch; **ge·o·phys·ics** [-ks] *s. pl.*, *oft sg. konstr.* Geophy'sik *f*.

ge·o·po·lit·i·cal [dʒi:əpə'litikəl] *adj.* □ geopo'litisch; **ge·o·pol·i·ti·cian** [dʒi:əpɔli'tiʃən] *s.* Geopo'litiker *m*; **ge·o·pol·i·tics** [dʒiou'pɔlitiks] *s. pl.*, *oft sg. konstr.* Geopoli'tik *f*.

George [dʒɔ:dʒ] *s.* **1.** *St.* ~ der heilige Georg (*Schutzheiliger Englands*): *St.* ~*'s Cross* Georgskreuz; ~ *Cross* ⚔ *Brit.* Georgskreuz (*Orden*); *by* ~*!* Donnerwetter!; **2.** ✈ *sl.* auto'matische Steuerung.

geor·gette [dʒɔ:'dʒet] *Am.* ♀ *s.* Geor'gette *m*, dünner Seidenkrepp.

Geor·gi·an ['dʒɔ:dʒjən] *adj.* georgi'anisch: **a)** *aus der Zeit der Könige Georg I.—IV.*, **b)** *aus der Zeit der Könige Georg V. u. VI.*

ge·ra·ni·um [dʒi'reinjəm] *s.* ❀ Storchschnabel *m*, Ge'ranie *f*.

ger·fal·con ['dʒə:fɔ:lkən] *s. orn.* Gierfalke *m*.

ger·i·a·tri·cian [dʒeriə'triʃən] *s.* Facharzt *m* für Alterskrankheiten; **ger·i·at·rics** [dʒeri'ætriks] *s. pl., oft sg. konstr.* Geria'trie *f* (*Lehre von den Alterskrankheiten u. -erscheinungen*).

germ [dʒə:m] **I.** *s.* **1.** ❀, *biol.* Keim *m* (*a. fig. Ansatz, Ursprung*); **2.** Mi'krobe *f*; ⚕ Keim *m*, Ba'zillus *m*, Bak'terie *f*, Krankheitserreger *m*; **II.** *v/i.* **3.** keimen.

ger·man[1] ['dʒə:mən] *adj.* leiblich: *brother* ~ leiblicher Bruder; → *cousin*.

Ger·man[2] ['dʒə:mən] **I.** *adj.* **1.** deutsch; **II.** *s.* **2.** Deutsche(r *m*) *f*; **3.** *ling.* Deutsch *n*, das Deutsche: *in* ~ **a)** auf deutsch, **b)** im Deutschen; *into* ~ ins Deutsche.

'Ger·man|-A'mer·i·can I. *adj.* deutschameri'kanisch; **II.** *s.* Deutschameri'kaner(in); ~ **Con·fed·er·a·tion** *s. hist.* Deutscher Bund.

ger·man·der [dʒə:'mændə] *s.* ❀ Ga'mander *m*; ~ **speed·well** *s.* ❀ Ga'manderehrenpreis *m*.

ger·mane [dʒə:'mein] *adj.* (*to*) gehörig (zu), zs.-hängend (mit), betreffend (*acc.*), passend (zu).

Ger·man·ic[1] [dʒə:'mænik] **I.** *adj.* **1.** ger'manisch; **2.** deutsch; **II.** *s.* **3.** *ling. das* Ger'manische.

ger·man·ic[2] [dʒə:'mænik] *adj.* ⚗ Germanium...: ~ *acid*.

Ger·man·ism ['dʒə:mənizəm] *s.* **1.** *ling.* Germa'nismus *m*, deutsche Spracheigenheit; **2.** (typisch) deutsche Art; **3.** Deutschtum *n*; **4.** Deutschfreundlichkeit *f*; **'Ger·man·ist** [-ist] *s.* Germa'nist(in); **Ger·man·i·ty** [dʒə:'mæniti] → *Germanism* 2.

ger·ma·ni·um [dʒə:'meinjəm] *s.* ⚗ Ger'manium *n*.

Ger·man·i·za·tion [dʒə:mənai'zeiʃən] *s.* Germanisierung *f*, Eindeutschung *f*; **Ger·man·ize** ['dʒə:mənaiz] **I.** *v/t.* eindeutschen; **II.** *v/i.* deutsch werden.

Ger·man| mea·sles *s. pl. sg. konstr.* ⚕ Röteln *pl.*; ~ **O·cean** *s.* Nordsee *f*.

Ger·ma·no·ma·ni·a [dʒə:mənou'meinjə] *s.* Germanoma'nie *f*, über'triebene Deutschfreundlichkeit; **Ger·man·o·phil** [dʒə:'mænoufil], **Ger·man·o·phile** [dʒə:'mænoufail] **I.** *adj.* deutschfreundlich; **II.** *s.* Deutschfreundliche(r *m*) *f*; **Ger·man·o·phobe** [dʒə:'mænoufoub] *s.* Deutschenhasser(in); **Ger·ma·no'pho·bi·a** [-ou'foubjə] *s.* Deutschenhaß *m*.

Ger·man| sil·ver *s.* Neusilber *n*; ~ **steel** *s.* ⊕ Schmelzstahl *m*; ~ **text**, ~ **type** *s. typ.* Frak'tur (-schrift) *f*.

'germ|-car·ri·er *s.* ⚕ Keim-, Ba'zillenträger *m*; ~ **cell** *s. biol.* Keimzelle *f*.

ger·men ['dʒə:min] *s.* ❀ Fruchtknoten *m*.

ger·mi·cid·al [dʒə:mi'saidl] *adj.* keimtötend; **ger·mi·cide** ['dʒə:misaid] *adj. u. s.* keimtötend(es Mittel).

ger·mi·nal ['dʒə:minl] *adj.* □ **1.** *biol.* Keim..., Bakterien...; **2.** *fig.* Anfangs..., Ur..., unentwickelt; **'ger·mi·nant** [-nənt] *adj.* keimend, sprossend (*a. fig.*); **'ger·mi·nate** [-neit] **I.** *v/i.* **1.** keimen, sprossen (*a. fig.*); **2.** *fig.* sich entwickeln; **II.** *v/t.* **3.** zum Keimen bringen; **ger·mi·na·tion** [dʒə:mi'neiʃən] *s.* **1.** ❀ Keimen *n*, Sprießen *n*, Sprossen *n*; **2.** *fig.* Entwicklung *f*; **'ger·mi·na·tive** [-nətiv] *adj.* ❀ **1.** Keim...; **2.** entwicklungsfähig.

'germ|-proof *adj.* keimsicher, -frei; ~ **war·fare** *s.* ⚔ Bak'terienkrieg *m*, bio'logische Kriegführung.

ger·on·tol·o·gist [dʒerɔn'tɔlədʒist] → *geriatrician*; **ger·on·tol·o·gy** [dʒerɔn'tɔlədʒi] → *geriatrics*.

ger·ry·man·der ['dʒerimændə] **I.** *v/t.* **1.** *pol.* die Wahlbezirksgrenzen in *e-m Gebiet* manipulieren; **2.** *Fakten* manipulieren, verfälschen; **II.** *s.* **3.** *pol.* manipulierte Wahlbezirksabgrenzung.

ger·und ['dʒerənd] *s. ling.* Ge'rundium *n*: ~*-grinder* F Lateinpauker; **ge·run·di·al** [dʒi'rʌndjəl] *adj. ling.* Gerundial...; **ger·un·di·val** [dʒerən'daivl] *adj. ling.* Gerundiv...; **ge·run·dive** [dʒi'rʌndiv] *s. ling.* Gerun'div(um) *n*.

ges·ta·tion [dʒes'teiʃən] *s.* **1.** ⚕ Schwangerschaft *f*; **2.** Trächtigkeit *f* (*Tier*).

ges·ta·to·ri·al chair [dʒestə'tɔ:riəl] *s.* Tragsessel *m des Papstes*.

ges·tic·u·late [dʒes'tikjuleit] *v/i.* gestikulieren, Gebärden machen, (her'um)fuchteln; **ges·tic·u·la·tion** [dʒestikju'leiʃən] *s.* Gebärdenspiel *n*, Gesten *pl.*; **ges·tic·u·la·to·ry** [-lətəri] *adj.* gestikulierend, mimisch.

ges·ture ['dʒestʃə] **I.** *s.* **1.** Gebärde *f*, Geste *f*: ~ *of friendship fig.* freundschaftliche Geste; **2.** Gebärdenspiel *n*; **II.** *v/i.* **3.** → *gesticulate*.

get [get] **I.** *v/t.* [*irr.*] **1.** bekommen, erhalten, ‚kriegen': *to* ~ *a letter*; *to* ~ *a cold* sich erkälten; *to* ~ *religion* fromm werden; **2.** (sich [*dat.*]) verschaffen *od.* besorgen, erlangen, erringen, gewinnen, erwerben, (sich [*dat.*]) kaufen; holen, bringen: ~ *me a chair!* bring mir e-n Stuhl!; *to* ~ *a living* s-n Lebensunterhalt verdienen; *to* ~ *singing-lessons* Gesangunterricht nehmen; *you had better* ~ *a new suit* Sie sollten sich (lieber) e-n neuen Anzug kaufen; **3.** (hin)bringen: *to* ~ *s.o. to bed* j-n zu Bett bringen; *that will* ~ *you nowhere* das führt zu nichts; **4.** fassen, packen, erwischen, fangen: *you've got me there!* F da hast du mich drangekriegt!; *that* ~*s me* F **a)** das ist mir zu hoch, **b)** das macht mir zu schaffen; **5.** veranlassen, 'dazu bringen, bewegen: *to* ~ *s.o. to speak* j-n zum Sprechen bringen; *to* ~ *s.th. done* et. erledigen; → *9*; *to* ~ *the door shut* die Tür zubekommen; **6.** F verstehen, ‚kapieren': *I don't* ~ *you* ich verstehe nicht, was du willst; *you got me wrong* du verstehst mich falsch; **7.** *to have got* haben, besitzen: *I have got no money*; *she has got an ugly face*; *I've got it!* ich hab's!; **8.** *to have got to inf.* F müssen: *I've got to go*; **9.** *to* ~ *mit s. u. p.p. od. adj.* lassen, bewirken: *to* ~ *one's hair cut* sich die Haare schneiden lassen; *to* ~ *one's leg broken* sich das Bein brechen; *to* ~ *things done* **a)** Sachen erledigen lassen, **b)** etwas zuwege bringen; → *5*; *to* ~ *one's feet wet* nasse Füße bekommen; **II.** *v/i.* [*irr.*] **10.** gelangen, (an)kommen, geraten: *we got to Berlin* wir kamen nach Berlin; *to* ~ *home early* früh nach Hause kommen; *to* ~ *into debt* in Schulden geraten; *to* ~ *into a rage* e-n Wutanfall kriegen; *to* ~ *there* F **a)** sein Ziel erreichen, es durchsetzen, **b)** es verstehen; **11.** *mit adj.* werden: *to* ~ *old*; *to* ~ *better* **a)** besser werden, **b)** sich erholen; *to* ~ *ready* sich fertigmachen; *to* ~ *drunk* sich betrinken; *to* ~ *used to* sich gewöhnen an (*acc.*); **12.** *mit inf.*: *to* ~ *to hear* zu hören bekommen; *to* ~ *to know* kennenlernen; *they got to be friends* sie wurden Freunde; **13.** *mit p.p.* werden: *to* ~ *caught* gefangen *od.* gefaßt werden; *to* ~ *married* (sich ver-) heiraten; *to* ~ *dressed* sich anziehen; *to* ~ *left* **a)** zurückbleiben, **b)** in e-e peinliche Situation geraten; **14.** *mit p.pr.* gelangen, kommen: *to* ~ *going* in Gang kommen; *to* ~ *talking* ins Gespräch kommen, zu reden anfangen;

Zssgn mit prp.:

get| at *v/i.* **1.** (her'an)kommen an (*acc.*), erreichen: *I can't* ~ *my books*; **2.** *j-m* beikommen, an *j-n* rankommen; **3.** her'ausbekommen, feststellen, erfahren, ermitteln; **4.** *sl. j-n* ‚schmieren', bestechen; ~ **off** *v/i.* **1.** absteigen von, aussteigen aus; **2.** freikommen von; ~ **on** *v/i. Pferd, Wagen etc.* besteigen; einsteigen in (*acc.*): *to* ~ *to* **a)** F sich *j-n* vorknöpfen, **b)** *teleph. j-n* anrufen, **c)** *Am.* F hinter *et. od.* hinter *j-s* Schliche kommen; ~ **out of** *v/i.* **1.** her'aussteigen, -gelangen: *to* ~ *smoking* sich das Rauchen abgewöhnen; **2.** sich drücken von *od.* um *et.*; ~ **o·ver** *v/i.* **1.** her'übergelangen *od.* -kommen *od.* -steigen über (*acc.*): *to* ~ *the fence*; **2.** *fig.* hin'wegkommen *od.* sich hin'wegsetzen über (*acc.*): *I can't* ~ *this injustice* über diese Ungerechtigkeit komme ich nicht hinweg; ~ **round** *v/i.* **1.** her'umkommen um; **2.** *et.* über'winden; **3.** *j-m* um den Bart gehen; ~ **through** *v/i.* **1.** bewältigen, erledigen; **2.** *Zeit* verbringen, *Geld* 'durchbringen; ~ **to** *v/i.* **1.** kommen nach, erreichen; **2.** (*zufällig*) da'zukommen: *we got to talking about it* wir kamen darauf zu sprechen;

Zssgn mit adv.:

get| a·bout *v/i.* **1.** her'umgehen, -kommen; s-n Geschäften nachgehen; **2.** sich (wieder) bewegen *od.* regen, wieder auf den Beinen sein; **3.** sich verbreiten, 'umgehen (*Gerücht*); ~ **a·cross I.** *v/i. fig.* 'durchdringen, wirken, Anklang finden: *the play got across* das Stück schlug ein; **II.** *v/t.* Wirkung *od.* Erfolg verschaffen (*dat.*), *et.* an den Mann bringen: *to get an idea across*; ~

a·long *v/i.* **1.** auskommen (*with* mit *j-m*); **2.** auskommen *od.* fertigwerden (*with* mit *et.*); **3.** → *get on 1*; **4.** ~ *with you!* F **a)** verschwinde!, **b)** quatsch doch nicht!; ~ **a·way** *v/i.* **1.** loskommen, sich losmachen: *you can't ~ from that* **a)** darüber kannst du dich nicht hinwegsetzen, **b)** das mußt du doch einsehen; **2.** → *get along 4*; **3.** entgehen, entwischen: *he got away with it this time* **a)** diesmal gelang es ihm, **b)** diesmal kam er ungestraft davon; *he gets away with everything* er kann sich alles erlauben; ~ **be·hind** *v/i.* zu'rückbleiben; in Rückstand kommen; ~ **by** *v/i.* vor'bei-, 'durchkommen; ~ **down I.** *v/i.* **1.** aus-, absteigen; **2.** *to ~ to s.th.* sich daran machen, sich mit et. befassen; **II.** *v/t.* **3.** her'unterholen; **4.** aufschreiben; **5.** *Essen etc.* runterkriegen; **6.** *fig. j-n* ‚fertigmachen', deprimieren; ~ **in I.** *v/i.* **1.** einsteigen, -treten; geraten in (*acc.*); **2.** ins Parla'ment gewählt werden; **II.** *v/t.* **3.** her'einholen, -bekommen; einfügen, *Bemerkung etc.* anbringen; ~ **off I.** *v/i.* **1.** ab-, aussteigen: *to tell s.o. where to ~ sl.* j-m ‚Bescheid stoßen'; **2.** ✈ starten; **3.** da'vonkommen, frei ausgehen: *to ~ with a caution* mit e-r Verwarnung davonkommen; *to ~ cheaply* F **a)** billig wegkommen, **b)** mit e-m blauen Auge davonkommen; **II.** *v/t.* **4.** losmachen, freibekommen: *his counsel got him off* sein Verteidiger erwirkte s-n Freispruch; **5.** loswerden; ~ **on I.** *v/i.* **1.** vor'ankommen, Fortschritte machen, Erfolg haben: *get on!* weiter!; *to ~ in years* älter werden; *it is getting on for 5 o'clock* es geht auf 5 Uhr (zu); **2.** gut auskommen, sich vertragen (*with* mit *j-m*); **II.** *v/t.* **3.** *Kleidungsstück* anziehen; ~ **out I.** *v/i.* **1.** aussteigen, her'auskommen (*of* aus): *get out!* raus!; **2.** *fig.* (*of*) sich her'auswinden (aus), sich befreien (aus, von); **II.** *v/t.* **3.** her'ausholen, -bekommen; erhalten, gewinnen: *I got nothing out of it* ich ging leer aus; **4.** *et.* aus *j-m* her'ausholen, -locken: *I could get nothing out of him*; ~ **round I.** *v/t. j-n* ‚her'umkriegen', beschwatzen; **II.** *v/i.* da'zukommen (*to doing* zu tun); ~ **through** *v/i.* **1.** 'durchkommen (*a. fig.*); **2.** *teleph.* Anschluß bekommen; ~ **to·geth·er I.** *v/i.* **1.** zs.-kommen; **2.** *Am.* F sich einigen; **II.** *v/t.* **3.** zs.-bringen; ~ **up I.** *v/i.* **1.** aufstehen, sich erheben; aufsteigen; **II.** *v/t.* **2.** veranstalten, einrichten; **3.** vorbereiten; *Buch etc.* ausstatten; *Waren* (hübsch) aufmachen; auf-, her'ausputzen; **4.** *thea.* einstudieren, inszenieren.

get|-at-a·ble [get'ætəbl] *adj.* erreichbar (*Ort*); zugänglich (*Ort od. Person*); '**~-a·way** *s.* **1.** F Flucht *f*, Entkommen *n*: *to make one's ~* sich verziehen, sich aus dem Staub machen, ‚Leine ziehen'; **2.** ✈, *sport* Start *m*; '**~-off** *s.* ✈ Abheben *n*, Start *m*.

get·ter ['getə] *s.* ⚒ Hauer *m*.

'**get|-to·geth·er** *s.* Zs.-kunft *f*, zwangloses Bei'sammensein; '**~-up** *s.* **1.** Aufbau *m*, Anordnung *f*; **2.** Ausstattung *f*, Aufmachung *f*; **3.** *thea.* Inszenierung *f*; **4.** Anzug *m*, Putz *m*, 'Ausstaf,fierung *f*.

gew·gaw ['gju:gɔ:] *s.* Spielzeug *n*, Tand *m*, Kinkerlitzchen *n*, Kleinigkeit *f*.

gey·ser *s.* **1.** ['gaizə] Geiser *m*, heiße Quelle; **2.** ['gi:zə] *Brit.* Boiler *m*, 'Durchlauferhitzer *m*; *engS.* (Gas-)Badeofen *m*.

ghast·li·ness ['gɑ:stlinis] *s.* **1.** Grausigkeit *f*; schreckliches Aussehen; **2.** Totenblässe *f*; **ghast·ly** ['gɑ:stli] **I.** *adj.* **1.** grausig, gräßlich, entsetzlich; **2.** gespenstisch; **3.** totenbleich; **4.** verkrampft, verzerrt (*Lächeln*); **5.** F schrecklich, schauderhaft, haarsträubend; **II.** *adv.* **6.** gräßlich: ~ *pale* totenblaß.

gher·kin ['gə:kin] *s.* Gewürzgurke *f*.

ghet·to ['getou] *pl.* **-tos** *s.* **1.** 'Getto *n*; **2.** *hist.* Judenviertel *n*.

ghost [goust] **I.** *s.* **1.** Geist *m*, Gespenst *n*: *the ~ walks thea. sl.* es gibt Geld; **2.** *fig.* Ske'lett *n*, abgemagerter Mensch, Schatten *m* (*Person*); **3.** *obs.* Geist *m*, Seele *f*: *to give* (*od. yield*) *up the ~* den Geist aufgeben, sterben; **4.** *fig.* Spur *f*, Schatten *m*: *not the ~ of a chance* F nicht die geringste Aussicht; *a mere ~ of his former self* nur noch ein Schatten seiner selbst; **5.** → *ghost writer*; **II.** *v/t.* **6.** für *j-n* ano'nym schreiben; ~ **dance** *s.* Geistertanz *m*; '**~-like** *adj.* geisterhaft.

ghost·li·ness ['goustlinis] *s.* Geisterhaftigkeit *f*; **ghost·ly** ['goustli] *adj.* geisterhaft, gespenstisch.

'**ghost|-sto·ry** *s.* Geister-, Gespenstergeschichte *f*; ~ **town** *s. Am.* Geisterstadt *f*, verödete Stadt; '**~-word** *s.* falsche Wortbildung; ~ **writ·er** *s.* ‚Neger' *m*, Ghostwriter *m* (*der für e-n anderen anonym schreibt*).

ghoul [gu:l] *s.* **1.** Ghul *m* (*Dämon, der Leichen frißt*); **2.** *fig.* Unhold *m* (*Person mit makabren Gelüsten*), *z.B.* Grabschänder *m*; '**ghoul·ish** [-liʃ] *adj.* □ ghulenhaft; teuflisch, ma'kaber.

G.I. ['dʒi:'ai] (*von Government Issue*) ⚔ *Am.* F **I.** *s. a. ~ Joe* ‚Landser' *m*, Sol'dat *m* (*der US-Streitkräfte*); **II.** *adj.* Kommiß...; vorschriftsmäßig; von der Regierung geliefert.

gi·ant ['dʒaiənt] **I.** *s.* Riese *m* (*a. fig.*); **II.** *adj.* riesenhaft, riesig; *a.* ⚘, *zo.* Riesen...: ~ *wheel* Riesenrad; '**gi·ant·ess** [-tis] *s.* Riesin *f*.

'**gi·ant('s)-stride** *s.* Rundlauf *m* (*Turngerät*).

gib [gib] *s.* ⊕ Keil *m*, Bolzen *m*.

gib·ber ['dʒibə] *v/i.* Kauderwelsch reden, quatschen; **gib·ber·ish** ['gibəriʃ] *s.* Kauderwelsch *n*; dummes Geschwätz, ‚Geschwafel' *n*.

gib·bet ['dʒibit] **I.** *s.* **1.** Galgen *m*; **2.** ⊕ Kran-, Querbalken *m*; **II.** *v/t.* **3.** hängen, henken; **4.** *fig.* anprangern, bloßstellen.

gib·bon ['gibən] *s. zo.* Gibbon *m*.

gib·bos·i·ty [gi'bɔsiti] *s.* Wölbung *f*, Buckel *m*, Höcker *m*; **gib·bous** ['gibəs] *adj.* gewölbt, buck(e)lig.

gibe [dʒaib] **I.** *v/t.* verhöhnen, verspotten; **II.** *v/i.* spotten (*at* über *acc.*); **III.** *s.* Hohn *m*, Spott *m*, Stiche'lei *f*, Seitenhieb *m*; '**gib·ing** [-biŋ] *adj.* □ spöttisch, höhnisch.

gib·lets ['dʒiblits] *s. pl.* Inne'reien *pl.*, *bsd.* Hühner-, Gänseklein *n*.

gid·di·ness ['gidinis] *s.* **1.** Schwindel(gefühl *n*) *m*; **2.** *fig.* Unbesonnenheit *f*, Leichtsinn *m*; Wankelmütigkeit *f*; **gid·dy** ['gidi] *adj.* □ **1.** schwind(e)lig: *I am* (*od. feel*) ~ mir ist schwind(e)lig; **2.** schwindelerregend, schwindelnd; wirbelnd; **3.** *fig.* leichtsinnig; wankelmütig.

gie [gi:] *Scot. od. dial.* → *give.*

gift [gift] **I.** *s.* **1.** Geschenk *n*, Gabe *f*: *to make a ~ of et.* schenken; *I wouldn't have it as a ~* ich nähme es nicht geschenkt *od.* umsonst; ~ *shop* (*Am. store*) Geschenkartikelladen; **2.** ⚖ Schenkung *f*: *deed of ~* Schenkungsurkunde; **3.** ⚖ Verleihungsrecht *n*: *the office is in his ~* er kann dieses Amt verleihen; **4.** *fig.* Begabung *f*, Gabe *f*, Ta'lent *n* (*for, of* für): ~ *of tongues* Sprachbegabung; → *gab I*; **II.** *v/t.* **5.** (be)schenken; **III.** *adj.* **6.** geschenkt; → *horse 1*; '**gift·ed** [-tid] *adj.* begabt, talen'tiert; '**gift·ie** [-ti] *Scot.* → *gift 4.*

gift| tax *s.* Schenkungssteuer *f*; '**~-wrap** *v/t.* geschenkmäßig verpacken.

gig [gig] *s.* **1.** ⚓ Gig *n*, Komman'dantenboot *n*; **2.** Gig *n* (*Ruderboot*); **3.** Gig *n* (*zweirädriger, offener Einspänner*); **4.** Fischrechen *m*; **5.** ⊕ ('Tuch),Rauhma,schine *f*.

gi·gan·tic [dʒai'gæntik] *adj.* (□ ~*ally*) gi'gantisch, riesenhaft, riesig, ungeheuer (groß).

gig·gle ['gigl] **I.** *v/i.* kichern; **II.** *s.* Gekicher *n*; '**gig·gler** [-lə] *s.* Kichernde(r *m*) *f*.

gig·o·lo ['ʒigəlou] *pl.* **-los** *s.* Gigolo *m*, Eintänzer *m*.

Gil·ber·ti·an [gil'bə:tjən] *adj.* in der Art (*des Humors*) von W. S. 'Gilbert, ope'rettenhaft; *fig.* komisch.

gild[1] [gild] → *guild.*

gild[2] [gild] *v/t.* [*irr.*] **1.** vergolden; **2.** *fig.* verschöne(r)n, schmücken; **3.** *fig.* versüßen, über'tünchen, beschönigen: *to ~ the pill* die bittere Pille versüßen; '**gild·ed** [-did] *adj.* vergoldet, golden (*a. fig.*): ♀ *Chamber* Oberhaus (*des brit. Parlaments*); ~ *youth* Jeunesse dorée; '**gild·er** [-də] *s.* Vergolder *m*; '**gild·ing** [-diŋ] *s.* **1.** Vergoldung *f*; **2.** *fig.* Verschönerung *f*; **3.** *fig.* Beschönigung *f*, Über'tünchung *f*, Versüßung *f*.

gill[1] [gil] *s.* **1.** *ichth.* Kieme *f*; **2.** *pl.* Doppelkinn *n*: *rosy* (*green*) *about the ~s* rosig, frischaussehend (grün im Gesicht); **3.** *orn.* Kehllappen *m*; **4.** ⚘ La'melle *f* (*der Pilze*).

gill[2] [gil] *s. Scot.* **1.** waldige Schlucht; **2.** Gebirgsbach *m*.

gill[3] [dʒil] *s.* Viertelpinte *f* (*Brit. 0,14, Am. 0,12 Liter*).

Gill[4] [dʒil] *s.* Liebste *f*; → *Jack and Gill.*

gil·lie ['gili] *s. Scot.* Diener *m*; Jagdgehilfe *m*.

gil·ly·flow·er ['dʒiliflauə] *s.* ⚘ **1.** Gartennelke *f*; **2.** Lev'koje *f*; **3.** Goldlack *m*.

gilt [gilt] **I.** *adj.* **1.** → *gilded*; **II.** *s.* **2.** Vergoldung *f*; **3.** *fig.* Reiz *m*:

to take the ~ off the gingerbread der Sache den Reiz nehmen; 4. pl. → gilt-edged securities; '~-edged adj. 1. mit Goldschnitt; 2. ✝ F erstklassig, 'prima; '~-edged se·cu·ri·ties s. pl. ✝ F mündelsichere ('Wert)Pa‚piere pl.

gim·bals ['dʒimbəlz] s. pl. ⊕ Kar'danringe pl., -aufhängung f.

gim·crack ['dʒimkræk] I. s. Spiele'rei f, Kinkerlitzchen n, Kram m; II. adj. wertlos, nichtig.

gim·let ['gimlit] s. ⊕ Handbohrer m (mit Griff): ~ eyes fig. stechende Augen.

gim·mick ['gimik] s. F → gadget; '**gim·mick·ry** [-kri] s. F ('technische) Mätzchen pl.

gimp [gimp] s. Gimpe f, Kordel f, Besatzschnur f.

gin[1] [dʒin] s. Wa'cholderschnaps m, Gin m, Ge'never m.

gin[2] [dʒin] I. s. 1. a. cotton ~ Ent'körnungsma‚schine f (für Baumwolle); 2. ⊕ Hebezeug n, Winde f; ⚓ Spill n; 3. ⊕ Göpel m, 'Förderma‚schine f; 4. a. ~-trap hunt. Falle f, Schlinge f; II. v/t. 5. Baumwolle entkörnen, egrenieren; 6. mit e-r Schlinge fangen.

gin·ger ['dʒindʒə] I. s. 1. ⚘ Ingwer m; 2. Rötlich(gelb) n, Ingwerfarbe f; 3. F a) ‚Mumm' m, Schneid m (e-r Person), b) ‚Pfeffer' m, ‚Pfiff' m (e-r Geschichte etc.); II. adj. 4. rötlich(gelb); 5. F lebhaft, schneidig; III. v/t. 6. mit Ingwer würzen; 7. a. ~ up fig. ‚ankurbeln', anfeuern, aufmöbeln; scharfmachen; ~ **ale**, ~ **beer** s. (alkoholfreies) Ingwerbier; ~ **bran·dy** s. 'Ingwerli‚kör m; '~-**bread** s. Pfefferkuchen m; → gilt 3; ~ **group** s. pol. Brit. Gruppe f von Scharfmachern.

gin·ger·ly ['dʒindʒəli] adv. u. adj. sachte, behutsam, zimperlich.

'**gin·ger|-nut** s. Pfeffernuß f; ~ **pop** s. F Ingwersprudel m; '~-'**race** s. Ingwerwurzel f; '~-'**snap** s. Ingwerkeks m; ~ **wine** s. Ingwerwein m.

gin·ger·y ['dʒindʒəri] adj. 1. ingwerartig; 2. gewürzt, scharf.

ging·ham ['giŋəm] s. 'Gingham m, 'Gingan m (Baumwollstoff).

gin·gi·vi·tis [dʒindʒi'vaitis] s. ⚕ Zahnfleischentzündung f, Gingi'vitis f.

ging·ko ['giŋkou] pl. -**koes** s. ⚘ 'Gingko m (Baum).

gink·go Am. → gingko.

gin mill s. Am. F Kneipe f.

gin·ner·y ['dʒinəri] s. Egrenierwerk n (zur Baumwollentkörnung).

'**gin|-pal·ace** s. buntdekoriertes od. auffällig dekoriertes Wirtshaus; '~-**shop** s. Gin-Schenke f; ~ **sling** s. Am. Mischgetränk n mit Gin.

gip·sy ['dʒipsi] I. s. 1. Zi'geuner(in) (a. fig.); 2. Zi'geunersprache f; II. adj. 3. zi'geunerhaft, Zigeuner...; III. v/i. 4. ein Zi'geunerleben führen; '**gip·sy·dom** [-dəm] s. 1. Zi'geunertum n; 2. coll. Zigeuner pl.

gip·sy| flow·er → gipsy rose; ~ **moth** s. zo. Schwammspinner m; ~ **rose** s. ⚘ Skabi'ose f; ~ **ta·ble** s. leichter dreibeiniger runder Tisch; ~ **van** s. Zi'geunerwagen m.

gi·raffe [dʒi'rɑ:f] s. zo. Gi'raffe f.

gird[1] [gə:d] v/t. [irr.] 1. a. ~ about j-n, sich (um)'gürten (with mit); 2. Kleid etc. gürten, mit e-m Gürtel halten; 3. a. ~ on Schwert etc. 'umgürten, an-, 'umlegen: to ~ s.th. on s.o. j-m et. umgürten; 4. j-m, sich ein Schwert umgürten: to ~ o.s. (up), to ~ (up) one's loins fig. sich rüsten od. wappnen; 5. binden (to an acc.); 6. um'geben, -'schließen: sea-girt meerumschlungen; 7. fig. ausstatten, -rüsten.

gird[2] [gə:d] I. v/i. höhnen, spotten (at über acc.); II. s. Spott m.

gird·er ['gə:də] s. ⊕ Tragbalken m, (Längs)Träger m: ~ bridge Balkenbrücke.

gir·dle[1] ['gə:dl] I. s. 1. Gürtel m, Gurt m, Schärpe f; 2. Hüfthalter m, -gürtel m; 3. anat., in Zssgn (Knochen)Gürtel m; 4. fig. Gürtel m, 'Umkreis m, Um'gebung f; Einfassung f; II. v/t. 5. um'gürten; 6. um'geben, einschließen.

gir·dle[2] ['gə:dl] dial. → griddle.

girl [gə:l] s. 1. Mädchen n, ‚Mädel' n: a German ~ e-e junge Deutsche; ~ friend Freundin; ~ typist Maschinenschreiberin; ~'s name weiblicher Vorname; my eldest ~ m-e älteste Tochter; 2. (Dienst)Mädchen n; 3. oft best ~ Liebste f, ‚Kleine' f; ~ **guide** s. Pfadfinderin f (in England).

girl·hood ['gə:lhud] s. Mädchenzeit f, -jahre pl.; '**girl·ie** [-li] s. F kleines Mädchen; '**girl·ish** [-liʃ] adj. □ mädchenhaft; '**girl·ish·ness** [-liʃnis] s. das Mädchenhafte; **girl scout** s. Pfadfinderin f (in den USA).

gi·ro ac·count ['dʒairou] s. ✆ 'Postscheck‚konto n.

girt[1] [gə:t] pret. u. p.p. von gird[1].

girt[2] [gə:t] I. s. 'Umfang m; II. v/t. den Umfang messen von; III. v/i. messen (an Umfang).

girth [gə:θ] I. s. 1. 'Umfang m; 2. 'Körper‚umfang m; 3. (Sattel-, Pack)Gurt m; 4. ⊕ Tragriemen m, Gurt m; II. v/t. 5. Pferd gürten; 6. an-, aufschnallen; 7. den Umfang messen von.

gist [dʒist] s. 1. das Wesentliche, Hauptpunkt m, -inhalt m, Kern m der Sache; 2. ⚖ Grundlage f e-r Klage.

give [giv] I. s. 1. Nachgeben n, Nachgiebigkeit f, Anpassung f (a. fig.); 2. Elastizi'tät f, Biegsamkeit f; → give and take; II. v/t. [irr.] 3. geben, über'reichen; schenken: he gave me a book er gab od. schenkte mir ein Buch; to ~ a present ein Geschenk machen; I'll ~ it to you! F dir werd' ich's geben! (Strafe, Schelte); ~ me Mozart every time am liebsten habe (höre) ich Mozart; to ~ as good as one gets (od. takes) mit gleicher Münze heimzahlen; 4. geben, zahlen: how much did you ~ for that hat?; 5. (ab-, weiter)geben, über'tragen; (zu)erteilen, an-, zuweisen; verleihen: you have ~n me your cold du hast mich mit deiner Erkältung angesteckt; she gave me her bag to carry sie gab mir ihre Tasche zu tragen; to ~ s.o. a part in a play j-m e-e Rolle in e-m Stück geben; to ~ s.o. a title j-m e-n Titel verleihen; 6. hingeben, widmen, schenken: to ~ one's attention to s-e Aufmerksamkeit widmen (dat.); to ~ one's mind to s.th. sich e-r Sache widmen; to ~ one's life sein Leben hingeben od. opfern; 7. geben, (dar)bieten, reichen: he gave me his hand; do ~ us a song singen Sie uns bitte ein Lied; 8. gewähren, liefern, geben: cows ~ milk Kühe geben od. liefern Milch; to ~ no result kein Ergebnis zeitigen; it was not ~n me to inf. es war mir nicht vergönnt, zu inf.; 9. verursachen: to ~ pleasure Vergnügen bereiten od. machen; to ~ pain weh tun; to ~ effect to et. in Kraft setzen; 10. zugeben, -gestehen, erlauben: just ~ me 24 hours gib mir nur 24 Stunden Zeit; I ~ you that point in diesem Punkt gebe ich dir recht; 11. ausführen, äußern, vortragen: to ~ s.o. a blow j-m e-n Schlag versetzen; to ~ a start zs.-fahren; to ~ a loud laugh laut auflachen; to ~ a command e-n Befehl geben od. erteilen; to ~ a look anblicken, hinsehen; to ~ a party e-e Party geben; to ~ a play ein Stück geben od. aufführen; to ~ a lecture e-n Vortrag halten; to ~ one's name s-n Namen nennen od. angeben; to ~ s.o. to understand j-m zu verstehen geben; 12. beschreiben, mitteilen, geben: ~ us the facts; III. v/i. [irr.] 13. geben, schenken, spenden: to ~ generously; 14. nachgeben (a. ✝ Preise), -lassen, weichen, versagen: to ~ under pressure unter Druck nachgeben; his knees gave under him s-e Knie versagten; 15. sich lockern, sich biegen (lassen); sich anpassen (to an acc.); sich senken: to ~ but not to break sich biegen, aber nicht brechen; the chair ~s comfortably der Stuhl federt angenehm; the foundations are giving das Fundament senkt sich; 16. (hin'aus)gehen (on to auf acc., nach) (Fenster etc.); führen (into in acc., on auf acc.) (Straße etc.);

Zssgn mit adv.:

give| a·way v/t. 1. fortgeben, verschenken; 2. Preise verteilen; 3. aufgeben, opfern, preisgeben; 4. verraten: his accent gives him away; → show 14; 5. bloßstellen: to give o.s. away sich blamieren od. verplappern; 6. → bride; ~ **back** v/t. 1. zu'rückgeben; 2. erwidern; ~ **forth** v/t. 1. äußern; her'ausbekanntgeben; 2. von sich geben, ausströmen; ~ **in** I. v/t. 1. Gesuch etc. einreichen; (an)melden: to ~ one's name sich eintragen lassen; II. v/i. 2. (to dat.) nachgeben; sich anschließen; 3. aufgeben, sich geschlagen geben; ~ **off** v/t. Dampf etc. abgeben, ausströmen, -strahlen; ~ **out** I. v/t. 1. ausgeben, aus-, verteilen; 2. her'ausbekanntgeben; 3. angeben, nennen: to give it out that behaupten, daß; 4. aussenden, -strömen; II. v/i. 5. zu Ende gehen; erschöpft sein (Kräfte, Vorrat); versagen (Maschine etc.); ~ **o·ver** I. v/t. 1. über'geben, -'lassen, -'weisen, abliefern; 2. aufgeben, ablassen von, aufhören mit; 3. give o.s. over sich ergeben, verfallen (to dat.): to give o.s.

over to drink; **II.** v/i. **4.** aufhören; ~ **up I.** v/t. **1.** auf-, abgeben; aufhören (doing zu tun): to ~ smoking das Rauchen aufgeben; **2.** als aussichtslos aufgeben: he was given up by the doctors; to ~ a riddle; **3.** give o.s. up a) sich hin- od. ergeben, sich widmen (to dat.), b) sich (freiwillig) stellen; **II.** v/i. **4.** (es) aufgeben, sich geschlagen geben.

give| and take s. **1.** (ein) Geben u. Nehmen, beiderseitiges Nachgeben, Kompro'miß m, n; **2.** Meinungsaustausch m, Wortgefecht n; **'~-and-'take** adj. Kompromiß..., Ausgleichs...; **'~-a·way I.** s. **1.** (ungewollter) Verrat, Verplappern n; **2.** ✝ Werbegeschenk n; **II.** adj. **3.** ~ show, Am. ~ program Preisraten, Quizsendung.

giv·en ['givn] **I.** p.p. von give; **II.** adj. **1.** gegeben, bestimmt: at a ~ time zur angegebenen Zeit; under the ~ conditions unter den obwaltenden Umständen; **2.** ergeben, verfallen (to dat.): ~ to drinking; **3.** ⚖, phls. gegeben, bekannt; **4.** vor'ausgesetzt; **5.** in Anbetracht (gen.): ~ his temperament; ~ **name** s. Am. Vor-, Taufname m.

giv·er ['givə] s. **1.** Geber(in), Spender(in); **2.** ✝ (Wechsel)Aussteller m.

giz·zard ['gizəd] s. orn. Muskelmagen m: that sticks in my ~ fig. F das ist mir zuwider.

gla·brous ['gleibrəs] adj. ♀, zo. kahl, unbehaart, glatt.

gla·cé ['glæsei] (Fr.) adj. **1.** glasiert, mit Zuckerguß; **2.** kandiert; **3.** Glacé..., Glanz... (Leder, Stoff).

gla·cial ['gleisjəl] adj. **1.** geol. Eis..., Gletscher...: ~ epoch od. period Eiszeit; **2.** ⚗ Eis...: ~ acetic acid Eisessig; **3.** vereist; **4.** eisig (a. fig.); **'gla·ci·ate** [-sieit] v/t. vereisen; vergletschern; **gla·ci·a·tion** [glæsi'eiʃən] s. Vereisung f; Vergletscherung f.

gla·cier ['glæsjə] s. Gletscher m: ~ table Gletschertisch.

gla·cis ['glæsis; pl. -siz] s. **1.** flache Abdachung; **2.** ⚔ Gla'cis n.

glad [glæd] adj. □ → gladly; **1.** (pred.) froh, erfreut (of, at über acc.): I am ~ of it ich freue mich darüber, es freut mich; I am ~ to hear (to say) zu m-r Freude höre ich (darf ich sagen), es freut mich zu hören (sagen zu können); I am ~ to come ich komme gern; I should be ~ to know ich möchte gern wissen; **2.** freudig, froh, fröhlich, erfreulich: to give s.o. the ~ eye sl. j-m e-n einladenden Blick zuwerfen, j-m schöne Augen machen; to give s.o. the ~ hand j-n herzlich begrüßen; ~ rags sl. ‚Sonntagsstaat', Abendanzug; ~ tidings frohe Botschaft; **'glad·den** [-dn] v/t. erfreuen.

glade [gleid] s. Lichtung f, Schneise f.

glad·i·a·tor ['glædieitə] s. Gladi'ator m; fig. Po'lemiker m, Kämpfer m; **glad·i·a·to·ri·al** [glædiə'tɔ:riəl] adj. Gladiatoren...

glad·i·o·lus [glædi'ouləs] pl. **-li** [-lai] od. **-lus·es** s. ♀ Gladi'ole f.

glad·ly ['glædli] adv. mit Freuden, gern(e); **glad·ness** ['glædnis] s. Freude f, Fröhlichkeit f; **glad·some** ['glædsəm] adj. □ poet. **1.** erfreulich; **2.** freudig, fröhlich.

Glad·stone (bag) ['glædstən] s. zweiteilige leichte Reisetasche.

glair [glɛə] **I.** s. **1.** Eiweiß n; **2.** eiweißartige Masse; **II.** v/t. **3.** mit Eiweiß(leim) bestreichen.

glaive [gleiv] s. poet. (Breit-) Schwert n.

glam·or Am. → glamour.

glam·or·ize ['glæməraiz] v/t. (mit viel Re'klame) verherrlichen; **'glam·or·ous** [-rəs] adj. bezaubernd (schön), zauberhaft; **glam·our** ['glæmə] **I.** s. **1.** Zauber m, Glanz m, bezaubernde Schönheit: ~ girl Reklameschönheit; to cast a ~ over bezaubern, j-n in s-n Bann schlagen; **2.** falscher Glanz, Blendwerk n; **II.** v/t. **3.** bezaubern.

glance[1] [glɑ:ns] **I.** v/i. **1.** e-n Blick werfen, (schnell od. flüchtig) blicken (at auf acc.): to ~ over a letter e-n Brief überfliegen; **2.** (auf-) blitzen, (auf)leuchten; **3.** oft ~ aside, ~ off abgleiten, abprallen; **4.** (at) Thema flüchtig berühren od. streifen, anspielen (auf acc.); **II.** v/t. **5.** das Auge werfen od. flüchtig richten (at auf acc.); **III.** s. **6.** flüchtiger Blick (at auf acc.): at a ~, at first ~ auf den ersten Blick; to take a ~ at et. flüchtig ansehen; **7.** (Auf)Blitzen n, (Auf-) Leuchten n; **8.** Abprallen n, Abgleiten n; **9.** Kricket: Streifschlag m; **10.** (at) flüchtige Anspielung (auf acc.) od. Erwähnung (gen.).

glance[2] [glɑ:ns] s. min. Blende f, Glanz m: lead ~ Bleiglanz.

gland[1] [glænd] s. biol. Drüse f.

gland[2] [glænd] s. ⊕ **1.** Flansch m; **2.** Stopfbüchse f.

glan·dered ['glændəd] adj. vet. rotzkrank; **'glan·der·ous** [-ərəs] adj. Rotz...; **glan·ders** ['glændəz] s. pl. sg. konstr. Rotz(krankheit f) m (der Pferde).

glan·du·lar ['glændjulə] adj. biol. drüsig, Drüsen...: ~ fever Drüsenfieber; **'glan·du·lous** [-əs] → glandular.

glans [glænz] pl. **'glan·des** [-di:z] s. anat. Eichel f.

glare[1] [glɛə] **I.** v/i. **1.** glänzen, funkeln, strahlen, grell leuchten; **2.** starren, stieren: to ~ at (od. upon) (wild) anstarren; **3.** auffallen, ins Auge springen; **II.** s. **4.** blendendes Licht, greller Glanz (a. fig.); **5.** wilder Blick; **6.** fig. Brennpunkt m.

glare[2] [glɛə] Am. **I.** s. spiegelglatte Fläche: a ~ of ice; **II.** adj. spiegelglatt: ~ ice Glatteis.

glar·ing ['glɛəriŋ] adj. □ **1.** grell (Sonne, Farben etc.); **2.** fig. offenkundig, schamlos, schreiend: ~ error krasser Fehler.

glass [glɑ:s] s. **1.** Glas n: broken ~ Glasscherben pl.; **2.** coll. Glas (-waren pl.) n: ~ and china Glas u. Porzellan; **3.** Glasgefäß n; **4.** (Trink)Glas n; **5.** Glas(voll) n: a ~ too much ein Glas über den Durst; **6.** Spiegel m; **7.** opt. Linse f; Lupe f, Vergrößerungsglas n; Mikro'skop n; Fern-, Opernglas n; **8.** Thermo'meter n, Baro'meter n: the ~ has fallen; **9.** pl. a. pair of ~es Brille f; **10.** Stundenglas n, Sanduhr f; **11.** Glasscheibe f; **'~-blow·er** s. Glasbläser m; **'~-blow·ing** s. ⊕ Glasbläse'rei f; ~ **case** s. Glasschrank m, Vi'trine f; Schaukasten m; ~ **cloth** s. Glas(faser)gewebe n; **'~-cloth** s. Gläsertuch n; **'~-cul·ture** s. 'Treibhauskulˌtur f; **'~-cut·ter** s. **1.** Glasschleifer m; **2.** ⊕ Glasschneider m (Werkzeug); ~ **eye** s. Glasauge n; ~ **fi·bre** s. Glaswolle f, -fiber f.

glass·ful ['glɑ:sful] pl. **-fuls** s. ein Glasvoll n.

'glass|-house s. **1.** ⊕ Glashütte f; **2.** Glas-, Treibhaus n: to sit (od. live) in a ~ fig. im Glashaus sitzen; **3.** ⚔ Brit. sl. ‚Bau' m (Gefängnis); **'~-pa·per** ⊕ **I.** s. 'Glaspaˌpier n; **II.** v/t. mit Glaspapier abreiben od. polieren; **'~-ware** s. Glas (-waren pl.) n, Glasgeschirr n, -sachen pl.; **'~-wool** s. ⊕ Glaswolle f; **'~-work** s. ⊕ **1.** Glas(waren)erzeugung f; **2.** pl. mst sg. konstr. 'Glashütte f, -faˌbrik f.

glass·y ['glɑ:si] adj. □ **1.** gläsern, glasartig; **2.** glasig (Auge); **3.** 'durchsichtig, klar.

Glas·we·gian [glæs'wi:dʒjən] **I.** adj. aus Glasgow; **II.** s. Glasgower(in).

Glau·ber's salt(s) ['glɔ:bəz] s. Glaubersalz n.

glau·co·ma [glɔ:'koumə] s. ⚕ Glau'kom n, grüner Star; **glau·cous** ['glɔ:kəs] adj. graugrün, bläulichgrün.

glaze [gleiz] **I.** v/t. **1.** verglasen, mit Glasscheiben versehen: to ~ in einglasen; **2.** polieren, glätten; **3.** glasieren, mit Gla'sur über'ziehen (a. Kuchen etc.); **4.** paint. lasieren; **5.** ⊕ Papier, Leder satinieren; **II.** v/i. **6.** e-e Gla'sur od. Poli'tur annehmen, blank werden; **7.** trübe od. glasig werden (Auge); **III.** s. **8.** Poli'tur f, Glätte f, Glanz m; **9.** Gla'sur f (a. Kuchen etc.); **10.** Gla'surmasse f; **11.** paint. La'sur f; **12.** ⊕ Satinierung f; **13.** Glasigkeit f, Schleier m (Auge); **14.** Eisschicht f, Vereisung f; Am. Glatteis n; **glazed** [-zd] adj. **1.** verglast: ~ veranda; **2.** ⊕ glatt, blank, poliert, Glanz...: ~ paper Glanzpapier; ~ tile Kachel; **3.** glasiert; lasiert; satiniert; poliert; **4.** glasig (Auge, Blick); **5.** vereist: ~ frost Brit. Glatteis; **'glaz·er** [-zə] s. ⊕ **1.** Glasierer m; Polierer m; Satinierer m; **2.** Polier-, Schmirgelscheibe f; **'gla·zier** [-zjə] s. Glaser m; **'glaz·ing** [-ziŋ] s. **1.** Verglasen n; **2.** coll. Fensterscheiben pl.; **3.** Gla'sur f; Poli'tur f; La'sur f; Satinieren n; Schmirgeln n; **'glaz·y** [-zi] adj. **1.** glasig, glasiert; **2.** glanzlos, glasig (Auge).

gleam [gli:m] **I.** s. schwacher Schein, Schimmer m (a. fig.): ~ of hope Hoffnungsschimmer; **II.** v/i. glänzen, leuchten, schimmern.

glean [gli:n] **I.** v/t. **1.** Ähren (auf-, nach)lesen, (ein)sammeln; Feld sauberlesen; **2.** fig. sammeln, auflesen, zs.-tragen: to ~ from erfahren von, schließen aus; **II.** v/i. **3.** Ähren lesen; **'glean·er** [-nə] s. Ährenleser m; fig. Sammler m; **'glean·ings**

[-niŋz] *s. pl.* **1.** Nachlese *f*; **2.** *fig. das* Gesammelte.

glebe [gli:b] *s.* **1.** ⚖, *eccl.* Pfarrland *n*; **2.** *poet.* (Erd)Scholle *f*, Boden *m*.

glede [gli:d] *s. orn.* Gabelweihe *f*.

glee [gli:] *s.* **1.** Fröhlichkeit *f*, Frohsinn *m*; Froh'locken *n*; **2.** ♪ Rundgesang *m*, mehrstimmiges Lied: ~ *club* Gesangverein; **'glee·ful** [-ful] *adj.* □ fröhlich, froh, freudig; froh'lockend; **'glee·man** [-mən] *s.* [*irr.*] *hist.* fahrender Sänger.

glen [glen] *s.* Bergschlucht *f*, Klamm *f*.

glen·gar·ry [glen'gæri] *s.* Mütze *f der Hochlandschotten*.

glib [glib] *adj.* □ **1.** zungen-, schlagfertig; gewandt, schnell bei der Hand: *a ~ tongue* e-e glatte Zunge; **2.** leichtfertig, oberflächlich; **'glib·ness** [-nis] *s.* **1.** Zungenfertigkeit *f*; Gewandtheit *f*; **2.** Leichtfertigkeit *f*, Oberflächlichkeit *f*.

glide [glaid] **I.** *v/i.* **1.** (leicht) gleiten (*a. fig.*): *to ~ along* dahingleiten, -fliegen; *to ~ out* hinausschlüpfen; **2.** ✈ a) gleiten, e-n Gleitflug machen, b) segeln; **II.** *s.* **3.** Gleiten *n*; **4.** ✈ a) Gleitflug *m*, b) Segelflug *m*: ~ *path* Gleitweg; **5.** *ling.* Gleitlaut *m*; **'glid·er** [-də] *s.* ✈ **1.** Segelflugzeug *n*; **2.** *a.* ~ *pilot* Segelflieger(in); **'glid·ing** [-diŋ] *s.* ✈ Segel-, Gleitflug *m*.

glim·mer ['glimə] **I.** *v/i.* **1.** glimmen, schimmern; **2.** flackern, flimmern; **II.** *s.* **3.** (*a. fig.*) Glimmen *n*, Schimmer *m*, Schein *m*: *a ~ of hope* ein Lichtblick *od.* Hoffnungsschimmer; **4.** *min.* Glimmer *m*.

glimpse [glimps] **I.** *s.* **1.** flüchtiger (An)Blick: *to catch a ~ of* e-n flüchtigen Blick erhaschen von; **2.** flüchtiger Eindruck *od.* Einblick; **3.** Schimmer *m* (*a. fig.*); **II.** *v/t.* **4.** flüchtig erblicken; **III.** *v/i.* **5.** flüchtig blicken (*at* auf *acc.*).

glint [glint] **I.** *s.* Schimmer *m*, Schein *m*, Glitzern *n*; **II.** *v/i.* schimmern, glitzern, blinken.

glis·sade [gli'sɑ:d] **I.** *s.* **1.** *mount.* Abfahrt *f*, 'Rutschpar,tie *f*; **2.** *Tanz*: Glis'sade *f*, Gleitschritt *m*; **II.** *v/i.* **3.** *mount.* abfahren, rutschen; **4.** *Tanz*: Gleitschritte machen.

glis·ten ['glisn] **I.** *v/i.* glitzern, glänzen, *rhet.* gleißen; **II.** *s.* Glitzern *n*, Glanz *m*.

glit·ter ['glitə] **I.** *v/i.* **1.** glitzern, funkeln, strahlen, glänzen (*a. fig.*); **II.** *s.* **2.** Glitzern *n*, Funkeln *n*; **3.** *fig.* Pracht *f*, Prunk *m*, Glanz *m*; **'glit·ter·ing** [-təriŋ] *adj.* □ **1.** glitzernd; **2.** glanzvoll, prächtig.

gloam·ing ['gloumiŋ] *s.* (Abend-)Dämmerung *f*.

gloat [glout] *v/i.* ~ *over*: a) sich hämisch freuen über (*acc.*), b) sich weiden an (*dat.*); **'gloat·ing** [-tiŋ] *adj.* □ schadenfroh, hämisch.

glob·al ['gloubəl] *adj.* glo'bal: a) 'weltum,fassend, Welt..., b) um'fassend, pau'schal, Gesamt...; **'glo·bate** [-beit] *adj.* kugelförmig, kugelig.

globe [gloub] **I.** *s.* **1.** Kugel *f*; **2.** Erdkugel *f*, -ball *m*, Erde *f*; **3.** *geogr.* 'Globus *m*; **4.** Lampenglocke *f*, -kuppel *f*; **II.** *v/t. u. v/i.* **5.** kugelförmig machen (werden); ~ **ar·ti·choke** → *artichoke* 1; **'~-fish** *s. ichth.* Kugelfisch *m*; **'~-flow·er** *s.* ⚘ Trollblume *f*; **'~-trot·ter** *s.* Weltenbummler(in), Globetrotter(in); **'~-trot·ting I.** *s.* Weltenbummeln *n*; **II.** *adj.* Weltenbummler..., weltenbummelnd.

glo·bose ['gloubous] → *globular*; **glo·bos·i·ty** [glou'bɔsiti] *s.* Kugelform *f*, -gestalt *f*; **glob·u·lar** ['glɔbjulə] *adj.* □ kugelförmig: ~ *lightning* Kugelblitz; **glob·ule** ['glɔbju:l] *s.* Kügelchen *n*.

glock·en·spiel ['glɔkənspi:l] (*Ger.*) *s.* ♪ Glockenspiel *n*.

glom·er·ate ['glɔmərit] *adj.* zs.-geballt, knäuelförmig; **glom·er·a·tion** [glɔmə'reiʃən] *s.* Zs.-ballung *f*, Knäuel *m, n*.

gloom [glu:m] **I.** *s.* **1.** Dunkel(heit *f*) *n*, Düsterkeit *f*; **2.** *fig.* düstere Stimmung, Schwermut *f*, Trübsinn *m*; **II.** *v/i.* **3.** traurig *od.* verdrießlich *od.* düster blicken *od.* aussehen; **4.** düster werden; **'gloom·i·ness** [-minis] *s.* **1.** Dunkel(heit *f*) *n*, Düsternis *f*; **2.** *fig.* Schwermut *f*, Trübsinn *m*; **'gloom·y** [-mi] *adj.* □ **1.** (*a. fig.*) dunkel, finster, düster, trübe; **2.** melan'cholisch, schwermütig, verdrießlich, traurig; **3.** hoffnungslos.

glo·ri·fi·ca·tion [glɔ:rifi'keiʃən] *s.* **1.** Verherrlichung *f*; **2.** *eccl.* Lobpreisung *f*; **3.** F Budenzauber *m*, lautes Fest; **glo·ri·fied** ['glɔ:rifaid] *adj.* F her'ausgeputzt: *merely a ~ barn* nur eine ‚bessere' Scheune; **glo·ri·fy** ['glɔ:rifai] *v/t.* **1.** preisen, verherrlichen; **2.** *eccl.* lobpreisen; verklären; **3.** erstrahlen lassen, e-e Zierde sein (*gen.*); **4.** F her'ausputzen, ‚aufdonnern'.

glo·ri·ole ['glɔ:rioul] *s.* Heiligen-, 'Glorienschein *m*, Strahlenkrone *f*.

glo·ri·ous ['glɔ:riəs] *adj.* □ **1.** ruhmvoll, -reich, glorreich; **2.** herrlich, prächtig; **3.** F wunderbar, großartig: *a ~ mess* ein schönes Chaos.

glo·ry ['glɔ:ri] **I.** *s.* **1.** Ruhm *m*, Ehre *f*; → *Old Glory*; **2.** Stolz *m*, Zierde *f*, Glanz(punkt) *m*; **3.** *eccl.* Verehrung *f*, Lobpreisung *f*; **4.** Herrlichkeit *f*, Glanz *m*, Pracht *f*, 'Glorie *f*; höchste Blüte; **5.** *eccl.* himmlische Herrlichkeit, Himmel *m*: *gone to ~* F in die ewigen Jagdgründe eingegangen (*tot*); *to send to ~* F ins Jenseits befördern; **6.** 'Nimbus *m*, 'Glorienschein *m*; **II.** *v/i.* **7.** sich freuen, triumphieren, froh'locken (*in* über *acc.*); **8.** (*in*) sich sonnen (in *dat.*), sich rühmen (*gen.*); **'~-hole** *s.* F Rumpelkammer *f*, Kramecke *f*.

gloss[1] [glɔs] **I.** *s.* **1.** Glanz *m*; **2.** *fig.* äußerer Schein, Anstrich *m*; **II.** *v/t.* **3.** polieren; **4.** ⊕ glanzpressen; **5.** *mst ~ over fig.* beschönigen, bemänteln, vertuschen.

gloss[2] [glɔs] **I.** *s.* **1.** Glosse *f*, Erläuterung *f*, Anmerkung *f*, Auslegung *f*; **II.** *v/t.* **2.** erklären, deuten; **3.** ~ *over* hin'wegdeuten, bemänteln; **'glos·sa·ry** [-səri] *s.* Glos'sar *n*, (Spezi'al)Wörterbuch *n*.

gloss·i·ness ['glɔsinis] *s.* Glanz *m*, Poli'tur *f*; **gloss·y** ['glɔsi] **I.** *adj.* □ **1.** glatt, glänzend, blank, poliert, Glanz...; Glanzpapier...; **2.** *fig.* raffiniert; **II.** *s.* **3.** F Illustrierte *f*.

glot·tal ['glɔtl] *adj.* Stimmritzen...; ~ **stop** *s. ling.* Kehlkopfverschluß-, Knacklaut *m*.

glot·tis ['glɔtis] *s. anat.* Stimmritze *f*.

glove [glʌv] **I.** *s.* **1.** Handschuh *m*: *to fit like a ~* wie angegossen sitzen; *to take the ~s off* ernst machen, durchgreifen, vom Leder ziehen; *with the ~s off, without ~s* unsanft, rücksichtslos, erbarmungslos; **2.** Fehdehandschuh *m*: *to fling* (*od. throw*) *down the ~* (*to* s.o.) (j-m) den Fehdehandschuh hinwerfen, (j-n) herausfordern; *to pick* (*od. take*) *up the ~* die Herausforderung annehmen; **3.** Reit-, Fecht-, Box-, Stulpenhandschuh *m*; **II.** *v/t.* **4.** mit Handschuhen bekleiden; **'glov·er** [-və] *s.* **1.** Handschuhmacher(in); **2.** Handschuhhändler(in).

glow [glou] **I.** *v/i.* **1.** glühen (*a. fig.*); leuchten, strahlen; **2.** *fig.* (er-)glühen, brennen (*with* vor *dat.*): *to ~ with anger* vor Zorn glühen; **II.** *s.* **3.** Glühen *n*, Glut *f* (*a. fig.*): *in a ~* glühend; **4.** Leuchten *n*, Schein *m*; **5.** *fig.* Hitze *f*, Röte *f*; Brennen *n*.

glow·er ['glauə] *v/i.* finster blicken: *to ~ at* finster anblicken, anfunkeln; *~ing look* finsterer Blick.

glow·ing ['glouiŋ] *adj.* □ glühend, leuchtend (*beide a. fig.*); *fig.* begeistert: *a ~ account*; *in ~ colo(u)rs* in glühenden *od.* leuchtenden Farben *schildern etc.*

'glow|-lamp *s.* ⚡ Glühlampe *f*; **'~-worm** *s. zo.* Glühwürmchen *n*.

glox·in·i·a [glɔk'sinjə] *s.* ⚘ Glo'xinie *f*.

gloze [glouz] *v/i.* ~ *over* hin'weggleiten über (*acc.*), beschönigen, bemänteln.

glu·cose ['glu:kous] *s.* ⚗ Glu'kose *f*, Gly'kose *f*, Traubenzucker *m*.

glue [glu:] **I.** *s.* **1.** Leim *m*; **2.** Klebstoff *m*; **II.** *v/t.* **3.** leimen, kleben (*on* auf *acc.*, *to* an *acc.*); **4.** *fig.* (*to*) heften (auf *acc.*), drücken (an *acc.*, gegen): *she remained ~d to her mother* sie ‚klebte' an ihrer Mutter; *~d to his TV set* wie angewachsen vor dem Bildschirm; **glue·y** ['glu(:)i] *adj.* klebrig, leimig; zähflüssig.

glum [glʌm] *adj.* □ verdrießlich, mürrisch, finster.

glu·ma·ceous [glu:'meiʃəs] *adj.* ⚘ spelzblütig; **glume** [glu:m] *s.* ⚘ Spelze *f*.

glum·ness ['glʌmnis] *s.* Verdrießlichkeit *f*, Bärbeißigkeit *f*.

glut [glʌt] **I.** *v/t.* **1.** sättigen, *Hunger* stillen; *Rache* befriedigen; **2.** über'sättigen, -'laden; **3.** ✝ *Markt* über'schwemmen, -'sättigen; **II.** *s.* **4.** Fülle *f*, 'Überfluß *m*; **5.** ✝ 'Überangebot *n*, Schwemme *f*: *~ of eggs*; *a ~ in the market* e-e Übersättigung *od.* Überschwemmung des Marktes.

glu·ten ['glu:tən] *s.* ⚗ Kleber *m*, Glu'ten *n*; **'glu·ti·nous** [-tinəs] *adj.* □ klebrig, leimartig.

glut·ton ['glʌtn] *s.* **1.** Vielfraß *m*,

unersättlicher Esser; **2.** Schlemmer *m*; **3.** *fig. ein* Unersättlicher: *a ~ for books* ein Bücherwurm, e-e Leseratte; *a ~ for work* ein Arbeitstier; **4.** *zo.* Vielfraß *m*; **'glut·ton·ous** [-nəs] *adj.* □ gefräßig, unersättlich; gierig (*a. fig.*) (of nach); **'glut·ton·y** [-ni] *s.* Eßlust *f*, Gefräßigkeit *f*, Völle'rei *f*, Schlemme'rei *f*.

glyc·er·in ['glisərin], **glyc·er·ine** [glisə'ri:n] *s.* ⚗ Glyze'rin *n*.

glyph [glif] *s.* **1.** △ (senkrechte) Furche *od.* Rille; **2.** Skulp'tur *f*, Reli'effi͵gur *f*; **gly·phog·ra·phy** [gli'fɔgrəfi] *s.* Glyphogra'phie *f*.

glyp·tic ['gliptik] **I.** *adj.* Steinschneide...; **II.** *s. pl. sg. konstr.* Steinschneidekunst *f*; **'glyp·to·graph** [-təgrɑ:f; -græf] *s.* geschnittener Stein, Gemme *f*; **glyp·tog·ra·phy** [glip'tɔgrəfi] *s.* **1.** Steinschneidekunst *f*; **2.** Gemmenkunde *f*.

G-man ['dʒi:mæn] *s.* [*irr.*] G-Mann *m* (*Sonderbeamter der amer. Bundeskriminalpolizei*), FB'I-A͵gent *m*.

gnarled [nɑ:ld] *adj.* **1.** knorrig (*Baum, a. Hand etc.*); **2.** *fig.* zänkisch, ruppig.

gnash [næʃ] *v/t.* ~ *one's teeth* mit den Zähnen knirschen (*vor Wut etc.*); **'gnash·ing** [-ʃiŋ] *s.* Zähneknirschen *n*; *fig.* Groll *m*, Wut *f*.

gnat [næt] *s. zo.* (Stech)Mücke *f*: *to strain at a ~ fig.* Haarspalterei betreiben.

gnaw [nɔ:] **I.** *v/t.* **1.** zernagen, nagen an (*dat.*) (*a. fig.*); **2.** *fig.* quälen, aufreiben, zermürben; **II.** *v/i.* **3.** nagen (*at* an *dat.*); **4.** *fig.* nagen, zermürben; **gnaw·er** ['nɔ:ə] *s. zo.* Nagetier *n*; **gnaw·ing** ['nɔ:iŋ] **I.** *adj.* nagend (*a. fig.*); **II.** *s.* Nagen *n* (*a. fig.*); *fig.* Qual *f*.

gneiss [nais] *s. geol.* Gneis *m*.

gnome[1] [noum] *s.* **1.** Gnom *m*, Kobold *m*, Berggeist *m*; **2.** *fig.* (komischer) Zwerg (*Person*).

gnome[2] ['noumi:] *s.* Sinnspruch *m*, Apho'rismus *m*; **gno·mic** ['noumik] *adj.* apho'ristisch.

gnom·ish ['noumiʃ] *adj.* kobold-, zwergenhaft.

gno·mon ['noumɔn] *s.* Sonnenuhrzeiger *m*.

gno·sis ['nousis] *s.* 'Gnosis *f*, 'mystisch-religi'öse Erkenntnis; **Gnos·tic** ['nɔstik] **I.** *adj.* 'gnostisch; **II.** *s.* 'Gnostiker *m*; **Gnos·ti·cism** ['nɔstisizəm] *s.* Gnosti'zismus *m*.

gnu [nu:] *s. zo.* Gnu *n*.

go [gou] **I.** *pl.* **goes** [gouz] *s.* **1.** Gehen *n*, Gang *m*: *on the ~* F **a)** in Bewegung, ‚auf Achse', **b)** beim Fortgehen, **c)** im Abflauen; *at one ~* auf 'einen Schlag, auf Anhieb; **2.** F Schwung *m*, ‚Schmiß' *m*: *he is full of ~* er hat Schwung, er ist voller Leben; **3.** F Mode *f*; Erfolg *m*: *to be all the ~* große Mode sein; *to make a ~ of it* es zu e-m Erfolg machen; **4.** F Versuch *m*: *have a ~ at it!* probier's doch mal!; **5.** F Angelegenheit *f*, ‚Sache' *f*, ‚Geschichte' *f*: *here's a pretty ~* 'ne schöne Sache!; *it was a near ~* es ging gerade noch gut (aus); *no ~* unmöglich, zweck-, aussichtslos; **6.** F **a)** Porti'on *f*, Glas *n*: *my fifth ~* mein fünftes Glas, **b)** Anfall *m* (*Krankheit*): *my third ~*; **7.** F Abmachung *f*: *it's a ~* abgemacht!; **II.** *v/i.* [*irr.*] **8.** gehen, fahren, reisen, sich begeben, sich (fort)bewegen; verkehren (*Fahrzeuge*): *to ~ on foot* zu Fuß gehen; *to ~ by train* mit dem Zug fahren; *to ~ by plane* (*od. air*) mit dem Flugzeug reisen, fliegen; *to ~ to Paris* nach Paris reisen; *this train ~es to London* dieser Zug fährt nach London; *who ~es there?* ⚔ wer da?; → *errand*; → *horseback*; → *journey 1*; → *walk 1*; **9.** (fort-)gehen, abfahren: *don't ~ yet* geh noch nicht (fort)!; *the train has just gone* der Zug ist gerade abgefahren; *~!* los!; **10.** da'hin-, vergehen, (ver)schwinden, aufhören, ausfallen, -scheiden, abgeschafft werden, versagen: *how time ~es!* wie die Zeit vergeht!; *my pain has gone* m-e Schmerzen sind weg; *the clouds have gone* die Wolken sind fort; *his money went in beer* sein Geld ist für Bier draufgegangen; *drink must ~!* das Trinken muß aufhören; *a week to ~* noch eine Woche (übrig); **11.** ka'puttgehen, schlecht werden: *the soles are ~ing* die Sohlen gehen kaputt; **12.** gelangen, 'übergehen: *the money ~es to the eldest son* das Geld geht auf den ältesten Sohn über; **13.** ausgehen, aus-, ablaufen, zum Abschluß kommen; **14.** verlaufen, ausfallen, (aus)gehen; sich entwickeln *od.* gestalten; Erfolg haben: *the decision went against him* die Entscheidung fiel gegen ihn aus; *how did the voting ~?* wie ist die Abstimmung ausgegangen?; *how does the play ~?* wie geht *od.* welchen Erfolg hat das Stück?; *things have gone badly with me* es ist mir schlecht ergangen; **15.** gehen, arbeiten, funktionieren (*bsd. Maschine, Uhr etc.*; *a. fig.*): *to make things ~* die Sache in Schwung bringen; *he is ~ing strong* er ist gut in Form; **16.** e-e Bewegung *od.* Geste machen; **17.** (ver)laufen, sich erstrecken, reichen: *this road ~es to York* diese Straße geht *od.* führt nach York; *the belt does not ~ round her waist* der Gürtel geht nicht um ihre Taille; *to ~ a long way* lange reichen *od.* genügen; *so far as it ~es* in gewisser Weise; **18.** abgehen, verkauft werden: *eggs went cheap today*; **19.** gehen, passen, gehören, hingelegt *od.* hingestellt werden: *this book ~es on the top shelf* dieses Buch gehört ins oberste Fach; *where is the carpet to ~?* wohin kommt der Teppich?; *it does not ~ into my pocket* es geht nicht in m-e Tasche; *many eggs ~ into this cake* in diesen Kuchen kommen *od.* gehören viele Eier; *these colo(u)rs ~ well together* diese Farben passen gut zueinander; **20.** losgehen, anfangen: *~ to it!* mach dich daran!; *just ~ and try it!* versuch's doch mal!; *he went and lost it* er war so dumm, es zu verlieren; **21.** werden, *in e-n Zustand* 'übergehen *od.* verfallen: *to ~ cold* kalt werden; *to ~ bad* schlecht werden, verderben; *to ~ blind* erblinden; *to ~ Conservative pol.* zu den Konservativen übergehen; *to ~ to sleep* einschlafen; *to ~ sick* ⚔ sich krank melden; **22.** gewöhnlich *in e-m Zustand* sein, sich befinden: *to ~ hungry* hungern; *to ~ armed* bewaffnet sein; *to ~ in rags* in Lumpen herumlaufen; *to ~ in fear of one's life* um sein Leben bangen; *to ~ unheeded* unbeachtet bleiben; *as men ~* wie die Männer nun einmal sind; *as things ~* wie die Dinge liegen; **23.** bedeuten, gelten *od.* wert sein: *what I decide ~es for all the employees* was ich bestimme, gilt für alle Angestellten; *it ~es without saying* (es ist) selbstverständlich; **24.** lauten (*Worte etc.*): *I forget how the words ~*; *this is how the tune ~es* so geht die Melodie; **25.** läuten, ertönen (*Glocke*); schlagen (*Uhr*): *the bell went* es hat geklingelt; **26.** dienen, beitragen: *this ~es to show* dies zeigt, daran erkennt man; **27.** (*p.pr. mit inf.*) *nahe Zukunft od. Absicht*: im Begriff zu, bald: *is it ~ing to rain?* wird es regnen?; *I am ~ing to tell him* ich werde *od.* will (es) ihm sagen; **28.** (*mit nachfolgendem Gerundium*) *mst* gehen: *to ~ fishing* fischen gehen; *don't ~ telling me lies* erzähl mir doch keine Märchen; *he ~es frightening people* er erschreckt die Leute immer; → *go out 2*; **III.** *v/t.* [*irr.*] **29.** F *~ it* sich daranmachen, energisch auftreten, drauflosgehen: *~ it!* tu dein bestes!, feste!, drauf!; *you've been ~ing it* du hast es ja toll getrieben; *to ~ it alone* es allein tun *od.* schaffen;

Zssgn mit prp.:

go| a·bout *v/i.* in Angriff nehmen, sich machen an (*acc.*), anpacken (*acc*); **~ aft·er** *v/i.* nachlaufen (*dat.*); streben nach; **~ a·gainst** *v/i.* wider'streben (*dat.*); **~ at** *v/i.* **1.** losgehen auf (*acc.*); **2.** → *go about*; **~ be·hind** *v/i.* unter'suchen, nachprüfen; **~ be·tween** *v/i.* vermitteln zwischen (*dat.*); **~ be·yond** *v/i. fig.* über'schreiten; **~ by** *v/i.* sich richten nach, sich halten an (*acc.*); **~ for** *v/i.* **1.** holen; **2.** streben nach, sich bemühen um; **3.** F greifen nach, losgehen auf (*acc.*), angreifen; **4.** *sl.* ‚verknallt' sein in (*acc.*); **5.** → *go 23*; **~ in·to** *v/i.* **1.** sich befassen mit: *to ~ business* Kaufmann werden; **2.** eingehen auf (*acc.*); unter'suchen, prüfen; **3.** geraten in (*acc.*): *to ~ a faint* in Ohnmacht fallen; **~ off** *v/i.*: *to ~ gold* die Goldwährung aufgeben; **~ on** *v/i.* **1.** sich stützen auf (*acc.*); **2.** sich richten nach, sich halten an (*acc.*): *I have nothing to ~* ich habe keine Anhaltspunkte; **~ o·ver** *v/i.* **1.** 'durchgehen, -nehmen, -sehen; **2.** studieren; **3.** unter'suchen, prüfen; **~ through** *v/i.* **1.** 'durchgehen, -sprechen, erörtern; **2.** 'durchsehen, unter'suchen, prüfen; **3.** 'durchmachen, erleiden; erleben; **~ with** *v/i.* **1.** begleiten; **2.** über'einstimmen mit, beipflichten (*dat.*); **3.** es halten mit;

4. passen zu; ~ **with·out** *v/i.* auskommen ohne, entbehren (*acc.*); sich behelfen ohne;
Zssgn mit adv.:
go| a·bout *v/i.* **1.** um'hergehen, -reisen; **2.** kursieren, im 'Umlauf sein (*Gerüchte etc.*); **3.** ⚓ wenden; ~ **a·long** *v/i.* **1.** weitergehen; **2.** *fig.* fortfahren: *to* ~ *with* begleiten; ~ (*with you*)! **a)** hau ab!, verschwinde!, **b)** red doch kein Blech!; ~ **a·miss** *v/i.* schiefgehen; ~ **a·way** *v/i.* fortgehen; verreisen: *going-away dress* Kleid für die Hochzeitsreise; ~ **back** *v/i.* **1.** zu'rückgehen, -kehren, -weichen; **2.** Rückschritte machen, schlechter werden; **3.** ~ *on j-n* im Stich lassen; **4.** ~ *on* rückgängig machen, *sein Wort etc.* nicht halten, zu'rücknehmen; ~ **by** *v/i.* **1.** vor'beigehen; **2.** vergehen, verfließen: *times gone by* vergangene Zeiten; ~ **down** *v/i.* **1.** hin'untergehen, ‚rutschen' (*Essen*); **2.** 'untergehen, sinken (*Schiff, Sonne etc.*); **3.** zu Boden gehen, fallen, unter'liegen; zu'grunde gehen; **4.** *fig.* zu'rückgehen (*Fieber*, ✝ *Preise*), nachlassen (*Wind*); **5. a)** die Universi'tät verlassen, **b)** in die 'Ferien gehen; **6.** Wirkung haben; Anklang *od.* Glauben finden: *that won't* ~ *with me* das nehme ich dir nicht ab, das kannst du e-m andern weismachen; **7.** in der Erinnerung bleiben: *to* ~ *in history* in die Geschichte eingehen; *to* ~ *to posterity* der Nachwelt überliefert werden; **8.** (zu'rück)reichen: *to* ~ *to the 19th century*; ~ **in** *v/i.* **1.** hin'eingehen, eintreten: ~ *and win!* auf in den Kampf!; **2.** *to* ~ *for* sich befassen mit, sich widmen (*dat.*): *to* ~ *for an examination* ein Examen machen; *to* ~ *for sports* Sport treiben; *not to* ~ *for tea* sich nichts aus Tee machen; **3.** anfangen; ~ **off** *v/i.* **1.** fort-, abgehen; 'durchbrennen, fortlaufen; **2.** ✝ Absatz finden; **3.** losgehen (*Gewehr, Sprengladung etc.*); **4.** los-, her'ausplatzen; **5.** nachlassen, sich verschlechtern; **6.** von'statten gehen; **7.** bewußtlos werden; einschlafen; ~ **on** *v/i.* **1.** weitergehen, fortdauern, fortfahren: ~! **a)** fahr fort!, (mach) weiter!, **b)** *iro.* Unsinn!; *don't* ~ *like that* hör auf damit!; *going on for 5 o'clock* bald 5 Uhr; *to* ~ *talking* weiterreden; *he went on to say* dann sagte er; **2.** vor sich gehen, passieren; ~ **out** *v/i.* **1.** ausgehen: **a)** spazierengehen, **b)** zu Veranstaltungen gehen, Besuche machen, **c)** erlöschen (*Feuer, Licht*); **2.** *mit Gerundium*: *to* ~ *fishing* fischen (*od.* zum Fischen) gehen; **3.** zu'rücktreten, sich zu'rückziehen: *to* ~ *of business* das Geschäft aufgeben; **4.** aus der Mode kommen: *to* ~ (*of fashion*); **5.** *to go all out fig.* sich ganz einsetzen, alles daransetzen; ~ **o·ver** *v/i.* 'übergehen, -treten (*to* zu); ~ **round** *v/i.* (aus-) reichen, genügen (*für alle*): *is there enough wine to* ~?; ~ **slow** *v/i.* Dienst nach Vorschrift tun; ~ **through** *v/i.* **1.** 'durchgehen, angenommen werden; **2.** ~ *with* 'durchführen, -setzen; ~ **un·der** *v/i.* **1.** 'untergehen, sinken; **2.** unter'liegen; zu'grunde gehen; ~ **up** *v/i.* **1.** aufsteigen, hin'aufgehen; *engS.* nach London reisen; **2.** aufgehen (*in Flammen etc.*); **3.** *Brit.* (*nach den Ferien wieder*) zur Universi'tät gehen; **4.** ✝ steigen (*Preise etc.*).

goad [goud] **I.** *s.* **1.** Stachelstock *m des Viehtreibers*; **2.** *fig.* Stachel *m*; Ansporn *m*; **II.** *v/t.* **3.** antreiben; **4.** *fig.* anstacheln; (auf)reizen.

'go-a·head [-ouə-] **I.** *adj.* **1.** rührig, unter'nehmungslustig, zielstrebig; **II.** *s.* **2.** Draufgänger *m*; **3.** E'lan *m*, Schwung *m*; **4.** *fig.* ‚grünes Licht': *to give s.o. the* ~ j-m grünes Licht geben.

goal [goul] *s.* **1.** Ziel *n* (*a. fig.*); **2.** *sport* **a)** Ziel *n*, **b)** Zielpfosten *m*, **c)** Tor *n*, **d)** Tor(schuß *m*) *n*: *to score a* ~ ein Tor schießen.

goal a·re·a *s. Fußball*: Torraum *m.*

goal·ie ['gouli:] F → *goalkeeper.*

'goal|·keep·er *s. sport* Tormann *m*, -wart *m*, -hüter *m*; ~ **line** *s. sport* Torlinie *f*; ~ **post** *s. sport* Torpfosten *m.*

'go-as-you-'please [-ouə-] *adj.* ungeregelt, ungebunden, ungezwungen.

goat [gout] *s.* **1.** Ziege *f*: *he-*~ Ziegenbock; *to play the* (*giddy*) ~ *fig.* sich närrisch benehmen, Kapriolen machen; *to get s.o.'s* ~ *sl.* j-n ‚auf die Palme bringen', j-n fuchsteufelswild machen; **2.** *fig.* Bock *m* (*geiler Mann*); **3.** *Am. sl.* **a)** Sündenbock *m*, **b)** Zielscheibe *f* (*e-s Spaßes*); **4.** ♑ → *Capricorn*; **goat·ee** [gou'ti:] *s.* Spitzbart *m*; **'goat·herd** *s.* Ziegenhirt *m*; **'goat·ish** [-tiʃ] *adj.* □ **1.** bockig; **2.** *fig.* geil.

'goat|'s-beard *s.* ⚘ Bocksbart *m*; Geißbart *m*; Ziegenbart *m*; **'~·skin** *s.* **1.** Ziegenleder *n*; **2.** Ziegenlederflasche *f*; **'~·suck·er** *s. orn.* Ziegenmelker *m.*

gob[1] [gɔb] *s.* V (Schleim)Klumpen *m*, Auswurf *m.*

gob[2] [gɔb] *s.* ⚓ *Am. sl.* ‚Blaujacke' *f*, Ma'trose *m* (*US-Kriegsmarine*).

gob·bet ['gɔbit] *s.* Brocken *m*, Stück *n.*

gob·ble[1] ['gɔbl] *v/t. mst* ~ *up Getränk* hin'unterstürzen, *Essen* gierig verschlingen, hin'unterschlingen.

gob·ble[2] ['gɔbl] **I.** *v/i.* kollern (*Truthahn*); **II.** *s.* Kollern *n.*

gob·ble·dy·gook ['gɔbldiguk] *s. Am. sl.* (schwülstiger) Amtsstil; (Be'rufs)Jar₁gon *m*; ‚Geschwafel' *n.*

gob·bler[1] ['gɔblə] *s.* gieriger Esser.

gob·bler[2] ['gɔblə] *s.* Truthahn *m*, Puter *m.*

Gob·e·lin ['goubəlin] **I.** *adj.* Gobelin...; **II.** *s.* Gobe'lin *m.*

'go-be·tween *s.* **1.** Mittelsmann *m*, Vermittler(in); **2.** Makler(in); **3.** Kuppler(in).

gob·let ['gɔblit] *s.* **1.** *obs.* Po'kal *m*; **2.** Kelchglas *n.*

gob·lin ['gɔblin] *s.* 'Kobold *m*, Elf *m.*

go·by ['goubi] *s. ichth.* Meergrundel *f.*

go-by ['goubai] *s.*: *to give the* ~ (*to*) F **a)** *j-n* ‚schneiden' *od.* ignorieren, **b)** *et.* bewußt unterlassen.

'go·cart *s.* **1.** Laufstuhl *m* (*Gehhilfe für Kinder*); **2.** (Falt)Sportwagen *m* (*für Kinder*); **3.** Handwagen *m.*

god [gɔd] *s.* **1.** Gott *m*, Gottheit *f*; Götze *m*, Abgott *m*; Götzenbild *n*: ~ *of love* Liebesgott, Amor; *ye* ~*s!* heiliger Strohsack!; *a sight for the* ~*s* ein Bild für Götter; **2.** ♀ Gott *m*: ♀*'s acre* Gottesacker; *house of* ♀ Gotteshaus; ♀ *forbid!* Gott bewahre *od.* behüte!; ♀ *help him* Gott sei ihm gnädig; *so help me* ♀ so wahr mir Gott helfe; ♀ *knows* weiß Gott; *thank* ♀ Gott sei Dank; *for* ♀*'s sake* um Gottes willen; *the good* ♀ der liebe Gott; *good* ♀!, *my* ♀! du lieber Gott!, lieber Himmel!; → *act 1*; **3.** *fig.* (Ab)Gott *m*; **4.** *pl. thea.* ('Publikum *n* auf der) Gale'rie *f*, ‚O'lymp' *m*; **'~·child** *s.* [*irr.*] Patenkind *n.*

god·dess ['gɔdis] *s.* Göttin *f* (*a. fig.*).

'god|·fa·ther *s.* Pate *m*, Taufzeuge *m*; **'~·fear·ing** *adj.* gottesfürchtig; **'~·for·sak·en** *adj. contp.* gottverlassen.

god·head ['gɔdhed] *s.* Gottheit *f*; **'god·less** [-lis] *adj.* ohne Gott; *fig.* gottlos; **'god·like** *adj.* **1.** gottähnlich, göttlich; **2.** erhaben; **'god·li·ness** [-linis] *s.* Frömmigkeit *f*; Gottesfurcht *f*; **'god·ly** [-li] **I.** *adj.* fromm; **II.** *s. the* ~ die ‚Frömmler' *pl.*; **'god·moth·er** *s.* Patin *f.*

go·down ['goudaun] *s. Brit.* (*Indien, China*) Lagerhaus *n.*

'god|·par·ent *s.* Pate *m*, Patin *f*; **'~·send** *s. fig.* Geschenk *n* des Himmels, Glücksfall *m*, Segen *m*; **'~'speed**, *a.* **'♀'speed** *s.* Erfolg *m*, (viel) Glück, gute Reise: *to bid s.o.* ~ j-m Erfolg *od.* glückliche Reise wünschen.

god·wit ['gɔdwit] *s. orn.* Pfuhlschnepfe *f.*

go·er ['gouə] *s.* **1.** Gehende(r *m*) *f*; Geher *m*, Läufer *m*: *he is a good* ~ er geht gut (*bsd. Pferd*); **2.** *in Zssgn mst* Besucher(in).

gof·(f)er ['goufə] **I.** *v/t.* kräuseln, gaufrieren, plissieren; **II.** *s.* Plis'see *n.*

'go-'get·ter *s.* F j-d der weiß, was er will; Draufgänger *m.*

gog·gle ['gɔgl] **I.** *v/i.* **1.** stieren, glotzen; **II.** *s.* **2.** stierer Blick; **3.** *pl.* Schutzbrille *f*; **'~·box** *s.* F ‚Glotzkiste' *f* (*Fernseher*).

Goid·el·ic [gɔi'delik] → *Gaelic.*

go·ing ['gouiŋ] **I.** *s.* **1.** (Weg)Gehen *n*, Abreise *f*; **2.** Straßenzustand *m*, Bahn *f*; **3.** Art *f* des Vorwärtskommens (*a. fig.*): *good* ~ e-e gute Leistung; *rough* (*od. heavy*) ~ Schinderei; *while the* ~ *is good* während es noch (an)geht; **II.** *adj.* **4.** im Gange, vor'handen: *a* ~ *concern* ein bestehendes (*od.* ein gutgehendes) Geschäft; *the best beer* ~ das beste Bier, das es gibt; ~, ~, *gone!* (*Auktion*) zum ersten, zum zweiten, zum dritten!; **5.** → *go 27*; **'go·ings-'on** *s. pl.* F *mst b.s.* Vorgänge *pl.*, Treiben *n.*

goi·ter *Am.*, **goi·tre** *Brit.* ['gɔitə] *s.* ⚕ Kropf *m*; **'goi·trous** [-trəs] *adj.* **1.** kropfartig; **2.** mit e-m Kropf (behaftet).

gold [gould] **I.** *s.* **1.** Gold *n*: *all is not* ~ *that glitters* es ist nicht alles Gold, was glänzt; *a heart of* ~ *fig.* ein goldenes Herz; *worth one's weight in* ~ unbezahlbar, unschätzbar; → *good 8*; **2.** Gold(münzen *pl.*) *n*, Geld *n*, Reichtum *m*; **3.** Goldfarbe *f*; **II.** *adj.* **4.** aus Gold, golden, Gold...: ~ *dollar* Golddollar; ~ *watch* goldene Uhr; ~ **back·ing** *s.* † Golddeckung *f*; ~ **bar** *s.* † Goldbarren *m*; ˈ~**-beat·er** *s.* ⊕ Goldschläger *m*; ~ **brick** *s. Am.* F **1.** falscher Goldbarren; **2.** *fig.* ˈTalmi *n*, Schwindel *m*; ˈ~**-brick** *s. Am.* F **1. a)** wertlose Sache, **b)** ‚Beschiß' *m*, Betrug *m*, **c)** Gauner *m*; **2.** *bsd.* ⚔ Drückeberger *m*; **3.** ‚Pfundskerl' *m*; ˈ~**-dig·ger** *s.* **1.** Goldgräber *m*; **2.** *fig. sl.* Vamp *m*, Weibsbild, das nur hinter dem Geld der Männer her ist; ˈ~**-dust** *s.* Goldstaub *m*.

gold·en [ˈgouldən] *adj.* **1.** *mst fig.* golden: ~ *hours* glückliche Stunden; ~ *opportunity* günstige Gelegenheit; ~ *opinions* hohe Meinung *od.* Anerkennung; **2.** goldgelb, golden (*Haar etc.*); ~ **age** *s. das* Goldene Zeitalter; ~ **balls** *s. pl.* (drei) goldene Kugeln *pl.* (*Zeichen e-s Pfandhauses*); ♀ **Bull** *s. hist.* Goldene Bulle; ~ **calf** *s. bibl.* Goldenes Kalb (*a. fig.*); ~ **ea·gle** *s. orn.* Gold-, Steinadler *m*; ♀ **Fleece** *s. antiq.* Goldenes Vlies; ~ **mean** *s.* goldene Mitte, *der* goldene Mittelweg; ~ **o·ri·ole** *s. orn.* Piˈrol *m*; ~ **pheas·ant** *s. orn.* ˈGoldfaˌsan *m*; ˈ~-ˈ**rod** *s.* ⚘ Goldrute *f*; ~ **rule** *s.* **1.** *bibl.* goldene Sittenregel; **2.** ∡ goldene Regel; ~ **sec·tion** *s.* ∡, *Kunst*: Goldener Schnitt; ~ **wed·ding** *s.* goldene Hochzeit.

ˈ**gold**|**-ˈfe·ver** *s.* Goldfieber *n*, -rausch *m*; ˈ~**-field** *s.* Goldfeld *n*; ˈ~**-finch** *s. orn.* Stieglitz *m*, Distelfink *m*; ˈ~**-fish** *s. ichth.* Goldfisch *m*; ˈ~**-foil** *s.* ⊕ ˈGoldˌfolie *f*, Blattgold *n*; ˈ~**-ham·mer** *s. orn.* Goldammer *f*; ˈ~**-lace** *s.* Goldtresse *f*, -borte *f*; ˈ~**-leaf** *s.* Blattgold *n*; ~ **med·al** *s.* ˈGoldmeˌdaille *f*; ˈ~**-mine** *s.* Goldbergwerk *n*; Goldgrube *f* (*a. fig.*); ~ **plate** *s.* goldenes Tafelgeschirr; ˈ~-ˈ**plat·ed** *adj.* vergoldet; ~ **re·serve** *s.* † ˈGoldreˌserve *f*; ˈ~**-rush** → *gold-fever*; ~ **shares** *s. pl.* † ˈAktien *pl.* von Goldbergwerken; ˈ~**-smith** *s.* Goldschmied *m*; ~ **stand·ard** *s.* Goldwährung *f*; ♀ **Stick**, *mst* ♀ **Stick-in-wait·ing** *s. Brit.* Oberst *m* der königlichen Leibgarde; ˈ~**-thread** *s.* **1.** ⚘ Goldfaden *m*; **2.** Golddraht *m*.

golf [gɔlf] *sport* **I.** *s.* Golf(spiel) *n*; **II.** *v/i.* Golf spielen; ˈ**golf-club** *s.* **1.** Golfschläger *m*; **2.** Golfklub *m*; **golf·er** [ˈgɔlfə] *s.* Golfspieler(in); ˈ**golf-links** *s. pl., a. sg. konstr.* Golfplatz *m*.

Go·li·ath [gəˈlaiəθ] *s. fig.* Goliath *m*, Riese *m*.

gol·li·wog(**g**) [ˈgɔliwɔg] *s.* **1.** Negerpuppe *f*; **2.** *fig.* Vogelscheuche *f* (*Person*); ˈPopanz *m*.

gol·ly [ˈgɔli] *int. a. by* ~! F Menschenskind!, Donnerwetter!

go·lop·tious [gəˈlɔpʃəs] *adj. Brit. humor.* herrlich, köstlich, deliˈkat.

go·losh → *galosh*.

go·lup·tious [gəˈlʌpʃəs] → *goloptious*.

Go·mor·rah, Go·mor·rha [gəˈmɔrə] *s. fig.* Goˈmorr(h)a *n*, Sündenpfuhl *m*.

gon·ad [ˈgɔnæd] *s.* ⚕ Keim-, Geschlechtsdrüse *f*.

gon·do·la [ˈgɔndələ] *s.* **1.** Gondel *f* (*a.* ✈); **2.** *Am.* flaches Flußboot; **3.** *a.* ~ *car* 🚂 *Am.* offener Güterwagen; **gon·do·lier** [gɔndəˈliə] *s.* Gondoliˈere *m*.

gone [gɔn] **I.** *p.p. von go*: *he has* ~ er ist gegangen; *he is* ~ er ist fort (→ *1*); *be* ~*!* fort mit dir!; *I must be* ~ ich muß weg; **II.** *adj.* **1.** fort, weg, verschwunden, vorˈbei, zu Ende, daˈhin, verloren, verbraucht, ‚hin', ‚futsch', tot: *a* ~ *case* ein hoffnungsloser Fall; *a* ~ *feeling* ein Schwächegefühl; *a* ~ *man* ein Todeskandidat; *all his money is* ~ sein ganzes Geld ist weg *od.* ‚futsch'; → *far gone*; **2.** F (*on*) verliebt, ‚verknallt' (in *acc.*); ‚weg' (von); **gon·er** [ˈgɔnə] *s.*: *he is a* ~ F er ist ruiniert *od.* ‚erledigt', er ist ein Todeskandidat.

gon·fa·lon [ˈgɔnfələn] *s.* Banner *n*.

gong [gɔŋ] **I.** *s.* Gong *m*; **II.** *v/t. Brit. Auto* durch ˈGongsiˌgnal stoppen.

go·ni·om·e·ter [gouniˈɔmitə] *s.* ∡ *u. Radio*: Winkelmesser *m*.

gon·o·coc·cus [gɔnouˈkɔkəs] *pl.* **-coc·ci** [-ˈkɔkai] *s.* ⚕ Gonoˈkokkus *m*.

gon·or·rhoe·a, *Am. mst* **gon·or·rhe·a** [gɔnəˈri:ə] *s.* ⚕ Gonorˈrhöe *f*, Tripper *m*.

goo [gu:] *s. sl.* **1.** Schmiere *f*, klebriges Zeug; **2.** *fig.* sentimenˈtales Zeug, ‚Schmalz' *n*.

good [gud] **I.** *adj.* **1.** gut, angenehm, erfreulich: ~ *news*; *it is* ~ *to be rich* es ist angenehm, reich zu sein; ~ *morning!* (*evening!*) guten Morgen! (Abend!); ~ *afternoon!* guten Tag! (*nachmittags*); ~ *night!* **a)** gute Nacht!, **b)** guten Abend!; *to have a* ~ *time* sich amüsieren; *it is a* ~ *thing that* es ist gut, daß; *to be* ~ *eating* gut zu essen sein, gut schmecken; **2.** gut, geeignet, nützlich, günstig, zuträglich: *is this* ~ *to eat?* kann man das essen?; *milk is* ~ *for children* Milch ist gut für Kinder; ~ *for gout* gut für *od.* gegen Gicht; *a* ~ *man for the post* ein geeigneter Mann für den Posten; *what is it* ~ *for?* wofür ist es gut?, wozu dient es?; **3.** befriedigend, reichlich, beträchtlich: *a* ~ *hour* e-e gute Stunde; *a* ~ *day's journey* e-e gute Tagereise; *a* ~ *meal* reichlich zu essen; *a* ~ *while* ziemlich lange; *a* ~ *many* ziemlich viele; *a* ~ *threshing* e-e ordentliche Tracht Prügel; ~ *money sl.* hoher Lohn; **4.** (*vor adj.*) *verstärkend*: *a* ~ *long time* sehr lange (Zeit); ~ *old age* hohes Alter; **5.** gut, tugendhaft: *to lead a* ~ *life* ein rechtschaffenes Leben führen; *a* ~ *deed* e-e gute Tat; → *turn 15*; **6.** gut, gewissenhaft: *a* ~ *father and husband* ein guter Vater und Gatte; **7.** gut, gütig, lieb: ~ *to the poor* gut zu den Armen; *it is* ~ *of you to help me* es ist nett (von Ihnen), daß Sie mir helfen; *be* ~ *enough* (*od. so* ~ *as*) *to fetch it* sei so gut und hole es; *be* ~ *enough to hold your tongue!* halt gefälligst deinen Mund!; *my* ~ *man* F mein Lieber!; ~ *old fellow* der liebe alte Kerl; **8.** artig, lieb, brav (*Kind*): *be a* ~ *boy*; *as* ~ *as gold* **a)** kreuzbrav, **b)** goldrichtig; **9.** gut, geschickt, tüchtig: *a* ~ *rider* ein guter Reiter; *he is* ~ *at golf* er spielt gut Golf; **10.** gut, geachtet: *of* ~ *family* aus guter Familie; **11.** gültig (*a.* †), echt: *a* ~ *reason* ein triftiger Grund; *to tell false money from* ~ falsches Geld von echtem unterscheiden; *a* ~ *Republican* ein guter *od.* überzeugter Republikaner; *to be as* ~ *as* auf dasselbe hinauslaufen; *as* ~ *as finished* so gut wie fertig; *he has as* ~ *as promised* er hat es so gut wie versprochen; **12.** gut, genießbar, frisch: *a* ~ *egg*; *is this fish still* ~*?*; **13.** gut, gesund, kräftig: *in* ~ *health* bei guter Gesundheit, gesund; *my teeth are still* ~ m-e Zähne sind noch gut; *to be* ~ *for* fähig *od.* geeignet sein zu; *I am* ~ *for another mile* ich kann noch eine Meile weitermarschieren; *I am* ~ *for a walk* ich habe Lust zu e-m Spaziergang; **14.** *bsd.* † gut, sicher, zuverlässig: *a* ~ *firm* e-e gute *od.* zahlungsfähige Firma; ~ *debts* sichere Schulden; *to be* ~ *for any amount* für jeden Betrag gut sein; **II.** *int.* **15.** ~*!* prima!, gut!, fein!; **III.** *s.* **16.** *das* Gute, Gutes *n*, Wohl *n*: *the common* ~ das Gemeinwohl; *to do s.o.* ~ **a)** j-m Gutes tun, **b)** j-m gut-, wohltun; *he is up to no* ~ er führt nichts Gutes im Schilde; *it comes to no* ~ es führt zu nichts Gutem; **17.** Nutzen *m*, Vorteil *m*: *for his* ~ zu s-m Nutzen; *what is the* ~ *of it?*, *what* ~ *is it?* was nützt es?; *it is no* ~ *trying* es hat keinen Wert *od.* Sinn, es zu versuchen; *much* ~ *may it do you iro.* wohl bekomm's!; *for* ~ (*and all*) für immer, endgültig; *to the* ~ gut, extra, † als Gewinn, Kreditsaldo; **18.** *the* ~ *pl.* die Guten *pl. od.* Rechtschaffenen *pl.*; **19.** *pl.* (bewegliche) Habe: ~*s and chattels* Hab u. Gut; **20.** *pl.* Güter *pl.*, Waren *pl.*, Gegenstände *pl.*: *by* ~*s* † *Brit.* als Frachtgut; → *deliver 5*.

good|**-bye**, *Am. a.* ~**-by I.** *s.* [gudˈbai] Lebeˈwohl *n*; **II.** *int.* [ˈgudˈbai] lebe wohl!, aˈdieu!; ~ **fel·low** *s.* guter Kameˈrad, netter Kerl; ˈ~**-fel·low·ship** *s.* gute Kameˈradschaft, Kameˈradschaftlichkeit *f*; ~**-for-noth·ing** [ˈgudfənʌθiŋ] **I.** *adj.* nichtswert, unbrauchbar, nichtsnutzig; **II.** *s.* Taugenichts *m*, Nichtsnutz *m*; ♀ **Fri·day** *s. eccl.* Karˈfreitag *m*; ~ **hu·mo**(**u**)**r** *s.* gute Laune; ˈ~-ˈ**hu·mo**(**u**)**red** *adj.* □ **1.** bei guter Laune, gutaufgelegt; **2.** gutmütig.

good·ish [ˈgudiʃ] *adj.* **1.** ziemlich gut, leidlich; **2.** ziemlich (*Menge*);

good·li·ness [ˈgudlinis] *s.* **1.** Güte *f*, Wert *m*; **2.** Anmut *f*; **3.** Schönheit *f*.

ˈ**good**|**-ˈlook·ing** *adj.* gutaussehend, hübsch, schön; ~ **looks** *s. pl.* gutes Aussehen, Schönheit *f*.

good·ly [ˈgudli] *adj.* **1.** schön, anmutig; **2.** beträchtlich, ansehnlich; **3.** *oft iro.* glänzend, tüchtig.

ˈ**good**|**·man** [-mæn] *s.* [*irr.*] *obs.* Hausvater *m*, Ehemann *m*: ♀ *Death* Freund Hein; ~ **na·ture** *s.* Gutmütigkeit *f*, Gefälligkeit *f*; '~-'**na·tured** *adj.* □ gutmütig, gefällig; '~-'**neigh·bo(u)r·li·ness** *s.* gutnachbarliches Verhältnis; ♀ **Neigh·bo(u)r pol·i·cy** *s.* Poli'tik *f* der guten Nachbarschaft.

good·ness ['gudnis] *s.* **1.** Tugend *f*, Frömmigkeit *f*; **2.** Güte *f*, Freundlichkeit *f*; **3.** Wert *m*, Güte *f*, Quali'tät *f*; *engS. das* Wertvolle *od.* Nahrhafte; **4.** ~ *gracious!*, *my* ~! du meine Güte!, du lieber Gott!; ~ *knows* weiß der Himmel; *for* ~' *sake* um Himmels willen; *thank* ~! Gott sei Dank!; *I wish to* ~ wollte *od.* gebe Gott.

goods| a·gent *s.* ✝ ('Bahn)Spedi,teur *m*; ~ **en·gine** *s. Brit.* 'Güterzuglokomo,tive *f*; ~ **lift** *s. Brit.* Lastenaufzug *m*.

good speed *Am.* → *godspeed*.

goods| sta·tion *s.* 🚂 *Brit.* Güterbahnhof *m*; ~ **train** *s.* 🚂 *Brit.* Güterzug *m*; ~ **van** *s. mot. Brit.* Lieferwagen *m*; ~ **wag·on** *s.* 🚂 *Brit.* Güterwagen *m*; ~ **yard** *s.* 🚂 *Brit.* Güter(bahn)hof *m*.

good| tem·per *s.* Gutmütigkeit *f*, ausgeglichenes Wesen; '~-'**tem·pered** *adj.* □ gutartig, -mütig, ausgeglichen; '~-'**time Char·lie** ['tʃɑ:li] *s. Am.* F lebenslustiger *od.* vergnügungssüchtiger Mensch; '~-'**will** *s.* **1.** Wohlwollen *n*, Gefälligkeit *f*, Freundlichkeit *f*, guter Wille: ~ *tour pol.* Goodwillreise; ~ *visit* Freundschaftsbesuch; **2.** *mst good will* ✝ **a)** Goodwill *m*, Firmenwert *m*, Firmenansehen *n* u. Kre'dit *m*, **b)** Kundenkreis *m*, **c)** *Urheberrecht*: Ruf *m e-s Werkes*.

good·y ['gudi] F **I.** *s.* **1.** Bon'bon *m*, *n*; *pl.* Süßigkeiten *pl.*; **2.** *Am.* Betbruder *m*, Mucker *m*; **II.** *adj.* **3.** zimperlich, frömmelnd, scheinheilig; **III.** *int.* **4.** 'prima!; '~-'**good·y** → *goody* 2, 3, 4.

goo·ey ['gu:i] *adj. sl.* klebrig, schmierig.

goof [gu:f] *sl.* **I.** *s.* ‚Pinsel' *m*, Idi'ot *m*; **II.** *v/i.* **a)** patzen, **b)** ~ *(around)* Blödsinn treiben, ‚her'umspinnen'; **III.** *v/t.* verpatzen, vermasseln; '**goof·y** [-fi] *adj.* □ *sl.* blöd, ‚dämlich', ‚bekloppt'.

goon [gu:n] *s. sl.* **1.** *Am.* gedungener Schläger *bsd. für Streik*; **2.** → *goof*.

goop [gu:p] *s. sl.* Tölpel *m*; Flegel *m*, ‚Bauer' *m*.

goose [gu:s] *pl.* **geese** [gi:s] *s.* **1.** *orn.* Gans *f*: *to cook s.o.'s* ~ es j-m ‚besorgen', j-n ‚fertigmachen'; *all his geese are swans* bei ihm ist immer alles besser als bei andern; → *sauce 1*; **2.** Gans *f*, Gänsebraten *m*; **3.** *fig.* Dummkopf *m*; (dumme) Gans (*Frau*); **4.** (*pl.* **goos·es**) Schneiderbügeleisen *n*.

goose·ber·ry ['guzbəri] *s.* **1.** Stachelbeere *f*: *to play* ~ F Anstandswauwau spielen; **2.** *a.* ~ *wine* Stachelbeerwein *m*; ~ **fool** *s.* Stachelbeercreme *f* (*Speise*).

'**goose|-flesh** *s. fig.* Gänsehaut *f*; '~-**foot** *pl.* '~-**foots** *s.* ♀ Gänsefuß *m*; '~-**grass** *s.* ♀ Lab-, Klebkraut *n*; '~-**herd** *s.* Gänsehirt(in); '~-**neck** *s.* ⊕, ⚓ Schwanenhals *m*; ~ **pim·ples** *s. pl. Am.* → *goose-flesh*; '~-**quill** *s.* Gänsekiel *m*; '~-**skin** → *goose-flesh*; '~-**step** *s.* ⚔ Pa'rade-, Stechschritt *m*.

goos·ey ['gu:si] *s. fig.* Gäns-chen *n*.

go·pher[1] ['goufə] *s. Am. zo.* **a)** Taschenratte *f*, **b)** Ziesel *m*, **c)** 'Gopherschildkröte *f*, **d)** *a.* ~ *snake* Schildkrötenschlange *f*.

go·pher[2] → *gof(f)er*.

go·pher[3] ['goufə] *s. bibl. Baum, aus dessen Holz Noah die Arche baute*; '~-**wood** *s. Am.* ♀ Gelbholz *n*.

Gor·di·an ['gɔ:djən] *adj.*: *to cut the* ~ *knot* den gordischen Knoten zerhauen.

gore[1] [gɔ:] *s.* (*bsd.* geronnenes) Blut.

gore[2] [gɔ:] **I.** *s.* **1.** (dreieckiger) Zwickel, Keil(stück *n*) *m*; **II.** *v/t.* **2.** keilförmig zuschneiden; **3.** e-n Zwickel einsetzen in (*acc.*).

gore[3] [gɔ:] *v/t.* (*mit den Hörnern*) durch'bohren, aufspießen.

gorge [gɔ:dʒ] **I.** *s.* **1.** enge (Fels-) Schlucht; **2.** *rhet.* Kehle *f*, Schlund *m*: *my* ~ *rises at it fig.* mir wird übel davon *od.* dabei; **3.** Völle'rei *f*, Fresse'rei *f*; **4.** ⚠ Hohlkehle *f*; **5.** ⚔ Kehle *f* (*Bastion*); **II.** *v/i.* **6.** (sich voll)fressen; **III.** *v/t.* **7.** gierig verschlingen; **8.** vollpfropfen: *to* ~ *o.s.* sich vollfressen.

gor·geous ['gɔ:dʒəs] *adj.* □ **1.** prächtig, glänzend, prachtvoll; **2.** F großartig, wunderbar; blendend; '**gor·geous·ness** [-nis] *s.* Pracht *f*.

gor·get ['gɔ:dʒit] *s.* **1.** *hist.* **a)** ⚔ Halsberge *f*, **b)** (Ring)Kragen *m*, **c)** Hals-, Brusttuch *n*; **2.** Kehlfleck *m* (*Vögel*); ~ **patch** *s.* ⚔ Kragenspiegel *m*.

Gor·gon ['gɔ:gən] *s.* **1.** *myth.* 'Gorgo *f*; **2.** häßliche *od.* abstoßende Frau; **gor·go·ni·an** [gɔ:'gounjən] *adj.* **1.** Gorgonen...; **2.** schauerlich.

Gor·gon·zo·la (cheese) [gɔ:gən'zoulə] *s.* Gorgon'zola(käse) *m*.

gor·hen ['gɔ:hen] → *moorhen*.

go·ril·la [gə'rilə] *s. zo.* Go'rilla *m*.

gor·mand·ize ['gɔ:məndaiz] *v/i.* schlemmen, prassen, fressen; '**gor·mand·iz·er** [-zə] *s.* Schlemmer(in), Prasser(in).

gorse [gɔ:s] *s.* ♀ *Brit.* Stechginster *m*.

gor·y ['gɔ:ri] *adj.* **1.** blutbefleckt, voll Blut, **2.** *fig.* mörderisch, blutrünstig.

gosh [gɔʃ] *int.* F Mensch!, Donnerwetter!

gos·hawk ['gɔshɔ:k] *s. orn.* Hühnerhabicht *m*.

gos·ling ['gɔzliŋ] *s.* junge Gans, Gäns-chen *n*.

'**go-'slow** *s.* Bummelstreik *m*, Dienst *m* nach Vorschrift.

gos·pel ['gɔspəl] *s. eccl. a.* ♀ Evan'gelium *n* (*a. fig.*); christliche Lehre: *to take s.th. as* (*od. for*) ~ et. für bare Münze nehmen; ~ *song* Gospelsong; ~ *truth fig.* absolute Wahrheit; **gos·pel·(l)er** ['gɔspələ] *s.* Vorleser *m* des Evangeliums; Wanderprediger *m*: *hot* ~ **a)** religiöser Eiferer, **b)** eifriger Befürworter.

gos·sa·mer ['gɔsəmə] **I.** *s.* **1.** Alt'weibersommer *m*, Sommerfäden *pl.*; **2.** feine Gaze; **3.** *et.* sehr Zartes u. Dünnes (*bsd. Gewebe etc.*); **II.** *adj.* **4.** leicht *od.* dünn u. zart.

gos·sip ['gɔsip] **I.** *s.* **1.** Klatsch *m*, Geschwätz *n*; **2.** Plaude'rei *f*: ~ *column* Plauderecke, *b.s.* Klatschspalte (*Zeitung*); ~ *writer* Klatschspaltenschreiber(in); **3.** Klatschbase *f*; **II.** *v/i.* **4.** klatschen, tratschen; **5.** plaudern; '**gos·sip·y** [-pi] *adj.* **1.** geschwätzig, tratschsüchtig; **2.** flach, seicht; **3.** im Plauderstil.

got [gɔt] *pret. u. p.p. von get*.

Goth [gɔθ] *s.* **1.** Gote *m*; **2.** *fig.* Bar'bar *m*, Wan'dale *m*; **Goth·ic** ['gɔθik] **I.** *adj.* **1.** gotisch; **2.** *fig.* bar'barisch, roh; **3.** *typ.* **a)** *Brit.* gotisch, **b)** *Am.* Grotesk...; **II.** *s.* **4.** *ling.* Gotisch *n*; **5.** ⚠ 'Gotik *f*, gotischer (Bau)Stil; **6.** *typ.* **a)** *Brit.* Frak'tur *f*, gotische Schrift, **b)** *Am.* Gro'tesk *f*; **Goth·i·cism** ['gɔθisizəm] *s.* **1.** 'Gotik *f*; **2.** *fig.* Barba'rei *f*, 'Unkul,tur *f*.

'**go-to-'meet·ing** *adj.* F Sonntags..., Ausgeh... (*Kleidung*).

got·ten ['gɔtn] *obs. od. Am. p.p. von get*.

gouache [gu'ɑ:ʃ] (*Fr.*) *s.* Gou'ache (-male,rei) *f*.

gouge [gaudʒ] **I.** *s.* **1.** ⊕ Hohleisen *n*, -meißel *m*, Gutsche *f*; **2.** *Am.* F Aushöhlung *f*, Vertiefung *f*; **3.** *Am. sl.* **a)** Gaune'rei *f*, **b)** Gauner(in); **II.** *v/t.* **4.** *a.* ~ *out* ⊕ ausmeißeln, -höhlen, -stechen; **5.** *Auge* (*a. j-m* ein Auge) ausquetschen; **6.** *Am.* F beschummeln, begaunern.

gou·lash ['gu:læʃ] *s.* 'Gulasch *n*, *m*.

gourd [guəd] *s.* **1.** ♀ Flaschenkürbis *m*; **2.** Kürbisflasche *f*.

gour·mand ['guəmənd; gurmɑ̃] **I.** *s.* **1.** Vielfraß *m*, starker Esser, Schlemmer *m*; **2.** Feinschmecker *m*; **II.** *adj.* **3.** gierig, gefräßig.

gour·met ['guəmei] *s.* Feinschmekker *m*.

gout [gaut] *s.* **1.** ⚕ Gicht *f*; **2.** ♀ Gicht *f* (*Weizenkrankheit*): ~-*fly zo.* gelbe Halmfliege; '**gout·i·ness** [-tinis] *s.* ⚕ Neigung *f* zur Gicht; '**gout·y** [-ti] *adj.* □ ⚕ gichtkrank; zur Gicht neigend; gichtisch, Gicht...: ~ *concretion* Gichtknoten.

gov·ern ['gʌvən] **I.** *v/t.* **1.** regieren (*a. ling.*); beherrschen (*a. fig.*); **2.** verwalten, lenken; **3.** *fig.* regeln, bestimmen, maßgebend sein für, leiten: ~*ed by circumstances* durch die Umstände bestimmt; *I was* ~*ed by* ich ließ mich leiten von ...; **4.** beherrschen, zügeln; **5.** ⊕ regeln, steuern; **II.** *v/i.* **6.** regieren, herrschen; '**gov·ern·ance** [-nəns] *s.* **1.** Regierungsgewalt *f*, -form *f*; **2.** *fig.* Herrschaft *f*, Gewalt *f*, Kon'trolle *f* (*of* über *acc.*); '**gov·ern·ess** [-nis] **I.** *s.* Erzieherin *f*, Hauslehrerin *f*, Gouver'nante *f*; **II.** *v/i.* Erzieherin sein; '**gov·ern·ing** [-niŋ] *adj.* **1.** leitend, Vorstands...: ~ *body* Vorstand; (*sole*) ~ *director* (alleiniger) Geschäftsführer, Generaldirektor; **2.** *fig.* leitend, bestimmend; **gov·ern·ment** ['gʌvnmənt] *s.* **1.** Regierung *f*, Herrschaft *f*, Kon'trolle *f*, Leitung *f*, Verwaltung *f*; **2.** Re'gierungsform *f*, -sy,stem *n*; **3.** *Brit. mst.* ♀ *als pl. konstr.* Regierung *f*, Kabi'nett *n*: ~ *bill parl.* Regierungsvorlage; ♀ *Department* Ministerium; ~ *issue Am.* ⚔ von der Regierung gelieferte Ausrüstung; ~

statement Regierungserklärung; **4.** Gouverne'ment *n*, Statthalterschaft *f*, Regierungsbezirk *m*; **5.** Staat *m*: ~ *grant* staatliche Unterstützung, Staatsstipendium; ~ *official* Staatsbeamter; **gov·ern·men·tal** [gʌvən'mentl] *adj.* □ Regierungs..., Staats...

gov·ern·ment| bonds *s. pl.* 'Staatsanleihen *pl.*, -pa,piere *pl.*; ~ **control** *s.* staatliche Kon'trolle *od.* Lenkung; ~ **house** *s.* Regierungsgebäude *n*, Resi'denz *f* e-s Gouver'neurs; '~-**in-'ex·ile** *pl.* '~**s-in-'ex·ile** *s. pol.* E'xilregierung *f*; ~ **mo·nop·o·ly** *s.* ✝ 'Staatsmono,pol *n*; ~ **se·cu·ri·ties** → *government bonds.*

gov·er·nor ['gʌvənə] *s.* **1.** Gouver'neur *m*, Statthalter *m*: ~ *general* Generalgouverneur; **2.** ⚔ Komman'dant *m* (*Festung*); **3.** Di'rektor *m*, Präsi'dent *m*, Leiter *m*; *pl.* Vorstand *m*, Direkti'on *f*; **4.** *sl.* **a)** *der* ‚Alte' (*Vater*; *Chef*), **b)** Chef! (*Anrede durch Untergebenen*); **5.** ⊕ Regler *m*: ~ *valve* Reglerventil; '**gov·er·nor·ship** [-ʃip] *s.* Statthalterschaft *f*, Gouver'neursamt *n*.

gow·an ['gauən] *Scot.* → *daisy 1.*

gowk [gauk] *s. dial.* **a)** Kuckuck *m*, **b)** *fig.* Einfaltspinsel *m*.

gown [gaun] **I.** *s.* **1.** (Damen)Kleid *n*; **2.** *bsd.* ⚖ *u. univ.* Ta'lar *m*, Robe *f*, Amtstracht *f*: *town and* ~ Stadt u. Universität; **II.** *v/t.* **3.** mit e-m Talar *etc.* bekleiden: *her Paris-~ed sister* ihre Schwester in e-m Pariser Modell; **gowns·man** ['gaunzmən] *s.* [*irr.*] Robenträger *m* (*Anwalt, Richter, Geistlicher, Professor, Student*).

grab [græb] **I.** *v/t.* **1.** (hastig) ergreifen, an sich reißen, fassen, packen, ‚graps(ch)en', ‚schnappen'; **2.** sich aneignen, einheimsen; **II.** *v/i.* **3.** (hastig) greifen (*at* nach); **III.** *s.* **4.** plötzlicher Griff: *to make a ~ at* hastig *od.* gierig ergreifen, graps(ch)en nach; **5.** ⊕ Greifer *m* (*Bagger, Kran*); '~-**bag** *s. Am.* Glückstopf *m*.

grab·ber ['græbə] *s.* **1.** Graps(ch)er *m*, Habgierige(r *m*) *f*; **2.** Ban'dit *m*, Straßenräuber *m*.

grab·ble ['græbl] *v/i.* tasten, tappen, suchen (*for* nach).

grab| crane *s.* ⊕ Greiferkran *m*; ~ **dredge,** ~ **dredg·er** *s.* ⊕ Greiferbagger *m*; ~ **raid** *s.* 'Raub,überfall *m*; ~ **rope** *s.* ⚓ Greifleine *f*, -tau *n*.

grace [greis] **I.** *s.* **1.** Anmut *f*, 'Grazie *f*, Würde *f*, Liebreiz *m*: *the three* ♀*s myth.* die drei Grazien; **2.** Anstand *m*, Takt *m*, Schicklichkeit *f*; Bereitwilligkeit *f*: *to have the ~ to do* den Anstand haben zu tun; *with a good ~* bereitwillig; *with a bad ~* widerwillig, ungern; **3.** *pl.* gute Eigenschaften *pl.*, Reize *pl.*: *social ~s* gute Umgangsformen; **4.** Gunst *f*, Gnade *f*, Wohlwollen *n*, Huld *f*, Güte *f*, Gefälligkeit *f*: *to be in s.o.'s good ~s* in j-s Gunst stehen; *to depend on s.o.'s good ~s* von j-s Gnade abhängen; *by way of ~* ⚖ auf dem Gnadenwege; *act of ~* Gnadenakt; **5.** *eccl.* göttliche Gnade: *by the ~ of God* von Gottes Gnaden; *in the year of ~* im Jahre des Heils; **6.** Tugend *f*: *~ of charity* (Tugend der) Nächstenliebe; **7.** Tischgebet *n*: *to say ~*; **8.** ✝, ⚖ Aufschub *m*, Nachfrist *f*: *to grant a week's ~* e-e Woche Aufschub gewähren; *days of ~* ✝ Respekttage; **9.** *Brit. Your* ♀ **a)** Eure Hoheit (*Herzog*[*in*]), **b)** Eure Exzellenz (*Erzbischof*); **10.** *Brit. univ.* Vergünstigung *f*, Bewilligung *f*, Erlaß *m*: *by ~ of the Senate* durch Senatsbeschluß; **11.** *a. ~-note(s)* ♪ Verzierung *f*; **II.** *v/t.* **12.** zieren, schmücken; **13.** (be)ehren, auszeichnen; '**grace·ful** [-ful] *adj.* □ **1.** anmutig, grazi'ös, reizend; **2.** geziemend, takt-, würdevoll; '**grace·ful·ness** [-fulnis] *s.* Anmut *f*, 'Grazie *f*; '**grace·less** [-lis] *adj.* □ **1.** reizlos; 'unele,gant; 'ungrazi,ös; **2.** *obs.* gottlos, verworfen, schamlos.

grac·ile ['græsail] *adj.* **1.** schlank, dünn; **2.** zierlich, gra'zil.

gra·cious ['greiʃəs] **I.** *adj.* □ **1.** gütig, wohlwollend, freundlich; **2.** barm'herzig (*Gott*); gnädig, huldreich; **3.** anmutig, reizend: *~ living* angenehmes Leben; **II.** *int.* **4.** *~ me!*, *~ goodness!*, *good ~!* du meine Güte!, lieber Himmel!; '**gra·cious·ness** [-nis] *s.* **1.** Gnade *f*, Güte *f*, Huld *f*, Freundlichkeit *f*; **2.** Barm'herzigkeit *f*; **3.** Anmut *f*.

gra·date [grə'deit] **I.** *v/t.* *Farben* abstufen, inein'ander 'übergehen lassen, abtönen; **II.** *v/i.* inein'ander 'übergehen; **gra·da·tion** [grə'deiʃən] *s.* **1.** Abstufung *f*, Abtönung *f*; **2.** Stufengang *m*, -folge *f*; **3.** *ling.* Ablaut *m*.

grade [greid] **I.** *s.* **1.** Grad *m*, Stufe *f*, Klasse *f*; **2.** ⚔ Rang *m*, *Am.* Dienstgrad *m*; **3.** Art *f*, Gattung *f*, Sorte *f*; Quali'tät *f*, Güte *f*; **4.** Steigung *f*, Gefälle *n*, Neigung *f*, Ni'veau *n* (*a. fig.*): *at ~ Am.* auf gleicher Höhe; *on the up ~* aufwärts (*a. fig.*); *to be on the up ~* aufsteigen; *to make the ~ Am.* Erfolg haben, ‚es schaffen'; **5.** *ped. Am.* **a)** (Schüler *pl.* e-r) Klasse *f*, **b)** Note *f*, Zen'sur *f*, **c)** *pl.* (Grund)Schule *f*; **II.** *v/t.* **6.** sortieren, einteilen, -reihen, -stufen, staffeln; **7.** *~ up* verbessern, veredeln; *Vieh* aufkreuzen; **8.** *Gelände* planieren, (ein)ebnen; **9.** *ling.* ablauten; ~ **cross·ing** *s. Am.* (schienengleicher) 'Bahn,übergang.

grad·er ['greidə] *s.* **1. a)** Sortierer (-in), **b)** Sor'tierma,schine *f*; **2.** ⊕ Pla'nierma,schine *f*; **3.** *Am. ped. fourth ~* Schüler der 4. Klasse.

grade school *s. Am.* Grundschule *f*.

gra·di·ent ['greidjənt] **I.** *s.* **1.** Neigung *f*, Steigung *f*, Gefälle *n* (*Gelände*; *a.* ⛏, *phys.*); **2.** *meteor.* Gradi'ent *m*; **II.** *adj.* **3.** gehend, schreitend.

grad·u·al ['grædjuəl] **I.** *adj.* □ all'mählich, stufenweise, langsam (fortschreitend); **II.** *s. eccl.* Gradu'ale *n*; '**grad·u·al·ly** [-əli] *adv.* nach u. nach, allmählich; '**grad·u·al·ness** [-nis] *s.* All'mählichkeit *f*.

grad·u·ate ['grædjuit] **I.** *adj.* **1.** *univ.* **a)** graduiert: *~ student Am.* Student (-in) an e-r *graduate school*, **b)** *Am.* für Graduierte: *~ course* (Fach-) Kurs an e-r *graduate school*; **II.** *s.* **2.** *univ.* **a)** Graduierte(r *m*) *f*, **b)** Promovierte(r *m*) *f*; **3.** *Am.* **a)** *ped.* ('Schul)Absol,vent(in), **b)** *univ.* Stu'dent(in) an e-r *graduate school*; **4.** ⊕ Meßglas *n*: *~ dial* Skalenscheibe, Teilkreis; **III.** *v/t.* [-eit] **5.** *univ.* **a)** *j-m* e-n aka'demischen Grad verleihen, **b)** promovieren; **6.** ein-, abstufen, staffeln; **7.** ⊕ mit Maßeinteilung versehen; **IV.** *v/i.* [-eit] **8.** *univ.* **a)** e-n akademischen Grad erlangen, **b)** promovieren; **9.** *ped. Am.* die Abschlußprüfung bestehen (*from* an *e-r Schule*); **10.** *fig.* aufrücken (*into* zu); **11.** sich abstufen: *to ~ into* allmählich übergehen in (*acc.*); ~ **school** *s. univ. Am.* höhere 'Fachse,mester *pl.* (*nach der ersten akademischen Prüfung*).

grad·u·a·tion [grædju'eiʃən] *s.* **1.** Abstufung *f*, Staffelung *f*, Einteilung *f*; **2.** ⊕ Grad-, Maßeinteilung *f*; Teilstrich(e *pl.*) *m*, 'Skala *f*; **3.** *univ.* **a)** Erteilung *f od.* Erlangung *f* e-s aka'demischen Grades, **b)** Promoti'on *f*; **4.** *ped. Am.* **a)** Absolvieren *n* (*from e-r Schule*), **b)** Schluß-, Verleihungsfeier *f*.

Grae·cism ['gri:sizəm] *s.* Grä'zismus *m*, griechische Eigenart; '**Grae·cize** [-saiz] *v/t.* gräzisieren.

Graeco- [gri:kou] *in Zssgn* griechisch, gräko-.

graft [grɑ:ft] **I.** *s.* **1.** ⚘ Pfropfreis *n*; **2.** ⚘ Pfropfen *n*, Veredeln *n*, Okulieren *n*; **3.** ⚕ Transplan'tat *n*; **4.** *pol.* F Korrupti'on(sgelder *pl.*) *f*; Bestechung *f*, Schiebung *f*; **II.** *v/t.* **5.** ⚘ pfropfen; okulieren, veredeln; **6.** ⚕ *Gewebe* transplantieren, verpflanzen; **7.** *fig.* auf-, einpfropfen, einimpfen, über'tragen; **III.** *v/i.* **8.** F Korruptionsgelder einstecken; **9.** F ‚schieben'; '**graft·er** [-tə] *s.* F **1.** kor'rupter Beamter; **2.** ‚Schieber' *m*.

grail, *a.* ♀ [greil] *s. eccl.* Gral *m*.

grain [grein] **I.** *s.* **1.** ⚘ (Samen-, *bsd.* Getreide)Korn *n*; **2.** *coll.* Getreide *n*, Korn *n*; **3.** Körnchen *n*, (*Sand- etc.*)Korn *n*: *of fine ~* feinkörnig; **4.** *fig.* Spur *f*, *ein* bißchen: *not a ~ of hope* kein Funke Hoffnung; → *salt 1*; **5.** ✝ Gran *n* (*Gewicht*); **6.** ⊕ Faser *f*, Maserung *f* (*Holz*); Narbe *f* (*Leder*); Gefüge *n* (*Stein*); Korn *n* (*Metall*); Strich *m* (*Tuch*): *~-side* Narbenseite (*Leder*); *against the ~* gegen den Strich (*a. fig.*); **7.** *hist.* Coche'nille *f*: *dyed in ~* **a)** im Rohzustande gefärbt, **b)** waschecht; **8.** *fig.* Wesen *n*, Na'tur *f*; **II.** *v/t.* **9.** körnen, granulieren; **10.** ⊕ *Leder, Papier* narben; *Holz etc.* (*künstlich*) masern, ädern, marmorieren; ~ **bind·er** *s.* ⚒ Garbenbinder *m*; '~-**leath·er** *s.* genarbtes Leder. [Fischspeer *m*.]

grains [greinz] *s. pl. sg. konstr.*

gram[1] [græm] → *chick-pea.*

gram[2] [græm] *Am.* → *gramme.*

gram·i·na·ceous [greimi'neiʃəs], **gra·min·e·ous** [grei'miniəs] *adj.* ⚘ grasartig, Gras...; **gram·i·niv·o·rous** [græmi'nivərəs] *adj.* grasfressend.

gram·ma·logue ['græməlɔg] *s. Stenographie*: Kürzel *n*.

gram·mar ['græmə] *s.* **1.** Gram'matik *f*: *bad ~* ungrammatisch;

2. Sprachlehrbuch *n*; **gram·mar·i·an** [grə'mɛəriən] *s.* Gram'matiker (-in); '**gram·mar-school** *s. Brit.* höhere Schule, *etwa* Gym'nasium *n*; *Am.* Mittelschule *f*; **gram·mat·i·cal** [grə'mætikəl] *adj.* □ gram'matisch, grammati'kalisch.

gramme [græm] *s.* Gramm *n*.

gram·o·phone ['græməfoun] *s.* Grammo'phon *n*, Plattenspieler *m*; ~ **rec·ord** *s.* Schallplatte *f*.

gram·pus ['græmpəs] *s. zo.* Schwertwal *m*: *to blow like a* ~ wie e-e Lokomotive schnaufen.

gran·a·ry ['grænəri] *s.* Kornkammer *f* (*a. fig.*), Kornspeicher *m*.

grand [grænd] **I.** *adj.* □ **1.** großartig, gewaltig, grandi'os, eindrucksvoll, prächtig: *in* ~ *style* großartig, üppig; **2.** groß, bedeutend, über'ragend: *the* ♀ *Old Man Beiname von* Gladstone *u.* Churchill; **3.** erhaben, hochstehend, vornehm: ~ *air* Vornehmheit, Würde; *to do the* ~ den vornehmen Herrn spielen; ♀ *Cross Brit.* Großkreuz (*höchste Klasse gewisser Orden*); **4.** Haupt...: ~ *question* Hauptfrage; ~ *staircase* Haupttreppe; ~ *total* Gesamtsumme; **5.** F großartig, fabelhaft: *a* ~ *idea*; *to have a* ~ *time* sich glänzend amüsieren; **II.** *s.* **6.** ♪ Flügel *m*; **7.** *Am. sl.* tausend Dollar *pl.*

gran·dad → *grand-dad*.

gran·dam(e) ['grændæm] *s.* Großmutter *f*; alte Dame.

'**grand|-aunt** *s.* Großtante *f*; '~-**child** [-ntʃ-] *s.* [*irr.*] Enkel(in), Enkelkind *n*; '~-**dad** [-ndæd] *s.* 'Großpaˌpa *m*, ‚Opa' *m*; '~-**daugh·ter** [-ndɔ:-] *s.* Enkelin *f*; '♀-'**du·cal** [-nd'd-] *adj.* großherzoglich; ♀ **Duch·ess** [-ndd-] *s.* Großherzogin *f*; ♀ **Duch·y** [-ndd-] *s.* Großherzogtum *n*; ♀ **Duke** [-ndd-] *s.* **1.** Großherzog *m*; **2.** *hist.* (*Rußland*) Großfürst *m*.

gran·dee [græn'di:] *s.* (*spanischer od. portugiesischer*) 'Grande.

gran·deur ['grændʒə] *s.* **1.** Größe *f*, Hoheit *f*; Erhabenheit *f*; **2.** Vornehmheit *f*, Würde *f*; **3.** Herrlichkeit *f*, Pracht *f*.

'**grand·fa·ther** ['grændf-] *s.* Großvater *m*: ~('*s*) *clock* Standuhr; ~('*s*) *chair* Großvaterstuhl, Ohrensessel; '**grand·fa·ther·ly** [-li] *adj.* **1.** großväterlich; **2.** freundlich.

gran·dil·o·quence [græn'diləkwəns] *s.* **1.** Bom'bast *m*; **2.** Großspreche'rei *f*, Prahle'rei *f*; **gran'dil·o·quent** [-nt] *adj.* □ großsprecherisch, hochtrabend, ‚geschwollen'.

gran·di·ose ['grændious] *adj.* □ **1.** großartig, grandi'os; prunkvoll; **2.** schwülstig, hochtrabend, bom'bastisch.

grand| ju·ry *s.* ⚖ Anklagekammer *f* (*Geschworene, die die Eröffnung des Hauptverfahrens beschließen od. ablehnen; in Großbritannien seit 1933 abgeschafft*); ~**ma** ['grænma:] *s.* ‚Oma' *f*; ~**mam·ma** ['grænməma:] *s.* 'Großmaˌma *f*; ♀ **Mas·ter** *s.* Großmeister *m* (*vieler Orden*); '~**moth·er** [-nm-] *s.* Großmutter *f*: *teach your* ~ *to suck eggs!* das Ei will klüger sein als die Henne!; '~**moth·er·ly** [-li] *adj.* großmütterlich (*a. fig.*); ♀ **Na·tion·al** *s. Pferdesport*: *das größte englische Hindernisrennen*; '~-**neph·ew** [-nn-] *s.* Großneffe *m*.

grand·ness ['grændnis] → *grandeur*.

'**grand|-niece** [-nn-] *s.* Großnichte *f*; ♀ **Old Par·ty**, *abbr.* **G.O.P.** *s. pol. Am.* Republi'kanische Par'tei *der USA*; ~ **op·er·a** *s.* ♪ große Oper; ~**pa** ['grænpa:] *s.* ‚Opa' *m*; ~**pa·pa** ['grænpəpa:] *s.* 'Großpaˌpa *m*; '~**par·ents** *s. pl.* Großeltern *pl.*; ~ **pi·an·o** *s.* ♪ Flügel *m*; '~-**sire** [-ns-] *s.* Ahnherr *m*; '~-**son** [-ns-] *s.* Enkel *m*; ~ **stand** [-nds-] **I.** *s. sport* 'Haupttriˌbüne *f*: *to play to the* ~ → *II*; **II.** *v/i. Am.* F sich in Szene setzen, ‚e-e Schau abziehen'; ~ **tour** *s. hist.* Bildungs-, Kava'liersreise *f*; '~-**un·cle** *s.* Großonkel *m*.

grange [greindʒ] *s.* **1.** Farm *f*; **2.** kleiner Gutshof *od.* Landsitz.

gra·nif·er·ous [grə'nifərəs] *adj.* ⚘ körnertragend.

gran·ite ['grænit] **I.** *s. min.* Gra'nit *m* (*a. fig.*): *to bite on* ~ *fig.* auf Granit beißen; **II.** *adj.* Granit...; *fig.* hart, eisern, unbeugsam; **gra·nit·ic** [græ'nitik] → *granite II*.

gra·niv·o·rous [grə'nivərəs] *adj.* körnerfressend.

gran·nie, gran·ny ['græni] *s.* F **1.** ‚Oma' *f*, Großmutter *f* (*a. fig.*); **2.** *a.* ~('*s*) *knot* ⚓ Alt'weiberknoten *m*, falscher Knoten.

grant [gra:nt] **I.** *v/t.* **1.** bewilligen, gewähren; vergönnen; *Bitte etc.* erfüllen: *God* ~ *that* gebe Gott, daß; **2.** geben, erteilen, zusprechen; **3.** ⚖ **a)** *e-r Berufung etc.* stattgeben, **b)** (for'mell) über'lassen, -'tragen, verleihen; **4.** zugeben, zugestehen; vor'aussetzen: *I* ~ *you that* ich gebe zu, daß; ~*ed that* **a)** zugegeben, daß, **b)** angenommen, daß; *to take for* ~*ed* **a)** als erwiesen annehmen, **b)** als selbstverständlich betrachten *od.* hinnehmen; **II.** *s.* **5.** Bewilligung *f*; Gewährung *f*; **6.** Unter'stützung *f*, Subventi'on *f*, Zuschuß *m*; **7.** Sti'pendium *n*, 'Studienbeihilfe *f*; **8.** ⚖ (urkundliche) Über'tragung; Verleihung *f* (*Recht*); **gran·tee** [gra:n'ti:] *s.* **1.** Begünstigte(r *m*) *f*; **2.** ⚖ Zessio'nar(in), Privilegierte(r *m*) *f*; '**grant-in-'aid** *pl.* '**grants-in-'aid** *s.* Zuschuß *m*, Beihilfe *f*; **grant·or** [gra:n'tɔ:] *s.* ⚖ Ze'dent(in), Verleiher(in).

gran·u·lar ['grænjulə] *adj.* gekörnt, körnig, granuliert; '**gran·u·late** [-leit] *v/t.* **1.** körnen, granulieren; **2.** *Leder* rauhen, narben; '**gran·u·lat·ed** [-leitid] *adj.* **1.** gekörnt, körnig; granuliert (*a.* ⚕): ~ *sugar* Kristall-, Streuzucker; **2.** gerauht, genarbt (*Leder*); **gran·u·la·tion** [grænju'leiʃən] *s.* **1.** ⊕ Körnen *n*, Granulieren *n*; **2.** Körnigkeit *f*; **3.** ⚕ Granulati'on *f*; '**gran·ule** [-ju:l] *s.* Körnchen *n*; '**gran·u·lous** [-juləs] → *granular*.

grape [greip] *s.* **1.** Weintraube *f*, -beere *f*: *the* ~*s are sour fig.* die Trauben sind sauer; → *bunch* 1; **2.** *pl. vet.* Mauke *f*; **3.** → *grapeshot*; '~-**cure** *s.* ⚕ Traubenkur *f*; '~-**fruit** *s.* ⚘ Grapefruit *f*, Pampel'muse *f*; '~-**hy·a·cinth** *s.* ⚘ 'Traubenhyaˌzinthe *f*; '~-**juice** *s.* Traubensaft *m*; '~-**louse** *s.* [*irr.*] *zo.* Reblaus *f*; '~-**scis·sors** *s. pl.* Traubenschere *f*; '~-**shot** *s.* ⚔ Kar'tätsche *f*; '~-**stone** *s.* (Wein)Traubenkern *m*; '~-**sug·ar** *s.* Traubenzucker *m*; '~-**vine** *s.* **1.** ⚘ Weinstock *m*; **2. a)** Gerücht *n*, **b)** *a.* ~ *telegraph* 'Flüsterpaˌrolen *pl.*: *to hear s.th. on the* ~ et. gerüchteweise hören.

graph [græf] *s.* Schaubild *n*, graphische Darstellung; Kurvenblatt *n*, -bild *n*; *bsd.* ⅄ Kurve *f*: ~ *paper* Millimeterpapier; '**graph·ic** [-fik] **I.** *adj.* **1.** anschaulich, plastisch, lebendig (geschildert *od.* schildernd); **2.** graphisch, zeichnerisch: ~ *arts* Graphik (*als Kunst*); ~ *artist* Graphiker; **3.** Schrift..., Schreib...: **II.** *s. pl. sg. konstr.* **4.** technisches Zeichnen; **5.** graphische Kunst; '**graph·i·cal** [-fikəl] *adj.* □ → *graphic 1, 2, 3*.

graph·ite ['græfait] *s. min.* Gra'phit *m*, Reißblei *n*; **gra·phit·ic** [grə'fitik] *adj.* gra'phitisch, Graphit...

graph·o·log·ic *adj.*; **graph·o·log·i·cal** [græfə'lɔdʒik(əl)] *adj.* grapho'logisch; **graph·ol·o·gist** [græ'fɔlədʒist] *s.* Grapho'loge *m*; **graph·ol·o·gy** [græ'fɔlədʒi] *s.* Grapholo'gie *f*, Handschriftendeutung *f*.

grap·nel ['græpnəl] *s.* **1.** ⚓ **a)** Enterhaken *m*, **b)** Dregganker *m*, Dregge *f*; **2.** ⊕ **a)** Ankereisen *n*, **b)** Haken *m*, Greifer *m*.

grap·ple ['græpl] **I.** *s.* **1.** → *grapnel 1 a u. 2 b*; **2. a)** fester Griff, **b)** Handgemenge *n*; **II.** *v/t.* **3.** ⚓ entern; **4.** ⊕ verankern, verklammern; **5.** packen, fassen; **III.** *v/i.* **6.** e-n Enterhaken *od.* Greifer gebrauchen; **7.** raufen, ringen, handgreiflich werden; **8.** ~ *with fig. e-r Sache* zu Leibe gehen, *et.* anpacken *od.* in Angriff nehmen.

'**grap·pling|-i·ron** ['græpliŋ] *s.* ⚓ Enterhaken *m*; '~-**rope** *s.* ✈ Fangleine *f*.

grasp [gra:sp] **I.** *v/t.* **1.** packen, fassen, (er)greifen; an sich reißen; → *nettle 1*; **2.** *fig.* verstehen, begreifen, (er)fassen; **II.** *v/i.* **3.** zugreifen, zupacken; **4.** haschen, greifen (*at* nach); → *shadow 2, straw 1*; **5.** *fig.* streben, trachten (*at* nach); **III.** *s.* **6.** Griff *m*; **7. a)** Reichweite *f*, **b)** *fig.* Macht *f*, Gewalt *f*, Zugriff *m*: *within one's* ~ **a)** in Reichweite, **b)** in j-s Gewalt; **8.** *fig.* Verständnis *n*, Auffassungsgabe *f*: *it is within my* ~ ich begreife es; *it is beyond his* ~ es geht über seinen Verstand; *to have a good* ~ *of s.th.* et. gut beherrschen; '**grasp·ing** [-piŋ] *adj.* □ habgierig.

grass [gra:s] **I.** *s.* **1.** ⚘ Gras *n*: *to hear the* ~ *grow fig.* das Gras wachsen hören; **2.** Rasen *m*: *keep off the* ~ Betreten des Rasens verboten!; *not to let the* ~ *grow under one's feet* nicht lange fackeln, keine Zeit verschwenden; **3.** Grasland *n*, Weide *f*: *out at* ~ **a)** auf der Weide, **b)** im Urlaub; *to go to* ~ auf die Weide *od.* in die Ferien gehen; *to put* (*od. turn*) *out to* ~ auf die Weide treiben; **4.** *sl.* Marihu'ana *n*; **II.** *v/t.*

5. mit Gras besäen, mit Rasen bedecken; 6. weiden lassen; 7. auf dem Rasen bleichen; 8. *Vogel* abschießen; 9. *j-n* niederstrecken; 10. ~ *over* mit Rasen bedecken, *fig.* Gras wachsen lassen über (*acc.*); '~-**blade** *s.* Grashalm *m*; '~-**cloth** *s.* Grasleinen *n*; ~ **court** *s. Tennis*: Rasen(spiel)platz *m*; '~-**cut·ter** *s.* Grasschneider *m* (*Person od. Maschine*); '~-'**green** *adj.* grasgrün; '~-**grown** *adj.* mit Gras bewachsen; '~-**hop·per** *s.* 1. *zo.* Heuschrecke *f*, Grashüpfer *m*; 2. ✈, ⚔ Leichtflugzeug *n*; '~-**land** *s.* Wiese *f*, Weide(land *n*) *f*; '~-**plot** *s.* Rasenplatz *m*; ~ **roots** *s. pl.* 1. Graswurzeln *pl.*; 2. *fig.* Wurzel *f*, Quelle *f*: *down to the* ~ bis zur Wurzel, gründlich; 3. *pol.* landwirtschaftliche Bezirke *pl.*; Landbevölkerung *f*; '~-**roots** *adj. pol.* 1. landwirtschaftlich, provinzi'ell; 2. eingewurzelt, bodenständig: ~ *democracy*; '~-**snake** *s. zo.* Ringelnatter *f*; ~ **wid·ow** *s.* Strohwitwe *f*; ~ **wid·ow·er** *s.* Strohwitwer *m*.

grass·y ['grɑ:si] *adj.* 1. grasbedeckt, grasig; 2. Gras...

grate[1] [greit] I. *v/t.* 1. (zer)reiben, (zer)mahlen; 2. knirschen mit: *to ~ the teeth*; 3. (knirschend) reiben (*on* auf *dat.*, *against* gegen); II. *v/i.* 4. knirschen, kratzen, knarren, schnarren; 5. *fig.* (*on, upon*) verletzen, schmerzen (*acc.*); weh tun, zu'wider sein (*dat.*): *to ~ on the ear* dem Ohr weh tun; *to ~ on one's nerves* auf die Nerven gehen.

grate[2] [greit] *s.* 1. Gitter *n*; 2. (Feuer)Rost *m*; 3. Ka'min *m*; 4. *Wasserbau*: Fangrechen *m*; '**grat·ed** [-tid] *adj.* vergittert.

grate·ful ['greitful] *adj.* □ 1. dankbar (*to s.o. for s.th.* j-m für et.): *a ~ letter* ein Dankbrief; ~ *thanks* aufrichtiger Dank; 2. dankbar (*Aufgabe etc.*); angenehm, wohltuend, will'kommen; '**grate·ful·ness** [-nis] *s.* 1. Dankbarkeit *f*; 2. Annehmlichkeit *f*.

grat·er ['greitə] *s.* Reibe *f*, Reibeisen *n*, Raspel *f*.

grat·i·fi·ca·tion [grætifi'keiʃən] *s.* 1. Befriedigung *f*, Genugtuung *f* (*at* über *acc.*); 2. Freude *f*, Vergnügen *n*, Genuß *m*; 3. Gratifikati'on *f*; **grat·i·fy** ['grætifai] *v/t.* 1. befriedigen: *to ~ one's thirst for knowledge* s-n Wissensdurst stillen; 2. *j-m* gefällig sein; 3. erfreuen: *to be gratified* sich freuen; *I am gratified to hear* ich höre mit Genugtuung *od.* Befriedigung; **grat·i·fy·ing** ['grætifaiiŋ] *adj.* □ erfreulich, befriedigend.

gra·tin ['grætɛ̃:ŋ; gratɛ̃] (*Fr.*) *s.* Gra'tin *m*, Bratkruste *f*: *au ~* überkrustet, -backen.

grat·ing[1] ['greitiŋ] I. *adj.* □ kratzend, knirschend; rauh (*Stimme*); unangenehm; II. *s.* Knirschen *n*.

grat·ing[2] ['greitiŋ] *s.* 1. Gitter *n* (*a. phys.*), Vergitterung *f*; 2. ⊕ Balkenrost *m*; 3. ⚓ Gräting *f*.

gra·tis ['greitis] I. *adv.* 'gratis, unentgeltlich, um'sonst; II. *adj.* unentgeltlich, frei, Gratis...

grat·i·tude ['grætitju:d] *s.* Dankbarkeit *f*: *in ~ for* aus Dankbarkeit für.

gra·tu·i·tous [grə'tju(:)itəs] *adj.* □ 1. unentgeltlich, 'gratis; 2. ⚖ ohne Gegenleistung; 3. freiwillig; unverlangt; 4. grundlos, unberechtigt, unverdient; unnötig, 'überflüssig; **gra'tu·i·ty** [-ti] *s.* 1. (Geld)Geschenk *n*; Gratifikati'on *f*; Zuwendung *f*; 2. Trinkgeld *n*.

gra·va·men [grə'veimen] *s.* 1. ⚖ (Haupt)Beschwerdegrund *m*, *das* Belastende; 2. *bsd. eccl.* Beschwerde *f*.

grave[1] [greiv] *s.* 1. Grab *n*: *to turn in one's ~* sich im Grabe umdrehen; 2. Grabmal *n*, -hügel *m*; 3. *fig.* Grab *n*, Tod *m*.

grave[2] [grɑ:v] *ling.* I. *s.* 'Gravis *m*; II. *adj.*: ~ *accent* → *I*.

grave[3] [greiv] *adj.* □ 1. ernst, gesetzt; feierlich; 2. ernst, gewichtig, schwerwiegend; 3. ernst, bedenklich, kritisch; 4. schlicht, nüchtern, dunkel (*Kleidung*); 5. tief (*Gedanken, Ton*).

grave[4] [greiv] *v/t.* [*irr.*] 1. *Figur* (ein)schnitzen, meißeln; 2. *fig.* eingraben, -prägen.

grave[5] [greiv] *v/t.* ⚓ *Schiffsboden* ausbessern, kal'fatern.

'**grave|-clothes** *s. pl.* Totengewand *n*; '~-**dig·ger** *s.* Totengräber *m*.

grav·el ['grævəl] I. *s.* 1. Kies *m*, grober Sand: *~-pit* Kiesgrube; 2. ⚕ Harngrieß *m*, Nierensand *m*; II. *v/t.* 3. mit Kies bestreuen; 4. *fig.* verwirren, verblüffen.

grav·en ['greivən] *p.p. von grave*[4] *u. adj.* geschnitzt: ~ *image* Götzenbild.

grav·er ['greivə] → *graving tool*.

Graves' dis·ease [greivz] *s.* ⚕ 'Basedowsche Krankheit.

'**grave|·stone** *s.* Grabstein *m*; '~·**yard** *s.* Fried-, Kirchhof *m*.

grav·id ['grævid] *adj.* a) schwanger, b) trächtig (*Tier*).

gra·vim·e·ter [grə'vimitə] *s. phys.* Gravi'meter *n*: a) Dichtemesser *m*, b) Schweremesser *m*.

grav·ing| dock ['greiviŋ] → *dock*[1] *1*; ~ **tool** *s.* ⊕ Grabstichel *m*.

grav·i·tate ['græviteit] *v/i.* 1. gravitieren, (hin)streben (*towards* zu, auf *acc.*); 2. sinken; 3. *fig.* sich hingezogen fühlen, tendieren, neigen (*to, towards* zu); **grav·i·ta·tion** [grævi'teiʃən] *s.* 1. *phys.* Gravitati'on *f*, Schwerkraft *f*; 2. *fig.* Neigung *f*, Hang *m*; **grav·i·ta·tion·al** [grævi'teiʃnəl] *adj. phys.* Gravitations...: ~ *force* Schwerkraft; ~ *field* Schwerefeld; ~ *pull* Anziehungskraft.

grav·i·ty ['græviti] *s.* 1. Ernst (-haftigkeit *f*) *m*, Feierlichkeit *f*; 2. Schwere *f*, Ernst *m*, Bedenklichkeit *f*; 3. ♪ Tiefe *f* (*Ton*); 4. *phys.* Schwerkraft *f*, Schwere *f*: *centre* (*Am. center*) *of ~* Schwerpunkt; *force of ~* Schwerkraft; *law of ~* Gravitationsgesetz; → *specific 8*; ~ **fault** *s. geol.* Verwerfung *f*; ~ **tank** *s. mot.* Falltank *m*.

gra·vure [grə'vjuə] *s.* Gra'vüre *f*.

gra·vy ['greivi] *s.* 1. Braten-, Fleischsaft *m*; 2. (Fleisch-, Braten)Soße *f*; 3. *sl.* leichter *od.* unehrlicher Gewinn; ~ **beef** *s.* Saftbraten *m*; '~-**boat** *s.* Sauci'ere *f*, Soßenschüssel *f*.

gray *etc. bsd. Am.* → *grey etc.*

graze[1] [greiz] I. *v/t.* 1. *Vieh* weiden (lassen); 2. *Gras etc.* fressen; 3. abweiden, -grasen; II. *v/i.* 4. weiden, grasen (*Vieh*).

graze[2] [greiz] I. *v/t.* 1. streifen, leicht berühren; 2. streifen, schrammen; ⚕ (ab)schürfen; II. *v/i.* 3. streifen; III. *s.* 4. Streifen *n*; 5. ⚕ Abschürfung *f*, Schramme *f*; 6. *a. grazing shot* ⚔ Streifschuß *m*.

gra·zier ['greizjə] *s.* Viehzüchter *m*.

grease I. *s.* [gri:s] 1. (*zerlassenes*) Fett, Schmalz *n*; 2. ⊕ Schmierfett *n*, Schmiere *f*; 3. a) Wollfett *n*, b) Schweißwolle *f*; 4. *vet.* (Flechten)Mauke *f* (*Pferd*); II. *v/t.* [gri:z] 5. ⊕ (ein)fetten, (ab)schmieren, ölen; 6. beschmieren; '~-**box**, '~-**cup** *s.* ⊕ Schmierbüchse *f*; '~-**gun** *s.* ⊕ Schmierpresse *f*, -spritze *f*; ~ **mon·key** *s. Am. sl.* ‚Schmiermax' *m* (*Auto-, Flugzeugmechaniker*); '~-**paint** *s. thea.* (Fett)Schminke *f*; '~-**proof** *adj.* fettabstoßend.

greas·er ['gri:zə] *s.* 1. Schmierer *m*, Öler *m*; 2. ⊕ 'Schmierappa,rat *m*; 3. ⚓ Schmierer *m* (*Dienstgrad*); 4. *Am. sl.* Mexi'kaner *m* (*Schimpfwort*).

greas·i·ness ['gri:zinis] *s.* 1. Fettig-, Öligkeit *f*; 2. Schlüpfrigkeit *f*; 3. *fig.* Aalglätte *f*; Krieche'rei *f*; **greas·y** ['gri:zi] *adj.* □ 1. fettig, schmierig, ölig: ~ *pole sport* eingefettete Kletterstange; 2. beschmiert; 3. glitschig, schlüpfrig; 4. ungewaschen (*Wolle*); 5. *fig.* aalglatt, ölig, schmierig.

great [greit] I. *adj.* □ → *greatly*; 1. groß, beträchtlich: *a ~ number* e-e große Anzahl; *a ~ many* sehr viele; *the ~ majority* die große Mehrheit; *in ~ favo(u)r* in hoher Gunst; *a ~ big boy* ein riesiger Junge; *to reach a ~ age* ein hohes Alter erreichen; 2. groß (*in hohem Maße*), Haupt...: *to a ~ extent* in hohem Maße; *a ~ rogue* ein Erzschuft; ~ *friends* dicke Freunde; *the ~ attraction* die Hauptattraktion; *the ~ thing is* die Hauptsache ist; 3. groß, bedeutend, wichtig, berühmt: *a ~ poet* ein großer Dichter; *a ~ city* e-e bedeutende Stadt; ~ *issues* wichtige Probleme; 4. hochstehend, vornehm, berühmt: *a ~ family*; *the ~ world* die gute Gesellschaft; 5. großartig, vor'züglich, wertvoll: *a ~ opportunity* e-e vorzügliche Gelegenheit; *it is a ~ thing to be healthy* es ist viel wert, gesund zu sein; 6. erhaben, hoch: ~ *thoughts*; 7. eifrig: *a ~ reader*; 8. groß(geschrieben); 9. *nur pred.* a) geübt: *he is ~ at golf* er spielt (sehr) gut Golf, er ist ‚ganz groß' im Golfspielen, b) interessiert: *he is ~ on dogs* er ist ein großer Hundeliebhaber; 10. F herrlich, fa'mos, wunderbar: *we had a ~ time* wir haben uns herrlich amüsiert; *that's ~!* wunderbar!; 11. *in Verwandtschaftsbezeichnungen*: a) Groß..., b) (*vor grand...*)

Ur...; **12.** *als Beiname*: *the* ~ *Elector* der Große Kurfürst; *Frederick the* ~ Friedrich der Große; **II.** *s.* **13.** *the* ~ *pl.* die Großen *pl.*, die Promi'nenten *pl.*; **14.** *pl. Brit. univ.* 'Schlußex,amen *n* für den Grad des B.A. (*Oxford*).

'great|-'aunt *s.* Großtante *f*; ~ **Brit·ain** *s.* Großbri'tannien *n*; ~ **Char·ter** → *Magna C(h)arta*; ~ **cir·cle** *s.* Großkreis *m* (*e-r Kugel*); '~'**coat** *s.* (Herren)Mantel *m*; ~ **Dane** *s. zo.* Dänische Dogge; ~ **Di·vide** *s.* **1.** *geogr.* Hauptwasserscheide *f* (*Rocky Mountains, USA*); **2.** *fig.* Krise *f*; **3.** *fig.* Tod *m*.

Great·er Lon·don ['greitə] *s.* Groß-London *n*.

great| go *s. Brit. univ. sl.* 'Schlußex,amen *n* für den Grad des B.A. (*Cambridge*); '~-'**grand·child** *s.* Urenkel(in); '~-'**grand·daugh·ter** *s.* Urenkelin *f*; '~-'**grand·fa·ther** *s.* Urgroßvater *m*; '~-'**grand·moth·er** *s.* Urgroßmutter *f*; '~-'**grand-par·ents** *s. pl.* Urgroßeltern *pl.*; '~-'**grand·son** *s.* Urenkel *m*; '~-'~-'**grand·fa·ther** *s.* Ururgroßvater *m*; ~ **gross** *s.* zwölf Gros *pl.*; '~-'**heart·ed** *adj.* **1.** beherzt; **2.** hochherzig; ~ **Lakes** *s. pl. die* Großen Seen *pl.* (*USA*).

great·ly ['greitli] *adv.* sehr, höchst, außerordentlich, ‚mächtig'; bei weitem.

Great| Mo·gul *s.* 'Groß,mogul *m*; '~-'**neph·ew** *s.* Großneffe *m*.

great·ness ['greitnis] *s.* **1.** Größe *f*, Erhabenheit *f*: ~ *of mind* Großmütigkeit; **2.** Bedeutung *f*, Wichtigkeit *f*; Macht *f*, Rang *m*.

'great|-'niece *s.* Großnichte *f*; ~ **Plains** *s. pl. Am. Präriegebiete im Westen der USA*; ~ **Pow·ers** *s. pl. pol.* Großmächte *pl.*; ~ **Seal** *s. Brit. hist.* Großsiegel *n*; ~ **tit·mouse** *s.* [*irr.*] *orn.* Kohlmeise *f*; '~-'**un·cle** *s.* Großonkel *m*; ~ **Wall** (**of Chi·na**) *s.* chi'nesische Mauer; ~ **War** *s. der* Erste Weltkrieg.

greave [gri:v] *s. hist.* Beinschiene *f*.

greaves [gri:vz] *s. pl.* (Fett-, Talg-) Grieben *pl.*

grebe [gri:b] *s. orn.* (See)Taucher *m*.

Gre·cian ['gri:ʃən] **I.** *adj.* **1.** (*bsd. klassisch*) griechisch; **II.** *s.* **2.** Grieche *m*, Griechin *f*; **3.** Helle'nist *m*, Grä'zist *m*.

Gre·cism *etc.* → *Graecism etc.*

greed [gri:d] *s.* Gier *f*, Habgier *f*, -sucht *f*; Geiz *m*; '**greed·i·ness** [-dinis] *s.* **1.** → *greed*; **2.** Gefräßigkeit *f*, Gierigkeit *f*; '**greed·y** [-di] *adj.* □ **1.** gefräßig, gierig, unbescheiden (*im Essen*); **2.** habgierig; **3.** (*of*) (be)gierig (auf *acc.*), lechzend (nach), lüstern (nach).

Greek [gri:k] **I.** *s.* **1.** Grieche *m*, Griechin *f*; **2.** *ling.* Griechisch *n*: *that's* ~ *to me* das sind mir böhmische Dörfer; **II.** *adj.* **3.** griechisch; → *calends*; ~ **Church** *s.* ,Griechisch-ortho'doxe Kirche; ~ **cross** *s.* griechisches Kreuz; ~ **fire** *s.* ⚔ *hist.* griechisches Feuer; ~ **gift** *s. fig.* 'Danaergeschenk *n*; ~ **Or·tho·dox Church** → *Greek Church*.

green [gri:n] **I.** *adj.* □ **1.** grün (*a. fig. schneefrei*); **2.** grün(end), grün(bewachsen): ~ *food* Gemüsekost; ~ *vegetables* Grüngemüse; **3.** grün, unreif (*Obst*); **4.** zu frisch, nicht fertig verarbeitet; (⊕ fa'brik-) neu: ~ *assembly* Erstmontage; **5.** neu, frisch, lebendig: ~ *in one's memory*; **6.** *fig.* grün, unerfahren, unreif, na'iv: *a* ~ *youth*; **7.** jung: ~ *in years* jung an Jahren; ~ *old age* rüstiges Alter; **8.** blaß: ~ *with envy* gelb vor Neid; ~ *with fear* schrekkensbleich; **II.** *s.* **9.** Grün *n*, grüne Farbe; **10.** Grünfläche *f*, Rasenplatz *m*: *village* ~ Dorfanger; **11.** *pl.* grünes Gemüse, *engS.* Kohl *m*; **12.** *fig.* Jugendfrische *f*, Lebenskraft *f*.

'green|·back *s.* **1.** Banknote *f* (*der USA*); **2.** *zo.* Laubfrosch *m*; ~ **belt** *s.* Grüngürtel *m* (*um e-e Stadt*); '~-'**blind** *adj.* ⚕ grünblind; ~ **cheese** *s.* **1.** unreifer Käse; **2.** Kräuterkäse *m*; ~ **corn** *s. Am.* grüner Mais; ~ **crop** *s.* ⚘ Grünfutter *n*.

green·er·y ['gri:nəri] *s.* Grün *n*, Laub *n*.

'green|-eyed *adj. fig.* eifersüchtig, neidisch: *the* ~ *monster* die Eifersucht; '~**finch** *s. orn.* Grünfink *m*; ~ **fin·gers** *s. pl.* F gärtnerische Begabung: *he has* ~ bei ihm gedeihen alle Pflanzen; ~ **fly** *s. zo. Brit.* grüne Blattlaus; '~**gage** *s.* Reine'claude *f*; '~**gro·cer** *s.* Obst- u. Gemüsehändler *m*; '~**gro·cer·y** *s.* **1.** Obst- u. Gemüsehandlung *f*; **2.** *pl.* Grünkram *m*; '~**horn** *s.* F **1.** Grünschnabel *m*, Neuling *m*; *pl.* junges Gemüse; **2.** Strohkopf *m*, Gimpel *m*; '~**house** *s.* **1.** Treib-, Gewächshaus *n*; **2.** ✈ *sl.* Vollsichtkanzel *f*.

green·ish ['gri:niʃ] *adj.* grünlich.

green| light *s.* grünes Licht (*Verkehrsampel*; *a. fig. Genehmigung*): *to give s.o. the* ~ *fig.* j-m grünes Licht geben; '~**man** [-mən] *s.* [*irr.*] Platzmeister *m* (*Golfplatz*); ~ **ma·nure** *s.* frischer Stalldünger.

green·ness ['gri:nnis] *s.* **1.** Grün *n*, *das* Grüne; **2.** *fig.* Frische *f*, Munterkeit *f*, Kraft *f*; **3.** *fig.* Unreife *f*, Unerfahrenheit *f*.

'green|-room *s. thea.* 'Künstlerzimmer *n*, -garde,robe *f*; '~**sick·ness** *s.* ⚕ Bleichsucht *f*; '~**stick** (**frac·ture**) *s.* ⚕ Grünholzbruch *m*; '~**stone** *s.* Grünstein(tuff) *m*; '~**stuff** *s.* grünes Gemüse; '~**sward** *s.* Rasen *m*; ~ **ta·ble** *s.* Spieltisch *m*; ~ **tea** *s.* grüner Tee.

Green·wich time ['grinidʒ] *s.* Greenwicher (mittlere Sonnen-) Zeit.

greet [gri:t] *v/t.* **1.** (be)grüßen; **2.** begrüßen, empfangen, aufnehmen; **3.** *fig. dem Auge* begegnen, *ans Ohr* treffen; '**greet·ing** [-tiŋ] *s.* Gruß *m*, Begrüßung *f*; Empfehlung *f*: ~*s telegram* Glückwunschtelegramm.

gre·gar·i·ous [gre'gɛəriəs] *adj.* □ **1.** gesellig; in Herden *od.* Scharen lebend, Herden...; **2.** ⚘ traubenartig wachsend; **gre'gar·i·ous·ness** [-nis] *s.* **1.** Zs.-leben *n* in Herden; **2.** Geselligkeit *f*.

Gre·go·ri·an [gre'gɔ:riən] *adj.* gregori'anisch: ~ *calendar* Gregorianischer Kalender; ~ *chant* ♪ Gregorianischer Gesang.

'Greg·o·ry-pow·der ['gregəri] *s. pharm. ein* Abführmittel *n*.

grem·lin ['gremlin] *s. sl.* böser Geist, Kobold *m* (*bsd. gegen Maschinen gerichtet*).

gre·nade [gri'neid] *s.* **1.** ⚔ Ge'wehr-, 'Handgra,nate *f*; **2.** gläserne Feuerlöschflasche; **gren·a·dier** [grenə'diə] *s.* ⚔ Grena'dier *m*.

gren·a·dine [grenə'di:n] *s.* **1.** Grena'dine *f*: **a**) Gra'natapfelsaft *m*, **b**) *Gewebe*; **2.** Grena'din *m* (*gebratene Fleischschnitte*).

gres·so·ri·al [gre'sɔ:riəl] *adj. orn.*, *zo.* Schreit..., Stelz...

Gret·na Green mar·riage ['gretnə] *s.* Heirat *f* in Gretna Green (*Schottland*).

grew [gru:] *pret. von grow.*

grey [grei] **I.** *adj.* □ **1.** grau; **2.** grau (-haarig), ergraut; **3.** farblos, blaß; **4.** trübe, düster: *a* ~ *day*; ~ *prospects* trübe Aussichten; **5.** ⊕ ungebleicht, na'turfarben: ~ *cloth* ungebleichter Baumwollstoff; **II.** *s.* **6.** Grau *n*, graue Farbe: *dressed in* ~ in Grau gekleidet; **7.** Grauschimmel *m*: *the* (*Scots*) ~*s* das 2. (schottische) Dragonerregiment; **III.** *v/i.* **8.** grau werden, ergrauen: ~*ing* angegraut (*Haare*); ~ **a·re·a** *s. Statistik*: Grauzone *f*; '~**back** *s.* **1.** *zo.* Grauwal *m*; **2.** → *grey crow*; **3.** *Am.* F ‚Graurock' *m* (*Soldat der Südstaaten im Bürgerkrieg*); '~-**beard** *s.* **1.** Graubart *m*, alter Mann; **2.** irdener Krug; **3.** → *clematis*; ~ **crow** *s. orn.* Nebelkrähe *f*; ~ **goose** → *greylag*; '~-'**haired** *adj.* grauhaarig; '~-'**head·ed** *adj.* grauköpfig; '~**hen** *s. orn.* Schwarzes Schottisches Moorhuhn; '~**hound** *s. zo.* Windhund *m*, -spiel *n*: ~-*racing* Windhundrennen; *ocean* ~ schneller Ozeandampfer.

grey·ish ['greiiʃ] *adj.* gräulich, Grau...

grey·lag ['greilæg] *s. orn.* Grau-, Wildgans *f*.

grey| mat·ter *s.* **1.** ⚕ graue ('Hirnrinden)Sub,stanz; **2.** ‚Grips' *m*, ‚Grütze' *f* (*Verstand*); ~ **mul·let** *s. ichth.* Meeräsche *f*.

grey·ness ['greinis] *s.* **1.** Grau *n*; **2.** *fig.* Trübheit *f*, Düsterkeit *f*.

grey squir·rel *s. zo.* Grauhörnchen *n*.

grid [grid] *s.* **1.** Gitter *n*, Rost *m*; **2.** ⚡ Bleiplatte *f* (*Akkumulator*); **3.** *Radio*: Gitter *n*; **4.** *Brit.* ⚡ Über'landleitungsnetz *n*; **5.** Gitternetz *n auf Landkarten*: ~*ded map* Gitternetzkarte; **6.** (Straßen- *etc.*)Netz *n*; ~ **bi·as** *s.* ⚡ Gittervorspannung *f*; ~ **cir·cuit** *s.* ⚡ Gitterkreis *m*.

grid·dle ['gridl] *s.* **1.** Kuchen-, Backblech *n*: ~-*cake* Pfannkuchen; **2.** ⊕ Drahtsieb *n*.

'grid|·i·ron *s.* **1.** Bratrost *m*; **2.** ⊕ Gitterrost *m*; **3.** Netz(werk) *n* (*Leitungen, Bahnlinien etc.*); **4.** ⚓ Balkenrost *m*; **5.** *thea.* Schnürboden *m*; **6.** *Am.* F Spielfeld *n* (*amer. Fußball*); ~ **leak** *s.* 'Gitter(ableit)-,widerstand *m*; ~ **plate** *s.* ⚡ Gitterplatte *f*; ~ **square** *s.* 'Planqua,drat *n*.

grief [gri:f] *s.* Gram *m*, Kummer *m*,

Schmerz *m*: *to bring to* ~ zu Fall bringen, zugrunde richten; *to come to* ~ a) Schaden nehmen, verunglücken, b) in Schwierigkeiten geraten, c) fehlschlagen, scheitern, zu Fall kommen.

griev·ance ['gri:vəns] *s.* **1.** Beschwerde *f*, Grund *m* zur Klage; **2.** 'Miß-, Übelstand *m*; **3.** Groll *m*; Unzufriedenheit *f*; **grieve** [gri:v] **I.** *v/t.* betrüben, bekümmern, kränken, *j-m* weh tun; **II.** *v/i.* bekümmert sein, sich grämen *od.* härmen (*at, about* über *acc.*, wegen; *for* um); '**griev·ous** [-vəs] *adj.* □ **1.** schmerzlich, bedauerlich, bitter, drückend; **2.** schwer, kläglich, schlimm: ~ *error*; ~ *bodily harm* schwere Körperverletzung; '**griev·ous·ness** [-vəsnis] *s.* Schmerzlichkeit *f*.

grif·fin[1] ['grifin] *s.* **1.** *myth.*, *her.* Greif *m*; **2.** → *griffon*[1].

grif·fin[2] ['grifin] *s. Brit. Ind. etc.* Neuling *m*, Neuankömmling *m*.

grif·fon[1] ['grifən], *a.* '**~-vul·ture** *s. orn.* Weißköpfiger Geier.

grif·fon[2] ['grifən] *s.* **1.** → *griffin*[1] *1*; **2.** Grif'fon *m* (*Hunderasse*).

grift·er ['griftə] *s. Am. sl.* **1.** (Schau-)Budenbesitzer *m*; **2.** Gauner *m*.

grill[1] [gril] **I.** *s.* **1.** (Brat)Rost *m*, Grill *m*; **2.** Grillen *n*, Rösten *n*; **3.** Röstfleisch *n*; **4.** → *grillroom*; **5.** Waffelung *f*, Gau'frage *f* (*Briefmarken*); **II.** *v/t.* **6.** *Fleisch etc.* grillen, auf dem Rost braten; **7.** *fig.* sengen, plagen, quälen; **8.** *fig.* e-m strengen Verhör unter'ziehen; **9.** *Briefmarken* waffeln, gaufrieren; **III.** *v/i.* **10.** rösten, schmoren, gegrillt werden.

grill[2] → *grille*.

gril·lage ['grilidʒ] *s.* ⚠ Pfahlrost *m*.

grille [gril] *s.* **1.** Tür-, Fenster-, Schaltergitter *n*; **2.** Gitterfenster *n*, Sprechgitter *n*; **grilled** [-ld] *adj.* vergittert.

grill·er ['grilə] *s.* Bratrost *m*, Grillvorrichtung *f*.

'**grill·room** *s.* Grillroom *m*, Rostbratstube *f*.

grilse [grils] *s. ichth.* junger Lachs.

grim [grim] *adj.* □ grimmig: a) schrecklich, schlimm, b) erbarmungslos, grausam, hart: ~ *humo(u)r* Galgenhumor, c) wütend, d) unbeugsam, eisern, verbissen; → *death 1*.

gri·mace [gri'meis] **I.** *s.* Gri'masse *f*, Fratze *f*: *to make* ~*s* → *II*; **II.** *v/i.* Gri'massen schneiden.

gri·mal·kin [gri'mælkin] *s.* **1.** (alte) Katze; **2.** böses altes Weib, Hexe *f*.

grime [graim] **I.** *s.* (zäher) Schmutz *od.* Ruß; **II.** *v/t.* beschmutzen; '**grim·i·ness** [-minis] *s.* Schmutzigkeit *f*.

Grimm's law [grimz] *s. ling.* (Gesetz *n* der) Lautverschiebung *f*.

grim·ness ['grimnis] *s.* Grimmigkeit *f*, Schrecklichkeit *f*; Grausamkeit *f*, Härte *f*, Unnachgiebigkeit *f*.

grim·y ['graimi] *adj.* □ schmutzig, rußig.

grin [grin] **I.** *v/i.* grinsen, (verschmitzt) lächeln: *to* ~ *at s.o.* j-n angrinsen; *to* ~ *and bear it* gute Miene zum bösen Spiel machen; → *Cheshire cat*; **II.** *s.* Grinsen *n*, Lächeln *n*: *broad* ~ breites Grinsen.

grind [graind] **I.** *v/t.* [*irr.*] **1.** *Messer etc.* schleifen, wetzen, schärfen; *Glas* matt schleifen: *to* ~ *in Ventile* einschleifen; → *ax 1*; **2.** *a.* (zer-)mahlen, zerreiben, -kleinern; zermalmen; schroten; **3.** *Korn etc.*, *Mehl* mahlen; **4.** ⊕ schmirgeln, glätten, polieren; **5.** ~ *down* abwetzen; → *10*; **6.** ~ *one's teeth* mit den Zähnen knirschen; **7.** knirschend (*hinein*)bohren; **8.** *Leierkasten etc.* drehen; **9.** ~ *out* mühsam her'vor-, her'ausbringen; **10.** *a.* ~ *down fig.* (unter)'drücken, schinden, quälen; zermürben; **11.** F ‚pauken', ‚büffeln' (*eifrig lernen*): *to* ~ *Latin*; **12.** F *j-m et.* einpauken: *to* ~ *s.o. in Latin*; **II.** *v/i.* [*irr.*] **13.** mahlen, reiben; **14.** knirschen(d reiben), kratzen; **15.** F sich plagen *od.* abschinden; **16.** F ‚pauken', ‚ochsen', ‚büffeln'; **III.** *s.* **17.** F Schinde'rei *f*, Placke'rei *f*; ‚Pauken' *n*, ‚Büffeln' *n*; **18.** *Am. sl.* Streber(in), ‚Büffler (-in)'; **19.** *Brit. sl.* a) Hindernisrennen *n*, b) Marsch *m* (aus Gesundheitsgründen); '**grind·er** [-də] *s.* **1.** (*Messer-*, *Glas*)Schleifer *m*; **2.** 'Schleifstein *m*, -walze *f*, -ma‚schine *f*; **3.** oberer Mühlstein; **4.** Mahl-, Quetschwerk *n*: *meat* ~ Fleischwolf; **5.** *anat.* Backenzahn *m*; *pl.* F Zähne *pl.*; **6.** F a) ‚Pauker' *m* (*Lehrer*), b) ‚Büffler' *m* (*Schüler*).

grind·ing ['graindiŋ] *adj. fig.* **1.** mühsam, schwer (*Arbeit etc.*); **2.** (be)drückend; **3.** zermürbend, quälend; ~ **mill** *s.* ⊕ Mahl-, Walzwerk *n*; Schleif-, Reibmühle *f*; ~ **powder** *s.* ⊕ Schleifpulver *n*.

'**grind·stone** [-nds-] *s.* Schleifstein *m*: *to keep s.o.'s nose to the* ~ *fig.* j-n schwer arbeiten lassen, j-n schinden; *to keep one's nose to the* ~ sich abschinden, schuften.

grin·go ['griŋgou] *pl.* **-gos** *s.* 'Gringo *m* (*lateinamer. Spottname für Ausländer, bsd. Angelsachsen*).

grip [grip] **I.** *s.* **1.** Griff *m*, (An-)Packen *n*, (Er)Greifen *n*; Händedruck *m* (*z. B. von Freimaurern*): *to come to* ~*s with* handgemein werden mit, *fig.* sich auseinandersetzen mit, in Angriff nehmen; *at* ~*s with* im Kampf mit; **2.** *fig.* Griff *m*, Halt *m*; Herrschaft *f*, Gewalt *f*; *weitS.* Verständnis *n*: *in the* ~ *of* in den Klauen *od.* im Bann (*gen.*); *to have a* ~ *on* in der Gewalt haben, *Zuhörer etc.* fesseln, packen; *to have a good* ~ *on Lage, Materie etc.* (sicher) beherrschen, *Situation etc.* klar erfassen; *to lose one's* ~ a) die Herrschaft verlieren (*of* über *acc.*), b) *geistig* nachlassen; **3.** Griffigkeit *f* (*a. Autoreifen*); **4.** (Hand-)Griff *m* (*Koffer etc.*); **5.** Haarspange *f*; **6.** ⊕ Greifer *m*; **7.** *Am.* → *gripsack*; **II.** *v/t.* **8.** packen, ergreifen; (fest)halten; **9.** ⊕ festklemmen, -machen; **10.** *fig. j-n* packen (*Furcht, Spannung*); *Leser, Zuhörer etc.* fesseln; **11.** *fig.* begreifen, verstehen; **III.** *v/i.* **12.** Halt finden, halten, fassen; ~ **brake** *s.* ⊕ Handbremse *f*.

gripe [graip] **I.** *v/t.* **1.** *obs.* ergreifen, packen; **2.** drücken, zwicken: *to be* ~*d* Bauchschmerzen *od.* e-e Kolik haben; **3.** ⚓ *Boot* festmachen, zurren; **II.** *v/i.* **4.** *sl.* nörgeln, murren, ‚meckern'; **III.** *s.* **5.** *pl.* ⚕ 'Kolik *f*, Leibweh *n*; **6.** *pl.* ⚓ Seile *pl.* zum Festmachen; **7.** ⊕ Bremse *f*.

grip·per ['gripə] *s.* ⊕ Greifer *m*, Halter *m*; '**grip·ping** [-piŋ] *adj.* **1.** *fig.* fesselnd, packend, spannend; **2.** ⊕ greifend: ~ *lever* Spannhebel; ~ *tool* Spannwerkzeug.

'**grip·sack** *s. Am.* Reisetasche *f*.

gris·kin ['griskin] *s. Brit. Küche*: Schweinsrücken *m*.

gris·ly ['grizli] *adj.* gräßlich.

grist [grist] *s.* **1.** Mahlgut *n*, -korn *n*: *that's* ~ *to his mill* das ist Wasser auf s-e Mühle; *to bring* ~ *to the mill* Gewinn bringen; **2.** Malzschrot *n*; **3.** Stärke *f*, Dicke *f* (*Garn od. Tau*).

gris·tle ['grisl] *s.* Knorpel *m*: *in the* ~ unentwickelt; '**gris·tly** [-li] *adj.* knorpelig.

grit [grit] **I.** *s.* **1.** *geol.* a) grober Sand, Kies *m*, b) *a.* ~*stone* grober Sandstein; **2.** *fig.* Mut *m*, Entschlossenheit *f*, ‚Mumm' *m*; **3.** *pl.* Haferschrot *m*, *n*, -grütze *f*; **II.** *v/i.* **4.** knirschen, mahlen; **III.** *v/t.* **5.** *to* ~ *the teeth* mit den Zähnen knirschen; '**grit·ti·ness** [-tinis] *s.* Sandigkeit *f*, Kiesigkeit *f*; '**grit·ty** [-ti] *adj.* **1.** sandig, kiesig; **2.** *fig.* F mutig, forsch.

griz·zle[1] ['grizl] *v/i. Brit.* F nörgeln, quengeln, schmollen; wimmern.

griz·zle[2] ['grizl] *s.* graue Farbe (*bsd. Haar*); '**griz·zled** [-ld] *adj.* grau (-haarig); '**griz·zly** [-li] **I.** *adj.* → *grizzled*; **II.** *s. a.* ~ *bear* Graubär *m*.

groan [groun] **I.** *v/i.* **1.** stöhnen, ächzen (*with* vor); **2.** knarren (*Tür etc.*): *a* ~*ing board* (*od. table*) ein überladener Tisch; **3.** seufzen, leiden; **II.** *v/t.* **4.** ächzen, unter Stöhnen äußern; **5.** ~ *down* durch Knurren zum Schweigen bringen; **III.** *s.* **6.** Stöhnen *n*; **7.** Knarren *n*; **8.** Murren *n*.

groat [grout] *s. hist.* Groschen *m*.

groats [grouts] *s. pl.* Hafergrütze *f*.

gro·cer ['grousə] *s.* Lebensmittel-, Koloni'alwarenhändler *m*; Krämer *m*; '**gro·cer·y** [-səri] *s.* **1.** *Am.* Lebensmittelgeschäft *n*; **2.** *mst pl.* Lebensmittel *pl.*, Koloni'alwaren *pl.*; **3.** Koloni'alwarenhandel *m*.

grog [grɔg] **I.** *s.* Grog *m*: ~*-blossom* F Säufernase; **II.** *v/i.* Grog trinken; '**grog·ger·y** [-gəri] *s. Am.* Kneipe *f*; '**grog·gi·ness** [-ginis] *s.* **1.** *obs.* Trunkenheit *f*, ‚Schwips' *m*; **2.** Wack(e)ligkeit *f*; **3.** *a. Boxen*: Benommenheit *f*, (halbe) Betäubung; '**grog·gy** [-gi] *adj.* **1.** *obs.* betrunken; **2.** F taumelig, wack(e)lig (*a. Sachen*); **3.** F kränklich; schwach auf den Beinen; **4.** steif (*Pferd*); **5.** *Boxen*: groggy, angeschlagen, halb betäubt.

groin [grɔin] *s.* **1.** *anat.* Leiste *f*, Leistengegend *f*; **2.** ⚠ Grat(bogen) *m*, Rippe *f*; **3.** *Am.* → *groyne*; **groined** [-nd] *adj.* gerippt: ~ *vault* Kreuzgewölbe.

grom·met ['grɔmit] *Am.* → *grummet*.

groom [grum] **I.** *s.* **1.** Pferde-, Reit-, Stallknecht *m*; **2.** Bräutigam *m*; **3.** Diener *m*; → *bedchamber*; **II.** *v/t.* **4.** *Pferd* striegeln, pflegen; **5.** *Per-*

son, Kleidung pflegen: *well-~ed* gepflegt; **6.** aufputzen; **7.** *Am. bsd. pol. Kandidaten für ein Amt* vorbereiten; lancieren; *weitS. a. Brit. j-n* einarbeiten, ‚her'anziehen'; **grooms·man** ['grumzmən] *s.* [*irr.*] Brautführer *m.*

groove [gru:v] **I.** *s.* **1.** Rinne *f*, Furche *f*: *in the ~ fig.* **a)** im richtigen Fahrwasser, **b)** in bester Form; **2.** ⊕ Rinne *f*, Furche *f*, Nut *f*, Vertiefung *f*, Hohlkehle *f*, Rille *f*, Aushöhlung *f*, Falz *m*, Kerbe *f*; **3.** ⊕ Zug *m* (*in Gewehren etc.*); **4.** *fig.* gewohntes Geleise, Gewohnheit *f*, Scha'blone *f*, Rou'tine *f*: *to get into a ~* in e-e Gewohnheit verfallen; *to run* (*od. work*) *in a ~* im selben Geleise bleiben, stagnieren; **5.** *sl.* ‚klasse Sache': *it's a ~!* das ist klasse!; **II.** *v/t.* **6.** ⊕ furchen, riefeln, nuten, auskehlen; **III.** *v/i. sl.* **7.** Spaß haben (*with* bei *od.* mit); **8.** ‚(große) Klasse sein'; **grooved** [-vd] *adj.* gerillt, gerieft; **'groov·y** [-vi] *adj.* **1.** F scha'blonenhaft, nach Schema F; **2.** *sl.* toll, ‚klasse'.

grope [group] **I.** *v/i.* tasten (*for* nach): *to ~ about* herumtasten, -tappen, -suchen; *to ~ in the dark bsd. fig.* im dunkeln tappen; **II.** *v/t.* tastend suchen: *to ~ one's way* sich vorwärtstasten; **'grop·ing·ly** [-piŋli] *adv.* tastend; *fig.* vorsichtig, unsicher.

gros·beak ['grousbi:k] *s. orn.* Kernbeißer *m.*

gros·grain ['grougrein] *adj. u. s.* grob gerippt(es Seidentuch *od.* -band).

gross [grous] **I.** *adj.* □ → *grossly*; **1.** dick, feist, plump; **2.** grob(körnig); **3.** roh, grob, derb; **4.** schwer, grob (*Fehler*): *~ negligence* ⚖ grobe Fahrlässigkeit; **5.** stumpf, schwerfällig (*Sinne*); **6.** dicht, stark, üppig; **7.** anstößig, unanständig, unfein; **8.** 'brutto, Brutto..., Roh..., Gesamt...: *~ amount* Gesamtbetrag; *~ profit* Rohgewinn; *~ weight* Bruttogewicht; **II.** *s.* **9.** *das* Ganze, Masse *f*: *in* (*the*) *~* im ganzen, in Bausch u. Bogen; **10.** *pl.* *gross* Gros *n* (*12 Dutzend*); **'gross·ly** [-li] *adv.* sehr, höchst; ungeheuerlich; ⚖ *etc.* grob: *~ negligent*; **'gross·ness** [-nis] *s.* **1.** Stärke *f*, Schwere *f*, Ungeheuerlichkeit *f*; **2.** Roheit *f*, Derbheit *f*, Grobheit *f*; **3.** Anstößigkeit *f*, Unanständigkeit *f.*

gross| reg·is·ter(ed) ton *s.* 'Bruttore,gistertonne *f*; *~* **ton·nage** *s.* † 'Bruttotonnengehalt *m.*

gro·tesque [grou'tesk] **I.** *adj.* □ **1.** gro'tesk (*a. Kunst*); **II.** *s.* **2.** *das* Gro'teske; **3.** *Kunst*: Groteske *f*, groteske Fi'gur; **gro'tesque·ness** [-nis] *s. das* Groteske.

grot·to ['grɔtou] *pl.* **-toes** *od.* **-tos** *s.* Höhle *f*, Grotte *f.*

grouch [grautʃ] F **I.** *v/i.* **1.** nörgeln, schmollen, quengeln; **II.** *s.* **2.** schlechte Laune, Verdrießlichkeit *f*; **3.** Griesgram *m*, ‚Miesepeter' *m*; **'grouch·y** [-tʃi] *adj.* □ F griesgrämig, ‚miesepet(e)rig', ‚grantig'.

ground[1] [graund] **I.** *s.* **1.** (Erd-)Boden *m*, Erde *f*: *fertile ~*; *above ~* **a)** oberirdisch, ⚒ über Tage, **b)** lebend; *below ~* **a)** ⚒ unter Tage, **b)** begraben, tot; *down to the ~ fig.* völlig, durchaus; *to break ~ fig.* Vorbereitungen treffen; *to break new* (*od. fresh*) *~* Land urbar machen, *a. fig.* neue Gebiete erschließen; *to fall to the ~* zu Boden fallen, *fig.* scheitern, ins Wasser fallen; **2.** Meeresboden *m*: *to take ~* ⚓ stranden, auflaufen; **3.** Boden *m*, Strecke *f*, Gebiet *n* (*a. fig.*), Gelände *n*: *high ~* Anhöhe; *on German ~* auf deutschem Boden; *to cover much ~* e-e große Strecke zurücklegen, *fig.* viel umfassen, weit reichen; *to gain ~* (an) Boden gewinnen (*a. fig.*), *fig.* um sich greifen; *to give* (*od. lose*) *~* (an) Boden verlieren (*a. fig.*); *to go over the ~* et. besprechen *od.* überlegen; *to hold* (*od. stand*) *one's ~* standhalten, nicht weichen, sich *od.* s-n Standpunkt behaupten, s-n Mann stehen; *to cut the ~ from under s.o.'s feet* j-m den Boden unter den Füßen wegziehen; *to shift one's ~* seinen Standpunkt ändern; **4.** ⚖ Grundbesitz *m*, Grund *m* u. Boden *m*; **5.** Fläche *f*, Gebiet *n*, Platz *m*: *cricket-~* Krikketplatz; *hunting-~* Jagd(gebiet); **6.** *pl.* (Garten)Anlagen *pl.*: *standing in its own ~s* von Anlagen umgeben (*Haus*); **7.** *pl.* Bodensatz *m* (*Kaffee etc.*); **8.** Grundierung *f*, Grundfarbe *f*, Grund(fläche *f*) *m*: *on a black ~* auf schwarzem Grunde; *~ coat* erster Anstrich; **9.** Grundlage *f*; **10.** *fig.* Mo'tiv *n*, (Beweg-)Grund *m*: *on the ~ of* auf Grund (*gen.*), wegen (*gen.*); *on the ~(s) that* mit der Begründung, daß; *to have no ~(s) for* keinen Grund haben für (*od.* zu *inf.*); **11.** ⚡ Erde *f*, Erdschluß *m*; **II.** *v/t.* **12.** niederlegen, -setzen; → *arm*[2] *3*; **13.** ⚓ auf Strand setzen; **14.** ⚡ erden; **15.** ⊕, *paint.* grundieren; **16.** ✈ aus dem Verkehr ziehen, stillegen; Startverbot erteilen (*dat.*): *~ed* am Abflug gehindert; **17.** (*on, in*) gründen, stützen (auf *acc.*); begründen (in *dat.*): *~ed in fact* auf Tatsachen beruhend; **18.** die Anfangsgründe beibringen (*dat.*): *well ~ed in* mit guten (Vor)Kenntnissen in (*od. gen.*); **III.** *v/i.* **19.** ⚓ stranden, auflaufen.

ground[2] [graund] **I.** *pret. u. p.p. von grind*; **II.** *adj.* **1.** gemahlen: *~ coffee*; **2.** matt(geschliffen) (*Glas*): *~ glass* Mattglas; *~-glass screen phot.* Mattscheibe.

ground·age ['graundidʒ] *s.* ⚓ *Brit.* Hafengebühr *f*, Ankergeld *n.*

ground| a·lert *s.* ✈, ⚔ A'larm-, Startbereitschaft *f*; **'~-an·gling** *s.* Grundangeln *n*; *~* **at·tack** *s.* ✈ Angriff *m* auf Erdziele; **'~-bait** *s.* *Angeln*: Grundköder *m*; *~* **bass** [-ndbeis] *s.* ♪ Grundbaß *m*; *~* **beam** *s.* ⊕ Grundbalken *m*, Bodenschwelle *f*; **'~-box** *s.* ♀ Zwergbuchsbaum *m*; **'~-cher·ry** *s.* Zwergkirsche *f*; *~* **clamp** *s.* ⚡ Erd(ungs)schelle *f*; *~* **clear·ance** *s. mot.* Bodenabstand *m*; **'~-col·o(u)r** *s.* *paint. etc.* Grundfarbe *f*, Grundierung *f*; *~* **con·nec·tion** *s.* ⚡ Erdung *f*, Erd(an)schluß *m*; **'~-con·trolled ap·proach** *s.* ✈ vom Boden geleiteter Anflug; *~* **crew** *s.* ✈ 'Bodenperso,nal *n*; *~* **de·tec·tor** *s.* ⚡ Erdschlußprüfer *m*; **'~-fish** *s. ichth.* Grundfisch *m*; **'~-fish·ing** *s.* Grundangeln *n*; *~* **floor** [-ndf-] *s.* *Brit.* Erdgeschoß *n*: *to get in on the ~* F **a)** † Aktien zum Kurs der Gründeraktien erwerben, **b)** von Anfang an mit dabeisein; *~* **fog** *s.* Bodennebel *m*; *~* **forc·es** *s. pl.* ⚔ Bodentruppen *pl.*, Landstreitkräfte *pl.*; *~* **frost** *s.* Bodenfrost *m*; *~* **game** *s. hunt. Brit.* Niederwild *n*; **'~-'hog** *s. zo.* Amer. Murmeltier *n*; *~* **host·ess** *s.* ✈ 'Groundho,steß *f*; **'~-ice** *s. geol.* Grundeis *n.*

ground·ing ['graundiŋ] *s.* **1.** Funda'ment *n*; 'Unterbau *m*; **2.** Grundierung *f*, Grundfarbe *f*; **3.** ⚓ Stranden *n*; **4.** 'Anfangs,unterricht *m*; **5.** (Vor)Kenntnisse *pl.*

ground| i·vy *s.* ♀ Gundelrebe *f*; *~* **keep·er** *s. sport Am.* Platzwart *m*; *~* **land·lord** *s. Brit.* Grundeigentümer *m.*

ground·less ['graundlis] *adj.* □ grundlos, unbegründet.

ground| lev·el *s. phys.* Bodennähe *f*; *~* **line** *s.* ⩚ Grundlinie *f*; **'~-man** [-ndmæn] *s.* [*irr.*] *sport* Platzwart *m*; *~* **map** *s.* Geländekarte *f*; **'~-note** *s.* ♪ Grundton *m*; **'~-nut** [-ndn-] *s.* ♀ Erdnuß *f*; *~* **pan·el** *s.* ✈ Fliegertuch *n*; *~* **per·son·nel** → *ground crew*; **'~-'plan** [-nd'p-] *s.* **1.** ▲ Grundriß *m*; **2.** Lageplan *m*; **3.** *fig.* Entwurf *m*; *~* **plane** *s.* ⊕ Horizon'talebene *f*; *~* **plate** *s.* **1.** ▲ Schwelle *f*, Grundplatte *f*; **2.** ⚡ Erdplatte *f*; **'~-rent** *s.* Grundpacht *f*, Bodenzins *m.*

ground·sel ['graunsl] *s.* ♀ Kreuzkraut *n.*

'ground|·sheet *s. Brit.* ⚔ Zeltbahn *f*, 'Unterlegeplane *f*; **~'s·man** [-ndzmən] → *ground-man*; *~* **speed** *s.* ✈ Geschwindigkeit *f* über Grund; *~* **staff** → *ground crew*; *~* **sta·tion** *s.* 'Bodenstati,on *f*; *~* **swell** *s.* Dünung *f*; *~* **track** *s.* ✈ Kurs *m* über Grund; *~* **troops** *s. pl.* ⚔ Bodentruppen *pl.*; *~* **wa·ter** *s.* Grundwasser *n*; **'~-wa·ter lev·el** *s. geol.* Grundwasserspiegel *m*; *~* **wire** *s.* ⚡ Erdleitung *f*; **'~·work** *s.* **1.** ▲ 'Unterbau *m*, Funda'ment *n*; **2.** *fig.* Grundlage(n *pl.*) *f*; **3.** *paint. etc.* Grund *m.*

group [gru:p] **I.** *s.* **1.** Gruppe *f*; **2.** *fig.* Anzahl *f*, Kreis *m*; **3.** † Kon'zern *m*; **4.** ⚔ Kampfgruppe *f*; **5.** ✈ **a)** *Brit.* Geschwader *n*: *~ captain* Oberst (*der R.A.F.*), **b)** *Am.* Gruppe *f*; **II.** *v/t.* **6.** gruppieren, anordnen, klassifizieren; **III.** *v/i.* **7.** sich gruppieren; *~* **drive** *s.* ⊕ Gruppenantrieb *m*; *~* **dy·nam·ics** *s. pl. sg. konstr. sociol.* 'Gruppendy,namik *f*; *~* **in·sur·ance** *s.* Gruppen-, Kollek'tivversicherung *f*; *~* **sex** *s.* Gruppensex *m*; *~* **ther·a·py** *s. psych.* 'Gruppenthera,pie *f*; *~* **work** *s. sociol.* Gruppenarbeit *f.*

grouse[1] [graus] *s. sg. u. pl. orn.* Schottisches Moorhuhn.

grouse[2] [graus] **I.** *v/i.* meckern, nörgeln; **II.** *s.* Nörge'lei *f*, Beschwerde *f*; Gemecker *n*; **'grous·er**

[-sə] *s.* Queru'lant(in); ‚Meckerfritze' *m.*

grout[1] [graut] **I.** *s.* dünner Mörtel; **II.** *v/t. Risse* mit Mörtel ausfüllen.

grout[2] [graut] *s. mst pl.* grobes Mehl, Grütze *f*, Schrot *m, n.*

grout[3] [graut] *Brit.* **I.** *v/i.* (in der Erde) wühlen (*Schwein*); **II.** *v/t.* aufwühlen.

grove [grouv] *s.* Hain *m*, Gehölz *n.*

grov·el ['grɔvl] *v/i.* **1.** am Boden kriechen; **2.** *fig.* kriechen (*before, to* vor *dat.*); **3.** *fig.* im Dreck wühlen; **'grov·el·(l)er** [-lə] *s. fig.* Kriecher *m*, Speichellecker *m*; **'grov·el·(l)ing** [-liŋ] *adj.* □ *fig.* **1.** kriecherisch, unter'würfig; **2.** gemein, niedrig.

grow [grou] **I.** *v/i.* [*irr.*] **1.** wachsen; **2.** ♆ wachsen, vorkommen; **3.** (an-) wachsen, größer *od.* stärker werden, sich entwickeln; zunehmen (*in* an *dat.*); **4.** (*from, out of*) erwachsen, entstehen (aus), e-e Folge sein (von); **5.** (all'mählich) werden: *to ~ rich*; *to ~ less* sich vermindern; *to ~ light* hell(er) werden, sich aufklären; *to ~ into s.th.* zu et. werden; *one ~s to like it* man gewinnt es allmählich lieb; **II.** *v/t.* [*irr.*] **6.** (an-) bauen, züchten, ziehen: *to ~ apples*; **7.** (sich) wachsen lassen: *to ~ a beard* sich e-n Bart stehenlassen; *Zssgn mit adv. u. prp.*:

grow| down *v/i. Brit.* abnehmen, kleiner werden; **~ on** *v/i.* Macht gewinnen über (*acc.*); *j-m* lieb werden *od.* ans Herz wachsen: *the habit grows on one* man gewöhnt sich immer mehr daran; **~ out** *v/i.* auswachsen, keimen (*Kartoffeln etc.*); **~ out of** *v/i.* **1.** her'auswachsen aus (*Kleidung*); **2.** *fig.* entwachsen (*dat.*), über'winden (*acc.*): *to ~ use* außer Gebrauch kommen; **3.** → *grow 4*; **~ up** *v/i.* **1.** auf-, her'anwachsen: *to ~ (into) a beauty* sich zu e-r Schönheit entwickeln; **2.** sich einbürgern; **3.** entstehen; **~ up·on** → *grow on.*

grow·er ['grouə] *s.* **1.** (*schnell etc.*) wachsende Pflanze: *a fast ~*; **2.** Züchter *m*, Pflanzer *m*, Erzeuger *m*, *in Zssgn* ...bauer *m*; **grow·ing** ['grouiŋ] **I.** *adj.* □ **1.** wachsend, zunehmend; **II.** *s.* **2.** Zucht *f*, Anbau *m*; **3.** Wachstum *n*: *~ pains* **a)** Wachstumsschmerzen, **b)** *fig.* ‚Kinderkrankheiten'; *~ weather* Saatwetter.

growl [graul] **I.** *v/i.* **1.** knurren (*Hund*), brummen (*Bär*); (g)rollen (*Donner*); **2.** *fig.* brummen, knurren, grollen; **II.** *v/t.* **3.** *Worte* knurren; **III.** *s.* **4.** Knurren *n*, Brummen *n*, Rollen *n*; **5.** *fig.* Knurren *n*, Brummen *n*; **'growl·er** [-lə] *s.* **1.** knurriger Hund; **2.** *fig.* Brummbär *m*; **3.** *ichth.* Knurrfisch *m*; **4.** *Brit. sl.* ‚Klapperkasten' *m* (*Droschke*); **5.** *Am. sl.* Bierkrug *m*; **6.** ⚡ Prüfspule *f.*

grown [groun] **I.** *p.p. von grow*; **II.** *adj.* **1.** gewachsen: *full-~* ausgewachsen; **2.** erwachsen: *~ man* Erwachsene(r); **3.** *a. ~ over* be-, über'wachsen; **'~-up I.** *adj.* erwachsen; **II.** *s.* Erwachsene(r *m*) *f.*

growth [grouθ] *s.* **1.** Wachsen *n*, Wachstum *n* (*a.* ✝); **2.** Wuchs *m*, Größe *f*; **3.** Anwachsen *n*, Zunahme *f*; **4.** Entwicklung *f*; **5.** Zucht *f*, Anbau *m*; Pro'dukt *n*, Erzeugnis *n*: *of one's own ~* selbstgezogen; **6.** ♆ Schößling *m*, Trieb *m*; **7.** ⚕ 'Tumor *m*, Wucherung *f*; **~ in·dus·try** *s.* ✝ 'Wachstumsindu,strie *f*; **~ rate** *s.* Wachstumsrate *f.*

groyne [grɔin] *s. Brit.* ⊕ Buhne *f.*

grub [grʌb] **I.** *v/i.* **1.** graben, jäten; roden; **2.** sich abmühen, schwer arbeiten; **3.** *fig.* stöbern, wühlen, eifrig forschen; **4.** *sl.* essen, ‚futtern'; **II.** *v/t.* **5.** *mst ~ up* (aus)roden, (-)jäten; **6.** *fig. mst ~ up* aufstöbern, ausgraben; **III.** *s.* **7.** *zo.* Made *f*, Larve *f*; **8.** Schlampe *f*; Pro'let *m*; **9.** *sl.* Essen *n*, ‚Futter' *n*; **10.** *Kricket*: Bodenball *m*; **'~-ax(e)** → *grubber.*

grub·ber ['grʌbə] *s.* ↗ Rodehacke *f*, -werkzeug *n*; **'grub·by** [-bi] *adj.* **1.** schmuddelig, verwahrlost, schlampig; **2.** madig.

'grub|-stake *s. Am.* ⚒ *e-m Schürfer gegen Gewinnbeteiligung gegebene* Ausrüstung u. Verpflegung; **'2-street I.** *s. fig.* armselige Lite'raten *pl.*; **II.** *adj.* (lite'rarisch) minderwertig, ‚dritter Garni'tur'.

grudge [grʌdʒ] **I.** *v/t.* **1.** (*s.o. s.th. od. s.th. to s.o.*) neiden, miß'gönnen (j-m et.), beneiden (j-n um et.); **2.** ungern tun *od.* geben: *to ~ no pains* keine Mühe scheuen; *to ~ the time* sich die Zeit nicht gönnen; *not to ~ doing* nicht ungern tun; **II.** *s.* **3.** Groll *m*, 'Mißgunst *f*: *to bear s.o. a ~, to have a ~ against s.o.* e-n Groll gegen j-n hegen; **'grudg·er** [-dʒə] *s.* Neider *m*; **'grudg·ing** [-dʒiŋ] *adj.* □ **1.** neidisch, 'mißgünstig; **2.** 'widerwillig; **'grudg·ing·ly** [-dʒiŋli] *adv.* 'widerwillig, ungern.

gru·el ['gruəl] *s.* Haferschleim *m*; Schleimsuppe *f*: *to get one's ~* sein ‚Fett' (*Strafe*) bekommen; **'gru·el·(l)ing** [-liŋ] **I.** *adj. fig.* mörderisch, tödlich, zermürbend; **II.** *s.* harte Strafe *od.* Behandlung.

grue·some ['gru:səm] *adj.* □ grausig, grauenhaft, schauerlich.

gruff [grʌf] *adj.* □ **1.** schroff, barsch, rauh (*a. Stimme*); **2.** mürrisch; **'gruff·ness** [-nis] *s.* **1.** Schroffheit *f*, Rauheit *f*, Grobheit *f*; **2.** Verdrießlichkeit *f.*

grum·ble ['grʌmbl] **I.** *v/i.* **1.** brummen, murren, schimpfen, quengeln (*at, about, over* über *acc.*, wegen); **2.** (g)rollen (*Donner*); **II.** *s.* **3.** Murren *n*, Nörgeln *n*; **'grum·bler** [-lə] *s.* Nörgler *m*, Queru'lant *m*, Brummbär *m*; **'grum·bling** [-liŋ] *adj.* □ brummig, nörglerisch, ruppig.

grume [gru:m] *s.* ⚕ Blutklümpchen *n.*

grum·met ['grʌmit] *s. Brit.* **1.** ⚓ Seilschlinge *f*; **2.** ⊕ (Me'tall)Öse *f.*

gru·mous ['gru:məs] *adj.* geronnen, dick, klumpig (*Blut etc.*).

grump·y ['grʌmpi] *adj.* □ mürrisch, verdrießlich; reizbar, bärbeißig.

Grun·dy ['grʌndi] *s.*: *Mrs. ~* ‚die Leute' *pl.* (*die gefürchtete öffentliche Meinung*): *what will Mrs. ~ say?*

grunt [grʌnt] **I.** *v/i.* **1.** grunzen; **2.** *fig.* murren, brummen; **II.** *s.* **3.** Grunzen *n*; **4.** → *growler 3*; **'grunt·er** [-tə] *s.* Grunzer *m*, *bsd.* Schwein *n.*

gru·yère ['gru:jɛə], *a.* 2, *~* **cheese** *s.* Schweizer *od.* Emmentaler Käse *m.*

gryph·on ['grifən] → *griffin*[1].

G string *s.* **1.** ♪ G-Saite *f*; **2. a)** Lendenschurz *m* (*der Wilden*), **b)** ‚letzte Hülle' (*e-r Stripteasetänzerin*).

gua·na ['gwɑ:nɑ:] *s.* **1.** → *iguana*; **2.** F große Eidechse.

gua·no ['gwɑ:nou] *s.* Gu'ano *m.*

guar·an·tee [gærən'ti:] **I.** *s.* **1.** Bürgschaft *f*, Garan'tie *f*, Gewähr *f*: *conditional ~* Ausfallbürgschaft; **2.** Kauti'on *f*, Sicherheit *f*; **3.** Pfand (-summe *f*) *n*; **4.** Bürge *m*, Bürgin *f*; **5.** Sicherheitsempfänger(in) (*Ggs. guarantor*); **II.** *v/t.* **6.** (sich ver)bürgen für, Garan'tie leisten für; **7.** garantieren, gewährleisten, sicherstellen, sichern, verbürgen; **8.** schützen, sichern; **guar·an'tor** [-'tɔ:] *s. bsd.* ⚖ Bürge *m*, Ga'rant *m*, Gewährsmann *m*; **guar·an·ty** ['gærənti] **I** *s.* **1.** Bürgschaft *f*, Sicherheit *f*, Garan'tie *f* (*a. fig.*); **2.** Gewähr *f*; **3.** Kauti'on *f*, Sicherheit *f.*

guard [gɑ:d] **I.** *v/t.* **1.** (be)hüten, (be)schützen, bewahren, sichern (*against, from* gegen, vor *dat.*); **2.** bewachen, beaufsichtigen; **3.** *fig. ~ your tongue!* hüte deine Zunge!; **4.** *Schach*: *Figur* decken; **II.** *v/i.* **5.** (*against*) auf der Hut sein, sich hüten *od.* schützen *od.* in acht nehmen (vor *dat.*), vorbeugen (*dat.*); **III.** *s.* **6.** Wache *f*, (Wach-) Posten *m*; Aufseher *m*, Wärter *m*, Wächter *m*: *frontier ~* Grenzposten, -wächter; **7.** Bewachung *f*, Aufsicht *f*: *to keep under close ~* scharf bewachen; **8.** ⚔ Wache *f*, Wachmannschaft *f*, Posten *m*: *to be on ~* auf Wache sein; *to stand (mount, relieve, keep) ~* Wache stehen (beziehen, ablösen, halten); *to mount the ~* die Wache aufführen; **9.** *fenc., Boxen etc., a. Schach*: Deckung *f*; *fig.* Wachsamkeit *f*: *on one's ~* auf der Hut, vorsichtig; *off one's ~* unachtsam; *to lower one's ~ sport* s-e Deckung vernachlässigen, *fig.* sich e-e Blöße geben, nicht aufpassen; *to put s.o. on his ~* j-n warnen; *to throw s.o. off his ~* j-n (unliebsam) überraschen; **10.** Garde *f*, Leibwache *f*: *~ of hono(u)r* Ehrenwache; **11.** 2 *pl. Brit.* 'Garde (-korps *n*, -regi,ment *n*) *f*; **12.** 🚃 **a)** *Brit.* Zugbegleiter *m*, **b)** *Am.* Bahnwärter *m*; **13.** ⊕ Schutzvorrichtung *f*, -gitter *n*, -blech *n*; **'~-boat** *s.* ⚓ Wachboot *n*; **'~-book** *s.* **1.** Sammelbuch *n* mit Falzen; **2.** ⚔ Wachbuch *n*; **'~-chain** *s.* Sicherheitskette *f*; **~ com·mand·er** *s.* ⚔ *der* Wachhabende; **~ du·ty** *s.* ⚔ Wachdienst *m.*

guard·ed ['gɑ:did] *adj.* □ vorsichtig; zu'rückhaltend: *~ hope* gewisse Hoffnung; **'guard·ed·ness** [-nis] *s.* Vorsicht *f.*

'guard·house *s.* ⚔ **1.** 'Wachlo,kal *n*, -stube *f*; **2.** Ar'restlo,kal *n.*

guard·i·an ['gɑ:djən] *s.* **1.** Hüter *m*, Wächter *m*: *~ angel* Schutzengel; *~s of order* Hüter der Ordnung

(*Polizei*); **2.** ⚖ Vormund *m*: ~ *of the poor* Armenpfleger; *Board of* ♀*s* Armenamt; **'guard·i·an·ship** [-ʃip] *s.* **1.** ⚖ Vormundschaft *f*: *to be (place) under* ~ unter Vormundschaft stehen (stellen); **2.** *fig.* Schutz *m*, Obhut *f*.

'guard|-rail *s.* **1.** ⊕ Schutzgeländer *n*; **2.** 🚂 Radlenker *m*, Leitschiene *f*; **'~-room** → *guardhouse*; **'~-ship** *s.* ⚓ Wachtschiff *n*; **'~s·man** [-dzmən] *s.* [*irr.*] ⚔ **1.** Gar'dist *m*; **2.** 'Gardeoffi͵zier *m*.

gua·va ['gwɑːvə] *s.* ⚘ Gua'jave *f* (*Baum od. Frucht*).

gu·ber·na·to·ri·al [gjuːbənə'tɔːriəl] *adj.* Regierungs..., Gouverneurs...

gudg·eon[1] ['gʌdʒən] *s.* **1.** *ichth.* Gründling *m*; **2.** *fig.* Gimpel *m*, Leichtgläubige(r *m*) *f*.

gudg·eon[2] ['gʌdʒən] *s.* **1.** ⊕ Zapfen *m*, Bolzen *m*: *~-pin* Kolbenbolzen; **2.** ⚓ Ruderöse *f*.

guel·der rose ['geldə] *s.* ⚘ Schneeball *m*.

Guelph, Guelf [gwelf] *s.* Welfe *m*, Welfin *f*; **'Guelph·ic, 'Guelf·ic** [-fik] *adj.* welfisch.

guer·don ['gəːdən] *poet.* **I.** *s.* Sold *m*, Belohnung *f*; **II.** *v/t.* belohnen.

gue·ril·la → *guerrilla*.

Guern·sey ['gəːnzi] *s.* **1.** Guernsey (-rind) *n*; **2.** ♀, *a.* ♀ *coat*, ♀ *shirt* gestrickte Wolljacke.

guer·ril·la [gə'rilə] *s.* ⚔ **1.** Gue'rilla-, Bandenkämpfer *m*, Parti'san *m*, Freischärler *m*; **2.** *mst* ~ *war* Gue'rilla-, Bandenkrieg *m*.

guess [ges] **I.** *v/t.* **1.** (er)raten: *to* ~ *a riddle*; *to* ~ *s.o.'s thoughts* j-s Gedanken erraten; **2.** vermuten, ahnen; **3.** (ab)schätzen (*at* auf *acc.*); **4.** *Am.* meinen, denken, glauben, annehmen; **II.** *v/i.* **5.** raten: *to keep s.o.* ~*ing* j-n im unklaren lassen; **6.** schätzen, ahnen (*at acc.*); **III.** *s.* **7.** Schätzung *f*, Vermutung *f*: *anybody's* ~ reine Vermutung; *a good* ~ gut geraten; *by* ~ schätzungsweise; *to make a* ~ schätzen; *to miss one's* ~ ‚danebenhauen', falsch raten; **'~-rope, '~-warp** → *guest-rope*; **'~-work** *s.* Vermutung(en *pl.*) *f*, Mutmaßung *f*; *contp.* (bloße) Rate'rei.

guest [gest] *s.* **1.** Gast *m*: *paying* ~ (Pensions)Gast; ~ *of hono(u)r* Ehrengast; **2.** ⚘, *zo.* Para'sit *m*; **~ con·duc·tor** *s.* ♪ 'Gastdiri͵gent *m*; **'~-house** *s.* Fremdenheim *n*, Pensi'on *f*; **'~-room** *s.* Gäste-, Fremdenzimmer *n*; **'~-rope, '~-warp** ['ges-] *s.* ⚓ **1.** Schlepptrosse *f*; **2.** Bootstau *n*; **3.** Vertäuleine *f*.

guf·faw [gʌ'fɔː] **I.** *s.* schallendes Gelächter; **II.** *v/i.* laut lachen.

gug·gle ['gʌgl] *v/i.* glucksen.

gui·chet ['giːʃei] (*Fr.*) *s.* Schalterfensterchen *n*.

guid·a·ble ['gaidəbl] *adj.* lenksam, lenkbar; **'guid·ance** [-dəns] *s.* **1.** Leitung *f*, Führung *f*; **2.** Anleitung *f*, Belehrung *f*; Richtschnur *f*: *for your* ~ zu Ihrer Orientierung; **3.** Beratung *f*, Empfehlung *f*: *marriage* ~ Eheberatung.

guide [gaid] **I.** *v/t.* **1.** *j-n* führen, (ge)leiten, *j-m* den Weg zeigen; **2.** lenken, leiten, führen, steuern; **3.** *fig.* anleiten, belehren; beraten, behilflich sein (*dat.*); **4.** bestimmen: *to be* ~*d by* sich leiten lassen von, folgen (*dat.*); **II.** *s.* **5.** (Reise-, Berg- *etc.*)Führer *m*; **6. a)** Wegweiser *m* (*a. fig.*), **b)** 'Weg(mar͵kierungs)zeichen *n*; **7.** (Reise- *etc.*)Führer *m* (*Buch*); *allg.* Leitfaden *m*, Einführung *f*, Handbuch *n*; **8.** Führer *m*, Leiter *m*; **9.** *fig.* Berater(in); **10.** *fig.* Richtschnur *f*, Anhaltspunkt *m*; **11.** ⚔ Richtungsmann *m*; **12.** Spitzenschiff *n*; **13.** → *girl guide*; **14.** ⚕ Leitungssonde *f*; **15.** ⊕ Führung *f*, *bsd.* **a)** Leitschaufel *f*, -rohr *n*, **b)** Führungsloch *n*, **c)** Fadenführer *m*; **~ beam** *s.* ✈ (Funk-) Leitstrahl *m*; **~ blade** *s.* ⊕ Leitschaufel *f* (*Turbine*); **~ block** *s.* ⊕ Gleitklotz *m*, Führungsschlitten *m*; **'~-book** *s.* Reiseführer *m*.

guid·ed ['gaidid] *adj.* **1.** (fern)gelenkt: ~ *missile* ⚔ Fernlenkgeschoß, Fernlenkkörper; **2.** ~ *tour* **a)** Gesellschaftsreise, **b)** Führung (*of* durch *ein Schloß etc.*).

'guide|-line *s.* **1.** ✈ Schleppseil *n*; **2.** *pl.* (*on gen.*) Richtlinien *pl.*; **'~-post** *s.* Wegweiser *m*; **~ pul·ley** *s.* ⊕ Leit-, 'Umlenkrolle *f*; **'~-rail** *s.* ⊕ Führungsschiene *f*; **~ rod** *s.* ⊕ Führungsstange *f*, Lenkhebel *m*; **'~-rope** *s.* ✈ Schlepptau *n*, Leitseil *n*; **'~-way** *s.* ⊕ Leit-, Führungs-, Laufschiene *f*; Führungsbahn *f*.

guid·ing ['gaidiŋ] *adj.* führend, leitend, Lenk...; **~ rule** *s.* Richtlinie *f*; **~ star** *s.* Leitstern *m*; **'~-stick** *s. paint.* Mal(er)stock *m*.

gui·don ['gaidən] *s.* **1.** Wimpel *m*, Fähnchen *n*; Stan'darte *f* (*Kavallerie*); **2.** Stan'dartenträger *m*.

guild [gild] *s.* **1.** Gilde *f*, Zunft *f*, Innung *f*; **2.** Vereinigung *f*.

guil·der ['gildə] *s.* Gulden *m*.

'guild'hall *s.* **1.** *hist.* Innungshaus *n*; **2.** Rathaus *n*: *the* ♀ *das Rathaus der City von London*.

guile [gail] *s.* (Arg)List *f*, Tücke *f*; **'guile·ful** [-ful] *adj.* □ (arg)listig, (be)trügerisch; **'guile·less** [-lis] *adj.* □ arglos, offen, ohne Falsch, treuherzig, harmlos; **'guile·less·ness** [-lisnis] *s.* Arglosigkeit *f*, Aufrichtigkeit *f*.

guil·lo·tine [gilə'tiːn] **I.** *s.* **1.** Guillo'tine *f*, Fallbeil *n*; **2.** ⊕ Pa'pier͵schneidema͵schine *f*; **3.** *Brit. parl.* Befristung *f* der De'batte; **II.** *v/t.* **4.** (mit dem Fallbeil) hinrichten, guillotinieren.

guilt [gilt] *s.* **1.** Schuld *f*: ~ *complex* Schuldkomplex; **2.** Strafbarkeit *f*; **'guilt·i·ness** [-tinis] *s.* **1.** Schuld *f*; **2.** Schuldbewußtsein *n*; **'guilt·less** [-lis] *adj.* □ **1.** schuldlos, unschuldig (*of* an *dat.*); **2.** *fig.* (*of*) unkundig (*gen.*), unerfahren (in *dat.*); **3.** *fig.* nichts wissend *od.* unberührt (*of* von): *to be* ~ *of s.th.* et. nicht kennen (*a. fig.*); **'guilt·y** [-ti] *adj.* □ **1.** schuldig (*of gen.*): *to find (not)* ~ für (un)schuldig erklären (*on a charge* e-r Anklage); → *plead 3*; **2.** strafbar, verbrecherisch: ~ *intent*; **3.** schuldbewußt: *a* ~ *conscience* ein schlechtes Gewissen.

guimp → *gimp*.

guin·ea ['gini] *s. Brit.* Gui'nee *f* (*£1.05*); **'~-fowl** *s. orn.* Perlhuhn *n*; **'~-hen** *s. orn.* Perlhuhn *n*; **'~-pig** *s.* **1.** *zo.* Meerschweinchen *n*; **2.** *fig.* Ver'suchska͵ninchen *n*.

guise [gaiz] *s.* **1.** Gestalt *f*, Erscheinung *f*; Aufmachung *f*: *in the* ~ *of* als ... (verkleidet); **2.** *fig.* Vorwand *m*, Maske *f*, ‚Mäntelchen' *n*: *under the* ~ *of* in der Maske (*gen.*).

gui·tar [gi'tɑː] *s.* ♪ Gi'tarre *f*; **gui'tar·ist** [-rist] *s.* Gitar'rist(in), Gi'tarrenspieler(in).

gulch [gʌlʃ] *s. Am.* (Berg)Schlucht *f*.

gulf [gʌlf] **I.** *s.* **1.** Golf *m*, Meerbusen *m*, Bucht *f*; **2.** (*a. fig.*) Abgrund *m*, Kluft *f*; **3.** Strudel *m*; **II.** *v/t.* **4.** *fig.* verschlingen.

gull[1] [gʌl] *s. orn.* Möwe *f*.

gull[2] [gʌl] **I.** *v/t.* über'tölpeln, hinters Licht führen; **II.** *s.* Gimpel *m*, Trottel *m*.

gul·let ['gʌlit] *s.* **1.** *anat.* Schlund *m*, Gurgel *f*, Speiseröhre *f*; **2.** Wasserrinne *f*; **3.** ⊕ 'Durchstich *m*, Fördergraben *m*.

gul·li·bil·i·ty [gʌli'biliti] *s.* Leichtgläubigkeit *f*, Einfalt *f*; **gul·li·ble** ['gʌləbl] *adj.* leichtgläubig, na'iv.

gul·ly ['gʌli] *s.* **1.** (Wasser)Rinne *f*; **2.** ⊕ Gully *m*, Sinkkasten *m*, Senkloch *n*; Absturzschacht *m*, 'Abzugska͵nal *m*: *~-drain* Abzugskanal; *~-hole* Abflußloch.

gulp [gʌlp] **I.** *v/t.* *mst* ~ *down* **1.** hin'unterschlingen, -stürzen; **2.** *fig.* verschlingen; **3.** *fig. Tränen etc.* hin'unterschlucken, unter'drücken; **II.** *v/i.* **4.** schlucken, würgen; **III.** *s.* **5.** (großer) Schluck: *at one* ~ auf 'einen Zug.

gum[1] [gʌm] *s. mst pl. anat.* Zahnfleisch *n*.

gum[2] [gʌm] **I.** *s.* **1.** 'Gummi *n*, *m*, 'Kautschuk *m*; **2.** Klebstoff *m*, *bsd.* 'Gummilösung *f*; **3.** *abbr. für* **a)** *chewing-gum*, **b)** *gum arabic*, **c)** *gum elastic*, **d)** *gum-tree*; **4.** ⚘ 'Gummifluß *m* (*Baumkrankheit*); **5.** 'Gummi(bon͵bon) *m*, *n*; **6.** *pl. Am.* 'Gummischuhe *pl.*; **II.** *v/t.* **7.** gummieren, (an-, ver)kleben; **8.** ~ *up Am. sl. et.* ‚vermasseln'; **III.** *v/i.* **9.** ⚘ Gummi ausscheiden (*Baum*).

gum[3] [gʌm] *s.* (*in Flüchen*): *my* ~!, *by* ~! Herrschaft!

gum| am·mo·ni·ac *s.* ⚗, ⚕ Ammoni'akgummi *n*, *m*; **~ ar·a·bic** *s.* ͵Gummia'rabikum *n*; **'~-boil** *s.* ⚕ Zahngeschwür *n*; **'~-drop** → *gum*[2] *5*; **~ e·las·tic** *s.* ͵Gummie'lastikum *n*, 'Kautschuk *m*.

gum·my ['gʌmi] *adj.* **1.** 'gummiartig, klebrig, Gummi...; **2.** gummiert.

gump·tion ['gʌmpʃən] *s.* F **1.** ‚Köpfchen' *n*, ‚Grütze' *f*, ‚Grips' *m*; **2.** ‚Mumm' *m*, Schneid *m*.

gum| res·in *s.* ⚘ Schleim-, 'Gummiharz *n*; **'~-shoe** *s. Am.* **1.** F **a)** 'Gummi͵überschuh *m*, **b)** 'Tennis-, Turnschuh *m*; **2.** *sl.* **a)** ‚Schnüffler' *m* (*Detektiv*), **b)** Spitzel *m*; **'~-tree** *s.* ⚘ **1.** 'Gummibaum *m*: *up a* ~ *sl.* in der Klemme, am Ende s-r Weisheit; **2.** Euka'lyptusbaum *m*; **3.** Tu'pelobaum *m*; **4.** Amberbaum *m*; **'~-wood** *s.* Holz *n* des 'Gummi- *od.* Euka'lyptus- *od.* Amberbaums.

gun [gʌn] **I.** *s.* **1.** ⚔ Geschütz *n*,

Ka'none *f* (*a. fig.*): *to bring up one's big* ~*s* schweres Geschütz auffahren (*a. fig.*); *to stick to one's* ~*s fig.* festbleiben, nicht weichen *od.* nachgeben; *a great* (*od. big*) ~ *sl.* ‚e-e große Kanone', ‚ein großes Tier' (*wichtige Person*); *to blow great* ~*s* ⚓ heulen (*Sturm*); **2.** ⚔ Gewehr *n*, Flinte *f*, *engS.* Jagdgewehr *n*; **3.** ‚Kanone' *f*, Pi'stole *f*, Re'volver *m*; **4.** Ka'nonen-, Sa'lutschuß *m*; **5.** Schütze *m*, Jäger *m*; **6.** ✈, ⊕ **a)** Drosselklappe *f*, **b)** Drosselhebel *m*; **II.** *v/i.* **7.** auf die Jagd gehen; schießen; **8.** *fig.* verfolgen (*for acc.*); **9.** *Am. fig.* sich bemühen (*for* um); **III.** *v/t.* **10.** F ‚'umlegen' (*erschießen*); **11.** *mot. etc. sl.* ‚aufdrehen', auf Touren bringen.

'gun|-bar·rel *s.* ⚔ **1.** Geschützrohr *n*; **2.** Gewehrlauf *m*; **'~-boat** *s.* Ka'nonenboot *n*; **~ cam·er·a** *s.* ✈, ⚔ Photo-MG *n*; **'~-car·riage** *s.* ⚔ La'fette *f*; **'~-case** *s. hunt.* Ge'wehrfutte,ral *n*; **'~-cot·ton** *s.* Schießbaumwolle *f*; **~ crew** *s.* ⚔ Geschützbedienung *f*; **~ di·rec·tion** *s.* ⚔ Feuerleitung *f*; **'~-dog** *s.* Jagdhund *m*; **'~-fire** *s.* ⚔ Geschützfeuer *n*; **'~-har'poon** *s.* ⚓ Ge'schützhar,pune *f*; **'~-house** *s.* ⚓ Geschützturm *m*; **'~-lay·er** *s.* ⚔ 'Richtkano,nier *m*; **~ li·cence,** *Am.* **~ li·cense** *s.* Waffenschein *m*; **'~-lock** *s.* Gewehrschloß *n*; **'~·man** [-mən] *s.* [*irr.*] bewaffneter Räuber; **'~-met·al** *s.* Ka'nonenme,tall *n*, Rotguß *m*; **~ mount** *s.* ⚔ La'fette *f*.

gun·nel ['gʌnl] → *gunwale*.

gun·ner ['gʌnə] *s.* **1.** ⚔ **a)** Kano'nier *m*, Artille'rist *m*, **b)** Ma'schinengewehrschütze *m*; **2.** ✈ Bordschütze *m*.

gun·ner·y ['gʌnəri] *s.* ⚔ Schieß-, Geschützwesen *n*: ~ *officer* Artillerieoffizier.

gun·ny ['gʌni] *s.* grobes Sacktuch, Juteleinwand *f*: ~ (*bag*) Jutesack.

'gun|-pit *s.* ⚔ **1.** Geschützstand *m*; **2.** ✈ Kanzel *f*; **'~·pow·der** *s.* Schießpulver *n*: ♀ *Plot* Pulververschwörung (*in London 1605*); **'~-room** *s. Brit.* ⚓, ⚔ Ka'dettenmesse *f*; **'~-run·ner** *s.* Waffenschmuggler *m*; **'~-run·ning** *s.* Waffenschmuggel *m*; **'~·shot** *s.* **1.** (Ka'nonen-, Gewehr)Schuß *m*: ~ *wound* Schußwunde; **2.** Schußweite *f*: *within* (*out of*) ~ in (außer) Schußweite (*a. fig.*); **'~-shy** *adj. hunt.* schußscheu (*Hund*); **'~-smith** *s.* Büchsenmacher *m*; **~ tur·ret** *s.* ⚔ **1.** Geschützturm *m*; **2.** ✈ Waffendrehstand *m*.

gun·wale ['gʌnl] *s.* **1.** ⚓ Schandeckel *m*; **2.** Dollbord *n* (*am Ruderboot*).

gur·gi·ta·tion [gə:dʒi'teiʃən] *s.* Aufwallen *n*, Wirbeln *n*.

gur·gle ['gə:gl] *v/i.* gurgeln: **a)** kluckern (*Wasser*), **b)** glucksen (*Stimme, Person, Wasser etc.*).

gur·goyle ['gə:gɔil] → *gargoyle*.

Gur·kha ['guəkə] *s.* Gurkha *m*, *f* (*Mitglied e-s indischen Volksstamms*).

gush [gʌʃ] **I.** *v/i.* **1.** her'vorströmen, -quellen, sich ergießen; entströmen (*from dat.*); **2.** 'überfließen (*with* von); **3.** *fig.* F schwärmen, sich 'überschwenglich *od.* über'spannt ausdrücken *od.* benehmen; **II.** *s.* **4.** Strom *m*, Guß *m*; **5.** *fig.* Erguß *m*, Flut *f*; **6.** F Schwärme'rei *f*, 'Überschwenglichkeit *f*; **'gush·er** [-ʃə] *s.* **1.** Springquelle *f*, sprudelnde Ölquelle; **2.** Schwärmer(in); **'gush·ing** [-ʃiŋ] *adj.* □ **1.** ('über)strömend; **2.** F überschwenglich, über'spannt; **'gush·y** [-ʃi] → *gushing* 2.

gus·set ['gʌsit] **I.** *s.* **1.** *Näherei etc.*: Zwickel *m*, Keil *m*; eingesetztes Stück; **2.** ⊕ Winkelstück *n*, Eckblech *n*, Einsatz *m*; **II.** *v/t.* **3.** e-n Zwickel *od.* Keil einsetzen in (*acc.*).

gust [gʌst] *s.* **1.** Windstoß *m*, Bö *f*; **2.** *fig.* Ausbruch *m*; Sturm *m der Leidenschaft etc.*

gus·ta·tion [gʌs'teiʃən] *s.* **1.** Geschmack *m*, Geschmackssinn *m*; **2.** Schmecken *n*; **gus·ta·to·ry** ['gʌstətəri] *adj.* Geschmacks...

gus·to ['gʌstou] *s.* Gusto *m*, Vorliebe *f*, Genuß *m*, Vergnügen *n*, Lust *f*.

gust·y ['gʌsti] *adj.* □ **1.** böig, stürmisch; **2.** *fig.* ungestüm.

gut [gʌt] **I.** *s.* **1.** *pl.* Eingeweide *pl.*, Gedärme *pl.*; **2.** ⚕ *bsd. in Zssgn* Darm *m*; **3.** V Bauch *m*; **4.** enge Strecke; **5.** *pl.* F *das Innere*, Gehalt *m*, innerer Wert; **6.** *pl. sl.* Schneid *m*, Cou'rage *f*, ‚Mumm' *m*; **II.** *v/t.* **7.** ausweiden, -nehmen; **8.** *fig. Haus* **a)** ausrauben, **b)** ausbrennen: ~*ted by fire* völlig ausgebrannt.

gut·ta-per·cha ['gʌtə'pə:tʃə] *s.* ⊕, ⚘ Gutta'percha *f*.

gut·ter ['gʌtə] **I.** *s.* **1.** Dachrinne *f*; **2.** Gosse *f*, Rinnstein *m*; **3.** *fig.* Gosse *f*, Verkommenheit *f*, Schmutz *m*: *to take s.o. out of the* ~ j-n aus der Gosse auflesen; *language of the* ~ vulgäre Ausdrucksweise; **4.** (Abfluß-, Wasser-) Rinne *f*; **5.** ⊕ Rille *f*, Hohlkehlfuge *f*, Furche *f*; **II.** *v/t.* **6.** furchen, riefen, aushöhlen; **III.** *v/i.* **7.** rinnen, strömen; **8.** tropfen (*Kerze*); **IV.** *adj.* **9.** schmutzig, Schmutz..., vul'gär; **'~-child** *s.* [*irr.*] Gassenkind *n*; **~ press** *s.* Schmutzpresse *f*; **'~-snipe** *s.* Straßenjunge *m*; **~ tile** *s.* ⊕ Hohl-, Kehlziegel *m*.

gut·tur·al ['gʌtərəl] **I.** *adj.* □ **1.** Kehl... (*a. ling.*), kehlig, guttu'ral; **2.** rauh, heiser; **II.** *s.* **3.** *ling.* Kehllaut *m*, Guttural *m*.

gut·ty ['gʌti] *s. sl. Golf*: Gutta'perchaball *m*.

guy[1] [gai] **I.** *s.* **1.** *Am. sl.* Bursche *m*, Kerl *m*, ‚Knülch' *m*, ‚Kumpel' *m*; **2.** 'Popanz *m*, Vogelscheuche *f* (*Person*); **3.** *Brit. Spottfigur des Guy Fawkes*; **4.** *Brit. sl.* Ausreißen *n*, ‚Verduften' *n*: *to do a* ~ ‚türmen', sich dünnmachen; *to give the* ~ *to s.o.* j-m entwischen; **II.** *v/t.* **5.** F lächerlich machen, verulken; **III.** *v/i.* **6.** *Brit. sl.* ‚verduften'.

guy[2] [gai] **I.** *s.* **1.** *a.* ~-*rope* Halteseil *n*, -tau *n*; **2.** ⚓ **a)** (Ab)Spannseil *n*, **b)** Gei(tau *n*) *f*, **c)** Backstag *m*; **3.** Verspannung *f*, Verankerung *f* (*Mast*): ~ *wire* Spanndraht; **4.** Spannschnur *f* (*Zelt*); **II.** *v/t.* **5.** mit e-m Tau sichern; verspannen.

Guy Fawkes Day ['gai'fɔ:ks] *s. Brit. der Jahrestag des Gunpowder Plot* (*5. November*).

guz·zle ['gʌzl] *v/t.* **1.** *a. v/i.* unmäßig trinken, ‚saufen'; **2.** *a. v/i.* gierig essen, ‚fressen'; **3.** *fig.* verprassen, verjuxen.

gybe [dʒaib] *v/t. u. v/i.* ⚓ *Brit.* (sich) 'umlegen (*Segel beim Kreuzen*).

gym [dʒim] *sl. abbr. für gymnasium u. gymnastics*: ~ *shoes* Turnschuhe.

gym·na·si·um [dʒim'neizjəm] *pl.* **-si·ums, -si·a** [-zjə] *s.* Turnhalle *f*, -platz *m*; **gym·nast** ['dʒimnæst] *s.* **1.** Sportlehrer *m*; **2.** Turner(in); **gym'nas·tic** [-'næstik] **I.** *adj.* (□ ~*ally*) gym'nastisch, turnerisch, Turn...; **II.** *s. pl. mst sg. konstr.* Turnen *n*, Gym'nastik *f*, Leibesübungen *pl.*: *mental* ~*s fig.* Denksport.

gyn·ae·co·log·ic *adj.*; **gyn·ae·co·log·i·cal** [gainikə'lɔdʒik(əl)] *adj.* ⚕ gynäko'logisch; **gyn·ae·col·o·gist** [gaini'kɔlədʒist] *s.* ⚕ Gynäko'loge *m*, Frauenarzt *m*, Frauenärztin *f*; **gyn·ae·col·o·gy** [gaini'kɔlədʒi] *s.* ⚕ Gynäkolo'gie *f*, Frauenheilkunde *f*.

gyn·e·co·log·ic *etc. bsd. Am.* → *gynaecologic etc.*

gyp[1] [dʒip] *s. univ. Brit.* Hausdiener *m* e-s College (*in Cambridge*).

gyp[2] [dʒip] *sl.* **I.** *v/i. u. v/t.* **1.** ‚bescheißen', (be)schwindeln; **II.** *s.* **2.** ‚Beschiß' *m*, Schwindel *m*; **3.** Gauner *m*, Schwindler *m*; **4.** *to give s.o.* ~ j-m ‚Saures' geben.

gyp·se·ous ['dʒipsiəs] *adj. min.* gipsartig; **gyp·sum** ['dʒipsəm] *s. min.* Gips *m*.

gyp·sy *etc. bsd. Am.* → *gipsy etc.*

gy·rate **I.** *v/i.* [dʒaiə'reit] kreisen, sich drehen, wirbeln; **II.** *adj.* ['dʒaiərit] gewunden; **gy'ra·tion** [-eiʃən] *s.* **1.** Kreisbewegung *f*, Drehung *f*; **2.** Windung *f*; **gy·ra·to·ry** ['dʒaiərətəri] *adj.* **1.** sich drehend: ~ *traffic Brit.* Kreisverkehr; **2.** sich spi'ralig windend; **gyre** ['dʒaiə] *s. poet.* **1.** Kreis *m*; **2.** 'Umdrehung *f*.

gyr·fal·con → *gerfalcon*.

gy·ro·com·pass ['dʒaiəroukʌmpəs] *s.* ⚓, *phys.* 'Kreisel,kompaß *m*; **'gy·ro·graph** [-ougrɑ:f; -græf] *s.* ⊕ Um'drehungszähler *m*; **'gy·ro·pi·lot** [-oupailət] *s.* ✈ Selbststeuergerät *n*; **'gy·ro·plane** [-rəplein] *s.* ✈ Tragschrauber *m*; **gy·ro·scope** ['gaiərəskoup] *s.* **1.** *phys.* Gyro'skop *n*, Kreisel *m*; **2.** ⚓, ⚔ Ge'radlaufappa,rat *m* (*Torpedo*); **gy·ro·scop·ic** [gaiərəs'kɔpik] *adj.* (□ ~*ally*) Kreisel..., gyro'skopisch; **gy·ro·sta·bi·liz·er** [dʒaiərou'steibilaizə] *s.* ⚓, ✈ Stabilisier-, Schiffskreisel *m*.

gyve [dʒaiv] **I.** *s. mst pl.* Fessel *f*; **II.** *v/t.* fesseln.

H

H, h [eitʃ] *s.* H *n*, h *n* (*Buchstabe*).

ha [hɑː] *int.* ha!, ah!

Hab·ak·kuk ['hæbəkək] *npr. u. s. bibl.* (das Buch) Habakuk *m.*

ha·be·as cor·pus ['heibjəs'kɔːpəs] (*Lat.*) *s. a. writ of* ~ ⚖ Vorführungsbefehl *m* (*Haftprüfung*).

hab·er·dash·er ['hæbədæʃə] *s.* **1.** Kurzwarenhändler(in); **2.** *Am.* Inhaber *m* e-s Herrenmodengeschäfts; **'hab·er·dash·er·y** [-əri] *s.* **1.** Kurzwaren *pl.*; **2.** *Am.* **a)** 'Herrenˌmodearˌtikel *pl.*, **b)** Herrenmodengeschäft *n.*

ha·bil·i·ments [hə'bilimənts] *s. pl.* (Amts)Kleidung *f*, Kleider *pl.*

hab·it ['hæbit] **I.** *s.* **1.** (An)Gewohnheit *f*: *from* ~ aus Gewohnheit; *to get into a* ~ e-e Gewohnheit annehmen; *to get into the* ~ *of smoking* sich das Rauchen angewöhnen; *to fall into bad* ~*s* in schlechte Gewohnheiten verfallen; *to break off a* ~ sich et. abgewöhnen; *to make a* ~ *of it* es zur Gewohnheit werden lassen; **2. a)** (Geistes)Verfassung *f*, **b)** (körperliche) Konstituti'on, **c)** ✿ Wachstumsart *f*, **d)** *zo.* Lebensweise *f*; **3.** (Amts)Tracht *f*; **4.** → *riding-habit*; **II.** *v/t.* **5.** kleiden.

hab·it·a·bil·i·ty [hæbitə'biliti] *s.* Bewohnbarkeit *f*; **hab·it·a·ble** ['hæbitəbl] *adj.* □ bewohnbar; **hab·i·tant** *s.* **1.** ['hæbitənt] Einwohner(in); **2.** ['hæbitɔ̃ːŋ] Fran'zösisch-Ka'nadier *m*; **hab·i·tat** ['hæbitæt] *s.* ✿, *zo.* Heimat *f*, Stand-, Fundort *m*; **hab·i·ta·tion** [hæbi'teiʃən] *s.* Wohnen *n*; Wohnung *f*, Aufenthalt *m*: *unfit for human* ~ für Wohnzwecke ungeeignet.

'hab·it-form·ing *adj. bsd.* ⚕ suchterzeugend.

ha·bit·u·al [hə'bitjuəl] *adj.* □ **1.** gewohnt, üblich; ständig: *his* ~ *smile*; **2.** gewohnheitsmäßig, Gewohnheits...: ~ *criminal* Gewohnheitsverbrecher; **ha'bit·u·ate** [-jueit] *v/t.* **1.** gewöhnen (*to* an *acc.*); **2.** F frequentieren, häufig besuchen; **ha·bit·u·é** [hə'bitjuei] *s.* ständiger Besucher, Stammgast *m.*

ha·chures [hæ'ʃjuə] *s. pl.* Schraffierung *f.*

hack¹ [hæk] **I.** *v/t.* **1.** (zer)hacken; einkerben: *to* ~ *to pieces* in Stücke hacken; **2.** ⚒ *Boden* auf-, loshacken: *to* ~ *in Samen* unterhacken; **3.** ⊕ *Steine* behauen; aufrauhen; **II.** *v/i.* **4.** *Fußball*: treten, ‚holzen'; **5.** (*at*) hacken (nach), einhauen (auf *acc.*); **6.** trocken u. stoßweise husten: ~*ing cough* → *10*; **III.** *s.* **7.** Hieb *m*; **8.** Einkerbung *f*; **9.** *Fußball*: **a)** Tritt *m*, **b)** Trittwunde *f*; **10.** trockener Husten.

hack² [hæk] **I.** *s.* **1. a)** Mietpferd *n*, **b)** Gebrauchspferd *n*, **c)** Gaul *m*, Klepper *m*; **2.** *Am.* (Miets)Droschke *f*; F 'Taxi *n*; **3.** *a.* ~ *writer oft contp.* **a)** lite'rarischer Lohnschreiber, **b)** Schreiberling *m*; **II.** *adj.* **4. a)** Miet(s)..., **b)** Lohn...: ~ *lawyer contp.* Winkeladvokat; **5.** → *hackneyed*; **III.** *v/t.* **6.** *Pferd etc.* mieten; **7.** als Lohnschreiber benutzen; **8.** abnutzen; schinden; **IV.** *v/i.* **9.** da'hintrotten; **10.** als Lohnschreiber *etc.* arbeiten.

hack·le ['hækl] **I.** *s.* **1.** ⊕ Hechel *f*; **2.** lange Nackenfedern *pl.* des Hahns: *with one's* ~*s up fig.* gereizt, angriffslustig; **II.** *v/t.* **3.** ⊕ hecheln; **4.** (zer)hacken, zerkleinern.

hack·ney ['hækni] *s.* **1.** → *hack² 1*; **2.** Lohnarbeiter *m*; **'~-car·riage, '~-coach** *s.* (Miets)Droschke *f.*

hack·neyed ['hæknid] *adj.* abgenutzt, abgedroschen, ba'nal.

'hack|-saw *s.* ⊕ Bügel-, Me'tallsäge *f*; **'~-stand** *s. Am.* Droschkenstand *m*; **'~-work** *s.* eintönige (Lohn)Arbeit; (ˌLohn)Schreibe'rei *f.*

had [hæd; həd] *pret. u. p.p. von* have.

had·dock ['hædək] *s. ichth.* Schellfisch *m.*

Ha·des ['heidiːz] *s.* **1.** *antiq.* 'Hades *m*, 'Unterwelt *f*; **2.** F Hölle *f.*

hae·mal ['hiːməl] *adj.* Blut...; **hae·mat·ic** [hiː'mætik] **I.** *adj.* bluthaltig, Blut...; **II.** *s.* auf das Blut wirkendes Mittel; **haem·a·tite** ['hemətait] *s. a.* ~ *ore min.* Roteisenerz *n*: ~ *iron* Hämatiteisen; **hae·mo·glo·bin** [hiːmou'gloubin] *s.* Hämoglo'bin *n*, roter Blutfarbstoff; **hae·mo·phil·i·a** [hiːmou'filiə] *s.* ⚕ Bluterkrankheit *f*; **haem·or·rhage** ['hemərid͡ʒ] *s.* Blutung *f*; Blutsturz *m*; **haem·or·rhoids** ['hemərɔidz] *s. pl.* ⚕ Hämorrho'iden *pl.*

haft [hɑːft] *s.* Griff *m*, Heft *n*, Stiel *m.*

hag [hæg] *s.* häßliches altes Weib, Hexe *f.*

Hag·ga·i ['hægeiai] *npr. u. s. bibl.* (das Buch) Hag'gai *m od.* Ag'gäus *m.*

hag·gard ['hægəd] **I.** *adj.* □ **1.** wild, verstört, entstellt; **2.** abgehärmt, abgezehrt; hager; **3.** ungezähmt (*Falke*); **II.** *s.* **4.** ungezähmter Falke.

hag·gle ['hægl] *v/i.* **1.** (*about, over*) schachern, feilschen, handeln (um); **2.** streiten; **'hag·gler** [-lə] *s.* **1.** Feilscher(in); **2.** Zänker(in).

hag·i·og·ra·pher [hægi'ɔgrəfə] *s.* Verfasser *m* von Heiligenleben; **hag·i'og·ra·phy** [-fi] *s.* Heiligenleben *n*, -geschichte *f*; **hag·i'ol·a·ter** [-'ɔlətə] *s.* Heiligenverehrer *m*; **hag·i'ol·a·try** [-'ɔlətri] *s.* Heiligenverehrung *f*; **hag·i'ol·o·gy** [-'ɔləd͡ʒi] *s.* (Litera'tur *f* über) 'Heiligenleben *pl. u.* -leˌgenden *pl.*

'hag·rid·den *adj.* vom Alpdruck gequält: ~ *fear* Todesangst.

hah [hɑː], **ha ha** [hɑː'hɑː] *int.* ha'ha!

ha-ha ['hɑ(ː)hɑː] *s.* (in e-m Graben) versenkter Grenzzaun.

hail¹ [heil] **I.** *s.* **1.** Hagel *m* (*a. fig. von Geschossen, Flüchen etc.*); **II.** *v/i.* **2.** *impers.* hageln: *it is* ~*ing* es hagelt; **3.** *a.* ~ *down fig.* (*on* auf *acc.*) (nieder)hageln, (nieder)prasseln; **III.** *v/t.* **4.** *a.* ~ *down fig.* (nieder)hageln lassen (*on* auf *acc.*).

hail² [heil] **I.** *v/t.* **1.** *mit Rufen* (be-)grüßen, zujubeln (*dat.*): *to* ~ *him king* ihn als König grüßen; **2.** an-, her'beirufen; **3.** *fig.* begrüßen, begeistert aufnehmen; **II.** *v/i.* **4.** *bsd.* ⚓ rufen, sich melden; **5.** (her-)stammen, -kommen (*from* von *od.* aus); **III.** *int.* **6.** heil!; **IV.** *s.* **7.** Heil *n*, Gruß *m*, Zuruf *m*: *within* ~ (*od.* ~*ing distance*) in Ruf- *od.* Hörweite.

'hail|-fel·low(-'well-'met) **I.** *s.* **a)** vertrauter Freund, **b)** aufdringlicher Mensch; **II.** *adj.* (sehr) vertraut (*with* mit); **'~·stone** *s.* Hagelkorn *n*, -schloße *f*; **'~·storm** *s.* Hagelschauer *m.*

hair [hɛə] *s.* **1.** *ein* Haar *n*: *to a* ~ haargenau; *it turned on a* ~ es hing an e-m Faden; *without turning a* ~ ohne mit der Wimper zu zucken, kaltblütig; *to split* ~*s* Haarspalterei treiben; *not to harm* (*od. hurt*) *a* ~ *on his head* ihm kein Haar krümmen; **2.** *coll.* Haar *n*, Haare *pl.*: *to do one's* ~ sich die Haare machen; *to get in s.o.'s* ~ F j-n nervös machen; *to have one's* ~ *cut* sich die Haare schneiden lassen; *she put her* ~ *up* sie steckte sich die Haare auf *od.* hoch; *to let one's* ~ *down* **a)** die Haare herunterlassen, **b)** sich ungeniert benehmen, **c)** sein Herz ausschütten; *my* ~ *stood on end* mir sträubten sich die Haare; *keep your* ~ *on! sl.* ruhig Blut!; **3.** ✿ Haar *n*; **4.** Härchen *n*, Fäserchen *n*; **'~·breadth** *s.*: *by a* ~ um Haaresbreite; *to have a* ~ *escape* mit knapper Not entkommen; **'~·brush** *s.* **1.** Haarbürste *f*; **2.** Haarpinsel *m*; **~ clip·pers** *s. pl.* 'Haarschneidemaˌschine *f*; **'~·cloth**

s. Haartuch *n*; '~-**com·pass·es** *s. pl.* Haar(strich)zirkel *m*; '~-**cut** *s.* Haarschnitt *m*: *to have a* ~ sich die Haare schneiden lassen; '~-**cut·ting** *s.* Haarschneiden *n*; '~-**do** *pl.* '~-**dos** *s.* Fri'sur *f*; '~-**dress·er** *s.* Fri'seur *m*, Fri'seuse *f*; '~-**dress·ing** *s.* Frisieren *n*; '~-**dri·er** *s.* Haartrockner *m*, Fön *m*; '~-**dye** *s.* Haarfärbemittel *n*.

haired [hɛəd] *adj.* **1.** behaart; **2.** *in Zssgn* ...haarig.

'**hair**|-**grass** *s.* ♣ Schmiele *f*; ~ **grip** *s.* Haarklammer *f*.

hair·i·ness ['hɛərinis] *s.* Behaartheit *f*; **hair·less** ['hɛəlis] *adj.* unbehaart, ohne Haar, kahl.

'**hair**|-**line** *s.* **1.** Haarstrich *m*; **2.** Haarseil *n*; '~-**mat·tress** *s.* 'Roßhaarma,tratze *f*; '~-**net** *s.* Haarnetz *n*; '~-**oil** *s.* Haaröl *n*; '~-**pin** *s.* Haarnadel *f*: ~ *bend* Haarnadelkurve; '~-**rais·ing** *adj.* F haarsträubend, aufregend; '~-**re·stor·er** *s.* Haarwuchsmittel *n*.

hair's breadth → *hairbreadth*.

hair| **shirt** *s.* härenes Hemd; ~ **sieve** *s.* Haarsieb *n*; '~-**slide** *s.* Haarspange *f*; '~-**space** *s. typ.* 'Haar,spatium *n*; '~-**split·ter** *s. fig.* Haarspalter(in); '~-**split·ting** **I.** *s.* ,Haarspalte'rei *f*; **II.** *adj.* haarspalterisch; '~-**spring** *s.* ⊕ Haar-, Unruhfeder *f*; '~-**stroke** *s.* Haarstrich *m* (*Schrift*); ~ **styl·ist** *s.* 'Damenfri,seur *m*; ~ **trig·ger** *s.* ⊕ Stecher *m* (*am Gewehr*).

hair·y ['hɛəri] *adj.* haarig, behaart, Haar...

hake [heik] *s. ichth.* Seehecht *m*, Hechtdorsch *m*.

ha·la·tion [hə'leiʃən] *s. phot.* Lichthofbildung *f*.

hal·berd ['hælbə(:)d] *s.* ⚔ *hist.* Helle'barde *f*; **hal·berd·ier** [hælbə(:)'diə] *s.* Hellebar'dier *m*.

hal·cy·on ['hælsiən] **I.** *s. orn.* Eisvogel *m*; **II.** *adj.* ruhig, friedlich: ~ *days* **a)** Schönwettertage, **b)** *fig.* glückliche Zeit.

hale [heil] *adj.* gesund, kräftig, rüstig: ~ *and hearty* gesund u. munter.

half [hɑ:f] **I.** *pl.* **halves** *s.* **1.** Hälfte *f*: *an hour and a* ~ anderthalb Stunden; ~ *(of) the girls* die Hälfte der Mädchen; *to cut in halves* (*od. half*) in zwei Hälften *od.* Teile schneiden; *to cut in* ~ F entzweischneiden; *to waste* ~ *(of) one's time* die halbe Zeit verschwenden; *to go halves with s.o.* (gleichmäßig) mit j-m teilen, mit j-m halbpart machen; *to do things by halves* et. nur halb *od.* nicht gründlich tun; *too clever by* ~ *iro.* überschlau; *not good enough by* ~ lange nicht gut genug; *torn in* ~ *fig.* hin- u. hergerissen; → *better*[1] *1*; **2.** *ped.* Halbjahr *n*: *the summer* ~; **3.** *sport* Halbzeit *f*; **4.** ⚖ Seite *f*, Par'tei *f*; **II.** *adj.* **5.** halb: *a* ~ *mile*, *mst* ~ *a mile* e-e halbe Meile; *every* ~ *hour* jede *od.* alle halbe Stunde; *a* ~ *share* ein halber Anteil; *at* ~ *the price* zum halben Preise; *that's* ~ *the battle* damit ist es halb gewonnen *od.* getan; → *mind 5*, *eye 2*; **III.** *adv.* **6.** halb, zur Hälfte: ~ *full*; *my work is* ~ *done*; ~ *as long* halb so lang; ~ *as much again* anderthalbmal soviel; ~ *past ten* halb elf (Uhr); **7.** beinahe, nahezu, fast: ~ *dead* halbtot; *not* ~ *bad* F gar nicht übel; *to be* ~ *inclined* beinahe geneigt sein; *I* ~ *suspect* ich vermute fast; *he didn't* ~ *swear sl.* er fluchte nicht schlecht.

'**half**|-**and**-'**half** [-fənd'h-] **I.** *s.* Halb-u.-halb-Mischung *f*, *bsd.* Mischung *f* aus Ale u. Porter; **II.** *adj.* halb-u.-'halb; **III.** *adv.* halb u. halb; '~-'**back** *s. Fußball*: Läufer *m*; '~-'**baked** *adj. fig.* **1.** unreif, unerfahren, ,grün'; **2.** unfertig, nicht durch'dacht (*Plan etc.*); **3.** einfältig, blöd; ~ **bind·ing** *s.* Halbfranz-, Halblederband *m*; '~-**blood** *s.* **1.** Halbbruder *m od.* -schwester *f*; **2.** → *half-breed 1*; '~-**blood·ed** → *half-bred I*; ~ **board** *s.* 'Halbpensi,on *f* (*Hotel*); '~-'**bound** *adj.* in Halbfranz gebunden; '~-**bred** **I.** *adj.* halbblütig, Halbblut...; **II.** *s.* Halbblut(tier) *n*; '~-**breed** *s.* **1.** Mischling *m*, Halbblut *n* (*a. Tier*); **2.** *Am.* Me'stize *m*; '~-**broth·er** *s.* Halbbruder *m*; '~-**calf** → *half binding*; '~-**caste** **I.** *s.* Mischling *m*, Halbblut *n*; **II.** → *half-bred I*; '~-**cloth** *adj.* in Halbleinen gebunden; '~-'**crown** *s. Brit. obs.* Halbkronenstück *n* (*Wert*: *2s.6d.*); '~-**deck** *s.* ⚓ Halbdeck *n*; '~-**face** *s.* Pro'fil *n* (*Porträt*); '~-'**har·dy** *adj.* ziemlich winterhart (*Pflanze*); '~-**heart·ed** *adj.* □ **1.** lustlos, mit halbem Herzen; **2.** zaghaft; lau, gleichgültig; '~-'**heart·ed·ness** *s.* **1.** Verzagtheit *f*; **2.** Gleichgültigkeit *f*; ~ **hol·i·day** *s.* freier Nachmittag; '~-'**hose** *s. coll.*, *pl. konstr.* Socken *pl.*; Kniestrümpfe *pl.*; '~-'**hour·ly** *adv.* jede *od.* alle halbe Stunde, halbstündlich; '~-'**length** *s.* Brustbild *n*; '~-**life pe·ri·od** *s.* ⚗, *phys.* Halbwertzeit *f*; '~-'**mast** *s.* Halbmast *m*: *at* ~ **a)** halbmast, **b)** ⚓ halbstocks; *to lower to* ~ auf Halbmast setzen; ~ **meas·ure** *s.* Halbheit *f*; halbe Sache, Kompro'miß *m*, *n*; ~ **moon** *s.* Halbmond *m*; '~-'**moon** *adj.* halbmondförmig; ~ **mourn·ing** *s.* Halbtrauer *f*; '~-**nel·son** *s. Ringen*: 'Halb,nelson *m*; '~-**or·phan** *s.* Halbwaise *f*; ~ **pay** *s.* **1.** halbes Gehalt; **2.** ⚔ Halbsold *m*; Ruhegeld *n*.

half·pen·ny ['heipni] *s.* **1.** *pl.* **half·pence** ['heipəns] halber Penny: *three halfpence*, *a penny* ~ eineinhalb Pennies; *to turn up again like a bad* ~ immer wieder auftauchen; **2.** *pl.* **half·pen·nies** ['heipniz] Halbpennystück *n*; '~-**worth** [*oft* 'heipəθ] *s.* Wert *m* von e-m halben Penny: *a* ~ *of sweets* für e-n halben Penny Bonbons.

'**half**|-**seas**-'**o·ver** *adj.* F ,angesäuselt'; '~-**sis·ter** *s.* Halbschwester *f*; '~-'**sov·er·eign** *s. Brit. hist.* goldenes Zehn'schillingstück; ~ **step** *s.* ⚔ *Am.* Kurzschritt *m*; '~-'**tide** *s.* ⚓ Gezeitenmitte *f*; '~-'**tim·bered** *adj.* ⚠ Fachwerk...; '~-'**time** **I.** *s. sport* Halbzeit *f*; **II.** *adj.* Halbzeit...: ~ *job* Halbtagsstellung; '~-'**tim·er** *s.* **1.** Halbtagsarbeiter *m*; **2.** *Brit.* Werkschüler *m*; '~-'**ti·tle** *s.* Schmutztitel *m* (*Buch*); '~-**tone** *s.* ♪, *paint.*, *typ.* Halbton *m*: ~ *etching* Autotypie; ~ *process* Halbtonverfahren; '~-**track** **I.** *s.* **1.** ⊕ Halbkettenantrieb *m*; **2.** Halbkettenfahrzeug *n*; **II.** *adj.* **3.** Halbketten...; '~-**truth** *s.* Halbwahrheit *f*; '~-'**vol·ley** *s. sport* Halbflugball *m*; '~-'**way** **I.** *adj.* **1.** auf halbem Weg *od.* in der Mitte (liegend): ~ *measures* halbe Maßnahmen; **II.** *adv.* **2.** auf halbem Weg, in der Mitte; → *meet 3*; **3.** teilweise, halb (-wegs); '~-**way house** *s.* **1.** auf halbem Weg gelegenes Gasthaus; **2.** *fig.* 'Zwischenstufe *f*, -stati,on *f*; **3.** *fig.* Kompro'miß *m*, *n*; '~-**wit** *s.* Dumm-, Schwachkopf *m*; '~-'**wit·ted** *adj.* dumm, blöd; '~-'**year·ly** *adv.* halbjährlich.

hal·i·but ['hælibət] *s. ichth.* Heilbutt *m*.

hal·ide ['hælaid] *s.* ⚗ Haloge'nid *n*.

hal·i·to·sis [hæli'tousis] *s.* (übler) Mundgeruch.

hall [hɔ:l] *s.* **1.** Halle *f*, Saal *m*, Festsaal *m*; **2.** Diele *f*, Flur *m*, Vorhalle *f*; **3.** *mst in Zssgn* (Versammlungs-) Halle *f*: ♀ *of Fame* Ruhmeshalle; **4.** *Brit. univ.* **a)** Speisesaal *m* im College, **b)** Mahlzeit *f dort*; **5.** *univ.* 'Studien- *od.* Wohngebäude *n*: ~ *of residence* Studentenheim; **6.** *mst in Zssgn* großes (öffentliches) Gebäude, Gildenhaus *n*, Insti'tut *n*: *Drapers'* ♀ Haus der Tuchhändler; *Science* ♀ Naturwissenschaftliches Institut; **7.** *Brit.* Herrenhaus *n* (*e-s Gutes*); **8.** → *servant 1*.

hal·le·lu·jah, hal·le·lu·iah [hæli'lu:jə] **I.** *s.* Halle'luja *n*; **II.** *int.* halle'luja!

hal·liard → *halyard*.

'**hall**'**mark** **I.** *s.* **1.** Feingehaltsstempel *m* (*der Londoner Goldschmiedeinnung*); **2.** *fig.* Stempel *m* (der Echtheit), (Kenn)Zeichen *n*; **II.** *v/t.* **3.** *Gold od. Silber* stempeln; **4.** *fig.* kennzeichnen, stempeln.

hal·lo(**a**) [hə'lou] **I.** *int.* hal'lo!, he!; **II.** *s.* Hal'loruf *m*; **III.** *v/i.* hallo rufen.

hal·loo [hə'lu:] *hunt.* **I.** → *hallo(a) I u. II*; **II.** *v/t. Hund* durch (Hal'lo-) Ruf anhetzen; **III.** *v/i.* schreien, rufen: *don't* ~ *till you are out of the wood!* freu dich nicht zu früh!

hal·low[1] ['hælou] *v/t.* **1.** heiligen, weihen; **2.** anbeten, verehren.

hal·low[2] ['hælou] → *halloo*.

Hal·low·e'en ['hælou'i:n] *s.* Abend *m* vor Aller'heiligen; **Hal·low·mas** ['hæloumæs] *s.* Aller'heiligen (-fest) *n*.

hall| **por·ter** *s. bsd. Brit.* Ho'teldiener *m*; ~ **stand** *s.* Garde'robenständer *m* (*in der Diele*), 'Flurgarde,robe *f*.

hal·lu·ci·na·tion [həlu:si'neiʃən] *s.* Halluzinati'on *f*, Sinnestäuschung *f*, Wahnvorstellung *f*.

halm [hɑ:m] → *haulm*.

hal·ma ['hælmə] *s.* Halma(spiel) *n*.

ha·lo ['heilou] *pl.* **ha·loes** *s.* **1.** Heiligen-, 'Glorienschein *m*, 'Nimbus *m* (*a. fig.*); **2.** *ast.* 'Halo *m*, Ring *m*, Hof *m*; **3.** *phot.* Lichthof *m*; '**ha·loed** [-oud] *adj.* mit e-m Heiligen- *od.* Lichtschein um'geben.

hal·o·gen ['hælədʒin] *s.* ⚗ Halo'gen *n*, Salzbildner *m*.

halt[1] [hɔ:lt] **I.** *s.* **1.** Halt *m*, Pause *f*, Rast *f*, Aufenthalt *m*, Stillstand *m*: *to call a ~* (Ein)Halt gebieten; *to come to a ~* zum Stillstand kommen, (an)halten; **2.** 🚃 *Brit.* (Bedarfs-) Haltestelle *f*, Halt *m*; **II.** *v/i.* **3.** haltmachen, Pause machen, halten; **III.** *v/t.* **4.** haltmachen lassen, anhalten.

halt[2] [hɔ:lt] **I.** *v/i.* **1.** *obs.* hinken; **2.** *fig.* nicht ganz stimmen, hinken (*Vers, Vergleich etc.*); **3.** zögern, schwanken, stocken; **II.** *adj.* **4.** *obs.* hinkend, lahm.

hal·ter [ˈhɔ:ltə] **I.** *s.* **1.** Halfter *f*, *m*, *n*; **2.** Strick *m* (*zum Hängen*); **II.** *v/t.* **3.** *Pferd* (an)halftern; **4.** *j-n* erhängen.

halt·ing [ˈhɔ:ltiŋ] *adj.* □ **1.** hinkend, lahm; **2.** *fig.* zögernd, schwankend, stockend.

halve [hɑ:v] *v/t.* **1. a)** halbieren, **b)** zu gleichen Hälften teilen, **c)** auf die Hälfte reduzieren *od.* verringern; **2.** ⊕ verblatten.

halves [hɑ:vz] *pl. von half.*

hal·yard [ˈhæljəd] *s.* ⚓ Fall *n.*

ham [hæm] **I.** *s.* **1.** Schinken *m*: *~ and eggs* Schinken mit (Spiegel)Ei; **2.** *anat.* **a)** Gesäßbacke *f*, *pl.* Gesäß *n*, **b)** ˈHinterschenkel *m*; **3.** *sl.* **a)** *a. ~ actor* überˈtrieben spielender *od.* nach Efˈfekt haschender Schauspieler, **b)** *fig. contp.* ‚Schauspieler(in)', vornehmtuende Perˈson, **c)** (*bsd.* ˈRadio)Amaˌteur *m*, **d)** Stümper *m*; **II.** *v/i. sl.* **4.** *thea.* überˈtrieben *od.* miseˈrabel spielen; **5.** sich aufspielen, vornehm tun.

ham·burg·er [ˈhæmbə:gə] *s.* **1.** deutsches Beefsteak, Frikaˈdelle *f*; **2.** mit deutschem Beefsteak belegtes Brötchen; **3.** Hackfleisch *n.*

Ham·burg steak [ˈhæmbə:g] → *hamburger 1.*

hames [heimz] *s. pl.* Kummet *n.*

ˈ**ham|-fist·ed**, ˈ**~-hand·ed** *adj.* ungeschickt, täppisch.

ha·mite[1] [ˈheimait] *s. zo.* Ammonshorn *n.*

Ham·ite[2] [ˈhæmait] *s.* Haˈmit(in); **Ham·it·ic** [hæˈmitik] *adj.* haˈmitisch.

ham·let [ˈhæmlit] *s.* Weiler *m*, Flecken *m*, Dörfchen *n.*

ham·mer [ˈhæmə] **I.** *s.* **1.** Hammer *m* (*a. anat.*): *to come* (*od. go*) *under the ~* unter den Hammer kommen, versteigert werden; *~ and tongs* F mit aller Kraft *od.* Gewalt; *~ and divider pol.* Hammer u. Zirkel (*Symbol der DDR*); *~ and sickle pol.* Hammer u. Sichel (*Symbol der UdSSR*); **2. a)** ♪ Hammer *m* (*Klavier etc.*), **b)** Klöppel *m*; **3.** *sport* (Wurf)Hammer *m*; **4.** ⊕ **a)** Hammer(werk *n*) *m*, **b)** Hahn *m* (*Gewehr*); **II.** *v/t.* **5.** (ein)hämmern, (ein)schlagen; **6.** *a. ~ out Metall* hämmern, bearbeiten, formen; *fig.* ausarbeiten, -denken; **7.** zs.-hämmern, -zimmern; **8.** *fig.* einhämmern, -bleuen (*s.th. into s.o.* j-m et.); **9.** *fig.* **a)** schlagen, verdreschen, **b)** besiegen; **10.** *Brit.* für zahlungsunfähig erklären (*Börse*); **III.** *v/i.* **11.** hämmern: *to ~ away* draufloshämmern, -arbeiten; **12.** eifrig arbeiten (*at* an *dat.*); ˈ**~-beam** *s.* ⚠ Stichbalken *m*; ˈ**~-blow** *s.* Hammerschlag *m.*

ham·mered [ˈhæməd] *adj.* ⊕ gehämmert, getrieben, Treib...

ˈ**ham·mer-head** *s.* **1.** *ichth.* Hammerhai *m*; **2.** ⊕ (Hammer)Kopf *m.*

ham·mer·less [ˈhæməlis] *adj.* mit verdecktem Schlaghammer (*Gewehr*).

ˈ**ham·mer|-lock** *s. Ringen*: Hammerlock *m*; **~ scale** *s.* ⊕ (Eisen-) Hammerschlag *m*, Zunder *m*; ˈ**~-smith** *s.* ⊕ Hammerschmied *m*; **~ throw** *s. sport* Hammerwerfen *n*; **~ throw·er** *s. sport* Hammerwerfer *m*; ˈ**~-toe** *s.* ⚕ Hammerzehe *f.*

ham·mock [ˈhæmək] *s.* Hängematte *f*; **~ chair** *s.* Liegestuhl *m.*

ham·per[1] [ˈhæmpə] *v/t.* **1.** (be)hindern, hemmen; **2.** verstricken, verwickeln.

ham·per[2] [ˈhæmpə] *s.* **1.** Geschenkkorb *m* mit Eßwaren, ‚Freßkorb' *m*; **2.** Packkorb *m.*

ham·ster [ˈhæmstə] *s. zo.* Hamster *m.*

ˈ**ham·string I.** *s.* **1.** *anat.* Kniesehne *f*; **2.** *zo.* Aˈchillessehne *f*; **II.** *v/t.* [*irr.* → *string*] **3.** (durch Zerschneiden der Kniesehnen) lähmen; **4.** *fig.* lähmen.

hand [hænd] **I.** *s.* **1.** Hand *f*: *~s off!* Hände weg!; *~s up!* Hände hoch!; *made by ~* Handarbeit; *to have one's ~s full* alle Hände voll zu tun haben; *he asked for her ~* er hielt um ihre Hand an; **2.** *zo.* Hand *f*; Vorderfuß *m*; **3.** Hand *f*, Urheber *m*, Künstler *m*: *a picture by a skilled ~*; **4.** *oft pl.* Hand *f*, Macht *f*, Gewalt *f*: *to fall into s.o.'s ~s* j-m in die Hände fallen; *I have his fate in my ~s* sein Schicksal liegt in m-r Hand; *I am entirely in your ~s* ich bin ganz in Ihrer Hand; *a high ~* Anmaßung, Willkür; **5.** *pl.* Hände *pl.*, Obhut *f*: *the child is in good ~s*; **6.** *pl.* Hände *pl.*, Besitz *m*: *the papers are in my lawyer's ~s*; **7.** Hand *f*, Quelle *f*: *at first ~* aus erster Quelle; **8.** Einfluß *m*, Wirken *n*: *the ~ of God* die Hand Gottes; *a master's ~* die Hand e-s Meisters; **9.** Ausführung *f*, Geschick *n*: *he has a ~ for horses* er versteht es, mit Pferden umzugehen; *a light ~ at pastry* geschickt im Kuchenbacken; **10.** *oft in Zssgn* Arbeiter(in), Mann *m* (*a. pl.*), *pl.* Leute *pl.*: *the factory employs 50 ~s* die Fabrik beschäftigt 50 Arbeiter; *farm-~* Landarbeiter; *counter-~* Ladenangestellte(r); *all ~s* alle Mann; **11.** Fachmann *m*, Routiniˈer *m*: *a poor ~ at golf* ein schlechter Golfspieler; *an old ~* ein alter Fachmann *od.* Praktikus *od.* ‚Hase'; **12.** Handschrift *f*: *a legible ~*; **13.** ˈUnterschrift *f*: *to set one's ~ to a document*; **14.** Handbreit *f* (*4 engl. Zoll*) (*nur für die Größe e-s Pferdes*); **15. a)** Spieler *m*, **b)** Blatt *n*, Karten *pl.*: *to show one's ~ bsd. fig.* s-e Karten aufdecken, **c)** Runde *f*, Spiel *n*; **16.** (Uhr)Zeiger *m*; **17.** Seite *f* (*a. fig.*): *on the right ~* rechter Hand, rechts; *on every ~* überall, ringsum; *on the one ~, on the other* (*hand*) einerseits ... andererseits; **18.** Büschel *m*, *n*, Bündel *n* (*Früchte*); Hand *f* (*Bananen*); **19.** *sl.* Beifall *m*: *to get a big ~* stürmischen Beifall hervorrufen;

Besondere Redewendungen:

~ and foot fig. eifrig, ergeben; *~ in ~* Hand in Hand (*a. fig.*); *to be ~ in glove* (*with*) **a)** sehr vertraut sein (mit *j-m*), **b)** unter einer Decke stecken (mit); *~ over fist* in rascher Folge, schnell; *~s down* mühelos, spielend; *~-knitted* handgestrickt; *at ~* nahe (*Ort od. Zeit*), bei der Hand, verfügbar; *at the ~ of* von seiten (*gen.*), durch; *by ~* **a)** mit der Hand, **b)** durch Boten, persönlich, **c)** mit der Flasche (*Kind ernähren*); *from ~ to mouth* von der Hand in den Mund; *in ~* **a)** im Gange, in Bearbeitung, **b)** in der Hand *od.* Gewalt, unter Kontrolle; *to take in ~* in Angriff nehmen; *to play into each other's ~s* einander in die Hände spielen; *to get s.th. off one's ~s* et. loswerden; *to take s.th. off s.o.'s ~s* j-m et. abnehmen *od.* vom Halse schaffen; *on ~* vorrätig, verfügbar; *to be on s.o.'s ~s* j-m zur Last fallen; *on the one* (*other*) *~* auf der einen (anderen) Seite; *out of ~* **a)** kurzerhand, **b)** außer Kontrolle, nicht mehr zu bändigen; *to ~* zur Hand; *to come to ~* ankommen; *to have clean ~s* schuldlos sein; *to keep a firm ~ on* unter strenger Zucht halten; *with a heavy ~* streng, hart; *to change ~s* in andere Hände übergehen, den Besitzer wechseln; *to give* (*od. lend*) *a ~* helfen, mit zugreifen; *to have a ~ in s.th.* beteiligt sein bei et., s-e Hand (bei et.) im Spiele haben; *to hold ~s* Händchen halten (*wie Liebende*); *to hold one's ~* sich zurückhalten, davon absehen; *to join ~s* sich verbinden *od.* zs.-tun; *to lay* (*one's*) *~s on* **a)** anfassen, ergreifen, habhaft werden (*gen.*), **b)** *gewaltsam* Hand an *j-n* legen, **c)** *eccl.* ordinieren; *I can't lay my ~s on it* ich kann es nicht finden; *to shake ~s with s.o.* j-m die Hand geben; *to try one's ~ at et.* versuchen; *to wash one's ~s of it* s-e Hände in Unschuld waschen, nichts mit der Sache zu tun haben wollen; → *off hand*;

II. *v/t.* **20.** ein-, aushändigen, (über)ˈgeben, (-)ˈreichen: *to ~ it to s.o. Am. sl.* es j-m sagen; *you must ~ it to him sl.* das muß man ihm lassen (*anerkennend*); **21.** *j-n* geleiten, *j-m* helfen: *to ~ s.o. into the car* j-m ins Auto helfen;

Zssgn mit adv.:

hand| down *v/t.* **1.** *et.* herˈunterreichen; **2.** *j-n* hinˈuntergeleiten; **3.** hinterˈlassen, vererben, *fig.* überˈliefern (*to dat.*); **~ in** *v/t.* **1.** (hin-) ˈeinreichen, einhändigen; **2.** *Sendung* einliefern, abgeben; **~ on** *v/t.* **1.** weiterreichen, -geben; **2.** überˈliefern (*to dat.*); **~ out** *v/t.* **1.** ausgeben, -teilen (*to* an *acc.*); **2.** *j-m* herˈaushelfen; **~ o·ver** *v/t.* (to) **1.** überˈgeben, -ˈtragen (*dat.*); **2.** überˈlassen, aushändigen (*dat.*); **3.** *der Polizei etc.* übergeben; **~ up** *v/t.* hinˈaufreichen (*to dat.*).

ˈ**hand|·bag** *s.* **1.** (Damen)Handtasche *f*; **2.** Handtasche *f*, -koffer *m*; ˈ**~·ball** *s. sport* Handball(spiel *n*) *m*; ˈ**~-bar·row** *s.* **1.** → *handcart*;

2. Trage *f*; '**~·bell** *s.* Tisch-, Handglocke *f*; '**~·bill** *s.* Re'klamezettel *m*, Flugblatt *n*; '**~·book** *s.* **1.** Handbuch *n*; **2.** Reiseführer *m* (*to* für); '**~·brake** *s.* ⊕ Handbremse *f*; '**~·breadth** *s.* Handbreit *f*; '**~·can·ter** *s.* 'Handgaˌlopp *m*; '**~·car** *s.* ⊕ *Am.* Drai'sine *f* mit Handantrieb; '**~·cart** *s.* Handkarre(n *m*) *f*; '**~·cuff I.** *s. mst pl.* Handschellen *pl.*; **II.** *v/t. j-m* Handschellen anlegen; **~ drive** *s.* ⊕ Handantrieb *m*.

-handed [hændid] *in Zssgn* ...händig, mit ... Händen.

'**hand|·ful** [-ndful] *s.* **1.** Handvoll *f* (*a. fig. Personen*); **2.** F Plage *f* (*Person od. Sache*), ‚Nervensäge' *f*: *he is a ~* er macht einem zu schaffen; '**~·gal·lop** *s.* 'Handgaˌlopp *m*; **~ gear** *s.* ⊕ Handantrieb *m*; '**~·glass** *s.* **1.** Handspiegel *m*; **2.** (Lese)Lupe *f*; '**~·gre·nade** *s.* ⚔ 'Handgraˌnate *f*; '**~·grip** *s.* **1.** Händedruck *m*; **2.** (Hand)Griff *m*; **3.** *pl.* Handgemenge *n*; '**~·hold** *s.* Halt *m*, Griff *m*.

hand·i·cap ['hændikæp] **I.** *s.* **1.** *sport* Handikap *n* (*a. fig.*), Vorgaberennen *n*, -spiel *n*; **2.** *fig.* Behinderung *f*, Hindernis *n*, Nachteil *m*, Erschwerung *f*; **II.** *v/t.* **3.** *sport Pferd* 'extra belasten; **4.** (*a.* körperlich *od.* geistig) (be)hindern, benachteiligen, belasten.

hand·i·craft ['hændikrɑːft] *s.* **1.** Handfertigkeit *f*; **2.** (Kunst)Handwerk *n*.

hand·i·ness ['hændinis] *s.* **1.** Gewandtheit *f*, Geschicklichkeit *f*; **2.** Handlichkeit *f*; Nützlichkeit *f*;

hand·i·work ['hændiwəːk] *s.* **1.** Handarbeit *f*; **2.** (per'sönliches) Werk.

hand·ker·chief ['hæŋkətʃif] *s. a. pocket-~* Taschentuch *n*.

han·dle ['hændl] **I.** *s.* **1.** Griff *m*, Stiel *m*; Henkel *m* (*Topf*); Klinke *f* (*Tür*); Schwengel *m* (*Pumpe*); ⊕ Kurbel *f*: *a ~ to one's name* ein Titel; *to fly off the ~* ‚hochgehen', wütend werden; **2.** *fig.* Handhabe *f*, Gelegenheit *f*; Vorwand *m*; **II.** *v/t.* **3.** anfassen, berühren; **4.** handhaben, hantieren mit; **5.** 'umgehen *od.* sich beschäftigen mit; erledigen, abwickeln; **6.** *j-n od. et.* behandeln; **7.** führen, leiten; **8.** ✝ *mit Waren* handeln; **III.** *v/i.* **9.** sich handhaben lassen; **10.** sich anfühlen; '**~·bar** *s.* Lenkstange *f* (*Fahrrad etc.*).

han·dling ['hændliŋ] *s.* **1.** Handhabung *f*; Führung *f*; **2.** Behandlung *f*; **~ charg·es** *s. pl.* ✝ 'Umschlagsspesen *pl.*

'**hand|·loom** *s.* ⊕ Handwebstuhl *m*; '**~·made** [-ndm-] *adj.* von Hand gemacht, Hand...; handgeschöpft (*Papier*): *~ paper* Büttenpapier; '**~·maid(·en)** [-ndm-] *s.* **1.** *obs. u. fig.* Dienerin *f*, Magd *f*; **2.** *fig.* Gehilfe *m*, Handlanger *m*; '**~-me-down** *adj.* **1.** fertig *od.* von der Stange gekauft, Konfektions...; **2.** billig; 'uneleˌgant; **3.** alt, getragen; '**~-op·er·at·ed** *adj.* ⊕ mit Handantrieb, handbedient, Hand...; '**~·or·gan** *s.* ♪ Drehorgel *f*; '**~-out** *s.* **1.** Almosen *n*; **2.** Zuteilung *f*, (milde) Gabe; **3.** Pro'spekt *m*, Hand-, Werbezettel *m*; **4.** (*zur Veröffentlichung*) freigegebenes Materi'al, Presseerklärung *f*; '**~-pick** *v/t.* **1.** mit der Hand pflücken; **2.** sorgsam auswählen; '**~-post** *s.* Wegweiser *m*; '**~·rail** *s.* Geländer *n*; Handleiste *f*; '**~·saw** *s.* ⊕ Handsäge *f*, Fuchsschwanz *m*; **~'s breadth** *s.* Handbreit *f*.

hand·sel ['hænsəl] *s.* **1.** Neujahrs-, Begrüßungsgeschenk *n*; **2.** Hand-, Angeld *n*; **3.** *fig.* Vorgeschmack *m*.

'**hand|-set** *s. teleph.* Hörer *m*; '**~-shake** *s.* Händedruck *m*.

hand·some ['hænsəm] *adj.* □ **1.** hübsch (*a. fig.*), schön, stattlich; **2.** beträchtlich, ansehnlich; **3.** großzügig, nobel, ‚anständig': *~ is that ~ does* edel ist, wer edel handelt; **4.** reichlich; '**hand·some·ness** [-nis] *s.* Schönheit *f*, Stattlichkeit *f*.

'**hand|·spike** *s.* ⚓, ⊕ Handspake *f*, Hebestange *f*; '**~·stand** *s. sport* Handstand *m*; '**~-to-'hand** *adj.* Mann gegen Mann: *~ combat* Nahkampf; '**~·wheel** *s.* ⊕ Hand-, Stellrad *n*; '**~·writ·ing** *s.* (Hand-) Schrift *f*.

hand·y ['hændi] *adj.* □ **1.** zur Hand, greifbar; in der Nähe (befindlich), leichterreichbar; **2.** geschickt, gewandt; **3.** handlich, praktisch; bequem, nützlich: *to come in ~* gelegen kommen; **~ man** *s.* [*irr.*] Mädchen *n* für alles, Fak'totum *n*.

hang [hæŋ] **I.** *s.* **1.** Hängen *n*, Fall *m*, Sitz *m* (*Kleid etc.*); **2.** Gebrauch *m*, Bauart *f*, Gang *m*; **3.** Zs.-hang *m*, Sinn *m*, Bedeutung *f*: *to get the ~ of s.th.* et. begreifen, den ‚Dreh' rauskriegen; **4.** *I don't care a ~* F das ist mir völlig egal *od.* ‚schnuppe'; **II.** *v/t. pret. u. p.p.* **hung** [hʌŋ] *nur 9 mst* **hanged**; **5.** (*from, on*) aufhängen (an *dat.*), hängen (an *acc.*): *to ~ on a hook* an e-n Haken hängen; *to ~ the head* den Kopf hängenlassen *od.* senken; *well-hung* gutabgehangen (*Fleisch*); **6.** *Tür* einhängen; *Tapete* ankleben; **7.** behängen: *hung with flags*; **8.** in der Schwebe lassen, verzögern; → *fire* 6; **9.** (auf-) hängen: *~ed for murder* wegen Mordes gehängt; *I'll be ~ed first* F lieber ließe ich mich hängen!; *~ it* (*all*)! F zum Henker damit!; *~ you!* F hol dich der Teufel!; **III.** *v/i.* **10.** hängen, baumeln; **11.** hängen, fallen, sitzen (*Kleid etc.*); **12.** hängen, schweben: *to ~ in the air* (*mst fig.*); **13.** gehängt werden: *he deserves to ~*; *to let it go ~* F sich den Teufel darum scheren; *let it go ~!* zum Henker damit!; **14.** (*on*) hängen (an *dat.*), sich klammern (an *acc.*): *to ~ on s.o.'s lips* (*words*) *fig.* an j-s Lippen (Worten) hängen; **15.** (*on*) hängen (an *dat.*), abhängen (von); **16.** sich senken *od.* neigen; *Zssgn mit adv.*:

hang| a·bout *v/i.* **1.** her'umlungern, sich her'umtreiben: *to ~ the town*; **2.** bevorstehen; **~ back** *v/i.* zögern, sich sperren; **~ behind** *v/i.* zu'rückbleiben; **~ down** *v/i.* her'unterhängen; **~ on** *v/i.* **1.** (*to*) sich klammern (an *acc.*), festhalten (*acc.*), sich nicht trennen (von); **2.** ausharren, warten; *teleph.* am Appa'rat bleiben; **3.** nicht nachlassen; **~ out I.** *v/t.* **1.** (her)'aushängen; **II.** *v/i.* **2.** her'aushängen; **3.** *sl.* hausen, sich aufhalten; **~ togeth·er** *v/i.* **1.** zs.-halten (*Personen*); **2.** zs.-hängen, verknüpft sein; **3.** zs.-passen; **~ up I.** *v/t.* **1.** aufhängen; **2.** aufschieben, hin'ausziehen: *to be hung up* **aufgehalten** werden; **3.** *to be hung up on sl.* **a)** e-n Komplex haben wegen, ‚es haben' mit, **b)** besessen sein von; **II.** *v/i.* **4.** *teleph.* (den Hörer) auflegen, ab-, einhängen.

hang·ar ['hæŋə] *s.* Flugzeughalle *f*.

'**hang·dog I.** *s.* Galgenvogel *m*, -strick *m*; **II.** *adj.* gemein; kriecherisch: *~ look* Armesündermiene.

hang·er[1] ['hæŋə] *s.* **1.** *mst in Zssgn* Auf-, Anhänger *m*, Ankleber *m*; **2.** Aufhänger *m*, Schlaufe *f* (*Rock etc.*); *engS.* Kleiderbügel *m*; **3.** Gehenk *n* (*Degen*).

hang·er[2] ['hæŋə] *s.* bewaldeter Abhang.

'**hang·er-'on** [-ər'ɔn] *pl.* '**hang·ers-'on** *s.* **1.** Anhänger *m*, Mitläufer *m*; **2.** ‚Klette' *f*, Schma'rotzer *m*.

'**hang-glid·er** *s. sport* Drachenflieger(in).

hang·ing ['hæŋiŋ] **I.** *s.* **1.** (Auf)Hängen *n*; **2.** (Er)Hängen *n*: *execution by ~* Hinrichtung durch den Strang; **3.** *mst pl.* Wandbehang *m*, -bekleidung *f*; **II.** *adj.* **4. a)** (her'ab)hängend, Hänge..., **b)** hängend, abschüssig, ter'rassenförmig: *~ gardens*; **5.** *a ~ matter* e-e Sache, die j-n an den Galgen bringt; **~ bearing** *s.* ⊕ Hängelager *n*; **~ clock** *s.* Wanduhr *f*; **~ com·mit·tee** *s.* Hängeausschuß *m* (*bei Gemäldeausstellungen*); **~ lamp** *s.* **1.** Hängelampe *f*; **2.** Ampel *f*.

'**hang|·man** [-mən] *s.* [*irr.*] Henker *m*; '**~·nail** *s.* ⚕ Niednagel *m*; '**~·out** *s. Am. sl.* **1.** ‚Bude' *f*, Wohnung *f*; **2.** Treffpunkt *m*; '**~-o·ver** *s.* **1.** 'Überbleibsel *n*; **2.** ‚Katzenjammer' *m*, ‚Kater' *m*.

hank [hæŋk] *s.* **1.** Strähne *f*, Strang *m*, Knäuel *m*, *n*, Docke *f* (*Garn etc.*); **2.** ⚓ Legel *m*.

han·ker ['hæŋkə] *v/i.* sich sehnen, verlangen (*after, for* nach); '**han·ker·ing** [-əriŋ] *s.* Verlangen *n* (*after, for* nach).

han·ky ['hæŋki] F → *handkerchief*.

han·ky-pan·ky ['hæŋki'pæŋki] *s. sl.* **1.** Hokus'pokus *m*; **2.** Schwindel *m*, Trick *m*.

Han·o·ve·ri·an [hænou'viəriən] **I.** *adj.* han'nover(i)sch; **II.** *s.* Hannove'raner(in).

Han·sard ['hænsəd] *s. parl. Brit.* Parla'mentsprotoˌkoll *n*; '**Hansard·ize** [-daiz] *v/t. parl. Brit. j-m* e-e frühere Äußerung entgegenhalten.

Hanse [hæns] *s. hist.* **1.** Kaufmannsgilde *f*; **2.** Hanse *f*, Hansa *f*; **Hanse·at·ic** [hænsi'ætik] *adj.* hanse'atisch, Hanse...: *the ~ League* die Hanse.

han·sel → *handsel*.

han·som (cab) ['hænsəm] *s.* 'Hansom *m* (*zweirädrige Droschke*).

hap [hæp] *obs.* **I.** *s.* **a)** Zufall *m*, **b)** Glücksfall *m*; **II.** *v/i.* sich ereignen; ˈ**hapˈhaz·ard** [-ˈhæzəd] **I.** *adj. u. adv.* zufällig, wahllos; **II.** *s.* Zufall *m*: *at ~* aufs Geratewohl; ˈ**hap·less** [-lis] *adj.* □ unglücklich.

ha'p'orth [ˈheipəθ] *Brit.* F → *halfpennyworth.*

hap·pen [ˈhæpən] *v/i.* **1.** geschehen, sich ereignen, vorkommen, passieren, stattfinden, vor sich gehen: *what has ~ed?* was ist geschehen?; ... *and nothing ~ed* ... u. nichts erfolgte; **2.** *impers.* zufällig geschehen, sich (gerade) treffen: *it ~ed that* es traf *od.* ergab sich, daß; *as it ~s* **a)** wie es sich gerade trifft, **b)** wie es nun einmal so ist; **3.** *~ to inf.*: we *~ed to hear it* wir hörten es zufällig; *it ~ed to be hot* zufällig war es heiß; **4.** (*to*) geschehen (*dat. od.* mit), passieren (*dat.*): *what is going to ~ to his plan?* was wird aus s-m Plan?; *if anything should ~ to me* sollte mir et. zustoßen; **5.** (*upon*) zufällig begegnen (*dat.*) *od.* treffen (*acc.*) *od.* stoßen (auf *acc.*) *od.* finden (*acc.*); **6.** F zufällig erscheinen *od.* dasein, herˈeinschneien; **hap·pening** [ˈhæpniŋ] *s.* Ereignis *n.*

hap·pi·ly [ˈhæpili] *adv.* **1.** glücklich; **2.** glücklicherweise; ˈ**hap·pi·ness** [-inis] *s.* **1.** Glück *n* (*Gefühl*); **2.** glückliche Wahl, Gewandtheit *f* (*Ausdruck etc.*); **hap·py** [ˈhæpi] *adj.* □ → *happily*; **1.** *allg.* glücklich: **a)** Glück empfindend, **b)** glückverheißend, **c)** beglückt, erfreut (*at, about* über *acc.*): *I am ~ to see you* es freut mich, Sie zu sehen, **d)** froh, zufrieden: *~ as a king* kreuzfidel, **e)** treffend, passend, geglückt (*Ausdruck etc.*); **2.** gut, trefflich, erfreulich: *a ~ event* ein freudiges Ereignis; **3.** F leichtbeschwipst, ‚angesäuselt'; **4.** *in Zssgn* eifrig, begeistert; -freudig, -lustig: *trigger-~* schießwütig.

hap·py| dis·patch *s. euphem.* Haraˈkiri *n*; ˈ**~-go-luck·y** *adj.* unbekümmert, sorglos, leichtfertig.

har·a·kir·i [ˈhærəˈkiri] *s.* Haraˈkiri *n.*

ha·rangue [həˈræŋ] **I.** *s.* **1.** (Massen)Ansprache *f*; flammende Rede; **2.** Tiˈrade *f*; **II.** *v/i.* **3.** e-e Ansprache halten, ‚e-e Rede schwingen'; **III.** *v/t.* **4.** eine (bomˈbastische) Rede halten vor (*dat.*).

har·ass [ˈhærəs] *v/t.* **1.** ständig belästigen, beunruhigen, quälen; aufreiben; **2.** ⚔ stören: *~ing fire* Störfeuer.

har·bin·ger [ˈhɑːbindʒə] **I.** *s.* Vorläufer *m*, Vorbote *m* (*a. fig.*); **II.** *v/t.* ankünd(ig)en.

har·bo(u)r [ˈhɑːbə] **I.** *s.* **1.** Hafen *m*; **2.** *fig.* Zufluchtsort *m*, ˈUnterschlupf *m*; **II.** *v/t.* **3.** beherbergen, Schutz *od.* Zuflucht bieten *od.* gewähren (*dat.*); **4.** verbergen, verstecken; **5.** *Gedanken, Groll etc.* hegen: *to ~ ill designs* Böses sinnen; **III.** *v/i.* **6.** ⚓ im Hafen ankern; ˈ**har·bo(u)r·age** [-əridʒ] *s.* Zuflucht *f* (im Hafen); Hafen *m*, Schutz *m*, ˈUnterkunft *f.*

ˈ**har·bo(u)r|-bar** *s.* Sandbank *f* vor dem Hafen; ˈ**~-dues** *s. pl.* Hafengebühren *pl.*; ˈ**~-mas·ter** *s.* Hafenmeister *m*; ˈ**~-seal** *s. zo.* Gemeiner Seehund.

hard [hɑːd] **I.** *adj.* **1.** hart; ⊕ Hart...; fest (*a. fig.*); **2.** schwer, schwierig (*a. Sprache, Problem*): *~ to please* schwer zufriedenzustellen(d), schwierig (*Kunde etc.*); *~ to believe* kaum zu glauben(d); *~ to imagine* schwer vorstellbar; **3.** hart, kräftig, zäh, ausdauernd: *in ~ condition sport* konditionsstark; *~-wearing* sehr haltbar; strapazierfähig; → *nail Redew.*; **4.** hart, schwer, mühsam, anstrengend: *~ work* schwere Arbeit; *~ times* schwere Zeiten; *to learn the ~ way* Lehrgeld bezahlen müssen; → *line*[1] *15, luck 1*; **5.** fleißig: *a ~ worker*; *~ study*; *to try one's ~est* sich ins Zeug legen; **6.** streng, stark, heftig, schwer, drückend: *~ frost* starker Frost, strenge Kälte; *~ fight* heftiger *od.* schwerer Kampf; *~ master* strenger Lehrmeister; *a ~ drinker* ein starker Trinker; *a ~ blow* ein schwerer Schlag (*a. fig.*); **7.** hart, gefühllos, unbeugsam, unbillig: *~ words* harte Worte; *to be ~ on s.o.* j-n streng *od.* ungerecht behandeln, j-m zusetzen; *it is ~ on me* es trifft mich schwer; **8.** hart(herzig), gefühllos; nüchtern: *the ~ facts* die nackten Tatsachen; **9.** hart (*Farbe, Stimme*); **10.** hart (*Wasser*); **11.** (stark) alkoˈholisch (*Getränke*); **12.** *~ up* in (Geld)Schwierigkeiten, schlecht bei Kasse: *~ up for* verlegen um; **13.** *ling.* **a)** hart, **b)** stimmlos; **II.** *adv.* **14.** hart, fest; **15.** (tat)kräftig, stark: *to work ~* schwer *od.* fleißig arbeiten; *to try ~* sich alle Mühe geben; *to bite ~* fest (zu)beißen; *to look ~ at* anstarren; **16.** schwer, peinlich, heftig: *to bear ~ upon j-n* bedrücken; *it will go ~ with him* es wird unangenehm für ihn sein; *~-earned* sauer verdient; *~ hit* **a)** schwer betroffen, **b)** in Geldnot; *~ pressed* in schwerer Bedrängnis; *I was ~ put to it* es wurde mir schwer; → *die*[1] *1*; **17.** sehr, äußerst: *to drink ~* stark trinken; *~ aport* ⚓ hart Backbord; **18.** dicht, nahe: *~ on* (*od. after*) gleich nach; *~ by* ganz nahe.

ˈ**hard|-and-ˈfast** *adj.* fest, bindend, starr: *a ~ rule*; ˈ**~-ˈbit·ten** *adj.* verbissen, hartnäckig; ˈ**~-board** *s.* Hartfaserplatte *f*; Preßpappe *f*; ˈ**~-ˈboiled** *adj.* **1.** hart(gekocht): *a ~ egg*; **2.** F hartgesotten, stur, starrköpfig; **3.** F nüchtern, kühl berechnend, gerissen, ‚ausgekocht'; **4.** F grob; **~ cash** *s.* † **1.** Bargeld *n*: *to pay in ~* (in) bar (be)zahlen; **2.** klingende Münze; **3.** Hartgeld *n*; **~ coal** *s.* Anthraˈzit *m*; **~ core** *s.* **1.** ⊕ Schotter *m*; **2.** *fig.* harter Kern (*e-r Bande etc.*); ˈ**~-core** *adj.* zum harten Kern gehörend; **~ court** *s. Tennis*: Hartplatz *m*; **~ cur·ren·cy** *s.* † harte Währung.

hard·en [ˈhɑːdn] **I.** *v/t.* **1.** härten (*a.* ⊕), hart machen; **2.** *fig.* hart *od.* gefühllos machen, verhärten: *~ed* verstockt, ‚abgebrüht'; *a ~ed sinner* ein verstockter Sünder; **3.** bestärken; **4.** abhärten; **II.** *v/i.* **5.** hart werden, erhärten; **6.** *fig.* gefühllos werden, sich verhärten; **7.** *fig.* sich abhärten; **8.** *fig.* sich (be)festigen, fest werden (*a.* †); **9.** anziehen (*Preise*); ˈ**hard·en·er** [-nə] *s.* Härtemittel *n*; ˈ**hard·en·ing** [-niŋ] **I.** *s.* **1.** Härten *n*, Härtung *f* (*a.* ⊕); **2.** → *hardener*; **II.** *adj.* **3.** Härte...

ˈ**hard|-ˈfea·tured** *adj.* mit harten *od.* groben Gesichtszügen; ˈ**~-ˈfist·ed** *adj.* geizig; ˈ**~-ˈhead·ed** *adj.* praktisch, nüchtern, reaˈlistisch; ˈunsentimenˌtal; ˈ**~-ˈheart·ed** *adj.* □ hart(herzig), herz-, gefühllos.

har·di·hood [ˈhɑːdihud] *s.* **1.** Kühnheit *f*, Tapferkeit *f*; **2.** Dreistigkeit *f*; ˈ**har·di·ness** [-inis] *s.* **1.** Ausdauer *f*, Zähigkeit *f*; **2.** Kühnheit *f*, Mut *m*; **3.** Dreistigkeit *f.*

hard| la·bo(u)r *s.* ⚖ Zwangsarbeit *f*; **~ line** *s. bsd. pol.* harte Linie, harter Kurs: *to follow od. adopt a ~* e-n harten Kurs einschlagen; ˈ**~-line** *adj. bsd. pol.* hart, komproˈmißlos; ˈ**~-lin·er** *s. bsd. pol.* j-d der e-n harten Kurs einschlägt.

hard·ly [ˈhɑːdli] *adv.* **1.** kaum, fast nicht: *~ ever* fast nie; *I ~ know her* ich kenne sie kaum; **2.** schwerlich, kaum, wohl nicht: *it will ~ be possible* es wird kaum möglich sein; **3.** mühsam, schwer: *victory was ~ won*; **4.** hart, streng: *~ contested* hartumstritten.

hard| mon·ey → *hard cash*; ˈ**~-ˈmouthed** *adj.* **1.** hartmäulig (*Pferd*); **2.** *fig.* hartnäckig, ˈwiderspenstig.

hard·ness [ˈhɑːdnis] *s.* **1.** Härte *f* (*a. fig., phys.*), Festigkeit *f*; **2.** Zähigkeit *f*, Ausdauer *f*; **3.** Strenge *f*; **4.** Not *f*; **5.** Hartherzigkeit *f.*

hard| rub·ber *s.* Hartgummi *m*; **~ sauce** *s. Küche*: *e-e* steife Creme; ˈ**~-set** *adj.* **1.** gehärtet, starr; **2.** bedrängt; **3.** hungrig; ˈ**~-shell** *adj.* **1.** *zo.* hartschalig; **2.** F unnachgiebig, eisern, komproˈmißlos.

hard·ship [ˈhɑːdʃip] *s.* **1.** Härte *f*, Not *f*; **2.** Mühsal *f*; **3.** ⚖ Härte *f*, Unbilligkeit *f*: *to work ~ on s.o.* e-e Härte bedeuten für j-n; *~ case* Härtefall.

hard| tack *s.* Schiffszwieback *m*; ˈ**~-top** *s. mot.* Limouˈsine *f* mit festem Dach; ˈ**~-ware** *s.* **1.** Meˈtall-, Eisenwaren *pl.*; **2.** *Computer*: Hardware *f*, ˈBausteine *pl.*, -eleˌmente *pl.*; ˈ**~-wood** *s.* Hartholz *n*; *engS.* Laubbaumholz *n*; ˈ**~-ˈwork·ing** *adj.* fleißig.

har·dy [ˈhɑːdi] *adj.* □ **1.** abgehärtet, kräftig, ausdauernd; **2.** kühn, verwegen; **3.** winterfest (*Pflanze*): *~ annual* **a)** winterfeste Pflanze, **b)** *humor.* Frage, die jedes Jahr wieder akut wird.

hare [hɛə] *s. zo.* Hase *m*: *to run with the ~ and hunt with the hounds fig.* es mit beiden Seiten halten; *~ and hounds* Schnitzeljagd; ˈ**~-bell** *s.* ♀ Glockenblume *f*; ˈ**~-brained** *adj.* zerfahren, gedankenlos; flatterhaft; ˈ**~-foot** *s.* [*irr.*] ♀ **1.** Balsabaum *m*; **2.** Ackerklee *m*; ˈ**~-lip** *s.* ⚕ Hasenscharte *f.*

ha·rem [ˈhɛərem] *s.* ˈHarem *m.*

ˈ**hare's-foot** → *hare-foot.*

har·i·cot [ˈhærikou] *s.* **1.** *mst ~ bean* ♀ weiße Bohne; **2.** ˈHammelraˌgout *n.*

hark [hɑːk] *v/i.* **1.** *obs. u. poet.* horchen; **2.** *~ back* **a)** *hunt.* auf der Fährte zuˈrückgehen (*Hund*), **b)**

fig. zu'rückgreifen, -kommen (*to* auf *acc.*).

har·le·quin ['hɑ:likwin] **I.** *s.* 'Harlekin *m*, Hans'wurst *m*; **II.** *adj.* bunt, scheckig; **har·le·quin·ade** [hɑ:likwi'neid] *s.* Possenspiel *n*.

Har·ley Street ['hɑ:li] *s. Londoner Ärzteviertel*; *fig.* ärztliche Fachwelt.

har·lot ['hɑ:lət] *s.* Dirne *f*, Hure *f*; **'har·lot·ry** [-ri] *s.* Hure'rei *f*.

harm [hɑ:m] **I.** *s.* Schaden *m*, Unrecht *n*, Leid *n*: *bodily* ~ körperlicher Schaden, ⚖ Körperverletzung; *to do* ~ *to s.o.* j-m schaden, j-m et. antun; *there is no* ~ *in doing (s.th.)* es schadet nicht, (et.) zu tun; *to mean no* ~ es nicht böse meinen; *to keep out of* ~*'s way* die Gefahr meiden; *out of* ~*'s way* in Sicherheit; **II.** *v/t.* schaden (*dat.*), schädigen; verletzen; **'harm·ful** [-ful] *adj.* □ nachteilig, schädlich; **'harm·ful·ness** [-fulnis] *s.* Schädlichkeit *f*; **'harm·less** [-lis] *adj.* □ **1.** harmlos: **a)** unschädlich, **b)** unschuldig, arglos; **2.** *to keep (od. save) s.o.* ~ ⚖ j-n schadlos halten; **'harm·less·ness** [-lisnis] *s.* Harmlosigkeit *f*, Unschädlichkeit *f*.

har·mon·ic [hɑ:'mɔnik] **I.** *adj.* (□ ~*ally*) **1.** ♪, ⚕ har'monisch (*a. fig.*); **II.** *s.* **2.** ♪, *phys.* Oberton *m*; **3.** ⚡ Oberwelle *f*; **4.** *pl. oft sg. konstr.* ♪ Harmo'nielehre *f*; **har'mon·i·ca** [-kə] *s.* **1.** 'Glashar,monika *f*; **2.** 'Mundhar,monika *f*; **har'mo·ni·ous** [-'mounjəs] *adj.* □ har'monisch (*a. fig.*), wohlklingend, konso'nant; **har'mo·ni·ous·ness** [-'mounjəsnis] *s.* Harmo'nie *f*: **a)** Ebenmäßigkeit *f*, Über'einstimmung *f*, **b)** Wohlklang *m*; **har'mo·ni·um** [-'mounjəm] *s.* ♪ Har'monium *n*; **har·mo·nize** ['hɑ:mənaiz] **I.** *v/i.* **1.** harmo'nieren, zs.-passen, in Einklang sein; **II.** *v/t.* **2.** har'monisch machen, in Einklang bringen, abstimmen; **3.** ♪ *Melodie* harmonisieren, setzen; **har·mo·ny** ['hɑ:məni] *s.* **1.** Harmo'nie *f*: **a)** Wohlklang *m*, **b)** Eben-, Gleichmaß *n*, **c)** Einklang *m*, Eintracht *f*; **2.** ♪ Harmonie *f*.

har·ness ['hɑ:nis] **I.** *s.* **1.** (Pferde-*etc.*)Geschirr *n*: *in* ~ *fig.* in der (täglichen) Arbeit; *to die in* ~ in den Sielen sterben; **2.** (Anschnall)Gurt *m*; Gurtwerk *n* (*Fallschirm*); **3.** (Kopfhörer)Bügel *m*; **II.** *v/t.* **4.** anschirren; **5.** an-, vorspannen; **6.** *fig. Naturkräfte etc.* nutzbar machen.

harp [hɑ:p] **I.** *s.* **1.** ♪ Harfe *f*; **II.** *v/i.* **2.** Harfe spielen; **3.** *fig.* (*on, upon*) her'umreiten (auf *dat.*), dauernd reden (von); → *string 5*; **'harp·er** [-pə], **'harp·ist** [-pist] *s.* Harfner (-in), Harfe'nist(in).

har·poon [hɑ:'pu:n] **I.** *s.* Har'pune *f*; **II.** *v/t.* harpunieren.

harp·si·chord ['hɑ:psikɔ:d] *s.* ♪ 'Cembalo *n*.

har·py ['hɑ:pi] *s.* **1.** *antiq.* Har'pyie *f*; **2.** raubgieriger Mensch.

har·que·bus ['hɑ:kwibəs] *s.* ⚔ *hist.* Hakenbüchse *f*, Arke'buse *f*.

har·ri·dan ['hæridən] *s.* alte Vettel.

har·ri·er[1] ['hæriə] *s.* **1.** Verwüster *m*; Plünderer *m*; **2.** *orn.* Weihe *f*.

har·ri·er[2] ['hæriə] *s.* **1.** *hunt.* Hasenhund *m*; **2.** *sport* Wald-, Geländeläufer *m*.

Har·ro·vi·an [hə'rouvjən] *s.* Schüler *m* von Harrow.

har·row ['hærou] **I.** *s.* **1.** ⚒ Egge *f*: *under the* ~ *fig.* in großer Not; **II.** *v/t.* **2.** ⚒ eggen; **3.** *fig.* quälen, martern, *Gefühl* verletzen; **'har·row·ing** [-ouiŋ] *adj.* □ qualvoll, herzzerreißend, schrecklich.

har·ry[1] ['hæri] *v/t.* **1.** verwüsten; **2.** plündern, aus-, berauben; **3.** quälen.

Har·ry[2] ['hæri] *s. old* ~ der Teufel; *to play old* ~ *with* Schindluder treiben mit, durcheinanderbringen, zugrunde richten.

harsh [hɑ:ʃ] *adj.* □ **1.** hart, rauh (*Stoff, Stimme*; *a. fig. Strafe etc.*); **2.** rauh, 'mißtönend (*Ton*); **3.** schroff, streng, grausam; grob; **4.** grell (*Farbe*); **'harsh·ness** [-nis] *s.* Härte *f*, Strenge *f*.

hart [hɑ:t] *s.* Hirsch *m* (*nach dem 5. Jahr*): ~ *of ten* Zehnender.

hart·beest ['hɑ:tbi:st], **'har·te·beest** [-tibi:st] *s. zo.* 'Kuhanti,lope *f*, *bsd.* 'Kama *f*.

'harts·horn *s.* ⚗ Hirschhorn *n*: *salt of* ~ Hirschhornsalz.

'hart's-tongue *s.* ⚘ Hirschzunge *f* (*Farn*).

har·um-scar·um ['hɛərəm'skɛərəm] *adj.* F **1.** wild, unbändig, über'stürzt; **2.** fahrig, gedankenlos, flatterhaft, leichtsinnig.

har·vest ['hɑ:vist] **I.** *s.* **1.** Ernte *f*: **a)** Ernten *n*, Erntezeit *f*, **b)** *fig.* Ertrag *m*, Gewinn *m*; **II.** *v/t.* **2.** ernten (*a. fig.*); *Ernte* einbringen; **3.** einheimsen; **4.** aufspeichern; **'~-bug** *s. zo. e-e* Milbe.

har·vest·er ['hɑ:vistə] *s.* **1.** Schnitter(in); **2.** Mähbinder *m*: *combined* ~ Mähdrescher; **3.** → *harvest-bug*.

har·vest| fes·ti·val *s.* Ernte'dankfest *n*; **~ home** *s.* **1.** Erntefest *n*; **2.** Erntelied *n*; **'~-mite** → *harvest-bug*; **~ moon** *s.* Erntemond *m*; **'~-tick** → *harvest-bug*.

has [hæz; həz] *3. sg. pres von have*; **'~-been** *s.* F *et.* Über'holtes; ausrangierte Per'son, Gestrige(r *m*) *f*.

hash [hæʃ] **I.** *v/t.* **1.** *Fleisch* (zer-)hacken; **2.** *a.* ~ *up fig.* verpfuschen, verpatzen; **II.** *s.* **3.** *Küche*: Ha'schee *n*, Gehackte(s) *n*; **4.** *fig. et.* Wieder'aufgewärmtes, ‚alter Kohl'; **5.** *fig.* Mischmasch *m*: *to make* ~ *of s.th.* F et. vermasseln; *to settle s.o.'s* ~ F es j-m ‚besorgen' *od.* ‚geben'; **6.** F Hasch *n*.

hash·eesh, hash·ish ['hæʃi:ʃ] *s.* 'Haschisch *n*.

has·let ['heizlit] *s.* (Schweins-) Geschlinge *n*, Inne'reien *pl*.

has·n't ['hæznt] F *für has not*.

hasp [hɑ:sp] **I.** *s.* **1.** ⊕ Haspe *f*, Spange *f*; Haken *m*, Schließband *n*; **2.** Haspel *f*, Spule *f*; **3.** Docke *f* (*Garn*); **II.** *v/t.* **4.** mit e-r Haspe *etc.* verschließen, zuhaken.

has·sock ['hæsək] *s.* **1.** Knie-, Betkissen *n*; **2.** Grasbüschel *n*.

hast [hæst] *obs. 2. sg. pres. von have*.

has·tate ['hæsteit] *adj.* ⚘ spießförmig.

haste [heist] **I.** *s.* **1.** Eile *f*, Schnelligkeit *f*; **2.** Hast *f*, Über'eilung *f*: *to make* ~ sich beeilen; *in* ~ in Eile; *more* ~, *less speed* Eile mit Weile; **II.** *v/i.* **3.** eilen; **'has·ten** [-sn] **I.** *v/t.* (*zur Eile*) antreiben, beschleunigen; **II.** *v/i.* sich beeilen, eilen; **'hast·i·ness** [-tinis] *s.* **1.** Eile *f*, Hastigkeit *f*, Über'eilung *f*, Voreiligkeit *f*; **2.** Heftigkeit *f*, Hitze *f*, Eifer *m*; **'hast·y** [-ti] *adj.* □ **1.** eilig, hastig; **2.** voreilig, -schnell, über'eilt; **3.** heftig, hitzig; **4.** ⚔ Behelfs..., Schnell...

hat [hæt] *s.* Hut *m*: *my* ~*! sl.* na, ich danke!; *a bad* ~ *Brit. sl.* ein übler Kunde; ~ *in hand* demütig, respektvoll; *keep it under your* ~*!* behalte es für dich!, sprich nicht darüber!; *to send round the* ~ Beiträge sammeln; *to take one's* ~ *off to s.o.* s-n Hut vor j-m ziehen (*a. fig.*); *I'll eat my* ~ *if* F ich freß' e-n Besen, wenn; *to produce out of a* ~ hervorzaubern; *to talk through one's* ~ F **a)** übertreiben, ‚aufschneiden', **b)** faseln, ‚Kohl reden'; *to hang up one's* ~ sich häuslich niederlassen; → *drop 10*.

hat·a·ble ['heitəbl] *adj.* hassenswert, ab'scheulich.

'hat|·band *s.* Hutband *n*; **'~-block** *s.* ⊕ Hutform *f*; **'~-box** *s.* Hutschachtel *f*.

hatch[1] [hætʃ] *s.* **1.** ⚓, ✈ Luke *f*; **2.** Falltür *f*, Bodenluke *f*; **3.** Halbtür *f*; **4.** 'Durchreiche *f*.

hatch[2] [hætʃ] **I.** *v/t.* **1.** *Eier, Junge* ausbrüten; **2.** *fig.* aushecken, -brüten, -denken; **II.** *v/i.* **3.** Junge ausbrüten; **4.** *aus dem Ei* ausschlüpfen; **5.** *fig.* sich entwickeln; **III.** *s.* **6.** Brut *f* (*junger Tiere*).

hatch[3] [hætʃ] **I.** *v/t.* schraffieren, schattieren; **II.** *s.* Schraf'fur *f*.

hatch·el ['hætʃl] **I.** *s.* **1.** (Flachs-*etc.*)Hechel *f*; **II.** *v/t.* **2.** hecheln; **3.** *fig.* quälen, piesacken.

hatch·er ['hætʃə] *s.* **1.** Bruthenne *f*; **2.** 'Brutappa,rat *m*; **3.** *fig.* Planer *m*, Urheber *m*; **'hatch·er·y** [-əri] *s.* Brutplatz *m*.

hatch·et ['hætʃit] *s.* Beil *n*: *to bury the* ~ *fig.* das Kriegsbeil begraben; **'~-face** *s.* scharfgeschnittenes Gesicht.

hatch·ing ['hætʃiŋ] *s.* Schraffierung *f*.

hatch·ment ['hætʃmənt] *s. her.* Totenschild *n* (*Wappenschild*).

'hatch·way *s. bsd.* ⚓ Luke *f*.

hate [heit] **I.** *v/t.* **1.** hassen, verabscheuen; nicht leiden können; **2.** F nicht mögen, sehr ungern tun, bedauern: *I* ~ *troubling* (*od. to trouble*) *you* ich bemühe Sie (nur) sehr ungern; **II.** *s.* **3.** → *hatred*; **4.** *et.* Verhaßtes; **5.** (starke) Abneigung; **6.** ⚔ *Brit. sl.* 'Feuer,überfall *m*, ‚Zunder' *m*; **'hate·ful** [-ful] *adj.* □ hassenswert, verhaßt; **'hate·ful·ness** [-fulnis] *s.* Verhaßtheit *f*.

hath [hæθ] *obs. 3. sg. pres. von have*.

hat·less ['hætlis] *adj.* ohne Hut, barhäuptig.

'hat|-peg *s.* Huthaken *m*; **'~-pin** *s.* Hutnadel *f*; **'~-rack** *s.* Hutablage *f*.

ha·tred ['heitrid] *s.* (*of, for, against*) Haß *m* (gegen, auf *acc.*), Abscheu *m* (vor *dat.*).

'hat·stand *s.* Hutständer *m.*

hat·ted ['hætid] *adj. in Zssgn* mit e-m ... Hut; **hat·ter** ['hætə] *s.* Hutmacher *m,* -händler *m*: *as mad as a ~* **a)** fuchsteufelswild, **b)** total übergeschnappt, ‚meschugge'.

hat| tree *s. Am.* Hutständer *m*; **~ trick** *s. sport* Hat-Trick *m,* Hattrick *m*: *to score a ~* e-n Hat-Trick erzielen.

haugh·ti·ness ['hɔːtinis] *s.* Hochmut *m,* Über'heblichkeit *f,* Stolz *m,* Arro'ganz *f*; **haugh·ty** ['hɔːti] *adj.* □ hochmütig, über'heblich, stolz, arro'gant.

haul [hɔːl] **I.** *s.* **1.** Ziehen *n,* Schleppen *n*; Zerren *n,* kräftiger Zug; **2.** Fischzug *m*; **3.** *fig.* Fang *m,* Beute *f*; **4. a)** (Trans'port)Strecke *f,* **b)** → *haulage 2*; **5.** Ladung *f,* Trans'port *m*; **II.** *v/t.* **6.** ziehen, schleppen, zerren; → *coal 2*; **7.** befördern; **8.** ⚒ fördern; **9.** ⚓ **a)** *Brassen* anholen, **b)** her'umholen, anluven: *to ~ the wind* **a)** an den Wind gehen, **b)** *fig.* sich zurückziehen; **III.** *v/i.* **10.** ziehen, zerren (*on, at* an *dat.*); **11.** 'umspringen (*Wind*); **~ down** *v/t. Flagge* niederholen *od.* streichen (*a. fig.*); **~ in** *v/t.* ⚓ *Tau* einholen; **~ off** *v/i.* ⚓ abdrehen; **~ round** → *haul 11*; **~ up** *v/t. fig.* zur Rechenschaft ziehen, sich *j-n* ‚vorknöpfen', abkanzeln.

haul·age ['hɔːlidʒ] *s.* **1.** Ziehen *n,* Schleppen *n*; **2.** Trans'port *m,* Beförderung *f,* Spediti'on *f*: *~ contractor* → *hauler 2*; **3.** ⚒ Förderung *f*: *~ rope* Förderseil; **4.** Trans'portkosten *pl.*; **'haul·er** [-lə], *Brit.* **'haul·ier** [-ljə] *s.* **1.** ⚒ Schlepper *m*; **2.** Trans'portunter-ˌnehmer *m,* Frachtführer *m.*

haulm [hɔːm] *s.* Halm *m,* Stengel *m*; *pl. Brit. coll.* (*Bohnen- etc.*) Stroh *n.*

haunch [hɔːntʃ] *s.* **1.** Lende *f*; *pl.* Gesäß *n*; **2.** Keule *f* (*Tier*); **3.** *Küche*: Lendenstück *n,* Keule *f.*

haunt [hɔːnt] **I.** *v/t.* **1.** 'umgehen *od.* spuken in (*dat.*): *this place is ~ed* hier spukt es; **2.** verfolgen, quälen, heimsuchen; **3.** frequentieren, häufig besuchen; **II.** *v/i.* **4.** ständig verkehren (*with* mit); **III.** *s.* **5.** häufig besuchter Ort; *bsd.* Lieblingsplatz *m*: *holiday ~* beliebter Ferienort; **6.** Schlupfwinkel *m*; **7.** Lager *n,* Futterplatz *m* (*Tier*); **'haunt·ed** [-tid] *adj.*: *a ~ house* ein Haus, in dem es spukt; *he was a ~ man* er fand keine Ruhe mehr; **'haunt·ing** [-tiŋ] *adj.* □ quälend: *a ~ melody* ein ‚Ohrwurm'.

haut·boy ['oubɔi] → *oboe.*

hau·teur [ou'təː; otœːr] *s.* Hochmut *m,* Arro'ganz *f.*

Ha·van·a [hə'vænə] *s.* Ha'vanna (-ziˌgarre) *f.*

have [hæv; həv] **I.** *v/t.* [*irr.*] **1.** *allg.* haben, besitzen: *I ~ a house* (*a friend*); *he has blue eyes* (*a good memory, no time*) er hat blaue Augen (ein gutes Gedächtnis, keine Zeit); *May has 31 days* der Mai hat 31 Tage; *to ~ the kindness to inf.* so freundlich sein zu *inf.*; **2.** haben, erleben, erleiden: *to ~ the flu(e)* (die) Grippe haben; *to ~ a nice time* sich amüsieren; **3.** behalten: *may I ~ it?*; **4.** erhalten, bekommen: *I had many presents*; *we had no news* wir bekamen keine Nachricht; *not to be had* nicht zu haben, nicht erhältlich; *you ~ my word for it* ich gebe dir mein Wort darauf; *you ~ my apologies* entschuldigen Sie bitte!; **5.** *Junge* werfen (*Tier*); *ein Kind* bekommen: *she had a baby in March*; **6.** (haben) mögen, essen, trinken, nehmen: *what will you ~?*; *to ~ breakfast* frühstücken; *to ~ lunch* (*supper*) zu Mittag (Abend) essen; *I had a cup of tea* ich habe e-e Tasse Tee getrunken; *~ a smoke?* willst du rauchen?; **7.** ausführen, machen: *to ~ a walk* e-n Spaziergang machen; *go and ~ a wash!* geh und wasch dich!; *to ~ a look at* (*sich*) ansehen; **8.** leiden, dulden, zulassen: *I won't ~ such conduct* solches Benehmen dulde ich nicht; *I won't ~ it mentioned* ich wünsche nicht, daß es erwähnt wird; *I will ~ none of it* das erlaube ich nicht; *he wasn't having any* F er ließ sich nicht darauf (*od.* auf nichts) ein; **9.** erfahren (haben): *I had it from Mr X.*; **10.** wissen, können: *he has no Latin* er kann kein Latein; *to ~ by heart* auswendig können; **11.** (be)sagen, behaupten: *as Mr A. has it* wie Herr A. sagt; *he will ~ it that* er behauptet, daß; *rumo(u)r has it that* man sagt *od.* munkelt, daß; **12.** F ‚beschummeln', ‚bemogeln', ‚reinlegen': *you ~ been had* man hat dich ‚übers Ohr gehauen' *od.* ‚reingelegt'; *there I had you* da habe ich dich erwischt; *he has had it sl.* **a)** er ist reingefallen, **b)** er ist ‚erledigt' (*a. tot*), **c)** er hat sein ‚Fett' (*s-e Strafe*) weg; **13.** *vor inf.* müssen: *I ~ to go now*; *it has to be done* es muß getan werden; **14.** *mit Objekt u. inf.* lassen, veranlassen: *~ the boy come here!* hol den Jungen her!; *I had him sit down* ich ließ ihn Platz nehmen; **15.** *mit Objekt u. p.p. mst* lassen: *to ~ a house built* ein Haus bauen (lassen); *he had his arm broken* er hat sich den Arm gebrochen; **16.** *mit adv.*: *you'll ~ the boss down on you* du wirst es mit dem Chef zu tun kriegen; *to ~ s.o. in to tea* j-n zum Tee einladen; *to ~ it in for s.o.* F j-n ‚auf dem Kieker' haben, es auf j-n abgesehen haben; *I ~ my hat on* ich habe den Hut auf; *I ~ nothing on tonight* ich habe heute abend nichts vor; *to ~ a tooth out* sich e-n Zahn ziehen lassen; *to ~ it out with s.o.* die Sache mit j-m endgültig bereinigen; *to ~ s.o. up* sich j-n ‚vorknöpfen', j-n ‚rankriegen' (*for* wegen); **17.** *mit to let*: *let me ~ a sample* gib *od.* schicke *od.* besorge mir ein Muster; *to let s.o. ~ it* F ‚es j-m geben', j-n ‚fertigmachen'; **18.** *to ~ got* → *get 7, 8*; **II.** *v/aux.* [*irr.*] **19.** haben (*bei v/t.*); sein (*bei vielen v/i.*): *I ~ done it* ich habe es getan; *I ~ come* ich bin gekommen; **III.** *s.* **20.** *mst pl.*: *the ~s and the ~-nots* die Besitzenden u. die Habenichtse.

have·lock ['hævlɔk] *s. Am.* über den Nacken her'abhängender 'Mützenˌüberzug (*Sonnenschutz*).

ha·ven ['heivn] *s.* **1.** *mst fig.* (sicherer) Hafen; **2.** Zufluchtsort *m,* A'syl *n.*

'have-not *s.* F Habenichts *m.*

have·n't ['hævnt] F *für have not.*

ha·ver ['heivə] *v/i. dial.* schwatzen.

hav·er·sack ['hævəsæk] *s. bsd.* ⚔ Brotbeutel *m,* Provi'anttasche *f.*

hav·ing ['hæviŋ] *s. mst pl.* Habe *f.*

hav·oc ['hævək] *s.* Verwüstung *f,* Zerstörung *f*: *to cause ~* große Zerstörungen anrichten; *to play ~ with, to make ~ of et.* verwüsten *od.* vernichten, *fig.* verheerend wirken auf (*acc.*), übel zurichten.

haw[1] [hɔː] *s.* ⚘ **1.** Mehlbeere *f* (*Weißdornfrucht*); **2.** → *hawthorn.*

haw[2] [hɔː] **I.** *int.* hm!, hem!; **II.** *v/i.* hm machen, sich räuspern; stockend sprechen; → *hum 2, 6.*

Ha·wai·ian [hɑː'waiiən] **I.** *adj.* ha'waiisch; **II.** *s.* Ha'waiier(in).

'haw·finch *s. orn.* Kernbeißer *m.*

haw-haw[1] **I.** *int.* ['hɔː'hɔː] ha'ha!; **II.** *s.* ['hɔːhɔː] Ha'ha *n,* lautes Lachen.

haw-haw[2] ['hɔːhɔː] → *ha-ha.*

hawk[1] [hɔːk] **I.** *s.* **1.** *orn.* Falke *m,* Habicht *m*; **2.** *fig.* Gauner *m,* Wucherer *m*; **3.** *pol.* ‚Falke' *m*; → *dove 4*; **II.** *v/i.* **4.** (*mit Falken*) Jagd machen (*at* auf *acc.*); **III.** *v/t.* **5.** jagen.

hawk[2] [hɔːk] *v/t.* feilbieten, hausieren (gehen) mit (*a. fig.*).

hawk[3] [hɔːk] **I.** *v/i.* sich räuspern; **II.** *v/t. oft ~ up* aushusten; **III.** *s.* Räuspern *n.*

hawk[4] [hɔːk] *s.* Mörtelbrett *n.*

hawk·er[1] ['hɔːkə] → *falconer.*

hawk·er[2] ['hɔːkə] *s.* Hausierer(in); Straßenhändler(in), Höker(in).

'hawk-eyed *adj.* mit Falkenaugen, scharfsichtig.

hawk·ing ['hɔːkiŋ] → *falconry.*

'hawk|-moth *s. zo.* Schwärmer *m*; **'~-nose** *s.* Adlernase *f*: **'~'s-bill** *s. zo.* Ka'rettschildkröte *f*; **'~-weed** *s.* ⚘ Habichtskraut *n.*

hawse [hɔːz] *s.* ⚓ *a. ~-hole* (Anker-) Klüse *f*; *~-pipe* Klüsenrohr; **'haw·ser** [-zə] *s.* ⚓ Trosse *f.*

'haw·thorn *s.* ⚘ Weiß-, Rot-, Hagedorn *m.*

hay[1] [hei] *s.* (ländlicher) Reigen.

hay[2] [hei] **I.** *s.* **1.** Heu *n*: *to make ~* Heu machen; *to make ~ of s.th. fig.* et. durcheinanderbringen *od.* zunichte machen; *to make ~ while the sun shines fig.* das Eisen schmieden, solange es heiß ist; **2.** *sl.* Marihu'ana *n*; **II.** *v/i.* **3.** heuen, Heu machen; **'~-box** *s.* Kochkiste *f*; **'~-cock** *s.* Heuhaufen *m*; **~ fe·ver** *s.* ⚕ Heufieber *n,* -schnupfen *m*; **'~-field** *s.* Wiese *f* (*zum Mähen*); **'~-fork** *s.* Heugabel *f*; **'~-loft** *s.* Heuboden *m*; **'~-mak·er** *s.* **1.** Heumacher *m*; **2.** ⚒, ⊕ Heuwender *m*; **3.** *sl. Boxen*: wilder Schwinger; **'~-rick** *s.* Heuschober *m*; **'~-seed** *s.* **1.** Grassamen *m*; **2.** *sl.* Bauer *m,* Tölpel *m*; **'~-stack** → *hayrick*; **'~-wire** *adj. sl.* in Unordnung; baufällig; verrückt (*Person*): *to go ~* **a)** durcheinandergeraten, kaputtgehen, **b)** überschnappen, *a.* wild *od.* wütend werden.

haz·ard ['hæzəd] **I.** *s.* **1.** Gefahr *f*, Wagnis *n*, 'Risiko *n*: *at all* ~*s* unter allen Umständen; *at the* ~ *of one's life* unter Lebensgefahr; **2.** Zufall *m*; *pl.* Launen *pl.* (*Wetter*); **3.** Glücks-, Ha'sardspiel *n*; **4.** *Golf*: Hindernis *n*; **5.** *Brit. Billard*: *losing* ~ Verläufer; *winning* ~ Treffer; **II.** *v/t.* **6.** riskieren, wagen, aufs Spiel setzen; **7.** sich aussetzen (*dat.*); '**haz·ard·ous** [-dəs] *adj.* □ gewagt, ris'kant, gefährlich.

haze[1] [heiz] *s.* **1.** Dunst *m*, Schleier *m*, leichter Nebel; **2.** *fig.* Unklarheit *f*, Verwirrtheit *f*.

haze[2] [heiz] *v/t.* **1.** *Am.* piesacken, schikanieren; **2.** *bsd.* ⚓ schinden.

ha·zel ['heizl] **I.** *s.* ⚘ Hasel(nuß)-strauch *m*; **II.** *adj.* nußbraun; '~**nut** *s.* ⚘ Haselnuß *f*.

ha·zi·ness ['heizinis] *s.* **1.** Dunstigkeit *f*; **2.** *fig.* Unklarheit *f*; **ha·zy** ['heizi] *adj.* □ **1.** dunstig, diesig, leicht nebelig; **2.** *fig.* verschwommen, nebelhaft; **3.** ‚angeheitert'.

H-bomb ['eitʃbɔm] *s.* ⚔ H-Bombe *f* (*Wasserstoffbombe*).

he [hi:; hi] **I.** *pron.* **1.** er; **2.** ~ *who* derjenige, welcher; wer; **II.** *s.* **3.** Mann *m*, männliches Wesen; **4.** Männchen *n* (*Tier*); **III.** *adj.* **5.** *in Zssgn* männlich, ...männchen: ~*-goat* Ziegenbock.

head [hed] **I.** *v/t.* **1.** *Fußball*: köpfen; **2.** *a. fig.* an der Spitze *od.* an erster Stelle stehen von; die Spitze bilden von; **3.** vor'an-, vor'ausgehen (*dat.*); **4.** *a. fig.* führen, leiten; **5.** entgegentreten (*dat.*): *to* ~ *off* abdrängen, -wehren, ab-, umlenken, *fig.* verhindern, ‚abbiegen'; **II.** *v/i.* **6.** zu-, losgehen, -steuern (*for* auf *acc.*): *to* ~ *for trouble* (*od. a fall*) ins Unglück rennen; **7.** ⚓ Kurs halten, zusteuern (*for* auf *acc.*); **8.** sich entwickeln: *to* ~ *up* e-n Kopf ansetzen (*Kohl etc.*); **9.** *Am.* entspringen (*Fluß*); **III.** *s.* **10.** Kopf *m*: *back of the* ~ Hinterkopf; ~ *of hair* Haarwuchs; **11.** *poet.* Haupt *n* (*a. fig.*): *crowned* ~*s* gekrönte Häupter; **12.** Kopf *m*, Verstand *m*; Begabung *f*, Ta'lent *n* (*for* für): *two* ~*s are better than one* zwei Köpfe wissen mehr als einer; **13.** Spitze *f*, führende Stellung: *at the* ~ *of* an der Spitze (*gen.*); **14.** Haupt *n* (*Familie*), Oberhaupt *n* (*Staat*); **15.** Führer *m*, Leiter *m*, Chef *m*, Vorsteher *m*; Vorstand *m*; Di'rektor *m* (*Schule*); **16.** Spitze *f*, Vorderteil *n*, -seite *f*; oberes Ende (*bei Tisch*; *e-s Sees*); oberer Absatz (*Treppe*); **17.** Schaum *m*, ‚Blume' *f* (*Bier*); Sahne *f* (*Milch*); **18.** Kopf *m* (*Brücke, Mole, Nagel, Stecknadel, Hammer, Golfschläger, Kohl, Salat*): ~*s or tails?* Zahl oder Wappen? (*Münze*); **19.** ⊕ Kopf-, Deckplatte *f*; **20.** Kopf *m*, (einzelne) Per'son: *a pound a* ~ ein Pfund pro Person *od.* pro Kopf; **21. a)** (*pl.* ~) Stück *n* (*Vieh*): *50* ~ *of cattle*, **b)** *Brit.* Menge *f*, Herde *f*; **22.** Wipfel *m*, Krone *f* (*Baum*); **23.** *Pferderennen*: *by a* ~ um eine Kopflänge; *by a short* ~ um e-n kurzen Kopf; **24.** Quelle *f* (*Fluß*); **25.** Kopfende *n* (*Bett*); **26.** Vorgebirge *n*, Landspitze *f*, Kap *n*; **27.** ⚓ **a)** Bug *m*, Vorderteil *m*, *n*, **b)** Pis'soir *n* im Bug; **28.** Hauptpunkt *m*, -teil *m*; **29.** Abschnitt *m*, Ka'pitel *n*, Ru'brik *f*; **30.** Posten *m* (*in Rechnungen*); **31.** 'Titelkopf *m*, 'Überschrift *f*; **32.** ⚕ 'Durchbruchstelle *f* (*Geschwür*); **33.** Höhepunkt *m*, Krise *f*; **34.** Druck-, Fallhöhe *f* (*Wasser*): ~ *of water* Wassersäule; **35.** Druck *m* (*Dampf*); **36.** Stauwasser *n*, Stauung *f*; **IV.** *adj.* **37.** Kopf..., Spitzen..., Haupt..., Ober..., erst; *Besondere Redewendungen*:

~ *first* (*od. foremost*) kopfüber (*a. fig.*); ~ *and shoulders above* haushoch überlegen (*dat.*); ~ *over ears* bis über die Ohren, völlig; ~ *over heels* **a)** kopfüber, **b)** Hals über Kopf; *from* ~ *to foot* von Kopf bis Fuß, von oben bis unten; *off one's* ~ verrückt, ‚übergeschnappt'; *on this* ~ in diesem Punkt; *over my* ~ **a)** über m-m *od.* dem Kopf, über m-m Haupt (*Gefahr*), **b)** über m-n Verstand; *over s.o.'s* ~ über j-s Kopf hinweg; *to bring to a* ~ zum Ausbruch *od.* zur Entscheidung *od.* ‚zum Klappen' bringen; *to come to a* ~ **a)** ⚕ aufbrechen, eitern, **b)** sich zuspitzen, zur Entscheidung *od.* ‚zum Klappen' kommen; *it will cost him his* ~ es wird ihm Kopf u. Kragen kosten; *I can do it on my* ~ das kann ich im Schlaf (machen); *to eat one's* ~ *off* sein Futter *od.* s-n Lohn nicht wert sein; *it entered* (*od. came into*) *my* ~ es fiel mir ein; *to gather* ~ immer stärker werden; *to give a horse his* ~ e-m Pferd die Zügel schießen lassen; *to give s.o.* (*od. let s.o. have*) *his* ~ j-m s-n Willen lassen, j-n gewähren lassen; *to go to the* ~ zu Kopfe steigen; *to have a* ~ e-n Brummschädel *od.* ‚Kater' haben; *to keep one's* ~ die Ruhe bewahren; *to keep one's* ~ *above water* sich über Wasser halten; *to lose one's* ~ den Kopf verlieren; *I cannot make* ~ *or tail of it* ich kann daraus nicht schlau werden; *to put s.th. into s.o.'s* ~ j-m et. in den Kopf setzen; *put that out of your* ~ schlag dir das aus dem Kopf *od.* Sinn; *they put their* ~*s together* sie steckten ihre Köpfe zusammen; *to take s.th. into one's* ~ sich et. in den Kopf setzen; *to talk one's* ~ *off* reden wie ein Wasserfall, schwafeln; *to talk s.o.'s* ~ *off* ‚j-m ein Loch in den Bauch reden'; *to turn s.o.'s* ~ j-m den Kopf verdrehen.

'**head**|**·ache** *s.* **1.** Kopfschmerzen *pl.*, -weh *n*; **2.** F Kopfzerbrechen *n*, (schwieriges) Pro'blem; '~**·ach·y** *adj.* F **1.** an Kopfschmerzen leidend; **2.** Kopfschmerzen verursachend; '~**·band** *s.* Kopf-, Stirnband *n*; '~**·board** *s.* Kopfbrett *n* (*Bett etc.*); '~**·boy** *s. ped.* 'Primus *m*; '~**-cheese** *s. Am.* Preßkopf *m* (*Sülzwurst*); ~ **clerk** *s.* Bü'rovorsteher *m*; '~**-dress** *s.* **1.** Kopfputz *m*; **2.** Fri'sur *f*.

-headed [hedid] *in Zssgn* ...köpfig.

head·ed ['hedid] *adj.* **1.** mit e-m Kopf *etc.* (versehen); **2.** mit e-r 'Überschrift *od.* e-m Aufdruck (versehen).

head·er ['hedə] *s.* **1.** ⚠, ⊕ Schlußstein *m*; Binder *m*; **2.** *to take a* ~ *sport* e-n Kopfsprung machen; **3.** *Fußball*: Kopfball *m*.

'**head**|**·fast** *s.* ⚓ Bugleine *f*; ~ **gate** *s.* oberes Schleusentor; '~**·gear** *s.* **1.** Kopfbedeckung *f*; **2.** Kopfgestell *n*, Zaumzeug *n*; **3.** ⚒ Kopfgestell *n*, Fördergerüst *n*; '~**-hunt·er** *s.* Kopfjäger *m*.

head·i·ness ['hedinis] *s.* **1.** Unbesonnenheit *f*, Ungestüm *n*; Starrsinn *m*; **2.** berauschende Eigenschaft, Stärke *f* (*Alkohol*).

head·ing ['hediŋ] *s.* **1.** Kopfstück *n*, -ende *n*; Vorderende *n*, -teil *m*, *n*; **2.** 'Überschrift *f*, Titel(zeile *f*) *m*; Briefkopf *m*; **3.** 'Thema *n*, Punkt *m*; Ru'brik *f*; **4.** ⚒ Stollen *m*; **5.** ⚓, ✈ Richtung *f*, Steuerkurs *m*; **6.** *Fußball*: Kopfball(spiel *n*) *m*; ~ **stone** *s.* ⚠ Schlußstein *m*.

'**head**|**-lamp** → *headlight*; '~**-lamp flash·er** *s. mot.* Lichthupe *f*; '~**·land** *s.* **1.** [-lənd] Landspitze *f*, -zunge *f*; **2.** [-lænd] ⚘ Rain *m*.

head·less ['hedlis] *adj.* **1.** kopflos (*a. fig.*), ohne Kopf; **2.** *fig.* führerlos.

'**head**|**·light** *s.* **1.** *mot. etc.* Scheinwerfer *m*; **2.** ⚓ Mast-, Topplicht *n*; '~**·line** *s.* **1. a)** 'Überschrift *f*, **b)** Schlag-, Kopfzeile *f*: *he makes* (*the*) ~*s* er liefert Schlagzeilen, er macht viel von sich reden; ~ *news* → 2; **2.** *pl. Radio*: das Wichtigste in Schlagzeilen; '~**·lin·er** *s.* **1.** Schlagzeilenverfasser(in); **2.** *thea.* Hauptdarsteller(in); '~**·long I.** *adv.* **1.** kopf'über, mit dem Kopf vor'an; **2.** *fig.* Hals über Kopf, blindlings; **II.** *adj.* **3.** mit dem Kopf voran: *a* ~ *fall*; **4.** *fig.* über'stürzt, unbesonnen, ungestüm; '~**·man** *s.* [*irr.*] **1.** [-mæn] Führer *m*, Häuptling *m*; **2.** [-'mæn] Vorarbeiter *m*; '~**·mas·ter** *s.* Di'rektor *m* (*Schule*); '~**·mis·tress** *s.* Direk'torin *f*, Vorsteherin *f* (*Schule*); '~**-mon·ey** *s.* Kopfgeld *n*: **a)** Kopfsteuer *f*, **b)** *ausgesetzte Belohnung*; ~ **of·fice** *s.* 'Hauptbü,ro *n*, Zen'trale *f*; '~**-'on** *adj. u. adv.* di'rekt von vorn, fron'tal, Frontal...: ~ *collision*; '~**·phone** *s. mst pl. tel.* Kopfhörer *m*; '~**·piece** *s.* **1.** Kopfbedeckung *f*; **2.** F Kopf *m*, ‚Grips' *m*; **3.** Türsturz *m*; **4.** Kopfbrett *n* (*Bett*); **5.** *typ.* 'Titelvi,gnette *f*; '~**-quar·ter** *v/i.* sein ('Haupt)Quar,tier aufschlagen; '~**'quar·ters** *s. pl. oft sg. konstr.* **1.** ⚔ 'Hauptquar,tier *n*; **2.** Hauptsitz *m*, -(geschäfts-),stelle *f*, Zen'trale *f*; **3.** Standort *m*; '~**·race** *s.* ⊕ Obergerinne *n*; ~ **re·sist·ance** *s.* ✈ 'Stirn,widerstand *m*; '~**-rest** *s.* Kopflehne *f*, -stütze *f*, -polster *n*; '~**·room** *s.* lichte Höhe; '~**·sail** *s.* ⚓ Fockmastsegel *n*; '~**-sea** *s.* Gegensee *f*; '~**·set** *s.* ⊕ Kopfhörer *m*.

head·ship ['hedʃip] *s.* oberste Leitung, leitende Stellung.

'**head·shrink·er** [-ʃriŋkə] *s.* F ,Psychoana'lytiker(in).

heads·man ['hedzmən] *s.* [*irr.*] **1.** Scharfrichter *m*; **2.** ⚒ *Brit.* Schlepper *m*.

'**head**|**·spring** *s.* **1.** Hauptquelle *f* (*oft fig.*); **2.** *sport* 'Kopfstand,überschlag *m*; '~**·stall** → *headgear* 2; '~**·stock** *s.* ⊕ **1.** Spindelstock *m*;

2. Triebwerkgestell *n*; ~ **stone** *s.* ⚠ Eck-, Grundstein *m* (*a. fig.*); ˈ~-**stone** *s.* Grabstein *m*; ˈ~-**strong** *adj.* eigensinnig, halsstarrig; ~ **tax** *s.* Kopf-, *bsd.* Einwanderungssteuer *f* (*USA*); ˈ~-**voice** *s.* Kopfstimme *f*; ˈ~-**wait·er** *s.* Oberkellner *m*; ˈ~-**wa·ter** *s. mst pl.* Oberlauf *m*, Quellgebiet *n* (*Fluß*); ˈ~-**way** *s.* **1.** ⚓ Fahrt *f* (*voraus*); Geschwindigkeit *f*; **2.** *fig.* Fortschritt(e *pl.*) *m*: *to make* ~ vorankommen, Fortschritte machen; **3.** ⚠ lichte Höhe; **4.** ⚒ *Brit.* Hauptstollen *m*; **5.** 🚂 Zugfolge *f*, -abstand *m*; ~ **wind** *s.* Gegenwind *m*; ˈ~-**work** *s.* geistige Arbeit; ˈ~-**work·er** *s.* Geistes-, Kopfarbeiter *m*.

head·y [ˈhedi] *adj.* □ **1.** ungestüm, hitzig, starrsinnig; **2.** berauschend (*Getränk*; *a. fig.*).

heal [hiːl] **I.** *v/t.* **1.** heilen, kurieren (*of* von); **2.** *fig.* heilen; versöhnen, *Streit etc.* beilegen; **II.** *v/i.* **3.** *oft* ~ *up*, ~ *over* (zu)heilen; ˈ**heal·er** [-lə] *s.* **1.** Heil(end)er *m*, *bsd.* Gesundbeter(in); **2.** Heilmittel *n*: *time is a great* ~ die Zeit heilt alle Wunden; ˈ**heal·ing** [-liŋ] **I.** *s.* Heilung *f*; **II.** *adj.* □ heilsam, heilend, Heil(ungs)...

health [helθ] *s.* **1.** Gesundheit *f*, Wohlergehen *n*: ~ *service* Gesundheitsdienst, Krankenversicherung; ~ *certificate* ärztliches Attest; **2.** Gesundheitszustand *m*: *in good* ~ gesund; *in poor* ~ kränklich; *ill* ~ Kränklichkeit; *state of* ~ Befinden; **3.** Gesundheit *f*, Wohl *n*: *to drink s.o.'s* ~ auf j-s Wohl trinken; *your* ~! auf Ihr Wohl!; *here's to the* ~ *of* ein Prosit (*dat.*), ... soll leben!; **4.** Heilkraft *f*.

health| foods *s. pl.* Reˈformwaren *pl.*, -kost *f*; ~ **food shop** *s.* Reˈformhaus *n*.

health·ful [ˈhelθful] *adj.* □ gesund, heilsam, bekömmlich (*to* für); ˈ**health·ful·ness** [-fulnis] *s.* Gesundheit *f*, Heilsamkeit *f*; ˈ**health·i·ness** [-θinis] *s.* Gesundheit *f*.

health| in·sur·ance *s.* Krankenversicherung *f*; ˈ~-**of·fi·cer** *s.* **1.** Amtsarzt *m*; **2.** ⚓ Hafen-, Quaranˈtänearzt *m*; ˈ~-**re·sort** *s.* Kurort *m*.

health·y [ˈhelθi] *adj.* □ **1.** *allg.* gesund (*a. fig.*): ~ *boy*; ~ *competition*; **2.** heilsam; **3.** förderlich.

heap [hiːp] **I.** *s.* **1.** Haufe(n) *m*: *in* ~*s* haufenweise; **2.** F Haufen *m*, Menge *f*: ~*s of time* e-e Menge Zeit; ~*s of times* sehr oft; ~*s better* sehr viel besser; *struck all of a* ~ sprachlos, ‚ganz platt'; **3.** *sl.* ‚Karre' *f* (*Auto*); **II.** *v/t.* **4.** häufen: *a* ~*ed spoonful* ein gehäufter Löffel(voll); *to* ~ *up* an-, aufhäufen; **5.** beladen, bedekken; **6.** *fig. j-n* überˈhäufen, -ˈschütten (*with* mit); **7.** *to* ~ *upon fig. et.* laden, häufen auf: *to* ~ *insults upon j-n* mit Schmähungen überschütten.

hear [hiə] [*irr.*] **I.** *v/t.* **1.** hören: *I* ~ *him laugh(ing)* ich höre ihn lachen; *to make o.s.* ~*d* sich Gehör verschaffen; **2.** (an)hören: *to* ~ *an opera*; **3.** *j-m* zuhören, *j-n* anhören: *to* ~ *s.o. out* j-n ausreden lassen; **4.** hören *od.* achten auf (*acc.*), *j-s* Rat folgen; **5.** *Bitte etc.* erhören; **6.** *ped. Aufgabe od. Schüler* abhören; **7.** *et.* hören, erfahren (*about*, *of* über *acc.*); **8.** ⚖ **a)** verhören, vernehmen, **b)** *Fall* verhandeln; **II.** *v/i.* **9.** hören: ~! ~! *parl.* **a)** bravo!, sehr richtig!, **b)** *iron.* hört! hört!; **10.** hören, erfahren, Nachricht erhalten (*from* von; *of*, *about* von, über [*acc.*]; *that* daß): *you'll* ~ *of this* das wirst du mir büßen; *I won't* ~ *of it* ich erlaube *od.* dulde es nicht; *let me* ~ laß mich wissen; **heard** [həːd] *pret. u. p.p. von hear*; ˈ**hear·er** [-ərə] *s.* (Zu-)Hörer(in); ˈ**hear·ing** [-əriŋ] *s.* **1.** Hören *n*; Gehör(sinn *m*) *n*: ~-*aid* Hörhilfe, -gerät; *hard of* ~ ⚕ schwerhörig; **2.** Gehör *n*, Anhören *n*; Audiˈenz *f*: *to gain a* ~ sich Gehör verschaffen; *to give s.o. a* ~ j-n anhören; **3.** Hörweite *f*: *in my* ~ in m-r Gegenwart; *within* (*out of*) ~ in (außer) Hörweite; **4.** ⚖ **a)** Verhör *n*, Vernehmung *f*, **b)** *a. preliminary* ~ ˈVorunterˌsuchung *f*, **c)** Verhandlung *f*; **5.** *bsd. pol.* Hearing *n*, Anhörung *f*.

heark·en [ˈhɑːkən] *v/i. poet.* (*to*) horchen (auf *acc.*); Beachtung schenken (*dat.*).

ˈ**hear·say** *s.* **1.** Hörensagen *n*: *by* ~ vom Hörensagen; **2.** Gerücht *n*, Gerede *n*; ~ **ev·i·dence** *s.* ⚖ Zeugnis *n* vom Hörensagen.

hearse [həːs] *s.* Leichenwagen *m*; ˈ~-**cloth** *s.* Leichentuch *n*.

heart [hɑːt] *s.* **1.** Herz *n* (*a. fig.*); **2.** Zuneigung *f*, Mitgefühl *n*: *affair of the* ~ (Liebes)Romanze; **3.** Gefühl(e *pl.*) *n*, Seele *f*, Gemüt *n*, Inner(st)es *n*: *change of* ~ Gesinnungswechsel; **4.** Eifer *m*, Mut *m*, Tatkraft *f*; **5.** Inneres *n*, Kern *m*, Mitte *f*: *in the* ~ *of* inmitten (*gen.*), mitten in (*dat.*); **6.** Wesentliche *n*, Kern *m* (*e-r Frage etc.*): *to go to the* ~ *of s.th.* zum Kern e-r Sache vorstoßen, e-r Sache auf den Grund gehen; ~ *of the matter* Kern der Sache, des Pudels Kern; **7.** Liebling *m*, *mein* Herz(chen) *n*; **8.** *pl. Kartenspiel*: Herz *n*, Cœur *n*: *king of* ~*s* Herzkönig; **9.** ⚘ Herz *n* (*Salat, Kohl*): ~ *of oak* **a)** Kernholz der Eiche, **b)** *fig.* Standhaftigkeit; **10.** Fruchtbarkeit *f* (*Boden*): *in good* (*poor*) ~ in gutem (schlechtem) Zustand;

Besondere Redewendungen:

~ *and soul* mit Leib u. Seele; ~*'s desire* Herzenswunsch; *after my* (*own*) ~ ganz nach m-m Herzen *od.* Wunsch; *at* ~ im Innersten, im Grunde; *by* ~ auswendig; *from one's* ~ von Herzen; *in one's* ~ (*of* ~*s*) **a)** im Grunde s-s Herzens, **b)** insgeheim; *to one's* (*dear*) ~*'s content* nach Herzenslust; *with all my* ~ von ganzem Herzen; *with a heavy* ~ schweren Herzens; *bless my* ~! du meine Güte!; *it breaks my* ~ es bricht mir das Herz; *to eat one's* ~ *out* sich vor Gram verzehren; *I could not find it in my* ~ ich brachte es nicht über mich; *my* ~ *goes out to* ich empfinde tiefes Mitleid mit; *have a* ~! hab Erbarmen!; *to have no* ~ kein Mitgefühl haben; *I have s.th. at* ~ et. liegt mir am Herzen; *not to have the* ~ *to inf.* es nicht übers Herz bringen zu *inf.*, nicht den Mut haben zu *inf.*; *I had my* ~ *in my mouth* das Herz schlug mir bis zum Halse, ich war zu Tode erschrocken; *to lay one's* ~ *open* s-e Gefühle offenbaren, offen reden; *to lose* ~ den Mut verlieren; *to lose one's* ~ *to* sein Herz verlieren an (*acc.*); *to open one's* ~ **a)** (*to s.o.* j-m) sein Herz eröffnen *od.* ausschütten, **b)** großmütig sein; *to press* (*od. clasp*) *to one's* ~ ans Herz *od.* an die Brust drücken; *to put one's* ~ *into s.th.* mit Leib u. Seele bei et. sein; *to set one's* ~ *on* sein Herz hängen an (*acc.*); *my* ~ *sank into my boots* das Herz fiel mir in die Hose(n); *to take* ~ Mut fassen; *to take s.th. to* ~ sich et. zu Herzen nehmen; *to wear one's* ~ *on one's sleeve* das Herz auf der Zunge tragen.

ˈ**heart|·ache** *s.* Kummer *m*, Gram *m*; ~ **at·tack** *s.* ⚕ Herzanfall *m*; ˈ~-**beat** *s.* ⚕ Herzschlag *m* (*Pulsieren*); ˈ~-**blood** *s. fig.* **a)** Herzblut *n*, **b)** Leben *n*; ˈ~-**break** *s.* Herzeleid *n*; ˈ~-**break·ing** *adj.* herzzerbrechend; ˈ~-**bro·ken** *adj.* (ganz) gebrochen, untröstlich; ˈ~-**burn** *s.* ⚕ Sodbrennen *n*; ˈ~-**burn·ing** *s.* **1.** Groll *m*, Eifersucht *f*, Neid *m*; **2.** Kummer *m*; ~ **con·di·tion**, ˈ~-**dis·ease** *s.* Herzleiden *n*.

-**heart·ed** [hɑːtid] *in Zssgn* ...herzig, ...mütig.

heart·en [ˈhɑːtn] *v/t.* ermutigen, aufmuntern; ˈ**heart·en·ing** [-niŋ] *adj.* ermutigend.

heart| fail·ure *s.* ⚕ Herzversagen *n*; ˈ~-**felt** *adj.* tiefempfunden, aufrichtig, innig.

hearth [hɑːθ] *s.* **1.** Kaˈmin(platte *f*, -sohle *f*) *m*, Feuerstelle *f*; **2.** ⊕ Schmiedefeuer *n*, Esse *f*; **3.** *fig. a.* ~ *and home* häuslicher Herd, Heim *n*; ˈ~-**rug** *s.* Kaˈminvorleger *m*; ˈ~-**stone** *s.* **1.** Kaˈminplatte *f*; **2.** *weicher* Scheuerstein; **3.** → *hearth 3.*

heart·i·ly [ˈhɑːtili] *adv.* **1.** herzlich, von Herzen, innig; **2.** herzhaft, kräftig; **3.** herzlich, völlig, sehr; ˈ**heart·i·ness** [-inis] *s.* **1.** Herzlichkeit *f*, Innigkeit *f*; **2.** Herzhaftigkeit *f*, Stärke *f*.

ˈ**heart·land** *s.* Herz-, Kernland *n*.

heart·less [ˈhɑːtlis] *adj.* □ herzlos, kalt, grausam, gefühllos; ˈ**heart·less·ness** [-nis] *s.* Herzlosigkeit *f*.

ˈ**heart|-ˈlung ma·chine** *s.* ⚕ ˈHerz-ˈLungen-Maˌschine *f*: *to put on the* ~ an die Herz-Lungen-Maschine anschließen; ˈ~-**rend·ing** *adj.* herzzerreißend; ˈ~-**rot** *s.* Kernfäule *f* (*Baum*); ˈ~*'s*-**blood** → *heart-blood*; ˈ~-**search·ing I.** *adj.* beklemmend, schmerzlich; **II.** *s. oft pl.* Zweifel *pl.*, ˈSkrupel *m*; Gewissenserforschung *f*; ˈ~*s*-**ease** *s.* ⚘ wildes Stiefmütterchen; ˈ~-**shaped** *adj.* herzförmig; ˈ~-**sick**, ˈ~-**sore** *adj.* tiefbetrübt; ˈ~-**strings** *s. pl. fig.* Herz *n*, innerste Gefühle *pl.*: *to pull at s.o.'s* ~ j-m das Herz zerreißen, j-n tief rühren; ˈ~-**throb** *s.* **1.** Herzschlag *m*; **2.** F Schatz *m*, Schwarm *m*; ˈ~-**to-**ˈ~ *adj.* offen, aufrichtig: ~ *talk*; ~ **trans·plant** *s.* ⚕ Herzverpflanzung *f*; ˈ~-**whole** *adj.* **1.** von Liebe unberührt, (noch) ungebunden; **2.** aufrichtig, rückhaltlos.

heart·y [ˈhɑːti] **I.** *adj.* □ → *heartily*; **1.** herzlich, warm, aufrichtig; **2.**

herzhaft, kräftig, tüchtig; **3.** gesund, kräftig; **4.** fruchtbar (*Boden*); **II.** *s.* **5.** *Brit. sl. univ.* Sportler *m*; **6.** *my hearties* meine tapferen Jungs (*Matrosen*).

heat [hi:t] **I.** *s.* **1.** Hitze *f*; *phys.* Wärme *f*: *~-engine* Wärmekraftmaschine; *degree of ~* Wärmegrad; **2.** heißes Wetter; **3.** Fieberhitze *f*; **4.** Erhitzung *f*; Glut *f*; **5.** Schärfe *f* (*Geschmack*); **6.** *fig.* Eifer *m*, Feuer *n*, Hitze *f*: *in the ~ of the moment* im Eifer des Gefechts; *in the ~ of passion* ⚖ im Affekt; **7.** Leidenschaft *f*, Erregung *f*, Zorn *m*; **8.** *zo.* Brunst *f*, Läufigkeit *f*: *on* (*od. in*) *~* brünstig, läufig; **9.** *sport* 'Durchgang *m*, Runde *f*; Lauf *m*, Einzelrennen *n*: *trial ~* Vorlauf, Ausscheidungsrennen; *final ~* Endrunde, Entscheidungskampf; **10.** *Am. sl.* Druck *m*, Gewalt *f*: *to turn on the ~* Dampf dahintermachen; *to turn the ~ on s.o.* j-n unter Druck setzen, j-m die Hölle heiß machen; **II.** *v/t.* **11.** erhitzen (*a. fig.*), heiß machen: *to ~ up* aufwärmen; **12.** *Haus etc.* heizen; **III.** *v/i.* **13.** sich erhitzen (*a. fig.*), heiß werden; **'~-ap·o·plex·y** → *heat-stroke*; **~ bar·ri·er** *s.* ✈ Hitzemauer *f*, -grenze *f*.

heat·ed ['hi:tid] *adj.* □ erhitzt: **a)** heiß geworden, **b)** *fig.* erregt (*with* von).

heat·er ['hi:tə] *s.* **1.** Heizgerät *n*, -körper *m*, (Heiz)Ofen *m*; **2.** *Radio*: Heizfaden *m*, -draht *m*; **3.** (*Plätt-*) Bolzen *m*; **4.** *Am. sl.* ‚Ka'none' *f* (*Pistole etc.*).

heath [hi:θ] *s.* **1.** *bsd. Brit.* Heide (-land *n*) *f*; **2.** ♀ Heidekraut *n*; **'~-bell** *s.* ♀ Heide(blüte) *f*.

hea·then ['hi:ðən] **I.** *s.* **1.** Heide *m*, Heidin *f*; **2.** *fig.* Bar'bar *m*; **II.** *adj.* **3.** heidnisch, Heiden...; **4.** unzivilisiert; **'hea·then·dom** [-dəm] *s.* *die* Heiden *pl.*; **'hea·then·ish** [-ðəniʃ] *adj.* □ **1.** heidnisch; **2.** *fig.* unzivilisiert; **'hea·then·ism** [-ðənizəm] *s.* **1.** Heidentum *n*; **2.** Barba'rei *f*.

heath·er ['heðə] *s.* ♀ Heidekraut *n*, Erika *f*; **'~-bell** *s.* ♀ Glockenheide *f*; **~ mix·ture** *s.* gesprenkelter Wollstoff.

heat·ing ['hi:tiŋ] **I.** *s.* **1.** Heizung *f*; **2.** Erhitzung *f* (*a. fig.*), Erwärmung *f*; **II.** *adj.* **3.** heizend, erwärmend; **4.** Heiz...; **~ jack·et** *s.* ⊕ Heizmantel *m*; **~ pad** *s.* Heizkissen *n*; **~ sur·face** *s.* ⊕ Heizfläche *f*.

'heat|·proof *adj.* hitzebeständig; **~ ray** *s. phys.* Wärmestrahl *m*; **'~-re·sist·ing** → *heatproof*; **~ shield** *s. Raumfahrt*: Hitzeschild *m*; **'~-spot** *s.* ⚕ Hitzebläs-chen *n*; **'~-stroke** *s.* ⚕ Hitzschlag *m*; **'~-treat** *v/t.* ⊕ *Stahl* vergüten; **'~-u·nit** *s. phys.* Wärmeeinheit *f*; **'~-wave** *s.* Hitzewelle *f*.

heave [hi:v] **I.** *v/t.* (⚓ [*irr.*] *pret. u. p.p.* **hove**) **1.** *et. Schweres* auf-, hochheben, hochziehen, -winden; ⚓ hieven; *Anker* lichten: *to ~ the lead* (*log*) loten (loggen); *to ~ taut* straffziehen; *to ~ ahead Schiff* vorwärts winden; *to ~ down Schiff* kielholen; *to ~ out Segel* losmachen; *to ~ to Schiff* stoppen, beidrehen; **2.** (heben u.) werfen: *to ~ a brick* e-n Ziegelstein schleudern; *to ~ coal* Kohlen schleppen; *to ~ a sigh* e-n Seufzer ausstoßen; **3.** heben u. senken, aufschwellen; *Brust* weiten, dehnen; **4.** *geol.* verschieben; **II.** *v/i.* (⚓ [*irr.*] *pret. u. p.p.* **hove**) **5.** sich heben u. senken, wogen, (an)schwellen; **6.** ⚓ treiben, fahren: *to ~ alongside* längsseit gehen; *to ~ to* stoppen, beidrehen; *to ~ in sight* in Sicht kommen, F *fig.* aufkreuzen; **7.** ⚓ ziehen: *~ ho!* holt auf!; **8.** keuchen; Brechreiz haben; **9.** sich werfen *od.* verschieben; **III.** *s.* **10.** Heben *n*, Hub *m*; **11.** Aufwinden *n*, -ziehen *n*; **12.** Schwellen *n*, Wogen *n*; **13.** *geol.* Verwerfung *f*, Verschiebung *f*.

heav·en ['hevn] *s.* **1.** Himmel(reich *n*) *m*: *to go to ~* in den Himmel kommen; *to move ~ and earth fig.* Himmel u. Hölle in Bewegung setzen; **2.** Himmel *m*, Para'dies *n*, himmlisches Glück, Seligkeit *f*; **3.** ♀ Himmel *m*, Gott *m*, Vorsehung *f*: *the* ♀*s* die himmlischen Mächte; **4.** *by ~!*, (*good*) *~s!* du lieber Himmel!; *for ~'s sake* um Himmels willen!; *~ forbid!* Gott behüte!; *thank ~!* Gott sei Dank!; *~ knows* weiß Gott; **5.** *mst pl.* Himmel *m*, Firma'ment *n*: *the northern ~s* der nördliche (Sternen)Himmel; **6.** 'Klima *n*, Zone *f*; **'~-born** *adj.* vom Himmel stammend, himmlisch.

heav·en·ly ['hevnli] *adj.* **1.** Himmels...: *~ body* Himmelskörper; **2.** himmlisch, göttlich, erhaben: *~ hosts* himmlische Heerscharen; **3.** F himmlisch, wunderbar.

'heav·en|-sent *adj.* (wie) vom Himmel gesandt; **'~·ward** [-wəd] *adj.* gen Himmel gerichtet; **'~·ward(s)** [-wəd(z)] *adv.* himmelwärts.

heav·er ['hi:və] *s.* **1.** *coal-~* Kohlentrimmer *m*; **2.** ⊕ Hebebaum *m*.

heav·i·ly ['hevili] *adv.* schwer (*a. fig.*): *to suffer ~* schwere (finanzielle) Verluste erleiden; **'heav·i·ness** [-inis] *s.* **1.** Schwere *f* (*a. fig.*); **2.** Gewicht *n*, Druck *m*; **3.** Bedrükkung *f*, Schwermut *f*; **4.** Schwerfälligkeit *f*; **5.** Schläfrigkeit *f*; Trägheit *f*.

heav·y ['hevi] **I.** *adj.* □ → *heavily*; **1.** schwer (*a.* ⚗, *phys.*); **2.** ⚔ schwer: *~ guns* schwere Geschütze, *fig.* schweres Geschütz (*drastische Mittel*); **3.** reich (*Ernte etc.*), beladen, voll; *fig.* über'laden; **4.** wuchtig: *~ blow* schwerer Schlag (*a. fig.*); **5.** schwer, stark, heftig, groß, 'umfangreich: *~ beer* Starkbier; *~ eater* starker Esser; *~ fall* schwerer Sturz; *~ loss* schwerer Verlust; *~ rain* heftiger *od.* starker Regen; *~ orders* ✝ große Aufträge; *~ sea* ⚓ schwere See; *~ traffic* starker Verkehr; **6.** schwer, schwierig, mühsam (*Arbeit etc.*): *~ worker* Schwerarbeiter; **7.** drückend, lästig; **8.** bedrückt, betrübt, traurig; **9.** ernst, betrüblich; **10.** trübe, finster (*Himmel*); **11.** schwerfällig, unbeholfen; **12.** träge, langsam, schläfrig; **13.** schwer(verständlich), langweilig (*Buch etc.*); **14.** grob, dick: *~ features* grobe Züge; **15.** unwegsam (*Straße*); **16.** pappig, klitschig (*Gebäck*); **17.** schwerverdaulich; **II.** *adv.* **18.** *to lie ~ on s.o.* auf j-m lasten; *time hangs ~ on my hands* die Zeit wird mir lang; **19.** *in Zssgn* schwer...; **III.** *s.* **20.** *thea.* **a)** Schurke *m*, **b)** würdiger älterer Herr; **21.** *sport* F Schwergewichtler *m*; **22.** *Am. sl.* ‚schwerer Junge' (*Verbrecher*); **'~-'armed** *adj.* ⚔ schwerbewaffnet; **~ chem·i·cals** *s. pl.* 'Schwerchemi‚kalien *pl.*; **~ cur·rent** *s.* ⚡ Starkstrom *m*; **'~-'du·ty** *adj.* ⊕ Hochleistungs..., Schwer(last)...; **'~-'hand·ed** *adj.* **1.** plump, ungeschickt; **2.** drückend; **'~-'heart·ed** *adj.* niedergeschlagen, bedrückt; **~ hy·dro·gen** *s.* ⚗ schwerer Wasserstoff; **'~-'lad·en** *adj.* **1.** schwerbeladen; **2.** *fig.* belastet; **~ oil** *s.* ⊕ Schweröl *n*; **~ spar** *s. min.* Schwerspat *m*; **~ type** *s. typ.* Fettdruck *m*; **~ wa·ter** *s.* ⚗ schweres Wasser; **'~-weight** **I.** *s.* **1.** *sport* Schwergewicht(ler *m*) *n*; **2.** *Am.* F einflußreiche Per'sönlichkeit; **II.** *adj.* **3.** *sport* Schwergewichts...; **4.** schwer (*a. fig.*).

heb·dom·a·dal [heb'dɔmədl] *adj.* wöchentlich: ♀ *Council höchste Behörde der Universität Oxford.*

He·bra·ic [hi(:)'breiik] *adj.* (□ *~ally*) he'bräisch; **He·bra·ism** ['hi:breiizəm] *s.* hebräische Eigenart; **He·bra·ize** ['hi:breiaiz] *v/t. u. v/i.* he'bräisch machen (werden).

He·brew ['hi:bru:] **I.** *s.* **1.** He'bräer (-in), Jude *m*, Jüdin *f*; **2.** *ling.* He'bräisch *n*; **3.** F Kauderwelsch *n*; **4.** *pl. sg. konstr. bibl.* (Brief *m* an die) Hebräer *pl.*; **II.** *adj.* **5.** he'bräisch.

Heb·ri·de·an [hebri'di:ən] **I.** *adj.* he'bridisch; **II.** *s.* Bewohner(in) der He'briden.

hec·a·tomb ['hekətoum] *s.* Heka'tombe *f* (*a. fig. gewaltige Menschenverluste*).

heck [hek] *s. Brit.* F Hölle *f*: *a ~ of a row* ein Höllenlärm; *what the ~* was zum Teufel.

heck·le ['hekl] *v/t.* **1.** *Flachs* hecheln; **2.** *Redner* durch Zwischenfragen belästigen, ‚in die Zange nehmen'; **'heck·ler** [-lə] *s.* Zwischenrufer *m*.

hec·tare ['hektɑ:] *s.* Hektar *n*, *m*.

hec·tic ['hektik] *adj.* **1.** hektisch, schwindsüchtig: *~ fever* Schwindsucht; *~ flush* hektische Röte; **2.** F fieberhaft, hektisch: *to have a ~ time* keinen Augenblick Ruhe haben.

hecto- [hektou-] *in Zssgn* hundert.

hec·to·gram(me) ['hektougræm] *s.* Hekto'gramm *n*; **'hec·to·graph** [-grɑ:f; -græf] **I.** *s.* Hekto'graph *m*; **II.** *v/t.* hektographieren, vervielfältigen; **'hec·to·li·ter** *Am.*, **'hec·to·li·tre** *Brit.* [-li:tə] *s.* 'Hektoliter *m*, *n*.

hec·tor ['hektə] **I.** *s.* **1.** Bra'marbas *m*, Prahler *m*; **2.** Ty'rann *m*; **II.** *v/t.* **3.** einschüchtern, tyrannisieren, einhacken auf (*acc.*); **III.** *v/i.* **4.** bramarbasieren, renommieren; **5.** her'umkommandieren.

he'd [hi:d] F *für* **a)** *he would*, **b)** *he had*.

hed·dle ['hedl] **I.** *s. Weberei*: Litze *f*, Helfe *f*: *~ hook* Einziehhaken; **II.** *v/t. Kettfäden* einziehen.

hedge [hedʒ] **I.** *s.* **1.** Hecke *f*, *bsd.* Heckenzaun *m*; **2.** *fig.* Mauer *f*, Kette *f*, Absperrung *f*: *a ~ of police* e-e Polizeikette; **3.** Behinderung *f*; **4.** † Sicherungsgeschäft *n*; **II.** *adj.* **5.** minderwertig, zweifelhaft: *~ lawyer* Winkeladvokat; **III.** *v/t.* **6.** *a. ~ in* einhegen, -zäunen; um'geben (*a. fig.*); **7.** *a. ~ off* abzäunen, absperren; *fig.* einengen, behindern; **8.** schützen, hegen; **9.** † sichern, decken; **IV.** *v/i.* **10.** sich sichern *od.* decken; **11.** *fig.* sich nicht festlegen, sich winden, sich vorsichtig ausdrücken; **'~-bill** *s.* Heckenmesser *n*, -sichel *f*; **~hog** ['hedʒhɔg] *s.* **1.** *zo.* **a)** Igel *m*, **b)** *Am.* Stachelschwein *n*; **2.** ⚘ stachelige Samenkapsel; **3.** ⚔ **a)** Igelstellung *f*, **b)** Drahtigel *m*; **4.** *fig.* Kratzbürste *f* (*Person*); **'~-hop** *v/i.* ✈ *sl.* ‚heckenhüpfen' (*dicht über dem Boden fliegen*); **'~-hop·per** *s.* ✈ *sl.* Tiefflieger *m.*

hedg·er ['hedʒə] *s.* **1.** *a. ~ and ditcher* Heckengärtner *m*; **2.** Drückeberger(in); wer e-r Frage ausweicht.

'hedge|·row *s.* Hecke *f*; **'~-school** *s. Brit.* minderwertige Schule; **'~-spar·row** *s. orn.* 'Heckenbrau,nelle *f*; **'~-writ·er** *s.* Schreiberling *m.*

hedg·ing ['hedʒiŋ] *s.* **1.** *~ and ditching* Ausbessern *n* von Hecken u. Gräben; **2.** *fig.* Ausweichen *n.*

he·don·ic [hiː'dɔnik] *adj.* Lust...; **he·don·ism** ['hiːdənizəm] *s. phls.* Hedo'nismus *m*; **he·don·ist** ['hiːdənist] *s. phls.* Hedo'nist *m*; **he·do·nis·tic** [hiːdə'nistik] *adj.* hedo'nistisch.

heed [hiːd] **I.** *v/t.* beachten, achtgeben auf (*acc.*); **II.** *v/i.* achtgeben; **III.** *s.* Beachtung *f*: *to give* (*od. pay*) *~ to, to take ~ of* beachten, achtgeben auf (*acc.*); **'heed·ful** [-ful] *adj.* □ achtsam, aufmerksam (*of* auf *acc.*); vorsichtig; **'heed·ful·ness** [-fulnis] *s.* Achtsamkeit *f*, Vorsicht *f*; **'heed·less** [-lis] *adj.* □ achtlos, unachtsam; unbekümmert (*of* um); **'heed·less·ness** [-lisnis] *s.* Unachtsamkeit *f.*

hee-haw ['hiː'hɔː] **I.** *s.* **1.** 'I'ah *n* (*Eselschrei*); **2.** *fig.* wieherndes Gelächter; **II.** *v/i.* **3.** 'i'ahen; **4.** *fig.* wiehern, laut lachen.

heel¹ [hiːl] **I.** *v/t.* **1.** *Schuhe* mit Absätzen versehen; Fersen anstricken an *Strümpfe*; **2.** *Fußball*: *Ball* mit dem Absatz kicken; **II.** *s.* **3.** Ferse *f*; **4.** Absatz *m*, Hacken *m* (*Schuh*); **5.** Ferse *f* (*Strumpf*, *Golfschläger*); **6.** Fuß *m*, Ende *n*, Rest *m*; Kanten *m* (*Brot*); **7.** vorspringender Teil, Sporn *m*; **8.** *Am. sl.* ‚Scheißkerl' *m*; Lump *m*;

Besondere Redewendungen:

~ of Achilles Achillesferse; *at* (*od. on*) *s.o.'s ~s* j-m auf den Fersen, dicht hinter j-m; *on the ~s of s.th. fig.* gleich nach et.; *down at ~(s)* **a)** mit schiefen Absätzen, **b)** abgerissen, schäbig; *out at ~(s)* **a)** mit Löchern in den Strümpfen, **b)** ärmlich; *under the ~ of fig.* unter *j-s* Knute; *to bring to ~ j-n* gefügig *od.* kirre machen; *to come to ~* **a)** bei Fuß gehen (*Hund*), **b)** gefügig werden, gehorchen; *to cool* (*od. kick*) *one's ~s* ungeduldig warten; *to lay by the ~s* erwischen, einsperren, zur Strecke bringen; *to show a clean pair of ~s, to take to one's ~s* Fersengeld geben, die Beine in die Hand nehmen; *to tread on s.o.'s ~s* j-m auf die Hacken treten; *to turn on one's ~s* (auf dem Absatz) kehrtmachen.

heel² [hiːl] *v/t. u. v/i. a. ~ over* (sich) auf die Seite legen (*Schiff*), krängen.

'heel·ball *s.* Polierwachs *n.*

heeled [hiːld] *adj. Am.* F **a)** gut bei Kasse, mit dicker Brieftasche, **b)** bewaffnet; **'heel·er** [-lə] *s. pol. Am.* Handlanger *m.*

'heel|·piece *s.* Absatzfleck *m*; **'~-tap** *s.* Neige *f* (*im Glas*): *no ~s!* ausgetrunken!, ex!

heft [heft] **I.** *s.* **1.** *Am.* Gewicht *n*; *fig.* Einfluß *m*, Bedeutung *f*; **2.** *Am.* F Hauptteil *m*; **II.** *v/t.* **3.** *Am.* F hochheben (u. abwägen); **'heft·y** [-ti] *adj.* F **1.** kräftig, stämmig; **2.** stattlich (*Summe etc.*).

He·ge·li·an [hei'giːljən] *s. phls.* Hegeli'aner *m.*

he·gem·o·ny [hi(ː)'gemәni] *s.* Hegemo'nie *f*, Vor-, Oberherrschaft *f.*

he·gi·ra ['hedʒirə] *s.* **1.** *hist.* 'Hedschra *f*; **2.** *fig.* Flucht *f.*

heif·er ['hefə] *s.* Färse *f*, junge Kuh.

heigh [hei] *int.* hei!; he(da)!; **'heigh-'ho** [-'hou] *int.* ach jeh!; oh!

height [hait] *s.* **1.** Höhe *f* (*a. ast.*): *10 feet in ~* 10 Fuß hoch; **2.** (Körper)Größe *f*; **3.** Anhöhe *f*; Erhebung *f*; **4.** *fig.* Höhe(punkt *m*) *f*, Gipfel *m*, höchste Stufe: *at the ~ of summer* im Hochsommer; *~ of folly* Gipfel der Torheit; *in the ~ of fashion* nach der neuesten Mode; **'height·en** [-tn] *v/t.* **1.** erhöhen (*a. fig.*); **2.** *fig.* vergrößern, -stärken, steigern; **3.** her'vorheben; **4.** über'treiben.

height| find·er, ~ ga(u)ge *s.* ✈ Höhenmesser *m.*

hei·nous ['heinəs] *adj.* □ ruchlos, ab'scheulich, schändlich; **'hei·nous·ness** [-nis] *s.* Ab'scheulichkeit *f.*

heir [ɛə] *s.* Erbe *m*: *to be ~ to* (*od. of*) *s.th.* et. erben; *~ to the throne* Thronfolger; *~-at-law* gesetzlicher Erbe; *~ apparent* gesetzlicher (Thron)Erbe; *~ presumptive* mutmaßlicher Erbe; **heir·dom** ['ɛədəm] *s.* **1.** Erbe *n*, Erbschaft *f*; **2.** Erbfolge *f*; **heir·ess** ['ɛəris] *s.* (*bsd.* reiche) Erbin; **heir·less** ['ɛəlis] *adj.* ohne Erben; **heir·loom** ['ɛəluːm] *s.* (altes) Erbstück.

he·ji·ra → *hegira.*

held [held] *pret. u. p.p. von hold²*.

he·li·a·cal [hi(ː)'laiəkəl] *adj. ast.* heli'akisch, Sonnen...

he·li·an·thus [hiːli'ænθəs] *s.* ⚘ Sonnenblume *f.*

hel·i·bus ['helibʌs] *s.* ✈ Hubschrauber *m* für Per'sonenbeförderung.

hel·i·cal ['helikl] *adj.* □ spi'ralen-, schrauben-, schneckenförmig; **~ blow·er** *s.* ⊕ Pro'pellergebläse *n*; **~ gear** *s.* ⊕ Schrägstirnrad *n.*

hel·i·ces ['helisiːz] *pl. von helix.*

hel·i·cop·ter ['helikɔptə] *s.* ✈ Hubschrauber *m*: *~ carrier* Hubschrauberträger; **'hel·i·drome** [-idroum] *s.* Hubschrauber-Landeplatz *m.*

helio- [hiːliou-] *in Zssgn* Sonnen...

he·li·o·cen·tric [hiːliou'sentrik] *adj. ast.* helio'zentrisch; **he·li·o'cen·tri·cism** [-isizəm] *s.* heliozentrische Lehre; **he·li·o·chrome** ['hiːlioukroum] *s. phot.* farbiges Lichtbild; **he·li·o·chro·my** ['hiːlioukroumi] *s.* 'Farbphotogra,phie *f*; **he·li·o·gram** ['hiːliougræm] *s.* Helio'gramm *n*; **he·li·o·graph** ['hiːliougrɑːf; -græf] **I.** *s.* Helio'graph *m*; 'Spiegeltele,graph *m*; **II.** *v/t.* heliographieren; **he·li·og·ra·phy** [hiːli'ɔgrəfi] *s.* Heliogra'phie *f*; **he·li·o·gra·vure** ['hiːliougrə'vjuə] *s. phot.* Helio-, Photogra'vüre *f.*

he·li·o·trope ['heljətroup] *s.* **1. a)** ⚘ Helio'trop *n*, **b)** Helio'tropduft *m*; **2. a)** *min.* Helio'trop *m*, **b)** Helio'tropfarbe *f.*

he·li·o·type ['hiːliətaip] *phot.* **I.** *s.* Helioty'pie *f*, Lichtdruck *m* (*Bild*); **II.** *v/t.* heliotypieren.

hel·i·pi·lot ['helipailət] *s.* ✈ 'Hubschrauberpi,lot *m*; **hel·i·port** ['helipɔːt] → *helidrome.*

he·li·um ['hiːljəm] *s.* ⚗ 'Helium *n.*

he·lix ['hiːliks] *pl. mst* **hel·i·ces** ['helisiːz] *s.* **1.** Spi'rale *f*; **2.** 'Schnecken,linie *f*; **3.** *anat.* Ohrleiste *f*; **4.** △ Schnecke *f.*

hell [hel] *s.* **1.** Hölle *f*: *oh ~!* F verflucht!; *like ~* wie wild, verdammt, sehr; *go to ~!* scher dich zum Teufel!; *a ~ of a noise* ein Höllenlärm; *what the ~ ...* was zum Teufel ...; *~ for leather* wie der Teufel, wie toll, Hals über Kopf; *to suffer ~* Höllenqualen leiden; *to raise ~* e-n Mordskrach schlagen; **2.** Spielhölle *f*; **3.** *a. ~-box typ.* De'fektenkasten *m.*

he'll [hiːl] F *für he will.*

'hell|·bend·er *s. zo.* Schlammteufel *m* (*großer Salamander*); **'~-bent** *adj. Am. sl.* erpicht, ‚scharf' (*on* auf *acc.*): *~ for* wie wild auf *e-e Sache* los; **'~-broth** *s.* Hexen-, Zaubertrank *m*; **'~-cat** *s.* (wilde) Hexe (*Frau*).

hel·le·bore ['helibɔː] *s.* ⚘ Nieswurz *f.*

Hel·lene ['heliːn] *s.* Hel'lene *m*, Grieche *m*; **Hel·len·ic** [he'liːnik] *adj.* hel'lenisch, griechisch; **Hel·len·ism** ['helinizəm] *s.* Helle'nismus *m*; Hel'lenentum *n*; **Hel·len·ist** ['helinist] *s.* Helle'nist *m*; **Hel·len·is·tic** [heli'nistik] *adj.* helle'nistisch; **Hel·len·ize** ['helinaiz] *v/t. u. v/i.* (sich) hellenisieren.

'hell|-'fire *s.* Höllenfeuer *n*, -qualen *pl.*; **'~-hound** *s.* **1.** Höllenhund *m*; **2.** Teufel *m.*

hel·lion ['heljən] *s.* F Range *m*, *f*, Bengel *m.*

hell·ish ['heliʃ] *adj.* □ höllisch, teuflisch, ab'scheulich.

'hell-kite *s.* Unmensch *m*, Teufel *m.*

hel·lo ['he'lou] → *hallo.*

helm¹ [helm] *s.* **1.** ⚓ **a)** Ruder *n*, Steuer *n*: *the ship answers the ~* das Schiff gehorcht dem Ruder, **b)** Ruderpinne *f*; **2.** *fig.* Ruder *n*, Führung *f*: *~ of State* Ruder des Staates; *to be at the ~* am Ruder sein, herrschen.

helm² [helm] *s. obs.* Helm *m*; **helmed** [-md] *adj. obs.* behelmt.
hel·met ['helmit] *s.* **1.** ⚔ Helm *m*; **2.** (Schutz-, Sturz-, Tropen-, Taucher)Helm *m*; **3.** ♀ Kelch *m*; **'hel·met·ed** [-tid] *adj.* behelmt.
hel·minth ['helminθ] *s. zo.* Eingeweidewurm *m.*
helms·man ['helmzmən] *s.* [*irr.*] ⚓ Steuermann *m*, Rudergänger *m.*
Hel·ot ['helət] *s.* **1.** *hist.* He'lot *m*; **2.** ♀ *fig.* Sklave *m*; **'hel·ot·ry** [-tri] *s.* **1.** He'lotentum *n*, Sklave'rei *f*; **2.** *coll.* He'loten *pl.*
help [help] **I.** *s.* **1.** Hilfe *f*, Beihilfe *f*, -stand *m*, Unter'stützung *f*, Mitwirkung *f*: *he came to my* ~ er kam mir zu Hilfe; **2.** Abhilfe *f*; Hilfsmittel *n*: *there is no* ~ *for it* da kann man nichts machen *od.* ändern; **3.** (Aus)Hilfe *f*, Stütze *f*, Gehilfe *m*, Gehilfin *f*: *domestic* ~ Hausgehilfin; **4.** *Am.* **a)** Dienstbote *m*, Knecht *m*, Magd *f*, **b)** ('Dienst-)Perso,nal *n*; **II.** *v/t.* **5.** helfen (*dat.*), behilflich sein (*dat.*), unter'stützen, beistehen (*dat.*): *so* ~ *me God* so wahr mir Gott helfe; *to* ~ *s.o. in* (*od. with*) *s.th.* j-m bei e-r Sache helfen; *to* ~ *s.o. on* (*off*) *with his coat* j-m in s-n (aus s-m) Mantel helfen; **6.** nützlich sein für, lindern; abhelfen (*dat.*); **7.** beitragen zu; **8.** (*to*) *j-m* verhelfen (zu); (*bsd. bei Tisch*) *j-n* bedienen (mit), *j-m* reichen *od.* geben (*acc.*): *to* ~ *o.s. to* **a)** sich bedienen mit, sich nehmen (*acc.*), **b)** sich aneignen (*acc.*); *can I* ~ *you?* **a)** werden Sie schon bedient?, **b)** kann ich et. für Sie tun?; **9.** *mit can*: abhelfen (*dat.*); verhindern, vermeiden: *if I can* ~ *it* wenn ich es vermeiden kann; *how could I* ~ *it?* **a)** was konnte ich dagegen tun?, **b)** was konnte ich dafür?; *I can't* ~ *it* **a)** ich kann es nicht ändern, **b)** ich kann nichts dafür; *she can't* ~ *her freckles* für ihre Sommersprossen kann sie nichts; *it can't be* ~*ed* es läßt sich nichts machen *od.* ändern; *don't be late if you can* ~ *it* komme möglichst nicht zu spät!; *I cannot* ~ *laughing* ich muß (einfach) lachen; *I can't* ~ *myself* ich kann nicht anders; **III.** *v/i.* **10.** helfen: *every little* ~*s* jede Kleinigkeit hilft;
Zssgn mit adv.:
help| down *v/t.* **1.** her'unter-, hin'unterhelfen (*dat.*); **2.** *fig.* zum 'Untergang beitragen von; ~ **in** *v/t.* hin'einhelfen (*dat.*); ~ **off** *v/t.* **1.** weiter-, forthelfen (*dat.*); **2.** *Zeit* vertreiben; ~ **on** *v/t.* weiter-, forthelfen (*dat.*); ~ **out** *v/t.* **1.** her'aushelfen (*dat.*), aus der Not helfen (*dat.*); **2.** aushelfen (*dat.*), unter'stützen (*acc.*); ~ **through** *v/t.* (hin)'durch-, hin'weghelfen (*dat.*); ~ **up** *v/t.* her'auf-, hin'aufhelfen (*dat.*).
help·er ['helpə] *s.* **1.** Helfer(in); **2.** Gehilfe *m*, Gehilfin *f*; **help·ful** ['helpful] *adj.* □ **1.** hilfreich, hilfsbereit, behilflich; **2.** nützlich; **help·ful·ness** ['helpfulnis] *s.* **1.** Hilfsbereitschaft *f*; **2.** Nützlichkeit *f*; **help·ing** ['helpiŋ] **I.** *adj.* hilfreich: *to lend a* ~ *hand j-m* helfen *od.* behilflich sein; **II.** *s.* Porti'on *f* (*e-r Speise*): *do you want a second* ~*?*; **help·less** ['helplis] *adj.* □ hilflos; ratlos; **help·less·ness** ['helplisnis] *s.* Hilflosigkeit *f.*
'help·mate, 'help·meet *s.* Gehilfe *m*, Gehilfin *f*; (Ehe)Gefährte *m*, (Ehe)Gefährtin *f*, Gattin *f.*
hel·ter-skel·ter ['heltə'skeltə] **I.** *adv.* 'holterdie'polter, Hals über Kopf; **II.** *adj.* wirr, ungestüm, hastig; **III.** *s.* Durchein'ander *n*, wilde Hast.
helve [helv] *s.* Griff *m*, Stiel *m*: *to throw the* ~ *after the hatchet fig.* **a)** aufs Ganze gehen, **b)** das Kind mit dem Bade ausschütten.
Hel·ve·tian [hel'vi:ʃjən] **I.** *adj.* hel'vetisch, schweizerisch; **II.** *s.* Hel'vetier(in), Schweizer(in).
hem¹ [hem] **I.** *s.* **1.** (*Kleider*)Saum *m*; (*Hosen*)'Umschlag *m*; **2.** Rand *m*, Kante *f*; Einfassung *f*; **II.** *v/t.* **3.** *Kleid etc.* säumen; **4.** ~ *in*, ~ *about*, ~ *round* einschließen, um'geben, um'zingeln; **5.** einengen.
hem² [hm] **I.** *int.* hm!, hem!; **II.** *s.* H(e)m *n*, Räuspern *n*; **III.** *v/i.* ‚hm' machen, sich räuspern; stocken (*im Reden*).
he·mal → *haemal.*
'he-'man *s.* [*irr.*] F ‚richtiger' *od.* männlicher Mann, Kerl *m.*
he·mat·ic *etc.* → *haematic etc.*
hemi- [hemi] *in Zssgn* halb.
hem·i·cy·cle ['hemisaikl] *s.* Halbkreis *m*; **hem·i·dem·i·sem·i·qua·ver** [hemidemisemi'kweivə] *s.* ♪ Vierundsechzigstel(note *f*) *n.*
hem·i·ple·gi·a [hemi'pli:dʒjə] *s.* ⚕ einseitige Lähmung, Hemiple'gie *f.*
hem·i·sphere ['hemisfiə] *s.* **1.** *bsd. geogr.* Halbkugel *f*, Hemi'sphäre *f*; **2.** *anat.* Großhirnhälfte *f*; **hem·i·spher·i·cal** [hemi'sferikəl], *a.* **hem·i·spher·ic** [hemi'sferik] *adj.* hemi'sphärisch, halbkugelig.
hem·lock ['hemlɔk] *s.* **1.** ♀ Schierling *m*; **2.** *fig.* Schierlings-, Giftbecher *m*; ~ **fir**, ~ **spruce** *s.* ♀ Hemlock-, Schierlingstanne *f.*
he·mo·glo·bin, he·mo·phil·i·a, hem·or·rhage, hem·or·rhoids → *haemo...*
hemp [hemp] *s.* **1.** ♀ Hanf *m*: ~*-seed* Hanfsame; **2.** Hanf(faser *f*) *m*: ~ *comb* Hanfhechel; **3.** *sl.* Henkerseil *n*; **'hemp·en** [-pən] *adj.* hanfen, Hanf...
'hem-stitch I. *s.* Hohlsaum(stich) *m*; **II.** *v/t.* mit Hohlsaum nähen.
hen [hen] *s.* **1.** *orn.* Henne *f*, Huhn *n*: ~*'s egg* Hühnerei; **2.** (*Vogel-*)Weibchen *n*; **3.** Weibchen *n* (*von Krebs u. Hummer*); **'~-bane** *s.* **1.** ♀ Bilsenkraut *n*; **2.** *pharm.* 'Bilsenkrautex,trakt *m.*
hence [hens] *adv.* **1.** *a. from* ~ (*Raum*) von hier, von hinnen, fort: ~ *with it!* weg damit!; *to go* ~ sterben; **2.** (*Zeit*) von jetzt an, binnen: *a week* ~ in *od.* nach einer Woche; **3.** (*Ursprung*) folglich, daher, deshalb; hieraus, daraus: ~ *it follows that* daraus folgt, daß; **'~'forth, '~'for·ward** *adv.* von nun an, fort'an, künftig.
hench·man ['hentʃmən] *s.* [*irr.*] **1.** Anhänger *m*; **2.** *pol.* Handlanger *m*, Helfershelfer *m*, *j-s* ‚Krea'tur' *f.*
'hen|-coop *s.* Hühnerstall *m*; **'~-har·ri·er** *s. orn.* Kornweihe *f*; ~ **hawk** *s. orn. Am.* Hühnerbussard *m*; **'~-'heart·ed** *adj.* kleinmütig, verzagt; **'~-house** *s.* Hühnerhaus *n*, -stall *m.*
hen·na ['henə] *s.* **1.** ♀ 'Hennastrauch *m*; **2.** Henna *f* (*Färbemittel*).
'hen|-par·ty *s.* F Damengesellschaft *f*, Kaffeekränzchen *n*; **'~-pecked** [-pekt] *adj.* F unter dem Pan'toffel stehend: ~ *husband* Pantoffelheld; **'~-roost** *s.* Hühnerstange *f*, -stall *m.*
hen·ry ['henri] *pl.* **-rys, -ries** *s.* ⚡, *phys.* Henry *n* (*Induktionseinheit*).
hep [hep] *adj. sl.* **1.** (*to*) eingeweiht (in *acc.*), im Bilde (über *acc.*); **2.** gewitzt, ‚auf Draht'.
he·pat·ic [hi'pætik] *adj.* **1.** ⚕ he'patisch, Leber...; **2.** bräunlich; **hep·a·ti·tis** [hepə'taitis] *s.* ⚕ Leberentzündung *f*, Hepa'titis *f.*
'hep·cat *s. sl.* **1.** ♪ **a)** 'Jazz,musiker *m*, **b)** 'Jazzfa,natiker(in); **2.** j-d der ‚auf Draht' ist, gewitzter Bursche.
hep·ta·gon ['heptəgən] *s.* ⩘ Siebeneck *n*; **hep·tag·o·nal** [hep'tægənl] *adj.* ⩘ siebeneckig; **'hep·ta'he·dron** [-ə'hedrən] *pl.* **-drons** *od.* **-dra** [-drə] *s.* ⩘ Hepta'eder *n.*
hep·tarch·y ['heptɑ:ki] *s.* Heptar'chie *f*, Siebenherrschaft *f.*
her [hə:; hə] **I.** *pron.* **1.** sie (*acc. von she*); ihr (*dat. von she*); **2.** sie (*nom.*): *it's* ~ sie ist es; **II.** *poss. adj.* **3.** ihr, ihre; **III.** *refl. pron.* **4.** sich: *she looked about* ~ sie sah um sich.
her·ald ['herəld] **I.** *s.* **1.** Herold *m*: *College of* ♀*s* Heroldsamt; **2.** *fig.* Verkünder *m*, (Vor)Bote *m*, Vorläufer *m*; **II.** *v/t.* **3.** verkünden; **4.** einführen, -leiten.
he·ral·dic [he'rældik] *adj.* he'raldisch, Wappen...; **her·ald·ry** ['herəldri] *s.* **1.** He'raldik *f*, Wappenkunde *f*; **2.** Wappen *n.*
herb [hə:b] *s.* ♀ **a)** Kraut *n*, **b)** Heilkraut *n*, **c)** Küchenkraut *n*; **her·ba·ceous** [hə:'beiʃəs] *adj.* ♀ krautartig, Kraut...: ~ *border* (Stauden-)Rabatte; **'herb·age** [-bidʒ] *s.* **1.** *coll.* Kräuter *pl.*, Gras *n*, Laub *n*; **2.** Weide *f*; **3.** ⚖ Weiderecht *n*; **'herb·al** [-bəl] **I.** *adj.* Kräuter..., Pflanzen...; **II.** *s.* Pflanzenbuch *n*; **'herb·al·ist** [-bəlist] *s.* **1.** Kräuterkenner(in); **2.** Kräutersammler(in), -händler(in); **her·bar·i·um** [hə:'bɛəriəm] *s.* Her'barium *n.*
herb| ben·net *s.* ♀ Nelkenwurz *f*; **'~-grace** *s.* ♀ Raute *f.*
her·biv·o·rous [hə:'bivərəs] *adj. zo.* pflanzenfressend.
'herb| Rob·ert ['rɔbət] *s.* ♀ Ruprechtskraut *n*; **'~-tea** *s.* Kräutertee *m.*
Her·cu·le·an [hə:kju'li(:)ən] *adj.* her'kulisch, Herkules...; **Her·cu·les** ['hə:kjuli:z] *s. antiq., ast. u. fig.* 'Herkules *m.*
herd [hə:d] **I.** *s.* **1.** Herde *f*, Rudel *n* (*großer Tiere*); Flug *m*, Kette *f* (*Vögel*); **2.** *contp.* Herde *f*, Masse *f* (*Menschen*): *the common* (*od. vulgar*) ~ die Masse (Mensch), der Pöbel; **3.** *in Zssgn* Hirt(in); **II.** *v/t.* **4.** *Vieh* hüten; **5.** zs.-treiben; **III.** *v/i.* **6.** *a.* ~ *together* in Herden gehen; zu'sammen leben; **7.** sich

zs.-gesellen *od.* vereinigen; '**~-book** *s.* Herdbuch *n.*
herd·er ['hə:də] *s.* Hirt *m.*
herd| in·stinct *s.* 'Herdentrieb *m*, -in,stinkt *m*; '**~s·man** [-zmən] *s.* [*irr.*] **1.** *Brit.* Hirt *m*; **2.** Herdenbesitzer *m.*
here [hiə] *adv.* **a)** hier, **b)** hierher, her: *I am ~* ich bin hier, ich bin da (*anwesend*); *come ~* komm her; *~ and there* **a)** hier u. da, hierhin u. dorthin, **b)** ab u. zu, hin u. wieder; *that's neither ~ nor there* **a)** das gehört nicht zur Sache, **b)** das besagt nichts; *this belongs ~* dies gehört hierher; *we are leaving ~ today* wir reisen heute von hier ab; *near ~* nicht weit von hier; *in ~* hier drinnen; *~ goes* F also los!; *~'s to you!* auf dein Wohl!; *this ~ man sl.* dieser Mann hier; *~ today and gone tomorrow* vergänglich; *~ you are!* hier (bitte)! (*da hast du es*); '**~·a·bout(s)** [-ərə-] *adv.* hier her'um, in dieser Gegend; '**~'aft·er** [-ər'ɑ:-] **I.** *adv.* **1.** her'nach, nachher; **2.** in Zukunft; **II.** *s.* **3.** Zukunft *f*; **4.** Jenseits *n*; '**~'by** *adv.* 'hierdurch, hiermit.
he·red·i·ta·ble [hi'reditəbl] *adj.* erblich, vererbbar; **her·e·dit·a·ment** [heri'ditəmənt] *s.* Erbgut *n*, vererblicher Grundbesitz; **he'red·i·tar·y** [-təri] *adj.* □ **1.** erblich, er-, vererbt, Erb...: *~ disease* Erbkrankheit; *~ portion* Pflichtteil; *~ succession* Erbfolge; *to be ~* sich vererben; **2.** *fig.* Erb..., alt'hergebracht: *~ enemy* Erbfeind; **he'red·i·ty** [-ti] *s. biol.* **1.** Vererbung *f*; **2.** Erblichkeit *f.*
here|·in ['hiər'in] *adv.* hierin; '**~·in'aft·er** ['hiərin-] *adv.* nachstehend, im folgenden; **~·of** [hiər'ɔv] *adv.* hiervon, dessen.
her·e·sy ['herəsi] *s.* Ketze'rei *f*, Irrlehre *f*, Häre'sie *f*; '**her·e·tic** [-ətik] **I.** *s.* Ketzer(in); **II.** *adj.* → *heretical*; **he·ret·i·cal** [hi'retikəl] *adj.* □ ketzerisch.
'**here|'to** *adv.* **1.** hierzu; **2.** bis'her; '**~·to'fore** *adv.* vordem, ehemals; '**~'un·der** [-ər'ʌ-] → *hereinafter*; '**~·un'to** → *hereto*; '**~·up'on** [-ərə-] *adv.* hierauf, darauf('hin); '**~'with** → *hereby.*
her·i·ot ['heriət] *s. hist.* Hauptfall *m*; '**her·it·a·ble** [-itəbl] *adj.* □ **1.** erblich, vererbbar; **2.** erbfähig; '**her·it·age** [-itidʒ] *s.* **1.** Erbe *n*, Erbschaft *f*, Erbgut *n*; **2.** *fig.* Besitz *m*, Gut *n*; **3.** *bibl.* Volk *n* Israel; '**her·i·tor** [-itə] *s.* Erbe *m.*
her·maph·ro·dite [hə:'mæfrədait] *s. biol.* Hermaphro'dit *m*, Zwitter *m*; **her'maph·ro·dit·ism** [-ditizəm] *s. biol.* Hermaphrodi'tismus *m*: **a)** Zwittertum *n*, **b)** Zwitterbildung *f.*
her·met·ic [hə:'metik] *adj.* (□ *~ally*) her'metisch, luftdicht: *~ally sealed* luftdicht verschlossen.
her·mit ['hə:mit] *s.* Einsiedler *m* (*a. fig.*), Ere'mit *m*; '**her·mit·age** [-tidʒ] *s.* Einsiede'lei *f*, Klause *f.*
'**her·mit-'crab** *s. zo.* Einsiedlerkrebs *m.*
her·ni·a ['hə:njə] *s.* Bruch *m*, Hernie *f*; '**her·ni·al** [-jəl] *adj.*: *~ truss* Bruchband.
he·ro ['hiərou] *pl.* **-roes** *s.* **1.** Held *m*: *~-worship* Heldenverehrung; **2.** *thea. etc.* Held *m*, 'Hauptper,son *f.*
he·ro·ic [hi'rouik] **I.** *adj.* (□ *~ally*) **1.** he'roisch, heldenmütig, -haft, Helden...: *~ age* Heldenzeitalter; *~ tenor* ♪ Heldentenor; **2. a)** erhaben, **b)** hochtrabend (*Stil*); **3.** he'roisch, drastisch; **II.** *s.* **4.** → *heroic verse*; **5.** *pl.* 'Überschwenglichkeiten *pl.*, hohles Pathos; **~ cou·plet** *s.* heroisches Reimpaar; **~ me·tre, ~ verse** *s.* heroisches *od.* episches Versmaß.
her·o·in ['herouin] *s. pharm.* Hero'in *n.*
her·o·ine ['herouin] *s.* Heldin *f* (*a. thea. etc.*); '**her·o·ism** [-izəm] *s.* Heldentum *n*, Hero'ismus *m.*
her·on ['herən] *s. orn.* Reiher *m*; '**her·on·ry** [-ri] *s.* Reiherstand *m*, -horst *m.*
her·pes ['hə:pi:z] *s.* Bläs-chenausschlag *m.*
her·pe·tol·o·gist [hə:pi'tɔlədʒist] *s.* Herpeto'loge *m*, Rep'tilienkenner *m*; **her·pe'tol·o·gy** [-dʒi] *s.* Herpetolo'gie *f*, Rep'tilienkunde *f.*
her·ring ['heriŋ] *s. ichth.* Hering *m*; → *red 1*; '**~-bone I.** *s.* **1.** *a. ~ design* Fischgrätenmuster *n*: *~ stitch* Grätenstich; **2.** fischgrätenartige Anordnung; Zickzackmuster *n*; **3.** *Skilauf*: Grätenschritt *m*; **II.** *v/t.* **4.** mit e-m Fischgrätenmuster nähen; **III.** *v/i.* **5.** *Skilauf*: im Grätenschritt steigen; '**~-gull** *s. orn.* Silbermöwe *f*; '**~-pond** *s. humor.* (*bsd.* At'lantischer) 'Ozean.
hers [hə:z] *possessive pron.* ihrer (ihre, ihres), der (die, das) ihre *od.* ihrige: *my mother and ~* meine u. ihre Mutter; *it is ~* es gehört ihr; *a friend of ~* e-e Freundin von ihr.
her·self [hə:'self] *pron.* **1.** *refl.* sich: *she hurt ~*; **2.** sich (selbst): *she wants it for ~*; **3.** *verstärkend*: sie (*nom. od. acc.*) *od.* ihr (*dat.*) selbst: *she ~ did it, she did it ~* sie selbst hat es getan, sie hat es selbst getan; *by ~* allein, ohne Hilfe, von selbst; **4.** ihr nor'males Selbst: *she is not quite ~* **a)** sie ist nicht ganz normal, **b)** sie ist nicht auf der Höhe; *she is ~ again* sie ist wieder (ganz) die alte.
Hertz·i·an ['hə:tsiən] *adj. phys.* Hertzsch: *~ waves* Hertzsche Wellen.
he's [hi:z; hiz] F *für* **a)** *he is*, **b)** *he has.*
hes·i·tance ['hezitəns], '**hes·i·tan·cy** [-si] *s.* Unschlüssigkeit *f*, Zögern *n*; '**hes·i·tant** [-nt] *adj.* **1.** zögernd, unschlüssig; **2.** stockend (*Sprechen*); '**hes·i·tate** [-teit] *v/i.* zögern, zaudern, stocken (*a. Sprache*), unschlüssig sein; Bedenken tragen, sich genieren (*to inf.* zu *inf.*): *not to ~ at* nicht zurückschrekken vor (*dat.*); '**hes·i·tat·ing·ly** [-teitiŋli] *adv.* zögernd; **hes·i·ta·tion** [hezi'teiʃən] *s.* **1.** Zögern *n*, Schwanken *n*, Bedenken *n*: *without any ~* ohne (auch nur) zu zögern, bedenkenlos, sogleich; **2.** Stocken *n* (*Sprache*).
Hes·sian ['hesiən] **I.** *adj.* **1.** hessisch; **II.** *s.* **2.** Hesse *m*, Hessin *f*; **3.** grobes Sackzeug (*aus Hanf od. Jute*); **~ boots** *s. pl.* Schaftstiefel *pl.*
he·tae·ra [hi'tiərə] *pl.* **-rae** [-ri:], **he'tai·ra** [-'taiərə] *pl.* **-rai** [-rai] *s. antiq.* He'täre *f.*
hetero- [hetərou; -rə] *in Zssgn* anders, verschieden, fremd.
het·er·o·clite ['hetərouklait] **I.** *adj. bsd. ling.* unregelmäßig; **II.** *s.* unregelmäßiges Wort; **het·er·o·dox** ['hetərədɔks] *adj.* hetero'dox, anders-, irrgläubig, anderer Meinung; **het·er·o·dox·y** ['hetərədɔksi] *s.* Andersgläubigkeit *f*, Irrglaube *m*; **het·er·o·dyne** ['hetərədain] *adj.* *Radio*: *~ receiver* Überlagerungsempfänger, Super(het); **het·er·o·ge·ne·i·ty** [hetəroudʒi'ni:iti] *s.* Uneinheitlichkeit *f*, Verschiedenartigkeit *f*; '**het·er·o'ge·ne·ous** [-rou'dʒi:njəs] *adj.* □ hetero'gen, ungleichartig, verschiedenartig: *~ number* gemischte Zahl; **het·er·on·o·mous** [hetə'rɔnəməs] *adj.* e-m fremden Gesetz unter'worfen; *biol.* andersgegliedert; **het·er·on·o·my** [hetə'rɔnəmi] *s. biol.* andersartige Gliederung; '**het·er·o'sex·u·al** [-rou'seksjuəl] *adj.* 'heterosexu,ell; geschlechtlich nor'mal empfindend.
het·man ['hetmən] *pl.* **-mans** *s.* Hetman *m* (*hist. Befehlshaber od. Führer bei Polen u. Kosaken*).
het-up [het'ʌp] *adj.* F aufgeregt, ‚fuchtig'.
he·ve·a ['hi:viə] *s.* 'Gummibaum *m.*
hew [hju:] *v/t.* [*irr.*] hauen, hacken; *Bäume* fällen; *Steine* behauen; **~ down** *v/t.* 'um-, niederhauen; **~ out** *v/t.* **1.** aushauen; **2.** *fig.* schaffen: *to ~ a path for o.s.* sich s-n Weg bahnen, sich emporarbeiten.
hew·er ['hju:ə] *s.* **1.** (Holz-, Stein-) Hauer *m*: *~s of wood and drawers of water* **a)** *bibl.* Holzhauer u. Wasserträger, **b)** Arbeitssklaven; **2.** ⚒ Häuer *m*; **hewn** [hju:n] *p.p. von* hew.
hexa- [heksə] *in Zssgn* sechs; '**hex·a·gon** [-gən] *s.* Sechseck *n*: *~ voltage* Sechsecksspannung; **hex·ag·o·nal** [hek'sægənl] *adj.* sechseckig; '**hex·a·gram** [-græm] *s.* Hexa'gramm *n*, Sechsstern *m*; '**hex·a'he·dral** [-'hedrəl] *adj.* sechsflächig; '**hex·a'he·dron** [-'hedrən] *pl.* **-drons** *od.* **-dra** [-drə] *s.* Hexa'eder *n*; **hex·am·e·ter** [hek'sæmitə] **I.** *s.* He'xameter *m*; **II.** *adj.* hexa'metrisch.
hey [hei] *int.* hei!, ei!, heda!: *~ presto* und plötzlich ..., siehe da!
hey·day ['heidei] *s.* Höhepunkt *m*, Vollkraft *f*, Blüte *f*; Hochgefühl *n*, 'Überschwang *m.*
H-hour ['eitʃauə] *s.* ⚔ *Am.* X-Zeit *f*, Zeitpunkt *m* für den Beginn des Angriffs.
hi [hai] *int.* he!, heda!, ei!, hal'lo!
hi·a·tus [hai'eitəs] *s.* **1.** Lücke *f*, Spalt *m*, Kluft *f*; **2.** *ling.* Hi'atus *m.*
hi·ber·nate ['haibə:neit] *v/i.* über'wintern, Winterschlaf halten (*a. fig.*); **hi·ber·na·tion** [haibə:'neiʃən]

s. Winterschlaf *m*, Über'winterung *f*.
Hi·ber·ni·an [hai'bə:njən] **I.** *adj.* irisch; **II.** *s.* Irländer(in).
hi·bis·cus [hi'biskəs] *s.* ♀ Eibisch *m*.
hic·cough, hic·cup ['hikʌp] **I.** *s.* Schlucken *m*, Schluckauf *m*; **II.** *v/i.* den Schluckauf haben.
hick [hik] *s. sl.* ‚Bauer' *m*, Tölpel *m*, Pro'vinzler *m*: *~ town* Provinzstadt, ‚Nest', ‚Kaff'.
hick·o·ry ['hikəri] *s.* ♀ **1.** Hickory(nuß)baum *m*; **2.** Hickoryholz *n*, -stock *m*.
hid [hid] *pret. u. p.p. von hide¹*; **hid·den** [hidn] **I.** *p.p. von hide¹*; **II.** *adj.* □ verborgen, geheim.
hide¹ [haid] **I.** *v/t.* [*irr.*] **1.** (*from* vor *dat.*) verbergen, verstecken; **2.** verhüllen, ver-, bedecken: *to ~ from view* den Blicken entziehen; **3.** verheimlichen (*from* vor *dat.*); **II.** *v/i.* [*irr.*] **4.** sich verbergen *od.* verstekken.
hide² [haid] **I.** *s.* **1.** Haut *f*, Fell *n*; **2.** *fig.* ‚Fell' *n*, Haut *f*: *to save one's ~* die eigene Haut retten; *to tan s.o.'s ~* j-m das Fell gerben; **II.** *v/t.* **3.** F verdreschen.
hide³ [haid] *s.* Hufe *f* (*altes engl. Feldmaß, 80-120 acres*).
'**hide**|**-and-'seek** *s.* Versteckspiel *n*: *to play ~* Versteck spielen (*a. fig.*); '**~·bound** *adj. fig.* engherzig, -stirnig, beschränkt, starr.
hid·e·ous ['hidiəs] *adj.* □ ab'scheulich, scheußlich, schrecklich; '**hid·e·ous·ness** [-nis] *s.* Scheußlichkeit *f*.
'**hide-out** *s.* Versteck *n*.
hid·ing¹ ['haidiŋ] *s.* Versteck *n*: *to be in ~* sich versteckt halten.
hid·ing² ['haidiŋ] *s.* F Tracht *f* Prügel, ‚Dresche' *f*.
hie [hai] *v/i. poet.* eilen.
hi·er·arch ['haiərɑ:k] *s. eccl.* Hier'arch *m*, Oberpriester *m*; **hi·er·ar·chic** *adj.*; **hi·er·ar·chi·cal** [haiə'rɑ:kik(əl)] *adj.* □ hier'archisch; '**hi·er·arch·y** [-ki] *s.* Hierar'chie *f*: **a)** Priesterherrschaft *f*, **b)** Priesterschaft *f*, **c)** Rangordnung *f*; **hi·er·at·ic** [haiə'rætik] *adj.* **1.** hie'ratisch (*Schrift etc.*); **2.** priesterlich; **hi·er·oc·ra·cy** [haiə'rɔkrəsi] *s.* Priesterherrschaft *f*.
hi·er·o·glyph ['haiərəglif] *s.* **1.** Hiero'glyphe *f*; **2.** *pl.* Geheimschrift *f*; **3.** *pl. humor.* Hieroglyphen *pl.*, unleserliche Schrift; **hi·er·o·glyph·ic** [haiərə'glifik] **I.** *adj.* **1.** hiero'glyphisch; **2.** rätselhaft; **3.** unleserlich; **II.** *s.* **4.** → *hieroglyph 1-3*; **hi·er·o·glyph·i·cal** [haiərə'glifikəl] *adj.* □ → *hieroglyphic 1-3*.
hi-fi ['hai'fai] *abbr. für high-fidelity*.
hig·gle ['higl] *v/i.* feilschen (*over* um).
hig·gle·dy-pig·gle·dy ['higldi'pigldi] **I.** *adv.* drunter u. drüber, durchein'ander; **II.** *s.* Durchein'ander *n*, ˌTohuwa'bohu *n*.
high [hai] **I.** *adj.* → *higher, highest*; □ → *11 u. 12, highly*; **1.** hoch (-gelegen): *a ~ tower*; *~est floor* oberstes Stockwerk; *with a ~ neck* → *high-necked*; **2.** *fig.* hoch, erhaben, angesehen, vornehm: *of ~ birth* von edler Geburt; *of ~ standing* von gutem Ruf; *~ festival* hoher Feiertag; *the Most* ♀ der Höchste, Gott; *~ and mighty* **a)** erhaben, **b)** arrogant, hochmütig; *~ and low* hoch (*vornehm*) u. niedrig; **3.** bedeutend, Haupt..., Hoch..., Ober...: ♀ *Commissioner* Hoher Kommissar; **4.** hoch, gut, erstklassig: *~ quality*; *~ favo(u)r* hohe Gunst; *~ praise* großes Lob; *~ aims* hohe Ziele; *to have a ~ opinion of s.o.* e-e hohe Meinung von j-m haben; **5.** anmaßend; hochtrabend, über'trieben; **6.** stark, kräftig, heftig: *~ colo(u)r* **a)** lebhafte Farbe, **b)** rosiger Teint; *~ polish* Hochglanz; *~ temperature* hohe Temperatur; *~ wind* starker Wind; *~ words* zornige Worte; **7.** hoch, teuer; **8.** voll(ständig), äußerst, ex'trem: *~ summer* Hochsommer; *~ latitude geogr.* hohe Breite; *~ antiquity* fernstes Altertum; **9.** hoch, hell; laut, schrill (*Ton etc.*); **10.** angegangen, mit Haut'gout (*Fleisch*); **11.** *sl.* ‚high' (*im Drogenrausch*; *a. fig.*); **II.** *adv.* **12.** hoch (*a. fig.*): *to fly ~* hoch fliegen; *to run ~* **a)** hoch gehen (*Wellen*), **b)** toben (*Wind, Gefühle*); *feeling ran ~* die Gemüter erhitzten sich; *to pay ~* teuer bezahlen; *to play ~* hoch *od.* mit hohem Einsatz spielen; *to search ~ and low* überall suchen; **13.** extrava'gant, luxuri'ös: *to live ~* üppig leben; **III.** *s.* **14.** Höhe *f* (*a. fig.*): *on ~* **a)** hoch oben, droben, **b)** im Himmel; *from on ~* **a)** von oben, von höchster Stelle, **b)** vom Himmel; **15.** *meteor.* Hoch(druckgebiet) *n*; **16.** ⊕, *mot.* höchster Gang: *to shift into ~*; **17.** Höchststand *m*.
high| **al·tar** *s. eccl.* 'Hochalˌtar *m*; '**~-'al·ti·tude** *adj.* ✈ Höhen...: *~ flight*; *~ nausea* Höhenkrankheit; **~ and dry** *adj.* auf dem trockenen, gestrandet (*beide a. fig.*): *to leave s.o. ~ fig.* j-n im Stich lassen; '**~-an·gle fire** *s.* ⚔ Steilfeuer *n*; '**~-an·gle gun** *s.* ⚔ Steilfeuergeschütz *n*; '**~-backed** *adj.* mit hoher Lehne; '**~·ball** *s. Am.* **1.** Whisky *m* mit Soda (*Getränk*); **2.** 🚂 **a)** Freie-'Fahrt-Siˌgnal *n*, **b)** Schnellzug *m*; '**~-blown** *adj. fig.* großspurig, aufgeblasen; '**~-born** *adj.* hochgeboren; '**~·boy** *s. Am.* hohe Kom'mode; '**~-bred** *adj.* vornehm, wohlerzogen; '**~·brow** F **I.** *s.* Intellektu'elle(r *m*) *f*; **II.** *adj. a.* '**~-browed** (betont) intellektu'ell; *contp.* ‚hochgestochen'; ♀ **Church I.** *s.* (*anglikanische*) Hochkirche; **II.** *adj.* hochkirchlich; '♀-'**Church·man** [-mən] *s.* [*irr.*] Hochkirchler *m*; '**~-class** *adj.* hochwertig, 'prima (*a. iro.*); '**~-col·o(u)red** *adj.* **1.** von lebhafter Farbe; **2.** lebhaft; **~ com·mand** *s.* ⚔ 'Oberkomˌmando *n*; ♀ **Court (of Justice)** *s.* ⚖ *Brit.* Hoher Gerichtshof; **~ day** *s. bibl.* Feier-, Freudentag *m*; **~ div·ing** *s. sport* Turmspringen *n*; '**~-du·ty** *adj.* ⊕ Hochleistungs...: *~ machine*.
high·er ['haiə] **I.** *comp. von high*; **II.** *adj.* höher (*a. fig.*), Ober...: *the ~ mammals* die höheren Säugetiere; *~ mathematics* höhere Mathematik; '**high·est** [-ist] **I.** *sup. von high*; **II.** *adj.* höchst (*a. fig.*): *~ bidder* Meistbietender; **III.** *s.*: *at its ~* auf dem Höhepunkt.
high| **ex·plo·sive** *s.* 'hochexploˌsiver *od.* 'hochbriˌsanter Sprengstoff; '**~-ex'plo·sive** *adj.* 'hochexploˌsiv: *~ bomb* Sprengbombe; '**~-fa'lu·tin** [-fə'lu:tin], '**~-fa'lu·ting** [-tiŋ] *adj.* F hochtrabend, ‚hochgestochen'; **~ farm·ing** *s.* ↗ inten'sive Bodenbewirtschaftung; '**~-'fed** *adj.* wohlgenährt; '**~-fi'del·i·ty** *adj. Radio*: Hi-Fi, mit höchster 'Wiedergabetreue; '**~'fli·er** → *highflyer*; '**~-flown** *adj. fig.* **1.** erhaben, stolz; **2.** aufgeblasen, hochtrabend, über'spannt; '**~'fly·er** *s.* über'spannte Per'son; '**~·fly·ing** *adj.* über'trieben, -'spannt; **~ fre·quen·cy** *s.* ⚡ 'Hochfreˌquenz *f*; '**~-'fre·quen·cy** *adj.* Hochfrequenz...; ♀ **Ger·man** *s. ling.* Hochdeutsch *n*; '**~-grade** *adj.* erstklassig, hochwertig; **~ hand** *s.*: *with a ~* → *high-handed*; '**~-'hand·ed** *adj.* anmaßend, willkürlich, eigenmächtig; **~ hat** *s.* Zy'linder *m* (*Hut*); '**~-'hat I.** *s.* Snob *m*, hochnäsiger Mensch; **II.** *v/t. j-n* von oben her'ab behandeln; '**~-'heeled** *adj.* hochhackig, mit hohen Absätzen (*Schuhe*); '**~·land** [-lənd] **I.** *s.* Hoch-, Bergland *n*: *the ♀s of Scotland* das schottische Hochland; **II.** *adj.* hochländisch, Hochland...: ♀ *fling lebhafter schottischer Tanz*; '♀**·land·er** [-ləndə] *s.* (*bsd. schottische*[*r*]) Hochländer(in); '**~-'lev·el** *adj.*: *~ railway* Hochbahn; **~ life** *s.* **1.** ele'gantes Leben; **2.** die vornehme Welt; **~ light** *s. paint., phot.* hellste Stelle, Schlaglicht *n*; '**~-light** *fig.* **I.** *s.* **1.** Schlaglicht *n*, Höhepunkt *m*; **2.** *pl.* (*Opern- etc.*) Querschnitt *m* (*Schallplatte etc.*); **II.** *v/t. pret. u. p.p.* '**~-light·ed 3.** her'vorheben, betonen, her'ausstreichen; **~ liv·ing** *s.* Wohlleben *n*.
high·ly ['haili] *adv.* **1.** hoch, höchst, sehr: *~ gifted* hochbegabt; *~ placed fig.* hochgestellt; *~ strung* → *high-strung*; *~ paid* **a)** hochbezahlt, **b)** teuer bezahlt; **2.** lobend, günstig: *to think ~ of* viel halten von.
High| **Mass** *s. eccl.* Hochamt *n*; '♀-'**mind·ed** *adj.* hochherzig, -gesinnt; '♀-'**mind·ed·ness** *s.* Hochherzigkeit *f*; '♀-'**necked** *adj.* hochgeschlossen (*Kleid*).
high·ness ['hainis] *s.* **1.** *mst fig.* Höhe *f*; **2.** ♀ Hoheit *f* (*in Titeln*); **3.** Stich *m*, Haut'gout *m*.
'**high**|**-'pitched** *adj.* **1.** hoch (*Ton etc.*); **2.** steil; **3.** hochgesinnt; '**~-'pow·er** *adj.* ⊕ Hochleistungs..., Groß..., stark: *~ radio station* Großsender, -funkstation; '**~-'pow·ered** *adj.* ⊕ (besonders) stark; '**~-'pres·sure I.** *adj.* **1.** ⊕ *u. meteor.* Hochdruck...: *~ area* Hoch(druckgebiet); *~ engine* Hochdruckmaschine; **2.** *fig.* e'nergisch, wuchtig, mit Hochdruck arbeitend *etc.*: *~ salesman*; **II.** *v/t.* **3.** *j-n* ‚beknien', ‚bearbeiten'; '**~-'priced** *adj.* kostspielig, teuer; **~ priest** *s.* Hohe'priester *m*; '**~-'prin·ci·pled** *adj.* von hohen Grundsätzen, durch u. durch anständig; '**~-rank·ing** *adj.*: *~ officer* hoher Offizier; **~ re·lief** *s.* 'Hochreliˌef *n*; '**~·rise** *s.* (Bü'ro-, Wohn)Hochhaus *n*; **~ road** *s.*

Hauptstraße *f*: *the* ~ *to success fig.* der (sichere) Weg zum Erfolg; ~ **school** *s.* weiterführende Schule; ~ **seas** *s. pl.* Hochsee *f*, offenes Meer; '~-'**sea·soned** *adj.* scharf (gewürzt); '~-**sound·ing** *adj.* hochtönend, -trabend; '~-'**speed** *adj. bsd.* ⊕ schnellaufend (*Lager, Motor etc.*), Schnell...: ~ *flight* ✈ Schnellflug; ~ *steel* Schnell(dreh)stahl; '~-'**spir·it·ed** *adj.* lebhaft, schneidig, kühn, feurig; ~ **spir·its** *s. pl.* fröhliche Laune, gehobene Stimmung; '~-'**step·per** *s.* **1.** hochtrabendes Pferd; **2.** *fig.* Laffe *m*; '~-'**step·ping** *adj.* hochtrabend (*a. fig.*); ~ **street** *s.* Hauptstraße *f*; '~-'**strung** *adj.* reizbar, ('über)empfindlich; ~ **table** *s. Brit. univ.* (erhöhter) Do'zententisch; '~-**tail** *v/i. a.* ~ *it Am. sl.* (da'hin-, da'von)rasen, (-)flitzen; ~ **tea** *s. bsd. Brit.* Tee *m* (*Mahlzeit*), bei dem Fleisch serviert wird; ~ **ten·sion** *s.* ⚡ Hochspannung *f*; '~-'**ten·sion** *adj.* ⚡ Hochspannungs...: ~ *current* hochgespannter Strom; ~ **tide** *s.* **1.** Hochwasser *n* (*höchster Flutwasserstand*); **2.** *fig* Höhepunkt *m*; ~ **time** *s.* **1.** höchste Zeit: *it was* ~; **2.** *sl. a. high old time* **a)** großes Vergnügen, **b)** Gelage *n*; '~-'**toned** *adj.* **1.** *fig.* erhaben; **2.** vornehm; ~ **trea·son** *s.* Hochverrat *m*; ~ **volt·age** → *high tension*; ~ **wa·ter** → *high tide 1*; '~-'**wa·ter mark** *s.* **a)** Hochwasserstandszeichen *n*, **b)** *fig.* Höchststand *m*; '~**way** *s.* **1.** Landstraße *f*: (*the*) *King's* ~ öffentliche Landstraße; ~ *code* Straßenverkehrsordnung; **2.** Ver'kehrsˌlinie *f*; **3.** *fig.* Bahn *f*, bester Weg: ~*s and byways* alle Wege (*a. fig.*); '~**way·man** [-mən] *s.* [*irr.*] Straßenräuber *m*.

hi·jack ['haidʒæk] **I.** *v/t.* **1.** *Flugzeug* entführen; **2.** *Geldtransport etc.* über'fallen; **II.** *s.* **3.** Flugzeugentführung *f*; **4.** 'Überfall *m* (*Geldtransport etc.*); '**hi·jack·er** [-kə] *s.* Flugzeugentführer *m*; '**hi·jack·ing** [-kiŋ] *s.* → *hijack II.*

hike [haik] **I.** *v/i.* **1.** wandern; **2.** → *hitch-hike*; **II.** *v/t.* **3.** *Preise* hochtreiben, *Mieten etc.* (kräftig) erhöhen; **III.** *s.* **4.** Wanderung *f*; **5.** sprunghaftes Ansteigen (*Löhne, Mieten etc.*): ~ *in prices* ✝ Preisauftrieb; '**hik·er** [-kə] *s.* Wanderer *m*.

hi·lar·i·ous [hi'lɛəriəs] *adj.* □ vergnügt, 'übermütig, ausgelassen; **hi·lar·i·ty** [hi'læriti] *s.* Heiterkeit *f*, Fröhlichkeit *f*.

Hil·a·ry term ['hiləri] *s. Brit.* **1.** ⚖ *obs. im Januar beginnender Gerichtstermin*; **2.** *univ.* 'Frühjahrsseˌmester *n*.

hill [hil] **I.** *s.* **1.** Hügel *m*, Anhöhe *f*, kleiner Berg: *up* ~ *and down dale* bergauf u. bergab, überall; → *old 3*; **2.** (Erd)Haufen *m*: *ant*-~ Ameisenhaufen; **II.** *v/t.* **3.** *a.* ~ *up* ⚘ *Pflanzen* häufeln; '~**bil·ly** *s. Am.* F *contp.* Hinterwäldler *m*; ~ **climb** *s. mot., Radsport*: Bergrennen *n*; '~-**climb·ing a·bil·i·ty** *s. mot.* Steigfähigkeit *f*, Bergfreudigkeit *f*.

hill·i·ness ['hilinis] *s.* Hügeligkeit *f*.

hill·ock ['hilək] *s.* kleiner Hügel.

'**hill|'side** *s.* Hang *m*, (Berg)Abhang *m*; '~**top** *s.* Bergspitze *f*.

hill·y ['hili] *adj.* hügelig.

hilt [hilt] *s.* Heft *n*, Griff *m* (*Schwert etc.*): *up to the* ~ ganz u. gar; *proved up to the* ~ unwiderleglich bewiesen.

him [him] *pron.* **1.** ihn (*acc.*); ihm (*dat.*); **2.** F er (*nom.*): *it's* ~ er ist es; **3.** den(jenigen): *I saw* ~ *who did it*; **4.** *refl.* sich: *he looked about* ~ er sah um sich.

Hi·ma·la·yan [himə'leiən] *adj.* hima'lajisch.

him·self *pron.* **1.** *refl.* sich: *he cut* ~; **2.** sich (selbst): *he needs it for* ~; **3.** *verstärkend*: (er *od.* ihn *od.* ihm) selbst: *he* ~ *said it, he said it* ~ er selbst sagte es, er sagte es selbst; *by* ~ allein, ohne Hilfe, von selbst; **4.** sein nor'males Selbst: *he is not quite* ~ **a)** er ist nicht ganz normal, **b)** er ist nicht auf der Höhe; *he is* ~ *again* er ist wieder der alte.

hind[1] [haind] *s. zo.* Hindin *f*, Hirschkuh *f*.

hind[2] [haind] *s. Brit.* **1.** Bauer *m*; **2.** Landarbeiter *m*.

hind[3] [haind] *adj.* hinter, Hinter...: ~ *leg* Hinterbein; ~ *wheel* Hinterrad.

hind·er[1] ['haində] *comp. von hind*[3].

hin·der[2] ['hində] **I.** *v/t.* **1.** aufhalten; **2.** (*from*) (ver)hindern (an *dat.*), abhalten (von): ~*ed in one's work* bei der Arbeit behindert *od.* gestört; **II.** *v/i.* **3.** im Wege sein, hindern.

Hin·di ['hin'di:] *s. ling.* 'Hindi *n*.

'**hind·most** [-ndm-] *sup.* von *hind*[3].

hind quar·ter *s.* **1.** 'Hinterviertel *n* (*Schlachttier*); **2.** *pl.* 'Hinterteil *n*, Gesäß *n*, 'Hinterhand *f* (*Pferd*).

hin·drance ['hindrəns] *s.* **1.** (Be-)Hinderung *f*; **2.** Hindernis *n*.

'**hind·sight** *s.* **1.** ⚔ Vi'sier *n*; **2.** *fig.* späte Einsicht: *foresight is better than* ~ Vorsicht ist besser als Nachsicht.

Hin·du ['hin'du:] **I.** *s.* **1.** 'Hindu *m*; **2.** Inder *m*; **II.** *adj.* **3.** Hindu...; **Hin·du·ism** ['hindu(:)izəm] *s.* Hindu'ismus *m*; **Hin·du·sta·ni** [hindu'stɑ:ni] **I.** *s. ling.* Hindo'stani *n*; **II.** *adj.* hindo'stanisch.

hinge [hindʒ] **I.** *s.* **1.** ⊕ Schar'nier *n*, Gelenk *n*, Angel *f* (*Tür*): *off the* ~*s fig.* aus den Angeln *od.* Fugen; **2.** *fig.* Angel-, Wendepunkt *m*, Hauptsache *f*; **II.** *v/t.* **3.** mit Scharnieren *od.* Angeln versehen; **4.** *Tür* einhängen; **III.** *v/i.* **5.** *fig.* (*on*) sich drehen (um), abhängen (von), ankommen auf (*acc.*); **hinged** [-dʒd] *adj.* um ein Gelenk drehbar, auf-, her'unter-, zs.-klappbar; **hinge joint** *s.* **1.** ⊕ Schar'nier *n*, Gelenk *n*; **2.** *anat.* Schar'niergelenk *n*.

hin·ny ['hini] *s. zo.* Maulesel *m*.

hint [hint] **I.** *s.* **1.** Wink *m*, Andeutung *f*, Fingerzeig *m*: *broad* ~ Wink mit dem Zaunpfahl; *to take a* ~ e-n Wink verstehen, es sich gesagt sein lassen; *to drop a* ~ e-e Andeutung machen, e-e Bemerkung fallenlassen; **2.** Anspielung *f* (*at* auf *acc.*); **3.** Anflug *m*, Spur *f* (*of* von); **4.** Anleitung *f*; Hinweis *m*, ‚Tip' *m* (*on* für); **II.** *v/i.* **5.** andeuten (*at s. th.* et.); **6.** anspielen (*at* auf *acc.*).

hin·ter·land ['hintəlænd] *s.* 'Hinterland *n*.

hip[1] [hip] **I.** *s.* **1.** *anat.* Hüfte *f*: *I had him on the* ~ ich hatte ihn in der Gewalt; *to smite s.o.* ~ *and thigh* j-n erbarmungslos vernichten; **2.** ⚠ **a)** Walm *m*, **b)** Walmsparren *m*: ~ *rafter* Gratsparren; ~-*roof* Walmdach; **II.** *v/t.* **3.** ⚠ walmen.

hip[2] [hip] *s.* ⚘ Hagebutte *f*.

hip[3] [hip] *int.* hipp!: ~, ~, *hurrah!* hipp, hipp, hurra!

hip[4] [hip] *adj. sl.* **1.** → *hep*; **2.** → *beat 10*.

'**hip|-bath** *s.* Sitzbad *n*; '~-**bone** *s. anat.* Hüftbein *n*; '~-**joint** *s. anat.* Hüftgelenk *n*.

hipped[1] [hipt] *adj.* **1.** *in Zssgn* mit ... Hüften; **2.** ⚠ Walm...: ~ *roof*.

hipped[2] [hipt] *adj.* **1.** *Brit.* F trübsinnig; **2.** ärgerlich; **3.** *Am. sl.* versessen (*on* auf *acc.*).

hip·pie ['hipi] *s.* Hippie *m*.

hip·pish ['hipiʃ] → *hipped*[2] *1*.

hip·po ['hipou] *pl.* **-pos** *s.* F *für hippopotamus*.

hip·po·cam·pus [hipou'kæmpəs] *pl.* **-pi** [-pai] *s.* **1.** *myth.* Hippo'kamp *m*; **2.** *ichth.* Seepferdchen *n*; **3.** *anat.* 'Ammonshorn *n* (*des Gehirns*).

'**hip-pock·et** *s.* Gesäßtasche *f*.

Hip·po·crat·ic oath [hipou'krætik] *s.* hippo'kratischer Eid (*der Ärzte*).

hip·po·drome ['hipədroum] *s.* **1.** Reit-, Rennbahn *f*; **2.** 'Zirkus *m*; **3.** ♀ *Brit.* The'ater *n* (*für Varieté etc.*); **hip·po·griff, hip·po·gryph** ['hipəgrif] *s.* Flügelroß *n*.

hip·po·pot·a·mus [hipə'pɔtəməs] *pl.* **-mus·es, -mi** [-mai] *s. zo.* Fluß-, Nilpferd *n*.

hip·py ['hipi] → *hippie*.

'**hip-shot** *adj.* **1.** mit verrenkter Hüfte; **2.** *fig.* (lenden)lahm.

hip·ster ['hipstə] *s. sl.* **1.** → *hepcat*; **2.** → *beatnik*.

hir·a·ble ['haiərəbl] *adj.* mietbar.

hir·cine ['hə:sain] *adj.* **1.** ziegenbockartig; **2.** übelriechend.

hire ['haiə] **I.** *v/t.* **1.** *et.* mieten; **2.** *j-n* anstellen: ~*d man* Lohnarbeiter; **3.** ⚓ anheuern; **4.** *bsd. b.s. j-n* dingen: ~*d assassin* gedungener Mörder; **5.** *mst* ~ *out* vermieten; **6.** ~ *o.s. out* sich verdingen; **II.** *s.* **7.** Miete *f*: *on* ~ **a)** mietweise, **b)** zu vermieten(d); *to let out on* ~ vermieten; *for* ~ frei (*Taxi*); **8.** Entgelt *m*, *n*, Lohn *m*; ~ **car** *s.* Mietwagen *m*.

hire·ling ['haiəliŋ] *mst contp.* **I.** *s.* Mietling *m*; **II.** *adj.* **a)** käuflich, feil, **b)** gedungen.

'**hire-'pur·chase** *s. bsd. Brit.* ✝ Abzahlungs-, Teilzahlungs-, Ratenkauf *m*: *to buy on* ~ (*od. the* ~ *system*) auf Abzahlung kaufen; ~ *agreement* Teilzahlungsvertrag.

hir·sute ['hə:sju:t] *adj.* **1.** haarig, zottig, struppig; **2.** ⚘, *zo.* rauhhaarig; **3.** rauh.

his [hiz] **I.** *poss. adj.* sein, seine; **II.** *poss. pron.* seiner (seine, seines), der (die, das) seine *od.* seinige: *my father and* ~ mein u. sein Vater; *this hat is* ~ dieser Hut gehört ihm; *a book of* ~ eines seiner Bücher, ein Buch von ihm.

his·pid ['hispid] *adj.* ⚘, *zo.* borstig, rauh.

hiss [his] **I.** *v/i.* **1.** zischen; **II.** *v/t.* **2.** auszischen, -pfeifen; **3.** zischeln; **III.** *s.* **4.** Zischen *n.*
hist [s:t; hist] *int.* sch!, pst!, still!
his·tol·o·gist [his'tɔlədʒist] *s.* ⚕ Histo'loge *m*; **his'tol·o·gy** [-dʒi] *s.* ⚕ Histolo'gie *f*, Gewebelehre *f*; **his'tol·y·sis** [-lisis] *s.* ⚕, *biol.* Gewebszerfall *m*, Histo'lyse *f.*
his·to·ri·an [his'tɔ:riən] *s.* Hi'storiker(in), Geschichtsschreiber *m*; **his'tor·ic** [-'tɔrik] *adj.* (□ *~ally*) **1.** hi'storisch (berühmt *od.* bedeutsam): *~ buildings*; *a ~ speech*; **2.** *ling.* historisch: *~ present* historisches Präsens; **his'tor·i·cal** [-'tɔrikəl] *adj.* □ hi'storisch, geschichtlich (belegt), Geschichts...: *a(n) ~ event*; *~ science* Geschichtswissenschaft; **his·to·ric·i·ty** [histə'risiti] *s.* Geschichtlichkeit *f*; **his·to·ri·og·ra·pher** [histɔ:ri'ɔgrəfə] *s.* Historio'graph *m*, Geschichtsschreiber *m*; **his·to·ri·og·ra·phy** [histɔ:ri'ɔgrəfi] *s.* Geschichtsschreibung *f.*
his·to·ry ['histəri] *s.* **1.** Geschichte *f*, Geschichtswissenschaft *f*: *~ book* Geschichtsbuch; *ancient (modern) ~* alte (neuere) Geschichte; *~ of art* Kunstgeschichte; *to make ~* Geschichte machen; → *natural history*; **2.** Entwicklung *f*, (Entwicklungs)Geschichte *f*, Werdegang *m*; **3.** F (Vor)Geschichte *f*, Vergangenheit *f*: *to have a ~*; **4.** Beschreibung *f*, Darstellung *f*; *~* **piece** *s.* hi'storisches Gemälde.
his·tri·on·ic [histri'ɔnik] **I.** *adj.* (□ *~ally*) **1.** Schauspiel(er)..., schauspielerisch; **2.** thea'tralisch; **II.** *s.* **3.** *pl. a. sg. konstr.* **a)** Schauspielkunst *f*, **b)** Schauspielern *n*, Ef'fekthasche,rei *f*, Mätzchen *pl.*
hit [hit] **I.** *s.* **1.** Schlag *m*, Stoß *m*, Hieb *m* (*a. fig.*); **2.** *a. sport u. fig.* Treffer *m*: *to make a ~* e-n Treffer erzielen, Erfolg haben; **3.** Glücksfall *m*, Erfolg *m*; **4.** *thea.*, *Buch etc.*: Schlager *m*, ‚Knüller' *m*: *song ~* Schlager, Hit; *stage ~* Bühnenschlager; **5.** treffende, *bsd.* sar'kastische Bemerkung, guter Einfall, Spitze *f*: *that is a ~ at you* dieser Hieb gilt dir; **II.** *v/t.* [*irr.*] **6.** schlagen, stoßen: *to ~ one's head against s.th.* mit dem Kopf gegen et. stoßen; *to ~ s.o. a blow* j-m e-n Schlag versetzen; **7.** treffen, verletzen: *~ by a bullet*; **8.** *fig.* treffen; zusagen (*dat.*), passen (*dat.*): *it ~s my fancy* es sagt m-m Geschmack zu; *you've ~ it* du hast es getroffen (*ganz recht*); **9.** (*seelisch*) treffen, verletzen: *to be hard* (*od. badly*) *~* schwer getroffen sein (*by* durch); **10.** stoßen *od.* kommen auf (*acc.*), treffen, finden: *to ~ the right road*; *to ~ a mine* ⚓, ⚔ auf e-e Mine laufen; **11.** erreichen: *to ~ the town*; **III.** *v/i.* [*irr.*] **12.** (drein-, zu)schlagen; **13.** stoßen (*against* gegen); **14.** *~* (*up*)*on s.th.* auf et. stoßen, et. treffen *od.* finden; *~* **back** *v/i.* **1.** zu'rückschlagen (*a. fig.*); **2.** sich verteidigen *od.* rächen; *~* **off** *v/t.* **1.** treffend *od.* über'zeugend darstellen *od.* schildern; *die Ähnlichkeit* genau treffen; **2.** *to hit it off with s.o.* sich vertragen *od.* glänzend auskommen mit j-m; *~* **out** *v/i.* *mit der Faust* zuschlagen.
'hit-and-'run *adj.* flüchtig: *~ driver* flüchtiger Fahrer; *~ driving* Fahrerflucht; *~ raid* ⚔ Stippangriff.
hitch [hitʃ] **I.** *s.* **1.** Ruck *m*, Zug *m*; **2.** ⚓ Stich *m*, Knoten *m*; **3.** Stokkung *f*, Störung *f*, Hindernis *n*; ‚Haken' *m*: *there is a ~* die Sache hat e-n Haken; *without a ~* reibungslos, glatt; **II.** *v/t.* **4.** rücken, ziehen; **5.** *~ up* hochziehen, -reißen; **6.** befestigen, festbinden, -haken, koppeln; *Pferd* anspannen; **III.** *v/i.* **7.** rücken, sich ruckweise fortbewegen; **8.** hinken; stocken; **9.** sich festhaken, hängenbleiben (*on* an *dat.*); **10.** *to get ~ed sl.* heiraten.
'hitch|-hike *v/i.* F ‚per Anhalter' fahren, trampen; **'~-hik·er** *s.* F Anhalter(in), Tramper(in).
hith·er ['hiðə] **I.** *adv.* hierher: *~ and thither* hin und her; **II.** *adj.* diesseitig: *the ~ side* die nähere Seite; ♀ *India* Vorderindien; **'~'to** *adv.* bis'her, bis jetzt.
Hit·ler·ism ['hitlərizəm] *s.* Hitle'rismus *m*, Na'zismus *m*; **'Hit·ler·ite** [-rait] **I.** *s.* Hitle'rist(in), Nazi *m*; **II.** *adj.* hitle'ristisch, na'zistisch.
hit| or miss *adv.* aufs Geratewohl; **'~-or-'miss** *adj.* leichtsinnig, sorglos, unbekümmert; **'~-pa·rade** *s.* 'Schlager-, 'Hitpa,rade *f.*
Hit·tite ['hitait] *s. hist.* He'thiter *m.*
hive [haiv] **I.** *s.* **1.** Bienenkorb *m*, -stock *m*; **2.** Bienenvolk *n*, Bienenschwarm *m*; **3.** *fig.* **a)** Bienenhaus *n*, Sammelpunkt *m*, **b)** Schwarm *m* (*Menschen*); **II.** *v/t.* **4.** *Bienen* in e-n Stock bringen; **5.** *fig.* aufspeichern; **6.** *~ off* abzweigen; (ab)schwenken; **III.** *v/i.* **7.** in den Stock fliegen (*Bienen*); **8.** zu'sammen wohnen.
hives [haivz] *s. pl. sg. od. pl. konstr.* ⚕ **1.** Nesselausschlag *m*; **2.** *Brit.* Halsbräune *f.*
ho [hou] *int.* **1.** halt!, holla!, heda!; **2.** na'nu!; **3.** *contp.* ha'ha!; **4.** *westward ~!* auf nach Westen!
hoar [hɔ:] *adj. poet.* **1.** weiß(grau); **2.** altersgrau; **3.** ehrwürdig; **4.** (*vom Frost*) bereift.
hoard [hɔ:d] **I.** *s.* Hort *m*, Schatz *m*, Vorrat *m*; **II.** *v/t. u. v/i.* horten, sammeln, aufhäufen, hamstern; **'hoard·er** [-də] *s.* Hamsterer *m.*
hoard·ing ['hɔ:diŋ] *s.* **1.** Bau-, Bretterzaun *m*; **2.** *Brit.* Re'klamewand *f.*
'hoar'frost *s.* (Rauh)Reif *m.*
hoarse [hɔ:s] *adj.* □ heiser, rauh, krächzend; **'hoarse·ness** [-nis] *s.* Heiserkeit *f.*
hoar·y ['hɔ:ri] *adj.* □ **1.** weißlich; **2.** altersgrau (*a. fig.*), ergraut; **3.** (ur)alt, ehrwürdig.
hoax [houks] **I.** *s.* **1.** Falschmeldung *f*, (Zeitungs)Ente *f*; **2.** Schabernack *m*, Streich *m*; **II.** *v/t.* **3.** foppen, anführen, zum besten haben, *j-m* e-n Bären aufbinden.
hob [hɔb] **I.** *s.* **1.** Ka'mineinsatz *m*, -vorsprung *m* (*für Kessel etc.*); **2.** Pflock *m* (*Merkzeichen beim Spiel*); **3.** ⊕ (Ab)Wälzfräser *m*; **II.** *v/t. u. v/i.* **4.** ⊕ abwälzen, verzahnen.
hob·ble ['hɔbl] **I.** *v/i.* **1.** humpeln, hoppeln, hinken (*a. fig.*), holpern; **II.** *v/t.* **2.** *e-m Pferd etc.* die Vorderbeine fesseln; **3.** hindern; **III.** *s.* **4.** Humpeln *n*; **5.** F Klemme *f*, ‚Patsche' *f.*
hob·ble·de·hoy ['hɔbldi'hɔi] *s.* F Tolpatsch *m*, ‚Taps' *m.*
hob·by ['hɔbi] *s. fig.* Steckenpferd *n*, Liebhabe'rei *f*, Hobby *n*; **'~-horse** *s.* **1.** Steckenpferd *n*; **2.** Schaukelpferd *n*; **3.** Karus'sellpferd *n.*
'hob·gob·lin *s.* Kobold *m* (*a. fig.*).
'hob·nail *s.* grober Schuhnagel; **'hob·nailed** *adj.* **1.** genagelt, mit groben Nägeln beschlagen; **2.** *fig.* bäurisch, täppisch.
'hob·nob *v/i.* **1.** in'tim sein; freundschaftlich verkehren; **2.** zu'sammen eins trinken.
ho·bo ['houbou] *pl.* **-bos, -boes** *s.* *Am.* **1.** Wanderarbeiter *m*; **2.** Landstreicher *m*, Tippelbruder *m.*
Hob·son's choice ['hɔbsnz] *s.*: *to take ~* keine andere Wahl haben.
hock[1] [hɔk] **I.** *s.* **1.** *zo.* Sprung-, Fesselgelenk *n* (*Huftiere*); **2.** Hachse *f* (*Schlachttiere*); **II.** *v/t.* **3.** → *hamstring 3.*
hock[2] [hɔk] *s.* weißer Rheinwein.
hock[3] [hɔk] *sl.* **I.** *s.* Pfand *n*: *in ~* **a)** verschuldet, **b)** versetzt, verpfändet, **c)** *Am.* im ‚Kittchen' (*Gefängnis*); **II.** *v/t.* versetzen, verpfänden.
hock·ey ['hɔki] *s. sport* Hockey *n.*
'hock·shop *s. sl.* Pfandleihe *f*, Leihhaus *n.*
ho·cus ['houkəs] *v/t.* **1.** betrügen; **2.** berauschen, betäuben; **3.** *Getränk* mischen, *Wein etc.* verschneiden; **'~-'po·cus** [-'poukəs] *s.* Hokus'pokus *m*: **a)** *Zauberformel*, **b)** Gauke'lei *f*, Schwindel *m*, fauler Zauber.
hod [hɔd] *s.* **1.** △ Mörteltrog *m*; Steinbrett *n* (*zum Tragen*); **2.** → *coal hod.*
hodge·podge ['hɔdʒpɔdʒ] → *hotchpotch.*
'hod·man [-mən] *s.* [*irr.*] **1.** △ Handlanger *m* (*a. fig.*); **2.** Tagelöhner *m*; Lohnschreiber *m.*
ho·dom·e·ter [hɔ'dɔmitə] *s.* Hodo'meter *n*, Wegmesser *m*, Schrittzähler *m.*
hoe [hou] ⚘ **I.** *s.* Hacke *f*; **II.** *v/t.* *Boden* hacken; *Unkraut* aushacken: *a long row to ~* e-e schwere Aufgabe.
hog [hɔg] **I.** *s.* **1.** (Haus)Schwein *n*; Schlachtschwein *n*: *to go the whole ~ sl.* **a)** aufs Ganze gehen, reinen Tisch machen, **b)** alles nehmen; **2.** *fig.* **a)** Vielfraß *m*, **b)** Flegel *m*, **c)** Schmutzfink *m*; **3.** ⚓ Scheuerbesen *m*; **4.** → *hogget*; **II.** *v/t.* **5.** *den Rücken* krümmen; **6.** kurz scheren, stutzen; **7.** (gierig) an sich reißen, mit Beschlag belegen; **III.** *v/i.* **8.** den Rücken krümmen; **9.** F rücksichtslos fahren; **'~·back** *s.* langer u. scharfer Gebirgskamm; **'~-chol·er·a** *s. vet.* Schweinerotlauf *m*, -pest *f.*
hogged [hɔgd] *adj.* hochgekrümmt; nach beiden Seiten steil abfallend.
hog·get ['hɔgit] *s. bsd. Brit.* Jährling *m*, einjähriges Schaf.

hog·gish ['hɔgiʃ] *adj.* □ **1.** schweinisch, schmutzig; **2.** gierig, gefräßig; **3.** gemein, zotig.

hog·ma·nay ['hɔgmənei] *s. Scot.* Sil'vester *m, n.*

hog| mane *s.* gestutzte Pferdemähne; '**~'s-back** → *hogback.*

hogs·head ['hɔgzhed] *s.* **1.** Oxhoft *n* (*Flüssigkeitsmaß, etwa 240 l*); **2.** großes Faß.

'**hog|-skin** *s.* Schweinsleder *n*; **~'s pud·ding** *s. etwa* Preßkopf *m*; '**~-sty** *s.* Schweinestall *m*; '**~-tie** *v/t.* **1.** alle vier Füße zs.-binden; **2.** *fig.* fesseln, lähmen; '**~-wash** *s.* **1.** Schweinetrank *m*, Spülicht *n*; **2.** *fig.* Gewäsch *n*, Quatsch *m.*

hoi(c)k[1] [hɔik] *v/t.* ✈ hochreißen.

hoick[2] [hɔik], **hoicks** [hɔiks] *int. hunt.* hussa!, heda! (*Hetzruf an Hunde*).

hoi pol·loi [hɔi'pɔlɔi] (*Greek*) *s. pl.* die große Masse, der Pöbel.

hoist[1] [hɔist] *obs. p.p.*: *~ with one's own petard* **a)** von der selbstgelegten Bombe zerrissen, **b)** *fig.* in der eigenen Falle gefangen.

hoist[2] [hɔist] **I.** *v/t.* **1.** hochziehen, -winden, hieven, heben; **2.** *Flagge, Segel* hissen *od.* heißen; **II.** *s.* **3.** (Lasten)Aufzug *m*; Hebezeug *n*, Flaschenzug *m*, Kran *m*, Winde *f.*

hoist·ing| cage ['hɔistiŋ] *s.* ⚒ Förderkorb *m*; **~ en·gine** *s.* **1.** ⊕ Hebewerk *n*, Aufzug *m*; **2.** ⚒ 'Förderma,schine *f.*

'**hoist·way** *s.* ⊕ Aufzugsschacht *m.*

hoi·ty-toi·ty ['hɔiti'tɔiti] **I.** *int.* **1.** alle Wetter!; **II.** *adj.* **2.** arro'gant, hochnäsig; **3.** leichtgekränkt, etepe'tete: *don't be so ~!* hab dich mal nicht so!; **4.** ausgelassen.

ho·k(e)y-po·k(e)y ['houki'pouki] *s. sl.* **1.** → *hocus-pocus*; **2.** billiges Speiseeis.

ho·kum ['houkəm] *s. sl.* **1.** Kitsch *m*; **2.** Unsinn *m*, Mätzchen *pl*; **3.** *thea., bsd. Film*: ‚Schnulze' *f.*

hold[1] [hould] *s.* ⚓, ✈ Lade-, Frachtraum *m.*

hold[2] [hould] **I.** *s.* **1.** Halt *m*, Griff *m* (*a. Ringkampf*): *to catch* (*od. get, lay, seize, take*) *~ of s.th.* et. (er-)greifen, bekommen, fassen, zu fassen kriegen; *to get ~ of s.o.* j-n erwischen; *to keep ~ of* festhalten; *to let go one's ~ of s.th.* et. loslassen; *to miss one's ~* fehlgreifen; **2.** Halt *m*, Stütze *f*: *to afford no ~* keinen Halt bieten; **3.** (*on, over, of*) Gewalt *f*, Macht *f* (über *acc.*), Einfluß *m* (auf *acc.*): *to get a ~ on s.o.* j-n unter s-n Einfluß bekommen; *to have a (firm) ~ on* in s-r Gewalt haben, beherrschen; **II.** *v/t.* [*irr.*] **4.** halten: *to ~ a book in one's hands*; *to ~ o.s. ready* sich bereit halten; *to ~ o.s. upright* sich geradehalten; **5.** (aus)halten, tragen; **6.** besitzen: *to ~ land*; *to ~ shares*; **7.** innehaben, bekleiden: *to ~ an office*; **8.** (beibe)halten: *to ~ a position* ⚔ e-e Stellung halten *od.* behaupten; *to ~ the course* ⚓ den Kurs (beibe)halten; **9.** enthalten, fassen, Platz haben für; in sich schließen: *this jug ~s one pint* dieser Krug faßt eine Pinte; *what the future ~s (in store)* was die Zukunft bringt; **10.** *Ansicht etc.* haben, vertreten; **11.** *j-n od. et.* halten (für): *I ~ him to be a fool* ich halte ihn für e-n Narren; *it is held to be true* man hält es für wahr; *to ~ in contempt* verachten; **12.** meinen, der Ansicht sein; ⚖ entscheiden: *I ~ that* ich bin der Ansicht, daß; **13.** fest-, zu'rückhalten: *to ~ one's breath* den Atem anhalten; *to ~ the enemy* den Feind aufhalten; *to ~ the shipment* die Sendung zurückhalten; **14.** im Zaume halten, zügeln: *to ~ one's hand* sich (*von Tätlichkeiten*) zurückhalten; *there's no ~ing him* er ist nicht zu halten *od.* bändigen; **15.** *fig.* fesseln: *to ~ s.o.'s attention*; *to ~ the audience* die Zuhörer in Spannung halten; **16.** *Stellung* halten, behaupten: *to ~ one's own* sich behaupten, standhalten; *to ~ the stage* **a)** im Mittelpunkt stehen (*Person*), **b)** sich halten (*Theaterstück*); **17.** abhalten, veranstalten: *to ~ a meeting* e-e Versammlung abhalten; *to ~ counsel* sich beraten; **18.** *Unterhaltung* führen; **19.** festnehmen: *12 persons were held*; *to ~ prisoner* gefangenhalten; **III.** *v/i.* [*irr.*] **20.** (stand)halten; nicht brechen *od.* reißen: *will the anchor ~?* wird der Anker halten?; *to ~ tight* sich festhalten; *~ hard!* halt!, warte mal!; **21.** *oft ~ good* gelten, gültig sein *od.* bleiben; sich bewähren: *the promise still ~s (good)* das Versprechen gilt noch; **22.** fortdauern, anhalten: *if the fine weather ~s* wenn das Wetter schön bleibt;

Zssgn mit adv. u. prp.:

hold| a·gainst *v/t.*: *~ s.o.* j-m *et.* nachtragen *od.* verübeln *od.* vorwerfen; **~ back I.** *v/t.* **1.** zu'rück-, abhalten; **2.** zurückhalten mit, verbergen, geheimhalten; **II.** *v/i.* **3.** sich zurückhalten, zögern; **4.** zu'rückbleiben; **~ by** *v/i.* sich halten an (*acc.*), sich richten nach; **~ down** *v/t.* niederhalten, unter'drücken; **~ forth I.** *v/t.* bieten, in Aussicht stellen; **II.** *v/i.* Reden halten, sich auslassen (*on* über *acc.*); **~ in** *v/t.* **1.** zügeln, Einhalt gebieten (*dat.*); **2.** *hold o.s. in* sich beherrschen *od.* zu'rückhalten; **~ off I.** *v/t.* **1.** fern-, zu'rückhalten; **II.** *v/i.* **2.** sich zurückhalten, zögern; **3.** ausbleiben; **~ on** *v/i.* **1.** festhalten, behalten (*to acc.*): *~ (a bit)!* immer langsam!; **2.** ausharren, -halten; **3.** an-, fortdauern, fortfahren: *to ~ one's way* s-n Weg fortsetzen; **4.** *teleph.* am Appa'rat bleiben; **~ out I.** *v/t.* **1.** *Hand etc.* ausstrecken, hinhalten: *to ~ a hand to s.o.* j-m helfen; **2.** (dar)bieten, in Aussicht stellen; **II.** *v/i.* **3.** aus-, 'durchhalten, sich halten, standhalten; andauern; **4.** *~ for* hoffen *od.* bestehen auf (*acc.*); **~ o·ver** *v/t.* zu'rückhalten, -stellen, aufschieben; **~ to I.** *v/i.* festhalten an (*dat.*), bleiben bei: *I ~ my opinion*; **II.** *v/t.*: *to hold s.o. to his promise* j-n beim Wort nehmen; **~ to·geth·er** *v/t. u. v/i.* zs.-halten; **~ up I.** *v/t.* **1.** halten, stützen; **2.** hochheben: *to ~ to the light* **a)** gegen das Licht halten, **b)** *fig.* enthüllen; **3.** aufrechterhalten; **4.** zeigen, hinstellen: *to ~ as a model* als Vorbild hinstellen; *to ~ to ridicule* lächerlich machen; *to ~ to view* den Blicken darbieten; **5.** aufhalten, hindern: *held up by the fog*; **6.** über'fallen; **II.** *v/i.* **7.** sich halten (*Preise, Wetter*); **8.** nicht zu'rückbleiben.

'**hold|-all** *s.* Reisetasche *f*; '**~·back** *s.* Hindernis *n.*

hold·er ['houldə] *s.* **1.** *oft in Zssgn* Halter *m*, Behälter *m*; **2.** ⊕ Zwinge *f*, Halter(ung *f*) *m*; **3.** ⚡ (Lampen-)Fassung *f*; **4.** Pächter *m*; **5.** ✝ Inhaber(in), Besitzer(in): *previous ~* Vorbesitzer; **6.** *sport* (Titel-)Inhaber(in).

'**hold·fast** *s.* **1.** ⊕ Klammer *f*, Zwinge *f*, Haken *m*, Kluppe *f*; **2.** ⚘ Haftscheibe *f.*

hold·ing ['houldiŋ] *s.* **1.** ⚖ **a)** Pachtgut *n*, **b)** Pacht *f*, **c)** Grundbesitz *m*; **2.** *oft pl.* Besitz *m*, Bestand *m* (*Effekten*): *large steel ~s* ✝ großer Besitz von Stahl(werks)aktien; **3.** ✝ **a)** Vorrat *m*, **b)** Guthaben *n*; **~ at·tack** *s.* ⚔ Fesselungsangriff *m*; **~ ca·pac·i·ty** *s.* Fassungsvermögen *n*; **~ com·pa·ny** *s.* ✝ Dachgesellschaft *f*, Holdinggesellschaft *f.*

'**hold|·o·ver** *s.* **1.** 'Überbleibsel *n*, Rest *m*; **2.** *ped.* Repe'tent *m*; '**~-up** *s.* **1.** Stockung *f*, Störung *f*; **2.** (bewaffneter) 'Überfall *m*: *bank ~.*

hole [houl] **I.** *s.* **1.** Loch *n*, Riß *m*: *to go into ~s* Löcher bekommen; *to be in a ~ fig.* in der Klemme sitzen; *to make a ~ in fig.* ein Loch reißen in (*acc.*; *Vorräte*); *to pick ~s in fig.* an et. herumkritteln, *Argument etc.* zerpflücken, *j-m* am Zeug flicken; **2.** Loch *n*, Grube *f*; **3.** Höhle *f*, Bau *m* (*Tier*); **4.** *fig.* ‚Loch' *n*, ‚Bude' *f*; **5.** *Golf*: **a)** Loch *n*, **b)** Punkt *m*; **II.** *v/t.* **6.** durch'löchern, aushöhlen; **7.** ⚒ schrämen; **8.** *Tunnel* bohren; **9.** *Golf*: *Ball* einlochen; **10.** *Tier* in die Höhle treiben; **III.** *v/i.* **11.** sich in die Höhle verkriechen (*Tier*); **12.** *~ up Am. sl.* sich verstecken *od.* -kriechen; **13.** *a. ~ out Golf*: einlochen.

'**hole-and-'cor·ner** *adj.* **1.** heimlich, versteckt; **2.** zweifelhaft, anrüchig.

hol·i·day ['hɔlədi] **I.** *s.* **1.** Feiertag *m*: *public ~* gesetzlicher Feiertag; **2.** freier Tag, Ruhetag *m*: *to have a ~* **a)** e-n freien Tag haben, **b)** Ferien haben; *to have a ~ from* befreit sein von; **3.** *mst pl. bsd. Brit.* Ferien *pl.*, Urlaub *m*: *the Easter ~s* die Osterferien; *on ~* in den Ferien, auf Urlaub, verreist; *to go on ~* (*od. on one's ~s*) in die Ferien gehen; *~s with pay* bezahlter Urlaub; **II.** *adj.* **4.** Ferien..., Fest(-tags)...: *~ camp* Ferienlager; *~ mood* Ferienstimmung; *~ clothes* Festkleider; *~ course* Ferienkurs; **III.** *v/i.* **5.** *bsd. Brit.* Ferien *od.* Urlaub machen; '**~-mak·er** *s. bsd. Brit.* Ferienreisende(r *m*) *f*, Ferien-, Kurgast *m*, Urlauber(in), Sommerfrischler(in).

ho·li·ness ['houlinis] *s.* Heiligkeit *f*: *His* ♀ Seine Heiligkeit (*Papst*).

ho·lism ['houlizəm] *s. phls.* Ho'lismus *m* (*Ganzheitstheorie*); **ho·lis·tic** [hou'listik] *adj.* ho'listisch, ganzheitlich.

hol·la ['hɔlə] → *hallo.*

hol·land ['hɔlənd] *s.* grobe, ungebleichte Leinwand.

Hol·lands (gin) ['hɔləndz] *s.* Wa'cholderschnaps *m*, Ge'never *m.*

hol·ler ['hɔlə] *v/i. u. v/t.* F schreien, brüllen.

hol·lo ['hɔlou] → *hallo.*

hol·low ['hɔlou] **I.** *s.* **1.** Höhle *f*, (Aus)Höhlung *f*, Hohlraum *m*: ~ *of the hand* hohle Hand; *to have s.o. in the* ~ *of one's hand* j-n völlig in der Hand haben; ~ *of the knee* Kniekehle; **2.** Loch *n*, Grube *f*; **3.** Vertiefung *f*, Mulde *f*, Tal *n*; Hohlweg *m*; **4.** ⊕ Rinne *f*, Hohlkehle *f*; **II.** *adj.* □ → *a. III*; **5.** hohl, Hohl...; **6.** hohl, dumpf (*Ton, Stimme*); **7.** *fig.* hohl, leer, nichtssagend, nichtig; **8.** hohl: **a)** eingefallen (*Wangen*), **b)** tiefliegend (*Augen*); **III.** *adv.* **9.** hohl; **10.** *to beat s.o.* ~ j-n völlig besiegen, j-n weit hinter sich lassen; **IV.** *v/t.* **11.** *oft* ~ *out* aushöhlen, -kehlen; '~-'**cheeked** *adj.* hohlwangig; '~-**eyed** [-ouaid] *adj.* hohläugig; '~-'**ground** *adj.* ⊕ hohlgeschliffen; '~-'**heart·ed** *adj. fig.* falsch, treulos.

hol·low·ness ['hɔlounis] *s.* **1.** Hohlheit *f*; **2.** Dumpfheit *f*; **3.** Leerheit *f*; Falschheit *f.*

'**hol·low-ware** *s.* tiefes (Küchen-) Geschirr (*Töpfe, Schüsseln etc*).

hol·ly ['hɔli] *s.* **1.** ⚘ Stechpalme *f*; **2.** Stechpalmenzweige *pl.*

'**hol·ly·hock** *s.* ⚘ Stockrose *f*, Malve *f.*

holm [houm] *s.* Holm *m*, Werder *m*; '~-'**oak** *s.* ⚘ Steineiche *f.*

holo- [hɔlə-] *in Zssgn* ganz.

hol·o|·caust ['hɔləkɔ:st] *s.* **1.** Massenvernichtung *f*, -tod *m*, (*bsd.* 'Brand-) Kata₁strophe *f*; **2.** Brandopfer *n*; '~**cene** [-əsi:n] *s. geol.* Holo'zän *n*, Al'luvium *n*; '~**graph** [-əgrɑ:f; -əgræf] **I.** *adj.* (ganz) eigenhändig geschrieben: ~ *will*; **II.** *s.* eigenhändig geschriebene Urkunde; ~**thu·ri·an** [hɔlə'θuəriən] *s. zo.* Seewalze *f.*

Hol·stein ['hɔlstain] (*Ger.*) *s.* ♂ Holsteiner *m* (*Rind*).

hol·ster ['houlstə] *s.* Pi'stolenhalfter *f, n.*

holt [hoult] *s. poet.* Gehölz *n*, Hain *m.*

ho·lus-bo·lus ['houləs'bouləs] *adv.* F alle(s) auf einmal; holterdie'polter.

ho·ly ['houli] **I.** *adj.* □ **heilig**, geweiht; → *order 20*; **II.** *s.*: *the* ~ *of holies bibl.* das Allerheiligste; ♀ **Al·li·ance** *s. hist.* Heilige Alli'anz; ♀ **Cit·y** *s. die* Heilige Stadt; ~ **day** *s.* kirchlicher Feiertag; ♀ **Fa·ther** *s. der* Heilige Vater; ♀ **Ghost** *s. der* Heilige Geist; ♀ **Land** *s. das* Heilige Land; ♀ **Of·fice** *s. R.C.* **a)** *hist.* Inquisiti'on *f*, **b)** *das* Heilige Of'fizium; ♀ **Ro·man Em·pire** *s. hist. das* Heilige Römische Reich; ♀ **Sat·ur·day** *s.* Kar'samstag *m*; ♀ **Scrip·ture** *s. die* Heilige Schrift; ♀ **See** *s. der* Heilige Stuhl; ♀ **Spir·it** → *Holy Ghost*; '~**stone** ⚓ **I.** *s.* Scheuerstein *m*; **II.** *v/t.* scheuern; ~ **ter·ror** *s.* F Quälgeist *m*, (kleines) Scheusal; ♀ **Thurs·day** *s.* **1.** *R.C.* Grün'donnerstag *m*; **2.** (*anglikanische Kirche*) Himmelfahrtstag *m*; ♀ **Trin·i·ty** *s. die* Heilige Drei'einigkeit *od.* Drei'faltigkeit; ~ **wa·ter** *s. R.C.* Weihwasser *n*; ♀ **Week** *s.* Karwoche *f*; ♀ **Writ** → *Holy Scripture.*

hom·age ['hɔmidʒ] *s.* **1.** Huldigung *f*: *to do* (*od. pay*) ~ huldigen (*to dat.*); **2.** Reve'renz *f.*

Hom·burg (hat) ['hɔmbə:g] *s.* Homburg *m* (*Herrenfilzhut*).

home [houm] **I.** *s.* **1.** Heim *n*, Elternhaus *n*; **2.** Heim *n*, (*eigene*) Wohnung; (*jetziger*) Wohnort, Heimatort *m*: *away from* ~ abwesend, auswärts, verreist; *I leave* ~ *at 9* ich gehe um 9 Uhr von (zu) Hause fort; *Paris is my second* ~ Paris ist m-e zweite Heimat; *he made his* ~ *in* er schlug s-n Wohnsitz auf in (*dat.*); *last* ~ letzte Ruhestätte; **3.** *at* ~ **a)** zu Hause, **b)** Empfangstag habend; → *at-home*; *at* ~ *in fig.* bewandert in (*dat.*), vertraut mit; *not at* ~ (*to*) nicht zu sprechen (für); *to feel at* ~ sich wie zu Hause fühlen; *make yourself at* ~ mach es dir bequem; **4.** Heim *n*, Haushalt *m*, Fa'milie *f*; Zu'hause *n*, Da'heim *n*: ~ *help* Haushaltshilfe, Hausgehilfin; ~ *life* Familienleben; *the pleasures of* ~ die häuslichen Freuden; *there is no place like* ~ eigener Herd ist Goldes wert; **5.** Heimat *f*, Geburts-, Vaterland *n*: *a letter from* ~ ein Brief aus der Heimat *od.* von der Familie; ~ *freight* ✝ Rückfracht; ~ *port* ⚓ Heimathafen; **6.** Ursprungsort *m*; Heimat *f* (*fig. a. von Tieren*); **7.** Heim *n*, (Heil- u. Pflege)Anstalt *f*: ~ *for the aged* Altenheim; ~ *for the blind* Blindenheim; **8.** *sport* Ziel *n*, Mal *n*: ~ *stretch* Zielgerade; **II.** *adj.* **9.** häuslich, Familien..., Heim..., zu Hause ausgeübt; *sport* Heim...: ~ *address* Heimat-, Privatadresse; ~ *circle* Familienkreis; ~ *match sport* Heimspiel; **10.** einheimisch, inländisch, Inland(s)..., Binnen...: ~ *affairs pol.* innere Angelegenheiten; ~ *demand* ✝ Inlandsnachfrage; **11.** Haupt..., Stamm...: ~ *office* ✝ *bsd. Am.* Stammhaus; ~ *farm* selbstbewirtschaftetes Gut; → *Home Office*; **12.** treffend, deutlich, ungezwungen, derb: *to tell s.o. a few* ~ *truths* j-m gründlich die Meinung sagen; **III.** *adv.* **13.** nach Hause: *the way* ~ der Heimweg; *to go* ~ **a)** nach Hause gehen, **b)** *a. to get* ~ s-e Wirkung tun, ‚sitzen', ‚treffen'; *to get* ~ *on s.o.* j-n (an der wunden Stelle) treffen; → *write 10*; **14.** zu Hause: *I shall be* ~ *by ten* ich werde um 10 Uhr (wieder) zu Hause *od.* zurück sein; **15.** am Ziel, bis ans Ziel, bis zum Ausgangspunkt: *to drive a nail* ~ e-n Nagel fest einschlagen; *to drive* (*od. bring*) *s.th.* ~ *to s.o.* **a)** j-m et. klarmachen *od.* beibringen, **b)** j-n e-r Sache überführen; *to press s.th.* ~ et. durchsetzen *od.* gründlich durchführen; *to strike* ~ s-e Wirkung tun, ‚sitzen'; *this comes* ~ *to me* **a)** das sehe ich ein, **b)** das geht mir nahe; *the thrust went* ~ *fig.* der Hieb saß.

'**home**|-'**bred** *adj.* **1.** schlicht, einfach; **2.** einheimisch; '~-'**brew** *s.* selbstgebrautes Bier; '~-**com·er** *s.* Heimkehrer *m*; '~-**com·ing** *s.* Heimkehr *f*; ♀ **Coun·ties** *s. pl. die um London liegenden Grafschaften*; ~ **e·co·nom·ics** *s. pl. sg. konstr.* Hauswirtschaftslehre *f*; ♀ **Guard** *s.* Bürgerwehr *f*; '~-**keep·ing** *adj.* häuslich; stubenhockerisch; '~**land** *s.* Heimat-, Vater-, Mutterland *n*; ~ **leave** *s.* Heimaturlaub *m.*

home·less ['houmlis] *adj.* **1.** heimatlos; **2.** obdachlos; '**home·like** *adj.* wie zu Hause, heimisch, gemütlich; **home·li·ness** ['houmlinis] *s.* **1.** Einfachheit *f*, Schlichtheit *f*; **2.** *Am.* Reizlosigkeit *f*; **home·ly** ['houmli] *adj.* **1.** anheimelnd, häuslich; **2.** schlicht, hausbacken, reizlos; anspruchslos; **3.** behaglich, gemütlich; **4.** einfach, alltäglich; **5.** *Am.* reizlos.

'**home**|-'**made** *adj.* **1.** selbstgemacht, selbstgebacken, Hausmacher...; **2.** ✝ **a)** einheimisch, im Inland hergestellt: ~ *goods* einheimische Erzeugnisse, **b)** hausgemacht: ~ *inflation*; '~**mak·ing** *s.* Haushaltsführung *f*; ~ **mar·ket** *s.* ✝ Inlandsmarkt *m.*

homeo- *etc.* → *homoeo- etc.*

Home| **Of·fice** *s. Brit.* 'Innenmini₁sterium *n*; ♀ **perm** *s.* F Heim-Dauerwelle *f.*

hom·er ['houmə] *s.* **1.** F → *home run*; **2.** Brieftaube *f.*

Ho·mer·ic [hou'merik] *adj.* ho'merisch: ~ *laughter* homerisches Gelächter.

Home| **Rule** *s. pol.* 'Selbstre₁gierung *f*, Autono'mie *f*; '♀-**rul·er** *s.* Vorkämpfer *m* e-r Autonomie; ♀ **run** *s. Baseball*: *Lauf um sämtliche Male auf einen Schlag*; ~ **Sec·re·tar·y** *s. Brit.* 'Innenmi₁nister *m*; '♀·**sick** *adj.*: *to be* ~ Heimweh haben; '♀·**sick·ness** *s.* Heimweh *n*; ♀ **sig·nal** *s.* 🚂 'Hauptsi₁gnal *n*; '♀·**spun** **I.** *adj.* **1.** zu Hause gesponnen; **2.** *fig.* schlicht, einfach; grob; **II.** *s.* **3.** *ein rauher Wollstoff*; '♀·**stead** *s.* **1.** Heimstätte *f*, Eigenheim *n* mit Grundstück; **2.** ⚖ *Am. gegen Zugriff von Gläubigern geschützte Heimstätte*: ~ *law* Heimstättengesetz; ♀ **trade** *s.* ✝ Binnen-, Inlandshandel *m*; ♀ **treat·ment** *s.* ⚕ Hausbehandlung *f*, -kur *f*; '♀·**ward** [-wəd] *adj. u. adv.* Heim..., Rück...; → *bound²*; '♀·**wards** [-wədz] *adv.* heimwärts; '♀·**work** *s.* **1.** *ped.* Hausaufgabe(n *pl.*) *f*, Schularbeiten *pl.*: *to do one's* ~ s-e Hausaufgaben machen (*a. fig. sich gründlich vorbereiten*); **2.** ✝ Heimarbeit *f*; '♀·**work·er** *s.* ✝ Heimarbeiter(in).

hom·i·cid·al [hɔmi'saidl] *adj.* mörderisch; Mord...; mordlustig; **hom·i·cide** ['hɔmisaid] *s.* **1.** *allg.* Tötung *f*; *engS.* **a)** Mord *m*, **b)** Totschlag *m*; **2.** Mörder(in), Totschläger(in).

hom·i·let·ic [hɔmi'letik] *adj.* homi'letisch, Predigt...; **hom·i'let·ics**

[-ks] *s. pl. oft sg. konstr.* Homi'letik *f*, Predigtlehre *f*; **hom·i·list** ['hɔmilist] *s.* **1.** Prediger *m*; **2.** Verfasser *m* von Predigten; **hom·i·ly** ['hɔmili] *s.* **1.** Predigt *f*; **2.** *fig.* Gar'dinen-, Mo'ralpredigt *f*.

hom·ing ['houmiŋ] **I.** *adj.* **1.** heimkehrend: ~ *pigeon* Brieftaube; ~ *instinct zo.* Heimkehrvermögen; **2.** ⚔ zielansteuernd (*Torpedo, Rakete*); **II.** *s.* ✈ **3.** a) Zielflug *m*, Senderanflug *m*, b) Zielpeilung *f*: ~ *beacon* Anflugfunkfeuer; ~ *device* Zielfluggerät.

hom·i·nid ['hɔminid] *zo.* **I.** *adj.* menschenartig; **II.** *s.* Homi'nid *m*, (*vorgeschichtliches*) menschenartiges Wesen.

hom·i·ny ['hɔmini] *s.* **1.** Maismehl *n*; **2.** Maisbrei *m*.

homo- [houmou-; hɔmou-; hɔmə-], **homoeo-** [houmjə-] *in Zssgn* gleichartig.

ho·moe·o·path ['houmjəpæθ] *s.* ⚕ Homöo'path(in); **ho·moe·o·path·ic** [houmjə'pæθik] *adj.* (□ ~*ally*) ⚕ homöo'pathisch; **ho·moe·op·a·thist** [houmi'ɔpəθist] → *homoeopath*; **ho·moe·op·a·thy** [houmi'ɔpəθi] *s.* ⚕ Homöopa'thie *f*.

ho·mo·ge·ne·i·ty [hɔmoudʒe'ni:iti] *s.* Homogeni'tät *f*, Gleichartigkeit *f*; **ho·mo·ge·ne·ous** [hɔmə'dʒi:njəs] *adj.* □ homo'gen, gleichartig; **ho·mo·gen·e·sis** [hɔmə'dʒenisis] *s. biol.* Homoge'nese *f*.

ho·mol·o·gate [hɔ'mɔləgeit] *v/t.* ⚖ a) genehmigen, b) beglaubigen, bestätigen, c) amtlich anerkennen; **ho'mol·o·gous** [-gəs] *adj.* homo'log, entsprechend, über'einstimmend; gleichwertig, artverwandt, ähnlich; **hom·o·logue** ['hɔmələg] *s.* homo'loger Teil; **ho·mol·o·gy** [hɔ'mɔlədʒi] *s.* Entsprechung *f*, Über'einstimmung *f*, Gleichwertigkeit *f*, Ähnlichkeit *f*.

hom·o·nym ['hɔmənim] *s. ling.* Homo'nym *n*, gleichlautendes Wort; **hom·o·nym·ic** [hɔmə'nimik], **ho·mon·y·mous** [hɔ'mɔniməs] *adj.* gleichlautend, -namig; **ho·mo·phile** ['houmoufail] **I.** *s.* Homo'phile(r *m*) *f*; **II.** *adj.* homo'phil; **hom·o·phone** ['hɔməfoun] *s. ling.* **1.** Schriftzeichen *n* mit gleichem Laut; **2.** gleichlautendes Wort; **hom·o·phon·ic** [hɔmə'fɔnik] *adj.* ♪ homo'phon.

ho·mop·ter·a [hɔ'mɔptərə] *s. pl. zo.* Gleichflügler *pl.* (*Insekten*).

ho·mo·sex·u·al ['houmou'seksjuəl] **I.** *s.* ˌHomosexu'elle(r *m*) *f*; **II.** *adj.* ˌhomosexu'ell; **ho·mo·sex·u·al·i·ty** ['houmouseksju'æliti] *s.* ˌHomosexuali'tät *f*.

ho·mun·cle [hou'mʌŋkl] → *homuncule*; **ho'mun·cu·lar** [-kjulə] *adj.* ho'munkulusähnlich; **ho'mun·cule** [-kju:l], **ho'mun·cu·lus** [-kjuləs] *pl.* **-li** [-lai] *s.* Ho'munkulus *m*; Menschlein *n*, Knirps *m*.

hon. ['ɔnərəbl] *abbr. für hono(u)rable*.

hone [houn] **I.** *s.* (feiner) Schleifstein; **II.** *v/t.* honen, fein-, ziehschleifen: *honing tool* Honwerkzeug.

hon·est ['ɔnist] *adj.* □ **1.** ehrlich, redlich, aufrecht, rechtschaffen, anständig; gewissenhaft; **2.** offen, aufrichtig; **3.** *obs.* ehrbar (*Frau*); **'hon·est·ly** [-li] **I.** *adv.* → *honest*; **II.** *int.* F offen gesagt, wirklich, auf mein Wort!; **'hon·est-to-'good·ness** *adj.* F echt, wahr, ‚richtig'; **'hon·es·ty** [-ti] *s.* **1.** Ehrlichkeit *f*, Rechtschaffenheit *f*; **2.** Aufrichtigkeit *f*; **3.** ⚘ 'Mondviˌole *f*.

hon·ey ['hʌni] **I.** *s.* **1.** Honig *m*; **2.** *fig.* Süßigkeit *f*, Lieblichkeit *f*; Freude *f*; **3.** *fig.* Liebling *m*, Süße(r *m*) *f*; **'~-bag** *s. zo.* Honigmagen *m der Bienen*; **'~-bee** *s. zo.* Honigbiene *f*.

'hon·ey·comb [-koum] *s.* **1.** Honigwabe *f*; **2.** Waffelmuster *n* (*Gewebe*): ~ *quilt* Waffeldecke; ~ *towel* Handtuch aus Waffelgewebe; **3.** ⊕ Gußblase *f*; **4.** *in Zssgn* ⊕ Waben... (*-kühler, -spule etc.*); **'hon·ey·combed** [-koumd] *adj.* **1.** durch'löchert, löcherig, zellig; **2.** ⊕ blasig; **3.** *fig.* (*with*) durch'setzt (mit), unter'graben (durch).

hon·ey| dew *s.* **1.** ⚘ Honigtau *m*, Blatthonig *m*: ~ *melon* sehr süße Melone; **2.** gesüßter 'Tabak; **'~-eat·er** *s. orn.* Honigfresser *m*.

hon·eyed ['hʌnid] *adj.* honigsüß (*a. fig.*).

hon·ey| ex·trac·tor → *honey separator*; **'~moon** **I.** *s.* **1.** Flitterwochen *pl.*; **2.** Hochzeitsreise *f*; **II.** *v/i.* **3.** die Flitterwochen verbringen; s-e Hochzeitsreise machen; **'~moon·er** *s.* Hochzeitsreisende(r *m*) *f*; ~ **sep·a·ra·tor** *s.* ⊕ Honigschleuder *f*; **'~suck·le** *s.* ⚘ Geißblatt *n*, Je'längerje'lieber *n*.

hon·ied → *honeyed*.

honk [hɔŋk] **I.** *s.* **1.** Schrei *m* der Wildgans; **2.** 'Hupensiˌgnal *n*; **II.** *v/i.* **3.** schreien (*Wildgans*); **4.** hupen.

hon·or *etc. Am.* → *honour etc.*

hon·o·rar·i·um [ɔnə'rɛəriəm] *pl.* **-rar·i·a** [-'rɛəriə], **-rar·i·ums** *s.* (freiwilliges) Hono'rar, Gratifikati'on *f*; **hon·or·ar·y** ['ɔnərəri] *adj.* ehrend, Ehren..., ehrenamtlich: ~ *debt* Ehrenschuld; ~ *degree univ.* (Doktor)Grad *od.* Titel ehrenhalber; ~ *member* Ehrenmitglied; ~ *secretary* (*abbr. hon. sec.*) ehrenamtlicher Schriftführer; **hon·or'if·ic** [-'rifik] **I.** *adj.* (□ ~*ally*) **1.** ehrend, Ehren...; **2.** ehrenwert; **II.** *s.* **3.** Ehrung *f*, Ehrentitel *m*.

hon·our ['ɔnə] **I.** *s.* **1.** Ehre *f*: (*up*)*on my* ~ bei m-r Ehre, (auf mein) Ehrenwort!; *man of* ~ Ehrenmann; *point of* ~ Ehrensache; *it does him* ~ er kann stolz darauf sein; *he is an* ~ *to his school* er ist e-e Zierde s-r Schule; *to do s.o. the* ~ j-m die Ehre erweisen; *I have the* ~ *to inf.* ich habe die Ehre zu *inf.*; *to put s.o. on his* ~ j-n bei s-r Ehre packen; **2.** Ansehen *n*, guter Ruf: *bound in* ~ moralisch verpflichtet; *to his* ~ *it must be said* zu s-r Ehre muß gesagt werden; **3.** Ehrerbietung *f*, Hochachtung *f*: *in s.o.'s* ~ zu j-s *od.* j-m zu Ehren; *to hold in* ~ in Ehren halten; *to give* (*od. pay*) ~ *to j-m* Ehrerbietung zollen; **4.** *pl.* Ehrung *f*, Auszeichnung *f*, Ehrenbezeigung *f*: *last* (*od. funeral*) ~*s* letzte Ehre; *military* ~*s* militärische Ehren; *with* ~*s even* von gleichem Rang; **5.** *pl.* Ehrenzeichen *pl.*, Orden *pl.*; **6.** Ehrung *f*, Ehrentitel *m*, hoher Rang: ~*s list Brit.* Liste der Titelverleihungen (*zum Geburtstage des Herrschers etc.*); → 7; **7.** *pl. univ.* 'Studium *n* höherer Ordnung (*als Hauptfach*): ~*s degree* Honours-Grad; ~*s list* Liste der Absolventen mit Honours-Grad; → 6; ~*s man Brit.*, ~*s student Am.* wer e-n Honours-Grad anstrebt *od.* besitzt; **8.** *pl.* Hon'neurs *pl.*: *to do the* ~*s* die Honneurs machen; **9.** *Kartenspiel*: Bild *n*; **10.** *Golf*: *it is his* ~ er hat die Ehre; **11.** † Honorierung *f*, Einlösung *f*; **II.** *v/t.* **12.** ehren, auszeichnen, verherrlichen; **13.** ehren, Ehre erweisen (*dat.*); **14.** beehren (*with* mit); **15.** † *Scheck etc.* honorieren, einlösen; *Schuld* begleichen; *Vertrag* erfüllen; **hon·our·a·ble** ['ɔnərəbl] *adj.* □ **1.** ehrenwert, rechtschaffen: *an* ~ *man* ein Ehrenmann; **2.** ehrenhaft, ehrlich (*Absicht etc.*); **3.** ehrenvoll, rühmlich; **4.** ♀ (*abbr. Hon.*) *bsd. Brit. Titel* (*a. Frauen*) Ehrenwert: *the* ♀ *Adam Smith*; *the* ♀ *gentleman, my* ♀ *friend parl.* der Herr Kollege *od.* Vorredner.

hood [hud] **I.** *s.* **1.** Ka'puze *f* (*a. univ. am Talar*); **2.** ⚘ Helm *m*; **3.** *orn., zo.* Haube *f*, Schopf *m*; Brillenzeichnung *f* der 'Kobra; **4.** *mot.* a) *Brit.* Verdeck *n*, b) *Am.* ('Motor)Haube *f*; **5.** ⊕ a) Kappe *f*, (Schutz)Haube *f*, b) Abzug *m* (*für Gase*); **6.** → *hoodlum* 2; **II.** *v/t.* **7.** mit e-r Ka'puze *od.* Haube bekleiden; **8.** be-, verdecken.

hood·ed ['hudid] *adj.* **1.** mit e-r Ka'puze bekleidet; **2.** *fig.* verhüllt; vermummt; **3.** *orn.* mit Schopf; ~ **crow** *s. orn.* Nebelkrähe *f*; ~ **seal** *s. zo.* Mützenrobbe *f*; ~ **snake** → *cobra*.

hood·lum ['hu:dləm] *s. sl.* **1.** (jugendlicher) Strolch, Rowdy *m*; **2.** Ga'nove *m*, Gangster *m*.

hoo·doo ['hu:du:] *s. bsd. Am.* **1.** → *voodoo 1–3*; **2.** a) Unglücksbringer *m*, b) Unglück *n*.

'hood·wink *v/t.* **1.** *obs.* die Augen verbinden (*dat.*); **2.** *mst fig.* täuschen, hinter'gehen, reinlegen.

hoo·ey ['hu:i] *Am. sl.* **I.** *int.* Unsinn!, dummes Zeug!; **II.** *s.* Unsinn *m*, Humbug *m*.

hoof [hu:f] *pl.* **hoofs, hooves** [hu:vz] **I.** *s.* **1.** *zo.* Huf *m*: *on the* ~ lebend (*Schlachtvieh*); → *cloven hoof*; **2.** *humor.* (*Menschen*)Fuß *m*: *to pad the* ~ → 4; *under the* ~ unterdrückt; **II.** *v/t.* **3.** *a.* ~ *out sl.* rausschmeißen; **III.** *v/i.* **4.** *mst* ~ *it sl.* zu Fuß gehen; **5.** *Am. sl.* tanzen; **'~-bound** *adj. vet.* hufzwängig.

hoofed [hu:ft] *adj.* gehuft, Huf...; **'hoof·er** [-fə] *s. Am. sl.* Berufstänzer(in), *bsd.* Steptänzer(in).

hook [huk] **I.** *s.* **1.** Haken *m*: *clothes-*~ Kleiderhaken; ~*s and eyes* Haken u. Ösen; *by* ~ *or by crook* unter allen Umständen, so oder so; *on one's own* ~ *sl.* auf eigene Faust, auf eigene Rechnung; *to* sling (*od.* take) one's ~ *sl.* abhauen, ‚türmen'; **2.** ⊕ **a)** Haken *m*, **b)** (Tür)Angel *f*, Haspe *f*; **3.** Angelhaken *m*: ~, *line, and sinker fig.* vollständig; **4.** ⚒ Sichel *f*; **5.** scharfe Biegung; Landspitze *f*; **6.** ♪ Notenfähnchen *n*; **7. a)** *Baseball, Golf*: Hook *m*, **b)** *Boxen*: Haken *m*; **II.** *v/t.* **8.** an-, ein-, fest-, zuhaken; **9.** fangen, angeln (*a. fig.*): *to ~ s.o.* (sich) j-n angeln; **10.** F ‚klauen' (*stehlen*); **11.** biegen, krümmen; **12.** *Boxen*: *j-m* e-n Haken versetzen; **13.** *Baseball, Golf*: *Ball* mit (e-m) Hook spielen; **14.** ~ *up* anhaken; *mit Haken* aufhängen; zs.-stellen; anschließen; **III.** *v/i.* **15.** sich (zu)haken lassen; sich festhaken; **16.** ~ *on* 'untergehakt gehen; **17.** *to ~ it sl.* sich dünnmachen, ‚türmen': ~ *it!* hau ab!

hook·a(h) ['hukə] *s.* 'Huka *f* (*orientalische Wasserpfeife*).

hooked [hukt] *adj.* **1.** krumm, hakenförmig, Haken...; **2.** mit (e-m) Haken (versehen).

hook·er ['hukə] *s.* **1.** Huker *m* (*Fischerboot*); **2.** ⊕ Aufhänger *m*, Kar'dangelenk *n*; **3.** *Am. sl.* ‚Nutte' *f*.

hook·ey → *hooky*².

'hook|-'nosed *adj.* mit e-r Hakennase; **'~-pin** *s.* ⊕ Hakenbolzen *m*, -stift *m*; **~ span·ner** *s.* ⊕ Hakenschlüssel *m*; **~ tile** *s.* Hakenziegel *m*; **~ tool** *s.* ⊕ Hakenstahl *m*, Drehhaken *m*; **'~-up** *s.* **1.** *Radio*: **a)** Zs.-, Gemeinschaftsschaltung *f* (*mehrerer Sender*), Ringsendung *f*, **b)** 'Schaltbild *n*, -ˌschema *n*; **2.** Zs.-schluß *m*, Bündnis *n*; **'~-worm** *s. zo.* Hakenwurm *m*.

hook·y¹ ['huki] *adj.* hakenartig, gekrümmt.

hook·y² ['huki] *s.*: *to play ~ Am.* **a)** (die Schule) schwänzen, **b)** sich drücken.

hoo·li·gan ['hu:ligən] *s.* Rowdy *m*, ‚Schläger' *m*; **'hoo·li·gan·ism** [-nizəm] *s.* Rowdytum *n*.

hoop¹ [hu:p] **I.** *s.* **1.** Reif(en) *m* (*a.* ⊕, *Faß, Kinderspiel, Zirkus, Reifrock*): *to go through the ~(s)* Schlimmes durchmachen; **2.** *a.* ⊕ Band *n*, Ring *m*: *~-iron* Bandeisen; **3.** *a.* ~ *skirt* Reifrock *m*; **4.** *Krocket*: Tor *n*; **II.** *v/t.* **5.** *Faß* binden, bereifen; **6.** um'geben, -'ringen.

hoop² [hu:p] → *whoop*.

hoop·er¹ ['hu:pə] *s.* Böttcher *m*, Küfer *m*, Faßbinder *m*.

hoop·er² ['hu:pə], **~ swan** *s. orn.* Singschwan *m*.

'hoop·ing|-cough ['hu:piŋ] *s.* ⚕ Keuchhusten *m*; **~ swan** → *hooper*².

hoop·la ['hu:plɑ:] *s.* Ringwerfen *n* (*auf Jahrmärkten etc.*).

hoo·poe ['hu:pu:] *s. orn.* Wiedehopf *m*.

hoo·ray [hu'rei] → *hurrah*.

hoos(e)·gow, hoose-gaw ['hu:sgau] *s. Am. sl.* ‚Kittchen' *n* (*Gefängnis*).

hoot [hu:t] **I.** *v/i.* **1.** heulen, (höhnisch) johlen: *to ~ at s.o.* j-n verhöhnen; **2.** schreien (*Eule*); **3.** *Brit.* **a)** hupen, tuten (*Auto*), **b)** pfeifen, heulen (*Dampfpfeife*); **II.** *v/t.* **4.** *a.* ~ *down* niederschreien, auspfeifen; **5.** ~ *out*, ~ *off* durch Gejohle vertreiben; **III.** *s.* **6.** (*johlender*) Schrei (*a. Eule*): *it's not worth a ~* F es ist keinen Pfifferling wert; *I don't care two ~s* F das ist mir schnuppe; **7.** Hupen *n* (*Auto*); Heulen *n* (*Sirene*); **'hoot·er** [-tə] *s.* **1.** Hupe *f* (*Auto*); **2.** Si'rene *f*, Dampfpfeife *f*.

Hoo·ver ['hu:və] *Brit.* (*Fabrikmarke*) **I.** *s.* Staubsauger *m*; **II.** *v/t.* mit dem Staubsauger reinigen, (ab)saugen.

hooves [hu:vz] *pl. von hoof*.

hop¹ [hɔp] **I.** *v/i.* **1.** hüpfen, hopsen; **2.** F tanzen; **3.** ~ *off* ✈ starten; **4.** *mst ~ it sl.* sich verziehen, ‚verduften'; **II.** *v/t.* **5.** hüpfen *od.* springen über (*acc.*); **6.** F (auf)springen auf (*acc.*): *to ~ a train*; **7.** *sl.* über'fliegen, -'queren; **8.** *Ball* hüpfen lassen; **9.** *Am. sl.* **a)** mit Rauschgift aufputschen, **b)** *mot. Auto* ‚frisieren'; **III.** *s.* **10.** Hopser *m*, Sprung *m*: *to be on the ~* F hin u. her rennen; *to catch on the ~* F erwischen; **11.** F Tänzchen *n*; **12.** ✈ F kurzer Flug, Teilstrecke *f*; **13.** *Am. sl.* Rauschgift *n*, *engS.* 'Opium *n*.

hop² [hɔp] **I.** *s.* **1.** ⚘ Hopfen *m*; **2.** *pl.* Hopfen(blüten *pl.*) *m*: *to pick ~s* Hopfen zupfen; **II.** *v/t.* **3.** *Bier* hopfen; **III.** *v/i.* **4.** Hopfen zupfen; **~ back** *s. Brauerei*: Hopfenseiher *m*; **'~-bind, '~-bine** *s.* Hopfenranke *f*; **~ dri·er** *s.* Hopfendarre *f*.

hope [houp] **I.** *s.* **1.** Hoffnung *f* (*of* auf *acc.*): *in ~s* in der Erwartung, hoffend; *in the ~ of ger.* in der Hoffnung zu *inf.*; *past ~* hoffnungs-, aussichtslos; **2.** Aussicht *f*, Zuversicht *f*: *no ~ of success* keine Aussicht auf Erfolg; **3.** Hoffnung *f* (*Person od. Sache*): *she is our only ~*; **4.** → *forlorn hope*; **II.** *v/i.* **5.** hoffen (*for* auf *acc.*): *to ~ against ~* hoffen, wo nichts mehr zu hoffen ist, verzweifelt hoffen; *to ~ for the best* das Beste hoffen; *I ~ so* hoffentlich, ich hoffe (es); *the ~d-for result* das erhoffte Ergebnis; **~ chest** *s. Am.* F Hamsterkiste *f*.

hope·ful ['houpful] **I.** *adj.* □ **1.** hoffnungs-, erwartungsvoll: *I am* (*od. feel*) ~ ich hoffe; **2.** (*a. iro.*) vielversprechend; **II.** *s.* **3.** *mst iro. od. humor.* vielversprechender junger Mensch; **'hope·ful·ness** [-nis] *s.* Hoffnungsfreudigkeit *f*.

hope·less ['houplis] *adj.* □ **1.** hoffnungslos, verzweifelt; **2.** hoffnungs-, aussichtslos; **3.** F unverbesserlich: *a ~ drunkard*; **'hope·less·ly** [-li] *adv.* **1.** → *hopeless*; **2.** F heillos, völlig: ~ *drunk* sinnlos betrunken; **'hope·less·ness** [-nis] *s.* Hoffnungslosigkeit *f*.

'hop|-fly *s. zo.* Hopfenblattlaus *f*; **'~-gar·den** *s. Brit.* Hopfengarten *m*; **~ kiln** → *hop drier*.

hop-o'-my-thumb ['hɔpəmi'θʌm] *s.* Knirps *m*, Zwerg *m*.

hopped-up ['hɔptʌp] *adj. Am. sl.* **1.** (von Rauschgift) aufgeputscht; **2.** (ganz) ‚aus dem Häus-chen' (*aufgeregt*).

hop·per¹ ['hɔpə] *s.* **1.** Hüpfende(r *m*) *f*; **2.** Tänzer(in); **3.** *zo.* hüpfendes In'sekt, *bsd.* Käsemade *f*; **4.** ⊕ Spülkasten *m*; **5.** ⊕ **a)** Fülltrichter *m*, **b)** (Schüttgut-, Vorrats)Behälter *m*, **c)** Fahrzeug *n* für Schnellentladung: ~ *bottom* 🚃 Bodentrichter, Fallboden; ~ *car* 🚃 Fallboden-, Selbstentladewagen.

hop·per² ['hɔpə] → *hop-picker*.

'hop|-pick·er *s.* Hopfenpflücker *m* (*a. Maschine*); **'~-pil·low** *s.* mit Hopfenblüten gestopftes Kissen (*zum Einschlafen*).

hop·ping mad ['hɔpiŋ] *adj.* F bebend vor Zorn, wütend.

'hop|-pock·et *s.* Hopfenballen *m* ($1^1/_2$ *Zentner*); **'~-pole** *s.* ⚒ Hopfenstange *f*; **'~-sack** *s.* **1.** Hopfensack *m*; **2.** → *hop-sacking*; **'~-sack·ing** *s.* **1.** grobe Sackleinwand; **2.** *ein* wollener Kleiderstoff; **'~-scotch** *s.* Himmel-und-Hölle-Spiel *n* (*Hüpfspiel*); **'~-vine** → *hop-bind*; **'~-yard** → *hop-garden*.

Ho·rae ['hɔ:ri:] *s. pl. myth.* Horen *pl.*

ho·ra·ry ['hɔ:rəri] *adj.* **1.** Stunden...; **2.** (all)stündlich. [zisch: ~ ode.]

Ho·ra·tian [hə'reiʃjən] *adj.* ho'ra-

horde [hɔ:d] **I.** *s.* Horde *f*, wilder Haufen; **II.** *v/i.* e-e Horde bilden; in Horden (zu'sammen) leben.

hore·hound ['hɔ:haund] *s.* **1.** ⚘ Weißer Andorn; **2.** 'Hustenbonˌbon *m*, *n*.

ho·ri·zon [hə'raizn] *s.* Hori'zont *m*, Gesichtskreis *m* (*a. fig.*): *apparent* (*od. sensible, visible*) ~ scheinbarer Horizont; *celestial* (*od. rational, true*) ~ wahrer Horizont.

hor·i·zon·tal [hɔri'zɔntl] **I.** *adj.* □ horizon'tal, waag(e)recht; ⊕ *a.* liegend (*Motor, Ventil etc.*): ~ *line* ⩘ Waag(e)rechte; **II.** *s.* ⩘ Horizon'tale *f*, Waag(e)rechte *f*; **~ bar** *s. Turnen*: Reck *n*; **~ plane** *s.* ⩘ Horizon'talebene *f*; **~ pro·jec·tion** *s.* **1.** ⩘ Horizon'talprojektiˌon *f*; **2.** Grundriß *m*; **~ rud·der** *s.* ⚓ Horizon'tal(steuer)ruder *n*, Tiefenruder *n*.

hor·mone ['hɔ:moun] *s. biol.* Hor'mon *n*.

horn [hɔ:n] **I.** *s.* **1.** *zo.* **a)** Horn *n*, **b)** *pl.* Geweih *n*; → *dilemma*; **2.** *zo.* Horn *n* (*Nashorn*); Fühler *m* (*Insekt*); Fühlhorn *n* (*Schnecke*): *to draw* (*od. pull*) *in one's ~s fig.* die Hörner einziehen; **3.** *pl. fig.* Hörner *pl.* (*des betrogenen Ehemanns*); **4.** (Pulver-, Trink)Horn *n*: ~ *of plenty* Füllhorn; **5.** ♪ Horn *n*; ⊕ Si'gnalhorn *n*, Hupe *f*; **6.** Schalltrichter *m*; **7.** 'Horn(subˌstanz *f*) *n*: ~ *handle* Horngriff; ~ *spectacles* Hornbrille; **8.** ⊕ Arm *m*, Vorsprung *m*, Nase *f*; **9.** Landspitze *f*: *the* ♀ *das* Kap Horn; **10.** *e-e* Spitze der Mondsichel; **11.** ⚔ Bleikappe *f e-r Mine*; **12.** V ‚Ständer' *m*; **II.** *v/t.* **13.** mit den Hörnern stoßen; **III.** *v/i.* **14.** ~ *in Am. sl.* sich einmischen *od.* -drängen (*on* in *acc.*); **'~·beam** *s.* ⚘ Hain-, Weißbuche *f*; **'~·bill** *s. orn.* Nashornvogel *m*; **'~·blende** *s. min.* Hornblende *f*.

horned [*mst poet.* 'hɔ:nid; *in Zssgn* hɔ:nd] *adj.* gehörnt, Horn...: ~ *cattle* Hornvieh; **~ owl** *s. orn.* Ohreule *f*; **~ pheas·ant** *s. orn.* 'Ohrfaˌsan *m*; **~ pop·py** *s.* ⚘ Gelber Hornmohn; **~ toad** *s. zo.* Krötenechse *f*.

hor·net ['hɔ:nit] *s. zo.* Hor'nisse *f*: *to bring a ~s' nest about one's ears fig.* in ein Wespennest stechen.

'horn|-fly *s. zo.* Hornfliege *f*; **'~·less** *adj.* ohne Hörner; **'~·pipe** *s.* ♪ **1.** Hornpfeife *f*; **2.** *alter engl. Matro-*

sentanz; '~-**plate** *s.* ⊜ Achsenhalter *m*; '~-**rimmed** *adj.* mit Hornfassung: ~ *spectacles* Hornbrille; '~-**shav·ings** *s. pl.* Hornspäne *pl.* (*Dünger*); '~-**stone** *s. min.* Hornstein *m.*

horn·y ['hɔːni] *adj.* **1.** hornig, schwielig: ~-*handed* mit Schwielen an den Händen; **2.** aus Horn; **3.** V geil.

hor·o·loge ['hɔrəlɔdʒ] *s.* Zeitmesser *m*, (Sonnen- *etc.*)Uhr *f.*

hor·o·scope ['hɔrəskoup] *s.* Horo'skop *n*: *to cast a* ~ ein Horoskop stellen.

hor·ri·ble ['hɔrəbl] *adj.* □ schrecklich, fürchterlich, entsetzlich, ab'scheulich; '**hor·ri·ble·ness** [-nis] *s.* Schrecklichkeit *f*; **hor·rid** ['hɔrid] *adj.* □ schrecklich, scheußlich, ab'scheulich, häßlich; **hor·rid·ness** ['hɔridnis] *s.* Scheußlichkeit *f.*

hor·rif·ic [hɔ'rifik] *adj.* schreckenerregend, entsetzlich; **hor·ri·fy** ['hɔrifai] *v/t.* erschrecken, entsetzen; em'pören.

hor·ror ['hɔrə] *s.* **1.** Grau(s)en *n*, Gruseln *n*, Schauder *m*, Entsetzen *n*: *it gave me the* ~*s* mich packte das *od.* ein Grausen; **2.** (of) 'Widerwille *m* (gegen), Abscheu *m* (vor *dat.*); **3.** Schrecken *m*, Greuel *m*; Greueltat *f*: *the* ~*s of war*; *Chamber of* ♀*s* Schreckenskammer; **4.** F Greuel *m* (*Person od. Sache*); ~ **film** *s.* Horrorfilm *m*; '~-**strick·en**, '~-**struck** *adj.* von Schrecken *od.* Grauen gepackt.

hors d'œu·vre [ɔː'dəːvr; ɔrdœːvr] *pl.* **hors d'œu·vres** [ɔː'dəːvrz] *s.* Hors d'œuvre *n*, Vorspeise *f.*

horse [hɔːs] **I.** *s.* **1.** *zo.* Pferd *n*, Roß *n*, Gaul *m*: *to* ~! ⚔ aufgesessen!; *a dark* ~ *fig.* ein unbeschriebenes Blatt; *a* ~ *of another colo(u)r* et. ganz anderes; *straight from the* ~*'s mouth* aus erster Hand *od.* Quelle; *to back the wrong* ~ aufs falsche Pferd setzen; *wild* ~*s will not drag it from me* keine zehn Pferde werden es aus mir herausbringen; *to flog a dead* ~ **a)** offene Türen einrennen, **b)** sich unnötig mühen; *to give the* ~ *its head* die Zügel schießen lassen; *hold your* ~*s* F immer mit der Ruhe!; *do not look a gift* ~ *in the mouth* e-m geschenkten Gaul sieht man nicht ins Maul; *to ride the high* ~ sich aufs hohe Roß setzen; *to spur a willing* ~ j-n unnötig anspornen; *to work like a* ~ wie ein Pferd arbeiten *od.* schuften; **2.** Hengst *m*; Wallach *m*; **3.** *coll.* ⚔ Kavalle'rie *f*, Reite'rei *f*: *1000* ~ 1000 Reiter; ~ *and foot* Kavallerie u. Infanterie, die ganze Armee; **4.** ⊕ (Säge- *etc.*)Bock *m*, Ständer *m*, Gestell *n*; **5.** *ped. sl.* **a)** *Am.* Schabernack *m*, Streich *m*, **b)** ,Klatsche' *f*, ,Schlauch' *m*; **II.** *v/t.* **6.** mit Pferden versehen; *Truppen* beritten machen; *Wagen* bespannen; **7.** *Stute* beschälen; **8.** *Am. sl.* ,veräppeln'; **III.** *v/i.* **9.** aufsitzen, aufs Pferd steigen; ~ **ar·til·ler·y** *s.* ⚔ berittene Artille'rie; '~-**back** *s.*: *on* ~ zu Pferd; *to go on* ~ reiten; '~-**bean** *s.* ♀ Pferdebohne *f*; '~-**block** *s.* Aufsteigeblock *m*; '~-**box** *s.* **1.** Pferdebox *f*, -stand *m*; **2.** Trans'portkiste *f od.* -wagen *m* für Pferde; '~-**boy** *s.* Pferdejunge *m*; '~-**break·er** *s.* Zureiter *m*; '~-**car** *s. Am.* **1.** *obs.* Pferdebahnwagen *m*; **2.** 'Pferdetrans,portwagen *m*; '~-'**chest·nut** *s.* ♀ 'Roßka,stanie *f*; '~-**cloth** *s.* Pferdedecke *f*, Scha'bracke *f*; '~-**col·lar** *s.* Kum(me)t *n*; '~-**cop·er** → *horse-dealer.*

horsed [hɔːst] *adj.* **1.** beritten (*Person*); **2.** mit Pferden bespannt.

'**horse**|-**deal·er** *s.* Pferdehändler *m*; '~-**doc·tor** *s.* F ,Viehdoktor' *m*; '~-**drawn** *adj.* von Pferden gezogen, Pferde...; '~-**flesh** *s.* **1.** Pferdefleisch *n*; **2.** *coll.* F Pferde *pl.*; '~-**fly** *s. zo.* (Pferde)Bremse *f*; ♀ **Guards** *s. pl. Brit.* **1.** 'Gardekavalle,rie *f*; **2.** *Kaserne der Horse Guards in Whitehall*; '~-**hair** *s.* Roß-, Pferdehaar *n*; ~ **lat·i·tudes** *s. pl. geogr.* Roßbreiten *pl.* (*windstille Zonen im Atlantik*); '~-**laugh** *s.* wieherndes Gelächter; '~-**leech** *s.* **1.** *zo.* Pferdeegel *m*; **2.** *fig.* **a)** Wucherer *m*, **b)** Vielfraß *m.*

horse·less ['hɔːslis] *adj.* ohne Pferd(e).

'**horse**|-**lit·ter** *s.* Pferdesänfte *f*; '~-**mack·er·el** *s. ichth.* Thunfisch *m*; 'Roßma,krele *f*; '~-**man** [-mən] *s.* [*irr.*] Reiter *m*; '~-**man·ship** [-mənʃip] *s.* Reitkunst *f*; '~-**ma·rines** *s. pl. humor.* ,reitende Ge'birgsma,rine': *tell that to the* ~! mach das e-m anderen weis!; '~-**mush·room** *s.* ♀ Schaf-Egerling *m*; ~ **op·er·a** *s. Am.* F Wild'westfilm *m*; '~-**play** *s.* derber Spaß, (grober) Unfug; '~-**pond** *s.* Pferdeschwemme *f*; '~-**pow·er** *s. pl.* (*abbr. h.p.*) *phys.* Pferdestärke *f* (*abbr. PS*); '~-**race** *s. sport* Pferderennen *n*; '~-**-rac·ing** *s. sport* Pferderennen *n od. pl.*, Turf *m*; '~-**rad·ish** *s.* ♀ Meerrettich *m*; ~ **sense** *s.* F gesunder Menschenverstand; ~-**shoe** ['hɔːʃʃuː] **I.** *s.* Hufeisen *n*; **II.** *adj.* Hufeisen...; hufeisenförmig: ~ *arch* ⚠ maurischer Bogen; ~ *magnet* Hufeisenmagnet; ~ *table* Tisch(e) in Hufeisenform *aufgestellt*; ~ **show** *s.* Reit- u. Springturnier *n*; '~-**tail** *s.* **1.** Pferdeschwanz *m*, Roßschweif *m* (*a. als türkisches Rangabzeichen*); **2.** ♀ Schachtelhalm *m*; '~-**trad·ing** *s.* ,Kuhhandel' *m*; '~-**tram** *s.* Pferdebahn(wagen *m*) *f*; '~-**whip** **I.** *s.* Reitpeitsche *f*; **II.** *v/t.* peitschen; '~-**wom·an** *s.* [*irr.*] Reiterin *f.*

hors·i·ness ['hɔːsinis] *s.* 'Pferdeliebhabe,rei *f*; **hors·y** ['hɔːsi] *adj.* □ **1.** pferdenärrisch; **2.** Pferde..., Reit...

hor·ta·tive ['hɔːtətiv], '**hor·ta·to·ry** [-təri] *adj.* (er)mahnend.

hor·ti·cul·tur·al [hɔːti'kʌltʃərəl] *adj.* Gartenbau...; **hor·ti·cul·ture** ['hɔːtikʌltʃə] *s.* Gartenbau(kunst *f*) *m*; **hor·ti'cul·tur·ist** [-ərist] *s.* Garten(bau)künstler(in).

ho·san·na [hou'zænə] **I.** *int.* hosi'anna!; **II.** *s.* Hosi'anna *n*, Loblied *n.*

hose [houz] **I.** *s.* **1.** *coll., pl. konstr.* Strümpfe *pl.*; **2.** *hist.* (Knie)Hose *f*; **3.** *pl. a. hoses* Schlauch *m*: *garden* ~ Gartenschlauch; **II.** *v/t.* **4.** (mit e-m Schlauch) sprengen.

Ho·se·a [hou'ziə] *npr. u. s. bibl.* (das Buch) Ho'sea *m od.* O'see *m.*

hose| **cart** *s.* Schlauchwagen *m*; '~-**pipe** *s.* Schlauch(leitung *f*) *m*; '~-**proof** *adj.* ⊕ schwallwassergeschützt.

ho·sier ['houʒə] *s.* Wirkwaren-, *bsd.* Strumpfhändler(in); '**ho·sier·y** [-ri] *s.* **1.** *coll.* Wirk-, *bsd.* Strumpfwaren *pl.*; **2.** Strumpfwarenhandlung *f*; **3.** 'Strumpffa,brik *f.*

hos·pice ['hɔspis] *s.* Ho'spiz *n*, Herberge *f.*

hos·pi·ta·ble ['hɔspitəbl] *adj.* □ **1.** gast(freund)lich, gastfrei; **2.** empfänglich, aufgeschlossen (*to* für).

hos·pi·tal ['hɔspitl] *s.* **1.** Krankenhaus *n*, 'Klinik *f*, Hospi'tal *n*: *eye* ~ Augenklinik; ~ *nurse* Krankenschwester; ~ *social worker* Krankenhausfürsorgerin; *to walk the* ~ *s*-e klinischen Semester machen (*Mediziner*); **2.** 'Tier,klinik *f*; **3.** ⚔ Laza'rett *n*; **4.** *hist.* **a)** Spi'tal *n*, Alters-, Fürsorgeheim *n*, **b)** Herberge *f*, Ho'spiz *n*; **5.** *humor.* Repara'turwerkstätte *f*: *dolls* ~ Puppenklinik; ~ **fe·ver** *s.* ⚕ 'Fleck,typhus *m.*

hos·pi·tal·i·ty [hɔspi'tæliti] *s.* Gastfreundschaft *f*, Gastlichkeit *f.*

hos·pi·tal·i·za·tion [hɔspitəlai'zeiʃən] *s. Am.* Aufnahme *f od.* Einweisung *f* in ein Krankenhaus; **hos·pi·tal·ize** ['hɔspitəlaiz] *v/t.* ins Krankenhaus einliefern, im Krankenhaus behandeln.

Hos·pi·tal·(l)er ['hɔspitlə] *s. hist.*, *mst Knights* ~*s pl.* Hospita'liter *pl.*, Johan'niter *pl.*

hos·pi·tal| **ship** *s.* ⚔ Laza'rettschiff *n*; ♀ **Sun·day** *s. Sonntag, an dem für die Krankenhäuser gesammelt wird*; ~ **train** *s.* ⚔ Laza'rettzug *m.*

host[1] [houst] *s.* **1.** (Un)Menge *f*, Masse *f*, große Anzahl: ~*s of* Horden von; *a* ~ *of questions* e-e Menge Fragen; *to be a* ~ *in o.s.* e-e ganze Schar ersetzen; **2.** *poet.* (Kriegs)Heer *n*: *the* ~ *of heaven* **a)** die Gestirne, **b)** die himmlischen Heerscharen; *the Lord of* ♀*s bibl.* der Herr der Heerscharen.

host[2] [houst] *s.* **1.** Gastgeber *m*, Wirt *m*, Hausherr *m*: ~ *country* Gastland; **2.** Gastwirt *m*: *to reckon without one's* ~ *fig.* die Rechnung ohne den Wirt machen; **3.** *Fernsehen*: Talk-, Showmaster *m*: *your* ~ *was ... Radio*: durch die Sendung führte (Sie) ...; **4.** *biol.* Wirt *m* (*Tier od. Pflanze*).

host[3], *oft* ♀ [houst] *s. eccl.* 'Hostie *f.*

hos·tage ['hɔstidʒ] *s.* **1.** Geisel *m, f*: *to hold s.o.* ~ j-n als Geisel behalten; **2.** *fig.* 'Unterpfand *n*: ~ *to fortune* et. Verlierbares; ~*s to fortune* Ehefrau u. Kinder.

hos·tel ['hɔstəl] *s.* **1.** Herberge *f*; **2.** → *youth 4*; **3.** *Brit.* Stu'dentenheim *n*; '**hos·tel·(l)er** [-tələ] *s.* im Studentenheim Wohnende(r *m*) *f*; '**hos·tel·ry** [-ri] *s. obs.* Wirtshaus *n.*

host·ess ['houstis] *s.* **1.** Gastgeberin *f*, Hausfrau *f*; **2.** Gastwirtin *f*; **3.** Empfangsdame *f* (*im Restaurant etc.*); **4**, Taxigirl *n*; **5.** ✈ Ho'steß *f*, Stewar'deß *f.*

hos·tile ['hɔstail] *adj.* □ **1.** feindlich, Feindes...; **2.** (*to*) feindselig (gegen), feindlich gesinnt (*dat.*); stark abgeneigt (*dat.*); **hos·til·i·ty** [hɔs'tiliti] *s.* **1.** Feindschaft *f*, Feindseligkeit *f*,

Gegnerschaft *f* (*to, towards, against* gegen); **2.** *pl.* ⚔ Feindseligkeiten *pl.*, Krieg(shandlungen *pl.*) *m.*

hos·tler ['ɔslə] → *ostler.*

hot [hɔt] **I.** *adj.* □ **1.** heiß (*a. fig.*): ~ *climate*; ~ *tears*; *I am* ~ mir ist heiß, ich bin erhitzt; *to get* ~ sich erhitzen (*a. fig. u.* ⊕); *I went* ~ *and cold* es überlief mich heiß u. kalt; ~ *scent hunt.* warme Fährte; ~ *favo(u)rite sport* heißer *od.* hoher Favorit; ~ *work* schwere *od.* anstrengende Arbeit; **2.** warm: ~ *meal* warme Mahlzeit, warmes Essen; **3.** ⊕ Heiß..., Warm..., Glüh...: ~*water tap* Warmwasserhahn; **4.** feurig, hitzig, erregt; leidenschaftlich, begeistert; **5.** erbost, wütend; **6.** ‚scharf', ‚wild', erpicht (*on, for* auf *acc.*); **7.** heiß, heftig, erbittert: *a* ~ *fight*; *in* ~ *pursuit*, ~ *on the track* dicht auf den Fersen *od.* auf der Spur (*of dat.*); ~ *and strong* F heftig, ‚tüchtig', ‚gehörig'; **8.** grell (*Farbe*); **9.** scharf, beißend (*Gewürz*); **10.** frisch, neu, ‚noch warm': ~ *from the press* gerade erschienen (*Buch etc.*); **11.** verfänglich, gefährlich: *the place was too* ~ *to hold him* (*od. was getting too* ~ *for him*) ihm wurde der Boden zu heiß (unter den Füßen); *to make it too* ~ *for him* es ihm unerträglich machen; *to get into* ~ *water* in des Teufels Küche geraten; **12.** *sl.* geil, ‚heiß'; **13.** *sl.* ‚toll' (*großartig*): *it (he) is not so* ~; ~ *stuff* **a)** toller Bursche, **b)** tolle Sache; **14.** ‚heiß' (*Jazz*): ~ *music*; **15.** *sl.* ‚heiß': **a)** gestohlen, geschmuggelt, **b)** poli'zeilich verfolgt, **c)** radioak'tiv; **II.** *adv.* **16.** heiß: *the sun shone* ~; → *blow*[1] *4*; **17.** *to give it s.o.* ~ F j-n anschnauzen, j-m ‚einheizen'; *to get it* ~ F sein Fett bekommen; **III.** *v/t.* **18.** *mst* ~ *up* F **a)** heiß machen, **b)** *Motor* ‚frisieren'.

hot| air *s.* **1.** ⊕ Heißluft *f*; **2.** *sl.* (leeres) Geschwätz, Schaumschläge'rei *f*; '~-'**air** *adj.* ⊕ Heißluft...; '~·**bed** *s.* **1.** ⚘ Mist-, Frühbeet *n*; **2.** *fig.* Brutstätte *f*; '~-'**blood·ed** *adj.* heißblütig, tempera'mentvoll, hitzig; '~-'**brained** → *hot-headed*; ~ **cath·ode** *s.* ⚡ 'Glühka͵thode *f.*

hotch·pot(ch) ['hɔtʃpɔt(ʃ)] *s.* **1.** Eintopf(gericht *n*) *m*, *bsd.* Gemüse (-suppe *f*) *n* mit Hammelfleisch; **2.** *fig.* Mischmasch *m.*

hot| cross-bun → *cross-bun*; ~ **dog** *s.* Hot dog *n.*

ho·tel [hou'tel] *s.* Ho'tel *n*, Gasthof *m*: ~ *register* Fremdenbuch; **ho·tel·ier** [houtə'liə], **ho'tel-keep·er** *s.* Hoteli'er *m*, Ho'telbesitzer *m*, -di͵rektor *m.*

'**hot|·foot I.** *adv.* schleunigst, eilends; **II.** *v/i. a.* ~ *it* rennen, flitzen; '~·**gal·va·nize** *v/t.* ⊕ feuerverzinken; '~·**head** *s.* Hitzkopf *m*, Heißsporn *m*; '~-'**head·ed** *adj.* hitzköpfig, ungestüm; '~·**house** *s.* Treib-, Gewächshaus *n*; ~ **line** *s. bsd. pol.* ‚heißer Draht'; ~ **mon·ey** *s.* ✝ Hot money *n.*

hot·ness ['hɔtnis] *s.* Hitze *f* (*a. fig.*).

'**hot|-plate** *s.* **1.** Koch-, Heizplatte *f*; **2.** Wärmeplatte *f*; '~-**pot** *s.* 'Fleischra͵gout *n* mit Kar'toffeln; '~-**press** ⊕ **I.** *s.* **1.** Heiß-, Dekatierpresse *f*; **II.** *v/t.* **2.** heiß pressen; **3.** *Tuch* dekatieren; **4.** *Papier* satinieren; ~ **rod** *s. Am. sl.* **1.** Bastel-Rennwagen *m* (*altes Auto mit frisiertem Motor*); **2.** jugendlicher ‚Rennfahrer' (*auf e-m hot rod*); **3.** *b.s.* Halbstarke(r) *m*; ~ **seat** *s. sl.* **1.** ✈ Schleudersitz *m*; **2.** *Am.* e'lektrischer Stuhl; '~-'**short** *adj.* ⊕ rotbrüchig; ~ **shot** *s. Am. sl.* **1.** ‚großes Tier'; **2.** Teufelskerl *m*, ‚toller Bursche'; ~ **spring** *s.* heiße Quelle, Ther'malquelle *f*; '~·**spur I.** *s.* Heißsporn *m*, Hitzkopf *m*; **II.** *adj.* hitzig, ungestüm.

Hot·ten·tot ['hɔtntɔt] *s.* Hotten'totte *m*, Hotten'tottin *f.*

hot| tube *s.* ⊕ Heiz-, Glührohr *n*; ~ **war** *s.* heißer Krieg; ~-'**wa·ter bot·tle** *s.* Wärmflasche *f*; ~-'**wa·ter heat·er** *s.* ⊕ Heißwasserspender *m*; ~ **wire** *s.* **1.** ⚡ Hitzdraht *m*; **2.** *bsd. pol.* ‚heißer Draht'.

hough [hɔk] *Brit.* **I.** *s.* → *hock*[1] *I*; **II.** *v/t.* → *hamstring 3.*

hound[1] [haund] **I.** *s.* **1.** Jagdhund *m*: *to ride to* (*od. to follow the*) ~*s* an e-r Parforcejagd (*bsd. Fuchsjagd*) teilnehmen; **2.** *sl.* ‚Hund' *m*, Schurke *m*; **3.** *Am. sl.* Fa'natiker(in): *movie* ~ Kinonarr; **4.** Verfolger *m* (*Schnitzeljagd*); **II.** *v/t.* **5.** *mst fig.* jagen, hetzen, drängen, verfolgen; **6.** *a.* ~ *on* (auf)hetzen, antreiben.

hound[2] [haund] *s.* **1.** ⚓ Mastbacke *f*; **2.** *pl.* ⊕ Seiten-, Diago'nalstreben *pl.* (*an Fahrzeugen*).

hour ['auə] *s.* **1.** Stunde *f*: *for* ~*s* (*and* ~*s*) stundenlang; *an* ~*'s work* e-e Stunde Arbeit; *trains leave on the* ~ Züge fahren zur vollen Stunde *od.* ‚um voll'; *10 minutes past the* ~ 10 Minuten nach voll; *an* ~ *from here* e-e Stunde (Wegs) von hier; **2.** (Tages)Zeit *f*: *at 14.20* ~*s* um 14 Uhr 20; *at an early* ~ zu früher Stunde; *at the eleventh* ~ *fig.* in letzter Minute, fünf Minuten vor zwölf; *to keep early* ~*s* früh schlafen gehen (u. früh aufstehen); *I don't like late* ~*s* ich liebe es nicht, spät zu Bett zu gehen *od.* heimzukommen *od.* zu arbeiten; *the small* ~*s* die frühen Morgenstunden; **3.** Zeitpunkt *m*, Stunde *f*: ~ *of death* Todesstunde; *his* ~ *has come* (*od. struck*) s-e Stunde *od.* sein Stündlein ist gekommen *od.* hat geschlagen; *question of the* ~ aktuelle Frage; **4.** *pl.* Arbeitszeit *f*, -stunden *pl.*: *consulting* ~*s* Sprechstunde(n) (*Arzt*); *after* ~*s* nach Geschäftsschluß; **5.** *pl. eccl.* **a)** Stundenbuch *n*, **b)** *R.C.* Stundengebete *pl.*; **6.** 2*s pl. antiq.* Horen *pl.*; '~-**cir·cle** *s. ast.* Stundenkreis *m*; '~-**glass** *s.* Stundenglas *n*, *bsd.* Sanduhr *f*; '~-**hand** *s.* Stundenzeiger *m.*

hou·ri ['huəri] *s.* **1.** 'Huri *f* (*mohammedanische Paradiesjungfrau*); **2.** *fig.* verführerisch schöne Frau.

hour·ly ['auəli] *adv. u. adj.* **1.** stündlich: ~ *wage* Stundenlohn; **2.** ständig, dauernd: *in* ~ *fear.*

house [haus] **I.** *pl.* **hous·es** ['hauziz] *s.* **1.** Haus *n* (*Gebäude*): *country-*~ Landhaus; *hen-*~ Hühnerhaus; *like a* ~ *on fire* blitzschnell, wie toll; → *safe 3*; **2.** Wohnhaus *n*, Wohnung *f*, Heim *n*; Haushalt *m*; *die* Hausbewohner *pl.*: ~ *and home* Haus u. Hof; *to keep* ~ **a)** e-n Haushalt haben, **b)** (*for s.o.* j-m) den Haushalt führen; *to keep* ~ *with* zusammen leben mit; *to put* (*od. set*) *one's* ~ *in order* s-e Angelegenheiten ordnen; → *open 10*; **3.** Fa'milie *f*, Geschlecht *n*, (*bsd. Fürsten*)Haus *n*: *an ancient* ~; **4.** *univ. Brit.* College *n*; **5.** *ped.* **a)** Wohngebäude *n* e-s 'Inter'nats, **b)** *die darin wohnenden Schüler*; **6.** *thea.* **a)** (Schauspiel)Haus *n*: *full* ~ volles Haus; *scant* ~ schwachbesetzes Haus, **b)** Zuhörer *pl.*; → *bring down 5*, **c)** Vorstellung *f*: *the second* ~ die zweite Vorstellung *am gleichen Tage*; **7.** *mst* 2 Parla'ment *n*, Kammer *f*: *the* 2 *Brit.* **a)** das Parlament, **b)** die Abgeordneten *pl.*; *to enter the* 2 Parlamentsmitglied werden; → *lower*[3] *2*, *upper I*; **8.** ✝ (Handels)Haus *n*, 'Firma *f*; **9.** Wirtshaus *n*: *on the* ~ auf Kosten des Wirts *od.* Gastgebers, umsonst; **10.** ✝ (Londoner) Börse *f*; **11.** F Armenhaus *n*; **II.** *v/t.* [hauz] **12.** 'unterbringen (*a.* ⊕); **13.** aufnehmen, beherbergen; *Waren etc.* verstauen; **14.** Platz haben für; **15.** ⚓ bergen; befestigen; **16.** ⊕ verzapfen; **III.** *v/i.* [hauz] **17.** hausen, wohnen.

'**house|-a·gent** *s. Brit.* Häusermakler *m*; ~ **ar·rest** *s.* 'Hausar͵rest *m*; '~-**boat** *s.* Haus-, Wohnboot *n*; '~-**break·er** *s.* **1.** Einbrecher *m* (*bei Tage*); **2.** 'Abbruchunter͵nehmer *m*; '~-**break·ing** *s.* **1.** Einbruch *m* (*bei Tage*); **2.** Abbruch *m*; '~-**coat** *s.* Hauskleid *n*, Morgenrock *m*; ~ **de·tec·tive** *s.* 'Hausdetek͵tiv *m* (*Hotel etc.*); '~-**dog** *s.* Haushund *m*; '~-**flag** *s.* ⚓ Haus-, Reede'reiflagge *f*; '~-**fly** *s. zo.* Stubenfliege *f.*

house·hold ['haushould] **I.** *s.* **1.** Haushalt *m*; **2.** *the* 2 *Brit.* die königliche Hofhaltung: 2 *Brigade*, 2 *troops* Gardetruppen; **II.** *adj.* **3.** Haushalts..., häuslich; **4.** einfach, gewöhnlich: ~ *soap*; **5.** all'täglich: ~ *word* Alltagswort, fester *od.* geläufiger Begriff; **6.** ~ *remedy* Hausmittel; '**house·hold·er** [-də] *s.* **1.** Haushaltsvorstand *m*; **2.** Haus- *od.* Wohnungsinhaber *m.*

house·hold gods *s. pl.* **1.** *antiq.* Hausgötter *pl.*; **2.** *fig.* liebgewordene Dinge *pl.*

'**house|-hunt·ing** *s.* F Wohnungssuche *f*; '~-**keep·er** *s.* **1.** Haushälterin *f*, Wirtschafterin *f*; **2.** Hausmeister(in), -wart *m*; '~-**keep·ing** *s.* Haushaltung *f*, -wirtschaft *f*: ~ *money* Wirtschaftsgeld; '~-**maid** *s.* Hausgehilfin *f*, Dienstmädchen *n*; '~-**maid's knee** *s.* ⚕ Knieschleimbeutelentzündung *f*; '~-**mas·ter** *s.* **1.** *Brit.* Hausaufseher *m* (*Internat*); **2.** Hausvater *m*, Heimleiter *m*; '~-**mate** *s.* Hausgenosse *m*, -genossin *f*; '~-**mis·tress** *s. Brit.* Hausaufseherin *f* (*Internat etc.*); 2 **of Com·mons** *s. pol. Brit.* 'Unterhaus *n*; 2 **of Keys** *s. pol.* 'Unterhaus *n* der Insel Man; 2 **of Lords** *s. pol. Brit.* Oberhaus *n*; 2 **of Rep·re·sent·a·tives** *s. pol. Am.* Repräsen'tantenhaus *n*; ~ **paint·er** *s.* Maler *m*, Anstreicher *m*; ~ **par·ty** *s.* Logierbesuch *m* über mehrere Tage (*bsd. in* *e-m Landhaus*); '~-**phy·si·cian** *s.* Krankenhaus-, Anstaltsarzt *m*; '~-**plant** *s.* ♀ Zimmerpflanze *f*; '~-**proud** *adj.* über'trieben sorgfältig, pe'nibel (*Hausfrau*); '~-**room** *s.*: *to give s.o.* ~ j-n in sein Haus aufnehmen; *he wouldn't give it* ~ *fig.* er nähme es nicht geschenkt; ~ **sparrow** *s. orn.* Haussperling *m*; '~-**surgeon** *s.* 'Haus-, 'Anstaltschir,urg*m*; '~-**to-'house** *adj.* von Haus zu Haus: ~ *advertising* ✝ Werbung von Haus zu Haus; ~ *collection* Haussammlung; '~-**top** *s.* Dach *n*: *to proclaim from the* ~*s* öffentlich verkünden; '~-**trained** *adj.* stubenrein (*Hund*); '~-**warm·ing** *s.* Einzugsparty *f* (*im neuen Haus*).

'**house·wife** *s.* [*irr.*] **1.** Hausfrau *f*; **2.** ['hʌzif] *Brit.* Nähkasten *m*, -zeug *n*; '**house·wife·ly** [-waifli] *adj.* hausfraulich; '**house·wif·er·y** [-wifəri] *s.* Haushaltsführung *f*, Hausfrauenpflichten *pl.*; '**house·work** *s.* Haus(halts)arbeit(en *pl.*) *f*.

hous·ing[1] ['hauziŋ] *s.* **1.** 'Unterbringung *f*, 'Unterkunft *f*, Wohnung *f*: ~ *conditions* Wohnverhältnisse; ~ *problem* Wohnungsproblem; ~ *project* Wohnungsbauprojekt; ~ *shortage* Wohnungsnot; ~ *subsidy* Wohngeld; **2.** *coll.* Häuser *pl.*: ~ *estate* (Wohn)Siedlung; **3.** ⊕ **a)** Gehäuse *n*, **b)** Gerüst *n*, **c)** Nut *f*.

hous·ing[2] ['hauziŋ] *s.* Satteldecke *f*.

hove [houv] *pret. u. p.p. von heave.*

hov·el ['hɔvəl] *s.* Schuppen *m*; elende Hütte, ‚Loch' *n*.

hov·el·(l)er ['hɔvlə] *s.* ⚓ **1.** Bergungsboot *n*, Küstenfahrzeug *n*; **2.** Berger *m*.

hov·er ['hɔvə] *v/i.* **1.** schweben; **2.** sich *in der Nähe etc.* her'umtreiben; **3.** zögern, schwanken; '~-**craft** *s.* Schwebeschiff *n*, Luftkissenfahrzeug *n*.

how [hau] **I.** *adv.* **1.** (*fragend*) wie: ~ *are you?* wie geht es Ihnen?; ~ *do you do?* (*bei der Vorstellung*) guten Tag!; ~ *is the franc today?* wie steht der Franken heute?; ~ *about ...?* wie steht's mit ...?; ~ *about a cup of tea?* wie wäre es mit e-r Tasse Tee?; ~ *is it* (*od. comes it*) *that ...?* wie kommt es, daß ...?; ~ *now?* was soll das bedeuten?; ~ *much?* wieviel?; ~ *many?* wieviel?, wie viele?; ~ *much is it?* was kostet *od.* wie teuer ist es?; ~ *do you know?* woher wissen Sie das?; ~ *ever do you do it?* wie machen Sie das nur?; **2.** (*ausrufend*) wie: ~ *absurd!* wie albern *od.* verrückt!; ~ *sad a fate!* welch trauriges Geschick!; *and* ~*! sl.* und wie!; *here's* ~*!* F auf Ihr Wohl!; **3.** (*relativ*) wie: *I know* ~ *far it is* ich weiß, wie weit es ist; *he knows* ~ *to ride* er kann reiten; **II.** *s.* **4.** Wie *n*: *the* ~ *and the why* das Wie u. Warum.

how·be·it ['hau'bi:it] *obs.* **I.** *adv.* 'nichtsdesto,weniger; **II.** *cj.* ob'gleich, ob'schon.

how·dah ['haudə] *s.* (*mst gedeckter*) Sitz auf dem Rücken e-s Ele'fanten.

how-do-you-do ['haudju'du:], '**how-d'ye-'do** [-djə'du:] *s.* F: *a nice* ~ e-e schöne ‚Bescherung'.

how·ev·er [hau'evə] *adv.* **1.** wie auch (immer), wenn auch noch so: ~ good; ~ *it* (*may*) be wie dem auch sei; ~ *you do it* wie du es auch machst; **2.** *cj.* je'doch, dennoch, doch, aber; ‚immerhin'.

how·itz·er ['hauitsə] *s.* ⚔ Hau'bitze *f*.

howl [haul] **I.** *v/i.* **1.** heulen (*a. Wind*), schreien; **2.** lamentieren, wehklagen; F ‚heulen', weinen; **3.** pfeifen (*Wind, Radio*); **II.** *v/t.* **4.** ~ *down j-n* niederschreien; **III.** *s.* **5.** Heulen *n* (*Hund etc.*); **6.** Pfeifen *n* (*Wind, Radio*); **7.** Geheul *n*, Gebrüll *n*; '**howl·er** [-lə] *s.* **1.** Heuler (-in); **2.** Klageweib *n*; **3.** *zo.* Brüllaffe *m*; **4.** *sl.* grober Schnitzer; '**howl·ing** [-liŋ] *adj.* **1.** heulend, brüllend: ~ *monkey* → *howler 3*; **2.** schaurig, wüst; **3.** *sl.* schrecklich, riesig, gewaltig, ‚toll'.

how·so·ev·er [hausou'evə] *adv.* wie (sehr) auch immer.

how-to-'do-it book *s.* technisches Bastelbuch.

hoy[1] [hɔi] *s.* ⚓ Leichter *m*, Prahm *m*.

hoy[2] [hɔi] **I.** *int.* **1.** hoi!, holla!; **2.** ⚓ a'hoi!; **II.** *s.* **3.** Hoi(ruf *m*) *n*.

hoy·den ['hɔidn] *s.* Wildfang *m*, Range *f* (*Mädchen*).

hub[1] [hʌb] *s.* **1.** (Rad)Nabe *f*; **2.** *fig.* Mittel-, Angelpunkt *m*: ~ *of the universe* Mittelpunkt der Welt (*bsd. fig.*); **3.** *the* ♀ *Am.* (*Spitzname für*) Boston *n*.

hub[2] [hʌb] → *hubby*.

hub·ba-hub·ba ['hʌbə'hʌbə] *int. Am. sl.* bravo!, 'prima!, hur'ra!

hub·bub ['hʌbʌb] *s.* **1.** Stimmengewirr *n*; **2.** Lärm *m*, Tu'mult *m*, Wirrwarr *m*.

hub·by ['hʌbi] *s.* F (Ehe)Mann *m*, ‚Männchen' *n*.

hu·bris ['hju:bris] (*Greek*) *s.* Hybris *f*, freche 'Selbstüber,hebung.

huck·a·back ['hʌkəbæk] *s.* Gerstenkornleinen *n*, grober Drell.

huck·le ['hʌkl] *s.* **1.** Hüfte *f*; **2.** Buckel *m*; '~-**ber·ry** *s.* ♀ Heidelbeere *f*; '~-**bone** *s. anat.* **1.** Hüftknochen *m*; **2.** Fußknöchel *m*.

huck·ster ['hʌkstə] **I.** *s.* **1.** → *hawker*[2]; **2.** *contp.* Krämer(seele *f*) *m*, Feilscher *m*; **3.** *Am. sl.* ‚Re'klamefritze' *m* (*Werbefachmann*); **II.** *v/i.* **4.** hökern; hausieren; **5.** feilschen (*over* um).

hud·dle ['hʌdl] **I.** *v/t.* **1.** *oft* ~ *together*, ~ *up* unordentlich zs.-werfen *od.* -drängen; **2.** (hin'aus-)drängen (*out of* aus); **3.** *oft* ~ *up*, ~ *through* zs.-pfuschen, ‚hinhauen', flüchtig erledigen; **4.** ~ *on Kleid* schnell 'überstreifen; **5.** ~*d-up* zs.-gekauert; **II.** *v/i.* **6.** sich zs.-drängen, kauern; **7.** sich schmiegen (*to* an *acc.*); **III.** *s.* **8.** Gewirr *n*; **9.** *to go into a* ~ *sl.* die Köpfe zs.-stecken, sich beraten (*with* mit).

hue[1] [hju:] *s. nur*: ~ *and cry* (*a. fig.* Zeter)Geschrei *n*, Gezeter *n*; *fig.* Hetze *f*: *to raise a* ~ *and cry* **a)** ein Zetergeschrei erheben, **b)** (*against s.o.* j-n) mit Zetergeschrei verfolgen, **c)** *obs.* e-n Steckbrief erlassen.

hue[2] [hju:] *s.* Farbe *f*, Farbton *m*; Färbung *f* (*a. fig.*); **hued** [hju:d] *adj. in Zssgn* ...farbig.

huff [hʌf] **I.** *v/t.* **1.** ärgern, quälen, ‚piesacken': *to* ~ *s.o. out of the room* j-n hinausekeln; *to* ~ *s.o. into s.th.* j-n zu et. zwingen; **2.** kränken: *easily* ~*ed* übelnehmerisch; **3.** *Damespiel*: *Stein* pusten, wegnehmen; **II.** *v/i.* **4.** schmollen, sich gekränkt fühlen; **III.** *s.* **5.** Ärger *m*, Verstimmung *f*: *in a* ~ ärgerlich, wütend, gekränkt; **huff·i·ness** ['hʌfinis] *s.* Übelnehmen *n*, Gereiztheit *f*; **huff·ish** ['hʌfiʃ] *adj.* □ übelnehmerisch; **huff·ish·ness** ['hʌfiʃnis] → *huffiness*; **huff·y** ['hʌfi] *adj.* □ → *huffish*.

hug [hʌg] **I.** *v/t.* **1.** um'armen, herzen, liebkosen; **2.** an sich drükken; **3.** (gern *od.* zäh) festhalten an (*dat.*); **4.** ~ *o.s.* sich beglückwünschen (*on* zu, *for* wegen); **5.** sich halten an (*acc.*), sich anschmiegen (*dat. od. an acc.*): *to* ~ *the coast* (*the side of the road*) sich dicht unter der Küste (an den Straßenrand) halten; **II.** *s.* **6.** Um'armung *f*; **7.** *Ringen*: fester Griff.

huge [hju:dʒ] *adj.* □ sehr groß, riesig, ungeheuer, e'norm; '**huge·ly** [-li] *adv.* gewaltig, ungeheuer, sehr; '**huge·ness** [-nis] *s.* ungeheure Größe.

hug·ger-mug·ger ['hʌgəmʌgə] **I.** *s.* Unordnung *f*, ‚Kuddelmuddel' *m*, *n*; **II.** *adj. u. adv.* unordentlich; **III.** *v/t.* vertuschen, verbergen.

Hu·gue·not ['hju:gənɔt] *s.* Huge'notte *m*, Huge'nottin *f*.

hu·la ['hu:lə], '**hu·la-'hu·la** *s.* 'Hula *m*, 'Hula-'Hula *m* (*hawaiischer Mädchentanz*).

hulk [hʌlk] *s.* **1.** ⚓ Hulk *m* (*Schiffsrumpf, abgetakelt*); **2.** unhandliche Masse; **3.** ungeschlachter Kerl, schwerfällige Per'son, Ko'loß *m*; '**hulk·ing** [-kiŋ] *adj.* ungeschlacht.

hull[1] [hʌl] **I.** *s.* ♀ Hülse *f*, Schale *f*; **II.** *v/t.* schälen, enthülsen: ~*ed barley* Graupen.

hull[2] [hʌl] **I.** *s.* ⚓, ✈ Rumpf *m*: ~ *down* weit entfernt (*Schiff*); **II.** *v/t.* ⚓ den Rumpf *e-s Schiffes* durch'schießen.

hul·la·ba·loo [hʌləbə'lu:] *s.* Lärm *m*, Tu'mult *m*, Trubel *m*.

hull·er ['hʌlə] *s.* ⚒ 'Schälma,schine *f*.

hul·lo ['hʌ'lou] *int.* **1.** hal'lo!; **2.** (*überrascht*) he!, na'nu!

hum [hʌm] **I.** *v/i.* **1.** summen, brummen; murmeln; **2.** stocken, zögern: *to* ~ *and ha(w)* **a)** verlegen ‚hm' machen, ‚herumdrucksen', **b)** unschlüssig sein; **3.** sich lebhaft bewegen, schwirren (*a. fig.*): *to make things* ~ die Sache in Schwung bringen; **II.** *v/t.* **4.** *Lied* summen; **III.** *s.* **5.** Summen *n*, Brummen *n*, Gemurmel *n*; **6.** [*a.* mm] Hm *n*: ~*s and ha(w)s* verlegenes Geräusper.

hu·man ['hju:mən] **I.** *adj.* □ → *humanly*; menschlich, Menschen...: ~ *nature* menschliche Natur; *the* ~ *race* das Menschengeschlecht; ~ *sacrifice* Menschenopfer; *to err is* ~ Irren ist menschlich; *more than* ~ übermenschlich; *I am only* ~ *iro.* ich bin auch nur ein Mensch; **II.** *s.* F Mensch *m*; **hu·mane** [hju(:)'mein] *adj.* □ **1.** hu'man, menschlich, menschenfreundlich: ~ *killer* Schlachtmaske (*zum schmerzlosen Töten von Schlachtvieh*); ♀ *Society*

Gesellschaft zur Rettung Ertrinkender; **2.** huma'nistisch: ~ *learning* humanistische Bildung; **hu·mane·ness** [hju(:)'meinnis] *s.* Humani'tät *f*, Menschenfreundlichkeit *f*, Menschlichkeit *f*.

hu·man·ism ['hju:mənizəm] *s.* **1.** Huma'nismus *m*, wahre Bildung; **2.** Beschäftigung *f* mit rein menschlichen Dingen; '**hu·man·ist** [-ist] *s.* Huma'nist(in); **hu·man·is·tic** [hju:mə'nistik] *adj.* huma'nistisch; **hu·man·i·tar·i·an** [hju(:)mæni'tɛəriən] **I.** *adj.* humani'tär, menschenfreundlich, Humanitäts...; **II.** *s.* Menschenfreund *m*; **hu·man·i·tar·i·an·ism** [hju(:)mæni'tɛəriənizəm] *s.* Menschenfreundlichkeit *f*, humani'täre Einstellung; **hu·man·i·ty** [hju(:)'mæniti] *s.* **1.** Menschheit *f*; **2.** Menschsein *n*, menschliche Na'tur; **3.** Menschlichkeit *f*, Menschenliebe *f*; **4.** *pl.* **a)** klassische Litera'tur, 'Altphilolo,gie *f*, *weitS.* Geisteswissenschaften *pl.*, **b)** huma'nistische Bildung; **5.** ♀ *Scot. univ.* La'tein,studium *n*.

hu·man·i·za·tion [hju:mənai'zeiʃən] *s.* Humanisierung *f*, Vermenschlichung *f*; **hu·man·ize** ['hju:mənaiz] *v/t.* **1.** zivilisieren, gesittet machen; **2.** vermenschlichen, menschliche Eigenart verleihen (*dat.*).

'**hu·man'kind** *s.* Menschheit *f*, Menschengeschlecht *n*; '**hu·man·ly** [-li] *adv.* **1.** nach menschlichen Begriffen: ~ *possible* menschenmöglich; ~ *speaking* menschlich gesehen; **2.** menschenfreundlich.

hum·ble ['hʌmbl] **I.** *adj.* □ **1.** bescheiden, demütig; anspruchslos: *in my* ~ *opinion* nach m-r unmaßgeblichen Meinung; *my* ~ *self* meine Wenigkeit; *your* ~ *servant* Ihr ergebener (Diener); *to eat* ~ *pie fig.* sich demütigen, Abbitte tun, zu Kreuze kriechen; **2.** niedrig, gering, dürftig, ärmlich: ~ *birth* niedrige Geburt; ~ *circumstances* ärmliche Verhältnisse; **II.** *v/t.* **3.** demütigen, erniedrigen; '**humble-bee** → *bumble-bee*; '**hum·ble·ness** [-nis] *s.* Demut *f*, Bescheidenheit *f*.

hum·bug ['hʌmbʌg] **I.** *s.* **1.** Schwindel *m*, Täuschung *f*, Betrug *m*; **2.** Humbug *m*, Unsinn *m*, Quatsch *m*, ‚Mumpitz' *m*; **3.** Schwindler *m*, Windbeutel *m*, Aufschneider *m*; **4.** *a. mint* ~ *Brit.* ('Pfefferminz-) Bon,bon *m*, *n*; **II.** *v/t.* **5.** beschwindeln, täuschen, foppen, dumm machen; **6.** erschwindeln.

hum·ding·er [hʌm'diŋə] *s. Am. sl.* **1.** ‚Mordskerl' *m*; **2.** ‚tolles Ding'.

hum·drum ['hʌmdrʌm] **I.** *adj.* alltäglich, eintönig, langweilig, fade; **II.** *s.* Eintönigkeit *f*, Langweiligkeit *f*.

hu·mer·al ['hju:mərəl] *adj. anat.* **1.** Oberarmknochen...; **2.** Schulter...; **hu·mer·us** ['hju:mərəs] *pl.* **-i** [-ai] *s. anat.* Oberarm(knochen) *m*.

hu·mid ['hju:mid] *adj.* feucht; **hu·mid·i·fi·er** [hju(:)'midifaiə] *s.* Be'feuchtungsma,schine *f*, Verdunster *m*; **hu·mid·i·fy** [hju(:)'midifai] *v/t.* befeuchten, feucht machen; **hu·mid·i·ty** [hju(:)'miditi] *s.* Feuchtigkeit *f*, Feuchtigkeitsgehalt *m*.

hu·mil·i·ate [hju(:)'milieit] *v/t.* erniedrigen, demütigen: *he was* ~*d to hear* er hörte zu s-r Schande; **hu'mil·i·at·ing** [-tiŋ] *adj.* demütigend, kränkend, peinlich; **hu·mil·i·a·tion** [hju(:)mili'eiʃən] *s.* Erniedrigung *f*, Demütigung *f*; **hu'mil·i·ty** [-iti] *s.* Demut *f*, Bescheidenheit *f*.

hum·mer ['hʌmə] *s.* **1.** Summer *m*, Brummer *m*; **2.** *sl.* Betriebmacher(in); **3.** → *humming-bird*.

hum·ming ['hʌmiŋ] *adj.* **1.** summend, brummend; **2.** F **a)** lebhaft, schwungvoll, **b)** kräftig, stark; '~-**bird** *s. orn.* 'Kolibri *m*; '~-**top** *s.* Brummkreisel *m*.

hum·mock ['hʌmək] *s.* kleiner Hügel, *bsd.* Eishügel *m*.

hu·mor *Am.* → *humour*.

hu·mor·esque [hju:mə'resk] *s.* ♪ Humo'reske *f*; **hu·mor·ist** ['hju:mərist] *s.* **1.** Humo'rist(in); **2.** Spaßvogel *m*; **hu·mor'is·tic** [-'ristik] *adj.* humo'ristisch; **hu·mor·ous** ['hju:mərəs] *adj.* □ humo'ristisch; hu'morvoll, spaßhaft, lustig, heiter, 'komisch; **hu·mor·ous·ness** ['hju:mərəsnis] *s.* Spaßhaftigkeit *f*, 'Komik *f*.

hu·mour ['hju:mə] **I.** *s.* **1.** Gemütsart *f*, Stimmung *f*, Laune *f*; Tempera'ment *n*: *in the* ~ *for* aufgelegt zu; *in a good* (*bad*) ~ guter (schlechter) Laune; *out of* ~ schlecht gelaunt, verstimmt; **2.** Hu'mor *m*, Spaß *m*, Scherz *m*; 'Komik *f*: *sense of* ~ (Sinn für) Humor; **3.** ⚕ *obs.* Körpersaft *m*, -flüssigkeit *f*; **II.** *v/t.* **4.** *j-m* s-n Willen tun *od.* lassen, *j-m* nachgeben; **5.** *j-m* gut zureden; **6.** *et.* hinnehmen, mit Geduld ertragen, sich anpassen (*dat. od.* an *acc.*) *od.* fügen in (*acc.*).

hump [hʌmp] **I.** *s.* **1.** Buckel *m*, Höcker *m*; **2.** kleiner Hügel: *to be over the* ~ *fig.* über den Berg sein; *the* ♀ *humor.* **a)** das Himalajagebirge, **b)** die Alpen; **3.** *Brit. sl.* Stinklaune *f*, -wut *f*: *to give s.o. the* ~ j-m ‚auf den Wecker fallen'; **II.** *v/t.* **4.** *oft* ~ *up* (zu e-m Buckel) krümmen: *to* ~ *one's back* e-n Buckel machen; **5.** auf dem Rücken tragen, ‚aufbuckeln'; **6.** ~ *o.s. Am. sl.* sich ‚am Riemen reißen' (*anstrengen*); **7.** *Brit. sl.* **a)** ärgern, **b)** deprimieren; '~-**back** *s.* **1.** Buckel *m*, Höcker *m*; **2.** Bucklige(r *m*) *f*; **3.** *zo.* Buckelwal *m*; '~-**backed** *adj.* bucklig.

humped [hʌmpt] *adj.* **1.** bucklig, höckerig; **2.** holp(e)rig.

humph [mm; hʌmf] *int.* hm!

hump·ty-dump·ty ['hʌmpti'dʌmpti] *s.* ‚Pummelchen' *n* (*kleine u. dicke Person*).

hump·y ['hʌmpi] → *humped*.

hu·mus ['hju:məs] *s.* 'Humus *m*.

Hun [hʌn] *s.* **1.** Hunne *m*, Hunnin *f*; **2.** *fig.* Wan'dale *m*, Bar'bar *m*; **3.** (*Schimpfwort, obs.*) Deutsche(r) *m*.

hunch [hʌntʃ] **I.** *s.* **1.** → *hump 1*; **2.** Klumpen *m*; **3.** F (Vor)Ahnung *f*; **II.** *v/t.* **4.** *a.* ~ *up* → *hump 4*; '~-**back** → *humpback 1 u. 2*; '~-**backed** → *humpbacked*.

hun·dred ['hʌndrəd] **I.** *adj.* **1.** hundert: *a* (*od.* one) ~ (ein)hundert; *a bare* ~ knappe hundert; *two* ~ *men* zweihundert Mann; *a* ~ *and one* hundert(erlei), zahllose; **II.** *s.* **2.** Hundert *n*: *by the* ~ hundertweise; *several* ~ mehrere Hundert; ~*s of times* hundertmal; ~*s of thousands* Hunderttausende; ~*s and* ~*s* Hunderte u. aber Hunderte; ~*s and thousands* kleine Zucker- *od.* Schokoladenkügelchen (*zur Tortenverzierung*); **3.** ~*s pl.* Hunderter *pl. e-r mehrstelligen Zahl*; **4.** *hist. Brit.* Bezirk *m*, Hundertschaft *f*; '~-**fold** *adj. u. adv.* hundertfach, -fältig.

hun·dredth ['hʌndrədθ] **I.** *adj.* **1.** hundertst; **II.** *s.* **2.** Hundertste(r *m*) *f*; **3.** Hundertstel *n*.

'**hun·dred·weight** *s. etwa* Zentner *m* (*in England 112 lb., in USA 100 lb.*): *metric* ~ Zentner (*50 kg*).

hung [hʌŋ] *pret. u. p.p. von hang.*

Hun·gar·i·an [hʌŋ'gɛəriən] **I.** *adj.* **1.** 'ungarisch; **II.** *s.* **2.** 'Ungar(in); **3.** *ling.* Ungarisch *n*.

hun·ger ['hʌŋgə] **I.** *s.* **1.** Hunger *m*: ~ *is the best sauce* Hunger ist der beste Koch; **2.** *fig.* Hunger *m*, Verlangen *n*, Durst *m* (*for, after* nach); **II.** *v/i.* **3.** hungern, Hunger haben; **4.** *fig.* dürsten, hungern (*for, after* nach); **III.** *v/t.* **5.** durch Hunger zwingen; '~-**march** *s.* Hungermarsch *m*; '~-**strike** *s.* Hungerstreik *m*.

hun·gry ['hʌŋgri] *adj.* □ **1.** hungrig: *to be* (*od. feel*) ~ hungrig sein, Hunger haben; ~ *as a hunter* hungrig wie ein Wolf; *the* ♀ *Forties hist. Brit.* die Hungerjahre (*1840–49*); **2.** *fig.* hungrig, (be-) gierig, lechzend (*for* nach); **3.** ⚘ unfruchtbar, mager (*Boden*).

hunk [hʌŋk] *s.* F großes *od.* dickes Stück; Runke *m* (*Brot*); '**hun·kers** [-kəz] *s. pl.* 'Hinterbacken *pl.*

hunks [hʌŋks] *s.* **1.** Geizhals *m*; **2.** ‚Ekel' *n* (*Person*).

Hun·nish ['hʌniʃ] *adj.* **1.** hunnisch; **2.** *fig.* bar'barisch.

hunt [hʌnt] **I.** *s.* **1.** Jagd *f*, Jagen *n*: *the* ~ *is up* die Jagd hat begonnen; **2.** 'Jagd(re,vier *n*) *f*; **3.** Jagd (-gesellschaft) *f*; **4.** *fig.* Verfolgung *f*; **5.** *fig.* (eifrige) Suche (*for* nach); **II.** *v/t.* **6.** *Wild* jagen, Jagd machen auf (*acc.*), hetzen; **7.** durch'jagen; **8.** *Pferd, Hunde* zur Jagd gebrauchen; **9.** *a.* ~ *away* (weg)jagen, vertreiben; **10.** *j-n od. e-e Spur* verfolgen; **11.** *fig.* durch'suchen; **12.** *Radar etc.*: abtasten; **III.** *v/i.* **13.** jagen, pirschen; **14.** *fig.* (*for* nach) **a)** eifrig suchen, **b)** streben; **15.** *Glockenläuten*: die Reihenfolge ändern; **16.** ⊕ pendeln, oszillieren; ~ **down** *v/t.* **a)** erjagen, (*a. fig. Verbrecher etc.*) zur Strecke bringen, **b)** *j-n* eifrig verfolgen, stellen; ~ **out**, ~ **up** *v/t.* **a)** forschen nach, **b)** aufstöbern, -spüren, -treiben.

hunt·er ['hʌntə] *s.* **1.** Jäger *m* (*a.* [*Raub*]*Tier*); **2.** *fig.* Jäger *m*: *autograph* ~; **3.** Jagdhund *m*, -pferd *n*; **4.** Sprungdeckeluhr *f*.

hunt·ing ['hʌntiŋ] **I.** *s.* **1.** (Hetz-)Jagd *f*, Jagen *n*; **2.** Verfolgung *f*; **3.** Suche *f*; **4.** ⊕ Pendeln *n*; **5.** *Radar etc.*: Abtastvorrichtung *f*; **II.** *adj.* **6.** Jagd...; '**~-box** → *hunting-lodge*; '**~-cat** → *cheetah*; '**~-crop** *s.* Jagdpeitsche *f*; '**~-ground** *s.* 'Jagdreˌvier *n*, -gebiet *n* (*a. fig.*): *happy ~s die* ewigen Jagdgründe; '**~-horn** *s.* Hift-, Jagdhorn *n*; **~ leop·ard** → *cheetah*; '**~-lodge** *s.* Jagdhütte *f*; '**~-sea·son** *s.* Jagdzeit *f*.

hunt·ress ['hʌntris] *s.* Jägerin *f*.

hunts·man ['hʌntsmən] *s.* [*irr.*] **1.** Jäger *m*, Weidmann *m*; **2.** Rüdemann *m* (*Aufseher der Jagdhunde*); '**hunts·man·ship** [-ʃip] *s.* Jäge'rei *f*, Weidwerk *n*.

'**hunt-the-'slip·per** *s.* Pan'toffeljagd *f* (*Kinderspiel*).

hur·dle ['hə:dl] **I.** *s.* **1.** *sport* Hürde *f*: *the ~s* → *hurdle-race*; **2.** Hürde *f* (*Zaun, a. fig. Hindernis, Schwierigkeit*); **3.** ⊕ Fa'schine *f*, Gitter *n*; **II.** *v/t.* **4.** mit Hürden um'geben, um'zäunen; **5.** über *e-e Hürde* springen, *Hürde* nehmen; **6.** *fig. Schwierigkeit* über'winden; **III.** *v/i.* **7.** e-e Hürde *od.* ein Hindernis nehmen (*a. fig.*); '**hur·dler** [-lə] *s.* **1.** Hürdenmacher *m*; **2.** *sport* Hürdenläufer(in); '**hur·dle-race** *s. sport* **a)** Hürdenlauf *m*, **b)** Hürden-, Hindernisrennen *n*.

hur·dy-gur·dy ['hə:digə:di] *s.* ♪ **a)** Drehleier *f*, **b)** Leierkasten *m*, Drehorgel *f*.

hurl [hə:l] **I.** *v/t.* **1.** schleudern (*a. fig.*), werfen: *to ~ abuse at s.o.* j-m e-e Beleidigung ins Gesicht schleudern; **2.** *~ o.s.* sich stürzen (*on* auf *acc.*); **II.** *v/i.* **3.** *sport* Hurling spielen; **III.** *s.* **4.** Schleudern *n*; '**hurl·er** [-lə] *s. sport* Hurlingspieler *m*; '**hurl·ey** [-li] *s. sport* **1.** → *hurling*; **2.** Hurlingstock *m*; '**hurl·ing** [-liŋ] *s. sport* Hurling(spiel) *n* (*Art Hockey*).

hurl·y-burl·y ['hə:libə:li] *s.* Tu'mult *m*, Aufruhr *m*; Wirrwarr *m*.

hur·rah [hu'rɑ:] **I.** *int.* hur'ra!: *~ for ...!* hoch *od.* es lebe ...!; → *hip*³; **II.** *s.* Hur'ra(ruf *m*) *n*.

hur·ray [hu'rei] → *hurrah*.

hur·ri·cane ['hʌrikən] *s.* **1.** Hurrikan *m*, Or'kan *m*, Wirbelsturm *m*; **2.** *fig.* Orkan *m*, Sturm *m*; **~ deck** *s.* ⚓ Sturmdeck *n*; **~ lamp** *s.* 'Sturmlaˌterne *f*.

hur·ried ['hʌrid] *adj.* □ eilig, hastig, schnell, über'eilt; '**hur·ri·er** [-iə] *s. Brit.* ⚒ Fördermann *m*, Schlepper *m*.

hur·ry ['hʌri] **I.** *s.* **1.** Hast *f*, Eile *f*: *in a ~* in Eile, eilig; *to be in a ~* Eile *od.* es eilig haben, in Eile sein; *there is no ~* es eilt nicht, es hat keine Eile; *you will not beat that in a ~* das machst du nicht so bald *od.* leicht nach; *in the ~ of business* im Drang der Geschäfte; **2.** ⊕ Rutsche *f*, Gleitbahn *f*; **II.** *v/t.* **3.** *a. ~ away* (*od. off*) schnell *od.* eilig befördern *od.* bringen: *to ~ through fig. Gesetzesvorlage etc.* durchpeitschen; **4.** *oft ~ up* (*od. on*) treiben, drängen, beschleunigen; *et.* über'eilen; **5.** ⚒ schleppen; **III.** *v/i.* **6.** (sich be)eilen, sich über'eilen: *~ up!* beeile dich!, mach schnell!; *~ along!* weitergehen!; *to ~ away* (*od. off*) wegeilen; *to ~ over s.th.* et. ‚hinhauen' *od.* flüchtig erledigen; '**~-'scur·ry** [-'skʌri] **I.** *s.* Hast *f*, Über'stürzung *f*; **II.** *adv.* über'stürzt; **III.** *v/i.* überstürzt handeln.

hurst [hə:st] *s.* (*in Ortsnamen*) Hain *m*, Forst *m*.

hurt [hə:t] **I.** *v/t.* [*irr.*] *a. impers.* **1.** verletzen, verwunden; **2.** schmerzen, weh tun (*dat.*) (*beide a. fig.*); drücken (*Schuh*); **3.** *fig.* verletzen, kränken: *to feel ~* gekränkt sein; **4.** *j-m* schaden, *j-n* schädigen; **5.** *et.* beschädigen; **II.** *v/i.* [*irr.*] *a. impers.* **6.** schmerzen, weh tun; **7.** schaden: *that won't ~* das schadet nichts; **8.** F Schmerzen *od.* Schaden erleiden; **III.** *s.* **9.** *a. fig.* Verletzung *f*, Schmerz *m*; **10.** Schaden *m*, Nachteil *m*; '**hurt·er** [-tə] *s.* ⊕ **1.** Achsring *m*, -stoß *m*; **2.** Stoßbalken *m*; '**hurt·ful** [-ful] *adj.* □ schädlich, nachteilig (*to* für).

hur·tle ['hə:tl] *v/i.* **1.** (*against*) zs.-prallen (mit), prallen, stoßen (gegen); **2.** sausen, stürzen, rasen; **3.** rasseln, poltern.

'**hur·tle·ber·ry** *s.* ♆ Heidelbeere *f*.

hus·band ['hʌzbənd] **I.** *s.* (Ehe-)Mann *m*, Gatte *m*, Gemahl *m*; **II.** *v/t.* haushälterisch *od.* sparsam 'umgehen mit, haushalten mit; '**hus·band·ly** [-li] *adj.* Gatten..., Ehemanns...; '**hus·band·man** [-ndmən] *s.* [*irr.*] Bauer *m*; '**hus·band·ry** [-ri] *s.* Ackerbau *m*, Landwirtschaft *f*.

hush [hʌʃ] **I.** *int.* **1.** still!, pst!; **II.** *v/t.* **2.** zum Schweigen *od.* zur Ruhe bringen; **3.** *fig.* besänftigen, beruhigen; **4.** *mst ~ up* vertuschen; **III.** *v/i.* **5.** still sein; **IV.** *s.* **6.** Stille *f*, Ruhe *f*; '**hush·a·by** [-ʃəbai] *int.* eiapo'peia! (*ein Kind einschläfernd*); **hushed** [-ʃt] *adj.* lautlos, still.

'**hush**|-'**hush** *adj.* (streng) geheim, Geheim...; '**~-mon·ey** *s.* Schweigegeld *n*.

husk [hʌsk] **I.** *s.* **1.** ♆ (trockene) Hülse; *Am. mst* Maishülse *f*; Schale *f*, Schote *f*; **2.** *fig.* Schale *f* (*wertlose Hülle*); *pl. oft fig.* Abfall *m*; **II.** *v/t.* **3.** enthülsen, schälen; '**husk·er** [-kə] *s.* **1.** Enthülser(in); **2.** 'Schälmaˌschine *f*; '**husk·i·ness** [-kinis] *s.* Heiserkeit *f*, Rauhheit *f* (*Stimme*); '**husk·ing** [-kiŋ] *s.* **1.** Enthülsen *n*, Schälen *n*; **2.** *a. ~ bee Am.* geselliges Maisschälen.

husk·y¹ ['hʌski] *adj.* □ **1.** hülsig; **2.** ausgedörrt; **3.** heiser, belegt (*Stimme*).

hus·ky² ['hʌski] F **I.** *adj.* □ stämmig, ro'bust; **II.** *s.* stämmiger Kerl.

Hus·ky³ ['hʌski] *s.* **1.** 'Eskimo *m*; **2.** ♀ 'Eskimohund *m*; **3.** ♀ 'Eskimosprache *f*.

hus·sar [hu'zɑ:] *s.* ⚔ Hu'sar *m*.

Huss·ite ['hʌsait] *s. hist.* Hus'sit *m*.

hus·sy ['hʌsi] *s.* **1.** keckes Mädchen, Range *f*, ‚Fratz' *m*; **2.** ‚leichtes Mädchen', ‚Flittchen' *n*.

hus·tings ['hʌstiŋz] *s. pl. mst sg. konstr. pol.* **1.** Redner-, Wahlbühne *f*; **2.** Wahl(kampf *m*) *f*.

hus·tle ['hʌsl] **I.** *v/t.* **1.** stoßen, drängen; (an)rempeln; **2.** hetzen, antreiben; **3.** F vor'antreiben, schnell erledigen; **II.** *v/i.* **4.** sich drängen, hasten; **5.** sich 'durchdrängen; **6.** *Am.* F **a)** mit Hochdruck arbeiten, **b)** ‚rangehen', Dampf da'hinter machen; **7.** *Am. sl.* **a)** betteln, **b)** stehlen; **III.** *s.* **8.** Getriebe *n*: *~ and bustle* Gehetze; **9.** F ‚Betrieb' *m*; '**hus·tler** [-lə] *s.* rühriger Mensch, ‚Wühler' *m*.

hut [hʌt] **I.** *s.* **1.** Hütte *f*; **2.** ⚔ Ba'racke *f*; **II.** *v/t. u. v/i.* **3.** in Ba'racken *od.* Hütten 'unterbringen (wohnen): *~ted camp* Barackenlager.

hutch [hʌtʃ] *s.* **1.** Kiste *f*, Kasten *m*; Trog *m*; **2.** (kleiner) Stall, Käfig *m*, Verschlag *m*; **3.** ⚒ Hund *m*; **4.** F Hütte *f*.

hut·ment ['hʌtmənt] *s.* ⚔ **1.** 'Unterbringung *f* in Ba'racken; **2.** Hütten-, Ba'rackenlager *n*.

huz·za [hu'zɑ:] **I.** *int.* 'hussa!, juch'he!, hur'ra!; **II.** *s.* Hur'ra(ruf *m*) *n*; **III.** *v/i.* jauchzen; **IV.** *v/t.* *j-m* zujauchzen.

hy·a·cinth ['haiəsinθ] *s.* **1.** ♆ Hya'zinthe *f*; **2.** *min.* Hya'zinth *m*, roter Zir'kon.

hy·ae·na → *hyena*.

hy·a·line ['haiəlin] **I.** *adj.* glasklar, 'durchsichtig; **II.** *s. poet.* **a)** Meer *n*, **b)** klarer Himmel; '**hy·a·lite** [-lait] *s. min.* Hya'lit *m*, 'Glasoˌpal *m*; '**hy·a·loid** [-lɔid] → *hyaline I*.

hy·brid ['haibrid] **I.** *s.* **1.** *biol.* Mischling *m*, 'Bastard *m*, Zwitter *m*, Kreuzung *f*; **2.** *ling.* Mischwort *n*; **II.** *adj.* **3.** *biol.* Misch..., Bastard..., Zwitter...; **4.** ungleichartig, gemischt; **hy·brid·ism** ['haibridizəm], **hy·brid·i·ty** [hai'briditi] *s. biol.* Mischbildung *f*, Kreuzung *f*; **hy·brid·i·za·tion** [haibridai'zeiʃən] *s.* Kreuzung *f*; '**hy·brid·ize** [-daiz] *v/t.* kreuzen.

hy·bris ['haibris] → *hubris*.

hy·dra ['haidrə] *s.* **1.** *myth.* 'Hydra *f* (*a. fig. kaum auszurottendes Übel*); **2.** *ast.* Wasserschlange *f*; **3.** *zo.* 'Süßwasserpoˌlyp *m*.

hy·dran·ge·a [hai'dreindʒə] *s.* ♆ Hor'tensie *f*. [*m*.]

hy·drant ['haidrənt] *s.* ⊕ Hy'drant

hy·drate ['haidreit] ⚗ **I.** *s.* Hy'drat *n*; **II.** *v/t.* hydratisieren; '**hy·drat·ed** [-tid] *adj.* ⚗, *min.* wasserhaltig; **hy·dra·tion** [hai'dreiʃən] *s.* ⚗ Hydratisati'on *f*.

hy·drau·lic [hai'drɔ:lik] *adj.* (□ *~ally*) ⊕, *phys.* hy'draulisch: **a)** (Druck)Wasser...: *~ clutch* (*jack, press*) hydraulische Kupplung (Winde, Presse); *~ power* (*pressure*) Wasserkraft (-druck), **b)** unter Wasser erhärtend: *~ cement* hydraulischer Mörtel, Wassermörtel; **~ brake** *s. mot.* hy'draulische Bremse, Flüssigkeitsbremse *f*; **~ en·gine** *s.* ⊕ 'Wasserkraftmaˌschine *f*; **~ en·gi·neer** *s.* 'Wasserbauingeniˌeur *m*; **~ en·gi·neer·ing** *s.* Wasserbau *m*; **~ gear** *s. mot.* Flüssigkeitsgetriebe *n*.

hy·drau·lics [hai'drɔ:liks] *s. pl. sg. konstr. phys.* Hy'draulik *f*.

hy·dric ['haidrik] *adj.* ⚗ Wasserstoff...: *~ oxide* Wasser; '**hy·dride** [-raid] *s.* ⚗ Hy'drid *n*.

hy·dro ['haidrou] *pl.* **-dros** *s.* F

1. ✈ → *hydroplane 1*; 2. ⚕ *Brit.* F Wasserheilanstalt *f*.

hydro- [haidrou; -ə] *in Zssgn* a) Wasser, b) Wasserstoff.

'hy·dro|·bomb [-ou-] *s.* ⚔ 'Luft-, 'Flugzeugtorˌpedo *m*; **'~'bro·mide** [-ou-] *s.* ⚗ hydro'bromsaures Salz; **'~'car·bon** [-ou-] *s.* ⚗ Kohlenwasserstoff *m*; **'~'cel·lu·lose** [-ou-] *s.* ⚗ 'Hydrozelluˌlose *f*; **'~ce'phal·ic** [-ouse'fælik], **'~'ceph·a·lous** [-ou'sefələs] *adj.* ⚕ mit e-m Wasserkopf; **'~'ceph·a·lus** [-ou'sefələs] *s.* ⚕ Wasserkopf *m*; **'~'chlo·ric** [-ə-] *adj.* ⚗ salzsauer: ~ *acid* Salzsäure, Chlorwasserstoff; **'~'chlo·ride** [-ə-] *s.* ⚗ 'Chlorhyˌdrat *n*; **'~·cy'an·ic ac·id** [-ou-] *s.* ⚗ Blausäure *f*, Zy'anwasserstoffsäure *f*; **'~·dy'nam·ic** [-ou-] *adj. phys.* hydrody'namisch; **'~·dy'nam·ics** [-ou-] *s. pl. mst sg. konstr. phys.* Hydrody'namik *f*; **'~·e'lec·tric** [-ou-] *adj.* ⊕ hydroe'lektrisch: ~ *power-station* (*od.* -*plant*) Wasserkraftwerk; **'~·ex·tract** [-ou-] *v/t.* ⊕ zentrifugieren, entwässern; **'~·flu'or·ic ac·id** [-ou-] *s.* ⚗ Flußsäure *f*.

hy·dro·gen ['haidridʒən] *s.* ⚗ Wasserstoff *m*: ~ *bomb* Wasserstoffbombe; ~ *cylinder* Wasserstoffflasche; ~ *peroxide* Wasserstoffsuperoxyd; ~ *sulphide* Schwefelwasserstoff; **hy·dro·gen·ate** [hai'drɔdʒineit] *v/t.* ⚗ 1. hydrieren; 2. *Öl* härten; **hy·dro·gen·a·tion** [haidrɔdʒi'neiʃən] *s.* ⚗ 1. Hydrierung *f*; 2. Härtung *f* (*Öl*); **hy·dro·gen·ize** [hai'drɔdʒənaiz] → *hydrogenate*; **hy·drog·e·nous** [hai'drɔdʒinəs] *adj.* ⚗ wasserstoffhaltig, Wasserstoff...

hy·dro·graph·ic [haidrou'græfik] *adj.* (□ ~*ally*) hydro'graphisch: ~ *map* ⚓ Seekarte; ~ *office* (*od. department*) ⚓ Seewarte; **hy·drog·ra·phy** [hai'drɔgrəfi] *s.* 1. Hydrogra'phie *f*, Gewässerkunde *f*; 2. Gewässer *pl.* (*e-r Landkarte*).

hy·dro·log·ic *adj.*; **hy·dro·log·i·cal** [haidrou'lɔdʒik(əl)] *adj.* hydro'logisch; **hy·drol·o·gy** [hai'drɔlədʒi] *s.* Hydrolo'gie *f*, Gewässerkunde *f*.

hy·drol·y·sis [hai'drɔlisis] *s.* ⚗ Hydro'lyse *f*; **hy·dro·lyt·ic** [haidrə'litik] *adj.* ⚗ hydro'lytisch; **hy·dro·lyze** ['haidrəlaiz] *v/t.* ⚗ hydrolysieren.

hy·drom·e·ter [hai'drɔmitə] *s. phys.* Hydro'meter *n*; **hy·dro·met·ric** *adj.*; **hy·dro·met·ri·cal** [haidrou'metrik(əl)] *adj. phys.* hydro'metrisch.

hy·dro·path·ic [haidrə'pæθik] ⚕ I. *adj.* hydro'pathisch; Wasserkur...: ~ *establishment* → *hydro 2*; II. *s. Brit.* → *hydro 2*; **hy·drop·a·thist** [hai'drɔpəθist] *s.* ⚕ Hydro'path *m*; **hy·drop·a·thy** [hai'drɔpəθi] *s.* ⚕ 1. Hydrothera'pie *f*, Wasserheilkunde *f*; 2. Kneipp-, Wasserkur *f*.

hy·dro|·pho·bi·a [haidrə'foubjə] *s.* ⚕ 1. Wasserscheu *f*; 2. Tollwut *f*; **~·phone** ['haidrəfoun] *s.* ⊕ Unter'wasserˌhorchgerät *n*; **~·phyte** ['haidrəfait] *s.* ♣ Wasserpflanze *f*; **~·plane** ['haidrouplein] *s.* 1. ✈ Wasserflugzeug *n*; 2. ✈ Gleitfläche *f* (*e-s Wasserflugzeugs*); 3. ⚓ Gleitboot *n*; 4. ⚓ Tiefenruder *n* (*e-s U-Boots*); **~·pon·ics** [haidrə'pɔniks] *s. pl. sg. konstr.* 'Wasserkulˌtur *f* (*Anbau ohne Erde*); **~·qui·none** ['haidroukwi'noun] *s. phot.* Hydrochi'non *n*; **~·scope** ['haidrəskoup] *s.* ⊕ Unter'wasserˌsichtgerät *n*, -ˌsuchgerät *n*; **'~·sphere** ['haidrəsfiə] *s.* Wasserhülle *f* der Erde; **~·stat·ic** [haidrou'stætik] *adj.* hydro'statisch: ~ *press* hydraulische Presse; ~ *pressure* Wasserdruck; **~·stat·ics** [haidrou'stætiks] *s. pl. sg. konstr.* Hydro'statik *f*; **~·ther·a·py** [haidrou'θerəpi] *s.* ⚕ Hydrothera'pie *f*, Wasserbehandlung *f*.

hy·drous ['haidrəs] *adj.* ⚗ wasserhaltig.

hy·drox·ide [hai'drɔksaid] *s.* ⚗ Hydro'xyd *n*: ~ *of sodium* Ätznatron.

hy·e·na [hai'i:nə] *s. zo.* Hy'äne *f*.

hy·giene ['haidʒi:n] *s.* Hygi'ene *f*, Gesundheitspflege *f*, -lehre *f*: *personal* ~ Körperpflege; **hy·gi·en·ic** [hai'dʒi:nik] I. *adj.* (□ ~*ally*) hygi'enisch; II. *s. pl. sg. konstr.* Hygi'ene *f*, Gesundheitslehre *f*; **'hy·gi·en·ist** [-nist] *s.* Hygi'eniker (-in).

hygro- [haigrou; -ə] *in Zssgn* feucht, Feuchtigkeit.

hy·gro·graph ['haigrougra:f; -græf] *s. phys.* Hygro'graph *m*, selbstregistrierender Luftfeuchtigkeitsmesser; **hy·grom·e·ter** [hai'grɔmitə] *s. phys.* Hygro'meter *n*, Luftfeuchtigkeitsmesser *m*; **hy·gro·met·ric** [haigrou'metrik] *adj. phys.* hygro'metrisch; **hy·grom·e·try** [hai'grɔmitri] *s. phys.* Hygrome'trie *f*, Luftfeuchtigkeitsmessung *f*; **hy·gro·scope** ['haigrəskoup] *s. phys.* Hygro'skop *n*, Feuchtigkeitsanzeiger *m*; **hy·gro·scop·ic** [haigrə'skɔpik] *adj.* hygro'skopisch: a) Feuchtigkeit anzeigend, b) Feuchtigkeit anziehend.

hy·ing ['haiiŋ] *p.pr. von hie.*

hy·men ['haimen] *s.* 1. *anat.* 'Hymen *n*, Jungfernhäutchen *n*; 2. *poet.* Ehe *f*, Hochzeit *f*; 3. ♀ *myth.* 'Hymen *m*, Gott *m* der Ehe; **hy·me·ne·al** [haime'ni(:)əl] *adj.* Hochzeits..., hochzeitlich.

hy·me·nop·ter·a [haimi'nɔptərə] *s. pl. zo.* Hautflügler *pl.*; **hy·me·'nop·ter·ous** [-rəs] *adj.* Hautflügler...

hymn [him] I. *s.* Hymne *f*, Kirchenlied *n*; II. *v/t.* (lob)preisen; III. *v/i.* Hymnen singen; **'hym·nal** [-nəl] I. *adj.* hymnisch, Hymnen...; II. *s.* Gesangbuch *n*; **'hymn-book** → *hymnal II*; **'hym·nic** [-nik] *adj.* hymnenartig; **'hym·no·dy** [-nədi] *s.* 1. Hymnensingen *n*; 2. Hymnendichtung *f*; 3. *coll.* Hymnen *pl.*; **hym·nol·o·gy** [him'nɔlədʒi] *s.* 1. Hymnolo'gie *f*, Hymnenkunde *f*; 2. → *hymnody 2 u. 3*.

hy·oid bone ['haiɔid] *s. anat.* Zungenbein *n*.

hyper- [haipə(:)] *in Zssgn* hyper..., super..., über..., 'übermäßig.

hy·per·bo·la [hai'pə:bələ] *s.* ⩘ Hy'perbel *f* (*Kegelschnitt*); **hy'per·bo·le** [-li] *s. rhet.* Hy'perbel *f*, Über'treibung *f*; **hy·per·bol·ic** *adj.*; **hy·per·bol·i·cal** [haipə(:)'bɔlik(əl)] *adj.* □ 1. ⩘ Hyperbel...; 2. über'treibend.

hy·per|·bo·re·an [haipə(:)bɔ:'ri(:)ən] I. *s.* Hyperbo'reer *m*; II. hyperbo'reisch, arktisch, nördlich; **'~'crit·ic** *s.* über'triebener 'Kritiker; **'~'crit·i·cal** *adj.* □ 1. allzu kritisch; 2. 'übergenau; **'~'crit·i·cize** *v/t. u. v/i.* allzu streng kritisieren; **'~·mar·ket** *s.* Verbrauchermarkt *m*; **'~'met·ri·cal** *adj.* 1. um eine Silbe zu lang (*Vers*); 2. 'überzählig (*Silbe*); **'~·me'tro·pi·a** [-me'troupjə], **~·o·pi·a** ['haipər'oupjə] *s.* ⚕ 'Übersichtigkeit *f*; **'~'sen·si·tive** *adj.* 'überempfindlich; **'~'son·ic** [-'sɔnik] *adj. phys.* erheblich über Schallgeschwindigkeit; **'~'ten·sion** *s.* ⚕ zu hoher Blutdruck, Hyperto'nie *f*.

hy·per·troph·ic ['haipə(:)'trɔfik], **hy·per·tro·phied** [hai'pə:trəfid] *adj.* ⚕, *biol.* 1. hyper'trophisch, 'überentwickelt; 2. *fig.* krankhaft, 'übermäßig; **hy·per·tro·phy** [hai'pə:trəfi] ⚕, *biol.* I. *s.* Hypertro'phie *f*, 'Überentwicklung *f*, 'übermäßige Vergrößerung (*a. fig.*); II. *v/i. u. v/t.* 'übermäßig wachsen (vergrößern).

hy·phen ['haifən] I. *s.* 1. Bindestrich *m*; 2. Trennungszeichen *n*; II. *v/t.* 3. mit Bindestrich schreiben; **'hy·phen·ate** [-fəneit] *v/t.* mit Bindestrich schreiben: ~*d American oft contp.* ‚Bindestrich-amerikaner'; **hy·phen·a·tion** [haifə'neiʃən] *s.* Schreibung *f* mit Bindestrich.

hyp·noid ['hipnɔid] *adj.* schlafähnlich.

hyp·no·sis [hip'nousis] *pl.* **-ses** [-si:z] *s.* ⚕ Hyp'nose *f*; **hyp'not·ic** [-'nɔtik] I. *adj.* (□ ~*ally*) 1. hyp'notisch; 2. einschläfernd; II. *s.* 3. Einschläferungsmittel *n*; 4. Hypnotisierte(r *m*) *f*; **hyp·no·tism** ['hipnətizəm] *s.* ⚕ 1. Hypno'tismus *m*; 2. Hyp'nose *f*; 3. *fig.* Suggesti'onskraft *f*; **hyp·no·tist** ['hipnətist] *s.* Hypnoti'seur *m*; **hyp·no·ti·za·tion** [hipnətai'zeiʃən] *s.* Hypnotisierung *f*; **hyp·no·tize** ['hipnətaiz] *v/t.* ⚕ hypnotisieren (*a. fig. fesseln, faszinieren*).

hy·po[1] ['haipou] *s.* ⚗, *phot.* Fi'xiersalz *n*, 'unterschwefligsaures 'Natron (*abbr. für hyposulphite*).

hy·po[2] ['haipou] *pl.* **-pos** *s.* F → a) *hypodermic injection*, b) *hypodermic syringe*.

hypo- [haipou; -pə] *in Zssgn* unter, geringer, sub...

hy·po·caust ['haipoukɔ:st] *s. antiq.* ⚠ Heizgewölbe *n* (*zur Fußbodenbeheizung*); **hy·po'chlo·rous** *adj.* 'unterchlorig; **hy·po·chon·dri·a** [haipou'kɔndriə] *s.* ⚕ Hypochon'drie *f*; **hy·po·chon·dri·ac** [haipou'kɔndriæk] ⚕ I. *adj.* (□ ~*ally*) hypo'chondrisch; II. *s.* Hypo'chonder *m*.

hy·poc·ri·sy [hi'pɔkrəsi] *s.* Heuche'lei *f*, Scheinheiligkeit *f*; **hyp·o·crite** ['hipəkrit] *s.* Hypo'krit *m*, Heuchler(in), Scheinheilige(r *m*) *f*;

hyp·o·crit·i·cal [hipə'kritikəl] *adj.* □ heuchlerisch, scheinheilig.

hy·po·der·mic [haipə'də:mik] ⚕ **I.** *adj.* (□ *~ally*) **1.** subku'tan, hypoder'matisch, unter der *od.* die Haut; **II.** *s.* **2.** → *hypodermic injection*; **3.** → *hypodermic syringe*; **4.** subkutan angewandtes Mittel; **~ in·jec·tion** *s.* ⚕ Einspritzung *f* unter die Haut; **~ nee·dle** *s.* ⚕ Nadel *f* für e-e subku'tane Spritze; **~ syr·inge** *s.* ⚕ Spritze *f* für e-e subku'tane Injekti'on.

hy·po|·gas·tri·um [haipou'gæstriəm] *s. anat.* 'Unterbauch(gegend *f*) *m*; **~'ge·al** [-'dʒi:əl], **~'ge·an** [-'dʒi:ən] *adj.* 'unterirdisch.

hy·po|·phos·phate [haipou'fɔsfeit] *s.* ⚗ 'Hypo,phosphat *n*; **~·phos·phor·ic ac·id** [haipoufɔs'fɔrik] *s.* ⚗ 'Unter,phosphorsäure *f*.

hy·poph·y·sis [hai'pɔfisis] *s. anat.* Hirnanhang *m*, Hypo'physe *f*.

hy·pos·ta·sis [hai'pɔstəsis] *pl.* **-ses** [-si:z] *s.* Hypo'stase *f*: **a)** *phls.* Grundlage *f*, Sub'stanz *f*, wahre Wesenheit, **b)** ⚕ Senkungsblutfülle *f*; **hy·po·stat·ic** *adj.*; **hy·po·stat·i·cal** [haipou'stætik(əl)] *adj.* □ **1.** zu'grunde liegend, wesentlich; **2.** ⚕, *phls.*, *eccl.* hypo'statisch; **hy·'pos·ta·tize** [-ətaiz] *v/t.* vergegenständlichen, als gesonderte Per'son *od.* Sub'stanz betrachten.

hy·po|·sul·phite [haipou'sʌlfait] *s.* ⚗ Hyposul'fit *n*, 'unterschwefligsaures Salz; **~'sul·phu·rous** *adj.* ⚗ 'unterschweflig; **~·tac·tic** [haipou'tæktik] *adj. ling.* hypo'taktisch, 'unterordnend; **'~'ten·sion** *s.* ⚕ zu niedriger Blutdruck, Hypoto'nie *f*.

hy·pot·e·nuse [hai'pɔtinju:z] *s.* ⩘ Hypote'nuse *f*.

hy·poth·ec ['haipəθik] *s.* ⚖ *Scot.* Hypo'thek *f*; **hy·poth·e·car·y** [hai'pɔθikəri] *adj.* ⚖ hypothe'karisch: *~ debts* Hypothekenschulden; *~ value* Beleihungswert; **hy·poth·e·cate** [hai'pɔθikeit] *v/t.* ⚖ *Grundstück etc.* hypothe'karisch belasten; *Schiff* verbodmen; † *Effekten* lombardieren; **hy·poth·e·ca·tion** [haipɔθi'keiʃən] *s.* ⚖ hypothe'karische Belastung (*Grundstück etc.*); Verbodmung *f* (*Schiff*); † Lombardierung *f* (*Effekten*).

hy·poth·e·sis [hai'pɔθisis] *pl.* **-ses** [-si:z] *s.* **1.** Hypo'these *f*, Annahme *f*, Vor'aussetzung *f*: *working ~* Arbeitshypothese; **2.** (bloße) Vermutung; **hy·po·thet·ic** *adj.*; **hy·po·thet·i·cal** [haipou'θetik(əl)] *adj.* □ hypo'thetisch, angenommen, mutmaßlich; bedingt.

hypso- [hipsou] *in Zssgn* Höhe.

hyp·som·e·ter [hip'sɔmitə] *s. geogr.* Höhenmesser *m*; **hyp'som·e·try** [-tri] *s. geogr.* Höhenmessung *f*.

hy·son ['haisn] *s.* † Hyson *m*, Haisan *m* (*grüner chinesischer Tee*).

hys·sop ['hisəp] *s.* **1.** ⚘ 'Ysop *m*; **2.** *R.C.* Weihwedel *m*.

hys·ter·e·sis [histə'ri:sis] *s. phys.* Hy'steresis *f*, Hyste'rese *f*.

hys·te·ri·a [his'tiəriə] *s.* ⚕ Hyste'rie *f* (*a. fig.*); **hys'ter·ic** [-'terik] ⚕ **I.** *s.* **1.** Hy'steriker(in); **2.** *pl. mst sg. konstr.* Hysterie *f*, hy'sterischer Anfall: *to go (off) into ~s* e-n hysterischen Anfall bekommen, hysterisch werden; **II.** *adj.* (□ *~ally*) **3.** → *hysterical*; **hys'ter·i·cal** [-'terikəl] *adj.* □ ⚕ hysterisch (*a. fig.*).

hystero- [histərou] *in Zssgn* **a)** Gebärmutter..., **b)** Hysterie...

hys·ter·ot·o·my [histə'rɔtəmi] *s.* ⚕ **a)** Hysteroto'mie *f*, Gebärmutterschnitt *m*, **b)** Kaiserschnitt *m*.

I

I[1], **i** [ai] *s.* I *n*, i *n* (*Buchstabe*).

I[2] [ai] **I.** *pron.* ich; **II.** *pl.* **I's** *s. das* Ich.

i·am·bic [ai'æmbik] **I.** *adj.* 'jambisch; **II.** *s.* **a)** 'Jambus *m* (*Versfuß*), **b)** jambischer Vers; **i'am·bus** [-bəs] *pl.* **-bi** [-bai], **-bus·es** *s.* Jambus *m.*

'I-beam *s.* ⊕ Doppel-T-Träger *m*; I-Formstahl *m.*

I·be·ri·an [ai'biəriən] **I.** *s.* **1.** I'berer(in); **2.** *ling.* I'berisch *n*; **II.** *adj.* **3.** iberisch; **4.** die iberische Halbinsel betreffend; **Ibero-** [-rou] *in Zssgn* Ibero...: *~-America* Lateinamerika.

i·bex ['aibeks] *s. zo.* Steinbock *m.*

i·bi·dem [i'baidem] (*Lat.*) *adv.* ebenda.

i·bis ['aibis] *s. zo.* 'Ibis *m.*

ice [ais] **I.** *s.* **1.** Eis *n*: *broken ~* Eisstücke; *to break the ~ fig.* das Eis brechen; *to skate on* (*od. over*) *thin ~ fig.* **a)** sich in e-e gefährliche Lage begeben, **b)** ein heikles Thema berühren; *to cut no ~ sl.* keinen Eindruck machen, ‚nicht ziehen'; *that cuts no ~ with me* das zieht bei mir nicht; *to keep* (*od. put*) *on ~ et. od. j-n* ‚auf Eis legen'; **2.** Gefrorenes *n* aus Fruchtsaft u. Zuckerwasser; **3.** *Brit.* (Speise)Eis *n*; **4.** → *icing* 2; **5.** *Am. sl.* ‚Klunkern' *pl.*; **II.** *v/t.* **6.** mit Eis bedecken; **7.** in Eis verwandeln, gefrieren lassen, vereisen; **8.** mit *od.* in Eis kühlen; **9.** über'zuckern, glasieren; **III.** *v/i.* **10.** gefrieren: *~d-up* zugefroren, vereist, überfroren.

'ice| age *s. geol.* Eiszeit *f*; **'~-a·pron** *s.* △ Eisbrecher *m*, -bock *m* (*an Brücken*); **'~-ax(e)** *s.* Eispickel *m*; **'~-bag** *s.* ⚕ Eisbeutel *m*; **'~·berg** *s.* Eisberg *m* (*a. fig. Person*): *the tip of the ~* die Spitze des Eisbergs (*a. fig.*); **'~·blink** *s.* Eisblink *m*, -blick *m*; **'~-boat** *s.* **1.** Segelschlitten *m*; **2.** Eisbrecher *m*; **'~-bound** *adj.* eingefroren (*Schiff*); zugefroren (*Hafen*); **'~·box** *s. Am.* Kühlschrank *m*; **'~-break·er** *s.* **1.** ⚓ Eisbrecher *m*; **2.** → *ice-apron*; **3.** ⊕ Eiszerkleinerer *m*; **'~-cap** *s.* (*bsd. arktische*) Eisdecke; **'~-chest** *s.* Eisschrank *m.*

'ice-'cream *s.* (Speise)Eis *n*, Gefrorene(s) *n*: *vanilla ~* Vanilleeis; **~ bar** *s.* Eisdiele *f*; **~ cone** *s.* Eistüte *f*; **~ freez·er** *s.* 'Eisma͵schine *f*; **~ par·lo(u)r** *s.* Eisdiele *f*; **~ so·da** *s. Am.* Sodawasser *n* mit Speiseeis.

iced [aist] *adj.* **1.** mit Eis bedeckt; **2.** eisgekühlt; **3.** gefroren; **4.** über'zuckert, mit 'Zuckergla͵sur.

'ice|-fall *s.* Eisfall *m*; **'~-fern** *s.* Eisblume(n *pl.*) *f*; **'~-field** *s.* Eisfeld *n*; **'~-floe** *s.* Eisscholle *f*; **'~-foot** *s.* [*irr.*] (arktischer) Eisgürtel; **~ fox** *s. zo.* Po'larfuchs *m*; **'~-'free** *adj.* eis-, vereisungsfrei; **~ hock·ey** *s. sport* Eishockey *n.*

Ice·land·er ['aisləndə] *s.* Isländer(in); **Ice·lan·dic** [ais'lændik] **I.** *adj.* isländisch; **II.** *s. ling.* Isländisch *n.*

Ice·land| moss ['aislənd] *s.* ♣ Isländisch(es) Moos *n*; **~ spar** *s. min.* Isländischer Doppelspat.

ice| ma·chine *s.* 'Eis-, 'Kältema͵schine *f*; **'~·man** [-mæn] *s.* [*irr.*] **1.** Eisverkäufer *m*; **2.** erfahrener Eisgänger; **'~-pack** *s.* **1.** Packeis *n*; **2.** ⚕ 'Eis͵umschlag *m*; **'~-plant** *s.* ♣ Eiskraut *n*; **'~-rink** *s.* (Kunst)Eisbahn *f*; **'~-show** *s.* 'Eisre͵vue *f*; **'~-'spar** *s. min.* Eisspat *m*, glasiger Feldspat; **'~-wa·ter** *s.* **1.** Eiswasser *n*; **2.** Schmelzwasser *n.*

ich·neu·mon [ik'nju:mən] *s. zo.* **1.** Ich'neumon *m, n*; **2.** *a. ~ fly* Schlupfwespe *f.*

i·chor ['aikɔ:] *s.* I'chor *m*: **a)** *antiq.* Götterblut *n*, **b)** ⚕ Wundjauche *f*, eitriges Se'kret.

ichthy(o)- [ikθi(ou); -(ə)] *in Zssgn* Fisch...

ich·thy·o·log·ic *adj.*; **ich·thy·o·log·i·cal** [ikθiə'lɔdʒik(əl)] *adj.* ichthyo'logisch; **ich·thy·ol·o·gy** [ikθi'ɔlədʒi] *s. zo.* Ichthyolo'gie *f*, Fischkunde *f*; **ich·thy·oph·a·gous** [ikθi'ɔfəgəs] *adj.* fisch(fr)essend; **ich·thy·o'sau·rus** [-'sɔ:rəs] *pl.* **-ri** [-rai] *s. zo.* Ichthyo'saurier *m.*

i·ci·cle ['aisikl] *s.* Eiszapfen *m.*

i·ci·ly ['aisili] *adv.* → *icy*; **'i·ci·ness** [-nis] *s.* **1.** Eisigkeit *f*; eisige Kälte; **2.** *fig.* Kälte *f* (*im Benehmen*).

ic·ing ['aisiŋ] *s.* **1.** Eisschicht *f*; Vereisung *f*; **2.** Zuckerguß *m*: *~ sugar* Puder-, Staubzucker; **3.** *Eishockey*: unerlaubter Weitschuß.

i·con ['aikɔn] *s.* **1.** (Ab)Bild *n*, 'Statue *f*; **2.** I'kone *f*, Heiligenbild *n*; **i·con·o·clasm** [ai'kɔnəklæzəm] *s.* Bilderstürme'rei *f* (*a. fig.*); **i·con·o·clast** [ai'kɔnəklæst] *s.* Bilderstürmer *m* (*a. fig.*); **i·con·o·clas·tic** [aikɔnə'klæstik] *adj.* bilderstürmend; **i·co·nog·ra·phy** [aikɔ'nɔgrəfi] *s.* 'Bildniskunde *f*, -͵studium *n*; **i·co·nol·a·try** [aikɔ'nɔlətri] *s.* Bilderverehrung *f*; **i·co·nol·o·gy** [aikɔ'nɔlədʒi] → *iconography*; **i·co·nom·a·chy** [aikɔ'nɔməki] *s.* Bekämpfung *f* der Bilderverehrung.

ic·tus ['iktəs] *s.* 'Vers-ak͵zent *m*, -ton *m.*

i·cy ['aisi] *adj.* □ **1.** eisig: *~ cold* eiskalt; **2.** *fig.* eisig, kalt, frostig.

id [id] *s. psych.* Es *n.*

I'd [aid] F *für* **a)** *I would, I should,* **b)** *I had.*

i·de·a [ai'diə] *s.* **1.** I'dee *f* (*a. phls.*); Vorstellung *f*, Begriff *m*, Ahnung *f*: *a general ~* e-e allgemeine Vorstellung; *to form an ~ of* sich *et.* vorstellen, sich e-n Begriff machen von; *I have an ~ that* es kommt mir vor, als ob; *he has no ~* er hat keine Ahnung; *the ~ of such a thing!, the* (*very*) *~!* so ein Unsinn!, man stelle sich vor!, so was!; **2.** Gedanke *m*, Meinung *f*: *it is my ~ that* ich bin der Ansicht, daß; *the ~ entered my mind* mir kam der Gedanke; **3.** Absicht *f*, Plan *m*, Zweck *m*, Gedanke *m*, Idee *f*, Einfall *m*: *that's not a bad ~* das ist gar nicht schlecht; *the ~ is* man beabsichtigt *od.* bezweckt; *that's the ~* darum dreht sich's (ja), das stimmt; *what's the* (*big*) *~?* was soll das (heißen)?; *to put ~s into s.o.'s head* ‚j-m e-n Floh ins Ohr setzen'; *full of ~s* voller (guter) Ideen; **i'de·aed, i'de·a'd** [-əd] *adj.* voller I'deen.

i·de·al [ai'diəl] **I.** *adj.* □ → *ideally*; **1.** ide'al (*a. phls.*), voll'endet, vorbildlich, Muster..., vor'züglich; **2.** ide'ell, nicht wirklich, (nur) eingebildet: *~ happiness*; **II.** *s.* **3.** Ide'al *n*, Vorbild *n*; **4.** *das* Ide'elle (*Ggs. das Wirkliche*); **i'de·al·ism** [-lizəm] *s.* Idea'lismus *m*; **i'de·al·ist** [-list] *s.* Idea'list(in); **i·de·al·is·tic** [aidiə'listik] *adj.* (□ *~ally*) idea'listisch; **i·de·al·i·za·tion** [aidiəlai'zeiʃən] *s.* Idealisierung *f*; **i'de·al·ize** [-laiz] *v/t. u. v/i.* idealisieren; **i'de·al·ly** [-li] *adv.* **1.** ide'al(erweise); **2.** im Geiste (*Ggs. in Wirklichkeit*).

i·de·a·tion [aidi'eiʃən] *s.* I'deenbildung *f*; Vorstellungsvermögen *n.*

i·dem ['aidem] **I.** *s.* der'selbe (Verfasser), das'selbe (Buch *etc.*); **II.** *adv.* beim selben Verfasser.

i·den·tic [ai'dentik] *adj.*: *~ note pol.* gleichlautende Note; → *identical*; **i'den·ti·cal** [-kəl] **1.** *adj.* □ i'dentisch, (genau) gleich: *~ twins biol.* eineiige Zwillinge; **2.** (der-, die-, das)'selbe; **3.** gleichbedeutend, -lautend.

i·den·ti·fi·a·ble [ai'dentifaiəbl] *adj.* identifizier-, feststell-, erkennbar; **i·den·ti·fi·ca·tion** [aidentifi'keiʃən] *s.* **1.** Identifizierung *f*, Feststellung *f*, Erkennung *f*: *~ mark* Kennzeichen; **2.** Gleichsetzung *f*; **3.** Ausweis *m*, Legitimati'on *f*: *~ papers*; *~ card* → *identity card*; *~ disk*, *Am. ~ tag* ⚔ Erkennungsmarke; **4.** *Funk, Radar*: Kennung *f*; **i·den-**

ti·fy [ai'dentifai] v/t. 1. gleichsetzen, als i'dentisch betrachten (*with* mit): *to ~ o.s. with* a) sich identifizieren *od.* solidarisch erklären mit, b) sich *et.* zu eigen machen; 2. identifizieren, erkennen, die Identi'tät feststellen von (*od. gen.*); 3. *biol.* die Art feststellen von; 4. ausweisen, legitimieren.

i·den·ti·kit [ai'dentikit] *s.* ⚖ Phan'tombild *n.*

i·den·ti·ty [ai'dentiti] *s.* Identi'tät *f*: a) Gleichheit *f*, b) Per'sönlichkeit *f*: *to prove one's ~* sich ausweisen; *to reveal one's ~* sein Inkognito lüften; **~ card** *s.* (Perso'nal)Ausweis *m*, Kenn-, Ausweiskarte *f*.

id·e·o·gram ['idiougræm], '**id·e·o·graph** [-grɑ:f; -græf] *s.* Begriffs-, Schriftzeichen *n.*

id·e·o·log·ic *adj.*; **id·e·o·log·i·cal** [aidiə'lɔdʒik(əl)] *adj.* ideo'logisch; **id·e·ol·o·gist** [aidi'ɔlədʒist] *s.* 1. Ideo'loge *m*; 2. Theo'retiker *m*; **id·e·ol·o·gy** [aidi'ɔlədʒi] *s.* 1. Ideolo'gie *f*, Denkweise *f*; 2. Begriffslehre *f*; 3. reine Theo'rie.

ides [aidz] *s. pl. antiq.* Iden *pl.*

id·i·o·cy ['idiəsi] *s.* 1. ⚕ Schwachsinn *m*; 2. F Dummheit *f*, Blödsinn *m.*

id·i·om ['idiəm] *s. ling.* 1. Idi'om *n*, Sondersprache *f*, Mundart *f*; 2. Ausdrucksweise *f*, Sprache *f*; 3. Sprachgebrauch *m*, -eigentümlichkeit *f*; 4. idio'matische Wendung, Redewendung *f*; **id·i·o·mat·ic** [idiə'mætik] *adj.* (□ *~ally*) *ling.* 1. idio'matisch, spracheigentümlich; 2. sprachrichtig, -üblich.

id·i·o·plasm ['idiəplæzəm] *s. biol.* Idio'plasma *n*, Erbmasse *f*.

id·i·o·syn·cra·sy [idiə'siŋkrəsi] *s.* 1. per'sönliche Eigenart *od.* Veranlagung *od.* Neigung; 2. ⚕ Idiosynkra'sie *f*, 'Überempfindlichkeit *f*; **id·i·o·syn·crat·ic** [idiəsiŋ'krætik] *adj.* charakte'ristisch, *j-m* eigentümlich.

id·i·ot ['idiət] *s.* 1. Idi'ot *m*, Dummkopf *m*; 2. ⚕ Schwachsinnige(r *m*) *f*; **id·i·ot·ic** [idi'ɔtik] *adj.* (□ *~ally*) 1. idi'otisch, dumm, blödsinnig; 2. ⚕ geistesschwach, schwachsinnig.

i·dle ['aidl] I. *adj.* □ 1. untätig, müßig: *the ~ rich* die reichen Müßiggänger; 2. unbeschäftigt, arbeitslos; 3. ⊕ a) außer Betrieb, stillstehend, b) im Leerlauf, Leerlauf...: *to lie ~* stilliegen; *to run ~* → *10*; 4. ✝ 'unproduk,tiv, brachliegend (*a.* ✓), tot (*Kapital*); 5. ruhig, still, ungenutzt: *~ hours* Mußestunden; 6. faul, träge: *~ fellow* Faulenzer; 7. nutzlos, vergeblich, eitel: *an ~ attempt* ein vergeblicher Versuch; 8. leer, hohl, seicht, nichtig: *~ talk* leeres Gerede, Gewäsch; II. *v/i.* 9. faulenzen: *to ~ about* herumtrödeln; 10. ⊕ leer laufen; III. *v/t.* 11. *mst ~ away* vertrödeln, müßig zubringen; **~ cur·rent** *s.* ⚡ Blindstrom *m*; **~ mo·tion** *s.* ⊕ Leerlauf *m.*

i·dle·ness ['aidlnis] *s.* 1. Untätigkeit *f*, Muße *f*; 2. Faulheit *f*, Müßiggang *m*; 3. Hohl-, Seichtheit *f*.

i·dle pul·ley *s.* ⊕ Leerlaufrolle *f*.

i·dler ['aidlə] *s.* 1. Faulenzer(in), Müßiggänger(in); 2. → a) *idle wheel*, b) *idle pulley*.

i·dle wheel *s.* ⊕ Zwischenrad *n.*

i·dling ['aidliŋ] *s.* 1. Nichtstun *n*, Müßiggang *m*; 2. ⊕ Leerlauf *m*; '**i·dly** [-li] *adv.* → *idle*.

i·dol ['aidl] *s.* I'dol *n*, Abgott *m* (*beide a. fig.*); Götze *m*, Götzenbild *n*: *to make an ~ of* → *idolize*.

i·dol·a·ter [ai'dɔlətə] *s.* 1. Götzendiener *m*; 2. *fig.* Anbeter *m*, Verehrer *m*; **i'dol·a·tress** [-tris] *s.* Götzendienerin *f*; **i'dol·a·trous** [-trəs] *adj.* □ 1. abgöttisch; 2. Götzen...; **i'dol·a·try** [-tri] *s.* 1. Abgötte'rei *f*, Götzendienst *m*; 2. *fig.* Vergötterung *f*; **i·dol·i·za·tion** [aidəlai'zeiʃən] *s.* 1. Abgötte'rei *f*; 2. *fig.* Vergötterung *f*; **i·dol·ize** ['aidəlaiz] *v/t. fig.* abgöttisch verehren, vergöttern.

i·dyl(l) ['idil] *s.* 1. I'dylle *f*, Schäfer-, Hirtengedicht *n*; 2. *fig.* I'dyll *n*; **i·dyl·lic** [ai'dilik] *adj.* (□ *~ally*) i'dyllisch.

if [if] I. *cj.* 1. wenn, falls: *~ I were you* wenn ich du *od.* an d-r Stelle wäre; *even ~* wenn auch, selbst wenn; *~ any* wenn überhaupt (einer *od.* eine *od.* eines *od.* et.), falls etwa; *~ not* wenn *od.* wo nicht; *~ so* gegebenenfalls, in diesem Fall; → *as if*; 2. wenn auch, wie'wohl, ob'schon: *he has learnt much ~ not enough* er hat viel gelernt, wenn auch nicht genug; *~ he be ever so rich* mag er noch so reich sein; 3. *indirekt fragend*: ob: *try ~ you can do it!*; 4. *ausrufend*: *~ I had only known!* hätte ich (es) nur gewußt!; II. *s.* 5. Wenn *n*: *without ~s or ans* (*od. buts*) ohne Wenn u. Aber.

ig·loo, *a.* **ig·lu** ['iglu:] *s.* 'Iglu *m*, Schneehütte *f*.

ig·ne·ous ['igniəs] *adj.* feurig, glühend: *~ rock geol.* Eruptivgestein.

ig·nis fat·u·us ['ignis'fætjuəs] (*Lat.*) *s.* 1. Irrlicht *n*; 2. *fig.* Illusi'on *f*, Blendwerk *n.*

ig·nite [ig'nait] I. *v/t.* 1. an-, entzünden; 2. ⚗ bis zur Verbrennung erhitzen; II. *v/i.* 3. sich entzünden, Feuer fangen; 4. ⚡ zünden; **ig'nit·er** [-tə] *s.* Zündvorrichtung *f*, Zünder *m.*

ig·ni·tion [ig'niʃən] *s.* 1. An-, Entzünden *n*; 2. ⚡, *mot.* Zündung *f*; 3. ⚗ Erhitzung *f*; **~ bat·ter·y** *s.* ⚡ 'Zündbatte,rie *f*; **~ charge** *s.* ⊕ Zündladung *f*; **~ coil** *s.* ⚡ Zündspule *f*; **~ de·lay** *s.* ⊕ Zündverzögerung *f*; **~ key** *s. mot.* Zündschlüssel *m*; **~ lock** *s.* ⊕ Zündschloß *n*; **~ spark** *s.* ⚡ Zündfunke *m*; **~ tim·ing** *s.* Zündeinstellung *f*; **~ tube** *s.* ⚗ Glührohr *n.*

ig·no·ble [ig'noubl] *adj.* □ 1. gemein, unedel, niedrig; 2. unwürdig, schändlich; 3. von niedriger Geburt; **ig'no·ble·ness** [-nis] *s.* Niedrigkeit *f*, Gemeinheit *f*.

ig·no·min·i·ous [ignə'miniəs] *adj.* □ schändlich, schmählich, unehrenhaft; **ig·no·min·y** ['ignəmini] *s.* 1. Schmach *f*, Schande *f*; 2. Schändlichkeit *f*.

ig·no·ra·mus [ignə'reiməs] *pl.* **-mus·es** *s.* Igno'rant(in), Nichtskönner(in).

ig·no·rance ['ignərəns] *s.* Unwissenheit *f*, Beschränktheit *f*; Unkenntnis *f* (*of gen.*); '**ig·no·rant** [-nt] *adj.* □ 1. unkundig, nicht kennend *od.* wissend: *to be ~ of et.* nicht wissen *od.* kennen, nichts wissen von; 2. unwissend, ungebildet; '**ig·no·rant·ly** [-ntli] *adv.* 1. unwissentlich; 2. fälschlich.

ig·nore [ig'nɔ:] *v/t.* 1. ignorieren, nicht beachten *od.* berücksichtigen, keine No'tiz nehmen von; 2. ⚖ *Klage* verwerfen, abweisen.

i·gua·na [i'gwɑ:nə] *s. zo.* Legu'an *m*; **i'guan·o·don** [-nədɔn] *s. zo.* Igu'anodon *n.*

'**I-i·ron** → *I-beam*.

il·e·um ['iliəm] *s. anat.* Krummdarm *m*; '**il·e·us** [-əs] *s.* ⚕ Darmverschluß *m.*

i·lex ['aileks] *s.* ⚘ Stechpalme *f*, -eiche *f*.

il·i·ac ['iliæk] *adj. anat.* Darmbein...

Il·i·ad ['iliəd] *s.* 'Ilias *f*, Ili'ade *f*: *an ~ of woes fig.* e-e endlose Leidensgeschichte.

il·i·um ['iliəm] *pl.* '**il·i·a** [-ə] *s. anat.* a) Darmbein *n*, b) Hüfte *f*.

ilk [ilk] *s. nur*: *of that ~* a) *Scot.* gleichnamigen Ortes: *Kinloch of that ~* = *Kinloch of Kinloch*, b) *fälschlich*: derselben Art, seinesgleichen.

ill [il] I. *adj.* 1. (*nur pred.*) krank: *to be taken ~, to fall ~* erkranken (*with, of* an *dat.*); *to be away ~* wegen Krankheit fehlen; 2. (*moralisch*) schlecht, böse, übel; → *fame 1*; 3. böse, unfreundlich, feindlich: *~ blood* böses Blut, Feindschaft; *with an ~ grace* widerwillig, ungern; *~ humo(u)r* üble Laune, Reizbarkeit; *~ nature* a) Unfreundlichkeit, b) Bösartigkeit; *~ temper* schlechte Laune; *~ treatment* Grausamkeit; *~ will* Feindschaft, Groll, Abneigung; → *feeling 2*; 4. nachteilig, ungünstig, schlecht, übel: *~ effect* üble Folge *od.* Wirkung; *it's an ~ wind that blows nobody good* et. Gutes ist an allem; → *health 2*, *luck 1*, *omen I*, *weed 1*; 5. schlecht, unbefriedigend, fehlerhaft: *~ breeding* a) Unerzogenheit, schlechte Erziehung, b) Ungezogenheit; *~ management* Mißwirtschaft; *~ success* Mißerfolg, Fehlschlag; II. *adv.* 6. schlecht, übel: *~ at ease* unruhig, unbehaglich, verlegen, befangen; *to behave ~* sich schlecht *od.* ungezogen benehmen; 7. böse, feindlich; *to take s.th. ~* et. übelnehmen; *to think ~ of s.o.* schlecht von j-m denken; 8. ungünstig: *it went ~ with him* es erging ihm schlecht; *it ~ becomes you* es steht dir schlecht an; 9. ungenügend, schlecht: *~-equipped*; 10. schwerlich, kaum: *I can ~ afford it* ich kann es mir kaum leisten; III. *s.* 11. Unglück *n*, 'Mißgeschick *n*, Ungemach *n*, Leiden *n* (*a. Krankheit*); 12. *das* Böse, Übel *n.*

I'll [ail] F *für I shall, I will.*

'**ill|-ad'vised** *adj.* □ 1. schlechtberaten; 2. unbesonnen, unklug; '**~-af'fect·ed** *adj.* übelgesinnt; '**~-as'sort·ed** *adj.* zs.-gewürfelt; '**~-'bred** *adj.* schlechterzogen; unhöflich;

'**~-con'di·tioned** *adj.* **1.** in schlechtem Zustand; **2.** boshaft, bösartig; '**~-dis'posed** *adj.* **1.** (*towards*) **a)** übelgesinnt (*dat.*), **b)** voreingenommen (gegen); **2.** bösartig.

il·le·gal [i'li:gəl] *adj.* □ 'illegal, ungesetzlich, gesetzwidrig; unerlaubt, verboten; **il·le·gal·i·ty** [ili(:)'gæliti] *s.* **1.** Ungesetzlichkeit *f*; **2.** gesetzwidrige Handlung.

il·leg·i·bil·i·ty [iledʒi'biliti] *s.* Unleserlichkeit *f*; **il·leg·i·ble** [i'ledʒəbl] *adj.* □ unleserlich.

il·le·git·i·ma·cy [ili'dʒitiməsi] *s.* **1.** Unrechtmäßigkeit *f*; **2.** uneheliche Geburt(en *pl.*); **il·le'git·i·mate** [-mit] *adj.* □ **1.** unrechtmäßig, rechtswidrig; **2.** nicht-, unehelich, illegi'tim; **3.** unlogisch (*Folgerung*).

'**ill**|-'**fat·ed** *adj.* **1.** unglücklich, unselig; **2.** ungünstig; '**~-'fa·vo(u)red** *adj.* □ unschön, häßlich; '**~-'got·ten** *adj.* unrechtmäßig erworben; '**~-'hu·mo(u)red** *adj.* übelgelaunt, verärgert.

il·lib·er·al [i'libərəl] *adj.* □ **1.** knauserig; **2.** engherzig, -stirnig; **3.** *pol.* 'illibe,ral; **il'lib·er·al·ism** [-rəlizəm] *s. pol.* illiberaler Standpunkt; **il·lib·er·al·i·ty** [ilibə'ræliti] *s.* **1.** Knause'rei *f*; **2.** Engherzigkeit *f*.

il·lic·it [i'lisit] *adj.* □ unerlaubt, unzulässig, verboten, gesetzwidrig: *~ trade* Schleich-, Schwarzhandel; *~ work* Schwarzarbeit.

il·lim·it·a·ble [i'limitəbl] *adj.* □ grenzenlos, unermeßlich.

il·lit·er·a·cy [i'litərəsi] *s.* **1.** Unbildung *f*; **2.** Analpha'betentum *n*; **il'lit·er·ate** [-rit] **I.** *adj.* **1.** ungebildet; **2.** analpha'betisch; **II.** *s.* **3.** Ungebildete(r *m*) *f*; **4.** Analpha'bet(in).

'**ill**|-'**judged** *adj.* unbedacht, unklug; '**~-'man·nered** *adj.* ungehobelt, von schlechten 'Umgangsformen; '**~-'matched** *adj.* schlecht (zs.-)passend; '**~-'na·tured** *adj.* □ **1.** unfreundlich, boshaft; **2.** verärgert.

ill·ness ['ilnis] *s.* Krankheit *f*.

il·log·i·cal [i'lɔdʒikəl] *adj.* □ unlogisch; **il·log·i·cal·i·ty** [ilɔdʒi'kæliti] *s.* Unlogik *f*.

'**ill**|-'**o·mened** *adj.* von schlechter Vorbedeutung, Unglücks..., omi'nös; '**~-'starred** *adj.* unglücklich, vom Unglück verfolgt; '**~-'tem·pered** *adj.* schlechtgelaunt, mürrisch, reizbar; '**~-'timed** *adj.* ungelegen, unpassend, 'inoppor,tun; '**~-'treat** *v/t.* miß'handeln; schlecht behandeln.

il·lume [i'lju:m] *v/t. poet. u. fig.* erleuchten, aufhellen; **il'lu·mi·nant** [-minənt] **I.** *adj.* (er)leuchtend, aufhellend; **II.** *s.* Beleuchtungskörper *m*.

il·lu·mi·nate [i'lju:mineit] **I.** *v/t.* **1.** be-, erleuchten, erhellen; **2.** illuminieren, festlich beleuchten; **3.** *fig.* erläutern, deuten, erklären, aufhellen; **4.** *Schrift(stück)* ausmalen, illuminieren; **5.** *fig.* Glanz verleihen (*dat.*); **II.** *v/i.* **6.** sich erhellen; **il'lu·mi·nat·ed** [-tid] *adj.* beleuchtet, leuchtend, Leucht..., Licht...: *~ advertising* Lichtreklame; **il'lu·mi·nat·ing** [-tiŋ] *adj.* **1.** leuchtend, Leucht..., Beleuchtungs...: *~ gas* Leuchtgas; *~ power* Leuchtkraft; **2.** *fig.* aufschluß-, lehrreich; **il·lu·mi·na·tion** [ilju:mi'neiʃən] *s.* **1.** Be-, Erleuchtung *f*; **2.** *oft pl.* Illuminati'on *f*, Festbeleuchtung *f*; **3.** *fig.* Erleuchtung *f*, Aufklärung *f*; **4.** *a. fig.* Licht *n* u. Glanz *m*; **5.** Kolorierung *f*, Verzierung *f* (*Schrift etc.*); **il'lu·mi·na·tive** [-nətiv] *adj.* **1.** erleuchtend; **2.** aufklärend; **3.** verzierend.

il·lu·mine [i'lju:min] *v/t.* **1.** beleuchten; **2.** aufklären, erleuchten; **3.** aufheitern.

'**ill-'use** [-'ju:z] → *ill-treat*.

il·lu·sion [i'lu:ʒən] *s.* Illusi'on *f*: **a)** (Sinnes)Täuschung *f*; → *optical*, **b)** Wahn *m*, Einbildung *f*, Trugbild *n*, falsche Vorstellung, Blendwerk *n*; **il'lu·sion·ism** [-ʒənizəm] *s. bsd. phls.* Illusio'nismus *m*; **il'lu·sion·ist** [-ʒənist] *s.* Illusio'nist *m* (*a. phls.*): **a)** Schwärmer(in), Träumer (-in), **b)** Zauberkünstler *m*.

il·lu·sive [i'lu:siv] *adj.* □ illu'sorisch, täuschend, trügerisch: *to be ~* trügen; **il'lu·sive·ness** [-nis] *s.* Täuschung *f*, Schein *m*; **il'lu·so·ry** [-səri] *adj.* □ → *illusive*.

il·lus·trate ['iləstreit] *v/t.* **1.** erläutern, erklären, veranschaulichen; **2.** illustrieren, bebildern; **il·lus·tra·tion** [iləs'treiʃən] *s.* **1.** Erläuterung *f*, Erklärung *f*, Veranschaulichung *f*; **2.** Beispiel *n*; **3.** Abbildung *f*, Illustrati'on *f*; '**il·lus·tra·tive** [-tiv] *adj.* □ erläuternd, erklärend; Anschauungs..., Beispiel...: *to be ~ of* erläutern, veranschaulichen; '**il·lus·tra·tor** [-tə] *s.* **1.** Illu'strator *m*; **2.** Erläuterer *m*, Erklärer *m*.

il·lus·tri·ous [i'lʌstriəs] *adj.* □ berühmt, ausgezeichnet, erhaben; **il'lus·tri·ous·ness** [-nis] *s.* Berühmtheit *f*, Erlauchtheit *f*.

I'm [aim] F *für I am*.

im·age ['imidʒ] **I.** *s.* **1.** Standbild *n*, Bildsäule *f*; **2.** Götzenbild *n*: *~-worship* **a)** Bilderanbetung, **b)** Götzendienst; → *graven*; **3.** Bild *n* (*a. opt.*), Bildnis *n*: *~ converter tube Fernsehen*: Bildwandlerröhre; **4.** Ab-, Ebenbild *n*: *the (very) ~ of his father* ganz der Vater; **5.** bildlicher Ausdruck, Vergleich *m*, Me'tapher *f*: *to speak in ~s* in Bildern reden; **6.** Vorstellung *f*, I'dee *f*; *psych.* 'Image *n*; **7.** Verkörperung *f*; **II.** *v/t.* **8.** abbilden, bildlich *od.* anschaulich darstellen; **9.** 'widerspiegeln; **10.** sich *et.* vorstellen; '**im·age·ry** [-dʒəri] *s.* **1.** Bilder *pl.*, Bildwerk(e *pl.*) *n*; **2.** Bilder(sprache *f*) *pl.*, Sym'bolik *f*, Meta'phorik *f*.

im·ag·i·na·ble [i'mædʒinəbl] *adj.* □ vorstellbar, erdenklich, denkbar: *the finest weather ~* das denkbar schönste Wetter; **im'ag·i·nar·i·ly** [-dʒinərili] *adv.* in der Einbildung; **im'ag·i·nar·y** [-dʒinəri] *adj.* □ → *imaginarily*; **1.** nur in der Vorstellung vor'handen, eingebildet, scheinbar, *a.* A imagi'när; **2.** † fingiert.

im·ag·i·na·tion [imædʒi'neiʃən] *s.* **1.** Phanta'sie *f*, Vorstellungs-, Einbildungskraft *f*, Schöpfergabe *f*: *to capture the ~* das Interesse fesseln; *a man of ~* ein ideenreicher Mann; *he has no ~* er ist phantasielos *od.* nicht erfinderisch; **2.** Einfälle *pl.*; **3.** Vorstellung *f*, Einbildung *f*: *in (my etc.) ~* in Gedanken, im Geiste; *pure ~* reine Einbildung; **im·ag·i·na·tive** [i'mædʒinətiv] *adj.* □ phanta'siereich, erfinderisch, einfallsreich, geistvoll, schöpferisch: *~ faculty* → *imagination 1*; **im·ag·i·na·tive·ness** [i'mædʒinətivnis] → *imagination 1*; **im·ag·ine** [i'mædʒin] **I.** *v/t.* **1.** sich *j-n od. et.* vorstellen *od.* denken: *I ~ him as a tall man*; *you can't ~ my joy*; **2.** sich *et.* (*Unwirkliches*) einbilden: *you are imagining things!* du bildest *od.* redest dir (et)was ein!; **3.** F glauben, denken, sich einbilden: *don't ~ that I am satisfied*; *to ~ to be* halten für; **II.** *v/i.* **4.** sich vorstellen *od.* denken: *just ~!* F stell dir vor!, denk (dir) nur!

i·ma·go [i'meigou] *pl.* **-goes** *od.* **i·mag·i·nes** [i'meidʒini:z] *s. zo.* vollentwickeltes In'sekt.

im·bal·ance [im'bæləns] *s.* **1.** Unausgewogenheit *f*; **2.** *bsd. pol.* Ungleichgewicht *n*.

im·be·cile ['imbisi:l] **I.** *adj.* □ **1.** ⚕ geistesschwach; **2.** *contp.* dumm, idi'otisch; **II.** *s.* **3.** ⚕ Schwachsinnige(r *m*) *f*; **4.** Idi'ot *m*, Narr *m*; **im·be·cil·i·ty** [imbi'siliti] *s.* **1.** ⚕ Schwachsinn *m*; **2.** Dummheit *f*.

im·bibe [im'baib] *v/t.* **1.** ein-, aufsaugen; **2.** F trinken, schlürfen; **3.** *fig.* (geistig) aufnehmen, sich zu eigen machen; **4.** (durch)'tränken.

im·bri·cate ['imbrikeit] **I.** *v/t.* dachziegelartig anordnen; **II.** *v/i.* dachziegelartig überein'anderliegen; **III.** *adj.* [-kit] dachziegelartig überein'andergreifend, schuppenartig.

im·bro·glio [im'brouliou] *pl.* **-glios** *s.* Verwicklung *f*, Verwirrung *f*, verwickelte Lage.

im·brue [im'bru:] *v/t. mst fig.* (*with, in*) baden (in *dat.*), tränken, beflecken (mit).

im·bue [im'bju:] *v/t.* **1.** durch'tränken, eintauchen; **2.** tief färben; **3.** *fig.* erfüllen (*with* mit): *~d with* erfüllt *od.* durchdrungen von.

im·i·ta·ble ['imitəbl] *adj.* nachahmbar; **im·i·tate** ['imiteit] *v/t.* **1.** *j-n od. et.* nachahmen, -machen, imitieren, kopieren; **2.** *j-m* nacheifern; **3.** ähneln (*dat.*); **4.** *bsd. biol.* sich anpassen (*dat.*); '**im·i·tat·ed** [-teitid] *adj.* imitiert, unecht, künstlich; **im·i·ta·tion** [imi'teiʃən] **I.** *s.* **1.** Nachahmung *f*: *in (the) ~ of* nach dem Muster von; **2.** Nachbildung *f*, -ahmung *f*, *das* Nachgeahmte, Imitati'on *f*, Ko'pie *f*; **3.** Fälschung *f*; **II.** *adj.* **4.** unecht, künstlich, Kunst...: *~ leather* Kunstleder; *~ antiques* gefälschte Antiquitäten; '**im·i·ta·tive** [-tətiv] *adj.* □ **1.** nachahmend, -bildend; auf Nachahmung *fremder Vorbilder* beruhend: *to be ~ of* nachahmen; **2.** zur Nachahmung geneigt, nachahmend; **3.** *ling.* lautmalend: *an ~ word*; '**im·i·ta·tor** [-teitə] *s.* Nachahmer *m*, Imi'tator *m*.

im·mac·u·late [i'mækjulit] *adj.* □

1. *fig.* unbefleckt, makellos, unverdorben, rein, unschuldig: ♀ *Conception R.C.* Unbefleckte Empfängnis; 2. fehler-, tadellos; sauber; **im'mac·u·late·ness** [-nis] *s.* Unbeflecktheit *f*, Reinheit *f*.

im·ma·nence ['imənəns], **'im·ma·nen·cy** [-si] *s.* 1. Innewohnen *n*; 2. *phls., eccl.* Imma'nenz *f*; **'im·ma·nent** [-nt] *adj.* 1. innewohnend; 2. *phls., eccl.* imma'nent.

im·ma·te·ri·al [imə'tiəriəl] *adj.* 1. unkörperlich, unstofflich; 2. unwesentlich; (*a.* ⚖) unerheblich, belanglos; **im·ma'te·ri·al·ism** [-lizəm] *s. phls.* Immateria'lismus *m*.

im·ma·ture [imə'tjuə] *adj.* □ unreif, unentwickelt (*a. fig.*); **im·ma'tu·ri·ty** [-uəriti] *s.* Unreife *f*.

im·meas·ur·a·ble [i'meʒərəbl] *adj.* □ unermeßlich, grenzenlos, riesig.

im·me·di·a·cy [i'mi:djəsi] *s.* 1. Unmittelbarkeit *f*, Di'rektheit *f*; 2. Unverzüglichkeit *f*; **im·me·di·ate** [i'mi:djət] *adj.* □ 1. *Raum*: unmittelbar, nächst(gelegen): ~ *contact* unmittelbare Berührung; ~ *vicinity* nächste Umgebung; 2. *Zeit*: unverzüglich, so'fortig, 'umgehend: ~ *answer*; ~ *steps* Sofortmaßnahmen; ~ *objective* Nahziel; ~ *future* nächste Zukunft; 3. augenblicklich, derzeitig: ~ *plans*; 4. di'rekt, unmittelbar; 5. nächst (*Verwandtschaft*): *my* ~ *family* m-e nächsten Angehörigen; **im'me·di·ate·ly** [-jətli] I. *adv.* 1. unmittelbar, direkt; 2. so'fort, 'umgehend, unverzüglich; II. *cj.* 3. *bsd. Brit.* so'bald (als).

im·me·mo·ri·al [imi'mɔ:riəl] *adj.* □ un(vor)denklich, uralt: *from time* ~ seit unvordenklichen Zeiten.

im·mense [i'mens] *adj.* □ 1. unermeßlich, ungeheuer, riesig; 2. *sl.* großartig; **im'men·si·ty** [-siti] *s.* Unermeßlichkeit *f*.

im·merse [i'mə:s] *v/t.* 1. (ein)tauchen (*a.* ⊕), versenken; 2. *fig.*(*o.s.* sich) vertiefen, versenken (*in* in *acc.*); 3. *fig.* verwickeln, verstricken (*in* in *acc.*); **im'mersed** [-st] *adj. fig.* (*in*) versunken, vertieft (in *acc.*), in Anspruch genommen (von); **im·mer·sion** [i'mə:ʃən] *s.* 1. Ein-, 'Untertauchen *n*: ~ *heater* Tauchsieder; 2. *fig.* Versunkenheit *f*, Vertiefung *f*; 3. *eccl.* Immersi'onstaufe *f*; 4. *ast.* Immersi'on *f*.

im·mi·grant ['imigrənt] I. *s.* Einwanderer *m*, Einwanderin *f*; II. *adj.* einwandernd; **'im·mi·grate** [-greit] I. *v/i.* einwandern (*into* in *acc.*, nach), zuziehen; II. *v/t.* ansiedeln (*into* in *dat.*); **im·mi·gra·tion** [imi'greiʃən] *s.* Einwanderung *f*.

im·mi·nence ['iminəns] *s.* 1. nahes Bevorstehen; 2. drohende Gefahr, Drohen *n*; **'im·mi·nent** [-nt] *adj.* □ bevorstehend, drohend.

im·mis·ci·ble [i'misibl] *adj.* □ unvermischbar.

im·mit·i·ga·ble [i'mitigəbl] *adj.* □ nicht zu besänftigen(d) *od.* lindern(d), unstillbar; unerbittlich.

im·mo·bile [i'moubail] *adj.* 1. unbeweglich; 2. bewegungslos; **im·mo·bil·i·ty** [imou'biliti] *s.* Unbeweglichkeit *f*; **im·mo·bi·li·za·tion** [imoubilai'zeiʃən] *s.* 1. Unbeweglichmachen *n*; 2. ✝ Einziehung *f* (*Münzen*); **im'mo·bi·lize** [-bilaiz] *v/t.* 1. unbeweglich machen: ~*d* bewegungsunfähig (*a. Auto etc.*); 2. festlegen, -halten; 3. ✝ *Münzen* aus dem Verkehr ziehen.

im·mod·er·ate [i'mɔdərit] *adj.* □ 'übermäßig, über'trieben, maßlos; **im·mod·er·a·tion** ['imɔdə'reiʃən] *s.* 'Übermaß *n*, Maßlosigkeit *f*.

im·mod·est [i'mɔdist] *adj.* □ 1. unbescheiden, vorlaut, anmaßend; 2. unanständig, schamlos, unzüchtig; **im'mod·es·ty** [-ti] *s.* 1. Unbescheidenheit *f*, Frechheit *f*; 2. Unanständigkeit *f*, Unzüchtigkeit *f*.

im·mo·late ['imouleit] *v/t.* 1. opfern, zum Opfer bringen (*a. fig.*); 2. schlachten (*a. fig.*); **im·mo·la·tion** [imou'leiʃən] *s. a. fig.* Opferung *f*, Opfer *n*.

im·mor·al [i'mɔrəl] *adj.* □ 'unmo,ralisch, sittenlos, unsittlich; **im·mo·ral·i·ty** [imə'ræliti] *s.* Sittenlosigkeit *f*, Unsittlichkeit *f*, Verderbtheit *f*.

im·mor·tal [i'mɔ:tl] I. *adj.* □ 1. unsterblich (*a. fig.*); 2. ewig, unvergänglich; II. *s.* 3. Unsterbliche(r *m*) *f* (*a. fig.*); **im·mor·tal·i·ty** [imɔ:'tæliti] *s.* 1. Unsterblichkeit *f* (*a. fig.*); 2. Unvergänglichkeit *f*; **im'mor·tal·ize** [-təlaiz] *v/t.* unsterblich machen, verewigen.

im·mor·telle [imɔ:'tel] *s.* ⚘ Immor'telle *f*, Strohblume *f*.

im·mov·a·bil·i·ty [imu:və'biliti] *s.* 1. Unbeweglichkeit *f*; 2. *fig.* Unerschütterlichkeit *f*; **im·mov·a·ble** [i'mu:vəbl] I. *adj.* □ 1. unbeweglich, ortsfest: ~ *property* → 4; → *feast* 1; 2. unveränderlich; 3. *fig.* fest, unerschütterlich; II. *s.* 4. *pl.* ⚖ unbewegliches Eigentum, Immo'bilien *pl.*, Liegenschaften *pl.*

im·mune [i'mju:n] I. *adj.* 1. ⚕ *u. fig.* (*from*) im'mun (gegen), unempfänglich (für); 2. (*from, against, to*) geschützt, gefeit (gegen), frei (von); II. *s.* 3. immune Per'son; **im'mu·ni·ty** [-niti] *s.* 1. ⚕ Immuni'tät *f* (*from* gegen); 2. ⚖ Immuni'tät *f*, Freiheit *f*, Befreiung *f* (*from* von *Strafe, Steuer*); 3. ⚖ Privi'leg *n*, Vorrecht *n*; **im·mu·ni·za·tion** [imju(:)nai'zeiʃən] *s.* ⚕ Immuni'sierung *f*; **im·mu·nize** ['imju(:)naiz] *v/t.* 1. im'mun *od.* unempfänglich machen (*against* gegen); 2. (*against*) sichern (gegen), schützen (vor *dat.*).

im·mure [i'mjuə] *v/t.* 1. einsperren, -schließen, -kerkern: *to* ~ *o.s.* sich abschließen; 2. einmauern.

im·mu·ta·bil·i·ty [imju:tə'biliti] *s. a. biol.* Unveränderlichkeit *f*; **im·mu·ta·ble** [i'mju:təbl] *adj.* □ unveränderlich, unwandelbar.

imp [imp] I. *s.* 1. Teufelchen *n*, Kobold *m*; 2. *humor.* Knirps *m*, Schlingel *m*, Racker *m*; II. *v/t.* 3. *Falknerei*: *Flügel* mit neuen Schwungfedern versehen.

im·pact I. *s.* ['impækt] 1. An-, Zs.-prall *m*, Auftreffen *n*; 2. *bsd.* ⚔ Auf-, Einschlag *m* (*Geschoß*); 3. ⊕, *phys.* Stoß *m*, Schlag *m*; Wucht *f*: ~ *strength* ⊕ (Kerb)Schlagfestigkeit; 4. *fig.* Belastung *f*, Druck *m*; 5. *fig.* (heftige) (Ein)Wirkung: *to make an* ~ (*on*) ‚einschlagen' (bei); II. *v/t.* [im'pækt] 6. zs.-pressen; einkeilen, -klemmen.

im·pair [im'pɛə] *v/t.* 1. verschlechtern; 2. schädigen, beeinträchtigen, schwächen; 3. (ver)mindern, schmälern, Abbruch tun (*dat.*); **im'pair·ment** [-mənt] *s.* Verschlechterung *f*, Verminderung *f*, Schädigung *f*, Beeinträchtigung *f*, Schwächung *f*.

im·pale [im'peil] *v/t.* 1. *hist.* pfählen; 2. aufspießen, durch'bohren; 3. *her.* *zwei Wappen* durch e-n senkrechten Pfahl verbinden; **im'pale·ment** [-mənt] *s.* 1. *hist.* Pfählung *f*; 2. Aufspießung *f*, Durch'bohrung *f*.

im·pal·pa·ble [im'pælpəbl] *adj.* □ 1. unfühlbar; 2. äußerst fein; 3. kaum faßlich, unmerklich.

im·pan·el → *empanel*.

im·par·i·syl·lab·ic ['impærisi'læbik] *adj. u. s. ling.* ungleichsilbig(es Wort).

im·part [im'pa:t] *v/t.* (*to dat.*) 1. geben, gewähren, verleihen, erteilen; 2. mitteilen (*a. phys.*).

im·par·tial [im'pa:ʃəl] *adj.* □ 'unpar,teiisch, gerecht, unvoreingenommen, unbefangen; **im·par·ti·al·i·ty** ['impa:ʃi'æliti] *s.* 'Unpar,teilichkeit *f*, Unvoreingenommenheit *f*.

im·pass·a·bil·i·ty ['impa:sə'biliti] *s.* Unwegsamkeit *f*, Ungangbarkeit *f*; **im·pass·a·ble** [im'pa:səbl] *adj.* □ unpassierbar, ungangbar.

im·passe [æm'pa:s; ɛ̃pa:s] (*Fr.*) *s.* 1. Sackgasse *f* (*a. fig.*); 2. *fig.* Stockung *f*, ausweglose Situati'on, toter Punkt.

im·pas·si·bil·i·ty ['impæsi'biliti] *s.* (*to*) Gefühllosigkeit *f* (gegen), Unempfindlichkeit *f* (für); **im·pas·si·ble** [im'pæsibl] *adj.* □ (*to*) gefühllos (gegen), unempfindlich (für).

im·pas·sioned [im'pæʃənd] *adj.* leidenschaftlich.

im·pas·sive [im'pæsiv] *adj.* □ 1. teilnahms-, leidenschaftslos; unempfindlich; 2. unbewegt, gelassen.

im·paste [im'peist] *v/t. paint.* *Farben* dick auftragen, pa'stos malen; **im·pas·to** [im'pa:stou] *s. paint.* Im'pasto *n*.

im·pa·tience [im'peiʃəns] *s.* 1. Ungeduld *f*, (innere) Unruhe; 2. Unduldsamkeit *f*, Empfindlichkeit *f*, Abneigung *f* (*of, with* gegen['über]); 3. ungeduldiges Verlangen (*to do* zu tun); **im'pa·tient** [-nt] *adj.* □ 1. ungeduldig, unruhig, aufgeregt, unwillig; 2. (*of*) unduldsam (gegen), ungehalten (über *acc.*), unzufrieden (mit): *to be* ~ *of* nicht (v)ertragen *od.* leiden können (*acc.*), nichts übrig haben für, ablehnen (*acc.*); 3. begierig (*for* nach, *to do* zu tun): *to be* ~ *for et.* nicht erwarten können; *to be* ~ *to do it* darauf brennen, es zu tun.

im·peach [im'pi:tʃ] *v/t.* 1. *j-n* anklagen, beschuldigen (*of, with gen.*); 2. *Beamten* (des Hochverrats *etc.*) anklagen; 3. anzweifeln, anfechten; 4. her'absetzen, tadeln, bemängeln; **im'peach·a·ble** [-tʃəbl] *adj.* anklag-, anfecht-, bestreitbar; **im'peach·ment** [-mənt] *s.* **1.** Anklage *f*, Beschuldigung *f*; **2.** Anklage *f e-s Beamten wegen Hochverrats etc.*; **3.** Anfechtung *f*, Bestreitung *f*, Anzweiflung *f*; **4.** Vorwurf *m*, Tadel *m*.

im·pec·ca·bil·i·ty [impekə'biliti] *s.* **1.** Unfehlbarkeit *f*; **2.** Fehler-, Tadellosigkeit *f*; **im·pec·ca·ble** [im'pekəbl] *adj.* □ **1.** unfehlbar, sünd(en)los; **2.** untadelig, einwandfrei.

im·pe·cu·ni·os·i·ty [impikju:ni'ɔsiti] *s.* Geldmangel *m*, Armut *f*; **im·pe·cu·ni·ous** [impi'kju:njəs] *adj.* ohne Geld, mittellos, arm.

im·ped·ance [im'pi:dəns] *s.* ⚡ Impe'danz *f*, 'Schein,widerstand *m*.

im·pede [im'pi:d] *v/t.* **1.** *j-n* (be-)hindern; **2.** *et.* verhindern, erschweren; **im·ped·i·ment** [im'pedimənt] *s.* **1.** Be-, Verhinderung *f*; **2.** Hindernis *n* (*to* für): ~ *in one's speech* Sprachfehler; **3.** ⚖ Hinderungsgrund *m*, *bsd.* Ehehindernis *n*; **im·ped·i·men·ta** [impedi'mentə] *s. pl.* **1.** ⚔ Gepäck *n*, Troß *m*; **2.** *fig.* Belastung *f*, Last *f*.

im·pel [im'pel] *v/t.* **1.** (an)treiben, drängen; **2.** zwingen: *I felt* ~*led* ich sah mich gezwungen, ich fühlte mich genötigt; **im'pel·lent** [-lənt] **I.** *adj.* (an)treibend, Trieb...; **II.** *s.* Triebkraft *f*, Antrieb *m*; **im'pel·ler** [-lə] *s.* ⊕ Flügel-, Laufrad *n*; Windflügel *m*.

im·pend [im'pend] *v/i.* **1.** hängen, schweben (*over* über *dat.*); **2.** *fig.* (nahe) bevorstehen, drohen; **im'pend·ing** [-diŋ] *adj.* nahe bevorstehend, drohend.

im·pen·e·tra·bil·i·ty [impenitrə'biliti] *s.* **1.** 'Undurch,dringlichkeit *f*; **2.** *fig.* Unerforschlichkeit *f*; **im·pen·e·tra·ble** [im'penitrəbl] *adj.* □ **1.** 'undurch,dringlich (*by* für); **2.** *fig.* unergründlich, unerforschlich; **3.** *fig.* (*to*, *by*) unempfänglich (für), unzugänglich (*dat.*).

im·pen·i·tence [im'penitəns], **im'pen·i·ten·cy** [-si] *s.* Unbußfertigkeit *f*, Verstocktheit *f*; **im'pen·i·tent** [-nt] *adj.* □ unbußfertig, verstockt, nicht reumütig.

im·per·a·ti·val [imperə'taivl] *adj. ling.* impera'tivisch; **im·per·a·tive** [im'perətiv] **I.** *adj.* □ **1.** befehlend, gebieterisch, herrisch; **2.** 'unum,gänglich, zwingend, dringend (nötig), unbedingt erforderlich; **3.** *ling.* Imperativ..., Befehls...: ~ *mood* → *5*; **II.** *s.* **4.** Befehl *m*, Gebot *n*; **5.** *ling.* 'Imperativ *m*, Befehlsform *f*.

im·per·cep·ti·bil·i·ty ['impəseptə'biliti] *s.* Unwahrnehmbarkeit *f*; Unmerklichkeit *f*; **im·per·cep·ti·ble** [impə'septəbl] *adj.* □ **1.** nicht wahrnehmbar, unbemerkbar, unmerklich; **2.** verschwindend klein.

im·per·fect [im'pə:fikt] **I.** *adj.* □ **1.** 'unvoll,ständig, 'unvoll,endet; **2.** 'unvoll,kommen (*a.* ♀, ♪): ~ *rhyme* unreiner Reim; **3.** mangel-, fehlerhaft; **4.** *ling.* ~ *tense* → *5*; **II.** *s.* **5.** *ling.* 'Imperfekt *n*, 'unvoll,endete Vergangenheit; **im·per·fec·tion** [impə'fekʃən] *s.* **1.** 'Unvoll,kommenheit *f*, Mangelhaftigkeit *f*; **2.** Mangel *m*, Fehler *m*, Schwäche *f*.

im·per·fo·rate [im'pə:fərit] *adj.* **1.** *bsd. anat.* ohne Öffnung; **2.** nicht perforiert, ungezähnt (*Briefmarke*).

im·pe·ri·al [im'piəriəl] **I.** *adj.* □ **1.** kaiserlich, Kaiser...; **2.** Reichs...; **3.** das brit. Weltreich betreffend, Empire...: ♀ *Conference* Empire-Konferenz; **4.** *Brit.* gesetzlich (*Maße u. Gewichte*): ~ *gallon* (= *4,55 Liter*); **5.** großartig, herrlich; **II.** *s.* **6.** Kaiserliche(r) *m* (*Soldat*, *Anhänger*); **7.** Knebelbart *m*; **8.** Imperi'al(pa,pier) *n* (*Format*: *brit.* 22×30 *in.*, *amer.* 23×31 *in.*); **im'pe·ri·al·ism** [-lizəm] *s. pol.* Imperia'lismus *m*, 'Weltmachtpoli,tik *f*; **im'pe·ri·al·ist** [-list] **I.** *s.* **1.** *pol.* Imperia'list *m*; **2.** kaiserlich Gesinnte(r) *m*, Kaiserliche(r) *m*; **II.** *adj.* **3.** imperia'listisch; **4.** kaiserlich, kaisertreu; **im·pe·ri·al·is·tic** [impiəriə'listik] *adj.* (□ ~*ally*) → *imperialist 3, 4*.

im·per·il [im'peril] *v/t.* gefährden.

im·pe·ri·ous [im'piəriəs] *adj.* □ **1.** herrisch, anmaßend, gebieterisch; **2.** dringend, zwingend: *an* ~ *necessity*; **im'pe·ri·ous·ness** [-nis] *s.* **1.** Herrschsucht *f*, Anmaßung *f*, herrisches Wesen; **2.** Dringlichkeit *f*.

im·per·ish·a·ble [im'periʃəbl] *adj.* □ unvergänglich, ewig; **im'per·ish·a·ble·ness** [-nis] *s.* Unvergänglichkeit *f*.

im·per·ma·nence [im'pə:mənəns], **im'per·ma·nen·cy** [-si] *s.* Unbeständigkeit *f*; **im'per·ma·nent** [-nt] *adj.* unbeständig, vor'übergehend, nicht von Dauer.

im·per·me·a·bil·i·ty [impə:mjə'biliti] *s.* 'Undurch,dringlichkeit *f*, 'Un,durchlässigkeit *f*; **im·per·me·a·ble** [im'pə:mjəbl] *adj.* □ **1.** 'undurch,dringlich, 'un,durchlässig (*to* für): ~ *to water* wasserdicht; **2.** *phys.* wasserdicht.

im·per·mis·si·ble [impə'misəbl] *adj.* unzulässig, unerlaubt.

im·per·son·al [im'pə:snl] *adj.* □ *a. ling.* 'unper,sönlich: ~ *account* ✝ Sachkonto; **im·per·son·al·i·ty** [impə:sə'næliti] *s.* 'Unper,sönlichkeit *f*.

im·per·son·ate [im'pə:səneit] *v/t.* **1.** personifizieren, verkörpern; **2.** *thea.* darstellen; **3.** sich ausgeben als *od.* für; **im·per·son·a·tion** [impə:sə'neiʃən] *s.* **1.** Per,sonifikati'on *f*, Verkörperung *f*; **2.** *thea.* Darstellung *f*; **3.** betrügerisches *od.* scherzhaftes Auftreten (of als); **im'per·son·a·tor** [-tə] *s.* **1.** *thea.* Darsteller(in); **2. a)** Betrüger(in), Hochstapler(in): ~ of falsche(r) ..., **b)** Imi'tator *m*.

im·per·ti·nence [im'pə:tinəns] *s.* **1.** Unverschämtheit *f*, Ungehörigkeit *f*; **2.** Zudringlichkeit *f*; **3.** Unangebrachtheit *f*; **4.** Belanglosigkeit *f*, Nebensache *f*; **im'per·ti·nent** [-nt] *adj.* □ **1.** unverschämt, ungezogen, frech; **2.** ⚖ nicht zur Sache gehörig, unerheblich; **3.** nebensächlich; **4.** unangebracht.

im·per·turb·a·bil·i·ty ['impə(:)tə:bə'biliti] *s.* Unerschütterlichkeit *f*, Gelassenheit *f*, Gleichmut *m*; **im·per·turb·a·ble** [impə(:)'tə:bəbl] *adj.* □ unerschütterlich, gelassen.

im·per·vi·ous [im'pə:vjəs] *adj.* □ **1.** 'undurch,dringlich (*to* für), 'un,durchlässig: ~ *to rain* regendicht; **2.** *fig.* (*to*) unzugänglich (für *od. dat.*), unempfindlich (gegen); taub (gegen); **im'per·vi·ous·ness** [-nis] *s.* **1.** 'Undurch,dringlichkeit *f*, 'Un,durchlässigkeit *f*; **2.** *fig.* Unzugänglichkeit *f*, Unempfindlichkeit *f*.

im·pe·tig·i·nous [impi'tidʒinəs] *adj.* ⚕ pustelartig; **im·pe·ti·go** [impi'taigou] *s.* ⚕ Impe'tigo *m* (*Hautausschlag*).

im·pet·u·os·i·ty [impetju'ɔsiti] *s.* **1.** Heftigkeit *f*, Ungestüm *n*; **2.** impul'sive Handlung; **im·pet·u·ous** [im'petjuəs] *adj.* □ heftig, ungestüm; hitzig, über'eilt, impul'siv; **im·pet·u·ous·ness** [im'petjuəsnis] → *impetuosity*.

im·pe·tus ['impitəs] *s.* **1.** *phys.* Stoß-, Triebkraft *f*; **2.** *fig.* Antrieb *m*, Anstoß *m*, Schwung *m*: *to give a fresh* ~ *to* e-n neuen Aufschwung verleihen (*dat.*).

im·pi·e·ty [im'paiəti] *s.* **1.** Gottlosigkeit *f*; **2.** Pie'tätlosigkeit *f*.

im·pinge [im'pindʒ] *v/i.* **1.** (*on*, *upon*) stoßen (an *acc.*, gegen), anstoßen (an *acc.*), zs.-stoßen (mit), auftreffen (auf *acc.*); **2.** fallen, einwirken (*on* auf *acc.*); **3.** (*on*) ('widerrechtlich) eingreifen (in *acc.*), verstoßen (gegen); **im'pinge·ment** [-mənt] *s.* **1.** (*against*) Zs.-stoß *m* (mit), Stoß *m* (gegen); **2.** Einwirkung *f*, Auftreffen *n* (*on* auf *acc.*); **3.** 'Übergriff *m*.

im·pi·ous ['impiəs] *adj.* □ **1.** gottlos, ruchlos; **2.** pie'tätlos, ohne Ehrfurcht.

imp·ish ['impiʃ] *adj.* □ schelmisch, boshaft; **'imp·ish·ness** [-nis] *s.* Bosheit *f*, ‚lausbübisches' Wesen.

im·pla·ca·bil·i·ty [implækə'biliti] *s.* Unversöhnlichkeit *f*, Unerbittlichkeit *f*; **im·pla·ca·ble** [im'plækəbl] *adj.* □ unversöhnlich, unerbittlich.

im·plant [im'plɑ:nt] *v/t.* **1.** *fig.* einimpfen, einprägen (*in dat.*); **2.** *mst fig. od.* ⚕ einpflanzen; **im·plan·ta·tion** [implɑ:n'teiʃən] *s.* **1.** *fig.* Einimpfung *f*; **2.** *mst fig. od.* ⚕ Einpflanzung *f*.

im·plau·si·ble [im'plɔ:zəbl] *adj.* nicht plau'sibel *od.* einleuchtend, unwahrscheinlich.

im·ple·ment **I.** *s.* ['implimənt] **1.** Werkzeug *n*, Gerät *n*; **2.** ⚖ *Scot.* Ausführung *f*, Erfüllung *f* (*e-s Vertrages*); **II.** *v/t.* [-ment] **3.** aus-, 'durchführen, voll'enden; **4.** in Kraft setzen; **5.** ergänzen; **6.** ⚖ *Scot. Vertrag* erfüllen; **im·ple·men·tal** [impli'mentl] → *implementary*; **im·ple·men·ta·ry** [impli'mentəri] *adj.* Ausführungs...: ~ *orders* Ausführungsbestimmungen; **im·ple·men·ta·tion** [implimen'teiʃən] *s.* Erfüllung *f*, Aus-, 'Durchführung *f*.

im·pli·cate ['implikeit] *v/t.* **1.** *fig.* verwickeln, hin'einziehen (*in acc.*), in Zs.-hang *od.* Verbindung bringen (*with* mit): ~*d in* verwickelt in (*acc.*), betroffen von; **2.** *fig.* mit einbegreifen, in sich schließen; **3.** *fig.* zur Folge haben; **im·pli·ca·tion** [impli'keiʃən] *s.* **1.** Verwicklung *f*, Verflechtung *f*, (enge) Verbindung, Zs.-hang *m*; **2.** (eigentliche) Bedeutung; Andeutung *f*; **3.** Konse'quenz *f*, Begleiterscheinung *f*, Folge *f*, Folgerung *f*: *by* ~ als (natürliche) Folgerung *od.* Folge, selbstredend, ohne weiteres.

im·plic·it [im'plisit] *adj.* □ **1.** (mit *od.* stillschweigend) inbegriffen, stillschweigend, unausgesprochen; **2.** abso'lut, vorbehalt-, bedingungslos: ~ *faith* (*obedience*) blinder Glaube (Gehorsam); **im'plic·it·ly** [-li] *adv.* **1.** im'plizite, stillschweigend, ohne weiteres; **2.** unbedingt; **im'plic·it·ness** [-nis] *s.* **1.** Mit'inbegriffensein *n*; Selbstverständlichkeit *f*; **2.** Unbedingtheit *f*.

im·plied [im'plaid] *adj.* **1.** gefolgert, stillschweigend mit inbegriffen, unausgesprochen, selbstverständlich; **2.** angedeutet, 'indi,rekt.

im·plore [im'plɔ:] *v/t.* **1.** *j-n* dringend bitten, anflehen, beschwören; **2.** *et.* erflehen, erbitten; **im'plor·ing** [-ɔ:riŋ] *adj.* □ flehentlich, inständig.

im·plo·sion [im'plouʒən] *s. phys.* Implosi'on *f*.

im·ply [im'plai] *v/t.* **1.** einbeziehen, in sich schließen, (*stillschweigend*) be-inhalten; **2.** mit sich bringen, dar'auf hin'auslaufen: *that implies* daraus ergibt sich, das bedeutet; **3.** besagen, bedeuten; **4.** andeuten, 'durchblicken lassen.

im·po·lite [impə'lait] *adj.* □ unhöflich, grob; **im·po'lite·ness** [-nis] *s.* Unhöflichkeit *f*.

im·pol·i·tic [im'pɔlitik] *adj.* □ 'undiplo,matisch, unklug.

im·pon·der·a·ble [im'pɔndərəbl] **I.** *adj. phys.* unwägbar (*a. fig.*), gewichtslos; **II.** *s. pl.* Impondera'bilien *pl.*: **a)** Unwägbares *n*, **b)** Gefühlswerte *pl.*

im·port I. *v/t.* [im'pɔ:t] **1.** † importieren, einführen: ~*ing country* Einfuhrland; **2.** *fig.* einführen, hin'einbringen; **3.** bedeuten, besagen; **4.** betreffen, angehen, Bedeutung haben für; **II.** *s.* ['impɔ:t] **5.** † Einfuhr *f*, Im'port *m*; *pl.* 'Einfuhrwaren *pl.*, -ar,tikel *pl.*: ~ *duty* Einfuhrzoll; ~ *licence* (*Am. license*), ~ *permit* Einfuhrgenehmigung; ~ *quota* Einfuhrkontingent; ~ *restrictions* Einfuhrbeschränkungen; ~ *tariff* Einfuhrzoll; **6.** Bedeutung *f*, Sinn *m*; **7.** Wichtigkeit *f*, Bedeutung *f*, Tragweite *f*; **im'port·a·ble** [-təbl] *adj.* † einführbar, importierbar.

im·por·tance [im'pɔ:təns] *s.* **1.** Wichtigkeit *f*, Bedeutung *f*: *to attach* ~ *to* Bedeutung beimessen (*dat.*); *conscious of one's own* ~ eingebildet, wichtigtuerisch; **2.** Einfluß *m*, Ansehen *n*, Gewicht *n*: *a person of* ~ e-e gewichtige Persönlichkeit; **im'por·tant** [-nt] *adj.* □ **1.** wichtig, wesentlich, bedeutend (*to* für); **2.** her'vorragend, bedeutend, angesehen, einflußreich; **3.** wichtigtuerisch, eingebildet.

im·por·ta·tion [impɔ:'teiʃən] *s.* † **1.** Im'port *m*, Einfuhr *f*; **2.** Einfuhrware(n *pl.*) *f*; **im·port·er** [im'pɔ:tə] *s.* † Impor'teur *m*, Einfuhrhändler *m*.

im·por·tu·nate [im'pɔ:tjunit] *adj.* □ lästig, zu-, aufdringlich; **im·por·tune** [im'pɔ:tju:n] *v/t.* dauernd (mit Bitten) belästigen, behelligen; **im·por·tu·ni·ty** [impɔ:'tju:niti] *s.* beharrliches Bitten, Auf-, Zudringlichkeit *f*.

im·pose [im'pouz] **I.** *v/t.* **1.** *Pflicht, Steuer etc.* auferlegen, aufbürden (*on, upon dat.*): *to* ~ *a tax on s.th.* et. besteuern; **2.** aufdrängen, -schwatzen, ‚andrehen' (*on s.o.* j-m); **3.** *typ. Kolumnen* ausschießen; **II.** *v/i.* (*on, upon*) **4.** *j-m* imponieren, *j-n* beeindrucken, Eindruck machen (auf *acc.*); **5.** *j-n* beschwindeln, ‚anschmieren'; **6.** zu sehr beanspruchen, miß'brauchen (*acc.*); **im'pos·ing** [-ziŋ] *adj.* □ eindrucksvoll, imponierend, impo'sant, großartig; **im·po·si·tion** [impə'ziʃən] *s.* **1.** Auferlegung *f*, Aufbürdung *f* (*Steuern, Pflichten etc.*): ~ *of taxes* Besteuerung; **2.** Last *f*, Belastung *f*; Auflage *f*, Pflicht *f*; **3.** Abgabe *f*, Steuer *f*; **4.** *ped. Brit.* Strafarbeit *f*; **5.** (schamlose) Ausnutzung (*on gen.*), Zumutung *f*; **6.** Über'vorteilung *f*, Schwindel *m*, Täuschung *f*; **7.** *eccl.* (*Hand*)Auflegen *n*; **8.** *typ.* **a)** Ausschießen *n*, **b)** For'matmachen *n*.

im·pos·si·bil·i·ty [impɔsə'biliti] *s.* Unmöglichkeit *f*; **im·pos·si·ble** [im'pɔsəbl] *adj.* □ **1.** unmöglich, unausführbar; **2.** unmöglich, ausgeschlossen, unglaublich; **3.** F unmöglich, unerträglich: *an* ~ *fellow*; **im·pos·si·bly** [im'pɔsəbli] *adv.* **1.** unmöglich; **2.** unglaublich: ~ *young*.

im·post ['impoust] **I.** *s.* **1.** † Auflage *f*, Abgabe *f*, Steuer *f*, Einfuhrzoll *m*; **2.** *sl. Pferderennen*: 'Handikap-Ausgleichsgewicht *n*; **3.** ⚠ Kämpfer *m*: ~ *mo(u)lding* Kämpfergesims; **II.** *v/t.* **4.** *Am. Importwaren* zwecks Zollfestsetzung klassifizieren.

im·pos·tor [im'pɔstə] *s.* Betrüger (-in), Schwindler(in), Hochstapler (-in); **im'pos·ture** [-tʃə] *s.* Betrug *m*, Schwindel *m*, Hochstape'lei *f*.

im·pot ['impɔt] *s. ped. Brit.* F Strafarbeit *f*.

im·po·tence ['impətəns], **'im·po·ten·cy** [-si] *s.* **1.** Unvermögen *n*, Unfähigkeit *f*; Hilf-, Machtlosigkeit *f*; **2.** Schwäche *f*, Hinfälligkeit *f*; **3.** ⚕ 'Impotenz *f*; **'im·po·tent** [-nt] *adj.* □ **1.** unfähig; macht-, hilflos, ohnmächtig; **2.** schwach, hinfällig; **3.** ⚕ 'impotent.

im·pound [im'paund] *v/t.* **1.** *Vieh* einpferchen; **2.** einsperren, -schließen; **3.** ⚖ beschlagnahmen.

im·pov·er·ish [im'pɔvəriʃ] *v/t.* **1.** arm *od.* ärmer machen: *to be* ~*ed* verarmen, verarmt sein; **2.** auspowern; *Boden etc.* auslaugen; *Gesundheit* schwächen; **3.** *fig. e-r Sache* den Reiz nehmen; **im'pov·er·ish·ment** [-mənt] *s.* Verarmung *f*; Erschöpfung *f*.

im·prac·ti·ca·bil·i·ty [impræktikə'biliti] *s.* **1.** 'Un,durchführbarkeit *f*; **2.** Ungangbarkeit *f* (*Straße*); **3.** Unlenksamkeit *f*, Störrigkeit *f*; **im·prac·ti·ca·ble** [im'præktikəbl] *adj.* □ **1.** unausführbar, unmöglich; **2.** ungangbar, unwegsam, unbefahrbar; **3.** unlenksam, störrisch.

im·prac·ti·cal [im'præktikəl] *adj. Am.* 'un,praktisch, theo'retisch; unnütz.

im·pre·cate ['imprikeit] *v/t. Schlimmes* her'abwünschen (*on, upon* auf *acc.*): *to* ~ *curses on s.o.* j-n verfluchen; **im·pre·ca·tion** [impri'keiʃən] *s.* Verwünschung *f*, Fluch *m*; **'im·pre·ca·to·ry** [-təri] *adj.* verwünschend, Verwünschungs...

im·preg·na·bil·i·ty [impregnə'biliti] *s.* 'Unüber,windlichkeit *f*, Unbezwinglichkeit *f*; **im·preg·na·ble** [im'pregnəbl] *adj.* □ **1.** unbezwinglich, 'unüber,windlich, uneinnehmbar (*Festung*); **2.** unerschütterlich (*to* gegenüber); **im·preg·nate I.** *v/t.* ['impregneit] **1.** *biol.* **a)** schwängern (*a. fig.*), schwanger machen, **b)** befruchten (*a. fig.*); **2.** sättigen, durch'dringen; ⊕ tränken, imprägnieren; **3.** *fig.* durch'dringen, (durch)'tränken, erfüllen; **4.** *paint.* grundieren; **II.** *adj.* ['impregnit] **5.** *biol.* **a)** geschwängert, schwanger, **b)** befruchtet; **6.** *fig.* (*with*) voll (von), durch'tränkt (mit); **im·preg·na·tion** [impreg'neiʃən] *s.* **1.** *biol.* **a)** Schwängerung *f*, **b)** Befruchtung *f*; **2.** Imprägnierung *f*, (Durch)'Tränkung *f*, Sättigung *f*; **3.** *fig.* Befruchtung *f*, Durch'dringung *f*, Erfüllung *f*.

im·pre·sa·ri·o [impre'sɑ:riou] *pl.* **-os** *s.* Impre'sario *m*.

im·pre·scrip·ti·ble [impri'skriptibl] *adj.* ⚖ unveräußerlich, unverlierbar.

im·press[1] **I.** *v/t.* [im'pres] **1.** beeindrucken, Eindruck machen auf (*acc.*): *to be favo(u)rably* ~*ed by* e-n guten Eindruck erhalten *od.* haben von; **2.** *j-n* erfüllen, durch'dringen (*with* mit); **3.** einprägen, -schärfen (*on, upon dat.*): *to* ~ *o.s. on s.o.* j-n beeindrucken; **4.** (auf)drücken (*on* auf *acc.*), eindrücken; **5.** aufprägen, -drucken (*on* auf *acc.*); **6.** *fig.* verleihen, erteilen (*upon dat.*); **7.** ⚡ *Spannung* aufdrücken; **II.** *s.* ['impres] **8.** Prägung *f*; **9.** Ab-, Eindruck *m*, Stempel *m*; **10.** *fig.* Einfluß *m*; Merkmal *n*, Gepräge *n*.

im·press[2] [im'pres] *v/t.* **1.** requirieren, beschlagnahmen; **2.** *bsd.* ⚓ gewaltsam anwerben, (zum Dienst) pressen.

im·press·i·ble [im'presəbl] *adj.* leicht zu beeindrucken(d), beeinflußbar; aufgeschlossen, aufnahmefähig.

im·pres·sion [im'preʃən] *s.* **1.** Eindruck *m*, (Ein)Wirkung *f*, Einfluß *m*: *to give s.o. a wrong* ~ bei j-m e-n falschen Eindruck erwecken; *to leave s.o. with an* ~ bei j-m e-n Eindruck hinterlassen; *the* ~ *of light on the eye* die Einwirkung des Lichtes auf das Auge; **2.** Eindruck *m*, Vermutung *f*, Ahnung *f*: *I have an* ~ (*od. I am under the* ~) *that* ich habe den Eindruck, daß; **3.** Abdruck *m* (*a.* ⚕), Prägung *f*; **4.** Ab-, Aufdruck *m*; **5.** *typ.* **a)** Abzug *m*, **b)** (*bsd.* unveränderte) Auflage (*Buch*): *new* ~ Neudruck, -auflage; **im'pres·sion·a·ble** [-ʃnəbl] → *impressible*; **im'pres·sion·ism** [-ʃnizəm] *s.* Impressio'nismus *m*; **im'pres·sion·ist** [-ʃnist] **I.** *s.* Impressio'nist(in); **II.** *adj.* impressio'nistisch; **im·pres·sion·is·tic** [impreʃə'nistik] *adj.* (□ *~ally*) → *impressionist II.*

im·pres·sive [im'presiv] *adj.* □ eindrucksvoll, impo'sant, wirksam, packend, ergreifend; **im'pres·sive·ness** [-nis] *s. das* Eindrucksvolle *od.* Ergreifende.

im·press·ment [im'presmənt] *s.* **1.** Requirierung *f*; **2.** *bsd.* ⚓ Pressen *n zum Dienst.*

im·prest ['imprest] *s.* öffentlicher Geldvorschuß, Spesenvorschuß *m.*

im·pri·ma·tur [impri'meitə] *s.* **1.** Impri'matur *n*, Druckerlaubnis *f*; **2.** *fig.* Zustimmung *f*, Billigung *f.*

im·print I. *s.* ['imprint] **1.** Ab-, Aufdruck *m*; **2.** *typ.* Im'pressum *n*, Erscheinungs-, Druckvermerk *m*; **3.** *fig.* Eindruck *m*, Stempel *m*; **II.** *v/t.* [im'print] ([*up*]*on*) **4.** *typ.* aufdrukken (auf *acc.*); **5.** *fig.* einprägen (*dat.*); **6.** *Kuß* (auf)drücken (auf *acc.*).

im·pris·on [im'prizn] *v/t.* **1.** ins Gefängnis werfen, einsperren, -kerkern; **2.** *fig.* einsperren, -schließen; beschränken; **im'pris·on·ment** [-mənt] *s.* Einkerkerung *f*, Haft *f*, Gefangenschaft *f*; ⚖ Gefängnisstrafe *f*; → *false I.*

im·prob·a·bil·i·ty [imprɔbə'biliti] *s.* Unwahrscheinlichkeit *f*; **im·prob·a·ble** [im'prɔbəbl] *adj.* □ **1.** unwahrscheinlich; **2.** unglaubwürdig.

im·pro·bi·ty [im'proubiti] *s.* Unredlichkeit *f*, Unehrlichkeit *f.*

im·promp·tu [im'prɔmptju:] **I.** *s.* Impromp'tu *n* (*a.* ♪), Improvisati'on *f*; **II.** *adj. u. adv.* aus dem Stegreif, improvisiert, Stegreif...

im·prop·er [im'prɔpə] *adj.* □ **1.** ungeeignet, unpassend, untauglich (*to* für); **2.** unschicklich, ungehörig (*Benehmen*); **3.** unrichtig, falsch; **4.** ⅌ unecht (*Bruch*).

im·pro·pri·ate I. *v/t.* [im'prouprieit] *eccl. Kirchengut* (an Laien) über'tragen; **II.** *adj.* [-iit] *eccl.* (e-m Laien) über'tragen; **im·pro·pri·a·tion** [improupri'eiʃən] *s. eccl.* **a)** Über'tragung *f* an Laien, **b)** an Laien über'tragenes Kirchengut; **im'pro·pri·a·tor** [-tə] *s.* weltlicher Besitzer von Kirchengut *od.* e-r Pfründe.

im·pro·pri·e·ty [imprə'praiəti] *s.* **1.** Ungeeignetheit *f*, Untauglichkeit *f*; **2.** Unschicklichkeit *f*, Ungehörigkeit *f*; **3.** Unrichtigkeit *f*, falscher Gebrauch.

im·prov·a·ble [im'pru:vəbl] *adj.* **1.** verbesserungsfähig, bildsam; **2.** 🌱 anbaufähig; kultivierbar; **im·prove** [im'pru:v] **I.** *v/t.* **1.** ver-, aufbessern; **2.** verfeinern, -edeln; vermehren, erhöhen; vor'anbringen, ausbauen; **3.** *Am. Land* bebauen, erschließen, im Wert steigern; **4.** ausnützen; → *occasion 3*; **5.** *~ away* (durch Verbesserungen wieder) verderben; **II.** *v/i.* **6.** sich (ver)bessern, besser werden, Fortschritte machen, sich erholen (*gesundheitlich od.* ✝ *Preise*): *to ~ in strength* kräftiger werden; *to ~ on acquaintance* bei näherer Bekanntschaft gewinnen; **7.** *~ on od. upon* **a)** verbessern, **b)** über'treffen: *not to be ~d upon* nicht zu übertreffen(d); **im'prove·ment** [-vmənt] *s.* **1.** (Ver)Besserung *f*, Ver'vollkommnung *f*, Verschönerung *f*: *~ in health* Besserung der Gesundheit; **2.** Verfeinerung *f*, Veredelung *f*: *~ industry* Veredelungswirtschaft; **3.** Vermehrung *f*, Erhöhung *f*; Steigen *n* (*Preis*); **4.** Meliorati'on *f*: **a)** 🌱 Bodenverbesserung *f*, **b)** Erschließung *f*, **c)** *Am.* Wertverbesserung *f* (*Grundstück etc.*); **5.** Verbesserung *f* (*a. Patent*), Fortschritt *m*, Neuerung *f*, Gewinn *m*: *an ~ on od. upon* e-e Verbesserung gegenüber; **im'prov·er** [-və] *s.* **1.** Verbesserer *m*; **2.** ⊕ Verbesserungsmittel *n*; **3.** ✝ Volon'tär *m.*

im·prov·i·dence [im'prɔvidəns] *s.* **1.** Unbedachtsamkeit *f*; **2.** Unvorsichtigkeit *f*, Leichtsinn *m*; **im'prov·i·dent** [-nt] *adj.* □ **1.** unbedacht; **2.** unvorsichtig, leichtsinnig.

im·prov·ing [im'pru:viŋ] *adj.* □ **1.** (sich) bessernd; **2.** heilsam, förderlich.

im·pro·vi·sa·tion [imprəvai'zeiʃən] *s.* **1.** Improvisati'on *f* (*a.* ♪), unvorbereitete Veranstaltung, Stegreifrede *f etc.*; **2.** behelfsmäßige Vorrichtung; **im·prov·i·sa·tor** [im'prɔvizeitə] *s.* Improvi'sator *m*; **im·pro·vise** ['imprəvaiz] *v/t. u. v/i.* improvisieren: **a)** aus dem Stegreif *od.* unvorbereitet tun, **b)** rasch *od.* behelfsmäßig herstellen; **im·pro·vised** ['imprəvaizd] *adj.* improvisiert: **a)** unvorbereitet, Stegreif..., **b)** behelfsmäßig; **im·pro·vis·er** ['imprəvaizə] *s.* Improvi'sator *m.*

im·pru·dence [im'pru:dəns] *s.* Unklugheit *f*, Unvorsichtigkeit *f*; **im'pru·dent** [-nt] *adj.* □ unklug, 'unüber‚legt.

im·pu·dence ['impjudəns] *s.* Unverschämtheit *f*, Frechheit *f*; **'im·pu·dent** [-nt] *adj.* □ unverschämt.

im·pugn [im'pju:n] *v/t.* bestreiten, anfechten, angreifen; **im'pugn·a·ble** [-nəbl] *adj.* bestreit-, anfechtbar; **im'pugn·ment** [-mənt] *s.* Anfechtung *f*, Einwand *m.*

im·pulse ['impʌls] *s.* **1.** Antrieb *m*, Stoß *m*, Triebkraft *f*; **2.** *fig.* (An-)Trieb *m*, Im'puls *m*, Drang *m*; Regung *f*, Eingebung *f*, Anstoß *m*: *on ~* impulsiv; *on the ~ of the moment* e-r plötzlichen Regung folgend; **3.** ⅌, ⚕, ⚡, *phys.* Im'puls *m.*

im·pul·sion [im'pʌlʃən] *s.* **1.** Stoß *m*, Antrieb *m*; Triebkraft *f*; **2.** *fig.* Im'puls *m*, Anregung *f*, Antrieb *m*; **im'pul·sive** [-lsiv] *adj.* □ **1.** (an-)treibend, Trieb...; **2.** *fig.* impul'siv, leidenschaftlich; **im'pul·sive·ness** [-lsivnis] *s.* impul'sive Art, Leidenschaftlichkeit *f.*

im·pu·ni·ty [im'pju:niti] *s.* Straflosigkeit *f*: *with ~* straflos, ungestraft.

im·pure [im'pjuə] *adj.* □ **1.** unrein (*a. eccl.*); schmutzig, unsauber (*a. fig.*); **2.** nicht rein, gemischt (*Farben*); verfälscht; **3.** 'unmo‚ralisch, unanständig; **im·pu·ri·ty** [im'pjuəriti] *s.* **1.** Unreinheit *f*, Unsauberkeit *f*; **2.** Unanständigkeit *f*; **3.** ⊕ Verunreinigung *f*, Fremdkörper *m.*

im·put·a·ble [im'pju:təbl] *adj.* zuzuschreiben(d), beizumessen(d); **im·pu·ta·tion** [impju(:)'teiʃən] *s.* **1.** Zuschreibung *f*, Unter'stellung *f*; **2.** Be-, Anschuldigung *f*, Bezichtigung *f*; **3.** Makel *m*, (Schand-)Fleck *m*; **im'put·a·tive** [-ətiv] *adj.* □ **1.** zuschreibend; **2.** beschuldigend; **3.** unter'stellt; **im·pute** [im'pju:t] *v/t.* (*to*) **1.** zuschreiben, nachsagen, zur Last legen (*dat.*); **2.** *eccl.* stellvertretenderweise zurechnen (*dat.*).

in [in] **I.** *prp.* **1.** *räumlich*: **a)** *auf die Frage wo?* in (*dat.*), an (*dat.*), auf (*dat.*): *~ London* in London; *~ here* hier drinnen; *~ the* (*od. one's*) *head* im Kopf; *~ the dark* im Dunkeln; *~ the sky* am Himmel; *~ the street* auf der Straße; *~ Henry Street* in der Henry Street; *~ the country* (*field*) auf dem Lande (Felde); *~ the Bremen* auf der Bremen (*Schiff*), **b)** *auf die Frage wohin?* in (*acc.*): *put it ~ your pocket!* steck(e) es in deine Tasche!; **2.** *zeitlich*: in (*dat.*), an (*dat.*), unter (*dat.*), bei, während, zu: *~ May* im Mai; *~ the evening* am Abend; *~ the beginning* am *od.* im Anfang; *~ a week* in *od.* nach einer Woche; *~ 1960* (im Jahre) 1960; *~ his sleep* während er schlief, im Schlaf; *~ life* zu Lebzeiten; *~ the reign of* unter der Regierung (*gen.*); *~ between meals* zwischen den Mahlzeiten; **3.** *Zustand, Beschaffenheit, Art u. Weise*: in (*dat.*), auf (*acc.*), mit: *~ a rage* in Wut; *~ trouble* in Not; *~ tears* in Tränen (aufgelöst), unter Tränen; *~ good health* bei guter Gesundheit; *~ (the) rain* im *od.* bei Regen; *~ German* auf Deutsch; *weak ~ Latin* schwach in Latein; *~ cash* in bar; *~ order* der Reihe nach; *~ a word* mit 'einem Wort; *~ this way* in dieser *od.* auf diese Weise; *~ this case* in diesem Falle; **4.** *im Besitz, in der Macht*: in (*dat.*), bei, an (*dat.*): *it is not ~ him* es liegt ihm nicht; *he has (not) got it ~ him* er hat (nicht) das Zeug dazu; **5.** *Zahl, Maß*: in (*dat.*), aus, von, zu: *~ twos* zu zweien; *~ dozens* zu Dutzenden, dutzendweise; *one ~ ten* eine(r) *od.* ein(e)s von *od.* unter zehn; *a shilling ~ the pound obs.* ein Shilling aufs Pfund, 5⁰/₀; **6.** *Beteiligung*: in (*dat.*), an (*dat.*), bei: *~ the army* beim Militär; *~ society* in der Gesellschaft; *shares ~ a company* Aktien e-r Gesellschaft; *~ the university* an der Universität; *to be ~ it* beteiligt sein; *he isn't ~ it* er gehört nicht dazu; *there is something (nothing) ~ it* **a)** es ist et. (nichts) daran, **b)** es lohnt sich (nicht); **7.** *Richtung*: in (*acc.*), auf (*acc.*): *to trust ~ s.o.* auf j-n vertrauen; **8.** *Zweck*: in (*dat.*), zu, als: *~ my defence* zu m-r Verteidigung; *~ reply to* in Beantwortung (*gen.*), als Antwort auf (*acc.*); **9.** *Grund*: in (*dat.*), aus, wegen, zu: *~ despair* in *od.* aus Verzweiflung; *~ his hono(u)r* ihm zu Ehren; *to rejoice ~ s.th.* sich über et. freuen; **10.** *Tätigkeit*: in (*dat.*), bei, auf (*dat*): *~ reading* beim Lesen; *~ search of* auf der Suche nach; **11.** *Material, Kleidung*: in (*dat.*), mit, aus, durch: ~ *red shoes* in *od.* mit roten Schuhen; *dressed* ~ *white* in Weiß (gekleidet); ~ *bronze* aus Bronze; *written* ~ *pencil* mit Bleistift geschrieben; **12.** *Hinsicht, Beziehung*: in (*dat.*), an (*dat.*), in bezug auf (*acc.*): ~ *size* an Größe; *a foot* ~ *length* einen Fuß lang; ~ *that* weil, insofern als; **13.** *Bücher etc.*: in (*dat.*), bei: ~ *Shakespeare* bei Shakespeare; **14.** nach, gemäß: ~ *my opinion* m-r Meinung nach; **II.** *adv.* **15.** innen, drinnen: ~ *among* mitten unter; ~ *between* dazwischen, zwischendurch; *to be* ~ *for s.th.* et. zu erwarten *od.* gewärtigen haben; *he is* ~ *for a shock* er wird nicht schlecht *od.* wenig erschrecken; *I am* ~ *for an examination* mir steht e-e Prüfung bevor; *now you're* ~ *for it* jetzt bist du ,dran', jetzt sitzt du in der ,Patsche'; *to be well* ~ *with s.o.* mit j-m gut stehen; *to breed* ~ *and* ~ Inzucht treiben; ~-*and*-~ *breeding* Inzucht; ~ *and out* **a)** bald drinnen, bald draußen, **b)** hin u. her; **16.** zu Hause; im Zimmer: *Mr. B. is not* ~ Herr B. ist nicht zu Hause; **17.** da, angekommen: *the post is* ~; *the harvest is* ~ die Ernte ist eingebracht; **18. a)** ,in', in Mode, **b)** *sport* am Spiel, ,dran', **c)** *pol.* an der Macht, im Amt, am Ruder; **19.** hin'ein, her'ein, nach innen: *to walk* ~ hineingehen; *come* ~*!* herein!; *the way* ~ der Eingang; ~ *with you!* hinein mit dir!; **20.** da'zu, als Zugabe: *to throw* ~ zusätzlich geben; **III.** *adj.* **21.** Innen...; her'einkommend: ~ *party pol.* Regierungspartei; *an* ~ *restaurant* ein Restaurant, das gerade ,in' ist; ~ *side Kricket*: Schlägerpartei; **IV.** *s.* **22.** *pl.* Re'gierungspar,tei *f*; **23.** *the* ~*s and outs* **a)** (alle) Winkel u. Ecken, **b)** *fig.* (alle) Einzelheiten *od.* Schwierigkeiten.

in-[1] [in] *in Zssgn* in..., innen, hinein..., Hin..., ein...

in-[2] [in] *in Zssgn* un..., Un..., nicht.

in·a·bil·i·ty [inə'biliti] *s.* Unfähigkeit *f*, Unvermögen *n*: ~ *to pay* ✝ Zahlungsunfähigkeit, Insolvenz.

in·ac·ces·si·bil·i·ty ['inæksesə'biliti] *s.* **1.** Unzugänglichkeit *f*, Unerreichbarkeit *f*; **2.** Un'nahbarkeit *f*; **in·ac·ces·si·ble** [inæk'sesəbl] *adj.* □ **1.** unzugänglich, unerreichbar; **2.** un'nahbar, unzugänglich (*to* für *od. dat.*) (*Person*).

in·ac·cu·ra·cy [in'ækjurəsi] *s.* **1.** Ungenauigkeit *f*; **2.** Fehler *m*, Irrtum *m*; **in'ac·cu·rate** [-rit] *adj.* □ **1.** ungenau; **2.** irrig, falsch.

in·ac·tion [in'ækʃən] *s.* **1.** Untätigkeit *f*; **2.** Trägheit *f*; **3.** Ruhe *f*; **in'ac·tive** [-ktiv] *adj.* □ **1.** untätig; **2.** träge (*a. phys.*), müßig; **3.** ✝ still, flau, unbelebt; **4.** ⚗ unwirksam, neu'tral; **5.** ⚔ nicht ak'tiv, außer Dienst; **in·ac·tiv·i·ty** [inæk'tiviti] *s.* **1.** Untätigkeit *f*; **2.** Trägheit *f* (*a. phys.*); **3.** ✝ Unbelebtheit *f*, Lustlosigkeit *f*; **4.** ⚗ Unwirksamkeit *f*.

in·a·dapt·a·bil·i·ty ['inədæptə'biliti] *s.* **1.** Mangel *m* an Anpassungsfähigkeit; **2.** Unanwendbarkeit *f* (*to* auf *acc.*, für); **in·a·dapt·a·ble** [inə'dæptəbl] *adj.* **1.** nicht anpassungsfähig; **2.** (*to*) unanwendbar (auf *acc.*), untauglich (für).

in·ad·e·qua·cy [in'ædikwəsi] *s.* Unzulänglichkeit *f*, Mangelhaftigkeit *f*; Unangemessenheit *f*; **in'ad·e·quate** [-kwit] *adj.* □ unzulänglich, ungenügend, mangelhaft; unangemessen.

in·ad·mis·si·bil·i·ty ['inədmisə'biliti] *s.* Unzulässigkeit *f*; **in·ad·mis·si·ble** [inəd'misəbl] *adj.* □ unzulässig, nicht statthaft.

in·ad·vert·ence [inəd'vəːtəns], **in·ad'vert·en·cy** [-si] *s.* **1.** Unachtsamkeit *f*; **2.** Unabsichtlichkeit *f*; Versehen *n*; **in·ad'vert·ent** [-nt] *adj.* □ **1.** unachtsam; nachlässig; **2.** unabsichtlich, versehentlich.

in·ad·vis·a·bil·i·ty ['inədvaizə'biliti] *s.* Unratsamkeit *f*; **in·ad·vis·a·ble** [inəd'vaizəbl] *adj.* nicht ratsam, nicht empfehlenswert.

in·al·ien·a·bil·i·ty [ineiljənə'biliti] *s.* Unveräußerlichkeit *f*; **in·al·ien·a·ble** [in'eiljənəbl] *adj.* □ unveräußerlich.

in·al·ter·a·ble [in'ɔːltərəbl] *adj.* □ unveränderlich, unabänderlich.

in·am·o·ra·ta [inæmə'rɑːtə] *s.* Geliebte *f*; **in·am·o'ra·to** [-tou] *pl.* -**tos** *s.* Geliebte(r) *m*.

in| and in → *in 15*; ~ **and out** → *in 15, 23.*

in·ane [i'nein] *adj.* □ leer, nichtig, fad(e), geistlos, albern.

in·an·i·mate [in'ænimit] *adj.* □ **1.** leblos, unbelebt; **2.** unbeseelt, geistlos; **3.** *fig.* langweilig, fad(e); **4.** ✝ flau, matt; **in·an·i·ma·tion** [inæni'meiʃən] *s.* Leblosigkeit *f*, Unbelebtheit *f*.

in·a·ni·tion [inə'niʃən] *s.* **1.** ⚕ Entkräftung *f*; **2.** Leere *f*.

in·an·i·ty [i'næniti] *s.* **1.** geistige Leere, Hohl-, Seichtheit *f*, Nichtigkeit *f*; **2.** dumme Bemerkung; *pl.* dummes Geschwätz.

in·ap·peas·a·ble [inə'piːzəbl] *adj.* nicht zu beschwichtigen(d).

in·ap·pli·ca·bil·i·ty ['inæplikə'biliti] *s.* Unanwendbarkeit *f*; **in·ap·pli·ca·ble** [in'æplikəbl] *adj.* □ (*to*) unanwendbar, nicht anwendbar *od.* zutreffend (auf *acc.*); ungeeignet (für).

in·ap·po·site [in'æpəzit] *adj.* □ unangebracht, unpassend.

in·ap·pre·ci·a·ble [inə'priːʃəbl] *adj.* □ unmerklich, unbedeutend.

in·ap·pre·hen·si·ble ['inæpri'hensəbl] *adj.* unbegreiflich, unfaßbar.

in·ap·proach·a·ble [inə'proutʃəbl] *adj.* □ **1.** unnahbar, unzugänglich; **2.** unerreichbar, konkur'renzlos.

in·ap·pro·pri·ate [inə'proupriit] *adj.* □ ungeeignet, unpassend; ungehörig, unangebracht; **in·ap'pro·pri·ate·ness** [-nis] *s.* Ungeeignetheit *f*; Ungehörigkeit *f*.

in·apt [in'æpt] *adj.* □ **1.** unpassend, ungeeignet; **2.** ungeschickt, untauglich; unfähig; **in'apt·i·tude** [-titjuːd], **in'apt·ness** [-nis] *s.* **1.** Ungeeignetheit *f*; **2.** Ungeschicklichkeit *f*, Untauglichkeit *f*; Unfähigkeit *f*.

in·arch [in'ɑːtʃ] *v/t.* ⚘ ablaktieren.

in·ar·tic·u·late [inɑː'tikjulit] *adj.* □ **1.** unartikuliert, undeutlich, schwer zu verstehen(d); **2.** undeutlich sprechend: *he is* ~ **a)** er kann sich nicht deutlich ausdrücken, **b)** er redet nicht gerne; **3.** *fig.* **a)** sprachlos (*with* vor *dat.*), **b)** stumm (*Wut*); **4.** *zo.* ungegliedert; **in·ar'tic·u·late·ness** [-nis] *s.* **1.** Undeutlichkeit *f*; **2.** Unfähigkeit *f*, deutlich zu sprechen.

in·ar·tis·tic [inɑː'tistik] *adj.* (□ ~*ally*) unkünstlerisch.

in·as·much [inəz'mʌtʃ] *cj.*: ~ *as* **1.** da (ja), weil; **2.** *obs.* in'sofern als.

in·at·ten·tion [inə'tenʃən] *s.* **1.** Unaufmerksamkeit *f*, Unachtsamkeit *f* (*to* gegenüber); **2.** Gleichgültigkeit *f* (*to* gegen); **in·at'ten·tive** [-ntiv] *adj.* □ **1.** unaufmerksam (*to* gegenüber); **2.** gleichgültig (*to* gegen), nachlässig; **in·at'ten·tive·ness** [-ntivnis] *s.* Unaufmerksamkeit *f*.

in·au·di·bil·i·ty [inɔːdə'biliti] *s.* Unhörbarkeit *f*; **in·au·di·ble** [in'ɔːdəbl] *adj.* □ unhörbar.

in·au·gu·ral [i'nɔːgjurəl] **I.** *adj.* Einführungs..., Einweihungs..., Antritts..., Eröffnungs...; **II.** *s.* Antrittsrede *f*; **in·au·gu·rate** [i'nɔːgjureit] *v/t.* **1.** (feierlich) einführen *od.* einsetzen; **2.** einweihen, eröffnen; **3.** beginnen, einleiten: *to* ~ *a new era*; **in·au·gu·ra·tion** [inɔːgju'reiʃən] *s.* **1.** (feierliche) Amtseinsetzung, -einführung *f*: ♀ *Day Am.* Tag des Amtsantritts des Präsidenten; **2.** Einweihung *f*, Eröffnung *f*; **3.** Beginn *m*; **in'au·gu·ra·tor** [-reitə] *s.* Einführende(r *m*) *f*; **in'au·gu·ra·to·ry** [-reitəri] → *inaugural I.*

in·aus·pi·cious [inɔːs'piʃəs] *adj.* □ ungünstig, unheilvoll, von übler Vorbedeutung; unglücklich; **in·aus'pi·cious·ness** [-nis] *s.* üble Vorbedeutung, Ungünstigkeit *f*.

in·be'tween I. *s.* **1.** Mittel-, Zwischending *n* (*between ... and* zwischen [*dat.*] ... und); **2.** j-d der e-e Zwischenstellung einnimmt; **II.** *adj.* **3.** unentschieden (*Haltung*): ~ *weather* Übergangswetter.

in·board ['inbɔːd] *adj. u. adv.* ⚓ **1.** (b)innenbords; **2.** im Schiffsraum.

in·born ['in'bɔːn] *adj.* angeboren.

in·bred *adj.* **1.** ['inbred] angeboren, ererbt; **2.** ['in'bred] durch Inzucht erzeugt.

in·breed ['in'briːd] *v/t.* [*irr.* → *breed*] durch Inzucht züchten; **'in'breed·ing** [-diŋ] *s.* Inzucht *f*.

in·cal·cu·la·bil·i·ty [inkælkjulə'biliti] *s.* Unberechenbarkeit *f*; **in·cal·cu·la·ble** [in'kælkjuləbl] *adj.* □ **1.** unberechenbar (*a. fig. Person*); **2.** unermeßlich.

in·can·des·cence [inkæn'desns] *s.* **1.** Weißglühen *n*, -glut *f*; **2.** Erglühen *n* (*a. fig.*); **in·can'des·cent** [-nt] *adj.* **1.** weißglühend; **2.** ⊕ Glüh...: ~ *bulb* ⚡ Glühbirne; ~ *burner phys.* Glühlichtbrenner; ~ *filament* ⚡ Glühfaden; ~ *lamp* ⚡ Glühlampe; ~ *light phys.* Glühlicht; ~ *mantle* (Gas)Glühstrumpf; **3.** *fig.* leuchtend, strahlend.

in·can·ta·tion [inkæn'teiʃən] *s.* **1.**

Beschwörung *f*; **2.** Zauber(spruch) *m*.

in·ca·pa·bil·i·ty [inkeipə'biliti] *s.* Unfähigkeit *f*, Untauglichkeit *f*, Unvermögen *n*; **in·ca·pa·ble** [in'keipəbl] *adj.* □ **1.** unfähig, untüchtig; unbegabt; **2.** (*of*) untauglich (zu), ungeeignet (für); **3.** nicht fähig (*of gen.*, *of doing* zu tun), nicht im'stande (*of doing* zu tun): ~ *of a crime* e-s Verbrechens nicht fähig; ~ *of improvement* nicht verbesserungsfähig; ~ *of proof* nicht beweisbar.

in·ca·pac·i·tate [inkə'pæsiteit] *v/t.* **1.** unfähig *od.* untauglich machen (*for s.th.* für et., *from od. for doing* zu tun); *Gegner* außer Gefecht setzen; (ver)hindern (*from od. for doing* an *dat.*, zu tun); **2.** ⚖ für (geschäfts)unfähig erklären; **in·ca'pac·i·tat·ed** [-tid] *adj.* (arbeits-, ⚖ geschäfts)unfähig; **in·ca·pac·i·ta·tion** ['inkəpæsi'teiʃən] *s.* Unfähigkeit *f*, Untauglichkeit *f*; **in·ca'pac·i·ty** [-ti] *s.* **1.** Unfähigkeit *f*, Untauglichkeit *f* (*for* für, zu; *for doing* zu tun): ~ *for work* **a)** Berufs-, Erwerbsunfähigkeit, **b)** Invalidität; **2.** *a. legal* ~ ⚖ Geschäftsunfähigkeit *f*: ~ *to sue* mangelnde Klagefähigkeit.

in·car·cer·ate [in'kɑ:səreit] *v/t.* **1.** einkerkern, einsperren (*a. fig.*); **2.** ⚕ *Bruch* einklemmen; **in·car·cer·a·tion** [inkɑ:sə'reiʃən] *s.* **1.** Einkerkerung *f*, Einsperrung *f* (*a. fig.*); **2.** ⚕ Einklemmung *f*.

in·car·na·dine [in'kɑ:nədain] *adj. poet.* fleischfarben; **in·car·nate I.** *v/t.* ['inkɑ:neit] **1.** verkörpern, darstellen; **2.** feste Form geben (*dat.*), verwirklichen; **II.** *adj.* [in'kɑ:nit] **3.** *eccl.* fleischgeworden, in Menschengestalt; **4.** *fig.* leib'haftig; personifiziert; **in·car·na·tion** [inkɑ:'neiʃən] *s.* Inkarnati'on *f*: **a)** 2 *eccl.* Menschwerdung *f*, **b)** Inbegriff *m*, Sinnbild *n*, Verkörperung *f*.

in·case → *encase*.

in·cau·tious [in'kɔ:ʃəs] *adj.* □ unvorsichtig, unbedacht; **in'cau·tious·ness** [-nis] *s.* Unvorsichtigkeit *f*.

in·cen·di·a·rism [in'sendjərizəm] *s.* **1.** Brandstiftung *f*; **2.** *fig.* Aufwiegelung *f*, Aufreizung *f*; **in·cen·di·ar·y** [in'sendjəri] **I.** *adj.* **1.** Feuer..., Brand...: ~ *bomb* → *5 a*; ~ *bullet* → *5 b*; **2.** ⚖ Brandstiftungs...: ~ *action* Brandstiftung; **3.** *fig.* aufwiegelnd, -hetzend; **II.** *s.* **4.** Brandstifter *m*; **5.** ⚔ **a)** Brandbombe *f*, **b)** Brandgeschoß *n*; **6.** *fig.* Unruhestifter *m*, Hetzer *m*.

in·cense[1] [in'sens] *v/t.* erzürnen, erbosen.

in·cense[2] ['insens] **I.** *s.* **1.** Weihrauch *m*: ~*-burner eccl.* Räucherfaß, -vase; **2.** Duft *m*; **3.** *fig.* Lobhude'lei *f*; **II.** *v/t.* **4.** (mit Weihrauch) beräuchern; **5.** durch'duften; **6.** *fig.* beweihräuchern, *j-m* schmeicheln.

in·cen·so·ry ['insensəri] *s. eccl.* Weihrauchfaß *n*.

in·cen·tive [in'sentiv] **I.** *adj.* anspornend, antreibend, anreizend: ~ *bonus* † Leistungsprämie; ~ *pay* höherer Lohn für höhere Leistung; **II.** *s.* Ansporn *m*, Antrieb *m*, († Leistungs)Anreiz *m*.

in·cep·tion [in'sepʃən] *s.* **1.** Beginn *m*, Anfang *m*; **2.** *Brit. univ.* (*Cambridge*) Promoti'on *f*; **in'cep·tive** [-ptiv] *adj.* **1.** beginnend, anfangend, Anfangs...; **2.** *ling.* den Beginn bezeichnend: ~ *verb* inchoatives Verb.

in·cer·ti·tude [in'sə:titju:d] *s.* Ungewißheit *f*, Zweifelhaftigkeit *f*.

in·ces·sant [in'sesnt] *adj.* □ unaufhörlich, unablässig, ständig.

in·cest ['insest] *s.* Blutschande *f*; **in·ces·tu·ous** [in'sestjuəs] *adj.* □ **1.** der Blutschande schuldig; **2.** blutschänderisch.

inch [intʃ] **I.** *s.* **1.** Zoll *m* (= *2,54 cm*): ~ *stick* Zollstock; *every* ~ jeder Zoll, völlig, durch u. durch; *an* ~ *of rain* ein Zoll Regen; *a man of your* ~*es* ein Mann von Ihrer Statur; **2.** Stückchen *n*, *ein* bißchen: *by* ~*es* bruchstückweise, langsam, allmählich; *not to yield an* ~ nicht einen Zoll *od.* nicht im geringsten weichen *od.* nachgeben; *within an* ~ um ein Haar, fast; *flogged within an* ~ *of his life* fast zu Tode geprügelt; *give him an* ~ *and he'll take an ell* gibt man ihm den kleinen Finger, so nimmt er die ganze Hand; **II.** *adj.* **3.** ...zöllig: *a two-*~ *rope*; **III.** *v/t. u. v/i.* **4.** (sich) sehr langsam vorwärtsbewegen: *to* ~ *one's way through* sich langsam durchschlängeln; **inched** [intʃt] *adj. in Zssgn* ...zöllig.

in·cho·ate ['inkoueit] *adj.* **1.** angefangen, anfangend, Anfangs...; **2.** 'unvoll,ständig, rudimen'tär; '**in·cho·a·tive** [-tiv] **I.** *adj.* **1.** → *inchoate 1*; **2.** → *inceptive 2*; **II.** *s.* **3.** inchoa'tives Verb.

in·ci·dence ['insidəns] *s.* **1.** Ein-, Auftreten *n*, Vorkommen *n*; **2.** Auftreffen *n*, *opt.* Einfall *m* (*upon* auf *acc.*); → *angle*[1] *1*; **3.** Verbreitung *f*, -teilung *f*, Ausdehnung *f*, Gebiet *n*: ~ *of taxation* Besteuerung; '**in·ci·dent** [-nt] **I.** *adj.* **1.** (*to*) vorkommend (bei *od.* in *dat.*), verbunden (mit), eigen (*dat.*); **2.** *phys.* ein-, auffallend (*upon* auf *acc.*); **3.** (*to*) zugehörig (*dat.*), zs.-hängend (mit), abhängig (von); **II.** *s.* **4.** Vorfall *m*, 'Umstand *m*, Ereignis *n*: *full of* ~ ereignisreich; **5.** Zwischenfall *m* (*a. pol.*); **6.** *thea. etc.* Zwischenhandlung *f*, Epi'sode *f*; **7.** 'Neben,umstand *m*, -sache *f*; **8.** ⚖ *et.* Zugehöriges (*Verpflichtung od. Anrecht*); **in·ci·den·tal** [insi'dentl] **I.** *adj.* □ **1.** (*to*) gehörig (zu), verbunden (mit); **2.** folgend (*upon* auf *acc.*), Nach...; **3.** beiläufig, zufällig, gelegentlich, Begleit..., nebensächlich, Neben...: ~ *earnings* Nebeneinkommen, -verdienst; ~ *expenses* Nebenausgaben; ~ *music* Schauspiel-, Filmmusik, musikalischer Hintergrund; **II.** *s.* **4.** Zufälligkeit *f*, Nebensächlichkeit *f*; **5.** *pl.* † Nebenausgaben *pl.*; **in·ci·den·tal·ly** [insi'dentli] *adv.* **1.** beiläufig, neben'bei, zufällig; **2.** neben'bei bemerkt, übrigens.

in·cin·er·ate [in'sinəreit] *v/t.* einäschern, (zu Asche) verbrennen; **in·cin·er·a·tion** [insinə'reiʃən] *s.* Einäscherung *f*, Verbrennung *f*; **in'cin·er·a·tor** [-tə] *s.* Verbrennungsofen *m* (*für Abfälle*).

in·cip·i·ence [in'sipiəns], **in'cip·i·en·cy** [-si] *s.* Anfang *m*; 'Anfangs,stadium *n*; **in'cip·i·ent** [-nt] *adj.* □ anfangend, beginnend, einleitend; **in'cip·i·ent·ly** [-ntli] *adv.* anfänglich.

in·cise [in'saiz] *v/t.* **1.** einschneiden in (*acc.*), aufschneiden (*a.* ⚕): ~*d wound* Schnittwunde; **2.** einritzen, einschnitzen; einkerben; **in·ci·sion** [in'siʒən] *s. a.* ⚕ (Ein)Schnitt *m*; Kerbe *f*; **in'ci·sive** [-aisiv] *adj.* □ *fig.* **1.** scharf (*Verstand*); prä'gnant, ausgeprägt (*Stil etc.*); **2.** beißend, spöttisch; **in'ci·sive·ness** [-aisivnis] *s. fig.* Schärfe *f*; **in'ci·sor** [-zə] *s. anat.* Schneidezahn *m*.

in·ci·ta·tion [insai'teiʃən] *s.* **1.** Anregung *f*, Ansporn *m*, Antrieb *m*; **2.** Aufhetzung *f*; Anstiftung *f*; **in·cite** [in'sait] *v/t.* **1.** anregen (*a.* ⚕), anspornen, antreiben; **2.** aufhetzen; anstiften (*to* zu); **in·cite·ment** [in'saitmənt] → *incitation*.

in·ci·vil·i·ty [insi'viliti] *s.* Unhöflichkeit *f*, Grobheit *f*.

in·ci·vism ['insivizəm] *s.* Mangel *m* an Bürgersinn *od.* Patrio'tismus.

'**in-clear·ing** *s.* † *Brit.* Gesamtbetrag *m* der auf e-e Bank laufenden Schecks, Abrechnungsbetrag *m*.

in·clem·en·cy [in'klemənsi] *s.* Rauheit *f*, Unfreundlichkeit *f*: ~ *of the weather* Unbilden der Witterung; **in'clem·ent** [-nt] *adj.* □ rauh, unfreundlich, streng (*Klima*).

in·clin·a·ble [in'klainəbl] *adj.* **1.** geneigt, bereit (*to* zu); **2.** zugetan, günstig (gesinnt) (*to dat.*); **3.** ⊕ schrägstellbar.

in·cli·na·tion [inkli'neiʃən] *s.* **1.** *fig.* Neigung *f*, Vorliebe *f*, Hang *m* (*to*, *for* zu): ~ *to buy* † Kauflust; ~ *to stoutness* Anlage zur Korpulenz; **2.** *fig.* Zuneigung *f*, Liebe *f* (*for* zu); **3.** Neigung *f*, Schrägstellung *f*, Senkung *f*; Abhang *m*; **4.** *ast.*, *phys.* Inklinati'on *f*; **in·cline** [in'klain] **I.** *v/i.* **1.** hinneigen, (dazu) neigen (*to*, *toward* zu; *to do* zu tun): *to* ~ *to an opinion* zu e-r Meinung neigen; **2.** Anlage haben (*to* zu): *to* ~ *to leanness*; *to* ~ *to red* ins Rötliche spielen; **3.** sich (schräg) neigen, abfallen, schief stehen; **4.** (*to*) geneigt sein (*dat.*), begünstigen (*acc.*); **II.** *v/t.* **5.** veranlassen, bewegen (*to* zu; *to do* zu tun): *this* ~*s me to the view* dies bringt mich zu der Ansicht; **6.** neigen, beugen, senken: *to* ~ *one's ear to* sein Ohr leihen (*dat.*); **7.** schräg stellen; **III.** *s.* **8.** Neigung *f*, Abdachung *f*, Abhang *m*: *double* ~ 🚂 Ablaufberg; **in·clined** [in'klaind] *adj.* **1.** geneigt, aufgelegt (*to* zu): *to be* ~ (dazu) aufgelegt sein, Lust haben; **2.** wohlwollend, -gesinnt (*to dat.*); **3.** veranlagt (*to* zu); **4.** schräg, schief, abschüssig: ~ *plane phys.* schiefe Ebene; **in·cli·nom·e·ter** [inkli'nɔmitə] *s.* **1.** Inklinati'onskompaß *m*, -nadel *f*; **2.** ✈ Neigungsmesser *m*.

in·close [in'klouz] → *enclose*.

in·clude [in'klu:d] *v/t.* **1.** einschließen, um'fassen, enthalten; **2.** einbeziehen, erfassen, aufnehmen; **3.** einschließen, einrechnen (*in* in *acc.*), rechnen (*among* unter *acc.*, zu); **in'clud·ed** [-did] *adj.* eingeschlossen, inbegriffen: *tax* ~ einschließlich Steuer; **in'clud·ing** [-diŋ] *prp.* einschließlich (*gen.*); **in'clu·sion** [-u:ʒən] *s.* **1.** Einbeziehung *f*, Einschluß *m* (*a.* ⚗, *min.*); **2.** Erfassung *f*, Aufnahme *f*; **3.** Zugehörigkeit *f* (*in* zu); **in'clu·sive** [-u:siv] *adj.* □ **1.** einschließend (*of acc.*): ~ *of* einschließlich (*gen.*); *to be* ~ *of* einschließen; *Friday* ~ einschließlich Freitag; **2.** alles einschließend, um'fassend: ~ *terms* Pauschalpreis.

in·cog [in'kɔg] F *abbr. für incognito.*

in·cog·ni·to [in'kɔgnitou] **I.** *adv.* **1.** in'kognito, unerkannt: *to travel* ~; **2.** ano'nym: *to do good* ~; **II.** *pl.* **-tos** *s.* **3.** In'kognito *n.*

in·co·her·ence [inkou'hiərəns] *s.* **1.** Zs.-hang(s)losigkeit *f*; **2.** Unvereinbarkeit *f*, 'Widerspruch *m*; **in·co'her·ent** [-nt] *adj.* □ **1.** 'unzu‚sammenhängend; **2.** nicht über'einstimmend, unlogisch; **3.** 'widerspruchsvoll, 'inkonse‚quent.

in·com·bus·ti·ble [inkəm'bʌstəbl] *adj.* □ unverbrennbar.

in·come ['inkəm] *s.* Einkommen *n*, Einkünfte *pl.*, Einnahmen *pl.* (*from* aus).

in·com·er ['inkʌmə] *s.* **1.** Ankömmling *m*; **2.** Einwanderer *m*, Einwanderin *f*; Zugezogene(r *m*) *f*; **3.** ✝ Nachfolger(in); **4.** Eindringling *m.*

in·come| re·turn *s. Am.* (Einkommen)Steuererklärung *f*; '**~-tax** *s.* Einkommensteuer *f*: ~ *return Brit.* → *income return.*

in·com·ing ['inkʌmiŋ] **I.** *adj.* **1.** her'einkommend: *the* ~ *tide*; **2.** ankommend (*Telephongespräch, Verkehr,* ⚡ *Strom etc.*); **3.** nachfolgend, neu eintretend (*Beamter etc.*): ~ *tenant* neuer Pächter *od.* Mieter; **4.** ✝ **a)** erwachsend (*Nutzen*), **b)** eingehend: ~ *orders* Auftragseingänge; ~ *stocks* Warenzugänge, **c)** fällig (*Zahlungen*); **II.** *s.* **5.** Eintritt *m*, Ankunft *f*; **6.** *pl.* ✝ Eingänge *pl.*, Einkünfte *pl.*

in·com·men·su·ra·bil·i·ty ['inkəmenʃərə'biliti] *s.* **1.** 𝔄 Unmeßbarkeit *f*; **2.** Unvergleichbarkeit *f*; **in·com·men·su·ra·ble** [inkə'menʃərəbl] **I.** *adj.* □ **1.** 𝔄 **a)** inkommensu'rabel, **b)** 'irratio‚nal; **2.** nicht vergleichbar; **II.** *s.* **3.** 𝔄 inkommensurable Größe; **in·com·men·su·rate** [inkə'menʃərit] *adj.* □ **1.** (*to*) unangemessen (*dat.*), unvereinbar (mit); **2.** → *incommensurable 1, 2.*

in·com·mode [inkə'moud] *v/t.* belästigen, stören; **in·com'mo·di·ous** [-djəs] *adj.* □ unbequem: **a)** lästig, **b)** beengt.

in·com·mu·ni·ca·ble [inkə'mju:nikəbl] *adj.* □ nicht mitteilbar, nicht auszudrücken(d); **in·com·mu·ni·ca·do** [inkəmju:ni'kɑ:dou] *adj. Am.* **1.** vom Verkehr mit der Außenwelt abgeschnitten; **2.** ⚖ in Einzelhaft; **in·com'mu·ni·cative** [-ətiv] *adj.* □ nicht mitteilsam, zu'rückhaltend, reserviert.

in·com·mut·a·ble [inkə'mju:təbl] *adj.* □ unwandelbar: ~ *possession* ⚖ unstörbarer Besitz.

in·com·pa·ra·ble [in'kɔmpərəbl] *adj.* □ **1.** nicht vergleichbar, nicht zu vergleichen(d) (*with, to* mit); **2.** unvergleichlich, einzigartig; **in'com·pa·ra·bly** [-bli] *adv.* unvergleichlich.

in·com·pat·i·bil·i·ty ['inkəmpætə'biliti] *s.* Unver'einbarkeit *f*, Unverträglichkeit *f*, Gegensätzlichkeit *f*, 'Widerspruch *m*; **in·com·pat·i·ble** [inkəm'pætəbl] *adj.* □ **1.** unver'einbar; wider'sprechend: *to be* ~ kollidieren; **2.** unverträglich, nicht zs.-passend.

in·com·pe·tence [in'kɔmpitəns], **in'com·pe·ten·cy** [-si] *s.* **1.** Unfähigkeit *f*, Untüchtigkeit *f*; **2.** *bsd.* ⚖ Unzuständigkeit *f*; Unbefugtheit *f*; **3.** Unzulässigkeit *f*; **4.** Unzulänglichkeit *f*; **in'com·pe·tent** [-nt] *adj.* □ **1.** unfähig, untüchtig; **2.** ungeeignet; **3.** *bsd.* ⚖ unbefugt, unzuständig, 'inkompe‚tent; **4.** ⚖ unzurechnungsfähig, geschäftsunfähig; **5.** unzulässig (*a.* ⚖ *Beweis, Zeuge*); mangelhaft.

in·com·plete [inkəm'pli:t] *adj.* □ **1.** 'unvoll‚ständig, 'unvoll‚endet; **2.** 'unvoll‚kommen, lückenhaft, mangelhaft; **in·com'plete·ness** [-nis] *s.* 'Unvoll‚ständigkeit *f*, 'Unvoll‚kommenheit *f.*

in·com·pre·hen·si·bil·i·ty [inkɔmprihensə'biliti] *s.* Unbegreiflichkeit *f*; **in·com·pre·hen·si·ble** [inkɔmpri'hensəbl] *adj.* □ unbegreiflich, unverständlich.

in·com·press·i·ble [inkəm'presəbl] *adj.* nicht zs.-drückbar.

in·com·put·a·ble [inkəm'pju:təbl] *adj.* unberechenbar, nicht errechenbar.

in·con·ceiv·a·bil·i·ty ['inkənsi:və'biliti] *s.* Unfaßbarkeit *f*, Unbegreiflichkeit *f*; **in·con·ceiv·a·ble** [inkən'si:vəbl] *adj.* □ **1.** unbegreiflich, unfaßbar; **2.** undenkbar.

in·con·clu·sive [inkən'klu:siv] *adj.* □ **1.** nicht über'zeugend *od.* entscheidend, ohne Beweiskraft; **2.** ergebnislos; **in·con'clu·sive·ness** [-nis] *s.* **1.** Mangel *m* an Beweiskraft; **2.** Ergebnislosigkeit *f.*

in·con·gru·i·ty [inkɔŋ'gru(:)iti] *s.* **1.** ‚Nichtüber'einstimmung *f*, 'Mißverhältnis *n*, Unver'einbarkeit *f*; **2.** 'Widersinnigkeit *f*; **3.** Ungehörigkeit *f*; **4.** 𝔄 'Inkongru‚enz *f*; **in·con·gru·ous** [in'kɔŋgruəs] *adj.* □ **1.** nicht zuein'ander passend, nicht über'einstimmend, unver'einbar; **2.** 'widersinnig, ungereimt; **3.** unangemessen, ungehörig; **4.** 𝔄 'inkongru‚ent, nicht deckungsgleich.

in·con·se·quence [in'kɔnsikwəns] *s.* **1.** 'Inkonse‚quenz *f*, Folgewidrigkeit *f*; **2.** Belanglosigkeit *f*; **in'con·se·quent** [-nt] *adj.* □ **1.** 'inkonse‚quent, folgewidrig, unlogisch; **2.** nicht zur Sache gehörig, 'irrele‚vant; **3.** belanglos, unwichtig; **in·con·se·quen·tial** ['inkɔnsi'kwenʃəl] → *inconsequent.*

in·con·sid·er·a·ble [inkən'sidərəbl] *adj.* □ unbedeutend, unerheblich, belanglos, gering(fügig).

in·con·sid·er·ate [inkən'sidərit] *adj.* □ **1.** rücksichtslos, taktlos (*towards* gegen); **2.** unbedacht, 'unüber‚legt; **in·con'sid·er·ate·ness** [-nis] *s.* **1.** Rücksichtslosigkeit *f*; **2.** Unbesonnenheit *f.*

in·con·sist·en·cy [inkən'sistənsi] *s.* **1.** (innerer) 'Widerspruch, Unver'einbarkeit *f*; **2.** 'Inkonse‚quenz *f*, Folgewidrigkeit *f*; **3.** Unbeständigkeit *f*, Wankelmut *m*; **in·con'sist·ent** [-nt] *adj.* □ **1.** unver'einbar, wider'sprechend, gegensätzlich; **2.** 'inkonse‚quent, folgewidrig, ungereimt; **3.** unbeständig.

in·con·sol·a·ble [inkən'souləbl] *adj.* □ untröstlich.

in·con·spic·u·ous [inkən'spikjuəs] *adj.* □ **1.** unauffällig, unscheinbar; **2.** ⚘ klein, grün (*Blüten*); **in·con'spic·u·ous·ness** [-nis] *s.* Unauffälligkeit *f.*

in·con·stan·cy [in'kɔnstənsi] *s.* **1.** Unbeständigkeit *f*, Veränderlichkeit *f*; **2.** Wankelmut *m*, Treulosigkeit *f*; **3.** Ungleichförmigkeit *f*; **in'con·stant** [-nt] *adj.* □ **1.** unbeständig, unstet; **2.** wankelmütig; **3.** ungleichförmig.

in·con·test·a·ble [inkən'testəbl] *adj.* □ **1.** unbestreitbar, unbestritten; **2.** 'unum‚stößlich, 'unwider‚leglich.

in·con·ti·nence [in'kɔntinəns] *s.* **1.** (*bsd.* sexu'elle) Unmäßigkeit, Unkeuschheit *f*; **2.** Nicht'haltenkönnen *n*: ~ *of speech* Geschwätzigkeit; ~ *of urine* ⚕ Harnfluß.

in·con·ti·nent[1] [in'kɔntinənt] *adj.* □ **1.** ausschweifend, zügellos, unkeusch; **2.** ‚unauf'hörlich; **3.** nicht im'stande zu'rückzuhalten *od.* bei sich zu behalten (*a.* ⚕).

in·con·ti·nent[2] [in'kɔntinənt], **in'con·ti·nent·ly** [-li] *adv. obs.* so'fort, unverzüglich.

in·con·tro·vert·i·ble ['inkɔntrə'və:təbl] *adj.* □ unbestreitbar, unbestritten; zweifellos.

in·con·ven·ience [inkən'vi:njəns] **I.** *s.* Unbequemlichkeit *f*, Lästigkeit *f*, Unannehmlichkeit *f*, Schwierigkeit *f*: *to put s.o. to great* ~ j-m große Ungelegenheiten bereiten; **II.** *v/t.* belästigen, stören, *j-m* lästig sein, *j-m* Unannehmlichkeiten bereiten; **in·con'ven·ient** [-nt] *adj.* □ unbequem, ungelegen, lästig, störend.

in·con·vert·i·bil·i·ty ['inkənvə:tə'biliti] *s.* **1.** Unverwandelbarkeit *f*; **2.** ✝ **a)** ‚Nichtkonver'tierbarkeit *f*, Nicht'umwandelbarkeit *f* (*Guthaben*), **b)** Nicht'einlösbarkeit *f* (*Papiergeld*), **c)** Nicht'umsetzbarkeit *f* (*Waren*); **in·con·vert·i·ble** [inkən'və:təbl] *adj.* □ **1.** unverwandelbar; **2.** ✝ **a)** nicht 'umwandelbar, nicht konvertierbar, **b)** nicht einlösbar, **c)** nicht 'umsetzbar.

in·con·vin·ci·ble [inkən'vinsəbl] *adj.* nicht zu über'zeugen(d).

in·cor·po·rate [in'kɔ:pəreit] **I.** *v/t.* **1.** vereinigen, verbinden, zs.-schließen; **2.** (*in, into*) einverleiben (*dat.*), einbauen (in *acc.*); **3.** *Stadt* eingemeinden; **4.** (*in, into*) zu *e-r Körperschaft* vereinigen; *als Mitglied* aufnehmen (in *acc.*); **5.** ⚖ als Körperschaft *od. Am.* als 'Aktiengesellschaft (amtlich) eintragen; **6.** aufnehmen, enthalten, einschließen; **7.** ⊕, ⚗ (ver)mischen; **II.** *v/i.* **8.** sich verbinden *od.* vereinigen; **9.** ⚖ e-e Körperschaft bilden; **10.** ⊕, ⚗ sich vermischen; **III.** *adj.* [-pərit] **11.** (*into, in*) verbunden (mit), einverleibt (in *acc.*); **12.** ⚖ **a)** zu e-r Körperschaft verbunden, **b)** amtlich eingetragen: ~ *body* Körperschaft; **in'cor·po·rat·ed** [-tid] *adj.* ⚖ (amtlich) eingetragen: ~ *company Am.* Aktiengesellschaft; **in·cor·po·ra·tion** [inkɔːpəˈreiʃən] *s.* **1.** Vereinigung *f*, Verbindung *f*; **2.** Einverleibung *f*, Aufnahme *f* (*into* in *acc.*); **3.** Eingemeindung *f*; **4.** ⚖ **a)** Bildung *f od.* Gründung *f* e-r Körperschaft: *articles of ~ Am.* Satzung (*e-r AG*), **b)** amtliche Eintragung.

in·cor·po·re·al [inkɔːˈpɔːriəl] *adj.* □ **1.** unkörperlich, unstofflich, geistig; **2.** ⚖ nicht greifbar: ~ *hereditament* an e-e Erbschaft geknüpftes Recht.

in·cor·rect [inkəˈrekt] *adj.* □ **1.** unrichtig, ungenau, irrig, falsch; **2.** ˈinkorˌrekt, ungehörig (*Betragen*); **in·cor'rect·ness** [-nis] *s.* **1.** Unrichtigkeit *f*, Fehlerhaftigkeit *f*; **2.** Unschicklichkeit *f*.

in·cor·ri·gi·bil·i·ty [inkɔridʒəˈbiliti] *s.* Unverbesserlichkeit *f*; **in·cor·ri·gi·ble** [inˈkɔridʒəbl] *adj.* □ unverbesserlich.

in·cor·rupt·i·bil·i·ty [ˈinkərʌptəˈbiliti] *s.* **1.** Unbestechlichkeit *f*; **2.** Unverderblichkeit *f*; **in·cor·rupt·i·ble** [inkəˈrʌptəbl] *adj.* □ **1.** unbestechlich, redlich; **2.** unverderblich, unvergänglich; **in·cor·rup·tion** [ˈinkərʌpʃən] *s.* **1.** Unbestechlichkeit *f*; **2.** Unverderbtheit *f*; **3.** *bibl.* Unvergänglichkeit *f*.

in·crease [inˈkriːs] **I.** *v/i.* **1.** zunehmen, sich vermehren, größer werden, (an)wachsen: *to ~ in size* an Größe zunehmen; *~d demand* Mehrbedarf; **2.** steigen (*Preise*); sich steigern *od.* vergrößern *od.* verstärken *od.* erhöhen; **II.** *v/t.* **3.** vergrößern, verstärken, vermehren, erhöhen, steigern: *to ~ tenfold* verzehnfachen; **III.** *s.* [ˈinkriːs] **4.** Vergrößerung *f*, Vermehrung *f*, Verstärkung *f*, Erhöhung *f*, Zunahme *f*, (An)Wachsen *n*, Zuwachs *m*, Wachstum *n*, Steigen *n*, Steigerung *f*, Erhöhung *f*: *on the ~* im Zunehmen; *to be on the ~* zunehmen; *~ in wages* ✝ Lohnerhöhung, -steigerung; *~ of trade* Zunahme *od.* Aufschwung des Handels; **5.** Ertrag *m*, Gewinn *m*; **in'creas·ing·ly** [-siŋli] *adv.* immer mehr: *~ clear* immer klarer.

in·cred·i·bil·i·ty [inkrediˈbiliti] *s.* **1.** Unglaubhaftigkeit *f*; **2.** Unˈglaublichkeit *f*; **in·cred·i·ble** [inˈkredəbl] *adj.* □ **1.** unglaubhaft; **2.** unvorˈstellbar, unˈglaublich; **in·cred·i·bly** [inˈkredəbli] *adv.* **1.** unglaublich(erweise); **2.** höchst, äußerst.

in·cre·du·li·ty [inkriˈdjuːliti] *s.* Ungläubigkeit *f*, ˈSkepsis *f*; **in·cred·u·lous** [inˈkredjuləs] *adj.* □ ungläubig, ˈskeptisch.

in·cre·ment [ˈinkrimənt] *s.* **1.** Zuwachs *m*, Zunahme *f*; **2.** ✝ Mehrertrag *m*, -einnahme *f*, Gewinn(zuwachs) *m*, Wertzuwachs *m*; **3.** & Zuwachs *m*, *bsd.* ˈpositives Differentiˈal.

in·crim·i·nate [inˈkrimineit] *v/t.* beschuldigen, belasten: *to ~ o.s.* sich belasten; **in'crim·i·nat·ing** [-tiŋ] *adj.* belastend; **in·crim·i·na·tion** [inkrimiˈneiʃən] *s.* Beschuldigung *f*; **in'crim·i·na·to·ry** [-nətəri] → *incriminating*.

in·crust [inˈkrʌst] → *encrust*.

in·crus·ta·tion [inkrʌsˈteiʃən] *s.* **1.** ⊕ **a)** Inkrustatiˈon *f*, Kruste *f*, **b)** Kesselstein(bildung *f*) *m*; **2.** Verkleidung *f*, Belag *m* (*Wand*); **3.** Einlegearbeit *f*.

in·cu·bate [ˈinkjubeit] **I.** *v/t.* **1.** *Ei* ausbrüten (*a. künstlich*); **2.** im Brutschrank halten; **3.** *fig.* ausbrüten, aushecken; **II.** *v/i.* **4.** brüten; **in·cu·ba·tion** [inkjuˈbeiʃən] *s.* **1.** Ausbrütung *f*, Brüten *n*; **2.** ⚕ Inkubatiˈon *f*: *~ period* Inkubationszeit; **'in·cu·ba·tor** [-tə] *s.* ˈBrutschrank *m*, -kasten *m*, -appaˌrat *m*.

in·cu·bus [ˈiŋkjubəs] *s.* **1.** ⚕ Alp(-drücken *n*) *m*; **2.** *fig.* Alpdruck *m*.

in·cul·cate [ˈinkʌlkeit] *v/t.* einprägen, einschärfen, einimpfen (*on, in s.o.* j-m); **in·cul·ca·tion** [inkʌlˈkeiʃən] *s.* Einschärfung *f*.

in·cul·pate [ˈinkʌlpeit] *v/t.* **1.** an-, beschuldigen, anklagen; **2.** belasten, tadeln; **in·cul·pa·tion** [inkʌlˈpeiʃən] *s.* **1.** An-, Beschuldigung *f*; **2.** Vorwurf *m*.

in·cum·ben·cy [inˈkʌmbənsi] *s.* **1.** Innehaben *n* e-s Amtes; Amtszeit *f*; **2.** *eccl. Brit.* (Besitz *m* e-r) Pfründe *f*; **3.** *fig.* Obliegenheit *f*; **in'cum·bent** [-nt] **I.** *adj.* □ **1.** obliegend: *it is ~ upon him* es ist s-e Pflicht; **2.** amtierend; **II.** *s.* **3.** *eccl. Brit.* Pfründeninhaber *m*; **4.** Amtsinhaber *m*.

in·cu·nab·u·la [inkju(ː)ˈnæbjulə] *s. pl.* Inkuˈnabeln *pl.*, Wiegendrucke *pl.*

in·cur [inˈkəː] *v/t.* sich *et.* zuziehen; auf sich laden, geraten in (*acc.*): *to ~ displeasure* Mißfallen erregen; *to ~ debts* Schulden machen; *to ~ losses* Verluste erleiden; *to ~ liabilities* Verpflichtungen eingehen.

in·cur·a·bil·i·ty [inkjuərəˈbiliti] *s.* Unheilbarkeit *f*; **in·cur·a·ble** [inˈkjuərəbl] **I.** *adj.* □ unheilbar; **II.** *s.* unheilbar Kranke(r *m*) *f*.

in·cu·ri·ous [inˈkjuəriəs] *adj.* □ **1.** nicht neugierig, gleichgültig, uninteressiert; **2.** ˈuninteresˌsant.

in·cur·sion [inˈkəːʃən] *s.* **1.** (feindlicher) Einfall, Raubzug *m*; **2.** Eindringen *n* (*a. fig.*); **3.** Einbruch *m*, -griff *m*.

in·curve [ˈinˈkəːv] *v/t.* (nach innen) krümmen, (ein)biegen.

in·cuse [inˈkjuːz] **I.** *adj.* eingeprägt, -gehämmert; **II.** *s.* (Auf)Prägung *f* (*bsd. Münze*); **III.** *v/t.* prägen.

in·debt·ed [inˈdetid] *adj.* **1.** verschuldet; **2.** zu Dank verpflichtet: *I am ~ to you for* ich habe Ihnen zu danken für; **in'debt·ed·ness** [-nis] *s.* **1.** Verschuldung *f*, Schulden *pl.*; **2.** Dankesschuld *f*, Verpflichtung *f*.

in·de·cen·cy [inˈdiːsnsi] *s.* **1.** Unanständigkeit *f*, Anstößigkeit *f*; **2.** Zote *f*; **in'de·cent** [-nt] *adj.* □ **1.** unanständig, anstößig; *a.* ⚖ unsittlich, unzüchtig; **2.** ungebührlich: *~ haste* unziemliche Hast.

in·de·ci·pher·a·ble [indiˈsaifərəbl] *adj.* nicht zu entziffern(d).

in·de·ci·sion [indiˈsiʒən] *s.* Unentschlossenheit *f*, Unschlüssigkeit *f*; **in·de'ci·sive** [-ˈsaisiv] *adj.* □ **1.** nicht entscheidend: *an ~ battle*; **2.** unentschlossen, unschlüssig, schwankend; **3.** unbestimmt.

in·de·clin·a·ble [indiˈklainəbl] *adj. ling.* undeklinierbar.

in·de·com·pos·a·ble [ˈindiːkəmˈpouzəbl] *adj.* unzerlegbar (*into* in *acc.*).

in·dec·o·rous [inˈdekərəs] *adj.* □ unschicklich, unanständig, ungehörig; **in·de·co·rum** [indiˈkɔːrəm] *s.* Unschicklichkeit *f*, Ungehörigkeit *f*.

in·deed [inˈdiːd] **I.** *adv.* **1.** in der Tat, tatsächlich, wirklich: *very long ~* wirklich sehr lang; *yes, ~!* ja tatsächlich!; *thank you very much ~!* vielen herzlichen Dank!; **2.** soˈgar: *~ I am quite sure* ich bin sogar ganz sicher; *who is she, ~!* Sie fragen noch, wer sie ist?; **3.** allerˈdings, freilich: *this is ~ an exception* das ist freilich e-e Ausnahme; *if ~* wenn überhaupt; **II.** *int.* **4.** *a. yes, ~!* ach wirklich!, was Sie nicht sagen!, ich muß schon sagen!, nicht möglich!

in·de·fat·i·ga·ble [indiˈfætigəbl] *adj.* □ unermüdlich.

in·de·fea·si·ble [indiˈfiːzəbl] *adj.* □ ⚖ unverletzlich, unantastbar.

in·de·fect·i·ble [indiˈfektəbl] *adj.* **1.** nicht verfallend, unvergänglich; **2.** unfehlbar.

in·de·fen·si·ble [indiˈfensəbl] *adj.* □ unhaltbar: **a)** ⚔ nicht zu verteidigen(d) *od.* zu halten(d), **b)** *fig.* nicht zu rechtfertigen(d), unentschuldbar.

in·de·fin·a·ble [indiˈfainəbl] *adj.* □ undefinierbar: **a)** unbestimmbar, **b)** unbestimmt.

in·def·i·nite [inˈdefinit] *adj.* □ **1.** unbestimmt (*a. ling.*); **2.** unbegrenzt, unbeschränkt; **3.** unklar, undeutlich, ungenau; **in'def·i·nite·ly** [-li] *adv.* **1.** auf unbestimmte Zeit; **2.** unbegrenzt; **in'def·i·nite·ness** [-nis] *s.* **1.** Unbestimmtheit *f*; **2.** Unbegrenztheit *f*.

in·de·his·cent [indiˈhisnt] *adj.* ✿ nicht aufspringend.

in·del·i·ble [inˈdelibl] *adj.* □ unauslöschlich (*a. fig.*); untilgbar: *~ ink* wasserfeste Tinte *od.* Tusche, Zeichentinte; *~ pencil* Tintenstift.

in·del·i·ca·cy [inˈdelikəsi] *s.* **1.** Unanständigkeit *f*, Unfeinheit *f*; **2.** Taktlosigkeit *f*; **in'del·i·cate** [-kit] *adj.* □ **1.** unanständig, unfein, derb; **2.** taktlos.

in·dem·ni·fi·ca·tion [indemnifiˈkeiʃən] *s.* **1.** ✝ Entschädigung *f*, Ersatzleistung *f*; **2.** Sicherstellung *f* (*a.* ⚖), Schadloshaltung *f*; **in·dem·ni·fy** [inˈdemnifai] *v/t.* **1.** entschädigen, schadlos halten (*for* für); **2.** sicherstellen, sichern (*from, against* gegen); **3.** ⚖ der Verantwortlichkeit entbinden, *j-m* Straflosigkeit zusichern, *j-m* Entlastung erteilen; **in·dem·ni·ty** [inˈdemniti] *s.* **1.** ✝ **a)** Schadensersatz *m*, Entschädigung *f*, **b)** Entschädigungsbetrag *m*, Abfindung *f*: *war ~* Kriegsentschädigung, **c)** Sicherstellung *f*: *~ bond Am.* Ausfallbürgschaft; **2.** ⚖ Straflosigkeit *f*; **3.** *pol.* nachträgliche Entlastung, Indemniˈtät *f*.

in·dent[1] [inˈdent] **I.** *v/t.* **1.** (ein-, aus)kerben, auszacken: *~ed coastline* zerklüftete Küste; **2.** ⊕ (ver-)zahnen; **3.** *typ. Zeile* einrücken; **4.**

⚖ *Vertrag* mit Doppel ausfertigen; **5.** ✝ *Waren* bestellen; **II.** *v/i.* **6.** (*upon s.o. for s.th.*) (et. bei j-m) bestellen, (et. von j-m) anfordern; **III.** *s.* ['indent] **7.** Kerbe *f*, Einschnitt *m*, Auszackung *f*; **8.** *typ.* Einzug *m*; **9.** ⚖ Vertragsurkunde *f*; **10.** ✝ (Auslands)Auftrag *m*; **11.** ⚔ *Brit.* Anforderung *f* (*von Vorräten*).

in·dent[2] [in'dent] **I.** *v/t.* eindrücken, einprägen; **II.** *s.* [*a.* 'indent] Delle *f*, Vertiefung *f*.

in·den·ta·tion [inden'teiʃən] *s.* **1.** Einschnitt *m*, Einkerbung *f*; Auszackung *f*, 'Zickzackˌlinie *f*; **2.** ⊕ Zahnung *f*; **3.** Einbuchtung *f*; Bucht *f*; **4.** *typ.* **a)** Einzug *m*, **b)** Absatz *m*; **5.** Vertiefung *f*, Delle *f*; **in·dent·ed** [in'dentid] *adj.* **1.** (aus)gezackt; **2.** ✝ vertraglich verpflichtet; **in·den·tion** [in'denʃən] → *indentation 1, 2, 4*; **in·den·ture** [in'dentʃə] **I.** *s.* **1.** Vertrag *m od.* Urkunde *f* (im Dupli'kat); **2.** ✝, ⚖ Lehrvertrag *m*, -brief *m*: *to take up one's* ~*s* ausgelernt haben; **3.** amtliche Liste; **4.** → *indentation 1, 2*; **II.** *v/t.* **5.** ✝, ⚖ durch (*bsd.* Lehr)Vertrag binden, vertraglich verpflichten.

in·de·pend·ence [indi'pendəns] *s.* **1.** Unabhängigkeit *f* (*on, of* von): ♀ *Day Am.* Unabhängigkeitstag (*4. Juli*); **2.** Selbständigkeit *f*; **3.** hinreichendes Einkommen; **in·de·'pend·en·cy** [-si] *s.* **1.** unabhängiger Staat; **2.** ♀ → *Congregationalism*; **in·de'pend·ent** [-nt] **I.** *adj.* □ **1.** unabhängig (*of* von) (*a.* ⅍, *ling.*); selbständig; **2.** finanzi'ell unabhängig: ~ *gentleman* Privatier; *to be* ~ auf eigenen Füßen stehen; **3.** finanzi'ell unabhängig machend: *an* ~ *fortune*; **4.** unbeeinflußt, 'unparˌteiisch; **5.** selbstsicher, -bewußt; eigenmächtig, -ständig; **6.** *pol.* unabhängig, frakti'onslos; **7.** eigen, Einzel...: ~ *suspension mot.* Einzelaufhängung; ~ *fire* ⚔ Einzel-, Schützenfeuer; ~ *axle* ⊕ Schwingachse; **II.** *s.* **8.** ♀ *pol.* Unabhängige(r *m*) *f*, fraktionsloser Abgeordneter, ‚Wilde(r *m*)' *f*; **9.** ♀ → *Congregationalist*.

in-'depth *adj.* tiefschürfend, gründlich: ~ *interview* Tiefeninterview, Intensivbefragung.

in·de·scrib·a·ble [indis'kraibəbl] *adj.* □ **1.** unbeschreiblich; **2.** unbestimmt, undefinierbar.

in·de·struct·i·bil·i·ty ['indistrʌktə'biliti] *s.* Unzerstörbarkeit *f*; **in·de·struct·i·ble** [indis'trʌktəbl] *adj.* □ unzerstörbar; unverwüstlich (*a.* ✝).

in·de·ter·mi·na·ble [indi'tə:minəbl] *adj.* □ unbestimmbar; undefinierbar; **in·de'ter·mi·nate** [-nit] *adj.* □ unbestimmt (*a.* ⅍), unentschieden, ungewiß, nicht festgelegt; unklar; **in·de'ter·mi·nate·ness** [-nitnis] *s.* Unbestimmtheit *f*; **in·de·ter·mi·na·tion** ['inditə:mi'neiʃən] *s.* Unbestimmtheit *f*; **in·de'ter·min·ism** [-minizəm] *s. phls.* Willensfreiheit *f*.

in·dex ['indeks] **I.** *s. pl.* '**in·dex·es**, **in·di·ces** ['indisi:z] **1.** Inhalts-, Stichwortverzeichnis *n*, Ta'belle *f*, Re'gister *n*, 'Index *m*; **2.** Kar'tei *f*: ~ *file* Kartei; **3.** ⊕ (An)Zeiger *m*; Zunge *f* (*Waage*); **4.** *typ.* Hand(zeichen *n*) *f*; **5.** *fig.* **a)** Zeichen *n* (*of* für, von *od. gen.*), **b)** Fingerzeig *m*, Hinweis *m*; Maß *n*; **6.** Meßzahl *f*, Schlüssel *m*; ✝ Index *m*: *cost of living* ~ Lebenskosten-, Lebenshaltungsindex; **7.** ⅍ **a)** Kennziffer *f*, **b)** Expo'nent *m*; **8.** *bsd. eccl.* Index *m* (*verbotener Bücher*); **9.** → *index finger*; **II.** *v/t.* **10.** mit e-m Inhaltsverzeichnis versehen; **11.** in ein Verzeichnis aufnehmen; **12.** *eccl.* auf den Index setzen; **13.** ⊕ *Revolverkopf* schalten: ~*ing wheel* Schaltrad; '**in·dex·er** [-ksə] *s.* 'Indexverfasser *m*.

in·dex| fin·ger *s.* Zeigefinger *m*; ~ **num·ber** *s. Statistik*: 'Index-, Meß-, Vergleichszahl *f*; ~ **of re·frac·tion** *s. opt.* 'Brechungsˌindex *m*, -expoˌnent *m*.

In·di·a| ink ['indjə] → *Indian ink*; '~**·man** [-mən] *s.* [*irr.*] (Ost)'Indienfahrer *m* (*Schiff*).

In·di·an ['indjən] **I.** *adj.* **1.** (ost)'indisch; **2.** *bsd. Am.* indi'anisch; **3.** *Am.* Mais...; **II.** *s.* **4. a)** Inder(in), **b)** Ost'indier(in); **5.** *bsd. Am.* Indi'aner(in); ~ **club** *s. Turnen*: Keule *f*; ~ **corn** *s.* Mais *m*; ~ **file** *s.*: *in* ~ im Gänsemarsch; ~ **ink** *s.* chi'nesische Tusche; ~ **meal** *s.* Maismehl *n*; ~ **pa·per** → *India paper*; ~ **pud·ding** *s. Am.* Maismehlpudding *m*; ~ **sum·mer** *s.* Alt'weiber-, Nachsommer *m*.

In·di·a Of·fice *s. Brit.* Reichsamt *n* für Indien (*bis 1947*); ~ **pa·per** *s.* 'Dünndruckpaˌpier *n*; '♀-'**rub·ber** *s.* **1.** 'Kautschuk *m*, 'Gummi *n*, *m*: ~ *ball* Gummiball; ~ *tree*; **2.** Ra'dierˌgummi *m*.

In·dic ['indik] *adj. ling.* indisch (*den indischen Zweig der indo-iranischen Sprachen betreffend*).

in·di·cate ['indikeit] *v/t.* **1.** anzeigen, angeben, bezeichnen; **2.** andeuten, zeigen, hinweisen auf (*acc.*); **3.** ⚕ indizieren, erfordern: *to be* ~*d* indiziert sein, *fig.* angezeigt *od.* angebracht sein; **4.** ⊕ indizieren, anzeigen, (*durch Zähler*) nachweisen; **in·di·ca·tion** [indi'keiʃən] *s.* **1.** Anzeige *f*, Angabe *f*: *to give* ~ *of* (an-)zeigen; **2.** (An)Zeichen *n*, Anhaltspunkt *m* (*of* für); **3.** Hinweis *m* (*of* auf *acc.*); Andeutung *f*: *there is every* ~ alles deutet darauf hin; **4.** ⚕ **a)** Indikati'on *f*, **b)** Sym'ptom *n*; **5.** ⊕ Grad *m*, Stand *m*; **in·dic·a·tive** [in'dikətiv] **I.** *adj.* □ **1.** anzeigend, andeutend, hinweisend: *to be* ~ *of s.th.* et anzeigen *od.* verraten, auf et. hindeuten, et. zum Ausdruck bringen; **2.** *ling.* 'indikaˌtivisch: ~ *mood* → *3*; **II.** *s.* **3.** *ling.* 'Indikativ *m*, Wirklichkeitsform *f*; **in·di·ca·tor** [-tə] *s.* **1.** Anzeiger *m*; Anzeigetafel *f*, -gerät *n*; **2.** ⊕ **a)** Zeiger *m*, **b)** Anzeiger *m*, Zähler *m*, (*Leistungs-*)Messer *m*, **c)** Schauzeichen *n*, **d)** *mot.* Richtungsanzeiger *m*: *flashing* ~ Blinker, **e)** *a.* ~ *telegraph* 'Zeigerteleˌgraph *m*; **3.** *fig.* → *index 4*; **in·di·ca·to·ry** [in'dikətəri] *adj.* (*of*) anzeigend (*acc.*), hinweisend (auf *acc.*).

in·di·ces ['indisi:z] *pl. von index*.

in·di·ci·um [in'diʃiəm] *pl.* **-ci·a** [-ə] *s. Am.* (*statt Briefmarke*) aufgedruckter Freimachungsvermerk.

in·dict [in'dait] *v/t.* ⚖ anklagen (*for* wegen); **in'dict·a·ble** [-təbl] *adj.* ⚖ straffällig (*Person*), **b)** strafbar (*Handlung*); **in'dict·ment** [-mənt] *s.* ⚖ **1.** Anklage(beschluß *m*) *f*; **2.** Anklageschrift *f*.

in·dif·fer·ence [in'difrəns] *s.* **1.** (*to*) Gleichgültigkeit *f* (gegen), Inter'esselosigkeit *f* (gegen'über); **2.** Unwichtigkeit *f*: *it is a matter of* ~ es ist belanglos; **3.** Mittelmäßigkeit *f*; **4.** Neutrali'tät *f*; **in'dif·fer·ent** [-nt] *adj.* □ → *indifferently*; **1.** (*to*) gleichgültig (gegen); inter'esselos (gegenüber); **2.** 'unparˌteiisch; **3.** mittelmäßig, leidlich: ~ *quality*; **4.** mäßig, unbedeutend: *a very* ~ *cook*; **5.** unwichtig; **6.** ⚕, ⚗, *phys.* neu'tral, indiffe'rent; **in'dif·fer·ent·ism** [-ntizəm] *s.* (Neigung *f* zur) Gleichgültigkeit *f*; **in'dif·fer·ent·ly** [-ntli] *adj.* □ **1.** inter'esse-, teilnahmslos; **2.** mittelmäßig; **3.** (sehr) mäßig.

in·di·gence ['indidʒəns] *s.* Armut *f*, Mittellosigkeit *f*.

in·di·gene ['indidʒi:n] *s.* **1.** Eingeborene(r *m*) *f*; **2. a)** einheimisches Tier, **b)** einheimische Pflanze; **in·dig·e·nous** [in'didʒinəs] *adj.* □ **1.** *a.* ♀, *zo.* eingeboren, einheimisch (*to* in *dat.*); **2.** *fig.* angeboren (*to dat.*).

in·di·gent ['indidʒənt] *adj.* □ arm, bedürftig, mittellos.

in·di·gest·ed [indi'dʒestid] *adj. mst fig.* unverdaut; wirr, 'undurchˌdacht; **in·di·gest·i·bil·i·ty** ['indidʒestə'biliti] *s.* Unverdaulichkeit *f*; **in·di'gest·i·ble** [-təbl] *adj.* □ unverdaulich (*a. fig.*); **in·di'ges·tion** [-tʃən] *s.* ⚕ Verdauungsstörung *f*, Magenverstimmung *f*, verdorbener Magen; **in·di'ges·tive** [-tiv] *adj.* schwerverdaulich.

in·dig·nant [in'dignənt] *adj.* □ (*at*) entrüstet, ungehalten, empört (über *acc.*), peinlich berührt (von); **in·dig·na·tion** [indig'neiʃən] *s.* Entrüstung *f*, Unwille *m*, Empörung *f* (*at* über *acc.*): ~ *meeting* Protestkundgebung.

in·dig·ni·ty [in'digniti] *s.* unwürdige Behandlung, Schmach *f*, Demütigung *f*, Kränkung *f*.

in·di·go ['indigou] *pl.* **-gos** *s.* 'Indigo *m*: ~*-blue* indigoblau; **in·di·got·ic** [indi'gɔtik] *adj.* Indigo...

in·di·rect [indi'rekt] *adj.* □ **1.** 'indiˌrekt: ~ *lighting*; ~ *tax*; ~ *cost* ✝ Gemeinkosten; **2.** nicht di'rekt *od.* gerade: ~ *route* Umweg; ~ *means* Umwege, Umschweife; **3.** *fig.* krumm, unredlich; **4.** *ling.* indirekt, abhängig: ~ *object* indirektes Objekt, Dativobjekt; ~ *question* indirekte Frage; ~ *speech* indirekte Rede; **in·di·rec·tion** [indi'rekʃən] *s.* 'Umweg *m* (*a. fig. b.s. unehrliche Weise*) *by* ~ **a)** indirekt, auf Umwegen, **b)** *fig.* hinten herum, unehrlich; **in·di'rect·ness** [-nis] *s.* **1.** *fig.* 'Umweg *m*; **2.** indirekte Weise; **3.** Unredlichkeit *f*; **4.** Anspielung *f*.

in·dis·cern·i·ble [indi'sə:nəbl] *adj.* □ nicht wahrnehmbar, unmerklich.

in·dis·ci·pline [in'disiplin] *s.* Diszi'plin-, Zuchtlosigkeit *f*.

in·dis·cov·er·a·ble [indis'kʌvərəbl] *adj.* □ nicht zu entdecken(d).

in·dis·creet [indis'kri:t] *adj.* □ **1.** unklug, unbedacht; **2.** taktlos, 'indis͵kret; **in·dis'cre·tion** [-reʃən] *s.* **1.** Unklugheit *f*, Unvernunft *f*, 'Unüber͵legtheit *f*; **2.** Taktlosigkeit *f*; **3.** Indiskreti'on *f*, Vertrauensbruch *m*.

in·dis·crim·i·nate [indis'kriminit] *adj.* □ wahllos, blind; kri'tiklos, 'unterschiedslos; rücksichtslos; **in·dis'crim·i·nate·ly** [-li] *adv.* **1.** → *indiscriminate*; **2.** ohne 'Unterschied, wahllos, auf gut Glück, aufs Gerate'wohl; **in·dis·crim·i·na·tion** ['indiskrimi'neiʃən] *s.* Wahl-, Kri'tiklosigkeit *f*, Mangel *m* an Urteilskraft.

in·dis·pen·sa·bil·i·ty ['indispensə'biliti] *s.* Unerläßlichkeit *f*, Unentbehrlichkeit *f*; **in·dis·pen·sa·ble** [indis'pensəbl] *adj.* □ **1.** unerläßlich, unentbehrlich (*for*, *to* für); **2.** ⚔ unabkömmlich; **3.** unbedingt einzuhalten(d) *od.* zu erfüllen(d) (*Pflicht etc.*).

in·dis·pose [indis'pouz] *v/t.* **1.** untauglich machen (*for* zu); **2.** *j-m* abraten (*to do* zu tun); einnehmen (*towards* gegen); **in·dis'posed** [-zd] *adj.* **1.** 'indisponiert, unpäßlich; **2.** (*towards*, *from*) nicht aufgelegt (zu), abgeneigt (*dat.*); **in·dis·po·si·tion** [indispə'ziʃən] *s.* **1.** Unpäßlichkeit *f*, Unwohlsein *n*; **2.** Abneigung *f*, 'Widerwille *m* (*to*, *towards* gegen).

in·dis·pu·ta·bil·i·ty ['indispju:tə'biliti] *s.* Unbestreitbarkeit *f*; Unstreitigkeit *f*; **in·dis·pu·ta·ble** [indis'pju:təbl] *adj.* □ **1.** unbestreitbar, unstreitig; **2.** unbestritten.

in·dis·sol·u·bil·i·ty ['indisɔlju'biliti] *s.* Unauflösbarkeit *f*; **in·dis·sol·u·ble** [indi'sɔljubl] *adj.* □ **1.** unauflösbar, untrennbar; **2.** unzertrennlich; **3.** unzerstörbar.

in·dis·tinct [indis'tiŋkt] *adj.* □ **1.** undeutlich, unklar; **2.** verworren, dunkel, verschwommen; **in·dis'tinc·tive** [-tiv] *adj.* □ ohne Eigenart, ausdruckslos; **in·dis'tinct·ness** [-nis] *s.* Undeutlichkeit *f*, Unklarheit *f*, Verschwommenheit *f*.

in·dis·tin·guish·a·ble [indis'tiŋgwiʃəbl] *adj.* □ nicht zu unter'scheiden(d), unmerklich.

in·dite [in'dait] *v/t. Text* abfassen, (nieder)schreiben.

in·di·vid·u·al [indi'vidjuəl] **I.** *adj.* □ → *individually*; **1.** einzeln, Einzel...: *each ~ word*; *~ case* Einzelfall; **2.** für 'eine Per'son bestimmt, eigen, per'sönlich: *~ attention* persönliche Aufmerksamkeit; *~ credit* Personalkredit; *~ property* Privatvermögen; **3.** per'sönlich, eigen(tümlich), individu'ell, bestimmt, charakte'ristisch: *an ~ style*; **4.** verschieden: *five ~ cups*; **II.** *s.* **5.** Einzelwesen *n*, Einzelne(r) *m*; **6.** *a. contp.* Per'son *f*, Indi'viduum *n*; **in·di'vid·u·al·ism** [-lizəm] *s.* **1.** Individua'lismus *m*; **2.** Ego'ismus *m*; **in·di'vid·u·al·ist** [-list] *s.* Individua'list(in); **in·di·vid·u·al·is·tic** [individjuə'listik] *adj.* (□ *~ally*) individua'listisch; **in·di·vid·u·al·i·ty** [individju'æliti] *s.* **1.** Individuali'tät *f*, Eigenart *f*; **2.** *phls.* individu'elle Exi'stenz; **in·di·vid·u·al·i·za·tion** [individjuəlai'zeiʃən] *s.* Individualisierung *f*, Einzelbetrachtung *f*; **in·di'vid·u·al·ize** [-laiz] *v/t.* **1.** individualisieren, individu'ell behandeln; **2.** einzeln betrachten; **in·di·vid·u·al·ly** [-əli] *adv.* **1.** einzeln (genommen), für sich; **2.** per'sönlich.

in·di·vis·i·bil·i·ty ['indivizi'biliti] *s.* Unteilbarkeit *f*; **in·di·vis·i·ble** [indi'vizəbl] **I.** *adj.* □ unteilbar; **II.** *s.* 𝒜 unteilbare Größe.

Indo- [indou] *in Zssgn* indisch, indo..., Indo...

'In·do-Chi'nese *adj.* indochi'nesisch, 'hinterindisch.

in·doc·ile [in'dousail] *adj.* **1.** ungelehrig; **2.** störrisch, unlenksam; **in·do·cil·i·ty** [indou'siliti] *s.* **1.** Ungelehrigkeit *f*; **2.** Unlenksamkeit *f*.

in·doc·tri·nate [in'dɔktrineit] *v/t.* **1.** unter'weisen, schulen (*in* in *dat.*); **2.** *j-m et.* einprägen, -bleuen, -impfen; **3.** erfüllen (*with* mit); **in·doc·tri·na·tion** [indɔktri'neiʃən] *s.* Unter'weisung *f*, Belehrung *f*, Schulung *f*; **in'doc·tri·na·tor** [-tə] *s.* Lehrer *m*, Instruk'teur *m*.

'In·do|-Eu·ro'pe·an *ling.* **I.** *adj.* **1.** 'indoger'manisch; **II.** *s.* **2.** *ling.* 'Indoger'manisch *n*; **3.** 'Indoger'mane *m*, -ger'manin *f*; **'~-Ger'man·ic** → *Indo-European* 1 *u.* 2; **'~-I'ra·ni·an** *ling.* **I.** *adj.* 'indoi'ranisch, arisch; **II.** *s.* 'Indo-I'ranisch *n*, Arisch *n*.

in·do·lence ['indələns] *s.* Trägheit *f*, Lässigkeit *f*; **'in·do·lent** [-nt] *adj.* □ indo'lent: **a)** träge, lässig, **b)** ⚕ schmerzlos.

in·dom·i·ta·ble [in'dɔmitəbl] *adj.* □ **1.** unbezähmbar, unbezwinglich, nicht 'unterzukriegen(d); **2.** unbeugsam.

In·do·ne·sian [indou'ni:zjən] **I.** *adj.* indo'nesisch; **II.** *s.* Indo'nesier(in).

in·door ['indɔ:] *adj.* im *od.* zu Hause, Haus..., Zimmer..., Innen...; *sport* Hallen...: *~ aerial* ⚡ Zimmer-, Innenantenne; *~ game* Zimmer-, Hallenspiel; *~ swimming-bath* Hallenbad; **in·doors** ['in'dɔ:z] *adv.* im *od.* zu Hause; ins Haus.

in·dorse [in'dɔ:s] *etc.* → *endorse etc.*

in·du·bi·ta·ble [in'dju:bitəbl] *adj.* □ unzweifelhaft, zweifellos.

in·duce [in'dju:s] *v/t.* **1.** veranlassen, bewegen, über'reden; **2.** verursachen, bewirken, her'beiführen, führen zu, fördern; **3.** ⚡, *Kernphysik*: induzieren, auslösen; **4.** *phls.* ableiten, folgern; **in'duced** [-st] *adj.* ⚡ induziert, sekun'där: *~ current* Induktionsstrom; **in'duce·ment** [-mənt] *s.* **1.** Anlaß *m*, Beweggrund *m*, Veranlassung *f*; **2.** Anreiz *m* (*to* zu).

in·duct [in'dʌkt] *v/t.* **1.** *in ein Amt etc.* einführen, -setzen; **2.** *j-n* einweihen (*to* in *acc.*); **3.** geleiten (*into* in *acc.*, zu); **4.** ⚔ *Am. zum Militär* einberufen; **in'duct·ance** [-təns] *s.* ⚡ Induk'tanz *f*, induk'tiver 'Widerstand: *~ coil* Drosselspule; **in·duc·tee** [indʌk'ti:] *s.* ⚔ *Am.* Einberufene(r) *m*, Re'krut *m*; **in'duc·tion** [-kʃən] *s.* **1.** Einführung, -setzung *f*; **2.** ⊕ Zuführung *f*, Einlaß *m*: *~ pipe* Einlaßrohr; **3.** Her'beiführung *f*, Auslösung *f*; **4.** Einleitung *f*, Beginn *m*; **5.** ⚔ *Am.* Einberufung *f*: *~ order* Gestellungsbefehl; **6.** Anführung *f* (*Beweise etc.*); **7.** ⚡ Indukti'on *f*, sekun'däre Erregung: *~ coil* Induktionsspule; *~ current* Induktionsstrom; *~ motor* Drehstrommotor; **8.** 𝒜, *phys.*, *phls.* Indukti'on *f*; **in'duc·tive** [-tiv] *adj.* □ **1.** ⚡, *phys.*, *phls.* induk'tiv, Induktions...; **2.** ⚕ e-e Reakti'on her'vorrufend; **in'duc·tor** [-tə] *s.* ⚡ In'duktor *m*.

in·dulge [in'dʌldʒ] **I.** *v/t.* **1.** *e-r Neigung etc.* nachgeben, sich hingeben, freien Lauf lassen, frönen; **2.** nachsichtig sein gegen: *to ~ s.o. in s.th.* j-m et. nachsehen; **3.** *j-m* nachgeben, will'fahren (*in* in *dat.*): *to ~ o.s. in s.th.* sich et. erlauben *od.* gönnen; **4.** erfreuen (*with* durch), *j-m* gefällig sein; **5.** verwöhnen; **6.** ☤ *j-m* Zahlungsaufschub gewähren; **II.** *v/i.* **7.** sich hingeben, frönen (*in dat.*); **8.** (*in*) sich *et.* erlauben *od.* leisten *od.* gönnen; sich gütlich tun (an *dat.*); **9.** (*in*) sich befassen (mit), sich einlassen (auf *acc.*); **10.** F gern trinken, sich (oft) ‚einen genehmigen'; **in'dul·gence** [-dʒəns] *s.* **1.** Nachsicht *f*, Milde *f*; Duldung *f*, Tole'ranz *f*; **2.** Vergünstigung *f*, Gefälligkeit *f*; **3.** Verwöhnung *f*; **4.** Befriedigung *f* (*Begierde*); Schwelgen *n* (*in* in *dat.*); Hingabe *f* (*in* an *acc.*); Wohlleben *n*; **5.** Gunst *f*, Gefälligkeit *f*; **6.** ☤ Zahlungsaufschub *m*; **7.** *R.C.* Ablaß *m*: *sale of ~s* Ablaßhandel; **in'dul·genced** [-dʒənst] *adj.*: *~ prayer R.C.* Ablaßgebet; **in'dul·gent** [-dʒənt] *adj.* □ (*to*) nachsichtig, mild (gegen); schonend, sanft (mit).

in·du·rate ['indjuəreit] **I.** *v/t.* **1.** (ver)härten, hart machen; **2.** *fig.* abstumpfen, abhärten (*against*, *to* gegen); **II.** *v/i.* **3.** hart *od.* fest werden, sich verhärten; **4.** *fig.* abstumpfen, abgehärtet werden; **in·du·ra·tion** [indjuə'reiʃən] *s.* **1.** (Ver)Härtung *f*; **2.** *fig.* Abstumpfung *f*; **3.** Verstocktheit *f*.

in·dus·tri·al [in'dʌstriəl] **I.** *adj.* □ **1.** industri'ell, gewerblich, Industrie..., Fabrik..., Gewerbe..., Wirtschafts..., Betriebs..., Werks...: *~ accident* Betriebsunfall; *~ alcohol* denaturierter Alkohol, Industriealkohol; *~ management* Betriebsführung; *~ pollution* Umweltverschmutzung durch die Industrie; *~ product* Industrieerzeugnis; **II.** *s.* **2.** Industri'elle(r) *m*; **3.** *pl.* Indu'strie͵aktien *pl.*, -pa͵piere *pl.*; **~ a·re·a** *s.* Indu'striegebiet *n*; **~ art** *s.* Kunstgewerbe *n*; **~ as·sur·ance** *s.* Arbeiterlebensversicherung *f*; **~ court** *s.* ⚖ *Brit.* Arbeitsgericht *n*; **~ de·sign** *s.* industri'elle Formgebung, Indu'strieform *f*; **~ dis·ease** *s.* Berufskrankheit *f*; **~ dis·pute** *s.* ☤ Arbeitskampf *m*; **~ goods** *s. pl.* Investiti'onsgüter *pl.*; **~ hy·giene** *s.* Be'triebshygi͵ene *f*.

in·dus·tri·al·ism [in'dʌstriəlizəm] *s.* Industria'lismus *m*; **in'dus·tri·al·ist** [-ist] → *industrial* 2; **in'dus·tri·al·i·za·tion** [indʌstriəlai'zeiʃən]

s. Industrialisierung *f*; **in·dus·tri·al·ize** [-laiz] *v/t.* industrialisieren.
in·dus·tri·al| med·i·cine *s.* Be'triebsmedi,zin *f*; **~ na·tion** *s.* Indu'striestaat *m*; **~ part·ner·ship** *s.* ✝ Gewinnbeteiligung *m* der Arbeitnehmer; **~ re·la·tions** *s. pl.* Beziehungen *pl.* zwischen Arbeitgeber u. Arbeitnehmer; **~ re·la·tions court** *s.* ⚖ *Am.* Arbeitsgericht *n*; **~ rev·o·lu·tion** *s. die* industri'elle Revoluti'on (*bsd. in England*); **~ school** *s.* **1.** Gewerbeschule *f*; **2.** Besserungs-, Erziehungsanstalt *f*; **~ town** *s.* Indu'striestadt *f*.
in·dus·tri·ous [in'dʌstriəs] *adj.* □ fleißig, arbeitsam, emsig.
in·dus·try ['indəstri] *s.* **1.** Indu'strie *f* (*bsd. Fabrikation*): *heavy ~* (*od. industries*) Schwerindustrie; **2.** Indu'strie(zweig *m*) *f*, Branche *f* (*bsd. in Zssgn*): *mining ~* Bergbau; *tourist ~* Fremdenverkehrswesen; **3.** Fleiß *m*, Arbeitseifer *m*.
in·dwell ['in'dwel] [*irr.* → *dwell*] **I.** *v/t.* **1.** bewohnen; **II.** *v/i.* (*in*) **2.** wohnen (in *dat.*); **3.** *fig.* innewohnen (*dat.*); **in·dwell·er** ['indwelə] *s. poet.* Bewohner(in).
in·e·bri·ate I. *v/t.* [i'ni:brieit] **1.** betrunken machen; **2.** *fig.* berauschen, trunken machen: *~d by success* vom Erfolg berauscht; **II.** *s.* [-iit] **3.** Betrunkene(r) *m*; Alko'holiker(in); **III.** *adj.* [-iit] **4.** betrunken, berauscht; **in·e·bri·a·tion** [ini:bri'eiʃən] *s.* Rausch *m*, Trunkenheit *f* (*a. fig.*); **in·e·bri·e·ty** [ini(:)'braiəti] *s.* Trunkenheit *f*; Trunksucht *f*.
in·ed·i·bil·i·ty [inedi'biliti] *s.* Ungenießbarkeit *f*; **in·ed·i·ble** [in'edibl] *adj.* ungenießbar, nicht eßbar.
in·ed·it·ed [in'editid] *adj.* **1.** unveröffentlicht; **2.** ohne Veränderungen her'ausgegeben.
in·ef·fa·ble [in'efəbl] *adj.* □ **1.** unaussprechlich, unbeschreiblich; **2.** (unsagbar) erhaben.
in·ef·face·a·ble [ini'feisəbl] *adj.* □ unauslöschlich.
in·ef·fec·tive [ini'fektiv] *adj.* □ **1.** unwirksam, wirkungs-, fruchtlos; **2.** unfähig, untauglich; **3.** nicht wirkungsvoll; **in·ef'fec·tive·ness** [-nis] *s.* **1.** Wirkungslosigkeit *f*, Erfolglosigkeit *f*; **2.** Untauglichkeit *f*.
in·ef·fec·tu·al [ini'fektjuəl] *adj.* □ **1.** → *ineffective 1 u. 2*; **2.** kraftlos; **in·ef'fec·tu·al·ness** [-nis] *s.* **1.** Wirkungslosigkeit *f*; **2.** Nutzlosigkeit *f*; **3.** Schwäche *f*.
in·ef·fi·ca·cious [inefi'keiʃəs] *adj.* unwirksam; **in·ef·fi·ca·cy** [in'efikəsi] *s.* Unwirksamkeit *f*.
in·ef·fi·cien·cy [ini'fiʃənsi] *s.* **1.** Wirkungs-, Fruchtlosigkeit *f*; **2.** Unfähigkeit *f*, Untauglichkeit *f*; mangelnde Leistungsfähigkeit; schwache Leistung; ✝ 'unratio,nelles Arbeiten; **3.** Minderwertigkeit *f*; **in·ef'fi·cient** [-nt] *adj.* □ **1.** unwirksam, fruchtlos; **2.** unfähig, untauglich; untüchtig; ✝ 'unratio,nell; **3.** unbrauchbar, minderwertig.
in·e·las·tic [ini'læstik] *adj.* **1.** 'une,lastisch; **2.** *fig.* starr, fest (*Regel etc.*); **3.** *fig.* nicht anpassungsfähig; **in·e·las·tic·i·ty** [inilæs'tisiti] *s.* **1.** Mangel *m* an E,lastizi'tät; **2.** *fig.* Starrheit *f*; **3.** *fig.* Mangel *m* an Anpassungsfähigkeit.
in·el·e·gance [in'eligəns] *s.* **1.** 'Unele,ganz *f*, Unfeinheit *f*; **2.** Form-, Geschmacklosigkeit *f*; **in'el·e·gant** [-nt] *adj.* □ **1.** 'unele,gant, unfein; **2.** form-, geschmacklos, roh.
in·el·i·gi·bil·i·ty [inelidʒə'biliti] *s.* **1.** Untauglichkeit *f*, Ungeeignetheit *f*; **2.** Unwählbarkeit *f*, Unwürdigkeit *f*; **in·el·i·gi·ble** [in'elidʒəbl] *adj.* □ **1.** untauglich (*a.* ⚔), ungeeignet; **2.** unwählbar, unwürdig; nicht berechtigt; **3.** unerwünscht: *to be ~* nicht in Frage kommen.
in·e·luc·ta·ble [ini'lʌktəbl] *adj.* unvermeidlich, unentrinnbar.
in·ept [i'nept] *adj.* □ **1.** unpassend; **2.** albern, dumm; **in'ept·i·tude** [-titju:d] *s.*; **in'ept·ness** [-nis] *s.* **1.** Ungeeignetheit *f*; **2.** Albernheit *f*, Dummheit *f*.
in·e·qual·i·ty [ini(:)'kwɔliti] *s.* **1.** Ungleichheit *f* (*a.* ⅄, *sociol.*), Verschiedenheit *f*; **2.** Ungleichmäßigkeit *f*, Unregelmäßigkeit *f*, Veränderlichkeit *f*; **3.** Unebenheit *f* (*a. fig.*); **4.** *ast.* Abweichung *f*.
in·eq·ui·ta·ble [in'ekwitəbl] *adj.* □ ungerecht, unbillig; **in'eq·ui·ty** [-ti] *s.* Ungerechtigkeit *f*, Unbilligkeit *f*.
in·e·rad·i·ca·ble [ini'rædikəbl] *adj.* □ unausrottbar; tiefsitzend, tief eingewurzelt.
in·e·ras·a·ble [ini'reizəbl] *adj.* □ unauslöschbar, unauslöschlich.
in·er·ra·ble [in'ɔ:rəbl] *adj.* □ unfehlbar.
in·ert [i'nə:t] *adj.* □ **1.** *phys.* träge: *~ mass*; **2.** ⚗ 'inak,tiv: *~ gas* Inert-, Schutz-, Edelgas; **3.** unwirksam; **4.** *fig.* träge, untätig, schwerfällig, schlaff; **in·er·tia** [i'nə:ʃjə] *s.* **1.** *phys.* (Massen)Trägheit *f*, Beharrungsvermögen *n*: *~ starter mot.* Schwungkraftanlasser; **2.** *fig.* Faulheit *f*, Untätigkeit *f*; **in·er·tial** [i'nə:ʃjəl] *adj. phys.* Trägheits...; **in'ert·ness** [-nis] *s.* Trägheit *f*, Schlaffheit *f*.
in·es·cap·a·ble [inis'keipəbl] *adj.* □ unvermeidlich: **a)** unentrinnbar, unabwendbar, **b)** zwangsläufig, unweigerlich.
in·es·sen·tial ['ini'senʃəl] **I.** *adj.* unwesentlich, unerheblich, nebensächlich; **II.** *s. et.* Unwesentliches, Nebensache *f*.
in·es·ti·ma·ble [in'estiməbl] *adj.* □ unschätzbar, unbezahlbar.
in·ev·i·ta·bil·i·ty [inevitə'biliti] *s.* Unvermeidlichkeit *f*; **in·ev·i·ta·ble** [in'evitəbl] **I.** *adj.* □ unvermeidlich, 'unumgänglich, unentrinnbar; zwangsläufig; **II.** *s. the ~* das Unvermeidliche; **in·ev·i·ta·ble·ness** [in'evitəblnis] → *inevitability*.
in·ex·act [inig'zækt] *adj.* □ ungenau; **in·ex'act·i·tude** [-titju:d] *s.*; **in·ex'act·ness** [-nis] *s.* Ungenauigkeit *f*.
in·ex·cus·a·ble [iniks'kju:zəbl] *adj.* □ **1.** unverzeihlich, unentschuldbar; **2.** unverantwortlich; **in·ex'cus·a·bly** [-bli] *adv.* unverzeihlich (-erweise).
in·ex·haust·i·bil·i·ty ['inigzɔ:stə'biliti] *s.* **1.** Unerschöpflichkeit *f*; **2.** Unermüdlichkeit *f*; **in·ex·haust·i·ble** [inig'zɔ:stəbl] *adj.* □ **1.** unerschöpflich; **2.** unermüdlich.
in·ex·o·ra·bil·i·ty [ineksərə'biliti] *s.* Unerbittlichkeit *f*; **in·ex·o·ra·ble** [in'eksərəbl] *adj.* □ unerbittlich.
in·ex·pe·di·en·cy [iniks'pi:djənsi] *s.* **1.** Unzweckmäßigkeit *f*, Untunlichkeit *f*; **2.** Unklugheit *f*; **in·ex'pe·di·ent** [-nt] *adj.* □ **1.** ungeeignet, unzweckmäßig, nicht ratsam; **2.** unklug.
in·ex·pen·sive [iniks'pensiv] *adj.* nicht teuer, preiswert, billig; **in·ex'pen·sive·ness** [-nis] *s.* Billigkeit *f*.
in·ex·pe·ri·ence [iniks'piəriəns] *s.* Unerfahrenheit *f*; **in·ex'pe·ri·enced** [-st] *adj.* unerfahren: *~ hand* Nichtfachmann.
in·ex·pert [ineks'pə:t] *adj.* □ **1.** ungeübt, unerfahren (*in* in *dat.*); **2.** ungeschickt; **3.** unsachgemäß.
in·ex·pi·a·ble [in'ekspiəbl] *adj.* □ **1.** unsühnbar; **2.** unversöhnlich, unerbittlich.
in·ex·pli·ca·ble [in'eksplikəbl] *adj.* □ unerklärlich, unverständlich; **in'ex·pli·ca·bly** [-bli] *adv.* unerklärlich(erweise).
in·ex·plic·it [iniks'plisit] *adj.* □ nicht deutlich ausgedrückt, nur angedeutet; unklar.
in·ex·plo·sive [iniks'plousiv] *adj.* nicht explo'siv, explosi'onssicher.
in·ex·press·i·ble [iniks'presəbl] **I.** *adj.* □ unaussprechlich, unsäglich; **II.** *s. pl. humor. obs. die* Unaussprechlichen *pl.* (*Hosen*).
in·ex·pres·sive [iniks'presiv] *adj.* □ **1.** ausdruckslos, nichtssagend; **2.** inhaltlos.
in·ex·ten·si·ble [iniks'tensəbl] *adj.* nicht (aus)dehnbar.
in ex·ten·so [in iks'tensou] (*Lat.*) *adv.* vollständig, ungekürzt; ausführlich.
in·ex·tin·guish·a·ble [iniks'tiŋgwiʃəbl] *adj.* □ **1.** un(aus)löschbar; **2.** *fig.* unauslöschlich.
in·ex·tri·ca·ble [in'ekstrikəbl] *adj.* □ **1.** unentwirrbar, un(auf)lösbar; **2.** gänzlich verworren.
in·fal·li·bil·i·ty [infælə'biliti] *s.* Unfehlbarkeit *f* (*a. eccl.*); **in·fal·li·ble** [in'fæləbl] *adj.* □ unfehlbar.
in·fa·mous ['infəməs] *adj.* □ **1.** verrufen, berüchtigt (*for* wegen); **2.** schändlich, niederträchtig, gemein; **3.** F mise'rabel, ‚saumäßig'; **4. a)** ⚖ der bürgerlichen Ehrenrechte verlustig, **b)** entehrend; ehrenrührig: *~ conduct*; **'in·fa·mous·ness** [-nis] → *infamy 2*; **'in·fa·my** [-mi] *s.* **1.** Ehrlosigkeit *f*, Schande *f*; **2.** Verrufenheit *f*; Schändlichkeit *f*, Niedertracht *f*; **3.** ⚖ Verlust *m* der bürgerlichen Ehrenrechte.
in·fan·cy ['infənsi] *s.* **1.** frühe Kindheit, Säuglingsalter *n*; **2.** ⚖ Minderjährigkeit *f*; **3.** *fig.* 'Anfangs,stadium *n*: *in its ~* in den Anfängen *od.* ‚Kinderschuhen' (steckend);
in·fant ['infənt] **I.** *s.* **1.** Säugling *m*, Baby *n*, kleines Kind; **2.** ⚖ Minderjährige(r *m*) *f*; **II.** *adj.* **3.** Säuglings..., Kleinkinder...: *~ mortality* Säuglingssterblichkeit; *~-school Brit. etwa* Vorschule; *~ welfare* Säuglingsfürsorge; *~ Jesus* das

Jesuskind; *his* ~ *son* sein kleiner Sohn; **4.** ⚖ minderjährig; **5.** *fig.* jung, in den Anfängen (befindlich).

in·fan·ta [in'fæntə] *s.* In'fantin *f*; **in'fan·te** [-ti] *s.* In'fant *m.*

in·fan·ti·cide [in'fæntisaid] *s.* **1.** Kindesmord *m*; **2.** Kindesmörder (-in).

in·fan·tile ['infəntail] *adj.* **1.** kindlich, Kinder..., Kindes...; **2.** jugendlich; **3.** infan'til, kindisch; ~ **(spi·nal) pa·ral·y·sis** *s.* ⚕ (spi'nale) Kinderlähmung.

in·fan·try ['infəntri] *s.* ⚔ Infante'rie *f*, Fußtruppen *pl.*; '~**man** [-mən] *s.* [*irr.*] ⚔ Infante'rist *m.*

in·farct [in'fɑ:kt] *s.* ⚕ In'farkt *m*: *cardiac* ~ Herzinfarkt.

in·fat·u·ate [in'fætjueit] **I.** *v/t.* betören, verblenden (*with* durch); **in'fat·u·at·ed** [-tid] *adj.* □ **1.** betört, verblendet (*with* durch); **2.** vernarrt (*with* in *acc.*); **in·fat·u·a·tion** [infætju'eiʃən] *s.* **1.** Betörung *f*, Verblendung *f*; **2.** Verliebt-, Vernarrtheit *f.*

in·fect [in'fekt] *v/t.* **1.** ⚕ infizieren, anstecken (*with* mit, *by* durch): *to become* ~*ed* sich anstecken; **2.** *Sitten* verderben; *Luft* verpesten; **3.** *fig.* *j-n* anstecken, beeinflussen; **4.** einflößen (*s.o. with s.th.* j-m et.); **in'fec·tion** [-kʃən] *s.* **1.** ⚕ Infekti'on *f*, Ansteckung *f*: *to catch an* ~ angesteckt werden, sich anstecken; **2.** ⚕ Ansteckungskeim *m*, Gift *n*; **3.** Ansteckung *f*: **a)** Vergiftung *f*, **b)** (*a.* schlechter) Einfluß, Einwirkung *f*; **in'fec·tious** [-kʃəs] *adj.* □ ⚕ ansteckend (*a. fig.*), infekti'ös, über'tragbar; **in'fec·tious·ness** [-kʃəsnis] *s.* das Ansteckende: **a)** ⚕ Über'tragbarkeit *f*, **b)** *fig.* Einfluß *m.*

in·fe·lic·i·tous [infi'lisitəs] *adj.* **1.** unglücklich; **2.** unglücklich (gewählt), ungeschickt (*Worte, Stil*); **in·fe'lic·i·ty** [-ti] *s.* **1.** Unglücklichkeit *f*, Unglück *n*, Elend *n*; **2.** Unangemessenheit *f*; **3.** ungeschickter Ausdruck.

in·fer [in'fə:] **I.** *v/t.* **1.** schließen, folgern, ableiten (*from* aus); **2.** schließen lassen auf (*acc.*), an-, bedeuten; **in'fer·a·ble** [-ə:rəbl] *adj.* zu schließen(d), zu folgern(d), ableitbar (*from* aus); **in·fer·ence** ['infərəns] *s.* (Schluß)Folgerung *f*, (Rück-) Schluß *m*: *to make* ~*s* Schlüsse ziehen; **in·fer·en·tial** [infə'renʃəl] *adj.* □ **1.** zu folgern(d); **2.** folgernd; **3.** gefolgert; **in·fer·en·tial·ly** [infə'renʃəli] *adv.* durch Schlußfolgerung.

in·fe·ri·or [in'fiəriə] **I.** *adj.* **1.** (*to*) 'untergeordnet (*dat.*); niedriger, geringer, geringwertiger (als): *to be* ~ *to s.o.* j-m nachstehen; *he is* ~ *to none* er nimmt es mit jedem auf; **2.** geringer, schwächer (*to* als); **3.** 'untergeordnet, unter, nieder, zweitrangig: *the* ~ *classes* die unteren Stände; ~ *court* ⚖ niederer Gerichtshof; **4.** minderwertig, gering, (mittel)mäßig: ~ *quality*; **5.** unter, tiefer gelegen, Unter...; **6.** *typ.* tiefstehend (*z. B.* H_2); **7.** ~ *planet ast.* unterer Planet (*zwischen Erde u. Sonne*); **II.** *s.* **8.** 'Untergeordnete(r *m*) *f*, Unter'gebene(r *m*) *f*; **9.** Geringere(r *m*) *f*, Schwächere(r *m*) *f.*

in·fe·ri·or·i·ty [infiəri'ɔriti] *s.* **1.** Minderwertigkeit *f*; (*a.* zahlen- *od.* mengenmäßige) Unter'legenheit; **2.** geringerer Stand *od.* Wert; ~ **com·plex** *s. psych.* 'Minderwertigkeitskom₁plex *m.*

in·fer·nal [in'fə:nl] *adj.* □ **1.** höllisch, Höllen...: ~ *machine* Höllenmaschine; ~ *regions* Unterwelt; **2.** *fig.* unmenschlich, teuflisch; **3.** F gräßlich, verflucht; **in'fer·no** [-nou] *pl.* **-nos** *s.* In'ferno *n*, Hölle *f.*

in·fer·tile [in'fə:tail] *adj.* unfruchtbar; **in·fer·til·i·ty** [infə:'tiliti] *s.* Unfruchtbarkeit *f.*

in·fest [in'fest] **I.** *v/t.* **1.** heimsuchen, *Ort* unsicher machen; **2.** plagen, verseuchen: ~*ed with* geplagt von, verseucht durch; **3.** *fig.* über'laufen, -'schwemmen, -'fallen: *to be* ~*ed with* wimmeln von; **in·fes·ta·tion** [infes'teiʃən] *s.* **1.** Heimsuchung *f*, (Land)Plage *f*; Belästigung *f*; **2.** *fig.* Über'schwemmung *f.*

in·feu·da·tion [infju(:)'deiʃən] *s.* ⚖, *hist.* **1.** Belehnung *f*; **2.** Zehntverleihung *f* an Laien.

in·fi·del ['infidəl] *eccl.* **I.** *s.* Ungläubige(r *m*) *f*; **II.** *adj.* ungläubig; **in·fi·del·i·ty** [infi'deliti] *s.* **1.** Ungläubigkeit *f*; **2.** (*bsd.* eheliche) Untreue.

in·field ['infi:ld] *s.* **1.** ⚘ **a)** dem Hof nahes Feld, **b)** Ackerland *n*; **2.** *Krikket*: **a)** inneres Spielfeld, **b)** die dort stehenden Fänger; **3.** *Baseball*: **a)** Innenfeld *n*, **b)** Spieler *pl.* im Innenfeld.

in·fight·ing ['infaitiŋ] *s. Boxen*: Nahkampf *m.*

in·fil·trate ['infiltreit] **I.** *v/t.* **1.** (*a.* ⚔) einsickern in (*acc.*), 'durchsickern durch; **2.** durch'setzen, -'tränken; **3.** eindringen lassen, einschmuggeln (*into* in *acc.*); **4.** *pol.* unter'wandern; **II.** *v/i.* **5.** 'durch-, einsickern, eindringen; **6.** *pol.* (*into*) sich einschmuggeln (in *acc.*), unter'wandern (*acc.*); **in·fil·tra·tion** [infil'treiʃən] *s.* **1.** Ein-, Durchsickern *n* (*a.* ⚔); Eindringen *n*; **2.** Durch'tränkung *f*; **3.** *pol.* Unter'wanderung *f*; **'in·fil·tra·tor** [-tə] *s. pol.* Unter'wanderer *m.*

in·fi·nite ['infinit] **I.** *adj.* □ **1.** un'endlich, endlos, unbegrenzt; **2.** ungeheuer, 'allum₁fassend; **3.** *mit s. pl.* unzählige *pl.*; **4.** ~ *verb ling.* Verbum infinitum; **II.** *s.* **5.** *das* Unendliche, unendlicher Raum; **6.** *the* ♀ Gott *m*; **'in·fi·nite·ly** [-li] *adv.* **1.** unendlich; ungeheuer; **2.** ~ *variable* ⊕ stufenlos (regelbar).

in·fin·i·tes·i·mal [infini'tesiməl] **I.** *adj.* □ winzig, un'endlich klein; **II.** *s.* unendlich kleine Menge; ~ **cal·cu·lus** *s.* ∡ Infinitesi'malrechnung *f.*

in·fin·i·ti·val [infini'taivəl] *adj. ling.* 'infinitivisch, Infinitiv...; **in·fin·i·tive** [in'finitiv] *ling.* **I.** *s.* 'Infinitiv *m*, Nennform *f*; **II.** *adj.* 'infinitivisch: ~ *mood* Infinitiv.

in·fin·i·tude [in'finitju:d] → *infinity 1 u. 2*; **in'fin·i·ty** [-ti] *s.* **1.** Un'endlichkeit *f*, Unbegrenztheit *f*, Unermeßlichkeit *f*; **2.** un'endliche Größe *od.* Zahl; **3.** ∡ unendliche Menge *od.* Größe, das Unendliche: *to* ~ bis ins Unendliche, ad infinitum.

in·firm [in'fə:m] *adj.* □ **1.** schwach, gebrechlich; **2.** *a.* ~ *of purpose* wankelmütig, unentschlossen, willensschwach; **in'fir·ma·ry** [-məri] *s.* **1.** Krankenhaus *n*; **2.** Krankenstube *f* (*in Internaten etc.*); ⚔ ('Kranken)Re₁vier *n*; **in'fir·mi·ty** [-miti] *s.* **1.** Gebrechlichkeit *f*, (Alters-) Schwäche *f*; Krankheit *f*; **2.** *a.* ~ *of purpose* Cha'rakterschwäche *f*, Unentschlossenheit *f.*

in·fix **I.** *v/t.* [in'fiks] **1.** eintreiben, befestigen; **2.** *fig.* einprägen (*in dat.*); **3.** *ling.* einfügen; **II.** *s.* ['infiks] **4.** *ling.* In'fix *n*, Einfügung *f.*

in·flame [in'fleim] **I.** *v/t.* **1.** *mst* ⚕ entzünden; **2.** *fig.* erregen, entflammen, reizen; ~*d with rage* wutentbrannt; **II.** *v/i.* **3.** sich entzünden (*a.* ⚕), Feuer fangen; **4.** *fig.* entbrennen (*with* vor *dat.*, von); sich erhitzen, in Wut geraten; **in'flamed** [-md] *adj.* entzündet; **in·flam·ma·bil·i·ty** [inflæmə'biliti] *s.* **1.** Brennbarkeit *f*, Entzündlichkeit *f*; **2.** *fig.* Erregbarkeit *f*, Jähzorn *m*; **in·flam·ma·ble** [in'flæməbl] **I.** *adj.* **1.** brennbar, leicht entzündlich; **2.** feuergefährlich; **3.** *fig.* reizbar, jähzornig, hitzig; **II.** *s.* **4.** *pl.* Zündstoffe *pl.*; **in·flam·ma·tion** [inflə'meiʃən] *s.* **1.** ⚕ Entzündung *f*; **2.** Aufflammen *n*; **3.** *fig.* Erregung *f*, Aufregung *f*; **in·flam·ma·to·ry** [in'flæmətəri] *adj.* **1.** ⚕ Entzündungs...; **2.** *fig.* aufrührerisch, Hetz...: ~ *speech.*

in·flat·a·ble [in'fleitəbl] *adj.* aufblasbar, aufzublasen(d): ~ *boat* Schlauchboot; **in·flate** [in'fleit] *v/t.* **1.** aufblasen, aufblähen, mit Luft *etc.* füllen, *Reifen* aufpumpen; **2.** † *Preise* hochtreiben, 'übermäßig steigern; **3.** *fig.* *to be* ~*d* sich aufblähen *od.* wichtig machen; **in'flat·ed** [-tid] *adj.* **1.** aufgebläht, aufgedunsen; **2.** *fig.* aufgeblasen, hochmütig, arro'gant: ~ *with pride* vor Stolz geschwellt; **3.** über'laden (*Stil*); **4.** über'höht (*Preise*); **in'fla·tion** [-eiʃən] *s.* **1.** † Inflati'on *f*: *creeping (galloping)* ~ schleichende (galoppierende) Inflation; *rate of* ~ Inflationsrate; **2.** *fig.* Dünkel *m*, Aufgeblasenheit *f*; **3.** *fig.* Schwülstigkeit *f*; **in'fla·tion·ar·y** [-eiʃnəri] *adj.* † inflatio'när, inflatio'nistisch, Inflations...: ~ *period* Inflationszeit; **in'fla·tion·ism** [-eiʃnizəm] *s.* † Inflatio'nismus *m*; **in'fla·tion·ist** [-eiʃnist] *s.* Anhänger *m* des Inflatio'nismus.

in·flect [in'flekt] *v/t.* **1.** (nach innen) biegen; **2.** *ling.* flektieren, beugen, abwandeln; **in'flec·tion** [-kʃən] *etc.* → *inflexion.*

in·flex·i·bil·i·ty [infleksə'biliti] *s.* **1.** Unbiegsamkeit *f*; **2.** Unbeugsamkeit *f*; **in·flex·i·ble** [in'fleksəbl] *adj.* □ **1.** 'unelastisch, unbiegsam; **2.** *fig.* unbeugsam, starr; **3.** *fig.* unerbittlich.

in·flex·ion [in'flekʃən] *s.* **1.** Biegung *f*, Krümmung *f*; **2.** (me'lodische) Modulati'on; **3.** *ling.* Flexi'on *f*, Beugung *f*, Abwandlung *f*; **in'flex·ion·al** [-ʃənl] *adj. ling.* flektiert; Flexions...

in·flict [in'flikt] *v/t.* **1.** *Leid etc.* zufügen; *Wunde, Niederlage* beibringen, *Schlag* versetzen, *Strafe* auferlegen, zudiktieren (*on, upon dat.*);

2. aufbürden (*on, upon dat.*): *to ~ o.s. on s.o.* sich j-m aufdrängen; **in'flic·tion** [-kʃən] *s.* **1.** Zufügung *f*, Auferlegung *f*; Verhängung *f* (*Strafe*); **2.** Last *f*, Plage *f*; **3.** Heimsuchung *f*, Strafe *f*.

in·flo·res·cence [inflɔː'resns] *s.* **1.** ⚘ **a)** Blütenstand *m*, **b)** *coll.* Blüten *pl.*; **2.** *a. fig.* Aufblühen *n*, Blüte *f*.

in·flow ['inflou] → *influx 1*.

in·flu·ence ['influəns] **I.** *s.* **1.** Einfluß *m*, (Ein)Wirkung *f* (*on, upon, over* auf *acc.*, *with* bei); ⚖ Beeinflussung *f*: *to be under s.o.'s ~* unter j-s Einfluß stehen; *under the ~ of drink* unter Alkoholeinfluß; **2.** Einfluß *m*, Macht *f*: *to bring one's ~ to bear* s-n Einfluß geltend machen; **II.** *v/t.* **3.** beeinflussen, (ein)wirken *od.* Einfluß ausüben auf (*acc.*); **4.** bewegen, bestimmen; **in·flu·en·tial** [influ'enʃəl] *adj.* □ **1.** einflußreich; **2.** von (großem) Einfluß (*on* auf *acc.*; *in* in *dat.*).

in·flu·en·za [influ'enzə] *s.* ⚕ Influ'enza *f*, Grippe *f*.

in·flux ['inflʌks] *s.* **1.** Einfließen *n*, Zustrom *m*, Zufluß *m*; **2.** ✝ (*Kapital- etc.*)Zufluß *m*, (Waren)Zufuhr *f*; **3.** Mündung *f* (*Fluß*); **4.** *fig.* Eindringen *n*, -strömen *n*; Zunahme *f*.

in·fold → *enfold*.

in·form [in'fɔːm] **I.** *v/t.* **1.** (*of*) benachrichtigen, in Kenntnis setzen, unter'richten (von), informieren (über *acc*), *j-m* mitteilen (*acc.*): *to keep s.o. ~ed* j-n auf dem laufenden halten; **2.** erfüllen, beseelen (*with* mit); **II.** *v/i.* **3.** *to ~ against s.o.* j-n anzeigen *od.* denunzieren.

in·for·mal [in'fɔːml] *adj.* □ **1.** zwanglos, 'unzeremoni͵ell, nicht for'mell *od.* förmlich; ⚖ formlos; **2.** formwidrig, ungehörig; **in·for·mal·i·ty** [infɔː'mæliti] *s.* **1.** Zwanglosigkeit *f*, Ungezwungenheit *f*; **2.** Formfehler *m*.

in·form·ant [in'fɔːmənt] *s.* **1.** Gewährsmann *m*, (Informati'ons-)Quelle *f*; **2.** → *informer*.

in·for·ma·tion [infə'meiʃən] *s.* **1.** Nachricht *f*, Mitteilung *f*, Meldung *f*, Informati'on *f*; **2.** Auskunft *f*, Bescheid *m*, Kenntnis *f*: *to give ~* Auskunft geben; *we have no ~* wir wissen nicht Bescheid; **3.** Erkundigungen *pl.*: *to gather ~* sich erkundigen, Auskünfte einholen; **4.** Unter'weisung *f*: *for your ~* zu Ihrer Kenntnisnahme; **5.** Einzelheiten *pl.*, Angaben *pl.*; **6.** ⚖ Anklage *f*, Anzeige *f*: *to lodge ~ against s.o.* Anklage erheben gegen j-n, j-n anzeigen; **~ bu·reau** → *information office*; **~ desk** *s.* Auskunftsschalter *m*; **~ of·fice** *s.* Auskunftsstelle *f*; Auskunf'tei *f*.

in·form·a·tive [in'fɔːmətiv] *adj.* **1.** belehrend, lehr-, aufschlußreich; **2.** mitteilsam; **in'formed** [-md] *adj.* **1.** unter'richtet, (sach)kundig, erfahren, klug: *~ quarters* unterrichtete Kreise; **2.** erfüllt, beseelt (*with* von); **in'form·er** [-mə] *s.* **1.** Angeber(in), Denunzi'ant(in); **2.** *a. common ~* Spitzel *m*.

in·fra [infrə] *adv.* unten: *vide* (*od. see*) *~* siehe unten (*in Büchern*).

infra- ['infrə] *in Zssgn* unter(halb).

in·frac·tion [in'frækʃən] → *infringement*.

in·fra dig ['infrə'dig] (*Lat. abbr.*) *adv. u. adj.* unter der Würde, unwürdig.

in·fran·gi·ble [in'frændʒibl] *adj.* unzerbrechlich; *fig.* unverletzlich.

'in·fra-'red *adj. phys.* 'infrarot.

in·fra·struc·ture ['infrəstrʌktʃə] *s.* ✝, ⚔ 'Infrastruk͵tur *f*, *fig. a.* 'Unterbau *m*.

in·fre·quen·cy [in'friːkwənsi] *s.* **1.** Seltenheit *f*; **2.** Spärlichkeit *f*; **in'fre·quent** [-nt] *adj.* □ **1.** selten; **2.** spärlich.

in·fringe [in'frindʒ] **I.** *v/t. Gesetz, Eid etc.* brechen, verletzen, verstoßen gegen; **II.** *v/i.* (*on, upon*) *Rechte etc.* verletzen, eingreifen (in *acc.*); **in'fringe·ment** [-mənt] *s.* (*on, upon*) (*Rechts- etc., a. Patent-*) Verletzung *f*, (*Rechts-, Vertrags-*)Bruch *m*, Über'tretung *f* (*gen.*); Verstoß *m* (gegen).

in·fu·ri·ate [in'fjuərieit] *v/t.* erbosen, wütend machen; **in'fu·ri·at·ing** [-tiŋ] *adj.* ärgerlich, aufreizend.

in·fuse [in'fjuːz] *v/t.* **1.** eingießen; **2.** aufgießen, einweichen, ziehen lassen: *to ~ tea* Tee aufgießen; **3.** *fig.* einflößen (*into dat.*); erfüllen (*with* mit); **in'fus·er** [-zə] *s.*: *tea ~* Tee-Ei; **in'fu·si·ble** [-zəbl] *adj.* ⚗ unschmelzbar; **in'fu·sion** [-ʒən] *s.* **1.** Eingießen *n*, -weichen *n*; **2.** Aufguß *m*; **3.** Zufluß *m*; **4.** *fig.* Einflößung *f*; **5.** Beimischung *f*.

in·fu·so·ri·a [infjuː'zɔːriə] *s. pl. zo.* Infu'sorien *pl.*, Wimpertierchen *pl.*; **in·fu'so·ri·al** [-əl] *adj. zo.* Infusorien...: *~ earth min.* Infusorienerde, Kieselgur; **in·fu'so·ri·an** [-ən] *zo.* **I.** *s.* Wimpertierchen *n*, Infu'sorium *n*; **II.** *adj.* → *infusorial*.

in·gem·i·nate [in'dʒemineit] *v/t.* wieder'holen.

in·gen·ious [in'dʒiːnjəs] *adj.* □ geni'al: **a)** erfinderisch, findig, **b)** geistreich, klug, **c)** sinnreich, kunstvoll, raffiniert: *~ design*; **in'gen·ious·ness** [-nis] → *ingenuity*.

in·gé·nue [ɛ̃ːnʒei'njuː; ɛ̃ʒeny] *s.* **1.** na'ives Mädchen, ‚Unschuld' *f*; **2.** *thea.* Na'ive *f*.

in·ge·nu·i·ty [indʒi'nju(ː)iti] *s.* **1.** Erfindungsgabe *f*, Findigkeit *f*, Geschicklichkeit *f*, Geniali'tät *f*; **2.** sinn- *od.* kunstvolle Ausführung.

in·gen·u·ous [in'dʒenjuəs] *adj.* □ **1.** offen(herzig), treuherzig, unbefangen, aufrichtig; **2.** schlicht, na'iv, einfältig; **in'gen·u·ous·ness** [-nis] *s.* **1.** Offenheit *f*, Treuherzigkeit *f*; **2.** Schlichtheit *f*, Naivi'tät *f*.

in·gest [in'dʒest] *v/t. Nahrung* aufnehmen; **in'ges·tion** [-tʃən] *s.* Nahrungsaufnahme *f*, Einnahme *f*.

in·gle ['iŋgl] *s.* **1.** Ka'minfeuer *n*; **2.** Ka'min *m*; **'~-nook** *s. Brit.* Ka'minecke *f*.

in·glo·ri·ous [in'glɔːriəs] *adj.* □ **1.** unrühmlich, schmählich; **2.** *obs.* ruhmlos.

in·go·ing ['ingouiŋ] **I.** *adj.* **1.** eintretend; **2.** ein Amt antretend; **II.** *s.* **3.** Eintreten *n*.

in·got ['iŋgət] *s.* ⊕ Barren *m*, Stange *f*, Block *m*: *~ of gold* Goldbarren; *~ of steel* Stahlblock; **~ i·ron** *s.* ⊕ Flußstahl *m*, -eisen *n*.

in·graft [in'grɑːft] → *engraft*.

in·grain I. *v/t.* ['in'grein] **1.** in der Wolle *od.* Faser (*farbecht*) färben; **II.** *adj.* [*attr.* 'ingrein; *pred.* in'grein] *adj.* **2.** tief eingewurzelt; **3.** angeboren; **4.** eingefleischt; **'in'grained** [-nd] → *ingrain 2, 3, 4*.

in·grate [in'greit] *obs.* **I.** *adj.* undankbar; **II.** *s.* Undankbare(r *m*) *f*.

in·gra·ti·ate [in'greiʃieit] *v/t.*: *to ~ o.s. with s.o.* sich bei j-m einschmeicheln *od.* lieb Kind machen; **in'gra·ti·at·ing** [-tiŋ] *adj.* □ einnehmend, gewinnend, liebenswürdig.

in·grat·i·tude [in'grætitjuːd] *s.* Undank(barkeit *f*) *m*.

in·gre·di·ent [in'griːdjənt] *s.* (wesentlicher) Bestandteil; Zutat *f*.

in·gress ['ingres] *s.* **1.** Eintritt *m* (*a. ast.*), Eintreten *n* (*into* in *acc.*); **2.** Zutritt *m*, Zugang (*into* zu).

in·grow·ing ['ingrouiŋ] *adj.* ⚕ eingewachsen: *an ~ nail*.

in·gui·nal ['iŋgwinl] *adj.* ⚕ Leisten...

in·gur·gi·tate [in'gəːdʒiteit] *v/t. bsd. fig.* verschlingen, schlucken.

in·hab·it [in'hæbit] *v/t.* **1.** bewohnen, wohnen *od.* leben in (*dat.*); **in'hab·it·a·ble** [-təbl] *adj.* bewohnbar; **in'hab·it·an·cy** [-tənsi] *s.* **1.** (ständiger) Aufenthalt; **2.** Wohnrecht *n*; **in'hab·it·ant** [-tənt] *s.* Bewohner(in) (*Haus*), Einwohner(in) (*Ort, Land*).

in·ha·la·tion [inhə'leiʃən] *s.* **1.** Einatmung *f*; **2.** ⚕ Inhalati'on *f*; **in·hale** [in'heil] **I.** *v/t.* ⚕ einatmen, inhalieren; **II.** *v/i.* inhalieren (*bsd. beim Rauchen*); **in·hal·er** [in'heilə] *s.* **1.** ⚕ Inhalati'onsappa͵rat *m*; **2.** Luftreiniger *m*.

in·har·mo·ni·ous [inhɑː'mounjəs] *adj.* □ 'unhar͵monisch: **a)** 'mißtönend, **b)** *fig.* uneinig.

in·here [in'hiə] *v/i.* (*in*) **1.** innewohnen, anhaften, eigen sein (*dat.*); **2.** zugehören, zustehen (*dat.*) (*Rechte etc.*); **3.** inbegriffen *od.* enthalten sein (in *dat.*); **in'her·ence** [-ərəns] *s.* Innewohnen *n*, Anhaften *n*, Zugehören *n*; **in'her·ent** [-ərənt] *adj.* □ **1.** (*in dat.*) innewohnend, zugehörend, angeboren, eigen; **2.** eingewurzelt; **in'her·ent·ly** [-ərəntli] *adv.* von Na'tur aus, schon an sich.

in·her·it [in'herit] **I.** *v/t.* **1.** ⚖, *biol.*, *fig.* erben; **2.** *biol.*, *fig.* ererben; **II.** *v/i.* **3.** ⚖ erben, Erbe sein; **in'her·it·a·ble** [-təbl] *adj.* **1.** ⚖, *biol.*, *fig.* vererbbar, erblich (*Sache*); **2.** erbfähig, -berechtigt (*Person*); **in'her·it·ance** [-təns] *s.* **1.** ⚖, *fig.* Erbe *n*, Erbschaft *f*, Erbteil *n*: *~ tax Am.* Erbschaftssteuer; **2.** ⚖, *biol.* Vererbung *f*: *by ~* durch Vererbung, erblich; **in'her·it·ed** [-tid] *adj.* ererbt, Erb... (*a. ling.*); **in'her·i·tor** [-tə] *s.* Erbe *m* (*a. fig.*); **in'her·i·tress** [-tris] **in'her·i·trix** [-triks] *s.* Erbin *f*.

in·hib·it [in'hibit] *v/t.* **1.** *et.* hemmen, hindern; **2.** *psych. j-n* hemmen; **3.** (*from*) *j-n* zu'rückhalten (von), hindern (an *dat.*); *j-m* unter'sagen; **in·hi·bi·tion** [inhi'biʃən] *s.* **1.** Hemmung *f* (*a.* ⚕ *u. psych.*); **2.** Unter'sagung *f*, Verbot *n*; **3.** ⚖ Unter'sagungsbefehl *m* (*e-e Sache* *weiter zu verfolgen*); **in'hib·i·tor** [-tə] *s.* ⊕ Hemmstoff *m*, (*Korrosions- etc.*)Schutzmittel *n*; **in'hib·i·to·ry** [-təri] **1.** hemmend, Hemmungs... (*a.* ⚕ *u. psych.*), hindernd; **2.** unter'sagend.

in·hos·pi·ta·ble [in'hɔspitəbl] *adj.* □ **1.** nicht gastfreundlich, ungastlich; **2.** unwirtlich; **in·hos·pi·tal·i·ty** ['inhɔspi'tæliti] *s.* **1.** Ungast(freund)lichkeit *f*; **2.** Unwirtlichkeit *f*.

in·hu·man [in'hju:mən] *adj.* □ unmenschlich, grausam; **in·hu·man·i·ty** [inhju(:)'mæniti] *s.* Unmenschlichkeit *f*, Grausamkeit *f*.

in·hu·ma·tion [inhju(:)'meiʃən] *s.* Beerdigung *f*, Bestattung *f*; **in·hume** [in'hju:m] *v/t.* beerdigen, bestatten.

in·im·i·cal [i'nimikəl] *adj.* □ (*to*) **1.** feindlich (gegen); **2.** schädlich, nachteilig (*dat. od.* für).

in·im·i·ta·ble [i'nimitəbl] *adj.* □ unnachahmlich, einzigartig.

in·iq·ui·tous [i'nikwitəs] *adj.* □ **1.** ungerecht; **2.** frevelhaft; **3.** böse, gemein, schändlich; **in'iq·ui·ty** [-ti] *s.* **1.** Ungerechtigkeit *f*; **2.** Niederträchtigkeit *f*; **3.** Schandtat *f*, Frevel *m*, Sünde *f*; Laster *n*.

in·i·tial [i'niʃəl] **I.** *adj.* □ **1.** anfänglich, Anfangs..., Ausgangs..., erst, ursprünglich: ~ *advertising* ✝ Einführungswerbung; ~ *position* ⊕, ⚔ *etc.* Ausgangsstellung; ~ *salary* Anfangsgehalt; ~ *stages* Anfangsstadium; **2.** *ling.* anlautend; **3.** ⊕ Anfangs..., Vor...: ~ *product* Ausgangs-, Vorprodukt; **II.** *s.* **3.** (großer) Anfangsbuchstabe, Initi'ale *f*; **4.** *pl.* Mono'gramm *n*; **5.** *ling.* Anlaut *m*; **III.** *v/t.* **6.** mit Initialen versehen *od.* unter'zeichnen, paraphieren; **7.** mit e-m Monogramm versehen; **in'i·tial·ly** [-ʃəli] *adv.* am *od.* zu Anfang, anfänglich, zu'erst.

in·i·ti·ate I. *v/t.* [i'niʃieit] **1.** beginnen, einleiten, -führen, ins Leben rufen; **2.** *j-n* einweihen, -arbeiten, -führen (*into, in* in *acc.*); **3.** *j-n* einführen, aufnehmen (*into* in *acc.*); **4.** *pol.* als erster beantragen; **II.** *adj.* [-iit] **5.** eingeführt, eingeweiht (*in* in *acc.*); **III.** *s.* [-iit] **6.** Eingeweihte(r *m*) *f*, Kenner(in); **in'i·ti·at·ed** [-tid] *adj.* eingeweiht; **in·i·ti·a·tion** [iniʃi'eiʃən] *s.* **1.** Einleitung *f*, Beginn *m*; **2.** (feierliche) Einführung, -setzung *f*, Aufnahme *f* (*into* in *acc.*); **3.** Einweihung *f*, Weihe *f*.

in·i·ti·a·tive [i'niʃiətiv] **I.** *s.* **1.** Initia'tive *f*: **a)** erster Schritt *od.* Anstoß, Anregung *f*: *to take the* ~ die Initiative ergreifen, den ersten Schritt tun; *on s.o.'s* ~ auf j-s Anregung hin; *on one's own* ~ aus eigenem Antrieb, **b)** Unter'nehmungsgeist *m*; **2.** *pol.* Vorschlags-, Initia'tivrecht *n*; **II.** *adj.* **3.** einleitend; **4.** beginnend.

in·i·ti·a·tor [i'niʃieitə] *s.* Initi'ator *m*, Beginner *m*, Urheber *m*, Anreger *m*; **in'i·ti·a·to·ry** [-iətəri] *adj.* **1.** einleitend; **2.** einweihend, Einweihungs...

in·ject [in'dʒekt] *v/t.* **1.** ⚕ **a)** (*a.* ⊕) einspritzen, **b)** ausspritzen (*with* mit), **c)** e-e Einspritzung machen in (*acc.*); **2.** *fig.* einflößen, einimpfen (*into dat.*); **3.** *Bemerkung* einwerfen.

in·jec·tion [in'dʒekʃən] *s.* **1.** ⚕ Injekti'on *f*: **a)** Einspritzung *f* (*a.* ⊕), Spritze *f*, **b)** *das* Eingespritzte; **2.** ⚕ Ausspritzung *f*; ~ **cock** *s.* ⊕ Einspritzhahn *m*; ~ **mo(u)ld·ing** *s.* ⊕ Spritzguß(verfahren *n*) *m* (*Kunststoff*); ~ **noz·zle** *s.* ⊕ Einspritzdüse *f*.

in·jec·tor [in'dʒektə] *s.* ⊕ Dampfstrahlpumpe *f*.

in·ju·di·cious [indʒu(:)'diʃəs] *adj.* □ unklug, 'unüber,legt, unverständig.

in·junc·tion [in'dʒʌŋkʃən] *s.* **1.** ⚖ gerichtliche Verfügung, *bsd.* gerichtlicher Unter'lassungsbefehl: *interim* ~ einstweilige Verfügung; **2.** ausdrücklicher Befehl.

in·jure ['indʒə] *v/t.* **1.** verletzen, beschädigen, verwunden: *to* ~ *one's leg* sich am Bein verletzen; **2.** *fig.* kränken, verletzen; Unrecht *od.* weh tun (*dat.*); **3.** schaden (*dat.*), schädigen, beeinträchtigen; **'in·jured** [-əd] *adj.* **1.** verletzt: *the* ~ die Verletzten; **2.** geschädigt: *the* ~ *party* der Geschädigte; **3.** gekränkt, verletzt: ~ *innocence* gekränkte Unschuld; **in·ju·ri·ous** [in'dʒuəriəs] *adj.* □ **1.** schädlich, nachteilig (*to* für): *to be* ~ (*to*) schaden (*dat.*); **2.** beleidigend, verletzend (*Worte*); **3.** un(ge)recht; **in·ju·ry** ['indʒəri] *s.* **1.** Verletzung *f*, Wunde *f* (*to* an *dat.*): ~ *to the head* Kopfverletzung, -wunde; **2.** (Be-)Schädigung *f* (*to gen.*), Schaden *m* (*a.* ⚖): ~ *to person* (*property*) Personen- (Sach)schaden; **3.** *fig.* Verletzung *f*, Kränkung *f* (*to gen.*); **4.** Unrecht *n*.

in·jus·tice [in'dʒʌstis] *s.* Unrecht *n*, Ungerechtigkeit *f*: *to do s.o. an* ~ j-m Unrecht tun.

ink [iŋk] **I.** *s.* **1.** Tinte *f*: *copying* ~ Kopiertinte; **2.** Tusche *f*: ~ *drawing* Tuschzeichnung; → *Indian ink*; **3.** *typ.* (Druck)Farbe *f*; → *printer 1*; **4.** *zo.* Tinte *f*, 'Sepia *f*; **II.** *v/t.* **5.** mit Tinte schwärzen *od.* beschmieren; **6.** *typ. Druckwalzen* einfärben; **7.** ~ *in mit Tusche* ausziehen; **8.** ~ *out mit Tinte* unleserlich machen, ausstreichen; **'~-bag** → *ink-sac*; ~ **blot** *s.* Tintenklecks *m*.

ink·er ['iŋkə] → *inking-roller*.

'ink-e·ras·er *s.* 'Tintenra,diergummi *m*.

ink·ing ['iŋkiŋ] *s. typ.* Einfärben *n*; **'~-pad** *s.* Einschwärzballen *m*; **'~-roll·er** *s.* Auftrag-, Farbwalze *f*.

ink·ling ['iŋkliŋ] *s.* **1.** Andeutung *f*, Wink *m*; **2.** dunkle Ahnung: *to get an* ~ *of s.th.* et. merken, ‚Wind von et. bekommen'; *not the least* ~ nicht die leiseste Ahnung.

'ink|-pad *s.* Farb-, Stempelkissen *n*; **'~-pot** *s.* Tintenfaß *n*; **'~-sac** *s. zo.* Tintenbeutel *m* (*der Tintenfische*); **'~stand** *s.* **1.** Tintenfaß *n*; **2.** Schreibzeug *n*; **'~-well** *s.* (eingelassenes) Tintenfaß.

ink·y ['iŋki] *adj.* **1.** tiefschwarz; **2.** mit Tinte beschmiert, voll Tinte, tintig.

in·laid ['in'leid; *attr.* 'inleid] *adj.* eingelegt, Einlege..., Mosaik...: ~ *floor* Parkett(fußboden); ~ *table* Tisch mit Einlegearbeit; ~ *work* Einlegearbeit.

in·land ['inlənd] **I.** *s.* **1.** In-, Binnenland *n*; **II.** *adj.* **2.** binnenländisch, Binnen...: ~ *town* Stadt im Binnenland; **3.** inländisch, einheimisch, Inland..., Landes...; **III.** *adv.* [in'lænd] **4.** im Innern des Landes; **5.** ins Innere des Landes, landeinwärts; ~ **bill (of ex·change)** ['inlənd] *s.* ✝ Inlandwechsel *m*; ~ **du·ty** *s.* ✝ Binnenzoll *m*.

in·land·er ['inləndə] *s.* Binnenländer(in), im Landesinnern Lebende(r *m*) *f*.

'in·land| mail *s. Brit.* Inlandspost *f*; ~ **nav·i·ga·tion** *s.* Binnenschiffahrt *f*; ~ **prod·uce** *s.* ✝ 'Landespro,dukte *pl.*; ~ **rev·e·nue** *s.* ✝ *Brit.* Steueraufkommen *n*: ♀ *Office* Steuerbehörde; ~ **trade** *s.* ✝ Binnenhandel *m*; ~ **wa·ters,** ~ **wa·ter·ways** *s. pl.* Binnengewässer *pl.*

in-laws ['inlɔ:z] *s. pl.* F angeheiratete Verwandte *pl.*

in·lay I. *v/t.* [*irr.* → *lay*] ['in'lei] **1.** einlegen: *to* ~ *with ivory*; **2.** furnieren; **3.** täfeln, parkettieren, auslegen; **II.** *s.* ['inlei] **4.** Einlegearbeit *f*, In'tarsia *f*; **5.** ⚕ (Zahn-)Füllung *f*, Plombe *f*; **'in'lay·ing** [-iŋ] *s.* **1.** Aus-, Einlegen *n*: ~ *of floors* Parkettierung; **2.** Täfelung *f*.

in·let ['inlet] *s.* **1.** Meeresarm *m*, schmale Bucht; **2.** Eingang *m* (*a.* ⚕), Einlaß *m* (*a.* ⊕): ~ *valve* ⊕ Einlaßventil.

'in-line en·gine *s.* 'Reihen,motor *m*.

in·ly ['inli] *adj. u. adv. poet.* innerlich, innig.

in·ly·ing ['inlaiiŋ] *adj.* innen liegend, Innen..., inner.

in·mate ['inmeit] *s.* **1.** Insasse *m*, Insassin *f* (*bsd. Anstalt, Gefängnis etc.*); **2.** Hausgenosse *m*, -genossin *f*; **3.** Bewohner(in) (*a. fig.*).

in·most ['inmoust] *adj.* **1.** (*a. fig.*) innerst; **2.** *fig.* tiefst, geheimst.

inn [in] *s.* **1.** Gasthaus *n*, -hof *m*; **2.** Wirtshaus *n*; **3.** ♀ → *Inns of Court*.

in·nards ['inədz] → *inward 5*.

in·nate ['i'neit] *adj.* □ **1.** angeboren, eigen (*in dat.*); **'in'nate·ly** [-li] *adv.* von Na'tur (aus).

in·nav·i·ga·ble [i'nævigəbl] *adj.* □ nicht schiffbar (*Fluß*).

in·ner ['inə] **I.** *adj.* **1.** inner, inwendig, Innen...: ~ *door* Innentür; **2.** *fig.* inner, vertraut; **3.** verborgen, geheim; **II.** *s.* **4.** (Treffer *m* in das) Schwarze (*e-r Schießscheibe*); ~ **man** *s.* [*irr.*] innerer Mensch: **a)** Seele *f*, Geist *m*, **b)** *humor.* Magen *m*.

in·ner·most → *inmost*.

in·ner| span *s.* ⚠ lichte Weite; ~ **sur·face** *s.* Innenfläche *f*, -seite *f*; ~ **tube** *s.* ⊕ (Luft)Schlauch *m e-s Reifens*.

in·ner·vate ['inə:veit] *v/t.* **1.** ⚕ innervieren, mit Nerven versorgen; **2.** Nervenkraft geben (*dat.*); **3.** anregen, beleben.

in·ning ['iniŋ] *s.* **1.** *Brit.* ~*s pl.*, *sg. konstr.*, *Am.* ~ *sg.*: *to have one's* ~(s) **a)** *Kricket, Baseball*: dran *od.* am Spiel *od.* am Schlagen sein, **b)** *fig.* an der Reihe sein, *pol.* an der Macht *od.* am Ruder sein; **2.** *pl. Brit.* Gelegenheit *f*, Glück *n*: *he has had a good* ~*s* er hat sein Leben gelebt.

'**inn·keep·er** *s.* Gastwirt(in).

in·no·cence ['inəsns] *s.* **1.** Unschuld *f* (*a. fig.*), Schuldlosigkeit *f* (*of* an *dat.*); **2.** Harmlosigkeit *f*; **3.** Naivi'tät *f*; **4.** Einfalt *f*, Unwissenheit *f*; '**in·no·cent** [-nt] **I.** *adj.* □ **1.** unschuldig (*a. fig.*), schuldlos (*of* an *dat.*): ~ *air* Unschuldsmiene; **2.** harmlos, unschädlich; **3.** arglos, na'iv, kindlich; **4.** einfältig, unwissend: *he is* ~ *of such things* er hat noch nichts von solchen Dingen gehört; **5.** (*of*) frei (von), bar (*gen.*), ohne (*acc.*): ~ *of conceit* frei von (jedem) Dünkel; ~ *of reason* bar aller Vernunft; **II.** *s.* **6.** Unschuldige(r *m*) *f*, Arglose(r *m*) *f*: *the slaughter of the* ~*s* **a)** *bibl.* der bethlehemitische Kindermord, **b)** *parl. sl.* Überbordwerfen von Vorlagen am Sessionsende; **7.** Einfältige(r *m*) *f*, Dummkopf *m*, Unwissende(r *m*) *f*.

in·noc·u·ous [i'nɔkjuəs] *adj.* □ unschädlich, harmlos; **in'noc·u·ous·ness** [-nis] *s.* Unschädlichkeit *f*.

in·nom·i·nate [i'nɔminit] *adj.* unbenannt, namenlos; ~ **bone** *s. anat.* Hüft-, Beckenknochen *m*.

in·no·vate ['inouveit] *v/i.* Neuerungen einführen *od.* vornehmen; **in·no·va·tion** [inou'veiʃən] *s.* Neuerung *f*; '**in·no·va·tor** [-tə] *s.* Neuerer *m*.

in·nox·ious [i'nɔkʃəs] *adj.* □ unschädlich.

Inns of Court [inz] *s. pl.* ⚖ *die* (Gebäude *pl.* der) vier Rechtsschulen in London.

in·nu·en·do [inju(:)'endou] **I.** *pl.* **-does** *s.* **1.** (versteckte) Andeutung, (boshafte) Anspielung, Anzüglichkeit *f*, Stiche'lei *f*; **2.** Unter'stellung *f*; **3.** ⚖ 'untergelegte Bedeutung; **II.** *v/i.* Anspielungen machen, anzüglich werden.

in·nu·mer·a·ble [i'nju:mərəbl] *adj.* □ unzählig, zahllos.

in·ob·serv·ance [inəb'zə:vəns] *s.* **1.** Unaufmerksamkeit *f*, Unachtsamkeit *f* (*of* auf *acc.*); **2.** Nichteinhaltung *f*, -beachtung *f* (*of gen.*).

in·oc·cu·pa·tion ['inɔkju'peiʃən] *s.* Beschäftigungslosigkeit *f*.

in·oc·u·late [i'nɔkjuleit] *v/t.* **1.** ⚕ *Krankheit, Serum etc.* einimpfen (*on, into s.o.* j-m); **2.** ⚕ *j-n* impfen (*for* gegen); **3.** *fig. j-m* einimpfen, *j-n* erfüllen (*with acc.*); **4.** *fig.* im'mun *od.* unempfänglich machen; **5.** ⚘ okulieren; **in·oc·u·la·tion** [inɔkju'leiʃən] *s.* **1.** ⚕ Impfung *f*: ~ *gun* Impfpistole; *preventive* ~ Schutzimpfung; **2.** Einimpfung *f* (*a. fig.*); **3.** ⚘ Okulierung *f*.

in·o·dor·ous [in'oudərəs] *adj.* □ geruchlos.

in·of·fen·sive [inə'fensiv] *adj.* □ harmlos, gutartig, unschädlich; **in·of'fen·sive·ness** [-nis] *s.* Harmlosigkeit *f*.

in·of·fi·cious [inə'fiʃəs] *adj.* ⚖ gegen die (Gesetzes)Pflicht verstoßend, unwirksam.

in·op·er·a·ble [in'ɔpərəbl] *adj.* ⚕ inope'rabel.

in·op·er·a·tive [in'ɔpərətiv] *adj.* **1.** unwirksam, ungültig, nicht in Kraft; **2.** außer Betrieb; **3.** stillgelegt (*Bergwerk etc.*).

in·op·por·tune [in'ɔpətju:n] *adj.* □ 'inoppor,tun, unangebracht, zur Unzeit (geschehen *etc.*), ungelegen.

in·or·di·nate [i'nɔ:dinit] *adj.* □ **1.** 'übermäßig, über'trieben; **2.** ungeordnet, regellos; **3.** unbeherrscht.

in·or·gan·ic [inɔ:'gænik] *adj.* (□ ~*ally*) **1.** 'unor,ganisch; **2.** ⚗ 'anor,ganisch.

in·os·cu·late [i'nɔskjuleit] *mst* ⚕ **I.** *v/t.* verbinden, vereinigen (*with* mit), einfügen, einmünden lassen (*into* in *acc.*); **II.** *v/i.* sich vereinigen, eng verbunden sein, verschmelzen; **in·os·cu·la·tion** [inɔskju'leiʃən] *s. mst* ⚕ Vereinigung *f*, Einfügung *f*, Verschmelzung *f*, enge Verbindung.

in-pa·tient ['inpeiʃənt] *s.* 'Krankenhauspati,ent(in), statio'närer Pati'ent: ~ *treatment* stationäre Behandlung.

in·pour·ing ['inpɔ:riŋ] **I.** *adj.* (her-) 'einströmend; **II.** *s.* (Her)'Einströmen *n*.

in·put ['input] *s.* Input *m*: **a)** ✝ eingesetzte Produkti'onsmittel *pl.*, **b)** ⊕ eingespeiste Menge, **c)** ⚡ zugeführte Spannung *od.* Leistung, (Leistungs)Aufnahme *f*, 'Eingangsener,gie *f*, **d)** *Computer*: Daten-, Pro'grammeingabe *f*: ~ *amplifier Radio*: Vorverstärker; ~ *circuit* ⚡ Eingangsstromkreis; ~ *impedance* ⚡ Eingangs-, Gitterkreiswiderstand.

in·quest ['inkwest] *s.* **1.** ⚖ gerichtliche Unter'suchung: *coroner's* ~ Gerichtsverhandlung zur Feststellung der Todesursache (*bei ungeklärten Todesfällen*); **2.** genaue Prüfung, Nachforschung *f*.

in·qui·e·tude [in'kwaiitju:d] *s.* Unruhe *f*, Besorgnis *f*.

in·quire [in'kwaiə] **I.** *v/t.* **1.** sich erkundigen nach, fragen nach, erfragen: *to* ~ *the price*; *to* ~ *one's way* sich nach dem Weg erkundigen; **II.** *v/i.* **2.** fragen, sich erkundigen (*of s.o.* bei j-m; *for* nach; *about* über *acc.*, wegen); *to* ~ *after s.o.* sich nach j-m *od.* nach j-s Befinden erkundigen; *much* ~*d after od. for* sehr gefragt *od.* begehrt; ~ *within* Näheres im Hause (zu erfragen); **3.** ~ *into* unter'suchen, erforschen; **in'quir·er** [-ərə] *s.* **1.** Fragesteller (-in), Nachfragende(r *m*) *f*; **2.** Unter'suchende(r *m*) *f*; **3.** *bsd.* ✝ Reflek'tant *m*; **in'quir·ing** [-əriŋ] *adj.* □ forschend, fragend; neugierig.

in·quir·y [in'kwaiəri] *s.* **1.** Erkundigung *f*, Nachfrage *f*: *on* ~ auf Nachfrage *od.* Anfrage; *to make inquiries* Erkundigungen einziehen (*of s.o.* bei j-m; *about* über *acc.*, wegen); **2.** Unter'suchung *f*, Prüfung *f* (*into gen.*); (Nach)Forschung *f*; **3.** ✝ Nachfrage *f* (*for* nach); ~ **of·fice** *s.* 🚂 *etc.* Auskunft *f*, 'Auskunftsbü,ro *n*.

in·qui·si·tion [inkwi'ziʃən] *s.* **1.** (gerichtliche *od.* amtliche) Unter'suchung; **2.** *R.C. hist.* Inquisiti'on *f*, Ketzergericht *n*; **in·qui'si·tion·al** [-ʃənl] *adj.* **1.** Untersuchungs...; **2.** *R.C.* Inquisitions...

in·quis·i·tive [in'kwizitiv] *adj.* □ **1.** wißbegierig; **2.** neugierig, naseweis; **in'quis·i·tive·ness** [-nis] *s.* **1.** Wißbegierde *f*; **2.** Neugier(de) *f*; **in'quis·i·tor** [-tə] *s.* **1.** Unter'suchende(r) *m*; ⚖ Unter'suchungsbeamte(r) *m*, -richter *m*; **2.** *R.C.* Inqui'sitor *m*: *Grand* ~ Großinquisitor; **in·quis·i·to·ri·al** [inkwizi'tɔ:riəl] *adj.* □ **1.** ⚖ Untersuchungs...; **2.** *R.C.* Inquisitions...; **3.** aufdringlich fragend, neugierig.

in·road ['inroud] *s.* **1.** Angriff *m*, 'Überfall *m* (*on* auf *acc.*), Einfall *m* (*in, on* in *acc.*); **2.** *fig.* (*on, into*) Eingriff *m* (in *acc.*), 'Übergriff *m* (auf *acc.*), 'übermäßige In'anspruchnahme (*gen.*); **3.** *fig.* Eindringen *n*: *to make an* ~ *into* e-n Einbruch erzielen in (*dat.*).

in·rush ['inrʌʃ] *s.* (Her)'Einströmen *n*, Zustrom *m*.

in·sa·lu·bri·ous [insə'lu:briəs] *adj.* ungesund; **in·sa'lu·bri·ty** [-iti] *s.* Gesundheitsschädlichkeit *f*.

in·sane [in'sein] *adj.* □ **1.** ⚕ geisteskrank; → *asylum* 2; **2.** *fig.* verrückt, unsinnig.

in·san·i·tar·y [in'sænitəri] *adj.* 'unhygi,enisch, gesundheitsschädlich.

in·san·i·ty [in'sæniti] *s.* ⚕ Geisteskrankheit *f*, Wahnsinn *m* (*a. fig.*).

in·sa·ti·a·bil·i·ty [inseiʃjə'biliti] *s.* Unersättlichkeit *f*; **in·sa·ti·a·ble** [in'seiʃjəbl] *adj.* □; **in·sa·ti·ate** [in'seiʃiit] *adj.* unersättlich (*a. fig.*).

in·scri·be [in'skraib] *v/t.* **1.** (ein-, auf)schreiben; **2.** beschriften, mit e-r Inschrift versehen; **3.** *bsd.* ✝ eintragen, registrieren; **4.** *Buch etc.* widmen (*to dat.*); **5.** ∆ einbeschreiben; **6.** *fig.* (fest) einprägen (*in dat.*).

in·scrip·tion [in'skripʃən] *s.* **1.** Beschriftung *f*, In-, Aufschrift *f*; **2.** *a.* ✝ Eintragung *f*, Registrierung *f* (*bsd. von Aktien*); **3.** Zueignung *f*, Widmung *f* (*Buch etc.*); **4.** ∆ Einzeichnung *f*; **in'scrip·tion·al** [-ʃnəl], **in'scrip·tive** [-ptiv] *adj.* Inschriften...

in·scru·ta·bil·i·ty [inskru:tə'biliti] *s.* Unerforschlichkeit *f*; **in·scru·ta·ble** [in'skru:təbl] *adj.* □ unerforschlich, unergründlich.

in·sect ['insekt] *s.* **1.** *zo.* In'sekt *n*, Kerbtier *n*; **2.** *contp.* lästiger Mensch, ‚Giftzwerg' *m*; **in·sec·ti·cide** [in'sektisaid] *s.* In'sektengift *n*, Insekti'zid *n*; **in·sec·ti·vore** [in'sektivɔ:] *s. zo.* In'sektenfresser *m*; **in·sec·tiv·o·rous** [insek'tivərəs] *adj. zo.* in'sektenfressend.

'**in·sect-pow·der** *s.* In'sektenpulver *n*.

in·se·cure [insi'kjuə] *adj.* □ **1.** unsicher, gefährlich; **2.** ungesichert, nicht fest; **3.** ungewiß, zweifelhaft; **in·se'cu·ri·ty** [-uəriti] *s.* **1.** Unsicherheit *f*; **2.** Ungewißheit *f*.

in·sem·i·nate [in'semineit] *v/t.* **1.** (ein-, aus)säen; **2.** *biol.* befruchten; **3.** *fig.* einprägen; **in·sem·i·na·tion** [insemi'neiʃən] *s.* **1.** (Ein)Säen *n*; **2.** *biol.* Befruchtung *f*: *artificial* ~ künstliche Befruchtung.

in·sen·sate [in'senseit] *adj.* □ **1.** empfindungs-, gefühllos; **2.** unsinnig, unvernünftig.

in·sen·si·bil·i·ty [insensə'biliti] *s.* (*to*) **1.** (*a. fig.*) Gefühllosigkeit *f* (gegen), Unempfindlichkeit *f* (für); **2.** Bewußtlosigkeit *f*; **3.** Gleichgültigkeit *f* (gegen), Unempfänglichkeit *f* (für); Stumpfheit *f*; **in·sen·si·ble** [in'sensəbl] *adj.* □ **1.** unempfindlich, gefühllos (*to* gegen): *~ from cold* vor Kälte gefühllos; **2.** bewußtlos; **3.** (*of, to*) unempfänglich (für), gleichgültig (gegen); **4.** *to be ~ of* nicht (an)erkennen (*acc.*); **5.** unmerklich; **in·sen·si·bly** [in'sensəbli] *adv.* unmerklich.

in·sen·si·tive [in'sensitiv] *adj.* (*to*) **1.** unempfindlich (gegen); **2.** unempfänglich (für), gefühllos (gegen); **in'sen·si·tive·ness** [-nis] *s.* Unempfindlichkeit *f*, Unempfänglichkeit *f*.

in·sep·a·ra·bil·i·ty [insepərə'biliti] *s.* **1.** Untrennbarkeit *f*; **2.** Unzertrennlichkeit *f*; **in·sep·a·ra·ble** [in'sepərəbl] **I.** *adj.* □ **1.** untrennbar (*a. ling.*); **2.** unzertrennlich; **II.** *s.* **3.** *pl. die* Unzertrennlichen *pl.* (*Freunde*).

in·sert I. *v/t.* [in'sə:t] **1.** einfügen, einsetzen, (hin)'einstecken, einpassen, einreihen, einschalten (*a.* ⚡); **2.** *in e-e Zeitung* einrücken (lassen); **3.** *Münze* einwerfen; **II.** *s.* ['insə:t] **4.** Einsatz(stück *n*) *m*; **5.** *bsd. Am.* Bei-, Einlage *f* (*Buch, Zeitung*); **in'ser·tion** [-ə:ʃən] *s.* **1.** Einfügung *f*, Einsetzung *f*, Einschaltung *f* (*a.* ⚡); Einwurf *m* (*Münze*); **2.** Ein-, Zu-, Ansatz *m*; Beilage *f*; **3.** (Spitzen- *etc.*)Einsatz *m*; **4.** Inse'rat *n*, Anzeige *f*.

in·set I. *s.* ['inset] **1.** Einfügung *f*, Einsatz *m* (*a. im Kleid*); **2.** Eckeinsatz *m*, Nebenbild *n*, -karte *f*; **3.** Bei-, Einlage *f* (*Zeitung*); **4.** Her'einströmen *n*; **II.** *v/t.* [*irr.* → *set*] ['in'set] *pret. u. p.p. Brit. a.* **in·set·ted** ['in'setid] **5.** einsetzen, einlegen.

in·shore ['in'ʃɔ:] **I.** *adj.* an *od.* nahe der Küste: *~ fishing* Küstenfischerei; **II.** *adv. ~ of* näher der Küste als: *~ of a ship* zwischen Schiff und Küste.

in·side ['in'said] **I.** *s.* **1.** Innenseite *f*, -fläche *f*, innere Seite: *the ~ of the pavement* die Häuserseite des Bürgersteigs; **2.** *das* Innere: *from the ~* von innen; *~ out* das Innere nach außen, umgestülpt; *to turn ~ out* (völlig) umkrempeln, durcheinanderbringen; *to know ~ out* in- u. auswendig kennen; **3.** inneres Wesen, *das* Wesentliche, Einzelheiten *pl.*; **4.** F ‚Eingeweide' *pl.*: *pain in one's ~* Leibschmerzen; **5.** F **a)** 'Innenpassa,gier *m*, **b)** Innenplatz *m* (*im Wagen*); **II.** *adj.* **6.** inner, inwendig, Innen...: *~ diameter* lichter Durchmesser, lichte Weite; *~ drive mot.* Innenlenkung; *~ left sport* Halblinke(r); *~ man sport* Halbstürmer; *~ track sport* Innenbahn, *fig.* Vorteil; **7.** im Hause getan; **8.** di'rekt, aus erster Quelle: *~ information*; **III.** *adv.* **9.** im Innern, innen: *~ of a week* innerhalb e-r Woche, in weniger als einer Woche; **10.** nach innen: *walk ~!* geh hinein!, komm herein!; **IV.** *prp.* **11.** innerhalb, im Innern (*gen.*): *~ the house* im Hause; **in·sid·er** ['in'saidə] *s.* **1.** Eingeweihte(r *m*) *f*, Wissende(r *m*) *f*; **2.** Zugehörige(r *m*) *f*, Mitglied *n*.

in·sid·i·ous [in'sidiəs] *adj.* □ **1.** heimtückisch, 'hinterhältig; **2.** ⚕ tückisch, schleichend; **in'sid·i·ous·ness** [-nis] *s.* 'Hinterlist *f*, Tücke *f*.

in·sight ['insait] *s.* **1.** Einblick *m* (*into* in *acc.*); **2.** Einsicht *f*, Verständnis *n*.

in·sig·ni·a [in'signiə] *s. pl.* In'signien *pl.*, Ehrenzeichen *pl.*, Abzeichen *pl.*

in·sig·nif·i·cance [insig'nifikəns] *s.*, **in·sig'nif·i·can·cy** [-si] *s.* Bedeutungslosigkeit *f*, Unwichtigkeit *f*, Belanglosigkeit *f*, Geringfügigkeit *f*; **in·sig'nif·i·cant** [-nt] *adj.* □ **1.** bedeutungs-, belanglos, unwichtig; geringfügig, unbedeutend; nichtssagend; **2.** verächtlich.

in·sin·cere [insin'siə] *adj.* □ unaufrichtig, falsch; **in·sin'cer·i·ty** [-'seriti] *s.* Unaufrichtigkeit *f*, Heuche'lei *f*.

in·sin·u·ate [in'sinjueit] **I.** *v/t.* **1.** andeuten, anspielen auf (*acc.*): *to ~ doubt* Zweifel aufkommen lassen; **2.** *j-m et.* zu verstehen geben, *j-m et.* vorsichtig beibringen; **3.** *~ o.s.* (langsam) eindringen; **4.** *~ o.s.* sich eindrängen *od.* einschleichen: *to ~ o.s. into s.o.'s favo(u)r* sich bei j-m einschmeicheln; **in'sin·u·at·ing** [-tiŋ] *adj.* □ *fig.* schmeichlerisch, einschmeichelnd; **in·sin·u·a·tion** [insinju'eiʃən] *s.* **1.** Anspielung *f*, (versteckte) Andeutung, leiser Wink; **2.** Schmeiche'leien *pl.*; **3.** Einschleichen *n*, Eindringen *n*.

in·sip·id [in'sipid] *adj.* □ **1.** fade, geschmacklos, schal; **2.** *fig.* fade, abgeschmackt, geistlos, langweilig; **in·si·pid·i·ty** [insi'piditi] *s. a. fig.* Geschmacklosigkeit *f*, Fadheit *f*.

in·sist [in'sist] *v/i.* **1.** (*on*) bestehen (auf *dat.*), dringen (auf *acc.*), verlangen (*acc.*): *I ~ on doing it* ich bestehe darauf, es zu tun; *I ~ that* ich bestehe darauf, daß; *I ~ on obedience* ich verlange Gehorsam; **2.** (*on*) beharren (auf *dat.*, bei), bleiben (bei); **3.** behaupten, beteuern (*on acc.*); **4.** (*on*) Gewicht legen (auf *acc.*), her'vorheben, nachdrücklich betonen (*acc.*); **5.** sich nicht hindern lassen, es sich nicht nehmen lassen (*on doing* zu tun); **6.** (*on*) immer wieder tun: *his tie ~ed on coming out* seine Krawatte rutschte immer wieder heraus; **in'sist·ence** [-təns], **in'sist·en·cy** [-tənsi] *s.* **1.** Bestehen *n*, Beharren *n* (*on, upon* auf *dat.*); **2.** Behauptung *f*, Beteuerung *f* (*on gen.*); **3.** (*on, upon*) Betonung *f* (*gen.*); Nachdruck *m* (auf *dat.*); **4.** Beharrlichkeit *f*, Hartnäckigkeit *f*; **in'sist·ent** [-tənt] *adj.* □ **1.** beharrlich, dauernd, hartnäckig, drängend; **2.** *to be ~ on* **a)** bestehen *od.* beharren auf (*dat.*), **b)** *et.* behaupten, beteuern, **c)** *et.* betonen; **3.** eindringlich, nachdrücklich, dringend; **4.** aufdringlich, grell (*Farbe, Ton*).

in·so·bri·e·ty [insou'braiəti] *s.* Unmäßigkeit *f* (*engS.* im Trinken).

in·so'far → *far 3.*

in·so·la·tion [insou'leiʃən] *s.* Sonnenbestrahlung *f*; Sonnenbad *n*.

in·sole ['insoul] *s.* **1.** Brandsohle *f* (*Schuh*); **2.** Einlegesohle *f*.

in·so·lence ['insələns] *s.* **1.** Über'heblichkeit *f*; **2.** Unverschämtheit *f*, Frechheit *f*; **'in·so·lent** [-nt] *adj.* □ **1.** anmaßend; **2.** unverschämt.

in·sol·u·bil·i·ty [insɔlju'biliti] *s.* **1.** Un(auf)löslichkeit *f*; **2.** *fig.* Unlösbarkeit *f*; **in·sol·u·ble** [in'sɔljubl] *adj.* □ **1.** un(auf)löslich; **2.** unlösbar, unerklärlich.

in·sol·ven·cy [in'sɔlvənsi] *s.* ✝ **1.** Zahlungsunfähigkeit *f*, Insol'venz *f*; **2.** Bank'rott *m*, Kon'kurs *m*; **in'sol·vent** [-nt] **I.** *adj.* ✝ **1.** zahlungsunfähig, insol'vent; **2.** bank'rott; **3.** Bankrott..., Konkurs...: *~ estate* konkursreifer Nachlaß; **II.** *s.* **4.** Zahlungsunfähige(r) *m*.

in·som·ni·a [in'sɔmniə] *s.* ⚕ Schlaflosigkeit *f*; **in'som·ni·ac** [-iæk] *s.* ⚕ an Schlaflosigkeit Leidende(r *m*) *f*.

in·so·much [insou'mʌtʃ] *adv.* **1.** so (sehr), dermaßen (*that* daß); **2.** → *inasmuch.*

in·sou·ci·ance [in'su:sjəns; ɛ̃susjɑ̃:s] *s.* Sorglosigkeit *f*; **in'sou·ci·ant** [in'su:sjənt; ɛ̃susjɑ̃] *adj.* unbekümmert, sorglos, gleichgültig.

in·spect [in'spekt] *v/t.* **1.** unter'suchen, prüfen, nachsehen; **2.** besichtigen, inspizieren; **3.** beaufsichtigen; **in'spec·tion** [-kʃən] *s.* **1.** Besichtigung *f*; An-, 'Durchsicht *f*; Einsicht(nahme) *f* (*von Akten etc.*): *for your ~* zur Ansicht; *free ~* Besichtigung ohne Kaufzwang; **2.** Unter'suchung *f*, Prüfung *f*, Kon'trolle *f*: *~ hole* ⊕ Schauloch; *~ lamp* ⊕ Ableuchtlampe; **3.** Besichtigung *f*, Inspekti'on *f*; **4.** Aufsicht *f*; **5.** ⚔ Ap'pell *m*; **in'spec·tor** [-tə] *s.* **1.** In'spektor *m*; Kontrol'leur *m* (*Bus etc.*), Aufseher *m*, Aufsichtsbeamte(r) *m*: *customs ~* Zollinspektor; *~ of schools* Schulinspektor; *~ of weights and measures* Eichmeister; **2.** Poli'zeiin,spektor *m*, -kommis,sar *m*; **3.** ⚔ Inspek'teur *m*; **in'spec·to·ral** [-tərəl] *adj.* Inspektor(en)...; Aufsichts...; **in'spec·tor·ate** [-tərit] *s.* Inspekto'rat *n*: **a)** Aufsichtsbezirk *m*, **b)** Aufsichtsbehörde *f*, **c)** Aufseheramt *n*; **in·spec·to·ri·al** [inspek'tɔ:riəl] → *inspectoral*; **in'spec·tor·ship** [-təʃip] **1.** In'spektoramt *n*; **2.** Aufsicht *f*.

in·spi·ra·tion [inspə'reiʃən] *s.* **1.** *eccl.* göttliche Eingebung, Erleuchtung *f*; **2.** Inspirati'on *f*, Eingebung *f*, (plötzlicher) Einfall; **3.** Anregung *f*: *at the ~ of* auf *j-s* Veranlassung; **4.** Begeisterung *f*; **5.** Einatmen *n*; **in·spi·ra·tor** ['inspəreitə] *s.* ⚕ Inha'lator *m*; **in·spir·a·to·ry** [in'spaiərətəri] *adj.* (Ein)Atmungs...

in·spire [in'spaiə] *v/t.* **1.** begeistern, anfeuern; **2.** anregen, veranlassen; **3.** (*in s.o.*) *Gefühl etc.* einflößen, eingeben (j-m); erwecken, erregen (in j-m); **4.** *fig.* erleuchten; **5.** beseelen, erfüllen (*with* mit); **6.** inspirieren; **7.** einatmen; **in'spired** [-əd] *adj.* **1.** *bsd. eccl.* erleuchtet; eingegeben; **2.** schöpferisch, einfallsreich; **3.** begeistert; **4.** *pol.* von der Regierung veranlaßt; **in·spir·er** [-ərə] *s.* Anreger(in); **in'spir·ing** [-əriŋ] *adj.* □ anregend, begeisternd, beglückend.

in·spir·it [in'spirit] *v/t.* beleben, beseelen, anfeuern, ermutigen.

in·spis·sate [in'spiseit] *v/t.* eindikken, eindampfen.

inst. ['instənt] *abbr. für instant 3.*

in·sta·bil·i·ty [instə'biliti] *s. mst fig.* Schwanken *n*, Unbeständigkeit *f*, Labili'tät *f*.

in·stall [in'stɔ:l] *v/t.* **1.** ⊕ **a)** installieren, montieren, aufstellen, einbauen, **b)** einrichten, (an)legen, anbringen; **2.** *j-n* bestallen; *in ein Amt* einsetzen, -führen; **3.** ~ *o.s.* F sich niederlassen; **in·stal·la·tion** [instə'leiʃən] *s.* **1.** ⊕ Installierung *f*, Einrichtung *f*, Einbau *m*; **2.** ⊕ (*fertige*) Anlage *od.* Einrichtung; **3.** (Amts)Einsetzung *f*, Bestallung *f*.

in·stall·ment[1] [in'stɔ:lmənt] *Am.* → *installation.*

in·stal(l)·ment[2] [in'stɔ:lmənt] *s.* † Rate *f*, Teil-, Ab-, Abschlags-, Ratenzahlung *f*: *by* ~*s* in Raten; *first* ~ Anzahlung; ~ *plan*, ~ *system* Abzahlungs-, Teilzahlungssystem; **2.** (Teil)Lieferung *f* (*Buch etc.*); **3.** Fortsetzung *f* (*Roman etc.*).

in·stance ['instəns] **I.** *s.* **1.** (*einzelner*) Fall, Gelegenheit *f*, Beispiel *n*: *in this* ~ in diesem (*besonderen*) Fall; *for* ~ zum Beispiel: *as an* ~ *of s.th.* als Beispiel für et.; **2.** Bitte *f*, Ersuchen *n*: *at his* ~ auf sein Drängen *od.* Betreiben *od.* s-e Veranlassung; **3.** ⚖ In'stanz *f*: *court of the first* ~ Gericht erster Instanz; *in the last* ~ **a)** in letzter Instanz, **b)** *fig.* letztlich; *in the first* ~ *fig.* in erster Linie, zuerst; **II.** *v/t.* **4.** als Beispiel anführen; **'in·stan·cy** [-si] *s.* Dringlichkeit *f*.

in·stant ['instənt] **I.** *s.* **1.** Augenblick *m*, (genauer) Zeitpunkt: *in an* ~, *on the* ~ sofort, augenblicklich, im Nu; *at this* ~ in diesem Augenblick; *this* ~ sofort, augenblicklich; *the* ~ *I saw her* sobald ich sie sah; **II.** *adj.* □ → *instantly*; **2.** so'fortig, augenblicklich: ~ *camera phot.* Instant-, Sofortbildkamera; ~ *coffee* Pulverkaffee; ~ *meal* Fertig-, Schnellgericht; **3.** *abbr. inst.*: *the 10th* ~ der 10. dieses Monats; **4.** dringend.

in·stan·ta·ne·ous [instən'teinjəs] *adj.* □ **1.** so'fortig, unverzüglich, augenblicklich: ~ *photo(graph)* Momentaufnahme; ~ *shutter phot.* Momentverschluß; *death was* ~ der Tod trat auf der Stelle ein; **2.** gleichzeitig (*Ereignisse*); **3.** *phys.* momen'tan, Augenblicks...; **instan'ta·ne·ous·ly** [-li] *adv.* so'fort, unverzüglich; auf der Stelle; **instan'ta·ne·ous·ness** [-nis] *s.* Blitzesschnelle *f*.

in·stan·ter [in'stæntə] *adv.* so'fort.

in·stant·ly ['instəntli] *adv.* so'fort, unverzüglich, augenblicklich.

in·state [in'steit] *v/t. in ein Amt* einsetzen.

in·stead [in'sted] *adv.* **1.** ~ *of* (an-)statt (*gen.*), an Stelle von: ~ *of me* statt meiner, an meiner Statt *od.* Stelle; ~ *of going* (an)statt zu gehen; ~ *of at work* statt bei der Arbeit; **2.** statt dessen, da'für: *she sent the boy* ~.

in·step ['instep] *s.* Rist *m*, Spann *m* (*Fuß*): ~ *raiser* Plattfußeinlage; *to be high in the* ~ F die Nase hoch tragen.

in·sti·gate ['instigeit] *v/t.* **1.** an-, aufreizen, aufhetzen, anstiften (*to* zu, *to do* zu tun); **2.** *et.* (*Böses*) anstiften, anfachen; **in·sti·ga·tion** [insti'geiʃən] *s.* Antreiben *n*, Aufhetzung *f*, Anstiftung *f*, Verführung *f*: *at the* ~ *of* auf Betreiben von; **'in·sti·ga·tor** [-tə] *s.* Anstifter(in), (Auf)Hetzer(in).

in·stil(l) [in'stil] *v/t.* **1.** einträufeln, -tröpfeln; **2.** *fig.* einflößen, -impfen, beibringen; **in·stil·la·tion** [insti'leiʃən], **in'stil(l)·ment** [-mənt] *s.* **1.** Einträufelung *f*; **2.** *fig.* Einflößung *f*, Einprägung *f*.

in·stinct I. *s.* ['instiŋkt] **1.** In'stinkt *m*, (Na'tur)Trieb *m*: *by* ~, *on* ~, *from* ~ instinktiv; **2.** instink'tives Gefühl, (sicherer) Instinkt; Begabung *f* (*for* für); **II.** *adj.* [in'stiŋkt]; **3.** belebt, durch'drungen, erfüllt (*with* von); **in·stinc·tive** [in'stiŋktiv] *adj.* □ **1.** instink'tiv, gefühls-, triebmäßig, unwillkürlich; **2.** angeboren, na'türlich; **in·stinc·tive·ly** [in'stiŋktivli] *adv.* instinktiv; von Na'tur.

in·sti·tute ['institju:t] **I.** *s.* **1.** In-sti'tut *n*, Anstalt *f*; **2.** (gelehrte *etc.*) Gesellschaft; **3.** Institut *n* (*Gebäude*); **4.** *pl. bsd.* † Grundgesetze *pl.*, -lehren *pl.*; **II.** *v/t.* **5.** ein-, errichten, gründen; einführen; **6.** einleiten, in Gang setzen: *to* ~ *an inquiry* e-e Untersuchung einleiten, Nachforschungen anstellen; *to* ~ *legal proceedings* Klage erheben, das Verfahren einleiten (*against* gegen); **7.** *bsd. eccl. j-n* einsetzen, einführen; **in·sti·tu·tion** [insti'tju:ʃən] *s.* **1.** Insti'tut *n*, Anstalt *f*, Einrichtung *f*, Stiftung *f*, Gesellschaft *f*; **2.** Institut *n* (*Gebäude*); **3.** Instituti'on *f*, Einrichtung *f*, (über'kommene) Sitte, Brauch *m*; **4.** Ordnung *f*, Recht *n*, Satzung *f*; **5.** F **a)** alte Gewohnheit, **b)** vertraute Sache, feste Einrichtung, **c)** allbekannte Per'son; **6.** Ein-, Errichtung *f*, Gründung *f*; **7.** *eccl.* Einsetzung *f*; **in·sti·tu·tion·al** [insti'tju:ʃənl] *adj.* **1.** Institutions..., Instituts..., Anstalts...; **2.** † *Am.* ~ *advertising* Repräsentationswerbung; **in·sti·tu·tion·al·ize** [insti'tju:ʃnəlaiz] *v/t.* institutionalisieren.

in·struct [in'strʌkt] *v/t.* **1.** (be)lehren, unter'weisen, -'richten, schulen, ausbilden (*in* in *dat.*); **2.** informieren, unter'richten; **3.** instruieren (*a.* ⚖), anweisen, beauftragen; **in'struc·tion** [-kʃən] *s.* **1.** Belehrung *f*, Schulung *f*, Ausbildung *f*, 'Unterricht *m*: *private* ~ Privatunterricht; *medium of* ~ Unterrichtssprache; *course of* ~ Lehrgang, Kursus; **2.** *pl.* Auftrag *m*, Vorschrift(en *pl.*) *f*, (An)Weisung(en *pl.*) *f*, Verhaltungsmaßregeln *pl.*, 'Richt,linien *pl.*: *according to* ~*s* auftrags-, weisungsgemäß, vorschriftsmäßig; ~*s for use* Gebrauchsanweisung; **3.** ⚖ *mst pl.* Rechtsbelehrung *f*; **4.** ⚔ *mst pl.* Dienstanweisung *f*, Instrukti'on *f*; **in'struc·tion·al** [-kʃənl] *adj.* Unterrichts..., Erziehungs..., Ausbildungs..., Lehr...: ~ *film* Lehrfilm; ~ *staff* Lehrkörper; **in'struc·tive** [-tiv] *adj.* □ belehrend; lehr-, aufschlußreich; **in'struc·tive·ness** [-tivnis] *s. das* Belehrende; **in'struc·tor** [-tə] *s.* **1.** Lehrer *m*; **2.** Ausbilder *m* (*a.* ⚔); **3.** *univ. Am.* Do'zent *m*; **in'struc·tress** [-tris] *s.* Lehrerin *f*.

in·stru·ment ['instrumənt] **I.** *s.* **1.** Instru'ment *n*, Werkzeug *n*, Gerät *n*, Appa'rat *m*; **2.** *pl.* ⚕ Besteck *n*; **3.** *a. musical* ~ (Mu'sik)Instru,ment *n*; **4.** †, ⚖ **a)** Doku'ment *n*, Urkunde *f*; 'Wertpa,pier *n*: ~ *payable to bearer* † Inhaberpapier, **b)** *pl.* Instrumen'tarium *n*: *the* ~*s of credit policy*; **5.** *fig.* Mittel *n*, Werkzeug *n*, Or'gan *n*; **6.** *fig.* Handlanger *m*, Werkzeug *n*; **II.** *v/t.* **7.** ♪ instrumentieren; **in·stru·men·tal** [instru'mentl] *adj.* □ → *instrumentally*; **1.** behilflich, dienlich, förderlich: *to be* ~ *in ger.* *j-m* behilflich sein *od.* dazu verhelfen zu *inf.*; *to be* ~ *to* beitragen zu, mitwirken bei; **2.** ♪ Instrumental...; **3.** durch Instrumente (ausgeführt *od.* bewirkt): ~ *error* ⊕ Instrumentenfehler; **4.** ~ *case ling.* Instrumental(is); **in·stru·men·tal·ist** [instru'mentəlist] *s.* ♪ Instrumenta'list(in); **in·stru·men·tal·i·ty** [instrumen'tæliti] *s.* Vermittlung *f*, Mittel *n*, Mitwirkung *f*, Mithilfe *f*; **in·stru·men·tal·ly** [instru'mentəli] *adv.* durch Instrumente; **in·stru·men·ta·tion** [instrumen'teiʃən] *s.* ♪ Instrumentati'on *f*.

in·stru·ment| board *s.* **1.** ⊕, *mot.* Schaltbrett *n*, -tafel *f*, Arma'turenbrett *n*; **2.** ✈ Instru'mentenbrett *n*; ~ **fly·ing** *s.* ✈ Blindflug *m*; ~ **land·ing** *s.* ✈ Blind-, Instru'mentenlandung *f*; ~ **lamp** *s. mot.* Arma'turenbrettlampe *f*; ~ **mak·er** *s.* 'Feinme,chaniker *m*; ~ **pan·el** → *instrument board*; ~ **run·way** *s.* Instru'menten,landebahn *f*.

in·sub·or·di·nate [insə'bɔ:dnit] *adj.* **1.** unbotmäßig, wider'setzlich, aufsässig; **in·sub·or·di·na·tion** [insəbɔ:di'neiʃən] *s.* Unbotmäßigkeit *f*, Wider'setzlichkeit *f*, Gehorsamsverweigerung *f*, Auflehnung *f*.

in·sub·stan·tial [insəb'stænʃəl] *adj.* nicht stofflich, unkörperlich; unwirklich; **in·sub·stan·ti·al·i·ty** [insəbstænʃi'æliti] *s.* Unkörperlichkeit *f*; Unwirklichkeit *f*.

in·suf·fer·a·ble [in'sʌfərəbl] *adj.* □ unerträglich, unausstehlich.

in·suf·fi·cien·cy [insə'fiʃənsi] *s.* **1.** Unzulänglichkeit *f*, Mangel(haftigkeit *f*) *m*; Untauglichkeit *f*; **2.** ⚕ Insuffizi'enz *f*; **in·suf'fi·cient** [-nt] *adj.* □ **1.** unzulänglich, unzureichend, ungenügend, nicht ausreichend: ~ *funds* † ungenügende Deckung (*Scheck etc.*); **2.** untauglich, mangelhaft.

in·suf·flate ['insəfleit] *v/t.* **1.** *a.* ⚕, ⊕ (hin)'einblasen; **2.** *R.C.* anhauchen; **in·suf·fla·tion** [insə'fleiʃən] *s.* **1.** Einblasung *f*; **2.** *R.C.* Anhauchen *n*; **'in·suf·fla·tor** [-tə] *s.* ⊕, ⚕ 'Einblaseappa,rat *m*.

in·su·lar ['insjulə] *adj.* □ **1.** inselartig, insu'lar, Insel...; **2.** *fig.* isoliert, abgeschlossen; **3.** *fig.* eng-

stirnig, beschränkt; **in·su·lar·i·ty** [insjuˈlæriti] *s.* **1.** insulare Lage; **2.** *fig.* Abgeschlossenheit *f*; **3.** *fig.* Engstirnigkeit *f*, Beschränktheit *f*.
in·su·late [ˈinsjuleit] *v/t.* ⚡, ⊕ isolieren (*a. fig. absondern*).
in·su·lat·ing [ˈinsjuleitiŋ] *adj.* isolierend, Isolier...; ~ **com·pound** *s.* ⚡ Isoliermasse *f*; ~ **joint** *s.* ⚡ Isolierkupplung *f*; ~ **paint** *s.* ⊕ Isolieranstrich *m*; ~ **switch** *s.* ⚡ Trennschalter *m*; ~ **tape** *s.* ⚡ Isolierband *m*.
in·su·la·tion [insjuˈleiʃən] *s.* Isolierung *f*; **in·su·la·tor** [ˈinsjuleitə] *s.* ⚡ Isoˈlator *m*, Nichtleiter *m*.
in·su·lin [ˈinsjulin] *s.* ⚕ Insuˈlin *n*.
in·sult I. *v/t.* [inˈsʌlt] beleidigen, beschimpfen; **II.** *s.* [ˈinsʌlt] (*to*) Beleidigung *f* (für) (*durch Wort od. Tat*), Beschimpfung *f* (*gen.*): *to offer an* ~ *to s.o.* j-n beleidigen; **inˈsult·ing** [-tiŋ] *adj.* □ **1.** beleidigend, beschimpfend: ~ *language* Schimpfworte; **2.** frech.
in·su·per·a·bil·i·ty [insju:pərəˈbiliti] *s.* ˈUnüberˌwindlichkeit *f*; **in·su·per·a·ble** [inˈsju:pərəbl] *adj.* □ ˈunüberˌwindlich.
in·sup·port·a·ble [insəˈpɔ:təbl] *adj.* □ unerträglich, unausˈstehlich.
in·sur·a·bil·i·ty [inʃuərəˈbiliti] *s.* ✝ Versicherungsfähigkeit *f*; **in·sur·a·ble** [inˈʃuərəbl] *adj.* □ ✝ **1.** versicherungsfähig, versicherbar: ~ *value* Versicherungswert; **2.** versicherungspflichtig: *insurably employed* mit Versicherungspflicht angestellt.
in·sur·ance [inˈʃuərəns] *s.* **1.** ✝ Versicherung *f*: *to effect* (*od. take out*) *an* ~ e-e Versicherung abschließen; **2.** ✝ **a)** Verˈsicherungspoˌlice *f*, **b)** Verˈsicherungsˌprämie *f*; ~ **a·gent** *s.* Versicherungsvertreter *m*; ~ **ben·e·fit** *s.* Versicherungsleistung *f*; ~ **bro·ker** *s.* Versicherungsmakler *m*; ~ **cer·tif·i·cate** *s.* Versicherungsschein *m*; ~ **claim** *s.* Versicherungsanspruch *m*; ~ **com·pa·ny** *s.* Versicherungsgesellschaft *f*; ~ **cov·er·age** *s.* Versicherungsschutz *m*; ~ **fraud** *s.* Versicherungsbetrug *m*; ~ **of·fice** *s.* Verˈsicherungsbüˌro *n*, -gesellschaft *f*; ~ **pol·i·cy** *s.* Verˈsicherungspoˌlice *f*, -schein *m*: *to take out an* ~ e-e Versicherung abschließen, sich versichern (lassen); ~ **pre·mi·um** *s.* Verˈsicherungsˌprämie *f*; ~ **val·ue** *s.* Versicherungswert *m*.
in·sure [inˈʃuə] *v/t.* **1.** ✝ versichern: *to* ~ *oneself* (*one's life, one's house, one's employees*) sich (sein Leben, sein Haus, s-e Angestellten) versichern; **2.** sichern, schützen (*against* gegen); **3.** sicherstellen, garantieren, verbürgen; → *ensure*; **inˈsured** [-uəd] ✝ **I.** *adj.*: *the* ~ *party* → *II*; **II.** *s. the* ~ der *od.* die Versicherte; **inˈsur·er** [-uərə] *s.* ✝ Versicherer *m*; *pl.* Versicherungsgesellschaft *f*.
in·sur·gent [inˈsə:dʒənt] **I.** *adj.* aufrührerisch, aufständisch; reˈbellisch (*a. fig.*); **II.** *s.* Aufrührer *m*, Aufständische(r) *m*; Reˈbell *m* (*a. pol. gegen die Partei*).
in·sur·mount·a·ble [insə(:)ˈmauntəbl] *adj.* □ ˈunüberˌsteigbar; *fig.* ˈunüberˌwindlich.
in·sur·rec·tion [insəˈrekʃən] *s.* Aufruhr *m*, Aufstand *m*, Erhebung *f*, Empörung *f*; **in·surˈrec·tion·al** [-ʃənl], **in·surˈrec·tion·ar·y** [-ʃnəri] *adj.* aufrührerisch, aufständisch; **in·surˈrec·tion·ist** [-ʃnist] *s.* Aufrührer *m*, Aufständische(r) *m*, Reˈbell *m*.
in·sus·cep·ti·bil·i·ty [ˈinsəseptəˈbiliti] *s.* Unempfänglichkeit *f*, Unzugänglichkeit *f* (*to* für); **in·sus·cep·ti·ble** [insəˈseptəbl] *adj.* **1.** (*of*) nicht fähig (zu), ungeeignet (für, zu); **2.** (*of, to*) unempfänglich (für), unzugänglich (*dat.*).
in·tact [inˈtækt] *adj.* unberührt, unversehrt, inˈtakt, unangetastet.
in·tagl·io [inˈtɑ:liou] *pl.* **-ios** *s.* **1.** Inˈtaglio *n* (*Gemme mit vertieftem Bild*); **2.** eingraviertes Bild; **3.** *typ. Am.* Tiefdruck *m*.
in·take [ˈinteik] *s.* **1.** ⊕ Einlaß(öffnung *f*) *m*: ~ *valve* Einlaßventil; ~ *stroke mot.* Saughub; **2.** Einnehmen *n*, Ein-, Ansaugen *n*; **3.** (Neu)Aufnahme *f*, Zustrom *m*, aufgenommene Menge: ~ *of food* Nahrungsaufnahme.
in·tan·gi·bil·i·ty [intændʒəˈbiliti] *s.* Nichtgreifbarkeit *f*, Unkörperlichkeit *f*, Unstofflichkeit *f*; **in·tan·gi·ble** [inˈtændʒəbl] *adj.* □ **1.** nicht greifbar, immateriˈell (*a.* ✝), unkörperlich; **2.** *fig.* vage, unklar, unbestimmt; **3.** *fig.* unfaßbar.
in·tar·si·a [inˈtɑ:siə] *s. Am.* Inˈtarsia *f*, Einlegearbeit *f*.
in·te·ger [ˈintidʒə] *s.* **1.** 𝔄 ganze Zahl; **2.** *ein* Ganzes; **ˈin·te·gral** [-igrəl] **I.** *adj.* □ **1.** (*zur Vollständigkeit*) unerläßlich, integrierend, wesentlich, ⊕ eingebaut: *an* ~ *part*; **2.** ganz, vollständig: *an* ~ *whole* ein vollständiges *od.* einheitliches Ganzes; **3.** 𝔄 Integral...: ~ *calculus* Integralrechnung; **II.** *s.* **4.** *ein* (vollständiges) Ganzes; **5.** 𝔄 Inteˈgral *n*; **ˈin·te·grant** [-igrənt] → *integral 1*.
in·te·grate [ˈintigreit] *v/t.* **1.** zs.-schließen, vereinigen, vereinheitlichen; **2.** vervollständigen; **3.** eingliedern (*within* in *acc.*); **4.** 𝔄 integrieren; **5.** ⚡ zählen (*Meßgerät*); **6.** *Am.* die Rassenschranken aufheben zwischen; **ˈin·te·grat·ed** [-tid] *adj.* **1.** einheitlich, gleichmäßig; **2.** zs.-hängend: ~ *school Am.* Einheitsschule (*ohne Rassentrennung*); **in·te·gra·tion** [intiˈgreiʃən] *s.* **1.** Zs.-schluß *m*, Vereinigung *f*, Integratiˈon *f*, Vereinheitlichung *f*; **2.** Vervollständigung *f*; **3.** Eingliederung *f*; **4.** 𝔄 Integratiˈon *f*; **5.** *Am.* Aufhebung *f* der Rassenschranken; **in·te·gra·tion·ist** [intiˈgreiʃnist] *s. Am.* Verfechter(in) rassischer Gleichberechtigung.
in·teg·ri·ty [inˈtegriti] *s.* **1.** Rechtschaffenheit *f*, (chaˈrakterliche) Sauberkeit, (moˈralische) Integriˈtät; **2.** Vollständigkeit *f*, Unversehrtheit *f*.
in·teg·u·ment [inˈtegjumənt] *s.* (naˈtürliche) Decke *od.* Hülle, Haut *f* (*a. anat.*).
in·tel·lect [ˈintilekt] *s.* **1.** Verstand *m*, Intelˈlekt *m*, Denkvermögen *n*, Urteilskraft *f*; **2.** kluger Kopf; *coll.* große Geister *pl.*, Intelliˈgenz *f*; **in·tel·lec·tu·al** [intiˈlektjuəl] **I.** *adj.* □ → *intellectually*; **1.** intellektuˈell, verstandesmäßig, Verstandes..., geistig, Geistes...: ~ *power* Geisteskraft; **2.** (vernunft)begabt, klug, vernünftig, intelliˈgent; **3.** intellektuˈell, verstandesbetont; **II.** *s.* **4.** Intellektuˈelle(r *m*) *f*; **in·tel·lec·tu·al·ist** [intiˈlektjuəlist] *s.* Verstandesmensch *m*; **in·tel·lec·tu·al·i·ty** [ˈintilektjuˈæliti] *s.* Verstandes-, Geisteskraft *f*; **in·tel·lec·tu·al·ly** [intiˈlektjuəli] *adv.* verstandesmäßig, mit dem Verstand.
in·tel·li·gence [inˈtelidʒəns] *s.* **1.** Intelliˈgenz *f*, Klugheit *f*, Verstand *m*; **2.** rasche Auffassungsgabe, Scharfsinn *m*; **3.** Einsicht *f*, Verständnis *n*; **4.** Nachricht *f*, Mitteilung *f*, Auskunft *f*; ⚔ ˈNachrichtenmateriˌal *n*; **5.** ⚔ Nachrichtendienst *m*, -wesen *n*; **6.** ~ *with the enemy* (*verräterische*) Beziehungen zum Feinde; ~ **bu·reau** *Am.*, ♀ **De·part·ment** → *intelligence 5*; ~ **of·fice** *s. Am.* **1.** *obs.* Arbeitsnachweis (-stelle *f*) *m*; **2.** → *intelligence 5*; ~ **of·fi·cer** *s.* ⚔ ˈNachrichtenoffiˌzier *m*; ~ **quo·tient** *s. psych.* Intelliˈgenzquotiˌent *m*.
in·tel·li·genc·er [inˈtelidʒənsə] *s.* **1.** ˈNachrichtenüberˌbringer(in); **2.** Aˈgent(in), Spiˈon(in).
in·tel·li·gence| serv·ice → *intelligence 5*; ~ **test** *s.* Intelliˈgenzprüfung *f*, -test *m*.
in·tel·li·gent [inˈtelidʒənt] *adj.* □ **1.** intelliˈgent, klug, gescheit; **2.** vernünftig, verständig, verständnisvoll; **3.** vernunftbegabt; **in·tel·li·gent·si·a, in·tel·li·gent·zi·a** [inteliˈdʒentsiə] *s. pl. konstr. coll.* Intelliˈgenz *f*, *die* Gebildeten *pl.*; **in·tel·li·gi·bil·i·ty** [intelidʒəˈbiliti] *s.* Verständlichkeit *f*, Deutlichkeit *f*; **inˈtel·li·gi·ble** [-dʒəbl] □ verständlich, klar (*to* für *od. dat.*).
in·tem·per·ance [inˈtempərəns] *s.* Unmäßigkeit *f*, Zügellosigkeit *f*, *bsd.* Trunksucht *f*; **inˈtem·per·ate** [-rit] *adj.* □ **1.** unmäßig, ˈübermäßig; **2.** ausschweifend, zügellos; unbeherrscht; **3.** trunksüchtig.
in·tend [inˈtend] *v/t.* **1.** beabsichtigen, vorhaben, planen, bezwecken (*s.th. et.*; *to do od. doing* zu tun): *we* ~ *no harm* wir haben nichts Böses im Sinne; **2.** bestimmen (*for* für, zu): *our son is* ~*ed for the navy* unser Sohn soll (einmal) zur Marine gehen; *what is it* ~*ed for?* was ist der Sinn (*od.* Zweck)?, was soll das?; **3.** sagen wollen, meinen: *what do you* ~ *by this?* was wollen Sie damit sagen?; **4.** bedeuten, sein sollen: *I* ~*ed it for a compliment* es sollte ein Kompliment sein; **5.** wollen, wünschen: *I* ~ *him to go* ich wünsche, daß er geht; **inˈtend·ant** [-dənt] *s.* Intenˈdant *m*, Verwalter *m* (*e-s nichtenglischen Betriebes*); **inˈtend·ed** [-did] **I.** *adj.* □ **1.** beabsichtigt, gewünscht; **2.** absichtlich; **3.** F zukünftig: *my* ~ *wife*; **II.** *s.* **4.** F Verlobte(r *m*) *f*: *her* ~ ihr Zukünftiger; **inˈtend·ing** [-diŋ] *adj.* angehend, zukünftig; reflektierend, ...lustig, ...willig: ~ *buyer* ✝ Kauf-

lustiger, -williger, Reflektant; ~ *travel(l)er* Reiselustige(r).

in·tense [in'tens] *adj.* □ **1.** stark, heftig, inten'siv; **2.** tief (*Farbe*); hell (*Licht*); **3.** sehnlich, eifrig, dringend; **4.** angestrengt, angespannt; **5.** exaltiert, über'spannt; **in'tense·ly** [-li] *adv.* äußerst, höchst; **in'tense·ness** [-nis] *s.* **1.** Intensi'tät *f*, Stärke *f*, Heftigkeit *f*; **2.** Anspannung *f*, Anstrengung *f*; **in·ten·si·fi·ca·tion** [intensifi'keiʃən] *s.* Verstärkung *f* (*a. phot.*); **in'ten·si·fi·er** [-sifaiə] *s.* Verstärker *m* (*a.* ⊕, *phot.*); **in'ten·si·fy** [-sifai] **I.** *v/t.* verstärken (*a. phot.*), steigern; **II.** *v/i.* sich verstärken.

in·ten·sion [in'tenʃən] *s.* **1.** Verstärkung *f*; **2.** Stärke *f*, Heftigkeit *f*; **3.** Anstrengung *f*.

in·ten·si·ty [in'tensiti] *s.* **1.** Intensi'tät *f* (*a.* ⊕, *phys.*), (*a.* ⚡, *a. Laut-*, *Licht*)Stärke *f*, Heftigkeit *f*, hoher Grad, Kraft *f*, Fülle *f*; **2.** *phot.* Dichtigkeit *f*; **in'ten·sive** [-siv] **I.** *adj.* □ **1.** inten'siv, stark, heftig: ~ *course ped.* Intensivkurs; **2.** verstärkend (*a. ling.*), steigernd; **3.** ⚕ **a)** stark wirkend, **b)** ~ *care unit* Intensivstation; **4.** ✝ ertragssteigernd, intensiv; **II.** *s.* **5.** Verstärkungsmittel *n*; **6.** *ling.* verstärkendes Ele'ment.

in·tent [in'tent] **I.** *s.* **1.** Absicht *f*, Vorsatz *m*, Zweck *m*: *criminal* ~ ⚖ Vorsatz, (verbrecherische) Absicht; *with* ~ *to defraud* in betrügerischer Absicht; *to all* ~*s and purposes* **a)** in jeder Hinsicht, durchaus, **b)** im Grunde, eigentlich, **c)** praktisch, sozusagen; *declaration of* ~ Absichtserklärung; **II.** *adj.* □ **2.** erpicht, versessen (*on* auf *acc.*); **3.** (*on*) bedacht (auf *acc.*), eifrig beschäftigt (mit); **4.** aufmerksam, gespannt, eifrig.

in·ten·tion [in'tenʃən] *s.* **1.** Absicht *f*, Vorhaben *n*, Vorsatz *m*, Plan *m* (*to do od. of doing* zu tun): *with the best (of)* ~*s* in bester Absicht; **2.** *pl.* F (Heirats)Absichten *pl.*; **3.** Zweck *m* (*a. eccl.*), Ziel *n*; **4.** Sinn *m*, Bedeutung *f*; **in'ten·tion·al** [-ʃənl] *adj.* □ **1.** absichtlich, vorsätzlich; **2.** beabsichtigt; **in'ten·tioned** [-nd] *adj. in Zssgn* ...gesinnt: *well-*~ gutgesinnt, wohlmeinend.

in·tent·ness [in'tentnis] *s.* gespannte Aufmerksamkeit, Eifer *m*: ~ *of purpose* Zielstrebigkeit.

in·ter [in'tə:] *v/t.* beerdigen, begraben.

inter- [intə(:)] *in Zssgn* zwischen, Zwischen...; unter; gegen-, wechselseitig, ein'ander, Wechsel...

'in·ter·act¹ [-əræ-] *s. thea.* Zwischenakt *m*, -spiel *n*.

in·ter'act² [-ər'æ-] *v/i.* aufein'ander wirken, sich gegenseitig beeinflussen; **in·ter'ac·tion** [-ər'æ-] *s.* Wechselwirkung *f*; **in·ter'ac·tive** [-ər'æ-] *adj.* aufein'ander einwirkend, wechselwirkend.

in·ter'al·lied [-ər'æ-] *adj. pol.* 'interalliiert.

in·ter'blend [*irr.* → *blend*] *v/t. u. v/i.* (sich) (innig) vermischen.

in·ter'breed *biol.* **I.** *v/t.* [*irr.* → *breed*] durch Kreuzung züchten, kreuzen; **II.** *v/i.* [*irr.* → *breed*] sich kreuzen.

in·ter·ca·lar·y [in'tə:kələri] *adj.* eingeschaltet, eingeschoben; Schalt...: ~ *day* Schalttag; **in'ter·ca·late** [-leit] *v/t.* einschieben, einschalten; **in·ter·ca·la·tion** [intə:kə'leiʃən] *s.* **1.** Einschiebung *f*, Einschaltung *f*; **2.** Einlage *f*.

in·ter·cede [intə(:)'si:d] *v/i.* sich verwenden, sich ins Mittel legen, Fürsprache einlegen, intervenieren (*with* bei, *for* für); bitten (*with* bei *j-m*, *for* um *et.*); **in·ter'ced·er** [-də] *s.* Fürsprecher(in).

in·ter·cept **I.** *v/t.* [intə(:)'sept] **1.** *Brief, Meldung, Flugzeug, Boten etc.* abfangen; **2.** *Meldung* auffangen, mit-, abhören; **3.** unter'brechen, abschneiden; **4.** den Weg abschneiden (*dat.*), *Sicht* versperren; **5.** aufhalten, hemmen, (be)hindern; **6.** ✂ **a)** abschneiden, **b)** einschließen; **II.** *s.* ['intə(:)sept] **7.** ✂ Abschnitt *m*; **8.** aufgefangene Meldung; **in·ter·cep·tion** [intə(:)'sepʃən] *s.* **1.** Ab-, Auffangen *n* (*Meldung etc.*); **2.** Ab-, Mithören *n* (*Meldung*): ~ *service* Abhör-, Horchdienst; **3.** Abfangen *n* (*Flugzeug, Boten*): ~ *flight* Sperrflug; ~ *plane* Sperrflugzeug; **4.** Unter'brechung *f*, Abschneiden *n*; **5.** Aufhalten *n*, Hinderung *f*; **in·ter·cep·tor** [intə'septə] *s.* **1.** Auffänger *m*; **2.** *a.* ~ *plane* ✈ ⚔ Abfang-, Verteidigungsjäger *m*.

in·ter·ces·sion [intə'seʃən] *s.* **1.** Fürbitte *f* (*a. eccl.*), Fürsprache *f*: *to make* ~ *to s.o. for* bei j-m Fürsprache einlegen für, sich bei j-m verwenden für; **2.** *a. service of* ~ Bittgottesdienst *m*; **in·ter'ces·sor** [-esə] *s.* Fürsprecher(in), (Ver-)Mittler(in) (*with* bei); **in·ter'ces·so·ry** [-esəri] *adj.* fürsprechend.

in·ter·change [intə(:)'tʃeindʒ] **I.** *v/t.* **1.** unterein'ander austauschen, auswechseln; **2.** vertauschen, abwechseln lassen; **II.** *v/i.* **3.** abwechseln (*with* mit), aufein'anderfolgen; **III.** *s.* ['intə(:)'tʃeindʒ] **4.** Austausch *m*, Aus-, Abwechslung *f*; **5.** Wechsel *m*, Aufein'anderfolge *f*; **6.** ✝ Tauschhandel *m*; **in·ter·change·a·bil·i·ty** ['intə(:)tʃeindʒə'biliti] *s.* Auswechselbarkeit *f*; **in·ter'change·a·ble** [-dʒəbl] *adj.* □ **1.** austauschbar, auswechselbar; **2.** (mitein'ander) abwechselnd.

'in·ter·col'le·gi·ate *adj.* zwischen verschiedenen Colleges (bestehend).

in·ter·com ['intə(:)kɔm] *s.* **1.** ✈, ⚓ Eigen-, Bordverständigung *f*; **2.** Gegen-, Wechselsprechanlage *f*, Querverbindung *f*.

in·ter·com'mu·ni·cate *v/i.* mitein'ander verkehren *od.* in Verbindung stehen; **'in·ter·com·mu·ni'ca·tion** *s.* gegenseitige Verbindung, gegenseitiger Verkehr: ~ *system* → *intercom*.

in·ter·com'mun·ion *s. bsd. eccl.* Gemeinschaft *f* unterein'ander.

in·ter'com·pa·ny *adj.* zwischenbetrieblich, Konzern...

'in·ter·con'nect **I.** *v/t.* mitein'ander verbinden; **II.** *v/i.* miteinander verbunden werden *od.* sein; **'in·ter·con'nec·tion** *s.* gegenseitige Verbindung; ⚡ verkettete Schaltung.

in·ter·con·ti'nen·tal *adj.* ˌinterkontinen'tal, zwischen Konti'nenten.

in·ter'cos·tal *adj.* **1.** zwischen den (Körper-, Blatt-, Schiffs)Rippen (gelegen); **2.** ⊕ zwischenliegend, Zwischen...

'in·ter·course *s.* **1.** 'Umgang *m*, Verkehr *m* (*with* mit), Verbindung *f* (*between* zwischen *dat.*); **2.** ✝ Geschäftsverkehr *m*, -verbindung *f*; **3.** *a. sexual* ~ (Geschlechts)Verkehr *m*.

'in·ter'cross **I.** *v/t.* **1.** ein'ander kreuzen lassen; **2.** ⚘, *zo.* kreuzen; **II.** *v/i.* **3.** sich kreuzen (*a.* ⚘, *zo.*).

in·ter'cur·rent *adj.* **1.** da'zwischenkommend; **2.** ⚕ hin'zutretend.

'in·ter·de·nom·i'na·tion·al *adj.* 'interkonfessioˌnell.

in·ter·de'pend *v/i.* vonein'ander abhängen; **in·ter·de'pend·ence, in·ter·de'pend·en·cy** *s.* gegenseitige Abhängigkeit; **in·ter·de'pend·ent** *adj.* □ vonein'ander abhängig, eng zs.-hängend, inein'andergreifend.

in·ter·dict **I.** *s.* ['intə(:)dikt] **1.** Verbot *n*; **2.** *eccl.* Inter'dikt *n*, Kirchensperre *f*; **II.** *v/t.* [intə(:)'dikt] **3.** (amtlich) unter'sagen, verbieten (*to s.o.* j-m): *to* ~ *s.o. from s.th.* j-n von et. ausschließen, j-m et. entziehen *od.* verbieten; **4.** *eccl.* mit dem Interdikt belegen; **in·ter'dic·tion** → *interdict* 1, 2.

in·ter·dig·i·tal [intə(:)'didʒitl] *adj. anat.* zwischen den Fingern *od.* Zehen (befindlich); **in·ter'dig·i·tate** [-teit] *v/i.* inein'andergreifen, verflochten sein.

in·ter·est ['intrist] **I.** *s.* **1.** (*in*) Inter'esse *n* (an *dat.*, für), (An)Teilnahme *f* (an *dat.*): *to take an* ~ *in s.th.* sich für et. interessieren; **2.** Reiz *m*, Interesse *n*: *to be of* ~ (*to*) reizvoll sein (für), interessieren (*acc.*); **3.** Wichtigkeit *f*, Bedeutung *f*: *to be of little* ~ von geringer Bedeutung sein; *of great* ~ von großem Interesse; **4.** *bsd.* ✝ Beteiligung *f*, Anteil *m* (*in* an *dat.*): *to have an* ~ *in s.th.* an *od.* bei et. beteiligt sein; **5.** ✝ Interes'senten *pl.*, Kreise *pl.*: *the banking* ~ die Bankkreise; *the landed* ~ die Gutsbesitzer; **6.** Interesse *n*, Vorteil *m*, Nutzen *m*, Gewinn *m*: *to be in* (*od. to*) *the* ~(*s*) *of* im Interesse von... liegen; *in your* ~ zu Ihrem Vorteil; *to look after one's* ~*s* s-e Interessen wahren; *to study s.o.'s* ~(*s*) j-s Vorteil im Auge haben; **7.** Einfluß *m*, Macht *f*: *to have* ~ *with* Einfluß haben bei; **8.** (An-)Recht *n*, Anspruch *m* (*in* auf *acc.*); **9.** Gesichtspunkt *m*, Seite *f* (*in e-r Geschichte etc.*): *the human* ~; **10.** (*nie pl.*) ✝ Zins(en *pl.*) *m*: *and* (*od. plus*) ~ zuzüglich Zinsen; *ex* ~ ohne Zinsen; *free of* ~ zinslos; *to bear* (*od. yield*) ~ Zinsen tragen, sich verzinsen; ~ *rate* → *11*; **11.** ✝ Zinsfuß *m*, -satz *m*; **12.** *fig.* Zinsen *pl.*: *to return a blow with* ~ e-n Streich mit Zinsen *od.* mit Zins u. Zinseszinsen zurückgeben; **II.** *v/t.* **13.** interessieren (*in* für), *j-s* Inter'esse *od.* Teilnahme erwecken (*in s.th.* an e-r Sache; *for s.o.* für j-n): *to* ~ *o.s. in* sich interessieren für, Anteil nehmen an (*dat.*); **14.** interessieren, anziehen, reizen, fesseln; **15.** angehen, betreffen: *everyone is ~ed in this law* dieses Gesetz geht jeden an; **16.** *bsd.* † beteiligen (*in* an *dat.*); **17.** gewinnen (*in* für).

in·ter·est·ed ['intristid] *adj.* □ **1.** interessiert, Anteil nehmend (*in* an *dat.*); aufmerksam: *to be ~ in* sich interessieren für; *I was ~ to know* es interessierte mich zu wissen; **2.** *bsd.* † beteiligt (*in* an *dat.*, bei): *the parties ~* die Beteiligten; **3.** voreingenommen, par'teiisch; **4.** eigennützig: *~ motives*; **'in·ter·est·ed·ly** [-li] *adv.* **1.** mit Inter'esse, aufmerksam; **2.** in interes'santer Weise; **'in·ter·est·ing** [-iŋ] *adj.* □ interes'sant, fesselnd, anziehend: *in an ~ condition* F *Brit.* in anderen Umständen (*schwanger*); **'in·ter·est·ing·ly** [-iŋli] *adv.* interes'santerweise.

'in·ter·face *s.* ⚡ Schnittstelle *f.*

in·ter·fere [intə'fiə] *v/i.* **1.** sich einmischen, da'zwischentreten, -kommen; dreinreden; sich Freiheiten her'ausnehmen; **2.** eingreifen, -schreiten: *it is time to ~*; **3.** *a.* ⊕ stören, hindern; **4.** zs.-stoßen (*a. fig.*), aufein'anderprallen; **5.** *phys.* aufein'andertreffen, sich kreuzen *od.* über'lagern; **6.** die Füße *od.* Beine gegenein'ander schlagen (*Pferd*); **7.** *~ with* **a)** *j-n* stören, unter'brechen, (be)hindern, belästigen, **b)** *et.* stören, beeinträchtigen, sich einmischen in (*acc.*), störend einwirken auf (*acc.*); **8.** *~ in* eingreifen in (*acc.*), sich befassen mit *od.* kümmern um; **in·ter'fer·ence** [-iərəns] *s.* **1.** Einmischung *f* (*in* in *acc.*), Eingreifen *n* (*with* in *acc.*); **2.** Störung *f*, Hinderung *f*, Beeinträchtigung *f* (*with gen.*); **3.** Zs.-stoß(en *n*) *m* (*a. fig.*); **4.** *phys.* Interfe'renz *f* (*a.* ⚡); **5.** ⚡ Beeinflussung *f*, Über'lagerung *f*; **6.** *Radio*: Störung *f*: *reception ~* Empfangsstörung; *~ suppression* Entstörung; **in·ter·fe·ren·tial** [intə(:)fə'renʃəl] *adj. phys.* Interferenz...; **in·ter'fer·ing** [-iəriŋ] *adj.* □ störend, lästig: *to be always ~* F sich ständig einmischen, s-e Nase in alles (hinein)stecken.

in·ter'flow *v/i.* inein'anderfließen, sich vermischen.

in·ter'fuse I. *v/t.* **1.** vermischen; **2.** durch'dringen; II. *v/i.* **3.** sich vermischen; **in·ter'fu·sion** *s.* Vermischung *f*; Durch'dringung *f.*

'in·ter'gla·cial *adj. geol.* zwischeneiszeitlich, interglazi'al.

in·ter·im ['intərim] I. *s.* **1.** Zwischenzeit *f*: *in the ~* in der Zwischenzeit, einstweilen, vorläufig; **2.** 'Interim *n*, einstweilige Regelung; **3.** 2 *hist.* Interim *n*; II. *adj.* **4.** einstweilig, vorläufig, Übergangs..., Interims..., Zwischen...: *~ report* Zwischenbericht; → *injunction 1*; **~ aid** *s.* Über'brükkungshilfe *f*; **~ bal·ance (sheet)** *s.* † 'Zwischenbi,lanz *f*, -abschluß *m*; **~ cer·tif·i·cate** *s.* † 'Interimsschein *m*; **~ cred·it** *s.* † 'Zwischenkre,dit *m*; **~ div·i·dend** *s.* † 'Interimsdivi,dende *f.*

in·te·ri·or [in'tiəriə] I. *adj.* **1.** inner, innengelegen; Innen... (*a.* Å): *~ decorator* Innenarchitekt; **2.** binnenländisch, Binnen...; **3.** inländisch, Inlands...; **4.** innerlich; II. *s.* **5.** *das* Innere (*a.* Å), Innenraum *m*; **6.** *das* Innere, Binnenland *n*; **7.** *phot.* Innenaufnahme *f*; **8.** *das* Innere, wahres Wesen; **9.** *pol.* innere Angelegenheiten *pl.*: *Department* (*od. Ministry*) *of the* 2 Innenministerium (*nichtenglisch*).

in·ter·ja·cent [intə(:)'dʒeisənt] *adj.* da'zwischenliegend.

in·ter·ject [intə(:)'dʒekt] *v/t.* **1.** *Bemerkung* da'zwischen-, einwerfen; **2.** einschieben, einschalten; **3.** da'zwischenrufen; **in·ter'jec·tion** [-kʃən] *s.* **1.** Aus-, Zwischenruf *m*; **2.** *ling.* Interjekti'on *f*; **in·ter'jec·tion·al** [-kʃənl] *adj.* □; **in·ter'jec·to·ry** [-təri] *adj.* da'zwischengeworfen, eingeschoben, Zwischen...

in·ter'lace I. *v/t.* **1.** verflechten, verschlingen; **2.** durch'flechten, verweben (*a. fig.*); **3.** (ver)mischen; II. *v/i.* **4.** sich verflechten *od.* kreuzen: *interlacing arches* ▲ verschränkte Bogen; *interlacing boughs* verschlungene Zweige.

'in·ter·lan·guage *s.* Verkehrssprache *f.*

in·ter'lard *v/t. fig.* spicken, durch'setzen (*with* mit).

'in·ter·leaf *s.* [*irr.*] leeres Zwischenblatt.

in·ter'leave *v/t. Bücher* durch'schießen.

in·ter'line *v/t.* **1.** zwischen die Zeilen schreiben *od.* setzen, einfügen; **2.** *typ. Zeilen* durch'schießen; **3.** *Kleid* mit e-m Zwischenfutter versehen; **in·ter'lin·e·ar** *adj.* **1.** da'zwischengeschrieben, zwischenzeilig, Interlinear...; **2.** *~ space typ.* Durchschuß; **'in·ter·lin·e'a·tion** *s. das* Da'zwischengeschriebene; **'in·ter·lin·ing** *s.* Zwischenfutter(stoff *m*) *n.*

in·ter·link I. *v/t.* [intə(:)'liŋk] verketten (*a.* ⚡): *~ed piece* 🚂 (Gleis-)Zwischenstück; II. *s.* ['intə(:)liŋk] Zwischenglied *n.*

in·ter'lock I. *v/i.* **1.** inein'andergreifen, -haken; II. *v/t.* **2.** zs.-schließen, inein'anderschachteln: *~ing directorate* † Schachtelaufsichtsrat; **3.** inein'anderhaken, verzahnen; **4.** 🚂 verblocken: *~ing signals* Blocksignale; *~ing plant* Stellwerk.

in·ter·lo·cu·tion [intə(:)lou'kju:ʃən] *s.* Gespräch *n*, Unter'redung *f*; **in·ter·loc·u·tor** [intə(:)'lɔkjutə] *s.* Gesprächspartner(in); **in·ter·loc·u·to·ry** [intə(:)'lɔkjutəri] *adj.* **1.** in Gesprächsform; Gesprächs...; **2.** ⚖ vorläufig, Vor..., Zwischen...: *~ injunction* einstweilige Verfügung.

in·ter·lope [intə(:)'loup] *v/i.* **1.** sich eindrängen *od.* -mischen; **2.** † wilden Handel treiben; **in·ter·lop·er** ['intə(:)loupə] *s.* **1.** Eindringling *m*; **2.** † Schleichhändler *m.*

in·ter·lude ['intə(:)lu:d] *s.* **1.** Zwischenspiel *n* (*a.* ♪ *u. fig.*); **2.** Pause *f*; **3.** Zwischenzeit *f.*

in·ter'mar·riage *s.* **1.** Mischehe *f* (*zwischen verschiedenen Stämmen, Rassen etc.*); **2.** Heirat *f* zwischen nahen Blutsverwandten; **'in·ter'mar·ry** *v/i.* **1.** unterein'ander heiraten (*Stämme etc.*); **2.** innerhalb der Fa'milie heiraten.

in·ter'med·dle *v/i.* sich einmischen (*with, in* in *acc.*).

in·ter·me·di·ar·y [intə(:)'mi:djəri] I. *adj.* **1.** da'zwischenliegend, Zwischen...; **2.** vermittelnd; II. *s.* **3.** Vermittler(in); **4.** † Zwischenhändler *m*; **in·ter'me·di·ate** [-jət] I. *adj.* □ **1.** da'zwischenliegend, Zwischen..., Mittel...: *~ between* liegend zwischen; *~ examination* → *4*; *~ stage* Zwischenstadium; *~ trade* † Zwischenhandel; II. *s.* **2.** Zwischenglied *n*, -form *f*, -stück *n*; **3.** ⚗ 'Zwischenpro,dukt *n*; **4.** Zwischenprüfung *f.*

in·ter·ment [in'tə:mənt] *s.* Beerdigung *f*, Beisetzung *f.*

in·ter·mez·zo [intə(:)'metsou] *pl.* **-mez·zi** [-tsi:] *od.* **-mez·zos** *s.* Inter'mezzo *n*, Zwischenspiel *n.*

in·ter·mi·na·ble [in'tə:minəbl] *adj.* □ **1.** grenzenlos, endlos; **2.** langwierig; **in'ter·mi·na·ble·ness** [-nis] *s.* Endlosigkeit *f.*

in·ter'min·gle *v/t. u. v/i.* (sich) vermischen.

in·ter'mis·sion *s.* Unter'brechung *f*, Aussetzen *n*, Pause *f*: *without ~* pausenlos, unaufhörlich, ständig.

in·ter·mit [intə(:)'mit] I. *v/t.* unter'brechen, aussetzen mit; II. *v/i.* aussetzen, nachlassen; **in·ter'mit·tence** [-təns] *s.* Aussetzen *n*, Unter'brechung *f.*

in·ter·mit·tent [intə(:)'mitənt] *adj.* □ → *intermittently*; **1.** mit Unter'brechungen, stoßweise; **2.** (zeitweilig) aussetzend, peri'odisch: *to be ~* aussetzen; *~ fever* ⚕ Wechselfieber; *~ light* ⚓ Blinkfeuer; **in·ter'mit·tent·ly** [-li] *adj.* **1.** → *intermittent 1*; **2.** sprunghaft, ruckweise; **3.** in Zwischenräumen.

in·ter'mix I. *v/t.* ver-, unter'mischen; II. *v/i.* sich vermischen; **in·ter'mix·ture** *s.* **1.** Mischung *f*; **2.** Beimischung *f*, Zusatz *m.*

in·tern[1] I. *v/t.* [in'tə:n] internieren; II. *s.* ['intə:n] *Am.* Internierte(r *m*) *f.*

in·tern[2] ['intə:n] *Am.* I. *s.* im Krankenhaus wohnender Arzt, *bsd.* 'Pflichtassi,stent(in); II. *v/i.* als Assi'stenzarzt (*in e-r Klinik*) tätig sein.

in·ter·nal [in'tə:nl] *adj.* □ → *internally*; **1.** inner, inwendig: *~ injury* ⚕ innere Verletzung; *~ organs anat.* innere Organe; *~ diameter* lichte Weite; *~ evidence* ⚖ innerer Beweis; **2.** ⚕ innerlich anzuwenden(d), einzunehmen(d); **3.** inner(lich), geistig; **4.** einheimisch, in-, binnenländisch, Inlands..., Innen..., Binnen...: *~ loan* † Inlandsanleihe; *~ trade* Binnenhandel; **5.** *pol.* inner, Innen...: *~ affairs* innere Angelegenheiten; **6.** *ped.* in'tern, im College *etc.* wohnend; **7.** † *etc.* in'tern, innerbetrieblich; **~ an·gle** *s.* Å Innenwinkel *m*; **~-com'bus·tion en·gine** *s.* ⊕ Ver'brennungs-, Explosi'ons,motor *m.*

in·ter·nal·ly [in'tə:nəli] *adv.* innen, innerlich; in'tern.

in·ter·nal| med·i·cine *s.* ⚕ innere Medi'zin; **~ rev·e·nue** *s.* † *Am.* Steueraufkommen *n*; **~ spe·cial·ist** *s.* ⚕ Inter'nist *m*, Facharzt *m* für innere Krankheiten; **~ thread** *s.* ⊕ Innengewinde *n.*

in·ter'na·tion·al I. *adj.* □ **1.** ,internatio'nal, zwischenstaatlich; **2.**

Welt..., Völker...; **II.** *s.* **3.** *sport* **a)** ˌInternatioˈnale(r *m*) *f*; Natioˈnalspieler(in), **b)** F internationaler Vergleichskampf; Länderspiel *n*; **4.** *pol.* ˌInternatioˈnale *f*; **5.** Internationale *f* (*Kampflied*); **6.** *pl.* † international gehandelte ˈWertpaˌpiere *pl.*; ⁓ **can·dle** *s. phys.* internationale *od.* Neue Kerze (*Lichtstärke*).

in·terˈna·tion·al·ism *s.* **1.** ˌInternationaˈlismus *m*; **2.** ˌinternatioˈnale Zs.-arbeit; **in·terˈna·tion·al·ist** *s.* **1.** ˌInternationaˈlist *m*, Anhänger *m* des Internationalismus; **2.** ⚖ Völkerrechtler *m*; **in·ter·na·tionˈal·i·ty** *s.* ˌinternatioˈnaler Chaˈrakter; **ˈin·ter·na·tion·al·iˈza·tion** *s.* Internationalisierung *f*; **in·terˈna·tion·al·ize** *v/t.* international machen, internationalisieren.

in·ter·na·tion·al| law *s.* Völkerrecht *n*; ♀ **Mon·e·tar·y Fund** *s.* ˌInternatioˈnaler Währungsfonds; ⁓ **mon·ey or·der** *s.* Auslandspostanweisung *f*; ⁓ **re·ply cou·pon** *s.* ˌinternatioˈnaler Antwortschein.

in·terne [inˈtəːn] → *intern[2] I.*

in·ter·ne·cine [intə(ː)ˈniːsain] *adj.* **1.** sich gegenseitig tötend: ⁓ *war* gegenseitiger Vernichtungskrieg; **2.** mörderisch, vernichtend.

in·tern·ee [intəːˈniː] *s.* Internierte(r *m*) *f*; **in·tern·ment** [inˈtəːnmənt] *s.* Internierung *f*: ⁓ *camp* Internierungslager.

in·terˈnu·cle·ar *adj. biol.* zwischen (Zell)Kernen gelegen.

ˈin·ter·o·ceˈan·ic [-ə(ː)rou-] *adj.* zwischen (zwei) Weltmeeren liegend, (zwei) Weltmeere verbindend.

in·ter·pel·late [inˈtəːpeleit] *v/t. pol.* interpellieren (*in nichtenglischen Ländern*); **in·ter·pel·la·tion** [intəːpeˈleiʃən] *s. pol.* Interpellatiˈon *f*.

in·terˈpen·e·trate I. *v/t.* völlig durchˈdringen; **II.** *v/i.* sich gegenseitig durchˈdringen; **ˈin·ter·pen·eˈtra·tion** *s.* gegenseitige Durchˈdringung.

in·ter·phone [ˈintəfoun] *s.* **1.** ˈHaustelẹˌphon *n*, -sprechanlage *f*; **2.** *bsd.* ⚔ Bordsprechgerät *n*, Eigenverständigungsanlage *f*.

in·terˈplan·e·tar·y *adj.* ˌinterplaneˈtarisch.

ˈin·terˈplay *s.* Wechselwirkung *f*, -spiel *n*.

In·ter·pol [ˈintəpɔl] *s.* ˈInterpol *f* (*Internationale kriminalpolizeiliche Kommission*).

in·terˈpo·lar *adj. bsd.* ⚡ die Pole verbindend, zwischen den Polen liegend.

in·ter·po·late [inˈtəːpouleit] *v/t.* **1.** (*mst Gefälschtes*) einschalten, einfügen; **2.** (durch Einschiebungen) verfälschen; **3.** A interpolieren; **in·ter·po·la·tion** [intəːpouˈleiʃən] *s.* **1.** Einschaltung *f*, Einschiebung *f* (*in e-n Text*); **2.** A Interpolatiˈon *f*.

in·terˈpose I. *v/t.* **1.** daˈzwischenstellen, -legen, -bringen; **2.** *et.* in den Weg legen; **3.** *Bemerkung* einwerfen, einflechten; *Einwand etc.* vorbringen; **II.** *v/i.* **4.** daˈzwischenkommen, -treten; **5.** vermitteln, intervenieren; **6.** (sich) unterˈbrechen (*im Reden*); **in·ter·poˈsi·tion** *s.* **1.** Eingreifen *n*; **2.** Vermittlung *f*, Einfügung *f*, Einschaltung *f*.

in·ter·pret [inˈtəːprit] **I.** *v/t.* **1.** interpretieren, auslegen, deuten; ansehen (*as* als); *bsd.* ⚔ auswerten; **2.** verdolmetschen; **3.** ♪, *theat. etc.* interpretieren, ˈwiedergeben, darstellen; **II.** *v/i.* **4.** dolmetschen, Dolmetscher sein; **in·ter·pre·ta·tion** [intəːpriˈteiʃən] *s.* **1.** Erklärung *f*, Auslegung *f*, Deutung *f*; Auswertung *f*; **2.** (mündliche) ˈWiedergabe, Überˈsetzung *f*; **3.** ♪, *thea. etc.* Darstellung *f*, ˈWiedergabe *f*; Auffassung *f*, ˌInterpretatiˈon *f*; **inˈter·pret·er** [-tə] *s.* **1.** Erklärer(in), Ausleger(in), Interˈpret(in); **2.** Dolmetscher(in); **inˈter·pret·er·ship** [-təʃip] *s.* Dolmetscherstellung *f*.

in·terˈra·cial [-ə(ː)ˈrei-] *adj.* verschiedenen Rassen gemeinsam, interˈrassisch.

in·ter·reg·num [intəˈregnəm] *pl.* **-na** [-nə], **-nums** *s.* **1.** Interˈregnum *n*; **2.** Zwischenregierung *f*; **3.** Pause *f*, Unterˈbrechung *f*.

in·ter·reˈlat·ed [-ə(ː)ri-] *adj.* in Wechselbeziehung stehend, untereinˈander zs.-hängend; **ˈin·ter·reˈla·tion** [-ə(ː)ri-] *s.* gegenseitige Beziehung, Wechselbeziehung *f*.

in·ter·ro·gate [inˈterəgeit] *v/t.* **1.** (be)fragen; **2.** interpellieren; **3.** ausfragen, vernehmen, verhören; **in·ter·ro·ga·tion** [interəˈgeiʃən] *s.* **1.** Frage *f* (*a. ling.*), Befragung *f*: ⁓ *mark*, *point of* ⁓ *ling.* Fragezeichen; **2.** Vernehmung *f*, Verhör *n*: ⁓ *officer* Vernehmungsoffizier, -beamter; **in·ter·rog·a·tive** [intəˈrɔgətiv] **I.** *adj.* ☐ fragend, Frage...: ⁓ *pronoun* → *II*; **II.** *s. ling.* Fragefürwort *n*; **inˈter·ro·ga·tor** [-tə] *s.* **1.** Fragesteller(in); **2.** Vernehmungsbeamte(r) *m*; **3.** *pol.* Interpelˈlant *m*; **in·ter·rog·a·to·ry** [intəˈrɔgətəri] **I.** *adj.* **1.** fragend, Frage...; **II.** *s.* **2.** Frage(stellung) *f*; **3.** gerichtliche Frage(n *pl.*) *f*.

in·ter·rupt [intəˈrʌpt] *v/t.* **1.** unterˈbrechen (*a.* ⚡), *j-m* ins Wort fallen: *don't!* ⁓ unterbrich (mich *etc.*) nicht!; **2.** aufhalten, stören, hindern; **in·terˈrupt·ed** [-tid] *adj.* ☐ unterˈbrochen (*a.* ⚡, ⊕, ♀); **in·terˈrupt·ed·ly** [-tidli] *adv.* mit Unterˈbrechungen; **in·terˈrupt·er** [-tə] *s.* **1.** Unterˈbrecher *m* (*a.* ⚡, ⊕); **2.** Zwischenrufer(in); Störer(in); **in·terˈrup·tion** [-pʃən] *s.* **1.** Unterˈbrechung *f* (*a.* ⚡), Stockung *f*: *without* ⁓ ununterbrochen; **2.** (⊕ Betriebs)Störung *f*.

in·ter·sect [intə(ː)ˈsekt] **I.** *v/t.* (durch)ˈschneiden; **II.** *v/i.* sich schneiden *od.* kreuzen (*a.* A); **in·terˈsec·tion** [-kʃən] *s.* **1.** Durchˈschneiden *n*; **2.** Schnitt-, Kreuzungspunkt *m* (*a.* A); **3.** *a. line of* ⁓ A ˈSchnittˌlinie *f*; **4.** *Am.* (Straßen- *etc.*)Kreuzung *f*, **5.** △ Vierung *f*.

ˈin·terˈspace I. *s.* Zwischenraum *m*; **II.** *v/t.* Raum lassen zwischen (*dat.*).

in·ter·sperse [intə(ː)ˈspəːs] *v/t.* **1.** einstreuen, hier und da einfügen (*among* zwischen *acc.*); **2.** durchˈsetzen (*with* mit).

ˈin·ter·state *adj. Am.* zwischenstaatlich, zwischen den Staaten der USA (bestehend *etc.*).

ˈin·terˈstel·lar *adj.* interstelˈlar, zwischen den Sternen (befindlich).

in·ter·stice [inˈtəːstis] *s.* **1.** Zwischenraum *m*; **2.** Lücke *f*, Spalte *f*; **in·ter·sti·tial** [intə(ː)ˈstiʃəl] *adj.* in Zwischenräumen (gelegen), Zwischen...

in·terˈtrib·al *adj.* zwischen verschiedenen Stämmen (vorkommend).

in·terˈtwine *v/t. u. v/i.* (sich) verflechten *od.* verschlingen.

in·terˈur·ban [-ə(ː)rˈəː-] *adj.* zwischen Städten: ⁓ *bus* Überland(omni)bus.

in·ter·val [ˈintəvəl] *s.* **1.** Zwischenraum *m*, -zeit *f*, Abstand *m*: *at* ⁓*s* dann und wann, periodisch; → *lucid 1*; **2.** Pause *f*: ⁓ *signal Radio*: Pausenzeichen; **3.** *thea.* Pause *f*, Zwischenakt *m*; **4.** ♪ Interˈvall *n*, Tonabstand *m*; ⁓ **train·ing** *s. sport* Interˈvalltraining *n*.

in·ter·vene [intə(ː)ˈviːn] *v/i.* **1.** daˈzwischenliegen, liegen zwischen (*dat.*); **2.** sich (inˈzwischen) ereignen, (plötzlich) eintreten; **3.** (*unerwartet*) daˈzwischenkommen: *if nothing* ⁓*s*; **4.** sich einmischen (*in* in *acc.*), einschreiten; **5.** (*helfend*) eingreifen, vermitteln, sich ins Mittel legen; sich verwenden (*with s.o.* bei j-m); **6.** *bsd.* †, ⚖ intervenieren; **in·terˈven·tion** [-ˈvenʃən] *s.* **1.** Daˈzwischenliegen *n*, -kommen *n*; **2.** Vermittlung *f*; **3.** Eingreifen *n*, -schreiten *n*, -mischung *f*; **4.** †, ⚖, *pol.* Interventiˈon *f*; **5.** Einspruch *m*; **in·terˈven·tion·ist** [-ˈvenʃnist] *s. pol.* Befürworter *m* e-r Interventiˈon.

in·ter·view [ˈintəvjuː] **I.** *s.* **1.** Interˈview *n*, Unterˈredung *f*, Besprechung *f*: *hours for* ⁓*s* Sprechzeiten, -stunden; **2.** Befragung *f*; **II.** *v/t.* **3.** interˈviewen, ein Interview *od.* e-e Unterredung haben mit; **in·ter·view·ee** [intəvjuːˈiː] *s.* Interˈviewte(r *m*) *f*, Befragte(r *m*) *f*; **ˈin·ter·view·er** [-juːə] *s.* Interˈviewer(in), Befrager(in).

ˈin·ter·war *adj.*: *the* ⁓ *period* die Zeit zwischen den (Welt)Kriegen.

in·terˈweave *v/t.* [*irr.* → *weave*] **1.** verweben, verflechten (*a. fig.*); **2.** vermengen; **3.** durchˈweben, -ˈflechten, -ˈwirken.

in·terˈzon·al *adj.* Interzonen...

in·tes·ta·cy [inˈtestəsi] *s.* ⚖ Fehlen *n* e-s Testaˈments; **inˈtes·tate** [-tit] **I.** *adj.* **1.** ohne Hinterˈlassung e-s Testaˈments: *to die* ⁓; **2.** nicht testamenˈtarisch geregelt: ⁓ *estate*; ⁓ *succession* gesetzliche Erbfolge; **II.** *s.* **3.** Erb-lasser(in), der (*od.* die) kein Testaˈment hinterˈlassen hat.

in·tes·ti·nal [inˈtestinl] *adj.* ⚕ Darm..., Eingeweide...: ⁓ *flora* Darmflora; **in·tes·tine** [inˈtestin] **I.** *s. anat.* Darm *m*; *pl.* Gedärme *pl.*, Eingeweide *pl.*: *large* ⁓ Dickdarm; *small* ⁓ Dünndarm; **II.** *adj.* inner, einheimisch: ⁓ *war* Bürgerkrieg.

in·thral(l) [inˈθrɔːl] *Am.* → *enthrall*.

in·throne [inˈθroun] *Am.* → *enthrone*.

in·ti·ma·cy [ˈintiməsi] *s.* **1.** Intimiˈtät *f*, Vertrautheit *f*, vertrauter ˈUmgang; **2.** inˈtime (*sexuelle*) Beziehungen *pl.*

in·ti·mate[1] [ˈintimit] **I.** *adj.* ☐ **1.** vertraut, innig, inˈtim: *on* ⁓ *terms* auf vertrautem Fuß; **2.** eng, nah; **3.** perˈsönlich; **4.** intim, in geschlechtlichen Beziehungen (stehend) (*with* mit); **5.** gründlich: ~ *knowledge*; **6.** ⊕, ♀ innig: ~ *contact*; ~ *mixture*; **II.** *s.* **7.** Vertraute(r *m*) *f*, 'Intimus *m*.

in·ti·mate² ['intimeit] *v/t.* **1.** andeuten, zu verstehen geben; **2.** nahelegen; **3.** ankündigen, mitteilen; **in·ti·ma·tion** [inti'meiʃən] *s.* **1.** Andeutung *f*, Wink *m*; **2.** Mitteilung *f*; **3.** (An)Zeichen *n*.

in·tim·i·date [in'timideit] *v/t.* einschüchtern, abschrecken, bange machen; **in·tim·i·da·tion** [intimi'deiʃən] *s.* Einschüchterung *f*.

in·ti·tle [in'taitl] *Am.* → *entitle*.

in·tit·uled [in'titju:ld] *adj.* betitelt.

in·to ['intu; 'intə] *prp.* **1.** in (*acc.*), in (*acc.*) ... hin'ein: *to go* ~ *the house*; *to get* ~ *debt* in Schulden geraten; *to flog* ~ *obedience* durch Prügel zum Gehorsam bringen; *far* ~ *the night* tief in die Nacht; **2.** *Zustandsänderung*: zu: *to make water* ~ *ice* Wasser zu Eis machen; *to turn* ~ *cash* zu Geld machen; *to grow* ~ *a man* ein Mann werden; **3.** ✗ in: *to divide* ~ *10 parts* in 10 Teile teilen; *4* ~ *20 goes five times* 4 geht in 20 fünfmal.

in·tol·er·a·ble [in'tɔlərəbl] *adj.* □ unerträglich; **in'tol·er·a·ble·ness** [-nis] *s.* Unerträglichkeit *f*; **in'tol·er·ance** [-lərəns] *s.* 'Intoleranz *f*, Unduldsamkeit *f* (*of* gegen); **in'tol·er·ant** [-lərənt] *adj.* □ **1.** unduldsam, 'intolerant (*of* gegen); **2.** *to be* ~ *of* nicht (v)ertragen können.

in·tomb [in'tu:m] *Am.* → *entomb*.

in·to·nate ['intouneit] *v/t.* → *intone*; **in·to·na·tion** [intou'neiʃən] *s.* **1.** *ling.* Intonati'on *f*, Tonfall *m*; **2.** ♪ **a)** Anstimmen *n*, **b)** Psalmodieren *n*, **c)** Tonansatz *m*; **in·tone** [in'toun] *v/t.* **1.** ♪ anstimmen, intonieren; **2.** ♪ psalmodieren; **3.** den Tonfall geben (*dat.*).

in to·to [in 'toutou] (*Lat.*) *adv.* im ganzen, vollständig.

in·tox·i·cant [in'tɔksikənt] **I.** *adj.* berauschend; **II.** *s.* berauschendes Getränk; **in'tox·i·cate** [-keit] *v/t.* (*a. fig.*) berauschen, (be)trunken machen: ~*d with* trunken von *Wein, Liebe od.* vor *Freude*; **in·tox·i·ca·tion** [intɔksi'keiʃən] *s.* Rausch *m*, Berauschung *f*, Trunkenheit *f* (*a. fig.*).

intra- [intrə] *in Zssgn* innerhalb.

in·tra'car·di·ac *adj.* ⚕ im Herz'innern, intrakardi'al.

in·trac·ta·bil·i·ty [intræktə'biliti] *s.* Unlenksamkeit *f*, 'Widerspenstigkeit *f*; **in·trac·ta·ble** [in'træktəbl] *adj.* □ **1.** unlenksam, störrisch, halsstarrig, eigensinnig; **2.** schwer zu bearbeiten(d) *od.* zu handhaben(d), 'widerspenstig'.

in·tra·dos [in'treidɔs] *s.* ⚠ Laibung *f*, innere Wölbfläche.

in·tra·mu·ral ['intrə'mju:ərəl] *adj.* **1.** innerhalb der Mauern (*e-r Stadt, e-s Hauses etc.*) befindlich; **2.** innerhalb der Universi'tät.

in·tra'mus·cu·lar *adj.* ⚕ intramusku'lär.

in·tran·si·gence [in'trænsidʒəns] *s.* Unnachgiebigkeit *f*, Kompro'mißlosigkeit *f*; **in'tran·si·gent** [-nt] *bsd. pol.* **I.** *adj.* unnachgiebig, starr, kompro'mißlos; **II.** *s.* Unnachgiebige(r *m*) *f*, Starrkopf *m*, Radi'kale(r *m*) *f*.

in·tran·si·tive [in'trænsitiv] **I.** *adj.* □ *ling.* 'intransitiv, nichtzielend; **II.** *s. ling.* 'Intransitivum *n*.

in·trant ['intrənt] *s.* Neueintretende(r *m*) *f*, (*ein Amt*) Antretende(r *m*) *f*.

in·tra've·nous *adj.* ⚕ intrave'nös.

in·treat [in'tri:t] *Am.* → *entreat*.

in·trench [in'trentʃ] → *entrench*.

in·trep·id [in'trepid] *adj.* □ unerschrocken, furchtlos; **in·tre·pid·i·ty** [intri'piditi] *s.* Unerschrockenheit *f*.

in·tri·ca·cy ['intrikəsi] *s.* **1.** Kompli'ziertheit *f*, Kniffligkeit *f*; **2.** Komplikati'on *f*, Schwierigkeit *f*; **'in·tri·cate** [-kit] *adj.* □ verwickelt, 'umständlich, kompli'ziert, knifflig, schwierig.

in·trigue [in'tri:g] **I.** *v/i.* **1.** intrigieren, Ränke schmieden; **2.** ein Verhältnis haben (*with* mit); **II.** *v/t.* **3.** fesseln, interessieren; **4.** verblüffen, erstaunen, befremden; **III.** *s.* **5.** In'trige *f*, Ränkespiel *n*; *pl.* Ränke *pl.*, Machenschaften *pl.*; **in'tri·guer** [-gə] *s.* Intri'gant(in); **in'tri·guing** [-giŋ] *adj.* □ **1.** fesselnd, interes'sant; **2.** verblüffend.

in·trin·sic [in'trinsik] *adj.* (□ ~*ally*) inner, wahr, eigentlich, wirklich, wesentlich: ~ *value* innerer Wert; **in'trin·si·cal·ly** [-kəli] *adv.* wirklich, eigentlich; an sich.

in·tro·duce [intrə'dju:s] *v/t.* **1.** einführen: *to* ~ *a new method*; **2.** einleiten, eröffnen, anfangen; **3.** (*into* in *acc.*) *et.* (her'ein)bringen; *Instrument etc.* einführen, -setzen; *Seuche* einschleppen; *Gesetz* einbringen; **4.** *Thema, Frage* anschneiden, aufwerfen; **5.** *j-n* (hin'ein)führen, (-)geleiten (*into* in *acc.*); **6.** (*to*) *j-n* einführen (in *acc.*), bekanntmachen (mit *et.*); **7.** (*to*) *j-n* bekanntmachen (mit *j-m*), vorstellen (*dat.*); **in·tro·duc'tion** [-'dʌkʃən] *s.* **1.** Einführung *f*; **2.** Einleitung *f*, Anbahnung *f*; **3.** Vorrede *f*, -wort *n*; **4.** Leitfaden *m*, Anleitung *f*; **5.** Einführung *f* (*Instrument*); Einschleppung *f* (*Seuche*); Einbringung *f* (*Gesetz*); **6.** Vorstellung *f*: *letter of* ~ Empfehlungsbrief; **in·tro'duc·to·ry** [-'dʌktəri] *adj.* einleitend, Einleitungs..., Vor...

in·tro·it ['intrɔit] *s. eccl.* In'troitus *m*, Eingangslied *n*.

in·tro·mis·sion [introu'miʃən] *s.* **1.** Einführung *f*; **2.** Zulassung *f*.

in·tro·spect [introu'spekt] *v/t.* sich (innerlich) prüfen; **in·tro'spec·tion** [-kʃən] *s.* Selbstprüfung *f*, innere Einkehr; **in·tro'spec·tive** [-tiv] *adj.* □ selbstprüfend; nach innen gekehrt, beschaulich.

in·tro·ver·sion [introu'və:ʃən] *s.* **1.** Einwärtskehren *n*; **2.** *psych.* Introversi'on *f*, Wendung *f* nach innen; **in·tro·vert I.** *s.* ['introuvə:t] *psych.* introvertierter *od.* nach innen gerichteter Mensch; **II.** *v/t.* [introu'və:t] nach innen richten (*a. psych.*), einwärtskehren.

in·trude [in'tru:d] **I.** *v/t.* **1.** hin'eindrängen, -zwängen (*into* in *acc.*); **2.** her'vorkehren, (unangenehm) fühlbar machen; **3.** aufdrängen: *to* ~ *s.th. upon s.o.* j-m et. aufdrängen; *to* ~ *o.s. upon s.o.* sich j-m aufdrängen; **II.** *v/i.* **4.** sich eindrängen *od.* einmischen (*into* in *acc.*), sich aufdrängen (*upon dat.*); **5.** (*upon*) *j-n* stören, belästigen: *am I intruding?* störe ich?; **in'trud·er** [-də] *s.* **1.** Eindringling *m*; **2.** Zudringliche(r *m*) *f*, Störenfried *m*; **3.** ✈ Störflugzeug *n*; **in'tru·sion** [-u:ʒən] *s.* **1.** Eindrängen *n*, Eindringen *n*; **2.** Einmischung *f*; **3.** Zu-, Aufdringlichkeit *f*; **4.** Belästigung *f* (*upon gen.*); **5.** ⚖ Besitzentziehung *f*; **in'tru·sive** [-u:siv] *adj.* □ **1.** auf-, zudringlich, lästig; **2.** *geol.* eingedrungen; **3.** *ling.* 'unetymo,logisch (eingedrungen); **in'tru·sive·ness** [-u:sivnis] → *intrusion 3.*

in·trust [in'trʌst] *Am.* → *entrust*.

in·tu·i·tion [intju(:)'iʃən] *s.* Intuiti'on *f*: **a)** unmittelbare Erkenntnis, **b)** Eingebung *f*, Ahnung *f*; **in·tu·itive** [in'tju(:)itiv] *adj.* □ intui'tiv.

in·tu·mes·cence [intju(:)'mesns] *s.* **1.** ⚕ Anschwellung *f*, Geschwulst *f*; **2.** *fig.* Schwulst *m*; **in·tu'mes·cent** [-nt] *adj.* (an)schwellend.

in·twine *Am.* → *entwine*.

in·twist *Am.* → *entwist*.

in·un·date ['inʌndeit] *v/t.* über'schwemmen (*a. fig.*); **in·un·da·tion** [inʌn'deiʃən] *s.* Über'schwemmung *f*, Flut *f* (*a. fig.*).

in·ure [i'njuə] **I.** *v/t. mst pass.* (*to*) abhärten (gegen), gewöhnen (an *acc.*); **II.** *v/i. bsd.* ⚖ wirksam *od.* gültig *od.* angewendet werden.

in·u·til·i·ty [inju(:)'tiliti] *s.* Nutz-, Zwecklosigkeit *f*.

in·vade [in'veid] *v/t.* **1.** einfallen *od.* eindringen *od.* einbrechen in (*acc.*); **2.** über'fallen, angreifen; **3.** *fig.* über'laufen, sich ausbreiten über (*acc.*); **4.** eindringen in (*acc.*), 'übergreifen auf (*acc.*); **5.** *fig.* erfüllen, ergreifen, befallen: *fear* ~*d all*; **6.** *fig.* verstoßen gegen, verletzen, antasten, eingreifen in (*acc.*); **in'vad·er** [-də] *s.* Eindringling *m*, Angreifer(in).

in·va·lid¹ ['invəli:d] **I.** *adj.* **1.** (dauernd) kränklich, krank, leidend; **2.** Kranken...: ~ *chair* Rollstuhl; ~ *diet* Krankenkost; **3.** ⚔ dienstunfähig; **II.** *s.* **4.** Kranke(r *m*) *f*, Gebrechliche(r *m*) *f*; **5.** Inva'lide *m*; **III.** *v/t.* [invə'li:d] **6.** zum Invaliden machen; **7.** dienstuntauglich erklären: *to be* ~*ed out of the army* als Invalide aus dem Heer entlassen werden.

in·val·id² [in'vælid] *adj.* □ **1.** (rechts)ungültig, null u. nichtig; **2.** nichtig, nicht über'zeugend (*Argumente*); **in'val·i·date** [-deit] *v/t.* **1.** (für) ungültig erklären, 'umstoßen; **2.** entkräften; **in·val·i·da·tion** [invæli'deiʃən] *s.* **1.** Ungültigkeitserklärung *f*; **2.** Entkräftung *f*.

in·va·lid·ism ['invəli:dizəm] *s.* ⚕ Invalidi'tät *f*.

in·va·lid·i·ty [invə'liditi] *s.* **1.** *bsd.* ⚖ Ungültigkeit *f*, Nichtigkeit *f*; **2.** ⚕ *Am.* Invalidi'tät *f*.

in·val·u·a·ble [in'væljuəbl] *adj.* □ unschätzbar, unbezahlbar.
in·var·i·a·bil·i·ty [invεəriə'biliti] *s.* Unveränderlichkeit *f*; **in·var·i·a·ble** [in'vεəriəbl] **I.** *adj.* □ unveränderlich, gleichbleibend; kon'stant (*a.* ⚹); **II.** *s.* Kon'stante *f*; **in·var·i·a·bly** [in'vεəriəbli] *adv.* beständig, ausnahmslos.
in·va·sion [in'veiʒən] *s.* **1.** ⚔ (*of*) Invasi'on *f* (*gen.*), Einfall *m* (in *acc.*), 'Überfall *m*, Angriff *m* (auf *acc.*); **2.** Eindringen *n*, Einbruch *m* (*of* in *acc.*); **3.** Andrang *m* (*of* zu); **4.** *fig.* (*of*) Eingriff *m* (in *acc.*), Verstoß *m* (gegen); **5.** ⚕ Anfall *m*; **in'va·sive** [-eisiv] *adj.* **1.** ⚔ Invasions..., Angriffs..., angreifend; **2.** eingreifend (*of* in *acc.*); **3.** zudringlich.
in·vec·tive [in'vektiv] *s.* Schmähung(en *pl.*) *f*, Beschimpfung *f*; *pl.* Schimpfworte *pl.*
in·veigh [in'vei] *v/i.* (*against*) schimpfen (über, auf *acc.*), herziehen (über *acc.*).
in·vei·gle [in'vi:gl] *v/t.* **1.** verlocken, verleiten, verführen (*into* zu); **2.** locken (*into* in *acc.*); **in'vei·gle·ment** [-mənt] *s.* Verleitung *f*, Verführung *f*.
in·vent [in'vent] *v/t.* **1.** erfinden (*a. fig.*); ersinnen; **2.** fingieren, erdichten; **in'ven·tion** [-nʃən] *s.* **1.** Erfindung *f* (*a. fig.*); **2.** (Gegenstand *m etc.* der) Erfindung *f*; **3.** Erfindungsgabe *f*; **4.** Erdichtung *f*, Märchen *n*; **in'ven·tive** [-tiv] *adj.* □ **1.** erfinderisch (*of* in *dat.*); Erfindungs...; **2.** schöpferisch, einfallsreich, origi'nell; **in'ven·tive·ness** [-tivnis] → *invention 3*; **in'ven·tor** [-tə] *s.* Erfinder(in).
in·ven·to·ry ['invəntri] *a.* ✝ **I.** *s.* **1.** Inven'tar-, Bestandsverzeichnis *n*, -aufnahme *f*; (Stück)Liste *f*; **2.** Inven'tar *n*, Lagerbestand *m*, Vorräte *pl.*: *to draw up an* ~ Inventur machen; **II.** *v/t.* **3.** den Bestand aufnehmen von, inventarisieren.
in·verse ['in'və:s] **I.** *adj.* □ 'umgekehrt, entgegengesetzt (*a.* ⚹); **II.** *s.* 'Umkehrung *f*, Gegenteil *n*; **in·ver·sion** [in'və:ʃən] *s.* **1.** 'Umkehrung *f* (*a.* ⚹, ♪); **2.** *ling.* Inversi'on *f*; **3.** ˌHomosexuali'tät *f*.
in·vert **I.** *v/t.* [in'və:t] **1.** 'umkehren (*a.* ♪), 'umdrehen, 'umwenden (*a.* ⚡); **2.** *ling.* 'umstellen; **3.** ⚗ invertieren; **II.** *s.* ['invə:t] **4.** ⚠ 'umgekehrter Bogen; **5.** ⊕ Sohle *f* (*Schleuse etc.*); **6.** ˌHomosexu'elle(r) *m*; 'Lesbierin *f*.
in·ver·te·brate [in'və:tibrit] **I.** *adj.* **1.** *zo.* wirbellos; **2.** *fig.* rückgratlos; **II.** *s.* **3.** *zo.* wirbelloses Tier: *the* ~*s* die Wirbellosen; **4.** *fig.* Mensch *m* ‚ohne Rückgrat', haltloser Mensch.
in·vert·ed [in'və:tid] *adj.* **1.** 'umgekehrt; 'umgestellt; **2.** invertiert, per'vers, ˌhomosexu'ell; **3.** ⊕ hängend; ~ **com·mas** *s. pl.* Anführungszeichen *pl.*, ‚Gänsefüßchen' *pl.*; ~ **flight** *s.* ✈ Rückenflug *m*; ~ **im·age** *s. phys.* Kehrbild *n*.
in·vest [in'vest] **I.** *v/t.* **1.** ✝ investieren, anlegen (*in* in *dat.*); **2.** (*with, in* mit) bekleiden (*a. fig.*); bedecken, um'hüllen; **3.** (*with*) kleiden (in *acc.*), ausstatten (mit *Befugnissen etc.*); um'geben (mit); **4.** (in Amt u. Würden) einsetzen; **5.** ⚔ einschließen, belagern; **II.** *v/i.* **6.** ~ *in* F sich *et.* zulegen *od.* kaufen.
in·ves·ti·gate [in'vestigeit] **I.** *v/t.* unter'suchen, erforschen; ermitteln; **II.** *v/i.* (*into*) nachforschen (nach), Ermittlungen anstellen (über *acc.*); **in·ves·ti·ga·tion** [investi'geiʃən] *s.* **1.** Unter'suchung *f*, Nachforschung *f*; *pl.* Ermittlungen *pl.*; **2.** *wissenschaftliche* Forschung; **in'ves·ti·ga·tor** [-tə] *s.* **1.** Unter'suchende(r) *m*, Unter'suchungsbeamte(r) *m*; **2.** Prüfer(in), (Nach-)Forscher(in).
in·ves·ti·ture [in'vestitʃə] *s.* **1.** Investi'tur *f*, Amtseinsetzung *f*; Belehnung *f*; **2.** *fig.* Ausstattung *f*, Einkleidung *f*.
in·vest·ment [in'vestmənt] *s.* **1.** ✝ Investierung *f*, (Kapi'tals)Anlage *f* (*a. fig.*); **2.** ✝ 'Anlage(kapiˌtal *n*) *f*; *pl.* Anlagewerte *pl.*, Investiti'onen *pl.*; **3.** ✝ Einlage *f*, Beteiligung *f*; **4.** Ausstattung *f*; **5.** ⚔ Belagerung *f*, Bloc'kade *f*; ~ **ad·vis·er** *s.* Anlageberater *m*; ~ **goods** *s. pl.* ✝ Investiti'onsgüter *pl.*; ~ **trust** *s.* ✝ Kapi'talanlagegesellschaft *f*, In'vestment-Trust *m*: ~ *certificate* Investmentzertifikat.
in·ves·tor [in'vestə] *s.* ✝ Geld-, Kapi'talanleger *m*.
in·vet·er·a·cy [in'vetərəsi] *s.* **1.** Unausrottbarkeit *f*; **2.** ⚕ Hartnäckigkeit *f*; **in'vet·er·ate** [-rit] *adj.* □ **1.** eingewurzelt; **2.** ⚕ hartnäckig; **3.** eingefleischt, unverbesserlich.
in·vid·i·ous [in'vidiəs] *adj.* □ **1.** Ärgernis erregend, verhaßt; **2.** gehässig, boshaft; **3.** peinlich, ärgerlich; **in'vid·i·ous·ness** [-nis] *s.* **1.** *das* Ärgerliche *od.* Peinliche; **2.** Gehässigkeit *f*, Bosheit *f*.
in·vig·i·late [in'vidʒileit] *v/i. ped. Brit.* die Aufsicht führen; **in·vig·i·la·tion** [invidʒi'leiʃən] *s. Brit.* Aufsicht *f*.
in·vig·or·ate [in'vigəreit] *v/t.* stärken, kräftigen, beleben; **in·vig·or·a·tion** [invigə'reiʃən] *s.* Kräftigung *f*, Belebung *f*.
in·vin·ci·bil·i·ty [invinsi'biliti] *s.* Unbesiegbarkeit *f*; 'Unüberˌwindlichkeit *f*; **in·vin·ci·ble** [in'vinsəbl] *adj.* □ unbesiegbar; 'unüberˌwindlich.
in·vi·o·la·bil·i·ty [invaiələ'biliti] *s.* Unverletzlichkeit *f*, Unantastbarkeit *f*; **in·vi·o·la·ble** [in'vaiələbl] *adj.* □ unverletzlich, unantastbar, unverbrüchlich, heilig; **in·vi·o·late** [in'vaiəlit] *adj.* □ **1.** unverletzt, nicht gebrochen (*Gesetz etc.*); **2.** nicht entweiht, unberührt.
in·vis·i·bil·i·ty [invizə'biliti] *s.* Unsichtbarkeit *f*; **in·vis·i·ble** [in'vizəbl] *adj.* □ unsichtbar (*to* für): *he was* ~ er ließ sich nicht sehen; ~ *exports* ✝ unsichtbare Exporte; ~ *ink* Geheimtinte.
in·vi·ta·tion [invi'teiʃən] *s.* **1.** Einladung *f* (*to s.o.* an j-n): ~ *to tea* Einladung zum Tee; **2.** Aufforderung *f*, Ersuchen *n*; **3.** ✝ Ausschreibung *f*: ~ *to bid*; **in·vite** [in'vait] *v/t.* **1.** einladen: *to* ~ *s.o. in* j-n hereinbitten; **2.** *j-n* auffordern, bitten (*to do* zu tun); **3.** *et.* erbitten, ersuchen um, auffordern zu *et.*; **4.** *et.* her'ausfordern, her'vorrufen; sich aussetzen (*dat.*); **5.** ermutigen zu, anlocken; **in·vit·ing** [in'vaitiŋ] *adj.* □ einladend, (ver)lockend.
in·vo·ca·tion [invou'keiʃən] *s.* **1.** Anrufung *f*; **2.** *eccl.* Bittgebet *n*.
in·voice ['invɔis] ✝ **I.** *s.* Fak'tura *f*, (Waren)Rechnung *f*: *as per* ~ laut Rechnung; ~ *clerk* Fakturist(in); ~ *number* Rechnungsnummer; **II.** *v/t.* fakturieren, in Rechnung stellen.
in·voke [in'vouk] *v/t.* **1.** anrufen, anflehen, flehen zu; **2.** flehen um, her'ab-, erflehen; **3.** zu Hilfe rufen, sich berufen auf (*acc.*), (*als Zeugen*) anführen; **4.** *Geist* beschwören.
in·vol·un·tar·i·ness [in'vɔləntərinis] *s.* **1.** Unfreiwilligkeit *f*; **2.** 'Unwillˌkürlichkeit *f*; **in·vol·un·tar·y** [in'vɔləntəri] *adj.* □ **1.** unfreiwillig; **2.** 'unwillˌkürlich; **3.** unabsichtlich.
in·vo·lute ['invəlu:t] *adj.* **1.** ⚘ eingerollt; **2.** *zo.* mit engen Windungen; **3.** *fig.* verwickelt; **in·vo·lu·tion** [invə'lu:ʃən] *s.* **1.** ⚘ Einrollung *f*; **2.** *biol.* Einschrumpfung *f*, Rückbildung *f*; **3.** Potenzierung *f*; **4.** Verwicklung *f*, Verwirrung *f*.
in·volve [in'vɔlv] *v/t.* **1.** *mst fig.* verwickeln, -stricken, hin'einziehen (*in* in *acc.*): *he* ~*d me in the quarrel* er zog mich in den Streit hinein; **2.** verwirren, komplizieren; **3.** in Schwierigkeiten bringen (*with* mit); **4.** (*in, with*) verknüpfen (mit), beteiligen (an *dat.*); **5.** angehen, betreffen, berühren; **6.** einschließen, -beziehen, um'fassen; **7.** mit sich bringen, zur Folge haben, nötig machen: *this* ~*s great expense*; **in'volved** [-vd] *adj.* **1.** verwickelt, kompliziert, verworren (*Stil etc.*); **2.** (*in*) verwickelt (in *acc.*), betroffen (von): ~ *in debt* verschuldet; ~ *in a car accident* an e-m Autounfall beteiligt; **3.** (*in s.th., with s.o.*) stark beschäftigt (mit), beteiligt *od.* interessiert (an *dat.*); **4.** einbegriffen: *the persons* ~ die Betreffenden *od.* Betroffenen; **5.** *to be* ~ **a)** in Frage kommen, **b)** auf dem Spiel stehen: *about £ 100 was* ~.
in·vul·ner·a·bil·i·ty [invʌlnərə'biliti] *s.* **1.** Unverwundbarkeit *f*; **2.** *fig.* Unanfechtbarkeit *f*; **in·vul·ner·a·ble** [in'vʌlnərəbl] *adj.* □ **1.** unverwundbar, ungefährdet; **2.** *fig.* unanfechtbar, hieb- und stichfest; **3.** gefeit (*to* gegen).
in·ward ['inwəd] **I.** *adj.* □ **1.** inner(lich), Innen...; nach innen gehend: ~ *parts anat.* innere Organe; *the* ~ *nature* der Kern, das eigentliche Wesen; **2.** *fig.* seelisch, geistig, inner; **3.** ✝ nach der Heimat gehend: ~ *journey* ⚓ Heimfahrt, -reise; ~ *mail* eingehende *od.* eingegangene Post; **II.** *s.* **4.** *das* Innere (*a. fig.*); **5.** *pl.* ['inədz] F **a)** innere Or'gane *pl.*, Eingeweide *pl.* **b)** *Küche*: Inne'reien *pl.*; **III.** *adv.* **6.** nach innen; **7.** im Innern (*a. fig.*); **'in·ward·ly** [-li] *adv.* **1.** innerlich, im Innern (*a. fig.*); nach innen; **2.** leise, im stillen, für sich; **'in·ward·ness** [-nis] *s.* **1.** Innerlichkeit *f*; **2.** innere Na'tur, wahre Bedeutung; **'in·wards** [-dz] → *inward 6, 7.*
in·weave ['in'wi:v] *v/t.* [*irr.* →

weave] **1.** einweben (*into* in *acc.*); **2.** *fig.* ein-, verflechten.

in·wrought ['in'rɔːt] *adj.* **1.** eingewoben, eingearbeitet; **2.** verziert; **3.** *fig.* (eng) verflochten.

i·o·date ['aiədeit] *s.* ⚗ Jo'dat *n*; **i·od·ic** [ai'ɔdik] *adj.* ⚗ jodhaltig, Jod...; '**i·o·dide** [-daid] *s.* ⚗ Jo'did *n*; '**i·o·dine** [-diːn] *s.* Jod *n*: *tincture of* ~ Jodtinktur; '**i·o·dize** [-daiz] *v/t.* mit Jod behandeln; **i·o·do·form** [ai'ɔdəfɔːm] *s.* ⚗, ⚕ Jodo'form *n*.

i·on ['aiən] *s. phys.* I'on *n*.

I·o·ni·an [ai'ounjən] **I.** *adj.* i'onisch; **II.** *s.* I'onier(in).

I·on·ic[1] [ai'ɔnik] *adj.* i'onisch: ~ *order* ionische Säulenordnung.

i·on·ic[2] [ai'ɔnik] *adj. phys.* i'onisch: ~ *migration* Ionenwanderung.

i·o·ni·um [ai'ouniəm] *s.* ⚗ I'onium *n*.

i·on·i·za·tion [aiənai'zeiʃən] *s. phys.* Ionisierung *f*; **i·on·ize** ['aiənaiz] *phys.* **I.** *v/t.* ionisieren; **II.** *v/i.* in I'onen zerfallen; **i·on·o·sphere** [ai'ɔnəsfiə] *s. phys.* Iono'sphäre *f*.

i·o·ta [ai'outə] *s.* J'ota *n*: **a)** *griech. Buchstabe*, **b)** *fig.* Tüttelchen *n*: *not an* ~ kein Jota, nicht das geringste.

I O U ['aiou'juː] *s.* Schuldschein *m* (= *I owe you*).

ip·e·cac ['ipikæk] *s.* ⚘, ⚕ Brechwurz(el) *f*.

ip·so fac·to ['ipsou'fæktou] (*Lat.*) gerade (*od.* al'lein) durch diese Tatsache.

I·ra·ni·an [i'reinjən] **I.** *adj.* **1.** i'ranisch, persisch; **II.** *s.* **2.** I'ranier(in), Perser(in); **3.** *ling.* I'ranisch *n*, Persisch *n*.

I·ra·qi [i'rɑːki] **I.** *s.* **1.** I'raker(in); **2.** *ling.* I'rakisch *n*; **II.** *adj.* **3.** i'rakisch.

i·ras·ci·bil·i·ty [iræsi'biliti] *s.* Jähzorn *m*, Reizbarkeit *f*; **i·ras·ci·ble** [i'ræsibl] *adj.* □ jähzornig, reizbar.

i·rate [ai'reit] *adj.* zornig, wütend.

ire ['aiə] *s. poet.* Zorn *m*, Wut *f*; '**ire·ful** [-ful] *adj.* □ *poet.* zornig.

ir·i·des·cence [iri'desns] *s.* Schillern *n*; **ir·i'des·cent** [-nt] *adj.* schillernd, irisierend.

i·rid·i·um [ai'ridiəm] *s.* ⚗ I'ridium *n*.

i·ris ['aiəris] *s.* **1.** *anat.* Regenbogenhaut *f*, 'Iris *f*; **2.** ⚘ Schwertlilie *f*; ~ **di·a·phragm** *s. phot.* 'Irisblende *f*.

I·rish ['aiəriʃ] **I.** *adj.* **1.** irisch, irländisch: *the* ~ *Free State* der Irische Freistaat; → *bull*[3]; **II.** *s.* **2.** *ling.* Irisch *n*; **3.** *the* ~ *pl.* die Iren *pl.*, die Irländer *pl.*; '**I·rish·ism** [-ʃizəm] *s.* irische (Sprach)Eigentümlichkeit.

'**I·rish**|**·man** [-mən] *s.* [*irr.*] Ire *m*, Irländer *m*; ~ **stew** *s. Küche*: Irish-Stew *n*; ~ **ter·ri·er** *s.* Irischer 'Terrier; '~**·wom·an** *s.* [*irr.*] Irin *f*, Irländerin *f*.

irk [əːk] *v/t.* ärgern, verdrießen, langweilen: *it* ~*s me*; '**irk·some** [-səm] *adj.* □ ärgerlich, verdrießlich; lästig, beschwerlich.

i·ron ['aiən] **I.** *s.* **1.** Eisen *n*: *as hard as* ~ hart wie Eisen; *to have (too) many* ~*s in the fire* (zu) viele Eisen im Feuer haben; *to rule with a rod of* ~ mit eiserner Faust regieren; *to strike while the* ~ *is hot* das Eisen schmieden, solange es heiß ist; *man of* ~ hartherziger *od.* unnachgiebiger Mann; *he is made of* ~ er hat e-e eiserne Gesundheit; **2.** Brandeisen *n*, -stempel *m*; **3.** (Bügel-, Plätt-) Eisen *n*; **4.** Steigbügel *m*; **5.** *Golf*: Eisen *n* (*Schläger*); **6.** ⚕ 'Eisen (-präpa͵rat) *n*: *to take* ~ Eisen einnehmen; **7.** *pl.* Hand-, Fußschellen *pl.*, Eisen *pl.*: *to put in* ~*s* → *14*; **8.** *pl.* ⚕ Beinschiene *f* (*Stützapparat*): *to put s.o.'s leg in* ~*s* j-m das Bein schienen; **II.** *adj.* **9.** eisern, Eisen...: ~ *bar* Eisenstange; **10.** *fig.* eisern: **a)** hart, kräftig: ~ *constitution* eiserne Gesundheit; ~ *frame* kräftiger Körper(bau), **b)** ehern, hart, grausam: ~ *fist* eiserne Faust, **c)** unbeugsam, unerschütterlich: ~ *discipline* eiserne Zucht; ~ *will* eiserner Wille; **III.** *v/t.* **11.** bügeln, plätten; **12.** ~ *out* **a)** glätten, einebnen, glattwalzen, **b)** *fig.* ‚ausbügeln', ausgleichen, gutmachen; **13.** ⊕ mit Eisen beschlagen; **14.** fesseln, in Eisen legen.

i·ron| **age** *s.* Eisenzeit *f*; '~**-bound** *adj.* **1.** eisenbeschlagen; **2.** *fig.* zerklüftet, felsig; **3.** unnachgiebig, starr; ♀ **Chan·cel·lor** *s.*: *the* ~ der Eiserne Kanzler (*Bismarck*); '~**·clad** **I.** *adj.* **1.** gepanzert (*Schiff*), eisenverkleidet, -bewehrt, mit Eisenmantel; **2.** *fig. bsd. Am.* eisern, starr, streng; **II.** *s.* **3.** ⚓, ⚔ Panzerschiff *n*; ~ **con·crete** *s.* ⊕ 'Eisenbe͵ton *m*; ♀ **Cross** *s.* ⚔ Eisernes Kreuz (*Auszeichnung*); ~ **cur·tain** *s. pol.* ‚eiserner Vorhang'; ♀ **Duke** *s.*: *the* ~ der Eiserne Herzog (*Wellington*).

i·ron·er ['aiənə] *s.* Plätter(in), Bügler(in).

'**i·ron**|**-found·ry** *s.* ͵Eisengieße'rei *f*; ~ **horse** *s.* F **1.** ‚Dampfroß' *n* (*Lokomotive*); **2.** ‚Stahlroß' *n* (*Fahrrad*).

i·ron·ic *adj.*; **i·ron·i·cal** [ai'rɔnik(əl)] *adj.* □ i'ronisch, spöttelnd.

'**i·ron·ing-board** ['aiəniŋ] *s.* Bügel-, Plättbrett *n*.

i·ron| **lung** *s.* ⚕ eiserne Lunge; '~**·mas·ter** *s. bsd. Brit.* Eisenhüttenbesitzer *m*, 'Eisenfabri͵kant *m*; '~**·mon·ger** *s. bsd. Brit.* Eisenwaren-, Me'tallwarenhändler(in); '~**·mon·ger·y** *s. bsd. Brit.* **1.** Eisen-, Me'tallwaren *pl.*; **2.** Eisenwaren-, Me'tallwarenhandlung *f*; '~**-ore** *s. metall.* Eisenerz *n*; ~ **ox·ide** *s.* ⚗ 'Eiseno͵xyd *n*; ~ **ra·tion** *s.* ⚔ eiserne Rati'on; '~**·sides** *s.* **1.** *sg.* Mann *m* von großer Tapferkeit; **2.** ♀ *sg. hist. Beiname von* **a)** Oliver Cromwell, **b)** Edmund II. von England; **3.** ♀ *pl. hist.* Cromwells Reite'rei *f*; '~**·stone** *s. min.* Eisenstein *m*; '~**·ware** *s.* Eisen-, Me'tallwaren *pl.*; '~**·work** *s.* ⊕ 'Eisenbeschlag *m*, -konstrukti͵on *f*; '~**·works** *s. pl. sg. konstr.* Eisenhütte *f*.

i·ron·y[1] ['aiəni] *adj.* **1.** eisern; **2.** eisenhaltig (*Erde*); **3.** eisenartig.

i·ro·ny[2] ['aiərəni] *s.* **1.** Iro'nie *f*, Spötte'lei *f*: ~ *of fate fig.* Ironie des Schicksals; *tragic* ~ tragische Ironie; **2.** i'ronische Bemerkung.

Ir·o·quois ['irəkwɔi] *s.* **1.** Iro'kese *m*, Iro'kesin *f*; **2.** *pl.* ~ [-kwɔiz] Iro'kesen *pl.*

ir·ra·di·ance [i'reidjəns] *s.* Ausstrahlen *n*, Strahlenglanz *m*; **ir'ra·di·ant** [-nt] *adj. a. fig.* strahlend (*with* vor *dat.*); **ir'ra·di·ate** [-dieit] *v/t.* **1.** bestrahlen (*a.* ⚕), belichten, erleuchten; **2.** ausstrahlen, verbreiten; **3.** *fig. Gesicht etc.* aufheitern, verklären; **4.** *fig.* **a)** *j-n* erleuchten, aufklären, **b)** *et.* erhellen, Licht werfen auf (*acc.*); **ir·ra·di·a·tion** [ireidi'eiʃən] *s.* **1.** (Aus)Strahlen *n*, Leuchten *n*; **2.** ⚕ Bestrahlung *f*; Durch'leuchtung *f*; **3.** *fig.* Erleuchtung *f*, Aufklärung *f*.

ir·ra·tion·al [i'ræʃənl] **I.** *adj.* □ **1.** unvernünftig: **a)** vernunftlos: ~ *animal*, **b)** vernunftwidrig, unlogisch; **2.** A, *phls.* 'irratio͵nal; **II.** *s.* **3.** A 'Irratio͵nalzahl *f*; **ir·ra·tion·al·i·ty** [iræʃə'næliti] *s.* **1.** Unvernunft *f*; Vernunftwidrigkeit *f*; **2.** A, *phls.* Irrationali'tät *f*.

ir·re·claim·a·ble [iri'kleiməbl] *adj.* □ **1.** unverbesserlich; **2.** unbebaubar; **3.** 'unwieder͵bringlich.

ir·rec·og·niz·a·ble [i'rekəgnaizəbl] *adj.* □ nicht erkennbar, nicht 'wiederzuer͵kennen(d), unkenntlich.

ir·rec·on·cil·a·bil·i·ty [irekənsailə'biliti] *s.* **1.** Unvereinbarkeit *f* (*to, with* mit); **2.** Unversöhnlichkeit *f*; **ir·rec·on·cil·a·ble** [i'rekənsailəbl] **I.** *adj.* □ **1.** unvereinbar (*to, with* mit); **2.** unversöhnlich; **II.** *s.* **3.** *pol.* unversöhnlicher Gegner.

ir·re·cov·er·a·ble [iri'kʌvərəbl] *adj.* □ **1.** unrettbar (verloren), 'unwieder͵bringlich; **2.** ✝ uneinbringlich (*Schulden*); **3.** unheilbar, nicht wieder'gutzumachen(d).

ir·re·deem·a·ble [iri'diːməbl] *adj.* □ **1.** nicht rückkaufbar; **2.** ✝ nicht (in Gold) einlösbar (*Papiergeld*); **3.** ✝ untilgbar, unkündbar (*Anleihen etc.*); **4.** unrettbar, unverbesserlich, hoffnungslos.

ir·re·den·tism [iri'dentizəm] *s. pol.* Irreden'tismus *m*; **ir·re'den·tist** [-ist] *pol.* **I.** *s.* Irreden'tist *m*; **II.** *adj.* irreden'tistisch.

ir·re·duc·i·ble [iri'djuːsəbl] *adj.* □ **1.** nicht zu'rückführbar (*to* auf *acc.*), nicht zu vereinfachen(d), nicht zu verwandeln(d); **2.** nicht reduzierbar, nicht zu vermindern(d): *the* ~ *minimum* das äußerste Mindestmaß.

ir·ref·ra·ga·bil·i·ty [irefrəgə'biliti] *s.* 'Unwider͵legbarkeit *f*; **ir·ref·ra·ga·ble** [i'refrəgəbl] *adj.* □ 'unwider͵legbar, 'unum͵stößlich.

ir·re·fran·gi·ble [iri'frændʒibl] *adj.* **1.** unverletzlich, nicht zu über'treten(d); **2.** *opt.* unbrechbar.

ir·ref·u·ta·bil·i·ty [irefjutə'biliti] *s.* 'Unwider͵legbarkeit *f*; **ir·ref·u·ta·ble** [i'refjutəbl] *adj.* □ 'unwider͵legbar, nicht zu wider'legen(d).

ir·re·gard·less [iri'gɑːdlis] *adj. Am.* F ~ *of* ohne sich zu kümmern um.

ir·reg·u·lar [i'regjulə] **I.** *adj.* □ **1.** unregelmäßig (*a.* ⚘, *ling.*), ungleichmäßig, uneinheitlich, schwankend; **2.** ungeordnet, regellos; regelwidrig; **3.** ungehörig, ungebührlich; **4.** ungesetzlich, ungültig; **5.** uneben; 'unsyste͵matisch; **6.** ⚔ 'irregu͵lär; **II.** *s.* **7.** *pl.* Parti'sanen *pl.*, Freischärler *pl.*; **ir·reg·u·lar·i·ty** [iregju'læriti] *s.* **1.** Unregelmäßigkeit *f* (*a. ling.*), Ungleichmäßigkeit *f*; **2.** Regelwidrigkeit *f*; ⚖ Formfehler *m*, Verfahrensmangel *m*; **3.** Ungehörigkeit *f*; **4.** Unebenheit *f*; Unordnung *f*; **5.** Vergehen *n*, Verstoß *m*; **6.** Liederlichkeit *f*.

ir·rel·a·tive [i'relətiv] *adj.* □ ohne Beziehung (*to* auf *acc.*).

ir·rel·e·vance [i'relivəns], **ir'rel·e·van·cy** [-si] *s.* **1.** Unerheblichkeit *f*, Belanglosigkeit *f*; **2.** Unanwendbarkeit *f* (*to* auf *acc.*); **ir'rel·e·vant** [-nt] *adj.* □ **1.** 'irrele,vant, nicht zur Sache gehörig, ohne Beziehung (*to* zu); **2.** belanglos, unerheblich (*to* für); **3.** unanwendbar (*to* auf *acc.*).

ir·re·li·gion [iri'lidʒən] *s.* Religi'onslosigkeit *f*, Unglaube *m*; Gottlosigkeit *f*; **ir·re'li·gious** [-dʒəs] *adj.* □ **1.** 'irreligi,ös, ungläubig, gottlos; **2.** religi'onsfeindlich.

ir·re·me·di·a·ble [iri'mi:djəbl] *adj.* □ **1.** unheilbar, nicht wieder'gutzumachen(d); **2.** 'unab,änderlich.

ir·re·mis·si·ble [iri'misəbl] *adj.* □ **1.** unverzeihlich; **2.** unerläßlich.

ir·re·mov·a·ble [iri'mu:vəbl] *adj.* □ **1.** nicht zu entfernen(d); unbeweglich (*a. fig.*); **2.** unabsetzbar.

ir·rep·a·ra·ble [i'repərəbl] *adj.* □ nicht wieder'gutzumachen(d), unersetzlich; unheilbar (*a.* ⚕).

ir·re·place·a·ble [iri'pleisəbl] *adj.* unersetzlich, unersetzbar.

ir·re·press·i·ble [iri'presəbl] *adj.* □ nicht zu unter'drücken(d); unbezähmbar, unbändig.

ir·re·proach·a·ble [iri'proutʃəbl] *adj.* □ untadelig, einwandfrei, tadellos; **ir·re'proach·a·ble·ness** [-nis] *s.* Untadeligkeit *f*; einwandfreies Benehmen *od.* Verhalten.

ir·re·sist·i·bil·i·ty ['irizistə'biliti] *s.* 'Unwider,stehlichkeit *f*; **ir·re·sist·i·ble** [iri'zistəbl] *adj.* □ 'unwider,stehlich.

ir·res·o·lute [i'rezəlu:t] *adj.* □ unentschlossen, schwankend; **ir'res·o·lute·ness** [-nis], **ir·res·o·lu·tion** ['irezə'lu:ʃən] *s.* Unentschlossenheit *f*.

ir·re·solv·a·ble [iri'zɔlvəbl] *adj.* **1.** unlöslich, unauflösbar; **2.** unlösbar (*Problem*).

ir·re·spec·tive [iris'pektiv] *adj.* □: ~ *of* ohne Rücksicht auf (*acc.*), ungeachtet (*gen.*), abgesehen von.

ir·re·spon·si·bil·i·ty ['irispɔnsə'biliti] *s.* **1.** Unverantwortlichkeit *f*; **2.** Verantwortungslosigkeit *f*; **ir·re·spon·si·ble** [iris'pɔnsəbl] *adj.* □ **1.** nicht verantwortlich (*for* für); **2.** unverantwortlich (*Handlung*); **3.** verantwortungslos, leichtsinnig (*Person*); **4.** ⚖ unzurechnungsfähig.

ir·re·spon·sive [iris'pɔnsiv] *adj.* **1.** teilnahms-, verständnislos, gleichgültig (*to* gegenüber); **2.** unempfänglich (*to* für): *to be* ~ *to* nicht reagieren auf (*acc.*).

ir·re·ten·tive [iri'tentiv] *adj.* unfähig zu behalten; gedächtnisschwach; schwach (*Gedächtnis*).

ir·re·triev·a·ble [iri'tri:vəbl] *adj.* □ **1.** 'unwieder,bringlich, unrettbar (verloren): ~ *break-down of marriage* ⚖ unheilbare Zerrüttung der Ehe; **2.** unersetzlich; nicht wieder'gutzumachen(d); **ir·re'triev·a·bly** [-əbli] *adv.*: ~ *broken down* ⚖ unheilbar zerrüttet (*Ehe*).

ir·rev·er·ence [i'revərəns] *s.* **1.** Geringschätzigkeit *f*, Unehrerbietigkeit *f*; **2.** 'Mißachtung *f*; **ir'rev·er·ent** [-nt] *adj.* □ unehrerbietig, re'spektlos, ehrfurchtslos.

ir·re·vers·i·bil·i·ty ['irivə:sə'biliti] *s.* **1.** ,Nicht'umkehrbarkeit *f*; **2.** 'Unwider,ruflichkeit *f*; **ir·re·vers·i·ble** [iri'və:səbl] *adj.* □ **1.** nicht 'umkehrbar; nur in 'einer Richtung (laufend); **2.** 'unwider,ruflich, 'unab,änderlich.

ir·rev·o·ca·bil·i·ty [irevəkə'biliti] *s.* 'Unwider,ruflichkeit *f*; **ir·rev·o·ca·ble** [i'revəkəbl] *adj.* □ 'unwider,ruflich (*a.* ✝ *Akkreditiv*), endgültig.

ir·ri·ga·ble ['irigəbl] *adj.* ⚘ bewässerungsfähig; **ir·ri·gate** ['irigeit] *v/t.* **1.** ⚘ bewässern, berieseln; **2.** ⚕ spülen; **ir·ri·ga·tion** [iri'geiʃən] *s.* **1.** ⚘ Bewässerung *f*, Berieselung *f*; **2.** ⚕ Spülung *f*.

ir·ri·ta·bil·i·ty [iritə'biliti] *s.* Reizbarkeit *f* (*a.* ⚕); **ir·ri·ta·ble** ['iritəbl] *adj.* □ **1.** reizbar; **2.** ⚕ **a)** gereizt, ner'vös, **b)** empfindlich.

ir·ri·tan·cy[1] ['iritənsi] *s.* Ärgernis *n*.

ir·ri·tan·cy[2] ['iritənsi] *s.* ⚖ Annullierung *f*.

ir·ri·tant[1] ['iritənt] **I.** *adj.* aufreizend, Reiz...; **II.** *s.* Reizmittel *n*.

ir·ri·tant[2] ['iritənt] *adj.*: ~ *clause* ⚖ Nichtigkeitsklausel.

ir·ri·tate[1] ['iriteit] *v/t.* reizen (*a.* ⚕), (ver)ärgern, irritieren: ~*d at* (*od. by od. with*) ärgerlich über (*acc.*).

ir·ri·tate[2] ['iriteit] *v/t.* ⚖ für nichtig erklären.

ir·ri·tat·ing ['iriteitiŋ] *adj.* □ irritierend, aufreizend; ärgerlich, lästig; **ir·ri·ta·tion** [iri'teiʃən] *s.* **1.** Reizung *f*, Ärger *m*; **2.** ⚕ Reizung *f*, Reizzustand *m*.

ir·rupt [i'rʌpt] *v/i.* eindringen, her'einbrechen; **ir'rup·tion** [-pʃən] *s.* **1.** Eindringen *n*, Einbruch *m*; **2.** Ein-, 'Überfall *m*; **ir'rup·tive** [-tiv] *adj.* her'einbrechend.

is [iz] *3. sg. pres. von* **be**.

I·sa·iah [ai'zaiə], *a.* **I'sa·ias** [-əs] *npr. u. s. bibl.* (das Buch) Je'saja *m od.* I'saias *m*.

is·chi·ad·ic [iski'ædik] *mst* **is·chi'at·ic** [-'ætik] *adj.* **1.** *anat.* Hüft-, Sitzbein...; **2.** ⚕ ischi'atisch.

Ish·ma·el ['iʃmeiəl], **'Ish·ma·el·ite** [-miəlait] *s. fig.* Verstoßene(r *m*) *f*, Geächtete(r *m*) *f*, 'Paria *m*.

i·sin·glass ['aiziŋglɑ:s] *s.* Hausenblase *f*, Fischleim *m*.

Is·lam ['izlɑ:m] *s.* Is'lam *m*; **Is·lam·ic** [iz'læmik] *adj.* is'lamisch.

is·land ['ailənd] **I.** *s.* **1.** Insel *f* (*a. fig.*); **2.** Verkehrsinsel *f*; **II.** *v/t.* **3.** zur Insel machen, isolieren, (völlig) abschneiden, -schließen; **'is·land·er** [-də] *s.* Inselbewohner(in), Insu'laner(in).

isle [ail] *s. poet. u. in npr.* (kleine) Insel, Eiland *n*.

ism ['izəm] *s.* 'Ismus *m* (*bloße Theorie*), Sy'stem *n*.

is·n't ['iznt] F *für is not*.

iso- [aisou] *in Zssgn* gleich, iso-, Iso-.

i·so·bar ['aisoubɑ:] *s.* **1.** *meteor.* Iso'bare *f*; **2.** *phys.* Iso'bar *n*.

i·so·chro·mat·ic [aisoukrou'mætik] *adj. phys.* isochro'matisch, gleichfarbig.

i·so·late ['aisəleit] *v/t.* **1.** *a.* ⚕, ⚡, *phys.* isolieren, absondern (*from* von); **2.** ⚗ isolieren, rein darstellen; **3.** *fig.* abschließen, abdichten; **'i·so·lat·ed** [-tid] *adj.* **1.** (ab)gesondert, al'leinstehend, vereinzelt: ~ *case* Einzelfall; **2.** einsam, abgeschieden; **i·so·la·tion** [aisə'leiʃən] *s.* Isolierung *f*, Absonderung *f*, Abschließung *f* (*a. pol.*): ~ *ward* Isolierstation; **i·so·la·tion·ism** [aisə'leiʃnizəm] *s. pol.* Isolatio'nismus *m*; **i·so·la·tion·ist** [aisə'leiʃnist] *s. pol.* Isolatio'nist *m*.

i·so·mer ['aisoumə:] *s.* ⚗ Iso'mer *n*; **i·so·mer·ic** [aisou'merik] *adj.* ⚗ iso'mer.

i·so·met·ric [aisou'metrik] **I.** *adj.* iso'metrisch; **II.** *s. pl. sg. konstr.* Isome'trie *f* (*Muskeltraining*).

i·sos·ce·les [ai'sɔsili:z] *adj.* ⊿ gleichschenk(e)lig (*Dreieck*).

i·so·therm ['aisouθə:m] *s.* Iso'therme *f*; **i·so·ther·mal** [aisou'θə:məl] *adj.* iso'thermisch, gleich warm: ~ *line* → *isotherm*.

i·so·tope ['aisoutoup] *s.* ⚗, *phys.* Iso'top *n*.

Is·ra·el ['izreiəl] *s. bibl.* (das Volk) 'Israel *n*; **Is·rae·li** [iz'reili] **I.** *adj.* den Staat Israel betreffend, isra'elisch; **II.** *s.* Isra'eli *m*; **Is·ra·el·ite** ['izriəlait] **I.** *s.* Israe'lit(in), Jude *m*, Jüdin *f*; **II.** *adj.* israe'litisch, jüdisch.

is·su·a·ble ['isju(:)əbl; *bsd. Am.* 'iʃu(:)əbl] *adj.* **1.** auszugeben(d); **2.** ✝ emittierbar; **3.** ⚖ zu veröffentlichen(d); **'is·su·ance** [-əns] *s.* (Her)'Ausgabe *f*; Ver-, Erteilung *f*.

is·sue ['isju:; *bsd. Am.* 'iʃu:] **I.** *s.* **1.** Ausgeben *n*, Aus-, Erteilen *n*; **2.** Aus-, Her'ausgabe *f*; **3.** ✝ **a)** Emissi'on *f*, Ausgabe *f* (*Aktien*), Auflegen *n* (*Anleihe*), Ausstellung *f* (*Dokument*): *date of* ~ Ausstellungsdatum, Ausgabetag, **b)** 'Wertpa,piere *pl.* der'selben Emission; **4.** *bsd.* ⚔ Lieferung *f*, Ausgabe *f*, Zu-, Verteilung *f*: ~ *mufti* von der Armee gestellte Zivilkleidung; **5.** Veröffentlichung *f*, Auflage *f*, Ausgabe *f* (*Buch*), Nummer *f* (*Zeitung*); **6.** Streitfall *m*, (Streit)Frage *f*, Pro'blem *n*: *at* ~ **a)** strittig, **b)** uneinig; *point at* ~ strittige Frage; *to evade the* ~ ausweichen; *to join* ~ *with s.o.* j-s Ansicht bestreiten; *to take* ~ *with s.o.* anderer Meinung sein als j-d, j-n kritisieren; **7.** (Kern)Punkt *m*, Fall *m*, Sachverhalt *m*: ~ *of fact* (*law*) Tatsachen- (Rechts)frage; *side* ~ Nebenpunkt; *the whole* ~ F das Ganze; *to raise an* ~ e-n Fall anschneiden; **8.** Ergebnis *n*, Ausgang *m*, (Ab)Schluß *m*: *in the* ~ schließlich; *to bring to an* ~ entscheiden; *to force an* ~ e-e Entscheidung erzwingen; **9.** Abkömmlinge *pl.*, leibliche Nachkommenschaft: *to die without* ~ ohne direkte Nachkommen sterben; **10.** *bsd.* ⚕ Ab-, Ausfluß *m*; **11.** Öffnung *f*, Mündung *f*; *fig.* Ausweg *m*; **II.** *v/t.* **12.** *Befehle etc.* ausgeben, erteilen; **13.** ✝ *Banknoten* ausgeben, in 'Umlauf setzen; *Anleihe* auflegen; *Dokumente* ausstellen: ~*d capital* effektiv ausgegebenes (Aktien)Kapital; **14.**

Bücher her'ausgeben, publizieren; **15.** ⚔ **a)** ausgeben, liefern, ver-, zuteilen, **b)** ausrüsten, beliefern (*with* mit); **III.** *v/i.* **16.** her'auskommen, -strömen; her'vorbrechen; **17.** ausgehen, herrühren, entspringen; **18.** endigen (*in* in *dat.*).

is·sue·less ['isju:lis; *bsd. Am.* 'iʃu:-] *adj.* ohne Nachkommen.

isth·mus ['isməs] *s.* **1.** *geogr.* 'Isthmus *m*, Landenge *f*; **2.** ⚕ Verengung *f*.

it[1] [it] **I.** *pron.* **1.** es (*nom. od. acc.*): *what is it?* was ist es?; *do you believe it?* glaubst du es?; **2.** *auf deutsches s. bezogen* (*nom., dat., acc.*) *m* er, ihm, ihn; *f* sie, ihr, sie; *n* es, ihm, es; *refl.* (*dat., acc.*) sich; **3.** *unpersönliches od. grammatisches Subjekt*: *it rains* es regnet; *what time is it?* wieviel Uhr ist es?; *it is clear that* es ist klar, daß; *it says in the Bible* in der Bibel heißt es; *it is I* (F *me*) ich bin es; *who was it?* wer war es?; *it was my parents* es waren m-e Eltern; **4.** *unbestimmtes Objekt* (*oft unübersetzt*): *to foot it* zu Fuß gehen; *hook it!* scher dich weg!; *I take it that* ich nehme an, daß; **5.** *verstärkend*: *it is for this reason that* gerade aus diesem Grunde...; **6.** *nach prp.*: *at it* daran; *with it* damit *etc.*; *please see to it that* bitte sorge dafür, daß; **II.** *s.* **7.** F ‚das Nonplus'ultra', das Ide'al: *he thinks he's 'it*; **8.** *sl.* das gewisse Etwas, *bsd.* 'Sex-Ap'peal *m*.

it[2] [it], *a.* ♀ *abbr. für Italian*: *gin and it* Gin mit italienischem Wermut.

I·tal·ian [i'tæljən] **I.** *adj.* **1.** itali'enisch: ~ *cloth* Baumwollsatin (*als Futterstoff*); ~ *handwriting* lateinische Schreibschrift; **II.** *s.* **2.** Itali'ener(in); **3.** *ling.* Itali'enisch *n*; **I'tal·ian·ate** [-neit] *adj.* italianisiert, nach italienischer Art; **I'tal·ian·ism** [-nizəm] *s.* italienische (Sprach- *etc.*)Eigenheit.

i·tal·ic [i'tælik] **I.** *adj.* **1.** *typ.* kur'siv; **2.** ♀ *ling.* i'talisch; **II.** *s. pl.* **3.** *typ.* Kur'sivschrift *f*: *my* ~*s* Kursivschrift von mir; **i'tal·i·cize** [-isaiz] *typ. v/t.* **1.** in Kursiv drukken; **2.** durch Kursivschrift her'vorheben.

itch [itʃ] **I.** *s.* **1.** Jucken *n*; **2.** ⚕ Krätze *f*; **3.** *fig.* brennendes Verlangen, Gelüst *n*: ~ *for gain* Gewinnsucht; **II.** *v/i.* **4.** jucken; **5.** *fig.* (*for*) dürsten (nach), brennen (auf *acc.*): *my fingers* ~ *to do it* es juckt mir (*od.* mich) in den Fingern, es zu tun; **itch·ing** ['itʃiŋ] → *itch 1, 3*; **itch·y** ['itʃi] *adj.* **1.** juckend; **2.** ⚕ krätzig.

i·tem ['aitem] **I.** *s.* **1.** Punkt *m* (*der Tagesordnung etc.*), (Einzel)Gegenstand *m*, Stück *n*; (Buchungs-, Rechnungs)Posten *m*, Ar'tikel *m*; **2.** ('Presse-, 'Zeitungs)No,tiz *f*, kurzer Ar'tikel; **II.** *adv. obs.* **3.** gleichermaßen, ferner; **'i·tem·ize** [-maiz] *v/t. bsd. Am.* (einzeln) verzeichnen, spezifizieren.

it·er·ance ['itərəns] → *iteration*; **it·er·ate** ['itəreit] *v/t.* wieder'holen; **it·er·a·tion** [itə'reiʃən] *s.* Wieder'holung *f*; **it·er·a·tive** ['itərətiv] *adj.* **1.** (sich) wieder'holend; **2.** *ling.* itera'tiv.

i·tin·er·a·cy [i'tinərəsi], **i'tin·er·an·cy** [-ənsi] *s.* Um'herreisen *n*, -ziehen *n*, Wandern *n*; **i'tin·er·ant** [-ənt] *adj.* □ (beruflich) reisend *od.* um'herziehend, Reise..., Wander...; **i'tin·er·ar·y** [ai'tinərəri] **I.** *s.* **1.** 'Reise,route *f*, -plan *m*; **2.** Reisebericht *m*; **3.** Reiseführer *m* (*Buch*); **II.** *adj.* **4.** Reise...; **i'tin·er·ate** [-nəreit] *v/i.* (um'her)reisen.

-itis [aitis] ⚕ *in Zssgn* Entzündung.

its [its] *pron.* sein, ihr, dessen, deren: *the house and* ~ *roof* das Haus u. sein (*od.* dessen) Dach.

it's [its] F *für* **a)** *it is*, **b)** *it has*.

it·self [it'self] *pron.* **1.** *refl.* sich: *the dog hides* ~ der Hund versteckt sich; **2.** sich (selbst): *the kitten wants it for* ~; **3.** *verstärkend*: selbst: *like innocence* ~ wie die Unschuld selbst; *by* ~ (für sich) allein, von selbst; *in* ~ an sich (betrachtet).

I've [aiv] F *für I have*.

i·vied ['aivid] *adj.* 'efeuum,rankt, mit Efeu bewachsen.

i·vo·ry ['aivəri] **I.** *s.* **1.** Elfenbein *n*: *black* ~ *sl.* ‚schwarzes Elfenbein' (*Negersklaven*); **2.** *pl. sl.* **a)** Zähne *pl.*, Gebiß *n*, **b)** ‚Knöchel' *pl.* (*Würfel*), **c)** 'Billardkugeln *pl.*, **d)** Kla'viertasten *pl.*: *to tickle the ivories* (auf dem Klavier) klimpern; **II.** *adj.* **3.** elfenbeinern, Elfenbein...; **'~-nut** *s.* ♣ Steinnuß *f*; **~ tow·er** *s. fig.* Elfenbeinturm *m*: *to live in an* ~ im Elfenbeinturm sitzen.

i·vy ['aivi] *s.* ♣ Efeu *m*.

iz·ard ['izəd] *s. zo.* (Pyre'näen)Gemse *f*.

J

J, j [dʒei] *s.* **J** *n*, **j** *n*, **Jot** *n* (*Buchstabe*).

jab [dʒæb] **I.** *v/t.* **1.** (hin'ein)stechen, (-)stoßen; **II.** *s.* **2.** Stich *m*, Stoß *m*; **3.** *Boxen*: Jab *m*; **4.** F Spritze *f*, Injekti'on *f*.

jab·ber ['dʒæbə] **I.** *v/t. u. v/i.* **1.** plappern, faseln, schwatzen; **2.** nuscheln, undeutlich sprechen; **II.** *s.* **3.** Geplapper *n*, Geschnatter *n*.

ja·bot ['ʒæbou] *s.* Ja'bot *n*, Brustkrause *f*.

ja·cinth ['dʒæsinθ] *s. min.* Hya'zinth *m*.

jack [dʒæk] **I.** *s.* **1.** ♀ *npr.* F *für* John: *before you could say* ♀ *Robinson* im Nu, ehe man sich's versah; **2.** (einfacher) Mann: *every man* ♀ jedermann, Hinz u. Kunz; **3.** *Brit.* **a)** Gelegenheitsarbeiter *m*, Handlanger *m*, **b)** Diener *m*; **4.** → *jack tar*; **5.** *Kartenspiel*: Bube *m*; **6.** ⊕ Hebevorrichtung *f*, Bock *m*, Gestell *n*, Winde *f*, Flaschenzug *m*: *car* ~ Wagenheber, -winde; **7.** *Brit. Bowls-Spiel*: Malkugel *f*; **8.** *zo.* Männchen *n einiger Tiere*; *Am.* Esel *m*; **9.** *ichth.* junger Hecht; **10.** → *bootjack*; **11.** ⚓ Gösch *f*, kleine Flagge: *pilot's* ~ Lotsenflagge; **12.** ⚡ **a)** Klinke *f*, **b)** Steckdose *f*; **13.** *sl.* ‚Zaster' *m* (*Geld*); **II.** *v/t.* **14.** *mst* ~ *up* hochheben, -winden; *Auto* aufbocken; **15.** *sl. et.* aufgeben, ‚hinschmeißen'; **16.** *mst* ~ *up Am.* F *Preise* hochtreiben.

jack·al ['dʒækɔ:l] *s.* **1.** *zo.* Scha'kal *m*; **2.** *contp.* Handlanger *m*.

jack·a·napes ['dʒækəneips] *s.* **1.** Geck *m*, Laffe *m*; **2.** Naseweis *m*, Schlingel *m* (*Kind*).

Jack and Gill (*od.* **Jill**) *npr.* Hänsel u. Gretel, Junge u. Mädel.

jack·ass ['dʒækæs] *s.* **1.** (männlicher) Esel; **2.** [*Brit. a.* -kɑ:s] *fig.* Esel *m*, Dummkopf *m*.

'jack|·boot *s.* **1.** Reiter-, Ka'nonenstiefel *m*; **2.** hoher Wasserstiefel; ~ **cur·lew** *s. orn.* Regenbrachvogel *m*; **'~daw** *s. orn.* Dohle *f*.

jack·et ['dʒækit] **I.** *s.* **1.** Jacke *f*, Ja'kett *n*; → *dust* 6; **2.** ⊕ Mantel *m*, Um'mantelung *f*, Hülle *f*, Um'wicklung *f*; **3.** ⚔ (Geschoß-, *a.* Rohr-) Mantel *m*; **4.** Buchhülle *f*, 'Schutzumschlag *m*; **5.** *Am.* 'Umschlag *m* (*e-r amtlichen Urkunde*); **6.** Haut *f*, Schale *f*: *potatoes* (*boiled*) *in their* ~*s* Pellkartoffeln; **II.** *v/t.* **7.** ⊕ um'manteln, verkleiden, verschalen; **8.** F verprügeln; ~ **crown** *s.* ⚕ 'Jacketkrone *f*.

jack·et·ing ['dʒækitiŋ] *s.* F ‚Dresche' *f*, ‚Haue' *f*.

jack| frame *s.* ⊕ 'Feinspulma,schine *f*, Spindelbank *f*; ♀ **Frost** *s.* der Winter (*personifiziert*); ♀ **in office** *s.* wichtigtuerischer Beamter; **'~-in-the-box** *pl.* **'~-in-the-boxes** *s.* Schachtelmännchen *n* (*Kinderspielzeug*); ♀ **Ketch** [ketʃ] *s. Brit.* der Henker; **'~-knife I.** *s.* [*irr.*] **1.** Klappmesser *n*; **2.** *a.* ~ *dive sport* Hechtbeuge *f* (*Kopfsprung*); **II.** *v/t. u. v/i.* **3.** wie ein Taschenmesser zs.-klappen; **4.** *sport* (an-) hechten; ♀ **of all trades** *s.* Aller'weltskerl *m*, Hans'dampf *m* in allen Gassen; Fak'totum *n*; **'~-o'-lan·tern** *pl.* **'~-o'-lan·terns** *s.* **1.** Irrlicht *n* (*a. fig.*); **2.** *Am.* ('Kürbis- *etc.*)La,terne *f*; **'~-plane** *s.* ⊕ Schrupphobel *m*; **'~pot** *s. Poker*: Jackpot *m*; *fig.* Haupttreffer *m*: *to hit the* ~ F *fig.* **a)** großen Erfolg haben, den Vogel abschießen, **b)** mühelos viel Geld verdienen; **'~-raft·er** *s.* ⚠ kurzer Dachsparren; **'~-snipe** *s. orn.* Zwergschnepfe *f*; **'~-staff** *s.* ⚓ Göschstock *m*; **'~-straw** *s.* **1.** Strohpuppe *f* (*a. fig.*); **2. a)** Mi'kadostäbchen *n*, **b)** *pl.* Mi'kadospiel *n*; ~ **tar** *s.* ⚓ F Teerjacke *f*, Ma'trose *m*; **'~-tow·el** *s.* Rollhandtuch *n*.

Jac·o·be·an [dʒækə'bi(:)ən] *adj.* aus der Zeit Jakobs I.: ~ *furniture*.

Jac·o·bin ['dʒækəbin] *s.* **1.** *hist.* Jako'biner *m* (*Französische Revolution*); **2.** *pol.* radi'kaler 'Umstürzler, Revolutio'när *m*; **3.** *orn.* Jako'binertaube *f*; **'Jac·o·bite** [-bait] *s. hist.* Jako'bit *m* (*Anhänger Jakobs II. od. s-r Nachkommen*).

Ja·cob's lad·der ['dʒeikəbz] *s.* **1.** *bibl.* 'Jakobs-, Himmelsleiter *f*; **2.** ⚓ Jakobsleiter *f*, Lotsentreppe *f*; **3.** ⚘ Himmels-, Jakobsleiter *f*.

jac·o·net ['dʒækənit] *s.* Jaco(n)'net *m*, Jako'nett *m* (*Baumwollfutterstoff*).

Jac·quard loom ['dʒækɑ:d] *s.* ⊕ Jac'quardwebstuhl *m*.

jac·ta·tion [dʒæk'teiʃən] *s.* **1.** Prahlen *n*; **2.** ⚕ Sich,hinund'herwerfen *n* (*e-s Kranken*).

jac·ti·ta·tion [dʒækti'teiʃən] *s.* **1.** → *jactation* 2; **2.** ⚖ fälschliche Behauptung (*of marriage* verheiratet zu sein).

jade[1] [dʒeid] *s. min.* Jade *m*, Ne'phrit *m* (*Schmuckstein*).

jade[2] [dʒeid] *s.* **1.** Schindmähre *f*, Klepper *m*; **2.** Weibsstück *n*; **3.** Wildfang *m* (*Mädchen*); **'jad·ed** [-did] *adj.* erschöpft, ermattet.

Jae·ger ['jeigə] *s.* Jägerwollware *f*: ~ *underclothes* Jäger(unter)wäsche.

Jaf·fa (or·ange) ['dʒæfə] *s.* 'Jaffa-Apfel,sine *f*.

jag [dʒæg] **I.** *s.* **1.** Zacke *f*, Kerbe *f*; Zahn *m*; Auszackung *f*; **2.** Schlitz *m*, Riß *m*; **3.** *Am. sl.* Schwips *m*: *to have a* ~ *on* ‚e-n in der Krone haben'; *crying* ~ ‚heulendes Elend'; **4.** *sl.* Sauftour *f*, Saufe'rei *f*; **II.** *v/t.* **5.** auszacken, einkerben; **6.** zackig schneiden *od.* reißen; **'jag·ged** [-gid] *adj.* □ **1.** zackig; schartig; **2.** schroff, zerklüftet; **3.** rauh, grob (*a. fig.*); **4.** *Am. sl.* ‚blau', besoffen.

jag·uar ['dʒægjuə] *s. zo.* 'Jaguar *m*.

Jah [dʒɑ:], **Jah·ve(h)** ['jɑ:vei] *s.* Je'hova *m*.

jail, jail·er → *gaol, gaoler*.

jake [dʒeik] *Am.* F **I.** *s.* **1.** Bauernlackel *m*; **2.** ‚Pinke' *f* (*Geld*); **II.** *adj.* **3.** ‚prima', erstklassig; **4.** in Ordnung: *everything's* ~.

ja·lop·(p)y [dʒə'lɔpi] *s. Am. sl.* ‚alte Kiste' (*Auto, Flugzeug*).

jal·ou·sie ['ʒælu(:)zi:] *s.* Jalou'sie *f*.

jam[1] [dʒæm] **I.** *v/t.* **1.** (ein)zwängen, (-)klemmen, (-)keilen, zs.-drücken; **2.** quetschen, heftig drücken, pressen: *to* ~ *on the brakes* heftig auf die Bremse treten; **3.** verstopfen, -sperren, hemmen, blockieren; **4.** *Radio*: stören; **II.** *v/i.* **5.** festsitzen, klemmen, stocken; **6.** ⚔ Ladehemmung haben; **7.** *Jazz*: improvisieren; **III.** *s.* **8.** Pressen *n*, Einklemmen *n*, Quetschen *n*; **9.** Gedränge *n*; **10.** Verstopfung *f*, Stauung *f*, (Verkehrs)Stockung *f*; **11.** ⊕ (⚔ Lade-) Hemmung *f*; **12.** F Klemme *f*: *to be in a* ~ in der Klemme sitzen.

jam[2] [dʒæm] **I.** *s.* **1.** Marme'lade *f*: ~ *jar* Marmeladeglas; **2.** *Brit. sl.* et. Gutes, et. extra: *real* ~ ‚wahre Gaudi' (*Freude*); *that's* ~ *for him* das ist ein Kinderspiel für ihn; **II.** *v/t.* **3.** zu Marmelade verarbeiten.

Ja·mai·can [dʒə'meikən] **I.** *adj.* jamaikisch; **II.** *s.* Ja'maiker(in); **Jamai·ca rum** [dʒə'meikə] *s.* Jamaika-Rum *m*.

jamb [dʒæm] *s.* (Tür-, Fenster-) Pfosten *m*.

jam·bo·ree [dʒæmbə'ri:] *s.* **1.** Pfadfindertreffen *n*; **2.** *sl.* **a)** ‚rauschendes Fest', ‚Gaudi' *n*, **b)** Saufe'rei *f*.

James [dʒeimz] *npr. u. s. bibl.* 'Jakob *m*, Ja'kobus *m*: (*the Epistle of*) ~ der Jakobusbrief.

jam·mer ['dʒæmə] *s.* **1.** Marme'ladehersteller *m*; **2.** *Radio*: Störsender *m*; **'jam·ming** [-miŋ] *s.* **1.** ⊕ Klemmung *f*; Hemmung *f*; **2.** *Radio*: Störung *f*: ~ *station* Störsender; **'jam·my** [-mi] *adj.* **1.** klebrig; **2.** *sl.* 'prima, ‚Klasse'.

'jam|-'packed *adj.* vollgestopft; ~ **ses·sion** *s.* Jam Session *f* (*Jazzimprovisation*); **'~-stroke** *s.* Pendelschlag *m*.

Jane [dʒein] **I.** *npr.* Hanne *f* (*Mäd-*

chenname); **II.** *s. a.* ♀ *sl.* Weibsbild *n.*

jan·gle ['dʒæŋgl] **I.** *v/i.* **1.** 'mißtönend klingen, schrillen; **2.** poltern, keifen; **II.** *v/t.* **3.** schrill *od.* 'mißtönend erklingen lassen; **4.** *Worte* kreischen; **III.** *s.* **5.** Schrillen *n*, 'Mißklang *m*; **6.** Gekeife *n*, Lärm *m.*

jan·is·sar·y ['dʒænisəri] → *janizary.*

jan·i·tor ['dʒænitə] *s.* **1.** Pförtner *m*; **2.** *Am.* Hausmeister *m.*

jan·i·zar·y ['dʒænizəri] *s.* **1.** Jani'tschar *m*; **2.** *fig.* Handlanger *m* der Tyran'nei.

Jan·u·ar·y ['dʒænjuəri] *s.* 'Januar *m*: *in* ~ im Januar.

Ja·nus ['dʒeinəs] *s. myth.* 'Janus *m*; '~-'**faced** *adj.* 'januskopfig, doppelgesichtig.

Jap [dʒæp] F *contp.* **I.** *s.* ‚Japs' *m* (*Japaner*); **II.** *adj.* ja'panisch.

ja·pan [dʒə'pæn] **I.** *s.* **1.** 'Japanlack *m*; **2.** lackierte Arbeit (*in japanischer Art*); **II.** *v/t.* **3.** (*auf japanische Weise*) lackieren.

Jap·a·nese [dʒæpə'ni:z] **I.** *adj.* **1.** ja'panisch; **II.** *s.* **2.** Ja'paner(in); **3.** *the* ~ *pl.* die Japaner *pl.*; **4.** *ling.* Japanisch *n.*

ja·pan·ner [dʒə'pænə] *s.* Lackierer *m.*

jape [dʒeip] **I.** *v/i.* spaßen, spotten; **II.** *s.* Spaß *m*, Scherz *m*, Spott *m.*

jar[1] [dʒɑ:] *s.* (*irdenes od. gläsernes*) Gefäß, Topf *m*, Kruke *f*, (Einmach-)Glas *n.*

jar[2] [dʒɑ:] **I.** *v/i.* **1.** kreischen, knarren, kratzen, rasseln; **2.** schwirren, beben, zittern; **3.** dissonieren, nicht harmonieren (*a. Farben*); **4.** *fig.* (*on*) beleidigen (*acc.*), weh tun (*dat.*): *to* ~ *on the ear*; *to* ~ *on the nerves* auf die Nerven gehen; **5.** im 'Widerspruch stehen (*with* zu); **6.** streiten; **II.** *v/t.* **7.** erschüttern, rütteln (*a. fig.*); **III.** *s.* **8.** Knarren *n*, Kratzen *n*, Kreischen *n*, Klirren *n*, Rasseln *n*; **9.** Rütteln *n*; Erschütterung *f*, Stoß *m* (*a. fig.*); **10.** 'Mißton *m* (*a. fig.*); **11.** ('Wider)Streit *m*; **12.** Stoß *m*, Schlag *m*, Schock *m.*

jar·di·nière [ʒɑ:di'njɛə] (*Fr.*) *s.* Jardini'ere *f*: **a**) Blumenständer *m*, **b**) Blumenschale *f.*

jar·gon ['dʒɑ:gən] *s.* Jar'gon *m*: **a**) Kauderwelsch *n*, **b**) Fach-, Zunft-, Berufssprache *f*, **c**) Mischsprache *f.*

jar·ring ['dʒɑ:riŋ] *adj.* □ **1.** 'mißtönend; unangenehm: *a* ~ *note* ein Mißton (*a. fig.*); **2.** kreischend, quietschend; **3.** wider'streitend.

jas·min(e) ['dʒæsmin] *s.* ♃ Jas'min *m*: *winter* ~ Winterjasmin.

jas·per ['dʒæspə] *s. min.* 'Jaspis *m.*

jaun·dice ['dʒɔ:ndis] *s.* **1.** ⚕ Gelbsucht *f*; **2.** *fig.* Vorurteil *n*; Neid *m*; '**jaun·diced** [-st] *adj.* **1.** ⚕ gelbsüchtig; **2.** *fig.* voreingenommen; neidisch, scheel.

jaunt [dʒɔ:nt] **I.** *v/i.* e-e Spritztour *od.* e-n Ausflug machen; **II.** *s.* Ausflug *m*, Spritztour *f*; '**jaun·ti·ness** [-tinis] *s.* Ele'ganz *f*, flottes Wesen, Munterkeit *f*; '**jaunt·ing-car** [-tiŋ] *s. leichter, zweirädriger Wagen*; '**jaun·ty** [-ti] *adj.* □ fesch, flott, lebhaft, munter, unbeschwert.

Ja·va ['dʒɑ:və] *s. Am. sl.* 'Kaffee *m*;

Jav·a·nese [dʒɑ:və'ni:z] **I.** *adj.* **1.** ja'vanisch; **II.** *s.* **2.** Ja'vaner(in): *the* ~ die Javaner; **3.** *ling.* Javanisch *n.*

jave·lin ['dʒævlin] *s.* Wurfspieß *m*, Speer *m*; ~ **throw** *s. sport* Speerwerfen *n*; ~ **throw·er** *s. sport* Speerwerfer(in).

jaw [dʒɔ:] **I.** *s.* **1.** *anat., zo.* Kiefer *m*, Kinnbacken *m*: *lower* ~ Unterkiefer; *upper* ~ Oberkiefer; **2.** *mst pl.* Mund *m*, Maul *n*; Mundhöhle *f*: *hold your* ~ F halt's Maul!; **3.** *mst pl.* Schlund *m*, Rachen *m* (*a. fig.*): ~*s of death der* Rachen des Todes; **4.** ⊕ (Klemm)Backe *f*, Backen *m*; Klaue *f*: ~ *clutch* Klauenkupplung; **5.** *sl.* Geschwätz *n*, Tratsch *m*: *none of your* ~ halt den Mund!; **6.** *sl.* Standpauke *f*, Gar'dinenpredigt *f*; **II.** *v/i.* **7.** *sl.* schimpfen; **8.** *sl.* tratschen; **III.** *v/t.* **9.** *sl.* anschnauzen; '~-**bone** *s.* **1.** *anat., zo.* Kiefer(knochen) *m*, Kinnlade *f*; **2.** *Am. sl.* Kre'dit *m*; Darlehen *n*; '~-**break·er** *s.* **1.** ⊕ Zer'kleinerungsma,schine *f*; **2.** F Zungenbrecher *m* (*Wort*); '~-**breaking** *adj.* F zungenbrecherisch; ~ **chuck** *s.* ⊕ Backenfutter *n*; ~ **crush·er** → *jaw-breaker 1.*

jay [dʒei] *s.* **1.** *orn.* Eichelhäher *m*; **2.** *fig.* Klatschtante *f*; **3.** Tölpel *m*; '~-**walk** *v/i.* unachtsam auf der Straße gehen; '~-**walk·er** *s.* unachtsamer Fußgänger.

jazz [dʒæz] **I.** *s.* 'Jazz(mu,sik *f*) *m*: ~ *band* Jazzkapelle; **II.** *adj.* grell, schreiend; **III.** *v/t. mst* ~ *up* F **a**) verjazzen, **b**) *fig.* Schwung bringen in (*acc.*); **IV.** *v/i.* jazzen, Jazz spielen; '**jazz·er** [-zə] *s. sl.* **1.** 'Jazzkompo,nist *m*; **2.** 'Jazz,musiker *m*; '**jazz·y** [-zi] *adj.* □ *sl.* **1.** jazzartig, Jazz...; **2.** ‚wild', ‚toll'.

jeal·ous ['dʒeləs] *adj.* □ **1.** eifersüchtig (*of* auf *acc.*): *a* ~ *wife*; **2.** (*of*) neidisch (auf *acc.*), 'mißgünstig (gegen): *she is* ~ *of his fortune* sie mißgönnt ihm s-n Reichtum; **3.** 'mißtrauisch (*of* gegen); **4.** (*of*) besorgt (um), bedacht (auf *acc.*); **5.** eifrig, streng, sorgfältig: ~ *guardian* strenger Hüter; **6.** *bibl.* eifernd (*Gott*); '**jeal·ous·y** [-si] *s.* **1.** (*of*) Eifersucht *f* (auf *acc.*); Argwohn *m* (gegen); *pl.* Eifersüchte'leien *pl.*; **2.** (*of*) Neid *m* (auf *acc.*), 'Mißgunst *f* (gegen); **3.** Achtsamkeit *f* (*of* auf *acc.*).

jean *s.* **1.** [dʒein] *Art* Baumwollköper *m*; **2.** [dʒi:nz] *pl.* **Jeans** *pl.*, **Niethose** *f*; Arbeitsanzug *m.*

jeer[1] [dʒiə] *s. mst pl.* ⚓ Rahtakel *n.*

jeer[2] [dʒiə] **I.** *v/i.* spotten, höhnen (*at* über *acc.*); **II.** *s.* Hohn *m*, Stiche'lei *f*; '**jeer·ing** [-əriŋ] **I.** *s.* Verhöhnung *f*; **II.** *adj.* □ höhnisch, spöttisch.

Je·ho·vah [dʒi'houvə] *s. bibl.* Je'hovah *m*; ~'**s Wit·ness·es** *s. pl.* Zeugen *pl.* Jehovas (*religiöse Gemeinschaft*).

Je·hu ['dʒi:hju:] *s. humor.* **1.** ‚Rennfahrer' *m*, Raser *m*; **2.** Kutscher *m.*

je·june [dʒi'dʒu:n] *adj.* □ trocken: **a**) dürr (*Boden*), **b**) *fig.* fade, nüchtern; **je'june·ness** [-nis] *s. fig.* Fadheit *f*, Nüchternheit *f.*

jell [dʒel] *Am.* F **I.** → *jelly*; **II.** *v/i. u. v/t.* ‚zum Klappen' kommen (bringen).

jel·lied ['dʒelid] *adj.* **1.** gallertartig, eingedickt; **2.** in Ge'lee: ~ *eel.*

jel·ly ['dʒeli] **I.** *s.* Gal'lerte *f*, 'Gallert *n*, Sülze *f*, Ge'lee *n*: *to beat s.o. into a* ~ F j-n zu Brei hauen; **II.** *v/i.* gelieren, Gelee bilden; **III.** *v/t.* zum Gelieren bringen; '~-**bag** *s.* Seihtuch *n* (*für Gelee*); '~-**fish** *s. zo.* **1.** Qualle *f*; **2.** *fig.* ener'gieloser Mensch, ‚Waschlappen' *m.*

jem·my ['dʒemi] *s.* Brecheisen *n.*

jen·ny ['dʒeni] *s.* **1.** → *spinning-jenny*; **2.** ⊕ Laufkran *m*; ~ **ass** *s.* Eselin *f*; ~ **wren** *s. orn.* (weiblicher) Zaunkönig.

jeop·ard·ize ['dʒepədaiz] *v/t.* gefährden, aufs Spiel setzen; '**jeop·ard·y** [-di] *s.* Gefahr *f*, Gefährdung *f*, 'Risiko *n*: *no one shall be put twice in* ~ *for the same offence* ⚖ niemand darf wegen derselben Straftat zweimal vor Gericht gestellt werden.

jer·bo·a [dʒə:'bouə] *s. zo.* Jer'boa *m*, Wüstenspringmaus *f.*

jer·e·mi·ad [dʒeri'maiəd] *s.* Jeremi'ade *f*, Klagelied *n*; **Jer·e·mi·ah** [dʒeri'maiə] *npr. u. s.* **1.** *bibl.* (das Buch) Jere'mia(s) *m*; **2.** *fig.* 'Unglückspro,phet *m*; **Jer·e'mi·as** [-əs] → *Jeremiah 1.*

Jer·i·cho ['dʒerikou] *npr. bibl.* 'Jericho *n*: *go to* ~! F scher dich zum Teufel!; *to wish s.o. to* ~ j-n dahin wünschen, wo der Pfeffer wächst.

jerk[1] [dʒə:k] **I.** *s.* **1.** Ruck *m*, plötzlicher Stoß *od.* Schlag *od.* Zug; Sprung *m*, Auffahren *n*: *by* ~*s* ruck-, sprung-, stoßweise; *with a* ~ plötzlich, mit e-m Ruck; *to put a* ~ *in it sl.* tüchtig rangehen; **2.** ⚕ Zuckung *f*, Krampf *m*; (*bsd.* 'Knie)Re,flex *m*; **3.** *pl. Brit., mst physical* ~*s sl.* Leibesübungen *pl.*, Gym'nastik *f*, Turnen *n*; **4.** *Am. sl.* übler Kerl, ‚Knülch' *m*; **II.** *v/t.* **5.** schnellen, ruckweise *od.* plötzlich ziehen *od.* stoßen *od.* rücken: *to* ~ *o.s. free* sich losreißen; **III.** *v/i.* **6.** (zs.-)zucken; **7.** (hoch)schnellen.

jerk[2] [dʒə:k] *v/t. Fleisch* in Streifen schneiden u. dörren.

jer·kin ['dʒə:kin] *s.* (Leder)Wams *n.*

'**jerk·wa·ter** *Am.* F **I.** *s.* 🚂 Nebenbahn *f*; **II.** *adj.* klein, unbedeutend.

jerk·y ['dʒə:ki] *adj.* □ ruckartig, sprunghaft; stoß-, ruckweise.

jer·o·bo·am [dʒerə'bouəm] *s. Brit.* Riesenweinflasche *f*, -glas *n.*

jer·ry ['dʒeri] *s. Brit. sl.* **1.** *a.* ~-*shop* ‚Spe'lunke' *f*, Kneipe *f*; **2.** Nachttopf *m*; **3.** ♀ Deutsche(r) *m*, deutscher Sol'dat; die Deutschen *pl.*; '~-**build·er** *s.* F Erbauer *m* minderwertiger Häuser, Bauschwindler *m*; '~-**build·ing** *s.* F 'unso,lide Bauart; '~-**built** *adj.* F unsolide gebaut: ~ *house* ‚Bruchbude'; ~ **can** *s. Brit.* F Ben'zinka,nister *m.*

jer·sey ['dʒə:zi] *s.* **1.** wollene Strickjacke; **2.** 'Unterjacke *f*; **3.** ♀ *zo.* Jerseyrind *n.*

Je·ru·sa·lem ar·ti·choke [dʒə'ru:sələm] → *artichoke 2.*

jes·sa·mine ['dʒesəmin] → *jasmin*(e).

jest [dʒest] **I.** *s.* **1.** Scherz *m*, Spaß *m*, Witz *m*: *in* ~ im Spaß; *to make a* ~ *of* witzeln über (*acc.*); **2.** Zielscheibe *f* des Witzes: *standing* ~ Zielscheibe ständigen Gelächters; **II.** *v/i.* **3.** scherzen, spaßen, ulken; '**jest·er** [-tə] *s.* **1.** Spaßmacher *m*, -vogel *m*; Possenreißer *m*; **2.** (Hof)Narr *m*;

ˈjest·ing [-tiŋ] *adj.* □ scherzend, spaßhaft: *no ~ matter* nicht zum Spaßen; ˈ**jest·ing·ly** [-tiŋli] *adv.* im *od.* zum Spaß.

Jes·u·it [ˈdʒezjuit] *s. eccl.* Jesuˈit *m*; **Jes·u·it·i·cal** [dʒezjuˈitikəl] *adj.* □ *eccl.* jesuˈitisch, Jesuiten...

jet[1] [dʒet] **I.** *s. min.* Gaˈgat *m*, Pechkohle *f*, Jett *m*, *n*; **II.** *adj. a. ~-black* tief-, pech-, kohlschwarz.

jet[2] [dʒet] **I.** *s.* **1.** (*Feuer-, Wasser- etc.*)Strahl *m*, Strom *m*: *~ of flame* Stichflamme; **2.** ⊕ Strahlrohr *n*, Düse *f*; **3.** → **a)** *jet engine*, **b)** *jet plane*; **II.** *v/t.* **4.** ausspritzen, -strahlen, herˈvorstoßen; **III.** *v/i.* **5.** herˈvorschießen, ausströmen; **~ bomb·er** *s.* ✈ Düsenbomber *m*; **~ en·gine** *s.* ⊕ ˈDüsenˌmotor *m*; **~ fight·er** *s.* ✈ Düsenjäger *m*; **~ lin·er** *s.* ✈ Düsenverkehrsflugzeug *n*; **~ plane** *s.* ✈ Düsenflugzeug *n*; ˈ**~-pro·pelled,** *abbr.* ˈ**~-ˈprop** *adj.* ✈ mit Düsenantrieb; **~ pro·pul·sion** *s.* ⊕, ✈ Düsen-, Rückstoß-, Strahlantrieb *m*.

jet·sam [ˈdʒetsəm] *s.* ⚓ **1.** über Bord geworfene Ladung; **2.** Strandgut *n*; → *flotsam*.

jet·ti·son [ˈdʒetisn] **I.** *s.* **1.** ⚓ Überˈbordwerfen *n von Ladung*, Not-, Seewurf *m*; **II.** *v/t.* **2.** ⚓, ✈ im Notwurf abwerfen; über Bord werfen (*a. fig.*); **3.** *ausgebrannte Raketenstufe* absprengen; ˈ**jet·ti·son·a·ble** [-nəbl] *adj.* ✈ abwerfbar, Abwurf...(*-behälter etc.*): *~ seat* Schleuder-, Katapultsitz.

jet tur·bine *s.* ⊕ ˈRückstoß-, ˈStrahlturˌbine *f*.

jet·ty [ˈdʒeti] *s.* ⚓ **1.** Landungsbrücke *f*, -steg *m*; **2.** Hafendamm *m*, Mole *f*.

Jew [dʒuː] **I.** *s.* Jude *m*, Jüdin *f*; **II.** *v/t. a.* ♀ F betrügen: *to* ♀ *down* herunterhandeln (*to* auf *acc.*); ˈ**~-bait·er** *s.* Judenhetzer *m*; ˈ**~-bait·ing** *s.* Judenverfolgung *f*, -hetze *f*, Antisemiˈtismus *m*.

jew·el [ˈdʒuːəl] **I.** *s.* **1.** Juˈwel *n* (*a. fig.*); Edelstein *m*; **2.** *fig.* Schatz *m*, Kleinod *n*, Perle *f*; **3.** ⊕ Stein *m* (*e-r Uhr*); **II.** *v/t.* **4.** mit Juwelen schmücken *od.* versehen; **5.** ⊕ *Uhr* mit Steinen versehen; ˈ**~-box,** ˈ**~-case** *s.* Schmuckkasten *m*, Eˈtui *n*.

jew·el·(l)er [ˈdʒuːələ] *s.* Juweˈlier *m*; ˈ**jew·el·ler·y,** *bsd. Am.* ˈ**jew·el·ry** [-lri] *s.* **1.** Juˈwelen *pl.*; **2.** Schmuck (-gegenstände *pl.*) *m*.

Jew·ess [ˈdʒu(ː)is] *s.* Jüdin *f*; ˈ**Jew·ish** [-iʃ] *adj.* □ jüdisch, Juden...; **Jew·ry** [ˈdʒuəri] *s.* **1.** *die* Juden *pl.*, *das* Judentum: *world ~* das Weltjudentum; **2.** *hist.* Judenviertel *n*, G(h)etto *n*.

ˈ**Jew's|-ˈear** *s.* ♀ ˈJudasohr *n*; ˈ**~-ˈharp** *s.* ♪ Maultrommel *f*.

jib[1] [dʒib] **I.** *s.* ⚓ Klüver *m*: *the cut of his ~* F s-e äußere Erscheinung; **II.** *v/i. u. v/t.* → *gybe*.

jib[2] [dʒib] *v/i.* **1.** scheuen, bocken (*at* vor *dat.*) (*Pferd*); **2.** *Brit. fig.* (*at*) **a)** scheuen, zuˈrückweichen (vor *dat.*), **b)** widerˈstreben (*dat.*), störrisch *od.* bockig sein; ˈ**jib·ber** [-bə] *s.* bockiges Pferd.

ˈ**jib|-ˈboom** *s.* **1.** ⚓ Klüverbaum *m*; **2.** ⊕ Ausleger *m e-s Krans etc.*; **~ door** *s.* Taˈpetentür *f*.

jibe[1] [dʒaib] *Am.* → *gybe*.

jibe[2] [dʒaib] → *gibe*.

jibe[3] [dʒaib] *v/i. Am.* F überˈeinstimmen, sich entsprechen.

jif·fy [dʒifi], *a.* **jiff** [dʒif] *s.* F Augenblick *m*: *in a ~* im Nu.

jig[1] [dʒig] **I.** *s.* **1.** ⊕ (Auf-, Ein-) Spannvorrichtung *f*; **2.** ⚒ **a)** Kohlenwippe *f*, **b)** ˈSetzmaˌschine *f*; **II.** *v/t.* **3.** ⊕ mit e-r Einstellvorrichtung herstellen; **4.** ⚒ *Erze* setzen, scheiden.

jig[2] [dʒig] **I.** *s.* **1.** ♪ ˈGigue *f*; **2.** *Am. sl.* ‚Schwof' *m*, Tanzparty *f*: *the ~ is up fig.* das Spiel ist aus; **II.** *v/t.* **3.** *e-e Gigue* tanzen; **4.** schütteln; **III.** *v/i.* **5.** hüpfen, tanzen.

jig·ger [ˈdʒigə] *s.* **1.** ˈGiguetänzer *m*; **2.** ⚓ **a)** Beˈsan *m*, **b)** Handtalje *f*; **3.** ⊕ Erzscheider *m*; **4.** ⚒ ˈSiebˌsetzmaˌschine *f*; **5.** *Golf*: ˈJigger *m* (*Schläger*); **6.** *Am. sl.* **a)** Schnapsglas *n*, **b)** ‚Schnäps-chen' *n*, **c)** ‚Dingsbums' *n*.

jig·gered [ˈdʒigəd] *adj.*: *well, I'm ~* (*if*) hol mich der Teufel(, wenn).

jig·gle [ˈdʒigl] **I.** *v/t.* (leicht) rütteln; **II.** *v/i.* wackeln, schaukeln, hüpfen.

ˈ**jig·saw** *s.* ⊕ ˈLaubsäge(maˌschine) *f*, Schweifsäge *f*; **~ puz·zle** *s.* Zs.-setzspiel *n*, Geduldspiel *n* (*a. fig.*).

Jill [dʒil] → *Gill*[4].

jilt [dʒilt] *v/t.* **a)** *e-m Liebhaber* den Laufpaß geben, **b)** *ein Mädchen* sitzenlassen.

Jim Crow [dʒim ˈkrou] *s. Am. sl.* **1.** *contp.* ‚Nigger' *m*; **2.** Rassentrennung *f*; **~ car** *s.* 🚃 Wagen *m* für Farbige.

jim-jams [ˈdʒimdʒæmz] *s. pl. sl.* **1.** Deˈlirium *n*; **2.** Gruseln *n*, Gänsehaut *f*.

jim·my [ˈdʒimi] → *jemmy*.

jin·gle [ˈdziŋgl] **I.** *v/i.* **1.** klimpern, klirren, klingeln; **II.** *v/t.* **2.** klingeln lassen, klimpern (mit); **III.** *s.* **3.** Geklingel *n*, Klimpern *n*; **4.** Reim-, Wortgeklingel *n*.

jin·go [ˈdʒiŋgou] **I.** *pl.* **-goes** *s.* Chauviˈnist(in); Säbelraßler *m*; **II.** *int.*: *by ~!* alle Wetter!; ˈ**jin·go·ism** [-ouizəm] *s. pol.* Chauviˈnismus *m*, Hurˈrapatrioˌtismus *m*; **jin·go·is·tic** [dʒiŋgouˈistik] *adj.* chauviˈnistisch.

jink [dʒiŋk] *s.*: *high ~s* übermütige Laune, Ausgelassenheit.

jin·rik·i·sha, *a.* **jin·rick·sha** [dʒinˈrikʃə] *s.* Rikscha *f*.

jinx [dʒiŋks] *sl.* **I.** *s.* **1.** Unheilbringer *m*; *weitS.* Unglück *n* (*for* für): *to put a ~ on* → *3*; **2.** Unheil *n*; **II.** *v/t.* **3.** ‚verhexen'.

jit·ney [ˈdʒitni] *s. Am. sl.* **1.** billiger Autobus; **2.** Fünfˈcentstück *n*.

jit·ter [ˈdʒitə] *sl.* **I.** *v/i.* nerˈvös sein, ‚Bammel' haben, ‚bibbern'; **II.** *s.*: *the ~s pl.* ‚Bammel' *m* (*Angst*), ‚Zustände' *pl.*, ‚Tatterich' *m* (*Nervosität*); ˈ**jit·ter·bug** [-bʌg] *s.* **1.** ˈSwingtänzer(in), -enthusiˌast(in); **2.** *fig.* Angsthase *m*, Nervenbündel *n*; ˈ**jit·ter·y** [-əri] *adj. sl.* nervös, ˈdurchgedreht.

jiu-jit·su [dʒuːˈdʒitsuː] → *ju-jitsu*.

jive [dʒaiv] **I.** *s.* **1. a)** ♪ ˈSwingmuˌsik *f*, **b)** Swingschritt *m*; **2.** *Am.* ˈSwing-, ˈJazzjarˌgon *m*; **II.** *v/i.* **3.** Swing tanzen *od.* spielen.

job[1] [dʒɔb] **I.** *s.* **1.** *ein Stück* Arbeit *f*: *a ~ of work* e-e Arbeit; *odd ~s* Gelegenheitsarbeiten; *to make a good ~ of it* ganze Arbeit leisten, es ordentlich erledigen; *it was quite a ~* es war e-e Mordsarbeit; *I had a ~ to do it* es fiel mir recht schwer; *on the ~* **a)** in Aktion, **b)** ‚auf Draht'; **2.** Stück-, Akˈkordarbeit *f*: *by the ~* im Akkord; **3.** Stellung *f*, Tätigkeit *f*, Arbeit *f*, Job *m*: *a ~ as a typist*; *out of a ~* stellungslos; *this is not everybody's ~* dies liegt nicht jedem; **4.** Aufgabe *f*, Pflicht *f*, Sache *f*: *it is your ~ to do it* es ist deine Sache; **5.** F Sache *f*, Angelegenheit *f*, Lage *f*: *a good ~* (*too*)! ein (wahres) Glück!; *to make the best of a bad ~* **a)** retten, was zu retten ist, **b)** gute Miene zum bösen Spiel machen; *I gave it up as a bad ~* ich steckte es (*als aussichtslos*) auf; **6.** *sl.* **a)** Proˈfitgeschäft *n*, ‚krumme Tour', **b)** ‚Ding' *n* (*Verbrechen*): *to do his ~ for him* ihn ruinieren; **7.** *bsd. Am.* F **a)** ‚Dings' *n*, ‚Appaˈrat' *m* (*a. Auto etc.*), **b)** ‚Nummer' *f*, Perˈson *f*: *she's a tough ~*; **II.** *v/i.* **8.** Gelegenheitsarbeiten machen; **9.** im Akˈkord arbeiten; **10.** Zwischenhandel treiben; **11.** mit ˈAktien handeln; **12.** ‚schieben', in die eigene Tasche arbeiten; **III.** *v/t.* **13.** (ver)mieten; **14.** ✝ *Auftrag* (weiter-) vergeben; **15.** als Zwischenhändler verkaufen; **16.** veruntreuen; *Amt* mißˈbrauchen; *j-n* durch ‚Schiebung' in *e-e Stellung* befördern; **17.** *Am. sl. j-n* übers Ohr hauen.

Job[2] [dʒoub] *npr. bibl.* ˈHiob *m*, Job *m*: (*the Book of*) *~* (das Buch) Hiob *od.* Job; *patience of ~ e-e* Engelsgeduld; *that would try the patience of ~* das würde selbst e-n Engel zur Verzweiflung treiben; *~'s comforter* schlechter Tröster (*der die Lage noch verschlimmert*); *~'s news*, *~'s post* Hiobsbotschaft, -post.

job a·nal·y·sis *s.* ˈArbeitsanaˌlyse *f*, -ˌstudie *f*.

job·ber [ˈdʒɔbə] *s.* **1.** Gelegenheits-, Akˈkordarbeiter *m*; **2.** ✝ Zwischen-, Großhändler *m*; **3.** *Brit. Börse*: Jobber *m* (*der auf eigene Rechnung Geschäfte tätigt*); **4.** *Am.* ˈBörsenspekuˌlant *m*; **5.** Geschäftemacher *m*, ‚Schieber' *m*; ˈ**job·ber·y** [-əri] *s.* **1.** Korruptiˈon *f*, ˈMißwirtschaft *f*, ‚Schiebung' *f*; **2.** ˈAmtsˌmißbrauch *m*; ˈ**job·bing** [-biŋ] **I.** *adj.* **1.** im Akˈkord arbeitend; **2.** Gelegenheitsarbeiten verrichtend: *~ man* Gelegenheitsarbeiter; *~ tailor* Flickschneider; *~ work typ.* Akzidenzarbeit; **II.** *s.* **3.** Akˈkordarbeit *f*; **4.** ✝ Zwischen-, Großhandel *m*; **5.** ‚Schiebung' *f*, Spekulatiˈonsgeschäfte *pl.*

job| cre·a·tion *s.* Schaffung *f* von Arbeitsplätzen; **~ de·scrip·tion** *s.* Tätigkeitsbeschreibung *f*; **~ hunt·er** *s.* Stellungssuchende(r *m*) *f*; **~ line,** **~ lot** *s.* ✝ Gelegenheitskauf *m*, Restposten *m*, Ramschware *f*; ˈ**~·mas·ter** *s. Brit.* Wagen- u. Pferdeverleiher *m*; **~ print·er** *s.*

typ. Akzi'denzdrucker *m*; ~ **print·ing** *s.* Akzi'denzdruck *m*; ~ **se·cu·ri·ty** *s.* Sicherheit *f* des Arbeitsplatzes; '~**-work** *s.* **1.** Ak'kordarbeit *f*; **2.** → *job printing*.

jock·ey ['dʒɔki] **I.** *s.* Jockei *m*; **II.** *v/t.* betrügen (*out of* um): *to ~ into s.th.* in et. hineinmanövrieren, zu et. verleiten; *to ~ s.o. into a position* j-m durch Protektion e-e Stellung verschaffen, ‚j-n lancieren'.

jo·cose [dʒə'kous] *adj.* □ **1.** scherzhaft, komisch, drollig; **2.** heiter, ausgelassen; **jo'cose·ness** [-nis] *s.* **1.** Scherzhaftigkeit *f*; **2.** Heiterkeit *f*, Ausgelassenheit *f*.

joc·u·lar ['dʒɔkjulə] *adj.* □ **1.** scherzhaft, witzig; **2.** lustig, heiter; **joc·u·lar·i·ty** [dʒɔkju'læriti] *s.* **1.** Scherzhaftigkeit *f*; **2.** Heiterkeit *f*, Lustigkeit *f*.

joc·und ['dʒɔkənd] *adj.* □ lustig, lebhaft, heiter; **jo·cun·di·ty** [dʒou'kʌnditi] *s.* Lustigkeit *f*.

jodh·pur breech·es ['dʒɔdpuə], '**jodh·purs** [-uəz] *s. pl.* Reithose *f*.

Jo·el ['dʒouel] *npr. u. s. bibl.* (das Buch) Joel *m*.

jo·ey ['dʒoui] *s. zo.* junges 'Känguruh.

jog [dʒɔg] **I.** *v/t.* **1.** (an)stoßen, rütteln, ‚stupsen'; **2.** *fig.* aufrütteln: *to ~ s.o.'s memory* j-s Gedächtnis nachhelfen; **II.** *v/i.* **3.** *a. ~ on, ~ along* da'hintrotten, zuckeln, sich fortschleppen; **4.** sich auf den Weg machen, ‚loszuckeln'; **5.** *fig. a. ~ on* fortfahren, weiterwursteln; s-n Lauf nehmen; **III.** *s.* **6.** (leichter) Stoß; **7.** Rütteln *n*; **8.** → *jogtrot 1*.

jog·gle ['dʒɔgl] **I.** *v/t.* **1.** leicht schütteln *od.* rütteln; **2.** ⊕ verschränken, verzahnen, federn u. nuten; **II.** *v/i.* **3.** sich schütteln, wackeln; **III.** *s.* **4.** Stoß *m*, Rütteln *n*; **5.** ⊕ Verzahnung *f*, Nut *f* u. Feder *f*.

'**jog'trot** *s.* **1.** leichter Trab, Trott *m*; **2.** *fig.* 'Schlendrian *m*; **3.** Eintönigkeit *f*.

Jo·han·nine [dʒou'hænain] *adj.* johan'neisch, den A'postel Jo'hannes betreffend.

john[1] [dʒɔn] *s. Am. sl.* Klo *n*.

John[2] [dʒɔn] *npr. u. s. bibl.* Jo'hannes (-evan͵gelium *n*) *m*: ~ *the Baptist* Johannes der Täufer; (*the Epistles of*) ~ die Johannesbriefe; ~ **Bull** *s.* John Bull: **a**) *England*, **b**) *der (typische) Engländer*; ~ **Doe** [dou] *s.*: ~ *and Richard Roe* ⚖ A. und B. (*fiktive Parteien*); ~ **Do·ry** ['dɔːri] *s. ichth.* Heringskönig *m*; ~ **Han·cock** ['hænkɔk] *s. Am.* F ‚Friedrich Wilhelm' *m* (*eigenhändige Unterschrift*).

john·ny ['dʒɔni] *s. Brit.* **1.** Stutzer *m*, Bummler *m*; **2.** Kerl *m*, ‚Knülch' *m*, ‚Heini' *m*; '~**-cake** *s. Am. ein* Maiskuchen *m*; '**2-come-'late·ly** *s. Am.* F **1.** Neuankömmling *m*, Neuling *m*; **2.** *fig.* ‚Nachzügler' *m*, ‚Spätzünder' *m*; **2 on the spot** *s. Am.* F j-d der ‚auf Draht' ist; j-d der immer (zur rechten Zeit) ‚da' ist.

'**John-o'-'Groat's(-House)** ['dʒɔnə'grouts] *s.* (*Ort an der*) Nordspitze *f* Schottlands: *from Land's End to John-o'-Groat's* (quer) durch ganz England (u. Schottland).

John·son·ese [dʒɔnsə'niːz] *s.* **1.** Stil *m* von Samuel Johnson; **2.** pom'pöser Stil; **John·so·ni·an** [dʒɔn'sounjən] *adj.* Johnsonsch (*Samuel Johnson od. s-n Stil betreffend*).

join [dʒɔin] **I.** *s.* **1.** Verbindungsstelle *f*, -linie *f*, Fuge *f*, Naht *f*; **II.** *v/t.* **2.** verbinden (*a. fig. u.* ⚗), vereinigen, zs.-fügen (*to, on to* mit); zs.-bringen: *to ~ hands* **a**) die Hände falten, **b**) sich die Hand *od.* die Hände reichen, **c**) *fig.* sich zs.-tun, zs.-arbeiten; *to ~ prayers* gemeinsam beten; *to ~ in marriage* verheiraten; → *battle 2; force 1*; **3.** sich anschließen an (*acc.*), stoßen *od.* sich gesellen zu: *wait here till I ~ you*; **4.** *et.* zu'sammen mit *j-m* tun: *to ~ s.o. in a walk* mit j-m spazierengehen; *I was ~ed by Mary* Mary schloß sich mir an; → *majority 1*; **5.** eintreten in (*acc.*), beitreten (*dat.*): *to ~ the army* Soldat werden; *to ~ one's regiment* zu s-m Regiment stoßen; *to ~ one's ship* an Bord s-s Schiffes gehen; *to ~ a party* **a**) e-r Partei beitreten, **b**) e-e Gesellschaft mitmachen; **6.** sich vereinigen *od.* zs.-kommen mit; vereinigt *od.* verbunden werden mit; **7.** (an)grenzen an (*acc.*), (ein)münden in (*acc.*) (*Straße, Fluß*); **III.** *v/i.* **8.** sich vereinigen *od.* verbinden (*with* mit); **9.** in Verbindung stehen, anein'andergrenzen, sich berühren; **10.** (*with s.o. in s.th.*) sich anschließen (j-m bei et.), gemeinsam tun (et. mit j-m): *to ~ in his praise* in sein Lob einstimmen; **11.** (*in*) teilnehmen (an *dat.*), mitmachen (bei *od. acc.*); Mitglied werden; ~ **in** → *join 11*; ~ **up I.** *v/t. a.* ⊕ verbinden, zs.-fügen; **II.** *v/i.* ⚔ Sol'dat werden.

join·der ['dʒɔində] *s.* ⚖ Streitgenossenschaft *f*, Vereinigung *f*: ~ *of actions* Klagenhäufung.

join·er ['dʒɔinə] *s.* Tischler *m*, Schreiner *m*: ~*'s bench* Hobelbank; '**join·er·y** [-əri] *s.* **1.** Tischlerhandwerk *n*; **2.** Tischlerarbeit *f*.

joint [dʒɔint] **I.** *s.* **1.** *bsd.* ⊕ Verbindungsstelle *f*, Verband *m*; Fuge *f*, Stoß(stelle *f*) *m*, Naht *f*; **2.** ⊕, *anat.* Gelenk *n*: *out of ~* verrenkt, *bsd. fig.* aus den Fugen; **3.** ⚘ Blattansatz *m*, Glied *n*, Gelenk *n*, Knoten *m*; **4.** Braten(stück *n*) *m*, Keule *f*; **5.** *sl.* **a**) Lo'kal *n*, *contp.* Spe'lunke *f*, ‚Bude' *f*, ‚'Bumslo͵kal' *n*, **b**) Gebäude *n*, ‚Laden' *m*; **II.** *v/t.* *bsd.* ⊕ **6.** zs.-fügen, fugen, verlaschen; **7.** *Fugen* ausfüllen, (ab-)dichten; **8.** *Brettkanten* zu'rechthobeln; **9.** zerlegen, zergliedern; **III.** *adj.* □ → *jointly*; **10.** gemeinsam, gemeinschaftlich: ~ *action* gemeinsames Vorgehen; **11.** vereint, verbunden: *during their ~ lives* solange sie beide *od.* alle leben; **12.** Mit..., Neben...: ~ *heir* Miterbe; ~ *plaintiff* Mitkläger; **13.** ⚖ gemeinschaftlich: ~ *and several* solidarisch, zur gesamten Hand, gesamtschuldnerisch; ~ *liability* Gesamthaftung; → *jointly*; ~ **ac·count** *s.* ✝ Gemeinschaftskonto *n*: *on* (*od. for*) ~ auf *od.* für gemeinsame Rechnung; ~ **cap·i·tal** *s.* ✝ Ge'samt-, Ge'sellschaftskapi͵tal *n*; ~ **com·mit·tee** *s. pol.* gemischter Ausschuß.

joint·ed ['dʒɔintid] *adj.* gegliedert, mit Gelenken (versehen): ~ *doll* Gliederpuppe; '**joint·er** [-tə] *s.* ⊕ **1.** Schlichthobel *m*; **2.** Fugkelle *f*.

joint·ly ['dʒɔintli] *adv.* gemeinschaftlich: ~ *and severally* **a**) gemeinsam u. jeder für sich, **b**) solidarisch, zur gesamten Hand.

joint| own·er *s.* Miteigentümer *m*; ~ **own·er·ship** *s.* Miteigentum *n*; ~ **res·o·lu·tion** *s. pol.* gemeinsame Entschließung; ~ **stock** *s.* ✝ Ge'sellschafts-, 'Aktienkapi͵tal *n*; '~-'**stock com·pa·ny** *s.* ✝ **1.** *Brit.* **a**) Kapi'talgesellschaft *f*, **b**) 'Aktiengesellschaft *f*; **2.** *Am.* Offene Handelsgesellschaft auf 'Aktien; ~ **ten·ant** *s.* Mitpächter *m*, -besitzer *m*.

join·ture ['dʒɔintʃə] ⚖ **I.** *s.* Leibgedinge *n*; **II.** *v/t.* ein Leibgedinge aussetzen (*dat.*).

joint ven·ture *s.* ✝ Gelegenheitsgesellschaft *f*.

joist [dʒɔist] △ **I.** *s.* (Quer)Balken *m*; (Quer-, Pro'fil)Träger *m*; **II.** *v/t.* mit Profilträgern belegen.

joke [dʒouk] **I.** *s.* **1.** Witz *m*: *practical ~* Schabernack, Streich; *to crack ~s* Witze reißen; *to play a practical ~ on s.o.* j-m e-n Streich spielen; **2.** Scherz *m*, Spaß *m*: *in ~* zum Scherz; *he cannot take* (*od. see*) *a ~* er versteht keinen Spaß; *no ~* **a**) kein Witz, **b**) keine Kleinigkeit; **II.** *v/i.* **3.** scherzen, Witze machen; **III.** *v/t.* **4.** necken, sich lustig machen über (*acc.*); '**jok·er** [-kə] *s.* **1.** Spaßvogel *m*, Witzbold *m*; **2.** *sl.* Kerl *m*, Bursche *m*; **3.** Joker *m* (*Spielkarte*); **4.** *Am. sl. mst pol.* ‚Hintertürklausel' *f* (*die mehrere Auslegungen zuläßt*); '**jok·ing** *s.* Scherzen *n*: ~ *apart!* Scherz beiseite!; '**jok·ing·ly** *adv.* zum Spaß.

jol·li·fi·ca·tion [dʒɔlifi'keiʃən] *s.* F (feucht)fröhliches Fest, Festivi'tät *f*; '**jol·li·ness** [-inis], *mst* '**jol·li·ty** [-iti] *s.* **1.** Fröhlichkeit *f*; **2.** Fest *n*.

jol·ly[1] ['dʒɔli] **I.** *adj.* □ **1.** lustig, fi'del, vergnügt, froh; **2.** angeheitert, beschwipst; **3.** *Brit.* F **a**) nett, hübsch: *a ~ room*, **b**) *iro.* schön, groß: *he must be a ~ fool* er muß (ja) ganz schön blöd sein, **c**) angenehm, herrlich: ~ *weather*; **II.** *adv.* **4.** *Brit.* F sehr, ‚riesig', ‚mächtig': ~ *late*; *a ~ good fellow* ein ‚prima' Kerl; *you'll ~ well have to do it* es hilft nichts, du mußt (es tun); **III.** *v/t.* F **5.** *mst ~ along j-m* schmeicheln; **6.** necken; **IV.** *s.* **7.** *Brit. sl.* → *jollification*.

jol·ly[2] ['dʒɔli], '~**-boat** *s.* ⚓ Jolle *f*.

Jol·ly Rog·er ['rɔdʒə] *s.* Totenkopf-, Seeräuberflagge *f*.

jolt [dʒoult] **I.** *v/t.* **1.** (auf)rütteln, stoßen; **2.** *Am. Boxen*: empfindlich treffen; **II.** *v/i.* **3.** rütteln, holpern (*Fahrzeug*); **III.** *s.* **4.** Ruck *m*, Stoß *m*, Rütteln *n*; **5.** (aufrüttelnder) Schock; *Am.* F Wirkung *f e-r Injektion etc.*; *Boxen*: harter Schlag; '**jolt·y** [-ti] *adj.* F holperig.

Jo·nah ['dʒounə] *npr. u. s.* **1.** *bibl.*

(das Buch) 'Jonas *m*; **2.** *fig.* Unheilbringer *m*; '**Jo·nas** [-əs] → *Jonah 1.*
Jon·a·than ['dʒɔnəθən] *s.* **1.** 'Jonathan *m* (*ein Tafelapfel*); **2.** → *Brother Jonathan.*
jon·quil ['dʒɔŋkwil] *s.* Jon'quille *f* [(*Narzisse*).
jo·rum ['dʒɔːrəm] *s.* **1.** großer Humpen, Trinkkrug *m*; **2.** Bowle *f* (*Getränk*).
josh [dʒɔʃ] *sl.* **I.** *v/t.* ‚aufziehen', hänseln; **II.** *s.* Hänse'lei *f.*
Josh·u·a ['dʒɔʃwə] *npr. u. s. bibl.* (das Buch) 'Josua *m od.* 'Josue *m.*
joss·er ['dʒɔsə] *s. Brit. sl.* Kerl *m*; ‚Dussel' *m.*
'**joss**|**-house** [dʒɔs] *s.* chi'nesischer Tempel; '**~-stick** *s.* Räucherstab *m* (*im chinesischen Tempel*).
jos·tle ['dʒɔsl] **I.** *v/t. u. v/i.* (an)rempeln, (an)stoßen, puffen; drängeln; **II.** *s.* (Zs.-)Stoß *m*, Puff *m*; Gedränge *n.*
Jos·u·e ['dʒɔzjuː] → *Joshua.*
jot [dʒɔt] **I.** *s.* Pünktchen *n*, Deut *m*: *not a ~* nicht ein bißchen; **II.** *v/t. mst ~ down* schnell hinschreiben *od.* notieren *od.* hinwerfen; '**jot·ter** [-tə] *s.* **1.** No'tizbuch *n*; **2.** Kugelschreiber *m*; '**jot·ting** [-tiŋ] *s.* (kurze) No'tiz.
joule [dʒuːl] *s. phys.* Joule *n.*
jour·nal ['dʒəːnl] *s.* **1.** Tagebuch *n*; **2.** † Jour'nal *n*, Memori'al *n*; **3.** ∼s *pl. parl. Brit.* Proto'kollbuch *n*; **4.** Journal *n*, Zeitschrift *f*, Zeitung *f*; **5.** ⚓ Logbuch *n*; **6.** ⊕ (Dreh-, Lager-, Wellen)Zapfen *m*: *~ bearing* Achs-, Zapfenlager; *~ box* Lagerbüchse; **jour·nal'ese** [-nə'liːz] *s.* F Zeitungsstil *m*; '**jour·nal·ism** [-nəlizəm] *s.* Journa'lismus *m*, Zeitungswesen *n*; '**jour·nal·ist** [-nəlist] *s.* Journa'list(in), Zeitungsschreiber(in); **jour·nal·is·tic** [dʒəːnə'listik] *adj.* journa'listisch; '**jour·nal·ize** [-nəlaiz] *v/t.* † in das Journal eintragen.
jour·ney ['dʒəːni] **I.** *s.* **1.** Reise *f*: *to go on a ~* verreisen; **2.** Reise *f*, Strecke *f*, Route *f*, Weg *m*, Fahrt *f*, Gang *m*: *a day's ~ from here* e-e Tagereise von hier; **II.** *v/i.* **3.** reisen; wandern; '**~-man** [-mən] *s.* [*irr.*] (Handwerks)Geselle *m*: *~ baker* Bäckergeselle; '**~-work** *s.* Tagelöhnerarbeit *f* (*a. fig.*).
joust [dʒaust] *hist.* **I.** *s.* Turnier *n*; **II.** *v/i.* turnieren.
Jove [dʒouv] *npr.* Jupiter *m*: *by ~!* Donnerwetter!
jo·vi·al ['dʒouvjəl] *adj.* □ **1.** jovi'al, heiter, vergnügt, lustig; **2.** gemütlich; **jo·vi·al·i·ty** [dʒouvi'æliti] *s.* Heiterkeit *f*, Frohsinn *m*, Lustigkeit *f.*
jowl [dʒaul] *s.* **1.** ('Unter)Kiefer *m*; **2.** Wange *f*, Backe *f*; → *cheek 1*; **3.** *zo.* Wamme *f*; **4.** Kopfstück *n* (*e-s Fisches*).
joy [dʒɔi] **I.** *s.* **1.** Freude *f* (*at* über *acc.*, *in*, *of* an *dat.*): *to leap for ~* vor Freude hüpfen; *tears of ~* Freudentränen; *it gives me great ~* es macht mir große Freude; *to wish s.o. ~ (of)* j-m Glück wünschen (zu); *I wish you ~! iro.* viel Spaß!; **2.** Entzücken *n*, Wonne *f*; **II.** *v/i.* **3.** *poet.* sich freuen; '**joy·ful** [-ful] *adj.* □ **1.** freudig, erfreut: *to be ~* sich freuen; **2.** erfreulich, froh; '**joy·ful·ness** [-fulnis] *s.* Freude *f*, Fröhlichkeit *f*; '**joy·less** [-lis] *adj.* □ **1.** freudlos; **2.** unerfreulich; '**joy·less·ness** [-lisnis] *s.* Freudlosigkeit *f*; **joy·ous** ['dʒɔiəs] *adj.* □ → *joyful*; **joy·ous·ness** ['dʒɔiəsnis] → *joyfulness.*
'**joy**|**-ride** *s.* F *mot.* **1.** Vergnügungsfahrt *f*; **2.** Schwarzfahrt *f*; '**~-stick** *s.* ✈ F Steuerknüppel *m.*
ju·bi·lant ['dʒuːbilənt] *adj.* □ jubelnd, froh'lockend; **ju·bi·late I.** *v/i.* ['dʒuːbileit] **1.** jubeln, jubilieren, jauchzen; **II.** ∼ [dʒuːbi'lɑːti] (*Lat.*) *s. eccl.* **2.** (Sonntag *m*) Jubi'late *m* (*3. Sonntag nach Ostern*); **3.** Jubi'latepsalm *m*; **ju·bi·la·tion** [dʒuːbi'leiʃən] *s.* Jubel *m*, Froh'locken *n.*
ju·bi·lee ['dʒuːbiliː] *s.* **1.** (fünfzigjähriges) Jubi'läum: *silver ~* fünfundzwanzigjähriges Jubiläum; **2.** *R.C.* Jubel-, Ablaßjahr *n*; **3.** Jubel-, Freudenfest *n.*
Ju·da·ic [dʒu(ː)'deiik] *adj.* jüdisch; **Ju·da·ism** ['dʒuːdeiizəm] *s.* Judentum *n*; **Ju·da·ize** ['dʒuːdeiaiz] *v/t.* zum Judentum bekehren, jüdisch machen.
Ju·das ['dʒuːdəs] **I.** *npr. bibl.* 'Judas *m* (*a. fig.* Verräter); **II.** *s.* Guckloch *n*, Spi'on *m*; **~ kiss** *s.* 'Judaskuß *m*; '**~-tree** *s.* ⚘ 'Judasbaum *m.*
Jude [dʒuːd] *npr. u. s. bibl.* 'Judas *m*: (*the Epistle of*) *~* der Judasbrief.
Ju·de·an [dʒuː'diən] **I.** *adj.* **1.** ju'däisch; **2.** jüdisch; **II.** *s.* **3.** Ju'däer *m*; **4.** Jude *m.*
judge [dʒʌdʒ] **I.** *s.* **1.** ⚖ Richter *m*: *associate ~* Beisitzer; *chief ~* Gerichtspräsident; *as God's my ~!* so wahr mir Gott helfe!; **2.** *mst sport* Preis-, Schiedsrichter *m*; **3.** Sachkundige(r) *m*, Kenner *m*: *~ of wine* Weinkenner; *I am no ~ of it* ich kann es nicht beurteilen; **4.** *bibl.* **a)** Richter *m*, **b)** ∼s *pl. sg. konstr.* (*das* Buch der) Richter *pl.*; **II.** *v/t.* **5.** ⚖ richten, aburteilen; ein Urteil fällen *od.* Recht sprechen über (*acc.*); **6.** entscheiden; **7.** beurteilen, einschätzen (*by* nach); **8.** betrachten als, halten für; **III.** *v/i.* **9.** ⚖ Recht sprechen; **10.** *fig.* zu Gericht sitzen; **11.** (*by*, *from*) urteilen (nach; *of* über *acc.*); schließen (aus); **12.** (sich *dat.*) denken *od.* vorstellen (*of acc.*); **~ ad·vo·cate** *s.* ⚔ 'Rechtsoffi'zier *m*; '**~-made law** *s.* auf richterlicher Entscheidung beruhendes Recht.
judg(e)·ment ['dʒʌdʒmənt] *s.* **1.** ⚖ Urteil *n*, gerichtliche Entscheidung, Schiedsspruch *m*: *~ by default* Versäumnisurteil; *to give* (*od. pronounce*) *~* ein Urteil sprechen (*on* über *acc.*); *to pass ~* ein Urteil fällen (*on* über *acc.*); *to sit in ~* zu Gericht sitzen (*on* über *acc.*); → *error 1*; **2.** Beurteilung *f*, Urteil *n*; **3.** Urteilsvermögen *n*, Verständnis *n*, Einsicht *f*: *man of ~* einsichtsvoller Mann; *to act with ~* mit Verständnis handeln; **4.** Urteil *n*, Ansicht *f*, Ermessen *n*: *to form a ~* sich ein Urteil bilden; *in my ~* meines Erachtens; **5.** göttliches (Straf)Gericht, Strafe *f* (Gottes): *the last ~*, *the day of ~*, *~-day* das Jüngste Gericht; **~ debt** *s.* ⚖ vollstreckbare Forderung, Urteilsschuld *f*; '**~-proof** *adj.* ⚖ unpfändbar; '**~-seat** *s.* **1.** Richterstuhl *m*; **2.** Gerichtshof *m.*
judge·ship ['dʒʌdʒʃip] *s.* Richteramt *n.*
ju·di·ca·ture ['dʒuːdikətʃə] *s.* ⚖ **1.** Rechtsprechung *f*, Rechtspflege *f*; **2.** Gerichtswesen *n*; Gerichtshof *m*; → *supreme 1*; **3.** *coll.* Richter *pl.*; **4.** Amt *n od.* Amtszeit *f* e-s Richters; **ju·di·cial** [dʒu(ː)'diʃəl] *adj.* □ **1.** ⚖ gerichtlich, Justiz..., Gerichts...: *~ error* Justizirrtum; *~ murder* Justizmord; *~ proceedings* Gerichtsverfahren; *~ system* Gerichtswesen; **2.** ⚖ Richter..., richterlich; **3.** scharf urteilend, kritisch; **4.** 'unpar,teiisch; **ju·di·ci·ar·y** [dʒu(ː)'diʃiəri] ⚖ **I.** *adj.* **1.** gerichtlich, richterlich; **II.** *s.* **2.** Ju'stizgewalt *f*, Gerichtswesen *n*; **3.** *coll.* Richter(schaft *f*) *pl.*
ju·di·cious [dʒu(ː)'diʃəs] *adj.* □ **1.** vernünftig, klug; **2.** 'wohlüber,legt, verständnisvoll; **ju'di·cious·ness** [-nis] *s.* Klugheit *f*, Einsicht *f.*
Ju·dith ['dʒuːdiθ] *npr. u. s. bibl.* (das Buch) 'Judith *f.*
ju·do ['dʒuːdou] *s. sport* 'Judo *n*; '**ju·do·ka** [-kɑː] *s. sport* Ju'doka *m.*
Ju·dy ['dʒuːdi] → *Punch*[4].
jug[1] [dʒʌg] **I.** *s.* **1.** Krug *m*, Kanne *f*; **2.** *Am.* große Kruke; **3.** *sl.* ‚Kittchen' *n*, ‚Loch' *n* (*Gefängnis*); **II.** *v/t.* **4.** schmoren *od.* dämpfen: *~ged hare* Hasenpfeffer; **5.** *sl.* ‚einlochen'.
jug[2] [dʒʌg] **I.** *v/i.* schlagen (*Nachtigall*); **II.** *s.* Nachtigallenschlag *m.*
'**jug·ful** [-ful] *pl.* **-fuls** *s. ein* Krug (-voll) *m.*
Jug·ger·naut ['dʒʌgənɔːt] *s.* Moloch *m*, (blutrünstiger) Götze.
jug·gins ['dʒʌginz] *s. sl.* Trottel *m*, ‚Blödmann' *m.*
jug·gle ['dʒʌgl] **I.** *v/i.* **1.** jonglieren, Kunststücke machen, gaukeln; **2.** *~ with fig. et.* ‚jonglieren', verdrehen, (ver)fälschen, ‚frisieren'; *j-n* täuschen; **3.** falsches (*od.* sein) Spiel treiben (*with* mit): *to ~ with words* mit Worten spielen; **II.** *v/t.* **4.** betrügen (*out of* um); **III.** *s.* **5.** Trick *m*, ‚Taschenspiele'rei' *f*; **6.** Schwindel *m*; '**jug·gler** [-lə] *s.* **1.** Jon'gleur *m*; **2.** Zauberkünstler *m*; **3.** Schwindler *m*; '**jug·gler·y** [-ləri] *s.* **1.** Jonglieren *n*; **2.** → *juggle 5, 6.*
Ju·go·slav ['juːgou'slɑːv] **I.** *s.* Jugo'slawe *m*, Jugo'slawin *f*; **II.** *adj.* jugo'slawisch.
jug·u·lar ['dʒʌgjulə] *anat.* **I.** *adj.* Kehl..., Gurgel...; **II.** *s. a. ~ vein* Hals-, Drosselader *f*; '**ju·gu·late** [-leit] *v/t. mst fig.* erdrosseln; unter'drücken, aufhalten.
juice [dʒuːs] *s.* **1.** Saft *m* (*a. fig.*): *orange* (*lemon, tomato*) *~*; *to stew in one's own ~* F im eigenen Saft schmoren; **2.** *sl.* **a)** ⚡ ‚Saft' *m*, Strom *m*, **b)** *mot.* Sprit *m*, **c)** *Am.* ‚Zeug' *n*, Whisky *m*; **3.** *fig.* Kraft *f*, Kern *m*, Wesen *n*, Inhalt *m*; '**juic·i·ness** [-sinis] *s.* Saftigkeit *f*; '**juic·y** [-si] *adj.* **1.** saftig (*a. fig.*);

2. F interes'sant, spannend; 3. F pi'kant, würzig. [Jiu-Jitsu *n*.]
ju·jit·su [dʒuː'dʒitsuː] *s. sport*
ju·jube ['dʒuːdʒu(ː)b] *s.* **1.** ♀ Ju'jube *f*, Brustbeere *f*; **2.** *pharm.* 'Brust(beer)taˌblette *f*, 'Brustbonˌbon *m, n.*
ju-jut·su [dʒuː'dʒutsuː] → *ju-jitsu.*
'juke|-box [dʒuːk] *s.* Jukebox *f* (*Musikautomat*); **'~-joint** *s. Am. sl.* ‚'Bumsloˌkal' *n* (*Tanzlokal mit Jukebox*).
ju·lep ['dʒuːlep] *s.* **1.** süßliches (Arz'nei)Getränk; **2.** *kühlendes Getränk.*
Jul·ian ['dʒuːljən] *adj.* juli'anisch: *the ~ calendar* der Julianische Kalender.
Ju·ly [dʒu(ː)'lai] *s.* 'Juli *m*: *in ~* im Juli.
jum·ble ['dʒʌmbl] **I.** *v/t.* **1.** *a. ~ together, ~ up* zs.-werfen, in Unordnung bringen, (wahllos) vermischen, durchein'anderwürfeln; **II.** *v/i.* **2.** *a. ~ together, ~ up* durchein'andergeraten, -gerüttelt werden; **III.** *s.* **3.** Durchein'ander *n*, Wirrwarr *m*; **4.** Ramsch *m*: *~-sale Brit.* Wohltätigkeitsbasar; *~-shop* Ramschladen.
jum·bo jet ['dʒʌmbou] *s.* ✈ Jumbo-Jet *m* (*Großraumdüsenflugzeug*).
jump [dʒʌmp] **I.** *s.* **1.** Sprung *m* (*a. fig.*), Satz *m*; Absprung *m*: *high ~ sport* Hochsprung; *long ~ Brit., broad ~ Am. sport* Weitsprung; *triple ~ sport* Dreisprung; *to take* (*od. make*) *a ~* e-n Sprung machen; **2.** Aufschrecken *n*: *to give a ~* auf-, zs.-fahren, hochschrecken; *to give s.o. a ~* j-n erschrecken; *to keep s.o. on the ~* j-n in Atem halten; **3.** plötzlicher Anstieg, Em'porschnellen *n* (*a. Preise*): *to give a ~* emporschnellen; **4.** *the ~s pl. sl.* **a)** ‚Veitstanz' *m*, Zuckungen *pl.*, **b)** Säuferwahnsinn *m*; **5.** *fig.* Über'springen *n*, -'schlagen *n*, Unter'brechung *f*; **6.** *Am.* F Vorsprung *m*, Vorgabe *f*; **II.** *v/i.* **7.** springen, hüpfen: *to ~ clear of s.th.* von et. wegspringen; *to ~ (to the roof) for joy* vor Freude (an die Decke) springen; *to ~ off the deep end Am.* F sich zu et. hinreißen lassen; *to ~ all over s.o. Am.* F j-n ‚zur Schnecke machen'; **8.** em'porschnellen (*a. Preise*); auf-, hochfahren; zs.-zucken: *the news made me ~* die Nachricht jagte mir e-n Schrecken ein; **9.** pulsieren, pochen, beben; **10.** rütteln, stoßen, schaukeln, wackeln; **11.** schnell 'übergehen, 'überspringen: *to ~ from one topic to another*; **III.** *v/t.* **12.** (hin'weg)springen über (*acc.*): *to ~ a gate*; *to ~ the rails* 🚂 entgleisen; *to ~ a train Am.* F **a)** vom fahrenden Zuge abspringen, **b)** auf den Zug aufspringen; **13.** *Am.* F *j-n* über'fallen; **14.** springen lassen: *to ~ a horse over a fence*; **15.** schaukeln: *to ~ a baby on one's knee*; **16.** über'springen, -'schlagen, auslassen: *to ~ the next chapter*; *to ~ the channels Am.* den Instanzenweg nicht einhalten; *to ~ the queue* sich (*beim Schlangestehen*) vordrängen, aus der Reihe tanzen (*a. fig.*); *to ~ bail* ⚖ die Kaution verfallen lassen u. verschwinden; *to ~ the gun* **a)** *sport* e-n Frühstart verursachen, **b)** *fig.* sich e-n unfairen Vorteil verschaffen, **c)** voreilig handeln; **17.** 'widerrechtlich Besitz ergreifen von (*bsd. Grundbesitz etc.*), sich einnisten in (*acc.*); **18.** verleiten (*into* zu);
Zssgn mit adv. u. prp.:
jump| a·bout *v/i.* her'umhüpfen; **~ at** *v/t. fig.* sich stürzen auf (*acc.*): *to ~ the chance* die Gelegenheit ergreifen, mit beiden Händen zugreifen; *to ~ the idea* den Gedanken schnell aufgreifen; → *conclusion 3*; **~ down** *v/i.*: *~ s.o.'s throat* F j-n ‚anfahren' *od.* ‚anschnauzen'; auf j-n losgehen; **~ on** *v/i.*: *~ s.o.* **a)** sich auf j-n stürzen, **b)** j-m ‚aufs Dach steigen'; **~ out of** *v/i.*: *~ one's skin* ‚aus der Haut fahren'; **~ to** *v/i.*: *~ it sl.* die Sache schnell in Angriff nehmen, zupacken; → *conclusion 3*; **~ up** *v/i.* aufspringen (*a. fig.*).
'jumped-'up [dʒʌmpt] *adj.* F **1.** (parve'nühaft) hochnäsig; **2.** improvisiert.
jump·er[1] ['dʒʌmpə] *s.* **1.** Springer (-in): *high ~ sport* Hochspringer (-in); *long ~ Brit., broad ~ Am. sport* Weitspringer(in); *triple ~ sport* Dreispringer; **2.** ⊕ Steinbohrer *m*; Bohrmeißel *m*; **3.** ⚡ Kurzschlußbrücke *f*; **4.** *zo.* **a)** Floh *m*, **b)** Käsemade *f*.
jump·er[2] ['dʒʌmpə] *s.* **1.** Jumper *m*, Schlupfbluse *f*; **2.** Ma'trosenbluse *f*; **3.** Trägerrock *m*, -kleid *n*.
jump·i·ness ['dʒʌmpinis] *s.* Nervosi'tät *f*, Unruhe *f*, Zerfahrenheit *f*.
jump·ing ['dʒʌmpiŋ] *s.* **1.** Springen *n*: *~-pole* → *vaulting-pole*; *~ test Reitsport*: Springen; **2.** *Skisport*: Sprunglauf *m*, Springen *n*; **'~-jack** *s.* Hampelmann *m*; **'~-'off place** *s.* **1.** Ausgangspunkt *m*; **2.** *Am.* F Ende *n* der Welt.
jump·y ['dʒʌmpi] *adj.* ner'vös, zerfahren.
junc·tion ['dʒʌŋkʃən] *s.* **1.** Verbindung *f*, Vereinigung *f*; Anschluß *m* (*a.* ⊕); Zs.-fluß *m*; (*Straßen*)Gabelung *f*, Kreuzung *f*; **2.** 🚂 **a)** Knotenpunkt *m*, **b)** 'Anschlußstatiˌon *f*; **3.** Verbindungspunkt *m*; **4.** Zs.-treffen *n*, Treffpunkt *m*; **5.** ⚔ Berührung *f*; **~ box** *s.* ⚡ Abzweig-, Anschlußdose *f*; **~ line, ~ rail·way** *s.* 🚂 *Brit.* Verbindungs-, Nebenbahn *f*.
junc·ture ['dʒʌŋktʃə] *s.* **1.** ('kritischer) Augenblick *od.* Zeitpunkt: *at this ~* in diesem Augenblick, an dieser Stelle; **2.** *fig.* Sachlage *f*, Stand *m* der Dinge; **3.** Zs.-treffen *n* (*Ereignisse*); **4.** Verbindungsstelle *f*, Naht *f*.
June [dʒuːn] *s.* 'Juni *m*: *in ~* im Juni.
jun·gle ['dʒʌŋgl] *s.* **1.** Dschungel *m, f, n* (*a. fig.*): *law of the ~* Faustrecht, nackte Gewalt; **2.** *Am. sl.* Landstreicherlager *n*; **'jun·gled** [-ld] *adj.* mit Dschungel(n) über'wachsen.
jun·gle| fe·ver *s.* ⚕ Dschungelfieber *n*; **'~-fowl** *s. orn.* Ban'kivahuhn *n*.
jun·ior ['dʒuːnjə] **I.** *adj.* **1.** 'junior; Junioren...: *John Smith ~* (*abbr. jr., jun.*) John Smith jr. *od.* jun.; *Smith ~* Smith II (*von Schülern*); **2.** jünger, 'untergeordnet, zweit: *~ clerk* **a)** jüngerer Kontorist, **b)** zweiter Buchhalter, **c)** ⚖ *Brit.* Anwaltspraktikant; *♀ Counsel* ⚖ *Brit.* → *barrister* (*als Vorstufe zum King's Counsel*); *~ partner* jüngerer Teilhaber; **3.** *ped.* der 'Unterstufe (angehörend): *~ forms Brit. die* Unterklassen, *die* Unterstufe; *~ school Brit.* Grundschule; *~ high school Am.* Oberschule (mit Klassen 7, 8, 9); **II.** *s.* **4.** Jüngere(r *m*) *f*: *he is my ~ by 2 years, he is 2 years my ~* er ist 2 Jahre jünger als ich; *my ~s* Leute, die jünger sind als ich; **5.** 'Untergeordnete(r *m*) *f* (im Amt), Assi'stent(in): *an office ~* ein jüngerer Angestellter; **6.** *ped. the ~s* die jüngeren Schüler; **7.** *Am.* (Ober)Schüler *m od.* Stu'dent *m* im 3. Jahre; **jun·ior·i·ty** [dʒuːni'ɔriti] *s.* geringeres Alter *od.* Dienstalter.
ju·ni·per ['dʒuːnipə] *s.* ♀ Wa'cholder *m*.
junk[1] [dʒʌŋk] **I.** *s.* **1.** Ausschuß(ware *f*) *m*, Altwaren *pl.*, Trödel *m*, Plunder *m*: *~-dealer* Altwarenhändler; *~-shop* Ramsch-, Trödelladen; *~ yard Am.* Schrottplatz, Autofriedhof; **2.** *contp.* Schund *m*; **3.** ⚓ altes zerkleinertes Tauwerk; **4.** ⚓ zähes Pökelfleisch; **5.** dickes Stück, Klumpen *m*; **6.** *Am. sl.* Rauschgift *n*; **II.** *v/t.* **7.** *Am. sl.* zum alten Eisen werfen, ‚wegschmeißen'.
junk[2] [dʒʌŋk] *s.* Dschunke *f*.
jun·ket ['dʒʌŋkit] **I.** *s.* **1.** Quark (-speise *f* mit Sahne) *m*, dicke Milch; **2.** *a. junketing* Fest *n*, Schmause'rei *f*; Picknick *n*; **3.** *Am.* Vergnügungsreise *f* auf öffentliche Kosten; **II.** *v/i.* **4.** feiern, es sich wohl sein lassen; **5.** picknicken.
jun·ta ['dʒʌntə] (*Span.*) *s.* **1.** Ratsversammlung *f*; **2.** 'Junta *f* (*a. pol.*): *military ~* Militärjunta; **'jun·to** [-tou] *pl.* **-tos** *s.* Clique *f*, Klüngel *m*.
Ju·pi·ter ['dʒuːpitə] *s. ast.* 'Jupiter *m*.
Ju·ras·sic [dʒuə'ræsik] *geol.* **I.** *adj.* Jura..., ju'rassisch: *~ period*; **II.** *s.* 'Juraformatiˌon *f*.
ju·rat ['dʒuəræt] *s. Brit.* **1.** Stadtrat *m* (*Person*) in den *Cinque Ports*; **2.** Richter *m auf den Kanalinseln.*
ju·rid·i·cal [dʒuə'ridikəl] *adj.* □ **1.** gerichtlich, Gerichts...; **2.** ju'ristisch, Rechts...: *~ person Am.* juristische Person.
ju·ris·dic·tion [dʒuəris'dikʃən] *s.* **1.** Rechtsprechung *f*; **2.** Gerichtsbarkeit *f*; (*örtliche u. sachliche*) Zuständigkeit (*of, over* für): *to have ~ over* zuständig sein für; **3.** Gerichtsbezirk *m*; Zuständigkeitsbereich *m*; **ju·ris'dic·tion·al** [-ʃənl] *adj.* gerichtlich, Gerichts..., Zuständigkeits...; **ju·ris·pru·dence** ['dʒuərispruːdəns] *s.* **1.** Rechtswissenschaft *f*; **2.** Rechtsgelehrsamkeit *f*; **ju·ris·pru·dent** ['dʒuərispruːdənt] **I.** *s.* Rechtsgelehrte(r) *m*, Ju'rist *m*; **II.** *adj.* rechtskundig; **ju·ris·pru·den·tial** [dʒuərispru(ː)'denʃəl] *adj.* rechtswissenschaftlich; **ju·rist** ['dʒuərist] *s.* **1.** → *jurisprudent I*; **2.** *Brit.* Stu'dent *m* der Rechte; **3.** *Am.* Rechtsanwalt *m*; **ju·ris·tic** *adj.*; **ju·ris·ti·cal** [dʒuə'ristik(ə)l] *adj.* □ ju'ristisch, Rechts...

ju·ror ['dʒuərə] *s.* **1.** ⚖ Geschworene(r *m*) *f*; **2.** (*vereidigter*) Preisrichter; **3.** *hist.* Vereidigte(r *m*) *f*.

ju·ry[1] ['dʒuəri] *s.* **1.** ⚖ *die* Geschworenen *pl.*, Jury *f*: *trial by* ~, ~ *trial* Schwurgerichtsverfahren; *to sit on the* ~ Geschworene(r) sein; **2.** Jury *f*, 'Preisrichter(kol,legium *n*) *pl.*; **3.** Sachverständigenausschuß *m*.

ju·ry[2] ['dʒuəri] *adj.* ⚓ Ersatz..., Hilfs..., Not...: ~*-mast* Notmast.

'ju·ry|-box *s.* ⚖ Geschworenenbank *f*; **'~·man** [-mən] *s.* [*irr.*] ⚖ Geschworene(r) *m*; **~ pan·el** *s.* ⚖ Geschworenenliste *f*.

jus·sive ['dʒʌsiv] *adj. ling.* Befehls..., impera'tivisch.

just[1] [dʒʌst] **I.** *adj.* □ → *justly*; **1.** gerecht (*Person od. Handlung*): *to be* ~ *to s.o.* j-n gerecht behandeln; **2.** gerecht, richtig, angemessen, gehörig: *it was only* ~ es war nur recht u. billig; ~ *reward* wohlverdienter Lohn; **3.** rechtmäßig, wohlbegründet: *a* ~ *claim*; **4.** berechtigt, begründet: ~ *indignation*; **5.** genau, wahr, richtig: *a* ~ *statement* e-e wahre Aussage; **6.** redlich, rechtschaffen, aufrecht; **7.** ♪ rein (*Intervall*); **II.** *adv.* [*a.* dʒəst] **8.** gerade, (so)'eben: *he had* ~ *gone* er war gerade (fort)gegangen; ~ *now* **a)** (gerade) jetzt, **b)** jetzt gleich, **c)** soeben, eben erst; ~ *out* soeben erschienen (*Buch*); *not ready* ~ *yet* noch nicht ganz fertig; **9.** gerade, genau: ~ *one o'clock* genau ein Uhr; *that is* ~ *right* das ist genau *od.* gerade richtig; ~ *too late* gerade zu spät; *it is* ~ *the same* es ist ganz gleich(gültig); ~ *so!* ganz recht!, jawohl!; *that's* ~ *it* das ist es ja gerade *od.* eben; *that is* ~ *like you!* das sieht dir ganz ähnlich!; ~ *as he came in* gerade als er hereinkam; ~ *before he arrived* gerade ehe er ankam; *it is* ~ *as well that* es ist wirklich besser (*od.* nur gut), daß; **10.** gerade noch, um ein Haar, mit knapper Not: *I* ~ *managed it* ich schaffte es gerade noch; ~ *possible* immerhin möglich; ~ *in case* nur für den Fall; *only* ~ *enough* nur eben genug; *he was only* ~ *saved, he was saved but only* ~ er wurde nur eben noch (*od.* mit knapper Not) gerettet; **11.** nur: ~ *for fun* nur zum Spaß; ~ *the two of us* nur wir beide; ~ *a little bit* ein ganz klein wenig; ~ *give her a book* schenk ihr doch einfach ein Buch; **12.** doch, mal: ~ *tell me* sag mir mal *od.* bloß; ~ *sit down, please* setzen Sie sich doch bitte!; ~ *let me see!* **a)** zeig mal (her)!, **b)** laß mich mal sehen *od.* überlegen; **13.** F einfach, wirklich: ~ *wonderful*.

just[2] [dʒʌst] → *joust*.

jus·tice ['dʒʌstis] *s.* **1.** Gerechtigkeit *f* (*to* gegen); **2.** Rechtmäßigkeit *f*, Berechtigung *f*, Recht *n*: *with* ~ mit *od.* zu Recht; **3.** Gerechtigkeit *f*, gerechter Lohn: *to do* ~ *to* Gerechtigkeit widerfahren lassen, gerecht werden (*dat.*); *to do* ~ *to the wine* dem Wein tüchtig zusprechen; *to do o.s.* ~ **a)** sein wahres Können zeigen, **b)** sich selbst gerecht werden; *in* ~ *to him* um ihm gerecht zu werden; **4.** ⚖ Gerechtigkeit *f*, Recht *n*, Ju'stiz *f*: *to administer* ~ Recht sprechen; *to flee from* ~ sich der verdienten Strafe entziehen; *to bring to* ~ vor Gericht bringen; *in* ~ von Rechts wegen; **5.** Richter *m*: *Mr.* ♀ *X.* (*Anrede in England*); ~ *of the peace* Friedensrichter (*Laienrichter*); **'jus·tice·ship** [-ʃip] *s.* Richteramt *n*.

jus·ti·ci·a·ble [dʒʌs'tiʃiəbl] *adj.* ⚖ gerichtlicher Entscheidung unter'worfen; **jus'ti·ci·ar·y** [-iəri] ⚖ **I.** *s.* **1.** Justiti'ar *m*, Richter *m*; **2.** *Scot.* Rechtsprechung *f*, Gerichtsbarkeit *f*; **II.** *adj.* **3.** gerichtlich.

jus·ti·fi·a·bil·i·ty [dʒʌstifaiə'biliti] *s.* Entschuldbarkeit *f*; **jus·ti·fi·a·ble** ['dʒʌstifaiəbl] *adj.* □ zu rechtfertigen(d), entschuldbar, berechtigt, vertretbar; **jus·ti·fi·a·bly** ['dʒʌstifaiəbli] *adv.* berechtigterweise.

jus·ti·fi·ca·tion [dʒʌstifi'keiʃən] *s.* **1.** Rechtfertigung *f*: *in* ~ *of* zur Rechtfertigung von (*od. gen.*); **2.** Berechtigung *f*: *with* ~ berechtigterweise, mit Recht; **3.** *typ.* Justierung *f*, Ausschluß *m*; **jus·ti·fi·ca·to·ry** ['dʒʌstifikeitəri] *adj.* rechtfertigend, Rechtfertigungs...

jus·ti·fi·er ['dʒʌstifaiə] *s.* **1.** Rechtfertiger *m*; **2.** *typ.* Justierer *m*, Zurichter *m*; **jus·ti·fy** ['dʒʌstifai] *v/t.* **1.** rechtfertigen (*before od. to s.o.* vor j-m): *to be justified in doing s.th.* et. mit gutem Recht tun; berechtigt sein, et. zu tun; **2. a)** gutheißen, **b)** entschuldigen, *j-m* recht geben; **3.** *eccl.* rechtfertigen, von Sündenschuld freisprechen; **4.** ⊕ richtigstellen, richten, justieren; **5.** *typ.* justieren, ausschließen.

just·ly ['dʒʌstli] *adv.* **1.** richtig; **2.** mit Recht; **3.** verdientermaßen; **'just·ness** [-tnis] *s.* **1.** Gerechtigkeit *f*, Billigkeit *f*; **2.** Rechtmäßigkeit *f*; **3.** Richtigkeit *f*.

jut [dʒʌt] **I.** *v/i. a.* ~ *out* vorspringen, her'ausragen: *to* ~ *into s.th.* in et. hineinragen; **II.** *s.* Vorsprung *m*.

jute[1] [dʒu:t] *s.* ⚘ Jute *f*.

Jute[2] [dʒu:t] *s.* Jüte *m*; **Jut·land** ['dʒʌtlənd] *npr.* Jütland *n*: *the Battle of* ~ die Skagerrakschlacht.

ju·ve·nes·cence [dʒu:vi'nesns] *s.* **1.** Verjüngung *f*: *well of* ~ Jungbrunnen; **2.** Jugend *f*.

ju·ve·nile ['dʒu:vinail] **I.** *adj.* **1.** jugendlich, jung, Jugend...: ~ *books* Jugendbücher; ~ *court* Jugendgericht; ~ *delinquency* Jugendkriminalität; ~ *stage* Entwicklungsstadium; **II.** *s.* **2.** Jugendliche(r *m*) *f*; **3.** Jugendbuch *n*; **ju·ve·nil·i·ty** [dʒu:vi'niliti] *s.* **1.** Jugendlichkeit *f*; **2.** jugendlicher Leichtsinn; **3.** *pl.* Kinde'reien *pl*.

jux·ta·pose ['dʒʌkstəpouz] *v/t.* nebenein'anderstellen: ~*d to* angrenzend an (*acc.*); **jux·ta·po·si·tion** [dʒʌkstəpə'ziʃən] *s.* Nebenein'anderstellung *f*, -liegen *n*.

K

K, k [kei] *s.* K *n*, k *n* (*Buchstabe*).
kaa·ma ['kɑːmə] → *hartebeest*.
kab·(b)a·la [kə'bɑːlə] → *ca(b)bala*.
ka·di → *cadi*.
Kaf·fir ['kæfə] *s.* **1.** Kaffer(in) (*Bantuneger*); **2.** *ling.* Kaffernsprache *f*; **3.** *pl.* ☤ *Brit. sl.* 'südafri,kanische 'Bergwerks,aktien *pl.*
kaf·tan → *caftan*.
kail, kail·yard → *kale, kaleyard*.
Kai·ser, kai·ser ['kaizə] *s. hist.* Kaiser *m* (*bsd. von Deutschland*).
ka·ke·mo·no [kæki'mounou] *pl.* **-nos** *s.* Kake'mono *n* (*japanisches Rollbild*).
ka·ki ['kɑːki] *s.* ⚘ 'Kakibaum *m*.
kale [keil] *s.* **1.** ⚘ Kohl *m*, *bsd.* Grün-, Krauskohl *m*; **2.** *Am. sl.* ‚Zaster' *m* (*Geld*).
ka·lei·do·scope [kə'laidəskoup] *s.* Kaleido'skop *n* (*a. fig.*); **ka·lei·do·scop·ic** *adj.*; **ka·lei·do·scop·i·cal** [kəlaidə'skɔpik(əl)] *adj.* □ kaleido'skopisch, ständig wechselnd.
'kale·yard *s. Scot.* Gemüsegarten *m*; **~ school** *s.* schottische 'Heimatlitera,tur.
kal·i ['kɑːli; 'keilai] *s.* ⚘ Salzkraut *n*.
ka·lif → *caliph*.
Kal·mu(c)k ['kælmʌk], **'Kal·myk** [-mik] *s.* Kal'mück(e) *m*.
kan·ga·roo [kæŋgə'ruː] *pl.* **-roos** *s. zo.* 'Känguruh *n*; **~ court** *s. Am. sl.* **1.** 'ille,gales Gericht (*z. B. unter Sträflingen*); **2.** kor'ruptes Gericht.
ka·o·lin ['keiəlin] *s. min.* Kao'lin *n*, Porzel'lanerde *f*.
ka·pok ['keipɔk] *s.* 'Kapok *m*.
ka·ra·te [kə'rɑːti] *s.* Ka'rate *n*; **~ chop** *s.* Ka'rateschlag *m*.
kar·ma ['kɑːmə] *s.* **1.** *Buddhismus*: 'Karma *n*; **2.** *allg.* Schicksal *n*.
ka(r)·roo [kə'ruː] *s.* Kar'ru *f* (*Trokkensteppe in Südafrika*).
kar·tell [kɑː'tel] → *cartel*.
Kash·mi·ri [kæʃ'miəri] *s. ling.* Kasch'miri *n*; **Kash'mir·i·an** [-riən] *s.* Einwohner(in) 'Kaschmirs.
ka·thar·sis → *catharsis*.
kath·ode → *cathode*.
kau·ri ['kauri] *s.* ⚘ 'Kauri-, Dam'marafichte *f*: *~-gum*, *~-resin* Dammarharz.
kay·ak ['kaiæk] *s.* 'Kajak *m*, *n*, 'Eskimo-, Paddelboot *n*.
keck [kek] *v/i.* **1.** würgen, (sich) erbrechen (müssen); **2.** *fig.* sich ekeln (*at* vor *dat.*).
kedge [kedʒ] ⚓ **I.** *v/t.* warpen, verholen; **II.** *s. a.* *~-anchor* Wurf-, Warpanker *m*.
kedg·er·ee [kedʒə'riː] *s. Brit. Ind.* Kedge'ree *n* (*Reisgericht mit Fisch, Eiern, Zwiebeln etc.*).
keek [kiːk] *Scot.* **I.** *v/i.* gucken, kieken; **II.** *s.* kurzer Blick: *to take a ~ at et.* angucken; **'keek·er** [-kə] *s. Scot.* F **1.** Aufpasser *m*, Schnüffler *m*; **2.** *pl.* Augen *pl.*
keel [kiːl] **I.** *s.* **1.** ⚓ Kiel *m*: *on an even ~* **a)** gleichlastig, im Gleichgewicht, **b)** *fig.* ausgeglichen, gleichmäßig, ruhig; *to lay down the ~* den Kiel legen; **2.** *poet.* Schiff *n*; **3.** Kiel *m*: **a)** ✈ Längsträger *m*, **b)** ⚘ Längsrippe *f*; **II.** *v/t.* **4.** *~ over* kiel'oben legen, kentern lassen; **III.** *v/i.* **5.** *~ over* 'umschlagen (*a. fig.*), kentern; kieloben liegen; **'keel·age** [-lidʒ] *s.* ⚓ Kielgeld *n*, Hafengebühren *pl.*; **keeled** [-ld] *adj.* **1.** mit e-m Kiel; **2.** ⚘ kielförmig; **'keel·haul** *v/t.* **1.** *j-n* kielholen; **2.** *fig.* anbrüllen, abkanzeln; **keel·son** ['kelsn] → *kelson*.
keen[1] [kiːn] *adj.* □ → *keenly*; **1.** scharf (geschliffen): *~ edge* scharfe Schneide; **2.** spitz (*Pfeil*); **3.** scharf (*Wind*), schneidend (*Kälte*); **4.** beißend (*Spott*); **5.** scharf (*Gehör, Sehkraft*): *to be ~-eyed* scharfe Augen haben; **6.** fein (*Gefühl, Sinn*); **7.** scharf, 'durchdringend (*Blick, Geruch*); **8.** grell (*Licht*); schrill (*Ton*); **9.** heftig, stark, groß (*Freude, Gram, Wunsch, Interesse, Hunger, Kampf, Wettbewerb*); **10.** *a. ~-witted* scharfsinnig; **11.** eifrig, begeistert, leidenschaftlich: *a ~ swimmer*; **12.** begierig, erpicht, ‚scharf', versessen (*on, about* auf *acc.*): *not to be ~ on it* wenig Lust dazu haben; *as ~ as mustard* (*on*) F versessen (auf *acc.*), Feuer u. Flamme (für); *to be ~ on doing* (*od. to do*) *s.th.* F erpicht sein *od.* Lust haben, et. zu tun; **13.** *Am. sl.* schick, prächtig, fesch.
keen[2] [kiːn] *Ir.* **I.** *s.* Totenklage *f*; **II.** *v/i.* wehklagen.
'keen-'edged *adj.* scharf geschliffen; *fig.* messerscharf.
keen·er ['kiːnə] *s. Ir.* Wehklagende(r *m*) *f*, Klageweib *n*.
keen·ly ['kiːnli] *adv.* **1.** scharf; **2.** heftig; **3.** sehr; **'keen·ness** [-nnis] *s.* **1.** Schärfe *f* (*a. fig.*); **2.** Heftigkeit *f*; **3.** Eifer *m*; **4.** Scharfsinn *m*; **5.** Feinheit *f*; **6.** *fig.* Bitterkeit *f*.
keep [kiːp] **I.** *s.* **1. a)** Burgverlies *n*, **b)** Bergfried *m*; **2.** 'Unterhalt *m*, 'Unterkunft *f* u. Verpflegung *f*: *to earn one's ~* s-n Lebensunterhalt verdienen; **3.** 'Unterhaltskosten *pl.* (*Mensch, Tier*); **4.** *for ~s sl.* auf *od.* für immer, endgültig; **II.** *v/t.* [*irr.*] **5.** (be)halten, haben: *to ~ apart* getrennt halten; *~ the purse in your hand* behalte das Portemonnaie in der Hand!; *he kept his hands in his pockets* er hatte die Hände in den Taschen; *to ~ s.o. for lunch* j-n zum Mittagessen dabehalten; *to ~ s.th. to o.s.* et. für sich behalten, et. geheimhalten; *to ~ o.s. to o.s.* für sich bleiben; **6.** *im Besitz* behalten: *you may ~ that book* das Buch kannst du behalten; *~ the change* behalten Sie den Rest (des Geldes)!; *~ your seat* bleiben Sie sitzen!; *~ this seat for me, please* bitte halten Sie diesen Platz für mich frei!; **7.** aufbewahren, aufheben: *I ~ all my old letters*; *to ~ for a later date* für später aufbewahren; **8.** (er)halten, bewahren: *to ~ in good repair* instand halten; *to ~ dry* trocken halten, vor Nässe schützen; *a badly kept road* e-e schlechtgehaltene Straße; **9.** *j-n od. et.* lassen, erhalten: *to ~ s.th. going* et. in Gang halten; *to ~ s.o. going* **a)** j-n finanziell unterstützen, **b)** j-n am Leben erhalten; *to ~ the fire burning* das Feuer nicht ausgehen lassen; *to ~ s.o. informed* j-n auf dem laufenden halten; *to ~ s.o. waiting* j-n warten lassen; *to ~ s.o. at work* j-n zur Arbeit anhalten; **10.** erhalten, unter'halten, ernähren: *he has his mother to ~* er muß s-e Mutter ernähren; *to ~ a wife and family* für Frau u. Kinder sorgen; *to ~ s.o. in money* j-n mit Geld versorgen; **11.** sich *j-n od. et.* halten *od.* zulegen: *to ~ a maid* sich ein (Haus)Mädchen halten; *to ~ a mistress* e-e Geliebte haben *od.* aushalten; *a kept woman* e-e Mätresse; *to ~ a car* sich e-n Wagen halten, e-n Wagen haben; *to ~ o.s. in clothes* für s-e Kleidung aufkommen; **12.** auf-, hinhalten: *don't let me ~ you* laß dich nicht aufhalten; **13.** (ein)halten, befolgen: *to ~ one's word* (sein) Wort halten; *to ~ rules* die Regeln befolgen; *to ~ an appointment* e-e Verabredung einhalten; *to ~ s.th. a secret* (*from*) et. geheimhalten (vor *dat.*); → *silence 1*; *time 2 u. 17 b*; **14.** *Fest etc.* begehen, feiern: *to ~ Christmas*; **15.** halten, verteidigen, behaupten: *to ~ (the) goal* das Tor hüten; **16.** (aufrechter)halten, unter'halten: *to ~ good relations* (*with*) gute Beziehungen unterhalten (zu); *to ~ guard* Wache halten; **17.** bleiben in (*dat.*): *to ~ one's bed* (*room*) das Bett (Zimmer) hüten; **18.** führen, betreiben: *to ~ a shop* ein (Laden)Geschäft betreiben; **19.** (ab)halten: *to ~ school*; **20.** *Ware* führen, auf Lager haben; **21.** *Buch* führen: *to ~ a diary* ein Tagebuch führen; *to ~ books* (*accounts*) ☤ Buch *od.* Bücher (Konten) führen; **22.** (fest)halten, be-

wachen: *to ~ s.o. (a) prisoner (od. in prison)* j-n gefangenhalten; **III.** *v/i.* [*irr.*] **23.** sich halten, (*in e-m gewissen Zustand*) bleiben: *to ~ friends* Freunde bleiben; *milk won't ~ in this weather* bei diesem Wetter hält sich die Milch nicht; *the weather ~s fine* das Wetter bleibt schön; *to ~ cool* kühl bleiben (*a. fig.*); *~ quiet!* sei still!; *to ~ to o.s.* sich zurückhalten, für sich bleiben; *that news (matter) will ~* diese Nachricht (Sache) eilt nicht; **24.** sich befinden: *how are you ~ing?* wie geht es dir?; *to ~ well* wohlauf sein; **25.** bleiben: *to ~ straight on* geradeaus weitergehen; *to ~ in sight* in Sicht bleiben; *to ~ (to the) left* sich links halten, links fahren *od.* gehen; → *clear 6*; **26.** *an e-m Ort* bleiben: *to ~ at home*; **27.** *mit ger.* weiter... (*inf.*): *to ~ going* **a)** weitergehen, **b)** fortfahren, weitermachen; *~ smiling!* immer lächeln!, nur nicht den Mut sinken lassen!;

Zssgn mit prp. u. adv.:

keep| at *v/i.* festhalten an (*dat.*), verweilen bei: *~ it!* mach weiter!, nicht aufgeben!; *to ~ s.o.* j-n belästigen *od.* drängen; **~ a·way I.** *v/t.* fernhalten, am Kommen hindern; **II.** *v/i.* weg-, fernbleiben; **~ back I.** *v/t.* **1.** fernhalten; **2.** *fig.* zu'rückhalten, verschweigen; **II.** *v/i.* **3.** zu'rücktreten, im 'Hintergrund bleiben; **~ down I.** *v/t.* **1.** niedrig halten, be-, einschränken; **2.** nicht hochkommen lassen, unter'drükken; **II.** *v/i.* **3.** sich geduckt halten; **~ from I.** *v/t.* **1.** ab-, zu'rück-, fernhalten von, hindern an (*dat.*), bewahren vor (*dat.*): *he kept me from work* er hielt mich von m-r Arbeit ab; *he kept me from danger* er bewahrte mich vor Gefahr; *I kept him from knowing too much* ich verhinderte, daß er zuviel erfuhr; **2.** vorenthalten, verschweigen: *you are keeping s.th. from me* du verschweigst mir et.; **II.** *v/i.* **3.** sich fernhalten von, sich enthalten (*gen.*); **~ in I.** *v/t.* **1.** (dr)innen lassen, im Zimmer halten; *Schüler* nachsitzen lassen; *Atem* anhalten; **2.** (*a. Gefühle etc.*) im Zaume halten; **II.** *v/i.* **3.** (dr)innen bleiben, sich nicht blicken lassen; **4.** *~ with* zs.-halten *od.* gut Freund bleiben mit; **~ off I.** *v/t.* fernhalten von, abweisen; **II.** *v/i.* sich fernhalten von: *~ the grass!* Betreten des Rasens verboten; **~ on I.** *v/t.* **1.** *Kleider* anbehalten; *Hut* aufbehalten; **II.** *v/i.* **2.** leben *od.* sich ernähren von: *to ~ rice*; **3.** mit *et.* fortfahren, weitermachen: *to ~ laughing* immer weiter lachen; *to ~ at s.o.* an j-m herumnörgeln, j-m ‚zusetzen'; **~ out I.** *v/t.* **1.** draußen lassen, nicht her'einlassen; ausschließen; **2.** *~ of* bewahren vor (*dat.*); **II.** *v/i.* **3.** draußen bleiben; **4.** *~ of* sich her'aushalten aus; sich fernhalten von: *to ~ of debt* keine Schulden machen; *to ~ of sight* sich verborgen halten; *~ of mischief!* mach keinen Unfug!; **~ to** *v/i.* festhalten an (*dat.*), bleiben bei *od.* in (*dat.*): *to ~ a rule* an e-r Regel festhalten; *to ~ one's bed* das Bett hüten; *I kept him to his promise* ich ‚nagelte ihn auf sein Versprechen fest'; **~ un·der** *v/t.* unter'drücken, -'jochen: *to keep a fire under* ein Feuer unter Kontrolle halten; **~ up I.** *v/t.* **1.** *fig.* hochhalten, nicht sinken lassen; **2.** aufrechterhalten, beibehalten, bewahren, nicht aufgeben; → *appearance 3*; **3.** *j-n* (abends) lange aufbleiben lassen; **II.** *v/i.* **4.** sich halten, nicht nachlassen: *the rain kept up* es regnete weiter; **5.** *~ with* Schritt halten mit: *to ~ with the Jones's (od. Joneses)* es den Nachbarn *od.* Bekannten (*hinsichtlich des Lebensstandards*) gleichtun (wollen); **6.** *abends* aufbleiben.

keep·er ['ki:pə] *s.* **1.** Wächter *m*, Aufseher *m*, (Gefangenen-, Irren-, Tier-, Park-, Leuchtturm)Wärter *m*; Hüter *m* (*a. fig.*); **2.** Be-, Verwahrer *m*, Verwalter *m*: *Lord* ♀ *of the Great Seal* Großsiegelbewahrer; ♀ *of Manuscripts* Direktor der Handschriftenabteilung; **3.** *mst in Zssgn*: **a)** Inhaber *m*, Besitzer *m*; → *innkeeper, shopkeeper*, **b)** Halter *m*, Züchter *m*: *bee~* Imker, **c)** j-d der et. besorgt *od.* verteidigt: *goal~ sport* Torwart; **4.** ⊕ **a)** Schutzring *m*, **b)** Verschluß *m*, Schieber *m*, **c)** ⚡ Ma'gnetanker *m*; **5.** was sich gut hält *od.* frisch bleibt: *this apple is a good ~* das ist ein Dauerapfel; **6.** *sport abbr. für wicket-~.*

keep-'fresh bag *s.* Frischhaltebeutel *m*.

keep·ing ['ki:piŋ] **I.** *s.* **1.** Verwahrung *f*, Aufsicht *f*, Pflege *f*, (Ob-)Hut *f*: *to have in one's ~* in Verwahrung *od.* unter s-r Aufsicht *od.* Obhut haben; *in safe ~* in guter Obhut, in sicherer Hut; **2.** Einklang *m*, Über'einstimmung *f*: *in ~ with the times* zeitgemäß; **3.** 'Unterhalt *m*; **4.** Gewahrsam *m*, Haft *f*; **II.** *adj.* **5.** haltbar: *~ apples* Daueräpfel.

keep·sake ['ki:pseik] *s.* Andenken *n* (*Geschenk etc.*): *as a ~* zum Andenken.

kef [kef] *s.* **1.** *Art* 'Haschischrausch *m*; **2.** süßes Nichtstun.

kef·ir ['kefiə] *s.* 'Kefir *m* (*Getränk aus gegorener Milch*).

keg [keg] *s.* **1.** kleines Faß; **2.** *Am.* *Gewichtseinheit für Nägel = 45,3 kg.*

keif [ki:f] → *kef.*

kelp [kelp] *s.* ♀ **1.** Kelp *n*, Seetangasche *f*; **2.** *ein* Seetang *m*.

kel·pie ['kelpi] *s. Scot.* Nix *m*, Wassergeist *m* in Pferdegestalt.

kel·son ['kelsn] *s.* ⚓ Kielschwein *n*.

Kelt, Kelt·ic → *Celt, Celtic.*

ken [ken] **I.** *s.* **1.** Hori'zont *m*, Gesichtskreis *m* (*a. fig.*); **2.** (Wissens-)Gebiet *n*; **II.** *v/t.* **3.** *bsd. Scot.* kennen, verstehen, wissen.

ken·nel[1] ['kenl] **I.** *s.* **1.** Hundehütte *f*; **2.** *pl. mst sg. konstr.*, *bsd. hunt.* Hundezwinger *m*; **3.** *a. fig.* Meute *f*, Pack *n* (*Hunde*); **4.** *fig.* ‚Loch' *n*, armselige Behausung; **II.** *v/t.* **5.** in e-r Hundehütte halten; **III.** *v/i.* **6.** in e-r Hundehütte liegen; **7.** *fig.* (in e-m ‚Loch') hausen.

ken·nel[2] ['kenl] *s.* Gosse *f*, Rinnstein *m*.

Kent·ish ['kentiʃ] *adj.* aus (*der englischen Grafschaft*) Kent: *~ man* Bewohner von Kent westlich des Medway.

kent·ledge ['kentlidʒ] *s.* ⚓ 'Ballasteisen *n*.

Ken·tuck·y Der·by [ken'tʌki] *s.* *sport das wichtigste amer. Pferderennen.*

kep·i ['kepi] *s.* Käppi *n* (*Militärmütze*).

kept [kept] *pret. u. p.p. von keep.*

ke·ram·ic [ki'ræmik] → *ceramic.*

kerb [kɜ:b] *s.* **1.** Bordschwelle *f*, Randstein *m*, Straßenkante *f*: *~ drill* Verkehrserziehung für Fußgänger; **2.** steinerne Einfassung; **3.** † Nachbörse *f*, Freiverkehr *m*; **~ mar·ket** → *kerb 3*; '**~-stone** *s.* Bordschwelle *f*.

ker·chief ['kɜ:tʃif] *s.* Hals-, Kopftuch *n*.

kerf [kɜ:f] *s.* Fallkerbe *f*.

ker·mes ['kɜ:miz] *s.* **1.** *zo.* **a)** Kermes(schildlaus *f*) *m*, **b)** Kermeskörner *pl.*; **2.** Kermesfarbstoff *m*.

ker·mess, ker·mis ['kɜ:mis] *s.* **1.** Kirmes *f*, Kirchweih *f*; **2.** *Am.* 'Wohltätigkeitsbaˌsar *m*.

ker·nel ['kɜ:nl] *s.* **1.** (Nuß- *etc.*)Kern *m*; **2.** Samenkorn *n* (*Getreide*); **3.** *fig.* Kern *m* (*a.* ⊕), *das* Innerste, Wesen *n*.

ker·o·sene, ker·o·sine ['kerəsi:n] *s.* ⚗ Kero'sin *n*.

kes·trel ['kestrəl] *s. orn.* Turmfalke *m*.

ketch [ketʃ] *s.* ⚓ Ketsch *f* (*zweimastiger Segler*).

ketch·up ['ketʃəp] *s.* Ketchup *m, n*.

ket·tle ['ketl] *s.* (*Koch*)Kessel *m*: *a pretty (od. nice) ~ of fish* F e-e schöne Bescherung; '**~-drum** *s.* ♪ Pauke *f*; '**~-drum·mer** *s.* ♪ Pauker *m*; '**~-hold·er** *s.* Topflappen *m*.

key [ki:] **I.** *s.* **1.** Schlüssel *m*: *false ~* Nachschlüssel, Dietrich; *to turn the ~* abschließen; **2.** *fig.* Schlüssel *m*, Lösung *f* (*to* zu); **3.** *fig.* **a)** Schlüssel *m* (*Buch mit Lösungen*), **b)** Zeichenerklärung *f*, **c)** Über'setzung *f*, **d)** Kennwort *n*, Chiffre *f*; **4.** ♪ **a)** Taste *f*, **b)** Klappe *f* (*an Blasinstrumenten*); **5.** ♪ Tonart *f*: *major (minor) ~* Dur (Moll); **6.** *fig.* Ton (-art *f*) *m*: *in a high (low) ~* laut (leise); *all in the same ~* alles dasselbe, eintönig; *painted in a low ~* in matten Farben gehalten; *in ~ with* in Einklang mit; **7.** ⊕ **a)** (Uhr-, Schrauben)Schlüssel *m*, **b)** ('SchreibmaˌSchinen)Taste *f*, **c)** Keil *m* (*a.* 🚂, *typ.*), Bolzen *m*, Splint *m*; **8.** ⚡ Taste *f*, Druckknopf *m*; *tel.* Taster *m*; **9.** △ Keil *m*, Schlußstein *m*; **10.** ⚔ Schlüsselstellung *f*, beherrschende Stellung, Macht *f*; **11.** *power of the ~s R.C.* Schlüsselgewalt; **II.** *adj.* **12.** maßgebend, Schlüssel...: *~ position* Schlüsselstellung; *~ post* maßgebender Posten; **III.** *v/t.* **13.** *a. ~ in, ~ on* befestigen, festkeilen; **14.** mit e-m Kennwort versehen; **15.** *a. ~ up* ♪ stimmen; **16.** *fig. ~ up* **a)** *j-n* in nervöse Spannung versetzen, **b)** *allg. et.* steigern: *~ed-up* (an)gespannt, überreizt; **17.** *~ up (to), ~ in (with)* anpassen (*dat.*, an *acc.*); **18.** *~ up* erhöhen, (an)heben; **19.** *typ.* füttern, unter'legen; '**~-board** *s.* **1.** ♪ **a)** Klavia'tur *f*, Tasta'tur *f* (*Klavier*), **b)** Manu'al *n* (*Orgel*); **2.** Tasten *pl.*, Tasta'tur *f* (*Schreibmaschine etc.*); '**~-bu·gle**, *a.* **~ed**

bu·gle [ki:d] *s.* ♪ Klappenhorn *n*; **'~·hole** *s.* Schlüsselloch *n*; **~ in·dus·try** *s.* 'Schlüsselindu͵strie *f*; **~ man,** *a.* **'~-man** [-mən] *s.* [*irr.*] 'Schlüsselfi͵gur *f*; **~ map** *s.* 'Übersichtskarte *f*; **~ mon·ey** *s.* Abstand *m*, Ablösung *f* (*für e-e Wohnung*); **'~·note** *s.* **1.** ♪ Grundton *m*; **2.** *fig.* Grundton *m*, 'Hauptgedanke *m*, -͵thema *n*; **3.** *pol. Am.* Par'tei͵linie *f*: *~ address* programmatische Rede; **'~·punch op·er·a·tor** *s.* Locherin *f*; **'~-ring** *s.* Schlüsselring *m*; **~ sig·na·ture** *s.* ♪ Vorzeichen *n od. pl.*; **'~·stone** *s.* **1.** △ Schluß-, Keilstein *m*; **2.** *fig.* Stütze *f*, Grundlage *f*, Hauptgedanke *m*; **'~-way** *s.* ⊕ Keilnut *f*.

kha·ki ['kɑ:ki] **I.** *s.* **1.** Khaki *n*; **2. a)** Khakistoff *m*, **b)** 'Khakiuni͵form *f*; **II.** *adj.* **3.** khaki, staubfarben.

khan[1] [kɑ:n] → *caravansary*.

khan[2] [kɑ:n] *s.* Khan *m* (*orientalischer Fürstentitel*); **'khan·ate** [-neit] *s.* Kha'nat *n* (*Land e-s Khans*).

khe·di·val [ki'di:vəl] *adj.* Khediven...; **khe·dive** [ki'di:v] *s.* Khe'dive *m*.

kibe [kaib] *s.* ⚕ offene Frostbeule.

kib·itz·er ['kibitsə] *s.* F **1.** Kiebitz *m* (*Zuschauer, bsd. beim Kartenspiel*); **2.** *fig.* Besserwisser *m*.

ki·bosh ['kaibɔʃ] *s. sl.* Mumpitz *m*, Quatsch *m*: *to put the ~ on* **a)** *j-m* den Garaus machen, **b)** *e-r Sache* ein Ende machen.

kick [kik] **I.** *s.* **1.** (Fuß)Tritt *m* (*a. fig.*), Stoß *m*: *more ~s than halfpence* mehr Prügel als Lob (*keinen Dank*); *to get the ~* ‚(raus)fliegen' (*entlassen werden*); **2.** Rückstoß *m* (*Schußwaffe*); **3.** *Fußball*: **a)** Schuß *m*, **b)** → *kicker 1*; **4.** F (Stoß)Kraft *f*, Ener'gie *f*, E'lan *m*: *to give a ~ to* anfeuern; *he has no ~ left* er hat keinen Schwung mehr; *a novel with a ~* ein Roman mit ‚Pfiff'; **5.** F Nervenkitzel *m*: *to get a ~ out of s.th.* an et. mächtig Spaß haben; **6.** *Am.* F berauschende Wirkung (*Alkohol*), ‚Feuer' *n*; **7.** *Brit. sl. obs.* Sechs'pencestück *n*: *two and a ~* 2 Schilling u. 6 Pence; **8.** *Am.* F **a)** Einwand *m*, **b)** Beschwerde *f*; **II.** *v/t.* **9.** (mit dem Fuß) stoßen *od.* treten, e-n Fußtritt geben (*dat.*): *to ~ s.o.'s bottom* j-m in den Hintern treten; *to ~ s.o. downstairs* j-n die Treppe hinunterwerfen; *to ~ upstairs* durch Beförderung (*bsd. Brit.* ins Oberhaus) kaltstellen; *I felt like ~ing myself* ich hätte mich ohrfeigen können; **10.** *Fußball*: schießen: *to ~ a goal*; **III.** *v/i.* **11.** (mit dem Fuß) stoßen *od.* treten; **12.** ausschlagen (*Pferd*); **13.** zu'rückprallen, stoßen (*Gewehr*); **14.** hochfliegen (*Ball*); **15.** F sich auflehnen, sich mit Händen u. Füßen wehren, bocken, ‚meckern' (*against, at* gegen); **16.** *Am. sl. a. ~ in* → *kick off 3*; **~ a·round** *v/t. Am.* F **1.** *et.* ‚beschwatzen', diskutieren; **2.** *j-n* schikanieren; **~ back** *v/i.* **1.** zu'rückprallen; **2.** zu'rückschlagen, sich rächen; **~ in** *v/i. sl.* **1.** beisteuern; **2.** → *kick off 3*; **~ off I.** *v/i.* **1.** *Fußball*: anstoßen, den Anstoß ausführen; **2.** *Am.* F beginnen; **3.** *Am. sl.* ‚abkratzen' (*sterben*); **II.** *v/t.* **4.** wegschleudern; **~ out** *v/t.* **1.** *Fußball*: ins Aus schießen; **2.** *sl.* ‚rausschmeißen'; **~ up** *v/t.* hochschleudern; → *heel*[1] *Redew.*, *row*[3] *l*.

'kick·back *s.* F **1.** scharfe Antwort; **2.** *Am.* Provisi'on *f*, Anteil *m*.

kick·er ['kikə] *s.* **1.** Fußballspieler *m*; **2.** Schläger *m* (*Pferd*); **3.** ‚Meckerer' *m*, Queru'lant(in).

'kick-'off *s.* **1.** *Fußball*: Anstoß *m*; **2.** *Am.* F Start *m*, Anfang *m*.

kick·shaw ['kikʃɔ:] *s.* **1.** Delika'tesse *f*; **2.** Kinkerlitzchen *pl.*

'kick|-start·er *s.* ⊕ Kickstarter *m*, Tretanlasser *m* (*Motorrad*); **'~-'up** *s.* F Krach *m*, Spek'takel *m*.

kid[1] [kid] **I.** *s.* **1.** *zo.* Zicklein *n*, Kitz(e *f*) *n*; **2.** *a. ~ leather* Ziegen-, Gla'céleder *n*; **3.** *sl.* Kind *n*, Junge *m*, Mädel *n*: *my ~ brother* mein kleiner Bruder; *that's ~ stuff!* das ist was für (kleine) Kinder!; **II.** *v/i.* **4.** zickeln.

kid[2] [kid] *sl.* **I.** *v/t.* foppen, ‚verkohlen', ‚anpflaumen'; **II.** *v/i.* albern, Ulk treiben, schwindeln: *he was only ~ding* er machte nur Spaß; *no ~ding!* im Ernst! Scherz beiseite!; **III.** *s.* Ulk *m*, Schwindel *m*, Bluff *m*.

kid·dy ['kidi] → *kid*[1] *3*.

kid| glove *s.* Gla'céhandschuh *m* (*a. fig.*): *to handle with ~s fig.* mit Glacéhandschuhen anfassen; **'~-glove** *adj. fig.* **1.** wählerisch; **2.** zimperlich, etepe'tete; **3.** sanft, zart.

kid·nap ['kidnæp] *v/t. Menschen* kidnappen, entführen; **'kid·nap(p)er** [-pə] *s.* Kidnapper *m*, Entführer *m*; **'kid·nap·(p)ing** [-piŋ] *s.* Kidnapping *n*, Entführung *f*, Menschenraub *m*.

kid·ney ['kidni] *s.* **1.** *anat., zo.* Niere *f* (*a. als Speise*); **2.** Art *f*, Schlag *m*: *a man of the same ~* ein Mann vom gleichen Schlag; **~ bean** *s.* ⚘ Weiße Bohne; **~ ore** *s. min.* nierenförmiger Häma'tit; **~ po·ta·to** *pl.* **-toes** *s.* 'Nierenkar͵toffel *f*; **'~-shaped** *adj.* nierenförmig; **'~-stone** *s.* **1.** *min.* Ne'phrit *m*; **2.** ⚕ Nierenstein *m*.

kief [ki:f] → *kef*.

kike [kaik] *s. sl.* ‚Itzig' *m* (*Jude*).

kill [kil] **I.** *v/t.* **1.** töten, 'umbringen, erschlagen: *to ~ off* abschlachten, ausrotten, vertilgen, beseitigen; *to be ~ed* tödlich verunglücken, ums Leben kommen, *im Kriege* fallen; **2.** *hunt.* schießen, erlegen; **3.** *Vieh etc.* schlachten; **4.** töten, *j-s* Tod verursachen: *his reckless driving will ~ him one day* sein leichtsinniges Fahren wird ihn eines Tages das Leben kosten; **5. a)** ⚔ zerstören, **b)** ✈ abschießen, **c)** ⚓ versenken; **6.** zum Absterben bringen, vernichten, zerstören: *the frost ~ed the apple-blossom* der Frost vernichtete die Apfelblüte; **7.** *Gefühl etc.* töten, ersticken, unter'drücken; **8.** *fig.* über'wältigen, (fast) 'umbringen: *this job is ~ing me* diese Arbeit bringt mich (noch) um; *to ~ with kindness* vor Liebe fast umbringen; *the funny play nearly ~ed me* das komische Stück war zum Totlachen; **9.** *fig.* zu'grunde richten, ruinieren, durch Kri'tik vernichten, totmachen; *Gesetz* zu Fall bringen; **10.** *Tennis*: *Ball* töten; **11.** *Farben* unwirksam machen, aufheben; **12.** *Geräusch* dämpfen, unhörbar machen, über'tönen; **13.** *fig.* streichen; **14.** ⊕ *Maschine* abstellen, -schalten; *Motor* abwürgen; **15.** *Zeit* totschlagen; **16.** *Am.* F **a)** *Flasche* austrinken, **b)** *Zigarette* ausdrücken; **II.** *v/i.* **17.** töten, den Tod verursachen *od.* her'beiführen; **18.** F unwider'stehlich sein, e-n tollen Eindruck machen: *dressed to ~* todschick gekleidet; **III.** *s.* **19.** *bsd. hunt.* **a)** Tötung *f* (*des Wildes*), **b)** erlegtes Wild, Strecke *f*: *a plentiful ~* reiche (Jagd)Beute; **20. a)** ⚔ Zerstörung *f*, **b)** ✈ Abschuß *m*, **c)** ⚓ Versenkung *f*.

kill·er ['kilə] *s.* **1.** Mörder *m*, Killer *m*; **2.** *bsd. in Zssgn* Vertilgungs-, Vernichtungsmittel *n*; → *weed 1*; **3.** *Am. sl.* **a)** schicke Frau, **b)** ‚toller' Bursche, **c)** ‚tolle' Sache; **~ whale** *s. zo.* Schwertwal *m*.

kill·ing ['kiliŋ] **I.** *s.* **1.** Tötung *f*, Morden *n*; **2.** Schlachten *n*; **3.** † F Spekulati'onserfolg *m*; **II.** *adj.* □ **4.** tödlich, vernichtend, mörderisch (*a. fig.*): *a ~ glance* ein vernichtender Blick; *a ~ pace* ein mörderisches Tempo; **5.** F unwider'stehlich, bezaubernd; **6.** F urkomisch, zum Totlachen.

'kill|·joy *s.* Spielverderber *m*, Störenfried *m*, Miesmacher *m*; **'~-time I.** *s.* Zeitvertreib *m*; **II.** *adj.* zum Zeitvertreib *getan etc.*

kiln [kiln] *s.* Brenn-, Trocken-, Röst-, Darrofen *m*, Darre *f*; **'~-dry** *v/t.* (*im Ofen*) dörren, darren, brennen, rösten.

ki·lo ['ki:lou] *s. abbr. für kilogram(me).*

kilo- [kilou; -ə] *in Zssgn* tausend, [Kilo...]

kil·o|·gram(me) ['kiləgræm] *s.* Kilo'gramm *n*, 'Kilo *n*; **~·gram·me·ter** *Am.*, **~·gram·me·tre** *Brit.* ['kiləgræm'mi:tə] *s.* 'Meterkilo͵gramm *n*; **~·hertz** ['kilouhə:ts] *s.* ⚡, *phys.* Kilo'hertz *n*; **~·li·ter** *Am.*, **~·li·tre** *Brit.* ['kilouli:tə] *s.* Kilo'liter *m*, *n*; **~·me·ter** *Am.*, **~·me·tre** *Brit.* ['kiləmi:tə] *s.* Kilo'meter *m*; **~·met·ric** *adj.*, **~·met·ri·cal** [kilə'metrik(əl)] *adj.* kilo'metrisch; **~·ton** ['kiloutʌn] *s.* **1.** 1000 Tonnen *pl.*; **2.** *phys. Sprengkraft, die 1000 Tonnen TNT entspricht*; **~·volt** ['kiləvɔlt] *s.* ⚡ Kilo'volt *n*; **~·watt** ['kiləwɔt] *s.* ⚡ Kilo'watt *n*: *~ hour* Kilowattstunde.

kilt [kilt] **I.** *s.* **1.** Kilt *m*, Schottenrock *m*; **II.** *v/t.* **2.** aufschürzen; **3.** fälteln, plissieren; **'kilt·ed** [-tid] *adj.* mit e-m Kilt (bekleidet).

ki·mo·no [ki'mounou] *pl.* **-nos** *s.* Ki'mono *m* (*japanisches Kleidungsstück*).

kin [kin] **I.** *s.* **1.** Sippe *f*, Geschlecht *n*: *of good ~* aus guter Familie; **2.** *coll. pl. konstr.* (Bluts)Verwandtschaft *f*, Verwandte *pl.*; → *next 1*; **3.** *fig.* Art *f*, Na'tur *f*; **II.** *adj.* **4.** (*to*) verwandt (mit), ähnlich (*dat.*).

kind[1] [kaind] *s.* **1.** Art *f*, Sorte *f*: *pears of several ~s* verschiedene Sorten Birnen; *all ~s of* allerlei, alle möglichen; *two of a ~* zwei derselben Sorte; *all of a ~ (with)* von gleicher Art (wie); *what ~ of man is he?* was für ein Mann *od.* Mensch ist er?; *he is the ~ of man* who F er gehört zu denjenigen, die; *these ~ of people* F diese Art *od.* dergleichen Leute; *this ~ of thing* so etwas, etwas derartiges; *nothing of the ~* a) nichts dergleichen, b) keineswegs; *a queer ~ of person* ein komischer Kauz; 2. Art *f*, Beschaffenheit *f*: *a ~ of compunction* so etwas wie Reue; *~ of mad* ziemlich verrückt; *coffee of a ~ iro.* so etwas wie Kaffee, etwas Kaffeeartiges; *I ~ of thought* F ich dachte so ungefähr; 3. Gattung *f*, Geschlecht *n*: *the human ~* das Menschengeschlecht; 4. Wesen *n*, Na'tur *f*; 5. Natu'ralien *pl.*, Sachwerte *pl.*, Waren *pl.*: *to pay in ~* a) in Naturalien zahlen, b) *fig.* mit gleicher Münze heimzahlen.

kind[2] [kaind] *adj.* □ → *kindly 3 u. 4*; 1. gütig, freundlich, liebenswürdig, gut (*to s.o.* zu j-m): *it is so ~ of you* sehr freundlich von Ihnen!; *be so ~ as to (inf.)* seien Sie bitte so gut *od.* freundlich zu (*inf.*); → *regard 11*; 2. gutartig, fromm (*Pferd*).

kin·der·gar·ten ['kindəgɑːtn] *s.* Kindergarten *m.*

kind-heart·ed ['kaind'hɑːtid] *adj.* gütig, gutherzig; '**kind-'heart·ed·ness** [-nis] *s.* Herzensgüte *f.*

kin·dle ['kindl] I. *v/t.* 1. an-, entzünden; 2. *fig.* entflammen, anreizen, wecken; 3. erleuchten; II. *v/i.* 4. sich entzünden, Feuer fangen (*a. fig.*), aufflammen, erglühen (*a. fig.*); 5. *fig.* (*at*) entbrennen, sich erregen (über *acc.*), sich begeistern (für); '**kin·dler** [-lə] *s.* 1. Feueranzünder *m*; 2. *fig.* Unheilstifter *m.*

kind·li·ness ['kaindlinis] *s.* Güte *f*, Wohlwollen *n*, Freundlichkeit *f.*

kin·dling ['kindliŋ] *s.* 'Anzündmateri,al *n*, Anmach-, Brennholz *n.*

kind·ly ['kaindli] I. *adj.* 1. gütig, freundlich, liebenswürdig; 2. milde, angenehm, günstig; II. *adv.* 3. gütig, freundlich(erweise), liebenswürdig(erweise); 4. F gütig(st), freundlich(st): *~ tell me* sagen Sie mir bitte; *to take ~ to* sich befreunden mit, liebgewinnen, gern haben; *will you ~ shut up! iro.* willst du gefälligst den Mund halten!; '**kind·ness** [-dnis] *s.* 1. Güte *f*, Freundlichkeit *f*; 2. Gefälligkeit *f*, Freundlichkeit *f.*

kin·dred ['kindrid] I. *s.* 1. (Bluts-) Verwandtschaft *f*; 2. *coll. pl. konstr.* Verwandte *pl.*, Verwandtschaft *f*, Fa'milie *f*; II. *adj.* 3. (bluts)verwandt; 4. *fig.* verwandt, ähnlich, gleichartig, -gesinnt.

kine [kain] *s. pl. obs.* Kühe *pl.*

kin·e·ma ['kinimə] → *cinema.*

kin·e·mat·ic *adj.*; **kin·e·mat·i·cal** [kaini'mætik(əl)] *adj. phys.* kine'matisch; **kin·e'mat·ics** [-ks] *s. pl. sg. konstr. phys.* Kine'matik *f*, Bewegungslehre *f.*

kin·e·mat·o·graph [kaini'mætəgrɑːf] *etc.* → *cinematograph etc.*

ki·net·ic [kai'netik] *adj.* 1. *phys.* ki'netisch: *~ energy*; 2. *fig.* e'nergisch, lebhaft; **ki'net·ics** *s. pl. sg. konstr. phys.* Ki'netik *f*, Bewegungslehre *f.*

king [kiŋ] I. *s.* 1. König *m*: *~ of beasts* König der Tiere (*Löwe*); 2. a) ♀ *of* ♀*s eccl.* Gott *m*, Christus *m*, b) (*Book of*) ♀*s bibl.* (*das* Buch der) Könige *pl.*; 3. a) *Kartenspiel, Schach*: König *m*, b) *Damespiel*: Dame *f*; 4. *fig.* König *m*, Ma'gnat *m*: *oil ~*; II. *v/i.* 5. *~ it* König sein, den König spielen (*over* über *acc.*).

king- [kiŋ] *in Zssgn* groß(artig).

'**king|·bird** *s. orn.* Königsvogel *m*; '**~·bolt** *s.* ⊕ Achs(schenkel)bolzen *m*, Achszapfen *m*; '**~-crab** *s. zo.* Teufelskrabbe *f*, Meerspinne *f*; '**~·craft** *s.* Herrscher-, Regierungskunst *f*; '**~·cup** *s.* ♀ 1. *ein* Hahnenfuß *m*; 2. *Brit.* Sumpfdotterblume *f.*

king·dom ['kiŋdəm] *s.* 1. Königreich *n*; 2. *eccl.* Reich *n*: *~ of heaven* Himmelreich, Reich Gottes; *~-come sl.* Jenseits; 3. *fig.* Reich *n*, (Sach)Gebiet *n*: *animal (vegetable, mineral) ~* Tier- (Pflanzen-, Mineral)reich.

'**king|·fish·er** *s. orn.* Eisvogel *m*; ♀ **James Bi·ble** *od.* **Ver·sion** *s. autorisierte englische Bibelübersetzung.*

king·let ['kiŋlit] *s.* unbedeutender König, Duo'dezfürst *m.*

king·like ['kiŋlaik] *adj.* königlich, fürstlich, maje'stätisch; '**king·li·ness** [-linis] *s.* königliches Wesen, *das* Maje'stätische; '**king·ly** [-li] *adj. u. adv.* königlich, majestätisch.

King| of Arms → *garter 3*; '♀**·pin** *s.* 1. ⊕ → *kingbolt*; 2. *fig.* F a) 'Hauptper,son *f*, b) Hauptsache *f*; '♀**·post** *s.* △ Dachstuhl-, Giebel-, First-, Hängesäule *f*; **~'s Bench (Di·vi·sion)** *s.* ⚖ *Brit.* Erste Kammer (für Zi'vil- u. Strafsachen) des *High Court*; **~'s Coun·sel** *s.* ⚖ *Brit.* höherer Anwalt (*ein barrister, der die Krone in Strafsachen vertritt*); ♀**'s e·vil** *s.* ⚕ Skrofu'lose *f.*

king·ship ['kiŋʃip] *s.* Königtum *n.*

'**king-size** *adj.* 'über,durchschnittlich groß.

king's| peg *s. Getränk aus Weinbrand u. Sekt*; ♀ **Proc·tor** → *proctor 2 b*; ♀ **Speech** *s. parl.* Thronrede *f.*

kink [kiŋk] I. *s.* 1. *bsd.* ⚓ Kink *f*, Knick *m*, Schleife *f* (*Draht, Tau*); 2. Kräuselung *f* (*Haar*); 3. *fig.* Schrulle *f*, Tick *m*, ‚Klaps' *m*; II. *v/i.* 4. e-e Kink *od.* e-n Knick *od.* e-e Schleife haben; III. *v/t.* 5. knikken, knoten, kräuseln.

kin·ka·jou ['kiŋkədʒuː] *s. zo.* Wikkelbär *m.*

kin·kle ['kiŋkl] *s.* kleiner Knick; '**kin·kled** [-ld] *adj.* 1. voller Knicke, verdreht (*Tau*); 2. kraus (*Haar*); 3. *fig.* schrullenhaft; '**kin·ky** [-ki] *adj.* 1. → *kinkled*; 2. *Brit. sl.* per'vers, abartig; 3. *sl.* ‚irre', ausgefallen, verrückt.

ki·no ['kiːnou] *s.* 'Kinoharz *n.*

kins·folk ['kinzfouk] *s. pl.* Verwandtschaft *f*, (Bluts)Verwandte *pl.*

kin·ship ['kinʃip] *s.* 1. (Bluts)Verwandtschaft *f*; 2. *fig.* Verwandtschaft *f.*

kins|·man ['kinzmən] *s.* [*irr.*] Angehörige(r) *m*, (Bluts)Verwandte(r) *m*; **~·wom·an** ['kinzwumən] *s.* [*irr.*] (Bluts)Verwandte *f*, Angehörige *f.*

ki·osk [ki'ɔsk] *s.* Ki'osk *m*: a) Mu'sikpavillon *m*, b) Verkaufsbude *f.*

kip [kip] *sl.* I. *s.* 1. ‚Penne' *f* (*Schlafstelle*); 2. ‚Falle' *f*, ‚Klappe' *f* (*Bett*); II. *v/i.* 3. ‚pennen' (*schlafen*).

kip·per ['kipə] I. *s.* 1. Bückling *m*, Räucherhering *m*; 2. Lachs *m* (*während od. nach der Laichzeit*); 3. *Brit. sl.* Kerl *m*, Bursche *m*; II. *v/t.* 4. *Heringe* einsalzen u. räuchern: *~ed herring* Räucherhering.

Kir·ghiz ['kəːgiz] *s.* Kir'gise *m.*

kirk [kəːk] *s. Scot.* Kirche *f.*

kirn [kəːn] *s. Scot.* Erntefest *n.*

Kirsch(·was·ser) ['kiəʃ(vɑːsə)] *s.* Kirsch(wasser *n*) *m.*

kir·tle ['kəːtl] *s. Brit. obs.* 1. kurzer Frauenrock; 2. Wams *n*, Jacke *f.*

kiss [kis] I. *s.* 1. Kuß *m*: *to blow (od. throw) a ~ to s.o.* j-m e-e Kußhand zuwerfen; 2. leichte Berührung (*Billardbälle etc.*); 3. *Am.* Bai'ser *n* (*Zuckergebäck*); 4. Zuckerplätzchen *n*; II. *v/t.* 5. küssen: *to ~ s.o. good night* j-m e-n Gutenachtkuß geben; *to ~ one's hand to s.o.* j-m e-e Kußhand zuwerfen; *to ~ s.o.'s hand* j-m die Hand küssen; → *book 1, rod 2*; 6. *fig.* leicht berühren; III. *v/i.* 7. sich küssen; 8. *fig.* sich leicht berühren; '**kiss·er** [-sə] *s. sl.* ‚Fresse' *f* (*Mund od. Gesicht*).

'**kiss·ing|-crust** *s.* weiche Krustenstelle (*an der sich Brote beim Backen berühren*); '**~-gate** *s.* kleines Schwingtor (*das immer nur 'eine Person durchläßt, bsd. in Zäunen u. Hecken*).

'**kiss|-in-the-'ring** *s. Gesellschaftsspiel, bei dem e-r den anderen fängt u. küßt*; '**~-off** *s. Am. sl.* 1. Ende *n*, *a.* Tod *m*; 2. ‚Rausschmiß' *m*; **~ of life** *s.* ⚕ Mund-zu-Mund-Beatmung *f*; '**~-proof** *adj.* kußecht, -fest.

kit [kit] I. *s.* 1. Ausrüstung *f*, Ausstattung *f*; 2. ⚔ a) Mon'tur *f*, b) Gepäck *n*; 3. Handwerkszeug *n*, Arbeitsgerät *n*; 4. Werkzeugkasten *m*, -tasche *f*; 5. *Zeitungswesen*: Pressemappe *f*; 6. F Kram *m*, Zeug *n*; 7. F Sippe *f*, ‚Blase' *f*; 8. Wanne *f*, Bütte *f*; II. *v/t.* 9. *~ out* ausstatten (*with* mit); '**~-bag** *s.* 1. Reisetasche *f*; 2. ⚔ Kleider-, Seesack *m.*

kit-cat ['kitkæt] *s. a. ~ portrait verkürztes* Brustbild (mit Darstellung der Hände).

kitch·en ['kitʃin] *s.* Küche *f*; '**kitch·en·er** [-nə] *s.* 1. Pa'tentkochherd *m*; 2. Küchenmeister *m* (*e-s Klosters*); **kitch·en·et(te)** [kitʃi'net] *s.* Kleinküche *f*, Kochnische *f.*

kitch·en| gar·den *s.* Gemüsegarten *m*; '**~-maid** *s.* Küchenmädchen *n*; **~ mid·den** *s.* vorgeschichtlicher (Küchen)Abfallhaufen; **~ po·lice** *s.* ⚔ Küchendienst *m*; **~ range** *s.* Kochherd *m*; '**~-stuff** *s.* Küchenbedarf *m* (*bsd. Gemüse*); '**~·ware** *s.* Küchengeschirr *n.*

kite [kait] *s.* 1. (Pa'pier-, Stoff-) Drachen *m*: *to fly a ~* a) e-n Drachen steigen lassen, b) *fig.* e-n Versuchsballon loslassen, c) → 4; 2. *orn.* Gabelweihe *f*, Roter 'Milan; 3. Schwindler *m*; 4. ✝ F Gefälligkeits-, Kellerwechsel *m*: *to fly a ~* Wechselreiterei betreiben; → 1; 5. ✈ *sl.* ‚Mühle' *f* (*Flugzeug*); **~ bal·loon** *s.* ⚔ 'Fessel-, 'Drachenbal,lon *m*; **~ fly·er** *s.* 1. j-d der Drachen steigen läßt; 2. ✝ F Wechselreiter *m*; '**~-fly·ing** *s.* 1. Steigenlassen *n* e-s Drachens; 2. *fig.* Loslassen *n* e-s Ver'suchsbal͵lons, Sondieren *n*; **3.** ✝ F ͵Wechselreite'rei *f*.

kith [kiθ] *s*.: ~ *and kin* Bekannte u. Verwandte; *with* ~ *and kin* mit Kind u. Kegel.

kit·ten ['kitn] **I.** *s*. Kätzchen *n*, junge Katze; **II.** *v/i*. Junge werfen (*Katze*); '**kit·ten·ish** [-niʃ] *adj*. **1.** wie ein Kätzchen (geartet); **2.** verspielt.

kit·ti·wake ['kitiweik] *s*. *orn*. Dreizehenmöwe *f*.

kit·tle ['kitl] *adj*. kitzlig, heikel, schwierig (zu behandeln): *they are* ~ *cattle* sie sind heikel *od*. unberechenbar.

kit·ty[1] ['kiti] *s*. Kätzchen *n*.

kit·ty[2] ['kiti] *s*. *bsd*. *Kartenspiel*: (gemeinsame) Kasse.

ki·wi ['ki:wi(:)] *s*. *orn*. Kiwi *m*, Schnepfenstrauß *m*.

klax·on ['klæksn] *s*. (e'lektrisches) Horn, (laute) Hupe.

klep·to·ma·ni·a [kleptou'meinjə] *s*. *psych*. Kleptoma'nie *f*, (krankhafter) Stehltrieb; **klep·to'ma·ni·ac** [-niæk] *s*. Klepto'mane *m*, Klepto'manin *f*.

klieg light [kli:g] *s*. (Klieg)Scheinwerfer *m*, 'Jupiterlampe *f*.

knack [næk] *s*. Kunstgriff *m*, Trick *m*, Dreh *m*; Geschick(lichkeit *f*) *n*: *to have the* ~ *of s.th*. den Dreh von et. heraushaben.

knack·er ['nækə] *s*. **1.** *Brit*. Abdekker *m*, Schinder *m*; **2.** 'Abbruchunter͵nehmer *m*: *fit only for the* ~*'s yard* abbruchreif, reif zum Verschrotten.

knag [næg] *s*. Knorren *m*, Ast- [stumpf *m*.]

knap·sack ['næpsæk] *s*. **1.** ⚔ Tor'nister *m*; **2.** Rucksack *m*, Ranzen *m*.

knar [nɑ:] *s*. Knorren *m*.

knave [neiv] *s*. **1.** Schurke *m*, Schuft *m*, Spitzbube *m*; **2.** *Kartenspiel*: Bube *m*; '**knav·er·y** [-vəri] *s*. **1.** Schurke'rei *f*, Schurkenstreich *m*; **2.** Gaune'rei *f*; '**knav·ish** [-viʃ] *adj*. □ (spitz)bübisch, schurkisch; '**knav·ish·ness** [-viʃnis] → *knavery*.

knead [ni:d] *v/t*. **1.** kneten; **2.** massieren; **3.** *fig*. formen, bilden; **4.** *fig*. vermengen; '**knead·ing-trough** [-diŋ] *s*. Backtrog *m*.

knee [ni:] **I.** *s*. **1.** Knie *n*: *on one's (bended)* ~*s* auf Knien, kniefällig; *to bend (od. bow) the* ~ *to* niederknien vor (*dat*.); *on the* ~*s of the gods* im Schoße der Götter; *to bring s.o. to his* ~*s* j-n auf *od*. in die Knie zwingen; *to give a* ~ *to s.o*. j-n unterstützen; *to go on one's* ~*s to* **a)** niederknien vor (*dat*.), **b)** *fig*. *j-n* kniefällig bitten; **2.** ⊕ Knie(stück, -rohr) *n*, Winkel *m*; **II.** *v/t*. **3.** F *Hose an den Knien* ausbeulen; ~ **bend·ing** *s*. Kniebeuge *f*; '~**-boots** *s*. *pl*. Schaftstiefel *pl*.; '~**-breech·es** *s*. *pl*. Kniehose(n *pl*.) *f*; '~**-cap** *s*. **1.** *anat*. Kniescheibe *f*; **2.** Knieleder *n*, -schützer *m*; '~-'**deep** *adj*. knietief, bis an die Knie (reichend); '~**-hole** *s*. Raum *m* für die Knie: ~ *desk* Schreibtisch mit Öffnung für die Knie; '~**-joint** *s*. *anat*. Kniegelenk *n*.

kneel [ni:l] *v/i*. [*irr*.] *a*. ~ *down* (nieder)knien (*to* vor *dat*.).

'**knee-length** *adj*. knielang: ~ *skirt* kniefreier Rock.

kneel·er ['ni:lə] *s*. **1.** Knieende(r *m*) *f*; **2.** Kniekissen *n*.

'**knee**|**-pad** *s*. Knieschützer *m*; '~**-pan** → *knee-cap 1*; '~**-pipe** *s*. ⊕ Knierohr *n*; ~**s bend** *s*. Kniebeuge *f*; ~ **shot** *s*. *Film*: 'Halbto͵tale *f*; '~**-tim·ber** *s*. Knie-, Krummholz *n*.

knell [nel] **I.** *s*. **1.** Totenglocke *f*, Grabgeläute *n* (*a*. *fig*.): *to sound the* ~ *of* → *3*; **2.** *fig*. Vorbote *m*, Ankündigung *f*; **II.** *v/t*. **3.** zu Grabe läuten (*a*. *fig*.).

knelt [nelt] *pret*. *u*. *p.p*. *von kneel*.

knew [nju:] *pret*. *von know*.

Knick·er·bock·er ['nikəbɔkə] *s*. **1.** 'Knickerbocker *m* (*Spitzname für den New Yorker*); **2.** ♀**s** *pl*. 'Knikkerbocker *pl*., Kniehose *f*.

knick·ers ['nikəz] *s*. *pl*. **1.** *abbr*. *für Knickerbocker* 2; **2.** (Damen-)Schlüpfer *m*: *a pair of* ~.

knick-knack ['niknæk] *s*. **1. a)** Nippsache *f*, **b)** kleines Schmuckstück; **2.** Spiele'rei *f*, Kleinigkeit *f*.

knife [naif] **I.** *pl*. **knives** [naivz] *s*. **1.** Messer *n* (*a*. ⊕, ⚕): ~ *and fork* Messer u. Gabel; *to play a good* ~ *and fork* ein starker Esser sein; *before you can say* ~ ehe man sich's versieht; *to get one's* ~ *into s.o*. j-m übelwollen, j-n ‚gefressen' haben; *to the* ~ bis aufs Messer, bis zum Äußersten; **II.** *v/t*. **2.** mit e-m Messer bearbeiten; **3.** erstechen, erdolchen; **4.** *Am*. *sl*. *bsd*. *pol*. *j-m* e-n Dolchstoß versetzen, *j-n* ‚abschießen'; '~**-board** *s*. Messerputzbrett *n*; '~**-edge** *s*. **1.** (Messer)Schneide *f*; **2.** ⊕ Waageschneide *f*; '~**-edged** *adj*. messerscharf; '~**-grind·er** *s*. Messerschleifer *m*; '~**-rest** *s*. Messerbänkchen *n*.

knif·ing ['naifiŋ] *s*. Messersteche'rei *f*.

knight [nait] **I.** *s*. **1.** *hist*. Ritter *m*, Edelmann *m*; **2.** *Brit*. Ritter *m* (*niederster, nicht erblicher Adelstitel*; *Anrede*: *Sir u. Vorname*); **3.** Ritter *m* e-s Ordens: ♀ *of the Bath* Ritter des Bath-Ordens; ♀ *of the Garter* Ritter des Hosenbandordens; → *Hospital(l)er*; **4.** *fig*. Ritter *m*, Kava'lier *m*, Beschützer *m*; **5.** *humor*. ~ *of the pen* Ritter von der Feder (*Schriftsteller*); ~ *of the road* **a)** Straßenräuber, **b)** Reisevertreter; **6.** *Schach*: Springer *m*; **II.** *v/t*. **7.** zum Ritter schlagen; '**knight·age** [-tidʒ] *s*. **1.** *coll*. Ritterschaft *f*; **2.** Ritterstand *m*; **3.** Ritterliste *f*.

knight| **bach·e·lor** *pl*. ~**s bach·e·lor** *s*. Ritter *m* (*Mitglied des niedersten englischen Ritterordens*); ~ **com·mand·er** *s*. Kom'tur *m* (*Ritterorden*); ~ **er·rant** *pl*. ~**s er·rant** *s*. **1.** fahrender Ritter; **2.** *fig*. ‚Don Qui'xote' *m*; '~-'**er·rant·ry** *s*. **1.** fahrendes Rittertum; **2.** *fig*. Abenteuerlust *f*, unstetes Leben.

knight·hood ['naithud] *s*. **1.** Rittertum *n*, -würde *f*; **2.** *coll*. Ritterschaft *f*.

knight·li·ness ['naitlinis] *s*. Ritterlichkeit *f*; **knight·ly** ['naitli] *adj*. *u*. *adv*. ritterlich.

Knight Tem·plar → *Templar 1 u. 2*.

knit [nit] **I.** *v/t*. [*irr*.] **1. a)** stricken, **b)** ⊕ wirken: ~ *two, purl two* zwei rechts, zwei links (stricken); **2.** *fig*. zs.-fügen, verbinden, verknüpfen, vereinigen; → *close-knit, well-knit*; **3.** ~ *up* **a)** fest verbinden, **b)** abschließen; **4.** *Stirn* runzeln, *Brauen* zs.-ziehen; **II.** *v/i*. [*irr*.] **5. a)** stricken, **b)** ⊕ wirken; **6.** *a*. ~ *up* sich (eng) verbinden *od*. zs.-fügen (*a*. *fig*.), zs.-wachsen; '**knit·ted** [-tid] *adj*. gestrickt, Strick...; '**knit·ter** [-tə] *s*. **1.** Stricker(in); **2.** ⊕ 'Strick-, 'Wirkma͵schine *f*.

knit·ting ['nitiŋ] *s*. **1. a)** Stricken *n*, **b)** ⊕ Wirken *n*; **2.** Strickzeug *n*, -arbeit *f*; '~**-ma·chine** *s*. 'Strickma͵schine *f*; '~**-nee·dle** *s*. Stricknadel *f*.

'**knit·wear** *s*. Strick-, Wirkwaren *pl*.

knives [naivz] *pl*. *von knife*.

knob [nɔb] *s*. **1.** (runder) Griff, Knopf *m*, Knauf *m*: *with* ~*s on sl*. allerdings!, (na) und ob!, und wie!; **2.** Knorren *m*, Ast *m* (*im Holz*); **3.** Beule *f*, Höcker *m*; **4.** Stück (-chen) *n* (*Zucker etc*.); **5.** *sl*. ‚Birne' *f*, ‚Kürbis' *m* (*Kopf*); '**knob·by** [-bi] *adj*. **1.** knorrig; **2.** knoten-, knopf-, knaufartig.

'**knob·stick** *s*. **1.** Stock *m* mit Knauf; **2.** *Brit*. Streikbrecher *m*.

knock [nɔk] **I.** *s*. **1.** Schlag *m*, Stoß *m* (*a*. *fig*.): *to take the* ~ *sl*. e-n schweren (finanziellen) Schlag abkriegen; **2.** Klopfen *n*, Pochen *n*: *there is a* ~ *(at the door)* es klopft; *to give a double* ~ zweimal klopfen; **3.** *mot*. Klopfen *n* (*Motor*); **4.** *sl*. Kri'tik *f*; **II.** *v/t*. **5.** schlagen, stoßen: *to* ~ *on the head* **a)** bewußtlos schlagen, **b)** totschlagen, **c)** *fig*. vereiteln, zunichte machen; *to* ~ *one's head against* **a)** mit dem Kopf stoßen gegen, **b)** *fig*. zs.-stoßen mit; *to* ~ *one's head against a brick wall fig*. mit dem Kopf gegen die Wand rennen *od*. durch die Wand wollen; *to* ~ *s.th. into s.o.'s head* j-m et. einhämmern; *to* ~ *s.o. into the middle of next week sl*. j-m Beine machen; **6.** schlagen, klopfen; **7.** *Brit*. F verblüffen, sprachlos machen; **8.** *sl*. kritisieren, her'unter-, schlechtmachen; **III.** *v/i*. **9.** schlagen, pochen, klopfen: *to* ~ *at the door* an die Tür klopfen; *to* ~ *at an open door* offene Türen einrennen; **10.** (*against*) **a)** schlagen, prallen, stoßen (gegen *od*. auf *acc*.), **b)** zufällig treffen *od*. stoßen (auf *acc*.); **11.** ⊕ **a)** rattern, rütteln (*Maschine*), **b)** klopfen (*Motor*);

Zssgn mit adv.:

knock| **a·bout I.** *v/t*. **1.** her'umstoßen, übel mitnehmen *od*. zurichten; **II.** *v/i*. **2.** sich her'umtreiben; **3.** ein unstetes Leben führen; ~ **down** *v/t*. **1.** niederschlagen, zu Boden schlagen (*a*. *fig*.); **2.** über'wältigen; *Argument* entkräften; **3.** ✝ F *Preis* her'absetzen, drücken; **4. a)** *Haus* abreißen, -brechen, **b)** *Maschinen etc*. ausein'andernehmen, zerlegen; **5.** ✝ *Auktion*: *to* ~ *s.th. to s.o*. j-m et. zuschlagen; **6.** *Am*. F *Fahrgelder etc*. unter'schlagen; **7.** *Am*. F *j-n* einführen, vorstellen; ~ **off I.** *v/t*. **1.** ab-, her'unterschlagen: *to knock s.o.'s head off fig*. j-m weit ‚über' sein; **2.** aufhören mit: *to* ~ *work* die Arbeit einstellen, Feierabend machen; *knocking-off time* Feierabend; **3.** F **a)** *Arbeit* schnell erledigen, **b)** ‚hinhauen', aus dem Ärmel schütteln; **4.** ✝ *vom Preis* abziehen: *to knock a* *pound off the price* ein Pfund abziehen; **5.** ☤ *Waren* abstoßen; **6.** *Brit. sl.* stehlen, ‚abstauben'; **7.** *sl.* ‚erledigen' (*töten*); **II.** *v/i.* **8.** die Arbeit einstellen, Feierabend machen; ~ **out** *v/t.* **1.** (her)'ausschlagen, -klopfen; **2. a)** *Boxen*: *a.* ~ *of time* k. 'o. schlagen (*a. fig.*), **b)** *Baseball*: *a.* ~ *of the box* zum Abtreten vom Wurfplatz zwingen; **3.** F schnell entwerfen *od.* ausarbeiten; ~ **o·ver** *v/t.* **1.** 'umwerfen (*a. fig.*), 'umstoßen; **2.** über'fahren; ~ **to·geth·er** *v/t.* zs.-hauen, schnell zs.-bauen; ~ **up I.** *v/t.* **1.** (durch Klopfen) wecken; **2.** hochschlagen; **3.** hastig zs.-bauen; **4.** *Kricket*: ~ *runs* schnell Läufe machen; **5.** F ermüden, erschöpfen; **6.** *Am. sl.* **a)** vögeln, **b)** *e-r Frau* ein Kind ‚machen'; **II.** *v/i.* **7.** ermüden, ‚fertig' sein.

'knock|·a·bout I. *adj.* **1.** lärmend, laut; **2.** unstet, unruhig; **3.** Alltags..., strapazierfähig (*Kleidung etc.*); **II.** *s.* **4.** *thea. sl.* Ra'daustück *n*; **'~-'down I.** *adj.* **1.** betäubend, niederschmetternd; **2.** zerlegbar, zs.-legbar; **3.** äußerst, niedrigst (*Preis*); **II.** *s.* **4.** Schläge'rei *f*; **5.** *Boxen*: Niederschlag *m*; **6.** *Am. sl. gesellschaftliche* Einführung, Vorstellung.

knock·er ['nɔkə] *s.* **1.** (Tür)Klopfer *m*: *up to the* ~ *sl.* bis aufs i-Tüpfelchen (genau), ‚piekfein'; **2.** *sl.* Nörgler *m*, Krittler *m*; **3.** *pl.* V ‚Titten' *pl.*

'knock|-kneed *adj.* X-beinig; **'~-knees** *s. pl.* X-Beine *pl.*; **'~-out I.** *s.* **1.** *Boxen*: 'Knockout *m*, K. 'o. *m*; **2.** *fig.* vernichtende Niederlage, tödlicher Schlag; **3.** *sl.* großartige *od.* ‚tolle' Sache *od.* Per'son; **II.** *adj.* **4.** *Boxen*: entscheidend, k. 'o.: ~ *blow* K.-o.-Schlag; ~ *system* Ausscheidungssystem, K.-o.-System; **5.** *fig.* **a)** vernichtend, **b)** geschlagen; **'~-proof** *adj. mot.* klopffest; **'~-rat·ing** *s. mot.* Ok'tanzahl *f.*

knoll[1] [noul] **I.** *v/t. u. v/i.* läuten; **II.** *s.* (*bsd.* Grab)Geläute *n.*

knoll[2] [noul] *s.* **1.** kleiner Hügel; **2.** Bergkuppe *f.*

knop [nɔp] *s.* **1.** Knauf *m*, Knopf *m*; **2.** ⚘ (Blüten)Knospe *f.*

knot [nɔt] **I.** *s.* **1.** Knoten *m*: *to make* (*od. tie*) *a* ~ e-n Knoten machen; **2.** Schleife *f*, Schlinge *f*; Achselstück *n*, -band *n*; **3.** Astknoten *m*, Knorren *m*; **4.** ⚘ Knoten *m*, Knospe *f*, Auge *n*; **5.** ⚓ Knoten *m*, Seemeile *f* (*1,853 km/h*); **6.** *fig.* Knoten *m*, Schwierigkeit *f*, Verwicklung *f*: *to cut the* ~ den Knoten durchhauen; **7.** *fig.* Band *n*, Verbindung *f*: *marriage-*~ Band der Ehe; **8.** Gruppe *f*, Knäuel *m, n*, Haufen *m* (*Menschen*); **II.** *v/t.* **9.** (ver)knoten, (ver)knüpfen; **10.** *fig.* verwickeln, verwirren; **III.** *v/i.* **11.** (e-n) Knoten bilden; **12.** *fig.* sich verwickeln; **'~-grass** *s.* ⚘ Knöterich *m*; **'~-hole** *s.* Astloch *n.*

knot·ted ['nɔtid] *adj.* **1.** ver-, geknotet; **2.** *fig.* verschlungen, verwickelt; **'knot·ter** [-tə] *s.* ⊕ 'Knot-, 'Knüpfma₁schine *f*; **'knot·ty** [-ti] *adj.* **1.** knorrig (*Holz*); **2.** *fig.* verwickelt, verzwickt, schwierig.

'knot·work *s.* Knüpfarbeit *f.*

knout [naut] **I.** *s.* Knute *f*; **II.** *v/t.* mit der Knute schlagen, *j-m* die Knute geben.

know [nou] **I.** *v/t.* [*irr.*] **1.** *allg.* wissen: *he* ~*s it* er weiß es; *he wouldn't* ~ *that* das kann er nicht *od.* kaum wissen; *I* ~ *him to be honest* ich weiß, daß er ehrlich ist; *I have never* ~*n him to lie* m-s Wissens hat er nie gelogen; *he* ~*s what to do* er weiß, was zu tun ist; *to* ~ *what's what, to* ~ *all about it* genau Bescheid wissen; *don't I* ~ *it!* und ob ich das weiß!; → *let*[1] 2; **2.** (es) verstehen, können: *he* ~*s how to treat children* er versteht mit Kindern umzugehen; *she* ~*s how to cook* sie kann kochen; **3.** kennen, vertraut sein mit: *I have* ~*n him for years* ich kenne ihn schon seit Jahren; *to* ~ *German* Deutsch können; *he* ~*s no fear* Furcht kennt er nicht; *he* ~*s a thing or two* F er ist gar nicht (so) dumm, er ist nicht von gestern; *to get to* ~ kennenlernen; *after I first knew her* nachdem ich ihre Bekanntschaft gemacht hatte; **4.** erfahren, erleben: *I have* ~*n it to happen* ich habe das schon erlebt; *he has* ~*n better days* er hat bessere Tage gesehen; **5.** ('wieder-) erkennen, unter'scheiden: *I should* ~ *him anywhere* ich würde ihn überall erkennen; *to* ~ *one from the other* einen vom anderen unterscheiden; **II.** *v/i.* [*irr.*] **6.** wissen (*of* von), Bescheid wissen, im Bilde sein (*about* über *acc.*): *I* ~ ich weiß, natürlich!; *I* ~ *better* so dumm bin ich nicht; *you ought to* ~ *better* (*than that*) das sollten Sie besser wissen, dazu sollten Sie zu vernünftig sein; *before you* ~ *where you are* ehe man sich's versieht; *I would have you* ~ *that ...* ich möchte Ihnen klarmachen, daß ...; *I* ~ *of s.o. who can do it* ich weiß (*od.* kenne) j-n, der es kann; *not that I* ~ *of* F nicht, daß ich wüßte; (*don't*) *you* ~ F wissen Sie, nicht wahr?; **III.** *s.* **7.** *to be in the* ~ F Bescheid wissen, eingeweiht *od.* im Bilde sein.

know·a·ble ['nouəbl] *adj.* erkennbar, kenntlich.

'know|-all *s.* Besserwisser *m*, ‚Schlaumeier' *m*; **'~-how** *s.* **1.** Know-'how *n*, Sachkenntnis *f*, praktisches Wissen, Fachwissen *n*, *technische etc.* Erfahrung; **2.** ‚Re'zept' *n.*

know·ing ['nouiŋ] **I.** *adj.* □ **1.** intelli'gent, klug, geschickt; **2.** verständnisvoll, wissend; **3.** schlau, durch'trieben: *a* ~ *one* ein Schlauberger; **4.** F raffiniert, ‚schick', ‚fesch'; **II.** *s.* **5.** Wissen *n*: *there is no* ~ man kann nie wissen; **'know·ing·ly** [-li] *adv.* **1.** schlau, klug; **2.** verständnisvoll; **3.** wissentlich, absichtlich, vorsätzlich.

knowl·edge ['nɔlidʒ] *s. nur sg.* **1.** Kenntnis *f*, Kunde *f*: *without my* ~ ohne mein Wissen; *the* ~ *of the victory* die Kunde *od.* Nachricht vom Siege; *it has come to my* ~ es ist mir zu Ohren gekommen, ich habe erfahren; *to* (*the best of*) *my* ~ m-s Wissens, soviel ich weiß; *to the best of my* ~ *and belief* nach bestem Wissen u. Gewissen; *not to my* ~ soviel ich weiß nicht; *my* ~ *of Mr. X.* m-e Bekanntschaft mit Herrn X.; ~ *of life* Lebenserfahrung; → *carnal*; **2.** Wissen *n*, Kenntnisse *pl.*: *a good* ~ *of German* gute Deutschkenntnisse; **'knowl·edge·a·ble** [-dʒəbl] *adj.* F klug, kenntnisreich.

known [noun] **I.** *p.p. von know*; **II.** *adj.* bekannt: *to make* ~ bekanntmachen; *to make o.s.* ~ *to s.o.* sich j-m vorstellen; ~ *to all* allbekannt; *the* ~ *facts* die anerkannten Tatsachen.

'know-noth·ing *s.* **1.** Unwissende(r *m*) *f*; **2.** A'gnostiker(in).

knuck·le ['nʌkl] **I.** *s.* **1.** Fingergelenk *n*, -knöchel *m*: *a rap on* (*od. over*) *the* ~*s* ein Verweis, e-e Rüge; **2.** Kniestück *n*, (Kalbs- *od.* Schweins)Haxe (*od.* Hachse) *f*; **II.** *v/i.* **3.** ~ *down*, ~ *under* sich beugen, nachgeben, sich unter'werfen (*to dat.*); **4.** ~ *down to s.th.* mit Eifer an et. her'angehen; **'~·bone** *s.* **1.** *anat., zo.* Knöchelbein *n*; **2.** *pl.* Knöchelspiel *n*; **'~·dust·er** *s.* Schlagring *m*; **'~·joint** *s.* **1.** *anat.* Knöchel-, Fingergelenk *n*; **2.** ⊕ Kar'dan-, Kreuzgelenk *n.*

knur *Am.* → *knurr.*

knurl [nəːl] **I.** *s.* **1.** Knoten *m*, Ast *m*, Buckel *m*; **2.** ⊕ Rändelrad *n*; **II.** *v/t.* **3.** rändeln, kordeln: ~*ed screw* Rändelschraube.

knurr [nəː] *s.* **1.** Knorren *m*; **2.** Holzball *m*, -kugel *f*: ~ *and spell Ballspiel in Nordengland.*

knut → *nut 6 e.*

koh-i-noor, *a.* ♀ ['kouinuə] *s.* **1.** 'Kohinoor *m* (*berühmter Diamant*); **2.** *fig. das* Köstlichste *s-r Art.*

kohl·ra·bi ['koul'rɑːbi] *s.* ⚘ Kohl'rabi *m.*

kop·je ['kɔpi] *s. S.Afr.* kleiner Hügel.

Ko·ran [kɔ'rɑːn] *s.* Ko'ran *m.*

Ko·re·an [kə'riən] **I.** *s.* Kore'aner (-in); **II.** *adj.* kore'anisch.

ko·sher ['kouʃə] *adj.* 'koscher (*a. fig.*), rein (*nach jüdischen Speisegesetzen*).

ko·tow ['kou'tau] **I.** *s.* Ko'tau *m*, unter'würfige Ehrenbezeigung (*früher in China*); **II.** *v/i.* Kotau machen (*a. fig.*).

kow·tow ['kau'tau] → *kotow.*

kraal [krɑːl] *s. S.Afr.* Kral *m.*

kraft [krɑːft], *a.* ~ **pa·per** *s. Am.* braunes 'Packpa₁pier, 'Hartpa₁pier *n.*

Krem·lin ['kremlin] *npr.* Kreml *m* (*a. fig. die sowjetische Regierung*);

Krem·lin·ol·o·gist [kremli'nɔlədʒist] *s.* Sowjeto'loge *m.*

kro·ne[1] ['krounə] *pl.* **-ner** [-nə] *s.* Krone *f* (*Münze in Skandinavien*).

kro·ne[2] ['krounə] *pl.* **-nen** [-nən] (*Ger.*) *s.* Krone *f* (*ehemalige Münze in Deutschland u. Österreich*).

ku·dos ['kjuːdɔs] *s.* F Ruhm *m*, Ehre *f.*

Ku-Klux(**-Klan**) ['kjuːklʌks('klæn)] *s. Am. pol.* 'Ku-Klux-'Klan *m* (*negerfeindlicher amer. Geheimbund*).

ku·lak [kuː'lɑːk] (*Russ.*) *s.* Ku'lak *m*, Großbauer *m.*

kum·quat ['kʌmkwɔt] *s.* ⚘ Kleinfrüchtige 'Goldo₁range.

Kur·saal ['kuəzɑːl] *s.* (*Ger.*) Kursaal *m*, -haus *n.*

kvass [kvɑːs] *s.* Kwaß *m* (*Art Bier*).

ky·an·ize ['kaiənaiz] *v/t.* ⊕ kyanisieren, mit Subli'mat behandeln.

Kyr·i·e ['kirii], ~ **e·le·i·son** [i'leiisɔn] *s. eccl.* 'Kyrie (e'leison) *n.*

L

L, l [el] *s.* L *n*, l *n* (*Buchstabe*).
la [lɑː] *s.* ♪ la *n* (*Solmisationssilbe*).
laa·ger [ˈlɑːgə] *S.Afr.* **I.** *s.* Lager *n*, *bsd.* Wagenburg *f*; **II.** *v/i.* (sich) lagern; **III.** *v/t.* zu e-r Wagenburg zs.-stellen; lagern.
lab [læb] *s.* F Laˈbor *n*, Laboraˈtorium *n*.
la·bel [ˈleibl] **I.** *s.* **1.** (Klebe-, Anhänge)Zettel *m od.* (-)Schild(chen) *n*, Etiˈkett *n*; **2.** Bezeichnung *f*, (Kenn)Zeichen *n*, Signaˈtur *f*; **3.** Aufschrift *f*, Beschriftung *f*; **4.** △ Kranzleiste *f*; **II.** *v/t.* **5.** etikettieren, mit e-m Zettel *od.* Schild (-chen) versehen; **6.** beschriften, mit e-r Aufschrift versehen: *~(l)ed "poison"* mit der Aufschrift „Gift"; **7.** *fig.* (als ...) bezeichnen, (zu ...) stempeln; **ˈla·bel·(l)er** [-lə] *s.* Etiketˈtiermaˌschine *f*.
la·bi·al [ˈleibjəl] **I.** *adj. bsd. ling.* Lippen..., labiˈal; **II.** *s.* Lippenlaut *m*, Labiˈal *m*; **ˈla·bi·ate** [-jit] **I.** *adj.* **1.** lippenförmig; **2.** ♀ lippenblütig; **II.** *s.* **3.** ♀ Lippenblüter *m*.
la·bile [ˈleibil] *adj.* laˈbil, unsicher, unbeständig.
la·bi·o·den·tal [ˈleibiouˈdentl] *ling.* **I.** *adj.* ˌlabiodenˈtal; **II.** *s.* ˌLabiodenˈtal *m*, Lippenzahnlaut *m*.
la·bor *Am.* → *labour*.
lab·o·ra·to·ry [*Brit.* ləˈbɔrətəri; *Am.* ˈlæbrətɔri] *s.* **1.** Laboraˈtorium *n*: *~ assistant* Laborant(in); *~ stage* Versuchsstadium; **2.** *fig.* Werkstätte *f*.
la·bo·ri·ous [ləˈbɔːriəs] *adj.* □ **1.** mühsam, anstrengend, schwierig; **2.** schwerfällig (*Stil*); **3.** arbeitsam, fleißig; **laˈbo·ri·ous·ness** [-nis] *s.* **1.** Mühseligkeit *f*; **2.** Schwerfälligkeit *f*; **3.** Fleiß *m*.
la·bour [ˈleibə] **I.** *s.* **1.** (schwere) Arbeit, Anstrengung *f*, Mühe *f*: *lost ~* vergebliche Mühe; *~ of love* gern *od.* unentgeltlich getane Arbeit; → *hard labo(u)r*; **2. a)** Arbeiterschaft *f*: *~ trouble(s)* Schwierigkeiten mit der Arbeiterschaft; *the rights of ~* die Rechte der Arbeiterklasse, **b)** Arbeiter *pl.*, Arbeitskräfte *pl.*: *~ force* Arbeitskräfte, Belegschaft; *shortage of ~* Arbeitskräftemangel; → *skilled 2*; **3.** ♀ (*ohne Artikel*) → *Labour Party*; **4.** ⚕ Wehen *pl.*: *to be in ~* in den Wehen liegen; **II.** *v/i.* **5.** arbeiten (*at* an *dat.*); **6.** sich anstrengen (*to inf.* zu *inf.*), sich ab- *od.* bemühen (*for* um *acc.*); **7.** *a. ~ along* sich mühsam fortbewegen, nur schwer vorˈankommen; **8.** stampfen, schlingern (*Schiff*); **9.** (*under*) zu leiden haben (unter *dat.*), zu kämpfen haben (mit), kranken (an *dat.*); → *delusion 2*; **10.** ⚕ in den Wehen liegen; **III.** *v/t.* **11.** (aus-, be-) arbeiten; **12.** ausführlich eingehen auf (*acc.*), ‚breitwalzen'; **~ camp** *s.* Arbeitslager *n*; **~ con·tract** *s.* ✝ Arbeitsvertrag *m*: *collective ~* Tarifvertrag; **♀ Day** *s.* Tag *m* der Arbeit (*in europäischen Ländern der 1. Mai, in USA der 1. Montag im September*); **~ de·mand** *s.* ✝ Nachfrage *f* nach Arbeitskräften; **~ dis·pute** *s.* ✝ Arbeitskampf *m*.
la·bo(u)red [ˈleibəd] *adj.* **1.** schwerfällig, ˈumständlich (*a. Stil*); **2.** mühsam, schwer; **ˈla·bo(u)r·er** [-ərə] *s. ungelernter* Arbeiter.
La·bo(u)r Ex·change *s.* Arbeitsamt *n*, -nachweis *m*.
la·bo(u)r·ing [ˈleibəriŋ] *adj.* **1.** arbeitend, werktätig: *the ~ classes* die Arbeiterbevölkerung; **2.** mühsam, schwer (*Atem*).
ˈla·bo(u)r-in·ten·sive *adj.* ✝ ˈarbeitsintenˌsiv.
la·bour·ite [ˈleibərait] *s.* Anhänger *m od.* Mitglied *n* der *Labour Party*.
la·bo(u)r| lead·er *s.* Arbeiterführer *m*; **~ mar·ket** *s.* Arbeitsmarkt *m*.
La·bour Par·ty *s. pol. Brit.* Labour Party *f*.
ˈla·bo(u)r|-sav·ing *adj.* arbeitssparend; **~ un·ion** *s. bsd. Am.* Gewerkschaft *f*.
Lab·ra·dor dog [ˈlæbrədɔː] *s. zo.* Neuˈfundländer *m* (*Hund*).
la·bret [ˈleibrit] *s.* Lippenpflock *m*.
la·bur·num [ləˈbəːnəm] *s.* ♀ Goldregen *m*.
lab·y·rinth [ˈlæbərinθ] *s.* **1.** Labyˈrinth *n*, Irrgarten *m* (*beide a. fig.*); **2.** *fig.* Wirrwarr *m*, Verwirrung *f*, Durcheinˈander *n*; **3.** *anat.* Labyrinth *n*, inneres Ohr; **lab·y·rin·thine** [læbəˈrinθain] *adj.* labyˈrinthisch.
lac[1] [læk] *s.* ˈGummilack *m*, Lackharz *n*.
lac[2] [læk] *s. Brit. Ind.* Lak *n* (*100 000, mst Rupien*).
lace [leis] **I.** *s.* **1.** Spitze *f*; **2.** Litze *f*, Borte *f*, Tresse *f*, Schnur *f*: *gold ~* Goldtresse; **3.** Schnürband *n*, -senkel *m*: *~-boot* Schnürstiefel; **4.** Schuß *m* ˈAlkohol (*in Getränken*); **II.** *v/t.* **5.** (zu-, zs.-)schnüren; **6.** mit Spitzen *od.* Litzen besetzen; **7.** *~ s.o.* (*od. s.o.'s jacket*) j-n verprügeln; **8.** Schnürsenkel einziehen in; **9.** mit Streifenmuster verzieren; **10.** e-n Schuß ˈAlkohol zugeben (*dat.*); **III.** *v/i.* **11.** sich schnüren (lassen); **laced** [-st] *adj.* **1.** geschnürt, Schnür...: *~ boot* Schnürstiefel; **2.** mit e-m Schuß ˈAlkohol: *~ coffee*.
ˈlace|-glass *s.* Veneziˈanisches Fadenglas; **ˈ~-pa·per** *s.* Paˈpierspitzen *pl.*; **ˈ~-pil·low** *s.* Klöppelkissen *n*.
lac·er·ate [ˈlæsəreit] *v/t.* **1.** zerfleischen, zerreißen; **2.** quälen, *Gefühle* verletzen; **lac·er·a·tion** [læsəˈreiʃən] *s.* **1.** Zerreißung *f*, Zerfleischung *f*; Riß *m* (*a.* ⚕); **2.** ⚕ Fleischwunde *f*.
lach·es [ˈleitʃiz] *s.* ⚖ Verzug *m*, fahrlässiges Versäumnis.
lach·ry·mal [ˈlækriməl] **I.** *adj.* **1.** Tränen...: *~ vase* → *3*; **II.** *s.* **2.** *pl. anat.* ˈTränenappaˌrat *m*; **3.** Tränenkrug *m*; **ˈlach·ry·ma·tor** [-meitə] *s.* ⚗, ⚔ Tränengas *n*; **ˈlach·ry·ma·to·ry** [-ətəri] **I.** *adj.* Tränen herˈvorrufend: *~ gas* Tränengas; **II.** *s.* Tränenkrug *m*; **ˈlach·ry·mose** [-mous] *adj.* □ tränenreich, weinerlich.
lac·ing [ˈleisiŋ] *s.* **1.** (Ver)Schnüren *n*; **2.** Schnürband *n*, -senkel *m*; **3.** Litzen *pl.*, Tressen *pl.*; **4.** Tracht *f* Prügel; **5.** → *lace 4*.
lack [læk] **I.** *s.* (*of*) Mangel *m* (an *dat.*), Fehlen *n* (von): *for ~ of time* aus Zeitmangel; *there was no ~ of* es fehlte nicht an (*dat.*); **II.** *v/t.* Mangel haben an (*dat.*), nicht haben: *we ~ coal* es fehlt uns (an) Kohle; **III.** *v/i.* (*nur pr.p.*) fehlen; Mangel leiden (*in* an *dat.*): *wine was not ~ing* Wein fehlte nicht; *he is ~ing in courage* ihm fehlt es an Mut.
lack·a·dai·si·cal [lækəˈdeizikəl] *adj.* □ **1.** schmachtend, affektiert; **2.** gelangweilt, gleichgültig, schlapp.
lack·a·day [ˈlækədei] *int. obs.* ach!, o weh!
lack·er *etc.* → *lacquer etc.*
lack·ey [ˈlæki] **I.** *pl.* -eys *s.* **1.** Laˈkai *m* (*a. fig.*); **2.** *fig.* **a)** Kriecher *m*, Speichellecker *m*, **b)** Schmaˈrotzer *m*; **II.** *v/t.* **3.** *j-n* bedienen; **4.** *j-m* unterˈwürfig folgen, *j-m* liebedienern.
ˈlack|·land *adj.* land-, besitzlos: *John ♀* Johann ohne Land (*englischer König*); **ˈ~·lus·ter** *Am.*, **ˈ~·lus·tre** *Brit. adj.* glanzlos, matt.
la·con·ic [ləˈkɔnik] *adj.* (□ *~ally*) **1.** laˈkonisch, kurz u. präˈgnant; **2.** wortkarg; **lac·o·nism** [ˈlækənizəm] *s.* lakonische Kürze, Lakoˈnismus *m*.
lac·quer [ˈlækə] **I.** *s.* **1.** (Farb-) Lack *m*, Lackfirnis *m*; **2.** Lackarbeit *f*, -waren *pl.*; **II.** *v/t.* **3.** lackieren; **ˈ~-ware**, **ˈ~-work** → *lacquer 2*.
lac·quey → *lackey*.
la·crosse [ləˈkrɔs] *s. sport* Laˈcrosse

n (*Ballspiel*); ~ **stick** *s.* La'crosse-schläger *m.*

lac·tate ['lækteit] *v/t.* **1.** *Milch* absondern; **2.** *Junge* säugen; **lac·ta·tion** [læk'teiʃən] *s.* **1.** Milch-absonderung *f*; **2.** Säugen *n*, Stillen *n*; '**lac·te·al** [-tiəl] **I.** *adj.* Milch..., milchähnlich; **II.** *s. pl.* Milch-, Lymphgefäße *pl.*; '**lac·tic** [-tik] *adj.* Milch...: ~ *acid* ⚗ Milchsäure; **lac·tif·er·ous** [læk'tifərəs] *adj.* milchführend: ~ *duct* Milchgang; **lac·tom·e·ter** [læk'tɔmitə] *s.* Milchwaage *f* (*zur Feststellung des spezifischen Gewichts der Milch*); '**lac·tose** [-tous] *s.* ⚗ Milchzucker *m*, Lak'tose *f.*

la·cu·na [lə'kju:nə] *pl.* **-nae** [-ni:] *od.* **-nas** *s.* **1.** *anat.* Spalt *m*, Hohlraum *m*; **2.** Lücke *f* (*in e-m Text*); **la'cu·nar** [-nə] *s.* △ Kas'settendecke *f.*

la·cus·trine [lə'kʌstrain] *adj.* e-n See betreffend, See...: ~ *dwellings* Pfahlbauten.

lac·y ['leisi] *adj.* spitzenartig, Spitzen...

lad [læd] *s.* junger Kerl *od.* Bursche, Junge *m.*

lad·der ['lædə] **I.** *s.* **1.** Leiter *f* (*a. fig.*): *the ~ of fame* die (Stufen-) Leiter des Ruhms; *to kick down the ~* die Leute loswerden wollen, die e-m beim Aufstieg geholfen haben; *he can't see a hole in a ~* er ist total betrunken; **2.** Laufmasche *f*; **II.** *v/i.* **3.** Laufmaschen bekommen (*Strumpf*); '**~-dredge** *s.* ⊕ Eimerbagger *m*; '**~-proof** *adj.* (lauf)maschenfest (*Strumpf*); '**~-stitch** *s. Stickerei*: Leiterstich *m.*

lad·die ['lædi] *s.* Bürschchen *n*, Kleine(r) *m.*

lade [leid] *p.p. a.* '**lad·en** [-dn] *v/t.* **1.** (be)laden, befrachten; **2.** *Waren* ver-, aufladen; **3.** *Wasser* ausschöpfen; '**lad·en** [-dn] **I.** *p.p. von lade*; **II.** *adj.* **1.** (*with*) beladen (mit), voll (von), voller: ~ *with fruit* (schwer) beladen mit Obst; *germ-~* voller Bazillen; **2.** *fig.* belastet, bedrückt: ~ *with guilt* schuldbeladen.

la-di-da ['lɑ:di'dɑ:] *sl.* **I.** *s.* Stutzer *m*, ‚Affe' *m*, ‚Fatzke' *m*; **II.** *adj.* geckenhaft, ‚affig'.

la·dies'| **choice** *s.* Damenwahl *f* (*beim Tanz*); ~ **man** *s.* [*irr.*] Frauenheld *m.*

lad·ing ['leidiŋ] *s.* **1.** Laden *n*; **2.** Ladung *f*; → *bill² 3.*

la·dle ['leidl] **I.** *s.* **1.** Schöpflöffel *m*, (Schöpf-, Suppen)Kelle *f*; **2.** ⊕ Gießkelle *f*, -löffel *m*; **3.** Schaufel *f* (*am Wasserrad*); **II.** *v/t.* **4.** *a.* ~ *out* (aus)schöpfen; **5.** *fig.* austeilen.

la·dy ['leidi] **I.** *s.* **1.** Dame *f* (*Frau von Bildung*): *she is no* (*od. not a*) ~ sie ist keine Dame; *an English ~* e-e Engländerin; *young ~* junge Dame, junges Mädchen; → *6*; *my dear* (*od. good*) ~ (verehrte) gnädige Frau; *ladies and gentlemen* m-e Damen u. Herren; *the Old ♀ of Threadneedle Street humor.* die Bank von England; **2.** Lady *f* (*Titel*); **3.** *obs. od.* V (*außer wenn auf e-e Lady angewandt*) Gattin *f*: *your good ~* Ihre Frau Gemahlin; **4.** Herrin *f*: ~ *of the house* Hausherrin, Dame des Hauses; *our sovereign ~ Brit.* die Königin; **5.** *Our ♀* Unsere Liebe Frau, die Mutter Gottes: *Church of Our ♀* Marien-, Frauenkirche; **6.** *his young ~* F s-e Freundin; → *1*; **7.** *Ladies pl. sg. konstr.* 'Damentoi,lette *f*, ‚Damen' *n*; **II.** *adj.* **8.** weiblich: ~ *doctor* Ärztin; ~ *president* Präsidentin; ~ *dog humor.* ‚Hundedame'; **9.** *Brit. bei Angestellten, die beanspruchen, als Dame behandelt zu werden*: ~ *cook* Köchin.

'**La·dy**|**-al·tar** *s. R.C.* Ma'rienal,tar *m*; '**♀-bird** *s. zo.* Ma'rien-, Sonnenkäfer(chen *n*) *m*; ~ **Boun·ti·ful** *s. fig.* gute Fee; '**♀-bug** *Am.* → *ladybird*; '**♀-chair** *s.* Vier'händesitz *m* (*Tragesitz für Verletzte, aus den verschlungenen Händen von zwei Personen gebildet*); '**~-chap·el** *s.* Ma'rienka,pelle *f*; ~ **Day** *s. eccl.* Ma'riä Verkündigung *f.*

la·dy·fied ['leidifaid] *adj.* F damenhaft.

la·dy| **help** *s. Brit.* Stütze *f* der Hausfrau, Haustochter *f*; '**~-in-'wait·ing** *s.* Hofdame *f*; '**~-kill·er** *s.* F Herzensbrecher *m*, Schwerenöter *m*; '**~like** *adj.* damenhaft, vornehm; '**~-love** *s.* Geliebte *f*; **♀ May·or·ess** *s. Brit.* Frau *f* des *Lord Mayor*; **♀ of the Bed·cham·ber** *s. Brit.* königliche Kammerfrau, Hofdame *f.*

La·dy's| **bed·straw** *s.* ⚘ Echtes Labkraut; **♀ com·pan·ion** *s.* Reise-Nähzeug *n.*

la·dy·ship ['leidiʃip] *s. Stand u. Anrede*: *her* (*your*) ~ ihre (Eure) Ladyschaft.

La·dy's| **lac·es** *s.* ⚘ Ma'riengras *n*; '**♀-maid** *s.* Kammerzofe *f*; **♀ man** → *ladies' man*; ~ **man·tle** *s.* ⚘ Frauenmantel *m*; '**~-smock** *s.* ⚘ Wiesenschaumkraut *n*; ~ **slip·per** *s.* ⚘ Frauenschuh *m.*

laev·u·lose ['li:vjulous] *s.* ⚗ Fruchtzucker *m.*

lag¹ [læg] **I.** *v/i.* **1.** *mst ~ behind* zu'rückbleiben, nachhinken (*a. fig.*), nicht mitkommen; **2.** *mst ~ behind* **a**) sich verzögern, **b**) zögern, **c**) ⚡ nacheilen; **II.** *s.* **3.** Zu'rückbleiben *n*, Rückstand *m*, Verzögerung *f* (*a.* ⊕, *phys.*); **4.** Zeitabstand *m*; **5.** ⚡ nega'tive Phasenverschiebung, (Phasen)Nacheilung *f.*

lag² [læg] *sl.* **I.** *v/t.* **1.** *j-n* ‚schnappen'; **2.** ‚einlochen', ‚einstecken'; **II.** *s.* **3.** ‚Knastschieber' *m* (*Strafgefangener*).

lag³ [læg] **I.** *s.* **1.** (Faß)Daube *f*; **2.** ⊕ Verschalungsbrett *n*; **II.** *v/t.* **3.** mit Dauben versehen; **4.** ⊕ *Rohre etc.* isolieren.

lag·an ['lægən] *s.* ⚖, ⚓ versenktes (Wrack)Gut.

la·ger (**beer**) ['lɑ:gə] *s.* Lagerbier *n.*

lag·gard ['lægəd] **I.** *adj.* langsam, bummelig; **II.** *s.* träger Mensch, Bummler *m.*

lag·ging ['lægiŋ] *s.* ⊕ Verkleidung *f*, Verschalung *f.*

la·goon [lə'gu:n] *s.* La'gune *f.*

la·ic ['leiik] **I.** *adj.* weltlich, Laien...; **II.** *s.* Laie *m*, Nichtgeistliche(r) *m*; '**la·i·cal** [-kəl] *adj.* □ → *laic I*; '**la·i·cize** [-isaiz] *v/t.* verweltlichen, säkularisieren.

laid [leid] *pret. u. p.p. von lay*; ~ **up** *adj.* bettlägerig (*with* mit, wegen).

lain [lein] *p.p. von lie.*

lair [lɛə] **I.** *s.* **1.** Lager *n* (*des Wildes*); **2.** *allg.* Lager(statt *f*) *n*; **II.** *v/i.* **3.** (sich) lagern.

laird [lɛəd] *s. Scot.* Gutsherr *m.*

lais·sez-faire ['leisei'fɛə] (*Fr.*) *s.* **1.** Nichteinmischung *f* (*des Staates in das Wirtschaftsleben*); **2.** *allg.* 'übermäßige Tole'ranz.

la·i·ty ['leiiti] *s.* **1.** Laienstand *m*, Laien *pl.* (*Ggs. Geistlichkeit*); **2.** Laien *pl.*, Nichtfachleute *pl.*

lake¹ [leik] *s.* rote Pig'mentfarbe.

lake² [leik] *s.* (Binnen)See *m*: *the Great ♀* der große Teich (*der Atlantische Ozean*); *the Great ♀s* die großen Seen (*an der Grenze zwischen USA u. Kanada*); *the ~s*, *the ♀ District*, *~-land* das (englische) Seengebiet; '**~-dwell·er** *s.* Pfahlbauer *m*; ~ **dwell·ing** *s.* Pfahlbau *m*; '**~side** *s.* Seeufer *n*: *by the ~* am See.

lakh → *lac²*.

lam¹ [læm] *v/t. sl.* (ver)dreschen, ‚vermöbeln'.

lam² [læm] *Am. sl.* **I.** *s.* (eiliges) ‚Verduften': *on the ~* im ‚Abhauen' (begriffen), auf der Flucht (*vor der Polizei*); *to take it on the ~* → *II*; **II.** *v/i.* ‚verduften', ‚Leine ziehen', (schleunigst) ‚türmen'.

la·ma ['lɑ:mə] *s. eccl.* 'Lama *m*; '**la·ma·ism** [-əizəm] *s. eccl.* Lama'ismus *m*; '**la·ma·ser·y** [-əsəri] *s.* 'Lamakloster *n.*

lamb [læm] **I.** *s.* **1.** Lamm *n*: *in* (*od. with*) ~ trächtig (*Schaf*); *like a ~* lammfromm; **2.** Lammfleisch *n*; **3.** *the ♀* (*of God*) *eccl.* das Lamm (Gottes); **II.** *v/i.* **4.** lammen: *~ing time* Lammzeit.

lam·baste [læm'beist] *v/t. sl.* **1.** ‚vermöbeln' (*verprügeln*); **2.** *fig.* ‚her'unterputzen' (*gehörig ausschelten*).

lam·ben·cy ['læmbənsi] *s.* **1.** Züngeln *n* (*Flamme*); **2.** *fig.* Funkeln *n*, Sprühen *n* (*Witz etc.*); '**lam·bent** [-nt] *adj.* □ **1.** züngelnd, flackernd; **2.** sanft strahlend; **3.** *fig.* sprühend, funkelnd (*Witz*).

Lam·beth Pal·ace ['læmbəθ] *s.* **1.** *der Londoner Amtssitz des Erzbischofs von Canterbury*; **2.** *fig.* der Erzbischof von Canterbury (*als Vertreter der anglikanischen Kirche*).

lamb·kin ['læmkin] *s.* **1.** Lämmchen *n*; **2.** *fig.* Häs-chen *n* (*Kosename*).

'**lamb·like** *adj.* lammfromm, sanft.

'**lamb·skin** *s.* **1.** Lammfell *n*; **2.** Schafleder *n.*

'**lamb's**|**-tails** *s. pl.* ⚘ **1.** *Brit.* Haselkätzchen *pl.*; **2.** *Am.* Weiden-, Palmkätzchen *pl.*; '**~-wool** *s.* **1.** Lammwolle *f*; **2.** Stoff *m* aus Lammwolle.

lame [leim] **I.** *adj.* □ **1.** lahm, hinkend: *to be ~ in one leg* auf 'einem Bein lahm sein; *to walk ~* hinken; **2.** *fig.* mangelhaft, unbefriedigend, lahm: ~ *excuse* faule Ausrede; **3.** hinkend (*Verse*); stockend (*Sprache*); **II.** *v/t.* **4.** lahm machen, lähmen (*a. fig.*); ~ **duck** *s.* **1.** Körperbehinderte(r *m*) *f*; **2.** ‚Versager' *m*, ‚Niete' *f* (*Person od.*

Sache); **3.** ✝ **a)** fauler Kunde, **b)** ruinierter ('Börsen)Speku͵lant; **4.** *Am. pol. nicht wiedergewählter Amtsinhaber, bsd. Kongreßmitglied, bis zum Ende s-r Amtsperiode.*

la·mel·la [lə'melə] *pl.* **-lae** [-li:] *s. a.* ⊕, ♀, *zo.* La'melle *f*, Plättchen *n*, Blättchen *n*; **la'mel·lar** [-lə], **lam·el·late** ['læməleit] *adj.* la'mellen-, plättchenartig.

lame·ness ['leimnis] *s.* **1.** Lahmheit *f* (*a. fig.*); **2.** *fig.* Schwäche *f*; **3.** Hinken *n* (*von Versen*).

la·ment [lə'ment] **I.** *v/i.* **1.** jammern, (weh)klagen, lamentieren (*for od. over* um); **2.** trauern (*for od. over* um); **II.** *v/t.* **3.** bejammern, beklagen, bedauern, betrauern; → *late 5 b*; **III.** *s.* **4.** Jammer *m*, Wehklage *f*, Klage(lied *n*) *f*;

lam·en·ta·ble ['læməntəbl] *adj.* □ **1.** beklagenswert, bedauerlich; **2.** *contp.* elend, erbärmlich, kläglich;

lam·en·ta·tion [læmen'teiʃən] *s.* **1.** (Weh)Klage *f*; Lamentieren *n*; **2.** 2s (*of Jeremiah*) *pl. mst sg. konstr. bibl.* Klagelieder *pl.* Jere'miae.

lam·i·na ['læminə] *pl.* **-nae** [-ni:] *s.* **1.** Plättchen *n*, Blättchen *n*; **2.** dünne Schicht; **3.** ♀ Blattspreite *f*; **'lam·i·nal** [-nl] → *laminar*; **'lam·i·nar** [-nə] *adj.* blätterig, (blättchenartig) geschichtet: ~ *flow phys.* wirbelfreie Strömung; **'lam·i·nate** [-neit] **I.** *v/t.* **1.** ⊕ **a)** auswalzen, strecken, **b)** in Blättchen aufspalten, **c)** schichten; **2.** mit Plättchen belegen; **II.** *v/i.* **3.** sich in Plättchen *od.* Schichten spalten; **III.** *s.* [-nit] **4.** ⊕ ('Plastik-, Ver'bund)͵Folie *f*; **IV.** *adj.* [-nit] **5.** → *laminar*.

lam·i·nat·ed ['læmineitid] → *laminar*; ~ **glass** *s.* ⊕ Verbundglas *n*; ~ **ma·te·ri·al** *s.* ⊕ Schichtstoff *m*; ~ **spring** *s.* ⊕ Blattfeder *f*.

lam·i·na·tion [læmi'neiʃən] *s.* **1.** ⊕ **a)** Streckung *f*, **b)** Schichtung *f*; **2.** blätterige Beschaffenheit.

lam·mer·gei·er, lam·mer·gey·er ['læməgaiə] *s. orn.* Lämmergeier *m*.

lamp [læmp] *s.* **1.** Lampe *f*, (*Straßen*)La'terne *f*: *to smell of the* ~ mehr Fleiß als Talent verraten; **2.** *fig.* Leuchte *f*, Licht *n*, Fackel *f*; **'~·black** *s.* Lampenruß *m*, -schwarz *n*; **'~-chim·ney** *s.* 'Lampenzy͵linder *m*; ~ **hold·er** *s.* ⚡ Fassung *f* e-r Glühlampe; **'~·light** *s.* Lampenlicht *n*; **'~·light·er** *s.* **1.** La'ternen-, Lampenanzünder *m*; **2.** *Am.* 'Fidibus *m*.

lam·poon [læm'pu:n] **I.** *s.* Schmähschrift *f*, Sa'tire *f*; **II.** *v/t.* (*schriftlich*) verspotten, verunglimpfen; **lam'poon·er** [-nə], **lam'poon·ist** [-nist] *s.* Schmähschreiber(in).

'lamp·post *s.* La'ternenpfahl *m*: *between you and me and the* ~ F (ganz) unter uns *od.* vertraulich (gesagt).

lam·prey ['læmpri] *s. ichth.* Lam'prete *f*, Neunauge *n*.

'lamp-shade *s.* Lampenschirm *m*.

Lan·cas·tri·an [læŋ'kæstriən] *s.* **1.** Bewohner(in) der (*englischen*) Stadt *od.* Grafschaft 'Lancaster; **2.** Angehörige(r *m*) *f od.* Anhänger(in) des Hauses Lancaster.

lance [lɑ:ns] **I.** *s.* **1.** Lanze *f*, Speer *m*: *to break a* ~ *for* (*od. on behalf of*) *s.o.* e-e Lanze für j-n einlegen *od.* brechen; **2.** → *lancer 1*; **II.** *v/t.* **3.** mit e-r Lanze durch'bohren; **4.** ⚕ mit e-r Lan'zette öffnen: *to* ~ *an abscess od. a boil* ein Geschwür (*fig.* e-e Eiterbeule) aufstechen; **'~-'cor·po·ral** *s.* ⚔ *Brit.* Ober-, Hauptgefreite(r) *m*.

lanc·er ['lɑ:nsə] *s.* **1.** ⚔ U'lan *m*; **2.** *pl. sg. konstr.* Lanci'ers *pl.* (*Tanz*).

lan·cet ['lɑ:nsit] *s.* **1.** ⚕ Lan'zette *f*; **2.** *a.* ~ *arch* △ Spitzbogen *m*; **3.** *a.* ~ *window* △ Spitzbogenfenster *n*.

land [lænd] **I.** *s.* **1.** Land *n* (*Ggs. Meer, Wasser*): *by* ~ *and by sea* zu Wasser u. zu Lande; *to make* (*the*) ~ ⚓ Land sichten; *to see how the* ~ *lies* sehen, wie die Sache steht, die Lage ‚peilen'; **2.** Land *n*, Boden *m*: *rich* ~ fruchtbarer Boden; *ploughed* ~, *Am. plowed* ~ bebautes Ackerland; *back to the* ~ zurück aufs Land: **3.** Land *n*, Grund *m* u. Boden *m*, Grundstück *n*, -besitz *m*; *pl.* Ländе'reien *pl.*; **4.** Land *n*, Staat *m*, Volk *n*: *to visit far-off* ~*s* ferne Länder besuchen; **5.** *fig.* Gebiet *n*, Reich *n*: ~ *of the living* Diesseits; ~ *of dreams* Reich der Träume; **II.** *v/i.* **6.** ⚓, ✈ landen; ⚓ anlegen; **7.** landen, an Land gehen, aussteigen; **8.** landen, ankommen: *he* ~*ed in a ditch* er landete in e-m Graben; *to* ~ *on one's feet* auf die Füße fallen (*a. fig.*); **9.** *sport* durchs Ziel gehen; **III.** *v/t.* **10.** *Personen, Waren, Flugzeug* landen; *Schiffsgüter* landen, löschen, ausladen; *Fisch*(*fang*) an Land bringen; **11.** *bsd. Fahrgäste* ab-, niedersetzen: *to be* ~*ed in the mud* im Schlamm landen; **12.** *j-n* versetzen, verwickeln, *in Schwierigkeiten etc.* bringen: *to* ~ *s.o. with s.th.* j-m et. aufhalsen *od.* einbrocken; *to* ~ *o.s.* (*od. to be* ~*ed*) *in* (hinein)geraten in (*acc.*); *I* ~*ed him one in the face* ich hab ihm eine geknallt; **13.** F *j-n od. et.* erwischen, ‚kriegen': *to* ~ *a prize* sich e-n Preis ‚holen'; *I* ~*ed a good job* ich bekam *od.* kriegte e-e gute Stellung.

'land-a·gent *s.* **1.** Grundstücks-, Gütermakler *m*; **2.** *Brit.* Gutsverwalter *m*.

lan·dau ['lændɔ:] *s.* **1.** Landauer *m*; **2.** *mot.* e-e Limou'sine *f*; **lan·dau·let**(**te**) [lændɔ:'let] *s. mot.* Landau'lett *n*.

'land|·bank *s.* 'Grundkre͵dit-, Hypo'thekenbank *f*; **'~-breeze** [-ndb-] *s.* Landbrise *f*, -wind *m*; **'~-car·riage** *s.* 'Landtrans͵port *m*, -fracht *f*; **'~-crab** *s. zo.* Landkrabbe *f*; ~ **de·vel·op·ment** *s.* Erschließung *f* von Baugelände.

land·ed ['lændid] *adj.* Land..., Grund...: ~ *estate*, ~ *property* Grundbesitz, -eigentum; ~ *proprietor* Grundbesitzer; *the* ~ *interest coll.* die Grundbesitzer.

'land|·fall *s.* **1.** ⚓ Landkennung *f*; **2.** ✈ Landung *f*; **'~-forc·es** *s. pl.* ⚔ Landstreitkräfte *pl.*; **'~·girl** *s.* Landarbeiterin *f*, -helferin *f*; **'~-grab·ber** *s.* ‚Landraffer' *m* (*j-d der auf ungesetzliche Weise Land in Besitz nimmt*); **'~·grave** [-ndg-] *s. hist.* (deutscher) Landgraf; **'~·hold·er** *s.* Grundbesitzer *m*; **'~-hun·ger** *s.* Landhunger *m*.

land·ing ['lændiŋ] *s.* **1.** ⚓, ✈ Landen *n*, Landung *f*; **2.** ⚓ **a)** Anlegen *n* (*Schiff*), **b)** Ausschiffung *f* (*Personen*), **c)** Ausladen *n*, Löschen *n* (*Fracht*); **3.** ⚓ Lande-, Anlegeplatz *m*; **4.** △ Treppenabsatz *m*; ~ **beam** *s.* ✈ Landeleitstrahl *m*; ~ **charg·es** *s. pl.* ⚓ Löschgebühren *pl.*; **'~-craft** *s.* ⚓, ⚔ Landungsboot *n*; **'~-field** *s.* ✈ Landeplatz *m*, -bahn *f*; **'~-flap** *s.* ✈ Landeklappe *f*; **'~-gear** *s.* ✈ Fahrgestell *n*, -werk *n*; **'~-ground** → *landing-field*; **'~-net** *s.* Hamen *m*, Ke(t)scher *m*; ~ **par·ty** *s.* ⚔ 'Landungstrupp *m*, -kom͵mando *n*; **'~-place** → *landing 3*; **'~-stage** *s.* ⚓ Landungsbrücke *f*, -steg *m*; **'~-strip,** ~ **track** → *air strip*.

'land|-job·ber *s.* **1.** 'Bodenspeku͵lant *m*; **2.** Grundstücksmakler *m*; **'~·la·dy** ['lænl-] *s.* (Haus-, Gast-, Pensi'ons)Wirtin *f*.

land·less ['lændlis] *adj.* ohne Grundbesitz.

'land|-locked *adj.* 'landum͵schlossen: ~ *country* Binnenstaat; **'~·lop·er** [-loupə] *s.* Landstreicher *m*, Vaga'bund *m*; **'~·lord** ['lænl-] *s.* **1.** Grundbesitzer *m*; **2.** Hauseigentümer *m*; **3.** Hauswirt *m*, ⚮ *a.* Hauswirtin *f*; **4.** Gastwirt *m*; **'~·lub·ber** *s.* ⚓ Landratte *f* (*Nichtseemann*); **'~·mark** [-ndm-] *s.* **1.** Grenzstein *m*; **2.** ⚓ Seezeichen *n*; **3.** ⚔ Gelände-, Orientierungspunkt *m*; **4.** *fig.* Markstein *m*, Wendepunkt *m*; **5.** Wahrzeichen *n*, Merkmal *n*; **'~·mine** [-ndm-] *s.* ⚔ Landmine *f*; ~ **of·fice** *s. Am.* Grundbuchamt *n*; **'~-of·fice busi·ness** *s. Am.* F ‚Bombengeschäft' *n*; **'~·own·er** *s.* Land-, Grundbesitzer(in); **'~·own·ing** *adj.* grundbesitzend, Grundbesitz(er)...; **'~·rail** → *corn-crake*; ~ **re·form** *s.* 'Bodenre͵form *f*; ~ **reg·is·ter** *s.* Grundbuch *n*; **'~-rov·er** *s. Brit. kleiner geländegängiger* Kraftwagen.

land·scape ['lænskeip] *s.* **1.** Landschaft *f* (*a. paint.*); **2.** ͵Landschaftsmale'rei *f*; **'~-'gar·den·er** *s.* Landschafts-, Kunstgärtner *m*; **'~-'gar·den·ing** *s.* Landschafts-, Kunstgärtne'rei *f*; **'~-'paint·er** *s.* Landschaftsmaler(in).

land·scap·ist ['lænskeipist] → *landscape-painter*.

'land|-shark [-nds-] *s.* **1.** ‚Halsabschneider' *m* (*der Matrosen an Land ausbeutet*); **2.** → *land-grabber*; **'~·slide** [-nds-] *s.* **1.** Erdrutsch *m*; **2.** *pol. fig.* ‚Erdrutsch' *m*: **a)** völliger 'Umschwung, **b)** über'wältigender (Wahl)Sieg; **'~·slip** [-nds-] *Brit.* → *landslide 1*.

lands·man ['lændzmən] *s.* [*irr.*] Landratte *f*, -bewohner *m*.

land| sur·vey·or *s.* Geo'meter *m*, Landmesser *m*; **'~-swell** [-nds-] *s.* ⚓ Dünung *f*; **'~-tax** *s.* Grundsteuer *f*; **'~-tie** *s.* △ Mauerstütze *f*.

land·ward ['lændwəd] **I.** *adj.* land('ein)wärts (gelegen); **II.** *adv. a.* **'land·wards** [-dz] land(ein)wärts.

'land-wind → *land-breeze*.

lane [lein] *s.* **1.** (Feld)Weg *m*, Pfad *m* (*bsd. zwischen Hecken*); **2.** Gäßchen *n*, Gasse *f*, 'Durchgang *m*: *to form a ~* Spalier stehen; **3.** 'Durchhau *m*, Schneise *f*; **4.** ⚓ Fahrrinne *f*, Fahrtroute *f*; **5.** ✈ Flugschneise *f*; **6.** *mot.* (Fahr)Spur *f*; **7.** *sport* (einzelne) Bahn (*e-r Rennbahn etc.*).

lang syne ['læŋ 'sain] *Scot.* **I.** *adv.* vor langer Zeit; **II.** *s.* längst vergangene Zeit; → *auld lang syne*.

lan·guage ['læŋgwidʒ] *s.* **1.** Sprache *f*: *foreign ~s* Fremdsprachen; *~-master* Sprachlehrer; *~ of flowers fig.* Blumensprache; **2.** Ausdrucks-, Redeweise *f*, Stil *m*: *sailors' ~* Matrosensprache; **3.** (Fach)Sprache *f*: *medical ~*; **4.** Worte *pl.*: *bad ~* (ordinäre) Ausdrücke, Schimpfworte; *strong ~* Kraftausdrücke; **5.** *sl.* ordi'näre *od.* unflätige Ausdrucksweise: *~, sir!* ich verbitte mir solche (gemeinen) Ausdrücke!; **~ lab·o·ra·to·ry** *s. ped.* 'Sprachla͵bor *n.*

lan·guid ['læŋgwid] *adj.* □ **1.** schwach, matt; **2.** schleppend, träge, gleichgültig; **3.** † flau (*Markt*).

lan·guish ['læŋgwiʃ] *v/i.* **1.** ermatten, erschlaffen, erlahmen; **2.** (ver)schmachten, da'hinsiechen, -welken; dar'niederliegen; **3.** schmachtend blicken; **4.** schmachten (*for* nach); **5.** sich härmen (*for* nach, um); '**lan·guish·ing** [-ʃiŋ] *adj.* □ **1.** ermattend, erlahmend; **2.** (ver)schmachtend, leidend; **3.** lustlos, träge (*a.* †), langsam.

lan·guor ['læŋgə] *s.* **1.** Schwäche *f*, Mattigkeit *f*, Abgespanntheit *f*; **2.** Trägheit *f*, Stumpfheit *f*, Gleichgültigkeit *f*, Lauheit *f*; **3.** Stille *f*, Schwüle *f*; '**lan·guor·ous** [-ərəs] *adj.* □ **1.** matt; **2.** schlaff, träge, stumpf, gleichgültig; **3.** schwül, drückend.

la·nif·er·ous [læ'nifərəs], **la'nig·er·ous** [-idʒərəs] *adj.* wollig, Wolle tragend.

lank [læŋk] *adj.* □ **1.** lang u. dünn, schlank, schmächtig; **2.** glatt, schlicht (*Haar*); '**lank·i·ness** [-kinis] *s.* Schlankheit *f*, Schlaksigkeit *f*; '**lank·y** [-ki] *adj.* schlank, hoch aufgeschossen, schlaksig.

lan·o·lin(**e**) ['lænəli:n] *s.* ⚗ Lano'lin *n*, Wollfett *n.*

lans·que·net ['lænskinet] *s. hist.* Landsknecht *m* (*a. ein Kartenspiel*).

lan·tern ['læntən] *s.* **1.** La'terne *f*; **2.** Leuchtkammer *f* (*e-s Leuchtturms*); **3.** ⚠ La'terne *f* (*durchbrochener Dachaufsatz*); '**lan·tern·ist** [-nist] *s.* Lichtbildervorführer *m.*

'**lan·tern**|**-jawed** *adj.* hohlwangig; **~ jaws** *s. pl.* eingefallene Wangen *pl.*; **~ lec·ture** *s.* Lichtbildervortrag *m*; **~ light** *s.* Oberlichtfenster *n*; '**~-slide** *s.* Dia(posi'tiv) *n*, Lichtbild *n*: *~ lecture* Lichtbildervortrag.

lan·yard ['lænjəd] *s.* **1.** ⚓ Taljereep *n*; **2.** ⚔ **a**) Abzugsleine *f* (*Kanone*), **b**) Traggurt *m* (*Pistole*); **3.** Schnur *f*, Schleife *f*.

lap[1] [læp] *s.* **1.** Schoß *m* (*e-s Kleides od. des Körpers*; *a. fig.*): *to sit on s.o.'s ~*; *in Fortune's ~* im Schoß des Glücks; *in the ~ of the gods* im Schoß der Götter; *in the ~ of luxury* von Luxus umgeben; **2.** (Kleider- *etc.*)Zipfel *m*.

lap[2] [læp] **I.** *v/t.* **1.** falten, einwickeln, -schlagen, 'umschlagen; **2.** *a. fig.* um'hüllen, -'geben, (ein-) betten, (-)hüllen; **3.** überein'anderlegen, über'lappt anordnen; **4.** *sport* über'runden; **II.** *v/i.* **5.** sich her'umlegen *od.* über'lappen; **6.** hin'ausragen, 'übergreifen; **III.** *s.* **7.** Wickelung *f*, Windung *f*, Lage *f*; **8.** 'übergreifende Kante, Über'lappung *f*, 'Überstand *m*; **9.** *Buchbinderei*: Falz *m*, Vorstoß *m*; **10.** *sport* Runde *f*.

lap[3] [læp] **I.** *v/t.* **1.** auflecken; **2.** *~ up*, *~ down* **a**) verschlingen, **b**) leichthin glauben, ‚fressen'; **3.** plätschern gegen; **II.** *v/i.* **4.** schlürfen, schlecken; **5.** plätschern; **III.** *s.* **6.** Lecken *n*; **7.** Schluck *m*; **8.** *sl.* ‚Gesöff' *n*.

'**lap-dog** *s.* Schoßhund *m*.

la·pel [lə'pel] *s.* Rockaufschlag *m*, Re'vers *n*, *m*.

lap·i·dar·y ['læpidəri] **I.** *s.* **1.** Edelsteinschneider *m*; **II.** *adj.* **2.** Stein...; **3.** Steinschleiferei...; **4.** in Stein gehauen; **5.** *fig.* wuchtig, lapi'dar.

lap·i·date ['læpideit] *v/t.* steinigen; **lap·i·da·tion** [læpi'deiʃən] *s.* Steinigung *f*.

lap·is laz·u·li [læpis'læzjulai] *s. min.* La'surstein *m*, Lapis'lazuli *m*.

Lap·land·er ['læplændə] → *Lapp I.*

Lapp [læp] **I.** *s.* Lappe *m*, Lappländer(in); **II.** *adj.* lappisch.

lap·pet ['læpit] *s.* **1.** (Rock)Zipfel *m*; **2.** *anat.*, *zo.* Fleischfetzen *m*, Hautlappen *m*.

Lap·pish ['læpiʃ] → *Lapp II.*

lapse [læps] **I.** *s.* **1.** Versehen *n*, Fehler *m*: *~ of the pen* Schreibfehler; **2.** Entgleisung *f*, Vergehen *n*, Fehltritt *m*, Abweichen *n*: *~ from duty* Pflichtversäumnis; **3.** Ab-, Verlauf *m*; Zeitspanne *f*; **4.** Da'hingleiten *n*, Lauf *m* (*Fluß*); **5.** Abfall *m* (*vom Glauben*); **6.** ⚖ **a**) Verfall *m*, Erlöschen *n e-s Anspruchs etc.*, **b**) (Frist)Ablauf *m*; **II.** *v/i.* **7.** (*from*) abfallen (vom *Glauben*); *Pflicht* versäumen; **8.** e-n Fehltritt tun, entgleisen; **9.** (*into*) hin'abgleiten, absinken, fallen, geraten (in *acc.*); verfallen (in *Sünde*, in *Schweigen*); **10.** vergehen, -streichen (*Zeit*); ablaufen (*Frist*); **11.** ⚖ **a**) verfallen, erlöschen, **b**) heimfallen (*to* an *acc.*).

lap·wing ['læpwiŋ] *s. orn.* Kiebitz *m*.

lar·board ['lɑ:bəd] ⚓ *obs.* **I.** *s.* Backbord *n*; **II.** *adj.* Backbord...

lar·ce·ner ['lɑ:snə], '**lar·ce·nist** [-nist] *s.* ⚖ Dieb *m*; **lar·ce·ny** ['lɑ:sni] *s.* ⚖ Diebstahl *m*.

larch [lɑ:tʃ] *s.* ⚘ Lärche *f*.

lard [lɑ:d] **I.** *s.* **1.** Schweinefett *n*, -schmalz *n*; **II.** *v/t.* **2.** *Fleisch* spicken: *~ing-needle*, *~ing-pin* Spicknadel; **3.** *fig.* spicken, schmücken, würzen (*with* mit).

lard·er ['lɑ:də] *s.* Speisekammer *f*, -schrank *m*.

lar·don ['lɑ:dən], **lar·doon** [lɑ:'du:n] *s.* Speckstreifen *m* (*zum Spicken*).

large [lɑ:dʒ] **I.** *adj.* □ → *largely*; **1.** groß: *a ~ room*; *a ~ rock*; *~ of limb* mit großen Gliedern; *~ as life* in Lebensgröße; *~r than life* überlebensgroß; **2.** groß, beträchtlich, reichlich: *a ~ sum*; *a ~ family* e-e große Familie; *a ~ meal* e-e reichliche Mahlzeit; *a ~ income* ein großes *od.* hohes Einkommen; **3.** Groß...: *~ farmer* Großbauer; **4.** zu groß: *the coat is a bit ~ for me*; **5.** um'fassend, 'weit(gehend): *~ powers* umfassende Vollmachten; **6.** *obs.* großzügig, -mütig: *~ views* weitherzige Ansichten; **II.** *adv.* **7.** *to talk ~* großspurig reden; *to write ~* sehr groß schreiben; **III.** *s.* **8.** *at ~* **a**) in Freiheit, auf freiem Fuß: *to set at ~* auf freien Fuß setzen, **b**) in der Gesamtheit: *the nation at ~* die ganze Nation, **c**) planlos: *to talk at ~* ins Blaue hinein reden, **d**) ohne bestimmtes Amt, ohne Beruf; '**~-'hand·ed** *adj. fig.* freigebig; '**~-'heart·ed** *adj.* großherzig, freigebig; tole'rant.

large·ly ['lɑ:dʒli] *adv.* **1.** in hohem Maße, großen-, größtenteils, weitgehend, im wesentlichen; **2.** reichlich.

'**large**|**-'mind·ed** *adj.* vorurteilslos, tole'rant, aufgeschlossen; '**~-'mind·ed·ness** *s.* Weitherzigkeit *f*.

large·ness ['lɑ:dʒnis] *s.* **1.** Größe *f*, Weite *f*, 'Umfang *m*; **2.** Großzügigkeit *f*, Freigebigkeit *f*; Großmütigkeit *f*.

'**large-'scale** *adj.* groß(angelegt), ausgedehnt, Groß...: *~ attack* ⚔ Großangriff; *~ manufacture* Serienherstellung; *a ~ map* e-e Karte in großem Maßstab.

lar·gess(**e**) ['lɑ:dʒes] *s.* **1.** Freigebigkeit *f*; **2.** Gabe *f*, reiches Geschenk.

lar·ghet·to [lɑ:'getou] (*Ital.*) *adv.* ♪ lar'ghetto, ziemlich langsam.

larg·ish ['lɑ:dʒiʃ] *adj.* ziemlich groß.

lar·go ['lɑ:gou] (*Ital.*) *adv.* ♪ 'largo, breit, sehr langsam.

lar·i·at ['læriət] *s. bsd. Am.* 'Lasso *m*, *n*.

lark[1] [lɑ:k] *s. orn.* Lerche *f*: *to rise with the ~* in aller Herrgottsfrühe aufstehen.

lark[2] [lɑ:k] F **I.** *s.* Jux *m*, Ulk *m*, Spaß *m*: *for a ~* zum Spaß; *to have a ~* s-n Spaß haben *od.* treiben; *what a ~!* wie lustig!; **II.** *v/i.* Possen treiben, spaßen, tollen; '**lark·some** [-səm] *adj.* F ausgelassen.

lark·spur ['lɑ:kspə:] *s.* ⚘ Rittersporn *m*.

lark·y ['lɑ:ki] → *larksome*.

lar·ri·kin ['lærikin] *s. bsd. Austral.* (jugendlicher) Rowdy, Halbstarke(r) *m*.

lar·rup ['lærʌp] *v/t. sl.* ‚verdreschen', ‚übers Knie legen'.

lar·va ['lɑ:və] *pl.* **-vae** [-vi:] *s. zo.* Larve *f*; '**lar·val** [-vəl] *adj. zo.* Larven...; '**lar·vi·cide** [-visaid] *s.* Larven-, *bsd.* Raupenvertilgungsmittel *n*.

la·ryn·ge·al [lærin'dʒi(:)əl] *adj.* Kehlkopf...; **lar·yn'gi·tis** [-'dʒaitis] *s.* ⚕ Kehlkopfentzündung *f*.

la·ryn·go·scope [lə'riŋgəskoup] *s.* ⚕ Kehlkopfspiegel *m.*

lar·ynx ['læriŋks] *s. anat.* Kehlkopf *m.*

las·civ·i·ous [lə'siviəs] *adj.* □ **1.** geil, wollüstig, lüstern; **2.** las'ziv, schlüpfrig; **las'civ·i·ous·ness** [-nis] *s.* Geilheit *f*, Lüsternheit *f.*

la·ser ['leizə] *s. phys.* 'Laser *m*; **~ beam** *s. phys.* 'Laserstrahl *m.*

lash¹ [læʃ] **I.** *s.* **1.** Peitschenschnur *f*; **2.** Peitschen-, Rutenhieb *m*: *the ~* die Prügelstrafe; **3.** *fig.* (Peitschen-) Hieb *m*, scharfer Tadel, Geißel *f*; **4.** Peitschen *n* (*a. fig.*); **5.** (Augen-) Wimper *f*; **II.** *v/t.* **6.** *j-n* peitschen, schlagen: *to ~ the tail* mit dem Schwanz um sich schlagen; *to ~ the sea* das Meer peitschen (*Sturm*); **7.** peitschen *od.* schlagen an (*acc.*) *od.* gegen (*Regen*); **8.** *fig.* geißeln, streng tadeln: *a ~ing tongue* e-e spitze Zunge; **9.** heftig (an)treiben: *to ~ o.s. into a fury* sich in e-e Wut hineinsteigern; **III.** *v/i.* **10.** *a. fig.* peitschen, schlagen; **11.** peitschen, prasseln (*Regen*); **12.** *~ down* niederprasseln; **13.** *~ out* **a)** um sich schlagen, ausschlagen (*Pferd*), **b)** ausfallend werden, vom Leder ziehen (*at* gegen).

lash² [læʃ] *v/t.* festbinden, -machen (*to, on* an *dat.*); ⚓ (fest)zurren.

lash·er ['læʃə] *s.* **1.** durch ein Wehr fließendes Wasser; **2.** Wehr *n.*

lash·ing¹ ['læʃiŋ] *s.* **1.** Auspeitschung *f*, Prügel *pl.*; **2.** *pl. Brit.* F Massen *pl.* (*Speise od. Trank*).

lash·ing² ['læʃiŋ] *s.* **1.** Anbinden *n*; **2.** ⚓ Laschung *f*, Tau(werk) *n.*

lass [læs] *s.* **1.** Mädchen *n*; **2.** Liebste *f*; **las·sie** ['læsi] *s.* Mädel *n*, kleines Mädchen.

las·si·tude ['læsitju:d] *s.* Mattigkeit *f*, Abgespanntheit *f.*

las·so ['læsou] **I.** *pl.* **-sos** *s.* 'Lasso *m, n*; **II.** *v/t.* mit e-m Lasso fangen.

last¹ [lɑ:st] **I.** *adj.* □ → *lastly*; **1.** letzt: *~ but one* vorletzt; *~ but two* drittletzt; *for the ~ time* zum letzten Male; *to the ~ man* bis auf den letzten Mann; **2.** letzt, vorig: *~ Monday, Monday ~* (am) letzten *od.* vorigen Montag; *~ night* gestern abend; *~ week* in der letzten *od.* vorigen Woche; *the week before ~* die vorletzte Woche; *this day ~ week* heute vor e-r Woche; *on May 6th ~* am vergangenen 6. Mai; **3.** neuest, letzt: *the ~ news*; *the ~ thing in hats* das Neueste in Hüten; **4.** letzt, al'lein übrigbleibend: *the ~ hope* die letzte (verbleibende) Hoffnung; *my ~ shilling* mein letzter Schilling; **5.** letzt, endgültig, entscheidend; → *word 1*; **6.** äußerst: *of the ~ importance* von höchster Bedeutung; *this is my ~ price* dies ist mein äußerster *od.* niedrigster Preis; **7.** letzt, am wenigsten erwartet *od.* geeignet, unwahrscheinlich: *the ~ man I would choose* der letzte, den ich wählen würde; *he is the ~ person I expect to see* es ist sehr unwahrscheinlich, daß ich ihn sehen werde; → *ditch 1*; *judg(e)ment 5*; *leg Redew.*; *post² 1*; *supper 2 a*; **II.** *adv.* **8.** zu'letzt, als letzter, -e, -es, an letzter Stelle: *~ of all* ganz zuletzt, zuallerletzt; *~ (but) not least* nicht zuletzt, nicht zu vergessen; **9.** zu'letzt, zum letzten Male: *I ~ met him in Berlin*; **10.** *in Zssgn*: *~-mentioned* letzterwähnt; **III.** *s.* **11.** *at ~* endlich, schließlich, zuletzt; *at long ~* schließlich (u. endlich); **12.** *der* (*die, das*) Letzte: *the ~ of the Mohicans* der letzte Mohikaner; *the ~ to arrive* der letzte, der ankam; *he would be the ~ to do that* er wäre der letzte, der so etwas täte; **13.** *der* (*die, das*) Letztgenannte; **14.** letzte Erwähnung, letztes Mal: *to breathe one's ~* s-n letzten Atemzug tun; *to hear the ~ of* zum letzten Male (*od.* nichts mehr) hören; *we shall never see the ~ of that man* den (Mann) werden wir nie mehr los; **15.** Ende *n*, Tod *m*: *to the ~* bis zum äußersten, bis zum Ende (*od.* Tod).

last² [lɑ:st] **I.** *v/i.* **1.** dauern, währen; bestehen: *too good to ~* zu schön, um lange zu währen; **2.** 'durch-, aushalten; **3.** (sich) halten: *to ~ well* haltbar sein; **4.** (aus)reichen, genügen: *while the money ~s* solange das Geld reicht; *I must make my money ~* ich muß mit m-m Gelde auskommen; **II.** *v/t.* **5.** *mst ~ out* **a)** über'dauern, **b)** ebenso lange (aus-) halten wie; **III.** *s.* **6.** Ausdauer *f.*

last³ [lɑ:st] *s.* Leisten *m*: *to put on the ~* über den Leisten schlagen; *to stick to one's ~ fig.* bei s-m Leisten bleiben.

last⁴ [lɑ:st] *s.* Last *f* (*altes Gewicht od. Hohlmaß, mst etwa 4000 englische Pfund od. 30 hl*).

'last-'ditch·er *s.* Unentwegte(r *m*) *f.*

last·ing ['lɑ:stiŋ] **I.** *adj.* □ **1.** dauernd, anhaltend, beständig; **2.** dauerhaft, haltbar; **3.** nachhaltig; **II.** *s.* **4.** Lasting *n* (*fester Kammgarnstoff*); **'last·ing·ness** [-nis] *s.* Dauer(haftigkeit) *f*, Haltbarkeit *f.*

last·ly ['lɑ:stli] *adv.* zu'letzt, am Ende.

latch [lætʃ] **I.** *s.* **1.** Klinke *f*, Schnäpper *m*, Schnappriegel *m*: *on the ~* nur eingeklinkt (*Tür*); **2.** Druck-, Schnappschloß *n*; **II.** *v/t.* **3.** ein-, zuklinken; **III.** *v/i.* **4.** sich einklinken, einschnappen: *to ~ on to s.th. Am.* F et. ‚spitzkriegen'.

latch·et ['lætʃit] *s. obs.* Schuhriemen *m.*

'latch·key *s.* **1.** Drücker *m*, Schlüssel *m* für ein Schnappschloß; **2.** Hausschlüssel *m*; **~ child** *s.* Schlüsselkind *n.*

late [leit] **I.** *adj.* □ → *lately*; **1.** spät: *at a ~ hour* spät (*a. fig.*), zu später Stunde (*a. fig.*); → *hour 2*; *on Monday at the ~st* spätestens am Montag; **2.** vorgerückt, spät, Spät...: *~ summer* Spätsommer; *~ Latin* Spätlatein; *the ~ 18th century* das späte 18. Jahrhundert; *~r events* spätere Ereignisse; **3.** verspätet, zu spät: *to be ~* zu spät kommen, sich verspäten, Verspätung haben, rückständig *od.* im Rückstand sein; *to be ~ for dinner* zu spät zum Essen kommen; **4.** letzt, jüngst, neu: *the ~ war* der letzte Krieg; *of ~ years* in den letzten Jahren; *the ~st fashion* die neueste Mode; *that is the ~st* **a)** das ist das Neueste, **b)** F das ist (doch) die Höhe; **5. a)** letzt, früher, ehemalig, **b)** verstorben: *the ~ lamented* der *od.* die jüngst Entschlafene; *the ~ headmaster* der letzte *od.* der verstorbene Schuldirektor; *the ~ government* die letzte *od.* vorige Regierung; *my ~ residence* m-e frühere Wohnung; *~ of Oxford* früher in Oxford (wohnhaft); **II.** *adv.* **6.** spät: *of ~* in letzter Zeit, neuerdings; *as ~ as last year* erst *od.* noch letztes Jahr; *better ~ than never* lieber spät als gar nicht; *~r on* später(hin); *to sit up ~* bis spät in die Nacht aufbleiben; *~ in the day* F reichlich spät, ein bißchen spät; **7.** zu spät: *to come ~*; **'~-com·er** *s.* Zu'spätgekommene(r *m*) *f*, Nachzügler(in).

la·teen [lə'ti:n] ⚓ **I.** *adj.* Latein...; **II.** *s. a. ~ sail* La'teinsegel *n.*

late·ly ['leitli] *adv.* vor kurzem, kürzlich, unlängst; neuerdings.

la·ten·cy ['leitənsi] *s.* La'tenz *f*, Verborgenheit *f.*

late·ness ['leitnis] *s.* **1.** späte Zeit, spätes 'Stadium: *~ of the hour* vorgerückte Stunde; **2.** Verspätung *f*, Zu'spätkommen *n.*

la·tent ['leitənt] *adj.* □ **1.** la'tent (*a.* ⚕, *phys., psych.*), verborgen, versteckt, schlafend: *~ buds* unentwickelte Knospen; *~ heat phys.* gebundene Wärme.

lat·er·al ['lætərəl] **I.** *adj.* □ **1.** seitlich, Seiten..., Neben..., Quer...: *~ branch* Seitenlinie (*Stammbaum*); *~ wind* Seitenwind; **II.** *s.* **2.** Seitenteil *n*, -stück *n*; **3.** ♀ Seitenzweig *m*, -trieb *m*; **'lat·er·al·ly** [-rəli] *adv.* seitlich, seitwärts; von der Seite.

Lat·er·an ['lætərən] *s.* Late'ran *m.*

la·tex ['leiteks] *s.* ♀ Milchsaft *m* (*von Pflanzen, bsd. des Gummibaums*).

lath [lɑ:θ] *s.* **1.** Latte *f*, Leiste *f*; → *thin 2*; **2. a)** *coll.* Latten(werk *n*) *pl.*, **b)** Putzträger *m*: *~ and plaster* △ Putzträger u. Putz.

lathe [leið] *s.* ⊕ **1.** Drehbank *f*: *~ tool* Drehstahl; *~ tooling* Bearbeitung auf der Drehbank; **2.** Lade *f* (*Webstuhl*); **3.** Töpferscheibe *f.*

lath·er ['lɑ:ðə] **I.** *s.* **1.** Seifenschaum *m*; **2.** schäumender Schweiß (*e-s Pferdes*): *in a ~ about s.th. Am.* F erregt über e-e Sache; **II.** *v/t.* **3.** einseifen; **4.** F verprügeln; **III.** *v/i.* **5.** schäumen.

lath·ing ['lɑ:θiŋ] *s.* Lattenwerk *n*, *bsd.* -verschalung *f.*

Lat·in ['lætin] **I.** *s.* **1.** *ling.* La'tein(-isch) *n*; **2.** *antiq.* **a)** La'tiner *m*, **b)** Römer *m*; **3.** Ro'mane *m*; **II.** *adj.* **4.** *ling.* la'teinisch, Latein...; **5.** ro'manisch: *the ~ peoples*; **6.** *eccl.* 'römisch-ka'tholisch: *~ Church*; **7.** la'tinisch; **'~-A'mer·i·can I.** *adj.* la'teinameri,kanisch; **II.** *s.* La'teinameri,kaner(in).

Lat·in·er ['lætinə] *s.* F La'teiner *m*; **'Lat·in·ism** [-nizəm] *s.* Lati'nismus *m*; **'Lat·in·ist** [-nist] *s.* La'teingelehrte(r *m*) *f*, Lati'nist(in), ‚La'teiner' *m*; **La·tin·i·ty** [lə'tiniti] *s.* Latini'tät *f*, *j-s* Kenntnisse *pl.* im La'teinischen; **Lat·in·i·za·tion** [lætinai'zeiʃən] *s.* **1.** Latinisierung *f* (*e-r Sprache*); **2.** La'teinschreibung *f*; **'Lat·in·ize** [-naiz] *v/t.* **1.** lateinische Form geben (*dat.*); ins Lateinische über'tragen; mit lateinischen Buchstaben schreiben; **2.** *eccl.* der 'römisch-ka'tholischen Kirche annähern.

lat·ish ['leitiʃ] *adj.* etwas spät.

lat·i·tude ['lætitju:d] *s.* **1.** *ast., geogr.* Breite *f*: *degree of* ~ Breitengrad; *in* ~ *40° N.* auf dem 40. Grad nördlicher Breite; **2.** *pl. geogr.* Breiten *pl.*, Gegenden *pl.*: *low* ~*s* niedere Breiten; *cold* ~*s* kalte Gegenden; **3.** *fig.* Spielraum *m*, Freiheit *f*: *to allow s.o. great* ~ j-m große Freiheit gewähren; **lat·i·tu·di·nal** [læti'tju:dinl] *adj. geogr.* Breiten...

lat·i·tu·di·nar·i·an ['lætitju:di'nɛəriən] **I.** *adj.* **1.** weitherzig, libe'ral; **2.** *bsd. eccl.* freisinnig, freidenkerisch; **II.** *s.* **3.** *bsd. eccl.* Freigeist *m*, Freidenker(in); '**lat·i·tu·di'nar·i·an·ism** [-nizəm] *s. eccl.* Duldsamkeit *f*, Tole'ranz *f*.

la·trine [lə'tri:n] *s.* **1.** La'trine *f*; **2.** Klo'sett *n*.

lat·ten ['lætn] *s.* Messing(blech) *n*.

lat·ter ['lætə] *adj.* □ → *latterly*; **1.** *von zweien*: letzter; **2.** später, neuer, jünger: *in these* ~ *days* in der jüngsten Zeit; *the* ~ *half of June* die zweite Junihälfte; *the* ~ *end of June* die letzten Junitage; *the* ~ *end* **a)** das Ende, **b)** der Tod; '~-'**day** *adj.* aus neuester Zeit, mo'dern; '~-'**day saints** *s. pl. eccl. die* Heiligen *pl.* der letzten Tage (*Mormonen*).

lat·ter·ly ['lætəli] *adv.* **1.** in letzter Zeit, neuerdings; **2.** am Ende, dem Ende zu.

lat·tice ['lætis] **I.** *s.* **1.** Gitter *n*, Gitter-, Lattenwerk *n*; **2.** Gitterfenster *n od.* -tür *f*; **II.** *v/t.* **3.** vergittern; ~ **bridge** *s.* ⊕ Gitterbrücke *f*; ~ **frame,** ~ **gird·er** *s.* ⊕ Gitter-, Fachwerkträger *m*; ~ **win·dow** *s.* Gitter-, Rautenfenster *n*; '~-**work** → *lattice 1.*

Lat·vi·an ['lætviən] **I.** *adj.* **1.** lettisch; **II.** *s.* **2.** Lette *m*, Lettin *f*; **3.** *ling.* Lettisch *n*.

laud [lɔ:d] **I.** *s.* **1.** Lobgesang *m*; **2.** *pl. R.C.* 'Laudes *pl.* (*Gebet*); **II.** *v/t.* **3.** loben, preisen, rühmen; '**laud·a·ble** [-dəbl] *adj.* □ löblich, lobenswert.

lau·da·num ['lɔdnəm] *s. pharm.* 'Opiumtink,tur *f*.

lau·da·tion [lɔ:'deiʃən] *s.* Lob *n*; **laud·a·to·ry** ['lɔ:dətəri] *adj.* lobend; Belobigungs...

laugh [la:f] **I.** *s.* **1.** Lachen *n*, Gelächter *n*: *with a* ~ lachend; *a broad* ~ schallendes Gelächter; *to have a good* ~ *at s.th.* herzlich über e-e Sache lachen; *to have the* ~ *of s.o.* über j-n (am Ende) triumphieren; *to have the* ~ *on one's side* die Lacher auf s-r Seite haben; *the* ~ *is against him* die Lacher sind auf der anderen Seite; *to raise a* ~ Gelächter erregen; **II.** *v/i.* **2.** lachen (*a. fig.*): *to make s.o.* ~ j-n zum Lachen bringen; *don't make me* ~! F daß ich nicht lache!; *to* ~ *in s.o.'s face* j-m ins Gesicht lachen; *he* ~*ed till he cried* er lachte (bis ihm die) Tränen (kamen); *he* ~*s best who* ~*s last* wer zuletzt lacht, lacht am besten; → *wrong 2*; **3.** *a. iro.* froh sein, triumphieren; **III.** *v/t.* **4.** lachend äußern: *he* ~*ed his thanks* er dankte lachend; *to* ~ *a bitter* ~ bitter lachen;

Zssgn mit adv. u. prp.:

~ **at** *v/i.* **1.** lachen *od.* sich lustig machen über *j-n od. e-e Sache*; *j-n* auslachen; **2.** über *e-e Sache* spotten; keine No'tiz von *et.* nehmen; ~ **a·way I.** *v/t.* **1.** *Sorgen etc.* durch Lachen verscheuchen; **2.** → *laugh off*; **3.** *Zeit* mit Scherzen verbringen; **II.** *v/i.* **4.** drauf'loslachen; ~ **down** *v/t.* **1.** *j-n* durch Gelächter zum Schweigen bringen; **2.** *et.* durch Gelächter vereiteln; ~ **off** *v/t. et.* lachend *od.* mit e-m Scherz abtun; ~ **out of** *v/t. j-n* durch Lachen von *et.* abbringen.

laugh·a·ble ['la:fəbl] *adj.* □ **1.** ulkig, komisch; **2.** lachhaft, lächerlich.

laugh·ing ['la:fiŋ] **I.** *s.* **1.** Lachen *n*, Gelächter *n*; **II.** *adj.* □ **2.** lachend: *it is no* ~ *matter* es ist nicht(s) zum Lachen; **3.** *fig.* lächelnd, strahlend; '~-'**gas** *s.* ⚗ Lachgas *n*; ~ **gull** *s. orn.* Lachmöwe *f*; ~ **hy·e·na** *s. zo.* 'Fleckenhy,äne *f*; ~ **jack·ass** *s. orn.* Rieseneisvogel *m*; '~-**stock** *s.* Gegenstand *m* des Gelächters, Zielscheibe *f* des Spottes: *to make a* ~ *of o.s.* sich lächerlich machen.

laugh·ter ['la:ftə] *s.* Lachen *n*, Gelächter *n*.

launch [lɔ:ntʃ] **I.** *v/t.* **1.** *Boot* aussetzen, ins Wasser lassen; **2.** *Schiff* vom Stapel lassen: *to be* ~*ed* vom Stapel laufen; **3.** ✈ katapultieren, abschießen; **4.** *Torpedo, Geschoß* abschießen; **5.** *Speer* schleudern; **6.** *et.* lancieren, in Gang setzen, unter'nehmen; **7.** *j-n* lancieren, *j-m* ‚Starthilfe geben'; **8.** *Rede* vom Stapel lassen; *Drohungen etc.* ausstoßen, schleudern; † *Anleihe* auflegen; **II.** *v/i.* **9.** *a.* ~ *out* **a)** (*into* in *acc.*) sich stürzen *od.* begeben, geraten, **b)** (*into acc.*) beginnen, unternehmen, vom Stapel lassen; **10.** ~ *out* **a)** viel Geld ausgeben, **b)** weitschweifig reden; **III.** *s.* **11.** Stapellauf *m*; **12.** ⚓ Bar'kasse *f*: *pleasure* ~ Vergnügungsboot; '**launch·er** [-tʃə] *s.* ⚔ **1. a)** (Ra'keten)Werfer *m*, **b)** Abschußvorrichtung *f* (*Fernlenkgeschosse*); **2.** ✈ Kata'pult *m, n*.

launch·ing| pad ['lɔ:ntʃiŋ], ~ **platform,** ~ **ramp** *s.* Schleuder-, Abschußrampe *f* (*Rakete*); ~ **rope** *s.* ✈ Startseil *n*; ~ **site** *s.* 'Abschuß,basis *f* (*Rakete*); ~ **tube** *s.* ⚔ Tor'pedo(ausstoß)rohr *n*.

laun·der ['lɔ:ndə] **I.** *v/t. Wäsche* waschen (u. bügeln); **II.** *v/i.* sich waschen lassen; **laun·der·ette** [lɔ:ndə'ret] *s.* ,Schnellwäsche'rei *f*; '**laun·dress** [-dris] *s.* Wäscherin *f*.

laun·dry ['lɔ:ndri] *s.* **1.** Wäsche'rei *f*, Waschanstalt *f*; Waschhaus *n*; **2.** F (schmutzige *od.* frisch gereinigte) Wäsche; ~ **chute** *s.* Wäscheschacht *m* (*e-s Wohnhochhauses*).

lau·re·ate ['lɔ:riit] **I.** *adj.* **1.** lorbeergekrönt, -geschmückt; -bekränzt; **II.** *s.* **2.** → *poet*; **3.** Preisträger *m*; '**lau·re·ate·ship** [-ʃip] *s.* Amt *n od.* Würde *f* e-s *poet laureate*.

lau·rel ['lɔrəl] *s.* **1.** ⚘ Lorbeer(baum) *m*; **2.** *mst pl. fig.* Lorbeeren *pl.*, Ehren *pl.*, Ruhm *m*: *to reap* (*od. win od. gain*) ~*s* Lorbeeren ernten; *to rest on one's* ~*s* sich auf s-n Lorbeeren ausruhen; '**lau·rel(l)ed** [-ld] *adj.* **1.** lorbeergekrönt; **2.** preisgekrönt.

lau·rus·ti·nus [lɔrəs'tainəs] *s.* ⚘ Lauru'stin *m*, *ein* Schneeball *m*.

la·va ['la:və] *s. geol.* 'Lava *f*.

lav·a·to·ry ['lævətəri] *s.* **1.** Waschraum *m*; **2.** Toi'lette *f*, Klo'sett *n*: *public* ~ Bedürfnisanstalt.

lave [leiv] *poet.* **I.** *v/t.* **1.** waschen, baden; **2.** bespülen (*Meer etc.*); **II.** *v/i.* **3.** sich baden *od.* waschen.

lav·en·der ['lævində] **I.** *s.* ⚘ La'vendel *m*; **II.** *adj.* la'vendelfarben, blaßlila; '~-**wa·ter** *s.* La'vendelwasser *n*.

lav·ish ['læviʃ] **I.** *adj.* □ **1.** sehr freigebig, verschwenderisch (*of* mit, *in* in *dat.*): *to be* ~ *of* um sich werfen mit, verschwenderisch umgehen mit; **2.** ('über)reichlich, verschwenderisch; **II.** *v/t.* **3.** verschwenden, verschwenderisch (aus)geben: *to* ~ *s.th. on s.o.* j-n mit et. überhäufen; '**lav·ish·ness** [-nis] *s.* Verschwendung *f*, Hülle *f* u. Fülle *f*.

law[1] [lɔ:] *s.* **1.** *objektives* Recht; Gesetz *n*, Gesetze *pl.*: *by* ~ von Rechts wegen, gesetzlich; *contrary to* ~ rechtswidrig; *under the* ~ nach dem Gesetz; *under German* ~ nach deutschem Recht; *the* ~ *of the land* das Landesrecht; ~ *and order* Recht (*od.* Ruhe) u. Ordnung; **2. a)** (*einzelnes*) Gesetz: *Election* ♀; *the bill has become* (*od. passed into*) ~ die Gesetzesvorlage ist (zum) Gesetz geworden, **b)** (*einzelnes*) Recht, Rechtsgebiet *n*: *commercial* ~ Handelsrecht; ~ *of nations* Völkerrecht; **3.** → *common law*; **4.** Rechtswissenschaft *f*, 'Jura *pl.*: *comparative* ~ vergleichende Rechtswissenschaft; *to read* (*od. go in for*) ~ Jura studieren; *Doctor of* ♀*s* (*abbr. LL.D.*) Doktor der Rechte; **5.** Ju'ristenberuf *m*: *to be in the* ~ Jurist sein; **6.** Gericht *n*, Rechtsmittel *pl.*: *at* ~ vor Gericht, gerichtlich; *to go to* ~ den Rechtsweg beschreiten, prozessieren: *to go to* ~ *with s.o.* j-n verklagen; **7.** *allg.* Gesetz *n*, Vorschrift *f*, Befehl *m*: *to be a* ~ *unto o.s.* sich über jegliche Konventionen hinwegsetzen; *to lay down the* ~ gebieterisch auftreten, selbstherrlich handeln; **8.** *oft pl.* Regel *f*: ~*s of the game* Spielregeln; ~*s of golf* Golfregeln; **9.** *wissenschaftliches etc.* Gesetz: ~ *of gravity* (*od. gravitation*) *phys.* Gesetz der Schwerkraft; ~ *of nature, natural* ~ Naturgesetz; *not chance, but* ~ nicht Zufall, sondern Gesetzmäßigkeit; **10.** *the* ♀ *eccl.* das Gesetz, die Gebote *pl.*; **11.** *hunt., sport* Vorgabe *f*; **12.** *fig.* (Gnaden-)Frist *f*.

law[2] *int.* V ach!; herr'je!; Mensch!

'**law|-a·bid·ing** *adj.* **1.** gesetzestreu; **2.** friedlich, ordnungsliebend; '~-**break·er** *s.* Ge'setzesüber,treter (-in); '~-**court** *s.* Gerichtshof *m*.

law·ful ['lɔ:ful] *adj.* □ **1.** gesetzlich, gesetzmäßig; **2.** rechtmäßig, legi'tim: ~ *son* ehelicher *od.* legitimer Sohn; **3.** rechtsgültig, gesetzlich anerkannt: ~ *marriage* gültige Ehe; ~ *age* Volljährigkeit; '**law·ful·ness** [-nis] *s.* Gesetzmäßigkeit *f*.

'law|·giv·er *s.* Gesetzgeber *m*; **'~-hand** *s. Brit. in Rechtsurkunden verwendete Handschrift.*

lawk [lɔ:k], **lawks** [lɔ:ks] → *law²*.

law·less ['lɔ:lis] *adj.* □ **1.** gesetzlos, -widrig, unrechtmäßig; **2.** zügellos; **'law·less·ness** [-nis] *s.* **1.** Gesetzlosigkeit *f*, -widrigkeit *f*; **2.** Zügellosigkeit *f*.

'law|-lord *s.* Mitglied *n* des brit. Oberhauses mit richterlicher Funkti'on; **'~-mak·er** → *lawgiver*.

lawn¹ [lɔ:n] *s.* Rasen *m*.

lawn² [lɔ:n] *s.* Li'non *m*, Ba'tist *m*.

'lawn|-mow·er *s.* Rasenmäher *m*; **'~-sprin·kler** *s.* Rasensprenger *m*; **~ ten·nis** *s.* ('Lawn-)ˌTennis *n*.

'law|-of·fi·cer *s.* ⚖ **1.** Ju'stizbeamte(r) *m*; **2.** *Brit. engS.* **a)** → *Attorney-General*, **b)** → *Solicitor-General*; **~ re·port** *s.* ⚖ **a)** Bericht *m* über e-e richterliche Entscheidung, **b)** *pl.* Sammlung *f* von Entscheidungen; **~ school** *s.* 'Rechtsakadeˌmie *f*; **'~-suit** *s.* ⚖ **a)** Pro'zeß *m*, Verfahren *n*, **b)** Klage *f*: *to bring a ~* e-n Prozeß anstrengen, Klage einreichen (*against* gegen); **'~-term** *s.* **1.** ju'ristischer Ausdruck; **2.** Ge'richtsperiˌode *f*.

law·yer ['lɔ:jə] *s.* **1.** Rechtsanwalt *m*; Rechtsberater *m*; **2.** Ju'rist *m*, Rechtsgelehrte(r) *m*.

lax [læks] *adj.* □ **1.** lax, locker (*Sitten etc.*); **2.** lose, schlaff, locker; **3.** unklar, verschwommen; **4.** ⚕ zu 'Durchfall neigend; an Durchfall leidend; **lax·a·tive** ['læksətiv] ⚕ **I.** *s.* Abführmittel *n*; **II.** *adj.* abführend; **lax·i·ty** ['læksiti], **'lax·ness** [-nis] *s.* **1.** Laxheit *f*, Lässigkeit *f*; **2.** Schlaffheit *f*, Lockerheit *f* (*a. fig.*); **3.** Ungenauigkeit *f*, Unklarheit *f*.

lay¹ [lei] **I.** *s.* **1.** Lage *f*; **2.** Schlag *m* (*Tauwerk*); **3.** *sl.* Job *m*, Beschäftigung *f*, Tätigkeit *f*; **II.** *v/t.* [*irr.*] **4.** legen: *~ it on the table*; *to ~ bricks* Backsteine legen; *to ~ a cable* ein Kabel (ver)legen; *to ~ a bridge* e-e Brücke schlagen; *to ~ the foundation(s) of fig.* den Grund(stock) legen zu; *to ~ the foundation-stone* den Grundstein legen; → *bare 4, blame 4, door 2, hand Redew., heart Redew., heel¹ Redew., hold² 1, siege 1, wait 8*; **5.** *Eier* legen; **6.** *fig.* legen, setzen: *to ~ hopes on* Hoffnung setzen auf (*acc.*); *to ~ stress on* Nachdruck legen auf (*acc.*), betonen; *to ~ an ambush* e-n Hinterhalt legen; *the scene is laid in Rome* der Schauplatz *od.* Ort der Handlung ist Rom, *thea.* das Stück *etc.* spielt in Rom; **7.** anordnen, herrichten: *to ~ the table* (*od. the cloth*) den Tisch decken; *to ~ lunch* den Tisch zum Mittagessen decken; *to ~ the fire* das Feuer (*im Kamin*) anlegen; **8.** belegen, bedecken: *to ~ the floor with a carpet*; **9.** *Klage etc.* vorbringen; geltend machen: *to ~ an information against s.o.* j-n anklagen; **10.** *e-n Betrag* wetten: *to ~ a wager* e-e Wette eingehen; **11.** *Plan etc.* ersinnen, aushecken; **12. a)** *Strafe* verhängen, **b)** *Steuern* auferlegen; **13.** *Schuld etc.* zuschreiben, zur Last legen: *to ~ a crime to s.o.'s charge* j-m die Schuld an e-m Verbrechen zuschreiben; *to ~ a charge against s.o.* j-n beschuldigen; **14.** (*before*) vorlegen (*dat.*), bringen (vor *acc.*): *to ~ on the table parl.* vorlegen; *to ~ papers Brit. parl.* das Unterhaus informieren; **15.** *Schaden* festsetzen (*at* auf *acc.*); **16.** 'umlegen, niederwerfen: *to ~ s.o. in the dust* j-n zu Boden strecken; **17.** *Getreide* zu Boden drücken; **18.** mäßigen, beruhigen, besänftigen: *the wind is laid* der Wind hat sich gelegt; **19.** *Staub* löschen; **20.** *Geist* bannen; **21.** ⚓ *Kurs* richten; *Ziel* ansteuern; **22.** ⚔ *Geschütz* richten; **III.** *v/i.* [*irr.*] **23.** Eier legen; **24.** wetten; **25.** schlagen, hauen: *to ~ about one* um sich schlagen; *to ~ into s.o. sl.* auf j-n einschlagen;

Zssgn mit adv.:

lay| a·side, ~ by *v/t.* **1.** bei'seite legen; **2.** ablegen, aufgeben; **3.** beiseite legen, zu'rücklegen, (auf)sparen, reservieren; **~ down** *v/t.* **1.** hinlegen; **2.** *Amt, Waffen etc.* niederlegen; **3.** *Hoffnung* aufgeben; **4.** *Leben* hingeben, opfern; **5.** *Geld* einzahlen, hinter'legen; **6.** *Grundsatz, Regeln etc.* aufstellen, festlegen, -setzen, vorschreiben; *Bedingung in e-m Vertrag* niederlegen, verankern: *to lay it down that* behaupten, daß; **7.** planen, entwerfen; **8. a)** *Schiff* auf Stapel legen, **b)** *Straße* bauen; **9.** ♂ besäen *od.* bepflanzen (*in, to, under, with* mit); **10.** *Wein* (ein)lagern; **~ in** *v/t.* sich eindecken mit, einlagern; **~ off I.** *v/t.* F **1.** entlassen; **2.** in Ruhe lassen: *~!* hör auf (damit)!; **II.** *v/i.* **3.** ⚓ vom Land abhalten (*Schiff*); **~ on I.** *v/t.* **1.** *Schläge* austeilen; **2.** *Farbe etc.* auftragen: *to lay it on thick fig.* ‚dick auftragen', übertreiben, zuviel des Guten tun; **3.** (*Gas-, Wasser- etc.*)Leitung legen: *laid-on water* Leitungswasser; **4.** *Hunde* auf die Fährte setzen; **II.** *v/i.* **5.** zuschlagen, angreifen; **~ o·pen** *v/t.* bloß-, freilegen; *fig.* aufdecken; **~ out** *v/t.* **1.** ausbreiten, -stellen; **2.** aufbahren; **3.** *Geld* ausgeben; **4.** entwerfen, anlegen, herrichten; **5.** *to lay o.s. out* ‚sich am Riemen reißen'; **6.** *sl.* **a)** *j-n* zs.-schlagen, **b)** *j-n* ‚'umlegen', ‚kaltmachen'; **~ o·ver** *v/t.* über'ziehen, belegen; **~ to** *v/i.* ⚓ beidrehen; **~ up** *v/t.* **1.** aufspeichern, ansammeln, zu'rücklegen; **2. a)** ⚓ *Schiff* auflegen, außer Dienst stellen, **b)** *mot.* stillegen; **3.** *to be laid up* (*with*) ans Bett *od.* Haus gefesselt sein, bettlägerig sein (wegen).

lay² [lei] *pret. von lie²*.

lay³ [lei] *adj.* **1.** Laien..., weltlich; **2.** laienhaft, nicht fachmännisch: *to the ~ mind* nach Laienansicht.

lay⁴ [lei] *s. poet.* Lied *n*.

'lay|-a·bout *s. Brit. sl.* Gammler *m*; **~ broth·er** *s. eccl.* Laienbruder *m*; **'~-by** *s. mot. Brit.* **a)** Rastplatz *m*, Parkplatz *m*, **b)** Parkbucht *f* (*Landstraße*); **~ days** *s. pl.* ⚓ Liegetage *pl.*, -zeit *f*.

lay·er I. *s.* ['leiə] **1.** Schicht *f*, Lage *f*: *in ~s* schicht-, lagenweise; **2.** Leger *m*, *in Zssgn* ...leger *m*; **3.** Leg(e)henne *f*: *this hen is a good ~* diese Henne legt gut; **4.** ♂ Ableger *m*; **5.** ⚔ 'Höhenrichtkanoˌnier *m*; **II.** *v/t.* ['lɛə] **6.** ♂ durch Ableger vermehren; **7.** über'lagern, schichtweise legen; **'~-cake** *s.* Schichttorte *f*; **'~-'on** *s.* **1.** ⊕ Zubringer *m*; **2.** *typ. Brit.* Anleger(in).

lay·ette [lei'et] *s.* 'Babyausstattung *f*.

lay fig·ure *s.* **1.** Gliederpuppe *f* (*als Modell*); **2.** *fig.* Mario'nette *f*, Null *f*.

lay·ing ['leiiŋ] *s.* **1.** Legen *n*; **2.** Gelege *n* (*Eier*); **3.** ⚠ Bewurf *m*, Putz *m*.

lay| judge *s.* Laienrichter *m*; **'~-man** [-mən] *s.* [*irr.*] **1.** Laie *m* (*Ggs. Geistlicher*); **2.** Laie *m*, Nichtfachmann *m*; **'~-off** *s.* (vor'übergehende) Entlassung; **'~-out** *s.* **1.** Planung *f*, Anordnung *f*, Anlage *f*; **2.** Plan *m*, Entwurf *m*; **3.** Layout *n*, Gestaltungsskizze *f*; **4.** Aufmachung *f* (*e-r Zeitschrift etc.*); **~ sis·ter** *s.* Laienschwester *f*.

la·zar ['læzə] *s. obs.* ekelerregender *od.* aussätziger Bettler.

laz·a·ret(te) [læzə'ret], **laz·a'ret·to** [-tou] *pl.* **-tos** *s.* **1.** Iso'lier- *od.* 'Aussätzigenspiˌtal *n* (*für Arme*); **2.** Quaran'tänestatiˌon *f*, -schiff *n*.

laze [leiz] **I.** *v/i.* faulenzen, bummeln; **II.** *v/t.* *~ away Zeit* vertrödeln *od.* verträumen; **la·zi·ness** ['leizinis] *s.* Faulheit *f*, Trägheit *f*.

la·zy ['leizi] *adj.* □ träg(e): **a)** faul, **b)** langsam, sich langsam bewegend; **'~-bones** *s.* F Faulpelz *m*; **♀ Su·san** *s. Am.* drehbares Ta'blett.

'ld [d] F *für would od. should.*

lea [li:] *s. poet.* Flur *f*, Aue *f*, Anger *m*.

leach [li:tʃ] **I.** *v/t.* **1.** 'durchsickern lassen; **2.** (aus)laugen; **II.** *v/i.* **3.** 'durchsickern.

lead¹ [li:d] **I.** *s.* **1.** Führung *f*, Leitung *f*: *under s.o.'s ~*; **2.** Führung *f*, Spitze *f*: *to be in the ~* an der Spitze stehen, führend sein; *to have the ~* die Führung innehaben; *to take the ~* **a)** die Führung übernehmen, sich an die Spitze setzen, **b)** neue Wege weisen; **3.** *bsd. sport* **a)** Führung *f*: *to gain the ~* in Führung gehen, **b)** Vorsprung *m*: *one minute's ~* 'eine Minute Vorsprung; **4.** Vorbild *n*, Beispiel *n*: *to give s.o. a ~* j-m ein gutes Beispiel geben; *to follow s.o.'s ~* j-s Beispiel folgen; **5.** Hinweis *m*, Wink *m*; **6.** *Kartenspiel*: **a)** Vorhand *f*: *your ~* Sie spielen aus!, **b)** zu'erst ausgespielte Karte *od.* Farbe; **7.** *to give a ~ hunt.* vorangehen, -reiten; **8.** *thea.* **a)** Hauptrolle *f*, **b)** Hauptdarsteller(in); **9.** *Zeitung*: (zs.-fassende) Einleitung; **10.** (Hunde)Leine *f*; **11.** ⚡ **a)** Leiter *m*, **b)** (Zu)Leitung *f*, **c)** Voreilung *f*; **12.** ⊕ Steigung *f* e-s Gewindes; **13.** 'Mühlkaˌnal *m*; **14.** Wasserrinne *f* (*Eisfeld*); **II.** *v/t.* [*irr.*] **15.** führen, leiten, *j-m* den Weg zeigen; *fig. j-n* lenken: *to ~ the way* vorangehen; → *nose Redew.*; **16.** führen, bringen (*to* nach, zu) (*a. Straße etc.*); **17.** (an)führen, befehligen, *a. Orchester etc.* leiten; *die Mode* bestimmen; *sport das Feld* anführen; **18.** bewegen, verleiten, 'dahin bringen, veranlassen (*to do* zu tun); **19. a)** *Leben* führen, **b)** *j-m ein Hundeleben etc.* bereiten; **20.** *Karte, Farbe etc.* aus-, anspielen;

III. v/i. [irr.] 21. führen: a) vor'angehen, b) die erste Stelle einnehmen, (An)Führer sein, c) sport an der Spitze liegen; 22. wohin führen (Straße etc.) (to zu, nach): to ~ to fig. führen zu, zeitigen; 23. Boxen: zum Angriff 'übergehen: to ~ with the chin fig. sich in Gefahr begeben;
Zssgn mit adv.:

lead| a·stray v/t. in die Irre führen; fig. irre-, verführen; ~ **a·way** v/t. verleiten (mst pass.): to be led away sich verleiten lassen; ~ **off** I. v/t. Tanz etc. eröffnen, beginnen; II. v/i. den Anfang machen; sport anspielen; ~ **on** I. v/t. zum Weitergehen, -sprechen etc. verlocken; II. v/i. weiterführen (to zu); ~ **up** v/i. (to) (all'mählich) führen (zu), 'überleiten (zu), einleiten (acc.).

lead[2] [led] I. s. 1. ⚗ Blei n; 2. ⚓ Senkblei n, Lot n: to cast (od. heave) the ~ loten; to swing the ~ ⚓, ⚔ sl. sich drücken; 3. a) Gra'phit m, Reißblei n, b) (Bleistift)Mine f; 4. typ. 'Durchschuß m; 5. Bleifassung f (Fenster); 6. pl. Brit. a) bleierne Dachplatten pl., b) (flaches) Bleidach; 7. → white lead; II. v/t. 8. verbleien; 9. mit Blei beschweren; 10. typ. durch'schießen; ~ **con·tent** s. ⚗ Bleigehalt m (Benzin).

lead·en ['ledn] adj. bleiern (a. fig. Glieder, Schlaf etc.; a. bleigrau), Blei...

lead·er ['li:də] s. 1. Führer(in), Erste(r m) f; 2. (An)Führer m, (pol. Partei-, ⚔ Zug-, Gruppen)Führer m: ♀ of the House parl. Führer des Unterhauses; 3. ♪ a) Diri'gent m, b) wichtigster Spieler od. Sänger, bsd. Kon'zertmeister m od. erster So'pran; 4. ⚖ Brit. erster Anwalt; 5. Leitpferd n; 6. bsd. Brit. 'Leitar,tikel m (Zeitung); 7. ✝ a) 'Lockar,tikel m, b) 'Spitzenar,tikel m; 8. ⚘ Leit-, Haupttrieb m; 9. anat. Sehne f; 10. Startband n (e-s Films).

lead·er·ette [li:də'ret] s. Brit. kurzer 'Leitar,tikel.

lead·er·ship ['li:dəʃip] s. 1. Führung f, Leitung f; 2. Führerschaft f.

'lead-'in [li:d] I. adj. ⚡ Zuleitungs..., Einführungs...: ~ wire; II. s. (An'tennen- etc.)Zuleitung f.

lead·ing ['li:diŋ] I. s. Leitung f, Führung f; II. adj. führend: a) Leit..., leitend, b) Haupt..., erst; herrschend: ~ fashion; ~ **ar·ti·cle** → leader 6, 7; '~-**busi·ness** s. Hauptrollen pl. (e-s Stückes); ~ **case** s. ⚖ Präze'denzfall m; ~ **la·dy** s. Hauptdarstellerin f, erste Liebhaberin; ~ **man** s. [irr.] Hauptdarsteller m, erster Liebhaber; ~ **note** s. ♪ Leitton m; ~ **ques·tion** s. ⚖ Sugge'stivfrage f; '~-**strings** s. pl. Gängelband n (a. fig.): in ~ fig. a) in den Kinderschuhen, b) am Gängelband.

lead| pen·cil [led] s. Bleistift m; '~-**poi·son·ing** s. ⚕ Bleivergiftung f; '~-**works** s. pl. (oft sg. konstr.) Bleihütte f.

leaf [li:f] I. pl. **leaves** [li:vz] s. 1. ⚘ (a. Blumen)Blatt n: in ~ belaubt; to come into ~ ausschlagen; 2. coll. a) Teeblätter pl., b) Tabakblätter pl.; 3. Blatt n (Buch): to take a ~ out of s.o.'s book fig. sich an j-m ein Beispiel nehmen; to turn over a new ~ fig. ein neues Leben beginnen; 4. ⊕ a) Flügel m (Tür, Fenster etc.), b) Klappe f (Tisch), c) Einlegbrett n (Ausziehtisch), d) ⚔ (Visier)Klappe f; 5. ⊕ Blatt n, (dünne) Folie: gold ~ Blattgold; 6. ⊕ Blatt n (Feder); II. v/t. u. v/i. 7. a. ~ through 'durchblättern.

leaf·age ['li:fidʒ] s. Laub(werk) n.

'leaf|-bud s. Blattknospe f; '~-**green** s. ⚘ Blattgrün n (a. Farbe).

leaf·less ['li:flis] adj. blätterlos, entblättert, kahl.

leaf·let ['li:flit] s. 1. ⚘ Blättchen n; 2. a) Flugblatt n, b) Merkblatt n, c) Pro'spekt m.

'leaf|-met·al s. ⊕ 'Blattme,tall n; '~-**mo(u)ld** s. Lauberde f; ~ **sight** s. 'Klappvi,sier n (des Gewehrs); ~ **spring** s. ⊕ Blattfeder f; ~ **to·bac·co** s. 'Roh- od. 'Blätter,tabak m.

leaf·y ['li:fi] adj. 1. belaubt; 2. Laub...; 3. blattartig, Blatt...

league[1] [li:g] I. s. Liga f (a. hist. u. sport), Bund m: ♀ of Nations Völkerbund; ~ match sport Punktspiel; in ~ with im Bunde mit, verbündet mit; II. v/t. u. v/i. (sich) verbünden.

league[2] [li:g] s. Meile f (4,8 km; mst nur poet.).

lea·guer ['li:gə] s. Verbündete(r) m.

leak [li:k] I. s. 1. ⚓ Leck n; allg. Loch n, undichte Stelle (a. fig.): to spring a ~ ein Leck etc. bekommen; 2. a) Auslaufen n, 'Durchsickern n (a. fig.), b) das auslaufende Wasser etc.; 3. ⚡ a) Streuung(sverluste pl.) f, b) Fehlerstelle f; II. v/i. 4. lecken (a. ⚡ streuen), leck sein; tropfen (Wasserhahn); 5. ~ out a) auslaufen, -strömen, b) a. fig. 'durchsickern; III. v/t. 6. 'durchlassen.

leak·age ['li:kidʒ] s. 1. Lecken n, Auslaufen n; → leak 2, 3; 2. Verlust m, Schwund m (a. fig.); ✝ Le'ckage f; ~ **cur·rent** s. ⚡ Leck-, Ableitstrom m; ~ **re·sist·ance** s. ⚡ 'Streu-, 'Ableit,widerstand m.

leak·y ['li:ki] adj. 1. leck, undicht; 2. fig. schwatzhaft.

leal [li:l] adj. Scot. od. poet. treu: the Land of the ♀ Scot. das Paradies.

lean[1] [li:n] adj. mager (a. fig. Ernte, Fleisch, Jahre, Lohn etc.); ⊕ Mager...(-kohle etc.), Spar...(-beton, -mischung etc.).

lean[2] [li:n] I. v/i. [irr.] 1. sich neigen; (sich) lehnen (against an acc.); sich stützen (on auf acc.): to ~ back sich zurücklehnen; to ~ over backward(s) fig. ‚sich e-n abbrechen' (sich Mühe geben); to ~ to(ward) s.th. fig. zu et. (hin)neigen; 2. fig. sich verlassen (on auf acc.); II. v/t. [irr.] 3. neigen, beugen; 4. lehnen (against gegen, an acc.), stützen (on, upon auf acc.); III. s. 5. Neigung f (to nach); '**lean·ing** [-niŋ] I. adj. sich neigend, schief; II. s. Neigung f, Ten'denz f (a. fig. towards zu).

lean·ness ['li:nnis] s. Magerkeit f (a. fig.).

leant [lent] bsd. Brit. pret. u. p.p. von lean[2].

'lean-'to I. pl. **-tos** s. Anbau m (mit Pultdach); II. adj. Anbau..., sich anlehnend: ~ roof Pultdach.

leap [li:p] I. v/i. [irr.] 1. springen: look before you ~ erst wägen, dann wagen; ready to ~ and strike sprungbereit; 2. vor Freude hüpfen (Herz); 3. fig. her'vor-, hochschießen; auflodern; (sich) stürzen: to ~ at sich auf e-e Gelegenheit etc. stürzen; to ~ into fame mit 'einem Schlag berühmt werden; to ~ to a conclusion voreilig e-n Schluß ziehen; to ~ to the eye ins Auge springen; II. v/t. [irr.] 4. über'springen (a. fig.), springen über (acc.); 5. Pferd etc. springen lassen; III. s. 6. Sprung m: a ~ in the dark fig. ein Sprung ins Ungewisse; by ~s (and bounds) fig. sprunghaft; '~-**frog** I. s. Bockspringen n; II. v/i. bockspringen.

leapt [lept] pret. u. p.p. von leap.

'leap-year s. Schaltjahr n.

learn [lə:n] I. v/t. [irr.] 1. (er)lernen; 2. (from) a) erfahren, hören (von): it was ~ed yesterday gestern erfuhr man, b) ersehen, entnehmen (aus e-m Brief etc.); 3. V ‚lernen' (lehren); II. v/i. [irr.] 4. lernen; '**learn·ed** [-nid] adj. □ 1. gelehrt (a. Beruf, Buch etc.); 2. (gründlich) bewandert (in in dat.); '**learn·er** [-nə] s. 1. Anfänger(in); 2. (a. Fahr)Schüler(in); Lehrling m; '**learn·ing** [-niŋ] s. 1. Gelehrsamkeit f, (gelehrtes) Wissen: the new ~ der Humanismus; 2. (Er)Lernen n; **learnt** [-nt] pret. u. p.p. von learn.

lease[1] [li:s] I. s. 1. Pacht-, Mietvertrag m; 2. a) Verpachtung f (to an acc.), b) Pacht f, Miete f: ~ of life Pacht auf Lebenszeit, fig. Lebensfrist; a new ~ of life fig. ein neues Leben (nach Krankheit etc.); to put out to (od. to let out on) ~ → 5; to take s.th. on ~, to take a ~ of s.th. → 6; by (od. on) ~ auf Pacht; 3. Pachtbesitz m, -grundstück n; 4. Pacht-, Mietzeit f od. -verhältnis n; II. v/t. 5. ~ out verpachten, vermieten (to an acc.); 6. et. in Pacht nehmen, pachten, mieten.

lease[2] [li:s] s. Weberei: 1. (Faden-)Kreuz n, Schrank m; 2. Latze f.

'lease|·hold I. s. 1. Pacht(ung) f; 2. Pachtbesitz m, -grundstück n; II. adj. 3. Pacht...; '~·**hold·er** s. Pächter(in).

leas·er ['li:sə] s. ⚖ 'Leasingnehmer (-in), Mieter(in).

leash [li:ʃ] I. s. 1. Koppelleine f: to hold in ~ a) → 4, b) fig. im Zaum halten; to strain at the ~ a) an der Leine zerren, b) fig. vor Ungeduld platzen; 2. hunt. Koppel f (drei Hunde, Füchse etc.); II. v/t. 3. (zs.-)koppeln; 4. an der Leine halten.

leas·ing ['li:siŋ] s. ⚖ 'Leasing n.

least [li:st] I. adj. (sup. von little) kleinst; geringst, wenigst, mindest; unbedeutendst; II. s. das Mindeste, das Wenigste: at (the) ~ mindestens, wenigstens, zum mindesten; at the very ~ allermindestens; not in the ~ nicht im geringsten od. mindesten; to say the ~ (of it) gelinde gesagt; ~ said soonest mended je weniger Worte desto besser; III. adv. am wenigsten: ~ of all am allerwenigsten; not ~ nicht zuletzt; ~ **tern** s. orn. Zwergseeschwalbe f.

leath·er ['leðə] I. s. 1. Leder n (a.

fig. humor. Haut; sport sl. Ball); 2. Lederball m, -lappen m, -riemen m etc.; 3. pl. a) Lederhose(n pl.) f, b) 'Ledergaˌmaschen pl.; II. v/t. 4. mit Leder über'ziehen; 5. F ‚versohlen'; '~-bound adj. ledergebunden.

leath·er·ette [leðə'ret] → leatheroid.

leath·ern ['leðə(:)n] adj. ledern.

'leath·er·neck s. ⚔ sl. Ma'rineinfanteˌrist m (des U.S. Marine Corps).

leath·er·oid ['leðərɔid] s. ein Kunstleder n, 'Lederimitatiˌon f.

leath·er·y ['leðəri] adj. ledern, zäh.

leave[1] [li:v] I. v/t. [irr.] 1. allg. verlassen; abreisen von; von der Schule abgehen; 2. im Stich lassen, aufgeben; 3. lassen: it ~s me cold F es läßt mich kalt; to ~ it at that F es dabei belassen od. (bewenden) lassen; 4. (übrig)lassen: 6 from 8 ~s 2 8 minus 6 ist 2; to be left übrigbleiben od. übrig sein; there's nothing left for us but to go uns bleibt nichts übrig als zu gehen; to be left till called for postlagernd; → desire 1; undone 1; 5. Narbe etc. zu'rücklassen, Eindruck, Nachricht, Spur etc. hinter'lassen: to ~ s.o. wondering whether j-n im Zweifel darüber lassen, ob; to ~ s.o. to himself j-n sich selbst überlassen; 6. et. stehen- od. liegenlassen, vergessen; 7. über'lassen, an'heimstellen (to dat.): to ~ nothing to accident nichts dem Zufall überlassen; 8. (nach dem Tode) hinter'lassen, zu'rücklassen: he ~s a wife and five children; 9. vermachen, vererben (to s.o. j-m); 10. (auf der Fahrt) links od. rechts liegen lassen: ~ the mill on the left; 11. aufhören mit, (unter)'lassen; II. v/i. [irr.] 12. (fort-, ab)gehen, abfahren, -reisen (for nach); 13. gehen, die Stellung aufgeben; Zssgn mit adv.:

leave| a·bout v/t. her'umliegen lassen; ~ **a·lone** v/t. 1. al'lein lassen; 2. j-n od. et. in Ruhe lassen; et. auf sich beruhen lassen; ~ **be·hind** v/t. 1. hinter'lassen, zu'rücklassen; 2. Gegner etc. hinter sich lassen; 3. et. liegen- od. stehenlassen, vergessen; ~ **off** I. v/t. 1. aufhören mit, die Arbeit einstellen; 2. Gewohnheit etc. aufgeben; 3. Kleidungsstück ablegen (nicht mehr tragen); II. v/i. 4. aufhören; ~ **out** v/t. aus-, weglassen; ~ **o·ver** v/t. (als Rest) übriglassen.

leave[2] [li:v] s. 1. Erlaubnis f, Genehmigung f: to ask ~ of s.o. j-n um Erlaubnis bitten; to take ~ to say sich zu sagen erlauben; by your ~! mit Verlaub!; 2. bsd. ⚔ a. ~ of absence Urlaub m: to go on ~ auf Urlaub gehen; a man on ~ ein Urlauber; 3. Abschied m: to take (one's) ~ Abschied nehmen; to take ~ of von j-m Abschied nehmen; to have taken ~ of one's senses nicht (mehr) ganz bei Trost sein.

leaved [li:vd] adj. bsd. in Zssgn 1. ♀ ...blätt(e)rig; 2. ...flügelig: two-~ door Flügeltür.

leav·en ['levn] I. s. 1. a) Sauerteig m (a. fig.), b) Hefe f; II. v/t. 2. Teig a) säuern, b) (auf)gehen lassen; 3. fig. durch'setzen, -'dringen; '**leav·en·ing** [-niŋ] s. Gär(ungs)stoff m.

leaves [li:vz] pl. von leaf.

'leave|-tak·ing s. Abschied(nehmen n) m; ~ **train** s. Urlauberzug m.

leav·ing ['li:viŋ] s. mst pl. 'Überbleibsel pl., Reste pl.; ~ **cer·tif·i·cate** s. Abgangszeugnis n.

Leb·a·nese [lebə'ni:z] I. adj. libanesisch; II. s. sg. u. pl. Liba'nese m, Liba'nesin f, Libanesen pl.

lech·er ['letʃə] s. Wüstling m; **lech·er·ous** ['letʃərəs] adj. □ wollüstig, geil; '**lech·er·y** [-əri] s. Wollust f, Geilheit f, Unzüchtigkeit f.

lec·tern ['lektə(:)n] s. eccl. Lese-, Chorpult n.

lec·tion·ar·y ['lekʃnəri] s. eccl. Lektio'nar n.

lec·ture ['lektʃə] I. s. 1. Vortrag m; univ. Vorlesung f, Kol'leg n (on über acc., to vor dat.); ('Unterrichts)Lektiˌon f: ~ room a) Vortragssaal, b) univ. Hörsaal; 2. Strafpredigt f: to read s.o. a ~ → 5; II. v/i. 3. e-n Vortrag od. Vorträge halten (to s.o. on s.th. vor j-m über e-e Sache); 4. univ. e-e Vorlesung od. Vorlesungen halten, lesen (on über acc.); III. v/t. 5. j-m e-e Standpauke halten, j-m die Le'viten lesen; '**lec·tur·er** [-tʃərə] s. 1. Vortragende(r m) f; 2. univ. Do'zent(in); 3. Church of England: Hilfsprediger m; '**lec·ture·ship** [-ʃip] s. 1. univ. Dozen'tur f; 2. eccl. Hilfspredigeramt n.

led [led] pret. u. p.p. von lead[1].

led cap·tain s. Speichellecker m.

ledge [ledʒ] s. 1. Sims m, n, Leiste f, vorstehender Rand; 2. (Fels-) Gesims n; 3. Felsbank f, Riff n; 4. ⚒ a) Lager n, b) Ader f.

ledg·er ['ledʒə] s. 1. ✝ Hauptbuch n; 2. ⚠ Querbalken m, Sturz m (e-s Gerüsts); 3. große Steinplatte; '~-**line** s. 1. Angelleine f mit festliegendem Köder; 2. ♪ Hilfslinie f.

lee [li:] s. 1. Schutz m: under the ~ of im Schutz von; 2. (wind)geschützte Stelle; 3. Windschattenseite f; 4. ⚓ Lee(seite) f; '~-**board** s. ⚓ (Seiten)Schwert n.

leech [li:tʃ] s. 1. zo. Blutegel m: to stick like a ~ to fig. wie e-e Klette hängen an j-m; 2. fig. Schma'rotzer m, Para'sit m.

leek [li:k] s. ♀ (Breit)Lauch m, Porree m: to eat the ~ e-e Beleidigung einstecken müssen.

leer [liə] I. s. (lüsterner od. gehässiger od. boshafter) Seitenblick; II. v/i. (lüstern etc.) schielen (at nach); **leer·y** ['liəri] adj. sl. 1. schlau, gerissen; 2. argwöhnisch.

lees [li:z] s. pl. Bodensatz m, Hefe f (a. fig.): to drink (od. drain) to the ~ bsd. fig. bis zur Neige leeren.

lee| shore s. ⚓ Leeküste f; ~ **side** s. ⚓ Leeseite f.

leet[1] [li:t] s. Scot. (Bewerber-, Kandi'daten)Liste f.

leet[2] [li:t] s. hist. Lehngericht(stag m) n.

lee·ward ['li:wəd; ⚓ 'lu(:)əd] I. adj. Lee...; II. s. Lee(seite) f: to ~ leewärts; III. adv. leewärts.

'lee·way s. 1. ⚓, a. ✈ Abtrift f: to make ~ abtreiben; 2. fig. Rückstand m: to make up ~ (Rückstand) aufholen, (Versäumtes) nachholen; 3. Am. fig. Spielraum m.

left[1] [left] pret. u. p.p. von leave[1].

left[2] [left] I. adj. 1. link: ~ side; II. s. 2. Linke f (a. pol.), linke Seite: on (od. to) the ~ (of) links (von), linker Hand (von); on our ~ zu unserer Linken; to the ~ nach links; to keep to the ~ sich links halten, links fahren; 3. Boxen: a) Linke f (Faust), b) Linke(r m) f (Schlag); III. adv. 4. links: ~ of links von; 5. (nach) links: ~ turn (Am. face)! ⚔ links um!; '~-**hand** adj. 1. link; 2. → left-handed 1-4; '~-'**hand·ed** adj. □ 1. linkshändig: a ~ person ein Linkshänder; 2. linkshändig (Schlag etc.); 3. link, linksseitig; 4. ⊕ linksgängig, -läufig, Links...; 5. zweifelhaft, fragwürdig: ~ compliments; 6. linkisch, ungeschickt; 7. morga'natisch, zur linken Hand (Ehe); '~-'**hand·er** s. Linkshänder(in).

left·ist ['leftist] pol. I. s. 'Linkspoˌlitiker m, -radiˌkale(r) m; II. adj. linksgerichtet, 'linksradiˌkal.

'left|-'lug·gage lock·er s. (Gepäck-) Schließfach n; '~-'**lug·gage of·fice** s. Brit. Gepäckaufbewahrung(sstelle) f; '~-'**o·ver** I. adj. übrig(geblieben); II. s. 'Überbleibsel n, (bsd. Speise)Rest m.

'left-wing adj. pol. dem linken Flügel angehörend, Links...

leg [leg] I. s. 1. a) Bein n, b) 'Unterschenkel m; 2. (Hammel- etc.)Keule f: ~ of mutton; 3. a) Bein n (Hose, Strumpf), b) Schaft m (Stiefel); 4. a) Bein n (Tisch etc.), b) Stütze f, c) Schenkel m (Zirkel etc., a. ⩘ Dreieck); 5. E'tappe f, Abschnitt m, Teilstrecke f; 6. sport erster gewonnener 'Durchgang od. Lauf; 7. Kricket: Seite des Spielfelds, die links vom Schläger (u. rechts vom Werfer) liegt; II. v/i. 8. mst ~ it (zu Fuß) gehen, marschieren;

Besondere Redewendungen:

on one's ~s a) stehend (bsd. um e-e Rede zu halten), b) auf den Beinen (Ggs. bettlägerig); to be on one's last ~s auf dem letzten Loch pfeifen; to find one's ~s s-e Beine gebrauchen lernen; to give s.o. a ~ up j-m (hin)aufhelfen, fig. j-m unter die Arme greifen; to have not a ~ to stand on fig. keinerlei Beweise haben; to pull s.o.'s ~ F j-n ‚auf den Arm nehmen' od. aufziehen; to shake a ~ a) F das Tanzbein schwingen, b) sl. ‚Tempo machen'; to stand on one's own ~s auf eigenen Füßen stehen; to stretch one's ~s sich die Beine vertreten.

leg·a·cy ['legəsi] s. ⚖ Le'gat n, Vermächtnis n (a. fig.): a ~ of hatred Erbhaß; '~-**hunt·er** s. Erbschleicher m.

le·gal ['li:gəl] adj. □ 1. gesetzlich, rechtlich: ~ reserves ✝ gesetzliche Rücklagen; 2. le'gal, gesetzmäßig, rechtsgültig; 3. Rechts..., ju'ristisch: ~ adviser Rechtsberater; ~ aid Rechtshilfe (für bedürftige Personen); ~ capacity Geschäftsfähigkeit; ~ entity juristische Person; ~ force Rechtskraft; ~ remedy

Rechtsmittel; **4.** gerichtlich: *a ~ decision; to take ~ steps against s.o.* gegen j-n gerichtlich vorgehen; **~ hol·i·day** *s.* gesetzlicher Feiertag.

le·gal·ism ['li:gəlizəm] *s.* **1.** strikte Einhaltung des Gesetzes; **2.** Paraˌgraphenreite'rei *f.*

le·gal·i·ty [li(:)'gæliti] *s.* Legali'tät *f*, Gesetzlichkeit *f.*

le·gal·i·za·tion [li:gəlai'zeiʃən] *s.* Legalisierung *f*; **le·gal·ize** ['li:gəlaiz] *v/t.* legalisieren, rechtskräftig machen, *a.* amtlich beglaubigen, beurkunden.

le·gal| re·serve *s.* ✝ gesetzliche Rücklage; **~ sep·a·ra·tion** *s.* ⚖ Ehetrennung *f*; **~ ten·der** *s.* gesetzliches Zahlungsmittel.

leg·ate¹ ['legit] *s.* (päpstlicher) Le'gat.

le·gate² [li'geit] *v/t.* (testamen'tarisch) vermachen.

leg·a·tee [legə'ti:] *s.* ⚖ Lega'tar(in), Vermächtnisnehmer(in).

le·ga·tion [li'geiʃən] *s. pol.* Gesandtschaft *f.*

le·ga·to [le'gɑ:tou] (*Ital.*) *adv.* ♪ le'gato, gebunden.

le·ga·tor [li'geitə] *s.* ⚖ Vermächtnisgeber(in), 'Erb-lasser(in).

'leg-'bail *s.*: *to give ~* Fersengeld geben.

leg·end ['ledʒənd] *s.* **1.** Sage *f*, (*a.* 'Heiligen)Leˌgende *f*; **2.** Le'gende *f*: **a)** erläuternder Text *zu Karten etc.*, (Bild)Text *m*, **b)** Inschrift *f auf Münzen etc.*; **'leg·end·ar·y** [-dəri] **I.** *adj.* sagenhaft, legen'där, Sagen...; **II.** *s.* Sagen-, Le'gendensammlung *f.*

leg·er·de·main ['ledʒədə'mein] *s.* Taschenspiele'rei *f*, (Zauber)Trick *m* (*a. fig.*); *fig.* Kniff *m*, Schwindel *m.*

legged [legd] *adj. bsd. in Zssgn* mit (...) Beinen, ...beinig; **leg·gings** ['legiŋz] *s. pl.* (hohe) Ga'maschen; **leg·gy** ['legi] *adj.* langbeinig.

leg·horn *s.* **1.** ['leghɔ:n] itali'enischer Strohhut; **2.** [le'gɔ:n] Leghorn *n* (*Hühnerrasse*).

leg·i·bil·i·ty [ledʒi'biliti] *s.* Leserlichkeit *f*; **leg·i·ble** ['ledʒəbl] *adj.* □ (gut) leserlich, deutlich.

le·gion ['li:dʒən] *s.* **1.** *antiq.* ⚔ Legi'on *f* (*a. fig. Unzahl*): *their name is ~ fig.* ihre Zahl ist Legion; **2.** Legi'on *f*, (*bsd.* Frontkämpfer-) Verband *m*: *the American (British)* ♀; ♀ *of Hono(u)r französische* Ehrenlegion; *the (Foreign)* ♀ die (fran'zösische) Fremdenlegion; **'le·gion·ar·y** [-dʒənəri] **I.** *adj.* Legions...; **II.** *s.* Legio'när *m.*

leg·is·late ['ledʒisleit] *v/i.* Gesetze geben *od.* machen; **leg·is·la·tion** [ledʒis'leiʃən] *s.* Gesetzgebung *f* (*a. weitS.* gegebene Gesetze *pl.*); **'leg·is·la·tive** [-lətiv] **I.** *adj.* □ **1.** gesetzgebend, legisla'tiv; **2.** Legislatur..., Gesetzgebungs...; **II.** *s.* **3.** Legisla'tive *f*: **a)** gesetzgebende Gewalt, **b)** gesetzgebende Körperschaft; **'leg·is·la·tor** [-leitə] *s.* Gesetzgeber *m*; **'leg·is·la·ture** [-leitʃə] → *legislative 3b.*

le·git·i·ma·cy [li'dʒitiməsi] *s.* **1.** Legitimi'tät *f*: **a)** Rechtmäßigkeit *f*, **b)** Ehelichkeit *f*, **c)** Berechtigung *f*; **2.** (Folge)Richtigkeit *f.*

le·git·i·mate [li'dʒitimit] **I.** *adj.* □ **1.** legi'tim: **a)** gesetzmäßig, gesetzlich, **b)** rechtmäßig, berechtigt (*Forderung etc.*), **c)** ehelich: *~ birth*; *~ son*; **2.** einwandfrei, folgerichtig; **II.** *v/t.* [-meit] **3.** legitimieren: **a)** für gesetzmäßig erklären, **b)** ehelich machen; **4.** als (rechts)gültig anerkennen; **5.** rechtfertigen; **~ dra·ma** *s.* **1.** lite'rarisch wertvolles Drama; **2.** echtes Drama (*Ggs. Film etc.*).

le·git·i·ma·tion [lidʒiti'meiʃən] *s.* Legiti'mierung *f*; Legitimati'on *f* (*a. Ausweis*); **le·git·i·ma·tize** [li'dʒitimətaiz] → *legitimate 3, 4, 5.*

le·git·i·mism [li'dʒitimizəm] *s. pol.* Legiti'mismus *m.*

le·git·i·mi·za·tion [lidʒitimai'zeiʃən] → *legitimation*; **le·git·i·mize** [li'dʒitimaiz] → *legitimate 3, 4, 5.*

leg·less ['leglis] *adj.* beinlos.

leg-of-'mut·ton *adj.* Keulen...

'leg-pull(·ing) *s.* F Foppe'rei *f*, Necke'rei *f.*

leg·ume ['legju:m] *s.* **1.** ⚘ **a)** Legumi'nose *f*, Hülsenfrucht *f*, **b)** Hülse *f* (*Frucht der Leguminosen*); **2.** *mst pl.* Gemüse *n*; **le·gu·mi·nous** [le'gju:minəs] *adj.* Hülsen...; hülsentragend.

lei·sure ['leʒə] **I.** *s.* Muße *f*, freie Zeit: *at ~* **a)** mit Muße, **b)** frei, unbeschäftigt; *at your ~* wenn es Ihnen (gerade) paßt; **II.** *adj.* Muße-..., frei: *~ hours*; *~ industry* Freizeitindustrie; *~ time* Freizeit; *~ wear* Freizeitkleidung; **'lei·sured** [-əd] *adj.* frei, unbeschäftigt, müßig: *the ~ classes* die begüterten Klassen; **'lei·sure·li·ness** [-linis] *s.* Gemächlichkeit *f*; **'lei·sure·ly** [-li] *adj. u. adv.* gemächlich.

leit·mo·tiv, *a.* **leit·mo·tif** ['laitmouti:f] *s. bsd.* ♪ 'Leitmoˌtiv *n.*

lem·an ['lemən] *s. obs.* Buhle *m u. f*, Geliebte(r *m*) *f.*

lem·ming ['lemiŋ] *s. zo.* Lemming *m* (*Wühlmaus*).

lem·on ['lemən] **I.** *s.* **1.** Zi'trone *f*; **2.** Zi'tronenbaum *m*; **3.** Zi'tronengelb *n*; **4.** *Am. sl.* ‚Niete' *f* (*a. Person*); **II.** *adj.* **5.** zi'tronengelb; **lem·on·ade** [lemə'neid] *s.* Zi'tronenlimoˌnade *f.*

'lem·on|-juice *s.* Zi'tronensaft *m*; **~ squash** *s. Brit.* Zi'tronenlimoˌnade *f* (mit Soda); **'~-squeez·er** *s.* Zi'tronenpresse *f.*

le·mur ['li:mə] *s. zo.* Le'mure *m*; Maki *m.*

lem·u·res ['lemjəri:z] *s. pl. myth.* Le'muren *pl.* (*Gespenster*).

lend [lend] *v/t.* [*irr.*] **1.** (ver-, aus)leihen: *to ~ s.o. money* (*od. money to s.o.*) j-m Geld leihen, an j-n Geld verleihen; **2.** *fig. Würde etc.* verleihen (*to dat.*); **3.** *Hilfe etc.* leisten, gewähren: *to ~ itself to* sich eignen zu *od.* für (*Sache*); → *ear¹ 3, hand Redew.*; **4.** *s-n Namen* hergeben (*to* zu): *to ~ o.s. to* sich hergeben zu; **lend·er** ['lendə] *s.* Aus-, Verleiher(in), Geld-, Kre'ditgeber(in); **'lend·ing-li·brar·y** ['lendiŋ] *s.* ˌLeihbüche'rei *f.*

'Lend-'Lease Act *s.* Leih-Pacht-Gesetz *n* (*1941*).

length [leŋθ] *s.* **1.** Länge *f*: **a)** *als Maß, a.* Stück *n* (*Stoff etc.*): *two feet in ~* 2 Fuß lang, **b)** (*a.* lange) Strecke, **c)** 'Umfang *m* (*Buch, Liste etc.*), **d)** (*a.* lange) Dauer (*a. Phonetik*); **2.** *sport* Länge *f* (Vorsprung);

Besondere Redewendungen:

at ~ **a)** ausführlich, **b)** endlich, schließlich; *at full ~* **a)** (ganz) ausführlich, **b)** der Länge nach; *at great (some) ~* sehr (ziemlich) ausführlich; *to go (to) great ~s* **a)** sehr weit gehen, **b)** sich sehr bemühen; *he went (to) the ~ of asserting* er ging so weit zu behaupten; *to go (to) all ~s* aufs Ganze gehen, vor nichts zurückschrecken; *to go any ~* alles (Erdenkliche) tun.

length·en ['leŋθən] **I.** *v/t.* **1.** verlängern; **2.** ausdehnen; **II.** *v/i.* **3.** sich verlängern, länger werden; **4.** *~ out* sich in die Länge ziehen; **'length·en·ing** [-θəniŋ] **I.** *s.* Verlängerung *f*; **II.** *adj.* Verlängerungs...

length·i·ness ['leŋθinis] *s.* Langatmigkeit *f*, Weitschweifigkeit *f.*

'length·ways, 'length·wise *adv.* der Länge nach, längs.

length·y ['leŋθi] *adj.* □ sehr *od.* 'übermäßig lang; langatmig.

le·ni·en·cy ['li:njənsi], *a.* **le·ni·ence** ['li:njəns] *s.* Milde *f*, Nachsicht *f*; **'le·ni·ent** [-nt] *adj.* □ mild(e), nachsichtig (*to*[*wards*] gegen'über).

len·i·tive ['lenitiv] **I.** *adj.* ⚕ lindernd; **II.** *s.* ⚕ Linderungsmittel *n.*

len·i·ty ['leniti] *s.* Nachsicht *f*, Milde *f.*

lens [lenz] *s.* **1.** *anat., a. phot., phys.* Linse *f*; **2.** *phot.* Objek'tiv *n*; *pl.* ⚕, *opt.* Gläser *pl.*; **~ hood, ~ screen** *s. phot.* Gegenlichtblende *f*; **~ sys·tem** *s.* Optik *f.*

lent¹ [lent] *pret. u. p.p. von lend.*

Lent² [lent] *s.* Fasten(zeit *f*) *pl.*; **'Lent·en** [-tən] *adj.* Fasten...; fastenmäßig, mager.

len·tic·u·lar [len'tikjulə] *adj.* □ **1.** linsenförmig; *bsd. anat.* Linsen...; **2.** *phys.* bikon'vex.

len·til ['lentil] *s.* ⚘ Linse *f.*

Lent| lil·y *s.* ⚘ Nar'zisse *f*; **~ term** *s. Brit.* 'Frühjahrstriˌmester *n.*

Le·o ['li(:)ou] *s. ast.* Löwe *m.*

le·o·nine ['li(:)ənain] *adj.* Löwen...; ♀ **cit·y** *s.* Leostadt *f* (*Teil von Rom, in dem die Vatikanstadt liegt*); ♀ **verse** *s.* leo'ninischer Vers.

leop·ard ['lepəd] *s. zo.* Leo'pard *m*: *black ~* Schwarzer Panther; **'~-cat** *s. zo.* Ben'galkatze *f.*

lep·er ['lepə] *s.* Aussätzige(r *m*) *f*, Leprakranke(r *m*) *f.*

lep·i·dop·ter·ous [lepi'dɔptərəs] *adj.* Schmetterlings...

lep·o·rine ['lepərain] *adj. zo.* Hasen...

lep·ro·sy ['leprəsi] *s.* ⚕ Lepra *f*, Aussatz *m*; **'lep·rous** [-əs] *adj.* **1.** leprakrank, aussätzig; **2.** le'prös, Lepra...

Les·bi·an ['lezbiən] *adj.* lesbisch.

lese-maj·es·ty ['li:z'mædʒisti] *s.* **1.** Maje'stätsbeleidigung *f*; **2.** Hochverrat *m.*

le·sion ['li:ʒən] *s.* **1.** Verletzung *f*, Wunde *f*; **2.** krankhafte Veränderung (*e-s Organs*).

less [les] **I.** *adv.* (*comp. von little*) weniger, in geringerem Maße *od.* Grade: *a ~ known* (*od. ~-known*) *author* ein weniger bekannter Autor; *~ and ~* immer weniger; *the ~ so as* (dies) um so weniger, als; **II.** *adj.* (*comp. von little*) geringer, kleiner, weniger: *in ~ time* in kürzerer Zeit; *no ~ a person than* kein Geringerer als; **III.** *s.* weniger, e-e kleinere Menge *od.* Zahl, ein geringeres (Aus)Maß: *to do with ~* mit weniger auskommen; *little ~ than* so gut wie, schon fast; *nothing ~ than* zumindest; **IV.** *prp.* weniger, minus, ✝ abzüglich.

les·see [le'si:] *s.* ⚖ 'Leasingnehmer (-in), Mieter(in).

less·en ['lesn] **I.** *v/i.* sich vermindern *od.* verringern, abnehmen, geringer *od.* kleiner werden; **II.** *v/t.* vermindern, -ringern, -kleinern; her'absetzen, schmälern (*a. fig.*).

less·er ['lesə] *adj.* (*nur attr.*) kleiner, geringer; unbedeutender.

les·son ['lesn] *s.* **1.** Lekti'on *f* (*a. fig. Denkzettel, Strafe*), Übungsstück *n*; (*a.* Haus)Aufgabe *f*; **2.** (Lehr-, 'Unterrichts)Stunde *f*; *pl.* 'Unterricht *m*, Stunden *pl.*: *to give ~s* Unterricht erteilen; *to take ~s from s.o.* Stunden *od.* Unterricht bei j-m nehmen; **3.** *fig.* Lehre *f*: *let this be a ~ to you* laß dir das zur Lehre *od.* Warnung dienen; **4.** *eccl.* Lekti'on *f*, Lesung *f*.

les·sor [le'sɔ:] *s.* ⚖ 'Leasinggeber (-in), Vermieter(in).

lest [lest] *cj.* **1.** (*mst mit folgendem should konstr.*) daß *od.* da'mit nicht; aus Furcht, daß; **2.** (*nach Ausdrücken des Befürchtens*) daß: *to fear ~*.

let[1] [let] **I.** *s.* **1.** *Brit.* F Vermieten *n*, Vermietung *f*: *to get a ~ for* e-n Mieter finden für; **II.** *v/t.* [*irr.*] **2.** lassen, *j-m* erlauben: *~ me help you* lassen Sie mich Ihnen helfen; *to ~ s.o. know* j-n wissen lassen; *to ~ into* **a)** (her)einlassen in (*acc.*), **b)** *j-n* einweihen in *ein Geheimnis*, **c)** *Stück Stoff etc.* einsetzen in (*acc.*); *to ~ s.o. off a penalty* j-m e-e Strafe erlassen; *to ~ s.o. off a promise* j-n von e-m Versprechen entbinden; **3.** vermieten (*to* an *acc.*, *for* auf *ein Jahr etc.*); **4.** *Arbeit etc.* vergeben (*to* an *j-n*); **III.** *v/aux.* [*irr.*] **5.** lassen, mögen, sollen (*zur Umschreibung des Imperativs der 1. u. 2. Person*): *~ us go! Yes, ~'s!* gehen wir! Ja, gehen wir! (*od.* Ja, einverstanden!); *~ him go there at once!* er soll sofort hingehen!; (*just*) *~ them try* das sollen sie nur versuchen; *~ me see!* einen Augenblick!; *~ A be equal to B* nehmen wir an, A ist gleich B; *~ those people be told that* diese Leute mögen sich gesagt sein lassen, daß; **IV.** *v/i.* [*irr.*] **6.** sich vermieten (lassen) (*at*, *for* für);

Besondere Redewendungen:

~ alone **a)** geschweige denn, ganz zu schweigen von, **b)** → *let alone*; *to ~ loose* loslassen; *to ~ be* **a)** *et.* sein lassen, **b)** *et. od. j-n* in Ruhe lassen; *to ~ drive at s.o.* auf j-n losschlagen *od.* -feuern; *to ~ fall* **a)** (*a. fig. Bemerkung*) fallen lassen, **b)** ⅍ *Senkrechte* fällen (*on, upon* auf *acc.*); *to ~ fly* **a)** *et.* abschießen, *fig. et.* vom Stapel lassen, **b)** (*v/i.*) abdrücken (*at* auf *acc.*), *fig.* vom Leder ziehen, grob werden; *to ~ go* **a)** loslassen, lassen, **b)** (ab)laufen lassen, es sausen lassen, **c)** loslegen, *a.* drauflos *schießen etc.* (*with* mit); *to ~ o.s. go* sich gehenlassen; *to ~ go of s.th.* et. loslassen; *~ it go at that* laß es dabei bewenden;

Zssgn mit adv.:

let| a·lone *v/t.* **1.** al'lein lassen, verlassen; **2.** *j-n od. et.* in Ruhe lassen; *et.* sein lassen; die Finger von *et.* lassen (*a. fig.*); → *well*[1] *18*; **~ down** *v/t.* **1.** her'unterlassen: *to let s.o. down gently* mit j-m glimpflich verfahren; **2.** *j-n* im Stich lassen; *j-n* enttäuschen; **~ in** *v/t.* **1.** (her-) 'einlassen; **2.** *Stück* einlassen, -setzen; **3.** einweihen (*on* in *acc.*); **4.** reinlegen, betrügen (*for* um); **5.** *to let s.o. in for* j-m *et.* aufhalsen *od.* einbrocken; *to let o.s. in for* sich *et.* einbrocken, sich auf *et.* einlassen; **~ off** *v/t.* **1.** abfeuern, abschießen; → *steam 1*; **2.** *Witz etc.* vom Stapel lassen; **3.** *j-n* laufen lassen, *mit e-r Geldstrafe etc.* da'vonkommen lassen; **~ on** F **I.** *v/i.* **1.** ‚plaudern' (*Geheimnis verraten*); **2.** vorgeben, so tun als ob; **II.** *v/t.* **3.** verraten; **~ out** *v/t.* **1.** her'auslassen; **2.** *Kleid* auslassen; **3.** *Geheimnis* ausplaudern; **4.** → *let*[1] *3, 4*; **~ up** *v/i.* F **1.** **a)** nachlassen, **b)** aufhören; **2.** *Am.* ablassen (*on* von).

let[2] [let] *s.* **1.** *Tennis*: Netzaufschlag *m*; **2.** *without ~ or hindrance* völlig unbehindert.

'let-'down *s.* **1.** Nachlassen *n*; **2.** F Enttäuschung *f*.

le·thal ['li:θəl] *adj.* **1.** tödlich, todbringend; **2.** Todes...

le·thar·gic *adj.*; **le·thar·gi·cal** [li'θɑ:dʒik(əl)] *adj.* □ le'thargisch: **a)** ⚕ schlafsüchtig, **b)** stumpf, träg(e); **leth·ar·gy** ['leθədʒi] *s.* Lethar'gie *f*; Teilnahmslosigkeit *f*, Stumpfheit *f*.

Le·the ['li:θi(:)] *s.* **1.** Lethe *f* (*Fluß des Vergessens im Hades*); **2.** *poet.* Vergessen(heit *f*) *n*.

Lett [let] *s.* **1.** Lette *m*, Lettin *f*; **2.** *ling.* Lettisch *n*.

let·ter ['letə] **I.** *s.* **1.** Buchstabe *m* (*a. fig. buchstäblicher Sinn*): *to the ~ fig.* buchstäblich; *the ~ of the law* der Buchstabe des Gesetzes; *in ~ and in spirit* dem Buchstaben u. dem Sinne nach; **2.** Brief *m*, Schreiben *n* (*to* an *acc.*): *by ~* brieflich, schriftlich; *~ of application* Bewerbungsschreiben; *~ of attorney* ⚖ Vollmacht; *~ of credit* ✝ Akkreditiv; **3.** *pl.* Urkunde *f*: *~s of administration* ⚖ Nachlaßverwalter-Zeugnis; *~s testamentary* Testamentsvollstrecker-Zeugnis; *~s* (*od. ~*) *of credence*, *~s credential pol.* Beglaubigungsschreiben; *~s patent* ⚖ (*sg. od. pl. konstr.*) Patenturkunde; **4.** *typ.* **a)** Letter *f*, Type *f*, **b)** *coll.* Lettern *pl.*, Typen *pl.*, **c)** Schrift(art) *f*; **5.** *pl.* **a)** (schöne) Litera'tur, **b)** Bildung *f*, **c)** Wissenschaft *f*: *man of ~s* Literat, Gelehrter; **II.** *v/t.* **6.** beschriften; mit Buchstaben bezeichnen; *Buch* betiteln.

'let·ter|-bal·ance *s.* Briefwaage *f*; **'~-book** *s.* Briefordner *m* (*für Kopien*); **'~-box** *s. bsd. Brit.* Briefkasten *m*; **'~-card** *s. Brit.* Kartenbrief *m*; **'~-car·ri·er** *s.* Briefträger *m*; **'~-case** *s.* Briefmappe *f*.

let·tered ['letəd] *adj.* **1.** (lite'rarisch) gebildet; gelehrt; **2.** bedruckt.

'let·ter|-file *s.* Briefordner *m*; **'~-found·er** *s. typ.* Schriftgießer *m*.

let·ter·gram ['letəgræm] *s. Am.* 'Brieftele,gramm *n*.

let·ter head *s.* **1.** (gedruckter) Briefkopf; **2.** 'Kopfpa,pier *n*.

let·ter·ing ['letəriŋ] *s.* Titel-, Aufdruck *m*, Beschriftung *f*.

'let·ter|-'per·fect *adj. thea.* rollensicher; *allg.* buchstabengetreu; **'~-press** *s.* 'Briefko,pierpresse *f*; **'~-press** *s. typ.* **1.** (Druck)Text *m*; **2.** Hoch-, Buchdruck *m*: *~ printing* Typendruck; **'~-weight** *s.* **1.** Briefwaage *f*; **2.** Briefbeschwerer *m*; **'~-writ·er** *s.* **1.** Briefschreiber *m*; **2.** Briefsteller *m*.

Let·tish ['letiʃ] **I.** *adj.* lettisch; **II.** *s. ling.* Lettisch *n*.

let·tuce ['letis] *s.* ⚘ (*bsd.* Garten-) Lattich *m*; (*bsd.* 'Kopf)Sa,lat *m*.

'let-up *s.* F Nachlassen *n*, Aufhören *n*, Unter'brechung *f*.

leuco- [lju:kou; -ə] *in Zssgn* weiß.

leu·co·cyte ['lju:kəsait] *s. physiol.* Leuko'zyte *f*, weißes Blutkörperchen.

leu·co·ma [lju:'koumə] *s.* ⚕ Leu'kom *n* (*Hornhauttrübung*).

leu·cor·rh(o)e·a [lju:kə'ri:ə] *s.* ⚕ Leukor'rhöe *f*, Weißfluß *m*.

leu·k(a)e·mi·a [lju:'ki:miə] *s.* ⚕ Leukä'mie *f*.

le·vant [li'vænt] *v/i. Brit.* 'durchbrennen.

Le·van·tine ['levəntain] **I.** *s.* Levan'tiner(in); **II.** *adj.* levan'tinisch.

lev·ee[1] ['levi] *s. Am.* (Ufer-, Schutz-) Damm *m* (*Fluß*).

lev·ee[2] ['levi] *s.* **1.** *hist.* Le'ver *n*, Morgenempfang *m* (*e-s Fürsten*); **2.** *allg.* Empfang *m*.

lev·el ['levl] **I.** *s.* **1.** ebene Fläche; Ebene *f* (*a. fig. pol. etc.*): *dead ~* gerade Ebene, *fig.* Eintönigkeit; **2.** (*a.* gleiche) Höhe; (*Meeres-*, ⚕ *Blutkalk- etc.*)Spiegel *m*; (*a. geistiges etc.*) Ni'veau; *fig.* Stand *m*, Stufe *f*: *~ of employment* Beschäftigungsstand; *~ of prices* Preisniveau; *on a ~ with* auf gleicher Höhe mit (*a. fig.*); *on the ~* F ehrlich, fair; *to find one's ~ fig.* den Platz einnehmen, der e-m zukommt; **3.** ⊕ Li'belle *f*, Wasserwaage *f*; Nivelliergerät *n*; ⚒ Sohle *f*; **II.** *adj.* **4.** eben; waag(e)recht, horizon'tal: *~ printing* Flachdruck; *~ teaspoon* gestrichener Teelöffel(voll); **5.** gleich: *~ stress ling.* schwebende Betonung; *to make ~ with the ground* dem Erdboden gleichmachen; *~ with* auf gleicher Höhe *od.* Stufe mit; *to draw ~ with s.o.* j-n einholen; **6.** gleichmäßig, ausgeglichen: *to do one's ~ best* sein möglichstes tun; **7.** vernünftig, verständig, ruhig; **III.** *v/t.* **8.** (ein)ebnen, planieren: *to ~* (*to od. with the ground*) dem Erdboden gleichmachen; **9.** *j-n* zu Boden schlagen; **10.** *fig.* gleichmachen, nivellieren (*a. surv.*); **11.** *Waffe, a. Kritik etc.* richten (*at, against* auf *acc.*); **IV.** *v/i.* **12.** (*fig.* ab)zielen (*at* auf *acc.*); ~ **down** *v/t.* auf ein tieferes Ni'veau her'abdrükken; *Preise, Löhne etc.* her'absetzen; ~ **off** *v/t.* ✈ abfangen; ~ **up** *v/t.* auf ein höheres Ni'veau heben; *Preise, Löhne etc.* hin'aufschrauben.

'lev·el-'head·ed *adj.* vernünftig, nüchtern, klar.

lev·el·(l)er ['levlə] *s. pol.* Gleichmacher *m*; **'lev·el·(l)ing** [-liŋ] *adj.* ⊕, *surv.* Nivellier...: ~ *screw.*

le·ver ['li:və] **I.** *s.* **1.** ⊕, *phys.* Hebel *m*; Hebebaum *m*; Brechstange *f*; Anker *m* (*Uhr*): ~ *escapement* Ankerhemmung; **2.** *fig.* Hebel *m*, (*bsd.* mo'ralisches Druck)Mittel; **II.** *v/t.* **3.** hebeln, mit e-m Hebel bewegen; **'le·ver·age** [-əridʒ] *s.* **1.** ⊕ Hebelanordnung *f*, -anwendung *f*, -kraft *f*, -wirkung *f*; **2.** *fig.* Einfluß *m*; **3.** → *lever* 2.

lev·er·et ['levərit] *s.* Junghase *m*, Häs-chen *n*.

le·ver| switch *s.* ⊕ Hebel-, Griffschalter *m*; ~ **watch** *s.* Ankeruhr *f*.

le·vi·a·than [li'vaiəθən] *s. bibl.* Levi'athan *m*; (See)Ungeheuer *n*; *fig.* Ungetüm *n*, Riese *m* (*bsd. Schiff*).

lev·i·gate ['levigeit] *v/t.* pulverisieren; (*a.* zu e-r Paste) verreiben.

lev·i·tate ['leviteit] *v/i. u. v/t.* frei schweben (lassen); **lev·i·ta·tion** [levi'teiʃən] *s.* Levitati'on *f*, Schweben *n*.

Le·vite ['li:vait] *s. bibl.* Le'vit *m*.

Le·vit·i·cus [li'vitikəs] *s. bibl.* Le'vitikus *m*, Drittes Buch Mose.

lev·i·ty ['leviti] *s.* Leichtsinn *m*, -fertigkeit *f*, Frivoli'tät *f*.

lev·u·lose → *laevulose.*

lev·y ['levi] **I.** *s.* **1.** ✝ **a)** Erhebung *f* (*Steuern etc.*), **b)** Abgabe *f*: *capital* ~ Kapitalabgabe, **c)** Beitrag *m*, 'Umlage *f*; **2.** ⚖ Voll'streckungsvoll,zug *m*; **3.** ⚔ **a)** Aushebung *f*, **b)** *a. pl.* ausgehobene Truppen *pl.*, Aufgebot *n*; **II.** *v/t.* **4.** *Steuern etc.* erheben; auferlegen (*on dat.*); **5. a)** beschlagnahmen, **b)** *Beschlagnahme* 'durchführen; **6.** ~ *blackmail* erpressen; **7.** ⚔ **a)** *Truppen* ausheben, **b)** *Krieg* anfangen *od.* führen ([*up*]*on* gegen).

lewd [lu:d] *adj.* □ unzüchtig, liederlich, lüstern; **'lewd·ness** [-nis] *s.* Unzüchtigkeit *f*, Lüsternheit *f*.

lex·i·cal ['leksikəl] *adj.* □ lexi'kal(isch); **lex·i·cog·ra·pher** [leksi'kɔgrəfə] *s.* Lexiko'graph(in), Wörterbuchverfasser(in); **lex·i·co·graph·ic** *adj.*; **lex·i·co·graph·i·cal** [leksikə'græfik(əl)] *adj.* □ lexiko'graphisch; **lex·i·cog·ra·phy** [leksi'kɔgrəfi] *s.* Lexikogra'phie *f*; **lex·i·col·o·gy** [leksi'kɔlədʒi] *s.* Lexikolo'gie *f*; **lex·i·con** ['leksikən] *s.* **1.** Lexikon *n*, Wörterbuch *n*; **2.** Wortschatz *m*.

li·a·bil·i·ty [laiə'biliti] *s.* **1.** ✝, ⚖ **a)** Verpflichtung *f*, Verbindlichkeit *f*, Schuld *f*; *pl. Bilanz*: Pas'siva *pl.*, **b)** Haftung *f*, Haftpflicht *f*: ~ *insurance* Haftpflichtversicherung; → *limited* I; **2.** Verantwortlichkeit *f*; **3.** Ausgesetztsein *n*, Unter'worfensein *n* (*to s.th.* e-r Sache); (*Steuer-, Wehr- etc.*)Pflicht *f*: ~ *to penalty* Strafbarkeit; **4.** (*to*) Hang *m*, Neigung *f* (zu), Anfälligkeit *f* (für).

li·a·ble ['laiəbl] *adj.* **1.** ✝, ⚖ verantwortlich (*for* für), haftbar, -pflichtig: *to be* ~ *for* haften für; **2.** verpflichtet (*for* zu); (*steuer- etc.*)pflichtig; **3.** (*to*) neigend (zu), ausgesetzt (*dat.*), unter'worfen (*dat.*): *to be* ~ *to* **a)** *e-r Sache* ausgesetzt sein *od.* unterliegen, **b)** (*mit inf.*) leicht *et. tun* (können), in Gefahr sein *vergessen etc.* zu *werden*, **c)** (*mit inf.*) *et.* wahrscheinlich *tun*; ~ *to prosecution* strafbar, -fällig.

li·ai·son [li(:)'eizɔ̃:ŋ; ljezɔ̃] (*Fr.*) *s.* **1.** Zs.-arbeit *f*, Verbindung *f*: ~ *officer* ⚔ Verbindungsoffizier; **2.** Liai'son *f*: **a)** (Liebes)Verhältnis *n*, **b)** *ling.* Bindung *f*.

li·a·na [li'ɑ:nə] *s.* ⚘ Li'ane *f*.

li·ar ['laiə] *s.* Lügner(in).

Li·as ['laiəs] *s. geol.* Lias *m*, *f*, schwarzer Jura.

li·ba·tion [lai'beiʃən] *s.* **1.** Trankopfer *n*; **2.** *humor.* Zeche'rei *f*.

li·bel ['laibəl] **I.** *s.* **1.** ⚖ **a)** Verleumdung *f od.* Beleidigung *f* (durch Veröffentlichung), *bsd.* Schmähschrift *f*, **b)** Klageschrift *f*; **2.** *allg.* (*on*) Verunglimpfung *f* (*gen.*), Hohn *m* gegen; **II.** *v/t.* **3.** ⚖ schriftlich *etc.* verleumden; **4.** *allg.* verunglimpfen; **'li·bel·(l)ant** [-lənt] *s.* ⚖ Kläger *m*; **li·bel·(l)ee** [laibə'li:] *s.* ⚖ Beklagte(r) *m*; **'li·bel·(l)ous** [-bləs] *adj.* □ verleumderisch, Schmäh...

lib·er·al ['libərəl] **I.** *adj.* □ **1.** libe'ral (*a. pol.*), frei(sinnig), vorurteilsfrei, aufgeschlossen; **2.** großzügig: **a)** freigebig (*of* mit), **b)** reichlich (bemessen), **c)** frei, weitherzig: ~ *interpretation*, **d)** allgemein(bildend): ~ *education* allgemeinbildende Erziehung, (gute) Allgemeinbildung; ~ *profession* freier Beruf; **II.** *s.* **3.** *oft* ♀ *pol.* Libe'rale(r) *m*; ~ **arts** *s. pl.* **1.** Fächer *pl.* der philo'sophischen Fakul'tät (*einschließlich Mathematik, Naturwissenschaften u. Soziologie*); **2.** *hist.* freie Künste *pl.*

lib·er·al·ism ['libərəlizəm] *s.* Libera'lismus *m*; **lib·er·al·i·ty** [libə'ræliti] *s.* **1.** Großzügigkeit *f*; **2.** Freisinnigkeit *f*, Vorurteilslosigkeit *f*; **lib·er·al·i·za·tion** [libərəlai'zeiʃən] *s.* ✝, *pol.* Liberalisierung *f*; **'lib·er·al·ize** [-laiz] *v/t.* ✝, *pol.* liberalisieren.

Lib·er·al Par·ty *s. pol.* Libe'rale Par'tei (*in Großbritannien*).

lib·er·ate ['libəreit] *v/t.* **1.** befreien (*from* von) (*a. fig.*); *Sklaven etc.* freilassen; **2.** ⚗ frei machen; **lib·er·a·tion** [libə'reiʃən] *s.* **1.** Befreiung *f*; **2.** ⚗ Freimachen *n*, -werden *n*; **'lib·er·a·tor** [-tə] *s.* Befreier *m*.

Li·be·ri·an [lai'biəriən] **I.** *s.* Li'berier(in); **II.** *adj.* li'berisch.

lib·er·tin·age ['libətinidʒ] → *libertinism*; **'lib·er·tine** [-ə(:)tain] *s.* Wüstling *m*; **'lib·er·tin·ism** [-tinizəm] *s.* Liederlichkeit *f*, Liberti'nismus *m*.

lib·er·ty ['libəti] *s.* **1.** Freiheit *f*: **a)** per'sönliche *etc.* Freiheit: *religious* ~ Religionsfreiheit, **b)** freie Wahl, Erlaubnis *f*: *large* ~ *of action* weitgehende Handlungsfreiheit, **c)** *mst pl.* Privi'leg *n*, (Vor)Recht *n*, **d)** *b.s.* Ungehörigkeit *f*; **2.** Freibezirk *m* (*e-r Stadt*);

Besondere Redewendungen:

at ~ **a)** in Freiheit, frei, **b)** berechtigt, **c)** unbenützt; *to be at* ~ *to do s.th.* et. tun dürfen; *you are at* ~ *to go* es steht Ihnen frei zu gehen; *to set at* ~ freilassen, befreien; *to take the* ~ *to do* (*od. of doing*) *s.th.* sich die Freiheit nehmen, et. zu tun; *to take liberties with* **a)** sich Freiheiten gegen *j-n* herausnehmen, **b)** willkürlich mit *et.* umgehen.

li·bid·i·nous [li'bidinəs] *adj.* □ libidi'nös, wollüstig, lüstern; **li·bi·do** [li'bi:dou] *s.* Li'bido *f*, (Geschlechts-)Trieb *m*.

Li·bra ['li:brə] *s. ast.* Waage *f*.

li·brar·i·an [lai'brɛəriən] *s.* Bibliothe'kar(in); **li'brar·i·an·ship** [-ʃip] *s.* Bibliothe'karsamt *n*.

li·brar·y ['laibrəri] *s.* Biblio'thek *f*: **a)** *öffentliche* Büche'rei, **b)** *private* Büchersammlung, **c)** Studierzimmer *n*, **d)** Buchreihe *f*.

li·bret·to [li'bretou] *s.* ♪ Li'bretto *n*, Text(buch *n*) *m*.

Lib·y·an ['libiən] **I.** *adj.* libysch; **II.** *s.* Libyer(in).

lice [lais] *pl. von louse.*

li·cence ['laisəns] **I.** *s.* **1.** Erlaubnis *f*; (*a.* ✝ Pa'tent-, Ver'kaufs)Li,zenz *f*, Konzessi'on *f*, behördliche Genehmigung; amtlicher Zulassungsschein, (*Führer-, Jagd-, Waffen- etc.*)Schein *m*: ~ *fee* Lizenzgebühr; ~ *plate mot.* amtliches *od.* polizeiliches Kennzeichen, Nummernschild; *special* ~ Sondergenehmigung; **2.** Eheerlaubnis *f*; **3.** *künstlerische, dichterische* Freiheit; **4.** Zügellosigkeit *f*; **II.** *v/t.* **5.** → *license* I;

'li·cense [-s] **I.** *v/t.* **1.** lizenzieren; konzessionieren; (amtlich) genehmigen *od.* zulassen; **2.** *Buch* zur Veröffentlichung *od. Theaterstück* zur Aufführung freigeben; **3.** *j-n* ermächtigen; **II.** *s.* **4.** *Am.* → *licence* I;

'li·censed [-st] *adj.* **1.** (zum Ausschank alko'holischer Getränke *etc.*) konzessioniert, lizenziert, amtlich zugelassen; **2.** Lizenz...: ~ *construction* Lizenzbau; **3.** privilegiert; **li·cen·see** [laisən'si:] *s.* Li'zenznehmer *m*, Konzessi'onsinhaber *m*; **'li·cens·er** [-sə] *s.* **1.** Li'zenzgeber *m*, Konzessi'onserteiler *m*; **2.** Zensor *m*; **li·cen·ti·ate** [lai'senʃiit] *s. univ.* Lizenti'at *m*.

li·cen·tious [lai'senʃəs] *adj.* □ unzüchtig, ausschweifend, liederlich.

li·chen ['laiken] *s.* ⚘, ⚕ Flechte *f*.

'lich-gate [litʃ] *s. überdachtes* Friedhofstor.

lick [lik] **I.** *v/t.* **1.** (be-, ab-, auf-)lecken: *to* ~ *s.o.'s boots od. shoes* vor j-m kriechen; *to* ~ *into shape* in die richtige Form bringen, zurechtbiegen, -stutzen; → *dust* 1; **2.** F **a)** verprügeln, ‚verdreschen', **b)** schlagen, besiegen, **c)** über'treffen: *this* ~*s me* das geht über m-n Horizont; **II.** *v/i.* **3.** züngeln (*Flamme*); **III.** *s.* **4.** Lecken *n*; **5.** (*das*) bißchen, Spur *f*; **6.** F **a)** Schlag *m*, **b)** ‚Tempo' *n*: (*at*) *full* ~ mit größter Geschwindigkeit, **c)** *Am.* (kurzer) Kraftaufwand; **7.** Salzlecke *f*; **'lick·er** [-kə] *s.* ⊕ (Tropf)Öler *m*; **'lick·er·ish** ['li-

kəriʃ] *adj.* naschhaft, leckermäulig; gierig, lüstern (*after* nach).
'lick·e·ty-'split ['likəti] *adv. Am.* F wie der Blitz.
lick·ing ['likiŋ] *s.* **1.** Lecken *n*; **2.** F Prügel *pl.*, ‚Dresche' *pl.* (*a. fig. Niederlage*).
'lick·spit·tle *s.* Speichellecker *m.*
lic·o·rice *Am.* → *liquorice.*
lid [lid] *s.* **1.** Deckel *m* (*a. sl. Hut*): *to put the ~ on s.th. Brit.* F **a)** e-r Sache die Krone aufsetzen, **b)** et. endgültig erledigen; **2.** (Augen)Lid *n*; **3.** *Am.* F Einschränkung *f*: *the ~ is on* (*od. down*) es wird scharf durchgegriffen.
li·do ['li:dou] *s. Brit.* Frei-, Strandbad *n.*
lie[1] [lai] **I.** *s.* Lüge *f*, Schwindel *m*: *to tell a ~* (*od. lies*) lügen; → *white lie*; *to give s.o. the ~* j-n der Lüge bezichtigen; *to give the ~ to et. od. j-n* Lügen strafen; **II.** *v/i.* lügen: *to ~ to s.o.* **a)** j-n belügen, j-n anlügen, **b)** j-m vorlügen (*that* daß).
lie[2] [lai] **I.** *s.* **1.** Lage *f* (*a. fig.*): *the ~ of the land Brit. fig.* die Sachlage; **II.** *v/i.* [*irr.*] **2.** liegen: **a)** *allg. im Bett, im Hinterhalt, in Trümmern etc.* liegen; *ausgebreitet, tot etc.* daliegen, **b)** begraben sein, ruhen, **c)** gelegen sein, sich befinden, **d)** lasten (*on* auf *der Seele*, im *Magen etc.*), **e)** begründet liegen, bestehen (*in* in *dat.*): *to ~ dying* im Sterben liegen; *to ~ in s.o.'s way* j-m zur Hand *od.* möglich sein; in j-s Fach schlagen; *his talents do not ~ that way* dazu hat er kein Talent; *to ~ on s.o.* ⚖ j-m obliegen; *to ~ under a suspicion* unter e-m Verdacht stehen; *to ~ under a sentence of death* zum Tode verurteilt sein; *to ~ with s.o.* j-m beischlafen, mit j-m schlafen; *as far as lies with me* soweit es in m-n Kräften steht; *it lies with you to do it* es liegt an dir, es zu tun; **3.** führen, verlaufen (*Straße etc.*); **4.** ⚖ zulässig sein (*Klage etc.*);
Zssgn mit adv.:
lie| back *v/i.* sich zu'rücklegen; **~ by** *v/i.* still-, brachliegen; **~ down** *v/i.* **1.** sich hinlegen; **2.** *to ~ under, to take lying down Beleidigung etc.* widerspruchslos hinnehmen, sich *e-e Beleidigung* gefallen lassen; **~ in** *v/i.* im Wochenbett liegen; **~ low** → *low*[1] *1*; **~ o·ver** *v/i.* **1.** nicht rechtzeitig bezahlt werden; **2.** liegenbleiben, aufgeschoben werden; **~ to** *v/i.* ⚓ beiliegen; **~ up** *v/i.* **1.** ruhen (*a. fig.*); **2.** das Bett *od.* das Zimmer hüten (müssen).
'lie-a·bed *s.* Langschläfer(in).
lied [li:d] *pl.* **lie·der** ['li:də] (*Ger.*) *s.* ♪ (*deutsches*) (Kunst)Lied.
lie de·tec·tor *s.* 'Lügende,tektor *m.*
lief [li:f] *adv. obs.* gern: *~er than* lieber als; *I had* (*od. would*) *as ~ ...* ich würde eher *sterben etc.*, ich *ginge etc.* ebensogern.
liege [li:dʒ] **I.** *s.* **1.** *a. ~ lord* Leh(e)nsherr *m*; **2.** *a. ~man* Leh(e)nsmann *m*; **II.** *adj.* **3.** Leh(e)ns...; lehnspflichtig.
li·en ['liən] *s.* ⚖ Pfandrecht *n*, Zu'rückbehaltungsrecht *n* (*on* auf *acc.*).
lieu [lju:] *s.*: *in ~ of* anstatt (*gen.*).
lieu·ten·an·cy [*Brit.* lef'tenənsi; ⚓ le't-; *Am.* lu:'t-] *s.* **1.** ⚔, ⚓ **a)** Leutnantsrang *m*, -stelle *f*, **b)** *coll.* Leutnants *pl.*; **2.** Statthalterschaft *f.*
lieu·ten·ant [*Brit.* lef'tenənt; ⚓ le't-; *Am.* lu:'t-] *s.* **1.** Statthalter *m*; **2.** ⚔, ⚓ **a)** *allg.* Leutnant *m*, **b)** *Brit.* (*Am. first ~*) Oberleutnant *m*, **c)** ⚓ (*Am. a. ~ senior grade*) Kapi'tänleutnant *m*: *~ junior grade Am.* Oberleutnant zur See; **~-'colo·nel** *s.* ⚔ Oberst'leutnant *m*; **~-com-'mand·er** *s.* ⚓ Kor'vettenkapi,tän *m*; **~-'gen·er·al** *s.* ⚔ Gene'ralleutnant *m*; **~-'gov·er·nor** *s.* 'Vizegouver,neur *m* (*im brit. Commonwealth od. e-s amer. Bundesstaates*).
life [laif] *pl.* **lives** [laivz] *s.* **1.** *allg.* Leben *n*: **a)** or'ganisches Leben, **b)** Lebenskraft *f*, **c)** Lebenserscheinungen *pl.*, **d)** Lebewesen *pl.*, **e)** Menschenleben *n*: *they lost their lives* sie verloren ihr Leben; *three lives were lost* drei Menschenleben sind zu beklagen; *~ and limb* Leib u. Leben, **f)** Leben *n* (*e-s Einzelwesens*): *a matter of ~ and death* e-e Sache auf Leben u. Tod; *my early ~* m-e Jugend, **g)** Lebensdauer *f* (*a.* ⊕ *e-r Maschine etc.*), -zeit *f*: *expectation of ~* Lebenserwartung; *the ~ of a bond* ✝ die Gültigkeitsdauer e-s Wertpapiers, **h)** Lebensweise *f*, -art *f*, -wandel *m*: *to lead a good ~* ein anständiges Leben führen, **i)** Biogra'phie *f*, Lebensbeschreibung *f*, **j)** menschliches Tun u. Treiben, Welt *f*: *to see ~* das Leben kennenlernen *od.* genießen, **k)** Le'bendigkeit *f*: *to give ~ to, to put ~ into e-e Sache* beleben; *the ~ and soul of the party er war* die Seele der Gesellschaft, **l)** *Kunst*: lebendes Mo'dell, Na'tur *f*: *as large as ~* in (*humor.* voller) Lebensgröße, lebensgroß; **2.** *Versicherungswesen*: auf Lebenszeit Versicherte(r *m*) *f*;
Besondere Redewendungen:
for ~ **a)** fürs (ganze) Leben, **b)** *bsd.* ⚖ lebenslänglich, auf Lebenszeit; *for one's ~, for dear ~* ums (liebe) Leben; *not for the ~ of me* F nicht um die *od.* alles in der Welt; *to the ~* lebensecht, naturgetreu; *upon my ~!* so wahr ich lebe!; *to bring to ~* wieder zum Bewußtsein bringen; *to seek s.o.'s ~* j-m nach dem Leben trachten; *to sell one's ~ dearly fig.* sein Leben teuer verkaufen; *to take s.o.'s* (*one's own*) *~* j-m (sich [selbst]) das Leben nehmen.
'life|-and-'death *adj. Kampf etc.* auf Leben u. Tod; **~ an·nu·i·ty** *s.* Leibrente *f*; **'~-as·sur·ance** *s.* Lebensversicherung *f*; **'~-belt** *s.* Rettungsgürtel *m*; **'~-blood** *s.* Herzblut *n* (*a. fig.*); **'~-boat** *s.* ⚓ Rettungsboot *n*; **'~-buoy** *s.* Rettungsboje *f*; **~ ex·pect·an·cy** *s.* Lebenserwartung *f*; **'~-giv·ing** *adj.* lebenspendend, belebend; **'~-guard** *s.* ⚔ Leibgarde *f*; **'~-guard** *s. Am.* Rettungsschwimmer *m*, Bademeister *m*; ♀ **Guards** *s. pl.* ⚔ Leibgarde *f* (zu Pferde), 'Gardekavalle,rie *f*; **~ in·sur·ance** *s.* Lebensversicherung *f*; **~ in·ter·est** *s.* ⚖ lebenslänglicher Nießbrauch; **'~-jack·et** *s.* Schwimmweste *f.*
life·less ['laiflis] *adj.* □ leblos: **a)** tot, **b)** unbelebt, **c)** *fig.* matt, schwunglos, fad(e).
'life|·like *adj.* lebenswahr, na'turgetreu; **'~·line** *s.* **1.** ⚓ Rettungsleine *f*; **2.** Si'gnalleine *f* (*für Taucher*); **3.** *fig.* Lebensader *f* (*Versorgungsweg*); **4.** *Chiromantie*: Lebenslinie *f*; **'~·long** *adj.* lebenslänglich; **'~-pre·serv·er** *s.* **1.** ⚓ Schwimmweste *f*, Rettungsgürtel *m*; **2.** Totschläger *m* (*Waffe*).
lif·er ['laifə] *s. sl.* **1.** ‚Lebenslängliche(r)' *m* (*Strafgefangener*); **2.** → *life sentence*; **3.** *Am.* Be'rufssol,dat *m.*
life| sen·tence *s.* ⚖ lebenslängliche Freiheitsstrafe; **'~-'size(d)** *adj.* lebensgroß, in Lebensgröße; **'~-strings** *s. pl. poet.* Lebensfaden *m*; **'~-style** *s.* Lebensstil *m*; **'~-ta·ble** *s.* 'Sterblichkeitsta,belle *f*; **'~·time** *s.* Lebenszeit *f*, Leben *n*; **'~-'work** *s.* Lebenswerk *n.*
lift [lift] **I.** *s.* **1.** (Auf-, Hoch)Heben *n*; **2.** stolze Haltung *des Kopfes*; **3.** ⊕ Hub(höhe *f*) *m*; ✈ Auftrieb *m* (*Am. a. fig.*); **4.** Unter'stützung *f*, Hilfe *f*: *to give s.o. a ~* **a)** j-m helfen, **b)** j-n (im Auto) mitnehmen; **5.** ⊕ Hebe-, Fördergerät *n*; *Brit.* Lift *m*, Aufzug *m*, Fahrstuhl *m*; **6.** *Schuhmacherei*: Lage *f* Absatzleder; **II.** *v/t.* **7.** *a. ~ up* (auf-, em'por-, hoch)heben; *Hand, Augen, Stimme etc.* erheben; *to ~ s.th. down* et. herunterheben; *not to ~ a finger* keinen Finger rühren; **8.** *fig.* (*geistig od. sittlich*) heben; *aus der Armut etc.* em'porheben; *a. ~ up innerlich* erheben, ermuntern; **9.** *Preise* erhöhen; **10.** *Kartoffeln* graben, ernten; **11.** ‚mitgehen heißen', stehlen; **12.** *Gesicht etc.* liften, straffen: *to have one's face ~ed* sich das Gesicht liften lassen; **13.** *Verbot etc.* aufheben; **III.** *v/i.* **14.** sich heben (*a. Nebel*); sich (hoch)heben lassen; **'lift·er** [-tə] *s.* **1.** (*sport* Gewicht)Heber *m*; **2.** ⊕ Hebegerät *n*; Nocken *m*; Stößel *m*; **3.** ‚Langfinger' *m* (*Dieb*).
lift·ing ['liftiŋ] *adj.* Hebe..., Hub...; **~ force** *s.* ✈, ⊕ Auftriebs-, Hub-, Tragkraft *f*; **~ jack** *s.* ⊕ Hebewinde *f*; Wagenheber *m.*
'lift-off *s.* **1.** Start *m* (*Rakete*); **2.** Abheben *n* (*Flugzeug*).
lig·a·ment ['ligəmənt] *s. anat.* Liga'ment *n*, Band *n.*
lig·a·ture ['ligətʃuə] **I.** *s.* **1.** Binde *f*, Band *n*; **2.** *typ. u.* ♪ Liga'tur *f*; **3.** ⚕ Abbindungsschnur *f*, Bindung *f*; **II.** *v/t.* **4.** ver-, ⚕ abbinden.
light[1] [lait] **I.** *s.* **1.** *allg.* Licht *n* (*a. phys.*): **a)** Helligkeit *f*: *to stand in s.o.'s ~* j-m im Licht (*fig.* im Wege) stehen, **b)** Beleuchtung *f*: *in subdued ~* bei gedämpftem Licht, **c)** Schein *m*: *by the ~ of a candle*, **d)** Sonne *f*, Lampe *f*, Kerze *f etc.*, *a.* Verkehrslicht *n*, (-)Ampel *f*: *to hide one's ~ under a bushel* sein Licht unter den Scheffel stellen; → *green light, red 1*, **e)** Tageslicht *n*, Tag *m*: *to bring (come) to ~ fig.* ans Licht *od.* an den Tag bringen (kommen); *to see the ~* das Licht der Welt erblicken; → *g*, **f)** *fig.* A'spekt *m*: *to put s.th. in its true ~* et. ins rechte Licht rücken; *in a favo(u)rable ~* in günstigem Licht; *in the ~ of* im Lichte (*gen.*), angesichts (*gen.*), **g)** Erleuchtung *f*, Aufklärung *f*: *to*

throw ~ *on s.th.* Licht auf e-e Sache werfen; zur (Auf)Lösung e-r Sache beitragen; *I see the* ~ mir geht ein Licht auf; → e, **h**) *paint.* heller Teil *e-s Gemäldes*, **i**) *fig.* Leuchte *f* (*Person*): *a shining* ~ e-e Leuchte, ein großes Licht; **2.** ⚓ **a**) Leuchtfeuer *n*, **b**) Leuchtturm *m*; **3.** Feuer *n* (*zum Anzünden*), *a.* Streichholz *n*: *to put a* ~ *to et.* anzünden; *will you give me a* ~? darf ich Sie um Feuer bitten?; **4.** *pl. fig.* Verstand *m*, geistige Fähigkeiten *pl.*: *according to his* ~*s* so gut er es eben versteht; **5.** *pl. sl.* Augen *pl.*; **II.** *adj.* **6.** hell, licht; blond: ~*-red* hellrot; **III.** *v/t.* [*irr.*] **7.** *a.* ~ *up* anzünden; **8.** *oft* ~ *up* be-, erleuchten (*a. fig.*); **9.** ~ *up* **a**) hell beleuchten, **b**) *Augen etc.* aufleuchten lassen; **10.** *j-m* leuchten; **IV.** *v/i.* [*irr.*] **11.** *a.* ~ *up* sich entzünden; **12.** *mst* ~ *up fig.* aufleuchten (*Augen etc.*); **13.** ~ *up* **a**) die Pfeife *etc.* anzünden, **b**) Licht machen.

light² [lait] **I.** *adj.* □ → *lightly*; **1.** *allg.* leicht (*z. B. Last; Kleidung; Mahlzeit, Wein, Zigarre*; ⚔ *Infanterie*, ⚓ *Kreuzer etc.*; *Hand, Schritt, Schlaf; Regen, Wind; Arbeit, Fehler, Strafe; Charakter; Musik, Roman*): ~ *of foot* leichtfüßig; *a* ~ *girl* ein leichtes Mädchen; ~ *current* ⚡ Schwachstrom; ~ *literature* Unterhaltungsliteratur; ~ *railway* Kleinbahn; ~ *in the head* wirr im Kopf; *no* ~ *matter* keine Kleinigkeit; *to make* ~ *of* **a**) auf die leichte Schulter nehmen, **b**) verharmlosen, bagatellisieren; **2.** zu leicht: ~ *weights* Untergewichte; **3.** locker (*Brot, Erde, Schnee*); **4.** sorglos, unbeschwert, heiter; **5. a**) leicht beladen, **b**) unbeladen: *a* ~ *engine* e-e alleinfahrende Lokomotive; **II.** *adv.* **6.** leicht, nicht schwer: ~ *come* ~ *go* wie gewonnen, so zerronnen.

light³ [lait] *v/i.* [*irr.*] **1.** *obs.* (ab-) steigen (*from, off* von); **2.** fallen (*on* auf *acc.*); **3.** sich niederlassen (*on* auf *dat.*) (*Vogel etc.*); **4.** *fig.* (zufällig) stoßen (*on* auf *acc.*); **5.** ~ *out Am. sl.* ‚verduften'.

light bar·ri·er *s.* ⚡ Lichtschranke *f.*

light·en¹ ['laitn] **I.** *v/i.* **1.** sich erhellen; **2.** blitzen; **II.** *v/t.* **3.** erhellen; *fig.* erleuchten.

light·en² ['laitn] **I.** *v/t.* **1.** leichter machen, erleichtern (*beide a. fig.*); **2.** *Schiff* (ab)leichtern; **3.** aufheitern; **II.** *v/i.* **4.** leichter werden (*a. fig. Herz etc.*).

light·er¹ ['laitə] *s.* Anzünder *m* (*a. Gerät*); (Taschen)Feuerzeug *n.*

light·er² ['laitə] *s.* ⚓ Leichter (-schiff *n*) *m*, Prahm *m*; '**light·er·age** [-əridʒ] *s.* Leichtergeld *n*; '**light·er·man** [-mən] *s.* [*irr.*] Leichterschiffer *m.*

'**light·er-than-'air** *adj.*: ~ *craft* Luftfahrzeug leichter als Luft.

'**light|-fin·gered** *adj.* **1.** geschickt; **2.** langfingerig, diebisch; '~**-foot·ed** *adj.* leicht-, schnellfüßig; '~**-'head·ed** *adj.* **1.** leichtsinnig, -fertig; **2. a**) wirr, leicht verrückt, **b**) schwind(e)lig; '~**-'heart·ed** *adj.* □ fröhlich, unbeschwert; leichten Herzens; ~ **heav·y-weight** *s. sport* Halbschwergewicht(ler *m*) *n*; ~ **horse·man** [-mən] *s.* [*irr.*] ⚔ leichter Kavalle'rist; '~**-house** *s.* Leuchtturm *m.*

light·ing ['laitiŋ] *s.* Beleuchtung *f*: ~ *up mot.* Aufblenden; ~ *effects* Lichteffekte; ~ *point* ⚡ Brennstelle; '~**-'up time** *s.* Zeit *f* des Einschaltens der Straßenbeleuchtung.

light·ly ['laitli] *adv.* **1.** leicht: ~ *come* ~ *go* wie gewonnen, so zerronnen; **2.** leichtfertig; **3.** leichthin, unbesonnen; **4.** geringschätzig.

light| met·al *s.* 'Leichtmeˌtall *n*; '~**-'mind·ed** *adj.* leichtfertig.

light·ness ['laitnis] *s.* **1.** Leichtheit *f*, Leichtigkeit *f* (*a. fig.*); **2.** Leichtverdaulichkeit *f*; **3.** Milde *f*; **4.** Behendigkeit *f*; **5.** Heiterkeit *f*; **6.** Leichtfertigkeit *f*, Leichtsinn *m*, Oberflächlichkeit *f.*

light·ning ['laitniŋ] **I.** *s.* Blitz *m*: *struck by* ~ vom Blitz getroffen; *like (a greased)* ~ *fig.* wie der Blitz; **II.** *adj.* blitzschnell, Schnell...: ~ *artist* Schnellzeichner; *with* ~ *speed* mit Blitzesschnelle; ~ **ar·rest·er** *s.* ⚡ Blitzschutzsicherung *f*; ~ **bug** *s. Am.* Leuchtkäfer *m*; '~**-con·duc·tor,** '~**-rod** *s.* Blitzableiter *m*; ~ **strike** *s.* Blitzstreik *m.*

light| oil *s.* ⊕ Leichtöl *n*; '~**-o'-love** *s.* ‚leichtes Mädchen'; ~ **pen** *s.* Leuchtstift *m* (*Computer*).

lights [laits] *s. pl.* (Tier)Lunge *f.*

'**light|·ship** *s.* ⚓ Feuer-, Leuchtschiff *n*; ~ **source** *s.* ⚡, *phys.* Lichtquelle *f*; '~**-weight I.** *adj.* leicht; **II.** *s. sport* Leichtgewicht(ler *m*) *n*; F *fig.* unbedeutender Mensch; '~**-year** *s. ast.* Lichtjahr *n.*

lig·ne·ous ['ligniəs] *adj.* holzig, holzartig, Holz...; '**lig·ni·fy** [-nifai] **I.** *v/t.* in Holz verwandeln; **II.** *v/i.* verholzen; '**lig·nin** [-nin] *s.* ⚗ Li'gnin *n*, Holzstoff *m*; '**lig·nite** [-nait] *s.* Braunkohle *f*, *bsd.* Li'gnit *m.*

lik·a·ble ['laikəbl] *adj.* liebenswert, -würdig, angenehm, sym'pathisch.

like¹ [laik] **I.** *adj. u. prp.* **1.** gleich (*dat.*), wie (*a. adv.*): *a man* ~ *you* ein Mann wie du; ~ *a man* wie ein Mann; *what is he* ~? wie sieht er aus?, wie ist er?; *he is* ~ *that* er ist nun mal so; *I cannot play* ~ *you* ich kann nicht so (gut) spielen wie du; *what does it look* ~? wie sieht es aus?; *it looks* ~ *rain* es sieht nach Regen aus; *to feel* ~ *s.th.* (*od. doing*) aufgelegt sein zu *et.*, Lust haben zu tun, gern tun wollen; *a fool* ~ *that* so ein Dummkopf; *a thing* ~ *that* so etwas; ~ *mad* wie verrückt; *there is nothing* ~ es geht nichts über (*acc.*); *it is nothing* (*od. not anything*) ~ *as bad as that* es ist bei weitem nicht so schlimm; *something* ~ *100 tons* so etwa 100 Tonnen; *this is something* ~! F das läßt sich hören!; *that's more* ~ *it!* das läßt sich eher hören!; ~ *master,* ~ *man* wie der Herr, so der Knecht; **2.** ähnlich (*dat.*), bezeichnend für: *that is just* ~ *him!* das sieht ihm ähnlich!; **3.** gleich: *a* ~ *amount* ein gleicher Betrag; *in* ~ *manner* **a**) auf gleiche Weise, **b**) gleichermaßen; **4.** ähnlich: *the portrait is not* ~ das Porträt ist nicht ähnlich; *as* ~ *as two eggs* ähnlich wie ein Ei dem anderen; **5.** ähnlich, gleich-, derartig: ... *and other* ~ *problems* ... und andere derartige Probleme; **6.** F *od. obs.* (*a. adv.*) wahr'scheinlich: *he is* ~ *to pass his exam* er wird sein Examen wahrscheinlich bestehen; ~ *enough, as* ~ *as not* höchstwahrscheinlich; **II.** *cj.* **7.** V *od.* F (ebenso) wie; **8.** *dial.* als ob; **III.** *s.* **9.** *der* (*die, das*) Gleiche: *his* ~ seinesgleichen; *the* ~ der-, desgleichen; *and the* ~ und dergleichen; *the* ~(*s*) *of* so etwas wie, solche wie; *the* ~ (*s*) *of that* so etwas, etwas derartiges; *the* ~*s of you* F Leute wie Sie.

like² [laik] **I.** *v/t.* gern haben, (gern) mögen, (gut) leiden können, lieben; gern essen, trinken *etc.*: *to* ~ *doing* (*od. to do*) gern tun; *much* ~*d* sehr beliebt; *I* ~ *it* es gefällt mir; *I* ~ *him* ich mag ihn gern, ich kann ihn gut leiden; *how do you* ~ *it?* wie gefällt es dir?, wie findest du es?; *I* ~ *that! iro.* so was hab' ich gern!; *what do you* ~ *better?* was hast du lieber?, was gefällt dir besser?; *I should* ~ *to know* ich möchte gerne wissen; *I should* ~ *you to be here* ich hätte gern, daß du hier wär(e)st; *I* ~ *steak, but it doesn't* ~ *me* F ich esse Beefsteak gern, aber es bekommt mir nicht; *I should* ~ *time to consider it* ich hätte gern etwas Zeit, darüber nachzudenken; **II.** *v/i.* wollen: (*just*) *as you* ~ (ganz) wie du willst, (ganz) nach Belieben; *if you* ~ wenn du willst; **III.** *s.* Neigung *f*, Vorliebe *f*: ~*s and dislikes* Neigungen u. Abneigungen.

-like [laik] *in Zssgn* **wie, ...artig,** ...ähnlich, ...mäßig.

like·a·ble → *likable.*

like·li·hood ['laiklihud] *s.* Wahr'scheinlichkeit *f*: *in all* ~ aller Wahrscheinlichkeit nach; *there is a strong* ~ *of his succeeding* es ist sehr wahrscheinlich, daß es ihm gelingt;

like·ly ['laikli] **I.** *adj.* **1.** wahr'scheinlich, vor'aussichtlich: *not* ~ schwerlich, kaum; *it is not* ~ (*that*) *he will come, he is not* ~ *to come* es ist nicht wahrscheinlich, daß er kommen wird; *which is his most* ~ *route?* welchen Weg wird er voraussichtlich einschlagen?; *this is not* ~ *to happen* das wird wahrscheinlich nicht geschehen; **2.** wahr'scheinlich, glaubhaft; **3.** aussichtsreich; vielversprechend; **4.** in Frage kommend, geeignet; **II.** *adv.* **5.** wahr'scheinlich: *as* ~ *as not* (ziemlich) wahrscheinlich.

'**like-'mind·ed** *adj.* gleichgesinnt: *to be* ~ *with s.o.* mit j-m übereinstimmen.

lik·en ['laikən] *v/t.* vergleichen (*to* mit).

like·ness ['laiknis] *s.* **1.** Ähnlichkeit *f*, Gleichheit *f*; **2.** Gestalt *f*, Form *f*; **3.** Bild *n*, Por'trät *n*: *to have one's* ~ *taken* sich malen *od.* photographieren lassen; **4.** Abbild *n* (*of gen.*).

'**like·wise** *adv. u. cj.* eben-, gleichfalls; des'gleichen, ebenso.

lik·ing ['laikiŋ] *s.* **1.** Zuneigung *f*: *to*

have (take) a ~ for (od. to) s.o. zu j-m eine Zuneigung haben (fassen), an j-m Gefallen haben (finden); 2. (for) Gefallen n (an dat.), Neigung f (zu), Geschmack m (an dat.): to be greatly to s.o.'s ~ j-m sehr zusagen; this is not to my ~ das ist nicht nach meinem Geschmack.

lil [lil] Am. dial. für little.

li·lac ['lailək] I. s. 1. ⚘ Spanischer Flieder; 2. Lila n (Farbe); II. adj. 3. lila(farben).

Lil·li·pu·tian [lili'pju:ʃjən] I. adj. 1. Liliput...; 2. winzig, zwergenhaft; II. s. 3. Lilipu'taner(in); 4. Zwerg m.

lilt [lilt] I. s. 1. fröhliche Weise; 2. rhythmischer Schwung; II. v/t. u. v/i. 3. trällern.

lil·y ['lili] s. ⚘ Lilie f: ~ of the valley Maiglöckchen; to paint the ~ fig. schönfärben.

limb[1] [lim] s. 1. (Körper)Glied n; fig. Arm m; pl. Gliedmaßen pl.; 2. Ast m: out on a ~ F in e-r gefährlichen Lage; 3. F Racker m; 4. ling. (Satz)Glied n; 5. ⚖ Absatz m.

limb[2] [lim] s. 1. ⚘ a) (Kelch)Saum m (Blumenkrone), b) Blattrand m (Moos); 2. ast. a) Rand m (Himmelskörper), b) Teilkreis m (an Winkelmeßinstrumenten).

limbed [limd] adj. in Zssgn ...gliedrig.

lim·ber[1] ['limbə] I. adj. biegsam, geschmeidig; II. v/t. u. v/i. ~ up (sich) geschmeidig machen, (sich) lockern.

lim·ber[2] ['limbə] I. s. 1. ⚔ Protze f; 2. pl. ⚓ Pumpensod m; II. v/t. u. v/i. 3. mst ~ up ⚔ aufprotzen.

lim·bo ['limbou] s. 1. Vorhölle f; 2. fig. Rumpelkammer f; Vergessenheit f; 3. Gefängnis n.

lime[1] [laim] I. s. 1. ⚗ Kalk m; 2. ⚒ Kalkdünger m; 3. Vogelleim m; II. v/t. 4. kalken, mit Kalk düngen; 5. Rute etc. mit Vogelleim bestreichen; 6. fig. j-n ‚leimen', fangen.

lime[2] [laim] s. ⚘ Linde f.

lime[3] [laim] s. ⚘ Limo'nelle f.

'lime|·kiln s. Kalkofen m; '~·**light** s. 1. ⊕ Kalklicht n; 2. thea. Scheinwerfer(licht n) m; 3. fig. Rampenlicht n, Licht n der Öffentlichkeit, Mittelpunkt m des (öffentlichen) Inter'esses.

li·men ['laimen] s. psych. (Bewußtseins-, Reiz)Schwelle f.

'lime-pit s. 1. Kalkbruch m; 2. Kalkgrube f; 3. Gerberei: Äscher m.

Lim·er·ick ['limərik] s. Limerick m (5-zeiliger Nonsensvers).

'lime|·stone s. min. Kalkstein m; '~-**tree** s. ⚘ Linde(nbaum m) f; '~-**twig** s. Leimrute f; '~-**wash** I. v/t. tünchen; II. s. Kalktünche f. [(Brite).]

lim·ey ['laimi] s. Am. sl. ‚Tommy' m

lim·it ['limit] I. s. 1. fig. Grenze f, Schranke f: within ~s in Grenzen; without ~ ohne Grenzen, schrankenlos; there is a ~ to everything alles hat seine Grenzen; in (off) ~s Am. Zutritt gestattet (verboten) (to für); that's the ~! F das ist (doch) die Höhe!; he is the ~! F er ist unglaublich!; to go to the ~ Am. F bis zum Äußersten gehen; 2. ⅄, ⊕ Grenze f, Grenzwert m, Endpunkt m; 3. zeitliche Begrenzung, Frist f: extreme ~ ✝ äußerster Termin; 4. ✝ a) Höchstbetrag m, b) Limit n, Preisgrenze f: lowest ~ äußerster od. letzter Preis; II. v/t. 5. begrenzen, beschränken, einschränken (to auf acc.); Preise limitieren; ⚖ festsetzen; **lim·i·ta·tion** [limi'teiʃən] s. 1. fig. Grenze f: to know one's ~s s-e Grenzen kennen; 2. Begrenzung f, Beschränkung f; ⚖ Verjährung(sfrist) f; '**lim·it·ed** [-tid] I. adj. beschränkt, begrenzt (to auf acc.): ~ (express) train → II; ~ (liability) company ✝ Brit. Aktiengesellschaft; ~ monarchy konstitutionelle Monarchie; ~ partner ✝ Kommanditist; ~ partnership ✝ Kommanditgesellschaft; ~ in time befristet; II. s. Am. Schnellzug m (mit Platzkarten).

lim·net·ic [lim'netik] adj. Süßwasser..., im Süßwasser lebend.

lim·ou·sine ['limu(:)zi:n] s. mot. Limou'sine f.

limp[1] [limp] adj. □ schlaff, schlapp (a. fig. kraftlos, schwach).

limp[2] [limp] I. v/i. 1. hinken (a. fig. Vers), humpeln; 2. da'hintrotten; II. s. 3. Hinken n: to walk with a ~ → 1.

lim·pet ['limpit] zo. Napfschnecke f; fig. j-d bsd. Staatsangestellter, der förmlich an seinem Pöstchen klebt.

lim·pet mine ['limpit] s. ⚓ Haftmine f.

lim·pid ['limpid] adj. □ 'durchsichtig, klar (a. fig. Stil etc.), hell, rein; **lim·pid·i·ty** [lim'piditi], '**lim·pid·ness** [-nis] s. 'Durchsichtigkeit f, Klarheit f. [Schlappheit f.]

limp·ness ['limpnis] s. Schlaff-,

lim·y ['laimi] adj. 1. Kalk..., kalkig: a) kalkhaltig, b) kalkartig; 2. gekalkt; 3. mit Vogelleim beschmiert; 4. leimig, klebrig.

lin·age ['lainidʒ] s. 1. → alignment; 2. 'Zeilenhono,rar n.

linch·pin ['lintʃpin] s. ⊕ Lünse f, Vorstecker m, Achsnagel m.

lin·den ['lindən] s. ⚘ Linde f.

line[1] [lain] I. s. 1. Linie f, Strich m: the ♀ geogr. der Äquator; 2. a) Linie f (in der Hand etc.), b) Falte f, Runzel f, c) Zug m (im Gesicht); 3. Linie f, Richtung f: ~ of attack Angriffsrichtung; ~ of direction Baufluchtlinie; ~ of fire ⚔ Schuß-, Feuerlinie; ~ of force phys. Kraftlinie; ~ of sight a) Sehlinie, Blickrichtung, b) a. ~ of vision Gesichtslinie, -achse; 4. pl. Linien(führung f) pl., Kon'turen pl., Form f; Riß m, Entwurf m; 5. pl. fig. Grundsätze pl., Prin'zipien pl., Richtlinie(n pl.) f: along these ~s nach diesen Grundsätzen; along general ~s in großen Zügen; the ~s of his policy die Grundlinien s-r Politik; 6. Art f u. Weise f, Me'thode f: ~ of argument Beweisführung; ~ of conduct Lebensführung; to take one's own ~ nach eigener Methode vorgehen; to take a strong ~ energisch vorgehen; to take the ~ that den Standpunkt vertreten, daß; in the ~ of nach Art von; 7. Grenze f, Grenzlinie f (a. fig.): to draw the ~ fig. die Grenze ziehen, haltmachen (at bei); 8. Reihe f, Kette f von Bäumen, Hügeln etc.; (Menschen-)Schlange f: to stand in ~ anstehen, Schlange stehen; to be in ~ for Am. fig. Aussichten haben auf (acc.); 9. Über'einstimmung f: in ~ with in Übereinstimmung od. im Einklang mit; to be in ~ with übereinstimmen mit; to bring into ~ with in Einklang bringen mit, pol. gleichschalten mit; to fall into ~ sich einordnen, sich anschließen (with j-m); to toe the ~ ‚spuren', sich der (Partei- etc.) Disziplin beugen; in ~ of duty bsd. ⚔ in Ausübung des Dienstes; 10. a) (Abstammungs)Linie f, b) Fa'milie f, Geschlecht n: the male ~ die männliche Linie; in the direct ~ in direkter Linie; 11. Zeile f; Fernsehen: Bildzeile f; weitS. kurze Nachricht: to drop s.o. a ~ j-m ein paar Zeilen schreiben; 12. Vers m; pl. Brit. ped. Strafarbeit f; thea. Rolle f, Text m; 13. pl. F Trauschein m; 14. a) F Informati'on f: to get a ~ on e-e Information erhalten über (acc.), b) Am. sl. ‚Platte' f (Gerede), ‚Masche' f (Trick); 15. pl. Los n, Geschick n: hard ~s F Pech; 16. Fach n, Gebiet n, Tätigkeitsfeld n, Sparte f: ~ (of business) Branche, Geschäftszweig; that's not in my ~ das schlägt nicht in mein Fach, das liegt mir nicht; 17. (Verkehrs-, Eisenbahn- etc.)Linie f, Strecke f, Route f, engS. Gleis n: ship of the ~ Linienschiff; ~s of communications ⚔ rückwärtige Verbindungen; 18. (Eisenbahn-, Luftverkehrs-, Autobus)Gesellschaft f; 19. a) ⚡, ⊕ Leitung f, bsd. Tele'phon- od. Tele'graphenleitung f: the ~ is engaged (Am. busy) die Leitung ist besetzt; to hold the ~ am Apparat bleiben; three ~s 3 Anschlüsse, b) ⊕ (Fertigungs)Straße f; 20. ✝ a) Sorte f, Warengattung f, b) Posten m, Par'tie f, c) Ar'tikel (-,serie f) m od. pl.; 21. ⚔ a) Linie f: behind the enemy's ~s hinter den feindlichen Linien; ~ of battle vorderste Linie, Kampflinie, b) Front f: to go up the ~ an die Front gehen; all along the ~, (all) down the ~ fig. auf der ganzen Linie; to go down the ~ for Am. F sich voll einsetzen für, c) Linie f (Formation beim Antreten), d) Fronttruppe f: the ~s Linienregimenter; 22. ⚓ Linie f: ~ abreast Dwarslinie; ~ ahead Kiellinie; 23. (Wäsche)Leine f, (starke) Schnur, Seil n, Tau n; Draht m; Kabel n; Angelschnur f; 24. Linie f (als Maß = $^{1}/_{12}$ Zoll); II. v/i. 25. → line up 1, 2; III. v/t. 26. linieren; 27. zeichnen; Gesicht a. furchen; 28. aufstellen (entlang); formieren; 29. einfassen, Straße etc. säumen: soldiers ~d the street Soldaten bildeten an der Straße Spalier; ~ **in** v/t. einzeichnen; ~ **off** v/t. abgrenzen; ~ **out** v/t. entwerfen, skizzieren; ~ **through** v/t. 'durchstreichen; ~ **up** I. v/i. 1. sich in e-r Linie od. Reihe aufstellen; Schlange stehen; 2. fig. sich zs.-schließen; II. v/t. 3. → line[1] 28.

line[2] [lain] v/t. 1. Kleid etc. füttern; 2. ⊕ ausfüttern, -gießen, -kleiden, -schlagen; 3. (an)füllen: to ~ one's pockets sich die Taschen füllen.

lin·e·age ['liniidʒ] s. 1. (geradlinige)

Abstammung; **2.** Stammbaum *m*; **3.** Geschlecht *n*, Fa'milie *f*.

lin·e·al ['liniəl] *adj.* □ geradlinig, in di'rekter Linie, di'rekt (*Abstammung, Nachkomme*).

lin·e·a·ment ['liniəmənt] *s.* (Gesichts-, *fig.* Cha'rakter)Zug *m*.

lin·e·ar ['liniə] *adj.* □ **1.** Linien..., geradlinig; *bsd.* ⚔, ⊕, *phys.* line'ar (*Gleichung, Elektrode, Perspektive etc.*), Linear...; **2.** Längen...(*-ausdehnung, -maß etc.*); **3.** Linien..., Strich...; strichförmig; ⚘ line'alisch.

line| block *s.* → *line etching*; **~ draw·ing** *s.* Strichzeichnung *f*; **~ etch·ing** *s. Kunst*: Strichätzung *f*; **'~-fish·ing** *s.* ˌAngelfische'rei *f*; **~ fre·quen·cy** *s. Fernsehen*: 'Zeilenfreˌquenz *f*; **'~-man** [-mən] *s.* [*irr.*] **1.** ☏ Leitungsmann *m*, *bsd.* Störungssucher *m*; **2.** 🚂 *Am.* Streckenarbeiter *m*.

lin·en ['linin] **I.** *s.* **1.** Leinen *n*, Leinwand *f*, Linnen *n*; **2.** (Bett-, 'Unter- *etc.*)Wäsche *f*, Weißzeug *n*: *to wash one's dirty ~ in public fig.* s-e schmutzige Wäsche vor allen Leuten waschen; **II.** *adj.* **3.** leinen, Leinwand...; **~ clos·et** *s.* Wäscheschrank *m*; **'~-drap·er** *s. Brit.* Weißwarenhändler *m*, Wäschegeschäft *n*; **~ pa·per** *s.* 'Leinenpaˌpier *n*.

lin·er[1] ['lainə] *s.* **1.** ⊕ Futter *n*, Buchse *f*; **2.** Einsatz(stück *n*) *m*.

lin·er[2] ['lainə] *s.* **1.** ⚓ Linienschiff *n*, Passa'gier-, 'Überseedampfer *m*; → *air liner*; **2.** Zeilenschinder *m*.

lines·man ['lainzmən] *s.* [*irr.*] **1.** → *lineman 1*; **2.** 🚂 Streckenwärter *m*; **3.** *sport* Linienrichter *m*.

'line-up *s. bsd. sport* Aufstellung *f*, Gruppierung *f*.

ling[1] [liŋ] *pl.* **lings** *od. coll.* **ling** *s. ichth.* Leng(fisch) *m*.

ling[2] [liŋ] *s.* ⚘ Heidekraut *n*.

lin·ger ['liŋgə] *v/i.* **1.** (*a. fig.*) (noch) (ver)weilen, (zu'rück)bleiben (*a. Gefühl, Geschmack etc.*), sich aufhalten (*fig. over od. upon* bei *e-r Sache*): *to ~ on fig.* noch fortleben (*Brauch etc.*); **2.** zögern; säumen, trödeln: *to ~ at* (*od. about*) sich herumdrücken an, bei (*dat.*); **3.** sich hinziehen *od.* -schleppen.

lin·ge·rie ['lɛ̃:nʒəri:; lɛ̃ʒri] (*Fr.*) *s.* 'Damenˌunterwäsche *f*.

lin·ger·ing ['liŋgəriŋ] *adj.* □ **1.** zögernd; **2.** bleibend; nachklingend (*Ton*); **3.** schleppend, schleichend (*Krankheit*); **4.** sehnsüchtig (*Blick etc.*).

lin·go ['liŋgou] *pl.* **-goes** [-gouz] *s.* **1.** Kauderwelsch *n*; **2.** ('Fach-) Jarˌgon *m*.

lin·gua fran·ca ['liŋgwə'fræŋkə] *s.* Misch-, Verkehrs-, Hilfssprache *f*.

lin·gual ['liŋgwəl] **I.** *adj.* Zungen...; **II.** *s.* Zungenlaut *m*.

lin·guist ['liŋgwist] *s.* Sprachforscher(in), Lingu'ist(in); Fremdsprachler(in), Sprachenkundige(r *m*) *f*; **lin·guis·tic** [liŋ'gwistik] *adj.* (□ *~ally*) **1.** sprachwissenschaftlich, lingu'istisch; **2.** Sprach(en)...; **linguis·tics** [liŋ'gwistiks] *s. pl.* (*mst sg. konstr.*) Sprachwissenschaft *f*, Lingu'istik *f*.

lin·i·ment ['linimənt] *s.* ⚕ Lini'ment *n*, Einreibemittel *n*.

lin·ing ['lainiŋ] *s.* **1.** Futter *n*, (Aus-) Fütterung *f* (*von Kleidern etc.*); **2.** ⊕ Futter *n*, Ver-, Auskleidung *f*; Ausmauerung *f*; (*Brems- etc.*)Belag *m*; → *silver lining*.

link[1] [liŋk] **I.** *s.* **1.** (Ketten)Glied *n*; **2.** *fig.* **a)** Glied *n* (*in e-r Kette von Ereignissen etc.*), **b)** Bindeglied *n*, Band *n*; → *missing 1*; **3.** ⊕ Glied *n* (*a.* ⚡), Gelenk(stück) *n*, Ku'lisse *f*: *~ motion* Kulissensteuerung; **4.** Man'schettenknopf *m*; **5.** *surv.* Meßkettenglied *n* (= *7,92 Zoll*); **II.** *v/t. u. v/i.* **6.** *a. ~ up* (*to, with*) (sich) verketten, -binden, -knüpfen (mit), (sich) anschließen (an *acc.*): *to ~ arms* (*with*) sich einhaken (bei).

link[2] [liŋk] *s. hist.* Fackel *f*.

link·age ['liŋkidʒ] *s.* Verkettung *f*; ⊕ Gestänge *n*, Gelenkviereck *n*; ⚡ *u. biol.* Kopplung *f*.

links [liŋks] *s. pl.* **1.** (Gras)Dünen *pl.*; **2.** (*a. sg. konstr.*) Golf(spiel)platz *m*.

'link·up *s.* Verknüpfung *f*, *pol. a.* 'Junktim *n*, Zs.-hang *m*.

linn [lin] *s. bsd. Scot.* **1.** Teich *m*; **2.** Wasserfall *m*.

lin·net ['linit] *s. orn.* Hänfling *m*.

li·no ['lainou] *abbr. für linoleum*; **~·cut** ['lainoukʌt] *s.* Lin'olschnitt *m*.

li·no·le·um [li'nouljəm] *s.* Lin'oleum *n*.

lin·o·type ['lainoutaip] *s. typ.* **1.** Linotype *f*; **2.** ♎ *Markenname für e-e Zeilensetz- u. -gießmaschine*.

lin·seed ['linsi:d] *s.* ⚘ Leinsamen *m*; **~ cake** *s.* Leinkuchen *m*; **~ oil** *s.* Leinöl *n*.

lin·sey-wool·sey ['linzi'wulzi] *s.* grobes Halbwollzeug.

lint [lint] *s.* **1.** ⚕ Schar'pie *f*, Zupflinnen *n*; **2.** *Am.* Fussel *f*.

lin·tel ['lintl] *s.* ⚠ Oberschwelle *f*, (Tür-, Fenster)Sturz *m*.

li·on ['laiən] *s.* **1.** *zo.* Löwe *m* (*a. fig. Held*; *a. ast.* ♌): *the ~'s share fig.* der Löwenanteil; *to go into the ~'s den fig.* sich in die Höhle des Löwen wagen; **2.** ‚Größe' *f*, Berühmtheit *f* (*Person*); **3.** *pl.* Sehenswürdigkeiten *pl.* (*e-s Ortes*); **'li·on·ess** [-nis] *s.* Löwin *f*; **'li·on·et** [-nit] *s.* junger Löwe.

'li·on|-heart·ed *adj.* löwenherzig, mutig; **'~-hunt·er** *s.* Löwenjäger *m*; *Brit. fig.* Promi'nentenjäger(in).

li·on·ize ['laiənaiz] **I.** *v/t.* **1.** *j-n* feiern, zum Helden des Tages machen; **2.** *j-m* die Sehenswürdigkeiten *e-s Ortes* zeigen; **II.** *v/t.* **3.** die Sehenswürdigkeiten bestaunen.

lip [lip] **I.** *s.* **1.** Lippe *f*: *to hang on s.o.'s ~s* an j-s Lippen hängen; *to keep a stiff upper ~* die Ohren steifhalten; → *bite 7*; **2.** *sl.* Unverschämtheit *f*: *none of your ~!* keine Unverschämtheiten!; **3.** Rand *m* (*Wunde, Schale, Krater etc.*); **4.** Tülle *f*, Schnauze *f* (*Krug etc.*); **II.** *v/t.* **5.** mit den Lippen berühren.

lipped [lipt] *adj. in Zssgn* ...lippig; ...randig.

'lip|-read *v/t. u. v/i.* [*irr.* → *read*] von den Lippen ablesen; **'~-read·ing** *s.* Lippenlesen *n*; **'~-serv·ice** *s.* Lippendienst *m*: *to pay ~ to* ein Lippenbekenntnis ablegen zu *e-r Idee etc.*; **'~-stick** *s.* Lippenstift *m*.

li·quate ['laikweit] *v/t. metall.* seigern; **li·qua·tion** [lai'kweiʃən] *s.* (Aus)Seigerung *f*: *~ hearth* Seigerherd.

liq·ue·fa·cient [likwi'feiʃənt] **I.** *s.* Verflüssigungsmittel *n*; **II.** *adj.* verflüssigend; **liq·ue'fac·tion** [-'fækʃən] *s.* Verflüssigung *f*; **liq·ue·fi·a·ble** ['likwifaiəbl] *adj.* schmelzbar; **liq·ue·fy** ['likwifai] *v/t. u. v/i.* (sich) verflüssigen; schmelzen; **li·ques·cent** [li'kwesnt] *adj.* sich (leicht) verflüssigend, schmelzend.

li·queur [li'kjuə] *s.* Li'kör *m*.

liq·uid ['likwid] **I.** *adj.* □ **1.** flüssig; Flüssigkeits...: *~ measure* Flüssigkeitsmaß; **2.** klar, hell u. glänzend: *~ eyes*; *~ sky*; **3.** fließend, wohltönend; **4.** ✝ li'quid, flüssig: *~ assets*; **5.** unbeständig, schwankend; **II.** *s.* **6.** Flüssigkeit *f*; **7.** *Phonetik*: Liquida *f*.

liq·ui·date ['likwideit] *v/t.* **1.** *Schulden etc.* tilgen, abtragen; **2.** *Konten* abrechnen, saldieren; **3.** ✝ *Unternehmen* liquidieren (*a. fig. j-n töten*); **liq·ui·da·tion** [likwi'deiʃən] *s.* **1.** ✝ Liquidati'on *f*, Abwicklung *f* (*Unternehmen*): *to go into ~* in Liquidation treten; **2.** Tilgung *f*, Bezahlung *f*; **3.** Abrechnung *f*; **4.** *fig.* Liquidierung *f*, Beseitigung *f*; **'liq·ui·da·tor** [-tə] *s.* ✝ Liqui'dator *m*, Abwickler *m*.

li·quid·i·ty [li'kwiditi] *s.* **1.** flüssiger Zustand; **2.** ✝ Liquidi'tät *f*, (Geld-) Flüssigkeit *f*.

liq·uor ['likə] **I.** *s.* **1.** alko'holisches Getränk, 'Alkohol *m* (*bsd. Branntwein u. Whisky*): *in ~, the worse for ~* betrunken; **2.** Flüssigkeit *f*; *pharm.* Arz'neilösung *f*; **3.** ⊕ **a)** Lauge *f*, **b)** Flotte *f* (*Färbebad*); **II.** *v/i.* **4.** *a. ~ up sl.* ‚einen heben' (*trinken*); **~ cab·i·net** *s. Am.* Hausbar *f*.

liq·uo·rice ['likəris] *s.* La'kritze *f*.

lisp [lisp] **I.** *v/i.* **1.** (*a. v/t. et.*) lispeln (*a. fig. Blätter etc.*), mit der Zunge anstoßen; **2.** stammeln; **II.** *s.* **3.** Lispeln *n*.

lis·some, *a.* **lis·som** ['lisəm] *adj.* **1.** geschmeidig; **2.** wendig, a'gil.

list[1] [list] **I.** *s.* Liste *f*, Verzeichnis *n*: *on the ~* auf der Liste; *~ price* ✝ Listenpreis; **II.** *v/t.* verzeichnen, aufführen, katalogisieren; aufzählen; in e-e Liste eintragen: *~ed Am.* ✝ amtlich notiert, börsenfähig (*Wertpapier*); **III.** *v/i.* ⚔ → *enlist 3*.

list[2] [list] *s.* **1.** Saum *m*, Rand *m*; **2.** *Weberei*: Salband *n*, Webekante *f*; **3.** (Sal)Leiste *f*; **4.** *pl.* **a)** Schranken *pl.* (*e-s Turnierplatzes*), **b)** Kampfplatz *m* (*a. fig.*): *to enter the ~s fig.* in die Schranken treten.

list[3] [list] **I.** *s.* **1.** ⚓ Schlagseite *f*; **II.** *v/i.* **2.** ⚓ Schlagseite haben; **3.** *fig.* sich neigen (*Gebäude, Zaun*).

list[4] [list] *obs. v/i.* wünschen.

list[5] [list] *obs. od. poet.* → *listen 1*.

lis·ten ['lisn] **I.** *v/i.* **1.** horchen, hören, lauschen (*to* auf *acc.*): *to ~ to* **a)** *j-m* zuhören, *j-n* anhören, **b)** auf *j-n, j-s Rat* hören, *j-m* Gehör schenken, **c)** *e-m Rat etc.* folgen; → *reason 1*; **2.** *~ in* **a)** Radio hören, **b)** (*am Telephon etc.*) mithören (*on s.th. et.*): *to ~ in to et.* im Radio hören; **'lis·ten·er** [-nə] *s.* **1.** Horcher(in), Lauscher(in); **2.** Zuhörer (-in); **3.** (Rundfunk)Hörer(in); **'lis-**

ten·er-ˈin *pl.* **ˈlis·ten·ers-ˈin** → *listener 3.*

ˈlis·ten·ing|-post [ˈlisniŋ] *s.* ⚔ Horchposten *m (a. fig.)*; ~ **serv·ice** *s.* ⚔, *Funk*: Abhördienst *m*.

list·less [ˈlistlis] *adj.* □ lustlos, teilnahmslos, matt, gleichgültig.

lists [lists] → *list*² 4.

lit [lit] I. *pret. u. p.p.* von *light*¹ *u. light*³; II. *adj. mst* ~ *up sl.* ‚blau' (*betrunken*).

lit·a·ny [ˈlitəni] *s. eccl. u. fig.* Litaˈnei *f*.

li·ter *Am.* → *litre*.

lit·er·a·cy [ˈlitərəsi] *s.* **1.** Fähigkeit *f* zu lesen u. zu schreiben; **2.** (geistige) Bildung; **ˈlit·er·al** [-rəl] *adj.* □ **1.** wörtlich, wortgetreu; **2.** ungeschminkt, nüchtern: ~ *account*; ~ *truth*; **3.** eigentlich: ~ *sense*; **4.** *fig.* buchstäblich: ~ *annihilation*; **5.** am Buchstaben klebend, peˈdantisch, proˈsaisch (*Person*); **6.** Buchstaben...; **ˈlit·er·al·ism** [-rəlizəm], **ˈlit·er·al·ness** [-rəlnis] *s.* Festhalten *n* am Buchstaben, *bsd.* strenge *od.* allzu wörtliche Überˈsetzung *od.* Auslegung, Buchstabenglaube *m*.

lit·er·ar·y [ˈlitərəri] *adj.* □ **1.** liteˈrarisch, Literatur...: ~ *historian* Literarhistoriker; ~ *history* Literaturgeschichte; ~ *language* Schriftsprache; **2.** schriftstellerisch: *a* ~ *man* ein Literat; ~ *property* geistiges Eigentum; **3.** liteˈrarisch gebildet; **4.** gewählt: *a* ~ *expression*; **lit·er·ate** [ˈlitərit] I. *adj.* **1.** des Lesens u. Schreibens kundig; **2.** (liteˈrarisch) gebildet; **3.** liteˈrarisch; II. *s.* **4.** Gebildete(r *m*) *f*, Gelehrte(r *m*) *f*; **lit·e·ra·ti** [litəˈrɑːtiː] *s. pl.* **1.** Liteˈraten *pl.*; **2.** *die* Gelehrten *pl.*; **lit·e·ra·tim** [litəˈrɑːtim] (*Lat.*) *adv.* buchstäblich, wörtlich; **lit·er·a·ture** [ˈlitəritʃə] *s.* **1.** (ˈFach)Literaˌtur *f*, Schrifttum *n*; **2.** F Druckschriften *pl.*

lithe [laið] *adj.* □ geschmeidig; **ˈlithe·ness** [-nis] *s.* Geschmeidigkeit *f*; **ˈlithe·some** [-səm] → *lithe*.

lith·o·chro·mat·ic [liθəkrəˈmætik] *adj.* Farben-, Buntdruck...

lith·o·graph [ˈliθəgrɑːf; -græf] I. *s.* Lithograˈphie *f*, Steindruck *m* (*Erzeugnis*); II. *v/t. u. v/i.* lithographieren; **li·thog·ra·pher** [liˈθɔgrəfə] *s.* Lithoˈgraph *m*; **lith·o·graph·ic** [liθəˈgræfik] *adj.* (□ ~*ally*) lithoˈgraphisch; Steindruck...; **li·thog·ra·phy** [liˈθɔgrəfi] *s.* Lithographie *f*, Steindruck *m*.

Lith·u·a·ni·an [liθju(ː)ˈeinjən] I. *s.* **1.** Litauer(in); **2.** *ling.* Litauisch *n*; II. *adj.* **3.** litauisch.

lit·i·gant [ˈlitigənt] ⚖ I. *s.* Proˈzeßführende(r *m*) *f*, (streitende) Parˈtei; II. *adj.* streitend, proˈzeßführend; **lit·i·gate** [ˈlitigeit] *v/i. u. v/t.* prozessieren (um), streiten (um); **lit·i·ga·tion** [litiˈgeiʃən] *s.* Rechtsstreit *m*, Proˈzeß *m*; **li·ti·gious** [liˈtidʒəs] *adj.* □ **1.** ⚖ Prozeß...; strittig, streitig; **2.** proˈzeß-, streitsüchtig.

lit·mus [ˈlitməs] *s.* ⚗ Lackmus *n*; **ˈ~-pa·per** *s.* ˈLackmuspaˌpier *n*.

li·tre [ˈliːtə] *s.* Liter *n*.

lit·ter [ˈlitə] I. *s.* **1.** Sänfte *f*; **2.** Tragbahre *f*; **3.** Streu *f*; **4.** herˈumliegende Sachen *pl.*, *bsd.* herˈumliegender Abfall; **5.** Wust *m*, Unordnung *f*; **6.** *zo.* Wurf *m Ferkel etc.*; II. *v/t.* **7.** *mst* ~ *down* Streu legen für *Tiere*; *Stall, Boden* einstreuen; **8.** unordentlich ver- *od.* bestreuen; *Zimmer* in Unordnung bringen; *oft* ~ *up* unordentlich herˈumliegen in (*dat.*) *od.* auf (*dat.*); **9.** *zo. Junge* werfen; III. *v/i.* **10.** Junge werfen.

lit·tle [ˈlitl] I. *adj.* **1.** klein: *a* ~ *house* ein kleines Haus, ein Häuschen; *a* ~ *one* ein Kleines (*Kind*); *our* ~ *ones* unsere Kleinen; ~ *Mary Brit.* F *der* Magen; *the* ~ *people* die Elfen *od.* Heinzelmännchen; **2.** kurz (*Strecke od. Zeit*); **3.** wenig: ~ *hope*; *a* ~ *honey* ein wenig *od.* ein bißchen *od.* etwas Honig; **4.** klein, gering(fügig), unbedeutend; **5.** klein(lich), beschränkt, engstirnig: ~ *minds* kleine Geister; **6.** gemein, erbärmlich; **7.** *iro.* klein: *her poor* ~ *efforts*; *his* ~ *ways* s-e kleinen Eigenarten *od.* Schliche; II. *adv.* **8.** wenig, kaum, nicht sehr; **9.** überˈhaupt nicht: *he* ~ *knows* er hat keine Ahnung; **10.** wenig, selten; III. *s.* **11.** Kleinigkeit *f*, *das* Wenige, *ein* bißchen: *a* ~ ein wenig, ein bißchen; *not a* ~ nicht wenig; *after a* ~ nach e-m Weilchen; *a* ~ *rash* ein bißchen voreilig; ~ *by* ~, *by* ~ *and* ~ nach und nach; **ˈlit·tle·ness** [-nis] *s.* **1.** Kleinheit *f*; **2.** Geringfügigkeit *f*, Bedeutungslosigkeit *f*; **3.** Kleinlichkeit *f*.

lit·to·ral [ˈlitərəl] I. *adj.* **1.** Küsten..., Ufer...; II. *s.* **2.** Gezeitenzone *f*; **3.** Küstenland *n*.

li·tur·gic *adj.*; **li·tur·gi·cal** [liˈtəːdʒik(əl)] *adj.* □ liˈturgisch; **lit·ur·gy** [ˈlitə(ː)dʒi] *s. eccl.* Liturˈgie *f*.

liv·a·ble [ˈlivəbl] *adj.* **1.** wohnlich; **2.** *mst* ~-*with* ˈumgänglich; **3.** lebenswert, erträglich.

live¹ [liv] I. *v/i.* **1.** *allg.* leben: **a)** (orˈganisches) Leben haben, **b)** am Leben bleiben; *weitS.* bestehen, aushalten: *to* ~ *through s.th.* et. durchmachen *od.* -stehen; *to* ~ *to a great age* ein hohes Alter erreichen; *to* ~ *to see* erleben; *he will* ~ *to regret it* er wird es noch bereuen; ~ *and learn!* man lernt nie aus; ~ *and let* ~ leben u. leben lassen, **c)** *oft* ~ *on* weiter-, fortleben (*mst fig.*), **d)** sich (er)nähren ([*up*]*on* von, *by* von, durch), den ˈLebensˌunterhalt bestreiten (*by* durch): *to* ~ *on bread and water* von Wasser u. Brot leben; *he* ~*s on his wife* er lebt auf Kosten *od.* von den Einkünften seiner Frau; *to* ~ *off* vom *Kapital etc.* zehren, **e)** ein *ehrliches etc.* Leben führen: *to* ~ *honestly*; *to* ~ *well* üppig *od.* gut leben; *to* ~ *to o.s.* (nur) für sich leben, **f)** wohnen: *to* ~ *in the country* auf dem Lande leben, **g)** das Leben genießen; II. *v/t.* **2.** *ein bestimmtes Leben* führen *od.* leben; **3.** (vor)leben, im Leben verwirklichen;

Zssgn mit adv.:

live| down *v/t.* durch tadellosen Lebenswandel vergessen machen *od.* widerˈlegen *od.* überˈwinden; ~ **in** *v/i.* am Arbeitsplatz wohnen; ~ **out** I. *v/t.* überˈleben; II. *v/i.* nicht am Arbeitsplatz wohnen; ~ **to·geth·er** *v/i.* (unverheiratet) zuˈsammen leben; ~ **up** *v/i.*: ~ *to s-n Grundsätzen etc.* gemäß leben; *s-m Ruf etc.* gerecht werden, entsprechen; *Versprechen* halten.

live² [laiv] *adj.* (*nur attr.*) **1.** leˈbendig: **a)** lebend: ~ *animals*, **b)** *fig.* lebhaft (*a. Debatte etc.*); rührig, tätig, eˈnergisch (*Person*); **2.** aktuˈell: *a* ~ *question*; **3.** glühend (*Kohle etc.*) (*a. fig.*); ⚔ scharf (*Munition*); ungebraucht (*Streichholz*); ⚡ stromführend, geladen: ~ *wire fig.* energiegeladener Mensch; **4.** *Radio, Fernsehen*: Direkt..., Original..., Live-...: ~ *broadcast* Live-Sendung, Direktübertragung; **5.** ⊕ **a)** Trieb..., **b)** angetrieben.

-lived [livd] *in Zssgn* ...lebig.

live·li·hood [ˈlaivlihud] *s.* ˈLebensˌunterhalt *m*, Auskommen *n*: *to earn* (*od. make*) *a* (*od. one's*) ~ sein Brot verdienen.

live·li·ness [ˈlaivlinis] *s.* Lebhaftigkeit *f*; Leˈbendigkeit *f*.

live·long [ˈlivlɔn] *adj. poet.*: *the* ~ *day* den lieben langen Tag.

live·ly [ˈlaivli] *adj.* □ **1.** lebhaft, leˈbendig (*Person, Geist, Gespräch, Rhythmus, Gefühl, Erinnerung, Farbe, Beschreibung etc.*); kräftig, viˈtal; aufregend (*Zeit*): *to make it* (*od. things*) ~ *for j-m* (tüchtig) einheizen; ~ *with* belebt von *od.* durch; **2.** schnell; **3.** stark, fest: ~ *hope*.

liv·en [ˈlaivn] *v/t. u. v/i. mst* ~ *up* F (sich) beleben, leˈbendig *od.* munter machen (werden); *nur v/t.* Leben bringen in (*acc.*).

liv·er¹ [ˈlivə] *s. anat.* Leber *f*.

liv·er² [ˈlivə] *s.*: *fast* ~ Lebemann; *good* ~ Schlemmer; *loose* ~ liederlicher Mensch.

liv·er·ied [ˈlivərid] *adj.* livriert.

liv·er·ish [ˈlivəriʃ] *adj.* F **1.** leberleidend; **2.** gallig, mürrisch.

ˈliv·er|-rot *s. vet.* Leberfäule *f*; **ˈ~·wort** *s.* ♣ Leberblümchen *n*.

liv·er·y [ˈlivəri] *s.* **1.** Liˈvree *f*; **2.** (*bsd.* Amts)Tracht *f*; *fig.* (*a. zo. Winter- etc.*)Kleid *n*; **3.** → *livery company*; **4.** Pflege *f* u. ˈUnterbringung *f* (*von Pferden*) gegen Bezahlung: *at* ~ in Futter *stehen etc.*; **5.** *Am.* → *livery stable*; **6. a)** ˈÜbergabe *f*, Überˈtragung *f*, **b)** *Brit.* ˈÜbergabe *f* von vom Vormundschaftsgericht freigegebenem Eigentum; ~ **com·pa·ny** *s.* (Handels-)Zunft *f* der *City of London*; **ˈ~·man** [-mən] *s.* [*irr.*] Zunftmitglied *n*; ~ **serv·ant** *s.* livrierter Diener; ~ **sta·ble** *s.* Mietstallung *f*.

lives [laivz] *pl. von life.*

live| steam [laiv] *s.* Frischdampf *m*; **ˈ~-stock** *s.* Vieh(bestand *m*) *n*, lebendes Invenˈtar; ~ **weight** *s.* Lebendgewicht *n*.

liv·id [ˈlivid] *adj.* □ **1.** bläulich; bleifarben, graublau; **2.** fahl, aschgrau, bleich, blaß (*with* vor *dat.*); **3.** *Brit.* F ‚fuchsteufelswild'; **li·vid·i·ty** [liˈviditi], **ˈliv·id·ness** [-nis] *s.* Fahlheit *f*, Blässe *f*.

liv·ing [ˈliviŋ] I. *adj.* □ **1.** lebend

(*a. Sprachen*); le'bendig (*a. fig. Glaube etc.*): *no man* ~ kein Sterblicher; *the* ~ die Lebenden; *while* ~ zu Lebzeiten; *the greatest of* ~ *statesmen* der größte lebende *od.* zeitgenössische Staatsmann; ~ *death* trostloses Dasein; *the* ~ *image* das genaue Ebenbild; *within* ~ *memory* seit Menschengedenken; **2.** glühend (*Kohle*); **3.** gewachsen (*Fels*); **4.** Lebens...: ~ *conditions*; **II.** *s.* **5.** (das) Leben; **6.** Leben *n*, Lebensweise *f*, -führung *f*: *good* ~ üppiges Leben; **7.** 'Lebens,unterhalt *m*: *to make a* ~ s-n Lebensunterhalt verdienen (*as* als, *out of* durch); **8.** Wohnen *n*; **9.** *eccl. Brit.* Pfründe *f*; '**~-room** *s.* Wohnzimmer *n*; '**~-space** *s.* **1.** Wohnfläche *f*; **2.** *pol.* Lebensraum *m*; **~ wage** *s.* Exi'stenz,minimum *n*, Mindestlohn *m*.

Li·vo·ni·an [li'vounjən] **I.** *adj.* livländisch; **II.** *s.* Livländer(in).

lix·iv·i·ate [lik'sivieit] *v/t.* auslaugen.

liz·ard ['lizəd] *s. zo.* Eidechse *f*.

Liz·zie ['lizi] *s. mot. sl.* ‚alte Kiste' (*bsd. altes Fordmodell*).

'll [l; əl] F *für will od. shall*.

lla·ma ['lɑːmə] *s. zo.* Lama(wolle *f*) *n*.

Lloyd's [lɔidz] *s.* Lloyd's (*Londoner Schiffsbörse für Seehandel u. Seeversicherung*).

lo [lou] *int.* siehe!: ~ *and behold!* sieh(e) da!

loach [loutʃ] *s. ichth.* Schmerle *f*.

load [loud] **I.** *s.* **1.** Last *f* (*a. fig. Bürde*; *a. phys. Druck*): *to take a* ~ *off s.o.'s mind* j-m e-e Last von der Seele nehmen; **2.** Ladung *f* (*a. e-r Schußwaffe*; *a. Am. sl. Menge Alkohol*), Fuhre *f*: *get a* ~ *of this! Am. sl.* hör mal gut zu!; **3.** *pl.* F Massen *pl.*, e-e Unmasse; **4.** ⊕, ⚡ Last *f*, (Arbeits)Belastung *f*; Leistung *f*: ~ *capacity* **a)** Ladefähigkeit, **b)** Tragfähigkeit, **c)** ⚡ Belastbarkeit; **II.** *v/t.* **5.** beladen; **6.** *Güter, Schußwaffe etc.* laden; aufladen: *to* ~ *a camera phot.* e-n Film einlegen; **7.** *fig. j-n* über'häufen (*with* mit *Arbeit, Geschenken, Vorwürfen etc.*); *Magen* über'laden; **8.** *Würfel* beschweren *od.* fälschen; *Stock* mit Blei beschweren; *Wein* verfälschen: *to* ~ *one's dice fig.* s-e Karten zinken; *the dice are* ~*ed against him fig.* er zieht den kürzeren; ~*ed cane* bleibeschwerter Stock, Totschläger; ~*ed question* Fangfrage; **~ up** *v/t. u. v/i.* (auf)laden; F tüchtig zulangen (*beim Essen*).

load·er ['loudə] *s.* **1.** (Ver)Lader *m*; **2.** Verladevorrichtung *f*; **3.** *hunt.* Lader *m*; ⚔ Ladeschütze *m*; **4.** *in Zssgn* ...lader *m*; → *breech-loader*.

load·ing ['loudiŋ] *s.* **1.** Beladen *n*; ✝ (Auf)Laden *n*; *attr.* Lade...; **2.** Ladung *f*, Fracht *f*; **3.** ⊕, ⚡, ✈ Belastung *f*; **4.** *Versicherung*: Verwaltungskostenanteil *m* (*der Prämie*); **~ bridge** *s.* ✈ Fluggastbrücke *f*.

'load|-line *s.* ⚓ Lade(wasser)linie *f*; '**~-star** → *lodestar*; '**~-stone** *s. min.* Ma'gneteisenstein *m*; *fig.* Ma'gnet *m*; **~ test** *s.* ⊕, ⚡ Belastungsprobe *f*; '**~-wa·ter·line** → *load-line*.

loaf[1] [louf] *pl.* **loaves** [louvz] *s.* **1.** Laib *m* (*Brot*); *weitS.* Brot *n*: *half a* ~ *is better than no bread* etwas ist besser als gar nichts; **2.** Zuckerhut *m*; **3.** Hackbraten *m*; **4.** *Brit. sl.* ‚Hirn' *n*: *use your* ~ denk mal nach.

loaf[2] [louf] **I.** *v/i.* her'umlungern, bummeln; faulenzen; **II.** *v/t.* ~ *away Zeit* verbummeln; **III.** *s.* F: *to be on the* ~ → *I*; '**loaf·er** [-fə] *s.* Bummler *m*; Müßiggänger *m*, Faulenzer *m*.

loaf sug·ar *s.* Hutzucker *m*.

loam [loum] *s.* Lehm(boden) *m*; '**loam·y** [-mi] *adj.* lehmig; Lehm..., lehmhaltig.

loan [loun] **I.** *s.* **1.** (Ver)Leihen *n*: *on* ~ leihweise; *to ask for the* ~ *of s.th.* et. leihweise erbitten; *to put out to* ~ verleihen; **2.** Anleihe *f* (*a. fig.*): *to take up a* ~ *on* e-e Anleihe aufnehmen auf *e-e Sache*; *government* ~ Staatsanleihe; **3.** Darlehen *n*, Kre'dit *m*; **4.** Leihgabe *f* (*für e-e Ausstellung*); **II.** *v/t. u. v/i.* **5.** *bsd. Am.* (ver-, aus)leihen (*to dat.*); '**~-bank** *s.* Darlehensbank *f*, Kre'ditanstalt *f*; '**~-of·fice** *s.* **1.** Darlehenskasse *f*; **2.** Pfandleihe *f*; '**~-so·ci·e·ty** *s. Brit.* Darlehensgesellschaft *f*; '**~-word** *s. ling.* Lehnwort *n*.

loath [louθ] *adj.* (*nur pred.*) abgeneigt, unwillig: *I am* ~ *to do it* ich tue es sehr ungern; *to be* ~ *for s.o. to do s.th.* dagegen sein, daß j-d et. tut; *nothing* ~ durchaus nicht abgeneigt.

loathe [louð] *v/t.* **1.** verabscheuen, hassen, nicht ausstehen können; **2.** sich ekeln vor (*dat.*); '**loath·ing** [-ðiŋ] *s.* Abscheu *m*, heftiger 'Widerwille; Ekel *m* (*at* vor *dat.*); '**loath·ing·ly** [-ðiŋli] *adv.* mit Abscheu *etc.*; '**loath·some** [-səm] *adj.* □ widerlich, ab'scheulich, verhaßt; ekelhaft, eklig.

loaves [louvz] *pl. von loaf*[1].

lob [lɔb] **I.** *s.* **1.** *Tennis*: Lob(ball) *m*, Hochschlag *m*; **2.** *Kricket*: Grundball *m*; **II.** *v/t. u. v/i.* **3. a)** (*Tennisball*) hoch (zu'rück)schlagen, lobben, **b)** (*Kricketball*) von unten her hochwerfen.

lo·bate ['loubeit] → *lobed*.

lob·by ['lɔbi] **I.** *s.* **1. a)** Vorhalle *f*, Vesti'bül *n*, **b)** Wandelgang *m*, -halle *f* (*a. parl.*), Foy'er *n* (*bsd. thea.*); **2.** *pol.* (Vertreter *pl.* von) Inter'essengruppen *pl.*, Lobby *f*; **II.** *v/t. u. v/i.* **3.** (Abgeordnete) beeinflussen *od.* bearbeiten: *to* ~ (*through*) *Gesetzesantrag* mit Hilfe e-r Lobby durchbringen; '**lob·by·ist** [-iist] *s. pol.* Lobby'ist *m* (*Agent e-r Interessengruppe*).

lobe [loub] *s. bsd.* ♀, *anat.* Lappen *m*: ~ *of the ear* Ohrläppchen; **lobed** [-bd] *adj.* gelappt, lappig.

lob·ster ['lɔbstə] *s. zo.* Hummer *m*: *as red as a* ~ *fig.* krebsrot; *spiny* ~ Languste.

lob·u·lar ['lɔbjulə] *adj.* ⚕ kleinlappig, Lobulär...; '**lob·ule** [-juːl] *s.* ♀, *anat.* Läppchen *n*.

'**lob·worm** *s.* Köderwurm *m*.

lo·cal ['loukəl] **I.** *adj.* □ **1.** lo'kal, örtlich, Lokal..., Orts...: ~ *call teleph.* Ortsgespräch; ~ *news* Lokalnachrichten; ~ *traffic* Lokal-, Orts-, Nahverkehr; **2.** Orts..., ortsansässig, hiesig: *the* ~ *doctor*; **3.** lo'kal, örtlich, Lokal...: ~ *an(a)esthesia* ⚕ Lokalanästhesie, örtliche Betäubung; *a* ~ *custom* ein ortsüblicher Brauch; **4.** *Brit.* (*als Postvermerk*) Ortsdienst!; **II.** *s.* **5.** *a.* ~ *train* Vorort(s)zug *m*; **6.** *Zeitung*: Lo'kalnachricht *f*; **7.** *Am.* Ortsgruppe *f* (*Verein etc.*); **8.** *pl.* Ortsansässige *pl.*; **9.** *Brit.* F (nächstgelegene) Kneipe, Stammkneipe *f*; **10.** *Brit.* F → *local examination*; **~ col·o(u)r** *s.* **1.** *Literatur*: Lo'kalkolo,rit *n*; **2.** *paint.* Lo'kalfarbe *f*.

lo·cale [lou'kɑːl] *s.* Schauplatz *m*, Ort *m* (*Ereignis etc.*).

lo·cal| ex·am·i·na·tion *s. Brit. von e-r Universitäts-Prüfungskommission abgehaltene Prüfung an e-r höheren Schule*; **~ gov·ern·ment** *s.* Gemeinde-, Kommu'nalverwaltung *f*.

lo·cal·ism ['loukəlizəm] *s.* **1.** *ling.* örtliche (Sprach)Eigentümlichkeit, Provinzia'lismus *m*; **2.** Borniertheit *f*.

lo·cal·i·ty [lou'kæliti] *s.* **1.** Örtlichkeit *f*, Ort *m*: *sense of* ~ Ortssinn; **2.** (örtliche) Lage.

lo·cal·i·za·tion [loukəlai'zeiʃən] *s.* Lokalisierung *f*, örtliche Bestimmung *od.* Festlegung *od.* Beschränkung; '**lo·cal·ize** ['loukəlaiz] *v/t.* **1.** lokalisieren: **a)** örtlich festlegen, **b)** örtlich beschränken (*to* auf *acc.*); **2.** Lo'kalkolo,rit geben (*dat.*); **lo·cal·iz·er** ['loukəlaizə] *s.* ✈ Landekurssender *m*: ~ *beam* Leitstrahl.

lo·cal time *s.* Ortszeit *f*.

lo·cate [lou'keit] **I.** *v/t.* **1.** ausfindig machen, die örtliche Lage *od.* den Aufenthalt ermitteln von; ⚓ *etc.* orten; ⚔ *Ziel etc.* ausmachen; **2.** *Büro etc.* errichten; **3.** *Am.* **a)** *Land etc.* abstecken, **b)** den Ort *od.* die Grenzen festsetzen für; **4.** e-n bestimmten Platz zuweisen (*dat.*), einordnen; *wo* an- *od.* 'unterbringen; *an e-n Ort* verlegen: *to be* ~*d* gelegen sein, *wo* liegen *od.* sich befinden, *a.* s-n Wohnsitz haben; **II.** *v/i.* **5.** *Am.* F sich niederlassen; **lo'ca·tion** [-eiʃən] *s.* **1.** örtliche Festlegung, Ortung *f*; Ausfindigmachen *n*; 'Unterbringung *f*; **2.** Stelle *f*, Lage *f*, Platz *m*; Standort *m*; **3.** Anweisung *f* von (*od.* angewiesenes) Land; Farm *f*; *Am.* Grundstück *n*; *Film*: Gelände *n* für Außenaufnahmen: *on* ~ auf Außenaufnahme; ~ *shots* Außenaufnahmen; **4.** Niederlassung *f*; **5.** ⚖ Verpachtung *f*, -mietung *f*.

loch [lɔk; lɔx] *s. Scot.* **1.** See *m*; **2.** Bucht *f*.

lo·ci ['lousai] *pl. u. gen. von locus*.

lock[1] [lɔk] **I.** *s.* **1.** Schloß *n* (*an Türen etc.*): *under* ~ *and key* hinter Schloß u. Riegel, unter Verschluß; **2.** Verschluß *m*; Sperrvorrichtung *f*; Schloß *n* (*Gewehr etc.*): ~, *stock, and barrel fig.* **a)** mit Stumpf u. Stiel, ganz u. gar, **b)** mit allem Drum u. Dran, **c)** mit Sack u. Pack; **3.** Schleusenkammer *f*; **4.** *mot.* Ein-

schlag *m* (*der Vorderräder*); **5.** Stauung *f*, Gedränge *n* (*von Fahrzeugen etc.*); **6.** *Ringen*: Fessel(ung) *f*; **II.** *v/t.* **7.** *oft* ~ *up* ab-, zu-, verschließen, versperren; **8.** *oft* ~ *up* einschließen, (ein)sperren (*in, into in acc.*); **9.** um'schließen, um'fassen, *in die Arme* schließen; inein'anderschlingen, *Arme* verschränken; *Ringen*: (um)'fassen, fesseln; ⊕ sperren; **III.** *v/i.* **10.** sperren, sich schließen (lassen); **11.** inein'ander-, eingreifen;
Zssgn mit adv.:
lock| a·way *v/t.* wegschließen; ~ **down** *v/t. Schiff* hin'abschleusen; ~ **in** *v/t.* einschließen, -sperren; ~ **out** *v/t.* hin'aus-, *a. Arbeiter* aussperren; ~ **up** *v/t.* **1.** → *lock*¹ 7, 8: *to lock o.s. up* sich einschließen; **2.** ver-, ein-, wegschließen; **3.** *typ. Satz* schließen; **4.** *Kapital* fest anlegen; **5.** *Schiff* hin'aufschleusen.

lock² [lɔk] *s.* **1.** Locke *f*; *pl. poet.* Haar *n*; **2.** (Woll)Flocke *f*; **3.** Strähne *f*, Büschel *n*.

lock·age ['lɔkidʒ] *s.* **1.** Schleusen (-anlage *f*) *pl.*; **2.** Schleusengeld *n*; **3.** Schleusengefälle *n*.

lock·er ['lɔkə] *s.* verschließbarer Kasten *od.* Schrank, Spind *m, n*; Schließfach *n*; → *shot*² 4.

lock·et ['lɔkit] *s.* Medail'lon *n*.

'lock|-gate *s.* Schleusentor *n*; **'~-jaw** *s.* ⚕ Kaumuskelkrampf *m*; **'~-nut** *s.* ⊕ Gegenmutter *f*; **'~-out** *s.* Aussperrung *f* (*von Arbeitern*); **'~-smith** *s.* Schlosser *m*; **'~-stitch** *s.* Kettenstich *m*; **'~-up I.** *s.* **1.** Ar'restzelle *f*; **2.** *mot.* 'Einzelga,rage *f*; **3.** (Tor)Schluß *m*; **4.** feste Anlage (*von Kapital*); **II.** *adj.* **5.** verschließbar.

lo·co¹ ['loukou] *adj. Am. sl.* me'schugge, verrückt.

lo·co² ['loukou] *s.* Lok *f* (*Lokomotive*).

lo·co·mo·tion [loukə'mouʃən] *s.* **1.** Ortsveränderung *f*, Fortbewegung *f*; **2.** Fortbewegungsfähigkeit *f*; **lo·co·mo·tive** ['loukəmoutiv] **I.** *adj.* sich fortbewegend, fortbewegungsfähig, sich frei bewegend; Fortbewegungs...; *humor.* reiselustig: ~ *engine* → *II*; **II.** *s.* Lokomo'tive *f*.

lo·cum ['loukəm] F = ~ **te·nens** ['ti:nenz] *pl.* ~ **te·nen·tes** [ti'nenti:z] *s.* Vertreter(in) (*e-s Arztes*).

lo·cus ['loukəs] *pl. u. gen.* **lo·ci** ['lousai] *s.* (& geo'metrischer) Ort.

lo·cust ['loukəst] *s.* **1.** *zo.* Heuschrecke *f*; **2.** *a.* ~-*tree* ⚘ **a)** Ro'binie *f*, 'Scheina,kazie *f*, **b)** Jo'hannisbrotbaum *m*; **3.** ⚘ Jo'hannisbrot *n*, Ka'rube *f*.

lo·cu·tion [lou'kju:ʃən] *s.* **1.** Redeweise *f*; **2.** Redewendung *f*, Redensart *f*, Ausdruck *m*.

lode [loud] *s.* ⚒ (Erz)Gang *m*, Ader *f*; **'~·star** *s.* Leitstern *m* (*a. fig.*), Po'larstern *m*; **'~·stone** → *loadstone*.

lodge [lɔdʒ] **I.** *s.* **1.** Häus-chen *n*; Jagdhütte *f*; Parkwächter-, Forsthaus *n*; Pförtnerloge *f*; **2.** (*bsd.* Freimaurer)Loge *f*; **3.** Wigwam *m der Indianer*; **II.** *v/i.* **4.** logieren, (*bsd.* in 'Untermiete) wohnen; über'nachten (*with* bei); **5.** stecken(bleiben) (*Kugel etc.*); **III.** *v/t.* **6.** 'unterbringen, aufnehmen, beherbergen; in 'Untermiete nehmen; ✝ *Güter* einlagern; **7.** *Geld* deponieren, hinter'legen; **8.** anvertrauen (*with dat.*); *Befugnisse etc.* über'tragen (*in, with, in the hands of dat. od.* auf *acc.*); **9.** *Antrag, Beschwerde etc.* einreichen, *Anzeige* erstatten, *Berufung, Protest* einlegen (*with* bei); ✝ *Kredit* eröffnen; **10.** *Geschoß* ans Ziel bringen, *a. Messer etc.* (hin'ein)jagen; *Schlag* landen, versetzen; **11.** *Getreide etc.* 'umlegen (*Wind*); **lodge·ment** → *lodgment*; **'lodg·er** [-dʒə] *s.* ('Unter)Mieter(in).

lodg·ing ['lɔdʒiŋ] *s.* **1.** Wohnen *n*, Logieren *n*; **2.** Wohnung *f*, 'Unterkunft *f*; ('Nacht)Quar,tier *n*; **3.** *pl.* **a)** (*bsd.* möbliertes) Zimmer, **b)** Mietwohnung *f*; **'~-house** *s.* Fremdenheim *n*, Pensi'on *f*: *common* ~ Herberge.

lodg·ment ['lɔdʒmənt] *s.* **1.** ⚖ Einreichung *f* (*Klage, Antrag etc.*); Erhebung *f* (*Beschwerde, Protest etc.*); Einlegung *f* (*Berufung*); **2.** Hinter'legung *f*, Deponierung *f*; **3.** ⚔ Verschanzung *f*; **4.** → *lodging 3*; **5.** Ansammlung *f*, Ablagerung *f*.

lo·ess ['louis] *s. geol.* Löß *m*.

loft [lɔft] **I.** *s.* (Dach-, *a.* ⚘ Heu-) Boden *m*; Speicher *m*; *Am.* ('durchgehendes) Obergeschoß *e-s Lagerhauses etc.*; ⛪ Em'pore *f*; (Orgel-) Chor *m*; Taubenschlag *m*; **II.** *v/t. u. v/i. Golf*: (den Ball) hochschlagen; **'loft·er** [-tə] *s. Golf*: Schläger *m* für Hochbälle.

loft·i·ness ['lɔftinis] *s.* **1.** Höhe *f*; **2.** Erhabenheit *f* (*a. fig.*); **3.** Hochmut *m*, Dünkel *m*; **loft·y** ['lɔfti] *adj.* □ **1.** hoch(ragend); **2.** erhaben: **a)** edel, **b)** über'legen; **3.** hochfliegend; **4.** stolz, hochmütig.

log [lɔg] **I.** *s.* **1.** (Holz)Klotz *m*, (-)Block *m*, (*gefällter*) Baumstamm: *in the* ~ unbehauen; *like a* ~ *fig.* wie ein Klotz; *to roll a* ~ *for s.o. Am.* j-m e-n Dienst erweisen; **2.** ⚓ Log *n*; **3.** ⚓ *etc.* → *log-book*; **II.** *v/t.* **4.** *gefällte Bäume* in Klötze schneiden; **5.** ⚓ loggen: **a)** *Entfernung* zu'rücklegen, **b)** *Geschwindigkeit etc.* in das Logbuch eintragen.

lo·gan·ber·ry ['lougənbəri] *s.* ⚘ Logan-Beere *f* (*Kreuzung zwischen Bärenbrombeere u. Himbeere*).

log·a·rithm ['lɔgəriθəm] *s.* & Loga'rithmus *m*; **log·a·rith·mic** *adj.*; **log·a·rith·mi·cal** [lɔgə'riθmik(əl)] *adj.* □ loga'rithmisch.

'log|-book *s.* **1.** ⚓ Log-, ✈ Bord-, *mot.* Fahrtenbuch *n*; **2.** Reisetagebuch *n*; ~ **cab·in** *s.* Blockhaus *n*.

logged [lɔgd] *adj.* (mit Wasser) vollgesogen.

log·ger·head ['lɔgəhed] *s. obs.* Schafskopf *m*: *to be at* ~*s* sich in den Haaren liegen.

log·gia ['lɔdʒə] *s.* ⛪ Loggia *f*.

'log-hut *s.* Blockhütte *f*.

log·ic ['lɔdʒik] *s. phls. u. fig.* Logik *f*; **'log·i·cal** [-kəl] *adj.* □ logisch (*a. fig. folgerichtig; natürlich*); **lo·gi·cian** [lou'dʒiʃən] *s.* Logiker *m*; **lo·gis·tic** [lou'dʒistik] **I.** *adj.* **1.** *phls. u.* ⚔ lo'gistisch; **II.** *s.* **2.** *phls.* Lo'gistik *f*; **3.** *pl.* ⚔ Logistik *f* (*Beschaffungs-, Nachschub- u. Transportwesen*).

log·o·gram ['lɔgougræm] *s.* Logo'gramm *n*, Wortzeichen *n*.

lo·gom·a·chy [lɔ'gɔməki] *s.* Wortklaube'rei *f*, Haarspalte'rei *f*.

'log|-roll *pol.* **I.** *v/t. Gesetz* durch gegenseitiges In-die-'Hände-Arbeiten 'durchbringen; **II.** *v/i.* sich gegenseitig in die Hände arbeiten (*Parteien*); **'~-roll·ing** *s. pol.* ‚Kuhhandel' *m*, gegenseitiges In-die-Hände-Arbeiten; **'~·wood** *s.* ⚘ Kam'pesche-, Blauholz *n*.

loin [lɔin] *s.* **1.** (*mst pl.*) *anat.* Lende *f*: *to gird up one's* ~*s fig.* s-e Lenden gürten, sich rüsten; **2.** *Küche*: Lende(nstück *n*) *f*; **'~-cloth** *s.* Lendentuch *n*.

loi·ter ['lɔitə] **I.** *v/i.* **1.** bummeln: **a)** schlendern, **b)** trödeln; **2.** her'umlungern; **II.** *v/t.* **3.** ~ *away Zeit* vertrödeln; **'loi·ter·er** [-ərə] *s.* Bummler(in), Faulenzer(in); **'loi·ter·ing** [-əriŋ] *s.* ⚖ Stadtstreiche'rei *f*.

loll [lɔl] *v/t. u. v/i.* **1.** (sich) rekeln: *to* ~ *about* herumlungern; **2.** *mst* ~ *out* (die Zunge) her'aushängen (lassen).

lol·li·pop ['lɔlipɔp] *s.* **1.** 'Lutschbon,bon *m, n*; **2.** *pl.* Süßigkeiten *pl.*

lol·lop ['lɔləp] *v/i.* F latschen, watscheln.

lol·ly ['lɔli] *s. sl.* ‚Kies' *m*, ‚Moos' *n* (*Geld*): *to earn the* ~ die Brötchen verdienen.

Lom·bard Street ['lɔmbəd] *s. fig.* der Londoner Geldmarkt.

Lon·don·er ['lʌndənə] *s.* Londoner (-in); **'Lon·don·ism** [-nizəm] *s.* Londoner (Sprach)Eigentümlichkeit *f*.

lone [loun] *adj.* einsam: *to play a* ~ *hand fig.* es im Alleingang machen; → *wolf 1*; **'lone·li·ness** [-linis] *s.* Einsamkeit *f*, Verlassenheit *f*; **'lone·ly** [-li] *adj.* einsam, verlassen (*a. fig.*), abgelegen: *to be* ~ *for Am.* F Sehnsucht haben nach *j-m*; **'lone·some** [-səm] *adj.* □ → *lonely*.

long¹ [lɔŋ] **I.** *adj.* **1.** *allg.* lang (*a. fig. langwierig*): *two miles (weeks)* ~; ~ *journey (list, syllable)*; ~ *years of misery*; ~ *measure* Längenmaß; ~ *vacation die* großen Ferien; ~ *wave* ⚡ Langwelle; ~*er comp.* länger; *a* ~ *dozen* 13 Stück; *a* ~ *guess* e-e vage Schätzung; **2.** lang, hoch(gewachsen): *a* ~ *fellow*; **3.** groß, zahlreich: *a* ~ *family*; *a* ~ *figure* eine vielstellige Zahl; *a* ~ *price* ein hoher Preis; **4.** weitreichend: *a* ~ *memory*; *to take a* ~ *view* weit vorausblicken; **5.** ✝ langfristig (*Wechsel etc.*), auf lange Sicht; **6.** ✝ eingedeckt (*of* mit); **II.** *adv.* **7.** lang, lange: ~ *dead* schon lange tot; *as (od. so)* ~ *as* **a)** solange (wie), **b)** sofern; vorausgesetzt, daß; ~ *ago* vor langer Zeit; *not* ~ *ago* vor kurzem; *as* ~ *ago as 1900* schon 1900; *all day* ~ den ganzen Tag (lang); *to be* ~ **a)** lange dauern (*Sache*), **b)** lange brauchen (*[in] doing s.th.* et. zu tun); *don't be* ~*!* mach nicht so lang!; *it was not* ~ *before* es dauerte nicht lange bis *er kam etc.*; *so* ~*!* tschüs!, bis später (dann); *no (od. not any)* ~*er* nicht (mehr) länger, nicht mehr; ~*est sup.* am längsten; **III.** *s.* **8.** (e-e) lange Zeit: *at (the)*

~est längstens; *before ~* bald, binnen kurzem; *for ~* lange (Zeit); *it is ~ since* es ist lange her, daß; **9.** *to take ~* lange brauchen; *the ~ and the short of it* **a)** die ganze Geschichte, **b)** mit 'einem Wort, kurzum; **10.** Länge *f*: **a)** *Phonetik*: langer Laut, **b)** *Metrik*: lange Silbe; **11.** *Brit.* F *die* großen Ferien *pl.*

long² [lɔŋ] *v/i.* sich sehnen (*for* nach): *I ~ed to see him* ich sehnte mich danach, ihn zu sehen; *the ~ed-for rest* die ersehnte Ruhe.

'long|·boat *s.* ⚓ Großboot *n*, großes Beiboot (*e-s Segelschiffs*); '**~-bow** [bou] *s. hist.* Langbogen *m*: *to draw the ~* übertreiben, aufschneiden; '**~-clothes** *s. pl. Brit.* Tragkleid *n* (*Kleinkind*); '**~-'dat·ed** *adj.* langfristig; '**~-'dis·tance I.** *adj.* **1.** *teleph. etc. Am.* Fern...(*-gespräch, -empfang, -leitung etc.*; *a. -fahrt, -lastzug, -verkehr etc.*); **2.** ✈, *sport* Langstrecken...(*-flug, -lauf*); **II.** *s.* **3.** *teleph. Am.* Fernamt *n*; '**~-'drawn,** '**~-drawn-'out** *adj. fig.* langatmig, lang hin('aus)gezogen.

longe [lʌndʒ] **I.** *s.* Longe *f*, Laufleine *f* (*für Pferde*); **II.** *v/t. Pferd* longieren.

lon·ge·ron ['lɔndʒərən] *s.* ✈ Rumpf(längs)holm *m.*

lon·gev·i·ty [lɔn'dʒeviti] *s.* Langlebigkeit *f*, langes Leben.

long| firm *s.* † *Brit.* 'Schwindel‚firma *f*; '**~hair** *s.* **1.** Künstler *m od.* Liebhaber *m* ernster Mu'sik; **2.** Intellektu'elle(r) *m*; '**~-hand** *s.* Langschrift *f*, *gewöhnliche* Schreibschrift; '**~-'head·ed** *adj.* **1.** langköpfig; **2.** gescheit, schlau; '**~horn** *s.* **1.** langhörniges Tier; **2.** langhörniges Rind.

long·ing ['lɔŋiŋ] **I.** *adj.* □ sehnsüchtig, verlangend; **II.** *s.* Sehnsucht *f*, Verlangen *n* (*for* nach).

long·ish ['lɔŋiʃ] *adj.* ziemlich lang.

lon·gi·tude ['lɔndʒitju:d] *s. geogr.* Länge *f*; **lon·gi·tu·di·nal** [lɔndʒi'tju:dinl] *adj.* □ **1.** *geogr.* Längen...; **2.** Längs...; **lon·gi·tu·di·nal·ly** [lɔndʒi'tju:dinəli] *adv.* längs, der Länge nach.

long| johns *s. pl.* lange 'Unterhose; '**~-legged** *adj.* langbeinig; '**~-lived** *adj.* langlebig; '**~-'play·ing rec·ord** *s.* Langspielplatte *f*; **~ prim·er** *s. typ.* Korpus *f* (*Schriftgrad*); '**~-'range** *adj.* **1.** ⚔ weittragend, Fernkampf..., Fern...; ✈ Langstrekken...: *~ bomber*; **2.** auf lange Sicht (geplant); '**~·shore·man** [-mən] *s.* [*irr.*] Hafenarbeiter *m*; **~ shot** *s. Film*: To'tale *f*; '**~-'sight·ed** *adj.* **1.** ⚕ weitsichtig; **2.** *fig.* weitblikkend, 'umsichtig; '**~-'stand·ing** *adj.* seit langer Zeit bestehend, alt; '**~-'suf·fer·ing I.** *s.* Langmut *f*; **II.** *adj.* langmütig; '**~-term** *adj.* langfristig; '**~·ways** → *longwise*; '**~-'wind·ed** *adj. fig.* langatmig; '**~·wise** *adv.* der Länge nach.

loo [lu:] **I.** *s.* **1.** Lu(spiel) *n* (*Kartenspiel*); **2.** *Brit.* F Klo *n*; **II.** *v/i.* **3.** *Brit.* F aufs Klo gehen.

loo·fa(h) ['lu:fa:] → *luffa.*

look [luk] **I.** *s.* **1.** Blick *m* (*at* auf *acc.*, nach): *to have a ~ at s.th.* (sich) et. ansehen; **2.** Miene *f*, Ausdruck *m*; **3.** *oft pl.* Aussehen *n*: *good ~s* gutes Aussehen, Schönheit; *to wear the ~ of* aussehen wie; *I do not like the ~ of it* die Sache gefällt mir nicht; **II.** *v/i.* **4.** schauen, blicken, (hin-)sehen (*at, on* auf *acc.*, nach): *don't ~!* nicht hersehen!; *don't ~ like that!* schau nicht so (drein)!; *~ here!* schau mal (her)!, hör mal (zu)!; → *leap 1*; **5.** (nach)schauen, nachsehen: *~ who is coming!* schau, wer da kommt!; *~ and see!* überzeugen Sie sich (selbst)!; **6.** *krank etc.* aussehen (*a. fig.*): *things ~ bad for him* es sieht schlimm für ihn aus; *he ~s it!* so sieht er (auch) aus!; *to ~ an idiot* wie ein Idiot aussehen; *she does not ~ her age* man sieht ihr ihr Alter nicht an; *it ~s as if* es sieht (so) aus, als ob; *to ~ like* aussehen wie; *it ~s like snow* es sieht nach Schnee aus; *he ~s like winning* es sieht so aus, als ob er gewinnen sollte; → *alive 3, sharp 14*; **7.** achten, aufpassen, sehen (*to* auf *acc.*); zusehen (*that* daß, *how* wie); **8.** *nach e-r Richtung* liegen, gehen (*toward, to* nach) (*Zimmer etc.*); **III.** *v/t.* **9.** *j-m in die Augen etc.* sehen *od.* schauen *od.* blicken: *to ~ s.o. in the eyes*; **10.** durch Blicke ausdrücken: *to ~ compassion* mitleidig dreinschauen; → *dagger 1*;

Zssgn mit prp.:

look| a·bout *v/t.*: *to ~ one* sich umsehen, um sich sehen; **~ aft·er** *v/t.* **1.** *j-m* nachblicken; **2.** sehen nach, aufpassen auf (*acc.*), sich kümmern um, sorgen für; **~ at** *v/t.* ansehen, -schauen, betrachten: *to ~ him* wenn man ihn (so) ansieht; *he wouldn't ~ it* er wollte nichts davon wissen; **~ for** *v/t.* **1.** suchen (nach), sich 'umsehen nach; **2.** erwarten; **~ in·to** *v/t.* **1.** blicken in (*acc.*); **2.** unter'suchen, prüfen; **~ on** *v/t.* betrachten, ansehen (*as* als); **~ o·ver** *v/t.* **1.** 'durchsehen, (über-)'prüfen; **2.** (absichtlich) über'sehen; **~ through** *v/t.* **1.** 'durchsehen, -lesen; **2.** *fig. j-n od. et*: durch'schauen; **~ to** *v/t.* **1.** achten *od.* achtgeben auf (*acc.*): *~ it that* achte darauf, daß; sieh zu, daß; **2.** zählen auf (*acc.*), von *j-m* erwarten, *daß er...*: *I ~ you to help me* (*od. for help*) ich erwarte Hilfe von dir; **3.** sich wenden *od.* halten an (*acc.*); **~ up·on** → *look on*;

Zssgn mit adv.:

look| a·bout *v/i.* sich 'umsehen (*for* nach); **~ a·head** *v/i.* nach vorne schauen; *fig.* vor'ausschauen; **~ back** *v/i.* **1.** *a. fig.* zu'rückblicken (*upon* auf *acc.*, *to* nach, zu); **2.** *fig.* schwankend werden; **~ down** *v/i.* **1.** her'ab-, her'untersehen (*a. fig.* [*up*]*on s.o.* auf j-n); **2.** *bsd.* † sich verschlechtern; **~ for·ward** *v/i.*: *to ~ to s.th.* sich auf e-e Sache freuen, e-r Sache erwartungsvoll entgegensehen; **~ in** *v/i.* *als Besucher* her'ein-, hin'einschauen (*on* bei); **~ on** *v/i.* zusehen, -schauen (*at* bei); **~ out I.** *v/i.* **1.** her'aus-, hin'aussehen, -schauen (*at od. of the window* zum *od.* aus dem Fenster); **2.** aufpassen: *~!* paß auf!, Vorsicht!; **3.** Ausschau halten (*for* nach); **4.** (*for*) gefaßt sein (auf *acc.*), auf der Hut sein (vor *dat.*); **5.** Ausblick gewähren, (hin'aus)gehen (*on* auf *acc.*) (*Fenster etc.*); **II.** *v/t.* **6.** aussuchen; **~ o·ver** *v/t.* **1.** 'durchsehen, (über)'prüfen; **2.** *j-n* mustern; **~ round** *v/i.* sich 'umsehen; **~ through** *v/t.* → *look over 1*; **~ up I.** *v/i.* **1.** hin'aufblicken (*at* auf *acc.*); aufblicken (*fig. to s.o.* zu j-m); **2.** F *a.* † sich bessern; steigen (*Preise*); **II.** *v/t.* **3.** *Wort* nachschlagen; **4.** *j-n* aufsuchen; **~ up and down** *v/t. j-n* von oben bis unten mustern.

'look-a·like *s.* F Doppelgänger *m.*

look·er ['lukə] *s.* F gutaussehender *od.* fescher Kerl: *she is not much of a ~* sie sieht nicht besonders gut aus; '**~-'on** [-ər'ɔn] *pl.* '**look·ers-'on** *s.* Zuschauer(in) (*at* bei).

'look-in *s. sl.* Chance *f.*

'look·ing-glass ['lukiŋ] *s.* Spiegel *m.*

'look-'out *s.* **1.** Ausschau *f*: *to be on the ~ for* nach *et.* Ausschau halten; *to keep a good ~* (*for*) auf der Hut sein (vor *dat.*); **2.** *a.* ⚓ Ausguck *m*; **3.** Aussicht *f*, -blick *m*; *fig.* Aussicht(en *pl.*) *f*; **4.** F Angelegenheit *f*: *that's his ~* das ist s-e Sache.

'look-see *s.*: *to have a ~ sl.* sich mal umsehen, die Sache mal beriechen.

loom¹ [lu:m] *s.* 'Webstuhl *m*, -ma‚schine *f.*

loom² [lu:m] *v/i.* **1.** undeutlich sichtbar werden, sich abzeichnen; **2.** (drohend) aufragen: *to ~ large* **a)** *fig.* sich auftürmen, **b)** von großer Bedeutung sein *od.* scheinen.

loon¹ [lu:n] *s. orn.* Seetaucher *m*: *common ~* Eistaucher.

loon² [lu:n] *s.* Lümmel *m*, Bengel *m.*

loon·y ['lu:ni] *sl.* **I.** *adj.* ‚plem'plem', verrückt; **II.** *s.* Verrückte(r *m*) *f*; '**~-bin** *s. sl.* ‚Klapsmühle' *f.*

loop¹ [lu:p] *s. metall.* Luppe *f.*

loop² [lu:p] **I.** *s.* **1.** Schlinge *f*, Schleife *f*; **2.** ⚡, 🚂, *Eislauf*: Schleife *f* (*a. Fluß etc.*); **3. a)** Schlaufe *f*, **b)** Öse *f*; **4.** ✈ *etc.* Looping *m, n*, 'Überschlag *m*; **II.** *v/t.* **5.** in e-e Schleife *od.* in Schleifen legen, schlingen: *to ~ up Haar, Kleid* aufstecken; **6.** *to ~ the ~* ✈ e-n Looping drehen; **III.** *v/i.* **7.** e-e Schleife machen, sich winden; '**~-a·e·ri·al** *s.* ⚡ 'Rahmenan‚tenne *f*; '**~-'hole** *s.* **1.** (Guck)Loch *n*; **2.** ⚔ **a)** Sehschlitz *m*, **b)** Schießscharte *f*; **3.** *fig.* 'Hintertürchen *n*, Ausweg *m*: *a ~ in the law* eine Lücke im Gesetz.

loose [lu:s] **I.** *adj.* □ **1.** los(e): *to come* (*od. get*) *~* **a)** abgehen (*Knöpfe*), **b)** sich ablösen (*Farbe etc.*), **c)** loskommen; *to let ~* **a)** loslassen, **b)** *s-m Ärger etc.* Luft machen; **2.** frei, befreit (*of, from* von); **3.** lose (hängend) (*Haar etc.*): *to be at a ~ end* **a)** beschäftigungslos sein, **b)** nicht wissen, was man tun soll; **4.** locker (*Boden, Gewebe, Gürtel, Schraube, Zahn etc.*), lose: *~ bowels* offener Leib; *~ change* kleines Geld; *~ collar* weicher Kragen; *~ connection* ⚡ Wackelkontakt; *~ dress* weites *od.*

lose sitzendes Kleid; ~ *figs* lose *od.* nicht verpackte Feigen; ~ *jam* offene Marmelade; ~ *tongue fig.* loses Mundwerk; **5.** einzeln, verstreut, zs.-hanglos; **6.** unklar, ungenau; unlogisch; frei (*Übersetzung*); **7.** locker, lose, liederlich: *a* ~ *fish* F ein lockerer Vogel; **II.** *adv.* **8.** lose, locker; **III.** *v/t.* **9.** *Knoten etc., a. Zunge* lösen; aufbinden; losmachen; befreien, lösen (*from* von); **10.** lockern: *to* ~ *one's hold of et.* loslassen; **11.** *a.* ~ *off Waffe, Schuß* abfeuern; **IV.** *v/i.* **12.** schießen (*at* auf *acc.*); **V.** *s.* **13.** *to give* (*a*) ~ *to s-n Gefühlen etc.* freien Lauf lassen; **14.** *to go on the* ~ F ,sumpfen', ,auf die Pauke hauen'; **'~-joint·ed** *adj.* **1.** außerordentlich gelenkig; **2.** schlaksig; **'~-leaf** *adj.* Loseblatt...: ~ *binder* Schnellhefter; ~ *notebook* Loseblattbuch.

loos·en ['lu:sn] **I.** *v/t.* **1.** *Knoten etc., a.* ⚕ *Husten, fig. Zunge* lösen; ⚕ *Leib* öffnen; **2.** *Griff, Schraube etc., a. Disziplin etc.* lockern; ✓ *Boden* auflockern; **II.** *v/i.* **3.** sich lockern (*a. fig.*), sich lösen.

loose·ness ['lu:snis] *s.* **1.** Locker-, Schlaffheit *f*; **2.** Ungenauigkeit *f*, Unklarheit *f*; **3.** ⚕ 'Durchfall *m*; **4.** Liederlichkeit *f*.

loot [lu:t] **I.** *s.* **1.** (Kriegs-, Diebes-) Beute *f*; **II.** *v/t.* **2.** erbeuten; **3.** (aus)plündern; **III.** *v/i.* **4.** plündern; **'loot·er** [-tə] *s.* Plünderer *m*; **'loot·ing** [-tiŋ] *s.* Plünderung *f*.

lop[1] [lɔp] *v/t.* **1.** *Baum etc.* beschneiden, stutzen; **2.** *oft* ~ *off Äste, a. Kopf etc.* abhauen, -hacken.

lop[2] [lɔp] *v/i. u. v/t.* schlaff (her'unter)hängen (lassen).

lope [loup] **I.** *v/i.* (da'her)springen *od.* (-)trotten; **II.** *s.*: *at a* ~ im Galopp.

'lop|-eared *adj.* mit Hängeohren; **'~-ears** *s. pl.* Hängeohren *pl.*; **'~-'sid·ed** *adj.* **1.** schief, nach 'einer Seite hängend; **2.** einseitig (*a. fig.*); **3.** 'unsym,metrisch.

lo·qua·cious [lou'kweiʃəs] *adj.* □ schwatzhaft, redselig; **lo'qua·cious·ness** [-nis], **lo'quac·i·ty** [-'kwæsiti] *s.* Geschwätzigkeit *f*.

lo·ran ['lɔ:rən] *s.* ⚓, ✈ (= *long-range navigation*) 'Lcran(-Sy,stem) *n*, 'Fern(bereichs)-Navigati,onssy,stem *n*.

lord [lɔ:d] **I.** *s.* **1.** Herr *m*, Gebieter *m* (*of* über *acc.*): *the* ~*s of creation a. humor.* die Herren der Schöpfung; **2.** *fig.* Ma'gnat *m*; **3.** Lehensherr *m*; → *manor*; **4.** *the* 2 **a)** *a.* 2 *God* (Gott) der Herr, **b)** *a. our* 2 (Christus) der Herr: *the* 2*'s day* der Tag des Herrn; *the* 2*'s Prayer* das Vaterunser; *the* 2*'s Supper* das (heilige) Abendmahl; *the* 2*'s table* der Tisch des Herrn (*a. Abendmahl*), der Altar; *in the year of our* 2 im Jahre des Herrn; (*good*) 2*!* (du) lieber Gott *od.* Himmel!; **5.** 2 Lord *m* (*Adliger od. Würdenträger, z. B. Bischof, hoher Richter*): *the* 2*s Brit. parl.* das Oberhaus; **6.** *my* 2 [mi'lɔ:d; ⚖ *Brit. oft* mi'lʌd] My'lord, Euer Gnaden (*Anrede*); **II.** *v/i.* **7.** *oft* ~ *it* den Herren spielen: *to* ~ *it over* **a)** sich *j-m* gegenüber als Herr aufspielen, **b)** herrschen über (*acc.*).

Lord| Cham·ber·lain (**of the House·hold**) *s.* Haushofmeister *m*; ~ **Chan·cel·lor** *s.* Lordkanzler *m* (*Präsident des Oberhauses, Präsident der Chancery Division des Supreme Court of Judicature sowie des Court of Appeal, Kabinettsmitglied, Bewahrer des Großsiegels*); ~ **Chief Jus·tice of Eng·land** *s.* ⚖ Lord'oberrichter *m* (*Vorsitzender der King's Bench Division des High Court of Justice*); 2 **in wait·ing** *s.* königlicher Kammerherr (*wenn e-e Königin regiert*); ~ **Jus·tice** *pl.* **Lords Jus·tic·es** *s. Brit.* Lordrichter *m* (*Richter des Court of Appeal*); 2 **lieu·ten·ant** *pl.* **lords lieu·ten·ant** *s.* **1.** *hist. Vertreter der Krone in den englischen Grafschaften; jetzt oberster Exekutivbeamter*; **2.** *Lord Lieutenant* **a)** *hist.* Vizekönig *m* von Irland (*bis 1922*), **b)** *jetzt* Gene'ralgouver,neur *m* des Freistaates Nordirland.

lord·li·ness ['lɔ:dlinis] *s.* **1.** Großzügigkeit *f*; **2.** Würde *f*; **3.** Pracht *f*, Glanz *m*; **4.** Arro'ganz *f*.

lord·ling ['lɔ:dliŋ] *s. contp.* Herrchen *n*.

lord·ly ['lɔ:dli] *adj. u. adv.* **1.** großzügig; **2.** vornehm, edel; Herren...; **3.** prächtig; **4.** stolz; **5.** arro'gant.

Lord| May·or *pl.* **Lord May·ors** *s. Brit.* Oberbürgermeister *m*: ~*'s Day Tag des Amtsantritts des Oberbürgermeisters von London* (*9. November*); ~*'s Show Festzug des Oberbürgermeisters von London am 9. November*; ~ **Priv·y Seal** *s.* Lordsiegelbewahrer *m*; ~ **Prov·ost** *pl.* **Lord Prov·osts** *s.* Oberbürgermeister *m* (*mehrerer schottischer Städte*).

lord·ship ['lɔ:dʃip] *s.* **1.** Lordschaft *f*: *your* (*his*) ~ Euer (Seine) Lordschaft; **2.** *hist.* Herrschaftsgebiet *n* e-s Lords; **3.** *fig.* Herrschaft *f*.

lord| spir·it·u·al *pl.* **lords spir·it·u·al** *s. geistliches Mitglied des brit. Oberhauses*; ~ **tem·po·ral** *pl.* **lords tem·po·ral** *s. weltliches Mitglied des brit. Oberhauses.*

lore *s.* (*Tier- etc.*)Kunde *f*, Lehre *f*; über'liefertes Wissen; Sagen- u. Märchengut.

lor·i·cate ['lɔrikeit] *adj. zo.* gepanzert.

lorn [lɔ:n] *adj. obs. od. poet.* verlassen, einsam.

lor·ry ['lɔri] *s.* **1.** *Brit.* Lastkraftwagen *m*, Lastauto *n*; **2.** 🚂, ⚒ Lore *f*, Lori *f*.

lose [lu:z] **I.** *v/t.* [*irr.*] **1.** *allg. Sache, j-n, Gesundheit, Verstand, a. Weg, Zeit etc.* verlieren: *to* ~ *o.s.* **a)** sich verlieren (*a. fig.*), **b)** sich verirren; *to* ~ *interest* **a)** das Interesse verlieren, **b)** uninteressant werden (*Sache*); → *caste 3, face 4, life 1 e, temper 4*; **2.** *Vermögen, Stellung* verlieren, einbüßen, kommen um; **3.** *Vorrecht etc.* verlieren, verlustig gehen (*gen.*); **4.** *Schlacht, Spiel etc.* verlieren; *Preis etc.* nicht erringen; *Gesetzesantrag* nicht 'durchbringen; **5.** *Zug etc., a. Gelegenheit* versäumen, verpassen; **6.** *Rede etc.* ,nicht mitbekommen'; **7.** aus den Augen verlieren; → *sight 3*; **8.** vergessen: *I have lost my Greek*; **9.** nachgehen, zu'rückbleiben (*Uhr*); **10.** *Krankheit etc., a. Verfolger* loswerden; **11.** *j-n s-e Stellung etc.* kosten, bringen um: *this will* ~ *you your position*; **II.** *v/i.* [*irr.*] **12.** Verluste erleiden (*by* durch, *on* bei); **13.** verlieren (*in* an *dat.*); **14.** (*to*) verlieren (gegen), geschlagen werden (von); unter'liegen (*dat.*); **'los·er** [-zə] *s.* **1.** Verlierer(in): *good* (*bad*) ~ guter (schlechter) Verlierer; *to be a* ~ *by* Schaden *od.* Verlust erleiden durch; *to come off a* ~ den kürzeren ziehen; **2.** ewiger Verlierer; **3.** F **a)** Versager *m*, **b)** ,Pleite' *f*; **'los·ing** [-ziŋ] *adj.* **1.** verlierend; **2.** verlustbringend, Verlust...: ~ *bargain* ✝ Verlustgeschäft; **3.** verloren, aussichtslos (*Schlacht, Spiel*).

loss [lɔs] *s.* **1.** Verlust *m*: **a)** Einbuße *f*, Ausfall *m* (*in* an *dat.*, von *od. gen.*): ~ *of blood* (*time*) Blut-(Zeit)verlust; ~ *of pay* Lohnausfall, **b)** Nachteil *m*, Schaden *m*, **c)** *verlorene Sache od. Person*: *he is a great* ~ *to his firm*, **d)** Verschwinden *n*, Verlieren *n*, **e)** *verlorene Schlacht, Wette etc.*, **f)** Abnahme *f*, Schwund *m*: ~ *in weight* Gewichtsverlust, -abnahme; **2.** *mst pl.* ⚔ Verluste *pl.*, Ausfälle *pl.*; **3.** *Versicherungswesen*: Schadensfall *m*; **4.** *at a* ~ **a)** ✝ mit Verlust, **b)** in Verlegenheit (*for* um), außerstande (*to do* zu tun); *to be at a* ~ *for words* (*od. what to say*) keine Worte finden (können); nicht wissen, was man sagen soll; ~ **lead·er** *s.* ✝ 'Lockar,tikel *m*; **'~-mak·er** *s.* ✝ *Brit.* **1.** mit Verlust arbeitender Betrieb; **2.** Verlustgeschäft *n*.

lost [lɔst] **I.** *pret. u. p.p. von lose*; **II.** *adj.* **1.** verloren: ~ *motion* ⊕ toter Gang; **2.** verloren(gegangen), vernichtet, (da)'hin: *to be* ~ **a)** verlorengehen (*to* an *acc.*), **b)** zugrunde gehen, untergehen, **c)** umkommen, den Tod finden, **d)** verschwinden, **e)** verschwunden sein, **f)** versunken *od.* vertieft sein (*in* in *acc.*); ~ *in thought*; *a* ~ *soul* e-e verlorene Seele; **3.** verirrt: *to be* ~ sich verirrt haben, sich nicht mehr zurechtfinden (*a. fig.*); **4.** vergeudet: ~ *time* verlorene Zeit; *to be* ~ *upon s.o.* an j-m verloren sein, keinen Eindruck machen auf j-n, j-n kalt lassen; **5.** ~ *to* **a)** verloren für, **b)** versagt (*dat.*), **c)** ohne Empfinden für, bar *allen Schamgefühls etc.*

lot [lɔt] **I.** *s.* **1.** Los *n*: *to cast* (*od. draw*) ~*s* losen, Lose ziehen (*for* um); *to throw in one's* ~ *with s.o.* das Los mit j-m teilen, sich auf Gedeih u. Verderb mit j-m verbinden; *by* ~ durch (das) Los; **2.** Anteil *m*; **3.** Los *n*, Schicksal *n*: *to fall to s.o.'s* ~ j-m zufallen; **4.** fest um'grenztes Stück Land, *bsd.* Par'zelle *f*; Bauplatz *m*; **5.** Filmgelände *n*, *bsd.* Studio *n*; **6.** ✝ **a)** Ar'tikel *m*, **b)** Par'tie *f*, Posten *m* (*von Waren*): *in* ~*s* partienweise; **7.** Gruppe *f*, Gesellschaft *f*: *the whole* ~ die ganze Gesellschaft;

8. *the* ~ alles, das Ganze: *that's the* ~ das ist alles; **9.** Menge *f*, Haufen *m*: *a* ~ *of*, ~*s of* viel, e-e Menge, ein Haufen *Geld etc.*; ~*s and* ~*s of people* e-e Masse Menschen; **10.** F a) Kerl *m*, Per'son *f*, **b)** Ding *n*: *a bad* ~ ein übler Genosse; **II.** *adv.* **11.** *a* ~ viel, sehr; **III.** *v/t.* **12.** parzellieren; **13.** zuteilen.
loth → *loath.*
Lo·thar·i·o [lou'θɑːriou] *s. mst gay* ~ Schwerenöter *m*, Schürzenjäger *m.*
lo·tion ['louʃən] *s.* (Augen-, Haut- *etc.*)Wasser *n.*
lot·ter·y ['lɔtəri] *s.* **1.** Lotte'rie *f*: ~ *ticket* Lotterielos; **2.** *fig.* Glückssache *f*, Lotte'riespiel *n.*
lot·to ['lɔtou] *s.* Lotto *n.*
lo·tus ['loutəs] *s.* **1.** *Sage*: Lotos *m* (*Frucht*); **2.** ⚘ **a)** Lotos(blume *f*) *m*, **b)** Honigklee *m*; '**~-eat·er** *s.* **1.** (*in der Odyssee*) Lotosesser *m*; **2.** Träumer *m*, tatenloser Genußmensch.
loud [laud] *adj.* □ **1.** (*a. adv.*) laut (*a. fig.*): ~ *admiration*; **2.** schreiend, auffallend, grell: ~ *colo(u)rs*; '**loud·ness** [-nis] *s.* **1.** Lautheit *f*; **2.** *phys.* Lautstärke *f*; **3.** *das* Auffallende.
loud speak·er *s.* ⚡ Lautsprecher *m.*
lounge [laundʒ] **I.** *s.* **1.** Chaise-'longue *f*; **2.** → *lounge chair*; **3.** Halle *f*, (*a.* Wohn)Diele *f*, Gesellschaftsraum *m* (*Hotel*); *thea.* Foy'er *n*; **4.** Bummel *m*; **5.** → *lounge suit*; **II.** *v/i.* **6.** sich her'umlümmeln, sich rekeln; faulenzen; **III.** *v/t.* **7.** ~ *away Zeit* verbummeln; ~ **chair** *s.* Klubsessel *m*; ~ **coat** *s.* Sakko *m*; '**~-liz·ard** *s. sl.* **1.** Sa'lonlöwe *m*; **2.** Gigolo *m.*
loung·er ['laundʒə] *s.* Faulenzer(in).
lounge suit *s. Brit.* Straßen-, Sakkoanzug *m.*
lour, lour·ing → *lower¹ lowering.*
louse [laus] **I.** *pl.* **lice** [lais] *s.* **1.** *zo.* Laus *f*; **II.** *v/t.* [lauz] **2.** (ent-)lausen; **3.** ~ *up Am. sl.* versauen, vermurksen; '**lous·y** [-zi] *adj.* **1.** verlaust; **2.** *sl.* **a)** widerlich, dreckig, **b)** (hunds)gemein, **c)** ‚lausig', mise'rabel; **3.** ~ *with sl.* wimmelnd von; ~ *with people*; ~ *with money* stinkreich.
lout [laut] *s.* Tölpel *m*; Lümmel *m*; '**lout·ish** [-tiʃ] *adj.* □ **1.** tölpelhaft, plump; **2.** lümmelhaft.
lou·ver, *Brit. a.* **lou·vre** ['luːvə] *s.* **1.** ⛫ Dachtürmchen *n*; **2.** ('Glas-) Jalou,sie *f*; **3.** ⊕ Jalou'sie *f*, Luft- *od.* Kühlschlitze *pl.*
lov·a·ble ['lʌvəbl] *adj.* □ liebenswürdig, -wert.
lov·age ['lʌvidʒ] *s.* ⚘ Liebstöckel *n.*
love [lʌv] **I.** *s.* **1.** (*sinnliche od. geistige*) Liebe (*of, for, to[wards]* zu): ~ herzliche Grüße (*Briefschluß*); *to be in* ~ *with* verliebt sein in *j-n*; *to fall in* ~ *with* sich verlieben in (*acc.*); *to play for* ~ um nichts spielen; *for the* ~ *of God* um Gottes willen; *not for* ~ *or money* nicht für Geld u. gute Worte; *give my* ~ *to her* grüße sie herzlich von mir; *to send one's* ~ *to s.o.* j-n grüßen lassen; *to make* ~ (*to s.o.*) **a)** (j-m gegenüber) zärtlich werden, **b)** (j-n) (körperlich) lieben; *they made* ~ sie liebten sich (*auf dem Sofa etc.*); *there is no* ~ *lost between them* sie haben nichts füreinander übrig; **2.** ♀ die Liebe, (Gott *m*) Amor *m*; **3.** *pl. Kunst*: Amo'retten *pl.*; **4.** Liebling *m*, Schatz *m*; **5.** Liebe *f*, Liebschaft *f*; **6.** F lieber Kerl; **7.** F reizende *od.* goldige Sache *od.* Per'son: *a* ~ *of a child*; **8.** *bsd. Tennis*: null: ~ *all* beide null; **II.** *v/t.* **9.** *j-n od. et.* lieben; **10.** lieben: *to* ~ *to do* (*od. doing*) *s.th.* etwas (schrecklich) gern tun; *we* ~*d having you with us* wir haben uns sehr über deinen Besuch gefreut; '**~-af·fair** *s.* 'Liebesaf,färe *f*; '**~-bird** *s. orn.* Unzertrennlicher 'Sperlingspapa,gei; '**~-child** *s.* Kind *n* der Liebe; ~ **game** *s. Tennis*: Zu-'Null-Spiel *n*; '**~-'hate re·la·tion·ship** *s.* Haßliebe *f.*
love·less ['lʌvlis] *adj.* □ **1.** lieblos; ohne Liebe; **2.** ungeliebt.
'**love-let·ter** *s.* Liebesbrief *m.*
love·li·ness ['lʌvlinis] *s.* Lieblichkeit *f*; *das* Entzückende.
'**love|-lock** *s.* Schmachtlocke *f*; '**~-lorn** *adj.* vor Liebeskummer *od.* Liebe vergehend.
love·ly ['lʌvli] *adj.* □ **1.** lieblich, hold, wunderschön, entzückend, reizend; **2.** F reizend, niedlich, ‚süß'.
'**love|-mak·ing** *s.* **1.** Zärtlichkeit(en *pl.*) *f*; **2.** (körperliche) Liebe; '**~-match** *s.* Liebesheirat *f*; '**~-phil·ter**, *bsd. Brit.* '**~-phil·tre** *s.* Liebestrank *m.*
lov·er ['lʌvə] *s.* **1. a)** Liebhaber *m*, Geliebte(r) *m*, **b)** Geliebte *f*; **2.** *pl.* Liebende *pl.*, Liebespaar *n*: ~*s' lane Am.* ‚Seufzergäßchen'; **3.** Liebhaber(in), (*Musik- etc.*)Freund(in).
love| set *s. Tennis*: Zu-'Null-Satz *m*; '**~-sick** *adj.* liebeskrank; '**~-song** *s.* Liebeslied *n*; '**~-sto·ry** *s.* Liebesgeschichte *f*; '**~-to·ken** *s.* Liebespfand *n.*
lov·ing ['lʌviŋ] *adj.* □ liebend, liebevoll, Liebes...: ~ *words*; *your* ~ *father* (*als Briefschluß*) Dein Dich liebender Vater; '**~-'kind·ness** *s.* **1.** (göttliche) Gnade *od.* Barm'herzigkeit; **2.** Herzensgüte *f.*
low¹ [lou] **I.** *adj. u. adv.* **1.** nieder, niedrig (*a. Preis, Temperatur, Zahl etc.*): ~ *brook* seichter Bach; *of* ~ *birth* von niedriger Abkunft; ~ *life* das Leben der einfachen Leute; ~ *speed* geringe Geschwindigkeit; ~ *water* ⚓ tiefster Gezeitenstand; *at the* ~*est* wenigstens, mindestens; → *lower³*; *to bring* ~ demütigen; *to lay* ~ *j-n* stürzen; *to be laid* ~ **a)** niedergeschlagen *od.* umgebracht werden, **b)** ans Bett gefesselt sein; *to lie* ~ **a)** sich versteckt halten, abwarten, **b)** darniederliegen, **c)** tot sein; *to sell* ~ billig verkaufen; **2.** tief (*a. fig.*): ~ *bow*; ~ *flying* Tiefflug; *sunk thus* ~ *fig.* so tief gesunken; → *low-necked*; *the sun is* ~ die Sonne steht tief; **3.** knapp (*Vorrat etc.*): *to run* ~ knapp werden, zur Neige gehen; **4.** schwach: ~ *pulse*; **5.** einfach, fru'gal (*Kost*); **6.** gedrückt: ~ *spirits* gedrückte Stimmung; *to feel* ~ **a)** in gedrückter Stimmung sein, **b)** sich elend fühlen; **7.** gering(schätzig): → *opinion* 2; **8. a)** niedrig (*denkend od. gesinnt*): ~ *thinking* niedrige Denkungsart, **b)** ordi'när, vul'gär: *a* ~ *expression*; *a* ~ *fellow*, **c)** gemein, niederträchtig: *a* ~ *trick*; **9.** nieder, primi'tiv: ~ *forms of life* niedere Lebensformen; ~ *race* primitive Rasse; **10. a)** tief (*Ton etc.*), **b)** leise (*Ton, Stimme etc.*): *in a* ~ *voice* leise; **11.** *Phonetik*: offen; **12.** ⊕, *mot.* erst, niedrigst (*Gang*): *in* ~ *gear*; **II.** *s.* **13.** *meteor.* Tief (-druckgebiet) *n*; **14.** *fig.* Tiefstand *m.*
low² [lou] **I.** *v/i. u. v/t.* brüllen, muhen (*Rind*); **II.** *s.* Brüllen *n*, Muhen *n.*
'**low|-born** *adj.* aus niederem Stande, von niedriger Geburt; '**~-boy** *s. Am.* niedrige Kom'mode; '**~-bred** *adj.* ungebildet, ordi'när; '**~-brow** F **I.** *s.* geistig Anspruchslose(r *m*) *f*, Unbedarfte(r *m*) *f*; **II.** *adj.* geistig anspruchslos, unbedarft; '**~-ca'lor·ic** *adj.* kalo'rienarm (*Nahrung*); ♀ **Church** *s. eccl.* Low Church *f* (*protestantisch-pietistische Sektion der anglikanischen Kirche*); ~ **com·e·dy** *s.* Posse *f*, Schwank *m*; ♀ **Coun·tries** *s. pl. die Niederlande, Belgien u. Luxemburg*; '**~-down** *sl.* **I.** *adj.* fies, gemein; **II.** *s.* (eigentliche) Wahrheit, genaue Tatsachen *pl.*, 'Hintergründe *pl.*
low·er¹ ['lauə] *v/i.* **1.** finster *od.* drohend blicken; **2.** finster drohen (*Himmel, Wolken etc.*); drohen (*Ereignisse*).
low·er² ['louə] **I.** *v/t.* **1.** niedriger machen; **2.** *Augen, Gewehrlauf etc., a. Stimme, Preis, Kosten, Temperatur etc.* senken; **3.** *fig.* (*a.* ♪ *Ton*) erniedrigen: *to* ~ *o.s.* **a)** sich demütigen, **b)** sich herablassen; **4.** schwächen; **5.** her'unter-, niederlassen; *Fahne, Segel* niederholen, streichen; **II.** *v/i.* **6.** sinken, fallen; sich senken.
low·er³ ['louə] *adj.* (*comp. von low¹ I*) **1.** tiefer, niedriger; **2.** unter, Unter...: ~ *boy Brit.* Schüler der Unterstufe (*e-r Public School*); ~ *case typ.* **a)** Unterkasten, **b)** Kleinbuchstaben *pl.*; ♀ *Chamber* (*od. House*) *parl.* Unter-, Abgeordnetenhaus; ~ *deck* Unterdeck; ~ *jaw* Unterkiefer; ~ *region* Unterwelt, Hölle; ~ *school* Unter- u. Mittelstufe (*der höheren Schulen*); **3.** *geogr.* Unter..., Nieder...: ♀ *Austria* Niederösterreich.
low·er·ing ['lauəriŋ] *adj.* □ finster, düster, drohend.
low·er·most ['louəmoust] **I.** *adj.* unterst, niedrigst, tiefst; **II.** *adv.* am niedrigsten, zu'unterst.
low·est ['louist] *adj.* (*sup. von low¹ I*) **1.** tiefst, niedrigst: ~ *bid* ✝ Mindestgebot; **2.** unterst.
low| fre·quen·cy *s.* ⚡ 'Niederfre,quenz *f*; ♀ **Ger·man** *s. ling.* **1.** Niederdeutsch *n*; **2.** Plattdeutsch *n*; '**~-land** [-lənd] **I.** *s. oft pl.* Tiefland *n*, Niederung *f*: *the* ♀*s* das (*schottische*) Tiefland; **II.** *adj.* Tiefland(s)...; '**~-land·er** [-ləndə] *s.* **1.** Tieflandsbewohner(in); **2.** ♀ (*schottischer*) Tiefländer; ♀ **Lat·in**

s. ling. nichtklassisches La'tein; '~-**lev·el at·tack** *s.* ✈ Tief(flieger)-angriff *m.*

low·li·ness ['loulinis] *s.* **1.** Niedrigkeit *f*; **2.** Demut *f.*

low load·er *s. mot.* Tieflader *m.*

low·ly ['louli] *adj. u. adv.* **1.** niedrig, gering, bescheiden; **2.** tief(stehend), primi'tiv, niedrig; **3.** demütig, bescheiden.

Low| Mass *s. R.C.* Stille Messe; '♀-'**mind·ed** *adj.* niedrig (gesinnt), gemein; '♀-'**necked** *adj.* tief ausgeschnitten (*Kleid*).

low·ness ['lounis] *s.* **1.** Niedrigkeit *f* (*a. fig.*); **2.** Tiefe *f* (*Verbeugung, Ton etc.*); **3.** ~ *of spirits* Niedergeschlagenheit; **4.** Gemeinheit *f.*

'**low**|-'**noise** *adj.* rauscharm (*Tonband*); '~-'**pitched** *adj.* **1.** ♪ tief; **2.** mit geringer Steigung (*Dach*); ~ **pres·sure** *s.* **1.** ⊕ Nieder-, 'Unterdruck *m*; **2.** *meteor.* Tiefdruck *m*; '~-'**pres·sure** *adj.* Niederdruck..., Tiefdruck...; '~-**priced** *adj.* ✝ billig; '~-'**spir·it·ed** *adj.* niedergeschlagen, gedrückt; ♀ **Sun·day** *s.* Weißer Sonntag (*erster Sonntag nach Ostern*); ~ **ten·sion** *s.* ⚡ Niederspannung *f*; '~-'**ten·sion** *adj.* ⚡ Niederspannungs...; ~ **tide** *s.* ⚓ Niedrigwasser *n*; '~-'**volt·age** *adj.* ⚡ **1.** Niederspannungs...; **2.** Schwachstrom...; ~ **wa·ter** *s.* ⚓ Ebbe *f*, Niedrigwasser *n*: *to be in* ~ *fig.* auf dem trockenen sitzen; '~-'**wa·ter mark** *s.* **1.** ⚓ Niedrigwassermarke *f*; **2.** *fig.* Tiefpunkt *m*, -stand *m*; '~-'**wing air·craft** *s.* Tiefdecker *m.*

loy·al ['lɔiəl] *adj.* □ **1.** loy'al, treu; **2.** (ge)treu (*to dat.*); **3.** bieder, redlich; **loy·al·ist** ['lɔiəlist] **I.** *s.* Loya'list (-in), Treugesinnte(r *m*) *f*; **II.** *adj.* loya'listisch; '**loy·al·ty** [-ti] *s.* Loyali'tät *f*, Treue *f* (*to* zu, gegen).

loz·enge ['lɔzindʒ] *s.* **1.** *her.*, ⛤ Raute *f*, Rhombus *m*; **2.** *pharm.* (*bsd.* 'Husten)Pa,stille *f*; Bon'bon *m, n.*

lub·ber ['lʌbə] *s.* **1. a)** Lümmel *m*, **b)** Tölpel *m*; **2.** ⚓ Landratte *f*; '**lub·ber·ly** [-li] *adj. u. adv.* tölpelhaft, tolpatschig.

lu·bri·cant ['lu:brikənt] *s.* ⊕ Gleit-, Schmiermittel *n*; **lu·bri·cate** ['lu:brikeit] *v/t.* ⊕ *u. fig.* schmieren, ölen; **lu·bri·ca·tion** [lu:bri'keiʃən] *s.* ⊕ *u. fig.* Schmieren *n*, Schmierung *f*, Ölen *n*: ~ *chart* Schmierplan; '**lu·bri·ca·tor** [-keitə] *s.* ⊕ Öler *m*, Schmiervorrichtung *f*, -büchse *f*; **lu·bric·i·ty** [lu:'brisiti] *s.* **1.** Schlüpfrigkeit *f* (*a. fig.*); **2.** ⊕ Schmierfähigkeit *f.*

luce [lju:s] *s. ichth.* (ausgewachsener) Hecht.

lu·cent ['lu:snt] *adj.* **1.** glänzend, strahlend; **2.** 'durchsichtig, klar.

lu·cern(e) [lu:'sə:n] *s.* ⚘ Lu'zerne *f.*

lu·cid ['lu:sid] *adj.* □ **1.** *fig.* klar: **a)** deutlich (*Stil etc.*), **b)** hell, licht (*Geist, Gedanken etc.*): ~ *interval psych.* lichter Augenblick; **2.** → *lucent 1 u.* 2; **lu·cid·i·ty** [lu'siditi], '**lu·cid·ness** [-nis] *s. fig.* Klarheit *f*, Deutlichkeit *f*; Helligkeit *f.*

Lu·ci·fer ['lu:sifə] *s. bibl.* 'Luzifer *m* (*a. ast. Venus als Morgenstern*).

luck [lʌk] *s.* **1.** Schicksal *n*, Geschick *n*, Zufall *m*: *as* ~ *would have it* wie es der Zufall wollte, (un)glücklicherweise; *bad* (*od. hard od. ill*) ~ Unglück, Pech; *good* ~ Glück; *good* ~! viel Glück!, Hals- u. Beinbruch!; *worse* ~ unglücklicherweise, leider; *to be down on one's* ~ e-e Pechsträhne haben; *just my* ~! so geht es mir immer; **2.** Glück *n*: *for* ~ als Glückbringer; *to be in* (*out of*) ~ (kein) Glück haben; *to try one's* ~ sein Glück versuchen; **luck·i·ly** ['lʌkili] *adv.* zum Glück, glücklicherweise; **luck·i·ness** ['lʌkinis] *s.* Glück *n*; '**luck·less** [-lis] *adj.* □ unglücklich; '**luck·less·ly** [-lisli] *adv.* unglücklich(erweise).

luck·y ['lʌki] *adj.* □ → *luckily*; **1.** Glücks..., glücklich: *a* ~ *day* ein Glückstag; ~ *hit* Glückstreffer; *to be* ~ Glück haben; **2.** glückbringend, Glücks...; '~-**bag** *s.*, '~-**dip** *s.* Glücksbeutel *m.*

lu·cra·tive ['lu:krətiv] *adj.* □ einträglich, lukra'tiv.

lu·cre ['lu:kə] *s.* Gewinn(sucht *f*) *m*, Geld(gier *f*) *n*: *filthy* ~ schnöder Mammon, gemeine Profitgier.

lu·cu·bra·tion [lu:kju(:)'breiʃən] *s.* **1.** mühsames (Nacht)Studium; **2.** (mühsame) gelehrte Arbeit.

lu·di·crous ['lu:dikrəs] *adj.* □ **1.** lächerlich, albern; **2.** spaßig, drollig.

lu·do ['lu:dou] *s.* Mensch, ärgere dich nicht *n* (*Würfelspiel*).

luff [lʌf] ⚓ **I.** *s.* **1.** Luven *n*; **2.** Luv (-seite) *f*, Windseite *f*; **II.** *v/t. u. v/i.* **3.** *a.* ~ *up* anluven.

luf·fa ['lʌfə] *s.* ⚘ *u.* ✝ Luffa *f.*

lug[1] [lʌg] *v/t.* zerren, schleppen: *to* ~ *in fig.* an den Haaren herbeiziehen, (mit Gewalt) hineinbringen.

lug[2] [lʌg] *s.* **1.** *Scot.* Ohr *n*; **2.** (Leder)Schlaufe *f*; Henkel *m*; Öhr *n*; ⊕ Knagge *f*, Zinke *f*; Ansatz *m*; **3.** *sl.* ,Hornochse' *m.*

luge [lu:ʒ] **I.** *s.* (kufenloser) Rodelschlitten (*Schweiz*); **II.** *v/i.* rodeln.

lug·gage ['lʌgidʒ] *s. bsd. Brit.* Gepäck *n*; '~-**car·ri·er** *s.* Gepäckträger *m* (*am Fahrrad*); ~ **in·sur·ance** *s.* (Reise)Gepäckversicherung *f*; '~-**lock·er** *s.* (Gepäck)Schließfach *n*; '~-**of·fice** *s.* Gepäckschalter *m*; '~-**rack** *s.* Gepäcknetz *n*; '~-**tick·et** *s.* Gepäckschein *m*; '~-**van** *s.* Packwagen *m.*

lug·ger ['lʌgə] *s.* ⚓ Lugger *m*, Logger *m* (*Schiff*).

lu·gu·bri·ous [lu:'gju:briəs] *adj.* □ **1.** traurig, kummervoll; **2.** kläglich.

Luke [lu:k] *npr. u. s. bibl.* 'Lukas (-evan,gelium *n*) *m.*

luke·warm ['lu:kwɔ:m] *adj.* □ lau(-warm); *fig.* lau; '**luke·warm·ness** [-nis] *s.* Lauheit *f* (*a. fig.*).

lull [lʌl] **I.** *v/t.* **1.** *mst* ~ *to sleep* einlullen (*a. fig.*); **2.** *fig.* beruhigen, *a. j-s Befürchtungen etc.* beschwichtigen: *to* ~ *into* (*a false sense of*) *security* in Sicherheit wiegen; **II.** *v/i.* **3.** sich legen, sich beruhigen (*Sturm etc.*); **III.** *s.* **4.** (Ruhe)Pause *f*; Flaute *f*, (Wind)Stille *f*; *fig. a.* Stille *f* (*vor dem Sturm*): *a* ~ *in conversation* e-e Gesprächspause; *business* ~ ✝ (Geschäfts)Flaute.

lull·a·by ['lʌləbai] *s.* Wiegenlied *n.*

lu·lu ['lu:lu:] *s. sl.* ,dolles Ding', schicke Sache.

lum·ba·go [lʌm'beigou] *s.* ⚕ Hexenschuß *m*, Lum'bago *f.*

lum·bar ['lʌmbə] *adj. anat.* Lenden..., lum'bal.

lum·ber[1] ['lʌmbə] **I.** *s.* **1.** *bsd. Am.* Bau-, Nutzholz *n*; **2.** Gerümpel *n*, Plunder *m*; **II.** *v/t.* **3.** *bsd. Am. Holz* aufbereiten; **4.** *a.* ~ *up Zimmer* vollstopfen, *a. Erzählung etc.* über'laden.

lum·ber[2] ['lʌmbə] *v/i.* **1.** sich (da'hin)schleppen, schwerfällig gehen; **2.** (da'hin)rumpeln, poltern.

lum·ber·ing ['lʌmbəriŋ] *adj.* □ schwerfällig.

'**lum·ber**|·**jack** *s. bsd. Am.* Holzfäller *m*; '~-**mill** *s.* Sägewerk *n*; '~-**room** *s.* Rumpelkammer *f*; '~-**trade** *s.* (Bau)Holzhandel *m*; '~-**yard** *s.* Holzplatz *m.*

lu·men ['lu:mən] *s. phys.* 'Lumen *n.*

lu·mi·nar·y ['lu:minəri] *s.* Leuchtkörper *m*, *bsd. ast.* Himmelskörper *m*; *fig.* Leuchte *f* (*Person*); **lu·mi·nes·cence** [lu:mi'nesns] *s.* Lumines'zenz *f*; **lu·mi·nes·cent** [lu:mi'nesnt] *adj.* lumineszierend, leuchtend; **lu·mi·nos·i·ty** [lu:mi'nɔsiti] *s.* **1.** Leuchten *n*, Glanz *m*; **2.** *ast., phys.* Lichtstärke *f*, Helligkeit *f*; '**lu·mi·nous** [-nəs] *adj.* □ **1.** leuchtend, Leucht... (*-farbe, -kraft, -uhr, -zifferblatt etc.*), *bsd. phys.* Licht... (*-energie etc.*): ~ *screen Fernsehen*: Leuchtschirm; **2.** *fig.* lichtvoll, klar.

lum·mox ['lʌməks] *s. Am.* F ,Dussel' *m.*

lump [lʌmp] **I.** *s.* **1.** Klumpen *m*: *to have a* ~ *in one's throat fig.* e-n Kloß im Hals haben; **2.** Schwellung *f*, Beule *f*; **3.** Stück *n Zucker etc.*; **4.** *metall.* Luppe *f*; **5.** *fig.* Masse *f*: *all of a* ~ alles auf einmal; *in the* ~ **a)** in Bausch u. Bogen, **b)** im großen; **6.** F ,Klotz' *m* (*langweiliger od. stämmiger Kerl*); **II.** *adj.* **7.** Stück...: ~ *coal* Stückkohle; ~ *sugar* Würfelzucker; **8.** Pauschal... (*-fracht, -summe etc.*); **III.** *v/t.* **9.** *oft* ~ *together fig.* **a)** zs.-werfen, in 'einen Topf werfen, **b)** zs.-fassen; **10.** *if you don't like it you can* ~ *it* **a)** wenn es dir nicht paßt, kannst du's ja bleiben lassen, **b)** du wirst dich eben damit abfinden müssen; **IV.** *v/i.* **11.** Klumpen bilden; '**lump·ing** [-piŋ] *adj.* F **1.** massig, schwer; **2.** reichlich; '**lump·ish** [-piʃ] *adj.* □ **1.** unter'setzt; **2.** schwerfällig, plump; **3.** träge, ,stur'; '**lump·y** [-pi] *adj.* □ **1.** klumpig; **2.** ⚓ unruhig (*See*).

lu·na·cy ['lu:nəsi] *s.* **1.** ⚕ Wahn-, Irrsinn *m* (*a. fig.* F); **2.** ⚖ geistige Unzurechnungsfähigkeit.

lu·nar ['lu:nə] *adj.* Mond..., Lunar...: ~ *landing* Mondlandung; ~ *landing vehicle* Mondlandefahrzeug; ~ *module* Mondfähre; ~ *rock* Mondgestein; ~ *rover* Mondfahrzeug; ~ *soil* Mondboden; ~ *surface* Mondoberfläche; ~ *year* Mondjahr; ~ **caus·tic** *s. pharm.* Höllenstein *m.*

lu·na·tic ['lu:nətik] **I.** *adj.* wahn-, irrsinnig, geisteskrank: ~ *fringe* F *pol. die* Hundertfünfzigprozentigen, extremistische Kreise; **II.** *s.*

Wahnsinnige(r *m*) *f*, Irre(r *m*) *f*; → *asylum* 2.

lunch [lʌntʃ] **I.** *s.* Lunch *m*: **a)** Mittagessen *n*, **b)** zweites Frühstück; **II.** *v/i.* das Mittagessen *etc.* einnehmen, lunchen; **III.** *v/t. j-n* beköstigen; '**~-count·er** *s.* Imbißbar *f* (*in Restaurants*).

lunch·eon ['lʌntʃən] → *lunch*; **lunch·eon·ette** [lʌntʃə'net] *s. Am.* **1.** Imbiß *m*; **2.** Imbißstube *f*.

'**lunch|-hour**, '**~-time** *s.* Mittagszeit *f*, -pause *f*.

lune [lu:n] *s.* ⚔ Zweieck *n*.

lu·nette [lu:'net] *s.* **1.** Lü'nette *f*: **a)** ⚠ Halbkreis-, Bogenfeld *n*, **b)** ⚔ Brillschanze *f*, **c)** Scheuklappe *f* (*Pferd*); **2.** flaches Uhrglas.

lung [lʌŋ] *s. anat.* Lunge(nflügel *m*) *f*: *the ~s* die Lunge (*als Organ*).

lunge[1] [lʌndʒ] **I.** *s.* **1.** *fenc.* Ausfall *m*, Stoß *m*; **2.** Sprung *m* vorwärts; **II.** *v/i.* **3.** *fenc.* ausfallen (*at* gegen); **4.** losstürzen (*at* auf *acc.*); **III.** *v/t.* **5.** *Waffe etc.* stoßen.

lunge[2] [lʌndʒ] → *longe*.

lung·er ['lʌŋə] *s. sl.* ‚Schwindsüchtige(r' *m*) *f*, Lungenkranke(r *m*) *f*.

'**lung-pow·er** *s.* Stimmkraft *f*.

lu·pin(e)[1] ['lu:pin] *s.* ⚘ Lu'pine *f*.

lu·pine[2] ['lu:pain] *adj.* Wolfs..., wölfisch.

lurch[1] [lə:tʃ] **I.** *s.* **1.** Taumeln *n*, Torkeln *n*; **2.** ⚓ 'Überholen *n*, Rollen *n*; **3.** Ruck *m*; **II.** *v/i.* **4.** ⚓ schlingern; **5.** taumeln, torkeln.

lurch[2] [lə:tʃ] *s.*: *to leave in the ~ fig.* im Stich(e) lassen.

lurch·er ['lə:tʃə] *s. hunt.* Spürhund *m*.

lure [ljuə] **I.** *s.* **1.** Köder *m* (*a. fig.*); **2.** *fig.* Lockung *f*, Zauber *m*, Reiz *m*; **II.** *v/t.* **3.** (an)locken, ködern: *to ~ away* fortlocken; **4.** verlocken (*into* zu).

lu·rid ['ljuərid] *adj.* □ **1.** grell, unheimlich, gespenstisch (*Beleuchtung etc.*); **2.** *fig.* düster, finster, unheimlich; **3.** ⚘ schmutziggelb.

lurk [lə:k] **I.** *v/i.* **1.** sich versteckt halten, lauern; **2.** *fig.* verborgen liegen; **3.** (her'um)schleichen; **II.** *s.* **4.** *on the ~* auf der Lauer.

lurk·ing ['lə:kiŋ] *adj. fig.* versteckt, schlummernd; '**~-place** *s.* Schlupfwinkel *m*.

lus·cious ['lʌʃəs] *adj.* □ **1.** lecker, köstlich; **2.** *a. fig.* 'übersüß, widerlich süß; **3.** über'laden, blumig (*Stil etc.*); '**lus·cious·ness** [-nis] *s.* **1.** Köstlichkeit *f*; **2.** Süße *f*; Süßlichkeit *f*; **3.** Üppigkeit *f*.

lush[1] [lʌʃ] *adj.* □ ⚘ saftig, üppig (*a. fig.*).

lush[2] [lʌʃ] *sl.* **I.** *s.* **1.** ‚Stoff' *m* (*Schnaps etc.*); **2.** ‚Besoffene(r' *m*) *f*; **II.** *v/t. u. v/i.* **3.** (‚sich) vollaufen lassen'.

lust [lʌst] **I.** *s.* **1.** (sinnliche) Begierde, Wollust *f*; **2.** Gier *f*, Gelüste *n*, Sucht *f* (*of, for* nach): *~ of power* Machtgier; **II.** *v/i.* **3.** gieren (*for, after* nach): *they ~ for power* es gelüstet sie nach Macht.

lus·ter *Am.* → *lustre*.

lust·ful ['lʌstful] *adj.* □ wollüstig, geil, lüstern.

lust·i·ness ['lʌstinis] *s.* Lebenskraft *f*, Vitali'tät *f*, Frische *f*.

lus·tre ['lʌstə] *s.* **1.** Glanz *m* (*a. min. u. fig.*); **2.** Lüster *m*: **a)** Kronleuchter *m*, **b)** *Halbwollgewebe*, **c)** *Glanzüberzug auf Porzellan etc.*; '**lus·tre·less** [-lis] *adj.* glanzlos, stumpf; '**lus·trine** [-trin] *s.* Lü'strin *m*, Glanztaft *m*; **lus·trous** ['lʌstrəs] *adj.* □ glänzend, strahlend.

lust·y ['lʌsti] *adj.* □ **1.** kräftig, rüstig, stark u. gesund; **2.** (tat)kräftig, lebhaft, frisch.

lu·ta·nist ['lu:tənist] *s.* Lautenspieler(in), Laute'nist(in).

lute[1] [lu:t; lju:t] *s.* ♪ Laute *f*; → *rift* 2.

lute[2] [lu:t; lju:t] **I.** *s.* **1.** ⊕ Kitt *m*; **2.** Gummiring *m* (*für Flaschen etc.*); **II.** *v/t.* **3.** (ver)kitten.

'**lute·string** → *lustrine*.

Lu·ther·an ['lu:θərən] **I.** *s. eccl.* Luthe'raner(in); **II.** *adj.* lutherisch; '**Lu·ther·an·ism** [-rənizəm] *s.* Luthertum *n*.

lu·tist ['lu:tist] → *lutanist*.

lux [lʌks] *pl.* '**lux·es** *s. phys.* Lux *n* (*Einheit der Beleuchtungsstärke*).

lux·ate ['lʌkseit] *v/t.* ⚕ aus-, verrenken; **lux·a·tion** [lʌk'seiʃən] *s.* Verrenkung *f*.

luxe [luks] *s.* Luxus *m*; → *de luxe*.

lux·u·ri·ance [lʌg'zjuəriəns], **lux'u·ri·an·cy** [-si] *s.* **1.** Üppigkeit *f*; **2.** Fülle *f*, Reichtum *m* (*of* an *dat.*); **lux'u·ri·ant** [-nt] *adj.* □ **1.** üppig (*Vegetation*; *a. fig.*); *fig.* fruchtbar; blühend (*Phantasie*); **2.** 'überschwenglich (*Stil etc.*); **lux'u·ri·ate** [-ieit] *v/i.* **1.** schwelgen (*a. fig.*) (*in* in *dat.*); **2.** üppig wachsen; **lux'u·ri·ous** [-iəs] *adj.* □ **1.** Luxus..., luxuri'ös, üppig; **2.** schwelgerisch, verschwenderisch (*Person*); **lux·u·ry** ['lʌkʃəri] *s.* **1.** Luxus *m*: **a)** Wohlleben *n*: *to live in ~* im Überfluß leben, **b)** (Hoch)Genuß *m*: *to permit o.s. the ~ of doing* sich den Luxus gestatten, *et.* zu tun, **c)** Aufwand *m*, Pracht *f*; **2. a)** 'Luxusar,tikel *m*, **b)** Genußmittel *n*.

ly·ce·um [lai'siəm] *s.* **1. a)** Lehrstätte *f*, **b)** Vortragssaal *m*; **2.** *Am.* Volkshochschule *f*; **3.** lite'rarischer Verein.

lych-gate → *lich-gate*.

lych·nis ['liknis] *s.* ⚘ Lichtnelke *f*.

lye [lai] *s.* ⚗ Lauge *f*.

ly·ing[1] ['laiiŋ] **I.** *pres.p. von lie*[1]; **II.** *adj.* lügnerisch, verlogen; **III.** *s* Lügen *n od. pl.*

ly·ing[2] ['laiiŋ] **I.** *pres.p. von lie*[2]; **II.** *adj.* liegend; '**~-'in** *s.* **a)** Entbindung *f*, **b)** Wochenbett *n*: *~ hospital* Entbindungsanstalt, -heim.

lymph [limf] *s.* **1.** Lymphe *f*: **a)** *physiol.* Blutwasser *n*, **b)** ⚕ Impfstoff *m*; **2.** *poet.* Quellwasser *n*; **lym·phat·ic** [lim'fætik] ⚕ **I.** *adj.* **1.** lym'phatisch, Lymph...: *~ gland*; **2.** *fig.* blutleer; **II.** *s.* **3.** Lymphgefäß *n*.

lynch [lintʃ] *v/t.* lynchen; **~ law** *s.* 'Lynchju,stiz *f*.

lynx [liŋks] *s. zo.* Luchs *m*; **~-eyed** *adj. fig.* luchsäugig.

lyre ['laiə] *s.* ♪, *ast.* Leier *f*, Lyra *f*.

lyr·ic ['lirik] **I.** *adj.* (□ *~ally*) **1.** lyrisch (*a. fig. gefühlvoll*); **2.** Musik...: *~ drama*; **II.** *s.* **3.** lyrisches Gedicht; *pl.* Lyrik *f*; **4.** (Lied)Text *m*; '**lyr·i·cal** [-kəl] *adj.* □ → *lyric I*; '**lyr·i·cism** [-isizəm] *s.* **1.** Lyrik *f*, lyrischer Cha'rakter; **2.** Gefühlsausbruch *m*, Über'spanntheit *f*; '**lyr·ist** [-ist] *s.* Lyriker *m*.

ly·sol ['laisɔl] *s.* ⚗ Ly'sol *n*.

M

M, m [em] *s.* M *n*, m *n* (*Buchstabe*).
ma [mɑː] *s.* F Ma'ma *f.*
ma'am [mæm; F məm] *s.* **1.** F ‚gnä Frau' (*Anrede*); **2.** *Brit.* **a)** Maje'stät (*Anrede für die Königin*), **b)** Hoheit (*Anrede für Prinzessinnen*).
mac [mæk] *s. Brit.* F → *mackintosh.*
ma·ca·ber *Am.*, **ma·ca·bre** *Brit.* [mə'kɑːbr] *adj.* **1.** grausig; **2.** ma'kaber, Toten...
ma·ca·co [mə'keikou] *s. zo.* Maki *m*, Le'mure *m.*
mac·ad·am [mə'kædəm] **I.** *s.* **1.** Maka'dam-, Schotterdecke *f*; **2.** Schotterstraße *f*; **3.** Schotter *m*; **II.** *adj.* **4.** beschottert, Schotter...: ~ *road*; **mac·ad·am·i·za·tion** [məkædəmai'zeiʃən] *s.* Schotterung *f*, Chaussierung *f*; **mac'ad·am·ize** [-maiz] *v/t.* makadamisieren, chaussieren.
mac·a·ro·ni [mækə'rouni] *s. sg. u. pl.* Makka'roni *pl.*
mac·a·ron·ic [mækə'rɔnik] **I.** *adj.* **1.** makka'ronisch; **II.** *s. mst pl.* **2.** makkaronische Verse *pl.*; **3.** *fig.* Mischmasch *m.*
mac·a·roon [mækə'ruːn] *s.* Ma['krone *f.*]
ma·caw [mə'kɔː] *s. orn.* Ara *m.*
mac·ca·ro·ni → *macaroni.*
mace[1] [meis] *s.* ♆ Mus'katblüte *f* (*Gewürz*).
mace[2] [meis] *s.* **1.** ⚔ *hist.* Streitkolben *m*; **2.** (langer) Amtsstab (*bsd. im brit. Unterhaus*); **3.** *a.* ~-*bearer* Träger *m* des Amtsstabes.
mac·er·ate ['mæsəreit] *v/t.* **1.** (*a. v/i.*) *durch Flüssigkeit* aufweichen, aufquellen u. erweichen; **2.** *biol. Nahrungsmittel* aufschließen; **3.** ausmergeln, abzehren; **4.** ka'steien.
Mach [mɑːk] → *Mach number.*
Mach·i·a·vel·li·an [mækiə'veliən] *adj.* machiavel'listisch (*skrupellos, ränkevoll*).
ma·chic·o·la·tion [mætʃikou'leiʃən] *s. hist.* **1.** Pechnase *f*, Gußerker *m* (*Festung*); **2.** Gußlochreihe *f.*
mach·i·nate ['mækineit] *v/i.* Ränke schmieden, intrigieren; **mach·i·na·tion** [mæki'neiʃən] *s.* Anschlag *m*, In'trige *f*, Machenschaft *f*: *political* ~*s* politische Ränke; '**mach·i·na·tor** [-tə] *s.* Ränkeschmied *m*, Intri'gant(in).
ma·chine [mə'ʃiːn] **I.** *s.* **1.** ⊕ Ma'schine *f* (F *a. Auto, Fahrrad, Flugzeug etc.*); **2.** Appa'rat *m*, Vorrichtung *f*, (*thea.* 'Bühnen)Mecha,nismus *m*: *the god from the* ~ Deus ex machina (*e-e plötzliche Lösung*); **3.** *fig.* ‚Maschine' *f*, ‚'Roboter' *m* (*Mensch*); **4.** *pol.* Organisati'on *f*, (Par'tei)Ma,schine *f*, (Re'gierungs-)Appa,rat *m*; **II.** *v/t.* **5.** ⊕ maschi'nell herstellen, maschinell drucken; **6.** (maschinell) bearbeiten; *engS. Metall* zerspanen; ~ **age** *s.* Ma'schinen,zeitalter *n*; ~ **fit·ter** *s.* ⊕ Ma'schinenschlosser *m*; ~-**gun** ⚔ **I.** *s.* Ma'schinengewehr *n*; **II.** *v/t.* mit Ma'schinengewehrfeuer belegen; ~-**made** *adj.* **1.** maschi'nell (hergestellt), Fabrik...: ~ *paper* Maschinenpapier; **2.** *fig.* stereo'typ.
ma·chin·er·y [mə'ʃiːnəri] *s.* **1.** Maschine'rie *f*, Ma'schinen(park *m*) *pl.*; **2.** Mecha'nismus *m*, (Trieb-)Werk *n*; **3.** *fig.* Maschinerie *f*, Räderwerk *n*, (*Regierungs*)Ma'schine *f*; **4.** dra'matische Kunstmittel *pl.*
ma·chine| shop *s.* ⊕ Ma'schinenhalle *f*, -saal *m*; ~ **tool** *s.* ⊕ 'Werkzeugma,schine *f*; ~-**wash·a·ble** *adj.* 'waschma,schinenfest (*Stoff etc.*).
ma·chin·ist [mə'ʃiːnist] *s.* **1.** ⊕ **a)** Ma'schinenbauer *m*, -ingeni,eur *m*, **b)** Ma'schinenschlosser *m*, **c)** Maschi'nist *m* (*a. thea.*); **2.** Ma'schinennäherin *f.*
Mach num·ber [mɑːk] *s. phys.* Machzahl *f.*
mac·in·tosh → *mackintosh.*
mack·er·el ['mækrəl] *pl.* -**el** *s. ichth.* Ma'krele *f*; ~ **sky** *s. meteor.* (Himmel *m* mit) Schäfchenwolken *pl.*
mack·i·naw ['mækinɔː] *s. a.* ~ *coat Am.* Stutzer *m*, kurzer Plaidmantel.
mack·in·tosh ['mækintɔʃ] *s.* Regen-, 'Gummimantel *m.*
mack·le ['mækl] **I.** *s.* **1.** dunkler Fleck; **2.** *typ.* Schmitz *m*, verwischter Druck; **II.** *v/t. u. v/i.* **3.** *typ.* schmitzen.
ma·cle ['mækl] *s. min.* **1.** 'Zwillingskri,stall *m*; **2.** dunkler Fleck (*in e-m Mineral*).
macro- [mækrə] *in Zssgn* lang, groß.
mac·ro·cosm ['mækrəkɔzəm] *s.* Makro'kosmos *m.*
ma·cron ['mækrɔn] *s.* Längestrich *m* (*über Vokalen*).
mac·u·la ['mækjulə] *pl.* -**lae** [-liː] *s.* **1.** (⚕ *bsd.* Haut)Fleck *m*; **2.** *ast.* Sonnenfleck *m*; **3.** *min.* dunkler Fleck; '**mac·u·lar** [-lə] *adj.* **1.** gefleckt, maku'lös; **2.** Flecken...
mad [mæd] *adj.* □ → *madly*; **1.** wahnsinnig, verrückt, toll (*alle a. fig.*): *to go* ~ verrückt werden; *it's enough to drive one* ~ es ist zum Verrücktwerden; *like* ~ wie toll *od.* wie verrückt (*arbeiten etc.*); *a* ~ *plan* ein verrücktes Vorhaben; → *hatter, drive 19*; **2.** (*after, about, for, on*) versessen (auf *acc.*), verrückt (nach), vernarrt (in *acc.*): *she is* ~ *about music*; **3.** F außer sich, verrückt, rasend (*with* vor *Freude, Wut etc.*): ~ *with pain*; **4.** *bsd. Am.* F wütend, böse (*at, about* über *acc.*, auf *acc.*); **5.** toll, wild, 'übermütig: *they are having a* ~ *time* bei denen geht's toll zu, sie amüsieren sich toll; **6.** wild (geworden): *a* ~ *bull*; **7.** tollwütig (*Hund*).
Mad·a·gas·can [mædə'gæskən] **I.** *s.* Made'gasse *m*, Made'gassin *f*; **II.** *adj.* made'gassisch.
mad·am ['mædəm] *s.* **1.** gnädige Frau *od.* gnädiges Fräulein (*Anrede*); **2.** F Puffmutter *f.*
'**mad·cap** **I.** *s.* Wildfang *m*; **II.** *adj.* → *mad 5.*
mad·den ['mædn] **I.** *v/t.* verrückt *od.* toll *od.* rasend machen (*a. fig. wütend machen*); **II.** *v/i.* verrückt *etc.* werden; '**mad·den·ing** [-niŋ] *adj.* □ aufreizend, verrückt *etc.* machend: *it is* ~ es ist zum Verrücktwerden.
mad·der[1] ['mædə] *comp. von mad.*
mad·der[2] ['mædə] *s.* ♆, ⊕ Krapp *m.*
mad·dest ['mædist] *sup. von mad.*
mad·ding ['mædiŋ] *adj. poet.* **1.** rasend, tobend: *the* ~ *crowd*; **2.** → *maddening.*
'**mad-doc·tor** *s.* Irrenarzt *m.*
made [meid] **I.** *pret. u. p.p. von make*; **II.** *adj.* **1.** (künstlich) hergestellt: ~ *dish* aus mehreren Zutaten zs.-gestelltes Gericht; ~ *gravy* künstliche Bratensoße; ~ *road* befestigte Straße; ~ *of wood* aus Holz, Holz...; *English*-~ ♆ *Artikel* englischer Fabrikation; **2.** gemacht, arriviert: *a* ~ *man*; **3.** *körperlich* gebaut: *a well*-~ *man*; **4.** F bestimmt, gedacht: *it's* ~ *for this purpose* es ist für diesen Zweck gedacht.
'**made-'up** *adj.* **1.** erfunden: *a* ~ *story*; **2.** geschminkt; **3.** ♆ Fertig..., Fabrik...: ~ *clothes* Konfektionskleidung.
'**mad·house** *s.* Irren-, Tollhaus *n.*
mad·ly ['mædli] *adv.* **1.** wie verrückt, wie wild: *they worked* ~ *all night*; **2.** F schrecklich, wahnsinnig: ~ *in love*; **3.** dumm, verrückt.
'**mad·man** [-mən] *s.* [*irr.*] Verrückte(r) *m*, Irre(r) *m.*
mad·ness ['mædnis] *s.* **1.** Wahnsinn *m*, Tollheit *f* (*a. fig.*); **2.** *bsd. Am.* Wut *f* (*at* über *acc.*).
mad·re·pore [mædri'pɔː] *s. zo.* Madre'pore *f*, 'Löcherko,ralle *f.*
mad·ri·gal ['mædrigəl] *s.* ♪ Madri'gal *n*, (mehrstimmiges) Lied.
'**mad·wom·an** *s.* [*irr.*] Wahnsinnige *f*, Irre *f.*
mael·strom ['meilstroum] *s.* Mahlstrom *m*, Strudel *m* (*a. fig.*): ~ *of traffic* Verkehrsgewühl.
ma·es·to·so [mɑːes'touzou] (*Ital.*) *adv.* ♪ mae'stoso, maje'stätisch.
ma·e·stro [mɑː'estrou] *pl.* -**stri**

[-stri:] (*Ital.*) *s.* Ma'estro *m*, Meister *m*.

Mae West ['mei'west] *s. sl.* **1.** ⚓ aufblasbare Schwimmweste; **2.** ⚔ *Am.* Panzer *m* mit Zwillingsturm.

maf·fick ['mæfik] *v/i. Brit.* ausgelassen feiern.

Ma·fia ['mɑ:fiə] *s. pol.* 'Mafia *f* (*terroristischer Geheimbund*) (*a. fig.*); **ma·fi·o·so** [mɑ:fi:'ousou] *s.* Mafi'oso *m*, Anhänger *m od.* Mitglied *n* e-r Mafia.

mag [mæg] ⊕ *sl. abbr. für magneto*: *~-generator* Magnetodynamo.

mag·a·zine [mægə'zi:n] *s.* **1.** ⚔ **a)** ('Pulver)Maga,zin *n*, Muniti'onslager *n*, **b)** Versorgungslager *n*, **c)** Maga'zin *n*, Kasten *m* (*in Mehrladewaffen*): *~ gun*, *~ rifle* Mehrladegewehr; **2.** ⊕ Vorratsbehälter *m*; **3.** *fig.* Vorrats-, Kornkammer *f* (*fruchtbares Gebiet*); **4.** Magazin *n*, (*oft* illustrierte) Zeitschrift.

mag·da·len ['mægdəlin] *s. fig.* (büßende) Magda'lena, reuige Sünderin.

ma·gen·ta [mə'dʒentə] **I.** *s.* ⚗ Ma'genta(rot) *n*, Fuch'sin *n*; **II.** *adj.* ma'gentarot.

mag·got ['mægət] *s.* **1.** *zo.* Made *f*, Larve *f*; **2.** *fig.* Grille *f*; '**mag·got·y** [-ti] *adj.* **1.** madig; **2.** *fig.* schrullig, grillenhaft.

Ma·gi ['meidʒai] *s. pl.*: *the (three) ~* die (drei) Weisen aus dem Morgenland.

mag·ic ['mædʒik] **I.** *s.* **1.** Ma'gie *f*, Zaube'rei *f*; **2.** Zauber(kraft *f*) *m* (*a. fig.*): *it works like ~* es ist die reinste Hexerei; **II.** *adj.* (□ *~ally.*) **3.** 'magisch, Wunder..., Zauber...: *~ carpet* fliegender Teppich; *~ eye* ⚡ magisches Auge; *~ lamp* Wunderlampe; *~ lantern* Laterna magica; *~ square* magisches Quadrat; **4.** zauberhaft: *~ beauty*; '**mag·i·cal** [-kəl] → *magic II.*

ma·gi·cian [mə'dʒiʃən] *s.* **1.** 'Magier *m*, Zauberer *m*; **2.** Zauberkünstler *m*.

mag·is·te·ri·al [mædʒis'tiəriəl] *adj.* □ **1.** obrigkeitlich, behördlich; **2.** maßgeblich, autorita'tiv; **3.** herrisch, gebieterisch.

mag·is·tra·cy ['mædʒistrəsi] *s.* (Friedens-, Poli'zei)Richteramt *n*, Magistra'tur *f*; **mag·is·tral** [mə'dʒistrəl] *adj. pharm.* nicht offizi'nell, eigens verschrieben; '**mag·is·trate** [-rit] *s.* **1.** (obrigkeitlicher *od.* richterlicher) Beamter: **a)** *a. police ~* Poli'zeirichter *m*, **b)** Friedensrichter *m*; **2.** *chief ~*, *first ~* **a)** Präsi'dent *m*, **b)** Gouver'neur *m* (*e-s Staates der USA etc.*).

Mag·na C(h)ar·ta ['mægnə'kɑ:tə] *s.* **1.** *hist.* Magna Charta *f* (*der große Freibrief der englischen Verfassung*); **2.** Grundgesetz *n*.

mag·na·nim·i·ty [mægnə'nimiti] *s.* Edelmut *m*, Großmut *f*; **mag·nan·i·mous** [mæg'næniməs] *adj.* □ großmütig, hochherzig.

mag·nate ['mægneit] *s.* **1.** Ma'gnat *m*: *oil ~*; **2.** Größe *f*, einflußreiche Per'sönlichkeit; **3.** Großgrundbesitzer *m*.

mag·ne·sia [mæg'ni:ʃə] *s.* ⚗ Ma'gnesia *f*, Ma'gnesiumo,xyd *n*; **mag'ne·sian** [-ʃən] *adj.* **1.** Magnesia...; **2.** Magnesium...; **mag'ne·si·um** [-i:zjəm] *s.* ⚗ Ma'gnesium *n*.

mag·net ['mægnit] *s.* Ma'gnet *m* (*a. fig.*); **mag·net·ic** [mæg'netik] *adj.* (□ *~ally*) **1.** ma'gnetisch, Magnet... (*-feld*, *-kompaß*, *-nadel etc.*): *~ attraction* magnetische Anziehung(skraft) (*a. fig.*); *~ declination* Mißweisung; *~ recorder* Magnettongerät; *~ tape* (Ton)Band; **2.** *fig.* anziehend, faszinierend, fesselnd; **mag·net·ics** [mæg'netiks] *s. pl.* (*mst sg. konstr.*) Wissenschaft *f* vom Magne'tismus; '**mag·net·ism** [-tizəm] *s.* **1.** *phys.* Magne'tismus *m*; **2.** *fig.* Anziehungskraft *f*; **mag·net·i·za·tion** [mægnitai'zeiʃən] *s.* Magnetisierung *f*; '**mag·net·ize** [-taiz] *v/t.* **1.** magnetisieren; **2.** *fig.* (wie ein Ma'gnet) anziehen, fesseln; '**mag·net·iz·er** [-taizə] *s.* ⚕ Magneti'seur *m*.

mag·ne·to [mæg'ni:tou] *pl.* **-tos** *s.* ⚡ Ma'gnetzünder *m*.

magneto- [mægni:tou] *in Zssgn* Magneto...; **mag·ne·to-e·lec·tric** [mæg'ni:toui'lektrik] *adj.* ma'gnetoe,lektrisch.

mag·ne·tron ['mægnitrɔn] *s.* ⚡ Magne'tron *n*.

mag·ni·fi·ca·tion [mægnifi'keiʃən] *s.* **1.** Vergrößern *n*; **2.** Vergrößerung *f*; **3.** *phys.* Vergrößerungsstärke *f*; **4.** ⚡ Verstärkung *f*.

mag·nif·i·cence [mæg'nifisns] *s.* Großartigkeit *f*, Pracht *f*, Herrlichkeit *f*; **mag'nif·i·cent** [-nt] *adj.* □ großartig, prächtig, herrlich (*alle a.* F *fig.*).

mag·ni·fi·er ['mægnifaiə] *s.* **1.** Vergrößerungsglas *n*, Lupe *f*; **2.** ⚡ Verstärker *m*; **3.** Verherrlicher *m*; **mag·ni·fy** ['mægnifai] *v/t. opt. u. fig.* **1.** vergrößern: *~ing glass* → *magnifier 1*; **2.** *fig.* über'treiben; **3.** ⚡ verstärken.

mag·nil·o·quence [mæg'niləkwəns] *s.* **1.** Großsprече'rei *f*; **2.** Schwulst *m*, Bom'bast *m*; **mag'nil·o·quent** [-nt] *adj.* □ **1.** großsprecherisch; **2.** hochtrabend, bom'bastisch.

mag·ni·tude ['mægnitju:d] *s.* **1.** Größe *f*, Größenordnung *f* (*a. ast.*, *A*): *a star of the first ~* ein Stern erster Größe; **2.** *fig.* Ausmaß *n*, Schwere *f*; **3.** *fig.* Bedeutung *f*: *of the first ~* von äußerster Wichtigkeit.

mag·no·li·a [mæg'nouljə] *s.* ⚘ Ma'gnolie *f*.

mag·num ['mægnəm] *s.* Zwei'quartflasche *f* (*etwa 2 l enthaltend*).

mag·pie ['mægpai] *s.* **1.** *zo.* Elster *f*; **2.** *fig.* Schwätzer(in); **3.** *Scheibenschießen*: zweiter Ring von außen.

ma·gus ['meigəs] *pl.* **-gi** [-dʒai] *s.* **1.** ♀ *antiq.* persischer Priester; **2.** Zauberer *m*; **3.** *a.* ♀ *sg. von Magi.*

ma·ha·ra·ja(h) [mɑ:hə'rɑ:dʒə] *s.* Maha'radscha *m*; **ma·ha'ra·nee** [-ɑ:ni:] *s.* Maha'rani *f*.

mahl·stick ['mɔ:lstik] → *maulstick.*

ma·hog·a·ny [mə'hɔgəni] **I.** *s.* **1.** ⚘ Maha'gonibaum *m*; **2.** Maha'goni (-holz) *n*; **3.** Maha'goni(farbe *f*) *n*; **4.** *to have (od. put) one's feet under s.o.'s ~* F bei j-m zu Tisch sein, j-s Gastfreundschaft genießen; **II.** *adj.* **5.** Mahagoni...; **6.** maha'gonifarben.

ma·hout [mə'haut] *s. Brit. Ind.* Ele'fantentreiber *m*.

maid [meid] *s.* **1.** (junges) Mädchen, Maid *f*: *~ of hono(u)r* **a)** Ehren-, Hofdame, **b)** *Am. erste* Brautjungfer; **2.** (junge) unverheiratete Frau: *old ~* alte Jungfer; **3.** (Dienst)Mädchen *n*, Magd *f*: *~-of-all-work bsd. fig.* Mädchen für alles; **4.** *poet.* Jungfrau *f*: *the ♀ (of Orleans).*

maid·en ['meidn] **I.** *adj.* **1.** mädchenhaft, Mädchen...: *~ name* Mädchenname *e-r Frau*; **2.** jungfräulich, unberührt (*a. fig.*): *~ soil*; **3.** unverheiratet: *~ aunt*; **4.** Jungfern..., Antritts...: *~ speech parl.* Jungfernrede; *~ voyage* ⚓ Jungfernfahrt; **II.** *s.* **5.** → *maid 1, 2*; **6.** *Scot. hist.* Guillo'tine *f*; **7.** *Rennsport*: **a)** Maiden *n* (*Pferd, das noch nie gesiegt hat*), **b)** Rennen *n* für Maidens; *~* **as·size** *s.* ⚖ Gerichtssitzung *f* ohne Krimi'nalfall; '**~·hair (fern)** *s.* ⚘ Frauenhaar(farn *m*) *n*; '**~·head** *s.* **1.** → *maidenhood*; **2.** *anat.* Jungfernhäutchen *n*; '**~·hood** *s.* **a)** Jungfräulichkeit *f*, **b)** Jungfernschaft *f*.

maid·en·like ['meidnlaik], '**maid·en·ly** [-li] *adj.* **1.** mädchenhaft, Mädchen...; **2.** jungfräulich, züchtig.

'**maid·serv·ant** → *maid 3.*

mail[1] [meil] **I.** *s.* **1.** Post(sendung) *f*, *bsd.* Brief- *od.* Pa'ketpost *f*: *by ~ Am.* mit der Post; *by return ~ Am.* postwendend, umgehend; *incoming ~* Posteingang; *outgoing ~* Postausgang; **2.** Briefbeutel *m*, Postsack *m*; **3.** Post(dienst *m*) *f*: *the Federal ♀s Am.* die Bundespost; **4.** Postversand *m*; **5.** Postauto *n*, -boot *n*, -bote *m*, -flugzeug *n*, -zug *m*; **II.** *adj.* **6.** Post...: *~-boat* Post-, Paketboot; **III.** *v/t.* **7.** *bsd. Am.* (mit der Post) (ab)schicken, aufgeben; zuschicken (*to dat.*).

mail[2] [meil] **I.** *s.* **1.** Kettenpanzer *m*: *coat of ~* Panzerhemd; **2.** (Ritter-) Rüstung *f*; **3.** *zo.* Panzer *m*; **II.** *v/t.* **4.** panzern.

mail·a·ble ['meiləbl] *adj. Am.* postversandfähig.

'**mail|-bag** *s.* Post-, Briefbeutel *m*; '**~·box** *s. Am.* Briefkasten *m*; '**~·car·ri·er** *s. Am.* Briefträger *m*; '**~·clad** *adj.* gepanzert; '**~·coach** *s. Brit.* **1.** Postwagen *m*; **2.** *hist.* Postkutsche *f*.

mailed [meild] *adj.* gepanzert (*a. zo.*): *the ~ fist fig.* die eiserne Faust.

'**mail|·man** [-mən] *s.* [*irr.*] *Am.* Briefträger *m*; *~* **or·der** *s.* ✝ Bestellung *f* (*von Waren*) durch die Post; '**~·or·der** *adj.* Postversand...: *~ house* (Post)Versandgeschäft.

maim [meim] *v/t.* verstümmeln (*a. fig. Text*); zum Krüppel machen; lähmen (*a. fig.*).

main [mein] **I.** *adj.* □ → *mainly*; **1.** Haupt..., größt, wichtigst, vorwiegend, hauptsächlich: *~ clause ling.* Hauptsatz; *~ deck* ⚓ Hauptdeck; *~ girder* ⚠ Längsträger; *~ office* Hauptbüro; *~ road* Hauptverkehrsstraße; *~ station teleph.* Hauptanschluß; *~ thing* Hauptsache; *by ~ force* mit äußerster Kraft; **2.** ⚓ groß, Groß...: *~ brace* Großbrasse; **3.** *poet.* (weit) offen: *the ~ sea* die offene *od.* hohe See; **II.** *s.* **4.** *mst pl.* **a)** Haupt-

(gas- *etc.*)leitung *f*: (*gas*) ~s; (*water*) ~s, **b**) ⚡ Haupt-, Stromleitung *f*, **c**) (Strom)Netz *n*: *operating on the ~s* mit Netzanschluß; *~s receiving set* Netzempfänger; *~s voltage* Netzspannung; **5. a**) Hauptrohr *n*, **b**) Hauptkabel *n*; **6.** 🚂 *Am.* 'Haupt,linie *f*; **7.** Hauptsache *f*, Kern *m*: *in* (*Am. a. for*) *the ~* hauptsächlich, in der Hauptsache; **8.** *poet. die* hohe See; **9.** → *might*[1] 2; ~ **chance** *s.* materi'eller Vorteil: *to have an eye to the ~* s-n eigenen Vorteil im Auge behalten; '~**land** [-lənd] *s.* Festland *n*; ~ **line** *s.* **1.** 🚂 *etc.*, *a.* ⚔ 'Haupt,linie *f*: *~ of resistance* Hauptkampflinie; **2.** *Am. sl.* Promi'nenz *f*, *die* reichen Leute *pl.*; '~**line** *v/i. sl.* ‚fixen' (*sich Drogen injizieren*); '~**lin·er** *s. sl.* ‚Fixer' *m.*

main·ly ['meinli] *adv.* hauptsächlich, vorwiegend.

main|·mast ['meinmɑ:st; ⚓ -məst] *s.* ⚓ Großmast *m*; ~**·sail** ['meinseil; ⚓ -sl] *s.* ⚓ Großsegel *n*; '~**·spring** *s.* **1.** Hauptfeder *f* (*Uhr etc.*); **2.** *fig.* (Haupt)Triebfeder *f*, treibende Kraft; '~**·stay** *s.* **1.** ⚓ Großstag *n*; **2.** *fig.* Hauptstütze *f*; ♀ **Street** *s.* *Am.* **1.** Hauptstraße *f*; **2.** *fig.* materia'listisches Pro'vinzbürgertum.

main·tain [men'tein] *v/t.* **1.** *Zustand, gute Beziehungen etc.* (aufrecht)erhalten, beibehalten, (be-) wahren: *to ~ an attitude* e-e Haltung beibehalten; *to ~ a price* ✝ e-n Preis halten; **2.** in'stand halten, pflegen, ⊕ *a.* warten; **3.** *Briefwechsel etc.* unter'halten, (weiter)führen; **4.** (*in e-m bestimmten Zustand*) lassen, bewahren: *to ~ s.th. in (an) excellent condition*; **5.** *Familie etc.* unter'halten, versorgen; **6.** behaupten (*that* daß, *to* zu); **7.** *Meinung, Recht etc.* verfechten; auf *e-r Forderung* bestehen: *to ~ an action* ⚖ e-e Klage anhängig machen; **8.** *j-n* unter'stützen, *j-m* beipflichten; ⚖ *e-e Prozeßpartei* 'widerrechtlich unterstützen; **9.** nicht aufgeben, behaupten: *to ~ one's ground bsd. fig.* sich (in s-r Stellung) behaupten; **main'tain·a·ble** [-nəbl] *adj.* verfechtbar, haltbar; **main'tain·er** [-nə] *s.* Unter'stützer *m*: **a**) Verfechter *m* (*Meinung etc.*), **b**) Versorger *m*; **main'tain·or** [-nə] *s.* ⚖ außenstehender Pro'zeßtreiber; **main·te·nance** ['meintinəns] *s.* **1.** In'standhaltung *f*, Erhaltung *f*; **2.** ⊕ Wartung *f*: *~ man* Wart, Monteur; *~-free* wartungsfrei; **3.** 'Unterhalt(smittel *pl.*) *m*: *~ grant* Unterhaltszuschuß; *~ order* ⚖ Anordnung von Unterhaltszahlungen; **4.** Aufrechterhaltung *f*, Beibehalten *n*; **5.** Behauptung *f*, Verfechtung *f*.

'**main|·top** *s.* ⚓ Großmars *m*; ~ **yard** *s.* ⚓ Großrah(e) *f*.

mai·so(n)·nette [meizə'net] *s.* **1.** kleines Eigenheim; **2.** Maiso'nettewohnung *f*.

maize [meiz] *s.* ❦ Mais *m*; **mai·ze·na** [mei'zi:nə] *s.* Mai'zena *n*, Maisstärkemehl *n*.

ma·jes·tic [mə'dʒestik] *adj.* (□ *~ally*) maje'stätisch; **maj·es·ty** ['mædʒisti] *s.* **1.** Maje'stät *f*: *His* (*Her*) ♀ Seine (Ihre) Majestät; *Your* ♀ Eure Majestät; **2.** *fig.* Majestät *f*, Erhabenheit *f*, Hoheit *f*.

ma·jol·i·ca [mə'jɔlikə] *s.* Ma'jolika *f*.

ma·jor ['meidʒə] **I.** *s.* **1.** Ma'jor *m*; **2.** ⚖ Volljährige(r *m*) *f*, Mündige(r *m*) *f*; **3.** *hinter Eigennamen*: der Ältere; **4.** ♪ **a**) Dur *n*, **b**) 'Durak,kord *m*, **c**) Durtonart *f*; **5.** *phls.* **a**) *a. ~ term* Oberbegriff, **b**) *a. ~ premise* Obersatz; **6.** *univ. Am.* Hauptfach *n*; **II.** *adj.* **7.** größer (*a. fig.*); *fig.* bedeutend: *~ attack* Großangriff; *~ event bsd. sport* Großveranstaltung; *~ repair* größere Reparatur; **8.** ⚖ volljährig, mündig; **9.** ♪ **a**) groß (*Terz etc.*), **b**) Dur...: *~ key* Durtonart; *C ~* C-Dur; **III.** *v/t.* **10.** (*v/i. ~ in*) *Am.* als Hauptfach studieren; ~ **ax·is** *s.* ⩘ Hauptachse *f*; '~-'**gen·er·al** *s.* ⚔ Gene'ralma,jor *m*.

ma·jor·i·ty [mə'dʒɔriti] *s.* **1.** Mehrheit *f*: *~ of votes* (Stimmen)Mehrheit, Majori'tät; *in the ~ of cases* in der Mehrzahl der Fälle; *to join the ~* **a**) sich der Mehrheit anschließen, **b**) zu den Vätern versammelt werden (*sterben*); **2.** ⚖ Voll-, Großjährigkeit *f*; **3.** ⚔ Ma'jorsrang *m*, -stelle *f*.

ma·jor| league *s. sport Am.* 'Ober,liga *f* (*Baseball*); ~ **mode** *s.* ♪ Dur (-tonart *f*) *n*; ~ **scale** *s.* ♪ Durtonleiter *f*.

ma·jus·cule ['mædʒəskju:l] *s.* Ma'juskel *f*, großer Anfangsbuchstabe.

make [meik] **I.** *s.* **1. a**) Mach-, Bauart *f*, Form *f*, **b**) Erzeugnis *n*, Fabri'kat *n*: *our own ~* (unser) eigenes Fabrikat; *of best English ~* beste englische Qualität; **2.** *Mode*: Schnitt *m*, Fas'son *f*; **3.** ✝ **a**) (Fa'brik)Marke *f*, **b**) ⊕ Typ *m*, Bau(art *f*) *m*; **4.** (*Körper*)Bau *m*; **5.** Anfertigung *f*, Herstellung *f*; **6.** Schließen *n* (*Stromkreis*): *to be at ~* geschlossen sein; **7.** *on the ~ sl.* auf Geld (*od.* e-n Vorteil) aus, ‚schwer da,hinter'her' (*sein*); **II.** *v/t.* [*irr.*] **8.** *allg. z.B. Anstrengungen, Betten, Einkäufe, Einwände, Feuer, Reise, Testament, Verbeugung, Versuch* machen; *Frieden* schließen; *e-e Rede* halten; → *face 2, war 1 etc.*; **9.** machen: **a**) anfertigen, herstellen, erzeugen (*from, of, out of* von, aus), **b**) verarbeiten, bilden, formen (*to, into* in *acc.*, zu), **c**) *Tee etc.* (zu-) bereiten, **d**) *Gedicht etc.* verfassen; **10.** errichten, bauen, *Garten, Weg etc.* anlegen; **11.** (er)schaffen: *God made man* Gott schuf den Menschen; *you are made for this job* du bist für diese Arbeit wie geschaffen; **12.** *fig.* machen zu: *he made her his wife*; *to ~ enemies of* sich zu Feinden machen; *to ~ a doctor of s.o.* j-n Arzt werden lassen; **13.** ergeben, bilden, entstehen lassen: *many brooks ~ a river*; *oxygen and hydrogen ~ water* Wasserstoff u. Sauerstoff bilden Wasser; **14.** verursachen: **a**) *ein Geräusch, Lärm, Mühe, Schwierigkeiten* machen, **b**) bewirken, (mit sich) bringen: *prosperity ~s contentment*; **15.** (er)geben, den Stoff abgeben zu, dienen als (*Sache*): *this ~s a good article* das gibt e-n guten Artikel; *this book ~s good reading* dieses Buch liest sich gut; *this cloth will ~ a suit* dieses Tuch wird für e-n Anzug reichen; **16.** sich erweisen als (*Person*): *he would ~ a good salesman* er würde e-n guten Verkäufer abgeben; *she made him a good wife* sie war ihm e-e gute Frau; **17.** bilden, (aus)machen: *this ~s the tenth time* das ist das zehnte Mal; → *difference 1, one 7, party 2*; **18.** (*mit adj., p.p. etc.*) machen: *to ~ angry* zornig machen, erzürnen; *to ~ known* bekanntmachen, -geben; → *make good*; **19.** (*mit folgendem s.*) machen zu, ernennen zu: *they made him a general, he was made a general* er wurde zum General ernannt; *he made himself a martyr* er wurde zum Märtyrer; **20.** *mit inf.* (*act. ohne to, pass. mit to*) *j-n* veranlassen, lassen, bringen, zwingen *od.* nötigen zu: *to ~ s.o. wait* j-n warten lassen; *we made him talk* wir brachten ihn zum Sprechen; *they made him repeat it, he was made to repeat it* man ließ es ihn wiederholen; *to ~ s.th. do, to ~ do with s.th.* mit et. auskommen, sich mit et. behelfen; **21.** *fig.* machen: *to ~ much of* **a**) viel Wesens um *et. od. j-n* machen, **b**) sich viel aus *et.* machen, viel von *et.* halten; → *best 7, most 3, nothing Redew.*; **22.** sich e-e Vorstellung von *et.* machen, *et.* halten für: *what do you ~ of it?* was halten Sie davon?; **23.** F *j-n* halten für: *I ~ him a greenhorn*; **24.** schätzen auf (*acc.*): *I ~ the distance three miles*; **25.** feststellen: *I ~ it a quarter to five* nach m-r Uhr ist es viertel vor fünf; **26.** erfolgreich 'durchführen: → *escape 11*; **27.** *j-m* zum Erfolg verhelfen, *j-s* Glück machen: *I can ~ and break you* ich kann aus Ihnen et. machen und ich kann Sie auch erledigen; **28.** sich *ein Vermögen etc.* erwerben, verdienen, *Geld, Profit* machen, *Gewinn* erzielen; → *name Redew.*; **29.** ‚schaffen': **a**) *Strecke* zu'rücklegen: *can we ~ it in 3 hours?*, **b**) *Geschwindigkeit* erreichen: *to ~ 60 mph.*; **30.** F *et.* erreichen, ‚schaffen', *akademischen Grad* erlangen, *sport etc. Punkte, a. Schulnote* erzielen, *Zug* erwischen: *to ~ it* es schaffen; *to ~ the team Am.* in die Mannschaft aufgenommen werden; **31.** *sl. Frau* ‚'umlegen' (*verführen*); **32.** ankommen in (*dat.*), erreichen: *to ~ port* ⚓ in den Hafen einlaufen; **33.** ⚓ sichten, ausmachen: *to ~ land*; **34.** *Brit. Mahlzeit* einnehmen; **35.** *Fest etc.* veranstalten; **36.** *Preis* festsetzen, machen; **37.** *Kartenspiel*: **a**) *Karten* mischen, **b**) *Stich* machen; **38.** ⚡ *Stromkreis* schließen; **39.** *ling. Plural etc.* bilden, werden zu; **40.** sich belaufen auf (*acc.*), ergeben, machen: *two and two ~ four* 2 u. 2 macht *od.* ist 4; **III.** *v/i.* [*irr.*] **41.** sich anschicken, den Versuch machen (*to do* zu tun): *he made to go* er wollte gehen; **42.** (*to* nach) **a**) sich begeben *od.* wenden, **b**) führen, gehen (*Weg etc.*), sich erstrecken, **c**) fließen; **43.** einsetzen (*Ebbe, Flut*), (an)steigen (*Flut etc.*); **44.** *~ as if* (*od. as though*) so tun als ob *od.* als wenn: *to ~*

believe (*that od. to do*) vorgeben (daß *od.* zu tun);
Zssgn mit prp.:
make| aft·er *v/t. obs. j-m* nachsetzen, *j-n* verfolgen; **~ a·gainst** *v/t.* **1.** ungünstig sein für, schaden (*dat.*); **2.** sprechen gegen (*a. fig.*); **~ for** *v/t.* **1. a)** zugehen auf (*acc.*), sich begeben *od.* aufmachen nach, zustreben (*dat.*), **b)** ⚓ Kurs haben auf (*acc.*), **c)** sich stürzen auf (*acc.*); **2.** beitragen zu, fördern: *it makes for his advantage* es wirkt sich für ihn günstig aus; *the aerial makes for better reception* die Antenne verbessert den Empfang; **~ to·ward(s)** *v/t.* zugehen auf (*acc.*), sich bewegen nach, sich nähern (*dat.*);
Zssgn mit adv.:
make| a·way *v/i.* sich da'vonmachen: *to ~ with* **a)** sich davonmachen mit (*Geld etc.*), **b)** *et. od. j-n* beseitigen, aus dem Weg(e) räumen, **c)** *Geld etc.* durchbringen, **d)** sich entledigen (*gen.*); **~ good I.** *v/t.* **1. a)** (wieder)'gutmachen, **b)** ersetzen, vergüten: *to ~ a deficit* ein Defizit decken; **2.** begründen, rechtfertigen, nachweisen; **3.** *Versprechen, sein Wort* halten; **4.** *den Erwartungen* entsprechen; **5.** *Flucht etc.* glücklich bewerkstelligen; **6.** (*berufliche etc.*) *Stellung* ausbauen; **II.** *v/i.* **7.** sich 'durchsetzen, sein Ziel erreichen; **8.** sich bewähren, den Erwartungen entsprechen; **~ off** *v/i.* sich da'vomachen, ausreißen: *to ~ with the money* mit dem Geld durchbrennen; **~ out I.** *v/t.* **1.** *Scheck etc.* ausstellen; *Urkunde* ausfertigen; *Liste etc.* aufstellen; **2.** ausmachen, erkennen; **3.** *Sachverhalt etc.* feststellen, her'ausbekommen; **4. a)** *j-n* ausfindig machen, **b)** *j-n* verstehen, aus *j-m od. et.* klug werden; **5.** entziffern; **6. a)** behaupten, **b)** beweisen, **c)** *j-n* als *Lügner etc.* hinstellen; **7.** *Am. mühsam* zu'stande bringen; **8.** *Summe* voll machen; **9.** halten für; **II.** *v/i.* **10.** *bsd. Am.* F Erfolg haben: *how did you ~?* wie haben Sie abgeschnitten?; **11.** *bsd. Am.* (*mit j-m*) auskommen; **12.** vorgeben, (so) tun (als ob); **~ o·ver** *v/t.* **1.** *Eigentum* über'tragen, -'eignen, vermachen; **2.** 'umbauen; *Anzug etc.* 'umarbeiten; **~ up I.** *v/t.* **1.** bilden, zs.-setzen: *to be made up of* bestehen *od.* sich zs.-setzen aus; **2.** *Arznei, Bericht etc.* zs.-stellen; *Schriftstück* aufsetzen, *Liste etc.* aufstellen; *Paket* (ver)packen, verschnüren; **3.** *a. thea.* zu'rechtmachen, schminken, pudern; **4.** *Geschichte etc.* sich ausdenken, *a. b.s.* erfinden: *a made-up story*; **5. a)** *Versäumtes* nachholen; → *leeway* 2, **b)** 'wiedergewinnen: *to ~ lost ground*; **6.** ersetzen, vergüten; **7.** *Rechnung, Konten* ausgleichen; *Bilanz* ziehen; → *account* 5; **8.** *Streit etc.* beilegen; **9.** ver'vollständigen, *Fehlendes* ergänzen, *Betrag, Gesellschaft etc.* voll machen; **10.** *to make it up* **a)** es wieder'gutmachen, **b)** sich wieder versöhnen; **11.** *typ.* um'brechen; **II.** *v/i.* **12.** sich zu'rechtmachen, *bsd.* sich pudern *od.* schminken; **13.** (*for*) Ersatz leisten, als Ersatz dienen (für), vergüten (*acc.*); **14.** aufholen, wieder'gutmachen, wettmachen (*for acc.*): *to ~ for lost time* die verlorene Zeit wieder aufzuholen suchen; **15.** *Am.* sich nähern (*to dat.*); **16.** (*to*) F (*j-m*) schöntun, sich anbiedern (bei *j-m*), sich her'anmachen (an *j-n*); **17.** sich versöhnen (*with* mit).

make| and break *s.* ⚡ Unter'brecher *m*; **'~-and-'break** *adj.* ⚡ zeitweilig unter'brochen: *~ contact* Unterbrecherkontakt; **'~-be·lieve I.** *s.* **1. a)** Verstellung *f*, **b)** Heuche'lei *f*; **2.** Vorwand *m*; **3.** Schein *m*, Spiegelfechte'rei *f*; **II.** *adj.* **4.** vorgeblich, scheinbar, falsch.

mak·er ['meikə] *s.* **1. a)** Macher *m*, Verfertiger *m*; Aussteller(in) *e-r Urkunde*, **b)** ✝ Hersteller *m*, Erzeuger *m*; **2.** *the* ♀ der Schöpfer (*Gott*).

'make|-read·y *s. typ.* Zurichtung *f*; **'~-shift I.** *s.* Notbehelf *m*; **II.** *adj.* behelfsmäßig, Behelfs..., Not...

'make-up *s.* **1.** Aufmachung *f*: **a)** *Film etc.*: Ausstattung *f*, Kostümierung *f*, **b)** Verpackung *f*, ✝ Ausstattung *f*: *~ charge Schneiderei*: Macherlohn; *~ man Film*: Maskenbildner; **2.** Schminke *f*, Puder *m*; **3.** Make-up *n*: **a)** Schminken *n*, **b)** Pudern *n*; **4.** *fig. humor.* Aufmachung *f*, Aufzug *m*, (Ver)Kleidung *f*; **5.** Zs.-setzung *f*; *sport* (*Mannschafts*)Aufstellung *f*; **6.** Körperbau *m*; **7.** Veranlagung *f*, Na'tur *f*; **8.** *fig. humor. Am.* erfundene Geschichte; **9.** *typ.* 'Umbruch *m*.

'make·weight *s.* **1.** (Gewichts)Zugabe *f*, Zusatz *m*; **2.** Gegengewicht *n* (*a. fig.*); **3.** *fig.* **a)** Lückenbüßer *m*, Anhängsel *n* (*Person*), **b)** (kleiner) Notbehelf.

mak·ing ['meikiŋ] *s.* **1.** Machen *n*: *this is of my own ~* das habe ich selbst gemacht; **2.** Erzeugung *f*, Herstellung *f*, Fabrikati'on *f*: *to be in the ~ a. fig.* im Entstehen *od.* im Werden *od.* in der Entwicklung sein; **3. a)** Zs.-setzung *f*, **b)** Verfassung *f*, **c)** Bau(art *f*) *m*, Aufbau *m*, **d)** Aufmachung *f*; **4.** Glück *n*, Chance *f*: *this will be the ~ of him* damit ist er ein gemachter Mann; **5.** *pl.* ('Roh)Materi̧al *n* (*a. fig.*): *he has the ~s of* er hat das Zeug *od.* die Anlagen zu; **6.** *pl.* Pro'fit *m*, Verdienst *m*; **7.** *pl.* F *die* (nötigen) Zutaten *pl.*

mal- [mæl] *in Zssgn* **a)** schlecht, **b)** mangelhaft, **c)** übel, **d)** Miß..., un...

Mal·a·chi ['mæləkai], *a.* **Mal·a·chi·as** [mælə'kaiəs] *npr. u. s. bibl.* (das Buch) Male'achi *m od.* Mala'chias *m*.

mal·a·chite ['mæləkait] *s. min.* Mala'chit *m*, Kupferspat *m*.

mal·ad·just·ed ['mælə'dʒʌstid] *adj. psych.* nicht angepaßt, mi'lieugestört; **'mal·ad'just·ment** [-stmənt] *s.* **1.** mangelnde Anpassung, Mi'lieustörung *f*; **2.** ⊕ Falscheinstellung *f*; **3.** 'Mißverhältnis *n*.

'mal·ad·min·is'tra·tion *s.* **1.** schlechte Verwaltung; **2.** *pol.* 'Mißwirtschaft *f*.

'mal·a'droit *adj.* □ **1.** ungeschickt; **2.** taktlos.

mal·a·dy ['mælədi] *s.* Krankheit *f*, Gebrechen *n*.

ma·la fi·de ['meilə'faidi] (*Lat.*) *adj. u. adv.* arglistig (*a.* ⚖).

ma·laise [mæ'leiz] *s.* **1.** Unpäßlichkeit *f*; **2.** Unbehagen *n*.

mal·a·prop·ism ['mæləprɔpizəm] *s.* (lächerliche) Wortverwechslung, 'Mißgriff *m*; **mal·ap·ro·pos** ['mæl'æprəpou] **I.** *adj.* **1.** unangebracht; **2.** unschicklich; **II.** *adv.* **3. a)** zur Unzeit, **b)** im falschen Augenblick; **III.** *s.* **4.** *et.* Unangebrachtes.

ma·lar ['meilə] *anat.* **I.** *adj.* Bakken...; **II.** *s.* Backenknochen *m*.

ma·lar·i·a [mə'lɛəriə] *s.* ⚕ Ma'laria *f*, Sumpffieber *n*; **ma'lar·i·al** [-əl], **ma'lar·i·an** [-ən], **ma'lar·i·ous** [-iəs] *adj.* Malaria..., ma'lariaverseucht.

ma·lar·k(e)y [mə'lɑːki] *s. Am. sl.* ‚Quatsch' *m*, ‚Käse' *m*.

Ma·lay [mə'lei] **I.** *s.* **1.** Ma'laie *m*, Ma'laiin *f*; **2.** Ma'laiisch *n*; **II.** *adj.* **3.** ma'laiisch; **Ma'lay·an** [-eiən] → *Malay 3*.

'mal·con·tent I. *adj.* unzufrieden (*a. pol.*), 'mißvergnügt; **II.** *s.* Unzufriedene(r *m*) *f*, 'Mißvergnügte(r *m*) *f*.

male [meil] **I.** *adj.* **1.** männlich (*a. biol. u.* ⊕): *~ choir* Männerchor; *~ cousin* Vetter; *~ nurse* Krankenpfleger; *~ plug* ⊕ Stecker; *~ rhyme* männlicher Reim; *~ screw* ⊕ Schraube(nspindel); **2.** *weitS.* männlich, mannhaft; **II.** *s.* **3. a)** Mann *m*, **b)** Knabe *m*; **4.** *zo.* Männchen *n*; **5.** ♀ männliche Pflanze.

mal·e·dic·tion [mæli'dikʃən] *s.* Fluch *m*, Verwünschung *f*; **mal·e'dic·to·ry** [-ktəri] *adj.* verwünschend, Verwünschungs..., Fluch...

mal·e·fac·tor ['mælifæktə] *s.* Misse-, Übeltäter *m*; **'mal·e·fac·tress** [-tris] *s.* Missetäterin *f*.

ma·lef·ic [mə'lefik] *adj.* (□ *~ally*) ruchlos, bösartig; **ma·lef·i·cent** [mə'lefisnt] *adj.* **1.** bösartig; **2.** schädlich (*to* für *od. dat.*); **3.** verbrecherisch.

ma·le·ic ac·id [mə'liːik] *s.* ⚗ Male'insäure *f*.

ma·lev·o·lence [mə'levələns] *s.* 'Mißgunst *f*, Bosheit *f*, Feindseligkeit *f* (*to* gegen), Böswilligkeit *f*; **ma'lev·o·lent** [-nt] *adj.* □ **1.** 'mißgünstig, widrig (*Umstände etc.*); **2.** feindselig, böswillig, übelwollend.

mal·fea·sance [mæl'fiːzəns] *s.* ⚖ (*bsd. Amts*)Vergehen *n*.

'mal·for'ma·tion *s. bsd.* ⚕ 'Mißbildung *f*.

mal'func·tion *s.* **1.** ⚕ Funkti'onsstörung *f*; **2.** ⊕ Versagen *n*.

mal·ic ['mælik] *adj.* ⚗ Apfel...

mal·ice ['mælis] *s.* **1.** Böswilligkeit *f*, Bosheit *f*; Arglist *f*, Tücke *f*; **2.** Groll *m*: *to bear s.o. ~* j-m grollen; **3.** ⚖ (böse) Absicht, Vorsatz *m*: *with ~ aforethought* (*od. prepense*) vorsätzlich; **ma·li·cious** [mə'liʃəs] *adj.* □ **1.** böswillig, boshaft; **2.** arglistig, (heim)tückisch; **3.** gehässig; **4.** hämisch; **5.** ⚖ böswillig, vorsätzlich; **ma·li·cious·ness** [mə'liʃəsnis] → *malice 1, 2*.

ma·lign [mə'lain] **I.** *adj.* □ **1.** verderblich, schädlich; **2.** unheilvoll; **3.** böswillig; **4.** ⚕ bösartig; **II.** *v/t.* **5.** verleumden, beschimpfen.

ma·lig·nan·cy [mə'lignənsi] *s.* Böswilligkeit *f*; Bösartigkeit *f* (*a.* ⚕); Bosheit *f*; Arglist *f*; Schadenfreude *f*; **ma'lig·nant** [-nt] **I.** *adj.* □ **1.** böswillig; bösartig (*a.* ⚕); **2.** arglistig, (heim)tückisch; **3.** schadenfroh; **4.** gehässig; **II.** *s.* **5.** *hist. Brit.* Roya'list *m*; **6.** Übelgesinnte(r *m*) *f*; **ma'lig·ni·ty** [-niti] → *malignancy.*

ma·lin·ger [mə'liŋgə] *v/i.* sich krank stellen, simulieren, ‚sich drücken'; **ma'lin·ger·er** [-ərə] *s.* Simu'lant *m*, Drückeberger *m.*

mall[1] [mɔ:l] *s.* 'Laubenprome,nade *f.*

mall[2] [mɔ:l] *s. orn.* Sturmmöwe *f.*

mal·lard ['mæləd] *pl.* **-lards,** *coll.* **-lard** *s. orn.* Stockente *f.*

mal·le·a·ble ['mæliəbl] *adj.* **1.** ⊕ **a)** (kalt)hämmerbar, **b)** dehn-, streckbar, **c)** verformbar; **2.** *fig.* gefügig, geschmeidig; **~ cast i·ron** *s.* ⊕ **1.** 'Tempereisen *n*; **2.** 'Temperguß *m*; **~ i·ron** *s.* ⊕ **1. a)** Schmiedeeisen *n*, **b)** schmiedbarer Guß; **2.** → *malleable cast iron.*

mal·le·o·lar [mə'li:ələ] *adj. anat.* Knöchel...

mal·let ['mælit] *s.* **1.** Holzhammer *m*, Schlegel *m*; **2.** ⊕, ⚒ Fäustel *m*: ~ *toe* ⚕ Hammerzehe; **3.** *sport* Schlagholz *n*, Schläger *m.*

mal·low ['mælou] *s.* ♀ Malve *f.*

malm [mɑ:m] *s. geol.* Malm *m*, (*kalkhaltiger*) weicher Lehm.

malm·sey ['mɑ:mzi] *s.* Malva'sier (-wein) *m.*

'mal·nu'tri·tion *s.* 'Unterernährung *f*, schlechte Ernährung.

mal·o·dor·ous [mæ'loudərəs] *adj.* übelriechend.

mal·po'si·tion *s.* ⚕ 'Stellungs-, 'Lageanoma,lie *f.*

mal'prac·tice *s.* **1.** Übeltat *f*; **2.** ⚖ **a)** Kunstfehler *m*, Fahrlässigkeit *f des Arztes*, **b)** Untreue *f im Amt etc.*

malt [mɔ:lt] **I.** *s.* **1.** Malz *n*: ~ *kiln* Malzdarre; ~ *liquor* gegorener Malztrank, *bsd.* Bier; **II.** *v/t.* **2.** mälzen, malzen: *~ed milk* Malzmilch; **3.** unter Zusatz von Malz herstellen; **III.** *v/i.* **4.** zu Malz werden.

Mal·tese ['mɔ:l'ti:z] **I.** *s. sg. u. pl.* **1. a)** Mal'teser(in), **b)** Malteser *pl.*; **2.** *ling.* Mal'tesisch *n*; **II.** *adj.* **3.** mal'tesisch, Malteser...; **~ cross** *s.* **1.** Mal'teserkreuz *n*; **2.** ♀ Brennende Liebe.

'malt-house *s.* Mälze'rei *f.*

malt·ose ['mɔ:ltous] *s.* ⚗ Malzzucker *m.*

mal'treat *v/t.* **1.** schlecht behandeln, malträtieren; **2.** miß'handeln; **mal'treat·ment** *s.* **1.** schlechte Behandlung; **2.** Miß'handlung *f.*

malt·ster ['mɔ:ltstə] *s.* Mälzer *m.*

mal·ver·sa·tion [mælvə:'seiʃən] *s.* ⚖ **1.** Amtsvergehen *n*; **2.** Veruntreuung *f*, 'Unterschleif *m.*

ma·mil·la [mæ'milə] *pl.* **-lae** [-li:] *s.* **1.** *anat.* Brustwarze *f*; **2.** *zo.* Zitze *f*; **mam·il·lar·y** ['mæmiləri] *adj.* **1.** *anat.* Brustwarzen...; **2.** brustwarzenförmig.

mam·ma[1] [mə'mɑ:] *s.* Ma'ma *f*, Mutti *f.*

mam·ma[2] ['mæmə] *pl.* **-mae** [-mi:] *s.* **1.** *anat.* (weibliche) Brust, Brustdrüse *f*; **2.** *zo.* Zitze *f*, Euter *n.*

mam·mal ['mæməl] *s. zo.* Säugetier *n*; **mam·ma·li·an** [mæ'meiljən] *zo.* **I.** *s.* Säugetier *n*; **II.** *adj.* Säugetier...

mam·ma·ry ['mæməri] *adj.* **1.** *anat.* Brust(warzen)..., Milch...: ~ *gland* Brust-, Milchdrüse; **2.** *zo.* Euter...

mam·mil·la *etc. Am.* → *mamilla etc.*

mam·mon ['mæmən] *s.* 'Mammon *m*; **'mam·mon·ism** [-nizəm] *s.* 'Mammonsdienst *m*, Geldgier *f.*

mam·moth ['mæməθ] **I.** *s. zo.* 'Mammut *n*; **II.** *adj.* Mammut... (*-baum etc.*), riesig, Riesen...

mam·my ['mæmi] *s.* **1.** F Mami *f*; **2.** *Am.* (farbiges) Kindermädchen.

man [mæn] **I.** *pl.* **men** [men] *s.* **1.** Mensch *m*; **2.** *oft* ♀ *coll.* (*mst ohne the*) der Mensch, die Menschen *pl.*, die Menschheit: *rights of* ~ Menschenrechte; **3.** Mann *m*: ~ *about town* Lebemann; *the* ~ *in the street* der Mann auf der Straße, der Durchschnittsmensch; ~ *of God* Diener Gottes; ~ *of letters* **a)** Literat, Schriftsteller, **b)** Gelehrter; ~ *of straw* Strohmann; ~ *of the world* Weltmann; ~ *of few (many) words* Schweiger (Schwätzer); *Oxford* ~ Oxforder (Akademiker); *I have known him* ~ *and boy* ich kenne ihn von Jugend auf; *to be one's own* ~ **a)** sein eigener Herr sein, **b)** im Vollbesitz s-r Kräfte sein; *the* ~ *Smith* (besagter) Smith; *my good* ~! *herablassend*: mein lieber Herr!; → *honour 1*; **4.** *weitS.* **a)** Mann *m*, Per'son *f*, **b)** jemand, **c)** man: *a* ~ jemand; *any* ~ irgend jemand, jedermann; *no* ~ niemand; *few men* wenige (Leute); ~ *by* ~ Mann für Mann, einer nach dem andern; *as one* ~ wie 'ein Mann, geschlossen; *to a* ~ bis auf den letzten Mann; *to give a* ~ *a chance* einem e-e Chance geben; *what can a* ~ *do in such a case?* was kann man da schon machen?; **5.** F Mensch *m*, Menschenskind *n*: ~ *alive!* Menschenskind!; *hurry up*, ~! Mensch, beeil dich!; **6.** (Ehe)Mann *m*: ~ *and wife* Mann u. Frau; **7. a)** Diener *m*, **b)** Angestellte(r) *m*, **c)** Arbeiter *m*: *men working* Baustelle (*Hinweis auf Verkehrsschildern*), **d)** *hist.* Lehnsmann *m*; **8.** ⚔, ⚓ Mann *m*: **a)** Sol'dat *m*, **b)** ⚓ Ma'trose *m*, **c)** *pl.* Mannschaft *f*: ~ *on leave* Urlauber; *20 men* zwanzig Mann; **9.** *der* Richtige: *to be the* ~ *for s.th.* der Richtige für et. (*e-e Aufgabe*) sein; *I am your* ~! ich bin Ihr Mann!; **10.** *Brettspiel*: Stein *m*, ('Schach)Fi,gur *f*; **II.** *v/t.* **11.** ⚔, ⚓ bemannen; *a. e-n Arbeitsplatz* besetzen; **12.** *fig. j-n* stärken: *to* ~ *o.s.* sich ermannen; **III.** *adj.* **13.** männlich: ~ *cook* Koch.

man·a·cle ['mænəkl] **I.** *s. mst pl.* (Hand)Fessel *f* (*a. fig.*); **II.** *v/t. j-m* Handfesseln *od.* -schellen anlegen, *j-n* fesseln (*a. fig.*).

man·age ['mænidʒ] **I.** *v/t.* **1.** *Geschäft etc.* führen, verwalten; *Betrieb etc.* leiten; *Gut etc.* bewirtschaften; **2.** *Künstler etc.* managen; **3.** zu'stande bringen, bewerkstelligen, es fertigbringen (*to do* zu tun) (*a. iro.*): *he ~d to (inf.)* es gelang ihm zu (*inf.*); **4.** ‚deichseln', ‚managen': *to* ~ *matters* ‚die Sache managen'; **5.** F *Arbeit, Essen* bewältigen, ‚schaffen'; **6.** 'umgehen (können) mit: **a)** *Werkzeug etc.* handhaben, bedienen, **b)** *j-n* zu behandeln *od.* zu ‚nehmen' wissen, **c)** *j-n* bändigen, mit *j-m etc.* fertigwerden, **d)** *j-n* her'umkriegen: *I can* ~ *him* ich werde (schon) mit ihm fertig; **7.** lenken (*a. fig.*); **II.** *v/i.* **8.** das Geschäft *od.* den Betrieb *etc.* führen; die Aufsicht haben; **9.** auskommen, sich behelfen (*with* mit); **10.** F **a)** ‚es schaffen', 'durchkommen, zu Rande kommen, **b)** ermöglichen: *can you come? I'm afraid, I can't* ~ (*it*) können Sie kommen? es geht leider nicht *od.* es ist mir leider nicht möglich; **'man·age·a·ble** [-dʒəbl] *adj.* □ **1.** lenksam, fügsam; **2.** handlich, leicht zu handhaben(d); **'man·age·a·ble·ness** [-dʒəblnis] *s.* **1.** Lenk-, Fügsamkeit *f*; **2.** Handlichkeit *f*; **'man·age·ment** [-mənt] *s.* **1.** (Haus- *etc.*)Verwaltung *f*; **2.** ✝ 'Management *n*, Unter'nehmensführung *f*: ~ *consultant* Unternehmensberater; → *industrial 1*; **3.** ✝ Geschäftsleitung *f*, Direkti'on *f*: *under new* ~ unter neuer Leitung; **4.** ⸙ Bewirtschaftung *f* (*Gut etc.*); **5.** Geschicklichkeit *f*, (kluge) 'Taktik; **6.** Kunstgriff *m*, Trick *m*; **7.** Handhabung *f*, Behandlung *f*; **'man·ag·er** [-dʒə] *s.* **1.** (Haus- *etc.*)Verwalter *m*; **2.** ✝ **a)** 'Manager *m*, **b)** Führungskraft *f*, **c)** Geschäftsführer *m*, Leiter *m*, Di'rektor *m*: *board of ~s* Direktorium; → *general 5*; **3.** *thea.* **a)** Inten'dant *m*, **b)** Regis'seur *m*, **c)** Manager *m* (*a. sport*), Impre'sario *m*; **4.** *to be a good* ~ gut *od.* sparsam wirtschaften können; **'man·ag·er·ess** [-dʒəres] *s.* **1.** (Haus- *etc.*)Verwalterin *f*; **2.** ✝ **a)** 'Managerin *f*, **b)** Geschäftsführerin *f*, Leiterin *f*, Direk'torin *f*; **3.** Haushälterin *f*; **man·a·ge·ri·al** [mænə'dʒiəriəl] *adj.* geschäftsführend, Direktions..., leitend: ~ *functions*; *in* ~ *capacity* in leitender Stellung; ~ *qualities* Führungsqualitäten.

man·ag·ing ['mænidʒiŋ] *adj.* **1.** geschäftsführend, leitend, Betriebs...; **2.** wirtschaftlich, sparsam; **3.** bevormundend; **~ board** *s.* ✝ Direk'torium *n*; **~ clerk** *s.* ✝ Geschäftsführer *m*; Proku'rist *m*; **~ com·mit·tee** *s.* ✝ Vorstand *m*; **~ di·rec·tor** *s.* ✝ **1.** Be'triebsdi,rektor *m*, geschäftsführendes Vorstandsmitglied; **2.** *pl.* (geschäftsführender) Vorstand.

Man·chu [mæn'tʃu:] **I.** *s.* **1.** 'Mandschu *m* (*Eingeborener der Mandschurei*); **2.** *ling.* Mandschu *n*; **II.** *adj.* **3.** man'dschurisch; **Man'chu·ri·an** [-'tʃuəriən] → *Manchu 1, 3.*

man·da·mus [mæn'deiməs] *s.* ⚖ *hist.* (*heute*: *order of* ~) Befehl *m e-s höheren Gerichts an ein untergeordnetes.*

man·da·rin[1] ['mændərin] *s.* **1.** *hist.* Manda'rin *m* (*chinesischer Titel*); **2.** F ‚hohes Tier' (*hoher Beamter*).

man·da·rin(e)[2] ['mændəri:n] *s.* ♀ Manda'rine *f.*

man·da·tar·y ['mændətəri] *s.* ⚖ Manda'tar *m*: **a)** (Pro'zeß)Be,vollmächtigte(r) *m*, Sachwalter *m*, **b)** Manda'tarstaat *m.*

man·date ['mændeit] **I.** *s.* **1.** ⚖ **a)**

Man'dat *n*, (Pro'zeß)ₗVollmacht *f*, **b)** Geschäftsbesorgungsauftrag *m*, **c)** Befehl *m e-s übergeordneten Gerichts*; **2.** *pol.* **a)** Mandat *n* (*Schutzherrschaftsauftrag*), **b)** Man'dat(sgebiet) *n*; **3.** *R.C.* päpstlicher Entscheid; **II.** *v/t.* **4.** *pol.* e-m Man'dat unter'stellen: ~*d territory* Mandatsgebiet; **man·da·tor** [mæn'deitə] *s.* ⚖ Man'dant *m*, Vollmachtgeber *m*; '**man·da·to·ry** [-dətəri] **I.** *adj.* **1.** ⚖ vorschreibend, Muß...: ~ *regulation* Mußvorschrift; *to make s.th.* ~ *upon s.o.* j-m et. vorschreiben; **2.** obliga'torisch, verbindlich, zwangsweise; **II.** *s.* **3.** → *mandatary.*

man·di·ble ['mændibl] *s. anat.* **1.** Kinnbacken *m*, -lade *f*; **2.** 'Unterkieferknochen *m*.

man·do·lin(e) ['mændəlin] *s.* ♪ Mando'line *f*.

man·drake ['mændreik] *s.* ⚘ Al'raun(e *f*) *m*.

man·drel ['mændrəl], *a.* '**man·dril** [-dril] *s.* ⊕ (Spann)Dorn *m*; (Drehbank)Spindel *f*; *für Holz*: Docke(nspindel) *f*.

man·drill ['mændril] *s. zo.* Man'drill *m*.

mane [mein] *s.* Mähne *f* (*a. weitS.*).

'**man-eat·er** *s.* **1.** Menschenfresser *m*; **2.** menschenfressendes Tier.

maned [meind] *adj.* mit Mähne; Mähnen...: ~ *wolf.*

ma·nège, *a.* **ma·nege** [mæ'neiʒ] *s.* **1.** Ma'nege *f*: **a)** Reitschule *f*, **b)** Reitbahn *f*, **c)** Reitkunst *f*; **2.** Gang *m*, Schule *f*; **3.** Zureiten *n*.

ma·nes ['mɑːneiz] *s. pl.* 'Manen *pl.*

ma·neu·ver *etc. Am.* → *manœuvre etc.*

man·ful ['mænful] *adj.* □ mannhaft, beherzt; '**man·ful·ness** [-nis] *s.* Mannhaftigkeit *f*; Beherztheit *f*.

man·ga·nate ['mæŋgəneit] *s.* ⚗ man'gansaures Salz; **man·ga·nese** [mæŋgə'niːz] *s.* ⚗ Man'gan *n*; **man·gan·ic** [mæŋ'gænik] *adj.* man'ganhaltig, Mangan...

mange [meindʒ] *s. vet.* Räude *f*.

man·gel-wur·zel ['mæŋgl'wəːzl] *s.* ⚘ Mangold *m*.

man·ger ['meindʒə] *s.* Krippe *f* (*a. ast.* ♋); Futtertrog *m*; → *dog Redew.*

man·gle[1] ['mæŋgl] *v/t.* **1.** zerfleischen, -fetzen, -stückeln; **2.** *fig. Text* verstümmeln.

man·gle[2] ['mæŋgl] **I.** *s.* (Wäsche-)Mangel *f*; **II.** *v/t.* mangeln.

man·gler ['mæŋglə] *s.* Fleischwolf *m*.

man·go ['mæŋgou] *pl.* **-goes** [-z] *s.* **1.** 'Mangopflaume *f*; **2.** ⚘ 'Mangobaum *m*.

man·gold(**-wur·zel**) ['mæŋgəld(wəːzl)] *s.* ⚘ *Brit.* Mangold *m*.

man·grove ['mæŋgrouv] *s.* ⚘ Man'grove(nbaum *m*) *f*.

man·gy ['meindʒi] *adj.* □ **1.** *vet.* krätzig, räudig; **2.** *fig.* **a)** eklig, **b)** schäbig.

'**man·han·dle** *v/t.* **1.** F miß'handeln; **2.** mit Menschenkraft bewegen *od.* meistern.

'**man·hole** *s.* ⊕ Mann-, Einsteigloch *n*; (Straßen)Schacht *m*.

man·hood ['mænhud] *s.* **1.** Menschentum *n*; **2.** Mannesalter *n*; **3.** Männlichkeit *f*; **4.** Mannhaftigkeit *f*; **5.** *coll.* die Männer *pl.*

'**man-'hour** *s.* Arbeitsstunde *f pro Mann.*

ma·ni·a ['meinjə] *s.* **1.** ⚕ Ma'nie *f*, Wahn(sinn) *m*, Rase'rei *f*, Besessensein *n*: *religious* ~ religiöses Irresein; **2.** *fig.* (*for*) Sucht *f* (nach), Leidenschaft *f* (für), Manie *f*, ‚Fimmel' *m*: *collector's* ~ Sammlerwut; *sport* ~ ‚Sportfimmel'; **ma·ni·ac** ['meiniæk] **I.** *s.* Wahnsinnige(r *m*) *f*, Rasende(r *m*) *f*, Verrückte(r *m*) *f*; **II.** *adj.* wahnsinnig, rasend, verrückt; **ma·ni·a·cal** [mə'naiəkəl] *adj.* □ → *maniac II.*

man·i·cure ['mænikjuə] **I.** *s.* Mani'küre *f*: **a)** Hand-, Nagelpflege *f*, **b)** Hand-, Nagelpflegerin *f*; **II.** *v/t. u. v/i.* mani'küren; '**man·i·cur·ist** [-ərist] *s.* Maniküre *f* (*Person*).

man·i·fest ['mænifest] **I.** *adj.* □ **1.** offenbar, -kundig, augenscheinlich, handgreiflich; **II.** *v/t.* **2.** offen'baren, bekunden, kundtun, manifestieren; **3.** be-, erweisen; **III.** *v/i.* **4.** *pol.* Kundgebungen veranstalten; **5.** erscheinen (*Geister*); **IV.** *s.* **6.** ⚓ Ladungsverzeichnis *n*; **7.** ✈ ('Schiffs)Maniₗfest *n*; **man·i·fes·ta·tion** [mænifes'teiʃən] *s.* **1.** Offen'barung *f*, Äußerung *f*, Kundgebung *f*; **2.** (deutliches) Anzeichen, Sym'ptom *n*: ~ *of life* Lebensäußerung; **3.** *pol.* Demonstrati'on *f*; **4.** Erscheinen *n e-s Geistes*; **man·i·fes·to** [mæni'festou] *s.* Mani'fest *n*, öffentliche Erklärung, Grundsatzerklärung *f*.

man·i·fold ['mænifould] **I.** *adj.* □ **1.** mannigfaltig, vielfach, -fältig; **2.** ⊕ Mehr(fach)..., Mehrzweck...; **II.** *s.* **3.** ⊕ **a)** Sammelleitung *f*, **b)** Rohrverzweigung *f*: *intake* ~ *mot.* Einlaßkrümmer; **4.** Ko'pie *f*, Abzug *m*; **III.** *v/t.* **5.** *Text* vervielfältigen, hektographieren; ~ **pa·per** *s.* 'Manifold-Paₗpier *n* (*festes Durchschlagpapier*); ~ **plug** *s.* ⚡ Vielfachstecker *m*; ~ **writ·er** *s.* Ver'vielfältigungsappaₗrat *m*.

man·i·kin ['mænikin] *s.* **1.** Männchen *n*, Knirps *m*; **2.** Glieder-, Schaufensterpuppe *f*, ('Anproₗbier-)Moₗdell *n*; **3.** ⚕ ana'tomisches Mo'dell, Phan'tom *n*; **4.** → *mannequin 1.*

Ma·nil·(l)a [mə'nilə] *s. abbr. für* **a)** ~ *cheroot*, **b)** ~ *hemp*, **c)** ~ *paper*; ~ **che·root**, ~ **ci·gar** *s.* Ma'nilaziₗgarre *f*; ~ **hemp** *s.* Ma'nilahanf *m*; ~ **pa·per** *s.* Ma'nilapaₗpier *n*.

ma·nip·u·late [mə'nipjuleit] **I.** *v/t.* **1.** manipulieren, (künstlich) beeinflussen: *to* ~ *prices*; **2.** (geschickt) handhaben; ⊕ bedienen; **3.** *j-n* manipulieren *od.* geschickt behandeln; **4.** *et.* ‚hinkriegen', ‚deichseln'; **5.** zu'rechtmachen, ‚frisieren'; **II.** *v/i.* **6.** manipulieren; **ma·nip·u·la·tion** [mənipju'leiʃən] *s.* **1.** Manipulati'on *f*: ~ *of currency*; **2.** (Kunst-)Griff *m*, Verfahren *n*; **3.** *b.s.* Machenschaft *f*, Manipulation *f*; **ma'nip·u·la·tive** [-lətiv] → *manipulatory*; **ma'nip·u·la·tor** [-tə] *s.* **1.** (geschickter) Handhaber; **2.** Drahtzieher *m*; **ma'nip·u·la·to·ry** [-lətəri] *adj.* **1.** durch Manipulation her'beigeführt; **2.** manipulierend; **3.** Handhabungs...

man·kind [mæn'kaind] *s.* **1.** die Menschheit, das Menschengeschlecht; **2.** *coll.* die Menschen *pl.*, der Mensch; **3.** ['mænkaind] *coll.* die Männer *pl.*

'**man·like** *adj.* **1.** menschenähnlich; **2.** wie ein Mann, männlich; **3.** → *mannish.*

man·li·ness ['mænlinis] *s.* **1.** Männlichkeit *f*; **2.** Mannhaftigkeit *f*; **man·ly** ['mænli] *adj.* **1.** männlich; **2.** mannhaft; **3.** Mannes...: ~ *sports* Männersport.

'**man-made** *adj.* Kunst..., künstlich: ~ *satellite*; ~ *fibre* (*Am. fiber*) ⊕ Kunstfaser.

man·na ['mænə] *s. bibl.* Manna *n*, *f* (*a.* ⚘ *u. fig.*).

man·ne·quin ['mænikin] *s.* **1.** 'Mannequin *n*, *m*, Vorführdame *f*: ~ *parade* Mode(n)schau; **2.** → *manikin 2.*

man·ner ['mænə] *s.* **1.** Art *f* (und Weise *f*) (*et. zu tun*): *after* (*od. in*) *this* ~ auf diese Art *od.* Weise, so; *in such a* ~ (*that*) so *od.* derart (daß); *in what* ~? wie?; *adverb of* ~ *ling.* Umstandswort der Art u. Weise; *in a* ~ auf e-e Art, gewissermaßen; *in a* ~ *of speaking* sozusagen; *in a gentle* ~ sacht; *all* ~ *of things* alles mögliche; *no* ~ *of doubt* gar kein Zweifel; **2.** Art *f*, Betragen *n*, Auftreten *n*, Verhalten *n* (*to* zu); **3.** *pl.* Benehmen *n*, 'Umgangsformen *pl.*, Ma'nieren *pl.*: *bad* (*good*) ~*s*; *we shall teach them* ~*s* ‚wir werden sie Mores lehren'; *it is bad* ~*s* es gehört sich nicht; **4.** *pl.* Sitten *pl.* (u. Gebräuche *pl.*); **5.** *paint. etc.* Stil(art *f*) *m*, Manier *f*; '**man·nered** [-əd] *adj.* **1.** *mst in Zssgn* gesittet, geartet: *ill-*~ von schlechtem Benehmen, ungezogen; **2.** gekünstelt, manie'riert; '**man·ner·ism** [-ərizəm] *s.* **1.** *Kunst etc.*: Manie'rismus *m*, Künste'lei *f*; **2.** Manie'riertheit *f*, Gehabe *n*; **3.** eigenartige Wendung (*in der Rede etc.*); '**man·ner·li·ness** [-əlinis] *s.* gutes Benehmen, Ma'nierlichkeit *f*; '**man·ner·ly** [-əli] *adj.* ma'nierlich, gesittet.

man·ni·kin → *manikin.*

man·nish ['mæniʃ] *adj.* männisch, unweiblich.

ma·nœu·vra·ble [mə'nuːvrəbl] *adj.* **1.** ⚔ manövrierfähig; **2.** ⊕ lenk-, steuerbar; *weitS.* (*a. fig.*) wendig, beweglich; **ma·nœu·vre** [mə'nuːvə] **I.** *s.* **1.** ⚔, ⚓ Ma'növer *n*: **a)** 'taktische Bewegung, **b)** Truppen-, ⚓ Flottenübung *f*; **2.** *fig.* Manöver *n*, Schachzug *m*, List *f*; **II.** *v/t. u. v/i.* **3.** manövrieren (*a. fig.*): *to* ~ *s.o. into s.th.* j-n in et. hineinmanövrieren; **ma'nœu·vrer** [-vərə] *s. fig.* **1.** (schlauer) 'Taktiker; **2.** Intri'gant *m*.

'**man-of-'war** *pl.* '**men-of-'war** *s.* ⚓ Kriegsschiff *n*.

ma·nom·e·ter [mə'nɔmitə] *s.* ⊕ Mano'meter *n*, (Dampf- *etc.*)Druckmesser *m*.

man·or ['mænə] *s.* Rittergut *n*: *lord of the* ~ Gutsherr; '~**-house** *s.* Herrschaftshaus *n*, Herrensitz *m*; Schloß *n*.

ma·no·ri·al [mə'nɔːriəl] *adj.* herrschaftlich, (Ritter)Guts..., Herrschafts...: ~ *court.*

'man·pow·er *s.* **1.** menschliche Arbeitskraft *od.* -leistung; **2. a)** Kriegsstärke *f* (*e-s Volkes*), 'Menschenmateri͵al *n*, **b)** verfügbare Arbeitskräfte *pl.*, 'Menschenpotenti͵al *n*.
man·sard ['mænsɑ:d] *s.* **1.** *a.* ~ *roof* Man'sardendach *n*; **2.** Man'sarde *f*.
manse [mæns] *s.* Pfarrhaus *n*.
'man·serv·ant *pl.* **'men·serv·ants** *s.* Diener *m*.
man·sion ['mænʃən] *s.* **1.** (herrschaftliches) Wohnhaus, Villa *f*; **2.** *bsd. pl. Brit.* (großes) Miet(s)haus; **'~-house** *s. Brit.* **1.** Herrenhaus *n*, -sitz *m*; **2.** *the* 𝔖 *Amtssitz des Lord Mayor von London.*
'man·slaugh·ter *s.* ⚖ **1.** (provozierter) Totschlag; **2.** vorsätzliche Körperverletzung mit Todesfolge; **3.** fahrlässige Tötung.
man·tel ['mæntl] *abbr. für* **a)** *mantelpiece*, **b)** *mantelshelf*; **'~·piece** *s.* △ Ka'mineinfassung *f*, -mantel *m*; **'~·shelf** *s.* Ka'minsims *m*, *n*.
man·tis ['mæntis] *pl.* **-tis·es** *s. zo.* Gottesanbeterin *f* (*Heuschrecke*).
man·tle ['mæntl] **I.** *s.* **1.** Mantel *m* (*a. zo.*), (ärmelloser) 'Umhang; **2.** *fig.* (Schutz-, Deck)Mantel *m*, Hülle *f*; **3.** ⊕ Mantel *m*; (Glüh)Strumpf *m*; **4.** *Gußtechnik*: Formmantel *m*; **II.** *v/i.* **5.** sich über'ziehen (*with* mit); sich röten (*Gesicht*); **III.** *v/t.* **6.** über'ziehen; **7.** verhüllen (*a. fig.* *bemänteln*).
mant·let ['mæntlit] *s.* **1.** ⚔ **a)** Schutzwall *m* (*der Anzeigerdeckung*), **b)** tragbarer Schutzschild; **2.** ⚔ *hist.* Sturmdach *n*.
'man·trap *s.* **1.** Fußangel *f*; **2.** *fig.* Falle *f*.
man·u·al ['mænjuəl] **I.** *adj.* □ **1.** mit der Hand, Hand..., manu'ell: ~ *aid* Handreichung; ~ *alphabet* Fingeralphabet; ~ *exercises* ⚔ Griffeübungen; ~ *labo(u)r* Handarbeit; ~ *training ped.* Werkunterricht; *~ly operated* ⊕ mit Handbetrieb; **2.** handschriftlich: ~ *book-keeping*; **II.** *s.* **3. a)** Handbuch *n*, Leitfaden *m*, **b)** ⚔ Dienstvorschrift *f*; **4.** ♪ Ma'nu'al *n* (*Orgel etc.*).
man·u·fac·to·ry [mænju'fæktəri] *s.* *obs.* Fa'brik *f*.
man·u·fac·ture [mænju'fæktʃə] **I.** *s.* **1.** Fertigung *f*, Erzeugung *f*, Herstellung *f*, Fabrikati'on *f*: *year of* ~ Herstellungs-, Baujahr; **2.** Erzeugnis *n*, Fabri'kat *n*; **3.** Indu'strie (-zweig *m*) *f*; **II.** *v/t.* **4.** verfertigen, erzeugen, herstellen, fabrizieren (*a. fig. Beweismittel etc.*): *~d goods* Fabrik-, Fertig-, Manufakturwaren; **5.** verarbeiten (*into* zu); **man·u'fac·tur·er** [-tʃərə] *s.* **1.** Hersteller *m*, Erzeuger *m*; **2.** Fabri'kant *m*; **man·u'fac·tur·ing** [-tʃəriŋ] *adj.* **1.** Herstellungs..., Produktions...: ~ *cost* Herstellkosten; ~ *efficiency* Produktionsleistung; ~ *industries* Fertigungsindustrien; ~ *plant* Fabrikationsbetrieb; ~ *process* Herstellungsverfahren; **2.** Industrie..., Fabrik..., Gewerbe...
ma·nure [mə'njuə] **I.** *s.* **1.** Dünger *m*; **2.** Dung *m*: *liquid* ~ (Dung)Jauche; **II.** *v/t.* **3.** düngen.
man·u·script ['mænjuskript] **I.** *s.* **1.** Manu'skript *n*; **2.** *typ.* Satzvorlage *f*; **II.** *adj.* **3.** Manuskript..., handschriftlich.
man·y ['meni] **I.** *adj.* **1.** viele, viel: ~ *times* oft; *as* ~ ebensoviel(e); *as* ~ *again* doppelt soviel(e); *as* ~ *as forty* (nicht weniger als) vierzig; *one too* ~ einer zu viel, einer überflüssig; *to be one too* ~ *for* F *j-m* ‚über' sein; *they behaved like so* ~ *children* sie benahmen sich wie (die) Kinder; **2.** ~ *a* manch, manch ein: ~ *a man* manch einer; ~ *a time* des öfteren; **II.** *s.* **3.** viele: *the* ~ *pl. konstr.* die (große) Masse; ~ *of us* viele von uns; *a good* ~ ziemlich viel(e); *a great* ~ sehr viele; **~-sid·ed** ['meni'saidid] *adj.* vielseitig (*a. fig.*); **~-sid·ed·ness** ['meni'saididnis] *s.* Vielseitigkeit *f*.
Mao·ism ['mauizəm] *s.* Mao'ismus *m*; **'Mao·ist** [-ist] **I.** *s.* Mao'ist *m*; **II.** *adj.* mao'istisch.
map [mæp] **I.** *s.* **1.** (Land- *etc.*, *a.* Himmels)Karte *f*: ~ *of the city* Stadtplan; *by* ~ nach der Karte; *off the* ~ F **a)** abgelegen, ‚hinter dem Mond' (gelegen), **b)** bedeutungslos; *on the* ~ F **a)** (noch) da *od.* vorhanden, **b)** beachtenswert; **2.** *sl.* ‚Vi'sage' *f*, ‚Fresse' *f* (*Gesicht*); **II.** *v/t.* **3.** e-e Karte machen von, karto'graphisch darstellen; **4.** *Gebiet* kartographisch erfassen; **5.** auf e-r Karte eintragen; **6.** ~ *out fig.* (vor'aus-)planen, ausarbeiten, *s-e Zeit* einteilen; **~ case** *s.* Kartentasche *f*; **~ ex·er·cise** *s.* ⚔ Planspiel *n*.
ma·ple ['meipl] **I.** *s.* **1.** ♣ Ahorn *m*; **2.** Ahornholz *n*; **II.** *adj.* **3.** aus Ahorn(holz), Ahorn...; **~ sug·ar** *s.* Ahornzucker *m*.
map·per ['mæpə] *s.* Karto'graph *m*.
ma·quis ['mɑ:ki:] *pl.* **-quis** [-ki:] *s.* **a)** Ma'quis *m*, französische 'Widerstandsbewegung (*im 2. Weltkrieg*), **b)** Maqui'sard *m*, (französischer) 'Widerstandskämpfer.
mar [mɑ:] *v/t.* **1.** (be)schädigen: *~-resistant* ⊕ kratzfest; **2.** ruinieren; **3.** *fig. Pläne etc.* stören, beeinträchtigen; *Schönheit, Spaß* verderben.
mar·a·bou¹ ['mærəbu:] *s. orn.* 'Marabu *m*.
mar·a·bou² ['mærəbu:] *s. amer. Mischling mit fünf Achtel Negerblut.*
mar·a·schi·no [mærəs'ki:nou] *s.* Mara'schino(li͵kör) *m*.
ma·ras·mus [mə'ræzməs] *s.* ⚕ Ma'rasmus *m*, Kräfteverfall *m*.
mar·a·thon ['mærəθən] **I.** *s. sport* **1.** *a.* ~ *race* 'Marathonlauf *m*; **2.** *fig.* Dauerwettkampf *m*; **II.** *adj.* **3.** Marathon..., Dauer...
ma·raud [mə'rɔ:d] ⚔ **I.** *v/i.* marodieren, plündern; **II.** *v/t.* verheeren, (aus)plündern; **ma'raud·er** [-də] *s.* Plünderer *m*, Maro'deur *m*.
mar·ble ['mɑ:bl] **I.** *s.* **1.** *min.* 'Marmor *m*: *artificial* ~ Gipsmarmor, Stuck; **2.** 'Marmor͵statue *f*, -bildwerk *n*; **3. a)** Murmel(kugel) *f*, **b)** *pl. sg. konstr.* Murmelspiel *n*: *to play ~s* (mit) Murmeln spielen; **4.** marmorierter Buchschnitt; **II.** *adj.* **5.** 'marmorn, aus Marmor; **6.** marmoriert, gesprenkelt; **7.** *fig.* steinern, gefühllos; **III.** *v/t.* **8.** marmorieren, sprenkeln: *~d meat* durchwachsenes Fleisch.
mar·cel [mɑ:'sel] **I.** *v/t.* *Haar* ondulieren; **II.** *s. a.* ~ *wave* Ondulati'on(swelle) *f*.
march¹ [mɑ:tʃ] **I.** *v/i.* **1.** ⚔ *etc.* marschieren, ziehen: *to* ~ *off* abrücken; *to* ~ *past* (s.o.) (an j-m) vorbeiziehen *od.* -marschieren; *to* ~ *up* anrücken; **2.** *fig.* fort-, vorwärtsschreiten; Fortschritte machen; **II.** *v/t.* **3.** *Strecke* marschieren, zu'rücklegen; **4.** marschieren lassen: *to* ~ *off prisoners* Gefangene abführen; **III.** *s.* **5.** ⚔ Marsch *m* (*a.* ♪): *slow* ~ langsamer Parademarsch; ~ *order Am.* Marschbefehl; **6.** Marsch(-strecke *f*) *m*: *a day's* ~ ein Tagemarsch; **7.** ⚔ Vormarsch *m* (*on* auf *acc.*); **8.** *fig.* (Ab)Lauf *m*, (Fort-)Gang *m*: *the* ~ *of events*; **9.** *fig.* Fortschritt *m*: *the* ~ *of progress* die fortschrittliche Entwicklung; **10.** *to steal a* ~ (*up*)*on s.o.* j-m ein Schnippchen schlagen, j-m zuvorkommen.
march² [mɑ:tʃ] **I.** *s.* **1.** *hist.* Mark *f*; **2. a)** *mst pl.* Grenzgebiet *n*, -land *n*, **b)** Grenze *f*; **II.** *v/i.* **3.** grenzen (*upon* an *acc.*); **4.** e-e gemeinsame Grenze haben (*with* mit).
March³ [mɑ:tʃ] *s.* März *m*: *in* ~ im März; *as mad as a* ~ *hare* F total übergeschnappt.
march·ing ['mɑ:tʃiŋ] *adj.* ⚔ Marsch..., marschierend: ~ *order* **a)** Marschausrüstung, **b)** Marschordnung; *in heavy* ~ *order* feldmarschmäßig; ~ *orders Brit.* Marschbefehl.
mar·chion·ess ['mɑ:ʃənis] *s.* Mar'quise *f*, Markgräfin *f*.
march·pane ['mɑ:tʃpein] *s.* Marzi'pan *n*.
Mar·di gras ['mɑ:di'grɑ:] (*Fr.*) *s.* 'Fastnacht(sdienstag *m*) *f*.
mare [mɛə] *s.* Stute *f*: *the grey* ~ *is the better horse fig.* die Frau ist der Herr im Hause; *~'s nest fig.* Gemsenei(er) (*unsinnige Entdeckung*), ungereimtes Zeug, *a.* (Zeitungs-)Ente.
mar·ga·rine [mɑ:dʒə'ri:n] *s.* Marga'rine *f*.
marge [mɑ:dʒ] *s. sl.* Marga'rine *f*.
mar·gin ['mɑ:dʒin] **I.** *s.* **1.** Rand *m* (*a. fig.*); **2.** *a. pl.* (Seiten)Rand *m* (*bei Büchern etc.*): *as per* ~ ✝ wie nebenstehend; **3.** Grenze *f* (*a. fig.*): ~ *of income* Einkommensgrenze; **4.** Spielraum *m*: *to leave a* ~ Spielraum lassen; **5.** *fig.* 'Überschuß *m*, (*ein*) Mehr *n* (*an Zeit, Geld etc.*): ~ *of safety* Sicherheitsfaktor; *by a narrow* ~ mit knapper Not; **6.** *mst profit* ~ ✝ (Gewinn-, Verdienst)Spanne *f*, Marge *f*, Handelsspanne *f*: *interest* ~ Zinsgefälle; **7.** ✝, *Börse*: Hinter'legungssumme *f*, Deckung *f* (*von Kursschwankungen*), 'Marge *f*: ~ *business Am.* Effektendifferenzgeschäft; **8.** ✝ Rentabili'tätsgrenze *f*; **9.** *sport* Abstand *m*, Vorsprung *m*: *by a* ~ *of four seconds* mit vier Sekunden Abstand *od.* Vorsprung; **II.** *v/t.* **10.** mit Rand(bemerkungen) versehen; **11.** an den Rand schreiben; **12.** ✝ *durch Hinterlegung* dekken; **'mar·gin·al** [-nl] *adj.* □ **1.** am *od.* auf dem Rande, Rand...: ~ *note* Randbemerkung; ~ *release* **a)** Randauslösung, **b)** Randlöser (*der Schreibmaschine*); **2.** am Rande, Grenz... (*a. fig.*); **3.** *fig.* Mindest...:

~ *capacity*; **4.** † **a)** zum Selbstkostenpreis, **b)** knapp über der Rentabiliˈtätsgrenze, Grenz...: ~ *cost* Grenz-, Mindestkosten; ~ *sales* Verkäufe zum Selbstkostenpreis; **mar·gi·na·li·a** [mɑːdʒiˈneiljə] *s. pl.* Margiˈnalien *pl.*, Randbemerkungen *pl.*

mar·grave [ˈmɑːgreiv] *s. hist.* Markgraf *m*; **mar·gra·vi·ate** [mɑːˈgreiviit] *s.* Markgrafschaft *f*; ˈ**mar·gra·vine** [-grəviːn] *s.* Markgräfin *f.*

mar·gue·rite [mɑːgəˈriːt] *s.* ⚘ Gänseblümchen *n*, Maßliebchen *n.*

mar·i·gold [ˈmærigould] *s.* ⚘ Ringelblume *f.*

mar·i·jua·na, *a.* **mar·i·hua·na** [mɑːriˈhwɑːnə] *s.* **1.** ⚘ Marihuˈanahanf *m*; **2.** Marihuˈana *n* (*Rauschgift*).

mar·i·nade [mæriˈneid] *s.* **1.** Mariˈnade *f*; **2.** marinierter Fisch; **mar·i·nate** [ˈmærineit] *v/t. Fisch* marinieren.

ma·rine [məˈriːn] **I.** *adj.* **1.** See...: ~ *warfare*; ~ *court Am.* ⚖ Seegericht; ~ *insurance* See(transport)-versicherung; **2.** Meeres...: ~ *plants*; **3.** Schiffs...; **4.** Marine...: ♀ *Corps Am.* ⚔ Marineinfanteriekorps; **II.** *s.* **5.** Maˈrine *f*: *mercantile* ~ Handelsmarine; **6.** ⚔ Maˈrineinfanteˌrist *m*, ˈSeesolˌdat *m*: *tell that to the* ~*s!* F das kannst du mir nicht weismachen!; **7.** *paint.* Seestück *n.*

mar·i·ner [ˈmærinə] *s. poet. od.* ⚓ Seemann *m*, Maˈtrose *m*: *master* ~ Kapitän e-s Handelsschiffs.

Mar·i·ol·a·try [mɛəriˈɔlətri] *s.* Maˈrienkult *m*, -verehrung *f.*

mar·i·o·nette [mæriəˈnet] *s.* Marioˈnette *f* (*a. fig.*).

mar·i·tal [məˈraitl] *adj.* □ ehelich, Ehe..., Gatten...: ~ *partners* Ehegatten; ~ *relations* eheliche Beziehungen; ~ *status* ⚖ Familienstand; *disruption of* ~ *relations* Zerrüttung der Ehe.

mar·i·time [ˈmæritaim] *adj.* **1.** See..., Schiffahrts...: ~ *commerce* Seehandel; ~ *court* Seeamt; ~ *insurance* Seeversicherung; ~ *law* Seerecht; **2. a)** seefahrend, Seemanns..., **b)** Seehandel (be)treibend; **3.** an der See liegend *od.* lebend, Küsten...; **4.** *zo.* an der Küste lebend, Strand...; ♀ **Commis·sion** *s. Am. Oberste Handelsschiffahrtsbehörde der USA*; ~ **ter·ri·to·ry** *s.* ⚖ Seehoheitsgebiet *n.*

mar·jo·ram [ˈmɑːdʒərəm] *s.* ⚘ Majoˈran *m.*

mark[1] [mɑːk] **I.** *s.* **1.** Markierung *f*, Marke *f*, Mal *n*; *engS.* Fleck *m*: *adjusting* ~ ⊕ Einstellmarke; **2.** *fig.* Zeichen *n*: ~ *of confidence* Vertrauensbeweis; ~ *of respect* Zeichen der Hochachtung; **3.** (Kenn)Zeichen *n*, (Merk)Mal *n*; *vet.* Kennung *f*: *distinctive* ~ Kennzeichen; **4.** (Schrift-, Satz)Zeichen *n*: *question* ~ Fragezeichen; **5.** (An)Zeichen *n*: *a* ~ *of great carelessness*; **6.** (Eigentums)Zeichen *n*, Brandmal *n*; **7.** Strieme *f*, Schwiele *f*; **8.** Narbe *f* (*a.* ⊕); **9.** Kerbe *f*, Einschnitt *m*; **10.** Kreuz *n als Unterschrift*; **11.** Ziel(scheibe *f*; *a. fig.*) *n*: *wide of* (*od. beside*) *the* ~ *fig.* **a)** fehl am Platz, nicht zur Sache gehörig, **b)** ‚fehlgeschossen'; *you are quite off* (*od. wide of*) *the* ~ *fig.* Sie irren sich gewaltig; *to hit the* ~ (ins Schwarze) treffen; *to miss the* ~ **a)** fehl-, vorbeischießen, **b)** sein Ziel *od.* s-n Zweck verfehlen, ‚danebenhauen'; **12.** *fig.* Norm *f*: *below the* ~ unterdurchschnittlich, nicht auf der Höhe; *up to the* ~ **a)** der Sache gewachsen, **b)** den Erwartungen entsprechend, **c)** *gesundheitlich etc.* auf der Höhe; *within the* ~ innerhalb der erlaubten Grenzen, berechtigt (*in doing* zu tun); *to overshoot the* ~ über das Ziel hinausschießen, es zu weit treiben; **13.** (aufgeprägter) Stempel, Gepräge *n*; **14.** Spur *f* (*a. fig.*): *to leave one's* ~ *upon* **a)** s-n Stempel aufdrücken (*dat.*), **b)** bei *j-m* s-e Spuren hinterlassen; *to make one's* ~ sich e-n Namen machen (*in* in *dat.*, *upon* bei), Vorzügliches leisten; **15.** *fig.* Bedeutung *f*, Rang *m*: *a man of* ~ e-e markante Persönlichkeit; **16.** † **a)** (Waren)Zeichen *n*, Faˈbrik-, Schutzmarke *f*, (Handels)Marke *f*, **b)** Preisangabe *f*; **17.** ⚔ *Brit.* Moˈdell *n*, Type *f* (*Panzerwagen etc.*); **18. a)** (Schul)Note *f*, Zenˈsur *f*: *to obtain full* ~*s* in allen Punkten voll bestehen; *bad* ~ Note für schlechtes Benehmen, **b)** *pl.* Zeugnis *n*: *bad* ~*s* (ein) schlechtes Zeugnis; **19.** *sport* **a)** *Fußball etc.*: (Strafstoß)Marke *f*, **b)** *Laufsport*: ˈStartˌlinie *f*, **c)** *Boxen*: *sl.* Magengrube *f*: *to get off the* ~ starten; **20.** *not my* ~ *sl.* nicht mein Geschmack, nicht das Richtige für mich; **21.** *sl.* ‚Gimpel' *m*, leichtes Opfer: *to be an easy* ~ leicht ‚reinzulegen' sein; **22.** *hist.* **a)** Mark *f* (*Grenzgebiet*), **b)** Allˈmende *f*; **II.** *v/t.* **23.** markieren (*a.* ⚔), (*a. fig. j-n, et., ein Zeitalter*) kennzeichnen; bezeichnen; *Wäsche* zeichnen; † *Waren* auszeichnen, *Preis* festsetzen; *Temperatur etc.* anzeigen; *fig.* ein Zeichen sein für: *to* ~ *the occasion* aus diesem Anlaß, zur Feier des Tages; *the day was* ~*ed by heavy fighting* der Tag stand im Zeichen schwerer Kämpfe; → *time 18*; **24.** brandmarken; **25.** Spuren hinterˈlassen auf (*dat.*); **26.** zeigen, zum Ausdruck bringen; **27.** be-, vermerken, achtgeben auf (*acc.*), sich merken; **28.** *ped. Arbeiten* zensieren; **29.** bestimmen (*for* für); **30.** *sport* markieren: **a)** *s-n Gegner* decken, **b)** *Punkte etc.* aufschreiben; **III.** *v/i.* **31.** achtgeben, aufpassen: ~! Achtung!; ~ *you* wohlgemerkt; ~ **down** *v/t.* **1.** † (*im Preis*) herˈabsetzen; **2.** bestimmen, vormerken (*for* für, zu); ~ **off** *v/t.* **1.** abgrenzen, -stecken; **2.** *fig.* (ab)trennen; **3.** A *Strecke* ab-, auftragen; ~ **out** *v/t.* **1.** bestimmen, ausersehen (*for* für, zu); **2.** abgrenzen, (*durch Striche etc.*) bezeichnen, markieren; ~ **up** *v/t.* † **1.** (*im Preis etc.*) hinˈauf-, herˈaufsetzen; **2.** *Diskontsatz etc.* erhöhen.

mark[2] [mɑːk] *s.* † **1.** (deutsche) Mark: *blocked* ~ Sperrmark; **2.** *hist.* Mark *f* (*Münze, Goldgewicht*).

Mark[3] [mɑːk] *npr. u. s. bibl.* ˈMarkus(evanˌgelium *n*) *m.*

ˈ**mark·down** *s.* † **1.** Preissenkung *f*; **2.** *Am.* im Preis herˈabgesetzter Arˈtikel.

marked [mɑːkt] *adj.* □ **1.** markiert, gekennzeichnet; mit e-r Aufschrift versehen; **2.** † bestätigt (*Am.* gekennzeichnet) (*Scheck*); **3.** marˈkant, ausgeprägt; **4.** deutlich, merklich: ~ *progress*; **5.** auffällig, ostentaˈtiv: ~ *indifference*; **6.** gezeichnet: *a face* ~ *with smallpox* ein pockennarbiges Gesicht; *a* ~ *man fig.* ein Gezeichneter; ˈ**mark·ed·ly** [-kidli] *adv.* ausgesprochen.

mark·er [ˈmɑːkə] *s.* **1.** Anschreiber *m*; *Billard*: Marˈkör *m*; **2.** ⚔ **a)** Anzeiger *m* (*beim Schießstand*), **b)** Flügelmann *m*; **3. a)** Kennzeichen *n*, **b)** (Weg)Markierung *f*; **4.** Lesezeichen *n*; **5.** *Am.* **a)** Straßenschild *n*, **b)** Gedenktafel *f*; **6.** ✈ **a)** Sichtzeichen *n*: ~ *panel* Fliegertuch, **b)** Leuchtbombe.

mar·ket [ˈmɑːkit] † **I.** *s.* **1.** Markt *m* (*Handel*): *to be in the* ~ *for* Bedarf haben an (*a. fig.*); *to come into the* ~ (zum Verkauf) angeboten werden, auf den Markt kommen; *to place* (*od. put*) *on the* ~ auf den Markt bringen; *sale in the open* ~ freihändiger Verkauf; **2.** *Börse*: Markt *m*: *railway* (*Am. railroad*) ~ Markt für Eisenbahnwerte; **3.** (*a.* Geld-) Markt *m*, Börse *f*, Handelsverkehr *m*: *active* (*dull*) ~ lebhafter (lustloser) Markt; *to play the* ~ an der Börse spekulieren; **4. a)** Marktpreis *m*, **b)** Marktpreise *pl.*: *the* ~ *is low* (*rising*); *at the* ~ zum Marktpreis, *Börse*: zum ‚Besten'-Preis; **5.** Markt(platz) *m*, Handelsplatz *m*: *in the* ~ auf dem Markt; (*covered*) ~ Markthalle; **6.** *Am.* (Lebensmittel-) Geschäft *n*: *meat* ~; **7.** (Jahr)Markt *m*, Messe *f*; **8.** Markt *m* (*Absatzgebiet*): *to hold the* ~ **a)** den Markt beherrschen, **b)** (durch Kauf *od.* Verkauf) die Preise halten; **9.** Absatz *m*, Verkauf *m*, Markt *m*: *to find a* ~ Absatz finden (*Ware*); *to find a* ~ *for et.* an den Mann bringen; *to meet with a ready* ~ schnellen Absatz finden; **10.** (*for*) Nachfrage *f* (nach), Bedarf *m* (an *dat.*); **II.** *v/t.* **11.** auf den Markt bringen; (auf dem Markt) verkaufen; **III.** *v/i.* **12.** einkaufen; auf dem Markt handeln; Märkte besuchen; **IV.** *adj.* **13.** Markt...: ~*-day*; **14.** Börsen...: ~ *quotation* Börsennotierung; ~ *rate* Tageskurs; **15.** Kurs...: ~ *profit*; ˈ**mar·ket·a·ble** [-təbl] *adj.* marktfähig, -gängig, verkäuflich, handelsgängig.

mar·ket| a·nal·y·sis *s.* † ˈMarktanaˌlyse *f*; ~ **con·di·tion** *s.* † Marktlage *f*, Konjunkˈtur *f*; ˈ~**-dom·i·nat·ing** *adj.* † marktbeherrschend (*Stellung*); ~ **dom·i·na·tion** *s.* † Marktbeherrschung *f*: *a position of* ~ e-e marktbeherrschende Stellung; ~ **e·con·o·my** *s.* † Marktwirtschaft *f*: *free* ~ freie Marktwirtschaft; ~ **fluc·tu·a·tion** *s.* † **1.** Konjunkˈturbewegung *f*; **2.** *pl.* Konjunkˈturschwankungen *pl.*; ~ **gar·den** *s.* Handelsgärtneˈrei *f*; ~ **gar·den·er** *s.* Handelsgärtner *m.*

mar·ket·ing ['mɑ:kitiŋ] **I.** *s.* **1.** † 'Marketing *n*, Marktversorgung *f*, 'Absatzpoliˌtik *f*; **2.** Marktbesuch *m*; **II.** *adj.* **3.** Markt...: ~ *association* Marktverband; ~ *organization* Absatzorganisation; ~ *research* Absatzforschung.

mar·ket| in·ves·ti·ga·tion *s.* Marktbeobachtung *f*; ~ **lead·ers** *s. pl.* führende Börsenwerte *pl.*; ~ **let·ter** *s. Am.* Markt-, Börsenbericht *m*; '~-'**o·ri·ent·ed** *adj.* † marktorientiert; '~-**place** *s.* Marktplatz *m*; ~ **price** *s.* **1.** Marktpreis *m*; **2.** *Börse*: Kurs(wert) *m*; ~ **quo·ta·tion** *s.* Börsennotierung *f*, Marktkurs *m*: *list of* ~*s* Markt-, Börsenzettel; ~ **rate** → *market price*; ~ **re·search** *s.* † Marktforschung *f*: ~ *expert* → *market researcher*; ~ **re·search·er** *s.* † Marktforscher *m*; ~ **rig·ging** *s.* Kurstreibe'rei *f*, 'Börsenmaˌnöver *n*; ~ **study** *s.* † 'Marktunterˌsuchung *f*; ~ **swing** *s. Am.* Konjunk'turperiˌode *f*; '~-**town** *s.* Markt (-flecken *m*, -gemeinde *f*) *m*; ~ **value** *s.* Markt-, Kurs-, Verkehrswert *m*.

mark·ing ['mɑ:kiŋ] **I.** *s.* **1.** Kennzeichnung *f*, Markierung *f*; Bezeichnung *f* (*a.* ♪); ✈ Hoheitsabzeichen *n*; **2.** *zo.* (Haut-, Feder-) Musterung *f*, Zeichnung *f*; **II.** *adj.* **3.** ⊕ markierend: ~ *awl* Reißahle; ~-*ink* Zeichen-, Wäschetinte.

marks·man ['mɑ:ksmən] *s.* [*irr.*] guter Schütze, Meister-, Scharfschütze *m*; '**marks·man·ship** [-ʃip] *s.* **1.** Schießkunst *f*; **2.** Treffsicherheit *f*.

'**mark·up** *s.* † **1. a)** höhere Auszeichnung (*e-r Ware*), **b)** Preiserhöhung *f*; **2.** Kalkulati'onsaufschlag *m*; **3.** *Am.* im Preis erhöhter Ar'tikel.

marl [mɑ:l] **I.** *s. geol.* Mergel *m*; **II.** *v/t.* ⚒ mergeln.

mar·ma·lade ['mɑ:məleid] *s.* (*bsd.* O'rangen)Marmeˌlade *f*.

mar·mo·re·al [mɑ:'mɔ:riəl] *a.* **mar·'mo·re·an** [-iən] *adj. lit.* 'marmorn, Marmor...

mar·mo·set ['mɑ:məzet] *s. zo.* [Krallenaffe *m*.]

mar·mot ['mɑ:mət] *s. zo.* **1.** Murmeltier *n*; **2.** Prä'riehund *m*.

mar·o·cain ['mærəkein] *s.* Maro'cain *n* (*ein Kreppgewebe*).

ma·roon[1] [mə'ru:n] **I.** *v/t.* **1.** (*auf e-r einsamen Insel etc.*) aussetzen; **2.** *fig.* **a)** im Stich lassen, **b)** von der Außenwelt abschneiden; **II.** *v/i.* **3.** *Brit.* her'umlungern; **4.** *Am.* einsam zelten; **III.** *s.* **5.** Busch-, Ma'ronneger *m* (*Westindien u. Holl.-Guayana*); **6.** Ausgesetzte(r *m*) *f*.

ma·roon[2] [mə'ru:n] **I.** *s.* **1.** Ka'stanienbraun *n*; **2.** Ka'nonenschlag *m* (*Feuerwerk*); **II.** *adj.* **3.** ka'stanienbraun.

mar·plot ['mɑ:plɔt] *s.* **1.** Quertreiber *m*; **2.** Spielverderber *m*, Störenfried *m*.

marque [mɑ:k] *s.* ⚓ *hist.*: *letter(s) of* ~ (*and reprisal*) Kaperbrief.

mar·quee [mɑ:'ki:] *s.* **1.** großes Zelt; **2.** *Am.* Mar'kise *f*, Schirmdach *n* (*über e-m Hoteleingang etc.*).

mar·quess → *marquis*.

mar·que·try, *a.* **mar·que·te·rie** ['mɑ:kitri] *s.* In'tarsia *f*, Holzeinlegearbeit *f*.

mar·quis ['mɑ:kwis] *s.* Mar'quis *m* (*englischer Adelstitel*).

mar·riage ['mæridʒ] *s.* **1.** Heirat *f*, Vermählung *f*, Hochzeit *f* (*to* mit): → *civil* 4; **2.** Ehe(stand *m*) *f*: ~ *of convenience* Vernunftehe, Geldheirat; *by* ~ angeheiratet; *related by* ~ verschwägert; *to contract a* ~ die Ehe eingehen; *to give s.o. in* ~ j-n verheiraten; *to take s.o. in* ~ j-n heiraten; **3.** *fig.* Vermählung *f*, innige Verbindung; '**mar·riage·a·ble** [-dʒəbl] *adj.* **1.** heiratsfähig: ~ *age* Ehemündigkeit; **2.** mannbar.

mar·riage| ar·ti·cles *s. pl.* ⚖ Ehevertrag *m*; ~ **bro·ker** *s.* Heiratsvermittler *m*; ~ **cer·e·mo·ny** *s.* Trauung *f*; ~ **cer·tif·i·cate** *s.* Trauschein *m*; ~ **con·tract** *s.* ⚖ Ehevertrag *m*; ~ **flight** *s. Bienenzucht*: Hochzeitsflug *m*; ~ **li·cence**, *Am.* ~ **li·cense** *s.* ⚖ amtliche Eheerlaubnis; ~ **lines** *s. pl. Brit.* F Trauschein *m*; ~ **por·tion** *s.* ⚖ Mitgift *f*; ~ **set·tle·ment** *s.* ⚖ Ehevertrag *m*.

mar·ried ['mærid] *adj.* **1.** verheiratet, Ehe..., ehelich: ~ *life* Eheleben; ~ *man* Ehemann; ~ *state* Ehestand; **2.** *fig.* eng *od.* innig (mitein'ander) verbunden.

mar·row[1] ['mærou] *s.* **1.** *anat.* (Knochen)Mark *n*; **2.** *fig.* Mark *n*, Kern *m*, *das* Innerste *od.* Wesentlichste: *to the* ~ (*of one's bones*) bis aufs Mark, bis ins Innerste; → *pith* 2.

mar·row[2] ['mærou] *s. Am. mst* ~ *squash*, *Brit. a. vegetable* ~ ♀ Eier-, Markkürbis *m*.

'**mar·row·bone** [-oub-] *s.* **1.** Markknochen *m*; **2.** *pl. humor.* Knie *pl.*; **3.** *pl.* Totenkopfknochen *pl*.

mar·row·less ['mæroulis] *adj. fig.* mark-, kraftlos.

mar·row·y ['mæroui] *adj.* markig, kernig, kräftig (*a. fig.*).

mar·ry[1] ['mæri] **I.** *v/t.* **1.** heiraten, sich vermählen *od.* verheiraten mit: *to be married* to verheiratet sein mit; *to get married to* sich verheiraten mit; **2.** *Sohn, Tochter* verheiraten (*to* an *acc.*, mit); **3.** *ein Paar* trauen (*Geistlicher*); **4.** *fig.* eng verbinden *od.* verknüpfen (*to* mit); **II.** *v/i.* **5.** (sich ver)heiraten: ~*ing man* F Heiratslustiger, Ehekandidat; ~ *in haste and repent at leisure* schnell gefreit, lang bereut.

mar·ry[2] ['mæri] *int. obs.* für'wahr!

Mars [mɑ:z] *s. ast.* Mars *m* (*Planet*).

marsh [mɑ:ʃ] *s.* Sumpf(land *n*) *m*, Marsch *f*; Mo'rast *m*.

mar·shal ['mɑ:ʃəl] **I.** *s.* **1.** ⚔ 'Marschall *m*; **2.** ⚖ *Brit.* Gerichtsschreiber *m e-s reisenden Richters*; **3.** ⚖ *Am.* **a)** US ~ ('Bundes)Vollˌzugsbeamte(r) *m*, **b)** Be'zirkspoliˌzeichef *m*, **c)** *a. city* ~ Poli'zeidiˌrektor *m*; **4.** *hist.* 'Hofmarˌschall *m*; **5.** Zere'monienmeister *m*; Festordner *m*; *mot.* Rennwart *m*; **II.** *v/t.* **6.** aufstellen (*a.* ⚔); (an)ordnen, arrangieren: *to* ~ *wag(g)ons into trains* Züge zs.-stellen; *to* ~ *one's thoughts fig.* s-e Gedanken ordnen; **7.** (*bsd. feierlich*) (hin'ein)geleiten (*into* in *acc.*); **8.** ✈ einwinken; '**mar·shal(l)ing yard** [-ʃliŋ] *s.* 🚂 Rangier-, Verschiebebahnhof *m*.

'**marsh| -fe·ver** *s.* ⚕ Sumpffieber *n*; ~ **gas** *s.* Sumpfgas *n*; '~-**land** *s.* Sumpf-, Marschland *n*; ~ **mal·low** *s.* **1.** ♀ Echter Eibisch, Al'thee *f*; **2.** *Art* türkischer Honig; ~ **mar·i·gold** *s.* ♀ Sumpfdotterblume *f*.

marsh·y ['mɑ:ʃi] *adj.* sumpfig, mo'rastig, Sumpf...

mar·su·pi·al [mɑ:'sju:pjəl] *zo.* **I.** *adj.* **1.** Beuteltier...; **2. a)** beutelartig, **b)** Beutel...; **II.** *s.* **3.** Beuteltier *n*.

mart [mɑ:t] *s.* **1.** Markt *m*, 'Handelsˌzentrum *n*; **2.** Aukti'onsraum *m*; **3.** *obs. od. poet.* Markt(platz) *m*, (Jahr)Markt *m*.

mar·ten ['mɑ:tin] *s. zo.* Marder *m*.

mar·tial ['mɑ:ʃəl] *adj.* □ **1.** kriegerisch, streitbar; **2.** mili'tärisch, sol'datisch: ~ *music* Militärmusik; **3.** Kriegs..., Militär...: ~ *law* Kriegs-, Standrecht; *state of* ~ *law* Belagerungszustand.

Mar·ti·an ['mɑ:ʃjən] **I.** *s.* **1.** Marsmensch *m*; **II.** *adj.* **2.** Mars..., kriegerisch; **3.** *ast.* Mars...

mar·tin ['mɑ:tin] *s. orn.* Mauerschwalbe *f*.

mar·ti·net [mɑ:ti'net] *s.* Leuteschinder *m*, Zuchtmeister *m*.

mar·ti·ni [mɑ:'ti:ni] *s.* Mar'tini *m* (*Cocktail*).

mar·tyr ['mɑ:tə] **I.** *s.* **1.** 'Märtyrer (-in), Blutzeuge *m*; **2.** *fig.* Märtyrer (-in), Opfer *n*: *to make a* ~ *of o.s.* sich für et. aufopfern, *iro.* den Märtyrer spielen: *to die a* ~ *to* (*od. in the cause of*) *science* sein Leben im Dienst der Wissenschaft opfern; **3.** F Dulder *m*, armer Kerl: *to be a* ~ *to gout* ständig von Gicht geplagt werden; **II.** *v/t.* **4.** zum Märtyrer machen; **5.** zu Tode martern; **6.** martern, peinigen; '**mar·tyr·dom** [-dəm] *s.* **1.** Mar'tyrium *n* (*a. fig.*), 'Märtyrertod *m*; **2.** Marterqualen *pl.* (*a. fig.*); '**mar·tyr·ize** [-əraiz] *v/t.* **1.** (*j-n od. sich*) zum Märtyrer machen (*a. fig.*); **2.** → *martyr* 6.

mar·vel ['mɑ:vəl] **I.** *s.* **1.** Wunder (-ding) *n*: *engineering* ~*s* Wunder der Technik; *to be a* ~ *at s.th.* et. fabelhaft können; **2.** Muster *n* (*of* an *dat.*): *he is a* ~ *of patience* er ist die Geduld selber; *he is a perfect* ~ F er ist wunderbar *od.* ein Phänomen; **II.** *v/i.* **3.** sich (ver)wundern, staunen (*at* über *acc.*); **4.** sich verwundert fragen, sich wundern (*that* daß, *how* wie, *why* warum).

mar·vel·(l)ous ['mɑ:viləs] *adj.* □ **1.** erstaunlich, wunderbar; **2.** un'glaublich, unwahrscheinlich; **3.** F fabelhaft, phan'tastisch; '**mar·vel·(l)ous·ness** [-nis] *s. das* Wunderbare, *das* Erstaunliche.

Marx·i·an ['mɑ:ksjən] → *Marxist*; '**Marx·ism** [-sizəm] *s.* Mar'xismus *m*; '**Marx·ist** [-sist] **I.** *s.* Mar'xist *m*; **II.** *adj.* mar'xistisch.

mar·zi·pan [mɑ:zi'pæn] *s.* Marzi'pan *n*.

mas·car·a [mæs'kɑ:rə] *s.* Wimpern-, Augenbrauentusche *f*.

mas·cot ['mæskət] *s.* Mas'kottchen *n*, 'Talisman *m*; Glücksbringer(in): *radiator* ~ Kühlerfigur (*am Auto*).

mas·cu·line ['mæskjulin] **I.** *adj.* **1.** männlich (*a. weitS. u. ling.*); Männer...; **2.** mannhaft; **3.** unweiblich, männisch (*Frau*); **II.** *s.* **4.** *ling.* 'Maskulinum *n.*

mas·cu·lin·i·ty [mæskju'liniti] *s.* **1.** Männlichkeit *f*; **2.** Mannhaftigkeit *f.*

mash[1] [mæʃ] **I.** *s.* **1.** *Brauerei etc.*: Maische *f*; **2.** ⚒ Mengfutter *n*; **3.** breiige Masse, Brei *m*, Mansch *m*; **4.** *Brit.* Kar'toffelbrei *m*; **5.** *fig.* Mischmasch *m*; **II.** *v/t.* **6.** (ein-)maischen; **7.** zerdrücken, -quetschen: *~ed potatoes* Kartoffelbrei.

mash[2] [mæʃ] *obs. sl.* **I.** *v/t.* **1.** *j-m* den Kopf verdrehen; **2.** flirten mit; **II.** *v/i.* **3.** flirten.

mash·er[1] ['mæʃə] *s.* **1.** Quetsche *f* (*Küchengerät*); **2.** *Brauerei*: 'Maischappa,rat *m.*

mash·er[2] ['mæʃə] *s. obs. sl.* **1.** Weiberheld *m*, Schwerenöter *m*; **2.** *Brit.* Geck *m.*

mash·ie ['mæʃi] *s. sport* Mashie *m* (*ein Golfschläger für kurze Schläge*).

mask [mɑːsk] **I.** *s.* **1.** Maske *f*, Larve *f*: *death-~* Totenmaske; **2.** (Schutz-, Gesichts)Maske *f*: *fencing ~* Fechtmaske; *oxygen ~* ⚕ Sauerstoffmaske; **3.** Gasmaske *f*; **4.** Maske *f*: **a)** Maskierte(r *m*) *f*, **b)** 'Maskenko,stüm *n*, Maskierung *f*, **c)** *fig.* Verkappung *f*: *to throw off the ~ fig.* die Maske fallenlassen; *under the ~ of* unter dem Deckmantel (*gen.*); **5.** → *masque*; **6.** ⚔ Tarnung *f*, Blende *f*; **7.** *phot.* Vorsatzscheibe *f*; **II.** *v/t.* **8.** *j-n* maskieren, verkleiden, vermummen; *fig.* verschleiern, -hüllen; **9.** ⚔ tarnen; **10.** *a. ~ out* ⊕ korrigieren, retuschieren; *Licht* abblenden; **masked** [-kt] *adj.* **1.** maskiert (*a.* ❀); Masken...: *~ ball* Maskenball; **2.** ⚔, ✝ getarnt: *~ advertising* Schleichwerbung; '**mask·er** [-kə] *s.* Maske *f*, Maskenspieler *m.*

mas·och·ism ['mæzəkizəm] *s.* ⚕, *psych.* Maso'chismus *m*; '**mas·och·ist** [-ist] *s.* Maso'chist *m.*

ma·son ['meisn] **I.** *s.* **1.** Steinmetz *m*; **2.** Maurer *m*; **3.** *oft* 2 Freimaurer *m*; **II.** *v/t.* **4.** mauern; **ma·son·ic** [mə'sɔnik] *adj. mst* 2 freimaurerisch, Freimaurer...; **ma·son·ry** ['meisnri] *s.* **1.** Steinmetz-, Maurerarbeit *f*; **2.** Mauerwerk *n*; **3.** Maurerhandwerk *n*; **4.** *mst* 2 Freimaure'rei *f.*

masque [mɑːsk] *s. thea. hist.* Maskenspiel *n.*

mas·quer·ade [mæskə'reid] **I.** *s.* **1.** Maske'rade *f*: **a)** Maskenball *m*, **b)** Maskierung *f*, **c)** *fig.* The'ater *n*, Verstellung *f*, **d)** *fig.* Maske *f*, Verkleidung *f*; **II.** *v/i.* **2.** an e-r Maskerade teilnehmen; **3.** sich maskieren *od.* verkleiden (*a. fig.*); **4.** *fig.* sich ausgeben (*as* als).

mass[1] [mæs] **I.** *s.* **1.** *allg.* Masse *f* (*a.* ⊕): *a ~ of blood* ein Klumpen Blut; *a ~ of errors* e-e (Un)Menge Fehler; *a ~ of troops* e-e Truppenansammlung; *in the ~* im großen u. ganzen; **2.** Mehrzahl *f*: *the (great) ~ of imports* der überwiegende Teil der Einfuhr; **3.** *the ~* die Masse, die Allge'meinheit; **4.** *the ~es pl.* der Pöbel, die ‚breite' Masse; **5.** *phys.* Masse *f* (*Quotient aus Gewicht u. Beschleunigung*); **II.** *v/t.* **6.** (*v/i.* sich) (an)sammeln *od.* (an)häufen, (*v/i.* sich) zs.-ballen; ⚔ (*v/i.* sich) massieren *od.* konzentrieren; **III.** *adj.* **7.** Massen...: *~ acceleration phys.* Massenbeschleunigung; *~ communication* Massenkommunikation; *~ meeting* Massenversammlung; *~ murder* Massenmord.

Mass[2] [mæs] *s. eccl.* (*a.* ♪) Messe *f*; → *High* (*Low*) *Mass*; *~ was said* die Messe wurde gelesen; *to attend (the)* (*od. go to*) *~* zur Messe gehen; *to hear ~* die Messe hören; *~ for the dead* Toten-, Seelenmesse.

mas·sa·cre ['mæsəkə] **I.** *s.* Gemetzel *n*, Mas'saker *n*, Blutbad *n*; **II.** *v/t.* niedermetzeln, massakrieren.

mas·sage ['mæsɑːʒ] **I.** *s.* Mas'sage *f*, Massieren *n*; **II.** *v/t.* massieren.

mas·seur [mæ'sɔː; masœːr] (*Fr.*) *s.* Mas'seur *m*; **mas·seuse** [mæ'sɔːz; masøːz] (*Fr.*) *s.* Mas'seuse *f.*

mas·sif ['mæsiːf] *s. geol.* Ge'birgsmas,siv *n*, -stock *m.*

mas·sive ['mæsiv] *adj.* ☐ **1.** mas'siv (*a. geol., a. Gold etc.*), schwer, massig; **2.** *fig.* massiv, wuchtig, klobig, ‚klotzig'; '**mas·sive·ness** [-nis] *s.* **1.** Mas'sive(s) *n*, Schwere(s) *n*; **2.** Gediegenheit *f* (*Gold etc.*); **3.** *fig.* Wucht *f.*

mass| me·di·a *s. pl.* 'Massen,medien *pl.*; '**~-pro·duce** *v/t.* 'serienmäßig herstellen: *~d articles* Massen-, Serienartikel; **~ pro·duc·tion** *s.* ✝ 'Massen-, 'Serienprodukti,on *f*: *standardized ~* Fließarbeit; **~ un·em·ploy·ment** *s.* Massenarbeitslosigkeit *f*, -erwerbslosigkeit *f.*

mass·y ['mæsi] *adj.* **1.** mas'siv, schwer; **2.** ‚klotzig', klobig; **3.** schwer, wuchtig.

mast[1] [mɑːst] **I.** *s.* **1.** ⚓ (Schiffs-)Mast *m*: *to sail before the ~* (als Matrose) zur See fahren; **2.** ⚡ (Gitter-, Leitungs-, An'tennen-)Mast *m*; **3.** ✈ Ankermast *m* (*für Luftschiffe*); **II.** *v/t.* **4.** ⚓ bemasten: *three-~ed* dreimastig.

mast[2] [mɑːst] *s.* ⚒ Mast(futter *n*) *f.*

mas·tec·to·my [mæs'tektəmi] *s.* ⚕ 'Brustamputati,on *f.*

mas·ter ['mɑːstə] **I.** *s.* **1.** Meister *m* (*a. Kunst u. fig.*), Herr *m*, Gebieter *m*: *the* 2 *eccl.* der Herr (*Christus*); *to be ~ of s.th.* et. (*a. e-e Sprache*) beherrschen; *to be ~ of o.s.* sich in der Gewalt haben; *to be ~ of the situation* Herr der Lage sein; *to be one's own ~* sein eigener Herr sein; *to be ~ of one's time* über s-e Zeit (nach Belieben) verfügen können; **2.** Besitzer *m*, Eigentümer *m*, Herr *m*: *to make o.s. ~ of s.th.* et. in s-n Besitz bringen; **3.** Hausherr *m*; **4.** Meister *m*, Sieger *m*; **5. a)** Lehrherr *m*, Meister *m*, **b)** *a.* ⚖ Dienstherr *m*, Arbeitgeber *m*, **c)** (Handwerks)Meister *m*: *~ tailor* Schneidermeister; *like ~ like man* wie der Herr so der Knecht; **6.** Vorsteher *m*, Leiter *m e-r Innung etc.*; **7.** ⚓ ('Handels)Kapi,tän *m*: *~'s certificate* Kapitänspatent; **8.** *bsd. Brit.* Lehrer *m*, 'Studienrat *m*: *~ in English* Englischlehrer; *senior ~* Oberstudienrat; **9.** *Brit. univ.* Rektor *m* (*Titel der Leiter einiger Colleges*); **10.** *univ.* Ma'gister *m* (*Grad*): 2 *of Arts* Magister der freien Künste; 2 *of Science* Magister der Naturwissenschaften; **11.** junger Herr (*a. als Anrede für Knaben bis zu 16 Jahren*); **12.** *Brit.* (*in Titeln*): Leiter *m*, Aufseher *m* (*am königlichen Hof etc*): 2 *of Ceremonies* **a)** Zeremonienmeister, **b)** *bsd. Am.* Conférencier; 2 *of the Horse* Oberstallmeister; **13.** ⚖ proto'kollführender Gerichtsbeamter: 2 *of the Rolls* Oberarchivar; **14.** ('Schall)Plattenma,trize *f*; **II.** *v/t.* **15.** Herr sein *od.* werden über (*acc.*) (*a. fig.*), *a. Sprache, Wissenschaft etc.* beherrschen; *Aufgabe, Schwierigkeit* meistern; **16.** *Tier* zähmen; *a. Leidenschaften etc.* bändigen; **III.** *adj.* **17.** Meister..., meisterhaft, -lich; **18.** Meister..., Herren...; **19.** Haupt..., hauptsächlich: *~ file* Hauptkartei; *~ switch* ⚡ Hauptschalter; **20.** leitend, führend.

'**mas·ter|-at-'arms** *pl.* '**mas·ters-at-'arms** *s.* ⚓ 'Schiffspro,fos *m* (*Polizeioffizier*); **~ build·er** *s.* Baumeister *m*; **~ car·pen·ter** *s.* Zimmermeister *m*; **~ chord** *s.* ♪ Domi'nantdreiklang *m*; **~ clock** *s.* Zen'traluhr *f* (*e-r Uhrenanlage*); **~ cop·y** *s.* **1.** Origi'nalko,pie *f* (*a. Film*); **2.** 'Handexem,plar *n* (*e-s literarischen etc. Werks*).

mas·ter·ful ['mɑːstəful] *adj.* ☐ **1.** herrisch, gebieterisch; **2.** → *masterly.*

mas·ter| ga(u)ge *s.* ⊕ Urlehre *f*; '**~-key** *s.* **1.** Hauptschlüssel *m*; **2.** *fig.* Schlüssel *m.*

mas·ter·less ['mɑːstəlis] *adj.* herrenlos; '**mas·ter·li·ness** [-linis] *s.* meisterhafte Ausführung, Meisterschaft *f*; '**mas·ter·ly** [-li] *adj. u. adv.* meisterhaft, -lich, Meister...

'**mas·ter|-mind** **I.** *s.* **1.** führende Per'sönlichkeit, über'legener Geist; **2.** *bsd. Am.* Kapazi'tät *f*, ‚Ka'none' *f*, Ge'nie *n*; **II.** *v/t. Am.* **3.** (geschickt) lenken *od.* leiten; '**~·piece** *s.* Meisterstück *n*, -werk *n*; **~ ser·geant** *s.* ⚔ *Am.* (Ober)Stabsfeldwebel *m.*

mas·ter·ship ['mɑːstəʃip] *s.* **1.** meisterhafte Beherrschung (*of, gen.*), Meisterschaft *f*; **2.** Herrschaft *f*, Gewalt *f* (*over* über *acc.*); **3.** Vorsteheramt *n*; **4.** Lehramt *n.*

'**mas·ter|-stroke** *s.* Meisterstreich *m*, -stück *n*, Glanzstück *n*; **~ tooth** *s.* [*irr.*] Eck-, Fangzahn *m*; **~ touch** *s.* **1.** Meisterhaftigkeit *f*, -schaft *f*; **2.** Meisterzug *m*; **3.** ⊕ *u. fig.* letzter Schliff; '**~·work** → *masterpiece.*

mas·ter·y ['mɑːstəri] *s.* **1.** Herrschaft *f*, Gewalt *f* (*of, over* über *acc.*); **2.** Über'legenheit *f*, Oberhand *f*: *to gain the ~ over s.o.* über j-n die Oberhand gewinnen; **3.** Beherrschung *f* (*e-r Sprache etc.*); **4.** → *master touch 1.*

'**mast-head** *s.* **1.** ⚓ Masttop *m*, Mars *m*: *~ light* Topplicht; **2.** *typ.* Im'pressum *n e-r Zeitung.*

mas·tic ['mæstik] *s.* **1.** 'Mastix(harz *n*) *m*; **2.** ❀ 'Mastixstrauch *m*; **3.** 'Mastik *m*, 'Mastixze,ment *m.*

mas·ti·cate ['mæstikeit] *v/t.* (zer-)kauen; **mas·ti·ca·tion** [mæsti'keiʃən] *s.* Kauen *n*; '**mas·ti·ca·tor** [-tə] *s.* **1.** Kauende(r *m*) *f*; **2.** Fleischwolf *m*; **3.** ⊕ 'Mahlma,schine *f*; '**mas·ti·ca·to·ry** [-kətəri] *adj.* Kau..., Freß...

mas·tiff ['mæstif] *s.* Bulldogge *f*, englische Dogge.

mas·ti·tis [mæs'taitis] *s.* ⚕ Brust(drüsen)entzündung *f*; **mas·toid** ['mæstɔid] *adj. anat.* masto'id, brust(warzen)förmig; **mas·tot·o·my** [mæs'tɔtəmi] *s.* ⚕ 'Brustoperatiˌon *f*.

mas·tur·bate ['mæstəbeit] *v/i.* onanieren; **mas·tur·ba·tion** [mæstə'beiʃən] *s.* Ona'nie *f*.

mat[1] [mæt] **I.** *s.* **1.** Matte *f* (*a. Ringen, Turnen*): *~ position Ringen*: Bank; *to be on the ~* **a)** am Boden sein, **b)** *sl. fig.* in der Tinte sitzen, e-e Zigarre verpaßt kriegen; **2.** 'Untersetzer *m*, -satz *m*: *beer ~* Bierdeckel; **3.** Vorleger *m*, Abtreter *m*; **4.** grober Sack; **5.** verfilzte Masse (*Haar etc.*), Gewirr *n*; **6.** (*glasloser*) Wechselrahmen; **II.** *v/t.* **7.** mit Matten belegen; **8.** (*v/i.* sich) verflechten; **9.** (*v/i.* sich) verfilzen (*Haar*).

mat[2] [mæt] **I.** *adj.* matt (*a. phot.*), glanzlos, mattiert; **II.** *v/t.* mattieren; ⊕ mattschleifen.

match[1] [mætʃ] **I.** *s.* **1.** der *od.* die *od.* das Gleiche *od.* Ebenbürtige: *his ~* **a)** seinesgleichen, **b)** sein Ebenbild, **c)** j-d der es mit ihm aufnehmen kann; *to meet one's ~* s-n Meister finden; *to be a ~ for s.o.* j-m gewachsen sein; *to be more than a ~ for s.o.* j-m überlegen sein; **2.** Gegenstück *n*, Passende(s) *n*; **3.** (zs.-passendes) Paar, Gespann *n* (*a. fig.*): *they are an excellent ~* sie passen ausgezeichnet zueinander; **4.** ✝ Ar'tikel *m* gleicher Quali'tät: *exact ~* genaue Bemusterung; **5.** (Wett-)Kampf *m*, Wettspiel *n*, Par'tie *f*, Treffen *n*: *boxing ~* Boxkampf; *singing ~* Wettsingen; **6. a)** Heirat *f*, **b)** *gute etc.* Par'tie (*Person*): *to make a ~ (of it)* e-e Ehe stiften *od.* zustande bringen; **II.** *v/t.* **7.** *j-n* passend verheiraten (*to, with* mit); **8.** *j-n od. et.* vergleichen (*with* mit); **9.** *j-n* ausspielen (*against* gegen); **10.** passend machen, anpassen (*to, with* an *acc.*); *a. ehelich* verbinden, zs.-fügen; ⚡ angleichen: *~ing circuit* Anpassungskreis; **11.** entsprechen (*dat.*), *a. farblich etc.* passen zu: *well-~ed* gut zs.-passend; **12.** et. Gleiches *od.* Passendes auswählen *od.* finden zu: *can you ~ this velvet for me?* haben Sie et. Passendes zu diesem Samtstoff?; **13.** *nur pass.*: *to be ~ed j-m* ebenbürtig *od.* gewachsen sein, *e-r Sache* gleichkommen; *not to be ~ed* unerreichbar; **III.** *v/i.* **14.** zs.-passen, über'einstimmen (*with* mit), entsprechen (*to dat.*): *a brown coat and gloves to ~* ein brauner Mantel u. dazu passende Handschuhe.

match[2] [mætʃ] *s.* **1.** Zünd-, Streichholz *n*; **2.** Zündschnur *f*; **3.** *hist.* Lunte *f*; **'~-box** *s.* Streichholzschachtel *f*.

match·less ['mætʃlis] *adj.* □ unvergleichlich, einzig dastehend, ohne'gleichen.

'match·mak·er *s.* **1.** Ehestifter(in); **2.** Heiratsvermittler(in).

match| point *s. sport* (für den Sieg) entscheidender Punkt; *Tennis*: Matchball *m*; **'~·wood** *s. coll.* (Holz)Späne *pl.*, Splitter *pl.*: *to make ~ of s.th.* aus et. Kleinholz machen, et. kurz u. klein schlagen.

mate[1] [meit] **I.** *s.* **1. a)** ('Arbeits-, 'Werk)Kameˌrad *m*, Genosse *m*, Gefährte *m*, **b)** *als Anrede*: Kame'rad *m*, ‚Kumpel' *m*, **c)** Gehilfe *m*, Handlanger *m*; **2. a)** (Lebens)Gefährte *m*, Gatte *m*, Gattin *f*, **b)** *bsd. orn.* Männchen *n od.* Weibchen *n*, **c)** Gegenstück *n* (*von Schuhen etc.*); **3.** *Handelsmarine*: 'Schiffsoffiˌzier *m* (*unter dem Kapitän*); **4.** ⚓ Maat *m*, Gehilfe *m*: *cook's ~* Kochsmaat; **II.** *v/t.* **5.** (*paarweise*) verbinden, *bsd.* vermählen, -heiraten; *Tiere* paaren; **6.** *fig.* ein'ander anpassen: *to ~ words with deeds* auf Worte entsprechende Taten folgen lassen; **III.** *v/i.* **7.** sich vermählen, (*a. weitS.*) sich verbinden; *zo.* sich paaren; **8.** ⊕ eingreifen (*Zahnräder*); aufein'ander arbeiten (*Flächen*): *mating surfaces* Arbeitsflächen.

mate[2] [meit] **I.** *v/t. Schach*: (schach-)matt setzen; **II.** *v/i.* ein (Schach-)Matt erzielen; **III.** *s. u. int.* (Schach)Matt *n*.

ma·te·ri·al [mə'tiəriəl] **I.** *adj.* □ **1.** materi'ell, physisch, körperlich; **2.** stofflich, Material...: *~ damage* Sachschaden; *~ defect* Materialfehler; *~ fatigue* ⊕ Werkstoffmüdigkeit; *~ goods* Sachgüter; **3.** materia'listisch (*Anschauung etc.*); **4.** materi'ell, leiblich: *~ well-being*; **5. a)** sachlich wichtig, gewichtig, von Belang, **b)** wesentlich, ausschlaggebend (*to* für); ⚖ erheblich: *~ facts*; *a ~ witness* ein unentbehrlicher Zeuge; **6.** *Logik*: sachlich (*Folgerung etc.*); **7.** 𝔄 materi'ell (*Punkt etc.*); **II.** *s.* **8.** Materi'al *n*, Stoff *m* (*beide a. fig.*) (*for* zu); ⊕ Werkstoff *m*; (Kleider)Stoff *m*; **9.** *coll. od. pl.* Materi'al(ien *pl.*) *n*, Ausrüstung *f*: *building ~s* Baustoffe; *cleaning ~s* Putzzeug; *war ~* Kriegsmaterial; *writing ~s* Schreibmaterial(ien); **10.** *oft pl. fig.* 'Unterlagen *pl.*, *urkundliches etc.* Materi'al; **ma'te·ri·al·ism** [-lizəm] *s.* Materia'lismus *m*; **ma'te·ri·al·ist** [-list] **I.** *s.* Materia'list *m*; **II.** *adj. a.* **ma·te·ri·al·is·tic** [mətiəriə'listik] *adj.* (□ *~ally*) materia'listisch; **ma·te·ri·al·i·za·tion** [mətiəriəlai'zeiʃən] *s.* **1.** Verkörperung *f*; **2.** *Spiritismus*: Materialisati'on *f*; **ma'te·ri·al·ize** [-laiz] **I.** *v/t.* **1.** *e-r Sache* stoffliche Form geben, *et.* verkörperlichen; **2.** *et.* verwirklichen; **3.** *bsd. Am.* materia'listisch machen: *to ~ thought*; **4.** *Geister* erscheinen lassen; **II.** *v/i.* **5.** (feste) Gestalt annehmen, sich verkörpern (*in* in *dat.*); **6.** sich verwirklichen, Tatsache werden, zu'stande kommen; **7.** erscheinen (*Geister*).

ma·te·ri·a med·i·ca [mə'tiəriə 'medikə] *s.* ⚕ **1.** *coll.* Arz'neimittel *pl.*; **2.** Arz'neimittelˌlehre *f*.

ma·té·ri·el [mətiəri'el] *s.* Ausrüstung *f*, (⚔ 'Kriegs)Materiˌal *n*.

ma·ter·nal [mə'tə:nl] *adj.* □ mütterlich: **a)** wie e-e Mutter, Mutter...: *~ love*, **b)** *Verwandte(r) etc.* mütterlicherseits, **c)** Mütter...: *~ mortality* Müttersterblichkeit.

ma·ter·ni·ty [mə'tə:niti] **I.** *s.* Mutterschaft *f*; **II.** *adj.* Wöchnerinnen..., Schwangerschafts..., Umstands...(*-kleidung*): *~ benefit* Wochenhilfe; *~ dress* Umstandskleid; *~ home*, *~ hospital* Entbindungsheim; *~ ward* Entbindungsstation.

mat·ey ['meiti] **I.** *adj.* kame'radschaftlich, vertraulich, famili'är; **II.** *s. Brit.* F Kame'rad *m*, ‚Kumpel' *m* (*Anrede*).

math [mæθ] *s. Am.* F ‚Mathe' *f* (*Mathematik*).

math·e·mat·i·cal [mæθi'mætikəl] *adj.* □ **1.** mathe'matisch; **2.** *fig.* (mathematisch) ex'akt; **math·e·ma·ti·cian** [mæθimə'tiʃən] *s.* Mathe'matiker *m*; **math·e'mat·ics** [-ks] *s. pl. mst sg. konstr.* Mathema'tik *f*: *higher (elementary, new) ~* höhere (elementare, neue) Mathematik.

maths [mæθs] *s. Brit.* F ‚Mathe' *f* (*Mathematik*).

mat·in ['mætin] *s.* **1.** *pl. oft* ~*s* **a)** *R.C.* (Früh)Mette *f*, **b)** *Church of England*: 'Morgenliturˌgie *f*; **2.** *poet.* Morgenlied *n* (*der Vögel*).

mat·i·nee, mat·i·née ['mætinei] *s. thea.* Mati'nee *f*, *bsd.* Nachmittagsvorstellung *f*.

mat·ing ['meitiŋ] *s. bsd. orn.* Paarung *f*: *~ season* Paarungszeit.

ma·tri·arch·y ['meitriɑ:ki] *s.* Mutterherrschaft *f*, Matriar'chat *n*;

ma·tri·cid·al [meitri'saidl] *adj.* muttermörderisch; **'ma·tri·cide** [-isaid] *s.* **1.** Muttermord *m*; **2.** Muttermörder(in).

ma·tric·u·late [mə'trikjuleit] **I.** *v/t.* immatrikulieren (*an e-r Universität*); **II.** *v/i.* sich immatrikulieren (lassen); **ma·tric·u·la·tion** [mətrikju'leiʃən] *s.* Immatrikulati'on *f*: *~ examination Brit.* Zulassungsprüfung zum Universitätsstudium.

mat·ri·mo·ni·al [mætri'mounjəl] *adj.* □ ehelich, Ehe...: *~ agency* Heiratsvermittlung(sbüro); *~ cases* ⚖ Ehesachen; **mat·ri·mo·ny** ['mætriməni] *s. a.* ⚖ Ehe(stand *m*) *f*.

ma·trix ['meitriks] *pl.* **-tri·ces** [-trisi:z] *s.* **1.** Mutter-, Nährboden *m* (*beide a. fig.*), 'Grundsubˌstanz *f*; **2.** *physiol.* 'Matrix *f*: **a)** Mutterboden *m*, **b)** Gewebeschicht *f*, **c)** Gebärmutter *f*; **3.** *min.* **a)** Grundmasse *f*, **b)** Ganggestein *n*; **4.** ⊕, *typ.* Ma'trize *f* (*a. Schallplattenherstellung*); **5.** 𝔄 Matrix *f*.

ma·tron ['meitrən] *s.* **1.** würdige Dame, Ma'trone *f*; **2.** Hausmutter *f* (*e-s Internats etc.*), Wirtschafterin *f*; **3. a)** Vorsteherin *f*, **b)** Oberin *f im Krankenhaus*, **c)** Aufseherin *f im Gefängnis etc.*; **'ma·tron·ize** [-rənaiz] *v/t.* **1.** ma'tronenhaft machen; **2.** bemuttern; **'ma·tron·ly** [-li] **I.** *adj.* ma'tronenhaft, gesetzt: *~ duties* hausmütterliche Pflichten; **II.** *adv.* ma'tronenhaft.

mat·ted[1] ['mætid] *adj.* mattiert.

mat·ted[2] ['mætid] *adj.* **1.** mit Matten bedeckt: *a ~ floor*; **2.** verflochten: *~ hair* verfilztes Haar.

mat·ter ['mætə] **I.** *s.* **1.** Ma'terie *f* (*a. phys., phls.*), Materi'al *n*, Stoff *m*; *biol.* Sub'stanz *f*: *gaseous ~* gasförmiger Körper; → *foreign 2, grey matter*; **2.** Sache *f* (*a.* ⚖), Angelegenheit *f*: *this is a serious* ~; *the* ~ *in hand* die vorliegende Angelegenheit; *a* ~ *of fact* e-e Tatsache; *as a* ~ *of fact* tatsächlich, eigentlich; *a* ~ *of course* e-e Selbstverständlichkeit; *as a* ~ *of course* selbstverständlich; *a* ~ *of taste* (e-e) Geschmackssache; *a* ~ *of time* e-e Frage der Zeit; *it is a* ~ *of life and death* es geht um Leben u. Tod; *it's no laughing* ~ es ist nichts zum Lachen; *for that* ~ was das (an)betrifft, schließlich; *in the* ~ *of* **a)** hinsichtlich (*gen.*), **b)** ⚖ in Sachen *A. gegen B.*; **3.** *pl.* (*ohne Artikel*) die 'Umstände *pl.*, die Dinge *pl.*: *to make* ~*s worse* **a)** die Sache schlimmer machen, **b)** *feststehende Wendung*: was die Sache noch schlimmer macht; *as* ~*s stand* wie die Dinge liegen; **4.** *the* ~ die Schwierigkeit: *is there anything the* ~ *with him?* fehlt ihm etwas?, ist ihm nicht wohl?; *what's the* ~? was ist los?, wo fehlt's?; *no* ~! es hat nichts zu sagen!; *it's no* ~ *whether* es spielt keine Rolle, ob; *no* ~ *what he says* was er auch sagt; *no* ~ *who* gleichgültig wer; **5.** *a* ~ *of* (*mit verblaßter Bedeutung*) Sache *f*, etwas: *it's a* ~ *of £5* es kostet 5 Pfund; *a* ~ *of three weeks* ungefähr 3 Wochen; *it was a* ~ *of five minutes* es dauerte nur 5 Minuten; *it's a* ~ *of common knowledge* es ist allgemein bekannt; **6.** *fig.* Stoff *m* (*Dichtung*), (behandelter) Gegenstand, Thema *n* (*Aufsatz*), Inhalt *m* (*Buch*), innerer Gehalt; **7.** ⚖ Streitgegenstand *m*; **8.** *mst postal* ~ Postsache *f*: *printed* ~ Drucksache; **9.** *typ.* **a)** Manu'skript *n*, **b)** (Schrift)Satz *m*: *live* ~, *standing* ~ Stehsatz; **10.** ⚕ Eiter *m*; **II.** *v/i.* **11.** von Bedeutung sein (*to* für), dar'auf ankommen (*to s.o.* j-m): *it doesn't* ~ (es) macht nichts; *it* ~*s little* es ist ziemlich einerlei, es spielt kaum e-e Rolle; **12.** ⚕ eitern.

'mat·ter|-of-'course [-tərəv'k-] *adj.* selbstverständlich; **'~-of-'fact** [-tərəv'f-] *adj.* **1.** pro'saisch; **2.** sachlich, nüchtern.

Mat·thew ['mæθju:] *npr. u. s. bibl.* Mat'thäus(evan͵gelium *n*) *m.*

mat·ting ['mætiŋ] *s.* ⊕ **1.** Mattenstoff *m*; **2.** Matten(belag *m*) *pl.*

mat·tock ['mætək] *s.* (Breit)Hacke *f*, Karst *m.*

mat·tress ['mætris] *s.* Ma'tratze *f.*

mat·u·ra·tion [mætjuə'reiʃən] *s.* **1.** ⚕ (Aus)Reifung *f*, Eiterung *f* (*Geschwür*); **2.** *biol.*, *a. fig.* Reifen *n*, Reifwerden *n.*

ma·ture [mə'tjuə] **I.** *adj.* □ **1.** *allg.* reif (*a. Käse, Wein*; *a.* ⚕ *Geschwür*); **2.** reif, voll entwickelt (*Person*); **3.** *fig.* reiflich erwogen, ('wohl)durch͵dacht: ~ *reflection* reifliche Überlegung; ~ *plans* ausgereifte Pläne; **4.** † fällig, zahlbar (*Wechsel*); **II.** *v/t.* **5.** reifen (lassen), zur Reife bringen; *fig. Pläne* reifen lassen; **III.** *v/i.* **6.** reif werden, (her'an-, aus)reifen; † fällig werden, verfallen; **ma'tured** [-əd] *adj.* **1.** (aus)gereift; **2.** abgelagert; **3.** † fällig; **ma·tu·ri·ty** [mə'tjuəriti] *s.* **1.** Reife *f* (*a.* ⚕ *u. fig.*): *to bring (come) to* ~ zur Reife bringen (kommen); ~ *of judg(e)ment* Reife des Urteils; **2.** † Fälligkeit *f*, Verfall(zeit *f*) *m*: *at* (*od. on*) ~ bei Verfall; ~ *date* Fälligkeitstag; **3.** *fig.* (Wahl- *etc.*)Mündigkeit *f.*

ma·tu·ti·nal [mætju(:)'tainl] *adj.* morgendlich, Morgen..., früh.

mat·y ['meiti] *Brit.* → *matey.*

maud·lin ['mɔ:dlin] **I.** *s.* weinerliche Gefühlsduse'lei; **II.** *adj.* weinerlich sentimen'tal, rührselig.

maul [mɔ:l] **I.** *s.* **1.** ⊕ Schlegel *m*, schwerer Holzhammer; **II.** *v/t.* **2.** schwer beschädigen; übel zurichten, (*j-n*) 'durchprügeln, miß'handeln: *to* ~ *about* roh umgehen mit; **3.** ‚her'unterreißen', heftig kritisieren.

maul·stick ['mɔ:lstik] *s. paint.* Malerstock *m.*

maun·der ['mɔ:ndə] *v/i.* **1.** vor sich hinreden, faseln; **2.** ziellos um'herschlendern *od.* handeln.

Maun·dy Thurs·day ['mɔ:ndi] *s. eccl.* Grün'donnerstag *m.*

mau·so·le·um [mɔ:sə'li:əm] *s.* Mauso'leum *n*, Grabmal *n.*

mauve [mouv] **I.** *s.* Malvenfarbe *f*; **II.** *adj.* malvenfarbig, mauve.

mav·er·ick ['mævərik] *s. Am.* **1.** herrenloses Vieh ohne Brandzeichen; **2.** mutterloses Kalb; **3.** F *pol.* Einzelgänger *m.*

ma·vis ['meivis] *s. poet.* Singdrossel *f.*

maw [mɔ:] *s.* **1.** (Tier)Magen *m*, *bsd.* Labmagen *m* (*der Wiederkäuer*); **2.** *fig.* Rachen *m des Todes etc.*

mawk·ish ['mɔ:kiʃ] *adj.* □ **1.** süßlich, abgestanden (*Geschmack*); **2.** *fig.* rührselig, süßlich, kitschig.

'maw·seed *s.* Mohnsame(n) *m.*

'maw·worm *s. zo.* Spulwurm *m.*

max·i ['mæksi] **I.** *s.* **1.** Maximode *f*: *to wear* ~ maxi tragen; **II.** *adj.* **2.** Maxi...: ~ *skirt* → *maxiskirt.*

max·il·la [mæk'silə] *pl.* **-lae** [-li:] *s.* **1.** *anat.* (Ober)Kiefer *m*, Kinnlade *f*, -backen *m*; **2.** *zo.* Fußkiefer *m* (*von Krustentieren*), Zange *f*; **max'il·lar·y** [-əri] **I.** *adj. anat.* (Ober)Kiefer..., maxil'lar; **II.** *s. anat.* Oberkieferknochen *m.*

max·im ['mæksim] *s.* Ma'xime *f*, Sen'tenz *f*, Grundsatz *m.*

max·i·mal ['mæksiml] *adj.* maxi'mal, Maximal..., Höchst...; **'max·i·mize** [-maiz] *v/t.* †, ⊕ maximieren; **max·i·mum** ['mæksiməm] **I.** *pl.* **-ma** [-mə], **-mums** *s.* **1.** 'Maximum *n*, Höhepunkt *m*, Höchstgrenze *f*, -maß *n*, -stand *m*, -wert *m*; **2.** † Höchstpreis *m*, -angebot *n*, -betrag *m*; **II.** *adj.* **3.** höchst, größt, Höchst..., Maximal...: ~ *current* ⚡ Höchststrom; ~ *load* ⊕, ⚡ Höchstbelastung; ~ *safety load* (*od. stress*) zulässige Beanspruchung; ~ *output* (Produktions)Höchstleistung; ~ *performance* Spitzenleistung; ~ *permissible speed* zulässige Höchstgeschwindigkeit; ~ *wages* Spitzenlohn.

'max·i·skirt *s.* Maxirock *m.*

may[1] [mei] *v/aux.* [*irr.*] **1.** (*Möglichkeit, Gelegenheit*) *sg.* kann, mag, *pl.* können, mögen: *it* ~ *happen any time* es kann jederzeit geschehen; *it might happen* es könnte geschehen; *you* ~ *be right* du magst recht haben; *he* ~ *not come* vielleicht kommt er nicht; *he might lose his way* er könnte sich verirren; **2.** (*Erlaubnis*) *sg.* darf, kann (*a.* ⚖), *pl.* dürfen, können: *you* ~ *go*; ~ *I ask?* darf ich fragen?; *we might as well go* da können wir ebensogut auch gehen; **3.** *ungewisse Frage*: *how old* ~ *she be?* wie alt mag sie wohl sein?; *I wondered what he might be doing* ich fragte mich, was er wohl tue; **4.** *Wunschgedanke, Segenswunsch*: ~ *you be happy!* sei glücklich!; ~ *it please your Majesty* Eure Majestät mögen geruhen; **5.** *familiäre od. vorwurfsvolle Aufforderung*: *you* ~ *post this letter for me*; *you might help me* du könntest mir (eigentlich) helfen; **6.** ~ *od. might als Konjunktivumschreibung*: *I shall write to him so that he* ~ *know our plans*; *whatever it* ~ *cost*; *difficult as it* ~ *be* so schwierig es auch sein mag; *we feared they might attack* wir fürchteten, sie würden angreifen.

May[2] [mei] *s.* **1.** Mai *m*, *poet.* (*fig. a.* ~) Lenz *m*: *in* ~ im Mai; **2.** ~ ⚘ Weißdornblüte *f.*

may·be ['meibi:] *adv.* viel'leicht, möglicherweise.

May| bug *s. zo.* Maikäfer *m*; **~ Day** *s.* der 1. Mai; **'~-flow·er** *s.* **1.** ⚘ **a)** Maiblume *f*, **b)** *Am.* Primelstrauch *m*; **2.** ~ *hist. Name des Auswandererschiffs der Pilgrim Fathers*; **'~-fly** *s. zo.* Eintagsfliege *f.*

may·hap ['meihæp] *adv. obs. od. dial.* viel'leicht.

may·hem ['meihem] *s.* ⚖ (*Am. a. allg.*) schwere Körperverletzung; (⚔ *a.* Selbst)Verstümmelung *f.*

mayn't [meint] F *für may not.*

may·on·naise [meiə'neiz] *s.* **1.** Mayon'naise *f*; **2.** Mayon'naisegericht *n*: ~ *of lobster* Hummermayonnaise.

may·or [mεə] *s.* Bürgermeister *m*; **'may·or·al** [-ərəl] *adj.* bürgermeisterlich; **'may·or·ess** [-əris] *s.* Bürgermeisterin *f.*

'May|·pole, ~ *s.* Maibaum *m*; **~ queen** *s.* Mai(en)königin *f*; **'~·thorn** *s.* ⚘ Weißdorn *m.*

maz·a·rine [mæzə'ri:n] *adj.* maza'rin-, dunkelblau.

maze [meiz] *s.* **1.** Irrgarten *m*, Laby'rinth *n* (*a. fig.*); **2.** *fig.* Verwirrung *f*: *in a* ~ → *mazed*; **mazed** [-zd] *adj.* verdutzt, verblüfft; **'ma·zy** [-zi] *adj.* □ laby'rinthisch.

Mc·Coy [mə'kɔi] *s. Am. sl.*: *the real* ~ der wahre Jakob, der (die, das) Richtige.

'M-day *s.* Mo'bilmachungstag *m.*

me [mi:; mi] *pron.* **1.** (*dat.*) mir: *he gave* ~ *money*; *he gave it (to)* ~; **2.** (*acc.*) mich: *he took* ~ *away* er führte mich weg; **3.** F ich: *it's* ~ ich bin's.

mead[1] [mi:d] *s.* Met *m*, Honigwein *m.*

mead[2] [mi:d] *poet. für meadow.*

mead·ow ['medou] *s.* Wiese *f*, Anger *m*; **'~-grass** *s.* ⚘ Rispengras *n*; **'~-lark** *s. orn. ein amer.* Wiesenstärling *m*; **'~-saf·fron** *s.* ⚘ (*bsd.* Herbst)Zeitlose *f*; **'~-sweet** *s.* ⚘ **1.** Mädesüß *n*; **2.** *Am.* Spierstrauch *m.*

mead·ow·y ['medoui] *adj.* wiesenartig, -reich, Wiesen...

mea·ger *Am.*, **mea·gre** *Brit.* ['mi:gə] *adj.* □ **1.** mager, dürr; **2.** *fig.* dürftig, kärglich; **'mea·ger·ness** *Am.*, **'mea·gre·ness** *Brit.* [-nis] *s.* **1.** Magerkeit *f*; **2.** Dürftigkeit *f.*

meal[1] [miːl] *s.* **1.** grobes (Getreide-)Mehl, Schrotmehl *n*; **2.** Mehl *n*, Pulver *n* (*aus Mineralen etc.*).

meal[2] [miːl] *s.* Mahl(zeit *f*) *n*, Essen *n*: *to have a* ~ e-e Mahlzeit einnehmen; *to make a* ~ *of s.th.* et. verzehren.

meal·ies [ˈmiːliz] (*S.Afr.*) *s. pl.* Mais *m.*

meal| tick·et *s. Am.* **1.** Essensbons *pl.*; **2.** *sl.* **a)** *b.s.* ‚Ernährer' *m*, **b)** Einnahmequelle *f*, **c)** Kapiˈtal *n*: *his voice is his* ~; ˈ**~·time** *s.* Essenszeit *f.*

meal·y [ˈmiːli] *adj.* **1.** mehlig: ~ *potatoes*; **2.** mehlhaltig; **3.** (wie) mit Mehl bestäubt; **4.** blaß (*Gesicht*); ˈ**~-mouthed** *adj.* **1.** sanftzüngig, zuˈrückhaltend *od.* geziert (*in Worten*); **2.** leisetretend, duckmäuserisch; **3.** heuchlerisch, glattzüngig.

mean[1] [miːn] **I.** *v/t.* [*irr.*] **1.** *et.* im Sinn *od.* im Auge haben, beabsichtigen, vorhaben, entschlossen sein: *I* ~ *it* es ist mir Ernst damit; *to* ~ *to do s.th.* et. zu tun gedenken; *he means no harm* er meint es nicht böse; *I didn't* ~ *to disturb you* ich habe dich nicht stören wollen; *without* ~*ing it* ohne es zu wollen; → *business 4*; **2.** bestimmen (*for* zu): *he was meant to be a barrister* er war zum Anwalt bestimmt; *the cake is meant to be eaten* der Kuchen ist zum Essen da; **3.** meinen, sagen wollen: *by 'liberal' I* ~ unter ‚liberal' verstehe ich; *I* ~ *his father* ich meine s-n Vater; *I* ~ *to say* ich will sagen; **4.** bedeuten: *he* ~*s all the world to me* er bedeutet mir alles; *that means war* das bedeutet Krieg; *what does 'fair'* ~? was bedeutet *od.* heißt (das Wort) ‚fair'?; **II.** *v/i.* [*irr.*] **5.** *to* ~ *well (ill) by* (*od. to*) *s.o.* j-m wohlgesinnt (übel gesinnt) sein.

mean[2] [miːn] *adj.* □ **1.** gering, niedrig: ~ *birth* niedrige Herkunft; **2.** armselig, schäbig: ~ *streets*; **3.** unbedeutend, gering: *no* ~ *artist* ein recht bedeutender Künstler; *no* ~ *foe* ein nicht zu unterschätzender Gegner; **4.** gemein, niederträchtig; **5.** geizig, knauserig, schäbig, ‚filzig'; **6.** F **a)** eigennützig, **b)** *Am.* bösartig, bissig, **c)** kleinlich: *to feel* ~ sich schäbig vorkommen, **d)** *Am.* unpäßlich: *to feel* ~ sich elend fühlen.

mean[3] [miːn] **I.** *adj.* **1.** mittel, mittler, Mittel...; ˈdurchschnittlich, Durchschnitts...: ~ *annual temperature* Temperaturjahresmittel; ~ *sea level das* Normalnull; ~ *value* Mittelwert; **II.** *s.* **2.** Mitte *f*, *das* Mittlere, Mittel *n*, ˈDurchschnitt(szahl *f*) *m*; ⩘ Mittel(wert *m*) *n*: *to hit the happy* ~ die goldene Mitte treffen; *arithmetical (geometric)* ~ arithmetisches (geometrisches) Mittel; → *golden mean*; **3.** *pl. sg. od. pl. konstr.* (Hilfs)Mittel *n od. pl.*, Werkzeug *n*, Weg *m*: *by all* ~*s* auf alle Fälle, unbedingt; *by any* ~*s* etwa, vielleicht, möglicherweise; *by no* ~*s* durchaus nicht, keineswegs, auf keinen Fall; *by some* ~*s or other* auf die eine oder andere Weise, irgendwie; *by* ~*s of* mittels, durch; *by this* (*od. these*) ~*s* hierdurch; ~*s of communication* Verkehrsmittel; ~*s of production* Produktionsmittel; ~*s of transport(ation)* Beförderungsmittel; *to find the* ~*s* Mittel und Wege finden; → *end 9, way*[1] *1*; **4.** *pl.* (Geld)Mittel *pl.*, Vermögen *n*, Einkommen *n*: *to live within (beyond) one's* ~*s* s-n Verhältnissen entsprechend (über s-e Verhältnisse) leben; *a man of* ~*s* ein bemittelter Mann; ~*s test Brit.* Bedürftigkeitsermittlung.

me·an·der [miˈændə] **I.** *s.* Windung *f*, Krümmung *f*; *pl. a.* Schlängelweg *m*; ⚠ ˈZierˌlinien *pl.*; **II.** *v/i.* sich winden, (sich) schlängeln.

mean·ing [ˈmiːniŋ] **I.** *s.* **1.** Absicht *f*, Zweck *m*, Ziel *n*; **2.** Sinn *m*, Bedeutung *f*: *full of* ~ bedeutungsvoll, bedeutsam; *what's the* ~ *of this?* was soll das bedeuten?; *words with the same* ~ Wörter mit gleicher Bedeutung; *full of* ~ → *3*; **II.** *adj.* □ **3.** bedeutungsvoll, bedeutsam (*Blick etc.*); **4.** *in Zssgn* in ... Absicht: *well-*~ wohlmeinend, -wollend; ˈ**mean·ing·ful** [-ful] *adj.* bedeutungsvoll; ˈ**mean·ing·less** [-lis] *adj.* **1.** sinn-, bedeutungslos; **2.** ausdruckslos (*Gesicht*).

mean·ness [ˈmiːnnis] *s.* **1.** Niedrigkeit *f*, niedriger Stand; **2.** Wertlosigkeit *f*, Ärmlichkeit *f*; **3.** Niedrigkeit *f der Gesinnung*, Gemeinheit *f*, Niederträchtigkeit *f*; **4.** Knauserigkeit *f*, ‚Filzigkeit' *f*; **5.** *Am.* F Bösartigkeit *f.*

meant [ment] *pret. u. p.p. von mean*[1].

ˈ**mean|ˈtime I.** *adv.* inˈzwischen, mittlerˈweile, unterˈdessen; **II.** *s.* Zwischenzeit *f*: *in the* ~ → *I*; ~ **time** *s. ast.* mittlere (Sonnen)Zeit; ˈ**~ˈwhile** → *meantime I.*

mea·sles [ˈmiːzlz] *s. pl. sg. konstr.* **1.** ⚕ Masern *pl.*: *false* ~, *German* ~ Röteln; **2.** *vet.* Finnen *pl.* (*der Schweine*); ˈ**mea·sly** [-li] *adj.* **1.** ⚕ masernkrank; **2.** *vet.* finnig; **3.** *sl.* elend, schäbig, lumpig.

meas·ur·a·bil·i·ty [meʒərəˈbiliti] *s.* Meßbarkeit *f*; **meas·ur·a·ble** [ˈmeʒərəbl] *adj.* □ meßbar: *within* ~ *distance of fig.* nahe (*dat.*); **meas·ur·a·ble·ness** [ˈmeʒərəblnis] → *measurability.*

meas·ure [ˈmeʒə] **I.** *s.* **1.** Maß(einheit *f*) *n*: *long* ~ Längenmaß; ~ *of capacity* Hohlmaß; **2.** *fig.* richtiges Maß, Ausmaß *n*: *beyond* (*od. out of*) *all* ~ über alle Maßen, außerordentlich; *in a great* ~ in großem Maße, großenteils, überaus; *in some* ~, *in a (certain)* ~ gewissermaßen, bis zu e-m gewissen Grade; **3.** Messen *n*, Maß *n*: *(made) to* ~ nach Maß (gearbeitet); *to take the* ~ *of s.th.* et. abmessen; *to take s.o.'s* ~ **a)** j-m (*zu e-m Anzug*) Maß nehmen, **b)** *fig.* j-n taxieren *od.* einschätzen; **4.** Maß *n*, ˈMeßinstruˌment *n*, -gerät *n*; → *tape-measure*; **5.** Verhältnis *n*, Maßstab *m* (*of* für): *to be a* ~ *of s.th.* e-r Sache als Maßstab dienen; **6.** Anteil *m*, Portiˈon *f*, gewisse Menge; **7. a)** ⩘ Maß(einheit *f*) *n*, Teiler *m*, Faktor *m*, **b)** ⚗, *phys.* Maßeinheit *f*: ~ *of variation* Schwankungsmaß; *common* ~ gemeinsamer Teiler; **8.** (abgemessener) Teil, Grenze *f*: *to set a* ~ *to s.th.* et. begrenzen; **9.** *Metrik:* **a)** Silbenmaß *n*, **b)** Versglied *n*, **c)** Versmaß *n*; **10.** ♪ ˈMetrum *n*, Takt *m*, ˈRhythmus *m*: *to tread a* ~ tanzen; **11.** *poet.* Weise *f*, Meloˈdie *f*; **12.** *pl. geol.* Lager *n*, Flöz *n*; **13.** *typ.* Zeilen-, Satz-, Koˈlumnenbreite *f*; **14.** *fig.* Maßnahme *f*, -regel *f*, Schritt *m*: *to take* ~*s* Maßnahmen ergreifen; *to take legal* ~*s* den Rechtsweg beschreiten; **15.** ⚖ gesetzliche Maßnahme, Verfügung *f*: *coercive* ~ Zwangsmaßnahme; **II.** *v/t.* **16.** (ver)messen, ab-, aus-, zumessen: *to* ~ *the depth* ⚒ abseigern; *to* ~ *one's length fig.* längelang hinfallen; *to* ~ *swords* **a)** die Klingen messen, **b)** (*with*) die Klingen kreuzen (mit) (*a. fig.*); *to* ~ *s.o. for a suit of clothes* j-m Maß nehmen zu e-m Anzug; **17.** ~ *out* ausmessen, die Ausmaße bestimmen; **18.** *fig.* ermessen; **19.** (ab)messen, abschätzen (*by* an *dat.*): ~*d by* gemessen an; **20.** beurteilen (*by* nach); **21.** vergleichen, messen (*with* mit): *to* ~ *one's strength with s.o.* s-e Kräfte mit j-m messen; **III.** *v/i.* **22.** Messungen vornehmen; **23.** messen, groß sein: *it* ~*s 7 inches* es mißt 7 Zoll, es ist 7 Zoll lang; **24.** ~ *up (to) Am.* die Ansprüche (*gen.*) erfüllen, herˈanreichen (an *acc.*); ˈ**meas·ured** [-əd] *adj.* **1.** (ab)gemessen: ~ *in the clear* (*od. day*) ⊕ im Lichten gemessen; ~ *value* Meßwert; **2.** richtig proportioniert; **3.** (ab)gemessen, gleich-, regelmäßig: ~ *tread* gemessener Schritt; **4.** ˈwohlüberˌlegt, abgewogen, gemessen: *to speak in* ~ *terms* sich maßvoll ausdrücken; **5.** im Versmaß, metrisch; ˈ**meas·ure·less** [-lis] *adj.* unermeßlich, unbeschränkt; ˈ**meas·ure·ment** [-mənt] *s.* **1.** Messung *f*, Messen *n*, Ab-, Vermessung *f*; **2.** Maß *n*; *pl.* Abmessungen *pl.*, Größe *f*, Ausmaße *pl.*; **3.** ⚓ Tonnengehalt *m.*

meas·ur·ing [ˈmeʒəriŋ] *s.* **1.** Messen *n*, (Ver)Messung *f*; **2.** *in Zssgn:* Meß...; ~ **bridge** *s.* ⚡ Meßbrücke *f*; ~ **di·al** *s.* ˈRundmaßˌskala *f*; ~ **glass** *s.* Meßglas *n*; ~ **in·stru·ment** *s.* ⊕ Meßgerät *n*; ~ **tape** *s.* ⊕ Maß-, Meßband *n*, Bandmaß *n.*

meat [miːt] *s.* **1.** Fleisch *n* (*als Nahrung*; *Am. a. von Früchten etc.*): *butcher's* ~ Schlachtfleisch; *fresh* ~ Frischfleisch; ~ *and drink* Speise u. Trank; *this is* ~ *and drink to me* es ist mir e-e Wonne; *one man's* ~ *is another man's poison* des einen Tod ist des andern Brot; **2.** Fleischspeise *f*: *cold* ~ kalte Platte; ~ *tea* Tee mit kalter Küche; **3.** *fig.* Subˈstanz *f*, Gehalt *m*, Inhalt *m*: *full of* ~ gehaltvoll; ~ **ax(e)** *s.* Schlachtbeil *n*; ~ **ball** *s.* Fleischklößchen *n*; ~ **broth** *s.* Fleischbrühe *f*; ˈ**~·chop·per** *s.* **1.** Hackmesser *n*; **2.** ˈFleischˌhackmaˌschine *f*; ~ **ex·tract** *s.* ˈFleischexˌtrakt *m*; ˈ**~-fly** *s. zo.* Schmeißfliege *f*; ~ **in·spec·tion** *s.* Fleischbeschau *f.*

meat·less [ˈmiːtlis] *adj.* fleischlos.

ˈ**meat|·man** [-mən] *s.* [*irr.*] *Am.* Fleischer *m*; ˈ**~-pie** *s.* ˈFleischpaˌstete *f*; ~ **pud·ding** *s.* Fleischpudding *m*; '~**-safe** *s.* Fliegenschrank *m.*

meat·y ['mi:ti] *adj.* **1.** fleischig; **2.** fleischartig; **3.** *fig.* gehaltvoll, kernig, markig.

Mec·can·o [me'kɑ:nou] *s.* Sta'bilbaukasten *m* (*Spielzeug*).

me·chan·ic [mi'kænik] **I.** *adj.* **1.** → *mechanical*; **II.** *s.* **2.** Me'chaniker *m*, Maschi'nist *m*, Mon'teur *m*, Handwerker *m*; **3.** *pl. sg. konstr. phys.* **a)** Me'chanik *f*, Bewegungslehre *f*, **b)** *a. practical* ~*s* Ma'schinenlehre *f*; **4.** *pl. sg. konstr.* ⊕ Konstrukti'on *f* von Ma'schinen *etc.*: *precision* ~*s* Feinmechanik; **5.** *pl. sg. konstr.* Mecha'nismus *m*; **6.** *pl. sg. konstr. fig.* Technik *f*: *the* ~*s of playwriting*; **me'chan·i·cal** [-kəl] *adj.* □ **1.** ⊕ me'chanisch (*a. phys.*); maschi'nell, Maschinen...; auto'matisch: ~ *force phys.* mechanische Kraft; ~ *engineer* Maschineningenieur; ~ *engineering* Maschinenbau(kunde); ~ *woodpulp* Holzschliff; **2.** *fig.* mechanisch, automatisch; **me'chan·i·cal·ness** [-kəlnis] *s. das* Me'chanische; **mech·a·ni·cian** [mekə'niʃən] *s.* Me'chaniker *m*, Mon'teur *m*, Ma'schinen,techniker *m.*

mechanico- [mikænikou] *in Zssgn* me'chanisch.

mech·a·nism ['mekənizəm] *s.* **1.** Mecha'nismus *m*: ~ *of government fig.* Regierungs-, Verwaltungsapparat; **2.** *biol., phls.* Mecha'nismus *m* (*mechanische Auffassung*); **3.** *paint. etc.* Technik *f*; **mech·a·nis·tic** [mekə'nistik] *adj.* (□ ~*ally*) *phls.* mecha'nistisch; **mech·a·ni·za·tion** [mekənai'zeiʃən] *s.* Mechanisierung *f*; '**mech·a·nize** [-naiz] *v/t.* mechanisieren; ⚔ *a.* motorisieren: ~*d division* ⚔ Panzergrenadierdivision.

me·con·ic [mi'kɔnik] *adj.* ⚗ me'konsauer: ~ *acid* Mekonsäure; **me·co·ni·um** [mi'kounjəm] *s. physiol.* Kindspech *n.*

med·al ['medl] *s.* **1.** Me'daille *f*, Denk-, Schaumünze *f*; → *reverse 4*; **2.** Ehrenzeichen *n*, Auszeichnung *f*, Orden *m*: ♀ *of Honor Am.* ⚔ Tapferkeitsmedaille; ~ *ribbon* Ordensband; *service* ~ Dienstmedaille.

med·aled, med·al·ist *Am.* → *medalled, medallist.*

med·alled ['medld] *adj.* ordengeschmückt.

me·dal·lion [mi'dæljən] *s.* **1.** große Denk- *od.* Schaumünze, Me'daille *f*; **2.** Medail'lon *n*; **med·al·list** ['medlist] *s.* **1.** Me'daillenschneider *m*; **2.** Inhaber(in) e-r Medaille: *gold* ~ *bsd. sport* Goldmedaillengewinner(in), -träger(in).

med·dle ['medl] *v/i.* **1.** sich (ein-) mischen (*with, in* in *acc.*); **2.** sich (unaufgefordert) befassen, sich abgeben, sich einlassen (*with* mit); **3.** her'umhantieren, -spielen (*with* mit); '**med·dler** [-lə] *s.* j-d der sich in fremde Angelegenheiten mischt, Unbefugte(r *m*) *f*, Zudringliche(r *m*) *f*; '**med·dle·some** [-səm] *adj.* vorwitzig, zudringlich.

me·di·a[1] ['mediə] *pl.* **-di·ae** [-dii:] *s. ling.* 'Media *f*, stimmhafter Verschlußlaut.

me·di·a[2] ['mi:djə] **1.** *pl. von medium*; **2.** 'Medien *pl.*: ~ *research* Medienforschung; *mixed* ~ Medienverbund.

me·di·ae·val *etc.* → *medieval etc.*

me·di·al ['mi:djəl] **I.** *adj.* □ **1.** mittler, Mittel...: ~ *line* Mittellinie; **2.** *ling.* medi'al, inlautend: ~ *sound* Inlaut; **3.** Durchschnitts...; **II.** *s.* **4.** → *media*[1].

me·di·an ['mi:djən] **I.** *adj.* die Mitte bildend *od.* einnehmend, mittler, Mittel...; **II.** *s.* 'Mittel,linie *f*, -wert *m*; ~ **line** *s.* **1.** *anat.* Mittellinie *f*; **2.** ℞ **a)** Mittellinie *f*, **b)** Hal'bierungs,linie *f*; ~ **point** *s.* ℞ Mittelpunkt *m*, Schnittpunkt *m* der Mittellinien.

me·di·ant ['mi:djənt] *s.* ♪ Medi'ante *f.*

me·di·ate ['mi:dieit] **I.** *v/i.* **1.** vermitteln, den Vermittler spielen (*between* zwischen *dat.*); **2.** da'zwischen liegen, ein Bindeglied bilden; **II.** *adj.* [-diit] □ **3.** mittelbar, 'indi,rekt; **me·di·a·tion** [mi:di'eiʃən] *s.* Vermittlung *f*, Fürsprache *f*; *eccl.* Fürbitte *f*: *through his* ~; '**me·di·a·tor** [-tə] *s.* Vermittler *m*; Fürsprecher *m*; *eccl.* Mittler *m*; **me·di·a·to·ri·al** [mi:diə'tɔ:riəl] *adj.* □ vermittelnd, Vermittler..., Mittler...; '**me·di·a·tor·ship** [-təʃip] *s.* (Ver-) Mittleramt *n*, Vermittlung *f*; '**me·di·a·to·ry** [-diətəri] → *mediatorial*; '**me·di·a·trix** [-triks] *s.* Vermittlerin *f.*

med·ic ['medik] **I.** *adj.* **1.** → *medical 1*; **II.** *s.* **2.** *obs. od. sl.* Medi'ziner *m*, Arzt *m*; **3.** *Am.* F Medi'zinstu,dent (-in); '**med·i·cal** [-kəl] *adj.* □ **1. a)** medi'zinisch, ärztlich, Kranken..., **b)** inter'nistisch: ~ *attendance* ärztliche Behandlung; ~ *board* Gesundheitsbehörde; ~ *certificate* Krankenschein, Attest; ♀ *Corps* ⚔ Sanitätstruppe; ♀ *Department* ⚔ Sanitätswesen; ~ *examiner* **a)** Amtsarzt, **b)** Vertrauensarzt (*Krankenkasse*), **c)** *Am.* Leichenbeschauer; ~ *history* Krankengeschichte; ~ *jurisprudence* Gerichtsmedizin; ~ *man* F ‚Doktor', Arzt; ~ *officer* Amtsarzt; ~ *practitioner* praktischer Arzt; ~ *science* medizinische Wissenschaft, Medizin; ~ *specialist* Facharzt; ~ *student* Mediziner, Medizinstudent; ♀ *Superintendent* Chefarzt; ~ *ward* innere Abteilung (*e-r Klinik*); **2.** Heil..., heilend; **me·dic·a·ment** [me'dikəmənt] *s.* Medika'ment *n*, Heil-, Arz'neimittel *n*; '**med·i·cate** [-keit] *v/t.* **1.** medi'zinisch behandeln; **2.** mit Arz'neistoff versetzen *od.* imprägnieren: ~*d cotton* medizinische Watte; **med·i·ca·tion** [medi'keiʃən] *s.* **1.** Beimischung *f* von Arz'neistoffen; **2.** Verordnung *f*, medi'zinische Behandlung; '**med·i·ca·tive** [-keitiv] *adj.* heilsam, heilkräftig; **me·dic·i·nal** [me'disinl] *adj.* □ Medizinal..., medizinisch, heilkräftig, Heil...: ~ *herbs* Arznei-, Heilkräuter; ~ *spring* Heilquelle.

med·i·cine ['medsin] *s.* **1.** Medi'zin *f*, Arz'nei *f* (*a. fig.*): *to take one's* ~ **a)** s-e Medizin (ein)nehmen, **b)** *fig.* sich dreinfügen, ‚die Pille schlucken'; **2. a)** Heilkunde *f*, ärztliche Wissenschaft, **b)** innere Medizin (*Ggs. Chirurgie*); **3.** Zauber *m*, Medizin *f* (*bei Indianern etc.*): *he is bad* ~ *Am. sl.* er ist ein gefährlicher Bursche; ~ **ball** *s. sport* Medi'zinball *m*; '~**-chest** *s.* Arz'neischrank *m*, 'Hausapo,theke *f*; '~**-man** [-mæn] *s.* [*irr.*] Medi'zinmann *m.*

med·i·co ['medikou] *pl.* **-cos** *s. humor.* ‚'Medikus' *m* (*Arzt od. Medizinstudent*).

medico- [medikou] *in Zssgn* medi'zinisch, Mediko...: ~*chirurgic(al)* medizinisch-chirurgisch; ~*legal* gerichtsmedizinisch.

me·di·e·val [medi'i:vəl] *adj.* □ mittelalterlich (*a.* F *fig. altmodisch, vorsintflutlich*); **me·di'e·val·ism** [-vəlizəm] *s.* **1.** Eigentümlichkeit *f od.* Geist *m* des Mittelalters; **2.** Vorliebe *f* für das Mittelalter; **3.** Mittelalterlichkeit *f*; **me·di'e·val·ist** [-vəlist] *s.* Erforscher(in) *od.* Kenner(in) des Mittelalters.

me·di·o·cre ['mi:dioukə] *adj.* mittelmäßig, zweitklassig; **me·di·oc·ri·ty** [mi:di'ɔkriti] *s.* **1.** Mittelmäßigkeit *f*, mäßige Begabung; **2.** unbedeutender Mensch, kleiner Geist.

med·i·tate ['mediteit] **I.** *v/i.* nachsinnen, -denken, grübeln, meditieren (*on, upon* über *acc.*); **II.** *v/t.* im Sinn haben, erwägen, planen; **med·i·ta·tion** [medi'teiʃən] *s.* **1.** tiefes Nachdenken, Sinnen *n*; **2.** (*bsd.* fromme) Betrachtung, Andacht *f*: *book of* ~*s* Andachts-, Erbauungsbuch; '**med·i·ta·tive** [-tətiv] *adj.* □ **1.** nachdenklich; **2.** besinnlich (*a. Buch etc.*); '**med·i·ta·tive·ness** [-tətivnis] *s.* Nachdenklichkeit *f.*

med·i·ter·ra·ne·an [meditə'reinjən] **I.** *adj.* **1.** von Land um'geben; binnenländisch; **2.** ♀ mittelmeerisch, Mittelmeer...: ♀ *Sea* → *3*; **II.** *s.* **3.** ♀ Mittelmeer *n*, Mittelländisches Meer; **4.** ♀ Angehörige(r *m*) *f* der Mittelmeerrasse.

me·di·um ['mi:djəm] **I.** *pl.* **-di·a** [-djə], **-di·ums** *s.* **1.** *fig.* Mitte *f*, Mittel *n*, Mittelweg *m*: *the just* ~ der goldene Mittelweg; *to find the happy* ~ die richtige Mitte treffen; **2.** *phys.* Mittel *n*, 'Medium *n*; **3.** ✝, *biol.* Medium *n*, Träger *m*, Mittel *n*: *circulating* ~, *currency* ~ ✝ Umlaufs-, Zahlungsmittel; *dispersion* ~ ⚗ Dispersionsmittel; **4.** 'Lebensele,ment *n*, -bedingungen *pl.*; **5.** *fig.* Um'gebung *f*, Mili'eu *n*; **6.** Medium *n*, (Hilfs-, Werbe- *etc.*)Mittel *n*; Werkzeug *n*, Vermittlung *f*: *by* (*od. through*) *the* ~ *of* durch, vermittels; **7.** *paint.* Bindemittel *n*; **8.** *Spiritismus etc.*: Medium *n*; **9.** *typ.* Medi'anpa,pier *n*; **II.** *adj.* **10.** mittelmäßig, mittler, Mittel..., Durchschnitts...: ~ *quality* Mittelqualität; ~ *price* Durchschnittspreis; ~*-price car mot.* Mittelklassewagen *m*; ~ **brown** *s.* Mittelbraun *n*; '~**-faced** *adj. typ.* halbfett.

me·di·um·is·tic [mi:djə'mistik] *adj. Spiritismus etc.*: **a)** Medium..., **b)** als 'Medium geeignet.

me·di·um| size *s.* Mittelgröße *f*; '~**-'sized** *adj.* mittelgroß; ~ **wave** *s.* ⚡ Mittelwelle *f.*

med·lar ['medlə] *s.* ♀ **1.** Mispelstrauch *m*; **2.** Mispel *f* (*Frucht*).
med·ley ['medli] **I.** *s.* **1.** Gemisch *n*; *contp.* Mischmasch *m*, Durchein'ander *n*; **2.** ♪ 'Potpourri *n*; **II.** *adj.* **3.** gemischt, wirr; bunt; **4.** *Schwimmen*: Lagen...: ~ *swimming*; ~ *relay* Lagenstaffel.
me·dul·la [me'dʌlə] *s.* **1.** *anat.* **a)** ~ *spinalis* Rückenmark *n*, **b)** (Knochen)Mark *n*; **2.** ♀ Mark *n*; **med·'ul·lar·y** [-əri] *adj.* medul'lär, markig, Mark...
meed [mi:d] *s. poet.* Lohn *m*, [Preis *m*.]
meek [mi:k] *adj.* □ **1.** mild, sanft (-mütig); **2.** demütig, bescheiden; **3.** fromm (*Tier*): *as* ~ *as a lamb* lammfromm; **'meek·ness** [-nis] *s.* **1.** Sanftmut *f*, Milde *f*; **2.** Demut *f*.
meer·schaum ['miəʃəm] *s.* Meerschaum(pfeife *f*) *m*.
meet [mi:t] **I.** *v/t.* [*irr.*] **1.** begegnen (*dat.*), treffen, zs.-treffen mit, treffen auf (*acc.*), antreffen: *to* ~ *s.o. in the street*; *well met!* schön, daß wir uns treffen!; **2.** abholen: *to* ~ *s.o. at the station* j-n von der Bahn abholen; *to be met* abgeholt *od.* empfangen werden; *to come (go) to* ~ *s.o.* j-m entgegenkommen (-gehen); **3.** *j-n* kennenlernen: *when I first met him* als ich s-e Bekanntschaft machte; *pleased to* ~ *you* F sehr erfreut, Sie kennenzulernen; ~ *Mr. Brown!* *bsd. Am.* darf ich Sie mit Herrn B. bekannt machen?; **4.** *fig. j-m* entgegenkommen (*half-way* auf halbem Wege); **5.** (*feindlich*) zs.-treffen *od.* -stoßen mit, begegnen (*dat.*), stoßen auf (*acc.*); *sport* antreten gegen (*Konkurrenten*); **6.** *a. fig. j-m* gegen'übertreten; → *fate 1*; **7.** *fig.* entgegentreten (*dat.*): **a)** *e-r Sache* abhelfen, *der Not* steuern, *Schwierigkeiten* über'winden, *e-m Übel* begegnen, *der Konkurrenz* Herr werden, **b)** *Einwände* wider'legen, entgegnen auf (*acc.*); **8.** *parl.* sich vorstellen (*dat.*): *to* ~ *(the) parliament*; **9.** berühren, münden in (*acc.*) (*Straßen*), stoßen *od.* treffen auf (*acc.*), schneiden (*a.* ⚔): *to* ~ *s.o.'s eye* **a)** j-m ins Auge fallen, **b)** j-s Blick erwidern; *to* ~ *the eye* auffallen; *there is more in it than* ~*s the eye* da steckt mehr dahinter; **10.** *Anforderungen etc.* entsprechen, gerecht werden (*dat.*), über'einstimmen mit: *the supply* ~*s the demand* das Angebot entspricht der Nachfrage; *to be well met* gut zs.-passen; *that won't* ~ *my case* das löst mein Problem nicht; **11.** *j-s Wünschen* entgegenkommen *od.* entsprechen, *Forderungen* erfüllen, *Verpflichtungen* nachkommen, *Unkosten* bestreiten (*out of* aus), *Nachfrage* befriedigen, *Rechnungen* begleichen, *j-s Auslagen* decken, *Wechsel* honorieren *od.* decken: *to* ~ *the claims of one's creditors* s-e Gläubiger befriedigen; **II.** *v/i.* [*irr.*] **12.** zs.-kommen, -treffen, -treten; **13.** sich begegnen, sich treffen, sich finden: *to* ~ *again* sich wiedersehen; **14.** (*feindlich od. im Spiel*) zs.-stoßen, anein'andergeraten, sich messen; *sport* aufein'andertreffen (*Gegner*); **15.** sich kennenlernen, zs.-treffen; **16.** sich vereinigen (*Straßen etc.*), sich berühren; **17.** genau zs.-treffen *od.* -stimmen *od.* -passen, sich decken; zugehen (*Kleidungsstück*); → *end 1*; **18.** ~ *with* **a)** zs.-treffen mit, sich vereinigen mit, **b)** (an)treffen, finden, (zufällig) stoßen auf (*acc.*), **c)** erleben, erleiden, erfahren, betroffen werden von, erhalten, *Billigung* finden, *Erfolg* haben: *to* ~ *with an accident* e-n Unfall erleiden, verunglücken; *to* ~ *with a kind reception* freundlich aufgenommen werden; **III.** *s.* **19.** *Am.* **a)** Treffen *n* (*von Zügen etc.*), **b)** → *meeting 3 b*; **20.** *Brit. hunt.* **a)** Jagdtreffen *n* (*zur Fuchsjagd*), **b)** Jagdgesellschaft *f*.
meet·ing ['mi:tiŋ] *s.* **1.** Begegnung *f*, Zs.-treffen *n*, -kunft *f*; **2.** Versammlung *f*, Konfe'renz *f*, Sitzung *f*, Tagung *f*: ~ *of creditors* Gläubigerversammlung; *at a* ~ auf e-r Versammlung; **3. a)** Zweikampf *m*, Du'ell *n*, **b)** *sport* Treffen *n*, Wettkampf *m*, Veranstaltung *f*; **4.** Zs.-treffen *n* (*zweier Linien etc.*), Zs.-fluß *m* (*zweier Flüsse*); **'~-place** *s.* Sammelplatz *m*, Treffpunkt *m*.
meg(a)- [meg(ə)] *in Zssgn* **a)** groß, **b)** Milli'on; **meg·a·ce·phal·ic** [megəsi'fælik] *adj.* großköpfig.
meg·a·cy·cle ['megəsaikl] *s.* ⚡ 'Megahertz *n*; **meg·a·fog** ['megəfɔg] *s.* ⚓ 'Nebelsi,gnal(anlage *f*) *n*; **meg·a·lith** ['megəliθ] *s.* Mega'lith *m*, großer Steinblock; **meg·a·lith·ic** [megə'liθik] *adj.* mega'lithisch.
megalo- [megəlou] *in Zssgn* groß.
meg·a·lo·car·di·a [megəlou'kɑ:diə] *s.* ⚕ Herzerweiterung *f*; **meg·a·lo·ma·ni·a** ['megəlou'meinjə] *s. psych.* Größenwahn *m*; **meg·a·lop·o·lis** [megə'lɔpəlis] *s.* Ballungsraum *m*, -gebiet *n*.
meg·a·phone ['megəfoun] **I.** *s.* Mega'phon *n*, Sprachrohr *n*, Schalltrichter *m*; **II.** *v/t. u. v/i.* durch e-n Schalltrichter sprechen.
meg·a·ton ['megətʌn] *s.* 'Megatonne *f* (*1 000 000 Tonnen*).
meg·ger ['megə] *s.* ⚡ Megohm-'meter *n*.
me·gilp [mə'gilp] **I.** *s.* 'Leinöl-, Retu'schier,firnis *m*; **II.** *v/t.* firnissen.
meg·ohm ['megoum] *s.* ⚡ Meg'ohm *n*.
me·grim ['mi:grim] *s.* **1.** ⚕ Mi'gräne *f*; **2.** Grille *f*, Schrulle *f*; **3.** *pl.* Schwermut *f*, Melancho'lie *f*; **4.** *pl. vet.* Koller *m* (*der Pferde*).
mel·an·cho·li·a [melən'kouljə] *s.* ⚕ Melancho'lie *f*, Schwermut *f*; **mel·an'cho·li·ac** [-liæk], **mel·an'chol·ic** [-'kɔlik] **I.** *adj.* melan'cholisch, schwermütig, traurig, schmerzlich; **II.** *s.* Melan'choliker (-in), Schwermütige(r *m*) *f*; **mel·an·chol·y** ['melənkəli] **I.** *s.* **1.** ⚕ Melancho'lie *f*, Depressi'on *f*; **2.** Schwermut *f*, Trübsinn *m*, Niedergeschlagenheit *f*; **II.** *adj.* **3.** melan'cholisch, schwermütig, trübsinnig; **4.** traurig, düster, trübe.
mé·lange [mei'lɑ̃:nʒ; melɑ̃:ʒ] (*Fr.*) *s.* Mischung *f*, Gemisch *n*.
mel·a·no·sis [melə'nousis] *s.* ⚕ Mela'nose *f*, Schwarzsucht *f*.
me·las·sic [mi'læsik] *adj.* ⚗ Melassin...(*-säure etc.*).
Mel·ba toast ['melbə] *s.* dünne hartgeröstete Brotscheiben *pl*.
me·lee *Am.*, **mê·lée** ['melei] (*Fr.*) *s.* Handgemenge *n*; *fig.* Tu'mult *m*.
mel·io·rate ['mi:ljəreit] **I.** *v/t.* (ver-)bessern; **II.** *v/i.* besser werden, sich verbessern; **mel·io·ra·tion** [mi:ljə'reiʃən] *s.* (Ver)Besserung *f*; ✝ ('Grundstücks)Meliorati,on *f*.
me·lis·sa [mi'lisə] *s.* ♀, ⚕ (Zi'tronen)Me,lisse *f*.
mel·lif·er·ous [me'lifərəs] *adj.* **1.** ♀ honigerzeugend; **2.** *zo.* Honig tragend *od.* bereitend; **mel'lif·lu·ence** [-fluəns] *s.* **1.** Honigfluß *m*; **2.** *fig.* Süßigkeit *f*; **mel'lif·lu·ent** [-fluənt] *adj.* □ (wie Honig) süß *od.* glatt da'hinfließend; **mel'lif·lu·ous** [-fluəs] *adj.* □ *fig.* honigsüß, lieblich.
mel·low ['melou] **I.** *adj.* □ **1.** reif, saftig, mürbe, weich (*Obst*); **2.** ⚒ **a)** leicht zu bearbeiten(d), locker, **b)** reich (*Boden*); **3.** ausgereift, mild (*Wein*); **4.** sanft, mild, zart, weich (*Farbe, Licht, Ton etc.*); **5.** *fig.* gereift u. gemildert, mild, freundlich, heiter (*Person*): *of* ~ *age* von gereiftem Alter; **6.** angeheitert, beschwipst; **II.** *v/t.* **7.** weich *od.* mürbe machen, *Boden* auflockern; **8.** *fig.* sänftigen, mildern; **9.** (aus-)reifen, reifen lassen (*a. fig.*); **III.** *v/i.* **10.** weich *od.* mürbe *od.* mild *od.* reif werden (*Wein etc.*); **11.** *fig.* sich abklären *od.* mildern; **'mel·low·ness** [-nis] *s.* **1.** Weichheit *f*, Mürbheit *f*; **2.** ⚒ Gare *f*; **3.** Gereiftheit *f*; **4.** Milde *f*, Sanftheit *f*, Weichheit *f*.
me·lo·de·on [mi'loudjən] *s.* ♪ **1.** Me'lodium(orgel *f*) *n* (*ein amer. Harmonium*); **2.** *Art* Ak'kordeon *n*; **3.** *Am.* Varie'té(the,ater) *n*.
me·lod·ic [mi'lɔdik] *adj.* me'lodisch; **me'lod·ics** [-ks] *s. pl. sg. konstr.* ♪ Melo'dielehre *f*, Me'lodik *f*; **me·lo·di·ous** [mi'loudjəs] *adj.* □ melo'dienreich, wohlklingend; **me·lo·di·ous·ness** [mi'loudjəsnis] *s.* Wohlklang *m*; **mel·o·dist** ['melədist] *s.* **1.** 'Liedersänger(in), -kompo,nist *m*; **2.** Me'lodiker *m*; **mel·o·dize** ['melədaiz] **I.** *v/t.* **1.** me'lodisch machen; **2.** *Lieder* vertonen; **II.** *v/i.* **3.** Melo'dien singen *od.* komponieren; **mel·o·dra·ma** ['melədrɑ:mə] *s.* Melo'dram(a) *n* (*a. fig.*); Volksstück *n*; **mel·o·dra·mat·ic** [meloudrə'mætik] *adj.* (□ ~*ally*) melodra'matisch.
mel·o·dy ['melədi] *s.* **1.** ♪ (*a. ling. u. fig.*) Melo'die *f*, Weise *f*; **2.** Wohllaut *m*, -klang *m*.
mel·on ['melən] *s.* **1.** ♀ Me'lone *f*: *water-*~ Wassermelone; **2.** *to cut a* ~ ✝ *sl.* e-e (besonders) hohe Dividende ausschütten.
melt [melt] **I.** *v/i.* **1.** (zer)schmelzen, flüssig werden; sich auflösen, auf-, zergehen (*into* in *acc.*): *to* ~ *down* zerfließen; → *butter 1*; **2.** sich auflösen; **3.** aufgehen (*into* in *acc.*), sich verflüchtigen; **4.** zs.-schrumpfen; **5.** *fig.* zerschmelzen, zerfließen (*with* vor *dat.*): *to* ~ *into tears* in Tränen zerfließen; **6.** *fig.* auftauen, weich werden, schmelzen; **7.** verschmelzen, *ineinander* 'übergehen (*Ränder, Farben etc.*): *outlines* ~*ing into each other*; **8.** (ver)schwinden,

zur Neige gehen (*Geld etc.*): *to ~ away* dahinschwinden, -schmelzen; 9. *humor.* vor Hitze vergehen, zerfließen; II. *v/t.* 10. schmelzen, lösen; 11. (zer)schmelzen *od.* (zer)fließen lassen (*into* in *acc.*); *Butter* zerlassen; ⊕ schmelzen: *to ~ down* einschmelzen; 12. *fig.* rühren, erweichen: *to ~ s.o.'s heart*; 13. *Farben etc.* verschmelzen lassen; III. *s.* 14. Schmelzen *n* (*Metall*); 15. Schmelze *f*, geschmolzene Masse; *metall.* → *melting charge*.

melt·ing ['meltiŋ] *adj.* □ 1. schmelzend, Schmelz...: *~ heat* schwüle Hitze; 2. *fig.* a) weich, zart, b) schmelzend, schmachtend, rührend (*Sprache etc.*); **~ charge** *s. metall.* Schmelzgut *n*, Einsatz *m*; **~ furnace** *s.* ⊕ Schmelzofen *m*; **'~-point** *s. phys.* Schmelzpunkt *m*; **'~-pot** *s.* Schmelztiegel *m* (*a. fig. Land etc.*): *to put into the ~ fig.* von Grund auf ändern; **~ stock** *s. metall.* Charge *f*, Beschickungsgut *n* (*Hochofen*).

mem·ber ['membə] *s.* 1. Mitglied *n*, Angehörige(r *m*) *f* (*e-r Gesellschaft, Familie, Partei etc.*): *♀ of Parliament Brit.* Abgeordnete(r) des Unterhauses; *♀ of Congress Am.* Kongreßmitglied; 2. *anat.* Glied(maße *f*) *n*; 3. ⊕ (Bau)Teil *n*; 4. *ling.* Satzteil *m*, -glied *n*; 5. ⩚ a) Glied *n* (*Reihe etc.*), b) Seite *f* (*Gleichung*); 6. *anat.* (männliches) Glied, Penis *m*; **'mem·bered** [-əd] *adj.* 1. gegliedert; 2. *in Zssgn* ...gliedrig: *four-~* viergliedrig; **'mem·ber·ship** [-ʃip] *s.* 1. Mitgliedschaft *f*, Zugehörigkeit *f*: *~ card* Mitgliedsausweis; *~ fee* Mitgliedsbeitrag; 2. Mitgliederzahl *f*; *coll. die* Mitglieder *pl.*

mem·brane ['membrein] *s.* 1. *anat.* Mem'bran(e) *f*, Häutchen *n*: *drum ~* Trommelfell; *~ of connective tissue* Bindegewebshaut; 2. *phys.*, ⊕ Membran(e) *f*; **mem·bra·ne·ous** [mem'breinjəs], **mem·bra·nous** [mem'breinəs] *adj. anat.*, ⊕ häutig, Membran...: *~ cartilage* Hautknorpel.

me·men·to [mi'mentou] *pl.* **-tos** [-z] *s.* Me'mento *n*, Mahnzeichen *n*; Erinnerung *f* (*of* an *acc.*).

mem·o ['mi:mou] *s.* F No'tiz *f*.

mem·oir ['memwɑ:] *s.* 1. Denkschrift *f*, Abhandlung *f*, Bericht *m*; 2. *pl.* Memo'iren *pl.*, Lebenserinnerungen *pl.*

mem·o·ra·bil·i·a [memərə'biliə] (*Lat.*) *s. pl.* Denkwürdigkeiten *pl.*; **mem·o·ra·ble** ['memərəbl] *adj.* □ denkwürdig.

mem·o·ran·dum [memə'rændəm] *pl.* **-da** [-də], **-dums** *s.* 1. Vermerk *m*, No'tiz *f*: *to make a ~* notieren; *urgent ~* Dringlichkeitsvermerk; 2. ⚖ Schriftsatz *m*; Vereinbarung *f*, Vertragsurkunde *f*: *~ of association* Gründungsprotokoll (*e-r Gesellschaft*); 3. ✝ a) Kommissi'ons,nota *f*: *to send on a ~* in Kommission senden, b) Rechnung *f*, Nota *f*; 4. *pol.* diplo'matische Note, Denkschrift *f*, Memo'randum *n*; 5. Merkblatt *n*; **~ book** *s.* No'tizbuch *n*, Kladde *f*.

me·mo·ri·al [mi'mɔ:riəl] I. *adj.* 1. Gedächtnis...: *~ service* Gedenkgottesdienst; II. *s.* 2. Denkmal *n*, Ehrenmal *n*; Gedenkzeichen *n*, -feier *f*; 3. Andenken *n* (*for* an *acc.*); 4. ⚖ Auszug *m* (*aus e-r Urkunde etc.*); 5. Denkschrift *f*, Eingabe *f*, Gesuch *n*; 6. *pl.* → *memoir* 2; *♀ Day s. Am.* (Helden)Gedenktag *m* (*30. Mai*).

me·mo·ri·al·ist [mi'mɔ:riəlist] *s.* 1. Memo'irenschreiber(in); 2. Bittsteller(in); **me'mo·ri·al·ize** [-laiz] *v/t.* 1. e-e Denk- *od.* Bittschrift einreichen bei: *to ~ Congress*; 2. erinnern an (*acc.*), e-e Gedenkfeier abhalten für.

mem·o·rize ['meməraiz] *v/t.* 1. sich einprägen, auswendig lernen, memorieren; 2. niederschreiben, festhalten, verewigen; **mem·o·ry** ['meməri] *s.* 1. Gedächtnis *n*, Erinnerung(svermögen *n*) *f*: *from ~, by ~* aus dem Gedächtnis, auswendig; *to call to ~* sich et. ins Gedächtnis zurückrufen; *to escape s.o.'s ~* j-s Gedächtnis entfallen; *if my ~ serves me (right)* wenn ich mich recht erinnere; → *commit 1*; 2. Erinnerung(szeit) *f* (*of* an *acc.*): *within living ~* seit Menschengedenken; *before ~, beyond ~* in unvordenklichen Zeiten; 3. Andenken *n*, Erinnerung *f*: *in ~ of* zum Andenken an (*acc.*); → *blessed 1*; 4. Reminis'zenz *f*, Erinnerung *f* (*an Vergangenes*); 5. *Computer*: Speicher *m*.

mem·sa·hib ['memsɑ:hib] *s. Brit. Ind.* euro'päische Frau.

men [men] *pl. von man*.

men·ace ['menəs] I. *v/t.* 1. bedrohen, gefährden; 2. *et.* androhen; II. *v/i.* 3. drohen, Drohungen ausstoßen; III. *s.* 4. (Be)Drohung *f* (*to gen.*); 5. drohende Gefahr (*to* für); **'men·ac·ing** [-siŋ] *adj.* □ drohend.

mé·nage, me·nage [me'nɑ:ʒ] (*Fr.*) *s.* Haushalt(ung *f*) *m*.

me·nag·er·ie [mi'nædʒəri] *s.* Mena'gerie *f*, Tierschau *f*.

mend [mend] I. *v/t.* 1. ausbessern, flicken, reparieren: *to ~ stockings* Strümpfe stopfen; 2. *fig.* (ver)bessern: *to ~ one's efforts* s-e Anstrengungen verdoppeln; *to ~ the fire* das Feuer schüren, nachlegen; *to ~ one's pace* den Schritt beschleunigen; *to ~ one's ways* sich (*sittlich*) bessern; *least said soonest ~ed* je weniger geredet wird, desto rascher wird alles wieder gut; II. *v/i.* 3. sich bessern; 4. genesen: *to be ~ing* auf dem Wege der Besserung sein; III. *s.* 5. ✝ *u. allg.* Besserung *f*: *to be on the ~* auf dem Wege der Besserung sein; 6. ausgebesserte Stelle, Stopfstelle *f*, Flicken *m*; **'mend·a·ble** [-dəbl] *adj.* (aus)besserungsfähig.

men·da·cious [men'deiʃəs] *adj.* □ lügnerisch; lügenhaft, verlogen; **men'dac·i·ty** [-'dæsiti] *s.* 1. Lügenhaftigkeit *f*, Verlogenheit *f*; 2. Lüge *f*, Unwahrheit *f*.

Men·de·li·an [men'di:ljən] *adj. biol.* Mendelsch, Mendel...

men·di·can·cy ['mendikənsi] *s.* Bette'lei *f*, Betteln *n*; **'men·di·cant** [-nt] I. *adj.* 1. bettelnd, Bettel...: *~ friar* Bettelmönch; II. *s.* 2. Bettler(in); 3. Bettelmönch *m*.

men·dic·i·ty [men'disiti] *s.* 1. Bette'lei *f*; 2. Bettelstand *m*: *to reduce to ~ fig.* an den Bettelstab bringen.

mend·ing ['mendiŋ] *s.* 1. (Aus)Bessern *n*, Flicken *n*: *his boots need ~* seine Stiefel müssen repariert werden; *invisible ~* Kunststopfen; 2. *pl.* Stopfgarn *n*.

'men·folk *s.*; **'men·folks** *s. pl.* Mannsvolk *n*, -leute *pl.*

me·ni·al ['mi:njəl] I. *adj.* □ 1. *contp.* knechtisch, niedrig (*Arbeit*): *~ offices* niedrige Dienste; 2. knechtisch, unter'würfig; II. *s.* 3. Diener(in), Knecht *m*, La'kai *m* (*a. fig.*): *~s* Gesinde.

me·nin·ge·al [mi'nindʒiəl] *adj. anat.* Hirnhaut...; **men·in·gi·tis** [menin'dʒaitis] *s.* ⚕ Menin'gitis *f*, (Ge-)Hirnhautentzündung *f*.

me·nis·cus [mi'niskəs] *pl.* **-nis·ci** [-'nisai] *s.* 1. Me'niskus *m*, halbmondförmiger Körper; 2. *anat.* Me'niskus *m*, Gelenkscheibe *f*; 3. *opt.* Me'niskenglas *n*.

men·o·pause ['menoupɔ:z] *s. biol.* Meno'pause *f*, Wechseljahre *pl.*

men·ses ['mensi:z] *s. pl. physiol.* 'Menses *pl.*, Regel *f* (*der Frau*).

men·stru·al ['menstruəl] *adj.* 1. *ast.* Monats...: *~ equation* Monatsgleichung; 2. *physiol.* Menstruations...: *~ flow* Regelblutung; **'men·stru·ate** [-ueit] *v/i.* menstru'ieren, die Regel haben; **men·stru·a·tion** [menstru'eiʃən] *s.* Menstruati'on *f*, (monatliche) Regel, Peri'ode *f*.

men·sur·a·bil·i·ty [menʃurə'biliti] *s.* Meßbarkeit *f*; **men·sur·a·ble** ['menʃurəbl] *adj.* 1. meßbar; 2. ♪ Mensural...: *~ music*; **men·su·ra·tion** [mensjuə'reiʃən] *s.* 1. (Ver-)Messung *f*; 2. ⩚ Meßkunst *f*.

men·tal ['mentl] I. *adj.* □ 1. geistig, innerlich, intellektu'ell, Geistes... (*-kraft, -zustand etc.*): *~ arithmetic* Kopfrechnen; *~ reservation* geheimer Vorbehalt, Mentalreservation; 2. (geistig-)seelisch; 3. ⚕ geisteskrank, -gestört: *~ disease* Geisteskrankheit; *~ home, ~ hospital* Nervenheilanstalt; *~ patient, ~ case* Geisteskranke(r); II. *s.* 4. F Verrückte(r *m*) *f*; **~ de·fi·cien·cy** *s.* ⚕ Geistesbehinderung *f*; **~ de·range·ment** *s.* 1. ⚖ krankhafte Störung der Geistestätigkeit; 2. ⚕ Geistesstörung *f*, Irrsinn *m*; **~ hy·giene** *s.* ⚕ 'Psychohygi,ene *f*.

men·tal·i·ty [men'tæliti] *s.* Mentali'tät *f*, Denkungsart *f*, Gesinnung *f*.

men·thol ['menθɔl] *s.* ⚗ Men'thol *n*.

men·tion ['menʃən] I. *s.* 1. Erwähnung *f*: *to make (no) ~ of s.th.* et. (nicht) erwähnen; *hono(u)rable ~* ehrenvolle Erwähnung; 2. lobende Erwähnung; II. *v/t.* 3. erwähnen, Erwähnung tun (*gen.*), anführen: *(please) don't ~ it!* bitte (sehr)!, gern geschehen!, (es ist) nicht der Rede wert!; *not to ~* ganz zu schweigen von; *not worth ~ing* nicht der Rede wert; **'men·tion·a·ble** [-ʃnəbl] *adj.* erwähnenswert.

men·tor ['mentɔ:] *s.* Mentor *m*, treuer Ratgeber.

men·u ['menju:; m(ə)ny] (*Fr.*) *s.*

Me'nü n, Speisenfolge f, Speise(n)-karte f.

me·ow [mi'au] **I.** v/i. mi'auen (Katze); **II.** s. Mi'auen n.

me·phit·ic [me'fitik] adj. verpestet, giftig (Luft, Geruch etc.): ~ air Stickluft; **me·phi·tis** [me'faitis] s. faule Ausdünstung, Stickluft f.

mer·can·tile ['mə:kəntail] adj. **1.** kaufmännisch, handeltreibend, Handels...: ~ agency Handelsauskunftei; ~ marine Handelsmarine; ~ paper † Warenpapier; **2.** † Merkantil...: ~ system → mercantilism 3; '**mer·can·til·ism** [-lizəm] s. **1.** Handels-, Krämergeist m; **2.** kaufmännischer Unter'nehmergeist; **3.** † hist. Merkanti'lismus m, Merkan'tilsyˌstem n.

mer·ce·nar·y ['mə:sinəri] **I.** adj. ☐ **1.** gedungen, Lohn...: ~ troops Söldnertruppen; **2.** fig. feil, käuflich; **3.** fig. Gewinn..., gewinnsüchtig: ~ marriage Geldheirat; **II.** s. **4.** ⚔ Söldner m; contp. Mietling m.

mer·cer ['mə:sə] s. Brit. Seiden- u. Tex'tilienhändler m; '**mer·cer·ize** [-əraiz] v/t. Baumwollfasern merzerisieren; '**mer·cer·y** [-əri] s. † **1.** Seiden-, Schnittwaren pl.; **2.** Seiden-, Schnittwarenhandlung f.

mer·chan·dise ['mə:tʃəndaiz] **I.** s. **1.** coll. Ware(n pl.) f, Handelsgüter pl.: an article of ~ eine Ware; **II.** v/i. **2.** Am. Handel treiben, Waren vertreiben; **III.** v/t. Am. **3.** Waren verkaufen; **4.** Werbung machen für e-e Ware, den Absatz e-r Ware steigern; '**mer·chan·dis·ing** [-ziŋ] † **I.** s. **1.** Am. 'Merchandising n, Ver'kaufspoliˌtik f u. -förderung f (durch Marktforschung, Untersuchung der Verbrauchergewohnheiten, wirksame Gütergestaltung u. Werbung); **2.** Handel(sgeschäfte pl.) m; **II.** adj. **3.** Handels...

mer·chant ['mə:tʃənt] † **I.** s. **1.** (Groß)Kaufmann m, Handelsherr m, Großhändler m: the ~s die Kaufmannschaft, Handelskreise; **2.** Am. od. Scot. od. dial. Ladenbesitzer m, Krämer m; **3.** speed-~ mot. Brit. sl. ‚Rennsau'; **4.** ⚓ obs. Handelsschiff n; **II.** adj. **5.** Handels..., Kaufmanns...; '**mer·chant·a·ble** [-təbl] adj. marktgängig.

mer·chant| fleet s. ⚓ Handelsflotte f; '~·**man** [-mən] s. [irr.] ⚓ Kauffahr'tei-, Handelsschiff n; ~ **prince** s. † reicher Kaufherr, Handelsfürst m; ~ **ship** s. Handelsschiff n.

mer·ci·ful ['mə:siful] adj. ☐ (to) barm'herzig, mitleidvoll (gegen), gütig (gegen, zu); gnädig (dat.) (Gott, Strafe); '**mer·ci·ful·ly** [-fuli] adv. **1.** → merciful; **2.** glücklicherweise; '**mer·ci·ful·ness** [-nis] s. Barm'herzigkeit f, Erbarmen n, Gnade f (Gottes); '**mer·ci·less** [-ilis] adj. ☐ unbarmherzig, erbarmungslos, mitleidlos; '**mer·ci·less·ness** [-ilisnis] s. Erbarmungslosigkeit f.

mer·cu·ri·al [mə:'kjuəriəl] adj. ☐ **1.** ⚗ Quecksilber...; **2.** fig. lebhaft, quecksilb(e)rig; **3.** myth. Merkur...: ♀ wand Merkurstab; **mer'cu·ri·al·ism** [-lizəm] s. ⚕ Quecksilbervergiftung f; **mer'cu·ri·al·ize** [-laiz] v/t. ⚕, phot. mit Quecksilber behandeln; **mer'cu·ric** [-rik] adj. ⚗ Quecksilber...

mer·cu·ry ['mə:kjuri] s. **1.** ♀ myth. ast. Mer'kur m; fig. Bote m; **2.** ⚗, ⚕ Quecksilber n: ~ column Quecksilbersäule; **3.** Quecksilber(säule f) n: the ~ is rising das Barometer steigt (a. fig.); **4.** ♣ Bingelkraut n; ~ **con·vert·er** s. ⚡ Quecksilbergleichrichter m; ~ **pres·sure ga(u)ge** s. phys. 'Quecksilbermanoˌmeter n.

mer·cy ['mə:si] s. **1.** Barm'herzigkeit f, Mitleid n, Erbarmen n; Gnade f: to be at the ~ of s.o. in j-s Gewalt sein, j-m auf Gnade u. Ungnade ausgeliefert sein; at the ~ of the waves den Wellen preisgegeben; to throw o.s. on s.o.'s ~ sich j-m auf Gnade u. Ungnade ergeben; to be left to the tender mercies of iro. der rauhen Behandlung von ... ausgesetzt sein; Sister of ♀ Barmherzige Schwester; **2.** Glück n, Segen m: it is a ~ that es ist e-e wahre Wohltat, daß; ~ **kill·ing** s. Sterbehilfe f.

mere [miə] adj. ☐ bloß, nichts als, al'lein(ig), rein, völlig: ~(st) nonsense purer Unsinn; ~ words bloße Worte; he is no ~ craftsman er ist kein bloßer Handwerker; the ~st accident der reinste Zufall; '**mere·ly** [-li] adv. bloß, rein, nur, lediglich.

mer·e·tri·cious [meri'triʃəs] adj. ☐ **1.** dirnenhaft, Dirnen...; **2.** fig. verführerisch; aufdringlich, unecht.

merge [mə:dʒ] **I.** v/t. **1.** (in) verschmelzen (mit), aufgehen lassen (in dat.), einverleiben (dat.): to be ~d in in et. aufgehen; **2.** ⚖ tilgen, aufheben; **3.** † **a)** fusionieren, **b)** Aktien zs.-legen; **II.** v/i. **4.** ~ in sich verschmelzen mit, aufgehen in (dat.); **5.** sich (in den Verkehr) einfädeln; '**mer·gence** [-dʒəns] s. Aufgehen n (in in dat.), Verschmelzung f (into mit); '**merg·er** [-dʒə] s. **1.** † Fusi'on f, Fusionierung f von Gesellschaften; Zs.-legung f von Aktien; **2.** ⚖ **a)** Verschmelzung(svertrag m) f, Aufgehen n (e-s Besitzes od. Vertrages in e-m anderen etc.), **b)** Konsumpti'on f (e-r Straftat durch e-e schwerere).

me·rid·i·an [mə'ridiən] **I.** adj. **1.** mittägig, Mittags...; **2.** ast. Kulminations..., Meridian...: ~ circle Meridiankreis; **3.** fig. höchst; **II.** s. **4.** geogr. Meridi'an m, Längenkreis m: prime ~ Nullmeridian; **5.** poet. Mittag(szeit f) m; **6.** ast. Kulminati'onspunkt m; **7.** fig. Höhepunkt m, Gipfel m; fig. Blüte(zeit) f; **me'rid·i·o·nal** [-diənl] **I.** adj. ☐ **1.** ast. meridio'nal, Meridian..., Mittags...; **2.** südlich, südländisch; **II.** s. **3.** Südländer(in), bsd. 'Südfranˌzose f, 'Südfranˌzösin f.

me·ringue [mə'ræŋ] s. Me'ringe f, Schaumgebäck n, Bai'ser n.

me·ri·no [mə'ri:nou] pl. **-nos** [-z] s. **1.** a. ~ sheep zo. Me'rinoschaf n; **2.** † **a)** Me'rinowolle f, **b)** Me'rino m (Kammgarnstoff).

mer·it ['merit] **I.** s. **1.** Verdienst(lichkeit f) n: according to one's ~ nach Verdienst belohnen etc.; a man of ~ e-e verdiente Persönlichkeit; Order of ♀ Verdienstorden; **2.** Wert m, Vorzug m; **3.** the ~s pl. ⚖ u. fig. die Hauptpunkte, der sachliche Gehalt, die wesentlichen Gesichtspunkte: on its (own) ~ dem wesentlichen Inhalt nach, an (u. für) sich betrachtet; to inquire into the ~s of a case e-r Sache auf den Grund gehen; **II.** v/t. **4.** Lohn, Strafe etc. verdienen; '**mer·it·ed** [-tid] adj. ☐ verdient; '**mer·it·ed·ly** [-tidli] adv. verdientermaßen.

me·ri·toc·ra·cy [meri'tɔkrəsi] s. sociol. **1.** (herrschende) E'lite; **2.** Leistungsgesellschaft f.

mer·i·to·ri·ous [meri'tɔ:riəs] adj. ☐ verdienstlich.

mer·lin ['mə:lin] s. zo. Merlin-, Zwergfalke m.

mer·lon ['mə:lən] s. ⚔ hist. Mauerzacke f (zwischen 2 Schießscharten).

mer·maid ['mə:meid] s. Meerweib n, Seejungfer f, Wassernixe f; '**mer·man** [-mæn] s. [irr.] Wassermann m, Triton m.

mer·ri·ly ['merili] adv. von merry; '**mer·ri·ment** [-imənt] s. **1.** Fröhlichkeit f, Lustigkeit f; **2.** Belustigung f, Lustbarkeit f, Spaß m.

mer·ry ['meri] adj. ☐ **1.** lustig, fröhlich: as ~ as a lark (od. cricket) kreuzfidel; to make ~ lustig sein, feiern, scherzen; **2.** scherzhaft, spaßhaft, lustig: to make ~ over sich lustig machen über (acc.); **3.** beschwipst, angeheitert; ~ **an·drew** ['ændru:] s. Hans'wurst m, Spaßmacher m; '~-**go-round** s. Karus'sell n; fig. Wirbel m; '~·**mak·ing** s. Belustigung f, Lustbarkeit f, Fest n; '~·**thought** → wishbone.

me·sa ['meisə] s. geogr. Am. Tafelland n; ~ **oak** s. Am. Tischeiche f.

mes·en·ter·y ['mesəntəri] s. anat., zo. Gekröse n.

mesh [meʃ] **I.** s. **1.** Masche f; **2.** ⊕ Maschenweite f; **3.** mst pl. fig. Netz n, Schlingen pl.: to be caught in the ~es of the law in die Schlingen des Gesetzes verstrickt sein; **4.** ⊕ Inein'andergreifen n, Eingriff m (von Zahnrädern): to be in ~ im Eingriff sein; **5.** → mesh connection; **II.** v/t. **6.** in e-m Netz fangen, verwickeln; **7.** ⊕ in Eingriff bringen, einrücken; **III.** v/i. **8.** ⊕ ein-, inein'andergreifen (Zahnräder); ~ **con·nec·tion** s. ⚡ Maschen-, bsd. 'Deltaschaltung f.

meshed [meʃt] adj. netzartig, ...maschig: close-~ engmaschig.

'**mesh-work** s. Maschen pl., Netzwerk n; Gespinst n.

mes·mer·ic adj.; **mes·mer·i·cal** [mez'merik(əl)] adj. **1.** mesmerisch, 'heilmaˌgnetisch, hyp'notisch; **2.** fig. 'unwiderˌstehlich, faszinierend.

mes·mer·ism ['mezmərizəm] s. Mesme'rismus m, tierischer Magne'tismus; '**mes·mer·ist** [-ist] s. 'Heilmagnetiˌseur m; '**mes·mer·ize** [-raiz] v/t. hypnotisieren, mesmerisieren; fig. faszinieren.

mesne [mi:n] adj. ⚖ da'zwischentretend, Zwischen..., Mittel...: ~ lord Afterlehnsherr; ~ **in·ter·est** s. ⚖ Zwischenzins m; ~ **proc·ess** s. ⚖ **1.** Verfahren n zur Erwirkung e-r Verhaftung (wegen Fluchtgefahr); **2.** 'Nebenproˌzeß m.

me·so- [mesou] *in Zssgn* Zwischen..., Mittel...; **mes·o'lith·ic** [-'liθik] *adj.* meso'lithisch, mittelsteinzeitlich.
mes·on ['mi:zɔn] *s. phys.* Meson *n* (*Elementarpartikel*).
Mes·o·zo·ic [mesou'zouik] *geol.* **I.** *adj.* meso'zoisch; **II.** *s.* Meso'zoikum *n.*
mess [mes] **I.** *s.* **1.** *obs.* Gericht *n*, Speise *f*: ~ *of pottage bibl.* Linsengericht (*Esau*); **2.** Viehfutter *n*; **3.** ⚔ Ka'sino *n*, Speiseraum *m*; ⚓ Messe *f*, Back *f*: *officers'* ~ Offiziersmesse; **4.** *fig.* Mischmasch *m*, Mansche'rei *f*; **5.** *fig.* **a)** Durchein'ander *n*, Unordnung *f*, **b)** Schmutz *m*, ‚Schweine'rei' *f*, **c)** ‚Schla'massel' *m*, ‚Patsche' *f*, Klemme *f*: *in a* ~ beschmutzt, in Unordnung, *fig.* in der Klemme; *to get into a* ~ in die Klemme kommen; *to make a* ~ Schmutz machen; *to make a* ~ *of et.* verpfuschen, verhunzen; *you made a nice* ~ *of it* da hast du was Schönes angerichtet; → *pretty* 2; **II.** *v/t.* **6.** *a.* ~ *up* **a)** beschmutzen, **b)** in Unordnung *od.* Verwirrung bringen, **c)** *fig.* verpfuschen; **III.** *v/i.* **7.** (*an e-m gemeinsamen Tisch*) essen (*with* mit): *to* ~ *together* ⚓ zu 'einer Back gehören; **8.** manschen, planschen (*in* in *dat.*); **9.** ~ *in Am.* sich einmischen; **10.** ~ *about*, ~ *around* her'ummurksen, (-)pfuschen.
mes·sage ['mesidʒ] *s.* **1.** Botschaft *f* (*a. bibl.*), Sendung *f*: *can I take a* ~*?* kann ich et. ausrichten?; **2.** Mitteilung *f*, Bescheid *m*: *to send a* ~ *to s.o.* j-m eine Mitteilung zukommen lassen; *telephone* ~ telephonische Nachricht; *wireless* (*od. radio*) ~ Funkmeldung, -spruch; **3.** *fig.* Botschaft *f*, Anliegen *n e-s Dichters etc.*: *got the* ~*? sl.* ‚kapiert'?; '~-**tak·ing serv·ice** *s. teleph.* (Fernsprech)Auftragsdienst *m.*
mes·sen·ger ['mesindʒə] *s.* **1.** (Post-, Eil)Bote *m*, Ausläufer *m*: *express* ~, *special* ~ Eilbote; *by* ~ durch Boten; ~*'s fee* Botenlohn; **2.** Ku'rier *m*; ⚔ *a.* Melder *m*; **3.** *fig.* (Vor)Bote *m*, Verkünder *m*; **4.** ⚓ **a)** Anholtau *n*, **b)** Ankerkette *f*, Kabelar *n*; ~ **air·plane** *s.* ⚔ Ku'rierflugzeug *n*; ~ **boy** *s.* Laufbursche *m*, Botenjunge *m*; ~ **dog** *s.* Meldehund *m*; ~ **pi·geon** *s.* Brieftaube *f*; ~ **wheel** *s.* ⊕ Treibrad *n.*
mess hall *s.* ⚔, ⚓ Messe *f*, Ka'sino(raum *m*) *n*, Speisesaal *m.*
Mes·si·ah [mi'saiə] *s. bibl.* Mes'sias *m*, Erlöser *m.*
'**mess|-jack·et** *s.* ⚓ kurze Uni'formjacke; ~ **kit** *s.* ⚔ Kochgeschirr *n*, Eßgerät *n*; '~-**mate** *s.* ⚔, ⚓ Meßgenosse *m*, 'Tischkame,rad *m*; ~ **ser·geant** *s.* ⚔ 'Küchen,unteroffi,zier *m*; '~-**tin** *s.* ⚔, ⚓ Eßgeschirr *n.*
mes·suage ['meswidʒ] *s.* ⚖ Wohnhaus *n* (*mst mit Ländereien*), Anwesen *n.*
mess·y ['mesi] *adj.* □ **1.** unordentlich; **2.** unsauber, schmutzig.
mes·ti·zo [mes'ti:zou] *pl.* **-zos** [-z] *s.* Me'stize *m*; Mischling *m.*
met [met] *pret. u. p.p. von meet.*
met·a·bol·ic [metə'bɔlik] *adj.* **1.** *physiol.* meta'bolisch, Stoffwechsel...; **2.** sich (ver)wandelnd;
me·tab·o·lism [me'tæbəlizəm] *s.* **1.** *biol.* Metabo'lismus *m*, Formveränderung *f*; **2.** *physiol.*, *a.* ♀ Stoffwechsel *m*: *general* ~, *total* ~ Gesamtstoffwechsel; → *basal* 2; **3.** ⚗ Metabolismus *m*; **me·tab·o·lize** [me'tæbəlaiz] *v/t. biol.* 'umwandeln.
met·a·car·pal [metə'ka:pl] *anat.* **I.** *adj.* Mittelhand...; **II.** *s.* Mittelhandknochen *m*; **met·a'car·pus** [-pəs] *pl.* **-pi** [-pai] *s.* **1.** Mittelhand *f*; **2.** Vordermittelfuß *m.*
met·age ['mi:tidʒ] *s.* **1.** amtliches Messen (*des Inhalts od. Gewichts bsd. von Kohlen*); **2.** Meß-, Waagegeld *n.*
met·al ['metl] **I.** *s.* **1.** ⚗, *min.* Me'tall *n*; **2.** ⊕ **a)** 'Nichteisenme,tall *n*, **b)** Me'tall-Legierung *f*, *bsd.* 'Typen-, Ge'schützme,tall *n*, **c)** 'Gußme,tall *n*: *brittle* ~, *red* ~ Rotguß, Tombak; *fine* ~ Weiß-, Feinmetall; *grey* ~ graues Gußeisen; **3.** *min.* **a)** Regulus *m*, Korn *n*, **b)** (Kupfer-)Stein *m*; **4.** ⚒ Schieferton *m*; **5.** ⊕ (flüssige) Glasmasse; **6.** *pl. Brit.* Eisenbahnschienen *pl.*: *to run off the* ~*s* entgleisen; **7.** *her.* Me'tall *n* (*Gold- u. Silberfarbe*); **8.** *Straßenbau*: Beschotterung *f*, Schotter *m*; **9.** *fig.* Mut *m*; **II.** *v/t.* **10.** mit Me'tall bedecken *od.* versehen; **11.** 🚂, *Straßenbau*: beschottern; **III.** *adj.* **12.** Metall..., me'tallen; ~ **age** *s.* Bronze- u. Eisenzeitalter *n*; '~-**clad** *adj.* ⊕ me'tallgekapselt; '~-**coat** *v/t.* mit Me'tall über'ziehen; ~ **cut·ting** *s.* ⊕ spanabhebende Bearbeitung.
met·aled *Am.* → *metalled.*
met·al| found·er *s.* Me'tallgießer *m*; ~ **ga(u)ge** *s.* Blechlehre *f.*
met·al·ing *Am.* → *metalling*; **met·al·ize** *Am.* → *metallize.*
met·alled ['metld] *adj.* ⊕ beschottert, Schotter...: ~ *road.*
me·tal·lic [mi'tælik] *adj.* (□ ~*ally*) **1.** me'tallen, Metall...: ~ *cover* **a)** ⊕ Metallüberzug, **b)** ✝ Metalldeckung; ~ *currency* Metallwährung, Hartgeld; **2.** me'tallisch (glänzend *od.* klingend): ~ *beetle* Prachtkäfer; ~ *voice* helle Stimme; **met·al·lif·er·ous** [metə'lifərəs] *adj.* me'tallführend, -reich; **met·al·line** ['metlain] *adj.* **1.** me'tallisch; **2.** me'tallhaltig; **met·al·ling** ['metliŋ] *s.* **1.** Beschotterung *f e-r Straße etc.*; **2.** 🚂 Schienenlegung *f*; **met·al·lize** ['metlaiz] *v/t.* metallisieren.
met·al·loid ['metəlɔid] **I.** *adj.* metallo'idisch, me'tallartig; **II.** *s.* ⚗ Metallo'id *n.*
met·al·lur·gic *adj.*; **met·al·lur·gi·cal** [metə'lə:dʒik(əl)] *adj.* metall'urgisch, Hütten...; **met·al·lur·gist** [me'tælədʒist] *s.* Metall'urg(e) *m*; **met·al·lur·gy** [me'tælədʒi] *s.* Metallur'gie *f*, Hüttenkunde *f*, -wesen *n.*
met·al| plat·ing *s.* ⊕ Plattierung *f*; '~-**work·er** *s.* Me'tallarbeiter *m*; '~-**work·ing** *s.* Me'tallbearbeitung *f.*
met·a·mor·phic [metə'mɔ:fik] *adj.* **1.** *geol.* meta'morph; **2.** *biol.* gestaltverändernd; **met·a'mor·phose** [-fouz] *v/t.* **1.** (*to, into*) 'umgestalten (zu), verwandeln (in *acc.*); **2.** verzaubern, -wandeln (*to, into* in *acc.*); **met·a'mor·pho·sis** [-fəsis] *pl.* **-ses** [-si:z] *s.* Metamor'phose *f* (*a. biol., physiol.*), Verwandlung *f.*
met·a·phor ['metəfə] *s.* Me'tapher *f*, bildlicher Ausdruck.
met·a·phor·i·cal [metə'fɔrikəl] *adj.* □ meta'phorisch, bildlich.
met·a·phrase ['metəfreiz] **I.** *s.* Meta'phrase *f*, wörtliche Über'setzung; **II.** *v/t.* wörtlich über'tragen; um'schreiben.
met·a·phys·i·cal [metə'fizikəl] *adj.* □ **1.** *phls.* meta'physisch; **2.** 'übersinnlich, ab'strakt; **met·a·phy·si·cian** [metəfi'ziʃən] *s. phls.* Meta'physiker *m*; **met·a'phys·ics** [-ks] *s. pl. sg. konstr. phls.* Metaphy'sik *f.*
met·a·plasm ['metəplæzəm] *s.* **1.** *ling.* Meta'plasmus *m*, Wortveränderung *f*; **2.** *biol.* Meta'plasma *n.*
me·tas·ta·sis [mi'tæstəsis] *pl.* **-ses** [-si:z] *s.* **1.** ⚕ Meta'stase *f*, Tochtergeschwulst *f*; **2.** *biol.* Stoffwechsel *m.*
met·a·tar·sal [metə'ta:sl] *anat.* **I.** *adj.* Mittelfuß...; **II.** *s.* Mittelfußknochen *m*; **met·a'tar·sus** [-səs] *pl.* **-si** [-sai] *s. anat., zo.* Mittelfuß *m.*
mete [mi:t] **I.** *v/t.* **1.** *poet.* (ab-, aus)messen, durch'messen; **2.** *mst* ~ *out* (*a. Strafe*) zumessen (*to dat.*); **3.** *fig.* ermessen; **II.** *s. mst pl.* **4.** Grenze *f*: *to know one's* ~*s and bounds fig.* Maß u. Ziel kennen.
me·temp·sy·cho·sis [metempsi'kousis] *pl.* **-ses** [-si:z] *s.* Seelenwanderung *f.*
me·te·or ['mi:tjə] *s. ast.* **a)** Mete'or *m* (*a. fig.*), **b)** Sternschnuppe *f*; **me·te·or·ic** [mi:ti'ɔrik] *adj.* **1.** *ast.* mete'orisch, Meteor...: ~ *shower* Sternschnuppenschwarm; **2.** *fig.* mete'orhaft: **a)** glänzend, **b)** schnell, plötzlich; '**me·te·or·ite** [-jərait] *s. ast.* Meteo'rit *m*, Mete'orstein *m*; **me·te·or·o·log·ic** *adj.*; **me·te·or·o·log·i·cal** [mi:tjərə'lɔdʒik(əl)] *adj.* □ *phys.* meteoro'logisch, Wetter..., Luft...: ~ *conditions* Witterungsverhältnisse; ~ *office* Wetterwarte; **me·te·or·ol·o·gist** [mi:tjə'rɔlədʒist] *s. phys.* Meteoro'loge *m*; **me·te·or·ol·o·gy** [mi:tjə'rɔlədʒi] *s. phys.* **1.** Meteorolo'gie *f*, Witterungskunde *f*; **2.** meteoro'logische Verhältnisse *pl.* (*e-r Gegend*).
me·ter[1] *Am.* → *metre.*
me·ter[2] ['mi:tə] **I.** *s.* ⊕ Messer *m*, 'Meßinstru,ment *n*, Zähler *m*: *electricity* ~ elektrischer Strommesser *od.* Zähler; *gas-*~ Gasuhr; ~ *board* Zählertafel; **II.** *v/t.* (*mit e-m Meßinstrument*) messen: *to* ~ *out et.* abgeben, dosieren; ~ **maid** *s. Am.* F Poli'tesse *f.*
meth·ane ['meθein] *s.* ⚗ Me'than *n*, Sumpf-, Grubengas *n.*
me·thinks [mi'θiŋks] *v/impers. poet.* mich dünkt, mir scheint.
meth·od ['meθəd] *s.* **1.** Me'thode *f*; *bsd.* ⊕ Verfahren *n*: ~ *of doing s.th.* Art u. Weise, et. zu tun; *by a* ~ nach e-r Methode; **2.** 'Lehrme,thode *f*; **3.** Sy'stem *n*; **4.** *phls.* (logische) 'Denkme,thode; **5.** Ordnung *f*, Methode *f*, Planmäßigkeit *f*: *to work with* ~ methodisch arbeiten; *there is* ~ *in his madness* was er tut, ist nicht so verrückt, wie es aussieht; *there is* ~ *in this* da ist System drin; **me·thod·ic** *adj.*; **me·thod·i-**

cal [mi'θɔdik(əl)] *adj.* □ **1.** me'thodisch, syste'matisch; **2.** über'legt.
Meth·od·ism ['meθədizəm] *s. eccl.* Metho'dismus *m*; '**Meth·od·ist** [-ist] **I.** *s.* **1.** *eccl.* Metho'dist(in); **2.** ♀ *fig. contp.* Frömmler *m*, Mucker *m*; **II.** *adj.* **3.** *eccl.* metho'distisch, Methodisten...
meth·od·ize ['meθədaiz] *v/t.* me'thodisch ordnen; '**meth·od·less** [-dlis] *adj.* □ plan-, sy'stemlos.
me·thought [mi'θɔ:t] *pret. von methinks.*
Me·thu·se·lah [mi'θju:zələ] *npr. bibl.* Me'thusalem *m*: *as old as* ~ (so) alt wie Methusalem.
meth·yl ['meθil; ⚗ 'mi:θail] *s.* ⚗ Me'thyl *n*: ~ *alcohol* Methylalkohol; **meth·yl·ate** ['meθileit] ⚗ **I.** *v/t.* **1.** methylieren; **2.** denaturieren: ~*d spirit* denaturierter Spiritus; **II.** *s.* **3.** Methy'lat *n*; **meth·yl·ene** ['meθili:n] *s.* ⚗ Methy'len *n*; **me·thyl·ic** [mi'θilik] *adj.* ⚗ Methyl...
me·tic·u·los·i·ty [mitikju'lɔsiti] *s.* peinliche *od.* über'triebene Genauigkeit; **me·tic·u·lous** [mi'tikjuləs] *adj.* □ peinlich genau, 'übergenau.
mé·tier ['metjei] *s.* **1.** Gewerbe *n*; **2.** *fig.* (Spezi'al)Gebiet *n*, Me'tier *n*.
me·ton·y·my [mi'tɔnimi] *s.* Metony'mie *f*, Begriffsvertauschung *f*.
met·o·pe ['metoup] *s.* △ Zwischenfeld *n*.
me·tre ['mi:tə] *s.* **1.** Versmaß *n*, Metrum *n*; **2.** Meter *m*, *n*.
met·ric ['metrik] **I.** *adj.* (□ ~*ally*) **1.** metrisch: ~ *method of analysis* ⚗ Maßanalyse; ~ *system* ⚒ Dezimalsystem; → *hundredweight*; **2.** → *metrical* 2; **II.** *s. pl. sg. konstr.* **3.** Metrik *f*, Verslehre *f*; ♪ Rhythmik *f*, Taktlehre *f*; '**met·ri·cal** [-kəl] *adj.* □ **1.** → *metric 1*; **2. a)** metrisch, Vers..., **b)** rhythmisch.
met·ro·nome ['metrənoum] *s.* ♪ Metro'nom *n*, Taktmesser *m*.
me·trop·o·lis [mi'trɔpəlis] *s.* **1.** Metro'pole *f*, Hauptstadt *f*: *the* ♀ *Brit.* London; **2.** 'Haupt,zentrum *n*; **3.** *eccl.* Sitz *m* e-s Metropo'liten *od.* Erzbischofs; **met·ro·pol·i·tan** [metrə'pɔlitən] **I.** *adj.* **1.** hauptstädtisch: ♀ *Railway* Stadtbahn; **2.** *eccl.* erzbischöflich; **II.** *s.* **3. a)** Metropo'lit *m* (*altgriechische Kirche*), Erzbischof *m*; **4.** Bewohner(in) der Landeshauptstadt; Großstädter(in).
met·tle ['metl] *s.* **1.** *fig.* Na'turanlage *f*; **2.** Eifer *m*, Mut *m*, Feuer *n*: *to be on one's* ~ sein Bestes tun wollen; *to put s.o. on his* ~ j-n zur Aufbietung aller s-r Kräfte anspornen; *to try s.o.'s* ~ j-n auf die Probe stellen; *horse of* ~ feuriges Pferd; '**met·tled** [-ld], '**met·tle·some** [-səm] *adj.* feurig, mutig.
mew[1] [mju:] *s. orn.* Seemöwe *f*.
mew[2] [mju:] *v/i.* mi'auen (*Katze*).
mew[3] [mju:] **I.** *v/t. obs.* **1.** *zo. Geweih, Haare etc.* verlieren: *the bird* ~*s its feathers* der Vogel mausert; **2.** *mst* ~ *up* einsperren; **II.** *v/i. zo. obs.* **3.** (sich) mausern, federn, haaren; **III.** *s.* **4.** Mauserkäfig *m*; **5.** *pl. sg. konstr.* **a)** Stall *m*: *the Royal* ♀*s* der Königliche Marstall, **b)** *Brit. zu Luxuswohnungen umgebaute ehemalige Stallungen.*
mewl [mju:l] *v/i.* **1.** quäken, maunzen (*Kind*); **2.** mi'auen.
Mex·i·can ['meksikən] **I.** *adj.* mexi'kanisch; **II.** *s.* Mexi'kaner(in).
mez·za·nine ['mezəni:n] *s.* **1.** △ Entre'sol *n*, Zwischenstock *m*; **2.** *thea.* Raum *m* unter der Bühne.
mez·zo ['medzou] (*Ital.*) **I.** *adj.* **1.** ♪ mezzo, mittel, halb: ~ *forte* halblaut; **II.** *s.* **2.** → *mezzosoprano*; **3.** → *mezzotint*; '~-**so'pra·no** *s.* ♪ 'Mezzoso,pran *m*; '~-**tint** **I.** *s.* **1.** *Kupferstecherei*: Mezzo'tinto *n*, Schabkunst *f*; **2.** Schabkunstblatt *n*: ~ *engraving* Stechkunst in Mezzotintmanier; **II.** *v/t.* **3.** in Mezzo'tint gravieren.
mi [mi:] *s.* ♪ mi *n* (*Solmisationssilbe*).
mi·aow [mi(:)'au] → *meow*.
mi·asm ['maiæzəm] *s.*; **mi·as·ma** [mi'æzmə] *pl.* **-ma·ta** [-mətə] *s.* ⚕ Mi'asma *n*, Krankheits-, Ansteckungsstoff *m*; **mi·as·mal** [mi'æzməl] *adj.*; **mi·as·mat·ic** *adj.*; **mi·as·mat·i·cal** [miəz'mætik(əl)] *adj.* ansteckend.
mi·aul [mi'ɔ:l] *v/i.* mi'auen.
mi·ca ['maikə] *min.* **I.** *s.* Glimmer (-erde *f*) *m*; **II.** *adj.* Glimmer...: ~ *capacitor* ⚡ Glimmerkondensator; **mi·ca·ce·ous** [mai'keiʃəs] *adj.* Glimmer...: ~ *iron-ore* Eisenglimmer.
Mi·cah ['maikə] *npr. u. s. bibl.* (das Buch) 'Micha *m od.* Mi'chäas *m*.
mice [mais] *pl. von mouse.*
Mich·ael·mas ['miklməs] *s.* Micha'elis *n*, 'Michaelstag *m* (*29. September*); ~ **Day** *s.* **1.** Michaelstag *m* (*29. September*); **2.** *e-r der 4 brit. Quartalstage*; ~ **term** *s. Brit. univ.* 'Herbstse,mester *n*.
Mi·che·as [mai'ki:əs] → *Micah*.
Mick [mik] **I.** *npr.* (*Koseform von*) *Michael*; **II.** *s. sl.* **a)** Ire *m*, **b)** Katho'lik *m*.
Mick·ey Finn ['miki 'fin] *s. Am. sl.* **1.** Betäubungspille *f*; **2.** Abführmittel *n*.
micro- [maikrou] *in Zssgn*: **a)** Mikro..., (sehr) klein, **b)** (*bei Maßbezeichnungen*) ein Milli'onstel, **c)** mikro'skopisch.
mi·crobe ['maikroub] *s. biol.* Mi'krobe *f*; **mi·cro·bi·al** [mai'kroubjəl], **mi·cro·bic** [mai'kroubik] *adj.* mi'krobisch, Mikroben...; **mi·cro·bi·o·sis** [maikroubai'ousis] *s.* ⚕ Mi'krobeninfekti,on *f*.
mi·cro'chem·is·try *s.* Mikroche'mie *f*.
mi·cro·cosm ['maikroukɔzəm] *s.* Mikro'kosmos *m* (*a. phls. u. fig.*); **mi·cro·cos·mic** [maikrou'kɔzmik] *adj.* mikro'kosmisch.
'**mi·cro·film** *phot.* **I.** *s.* 'Mikrofilm *m*; **II.** *v/t.* 'mikrofilmen.
'**mi·cro·gram** *Am.*, '**mi·cro·gramme** *Brit. s. phys.* 'Mikrogramm *n* (*ein millionstel Gramm*).
'**mi·cro·groove** *s.* **1.** 'Mikrorille *f* (*Schallplatte*); **2.** Schallplatte *f* mit Mikrorillen.
'**mi·cro·inch** *s.* ein milli'onstel Zoll.
mi·crom·e·ter [mai'krɔmitə] *s.* **1.** *phys.* Mikro'meter *n* (*ein millionstel Meter*): ~ *adjustment* ⊕ Feinsteinstellung; ~ *screw* ⊕ Feinmeßschraube; **2.** *opt.* Oku'lar-Mikro,meter *n* (*an Fernrohren etc.*).
mi·cron ['maikrɔn] *pl.* **-crons, -cra** [-krə] *s.* ⚗, *phys.* 'Mikron *n* (*Maßeinheit*).
'**mi·cro'or·gan·ism** *s.* ,Mikroorga'nismus *m*.
mi·cro·phone ['maikrəfoun] *s.* ⚡ **1.** Mikro'phon *n*: *at the* ~ am Mikrophon; **2.** *teleph.* Sprechkapsel *f*; **3.** F Radio *n*: *through the* ~ durch den Rundfunk.
mi·cro'pho·to·graph *s.* **1.** ,Mikrophoto'gramm *n* (*sehr kleine Photographie*); **2.** → *microphotography*; **mi·cro·pho'tog·ra·phy** *s.* ,Mikrophotogra'phie *f*.
mi·cro·scope ['maikrəskoup] **I.** *s.* Mikro'skop *n*: *reflecting* ~ Spiegelmikroskop; ~ *stage* Objektivtisch; **II.** *v/t.* mikro'skopisch unter'suchen; **mi·cro·scop·ic** *adj.*; **mi·cro·scop·i·cal** [maikrəs'kɔpik(əl)] *adj.* □ **1.** mikro'skopisch: ~ *examination*; ~ *slide* Objektträger; **2.** (peinlich) genau; **3.** mikroskopisch klein, verschwindend klein.
mi·cro'struc·ture *s. bsd. geol.* mikro'skopische Struk'tur, Feingefüge *n*.
'**mi·cro·volt** *s. phys.* 'Mikrovolt *n*.
'**mi·cro·wave** *s.* ⚡ 'Mikrowelle *f*, Dezi'meterwelle *f*: ~ *engineering* Höchstfrequenztechnik.
mic·tu·ri·tion [miktjuə'riʃən] *s.* ⚕ **1.** U'rindrang *m*; **2.** Harnen *n*.
mid[1] [mid] *adj. attr. od. in Zssgn* mittler, Mittel...: *in* ~ *air* mitten in der Luft, frei schwebend; *in the* ~ *16th century* in der Mitte des 16. Jhs.; *in* ~ *ocean* auf offener See.
mid[2] [mid] *prp. poet.* in'mitten von (*od. gen.*).
Mi·das ['maidæs] **I.** *npr. antiq.* Midas *m* (*König von Phrygien*): *the* ~ *touch fig.* e-e glückliche Hand *im Geldverdienen*; **II.** *s.* ♀ *zo.* Midasfliege *f*.
'**mid·day** **I.** *s.* Mittag *m*; **II.** *adj.* mittägig, Mittags...
mid·dle ['midl] **I.** *adj.* **1.** mittler, Mittel... (*a. ling.*): ~ *finger* Mittelfinger; ~ *quality* ✝ Mittelqualität; **II.** *s.* **2.** Mitte *f*: *in the* ~ in der Mitte; *in the* ~ *of speaking* mitten in der Rede; *in the* ~ *of July* Mitte Juli; **3.** Mittelweg *m*; **4.** Mittelstück *n* (*a. Schlachttier*); **5.** Mitte *f* (*des Leibes*), Taille *f*; **6.** 'Medium *n* (*griechische Verbalform*); **7.** *Logik*: Mittelglied *n* (*e-s Schlusses*); **8.** *Fußball*: Flankenball *m*; **9.** *a.* ~ *article Brit.* Feuille'ton *n*; **10.** *pl.* ✝ Mittelsorte *f*; **11.** Mittelsmann *m*; **III.** *v/t.* **12.** in die Mitte bringen; *bsd. Fußball*: zur Mitte flanken.
mid·dle| age *s.* mittleres Alter; '♀-'**Age** *adj.* mittelalterlich; '~-'**aged** *adj.* mittleren Alters; ♀ **Ag·es** *s. pl. das* Mittelalter; '~-**brow** F **I.** *s.* geistiger ‚Nor'malverbraucher'; **II.** *adj.* von 'durchschnittlichen geistigen Inter'essen; '~-'**class** *adj.* zum Mittelstand gehörig, Mittelstands...; ~ **class·es** *s. pl.* Mittelstand *m*; ~ **course** *s.* Mittelweg *m*; ~ **dis·tance** *s.* **1.** *paint., phot.* Mittelgrund *m*; **2.** *sport* Mittelstrecke *f*; ~ **ear** *s. anat.* Mittelohr *n*; ♀ **East** *s. geogr.* **1.** *der* Mittlere Osten; **2.** *Brit. der* Nahe Osten; ♀

Eng·lish *s. ling.* Mittelenglisch *n*; ♀ **High Ger·man** *s. ling.* Mittelhochdeutsch *n*; ♀ **King·dom** *s.* Reich *n* der Mitte (*China*); '~**·man** [-mæn] *s.* [*irr.*] **1.** Mittelsmann *m*; **2.** ✝ Zwischenhändler *m*; '~**·most** *adj.* ganz in der Mitte (liegend); '~**-of-the-'road** *adj.* unabhängig, neu'tral; ~ **rhyme** *s.* Binnenreim *m*; '~**-'sized** *adj.* von mittlerer Größe; ~ **watch** *s.* ⚓ Mittelwache *f* (*zwischen Mitternacht u. 4 Uhr morgens*); '~**-weight** *s. sport* Mittelgewicht(ler *m*) *n*; ♀ **West** *s. Am.* (*u. Kanada*) Mittelwesten *m*, *der* mittlere Westen.

mid·dling ['midliŋ] **I.** *adj.* □ → *a. II*; **1.** von mittlerer Güte *od.* Sorte, mittelmäßig, Mittel...: *fair to* ~ ziemlich gut bis mittelmäßig; ~ *quality* Mittelqualität; **2.** F leidlich (*Gesundheit*); **3.** F ziemlich groß; **II.** *adv.* F **4.** (*a.* ~*ly*) leidlich, ziemlich; **5.** ziemlich gut; **III.** *s.* **6.** *mst pl.* ✝ Mittelsorte *f*; **7.** *pl.* Mittelmehl *n*; **8.** *pl. metall.* 'Zwischenpro,dukt *n.*

mid·dy ['midi] *s.* **1.** F *für midshipman*; **2.** → *middy blouse*; ~ **blouse** *s. e-e* Ma'trosenbluse.

'**mid·field** *s. sport* Mittelfeld *n* (*a. Spieler*): ~ *man*, ~ *player* Mittelfeldspieler.

midge [midʒ] *s.* **1.** *zo.* kleine Mücke; **2.** → *midget 1.*

midg·et ['midʒit] **I.** *s.* **1.** Zwerg *m*, Knirps *m*; **2.** *et.* Winziges; **II.** *adj.* **3.** Zwerg..., Miniatur..., Kleinst...: ~ *car mot.* Klein(st)wagen; ~ *railroad* Liliputbahn.

mid·i ['midi] **I.** *s.* **1.** Midimode *f*: *to wear* ~ midi tragen; **II.** *adj.* **2.** Midi...: ~ *skirt* → *midiskirt*; '**mid·i·skirt** *s.* Midirock *m.*

'**mid·land** [-lənd] **I.** *s.* **1.** *mst pl.* Mittelland *n*; **2.** *the* ♀*s pl.* Mittelengland *n*; **II.** *adj.* **3.** binnenländisch; **4.** ♀ *geogr.* mittelenglisch.

'**mid·most** [-moust] **I.** *adj.* ganz in der Mitte (liegend); innerst; **II.** *adv.* (ganz) im Innern *od.* in der Mitte.

'**mid·night** **I.** *s.* Mitternacht *f*: *at* ~ um Mitternacht; **II.** *adj.* mitternächtig, Mitternachts...: *to burn the* ~ *oil* bis spät in die Nacht aufbleiben *od.* arbeiten; ~ **blue** *s.* Mitternachtsblau *n* (*Farbe*); ~ **sun** *s.* **1.** Mitternachtssonne *f*; **2.** ⚓ Nordersonne *f.*

'**mid|'noon** *s.* Mittag *m*; ~ **off** *s.* (~ **on** *s.*) *Kricket* **1.** links (rechts) vom Werfer stehender Spieler; **2.** links (rechts) vom Werfer liegende Seite des Spielfelds; '~**·rib** *s.* ♀ Mittelrippe *f* (*Blatt*); '~**·riff** *s.* **1.** *anat.* Zwerchfell *n*; **2.** *Am.* **a)** Mittelteil *m e-s Frauenkleids*, **b)** zweiteilige Kleidung, **c)** Obertaille *f*, *a.* Magengrube *f*; '~**·ship** ⚓ **I.** *s.* Mitte *f* des Schiffs; **II.** *adj.* Mittschiffs...: ~ *section* Hauptspant; '~**·ship·man** [-mən] *s.* [*irr.*] ⚓ **1.** *Brit.* Leutnant *m* zur See; **2.** *Am.* Oberfähnrich *m*; '~**·ships** *adv.* ⚓ mittschiffs.

midst [midst] *s.* Mitte *f* (*nur mit prp.*): *in the* ~ *of* inmitten (*gen.*), mitten unter (*dat.*); *in their* (*our*) ~ mitten unter ihnen (uns); *from our* ~ aus unserer Mitte.

'**mid·sum·mer** **I.** *s.* **1.** Mitte *f* des Sommers, Hochsommer *m*; **2.** *ast.* Sommersonnenwende *f*; **II.** *adj.* **3.** hochsommerlich, Hochsommer...; ♀ **Day** *s.* **1.** Jo'hannistag *m* (*24. Juni*); **2.** *e-r der 4 brit. Quartalstage.*

'**mid|'way** **I.** *s.* **1.** Hälfte *f* des Weges, halber Weg; **2.** *Am.* Haupt-, Mittelstraße *f* (*auf Ausstellungen etc.*); **II.** *adj.* **3.** mittler; **III.** *adv.* **4.** auf halbem Wege; '~**·week** **I.** *s.* Mitte *f* der Woche; **II.** *adj.* (in der) Mitte der Woche stattfindend.

mid·wife ['midwaif] *s.* [*irr.*] Hebamme *f*, Geburtshelferin *f* (*a. fig.*); '**mid·wife·ry** [-wifəri] *s. Brit.* Geburtshilfe *f.*

'**mid|'win·ter** *s.* **1.** Mitte *f* des Winters; **2.** *ast.* Wintersonnenwende *f*; '~**·year** **I.** *adj.* **1.** in der Mitte des Jahres vorkommend, in der Jahresmitte; **II.** *s.* **2.** Jahresmitte *f*; **3.** *Am.* F **a)** um die Jahresmitte stattfindende Prüfung, **b)** *pl.* Prüfungszeit *f* (*um die Jahresmitte*).

mien [mi:n] *s.* Miene *f*, Gesichtsausdruck *m*: *noble* ~ vornehme Haltung.

miff [mif] *s.* F 'Mißmut *m*, Verstimmung *f.*

might[1] [mait] *s.* **1.** Macht *f*, Gewalt *f*: ~ *is* (*above*) *right* Gewalt geht vor Recht; **2.** Stärke *f*, Kraft *f*: *with* ~ *and main, with all one's* ~ aus Leibeskräften, mit aller Gewalt.

might[2] [mait] *pret. von may*[1].

'**might-have-been** *s.* **1.** et. was hätte sein können; **2.** Per'son, die es zu etwas hätte bringen können.

might·i·ly ['maitili] *adv.* **1.** mit Macht, heftig, kräftig; **2.** F e'norm, mächtig, sehr; '**might·i·ness** [-inis] *s.* Macht *f*, Gewalt *f*;

might·y ['maiti] **I.** *adj.* □ → *mightily u. II*; **1.** mächtig, gewaltig, heftig, groß, stark; → *high 2*; **2.** *fig.* gewaltig, riesig, mächtig; **II.** *adv.* **3.** F mächtig, riesig, ungeheuer: ~ *easy* kolossal leicht.

mi·gnon·ette [minjə'net] *s.* ♀ Re'seda *f.*

mi·graine [mi:'grein] (*Fr.*) *s.* ⚕ Mi'gräne *f*; **mi'grain·ous** [-nəs] *adj.* durch Migräne verursacht, Migräne...

mi·grant ['maigrənt] **I.** *adj.* **1.** Wander..., Zug...; **II.** *s.* **2.** Wanderndе(r *m*) *f*; 'Umsiedler(in); **3.** *zo.* Zugvogel *m*; Wandertier *n*;

mi·grate [mai'greit] *v/i.* (aus-)wandern, (*a. orn.* fort)ziehen: *to* ~ *from the country to the town* vom Land in die Stadt übersiedeln;

mi·gra·tion [mai'greiʃən] *s.* Wanderung *f* (*a.* ⚗, *zo., geol.*); Zug *m* (*Menschen od. Wandertiere*); *orn.* (Vogel)Zug *m*: ~ *of* (*the*) *peoples* Völkerwanderung; *intramolecular* ~ ⚗ intramolekulare Wanderung; → *ionic*[2]; **mi·gra·tion·al** [mai'greiʃənl] *adj.* Wander..., Zug...; '**mi·gra·to·ry** [-rətəri] *adj.* **1.** (aus-)wandernd; **2.** Zug..., Wander...: ~ *bird* Zugvogel; ~ *instinct* Wandertrieb; **3.** um'herziehend, no'madisch: ~ *life* Wanderleben; ~ *worker* Wanderarbeiter.

Mike[1] [maik] **I.** *npr.* Michel *m* (*Kosename für Michael*); **II.** *s.* ♀ *sl.* Ire *m.*

mike[2] [maik] *v/i. sl.* her'umlungern.

mike[3] [maik] *sl. abbr. für microphone.*

mil [mil] *s.* **1.** Tausend *n*: *per* ~ per Mille; **2.** ⊕ $^1/_{1000}$ Zoll *m* (*Drahtmaß*); **3.** ⚔ (Teil)Strich *m.*

mil·age → *mileage.*

Mil·a·nese [milə'ni:z] **I.** *adj.* mailändisch; **II.** *s. sg. u. pl.* Mailänder (-in), Mailänder *pl.*

milch [miltʃ] *adj.* milchgebend, Milch...; '**milch·er** [-tʃə] *s.* Milchkuh *f.*

mild [maild] *adj.* □ mild (*a. Strafe, Wein, Wetter etc.*); gelind, sanft; leicht (*Krankheit, Zigarre etc.*), schwach: ~ *attempt* schüchterner Versuch; ~ *steel* ⊕ Flußstahl; *to put it* ~(*ly*) **a)** sich gelinde ausdrücken, **b)** gelinde gesagt; *draw it* ~ mach's mal halblang!

mil·dew ['mildju:] **I.** *s.* **1.** ♀ Me(h)ltau(pilz) *m*, Brand *m* (*am Getreide*); **2.** Schimmel *m*, Moder *m*: *a spot of* ~ **ein Moder-** *od.* **Stockfleck** (*in Papier etc.*); **II.** *v/t.* **3.** mit Me(h)ltau *od.* Schimmel- *od.* Moderflekken über'ziehen: *to be* ~*ed* verschimmelt sein (*a. fig.*); **III.** *v/i.* **4.** brandig *od.* schimm(e)lig *od.* mod(e)rig werden (*a. fig.*); '**mil·dewed** [-dju:d], '**mil·dew·y** [-dju:i] *adj.* **1.** brandig, mod(e)rig, schimm(e)lig; **2.** ♀ von Me(h)ltau befallen; me(h)ltauartig.

mild·ness ['maildnis] *s.* **1.** Milde *f*, Sanftheit *f*; **2.** Sanftmut *f.*

mile [mail] *s.* Meile *f* (*zu Land* = *1,609 km*): *Admiralty* ~ *Brit.* englische Seemeile (= *1,8532 km*); *air* ~ Luftmeile (= *1,852 km*); *geographical* ~, *nautical* ~, *sea* ~ Seemeile (= *1,852 km*); ~ *after* ~ *of fields*, ~*s and* ~*s of fields* meilenweite Felder; ~*s apart* meilenweit auseinander, *fig.* himmelweit entfernt; *to miss s.th. by a* ~ *fig.* etwas (meilen)weit verfehlen; → *statute mile.*

mile·age ['mailidʒ] *s.* **1.** Meilenlänge *f*, -zahl *f*; **2.** zu'rückgelegte Meilenzahl *od.* Fahrstrecke: ~ *indicator*, ~ *recorder mot.* Wegstreckenmesser, Kilometerzähler; **3.** Kilo'metergelder *pl.* (*Vergütung*); **4.** Fahrpreis *m* per Meile; **5.** *a.* ~ *book* 🚂 *Am.* Fahrscheinheft *n.*

'**mile·stone** *s.* Meilenstein *m* (*a. fig. Markstein*).

mil·foil ['milfɔil] *s.* ♀ Schafgarbe *f.*

mil·i·ar·i·a [mili'ɛəriə] *s.* ⚕ Frieselfieber *n*; **mil·i·ar·y** ['miliəri] *adj.* ⚕ hirsekornartig: ~ *fever* → *miliaria.*

mil·i·tan·cy ['militənsi] *s.* **1.** Kriegszustand *m*, Kampf *m*; **2.** Angriffs-, Kampfgeist *m*; '**mil·i·tant** [-tənt] **I.** *adj.* □ **1.** streitend, mili'tant; **2.** streitbar, kriegerisch; **II.** *s.* **3.** Kämpfer *m*, Streiter *m*; '**mil·i·ta·rist** [-tərist] *s.* **1.** *pol.* Milita'rist *m*; **2.** Fachmann *m* in mili'tärischen Angelegenheiten; **mil·i·ta·ris·tic** [militə'ristik] *adj.* milita'ristisch; '**mil·i·ta·rize** [-təraiz] *v/t.* militarisieren.

mil·i·tar·y ['militəri] **I.** *adj.* □ **1.** mili'tärisch, Militär...; **2.** Heeres..., Kriegs...; kriegswichtig; **II.** *s. pl. konstr.* **3.** Mili'tär *n*, Sol'daten *pl.*, Truppen *pl.*; ~ **a·cad·e·my** *s.*

1. Mili'tärakade‚mie *f*; **2.** *Am.* (*zivile*) Schule mit mili'tärischer Ausbildung; **~ col·lege** *s.* Kriegsschule *f*; ♀ **Gov·ern·ment** *s.* Mili'tärre‚gierung *f*; **~ law** *s.* Kriegs-, Standrecht *n*; **~ map** *s.* Gene'ralstabskarte *f*; **~ po·lice** *s.* Mili'tärpoli‚zei *f*; **~ pro·fes·sion** *s.* Sol'datenstand *m*; **~ serv·ice** *s.* Mili'tär-, Wehrdienst *m*; **~ serv·ice book** *s.* Wehrpaß *m*; **~ stores** *s. pl.* Mili'tärbedarf *m*, 'Kriegsmateri‚al *n* (*Munition, Proviant etc.*); **~ tes·ta·ment** *s.* ⚖ 'Nottesta‚ment *n* (*von Militärpersonen*); **~ tri·bu·nal** *s.* Mili'tärgericht *n*.

mil·i·tate ['militeit] *v/i.* (*against*) sprechen (gegen), wider'streiten (*dat.*), *e-r Sache* entgegenwirken.

mi·li·tia [mi'liʃə] *s.* ⚔ **1.** Mi'liz *f*, Bürger-, Landwehr *f*; **2.** *Brit. die im Jahre 1939 ausgehobenen Wehrpflichtigen.*

milk [milk] **I.** *s.* **1.** Milch *f*: *~ and water fig.* kraftloses Zeug, seichtes Gewäsch; *~ of human kindness fig.* Milch der frommen Denkungsart; *~ of sulphur* ⚗ Schwefelmilch; *it is no use crying over spilt ~* geschehen ist geschehen, hin ist hin; → *coco-nut 1*; **2.** ⚘ (Pflanzen)Milch *f*; **II.** *v/t.* **3.** melken; **4.** *fig. j-n* schröpfen, rupfen; **5.** ⚡ *Leitung* ‚anzapfen', abhören; **III.** *v/i.* **6.** Milch geben; **'~-and-'wa·ter** *adj.* saft- u. kraftlos, sentimen'tal; **'~-bar** *s.* Milchbar *f*; **'~-crust** *s.* ⚕ Milchschorf *m*; **~ duct** *s. anat.* Milchdrüsengang *m*.

milk·er ['milkə] *s.* **1.** Melker(in); **2.** ⊕ 'Melkma‚schine *f*; **3.** Milchkuh *f*.

'milk|-float *s. Brit.* Milchwagen *m*; **'~·man** [-mən] *s.* [*irr.*] Milchmann *m*; **~ run** *s.* ✈ *sl.* **1.** Rou'tineeinsatz *m*; **2.** ‚gemütliche Sache', gefahrloser Einsatz; **'~-shake** *s.* Milchshake *m*; **'~·sop** *s. fig. contp.* ‚Schlappschwanz' *m*, Muttersöhnchen *n*; **'~-sug·ar** *s.* ⚗ Milchzucker *m*, Lak'tose *f*; **'~-tooth** *s.* [*irr.*] Milchzahn *m*; **'~·weed** *s.* ⚘ **1.** Schwalbenwurzgewächs *n*; **2.** Wolfsmilch *f*; **'~·wort** *s.* ⚘ Kreuzblume *f*.

milk·y ['milki] *adj.* **1.** □ milchig, Milch...; *weitS. a.* milchweiß; **2.** *min.* milchig, wolkig (*bsd. Edelsteine*); **3.** *fig.* **a)** sanft, **b)** weichlich; ♀ **Way** *s. ast.* Milchstraße *f*.

mill[1] [mil] **I.** *s.* **1.** (Mehl-, Mahl-) Mühle *f*; → *grist 1*; **2.** ⊕ (*Kaffee-, Öl-, Säge- etc.*)Mühle *f*, Zerkleinerungsvorrichtung *f*: *to go through the ~ fig.* e-e harte Schule durchmachen; *to put s.o. through the ~* j-n durch e-e harte Schule schikken; *to have been through the ~* viel durchgemacht haben; **3.** *metall.* Hütten-, Hammer-, Walzwerk *n*; **4.** *a. spinning-~* ⊕ Spinne'rei *f*; **5.** ⊕ **a)** *Münzerei*: Prägwerk *n*, **b)** *Glasherstellung*: Schleifkasten *m*; **6.** Fa'brik *f*, Werk *n*; **7.** F Prüge'lei *f*; **II.** *v/t.* **8.** *Korn etc.* mahlen; **9.** ⊕ *allg.* bearbeiten, *z. B. Holz, Metall* fräsen, *Papier, Metall* walzen, *Tuch, Leder* walken, *Münzen* rändeln, *Eier, Schokolade* quirlen, schlagen, *Seide* moulinieren; **10.** F ‚durchwalken'; **III.** *v/i.* **11.** F raufen, sich prügeln; **12.** ('rund)her'umlaufen, ziellos her'umirren: *~ing crowd* Gewühl, wogende Menge.

mill[2] [mil] *s. Am.* Tausendstel *n* (*bsd.* $^1/_{1000}$ *Dollar*).

mill| bar *s.* ⊕ Pla'tine *f*; **'~·board** *s.* starke Pappe, Pappdeckel *m*; **'~·course** *s.* **1.** Mühlengerinne *n*; **2.** Mahlgang *m*.

mil·le·nar·i·an [mili'nɛəriən] **I.** *adj.* **1.** tausendjährig; **2.** *eccl.* das Tausendjährige Reich (Christi) betreffend; **II.** *s.* **3.** *eccl.* Chili'ast *m*; **mil·le·nar·y** [mi'lenəri] **I.** *adj.* **1.** aus tausend (Jahren) bestehend, von tausend Jahren; **II.** *s.* **2.** (Jahr-) 'Tausend *n*; **3.** Jahr'tausendfeier *f*; **mil·len·ni·al** [mi'leniəl] *adj.* **1.** *eccl.* das Tausendjährige Reich betreffend; **2.** e-e Jahrtausendfeier betreffend; **3.** tausendjährig; **mil·len·ni·um** [mi'leniəm] *pl.* **-ni·ums** *od.* **-ni·a** [-niə] *s.* **1.** Jahr'tausend *n*; **2.** Jahr'tausendfeier *f*; **3.** *eccl.* Tausendjähriges Reich (Christi); **4.** *fig.* Para'dies *n* auf Erden.

mil·le·pede ['milipi:d] *s. zo.* Tausendfüß(l)er *m*.

mill·er ['milə] *s.* **1.** Müller *m*: *to drown the ~ Wein etc.* verwässern, pan(t)schen; **2.** ⊕ 'Fräsma‚schine *f*; **3.** *zo.* Müller *m* (*Motte*).

mil·les·i·mal [mi'lesiməl] **I.** *adj.* □ **1.** tausendst; **2.** aus Tausendsteln bestehend; **II.** *s.* **3.** Tausendstel *n*.

mil·let ['milit] *s.* ⚘ (Rispen)Hirse *f*: *Indian ~* Mohrenhirse; **'~-grass** *s.* ⚘ Flattergras *n*.

'mill-hand *s.* Mühlen-, Fa'brik-, Spinne'reiarbeiter *m*.

milli- [mili] *in Zssgn* Tausendstel.

mil·li'am·me·ter *s.* ⚡ 'Milliam‚pere‚meter *n*.

mil·li·ard ['miljɑ:d] *s. Brit.* Milli'arde *f*.

mil·li·bar ['milibɑ:] *s. meteor.* Milli'bar *n*.

'mil·li·gram(me) *s.* Milli'gramm *n*; **'mil·li·me·ter** *Am.*, **'mil·li·me·tre** *Brit. s.* Milli'meter *n*.

mil·li·ner ['milinə] *s.* Hut-, Putzmacherin *f*, Mo'distin *f*; **'mil·li·ner·y** [-nəri] *s.* **1.** Putz-, Modewaren *pl.*; **2.** Modewarengeschäft *n*.

mill·ing ['miliŋ] *s.* **1.** Mahlen *n*; **2.** ⊕ **a)** Walken *n*, **b)** Rändeln *n*, **c)** Fräsen *n*, **d)** Walzen *n*; **3.** *sl.* Tracht *f* Prügel; **~ cut·ter** *s.* ⊕ Fräser *m*; **~ ma·chine** *s.* ⊕ **1.** 'Fräsma‚schine *f*; **2.** Rändelwerk *n*; **~ prod·uct** *s.* **1.** 'Mühlenpro‚dukt *n*; **2.** ⊕ 'Walzpro‚dukt *n*.

mil·lion ['miljən] *s.* **1.** Milli'on *f*: *a ~ times* millionenmal; *two ~ men* 2 Millionen Mann; *by the ~* nach Millionen; *~s of people fig.* e-e Unmasse Menschen; **2.** *the ~* die große Masse, das Volk; **mil·lion·aire,** *bsd. Am.* **mil·lion·naire** [miljə'nɛə] *s.* Millio'när *m*; **mil·lion·air·ess** [miljə'nɛəris] *s.* Millio'närin *f*; **'mil·lion·fold** *adj.* milli'onenfach; **'mil·lionth** [-nθ] **I.** *adj.* milli'onst; **II.** *s.* Milli'onstel *n*.

mil·li·pede ['milipi:d], *a.* **'mil·li·ped** [-ped] → *millepede.*

'mil·li·sec·ond *s.* 'Millise‚kunde *f*.

'mill|-pond *s.* Mühlteich *m*; **'~-race** *s.* Mühlgerinne *n*.

Mills bomb [milz], **Mills gre·nade** *s.* ⚔ 'Eier‚handgra‚nate *f*.

'mill|·stone *s.* Mühlstein *m* (*a. fig. Last*): *to see through a ~ fig.* das Gras wachsen hören; **'~·wheel** *s.* Mühlrad *n*.

milt[1] [milt] *s. anat.* Milz *f*.

milt[2] [milt] *ichth.* **I.** *s.* Milch *f* (*der männlichen Fische*); **II.** *v/t. den Rogen* mit Milch befruchten; **'milt·er** [-tə] *s. ichth.* Milchner *m*.

mime [maim] **I.** *s.* **1.** *antiq.* Mimus *m*, Possenspiel *n*; **2.** Mime *m*; **3.** Possenreißer *m*; **II.** *v/t.* **4.** mimen, nachahmen.

mim·e·o·graph ['mimiəgrɑ:f; -græf] **I.** *s.* Mimeo'graph *m* (*Vervielfältigungsapparat*); **II.** *v/t.* vervielfältigen; **mim·e·o·graph·ic** [mimiə'græfik] *adj.* (□ *~ally*) mimeo'graphisch, vervielfältigt.

mi·met·ic [mi'metik] *adj.* (□ *~ally*) **1.** nachahmend (*a. ling. lautmalend*); *b.s.* nachäffend, Schein...; **2.** *biol.* fremde Formen nachbildend.

mim·ic ['mimik] **I.** *adj.* **1.** mimisch, (durch Gebärden) nachahmend; **2.** Schauspiel...: *~ art* Schauspielkunst; **3.** nachgeahmt, Schein...: **II.** *s.* **4.** Nachahmer *m*, Imi'tator *m*; **5.** *obs.* Mime *m*, Schauspieler *m*; **III.** *v/t. pret. u. p.p.* **'mim·icked** [-kt], *pres. p.* **'mim·ick·ing** [-kiŋ] **6.** nachahmen, -äffen; **7.** ⚘, *zo.* sich *in der Farbe etc.* angleichen (*dat.*); **'mim·ic·ry** [-kri] *s.* **1.** Nachahmen *n*, -äffung *f*; **2.** *zo.* 'Mimikry *f*, Angleichung *f*.

mi·mo·sa [mi'mouzə] *s.* ⚘ Mi'mose *f*.

min·a·ret ['minəret] *s.* △ Mina'rett *n*.

min·a·to·ry ['minətəri] *adj.* drohend, bedrohlich.

mince [mins] **I.** *v/t.* **1.** zerhacken, in kleine Stücke zerschneiden; 'durchdrehen: *to ~ meat* Hackfleisch machen; **2.** *fig.* mildern, bemänteln: *to ~ one's words* geziert *od.* affektiert sprechen; *not to ~ matters* (*od. one's words*) kein Blatt vor den Mund nehmen; **3.** geziert tun: *to ~ one's steps* trippeln; **II.** *v/i.* **4.** Fleisch (*a.* Fett, Gemüse) kleinschneiden *od.* zerkleinern, Hackfleisch machen; **5.** sich geziert benehmen, geziert gehen; **III.** *s.* **6.** *bsd. Brit.* Hackfleisch *n*, Gehacktes *n*; **'~·meat** *s.* Pa'steten-, Tortenfüllung *f aus Korinthen, Äpfeln, Rosinen, Rum etc. mit od. ohne Fleisch*: *to make ~ of fig.* **a)** aus *j-m* ‚Hackfleisch machen', **b)** *Argument etc.* zerreißen; **~ pie** *s. mit mincemeat gefüllte Pastete.*

minc·er ['minsə] → *mincing machine.*

minc·ing ['minsiŋ] *adj.* □ *fig.* geziert, affek'tiert, zimperlich.

minc·ing ma·chine *s.* 'Fleischhackma‚schine *f*, Fleischwolf *m*.

mind [maind] **I.** *s.* **1.** Sinn *m*, Gemüt *n*, Herz *n*: *to have s.th. on one's ~* et. auf dem Herzen haben; **2.** Seele *f*, Verstand *m*, Geist *m*: *presence of ~* Geistesgegenwart; *before one's ~'s eye* vor j-s geistigem Auge; *to be of sound ~, to be in one's right ~* bei (vollem) Verstand sein; *of sound ~ and memory* ⚖ im Vollbesitz s-r geistigen Kräfte; *to be out of one's ~* nicht (recht) bei Sinnen sein, verrückt sein; *to lose one's ~* den Verstand verlieren; *to close one's ~ to s.th.* sich gegen et. verschließen; *to have an open ~* unvoreingenommen sein; *to cast back one's ~* sich zurückversetzen (*to* nach, in *acc.*); *to enter s.o.'s ~* j-m in den Sinn kommen; *to put s.th. out of one's ~* sich et. aus dem Kopf schlagen; *to read s.o.'s ~* j-s Gedanken lesen; **3.** Geist *m* (*a. phls.*): *the human ~*; *things of the ~* geistige Dinge; *history of the ~* Geistesgeschichte; *his is a fine ~* er hat e-n feinen Verstand, er ist ein kluger Kopf; *one of the greatest ~s of his time fig.* e-r der größten Geister s-r Zeit; **4.** Meinung *f*, Ansicht *f*: *in* (*od. to*) *my ~* **a)** m-r Ansicht nach, m-s Erachtens, **b)** nach m-m Sinn; *to be of s.o.'s ~* j-s Meinung sein; *to change one's ~* sich anders besinnen; *to speak one's ~* (*freely*) s-e Meinung frei äußern; *to give s.o. a piece of one's ~* j-m gründlich die Meinung sagen; *to know one's own ~* wissen, was man will; *to be in two ~s about s.th.* mit sich selbst über et. nicht einig sein; *there can be no two ~s about it* darüber kann es keine geteilte Meinung geben; **5.** Neigung *f*, Lust *f*; Absicht *f*: *to have* (*half*) *a ~ to do s.th.* (beinahe) Lust haben, et. zu tun; *to have s.th. in ~* et. im Sinne haben; *I have you in ~* ich denke (dabei) an dich; *to have it in ~ to do s.th.* beabsichtigen, et. zu tun; *to make up one's ~* **a)** sich entschließen, e-n Entschluß fassen, **b)** zur Überzeugung kommen (*that* daß), sich klarwerden (*about* über *acc.*); **6.** Erinnerung *f*, Gedächtnis *n*: *to bear* (*od. keep*) *in ~* (immer) an *et.* denken, *et.* nicht vergessen, bedenken; *to call to ~* sich *et.* ins Gedächtnis zurückrufen, sich an *et.* erinnern; *to put s.o. in ~ of s.th.* j-n an et. erinnern; *time out of ~* seit (*od.* vor) undenklichen Zeiten; **II.** *v/t.* **7.** merken, (be)achten, achtgeben, hören auf (*acc.*): *to ~ one's P's and Q's* F sich ganz gehörig in acht nehmen; *~ you write* F denk daran (*od.* vergiß nicht) zu schreiben; **8.** sich in acht nehmen, sich hüten vor (*dat.*): *~ the step!* Achtung Stufe!; **9.** sorgen für, sehen nach: *to ~ the fire* nach dem Feuer sehen; *to ~ the children* sich um die Kinder kümmern; *~ your own business!* kümmere dich um deine eigenen Dinge!; *never ~ him!* kümmere dich nicht um ihn!; **10.** sich et. machen aus, es nicht gern sehen *od.* mögen, sich stoßen an (*dat.*): *do you ~ my smoking?* haben Sie et. dagegen, wenn ich rauche?; *would you ~ coming?* würden Sie so freundlich sein zu kommen?; *I don't ~* (*it*) ich habe nichts dagegen, meinetwegen; *I should not ~ a drink* ich wäre nicht abgeneigt, et. zu trinken; **III.** *v/i.* **11.** achthaben, aufpassen, bedenken: *~* (*you*)*!* wohlgemerkt; *never ~!* laß es gut sein!, es hat nichts zu sagen!, es macht nichts!; **12.** et. dagegen haben: *I don't ~* ich habe nichts dagegen, meinetwegen; *I don't ~ if I do* F ja, ganz gern *od.* ich möchte schon; *he ~s a great deal* er ist allerdings dagegen, es macht ihm sehr viel aus; *never ~!* mach dir nichts draus!.

mind·ed ['maindid] *adj.* **1.** geneigt, gesonnen: *if you are so ~* wenn das deine Absicht ist; **2.** *in Zssgn:* gesinnt: *evil-~* böse gesinnt; *small-~* kleinlich; *air-~* flugbegeistert.

'mind-ex·pand·ing *adj.* bewußtseinserweiternd, psyche'delisch (*Droge*).

mind·ful ['maindful] *adj.* □ (of) aufmerksam, achtsam (auf *acc.*), eingedenk (*gen.*): *to be ~ of* achten auf; **'mind·less** ['maindlis] *adj.* □ **1.** (of) unbekümmert (um), ohne Rücksicht (auf *acc.*), uneingedenk (*gen.*); **2.** geistlos, unbeseelt.

'mind|-read·er *s.* Gedankenleser(in); **'~-read·ing** *s.* Gedankenlesen *n*.

mine¹ [main] **I.** *poss. pron.* der (die, das) mein(ig)e: *what is ~* was mir gehört, das Meinige; *a friend of ~* ein Freund von mir; *me and ~* ich u. die Mein(ig)en *od.* meine Familie; **II.** *poss. adj. poet. od. obs.* mein: *~ eyes* meine Augen; *~ host* (der) Herr Wirt.

mine² [main] **I.** *v/i.* **1.** minieren; **2.** schürfen, graben (*for* nach); **3.** sich eingraben (*Tiere*); **II.** *v/t.* **4.** *Erz, Kohlen* abbauen, gewinnen; **5.** ⚓, ⚔ **a)** verminen, **b)** minieren; **6.** *fig.* unter'graben, -mi'nieren; **III.** *s.* **7.** *oft pl.* ⚒ Mine *f*, Bergwerk *n*, Zeche *f*, Grube *f*; **8.** ⚓, ⚔ (*Luft-, See*)Mine *f*: *to spring a ~* e-e Mine springen lassen (*a. fig.*); **9.** *fig.* Fundgrube *f* (*of an dat.*): *a ~ of information*; *~* **bar·ri·er** *s.* ⚔ Minensperre *f*; *~* **de·tec·tor** *s.* ⚔ Minensuchgerät *n*; *~* **fore·man** *s.* [*irr.*] ⚒ Obersteiger *m*; *~* **gas** *s.* **1.** → *methane*; **2.** ⚒ Grubengas *n*, schlagende Wetter *pl.*; **'~·lay·er** [-leiə] *s.* ⚓ Minenleger *m*: *cruiser ~* Minenkreuzer.

min·er ['mainə] *s.* **1.** ⚒ Bergarbeiter *m*, -mann *m*, Grubenarbeiter *m*, Kumpel *m*: *~s' association* Knappschaft; *~'s lamp* Grubenlampe; *~'s lung* ⚕ (Kohlen)Staublunge; **2.** ⚓, ⚔ Mi'neur *m*, Minenleger *m*.

min·er·al ['minərəl] **I.** *s.* **1.** Mine'ral *n*; **2.** *bsd. pl.* Mine'ralwasser *n*; **II.** *adj.* **3.** mine'ralisch, Mineral...; **4.** ⚗ 'anor,ganisch; *~* **blue** *s. min.* Bergblau *n*; *~* **car·bon** *s. min.* Gra'phit *m*; *~* **coal** *s. min.* Steinkohle *f*; *~* **de·pos·it** *s. geol.* Erzlagerstätte *f*.

min·er·al·ize ['minərəlaiz] *v/t. geol.* **1.** vererzen; **2.** mineralisieren, versteinern; **3.** mit 'anor,ganischem Stoff durch'setzen; **min·er·al·og·i·cal** [minərə'lɔdʒikəl] *adj.* □ *min.* minera'logisch; **min·er·al·o·gist** [minə'rælədʒist] *s.* Minera'loge *m*; **min·er·al·o·gy** [minə'rælədʒi] *s.* Mineralo'gie *f*.

min·er·al| oil *s.* Erdöl *n*, Pe'troleum *n*, Mine'ralöl *n*; *~* **spring** *s.* Mineralquelle *f*, Heilbrunnen *m*; *~* **wa·ter** *s.* Mine'ralwasser *n*.

mine| sur·vey·or *s.* ⚒ Markscheider *m*; **'~·sweep·er** *s.* ⚓, ⚔ Minenräum-, Minensuchboot *n*; *~* **sweep·ing** *s.* ⚓ Minenräumen *n*.

min·e·ver → *miniver*.

min·gle ['miŋgl] **I.** *v/i.* **1.** verschmelzen, sich vermischen, sich vereinigen, sich verbinden (*with* mit): *with ~d feelings fig.* mit gemischten Gefühlen; **2.** *fig.* sich (ein)mischen (*in* in *acc.*), sich mischen (*among, with* unter *acc.*); **II.** *v/t.* **3.** vermischen, -mengen.

min·gy ['mindʒi] *adj.* F geizig, knickerig.

min·i ['mini] **I.** *s.* **1.** Minimode *f*: *to wear ~* mini tragen; **II.** *adj.* **2.** Mini...: *~ skirt* → *miniskirt*.

min·i·a·ture ['minjətʃə] **I.** *s.* **1.** Minia'tur(gemälde *n*) *f*; **2.** *fig.* Minia'turausgabe *f*: *in ~* im kleinen, en miniature, Miniatur...; **3.** ⚔ kleine Ordensschnalle; **II.** *adj.* **4.** Miniatur..., Klein..., im kleinen; *~* **cam·er·a** *s. phot.* 'Kleinbild,kamera *f*; *~* **cur·rent** *s.* ⚡ Mini'mal-, Unterstrom *m*; *~* **grand** *s.* ♪ Stutzflügel *m*; *~* **ri·fle shoot·ing** *s.* 'Kleinka,liberschießen *n*; *~* **valve** *s.* ⚡ 'Liliputröhre *f*.

min·i·a·tur·ist ['minjətjuərist] *s.* Minia'turmaler *m*.

'min·i·bus *s. mot.* Mini-, Kleinbus *m*.

'min·i·cab *s.* Minicar *m* (*Kleintaxi*).

'min·i·car *s. mot.* Kleinwagen *m*.

min·i·fy ['minifai] *v/t.* vermindern, verkleinern; *fig. a.* her'absetzen.

min·i·kin ['minikin] **I.** *adj.* **1.** affek'tiert, geziert; **2.** winzig, zierlich; **II.** *s.* **3.** kleine Stecknadel; **4.** *fig.* Knirps *m*.

min·im ['minim] *s.* **1.** ♪ halbe Note; **2.** *et.* Winziges; Zwerg *m*; **3.** *pharm.* 1/60 Drachme *f* (*Apothekermaß*); **4.** Grundstrich *m* (*Kalligraphie*); **'min·i·mal** [-ml] *adj.* kleinst, mini'mal, Mindest...; **'min·i·mize** [-maiz] *v/t.* **1.** auf das Mindestmaß zu'rückführen; **2.** als geringfügig darstellen, bagatellisieren; **'min·i·mum** [-məm] **I.** *pl.* **-ma** [-mə] *s.* 'Minimum *n* (*a.* ⚕), Mindestmaß *n*, -betrag *m*, -stand *m*: *with a ~ of effort* mit e-m Minimum an *od.* von Anstrengung; **II.** *adj.* mini'mal, mindest, Mindest..., kleinst: *~ output* Leistungsminimum; *~ price* Mindestpreis; *~ wage* Mindestlohn; *~ weight* Mindestgewicht.

min·ing ['mainiŋ] ⚒ **I.** *s.* Bergbau *m*, Bergwerk(s)betrieb *m*, Bergwesen *n*; **II.** *adj.* Bergwerks..., Berg(bau)..., Gruben..., Montan...: *~ law* Bergrecht; *~* **dis·as·ter** *s.* Grubenunglück *n*; *~* **en·gi·neer** *s.* 'Berg(bau)ingeni,eur *m*; *~* **in·dus·try** *s.* 'Bergwerks-, 'Bergbau-, Mon'tanindu,strie *f*; *~* **share** *s.* Kux *m*.

min·ion ['minjən] *s.* **1.** Günstling *m*; **2.** *contp.* Speichellecker *m*: *~ of the law* Häscher; **3.** *typ.* Kolo'nel *f* (*Schriftgrad*).

'min·i·skirt *s.* Minirock *m*.

'min·i-state *s. pol.* Zwergstaat *m*.

min·is·ter ['ministə] **I.** *s.* **1.** *eccl.* Geistliche(r) *m*, Pfarrer *m* (*bsd. e-r Dissenterkirche*); **2.** *pol. Brit.* Minister *m*, *a.* Premi'ermi,nister *m*: *♀ of Labour* Arbeitsminister; **3.** *pol.* Gesandte(r) *m*: *~ plenipotentiary* Gesandter mit unbeschränkter Vollmacht; **4.** *fig.* Diener *m*, Werkzeug *n*; **II.** *v/t.* **5.** darreichen; *eccl. die Sakramente* spenden; **III.** *v/i.* **6.** (*to*) behilflich *od.* dienlich sein (*dat.*): *to ~ to the wants of others* für die Bedürfnisse anderer sorgen; **7.** *eccl.* Gottesdienst halten; **min·is·te·ri·al** [minis'tiəriəl] *adj.* □ **1.** amtlich, Verwaltungs..., 'untergeordnet: *~ officer* Verwaltungs-, Exekutivbeamter; **2.** *eccl.* geistlich; **3.** *pol.* **a)** Ministerial..., Minister..., **b)** Regierungs...: *~ bill* Regierungsvorlage; **4.** Hilfs..., dienlich (*to dat.*); **min·is·te·ri·al·ist** [minis'tiəriəlist] *s. pol.* Regierungstreue(r *m*) *f*; '**min·is·trant** [-trənt] **I.** *adj.* **1.** (*to*) dienend (zu), dienstbar (*dat.*); **II.** *s.* **2.** Diener(in); **3.** *eccl.* Mini'strant *m*; **min·is·tra·tion** [minis'treiʃən] *s.* Dienst *m* (*to an dat.*); *bsd. kirchliches* Amt; '**min·is·try** [-tri] *s.* **1.** *eccl.* geistliches Amt; **2.** *pol. Brit.* **a)** Mini'sterium *n* (*a. Amtsdauer u. Gebäude*), **b)** Mi'nisterposten *m*, -amt *n*, **c)** Kabi'nett *n*, Regierung *f*; **3.** *pol. Brit.* Amt *n* e-s Gesandten; **4.** *eccl. coll.* Geistlichkeit *f*.

min·i·um ['miniəm] *s.* **1.** → *vermilion*; **2.** ⚗ Mennige *f*.

min·i·ver ['minivə] *s.* Grauwerk *n*, Feh *n* (*Pelz*).

mink [miŋk] *s.* **1.** *zo.* Nerz *m*; **2.** Nerz(fell *n*) *m*.

min·now ['minou] *s. ichth.* Elritze *f*.

mi·nor ['mainə] **I.** *adj.* **1. a)** kleiner, geringer, **b)** klein, unbedeutend, geringfügig; 'untergeordnet (*a. phls.*): *~ casualty* ⚔ Leichtverwundeter; *~ offence* (*Am. offense*) ⚖ (leichtes) Vergehen, Übertretung; *the* ♀ *Prophets bibl.* die kleinen Propheten; *of ~ importance* von zweitrangiger Bedeutung, **c)** Neben..., Hilfs..., Unter...: *a ~ group* eine Untergruppe; *~ premise phls.* Untersatz; *~ subject Am. univ.* Nebenfach; **2.** minderjährig; **3.** *Brit.* jünger (*in Schulen*): *Smith ~* Smith der Jüngere; **4.** ♪ **a)** klein (*Terz etc.*), **b)** Moll...: *C ~* c-moll; *~ key* Molltonart; **II.** *s.* **5.** Minderjährige(r *m*) *f*; **6.** ♪ **a)** Moll *n*, **b)** 'Mollak,kord *m*, **c)** Molltonart *f*; **7.** *phls.* 'Untersatz *m*; **8.** *Am. univ.* Nebenfach *n*; **mi·nor·i·ty** [mai'nɔriti] *s.* **1.** Minderjährigkeit *f*, Unmündigkeit *f*; **2.** Minori'tät *f*, Minderheit *f*, -zahl *f*.

min·ster ['minstə] *s. eccl.* **1.** Klosterkirche *f*; **2.** Münster *n*, Kathe'drale *f*.

min·strel ['minstrəl] *s.* **1.** *hist.* Spielmann *m*; Minnesänger *m*; **2.** *poet.* Sänger *m*, Dichter *m*; *mst negro ~s pl.* Negersänger *pl.*; '**min·strel·sy** [-si] *s.* **1.** Musi'kantentum *n*; **2. a)** Minnesang *m*, -dichtung *f*, **b)** *poet.* Dichtkunst *f*, Dichtung *f*; **3.** *coll.* Spielleute *pl.*

mint[1] [mint] *s.* ⚘ Minze *f*: *~ sauce* (saure) Minzsoße.

mint[2] [mint] **I.** *s.* **1.** Münze *f*: **a)** Münzstätte *f*, -anstalt *f*, **b)** Münzamt *n*: *a ~ of money* F ein Haufen Geld; **2.** *fig.* **a)** Werkstatt *f der Natur*, **b)** (reiche) Fundgrube, Quelle *f*; **II.** *adj.* **3.** (wie) neu, tadellos erhalten, unbeschädigt (*Briefmarke, Buch*): *in ~ condition*; **III.** *v/t.* **4.** *Geld* münzen, schlagen, prägen; **5.** *fig. Wort etc.* prägen; schmieden; '**mint·age** [-tidʒ] *s.* **1.** Münzen *n*, Prägung *f* (*a. fig.*); **2.** *das* Geprägte, Geld *n*; **3.** Prägegebühr *f*.

min·u·end ['minjuend] *s.* ℞ Minu'end *m*.

min·u·et [minju'et] *s.* ♪ Menu'ett *n*.

mi·nus ['mainəs] **I.** *prp.* **1.** ℞ minus, weniger; **2.** F ohne *Hosen etc.*, mit *e-m Bein etc.* weniger; **II.** *adv.* **3.** minus, unter null (*Temperatur*); **III.** *adj.* **4.** Minus..., nega'tiv: *~ amount* Fehlbetrag; *~ quantity* → *6*; **IV.** *s.* **5.** Minuszeichen *n*; **6.** negative Größe; **7.** Verlust *m*, Mangel *m*.

mi·nus·cule [mi'nʌskju:l] *s.* Mi'nuskel *f*, kleiner (Anfangs)Buchstabe.

min·ute[1] ['minit] **I.** *s.* **1.** Mi'nute *f* (*a.* ℞): *for a ~* e-e Minute (lang); *~-hand* Minutenzeiger (*Uhr*); *to the ~* auf die Minute genau; (*up*) *to the ~* hypermodern; **2.** Augenblick *m*: *in a ~* sofort; *just a ~!* Moment mal!; *the ~ that* sobald; **3.** † **a)** Kon'zept *n*, kurzer Entwurf, **b)** No'tiz *f*, Memo'randum *n*: *~-book* Protokollbuch; *to enter in the ~-book* protokollieren; **4.** *pl.* ⚖, *pol.* ('Sitzungs)Proto,koll *n*, Niederschrift *f*: (*the*) *~s of the proceedings* Verhandlungsprotokoll; *to keep the ~s* das Protokoll führen; **II.** *v/t.* **5. a)** entwerfen, aufsetzen, **b)** notieren, protokollieren.

mi·nute[2] [mai'nju:t] *adj.* □ → *minutely*[2]; **1.** sehr klein, winzig: *in the ~st details* in den kleinsten Einzelheiten; **2.** *fig.* unbedeutend, geringfügig; **3.** sorgfältig, peinlich genau.

min·ute·ly[1] ['minitli] **I.** *adj.* jede Mi'nute geschehend, Minuten...; **II.** *adv.* jede Minute, von Minute zu Minute.

mi·nute·ly[2] [mai'nju:tli] *adv.* genau, 'umständlich; **mi·nute·ness** [mai'nju:tnis] *s.* **1.** Kleinheit *f*, Winzigkeit *f*; **2.** (peinliche) Genauigkeit, 'Umständlichkeit *f*.

mi·nu·ti·a [mi'nju:ʃiə] *pl.* **-ti·ae** [-ʃii:] (*Lat.*) *s.* Einzelheit *f*, De'tail *n*.

minx [miŋks] *s.* Range *f*, Racker *m* (*Mädchen*).

mir·a·cle ['mirəkl] *s.* Wunder *n* (*a. fig.*); Wundertat *f*, -kraft *f*: *to a ~* wundervoll, ausgezeichnet; *to work ~s* Wunder tun; *~ play hist. eccl.* Mirakelspiel; **mi·rac·u·lous** [mi'rækjuləs] **I.** *adj.* □ 'überna,türlich, wunderbar (*a. fig.*); Wunder...: *~ cure* Wunderkur; **II.** *s. das* Wunderbare; **mi·rac·u·lous·ly** [mi'rækjuləsli] *adv.* (wie) durch ein Wunder.

mi·rage ['mirɑ:ʒ] *s.* **1.** *phys.* Luftspiegelung *f*, Fata Mor'gana *f*; **2.** *fig.* Trugbild *n*, Täuschung *f*, Wahn *m*.

mire ['maiə] **I.** *s.* **1.** Schlamm *m*, Sumpf *m*, Kot *m* (*alle a. fig.*): *to drag s.o. into the ~ fig.* j-n in den Schmutz ziehen; **2.** *fig.* ‚Patsche' *f*, Verlegenheit *f*: *to be deep in the ~* ‚tief in der Klemme sitzen'; **II.** *v/t.* **3.** in den Schlamm fahren *od.* setzen: *to be ~d* im Sumpf *etc.* stecken (-bleiben); **4.** beschmutzen, besudeln; **III.** *v/i.* **5.** im Sumpf versinken.

mir·ror ['mirə] **I.** *s.* **1.** Spiegel *m* (*a. zo.*): *to hold up the ~ to s.o. fig.* j-m den Spiegel vorhalten; **2.** *fig.* Spiegel *m*, Muster *n*, Vorbild *n*; **II.** *v/t.* **3.** 'widerspiegeln; **4.** mit Spiegel(n) versehen: *~ed room* Spiegelzimmer; **~ fin·ish** *s.* ⊕ Hochglanz *m*; '**~-in·vert·ed** *adj.* seitenverkehrt; **~ sym·me·try** *s.* ℞, *phys.* 'Spiegelsymme,trie *f*; '**~-writ·ing** *s.* Spiegelschrift *f*.

mirth [mə:θ] *s.* Fröhlichkeit *f*, Frohsinn *m*, Heiterkeit *f*, Freude *f*; '**mirth·ful** [-ful] *adj.* □ fröhlich, heiter, lustig; '**mirth·ful·ness** [-fulnis] *s.* Fröhlichkeit *f*; '**mirth·less** [-lis] *adj.* freudlos, trüb(e).

mir·y ['maiəri] *adj.* **1.** sumpfig, schlammig, kotig; **2.** *fig.* dreckig, gemein.

mis- [mis] *in Zssgn* falsch, Falsch..., miß..., Miß...; schlecht; Fehl...

'**mis·ad'ven·ture** *s.* Unfall *m*, Unglück *n*; 'Mißgeschick *n*; '**mis·a'lign·ment** *s.* ⊕ Flucht(ungs)fehler *m*; '**mis·al'li·ance** *s.* Mesalli'ance *f*, 'Mißheirat *f*.

mis·an·thrope ['mizənθroup] *s.* Menschenfeind *m*, Misan'throp *m*; **mis·an·throp·ic** *adj.*; **mis·an·throp·i·cal** [mizən'θrɔpik(əl)] *adj.* □ menschenfeindlich, misan'thropisch; **mis·an·thro·pist** [mi'zænθrəpist] → *misanthrope*; **mis·an·thro·py** [mi'zænθrəpi] *s.* Menschenhaß *m*.

'**mis·ap·pli'ca·tion** *s.* falsche Verwendung; *b.s.* 'Mißbrauch *m*; '**mis·ap'ply** *v/t.* **1.** falsch anbringen *od.* anwenden; **2.** miß'brauchen; *öffentliche Gelder etc.* veruntreuen.

'**mis·ap·pre'hend** *v/t.* 'mißverstehen; '**mis·ap·pre'hen·sion** *s.* 'Mißverständnis *n*, falsche Auffassung: *to be od. labo(u)r under a ~* sich in e-m Irrtum befinden.

'**mis·ap'pro·pri·ate** *v/t.* **1.** sich 'widerrechtlich aneignen, unter'schlagen; **2.** falsch anwenden: *~d capital* † fehlgeleitetes Kapital; '**mis·ap·pro·pri'a·tion** *s.* ⚖ 'widerrechtliche Aneignung *od.* Verwendung, Unter'schlagung *f*, Veruntreuung *f*.

'**mis·be'come** *v/t.* [*irr.* → *become*] *j-m* schlecht stehen, sich nicht schicken *od.* ziemen für; '**mis·be'com·ing** *adj.* unschicklich.

'**mis·be'got·ten** *adj.* **1.** unehelich (gezeugt); **2.** scheußlich, ekelhaft.

'**mis·be'have** *v/i. od. v/refl.* **1.** sich schlecht benehmen *od.* aufführen, sich da'nebenbenehmen; **2.** *to ~ with* sich einlassen *od.* in'tim werden mit; '**mis·be'hav·io(u)r** *s.* **1.** schlechtes Betragen, Ungezogenheit *f*; **2.** *~ before the enemy* ⚔ *Am.* Feigheit vor dem Feind.

'**mis·be'lief** *s.* Irrglaube *m*; irrige Ansicht; '**mis·be'lieve** *v/i.* irrgläubig sein; '**mis·be'liev·er** *s.* Irrgläubige(r *m*) *f*.

'**mis'cal·cu·late** **I.** *v/t.* falsch berechnen *od.* (ab)schätzen; **II.** *v/i.* sich verrechnen, sich verkalkulieren; '**mis·cal·cu'la·tion** *s.* Rechen-, Kalkulati'onsfehler *m*, falsche (Be)Rechnung.

'**mis'call** *v/t.* falsch *od.* zu Unrecht (be)nennen.

mis'car·riage *s.* **1.** Fehlschlag(en *n*)

m, Miß'lingen *n*: ~ *of justice* ⚖ Fehlspruch, -urteil, Justizirrtum; **2.** ✝ Versandfehler *m*; **3.** Fehlleitung *f (Brief)*; **4.** ⚕ Fehlgeburt *f*;
mis'car·ry *v/i.* **1.** miß'lingen, -'glücken, fehlschlagen, scheitern; **2.** verlorengehen *(Brief)*; **3.** ⚕ e-e Fehlgeburt haben.
mis'cast *v/t.* [*irr.* → *cast*] *thea. etc. Rolle* fehlbesetzen: *to be* ~ **a)** e-e Fehlbesetzung sein *(Schauspieler)*, **b)** *fig.* s-n Beruf verfehlt haben.
mis·ce·ge·na·tion [misidʒi'neiʃən] *s.* Rassenmischung *f*.
mis·cel·la·ne·ous [misi'leinjəs] *adj.* □ **1.** ge-, vermischt; **2.** vielseitig, verschiedenartig; **mis·cel'la·ne·ous·ness** [-nis] *s.* **1.** Gemischtheit *f*; **2.** Vielseitigkeit *f*; Mannigfaltigkeit *f*; **mis·cel·la·ny** [mi'seləni] *s.* **1.** Gemisch *n*, Sammlung *f*, Sammelband *m*; **2.** *pl.* vermischte Schriften *pl.*, Mis'zellen *pl.*
mis'chance *s.* Unfall *m*, 'Mißgeschick *n*: *by* ~ durch e-n unglücklichen Zufall, unglücklicherweise.
mis·chief ['mistʃif] *s.* **1.** Unheil *n*, Unglück *n*, Schaden *m*: *to do* ~ Unheil anrichten; *to mean* ~ Böses im Schilde führen; *to make* ~ Zwietracht säen, böses Blut machen; **2.** Gefahr *f*: *to run into* ~ in Gefahr kommen; **3.** Ursache *f* des Unheils, Übelstand *m*, Unrecht *n*, Störenfried *m*; **4.** Unfug *m*, Possen *m*: *to get into* ~ et. ‚anstellen'; *to keep out of* ~ brav sein; *that will keep you out of* ~ das wird dir deine dummen Gedanken austreiben; **5.** Racker *m (Kind)*; **6.** Mutwille *m*, 'Übermut *m*, Ausgelassenheit *f*: *to be full of* ~ immer Unfug im Kopf haben; **7.** *euphem. der* Böse, Teufel *m*: *what (why) the* ~ ...? was (warum) zum Teufel ...?; **'~-mak·er** *s.* Unheilstifter *m*, Störenfried *m*; Hetzer *m*.
mis·chie·vous ['mistʃivəs] *adj.* □ **1.** nachteilig, schädlich, verderblich; **2.** boshaft, mutwillig, schadenfroh, schelmisch; **'mis·chie·vous·ness** [-nis] *s.* **1.** Schädlichkeit *f*; **2.** Bosheit *f*, Mutwille *m*; Schadenfreude *f*; **3.** Schalkheit *f*, Ausgelassenheit *f*.
mis·ci·ble ['misibl] *adj.* mischbar.
'mis·con'ceive *v/t.* falsch auffassen *od.* verstehen, sich e-n falschen Begriff machen von; **'mis·con'cep·tion** *s.* 'Mißverständnis *n*, falsche Auffassung.
mis·con·duct I. *v/t.* ['miskən'dʌkt] **1.** schlecht führen *od.* verwalten; **2.** ~ *o.s.* sich schlecht betragen *od.* benehmen, e-n Fehltritt begehen; **II.** *s.* [mis'kɔndʌkt] **3.** Ungebühr *f*, schlechtes Betragen *od.* Benehmen; **4.** Verfehlung *f*, *bsd.* Ehebruch *m*, Fehltritt *m*; ⚔ schlechte Führung: ~ *in office* ⚖ Amtsvergehen.
'mis·con'struc·tion *s.* Miß'deutung *f*, falsche Auslegung; **'mis·con'strue** *v/t.* falsch auslegen, miß'deuten, 'mißverstehen.
'mis'count I. *v/t.* falsch (be)rechnen *od.* zählen; **II.** *v/i.* sich verrechnen; **III.** *s.* Rechenfehler *m*.
mis·cre·ant ['miskriənt] **I.** *adj.* gemein, ab'scheulich, scheußlich; **II.** *s.* Schurke *m*, Bösewicht *m*.
'mis'date I. *v/t.* falsch datieren; **II.** *s.* falsches Datum.
'mis'deal *v/t. u. v/i.* [*irr.* → *deal*] *Karten* vergeben.
'mis'deed *s.* Missetat *f*, Verbrechen *n*, Untat *f*.
mis·de·mean [misdi'mi:n] *v/i. u. v/refl.* sich schlecht betragen, sich vergehen; **mis·de'mean·ant** [-nənt] *s.* **1.** Übel-, Missetäter(in); **2.** ⚖ Straffällige(r *m*) *f*, Delin'quent(in); **mis·de'mean·o(u)r** [-nə] *s.* ⚖ Vergehen *n*, minderes De'likt.
'mis·di'rect *v/t.* **1.** *j-n od. et.* fehl-, irreleiten: ~*ed charity* falsch angebrachte Wohltätigkeit; **2.** ⚖ *die Geschworenen* falsch belehren; **3.** *Brief* falsch adressieren; **'mis·di'rec·tion** *s.* **1.** Irreleiten *n*, Irreführung *f*; **2.** falsche Verwendung; **3.** ⚖ unrichtige Rechtsbelehrung; **4.** falsche Adressierung *(Brief)*.
'mis'do·ing → *misdeed*.
mise en scène ['mi:zɑ̃:n'sein; mizɑ̃sɛ:n] *(Fr.) s. thea. u. fig.* Inszenierung *f*.
'mis·em'ploy *v/t.* schlecht anwenden, miß'brauchen; **'mis·em'ploy·ment** *s.* schlechte Anwendung, 'Mißbrauch *m*.
mi·ser ['maizə] *s.* Geizhals *m*.
mis·er·a·ble ['mizərəbl] *adj.* □ **1.** elend, jämmerlich, erbärmlich, armselig, kläglich *(alle a. contp.)*; **2.** traurig, unglücklich: *to make s.o.* ~; **3.** verächtlich, nichtswürdig.
mi·ser·li·ness ['maizəlinis] *s.* Geiz *m*; **mi·ser·ly** ['maizəli] *adj.* geizig, filzig, knick(e)rig.
mis·er·y ['mizəri] *s.* Elend *n*, Not *f*; Trübsal *f*, Jammer *m*.
mis·fea·sance [mis'fi:zəns] *s.* ⚖ **1.** pflichtwidrige Handlung; **2.** 'Mißbrauch *m (der Amtsgewalt)*.
'mis'fire I. *v/i.* **1.** versagen *(Waffe)*; **2.** *mot.* fehlzünden, aussetzen; **II.** *s.* **3.** Versager *m*; **4.** *mot.* Fehlzündung *f*.
'mis·fit *s.* **1.** schlechter Sitz *(Kleidungsstücke etc.)*; **2.** nicht passendes Stück; **3.** F *fig.* Eigenbrötler *m*, j-d der sich s-r Um'gebung nicht anpassen kann.
mis'for·tune *s.* 'Mißgeschick *n*, Unglück(sfall *m*) *n*.
mis'give *v/t.* [*irr.* → *give*] *Böses* ahnen lassen: *my heart* ~*s me* mir schwant *(that* daß, *about s.th.* et.);
mis'giv·ing *s.* Befürchtung *f*, Zweifel *m*, böse Ahnung.
mis'got·ten *adj.* unrechtmäßig erworben.
'mis'gov·ern *v/t.* schlecht regieren; **'mis'gov·ern·ment** *s.* 'Mißregierung *f*, schlechte Regierung.
'mis'guid·ance *s.* Irreführung *f*, Verleitung *f*; **'mis'guide** *v/t.* fehlleiten, verleiten, irreführen; **'mis'guid·ed** *adj.* fehl-, irregeleitet: *in a* ~ *moment* in e-r schwachen Stunde.
'mis'han·dle *v/t.* miß'handeln; *weitS.* falsch behandeln, schlecht handhaben.
mis·hap ['mishæp] *s.* Unglück *n*, Unfall *m*; *mot.* *(u. humor. fig.)* Panne *f*.
'mis'hear *v/t. u. v/i.* [*irr.* → *hear*] falsch hören, sich verhören.
mish·mash ['miʃmæʃ] *s.* Mischmasch *m*.
'mis·in'form I. *v/t.* *j-m* falsch berichten, *j-n* falsch unter'richten; **II.** *v/i.* falsch aussagen *(against* gegen); **'mis·in·for'ma·tion** *s.* falscher Bericht, falsche Auskunft.
'mis·in'ter·pret *v/t. u. v/i.* miß'deuten, falsch auffassen *od.* auslegen; **'mis·in·ter·pre'ta·tion** *s.* 'Mißdeutung *f*, falsche Auslegung.
'mis'join·der *s.* ⚖ unzulässige Klagehäufung; unzulässige Zuziehung *(e-s Streitgenossen)*.
'mis'judge *v/i. u. v/t.* **1.** falsch (be-)urteilen, verkennen; **2.** falsch schätzen: *I* ~*d the distance*; **'mis'judgement** *s.* irriges Urteil; falsche Beurteilung.
mis'lay *v/t.* [*irr.* → *lay*] *et.* verlegen.
mis'lead *v/t.* [*irr.* → *lead*] irreführen; *fig. a.* verführen, verleiten *(into doing* zu tun): *to be misled* sich verleiten lassen; **mis'lead·ing** *adj.* irreführend.
mis'led *pret. u. p.p. von mislead.*
'mis'man·age I. *v/t.* schlecht verwalten, unrichtig handhaben; **II.** *v/i.* schlecht wirtschaften; **'mis'man·age·ment** *s.* schlechte Verwaltung, 'Mißwirtschaft *f*.
'mis'name *v/t.* falsch benennen.
mis·no·mer ['mis'noumə] *s.* **1.** ⚖ Namensirrtum *m (in e-r Urkunde)*; **2.** falsche Benennung *od.* Bezeichnung.
mi·sog·a·mist [mi'sɔgəmist] *s.* Ehefeind *m*.
mi·sog·y·nist [mai'sɔdʒinist] *s.* Weiberfeind *m*; **mi'sog·y·ny** [-ni] *s.* Weiberhaß *m*.
'mis'place *v/t.* **1.** *et.* verlegen; **2.** an e-e falsche Stelle legen *od.* setzen; **3.** *fig.* falsch *od.* übel anbringen: *to be* ~*d* unangebracht sein.
mis·print I. *v/t.* [mis'print] verdrucken, fehldrucken; **II.** *s.* ['mis'print] Druckfehler *m*.
mis·pri·sion [mis'priʒən] *s.* ⚖ **1.** Vergehen *n*, Versäumnis *n*; **2.** Unter'lassung *f* der Anzeige.
'mis·pro'nounce *v/t.* falsch aussprechen; **'mis·pro·nun·ci'a·tion** *s.* falsche Aussprache.
'mis·quo'ta·tion *s.* falsches Zi'tat; **'mis'quote** *v/t. u. v/i.* falsch anführen *od.* zitieren.
'mis'read *v/t.* [*irr.* → *read*] **1.** falsch lesen; **2.** miß'deuten *(beim Lesen)*.
'mis·rep·re'sent *v/t.* **1.** falsch *od.* ungenau darstellen; **2.** entstellen, verdrehen; **'mis·rep·re·sen'ta·tion** *s.* falsche *od.* ungenaue Darstellung, Verdrehung *f*; ⚖ falsche Angabe.
'mis'rule I. *v/t.* **1.** schlecht regieren; **II.** *s.* **2.** schlechte Re'gierung, 'Mißregierung *f*; **3.** Unordnung *f*, Tu'mult *m*.
miss[1] [mis] *s.* **1.** ♀ *in der Anrede*: Fräulein *n*: ♀ *Smith*; ~ *America* die Schönheitskönigin von Amerika; **2.** *humor.* junges Mädchen, Backfisch *m*; **3.** F *(ohne folgenden Namen)* Fräulein *n*.
miss[2] [mis] **I.** *v/t.* **1.** *Gelegenheit, Zug etc.* verpassen, versäumen; *Beruf, Person, Schlag, Weg, Ziel* verfehlen: *to* ~ *the point (of an argument)* das Wesentliche (e-s Argu-

ments) nicht begreifen; *he didn't ~ much* a) er versäumte nicht viel, b) ihm entging fast nichts; *~ed approach* ✈ Fehlanflug; → *boat 1, bus 1, fire 6, footing 3, guess 7, hold² 1, mark¹ 11*; 2. *a. ~ out* auslassen, über'gehen, -'springen; 3. nicht haben, nicht bekommen; 4. nicht hören können, über'hören; 5. (ver)missen, entbehren: *we ~ her very much* sie fehlt uns sehr; 6. entkommen, vermeiden: *he just ~ed being hurt* er ist gerade (noch) e-r Verletzung entgangen; *I just ~ed running him over* ich hätte ihn beinahe überfahren; II. *v/i.* 7. fehlen, nicht treffen: a) da'nebenschießen, -werfen, -schlagen *etc.*, b) da'nebengehen (*Schuß etc.*); 8. miß'glücken, -'lingen, fehlschlagen, ‚da'nebengehen'; 9. *~ out on* a) über'sehen, auslassen, b) sich entgehen lassen; III. *s.* 10. Fehlschuß *m*, -wurf *m*, -stoß *m*: *every shot a ~* jeder Schuß (ging) daneben; 11. Verpassen *n*, Versäumen *n*, Verfehlen *n*, Entrinnen *n*: *a ~ is as good as a mile* a) haarscharf daneben ist auch daneben, b) mit knapper Not entrinnen ist immerhin entrinnen; *to give s.th. a ~* et. vermeiden, et. nicht nehmen, et. nicht tun *etc.*; 12. Verlust *m*.

mis·sal ['misəl] *s. eccl.* Meßbuch *n*.

'mis·sel-thrush ['misəl] *s. orn.* Misteldrossel *f*.

mis·shap·en ['mis'ʃeipən] *adj.* 'miß-, ungestalt(et), unförmig.

mis·sile ['misail] I. *s.* (Wurf-)Geschoß *n*, Projek'til *n*; ⚔ Flugkörper *m*: *ballistic ~, guided ~* Fernlenkwaffe, Rakete(ngeschoß); II. *adj.* Wurf...; Raketen...

miss·ing ['misiŋ] *adj.* 1. fehlend, weg, nicht da: *to be ~* a) fehlen, b) verschwunden *od.* weg sein (*Sache*); *~ link biol.* fehlendes Glied, Zwischenstufe (*zwischen Mensch u. Affe*); 2. vermißt (⚔ *a. ~ in action*), verschollen: *to be ~* vermißt sein *od.* werden; *the ~* die Vermißten, die Verschollenen.

mis·sion ['miʃən] *s.* 1. *pol.* Gesandtschaft *f*; Ge'sandtschaftsperso,nal *n*; 2. *pol.*, ⚔ Missi'on *f im Ausland*; 3. (⚔ Kampf)Auftrag *m*; ✈ Einsatz *m*, Feindflug *m*: *on (a) special ~* mit besonderem Auftrag; 4. *eccl.* a) Missi'on *f*, Sendung *f*, b) Missio'narstätigkeit *f*: *foreign (home) ~* äußere (innere) Mission, c) Missi'on(sgesellschaft) *f*, d) Missi'onsstati,on *f*; 5. Missi'on *f*, Sendung *f*, Lebenszweck *m*: *~ in life* Lebensaufgabe; **mis·sion·ar·y** ['miʃnəri] I. *adj.* missio'narisch, Missions...: *~ society*; II. *s.* Missio'nar(in), Glaubensbote *m*, -botin *f*.

mis·sis ['misiz] *s.* 1. *sl.* gnä' Frau (*als Anrede der Hausfrau*); 2. F ‚Olle' *f*, ‚bessere Hälfte' (*Gattin*).

mis·sive ['misiv] *s.* Sendschreiben *n*.

'mis-'spell *v/t. u. v/i.* [*a. irr.* → *spell*] falsch buchstabieren *od.* schreiben; **'mis-'spell·ing** *s.* falsches Buchstabieren, ortho'graphischer Fehler.

'mis-'spend *v/t.* [*irr.* → *spend*] falsch verwenden, *a. s-e Jugend etc.* vergeuden.

'mis-'state *v/t.* falsch angeben, unrichtig darstellen; **'mis-'statement** *s.* falsche Angabe *od.* Darstellung.

mis·sus ['misəs] → *missis*.

miss·y ['misi] *s.* F kleines Fräulein.

mist [mist] I. *s.* 1. (feiner) Nebel, feuchter Dunst, *Am. a.* Sprühregen *m*; 2. *fig.* Nebel *m*, Schleier *m*: *to be in a ~* ganz irre *od.* verdutzt sein; 3. F Beschlag *m*, Hauch *m* (*auf e-m Glase*); II. *v/i.* 4. *a. ~ over* nebeln, neblig sein (*a. fig.*); sich trüben (*Augen*); (sich) beschlagen (*Glas*); III. *v/t.* 5. um'nebeln.

mis·tak·a·ble [mis'teikəbl] *adj.* verkennbar, (leicht) zu verwechseln(d), 'mißzuverstehen(d); **mis'take** [-'teik] I. *v/t.* [*irr.* → *take*] 1. (*for*) verwechseln (mit), (fälschlich) halten (für), verfehlen, nicht erkennen, verkennen, sich irren in (*dat.*): *to ~ s.o.'s character* sich in j-s Charakter irren; 2. falsch verstehen, 'mißverstehen; II. *v/i.* [*irr.* → *take*] 3. sich irren, sich versehen; III. *s.* 4. 'Mißverständnis *n*; 5. Irrtum *m* (*a.* ⚖), Fehler *m*, Versehen *n*, 'Mißgriff *m*: *by ~* irrtümlich, aus Versehen; *to make a ~* sich irren; *and no ~* F bestimmt, worauf du dich (*etc.*) verlassen kannst; 6. (Schreib-, Sprach-, Rechen)Fehler *m*; **mis'tak·en** [-kən] I. *p.p. von mistake*; II. *adj.* □ 1. im Irrtum: *to be ~* sich irren; *unless I am very much ~* wenn ich mich nicht sehr irre; *we were quite ~ in him* wir haben uns in ihm ziemlich getäuscht; 2. irrtümlich, falsch, verfehlt (*Politik etc.*): *~ identity* Personenverwechslung; *~ kindness* unangebrachte Freundlichkeit.

mis·ter ['mistə] *s.* 1. ♂ Herr *m* (*abbr. Mr*): *Mr Smith; Mr President* Herr Präsident; 2. F *als bloße Anrede*: Herr!, ‚Meister'!, ‚Chef'!

'mis'time *v/t.* zur unpassenden Zeit sagen *od.* tun; e-n falschen Zeitpunkt wählen für.

'mis'timed *adj.* unpassend, unangebracht, zur Unzeit.

mist·i·ness ['mistinis] *s.* 1. Nebligkeit *f*, Dunstigkeit *f*; 2. Unklarheit *f*, Verschwommenheit *f* (*a. fig.*).

mis·tle·toe ['misltou] *s.* ♀ 1. Mistel *f*; 2. Mistelzweig *m*.

mis'took *pret. u. obs. p.p. von mistake*.

'mis·trans'late *v/t. u. v/i.* falsch über'setzen.

mis·tress ['mistris] *s.* 1. Herrin *f* (*a. fig.*), Gebieterin *f*, Besitzerin *f*: *she is ~ of herself* sie weiß sich zu beherrschen; 2. Frau *f* des Hauses, Hausfrau *f*; 3. Lehrerin *f*: *chemistry ~* Chemielehrerin; 4. Kennerin *f*, Meisterin *f in e-r Kunst etc.*; 5. Mä'tresse *f*, Geliebte *f*; 6. (gnädige) Frau (*abbr. Mrs.*): *Mrs. Smith*.

'mis'tri·al *s.* ⚖ fehlerhaft geführter Pro'zeß; *Am. a.* ergebnisloser Pro'zeß.

'mis'trust I. *s.* 1. 'Mißtrauen *n*, Argwohn *m* (*of* gegen); II. *v/t.* 2. *j-m* miß'trauen, nicht trauen; 3. zweifeln an (*dat.*); **mis'trust·ful** *adj.* □ 'mißtrauisch, argwöhnisch (*of* gegen).

mist·y ['misti] *adj.* □ 1. (leicht) neb(e)lig, dunstig; 2. *fig.* nebelhaft, verschwommen.

'mis·un·der'stand *v/t. u. v/i.* [*irr.* → *understand*] 'mißverstehen; **'mis·un·der'stand·ing** *s.* 1. 'Mißverständnis *n*; 2. 'Mißhelligkeit *f*, Diffe'renz *f*; **'mis·un·der'stood** *adj.* 1. 'mißverstanden; 2. nicht richtig gewürdigt.

mis'us·age *s.* 1. 'Mißbrauch *m*; 2. falscher Gebrauch; 3. Miß'handlung *f*.

'mis'use I. *s.* [-'ju:s] 1. 'Mißbrauch *m*, falscher Gebrauch, falsche Anwendung; II. *v/t.* [-'ju:z] 2. miß'brauchen, falsch *od.* zu unrechten Zwecken gebrauchen; falsch anwenden; 3. miß'handeln.

mite¹ [mait] *s. zo.* Milbe *f*.

mite² [mait] *s.* 1. Heller *m*; *weitS.* kleine Geldsumme; Scherflein *n*: *to contribute one's ~ to* sein Scherflein beitragen zu; 2. F kleines Ding, Dingelchen *n*: *a ~ of a child* ein Würmchen.

mi·ter *Am.* → *mitre*.

mit·i·gate ['mitigeit] *v/t. Schmerz etc.* lindern; *Strafe etc.* mildern; *Zorn* besänftigen, mäßigen: *mitigating circumstances* ⚖ (straf)mildernde Umstände; **mit·i·ga·tion** [miti'geiʃən] *s.* 1. Linderung *f*, Milderung *f*; 2. Milderung *f*, Abschwächung *f*: *to plead in ~* ⚖ für Strafmilderung plädieren; 3. Besänftigung *f*, Mäßigung *f*.

mi·to·sis [mi'tousis] *pl.* **-ses** [-si:z] *s. biol.* 'indi,rekte *od.* chromoso'male (Zell)Kernteilung.

mi·tre ['maitə] I. *s.* 1. a) Mitra *f*, Bischofsmütze *f*, b) *fig.* Bischofsamt *n*, -würde *f*; 2. ⊕ a) Gehrung(sfuge) *f*, b) Gehrungsfläche *f*; II. *v/t.* 3. mit der Mitra schmücken, zum Bischof machen; 4. ⊕ a) auf Gehrung verbinden, b) gehren, auf Gehrung zurichten; III. *v/i.* 5. ⊕ sich in einem Winkel treffen; **'~-box** *s.* ⊕ Gehrlade *f*; **~ gear** *s.* ⊕ Kegelrad *n*, Winkelgetriebe *n*; **'~-joint** *s.* ⊕ Gehrfuge *f*; **~ square** *s.* ⊕ Gehrdreieck *n*.

mitt [mit] *s.* 1. Halbhandschuh *m* (*langer Handschuh ohne Finger*); 2. *Baseball*: Fanghandschuh *m*; 3. → *mitten 1*; 4. *Am. sl.* ‚Flosse' *f* (*Hand*).

mit·ten ['mitn] *s.* 1. Fausthandschuh *m*, Fäustling *m*: *to get the ~* F a) e-n Korb bekommen, abgewiesen werden, b) ‚(hinaus)fliegen', entlassen werden; 2. → *mitt 1*; 3. *pl. sl.* Boxhandschuhe *pl*.

mit·ti·mus ['mitiməs] (*Lat.*) *s.* 1. ⚖ a) *richterlicher Befehl an die Gefängnisbehörde zur Aufnahme e-s Häftlings*, b) *Befehl zur Übersendung der Akten an ein anderes Gericht*; 2. F ‚blauer Brief', Entlassung *f*.

mix [miks] I. *v/t.* 1. (ver)mischen, vermengen (*with* mit); *Cocktail etc.* mixen, mischen; *Teig* anrühren, mischen: *to ~ into* mischen in (*acc.*); *to ~ up* zs.-, durcheinandermischen, *fig.* völlig durcheinanderbringen, verwechseln (*with* mit); *to be ~ed up fig.* verwickelt sein *od.* werden (*in, with* in *acc.*); 2. *biol.* kreuzen; 3. *Stoffe* melieren; 4. *fig.* verbinden: *to ~ work and pleasure*; II. *v/i.*

5. sich (ver)mischen; 6. sich mischen lassen; 7. *gut etc.* auskommen (*with* mit); 8. verkehren (*with* mit, *in* in *dat.*): *to ~ in the best society*; **III.** *s.* 9. Mischung *f* (*a. Am. kochfertige Speise*); 10. F Durchein'ander *n*, Mischmasch *m*; 11. *sl.* Keile'rei *f*, Raufe'rei *f*.

mixed [mikst] *adj.* 1. gemischt (*a. fig. Gefühl, Gesellschaft, Metapher*); 2. vermischt, Misch...; 3. F verwirrt, kon'fus; **~ bath·ing** *s.* Fa'milienbad *n*; **~ car·go** *s.* ✝ Stückgutladung *f*; **~ con·struc·tion** *s.* Gemischtbauweise *f*; **~ dou·bles** *s. pl. sg. konstr. sport* gemischtes Doppel: *to play a ~*; **~ e·con·o·my** *s.* ✝ gemischte Wirtschaftsform; **'~-e'con·o·my** *adj.* ✝ gemischtwirtschaftlich; **~ for·est** *s.* Mischwald *m*; **~ frac·tion** *s.* 𝔄 gemischter Bruch; **~ mar·riage** *s.* Mischehe *f*; **~ pick·les** *s. pl.* Mixed Pickles *pl.* (*Essiggemüse*); **~ school** *s. Brit.* Koedukati'onsschule *f*; **~ train** *s.* 🚂 gemischter Zug.

mix·er ['miksə] *s.* 1. Mischer *m*; 2. Mixer *m* (*von Cocktails etc.*) (*a. Küchengerät*); 3. ⊕ Mischer *m*, 'Mischma,schine *f*; 4. ⚡ *Fernsehen etc.*: Mischpult *n*; 5. F *guter etc.* Gesellschafter, Kon'taktmensch *m*; **mix·ture** ['mikstʃə] *s.* 1. Mischung *f* (*a. von Tee, Tabak etc.*), Gemisch *n* (*a.* ⚗ *Ggs. Verbindung*); 2. ⊕ Gas-Luftgemisch *n*; 3. *pharm.* Mix'tur *f*; 4. *biol.* Kreuzung *f*; 5. Beimengung *f*; **'mix-'up** *s.* F 1. Wirrwarr *m*, Durchein'ander *n*; 2. Handgemenge *n*.

miz·(z)en ['mizn] *s.* ⚓ 1. Be'san (-segel *n*) *m*; 2. → *miz(z)en-mast*; **'~-mast** [-mɑːst; ⚓ -məst] *s.* Be'san-, Kreuzmast *m*; **'~-sail** → *miz(z)en 1*; **'~-top·gal·lant** *s.* Kreuzbramsegel *n*.

miz·zle ['mizl] *dial.* **I.** *v/i.* nieseln, fein regnen; **II.** *s.* Nieseln *n*, Sprühregen *m*.

mne·mon·ic [ni(:)'mɔnik] **I.** *adj.* 1. mnemo'technisch; 2. mne'monisch, Gedächtnis...; **II.** *s.* 3. Gedächtnishilfe *f*; 4. → *mnemonics 1*; **mne'mon·ics** [-ks] *s. pl.* 1. *a. sg. konstr.* Mnemo'technik *f*, Gedächtniskunst *f*; 2. mne'monische Zeichen *pl.*; **mne·mo·tech·nics** [niːmou'tekniks] *s. pl. a. sg. konstr.*, **mne·mo·tech·ny** [niːmou'tekni] → *mnemonics 1*.

mo [mou] *s.* F Mo'ment *m*: *wait half a ~!* eine Sekunde!

moan [moun] **I.** *s.* 1. Stöhnen *n*, Ächzen *n* (*a. fig. des Windes*); **II.** *v/i.* 2. stöhnen, ächzen; 3. (weh-) klagen, jammern; **'moan·ful** [-ful] *adj.* □ (weh)klagend.

moat [mout] ⚔ *hist.* **I.** *s.* (Wall-, Burg-, Stadt)Graben *m*; **II.** *v/t.* mit e-m Graben um'geben.

mob [mɔb] **I.** *s.* 1. Mob *m*, zs.-gerotteter Pöbel(haufen): *~ law* Lynchjustiz; 2. Pöbel *m*, Gesindel *n*; 3. *sl.* Bande *f*, Sippschaft *f*; **II.** *v/t.* 4. lärmend herfallen über (*acc.*); anpöbeln; angreifen, attackieren.

mo·bile ['moubail] *adj.* 1. beweglich, wendig (*a. Geist etc.*); schnell (beweglich); 2. unstet, veränderlich; lebhaft (*Gesichtszüge*); 3. leichtflüssig; 4. ⊕, ⚔ fahrbar, beweglich; ⚔ motorisiert: *~ artillery* fahrbare Artillerie; *~ warfare* Bewegungskrieg; *~ workshop* Werkstattwagen; **mo·bil·i·ty** [mou'biliti] *s.* Beweglichkeit *f*, Wendigkeit *f*.

mo·bi·li·za·tion [moubilai'zeiʃən] *s.* Mobilisierung *f*: **a)** ⚔ Mo'bilmachung *f*, **b)** *bsd. fig.* Aktivierung *f*, Aufgebot *n* (*Kräfte etc.*), **c)** ✝ Flüssigmachung *f*; **mo·bi·lize** ['moubilaiz] *v/t.* mobilisieren: **a)** ⚔ mo'bilmachen, *a.* dienstverpflichten, **b)** *fig. Kräfte etc.* aufbieten, einsetzen, **c)** ✝ *Kapital* flüssig machen.

mob·oc·ra·cy [mɔ'bɔkrəsi] *s.* 1. Pöbelherrschaft *f*; 2. (herrschender) Pöbel.

mobs·man ['mɔbzmən] *s.* [*irr.*] 1. Gangster *m*; 2. *Brit. sl.* (ele'ganter) Taschendieb.

mob·ster ['mɔbstə] *Am. sl.* für *mobsman 1*.

moc·ca·sin ['mɔkəsin] *s.* 1. Mokas'sin *m* (*Schuh*); 2. *zo.* Mokas'sinschlange *f*.

mo·cha[1] ['moukə] **I.** *s.* 1. *a.* ♀ *coffee* 'Mokka(kaf,fee) *m*; 2. Mochaleder *n*; **II.** *adj.* 3. Mokka...

mo·cha[2] ['moukə], ♀ **stone** *s. min.* Mochastein *m*.

mock [mɔk] **I.** *v/t.* 1. verspotten, -höhnen, lächerlich machen; 2. (*zum Spott*) nachäffen; 3. *poet.* nachahmen; 4. täuschen, narren; 5. spotten (*gen.*), trotzen (*dat.*), nicht achten (*acc.*); **II.** *v/i.* 6. sich lustig machen, spotten (*at* über *acc.*); **III.** *s.* 7. Spott *m*, Hohn *m*; 8. Gespött *n*, Zielscheibe *f* des Spottes: *to make a ~ of s.o.* j-n zum Gespött machen; 9. Nachäffung *f*; 10. Nachahmung *f*, Fälschung *f*; **IV.** *adj.* 11. nachgemacht, Schein..., Pseudo...: *~ attack* ⚔ Scheinangriff; *~ battle* ⚔ Scheingefecht; *~ king* Schattenkönig; *~ sun* Nebensonne; *~ trial* ⚖ Scheinprozeß; **mock·er** ['mɔkə] *s.* 1. Spötter(in); 2. Nachäffer(in); **mock·er·y** ['mɔkəri] *s.* 1. Spott *m*, Hohn *m*, Spötte'rei *f*; 2. Gegenstand *m* des Spottes, Gespött *n*: *to make a ~ of s.th.* et. zum Gespött machen; 3. Nachäffung *f*; 4. *fig.* Possenspiel *n*, Farce *f*.

'mock-he'ro·ic *adj.* (□ *~ally*) 'komisch-he'roisch (*Gedicht etc.*).

mock·ing ['mɔkiŋ] **I.** *s.* Spott *m*, Gespött *n*; **II.** *adj.* □ spöttisch; **'~-bird** *s. orn.* Spottdrossel *f*.

mock| moon *s. ast.* Nebenmond *m*; **~ tur·tle** *s. Küche*: Kalbskopf en tortue; **'~-tur·tle soup** *s.* falsche Schildkrötensuppe; **'~-up** *s.* Mo'dell *n in natürlicher Größe*, At'trappe *f*.

mod·al ['moudl] *adj.* □ mo'dal (*a. phls., ling.,* ♪): *~ proposition Logik*: Modalsatz; *~ verb* modales Hilfsverb; **mo·dal·i·ty** [mou'dæliti] *s.* Modali'tät *f* (*a. phls.*), Art *f* u. Weise *f*, Ausführungsart *f*.

mode[1] [moud] *s.* 1. (Art *f* u.) Weise *f*, Me'thode *f*: *~ of action* ⊕ Wirkungsweise; *~ of life* Lebensweise; *~ of payment* ✝ Zahlungsweise; 2. (Erscheinungs)Form *f*, Art *f*: *heat is a ~ of motion* Wärme ist e-e Form der Bewegung; 3. *Logik*: **a)** Modali'tät *f*, **b)** Modus *m* (*e-r Schlußfigur*); 4. ♪ Modus *m*, Tongeschlecht *n*: *major ~* Durgeschlecht; 5. *ling.* Modus *m*, Aussageweise *f*.

mode[2] [moud] *s.* Mode *f*, Brauch *m*.

mod·el ['mɔdl] **I.** *s.* 1. Muster *n*, Vorbild *n* (*for* für): *after* (*od. on*) *the ~ of* nach dem Muster von (*od. gen.*); *he is a ~ of self-control* er ist ein Muster an Selbstbeherrschung; 2. (*fig.* 'Denk)Mo,dell *n*, Nachbildung *f*: *working ~* Arbeitsmodell; 3. Muster *n*, Vorlage *f*; 4. *paint. etc.* Mo'dell *n*: *to act as a ~ to a painter* e-m Maler Modell stehen *od.* sitzen; 5. *Mode*: 'Mannequin *n, m*; 6. ⊕ **a)** Bau(weise *f*) *m*, **b)** (Bau)Muster *n*, Modell *n*, Typ(e *f*) *m*; **II.** *adj.* 7. vorbildlich, musterhaft, Muster...: *~ farm* landwirtschaftlicher Musterbetrieb; *~ husband* Mustergatte; *~ plant* ✝ Musterbetrieb; *~ school* Musterschule; 8. Modell...: *~ airplane* Modellflugzeug; *~ builder* ⊕ Modellbauer; *~ (dress)* Modell(kleid); **III.** *v/t.* 9. nach Mo'dell formen *od.* herstellen; 10. modellieren, nachbilden; abformen; 11. *fig.* formen, gestalten (*after, on, upon* nach [dem Vorbild *gen.*]): *to ~ o.s. on* sich *j-n* zum Vorbild nehmen; **IV.** *v/i.* 12. *Kunst*: modellieren; 13. Mo'dell stehen *od.* sitzen; 14. Kleider vorführen, als Mannequin arbeiten; **'mod·el·(l)er** [-lə] *s.* 1. Modellierer *m*; 2. Mo'dell-, Mustermacher *m*; **'mod·el·(l)ing** [-liŋ] **I.** *s.* 1. Modellieren *n*; 2. Formgebung *f*, Formung *f*; 3. Mo'dellstehen *od.* -sitzen *n*; **II.** *adj.* 4. Modellier...: *~ clay* Modellierton.

mod·er·ate ['mɔdərit] **I.** *adj.* □ 1. gemäßigt (*a. Sprache etc.*; *a. pol.*), mäßig; 2. mäßig *im Trinken etc.*; fru'gal (*Lebensweise*); 3. mild (*Winter, Strafe etc.*); 4. vernünftig, maßvoll (*Forderung etc.*); angemessen, niedrig (*Preis*); 5. mittelmäßig; **II.** *s.* 6. (*pol. mst* ♀) Gemäßigte(r *m*) *f*; **III.** *v/t.* [-dəreit] 7. mäßigen, mildern; beruhigen; 8. einschränken; 9. ⊕, *phys.* dämpfen, abbremsen; **IV.** *v/i.* [-dəreit] 10. sich mäßigen; 11. nachlassen (*Wind etc.*); **'mod·er·ate·ness** [-nis] *s.* Mäßigkeit *f etc.*; **mod·er·a·tion** [mɔdə'reiʃən] *s.* 1. Mäßigung *f*, Maß(halten) *n*: *in ~* mit Maß; 2. Mäßigkeit *f*; 3. *pl. univ.* erste öffentliche Prüfung *in Oxford*; 4. Milderung *f*; **mod·er·a·tor** ['mɔdəreitə] *s.* 1. Mäßiger *m*, Beruhiger *m*; Vermittler *m*; 2. Vorsitzende(r) *m*; Diskussi'onsleiter *m*; *univ.* Exami'nator *m* (*Oxford*); 3. Mode'rator *m* (*Vorsitzender e-s Kollegiums reformierter Kirchen*); 4. ⊕, *phys.* Mode'rator *m* (*a. Atomtechnik=Reaktionsbremse*).

mod·ern ['mɔdən] **I.** *adj.* 1. mo'dern, neuzeitlich: *~ times* die Neuzeit; *the ~ school* (*od. side*) *ped. Brit.* die Realabteilung; 2. mo'dern, (neu)modisch; 3. *mst* ♀ *ling.* **a)** mo'dern, Neu..., **b)** neuer: ♀ *Greek* Neugriechisch; *~ languages* neuere Sprachen; ♀ *Languages* (*als Fach*) Neuphilologie; **II.** *s.* 4. mo'derner Mensch, Fortschrittliche(r

m) f; **5.** Mensch m der Neuzeit; **6.** *typ.* neuzeitliche An'tiqua; '**mod·ern·ism** [-nizəm] *s.* **1.** Moder'nismus *m*: **a**) mo'derne Ansichten *pl.*, **b**) mo'dernes Wort; **2.** *eccl.* Modernismus *m*; **mo·der·ni·ty** [mɔ'də:niti] *s.* **1.** Moderni'tät *f*, (*das*) Mo'derne; **2.** *et.* Mo'dernes; **mod·ern·i·za·tion** [mɔdə(:)nai'zeiʃən] *s.* Modernisierung *f*; '**mod·ern·ize** [-naiz] *v/t.u.v/i.*(sich) modernisieren; '**mod·ern·ness** [-nis] *s.* Moderni'tät *f*.

mod·est ['mɔdist] *adj.* □ **1.** bescheiden, anspruchslos (*Person od. Sache*): ~ *income* bescheidenes Einkommen; **2.** anständig, sittsam; **3.** maßvoll, vernünftig; '**mod·es·ty** [-ti] *s.* **1.** Bescheidenheit *f* (*Person, Einkommen etc.*); **2.** Anspruchslosigkeit *f*, Einfachheit *f*; **3.** Schamgefühl *n*; Sittsamkeit *f*.

mod·i·cum ['mɔdikəm] *s.* kleine Menge, *ein* bißchen: *a* ~ *of truth* ein Körnchen Wahrheit.

mod·i·fi·a·ble ['mɔdifaiəbl] *adj.* modifizierbar, (ab)änderungsfähig; **mod·i·fi·ca·tion** [mɔdifi'keiʃən] *s.* **1.** Modifikati'on *f*: **a**) Abänderung *f*: *to make a* ~ *to s.th.* et. modifizieren, **b**) Abart *f*, modifizierte Form, **c**) Einschränkung *f*, nähere Bestimmung, **d**) *biol.* nichterbliche Abänderung, **e**) *ling.* nähere Bestimmung, **f**) *ling.* lautliche Veränderung, 'Umlautung *f*; **2.** Mäßigung *f*; **mod·i·fy** ['mɔdifai] *v/t.* **1.** modifizieren: **a**) abändern, teilweise 'umwandeln, **b**) einschränken, näher bestimmen; **2.** mildern, mäßigen; abschwächen; **3.** *ling. Vokal* 'umlauten.

mod·ish ['moudiʃ] *adj.* □ **1.** modisch, mo'dern; **2.** Mode...

mods [mɔdz] *s. pl. Brit.* Halbstarke *pl.* mit bewußt gepflegtem Aussehen (*Ggs. rockers*).

mod·u·late ['mɔdjuleit] **I.** *v/t.* **1.** abstimmen, regulieren; **2.** anpassen (*to* an *acc.*); **3.** dämpfen; **4.** *Stimme, Ton etc., a. Funk* modulieren: ~*d reception* ⚡ Tonempfang; **II.** *v/i.* **5.** ♪ modulieren (*from* von, *to* nach), die Tonart wechseln; **6.** all'mählich 'übergehen (*into* in *acc.*); **mod·u·la·tion** [mɔdju'leiʃən] *s.* **1.** Abstimmung *f*, Regulierung *f*; **2.** Anpassung *f*; **3.** Dämpfung *f*; **4.** ♪, *tel., a. Stimme*: Modulati'on *f*; **5.** Intonati'on *f*, Tonfall *m*; '**mod·u·la·tor** [-tə] *s.* **1.** Regler *m*; *tel.* Modu'lator *m*: ~ *of tonality Film*: Tonblende; **2.** ♪ die Tonverwandtschaft (*nach der Tonic-Solfa-Methode*) darstellende Skala; '**mod·ule** [-dju:l] *s.* **1.** 'Modul *m* (*a.* ⚠), Model *m*, Maßeinheit *f*, Einheits-, Verhältniszahl *f*; **2.** *bsd.* ⚡ Modul *m* (*austauschbare Funktionseinheit*); **3.** ⊕ Baueinheit *f*: ~ *construction* Baukastensystem; **4.** *Raumfahrt*: (*Kommando- etc.*) Kapsel *f*; '**mod·u·lus** [-ləs] *pl.* **-li** [-lai] *s.* ⅍, *phys.* Modul *m*: ~ *of elasticity* Elastizitätsmodul.

Mo·gul [mou'gʌl] *s.* **1.** 'Mogul *m*: *the* (*Great od. Grand*) ~ der Großmogul; **2.** ♀ *Am. humor.* wichtige Per'sönlichkeit, Ma'gnat *m*.

mo·hair ['mouhεə] *s.* **1.** Mo'hair *m* (*Angorahaar*); **2.** Mo'hairstoff *m*, -kleidungsstück *n*.

Mo·ham·med·an [mou'hæmidən] **I.** *adj.* mohamme'danisch; **II.** *s.* Mohamme'daner(in).

moi·e·ty ['mɔiəti] *s.* **1.** Hälfte *f*; [**2.** Teil *m*.]

moil [mɔil] *v/i. obs. od. dial.* sich schinden, sich abrackern.

moire [mwɑ:] *s.* **1.** Moi'ré *m, n*, Wasserglanz *m auf Stoffen*; **2.** moirierter Stoff; **moi·ré** ['mwɑ:rei] **I.** *adj.* moiriert, gewässert, geflammt, mit Wellenmuster; **II.** *s.* → *moire 1.*

moist [mɔist] *adj.* □ feucht, naß; '**mois·ten** [-sn] **I.** *v/t.* an-, befeuchten, benetzen; **II.** *v/i.* feucht werden; nässen; '**moist·ness** [-nis] *s.* Feuchte *f*; '**mois·ture** [-tʃə] *s.* Feuchtigkeit *f*: ~-*proof* feuchtigkeitsfest.

moke [mouk] *s. sl.* Esel *m* (*a. fig.*).

mo·lar[1] ['moulə] *anat.* **I.** *s.* Backenzahn *m*, Mo'lar *m*; **II.** *adj.* Mahl..., Backen...: ~ *tooth* → *molar I.*

mo·lar[2] ['moulə] *adj.* **1.** *phys.* Massen...: ~ *motion* Massenbewegung; **2.** ⚗ mo'lar, Mol...: ~ *weight* Mol-, Molargewicht.

mo·lar[3] ['moulə] *adj.* ⚕ Molen...

mo·las·ses [mə'læsiz] *s. sg. u. pl.* **1.** Me'lasse *f*; **2.** (Zucker)Sirup *m*.

mold *etc. Am.* → *mould etc.*

mole[1] [moul] *s. zo.* Maulwurf *m*.

mole[2] [moul] *s.* (kleines) Muttermal, *bsd.* Leberfleck *m*.

mole[3] [moul] *s.* Mole *f*, Hafendamm *m*.

mole[4] [moul] *s.* Mol *n*, 'Grammole-[kül *n*.]

mole[5] [moul] *s.* ⚕ Mole *f*, Mondkalb *n*.

'**mole-crick·et** *s. zo.* Maulwurfs-[grille *f*.]

mo·lec·u·lar [mou'lekjulə] *adj.* ⚗, *phys.* moleku'lar, Molekular...: ~ *weight* Molekulargewicht; **mo·lec·u·lar·i·ty** [moulekju'læriti] *s.* ⚗, *phys.* Moleku'larzustand *m*; **mol·e·cule** ['mɔlikju:l] *s.* **1.** ⚗, *phys.* Mole'kül *n*, Mo'lekel *f*; **2.** *fig.* winziges Teilchen.

'**mole**|**·hill** *s.* Maulwurfshügel *m*, -haufen *m*; → *mountain 1*; '**~·skin** *s.* **1.** Maulwurfsfell *n*; **2.** ✝ Moleskin *m, n*, Englischleder *n* (*Baumwollgewebe*); **3.** *pl.* Hose *f* aus Moleskin.

mo·lest [mou'lest] *v/t.* belästigen, *j-m* lästig *od.* zur Last fallen; **mo·les·ta·tion** [moules'teiʃən] *s.* Belästigung *f*.

Moll, *a.* ♀ [mɔl] *s. sl.* **1.** ‚Nutte' *f* (*Prostituierte*); **2.** Gangsterbraut *f*.

mol·li·fi·ca·tion [mɔlifi'keiʃən] *s.* **1.** Besänftigung *f*; **2.** Erweichung *f*; **mol·li·fy** ['mɔlifai] *v/t.* **1.** besänftigen, beruhigen, beschwichtigen; **2.** weich machen, erweichen.

mol·lusc → *mollusk.*

mol·lus·can [mɔ'lʌskən] **I.** *adj.* Weichtier...; **II.** *s.* Weichtier *n*; **mol'lus·cous** [-kəs] *adj.* **1.** *zo.* Weichtier...; **2.** schwammig.

mol·lusk ['mɔləsk] *s. zo.* Mol'luske *f*, Weichtier *n*.

mol·ly-cod·dle ['mɔlikɔdl] **I.** *s.* Weichling *m*, Muttersöhnchen *n*; **II.** *v/t. u. v/i.* verweichlichen.

molt [moult] → *moult.*

mol·ten ['moultən] *adj.* **1.** geschmolzen, (schmelz)flüssig: ~ *metal* flüssiges Metall; **2.** gegossen, Guß...

mo·lyb·date [mɔ'libdeit] ⚗ *s.* Molyb'dat *n*, molyb'dänsaures Salz; **mo'lyb·de·nite** [-dinait] *s. min.* Molybdä'nit *m*, Molyb'dänglanz *m*.

mo·ment ['moumənt] *s.* **1.** Mo'ment *m*, Augenblick *m*: *one* (*od. just a*) ~*!* (nur) e-n Augenblick!; *in a* ~ in e-m Augenblick, sofort; **2.** (*bestimmter*) Zeitpunkt, Augenblick *m*: ~ *of truth* Stunde der Wahrheit; *the very* ~ *I saw him* in dem Augenblick, in dem ich ihn sah; *at the* ~ im Augenblick, gerade (jetzt *od.* damals); *at the last* ~ im letzten Augenblick; *not for the* ~ im Augenblick nicht; *to the* ~ auf die Sekunde genau, pünktlich; **3.** Bedeutung *f*, Tragweite *f*, Belang *m* (*to* für); **4.** *phys.* Moment *n*: ~ *of inertia* Trägheitsmoment; **mo·men·tal** [mou'mentl] *adj. phys.* Momenten...; '**mo·men·tar·y** [-təri] *adj.* □ **1.** momen'tan, augenblicklich; **2.** vor'übergehend, flüchtig; **3.** jeden Augenblick geschehend *od.* möglich; '**mo·ment·ly** [-li] *adv.* **1.** augenblicklich, in e-m Augenblick; **2.** von Se'kunde zu Se'kunde: *increasing* ~; **3.** e-n Augenblick lang; **mo·men·tous** [mou'mentəs] *adj.* □ bedeutsam, folgenschwer, von großer Tragweite; **mo·men·tous·ness** [mou'mentəsnis] *s.* Bedeutsam-, Wichtigkeit *f*, Tragweite *f*.

mo·men·tum [mou'mentəm] *pl.* **-ta** [-tə] *s.* **1.** *phys.* Im'puls *m*, Mo'ment *n e-r Kraft*: ~ *theorem* Momentensatz; **2.** ⊕ Triebkraft *f*; **3.** *allg.* Wucht *f*, Schwung *m*, Fahrt *f*: *to gather* ~ Stoßkraft gewinnen, in Fahrt kommen.

mon·ad ['mɔnæd] *s.* **1.** *phls.* Mo'nade *f*; **2.** *biol.* Einzeller *m*; **3.** ⚗ einwertiges Ele'ment *od.* A'tom; **mo·nad·ic** [mɔ'nædik] *adj.* **1.** mo'nadisch, Monaden...; **2.** ⅍ eingliedrig, -stellig.

mon·arch ['mɔnək] *s.* Mon'arch(in), Herrscher(in); **mo·nar·chal** [mɔ'nɑ:kəl] *adj.* □ mon'archisch; **mo·nar·chic** *adj.*; **mo·nar·chi·cal** [mɔ'nɑ:kik(əl)] *adj.* □ **1.** mon'archisch; **2.** monar'chistisch; **3.** königlich (*a. fig.*); '**mon·arch·ism** [-kizəm] *s.* Monar'chismus *m*; '**mon·arch·ist** [-kist] **I.** *s.* Monar'chist(in); **II.** *adj.* monar'chistisch; '**mon·arch·y** [-ki] *s.* Monar'chie *f*.

mon·as·ter·y ['mɔnəstəri] *s. Brit.* (Mönchs)Kloster *n*; **mo·nas·tic** [mə'næstik] *adj.* (□ ~*ally*) **1.** klösterlich, Kloster...; **2.** mönchisch (*a. fig.*), Mönchs...: ~ *vows* Mönchsgelübde; **mo·nas·ti·cism** [mə'næstisizəm] *s.* **1.** Mönch(s)tum *n*; **2.** mönchisches Leben, As'kese *f*.

mon·a·tom·ic [mɔnə'tɔmik] *adj.* ⚗ 'eina,tomig.

Mon·day ['mʌndi] *s.* Montag *m*: *on* ~ am Montag; *on* ~*s* montags.

mon·e·tar·y ['mʌnitəri] *adj.* ✝ **1.** Geld..., geldlich, finanzi'ell; **2.** Währungs...(*-einheit, -reform etc.*); **3.** Münz...: ~ *standard* Münzfuß; '**mon·e·tize** [-taiz] *v/t.* **1.** zu Münzen prägen; **2.** zum gesetzlichen Zahlungsmittel machen; **3.** den Münzfuß (*gen.*) festsetzen.

mon·ey ['mʌni] *s.* ✝ **1.** Geld *n*; Geldbetrag *m*, -summe *f*: ~ *on* (*od. at*) *call* Tagesgeld; *to be out of* ~

kein Geld haben; *short of* ~ knapp an Geld, ‚schlecht bei Kasse'; ~ *due* ausstehendes Geld; ~ *on account* Guthaben; ~ *on hand* verfügbares Geld; *to get one's ~'s worth* et. (Vollwertiges) für sein Geld bekommen; **2.** Geld *n*, Vermögen *n*: *to make* ~ Geld machen, gut verdienen (*by* bei); *to marry* ~ sich reich verheiraten; *to have ~ to burn* Geld wie Heu haben; **3.** Geldsorte *f*; **4.** Zahlungsmittel *n*; **5.** *pl.* ⚖ Gelder *pl.*, (Geld)Beträge *pl.*; **'~-bag** *s.* **1.** Geldbeutel *m*; ⚔ Brustbeutel *m*; **2.** *pl.* F **a)** Geldsäcke *pl.*, Reichtum *m*, **b)** *sg. konstr.* ‚Geldsack' *m* (*reiche Person*); **'~-bill** *s. parl.* Fi'nanzvorlage *f*; **'~-box** *s.* Sparbüchse *f*; **'~-chang·er** *s.* Geldwechsler *m*.

mon·eyed ['mʌnid] *adj.* **1.** reich, vermögend; **2.** Geld...: ~ *assistance* finanzielle Hilfe; ~ *corporation* ✝ *Am.* Geldinstitut; ~ *interests* Finanzwelt.

'mon·ey|-grub·ber [-grʌbə] *s.* Geldraffer *m*; **'~-grub·bing** [-grʌbiŋ] *adj.* geldraffend, -gierig; **'~-lend·er** *s.* ✝ Geldverleiher *m*; **'~-let·ter** *s.* Geld-, Wertbrief *m*; **'~-mak·er** *s.* **1.** Geldverdiener *m*; **2.** einträgliche Sache, ‚Goldgrube' *f*; **'~-mak·ing** **I.** *adj.* **1.** einträglich; **2.** (geld)verdienend; **II.** *s.* **3.** Gelderwerb *m*; **'~-mar·ket** *s.* ✝ Geldmarkt *m*; ~ **mat·ters** *s. pl.* Geldangelegenheiten *pl.*; **'~-of·fice** *s.* 'Kasse(nbü͵ro *n*) *f*; ~ **or·der** *s.* **1.** Postanweisung *f*; **2.** Zahlungsanweisung *f*; **'~-spin·ner** *s. bsd. Brit.* F Bombengeschäft *n*, ‚Renner' *m*; ~ **trans·ac·tion** *s.* ✝ Geld-, Effek'tivgeschäft *n*.

mon·ger ['mʌŋgə] *s.* (*mst in Zssgn*) **1.** Händler *m*, Krämer *m*: *fish~* Fischhändler; **2.** *fig. contp.* Krämer *m*, Macher *m*: *sensation-~* Sensationsmacher.

Mon·gol ['mɔŋgɔl] **I.** *s.* **1.** Mon'gole *m*, Mon'golin *f*; **2.** *ling.* Mon'golisch *n*; **II.** *adj.* **3.** → *Mongolian I*; **Mon·go·li·an** [mɔŋ'gouljən] **I.** *adj.* **1.** mon'golisch; **2.** mongo'lid, gelb (*Rasse*); **3.** ⚕ mongolo'id, an Mongo'lismus leidend; **II.** *s.* **4.** → *Mongol 1*.

mon·goose ['mɔŋgu:s] *s. zo.* 'Mungo *m*.

mon·grel ['mʌŋgrəl] **I.** *s.* **1.** *biol.* Bastard *m*; **2.** Köter *m*, Prome'nadenmischung *f*; **3.** Mischling *m* (*Mensch*); **4.** Zwischending *n*; **II.** *adj.* **5.** Bastard..., Misch...: ~ *race* Mischrasse.

'mongst [mʌŋst] *abbr. für amongst*.

mon·ick·er → *moniker*.

mon·ies ['mʌniz] *s. pl.* → *money 5*.

mon·i·ker ['mɔnikə] *s. sl.* (Spitz-) Name *m*.

mon·ism ['mɔnizəm] *s. phls.* Mo'nismus *m*.

mo·ni·tion [mou'niʃən] *s.* **1.** (Er-) Mahnung *f*; **2.** Warnung *f*; **3.** ⚖ Vorladung *f*.

mon·i·tor ['mɔnitə] **I.** *s.* **1.** (Er-) Mahner *m*; **2.** Warner *m*; **3.** *ped.* Klassenordner *m*; **4.** ⚓ *Art* Panzerschiff *n*; **5.** ⚡, *tel.* **a)** Abhörer(in), **b)** Abhorchgerät *n*; **6.** ⚡ 'Monitor *m*, Kon'trollschirm *m*; **II.** *v/t.* **7.** *tel.* ab-, mithören, über'wachen (*a. fig.*); **8.** ⚡ *Akustik etc.* durch Abhören kontrollieren; **9.** auf ͵Radioaktivi'tät über'prüfen; **'mon·i·tor·ing** [-təriŋ] *adj.* ⚡, *tel.* Mithör..., Prüf..., Überwachungs...: ~ *desk* Misch-, Reglerpult; ~ *operator* **a)** Tonmeister, **b)** ⚔ Horchfunker; **'mon·i·to·ry** [-təri] **I.** *adj.* **1.** (er)mahnend, Mahn...: ~ *letter* → *3*; **2.** warnend, Warnungs...; **II.** *s.* **3.** *eccl.* Mahnbrief *m*.

monk [mʌŋk] *s.* **1.** *eccl.* Mönch *m*; **2.** *zo.* Mönchsaffe *m*; **3.** *typ.* Schmierstelle *f*; **'monk·er·y** [-kəri] *s.* **1.** *mst contp.* **a)** Klosterleben *n*, **b)** Mönch(s)tum *n*, **c)** *pl.* 'Mönchs͵praktiken *pl.*; **2.** *coll.* Mönche *pl.*; **3.** Mönchskloster *n*.

mon·key ['mʌŋki] **I.** *s.* **1.** *zo.* **a)** Affe *m* (*a. fig. humor.*), **b)** *engS.* kleinerer (langschwänziger) Affe (*Ggs. ape*); **2.** ⊕ **a)** Ramme *f*, **b)** Fallhammer *m*; **3.** *Brit. sl.* Wut *f*: *to get* (*od. put*) *s.o.'s ~ up* j-n auf die Palme bringen; *to get one's ~ up* ‚hochgehen', in Wut geraten; **4.** *Brit. sl.* £500, 500 Pfund; **II.** *v/i.* **5.** Possen treiben; **6.** F (*with*) spielen (mit), her'umpfuschen (an *dat.*): *to ~* (*about*) (herum)albern; **III.** *v/t.* **7.** nachäffen; **'~-bread** *s.* ♀ Affenbrotbaum-Frucht *f*; ~ **busi·ness** *s. sl.* ‚krumme Tour', ‚fauler Zauber'; ~ **en·gine** *s.* ⊕ (Pfahl-) Ramme *f*; **'~-jack·et** *s.* ⚓ Munkijacke *f*, 'Bordja͵ckett *n*; **'~-puz·zle** *s.* ♀ Schuppentanne *f*; **'~-shine** *s. Am. sl.* (dummer *od.* 'übermütiger) Streich, ‚Blödsinn' *m*; **'~-wrench** *s.* ⊕ ‚Engländer' *m*, Univer'sal(schrauben)schlüssel *m*: *to throw a ~ into s.th. Am.* et. über den Haufen werfen.

monk·ish ['mʌŋkiʃ] *adj.* **1.** Mönchs...; **2.** *mst contp.* mönchisch, Pfaffen...

mon·o ['mɔnou] F **I.** *s.* 'Mono(schall)platte *f*; **II.** *adj.* 'mono, Mono...: ~ *record* → *I*.

mono- [mɔnou, -ə] *in Zssgn* ein..., einfach...; **mon·o·ac·id** [mɔnou'æsid] ⚗ **I.** *adj.* einsäurig; **II.** *s.* einbasige Säure; **mon·o·car·pous** [mɔnə'kɑ:pəs] *adj.* ♀ **1.** einfrüchtig (*Blüte*); **2.** nur einmal fruchtend.

mon·o·chro·mat·ic [mɔnoukrə'mætik] *adj.* (□ *~ally*) monochro'matisch, einfarbig; **mon·o·chrome** ['mɔnəkroum] **I.** *s.* einfarbiges Gemälde; **II.** *adj.* mono'chrom.

mon·o·cle ['mɔnɔkl] *s.* Mon'okel *n*, Einglas *n*.

mo·no·coque [mɔnə'kɔk] (*Fr.*) *s.* ✈ **1.** Schalenrumpf *m*; **2.** Flugzeug *n* mit Schalenrumpf: ~ *construction* ⊕ Schalenbau(weise).

mo·noc·u·lar [mɔ'nɔkjulə] *adj.* **1.** einäugig; **2.** monoku'lar, für 'ein Auge.

mon·o·cul·ture ['mɔnoukʌltʃə] *s.* ⚘ 'Monokul͵tur *f*; **mo·nog·a·mous** [mɔ'nɔgəməs] *adj.* mono'gam(isch); **mo·nog·a·my** [mɔ'nɔgəmi] *s.* Monoga'mie *f*, Einehe *f*; **mon·o·gram** ['mɔnəgræm] *s.* Mono'gramm *n*; **mon·o·graph** ['mɔnəgrɑ:f; -græf] *s.* Monogra'phie *f*; **mon·o·hy·dric** [mɔnou'haidrik] *adj.* ⚗ einwertig: ~ *alcohol*; **mon·o·lith** ['mɔnouliθ] *s.* Mono'lith *m*; **mo·nol·o·gize** [mɔ'nɔlədʒaiz] *v/i.* monologisieren, ein Selbstgespräch führen; **mon·o·logue** ['mɔnəlɔg] *s.* Mono'log *m*, Selbstgespräch *n*; **mon·o·ma·ni·a** [mɔnou'meinjə] *s.* Monoma'nie *f*, fixe I'dee; **mon·o·met·al·lism** [mɔnou'metəlizəm] *s.* ✝ ͵Monometal'lismus *m*.

mo·no·mi·al [mɔ'noumjəl] *s.* & eingliedrige Zahlengröße.

mon·o·phase ['mɔnoufeiz] *adj.* ⚡ einwertig; **mon·o·pho·bi·a** [mɔnou'foubjə] *s.* Monopho'bie *f*; **mon·o·plane** ['mɔnəplein] *s.* ✈ Eindecker *m*.

mo·nop·o·list [mə'nɔpəlist] *s.* ✝ Monopo'list *m*; Mono'polbesitzer (-in); **mo'nop·o·lize** [-laiz] *v/t.* **1.** ✝ monopolisieren, ein Mono'pol erringen *od.* haben in (*dat.*); **2.** *fig.* mit Beschlag belegen, an sich reißen: *to ~ the conversation*; **mo'nop·o·ly** [-li] *s.* ✝ **1.** Mono'pol(stellung *f*) *n*; **2.** (*of*) Mono'pol *n* (auf *acc.*); Al'leinverkaufs-, Al'leinbetriebs-, Al'leinherstellungsrecht *n* (für): *market ~* Marktbeherrschung; **3.** *fig.* Mono'pol *n*, al'leinige Beherrschung: *~ of learning* Bildungsmonopol.

mon·o·rail ['mɔnoureil] *s.* 🚃 **1.** Einschiene *f*; **2.** Einwegbahn *f*.

mon·o·syl·lab·ic ['mɔnəsi'læbik] *adj.* (□ *~ally*) *ling. u. fig.* einsilbig; **mon·o·syl·la·ble** ['mɔnəsiləbl] *s.* einsilbiges Wort: *to speak in ~s* einsilbige Antworten geben.

mon·o·the·ism ['mɔnouθi:izəm] *s. eccl.* Monothe'ismus *m*; **'mon·o·the·ist** [-ist] **I.** *s.* Monothe'ist *m*; **II.** *adj.* monothe'istisch; **mon·o·the·is·tic** *adj.*; **mon·o·the·is·ti·cal** [mɔnouθi'istik(əl)] *adj.* monothe'istisch.

mon·o·tone ['mɔnətoun] *s.* **1.** monotones Geräusch, gleichbleibender Ton; eintönige Wieder'holung; **2.** Monoto'nie *f*, Eintönigkeit *f* (*bsd. fig.*); **3.** *fig.* (ewiges) Einerlei; **mo·not·o·nous** [mə'nɔtnəs] *adj.* □ mono'ton, eintönig (*a. fig.*); **mo·not·o·ny** [mə'nɔtni] *s.* Monoto'nie *f*, Eintönigkeit *f*; *fig. a.* Einförmigkeit *f*.

mon·o·type ['mɔnətaip] *s. typ.* **1.** ® Monotype *f* (*Setz- u. Gießmaschine für Einzelbuchstaben*); **2.** mit der Monotype hergestellte Letter.

mon·o·va·lent [mɔnou'veilənt] *adj.* ⚗ einwertig; **mon·ox·ide** [mɔ'nɔksaid] *s.* ⚗ 'Mono͵xyd *n*.

mon·soon [mɔn'su:n] *s.* Mon'sun *m*.

mon·ster ['mɔnstə] **I.** *s.* **1.** Ungeheuer *n* (*a. fig.*); **2.** Scheusal *n*; Mißgeburt *f*, -bildung *f*, Monstrum *n*; **II.** *adj.* **3.** ungeheuer(lich), Riesen..., Monster...: ~ *film* Monsterfilm; ~ *meeting* Massenversammlung.

mon·strance ['mɔnstrəns] *s. eccl.* Mon'stranz *f*.

mon·stros·i·ty [mɔns'trɔsiti] *s.* **1.** Ungeheuerlichkeit *f*; **2.** 'Mißbildung *f*, -gestalt *f*; **3.** Ungeheuer *n*.

mon·strous ['mɔnstrəs] *adj.* □ **1.** ungeheuer, riesig; **2.** ungeheuerlich, gräßlich, scheußlich, ab'scheulich; 'unna͵türlich; **3.** 'mißgestaltet, unförmig, ungestalt; **4.** lächerlich, ab'surd; **'mon·strous·ness** [-nis] *s.* **1.** Ungeheuerlichkeit *f*; **2.** Riesenhaftigkeit *f*; **3.** 'Widerna,türlichkeit *f*.

mon·tage [mɔn'tɑ:ʒ] *s.* 'Photo-, 'Bildmon,tage *f*.

monte-jus [mɔ̃t'ʒy] (*Fr.*) *s.* ⊕ Monte'jus *m*, Druckbehälter *m*.

month [mʌnθ] *s.* **1.** Monat *m*: *this day* ~ heute in *od.* vor e-m Monat; *by the* ~ (all)monatlich; *a* ~ *of Sundays* e-e ewig lange Zeit; **2.** F vier Wochen *od.* 30 Tage; **month·ly** ['mʌnθli] **I.** *s.* **1.** Monatsschrift *f*; **2.** *pl.* → *menses*; **II.** *adj.* **3.** einen Monat dauernd; **4.** monatlich, Monats...: ~ *salary* Monatsgehalt; ~ *season ticket* 🚂 *etc. Brit.* Monatskarte; **III.** *adv.* **5.** monatlich, einmal im Monat, jeden Monat.

mon·ti·cule ['mɔntikju:l] *s.* **1.** (kleiner) Hügel, Erhebung *f*; **2.** Höckerchen *n*.

mon·u·ment ['mɔnjumənt] *s.* Monu'ment *n*, Denkmal *n*, *bsd.* Grab(denk)mal *n* (*to* für): *a* ~ *of literature fig.* ein Literaturdenkmal; **mon·u·men·tal** [mɔnju'mentl] *adj.* □ **1.** monumen'tal, gewaltig, impo'sant; **2.** F kolos'sal, ungeheuer: ~ *stupidity*; **3.** Denkmal(s)... Gedenk...; Grabmal(s)...

moo [mu:] **I.** *v/i.* muhen; **II.** *s.* Muhen *n*.

mooch [mu:tʃ] *sl.* **I.** *v/i.* **1.** *a.* ~ *about* her'umlungern, -strolchen: *to* ~ *along* dahinlatschen; **II.** *v/t.* **2.** ‚klauen', stehlen; **3.** schnorren, erbetteln.

mood[1] [mu:d] *s.* **1.** *ling.* Modus *m*, Aussageweise *f*; **2.** ♪ Tonart *f*.

mood[2] [mu:d] *s.* Stimmung *f* (*a. paint. etc.*), Laune *f*: *to be in the* ~ *to work* zur Arbeit aufgelegt sein; *in no* ~ *for a walk* nicht zu e-m Spaziergang aufgelegt; *of sombre* ~ von düsterem Gemüt; **mood·i·ness** ['mu:dinis] *s.* **1.** Launenhaftigkeit *f*; **2.** Übellaunigkeit *f*, Verdrießlichkeit *f*; **mood·y** ['mu:di] *adj.* **1.** □ launisch, launenhaft; **2.** übellaunig, verstimmt; **3.** niedergeschlagen, trübsinnig.

moon [mu:n] **I.** *s.* **1.** Mond *m*: *full* ~ Vollmond; *new* ~ Neumond; *there is a (no)* ~ der Mond scheint (nicht); *once in a blue* ~ F alle Jubeljahre einmal, höchst selten; *to cry for the* ~ nach dem Mond (*nach Unmöglichem*) verlangen; *to shoot the* ~ F bei Nacht u. Nebel ausrücken (*ohne die Miete zu bezahlen*); **2.** *ast.* Tra'bant *m*, Satel'lit *m*: *man-made* (*od. baby*) ~ (Erd)Satellit, ‚Sputnik'; **3.** *poet.* Mond *m*, Monat *m*; **II.** *v/i.* **4.** *mst* ~ *about* um'herlungern, -irren; **III.** *v/t.* **5.** ~ *away Zeit* vertrödeln, verträumen; '**~·beam** *s.* Mondstrahl *m*; '**~·calf** *s.* [*irr.*] ‚Mondkalb' *n*, *fig. a.* Trottel *m*; Träumer *m*; '**~·craft** *s.* 'Mondra,kete *f*.

mooned [mu:nd] *adj.* **1.** mit e-m (Halb)Mond geschmückt; **2.** (halb-)mondförmig.

'**moon|·face** *s.* Vollmondgesicht *n*; '**~·faced** *adj.* vollmondgesichtig; '**~·light I.** *s.* Mondlicht *n*, -schein *m*: ♀ *Sonata* ♪ Mondscheinsonate; **II.** *adj.* mondhell, Mondlicht...: ~ *flit(ting) sl.* heimliches Ausziehen bei Nacht (*wegen Mietschulden*); '**~·light·ing** *s.* Schwarzarbeit *f*; '**~·lit** *adj.* mondhell; '**~·rise** *s.* Mondaufgang *m*; '**~·set** *s.* 'Mond,untergang *m*; '**~·shine** *s.* **1.** Mondschein *m*; **2.** *fig.* **a)** leerer Schein, fauler Zauber, **b)** Unsinn *m*, Geschwafel *n*; **3.** *sl.* geschmuggelter *od.* ‚schwarz' gebrannter Alkohol; '**~·shin·er** *s. Am. sl.* Alkoholschmuggler *m*; Schwarzbrenner *m*; '**~·ship** → *mooncraft*; '**~·stone** *s. min.* Mondstein *m*; '**~·struck** *adj.* **1.** mondsüchtig; **2.** verrückt.

moon·y ['mu:ni] *adj.* **1.** (halb)mondförmig; **2.** Mond..., Mondes...; **3.** mondhell, Mondlicht...; **4.** F verträumt, dösig; **5.** *sl.* beschwipst.

moor[1] [muə] *s.* **1.** Ödland *n*, *bsd.* Heideland *n*; **2.** Hochmoor *n*; Bergheide *f*.

moor[2] [muə] **I.** *v/t.* **1.** ⚓ vertäuen, festmachen; *fig.* verankern, sichern; **II.** *v/i.* ⚓ **2.** festmachen, ein Schiff vertäuen; **3.** sich festmachen; **4.** festgemacht *od.* vertäut liegen.

Moor[3] [muə] *s.* Maure *m*; Mohr *m*.

moor·age ['muəridʒ] *s.* ⚓ **1.** Vertäuung *f*; **2.** Liegeplatz *m*.

'**moor|·fowl, ~ game** *s. orn.* (schottisches) Moorhuhn; '**~·hen** *s. orn.* **1.** weibliches Moorhuhn; **2.** Gemeines Teichhuhn.

moor·ing ['muəriŋ] *s.* ⚓ **1.** Festmachen *n*; **2.** *mst pl.* Vertäuung *f* (*Schiff*); **3.** *pl.* Liegeplatz *m*; **~ buoy** *s.* ⚓ Festmacheboje *f*; **~ ca·ble** *s.* **1.** ⚓ Ankertau *n*; **2.** Fesselkabel *n* (*e-s Ballons*); '**~·mast** *s.* ✈ Ankermast *m* (*Luftschiff*); **~ rope** *s.* Halteleine *f*.

Moor·ish ['muəriʃ] *adj.* maurisch.

'**moor·land** [-lənd] *s.* Heidemoor *n*.

moose [mu:s] *pl.* **moose** *s. zo.* Elch *m*.

moot [mu:t] **I.** *s.* **1.** *hist.* (beratende) Volksversammlung; **2.** ⚖, *univ.* Diskussi'on *f* angenommener (Rechts-)Fälle; **II.** *v/t.* **3.** *Frage* aufwerfen, anschneiden; **4.** erörtern, diskutieren; **III.** *adj.* **5.** strittig: ~ *point*.

mop[1] [mɔp] **I.** *s.* **1.** Mop *m* (*Fransenbesen*); Schrubber *m*; Wischlappen *m*; **2.** (Haar)Wust *m*; **3.** ⚓ Dweil *m*; **4.** ⊕ Schwabbelscheibe *f*; **II.** *v/t.* **5.** auf-, abwischen: *to* ~ *one's face* sich das Gesicht (ab-)wischen; → *floor 1*; **6.** ~ *up* **a)** (mit dem Mop) aufwischen, **b)** ⚔ *sl.* (*vom Feinde*) säubern, *Wald* 'durchkämmen, **c)** *sl. Profit etc.* ‚schlukken', **d)** *sl.* aufräumen mit.

mop[2] [mɔp] **I.** *v/i. mst* ~ *and mow* Gesichter schneiden; **II.** *s.* Gri'masse *f*: ~*s and mows* Grimassen.

mope [moup] **I.** *v/i.* **1.** den Kopf hängen lassen, Trübsal blasen; **II.** *v/t.* **2.** (*nur pass.*) *be* ~*d* niedergeschlagen sein; ‚sich mopsen' (*langweilen*); **III.** *s.* **3.** Trübsalbläser(in), Griesgram *m*; **4.** *pl.* Trübsinn *m*, heulendes Elend.

mo·ped ['mouped] *s. mot. Brit.* Moped *n*.

'**mop·head** *s.* F **a)** Wuschelkopf *m*, **b)** Struwwelpeter *m*.

mop·ing ['moupiŋ] *adj.* □; '**mop·ish** [-iʃ] *adj.* □ trübselig, a'pathisch, kopfhängerisch; '**mop·ish·ness** [-iʃnis] *s.* Lustlosigkeit *f*, Griesgrämigkeit *f*, Trübsinn *m*.

mop·pet ['mɔpit] *s.* F Püppchen *n*. (*a. fig. Kind*).

'**mop·ping-up** ['mɔpiŋ] *s.* ⚔ *sl.* **1.** Aufräumungsarbeit *f*; **2.** Säuberung *f* (*vom Feinde*): ~ *operation* Säuberungsaktion.

mo·quette [mo'ket] *s.* Mo'kett *m*, Plüschgewebe *n*.

mo·raine [mo'rein] *s. geol.* Mo'räne *f*.

mor·al ['mɔrəl] **I.** *adj.* □ **1.** mo'ralisch, sittlich: ~ *force*; ~ *sense* Sittlichkeitsgefühl; **2.** moralisch, geistig: ~ *obligation* moralische Verpflichtung; ~ *support* moralische Unterstützung; ~ *victory* moralischer Sieg; **3.** Moral..., Sitten...: ~ *law* Sittengesetz; ~ *theology* Moraltheologie; **4.** moralisch, sittenstreng, tugendhaft: *a* ~ *life*; **5.** (sittlich) gut: *a* ~ *act*; **6.** cha'rakterlich: ~*ly firm* innerlich gefestigt; **7.** moralisch, vernunftgemäß: ~ *certainty* moralische Gewißheit; **II.** *s.* **8.** Mo'ral *f*, Nutzanwendung *f* (*e-r Geschichte etc.*): *to draw the* ~ *from* die Lehre ziehen aus; **9.** moralischer Grundsatz: *to point the* ~ den sittlichen Standpunkt betonen; **10.** *pl.* Moral *f*, sittliches Verhalten, Sitten *pl.*: *code of* ~*s* Sittenkodex; **11.** *pl. sg. konstr.* Sittenlehre *f*, Ethik *f*.

mo·rale [mɔ'rɑ:l] *s.* Mo'ral *f*, Haltung *f*, Stimmung, (Arbeits-, Kampf)Geist *m*: *the* ~ *of the army* die Kampfmoral *od.* Stimmung der Armee.

mor·al| fac·ul·ty *s.* Sittlichkeitsgefühl *n*; **~ haz·ard** *s. Versicherungswesen*: subjek'tives Risiko, Risiko falscher Angaben des Versicherten; **~ in·san·i·ty** *s. psych. krankhaftes Fehlen sittlicher Begriffe u. Gefühle.*

mor·al·ist ['mɔrəlist] *s.* **1.** Mora'list *m*, Sittenlehrer *m*; **2.** Ethiker *m*.

mo·ral·i·ty [mə'ræliti] *s.* **1.** Mo'ral *f*, Sittlichkeit *f*, Tugend(haftigkeit) *f*; **2.** Morali'tät *f*, sittliche Gesinnung; **3.** Ethik *f*, Sittenlehre *f*; **4.** *pl.* mo'ralische Grundsätze *pl.*, Ethik *f* (*e-r Person*); **5.** *contp.* Mo'ralpredigt *f*; **6.** → *morality play*; **~ play** *s. hist. thea.* Morali'tät *f*.

mor·al·ize ['mɔrəlaiz] **I.** *v/i.* **1.** moralisieren (*on* über *acc.*); **II.** *v/t.* **2.** mo'ralisch auslegen; **3.** versittlichen, die Mo'ral (*gen.*) heben; '**mor·al·iz·er** [-zə] *s.* Sittenprediger *m*.

mor·al| phi·los·o·phy, ~ sci·ence *s.* Mo'ralphiloso,phie *f*, Ethik *f*.

mo·rass [mə'ræs] *s.* **1.** Mo'rast *m*, Sumpf(land *n*) *m*; **2.** *fig.* Klemme *f*, schwierige Lage.

mor·a·to·ri·um [mɔrə'tɔ:riəm] *pl.* **-ri·ums** *s.* ✝ Mora'torium *n*, Zahlungsaufschub *m*, Stillhalteabkommen *n*, Stundung *f*; **mor·a·to·ry** ['mɔrətəri] *adj.* Moratoriums..., Stundungs...

Mo·ra·vi·an [mə'reivjən] **I.** *s.* **1.** Mähre *m*, Mährin *f*; **2.** *ling.* Mährisch *n*; **II.** *adj.* **3.** mährisch: ~ *Brethren eccl.* die Herrnhuter Brüdergemeine.

mor·bid ['mɔ:bid] *adj.* □ mor'bid, krankhaft, patho'logisch: ~ *anatomy* ⚕ pathologische Anatomie; **mor-**

bid·i·ty [mɔːˈbiditi] *s.* **1.** Krankhaftigkeit *f*; **2.** Erkrankungsziffer *f*.

mor·dan·cy [ˈmɔːdənsi] *s.* Bissigkeit *f*, beißende Schärfe; ˈ**mordant** [-dənt] **I.** *adj.* ☐ **1.** beißend: **a)** brennend (*Schmerz*), **b)** *fig.* scharf, sarˈkastisch (*Worte etc.*); **2.** ⊕ **a)** beizend, ätzend, **b)** *Farben* fixierend; **II.** *s.* **3.** ⊕ **a)** Ätzwasser *n*, **b)** (*bsd. Färberei*) Beize *f*.

mor·dent [ˈmɔːdənt] *s.* ♪ Morˈdent *m*, Pralltriller *m* nach unten.

more [mɔː] **I.** *adj.* **1.** mehr: (*no*) ~ *than* (nicht) mehr als; *they are* ~ *than we* sie sind zahlreicher als wir; **2.** mehr, noch (mehr), weiter: *some* ~ *tea* noch etwas Tee; *one* ~ *day* noch ein(en) Tag; *so much the* ~ *courage* um so mehr Mut; *he is no* ~ er ist nicht mehr (*ist tot*); **3.** größer (*obs. außer in*): *the* ~ *fool* der größere Tor; *the* ~ *part* der größere Teil; **II.** *adv.* **4.** mehr: ~ *dead than alive* mehr *od.* eher tot als lebendig; ~ *and* ~ immer mehr; ~ *and* ~ *difficult* immer schwieriger; ~ *or less* mehr oder weniger, ungefähr; *the* ~ um so mehr; *the* ~ *so because* um so mehr da; *all the* ~ so nur um so mehr; *no* (*od. not any*) ~ *than* ebensowenig wie; *neither* (*od. no*) ~ *nor less than stupid* nicht mehr u. nicht weniger als dumm; **5.** (*zur Bildung des comp.*): ~ *important* wichtiger; ~ *often* öfter; **6.** noch: *once* ~ noch einmal; *two hours* ~ noch zwei Stunden; **7.** noch mehr, ja soˈgar: *it is wrong and*, ~, *it is foolish*; **III.** *s.* **8.** Mehr *n* (*of an dat.*); **9.** mehr: ~ *than one person has seen it* mehr als einer hat es gesehen; *we shall see* ~ *of you* wir werden dich noch öfter sehen; *and what is* ~ und was noch wichtiger ist; *no* ~ nichts mehr.

mo·reen [məˈriːn] *s.* moiriertes Wollgewebe.

mo·rel [mɔˈrel] *s.* ⚘ **1.** Morchel *f*; **2.** Nachtschatten *m*; **3.** → *morello*.

mo·rel·lo [məˈrelou] *pl.* **-los** *s.* ⚘ Moˈrelle *f*, Schwarze Sauerweichsel.

more·o·ver [mɔːˈrouvə] *adv.* außerdem, überˈdies, ferner, weiter.

mo·res [ˈmɔːriːz] *s. pl.* Sitten *pl.*

mor·ga·nat·ic [mɔːgəˈnætik] *adj.* (☐ ~*ally*) morgaˈnatisch.

morgue [mɔːg] *s.* **1.** Leichenschauhaus *n*; **2.** *Am.* Arˈchiv *n* (*e-s Zeitungsverlages etc.*).

mor·i·bund [ˈmɔribʌnd] *adj.* sterbend, dem Tode geweiht (*a. fig.*).

Mor·mon [ˈmɔːmən] *eccl.* **I.** *s.* Morˈmone *m*, Morˈmonin *f*; **II.** *adj.* morˈmonisch: ~ *Church* Kirche Jesu Christi der Heiligen der letzten Tage.

morn [mɔːn] *s. poet.* Morgen *m*.

morn·ing [ˈmɔːniŋ] **I.** *s.* **1. a)** Morgen *m*, **b)** Morgen *m*, Vormittag *m*: *in the* ~ morgens, am Morgen, vormittags; *early in the* ~ frühmorgens, früh am Morgen; *on the* ~ *of May 5* am Morgen des 5. Mai; *one* (*fine*) ~ eines (schönen) Morgens; *this* ~ heute früh; *the* ~ *after* am Morgen darauf, am darauffolgenden Morgen; *good* ~! guten Morgen!; *morning!* F ʼn Morgen!; **2.** *fig.* Morgen *m*, Beginn *m*; **3.** *poet.* **a)** Morgendämmerung *f*, **b)** ℧ Auˈrora *f*; **II.** *adj.* **4. a)** Morgen..., Vormittags..., **b)** Früh...; ~ **coat** *s.* Cut (-away) *m*; ~ **dress** *s.* **1.** Hauskleid *n*; **2.** Besuchs-, Konfeˈrenzanzug *m*, ‚Stresemann' *m* (*schwarzer Rock mit gestreifter Hose*); ~ **gift** *s.* ⚖ *hist.* Morgengabe *f*; ~ **glo·ry** *s.* ⚘ Winde *f*; ~ **gown** *s.* Morgenrock *m*; Hauskleid *n* (*der Frau*); ~ **per·form·ance** *s. thea.* Frühvorstellung *f*, Matiˈnee *f*; ~ **prayer** *s. eccl.* **1.** Morgengebet *n*; **2.** Frühgottesdienst *m*; ~ **sick·ness** *s.* ⚕ morgendliches Erbrechen (*bei Schwangeren*); ~ **star** *s.* **1.** *ast.*, *a.* ⚔ *hist.* Morgenstern *m*; **2.** ⚘ Menˈtzelie *f*; ~ **watch** *s.* ⚓ Morgenwache *f*.

Mo·roc·can [məˈrɔkən] **I.** *adj.* maroˈkanisch; **II.** *s.* Marokˈkaner(in).

mo·roc·co [məˈrɔkou] *pl.* **-cos** [-z] *s. a.* ~ *leather* Saffian(leder *n*) *m*, Maroˈquin *m*.

mo·ron [ˈmɔːrɔn] *s.* **1.** Schwachsinnige(r *m*) *f*; **2.** F Trottel *m*, Idiˈot *m*; **mo·ron·ic** [məˈrɔnik] *adj.* schwachsinnig.

mo·rose [məˈrous] *adj.* ☐ mürrisch, grämlich, verdrießlich; **moˈrose·ness** [-nis] *s.* Verdrießlichkeit *f*, mürrisches Wesen.

mor·pheme [ˈmɔːfiːm] *s. ling.* Morˈphem *n*.

mor·phi·a [ˈmɔːfjə], ˈ**mor·phine** [-fiːn] *s.* ⚗ Morphium *n*; ˈ**mor·phin·ism** [-finizəm] *s.* **1.** Morphiˈnismus *m*, Morphiumsucht *f*; **2.** Morphiumvergiftung *f*; ˈ**mor·phin·ist** [-finist] *s.* Morphiˈnist(in).

morpho- [mɔːfou; -ə] *in Zssgn* Form..., Gestalt..., Morpho...

mor·pho·log·ic *adj.*; **mor·pho·log·i·cal** [mɔːfəˈlɔdʒik(əl)] *adj.* ☐ morphoˈlogisch, Form...: ~ *element* Formelement; **mor·phol·o·gy** [mɔːˈfɔlədʒi] *s.* Morphologˈgie *f*.

mor·ris [ˈmɔris] *s. a.* ~ *dance* Moˈriskentanz *m*; ~ **tube** *s.* Einstecklauf *m* (*für Gewehre*).

mor·row [ˈmɔrou] *s. mst poet.* morgiger *od.* folgender Tag: *the* ~ *of* **a)** der Tag nach, **b)** *fig.* die Zeit unmittelbar nach.

Morse[1] [mɔːs] **I.** *adj.* Morse...: ~ *code* Morsealphabet; **II.** *v/t. u. v/i.* ℧ morsen.

morse[2] [mɔːs] → *walrus*.

mor·sel [ˈmɔːsəl] **I.** *s.* **1.** Bissen *m*; **2.** Stückchen *n*, *das* bißchen; **3.** Leckerbissen *m*; **II.** *v/t.* **4.** in kleine Stückchen teilen, in kleinen Portiˈonen austeilen.

mort[1] [mɔːt] *s. hunt.* (ˈHirsch)ˌTotsiˌgnal *n*.

mort[2] [mɔːt] *s. dial.* große Menge.

mor·tal [ˈmɔːtl] **I.** *adj.* ☐ **1.** sterblich; **2.** tödlich, verderblich, todbringend (*to* für): ~ *wound*; **3.** tödlich, erbittert: ~ *battle* erbitterte Schlacht; ~ *hatred* tödlicher Haß; **4.** Tod(es)...: ~ *agony* Todeskampf; ~ *enemies* Todfeinde; ~ *fear* Todesangst; ~ *hour* Todesstunde; ~ *sin* Todsünde; **5.** menschlich, irdisch, Menschen...: ~ *life* irdisches Leben, Vergänglichkeit; *by no* ~ *means* F auf keine menschenmögliche Art; *of no* ~ *use* F absolut zwecklos; **6.** F Mords..., ‚mordsmäßig': ~ *hurry* Mordseile; **7.** ewig, sterbenslangweilig: *three* ~ *hours* drei endlose Stunden; **II.** *s.* **8.** Sterbliche(r *m*) *f*; **mor·tal·i·ty** [mɔːˈtæliti] *s.* **1.** Sterblichkeit *f*; **2.** die (sterbliche) Menschheit; **3.** *a.* ~ *rate* **a)** Sterblichkeit(sziffer) *f*, **b)** ⊕ Verschleiß (-quote *f*) *m*.

mor·tar[1] [ˈmɔːtə] **I.** *s.* **1.** ⚗ Mörser *m*; **2.** *metall.* Pochladen *m*; **3.** ⚔ **a)** Mörser *m* (*Geschütz*), **b)** Graˈnatwerfer *m*: ~ *shell* Werfergranate; **II.** *v/t.* **4.** ⚔ mit Mörsern beschießen, mit Graˈnatwerferfeuer belegen.

mor·tar[2] [ˈmɔːtə] *s.* △ Mörtel *m*.

ˈ**mor·tar-board** *s.* **1.** △ Mörtelbrett *n*; **2.** *univ.* quaˈdratisches Baˈrett.

mort·gage [ˈmɔːgidʒ] ⚖ **I.** *s.* **1.** Verpfändung *f*; Pfandgut *n*: *to give in* ~ verpfänden; **2.** Pfandbrief *m*; **3.** Hypoˈthek *f*: *by* ~ hypothekarisch; *to lend on* ~ auf Hypothek (ver)leihen; *to raise a* ~ e-e Hypothek aufnehmen (*on* auf *acc.*); **4.** Hypoˈthekenbrief *m*; **II.** *v/t.* **5.** (*a. fig.*) verpfänden (*to* an *acc.*); **6.** hypotheˈkarisch belasten, e-e Hypoˈthek aufnehmen auf (*acc.*); ~ **bond** *s.* Hypoˈthekenpfandbrief *m*; ~ **deed** *s.* **1.** Pfandbrief *m*; **2.** Hypoˈthekenbrief *m*.

mort·ga·gee [mɔːgəˈdʒiː] *s.* ⚖ Hypotheˈkar *m*, Pfand- *od.* Hypoˈthekengläubiger *m*; **mort·gaˈgor** [-ˈdʒɔː], *a.* **mort·gag·er** [ˈmɔːgidʒə] *s.* ⚖ Pfand- *od.* Hypoˈthekenschuldner *m*.

mor·ti·cian [mɔːˈtiʃən] *s. Am.* Leichenbestatter *m*.

mor·ti·fi·ca·tion [mɔːtifiˈkeiʃən] *s.* **1.** Demütigung *f*, Kränkung *f*; **2.** Ärger *m*, Verdruß *m*; **3.** Kaˈsteiung *f*; Abtötung *f* (*Leidenschaften*); **4.** ⚕ (kalter) Brand, Neˈkrose *f*; **mor·ti·fy** [ˈmɔːtifai] **I.** *v/t.* **1.** demütigen, kränken; **2.** *Gefühle* verletzen; **3.** *Körper, Fleisch* kaˈsteien; *Leidenschaften* abtöten; **4.** ⚕ brandig machen, absterben lassen; **II.** *v/i.* **5.** ⚕ brandig werden, absterben.

mor·tise [ˈmɔːtis] ⊕ **I.** *s.* **a)** Zapfenloch *n*, **b)** Stemmloch *n*, **c)** (Keil-) Nut *f*, **d)** Falz *m*, Fuge *f*; **II.** *v/t.* **a)** verzapfen, **b)** einstemmen, **c)** einzapfen (*into* in *acc.*), **d)** einlassen; ~ **chis·el** *s.* Lochbeitel *m*; ~ **ga(u)ge** *s.* Zapfenstreichmaß *n*; ~ **joint** *s.* Verzapfung *f*; ~ **lock** *s.* (Ein)Steckschloß *n*.

mort·main [ˈmɔːtmein] *s.* ⚖ unveräußerlicher Besitz, Besitz *m* der Toten Hand: *in* ~ unveräußerlich.

mor·tu·ar·y [ˈmɔːtjuəri] **I.** *s.* Leichenhalle *f*; **II.** *adj.* Leichen..., Begräbnis...

mo·sa·ic[1] [məˈzeiik] **I.** *s.* **1.** Mosaˈik *n* (*a. fig.*); **2.** (ˈLuftbild)Mosaˌik *n*, Reihenbild *n*; **II.** *adj.* **3.** Mosaik...; mosaˈikartig.

Mo·sa·ic[2] *adj.*; **Mo·sa·i·cal** [məˈzeiik(əl)] *adj.* moˈsaisch.

Mo·selle [məˈzel] *s.* Mosel(wein) *m*.

mo·sey [ˈmouzi] *v/i. Am. sl.* **1.** *a.* ~ *along* daˈhinschlendern, -schlürfen; **2.** abhauen, ‚verduften'.

Mos·lem [ˈmɔzləm] **I.** *s.* Moslem *m*, Muselman(n) *m*; **II.** *adj.* muselmanisch, mohammeˈdanisch.

mosque [mɔsk] *s.* Moˈschee *f*.

mos·qui·to [məsˈkiːtou] *s.* **1.** *pl.* **-toes** *zo.* Stechmücke *f*, *bsd.* Mos-

'kito *m*; **2.** *pl.* **-toes** *od.* **-tos** ✈ Mos'kito *m* (*brit. Langstreckenbomber*); **~-boat, ~-craft** *s.* ⚓, ⚔ Schnellboot *n*; **~-net** Mos'kitonetz *n*; **♀ State** *s. Am.* (*Beiname für*) New Jersey *n* (*USA*).

moss [mɔs] *s.* **1.** ♀ Moos *n*; → *stone 1*; **2.** (Torf)Moor *n*; '**~-grown** *adj.* **1.** moosbewachsen, bemoost; **2.** *fig.* altmodisch, über'holt.

moss·i·ness ['mɔsinis] *s.* **1.** 'Moosˌüberzug *m*; **2.** Moosartigkeit *f*, Weichheit *f*; **moss·y** ['mɔsi] *adj.* **1.** moosig, bemoost; **2.** moosartig; **3.** Moos...: *~ green* Moosgrün.

most [moust] **I.** *adj.* □ → *mostly*; **1.** meist, größt; höchst, äußerst: *the ~ fear* die meiste *od.* größte Angst; *for the ~ part* größten-, meistenteils; **2.** (*vor e-m Substantiv im pl.*) die meisten: *~ people* die meisten Leute; (*the*) *~ votes* die meisten Stimmen; **II.** *s.* **3.** *das* meiste, *das* Höchste, *das* Äußerste: *at* (*the*) *~* höchstens, bestenfalls; *to make the ~ of et.* nach Kräften ausnützen, (noch) das Beste aus *et.* herausholen; **4.** das meiste, der größte Teil: *he spent ~ of his time there* er verbrachte die meiste Zeit dort; **5.** die meisten: *better than ~* besser als die meisten; *~ of my friends* die meisten m-r Freunde; **III.** *adv.* **6.** am meisten: *~ of all* am allermeisten **7.** *zur Bildung des Superlativs*: *the ~ important point* der wichtigste Punkt; **8.** *vor adj.* höchst, äußerst, 'überaus.

-most [moust; məst] *in Zssgn Bezeichnung des sup.*: *in~, top~ etc.*

'**most-'fa·vo(u)red-'na·tion clause** *s. pol.* Meistbegünstigungsklausel *f*.

most·ly ['moustli] *adv.* **1.** größtenteils, im wesentlichen, in der Hauptsache; **2.** hauptsächlich.

mote [mout] *s.* (Sonnen)Stäubchen *n*: *the ~ in another's eye bibl.* der Splitter im Auge des anderen.

mo·tel ['moutel] *s.* Mo'tel *n*, Ho'tel-Raststätte *f* für Autofahrer *etc.*

mo·tet [mou'tet] *s.* ♪ Mo'tette *f*.

moth [mɔθ] *s.* **1.** *pl.* **moths** *zo.* Nachtfalter *m*; **2.** *pl.* **moths** *od. coll.* **moth** (Kleider)Motte *f*; '**~-ball I.** *s.* Mottenkugel *f*; **II.** *v/t. Am.* ⚔ einlagern, ‚einmotten'; '**~-eat·en** *adj.* **1.** von Motten zerfressen; **2.** *fig.* veraltet, anti'quiert.

moth·er[1] ['mʌðə] **I.** *s.* **1.** Mutter *f* (*a. fig.*); **II.** *adj.* **2.** Mutter...; **III.** *v/t.* **3.** (*mst fig.*) gebären, her'vorbringen; **4.** bemuttern.

moth·er[2] ['mʌðə] **I.** *s.* Essigmutter *f*; **II.** *v/i.* Essigmutter ansetzen.

Moth·er Car·ey's chick·en ['kɛəriz] *s. orn.* Sturmschwalbe *f*.

moth·er| cell *s. biol.* Mutterzelle *f*; **~ church** *s.* **1.** Mutterkirche *f*; **2.** Hauptkirche *f*; **~ coun·try** *s.* **1.** Mutterland *n*; **2.** Vater-, Heimatland *n*; **~ earth** *s.* Mutter *f* Erde; '**~-fuck·er** *s. fig.* V ‚Scheißkerl' *m*, ‚Arschloch' *n*.

moth·er·hood ['mʌðəhud] *s.* **1.** Mutterschaft *f*; **2.** *coll. die* Mütter *pl.*

'**moth·er-in-law** [-ðərin-] *pl.* '**moth·ers-in-law** *s.* Schwiegermutter *f*.

'**moth·er·land** → *mother country*.

moth·er·less ['mʌðəlis] *adj.* mutterlos; '**moth·er·li·ness** [-linis] *s.* Mütterlichkeit *f*.

moth·er| liq·uor *s.* ⚗ Mutterlauge *f*; **~ lode** *s.* ⚒ Hauptader *f*.

moth·er·ly ['mʌðəli] *adj. u. adv.* mütterlich.

moth·er| of pearl *s.* Perl'mutter *f*, Perlmutt *n*; '**~-of-'pearl** *adj.* perl'muttern, Perlmutt...

moth·er| ship *s.* ⚓ *Brit.* Mutterschiff *n*; **~ su·pe·ri·or** *s. eccl.* Oberin *f*, Äb'tissin *f*; '**~-tie** *s. psych.* Mutterbindung *f*; **~ tongue** *s.* Muttersprache *f*; **~ wit** *s.* Mutterwitz *m*.

moth·er·y ['mʌðəri] *adj.* hefig, trübe.

moth·y ['mɔθi] *adj.* **1.** voller Motten; **2.** mottenzerfressen.

mo·tif [mou'ti:f] *s.* **1.** ♪ ('Leit)Moˌtiv *n*; **2.** *paint. etc., Literatur*: Mo'tiv *n*, Vorwurf *m*; **3.** *fig.* Leitgedanke *m*.

mo·tile ['moutil] *adj. biol.* freibeweglich; **mo·til·i·ty** [mou'tiliti] *s.* selbständiges Bewegungsvermögen.

mo·tion ['mouʃən] **I.** *s.* **1.** Bewegung *f* (*a. phys.*, ♞, ♪); **2.** Gang *m* (*a.* ⊕): *to set in ~* in Gang bringen, in Bewegung setzen; → *idle motion, lost 1*; **3.** (Körper-, Hand)Bewegung *f*, Wink *m*: *~ of the head* Zeichen mit dem Kopf; **4.** Antrieb *m*: *of one's own ~* aus eigenem Antrieb, *a.* freiwillig; **5.** *pl.* Schritte *pl.*, Handlungen *pl.*: *to watch s.o.'s ~s*; **6.** ⚖, *parl. etc.* Antrag *m*: *to carry a ~* e-n Antrag durchbringen; *to bring forward a ~* e-n Antrag stellen; **7.** *physiol.* Stuhlgang *m*; **II.** *v/i.* **8.** winken (*with* mit, *to dat.*); **III.** *v/t.* **9.** *j-m* (zu)winken, *j-n* durch e-n Wink auffordern (*to do* zu tun), *j-n wohin* winken; '**mo·tion·less** [-lis] *adj.* bewegungslos, regungslos, unbeweglich.

mo·tion| pic·ture *s.* Film *m*; '**~-pic·ture** *adj.* Film...: *~ camera*; *~ projector* Filmvorführapparat; **~ stud·y** *s.* Be'wegungs-, Rationali'sierungsˌstudie *f*.

mo·ti·vate ['moutiveit] *v/t.* **1.** *j-n*, *et.* motivieren, *et.* begründen; **2.** anregen, her'vorrufen; **mo·ti·va·tion** [mouti'veiʃən] *s.* **1.** Motivierung *f*, Begründung *f*; *~ research* Motivforschung; **2.** Anregung *f*.

mo·tive ['moutiv] **I.** *s.* **1.** Mo'tiv *n*, Beweggrund *m*, Antrieb *m* (*for* zu); **2.** → *motif 1 u.* 2; **II.** *adj.* **3.** bewegend, treibend (*a. fig.*): *~ power* Triebkraft; **III.** *v/t.* **4.** *mst pass.* der Beweggrund sein von, veranlassen: *an act ~d by hatred* e-e vom Haß diktierte Tat; '**mo·tive·less** [-lis] *adj.* grundlos.

mo·tiv·i·ty [mou'tiviti] *s.* Bewegungsfähigkeit *f*, -kraft *f*.

mot·ley ['mɔtli] **I.** *adj.* **1.** bunt (*a. fig. Menge etc.*), scheckig; **II.** *s.* **2.** *hist.* Narrenkleid *n*; **3.** buntes Gemisch.

mo·tor ['moutə] **I.** *s.* **1.** ⊕ (*bsd.* E'lektro-, Verbrennungs)ˌMotor *m*; **2.** *fig.* treibende Kraft; **3. a)** Kraftwagen *m*, Auto *n*, **b)** 'Motorfahrzeug *n*; **4.** *anat.* **a)** Muskel *m*, **b)** mo'torischer Nerv; **II.** *adj.* **5.** bewegend, (an)treibend; **6.** Motor...; **7.** Auto...; **8.** *anat.* mo'torisch; **III.** *v/i.* **9.** (*in e-m Kraftfahrzeug*) fahren; **IV.** *v/t.* **10.** in e-m Kraftfahrzeug befördern; **~ ac·ci·dent** *s.* Autounfall *m*; **~ am·bu·lance** *s.* Krankenwagen *m*, Ambu'lanz *f*; '**~-as'sist·ed** *adj.*: *~ bicycle* **a)** Fahrrad mit Hilfsmotor, **b)** Mofa; **~ bi·cy·cle** → *motor cycle*; '**~-bike 1.** F *für motor cycle*; **2.** *Am.* Moped *n*; **~ boat** *s.* 'Motorboot *n*; **~ bus** *s.* Autobus *m*; **~ cab** *s.* Taxe *f*, Taxi *n*; '**~-cade** [-keid] *s. Am.* 'Autokoˌlonne *f*; **~ camp** *s. Am.* Auto-Campingplatz *m*; '**~-car** *s.* Kraftwagen *m*, Auto(mo'bil) *n*: *~ industry* Automobilindustrie; **~ car·a·van** *s. mot.* Campingwagen *m*; **~ coach** → *coach 3*; **~ court** → *motel*; **~ cy·cle** *s.* 'Motor-, Kraftrad *n*; '**~-cy·cle** *v/i.* 'motorradfahren; '**~-cy·clist** *s.* 'Motorradfahrer(in); '**~-driv·en** *adj.* mit 'Motorantrieb, Motor...

mo·tored ['moutəd] *adj.* ⊕ **1.** motorisiert, mit e-m 'Motor *od.* mit Mo'toren (versehen); **2.** ...motorig.

mo·tor| en·gine *s.* ⊕ 'Kraftmaˌschine *f*; **~ fit·ter** *s.* Autoschlosser *m*; **~ gog·gles** *s. pl.* Autobrille *f*.

mo·tor·ing ['moutəriŋ] *s.* Autofahren *n*; Kraftfahrsport *m*; '**mo·tor·ist** [-ist] *s.* Kraft-, Autofahrer(in).

mo·tor·i·za·tion [moutərai'zeiʃən] *s.* Motorisierung *f*; **mo·tor·ize** ['moutəraiz] *v/t.* ⊕ *u.* ⚔ motorisieren: *~d division* ⚔ leichte Division; *~d unit* ⚔ (voll)motorisierte Einheit.

mo·tor launch *s.* 'Motorbarˌkasse *f*.

mo·tor·less ['moutəlis] *adj.* 'motorlos: *~ flight* Segelflug.

mo·tor| lor·ry *s. Brit.* Lastkraftwagen *m*; '**~-man** [-mən] *s.* [*irr.*] *Am.* ⚡ Wagenführer *m*; **~ me·chan·ic** *s.* Autoschlosser *m*; **~ nerve** *s. anat.* mo'torischer Nerv, Bewegungsnerv *m*; **~ oil** *s.* ⊕ Mo'torenöl *n*; '**~-park** *s. Am.* 'Ferienkoloˌnie *f für Autofahrer*; **~ pool** *s.* Fahrbereitschaft *f*; **~ road** *s.* Autostraße *f*, -bahn *f*; Straße *f* für Kraftverkehr; **~ school** *s.* Fahrschule *f*; **~ scoot·er** *s.* 'Motorroller *m*; **~ ship** *s.* ⚓ 'Motorschiff *n*; **~ show** *s.* Automo'bilausstellung *f*; **~ start·er** *s.* ⊕ 'Motoranlasser *m*; **~ tor·pe·do boat** *s.* ⚓, ⚔ Schnellboot *n*, E-Boot *n*; **~ trac·tor** *s.* Traktor *m*, Schlepper *m*, 'Zugmaˌschine *f*; **~ trou·ble** *s.* Panne *f*; **~ truck** *s.* **1.** *bsd. Am.* Lastkraftwagen *m*; **2.** ⚡ E'lektrokarren *m*; **~ van** *s. Brit.* (kleiner) Lastkraftwagen, Lieferwagen *m*; **~ ve·hi·cle** *s.* Kraftfahrzeug *n*; '**~-way** *s. Brit.* Autobahn *f*, Schnellstraße *f*.

mot·tle ['mɔtl] *v/t.* sprenkeln, marmorieren; '**mot·tled** [-ld] *adj.* gesprenkelt, gefleckt, bunt.

mot·to ['mɔtou] *pl.* **-toes, -tos** *s.* Motto *n*, Wahl-, Sinnspruch *m*.

mou·jik ['mu:ʒik] → *muzhik*.

mould[1] [mould] **I.** *s.* **1.** ⊕ (Gieß-, Guß)Form *f*: *cast in the same ~ fig.* aus demselben Holz geschnitzt; **2.** (Körper)Bau *m*, Gestalt *f*, (*äußere*) Form; **3.** Art *f*, Na'tur *f*, Cha'rakter *m*; **4.** ⊕ **a)** Hohlform *f*, **b)** Preßform *f*, **c)** Ko'kille *f*, Hartgußform *f*, **d)** Ma'trize *f*, **e)** ('Form)Moˌdell *n*, **f)** Gesenk *n*; **5.** ⊕ **a)** 'Gußmateriˌal *n*, **b)** Guß(stück *n*) *m*; **6.** *Schiffbau*: Mall *n*; **7.** ⚠ **a)** Sims *m*, *n*, **b)** Leiste *f*, **c)** Hohlkehle *f*; **8.** *Kochkunst*: Form *f* (*für Speisen*): *jelly ~*

Puddingform; **9.** *geol.* Abdruck *m* (*Versteinerung*); **II.** *v/t.* **10.** ⊕ gießen; (ab)formen, modellieren; pressen; *Holz* profilieren; ⚓ abmallen; **11.** formen, bilden, gestalten (**on nach** dem Muster von); **III.** *v/i.* **12.** Gestalt annehmen, sich formen.

mould² [mould] **I.** *s.* **1.** Schimmel *m*, Moder *m*; **2.** ♀ Schimmelpilz *m*; **II.** *v/i.* **3.** schimm(e)lig werden, (ver)schimmeln.

mould³ [mould] *s.* **1.** lockere Erde, Gartenerde *f*; **2.** Humus(boden) *m*.

mould·a·ble ['mouldəbl] *adj.* (ver-) formbar, bildsam: ~ *material* ⊕ Preßmasse.

'mould-board *s.* **1.** Streichbrett *n* (*am Pflug*); **2.** Formbrett *n* (*der Maurer*).

mould·er¹ ['mouldə] *s.* **1.** ⊕ Former *m*, Gießer *m*; **2.** *fig.* Gestalter(in); Bildner(in).

mould·er² ['mouldə] *v/i. a.* ~ *away* vermodern, (*zu Staub*) zerfallen, zerbröckeln.

mould·i·ness ['mouldinis] *s.* Moder *m*, Schimm(e)ligkeit *f*; (*a. fig.*) Schalheit *f*.

mould·ing ['mouldiŋ] *s.* **1.** Formen *n*, Formgebung *f*; **2.** Formgieße'rei *f*, -arbeit *f*; Modellieren *n*; **3.** Formstück *n*; Preßteil *n*; **4.** → *mould¹* 7; '~**-board** *s.* **1.** Formbrett *n*; **2.** *Küche*: Kuchen-, Nudelbrett *n*; ~ **clay** *s.* ⊕ Formerde *f*, -ton *m*; '~**-ma·chine** *s.* ⊕ **1.** *Holzbearbeitung*: 'Kehl(hobel)maˌschine *f*; **2.** *metall.* 'Formmaˌschine *f*; **3.** 'Spritzmaˌschine *f* (*für Spritzguß etc.*); ~ **press** *s.* ⊕ Formpresse *f*; ~ **sand** *s.* ⊕ Formsand *m*.

mould·y ['mouldi] *adj.* **1.** schimm(e)lig; **2.** Schimmel..., schimmelartig: ~ *fungi* Schimmelpilze; **3.** muffig, schal (*a. fig.*).

moult [moult] *zo.* **I.** *v/i.* (sich) mausern (*a. fig.*); sich häuten; **II.** *v/t.* *Federn, Haut* abwerfen, verlieren; **III.** *s.* Mauser(ung) *f*; Häutung *f*.

mound¹ [maund] *s.* **1.** Erdwall *m*, -hügel *m*; **2.** Damm *m*; **3.** *Baseball*: Abwurfstelle *f*.

mound² [maund] *s. hist.* Reichsapfel *m*.

mount¹ [maunt] **I.** *v/t.* **1.** *Berg, Pferd, Fahrrad etc.* besteigen; *Treppen* hin'aufgehen, ersteigen; *Fluß* hin'auffahren; **2.** beritten machen: *to* ~ *troops*; ~*ed police* berittene Polizei; **3.** errichten; *a. Maschine* aufstellen, montieren (*a. phot., Fernsehen*); anbringen, einbauen, befestigen; *Papier, Bild* aufkleben, -ziehen; *Edelstein* fassen; *Messer etc.* mit e-m Griff versehen, stielen; ⚕ *Versuchsobjekt* präparieren; *Präparat im Mikroskop* fixieren; **4.** zs.-bauen, -stellen, arrangieren; *thea. Stück* inszenieren; **5.** ⚔ **a)** *Geschütz* in Stellung bringen, **b)** *Posten* aufstellen; → *guard 8*; **6.** ⚓ bewaffnet sein mit, *Geschütz* führen; **II.** *v/i.* **7.** (auf-, em'por-, hoch)steigen; **8.** *fig.* (an)wachsen, steigen, sich auftürmen (*bsd. Schulden, Schwierigkeiten etc.*): ~*ing suspense* wachsende Spannung; **9.** *oft* ~ *up* sich belaufen (*to* auf *acc.*); **III.** *s.* **10.** Gestell *n*; ⊕ Ständer *m*, Halterung *f*, 'Untersatz *m*; Fassung *f*; (Wechsel)Rahmen *m*, Passepar'tout *n*; ⚔ (Ge'schütz)Laˌfette *f*; Ob'jektträger *m* (*Mikroskop*); **11.** Pferd *n*, Reittier *n*.

mount² [maunt] *s.* **1.** *poet.* **a)** Berg *m*, **b)** Hügel *m*; **2.** ♀ (*in Eigennamen*) Berg *m*: ♀ *Sinai*.

moun·tain ['mauntin] **I.** *s.* Berg *m* (*a. fig. von Arbeit etc.*); *pl.* Gebirge *n*: *to make a* ~ *out of a molehill* aus e-r Mücke e-n Elefanten machen; **II.** *adj.* Berg..., Gebirgs...: ~ *artillery* Gebirgsartillerie; ~ **ash** *s.* ♀ *e-e* Eberesche *f*; ~ **chain** *s.* Berg-, Gebirgskette *f*; ~ **cock** *s. orn.* Auerhahn *m*.

moun·tained ['mauntind] *adj.* bergig, gebirgig.

moun·tain·eer [maunti'niə] **I.** *s.* **1.** Bergbewohner(in); **2.** Bergsteiger *m*, Alpi'nist *m*; **II.** *v/i.* **3.** bergsteigen; **moun·tain'eer·ing** [-iəriŋ] **I.** *s.* Bergsteigen *n*; **II.** *adj.* bergsteigerisch; **moun·tain·ous** ['mauntinəs] *adj.* **1.** bergig, gebirgig; **2.** Berg..., Gebirgs...; **3.** *fig.* riesig, gewaltig.

moun·tain| pas·ture *s.* Alm *f*; '~**-'rail·way** *s.* Bergbahn *f*; ~ **range** *s.* Gebirgszug *m*, -kette *f*; ~ **sick·ness** *s.* ⚕ Berg-, Höhenkrankheit *f*; '~**-side** *s.* Berg(ab)hang *m*; ~ **slide** *s.* Bergrutsch *m*; ♀ **State** *s. Am.* (*Beiname für*) **a)** Mon'tana *n* (*USA*), **b)** West Vir'ginia *n* (*USA*); ~ **troops** *s. pl.* ⚔ Gebirgstruppen *pl.*

moun·te·bank ['mauntibæŋk] *s.* **1.** Quacksalber *m*; Marktschreier *m*; **2.** Scharlatan *m*.

mount·ing ['mauntiŋ] *s.* **1.** ⊕ **a)** Einbau *m*, Aufstellung *f*, Mon'tage *f* (*a. phot., Fernsehen etc.*), **b)** Gestell *n*, Rahmen *m*, **c)** Befestigung *f*, Aufhängung *f*, **d)** (Auf)Lagerung *f*, **e)** Arma'tur *f*, **f)** (Ein)Fassung *f* (*Edelstein*), **g)** Ausstattung *f*, **h)** *pl.* Fenster-, Türbeschläge *pl.*, **i)** *pl.* Gewirre *n* (*an Türschlössern*), **j)** (*Weberei*) Geschirr *n*, Zeug *n*; **2.** ⚡ (Ver)Schaltung *f*, Installati'on *f*; ~ **brack·et** *s.* Befestigungsschelle *f*.

mourn [mɔːn] **I.** *v/i.* **1.** trauern, klagen (*at, over* über *acc.*; *for, over* um); **2.** Trauer(kleidung) tragen, trauern; **II.** *v/t.* **3.** *j-n* betrauern, *a. et.* beklagen, trauern um *j-n*; **'mourn·er** [-nə] *s.* Trauernde(r *m*) *f*, Leidtragende(r *m*) *f*; **'mourn·ful** [-ful] *adj.* □ trauervoll, traurig, düster, Trauer...

mourn·ing ['mɔːniŋ] **I.** *s.* **1.** Trauer(n *n*) *f*; **2.** Trauer(kleidung) *f*: *in* ~ in Trauer; *to go into (out of)* ~ Trauer anlegen (die Trauer ablegen); **II.** *adj.* □ **3.** trauernd; **4.** Trauer...: ~ *band* Trauerband, -flor; '~**-bor·der**, '~**-edge** *s.* Trauerrand *m*: '~**-pa·per** *s.* 'Briefpaˌpier *n* mit Trauerrand.

mouse [maus] **I.** *pl.* **mice** [mais] *s.* **1.** *zo.* Maus *f* (*a. fig. contp.*): ~*trap* Mausefalle; **2.** ⊕ Zugleine *f* mit Gewicht; **3.** *sl.*, blaues Auge', Schwellung *f*; **II.** *v/i.* [mauz] **4.** mausen, Mäuse fangen; '~**-col·o(u)red** *adj.* mausfarbig, -grau.

mous·tache [məs'tɑːʃ] *s.* Schnurrbart *m* (*a. zo.*).

mous·y ['mausi] *adj.* **1.** von Mäusen heimgesucht; **2.** mauseartig; mausgrau; **3.** *fig.* grau, trüb; **4.** *fig.* leise; furchtsam; farblos.

mouth [mauθ] **I.** *pl.* **mouths** [mauðz] *s.* **1.** Mund *m*: *to give* ~ Laut geben, anschlagen (*Hund*); *by word of* ~ mündlich; *to keep one's* ~ *shut* F den Mund halten; *to shut s.o.'s* ~ j-m den Mund stopfen; *to stop s.o.'s* ~ j-m durch Bestechung den Mund stopfen; *down in the* ~ F niedergeschlagen, bedrückt; *to make s.o. laugh on the wrong side of his* ~ j-m das Lachen abgewöhnen; **2.** Maul *n*, Schnauze *f*, Rachen *m* (*Tier*); **3.** Mündung *f* (*Fluß, Kanone etc.*); Öffnung *f* (*Flasche, Sack*); Ein-, Ausgang *m* (*Höhle, Röhre etc.*); Ein-, Ausfahrt *f* (*Hafen etc.*); ♪ Mundstück *n* (*Blasinstrument*); **4.** ⊕ **a)** Mundloch *n*, **b)** Schnauze *f*, **c)** Öffnung *f*, **d)** Gichtöffnung *f* (*Hochofen*), **e)** Abstichloch *n* (*Hoch-, Schmelzofen*); **II.** *v/t.* [mauð] **5.** affek'tiert *od.* gespreizt (aus-) sprechen; **6.** in den Mund *od.* ins Maul nehmen; **'mouth·ful** [-ful] *pl.* **-fuls** *s.* **1.** *ein* Mundvoll *m*, Brocken *m* (*a. fig. Wort*); **2.** kleine Menge; **3.** *sl.* großes Wort.

'mouth|-or·gan *s.* ♪ 'Mundharˌmonika *f*; '~**-piece** *s.* **1.** ♪ Mundstück *n*, Ansatz *m* (*Blasinstrument*); **2.** ⊕ **a)** Schalltrichter *m*, Sprechmuschel *f*, **b)** Mundstück *n*, Tülle *f*; **3.** *fig.* Sprachrohr *n* (*a. Person*); ⚖ *sl.* (Straf)Verteidiger *m*; **4.** Gebiß *n* (*Pferdezaum*); '~**-wash** *s.* Mundwasser *n*.

mov·a·bil·i·ty [muːvə'biliti] *s.* Beweglichkeit *f*, Bewegbarkeit *f*.

mov·a·ble ['muːvəbl] **I.** *adj.* □ **1.** beweglich (*a.* ⊕; *a.* ⚖ *Eigentum*; ⚔ *Geschütz*), bewegbar; **2. a)** verschiebbar, verstellbar, **b)** fahrbar; **3.** ⚕ ortsveränderlich; **II.** *s.* **4.** *pl.* Möbel *pl.*; **5.** *pl.* ⚖ Mo'bilien *pl.*, bewegliche Habe; ~ **kid·ney** *s.* ⚕ Wanderniere *f*.

move [muːv] **I.** *v/t.* **1.** fortbewegen, -rücken, von der Stelle bewegen, verschieben; ⚔ *Einheit* verlegen: *to* ~ *up* **a)** *Truppen* heranbringen, **b)** *ped. Brit. Schüler* versetzen; **2.** entfernen, fortbringen, -schaffen; **3.** bewegen, in Bewegung setzen *od.* halten, (an)treiben: *to* ~ *on* vorwärtstreiben; **4.** *fig.* bewegen, rühren, ergreifen: *to be* ~*d to tears* zu Tränen gerührt sein; **5.** *j-n* veranlassen, bewegen, hinreißen (*to* zu): *to* ~ *to anger* erzürnen; **6.** *Schach etc.*: e-n Zug machen mit; **7.** *et.* beantragen, Antrag stellen auf (*acc.*), vorschlagen: *to* ~ *an amendment parl.* e-n Abänderungsantrag stellen; **8.** *Antrag* stellen, einbringen; **II.** *v/i.* **9.** sich bewegen, sich rühren, sich regen; ⊕ laufen, in Gang sein (*Maschine etc.*); **10.** sich fortbewegen, gehen, fahren: *to* ~ *on* weitergehen; **11.** sich entfernen, abziehen, abmarschieren; *wegen Wohnungswechsels* ('um)ziehen (*to* nach): *to* ~ *in* einziehen; *if* ~*d* falls verzogen; **12.** fortschreiten, weitergehen (*Vorgang*); **13.** verkehren, sich bewegen: *to* ~ *in good society*; **14.** vorgehen, Schritte unter'nehmen (*in s.th.* in e-r Sache, *against* gegen); handeln, zupacken: *he ~d quickly*; **15.** ~ *for* beantragen, (e-n) Antrag stellen auf (*acc.*); *to ~ that* beantragen, daß; **16.** *Schach etc.*: e-n Zug machen, ziehen; **17.** ⚕ sich entleeren (*Darm*); **18.** ~ *up* ✝ anziehen, steigen (*Preise*); **III.** *s.* **19.** (Fort)Bewegung *f*, Aufbruch *m*: *on the ~* in Bewegung, auf dem Marsch; *to get a ~ on sl.* ‚e-n Zahn zulegen', sich beeilen; *to make a ~* aufbrechen, sich (von der Stelle) rühren; die Tafel aufheben; **20.** 'Umzug *m*; **21.** *Schach etc.*: Zug *m*; *fig.* Schritt *m*, Maßnahme *f*: *a clever ~* ein kluger Schachzug (*od.* Schritt); *to make the first ~* den ersten Schritt tun;

'**move·ment** [-mənt] *s.* **1.** Bewegung *f* (*a. fig., pol., eccl., paint. etc.*); ⚔, ⚓ (Truppen- *od.* Flotten)Bewegung *f*: ~ *by air* Lufttransport; **2.** *mst pl.* Handeln *n*, Schritte *pl.*, Maßnahmen *pl.*; **3.** (rasche) Entwicklung, Fortschreiten *n* (*von Ereignissen, e-r Handlung*); **4.** Bestrebung *f*, Ten'denz *f*, (mo'derne) Richtung; **5.** ♪ **a)** Satz *m*: *a ~ of a sonata*, **b)** Tempo *n*; **6.** ⊕ **a)** Bewegung *f*, **b)** Lauf *m* (*Maschine*), **c)** Gang-, Gehwerk *n* (*der Uhr*), 'Antriebsmecha,nismus *m*; **7.** *a. ~ of the bowels* ⚕ Stuhlgang *m*; **8.** ✝ (Kurs-, Preis)Bewegung *f*; 'Umsatz *m* (*Börse, Markt*): *downward ~* Senkung, Fallen; *retrograde ~* rückläufige Bewegung; *upward ~* Steigen, Aufwärtsbewegung (*der Preise*);

'**mov·er** [-və] *s.* **1.** *fig.* treibende Kraft, Triebkraft *f*, Antrieb *m* (*a. Person*); **2.** ⊕ Triebwerk *n*, Motor *m*; → *prime mover*; **3.** Antragsteller(in); **4.** *Am.* Spedi'teur *m*.

mov·ie ['mu:vi] *Am.* F **I.** *s.* **1.** Film (-streifen) *m*; **2.** *pl.* **a)** Filmwesen *n*, **b)** Kino *n*, **c)** Kinovorstellung *f*: *to go to the ~s* ins Kino gehen; **II.** *adj.* **3.** Film..., Kino..., Lichtspiel...; '**~-go·er** *s. Am.* F Kinobesucher(in).

mov·ing ['mu:viŋ] *adj.* □ beweglich, sich bewegend; **2.** bewegend, treibend: ~ *power* treibende Kraft; **3. a)** rührend, bewegend, **b)** eindringlich, packend; **~ coil** *s.* ⚡ Drehspule *f*; **~ mag·net** *s.* ⚡ 'Drehma,gnet *m*; **~ pic·ture** F → *motion picture*; **~ stair·case** *s.* Rolltreppe *f*; **~ van** *s. Am.* Möbelwagen *m*.

mow[1] [mou] **I.** *v/t.* [*a. irr.*] (ab-) mähen, schneiden: *to ~ down* niedermähen; **II.** *v/i.* [*a. irr.*] mähen.

mow[2] [mou] *s.* **1.** Getreidegarbe *f*, Heuhaufen *m* (*Scheune*); **2.** Heu-, Getreideboden *m*.

mow·er ['mouə] *s.* **1.** Mäher(in), Schnitter(in); **2.** → *mowing-machine*; '**mow·ing-ma·chine** ['mouiŋ] *s.* ⚒ 'Mähma,schine *f*.

mown [moun] *p.p. von mow*[1].

mu [mju:] *s.* **1.** My *n* (*griechischer Buchstabe*); **2.** ⚡ Ver'stärkungs,faktor *m*.

much [mʌtʃ] **I.** *s.* **1.** Menge *f*, große Sache, Besondere(s) *n*: *nothing ~* nichts Besonderes; *it did not come to ~* es kam nicht viel dabei heraus; *to think ~ of s.o.* viel von j-m halten; *he is not ~ of a dancer* er ist kein großer Tänzer; → *make 21*; **II.** *adj.* **2.** viel: *too ~* zu viel; **III.** *adv.* **3.** sehr: ~ *to my regret* sehr zu m-m Bedauern; **4.** (*in Zssgn*) viel...: *~-admired* vielbewundert; **5.** (*vor comp.*) viel, weit: ~ *stronger* viel stärker; **6.** (*vor sup.*) bei weitem, weitaus: ~ *the oldest*; **7.** fast: *he did it in ~ the same way* er tat es auf ungefähr die gleiche Weise; *it is ~ the same thing* es ist ziemlich dasselbe;

Besondere Redewendungen:

~ *as I would like* so gern ich (auch) möchte; *as ~ as* so viel wie; *he did not as ~ as write* er schrieb nicht einmal; *as ~ more* (*od. again*) noch einmal soviel; *he said as ~* das war (ungefähr) der Sinn s-r Worte; *this is as ~ as to say* das heißt mit anderen Worten; *as ~ as to say* als wenn er (*etc.*) sagen wollte; *I thought as ~* das habe ich mir gedacht; *so ~* **a)** so sehr, **b)** so viel, **c)** lauter, nichts als; *so ~ the better* um so besser; *so ~ for today* soviel für heute; *so ~ for our plans* soviel (wäre also) zu unseren Plänen (zu sagen); *not so ~ as* nicht einmal; *without so ~ as to move* ohne sich auch nur zu bewegen; *so ~* so (und zwar) so sehr; ~ *less* **a)** viel weniger, **b)** geschweige denn; ~ *like a child* ganz wie ein Kind.

much·ly ['mʌtʃli] *adv. obs. od. humor.* sehr, viel, besonders; '**much·ness** [-tʃnis] *s.* große Menge: *much of a ~* F ziemlich *od.* praktisch dasselbe.

mu·ci·lage ['mju:silidʒ] *s.* **1.** ⚘ (Pflanzen)Schleim *m*; **2.** *bsd. Am.* Klebstoff *m*, 'Gummilösung *f*; **mu·ci·lag·i·nous** [mju:si'lædʒinəs] *adj.* **1.** schleimig; **2.** klebrig.

muck [mʌk] **I.** *s.* **1.** Mist *m*, Dung *m*; **2.** Kot *m*, Dreck *m*, Unrat *m*, Schmutz *m* (*a. fig.*); **3.** *Brit.* F Blödsinn *m*, Schund *m*, ‚Mist' *m*: *to make a ~ of* → *6*; **II.** *v/t.* **4.** düngen; *a. ~ out* ausmisten; **5.** *oft ~ up* F beschmutzen; **6.** *sl.* verpfuschen, verhunzen, ‚vermasseln'; **III.** *v/i.* **7.** *mst ~ about sl.* her'umlungern; '**muck·er** [-kə] *s.* **1.** *sl.* Schuft *m*; **2.** ⚒ Lader *m*: *~'s car* Minenhund; **3.** *sl.* **a)** schwerer Sturz, **b)** *fig.* ‚Reinfall' *m*: *to come a ~* zu Fall kommen, stürzen, *fig.* ‚reinfallen'.

'**muck|-hill** *s.* Mist-, Dreckhaufen *m*; '**~-rake** *s.* Mistgabel *f*; '**~-rake** *v/i. fig.* im Schmutz her'umrühren; *Am. sl.* Korrupti'onsfälle aufdecken *od.* aufbauschen; '**~-rak·er** *s. Am.* Korrupti'onsschnüffler *m*, Skan'dalmacher *m*.

muck·y ['mʌki] *adj.* schmutzig, dreckig (*a. fig.*).

mu·cous ['mju:kəs] *adj.* schleimig, Schleim...: ~ *membrane* Schleimhaut; '**mu·cus** [-kəs] *s. biol.* Schleim *m*.

mud [mʌd] *s.* **1.** Schlamm *m*, Schlick *m*; **2.** Mo'rast *m*, Kot *m*, Schmutz *m* (*a. fig.*): *to drag in the ~ fig.* in den Schmutz ziehen; *to stick in the ~* im Schlamm steckenbleiben (*a. fig.*); *to sling* (*od. throw*) *~ at s.o. fig.* j-n mit Schmutz bewerfen; → *clear 1*; '**~-bath** *s.* ⚕ Moor-, Schlammbad *n*.

mud·di·ness ['mʌdinis] *s.* **1.** Schlammigkeit *f*, Trübheit *f* (*a. des Lichts*); **2.** Schmutzigkeit *f*; **3.** *fig.* Verschwommenheit *f*.

mud·dle ['mʌdl] **I.** *s.* **1.** Durchein'ander *n*, Unordnung *f*, Wirrwarr *m*: *to make a ~ of s.th.* et. durcheinanderbringen *od.* ‚vermasseln'; *to get into a ~* in Schwierigkeiten geraten; **2.** Verworrenheit *f*, Unklarheit *f*: *to be in a ~* in Verwirrung sein; **II.** *v/t.* **3.** *Gedanken etc.* verwirren: *to ~ up* verwechseln, durcheinanderwerfen; **4.** in Unordnung bringen, durchein'anderbringen; **5.** benebeln (*bsd. durch Alkohol*): *to ~ one's brains* sich benebeln; **6.** verpfuschen, verderben; **III.** *v/i.* **7.** pfuschen, stümpern, ‚wursteln': *to ~ about* herumwursteln (*with an dat.*); *to ~ on* weiterwursteln; *to ~ through* sich durchwursteln; '**mud·dle·dom** [-dəm] *s. humor.* Durchein'ander *n*.

'**mud·dle-head·ed** *adj.* wirr(köpfig), kon'fus.

mud·dler ['mʌdlə] *s.* **1.** j-d der sich 'durchwurstelt; Wirrkopf *m*; Pfuscher *m*; **2.** *Am.* ('Um)Rührlöffel *m*.

mud·dy ['mʌdi] **I.** *adj.* □ **1.** schlammig, trüb(e) (*a. Licht*); Schlamm...: ~ *soil*; **2.** schmutzig; **3.** *fig.* unklar, verworren, kon'fus; **4.** verschwommen (*Farbe*); **II.** *v/t.* **5.** trüben; **6.** beschmutzen.

'**mud|·guard** *s.* **1. a)** *mot.* Kotflügel *m*, **b)** Schutzblech *n* (*Fahrrad*); **2.** ⊕ Schmutzfänger *m*; '**~-hole** *s.* **1.** Schlammloch *n*; **2.** ⊕ Schlammablaß *m*; '**~·lark** *s.* Schmutzfink *m*, Dreckspatz *m*; '**~-sling·er** *s.* F Verleumder(in); '**~-sling·ing** F **I.** *s.* Beschmutzung *f*, Verleumdung *f*; **II.** *adj.* verleumderisch.

muff [mʌf] **I.** *s.* **1.** Muff *m*; **2.** F *sport u. fig.* ‚Patzer' *m*; **3.** F Tölpel *m*, Stümper *m*; **4.** ⊕ **a)** Stutzen *m*, **b)** Muffe *f*, Flanschstück *n*; **II.** *v/t.* **5.** F *sport u. fig.* ‚verpatzen'.

muf·fin ['mʌfin] *s.* (Tee)Semmel *f*; Teekuchen *m*; **muf·fin·eer** [mʌfi'niə] *s.* Salz- *od.* Zuckerstreuer *m*.

muf·fle ['mʌfl] **I.** *v/t.* **1.** *oft ~ up* einhüllen, einwickeln; *Ruder* um'wickeln; **2.** *Ton etc.* dämpfen (*a. fig.*); **II.** *s.* **3.** *metall.* Muffel *f*: ~ *furnace* Muffelofen; **4.** ⊕ Flaschenzug *m*; '**muf·fler** [-lə] *s.* **1.** Schal *m*, Halstuch *n*; **2.** ⊕ Schalldämpfer *m*; *mot.* Auspufftopf *m*; ♪ Dämpfer *m*; **3.** Boxhandschuh *m*.

muf·ti ['mʌfti] *s.* **1.** Mufti *m*; **2.** ⚔ Zi'vilkleidung *f*: *in ~* in Zivil.

mug [mʌg] **I.** *s.* **1.** Krug *m*; **2.** Becher *m*; **3.** *sl.* **a)** Vi'sage *f*, Gesicht *n*, **b)** ‚Fresse' *f*, Mund *m*, **c)** Gri'masse *f*; **4.** *Brit. sl.* **a)** Trottel *m*, **b)** Büffler *m*, Streber *m*; **5.** *Am. sl.* **a)** Boxer *m*, **b)** Ga'nove *m*; **II.** *v/t.* **6.** *sl. bsd. Verbrecher* photographieren; **7.** *sl.* über'fallen, niederschlagen u. ausrauben; **8.** *a. ~ up Brit. sl.* ‚büffeln', ‚ochsen'; **III.** *v/i.* **9.** *sl.* Gesicht schneiden; **10.** *Am. sl.* ‚schmusen'.

mug·gi·ness ['mʌginis] *s.* **1.** Schwüle *f*; **2.** Muffigkeit *f*.

mug·gins ['mʌginz] *s. sl.* Trottel *m*.

mug·gy ['mʌgi] *adj.* **1.** schwül (*Wetter*); **2.** dumpfig, muffig.

'**mug·wort** *s.* ⚘ Beifuß *m*.

mug·wump ['mʌgwʌmp] *s. Am.*

1. F ‚hohes Tier'; 2. *pol. sl.* Unabhängige(r) *m*, Einzelgänger *m*.
mu·lat·to [mju(:)'lætou] **I.** *pl.* **-toes** *s.* Mu'latte *m*; **II.** *adj.* Mulatten...
mul·ber·ry ['mʌlbəri] *s.* **1.** Maulbeerbaum *m*; **2.** Maulbeere *f*.
mulch [mʌlʃ] **I.** *s.* Stroh-, Laubdecke *f*; **II.** *v/t.* mit Stroh *etc.* bedecken.
mulct [mʌlkt] **I.** *s.* **1.** Geldstrafe *f*; **II.** *v/t.* **2.** mit e-r Geldstrafe belegen; **3.** ~ *of j-n* um *et.* bringen *od.* betrügen.
mule [mju:l] *s.* **1.** *zo.* **a)** Maultier *n*, **b)** Maulesel *m*; **2.** *biol.* Bastard *m*, Hy'bride *f*; **3.** *fig.* sturer Kerl, Dickkopf *m*; **4.** ⊕ **a)** ('Motor-)Schlepper *m*, 'Traktor *m*, **b)** 'Förderlokomo,tive *f*, **c)** 'Mule(spinn)ma,schine *f* (*Spinnerei*); **5.** Pan'toffel *m*; '**mule-jen·ny** → *mule* 4 c; **mule skin·ner**, *Am.* F **mu·le·teer** [mju:li'tiə] *s.* Maultiertreiber *m*; '**mule-track** *s.* Saumpfad *m*.
mul·ish ['mju:liʃ] *adj.* □ störrisch.
mull[1] [mʌl] **I.** *v/t.* F verpatzen, verpfuschen; **II.** *v/i.* ~ *over* F *Am.* nachdenken, -grübeln über (*acc.*).
mull[2] [mʌl] *v/t.* *Getränk* heiß machen u. (süß) würzen: ~*ed wine* Glühwein.
mull[3] [mʌl] *s.* (Verband)Mull *m*.
mull[4] [mʌl] *s. Scot.* Vorgebirge *n*.
mul·le(i)n ['mʌlin] *s.* Königskerze *f*, Wollkraut *n*.
mull·er ['mʌlə] *s.* ⊕ Reibstein *m*.
mul·let ['mʌlit] *s. ichth.* **1.** *a. grey* ~ Meeräsche *f*; **2.** *a. red* ~ Seebarbe *f*.
mul·li·gan ['mʌligən] *s. Am.* F *ein* Eintopfgericht *n*.
mul·li·ga·taw·ny [mʌligə'tɔ:ni] *s.* Currysuppe *f*.
mul·li·grubs ['mʌligrʌbz] *s. pl.* F **1.** Bauchweh *n*; **2.** miese Laune.
mul·lion ['mʌliən] **I.** *s.* Mittelpfosten *m* (*Fenster etc.*); **II.** *v/t.* mit Mittel- *od.* Längspfosten versehen *od.* abteilen.
mul·lock ['mʌlək] *s. geol.* **a)** taubes Gestein, Abgang *m* (*ohne Goldgehalt*), **b)** Abfall *m*.
mul·tan·gu·lar [mʌl'tæŋgjulə] *adj.* vielwink(e)lig, -eckig.
mul·te·i·ty [mʌl'ti:iti] *s.* Vielheit *f*.
multi- [mʌlti] *in Zssgn*: viel..., mehr..., ...reich, Mehrfach..., Multi...
mul·ti'ax·le drive *s. mot.* Mehrachsenantrieb *m*; '**mul·ti·col·o(u)r**, '**mul·ti·col·o(u)red** *adj.* mehrfarbig, Mehrfarben...; **mul·ti'en·gine(d)** *adj.* ⊕ 'mehrmo,torig.
mul·ti·far·i·ous [mʌlti'fɛəriəs] *adj.* □ mannigfaltig.
'**mul·ti·form** *adj.* vielförmig, -gestaltig; **mul·ti·for·mi·ty** [mʌlti'fɔ:miti] *s.* Vielförmigkeit *f*; '**mul·ti·graph** *typ.* **I.** *s.* Ver'vielfältigungsma,schine *f*; **II.** *v/t. u. v/i.* vervielfältigen; '**mul·ti·grid tube** *s.* Mehrgitterröhre *f*; '**mul·ti'lat·er·al** *adj.* **1.** vielseitig (*a. fig.*); **2.** *pol.* mehrseitig, multilate'ral; '**mul·ti'lin·gual** *adj.* mehrsprachig; '**mul·ti'me·di·a** *s. pl.* 'Medienverbund *m*; '**mul·ti·mil·lion'aire** *s.* 'Multimillio,när *m*; '**mul·ti'na·tion·al** *adj. bsd.* 'multinatio,nal (*Konzern*); **mul·tip·a·rous** [mʌl'tipərəs] *adj.* mehrgebärend; '**mul·ti'par·tite** *adj.* **1.** vielteilig; **2.** → *multilateral* 2.
mul·ti·ple ['mʌltipl] **I.** *adj.* □ **1.** viel-, mehrfach; **2.** mannigfaltig; **3.** *biol.*, mul'tipel; **4.** ⊕, **a)** Mehr(fach)..., Vielfach..., **b)** Parallel...; **5.** *ling.* zs.-gesetzt (*Satz*); **II.** *s.* **6.** Vielfache(s) *n* (*a.*); **7.** Paral'lelschaltung *f*: *in* ~ parallel (geschaltet); ~ **con·nec·tion** *s.* Mehrfachschaltung *f*; '~**-disk clutch** *s. mot.* La'mellenkupplung *f*; ~ **fac·tors** *s. pl. biol.* poly'mere Gene *pl.*; ~ **plug** *s.* Mehrfachstecker *m*; ~ **pro·duc·tion** *s.* 'Serien,herstellung *f*; ~ **root** *s.* mehrwertige Wurzel; ~ **shop** *s.* *Brit.* **1.** Ketten-, Fili'alladen *m*; **2.** *pl.* Ladenkette *f*; ~ **thread** *s.* ⊕ mehrgängiges Gewinde.
mul·ti·plex ['mʌltipleks] **I.** *adj.* **1.** mehr-, vielfach; **2.** , *tel.* Mehr(-fach)...(*-telegraphie etc.*); **II.** *v/t.* **3.** , *tel.* **a)** in Mehrfachschaltung betreiben, **b)** gleichzeitig senden; '**mul·ti·pli·a·ble** [-plaiəbl] *adj.* multiplizierbar; **mul·ti·pli·cand** [mʌltipli'kænd] *s.* Multipli'kand *m*; '**mul·ti·pli·cate** [-plikeit] *adj.* mehr-, vielfach; **mul·ti·pli·ca·tion** [mʌltipli'keiʃən] *s.* **1.** Vermehrung *f* (*a.*); **2.** **a)** Multiplikati'on *f*: ~ *sign* Mal-, Multiplikationszeichen; ~ *table das* Einmaleins, **b)** Vervielfachung *f*; **3.** ⊕ (Ge'triebe)Über,setzung *f*; **mul·ti·plic·i·ty** [mʌlti'plisiti] *s.* **1.** Vielfalt *f*; **2.** Menge *f*, Vielzahl *f*, -heit *f*; **3.** **a)** Mehr-, Vielwertigkeit *f*, **b)** Mehrfachheit *f*; '**mul·ti·pli·er** [-plaiə] *s.* **1.** Vermehrer *m*; **2.** **a)** Multipli'kator *m*, **b)** Multipli'zierma,schine *f*; **3.** *phys.* **a)** Verstärker *m*, **b)** Vergrößerungslinse *f*, -lupe *f*; **4.** 'Vor- *od.* 'Neben-,widerstand *m*; **5.** ⊕ Über'setzung *f*; '**mul·ti·ply** [-plai] **I.** *v/t.* **1.** vermehren (*a. biol.*), vervielfältigen: ~*ing glass opt.* Vergrößerungsglas, -linse; **2.** multiplizieren (*by* mit); **3.** vielfachschalten; **II.** *v/i.* **4.** sich vermehren *od.* vervielfachen.
mul·ti|'po·lar *adj.* viel-, mehrpolig; '~**pur·pose** *adj.* Mehrzweck...: ~ *aircraft*; '~**seat·er** *s.* Mehrsitzer *m*; '~**speed** *adj.* ⊕ Mehrgang...; '~**stage** *adj.* ⊕, mehrstufig, Mehrstufen...: ~ *rocket*; '~**-sto·rey** *adj.* vielstöckig: ~ *building* Hochhaus; ~ *parking garage*, ~ *car park* Parkhaus.
mul·ti·tude ['mʌltitju:d] *s.* **1.** große Zahl, Menge *f*; **2.** Vielheit *f*; **3.** Menschenmenge *f*: *the* ~ der große Haufen, die Masse; **mul·ti·tu·di·nous** [mʌlti'tju:dinəs] *adj.* □ **1.** (sehr) zahlreich; **2.** mannigfaltig, vielfältig.
mul·ti|'va·lent *adj.* mehr-, vielwertig; '~**way** *adj.* mehrwegig: ~ *plug* Vielfachstecker.
mum[1] [mʌm] F **I.** *int.* pst!, still!, kein Wort dar'über!; **II.** *adj.* still, stumm.
mum[2] [mʌm] *v/i.* **1.** sich vermummen; **2.** Mummenschanz treiben.
mum[3] [mʌm] *s.* F Mama *f*.
mum·ble ['mʌmbl] **I.** *v/t. u. v/i.* **1.** murmeln; **2.** mummeln, knabbern; **II.** *s.* **3.** Gemurmel *n*.
Mum·bo Jum·bo ['mʌmbou 'dʒʌmbou] *s.* **1.** 'Popanz *m*; **2.** *mumbo jumbo* Hokus'pokus *m*, fauler Zauber.
mum·mer ['mʌmə] *s.* **1.** Vermummte(r *m*) *f*, Maske *f* (*Person*); **2.** *contp.* Komödi'ant *m*; '**mum·mer·y** [-əri] *s.* **1.** *contp.* Mummenschanz *m*, Maske'rade *f*; **2.** Hokus'pokus *m*.
mum·mi·fi·ca·tion [mʌmifi'keiʃən] *s.* **1.** Mumifizierung *f*; **2.** trockener Brand; **mum·mi·fy** ['mʌmifai] **I.** *v/t.* mumifizieren; **II.** *v/i. a. fig.* vertrocknen, -dörren.
mum·my[1] ['mʌmi] *s.* Mumie *f* (*a. fig.*): *to beat s.o. to a* ~ F j-n zu Brei schlagen.
mum·my[2] ['mʌmi] *s.* F Mutti *f*, Mami *f*.
mump [mʌmp] *v/i.* **1.** schmollen, schlecht gelaunt sein; **2.** F ‚fechten', betteln; '**mump·ish** [-piʃ] *adj.* □ verdrießlich, mürrisch.
mumps [mʌmps] *s. pl.* **1.** *sg. konstr.* Mumps *m*, Ziegenpeter *m*; **2.** miese Laune, Trübsinn *m*.
munch [mʌntʃ] *v/t. u. v/i.* schmatzend kauen, ‚mampfen'.
mun·dane ['mʌndein] *adj.* □ **1.** weltlich, Welt...; **2.** irdisch, weltlich: ~ *poetry* weltliche Dichtung.
mu·nic·i·pal [mju(:)'nisipəl] *adj.* □ **1.** städtisch, Stadt...; kommu'nal, Gemeinde...: ~ *elections* Gemeindewahlen; **2.** Selbstverwaltungs...: ~ *town* Stadt mit Selbstverwaltung; **3.** Land(es)...: ~ *law* Landesrecht; ~ **bank** *s.* Kommu'nalbank *f*; ~ **bonds** *s. pl.* Kommu'nalobligati,onen *pl.*, Stadtanleihen *pl.*; ~ **cor·po·ra·tion** *s.* **1.** Gemeindebehörde *f*; **2.** Selbstverwaltungskörper *m*.
mu·nic·i·pal·i·ty [mju(:)nisi'pæliti] *s.* **1.** Stadt *f* mit Selbstverwaltung; Stadtbezirk *m*; **2.** Stadtbehörde *f*, -verwaltung *f*; **mu·nic·i·pal·ize** [mju(:)'nisipəlaiz] *v/t.* **1.** *Stadt* mit Obrigkeitsgewalt ausstatten; **2.** *Betrieb etc.* kommunalisieren.
mu·nic·i·pal| loan *s.* Kommu'nalkre,dit *m*; ~ **rates**, ~ **tax·es** *s. pl.* Gemeindesteuern *pl.*, -abgaben *pl.*
mu·nif·i·cence [mju(:)'nifisns] *s.* Freigebigkeit *f*; **mu'nif·i·cent** [-nt] *adj.* □ freigebig, großzügig.
mu·ni·ment ['mju:nimənt] *s.* **1.** *pl.* Rechtsurkunde *f*; **2.** Urkundensammlung *f*, Ar'chiv *n*.
mu·ni·tion [mju(:)'niʃən] **I.** *s. mst pl.* 'Kriegsmateri,al *n*, -vorräte *pl.*, *bsd.* Muniti'on *f*: ~ *plant* Rüstungsfabrik; ~*-worker* Munitionsarbeiter; **II.** *v/t.* mit Materi'al *od.* Munition versehen.
mu·ral ['mjuərəl] **I.** *adj.* Mauer..., Wand...; **II.** *s. a.* ~ *painting* Wandgemälde *n*.
mur·der ['mə:də] **I.** *s.* **1.** (*of*) Mord *m* (an *dat.*), Ermordung *f* (*gen.*): ~ *will out fig.* die Sonne bringt es an den Tag; *the* ~ *is out fig.* das Geheimnis ist gelöst; *to cry blue* ~ F zetermordio schreien; **II.** *v/t.* **2.** (er)morden; **3.** *fig.* (*a. Sprache*) verschandeln, verhunzen; '**mur·der·er** [-ərə] *s.* Mörder *m*; '**mur·der·ess** [-əris] *s.* Mörderin *f*; '**mur·der·ous** [-dərəs] *adj.* □ **1.** mörderisch (*a. fig. Hitze etc.*);

2. Mord...: ~ *intent*; 3. tödlich, todbringend; 4. blutdürstig.

mure [mjuə] *v/t.* 1. einmauern; 2. *mst* ~ *up* einsperren.

mu·ri·ate ['mjuəriit] *s.* ⚗ 1. Muri'at *n*, Hydrochlo'rid *n*; 2. 'Kaliumchlo͵rid *n* (*Düngemittel*); **mu·ri·at·ic** [mjuəri'ætik] *adj.* salzsauer: ~ *acid* Salzsäure.

murk·y ['mə:ki] *adj.* □ dunkel; düster, trüb (*a. fig.*).

mur·mur ['mə:mə] I. *s.* 1. Murmeln *n*, (leises) Rauschen (*Wasser, Wind etc.*); 2. Gemurmel *n*; 3. Murren *n*; 4. ⚕ Geräusch *n*; II. *v/i.* 5. murmeln (*a. Wasser etc.*); 6. murren (*at, against* gegen); III. *v/t.* 7. murmeln; '**mur·mur·ous** [-mərəs] *adj.* □ 1. murmelnd; 2. murrend.

mur·rain ['mʌrin] *s.* Viehseuche *f* (*z.B. Maul- u. Klauenseuche*).

mus·ca·dine ['mʌskədin], '**mus·cat** [-kət], **mus·ca·tel** [mʌskə'tel] *s.* Muska'tellerwein *m*, -traube *f*.

mus·cle ['mʌsl] I. *s.* 1. *anat.* Muskel *m*, Muskelfleisch *n*: *not to move a* ~ *fig.* sich nicht rühren, nicht mit der Wimper zucken; 2. *fig. a.* ~ *power* Muskelkraft *f*; 3. *Am. sl.* Muskelprotz *m*, ‚Schläger' *m*; II. *v/i.* 4. *to* ~ *in bsd. Am.* F sich rücksichtslos eindrängen; '~**-bound** *adj.* Muskelkater habend: *to be* ~ Muskelkater haben.

Mus·co·vite ['mʌskəvait] I. *s.* 1. Mosko'witer(in), Russe *m*, Russin *f*; 2. ⚒ *min.* Musko'wit *m*, Kaliglimmer *m*; II. *adj.* 3. mosko'witisch, russisch.

mus·cu·lar ['mʌskjulə] *adj.* □ 1. Muskel...: ~ *atrophy* Muskelschwund; 2. musku'lös; **mus·cu·lar·i·ty** [mʌskju'læriti] *s.* Muskelkraft *f*, muskulöser Körperbau; '**mus·cu·la·ture** [-lətʃə] *s. anat.* Muskula'tur *f*.

Muse[1] [mju:z] *s. myth.* Muse *f* (*fig. a.* ⚇).

muse[2] [mju:z] *v/i.* 1. (nach)sinnen, (-)denken, (-)grübeln (*on, upon* über *acc.*); 2. in Gedanken versunken sein, träumen; '**mus·er** [-zə] *s.* Träumer(in).

mu·se·um [mju(:)'ziəm] *s.* Mu'seum *n*: ~ *piece* Museumsstück.

mush[1] [mʌʃ] *s.* 1. Brei *m*, Mus *n*; 2. *Am.* (Mais)Brei *m*; 3. F Gefühlsduse'lei *f*; 4. *Radio*: Knistergeräusch *n*: ~ *area* Störgebiet.

mush[2] [mʌʃ] *v/i. Am.* durch den Schnee stapfen; mit Hundeschlitten fahren.

mush[3] [mʌʃ] *s. Brit. sl.* Regenschirm *m*.

mush·room ['mʌʃrum] I. *s.* 1. ⚘ a) Ständerpilz *m*, b) *allg.* eßbarer Pilz, *bsd.* Champignon *m*: *to grow like* ~*s* wie Pilze aus dem Boden schießen; 2. *fig.* Em'porkömmling *m*; II. *adj.* 3. Pilz...; pilzförmig: ~ *bulb* ⚡ Pilzbirne; 4. plötzlich entstanden; Eintags...: ~ *fame*; III. *v/i.* 5. Pilze sammeln; 6. wie Pilze aus dem Boden schießen; sich ausbreiten (*Flammen*); IV. *v/t.* 7. F *Zigarette* ausdrücken.

mush·y ['mʌʃi] *adj.* □ 1. breiig, weich; 2. *fig.* a) weichlich, b) F gefühlsduselig.

mu·sic ['mju:zik] *s.* 1. Mu'sik *f*, Tonkunst *f*; *konkr.* Kompositi'on(en *pl. coll.*) *f*: *to face the* ~ F ‚die Suppe auslöffeln'; *to set to* ~ vertonen; 2. Noten(blatt *n*) *pl.*: *to play from* ~ vom Blatt spielen; 3. *coll.* Musi'kalien *pl.*: ~*-shop* Musikalienhandlung; 4. *fig.* Musik *f*, Wohllaut *m*, Gesang *m*; 5. (Mu'sik)Ka͵pelle *f*.

mu·si·cal ['mju:zikəl] I. *adj.* □ 1. Musik...: ~ *instrument*; 2. me'lodisch; 3. musi'kalisch; II. *s.* 4. 'Musical *n* (*musikalisches Lustspiel*); 5. F *für musical film*; ~ **art** *s.* (Kunst *f* der) Mu'sik *f*, Tonkunst *f*; ~ **box** *s. Brit.* Spieldose *f*; ~ **clock** *s.* Spieluhr *f*; ~ **com·e·dy** → *musical* 4; ~ **film** *s.* Mu'sikfilm *m*; ~ **glass·es** *s. pl.* ♪ 'Glashar͵monika *f*.

mu·si·cal·i·ty [mju:zi'kæliti], **mu·si·cal·ness** ['mju:zikəlnis] *s.* 1. Musikali'tät *f*; 2. Wohlklang *m*.

'**mu·sic|-ap·pre·ci'a·tion rec·ord** *s.* Schallplatte *f* mit mu'sikkundlichem Kommen'tar; '~**-book** *s.* Notenheft *n*, -buch *n*; ~ **box** *s. Am.* Spieldose *f*; '~**-hall** *s.* 1. *Brit.* Varie'té(the͵ater) *n*; 2. *Radio*: Buntes Pro'gramm; '~**-house** *s.* Musi'kalienhandlung *f*.

mu·si·cian [mju(:)'ziʃən] *s.* 1. (*bsd.* Be'rufs)͵Musiker *m*: *to be a good* ~ a) gut spielen *od.* singen, b) sehr musikalisch sein; 2. Musi'kant *m*.

'**mu·sic|-pa·per** *s.* 'Notenpa͵pier *n*; '~**-rack**, '~**-stand** *s.* Notenständer *m*; '~**-stool** *s.* Kla'vierstuhl *m*.

mus·ing ['mju:ziŋ] I. *s.* 1. Sinnen *n*, Grübeln *n*, Nachdenken *n*; 2. *pl.* Träume'reien *pl.*; II. *adj.* □ 3. nachdenklich, träumerisch, sinnend.

musk [mʌsk] *s.* 1. *zo.* Moschus *m* (*a. Geruch*), Bisam *m*; 2. → *musk-deer*; 3. Moschuspflanze *f*; '~**-bag** *s. zo.* Moschusbeutel *m*; '~**-'deer** *s. zo.* Moschustier *n*.

mus·ket ['mʌskit] *s.* ⚔ *hist.* Mus'kete *f*, Flinte *f*; **mus·ket·eer** [mʌski'tiə] *s. hist.* Muske'tier *m*; '**mus·ket·ry** [-tri] *s.* 1. *hist. coll.* a) Mus'keten *pl.*, b) Muske'tiere *pl.*; 2. *hist.* Mus'ketenschießen *n*; 3. ⚔ Schießunterricht *m*: ~ *manual* Schießvorschrift.

'**musk|-ox** *s. zo.* Moschusochse *m*; '~**-rat** *s. zo.* Bisamratte *f*; '~**-rose** *s.* ⚘ Moschusrose *f*.

musk·y ['mʌski] *adj.* □ 1. nach Moschus riechend; 2. Moschus...

Mus·lim ['muslim] → *Moslem*.

mus·lin ['mʌzlin] *s.* ✝ Musse'lin *m*.

mus·quash ['mʌskwɔʃ] → *musk-rat*.

muss [mʌs] *bsd. Am.* F I. *s.* Durchein'ander *n*, Unordnung *f*; II. *v/t. oft* ~ *up* durchein'anderbringen, in Unordnung bringen.

mus·sel ['mʌsl] *s.* Muschel *f*.

Mus·sul·man ['mʌslmən] I. *pl.* **-mans**, *a.* **-men** [-mən] *s.* Muselman(n) *m*; II. *adj.* muselmanisch.

muss·y ['mʌsi] *adj. Am.* F unordentlich; verknittert; schmutzig.

must[1] [mʌst] I. *v/aux.* 1. *pres.* muß, mußt, müssen, müßt: *I* ~ *go now* ich muß jetzt gehen; *he* ~ *be over eighty* er muß über achtzig (Jahre alt) sein; 2. *neg.* darf, darfst, dürfen, dürft: *you* ~ *not smoke here* du darfst hier nicht rauchen; 3. *pret.* a) mußte, mußtest, mußten, mußtet: *it was too late now, he* ~ *go on* es war bereits zu spät, er mußte weitergehen; *just as I was busiest, he* ~ *come* gerade als ich am meisten zu tun hatte, mußte er kommen; b) *neg.* durfte, durftest, durften, durftet; II. *adj.* 4. unerläßlich, abso'lut notwendig: *a* ~ *book* ein Buch, das man gelesen haben muß; III. *s.* 5. Muß *n*: *it is a* ~ es ist unerläßlich *od.* unbedingt erforderlich.

must[2] [mʌst] *s.* Most *m*.

must[3] [mʌst] *s.* 1. Moder *m*, Schimmel *m*; 2. Dumpfigkeit *f*, Modrigkeit *f*.

mus·tache [məs'tæʃ] *Am.* → *moustache*.

mus·tang ['mʌstæŋ] *s.* 1. *zo.* Mustang *m* (*halbwildes Präriepferd*); 2. ⚇ ✈ Mustang *m* (*amer. Jagdflugzeug im 2. Weltkrieg*).

mus·tard ['mʌstəd] *s.* 1. Senf *m*, Mostrich *m*; → *keen*[1] 12; 2. ⚘ Senf *m*; 3. *Am. sl.* a) ‚Mordskerl' *m*, b) schwungvolle Sache; ~ **gas** *s.* ⚔ Senfgas *n*, Gelbkreuz *n*; ~ **plas·ter** *s.* ⚕ Senfpflaster *n*; ~ **poul·tice** *s.* ⚕ Senfpackung *f*; ~ **seed** *s.* 1. ⚘ Senfsame *m*: *grain of* ~ *bibl.* Senfkorn; 2. *hunt.* Vogelschrot *m*, *n*.

mus·ter ['mʌstə] I. *v/t.* 1. ⚔ a) (zum Ap'pell) antreten lassen, mustern, b) aufbieten: *to* ~ *in (out) Am.* einziehen (entlassen); 2. versammeln, zs.-bringen, auftreiben; 3. *a.* ~ *up fig.* aufbieten, *s-e Kraft* zs.-nehmen, *Mut* fassen; II. *v/i.* 4. sich versammeln, ⚔ *a.* antreten; III. *s.* 5. ⚔ Ap'pell *m*, Pa'rade *f*; Musterung *f*: *to pass* ~ *fig.* durchgehen, Zustimmung finden (*with* bei); 6. ⚔ → *muster-roll*; 7. Versammlung *f*; 8. Aufgebot *n*; '~**-book** *s.* ⚔ Stammrollenbuch *n*; '~**-roll** *s.* 1. ⚓ Musterrolle *f*; 2. ⚔ Stammrolle *f*.

mus·ti·ness ['mʌstinis] *s.* 1. Muffigkeit *f*, Modrigkeit *f*; 2. *fig.* Verstaubtheit *f*; **mus·ty** ['mʌsti] *adj.* □ 1. muffig; 2. mod(e)rig; 3. *fig.* verstaubt.

mu·ta·bil·i·ty [mju:tə'biliti] *s.* 1. Veränderlichkeit *f*; 2. *fig.* Unbeständigkeit *f*; 3. *biol.* Mutati'onsfähigkeit *f*; **mu·ta·ble** ['mju:təbl] *adj.* □ 1. veränderlich; 2. *fig.* unbeständig; 3. *biol.* mutati'onsfähig; **mu·tant** ['mju:tənt] *biol.* I. *adj.* 1. mutierend; 2. mutati'onsbedingt; II. *s.* 3. Vari'ante *f*; **mu·tate** [mju:'teit] I. *v/t.* 1. verändern; 2. *ling.* 'umlauten: ~*d vowel* Umlaut; II. *v/i.* 3. sich ändern; 4. *ling.* 'umlauten; 5. *biol.* mutieren; **mu·ta·tion** [mju(:)'teiʃən] *s.* 1. (Ver-)Änderung *f*; 2. 'Umwandlung *f*: ~ *of energy phys.* Energieumformung; 3. *biol.* a) Mutati'on *f*, b) Mutati'onspro͵dukt *n*; 4. *ling* 'Umlaut *m*; 5. ♪ Mutation *f*.

mute [mju:t] I. *adj.* □ 1. stumm (*a. ling.*); *weitS. a.* still, schweigend: ~ *sound* Verschlußlaut; *to stand* ~ stumm *od.* sprachlos dastehen; II. *s.* 2. Stumme(r *m*) *f*; 3. *thea.* Sta'tist(in); 4. ♪ Dämpfer *m*; 5. *ling.* a) stummer Buchstabe, b)

Verschlußlaut *m*; **III.** *v/t.* **6.** ♪ *Instrument* dämpfen.

mu·ti·late ['mju:tileit] *v/t.* verstümmeln (*a. fig.*); **mu·ti·la·tion** [mju:ti'leiʃən] *s.* Verstümmelung *f.*

mu·ti·neer [mju:ti'niə] **I.** *s.* Meuterer *m*; **II.** *v/i.* meutern; **mu·ti·nous** ['mju:tinəs] *adj.* □ **1.** meuterisch; **2.** aufrührerisch, re'bellisch; **mu·ti·ny** ['mju:tini] **I.** *s.* **1.** Meute'rei *f*: ♀ *Act Brit.* Militärstrafgesetz; **2.** Auflehnung *f*, Rebelli'on *f*; **II.** *v/i.* **3.** meutern.

mut·ism ['mju:tizəm] *s.* (Taub-) Stummheit *f.*

mutt [mʌt] *s. Am. sl.* **1.** ‚Dussel' *m*, ‚Schafskopf' *m*; **2.** Köter *m*, Hund *m*.

mut·ter ['mʌtə] **I.** *v/i.* **1.** (*a. v/t. et.*) murmeln: *to ~ to o.s.* vor sich hinmurmeln; **2.** murren (*at* über *acc.*; *against* gegen); **II.** *s.* **3.** Gemurmel *n.*

mut·ton ['mʌtn] *s.* Hammelfleisch *n*: *leg of ~* Hammelkeule; → *dead 1*; **~ chop** *s.* **1.** 'Hammelkoteˌlett *n*, -rippchen *n*; **2.** *pl.* Kote'letten *pl.* (*Bart*); **'~-head** *s.* F ‚Schafskopf' *m.*

mu·tu·al ['mju:tjuəl] *adj.* □ **1.** gegen-, wechselseitig: *~ aid* gegenseitige Hilfe: *~ building association* Baugenossenschaft; *~ capacitance* ⚡ Gegenkapazität; *~ contributory negligence* ⚖ beiderseitiges Verschulden; *~ improvement society* Fortbildungsverein; *~ insurance* ✝ Versicherung auf Gegenseitigkeit; *it's ~ iro.* es beruht auf Gegenseitigkeit; **2.** gemeinsam: *our ~ friends*; **mu·tu·al·i·ty** [mju:tju'æliti] *s.* Gegenseitigkeit *f.*

mu·zhik, mu·zjik ['mu:ʒik] *s.* Muschik *m*, russischer Bauer.

muz·zle ['mʌzl] **I.** *s.* **1.** Maul *n*, Schnauze *f* (*Tier*); **2.** Maulkorb *m*; **3.** Mündung *f e-r Feuerwaffe*; **4.** ⊕ Mündung *f*; Tülle *f*; **II.** *v/t.* **5.** e-n Maulkorb anlegen (*dat.*); *fig. a. Presse etc.* knebeln, mundtot machen, den Mund stopfen (*dat.*); **~ burst** *s.* ⚔ Mündungskrepierer *m*; **'~-ve'loc·i·ty** *s. Ballistik*: Mündungs-, Anfangsgeschwindigkeit *f.*

muz·zy ['mʌzi] *adj.* □ F **1.** zerstreut, verwirrt; **2.** dus(e)lig; **3.** stumpfsinnig.

my [mai; mi] *poss. pron.* mein(e): *I must wash ~ face* ich muß mir das Gesicht waschen; (*oh*) *~!* F meine Güte!

my·al·gi·a [mai'ældʒiə] *s.* ⚕ 'Muskelrheuma(ˌtismus *m*) *n.*

my·col·o·gy [mai'kɔlədʒi] *s.* ⚘ **1.** Pilzkunde *f*, Mykolo'gie *f*; **2.** Pilz-Flora *f*, Pilze *pl.* (*e-s Gebiets*).

my·cose ['maikous] *s.* ⚗ My'kose *f.*

my·co·sis [mai'kousis] *s.* ⚕ Pilzkrankheit *f*, My'kose *f.*

my·e·li·tis [maiə'laitis] *s.* Mye'litis *f*: **a)** Rückenmarksentzündung *f*, **b)** Knochenmarksentzündung *f.*

my·o·car·di·o·gram [maiou'kɑ:djəgræm] *s.* ⚕ Eˌlektrokardio'gramm *n*; **my·o'car·di·o·graph** [-grɑ:f; -græf] *s.* ⚕ Eˌlektrokardio'graph *m*, EK'G-Appaˌrat *m*; **my·o·car·di·tis** [maioukɑ:'daitis] *s.* ⚕ Herzmuskelentzündung *f.*

my·ol·o·gy [mai'ɔlədʒi] *s.* Myolo'gie *f*, Muskelkunde *f*, -lehre *f.*

my·ope ['maioup] *s.* ⚕ Kurzsichtige(r *m*) *f*; **my·o·pi·a** [mai'oupjə] *s.* ⚕ Kurzsichtigkeit *f*; **my·op·ic** [mai'ɔpik] *adj.* kurzsichtig; **my·o·py** ['maiəpi] → *myopia.*

myr·i·ad ['miriəd] **I.** *s.* Myri'ade *f*; *fig. a.* Unzahl *f*; **II.** *adj.* unzählig, zahllos.

myr·mi·don ['mə:midən] *s.* Scherge *m*, Häscher *m*; Helfershelfer *m.*

myrrh [mə:] *s.* ⚘ Myrrhe *f.*

myr·tle ['mə:tl] *s.* ⚘ **1.** Myrthe *f*; **2.** *Am.* Immergrün *n.*

my·self [mai'self] *pron.* **1.** (*verstärkend*) (ich *od.* mir *od.* mich) selbst: *I did it ~* ich selbst habe es getan; *I ~ wouldn't do it* ich (persönlich) würde es sein lassen; *it is for ~* es ist für mich (selbst); **2.** *refl.* mir (*dat.*), mich (*acc.*): *I cut ~* ich habe mich geschnitten.

mys·te·ri·ous [mis'tiəriəs] *adj.* □ mysteri'ös, geheimnisvoll; rätselhaft, schleierhaft, unerklärlich; **mys'te·ri·ous·ness** [-nis] *s.* Rätselhaftigkeit *f*, Unerklärlichkeit *f*, *das* Geheimnisvolle.

mys·ter·y ['mistəri] *s.* **1.** Geheimnis *n*, Rätsel *n* (*to* für *od. dat.*): *to make a ~ of et.* geheimhalten; *wrapped in ~* in geheimnisvolles Dunkel gehüllt; *it's a complete ~ to me* es ist mir völlig schleierhaft; **2.** Rätselhaftigkeit *f*, Unerklärlichkeit *f*; **3.** *eccl.* My'sterium *n*; **4.** *pl.* Geheimlehre *f*, -kunst *f*; My'sterien *pl.*; **5.** → *mystery-play 1*; **6.** *Am.* → *mystery novel*; **~ nov·el** *s.* Krimi'nalroˌman *m*; **'~-play** *s.* **1.** *hist.* My'sterienspiel *n*; **2.** *thea.* Krimi'nalstück *n*; **'~-ship** *s.* ⚓ U-Bootfalle *f*; **~ tour** *s.* Fahrt *f* ins Blaue.

mys·tic ['mistik] **I.** *adj.* (□ *~ally*) **1.** mystisch; **2.** *fig.* rätselhaft, mysteri'ös, geheimnisvoll; **3.** geheim, Zauber...; **4.** sinnbildlich; **II.** *s.* **5.** Mystiker(in); Schwärmer(in); **'mys·ti·cal** [-kəl] *adj.* □ **1.** sym'bolisch; **2.** *eccl.* mystisch (*a. fig. geheimnisvoll*); **'mys·ti·cism** [-isizəm] *s. phls., eccl.* **a)** Mysti'zismus *m*, Glaubensschwärme'rei *f*, **b)** Mystik *f.*

mys·ti·fi·ca·tion [mistifi'keiʃən] *s.* **1.** Täuschung *f*, Irreführung *f*; **2.** Foppe'rei *f*; **3.** Verwirrung *f*, Verblüffung *f*; **mys·ti·fy** ['mistifai] *v/t.* **1.** täuschen, hinters Licht führen, foppen; **2.** verwirren, verblüffen; **3.** in Dunkel hüllen.

myth [miθ] *s.* **1.** (Götter-, Helden-) Sage *f*, Mythos *m* (*a. pol.*), Mythus *m*, Mythe *f*; **2.** Märchen *n*, erfundene Geschichte; **3.** *fig.* Mythus *m* (*legendär gewordene Person od. Sache*).

myth·ic *adj.*; **myth·i·cal** ['miθik(əl)] *adj.* □ **1.** mythisch, sagenhaft; Sagen...; **2.** *fig.* erdichtet, fik'tiv.

myth·o·log·ic *adj.*; **myth·o·log·i·cal** [miθə'lɔdʒik(əl)] *adj.* □ mytho'logisch; **my·thol·o·gist** [mi'θɔlədʒist] *s.* Mytho'loge *m*; **my·thol·o·gy** [mi'θɔlədʒi] *s.* **1.** Mytholo'gie *f*, Götter- u. Heldensagen *pl.*; **2.** Sagenforschung *f*, -kunde *f.*

N

N, n [en] *s.* **1.** N *n*, n *n* (*Buchstabe*); **2.** ⚗ N *n* (*Stickstoff*); **3.** ⅍ N *n*, n *n* (*unbestimmte Konstante*).

nab [næb] *v/t.* F schnappen, erwischen.

na·bob ['neibɔb] *s.* 'Nabob *m* (*a. fig.* *Krösus*).

na·celle [nə'sel] *s.* ✈ **1.** (Flugzeug-) Rumpf *m*; **2.** ('Motor-, Luftschiff-) Gondel *f*; **3.** Bal'lonkorb *m*.

na·cre ['neikə] *s.* Perlmutt(er *f*) *n*; '**na·cre·ous** [-kriəs], '**na·crous** [-krəs] *adj.* **1.** perlmutterartig; **2.** Perlmutt(er)...

na·dir ['neidiə] *s.* **1.** *ast., geogr.* Na'dir *m*, Fußpunkt *m*; **2.** *fig.* Tiefpunkt *m*.

nag[1] [næg] *s.* **1.** kleines Reitpferd, 'Pony *n*; **2.** F *contp.* Gaul *m*, Klepper *m*.

nag[2] [næg] **I.** *v/t.* her'umnörgeln an (*dat.*); **II.** *v/i.* nörgeln, keifen (*at* mit *j-m*); '**nag·ger** [-gə] *s.* Nörgler (-in); '**nag·ging** [-giŋ] **I.** *s.* Nörge'lei *f*, Gekeife *n*; **II.** *adj.* nörgelnd, keifend.

Na·hum ['neihəm] *npr. u. s. bibl.* (das Buch) Nahum *m*.

nai·ad ['naiæd] *s.* **1.** *myth.* Na'jade *f*, Wassernymphe *f*; **2.** *fig.* (Bade-) Nixe *f*.

nail [neil] **I.** *s.* **1.** (Finger-, Zehen-) Nagel *m*; **2.** ⊕ Nagel *m*; Stift *m*; **3.** *zo.* **a)** Nagel *m*, **b)** Klaue *f*, Kralle *f*;

Besondere Redewendungen:

a ~ in s.o.'s coffin ein Nagel zu j-s Sarg; *on the ~* auf der Stelle, sofort, bar *bezahlen*; *to the ~* bis ins letzte, vollendet; *to hit the* (*right*) *~ on the head fig.* den Nagel auf den Kopf treffen; *hard as ~s* eisern: **a)** fit, in guter Kondition, **b)** unbarmherzig;

II. *v/t.* **4.** (an)nageln (*on* auf *acc.*, *to* an *acc.*): *~ ed to the spot* wie an- *od.* festgenagelt; *to ~ to the barndoor fig.* *Lüge etc.* festnageln; → *counter*[1] *1*, *colour 10*; **5.** benageln, mit Nägeln beschlagen; **6.** *a. ~ up* vernageln; **7.** *fig.* *Augen etc.* heften, *Aufmerksamkeit* richten (*to* auf *acc.*); **8.** → *nail down* 2; **9.** F schnappen, erwischen; **10.** *sl. et.* ‚spitz kriegen' (*entdecken*); **~ down** *v/t.* **1.** zunageln; **2.** *fig.* *j-n* festnageln (*to* auf *acc.*); **~ up** *v/t.* **1.** zs.-nageln; **2.** zuvernageln; **3.** *fig.* zs.-basteln: *a nailed-up drama*.

'**nail|-bed** *s. anat.* Nagelbett *n*; '**~-brush** *s.* Nagelbürste *f*.

nail·er ['neilə] *s.* **1.** Nagelschmied *m*; **2.** *sl.* ‚Ka'none' *f* (*tüchtiger Mensch*).

'**nail|-file** *s.* Nagelfeile *f*; '**~-head** *s.* ⊕ Nagelkopf *m*; '**~-pol·ish** *s.* Nagellack *m*; '**~-pull·er** *s.* ⊕ Nagelzieher *m*; '**~-scis·sors** *s. pl.* Nagelschere *f*; '**~-var·nish** *s. Brit.* Nagellack *m*: *colourless ~* farbloser Nagellack.

na·ïve [nɑ:'i:v], *a.* **na·ive** [neiv] *adj.* □ na'iv, treuherzig.

na·ïve·té [nɑ:'i:vtei], *a.* **na·ive·ty** ['neivti] *s.* Naivi'tät *f*.

na·ked ['neikid] *adj.* □ **1.** nackt, bloß, unbedeckt: ♀ *Lady* ⚘ Herbstzeitlose; **2.** bloß, unbewaffnet (*Auge*); **3.** bloß, blank (*Schwert*; ⊕ *Draht*); **4.** nackt, kahl (*Feld, Raum, Wand etc.*); **5.** entblößt (*of* von): *~ of all provisions* bar aller Vorräte; **6. a)** schutz-, wehrlos, **b)** preisgegeben (*to dat.*); **7.** nackt, unverhüllt: *~ facts*; *~ truth*; **8.** ⚖ nicht unter'baut *od.* bestätigt: *~ confession*; *~ possession* tatsächlicher Besitz (*ohne Rechtsanspruch*); '**na·ked·ness** [-nis] *s.* **1.** Nacktheit *f*, Blöße *f*; **2.** Kahlheit *f*; **3.** Schutz-, Wehrlosigkeit *f*; **4.** Mangel *m* (*of* an *dat.*); **5.** *fig.* Unverhülltheit *f*.

nam·a·ble ['neiməbl] *adj.* **1.** benennbar; **2.** nennenswert.

nam·by-pam·by ['næmbi'pæmbi] **I.** *adj.* **1.** seicht, abgeschmackt; **2.** geziert, affektiert; **3.** sentimen'tal; **II.** *s.* **4.** sentimentales Zeug; **5.** sentimentaler Mensch.

name [neim] **I.** *v/t.* **1.** nennen; erwähnen, anführen; **2.** (be)nennen (*after, from* nach), e-n Namen geben (*dat.*): *~d* genannt, namens; **3.** beim (richtigen) Namen nennen; **4.** ernennen, bestimmen (*for, to* für, zu); **5.** *Datum etc.* bestimmen; **6.** *parl. Brit.* mit Namen zur Ordnung rufen: *~!* **a)** zur Ordnung rufen!, **b)** *allg.* Namen nennen!; **II.** *s.* **7.** Name *m*: *what is your ~?* wie heißen Sie?; *in ~ only* nur dem Namen nach; **8.** Name *m*, Bezeichnung *f*, Benennung *f*; **9.** Schimpfname *m*: *to call s.o. ~s* j-n beschimpfen; **10.** Name *m*, Ruf *m*: *a bad ~*; **11.** (berühmter) Name, (guter) Ruf: *a man of ~* ein Mann von Ruf; **12.** Name *m*, Berühmtheit *f* (*Person*): *the great ~s of our century*; **13.** Geschlecht *n*, Fa'milie *f*;

Besondere Redewendungen:

by ~ **a)** mit Namen, namentlich, **b)** namens, **c)** dem Namen nach; *a man by* (*od. of*) *the ~ of A.* ein Mann namens A.; *in the ~ of* **a)** um (*gen.*) willen, **b)** im Namen *des Gesetzes etc.*; *to book a ticket in the ~ of s.o.* e-e Fahrkarte auf j-s Namen bestellen; *I haven't a penny to my ~* ich besitze keinen Pfennig; *to give one's ~* s-n Namen nennen; *give it a ~!* F heraus damit!, sagen Sie, was Sie (haben) wollen!; *to give a dog a bad ~ and hang him* j-n wegen s-s schlechten Rufs *od.* auf Grund von Gerüchten verurteilen; *to have a ~ for being* dafür bekannt sein, *et.* zu sein; *to make one's ~*, *to make* (*od. win*) *a ~ for o.s.* sich e-n Namen machen (*as* als, *by* durch); *to put one's ~ down for* kandidieren für; *to send in one's ~* sich (an)melden (lassen); *what's in a ~?* was bedeutet schon ein Name?

named [neimd] *adj.* **1.** genannt, namens; **2.** genannt, erwähnt: *~ above* oben genannt.

'**name-day** *s.* **1.** Namenstag *m*; **2.** ✝ Abrechnungstag *m*.

name·less ['neimlis] *adj.* □ **1.** namenlos, unbekannt, ob'skur; **2.** ungenannt, unerwähnt; ano'nym; **3.** unehelich (*Kind*); **4.** *fig.* namenlos, unbeschreiblich (*Furcht etc.*); **5.** unaussprechlich, ab'scheulich; '**name·ly** [-li] *adv.* nämlich.

'**name|-part** *s. thea.* 'Titelrolle *f*; '**~-plate** *s.* **1.** Tür-, Firmen-, Namens-, Straßenschild *n*; **2.** ⊕ 'Typenschild *n*; '**~sake** *s.* Namensvetter *m*, -schwester *f*.

nam·ing ['neimiŋ] *s.* Namengebung *f*.

nan·cy ['nænsi] *s. sl.* **1.** Muttersöhnchen *n*; **2.** ‚Homo' *m*.

nan·keen [næŋ'ki:n] *s.* ✝ 'Nanking *m* (*Stoff*); *pl.* 'Nankinghosen *pl.*

nan·ny ['næni] *s.* Amme *f*, Kindermädchen *n*; **~ goat** *s.* F Geiß *f*, Ziege *f*.

nap[1] [næp] **I.** *v/i.* **1.** ein Schläfchen machen, ‚ein Nickerchen machen'; **2.** *fig.* ‚schlafen': *to catch s.o. ~ping* j-n überrumpeln; **II.** *s.* **3.** Schläfchen *n*, ‚Nickerchen' *n*: *to take a ~ → 1*.

nap[2] [næp] **I.** *s.* **1.** Haar(seite *f*) *n e-s Gewebes*; **2. a)** *Spinnerei*: Noppe *f*, **b)** *Weberei*: (Gewebe)Flor *m*; **II.** *v/t. u. v/i.* **3.** noppen, rauhen.

nap[3] [næp] *s.* **1.** Na'poleon *n* (*Kartenspiel*): *a ~ hand fig.* gute Chancen; *to go ~* **a)** die höchste Zahl von Stichen ansagen, **b)** *fig.* alles auf eine Karte setzen; **2.** Setzen *n* auf eine einzige Ge'winn͵chance.

na·palm ['neipɑ:m] *s.* ⚔ 'Napalm *n*: *~ bomb*.

nape [neip] *s. mst ~ of the neck* Genick *n*, Nacken *m*.

naph·tha ['næfθə] *s.* ⚗ **1.** 'Naphtha *n*, Erdöl *n*, 'Leuchtpe͵troleum *n*; **2.** ('Schwer)Ben͵zin *n*: *cleaner's ~* Waschbenzin; *painter's ~* Testbenzin; '**naph·tha·lene** [-li:n] *s.* Naphtha'lin *n*; **naph·tha·len·ic** [næfθə'lenik] *adj.* naphtha'linsauer:

~ *acid* Naphthalinsäure; **naph·thal·ic** [næf'θælik] *adj.* naph'thalsauer: ~ *acid* Naphthalsäure; '**naph·tha·line** [-lin] → *naphthalene.*

nap·kin ['næpkin] *s.* **1.** *a. table-*~ Servi'ette *f*, Mundtuch *n*; **2.** Wischtuch *n*; **3.** *bsd. Brit.* Windel *f*; **4.** *mst sanitary* ~ *Am.* Damen-, Monatsbinde *f.*

nap·less ['næplis] *adj.* **1.** ungenoppt, glatt (*Stoff*); **2.** fadenscheinig.

napped [næpt] *adj.* genoppt, gerauht (*Tuch*); **nap·ping** ['næpiŋ] *s.* ⊕ **1.** Ausnoppen *n* (*der Wolle*); **2.** Rauhen *n*: ~ *comb* Aufstreichkamm.

nap·py ['næpi] *s. bsd. Brit.* F Windel *f.*

nar·cis·sism [nɑː'sisizəm] *s. psych.* Nar'zißmus *m.*

nar·cis·sus [nɑː'sisəs] *pl.* **-sus·es** [-iz] *s.* ♀ Nar'zisse *f.*

nar·co·sis [nɑː'kousis] *s.* ⚕ Nar'kose *f.*

nar·cot·ic [nɑː'kɔtik] **I.** *adj.* (□ ~*ally*) **1.** nar'kotisch (*a. fig. einschläfernd*); **II.** *s.* **2.** Nar'kotikum *n*, Betäubungsmittel *n* (*a. fig.*); **3.** Rauschgift *n*; **nar·co·tism** ['nɑːkətizəm] *s.* nar'kotischer Zustand *od.* Rausch; **nar·co·tize** ['nɑːkətaiz] *v/t.* narkotisieren.

nard [nɑːd] *s.* **1.** ♀ Narde *f*; **2.** *pharm.* Nardensalbe *f.*

nark [nɑːk] *sl.* **I.** *s.* **1.** Poli'zeispitzel *m*; **II.** *v/t.* **2.** bespitzeln; **3.** ärgern.

nar·rate [næ'reit] *v/t. u. v/i.* erzählen; **nar'ra·tion** [-eiʃən] *s.* Erzählung *f*; **nar·ra·tive** ['nærətiv] **I.** *s.* **1.** Erzählung *f*, Geschichte *f*; **2.** Bericht *m*, Schilderung *f*; **II.** *adj.* □ **3.** erzählend: ~ *poem*; **4.** Erzählungs...: ~ *skill* Erzählergabe; **nar'ra·tor** [-tə] *s.* Erzähler(in).

nar·row ['nærou] **I.** *adj.* □ **1.** eng, schmal: *the* ~ *seas* der Ärmelkanal u. die Irische See; **2.** eng (*a. fig.*), (*räumlich*) beschränkt, knapp: *within* ~ *bounds* in engen Grenzen; *in the* ~*est sense* im engsten Sinne; **3.** *fig.* eingeschränkt, beschränkt; **4.** → *narrow-minded*; **5.** knapp, beschränkt (*Mittel, Verhältnisse*); **6.** knapp (*Entkommen, Mehrheit etc.*); **7.** gründlich, eingehend; genau: ~ *investigations*; **II.** *v/i.* **8.** enger *od.* schmäler werden, sich verengen (*into* zu); **9.** knapper werden; **III.** *v/t.* **10.** enger *od.* schmäler machen, verenge(r)n; **11.** einengen, beengen; **12.** einschränken, begrenzen; verringern; **13.** *Maschen* abnehmen; **14.** engstirnig machen; **IV.** *s.* **15.** Enge *f*, enge *od.* schmale Stelle; *pl.* a) (Meer)Enge *f*, b) *bsd. Am.* Engpaß *m.*

nar·row| film *s.* Schmalfilm *m*; ~ **ga(u)ge** *s.* 🚂 Schmalspur *f*; '~-'**ga(u)ge** [-rou'g-], *a.* '~-'**ga(u)ged** [-rou'g-] *adj.* 🚂 schmalspurig, Schmalspur...; '~-'**mind·ed** [-rou'maindid] *adj.* engherzig, -stirnig, borniert, kleinlich; '~-'**mind·ed·ness** [-rou'maindidnis] *s.* Engstirnigkeit *f*, Kleinlichkeit *f*, Borniertheit *f.*

nar·row·ness ['nærounis] *s.* **1.** Enge *f*, Schmalheit *f*; **2.** Knappheit *f*; **3.** → *narrow-mindedness*; **4.** Gründlichkeit *f.*

na·sal ['neizəl] **I.** *adj.* □ → *nasally*; **1.** Nasen...: ~ *bone*; ~ *cavity*; ~ *organ humor.* Riechorgan; ~ *septum* Nasenscheidewand; **2.** *ling.* na'sal, Nasal...: ~ *twang das* Näseln; **II.** *s.* **3.** *ling.* Na'sal(laut) *m*; **na·sal·i·ty** [nei'zæliti] *s.* Nasali'tät *f*; **na·sal·i·za·tion** [neizəlai'zeiʃən] *s.* Nasalierung *f*, nasale Aussprache; '**na·sal·ize** [-zəlaiz] **I.** *v/t.* nasalieren; **II.** *v/i.* näseln, durch die Nase sprechen; '**na·sal·ly** [-zəli] *adv.* **1.** nasal, durch die Nase; **2.** näselnd.

nas·cent ['næsnt] *adj.* **1.** werdend, entstehend: ~ *state* Entwicklungszustand; **2.** ⚗ freiwerdend.

nas·ti·ness ['nɑːstinis] *s.* **1.** Schmutzigkeit *f*; **2.** Ekligkeit *f*; **3.** Unflätigkeit *f*; **4.** Gefährlichkeit *f*; **5.** a) Bosheit *f*, b) Gemeinheit *f*, c) Übelgelauntheit *f.*

nas·tur·tium [nəs'təːʃəm] *s.* ♀ **1.** Kapu'zinerkresse *f*; **2.** Brunnenkresse *f.*

nas·ty ['nɑːsti] *adj.* □ **1.** schmutzig; **2.** ekelhaft, eklig, widerlich (*Geschmack, Geruch etc.*); **3.** *fig.* schmutzig, zotig; **4.** *fig.* böse, schlimm, gefährlich: ~ *accident*; **5.** *fig.* a) bös, gehässig, garstig (*to* zu, gegen), b) fies, 'niederträchtig, c) übelgelaunt, d) unangenehm, ekelhaft.

na·tal ['neitl] *adj.* Geburts...: ~ *day*; **na·tal·i·ty** [nei'tæliti] *s.* Geburtenziffer *f.*

na·ta·tion [nei'teiʃən] *s.* Schwimmen *n*; **na·ta·to·ri·al** [neitə'tɔːriəl] *adj.* Schwimm...: ~ *bird*; **na·ta·to·ry** ['neitətəri] *adj.* Schwimm...

na·tion ['neiʃən] *s.* Nati'on *f*, Volk *n.*

na·tion·al ['næʃənl] **I.** *adj.* □ **1.** natio'nal, National..., Landes..., Volks-...: ~ *language* Landessprache; **2.** staatlich, öffentlich, Staats...: ~ *debt* Staatsschuld, öffentliche Schuld; **3.** (ein)heimisch; **II.** *s.* **4.** Staatsangehörige(r *m*) *f*; ~ **an·them** *s.* Natio'nal,hymne *f*; ~ **as·sem·bly** *s. pol.* Natio'nalversammlung *f*; ~ **bank** *s.* ✝ Landes-, Natio'nalbank *f*; ~ **e·con·o·my** *s.* ✝ Volkswirtschaft *f*; ♀ **Gi·ro** *s.* ✆ *Brit.* Postscheckdienst *m*; ♀ **Health Service** *s.* ⚕ *Brit.* Staatlicher Gesundheitsdienst; ~ **in·come** *s.* ✝ Sozi'alpro,dukt *n*; ♀ **In·sur·ance** *s. Brit.* allgemeine Sozi'alversicherung.

na·tion·al·ism ['næʃnəlizəm] *s.* **1.** Natio'nalgefühl *n*, Nationa'lismus *m*; **2.** ✝ *Am.* Ver'staatlichungspoli,tik *f*; '**na·tion·al·ist** [-ist] **I.** *s. pol.* Nationa'list *m*; **II.** *adj.* nationa'listisch; **na·tion·al·i·ty** [næʃə'næliti] *s.* **1.** Nationali'tät *f*, Staatsangehörigkeit *f*; **2.** Nati'on *f*; **na·tion·al·i·za·tion** [næʃnəlai'zeiʃən] *s.* **1.** *bsd. Am.* Einbürgerung *f*, Naturalisierung *f*; **2.** ✝ Verstaatlichung *f*; **3.** Verwandlung *f* in e-e (*einheitliche, unabhängige etc.*) Nation; '**na·tion·al·ize** [-laiz] *v/t.* **1.** einbürgern, naturalisieren; **2.** ✝ verstaatlichen; **3.** zu e-r Nation machen; **4.** *Problem etc.* zur Sache der Nation machen.

na·tion·al| park *s.* Natio'nalpark *m* (*Naturschutzgebiet*); ♀ **So·cial·ism** *s. pol. hist.* Natio'nalsozia,lismus *m.*

'**na·tion-'wide** *adj.* allge'mein, das ganze Land um'fassend.

na·tive ['neitiv] **I.** *adj.* □ **1.** angeboren (*to s.o.* j-m), na'türlich (*Recht etc.*); **2.** eingeboren, Eingeborenen...: ~ *quarter*; **3.** (ein)heimisch, inländisch, Landes...: ~ *plant* ♀ einheimische Pflanze; ~ *product*; **4.** heimatlich, Heimat...: ~ *country* Heimat, Vaterland; ~ *language* Muttersprache; ~ *town* Heimat-, Vaterstadt; **5.** ursprünglich, urwüchsig, na'turhaft: ~ *beauty*; **6.** ursprünglich, eigentlich: *the* ~ *sense of a word*; **7.** gediegen (*Metall etc.*); **8.** *min.* a) roh, Jungfern..., b) natürlich vorkommend; **II.** *s.* **9.** Eingeborene(r *m*) *f*; **10.** Einheimische(r *m*) *f*, Landeskind *n*: *a* ~ *of Berlin* ein gebürtiger Berliner; **11.** ♀ einheimisches Gewächs; **12.** *zo.* einheimisches Tier; **13.** Na'tive *f*, (künstlich) gezüchtete Auster; '~**-born** *adj.* einheimisch, im Lande geboren.

na·tiv·i·ty [nə'tiviti] *s.* **1.** Geburt *f* (*a. fig.*): *the* ♀ *eccl.* a) die Geburt Christi (*a. paint etc.*), b) Weihnachten, c) Ma'riä Geburt (*8. September*); ♀ *play* Krippenspiel; **2.** *ast.* Nativi'tät *f*, (Ge'burts)Horo,skop *n.*

na·tron ['neitrən] *s. min.* kohlensaures 'Natron.

nat·ter ['nætə] *Brit.* F **I.** *v/i.* **1.** vor sich hin nörgeln *od.* brummen; **2.** plauschen, plaudern; **II.** *s.* **3.** Nörge'lei *f*; **4.** Plausch *m.*

nat·ty ['næti] *adj.* □ F **1.** nett, schick, geschniegelt; **2.** geschickt.

nat·u·ral ['nætʃrəl] **I.** *adj.* □ → *naturally*; **1.** na'türlich, Natur...: ~ *law* Naturgesetz; *to die a* ~ *death* e-s natürlichen Todes sterben; → *person 1*; **2.** na'turgemäß, -bedingt; **3.** angeboren, natürlich, eigen (*to dat.*): ~ *talent*; **4.** → *natural-born*; **5.** re'al, wirklich, 'physisch; **6.** selbstverständlich, natürlich: *it comes quite* ~ *to him* es ist ihm ganz selbstverständlich; **7.** natürlich, ungekünstelt (*Benehmen etc.*); **8.** na'turgetreu, natürlich (wirkend) (*Nachahmung, Bild etc.*); **9.** unbearbeitet, Natur..., Roh...: ~ *steel* Rohstahl; **10.** na'turhaft, urwüchsig; **11.** natürlich, unehelich (*Kind, Vater etc.*); **12.** ♃ natürlich: ~ *number* natürliche Zahl; **13.** ♪ a) ohne Vorzeichen: ~ *key* C-dur-Tonart, b) mit e-m Auflösungszeichen (versehen) (*Note*); **II.** *s.* **14.** Idi'ot *m*; **15.** ♪ a) Auflösungszeichen *n*, b) mit e-m Auflösungszeichen versehene Note, c) Stammton *m*, d) weiße Taste (*Klaviatur*); **16.** *Am.* F (sicherer) Erfolg (*a. Person*); *e-e* ‚klare Sache' (*for* für *j-n*); '~**-born** *adj.* von Geburt, geboren: ~ *genius*; ~ **cool·ing** *s.* ⊕ Selbstkühlung *f*; ~ **fre·quen·cy** *s. phys.* 'Eigenfre,quenz *f*; ~ **gas** *s. geol.* Erdgas *n*; ~ **his·to·ry** *s.* Na'turgeschichte *f.*

nat·u·ral·ism ['nætʃrəlizəm] *s. phls., paint. etc.* Natura'lismus *m*; '**nat·u·ral·ist** [-ist] **I.** *s.* **1.** *phls., paint. etc.* Natura'list *m*; **2.** Na'turkundige(r *m*) *f*, -forscher(in), *bsd.* Zoo'loge *m od.* Bo'taniker *m*; **3.** *Brit.* a) Tierhändler *m*, b) Tierausstopfer *m*, Präpa'rator *m*; **II.** *adj.* **4.** natura'listisch; **nat·u·ral·is·tic** [nætʃrə'listik] *adj.* (□ ~*ally*) **1.** *phls., paint.*

etc. naturalistisch; **2.** na'turkundlich, -geschichtlich.

nat·u·ral·i·za·tion [nætʃrəlai'zeiʃən] *s.* Naturalisierung *f*, Einbürgerung *f*; **nat·u·ral·ize** ['nætʃrəlaiz] *v/t.* **1.** naturalisieren, einbürgern; **2.** heimisch machen, einbürgern (*a. ling. u. fig.*); **3.** akklimatisieren (*a. fig.*).

nat·u·ral·ly ['nætʃrəli] *adv.* **1.** von Na'tur (aus); **2.** instink'tiv, spon'tan; **3.** auf na'türlichem Wege, na'türlich; **4.** *a. int.* natürlich, selbstverständlich; '**nat·u·ral·ness** [-rəlnis] *s. allg.* Na'türlichkeit *f*.

nat·u·ral| phi·los·o·phy *s.* **1.** Na'turphiloso,phie *f*, -kunde *f*; **2.** Phy'sik *f*; ~ **re·li·gion** *s.* Na'turreligi,on *f*; ~ **rights** *s. pl.* §, *pol.* Na'turrechte *pl. des Menschen*; ~ **scale** *s.* **1.** ♪ Stammtonleiter *f*; **2.** ℞ Achse *f* der na'türlichen Zahlen; ~ **sci·ence** *s.* Na'turwissenschaft *f*; ~ **se·lec·tion** *s. biol.* na'türliche Zuchtwahl; ~ **sign** *s.* ♪ Auflösungszeichen *n*; ~ **state** *s.* Na'turzustand *m*.

na·ture ['neitʃə] *s.* **1.** Na'tur *f*, Schöpfung *f*; **2.** (*a.* ♀; *ohne art.*) Na'tur(kräfte *pl.*) *f*: *law of* ~ Naturgesetz; *from* ~ nach der Natur *malen etc.*; *back to* ~ zurück zur Natur; *in the state of* ~ in natürlichem Zustand, nackt; → *debt, true 4*; **3.** Natur *f*, Veranlagung *f*, Cha'rakter *m*, (Eigen-, Gemüts)Art *f*, Natu'rell *n*: *animal* ~ das Tierische *im Menschen*; *by* ~ von Natur; *human* ~ die menschliche Natur; *of good* ~ gutherzig, -mütig; *it is in her* ~ es liegt in ihrem Wesen; → *second 1*; **4.** Art *f*, Sorte *f*: *of* (*od. in*) *the* ~ *of a trial* nach Art (*od.* in Form) e-s Verhörs; ~ *of the business* Gegenstand der Firma; **5.** (na'türliche) Beschaffenheit; **6.** Natur *f*, natürliche Landschaft: ~ *conservation* Naturschutz; **7.** *to ease* (*od. relieve*) ~ sich erleichtern (*den Darm od. die Blase entleeren*).

-natured [neitʃəd] *in Zssgn* geartet, ...artig, ...mütig: *good-*~ gutartig.

na·tur·o·path ['neitʃəroupæθ] *s.* ⚕ **1.** Heilpraktiker *m*; **2.** Na'turheilkundige(r *m*) *f*.

naught [nɔ:t] **I.** *s.* Null *f*: *to bring* (*come*) *to* ~ zunichte machen (werden); *to set at* ~ *Mahnung etc.* in den Wind schlagen; **II.** *adj. obs.* nichts.

naugh·ti·ness ['nɔ:tinis] *s.* Ungezogenheit *f*, Unartigkeit *f*; **naugh·ty** ['nɔ:ti] *adj.* □ **1.** ungezogen, unartig; **2.** ungehörig (*Handlung*); **3.** unanständig, schlimm (*Wort etc.*): ~, ~! F aber, aber!

nau·se·a ['nɔ:sjə] *s.* **1.** Übelkeit *f*, Brechreiz *m*; **2.** Seekrankheit *f*; **3.** *fig.* Ekel *m*; '**nau·se·ate** [-sieit] **I.** *v/i.* **1.** (e-n) Brechreiz empfinden, sich ekeln (*at* vor *dat.*); **II.** *v/t.* **2.** sich ekeln vor (*dat.*); **3.** anekeln, *j-m* Übelkeit erregen: *to be* ~*d* sich ekeln (*at* vor *dat.*); '**nau·se·at·ing** [-sieitiŋ], '**nau·seous** [-jəs] *adj.* □ ekelerregend, widerlich.

nau·tic ['nɔ:tik] → *nautical*.

nau·ti·cal ['nɔ:tikəl] *adj.* □ ⚓ nautisch, Schiffs..., See(fahrts)...; ~ **al·ma·nac** *s.* nautisches Jahrbuch; ~ **chart** *s.* Seekarte *f*; ~ **mile** *s.* ⚓ Seemeile *f* (*1,852 km*).

na·val ['neivəl] *adj.* ⚓ **1.** Flotten..., (Kriegs)Marine...; **2.** See..., Schiffs...; ~ **a·cad·e·my** *s.* ⚓ **1.** Ma'rine-Akade,mie *f*; **2.** Navigati'onsschule *f*; ~ **a·gree·ment** *s. pol.* Flottenabkommen *n*; ~ **air·plane** *s.* Ma'rineflugzeug *n*; ~ **ar·chi·tect** *s.* 'Schiffbauingeni,eur *m*; ~ **base** *s.* 'Flottenstützpunkt *m*, -,basis *f*; ~ **bat·tle** *s.* Seeschlacht *f*; ~ **ca·det** *s.* 'Seeka,dett *m*; ~ **forc·es** *s. pl.* Seestreitkräfte *pl.*; ~ **of·fi·cer** *s.* ⚓ **1.** ⚔ Ma'rineoffi,zier *m*; **2.** *Am.* (höherer) Hafenzollbeamter; ~ **pow·er** *s. pol.* Seemacht *f*; ~ **stores** *s. pl.* (Kriegs-) Schiffsvorräte *pl.*

nave[1] [neiv] *s.* ⩓ Mittel-, Hauptschiff *n* (*bsd. e-r Kirche*).

nave[2] [neiv] *s.* ⊕ (Rad)Nabe *f*.

na·vel ['neivəl] *s.* **1.** *anat.* Nabel *m*; **2.** *fig.* Mitte(lpunkt *m*) *f*; ~ **or·ange** *s.* 'Navelo,range *f*; '~-**string** *s. anat.* Nabelschnur *f*.

nav·i·cert ['nævisə:t] *s.* ✝, ⚓ [Warenpaß *m*.]

na·vic·u·lar [nə'vikjulə] *adj.* nachen-, kahnförmig: ~ *bone anat.* Kahnbein.

nav·i·ga·bil·i·ty [nævigə'biliti] *s.* **1.** ⚓ **a**) Schiffbarkeit *f* (*e-s Gewässers*), **b**) Fahrttüchtigkeit *f*; **2.** ✈ Lenkbarkeit *f*; **nav·i·ga·ble** ['nævigəbl] *adj.* **1.** ⚓ schiffbar, (be)fahrbar; **2.** ✈ lenkbar (*Luftschiff*); **nav·i·gate** ['nævigeit] **I.** *v/i.* **1.** schiffen, (zu Schiff) fahren; **2.** *bsd.* ⚓, ✈ steuern; orten (*to* nach); **II.** *v/t.* **3.** *Gewässer* **a**) befahren, **b**) durch'fahren; **4.** ✈ durch'fliegen; **5.** steuern, lenken;

nav·i·ga·tion [nævi'geiʃən] *s.* **1.** ⚓ 'Nautik *f*, Navigati'on *f*, Schiffsführung *f*, Schiffahrtskunde *f*; **2.** ✈ Navigati'onskunde *f*; **3.** ⚓ Schiffahrt *f*, Seefahrt *f*; **4.** ✈, ⚓ **a**) Navigation *f*, Navigierung *f*, **b**) Ortung *f*; **nav·i·ga·tion·al** [nævi'geiʃənl] *adj.* Navigations...

nav·i·ga·tion| chan·nel *s.* ⚓ Fahrwasser *n*; ~ **chart** *s.* Navigati'onskarte *f*; ~ **guide** *s.* ✈, ⚓ Bake *f*; ~ **light** *s.* ✈ Positi'onslicht *n*; ~ **of·fi·cer** *s.* ⚓, ✈ Navigati'onsoffi,zier *m*.

nav·i·ga·tor ['nævigeitə] *s.* **1.** ⚓ **a**) Seefahrer *m*, **b**) Nautiker *m*, **c**) Steuermann *m*, **d**) *Am.* Navigati'onsoffi,zier *m*; **2.** ✈ **a**) ('Aero-) ,Nautiker *m*, **b**) Beobachter *m*.

nav·vy ['nævi] *s.* **1.** *Brit.* Erd-, Streckenarbeiter *m*; **2.** ⊕ Exka'vator *m*, Löffelbagger *m*.

na·vy ['neivi] *s.* ⚓ **1.** *mst* ♀ 'Kriegsma,rine *f*; **2.** (Kriegs)Flotte *f*; ~ **blue** *s.* Ma'rineblau *n*; '~-'**blue** *adj.* ma'rineblau; ♀ **De·part·ment** *s. Am.* Ma'rineamt *n*, -mini,sterium *n*; ~ **league** *s.* Flottenverein *m*; ♀ **List** *s.* Ma'rine,rangliste *f*; ~ **yard** *s.* Ma'rinewerft *f*.

nay [nei] **I.** *adv.* **1.** *obs.* nein; **2.** ja so'gar; **II.** *s.* **3.** *parl. etc.* Nein(stimme *f*) *n*.

naze [neiz] *s.* Landspitze *f*.

Na·zi ['nɑ:tsi] *pol. hist.* **I.** *s.* Nazi *m*; **II.** *adj.* Nazi...; '**Na·zism** [-izəm] *s. pol. hist.* Na'zismus *m*.

neap [ni:p] **I.** *adj.* niedrig, abnehmend (*Flut*); **II.** *s. a.* ~-*tide* Nippflut *f*; **III.** *v/i.* zu'rückgehen (*Flut*).

near [niə] **I.** *adv.* **1.** nahe, (ganz) in der Nähe; **2.** nahe (bevorstehend) (*Zeitpunkt, Ereignis etc.*): ~ *upon five o'clock* ziemlich genau um 5 Uhr; **3.** F annähernd, nahezu, fast: *not* ~ *so bad* bei weitem nicht so schlecht;

Besondere Redewendungen:

~ *at hand* **a**) nahe, in der Nähe, dicht dabei, **b**) *fig.* nahe bevorstehend, vor der Tür; ~ *by* → *nearby I*; *to come* (*od. go*) ~ *to* **a**) sich ungefähr belaufen auf (*acc.*), **b**) *e-r Sache* sehr nahekommen, fast *et.* sein; *to come* ~ *to doing s.th.* et. beinahe tun; *to draw* ~ heranrücken (*a. Zeitpunkt*); *to live* ~ sparsam *od.* kärglich leben; *to sail* ~ *to the wind* ⚓ hart am Wind segeln;

II. *adj.* □ → *nearly*; **4.** nahe (-gelegen), in der Nähe: *the* ~*est place* der nächste Ort; ~ *miss* **a**) ⚔ Nahkrepierer, **b**) *fig.* fast ein Erfolg; **5.** kurz, nahe (*Weg*): *the* ~*est way* der kürzeste Weg; **6.** nahe (*Zeit*): *the* ~ *future*; **7.** nahe (verwandt): *the* ~*est relations* die nächsten Verwandten; **8.** eng (befreundet), in'tim: *a* ~ *friend*; **9.** a'kut, brennend (*Frage, Problem etc.*); **10.** knapp (*Entkommen, Rennen etc.*): *that was a* ~ *thing* F ,das hätte ins Auge gehen können'; **11.** genau, (wort)getreu (*Übersetzung etc.*); **12.** sparsam, geizig; **13.** link (*vom Fahrer aus*; *Pferd, Fahrbahnseite etc.*): ~ *horse* Handpferd; **14.** nachgemacht, Imitations...: ~-**beer** Dünnbier; ~ *leather* Imitationsleder; ~ *silk* Halbseide; **III.** *prp.* **15.** nahe, in der Nähe von (*od. gen.*), nahe an (*dat.*) *od.* bei, unweit (*gen.*): ~ *s.o.* j-m nahe; ~ *completion* der Vollendung nahe; ~ *doing s.th.* nahe daran, et. zu tun; **16.** (*zeitlich*) nahe, nicht weit von; **IV.** *v/t. u. v/i.* **17.** sich nähern, näherkommen (*dat.*): *to be* ~*ing completion* der Vollendung entgegengehen.

'**near·by** **I.** *adv. bsd. Am.* in der Nähe, nahe; **II.** *adj.* nahe(gelegen); '**near-'by** → *nearby*.

Near East *s. geogr., pol.* **1.** *Brit. die* 'Balkanstaaten *pl.*; **2.** *der* Nahe Osten.

near·ly ['niəli] *adv.* **1.** beinahe, fast; **2.** annähernd: *not* ~ bei weitem nicht, nicht annähernd; **3.** genau, gründlich; **near·ness** ['niənis] *s.* **1.** Nähe *f*; **2.** Innigkeit *f*, Vertrautheit *f*; **3.** große Ähnlichkeit; **4.** Knauserigkeit *f*.

near| point *s. opt.* Nahpunkt *m*; '~-'**sight·ed** *adj.* kurzsichtig; '~-'**sight·ed·ness** *s.* Kurzsichtigkeit *f*.

neat[1] [ni:t] *adj.* □ **1.** sauber: **a**) ordentlich, reinlich, **b**) hübsch, nett, a'drett, geschmackvoll, **c**) klar, 'übersichtlich, **d**) geschickt; **2.** treffend (*Antwort etc.*); **3.** unverdünnt, rein (*Wein etc.*).

neat[2] [ni:t] **I.** *s. pl.* **1.** *coll.* Rind-, Hornvieh *n*, Rinder *pl.*; **2.** Ochse *m*, Rind *n*; **II.** *adj.* **3.** Rind(er)...

'**neath, neath** [ni:θ] *prp. poet. od. dial.* unter (*dat.*), 'unterhalb (*gen.*).

neat·ness ['ni:tnis] *s.* **1.** Ordentlichkeit *f*, Sauberkeit *f*; **2.** Gefälligkeit *f*, Nettigkeit *f*; Zierlichkeit *f*; **3.** schlichte Ele'ganz, Klarheit *f* (*Stil etc.*); **4.** Geschicklichkeit *f*; **5.** Unvermischtheit *f* (*Getränke etc.*).

'neat's|-foot oil s. Klauenfett n; '~-leath·er s. Rindsleder n.
neb [neb] *Scot. od. dial.* s. **1.** Schnabel *m* (*Vogel*), Maul *n*, Schnauze *f* (*Tier*); **2.** Spitze *f*.
neb·u·la ['nebjulə] *pl.* **-lae** [-li:] s. **1.** *ast.* Nebel(fleck) *m*; **2.** ⚕ **a)** Trübheit *f* (*des Urins*), **b)** Hornhauttrübung *f*; **'neb·u·lar** [-lə] *adj. ast.* **1.** Nebel(fleck)..., Nebular...; **2.** nebelartig; **neb·u·los·i·ty** [nebju'lɔsiti] s. **1.** Neb(e)ligkeit *f*; **2.** Trübheit *f*; **3.** *fig.* Verschwommenheit *f*; **4.** *ast.* Nebel(fleck *m*, -hülle *f*) *m*; **'neb·u·lous** [-ləs] *adj.* □ **1.** neb(e)lig, wolkig (*a. Flüssigkeit*); *ast.* Nebel...; **2.** *fig.* verschwommen, nebelhaft.
nec·es·sar·i·ly ['nesisərili] *adv.* **1.** notwendigerweise; **2.** unbedingt: *you need not ~ do it*; **nec·es·sar·y** ['nesisəri] **I.** *adj.* □ **1.** notwendig, nötig, erforderlich (*to* für): *it is ~ for me to do it* es ist nötig, daß ich es tue; *a ~ evil* ein notwendiges Übel; *if ~* nötigenfalls; **2.** unvermeidlich, zwangsläufig, notwendig: *a ~ consequence*; **3.** notgedrungen, gezwungen; **II.** s. **4.** Erfordernis *n*, Bedürfnis *n*: *necessaries of life* Notbedarf, Lebensbedürfnisse; *strict necessaries* unentbehrliche Unterhaltsmittel; **5.** ⚖ Be'darfsar,tikel *m*.
ne·ces·si·tar·i·an [nisesi'tɛəriən] *phls.* **I.** s. Determi'nist *m*; **II.** *adj.* determi'nistisch; **ne·ces·si'tar·i·an·ism** [-nizəm] s. *phls.* Determi'nismus *m*.
ne·ces·si·tate [ni'sesiteit] *v/t.* **1.** notwendig *od.* nötig machen, erfordern, verlangen; **2.** *j-n* zwingen, nötigen; **ne·ces·si·ta·tion** [nisesi'teiʃən] s. Nötigung *f*, Zwang *m*; **ne'ces·si·tous** [-təs] *adj.* □ **1.** bedürftig, notleidend; **2.** dürftig, ärmlich (*Umstände*); **3.** notgedrungen (*Handlung*); **ne'ces·si·ty** [-ti] s. **1.** Notwendigkeit *f*: **a)** Erforderlichkeit *f*, **b)** 'Unum,gänglichkeit *f*, Unvermeidlichkeit *f*, **c)** Zwang *m*: *as a ~, of ~* notwendigerweise; *to be under the ~ of doing* gezwungen sein zu tun; **2.** (dringendes) Bedürfnis: *necessities of life* Lebensbedürfnisse; **3.** Not *f*, Zwangslage *f*: *~ is the mother of invention* Not macht erfinderisch; *~ knows no law* Not kennt kein Gebot; *in case of ~* im Notfall; → *virtue 3*; **4.** Not(lage) *f*, Bedürftigkeit *f*.
neck [nek] **I.** s. **1.** Hals *m* (*a. Flasche, Gewehr, Saiteninstrument*); **2.** Nakken *m*, Genick *n*: *to break one's ~* sich das Genick brechen; *to crane one's ~* sich den Hals ausrenken (*at* nach); *to get it in the ~ sl.* ,eins aufs Dach bekommen'; *to risk one's ~* Kopf u. Kragen riskieren; *to win by a ~ sport* um e-e Kopflänge gewinnen (*Pferd*); *~ and ~* Kopf an Kopf; *~ and crop* mit Stumpf u. Stiel; *~ or nothing* **a)** (*adv.*) auf Biegen oder Brechen, **b)** (*attr.*) tollkühn, verzweifelt; *it is ~ or nothing* ,es geht um die Wurst'; **3.** Hals-, Kammstück *n* (*Schlachtvieh*); **4.** Ausschnitt *m* (*Kleid*); **5.** *anat.* Hals *m* *e-s Organs*; **6.** ⚠ Halsglied *n* (*Säule*); **7.** ⊕ **a)** Hals *m* (*Welle*), **b)** Schenkel *m* (*Achse*), **c)** (abgesetzter) Zapfen, **d)** Ansatz *m* (*Schraube*), **e)** Einfüllstutzen *m*; **8. a)** Landenge *f*, **b)** Engpaß *m*; **II.** *v/t.* **9.** *e-m Huhn etc.* den Kopf abschlagen *od.* den Hals 'umdrehen; **10.** ⊕ *a. ~ out* aushalsen: *to ~ down* absetzen; **11.** *sl.* ,knutschen' mit; **III.** *v/i.* **12.** *sl.* ,knutschen'; **'~·band** s. Halspriese *f*; **'~·cloth** s. Halstuch *n*.
-necked [nekt] *in Zssgn* ...halsig, ...nackig.
neck·er·chief ['nekətʃif] s. Halstuch *n*.
neck·ing ['nekiŋ] s. **1.** ⚠ Säulenhals *m*; **2.** ⊕ **a)** Aushalsen *n e-s Hohlkörpers*, **b)** Querschnittverminderung *f*; **3.** *sl.* ,Geknutsche' *n*, Necking *n*.
neck·lace ['neklis], **'neck·let** [-lit] s. Halskette *f*.
neck| **le·ver** s. *Ringen*: Nackenhebel *m*; **~ scis·sors** s. *pl. sg. konstr. Ringen*: Halsschere *f*; **'~·tie** s. **1.** Kra'watte *f*, Halsbinde *f*, Schlips *m*; **2.** *Am. sl.* Schlinge *f des Henkers*; **'~·wear** s. ⚖ *coll.* Kra'watten *pl.*, Kragen *pl.*, Halstücher *pl.*
ne·crol·o·gy [ne'krɔlədʒi] s. **1.** Toten-, Sterbeliste *f*; **2.** Nachruf *m*; **nec·ro·man·cer** ['nekroumænsə] s. **1.** Geister-, Totenbeschwörer *m*; **2.** *allg.* Schwarzkünstler *m*; **nec·ro·man·cy** ['nekroumænsi] s. **1.** Geisterbeschwörung *f*, Nekroman'tie *f*; **2.** *allg.* Schwarze Kunst; **ne·cro·sis** [ne'krousis] s. **1.** ⚕ Ne'krose *f*, Brand *m*: *~ of the bone* Knochenfraß; **2.** ♀ Brand *m*.
nec·tar ['nektə] s. *myth.* Nektar *m* (*a.* ♀ *u. fig.*), Göttertrank *m*; **'nec·ta·ry** [-əri] s. ♀, *zo.* Nek'tarium *n*, Honigdrüse *f*.
née, *bsd. Am.* **nee** [nei] *adj.* geborene (*vor dem Mädchennamen e-r Frau*).
need [ni:d] **I.** s. **1.** (*of, for*) (dringendes) Bedürfnis (nach), Bedarf *m* (an *dat.*): *one's own ~s* Eigenbedarf; *to be* (*od. stand*) *in ~ of s.th.* et. dringend brauchen, et. sehr nötig haben; *in ~ of repair* reparaturbedürftig; *to have no ~ to do* kein Bedürfnis haben zu tun; **2.** Mangel *m* (*of, for* an *dat.*): *to feel the ~ of* (*od. for*) *s.th.* et. vermissen, Mangel an et. verspüren; **3.** dringende Notwendigkeit: *there is no ~ for you to come* du brauchst nicht zu kommen; *to have no ~ to* do keinen Grund haben zu tun; **4.** Not(lage) *f*: *in case of ~, if ~ be, if ~ arise* nötigenfalls, im Notfall; **5.** Armut *f*, Not *f*; **6.** *pl.* Erfordernisse *pl.*, Bedürfnisse *pl.*; **II.** *v/t.* **7.** benötigen, nötig haben, brauchen, bedürfen (*gen.*); **8.** erfordern: *it ~s all your strength*; *it ~ed doing* es mußte (einmal) getan werden; **III.** *v/aux.* **9.** müssen, brauchen: *it ~s to be done* es muß getan werden; *it ~s but to become known* es braucht nur bekannt zu werden; **10.** (*vor e-r Verneinung u. in Fragen, ohne* to; *3. sg. pres.* need) brauchen, müssen: *she ~ not do it*; *you ~ not have come* du hättest nicht zu kommen brauchen; **'need·ful** [-ful] **I.** *adj.* □ nötig; **II.** s. *das* Nötige: *the ~* F das nötige Kleingeld; **'need·i·ness** [-dinis] s. Bedürftigkeit *f*, Armut *f*.
nee·dle ['ni:dl] **I.** s. **1.** (*Näh-, a. Grammophon-, Magnet- etc.*)Nadel *f* (*a.* ⚕, ♀): *knitting-~* Stricknadel; *as sharp as a ~ fig.* äußerst intelligent, ,auf Draht'; *~'s eye* Nadelöhr; *to get* (*od. take*) *the ~ sl.* ,hochgehen', e-e Wut kriegen; *to give s.o. the ~* → 7; **2.** ⊕ **a)** Ven'tilnadel *f*, **b)** *mot.* Schwimmernadel *f* (*Vergaser*), **c)** Zeiger *m*, **d)** Zunge *f* (*Waage*), **e)** Radiernadel *f*; **3.** Nadel *f* (*Berg-, Felsspitze*); **4.** Obe'lisk *m*; **5.** *min.* Kri'stallnadel *f*; **II.** *v/t.* **6.** (*mit e-r Nadel*) nähen, durch'stechen; ⚕ punktieren: *to ~ one's way through fig.* sich hindurchschlängeln; **7.** F *durch Sticheleien* aufbringen, reizen; **8.** anstacheln; **9.** F *Getränk durch Alkoholzusatz* **schärfen** **'~·bath** s. Strahldusche *f*; **'~·book** s. Nadelbuch *n*; **'~·case** s. Nadelbüchse *f*, -buch *n*; **~ e·lec·trode** s. ⊕ 'Spitzenelek,trode *f*; **'~·gun** s. ⚔ Zündnadelgewehr *n*; **'~·like** *adj.* nadelartig; **'~·point** s. **1.** → *needle-point lace*; **2.** Petit-'point-Sticke,rei *f*; **'~·point lace** s. Nadelspitze *f* (*Ggs. Klöppelspitze*).
need·less ['ni:dlis] *adj.* □ unnötig, 'überflüssig: *~ to say* selbstredend, selbstverständlich; **'need·less·ness** [-nis] s. Unnötigkeit *f*, 'Überflüssigkeit *f*.
nee·dle| **valve** s. ⊕ 'Nadelven,til *n*; **'~·wom·an** s. [*irr.*] Näherin *f*; **'~·work** s. Handarbeit *f*, Nähe'rei *f*.
needs [ni:dz] *adv.* unbedingt, notwendigerweise (*mst mit must*): *if you must ~ do it* wenn du es durchaus tun willst.
need·y ['ni:di] *adj.* □ arm, bedürftig, notleidend.
ne'er [nɛə] *poet. für never*; **'~-do-well** **I.** s. Taugenichts *m*, Tunichtgut *m*; **II.** *adj.* nichtsnutzig.
ne·far·i·ous [ni'fɛəriəs] *adj.* □ ruchlos, schändlich; **ne'far·i·ous·ness** [-nis] s. Ruchlosigkeit *f*, Bosheit *f*.
ne·gate [ni'geit] *v/t.* **1.** verneinen, negieren, leugnen; **2.** annullieren, unwirksam machen, verwerfen; **ne'ga·tion** [-eiʃən] s. **1.** Verneinung *f*, Verneinen *n*, Negieren *n*; **2.** Verwerfung *f*, Annullierung *f*, Aufhebung *f*; **3.** *phls.* **a)** (*Logik*) Negati'on *f*, **b)** Nichts *n*.
neg·a·tive ['negətiv] **I.** *adj.* □ **1.** 'negativ, verneinend; **2.** abschlägig, ablehnend (*Antwort etc.*); **3.** erfolglos, ergebnislos; **4.** negativ (*ohne positive Werte*); **5.** ⚗, ⚡, ⚖, ⚕, *phot., phys.* negativ: *~ conductor* ⚡ Minusleitung; *~ lens opt.* Zerstreuungslinse; *~ sign* ⚖ Minuszeichen, negatives Vorzeichen; **II.** s. **6.** Verneinung *f*: *to answer in the ~* verneinen; **7.** abschlägige Antwort; **8.** *ling.* Negati'on *f*; **9. a)** Einspruch *m*, Veto *n*, **b)** ablehnende Stimme; **10.** negative Eigenschaft, 'Negativum *n*; **11.** ⚡ negativer Pol; **12.** ⚖ **a)** Minuszeichen *n*, **b)** negative Zahl; **13.** *phot.* 'Negativ *n*; **III.** *v/t.* **14.** negieren, verneinen; **15.** verwerfen, ablehnen; **16.** wider'legen; **17.** unwirksam machen, neutralisieren; **'neg·a·tiv·ism** [-vizəm] s. Negati'vismus *m* (*a. phls., psych.*).
neg·lect [ni'glekt] **I.** *v/t.* **1.** vernach-

lässigen; **2.** miß'achten; **3.** versäumen, unter'lassen (*to do od. doing* zu tun); **4.** über'sehen, -'gehen; außer acht lassen; **II.** *s.* **5.** Vernachlässigung *f*; **6.** 'Mißachtung *f*; **7.** Unter'lassung *f*, Versäumnis *n*; **8.** Über'gehen *n*, Auslassung *f*; **9.** Nachlässigkeit *f*, Unter'lassung *f*; ⚖ Fahrlässigkeit *f*: ~ *of duty* Pflichtversäumnis; **neg'lect·ful** [-ful] *adj.* □ → *negligent 1.*

nég·li·gée ['negli:ʒei] *s.* Negli'gé *n*: **a)** *ungezwungene Hauskleidung*, **b)** *dünner Morgenmantel.*

neg·li·gence ['neglidʒəns] *s.* **1.** Nachlässigkeit *f*, Unachtsamkeit *f*; **2.** ⚖ Fahrlässigkeit *f*: *contributory* ~ mitwirkendes Verschulden; **'neg·li·gent** [-nt] *adj.* □ **1.** nachlässig, gleichgültig, unachtsam (**of** gegen): *to be* ~ *of s.th.* et. vernachlässigen, et. außer acht lassen; **2.** ⚖ fahrlässig.

neg·li·gi·ble ['neglidʒəbl] *adj.* □ **1.** nebensächlich, unwesentlich; **2.** geringfügig, unbedeutend; → *quantity* 2.

ne·go·ti·a·bil·i·ty [nigouʃjə'biliti] *s.* ✝ **1.** Verkäuflichkeit *f*; **2.** Begebbarkeit *f*; **3.** Bank-, Börsenfähigkeit *f*; **4.** Über'tragbarkeit *f*; **5.** Verwertbarkeit *f*; **ne·go·ti·a·ble** [ni'gouʃjəbl] *adj.* □ **1.** ✝ **a)** verkäuflich, veräußerlich, **b)** verkehrsfähig, **c)** bank-, börsenfähig, **d)** (durch Indossa'ment) über'tragbar, begebbar, **e)** verwertbar: ~ *instrument* begebbares (Wert)Papier; *not* ~ nur zur Verrechnung; **2.** über'windbar (*Hindernis*).

ne·go·ti·ate [ni'gouʃieit] **I.** *v/i.* **1.** ver-, unter'handeln, in Unter'handlung stehen (*with* mit, *for, about* um, wegen); **II.** *v/t.* **2.** *Vertrag etc.* zu'stande bringen, (ab)schließen; **3.** verhandeln über (*acc.*); **4.** ✝ *Wechsel* begeben, 'unterbringen: *to* ~ *back* zurückbegeben; **5.** *Hindernis etc.* über'winden, *a. Kurve* nehmen; **ne·go·ti·a·tion** [nigouʃi'eiʃən] *s.* **1.** Ver-, Unter'handlung *f*: *to enter into* ~*s* in Verhandlungen eintreten: *by way of* ~ auf dem Verhandlungswege; **2.** Aushandeln *n* (*Vertrag*); **3.** ✝ Begebung *f*, Über'tragung *f*, 'Unterbringung *f* (*Wechsel etc.*): *further* ~ Weiterbegebung; **4.** Über'windung *f*, Nehmen *n von Hindernissen*; **ne'go·ti·a·tor** [-tə] *s.* **1.** 'Unterhändler *m*; **2.** Vermittler *m.*

ne·gress ['ni:gris] *s.* Negerin *f.*

ne·gro ['ni:grou] **I.** *pl.* **-groes** *s.* Neger *m*; **II.** *adj.* Neger...: ~ *question* Negerfrage, -problem; ~ *spiritual* → *spiritual* 7; **'ne·groid** [-rɔid] *adj.* negro'id, negerartig.

Ne·gus[1] ['ni:gəs] *s.* 'Negus *m* (*äthiopischer Königstitel*).

ne·gus[2] ['ni:gəs] *s.* Glühwein *m.*

Ne·he·mi·ah [ni:i'maiə], **Ne·he'mi·as** [-əs] *npr. u. s. bibl.* (das Buch) Nehe'mia *m od.* Nehe'mias *m.*

neigh [nei] **I.** *v/t. u. v/i.* wiehern; **II.** *s.* Gewieher *n*, Wiehern *n.*

neigh·bo(u)r ['neibə] **I.** *s.* **1.** Nachbar(in); **2.** Nächste(r) *m*, Mitmensch *m*; **II.** *adj.* **3.** benachbart, angrenzend, Nachbar...; **III.** *v/t.* **4.** (an-) grenzen an (*acc.*); **IV.** *v/i.* **5.** benachbart sein, in der Nachbarschaft wohnen; **6.** grenzen (*upon* an *acc.*); **'neigh·bo(u)r·hood** [-hud] *s.* **1.** Nachbarschaft *f* (*a. fig.*), Um'gebung *f*, Nähe *f*: *in the* ~ *of* **a)** in der Umgebung von, **b)** *fig.* F ungefähr, etwa, um ... herum; ~ *shop* ‚Tante-Emma-Laden'; **2.** *coll.* Nachbarn *pl.*, Nachbarschaft *f*; **3.** (Wohn)Gegend *f*: *a fashionable* ~; **'neigh·bo(u)r·ing** [-bəriŋ] *adj.* benachbart, angrenzend; Nachbar...: ~ *state* Anliegerstaat; **'neigh·bo(u)r·li·ness** [-linis] *s.* (gut)'nachbarliches Verhalten; Freundlichkeit *f*; **'neigh·bo(u)r·ly** [-li] *adj. u. adv.* **1.** (gut)nachbarlich; **2.** freundlich, gesellig.

nei·ther ['naiðə] **I.** *adj. u. pron.* **1.** kein (von beiden): ~ *of you* keiner von euch (beiden); **II.** *cj.* **2.** weder: ~ *you nor he knows* weder du weißt es noch er; **3.** noch (auch), auch nicht, ebensowenig: *he does not know,* ~ *do I* er weiß es nicht, noch *od.* ebensowenig weiß ich es.

nem·a·tode ['nemətoud] *zo. s.* Nema'tode *f*, Fadenwurm *m.*

nem·e·sis, *a.* ♀ ['nemisis] *s. myth. u. fig.* 'Nemesis *f*, (die Göttin der) Vergeltung *f.*

ne·mo ['ni:mou] *s. Radio, Fernsehen*: 'Außenrepor,tage *f.*

neo- [ni(:)ou] *in Zssgn* neu, jung, neo..., Neo...

ne·o·lith ['ni(:)ouliθ] *s.* jungsteinzeitliches Gerät; **ne·o·lith·ic** [ni(:)ou'liθik] *adj.* jungsteinzeitlich, neo'lithisch: ♀ *period* Jungsteinzeit.

ne·ol·o·gism [ni(:)'ɔlədʒizəm] *s.* **1.** *ling.* Neolo'gismus *m*, Wortneubildung *f*; **2.** *eccl.* neue Dok'trin, *bsd.* Rationa'lismus *m*; **ne'ol·o·gy** [-dʒi] *s.* **1.** → *neologism 1 u.* 2; **2.** *ling.* Neolo'gie *f*, Bildung *f* neuer Wörter.

ne·on ['ni:ən] *s.* ⚗ Neon *n*: ~ *lamp* Neonlampe, Leucht(stoff)röhre; ~ *signs* Leuchtreklame.

ne·o·phyte ['ni(:)oufait] *s.* **1.** *eccl.* Neubekehrte(r *m*) *f*, Konver'tit(in); **2.** *R.C.* **a)** No'vize *m, f*, **b)** Jungpriester *m*; **3.** *fig.* Neuling *m*, Anfänger(in).

ne·o·plasm ['ni(:)ouplæzəm] *s.* ⚕ Neo'plasma *n*, Gewächs *n.*

Ne·o-Pla·to·nism ['ni(:)ou'pleitənizəm] *s. phls.* 'Neuplato,nismus *m.*

ne·o·ter·ic [ni(:)ou'terik] *adj.* (□ ~*ally*) neuzeitlich, mo'dern.

Ne·o·zo·ic [ni(:)ou'zouik] *geol.* **I.** *s.* Neo'zoikum *n*, Neuzeit *f*; **II.** *adj.* neo'zoisch.

Nep·a·lese [nepɔ:'li:z] **I.** *s.* Nepa'lese *m*, Bewohner(in) von Ne'pal; Nepa'lesen *pl.*; **II.** *adj.* nepa'lesisch.

neph·ew ['nevju(:)] Neffe *m.*

ne·phol·o·gy [ni'fɔlədʒi] *s.* Wolkenkunde *f.*

neph·rite ['nefrait] *s. min.* Ne'phrit *m*, Beilstein *m.*

ne·phrit·ic [ne'fritik] *adj.* ⚕ Nieren...; **ne·phri·tis** [ne'fraitis] *s.* ⚕ Ne'phritis *f*, Nierenentzündung *f*; **neph·ro·lith** ['nefrəliθ] *s.* ⚕ Nierenstein *m*; **ne·phrol·o·gist** [ne'frɔlədʒist] *s.* ⚕ Nierenfacharzt *m*, Uro'loge *m.*

nep·o·tism ['nepətizəm] *s.* Nepo'tismus *m*, Vetternwirtschaft *f.*

Nep·tune ['neptju:n] *s. ast.* 'Neptun *m.*

Ne·re·id ['niəriid] *s. myth.* Nere'ide *f*, Wassernymphe *f.*

ner·va·tion [nə:'veiʃən], **nerv·a·ture** ['nə:vitʃə] *s.* **1.** Anordnung *f* der Nerven; **2.** ♀ Aderung *f*, Nerva'tur *f.*

nerve [nə:v] **I.** *s.* **1.** Nerv(enfaser *f*) *m*: *to get on s.o.'s* ~*s* j-m auf die Nerven gehen; *a bag of* ~*s* F ein Nervenbündel; *a fit of* ~*s* e-e Nervenkrise; *to strain every* ~ s-e ganze Kraft aufbieten; **2.** *fig.* **a)** Lebensnerv *m*, **b)** Stärke *f*, Ener'gie *f*, **c)** Mut *m*, Selbstbeherrschung *f*, **d)** *sl.* Frechheit *f*: *to lose one's* ~ die Nerven verlieren; *to have the* ~ *to do s.th.* den Mut *od. sl.* die Frechheit besitzen, et. zu tun; **3.** ♀ Nerv *m*, Ader *f* (*Blatt*); **4.** ⚠ Rippe *f* (*Gewölbe*); **II.** *v/t.* **5.** *fig.* (*körperlich od. seelisch*) stärken, ermutigen: *to* ~ *o.s.* sich aufraffen; **'~-cen·ter** *Am.*, **'~-cen·tre** *Brit. s.* Nervenzentrum *n* (*a. fig.*); **'~-cord** *s.* Nervenstrang *m.*

nerved [nə:vd] *adj.* **1.** nervig (*mst in Zssgn*): *strong-*~ mit starken Nerven; **2.** ♀, *zo.* geädert, gerippt.

nerve·less ['nə:vlis] *adj.* □ **1.** *fig.* kraft-, ener'gielos, schlapp; **2.** ohne Nerven; **3.** ♀ ohne Adern, nervenlos.

nerve| poi·son *s.* ⚔ Nervengas *n*; **'~-rack·ing** *adj.* nervenaufreibend.

nerv·ine ['nə:vi:n] *adj. u. s.* ⚕ nervenstärkend(es Mittel).

nerv·ous ['nə:vəs] *adj.* **1.** Nerven... (*-system, -zusammenbruch etc.*): ~ *excitement* nervöse Erregtheit; **2.** nervenreich; **3.** ner'vös: **a)** nervenschwach, erregbar, **b)** ängstlich, scheu; **4.** aufregend; **5.** *obs.* kräftig, nervig; **'ner·vous·ness** [-nis] *s.* **1.** Nervosi'tät *f*; **2.** *obs.* Nervigkeit *f*, Kraft *f.*

nerv·y ['nə:vi] *adj.* F **1.** dreist, frech; **2.** *Brit.* ner'vös, erregbar; **3.** nervenaufreibend.

nes·ci·ence ['nesiəns] *s.* (vollständige) Unwissenheit; **'nes·ci·ent** [-nt] *adj.* unwissend (*of* in *dat.*).

ness [nes] *s.* Vorgebirge *n.*

nest [nest] **I.** *s.* **1.** *orn., zo., a. geol.* Nest *n*; **2.** *fig.* Nest *n*, Zufluchtsort *m*, behagliches Heim; **3.** *fig.* Schlupfwinkel *m*, Brutstätte *f*: ~ *of vice* Lasterhöhle; **4.** Brut *f* (*junger Tiere*): *to take a* ~ ein Nest ausnehmen; **5.** Serie *f*, Satz *m* (*ineinanderpassender Dinge, z.B. Schüsseln*); **6.** ⊕ Satz *m*, Gruppe *f*: ~ *of boiler tubes* Heizrohrbündel; **II.** *v/i.* **7.** **a)** ein Nest bauen, **b)** nisten; **8.** sich einnisten, sich 'niederlassen; **9.** Vogelnester ausnehmen; **III.** *v/t.* **10.** *Töpfe etc.* inein'anderstellen, -setzen; **'~-egg** *s.* **1.** Nestei *n*; **2.** *fig.* Spar-, Notgroschen *m.*

nes·tle ['nesl] **I.** *v/i.* **1.** *a.* ~ *down* sich behaglich 'niederlassen; **2.** sich anschmiegen *od.* kuscheln (*to, against* an *acc.*); **3.** sich einnisten; **II.** *v/t.* **4.** schmiegen, kuscheln (*on, to, against* an *acc.*); **nest·ling** ['nestliŋ] *s.* **1.** *orn.* Nestling *m*; **2.** *fig.* Nesthäkchen *n.*

net[1] [net] **I.** *s.* **1.** (*a. weitS. Straßen- etc.*, ⚹ Koordi'naten)Netz *n*; **2.** *fig.* Falle *f*, Netz *n*, Garn *n*; **3.** netzartiges Gewebe, Netz *n*; ✝ Tüll *m*, Musse'lin *m*; **4.** *Tennis*: **a)** Netzball *m*, **b)** Let *n* (*Wiederholung der Angabe*); **II.** *v/t.* **5.** mit e-m Netz fangen; **6.** *fig.* (ein)fangen; **7.** mit e-m Netz um'geben *od.* bedecken; **8.** *Gewässer* mit Netzen abfischen; **9.** in Fi'let arbeiten, knüpfen; **10.** *Tennis*: *Ball* ins Netz spielen; **III.** *v/i.* **11.** Netz- *od.* Fi'letarbeit machen.

net[2] [net] **I.** *adj.* ✝ **1.** netto, Netto..., Rein..., Roh...; **II.** *v/t.* **2.** netto einbringen, e-n Reingewinn von ... abwerfen; **3.** netto verdienen, e-n Reingewinn haben von; **~ a·mount** *s.* Nettobetrag *m*, Reinertrag *m*; **~ cash** *s.* ✝ netto Kasse: *~ in advance* Nettokasse im voraus; **~ ef·fi·cien·cy** *s.* ⊕ Nutzleistung *f*.

neth·er ['neðə] *adj.* **1.** unter, Unter...: *~ world* Unterwelt; **2.** nieder, Nieder...

Neth·er·land·er ['neðələndə] *s.* Niederländer(in); **'Neth·er·land·ish** [-diʃ] *adj.* niederländisch.

'neth·er·most *adj.* unterst, tiefst.

net| load *s.* ✝, ⊕ Nutzlast *f*; **~ price** *s.* ✝ Nettopreis *m*; **~ pro·ceeds** *s. pl.* ✝ Nettoeinnahme(n *pl.*) *f*, Reinerlös *m*; **~ prof·it** *s.* ✝ Reingewinn *m*.

net·ted ['netid] *adj.* **1.** netzförmig, maschig; **2.** von Netzen um'geben *od.* bedeckt; **'net·ting** [-tiŋ] *s.* **1.** Netzstricken *n*, Fi'letarbeit *f*; **2.** Netz(werk) *n*, Geflecht *n* (*a. Draht*); ⚔ Tarnnetze *pl.*

net·tle ['netl] **I.** *s.* **1.** ⚘ Nessel *f*: *to grasp the ~ fig.* die Schwierigkeit anpacken; **II.** *v/t.* **2.** mit *od.* an Nesseln brennen; **3.** *fig.* ärgern, reizen: *to be ~d at* aufgebracht sein über (*acc.*); **'~-cloth** *s.* Nesseltuch *n*; **'~-rash** *s.* ⚕ Nesselausschlag *m*.

net| weight *s.* ✝ Netto-, Rein-, Eigen-, Trockengewicht *n*; **'~·work** *s.* **1.** Netz-, Maschenwerk *n*, Geflecht *n*, Netz *n*; **2.** Netz-, Fi'letarbeit *f*; **3.** *fig.* Netz *n*: *~ of roads* Straßennetz; *~ of intrigues* Netz von Intrigen; **4.** ⚡ **a)** Leitungs-, Verteilungsnetz *n*, **b)** *Rundfunk*: Sendernetz *n*, -gruppe *f*; **~ yield** *s.* ✝ effek'tive Ren'dite *od.* Verzinsung, Nettoertrag *m*.

neume [nju:m] ♪ Neume *f* (*Notenzeichen*).

neu·ral ['njuərəl] *adj. physiol.* Nerven...: *~ axis* Nervenachse.

neu·ral·gia [njuə'rældʒə] *s.* ⚕ Neural'gie *f*, Nervenschmerz *m*; **neu'ral·gic** [-dʒik] *adj.* (□ *~ally*) neur'algisch.

neu·ras·the·ni·a [njuərəs'θi:niə] *s.* ⚕ Neurasthe'nie *f*, Nervenschwäche *f*; **neu·ras'then·ic** [-'θenik] ⚕ **I.** *adj.* (□ *~ally*) neura'sthenisch, nervenschwach; **II.** *s.* Neura'stheniker(in).

neu·ri·tis [njuə'raitis] *s.* Nervenentzündung *f*.

neu·rol·o·gist [njuə'rɔlədʒist] *s.* Neuro'loge *m*, Nervenarzt *m*; **neu'rol·o·gy** [-dʒi] *s.* Neurolo'gie *f*.

neu·ro·path ['njuərəupæθ] *s.* ⚕ Nervenleidende(r *m*) *f*; **neu·ro·path·ic** [njuərəu'pæθik] *adj.* (□ *~ally*) neuro'pathisch: **a)** ner'vös (*Leiden etc.*), **b)** nervenkrank; **neu·rop·a·thist** [njuə'rɔpəθist] → *neurologist*; **neu'rop·a·thy** [njuə'rɔpəθi] *s.* Nervenleiden *n*.

neu·rop·ter·an [njuə'rɔptərən] *zo.* **I.** *adj.* Netzflügler...; **II.** *s.* Netzflügler *m*.

neu·ro·sis [njuə'rousis] *pl.* **-ses** [-si:z] *s.* ⚕ Neu'rose *f*; **neu'rot·ic** [-'rɔtik] **I.** *adj.* (□ *~ally*) **1.** neu'rotisch: **a)** nervenleidend, **b)** Neurosen...; **2.** Nerven... (*-mittel, -leiden etc.*); **II.** *s.* **3.** Neu'rotiker(in), Nervenkranke(r *m*) *f*; **4.** Nervenmittel *n*; **neu'rot·o·my** [-'rɔtəmi] *s.* **1.** 'Nervenanato,mie *f*; **2.** 'Nervenschnitt *m*.

neu·ter ['nju:tə] **I.** *adj.* **1.** *ling.* **a)** sächlich, **b)** 'intransi,tiv (*Verb*); **2.** *biol.* geschlechtslos; **II.** *s.* **3.** *ling.* **a)** Neutrum *n*, sächliches Hauptwort, **b)** intransitives Verb; **4.** ⚘ Blüte *f* ohne Staubgefäße u. Stempel; **5.** *zo.* geschlechtsloses *od.* kastriertes Tier; **III.** *v/t.* **6.** kastrieren.

neu·tral ['nju:trəl] **I.** *adj.* □ **1.** neu'tral (*a. pol.*), par'teilos, 'unpar,teiisch, unbeteiligt; **2.** neutral, unbestimmt, farblos; **3.** neutral (*a.* ⚗, ⚡), gleichgültig, 'indiffe,rent; **4.** ⚘, *zo.* geschlechtslos; **5.** ⊕, *mot.* **a)** Ruhe..., Null... (*Lage*), **b)** Leerlauf... (*Gang*); **II.** *s.* **6. a)** Neu'trale(r) *m*, Par'teilose(r) *m*, **b)** neutraler Staat, **c)** Angehörige(r *m*) *f* e-s neutralen Staates; **7.** *mot.* Ruhelage *f*, Leerlaufstellung *f des Gangschalters*; **~ ax·is** *s.* ⚹, *phys.*, ⊕ neutrale Achse, Nullinie *f*; **~ con·duc·tor** *s.* ⚡ Nulleiter *m*; **~ e·qui·lib·ri·um** *s. phys.* indifferentes Gleichgewicht; **~ gear** *s.* ⊕ Leerlauf(gang) *m*.

neu·tral·i·ty [nju(:)'træliti] *s.* Neutrali'tät *f* (*a.* ⚗, *pol.*).

neu·tral·i·za·tion [nju:trəlai'zeiʃən] *s.* **1.** Neutralisierung *f*, Ausgleichung *f*, (gegenseitige) Aufhebung; **2.** ⚗ Neutralisati'on *f*; **3.** *pol.* Neutrali'tätserklärung *f e-s Staates etc.*; **4.** ⚡ Entkopplung *f*; **5.** ⚔ Niederhaltung *f*, Lahmlegung *f*: *~ fire* Niederhaltungsfeuer; **neu·tral·ize** ['nju:trəlaiz] *v/t.* **1.** neutralisieren (*a.* ⚗), ausgleichen, aufheben: *to ~ each other* sich gegenseitig aufheben; **2.** *pol.* für neu'tral erklären; **3.** ⚡ neutralisieren, entkoppeln; **4.** ⚔ niederhalten, -kämpfen; *Kampfstoff* entgiften.

neu·tral| line *s.* **1.** ⚹, *phys.* Neu'trale *f*, neu'trale Linie; **2.** *phys.* Nullinie *f*; **3.** → *neutral axis*; **~ po·si·tion** *s.* **1.** ⊕ Nullstellung *f*, -lage *f*; Ruhestellung *f*; **2.** ⚡ neutrale Stellung (*Anker etc.*).

neu·tro·dyne ['nju:trədain] *s.* ⚡ Neutro'dyn *n*: *~ receiver* Neutrodynempfänger.

neu·tron ['nju:trɔn] *s. phys.* Neu'tron *n*.

né·vé ['nevei] (*Fr.*) *s.* Firn(feld *n*) *m*.

nev·er ['nevə] *adv.* **1.** nie, niemals, nimmer(mehr); **2.** durch'aus nicht, (ganz und) gar nicht, nicht im geringsten; **3.** (doch) wohl nicht; *Besondere Redewendungen*: *~ fear* nur keine Bange! *~ mind* das macht nichts!; *well I ~!* F nein, so was!, das ist ja unerhört!; *~ so* auch noch so; *he ~ so much as answered* er hat noch nicht einmal geantwortet; *~ say die!* nur nicht verzweifeln!; *~-to-be-forgotten* unvergeßlich; *to buy on the ~(-~)* F ‚abstottern', auf Abzahlung kaufen.

'nev·er|-do-well *s.* Taugenichts *m*, Tunichtgut *m*; **'~-'end·ing** *adj.* endlos, unauf'hörlich; **'~-'fail·ing** *adj.* unfehlbar, untrüglich, nie versiegend; **'~'more** *adv.* nimmermehr, nie wieder.

nev·er·the'less *adv.* nichtsdesto'weniger, dennoch, trotzdem.

ne·vus ['ni:vəs] *s.* ⚕ Muttermal *n*, Leberfleck *m*: *vascular ~* Feuermal.

new [nju:] **I.** *adj.* □ → *newly*; **1.** *allg.* neu: *nothing ~* nichts Neues; → *broom*[2]; **2.** *a. ling.* neu, mo'dern; *bsd. contp.* neumodisch; **3.** neu (*Kartoffeln, Obst etc.*), frisch (*Brot, Milch etc.*); **4.** neu (*Ggs. alt*), gut erhalten: *as good as ~* so gut wie neu; **5.** neu(entdeckt *od.* -erschienen *od.* -erstanden *od.* -geschaffen): *~ facts*; *~ star*; *~ moon* Neumond; *~ publications* Neuerscheinungen; *the ~ woman* die Frau von heute; *the* ♀ *World* die Neue Welt (*Amerika*); *that is not ~ to me* das ist mir nichts Neues; **6.** unerforscht: *~ ground* Neuland (*a. fig.*); **7.** neu(gewählt, -ernannt): *the ~ president*; **8.** (*to*) **a)** *j-m* unbekannt, **b)** nicht vertraut (mit *e-r Sache*), unerfahren, ungeübt (in *dat.*), **c)** *j-m* ungewohnt; **9.** neu, ander, besser: *to feel a ~ man* sich wie neugeboren fühlen; *to lead a ~ life* ein neues (*besseres*) Leben führen; **10.** erneut: *a ~ start*; **11.** (*bsd. bei Ortsnamen*) Neu...; **II.** *adv.* **12.** neu(erlich), so'eben, frisch (*bsd. in Zssgn*): *~-built* neuerbaut.

'new|-born *adj.* neugeboren (*a. fig.*); **~ build·ing** *s.* Neubau *m*; **'~-come** *adj.* neuangekommen; **'~-com·er** *s.* **1.** Neuankömmling *m*, Fremde(r *m*) *f*; **2.** Neuling *m* (*to* in *e-m Fach*); ♀ **Deal** *s.* New Deal *m* (*Wirtschafts- u. Sozialpolitik des Präsidenten F. D. Roosevelt*).

new·el ['nju:əl] *s.* ⊕ **1.** Spindel *f* (*Wendeltreppe, Gußform etc.*); **2.** Endpfosten *m* (*Geländer*).

'new|·fan·gled *adj. contp.* neu(modisch); **'~-fledged** *adj.* **1.** flügge geworden; **2.** *fig.* neugebacken; **'~-'found** *adj.* **1.** neugefunden; neuerfunden; **2.** neuentdeckt.

New·found·land (**dog**) [nju(:)'faundlənd], **New'found·land·er** [-də] *s.* Neu'fundländer *m* (*Hund*).

new·ish ['nju:iʃ] *adj.* ziemlich neu;

new·ly ['nju:li] *adv.* **1.** neulich, kürzlich, jüngst: *~ married* jungvermählt; **2.** von neuem; **new·ness** ['nju:nis] *s.* (*Zustand der*) Neuheit, *das* Neue; *fig.* Unerfahrenheit *f*.

'new-rich **I.** *adj.* neureich; **II.** *s.* Neureiche(r *m*) *f*, Parve'nü *m*.

news [nju:z] *s. pl. sg. konstr.* **1.** *das* Neue, Neuigkeit(en *pl.*) *f*, Neues *n*, Nachrichten *pl.*: *a piece of ~* e-e Nachricht *od.* Neuigkeit; *at this ~* bei dieser Nachricht; *commercial ~* ✝ Handelsteil (*Zeitung*); *to have ~ from s.o.* von j-m Nachricht haben; *it is ~ to me* es ist mir et. ganz Neues; *what('s the)* ~? was gibt es Neues?; **2.** neueste (Zeitungs-, Radio-) Nachrichten *pl.*: *to be in the* ~ (in der Öffentlichkeit) von sich reden machen; **'~·a·gen·cy** *s.* 'Nachrichtenagenˌtur *f*, -büˌro *n*; **'~·a·gent** *s.* Zeitungshändler *m*; **'~·boy** *s.* Zeitungsjunge *m*; **~ butch·er** *s.* 🚂 *Am.* Verkäufer *m* von Zeitungen, Süßigkeiten *etc.*; **'~·cast** *s. Radio, Fernsehen*: Nachrichtensendung *f*; **'~·cast·er** *s. Radio, Fernsehen*: Nachrichtensprecher *m*; **~ con·fer·ence** *s.* Redakti'onskonfeˌrenz *f*; **'~·deal·er** *Am.* → *news-agent*; **~ flash** *s. bsd. Am.* Kurzmeldung *f*; **~ i·tem** *s.* 'Pressenoˌtiz *f*; **'~·let·ter** *s.* (Nachrichten-)Rundschreiben *n*, Zirku'lar *n*; **'~·man** [-mæn] *s.* [*irr.*] **1.** Zeitungshändler *m*, -austräger *m*; **2.** Journa'list *m*; **'~·mon·ger** *s.* Neuigkeitskrämer(in).

'news·pa·per I. *s.* Zeitung *f*: *commercial* ~ Börsenblatt, Wirtschaftszeitung; **II.** *adj.* Zeitungs...; **~ ad·ver·tise·ment** *s.* 'Zeitungsanˌnonce *f*, -anzeige *f*; **~ clip·ping** *Am.*, **~ cut·ting** *s.* Zeitungsausschnitt *m*; **'~·man** [-mæn] *s.* [*irr.*] **1.** Zeitungsverkäufer *m*; **2.** Journa'list *m*; **3.** Zeitungsverleger *m*.

'news|·print *s.* 'Zeitungspaˌpier *n*; **'~·read·er** *s. Radio, Fernsehen*: Nachrichtensprecher *m*; **'~·reel** *s.* Wochenschau *f*; **'~·room** *s.* **1.** Nachrichtenraum *m e-r Zeitung*; **2.** *Brit.* Zeitschriftenlesesaal *m*; **3.** *Am.* 'Zeitungsladen *m*, -kiˌosk *m*; **~ serv·ice** *s.* Nachrichtendienst *m*; **'~·sheet** *s.* kleines Nachrichtenblatt; **'~·stall** *s. Brit.*, **'~·stand** *s. Am.* 'Zeitungskiˌosk *m*, -stand *m*.

New Style *s.* neue Zeitrechnung (*nach dem Gregorianischen Kalender*), neuer Stil.

'news|-ven·dor *s.* Zeitungsverkäufer *m*; **'~·wor·thy** *adj.* von Inter'esse (für den Zeitungsleser), aktu'ell.

news·y ['nju:zi] *adj.* F voller Neuigkeiten.

newt [nju:t] *s. zo.* Wassermolch *m*.

New·to·ni·an [nju(:)'tounjən] *adj.* Newton(i)sch: ~ *force* Newtonsche Kraft.

new| year *s.* Neujahr *n*, *das* neue Jahr; **♀ Year** *s.* Neujahrstag; **♀ Year's Day** *s.* Neujahrstag *m*; **♀ Year's Eve** *s.* Sil'vesterabend *m*.

next [nekst] **I.** *adj.* **1.** nächst, nächstfolgend, -stehend: *the* ~ *house* (*train*) das nächste Haus (der nächste Zug); (*the*) ~ *day* am nächsten *od.* folgenden Tag; ~ *door* (im Haus) nebenan; ~ *door to fig.* beinahe, fast *unmöglich etc.*, so gut wie; ~ *to* **a)** (gleich) neben, **b)** (gleich) nach (*Rang, Reihenfolge*), **c)** fast *unmöglich etc.*; ~ *to nothing* fast gar nichts; ~ *to last* zweitletzt; *the* ~ *but one* der (die, das) übernächste; ~ *in size* **a)** nächstgrößer, **b)** nächstkleiner; ~ *friend* ⚖ Prozeßbeistand; *the* ~ *of kin* der (*pl.* die) nächste(n) Angehörige(n) *od.* Verwandte(n); *to be* ~ *best* **a)** der Zweitbeste sein, **b)** (*to*) *fig.* gleich kommen (nach), fast so gut sein (wie); *week after* ~ übernächste Woche; *what* ~? was (denn) noch?; **II.** *adv.* **2.** (*Ort, Zeit etc.*) zu'nächst, gleich dar'auf, als nächste(r) *od.* nächstes: *to come* ~ (als nächstes) folgen; **3.** nächstens, demnächst, das nächste Mal; **4.** (*bei Aufzählung*) dann, dar'auf; **III.** *prp.* **5.** (gleich) neben (*dat.*) *od.* bei (*dat.*) *od.* an (*dat.*); **6.** zu'nächst nach, (*an Rang*) gleich nach; **IV.** *s.* **7.** *der* (*die, das*) Nächste.

nex·us ['neksəs] *pl.* **-us** (*Lat.*) *s.* Verknüpfung *f*, Zs.-hang *m*.

nib [nib] *s.* **1.** Schnabel *m* (*Vogel*); **2.** (Gold-, Stahl)Spitze *f* (*Schreibfeder*); **3.** *pl.* Kaffee- *od.* Ka'kaobohnenstückchen *pl.*

nib·ble ['nibl] **I.** *v/t.* **1.** benagen, knabbern an (*dat.*): *to* ~ *off* abbeißen, -fressen; **2.** vorsichtig anbeißen (*Fische am Köder*); **II.** *v/i.* **3.** nagen, knabbern (*at* an *dat.*): *to* ~ *at one's food* im Essen herumstochern; **4.** (fast) anbeißen (*Fisch*) (*a. fig. Käufer*); **5.** *fig.* kritteln, tadeln; **III.** *s.* **6.** Nagen *n*, Knabbern *n*; **7.** (kleiner) Bissen, Happen *m*.

nib·lick ['niblik] *s.* (*eiserner*) Golfschläger.

nibs [nibz] *s. pl. sg. konstr.* F ‚großes Tier': *his* ~ ‚seine Hoheit'.

nice [nais] *adj.* □ **1.** fein (*Beobachtung, Sinn, Urteil, Unterschied etc.*); **2.** lecker, fein (*Speise etc.*); **3.** nett, freundlich (*to* zu *j-m*); **4.** nett, hübsch, schön (*alle a. iro.*): ~ *girl*; ~ *weather*; *a* ~ *mess iro.* e-e schöne Bescherung; ~ *and fat* schön fett; ~ *and warm* hübsch warm; **5.** niedlich, nett; **6.** heikel, wählerisch (*about* in *dat.*); **7.** (peinlich) genau, gewissenhaft; **8.** (*mst mit not*) anständig; **9.** *fig.* heikel, schwierig; **'nice·ly** [-li] *adv.* **1.** nett, fein: *I was done* ~ *sl. iro.* ich wurde schön übers Ohr gehauen; **2.** gut, fein, befriedigend: *that will do* ~ das paßt ausgezeichnet; *she is doing* ~ F es geht ihr gut (*od.* besser), sie macht gute Fortschritte; **3.** sorgfältig, genau; **'nice·ness** [-nis] *s.* **1.** Feinheit *f*; **2.** Nettheit *f*; Niedlichkeit *f*; **3.** F Nettigkeit *f*; **4.** Schärfe *f des Urteils*; **5.** Genauigkeit *f*, Pünktlichkeit *f*; **'ni·ce·ty** [-siti] **1.** Feinheit *f*, Schärfe *f des Urteils etc.*; **2.** peinliche Genauigkeit, Pünktlichkeit *f*: *to a* ~ aufs genaueste, bis aufs Haar; **3.** Spitzfindigkeit *f*; **4.** *pl.* kleine 'Unterschiede *pl.*, Feinheiten *pl.*: *not to stand upon niceties* es nicht so genau nehmen; **5.** wählerisches Wesen; **6.** *the niceties of life* die Annehmlichkeiten des Lebens.

niche [nitʃ] **I.** *s.* **1.** △, *a.* ⚔ Nische *f*; **2.** *fig.* (*der j-m angewiesene od. zukommende*) Ort *od.* Platz; **3.** *fig.* Versteck *n*; **II.** *v/t.* **4.** mit e-r Nische versehen; **5.** in e-e Nische stellen (*Bildsäule etc.*).

ni·chrome ['naikroum] *s.* ⊕ Nickelchrom *n*.

Nick[1] [nik] *npr.* **1.** Niki *m* (*Koseform zu Nicholas*); **2.** *Old* ~ *sl.* der Teufel.

nick[2] [nik] **I.** *s.* **1.** Kerbe *f*, Einkerbung *f*, Einschnitt *m*; **2.** Kerbholz *n*; **3.** *typ.* Signa'tur(rinne) *f*; **4.** *in the* (*very*) ~ (*of time*) (gerade) zur rechten Zeit, im richtigen Augenblick, wie gerufen; **5.** *Würfelspiel etc.*: (hoher) Wurf, Treffer *m*; **II.** *v/t.* **6.** (ein)kerben, einschneiden: *to* ~ *out* auszacken, -furchen; **7.** *et.* glücklich treffen: *to* ~ *the time* gerade den richtigen Zeitpunkt treffen; **8.** erraten; **9.** *Zug* erwischen; **10.** *sl. j-n* ertappen, fassen; **11.** *sl. et.* kriegen, erwischen; **12.** *sl.* betrügen, reinlegen.

nick·el ['nikl] **I.** *s.* **1.** ⚗, *min.* Nickel *n*; **2.** *Am.* F Nickel *m*, Fünf'centstück *n*; **II.** *adj.* **3.** Nickel...; **III.** *v/t.* **4.** vernickeln; **'~-'al·ka·line cell** *s.* ⚡ 'Nickeleleˌment *n*; **~ bloom** *s. min.* Nickelblüte *f*; **'~-'clad sheet** *s.* ⊕ nickelplattiertes Blech.

nick·el·o·de·on [nikə'loudiən] *s. Am.* **1.** *hist.* ‚Kintopp' *m*, *n*; **2.** Mu'sikautoˌmat *m*.

'nick·el|-plate *v/t.* ⊕ vernickeln; **'~-plat·ing** *s.* Vernickelung *f*; **~ sil·ver** *s.* Neusilber *n*; **~ steel** *s.* Nickelstahl *m*.

nick-nack ['niknæk] → *knick-knack*.

nick·name ['nikneim] **I.** *s.* Spitzname *m*; ⚔ Deckname *m*; **II.** *v/t.* mit e-m Spitznamen bezeichnen, *j-m* e-n *od.* den Spitznamen geben.

nic·o·tine ['nikəti:n] *s.* ⚗ Niko'tin *n*; **'nic·o·tin·ism** [-nizəm] *s.* Niko'tinvergiftung *f*.

nide [naid] *s.* (Fa'sanen)Nest *n*, -brut *f*, Geheck *n*.

nid·i·fy ['nidifai] *v/i.* nisten.

nid-nod ['nidnɔd] *v/i.* (mehrmals) nicken.

ni·dus ['naidəs] *pl. a.* **-di** [-dai] *s.* **1.** *zo.* Nest *n*, Brutstätte *f*; **2.** *fig.* Lagerstätte *f*, Sitz *m*; **3.** ⚕ Herd *m e-r Krankheit*.

niece [ni:s] *s.* Nichte *f*.

nif·ty ['nifti] *adj. bsd. Am. sl.* **1.** hübsch, ‚sauber', fesch; **2.** geschickt, raffiniert.

nig·gard ['nigəd] **I.** *s.* Knicker(in), Geizhals *m*, Filz *m*; **II.** *adj.* □ geizig, knauserig, knickerig, kärglich; **'nig·gard·li·ness** [-linis] *s.* Knikke'rei *f*, Knause'rei *f*, Geiz *m*; **'nig·gard·ly** [-li] **I.** *adv.* → *niggard II*; **II.** *adj.* schäbig, kümmerlich: *a* ~ *gift*.

nig·ger ['nigə] *s.* F *mst contp.* Nigger *m*, Neger(in), Schwarze(r *m*) *f*: *to work like a* ~ wie ein Pferd arbeiten, schuften; ~ *in the woodpile sl. der* Haken an der Sache.

nig·gle ['nigl] *v/i.* **1.** (pe'dantisch) her'umtüfteln; **2.** trödeln.

nigh [nai] *obs. od. poet.* **I.** *adv.* **1.** nahe (*to* an *dat.*): ~ (*un*)*to death* dem Tode nahe; ~ *but* beinahe; *to draw* ~ *to* sich nähern (*dat.*); **2.** *mst well* ~ beinahe; **II.** *prp.* **3.** nahe bei, neben.

night [nait] *s.* **1.** Nacht *f*: *at* ~, *by* ~, *in the* ~, F *o'nights* bei Nacht, nachts, des Nachts; ~*'s lodging* Nachtquartier; *all* ~ (*long*) die ganze Nacht (hindurch); *over* ~ über Nacht; *to bid* (*od. wish*) *s.o. good* ~ *j-m* gute Nacht wünschen; *to make a* ~ *of it* die ganze Nacht durchmachen, -feiern, sich die Nacht um die Ohren schlagen; *to stay the* ~ *at* übernachten in *e-m Ort od.* bei *j-m*; **2.** Abend *m*: *last* ~ gestern abend; *the* ~ *before last* vorgestern abend; *first* ~ *thea.* Erstaufführung, Premiere; *a* ~ *of Wagner* Wagnerabend; *on the* ~ *of May 4th* am Abend des 4. Mai; ~ *out* freier

Abend; *to have a ~ out* e-n Abend ausspannen, ausgehen; **3.** *fig.* Nacht *f*, Dunkelheit *f*; **~ at·tack** *s.* ⚔ Nachtangriff *m*; **'~-blind** *adj.* ⚕ nachtblind; **'~·cap** *s.* **1.** Nachtmütze *f*, -haube *f*; **2.** *fig.* Schlummertrunk *m*; **'~-club** *s.* Nachtklub *m*, 'Nachtloˌkal *n*; **'~-dress** *s.* Nachthemd *n* (*für Frauen u. Kinder*); **~ ex·po·sure** *s. phot.* Nachtaufnahme *f*; **'~·fall** *s.* Einbruch *m* der Nacht; **~ fight·er** *s.* ✈, ⚔ Nachtjäger *m*; **'~-glass** *s.* Nachtfernrohr *n*, -glas *n*; **'~-gown** → *night-dress.*

night·in·gale ['naitiŋgeil] *s. orn.* Nachtigall *f*.

'night|-jar *s. orn.* Ziegenmelker *m*; **~ leave** *s.* ⚔ Urlaub *m* bis zum Wecken; **~ let·ter(·gram)** *s. Am.* (*bei Nacht befördertes*) 'Brieftele-ˌgramm; **'~-long I.** *adj.* e-e Nacht dauernd; **II.** *adv.* die ganze Nacht (hin'durch).

night·ly ['naitli] **I.** *adj.* **1.** nächtlich, Nacht...; **2.** jede Nacht *od.* jeden Abend stattfindend; **II.** *adv.* **3.** (all-) nächtlich, jede Nacht; jeden Abend, (all)abendlich.

night·mare ['naitmɛə] *s.* **1.** Nachtmahr *m* (*böser Geist*); **2.** ⚕ Alp (-drücken *n*) *m*, böser Traum; **3.** *fig.* Schreckgespenst *n*, Alpdruck *m*; **'night·mar·ish** [-əriʃ] *adj.* alp-(druck)artig, beängstigend.

night| nurse *s.* Nachtschwester *f*; **'~-owl** *s.* **1.** *orn.* Nachteule *f*; **2.** F Nachtschwärmer *m*; **'~-por·ter** *s.* 'Nachtportiˌer *m*.

nights [naits] *adv. Brit. dial. od. Am.* F bei Nacht, nachts.

'night|-school *s.* Abend-, Fortbildungsschule *f*; **'~-shade** *s.* ♀ Nachtschatten *m*: *deadly ~* Tollkirsche; **'~-shift** *s.* Nachtschicht *f*: *to be on ~* Nachtschicht haben; **'~-shirt** *s.* Nachthemd *n* (*für Männer u. Knaben*); **'~-spot** *s. Am.* 'Nachtloˌkal *n*; **~ stick** *s. Am.* (Gummi-) Knüppel *m*; **'~-stool** *s.* ⚕ Nachtstuhl *m*; **'~-time** *s.* Nachtzeit *f*; **~ vi·sion** *s.* **1.** nächtliche Erscheinung; **2.** Nachtsehvermögen *n*; **'~-watch** *s.* Nachtwache *f*; **'~-watch·man** [-mən] *s.* [*irr.*] Nachtwächter *m*; **'~-wear** *s.* Nachtzeug *n*; **'~-work** *s.* Nachtarbeit *f*.

night·y ['naiti] *s.* F (Damen)Nachthemd *n*.

ni·hil·ism ['naiilizəm] *s. phls., pol.* Nihi'lismus *m*; **'ni·hil·ist** [-ist] **I.** *s.* Nihi'list(in); **II.** *adj.* → *nihilistic*; **ni·hil·is·tic** [naii'listik] *adj.* nihi'listisch.

nil [nil] *s.* Nichts *n*, Null *f* (*bsd. in Spielresultaten*): *two goals to ~* zwei zu null (2:0); *~ report* Fehlanzeige; *his influence is now ~ fig.* sein Einfluß ist jetzt gleich null.

nim·ble ['nimbl] *adj.* □ flink, hurtig, gewandt, be'hend: *~ mind fig.* beweglicher Geist, rasche Auffassungsgabe; **'~-'fin·gered** *adj.* **1.** geschickt; **2.** langfingerig, diebisch; **'~-'foot·ed** *adj.* leicht-, schnellfüßig.

nim·ble·ness ['nimblnis] *s.* Be'hendigkeit *f*, Gewandtheit *f*.

nim·bus ['nimbəs] *pl.* **-bi** [-bai] *od.* **-bus·es** *s.* **1.** *a. ~ cloud* graue Regenwolke; **2.** Nimbus *m*: **a)** Heiligenschein *m*, **b)** *fig.* Ruhm *m*.

nim·i·ny-pim·i·ny ['nimini'pimini] *adj.* **1.** geziert; **2.** zimperlich.

Nim·rod ['nimrɔd] *s. fig.* Nimrod *m* (*großer Jäger*).

nin·com·poop ['ninkəmpu:p] *s.* Einfaltspinsel *m*, Trottel *m*.

nine [nain] **I.** *adj.* **1.** neun: *~ days' wonder* Tagesgespräch, sensationelles Ereignis; *~ times out of ten* in den meisten Fällen; **II.** *s.* **2.** Neun *f*, Neuner *m* (*Spielkarte etc.*): *the ~ of hearts* Herzneun; *to the ~s* in höchstem Maße; *dressed up to the ~s* pikfein gekleidet, aufgedonnert; **3.** *the* ♀ die neun Musen; **4.** *sport* Baseballmannschaft *f*; **'nine·fold I.** *adj. u. adv.* neunfach; **II.** *s. das* Neunfache; **'nine·pins** *s. pl.* **1.** Kegel *pl.*: *~ alley* Kegelbahn; **2.** *a. sg. konstr.* Kegelspiel *n*: *to play ~* Kegel spielen, kegeln.

nine·teen ['nain'ti:n] **I.** *adj.* neunzehn; → *dozen*; **II.** *s.* Neunzehn *f*; **'nine'teenth** [-θ] **I.** *adj.* neunzehnt; **II.** *s.* Neunzehntel *n*; **'nine·ti·eth** [-tiiθ] **I.** *adj.* neunzigst; **II.** *s.* Neunzigstel *n*; **'nine·ty** [-ti] **I.** *s.* Neunzig *f*: *he is in his nineties* er ist in den Neunzigern; *in the nineties* in den neunziger Jahren (*des vorigen Jahrhunderts*); **II.** *adj.* neunzig.

nin·ny ['nini] F *s.* Dummkopf *m*, ‚Gimpel' *m*, Trottel *m*.

ninth [nainθ] **I.** *adj.* **1.** neunt: *in the ~ place* neuntens, an neunter Stelle; **II.** *s.* **2.** *der* (*die, das*) **Neunte**; **3.** *a. ~ part* Neuntel *n*; **4.** ♪ None *f*; **'ninth·ly** [-li] *adv.* neuntens.

nip[1] [nip] **I.** *v/t.* **1.** kneifen, zwicken, klemmen: *to ~ off* abzwicken, -kneifen, -beißen; **2.** (*durch Frost etc.*) beschädigen, vernichten, ka'puttmachen: *to ~ in the bud fig.* im Keim ersticken; **3.** *sl.* **a)** ‚klauen', stehlen, **b)** ‚schnappen', verhaften; **II.** *v/i.* **4.** schneiden (*Kälte, Wind*); ⊕ klemmen (*Maschine*); **5.** F ‚flitzen': *to ~ in* hineinschlüpfen; *to ~ on ahead* nach vorne flitzen; **III.** *s.* **6.** Kneifen *n*, Kniff *m*, Biß *m*; **7.** Schneiden *n* (*Kälte etc.*); scharfer Frost; **8.** ♀ Frostbrand *m*; **9.** Knick *m* (*Draht etc.*); **10.** *~ and tuck, attr. ~-and-tuck Am.* auf Biegen oder Brechen, scharf (*Kampf*), hart (*Rennen*).

nip[2] [nip] **I.** *v/i. u. v/t.* nippen (an *dat.*); **II.** *s.* Schlückchen *n*.

nip·per ['nipə] *s.* **1.** *zo.* **a)** Vorder-, Schneidezahn *m* (*bsd. des Pferdes*), **b)** Schere *f* (*Krebs etc.*); **2.** *mst pl.* ⊕ **a)** *a. a pair of ~s* (Kneif)Zange *f*, **b)** Pin'zette *f*, **c)** Auslösungshaken *m e-r Ramme*; **3.** ⚓ (Kabe'lar)Zeising *f*; **4.** *pl.* Kneifer *m*; **5.** *Brit.* F Bengel *m*, ‚Stift' *m*; **6.** *pl.* F Handschellen *pl.*; **~ ac·tion** *s.* ⊕ Klemmwirkung *f*.

nip·ping ['nipiŋ] *adj.* □ **1.** kneifend; **2.** beißend, schneidend (*Kälte, Wind*); **3.** *fig.* bissig, scharf (*Worte*).

nip·ple ['nipl] *s.* **1.** *anat.* Brustwarze *f*; **2.** (Saug)Hütchen *n*, Lutscher *m* (*e-r Saugflasche*); **3.** ⊕ (Speichen-, Schmier)Nippel *m*; (Rohr)Stutzen *m*; **'~·wort** *s.* ♀ Hasenkohl *m*.

nip·py ['nipi] **I.** *adj.* **1.** → *nipping 3*; **2.** F schnell, behend(e); **II.** *s.* **3.** *Brit.* F Kellnerin *f*.

ni·sei ['ni:'sei] *pl.* **-sei, -seis** *s.* Ja'paner(in) *geboren in den USA*.

ni·si ['naisai] (*Lat.*) *cj.* ⚖ wenn nicht: *decree ~* vorläufiges Scheidungsurteil.

Nis·sen hut ['nisn] *s.* ⚔ 'Nissenhütte *f*, 'Wellblechbaˌracke *f mit Zementboden*.

nit [nit] *s. zo.* Nisse *f*, Niß *f*.

ni·ter *Am.* → *nitre*.

'nit·pick·ing *adj.* F kleinlich, ‚pingelig'.

ni·trate ['naitreit] **I.** *s.* ⚗ Ni'trat *n*, sal'petersaures Salz: *~ of silver* salpetersaures Silber, Höllenstein; *~ of soda* (*od. sodium*) salpetersaures Natrium; **II.** *v/t.* nitrieren, mit Sal'petersäure behandeln.

ni·tre ['naitə] *s.* ⚗ Sal'peter *m*: *~ cake* Natriumkuchen.

ni·tric ['naitrik] *adj.* ⚗ sal'petersauer, Salpeter..., Stickstoff...; **~ ac·id** *s.* Sal'petersäure *f*; **~ ox·ide** *s.* 'Stickstoffoˌxyd *n*.

ni·tride ['naitraid] **I.** *s.* Ni'trid *n*; **II.** *v/t.* nitrieren; **ni·trif·er·ous** [nai'trifərəs] *adj.* **1.** stickstoffhaltig; **2.** sal'peterhaltig; **'ni·tri·fy** [-trifai] **I.** *v/t.* nitrieren; **II.** *v/i.* sich in Sal'peter verwandeln; **'ni·trite** [-ait] *s.* Ni'trit *n*, sal'pet(e)rigsaures Salz.

ni·tro·ben·zene ['naitrou'benzi:n], **ni·tro·ben·zol(e)** ['naitrou'benzɔl] *s.* ⚗ ˌNitroben'zol *n*.

ni·tro·cel·lu·lose ['naitrou'seljulous] *s.* ⚗ ˌNitrozellu'lose *f*: *~ lacquer* ⊕ Nitro(zellulose)lack.

ni·tro·gen ['naitridʒən] *s.* ⚗ Stickstoff *m*: *~ carbide* Stickkohlenstoff; *~ chloride* Chlorstickstoff; **'ni·tro·gen·ize** [-naiz] *v/t.* ⚗ mit Stickstoff verbinden *od.* anreichern *od.* sättigen: *~d foods* stickstoffhaltige Nahrungsmittel; **ni·trog·e·nous** [nai'trɔdʒinəs] *adj.* ⚗ stickstoffhaltig.

ni·tro·glyc·er·in(e) ['naitrouglisə'ri:n] *s.* ⚗ ˌNitroglyze'rin *n*.

ni·tro·hy·dro·chlo·ric ['naitrouhaidrə'klɔrik] *adj.* ⚗ Salpetersalz...

ni·trous ['naitrəs] *adj.* ⚗ Salpeter..., sal'peterhaltig, sal'petrig; **~ ac·id** *s.* sal'petrige Säure; **~ ox·ide** *s.* 'Stickstoffoxyˌdul *n*, Lachgas *n*.

nit·wit ['nitwit] *s.* Schwach-, Dummkopf *m*.

nix[1] [niks] *sl. pron.* nichts.

nix[2] [niks] *pl.* **-es** *s.* Nix *m*, Wassergeist *m*; **'nix·ie** [-ksi] *s.* Wassernixe *f*.

no [nou] **I.** *adv.* **1.** nein: *to answer ~* nein sagen; **2.** (*nach or am Ende e-s Satzes*) nicht (*jetzt mst not*): *whether ... or ~* ob ... oder nicht; **3.** (*beim comp.*) um nichts, nicht: *~ better a writer* kein besserer Schriftsteller; *~ longer* (*ago*) *than yesterday* erst gestern; *~!* nicht möglich!, nein!; → *more 1, 5, soon 1*; **II.** *adj.* **4.** kein(e): *~ hope* keine Hoffnung; *~ one* keiner; *~ man* niemand; *~ parking* Parkverbot; *~ thoroughfare* Durchfahrt gesperrt; *in ~ time* im Nu; **5.** kein, alles andere als ein(e): *he is ~ artist*; *~ such thing* nichts dergleichen; **6.** (*vor ger.*): *there is ~*

denying es läßt sich *od.* man kann nicht leugnen; **III.** *pl.* **noes** *s.* **7.** Nein *n*, verneinende Antwort, Absage *f*, Weigerung *f*; **8.** *parl.* Gegenstimme *f*, mit Nein Stimmende(r*m*)*f*: *the ayes and* ~*es* die Stimmen für u. wider; *the* ~*es have it* die Mehrheit ist dagegen.

'no-ac'count *adj. Am. dial.* unbedeutend (*mst Person*).

nob[1] [nɔb] *sl. s.* **1.** ‚Dez' *m* (*Kopf*); **2.** ⊕ Knopf *m*.

nob[2] [nɔb] *s. sl.* ‚feiner Pinkel' (*vornehmer Mann*).

'no-'ball *s. Kricket*: ungültiger Ball.

nob·ble ['nɔbl] *v/t. sl.* **1.** betrügen, ‚reinlegen'; **2.** *j-n* auf s-e Seite ziehen, ‚her'umkriegen'; **3.** bestechen; **4.** ‚klauen', ‚mausen'.

nob·by ['nɔbi] *adj. sl.* **1.** nobel, schick; **2.** fa'mos.

No·bel Prize ['noubel] *s.* No'belpreis *m*: ~ *winner* Nobelpreisträger; *Nobel Peace Prize* Friedensnobelpreis.

no·bil·i·ar·y [nou'biliəri] *adj.* adlig, Adels...

no·bil·i·ty [nou'biliti] *s.* **1.** *fig.* Adel *m*, Würde *f*, Vornehmheit *f*: ~ *of mind* vornehme Denkungsart; ~ *of soul* Seelenadel; **2.** Adel(sstand) *m*, *die* Adligen *pl.*; (*bsd. in England*) *der* hohe Adel: *the* ~ *and gentry* der hohe u. niedere Adel.

no·ble ['noubl] **I.** *adj.* □ **1.** adlig, von Adel; edel, erlaucht; **2.** *fig.* edel, 'nobel, erhaben, groß(mütig), vor'trefflich: *the* ~ *art* (*of self-defence, Am. self-defense*) die edle Kunst der Selbstverteidigung (*Boxen*); **3.** prächtig, stattlich: *a* ~ *edifice*; **4.** prächtig geschmückt (*with* mit); **5.** *phys.* Edel...(*-gas, -metall*); **II.** *s.* **6.** Edelmann *m*, (hoher) Adliger; **7.** *hist.* Nobel *m* (*Goldmünze*); **'~·man** [-mən] *s.* [*irr.*] **1.** Edelmann *m*, (hoher) Adliger; **2.** *pl. Schach*: Offi'ziere *pl.*; **'~-'mind·ed** *adj.* edeldenkend; **'~-'mind·ed·ness** *s.* vornehme Denkungsart, Edelmut *m*.

no·ble·ness ['noublnis] *s.* **1.** Adel *m*, hohe Abstammung; **2.** *fig.* **a)** Adel *m*, Würde *f*, **b)** Edelsinn *m*, -mut *m*.

'no·ble·wom·an *s.* [*irr.*] Adlige *f*.

no·bod·y ['noubədi] **I.** *adj. pron.* niemand, keiner: ~ *else* sonst niemand, niemand anders; **II.** *s. fig.* unbedeutende Per'son, ‚Niemand' *m*, ‚Null' *f*: *to be* ~ nichts sein, nichts zu sagen haben.

nock [nɔk] **I.** *s. Bogenschießen*: Kerbe *f*; **II.** *v/t. Pfeil* auf die Kerbe legen, *Bogen* einkerben.

noc·tam·bu·la·tion [nɔktæmbju'leiʃən], *a.* **noc·tam·bu·lism** [nɔk'tæmbjulizəm] *s.* ⚕ Somnambu'lismus *m*, Nachtwandeln *n*; **noc·tam·bu·list** [nɔk'tæmbjulist] *s.* Schlafwandler(in).

noc·turn ['nɔktə:n] *s. R.C.* Nachtmette *f*; **noc·tur·nal** [nɔk'tə:nl] *adj.* □ nächtlich, Nacht...; **noc·turne** ['nɔktə:n] *s.* **1.** *paint.* Nachtstück *n*; **2.** ♪ Not'turno *n*.

noc·u·ous ['nɔkjuəs] *adj.* □ **1.** schädlich; **2.** giftig (*Schlangen*).

nod [nɔd] **I.** *v/i.* **1.** nicken: *to* ~ *to s.o.* j-m zunicken, j-n grüßen; ~*ding acquaintance* oberflächliche(r) Bekannte(r), Grußbekanntschaft; *we are on* ~*ding terms* wir grüßen uns; **2.** sich neigen (*Blumen etc.*) (*a. fig. to* vor *dat.*); wippen (*Hutfeder*); **3.** nicken, (*sitzend*) schlafen: *to* ~ *off* einnicken; **4.** *fig.* unaufmerksam sein, ‚schlafen': *Homer sometimes* ~*s* auch dem Aufmerksamsten entgeht manchmal etwas; **II.** *v/t.* **5.** *to* ~ *one's head* (mit dem Kopf) nicken; **6.** (*durch Nicken*) andeuten: *to* ~ *one's assent* beifällig (zu)nicken; *to* ~ *s.o. out* j-n hinauswinken; **III.** *s.* **7.** (Kopf)Nicken *n*, Wink *m*: *to give s.o. a* ~ j-m zunicken; *to go to the land of* ~ einschlafen; *on the* ~ F auf Pump.

nod·al ['noudl] *adj.* Knoten...; ~ **point** *s.* **1.** ♪, *phys.* Schwingungsknoten *m*; **2.** ∡, *phys.* Knotenpunkt *m*.

nod·dle ['nɔdl] *s. sl.* Schädel *m*, ‚Birne' *f*.

node [noud] *s.* **1.** *allg.* Knoten *m* (*a. ast.*, ⚘, ∡; *a. fig. im Drama etc.*): ~ *of a curve* ∡ Knotenpunkt e-r Kurve; **2.** ⚕ Knoten, Knötchen *n*, 'Überbein *n*: *gouty* ~ Gichtknoten; **3.** *phys.* Schwingungsknoten *m*.

no·dose ['noudous] *adj.* knotig (*a.* ⚕ *u. fig.*), voller Knoten; **no·dos·i·ty** [nou'dɔsiti] *s.* **1.** knotige Beschaffenheit; **2.** Knoten *m*, Knötchen *n*.

nod·u·lar ['nɔdjulə] *adj.* knoten-, knötchenförmig: ~*-ulcerous* ⚕ tubero-ulzerös.

nod·ule ['nɔdju:l] *s.* **1.** ⚘, ⚕ Knötchen *n*: *lymphatic* ~ Lymphknötchen; **2.** *geol., min.* Nest *n*, Niere *f*.

no·dus ['noudəs] *pl.* **-di** [-dai] *s.* Knoten *m*, Schwierigkeit *f*.

nog [nɔg] *s.* **1.** Holznagel *m*, -klotz *m*; **2.** △ **a)** Holm *m* (*querliegender Balken*), **b)** *Maurerei*: Riegel *m*.

nog·gin ['nɔgin] *s.* **1.** kleiner (Holz-) Krug; **2.** F ‚Birne' *f* (*Kopf*).

nog·ging ['nɔgiŋ] *s.* △ Riegelmauer *f*, (ausgemauertes) Fachwerk.

'no-'good *Am.* F **I.** *s.* Lump *m*, Nichtsnutz *m*; **II.** *adj.* lumpig, mise'rabel.

'no·how *adv. dial.* **1.** auf keinen Fall, durch'aus nicht; **2.** nichtssagend, ungut: *to feel* ~ nicht auf der Höhe sein; *to look* ~ nach nichts aussehen.

noil [nɔil] *s. sg. u. pl.* †, ⊕ Kämmling *m*, Kurzwolle *f*.

no-'i·ron *adj.* bügelfrei (*Hemd etc.*).

noise [nɔiz] **I.** *s.* **1.** Geräusch *n*; Lärm *m*, Getöse *n*, Geschrei *n*: ~ *of battle* Gefechtslärm; ~ *abatement*, ~ *control* Lärmbekämpfung; ~ *nuisance* Lärmbelästigung; *hold your* ~*!* F halt den Mund!; **2.** Rauschen *n* (*a.* ⚡ *Störung*), Summen *n*: ~ *factor* ⚡ Rauschfaktor; **3.** *fig.* Streit *m*, Krach *m*: *to make a* ~ Krach machen (*about* wegen); → *4*; **4.** *fig.* Aufsehen *n*, Geschrei *n*: *to make a great* ~ *in the world* großes Aufsehen erregen; *to make a* ~ viel Tamtam machen (*about* um); **5.** *a big* ~ *sl.* ein hohes (*od.* großes) Tier (*wichtige Persönlichkeit*); **II.** *v/i.* **6.** *to* ~ *it* lärmen; **III.** *v/t.* **7.** ~ *abroad* ausschreien, -sprengen.

noise·less ['nɔizlis] *adj.* □ laut-, geräuschlos (*a.* ⊕), still; **'noise·less·ness** [-nis] *s.* Geräuschlosigkeit *f*, Stille *f*.

noise| lev·el *s.* ⚡ Geräuschpegel *m*; ~ **sup·pres·sion** *s.* ⚡ **1.** Störschutz *m*; **2.** Entstörung *f*; ~ **volt·age** *s.* ⚡ **1.** Geräuschspannung *f*; **2.** Rauschspannung *f*.

nois·i·ness ['nɔizinis] *s.* Lärm *m*, Getöse *n*; lärmendes Wesen.

noi·some ['nɔisəm] *adj.* □ **1.** schädlich, ungesund; **2.** widerlich.

nois·y ['nɔizi] *adj.* □ **1.** geräuschvoll, laut; lärmend: ~ *running* ⊕ geräuschvoller Gang; **2.** *fig.* tobend, kra'keelend: ~ *fellow* Krakeeler, Schreier; **3.** *fig.* grell, schreiend (*Farbe etc.*); laut, aufdringlich (*Stil*).

nol·le ['nɔli], **nol·le·pros** [nɔli'prɔs] (*Lat.*) ⚖ *Am.* **I.** *v/i.* **a)** die Zu'rücknahme e-r Klage einleiten, **b)** *im Strafprozeß*: das Verfahren einstellen; **II.** *s.* → *nolle prosequi*.

nol·le pros·e·qui ['nɔli 'prɔsikwai] (*Lat.*) *s.* ⚖ **a)** Zu'rücknahme *f* der (*Zivil*)Klage, **b)** Einstellung *f* des (*Straf*)Verfahrens.

'no-'load *s.* ⚡ Leerlauf *m*: ~ *current* Leerlaufstrom.

nol-pros [nɔl'prɔs] → *nolle I.*

no·mad ['nɔməd] **I.** *adj.* no'madisch, Nomaden...; **II.** *s.* No'made *m*, No'madin *f*; **no·mad·ic** [nou'mædik] *adj.* (□ ~*ally*) **1.** → *nomad I*; **2.** *fig.* unstet; **'no·mad·ism** [-dizəm] *s.* No'madentum *n*, Wanderleben *n*.

no man's land *s.* ⚔ Niemandsland *n* (*a. fig.*).

nom de plume [nɔ̃mdə'plu:m; nɔ̃dplym] (*Fr.*) *s.* Pseudo'nym *n*, Schriftstellername *m*.

no·men·cla·ture [nou'menklətʃə] *s.* **1.** Nomenkla'tur *f*: **a)** (*wissenschaftliche*) Namengebung, **b)** Namensverzeichnis *n*; **2.** *fachliche* Terminolo'gie; **3.** *coll. die* Namen *pl.*, Bezeichnungen *pl.* (*a.* ∡).

nom·i·nal ['nɔminl] *adj.* □ **1.** Namen...; **2.** nomi'nell, Nominal...: ~ *consideration* ⚖ formale Gegenleistung; ~ *fine* nominelle (*sehr geringe*) Geldstrafe; ~ *rank* Titularrang; **3.** *ling.* nomi'nal; **4.** ⊕, ⚡ Nominal..., Nenn..., Soll...; ~ **ac·count** *s.* † Sachkonto *n*; ~ **a·mount** *s.* † Nennbetrag *m*; ~ **bal·ance** *s.* † Sollbestand *m*; ~ **ca·pac·i·ty** *s.* ⚡, ⊕ Nennleistung *f*; ~ **cap·i·tal** *s.* † 'Grund-, 'Stammkapiˌtal *n*.

nom·i·nal·ism ['nɔminəlizəm] *s. phls.* Nomina'lismus *m*.

nom·i·nal| out·put *s.* ⊕ Nennleistung *f*; ~ **par** *s.* † Nenn-, Nomi'nalwert *m*; ~ **par·i·ty** *s.* † 'Nennwertpariˌtät *f*; ~ **stock** *s.* † 'Gründungs-, 'Stammkapiˌtal *n*; ~ **val·ue** *s.* †, ⊕ Nomi'nal-, Nennwert *m*.

nom·i·nate *v/t.* ['nɔmineit] **1.** (*to*) berufen, ernennen (zu *e-r Stelle*), einsetzen (in *ein Amt*); **2.** nominieren, als ('Wahl)Kandiˌdaten aufstellen; **nom·i·na·tion** [nɔmi'neiʃən] *s.* **1.** (*to*) Berufung *f*, Ernennung *f* (zu), Einsetzung *f* (in): *in* ~ vorgeschlagen (*for* für); **2.** Vorschlagsrecht *n*; **3.** Nominierung *f*, Vorwahl *f* (*e-s Kandidaten*): ~ *day* Wahlvorschlagstermin; **nom·i·na·tive** ['nɔminətiv] **I.** *adj. ling.* 'nominativ(isch): ~ *case* → *II*; **II.** *s. ling.* 'Nominativ *m*, erster Fall; '**nom·i·na·tor** [-tə] *s.* Ernenn(end)er *m*; **nom·i·nee** [nɔmi'ni:] *s.* **1.** Vorgeschlagene(r *m*) *f*, Kandi'dat(in); **2.** ✝ Begünstigte(r *m*) *f*, Empfänger(in) *e-r Karte etc.*

non- [nɔn] *in Zssgn*: nicht..., Nicht..., un..., miß...

'**non-ac'cept·ance** *s.* Annahmeverweigerung *f*, Nichtannahme *f e-s Wechsels etc.*

non·age ['nounidʒ] *s.* Unmündigkeit *f*, Minderjährigkeit *f*.

non·a·ge·nar·i·an [nounədʒi'nɛəriən] **I.** *adj.* neunzigjährig; **II.** *s.* Neunzigjährige(r *m*) *f*.

'**non-ag'gres·sion** *s.* Nichtangriff *m*: ~ *treaty pol.* Gewaltverzichtsvertrag.

'**non-al·co'hol·ic** *adj.* alkoholfrei.

'**non-a'ligned** *adj. pol.* bündnis-, blockfrei.

'**non-ap'pear·ance** *s.* Nichterscheinen *n vor Gericht etc.*

'**non-as'sess·a·ble** *adj.* nicht steuerpflichtig, steuerfrei.

'**non-at'tend·ance** *s.* Nichterscheinen *n*.

'**non-bel'lig·er·ent** **I.** *adj.* nicht kriegführend; **II.** *s.* nicht am Krieg teilnehmende Per'son *od.* Nati'on.

nonce [nɔns] *s.* (*nur in*): *for the* ~ für das 'eine Mal, nur für diesen Fall, einstweilen; '**~-word** *s. ling.* für e-n besonderen Zweck geprägtes (Gelegenheits)Wort, Augenblicksbildung *f*.

non·cha·lance ['nɔnʃələns] (*Fr.*) *s.* **1.** (Nach)Lässigkeit *f*, Gleichgültigkeit *f*; **2.** F Unbekümmertheit *f*; '**non·cha·lant** [-nt] *adj.* □ **1.** lässig, gleichgültig; **2.** F unbekümmert.

'**non-col'le·gi·ate** *adj.* **1.** *Brit. univ.* keinem College angehörend; **2.** nicht aus Colleges bestehend (*Universität*).

non·com [nɔn'kɔm] F *für noncommissioned* (*officer Brit.*).

'**non-'com·bat·ant** *Brit.* ⚔ **I.** *s.* 'Nichtkämpfer *m*, -kombat,tant *m*; **II.** *adj.* am Kampf nicht beteiligt.

'**non-com'mis·sioned** *adj.* **1.** unbestallt, nicht be'vollmächtigt; **2.** 'Unteroffi,ziers,rang besitzend; ~ **of·fi·cer** *s.* ⚔ 'Unteroffi,zier *m*.

'**non-com'mit·tal** **I.** *adj.* unverbindlich, nichtssagend, neu'tral; zu'rückhaltend; **II.** *s.* Unverbindlichkeit *f*, freie Hand.

'**non-com'pli·ance** *s.* **1.** Zu'widerhandeln *n* (*with* gegen), Weigerung *f*; **2.** Nichterfüllung *f*, Nichteinhaltung *f* (*with* von *od. gen.*).

non com·pos (men·tis) [nɔn 'kɔmpɔs 'mentis] (*Lat.*) *adj.* ⚖ unzurechnungsfähig.

'**non-con'duc·tor** *s.* ⚡ Nichtleiter *m*.

'**non·con'form·ist** **I.** *s. eccl.* Dissi'dent(in), Freikirchler(in); **II.** *adj.* 'nonkonfor,mistisch; '**non·con'form·i·ty** *s.* **1.** mangelnde Über'einstimmung (*with* mit) *od.* Anpassung (*to* an *acc.*); **2.** *eccl.* Dissi'dententum *n*.

'**non-con'tent** *s. Brit. parl.* Neinstimme *f* (*im Oberhaus*).

'**non-con'ten·tious** *adj.* □ nicht strittig: ~ *litigation* ⚖ freiwillige Gerichtsbarkeit.

'**non-con'trib·u·to·ry** *adj.* beitragsfrei (*Organisation*).

'**non-co-op·er'a·tion** *s.* Mitarbeitsverweigerung *f*; *pol.* passiver 'Widerstand.

'**non-cor'rod·ing** *adj.* ⊕ **1.** korrosi'onsfrei; **2.** rostbeständig (*Eisen*).

'**non-'creas·ing** *adj.* ✝ knitterfrei.

'**non-'cut·ting** *adj.* ⊕ spanlos: ~ *shaping* spanlose Formung.

'**non-'daz·zling** *adj.* ⊕ blendfrei.

'**non-de'liv·er·y** *s.* **1.** ✝, ⚖ Nichtauslieferung *f*, Nichterfüllung *f*; **2.** ✉ Nichtbestellung *f*.

'**non-de·nom·i'na·tion·al** *adj.* nicht konfes'sionsgebunden: ~ *school* Simultanschule.

non·de·script ['nɔndiskript] **I.** *adj.* schwer zu beschreiben(d), unbestimmbar, nicht klassifizierbar (*mst contp.*); **II.** *s.* Per'son, die schwer zu klassifizieren ist; Per'son, über die nichts Näheres bekannt ist.

'**non-di'rec·tion·al** *adj. Funk, Radio*: ungerichtet: ~ *aerial* Rundstrahlantenne.

none [nʌn] **I.** *pron. u. s. mst pl. konstr.* kein, niemand: ~ *of them is here* keiner von ihnen ist hier; *I have* ~ ich habe keine(n); ~ *but fools* nur Narren; *it's* ~ *of your business* es geht dich nichts an; ~ *of that* nichts dergleichen; ~ *of your tricks!* laß deine Späße!; *he will have* ~ *of me* er will von mir nichts wissen; → *other 8*; **II.** *adv.* in keiner Weise, nicht im geringsten, keineswegs: ~ *too high* keineswegs zu hoch; ~ *the less* nichtsdestoweniger; ~ *too soon* fast zu spät, im letzten Augenblick; → *wise 3*.

'**non-ef'fec·tive** ⚔ **I.** *adj.* dienstuntauglich; **II.** *s.* Dienstuntaugliche(r) *m*.

'**non-'e·go** *Brit. s. phls.* Nicht-Ich *n*.

non·en·ti·ty [nɔ'nentiti] *s.* **1.** Nicht(da)sein *n*; **2.** Unding *n*, Nichts *n*; *fig. contp.* Null *f* (*Person*).

nones [nounz] *s. pl.* **1.** *antiq.* Nonen *pl.*; **2.** *R.C.* 'Mittagsof,fizium *n*.

'**non-es'sen·tial** *Brit.* **I.** *adj.* unwesentlich; **II.** *s.* unwesentliche Sache, Nebensächlichkeit *f*.

'**none·such** **I.** *adj.* **1.** unvergleichlich; **II.** *s.* **2.** Per'son *od.* Sache, die nicht ihresgleichen hat, Muster *n*; **3.** ✿ **a**) Brennende Liebe, **b**) Nonpa'reilleapfel *m*.

'**non-ex'ist·ence** *s.* Nicht(da)sein *n*; *weitS.* Fehlen *n*; '**non-ex'ist·ent** *adj.* nicht existierend.

'**non-'fad·ing** *adj.* ⊕, ✝ lichtecht.

non-fea·sance ['nɔn'fi:zəns] *s.* ⚖ pflichtwidrige Unter'lassung.

'**non-'fer·rous** *adj.* **1.** nicht eisenhaltig; **2.** Nichteisen...: ~ *metal*.

'**non-'fic·tion** *s.* Sachbücher *pl.*

'**non-'freez·ing** *adj.* ⊕ kältebeständig: ~ *mixture* Frostschutzmittel.

'**non-ful'fil(l)·ment** *s.* Nichterfüllung *f*.

'**non-'hu·man** *adj.* nicht zur menschlichen Rasse gehörig.

'**non-in'duc·tive** *adj.* ⚡ indukti'onsfrei.

'**non-in'flam·ma·ble** *adj.* nicht feuergefährlich.

non-'in·ter·est-'bear·ing *adj.* ✝ zinslos.

'**non-in·ter'ven·tion** *s. pol.* Nichteinmischung *f*.

'**non-'ju·ry** *adj.*: ~ *trial* ⚖ summarisches Verfahren.

'**non-'ladder·ing** *adj.* ✝ maschenfest.

'**non-'lead·ed** [-'ledid] *adj.* ⚗ bleifrei (*Benzin*).

'**non-'li·ne·ar** *adj.* ⚡, ⚕, *phys.* 'nichtline,ar.

'**non-'met·al** *s.* ⚗ 'Nichtme,tall *n*; '**non-me'tal·lic** *adj.* 'nichtme,tallisch: ~ *element* ⚗ Metalloid.

'**non-ne'go·ti·a·ble** *adj.* ✝ 'unüber,tragbar, nicht begebbar: ~ *bill* (*cheque*, *Am. check*) Rektawechsel (-scheck).

'**non-ob'jec·tion·a·ble** *adj.* einwandfrei.

'**non-ob'serv·ance** *s.* Nichtbe(ob-)achtung *f*; Nichterfüllung *f*.

non·pa·reil ['nɔnpərel] (*Fr.*) **I.** *adj.* **1.** unvergleichlich; **II.** *s.* **2.** *der* (*die*, *das*) Unvergleichliche; **3.** *typ.* Nonpa'reille(schrift) *f*; **4.** *orn.* Papstfink *m*.

'**non-par'tic·i·pat·ing** *adj.* **1.** nichtteilhabend, -nehmend; **2.** ✝ nicht gewinnberechtigt (*Versicherungspolice*).

'**non-'par·ti·san** *adj.* **1.** (par'tei)unabhängig; 'überpar,teilich; **2.** unvoreingenommen, objek'tiv.

'**non-'par·ty** *adj.* nicht par'teigebunden.

'**non-'pay·ment** *s.* Nicht(be)zahlung *f*, Nichterfüllung *f*.

'**non-per'form·ance** *s.* ⚖ Nichterfüllung *f*.

'**non'plus** **I.** *v/t.* verblüffen, verwirren: *to be* ~(*s*)*ed* verdutzt sein; **II.** *s.* Verlegenheit *f*, Klemme *f*: *at a* ~ ratlos, verdutzt.

'**non-pol'lut·ing** *adj.* ⊕ 'umweltfreundlich, ungiftig.

'**non-pro'duc·tive** *adj.* ✝ 'unproduk,tiv (*Arbeit*, *Angestellter etc.*).

'**non-'prof·it (mak·ing)** *adj.* gemeinnützig: *a* ~ *institution*.

'**non·pro·lif·er'a·tion** *s. pol.* Nichtweitergabe *f* von A'tomwaffen: ~ *treaty* Atomsperrvertrag.

non-pros [nɔn'prɔs] *v/t.* ⚖ *e-n Kläger* (*wegen Nichterscheinens*) abweisen; **non pro'se·qui·tur** [-prou'sekwitə] (*Lat.*) *s.* Abweisung *f* e-s Klägers *wegen Nichterscheinens*.

'**non-re'ac·tive** *adj.* ⚡ phasenfrei: ~ *load* ohmsche Belastung.

'**non-re'cur·ring** *adj.* einmalig (*Zahlung etc.*).

'**non-rep·re·sen'ta·tion·al** *adj. paint.* gegenstandslos, ab'strakt.

'**non-'res·i·dent** **I.** *adj.* **1.** außerhalb des Amtsbezirks wohnend; abwesend (*Amtsperson*); **2.** nicht ansässig: ~ *traffic* Durchgangsverkehr; **3.** auswärtig (*Klubmitglied*); **II.** *s.* **4.** Abwesende(r *m*) *f*; **5.** Nichtansässige(r *m*) *f*; nicht im Hause Wohnende(r *m*) *f*; **6.** ✝ De'visenausländer *m*.

'**non-re'turn·a·ble** *adj.* ✝ Einweg...: ~ *bottle*; ~ *container* Einwegverpackung.

'**non-'rig·id** *adj. Brit.* ✈ unstarr (*Luftschiff*; *a. phys. Molekül*).

non·sense ['nɔnsəns] **I.** *s.* Unsinn *m*,

dummes Zeug: *to talk* ~; *to stand no* ~ sich nichts gefallen lassen; **II.** *int.* Unsinn!, Blödsinn!; **non·sen·si·cal** [nɔn'sensikəl] *adj.* □ unsinnig, sinnlos, ab'surd.

non se·qui·tur ['nɔn'sekwitə] *(Lat.) s.* Trugschluß *m*, irrige Folgerung.

'non-'skid *adj. mot.* rutschsicher, profiliert *(Reifen)*; Gleitschutz...: ~ *chain.*

'non-'smok·er *s.* **1.** Nichtraucher (-in); **2.** 🚆 Nichtraucher(abteil *n*) *m*; **'non-'smok·ing** *adj.* Nichtraucher...

'non-'stop *adj.* ohne Halt, pausenlos, Nonstop..., 'durchgehend *(Zug)*, ohne Zwischenlandung *(Flug)*: ~ *flight* Nonstopflug; ~ *operation* ⊕ 24-Stunden-Betrieb; ~ *run mot.* Ohnehaltfahrt.

non·such → *nonesuch.*

'non'suit ⚖ **I.** *s.* **1.** *(gezwungene)* Zu'rücknahme e-r Klage; **2.** Abweisung *f* e-r Klage; **II.** *v/t.* **3.** *den Kläger* mit der Klage abweisen.

'non-sup'port *s.* ⚖ Nichterfüllung *f* einer 'Unterhaltsverpflichtung.

'non-'syn·chro·nous *adj.* ⊕ *Brit.* 'asyn'chron.

'non-U *adj. Brit.* F unkultiviert, ple'bejisch.

'non-'u·ni·form *adj.* ungleichmäßig *(a. phys.,* 𝒜*)*, uneinheitlich.

'non-'un·ion *Brit. adj.* ✝ keiner Gewerkschaft angehörig, nicht organisiert: ~ *shop Am.* gewerkschaftsfreier Betrieb; **'non-'un·ion·ist** *s.* **1.** nicht organisierter Arbeiter; **2.** Gewerkschaftsgegner *m.*

'non-'us·er *s.* ⚖ **1.** Nichtausübung *f* e-s Rechts; **2.** Vernachlässigung *f* e-r Amtspflicht.

'non-'val·ue bill *s.* ✝ Gefälligkeitswechsel *m.*

'non-'va·lent *adj.* 𝒜, *phys.* nullwertig.

'non-'war·ran·ty *s.* ⚖ Haftungsausschluß *m.*

noo·dle¹ ['nu:dl] *s.* **1.** F Dussel *m*, Trottel *m*; **2.** *sl.* ‚Birne' *f (Kopf).*

noo·dle² ['nu:dl] *s.* Nudel *f*: ~ *soup* Nudelsuppe.

nook [nuk] *s.* (Schlupf)Winkel *m*, Ecke *f.*

noon [nu:n] **I.** *s. a.* **'~day, '~tide, '~time** Mittag(szeit *f*) *m*: *at* ~ zu Mittag; *at high* ~ am hellen Mittag; **II.** *adj.* mittägig, Mittags...

noose [nu:s] **I.** *s.* Schlinge *f (a. fig.)*: *running* ~ Lauf-, Gleitschlinge; *to slip one's head out of the hangman's* ~ *fig.* mit knapper Not dem Galgen entgehen; *to put one's head into the* ~ *fig.* den Kopf in die Schlinge stecken; **II.** *v/t. et.* schlingen *(over* über *acc, round* um); (mit e-r Schlinge) fangen.

'no-'par *adj.* ✝ nennwertlos: ~ *share* Aktie ohne Nennwert.

nope [noup] *adv. bsd. Am.* F ‚ne(e)', nein.

nor [nɔ:] *cj.* **1.** *(mst. nach neg.)* noch: *neither* ... ~ weder ... noch; **2.** *(nach e-m verneinten Satzglied od. zu Beginn e-s angehängten verneinten Satzes)* und nicht, auch nicht(s): ~ *do (od. am) I* ich auch nicht.

norm [nɔ:m] *s.* **1.** Norm *f (a.* 𝒜, ✝*)*, Regel *f*, Richtschnur *f*; **2.** *biol.* Typus *m*; **3.** *bsd. ped.* 'Durchschnittsleistung *f*; **'nor·mal** [-məl] **I.** *adj.* □ → *normally*; **1.** nor'mal, Normal...; gewöhnlich, üblich: ~ *school* Pädagogische Hochschule; ~ *speed* ⊕ Betriebsdrehzahl; **2.** 𝒜 normal: **a)** richtig, **b)** lot-, senkrecht: ~ *line* Senkrechte, Normale; **II.** *s.* **3.** *das* Nor'male, Nor'mal(zu)stand *m*; **4.** Nor'maltyp *m*; **5.** 𝒜 Nor'male *f*, Senkrechte *f*, (Einfalls)Lot *n*; **'nor·mal·cy** [-məlsi] *s.* Normali'tät *f*, Nor'malzustand: *to return to* ~ sich normalisieren; **nor·mal·i·ty** [nɔ:'mæliti] *s.* Normali'tät *f (a.* 𝒜 *senkrechte Lage).*

nor·mal·i·za·tion [nɔ:məlai'zeiʃən] *s.* **1.** Normalisierung *f*; **2.** Normung *f*, Vereinheitlichung *f*; **nor·mal·ize** ['nɔ:məlaiz] *v/t.* **1.** normalisieren; **2.** normen, vereinheitlichen; **3.** *metall.* nor'malglühen; **nor·mal·ly** ['nɔ:məli] *adv.* nor'malerweise, (für) gewöhnlich.

Nor·man ['nɔ:mən] **I.** *s.* **1.** *hist.* Nor'manne *m*, Nor'mannin *f*; **2.** Bewohner(in) der Norman'die; **3.** *ling.* Nor'mannisch *n*; **II.** *adj.* **4.** nor'mannisch.

nor·ma·tive ['nɔ:mətiv] *adj.* norma'tiv.

Norse [nɔ:s] **I.** *adj.* **1.** skandi'navisch; **2.** norwegisch; **II.** *s.* **3.** *ling.* Norwegisch *n*: *Old* ~ Altnordisch; **'~man** [-mən] *s. [irr.] hist.* Nordländer *m*, *bsd.* Norweger *m.*

north [nɔ:θ] **I.** *s.* **1.** *mst the* ⚲ Nord(en) *m (Himmelsrichtung, Gegend etc.)*: *to the* ~ *of* nördlich von; ~ *by east* ⚓ Nord zu Ost; **2.** *the* ⚲ **a)** *Brit.* Nordengland *n*, **b)** *Am.* die Nordstaaten *pl.*, **c)** die 'Arktis; **II.** *adj.* **3.** nördlich, Nord...; **III.** *adv.* **4.** nördlich, nach *od.* im Norden *(of* von); ⚲ **At·lan·tic Trea·ty** *s.* 'Nordat‚lantik‚pakt *m*; ⚲ **Brit·ain** *s.* Schottland *n*; ⚲ **Coun·try** *s.* Nord-England *n*; **~-east** ['nɔ:θ'i:st; ⚓ nɔ:r'i:st] **I.** *s.* Nord'ost(en) *m*: ~ *by east* ⚓ Nordost zu Ost; **II.** *adj.* nord'östlich, Nordost...; **III.** *adv.* nordöstlich, nach Nordosten; **~-east·er** [nɔ:θ'i:stə; ⚓ nɔ:r'i:stə] *s.* Nord'ostwind *m*; **~-east·er·ly** [nɔ:θ'i:stəli; ⚓ nɔ:r'i:stəli] *adj. u. adv.* nordöstlich, Nordost...; **~-'east·ern** *adj.* nordöstlich; **~-'east·ward I.** *adj. u. adv.* nordöstlich; **II.** *s.* nordöstliche Richtung.

north·er·ly ['nɔ:ðəli] *adj. u. adv.* nördlich; **'north·ern** [-ðən] *adj.* **1.** nördlich, Nord...: ~ *Europe* Nordeuropa; ~ *lights* Nordlicht; **2.** nordisch; **'north·ern·er** [-ðənə] *s.* Bewohner(in) des nördlichen Landesteils, *bsd.* der amer. Nordstaaten; **'north·ern·most** *adj.* nördlichst; **north·ing** ['nɔ:θiŋ] *s.* **1.** *ast.* nördliche Deklinati'on *(Planet)*; **2.** Weg *m od.* Di'stanz *f* nach Norden, nördliche Richtung.

'North|·man [-mən] *s. [irr.]* Nordländer *m*; ⚲ **point** *s. phys.* Nordpunkt *m*; ~ **Pole** *s.* Nordpol *m*; ~ **Sea** *s.* Nordsee *f*; ~ **Star** *s. ast.* Po'larstern *m.*

north·ward ['nɔ:θwəd] *adj. u. adv.* nördlich *(of, from* von), nordwärts, nach Norden; **'north·wards** [-dz] *adv.* → *northward.*

north-west ['nɔ:θ'west; ⚓ nɔ:'west] **I.** *s.* Nord'west(en) *m*; **II.** *adj.* nord'westlich, Nordwest...: ⚲ *Passage geogr.* Nordwestpassage; **III.** *adv.* nordwestlich, nach *od.* von Nordwesten; **north-west·er** ['nɔ:θ'westə; ⚓ nɔ:'westə] *s.* **1.** Nord'westwind *m*; **2.** *Am.* Ölzeug *n*; **north-west·er·ly** ['nɔ:θ'westəli; ⚓ nɔ:'westəli] *adj. u. adv.* nordwestlich; **'north-'west·ern** *adj.* nordwestlich.

Nor·we·gian [nɔ:'wi:dʒən] **I.** *adj.* **1.** norwegisch; **II.** *s.* **2.** Norweger (-in); **3.** *ling.* Norwegisch *n.*

nose [nouz] **I.** *s.* **1.** *anat.* Nase *f (a. fig. for* für); **2.** *Brit.* A'roma *n*, starker Geruch *(Tee, Heu etc.)*; **3.** ⊕ *etc.* **a)** Nase *f*, Vorsprung *m*, (⚔ Geschoß)Spitze *f*, Schnabel *m*, **b)** Schneidkopf *m (Drehstahl etc.)*, Mündung *f*; **4.** ⚓ Schiffsbug *m*; **5.** ✈ (Rumpf)Nase *f*, Bug *m*; **6.** *sl.* Poli'zeispitzel *m*;

Besondere Redewendungen:

to bite (od. snap) s.o.'s ~ *off* j-n scharf anfahren; *to cut off one's* ~ *to spite one's face* sich ins eigene Fleisch schneiden; *to follow one's* ~ **a)** immer der Nase nach gehen, **b)** s-m Instinkt folgen; *to have a good* ~ *for s.th.* F e-e gute Nase *od.* e-n ‚Riecher' für et. haben; *to hold one's* ~ sich die Nase zuhalten; *to lead s.o. by the* ~ j-n völlig beherrschen; *to look down one's* ~ ein verdrießliches Gesicht machen; *to look down one's* ~ *at j-n od. et.* verachten; *to pay through the* ~ ‚bluten' *od.* übermäßig bezahlen müssen; *to poke (od. put, thrust) one's* ~ *into* s-e Nase in *et.* stecken; *to put s.o.'s* ~ *out of joint* **a)** j-n ausstechen, j-m die Freundin *etc.* ausspannen, **b)** j-m das Nachsehen geben; *not to see beyond one's* ~ **a)** die Hand nicht vor den Augen sehen können, **b)** *fig.* e-n engen *(geistigen)* Horizont haben; *to turn up one's* ~ *(at)* die Nase rümpfen (über *acc.*); *as plain as the* ~ *in your face* sonnenklar; *under s.o.'s (very)* ~ j-m direkt vor der Nase; **II.** *v/t.* **7.** riechen, spüren, wittern; **8.** beschnüffeln; mit der Nase berühren *od.* stoßen; **9.** *fig.* sich *im Verkehr etc.* vorsichtig vortasten; **10.** näseln(d aussprechen); **III.** *v/i.* **11.** (her'um)schnüffeln *(after, for* nach) *(a. fig.)*;

Zssgn mit adv.:

nose| a·head *v/i.*: ~ *of s.th.* e-r Sache um e-e Nasenlänge voraus sein; ~ **down** ✈ **I.** *v/t. Flugzeug* (an)drücken; **II.** *v/i.* im Steilflug niedergehen; ~ **out** *v/t.* **1.** ausschnüffeln, -spionieren, her'ausbekommen; **2.** um e-e Handbreit schlagen; ~ **o·ver** *v/i.* ✈ (sich) über'schlagen, e-n ‚Kopfstand' machen; ~ **up** ✈ **I.** *v/t. Flugzeug* hochziehen; **II.** *v/i.* steil hochgehen.

'nose|-ape *s. zo.* Nasenaffe *m*; **'~-bag** *s.* Futterbeutel *m*; **'~band** *s.* Nasenriemen *m (Pferdegeschirr)*; **'~-bleed** *s.* ⚕ Nasenbluten *n.*

nosed [nouzd] *adj. mst in Zssgn* benast, mit e-r *dicken etc.* Nase, ...nasig.

ˈ**nose|·dive I.** *s.* **1.** ✈ Sturzflug *m*; **2.** ✝ Kurssturz *m*; **II.** *v/i.* **3.** abdrehen, e-n Sturzflug machen; **4.** ✝ stürzen (*Kurs, Preis*); ˈ**~·gay** *s.* (Blumen)Strauß *m*; ˈ**~-heav·y** *adj.* ✈ vorderlastig; ˈ**~-o·ver** *s.* ✈ ,Kopfstand' *m beim Landen*; ˈ**~-piece** *s.* **1.** ⊕ **a)** Mundstück *n* (*Blasebalg, Schlauch etc.*), **b)** Reˈvolver *m* (*Objektivende e-s Mikroskops*), **c)** Nasensteg *m* (*Schutzbrille*); **2.** → *noseband.*

nos·er [ˈnouzə] *s.* **1.** *sl.* ,Nasenstüber' *m*; **2.** ⚓ F starker Gegenwind.

ˈ**nose|·rag** *s. sl.* ,Rotzfahne' *f* (*Taschentuch*); **~ tur·ret** *s.* ✈ vordere Kanzel; ˈ**~·warm·er** *s. sl.* ,Nasenwärmer' *m*, kurze Pfeife; **~ wheel** *s.* ✈ Bugrad *n.*

nose·y → *nosy.*

ˈ**no-ˈshow** *s.* ✈ *Am. sl. zur Abflugszeit nicht erschienener Flugpassagier.*

nos·ing [ˈnouziŋ] *s.* ⚠ **1.** Nase *f*, Ausladung *f*; **2.** (*Treppen*)Kante *f.*

nos·o·log·i·cal [nɔsəˈlɔdʒikəl] *adj.* □ ⚕ noso-, pathoˈlogisch; **no·sol·o·gist** [nɔˈsɔlədʒist] *s.* Pathoˈloge *m.*

nos·tal·gi·a [nɔsˈtældʒiə] *s.* **1.** ⚕ Nostalˈgie *f*; **2.** Heimweh(gefühl) *n*; **3.** Nostalgie *f*, Sehnsucht *f nach etwas Vergangenem*; **nosˈtal·gic** [-ik] *adj.* (□ *~ally*) **1.** Heimweh...; **2.** noˈstalgisch, voll Sehnsucht, wehmütig.

nos·tril [ˈnɔstril] *s.* Nasenloch *n*, *bsd. zo.* Nüster *f*: *it stinks in one's ~s* es ekelt einen an.

nos·trum [ˈnɔstrəm] *s.* **1.** ⚕ Geheimmittel *n*, ˈQuacksalbermediˌzin *f*; **2.** *fig.* Heilmittel *n*, Paˈtentlösung *f.*

nos·y [ˈnouzi] *adj.* **1.** F großnäsig; **2.** F neugierig: ♀ *Parker* neugierige Person; **3.** *Brit.* aroˈmatisch, duftend (*bsd. Tee*); **4.** *Brit.* muffig.

not [nɔt] *adv.* **1.** ~ *that* nicht, daß; nicht als ob; *is it ~?*, F *isn't it?* nicht wahr?; → *at* 7; **2.** ~ *a* kein(e): ~ *a few* nicht wenige.

no·ta·bil·i·ty [noutəˈbiliti] *s.* **1.** wichtige Perˈsönlichkeit, ˈStandesperˌson *f*; **2.** herˈvorragende Eigenschaft, Bedeutung *f*; **no·ta·ble** [ˈnoutəbl] **I.** *adj.* □ **1.** beachtens-, bemerkenswert, denkwürdig, wichtig; **2.** beträchtlich: *a ~ difference*; **3.** angesehen, herˈvorragend; **4.** ⚗ merklich; **5.** häuslich, fleißig (*Frau*); **II.** *s.* **6.** → *notability* **1.**

no·tar·i·al [nouˈtɛəriəl] *adj.* □ ⚖ **1.** Notariats..., notariˈell; **2.** notariell beglaubigt; **no·ta·rize** [ˈnoutəraiz] *v/t.* notariell beˈurkunden *od.* beglaubigen; **no·ta·ry** [ˈnoutəri] *s.* ⚖ Noˈtar *m*: ~ *public* öffentlicher Notar.

no·ta·tion [nouˈteiʃən] *s.* **1.** Aufzeichnung *f*, Notierung *f*; **2.** *bsd.* ⚗, ⚡ Schreibweise *f*, Bezeichnung *f*: *chemical ~* chemisches Formelzeichen; **3.** ♪ Notenschrift *f.*

notch [nɔtʃ] **I.** *s.* **1.** *a.* ⊕ Kerbe *f*, Einschnitt *m*, Aussparung *f*, Falz *m*, Nute *f*, Raste *f*; **2.** (Viˈsier)Kimme *f* (*Schußwaffe*): ~ *and bead sights* Kimme und Korn; **3.** *Am.* Engpaß *m*, Hohlweg *m*; **II.** *v/t.* **4.** *bsd.* ⊕ (ein)kerben, (ein)schneiden, einfeilen; **5.** ⊕ **a)** ausklinken, **b)** nuten, falzen; **notched** [-tʃt] *adj.* **1.** ⊕ (ein)gekerbt, mit Nuten versehen; **2.** ♀ grob gezähnt (*Blatt*).

note [nout] **I.** *s.* **1.** (Kenn)Zeichen *n*, Merkmal *n*; *fig.* Ansehen *n*, Ruf *m*, Bedeutung *f*: *man of ~* bedeutender Mann; *nothing of ~* nichts von Bedeutung; *worthy of ~* beachtenswert; **2.** *mst pl.* Noˈtiz *f*, Aufzeichnung *f*: *to compare ~s* Meinungen *od.* Erfahrungen austauschen, sich beraten; *to make a ~ of s.th.* sich et. vormerken *od.* notieren; *to take ~s of s.th.* sich über et. Notizen machen; *to take ~ of s.th. fig.* et. zur Kenntnis nehmen, et. berücksichtigen; **3.** *pol.* (diploˈmatische) Note: *exchange of ~s* Notenwechsel; **4.** Briefchen *n*, Zettelchen *n*; **5.** *typ.* **a)** Anmerkung *f*, **b)** (Satz)Zeichen *n*: ~ *of interrogation* Fragezeichen; **6.** ✝ **a)** ˈNota *f*, Rechnung *f*: *as per ~* laut Nota, **b)** (Schuld)Schein *m*: ~ *of hand* → *promissory*; *bought and sold ~* Schlußschein; *~s payable* (*receivable*) *Am.* Wechselverbindlichkeiten (-forderungen), **c)** Banknote *f*, **d)** Vermerk *m*, Notiz *f*: *urgent ~* Dringlichkeitsvermerk, **e)** Mitteilung *f*: *advice ~* Versandanzeige; ~ *of exchange* Kursblatt; **7.** ♪ **a)** Note *f*, **b)** Ton *m*, **c)** Taste *f*; **8.** *weitS.* Klang *m*, Meloˈdie *f*; Gesang *m* (*Vogel*); *fig.* Ton(art *f*) *m*: *to change one's ~* e-n anderen Ton anschlagen; *to strike the right ~* den richtigen Ton treffen; *to strike a false ~* den falschen Ton anschlagen; **9.** *fig.* Brandmal *n*, Schandfleck *m*; **II.** *v/t.* **10.** Kenntnis nehmen von, bemerken, be(ob)achten; **11.** besonders erwähnen; **12.** *a.* ~ *down* niederschreiben, notieren, vermerken; **13.** ✝ *Wechsel* protestieren; *Preise* angeben.

note| bank *s.* ✝ Notenbank *f*; ˈ**~·book** *s.* Noˈtizbuch *n*; ✝, ⚖ Kladde *f*; **~ brok·er** *s.* ✝ *Am.* Wechselhändler *m*, Disˈkontmakler *m.*

not·ed [ˈnoutid] *adj.* □ **1.** bekannt, berühmt (*for* wegen); **2.** ✝ notiert: ~ *before official hours* vorbörslich (*Kurs*); ˈ**not·ed·ly** [-li] *adv.* ausgesprochen, deutlich, besonders.

ˈ**note|-pa·per** *s.* ˈBriefpaˌpier *n*; **~ press** *s.* ✝ ˈBanknotenpresse *f*, -druckeˌrei *f*; ˈ**~·wor·thy** *adj.* bemerkens-, beachtenswert.

noth·ing [ˈnʌθiŋ] **I.** *pron.* **1.** nichts (*of* von): ~ *much* nichts Bedeutendes; **II.** *s.* **2.** Nichts *n*: *to ~* zu *od.* in nichts; *for ~* vergebens, umsonst; **3.** *fig.* Nichts *n*, Unwichtigkeit *f*, Kleinigkeit *f*; *pl.* Nichtigkeiten *pl.*; Null *f* (*a. Person*); **III.** *adv.* **4.** durchˈaus nicht, keineswegs: ~ *like complete* keineswegs *od.* längst nicht vollständig; **IV.** *int.* **5.** F keine Spur!, Unsinn!;

Besondere Redewendungen:

good for ~ zu nichts zu gebrauchen; ~ *doing* F **a)** (das) kommt gar nicht in Frage, **b)** nichts zu machen; ~ *but* nichts als, nur; ~ *else* nichts anderes, sonst nichts; ~ *if not courageous* überaus mutig; *not for ~* nicht umsonst, nicht ohne Grund; *that is ~ to what we have seen* das ist nichts gegen das, was wir gesehen haben; *that's ~ to me* das bedeutet mir nichts; *that is ~ to you* das geht dich nichts an; *there is ~ like* es geht nichts über; *to come to ~ fig.* zunichte werden, sich zerschlagen; *to feel like ~ on earth* sich hundeelend fühlen; *to make ~ of s.th.* nicht viel Wesens von et. machen, sich nichts aus et. machen; *I can make ~ of it* ich kann daraus nicht klug werden.

noth·ing·ness [ˈnʌθiŋnis] *s.* **1.** Nichts *n*; **2.** Nichtigkeit *f.*

no·tice [ˈnoutis] **I.** *s.* **1.** Wahrnehmung *f*: *to avoid ~* (*Redew.*) um Aufsehen zu vermeiden; *to come under s.o.'s ~* j-m bekanntwerden; *to escape ~* unbemerkt bleiben; *to take ~ of* Notiz nehmen von *et. od. j-m*, beachten; *~!* zur Beachtung!; **2.** Noˈtiz *f*, (*a. Presse*)Nachricht *f*, Anzeige *f* (*a.* ✝), (An)Meldung *f*, Ankündigung *f*, Mitteilung *f*; ⚖ Vorladung *f*; (Buch)Besprechung *f*; Kenntnis *f*: ~ *of acceptance* ✝ Annahmeerklärung; ~ *of arrival* ✝ Eingangsbestätigung; ~ *of assessment* Steuerbescheid; ~ *of departure* (polizeiliche) Abmeldung; *previous ~* Voranzeige; *to bring s.th. to s.o.'s ~* j-m et. zur Kenntnis bringen; *to give ~ that* bekanntgeben, daß; *to give s.o. ~ of s.th.* j-n von et. benachrichtigen; *to give ~ of appeal* ⚖ Berufung einlegen; *to give ~ of motion parl.* e-n Initiativantrag stellen; *to give ~ of a patent* ein Patent anmelden; *to have ~ of* Kenntnis haben von; **3.** Warnung *f*; Kündigung(sfrist) *f*: *to give s.o. ~* (*for Easter*) j-m (zu Ostern) kündigen; *I am under ~ to leave* mir ist gekündigt worden; *at a day's ~* binnen eines Tages; *at a moment's ~* sogleich, jederzeit; *at short ~* auf (kurzen) Abruf, sofort; *subject to a month's ~* mit monatlicher Kündigung; *without ~* fristlos; → *further* 4, *quit* 11; **II.** *v/t.* **4.** bemerken, beobachten, wahrnehmen, achten auf (*acc.*); **5.** Noˈtiz nehmen von, beachten, erwähnen; F mit Aufmerksamkeit behandeln; **6.** *Buch* besprechen; **7.** anzeigen, melden, bekanntmachen.

no·tice·a·ble [ˈnoutisəbl] *adj.* □ **1.** wahrnehmbar, merklich; **2.** bemerkenswert, beachtlich.

ˈ**no·tice|-board** *s.* **1.** Anschlagtafel *f*, Schwarzes Brett; **2.** Warnungstafel *f*; **~ pe·ri·od** *s.* Kündigungsfrist *f.*

no·ti·fi·a·ble [ˈnoutifaiəbl] *adj.* meldepflichtig; **no·ti·fi·ca·tion** [noutifiˈkeiʃən] *s.* Anzeige *f*, Meldung *f*, Mitteilung *f*, Bekanntmachung *f*, Benachrichtigung *f*; **no·ti·fy** [ˈnoutifai] *v/t.* **1.** (*förmlich*) bekanntgeben, anzeigen, avisieren, melden, (amtlich) mitteilen (*s.th. to s.o.* j-m et.); **2:** *j-n* benachrichtigen, in Kenntnis setzen (*of* von, *that* daß).

no·tion [ˈnouʃən] *s.* **1.** Begriff *m* (*a. phls.*, ⚡), Gedanke *m*, Iˈdee *f*, Vorstellung *f* (*of* von): *not to have the vaguest ~ of s.th.* nicht die leiseste Ahnung von et. haben; *I have a ~ that* ich denke mir, daß; **2.** Meinung *f*, Ansicht *f*: *to fall into the ~ that* auf den Gedanken kommen, daß; **3.** Neigung *f*, Lust *f*, Absicht *f* (*of doing* zu tun); **4.** *pl. Am.* **a)** Kurz-, Galante'riewaren *pl.*, **b)** Kinde'reien *pl.*, Kleinigkeiten *pl.*; **'no·tion·al** [-ʃənl] *adj.* □ **1.** begrifflich, Begriffs...; **2.** *phls.* rein gedanklich, spekula'tiv; **3.** eingebildet, imagi'när; **4.** grillen-, launenhaft.

no·to·ri·e·ty [noutə'raiəti] *s.* **1.** Allbekanntheit *f*; *b.s.* schlechter Ruf; **2.** Berüchtigtsein *n*, *das* No'torische; **3.** allbekannte Per'sönlichkeit *od.* Sache; **no·to·ri·ous** [nou'tɔ:riəs] *adj.* □ no'torisch: **a)** offenkundig, **b)** all-, stadt-, weltbekannt, **c)** berüchtigt (*for* wegen).

not·with·stand·ing [nɔtwiθ'stændiŋ] **I.** *prp.* ungeachtet, trotz (*gen.*): ~ *the objections* ungeachtet der Einwände; *his great reputation* ~ trotz s-s hohen Ansehens; **II.** *a.* ~ *that cj.* ob'gleich; **III.** *adv.* nichtsdesto'weniger, dennoch.

nou·gat ['nu:gɑ:] *s.* N(o)ugat *m.*

nought [nɔ:t] *s. u. pron.* **1.** nichts: *to bring to* ~ ruinieren, zunichte machen; *to come to* ~ zunichte werden, mißlingen, fehlschlagen; **2.** Null *f* (*a. fig.*): *to set at* ~ *et.* in den Wind schlagen, verlachen, nicht achten.

noun [naun] *ling.* **I.** *s.* Hauptwort *n*, 'Substantiv *n*: *proper* ~ Eigenname; **II.** *adj.* 'substantivisch.

nour·ish ['nʌriʃ] *v/t.* **1.** (er)nähren, erhalten (*on* von); **2.** *fig. Gefühl* nähren, hegen; **'nour·ish·ing** [-ʃiŋ] *adj.* nahrhaft, Nähr...; **'nour·ish·ment** [-mənt] *s.* **1.** Ernährung *f*; **2.** Nahrung *f* (*a. fig.*), Nahrungsmittel *n*: *to take* ~ Nahrung zu sich nehmen.

nous [naus] *s.* **1.** *phls.* Vernunft *f*, Verstand *m*; **2.** F Mutterwitz *m*, ‚Grütze' *f.*

no·va ['nouvə] *pl.* **-vae** [-vi:], *a.* **-vas** *s. ast.* 'Nova *f* (*plötzlich aufflammender Stern*).

no·va·tion [nou'veiʃən] *s.* ⚖ Nova'tion *f* (*Forderungsablösung od. -übertragung*).

nov·el ['nɔvəl] **I.** *adj.* neu(artig); ungewöhnlich, über'raschend; **II.** *s.* Ro'man *m*: *short* ~ Kurzroman; ~-*writer* → *novelist*; **nov·el·ette** [nɔvə'let] *s.* **1.** kurzer Roman; **2.** *contp.* seichter Unter'haltungsro,man; **nov·el·ist** ['nɔvəlist] *s.* Ro'manschriftsteller(in); **'nov·el·ty** [-ti] *s.* **1.** Neuheit *f*; **2.** *et.* Neues; **3.** Ungewöhnlichkeit *f*, *et.* Ungewöhnliches; **4.** *pl.* ✝ neueingeführte 'Modear,tikel *pl.*, Neuheiten *pl.*: ~ *item* Neuheit, Schlager; **5.** Neuerung *f.*

No·vem·ber [nou'vembə] *s.* No'vember *m*: *in* ~ im November.

nov·ice ['nɔvis] *s.* **1.** Anfänger(in), Neuling *m*; **2.** *R.C.* No'vize *m*, *f*, No'vizin *f*; **3.** *bibl.* Neubekehrte(r *m*) *f.*

now [nau] **I.** *adv.* **1.** nun, gegenwärtig, jetzt: *from* ~ von jetzt an; *up to* ~ bis jetzt; **2.** so'fort, bald; **3.** eben, so'eben: *just* ~ gerade eben, vor ein paar Minuten; **4.** nun, dann, dar'auf, damals; **5.** (*nicht zeitlich*) nun (aber); **II.** *cj.* **6.** *a.* ~ *that* nun aber, nun da, da nun, jetzt wo; **III.** *s.* **7.** *poet.* Gegenwart *f*, Jetzt *n*; *Besondere Redewendungen*: *before* ~ schon einmal, schon früher; *by* ~ mittlerweile, jetzt; ~ *if* wenn nun aber; *how* ~? nun?, was gibt's?, was soll das heißen?; *what is it* ~? was ist jetzt schon wieder los?; *now ... now ...* bald ... bald ...; ~ *and again*, (*every*) ~ *and then* von Zeit zu Zeit, hie(r) und da, dann und wann, gelegentlich; ~ *then* nun also, wohlan; *come* ~! nur ruhig!, sachte, sachte!; *what* ~? was nun?; ~ *or never* jetzt oder nie.

now·a·day ['nauədei] *adj.* heutig; **'now·a·days** [-z] *adv.* heutzutage, jetzt.

'no·way(s) F → *nowise.*

'no·where **I.** *adv.* **1.** nirgends, nirgendwo; **2.** F ganz unten durch: *to be* ~ **a)** haushoch verlieren (*Pferd etc.*), **b)** ein glatter Versager sein; ~ *near* nicht annähernd; **3.** nirgendwohin; **II.** *s.* **4.** Nirgendwo *n*: *from* ~ aus dem Nichts; *in the middle of* ~ 🚂 auf freier Strecke *halten.*

'no·wise *adv.* in keiner Weise.

nox·ious ['nɔkʃəs] *adj.* □ schädlich (*to* für); **'nox·ious·ness** [-nis] *s.* Schädlichkeit *f.*

noz·zle ['nɔzl] *s.* **1.** Schnauze *f*, Rüssel *m*; **2.** *sl.* ‚Rüssel' *m* (*Nase*); **3.** ⊕ **a)** Schnauze *f*, Tülle *f*, Schnabel *m*, Mundstück *n*, Ausguß *m*, Röhre *f*, (*an Gefäßen etc.*), **b)** Stutzen *m*, Mündung *f* (*an Röhren etc.*), **c)** (*Kraftstoff- etc.*)Düse *f.*

nth [enθ] *adj.* & n-te(r), n-tes: *to the* ~ *degree* **a)** & bis zum n-ten Grade, **b)** *fig.* im höchsten Maße.

nu·ance [nju(:)'ɑ̃ns; nɥɑ̃:s] (*Fr.*) *s.* Nu'ance *f*, feiner 'Unterschied, Schattierung *f.*

nub [nʌb] *s.* **1.** Knopf *m*, Auswuchs *m*, Knötchen *n*; **2.** (kleiner) Klumpen, Nuß *f* (*Kohle etc.*); **3.** *the* ~ *Am.* F der springende Punkt *bei e-r Sache*; **nub·ble** ['nʌbl] *s.* Klümpchen *n*; Knötchen *n*; **'nub·bly** [-bli] *adj.* knotig.

nu·bile ['nju:bil] *adj.* mannbar, heiratsfähig; **nu·bil·i·ty** [nju(:)'biliti] *s.* Heiratsfähigkeit *f.*

nu·cle·ar ['nju:kliə] *adj.* **1.** kernförmig; *a. biol. etc.* Kern...; **2.** *phys.* (Atom)Kern...; Atom...: ~ *test*; ~ *weapon* ⚔ Kernwaffe; ~ **charge** *s. phys.* Kernladung *f*; ~ **chem·is·try** *s.* 'Kernche,mie *f*; ~ **dis·in·te·gra·tion** *s. phys.* Kernzerfall *m*; ~ **en·er·gy** *s. phys.* **1.** 'Kernener,gie *f*; **2.** *allg.* A'tomener,gie *f*; ~ **fis·sion** *s. phys.* Kernspaltung *f*; ~ **fu·sion** *s. phys.* 'Kernfusi,on *f*, -verschmelzung *f*; ~ **par·ti·cle** *s. phys.* Kernteilchen *n*; ~ **phys·ics** *s. pl. sg. konstr.* 'Kernphy,sik *f*; ~ **re·ac·tor** *s. phys.* 'Kernre,aktor *m*; ~ **re·search** *s.* (A'tom)Kernforschung *f*; ~ **the·o·ry** *s. phys.* 'Kerntheo,rie *f*; ~ **war-head** *s.* ⚔ A'tomsprengkopf *m.*

nu·cle·i ['nju:kliai] *pl. von nucleus.*

nu·cle·o·lus [nju:'kli:ələs] *pl.* **-li** [-lai] *s.* ♀, *biol.* Kernkörperchen *n.*

nu·cle·on ['nju:kliɔn] *s. phys.* 'Nukleon *n*, (A'tom)Kernbaustein *m* (*Proton od. Neutron*).

nu·cle·us ['nju:kliəs] *pl.* **-i** [-ai] *s.* **1.** *allg.* (*a.* A'tom-, Ko'meten-, Zell)Kern *m* (*a.* &); **2.** *fig.* Kern *m*, Mittelpunkt *m*, Grundstock *m*; **3.** *opt.* Kernschatten *m.*

nude [nju:d] **I.** *adj.* **1.** nackt (*a. fig. Tatsache etc.*), bloß; **2.** ⚖ unverbindlich, nichtig: ~ *contract*; **II.** *s.* **3.** *paint. etc.* Akt *m*: *study from the* ~ Aktstudie; **4.** Nacktheit *f*: *in the* ~ nackt.

nudge [nʌdʒ] **I.** *v/t.* *j-n* leise *od.* heimlich anstoßen; **II.** *s.* Stups *m*, leichter Rippenstoß.

nu·die ['nju:di] *s. sl.* Nacktfilm *m.*

nud·ism ['nju:dizəm] *s.* 'Nackt-, 'Freikörperkul,tur *f*; **'nud·ist** [-ist] *s.* Anhänger(in) der Nacktkultur; **'nu·di·ty** [-iti] *s.* **1.** Nacktheit *f*, Blöße *f*; **2.** *fig.* Armut *f*; **3.** Kahlheit *f*; **4.** *paint. etc.* 'Akt(fi,gur *f*) *m.*

nu·ga·to·ry ['nju:gətəri] *adj.* **1.** wertlos, albern; **2.** unwirksam (*a.* ⚖), eitel, leer.

nug·get ['nʌgit] *s.* 'Nugget *n*, (*bsd.* Gold)Klumpen *m.*

nui·sance ['nju:sns] *s.* **1.** Ärgernis *n*, Plage *f*, *et.* Lästiges *od.* Unangenehmes; Unfug *m*, 'Mißstand *m*: *dust* ~ Staubplage; *what a* ~! wie ärgerlich!; **2.** ⚖ Poli'zeiwidrigkeit *f*: *public* ~ Störung *od.* Gefährdung der öffentlichen Sicherheit u. Ordnung, *a. fig. iro.* öffentliches Ärgernis; *private* ~ Besitzstörung; *commit no* ~! das Verunreinigen (dieses Ortes) ist verboten!; **3.** (*von Personen*) Landplage *f*, Quälgeist *m*, lästiger Kerl: *to be a* ~ *to s.o.* j-m lästig fallen; *to make a* ~ *of o.s.* sich lästig machen; ~ **raid** *s.* ⚔,✈ Störangriff *m*; ~ **tax** *s. sl. ärgerliche kleine* (*Verbraucher*)*Steuer.*

null [nʌl] **I.** *adj.* **1.** ⚖ *u. fig.* nichtig, ungültig: *to declare* ~ *and void* für null u. nichtig erklären; **2.** wertlos, leer, nichtssagend, unbedeutend; **II.** *s.* **3.** & Null *f.*

nul·li·fi·ca·tion [nʌlifi'keiʃən] *s.* **1.** Aufhebung *f*, Nichtigerklärung *f*; **2.** Vernichtung *f*; **nul·li·fy** ['nʌlifai] *v/t.* **1.** ungültig machen, null u. nichtig erklären, aufheben; **2.** vernichten; **nul·li·ty** ['nʌliti] *s.* **1.** Unwirksamkeit *f*; ⚖ Ungültigkeit *f*, Nichtigkeit *f*: *decree of* ~ Nichtigkeitsurteil *od.* Annullierung *e-r Ehe*; ~ *suit* Nichtigkeitsklage; *to be a* ~ (null u.) nichtig sein; **2.** Nichts *n*; *fig.* Null *f* (*Person*).

numb [nʌm] **I.** *adj.* □ starr, erstarrt (*with* vor *Kälte etc.*); taub (*empfindungslos*); *fig.* betäubt, stumpf; **II.** *v/t.* starr *od.* taub machen, erstarren lassen; *fig.* betäuben.

num·ber ['nʌmbə] **I.** *s.* **1.** Zahl(enwert *m*) *f*, Ziffer *f*; **2.** (Haus-, Tele'phon- *etc.*)Nummer *f*: *by* ~*s* nummernweise; ~ *engaged teleph.* besetzt; *to have s.o.'s* ~ F j-n durchschaut haben; *his* ~ *is up* F s-e Stunde hat geschlagen, jetzt ist er **dran**; → *number one*; **3.** (An)Zahl *f*: *a* ~ *of* e-e Anzahl von (*od. gen.*), mehrere; *a great* ~ *of* sehr viele *Leute etc.*; *in* ~ *fünf etc.* an (der) Zahl; *in large* ~*s* in großen Mengen; *in round* ~ rund; *one of their* ~ einer aus ihrer Mitte; ~*s of times* zu wiederholten Malen; *times without* ~ unzählige Male; *five times the* ~ *of people* fünfmal so viele Leute; **4.** ✝ **a)** (An)Zahl *f*, Nummer *f*: *to raise* *to the full* ~ komplettieren, **b)** Ar'tikel *m*, Ware *f*; **5.** Heft *n*, Nummer *f*, Ausgabe *f* (*Zeitschrift etc.*), Lieferung *f e-s Werkes*: *back* ~ **a)** alte Nummer, **b)** F Ladenhüter, **c)** F altmodischer Mensch; *to appear in* ~*s* in Lieferungen erscheinen; **6.** *thea. etc.* (Pro'gramm)Nummer *f*; **7.** ♪ **a)** Nummer *f* (*Satz*), **b)** *sl.* Tanznummer *f*, Schlager *m*; **8.** *poet. pl.* Verse *pl.*; **9.** *ling.* Numerus *m*: *plural (singular)* ~ Mehrzahl (Einzahl); **10.** ⊕ Feinheitsnummer *f* (*Garn*); **11.** *sl.* ,Type' *f*, ,Nummer' *f*, ,Stück' *n* (*Person*); **12.** ²*s bibl.* Numeri *pl.*, Viertes Buch Mose; **II.** *v/t.* **13.** zs.-zählen, aufrechnen: *to* ~ *off* abzählen; *his days are* ~*ed* s-e Tage sind gezählt; **14.** zählen, rechnen (*a. fig. among, in, with* zu *od.* unter *acc.*); **15.** numerieren: *to* ~ *consecutively* durchnumerieren; **16.** zählen, sich belaufen auf (*acc.*); **17.** *Jahre* zählen, alt sein; **III.** *v/i.* **18.** (auf)zählen; **19.** zählen (*among* zu *j-s Freunden etc.*); '**num·ber·ing** [-bəriŋ] *s.* Numerierung *f*; '**num·ber·less** [-lis] *adj.* unzählig, zahllos.

num·ber| one I. *adj.* **1.** erstklassig; **II.** *s.* **2.** Nummer *f* Eins; der (die, das) Erste; erste Klasse; **3.** F die eigene Per'son, das liebe Ich: *to look after* ~ den eigenen Vorteil wahren; **4.** *to do* ~ F sein ,kleines Geschäft' machen; ~ **plate** *s. mot.* Nummernschild *n*; ~ **pol·y·gon** *s.* ⅍ 'Zahlenvieleck *n*, -poly,gon *n*; ~ **two** *s.*: *to do* ~ F sein ,großes Geschäft' machen.

numb·ness ['nʌmnis] *s.* Erstarrung *f*, Betäubung *f*; Starr-, Taubheit *f*.

nu·mer·a·ble ['nju:mərəbl] *adj.* zählbar; '**nu·mer·al** [-rəl] **I.** *adj.* **1.** Zahl..., Zahlen..., nu'merisch: ~ *language* Ziffernsprache; **II.** *s.* **2.** Ziffer *f*, Zahlzeichen *n*; **3.** *ling.* Zahlwort *n*; **nu·mer·a·tion** [nju:mə'reiʃən] *s.* **1.** Zählen *n*; Zähl-, Rechenkunst *f*; **2.** Numerierung *f*; **3.** (Auf)Zählung *f*; '**nu·mer·a·tive** [-rətiv] *adj.* zählend, Zahl(en)...: ~ *system* Zahlensystem; '**nu·mer·a·tor** [-məreitə] *s.* ⅍ Zähler *m e-s Bruchs.*

nu·mer·i·cal [nju(:)'merikəl] *adj.* □ **1.** ⅍ Zahl(en)...: ~ *equation* Zahlengleichung; ~ *value* Zahlenwert; **2.** nu'merisch; zahlenmäßig: ~ *superiority.*

nu·mer·ous ['nju:mərəs] *adj.* □ zahlreich: *a* ~ *assembly*; ~*ly attended* stark besucht; '**nu·mer·ous·ness** [-nis] *s.* große Zahl, Menge *f*, Stärke *f*.

nu·mis·mat·ic [nju:miz'mætik] *adj.* (□ ~*ally*) numis'matisch, Münz(en)...; **nu·mis'mat·ics** [-ks] *s. pl. sg. konstr.* Numis'matik *f*, Münzkunde *f*; **nu·mis·ma·tist** [nju(:)'mizmətist] *s.* Numis'matiker *m*, Münzkenner(in).

num·skull ['nʌmskʌl] *s.* Dummkopf *m*, Trottel *m*.

nun [nʌn] *s. eccl.* Nonne *f*.

nun·ci·a·ture ['nʌnʃiətʃə] *s. eccl.* Nuntia'tur *f*; **nun·ci·o** ['nʌnʃiou] *pl.* -os *s.* Nuntius *m*.

nun·cu·pa·tive ['nʌŋkjupeitiv] *adj.* ⚖ mündlich: ~ *will* mündliches Testament, *bsd.* ⚔ Not-, ⚓ Seetestament.

nun·ner·y ['nʌnəri] *s.* Nonnenkloster *n*.

nup·tial ['nʌpʃəl] **I.** *adj.* hochzeitlich, Hochzeit(s)..., Ehe..., Braut...: ~ *bed* Brautbett; **II.** *s. mst pl.* Hochzeit *f*.

nurse [nə:s] **I.** *s.* **1.** *mst wet* ~ (Säug-)Amme *f*; **2.** *a. dry* ~ Kinderfrau *f*, -mädchen *n*; **3.** Krankenwärter(in), -pfleger(in), -schwester *f*: *head* ~ Oberschwester; → *male 1*; **4.** Säugung(szeit) *f*, (erste) Pflege: *at* ~ in Pflege; *to put out to* ~ *Kinder* in Pflege geben; **5.** *fig.* Nährmutter *f*; **II.** *v/t.* **6.** *Kind* säugen, nähren, stillen, *dem Kind* die Brust geben; **7.** *Kind* auf-, großziehen; **8.** *Kranke* pflegen; *Krankheit* auskurieren; *Glied, Stimme* schonen: *to* ~ *one's leg* ein Bein über das andere schlagen; *to* ~ *a glass of wine* bedächtig ein Glas Wein trinken; **9.** *fig. Gefühl etc.* hegen, nähren; **10.** *fig.* nähren, fördern; **11.** streicheln, hätscheln; *weitS. a. pol.* sich eifrig kümmern um, sich ,warm halten': *to* ~ *one's constituency*; **12.** sparsam *od.* schonend 'umgehen mit.

nurse·ling → *nursling.*

'**nurse·maid** *s.* Kindermädchen *n*.

nurs·er·y ['nə:sri] *s.* **1.** Kinderzimmer *n*: *day* ~ Spielzimmer *n*; *night* ~ Kinderschlafzimmer; **2.** Kindertagesstätte *f*; **3.** Pflanz-, Baumschule *f*; Schonung *f*; *fig.* Pflanzstätte *f*, Schule *f*; **4.** Fischpflege *f*, Streckteich *m*; **5.** *a.* ~ *stakes* (Pferde-) Rennen *n* der Zweijährigen; ~ **gov·er·ness** *s.* Kinderfräulein *n*; '~**man** [-mən] *s.* [*irr.*] Pflanzenzüchter *m*, Kunstgärtner *m*; ~ **rhyme** *s.* Kinderlied *n*, -reim *m*; ~ **school** *s.* Kindergarten *m*; ~ **slope** *s. Skisport*: ,Idi'otenhügel' *m*, Anfängerhügel *m*; ~ **tale** *s.* Ammenmärchen *n*.

nurs·ing ['nə:siŋ] **I.** *s.* **1.** Säugen *n*, Stillen *n*; **2.** *a. sick*~ Krankenpflege *f*; **II.** *adj.* **3.** Nähr..., Pflege..., Kranken...; ~ **ben·e·fit** *s.* Stillgeld *n*; ~ **bot·tle** *s.* Säuglingsflasche *f*; ~ **home** *s. bsd. Brit.* Pri'vatklinik *f*; ~ **moth·er** *s.* stillende Mutter; ~ **staff** *s.* 'Pflegeperso,nal *n*.

nurs·ling ['nə:sliŋ] *s.* **1.** Säugling *m*; **2.** Pflegling *m*; **3.** *fig.* Liebling *m*, Hätschelkind *n*; **4.** *fig.* Schützling *m*, Schüler(in).

nur·ture ['nə:tʃə] **I.** *v/t.* **1.** (er)nähren; **2.** auf-, erziehen; **3.** *fig. Gefühle etc.* hegen; **II.** *s.* **4.** Nahrung *f*; *fig.* Pflege *f*, Erziehung *f*.

nut [nʌt] **I.** *s.* **1.** ⚘ Nuß *f*; **2.** ⊕ **a)** Nuß *f*, **b)** (Schrauben)Mutter *f*; **3.** ♪ **a)** Frosch *m* (*am Bogen*), **b)** Saitensattel *m*; **4.** *pl.* ⚒ Nußkohle *f*; **5.** *fig.* schwierige Sache: *a hard* ~ *to crack* e-e harte Nuß; **6.** *sl.* **a)** ,Birne' *f* (*Kopf*): *to be (go) off one's* ~ verrückt sein (werden), **b)** *contp.* ,Knülch' *m*, Kerl *m*, **c)** komischer Kauz, **d)** Idi'ot *m*, **e)** Geck *m*; **7.** *sl. to be* ~*s* verrückt sein (*on* nach); *he is* ~*s about her* er ist in sie total verschossen; *to drive* ~*s* verrückt machen; *to go* ~*s* überschnappen; *that's* ~*s to him* das ist genau sein Fall; ~*s!* **a)** du bist wohl verrückt!, **b)** *a.* ~ *to you!* ,rutsch mir den Buckel runter'!; **8.** *pl.* V ,Eier' *pl.*; **9.** *not for* ~*s sl.* überhaupt nicht; *he can't play for* ~*s sl.* er spielt miserabel; **II.** *v/i.* **10.** Nüsse pflücken: *to go* ~*ting* Nüsse pflücken gehen.

nu·ta·tion [nju:'teiʃən] *s.* **1.** (⚕ krankhaftes) Nicken; **2.** ⚘, *ast., phys.* Nutati'on *f*.

nut| bolt ⊕ **1.** Mutterbolzen *m*; **2.** Bolzen *m od.* Schraube *f* mit Mutter; '~**-brown** *adj.* nußbraun; '~**-but·ter** *s.* Nußbutter *f*; '~**-crack·er** *s.* **1.** *a. pl.* Nußknacker *m*; **2.** *orn.* Tannenhäher *m*; '~**-gall** *s.* Gallapfel *m*: ~ *ink* Gallustinte; '~**-hatch** *s. orn.* Kleiber *m*, Spechtmeise *f*; '~**-house** *s. sl.* ,Klapsmühle' *f* (*Irrenhaus*); ~ **key** *s.* ⊕ Mutternschlüssel *m*; ~ **lock** *s.* ⊕ Muttersicherung *f*.

nut·meg ['nʌtmeg] *s.* Mus'katnuß *f*.

nu·tri·a ['nju:triə] *s.* **1.** *zo.* Biberratte *f*, Nutria *f*; **2.** ✝ Nutriafell *n*.

nu·tri·ent ['nju:triənt] **I.** *adj.* **1.** nährend, nahrhaft; **2.** Ernährungs...: ~ *medium biol.* Nährsubstanz; **II.** *s.* **3.** Nährstoff *m*; **4.** *biol.* Baustoff *m*; '**nu·tri·ment** [-imənt] *s.* Nahrung *f*, Nährstoff *m* (*a. fig.*): *mineral* ~ Nährsalz.

nu·tri·tion [nju(:)'triʃən] *s.* **1.** Ernährung *f*; **2.** Nahrung *f*: ~ *cycle* Nahrungskreislauf; **nu'tri·tion·al** [-ʃənl] Ernährungs...; **nu'tri·tion·ist** [-ʃnist] *s.* Ernährungswissenschaftler *m*, Diä'tetiker *m*; **nu'tri·tious** [-ʃəs] *adj.* □ nährend, nahrhaft; **nu'tri·tious·ness** [-ʃəsnis] *s.* Nahrhaftigkeit *f*.

nu·tri·tive ['nju:tritiv] *adj.* □ **1.** nährend, nahrhaft: ~ *value* Nährwert; **2.** Ernährungs...

nuts [nʌts] → *nut 7.*

nut| screw *s.* ⊕ **1.** Schraube *f* mit Mutter; **2.** Innengewinde *n*; '~**-shell** *s.* ⚘ Nußschale *f*: *in a* ~ *fig.* in knapper Form, in aller Kürze; *you can put the whole matter in a* ~ die Sache läßt sich in wenigen Worten zs.-fassen; '~**-tree** *s.* ⚘ **1.** Haselnußstrauch *m*; **2.** Nußbaum *m*.

nut·ty ['nʌti] *adj.* **1.** nußreich, voller Nüsse; **2.** nußartig, Nuß...; **3.** schmackhaft, pi'kant; **4.** *sl.* verrückt (*on* nach), ,bekloppt'.

nux vom·i·ca ['nʌks'vɔmikə] *s.* **1.** ⚕ Brechnuß *f*; **2.** ⚘ Brechnußbaum *m*.

nuz·zle ['nʌzl] **I.** *v/t.* **1.** mit der Schnauze aufwühlen; **2.** mit der Schnauze *od.* Nase reiben an (*dat.*); *fig. Kind* liebkosen, hätscheln; **3.** *e-m Schwein etc.* e-n Ring durch die Nase ziehen; **II.** *v/i.* **4.** (mit der Schnauze) wühlen, schnüffeln (*in* in *dat.*, *for* nach); **5.** *a.* ~ *o.s.* sich (an)schmiegen (*to* an *acc.*).

nyc·ta·lo·pi·a [niktə'loupiə] *s.* ⚕ Nachtblindheit *f*.

ny·lon ['nailən] *s.* Nylon *n*: ~*s* F Nylonstrümpfe, -garnitur, -wäsche.

nymph [nimf] *s.* **1.** *myth.* Nymphe *f*; **2.** *poet.* junge Schöne; **3.** *zo.* **a)** Puppe *f*, **b)** Nymphe *f*; **nym·phae·a** [nim'fi:ə] *s.* ⚘ Seerose *f*.

nym·pho·ma·ni·a [nimfə'meinjə] *s.* ⚕ Nymphoma'nie *f*, Mannstollheit *f*; **nym·pho'ma·ni·ac** [-niæk] **I.** *adj.* nympho'man, mannstoll; **II.** *s.* Nympho'manin *f*.

O

O, o[1] [ou] *s.* **1.** O *n*, o *n* (*Buchstabe*); **2.** *bsd. teleph.* Null *f.*
O, o[2] [ou] *int.* o(h)!, ah!, ach!
oaf [ouf] *s.* **1.** Dummkopf *m*, ‚Hornochse' *m*; **2.** Lümmel *m*; **oaf·ish** ['oufiʃ] *adj.* **1.** einfältig, dumm; **2.** lümmelhaft.
oak [ouk] **I.** *s.* **1.** ⚘ *a.* ~-*tree* Eiche *f*, Eichbaum *m*; **2.** *poet.* Eichenlaub *n*; **3.** Eichenholz *n*; **4.** *Brit. univ. sl.* Eichentür *f*: *to sport one's* ~ die Tür verschlossen halten, nicht zu sprechen sein; **5.** *the* ♀*s sport Stutenrennen in Epsom*; **II.** *adj.* **6.** eichen, Eichen...; '~-**ap·ple** *s.* ⚘ Gallapfel *m.*
oak·en ['oukən] *adj.* **1.** *bsd. poet.* Eichen...; **2.** eichen, von Eichenholz; **oak·let** ['ouklit], **oak·ling** ['oukliŋ] *s.* ⚘ junge *od.* kleine Eiche.
oa·kum ['oukəm] *s.* Werg *n*: *to pick* ~ **a)** Werg zupfen, **b)** F ‚Tüten kleben' (*im Gefängnis sitzen*).
'**oak-wood** *s.* **1.** Eichenholz *n*; **2.** Eichenwald(ung *f*) *m.*
oar [ɔ:] **I.** *s.* **1.** *sport* Ruder *n*, Riemen *m*: *four*-~ Vierer (*Boot*); *pair*-~ Zweier; *to pull a good* ~ gut rudern; *to put one's* ~ *in* F sich einmischen, *im Gespräch* ‚s-n Senf dazugeben'; *to rest on one's* ~*s fig.* sich auf s-n Lorbeeren ausruhen; → *ship 8*; **2.** *sport* Ruderer *m*: *a good* ~; **3.** *fig.* Flügel *m*, Arm *m*; **4.** *Brauerei*: Krücke *f*, Malzwender *m*; **II.** *v/t. u. v/i.* **5.** rudern; **oared** [ɔ:d] *adj.* **1.** mit Rudern (versehen); **2.** *in Zssgn* ...rud(e)rig; **oar-lock** ['ɔ:lɔk] *s.* Ruder-, Riemendolle *f*; **oars·man** ['ɔ:zmən] *s.* [*irr.*] Ruderer *m*; **oars·wom·an** ['ɔ:zwumən] *s.* [*irr.*] Ruderin *f.*
o·a·sis [ou'eisis] *pl.* **-ses** [-si:z] *s.* O'ase *f* (*a. fig.*).
oast [oust] *s. Brauerei*: Darre *f.*
oat [out] *s. mst pl.* Hafer *m*: *he feels his* ~*s Am.* F **a)** ihn sticht der Hafer, **b)** er ist ‚groß in Form'; *to sow one's wild* ~*s* sich austoben, sich die Hörner abstoßen; **oat·en** ['outn] *adj.* **1.** Hafer...: **2.** Hafermehl...
oath [ouθ; *pl.* ouðz] *s.* **1.** Eid *m*, Schwur *m*: ~ *of allegiance* Fahnen-, Treueid; ~ *of disclosure* ⚖ Offenbarungseid; ~ *of office* Amts-, Diensteid; *to bind by* ~ eidlich verpflichten; (*up*)*on* ~ unter Eid, eidlich; *upon my* ~*!* das kann ich beschwören!; *to administer* (*od. tender*) *an* ~ *to s.o., to put s.o. to* (*od. on*) *his* ~ j-m e-n Eid abnehmen, j-n schwören lassen; *to swear* (*od. take*) *an* ~ e-n Eid leisten, schwören (*on, to* auf *acc.*); *in lieu of an* ~ an Eides Statt; *under* ~ unter Eid, eidlich verpflichtet; *to be on one's* ~ eidlich gebunden sein; *false* ~ Falsch-, Meineid; **2.** Fluch *m*, Verwünschung *f.*
'**oat·meal** *s.* **1.** Hafermehl *n*, -grütze *f*; **2.** Haferschleim *m.*
O·ba·di·ah [oubə'daiə] *npr. u. s. bibl.* (das Buch) O'badja *m od.* Ab'dias *m.*
ob·bli·ga·to [ɔbli'gɑ:tou] ♪ **I.** *adj.* hauptstimmig; **II.** *pl.* **-tos** *s.* selbständige Begleitstimme.
ob·du·ra·cy ['ɔbdjurəsi] *s. fig.* Verstocktheit *f*, Halsstarrigkeit *f*; '**ob·du·rate** [-rit] *adj.* □ verstockt, halsstarrig.
o·be·di·ence [ə'bi:djəns] *s.* **1.** Gehorsam *m* (*to* gegen); **2.** *fig.* Abhängigkeit *f* (*to* von): *in* ~ *to* gemäß (*dat.*), im Verfolg (*gen.*); *in* ~ *to s.o.* auf j-s Verlangen; **3.** *eccl.* Obedi'enz *f*, 'Obrigkeitsˌsphäre *f*; **o'be·di·ent** [-nt] *adj.* □ **1.** gehorsam (*to dat.*); **2.** ergeben, unter'würfig (*to dat.*); → *servant 1*; **3.** *fig.* abhängig (*to* von).
o·bei·sance [ou'beisəns] *s.* **1.** Verbeugung *f*; **2.** Ehrerbietung *f*, Huldigung *f*: *to do* (*od. make od. pay*) ~ *to s.o.* j-m huldigen; **o'bei·sant** [-nt] *adj.* huldigend, unter'würfig.
ob·e·lisk ['ɔbilisk] *s.* **1.** Obe'lisk *m*; **2.** *typ.* **a)** → *obelus*, **b)** Kreuz(zeichen) *n* (*für Randbemerkungen*).
ob·e·lus ['ɔbiləs] *pl.* **-li** [-lai] *s. typ.* **1.** Obe'lisk *m* (*Zeichen für fragwürdige Stellen*); **2.** Verweisungszeichen *n auf Randbemerkungen.*
o·bese [ou'bi:s] *adj.* fettleibig, korpu'lent; **o'bese·ness** [-nis], **o'bes·i·ty** [-siti] *s.* Fettleibigkeit *f*, Korpu'lenz *f.*
o·bey [ə'bei] **I.** *v/t.* **1.** *j-m* gehorchen, folgen (*a. fig.*); **2.** *e-m Befehl etc.* Folge leisten, befolgen (*acc.*); **II.** *v/i.* **3.** gehorchen, folgen (*to dat.*).
ob·fus·cate ['ɔbfʌskeit] *v/t.* **1.** verfinstern, trüben (*a. fig.*); **2.** *fig. Urteil etc.* trüben, verwirren; *die Sinne* benebeln; **ob·fus·ca·tion** [ɔbfʌs'keiʃən] *s.* **1.** Verdunkelung *f*, Trübung *f*; **2.** *fig.* Verwirrung *f*, Benebelung *f* (*der Sinne*).
o·bit·u·ar·y [ə'bitjuəri] **I.** *s.* **1.** Todesanzeige *f*; **2.** Nachruf *m*; **3.** *eccl.* Totenliste *f*; **II.** *adj.* **4.** Toten..., Todes...: ~ *notice* Todesanzeige.
ob·ject[1] [əb'dʒekt] **I.** *v/t.* **1.** *fig.* einwenden, vorbringen (*to* gegen); **2.** vorhalten, vorwerfen (*to, against dat.*); **II.** *v/i.* **3.** Einwendungen machen, Einsprüche erheben, protestieren, reklamieren (*to, against* gegen); **4.** et. einwenden, et. dagegen haben: *to* ~ *to s.th.* et. beanstanden; *do you* ~ *to my smoking?* haben Sie et. dagegen, wenn ich rauche?; *if you don't* ~ wenn Sie nichts dagegen haben.
ob·ject[2] ['ɔbdʒikt] *s.* **1.** Ob'jekt *n*, Gegenstand *m* (*a. fig. des Mitleids etc.*): ~ *of invention* ⚖ Erfindungsgegenstand; *money is no* ~ Geld spielt keine Rolle; *salary no* ~ Gehalt Nebensache; **2.** Absicht *f*, Ziel *n*, Zweck *m*: *to make it one's* ~ *to do s.th.* es sich zum Ziel setzen, et. zu tun; **3.** F scheußliche Per'son *od.* Sache: *what an* ~ *you are!* wie sehen Sie denn aus!; **4.** *ling.* Ob'jekt *n*: *direct* ~ Akkusativobjekt; '~-**draw·ing** *s. bsd.* ⊕ Zeichnen *n* nach Vorlagen *od.* Mo'dellen; '~-**find·er** *s. phot.* (Objek'tiv)Sucher *m*; '~-**glass** *s.* ⊕ Objek'tiv(glas) *n.*
ob·jec·ti·fy [ɔb'dʒektifai] *v/t.* objektivieren, vergegenständlichen.
ob·jec·tion [əb'dʒekʃən] *s.* **1. a)** Einwendung *f* (*a.* ⚖), Einspruch *m*, -wand *m*, -wurf *m*, Bedenken *n* (*to* gegen), **b)** *weitS.* Abneigung *f*, 'Widerwille *m* (*against* gegen): *I have no* ~ *to him* ich habe nichts gegen ihn *od.* an ihm nichts auszusetzen; *to make* (*od. to raise*) *an* ~ *to s.th.* gegen et. e-n Einwand erheben; *to take* ~ *to s.th.* gegen et. protestieren; **2.** Beanstandung *f*, Reklamati'on *f*; **ob'jec·tion·a·ble** [-ʃnəbl] *adj.* □ **1.** nicht einwandfrei, zu beanstanden(d), unerwünscht, anrüchig; **2.** unangenehm (*to dat. od.* für); **3.** anstößig.
ob·jec·tive [əb'dʒektiv] **I.** *adj.* □ **1.** objek'tiv (*a. phls.*), sachlich, vorurteilslos; **2.** *ling.* Objekts...: ~ *case* Objektsfall; ~ *genitive* objektiver Genitiv; **3.** Ziel...: ~ *point* ⚔ Operations-, Angriffsziel; **II.** *s.* **4.** *opt.* Objek'tiv(linse *f*) *n*; **5.** *ling.* Ob'jektsfall *m*; **6.** (*bsd.* ⚔ Kampf-, Angriffs)Ziel *n*; **ob'jec·tive·ness** [-nis], **ob·jec·tiv·i·ty** [ɔbdʒek'tiviti] *s.* Objektivi'tät *f.*
'**ob·ject-lens** *s. opt.* Objek'tivlinse *f.*
ob·ject·less ['ɔbdʒiktlis] *adj.* gegenstands-, zweck-, ziellos.
'**ob·ject-les·son** *s.* **1.** *ped. u. fig.* 'Anschauungsˌunterricht *m*; **2.** *fig.* Schulbeispiel *n*; **3.** *fig.* Denkzettel *m.*
ob·jec·tor [əb'dʒektə] *s.* Gegner(in), Protestierende(r *m*) *f*; → *conscientious.*
'**ob·ject|-plate**, '~-**slide** *s.* Ob'jektträger *m* (*Mikroskop etc.*); ~ **teach·ing** *s.* 'Anschauungsˌunterricht *m.*
ob·jur·gate ['ɔbdʒə:geit] *v/t.* tadeln, schelten; **ob·jur·ga·tion** [ɔbdʒə:-

ˈgeiʃən] *s.* Tadel *m*; **ob·jur·ga·to·ry** [ɔbˈdʒəːɡətəri] *adj.* tadelnd, scheltend.

ob·late[1] [ˈɔbleit] *adj.* ⩘, *phys.* (an den Polen) abgeplattet.

ob·late[2] [ˈɔbleit] *R.C.* Obˈlat(in) (*Laienbruder od. -schwester*).

ob·la·tion [oubˈleiʃən] *s. bsd. eccl.* Opfer(gabe *f*) *n*.

ob·li·gate *v/t.* [ˈɔbligeit] **1.** verpflichten (*a.* ⚖); **2.** F nötigen; **ob·li·ga·tion** [ɔbliˈgeiʃən] *s.* **1.** Verpflichten *n*; **2.** Verpflichtung *f*, Verbindlichkeit *f*: *of* ~ obligatorisch; *to be under an* ~ *to s.o.* j-m (zu Dank) verpflichtet sein; **3.** ✝ **a)** Schuldverschreibung *f*, Obligatiˈon *f*, **b)** (Schuld)Verpflichtung *f*, Verbindlichkeit *f*: *financial* ~ Zahlungsverpflichtung; ~ *to buy* Kaufzwang; *no* ~, *without* ~ unverbindlich, freibleibend; **ob·li·ga·to·ry** [ɔˈbligətəri] *adj.* □ verpflichtend, bindend, (rechts)verbindlich, obligaˈtorisch (*on, upon* für), Zwangs...

o·blige [əˈblaidʒ] **I.** *v/t.* **1.** nötigen, zwingen: *I was* ~*d to go* ich mußte gehen; **2.** *fig.* *j-n* (zu Dank) verpflichten: *much* ~*d!* sehr verbunden!, danke bestens!; *I am* ~*d to you for it* ich habe es Ihnen zu verdanken; *will you* ~ *me by* (*ger.*)? wären Sie so freundlich, zu (*inf.*)?, *iro.* würden Sie gefälligst *et. tun*?; **3.** *j-m* gefällig sein, e-n Gefallen tun, dienen: *to* ~ *you* Ihnen zu Gefallen; *to* ~ *the company with* die Gesellschaft mit *e-m Lied etc.* erfreuen; **4.** ⚖ *j-n* (*durch Eid etc.*) binden (*to* an *acc.*): *to* ~ *o.s.* sich verpflichten (*to do et.* zu tun); **II.** *v/i.* **5.** ~ *with* F *Lied etc.* vortragen, zum besten geben; **6.** erwünscht sein: *an early reply will* ~ um baldige Antwort wird gebeten; **ob·li·gee** [ɔbliˈdʒiː] *s.* ⚖ Forderungsberechtigte(r *m*) *f*; **oˈblig·ing** [-dʒiŋ] *adj.* □ verbindlich, gefällig, zuˈvor-, entgegenkommend; **oˈblig·ing·ness** [-dʒiŋnis] *s.* Gefälligkeit *f*, Zuˈvorkommenheit *f*; **ob·li·gor** [ɔbliˈgɔː] *s.* ⚖ (Obligatiˈons)Schuldner(in).

ob·lique [əˈbliːk] *adj.* □ **1.** *bsd.* ⩘ schief, schräg: ~*(-angled)* schiefwink(e)lig; ~ *photograph* Schrägaufnahme; *at an* ~ *angle with* im spitzen Winkel zu; **2.** ˈindiˌrekt, versteckt, verblümt: ~ *accusation*; ~ *glance* Seitenblick; **3.** unaufrichtig, unredlich; **4.** *ling.* abhängig, ˈindiˌrekt: ~ *case* Beugefall; ~ *speech* indirekte Rede; **obˈlique·ness** [-nis] → *obliquity*; **ob·liq·ui·ty** [əˈblikwiti] *s.* **1.** Schiefe *f* (*a. ast.*), schiefe Lage *od.* Richtung, Schrägheit *f*; **2.** *fig.* Schiefheit *f*, Unregelmäßigkeit *f*; **3.** *fig.* Verirrung *f*: *moral* ~ Unredlichkeit; ~ *of judg(e)ment* Schiefe des Urteils.

ob·lit·er·ate [əˈblitəreit] *v/t.* auslöschen, tilgen (*a. fig.*); *Schrift a.* ausstreichen, wegradieren; *Briefmarken* entwerten; **ob·lit·er·a·tion** [əblitəˈreiʃən] *s.* **1.** Verwischung *f*, Auslöschung *f*; **2.** *fig.* Vernichtung *f*, Vertilgung *f*.

ob·liv·i·on [əˈbliviən] *s.* **1.** Vergessenheit *f*: *to fall into* ~ in Vergessenheit geraten; **2.** Vergessen *n*, Vergeßlichkeit *f*; **3.** *a. act of* ~ *pol.* Amneˈstie *f*; **obˈliv·i·ous** [-iəs] *adj.* □ vergeßlich: *to be* ~ *of s.th.* et. vergessen (haben); *to be* ~ *to s.th.* F *fig.* blind sein gegen et., et. nicht beachten; **obˈliv·i·ous·ness** [-iəsnis] *s.* Vergeßlichkeit *f*.

ob·long [ˈɔblɔŋ] **I.** *adj.* **1.** länglich; **2.** ⩘ rechteckig; **II.** *s.* **3.** ⩘ Rechteck *n*.

ob·lo·quy [ˈɔbləkwi] *s.* **1.** Verleumdung *f*, Schmähung *f*: *to fall into* ~ in Verruf kommen; **2.** Schmach *f*.

ob·nox·ious [əbˈnɔkʃəs] *adj.* □ **1.** anstößig, anrüchig, verhaßt, abˈscheulich; **2.** (*to*) unbeliebt (bei), unangenehm (*dat.*); **obˈnox·ious·ness** [-nis] *s.* **1.** Anstößigkeit *f*, Anrüchigkeit *f*; **2.** Verhaßtheit *f*.

o·boe [ˈoubou] *s.* ♪ Oˈboe *f*; **ˈo·bo·ist** [-ouist] *s.* Oboˈist(in).

ob·scene [ɔbˈsiːn] *adj.* □ unzüchtig (*a.* ⚖), unanständig, zotig, obˈszön: ~ *talker* Zotenreißer; **obˈscen·i·ty** [-niti] *s.* Unanständigkeit *f*, Unzüchtigkeit *f*, Zote *f*; *pl.* Obszöniˈtäten *pl*.

ob·scur·ant [ɔbˈskjuərənt] *s.* Obskuˈrant *m*, Dunkelmann *m*, Bildungsfeind *m*; **ob·scur·ant·ism** [ɔbskjuəˈræntizəm] *s.* Obskuranˈtismus *m*, Bildungshaß *m*; **ob·scur·ant·ist** [ɔbskjuəˈræntist] **I.** *s.* → *obscurant*; **II.** *adj.* obskuranˈtistisch.

ob·scu·ra·tion [ɔbskjuəˈreiʃən] *s.* Verdunkelung *f* (*a. fig.*).

ob·scure [əbˈskjuə] **I.** *adj.* □ **1.** dunkel, düster; **2.** *fig.* dunkel, unklar; **3.** *fig.* obˈskur, unbekannt, unbedeutend; **4.** *fig.* verborgen: *to live an* ~ *life*; **II.** *v/t.* **5.** verdunkeln, verfinstern (*a. fig.*); **6.** *fig.* verkleinern, in den Schatten stellen; **7.** *fig.* unverständlich *od.* undeutlich machen; **8.** verbergen; **obˈscu·ri·ty** [-əriti] *s.* **1.** Dunkelheit *f* (*a. fig.*); **2.** *fig.* Unklarheit *f*, Undeutlichkeit *f*, Unverständlichkeit *f*; **3.** *fig.* Unbekanntheit *f*, Verborgenheit *f*; Niedrigkeit *f der Herkunft*: *to be lost in* ~ vergessen sein.

ob·se·quies [ˈɔbsikwiz] *s. pl.* Trauerfeierlichkeit(en *pl.*) *f*.

ob·se·qui·ous [əbˈsiːkwiəs] *adj.* □ unterˈwürfig (*to* gegen), serˈvil, kriecherisch; **obˈse·qui·ous·ness** [-nis] *s.* Unterˈwürfigkeit *f*.

ob·serv·a·ble [əbˈzəːvəbl] *adj.* □ **1.** wahrnehmbar; **2.** bemerkenswert; **3.** zu be(ob)achten(d); **obˈserv·ance** [-vəns] *s.* **1.** Befolgung *f*, Be(ob)achtung *f*, Ein-, Innehaltung *f von Gesetzen etc.*; **2.** *eccl.* Heilighaltung *f*, Feiern *n*; **3.** Brauch *m*, Sitte *f*; **4.** Regel *f*, Vorschrift *f*; **5.** *R.C.* Ordensregel *f*, Obserˈvanz *f*; **obˈserv·ant** [-vənt] *adj.* □ **1.** beobachtend, befolgend (*of acc.*): *to be very* ~ *of forms* sehr auf Formen halten; **2.** aufmerksam, acht-, wachsam (*of* auf *acc.*).

ob·ser·va·tion [ɔbzə(ː)ˈveiʃən] **I.** *s.* **1.** Beobachtung *f* (*a.* ⚕, ⚓ *etc.*), Überˈwachung *f*, Wahrnehmung *f*: *to keep s.o. under* ~ j-n beobachten (lassen); **2.** ⚔ (Nah)Aufklärung *f*; **3.** Beobachtungsvermögen *n*; **4.** Bemerkung *f*; **5.** Befolgung *f*; **II.** *adj.* **6.** Beobachtungs..., Aussichts...; ~ **bal·loon** *s.* ˈFesselbalˌlon *m*; ~ **car** *s.* 🚂 Aussichtswagen *m*; ~ **coach** *s.* Omnibus *m* mit Aussichtsplattform; ~ **post** *s.* ⚔ Beobachtungsstand *m*, -posten *m*; ~ **tow·er** *s.* Beobachtungswarte *f*; Aussichtsturm *m*; ~ **train** *s. bsd. Am.* 🚂 Aussichtszug *m*; ~ **win·dow** *s.* ⊕ *etc.* Beobachtungsfenster *n*.

ob·serv·a·to·ry [əbˈzəːvətri] *s.* Observaˈtorium *n*: **a)** Wetterwarte *f*, **b)** Sternwarte *f*.

ob·serve [əbˈzəːv] **I.** *v/t.* **1.** beobachten: **a)** überˈwachen, **b)** bemerken, wahrnehmen, **c)** *Gesetz etc.* befolgen, **d)** (ein)halten, üben, *Fest etc.* feiern: *to* ~ *silence* Stillschweigen beobachten; **2.** bemerken, äußern, sagen; **II.** *v/i.* **3.** Beobachtungen machen; **4.** Bemerkungen machen, sich äußern (*on, upon* über *acc.*); **obˈserv·er** [-və] *s.* **1.** Beobachter(in), Zuschauer(in); **2.** Befolger(in); **3.** ⚔ **a)** Beobachter *m* (*a.* ✈), **b)** Luftspäher *m* (*Flugmeldedienst*); **obˈserv·ing** [-viŋ] *adj.* □ aufmerksam, achtsam.

ob·sess [əbˈses] *v/t.* quälen, heimsuchen, verfolgen (*von Ideen etc.*): ~*ed by* (*od. with*) besessen von; **ob·ses·sion** [əbˈseʃən] *s.* Besessenheit *f*, fixe Iˈdee; ⚕ Zwangsvorstellung *f*.

ob·sid·i·an [ɔbˈsidiən] *s. min.* Obsidiˈan *m*.

ob·so·les·cence [ɔbsəˈlesns] *s.* Veralten *n*; **ob·soˈles·cent** [-nt] *adj.* veraltend.

ob·so·lete [ˈɔbsəliːt] *adj.* □ **1.** veraltet, überˈholt, altmodisch; **2.** abgenutzt, verbraucht; **3.** *biol.* zuˈrückgeblieben, rudimenˈtär.

ob·sta·cle [ˈɔbstəkl] *s.* Hindernis *n* (*to* für) (*a. fig.*): *to put* ~*s in s.o.'s way fig.* j-m Hindernisse in den Weg legen; ~ *race sport* Hindernisrennen.

ob·stet·ric *adj.*; **ob·stet·ri·cal** [ɔbˈstetrik(əl)] *adj.* Geburts(hilfe)..., Entbindungs..., geburtshilflich; **ob·ste·tri·cian** [ɔbsteˈtriʃən] *s.* ⚕ Geburtshelfer *m*; **obˈstet·rics** [-ks] *s. pl. mst sg. konstr.* Geburtshilfe *f*.

ob·sti·na·cy [ˈɔbstinəsi] *s.* Hartnäckigkeit *f* (*a. fig.*, ⚕ *etc.*), Eigensinn *m*; **ˈob·sti·nate** [-nit] *adj.* □ hartnäckig (*a. fig.*), halsstarrig, eigensinnig.

ob·strep·er·ous [əbˈstrepərəs] *adj.* □ **1.** ungebärdig, tobend, ˈwiderspenstig; **2.** lärmend.

ob·struct [əbˈstrʌkt] **I.** *v/t.* **1.** versperren, -stopfen, blockieren: *to* ~ *s.o.'s view* j-m die Sicht nehmen; **2.** behindern, hemmen, lahmlegen, nicht ˈdurchlassen; **3.** verhindern, vereiteln; **II.** *v/i.* **4.** *pol.* Obstruktiˈon treiben; **obˈstruc·tion** [-kʃən] *s.* **1.** Versperrung *f*, Verstopfung *f*; **2.** Behinderung *f*, Hemmung *f*; **3.** Hindernis *n* (*to* für); **4.** *pol.* Obstruktiˈon *f*; **obˈstruc·tion·ism** [-kʃənizəm] *s. bsd. pol.* Obstruktiˈonspoliˌtik *f*; **obˈstruc·tion·ist** [-kʃənist] **I.** *s.* Obstruktiˈonspoˌlitiker *m*; **II.** *adj.* Obstruktions...; **obˈstruc·tive** [-tiv] **I.** *adj.* □ **1.** (*of, to*) hinderlich, hemmend (für): *to be* ~ *to s.th.* et. behindern; **2.** Obstruktions...; **II.** *s.* **3.** Hindernis *n*.

ob·tain [əbˈtein] **I.** *v/t.* **1.** erlangen, erhalten, bekommen, erwerben, sich verschaffen, *Sieg* erringen: *to*

~ *by flattery* sich erschmeicheln; *to ~ by false pretences* ⚖ sich erschleichen; *to ~ legal force* Rechtskraft erlangen; *details can be ~ed from* Näheres ist zu erfahren bei; **2.** *Willen, Wünsche etc.* 'durchsetzen; **3.** erreichen; **4.** ✝ *Preis* erzielen; **II.** *v/i.* **5.** (vor)herrschen, bestehen; Geltung haben, sich behaupten; **ob'tain·a·ble** [-nəbl] *adj.* erreichbar, erlangbar; erhältlich, zu erhalten(d) (*at* bei); **ob'tain·ment** [-mənt] *s.* Erlangung *f.*

ob·trude [əb'tru:d] **I.** *v/t.* aufdrängen, -nötigen, -zwingen (*upon, on dat.*): *to ~ o.s. upon* → *II*; **II.** *v/i.* sich aufdrängen (*upon, on dat.*); **ob'tru·sion** [-u:ʒən] *s.* **1.** Aufdrängen *n*, Aufnötigung *f*; **2.** Aufdringlichkeit *f*; **ob'tru·sive** [-u:siv] *adj.* □ aufdringlich (*a. Sache*); **ob'tru·sive·ness** [-u:sivnis] *s.* Aufdringlichkeit *f.*

ob·tu·rate ['ɔbtjuəreit] *v/t.* **1.** verstopfen, verschließen; **2.** ⊕ (ab-) dichten, lidern; **ob·tu·ra·tion** [ɔbtjuə'reiʃən] *s.* **1.** Verstopfung *f*, Verschließung *f*; **2.** ⊕ (Ab)Dichtung *f*; **'ob·tu·ra·tor** [-tə] *s.* **1.** Schließvorrichtung *f*, Verschluß *m*; **2.** ⊕ (Ab)Dichtungsmittel *n*, -ring *m*; **3.** ⚕ Obtu'rator *m* (*Verschlußplatte, bsd. für Gaumenspalten*).

ob·tuse [əb'tju:s] *adj.* □ **1.** stumpf (*a.* ⩤): *~-angled* stumpfwink(e)lig; **2.** *fig.* stumpf(sinnig), beschränkt; dumpf (*Ton, Schmerz etc.*); **ob'tuse·ness** [-nis] *s.* Stumpfheit *f* (*a. fig.*).

ob·verse ['ɔbvə:s] **I.** *s.* **1.** Vorderseite *f*; Bildseite *f e-r Münze*; **2.** Gegenstück *n*, *die* andere Seite, Kehrseite *f*; **II.** *adj.* □ **3.** Vorder..., dem Beobachter zugekehrt; **4.** entsprechend, 'umgekehrt; **ob·verse·ly** [əb'və:sli] *adv.* 'umgekehrt.

ob·vi·ate ['ɔbvieit] *v/t.* **1.** *e-r Sache* begegnen, zu'vorkommen, vorbeugen, *et.* verhindern, verhüten; **2.** aus dem Weg räumen, beseitigen; **3.** erübrigen; **ob·vi·a·tion** [ɔbvi'eiʃən] *s.* **1.** Vorbeugen *n*, Verhütung *f*; **2.** Beseitigung *f.*

ob·vi·ous ['ɔbviəs] *adj.* □ offensichtlich, augenfällig, klar, deutlich; naheliegend, einleuchtend: *it is ~ that* es liegt auf der Hand, daß; **'ob·vi·ous·ness** [-nis] *s.* Offensichtlichkeit *f.*

oc·ca·sion [ə'keiʒən] **I.** *s.* **1.** (günstige) Gelegenheit; **2.** (*of*) Gelegenheit *f* (zu), Möglichkeit *f* (*gen.*); **3.** (besondere) Gelegenheit, Anlaß *m*; (F festliches) Ereignis: *on this ~* bei dieser Gelegenheit; *on the ~ of* anläßlich (*gen.*); *on ~* **a)** bei Gelegenheit, **b)** gelegentlich, **c)** wenn nötig; *for the ~* für diese besondere Gelegenheit, eigens zu diesem Zweck; *a great ~* ein großes Ereignis; *to improve the ~* die Gelegenheit (*bsd.* zu e-r Moralpredigt) benützen; *to rise to the ~* sich der Lage gewachsen zeigen; **4.** Anlaß *m*, Anstoß *m*: *to give ~ to s.th.* et. veranlassen, den Anstoß geben zu e-r Sache, et. hervorrufen; **5.** (*for*) Grund *m* (zu), Ursache *f* (*gen.*), Veranlassung *f* (zu); **II.** *v/t.* **6.** verursachen (*s.o. s.th., s.th. to s.o.* j-m et.), bewirken, zeitigen; **7.** *j-n* veranlassen (*to do* zu tun); **oc'ca·sion·al** [-ʒənl] *adj.* □ **1.** gelegentlich, Gelegenheits...(*-arbeit, -gedicht etc.*); **2.** zufällig; **oc'ca·sion·al·ly** [-ʒnəli] *adv.* gelegentlich.

Oc·ci·dent ['ɔksidənt] *s.* **1.** 'Okzident *m*, Westen *m*, Abendland *n*; **2.** ♀ Westen *m*; **Oc·ci·den·tal** [ɔksi'dentl] **I.** *adj.* □ **1.** abendländisch, westlich; **2.** ♀ westlich; **II.** *s.* **3.** Abendländer(in).

oc·cip·i·tal [ɔk'sipitl] *anat.* **I.** *adj.* Hinterhaupt(s)...; **II.** *s.* 'Hinterhauptsbein *n*; **oc·ci·put** ['ɔksipʌt] *pl.* **oc·cip·i·ta** [ɔk'sipitə] *s. anat.* 'Hinterkopf *m.*

oc·clude [ɔ'klu:d] *v/t.* **1.** verstopfen, verschließen; **2. a)** einschließen, **b)** ausschließen, **c)** abschließen (*from* von); **3.** ⚗ okkludieren, adsorbieren; **oc'clu·sion** [-u:ʒən] *s.* **1.** Verstopfung *f*, Verschließung *f*; **2.** Verschluß *m*; **3.** ⚗ Okklusi'on *f*, Adsorpti'on *f*; **4.** ⚕ Okklusion *f*: *abnormal ~* Bißanomalie.

oc·cult [ɔ'kʌlt] **I.** *adj.* □ **1.** ok'kult, 'magisch, 'übersinnlich; **2.** geheim, Geheim...; **3.** ⚕ okkult, verborgen; **II.** *v/t.* **4.** verdecken; ⊕ abblenden; *ast.* verfinstern.

oc·cul·ta·tion [ɔkəl'teiʃən] *s.* **1.** Verdeckung *f*; **2.** Verschwinden *n*; **3.** *ast.* Verfinsterung *f*; **oc·cult·ism** ['ɔkəltizəm] *s.* Okkul'tismus *m*; **oc·cult·ist** ['ɔkəltist] **I.** *s.* Okkul'tist(in); **II.** *adj.* okkul'tistisch.

oc·cu·pan·cy ['ɔkjupənsi] *s.* **1.** Besitzergreifung *f* (*a.* ⚖); Einzug *m* (*of* in *e-e Wohnung*); **2.** Innehaben *n*, Besitz *m*: *during his ~ of the post* solange er die Stelle innehatte; **3.** In'anspruchnahme *f* (*von Raum etc.*); **'oc·cu·pant** [-ənt] *s.* **1.** *bsd.* ⚖ Besitzergreifer(in); **2.** Besitzer(in), Inhaber(in); **3.** Bewohner(in), Insasse *m*, Insassin *f* (*Haus etc.*); **oc·cu·pa·tion** [ɔkju'peiʃən] *s.* **1.** Besitz *m*, Innehaben *n*; **2.** Besitznahme *f*, -ergreifung *f*; **3.** ⚔, *pol.* Besetzung *f*, Besatzung *f*, Okkupati'on *f*: *~ costs* Besatzungskosten; *~ troops* Besatzungstruppen; → *zone 1*; **4.** Beschäftigung *f*: *without ~* beschäftigungslos; **5.** Beruf *m*, Gewerbe *n*: *by ~* von Beruf; *employed in an ~* berufstätig; *in* (*od. as a*) *regular ~* hauptberuflich; **oc·cu·pa·tion·al** [ɔkju(:)'peiʃənl] *adj.* **1.** beruflich, Berufs...(*-gruppe, -krankheit etc.*): *~ hazard* Berufsrisiko; *~ training* Berufsausbildung; **2.** Beschäftigungs...: *~ therapy.*

oc·cu·pi·er ['ɔkjupaiə] → *occupant.*

oc·cu·py ['ɔkjupai] **I.** *v/t.* **1.** in Besitz nehmen, Besitz ergreifen von; *Wohnung* beziehen; ⚔ besetzen; **2.** besitzen, innehaben; *fig. Amt etc.* bekleiden, innehaben: *to ~ the chair* den Vorsitz führen; **3.** bewohnen; **4.** *Raum* einnehmen, (*a. Zeit*) in Anspruch nehmen; **5.** *j-n, j-s Geist* beschäftigen: *to ~ o.s.* sich beschäftigen *od.* befassen (*with* mit); *to be occupied with* (*od. in*) *doing* damit beschäftigt sein, *et.* zu tun.

oc·cur [ə'kə:] *v/i.* **1.** sich ereignen, vorfallen, -kommen, eintreten; **2.** vorkommen (*in Poe* bei Poe); **3.** zustoßen, begegnen (*to s.o.* j-m); **4.** einfallen (*to dat.*): *it ~red to me that* es fiel mir ein *od.* es kam mir der Gedanke, daß; **oc·cur·rence** [ə'kʌrəns] *s.* **1.** Vorkommen *n*, Auftreten *n*: *to be of frequent ~* häufig vorkommen; **2.** Ereignis *n*, Vorfall *m*, Vorkommnis *n.*

o·cean ['ouʃən] *s.* **1.** 'Ozean *m*, Meer *n*: *~ lane* Schiffahrtsroute; *~ liner* Ozeandampfer; **2.** *fig.* Meer *n*: *~s of* F e-e Unmenge von; *~* **bill of lad·ing** *s.* ✝ Konnosse'ment *n*, Seefrachtbrief *m*; **'~-going** *adj.* ⚓ Hochsee...

o·ce·an·ic [ouʃi'ænik] *adj.* oze'anisch, Ozean..., Meer(es)...

o·ce·a·no·graph·ic *adj.*; **o·ce·a·no·graph·i·cal** [ouʃjənou'græfik(əl)] *adj.* ozeano'graphisch; **o·ce·a·nog·ra·phy** [ouʃjə'nɔgrəfi] *s.* Meereskunde *f.*

oc·el·lat·ed ['ɔsileitid] *adj. zo.* **1.** augenfleckig; **2.** augenähnlich; **o·cel·lus** [ou'seləs] *pl.* **-li** [-lai] *s. zo.* **1.** Punktauge *n*; **2.** Augenfleck *m.*

o·cher *Am.* → *ochre.*

och·loc·ra·cy [ɔk'lɔkrəsi] *s.* Ochlokra'tie *f*, Pöbelherrschaft *f.*

o·chre ['oukə] **I.** *s.* **1.** *min.* Ocker *m*: *blue* (*od. iron*) *~* Eisenocker; *brown* (*od. spruce*) *~* brauner Eisenocker; **2.** Ockerfarbe *f*, *bsd.* Ockergelb *n*; **II.** *adj.* **3.** ockergelb; **o·chre·ous** ['oukriəs] *adj.* **1.** Ocker...; **2.** ockerhaltig; **3.** ockerartig; **4.** ockerfarben.

o'clock [ə'klɔk] Uhr (*bei Zeitangaben*): *four ~* vier Uhr.

oc·ta·gon ['ɔktəgən] *s.* ⩤ Achteck *n*; **oc·tag·o·nal** [ɔk'tægənl] *adj.* □ **1.** achteckig, -seitig; **2.** Achtkant...

oc·ta·he·dral ['ɔktə'hedrəl] *adj.* ⩤, *min.* okta'edrisch, achtflächig; **'oc·ta'he·dron** [-drən] *pl.* **-drons** *od.* **-dra** [-drə] *s.* Okta'eder *n.*

oc·tane ['ɔktein] *s.* ⚗ Ok'tan *n*; *~* **num·ber**, *~* **rat·ing** *s.* ⚗, *mot.* Ok'tanzahl *f*, Klopffestigkeitsgrad *m.*

oc·tant ['ɔktənt] *s.* ⩤, ⚓ Ok'tant *m.*

oc·tave ['ɔktiv; *eccl.* 'ɔkteiv] *s.* ♪, *eccl., phys.* Ok'tave *f.*

oc·ta·vo [ɔk'teivou] *pl.* **-vos** *s.* **1.** Ok'tav(for,mat) *n*; **2.** Ok'tavband *m.*

oc·til·lion [ɔk'tiljən] *s.* ⩤ **1.** *Brit.* Oktilli'on *f*; **2.** *Am.* Quadrilli'arde *f.*

Oc·to·ber [ɔk'toubə] *s.* Ok'tober *m*: *in ~* im Oktober.

oc·to·dec·i·mo ['ɔktou'desimou] *pl.* **-mos** *s.* **1.** Okto'dezfor,mat *n*; **2.** Okto'dezband *m.*

oc·to·ge·nar·i·an [ɔktoudʒi'nɛəriən] **I.** *adj.* achtzigjährig; **II.** *s.* Achtzigjährige(r *m*) *f*, Achtziger(in).

oc·to·pod ['ɔktəpɔd] *s. zo.* Okto'pode *m*, Krake *m.*

oc·to·pus ['ɔktəpəs] *pl.* **-pus·es** *od.* **oc·to·pi** [-pai] *s.* **1.** *zo.* Krake *m*, 'Seepo,lyp *m*; **2.** → *octopod*; **3.** *fig.* Po'lyp *m.*

oc·to·syl·lab·ic ['ɔktousi'læbik] **I.** *adj.* achtsilbig; **II.** *s.* Achtsilb(l)er *m* (*Vers*); **oc·to·syl·la·ble** ['ɔktousiləbl] *s.* **1.** achtsilbiges Wort; **2.** → *octosyllabic II.*

oc·u·lar ['ɔkjulə] **I.** *adj.* □ **1.** Augen...(*-bewegung, -zeuge etc.*); **2.** sichtbar (*Beweis*), augenfällig; **II.** *s.* **3.** *opt.* Oku'lar *n*; **'oc·u·lar·ly** [-li] *adv.* **1.** augenscheinlich; **2.** durch

Augenschein; '**oc·u·list** [-list] *s.* Augenarzt *m.*

odd [ɔd] **I.** *adj.* □ → *oddly*; **1.** sonderbar, seltsam, merkwürdig, kuri'os: *an ~ fellow* (*od.* F *fish*) ein sonderbarer Kauz; **2.** (*nach Zahlen etc.*) und etliche, und einige *od.* etwas dar'über: *50 ~* über 50, einige 50; *fifty ~ thousand* zwischen 50 000 u. 60 000; *it cost five pounds ~* es kostete etwas über 5 Pfund; **3.** (*noch*) übrig, 'überzählig, restlich; **4.** ungerade: *~ and even* gerade u. ungerade; *an ~ number* eine ungerade Zahl; *~ man out* Überzählige(r); *the ~ man* der Mann mit der entscheidenden Stimme (*bei Stimmengleichheit*); **5. a**) einzeln (*Schuh etc.*): *~ pair* Einzelpaar, **b**) vereinzelt: *some ~ volumes* einige Einzelbände, **c**) ausgefallen, wenig gefragt (*Kleidergröße*); **6.** gelegentlich, Gelegenheits...: *~ jobs* Gelegenheitsarbeiten; *at ~ moments, at ~ times* dann und wann, zwischendurch; *~ man* Gelegenheitsarbeiter; **II.** *s.* **7.** → *odds.*

odd·i·ty ['ɔditi] *s.* **1.** Seltsamkeit *f*, Wunderlichkeit *f*, Eigenartigkeit *f*; **2.** seltsamer Kauz, Origi'nal *n*; **3.** seltsame *od.* kuri'ose Sache; **odd·ly** ['ɔdli] *adv.* **1.** → *odd 1*; **2.** *a.* ~ *enough* seltsamerweise; **odd·ments** ['ɔdmənts] *s. pl.* Reste *pl.*, 'Überbleibsel *pl.*; Krimskrams *m*; † Einzelstücke *pl.*; **odd·ness** ['ɔdnis] *s.* Seltsamkeit *f*, Sonderbarkeit *f.*

odd-num·bered *adj.* ungeradzahlig.

odds [ɔdz] *s. pl. oft sg. konstr.* **1.** Ungleichheit *f*, Verschiedenheit *f*, 'Unterschied *m*: *what's the ~?* F was macht es (schon) aus?; *it makes no ~* es macht nichts (aus); **2.** Vorteil *m*, Über'legenheit *f*: *the ~ are in our favo(u)r* der Vorteil liegt auf unserer Seite; *the ~ are against us* wir sind im Nachteil; *against long ~* gegen große Übermacht, mit wenig Aussicht auf Erfolg; *by long ~* bei weitem; **3.** Vorgabe *f* (*im Spiel*): *to give s.o. ~* j-m et. vorgeben; *to take ~* sich vorgeben lassen; *to take the ~* e-e ungleiche Wette eingehen; **4.** (Gewinn)Chancen *pl.*: *the ~ are 10 to 1* die Chancen stehen 10 zu 1; *the ~ are that he will come fig.* es ist sehr wahrscheinlich, daß er kommt; **5.** Uneinigkeit *f*: *at ~ with* im Streit mit, uneins mit; *to set at ~* uneinig machen, gegeneinander aufhetzen; **6.** *~ and ends* **a**) allerlei Kleinigkeiten, Krimskrams, dies u. das, **b**) Reste, Abfälle; '**~-'on I.** *adj.* aussichtsreich (*z.B. Rennpferd*); **II.** *s.* gute Chance.

ode [oud] *s.* Ode *f.*

o·di·ous ['oudjəs] *adj.* □ **1.** verhaßt, hassenswert, ab'scheulich; **2.** widerlich, ekelhaft; '**o·di·ous·ness** [-nis] *s.* **1.** Verhaßtheit *f*, Ab'scheulichkeit *f*; **2.** Widerlichkeit *f*; '**o·di·um** [-jəm] *s.* **1.** Verhaßtheit *f*; **2.** 'Odium *n*, Vorwurf *m*, Makel *m*; **3.** Haß *m*, Gehässigkeit *f.*

o·dom·e·ter [ɔ'dɔmitə] *s.* **1.** Weg(strecken)messer *m*; **2.** Kilo'meterzähler *m.*

o·don·tal·gi·a [ɔdɔn'tældʒiə] *s.* ⚕ Zahnschmerz *m*; **o·don·tic** [ɔ'dɔntik] *adj.* Zahn...: *~ nerve*; **o·don'tol·o·gy** [-'tɔlədʒi] *s.* Zahnheilkunde *f.*

o·dor(·less) *Am.* → *odour(less).*

o·dor·ant ['oudərənt] *adj.*; **o·dor·if·er·ous** [oudə'rifərəs] *adj.* □ **1.** wohlriechend, duftend; **2.** *allg.* riechend.

o·dour ['oudə] *s.* **1.** Geruch *m*; **2.** Duft *m*, Wohlgeruch *m*; **3.** *fig.* Geruch *m*, Ruf *m*: *the ~ of sanctity* der Geruch der Heiligkeit; *to be in bad ~ with s.o.* bei j-m in schlechtem Rufe stehen; '**o·dour·less** [-lis] *adj.* geruchlos.

Od·ys·sey ['ɔdisi] *s. lit.* (*fig. oft* ♀) Odys'see *f.*

oe·col·o·gy → *ecology.*

oec·u·men·i·cal [i:kju(:)'menikəl] *adj. bsd. eccl.* öku'menisch.

oe·de·ma [i(:)'di:mə] *pl.* **-ma·ta** [-mətə] *s.* ⚕ Ö'dem *n.*

Oed·i·pus com·plex ['i:dipəs] *s. psych.* 'Ödipuskom,plex *m.*

o'er ['ouə] *poet. od. dial. für over.*

oe·so·phag·e·al [i:sou'fædʒiəl] *adj. anat.* Speiseröhren..., Schlund...: *~ orifice* Magenmund; **oe·soph·a·gus** [i:'sɔfəgəs] *pl.* **-gi** [-gai] *od.* **-gus·es** *s. anat.* Speiseröhre *f.*

of [ɔv, *schwache Form* əv] *prp.* **1.** *allg.* von; **2.** *zur Bezeichnung des Genitivs*: *the tail ~ the dog* der Schwanz des Hundes; *the tail ~ a dog* der Hundeschwanz; **3.** *Ort*: bei: *the battle ~ Hastings*; **4.** *Entfernung, Trennung, Befreiung*: **a**) von: *south ~ (within ten miles ~) London*; *to cure (rid) ~ s.th.*; *free ~*, **b**) *gen.*: *robbed ~ his purse* s-r Börse beraubt, **c**) um: *to cheat s.o. ~ s.th.*; **5.** *Herkunft*: von, aus: *~ good family*; *Mr. X ~ London*; **6.** *Teil*: von *od. gen.*: *the best ~ my friends*; *a friend ~ mine* ein Freund von mir, e-r m-r Freunde; *that red nose ~ his* diese rote Nase, die er hat; **7.** *Eigenschaft*: von, mit: *a man ~ courage*; *a man ~ no importance* ein unbedeutender Mensch; **8.** *Stoff*: aus, von: *a dress ~ silk* ein Kleid aus *od.* von Seide, ein Seidenkleid; (*made*) *~ steel* aus Stahl (hergestellt), stählern, Stahl...; **9.** *Urheberschaft, Art u. Weise*: von: *the works ~ Byron*; *it was clever ~ him*; *~ o.s.* von selbst, von sich aus; **10.** *Ursache, Grund*: **a**) von, an (*dat.*): *to die ~ cancer* an Krebs sterben, **b**) aus: *~ charity*, **c**) vor (*dat.*): *afraid ~*, **d**) auf (*acc.*): *proud ~*, **e**) über (*acc.*): *ashamed ~*, **f**) nach: *to smell ~*; **11.** *Beziehung*: hinsichtlich (*gen.*): *quick ~ eye* flinkäugig; *nimble ~ foot* leichtfüßig; **12.** *Thema*: **a**) von, über (*acc.*): *to speak ~ s.th.*, **b**) an (*acc.*): *to think ~ s.th.*; **13.** *Apposition, im Deutschen nicht ausgedrückt*: **a**) *the city ~ London*; *the University ~ Oxford*; *the month ~ April*; *the name ~ Smith*, **b**) *Maß*: *two feet ~ snow*; *a glass ~ wine*; *a piece ~ meat*; **14.** *Genitivus objectivus*: **a**) zu: *the love ~ God*, **b**) vor (*dat.*): *the fear ~ God* die Furcht vor Gott, die Gottesfurcht, **c**) bei: *an audience ~ the king*; **15.** *Zeit*: **a**) an (*dat.*), in (*dat.*), *mst gen.*: *~ an evening* e-s Abends; *~ late years* in den letzten Jahren, **b**) von: *your letter ~ March 3rd* Ihr Schreiben vom 3. März, **c**) *Am.* F vor (*bei Zeitangaben*): *ten minutes ~ three.*

off [ɔ:f] **I.** *adv.* **1.** *mst in Zssgn mit vb.* fort, weg, da'von: *to be ~* **a**) weg *od.* fort sein, **b**) (weg)gehen, sich davonmachen, (ab)fahren, **c**) weg müssen; *be ~!*, *~ you go!*, *~ with you!* fort mit dir!, pack dich!, weg!; *where are you ~ to?* wo gehst du hin?; **2.** ab(*-brechen, -kühlen, -rutschen, -schneiden etc.*), her'unter(...), los(...): *the apple is ~* der Apfel ist ab; *to dash ~* losrennen; *to have one's shoes etc. ~* s-e *od.* die Schuhe *etc.* ausgezogen haben; *~ with your hat!* herunter mit dem Hut!; **3.** entfernt, weg: *3 miles ~*; **4.** *Zeitpunkt*: von jetzt an, hin: *Christmas is a week ~* bis Weihnachten ist es eine Woche; *~ and on* **a**) ab u. zu, hin u. wieder, **b**) ab u. an, mit (kurzen) Unterbrechungen; **5.** abgezogen, ab(züglich); **6. a**) aus(geschaltet), abgeschaltet, -gestellt (*Maschine, Radio etc.*), (ab)gesperrt (*Gas etc.*), zu (*Hahn etc.*), **b**) *fig.* aus, vor'bei, abgebrochen; gelöst (*Verlobung*): *the bet is ~* die Wette gilt nicht mehr; *the whole thing is ~* die ganze Sache ist abgeblasen *od.* ins Wasser gefallen; **7.** aus(gegangen), verkauft, nicht mehr vorrätig; **8.** frei (*von Arbeit*): *to take a day ~* sich e-n Tag freinehmen; **9.** ganz, zu Ende: *to drink ~* (ganz) austrinken; *to kill ~* ausrotten; *to sell ~* ausverkaufen; **10.** † flau: *the market is ~*; **11.** nicht frisch, (leicht) verdorben (*Nahrungsmittel*); **12.** *sport* außer Form; **13.** ⚓ vom Land *etc.* ab; **14.** *well* (*badly*) *~* gut (schlecht) d(a)ran *od.* gestellt *od.* situiert; *how are you ~ for ...?* wie bist du dran mit ...?; **II.** *prp.* **15.** von ... (weg, ab, her'unter): *to climb ~ the horse* vom Pferd (heruntersteigen); *to eat ~ a plate* von e-m Teller essen; *to take 3 percent ~ the price* 3 Prozent vom Preis abziehen; **16.** abseits von *od. gen.*, von ... ab: *~ the street*; *a street ~ the Strand* e-e Seitenstraße vom Strand; *~ one's balance* aus dem Gleichgewicht; *~ form* außer Form; **17.** frei von: *~ duty* dienstfrei; **18.** ⚓ auf der Höhe von *Trafalgar etc.*, vor *der Küste*; **III.** *adj.* **19.** (weiter) entfernt; **20.** Seiten..., Neben...: *~ street*; **21.** recht (*von Tieren, Fuhrwerken etc.*): *the ~ horse* das rechte Pferd, das Handpferd; **22.** *Kricket*: abseitig (*rechts vom Schlagmann*); **23.** ab(-), los (-gegangen); **24.** (arbeits-, dienst-) frei: *an ~ day*; → *25*; **25.** (*verhältnismäßig*) schlecht: *an ~ day* ein schlechter Tag (*an dem alles mißlingt etc.*); → *24*; *an ~ year for fruit* ein schlechtes Obstjahr; **26.** † **a**) flau, still, tot (*Saison*), **b**) von schlechter Quali'tät: *~ shade* Fehlfarbe; **27.** ‚ab', unwohl, nicht auf dem Damm: *I am feeling rather ~ today*; **28.** schwach, entfernt: *~ chance*; *on the ~ chance of* (*ger.*) auf gut Glück, zu (*inf.*); **IV.** *int.* **29.** weg!, fort!, raus!: *hands ~!* Hände weg!; **30.** her'unter!, ab!

of·fal ['ɔfəl] *s.* **1.** Abfall *m*; **2.** *sg. od. pl. konstr.* Fleischabfall *m*, Inne-

'reien *pl.*; **3.** billige *od.* minderwertige Fische *pl.*; **4.** *fig.* Schund *m*, Ausschuß *m*.

'off|-beat *adj.* F ausgefallen, ungewöhnlich, 'unkonventio,nell: ~ *advertising*; **'~·cast I.** *adj.* verworfen, abgetan; **II.** *s.* abgetane Per'son *od.* Sache; **'~-'cen·ter** *Am.*, **'~-'cen·tre** *Brit. adj.* verrutscht; ⊕ außermittig; **'~-col·o(u)r** *adj.* **1.** *fig.* nicht in Ordnung; unpäßlich; **2.** *Am.* zweideutig, schlüpfrig (*Witz etc.*); **'~-du·ty** *adj.* dienstfrei.

of·fence [ə'fens] *s.* **1.** *allg.* Vergehen *n*, Verstoß *m* (*against* gegen); **2.** ⚖ **a)** *a. criminal* ~ Straftat *f*, strafbare Handlung, De'likt *n*, **b)** *a. lesser od. minor* ~ Über'tretung *f*; **3.** Anstoß *m*, Ärgernis *n*, Beleidigung *f*, Kränkung *f*: *to give* ~ Anstoß *od.* Ärgernis erregen (*to* bei); *to take* ~ (*at*) Anstoß nehmen (an *dat.*), beleidigt *od.* gekränkt sein (durch, über *acc.*), (*et.*) übelnehmen; *no* ~ (*meant*)! nichts für ungut!; **4.** Angriff *m*: *arms of* ~ Angriffswaffen; **of'fence·less** [-lis] *adj.* harmlos.

of·fend [ə'fend] **I.** *v/t.* **1.** *j-n, j-s Gefühle etc.* verletzen, beleidigen, kränken, *j-m* zu nahe treten: *it* ~*s the eye* es beleidigt das Auge; *to be* ~*ed at* (*od. by*) *s.th.* sich durch et. beleidigt fühlen; *to be* ~*ed with* (*od. by*) *s.o.* sich durch j-n beleidigt fühlen; **II.** *v/i.* **2.** Anstoß erregen; **3.** (*against*) verstoßen (gegen), sündigen, sich vergehen (an *dat.*); **of'fend·ed·ly** [-didli] *adv.* beleidigt; **of'fend·er** [-də] *s.* Übel-, Missetäter(in); ⚖ Straffällige(r *m*) *f*: *first* ~ ⚖ nicht Vorbestrafte(r); *second* ~ Rückfällige(r); **of'fend·ing** [-diŋ] *adj.* **1.** verletzend, beleidigend; **2.** anstößig.

of·fense *Am.* → *offence.*

of·fen·sive [ə'fensiv] **I.** *adj.* □ **1.** beleidigend, anstößig, anstoß- *od.* ärgerniserregend; **2.** 'widerwärtig, ekelhaft, übel: ~ *smell*; **3.** angreifend, offen'siv: ~ *war* Angriffs-, Offensivkrieg; **II.** *s.* **4.** Offen'sive *f*, Angriff *m*: *to take the* ~ die Offensive ergreifen, zum Angriff übergehen; **of'fen·sive·ness** [-nis] *s.* **1.** *das* Beleidigende, Anstößigkeit *f*; **2.** 'Widerlichkeit *f*.

of·fer ['ɔfə] **I.** *v/t.* **1.** *Geschenk, Ware etc., a. Schlacht* anbieten; ✝ *a.* offerieren; *Preis, Summe* bieten: *to* ~ *s.o. a cigarette*; *to* ~ *one's hand* (*to*) *j-m* die Hand bieten *od.* reichen; *to* ~ *for sale* zum Verkauf anbieten; **2.** *Ansicht, Entschuldigung etc.* vorbringen, äußern; **3.** *Anblick, Schwierigkeit etc.* bieten: *no opportunity* ~*ed itself* es bot sich keine Gelegenheit; **4.** sich bereit erklären zu, sich (an)erbieten zu; **5.** Anstalten machen zu, sich anschicken zu; **6.** *fig. Beleidigung* zufügen; *Widerstand* leisten; *Gewalt* antun (*to dat.*); **7.** *a.* ~ *up* opfern, *Opfer, Gebet, Geschenk* darbringen (*to dat.*); **II.** *v/i.* **8.** sich bieten, auftauchen: *no opportunity* ~*ed* es bot sich keine Gelegenheit; **III.** *s.* **9.** *allg.* Angebot *n*, Anerbieten *n*; **10.** ✝ (An)Gebot *n*, Of'ferte *f*, Antrag *m*: *on* ~ zu verkaufen, verkäuflich; **11.** Vorbringen *n* (*e-s Vorschlags, e-r Meinung etc.*); **'of·fer·er** [-ərə] *s.* **1.** Anbietende(r *m*) *f*; **2.** *eccl.* Opfernde(r *m*) *f*; **of·fer·ing** ['ɔfəriŋ] *s.* **1.** *eccl.* Opfer *n*; **2.** *eccl.* Spende *f*; **3.** Angebot *n* (*Am. a.* ✝ *Börse*).

of·fer·to·ry ['ɔfətəri] *s. eccl.* **1.** *mst* ♀ Offer'torium *n*; **2.** Kol'lekte *f*, Geldsammlung *f*; **3.** Opfergeld *n*, Geldopfer *n*.

'off|-'face *adj.* stirnfrei (*Damenhut*); **'~-'grade** *adj.* ✝ von geringerer Quali'tät: ~ *iron* Ausfalleisen.

off|·hand ['ɔ:f'hænd] **I.** *adv.* **1.** aus dem Handgelenk *od.* Stegreif, ohne weiteres, so'fort; **II.** *adj.* **2.** unvorbereitet, Stegreif ..., spon'tan: *an* ~ *answer* e-e improvisierte Antwort; **3.** lässig: *in an* ~ *manner*; **4.** kurz (angebunden); **'~'hand·ed** [-did] → *offhand 2, 3, 4*; **'~'hand·ed·ness** [-didnis] *s.* Lässigkeit *f*.

of·fice ['ɔfis] *s.* **1.** Bü'ro *n*, Kanz'lei *f*, Kon'tor *n*; Geschäftsstelle *f* (*a.* ⚖ *des Gerichts*), Amt *n*; Geschäfts-, Amtszimmer *n od.* -gebäude *n*; **2.** Behörde *f*, Amt *n*, (Dienst)Stelle *f*; *mst* ♀ *bsd. Brit.* Mini'sterium *n*, (Ministeri'al)Amt *n*: *Foreign* ♀; **3.** Zweigstelle *f*, Fili'ale *f*; **4.** (*bsd.* öffentliches, staatliches) Amt, Posten *m*, Stellung *f*: *to take* ~, *to enter upon an* ~ ein Amt antreten; *to be in* ~ im Amt sein; *to hold an* ~ ein Amt bekleiden *od.* innehaben; *to resign one's* ~ zurücktreten, sein Amt niederlegen; **5.** Funkti'on *f*, Aufgabe *f*, Pflicht *f*: *it is my* ~ *to advise him*; **6.** Dienst(leistung *f*) *m*, Gefälligkeit *f*: *to do s.o. a good* ~ j-m e-n guten Dienst erweisen; *through the good* ~*s of* durch die freundliche Vermittlung von; **7.** *eccl.* Gottesdienst *m*: ♀ *for the Dead* Totenamt; *to perform the last* ~*s to e-n Toten* aussegnen; *divine* ~ das Brevier; **8.** *pl. bsd. Brit.* Wirtschaftsteil *m*, -raum *m od.* -räume *pl. od.* -gebäude *n od. pl.*; **9.** *sl.* Wink *m*, Tip *m*.

of·fice| ac·tion *s.* (Prüfungs)Bescheid *m des Patentamts*; **'~-bear·er** *s.* Amtsinhaber(in); **'~-boy** *s.* Laufbursche *m*; **'~-clerk** *s.* Konto'rist *m*, Bü'roangestellte(r) *m*; **'~-hold·er** *s.* Amtsinhaber(in), (Staats)Beamte(r) *m*; **~ hours** *s. pl.* Dienststunden *pl.*, Geschäftszeit *f*; **'~-hunt·er** *s.* Postenjäger(in).

of·fi·cer ['ɔfisə] **I.** *s.* **1.** ⚔, ⚓ Offi'zier *m*: ~ *of the day* Offizier vom Tagesdienst; *commanding* ~ Kommandeur, Einheitsführer; ~ *cadet* Fähnrich; ~ *candidate* Offiziersanwärter; ♀*s' Training Corps Brit.* Offiziersausbildungskorps; **2. a)** Poli'zist *m*, Poli'zeibeamte(r) *m*, **b)** Herr Wachtmeister (*Anrede*); **3.** Beamte(r) *m* (*a.* ✝ *etc.*), Beamtin *f*, Amtsträger(in): *medical* ~ Amtsarzt; *public* ~ Beamte(r) im öffentlichen Dienst; **II.** *v/t.* **4.** ⚔ **a)** mit Offizieren versehen, **b)** *e-e Einheit* als Offizier befehligen (*mst pass.*): *to be* ~*ed by* befehligt werden von; **5.** *fig.* leiten, führen.

'of·fice|-seek·er *s. bsd. Am.* **1.** Stellungssuchende(r *m*) *f*; **2.** *b.s.* Postenjäger(in); **~ staff** *s.* Bü'roperso,nal *n*; **~ sup·plies** *s. pl.* Bü'romateri,al *n*.

of·fi·cial [ə'fiʃəl] **I.** *adj.* □ **1.** offizi'ell, amtlich, dienstlich, behördlich: ~ *act* Amtshandlung; ~ *business* ✉ Dienstsache; ~ *call teleph.* Dienstgespräch; ~ *duties* Amtspflichten; ~ *language* Amtssprache; ~ *oath* Amtseid; ~ *powers* Amtsgewalt, -vollmacht; ~ *residence* Amtssitz; ~ *secret* Amts-, Dienstgeheimnis; *through* ~ *channels* auf dem Dienst- *od.* Instanzenweg; ~ *trip* Dienstreise; ~ *use* Dienstgebrauch; **2.** offiziell, amtlich (bestätigt *od.* autorisiert): *an* ~ *report*; **3.** offiziell, for'mell: *an* ~ *dinner*; **4.** ⚕ offizi'nell; **II.** *s.* **5.** Beamte(r) *m*, Beamtin *f*; Funktio'när (-in); **of'fi·cial·dom** [-dəm] *s.* → *officialism 2 u. 3*; **of·fi·cial·ese** [əfiʃə'li:z] *s.* Behördensprache *f*, Amtsstil *m*; **of'fi·cial·ism** [-ʃəlizəm] *s.* **1.** Amtsme'thoden *pl.*; **2.** Bürokra'tie *f*, Amtsschimmel *m*; **3.** *coll.* Beamtentum *n*, *die* Beamten *pl.*

of·fi·ci·ate [ə'fiʃieit] *v/i.* **1.** amtieren, fungieren (*as* als); **2.** den Gottesdienst leiten: *to* ~ *at a wedding* e-n Traugottesdienst abhalten.

of·fic·i·nal [ɔfi'sainl] **I.** *adj.* ⚕ **a)** offizi'nell, als Arz'nei anerkannt, **b)** Arznei...: ~ *plants* Heilkräuter; **II.** *s.* offizinelle Arznei.

of·fi·cious [ə'fiʃəs] *adj.* □ **1.** aufdringlich, über'trieben diensteifrig, 'übereifrig; **2.** offizi'ös, halbamtlich; **of'fi·cious·ness** [-nis] *s.* Zudringlichkeit *f*, (aufdringlicher) Diensteifer.

of·fing ['ɔfiŋ] *s.* ⚓ offene See, Seeraum *m*: *in the* ~ **a)** auf offener See, **b)** *fig.* in (Aus)Sicht; *to be in the* ~ *fig.* sich abzeichnen.

off·ish ['ɔfiʃ] *adj.* F reserviert, kühl, steif.

'off|-li·cense *s. Brit.* 'Schankkonzessi,on *f* über die Straße; **'~-load** *v/t. fig.* abladen (*on s.o.* auf j-n); **'~-'peak I.** *adj.* abfallend, unter der Spitze liegend; **II.** *s.* ⚡ Belastungstal *n*; **~ po·si·tion** *s.* ⊕ Ausschalt-, Schließstellung *f*; **'~-print I.** *s.* Sonder(ab)druck *m* (*from* aus); **II.** *v/t.* als Sonder(ab)druck herstellen; **'~-scour·ings** *s. pl.* **1.** Kehricht *m*, Schmutz *m*; **2.** Abschaum *m* (*bsd. fig.*): *the* ~*s of humanity*; **'~-scum** *s. fig.* Abschaum *m*, Auswurf *m*.

off·set ['ɔ:fset] **I.** *s.* **1.** Ausgleich *m*, Kompensati'on *f*; ✝ Verrechnung *f*: ~ *account* Verrechnungskonto; **2.** ⚘ **a)** Ableger *m*, **b)** kurzer Ausläufer; **3.** Neben-, Seitenlinie *f* (*e-s Stammbaums etc.*); **4.** Abzweigung *f*; Ausläufer *m* (*bsd. e-s Gebirges*); **5.** *typ.* **a)** Offsetdruck *m*, **b)** Abziehen *n*, Abliegen *n* (*bsd. noch feuchten Druckes*), **c)** Abzug *m*, Patrize *f* (*Lithographie*); **6.** ⊕ **a)** Kröpfung *f*; Biegung *f e-s Rohrs*, **b)** ⚒ kurze Sohle, **c)** ⚡ (Ab)Zweigleitung *f*; **7.** *surv.* Ordi'nate *f*; **8.** ⚠ Absatz *m e-r Mauer etc.*; **II.** *v/t.* [*irr.* → *set*] **9.** ausgleichen, aufwiegen, wettmachen: *the gains* ~ *the losses*; **10.** ✝ *Am.* aufrechnen, ausgleichen;

11. ⊕ kröpfen; 12. △ *Mauer etc.* absetzen; ~ **bulb** *s.* ⚘ Brutzwiebel *f*; ~ **print·ing ma·chine** *s.* ˈOffsetdruck-, ˈGummiwalzenˌdruckmaˌschine *f*; ~ **sheet** *s. typ.* ˈDurchschußbogen *m*.

ˈ**off|·shoot** *s.* 1. ⚘ Sprößling *m*, Ausläufer *m*, Ableger *m*; 2. Abzweigung *f*; 3. *fig.* Seitenlinie *f* (*e-s Stammbaums etc.*); ˈ~·**shore** ⚓ I. *adv.* 1. von der Küste ab *od.* her; 2. in einiger Entfernung von der Küste; II. *adj.* 3. küstennah; 4. ablandig (*Wind, Strömung*); ˈ~ˈ**side** *adj. u. adv. sport* abseits; ~ **side** *s.* 1. *sport* Abseits(stellung *f*) *n*; 2. *mot.* rechte Fahrbahnseite (*in Ländern mit Linksverkehr*); ˈ~·**size** *s.* ⊕ Maßabweichung *f*; ˈ~·**spring** *s.* 1. Nachkommen(schaft *f*) *pl.*; 2. (*pl. offspring*) Nachkomme *m*, Abkömmling *m*; 3. *fig.* Frucht *f*, Ergebnis *n*; ˈ~·**stage** *adj.* hinter der Bühne, hinter den Kuˈlissen (*a. fig.*); ˈ~·**take** *s.* 1. ✝ Abzug *m*; Einkauf *m*; 2. ⊕ Abzug(srohr *n*) *m*; ˈ~·**the-ˈrec·ord** *adj.* nicht für die Öffentlichkeit bestimmt, ˈinoffiziˌell.

oft [ɔːft] *adv. obs., poet. u. in Zssgn* oft: ~-*told* oft erzählt.

of·ten [ˈɔːfn] *adv.* oft(mals), häufig: *as ~ as not, ever so ~* sehr oft; *more ~ than not* meistens.

o·gee [ˈoudʒiː] *s.* 1. S-Kurve *f*, S-förmige Linie; 2. △ a) Karˈnies *n*, Rinnleiste *f*, b) *a.* ~ *arch* Eselsrücken *m* (*Bogenform*).

o·give [ˈoudʒaiv] *s.* 1. △ a) Gratrippe *f e-s Gewölbes*, b) Spitzbogen *m*; 2. ⚔ Geschoßspitze *f*; 3. *Statistik*: Häufigkeitsverteilungskurve *f*.

o·gle [ˈougl] I. *v/t.* liebäugeln mit; II. *v/i.* (*with*) liebäugeln (mit, *a. fig.*), ‚Augen machen' (*dat.*); III. *s.* verliebter *od.* liebäugelnder Blick; ˈ**o·gler** [-lə] *s.* Liebäugelnde(r *m*) *f*.

o·gre [ˈougə] *s.* 1. (menschenfressendes) Ungeheuer, *bsd.* Riese *m* (*im Märchen*); 2. *fig.* Scheusal *n*, Unhold *m* (*Mensch*); **o·gress** [ˈougris] *s.* Menschenfresserin *f* (*im Märchen*).

oh [ou] *int.* oh!; ach!

ohm [oum], **ohm·ad** [ˈoumæd] *s.* ⚡ Ohm *n*; **ohm·age** [ˈoumidʒ] *s.* Ohmzahl *f*; **ohm·ic** [ˈoumik] *adj.* Ohmsch: ~ *resistance*; **ohm·me·ter** [ˈoummiːtə] *s.* ⚡ Ohmmeter *n*.

oil [ɔil] I. *s.* 1. Öl *n*: *to pour ~ on the flames fig.* Öl ins Feuer gießen; *to pour ~ on troubled waters fig.* die Gemüter beruhigen; *to smell of ~ fig.* mehr Fleiß als Geist *od.* Talent verraten; 2. Erdöl *n*, Peˈtroleum *n*: *to strike ~* a) Erdöl finden, auf Öl stoßen, b) Glück *od.* Erfolg haben; 3. *mst pl.* Ölfarbe *f*: *to paint in ~s* in Öl malen; 4. *mst pl.* F Ölgemälde *n*; 5. *pl.* Ölzeug *n*, -haut *f*; II. *v/t.* 6. ⊕ (ein)ölen, einfetten, schmieren; → *palm*¹ 1; ˈ~-**bear·ing** *adj. geol.* ölhaltig, -führend; ˈ~-**box** *s.* ⊕ Schmierbüchse *f*; ˈ~·**brake** *s. mot.* Öldruckbremse *f*; ˈ~-**burn·ing** *s.* ⊕ Ölfeuerung *f*; ˈ~·**cake** *s.* Ölkuchen *m*; ˈ~·**can** *s.* ˈÖlkaˌnister *m*, -kännchen *n*; ˈ~·**cloth** *s.* 1. Wachstuch *n*; 2. → *oilskin*; ˈ~·**col·o(u)r** *s. mst pl.* Ölfarbe *f*; ~ **cri·sis** *s.* [*irr.*] ✝ ˈÖlˌkrise *f*; ˈ~-**cup** *s.* ⊕ Öler *m*, Schmierbüchse *f*.

oil·er [ˈɔilə] *s.* 1. ⚓, ⊕ Öler *m*, Schmierer *m* (*Person u. Gerät*); 2. ⊕ Öl-, Schmierkanne *f*; 3. *Am.* F → *oilskin* 2; 4. *Am.* → *oil-well*; 5. ⚓ Öltanker *m*.

ˈ**oil|·field** *s.* Ölfeld *n*; ˈ~-ˈ**fired** *adj.* mit Ölfeuerung, ölbeheizt: ~ *central heating* Ölzentralheizung; ~ **fu·el** *s.* 1. Heizöl *n*; 2. Treiböl *n*, Öltreibstoff *m*; ~ **gas** *s.* Ölgas *n*; ˈ~-**ga(u)ge** *s.* ⊕ Ölstandsanzeiger *m*; ˈ~·**groove** *s.* ⊕ Schmiernut *f*.

oil·i·ness [ˈɔilinis] *s.* 1. ölige Beschaffenheit, Fettigkeit *f*, Schmierfähigkeit *f*; 2. *fig.* Glattheit *f*, Schlüpfrigkeit *f*; 3. *fig.* Öligkeit *f*, salbungsvolles Wesen.

oil| lev·el *s. mot.* Ölstand *m*; ˈ~·**paint** *s.* Ölfarbe *f*; ˈ~·**paint·ing** *s.* 1. ˈÖlmaleˌrei *f*; 2. Ölgemälde *n*; 3. ⊕ Ölanstrich *m*; ˈ~·**pan** *s. mot.* Ölwanne *f*; ˈ~·**seal** *s.* ⊕ 1. Öldichtung *f*; 2. *a.* ~ *ring* Simmerring *m*; ˈ~·**skin** *s.* 1. Ölleinwand *f*; 2. *pl.* Ölzeug *n*, -kleidung *f*; ˈ~·**stove** *s.* Ölofen *m*; ~ **sump** *s.* ⊕ Ölwanne *f*; ~ **switch** *s.* ⊕ Ölschalter *m*; ~ **var·nish** *s.* Öllack *m*; ˈ~·**well** *s.* Ölquelle *f*.

oil·y [ˈɔili] *adj.* □ 1. ölig, ölhaltig, Öl...; 2. fettig, schmierig; 3. *fig.* glatt(züngig), aalglatt, schmeichlerisch; 4. *fig.* ölig, salbungsvoll.

oint·ment [ˈɔintmənt] *s.* ⚕ Salbe *f*; → *fly*² 1.

O.K., OK, o·kay [ˈouˈkei] F I. *adj. u. int.* richtig, gut, in Ordnung, genehmigt; II. *v/t.* genehmigen, gutheißen, *e-r Sache* zustimmen; III. *s.* Zustimmung *f*, Genehmigung *f*.

old [ould] I. *adj.* 1. alt, betagt: *the ~* die Alten; *to grow ~* alt werden, altern; 2. *zehn Jahre etc.* alt: *ten years ~*; 3. alt(ˈhergebracht): ~ *tradition*; *as ~ as the hills* uralt; 4. alt, vergangen, früher: *an ~ boy* ein früherer Schüler; *the ~ masters paint. etc.* die alten Meister; 5. alt (-bekannt, -bewährt): *an ~ friend*; 6. alt, abgenutzt; (ab)getragen (*Kleider*): *that is ~ hat* das ist ein alter Hut; 7. alt(modisch), verkalkt; 8. alt, erfahren, gewitz(ig)t: ~ *offender* alter Sünder; → *hand* 11; 9. F (*guter*) alter, lieber: ~ *chap od. man* ‚altes Haus'; *nice ~ boy* netter alter ‚Knabe'; *the ~ man* der Alte (*Chef*); ~ *man*, ‚Alter (Herr)', (*Vater*); ~ *woman* ‚Alte' (*Ehefrau*); 10. *sl.* toll: *to have a fine ~ time* sich toll amüsieren; *any ~ thing* irgend so ein Dingsbums; II. *s.* 11. *of ~, in times of ~* ehedem, vor alters; *from of ~* seit altersher; *times of ~* alte Zeiten; *a friend of ~* ein alter Freund.

old| age *s.* (hohes) Alter, Greisenalter *n*: ~ *annuity* (Alters)Rente, Ruhegeld; ~ *insurance* Altersversicherung; ~ *pension* (Alters)Rente, Ruhegeld; ~ *pensioner* (Alters-)Rentner(in), Ruhegeldempfänger (-in); ˈ~·**clothes·man** *s.* [*irr.*] Trödler *m*.

old·en [ˈouldən] *adj. Brit. obs. od. poet.* alt: *in ~ times* in alten Zeiten.

Old| Eng·lish *s. ling.* Altenglisch *n*; ˈ℗-ˈ**fash·ioned** *adj.* 1. altmodisch: *an ~ butler* ein Butler der alten Schule; 2. altklug (*Kind*); ˈ℗-ˈ**fo·g(e)y·ish** *adj.* altmodisch, verknöchert, verkalkt; ~ **Glo·ry** *s.* F Sternenbanner *n* (*Flagge der USA*); ~ **Guard** *s. pol.* a) *Am. der ultrakonservative Flügel der Republikaner*, b) *allg. jede streng konservative Gruppe.*

old·ish [ˈouldiʃ] *adj.* ältlich.

ˈ**old|-ˈline** *adj.* 1. konservaˈtiv; 2. traditioˈnell; 3. e-r alten ˈLinie entstammend; ˈ~-ˈ**maid·ish** *adj.* altˈjüngferlich.

old·ster [ˈouldstə] *s.* F ‚alter Knabe'.

old| style *s.* 1. alte Zeitrechnung (*nach dem Julianischen Kalender*); 2. *typ.* Mediäˈval(schrift) *f*; ˈ~-**time** *adj.* aus alter Zeit, alt; ˈ~-**tim·er** *s.* F 1. altmodische Perˈson *od.* Sache; 2. ‚alter Hase' (*erfahrener Alter*); 3. → *oldster*; ˈ~-ˈ**wom·an·ish** *adj.* altˈweiberhaft; ˈ~-ˈ**world** *adj.* 1. die alte Welt betreffend, *engS.* europäisch; 2. altmodisch (anheimelnd).

o·le·ag·i·nous [ouliˈædʒinəs] *adj.* ölig (*a. fig.*), ölhaltig, Öl...

o·le·an·der [ouliˈændə] *s.* ⚘ Oleˈander *m*.

o·le·ate [ˈoulieit] *s.* ⚗ ölsaures Salz: ~ *of potash* ölsaures Kali.

o·le·fi·ant [ˈoulifaiənt] *adj.* ⚗ ölbildend: ~ *gas*.

o·le·if·er·ous [ouliˈifərəs] *adj.* ⚘ ölhaltig.

o·le·in [ˈouliin] *s.* ⚗ 1. Oleˈin *n*; 2. ✝ Ölsäure *f*.

o·le·o·graph [ˈoulioʊgrɑːf; -græf] *s.* Öldruck *m* (*Bild*); **o·le·og·ra·phy** [ouliˈɔgrəfi] *s.* Öldruck(verfahren *n*) *m*.

o·le·o·mar·ga·rine [ˈoulioʊmɑːdʒəˈriːn] *s.* ˌOleomargaˈrin *n*, Margaˈrine *f*.

ol·fac·to·ry [ɔlˈfæktəri] *adj.* Geruchs...: ~ *nerves*.

ol·i·garch [ˈɔligɑːk] *s.* Oligˈarch *m*; ˈ**ol·i·garch·y** [-ki] *s.* Oligarˈchie *f*.

Ol·i·go·cene [ˈɔligousiːn] I. *adj. geol.* oligoˈzän; II. *s.* Oligoˈzän *n*.

o·li·o [ˈouliou] *pl.* **-os** *s.* 1. Raˈgout *n* (*a. fig. Mischmasch*); 2. ♪ ˈPotpourri *n*.

ol·ive [ˈɔliv] I. *s.* 1. *a.* ~-*tree* Oˈlive *f*, Ölbaum *m*: *Mount of* ℗*s bibl.* Ölberg; 2. Olive *f* (*Frucht*); 3. Ölzweig *m*; 4. *a.* ~-*green* Oˈlivgrün *n*; II. *adj.* 5. oˈlivenartig, Oliven...; 6. oˈlivgrau, -grün; ˈ~-**branch** *s.* Ölzweig *m* (*a. fig.*): *to hold out the ~* s-n Friedenswillen zeigen; ~ **drab** *s.* 1. Oˈlivgrün *n*; 2. *Am.* olivgrünes Uniˈformtuch; ˈ~-ˈ**drab** *adj.* olivgrün; ~ **oil** *s.* Oˈlivenöl *n*.

ol·la po·dri·da [ˈɔləpɔˈdriːdə] → *olio* 1.

O·lym·pi·ad [oʊˈlimpiæd] *s.* Olympiˈade *f*; **O'lym·pi·an** [-iən] *adj.* oˈlympisch, göttlich; **O'lym·pic** [-ik] I. *adj.* oˈlympisch: ~ *games* → II; II. *s. pl.* Oˈlympische Spiele *pl.*

Om·buds·man [ˈɔmbudzmən] *s.* [*irr.*] Ombudsmann *m* (*Beauftragter des Parlaments für Beschwerden von Staatsbürgern*).

om·e·let(te) [ˈɔmlit] *s.* Omeˈlett *n*: *you cannot make an ~ without breaking eggs fig.* wo gehobelt wird, (da) fallen Späne.

o·men [ˈoumen] I. *s.* Omen *n*, (*bsd.*

schlechtes) Vorzeichen (*for* für): *a good* (*bad, ill*) ~; **II.** *v/i. u. v/t.* deuten (auf *acc.*), ahnen (lassen), prophe'zeien, (ver)künden.
o·men·tum [ou'mentəm] *pl.* **-ta** [-tə] *s. anat.* (Darm)Netz *n.*
om·i·nous ['ɔminəs] *adj.* □ unheil-, verhängnisvoll, omi'nös, drohend.
o·mis·si·ble [ou'misibl] *adj.* auszulassen(d), auslaßbar; **o'mis·sion** [-iʃən] *s.* **1.** Aus-, Weglassung *f* (*from* aus); **2.** Unter'lassung *f*, Versäumnis *n*, Über'gehung *f*: *sin of* ~ Unterlassungssünde; **o·mit** [ou'mit] **1.** aus-, weglassen (*from* aus *od.* von); über'gehen; **2.** unter'lassen, versäumen (*doing, to do et.* zu tun).
om·ni·bus ['ɔmnibəs] **I.** *s.* **1.** Omnibus *m*, (Auto)Bus *m*; **2.** Sammelband *m*, Antholo'gie *f*; **II.** *adj.* **3.** Sammel...; ~ **ac·count** *s.* ✝ Sammelkonto *n*; ~ **bar** *s.* ⚡ Sammelschiene *f*; ~ **bill** *s. parl.* Mantelgesetz *n*; ~ **clause** *s.* ✝ Sammelklausel *f*; ~ **train** *s. Brit.* Per'sonen-, Bummelzug *m.*
om·ni·di·rec·tion·al a·e·ri·al [ɔmnidi'rekʃənl] *s.* ⚡ 'Rundstrahlan,tenne *f.*
om·ni·far·i·ous [ɔmni'fɛəriəs] *adj.* von aller(lei) Art, vielseitig.
om·nip·o·tence [ɔm'nipətəns] *s.* Allmacht *f*; **om'nip·o·tent** [-nt] *adj.* □ all'mächtig.
om·ni·pres·ence ['ɔmni'prezəns] *s.* All'gegenwart *f*; **'om·ni'pres·ent** [-nt] *adj.* all'gegenwärtig, über'all.
om·nis·cience [ɔm'nisiəns] *s.* All'wissenheit *f*; **om'nis·cient** [-nt] *adj.* □ all'wissend.
om·ni·um ['ɔmniəm] *s.* ✝ *Brit.* Omnium *n*, Gesamtwert *m e-r fundierten öffentlichen Anleihe*; ~ **gath·er·um** ['gæðərəm] *s.* **1.** Sammel'surium *n*; **2.** gemischte *od.* bunte Gesellschaft.
om·niv·o·rous [ɔm'nivərəs] *adj.* alles fressend.
o·mo·plate ['oumoupleit] *s. anat.* Schulterblatt *n.*
om·phal·ic [ɔm'fælik] *adj. anat.* Nabel...; **om·pha·lo·cele** ['ɔmfəlousi:l] *s.* ⚕ Nabelbruch *m.*
om·pha·los ['ɔmfəlɔs] *pl.* **-li** [-lai] (*Greek*) *s.* **1.** *anat.* Nabel *m*; **2.** *antiq.* Schildbuckel *m*; **3.** *fig.* Mittelpunkt *m*, Nabel *m.*
on [ɔn; ən] **I.** *prp.* **1.** *mst* auf (*dat. od. acc.*): *siehe die mit on verbundenen Wörter*; **2.** *Lage*: **a)** (*getragen von*): auf (*dat.*), an (*dat.*), in (*dat.*): ~ *board* an Bord; ~ *earth* auf Erden; *the scar* ~ *the face* die Narbe im Gesicht; ~ *foot* zu Fuß; ~ *all fours* auf allen vieren; ~ *the radio* im Radio; *have you a match* ~ *you?* haben Sie ein Streichholz bei sich?, **b)** (*festgemacht od. unmittelbar*) an (*dat.*): ~ *the chain*; ~ *the Thames*; ~ *the wall*; **3.** *Richtung, Ziel*: auf (*acc.*)... (hin) (*od.* los), nach ... (hin), an (*acc.*), zu: *a blow* ~ *the chin* ein Schlag ans Kinn; *to drop s.th.* ~ *the floor* et. zu Boden fallen lassen; *to throw s.o.* ~ *the floor* j-n zu Boden werfen; *the march* ~ *Rome* der Marsch auf Rom; **4.** *fig.* **a)** *Grund*: auf ... (hin): ~ *his authority*; ~ *suspicion*; *to levy a duty* ~ *silk* einen Zoll auf Seide erheben; ~ *his own theory* nach s-r eigenen Theorie; ~ *these conditions* unter diesen Bedingungen, **b)** *Aufeinanderfolge*: auf (*acc.*), über (*acc.*), nach: *loss* ~ *loss* Verlust auf *od.* über Verlust, ein Verlust nach dem andern, **c)** *gehörig* zu, *beschäftigt* bei, an (*dat.*): ~ *a committee* zu e-m Ausschuß gehörend; *to be* ~ *the Stock Exchange* an der Börse (beschäftigt) sein, **d)** *Zustand*: in, auf (*dat.*), zu: ~ *duty* im Dienst; ~ *fire* in Brand; ~ *leave* auf Urlaub; ~ *sale* verkäuflich, **e)** *gerichtet* auf (*acc.*): *an attack* ~; ~ *business* geschäftlich; *a joke* ~ *me* ein Spaß auf m-e Kosten; *to shut* (*open*) *the door* ~ *s.o.* j-m die Tür verschließen (öffnen); *to have s.th.* ~ *s.o. sl.* et. Belastendes über j-n wissen; *to have nothing* ~ *s.o. sl.* j-m nichts anhaben können, *a.* j-m nichts voraus haben; *this is* ~ *me* F das geht auf m-e Rechnung, **f)** *Thema*: über (*acc.*): *agreement* (*lecture, opinion*) ~; *to talk* ~ *a subject*; **5.** *Zeitpunkt*: an (*dat.*): ~ *Sunday*; ~ *the 1st of April*; ~ *or before April 1st* bis zum 1. April; ~ *his arrival* bei *od.* (gleich) nach seiner Ankunft; ~ *being asked* als ich *etc.* (danach) gefragt wurde; ~ *entering* beim Eintritt; **II.** *adv.* **6.** (*a. Zssgn mit vb.*) (dar)'auf(*-legen, -schrauben etc.*); **7.** *bsd. Kleidung*: **a)** an(*-haben, -ziehen*): *to have* (*put*) *a coat* ~, **b)** auf: *to keep one's hat* ~; **8.** (*a. in Zssgn mit vb.*) weiter(*-gehen, -sprechen etc.*): *and so* ~ und so weiter; ~ *and* ~ immer weiter; ~ *and off* **a)** ab u. zu, **b)** ab u. an, mit Unterbrechungen; *from that day* ~ von dem Tage an; ~ *with the show!* weiter im Programm!; ~ *to* ... auf (*acc.*) ... (hinauf *od.* hinaus); **III.** *adj. pred.* **9.** *to be* ~ **a)** im Gange sein (*Spiel etc.*), vor sich gehen: *what's* ~? was ist los?; *have you anything* ~ *tomorrow?* haben Sie morgen et. vor?; *that's not* ~! das ist nicht ‚drin'!, **b)** an sein (*Licht, Radio, Wasser etc.*), an-, eingeschaltet sein, laufen; auf sein (*Hahn*): ~*-off* ⊕ An-Aus, **c)** *thea.* gegeben werden, laufen (*Film*), *Radio, Fernsehen*: gesendet werden, **d)** d(a)ran (*an der Reihe*) sein, **e)** (mit) dabeisein, mitmachen; **10.** *to be* ~ *to Am. sl. et.* ‚spitzgekriegt' haben, über *j-n od. et.* im Bilde sein; **11.** *sl.* beschwipst: *to be a bit* ~ e-n Schwips haben.
o·nan·ism ['ounənizəm] *s.* ⚕ **1.** 'Coitus *m* inter'ruptus; **2.** Ona'nie *f.*
once [wʌns] **I.** *adv.* **1.** einmal: ~ *again* (*od. more*) noch einmal; ~ *and again* (*od.* ~ *or twice*) einige Male, ab u. zu; ~ *in a while* (*od. way*) zuweilen, hin u. wieder; ~ (*and*) *for all* ein für allemal; *if* ~ *he should suspect* wenn er erst einmal mißtrauisch würde; *not* ~ kein einziges Mal; **2.** einmal, einst: ~ (*upon a time*) *there was* es war einmal (*Märchenanfang*); **II.** *s.* **3.** *every* ~ *in a while* von Zeit zu Zeit; *for* ~, *this* ~ dieses 'eine Mal, (für) diesmal (*ausnahmsweise*); **4.** *at* ~ **a)** auf einmal, zugleich, gleichzeitig: *don't all speak at* ~; *at* ~ *a soldier and a poet* Soldat u. Dichter zugleich, **b)** sogleich, sofort: *all at* ~ plötzlich, mit 'einem Male; **III.** *cj.* **5.** *a.* ~ *that* so'bald *od.* wenn ... (einmal), wenn erst; **'~-o·ver** *s. sl. bsd. Am.* rascher abschätzender Blick, kurze Musterung, flüchtige Über'prüfung.
'on·com·ing *adj.* **1.** (her'an)nahend, entgegenkommend: ~ *traffic* Gegenverkehr; **2.** *fig.* kommend: *the* ~ *generation.*
one [wʌn] **I.** *adj.* **1.** ein (eine, ein): ~ *hundred* (ein)hundert; ~ *man in ten* jeder zehnte; ~ *or two* ein paar, einige; **2.** (*betont*) ein (eine, ein), ein einziger (eine einzige, ein einziges): *all were of* ~ *mind* sie waren alle 'eines Sinnes; *for* ~ *thing* (zunächst) einmal; *his* ~ *thought* sein einziger Gedanke; *the* ~ *way to do it* die einzige Möglichkeit (es zu tun); **3.** ein gewisser (e-e gewisse, ein gewisses), ein (eine, ein): ~ *day* e-s Tages (*in Zukunft od. Vergangenheit*); ~ *of these days* irgendwann (ein)mal; ~ *John Smith* ein gewisser J. S.; **II.** *s.* **4.** Eins *f*, eins: *Roman* ~ römische Eins; ~ *and a half* ein(und)einhalb, anderthalb; *at* ~ *o'clock* um ein Uhr; **5.** *der* (*die*) einzelne, *das* einzelne (Stück): ~ *by* ~, ~ *after another* e-r nach dem andern, einzeln; ~ *with another* eins ins andere gerechnet; *I for* ~ ich zum Beispiel; **6.** Einheit *f*: *to be at* ~ *with s.o.* mit j-m 'einer Meinung *od.* einig sein; ~ *and all* alle miteinander; *all in* ~ alles in 'einem; *it is all* ~ (*to me*) es ist (mir) ganz einerlei; *to be made* ~ ein (*Ehe*)Paar werden; *to make* ~ mit von der Partie sein; **7.** *bsd.* Ein'dollar- *od.* Ein'pfundnote *f*; **III.** *pron.* **8.** ein, einer, jemand: *like* ~ *dead* wie ein Toter; ~ *of the poets* einer der Dichter; ~ *another* einander; ~ *who* einer, der; *the* ~ *who* der(jenige), der; ~ *of these days* dieser Tage; ~ *in the eye* F *fig.* ein Denkzettel; **9.** (*Stützwort, mst unübersetzt*): *a sly* ~ ein (ganz) Schlauer; *the little* ~*s* die Kleinen; *a red pencil and a blue* ~ ein roter Bleistift u. ein blauer; *that* ~ der (die, das) da *od.* dort; *the* ~*s you mention* die (von Ihnen) erwähnten; → *any, each etc.*; **10.** man: ~ *knows*; **11.** ~*'s* sein: *to break* ~*'s leg* sich das Bein brechen; *to take* ~*'s walk* s-n Spaziergang machen; **'~-act play** *s. thea.* Einakter *m*; **'~-armed** *adj.* einarmig; **'~-crop sys·tem** *s.* ⚘ 'Monokul,tur *f*; **'~-'dig·it** *adj.* ℞ einstellig (*Zahl*); **'~-'eyed** *adj.* einäugig; **'~-'hand·ed** *adj.* **1.** einhändig; **2.** mit nur 'einer Hand zu bedienen(d); **'~-'horse** *adj.* **1.** einspännig; **2.** *fig.* F armselig, zweitrangig: *this* ~ *town* dieses ‚Nest'; **'~-'legged** [-'legd] *adj.* **1.** einbeinig; **2.** *fig.* einseitig; **'~-line busi·ness** *s.* ✝ Fachgeschäft *n*; **'~-man** *adj.* Einmann...: ~ *bus* Einmannbus; ~ *show* **a)** One-man-Show, **b)** Ausstellung der Werke 'eines Künstlers.
one·ness ['wʌnnis] *s.* **1.** Einheit *f*; **2.** Gleichheit *f*, Identi'tät *f*; **3.** Einigkeit *f*, Über'einstimmung *f.*
'one|-night stand *s. Am. thea.* einmaliges Gastspiel; **'~-'piece** *adj.* **1.** einteilig: ~ *bathing-suit*; **2.** ⊕ aus 'einem Stück: ~ *wheel* Vollrad;

'~-'**price shop** *s.* Einheitspreisladen *m.*
on·er ['wʌnə] *s.* **1.** *sl.* ‚Ka'none' *f* (*Könner*) (*at* in *dat.*); **2.** *sl.* ‚Mordsding' *n* (*hervorragende Sache*), *bsd.* (*kräftiger*) Schlag; **3.** *Brit. sl.* ‚dicke' Lüge; **4.** F Einer *m*, Eins *f*.
on·er·ous ['ɔnərəs] *adj.* □ lästig, drückend, beschwerlich (*to* für); '**on·er·ous·ness** [-nis] *s.* Beschwerlichkeit *f*, Last *f*.
one'self *pron.* **1.** *refl.* sich (selber): *by* ~ aus eigener Kraft, von selbst; **2.** selber; **3.** *mst* *one's self* man (selber).
'**one-shot cam·er·a** *s. phot.* **1.** 'Einbelichtungsˌkamera *f*; **2.** 'Dreifarbenˌkamera *f*.
'**one**|-'**sid·ed** [-'saidid] *adj.* □ einseitig (*a. fig.*); '~-'**sid·ed·ness** [-nis] *s.* Einseitigkeit *f*; '~-**time I.** *adj.* einst-, ehemalig; **II.** *adv.* einst-, ehemals; '~-**track** *adj.* **1.** 🚂 eingleisig; **2.** *fig.* einseitig: *you have a* ~ *mind* du hast immer nur dasselbe im Kopf; '~-'**up·man·ship** [-'ʌpmənʃip] *s.* die Kunst, dem andern immer (um eine Nasenlänge) vor'aus zu sein; '~-**way** *adj.* Einweg...(*-flasche, -schalter etc.*), Einbahn...(*-straße, -verkehr*).
on·ion ['ʌnjən] *s.* **1.** ⚘ Zwiebel *f*; **2.** *sl.* ‚Kürbis' *m* (*Kopf*): *off one's* ~ *sl.* (total) verrückt; **3.** *to know one's* ~*s* *sl.* sein Geschäft verstehen; '~**skin** *s.* **1.** Zwiebelschale *f*; **2.** 'Durchschlagpaˌpier *n*; **3.** 'Luftpostpaˌpier *n*.
'**on·look·er** *s.* Zuschauer(in) (*at* bei); '**on·look·ing** *adj.* zuschauend.
on·ly ['ounli] **I.** *adj.* **1.** einzig, al'leinig: *the* ~ *son* der einzige Sohn; *my one and* ~ *hope* meine einzige Hoffnung; *the* ~ *begotten Son of God* Gottes eingeborener Sohn; **2.** einzigartig; **II.** *adv.* **3.** nur, bloß: *not* ~ ..., *but* (*also*) nicht nur ..., sondern auch; *if* ~ wenn nur; **4.** erst: ~ *yesterday* erst gestern, gestern noch; ~ *just* eben erst, gerade, kaum; **III.** *cj.* **5.** je'doch, nur (daß), aber; **6.** ~ *that* nur, daß; außer, wenn.
'**on-'off switch** *s.* ⚡ Ein-Aus-Schalter *m*.
on·o·mat·o·poe·ia [ɔnoumætou'pi(:)ə] *s.* Lautmale'rei *f*; **on·o·mat·o'poe·ic** [-'pi:ik] *adj.* (□ ~*ally*), **on·o·mat·o·po·et·ic** [ɔnoumætoupou'etik] *adj.* (□ ~*ally*) lautnachahmend, onomatopo'etisch.
'**on**|-**po·si·tion** *s.* ⊕ Einschaltstellung *f*, -zustand *m*; '~**rush** *s.* Ansturm *m* (*a. fig.*); '~**set** *s.* **1.** Angriff *m*, At'tacke *f*; **2.** Anfang *m*, Beginn *m*; ⊕ Einsatz *m*: *at the first* ~ gleich beim ersten Anlauf; **3.** ⚕ Ausbruch *m* (*e-r Krankheit*), Anfall *m*; ~**slaught** ['ɔnslɔ:t] *s.* (heftiger) Angriff *od.* Ansturm (*a. fig.*).
on·to ['ɔntu, -tə] *prp.* **1.** auf (*acc.*); **2.** *sl.* *to be* ~ *s.th.* hinter et. gekommen sein, et. wissen.
on·to·gen·e·sis [ɔntou'dʒenisis] *s. biol.* Ontoge'nese *f*.
on·tol·o·gy [ɔn'tɔlədʒi] *s. phls.* Ontolo'gie *f*.
o·nus ['ounəs] (*Lat.*) *s. nur sg.* **1.** *fig.* Last *f*, Verpflichtung *f*, Onus *n*; **2.** *a.* ~ *of proof*, ~ *probandi* ⚖ Beweislast *f*: *the* ~ *rests with him* die Beweislast obliegt ihm.
on·ward ['ɔnwəd] **I.** *adv.* vorwärts, weiter: *from the tenth century* ~ vom 10. Jahrhundert an; **II.** *adj.* vorwärts-, fortschreitend; '**on·wards** [-dz] → *onward I*.
on·yx ['ɔniks] *s.* **1.** *min.* Onyx *m*; **2.** ⚕ Nagelgeschwür *n* der Hornhaut, Onyx *m*.
o·o·blast, *bsd. Am.* **o·ö·blast** ['ouəblɑ:st] *s. biol.* Eikeim *m*; **o·o·cyst**, *bsd. Am.* **o·ö·cyst** ['ouəsist] *s.* Oo'cyste *f*.
oo·dles ['u:dlz] *s. pl.* F Unmengen *pl.*, ‚Haufen' *m*: *he has* ~ *of money* er hat Geld wie Heu.
oof [u:f] *s. Brit. sl.* ‚Zaster' *m*, ‚Mo'neten' *pl.* (*Geld*).
oomph [u:mf] *s. sl.* 'Sex-Ap'peal *m*.
o·o·sperm, *bsd. Am.* **o·ö·sperm** ['ouəspə:m] *s. biol.* befruchtetes Ei *od.* befruchtete Eizelle, Zy'gote *f*.
ooze [u:z] **I.** *v/i.* **1.** ('durch-, aus-, ein)sickern (*through, out of, into*); hin'durchdringen (*a. Licht etc.*): *to* ~ *away* **a)** versickern, **b)** *fig.* (dahin-) schwinden; *to* ~ *out* **a)** entweichen (*Luft, Gas*), **b)** *fig.* durchsickern (*Geheimnis*); *to* ~ *with sweat* von Schweiß triefen; **II.** *v/t.* **2.** ausströmen, -schwitzen; **III.** *s.* **3.** ⊕ Lohbrühe *f*; **4.** Schlick *m*, Schlamm(grund) *m*; ~ **leath·er** *s.* ⊕ lohgares Leder.
oo·zy ['u:zi] *adj.* **1.** schlammig, schlick(er)ig; **2.** schleimig; **3.** feucht.
o·pac·i·ty [ou'pæsiti] *s.* **1.** 'Undurchˌsichtigkeit *f* (*a. fig.*); **2.** Dunkelheit *f*; **3.** *fig.* Stumpfheit *f*; **4.** *phys.* ('Licht)ˌUndurchˌlässigkeit *f*; **5.** Deckfähigkeit *f* (*Farbe*).
o·pal ['oupəl] *s. min.* O'pal *m*: ~ *blue* Opalblau; ~ *glass* Opal-, Milchglas; ~ *lamp* Opallampe; **o·pal·esce** [oupə'les] *v/i.* opalisieren, bunt schillern; **o·pal·es·cence** [oupə'lesns] *s.* Opalisieren *n*, Schillern *n*, Farbenspiel *n*; **o·pal·es·cent** [oupə'lesnt] *adj.* opalisierend, schillernd; **o·pal·ine I.** *adj.* ['oupəlain] o'palartig, Opal...; **II.** *s.* [-li:n] O'palglas *n*.
o·paque [ou'peik] *adj.* □ **1.** 'undurchˌsichtig, o'pak: ~ *colo(u)r* Deckfarbe; **2.** 'undurchˌlässig (*to* für *Strahlen*): ~ *meal* ⚕ Kontrastmahlzeit (*Röntgenaufnahme*); **3.** glanzlos, trüb; **4.** *fig.* **a)** unklar, dunkel, **b)** stumpf(sinnig); **o'paque·ness** [-nis] *s.* ('Licht)ˌUndurchˌlässigkeit *f*; Deckkraft *f* (*Farben*).
op art [ɔp] *s. Kunst*: Op-art *f*.
o·pen ['oupən] **I.** *adj.* □ **1.** *allg.* offen (*z. B. Buch, Flasche,* ⛓ *Kette,* ⚡ *Stromkreis,* ⚔ *Stadt, Tür,* ⚔ *Visier,* ⚕ *Wunde*); offenstehend, auf: ~ *warfare* ⚔ Bewegungskrieg; *to keep one's eyes* ~ *fig.* die Augen offenhalten; *with* ~ *arms fig.* mit offenen Armen; → *bowels 1, order 5*; **2.** zugänglich, frei, offen (*Gelände, Straße, Meer etc.*): ~ *field* freies Feld; ~ *spaces* öffentliche Plätze (*Parkanlagen etc.*); **3.** frei, bloß, offen (*Wagen etc.*; ⚡ *Motor*); → *lay open*; **4.** offen, eisfrei (*Wetter,* ⚓ *Hafen, Gewässer*); ⚓ klar (*Sicht*): ~ *winter* frostfreier Winter; **5.** geeröffnet (*Laden, Theater etc.*), offen (*a. fig. to dat.*), öffentlich (*Sitzung, Versteigerung etc.*); (jedem) zugänglich: *a career* ~ *to talent*; ~ *competition* freier Wettbewerb; ~ *market* ✝ offener *od.* freier Markt; ~ *position* freie *od.* offene (*Arbeits-*) Stelle; ~ *policy* **a)** ✝ Offenmarktpolitik, **b)** *Versicherung*: Pauschalpolice; ~ *scholarship Brit.* offenes Stipendium; ~ *for subscription* ✝ zur Zeichnung aufgelegt; *in* ~ *court* in öffentlicher Verhandlung, vor Gericht; **6.** (*to*) *fig. der Kritik, dem Zweifel etc.* ausgesetzt, unter'worfen: ~ *to question* anfechtbar; ~ *to temptation* anfällig gegen die Versuchung; *to lay o.s.* ~ *to criticism* sich der Kritik aussetzen; *to leave o.s. wide* ~ *to s.o.* sich j-m gegenüber e-e (große) Blöße geben; **7.** zugänglich, aufgeschlossen (*to* für *od. dat.*): *an* ~ *mind*; *to be* ~ *to conviction* (*an offer*) mit sich reden (handeln) lassen; **8.** offen(kundig), unverhüllt: ~ *contempt*; *an* ~ *secret* ein offenes Geheimnis; **9.** offen, freimütig: *an* ~ *character*; ~ *letter* offener Brief; *I will be* ~ *with you* ich will ganz offen mit dir reden; **10.** freigebig: *with an* ~ *hand*; *to keep an* ~ *house* offenes Haus halten, gastfrei sein; **11.** *fig.* unentschieden, offen (*Frage, Forderung, Kampf, Urteil etc.*); **12.** *fig.* frei (*ohne Verbote*): ~ *pattern* ⚖ ungeschütztes Muster; ~ *season* Jagd-, Fischzeit; **13.** ✝ laufend (*Konto, Kredit, Rechnung*): ~ *cheque* Barscheck; **14.** ⊕ durch'brochen (*Gewebe, Handarbeit*); **15.** *ling.* offen (*Silbe, Vokal*): ~ *consonant* Reibelaut; **16.** ♪ **a)** weit (*Lage, Satz*), **b)** leer (*Saite etc.*): ~ *note* Grundton; **17.** *typ.* licht (*Satz*): ~ *type* Konturschrift; **II.** *s.* **18.** *the* ~ **a)** offenes Land, **b)** offene See: *in the* ~ im Freien, unter freiem Himmel; ⚒ über Tag; *to bring into the* ~ *fig.* an die Öffentlichkeit bringen; *to come into the* ~ *fig.* sich erklären, offen reden, Farbe bekennen, (*with s.th.* et.) bekanntgeben; **19.** *the* ♀ Golfmeisterschaften *pl. für Amateure u. Berufsspieler*; **III.** *v/t.* **20.** *allg.* öffnen, aufmachen; *Buch a.* aufschlagen; ⚡ *Stromkreis* ausschalten, unter'brechen: *to* ~ *the bowels* ⚕ den Leib öffnen; *to* ~ *s.o.'s eyes fig.* j-m die Augen öffnen; → *throttle 2*; **21.** *Aussicht,* ✝ *Akkreditiv, Debatte,* ⚔ *das Feuer,* ✝ *Konto, Geschäft,* ⚖ *die Verhandlung etc.* eröffnen; *Verhandlungen* anknüpfen, in *Verhandlungen* eintreten; ✝ *neue Märkte* erschließen: *to* ~ *to traffic e-e Straße etc.* dem Verkehr übergeben; **22.** *fig. Gefühle, Gedanken* enthüllen, *s-e Absichten* entdecken: *to* ~ *o.s. to s.o.* sich j-m mitteilen; → *heart Redew.*; **IV.** *v/i.* **23.** sich öffnen *od.* auftun, aufgehen; *fig.* sich *dem Auge, Geist etc.* erschließen, zeigen, auftun; **24.** führen, gehen (*Tür, Fenster*) (*on to* auf *acc.*, *into* nach *dat.*); **25.** *fig.* **a)** anfangen, beginnen (*Schule, Börse etc.*), öffnen, aufmachen (*Laden etc.*), **b)** (e-n Brief, s-e Rede) beginnen (*with* mit *e-m Kompliment*

etc.); **26.** *allg.* öffnen; (ein Buch) aufschlagen; ~ **out I.** *v/t.* **1.** *et.* ausbreiten; **II.** *v/i.* **2.** sich ausbreiten, -dehnen, sich erweitern; **3.** *mot.* Vollgas geben; ~ **up I.** *v/t.* **1.** *Land,* ✝ *Markt etc.* erschließen; **II.** *v/i.* **2.** ⚔ das Feuer eröffnen; **3.** *fig.* **a)** ‚loslegen' (*sich aussprechen*), **b)** ‚auftauen', mitteilsam werden; **4.** sich auftun *od.* zeigen.

'o·pen|-'air *adj.* Freilicht..., Freiluft...: ~ *swimming pool* Freibad; **'~-and-'shut** *adj. Am.* F ganz einfach, offensichtlich; **'~-'armed** *adj.* warm, herzlich (*Empfang*); **'~-'door** *adj.* frei zugänglich: ~ *policy* (Handels)Politik der offenen Tür.

o·pen·er ['oupnə] *s.* **1.** (*fig.* Er)Öffner(in); **2.** (*Büchsen- etc.*)Öffner *m*; **3.** *Baumwollspinnerei*: Öffner *m*, (Reiß)Wolf *m.*

'o·pen|-'eyed *adj.* mit offenen Augen, wachsam; **'~'hand·ed** *adj.* □ freigebig; **'~'heart·ed** *adj.* □ offen (-herzig), aufrichtig; **'~-'hearth** *adj.* ⊕ Siemens-Martin-(*Ofen, Stahl*).

o·pen·ing ['oupniŋ] **I.** *s.* **1.** *das* Öffnen; Eröffnung *f* (*a. fig. Akkreditiv, Konto, Testament, Unternehmen*); *fig.* Inbetriebnahme *f* (*e-r Anlage etc.*); *fig.* Erschließung *f* (*Land,* ✝ *Markt*); **2.** Öffnung *f*, Loch *n*, Lücke *f*, Bresche *f*, Spalt *m*, 'Durchlaß *m*; **3.** *Am.* (Wald)Lichtung *f*; **4.** ⊕ (Spann)Weite *f*; **5.** *fig.* Eröffnung *f* (*a. Schach, Kampf etc.*), Beginn *m*, einleitender Teil (*a.* ⚖); **6.** Gelegenheit *f*, (✝ Absatz)Möglichkeit *f*; **7.** ✝ offene *od.* freie Stelle; **II.** *adj.* **8.** Öffnungs...; **9.** Eröffnungs...: ~ *price* ✝ Eröffnungs-, Anfangskurs; ~ *speech* Eröffnungsrede.

'o·pen|-mar·ket *adj.* Freimarkt...: ~ *paper* marktgängiges Wertpapier; ~ *policy* Offenmarktpolitik; **'~-'mind·ed** *adj.* □ aufgeschlossen, vorurteilslos; **'~-'mouthed** *adj.* mit offenem Mund, *fig. a.* gaffend; ~ **ses·a·me** *s.* Sesam öffne dich *n*; ~ **shop** *s. Am.* offener Betrieb (*der Gewerkschafts- u. Nichtgewerkschaftsmitglieder beschäftigt*); ♀ **U·ni·ver·si·ty** *s.* 'Telekol,leg *n*; **'~(-)work** *s.* **1.** 'Durchbrucharbeit *f* (*Handarbeit*); **2.** ⚒ Tagebau *m.*

op·er·a ['ɔpərə] **I.** *s.* Oper *f* (*a. Gebäude*): *comic* ~ komische Oper; *grand* ~ große Oper; **II.** *adj.* ✝ *Brit.* tief ausgeschnitten u. mit schmalen Trägern (*Damenwäsche*).

op·er·a·ble ['ɔpərəbl] *adj.* **1.** 'durchführbar; **2.** ⊕ betriebsfähig; **3.** ⚕ ope'rabel.

'op·er·a|-cloak *s.* Abendmantel *m*; **'~-danc·er** *s.* Bal'lettänzer(in); **'~-glass(·es** *pl.*) *s.* Opern-, The'atergla*s n*; **'~-hat** *s.* 'Klappzy,linder *m*, Chapeau-'claque *m*; **'~-house** *s.* Opernhaus *n*, Oper *f*; ~ **pump** *s. Am.* (schlichter) Pumps (*Damenhalbschuh*).

op·er·ate ['ɔpəreit] **I.** *v/i.* **1.** arbeiten, in Betrieb sein, funktionieren, laufen (*Maschine etc.*): *to be operating* in Betrieb sein; *to* ~ *on batteries* von Batterien getrieben werden; *to* ~ *at a deficit* ✝ mit Verlust arbeiten; **2.** wirksam werden *od.* sein, einwirken (*on, upon* auf *acc., as* als), hinwirken (*for* auf *acc.*); **3.** ⚕ (*on, upon*) *j-n* operieren: *to be* ~*d on* (*od. upon*) operiert werden; **4.** ✝ F spekulieren, operieren: *to* ~ *for a fall* auf e-e Baisse spekulieren; **5.** ⚔ operieren; **II.** *v/t.* **6.** bewirken, verursachen, (mit sich) bringen; **7.** ⊕ *Maschine* laufen lassen, bedienen, *Gerät* handhaben, *Schalter, Bremse etc.* betätigen, *Auto* fahren: *safe to* ~ betriebssicher; **8.** *Unternehmen, Geschäft* betreiben, führen, *Vorhaben* ausführen.

op·er·at·ic [ɔpə'rætik] *adj.* (□ ~*ally*) opernhaft (*a. fig. contp.*), Opern...: ~ *performance* Opernaufführung; ~ *singer* Opernsänger(in).

op·er·at·ing ['ɔpəreitiŋ] *adj.* **1.** *bsd.* ⊕ in Betrieb befindlich, Betriebs..., Arbeits...: ~ *conditions* Betriebsbedingungen; ~ *instructions* Bedienungsvorschrift, Betriebsanweisung; ~ *lever* Betätigungshebel; **2.** ✝ Betriebs..., betrieblich: ~ *accounts* Betriebsbuchführung; ~ *costs* (*od. expenses*) Betriebs-, Geschäfts(un)kosten; ~ *statement* Betriebsbilanz; **3.** ⚕ operierend, Operations...: ~ *room od.* ~ *theatre* (*Am. theater*) Operationssaal; ~ *surgeon* → *operator 4*; ~ *table* Operationstisch.

op·er·a·tion [ɔpə'reiʃən] *s.* **1.** Wirken *n*, Wirkung *f* (*on* auf *acc.*); **2.** *bsd.* ⚖ Wirksamkeit *f*, Geltung *f*: *by* ~ *of law* kraft Gesetzes; *to come into* ~ in Kraft treten; **3.** ⊕ Betrieb *m*, Tätigkeit *f*, Lauf *m* (*Maschine etc.*): *in* ~ in Betrieb; *to put* (*od. set*) *in* (*out of*) ~ in (außer) Betrieb setzen; **4.** *bsd.* ⊕ Wirkungs-, Arbeitsweise *f*; Arbeits(vor)gang *m*, (*Arbeits-, Denk- etc. a. chemischer*) Pro'zeß *m*; **5.** ⊕ Inbetriebsetzung *f*, Bedienung *f* (*Maschine, Gerät*), Betätigung *f* (*Bremse, Schalter*); **6.** Arbeit *f*: *building* ~*s* Bauarbeiten; **7.** ✝ **a)** Betrieb *m*: *continuous* ~ durchgehender Betrieb; *in* ~ in Betrieb, **b)** Unter'nehmen *n*, -'nehmung *f*, **c)** Geschäft *n*: *trading* ~ Tauschgeschäft; **8.** *Börse*: Transakti'on *f*; **9.** ⚕ Operati'on *f*, (chir'urgischer) Eingriff: ~ *for appendicitis* Blinddarmoperation; ~ *to the neck* Halsoperation; **10.** ⚔ Operati'on *f*, Einsatz *m*, Unter'nehmung *f*; **op·er'a·tion·al** [-ʃənl] *adj.* **1.** ⊕ Betriebs..., Arbeits...; **2.** ✝ betrieblich, Betriebs...; **3.** ⚔ Einsatz..., Operations..., einsatzfähig: ~ *objective* Operationsziel; **4.** ⚓ klar, fahrbereit; **op·er·a·tive** ['ɔpərətiv] **I.** *adj.* □ **1.** wirkend, treibend: *an* ~ *motive*; **2.** wirksam: *an* ~ *dose*; *to become* ~ ⚖ (rechts-) wirksam werden, in Kraft treten; ~ *words* ⚖ rechtsbegründende Worte; **3.** praktisch; **4.** ✝, ⊕ Arbeits..., Betriebs..., betriebsfähig; **5.** ⚕ opera'tiv, chir'urgisch: ~ *dentistry* Zahn- u. Kieferchirurgie; **6.** arbeitend, tätig, beschäftigt; **II.** *s.* **7.** (Fa'brik)Arbeiter *m*, Me'chaniker *m*; **8.** Detek'tiv *m*; **op·er·a·tor** ['ɔpəreitə] *s.* **1.** *der* (*die, das*) Wirkende; **2. a)** ⊕ Bedienungsmann *m*, Arbeiter(in), (*Kran- etc.*)Führer *m*: *engine* ~ Maschinist; ~*'s license Am.* Führerschein, **b)** Telegra'phist(in), **c)** Telepho'nist(in), **d)** (Film)Vorführer *m*, *a.* 'Kameramann *m*; **3.** ✝ **a)** Unter'nehmer *m*, **b)** *Börse*: berufsmäßiger Speku'lant, *b.s.* Schieber *m*; **4.** ⚕ operierender Arzt, behandelnder Chir'urg, Opera'teur *m.*

o·per·cu·lum [ou'pə:kjuləm] *pl.* **-la** [-lə] *s.* **1.** ♀ Deckel *m*; **2.** *zo.* **a)** Deckel *m* (*Schnecken*), **b)** Kiemendeckel *m* (*Fische*).

op·er·et·ta [ɔpə'retə] *s.* Ope'rette *f.*

oph·ite ['ɔfait] *s. min.* O'phit *m.*

oph·thal·mi·a [ɔf'θælmiə] *s.* ⚕ Bindehautentzündung *f*; **oph'thal·mic** [-ik] *adj.* Augen...; augenkrank: ~ *hospital* Augenklinik; **oph·thal·mol·o·gist** [ɔfθæl'mɔlədʒist] *s.* Augenarzt *m*; **oph·thal·mol·o·gy** [ɔfθæl'mɔlədʒi] *s.* Augenheilkunde *f*, Ophthalmolo'gie *f*; **oph·thal·mo·scope** [ɔf'θælmouskoup] *s.* ⚕ Augenspiegel *m.*

o·pi·ate ['oupiit] **I.** *s.* **1.** ⚕ Opi'at *n*, 'Opiumpräpa,rat *n*; **2.** Beruhigungsmittel *n* (*a. fig.*); **II.** *adj.* **3.** einschläfernd.

o·pine [ou'pain] **I.** *v/i.* da'fürhalten; **II.** *v/t. et.* meinen.

o·pin·ion [ə'pinjən] *s.* **1.** Meinung *f*, Ansicht *f*, Stellungnahme *f*: *in my* ~ m-s Erachtens, nach m-r Meinung *od.* Ansicht; *to be of* (*the*) ~ *that* der Meinung sein, daß; *that is a matter of* ~ das ist Ansichtssache; *public* ~ die öffentliche Meinung; **2.** Achtung *f*, (gute) Meinung: *to have a high* (*low od. poor*) ~ *of* e-e (keine) hohe Meinung haben von, (nicht) viel halten von; *she has no* ~ *of Frenchmen* sie hält nicht viel von (den) Franzosen; **3.** (schriftliches) Gutachten (*on* über *acc.*): *counsel's* ~ Rechtsgutachten; **4.** *mst pl.* Über'zeugung *f*: *to have the courage of one's* ~*s* zu s-r Überzeugung stehen; **5.** ⚖ **a)** Ermessen *n*, **b)** (Urteils-) Begründung *f*; **o'pin·ion·at·ed** [-neitid] *adj.* **1.** starr-, eigensinnig; dog'matisch; **2.** schulmeisterlich, über'heblich.

o'pin·ion|-form·ing *adj.* meinungsbildend; ~ **lead·er, ~-mak·er** *s.* Meinungsbildner *m*; ~ **poll** *s.* 'Meinungs,umfrage *f*; ~ **re·search** *s.* Meinungsforschung *f.*

o·pi·um ['oupjəm] *s.* Opium *n*: ~*-eater* Opiumesser; ~ *poppy* ♀ Schlafmohn; **'o·pi·um·ism** [-mizəm] *s.* ⚕ **1.** Opiumsucht *f*; **2.** Opiumvergiftung *f.*

o·pos·sum [ə'pɔsəm] *s. zo.* O'possum *n*, Beutelratte *f*: *water* ~ Schwimmbeutler.

op·po·nen·cy [ə'pounənsi] *s.* Gegensatz *m*, Gegnerschaft *f*; **op'po·nent** [-nt] **I.** *adj.* entgegenstehend, -gesetzt, gegnerisch (*to dat.*); **II.** *s.* Gegner(in) (*a.* ⚖), Gegenspieler(in), Oppo'nent(in).

op·por·tune ['ɔpətju:n] *adj.* □ **1.** günstig, passend, gut angebracht; **2.** rechtzeitig; **'op·por·tune·ness** [-nis] *s.* Angebrachtheit *f*, Rechtzeitigkeit *f*; günstiger Zeitpunkt.

op·por·tun·ism ['ɔpətju:nizəm] *s.* Opportu'nismus *m*; **'op·por·tun·ist** [-ist] *s.* Opportu'nist *m.*

op·por·tu·ni·ty [ɔpə'tju:niti] *s.* (*günstige*) Gelegenheit, Möglichkeit *f* (*of doing, to do* zu tun; *for s.th.* zu et.): *to miss the* ~ die Gelegenheit verpassen; *to seize* (*od. take*) *an* ~ e-e Gelegenheit ergreifen; *at the first* ~ bei der ersten Gelegenheit; ~ *for advancement* Aufstiegsmöglichkeit.

op·pose [ə'pouz] *v/t.* **1.** (*vergleichend*) gegen'überstellen; **2.** entgegensetzen, -stellen (*to dat.*); **3.** entgegentreten (*dat.*), sich wider'setzen (*dat.*); angehen gegen, bekämpfen; **4.** ⚖ *Am.* gegen *e-e Patentanmeldung* Einspruch erheben; **op'posed** [-zd] *adj.* **1.** gegensätzlich, entgegengesetzt (*a.* ∢); **2.** (*to*) abgeneigt (*dat.*), feind (*dat.*), feindlich (gegen): *to be* ~ *to j-m od. e-r Sache* feindlich *od.* ablehnend gegenüberstehen, gegen ... sein; **3.** ⊕ Gegen...: ~ *ions* Gegenionen; ~ *piston engine* Gegenkolben-, Boxermotor; **op'pos·ing** [-ziŋ] *adj.* **1.** gegen'überliegend; **2.** opponierend, gegnerisch; **3.** *fig.* entgegengesetzt, unvereinbar.

op·po·site ['ɔpəzit] **I.** *adj.* □ **1.** gegen'überliegend, -stehend (*to dat.*): ~ *angle* ∢ Gegen-, Scheitelwinkel; ~ *edge* Gegenkante; **2.** entgegengesetzt (gerichtet), 'umgekehrt: ~ *directions*; ~ *signs* ∢ entgegengesetzte Vorzeichen; *of* ~ *sign* ∢ ungleichnamig; ~ *pistons* ⊕ gegenläufige Kolben; **3.** gegensätzlich, entgegengesetzt, gegenteilig, (grund)verschieden, ander: *words of* ~ *meaning*; **4.** gegnerisch, Gegen...: ~ *side sport* Gegenpartei, gegnerische Mannschaft; ~ *number sport, pol. etc.* Gegenspieler, *weitS.* ‚Kollege'; **5.** ⚘ gegenständig (*Blätter*); **II.** *s.* **6.** Gegenteil *n* (*a.* ∢), -satz *m*: *just the* ~ das gerade Gegenteil; **III.** *adv.* **7.** gegen'über; **IV.** *prp.* **8.** gegenüber (*dat.*): *the* ~ *house*; *to play* ~ *X. sport, Film etc.* als Partner(in) von X spielen.

op·po·si·tion [ɔpə'ziʃən] *s.* **1.** Gegen'überstellung *f*; *das* Gegen'überstehen *od.* -liegen; ⊕ Gegenläufigkeit *f*; **2.** 'Widerstand *m* (*to* gegen): *to offer* ~ (*to*) Widerstand leisten (gegen); *to meet with* (*od. to face*) *stiff* ~ auf heftigen Widerstand stoßen; **3.** Gegensatz *m*, 'Widerspruch *m*: *to act in* ~ *to* zuwiderhandeln (*dat.*); **4.** *pol.* (*a. ast. u. fig.*) Oppositi'on *f*; **5.** ✝ Konkur'renz *f*; **6.** ⚖ **a)** 'Widerspruch *m*, **b)** *Am.* Einspruch *m* (*to* gegen *e-e Patentanmeldung*); **7.** *Logik*: Gegensatz *m*; **op·po'si·tion·al** [-ʃənl] *adj.* **1.** *pol.* oppositio'nell, Oppositions..., regierungsfeindlich; **2.** gegensätzlich, Widerstands...

op·press [ə'pres] *v/t.* **1.** *seelisch* bedrücken; **2.** unter'drücken, tyrannisieren, schikanieren; **op'pres·sion** [-eʃən] *s.* **1.** Unter'drückung *f*, Vergewaltigung *f*; ⚖ 'Mißbrauch *m* der Amtsgewalt; **2.** Druck *m*, Bedrängnis *f*, Not *f*; **3.** Bedrücktheit *f*; **4.** ⚕ Beklemmung *f*; **op'pres·sive** [-siv] *adj.* □ **1.** *seelisch* (be)drükkend, niederdrückend; **2.** ty'rannisch, grausam, gewaltsam; ⚖ schika'nös; **3.** (drückend) schwül; **op'pres·sive·ness** [-sivnis] *s.* **1.** Druck *m*; **2.** Schwere *f*, Schwüle *f*; **op'pres·sor** [-sə] *s.* Unter'drücker *m*, Ty'rann *m*.

op·pro·bri·ous [ə'proubriəs] *adj.* □ **1.** schmähend, Schmäh...; **2.** schändlich, in'fam; **op'pro·bri·um** [-iəm] *s.* Schmach *f*, Schande *f*.

op·pugn [ɔ'pju:n] *v/t.* anfechten, bestreiten.

opt [ɔpt] *v/i.* **1.** wählen (*between* zwischen *dat.*), sich entscheiden (*for* für, *against* gegen), *bsd. pol.* optieren (*for* für); **2.** ~ *out* ‚aussteigen', sich zu'rückziehen (*of, on* aus); **op·ta·tive** ['ɔptətiv] **I.** *adj.* Wunsch..., *ling.* 'optativ(isch): ~ *mood* → *II*; **II.** *s. ling.* 'Optativ *m*, Wunschform *f*.

op·tic ['ɔptik] **I.** *adj.* **1.** Augen..., Seh..., Gesichts...: ~ *angle* Seh-, Gesichtswinkel; ~ *axis* **a)** optische Achse, **b)** Sehachse; ~ *nerve* Sehnerv; **2.** → *optical*; **II.** *s.* **3.** *mst pl. humor.* Auge *n*; **4.** *pl. sg. konstr. phys.* Optik *f*, Lichtlehre *f*; **'op·ti·cal** [-kəl] *adj.* □ optisch: ~ *illusion* optische Täuschung; ~ *microscope* Lichtmikroskop; ~ *view-finder* optischer Sucher (*Fernsehen*); **op·ti·cian** [ɔp'tiʃən] *s.* Optiker *m*.

op·ti·mism ['ɔptimizəm] *s.* Opti'mismus *m*; **'op·ti·mist** [-ist] *s.* Opti'mist(in); **op·ti·mis·tic** [ɔpti'mistik] *adj.* (□ ~*ally*) opti'mistisch, zuversichtlich.

op·ti·mize ['ɔptimaiz] *v/t.* optimieren.

op·ti·mum ['ɔptiməm] **I.** *s.* **1.** 'Optimum *n*, günstigster Fall, Bestfall *m*; **2.** ✝, ⊕ Bestwert *m*; **II.** *adj.* **3.** opti'mal, günstigst, best.

op·tion ['ɔpʃən] *s.* **1.** Wahlfreiheit *f*, freie Wahl *od.* Entscheidung: ~ *of a fine* Recht, e-e Geldstrafe (*an Stelle der Haft*) zu wählen; **2.** Wahl *f*: *at one's* ~ nach Wahl; *to make one's* ~ s-e Wahl treffen; **3.** Alterna'tive *f*: *I had no* ~ *but to* ich hatte keine andere Wahl als; **4.** ✝ Opti'on *f*, Vorkaufsrecht *n*: *buyer's* ~ Kaufoption, Vorprämie; ~ *for the call* (*the put*) Vor- (Rück)prämiengeschäft; ~ *rate* Prämiensatz; ~ *of repurchase* Rückkaufsrecht; **5.** *Versicherung*: Option *f* (*Wahlmöglichkeit des Versicherungsteilnehmers in bezug auf die Form der Versicherungsleistung*); **op·tion·al** ['ɔpʃənl] *adj.* □ **1.** freigestellt, wahlfrei, freiwillig, fakulta'tiv: ~ *bonds Am.* kündbare Obligationen; ~ *subject ped.* Wahlfach; **2.** ✝ Options...: ~ *bargain* Prämiengeschäft.

op·u·lence ['ɔpjuləns] *s.* Reichtum *m*, ('Über)Fülle *f*, 'Überfluß *m*: *to live in* ~ im Überfluß leben; **'op·u·lent** [-nt] *adj.* □ **1.** (sehr) reich (*a. fig.*); **2.** üppig, opu'lent: ~ *meal*.

o·pus ['oupəs] *pl.* **o·pe·ra** ['ɔpərə] (*Lat.*) *s.* (*einzelnes*) Werk, Opus *n*: *his magnum* ~ sein Hauptwerk; **o·pus·cule** [ɔ'pʌskju:l] *s.* ♪, *lit.* kleines Werk.

or[1] [ɔ:] *cj.* **1.** oder: ~ *else* sonst, andernfalls; *one* ~ *two* ein bis zwei, einige; **2.** (*nach neg.*) noch, und kein.

or[2] [ɔ:] *s. her.* Gold *n*, Gelb *n*.

or·a·cle ['ɔrəkl] **I.** *s.* **1.** O'rakel (-spruch *m*) *n*; *fig. a.* Weissagung *f*: *to work the* ~ F e-e Sache ‚drehen'; **2.** *fig.* o'rakelhafter Ausspruch; **3.** *fig.* Pro'phet *m*, unfehlbare Autori'tät; **II.** *v/t. u. v/i.* **4.** o'rakeln; **o·rac·u·lar** [ɔ'rækjulə] *adj.* □ **1.** o'rakelhaft (*a. fig.*), Orakel...; **2.** *fig.* weise, maßgebend (*Person*).

o·ral ['ɔ:rəl] **I.** *adj.* □ **1.** mündlich: ~ *contract*; ~ *examination*; **2.** ⚕ o'ral (*a. ling.*), Mund...: *for* ~ *use* zum innerlichen Gebrauch; **II.** *s.* **3.** F mündliche Prüfung.

or·ange ['ɔrindʒ] **I.** *s.* ⚘ O'range *f*, Apfel'sine *f*: *bitter* ~ Pomeranze; *to squeeze the* ~ *dry* F j-n ausquetschen wie e-e Zitrone; **II.** *adj.* Orangen...; o'range(farben).

or·ange·ade ['ɔrindʒ'eid] *s.* Oran'geade *f* (*Getränk*).

'or·ange|-'col·o(u)red *adj.* o'range (-farben); ~ **lead** [led] *s.* ⊕ O'range,mennige *f*, Bleisafran *m*; ~ **peel** *s.* **1.** O'rangenschale *f*; **2.** *a.* ~ *effect* ⊕ O'rangenschalenstruk,tur *f* (*Lackierung*).

or·ange·ry ['ɔrindʒəri] *s.* Orange'rie *f*.

o·rang-ou·tang ['ɔ:rəŋ'u:tæŋ], **'o·rang-'u·tan** [-'u:tæn] *s. zo.* 'Orang-'Utan *m*.

o·rate [ɔ:'reit] *v/t. u. v/i. humor. u. contp.* (lange) Reden halten, reden; **o'ra·tion** [-eiʃən] *s.* **1.** *förmliche od. feierliche* Rede; **2.** *ling.* Rede *f*: *direct* ~ direkte Rede; **or·a·tor** ['ɔrətə] *s.* **1.** Redner *m*; **2.** ⚖ *Am.* Kläger *m* (*in equity-Prozessen*); **or·a·tor·i·cal** [ɔrə'tɔrikəl] *adj.* □ rednerisch, Redner..., ora'torisch, rhe'torisch, Rede...; **or·a·to·ri·o** [ɔrə'tɔ:riou] *pl.* **-ri·os** *s.* ♪ Ora'torium *n*; **or·a·tor·ize** ['ɔrətəraiz] *v/i.* F *contp.* sich als Redner aufspielen, ‚e-e Rede schwingen'; **or·a·to·ry** ['ɔrətəri] *s.* **1.** Redekunst *f*, Beredsamkeit *f*, Rhe'torik *f*; **2.** *eccl.* Ka'pelle *f*, Andachtsraum *m*.

orb [ɔ:b] **I.** *s.* **1.** Kugel *f*, Ball *m*; **2.** *poet.* Gestirn *n*, Himmelskörper *m*; **3.** *poet.* **a)** Augapfel *m*, **b)** Auge *n*; **4.** *hist.* Reichsapfel *m*; **or·bic·u·lar** [ɔ:'bikjulə] *adj.* □ **1.** kugelförmig; **2.** rund, kreisförmig; **3.** ringförmig; **or·bit** ['ɔ:bit] **I.** *s.* **1.** (*ast. etc.* Kreis-, *phys.* Elek'tronen)Bahn *f*: *to get into* ~ in s-e Umlaufbahn gelangen (*Erdsatellit*); *to put into* ~ in e-e Umlaufbahn einschießen; **2.** *fig.* Bereich *m*, Wirkungskreis *m*; *pol.* Einflußsphäre *f*; **3.** *anat.* **a)** Augenhöhle *f*, **b)** Auge *n*; **II.** *v/t.* **4.** um'kreisen; **'or·bit·al** [-bitl] **I.** *adj.* **1.** *anat.* Augenhöhlen...: ~ *cavity* Augenhöhle; **2.** *ast., phys.* Bahn...: ~ *electron*; **II.** *s.* **3.** *Brit.* Ringstraße *f*.

or·chard ['ɔ:tʃəd] *s.* Obstgarten *m*: *in* ~ mit Obstbäumen bepflanzt; **'or·chard·ing** [-diŋ] *s.* **1.** Obstbau *m*; **2.** *coll. Am.* 'Obstkul,turen *pl.*

or·ches·tic [ɔ:'kestik] **I.** *adj.* Tanz...; **II.** *s. pl.* Or'chestik *f* (*höhere Tanzkunst*).

or·ches·tra ['ɔ:kistrə] *s.* **1.** ♪ Or'chester *n*; **2.** *thea.* **a)** Or'chester (-raum *m*, -graben *m*) *n*, **b)** Par'terre *n*, **c)** *a.* ~ *stalls* Par'kett *n*; **or·ches·tral** [ɔ:'kestrəl] *adj.* ♪ **1.** Orchester...; **2.** orche'stral; '**or·ches·trate** [-reit] *v/t. u. v/i.* ♪ orchestrieren, instrumentieren; **or·ches·tra·tion** [ɔ:kes'treiʃən] *s.* Instrumentati'on *f.*

or·chid ['ɔ:kid] *s.* ♀ Orchi'dee *f*; **or·chi·da·ceous** [ɔ:ki'deiʃəs] *adj.* Orchideen...

or·chis ['ɔ:kis] *pl.* '**or·chis·es** *s.* ♀ **1.** Orchi'dee *f*; **2.** Knabenkraut *n.*

or·dain [ɔ:'dein] *v/t.* **1.** *eccl.* ordinieren, (*zum Priester*) weihen; **2.** bestimmen, fügen (*Gott, Schicksal*); **3.** anordnen, verfügen.

or·deal [ɔ:'di:l] *s.* **1.** *hist.* Gottesurteil *n*: ~ *by fire* Feuerprobe; **2.** *fig.* Zerreiß-, Feuerprobe *f*, schwere Prüfung; **3.** *fig.* Qual *f*, Nervenprobe *f*, Tor'tur *f.*

or·der ['ɔ:də] **I.** *s.* **1.** Ordnung *f*, geordneter Zustand: *love of* ~ Ordnungsliebe; *in* ~ in Ordnung (*a. fig.*); *out of* ~ in Unordnung; → *8*; **2.** (öffentliche) Ordnung: *law and* ~ Ruhe u. Ordnung; **3.** Ordnung *f* (*a.* ♀ *Kategorie*), Sy'stem *n*: *social* ~ soziale Ordnung; **4.** (An)Ordnung *f*, Reihenfolge *f*; *ling.* (Satz)Stellung *f*, Wortfolge *f*: *in alphabetical* ~ in alphabetischer Ordnung; ~ *of priority* Dringlichkeitsfolge; ~ *of merit* (*od. precedence*) Rangordnung; **5.** Ordnung *f*, Aufstellung *f*; ⚠ Stil *m*: *in close* (*open*) ~ ⚔ in geschlossener (geöffneter) Ordnung; ~ *of battle* **a)** ⚔ Schlachtordnung, Gefechtsaufstellung, **b)** ⚓ Gefechtsformation; *Doric* ~ ⚠ dorische Säulenordnung; **6.** ⚔ vorschriftsmäßige Uni'form u. Ausrüstung; → *marching*; **7.** (Geschäfts)Ordnung *f*: *standing* ~*s parl.* feststehende Geschäftsordnung; *a call to* ~ ein Ordnungsruf; *to call to* ~ zur Ordnung rufen; *to rise to* (*a point of*) ~ zur Geschäftsordnung sprechen; ♀!, ♀! zur Ordnung!; *in* (*out of*) ~ (un)zulässig; ~ *of the day* Tagesordnung; → *9*; *to be the* ~ *of the day fig.* an der Tagesordnung sein; *to pass to the* ~ *of the day* zur Tagesordnung übergehen; → *rule 15*; **8.** Zustand *m*: *in bad* ~ nicht in Ordnung, in schlechtem Zustand; *out of* ~ nicht in Ordnung, defekt; *in running* ~ betriebsfähig; **9.** Befehl *m*, Instrukti'on *f*, Anordnung *f*: ♀ *in Council pol.* Kabinettsbefehl; ~ *of the day* ⚔ Tagesbefehl; ~ *for remittance* Überweisungsauftrag; *doctor's* ~*s* ärztliche Anordnung; *by* ~ **a)** befehls-, auftragsgemäß, **b)** im Auftrag (*vor der Unterschrift*); *by* (*od. on the*) ~ *of* auf Befehl von, im Auftrag von; *to be under* ~*s to do s.th.* Befehl haben, et. zu tun; *till further* ~*s* bis auf weiteres; *in short* ~ *Am.* F sofort; **10.** ⚖ (Gerichts-)Beschluß *m*, Befehl *m*, Verfügung *f*; **11.** ✝ Bestellung *f* (*a. Ware*), Auftrag *m* (*for* für): *a large* (*od. tall*) ~ F e-e (arge) Zumutung, (zu)viel verlangt; ~*s on hand* Auftragsbestand; *to give* (*od. place*) *an* ~ e-n Auftrag erteilen, e-e Bestellung aufgeben; *to make to* ~ **a)** auf Bestellung anfertigen, **b)** nach Maß anfertigen; *shoes made to* ~ Maßschuhe; *last* ~*s, please* Polizeistunde!; **12.** ✝ Order *f* (*Zahlungsauftrag*): *to pay to s.o.'s* ~ an j-s Order zahlen; *pay to the* ~ *of* für mich an ... (*Wechselindossament*); *payable to* ~ zahlbar an Order; *own* ~ eigene Order; **13.** → *post-office order, postal I*; **14.** ℞ Ordnung *f*, Grad *m*: *equation of the first* ~ Gleichung ersten Grades; **15.** Größenordnung *f*; **16.** Art *f*, Rang *m*: *of a high* ~ von hohem Rang; *of quite another* ~ von ganz anderer Art; *on the* ~ *of* nach Art von; **17.** (Gesellschafts)Schicht *f*, Klasse *f*, Stand *m*: *the higher* ~*s* die höheren Klassen; *the military* ~ der Soldatenstand; **18.** Orden *m* (*Gemeinschaft*): *the Franciscan* ~ *eccl.* der Franziskanerorden; *the Teutonic* ~ *hist.* der Deutsche (*Ritter*)Orden; **19.** Orden(szeichen *n*) *m*; → *Garter 2*; **20.** *pl. mst holy* ~*s eccl.* (heilige) Weihen *pl.*, Priesterweihe *f*: *to take* (*holy*) ~*s* die (heiligen) Weihen empfangen, in den geistlichen Stand treten; *major* ~*s* höhere Weihen; **21.** Einlaßschein *m*, *thea.* Freikarte *f*; **II.** *v/t.* **22.** *j-m od. e-e Sache* befehlen, *et.* anordnen: *he* ~*ed him to come* er befahl ihm zu kommen; **23.** *j-n* schicken, beordern (*to* nach); **24.** ⚕ *j-m et.* verordnen; **25.** bestellen (*a.* ✝; *a. im Restaurant*); **26.** regeln, leiten, führen; **27.** ~ *arms!* ⚔ Gewehr ab!; **28.** ordnen, einrichten: *to* ~ *one's affairs* s-e Angelegenheiten in Ordnung bringen; ~ **a·bout** *v/t.* her'umkommandieren; ~ **a·way** *v/t.* **1.** weg-, fortschicken; **2.** abführen lassen; ~ **back** *v/t.* zu'rückbeordern; ~ **in** *v/t.* her'einkommen lassen; ~ **out** *v/t.* **1.** hin'ausbeordern; **2.** hin'ausweisen.

or·der|-bill *s.* ✝ 'Orderpa,pier *n*; ~ **bill of lad·ing** *s.* ✝, ⊕ 'Orderkonnosse,ment *n*; '**~-book** *s.* **1.** ✝ Auftragsbuch *n*; **2.** *Brit. parl.* Liste *f* der angemeldeten Anträge; ~ **check** *Am.*, '**~-cheque** *Brit. s.* ✝ Orderscheck *m*; '**~-form** *s.* ✝ Bestellschein *m*; ~ **in·stru·ment** *s.* ✝ 'Orderpa,pier *n.*

or·der·less ['ɔ:dəlis] *adj.* unordentlich, regellos; '**or·der·li·ness** [-linis] *s.* **1.** Ordnung *f*, Regelmäßigkeit *f*; **2.** Ordentlichkeit *f.*

or·derly ['ɔ:dəli] **I.** *adj.* **1.** ordentlich, (wohl)geordnet; **2.** plan-, regelmäßig, me'thodisch; **3.** *fig.* ruhig, gesittet, friedlich: *an* ~ *citizen*; **4.** ⚔ **a)** im *od.* vom Dienst, diensttuend, **b)** Ordonnanz...: *on* ~ *duty* auf Ordonnanz; **II.** *adv.* **5.** ordnungsgemäß, planmäßig; **III.** *s.* **6.** ⚔ **a)** Ordon'nanz *f*, **b)** Sani'täter *m*, Krankenträger *m*, **c)** (Offi'ziers)Bursche *m*; **7.** *allg.* (Kranken)Pfleger *m*; **8.** *Brit.* Straßenkehrer *m*; ~ **of·fi·cer** *s.* ⚔ **1.** Ordon'nanzoffi,zier *m*; **2.** Offi'zier *m* vom Dienst; '**~-room** *s.* ⚔ Geschäftszimmer *n*, Schreibstube *f.*

or·der| num·ber *s.* ✝ Bestellnummer *f*; '**~-pad** *s.* ✝ Bestell(schein)block *m*; '**~-pa·per** *s.* **1.** 'Sitzungspro,gramm *n*, (*schriftliche*) Tagesordnung *f*; **2.** ✝ *Am.* 'Orderpa,pier *n*; ~ **slip** *s.* ✝ Bestellzettel *m.*

or·di·nal ['ɔ:dinl] **I.** *adj.* **1.** ℞ Ordnungs..., Ordinal...: ~ *number*; **2.** ♀, *zo.* Ordnungs...; **II.** *s.* **3.** ℞ Ordnungszahl *f*; **4.** *eccl.* **a)** Ordi'nale *n* (*Regelbuch für die Ordinierung anglikanischer Geistlicher*), **b)** *oft* ♀ Ordi'narium *n* (*Ritualbuch od. Gottesdienstordnung*).

or·di·nance ['ɔ:dinəns] *s.* **1.** *amtliche* Verordnung; **2.** *eccl.* (*festgesetzter*) Brauch, Ritus *m.*

or·di·nand [ɔ:di'nænd] *s. eccl.* Ordi'nandus *m.*

or·di·nar·i·ly ['ɔ:dnrili] *adv.* **1.** nor'malerweise, gewöhnlich; **2.** wie gewöhnlich *od.* üblich.

or·di·nar·y ['ɔ:dnri] **I.** *adj.* □ → *ordinarily*; **1.** gewöhnlich, nor'mal, üblich; **2.** gewöhnlich, mittelmäßig, Durchschnitts...: ~ *face* Alltagsgesicht; **3.** ständig; ordentlich (*Gericht, Mitglied*); **II.** *s.* **4.** *das* Übliche, *das* Nor'male: *nothing out of the* ~ nichts Ungewöhnliches; **5.** *in* ~ ordentlich, von Amts wegen; *judge in* ~ ordentlicher Richter; *physician in* ~ (*to a king*) Leibarzt (e-s Königs); **6.** *eccl.* Ordi'narium *n*, Gottesdienst-, Meßordnung *f*; **7.** *a.* ♀ *eccl.* Ordi'narius *m* (*Bischof*); **8.** ⚖ **a)** ordentlicher Richter, **b)** *Am.* Nachlaßrichter *m*; **9. a)** Hausmannskost *f*, **b)** Tagesgericht *n*; **10.** *Am.* Gaststätte *f*; ~ **life in·sur·ance** *s.* Lebensversicherung *f* auf den Todesfall; ~ **sea·man** *s.* 'Leichtma,trose *m*; ~ **share** *s.* ✝ 'Stamm,aktie *f.*

or·di·nate ['ɔ:dnit] *s.* ℞ Ordi'nate *f.*

or·di·na·tion [ɔ:di'neiʃən] *s.* **1.** *eccl.* Priesterweihe *f*, Ordinati'on *f*; **2.** Bestimmung *f*, Ratschluß *m* (*Gottes etc.*).

ord·nance ['ɔ:dnəns] *s.* ⚔ **1.** Artille'rie *f*, Geschütze *pl.*, Bestückung *f*: *a piece of* ~ ein (schweres) Geschütz; ~ *technician* Feuerwerker; **2.** 'Feldzeugmateri,al *n*; **3.** Feldzeugwesen *n*: *Royal Army* ♀ *Corps* Feldzeugkorps des brit. Heeres; ♀ **De·part·ment** *s.* ⚔ Zeug-, Waffenamt *n*; ~ **de·pot** *s.* ⚔ 'Feldzeug-, *bsd.* Artille'riede,pot *n*; ~ **map** *s.* ⚔ **1.** *Am.* Gene'ralstabskarte *f*; **2.** *Brit.* Meßtischblatt *n*; ~ **of·fi·cer** *s.* **1.** ⚓ *Am.* Artille'rieoffi,zier *m*; **2.** Offi'zier *m* der Feldzeugtruppe; **3.** 'Waffenoffi,zier *m*; ~ **park** *s.* ⚔ **a)** Geschützpark *m*, **b)** Feldzeugpark *m*; ~ **ser·geant** *s.* ⚔ 'Waffen-, Ge'räte,unteroffi,zier *m*; ♀ **Sur·vey** *s.* amtliche Landesvermessung: ♀ *map Brit.* **a)** Meßtischblatt, **b)** (*1:100,000*) Generalstabskarte.

or·dure ['ɔ:djuə] *s.* Kot *m*, Schmutz *m*, Unflat *m* (*a. fig.*).

ore [ɔ:] *s.* **1.** Erz *n*; **2.** *poet.* (kostbares) Me'tall; '**~-bear·ing** *adj. geol.* erzführend, -haltig; ~ **bed** *s.* Erzlager *n*; ~ **ham·mer** *s.* ⚒ Pochschlegel *m.*

or·gan ['ɔ:gən] *s.* **1.** Or'gan *n*: **a)** *anat.* Körperwerkzeug *n*: ~ *of sight* Sehorgan, **b)** *fig.* Werkzeug *n*, Hilfsmittel *n*, **c)** Sprachrohr *n* (*Zeitschrift*): *party* ~ Parteiorgan, **d)** *laute etc.* Stimme; **2.** ♪ **a)** Orgel *f*: ~*-pipe* Orgelpfeife; ~*-stop* Orgelregister, **b)** Kla'vier *n* (*e-r Orgel*), **c)** *a. American* ~ *Art* Har'monium *n*,

d) → *barrel-organ*: ~-*grinder* Leier(kasten)mann.
or·gan·die, or·gan·dy ['ɔːgəndi] *s.* Or'gandy *m* (*Baumwollgewebe*).
or·gan·ic [ɔː'gænik] *adj.* (□ ~*ally*) *allg.* or'ganisch; ~ **chem·is·try** *s.* or'ganische Che'mie; ~ **dis·ease** *s.* ⚕ or'ganische Krankheit; ~ **e·lec·tric·i·ty** *s. zo.* tierische Elektrizi'tät; ~ **law** *s. pol.* Grundgesetz *n.*
or·gan·ism ['ɔːgənizəm] *s. biol. u. fig.* Orga'nismus *m.*
or·gan·ist ['ɔːgənist] *s.* ♪ Orga'nist(in).
or·gan·i·za·tion [ɔːgənai'zeiʃən] *s.* **1.** Organisati'on *f*: a) Organisierung *f*, Bildung *f*, Gründung *f*, b) (syste'matischer) Aufbau, Gliederung *f*, (Aus)Gestaltung *f*, c) Zs.-schluß *m*, Verband *m*, Gesellschaft *f*: *administrative* ~ Verwaltungsapparat; **2.** Orga'nismus *m*, Sy'stem *n*; **or·gan·i'za·tion·al** [-ʃənl] *adj.* organisa'torisch; **or·gan·ize** ['ɔːgənaiz] **I.** *v/t.* **1.** organisieren: a) aufbauen, einrichten, b) gründen, ins Leben rufen, c) veranstalten, *sport a.* ausrichten: ~*d tour* Gesellschaftsreise, d) gestalten; **2.** in ein Sy'stem bringen; **3.** (gewerkschaftlich) organisieren: ~*d labo(u)r*; **II.** *v/i.* **4.** sich organisieren; **or·gan·iz·er** ['ɔːgənaizə] *s.* Organi'sator *m*; Veranstalter *m*, *sport a.* Ausrichter *m*; ⚖ Gründer *m.*
'or·gan-loft *s.* ⛪ 'Orgelchor *m*, -em,pore *f.*
or·gan·zine ['ɔːgənziːn] *s.* Organ'sin(seide *f*) *m*, *n.*
or·gasm ['ɔːgæzəm] *s. physiol.* **1.** Or'gasmus *m*, (sexu'eller) Höhepunkt; **2.** heftige Erregung; **or·gi·as·tic** [ɔːdʒi'æstik] *adj.* orgi'astisch; **or·gy** ['ɔːdʒi] *s.* Orgie *f.*
o·ri·el ['ɔːriəl] *s.* ⛪ Erker *m.*
o·ri·ent ['ɔːriənt] **I.** *s.* **1.** Osten *m*, Morgen *m*; **2.** *the* ♀ der Orient, das Morgenland; **II.** *adj.* **3.** aufgehend; **4.** östlich, morgenländisch; **5.** glänzend; **III.** *v/t.* [-ient] **6.** orientieren, die Lage *od.* die Richtung bestimmen von, orten; *Landkarte* einnorden; *Instrument* einstellen; *Kirche* osten; **7.** *fig. geistig* (aus)richten, orientieren (*by* an *dat.*); **8.** ~ *o.s.* sich orientieren (*by* an *dat.*), sich zu'rechtfinden, sich informieren; **o·ri·en·tal** [ɔːri'entl] **I.** *adj.* **1.** östlich; **2.** *mst* ♀ orien'talisch, morgenländisch, östlich; **II.** *s.* **3.** Orien'tale *m*, Orien'talin *f*; **o·ri·en·tal·ist** [ɔːri'entəlist] *s.* Orienta'list(in); **o·ri·en·tate** ['ɔːrienteit] → *orient 6, 7, 8*; **o·ri·en·ta·tion** [ɔːrien'teiʃən] *s.* **1.** ⛪ Ostung *f* (*Kirche*); **2.** Anlage *f*, Richtung *f*; **3.** Orientierung *f* (*a.* ⛵), Ortung *f*; Ausrichtung *f* (*a. fig.*); **4.** Orientierung *f*, (Sich)Zu'rechtfinden *n* (*a. fig.*); **5.** Orientierungssinn *m.*
or·i·fice ['ɔrifis] *s.* **Öffnung** *f* (*a. anat.*, ⊕), **Mündung** *f.*
or·i·flamme ['ɔriflæm] *s.* Banner *n*, Fahne *f*; *fig.* Fa'nal *n.*
or·i·gin ['ɔridʒin] *s.* **1.** Ursprung *m*: a) Quelle *f*, b) *fig.* Herkunft *f*, Abstammung *f*: *certificate of* ~ ✝ Ursprungszeugnis; *country of* ~ Ursprungsland; *indication of* ~ Ursprungsbezeichnung, c) Anfang *m*, Entstehung *f*: *the* ~ *of species* der Ursprung der Arten; **2.** ⩘ Koordi'natenursprung *m*, -nullpunkt *m.*
o·rig·i·nal [ə'ridʒənl] **I.** *adj.* □ → *originally*; **1.** origi'nal, Original..., Ur..., ursprünglich, echt: *the* ~ *text* der Ur- *od.* Originaltext; **2.** erst, ursprünglich, ur...: ~ *bill* ✝ *Am.* Primawechsel; ~ *capital* ✝ Gründungskapital; ~ *copy* Erstausfertigung; ~ *cost* ✝ Selbstkosten; ~ *inhabitants* Ureinwohner; ~ *jurisdiction* ⚖ erstinstanzliche Zuständigkeit; ~ *share* ✝ Stammaktie; → *sin 1*; **3.** origi'nell, neu(artig); *an* ~ *idea*; **4.** schöpferisch, ursprünglich: ~ *genius* Originalgenie, Schöpfergeist; ~ *thinker* selbständiger Geist; **5.** urwüchsig, Ur...: ~ *nature* Urnatur; **II.** *s.* **6.** Origi'nal *n*: a) Urbild *n*, -stück *n*, b) Urfassung *f*, -text *m*: *in the* ~ im Original, im Urtext, ⚖ urschriftlich; **7.** Original *n* (*Mensch*); **8.** ⚘, *zo.* Stammform *f*; **o·rig·i·nal·i·ty** [əridʒi'næliti] *s.* **1.** Originali'tät *f*: a) Ursprünglichkeit *f*, Echtheit *f*, b) Eigenart *f*, origi'neller Cha'rakter, c) Neuheit *f*; **2.** *das* Schöpferische; **o'rig·i·nal·ly** [-dʒnəli] *adv.* **1.** ursprünglich, zu'erst; **2.** hauptsächlich, eigentlich; **3.** von Anfang an, schon immer.
o·rig·i·nate [ə'ridʒineit] **I.** *v/i.* **1.** (*from*) entstehen, entspringen (aus), s-n Ursprung haben (in *dat.*), herrühren (von *od.* aus); **2.** (*with, from*) ausgehen (von *j-m*); **II.** *v/t.* **3.** her'vorbringen, verursachen, erzeugen, schaffen; **4.** den Anfang machen mit, den Grund legen zu; **o·rig·i·na·tion** [əridʒi'neiʃən] *s.* **1.** Her'vorbringung *f*, Schaffung *f*, Veranlassung *f*; **2.** → *origin 1 b u. c*; **o'rig·i·na·tive** [-tiv] *adj.* schöpferisch; **o'rig·i·na·tor** [-tə] *s.* Urheber(in), Begründer(in), Schöpfer(in).
o·ri·ole ['ɔːrioul] *s. orn.* Pi'rol *m.*
or·mo·lu ['ɔːməluː] *s.* a) Malergold *n*, b) Goldbronze *f.*
or·na·ment **I.** *s.* ['ɔːnəmənt] Orna'ment *n*, Verzierung *f* (*a.* ♪), Schmuck *m*; *fig.* Zier(de) *f* (*to* für *od. gen.*): *rich in* ~ reich verziert; **II.** *v/t.* [-ment] verzieren, schmükken; **or·na·men·tal** [ɔːnə'mentl] *adj.* □ ornamen'tal, schmückend, dekora'tiv, Zier...: ~ *castings* ⊕ Kunstguß; ~ *plants* Zierpflanzen; ~ *type* Zierschrift; **or·na·men·ta·tion** [ɔːnəmen'teiʃən] *s.* Ornamentierung *f*, Ausschmückung *f*, Verzierung *f.*
or·nate [ɔː'neit] *adj.* □ **1.** reich verziert; **2.** über'laden (*Stil etc.*); blumig (*Sprache*).
or·ni·tho·log·i·cal [ɔːniθə'lɔdʒikəl] *adj.* □ ornitho'logisch; **or·ni·thol·o·gist** [ɔːni'θɔlədʒist] *s.* Ornitho'loge *m*; **or·ni·thol·o·gy** [ɔːni'θɔlədʒi] *s.* Ornitholo'gie *f*, Vogelkunde *f*; **or·ni·thop·ter** [ɔːni'θɔptə] *s.* ✈ Schwingenflügler *m*; **or·ni·tho'rhyn·chus** [-ə'riŋkəs] *s. zo.* Schnabeltier *n.*
o·rog·ra·phy [ɔ'rɔgrəfi] *s.* Gebirgsbeschreibung *f*; **o·rol·o·gy** [ɔ'rɔlədʒi] *s.* Gebirgskunde *f.*
o·ro·pha·ryn·ge·al [ɔːroufærin'dʒiːəl] *adj.* ⚕ Mundrachen...
o·ro·tund ['ɔːroutʌnd] *adj.* **1.** volltönend (*Stimme*); **2.** bom'bastisch (*Stil*).
or·phan ['ɔːfən] **I.** *s.* **1.** (Voll)Waise *f*, Waisenkind *n*: ~*s' home* Waisenhaus; **II.** *adj.* **2.** Waisen...: *an* ~ *child*; **III.** *v/t.* **3.** zur Waise machen: *to be* ~*ed* (zur) Waise werden, verwaisen; **or·phan·age** ['ɔːfənidʒ] *s.* **1.** Waisenhaus *n*; **2.** Verwaistheit *f*; **or·phan·ize** ['ɔːfənaiz] *v/t.* → *orphan 3.*
or·rer·y ['ɔrəri] *s. ast.* Plane'tarium *n.*
or·ris ['ɔris] *s.* ⚘ **1.** Floren'tiner Schwertlilie *f*; **2.** *a.* ~ *root* Iris-, Veilchenwurzel *f* (*a. pharm.*).
or·tho·chro·mat·ic ['ɔːθoukrou'mætik] *adj. phot.* orthochro'matisch, farb(wert)richtig.
or·tho·clase ['ɔːθoukleis] *s. min.* Ortho'klas *m.*
or·tho·dox ['ɔːθədɔks] *adj.* □ **1.** *eccl.* ortho'dox: a) streng-, recht-, altgläubig, b) ♀ ortho'dox-ana'tolisch: ♀ *Church* griechisch-katholische Kirche; **2.** *fig.* orthodox: a) streng: *an* ~ *opinion*, b) anerkannt, üblich, konventio'nell; **'or·tho·dox·y** [-ksi] *s. eccl.* Orthodo'xie *f* (*a. fig. orthodoxes Denken*).
or·thog·o·nal [ɔː'θɔgənl] *adj.* ⩘ ortho'gonal, rechtwink(e)lig.
or·tho·graph·ic *adj.*; **or·tho·graph·i·cal** [ɔːθə'græfik(əl)] *adj.* □ **1.** ortho'graphisch; **2.** ⩘ senkrecht, rechtwink(e)lig; **or·thog·ra·phy** [ɔː'θɔgrəfi] *s.* Orthogra'phie *f*, Rechtschreibung *f.*
or·tho·p(a)e·dic [ɔːθou'piːdik] *adj.* ⚕ ortho'pädisch; **or·tho'p(a)e·dics** [-ks] *s. pl. oft. sg. konstr.* Orthopä'die *f*; **or·tho'p(a)e·dist** [-ist] *s.* Ortho'päde *m*; **or·tho·p(a)e·dy** ['ɔːθoupiːdi] → *orthop(a)edics.*
or·thop·ter [ɔː'θɔptə] *s.* **1.** ✈ → *ornithopter*; **2.** → *orthopteron*; **or'thop·ter·on** [-ərɔn] *s. zo.* Geradflügler *m.*
or·tho·scope ['ɔːθouskoup] *s.* ⚕ Ortho'skop *n*; **or·tho·scop·ic** [ɔːθou'skɔpik] *adj.* tiefenrichtig, verzeichnungsfrei.
Os·car ['ɔskə] *s. bsd. Am.* Oskar *m* (*Filmpreis*).
os·cil·late ['ɔsileit] *v/i.* **1.** oszillieren, schwingen, pendeln, vibrieren; **2.** *fig.* (hin- u. her) schwanken; **'os·cil·lat·ing** [-tiŋ] *adj.* oszillierend *etc.*: ~ *axle mot.* Schwingachse; ~ *circuit* ⚡ Schwingkreis; **os·cil·la·tion** [ɔsi'leiʃən] *s.* **1.** Schwingung *f*, Pendelbewegung *f*, Schwankung *f*; **2.** *fig.* Schwanken *n*; **'os·cil·la·tor** [-tə] *s.* ⊕ Oszil'lator *m*; **'os·cil·la·to·ry** [-lətəri] *adj.* oszilla'torisch, schwingend, schwingungsfähig: ~ *circuit* ⚡ Schwingkreis; **os·cil·lo·graph** [ɔ'siləgrɑːf; -græf] *s.* Oszillo'graph *m*; **os·cil·lo·scope** [ɔ'siləskoup] *s. phys.* Oszillo'skop *n*, Ka'thodenstrahlröhre *f.*
os·cu·late ['ɔskjuleit] *v/t. u. v/i.* **1.** *humor.* (sich) küssen; **2.** ⩘ oskulieren, (sich) eng berühren: *osculating plane* Schmiegungsebene.

o·sier ['ouʒə] *s.* ⚘ Korbweide *f*: ~ *basket* Weidenkorb; ~ *furniture* Korbmöbel.
os·mic ['ɔzmik] *adj.* ⚗ Osmium...; **os·mi·um** ['ɔzmiəm] *s.* ⚗ 'Osmium *n*.
os·mo·sis [ɔz'mousis] *s. phys.* Os'mose *f*; **os·mot·ic** [ɔz'mɔtik] *adj.* (□ *~ally*) os'motisch.
os·prey ['ɔspri] *s.* **1.** *orn.* Fischadler *m*; **2.** ✝ Reiherfederbusch *m*.
os·se·in ['ɔsiin] *s. biol.*, ⚗ Knochenleim *m*.
os·se·ous ['ɔsiəs] *adj.* knöchern, Knochen...; **os·si·cle** ['ɔsikl] *s. anat.* Knöchelchen *n*; **os·si·fi·ca·tion** [ɔsifiː'keiʃən] *s.* Verknöcherung *f*; **os·si·fied** ['ɔsifaid] *adj.* verknöchert (*a. fig.*); **os·si·fy** ['ɔsifai] **I.** *v/t.* **1.** verknöchern (lassen); **2.** *fig.* verknöchern; (*in Konventionen*) erstarren lassen; **II.** *v/i.* **3.** verknöchern; **4.** *fig.* verknöchern, in Konventi'onen erstarren; **os·su·ar·y** ['ɔsjuəri] *s.* Beinhaus *n*.
os·te·i·tis [ɔsti'aitis] *s.* ⚕ Knochenentzündung *f*.
os·ten·si·ble [ɔs'tensəbl] *adj.* □ **1.** scheinbar; **2.** an-, vorgeblich: ~ *partner* ✝ Strohmann.
os·ten·ta·tion [ɔsten'teiʃən] *s.* **1.** (protzige) Schaustellung; **2.** Protze'rei *f*, Prahle'rei *f*; **3.** Gepränge *n*; **os·ten'ta·tious** [-ʃəs] *adj.* □ **1.** großtuerisch, prahlend, prunkend; **2.** (*absichtlich*) auffällig, ostenta'tiv; **os·ten'ta·tious·ness** [-ʃəsnis] *s.* Prahle'rei *f*, Großtue'rei *f*, eitles Gepränge.
os·te·o·blast ['ɔstiəblaːst] *s. biol.* Knochenbildner *m*; **os·te·oc·la·sis** [ɔsti'ɔkləsis] *s.* ⚕ (opera'tive) 'Knochenfrak,tur; **os·te·ol·o·gy** [ɔsti'ɔlədʒi] *s.* Knochenlehre *f*; **os·te·o·ma** [ɔsti'oumə] *s.* ⚕ Oste'om *n*, gutartige Knochengeschwulst; **os·te·o·ma·la·ci·a** [ɔstiouma'leiʃiə] *s.* ⚕ Knochenerweichung *f*; **'os·te·o·path** [-ioupæθ] *s.* ⚕ Osteo'path *m*.
ost·ler ['ɔslə] *s.* Stallknecht *m*.
os·tra·cism ['ɔstrəsizəm] *s.* **1.** *antiq.* Scherbengericht *n*; **2.** *fig.* **a)** Verbannung *f*, **b)** Ächtung *f*; **'os·tra·cize** [-saiz] *v/t.* **1.** verbannen (*a. fig.*); **2.** *fig.* ächten, ausstoßen, verfemen.
os·trich ['ɔstritʃ] *s. orn.* Strauß *m*; **~pol·i·cy** *s.* Vogel-'Strauß-Poli,tik *f*.
oth·er ['ʌðə] **I.** *adj.* **1.** ander; **2.** (*vor s. im pl.*) andere, übrige: *the ~ guests*; **3.** ander, weiter, sonstig: *one ~ person* e-e weitere Person, (noch) j-d anders; **4.** anders (*than* als): *I would not have him ~ than he is* ich möchte ihn nicht anders haben, als er ist; *no person ~ than yourself* niemand außer dir; **5.** (*from, than*) anders (als), verschieden (von); **6.** zweit (*nur in*): *every ~* jeder (jede, jedes) zweite; *every ~ day* jeden zweiten Tag; **7.** (*nur in*): *the ~ day* neulich, kürzlich; *the ~ night* neulich abends; **II.** *pron.* **8.** ander: *the ~* der (die, das) andere; *each ~* einander; *the two ~s* die beiden anderen; *of all ~s* vor allen anderen; *no* (*od. none*) *~ than* kein anderer als; *some day* (*od. time*) *or ~* eines Tages, irgendeinmal; *some way or ~* irgendwie, auf irgendeine Weise; → *someone 1*; **III.** *adv.* **9.** anders (*than* als); **'~wise** [-waiz] *adv.* **1.** (*a. cj.*) sonst, andernfalls; **2.** sonst, im übrigen: *stupid but ~ harmless*; **3.** anderweitig: *~ occupied*; *unless you are ~ engaged* wenn du nichts anderes vorhast; **4.** anders (*than* als): *we think ~* wir denken anders; *berries edible and ~* eßbare u. nicht eßbare Beeren; **'~-'world** *adj.* jenseitig; **~-'world·li·ness** *s.* Jenseitigkeit *f*, Jenseitsgerichtetheit *f*; **~-'world·ly** *adj.* jenseitig, Jenseits...
o·ti·ose ['ouʃious] *adj.* □ müßig: **a)** untätig, **b)** zwecklos.
o·to·lar·yn·gol·o·gist [outoulæriŋ'gɔlədʒist] *s.* ⚕ Facharzt *m* für Hals- u. Ohrenleiden; **o·tol·o·gy** [ou'tɔlədʒi] *s.* Ohrenheilkunde *f*; **o·to·rhi·no·lar·yn·gol·o·gist** [outourainoulæriŋ'gɔlədʒist] *s.* Facharzt *m* für Hals-, Nasen- u. Ohrenkrankheiten; **o·to·scope** ['outəskoup] *s.* ⚕ Ohr(en)spiegel *m*.
ot·ter ['ɔtə] *s.* **1.** *zo.* Otter *m*; **2.** Otterfell *n*, -pelz *m*; **'~-dog**, **'~-hound** *s. hunt.* Otterhund *m*.
Ot·to·man ['ɔtəmən] **I.** *adj.* **1.** os'manisch, türkisch; **II.** *s. pl.* **-mans 2.** Os'mane *m*, Türke *m*; **3.** ♀ Otto'mane *f* (*Sofa*).
ouch [autʃ] *int.* autsch!, au!
ought[1] [ɔːt] **I.** *v/aux. ich, er, sie, es* sollte, *du* solltest, *ihr* solltet, *wir, sie, Sie* sollten: *he ~ to do it* er sollte es (eigentlich) tun; *he ~* (*not*) *to have seen it* er hätte es (nicht) sehen sollen; *you ~ to have known better* du hättest es besser wissen sollen *od.* müssen; **II.** *s.* (mo'ralische) Pflicht.
ought[2] [ɔːt] *s.* Null *f*.
ought[3] → *aught*.
ounce[1] [auns] *s.* **1.** Unze *f* (*28,35 g*): *by the ~* nach (dem) Gewicht; **2.** *fig. ein* bißchen, Körnchen *n* (*Wahrheit etc.*).
ounce[2] [auns] *s.* **1.** *zo.* Irbis *m* (*Schneeleopard*); **2.** *poet.* Luchs *m*.
our ['auə] *poss. adj.* unser: ♀ *Father das* Vaterunser; **ours** ['auəz] *poss. pron.* **1.** *der* (*die, das*) uns(e)re: *I like ~ better* mir gefällt das unsere besser; *a friend of ~* ein Freund von uns; *this world of ~* diese unsere Welt; *~ is a small group* unsere Gruppe ist klein; **2.** unser, *der* (*die, das*) uns(e)re: *it is ~* es gehört uns, es ist unser; **our'self** *pron.*: We ♀ Wir höchstselbst; **our'selves** *pron.* **1.** *refl.* uns (selbst): *we blame ~* wir geben uns (selbst) die Schuld; **2.** (wir) selbst: *let us do it ~*; **3.** uns (selbst): *good for the others, not for ~* gut für die andern, nicht für uns (selbst).
oust [aust] *v/t.* **1.** vertreiben, entfernen, verdrängen, hin'auswerfen (*from* aus): *to ~ s.o. from office* j-n aus s-m Amt verdrängen; *to ~ from the market* ✝ vom Markt verdrängen; **2.** ⚖ enteignen, um den Besitz bringen; **3.** berauben (*of gen.*); **'oust·er** [-tə] *s.* ⚖ **a)** Enteignung *f*, **b)** Besitzvorenthaltung *f*.
out [aut] **I.** *adv.* **1.** (*a. in Zssgn mit vb.*) hin'aus (*-gehen, -werfen etc.*), her'aus (*-kommen, -schauen etc.*), aus (*-brechen, -pumpen, -sterben etc.*): *voyage ~* Ausreise; *way ~* Ausgang; *on the way ~* beim Hinausgehen; *~ with him!* hinaus mit ihm!; *~ with it!* hinaus *od.* heraus damit!; *to have a tooth ~* sich e-n Zahn ziehen lassen; *to insure ~ and home* ✝ hin u. zurück versichern; *to have it ~ with s.o. fig.* die Sache mit j-m ausfechten; *that's ~!* das kommt nicht in Frage!; **2.** außen, draußen, fort: *some way ~* ein Stück draußen; *he is ~* er ist draußen; **3.** nicht zu Hause, ausgegangen: *to be ~ on business* geschäftlich verreist sein; *a day ~* ein freier Tag; *an evening ~* ein Ausgeh-Abend; *to be ~ on account of illness* wegen Krankheit der Arbeit fernbleiben; **4.** ausständig (*Arbeiter*): *to be ~* streiken; **5. a)** ins Freie, **b)** draußen, im Freien, **c)** ⚓ draußen, auf See, **d)** ⚔ im Felde; **6. a)** ausgeliehen (*Buch*), **b)** verliehen (*Geld*), **c)** verpachtet, vermietet, **d)** (*aus dem Gefängnis etc.*) entlassen; **7.** her'aus *sein*: **a)** (*just*) ~ (soeben) erschienen (*Buch*), **b)** in Blüte (*Blumen*), entfaltet (*Blüte*), **c)** ausgeschlüpft (*Küken*), **d)** verrenkt (*Glied*), **e)** *fig.* enthüllt (*Geheimnis*): *the girl is not yet ~* das Mädchen ist noch nicht in die Gesellschaft eingeführt (worden); → *blood 3*, *murder 1*; **8.** *sport* aus, draußen: **a)** nicht (mehr) im Spiel, **b)** im Aus; **9.** *Boxen*: ausgezählt, kampfunfähig; **10.** *pol.* draußen, raus, nicht (mehr) im Amt, nicht (mehr) am Ruder; **11.** aus der Mode; **12.** aus, vor'bei (*zu Ende*): *before the week is ~* vor Ende der Woche; **13.** aus, erloschen (*Feuer, Licht*); **14.** aus(gegangen), verbraucht: *the potatoes are ~*; **15.** aus der Übung: *my hand is ~*; **16.** zu Ende, bis zum Ende, ganz: *to hear s.o. ~* j-n bis zum Ende *od.* ganz anhören; **17.** ausgetreten, über die Ufer getreten (*Fluß*); **18.** löch(e)rig, 'durchgescheuert; → *elbow 1*; **19.** ärmer um *1 Dollar etc.*; **20.** unrichtig, im Irrtum (befangen): *his calculations are ~* s-e Berechnungen stimmen nicht; *to be* (*far*) *~* sich (gewaltig) irren, (ganz) auf dem Holzweg sein; **21.** entzweit, verkracht: *to be ~ with s.o.*; **22.** laut *lachen etc.*; **23.** *~ for* auf *e-e Sache* aus, auf der Jagd *od.* Suche nach: *~ for prey* auf Raub aus; **24.** *~ to do s.th.* darauf aus, et. zu tun; **25.** (*bsd. nach sup.*) *das Beste etc.* weit u. breit; **26.** *~ and about* (wieder) auf den Beinen; *~ and away* bei weitem; *~ and ~* durch u. durch; *~ of* → *31*; **II.** *adj.* **27.** Außen...: *~ edge*; **28.** *sport* auswärtig, Auswärts... (*-spiel*); **29.** *Kricket*: nicht schlagend: *~ side* → *34*; **30.** 'übernor,mal, Über...; → *outsize*; **III.** *prp.* **31.** *~ of* **a)** aus (... her'aus), zu ... hin'aus, **b)** *fig.* aus *Furcht, Mitleid etc.*, **c)** aus, von: *two ~ of three* zwei von drei *Personen etc.*, **d)** außerhalb, außer *Reichweite, Sicht etc.*, **e)** außer *Atem, Übung etc.*, ohne: *to be ~ of s.th.* et. nicht (mehr) haben, ohne et. sein; → *money 1*, *work 1*, **f)** aus *der Mode, Richtung etc.*, nicht gemäß: *~ of drawing* verzeichnet; → *focus 1*, *hand Redew.*, *question 4*, **g)** außerhalb (*gen. od.* von): *6 miles ~ of*

Oxford; ~ *of doors* im Freien, ins Freie; *to be* ~ *of it* nicht dabei sein (dürfen); *to feel* ~ *of it* sich ausgeschlossen *od.* nicht zugehörig fühlen, **h**) um *et. betrügen*: *to cheat s.o.* ~ *of s.th.*, **i**) aus, von: *to get s.th.* ~ *of s.o.* et. von j-m bekommen; *he got more* (*pleasure*) ~ *of it* er hatte mehr davon, **j**) *hergestellt* aus: *made* ~ *of paper*; **IV.** *s.* **32.** *typ.* Auslassung *f*, ‚Leiche' *f*; **33.** *Tennis etc.*: Ausball *m*; **34.** *the* ~*s Kricket etc.*: die 'Feldpar,tei; **35.** *the* ~*s parl.* die Oppositi'on; **36.** *Am.* F Ausweg *m*, Schlupfloch *n*; **V.** *v/t.* **37.** F rausschmeißen; **38.** *Boxen*: k. 'o. schlagen; **VI.** *int.* **39.** hin'aus!, raus!; **40.** *obs.* ~ *upon you!* pfui über dich!

'out|-and-'out *adj.* abso'lut, völlig: *an* ~ *villain* ein Erzschurke; **~-and-'out·er** *s. sl.* **1.** 'Hundertpro,zentige(r *m*) *f*, ‚Waschechte(r' *m*) *f*; **2.** *et.* 'Hundertpro,zentiges *od.* ganz Typisches *s-r Art*; **~'bal·ance** *v/t.* über'wiegen; **~'bid** *v/t.* [*irr.* → *bid*] über'bieten (*a. fig.*); **'~·board** ⚓ **I.** *adj.* Außenbord...: ~ *motor*; **II.** *adv.* außenbords; **'~·bound** *adj.* **1.** ⚓ nach auswärts bestimmt *od.* fahrend, auslaufend, ausgehend; **2.** ✈ im Abflug; **3.** ✝ nach dem Ausland bestimmt; **~'box** *v/t. im Boxen* schlagen, auspunkten; **~'brave** *v/t.* **1.** trotzen (*dat.*); **2.** an Kühnheit *od.* Glanz über'treffen; **'~·break** *s. allg.* Ausbruch *m*; **'~·build·ing** *s.* Außen-, Nebengebäude *n*; **'~·burst** *s.* Ausbruch *m* (*a. fig.*); **'~·cast I.** *adj.* **1.** ausgestoßen, verstoßen; **II.** *s.* **2.** Ausgestoßene(r *m*) *f*; **3.** Abfall *m*, Ausschuß *m*; **~'class** *v/t. j-m* weit über'legen sein, *j-n* weit über'treffen, *sport a. j-n* deklassieren; **'~·clear·ing** *s.* ✝ Gesamtbetrag *m* der Wechsel- u. Scheckforderungen e-r Bank an das *Clearing-House*; **'~·come** *s.* Ergebnis *n*, Resul'tat *n*, Folge *f*; **'~·crop I.** *s.* **1.** *geol.* **a**) Zu'tageliegen *n*, Anstehen *n*, **b**) Anstehendes *n*, Ausbiß *m*; **2.** *fig.* Zu'tagetreten *n*; **II.** *v/i.* out'crop **3.** *geol.* zu'tage liegen *od.* treten, anstehen; **4.** *fig.* zu'tage treten; **'~·cry** *s.* Aufschrei *m*, Schrei *m* der Entrüstung; **~'dat·ed** *adj.* über'holt, veraltet; **~'dis·tance** *v/t.* über'holen, (weit) hinter sich lassen (*a. fig.*); **~'do** *v/t.* [*irr.* → *do*[1]] über'treffen, es *j-m* zu'vortun: *to* ~ *o.s.* sich selbst über'treffen; **'~·door** *adj.* Außen..., draußen, außer dem Hause (*a. parl.*); im Freien: ~ *aerial* Außen-, Hochantenne; ~ *dress* Ausgehanzug; ~ *exercise* Bewegung in freier Luft; ~ *relief* Hauspflege *für Arme*; ~ *shot phot.* Außen-, Freilichtaufnahme; **'~'doors I.** *adv.* **1.** draußen, im Freien; **2.** hin'aus, ins Freie; **II.** *adj.* **3.** → *outdoor*.

out·er ['autə] *adj.* Außen...: ~ *garments*, ~ *wear* Ober-, Überkleidung; ~ *cover* ✈ Außenhaut; ~ *diameter* äußerer Durchmesser; ~ *harbo(u)r* ⚓ Außenhafen; *the* ~ *man* der äußere Mensch; ~ *skin* Oberhaut, Epidermis; ~ *space* Weltraum; ~ *surface* Außenfläche, -seite; ~ *world* Außenwelt; **'~·most** *adj.* äußerst.

out|'face *v/t.* **1.** Trotz bieten (*dat.*), mutig *od.* gefaßt begegnen (*dat.*): *to* ~ *a situation* e-r Lage Herr werden; **2.** *j-n* mit Blicken aus der Fassung bringen; **'~·fall** *s.* Mündung *f*; **'~·field** *s.* **1.** *Baseball u. Kricket*: **a**) Außenfeld *n*, **b**) Außenfeldspieler *pl.*; **2.** *fig.* fernes Gebiet; **3.** weitabliegende Felder *pl.* (*e-r Farm*); **'~·field·er** *s.* Außenfeldspieler(in); **'~·fit I.** *s.* **1.** Ausrüstung *f*, -stattung *f*: ~ *of tools* Werkzeug; *travel(l)ing* ~; *cooking* ~ Kochutensilien; *puncture* ~ *mot.* Reifenflickzeug; *the whole* ~ F der ganze Kram; **2.** *Am.* **a**) ⚔ Einheit *f*, ‚Haufen' *m*, **b**) (Arbeits)Gruppe *f*, **c**) F ‚Verein' *m*, Gesellschaft *f*; **II.** *v/t.* **3.** ausrüsten, -statten; **'~·fit·ter** *s.* ✝ **1.** 'Ausrüstungsliefer,ant(in); **2.** Herrenausstatter *m*; **3.** (Fach)Händler *m*: *electrical* ~ Elektrohändler; **~'flank** *v/t.* ⚔ über'flügeln (*a. fig.*), die Flanke um'fassen von: ~*ing attack* Umfassungsangriff; **'~·flow** *s.* Ausfluß *m* (*a.* ⚕): ~ *of gold* ✝ Goldabfluß; **~'gen·er·al** *v/t.* **1.** an Feldherrnkunst über'treffen; **2.** → *outmanœuvre*; **~'go I.** *v/t.* [*irr.* → *go*] *fig.* über'treffen; über'listen; **II.** *s.* **'out·go** *pl.* **'~·goes** ✝ Ausgaben *pl.*; **'~·go·ing I.** *adj.* weg-, gehend; 🚂, ⚓ *etc.* abgehend (*a.* ⚡ *Strom*; *Verkehr*); ausziehend (*Mieter*); zu'rückgehend (*Flut*); abtretend (*Regierung*): ~ *stocks* ✝ Ausgänge; **II.** *s.* Ausgehen *n*; *pl.* ✝ Ausgaben *pl.*; **~'grow** *v/t.* [*irr.* → *grow*] **1.** schneller wachsen als, hin'auswachsen über (*acc.*); **2.** *j-m* über den Kopf wachsen; **3.** her'auswachsen aus *Kleidern*; **4.** *fig. Gewohnheit etc.* (mit der Zeit) ablegen, her'auswachsen aus; **'~·growth** *s.* **1.** na'türliche Folge, Ergebnis *n*; **2.** Nebenerscheinung *f*; **3.** ⚕ Auswuchs *m*; **'~·guard** *s.* ⚔ Vorposten *m*, Feldwache *f*; **'~·house** *s.* **1.** Nebengebäude *n*, Schuppen *m*; **2.** *Am.* Außenabort *m*.

out·ing ['autiŋ] *s.* Ausflug *m*, 'Landpar,tie *f*; Spaziergang *m*: *works'* ~ Betriebsausflug.

out|'jump *v/t.* höher *od.* weiter springen als; **~'land·ish** *adj.* **1.** fremdartig, seltsam, e'xotisch; **2. a**) unkultiviert, **b**) rückständig; **3.** abgelegen; **~'last** *v/t.* über'dauern, -'leben.

out·law ['autlɔ:] **I.** *s.* **1.** *hist.* Geächtete(r *m*) *f*, Vogelfreie(r *m*) *f*; **2.** Ban'dit *m*, Verbrecher *m*; **3.** *Am.* bösartiges Pferd; **II.** *v/t.* **4.** *hist.* ächten, für vogelfrei erklären; **5.** ⚖ der Rechtskraft berauben: ~*ed claim* verjährter Anspruch; **6.** für ungesetzlich erklären, verbieten; **'out·law·ry** [-ri] *s.* **1.** *hist.* Ächtung *f*; **2.** Verfemung *f*, Verbot *n*; **3.** Ge'setzesmiß,achtung *f*; **4.** Verbrechertum *n*.

'out|·lay *s.* (Geld)Auslage(n *pl.*) *f*: *initial* ~ Anschaffungskosten; **'~·let** *s.* **1.** Auslaß *m*, Abzug *m*, Abzugsöffnung *f*, 'Durchlaß *m*; *mot.* Abluftstutzen *m*; **2.** ⚡ (Stekker)Anschluß *m*; *weitS.* (*electric* ~) Stromverbraucher *m*; **3.** *fig.* Ven'til *n*, Betätigungsfeld *n*: *to find an* ~ *for one's emotions* s-n Gefühlen Luft machen können; **4.** ✝ **a**) Absatzmarkt *m*, -möglichkeit *f*, **b**) Großabnehmer *m*, **c**) Verkaufsstelle *f*; **'~·line I.** *s.* **1. a**) 'Umriß (-,linie *f*) *m*, **b**) *mst pl.* 'Umrisse *pl.*, Kon'turen *pl.*, Silhou'ette *f*; **2.** *Zeichnen*: **a**) Kon'turzeichnung *f*, **b**) 'Umriß-, Kon'turlinie *f*; **3.** Entwurf *m*, Skizze *f*; **4.** (of) *fig.* 'Umriß *m* (von), 'Überblick *m* (über *acc.*); **5.** Abriß *m*, Auszug *m*: *an* ~ *of history*; **II.** *v/t.* **6.** entwerfen, skizzieren; *fig. a.* um'reißen, e-n 'Überblick geben über (*acc.*), in groben Zügen darstellen; **7.** die 'Umrisse zeigen von: ~*d against* scharf abgehoben von; **~'live** *v/t.* *j-n od. et.* über'leben; *et.* über'dauern; **'~·look** *s.* **1.** Aussicht *f*, (Aus)Blick *m*; *fig.* Aussichten *pl.*; **2.** *fig.* Auffassung *f*, Einstellung *f*; Ansichten *pl.*, (Welt)Anschauung *f*; *pol.* Zielsetzung *f*; **3.** Ausguck *m*, Warte *f*; **4.** Wacht *f*, Wache *f*; **'~·ly·ing** *adj.* **1.** außerhalb *od.* abseits gelegen, entlegen, Außen...: ~ *district* Außenbezirk; **2.** *fig.* am Rande liegend, nebensächlich; **~-ma'neu·ver** *Am.*, **~-ma'nœu·vre** *Brit. v/t.* ausmanövrieren (*a. fig. überlisten*); **~'match** *v/t.* über'treffen, (aus dem Felde) schlagen; **~'mod·ed** *adj.* 'unmo,dern, veraltet, über'holt; **'~·most** [-moust] *adj.* äußerst (*a. fig.*); **~'num·ber** *v/t.* an Zahl über'treffen, zahlenmäßig über'legen sein (*dat.*): *to be* ~*ed* in der Minderheit sein.

'out-of|-'bal·ance *adj.* ⊕ unausgeglichen: ~ *force* Unwuchtkraft; **'~-'date** *adj.* veraltet, 'unmo,dern; **'~-'door(s)** → *outdoor(s)*; **'~-'pock·et ex·pens·es** *s. pl.* Barauslagen *pl.*; **'~-the-'way** *adj.* **1.** abgelegen, versteckt; **2.** ungewöhnlich, ausgefallen; **3.** ungehörig; **'~-'town** *adj.* auswärtig: ~ *bank* ✝ auswärtige Bank; ~ *bill* Distanzwechsel; **'~-'turn** *adj.* unangebracht, taktlos, vorlaut; **'~-'work pay** *s.* Er'werbslosenunter,stützung *f*.

out|'pace *v/t.* *j-n* hinter sich lassen; **'~·pa·tient** *s.* ⚕ ambu'lanter Pati'ent: ~ *treatment* ambulante Behandlung; **'~·pick·et** *s.* ⚔ vorgeschobener Posten; **~'play** *v/t.* über'spielen, schlagen; **~'point** *v/t.* *sport* nach Punkten schlagen; **'~·port** *s.* ⚓ **1.** Vorhafen *m*; **2.** abgelegener Hafen; **'~·pour(·ing)** *s.* Erguß *m* (*a. fig.*); **'~·put** *s.* Output *m*: **a**) ✝, ⊕ (Arbeits)Leistung *f*, **b**) ✝ Produkti'on *f*, Ertrag *m*, Ausstoß *m*, **c**) ⚒ Förderung *f*, Fördermenge *f*, **d**) ⚡ Leistungsabgabe *f*, **e**) *Computer*: Datenausgabe *f*: ~ *capacity* ⊕ Leistungsfähigkeit, *e-r Werkzeugmaschine*: Stückleistung; ~ *voltage* ⚡ Ausgangsspannung.

out·rage ['autreidʒ] **I.** *s.* **1.** Frevel (-tat *f*) *m*, Greuel(tat *f*) *m*, Ausschreitung *f*, Verbrechen *n*; **2.** (*on*, *upon*) Frevel(tat *f*) *m* (an *dat.*), Atten'tat *n* (auf *acc.*) (*bsd. fig.*): *an* ~ *upon decency* e-e grobe Verletzung des Anstandes; *an* ~ *upon justice* e-e Vergewaltigung der Gerechtigkeit; **3.** Schande *f*, Schmach *f*; **II.** *v/t.* **4.** sich vergehen an (*dat.*), *j-m* Gewalt antun (*a. fig.*); **5.** *Ge-*

fühle etc. mit Füßen treten, gröblich beleidigen *od.* verletzen; **6.** *j-n* **em'pören**, schockieren; **out'ra·geous** [-dʒəs] *adj.* □ **1.** frevelhaft, ab'scheulich, verbrecherisch; **2.** schändlich, em'pörend, unerhört: *~ behavio(u)r*; **3.** heftig, unerhört: *~ heat.*

out|'range *v/t.* **1.** ⚔ an Schuß- *od.* Reichweite über'treffen; **2.** hin'ausreichen über (*acc.*); **3.** *fig.* über'treffen; **~'rank** *v/t.* **1.** im Rang höherstehen als; **2.** *fig.* wichtiger sein als, an Bedeutung über'ragen; **~'reach I.** *v/t.* über'treffen, weiter reichen als, hin'ausreichen über (*acc.*); **'~-re·lief** *s. Brit.* Hauspflege *f für Arme*; **~'ride** *v/t.* [*irr.* → *ride*] **1.** besser *od.* schneller reiten als; **2.** ⚓ *e-n Sturm* ausreiten; **'~·rid·er** *s.* Vorreiter *m*; **'~·rig·ger** *s.* **1.** ⚓ (*a.* ⊕) Ausleger *m*; **2.** Auslegerboot *n*, *sport* Outrigger *m*; **3.** ⚔ (La'fetten)Holm *m*; **'~·right I.** *adj.* **1.** völlig, gänzlich, to'tal: *an ~ loss*; **2.** vorbehaltlos, offen: *an ~ refusal* e-e glatte Weigerung; **3.** gerade (her)'aus, di'rekt; **II.** *adv.* *out'right* **4.** gänzlich, völlig, total, ganz u. gar; **5.** ohne Vorbehalt, ganz: *to refuse ~* rundweg ablehnen; *to sell ~* fest verkaufen; **6.** auf der Stelle, so'fort: *to kill ~*; *to buy ~ Am.* gegen sofortige Lieferung kaufen; *to laugh ~* laut lachen; **~'ri·val** *v/t.* über'treffen, über'bieten (*in* an *od.* in *dat.*), ausstechen; **~'run** *v/t.* [*irr.* → *run*] **1.** schneller laufen als, (im Laufen) besiegen; **2.** *fig.* hin'ausgehen über (*acc.*), über'schreiten; **'~·run·ner** *s.* **1.** (Vor)Läufer *m* (*Bedienter*); **2.** Beipferd *n*; **3.** Leithund *m*; **~'sell** *v/t.* [*irr.* → *sell*] **1.** mehr verkaufen als; **2.** e-n höheren Preis erzielen als; mehr einbringen als; **'~·set** *s.* **1.** Anfang *m*, Beginn *m*: *at the ~* am Anfang; *from the ~* gleich von Anfang an; **2.** Aufbruch *m zu e-r Reise*; **~'shine** [*irr.* → *shine*] *v/t.* über'strahlen, in den Schatten stellen (*a. fig.*).

'out'side I. *s.* **1.** *das* Äußere (*a. fig.*), Außenseite *f*: *on the ~ of* außerhalb, jenseits (*gen.*); **2.** *fig. das* Äußerste: *at the ~* höchstens; **3.** *sport* Außenspieler *m*: *~ right* Rechtsaußen; **II.** *adj.* **4.** äußer, Außen...(*-antenne, -durchmesser etc.*): *~ broker* ✝ freier Makler; *~ capital* Fremdkapital; *an ~ opinion* die Meinung e-s Außenstehenden; **5.** außerhalb, (dr)außen; **6.** *fig.* äußerst (*Schätzung, Preis*); **III.** *adv.* **7.** draußen, außerhalb: *~ of* **a)** außerhalb, **b)** *Am.* F außer, ausgenommen; **8.** her'aus, hin'aus; **9.** außen, an der Außenseite; **IV.** *prp.* **10.** außerhalb, jenseits (*gen.*) (*a. fig.*); **'out'sid·er** *s.* Außenseiter(in).

out|'sit *v/t.* [*irr.* → *sit*] länger sitzen (bleiben) als; **'~·size I.** *s.* 'Übergröße *f* (*a. Kleidungsstück*); **II.** *adj.* ab'norm groß, 'übergroß; **'~·sized** → *outsize II*; **'~·skirts** *s. pl.* nahe Um'gebung, Stadtrand *m*, *a. fig.* Rand(gebiet *n*) *m*, Periphe'rie *f*; **~'smart** *v/t.* F über'listen, über'vorteilen; **~'speed** *v/t.* [*irr.* → *speed*] schneller sein als, an Geschwindigkeit über'treffen.

out|'spo·ken *adj.* □ **1.** offen, freimütig: *she was very ~ about it* sie äußerte sich sehr offen darüber; **2.** unverblümt; **~'spo·ken·ness** [-'spoukənnis] *s.* **1.** Offenheit *f*, Freimütigkeit *f*; **2.** Unverblümtheit *f*.

out'stand·ing *adj.* **1.** her'vorragend (*bsd. fig. Leistung, Spieler, Tapferkeit etc.*); *fig.* her'vorstechend (*Eigenschaft etc.*) promi'nent (*Persönlichkeit*); **2.** *bsd.* ✝ unerledigt, aus-, offenstehend (*Forderung etc.*): *~ capital stock Am.* ausgegebenes Aktienkapital; *~ debts* Außenstände, Forderungen; **'out·stand·ings** *s. pl.* ✝ Außenstände *pl.*

out|'stare *v/t.* mit e-m Blick aus der Fassung bringen; **'~·sta·tion** *s.* **1.** 'Außen-, 'Hilfsstati,on *f*; **2.** *Funk*: 'Gegenstati,on *f*; **~'stay** *v/t.* länger bleiben als; → *welcome 1*; **~'step** *v/t. fig.* über'schreiten: *to ~ the truth* übertreiben; **~'stretch** *v/t.* ausstrecken; **~'strip** *v/t.* **1.** über'holen, hinter sich lassen (*a. fig.*); **2.** *fig.* über'flügeln, aus dem Felde schlagen; **~'swim** *v/t.* [*irr.* → *swim*] schneller schwimmen als, (im Schwimmen) schlagen; **'~·turn** *s.* **1.** Ertrag *m*; **2.** ✝ Ausfall *m*: *~ sample* Ausfallmuster; **~'vote** *v/t.* über'stimmen.

out·ward ['autwəd] **I.** *adj.* □ → *outwardly*; **1.** äußer, sichtbar; Außen...; **2.** äußerlich (*a.* ⚕ *u. fig. contp.*); **3.** nach (dr)außen gerichtet *od.* führend, Aus(wärts)..., Hin...: *~ cargo*, *~ freight* ⚓ ausgehende Ladung, Hinfracht; *~ journey* Aus-, Hinreise; *~ trade* Ausfuhrhandel; **II.** *adv.* **4.** (nach) auswärts, nach außen: *to clear ~ Schiff* ausklarieren; → *bound*[2]; **'out·ward·ly** [-li] *adv.* äußerlich; außen, nach außen (hin); **'out·ward·ness** [-nis] *s.* Äußerlichkeit *f*; äußere Form; **'out·wards** [-dz] → *outward II.*

out|'wear *v/t.* [*irr.* → *wear*] **1.** abnutzen; **2.** *fig.* erschöpfen; **3.** *fig.* über'dauern, haltbarer sein als; **~'weigh** *v/t.* **1.** mehr wiegen als; **2.** *fig.* über'wiegen, gewichtiger sein als, *e-e Sache* aufwiegen; **~'wit** *v/t.* über'listen; **'~·work** *s.* **1.** ⚔ Außenwerk *n*; *fig.* Bollwerk *n*; **2.** ✝ Heimarbeit *f*; **'~·work·er** *s.* **1.** Außenarbeiter(in); **2.** Heimarbeiter (-in); **'~·worn** *adj.*, *pred.* *out'worn* **1.** abgetragen, abgenutzt; **2.** veraltet, über'holt; **3.** erschöpft.

ou·zel ['u:zəl] *s. orn.* Amsel *f*.

o·va ['ouvə] *pl. von ovum.*

o·val ['ouvəl] **I.** *adj.* o'val; **II.** *s.* O'val *n.*

o·var·i·an [ou'vɛəriən] *adj.* **1.** *anat.* Eierstock(s)...; **2.** ⚘ Fruchtknoten...;

o·va·ri·tis [ouvə'raitis] *s.* Eierstockentzündung *f*; **o·va·ry** ['ouvəri] *s.* **1.** *anat.* Eierstock *m*; **2.** ⚘ Fruchtknoten *m.*

o·vate ['ouveit] *adj.* eiförmig.

o·va·tion [ou'veiʃən] *s.* Ovati'on *f*, begeisterte Huldigung.

ov·en ['ʌvn] *s.* **1.** Backofen *m*, -rohr *n*; **2.** ⊕ Ofen *m*; **'~·dry** *adj.* ofentrocken.

o·ver ['ouvə] **I.** *prp.* **1.** *Lage*: über (*dat.*): *the lamp ~ his head*; *to be ~ the signature of Mr. N.* von Herrn N. unterzeichnet sein; **2.** *Richtung, Bewegung*: über (*acc.*), über (*acc.*) ... hin *od.* (hin)'weg: *to jump ~ the fence*; *the bridge ~ the Danube* die Brücke über die Donau; *~ the radio* im Radio; *all ~ the town* durch die ganze *od.* in der ganzen Stadt; *from all ~ Germany* aus ganz Deutschland; *to be all ~ s.o. sl.* ‚e-n Narren gefressen haben an j-m'; **3.** über (*dat.*), auf der anderen Seite von (*od. gen.*): *~ the sea* in Übersee, jenseits des Meeres; *~ the street* über der Straße, auf der anderen Seite; *~ the way* gegenüber; **4. a)** über *der Arbeit einschlafen etc.*, bei *e-m Glase Wein etc.*, **b)** über (*acc.*), wegen: *to laugh ~* über *et.* lachen; *to worry ~* sich wegen *e-r Sache* Sorgen machen; **5.** *Herrschaft, Rang*: über (*dat. od. acc.*): *to be ~ s.o.* über j-m stehen; **6.** über (*acc.*), mehr als: *~ a mile*: *~ and above* zusätzlich zu, außer; → *21*; **7.** über (*acc.*), während (*gen.*): *~ the week-end*; *~ night* die Nacht über; **8.** durch: *he went ~ his notes* er ging seine Notizen durch; **II.** *adv.* **9.** hin'über, dar'über: *he jumped ~*; **10.** hin'über (*to* zu), auf die andere Seite; **11.** her'über: *to come ~* herüberkommen (*a. weitS. zu Besuch*); **12.** drüben: *~ there* da drüben; *~ against* gegenüber (*dat.*; *a. fig. im Gegensatz zu*); **13.** (*genau*) dar'über: *the bird is directly ~*; **14.** über (*acc.*) ...; dar'über...(*-decken, -legen etc.*); über'...: *to paint ~ et.* übermalen; **15.** (*mst in Verbindung mit vb.*) **a)** über'... (*-geben etc.*): *to hand s. th. ~*, **b)** 'über... (*-kochen etc.*): *to boil ~*; **16.** (*oft in Verbindung mit vb.*) **a)** 'um... (*-fallen, -werfen etc.*), **b)** (her)'um... (*-drehen etc.*): *see ~!* siehe umstehend; **17.** 'durch(weg), vom Anfang bis zum Ende: *the world ~* **a)** in der ganzen Welt, **b)** durch die ganze Welt; *to read s.th. ~ et.* (ganz) durchlesen; **18.** (gründlich) über'... (*-denken, -legen*): *to think s.th. ~*; *to talk s.th. ~* et. durchsprechen; **19.** nochmals, wieder: *to do s.th. ~*; (*all*) *~ again* nochmals, (ganz) von vorn; *~ and ~ (again)* immer wieder; *ten times ~* zehnmal hintereinander; **20.** 'übermäßig, allzu *sparsam etc.*, 'über...(*-vorsichtig etc.*); **21.** dar'über, mehr: *10 years and ~* 10 Jahre und darüber; *~ and above* außerdem, überdies; → *6*; **22.** übrig, über: *left ~* übriggelassen; *to have s.th. ~* et. übrig haben; **23.** zu Ende, vor'über, vor'bei: *the lesson is ~*; *~ with* F erledigt, vorüber; *it's all ~* es ist aus und vorbei; *to get ~ with* F *et.* hinter sich bringen.

'o·ver|-a'bun·dant [-vərə-] *adj.* □ 'überreich(lich), 'übermäßig; **'~'act** [-və'ræ-] **I.** *v/t.* *e-e Rolle* über'treiben, über'spielen; **II.** *v/i.* (s-e Rolle) über'treiben; **'~·all** [-ərɔ:l] **I.** *adj.* **1.** gesamt, Gesamt...: *~ efficiency* ⊕ Totalnutzeffekt; *~ length* Gesamtlänge; **II.** *s.* **2.** *a. pl.* Arbeits-, Mon'teur-, Kombinati'onsanzug *m*; **3.** *Brit.* Kittelschürze *f*; **4.** *pl.* 'Überzieh-, Arbeitshose *f*; **'~-am'bi·tious** [-əræ-] *adj.* □ allzu ehrgeizig; **'~-'anx·ious** [-ər'æ-] *adj.* □ **1.** 'überängstlich; **2.** 'überbegierig; **'~·arm stroke** [-əra:m] *s.* *Schwimmen*: Hand-über-'Hand-Stoß *m*; **~'awe**

[-ər'ɔ:] *v/t.* **1.** einschüchtern; **2.** tief beeindrucken; **~'bal·ance I.** *v/t.* **1.** über'wiegen (*a. fig.*); **2.** 'umstoßen, -kippen; **II.** *v/i.* **3.** 'umkippen, das 'Übergewicht bekommen; **III.** *s.* '*overbalance* **4.** 'Übergewicht *n*; **5.** † 'Überschuß *m*: ~ *of exports*; **~'bear** *v/t.* [*irr.* → *bear*[1]] **1.** niederdrücken; **2.** über'wältigen, unter'drücken; **3.** *fig.* schwerer wiegen als; **~'bear·ance** *s.* Anmaßung *f*, Arro'ganz *f*; **~'bear·ing** *adj.* □ anmaßend, arro'gant, herrisch; **~'bid** *v/t.* [*irr.* → *bid*] **1.** † über'bieten; **2.** *Bridge*: über'reizen; **'~'blown** *adj.* **1.** am Verblühen (*a. fig.*); **2.** ♪ über'blasen (*Ton*); **3.** *metall.* 'übergar (*Stahl*); **'~·board** *adv.* ⚓ über Bord: *to throw* ~ über Bord werfen (*a. fig.*); **'~'brim** *v/i. u. v/t.* 'überfließen (lassen); **'~-'build** *v/t.* [*irr.* → *build*] **1.** über'bauen; **2.** zu dicht bebauen; **3.** ~ *o.s.* sich ‚verbauen'; **~'bur·den** *v/t.* über'bürden, -'laden, -'lasten; **'~-'bus·y** *adj.* **1.** zu sehr beschäftigt; **2.** 'übergeschäftig; **~'buy** [*irr.* → *buy*] † **I.** *v/t.* zu viel kaufen von; **II.** *v/i.* zu teuer *od.* über Bedarf (ein)kaufen; **~-'cap·i·tal·ize** *v/t.* † **1.** e-n zu hohen Nennwert für das 'Stammkapi,tal *e-s Unternehmens* angeben: *to ~ a firm*; **2.** 'überkapitalisieren; **~'cast I.** *v/t.* [*irr.* → *cast*] **1.** *mit Wolken* über'ziehen, bedecken, verdunkeln, trüben (*a. fig.*); **2.** *Naht* um'stechen; **II.** *v/i.* [*irr.* → *cast*] **3.** sich bewölken, sich beziehen (*Himmel*); **III.** *adj.* '*overcast* **4.** bewölkt, bedeckt (*Himmel*); **5.** trüb(e), düster (*a. fig.*); **6.** über'wendlich (genäht); **'~'charge I.** *v/t.* **1.** *j-n* über'fordern; *et.* über'teuern; zu'viel anrechnen *od.* verlangen für *et.*; **2.** ⊕, ⚡ über'laden (*a. fig.*); **II.** *s.* **3.** † **a)** Mehrbelastung *f*, Aufschlag *m*: ~ *for arrears* Säumniszuschlag, **b)** Über'forderung *f*, Über'teuerung *f*; **4.** Über'ladung *f*, 'Überbelastung *f*; **~'cloud I.** *v/t.* **1.** über'wölken, bewölken: **~ed** *meteor.* bewölkt; **2.** trüben (*a. fig.*); **II.** *v/i.* **3.** sich um'wölken (*a. fig.*); **'~-coat** *s.* Mantel *m*, 'Überzieher *m*; **~'come** *v/t.* [*irr.* → *come*] über'winden, -'wältigen, -'mannen, bezwingen; *e-r Sache* Herr werden: *he was ~ with* (*od. by*) *emotion* er wurde von s-n Gefühlen übermannt; **'~-'con·fi·dence** *s.* **1.** 'übermäßiges (Selbst)Vertrauen; **2.** Vermessenheit *f*; **'~-'con·fi·dent** *adj.* □ **1.** allzu vertrauend (*of* auf *acc.*); **2.** zu selbstsicher; **3.** vermessen; **'~-'cred·u·lous** *adj.* allzu leichtgläubig; **~'crop** *v/t.* ↗ Raubbau treiben mit, zu'grunde wirtschaften; **~'crowd** *v/t.* über'füllen; **'~-cur·rent** *s.* ⚡ 'Überstrom *m*; **'~-de·'vel·op** *v/t. bsd. phot.* 'überentwickeln; **~'do** *v/t.* [*irr.* → *do*[1]] **1.** über'treiben, zu weit treiben; **2.** *fig.* zu weit gehen mit *od.* in (*dat.*), *et.* zu arg treiben: *to ~ it* **a)** zu weit gehen, **b)** des Guten zuviel tun; **3.** 'überbeanspruchen; **4.** zu stark *od.* zu lange kochen *od.* braten; **'~'done** *adj.* 'übergar; **'~·dose I.** *s.* 'Überdosis *f*; **II.** *v/t.* 'over'dose *j-m* e-e zu starke Dosis geben; **'~·draft** *s.* † **a)** ('Konto)Über,ziehung *f*, **b)** Über'ziehung *f*, über'zogener Betrag; **'~'draw** *v/t.* [*irr.* → *draw*] **1.** *Konto* über'ziehen; **2.** *Bogen* über'spannen; **3.** *fig.* über'treiben; **'~'dress** *v/t. u. v/i.* (sich) über'trieben anziehen; **'~'drive I.** *v/t.* [*irr.* → *drive*] **1.** abschinden, -hetzen; **2.** *et.* zu weit treiben; **II.** *s.* '*overdrive* **3.** *mot.* Schnell-, Schongang(getriebe *n*) *m*; **'~'due** *adj.* 'überfällig (*a.* 🚂, †): *the train is ~* der Zug hat Verspätung; **'~'eat** [-ər'i:t] *v/i.* [*irr.* → *eat*] (*a. ~ o.s.*) sich über'essen; **'~'em·pha·size** [-ər'e-] *v/t.* 'überbetonen, zu großen Nachdruck legen auf (*acc.*); **'~-'es·ti·mate** [-ər'estimeit] **I.** *v/t.* über'schätzen, 'überbewerten; **II.** *s.* [-mit] Über'schätzung *f*, 'Überbewertung *f*; **'~-ex'cite** [-vəri-] *v/t.* **1.** über'reizen; **2.** ⚡ 'übererregen; **'~-ex'ert** [-vəri-] *v/t.* über'anstrengen; **'~-ex'pose** [-vəri-] *v/t. phot.* 'überbelichten; **'~-ex'po·sure** [-vəri-] *s. phot.* 'Überbelichtung *f*; **'~-fa'tigue I.** *v/t.* über'müden, über'anstrengen; **II.** *s.* Über'müdung *f*; **'~'feed** *v/t.* [*irr.* → *feed*] über'füttern, 'überernähren; **~'flow I.** *v/i.* **1.** 'überlaufen, 'überfließen, 'überströmen, sich ergießen (*into* in *acc.*); **2.** *fig.* 'überquellen (*with* von); **II.** *v/t.* **3.** über'fluten, über'schwemmen; **III.** *s.* '*overflow* **4.** Über'schwemmung *f*, 'Überfließen *n*; ⊕ 'Überlauf *m*: ~ *pipe* Überlaufrohr; ~ *valve* Überströmventil; **5.** 'Überschuß *m*, 'überfließende Menge: ~ *of population* Bevölkerungsüberschuß; ~ *meeting* Parallelversammlung; **~-'flow·ing I.** *adj.* 'überfließend, -strömend (*a. fig. Güte, Herz etc.*): ~ *harvest* überreiche Ernte; **II.** *s.* 'Überfließen *n*: *full to ~* voll zum Überlaufen, *weitS.* zum Platzen voll; **'~·freight** *s.* † 'Überfracht *f*; **'~·ground** *adj.* über der Erde (befindlich); **'~'grow** *v/t.* [*irr.* → *grow*] **1.** über'wachsen, -'wuchern; **2.** hin'auswachsen über (*acc.*), zu groß werden für; **'~'grown** *adj.* **1.** über'wachsen; **2.** 'übermäßig gewachsen, 'übergroß; **'~·growth** *s.* **1.** Über'wucherung *f*; **2.** 'übermäßiges Wachstum; **'~·hand** *adj. u. adv.* **1.** mit dem Handrücken nach oben; *Schlag etc.* von oben; **2.** *sport* 'überhand: ~ *stroke Tennis*: Überhandschlag; ~ *service* Hochaufschlag; **3.** *Schwimmen*: Hand-über-Hand-...; **4.** *Näherei*: über'wendlich; **'~'hang I.** *v/t.* [*irr.* → *hang*] **1.** her'vorstehen *od.* -ragen *od.* 'überhängen über (*acc.*); **2.** *fig.* (drohend) schweben über (*dat.*), drohen (*dat.*); **II.** *v/i.* [*irr.* → *hang*] **3.** 'überhängen, -kragen (*a.* ✈), her'vorstehen, -ragen; **III.** *s.* '*overhang* **4.** 'Überhang *m* (*a.* ✈, ⚓); ⊕, ✈ Ausladung *f*; **'~-'hap·py** *adj.* 'überglücklich; **'~-'haste** *s.* 'Übereile *f*; **~'haul I.** *v/t.* **1.** ⊕ *Maschine etc.* über'holen, (*a. fig.*) gründlich über'prüfen; **2.** ⚓ *Tau, Taljen etc.* 'überholen; **3. a)** einholen, **b)** über'holen; **II.** *s.* '*overhaul* **4.** ⊕ Über'holung *f*, gründliche Über'prüfung (*a. fig.*); **'~·head I.** *adj.* **1.** oberirdisch, Frei..., Hoch...(-*antenne, -behälter etc.*): ~ *line* Frei-, Oberleitung; ~ *railway* Hochbahn; **2.** *mot.* **a)** obengesteuert (*Motor, Ventil*), **b)** obenliegend (*Nockenwelle*); **3.** allgemein, Gesamt...: ~ *costs*, ~ *expenses* → **4**; **II.** *s.* **4.** *a. pl.* allgemeine Unkosten *pl.*, Gemein-, Re'giekosten *pl.*; **III.** *adv.* '*over'head* **5.** (dr)oben: *works ~!* Vorsicht, Dacharbeiten!; **~'hear** *v/t.* [*irr.* → *hear*] belauschen, (zufällig) (mit'an)hören; **'~'heat I.** *v/t.* über'hitzen, -'heizen: *to ~ o.s.* → *II*; **II.** *v/i.* ⊕ heißlaufen; **'~·house** *adj.* Dach...(-*antenne etc.*); **~'hung** *adj.* ⊕ fliegend (angeordnet), freitragend; 'überhängend; **'~·in'dulge** [-vəri-] **I.** *v/t.* **1.** zu nachsichtig behandeln; **2.** *e-r Leidenschaft etc.* 'übermäßig frönen; **II.** *v/i.* **3.** sich allzu'sehr ergehen (*in* in *dat.*); **'~-in'dul·gence** [-vəri-] *s.* **1.** zu große Nachsicht; **2.** 'übermäßiger Genuß; **'~-in'dul·gent** [-vəri-] *adj.* allzu nachsichtig; **'~·in'sure** [-vəri-] *v/t. u. v/i.* (sich) 'überversichern; **'~-'is·sue** [-ər'i-] **I.** *s.* 'Überemissi,on *f*; **II.** *v/t.* zu'viel *Banknoten etc.* ausgeben; **~'joyed** [-'dʒɔid] *adj.* außer sich vor Freude, 'überglücklich; **'~·kill** *s.* **1.** ⚔ Overkill *n*; **2.** *fig.* 'Übermaß *n*, Zu'viel *n* (*of* an *dat.*); **'~'lad·en** *adj.* 'überbelastet, über'laden; **~-'land I.** *adv.* über Land, auf dem Landweg; **II.** *adj.* '*overland* Überland...: ~ *route* Landweg: ~ *transport* Überland-, Fernverkehr; **~'lap I.** *v/t.* **1.** 'übergreifen auf (*acc.*) *od.* in (*acc.*), sich über'schneiden mit, teilweise zs.-fallen mit; ⊕ über'lappen; **2.** hin'ausgehen über (*acc.*); **II.** *v/i.* **3.** sich *od.* ein'ander über'schneiden, sich teilweise decken, auf- *od.* inein'ander 'übergreifen; ⊕ über'lappen, 'übergreifen; **III.** *s.* '*overlap* **4.** 'Übergreifen *n*, Über'schneiden *n*; ⊕ Über'lappung *f*; **~'lay I.** *v/t.* [*irr.* → *lay*[1]] **1.** belegen; ⊕ über'lagern; **2.** über'ziehen; *overlaid with gold* mit Gold überzogen; **3.** *typ.* zurichten; **II.** *s.* '*overlay* **4.** Bedeckung *f*: ~ *mattress* Auflegematratze; **5.** Auflage *f*, 'Überzug *m*; **6.** *typ.* Zurichtung *f*; **7.** Planpause *f*; **'~'leaf** *adv.* 'umstehend, 'umseitig; **~'leap** *v/t.* [*irr.* → *leap*] **1.** springen über (*acc.*), über'springen (*a. fig.*); **2.** '*over'leap sein Ziel* über'springen, hin'ausspringen über (*acc.*); **~'lie** *v/t.* [*irr.* → *lie*[2]] **1.** liegen auf *od.* über (*dat.*); **2.** *geol.* über'lagern; **'~'load I.** *v/t.* über'laden, 'überbelasten, *a.* ⚡ über'lasten; **II.** *s.* '*overload* 'Überbelastung *f*, -beanspruchung *f*: ~ *of current* ⚡ Stromüberlastung; **'~-'long** *adj. u. adv.* allzu lang(e); **~'look** *v/t.* **1.** *Fehler etc.* über'sehen, nicht beachten; *fig. a.* ignorieren; (nachsichtig) hin'wegsehen über (*acc.*); **2.** über'blicken; *weitS. a.* Aussicht gewähren auf (*acc.*); **'~·lord** *s.* Oberherr *m*; **'~·lord·ship** *s.* Oberherrschaft *f*.

o·ver·ly ['ouvəli] *adv. Am. u. Scot.* ['allzu('sehr).

'o·ver|·man [-mæn] *s.* [*irr.*] Aufseher *m*, Vorarbeiter *m*; ⚒ (Ober)Steiger *m*; **~'manned** *adj.* 'überbelegt, zu stark bemannt; **'~·man·tel** *s.* Ka'minaufsatz *m*; **~'mas·ter** *v/t.* über-

ˈwältigen, bezwingen; ˈ~ˈ**much I.** *adj.* ˈallzuˈviel; **II.** *adv.* ˈallzu(ˈsehr, -ˈviel), ˈübermäßig; ˈ~-ˈ**nice** *adj.* ˈüberfein; ˈ~ˈ**night I.** *adv.* über Nacht, während der Nacht; **II.** *adj.* Nacht...; Übernachtungs...: ~ *lodgings*; ~ *case* Übernachtungs-, Handkoffer; ˈ~·**pass** *s.* (ˈStraßen-, ˈEisenbahn)Überˌführung *f*; ˈ~ˈ**pay** *v/t.* [*irr.* → *pay*] **1.** zu teuer bezahlen; **2.** ˈüberreichlich belohnen; **3.** ˈüberbezahlen; ~ˈ**peo·pled** *adj.* überˈvölkert; ~·**perˈsuade** *v/t. j-n* gegen s-n Willen überˈreden; ~ˈ**pitch** *v/t.* überˈtreiben; ˈ~ˈ**play** *v/t.* **1.** überˈtreiben; **2.** *to ~ one's hand* zu weit gehen; ˈ~·**plus** *s.* ˈÜberschuß *m*; ~ˈ**pop·u·late** *v/t.* überˈvölkern; ~ˈ**pow·er** *v/t.* überˈwältigen (*a. fig.*); ˈ~ˈ**pres·sure** *s.* **1.** Überˈbürdung *f*; **2.** ⊕ ˈÜberdruck *m*; ˈ~ˈ**print I.** *v/t.* **1.** *typ.* **a)** überˈdrucken, **b)** e-e zu große Auflage drucken von; **2.** *phot.* ˈüberkopieren; **II.** *s.* ˈ*overprint* **3.** *typ.* ˈÜberdruck *m*; **4. a)** Aufdruck *m* (*auf Briefmarken*), **b)** Briefmarke *f* mit Aufdruck; ˈ~-**proˈduce** *v/t.* ✝ ˈüberproduzieren, im ˈÜbermaß herstellen; ˈ~-**proˈduc·tion** *s.* ˈÜberproduktiˌon *f*; ˈ~ˈ**proof** *adj.* ˈüberproˌzentig (*alkoholisches Getränk*); ˈ~ˈ**rate** *v/t.* **1.** überˈschätzen, ˈüberbewerten (*a. sport Eiskunstläuferin etc.*); **2.** ✝ zu hoch veranschlagen; ~ˈ**reach** *v/t.* **1.** zu weit gehen für: *to ~ one's purpose fig.* über sein Ziel hinausschießen; *to ~ o.s.* es zu weit treiben, sich übernehmen; **2.** *j-n* überˈvorteilen, -ˈlisten; ~·**reˈact** *v/i.* zu heftig reagieren; ~ˈ**ride** *v/t.* [*irr.* → *ride*] **1.** überˈreiten; **2.** *fig.* sich (rücksichtslos) hinˈwegsetzen über (*acc.*); **3.** *fig.* ˈumstoßen, aufheben, nichtig machen; ˈ~ˈ**ripe** *adj.* ˈüberreif; ~ˈ**rule** *v/t.* **1.** *Vorschlag etc.* verwerfen, zuˈrückweisen; ⚖ *Urteil* ˈumstoßen; **2.** *fig.* die Oberhand gewinnen über (*acc.*); ~ˈ**ruling** *adj.* beherrschend, ˈübermächtig; ~ˈ**run** *v/t.* [*irr.* → *run*] **1.** *fig. Land etc.* überˈfluten, -ˈschwemmen, überˈrennen: *to be ~ with* wimmeln von, überlaufen sein von; **2.** überˈwuchern; **3.** *fig.* rasch um sich greifen in (*dat.*); **4.** *typ.* umˈbrechen; **5.** ⚔ *u. fig.* überˈrollen; ~ˈ**run·ning** *adj.* ⊕ Freilauf..., Überlauf...: ~ *clutch*; ˈ~ˈ**sea I.** *adv. a.* ˈ~ˈ**seas** nach *od.* in ˈÜbersee; **II.** *adj.* ˈüberseeisch, Übersee...; ˈ~ˈ**see** *v/t.* [*irr.* → *see*¹] beaufsichtigen, überˈwachen; ˈ~·**se·er** [-siə] *s.* **1.** Aufseher *m*, Inˈspektor *m*; **2.** Vorarbeiter *m*; **3.** *mst ~ of the poor Brit.* Armenpfleger *m*; ˈ~-ˈ**sen·si·tive** *adj.* □ ˈüberempfindlich; ~ˈ**set** *v/t.* [*irr.* → *set*] **1.** ˈumwerfen, -stoßen; (*a. v/i.*) umstürzen; *fig.* durcheinˈanderbringen, zerrütten; ˈ~ˈ**sew** *v/t.* [*irr.* → *sew*] überˈwendlich nähen; ~ˈ**shad·ow** *v/t.* **1.** *fig.* in den Schatten stellen; **2.** *bsd. fig.* überˈschatten, verdüstern; **3.** *fig.* e-e schützende Hand halten über (*acc.*); ˈ~·**shoe** *s.* ˈÜberschuh *m*; ˈ~ˈ**shoot** *v/t.* [*irr.* → *shoot*] **1.** über *ein Ziel* hinˈausschießen (*a. fig.*): *to ~ o.s.* (*od. the mark*) zu weit gehen, übers Ziel hinausschießen; ˈ~ˈ**shot** *adj.* oberschlächtig (*Wasserrad, Mühle*); ˈ~·**sight** *s.* **1.** Versehen *n*: *by an ~* aus Versehen; **2.** Aufsicht *f*; ˈ~·**size** *s.* ˈÜbergröße *f*; ˈ~·**size(d)** *adj.* ˈübergroß; ~·**slaugh** [ˈouvəslɔː] *v/t.* **1.** ⚔ abkommandieren; **2.** *Am. bei der Beförderung* überˈgehen; ˈ~-ˈ**sleep I.** *v/t.* [*irr.* → *sleep*] *e-n Zeitpunkt* verschlafen: *to ~ o.s.* → *II*; **II.** *v/i.* [*irr.* → *sleep*] (sich) verschlafen; ˈ~·**sleeve** *s.* Ärmelschoner *m*; ˈ~ˈ**speed** *v/t.* [*irr.* → *speed*] *den Motor* überˈdrehen, auf ˈÜbertouren bringen; ˈ~ˈ**spend** [*irr.* → *spend*] **I.** *v/i.* **1.** zu viel ausgeben; **II.** *v/t.* **2.** *Ausgabensumme* überˈschreiten; **3.** *~ o.s.* sich ˈübermäßig verausgaben; ˈ~·**spill** *s.* (*bsd.* Beˈvölkerungs-)ˌÜberschuß *m*; ~ˈ**spread** *v/t.* [*irr.* → *spread*] **1.** überˈziehen, sich ausbreiten über (*acc.*); **2.** (*with*) überˈziehen *od.* bedecken (mit); ˈ~-ˈ**staffed** *adj.* (persoˈnell) ˈüberbesetzt; ˈ~ˈ**state** *v/t.* überˈtreiben, in *e-r Behauptung* zu weit gehen; ˈ~ˈ**state·ment** *s.* Überˈtreibung *f*; ˈ~ˈ**stay** *v/t. e-e Zeit* überˈschreiten: *to ~ the market* den günstigsten Verkaufszeitpunkt versäumen; → *welcome 1*; ˈ~ˈ**step** *v/t.* überˈschreiten (*a. fig.*); ˈ~ˈ**stock** *v/t.* **1.** ˈüberreichlich eindecken, *bsd.* ✝ ˈüberbeliefern, *den Markt* überˈschwemmen: *to ~ o.s.* sich zu hoch eindekken; **2.** ✝ in zu großen Mengen auf Lager halten; ˈ~ˈ**strain I.** *v/t.* **1.** überˈanstrengen; **2.** *fig.* überˈtreiben: *to ~ one's conscience* übertriebene Skrupel haben; **II.** *s.* ˈ*overstrain* **3.** Überˈanstrengung *f*; ˈ~ˈ**strung** *adj.* **1.** überˈreizt (*Nerven od. Person*); **2.** ˈ*overstrung* ♪ kreuzsaitig (*Klavier*); ˈ~·**subˈscribe** *v/t.* ✝ *Anleihe* überˈzeichnen; ˈ~·**subˈscrip·tion** *s.* ✝ Überˈzeichnung *f*; ˈ~·**supˈply** *s.* **1.** ˈÜberangebot *n*; **2.** zu großer Vorrat.

o·vert [ˈouvəːt] *adj.* □ offen(kundig): ~ *act* ⚖ Ausführungshandlung; ~ *hostility* offene Feindschaft; ~ *market* ✝ offener Markt.

o·ver|ˈtake *v/t.* [*irr.* → *take*] **1.** einholen (*a. fig.*); **2.** überˈholen; **3.** *fig.* überˈraschen, -ˈfallen; **4.** *Versäumtes* nachholen; ˈ~ˈ**task** *v/t.* **1.** überˈbürden; **2.** über *j-s* Kräfte gehen; ˈ~ˈ**tax** *v/t.* **1.** ˈüberbesteuern; **2.** zu hoch einschätzen; **3.** ˈüberbeanspruchen, zu hohe Anforderungen stellen an (*acc.*); *Geduld* strapazieren: *to ~ one's strength* sich (kräftemäßig) übernehmen; ˈ~-**the-ˈcount·er** *adj.* ✝ freihändig (*Effektenverkauf*): ~ *market* Freiverkehrsmarkt; ~ˈ**throw I.** *v/t.* [*irr.* → *throw*] **1.** (ˈum)stürzen (*a. fig. Regierung etc.*); **2.** niederwerfen, besiegen; **3.** niederreißen, vernichten; **II.** *s.* ˈ*overthrow* **4.** Sturz *m*, Niederlage *f* (*e-r Regierung etc.*); **5.** Vernichtung *f*, ˈUntergang *m*; ˈ~·**time I.** *s.* ✝ **a)** ˈÜberstunden *pl.*, **b)** *a. ~ pay* Mehrarbeitszuschlag *m*, ˈÜberstundenlohn *m*; **II.** *adv. to work ~* Überstunden machen; ˈ~ˈ**tire** *v/t.* überˈmüden; ˈ~·**tone** *s.* **1.** ♪ Oberton *m*; **2.** *pl. fig.* Neben-, Zwischentöne *pl.*; ˈ~ˈ**top** *v/t.* überˈragen (*a. fig.*); ~ˈ**tow·er** *v/t.* überˈragen; ~ˈ**train** *v/t. u. v/i.* ˈübertrainieren; ˈ~-**trump** *v/t. u. v/i.* überˈtrumpfen (*a. fig.*).

o·ver·ture [ˈouvətjuə] *s.* **1.** ♪ Ouverˈtüre *f*; **2.** *fig.* Einleitung *f*, Vorspiel *n*; **3.** (forˈmeller Heirats-, Friedens)Antrag *m*: *to make ~s to s.o.*; **4.** *pl.* Annäherungen *pl.*

o·ver|ˈturn I. *v/t.* (ˈum)stürzen (*a. fig.*); ˈumstoßen, -kippen; **II.** *v/i.* ˈumkippen, -schlagen, -stürzen, kentern; **III.** *s.* ˈ*overturn* (ˈUm-)Sturz *m*; ˈ~ˈ**val·ue** *v/t.* zu hoch einschätzen, ˈüberbewerten; ~ˈ**weening** *adj.* **1.** anmaßend, eingebildet; **2.** überˈtrieben; ˈ~·**weight** *s.* ˈÜbergewicht *n* (*a. fig.*); ˈ~ˈ**weight·ed** *adj.* ˈüberbeladen, -belastet.

o·ver·whelm [ouvəˈwelm] *v/t.* **1.** überˈwältigen, -ˈmannen (*bsd. fig.*); **2.** *fig. mit Fragen, Geschenken etc.* überˈschütten, -ˈhäufen: ~*ed with work* überlastet; **3.** erdrücken; **o·verˈwhelm·ing** [-miŋ] *adj.* überˈwältigend.

o·ver|·wind [ouvəˈwaind] *v/t.* [*irr.* → *wind*²] *Uhr etc.* überˈdrehen; ˈ~-ˈ**work I.** *v/t.* **1.** überˈanstrengen, mit Arbeit überˈlasten; **2.** *~ o.s.* → *3*; **II.** *v/i.* **3.** sich überˈarbeiten; **III.** *s.* **4.** ˈübermäßige Arbeit; **5.** Überˈarbeitung *f*; ˈ~ˈ**wrought** *adj.* **1.** überˈarbeitet, erschöpft; **2.** überˈreizt; ˈ~-ˈ**zeal·ous** *adj.* ˈübereifrig.

o·vi·duct [ˈouvidʌkt] *s. anat.* Eileiter *m*; ˈ**o·vi·form** [-ifɔːm] *adj.* eiförmig, oˈval; **o·vip·a·rous** [ouˈvipərəs] *adj.* oviˈpar, eierlegend.

o·vo·gen·e·sis [ouvouˈdʒenisis] *s. biol.* Eibildung *f*; **o·void** [ˈouvɔid] *adj. u. s.* eiförmig(er Körper).

o·vu·lar [ˈouvjulə] *adj. biol.* Ei..., Ovular...; **o·vu·la·tion** [ouvjuˈleiʃən] *s.* Ovulatiˈon *f*, Eiausstoßung *f*; **o·vule** [ˈouvjuːl] *s.* **1.** *biol.* ˈOvulum *n*, kleines Ei; **2.** ⚘ Samenanlage *f*; **o·vum** [ˈouvəm] *pl.* **o·va** [ˈouvə] *s. biol.* Ovum *n*, Ei(zelle *f*) *n*.

owe [ou] **I.** *v/t.* **1.** *Geld, Achtung, e-e Erklärung etc.* schulden, schuldig sein: *to ~ s.o. a grudge* gegen j-n e-n Groll hegen; *you ~ that to yourself* das bist du dir schuldig; **2.** bei *j-m* Schulden haben (*for* für); **3.** *et.* verdanken, zu verdanken haben, Dank schulden für: *I ~ him much* ich habe ihm viel zu verdanken; **4.** *sport* vorgeben; **II.** *v/i.* **5.** Schulden haben; **6.** die Bezahlung schuldig sein (*for* für); **ow·ing** [ˈouiŋ] *adj.* **1.** geschuldet: *to be ~* zu zahlen sein, noch offenstehen; *to have ~* ausstehen haben; **2.** (*to*) infolge (*gen.*), wegen (*gen.*), dank (*dat.*): *to be ~ to* zurückzuführen sein auf (*acc.*), zuzuschreiben sein (*dat.*).

owl [aul] *s.* **1.** *orn.* Eule *f*; **2.** *fig.* Nachteule *f* (*Mensch*); **owl·ish** [ˈauliʃ] *adj.* □ eulenhaft, -artig.

own [oun] **I.** *v/t.* **1.** besitzen; **2.** *Erben, Kind, Schuld etc.* anerkennen; **3.** zugeben, (ein)gestehen, einräumen: *to ~ o.s. defeated* sich geschlagen geben; *to ~ up* F offen zugeben; **II.** *v/i.* **4.** sich bekennen (*to* zu): *to ~ to s.th.* et. zugeben *od.* (ein)gestehen; **5.** *~ up* F ein offenes Geständnis ablegen; **III.** *adj.* **6.** eigen: *my ~ self* ich selbst; **7.** wirklich, richtig: *~ brother to s.o.* j-s rechter Bruder; **8.** eigen(artig), besonder: *it has a value all its ~* es hat e-n ganz besonderen *od.* eigenen Wert; **9.** selbst: *I cook my ~ breakfast* ich bereite mir das Frühstück selbst; **10.** (innig) geliebt, einzig: *my ~ child!*; **IV.** *s.* **11.** *my ~* **a)** mein Eigentum, **b)** meine Angehörigen: *may I have it for my ~?* darf ich es haben?; *to come into one's ~* s-n rechtmäßigen Besitz erlangen; *she has a car of her ~* sie hat ein eigenes Auto; *he has a way of his ~* er hat e-e eigene Art; *on one's ~* F **a)** selbständig, unabhängig, ohne fremde Hilfe, **b)** von sich aus, aus eigenem Antrieb, **c)** auf eigene Verantwortung; *to be left on one's ~* F sich selbst überlassen sein; *to get one's ~ back* F sich revanchieren, sich rächen (*on* an *dat.*); → *hold 16.*

-owned [ound] *adj. in Zssgn* gehörig, gehörend (*dat.*), in *j-s* Besitz: *state-~* dem Staat gehörend, Staats...

own·er ['ounə] *s.* Eigentümer(in), Inhaber(in); *at ~'s risk* ✝ auf eigene Gefahr; *~-driver* Herren-, Selbstfahrer; **'own·er·less** [-lis] *adj.* herrenlos; **'own·er·ship** [-ʃip] *s.* **1.** Eigentum(srecht *n*) *n*, Besitzerschaft *f*; **2.** Besitz *m.*

ox [ɔks] *pl.* **ox·en** ['ɔksən] *s.* **1.** Ochse *m*; **2.** (Haus)Rind *n.*

ox·a·late ['ɔksəleit] *s.* ⚗ Oxa'lat *n*; **ox·al·ic** [ɔks'ælik] *adj.* ⚗ o'xalsauer: *~acid* Oxalsäure.

Ox·ford| man *s.* [*irr.*] → *Oxonian II*; *~* **move·ment** *s. eccl.* 'Oxfordbewegung *f*; *~* **shoes** *s. pl.* Schnürhalbschuhe *pl.*

ox·i·dant ['ɔksidənt] *s.* ⚗ Oxydati'onsmittel *n*; **'ox·i·date** [-deit] → *oxidize*; **ox·i·da·tion** [ɔksi'deiʃən] *s.* ⚗ Oxyda'tion *f*, Oxydierung *f*; **ox·ide** ['ɔksaid] *s.* ⚗ O'xyd *n*; **'ox·i·dize** [-daiz] *v/t. u. v/i.* ⚗ oxydieren; **'ox·i·diz·er** [-daizə] *s.* ⚗ Oxydati'onsmittel *n.*

'ox·lip *s.* ⚘ Hohe Schlüsselblume.

Ox·o·ni·an [ɔk'sounjən] **I.** *adj.* Oxforder, Oxford...; **II.** *s.* Mitglied *n od.* Graduierte(r *m*) *f* der Universi'tät Oxford.

'ox·tail *s.* Ochsenschwanz *m*: *~ soup.*

ox·y·a·cet·y·lene ['ɔksiə'setili:n] *adj.* ⚗, ⊕ Sauerstoff-Azetylen...: *~ cutter* (autogener) Schneidbrenner; *~ torch* Schweißbrenner; *~ welding* Autogenschweißen.

ox·y·gen ['ɔksidʒən] *s.* ⚗ Sauerstoff *m*: *~ apparatus* Atemgerät; *~tent* ⚕ Sauerstoffzelt; **ox·y·gen·ate** [ɔk'sidʒineit], **ox·y·gen·ize** [ɔk'sidʒinaiz] *v/t.* **1.** oxydieren, mit Sauerstoff verbinden *od.* behandeln; **2.** mit Sauerstoff anreichern.

ox·y·hy·dro·gen ['ɔksi'haidridʒən] ⚗, ⊕ **I.** *adj.* Hydrooxygen..., Knallgas...; **II.** *s.* Knallgas *n.*

o·yer ['ɔiə] *s.* ⚖ gerichtliche Unter'suchung; *~* **and ter·mi·ner** *s.* ⚖ **1.** gerichtliche Unter'suchung u. Entscheidung; **2.** *mst commission* (*od. writ*) *of ~ Brit. königliche Ermächtigung an die Richter der Assisengerichte, Gericht zu halten.*

o·yez [ou'jes] *int.* hört (zu)!

oys·ter ['ɔistə] *s.* **1.** *zo.* Auster *f*; **2.** *sl.* ‚zugeknöpfter Mensch'; **3.** *Am.* vorteilhafte Sache; **'~-bank, '~-bed** *s.* Austernbank *f*; **'~-catch·er** *s. orn.* Austernfischer *m*; **'~-farm** *s.* Austernpark *m.*

o·zone ['ouzoun] *s.* **1.** ⚗ O'zon *n*; **2.** F O'zon *n*, reine frische Luft; **o·zon·ic** [ou'zɔnik] *adj.* **1.** o'zonisch, Ozon...; **2.** o'zonhaltig; **o·zo·nif·er·ous** [ouzou'nifərəs] *adj.* **1.** o'zonhaltig; **2.** o'zonerzeugend; **o·zo·nize** ['ouzounaiz] **I.** *v/t.* ozonisieren; **II.** *v/i.* sich in Ozon verwandeln; **o·zo·niz·er** ['ouzounaizə] *s.* Ozoni'sator *m.*

P

P, p [piː] *s.* P *n*, p *n* (*Buchstabe*): *to mind one's P's and Q's* sich sehr in acht nehmen.
pa [pɑː] *s.* F Pa'pa *m*, ‚Paps' *m*.
pab·u·lum ['pæbjuləm] *s.* Nahrung *f* (*a. fig.*).
pace¹ [peis] **I.** *s.* **1.** Schritt *m* (*a. als Maß*); **2.** Gang(art *f*) *m*: *to put a horse through its* ~*s* ein Pferd alle Gangarten machen lassen; *to put s.o. through his* ~*s fig.* j-n auf Herz u. Nieren prüfen; **3.** Paßgang *m* (*Pferd*); **4. a)** ⚔ Marschschritt *m*, **b)** (Marsch)Geschwindigkeit *f*, Tempo *n* (*a. sport*; *a. fig. e-r Handlung etc.*), Fahrt *f*, Schwung *m*: *to go the* ~ **a)** ein scharfes Tempo anschlagen, **b)** *fig.* flott leben; *to keep* ~ *with* Schritt halten *od.* mitkommen mit (*a. fig.*); *to set the* ~ *sport u. fig.* Schrittmacher sein, das Tempo angeben; *at a great* ~ in schnellem Tempo; **II.** *v/t.* **5.** *a.* ~ *out* (*od. off*) abschreiten; **6.** *Zimmer etc.* durch'schreiten, -'messen; **7.** *sport* Schrittmacher sein für; **8.** *Pferd* im Paßgang gehen lassen; **III.** *v/i.* **9.** (ein'her)schreiten; **10.** im Paßgang gehen (*Pferd*).
pa·ce² ['peisi] (*Lat.*) *prp.* ohne (*dat.*) nahetreten zu wollen.
'pace|-mak·er *s. sport* Schrittmacher *m*; **'~-mak·ing** *s. sport* Schrittmacherdienste *pl.*
pac·er ['peisə] *s.* **1.** → *pace-maker*; **2.** Paßgänger *m* (*Pferd*).
pa·cha → *pasha*.
pach·y·derm ['pækidəːm] *s. zo.* Dickhäuter *m* (*a. humor. fig. Mensch*); **pach·y·der·ma·tous** [pæki'dəːmətəs] *adj.* **1.** *zo.* dickhäutig; *fig. a.* dickfellig; **2.** ⚘ dickwandig.
pa·cif·ic [pə'sifik] *adj.* (□ ~*ally*) **1.** friedfertig, versöhnlich, Friedens...: ~ *policy*; **2.** ruhig, friedlich; **3.** ♀ *geogr.* pa'zifisch, Pa'zifisch: *the* ♀ (*Ocean*) der Pazifische *od.* Stille Ozean, der Pazifik; **pac·i·fi·ca·tion** [pæsifi'keiʃən] *s.* **1.** Befriedung *f*; **2.** Beschwichtigung *f*.
pac·i·fi·er ['pæsifaiə] *s.* **1.** Friedensstifter(in); **2.** *Am.* **a)** Schnuller *m*, **b)** Beißring *m für Kleinkinder*; **'pac·i·fism** [-fizəm] *s.* Pazi'fismus *m*; **'pac·i·fist** [-fist] **I.** *s.* Pazi'fist *m*; **II.** *adj.* pazi'fistisch; **'pac·i·fy** [-fai] *v/t.* **1.** *Land* befrieden; **2.** besänftigen, beschwichtigen; **3.** *Hunger etc.* stillen.
pack [pæk] **I.** *s.* **1.** Pack(en) *m*, Ballen *m*, Bündel *n*; **2.** *bsd. Am.* Packung *f Zigaretten etc.*, Päckchen *n*: *a* ~ *of films* ein Filmpack; **3.** Spiel *n* Karten; **4.** ⚔ **a)** Tor'nister *m*, **b)** Rükkentrage *f* (*Kabelrolle etc.*); **5.** Verpackungsweise *f*; **6.** (Schub *m*) Kon'serven *pl.*; **7.** Menge *f*: *a* ~ *of lies* ein Haufen Lügen; *a* ~ *of nonsense* lauter Unsinn; **8.** Packeis *n*; **9.** Pack *n*, Bande *f* (*Diebe etc.*); **10.** Meute *f*, Koppel *f* (*Hunde*); Rudel *n* (*Wölfe*, ⚔ *U-Boote*); **11.** *Rugby*: Stürmer *pl.*, Sturm *m*; **II.** *v/t.* **12.** *oft* ~ *up* einpacken (*a.* ⚕), zs.-, verpacken; **13.** zs.-pressen, -pferchen; → *sardine*; **14.** vollstopfen: *a* ~*ed house thea. etc.* ein zum Bersten volles Haus; **15.** eindosen, konservieren; **16.** ⊕ (ab)dichten, lidern; **17.** bepacken, -laden; **18.** *Geschworenenbank etc.* mit s-n Leuten besetzen; **19.** *Am.* F (bei sich) tragen: *to* ~ *a hard punch Boxen*: e-n harten Schlag haben; **20.** *a.* ~ *off* fortschicken, -jagen; **III.** *v/i.* **21.** packen (*oft* ~ *up*): *to* ~ *up fig.* ‚einpacken' (*es aufgeben*); **22.** sich *gut etc.* (ver-) packen lassen; **23.** fest werden, sich fest zs.-ballen; **24.** *mst* ~ *off fig.* sich packen *od.* da'vonmachen: *to send s.o.* ~*ing* j-n fortjagen; **25.** ~ *up sl.* ‚absterben', ‚verrecken' (*Motor*).
pack·age ['pækidʒ] **I.** *s.* **1.** Pack *m*, Ballen *m*; Frachtstück *n*; *bsd. Am.* Pa'ket *n*, Gebinde *n*; *pl.* Kolli *pl.*; **2.** Packung *f mit Ware*; **3.** Verpakkung *f*; **4.** ⊕ betriebsfertige Maschine *od.* Baueinheit; **5.** ✝, *pol.*, *fig.* Paket *n*, *pol. a.* Junktim *n*: ~ *deal* **a)** Kopplungsgeschäft, **b)** *pol.* Junktim; ~ *tour* Pauschalreise; **6.** *Am. sl.* ‚süßer Käfer' (*Mädchen*); **II.** *v/t.* **7.** verpacken, paketieren; **8.** *Lebensmittel etc.* abpacken; **'pack·ag·ing** [-dʒiŋ] **I.** *s.* (Einzel-) Verpackung *f*; **II.** *adj.* Verpakkungs...: ~ *machine*.
'pack|-an·i·mal *s.* Pack-, Lasttier *n*; **'~-cloth** *s.* Packleinwand *f*; ~ **cord** *s.* Bindezwirn *m*; **'~-drill** *s.* ⚔ Strafexerzieren *n* in voller Marschausrüstung.
pack·er ['pækə] *s.* **1.** (Ver)Packer(in); **2.** *Am.* Kon'serven,hersteller *m*; **3.** 'Packma,schine *f*.
pack·et ['pækit] **I.** *s.* **1.** kleines Pa'ket, Päckchen *n*: *a* ~ *of cigarettes* e-e Schachtel Zigaretten; *to sell s.o. a* ~ F j-n hinters Licht führen; **2.** ⚓ *a.* ~*-boat* Postschiff *n*, Pa'ketboot *n*; **3.** *sl.* Haufen *m* Geld; **II.** *v/t.* **4.** verpacken, paketieren.
'pack|-horse *s.* **1.** Pack-, Lastpferd *n*; **2.** *fig.* Lastesel *m*; **'~-ice** *s.* Packeis *n*.
pack·ing ['pækiŋ] *s.* **1.** (Ver)Packen *n*: *to do one's* ~ packen; **2.** Konservierung *f*; **3.** Verpackung *f* (*a.* ✝); **4.** ⊕ **a)** (Ab)Dichtung *f*, **b)** Dichtung *f*, Liderung *f*, **c)** 'Dichtungsmateri,al *n*, **d)** Füllung *f*; **5.** ⚕ Einpackung *f*; **'~-box** *s.* **1.** → *packing-case*; **2.** ⊕ Stopfbüchse *f*; **'~-case** *s.* Packkiste *f*; ~ **house** *s.* **1.** *Am.* Kon'servenfa,brik *f*; **2.** Warenlager *n*; **'~-nee·dle** *s.* Packnadel *f*; **'~-pa·per** *s.* 'Packpa,pier *n*; **'~-ring** *s.* ⊕ Dichtring *m*, Man'schette *f*; ~ **sleeve** *s.* ⊕ Dichtungsmuffe *f*.
'pack|-rat *s. zo.* Packratte *f*; **'~-saddle** *s.* Pack-, Saumsattel *m*; **'~-thread** *s.* Packzwirn *m*, Bindfaden *m*; **'~-train** *s.* 'Tragtierko,lonne *f*.
pact [pækt] *s.* Vertrag *m*, Pakt *m*.
pad¹ [pæd] **I.** *s.* **1.** Polster *n*, (Stoß-) Kissen *n*, Wulst *m*, Bausch *m*: *oil* ~ ⊕ Schmierkissen; **2.** *sport* Knie- *od.* Beinschützer *m*; **3.** 'Unterlage *f*; ⊕ Kon'sole *f für Hilfsgeräte*; **4.** ('Löschpa,pier-, Schreib-, Brief-) Block *m*; **5.** Stempelkissen *n*; **6.** *zo.* (Fuß)Ballen *m*; **7.** *hunt.* Pfote *f*; **8.** *sl.* ‚Bude' *f*, Zimmer *n*; **9.** *Am. sl.* (e-m Poli'zeibeamten gezahlte) Schmiergelder *pl.*; **II.** *v/t.* **10.** (aus-) polstern, wattieren: ~*ded cell* Gummizelle (*Irrenhaus*); **11.** *fig. Rede, Schrift* ‚garnieren'.
pad² [pæd] *v/t. u. v/i. a.* ~ *along sl.* (da'hin)trotten, (-)latschen.
pad·ding ['pædiŋ] *s.* **1.** (Aus)Polstern *n*; **2.** Polsterung *f*, Wattierung *f*, Einlage *f*; **3.** (Polster)Füllung *f*; **4.** *fig.* leeres Füllwerk, (Zeilen-) Füllsel *n*; **5.** *a.* ~ *condenser* ⚡ Ver'kürzungskonden,sator *m*.
pad·dle ['pædl] **I.** *s.* **1.** Paddel(ruder) *n*: **2.** ⚓ **a)** Schaufel *f* (*e-s Schaufelrades*), **b)** Schaufelrad *n* (*e-s Flußdampfers*); **3.** Waschbleuel *m*; **4.** ⊕ Kratze *f*, Rührstange *f*; **5.** ⊕ **a)** Schaufel *f* (*Wasserrad*), **b)** Schütz *n*, Falltor *n* (*Schleuse*); **II.** *v/i.* **6.** rudern, *bsd.* paddeln; → *canoe I*; **7.** *im Wasser* planschen; **8.** watscheln; **III.** *v/t.* **9.** paddeln; **10.** *Am.* F verhauen; **'~-board** *s.* (Rad)Schaufel *f*; **'~-box** *s.* ⚓ Radkasten *m*; **'~-steam·er** *s.* ⚓ Raddampfer *m*; **'~-wheel** *s.* Schaufelrad *n*.
pad·dock¹ ['pædək] *s.* **1.** (Pferde-) Koppel *f*; **2.** *sport* Sattelplatz *m*.
pad·dock² ['pædək] *s. zo.* **1.** *Scot. od. dial.* Frosch *m*; **2.** *obs.* Kröte *f*.
pad·dy¹ ['pædi] *s.* ✝ roher Reis.
pad·dy² ['pædi] *s.* F Wutanfall *m*; ~ **wag·on** *s. Am. sl.* **1.** ‚Grüne Minna' (*Polizeigefangenenwagen*); **2.** Anstaltswagen *m* (*für Irre etc.*).
pad·lock ['pædlɔk] **I.** *s.* Vorhänge-, Vorlegeschloß *n*; **II.** *v/t.* mit e-m Vorhängeschloß verschließen.
pae·an ['piːən] *s.* **1.** *antiq.* Pä'an *m*; **2.** *allg.* Freuden-, Lobgesang *m*.

paed·er·as·ty ['pi:dəræsti] *s.* Pädera'stie *f*, Knabenliebe *f*.

pae·di·at·ric [pi:di'ætrik] *adj.* pädi'atrisch, Kinderheil(kunde)...; **paedi·a·tri·cian** [pi:diə'triʃən] *s.* Kinderarzt *m*, -ärztin *f*; **pae·di'at·rics** [-ks] *s. pl. sg. konst.*, **paed·i·at·ry** ['pi:diætri] *s.* Kinderheilkunde *f*.

pa·gan ['peigən] **I.** *s.* Heide *m*, Heidin *f*; **II.** *adj.* heidnisch; '**pa·ganism** [-nizəm] *s.* Heidentum *n*.

page[1] [peidʒ] **I.** *s.* **1.** Seite *f* (*Buch etc.*); *typ.* Schriftseite *f*, Ko'lumne *f*: ~ *printer tel.* Blattdrucker; **2.** *fig.* Chronik *f*, Buch *n*; **3.** *fig.* Blatt *n aus der Geschichte etc.*; **II.** *v/t.* **4.** paginieren.

page[2] [peidʒ] **I.** *s.* **1.** *hist.* Page *m*; Edelknabe *m*; **2.** junger (*engS.* Ho'tel)Diener, Page *m*; *Am.* Amtsbote *m*; **II.** *v/t.* **3.** *j-n* (durch e-n Pagen) suchen *od.* holen lassen; *j-s Namen* durch den Lautsprecher ausrufen lassen.

pag·eant ['pædʒənt] *s.* **1. a)** (*bsd.* hi'storischer) Festzug, **b)** (historisches) Festspiel; **2.** Schaugepränge *n*, Pomp *m*; **3.** *fig.* leerer Prunk, Flitterstaat *m*; '**pag·eant·ry** [-ri] *s.* **1.** *a. pl.* Prunk *m*, Gepränge *n*; **2.** *fig.* leerer Pomp.

pag·i·nal ['pædʒinl] *adj.* Seiten...; '**pag·i·nate** [-neit] *v/t.* paginieren; **pag·i·na·tion** [pædʒi'neiʃən], *a.* **pag·ing** ['peidʒiŋ] *s.* Paginierung *f*, 'Seitenume,rierung *f*.

pa·go·da [pə'goudə] *s.* Pa'gode *f*; ~**-tree** *s.* ♀ So'phora *f*: *to shake the* ~ *fig.* in Indien schnell ein Vermögen machen.

pah [pɑ:] *int.* **1.** pfui!; **2.** *contp.* pah!

paid [peid] **I.** *pret. u. p.p. von pay*; **II.** *adj.* bezahlt: ~ *in* eingezahlt; ~ *up* abgezahlt (*Schulden*), voll eingezahlt (*Kapital, Police*); *to put* ~ *to s.th.* e-r Sache ein Ende setzen; '~**-in cap·i·tal** *s.* ✝ 'Einlagekapi,tal *n*; '~**-up cap·i·tal** *s.* ✝ eingezahltes *od.* eingebrachtes Kapi'tal.

pail [peil] *s.* Eimer *m*, Kübel *m*; '**pail·ful** [-ful] *s. ein* Eimer(voll) *m*: *by* ~*s* eimerweise.

pail·lasse [pæl'jæs] *s.* Strohsack *m* [(*Matratze*).]

pain [pein] **I.** *s.* **1.** Schmerz(en *pl.*) *m*, Pein *f*; *pl.* ⚕ (Geburts)Wehen *pl.*: *to be in* ~ Schmerzen haben, leiden; *you are a* ~ *in the neck* F du gehst mir auf die Nerven; **2.** Schmerz(en *pl.*) *m*, Leid *n*, Kummer *m*: *to give* (*od. cause*) *s.o.* ~ j-m Kummer machen; **3.** *pl.* Mühe *f*, Bemühungen *pl.*: *to be at* ~*s*, *to take* ~*s* sich Mühe geben, sich anstrengen; *to spare no* ~*s* keine Mühe scheuen; *all he got for his* ~*s* der Dank (für s-e Mühe); **4.** Strafe *f*: (*up*)*on* (*od. under*) ~ *of* bei Strafe von; *on* (*od. under*) ~ *of death* bei Todesstrafe; **II.** *v/t.* **5.** *j-m* weh tun, *j-n* schmerzen; *fig. a. j-n* schmerzlich berühren, peinigen; **pained** [-nd] *adj.* gequält, schmerzlich; '**pain·ful** [-ful] *adj.* □ **1.** schmerzend, schmerzhaft; **2.** schmerzlich, peinlich, quälend: *to produce a* ~ *impression* peinlich wirken; **3.** mühsam; '**pain·ful·ness** [-fulnis] *s.* **1.** Schmerzhaftigkeit *f*; **2.** Schmerzlichkeit *f*, Peinlichkeit *f*; '**pain-kill·er** *s.* F schmerzstillendes Mittel; '**pain·less** [-lis] *adj.* □ schmerzlos.

pains·tak·ing ['peinzteikiŋ] **I.** *adj.* □ sorgfältig, gewissenhaft; rührig, eifrig; **II.** *s.* Sorgfalt *f*, Mühe *f*.

paint [peint] **I.** *v/t.* **1.** *Bild* malen; *fig.* ausmalen, schildern: *to* ~ *s.o.'s portrait* j-n malen; **2.** an-, bemalen, (an)streichen; *Auto* lackieren: *to* ~ *out* übermalen; *to* ~ *the town red sl.* ‚auf die Pauke hauen', ‚die Gegend unsicher machen'; → *lily*; **3.** *Mittel* auftragen, *Hals, Wunde* (aus)pinseln; **4.** schminken: *to* ~ *one's face* sich schminken, sich ‚anmalen'; **II.** *v/i.* **5.** malen; **6.** streichen; **7.** sich schminken; **III.** *s.* **8.** (Anstrich-, Öl)Farbe *f*; (Auto)Lack *m*; Tünche *f*; **9.** *a. coat of* ~ Anstrich *m*: *as fresh as* ~ F frisch u. munter; **10.** Schminke *f*; **11.** ⚕ Tink'tur *f*; '~**-box** *s.* **1.** Tusch-, Malkasten *m*; **2.** Schminkdose *f*; '~**-brush** *s.* Pinsel *m*.

paint·ed ['peintid] *p.p. u. adj.* **1.** ge-, bemalt, gestrichen; lackiert; **2.** *bsd.* ♀, *zo.* bunt, scheckig; **3.** *fig.* gefärbt; ♀ **La·dy** *s.* **1.** *zo.* Distelfalter *m*; **2.** ♀ Rote Wucherblume.

paint·er[1] ['peintə] *s.* ⚓ Fangleine *f*: *to cut the* ~ *fig.* sich loslösen.

paint·er[2] ['peintə] *s.* **1.** (Kunst-) Maler(in); **2.** Maler *m*, Anstreicher *m*: ~*'s colic* ⚕ Bleikolik; ~*'s shop* **a)** Malerwerkstatt, **b)** (Auto)Lakkiererei; '**paint·ing** [-tiŋ] *s.* **1.** Malen *n*, Male'rei *f*: ~ *in oil* Ölmalerei; **2.** Gemälde *n*, Bild *n*; **3.** ⊕ **a)** Farbanstrich *m*, **b)** Spritzlackieren *n*.

paint| re·fresh·er *s.* ⊕ 'Neuglanzpoli,tur *f*; ~ **re·mov·er** *s.* ⊕ (Farben)Abbeizmittel *n*.

paint·ress ['peintris] *s.* Malerin *f*.

'**paint-spray·ing pis·tol** *s.* ⊕ ('Anstreich),Spritzpi,stole *f*.

pair [pɛə] **I.** *s.* **1.** Paar *n*: *a* ~ *of boots, legs etc.*; **2.** (*Zweiteiliges, mst unübersetzt*): *a* ~ *of scales* (*scissors, spectacles*) eine Waage (Schere, Brille); *a* ~ *of trousers* ein Paar Hosen, eine Hose; **3.** Paar *n*, Pärchen *n* (*Mann u. Frau*; *zo. Männchen u. Weibchen*): ~ *skating sport* Paarlauf(en); **4.** Partner *m*; Gegenstück *n* (*von e-m Paar*); *der* (*die, das*) andere *od.* zweite: *where is the* ~ *to this shoe?*; **5.** (Zweier)Gespann *n*: *carriage and* ~ Zweispänner; **6.** *sport* Zweier *m* (*Ruderboot*): ~ *with cox* Zweier mit Steuermann; **7.** *a. kinematic* ~ ⊕ Ele'mentenpaar *n*; **8.** *Brit.* ~ *of stairs* (*od. steps*) Treppe *f*: *two* ~ *front* (*back*) (Raum *od.* Mieter) im zweiten Stock nach vorn (hinten); **II.** *v/t.* **9.** *a.* ~ *off* paarweise anordnen: *to* ~ *off* F *fig.* verheiraten; **10.** *Tiere* paaren (*with* mit); **III.** *v/i.* **11.** sich paaren (*Tiere*) (*a. fig.*); **12.** zs.-passen; **13.** ~ *off* **a)** paarweise weggehen, **b)** F *fig.* sich verheiraten (*with* mit), **c)** *pol.* (*with* mit *e-m Mitglied e-r anderen Partei*) ein Abkommen treffen; **pair·ing** ['pɛəriŋ] *s. biol.* Paarung *f*: ~*-season*, ~*-time* Paarungszeit.

'**pair-oar** **I.** *s.* Zweier *m* (*Boot*); **II.** *adj.* zweiruderig.

pa·ja·mas *bsd. Am.* → *pyjamas*.

Pak·i·stan·i [pɑ:ki'stɑ:ni] **I.** *adj.* paki'stanisch; **II.** *s.* Paki'staner(in), Einwohner(in) Pakistans.

pal [pæl] **I.** *s.* F Kame'rad *m*, ‚Kumpel' *m*, ‚Spezi' *m*, Freund *m*; **II.** *v/i.* *mst* ~ *up* F sich anfreunden (*with od. to s.o.* mit j-m).

pal·ace ['pælis] *s.* Schloß *n*, Pa'last *m*, Pa'lais *n*: ~ *of justice* Justizpalast; ~ **car** *s.* 🚃 Sa'lonwagen *m*; ~ **guard** *s.* **1.** Pa'lastwache *f*; **2.** *fig. contp.* Clique *f um e-n Regierungschef*, Kama'rilla *f*; ~ **rev·o·lu·tion** *s. fig.* Pa'lastrevoluti,on *f*.

pal·a·din ['pælədin] *s. hist.* Pala'din *m* (*a. fig.*).

pa·lae·og·ra·pher *etc.* → *paleographer etc.*

pal·at·a·ble ['pælətəbl] *adj.* □ **a)** schmackhaft, wohlschmeckend, **b)** *fig.* angenehm; '**pal·a·tal** [-tl] **I.** *adj.* **1.** Gaumen...; **II.** *s.* **2.** Gaumenknochen *m*; **3.** *ling.* Pala'tal (-laut) *m*; '**pal·a·tal·ize** [-təlaiz] *v/t.* *ling. Laut* palatalisieren; **pal·ate** ['pælit] *s.* **1.** *anat.* Gaumen *m*: *bony* (*od. hard*) ~ harter Gaumen, Vordergaumen; *cleft* ~ Wolfsrachen; *soft* ~ weicher Gaumen, Gaumensegel; **2.** *fig.* (*for*) Gaumen *m* (für), Geschmack *m* (an *dat.*).

pa·la·tial [pə'leiʃəl] *adj.* pa'lastartig, Palast..., Schloß..., Luxus...

pa·lat·i·nate [pə'lætinit] **I.** *s.* **1.** *hist.* Pfalzgrafschaft *f*; **2.** *the* ♀ die (Rhein)Pfalz; **II.** *adj.* **3.** ♀ Pfälzer, pfälzisch.

pal·a·tine[1] ['pælətain] **I.** *adj.* **1.** *hist.* Pfalz..., pfalzgräflich: *Count* ♀ Pfalzgraf; *County* ♀ Pfalzgrafschaft; **2.** ♀ pfälzisch, Pfälzer(...); **II.** *s.* **3.** Pfalzgraf *m*; **4.** ♀ (Rhein-) Pfälzer(in).

pal·a·tine[2] ['pælətain] *anat.* **I.** *adj.* Gaumen...: ~ *tonsil* Gaumen-, Halsmandel; **II.** *s.* Gaumenbein *n*.

pa·lav·er [pə'lɑ:və] **I.** *s.* **1.** Unter'handlung *f*, -'redung *f*, Konfe'renz *f*; **2.** F ‚Pa'laver' *n*, Geschwätz *n*; **3.** *sl.* ‚Sache' *f*, Geschäft *n*; **II.** *v/i.* **4.** unter'handeln; **5.** pa'lavern, ‚quasseln'; **III.** *v/t.* **6.** F *j-n* beschwatzen, *j-m* schmeicheln.

pale[1] [peil] **I.** *s.* **1.** Pfahl *m* (*a. her.*); **2.** *bsd. fig.* um'grenzter Raum, Bereich *m*, (enge) Grenzen *pl.*: *beyond the* ~ *fig.* jenseits der Grenzen des Erlaubten; *within the* ~ *of the Church* im Schoße der Kirche; **II.** *v/t.* **3.** *a.* ~ *in* einpfählen, -zäunen; *fig.* um'schließen.

pale[2] [peil] **I.** *adj.* □ **1.** blaß, bleich, fahl: *to turn* ~ → *3*; ~ *with fright* schreckensbleich; *as* ~ *as ashes* (*clay, death*) aschfahl (kreidebleich, totenblaß); **2.** hell, blaß, matt (*Farben*): ~ *ale* helles Bier; ~ *green* Blaß-, Zartgrün; ~ *pink* (Blaß)Rosa; **II.** *v/i.* **3.** blaß werden, erbleichen, erblassen; **4.** *fig.* verblassen (*before od. beside* vor *dat.*); **III.** *v/t.* **5.** bleich machen, erbleichen lassen.

'**pale|-face** *s.* **1.** Bleichgesicht *n* (*Ggs. Indianer*) (*a. fig. humor.*); **2.** *Am. sl.* (Zirkus)Clown *m*; '~**-faced** *adj.* bleich, blaß.

pale·ness ['peilnis] *s.* Blässe *f*, Farblosigkeit *f* (*a. fig.*).

pa·le·og·ra·pher [pæli'ɔgrəfə] *s.* Paläo'graph *m*; **pa·le'og·ra·phy** [-fi] *s.* **1.** alte Schriftarten *pl.*, alte Schriftdenkmäler *pl.*; **2.** Paläogra'phie *f*, Handschriftenkunde *f*.

pa·le·o·lith·ic [pæliou'liθik] **I.** *adj.* paläo'lithisch, altsteinzeitlich; **II.** *s.* Altsteinzeit *f.*
pa·le·on·tol·o·gist [pæliɔn'tɔlədʒist] *s.* Paläonto'loge *m*; **pa·le·on'tol·o·gy** [-dʒi] *s.* Paläontolo'gie *f.*
pa·le·o·zo·ic [pæliou'zouik] *geol.* **I.** *adj.* paläo'zoisch: *~ era* → *II*; **II.** *s.* Paläo'zoikum *n.*
Pal·es·tin·i·an [pæles'tiniən] *adj.* palästi'nensisch.
pal·e·tot ['pæltou] *s.* **1.** 'Paletot *m*, 'Überzieher *m* (*für Herren*); **2.** loser (Damen)Mantel.
pal·ette ['pælit] *s.* **1.** *paint.* Pa'lette *f*; **2.** *fig.* Pa'lette *f*, Farbenskala *f*; **'~-knife** *s.* Streichmesser *n*, Spachtel *m, f.*
pal·frey ['pɔ:lfri] *s.* Zelter *m.*
pal·ing ['peiliŋ] *s.* Um'pfählung *f*, Pfahl-, Lattenzaun *m*, Sta'ket *n*; **'~-board** *s.* ⊕ *Brit.* Schalbrett *n.*
pal·in·gen·e·sis [pælin'dʒenisis] *s.* **1.** 'Wiedergeburt *f* (*a. eccl.*); **2.** *biol.* Palinge'nese *f.*
pal·i·sade [pæli'seid] **I.** *s.* **1.** Pali'sade *f*; Pfahlzaun *m*, Sta'ket *n*; **2.** Schanzpfahl *m*; **II.** *v/t.* **3.** mit e-r Palisade um'geben *od.* sperren.
pall¹ [pɔ:l] *s.* **1.** Bahr-, Leichentuch *n*; **2.** *fig.* Mantel *m*, Hülle *f*, Decke *f*; (Rauch- *etc.*)Wolke *f*; **3.** *eccl.* → *pallium 2 u. 3*; **4.** *her.* Gabel(kreuz *n*) *f.*
pall² [pɔ:l] **I.** *v/i.* **1.** (*on, upon*) jeden Reiz verlieren (für), *j-n* kalt lassen *od.* langweilen; **2.** schal *od.* fade werden, s-n Reiz verlieren; **3.** über'sättigt werden (*with s.th.* von et.) (*Magen*); **II.** *v/t.* **4.** den Geschmack verderben an (*dat.*); **5.** *Magen etc.* über'sättigen.
pal·la·di·um [pə'leidjəm] *pl.* **-di·a** [-djə] *s.* **1.** *fig.* Pal'ladium *n*, Hort *m*, Schutz *m*; **2.** ⚗ Palladium *n* (*Element*).
'pall·bear·er *s.* Sargträger *m.*
pal·let¹ ['pælit] *s.* (Stroh)Lager *n*, Strohsack *m*, Pritsche *f.*
pal·let² ['pælit] *s.* **1.** ⊕ Dreh-, Töpferscheibe *f*; **2.** *paint.* Pa'lette *f*; **3.** Trockenbrett *n* (*für Keramik, Ziegel etc.*); **4.** Pa'lette *f*, Laderost *m* (*Gabelstapler*); **5.** *a. ~ of escapement* Hemmungslappen *m* (*Uhr*).
pal·liasse [pæl'jæs] → *paillasse.*
pal·li·ate ['pælieit] *v/t.* **1.** *Krankheit, Schmerz* lindern; **2.** *fig.* bemänteln, beschönigen; **pal·li·a·tion** [pæli'eiʃən] *s.* **1.** Linderung *f*; **2.** Bemäntelung *f*, Beschönigung *f*; **'pal·li·a·tive** [-iətiv] **I.** *adj.* **1.** ⚕ lindernd, pallia'tiv; **2.** *fig.* bemäntelnd, beschönigend; **II.** *s.* **3.** ⚕ Linderungsmittel *n*; *fig.* Bemäntelung *f.*
pal·lid ['pælid] *adj.* □ blaß, bleich, farblos; **'pal·lid·ness** [-nis] *s.* Blässe *f.*
pal·li·um ['pæliəm] *pl.* **-li·a** [-liə], **-li·ums** *s.* **1.** *antiq.* 'Pallium *n*, Philo'sophenmantel *m*; **2.** *eccl.* Pallium *n* (*Schulterband des Erzbischofs*); **3.** *eccl.* Al'tartuch *n*; **4.** *anat.* (Ge-)Hirnmantel *m*; **5.** *zo.* Mantel *m* (*Weichtiere*).
pal·lor ['pælə] *s.* Blässe *f.*
palm¹ [pɑ:m] **I.** *s.* **1.** Handfläche *f*, -teller *m*, hohle Hand: *to grease* (*od. oil*) *s.o.'s ~* j-n ‚schmieren' *od.* bestechen; **2.** Hand(breite) *f* (*als Maß*); **3.** Schaufel *f* (*Anker, Hirschgeweih*); **II.** *v/t.* **4.** betasten, streicheln; **5. a)** palmieren, **b)** *Am. sl.* ‚klauen', stehlen; **6.** *to ~ s.th. off on s.o.* j-m et. ‚aufhängen' *od.* ‚andrehen'; *to ~ o.s. off* (*as*) sich ausgeben (als).
palm² [pɑ:m] *s.* **1.** ♆ Palme *f*; **2.** *fig.* Siegespalme *f*, Krone *f*, Sieg *m*: *to bear* (*od. win*) *the ~* den Sieg davontragen; → *yield 4.*
pal·mate ['pælmit] *adj.* **1.** ♆ handförmig (gefingert *od.* geteilt); **2.** *zo.* schwimmfüßig.
palm grease *s. Am. sl. u. Brit. humor.* Schmiergeld *n.*
pal·mi·ped ['pælmiped], **'pal·mi·pede** [-ipi:d] *zo.* **I.** *adj.* schwimmfüßig; **II.** *s.* Schwimmfüßer *m.*
palm·ist ['pɑ:mist] *s.* Handwahrsager(in); **'palm·is·try** [-tri] *s.* Handlesekunst *f.*
'palm|-oil *s.* **1.** Palmöl *n*; **2.** *humor.* Schmiergeld(er *pl.*) *n*; **2 Sun·day** *s. eccl.* Palm'sonntag *m*; **'~-tree** *s.* Palmbaum *m*, Palme *f.*
palm·y ['pɑ:mi] *adj.* **1.** palmenreich; **2.** *fig.* erfolg-, glorreich.
pa·loo·ka [pə'lu:kə] *s. Am. sl.* **1.** *bsd. sport* ‚Flasche' *f* (*Nichtskönner*); **2.** Lümmel *m.*
palp [pælp] *s. zo.* Taster *m*, Fühler *m*; **pal·pa·bil·i·ty** [pælpə'biliti] *s.* **1.** Fühl-, Greif-, Tastbarkeit *f*; **2.** *fig.* Handgreiflichkeit *f*; **'pal·pable** [-pəbl] *adj.* □ **1.** fühl-, greifbar; **2.** *fig.* handgreiflich, augenfällig; **'pal·pa·ble·ness** [-pəblnis] → *palpability*; **'pal·pate** [-peit] *v/t.* befühlen, (*a.* ⚕) abtasten; **pal·pa·tion** [pæl'peiʃən] *s.* Abtasten *n* (*a.* ⚕).
pal·pe·bra ['pælpibrə] *s. anat.* Augenlid *n*: *lower ~* Unterlid.
pal·pi·tant ['pælpitənt] *adj.* klopfend, pochend; **pal·pi·tate** ['pælpiteit] *v/i.* **1.** klopfen, pochen (*Herz*); **2.** (er)zittern; **pal·pi·ta·tion** [pælpi'teiʃən] *s.* Klopfen *n*, (heftiges) Schlagen: *~ (of the heart)* ⚕ Herzklopfen.
pal·sied ['pɔ:lzid] *adj.* **1.** gelähmt; **2.** zittrig, wacklig; **pal·sy** ['pɔ:lzi] **I.** *s.* **1.** ⚕ Lähmung *f*, Schlagfluß *m*: *shaking ~* Schüttellähmung; *wasting ~* progressive Muskelatrophie; → *writer 1*; **2.** *fig.* Ohnmacht *f*, Lähmung *f*; **II.** *v/t.* **3.** lähmen.
pal·ter ['pɔ:ltə] *v/i.* **1.** (*with*) gemein handeln (an *dat.*), sein Spiel treiben (mit); **2.** schachern, feilschen.
pal·tri·ness ['pɔ:ltrinis] *s.* Armseligkeit *f*, Erbärmlichkeit *f*, Schäbigkeit *f*; **pal·try** ['pɔ:ltri] *adj.* □ **1.** armselig, karg: *a ~ sum*; **2.** dürftig, fadenscheinig: *a ~ excuse*; **3.** schäbig, schofel, gemein: *a ~ fellow*; *a ~ lie*; *a ~ two pounds* lumpige zwei Pfund.
pam·pas ['pæmpəs] *s. pl.* Pampas *pl.* (*südamer. Grasebene[n]*).
pam·per ['pæmpə] *v/t.* verwöhnen, -zärteln, (ver)hätscheln; *fig. Stolz, Eitelkeit* nähren, ‚hätscheln'; *e-m Gelüst* frönen.
pam·phlet ['pæmflit] *s.* Bro'schüre *f*, Flug-, Druckschrift *f*, Heft *n*; Merkblatt *n*; **pam·phlet·eer** [pæmfli'tiə] *s.* Pamphle'tist *m.*
pan¹ [pæn] **I.** *s.* **1.** Pfanne *f*: *frying ~* Bratpfanne; **2.** ⊕ Pfanne *f*, Tiegel *m*, Becken *n*, Mulde *f*, Trog *m*; **3.** Schale *f* (*e-r Waage*); **4.** ⊕ Türangelpfanne *f*; **5.** ⚔ *hist.* (Zünd-)Pfanne *f*; → *flash 1*; **6.** *Am. sl.* Vi'sage *f*, Gesicht *n*; **7.** *Am. sl.* ‚Verriß' *m*, vernichtende Kri'tik; **II.** *v/t.* **8.** *oft ~ out, ~ off Goldsand* (aus)waschen, *Gold* auswaschen; **9.** *Am. sl.* ‚her'unterreißen', scharf kritisieren; **III.** *v/i.* **10.** *~ out Am. sl.* sich bezahlt machen, ‚klappen': *to ~ out well* **a)** *an Gold* ergiebig sein, **b)** *fig.* gut ausgehen, ‚hinhauen', ‚einschlagen'.
pan² [pæn] **I.** *v/t. Filmkamera* schwenken, fahren; **II.** *v/i.* **a)** panoramieren, die 'Film,kamera fahren *od.* schwenken, **b)** (her'um-)schwenken (*Kamera*).
pan- [pæn] *in Zssgn* all..., gesamt...; All..., Gesamt..., Pan...
pan·a·ce·a [pænə'si:ə] *s.* All'heil-, Wundermittel *n.*
pa·nache [pə'næʃ] *s.* **1.** Helm-, Federbusch *m*; **2.** *fig.* Großtue'rei *f.*
'Pan-A'mer·i·can *adj.* panameri'kanisch.
'pan·cake I. *s.* **1.** Pfann-, Eierkuchen *m*; **2.** Leder *n* geringerer Qualität (*aus Resten hergestellt*); **3.** *a. ~ landing* ✈ Bumslandung *f*; **II.** *v/i.* **4.** ✈ 'durchsacken, bumslanden; **III.** *v/t.* **5.** ✈ *Maschine* 'durchsacken lassen; **IV.** *adj.* **6.** Pfannkuchen...: *~ Day* F Fastnachtsdienstag; **7.** flach: *~ coil* ⚡ Flachspule.
pan·chro·mat·ic [pænkrou'mætik] *adj.* ♪, *phot.* panchro'matisch.
pan·cre·as ['pæŋkriəs] *s. anat.* Bauchspeicheldrüse *f*, 'Pankreas *n*; **pan·cre·at·ic** [pæŋkri'ætik] *adj.* Bauchspeicheldrüsen...: *~ juice* Bauchspeichel.
pan·da ['pændə] *s. zo.* Panda *m*, Katzenbär *m*; **~ car** *s. Brit.* (Funk-, Poli'zei)Streifenwagen *m.*
pan·dem·ic [pæn'demik] *adj.* ⚕ pan'demisch, ganz allgemein verbreitet.
pan·de·mo·ni·um [pændi'mounjəm] *s. fig.* **1.** In'ferno *n*, Hölle *f*; **2.** Höllenlärm *m.*
pan·der ['pændə] **I.** *s.* **1.** Kuppler (-in), Zuhälter *m*; **2.** *fig. b.s.* Wegbereiter *m*, Verführung *f*; **II.** *v/t.* **3.** verkuppeln; **III.** *v/i.* **4.** kuppeln; **5.** (*to*) *e-m Laster etc.* Vorschub leisten: *to ~ to s.o.'s ambition* j-s Ehrgeiz anstacheln.
pane [pein] **I.** *s.* **1.** (Fenster)Scheibe *f*; **2.** ⊕ Feld *n*, Fach *n*, Platte *f*, Tafel *f*, Füllung *f* (*Tür*), Kas'sette *f* (*Decke*): *~ of glass* e-e Tafel Glas; **3.** ebene Seitenfläche; Finne *f* (*Hammer*); Fa'cette *f* (*Edelstein*); **4.** *Am.* Abteilung *f Briefmarken.*
pan·e·gyr·ic [pæni'dʒirik] **I.** *s.* Lobrede *f*, -preisung *f*, -schrift *f* (*on* über *acc.*); **II.** *adj.* → *panegyrical*; **pan·e'gyr·i·cal** [-kəl] *adj.* □ lobpreisend, Lob u. Preis...; **pan·e'gyr·ist** [-ist] *s.* Lobredner *m*; **pan·e·gy·rize** ['pænidʒiraiz] **I.** *v/t.* (lob-)preisen, ‚in den Himmel heben'; **II.** *v/i.* sich in Lobeshymnen ergehen.
pan·el ['pænl] **I.** *s.* **1.** ⚠ (vertieftes) Feld, Fach *n*, Füllung *f* (*Tür*), Täfelung *f* (*Wand*); **2.** Tafel *f* (*Holz*), Platte *f* (*Blech etc.*); → *instrument panel*; **3.** *paint.* Holztafel *f*, Gemälde

n auf Holz; **4.** *phot.* (Bild *n* im) 'Hochfor,mat *n*; **5.** Einsatz(streifen) *m am Kleid*; **6.** a) 'Flieger-, Si'gnaltuch *n*, **b)** Stoffbahn *f* (*Fallschirm*), **c)** Streifen *m* der Bespannung (*Flugzeugflügel*), Verkleidung(sblech *n*) *f* (*Flügelbauteil*); **7.** (Bau)Abteilung *f*, Abschnitt *m*; **8.** (Abbau)Feld *n*; **9.** Schalttafel *f*; **10.** a) Liste *f* der Geschworenen, **b)** Geschworene *pl.*; **11.** ('Unter)Ausschuß *m*, Kommissi'on *f*; Kammer *f*; **12. a)** → *panel discussion*, **b)** Diskussi'onsteilnehmer *pl.*; **13.** *Meinungsforschung*: Befragtengruppe *f*; **14.** *hist. Brit.* Verzeichnis *n* der Kassenärzte; **II.** *v/t.* **15.** täfeln, paneelieren, in Felder einteilen; **16.** *Kleid* mit Einsatzstreifen verzieren.

pan·el| board *s.* **1.** ⊕ Füllbrett *n*, (Wand-, Par'kett)Tafel *f*; **2.** Schaltbrett *n*, -tafel *f*; ~ **dis·cus·sion** *s.* 'Podiumsgespräch *n*, öffentliche Diskussi'on; ~ **game** *s. Fernsehen etc.*: Ratespiel *n*, Quiz *n*; ~ **heat·ing** *s.* Flächenheizung *f*.

pan·el·ist ['pænlist] *s.* Diskussi'onsteilnehmer(in).

pan·el·(l)ing ['pænliŋ] *s.* Täfelung *f*, Tafelwerk *n*, Verkleidung *f*.

pan·el| sys·tem *s.* 'Listensy,stem *n* (*für die Auswahl von Abgeordneten etc.*); '~**work** *s.* Tafel-, Fachwerk *n*.

pang [pæŋ] *s.* **1.** plötzlicher Schmerz, Stechen *n*, Stich *m*: *death* ~*s* Todesqualen; **2.** *fig.* aufschießende Angst, plötzlicher Schmerz, Qual *f*, Weh *n*, Pein *f*: ~*s of remorse* heftige Gewissensbisse.

Pan-'Ger·man I. *adj.* 'panger,manisch, all-, großdeutsch; **II.** *s.* 'Pangerma,nist *m*, Alldeutsche(r) *m*.

pan·han·dle ['pænhændl] **I.** *s.* **1.** Pfannenstiel *m*; **2.** *Am.* schmaler Fortsatz (*bes. e-s Staatsgebiets*), Korridor *m*; **II.** *v/t. u. v/i.* **3.** *Am. sl. j-n* (an)betteln, *et.* ,schnorren', erbetteln (*a. fig.*); '**pan·han·dler** [-lə] *s. Am. sl.* Bettler *m*, ,Schnorrer' *m*.

pan·ic[1] ['pænik] *s.* (Kolben)Hirse *f*.

pan·ic[2] ['pænik] **I.** *adj.* **1.** panisch: ~ *fear*; ~ *haste* blinde Hast; ~ *braking mot.* scharfes Bremsen; ~ *buying* Angstkäufe; **II.** *s.* **2.** Panik *f*, panischer Schrecken, Bestürzung *f*, 'Angstpsy,chose *f*; **3.** Börsenpanik *f*, Kurssturz *m*: ~*-proof* krisenfest; **III.** *v/t. pret. u. p.p.* '**panicked** [-kt] **4.** *Am. sl. Publikum* hinreißen; **IV.** *v/i.* **5.** von panischem Schrecken erfaßt werden; **6.** sich zu e-r Kurzschlußhandlung hinreißen lassen: *don't* ~*!* nur keine Aufregung!; '**pan·ick·y** [-ki] *adj.* F **1.** 'über,ängstlich, -ner,vös; unruhig (*at* über *acc.*); **2.** beunruhigend.

pan·i·cle ['pænikl] *s.* Rispe *f*.

'**pan·ic|-mon·ger** *s.* Bange-, Panikmacher(in); '~**-strick·en**, '~**-struck** *adj.* von panischem Schrecken gepackt.

pan·jan·drum [pən'dʒændrəm] *s. humor.* ,großes Tier', ,Bonze' *m*, Wichtigtuer *m*.

pan·nier ['pæniə] *s.* **1.** (Trag)Korb *m*: *a pair of* ~*s* e-e Doppelpacktasche (*Fahr-, Motorrad*); **2.** Reifrock *m*.

pan·ni·kin ['pænikin] *s.* **1.** Pfännchen *n*; **2.** (Trink)Kännchen *n*.

pan·ning ['pæniŋ] *s. Film*: Panoramierung *f*, Schwenken *n der Kamera*: ~ *shot der* Schwenk.

pan·o·plied ['pænəplid] *adj.* vollständig gerüstet (*a. fig.*); **pan·o·ply** ['pænəpli] *s.* **1.** vollständige Rüstung; **2.** *fig.* prächtige Um'rahmung, Schmuck *m*.

pan·o·ra·ma [pænə'rɑ:mə] *s.* **1.** Pano'rama *n* (*a. paint*), Rundblick *m*; **2.** *phot.* Rundbildaufnahme *f*: ~ *lens* Weitwinkelobjektiv; **3.** *fig.* vollständiger 'Überblick (*of* über *acc.*); **pan·o'ram·ic** [-'ræmik] *adj.* (□ ~*ally*) pano'ramisch, Rundblick...: ~ *camera* Panoramenkamera; ~ *sketch* Ansichtsskizze; ~ *windshield mot. Am.* Rundsichtverglasung.

pan shot *s.* ('Kamera)Schwenk *m*.

pan·sy ['pænzi] *s.* **1.** Stiefmütterchen *n*; **2.** *a.* ~ *boy* F **a)** ,Bubi' *m*, **b)** ,Homo' *m* (*Homosexueller*).

pant [pænt] **I.** *v/i.* **1.** keuchen, japsen, schnaufen: *to* ~ *for breath* nach Luft schnappen; **2.** *fig.* lechzen, dürsten, gieren (*for od. after* nach); **II.** *v/t.* **3.** ~ *out Worte* (her'vor)keuchen.

pan·ta·loon [pæntə'lu:n] *s.* **1.** Hans'wurst *m*; **2.** *pl. hist.* Beinkleider *pl.*; *bsd. Am.* lange (Herren)Hose.

pan·tech·ni·con [pæn'teknikən] *s. Brit.* **1.** Möbelspeicher *m*; **2.** *a.* ~ *van* Möbelwagen *m*.

pan·the·ism ['pænθi(:)izəm] *s. phls.* Panthe'ismus *m*; '**pan·the·ist** [-ist] *s.* Panthe'ist(in); **pan·the·is·tic** [pænθi(:)'istik] *adj.* panthe'istisch.

pan·the·on [pæn'θi:ən] *s.* Pantheon *n*, Ehrentempel *m*, Ruhmeshalle *f*.

pan·ther ['pænθə] *s. zo.* Panther *m*.

pan·ties ['pæntiz] *s. pl.* F **1.** Kinderhös·chen *n od. pl.*; **2.** (Damen)Slip *m*.

pan·tile ['pæntail] *s.* Dachziegel *m*, -pfanne *f*, Hohlziegel *m*.

pan·to·graph ['pæntəgrɑ:f; -græf] *s.* **1.** Scherenstromabnehmer *m*; **2.** ⊕ Storchschnabel *m*.

pan·to·mime ['pæntəmaim] *s.* **1.** *thea.* Panto'mime *f*; *Brit.* (Laien-) Spiel *n*, englisches Weihnachtsspiel; **2.** Mienen-, Gebärdenspiel *n*; **panto·mim·ic** [pæntə'mimik] *adj.* (□ ~*ally*) panto'mimisch.

pan·try ['pæntri] *s.* **1.** Vorratskammer *f*, Speiseschrank *m*; **2.** *a. butlers* ~, *housemaids* ~ Geschirr-, Wäschekammer *f*; Anrichteraum *m*.

pants [pænts] *s. pl.* **1.** lange (Herren)Hose; → *wear*[1] *1*; **2.** *Brit.* (*a.*) 'Herren,unterhose *f*; **3.** *Am. sl.* Mann *m*.

pant skirt [pænt] *s.* Hosenrock *m*.

pant·y ['pænti] → *panties*; ~ **girdle** *s. Am.* Hüfthalterhös·chen *n*; '~**-hose** *s.* Strumpfhose *f*; '~**-waist** *Am. s.* **1.** Hemdhös·chen *n*; **2.** *sl.* Weichling *m*, Schwächling *m*.

pap [pæp] *s.* **1.** (Kinder)Brei *m*, Papp *m*; **2.** *fig. Am.* F wohlwollende Förderung, Protekti'on *f*; **3.** ⊕ Kleister *m*.

pa·pa [pə'pɑ:] *s.* Pa'pa *m*.

pa·pa·cy ['peipəsi] *s.* **1.** päpstliches Amt; **2.** Papsttum *n*; '**pa·pal** [-pəl] *adj.* □ **1.** päpstlich; **2.** 'römisch-ka'tholisch.

pa·per ['peipə] **I.** *s.* **1.** ⊕ **a)** Pa'pier *n*, **b)** Pappe *f*, **c)** Ta'pete *f*; **2.** Blatt *n* Papier; **3.** Papier *n als Schreibmaterial*: ~ *does not blush* Papier ist geduldig; *on* ~ *fig.* auf dem Papier, theoretisch; → *commit 1*; **4.** Doku'ment *n*, Schriftstück *n*; **5.** **a)** ('Wert)Pa,pier *n*, **b)** Wechsel *m*, **c)** Pa'piergeld *n*: *best* ~ erstklassiger Wechsel; *convertible* ~ (*in Gold*) einlösbares Papiergeld; ~ *currency* Papierwährung; **6.** *pl.* **a)** 'Ausweis- *od.* Be'glaubigungspa,piere *pl.*, Doku'mente *pl.*: *to send in one's* ~*s* den Abschied nehmen, **b)** Akten *pl.*, Schriftstücke *pl*: ~*s on appeal* Berufungsakten; *to move for* ~*s bsd. parl.* die Vorlage der Unterlagen *e-s Falles* beantragen; **7.** Prüfungsarbeit *f*; **8.** Aufsatz *m*, Abhandlung *f*, Vortrag *m*, -lesung *f*, Refe'rat *n*: *to read a* ~ e-n Vortrag halten, referieren (*on* über *acc.*); **9.** Zeitung *f*, Blatt *n*; **10.** Brief *m*, Heft *n mit Nadeln etc.*; **11.** *thea. sl.* **a)** Freikarte *f*, **b)** Besucher *m* mit Freikarte; **II.** *adj.* **12.** pa'pieren, Papier..., Papp...; **13.** *fig.* (hauch)dünn, schwach; **14.** nur auf dem Pa'pier vorhanden: ~ *city*; **III.** *v/t.* **15.** in Papier einwickeln; mit Papier ausschlagen; **16.** tapezieren; **17.** mit 'Sandpa,pier polieren; **18.** *thea. sl. Haus* mit Freikarten füllen; '~**back** *s.* Paperback *n*, Buch *n* im Papp(ein)band; '~**-bag** *s.* Tüte *f*: ~ *cookery* Kochen im Papierbeutel; ~ **ba·sis** *s.* Pa'pierwährung *f*; '~**board I.** *s.* Pappdeckel *m*; **II.** *adj.* Pappdeckel...: ~ *stock* Graupappe; '~**-chase** *s.* Schnitzeljagd *f*; '~**-clip** *s.* Bü'ro-, Briefklammer *f*; ~ **cred·it** *s.* offener 'Wechselkre,dit; '~**-cut·ter** *s.* **1.** Pa'pier,schneidema,schine *f*; **2.** → *paper-knife*; ~ **ex·er·cise** *s.* Planspiel *n*; '~**-fas·ten·er** *s.* Heftklammer *f*; '~**-hang·er** *s.* Tapezierer *m*; '~**-hang·ings** *s. pl.* Ta'pete(n *pl.*) *f*; '~**-knife** *s.* **1.** Pa'piermesser *n*; **2.** Brieföffner *m*; '~**-mill** *s.* Pa'pierfa,brik *f*, -mühle *f*; '~**-mon·ey** *s.* Pa'piergeld *n*; '~**-pat·tern** *s.* Schnittmuster *n*; ~ **prof·it** *s.* rechnerischer Gewinn; '~**-pulp** *s.* ⊕ Pa'pierbrei *m*, Ganzzeug *n*; '~**-stain·er** *s.* Ta'petenmaler *m*, -macher *m*; ~ **tow·el** *s.* Pa'pierhandtuch *n*; ~ **war(·fare)** *s.* **1.** Pressekrieg *m*, -fehde *f*, Federkrieg *m*; **2.** Pa'pierkrieg *m*; '~**-weight** *s.* **1.** Briefbeschwerer *m*; **2.** *sport* Pa'piergewicht(ler *m*) *n*; '~**-work** *s.* Schreib-, Bü'roarbeit *f*.

pa·per·y ['peipəri] *adj.* pa'pierähnlich; (pa'pier)dünn.

pa·pier mâ·ché ['pæpjei'mɑ:ʃei] *s.* Pa'pierma,ché *n*.

pa·pil·i·o·na·ceous [pəpilio'neiʃəs] *adj.* schmetterlingsblütig.

pa·pil·la [pə'pilə] *pl.* **-pil·lae** [-li:] *s. anat.* Pa'pille *f* (*a.*), Warze *f*; **pap·'il·lar·y** [-əri] *adj.* **1.** warzenartig, papil'lär; **2.** mit Pa'pillen versehen, warzig.

pa·pist ['peipist] *s. contp.* Pa'pist *m*; **pa·pis·tic** *adj.*; **pa·pis·ti·cal** [pə'pistik(əl)] *adj.* □ **1.** päpstlich; **2.** *contp.* pa'pistisch; '**pa·pist·ry** [-ri] *s.* Pa'pismus *m*, Papiste'rei *f*.

pa·poose [pə'pu:s] *s.* **1.** Indi'aner-

ˌbaby *n*; **2.** *Am. humor.* kleines Kind.

pap·pus ['pæpəs] *pl.* **-pi** [-ai] *s.* **1.** ♀ a) Haarkrone *f*, b) Federkelch *m*; 2. Flaum *m*.

pap·py ['pæpi] *adj.* breiig, pappig.

pa·py·rus [pə'paiərəs] *pl.* **-ri** [-rai] *s.* **1.** ♀ Pa'pyrus(staude *f*) *m*; **2.** *antiq.* Pa'pyrus(rolle *f*, -text) *m*.

par [pɑ:] **I.** *s.* **1.** ✝ Nennwert *m*, Pari *n*: *issue* ~ Emissionskurs; *nominal* (*od. face*) ~ Nennbetrag (*Aktie*), Nominalwert; ~ *of exchange* Wechselpari(tät), Parikurs; *at* ~ zum Nennwert, al pari; *above* (*below*) ~ über (unter) Pari; **2.** *fig. above* ~ in bester Form; *up to* (*below*) ~ F (nicht) auf der Höhe; *to be on a* ~ (*with*) ebenbürtig *od.* gewachsen sein (*dat.*), entsprechen (*dat.*); *to put on a* ~ *with* gleichstellen (*dat.*); *on a* ~ *Brit.* im Durchschnitt; **3.** *Golf*: festgesetzte Schlagzahl; **II.** *adj.* **4.** ✝ pari: ~ *clearance Am.* Clearing zum Pariwert; ~ *value* Pari-, Nennwert.

para- ['pærə] *in Zssgn* **1.** neben, über ... hin'aus; **2.** ähnlich; **3.** falsch; **4.** ⚗ neben, ähnlich; Verwandtschaft bezeichnend; **5.** ⚕ a) fehlerhaft, ab'norm, b) ergänzend, c) um'gebend.

par·a·ble ['pærəbl] *s.* Pa'rabel *f*; *bibl.* Gleichnis *n*.

pa·rab·o·la [pə'ræbələ] *s.* ⩘ Pa'rabel *f*: ~ *compasses* Parabelzirkel.

par·a·bol·ic [pærə'bɔlik] *adj.* **1.** → *parabolical*; **2.** ⩘ para'bolisch, Parabel...: ~ *mirror* ⊕ Parabolspiegel; **par·a'bol·i·cal** [-kəl] *adj.* □ parabolisch, gleichnishaft, alle'gorisch; **pa·rab·o·loid** [pə'ræbəlɔid] *s.* ⩘ Parabolo'id *n*.

'par·a·brake *v/t.* ✈ durch Heckfallschirm (*bei der Landung*) abbremsen.

par·a·chute ['pærəʃu:t] **I.** *s.* **1.** ✈ Fallschirm *m*: ~ *jumper* Fallschirmspringer; **II.** *v/t.* **2.** (mit dem Fallschirm) absetzen, -werfen; **III.** *v/i.* **3.** mit dem Fallschirm abspringen; **4.** (wie) mit e-m Fallschirm schweben; ~ **flare** *s.* ⚔ Leuchtfallschirm *m*; ~ **troops** *s. pl.* ⚔ Fallschirmtruppen *pl.*

par·a·chut·ist ['pærəʃu:tist] *s.* ✈ **1.** Fallschirmspringer *m*; **2.** ⚔ Fallschirmjäger *m*.

pa·rade [pə'reid] **I.** *s.* **1.** Pa'rade *f*, Vorführung *f*, Zur'schaustellen *n*: *to make a* ~ *of et.* zur Schau stellen, protzen mit; **2.** ⚔ a) Pa'rade *f* (*Truppenschau u. Vorbeimarsch*), b) Ap'pell *m*: ~ *rest!* Rührt Euch!, c) *a.* ~*-ground* Pa'rade-, Exerzierplatz *m*; **3.** ('Um)Zug *m*, (Auf-, Vor'bei-) Marsch *m*; **4.** *bsd. Brit.* Prome'nade *f*; **5.** *fenc.* Parade *f*; **II.** *v/t.* **6.** zur Schau stellen, vorführen; **7.** zur Schau tragen, prunken *od.* protzen mit; **8.** ⚔ auf-, vor'beimarschieren lassen; **9.** *Straße* entlangstolzieren; **III.** *v/i.* **10.** ⚔ paradieren, (vor'bei-) marschieren; **11.** e-n Umzug veranstalten, durch die Straßen ziehen; **12.** sich zur Schau stellen, stolzieren, paradieren.

par·a·digm ['pærədaim] *s. ling.* Para'digma *n*, (Muster)Beispiel *n*;

par·a·dig·mat·ic [pærədig'mætik] *adj.* (□ ~*ally*) paradig'matisch.

par·a·dise ['pærədais] *s.* (*bibl.* ♀) Para'dies *n* (*a. fig.*): *bird of* ~ Paradiesvogel; → *fool's paradise*; **par·a·dis·i·ac** [pærə'disiæk], **par·a·di·si·a·cal** [pærədi'saiəkəl] *adj.* para'diesisch.

par·a·dox ['pærədɔks] *s.* Pa'radoxon *n*, Para'dox *n*; **par·a·dox·i·cal** [pærə'dɔksikəl] *adj.* □ para'dox.

'par·a·drop *v/t.* ✈ mit dem Fallschirm abwerfen.

par·af·fin ['pærəfin], **par·af·fine** ['pærəfi:n] **I.** *s.* Paraf'fin *n*: *liquid* ~, *Brit.* ~ (*oil*) Paraffinöl; *solid* ~ Erdwachs; ~ *wax* Paraffin (*für Kerzen*); **II.** *v/t.* ⊕ paraffinieren.

par·a·gon ['pærəgən] *s.* **1.** Muster *n*, Vorbild *n*: ~ *of virtue* Muster *od.* Ausbund von Tugend; **2.** *typ.* Text *f* (*Schriftgrad*).

par·a·graph ['pærəgrɑ:f, -græf] *s.* **1.** *typ.* a) Absatz *m*, Abschnitt *m*, Para'graph *m*, b) Para'graphzeichen *n*; **2.** kurzer ('Zeitungs)Arˌtikel; **'par·a·graph·er** [-fə] *s.* **1.** Verfasser *m* kleiner Zeitungsartikel; **2.** 'Leitarˌtikler *m* (*e-r Zeitung*).

Par·a·guay·an [pærə'gwaiən] **I.** *adj.* para'guayisch; **II.** *s.* Para'guayer(in).

par·a·keet ['pærəki:t] *s. orn.* Sittich *m*: *Australian grass* ~ Wellensittich.

par·al·de·hyde [pə'rældihaid] *s.* ⚗ Paralde'hyd *n*.

Par·a·li·pom·e·non [pærəli'pɔmenɔn] → *chronicle* 2.

par·al·lac·tic [pærə'læktik] *adj. ast.*, *phys.* paral'laktisch: ~ *motion* parallaktische Verschiebung; **'par·al·lax** ['pærəlæks] *s.* Paral'laxe *f*.

par·al·lel ['pærəlel] **I.** *adj.* **1.** (*with*, *to*) paral'lel (zu, mit), gleichlaufend (mit): ~ *bars Turnen*: Barren; ~ *connection* ⚡ Parallelschaltung; *to run* ~ *to* parallel verlaufen zu; **2.** *fig.* parallel, gleich(gerichtet, -laufend), entsprechend: ~ *case* Parallelfall; ~ *passage* Parallele *in e-m Text*; **II.** *s.* **3.** ⩘ *u. fig.* Paral'lele *f* (*to* zu): *in* ~ *with* parallel zu; *to draw a* ~ *between fig.* e-e Parallele ziehen zwischen (*dat.*), (miteinander) vergleichen; **4.** ⩘ Paralleli'tät *f* (*a. fig. Gleichheit*); **5.** *geogr.* Breitenkreis *m*; **6.** ⚡ Paral'lelschaltung *f*: *to connect* (*od. join*) *in* ~ parallelschalten; **7.** Gegenstück *n*, Entsprechung *f*: *to have no* ~ nicht seinesgleichen haben; *without* ~ ohnegleichen; **8.** ⚔ Quergraben *m*; **III.** *v/t.* **9.** (*with*, *to*) anpassen, -gleichen (*dat.*); **10.** gleichkommen (*dat.*); **11.** et. Gleiches *od.* Entsprechendes zu *e-r Sache od. j-m* finden; **12.** *bsd. Am.* F parallel laufen zu, laufen neben (*dat.*); **'par·al·lel·ism** [-lizəm] *s.* ⩘ Paralle'lismus *m* (*a. ling.*, *phls.*, *fig.*), Paralleli'tät *f*; **par·al·lel·o·gram** [pærə'leləgræm] *s.* ⩘ Parallelo'gramm *n*: ~ *of forces phys.* Kräfteparallelogramm.

pa·ral·o·gism [pə'rælədʒizəm] *s. phls.* Paralo'gismus *m*, Trugschluß *m*.

par·a·ly·sa·tion [pærəlai'zeiʃən] *s.* **1.** ⚕ Lähmung *f* (*a. fig.*); **2.** *fig.* Lahmlegung *f*; **par·a·lyse** ['pærəlaiz] *v/t.* **1.** ⚕ paralysieren, lähmen (*a. fig.*); **2.** *fig.* a) lahmlegen, b) unwirksam machen, c) entkräften;

pa·ral·y·sis [pə'rælisis] *pl.* **-ses** [-si:z] *s.* **1.** ⚕ Para'lyse *f*, Lähmung *f*; **2.** *fig.* a) Lähmung *f*, Lahmlegung *f*, b) Da'niederliegen *n*, Ohnmacht *f*; **par·a·lyt·ic** [pærə'litik] **I.** *adj.* (□ ~*ally*) ⚕ para'lytisch: a) Lähmungs..., b) gelähmt (*a. fig.*); **II.** *s.* ⚕ Para'lytiker(in).

par·a·lyze *bsd. Am.* → *paralyse*.

pa·ram·e·ter [pə'ræmitə] *s.* ⩘ **1.** Pa'rameter *m*; **2.** Hilfs-, Nebenveränderliche *f*.

'par·a'mil·i·tar·y *adj.* 'halbmiliˌtärisch.

par·a·mount ['pærəmaunt] **I.** *adj.* □ **1.** höher stehend (*to* als), oberst, höchst; **2.** *fig.* an erster Stelle *od.* an der Spitze stehend, größt, über'ragend, ausschlaggebend: *of* ~ *importance* von (aller)größter Bedeutung; **'par·a·mount·cy** [-si] *s.* Ober-, Vorherrschaft *f*.

par·a·mour ['pærəmuə] *s.* Geliebte(r *m*) *f*; Buhle *m*, *f*.

par·a·noi·a [pærə'nɔiə] *s.* ⚕ Para'noia *f*; **par·a'noi·ac** [-iæk] **I.** *adj.* para'noisch; **II.** *s.* Para'noiker(in);

par·a·noid ['pærənɔid] *adj.* parano'id.

par·a·pet ['pærəpit] *s.* **1.** ⚔ Wall *m*, Brustwehr *f*; **2.** ⚠ (Brücken)Geländer *n*, (Bal'kon-, Fenster)Brüstung *f*.

par·aph ['pærəf] *s.* Pa'raphe *f*, ('Unterschrifts)Schnörkel *m*.

par·a·pher·na·li·a [pærəfə'neiljə] *s. pl.* **1.** Zubehör *n*, *m*, Ausrüstung *f*, Uten'silien *pl.*, ‚Drum u. 'Dran' *n*; **2.** ⚖ Parapher'nalgut *n der Ehefrau*.

par·a·phrase ['pærəfreiz] **I.** *s.* Para'phrase *f* (*a.* ♪), Um'schreibung *f*; freie 'Wiedergabe, Interpretati'on *f*; **II.** *v/t. u. v/i.* um'schreiben, paraphrasieren (*a.* ♪), interpretieren, *e-n Text* frei 'wiedergeben.

par·a·plec·tic [pærə'plektik] *adj.* ⚕ para'plegisch; **par·a'ple·gi·a** [-'pli:dʒiə] *s.* Paraple'gie *f*, Querschnittslähmung *f*.

'par·a·psy'chol·o·gy *s.* 'Parapsycholoˌgie *f*.

par·a·sit·al [pærə'saitl] *adj.* para'sitisch; **par·a·site** ['pærəsait] *s.* **1.** *biol. u. fig.* Schma'rotzer *m*, Schädling *m*, Para'sit *m*; **2.** *ling.* para'sitischer Laut; **II.** *adj.* **3.** ⊕ schädlich, Stör...; **par·a'sit·ic** *adj.*; **par·a'sit·ic·al** [-'sitik(ə)l] *adj.* □ **1.** *biol.* para'sitisch (*a. ling.*), schma'rotzend; **2.** ⚕ parasitisch, parasi'tär; **3.** *fig.* schma'rotzerhaft, parasitisch; **4.** ⊕, ⚡ (*nur parasitic*) störend, parasitär: ~ *current* Fremdstrom; **par·a·sit·ism** ['pærəsaitizəm] *s.* Parasi'tismus *m* (*a.* ⚕), Schma'rotzertum *n*.

par·a·sol [pærə'sɔl] *s.* Sonnenschirm *m*.

par·a·suit ['pærəsju:t] *s.* ✈ 'Fallschirmkombinatiˌon *f*.

par·a·thy·roid (gland) ['pærə'θairɔid] *s. anat.* Nebenschilddrüse *f*.

'par·a·troop·er *s.* ⚔ Fallschirmjäger *m*; **'par·a·troops** *s. pl.* ⚔ Fallschirmtruppen *pl.*

par·a·ty·phoid (fe·ver) ['pærə'taifɔid] *s.* ⚕ 'Paratyphus *m*.

par·a·vane ['pærəvein] *s.* ⚓ Minenabweiser *m*, Ottergerät *n*.

par a·vi·on [paraˈvjɔ̃] (*Fr.*) *adv.* mit Luftpost.

par·boil [ˈpɑːbɔil] *v/t.* **1.** halb kochen, ankochen; **2.** ⊕ *Tuch* abbrühen; **3.** *fig.* überˈhitzen.

par·cel [ˈpɑːsl] **I.** *s.* **1.** Paˈket *n*, Päckchen *n*; Bündel *n*; *pl.* Stückgüter *pl.*: ~ *of shares* Aktienpaket; *to do up in* ~*s* einpacken; **2.** ✝ Posten *m*, Parˈtie *f*, Los *n* (*Ware*): *in* ~*s* in kleinen Posten, stück-, packweise; **3.** *contp.* Haufe(n) *m*; **4.** *a.* ~ *of land* Parˈzelle *f*; **II.** *v/t.* **5.** *mst* ~ *out* auf-, aus-, abteilen, *Land* parzellieren; **6.** *a.* ~ *up* einpacken, (ver)packen; ~ **of·fice** *s.* Gepäckabfertigung(sstelle) *f*; ~ **post** *s.* Paˈketpost *f*.

par·ce·nar·y [ˈpɑːsinəri] *s.* ⚖ Mitbesitz *m* (*durch Erbschaft*); **ˈpar·ce·ner** [-nə] *s.* Miterbe *m*.

parch [pɑːtʃ] **I.** *v/t.* **1.** rösten, dörren; **2.** ausdörren, -trocknen, (ver-)sengen: *to be* ~*ed with thirst* vor Durst verschmachten; **II.** *v/i.* **3.** ausdörren, rösten, schmoren; **4.** ~ *up* austrocknen; **ˈparch·ing** [-tʃiŋ] *adj.* **1.** brennend (*Durst*); **2.** sengend (*Hitze*); **ˈparch·ment** [-mənt] *s.* **1.** Pergaˈment *n*; **2.** *a.* *vegetable* ~ Pergaˈmentpaˌpier *n*; **3.** Pergaˈment(urkunde *f*) *n*, Urkunde *f*.

pard [pɑːd] *s.* *bsd. Am.* F Partner *m*, Freund *m*.

par·don [ˈpɑːdn] **I.** *v/t.* **1.** *j-m od. e-e Sache* verzeihen, *j-n od. et.* entschuldigen: ~ *me* Verzeihung!, entschuldigen Sie!, verzeihen Sie!; ~ *me for interrupting you* verzeihen *od.* entschuldigen Sie, wenn ich Sie unterbreche!; **2.** *Schuld* vergeben; **3.** *j-m* das Leben schenken, *j-m* die Strafe erlassen, *j-n* begnadigen; **II.** *s.* **4.** Verzeihung *f*: *a thousand* ~*s* ich bitte Sie tausendmal um Entschuldigung; *to beg* (*od. ask*) *s.o.'s* ~ j-n um Verzeihung bitten; (*I*) *beg your* ~ **a)** ich bitte Sie um Entschuldigung!, Verzeihung!, **b)** wie sagten Sie (doch eben)?, wie bitte?; **5.** Vergebung *f*; *R.C.* Ablaß *m*; ⚖ Begnadigung *f*, Straferlaß *m*: *general* ~ (allgemeine) Amnestie; **6.** Parˈdon *m*, Gnade *f*; **ˈpar·don·a·ble** [-nəbl] *adj.* □ verzeihlich (*Fehler*), läßlich (*Sünde*); **ˈpar·don·er** [-nə] *s. eccl. hist.* Ablaßkrämer *m*.

pare [pɛə] *v/t.* *Äpfel etc.* schälen; ⊕ *a.* (ab)schaben; *Fingernägel etc.* (be)schneiden: *to* ~ *down fig.* beschneiden, einschränken; → *claw 1 b*.

par·e·gor·ic [pæreˈgɔrik] *adj. u. s.* ⚕ schmerzstillend(es Mittel).

par·en·ceph·a·lon [pærenˈsefəlɔn] *s. anat.* Kleinhirn *n*.

pa·ren·chy·ma [pəˈreŋkimə] *s.* **1.** ⚘, *anat.* Parenˈchym *n*; **2.** ⚕ ˈTumorgewebe *n*.

par·ent [ˈpɛərənt] **I.** *s.* **1.** *pl.* Eltern *pl.*; **2.** *a.* ⚖ Elternteil *m*; **3.** Vorfahr *m*; **4.** *biol.* Elter *m*; **5.** *fig.* Ursache *f*: *the* ~ *of vice* aller Laster Anfang; **II.** *adj.* **6.** *biol.* Stamm..., Mutter...: ~ *cell* Mutterzelle; **7.** ursprünglich, Ur...: ~ *form* Urform; **8.** *fig.* Mutter..., Stamm...: ~ *company* (*od. establishment*) ✝ Stammhaus, Muttergesellschaft; ~ *material* Urstoff, *geol.* Ausgangsgestein; ~ *organization* Dachorganisation; ~ *rock geol.* Urgestein; ~ *ship* ⚓ Mutterschiff; **ˈpar·ent·age** [-tidʒ] *s.* **1.** Abkunft *f*, Abstammung *f*, Faˈmilie *f*; **2.** Elternschaft *f*; **3.** *fig.* Urheberschaft *f*; **pa·ren·tal** [pəˈrentl] *adj.* □ elterlich, Eltern...: ~ *authority* ⚖ elterliche Gewalt.

pa·ren·the·sis [pəˈrenθisis] *pl.* **-the·ses** [-siːz] *s.* **1.** *ling.* Parenˈthese *f*, Einschaltung *f*: *by way of* ~ *fig.* beiläufig; **2.** *mst pl. typ.* (runde) Klammer(n *pl.*): *to put in parentheses* einklammern; **paˈren·the·size** [-saiz] *v/t.* **1.** einschalten, einflechten; **2.** *typ.* einklammern; **par·en·thet·ic** *adj.*; **par·en·thet·i·cal** [pærənˈθetik(əl)] *adj.* □ **1.** parenˈthetisch, eingeschaltet; *fig.* beiläufig; **2.** eingeklammert.

par·ent·less [ˈpɛərəntlis] *adj.* elternlos.

pa·re·sis [ˈpærisis] *s.* ⚕ **1.** Paˈrese *f*; **2.** *oft general* ~ progresˈsive Paraˈlyse.

par·get [ˈpɑːdʒit] **I.** *s.* **1.** Gips(stein) *m*; **2.** Verputz *m*; **3.** Stuck *m*; **II.** *v/t.* **4.** verputzen; **5.** mit Stuck verzieren.

par·he·li·on [pɑːˈhiːljən] *pl.* **-li·a** [-ljə] *s.* Nebensonne *f*.

pa·ri·ah [ˈpæriə] *s.* Paria *m* (*a. fig. Ausgestoßener*).

pa·ri·e·tal [pəˈraiitl] **I.** *adj. anat.* parieˈtal: **a)** (*a.* ⚘, *biol.*) wandständig, Wand..., **b)** seitlich, **c)** Scheitel(bein)...; **II.** *s. a.* ~ *bone* Scheitelbein *n*.

par·ing [ˈpɛəriŋ] *s.* **1.** Schälen *n*, Abschaben *n*, (Be)Schneiden *n*, Stutzen *n*; **2.** *pl.* Schalen *pl.*, Abfall *m*: *potato* ~*s*; **3.** *pl.* ⊕ Späne *pl.*, Schabsel *pl.*, Schnitzel *pl.*; ~ **knife** *s.* **1.** Schälmesser *n* (*für Obst etc.*); **2.** Beschneidmesser *n* (*Buchbinder*); **3.** Wirkmesser *n* (*Hufschmied*); **4.** Schustermesser *n*.

Par·is [ˈpæris] *adj.* Paˈriser; ~ **blue** *s.* Paˈriser *od.* Berˈliner Blau *n*; ~ **green** *s.* Paˈriser *od.* Schweinfurter Grün *n* (*Farbe u. Insektizid*).

par·ish [ˈpæriʃ] **I.** *s.* **1.** *eccl.* **a)** Kirchspiel *n*, Pfarrbezirk *m*, **b)** Gemeinde *f* (*a. coll.*); **2.** *a. civil* (*od. poor-law*) ~ *pol. Brit.* (poˈlitische) Gemeinde: *to go* (*od. be*) *on the* ~ der Gemeinde zur Last fallen; **II.** *adj.* **3.** Kirchen..., Pfarr...: ~ *church* Pfarrkirche; ~ *clerk* Küster; ~ *register* Kirchenbuch; **4.** *pol.* Gemeinde...: ~ *council* Gemeinderat; ~*-pump politics* Kirchturmpolitik; **pa·rish·ion·er** [pəˈriʃənə] *s.* Pfarrkind *n*, Gemeindeglied *n*.

Pa·ri·sian [pəˈrizjən] **I.** *s.* Paˈriser(in); **II.** *adj.* Paˈriser.

par·i·syl·lab·ic [ˈpærisiˈlæbik] *ling.* **I.** *adj.* parisylˈlabisch, gleichsilbig; **II.** *s.* Pariˈsyllabum *n*.

par·i·ty [ˈpæriti] *s.* **1.** Gleichheit *f*; gleichberechtigte Stellung; **2.** ✝ **a)** Pariˈtät *f*, **b)** ˈUmrechnungskurs *m*: *at the* ~ *of* zum Umrechnungskurs von; ~ *clause* Paritätsklausel; ~ *price* Parikurs.

park [pɑːk] **I.** *s.* **1.** Park *m*, (Park-)Anlagen *pl.*; **2.** Naˈturschutzgebiet *n*, Park *m*: *national* ~; **3.** *bsd.* ⚔ (Geschütz-, Fahrzeug- *etc.*)Park *m*; **4.** *mst car* ~ *mot.* Parkplatz *m*; **II.** *v/t.* **5.** *mot. etc.* parken, ab-, aufstellen; F *et.* abstellen, *wo* lassen: *to* ~ *o.s.* sich setzen; **III.** *v/i.* **6.** parken.

par·ka [ˈpɑːkə] *s.* Anorak *m*; ⚔ Schneehemd *n*.

ˈpark-and-ˈride sys·tem *s.* ˈPark-and-ˈride-Syˌstem *n*.

park·ing [ˈpɑːkiŋ] *s. mot.* **1.** Parken *n*; **2.** Parkplatz *m*, -fläche *f*: *there is ample* ~ *available* es stehen genügend Parkplätze zur Verfügung; ~ **brake** *s.* Feststellbremse *f*; ~ **garage** *s.* Parkhaus *n*; ~ **light** *s.* Standlicht *n*; ~ **lot** *s. Am.* Parkplatz *m*, -fläche *f*; ~ **me·ter** *s.* Park(zeit)uhr *f*; ˈ~**-space** *s.* Parkplatz *m*, -lücke *f*; ~ **tick·et** *s.* gebührenpflichtige Verwarnung wegen Falschparkens.

par·lance [ˈpɑːləns] *s.* Ausdrucksweise *f*, Sprache *f*: *in common* ~ auf gut deutsch; *in legal* ~ in der Rechtsˌsprache.

par·lay [ˈpɑːli] *Am.* **I.** *v/t.* **1.** *Wett-, Spielgewinn* wieder einsetzen; **2.** *fig.* aus *j-m od. et.* Kapiˈtal schlagen; **3.** erweitern, ausbauen (*into* zu); **II.** *v/i.* **4.** e-n Spielgewinn wieder einsetzen; **III.** *s.* **5.** erneuter Einsatz e-s Gewinns; **6.** Auswertung *f*; **7.** Ausweitung *f*, Ausbau *m*.

par·ley [ˈpɑːli] **I.** *s.* **1.** Unterˈredung *f*, Verhandlung *f*, Konfeˈrenz *f*; **2.** ⚔ (Waffenstillstands)Verhandlung(en *pl.*) *f*, Unterˈhandlung *f*; **II.** *v/i.* **3.** sich besprechen (*with* mit); **4.** ⚔ unterˈhandeln; **III.** *v/t.* **5.** *bsd. humor.* parlieren: *to* ~ *French*.

par·lia·ment [ˈpɑːləmənt] *s.* Parlaˈment *n*: *to enter* (*od. get into od. go into*) ≗ ins Parlament gewählt werden; *Member of* ≗ *Brit.* Mitglied des Unterhauses, Abgeordnete(r *m*) *f*; **par·lia·men·tar·i·an** [pɑːləmenˈtɛəriən] *pol.* **I.** *s.* (erfahrener) Parlamenˈtarier; **II.** *adj.* → *parliamentary*; **par·lia·men·ta·rism** [pɑːləˈmentərizəm] *s.* parlamenˈtarisches Syˈstem, Parlamentaˈrismus *m*; **par·lia·men·ta·ry** [pɑːləˈmentəri] *adj.* **1.** parlamentarisch, Parlaments...: ~ *group* (*od. party*) Fraktion; ~ *party leader Brit.* Fraktionsvorsitzende(r); **2.** *fig.* höflich (*Sprache*).

par·lo(u)r [ˈpɑːlə] **I.** *s.* **1.** Wohnzimmer *n*; **2.** Besuchszimmer *n*, gute Stube, Saˈlon *m*; **3.** Empfangs-, Sprechzimmer *n*; **4.** Klub-, Gesellschaftszimmer *n* (*Gasthaus*); **5.** *bsd. Am.* Geschäftsraum *m*, Saˈlon *m*: *beauty* ~ *a. Brit.* Schönheitssalon; **II.** *adj.* **6.** Wohnzimmer...: ~ *furniture*; **7.** *fig.* Salon...: ~ *radical*, *Am.* ~ *red pol.* Salonbolschewist; ~ **car** *s.* 🚃 *Am.* Saˈlonwagen *m*; ~ **game** *s.* Gesellschaftsspiel *n*; ˈ~**-maid** *s.* Stubenmädchen *n*.

par·lous [ˈpɑːləs] *adj.* **1.** F furchtbar, schlimm; **2.** *obs.* gefährlich.

Par·me·san cheese [pɑːmiˈzæn] *s.* Parmeˈsankäse *m*.

pa·ro·chi·al [pəˈroukjəl] *adj.* □ **1.** parochiˈal, Pfarr..., Gemeinde...: ~ *church council* Kirchenvorstand; ~ *school Am.* Konfessionsschule; **2.** *fig.* beschränkt, eng(stirnig): ~ *politics* Kirchturmpolitik; **paˈro·chi·al·ism** [-lizəm] *s.* **1.** Parochi-

ˈalsyˌstem *n*; **2.** *fig.* Beschränktheit *f*, Spießigkeit *f*.

par·o·dist [ˈpærədist] *s.* Paroˈdist (-in); **par·o·dy** [ˈpærədi] **I.** *s.* Paroˈdie *f* (*of* auf *acc.*), Parodierung *f*; *fig.* Entstellung *f*, Verzerrung *f*; **II.** *v/t.* parodieren.

pa·rol [pəˈroul] *adj.* ⚖ **a)** (bloß) mündlich, **b)** unbeglaubigt, ungesiegelt: *~ contract* formloser (*mündlicher od. schriftlicher*) Vertrag; *~ evidence* Zeugenbeweis.

pa·role [pəˈroul] **I.** *s.* **1.** ⚖ bedingte Haftentlassung *od.* Strafaussetzung: *to put s.o. on ~* j-n bedingt entlassen, j-s Strafe bedingt aussetzen; *~ officer Am.* Bewährungshelfer; **2.** *a. ~ of hono(u)r bsd.* ⚔ Ehrenwort *n*: *on ~* auf Ehrenwort; **3.** ⚔ Paˈrole *f*, Kennwort *n*; **II.** *v/t. Am.* **4.** bedingt (aus der Haft) entlassen; **pa·rol·ee** [pərouˈliː] *s.* ⚖ *Am.* bedingt Entlassene(r *m*) *f*.

par·o·nym [ˈpærənim] *s. ling.* **1.** Paroˈnym *n*, Wortableitung *f*; **2.** ˈLehnüberˌsetzung *f*; **pa·ron·y·mous** [pəˈrɔniməs] *adj.* □ **1.** (stamm)verwandt (*Wort*); **2.** ˈlehnüberˌsetzt (*Wort*).

par·o·quet [ˈpærəket] → *parakeet.*

pa·rot·id [pəˈrɔtid] *s. a. ~ gland anat.* Ohrspeicheldrüse *f*.

par·ox·ysm [ˈpærəksizəm] *s.* ⚕ Paroˈxysmus *m*, Krampf *m*, Anfall *m* (*a. fig.*): *~ of laughing* Lachkrampf; *~s of rage* Wutanfall; **par·ox·ys·mal** [pærəkˈsizməl] *adj.* krampfartig.

par·quet [ˈpɑːkei] **I.** *s.* **1.** Parˈkett (-fußboden *m*) *n*; **2.** *thea. bsd. Am.* Parˈkett *n*; **II.** *v/t.* **3.** parkettieren; ˈ**par·quet·ry** [-kitri] *s.* Parˈkett (-arbeit *f*) *n*, Täfelung *f*.

par·ri·cid·al [pæriˈsaidl] *adj.* **1.** vater-, muttermörderisch; **2.** (landes)verräterisch; **par·ri·cide** [ˈpærisaid] *s.* **1.** Vater-, Muttermörder(in); **2.** Vater-, Muttermord *m*; **3.** Landesverrat *m*.

par·rot [ˈpærət] **I.** *s. orn.* Papaˈgei *m*; *fig. a.* Nachschwätzer(in); **II.** *v/t.* nachplappern; ˈ**~-disˈease**, ˈ**~-fe·ver** *s.* ⚕ Papaˈgeienkrankheit *f*.

par·ry [ˈpæri] **I.** *v/t. Stöße, Schläge, Fragen etc.* parieren, abwehren (*beide a. v/i.*); **II.** *s. fenc. etc.* Paˈrade *f*, Abwehr *f*.

parse [pɑːz] *v/t. ling. Satz* gramˈmatisch zergliedern, *Satzteil* bestimmen, *Wort* grammatisch definieren.

par·sec [ˈpɑːsek] *s. ast.* Parsek *n*, Sternweite *f*.

par·si·mo·ni·ous [pɑːsiˈmounjəs] *adj.* □ **1.** sparsam, karg, knauserig (*of* mit); **2.** armselig, kärglich; **par·siˈmo·ni·ous·ness** [-nis], **par·si·mo·ny** [ˈpɑːsiməni] *s.* Sparsamkeit *f*, Kargheit *f*, Knauserigkeit *f*.

pars·ley [ˈpɑːsli] *s.* ♀ Peterˈsilie *f*.

pars·nip [ˈpɑːsnip] *s.* ♀ Pastinak *m*, Pastiˈnake *f*.

par·son [ˈpɑːsn] *s.* Pastor *m*, Pfarrer *m*; F *contp.* Pfaffe *m*: *~'s nose* Bürzel (*Gans etc.*); ˈ**par·son·age** [-nidʒ] *s.* Pfarˈrei *f*; Pfarrhaus *n*.

part [pɑːt] **I.** *s.* **1.** Teil *m*, *n*, Stück *n*: *~ by volume (weight) phys.* Raum- (Gewichts)teil; *~ of speech ling.* Redeteil, Wortklasse; *in ~* teilweise; *payment in ~* Abschlagszahlung; *to be ~ and parcel of* e-n wesentlichen Bestandteil bilden von (*od. gen.*); **2.** 𝄞 Bruchteil *m*: *three ~s* drei Viertel; **3.** ⊕ (Bau-, Einzel)Teil *n*: *~s list* Ersatzteil-, Stückliste; **4.** ✝ Lieferung *f e-s Buches*; **5.** (Körper)Teil *m*, Glied *n*: *soft ~* Weichteil; *the (privy) ~s* die Geschlechtsteile; **6.** Anteil *m* (*of, in* an *dat.*): *to have a ~ in* teilhaben an (*dat.*); *to have neither ~ nor lot in* nicht das geringste mit *et.* zu tun haben; *to take ~ (in)* teilnehmen (an *dat.*); **7.** *fig.* Teil *m*, Seite *f*: *the most ~* die Mehrheit, das Meiste *von et.*; *for my ~* ich für mein(en) Teil; *for the most ~* meistens, größtenteils; *on the ~ of* von seiten, seitens (*gen.*); *to take in good (bad) ~ et.* gut (übel) aufnehmen; **8.** Seite *f*, Parˈtei *f*: *he took my ~* er ergriff m-e Partei; **9.** Pflicht *f*: *to do one's ~* das Seinige *od.* s-e Schuldigkeit tun; **10.** *thea.* Rolle *f* (*a. fig.*): *to act (od. a. fig. play) a ~* e-e Rolle spielen; **11.** ♪ Sing- *od.* Instrumenˈtalstimme *f*, Parˈtie *f*: *for (od. in od. of) several ~s* mehrstimmig; **12.** *pl.* (geistige) Fähigkeiten *pl.*, Taˈlent *n*: *a man of ~s* ein fähiger Kopf; **13.** *oft pl.* Gegend *f*, Teil *m e-s Landes, der Erde*: *in these ~s* hierzulande; *in foreign ~s* im Ausland; **14.** *Am.* (Haar)Scheitel *m*; **II.** *v/t.* **15.** teilen, ab-, ein-, zerteilen; trennen (*from* von); **16.** *Streitende* trennen, *Metalle* scheiden, *Haar* scheiteln; **III.** *v/i.* **17.** auseinˈandergehen, sich lösen, zerreißen, brechen (*a.* ⚓); **18.** auseinˈandergehen, sich trennen (*Menschen, Wege etc.*): *to ~ friends* als Freunde auseinandergehen; **19.** *~ with et.* aufgeben, fahren lassen, verlieren, verkaufen, *j-n* entlassen: *to ~ with one's money* F mit dem Geld herausrücken; **IV.** *adj.* **20.** Teil...: *~ damage* Teilschaden; *~ delivery* Teillieferung; **V.** *adv.* **21.** teilweise, zum Teil: *made ~ of iron, ~ of wood* teils aus Eisen, teils aus Holz.

part- [pɑːt] *in Zssgn* teilweise, zum Teil: *~-done* zum Teil erledigt; *to accept s.th. in ~-exchange* et. in Zahlung nehmen; *~-finished* halbfertig; *~-opened* ein Stück geöffnet.

par·take [pɑːˈteik] **I.** *v/i.* [*irr.* → *take*] **1.** teilnehmen, -haben (*in, of* an *dat.*); **2.** (*of*) et. an sich haben (von), et. teilen (mit): *his manner ~s of insolence* es ist et. Unverschämtes in s-m Benehmen; **3.** (*of*) mitessen, genießen, *j-s Mahlzeit* teilen; *Mahlzeit* einnehmen; **II.** *v/t.* [*irr.* → *take*] **4.** teilen, teilhaben (an *dat.*); **parˈtak·er** [-kə] *s.* Teilnehmer(in) (*of* an *dat.*).

par·terre [pɑːˈtɛə] *s.* **1.** Blumenbeet *n*; **2.** *thea.* Parˈterre *n*.

par·the·no·gen·e·sis [ˈpɑːθinouˈdʒenisis] *s.* Parthenogeˈnese *f*: **a)** ♀ Jungfernfrüchtigkeit *f*, **b)** *zo.* Jungfernzeugung *f*, **c)** *eccl.* Jungfrauengeburt *f*.

Par·thi·an [ˈpɑːθjən] *adj.* parthisch: *~ shot fig.* letztes boshaftes Wort.

par·tial [ˈpɑːʃəl] *adj.* □ → *partially*; **1.** teilweise, partiˈell, Teil...: *~ acceptance* ✝ Teilakzept; *~ eclipse ast.* partielle Finsternis; *~ payment* Teilzahlung; *~ view* Teilansicht; **2.** parˈteiisch, eingenommen (*to* für), einseitig: *to be ~ to s.th.* e-e besondere Vorliebe haben für et.; **par·ti·al·i·ty** [pɑːʃiˈæliti] *s.* **1.** Parˈteilichkeit *f*, Voreingenommenheit *f*; **2.** Vorliebe *f* (*to, for* für); ˈ**par·tial·ly** [-ʃəli] *adv.* teilweise, zum Teil.

par·tic·i·pant [pɑːˈtisipənt] *s.* Teilnehmer(in); **par·tic·i·pate** [pɑːˈtisipeit] *v/i.* teilhaben, -nehmen, sich beteiligen (*in* an *dat.*); beteiligt sein (an *dat.*); ✝ am Gewinn beteiligt sein; **parˈtic·i·pat·ing** [-peitiŋ] *adj.* **1.** ✝ gewinnberechtigt, mit Gewinnbeteiligung (*Versicherungspolice etc.*): *~ share* dividendenberechtigte Aktie; *~ rights* Gewinnbeteiligungsrechte; **2.** (mit)beteiligt (*Person*); **par·tic·i·pa·tion** [pɑːtisiˈpeiʃən] *s.* **1.** Teilnahme *f*, Beteiligung *f*, Mitwirkung *f*; **2.** ✝ Teilhaberschaft *f*, (Gewinn)Beteiligung *f*; **parˈtic·i·pa·tor** [-peitə] *s.* Teilnehmer(in) (*in* an *dat.*).

par·ti·cip·i·al [pɑːtiˈsipiəl] *adj.* □ *ling.* partizipiˈal; **par·ti·ci·ple** [ˈpɑːtisipl] *s. ling.* Partiˈzip(ium) *n*, Mittelwort *n*.

par·ti·cle [ˈpɑːtikl] *s.* **1.** Teilchen *n*, Stückchen *n*; *phys.* Parˈtikel *f*, (Stoff-, Masse)Teilchen *n*; **2.** *fig.* Fünkchen *n*, Spur *f*: *not a ~ of truth in it* nicht ein wahres Wort daran; **3.** *ling.* Parˈtikel *f*.

par·ti·col·o(u)red [ˈpɑːtikʌləd] *adj.* bunt, verschiedenfarbig.

par·tic·u·lar [pəˈtikjulə] **I.** *adj.* □ → *particularly*; **1.** besonder, einzeln, speziˈell, Sonder...: *~ average* ✝ kleine (besondere) Havarie; *for no ~ reason* aus keinem besonderen Grund; *this ~ case* dieser spezielle Fall; **2.** individuˈell, ausgeprägt; **3.** ausführlich; ˈumständlich; **4.** peinlich, genau, eigen: *to be ~ about* es genau nehmen mit, Wert legen auf (*acc.*); **5.** wählerisch (*in, about, as to* in *dat.*); **6.** eigentümlich, sonderbar; **II.** *s.* **7.** Einzelheit *f*, besonderer ˈUmstand; *pl.* nähere Umstände *od.* Angaben *pl.*, *das* Nähere: *in ~* insbesondere; *to enter into ~s* sich auf Einzelheiten einlassen; *further ~s from* Näheres (erfährt man) bei; **8.** Persoˈnalien *pl.*, Angaben *pl. zur Person*; **parˈtic·u·lar·ism** [-ərizəm] *s. pol.* Partikulaˈrismus *m*, ˌKleinstaateˈrei *f*; ˈSonderinterˌesse *n*; **par·tic·u·lar·i·ty** [pətikjuˈlæriti] *s.* **1.** Besonderheit *f*, eigentümliche Beschaffenheit; **2.** besonderer ˈUmstand, Einzelheit *f*; **3.** Ausführlichkeit *f*; **4.** Genauigkeit *f*, Eigenheit *f*, Peinlichkeit *f*; **par·tic·u·lar·i·za·tion** [pətikjuləraiˈzeiʃən] *s.* Detaillierung *f*, Spezifizierung *f*; **parˈtic·u·lar·ize** [-əraiz] **I.** *v/t.* spezifizieren, einzeln *od.* ˈumständlich anführen, ausführlich angeben; **II.** *v/i.* ins einzelne gehen; **parˈtic·u·lar·ly** [-li] *adv.* **1.** besonders, im besonderen, insbesondere: *not ~* nicht sonderlich; (*more*) *~ as* um so mehr als, zumal; **2.** ungewöhnlich, besonders.

part·ing [ˈpɑːtiŋ] **I.** *adj.* **1.** Scheide..., Abschieds...: *~ kiss*; *~ breath* letzter Atemzug; **2.** trennend, abteilend: *~ tool* ⊕ Einstichstahl; *~*

wall Trennwand; **II.** *s.* **3.** Abschied *m*, Scheiden *n*, Trennung *f* (*with* von); *fig.* Tod *m*; **4.** Trennlinie *f*, (Haar)Scheitel *m*: ~ *of the ways* Weggabelung, *fig.* Scheideweg; **5.** ⚗, *phys.* Scheidung *f*: ~ *silver* Scheidesilber; **6.** ⊕ *Gießerei*: **a)** *a.* ~ *sand* Streusand *m*, trockener Formsand, **b)** *a.* ~ *line* Teilfuge *f* (*Gußform*); **7.** ⚓ Bruch *m*, Reißen *n*.

par·ti·san¹ ['pɑːtizn] *s.* ⚔ *hist.* Parti'sane *f*, Helle'barde *f*.

par·ti·san² [pɑːti'zæn] **I.** *s.* **1.** Par'teigänger(in), -genosse *m*, -genossin *f*; **2.** ⚔ Parti'san *m*, Freischärler *m*; **II.** *adj.* **3.** Partei...: ~ *spirit* Parteigeist; **par·ti'san·ship** [-ʃip] *s.* **1.** *pl.* Par'teigängertum *n*; **2.** *fig.* Par'tei-, Vetternwirtschaft *f*.

par·tite ['pɑːtait] *adj.* **1.** geteilt (*a.* ♀); **2.** *in Zssgn* ...teilig.

par·ti·tion [pɑː'tiʃən] **I.** *s.* **1.** (Auf-, Ver)Teilung *f*; **2.** ⚖ ('Erb)Ausein,andersetzung *f*; **3.** Trennung *f*, Absonderung *f*; **4.** Scheide-, Querwand *f*, Fach *n* (*Schrank etc.*); (Bretter)Verschlag *m*: ~ *wall* Zwischenwand; **II.** *v/t.* **5.** (auf-, ver)teilen; **6.** *Erbschaft* ausein'andersetzen; **7.** *mst* ~ *off* abteilen, -fachen; **par·ti·tive** ['pɑːtitiv] **I.** *adj.* teilend, Teil...; *ling.* parti'tiv: ~ *genitive*; **II.** *s. ling.* Parti'tivum *n*.

part·ly ['pɑːtli] *adv.* zum Teil, teilweise, teils: ~ ..., ~ ... teils ..., teils ...

part·ner ['pɑːtnə] **I.** *s.* **1.** *allg.* (*a. sport*, *a.* Tanz)Partner(in); **2.** ♰ Gesellschafter *m*, (Geschäfts)Teilhaber (-in), 'Kompagnon *m*: *general* ~ (unbeschränkt) haftender Gesellschafter, Komplementär; → *limited l*; *special* ~ *Am.* Kommanditist; **3.** 'Lebenskame,rad(in), Gatte *m*, Gattin *f*; **II.** *v/t.* **4.** zs.-bringen, -tun; **5.** sich zs.-tun, sich assoziieren (*with* mit *j-m*): *to be* ~*ed with j-n* zum Partner haben; **'part·ner·ship** [-ʃip] *s.* **1.** Teilhaberschaft *f*, Partnerschaft *f*, Mitbeteiligung *f* (*in* an *dat.*); **2.** ♰ **a)** Handelsgesellschaft *f*, **b)** Perso'nalgesellschaft *f*: *general od. ordinary* ~ Offene Handelsgesellschaft; → *limited l*; *special* ~ *Am.* Kommanditgesellschaft; *deed of* ~ Gesellschaftsvertrag; *to enter into a* ~ *with* → *partner 5*.

'part|-own·er *s.* **1.** Miteigentümer (-in); **2.** ⚓ Mitreeder *m*; **'~-pay·ment** *s.* Teil-, Abschlagszahlung *f*.

par·tridge ['pɑːtridʒ] *pl.* **partridge** *u.* **par·tridg·es** *s. orn.* Rebhuhn *n*.

'part|-sing·ing *s.* ♪ mehrstimmiger Gesang; **'~-time** *adj.* **1.** nicht vollzeitlich; **2.** ♰ nicht ganztägig beschäftigt, Teilzeit..., Halbtags...: ~ *employee*; **'~-tim·er** *s.* Teilzeitbeschäftigte(r *m*) *f*.

par·tu·ri·ent [pɑː'tjuəriənt] *adj.* **1.** gebärend, kreißend; **2.** *fig.* (*mit e-r Idee*) schwanger; **par·tu·ri·tion** [pɑːtjuə'riʃən] *s.* Gebären *n*.

par·ty ['pɑːti] *s.* **1.** *pol.* Par'tei *f*: ~ *boss* Parteibonze; ~ *spirit* Parteigeist; → *whip 4a*; **2.** Par'tie *f*, Gesellschaft *f*: *hunting* ~; *to make one of the* ~ sich anschließen, mitmachen; **3.** ⚔ Trupp *m*, Kom'mando *n*; **4.** Einladung *f*, Party *f*, Gesellschaft *f*: *to give a* ~; **5.** ⚖ (Pro'zeß- *etc.*)Par,tei *f*: *contracting* ~, ~ *to a contract* Vertragspartei, Kontrahent; *a third* ~ ein Dritter; **6.** Teilhaber(in), -nehmer(in), Beteiligte(r *m*) *f*: *to be a* ~ *to* beteiligt sein an, *et.* mitmachen; *the parties concerned* die Beteiligten; **7.** F Per'son *f*, ‚Indi'viduum' *n*; ~ **line** *s.* **1.** *teleph.* Gemeinschaftsanschluß *m*; **2.** *pol.* Par'tei,linie *f*, -direk,tive *f*: *to follow the* ~ *parl.* linientreu sein; *voting was on* ~*s* bei der Abstimmung herrschte Fraktionszwang; ~ **lin·er** *s. Am.* Linientreue(r *m*) *f*; ~ **sta·tus** *s.* Par'tei,zugehörigkeit *f*; ~ **tick·et** *s.* **1.** Gruppenfahrkarte *f*; **2.** *pol. Am.* Kandi'datenliste *f e-r Partei*.

par·ve·nu ['pɑːvənjuː; parvəny] (*Fr.*) *s.* Em'porkömmling *m*, Parve'nü *m*.

pas·chal ['pɑːskəl] *eccl. adj.* Oster..., Passah...

pa·sha ['pɑːʃə] *s.* Pascha *m*.

pasque-flow·er ['pæskflauə] *s.* ♀ Küchenschelle *f*.

pas·quin·ade [pæskwi'neid] *s.* Schmähschrift *f*.

pass¹ [pɑːs] *s.* **1.** (Eng)Paß *m*, Zugang *m*, 'Durchgang *m*, -fahrt *f*, Weg *m*: *to hold the* ~ die Stellung halten (*a. fig.*); *to sell the* ~ *fig.* alles verraten; **2.** Joch *n*, Sattel *m* (*Berg*); **3.** schiffbarer Ka'nal; **4.** Fischgang *m* (*Schleuse etc.*).

pass² [pɑːs] **I.** *s.* **1.** (Reise)Paß *m*; (Perso'nal)Ausweis *m*; Passierschein *m*; 🚂, *thea. a. free* ~ Frei-, Dauerkarte *f*; **2.** ⚔ **a)** Urlaubschein *m*, **b)** Kurzurlaub *m*: *to be on* ~ auf (Kurz)Urlaub sein; **3. a)** Bestehen *n*, 'Durchkommen *n im Examen etc.*, **b)** bestandenes Examen, **c)** Note *f*, Zeugnis *n*, **d)** *univ. Brit.* gewöhnlicher Grad; **4.** ♰, ⊕ Abnahme *f*, Genehmigung *f*; **5.** Bestreichung *f*, Strich *m beim Hypnotisieren etc.*; **6.** *Maltechnik*: Strich *m*; **7.** (Hand-) Bewegung *f*, (Zauber)Trick *m*; **8.** *Fußball etc.*: Paß *m*, (Ball)Abgabe *f*, Vorlage *f*: ~ *back* Rückgabe; *low* ~ Flachpaß; **9.** *fenc.* Ausfall *m*, Stoß *m*; **10.** *sl.* Annäherungsversuch *m*, *amouröse* Zudringlichkeit: *to make a* ~ *at e-r Frau gegenüber* zudringlich werden; **11.** *fig.* **a)** Zustand *m*, **b)** kritische Lage: *a pretty* ~ F e-e ‚schöne Geschichte'; *to be at a desperate* ~ hoffnungslos sein; *things have come to such a* ~ die Dinge haben sich derart zugespitzt; **12.** ⊕ Arbeitsgang *m* (*Werkzeugmaschine*); **13.** ⊕ (Schweiß)Lage *f*; **14.** *Walzwesen*: **a)** Gang *m*, **b)** Zug *m*; **15.** ⚡ Paß *m* (*frequenzabhängiger Vierpol*); **II.** *v/t.* **16.** *et.* passieren, vor'bei-, vor'übergehen, -fahren, -fließen, -kommen, -reiten, -ziehen an (*dat.*); **17.** über'holen (*a. mot.*), vor'beilaufen, -fahren an (*dat.*); **18.** durch-, über'schreiten, passieren, durch'gehen, -'reisen *etc.*: *to* ~ *s.o.'s lips* über j-s Lippen kommen; **19.** über'steigen, -'treffen, hin'ausgehen über (*acc.*) (*a. fig.*): *it* ~*es my comprehension* es geht über m-n Verstand; **20.** *fig.* über'gehen, -'springen, keine No'tiz nehmen von; ♰ *e-e Dividende* ausfallen lassen; **21.** *durch et.* hin'durchleiten, -führen (*a.* ⊕), gleiten lassen: *to* ~ (*through a sieve*) durch ein Sieb passieren, durchseihen; *to* ~ *one's hand over* mit der Hand über *et.* fahren; **22.** *Gegenstand* reichen, (*a.* ⚖ *Falschgeld*) weitergeben; *Geld* in 'Umlauf setzen; (über)'senden, (*a. Funkspruch*) befördern; *sport Ball* abspielen: *to* ~ *the chair* (*to*) den Vorsitz abgeben (an *j-n*); *to* ~ *the hat* (*round Brit.*) e-e Sammlung veranstalten (*for* für *j-n*); *to* ~ *the time of day* guten Tag *etc.* sagen, grüßen; *to* ~ *to s.o.'s account* j-m *e-n Betrag* in Rechnung stellen; *to* ~ *to s.o.'s credit* j-m gutschreiben; → *word 5*; **23.** *Türschloß* öffnen; **24.** vor'bei-, 'durchlassen, passieren lassen; **25.** *fig.* anerkennen, gelten lassen, genehmigen; **26.** ⚕ **a)** *Eiter*, *Nierenstein etc.* ausscheiden, **b)** *Eingeweide* entleeren, *Wasser* lassen; **27.** *Zeit* verbringen, -leben, -treiben; **28.** *parl. etc.* **a)** *Vorschlag* 'durchbringen, -setzen, **b)** *Gesetz* verabschieden, ergehen lassen, **c)** *Resolution* annehmen; **29.** rechtskräftig machen; **30.** ⚖ *Eigentum*, *Rechtstitel* über'tragen, *letztwillig* zukommen lassen; **31. a)** *Examen* bestehen, **b)** *Prüfling* bestehen lassen, 'durchkommen lassen; **32.** *Urteil* äußern, *s-e Meinung* aussprechen (*upon* über *acc.*), *Bemerkung* fallenlassen, *Kompliment* machen: *to* ~ *criticism on* Kritik üben an (*dat.*); → *sentence 2 a*; **III.** *v/i.* **33.** sich fortbewegen, von e-m Ort zum andern gehen *od.* fahren *od.* ziehen *etc.*; **34.** vor'bei-, vor'übergehen *etc.* (*by* an *dat.*); **35.** 'durchgehen, passieren (*a. Linie*): *it just* ~*ed through my mind fig.* es ging mir eben durch den Kopf; **36.** ⚕ abgehen, abgeführt werden; **37.** 'durchkommen: **a)** ein Hindernis *etc.* bewältigen, **b)** (e-e Prüfung) bestehen; **38.** her'umgereicht werden, von Hand zu Hand gehen, her'umgehen; im 'Umlauf sein: *harsh words* ~*ed between them* es fielen harte Worte bei ihrer Auseinandersetzung; **39.** *sport* passen (*a. Kartenspiel*), (den Ball) zuspielen *od.* abgeben; **40.** *fenc.* ausfallen; **41.** 'übergehen (*from ...* [*in-*] *to* von ... zu), werden (*into* zu); **42.** *in andere Hände* 'übergehen, über'tragen werden (*Eigentum*); fallen (*to* an *Erben etc.*); *unter j-s Aufsicht* kommen, geraten; **43.** an-, hin-, 'durchgehen, leidlich sein, unbeanstandet bleiben, geduldet werden: *let that* ~ reden wir nicht mehr davon; **44.** *parl. etc.* 'durchgehen, bewilligt *od.* zum Gesetz erhoben werden, Rechtskraft erlangen; **45.** gangbar sein, Geltung finden (*Ideen*, *Grundsätze*); **46.** angesehen werden, gelten (*for*, *as* als); **47.** urteilen, entscheiden (*upon* über *acc.*); ⚖ *a.* gefällt werden (*Urteil*); **48.** vergehen (*a. Schmerz etc.*), verstreichen (*Zeit*); endigen; sterben: *fashions* ~ Moden kommen u. gehen; **49.** sich zutragen *od.* abspielen, passieren: *what* ~*ed between you and him?*; *to bring to* ~ bewirken; *it came to* ~ *that bibl.* es begab sich, daß; *Zssgn mit prp.*:

pass| be·yond *v/t.* hin'ausgehen über (*acc.*) (*a. fig.*); ~ **by** *v/t.* **1.** vor'bei-, vor'übergehen an (*dat.*); **2.**

et. od. j-n über'gehen (*in silence* stillschweigend); **3.** unter *dem Namen* ... bekannt sein; ~ **in·to I.** *v/t.* **1.** *et.* einführen in (*acc.*); **II.** *v/i.* **2.** (hin'ein)gehen *etc.* in (*acc.*); **3.** führen *od.* leiten in (*acc.*); **4.** 'übergehen in (*acc.*): *to* ~ *law* (zum) Gesetz werden; ~ **through** *v/t.* **1.** durch ... führen *od.* leiten *od.* stecken; 'durchschleusen; **2.** durch'fahren, -'queren, -'schreiten *etc.*; durch ... gehen *etc.*; durch'fließen; **3.** durch ... führen (*Draht, Tunnel etc.*); **4.** durch'bohren; **5.** 'durchmachen, erleben; *Zssgn mit adv.*:

pass| a·way I. *v/t.* **1.** *Zeit* verbringen, -treiben; **II.** *v/i.* **2.** vergehen (*Zeit etc.*); **3.** hinscheiden, sterben; ~ **by** *v/i.* vor'bei-, vor'übergehen (*a. Zeit*); ~ **in** *v/t.* **1.** einlassen; **2.** einreichen, -händigen: *to* ~ *one's check Am. sl.* ‚abkratzen' (*sterben*); ~ **off I.** *v/t.* **1.** *j-n od. et.* ausgeben (*for, as* für, als); **II.** *v/i.* **2.** vergehen (*Schmerz etc.*); **3.** *gut etc.* vor'übergehen, von'statten gehen; **4.** *bsd. Am.* als Weißer gelten (*hellhäutiger Neger*); ~ **on I.** *v/t.* **1.** weitergeben, -reichen (*to dat. od.* an *acc.*); befördern; **2.** *j-m et.* unter'schieben, ‚andrehen'; **II.** *v/i.* **3.** weitergehen; **4.** 'übergehen (*to* zu); **5.** → *pass away 3*; ~ **out I.** *v/i.* **1.** hin'ausgehen, -fließen, -strömen; **2.** *sl.* ‚Mattscheibe' bekommen, ohnmächtig werden; **II.** *v/t.* **3.** *Bücher* ausgeben; ~ **o·ver I.** *v/i.* **1.** hin'übergehen; **2.** 'überleiten, -führen; **II.** *v/t.* **3.** über'reichen, -'tragen; **4.** über'gehen (*in silence* stillschweigend), ignorieren; ~ **through** *v/t.* **1.** hin'durchführen; **2.** hin'durchgehen, -reisen *etc.*; ~ **up** *v/t. sl.* **1.** ablehnen; *Chance etc.* vor'übergehen lassen, verzichten auf (*acc.*); **2.** *j-n* über'gehen.

pass·a·ble ['pɑːsəbl] *adj.* □ **1.** passierbar; gang-, befahrbar; **2.** ✝ gangbar, gültig (*Geld etc.*); **3.** *fig.* leidlich, pas'sabel.

pas·sage ['pæsidʒ] *s.* **1.** Her'ein-, Her'aus-, Vor'über-, 'Durchgehen *n*, 'Durchgang *m*, -reise *f*, -fahrt *f*, 'Durchfließen *n*: *no* ~*!* kein Durchgang!, keine Durchfahrt!; → *bird of passage*; **2.** ✝ ('Waren)Tran͵sit *m*, 'Durchgang *m*; **3.** Pas'sage *f*, (Durch-, Verbindungs)Gang *m*; *bsd. Brit.* Korridor *m*; **4.** Ka'nal *m*, Furt *f*; **5.** ⊕ 'Durchlaß *m*, -tritt *m*; **6.** (See-, Flug)Reise *f*, ('Über)Fahrt *f*: *to book one's* ~ s-e Schiffskarte lösen (*to* nach); *to work one's* ~ s-e Überfahrt durch Arbeit abverdienen; **7.** Vergehen *n*, Ablauf *m*: *the* ~ *of time*; **8.** *parl.* 'Durchkommen *n*, Annahme *f*, In'krafttreten *n e-s Gesetzes*; **9.** Wortwechsel *m*; **10.** *pl.* Beziehungen *pl.*, *geistiger* Austausch; **11.** (Text)Stelle *f*, Passus *m*; **12.** ♪ Pas'sage *f*; **13.** *fig.* 'Übergang *m*, -tritt *m* (*from ... to, into* von ... in *acc.*, zu); **14.** ⚕ Entleerung *f*, Stuhlgang *m*; **15.** *anat.* (*Gehör- etc.*) Gang *m*, (*Harn- etc.*)Weg(e *pl.*) *m*: *auditory* (*urinary*) ~; '~**-boat** *s.* Passa'gierboot *n*; '~**-mon·ey** *s.* 'Überfahrtsgeld *n*; '~**-way** *s.* 'Durchgang *m*, Korridor *m*, Pas'sage *f*.

'pass|·book *s.* **1.** *bsd. Brit.* Bank-, Kontobuch *n*; **2.** Buch *n* über kreditierte Waren; '~**-check** *s.* Pas'sierschein *m*; ~ **de·gree** *s. univ.* einfacher Grad.

pas·sé, pas·sée ['pɑːsei; pɑse] (*Fr.*) *adj.* passé: **a)** vergangen, **b)** veraltet, **c)** verblüht: *a passée belle* e-e verblühte Schönheit.

passe·ment ['pæsmənt] *s.* Tresse *f*, Borte *f*; '**passe·men·terie** [-tri; pɑsmɑ̃tri] (*Fr.*) *s.* Posamentierwaren *pl.*

pas·sen·ger ['pæsindʒə] *s.* **1.** Passa'gier *m*, Fahr-, Fluggast *m*, Reisende(r *m*) *f*, Insasse *m*: ~ *cabin* ✈ Fluggastraum; **2.** F Drückeberger *m*; ~ **car** *s.* **1.** Per'sonen(kraft)wagen *m*, *abbr.* Pkw; **2.** 🚃 *Am.* Per'sonenwagen *m*; ~ **lift** *s. Brit.* Per'sonenaufzug *m*; '~**-pi·geon** *s. orn.* Wandertaube *f*; ~ **plane** *s.* ✈ Passa'gierflugzeug *n*; ~ **serv·ice** *s.* Per'sonenbeförderung *f*; ~ **traf·fic** *s.* Per'sonenverkehr *m*; ~ **train** *s.* 🚃 Per'sonenzug *m*.

passe-par·tout ['pæspɑːtuː] (*Fr.*) *s.* Passepar'tout *n*: **a)** Hauptschlüssel *m*, **b)** Wechselrahmen *m*.

'pass·er-'by *pl.* **'pass·ers-'by** *s.* Vor'beigehende(r *m*) *f*, Pas'sant(in).

pas·si·ble ['pæsibl] *adj.* □ leidensfähig.

pas·sim ['pæsim] (*Lat.*) *adv.* passim, hier u. da, an verschiedenen Orten.

pass·ing ['pɑːsiŋ] **I.** *adj.* **1.** vor'über-, 'durchgehend: ~ *axle* ⊕ durchgehende Achse; **2.** vergehend, vor'übergehend, flüchtig; **3.** beiläufig; **II.** *s.* **4.** Vor'bei-, 'Durch-, Hin'übergehen *n*: *in* ~ im Vorbeigehen, *fig.* beiläufig, nebenher; *no* ~*! mot.* Überholverbot!; **5.** 'Übergang *m*: ~ *of title* Eigentumsübertragung; **6.** Da'hinschwinden *n*; **7.** Hinscheiden *n*, Ableben *n*; **8.** *pol.* 'Durchgehen *n e-s Gesetzes*; ~ **beam** *s. mot.* Abblendlicht *n*; '~**-bell** *s.* Totenglocke *f*; '~**-note** *s.* ♪ 'Durchgangston *m*.

pas·sion ['pæʃən] *s.* **1.** Leidenschaft *f*, heftige Gemütserregung, (Gefühls)Ausbruch *m*; **2.** Zorn *m*: *to fly into a* ~ e-n Wutanfall bekommen; → *heat 6*; **3.** Leidenschaft *f*, heftige Neigung *od.* Liebe, (e'rotisches) Verlangen; **4.** Vorliebe *f*, Passi'on *f* (*for* für); Liebhabe'rei *f*: *it has become a* ~ *with him* es ist bei ihm zur Leidenschaft geworden, er tut es leidenschaftlich gern(e); **5.** ♀ *eccl.* Leiden *n* (Christi), Passion *f* (*a.* ♪, *paint. u. fig.*): ♀ *Week* **a)** Woche zwischen Passionssonntag und Palmsonntag, **b)** *obs.* Karwoche; **pas·sion·ate** ['pæʃənit] *adj.* □ leidenschaftlich (*a. fig.*); jähzornig; **pas·sion·less** ['pæʃənlis] *adj.* □ leidenschaftslos.

'pas·sion|-play *s. eccl.* Passi'onsspiel *n*; ♀ **Sun·day** *s. eccl.* Passi'onssonntag *m*, Sonntag *m* Judika.

pas·si·vate ['pæsiveit] *v/t.* ⊕, ⚗ passivieren.

pas·sive ['pæsiv] *adj.* □ **1.** 'passiv (*a. ling.*, ⚕, *sport*), leidend, teilnahmslos, 'widerstandslos: ~ *air defence* Luftschutz; ~ *verb ling.* intransitives Verb; ~ *voice* Passiv, Leideform; **2.** ✝ untätig, nicht zinstragend, passiv: ~ *debt* unverzinsliche Schuld; ~ *trade* Passivhandel; '**pas·sive·ness** [-nis], **pas·siv·i·ty** [pæ'siviti] *s.* Passivi'tät *f*, Teilnahmslosigkeit *f*, Geduld *f*.

'pass·key *s.* **1.** Hauptschlüssel *m*; **2.** Drücker *m*; **3.** Nachschlüssel *m*.

pas·som·e·ter [pæ'sɔmitə] *s.* ⊕ Schrittmesser *m*.

Pass·o·ver ['pɑːsouvə] *s. eccl.* **1.** Passah(fest) *n*; **2.** ♀ Osterlamm *n*.

pass·port ['pɑːspɔːt] *s.* **1.** (Reise)Paß *m*: ~ *inspection* Paßkontrolle; **2.** ✝ Passierschein *m*; **3.** *fig.* Zugang *m*, Weg *m*, Schlüssel *m* (*to* zu).

'pass·word *s.* Pa'role *f*, Losung *f*, Kennwort *n*.

past [pɑːst] **I.** *adj.* **1.** vergangen, verflossen: *for some time* ~ seit einiger Zeit; **2.** *ling.* Vergangenheits...: ~ *participle* Mittelwort der Vergangenheit, Partizip Perfekt; ~ *tense* Vergangenheit, Präteritum; **3.** vorig, früher, ehemalig, letzt: ~ *president*; ~ *master fig.* Altmeister (*Könner*); **II.** *s.* **4.** Vergangenheit *f* (*a. ling.*); *weitS. a.* Vorleben *n*: *a woman with a* ~ eine Frau mit Vergangenheit; *in the* ~ bisher, früher; **III.** *adv.* **5.** vor'bei, vor'über: *to run* ~; **IV.** *prp.* **6.** (*Zeit*) nach, über (*acc.*): *half* ~ *seven* halb acht; *she is* ~ *forty* sie ist über vierzig; **7.** an ... vorbei: *he ran* ~ *the house*; **8.** über ... hin'aus: *it is* ~ *comprehension* es geht über alle Begriffe; ~ *cure* unheilbar; ~ *endurance* unerträglich; ~ *hope* hoffnungslos; *I would not put it* ~ *him sl.* ich traue es ihm glatt zu; '~**-'due** *adj.* ✝ 'überfällig (*Wechsel etc.*); Verzugs...(*-zinsen*).

paste [peist] **I.** *s.* **1.** Teig *m*, (*Fisch-, Zahn- etc.*)Paste *f*, Brei *m*; ⊕ Tonmasse *f*; Glasmasse *f*; **2.** Kleister *m*, Klebstoff *m*, Papp *m*; **3. a)** Paste *f* (*Diamantenherstellung*), **b)** künstlicher Edelstein, Simili *n*, *m*; **II.** *v/t.* **4.** kleben, kleistern, pappen, bekleben (*with* mit); **5.** ~ *up* **a)** auf-, ankleben (*on, in* auf, in *acc.*), **b)** verkleistern (*Loch*); **6.** *sl.* ('durch)hauen: *to* ~ *s.o. one* j-m ‚eine kleben'; '~**-board I.** *s.* **1.** Pappe *f*, Pappendeckel *m*, Kar'ton *m*; **2.** *sl.* (Eintritts-, Spiel-, Vi'siten)Karte *f*; **II.** *adj.* **3.** aus Pappe, Papp...: ~ *box* Karton; **4.** *fig.* unecht, wertlos, kitschig.

pas·tel I. *s.* [pæs'tel] **1.** ⚘ Färberwaid *m*; **2.** ⊕ Waidblau *n*; **3.** Pa'stellstift *m*, -farbe *f*; **4.** Pa'stellzeichnung *f*, -bild *n*; **II.** *adj.* ['pæstl] **5.** zart, duftig (*Farbe*); **pas·tel·ist** ['pæstəlist], **pas·tel·list** [pæs'telist] *s.* Pa'stellmaler(in).

pas·tern ['pæstəːn] *s. zo.* Fessel *f* (*Pferd*).

'paste-up *s.* Photomon'tage *f*.

pas·teur·i·za·tion [pæstərai'zeiʃən] *s.* Pasteurisierung *f*; **pas·teur·ize** ['pæstəraiz] *v/t.* pasteurisieren.

pas·tille [pæs'tiːl] *s.* **1.** Räucherkerzchen *n*; **2.** *pharm.* Pa'stille *f*.

pas·time ['pɑːstaim] *s.* Zeitvertreib *m*, Kurzweil *f*, Belustigung *f*: *as a* ~ zum Zeitvertreib.

past·i·ness ['peistinis] *s.* **1.** breiiger Zustand; **2.** breiiges Aussehen; **3.** *fig.* käsiges *od.* kränkliches Aussehen.

past·ing ['peistiŋ] *s.* **1.** Kleistern *n*, Kleben *n*; **2.** ⊕ Klebstoff *m*; **3.** *sl.* ‚Dresche' *f* (*Prügel*).

pas·tor ['pɑːstə] *s.* Pfarrer *m*, Pastor *m*, Seelsorger *m*; '**pas·to·ral** [-tərəl] **I.** *adj.* □ **1.** Schäfer..., Hirten..., i'dyllisch, ländlich; **2.** *eccl.* pasto'ral, seelsorgerlich: ~ *staff* Krummstab; **II.** *s.* **3.** Hirtengedicht *n*, I'dylle *f*; **4.** *paint.* ländliche Szene; **5.** ♪ **a)** Schäferspiel *n*, **b)** Pasto'rale *n*; **6.** *eccl.* Hirtenbrief *m*; '**pas·tor·ate** [-ərit] *s.* **1.** Pasto'rat *n*, Pfarramt *n*; **2.** *coll. die* Geistlichen *pl.*; **3.** *Am.* Pfarrhaus *n*.

past per·fect *ling. s.* Vorvergangenheit *f*, 'Plusquamper,fekt(um) *n*.

pas·try ['peistri] *s.* **1.** Tortengebäck *n*, Kon'ditorware *f*; Pa'steten *pl.*; **2.** Blätterteig *m*; '**~-cook** *s.* **1.** Pa'stetenbäcker *m*; **2.** *Brit.* Kon'ditor *m*.

pas·tur·age ['pɑːstjuridʒ] *s.* **1.** Weiden *n* (*Vieh*); **2.** Weidegras *n*; **3.** Weide(land *n*) *f*; **4.** Zucht *f* u. Fütterung *f von Bienen.*

pas·ture ['pɑːstʃə] **I.** *s.* **1.** Weidegras *n*, Viehfutter *n*; **2.** Weide(land *n*) *f*; **II.** *v/i.* **3.** grasen, weiden; **III.** *v/t.* **4.** *Vieh* auf die Weide treiben, weiden; **5.** *Wiese* abweiden.

past·y¹ ['peisti] *adj.* **1.** teigig, kleisterig; **2.** bläßlich, ‚käsig'.

past·y² ['pæsti] *s.* ('Fleisch)Pa,stete *f*.

pat [pæt] **I.** *s.* **1.** *Brit.* (*leichter*) Schlag, Klaps *m*: ~ *on the back fig.* Schulterklopfen, Lob, Glückwunsch; **2.** Klümpchen *n* (*Butter*); **3.** Klopfen *n*, Getrappel *n*, Tapsen *n*; **II.** *adj.* **4.** pa'rat, bereit: ~ *answer* schlagfertige Antwort; ~ *solution* Patentlösung; *to know s.th. off* (*od. to have it down*) ~ F et. (wie) am Schnürchen können; **5.** fest, unbeweglich: *to stand* ~ fest bleiben, sich nicht beirren lassen; **6.** (*a. adv.*) gerade recht, rechtzeitig, wie erwünscht, gelegen; **III.** *v/t.* **7.** *Brit.* klapsen, klopfen, tätscheln, patschen: *to* ~ *s.o. on the back* j-m auf die Schulter klopfen, *fig.* j-n beglückwünschen; '**pat-a-cake** *s.* backe, backe Kuchen (*Kinderspiel*).

patch [pætʃ] **I.** *s.* **1.** Fleck *m*, Flikken *m*, Lappen *m*; ⚔ *etc.* Tuchabzeichen *n*: ~-*pocket Schneiderei*: aufgesetzte Tasche; *not a* ~ *on* F gar nicht zu vergleichen mit; **2. a)** ⚕ Pflaster *n*, **b)** Augenbinde *f*; **3.** Schönheitspflästerchen *n*; **4.** Stück *n* Land, Fleck *m*; Stück *n* Rasen; Stelle *f* (*a. Buch*): *in* ~*es* stellenweise; *to strike a bad* ~ e-e Pechsträhne *od.* e-n schwarzen Tag haben; **5.** (Farb-) Fleck *m* (*bei Tieren etc.*); **6.** *pl.* Bruchstücke *pl.*, *et.* Zs.-gestoppeltes; **II.** *v/t.* **7.** flicken, ausbessern; mit Flicken versehen; **8.** ~ *up bsd. fig.* **a)** zs.-stoppeln: *to* ~ *up a textbook*, **b)** reparieren: *to* ~ *up a friendship* eine Freundschaft ‚kitten' *od.* ‚leimen', **c)** *Streit* beilegen, **d)** über'tünchen, beschönigen.

patch·ou·li ['pætʃuli(ː)] *s.* 'Patschuli *n* (*Pflanze u. Parfüm*).

'**patch|·word** *s. ling.* Flickwort *n*; **~·work** *s. a. fig.* Flickwerk *n*.

patch·y ['pætʃi] *adj.* □ **1.** voller Flikken; **2.** *fig.* zs.-gestoppelt; **3.** fleckig; **4.** *fig.* ungleichmäßig.

pate [peit] *s.* F Schädel *m*, ‚Birne' *f*.

pâté [pæ'tei; pɑːte] (*Fr.*) *s.* Pa'stete *f*.

pat·en ['pætən] *s. eccl.* Pa'tene *f*, Hostienteller *m*.

pa·ten·cy ['peitənsi] *s.* **1.** Offenkundigkeit *f*; **2.** ⚕ 'Durchgängigkeit *f* (*e-s Kanals etc.*).

pat·ent ['peitənt; *bsd.* ⚖ *u. Am.* 'pæ-] **I.** *adj.* □ **1.** offen(kundig): *to be* ~ auf der Hand liegen; **2.** *letters* ~ → *6 u. 7*; **3.** patentiert, gesetzlich geschützt: ~ *article* Markenartikel; ~ *fuel* Preßkohlen; ~ *leather* Lack-, Glanzleder; ~-*leather shoes* Lackschuhe; ~ *medicine* Marken-, Patentmedizin; **4.** ⚖ Patent...: ~ *agent* (*Am. attorney*) Patentanwalt; ~ *law objektives* Patentrecht; ♀ *Office* Patentamt; ~ *right subjektives* Patentrecht; ~-*roll Brit.* Patentregister; ~ *specification* Patentschrift, -beschreibung; **5.** *Brit.* F ‚pa'tent' (*Methode etc.*); **II.** *s.* **6.** Pa'tent *n*, Privi'leg(ium) *n*, Freibrief *m*, Bestallung *f*; **7.** ⚖ Pa'tent(urkunde *f*) *n*: ~ *of addition* Zusatzpatent; ~ *applied for*, ~ *pending* Patent angemeldet; *to take out a* ~ *for et.* patentieren lassen; **III.** *v/t.* **8.** patentieren, gesetzlich schützen; **9.** patentieren lassen; '**pat·ent·a·ble** [-təbl] *adj.* pa'tentfähig; **pat·ent·ee** [peitən'tiː] *s.* Pa'tentinhaber(in).

pa·ter ['peitə] *s. ped. sl.* Alter Herr (*Vater*).

pa·ter·nal [pə'təːnl] *adj.* □ väterlich, Vater...: ~ *grandfather* Großvater väterlicherseits; **pa'ter·ni·ty** [-niti] *s.* Vaterschaft *f* (*a. fig.*): *to declare* ~ ⚖ die Vaterschaft feststellen.

pa·ter·nos·ter ['pætənɔstə] **I.** *s.* **1.** *R.C.* **a)** Vater'unser *n*, **b)** Rosenkranz *m*; **2.** ⊕ Pater'noster *m* (*Aufzug*); **II.** *adj.* **3.** ⊕ Paternoster...

path [pɑːθ; *pl.* pɑːðz] *s.* **1.** Pfad *m*, Weg *m* (*a. fig.*); **2.** ⊕, *phys.*, *sport* Bahn *f*: ~ *of electrons* Elektronenbahn.

pa·thet·ic [pə'θetik] *adj.* (□ ~*ally*) **1.** rührend, ergreifend, traurig: ~ *fallacy* Vermenschlichung der Natur (*in der Sprache*); **2.** bemitleidenswert, kläglich; **3.** *anat.* pathetisch.

'**path·find·er** *s.* **1.** Pfadfinder *m* (*a.* ✈, ⚔); ✈ *bei Nachtangriff*: Zielbeleuchter *m*; **2.** *fig.* Bahnbrecher *m*.

path·less ['pɑːθlis] *adj.* weglos, unwegsam.

path·o·log·i·cal [pæθə'lɔdʒikəl] *adj.* □ ⚕ patho'logisch, krankhaft; **pa·thol·o·gist** [pə'θɔlədʒist] *s.* ⚕ Patho'loge *m*; **pa·thol·o·gy** [pə'θɔlədʒi] *s.* **1.** Patholo'gie *f*, Krankheitslehre *f*; **2.** pathologischer Befund.

pa·thos ['peiθɔs] *s.* **1.** *das* Ergreifende; **2.** Mitleid *n*.

'**path·way** *s.* Pfad *m*, Weg *m*, Bahn *f*.

pa·tience ['peiʃəns] *s.* **1.** Geduld *f*; Ausdauer *f*: *to lose one's* ~ die Geduld verlieren; *to be out of* ~ *with s.o.* aufgebracht sein gegen j-n; *to have no* ~ *with s.o.* j-n nicht leiden können, nichts übrig haben für j-n; → *Job²*; *possess 2 b*; **2.** *bsd. Brit.* Pati'ence *f* (*Kartenspiel*); '**pa·tient** [-nt] **I.** *adj.* □ **1.** geduldig; nachsichtig; beharrlich: *to be* ~ *of* ertragen; ~ *of two interpretations fig.* zwei Deutungen zulassend; **II.** *s.* **2.** Pati'ent(in), Kranke(r *m*) *f*; **3.** ⚖ *Brit.* Geistesgestörte(r *m*) *f* (*Heil- und Pflegeanstalt*).

pat·i·o ['pætiou] *s. Am.* Innenhof *m*, Patio *m*.

pa·tri·arch ['peitriɑːk] *s.* Patri'arch *m*; **pa·tri·ar·chal** [peitri'ɑːkəl] *adj.* patriar'chalisch (*a. fig. ehrwürdig*); '**pa·tri·arch·ate** [-kit] *s.* Patriar'chat *n*.

pa·tri·cian [pə'triʃən] **I.** *adj.* pa'trizisch; *fig.* aristo'kratisch; **II.** *s.* Pa'trizier(in).

pat·ri·cide ['pætrisaid] → *parricide.*

pat·ri·mo·ni·al [pætri'mounjəl] *adj.* ererbt, Erb...; **pat·ri·mo·ny** ['pætriməni] *s.* **1.** väterliches Erbteil (*a. fig.*); **2.** Kirchengut *n*.

pa·tri·ot ['peitriət] *s.* Patri'ot(in); **pa·tri·ot·eer** [peitriə'tiə] *s.* Hur'rapatri,ot *m*; **pa·tri·ot·ic** [pætri'ɔtik] *adj.* (□ ~*ally*) patri'otisch; **pa·tri·ot·ism** ['pætriətizəm] *s.* Patrio'tismus *m*.

pa·trol [pə'troul] **I.** *v/i.* **1.** ⚔, *Polizei*: patrouillieren, die Runde machen; **II.** *v/t.* **2.** abpatrouillieren, *Straße, Bezirk* durch'streifen; ✈ *Strecke* abfliegen; **III.** *s.* **3.** Runde *f*, Patrouillieren *n*; ✈ Streifenflug *m*; **4.** ⚔ Pa'trouille *f*, Späh-, Stoßtrupp *m*; (Poli'zei)Streife *f*: ~ *activity* ⚔ Spähtrupptätigkeit; ~ *car* **a)** ⚔ (Panzer)Spähwagen, **b)** *Brit.* (Funk-, Polizei)Streifenwagen; ~ *wagon Am.* Polizeigefangenenwagen; '**~·man** [-mæn] *s.* [*irr.*] Streifenbeamte(r) *m*.

pa·tron ['peitrən] *s.* **1.** Pa'tron *m*, Schutz-, Schirmherr *m*; **2.** Gönner *m*, Förderer *m*; **3.** *R.C.* **a)** 'Kirchenpa,tron *m*, **b)** *a.* ~ *saint* Schutzheilige(r) *m*; **4.** ✝ (Stamm)Kunde *m*; **pa·tron·age** ['pætrənidʒ] *s.* **1.** Protekti'on *f*, Gönnerschaft *f*, Begünstigung *f*, Förderung *f*, Patro'nat *n*; **2.** ⚖ Patro'natsrecht *n*; **3.** Kundschaft *f*; **4.** gönnerhaftes Benehmen; **5.** *Am.* Recht *n* der Ämterbesetzung; **pa·tron·ess** ['peitrənis] *s.* Pa'tronin *f etc.* (→ *patron*).

pa·tron·ize ['pætrənaiz] *v/t.* **1.** fördern, begünstigen, unter'stützen, beschützen; **2.** Kunde sein bei; *thea.* regelmäßig besuchen; **3.** gönnerhaft behandeln; '**pa·tron·iz·er** [-zə] *s.* Förderer *m*, Kunde *m*, Gönner *m*, Beschützer *m*; '**pa·tron·iz·ing** [-ziŋ] *adj.* □ gönnerhaft, her'ablassend: ~ *air* Gönnermiene.

pat·ten ['pætn] *s.* **1.** Holzschuh *m*; **2.** Stelzschuh *m*; **3.** ⚠ Säulenfuß *m*.

pat·ter¹ ['pætə] **I.** *v/i. u. v/t.* **1.** schwatzen, (da'her)plappern; **II.** *s.* **2.** Geplapper *n*; **3.** Rotwelsch *n*, Gaunersprache *f*, Jar'gon *m*.

pat·ter² ['pætə] **I.** *v/i.* **1.** prasseln (*Regen etc.*); **2.** trappeln (*Füße*); **II.** *s.* **3.** Prasseln *n*, Platschen *n* (*Regen*); **4.** Getrappel *n*.

pat·tern ['pætən] **I.** *s.* **1.** (*a.* Schnitt-, Stick)Muster *n*, Vorlage *f*, Mo'dell *n*: *on the* ~ *of* nach dem Muster von; **2.** ✝ Muster *n*: **a)** (Waren)Probe *f*, **b)** Des'sin *n*, Mo'tiv *n* (*Stoff*): *by* ~ *post* als Muster ohne Wert; **3.** *fig.* Muster *n*, Vorbild *n*; **4.** *fig.* Plan *m*, Anlage *f*: ~ *of one's life*; **5.** ⊕ **a)** Scha'blone *f*, **b)** 'Gußmo,dell *n*, **c)**

Lehre *f*; **6.** *Weberei*: Pa'trone *f*; **7.** (*behavio[u]r*) ~ *psych.* (Verhaltens)Muster *n*; **II.** *adj.* **8.** musterhaft, Muster...: *a ~ wife*; **III.** *v/t.* **9.** (nach)bilden, gestalten (*after, on* nach): *to ~ one's conduct on s.o.* sich in s-m Benehmen ein Beispiel an j-m nehmen; **10.** mit Muster(n) verzieren, mustern; ~ **bomb·ing** *s.* ⚔ Reihenwurf *m*; ~ **book** *s.* † Musterbuch *n*; '~-**mak·er** *s.* ⊕ Mo'dellmacher *m*; '~-**shop** *s.* Mo'dellwerkstatt *f*; ~ **paint·ing** *s.* ⚔ Tarnanstrich *m*.

pat·ty ['pæti] *s.* Pa'stetchen *n*.

pau·ci·ty ['pɔːsiti] *s.* geringe Zahl *od.* Menge, Knappheit *f*.

Paul·ine ['pɔːlain] *adj. eccl.* pau'linisch.

paunch [pɔːntʃ] *s.* **1.** (Dick)Bauch *m*, Wanst *m*; **2.** *zo.* Pansen *m*; '**paunch·y** [-tʃi] *adj.* dickbäuchig.

pau·per ['pɔːpə] **I.** *s.* **1.** Arme(r *m*) *f*, Unter'stützungsempfänger(in); **2.** ⚖ unter Armenrecht Klagende(r *m*) *f*; **II.** *adj.* **3.** Armen...; '**pau·per·ism** [-ərizəm] *s.* Verarmung *f*, Massenarmut *f*; **pau·per·i·za·tion** [pɔːpərai'zeiʃən] *s.* Verarmung *f*, Verelendung *f*; '**pau·per·ize** [-əraiz] *v/t.* bettelarm machen.

pause [pɔːz] **I.** *s.* **1.** Pause *f*, Unter'brechung *f*: *to make a ~* innehalten, pausieren; *it gives one ~ to think* es macht einen zögern, es gibt e-m zu denken; **2.** *typ.* Gedankenstrich *m*; **3.** ♪ Fer'mate *f*; **II.** *v/i.* **4.** pausieren, innehalten; stehenbleiben; zögern; **5.** verweilen (*on, upon* bei): *to ~ upon a note* (*od. tone*) ♪ e-n Ton aushalten.

pave [peiv] *v/t. Straße* pflastern, *Fußboden* legen: *to ~ the way for fig.* den Weg bahnen für; *~d runway* ✈ befestigte Startbahn; → *paving*; '**pave·ment** [-mənt] *s.* **1.** (Straßen-) Pflaster *n*; **2.** *Brit.* Bürgersteig *m*, Trot'toir *n*: *~-artist* Trottoirmaler; **3.** *Am.* Fahrbahn *f*; **4.** Fußboden(belag) *m*; '**pav·er** [-və] *s.* **1.** Pflasterer *m*; **2.** Fliesen-, Plattenleger *m*; **3.** Pflasterstein *m*, Fußbodenplatte *f*; **4.** *Am.* 'Straßenbeˌtonmischer *m*.

pa·vil·ion [pə'viljən] *s.* **1.** (großes) Zelt; **2.** 'Pavillon *m*, Gartenhäuschen *n*; **3.** † ('Messe)ˌPavillon *m*.

pav·ing ['peiviŋ] *s.* Pflastern *n*; (Be)Pflasterung *f*, Straßendecke *f*; Fußbodenbelag *m*; '~-**stone** *s.* Pflasterstein *m*; '~-**tamp** *s.* ⊕ Erdstampfer *m*; '~-**tile** *s.* Fliese *f*.

pav·io(u)r ['peivjə] *s.* Pflasterer *m*.

paw [pɔː] **I.** *s.* **1.** Pfote *f*, Tatze *f*; **2.** F ‚Pfote' *f* (*Hand*); **3.** F *humor.* ‚Klaue' *f* (*Handschrift*); **II.** *v/t.* **4.** *mit dem Vorderfuß od. der Pfote* scharren, kratzen, stampfen; **5.** F rauh behandeln, ungeschickt anfassen; **6.** F *j-n* betätscheln; **III.** *v/i.* **7.** stampfen, scharren.

pawl [pɔːl] *s.* **1.** ⊕ Sperrhaken *m*, -klinke *f*, Klaue *f*; **2.** ⚓ Pall *n*.

pawn¹ [pɔːn] *s.* **1.** *Schach*: Bauer *m*; **2.** *fig.* 'Schachfiˌgur *f*.

pawn² [pɔːn] **I.** *s.* **1.** Pfand(stück) *n*; ⚖ *a.* Faustpfand *n*: *in* (*od. at*) ~ verpfändet, versetzt; **II.** *v/t.* **2.** verpfänden (*a. fig.*), versetzen; **3.** † lombardieren; '~-**bro·ker** *s.* Pfandleiher *m*.

pawn·ee [pɔː'niː] *s.* ⚖ Pfandinhaber *m*, -nehmer *m*; **pawn·er, pawn·or** ['pɔːnə] *s.* Pfandschuldner *m*, Verpfänder *m*.

'**pawn**|-**shop** *s.* Pfandhaus *n*, Pfandleihe *f*; '~-**tick·et** *s.* Pfandschein *m*.

pay [pei] **I.** *s.* **1.** Bezahlung *f*; (Arbeits)Lohn *m*, Löhnung *f*; Gehalt *n*; Sold *m* (*a. fig.*); ⚔ (Wehr)Sold *m*: *in the ~ of s.o.* bei j-m beschäftigt, in j-s Sold; **2.** *fig.* Belohnung *f*, Lohn *m*; **II.** *v/t.* [*irr.*] **3.** zahlen, entrichten; *Rechnung* bezahlen *od.* begleichen, *Wechsel* einlösen, *Hypothek* ablösen; *j-n* bezahlen, *Gläubiger* befriedigen: *to ~ one's way* ohne Verlust arbeiten, s-n Verbindlichkeiten nachkommen, auskommen mit dem, was man hat; **4.** *fig.* (be-) lohnen, vergelten (*for et.*): *to ~ home* heimzahlen; **5.** *fig. Achtung* zollen; *Aufmerksamkeit* schenken; *Besuch* abstatten; *Ehre* erweisen; *Kompliment* machen; → *court 10, homage 1*; **6.** *fig.* sich lohnen für *j-n, j-m et.* einbringen; **III.** *v/i.* [*irr.*] **7.** zahlen, Zahlung leisten: *to ~ for* (für) *et.* bezahlen (*a. fig. et. büßen*), die Kosten tragen für; *he had to ~ dearly for it fig.* er mußte es bitter büßen, es kam ihn teuer zu stehen; **8.** *fig.* sich lohnen, sich rentieren, sich bezahlt machen;

Zssgn mit adv.:

pay| **back** *v/t.* zu'rückzahlen, -erstatten; *fig.* heimzahlen; → *coin 1*; ~ **down** *v/t.* **1.** bar bezahlen; **2.** e-e Anzahlung machen von; ~ **in** *v/t.* (*auf ein Konto*) einzahlen; ~ **off** *v/t.* **1.** *j-n* auszahlen, entlohnen; ⚓ abmustern; **2.** *et.* abbezahlen, tilgen; **3.** *Am. j-m* heimzahlen (*for* für); **II.** *v/i.* **4.** F → *pay 8*; ~ **out** *v/t.* **1.** auszahlen; **2.** F *fig. j-m* heimzahlen; **3.** (*pret. u. p.p.* **payed**) *Kabel, Kette etc.* ausstecken, -legen, abrollen; ~ **up** *v/t.* *j-n od. et.* voll *od.* so'fort bezahlen; *Schuld* tilgen; † *Anteile, Versicherung etc.* voll einzahlen.

pay·a·ble ['peiəbl] *adj.* **1.** zahlbar, fällig: *accounts ~ Am.* Buchschulden; *~ to bearer* auf den Überbringer lautend; **2.** ⚒, † ren'tabel.

'**pay**|-**as-you-'earn** *s. Brit.* Lohnsteuerabzug *m*; '~-**as-you-'view tele·vi·sion** *s.* Münzfernsehen *n*; ~ **check** *s. Am.* Lohn-, Gehaltsscheck *m*; '~-**clerk** *s.* **1.** † Lohnauszahler *m*; **2.** ⚔ Rechnungsführer *m*; '~-**day** *s.* Zahl-, Löhnungstag *m*; '~-**desk** *s.* † Kasse *f* (*im Kaufhaus*); '~-**dirt** *s.* **1.** *geol.* goldführendes Erdreich; **2.** *fig. Am.* Gold *n*; Geld *n*, Gewinn *m*.

pay·ee [pei'iː] *s.* **1.** Zahlungsempfänger(in); **2.** Wechselnehmer *m*.

pay en·ve·lope *s.* Lohntüte *f*.

pay·er ['peiə] *s.* **1.** (Be)Zahler *m*; **2.** Bezogene(r) *m*, Tras'sat *m* (*Wechsel*).

pay·ing ['peiiŋ] *adj.* **1.** lohnend, einträglich, ren'tabel: *not ~* unrentabel; *~ concern* lohnendes Geschäft; **2.** Zahl(ungs)..., Kassen...

pay| **load** *s.* ⊕, ⚓, ✈ Nutzlast *f*: *~ capacity* Ladefähigkeit; '~-**mas·ter** *s.* ⚔ Zahlmeister *m*.

pay·ment ['peimənt] *s.* **1.** (Ein-, Aus-, Be)Zahlung *f*, Entrichtung *f*, Abtragung *f von Schulden*, Einlösung *f e-s Wechsels*: *~ in kind* Sachleistung; *in ~ of* zum Ausgleich (*gen.*); *on ~* (*of*) nach Eingang (*gen.*), gegen Zahlung (von *od. gen.*); *to accept in ~* in Zahlung nehmen; **2.** gezahlte Summe, Bezahlung *f*; **3.** Lohn *m*, Löhnung *f*, Besoldung *f*; **4.** *fig.* Lohn *m* (*a. Strafe*).

'**pay**|-**off** *s. sl.* **1.** Auszahlung *f*; **2.** *fig.* Abrechnung *f* (*Rache*); **3.** Resul'tat *n*; Entscheidung *f*; **4.** *Am.* Clou *m* (*Höhepunkt*); '~-**of·fice** *s.* **1.** 'Lohnbüˌro *n*; **2.** Zahlstelle *f*.

pay·o·la [pei'oulə] *s. pol. Am. sl.* Schmiergeld(er *pl.*) *n*, Bestechungsgeschenke *pl.*

'**pay**|-**pack·et** *s.* Lohntüte *f*; ~ **pause** *s.* Lohnpause *f*; '~-**roll** *s.* Lohnliste *f*: *to have* (*od. keep*) *s.o. on one's ~* j-n (bei sich) beschäftigen; *he is no longer on our ~* er arbeitet nicht mehr für *od.* bei uns; '~-**slip** *s.* Lohnstreifen *m*; ~ **sta·tion** *s. teleph. Am.* Münzfernsprecher *m*; '~-**tele·vi·sion** *s.* Münzfernsehen *n*.

pea [piː] **I.** *s.* ♀ Erbse *f*: *as like as two ~s* sich gleichend wie ein Ei dem andern; → *sweet pea*; **II.** *adj.* erbsengroß, -förmig.

peace [piːs] **I.** *s.* **1.** Friede(n) *m*: *at ~* in Frieden, im Friedenszustand; **2.** *a. the King's ~, public ~* Landfrieden *m*, öffentliche Ruhe und Ordnung, öffentliche Sicherheit: *breach of the ~* ⚖ (öffentliche) Ruhestörung; *to break the ~* die öffentliche Ruhe stören; *to keep the ~* die öffentliche Sicherheit wahren; **3.** *fig.* Ruhe *f*, Friede(n) *m*: *~ of mind* Seelenruhe; *to hold one's ~* sich ruhig verhalten; *to leave in ~* in Ruhe *od.* Frieden lassen; **4.** Versöhnung *f*, Eintracht *f*: *to make one's ~ with s.o.* sich mit j-m versöhnen; **II.** *int.* **5.** sst!, still!, ruhig!; '**peace·a·ble** [-səbl] *adj.* □ **1.** friedlich, friedfertig, -liebend; **2.** ruhig, ungestört; '**peace·ful** [-ful] *adj.* □ friedlich; '**peace·less** [-lis] *adj.* friedlos.

'**peace**|-**lov·ing** *adj.* friedliebend; '~-**mak·er** *s.* Friedensstifter *m*; ~ **of·fen·sive** *s.* 'Friedensoffenˌsive *f*; '~-**of·fer·ing** *s.* **1.** *eccl.* Sühneopfer *n*; **2.** Versöhnungsgabe *f*, Friedenszeichen *n*; '~-'**of·fi·cer** *s.* Sicherheitsbeamte(r) *m*, Schutzmann *m*; ~ **re·search** *s.* Friedensforschung *f*; '~-**time** **I.** *s.* Friedenszeit *f*; **II.** *adj.* friedensmäßig, in Friedenszeit(en), Friedens...; ~ **trea·ty** *s. pol.* Friedensvertrag *m*.

peach¹ [piːtʃ] *s.* **1.** ♀ Pfirsich(baum) *m*; **2.** *sl.* **a)** süßes Mädel, ‚süßer Käfer', **b)** prächtige Sache: *a ~ of a car* ein ‚toller' *od.* ‚todschicker' Wagen.

peach² [piːtʃ] *v/i.* F ausplaudern: *to ~ against* (*od. on*) *Mittäter* ‚verpfeifen', *Schulkameraden* verpetzen.

'**pea-chick** *s. orn.* junger Pfau.

peach·y ['piːtʃi] *adj.* **1.** pfirsichähnlich, -farben; **2.** *sl.* prachtvoll, ‚prima', ‚schick'.

pea·cock ['piːkɔk] *s.* **1.** *orn.* Pfau (-hahn) *m*; **2.** *fig.* Fatzke *m*; ~ **blue** *s.* Pfauenblau *n* (*Farbe*); ~ **but·ter·fly** *s. zo.* Tagpfauenauge *n*.

ˈ**pea|·fowl** *s. orn.* Pfau *m*; ˈ~ˈ**hen** *s. orn.* Pfauhenne *f*; ˈ~-**jack·et** *s.* ⚓ Bord-, Maˈtrosenjacke *f.*

peak[1] [pi:k] **I.** *s.* **1.** Spitze *f*; **2.** Bergspitze *f*; Horn *n*, spitzer Berg; **3.** (Mützen)Schirm *m*; **4.** ⚓ Piek *f*; **5.** ⩘, *phys.* Höchst-, Scheitelwert *m*; **6.** *fig.* (Leistungs- *etc.*)Spitze *f*, Höchststand *m*; Gipfel *m des Glücks etc.*: ~ *of traffic* Verkehrsspitze; *to reach the* ~ den Höchststand erreichen; **II.** *adj.* **7.** Spitzen..., Höchst..., Haupt...: ~ *factor* Scheitelfaktor; ~-*load* Spitzenbelastung (*a.* ⚡); ~ *output* Spitze(nleistung); ~ *season* Hochsaison, -konjunktur; ~-*traffic hours* Hauptverkehrszeit.

peak[2] [pi:k] *v/i.* **1.** kränkeln, abmagern; **2.** spitz aussehen.

peaked [pi:kt] *adj.* **1.** spitz(ig): ~ *cap* Schirmmütze; **2.** F ‚spitz', kränklich.

peak·y [ˈpi:ki] *adj.* **1.** gipfelig; **2.** spitz(ig); **3.** → *peaked 2.*

peal [pi:l] **I.** *s.* **1.** (Glocken)Läuten *n*; **2.** Glockenspiel *n*; **3.** (*Donner-*)Schlag *m*, Dröhnen *n*: ~ *of laughter* schallendes Gelächter; **II.** *v/i.* **4.** läuten; erschallen, dröhnen, schmettern; **III.** *v/t.* **5.** *Glocke etc.* ertönen lassen; **6.** laut verkünden.

ˈ**pea·nut I.** *s.* **1.** ⚘ Erdnuß *f*; **2.** *Am. sl.* **a)** ‚kleine Fische' *pl.* (*geringer Betrag*), **b)** ‚kleines Würstchen' (*unbedeutender Mensch*); **II.** *adj.* **3.** *Am. sl.* klein, unbedeutend: *a* ~ *politician*; ~ *politics* politisches Intrigenspiel; ~ **but·ter** *s.* Erdnußbutter *f.*

pear [pɛə] *s.* ⚘ **1.** Birne *f*; **2.** *a.* ~-*tree* Birnbaum *m.*

pearl [pə:l] **I.** *s.* **1.** Perle *f* (*a. fig.*): *to cast* ~*s before swine* Perlen vor die Säue werfen; **2.** *pharm.* Pille *f*; **3.** *typ.* Perl(schrift) *f*; **II.** *adj.* **4.** Perlen...; Perlmutter...; **III.** *v/i.* **5.** Perlen bilden, perlen, tropfen; ˈ~-**bar·ley** *s.* Perlgraupen *pl.*; ˈ~-**div·er** *s.* Perlenfischer *m*; ˈ~-**oys·ter** *s. zo.* Perlmuschel *f*; ˈ~-**shell** *s.* Perlmutt(er *f*) *n*; ˈ~-**white** *s.* Perl-, Schminkweiß *n.*

pearl·y [ˈpə:li] *adj.* **1.** Perlen..., perlenartig, perlmutterartig; **2.** perlenreich.

ˈ**pear|-quince** *s.* ⚘ Echte Quitte, Birnenquitte *f*; ˈ~-**shaped** *adj.* birnenförmig.

peas·ant [ˈpezənt] **I.** *s.* Bauer *m*; **II.** *adj.* bäuerlich, Bauern...: ~ *woman* Bauersfrau, Bäuerin; ˈ**peas·ant·ry** [-ri] *s.* Bauernschaft *f*, Landvolk *n.*

pease [pi:z] *s. pl.* F Erbsen *pl.*; ˈ~-**pud·ding** *s.* Erbs(en)brei *m.*

ˈ**pea|·shoot·er** *s.* **1.** Blas-, Pusterohr *n*; **2.** *Am.* Kataˈpult *m, n*; **3.** *Am. sl.* ‚Kaˈnone' *f* (*Pistole*); ~ **soup** *s.* **1.** Erbsensuppe *f*; **2.** *a.* ˈ~-ˈ**soup·er** [ˈsu:pə] *s.* F ‚Waschküche' *f* (*dichter Nebel*); ˈ~-ˈ**soup·y** [ˈsu:pi] *adj.* F dicht u. gelb (*Nebel*).

peat [pi:t] *s.* **1.** Torf *m*: *to cut* (*od. dig*) ~ Torf stechen; **2.** Torfstück *n*, -sode *f*; ˈ~-**bog** *s.* Torfmoor *n*; ˈ~-**coal** *s.* Torfkohle *f*, Liˈgnit *n*; ˈ~-**moss** *s.* ⚘ Torfmoos *n.*

peb·ble [ˈpebl] **I.** *s.* **1.** Kiesel(stein) *m*: *you are not the only* ~ *on the beach* F man (*od.* ich) kann auch ohne dich auskommen; **2.** Aˈchat *m*; **3.** ˈBergkriˌstall *m*; **4.** *opt.* Linse *f* aus ˈBergkriˌstall; **II.** *v/t.* **5.** *Weg* mit Kies bestreuen; **6.** ⊕ *Leder* krispeln; ˈ**peb·bly** [-li] *adj.* kieselig.

pec·ca·dil·lo [pekəˈdilou] *pl.* **-loes** *s.* läßliche Sünde, kleiner Fehler.

peck[1] [pek] *s.* **1.** Viertelscheffel *m* (*Brit. 9,1, Am. 8,8 Liter*); **2.** *fig.* e-e Menge: *a* ~ *of trouble.*

peck[2] [pek] **I.** *v/t.* **1.** *mit dem Schnabel etc.* (auf)picken, (-)hacken; **2.** *j-m* ein Küßchen geben; **II.** *v/i.* **3.** picken, hacken (*at* nach): *to* ~ *at s.o. fig.* an j-m herumnörgeln; *to* ~ *at one's food lustlos* im Essen herumstochern; **III.** *s.* **4.** Schlag *m*, (Schnabel)Hieb *m*; **5.** Loch *n*; **6.** leichter *od.* flüchtiger Kuß; **7.** *Brit. sl.* ‚Futter' *n* (*Essen*); ˈ**peck·er** [-kə] *s.* **1.** Picke *f*, Haue *f*; **2.** ⊕ Abfühlnadel *f*; **3.** *sl.* **a)** ‚Zinken' *m* (*Nase*), **b)** *Am.* Penis *m*, **c)** guter Mut: *to keep one's* ~ *up* sich nicht kleinkriegen lassen; **peck·ish** [ˈpekiʃ] *adj.* F **1.** hungrig; **2.** *Am.* nörglerisch, reizbar.

pec·ti·nate [ˈpektineit] *adj.* kammförmig, -artig.

pec·to·ral [ˈpektərəl] **I.** *adj.* **1.** *anat.*, ⚕ Brust...; **II.** *s.* **2.** *pharm.* Brust-, Hustenmittel *n*; **3.** *zo. a.* ~ *fin* Brustflosse *f*; **4.** *R.C.* Brustkreuz *n* (*Bischof*).

pec·u·late [ˈpekjuleit] *v/t.* (*v/i.* öffentliche Gelder) unterˈschlagen, veruntreuen; **pec·u·la·tion** [pekjuˈleiʃən] *s.* Unterˈschlagung *f*, Veruntreuung *f*, ˈUnterschleif *m*; ˈ**pec·u·la·tor** [-tə] *s.* Veruntreuer *m*, Betrüger *m.*

pe·cul·iar [piˈkju:ljə] **I.** *adj.* □ **1.** eigen(tümlich) (*to dat.*); **2.** eigen, seltsam, absonderlich; **3.** besonder; **II.** *s.* **4.** Priviˈleg *n*; **5.** ausschließliches Eigentum; **pe·cu·li·ar·i·ty** [pikju:liˈæriti] *s.* **1.** Eigenheit *f*, Eigentümlichkeit *f*, Besonderheit *f*; **2.** Eigenartigkeit *f*, Seltsamkeit *f.*

pe·cu·ni·ar·y [piˈkju:njəri] *adj.* □ geldlich, Geld..., pekuniˈär: ~ *advantage* Vermögensvorteil.

ped·a·gog·ic *adj.*, **ped·a·gog·i·cal** [pedəˈgɔdʒik(əl)] *adj.* □ pädaˈgogisch, erzieherisch, Erziehungs...; **ped·aˈgog·ics** [-ks] *s. pl. sg. konstr.* Pädaˈgogik *f*; **ped·a·gogue** [ˈpedəgɔg] *s.* **1.** Pädaˈgoge *m*, Erzieher *m*; **2.** *contp. fig.* Peˈdant *m*, Schulmeister *m*; **ped·a·go·gy** [ˈpedəgɔgi] *s.* Pädaˈgogik *f.*

ped·al [ˈpedl] **I.** *s.* **1.** Peˈdal *n* (*a.* ♪), Fußhebel *m*, Tretkurbel *f*: *forte* ~ ♪ Fortepedal; → *soft pedal*; **II.** *v/i.* **2.** ⊕, ♪ Pedal treten; **3.** radfahren, ‚strampeln'; **III.** *v/t.* **4.** treten, fahren; **IV.** *adj.* **5.** Pedal..., Fuß...: ~ *brake mot.* Fußbremse; ~ *control* ✈ Pedalsteuerung; ~ *switch* ⊕ Fußschaltung.

ped·ant [ˈpedənt] *s.* Peˈdant(in), Kleinigkeitskrämer(in); **pe·dan·tic** [piˈdæntik] *adj.* (□ ~*ally*) peˈdantisch, kleinlich; ˈ**ped·ant·ry** [-tri] *s.* Pedanteˈrie *f.*

ped·dle [ˈpedl] **I.** *v/i.* **1.** hausieren gehen; **2.** sich mit Kleinigkeiten abgeben, tändeln; **II.** *v/t.* **3.** *bsd. Am.* (*a. fig.*) (mit *et.*) hausieren (gehen), *et.* aushökern: *to* ~ *new ideas*; ˈ**ped·dler** *Am.* → *pedlar*; ˈ**ped·dling** [-liŋ] *adj. fig.* kleinlich; geringfügig, unbedeutend, wertlos.

ped·es·tal [ˈpedistl] *s.* **1.** ⚠ Sockel *m*, Postaˈment *n*, Säulenfuß *m*: *to set s.o. on a* ~ *fig.* j-n aufs Podest erheben; **2.** *fig.* Basis *f*, Grundlage *f*; **3.** ⊕ ˈUntergestell *n*, Sockel *m*, (Lager)Bock *m.*

pe·des·tri·an [piˈdestriən] **I.** *adj.* **1.** zu Fuß, Fuß...; Spazier...; Fußgänger...: ~ *precinct* (*od. area*) Fußgängerzone; **2.** *fig.* proˈsaisch, nüchtern; langweilig; **II.** *s.* **3.** Fußgänger(in); **peˈdes·tri·an·ize** [-naiz] *v/t.* in e-e Fußgängerzone verwandeln.

pe·di·at·ric *etc.* → *paediatric etc.*

ped·i·cel [ˈpedisəl] *s.* **1.** ⚘ Blütenstengel *m*; **2.** *anat.*, *zo.* Stiel(chen *n*) *m*; ˈ**ped·i·cle** [-kl] *s.* **1.** ⚘ Blütenstengel *m*; **2.** ⚕ Stiel *m* (*Tumor*).

ped·i·cure [ˈpedikjuə] **I.** *s.* **1.** Fußpflege *f*, Pediˈküre *f*; **2.** Fußpfleger (-in); **II.** *v/t.* **3.** *j-s* Füße behandeln *od.* pflegen; ˈ**ped·i·cur·ist** [-ərist] → *pedicure 2.*

ped·i·gree [ˈpedigri:] **I.** *s.* **1.** Stammbaum *m* (*a. zo.*), Ahnentafel *f*; **2.** Entwicklungstafel *f*; **3.** Ab-, Herkunft *f*; **4.** lange Ahnenreihe; **II.** *adj. a.* ˈ**ped·i·greed** [-i:d] **5.** mit Stammbaum, reinrassig, Zucht...

ped·i·ment [ˈpedimənt] *s.* ⚠ **1.** Giebel(feld *n*) *m*; **2.** Ziergiebel *m.*

ped·lar [ˈpedlə] *s.* Hausierer *m*; ˈ**ped·lar·y** [-ləri] *s.* **1.** Hausieren *n*; **2.** Hausiererware *f*; **3.** *fig.* Plunder *m*, Kitsch *m.*

pe·dom·e·ter [piˈdɔmitə] *s. phys.* Schrittmesser *m*, -zähler *m.*

pe·dun·cle [piˈdʌŋkl] *s.* **1.** ⚘ Blütenstandstiel *m*, Blütenzweig *m*; **2.** *zo.* Stiel *m*, Schaft *m*; **3.** *anat.* Zirbel-, Hirnstiel *m.*

pee [pi:] *v/i.* F ‚Piˈpi machen', ‚pinkeln'.

peek[1] [pi:k] **I.** *v/i.* **1.** gucken, spähen (*into* in *acc.*); **2.** ~ *out* herˈausgucken (*a. fig.*); **II.** *s.* **3.** flüchtiger Blick.

peek[2] [pi:k] *s.* Piepsen *n* (*Vogel*).

peek·a·boo [ˈpi:kəbu:] *s.* ‚Guck-Guck-Spiel' *n*, Versteckspiel *n* (*kleiner Kinder*).

peel[1] [pi:l] **I.** *v/t.* **1.** *Frucht, Kartoffeln, Bäume* schälen: *to* ~ *off* abschälen; ~*ed barley* Graupen; *keep your eyes* ~*ed sl.* halt die Augen offen; **2.** *sl. Kleider* abstreifen; **II.** *v/i.* **3.** *a.* ~ *off* sich abschälen, sich abblättern, abbröckeln, abschilfern; **4.** *sl.* ‚strippen' (*sich ausziehen*); **5.** ~ *off* ✈ *aus e-m Verband* ausscheren; **III.** *s.* **6.** (*Zitronen- etc.*) Schale *f*; Rinde *f*; Haut *f.*

peel[2] [pi:l] *s.* **1.** Backschaufel *f*, Brotschieber *m*; **2.** *typ.* Aufhängekreuz *n*; **3.** ⊕ Rieshänge *f* (*Papierherstellung*).

peel·er[1] [ˈpi:lə] *s.* **1.** (*Kartoffel- etc.*) Schäler *m*; **2.** *sl.* Stripperin *f.*

peel·er[2] [ˈpi:lə] *s. sl.* ‚Bulle' *m* (*Polizist*).

peel·ing [ˈpi:liŋ] *s.* (*lose*) Schale, Rinde *f*, Haut *f.*

peen [pi:n] ⊕ **I.** *s.* Finne *f*, Hammerbahn *f*; **II.** *v/t.* mit der Finne bearbeiten: ~ *over* verstemmen.

peep[1] [pi:p] **I.** *v/i.* **1.** piep(s)en (*Vogel etc.*): *he never dared* ~ *again* er hat es nicht mehr gewagt, den

Mund aufzumachen; **II.** *s.* **2.** Piep-(s)en *n*; **3.** *sl.* ‚Piepser' *m* (*Wort*).

peep² [pi:p] **I.** *v/i.* **1.** neugierig *od.* verstohlen blicken, gucken (*into* in *acc.*); **2.** *oft* ~ *out* her'vorgucken, -schauen, -lugen (*a. fig. sich zeigen, zum Vorschein kommen*); **II.** *s.* **3.** neugieriger *od.* verstohlener Blick: *to have* (*od. take*) *a* ~ → *1*; **4.** Blick *m* (*of* in *acc.*), ('Durch)Sicht *f*; **5.** *at* ~ *of day* bei Tagesanbruch; '**peep·er** [-pə] *s.* **1.** Spitzel *m*; **2.** *sl.* ‚Gucker' *m* (*Auge*); **3.** *sl.* Spiegel *m*; Fenster *n*; Brille *f*.

'**peep-hole** *s.* Guckloch *n*.

Peep·ing Tom ['pi:piŋ] *s.* Voy'eur *m*.

'**peep-show** *s.* **1.** Guckkasten *m*; **2.** *Am. sl.* ‚Fleischbeschau' *f* (*Striptease etc.*).

peer¹ [piə] *v/i.* **1.** spähen, lugen, gucken (*into* in *acc.*): *to* ~ *at* sich *et.* genau an- *od.* begucken; **2.** *poet.* sich zeigen, erscheinen; **3.** her'vorgucken, -lugen.

peer² [piə] *s.* **1.** Gleiche(r *m*) *f*, Ebenbürtige(r *m*) *f*: *without a* ~ ohnegleichen, unvergleichlich; *he associates with his* ~*s* er gesellt sich zu seinesgleichen; **2.** Angehörige(r) *m* des (brit.) Hochadels: ~ *of the realm Brit.* Pair (*Mitglied des Oberhauses*); **peer·age** ['piəridʒ] *s.* **1.** Pairswürde *f*; **2.** hoher Adelsstand; Pairs *pl.*; **3.** 'Adelskaˌlender *m*; **peer·ess** ['piəris] *s.* **1.** Gemahlin *f* e-s Pairs; **2.** hohe Adlige: ~ *in her own right* Inhaberin der Pairswürde; **peer·less** ['piəlis] *adj.* □ unvergleichlich, einzig(artig).

peeve [pi:v] F *v/t.* (ver)ärgern; **peeved** [-vd] *adj.* F ‚eingeschnappt', verärgert; '**pee·vish** [-viʃ] *adj.* □ grämlich, übellaunig, verdrießlich.

pee·wit ['pi:wit] → *pewit*.

peg [peg] **I.** *s.* **1.** (Holz-, *surv.* Absteck)Pflock *m*; (Holz)Nagel *m*; (Schuh)Stift *m*; ⊕ Dübel *m*; Sprosse *f* (*a. fig.*): *to take s.o. down a* ~ (*or two*) j-n ‚ducken'; *to come down a* ~ gelindere Saiten aufziehen, ‚zurückstecken'; *a round* ~ *in a square hole, a square* ~ *in a round hole* ein Mensch am falschen Platze; **2.** (Kleider)Haken *m*: *off the* ~ von der Stange (*Anzug*); **3.** (Wäsche)Klammer *f*; **4.** (Zelt)Hering *m*; **5.** ♪ Wirbel *m* (*Saiteninstrument*); **6.** *fig.* ‚Aufhänger' *m*: *a good* ~ *on which to hang a story*; **7.** *Brit.* ‚Gläs-chen' *n*, *bsd.* Whisky *m* mit Soda; **II.** *v/t.* **8.** anpflöcken, -nageln; **9.** ⊕ (ver)dübeln; **10.** *a.* ~ *out surv. Grenze, Land* abstecken: *to* ~ *out one's claim fig.* s-e Ansprüche geltend machen; **11.** ✝ *Löhne, Preise* stützen, halten: ~*ged price* Stützkurs; **12.** F schmeißen (*at* nach); **III.** *v/i.* **13.** ~ *away* (*od. along*) F drauf'los arbeiten *etc.*; **14.** ~ *out sl.* ‚eingehen' (*sterben*).

peg·a·moid ['pegəmɔid] *s.* Imitati'onsleder *n*.

'**peg|-tooth** *s.* Stiftzahn *m*; '~**top** *s.* Kreisel *m*.

peign·oir ['peinwa:; pɛɲwa:r] (*Fr.*) *s.* Frisiermantel *m e-r Frau*.

pe·jo·ra·tive ['pi:dʒərətiv] **I.** *adj.* □ verschlechternd, her'absetzend, pejora'tiv; **II.** *s. ling.* abschätziges Wort, Pejora'tivum *n*.

Pe·king·ese [pi:kiŋ'i:z] *s. sg. u. pl.* **1.** Bewohner(in) von Peking; **2.** Peki'nese *m* (*Hund*).

pel·age ['pelidʒ] *s. zo.* Körperbedeckung *f* wilder Tiere (*Fell etc.*).

pel·ar·gon·ic [pelɑ:'gɔnik] *adj.* ⚗ Pelargon...: ~ *acid*; **pel·ar'go·ni·um** [-'gounjəm] *s.* ⚘ Pelar'gonie *f*.

pelf [pelf] *s. contp.* Mammon *m*.

Pel·ham ['peləm] *s.* Kan'dare *f*.

pel·i·can ['pelikən] *s. orn.* Pelikan *m*.

pe·lisse [pe'li:s] *s.* (*langer*) Damen- *od.* Kindermantel.

pel·let ['pelit] *s.* **1.** Kügelchen *n*, Pille *f*; **2.** Schrotkorn *n* (*Munition*).

pel·li·cle ['pelikl] *s.* Häutchen *n*; Mem'bran *f*; **pel·lic·u·lar** [pe'likjulə] *adj.* häutchenförmig, Häutchen...

pell-mell ['pel'mel] **I.** *adv.* **1.** durchein'ander, ‚wie Kraut u. Rüben'; **2.** 'unterschiedslos; **3.** Hals über Kopf; **II.** *adj.* **4.** verworren, kunterbunt; **5.** hastig, über'eilt; **III.** *s.* **6.** Durchein'ander *n*.

pel·lu·cid [pe'lju:sid] *adj.* □ 'durchsichtig, klar (*a. fig.*).

pelt¹ [pelt] *s.* Fell *n*, (Tier)Pelz *m*; ✝ *rohe* Haut.

pelt² [pelt] **I.** *v/t.* **1.** *j-n mit Steinen etc.* bewerfen, (*fig. mit Fragen*) bombardieren; **2.** verhauen, prügeln; **II.** *v/i.* **3.** mit Steinen *etc.* werfen (*at* nach); **4.** niederprasseln: ~*ing rain* Platzregen; **III.** *s.* **5.** Schlag *m*, Wurf *m*; **6.** Prasseln *n* (*Regen*); **7.** Eile *f*: (*at*) *full* ~ in voller Geschwindigkeit.

pelt·ry ['peltri] *s.* **1.** Rauch-, Pelzwaren *pl.*; **2.** Fell *n*, Haut *f*.

pel·vic ['pelvik] *adj. anat.* Becken...: ~ *cavity* Beckenhöhle; **pel·vis** ['pelvis] *pl.* **-ves** [-vi:z] *s. anat.* Becken *n*.

pem·(m)i·can ['pemikən] *s.* 'Pemmikan *n* (*Dörrfleisch*).

pen¹ [pen] **I.** *s.* **1.** Pferch *m*, Hürde *f* (*Schafe*), Verschlag *m* (*Geflügel*), Hühnerstall *m*; **2.** kleiner Behälter *od.* Raum; **3.** ⚓ (U-Boot)Bunker *m*; **4.** *Am. sl.* ‚Kittchen' *n* (*Zuchthaus*); **II.** *v/t.* **5.** *a.* ~ *in*, ~ *up* einpferchen, -schließen, -sperren.

pen² [pen] **I.** *s.* **1.** (Schreib)Feder *f*, *a.* Federhalter *m*: *to set* ~ *to paper* die Feder ansetzen; ~ *and ink* Schreibmaterial; **2.** *fig.* Feder *f*, Stil *m*: *he has a sharp* ~ er führt e-e spitze Feder; **II.** *v/t.* **3.** (nieder-) schreiben; ab-, verfassen.

pe·nal ['pi:nl] *adj.* □ **1.** strafrechtlich, Straf...: ~ *code* Strafgesetzbuch; ~ *colony* Sträflingskolonie; ~ *duty* Strafzoll; ~ *institution* Strafanstalt; ~ *law* Strafrecht; ~ *reform* Strafrechtsreform; ~ *sum* Vertrags-, Konventionalstrafe; **2.** sträflich, strafbar: ~ *act*; '**pe·nal·ize** [-nəlaiz] *v/t.* **1.** mit e-r Strafe belegen, bestrafen; **2.** benachteiligen, belasten; **pen·al·ty** ['penlti] *s.* **1.** gesetzliche Strafe: *on* (*od. under*) ~ *of* bei Strafe von; → *extreme 2*; *to pay* (*od. bear*) *the* ~ *of et.* büßen; **2.** *a.* ~ *money* (Geld)Buße *f*, Vertragsstrafe *f*; **3.** *fig.* Nachteil *m*, Fluch *m des Ruhms etc.*; **4.** *sport* **a)** Strafe *f*, Strafpunkt *m*, **b)** *Fußball*: Elf'meter *m*: ~ *area Fußball*: Strafraum; ~ *box Eishockey*: Strafbank; ~ *kick Fußball*: Strafstoß; ~ *shot Eishockey*: Penalty.

pen·ance ['penəns] *s.* Buße *f*: *to do* ~ Buße tun.

'**pen-and-'ink** *adj.* Feder..., Schreiber...: ~ *drawing* Federzeichnung.

pence [pens] *pl. von penny*.

pen·chant ['pɑ̃:ŋʃɑ̃ŋ; pɑ̃ʃɑ̃] (*Fr.*) *s.* (*for*) Neigung *f*, Hang *m* (für, zu), Vorliebe *f* (für).

pen·cil ['pensl] **I.** *s.* **1.** Blei-, Zeichen-, Farbstift *m*: *red* ~ Rotstift; *in* ~ mit Bleistift; **2.** *paint. obs.* Pinsel *m*; *fig.* Stil *m e-s Malers*; **3.** *rhet.* Griffel *m*, Stift *m*; **4.** ⊕, ⚕, *Kosmetik*: Stift *m*; **5.** ⩘, *phys.* (Strahlen)Büschel *m*, *n*: ~ *of light phot.* Lichtbündel; **II.** **6.** *v/t.* zeichnen; **7.** mit e-m Bleistift aufschreiben, anzeichnen *od.* anstreichen; **8.** mit e-m Stift behandeln, *z. B. die Augenbrauen* nachziehen; '**pencil(l)ed** [-ld] *adj.* **1.** fein gezeichnet *od.* gestrichelt; **2.** mit e-m Bleistift gezeichnet *od.* angestrichen; **3.** ⩘, *phys.* gebündelt (*Strahlen etc.*).

'**pen·cil-sharp·en·er** *s.* Bleistiftspitzer *m*.

pend·ant ['pendənt] **I.** *s.* **1.** Anhänger *m* (*Schmuckstück*), Ohrgehänge *n*; **2.** Hängeleuchter *m*; **3.** Bügel *m* (*Uhr*); **4.** ⚠ Hängezierat *m*; **5.** *fig.* Anhang *m*, Anhängsel *n*; **6.** *fig.* Pen'dant *n*, Seiten-, Gegenstück *n* (*to* zu); **7.** ⚓ → *pennant 1*; **II.** *adj.* → *pendent I*; '**pend·en·cy** [-dənsi] *s. fig. bsd.* ⚖ Schweben *n*, Anhängigsein *n* (*e-s Prozesses*); '**pen·dent** [-nt] **I.** *adj.* **1.** (her'ab)hängend; 'überhängend; Hänge...; **2.** *fig.* → *pending 3*; **3.** *ling.* unvollständig; **II.** *s.* **4.** → *pendant I*; '**pen·ding** [-diŋ] **I.** *adj.* **1.** hängend; **2.** bevorstehend; **3.** *bsd.* ⚖ schwebend, (noch) unentschieden; anhängig (*Klage*); → *patent 7*; **II.** *prp.* **4.** **a)** während, **b)** bis zu.

pen·du·late ['pendjuleit] *v/i.* **1.** pendeln; **2.** *fig.* fluktuieren, schwanken; '**pen·du·lous** [-ləs] *adj.* hängend, pendelnd; Hänge...(*-bauch etc.*), Pendel...(*-bewegung etc.*); '**pen·du·lum** [-ləm] **I.** *s.* **1.** *phys.* Pendel *n*; **2.** ⊕ **a)** Pendel *n*, Perpen'dikel *m*, *n* (*Uhr*), **b)** Schwunggewicht *n*; **3.** *fig.* Pendelbewegung *f*, wechselnde Stimmung *od.* Haltung; → *swing 20*; **II.** *adj.* **4.** Pendel...(*-säge, -uhr, -waage etc.*): ~ *wheel* Unruhe *der Uhr*.

pen·e·tra·bil·i·ty [penitrə'biliti] *s.* Durch'dringbarkeit *f*, Durch'dringlichkeit *f*; **pen·e·tra·ble** ['penitrəbl] *adj.* □ durch'dringlich, erfaßbar, erreichbar; **pen·e·tra·li·a** [peni'treiljə] (*Lat.*) *s. pl.* **1.** *das* Innerste, *das* Aller'heiligste; **2.** *fig.* Geheimnisse *pl.*; in'time Dinge *pl.*

pen·e·trate ['penitreit] **I.** *v/t.* **1.** durch'dringen, eindringen in (*acc.*), durch'bohren; ⚔ durch'stoßen; **2.** *fig. seelisch* durch'dringen, erfüllen; **3.** *fig. geistig* eindringen in (*acc.*), ergründen, durch'schauen; **II.** *v/i.* **4.** eindringen, 'durchdringen (*into*, *to* in *acc.*, zu); ✈, ⚔ einfliegen; **5.** 'durch-, vordringen (*to* zu); **6.** *fig.* ergründen: *to* ~ *into a secret*; '**pen·e·trat·ing** [-tiŋ] *adj.* □ **1.** 'durchdringend, durch'bohrend (*a. Blick*): ~ *power* ⚔ Durchschlagskraft; **2.** *fig.* durch'dringend, scharf(sinnig); **pen·e·tra·tion** [peni'treiʃən] *s.* **1.** Ein-, 'Durchdringen, Durch'bohren *n*: *peaceful* ~ *fig. pol.* friedliche Durchdringung *e-s Landes*; **2.** Eindringungsvermögen *n*, 'Durchschlagskraft *f* (*e-s Geschosses*); Tiefenwirkung *f*; **3.** ⚔ 'Durch-, Einbruch *m*; ✈ Einflug *m*; **4.** *phys.* Schärfe *f*, Auflösungsvermögen *n* (*Auge, Objektiv etc.*); **5.** *fig.* Ergründung *f*; **6.** *fig.* Scharfsinn *m*, durch'dringender Verstand; '**pen·e·tra·tive** [-trətiv] *adj.* □ → *penetrating.*

'**pen-friend** *s.* Brieffreund(in).

pen·guin ['peŋgwin] *s.* Pinguin *m.*

'**pen·hold·er** *s.* Federhalter *m.*

pen·i·cil·lin [peni'silin] *s.* ⚕ Penicil'lin *n.*

pen·in·su·la [pi'ninsjulə] *s.* Halbinsel *f*; **pen'in·su·lar** [-lə] *adj.* **1.** Halbinsel...; **2.** halbinselförmig.

pe·nis ['pi:nis] *s. anat.* Penis *m.*

pen·i·tence ['penitəns] *s.* Bußfertigkeit *f*, Buße *f*, Reue *f*; '**pen·i·tent** [-nt] **I.** *adj.* □ **1.** bußfertig, reuig, zerknirscht; **II.** *s.* **2.** Bußfertige(r *m*) *f*, Büßer(in); **3.** Beichtkind *n*; **pen·i·ten·tial** [peni'tenʃəl] *eccl.* **I.** *adj.* □ bußfertig, Buß...; **II.** *s. a.* ~ *book R.C.* Buß-, Pöni'tenzbuch *n*; **pen·i·ten·tia·ry** [peni'tenʃəri] **I.** *s.* **1.** *eccl.* Bußpriester *m*; **2.** *Am.* Zuchthaus *n*, Strafanstalt *f*; **3.** Besserungsanstalt *f*; **II.** *adj.* **4.** *eccl.* Buß...

'**pen|·knife** *s.* [*irr.*] Feder-, Taschenmesser *n*; '**~·man** [-mən] *s.* [*irr.*] **1.** Schönschreiber *m*, Kalli'graph *m*; **2.** Schriftsteller *m*; '**~·man·ship** [-mənʃip] *s.* **1.** Schreibkunst *f*; **2.** Stil *m*; schriftstellerisches Können; '**~-name** *s.* Schriftstellername *m*, Pseudo'nym *n.*

pen·nant ['penənt] *s.* **1.** ⚓, ⚔ Wimpel *m*, Stander *m*, kleine Flagge; **2.** (Lanzen)Fähnchen *n*; **3.** *sport Am.* Siegeswimpel *m*; *fig.* Meisterschaft *f*; **4.** ♪ *Am.* Fähnchen *n.*

pen·ni·less ['penilis] *adj.* □ ohne (e-n Pfennig) Geld, mittellos, ganz arm.

pen·non ['penən] *s.* **1.** *bsd.* ⚔ Fähnlein *n*, Wimpel *m*, Lanzenfähnchen *n*; **2.** Fittich *m*, Schwinge *f.*

Penn·syl·va·nia Dutch [pensil'veinjə] *s.* **1.** *coll.* in Pennsyl'vania lebende 'Deutsch-Ameri,kaner *pl.*; **2.** *ling.* Pennsyl'vanisch-Deutsch *n.*

pen·ny ['peni] *pl.* **-nies** *od. coll.* **pence** [pens] *s.* **1. a)** *brit.* Penny *m*, (=£0.01=1p), **b)** *Am.* Centstück *n*: *in for a* ~, *in for a pound* wer A sagt, muß auch B sagen; *the* ~ *dropped humor.* ‚der Groschen ist gefallen' (bei ihm *etc.*); **2.** *fig.* Pfennig *m*, Heller *m*, Kleinigkeit *f*: *not worth a* ~ keinen Heller wert; *he hasn't a* ~ *to bless himself with* er hat keinen roten Heller; *a* ~ *for your thoughts* ich gäb' was dafür, wenn ich wüßte, woran Sie jetzt denken; **3.** *fig.* Geld *n*: *to turn an honest* ~ sich et. (durch ehrliche Arbeit) (da'zu-)verdienen; *a pretty* ~ ein hübsches Sümmchen.

'**pen·ny|-a-'lin·er** *s. bsd. Brit.* Schreiberling *m*, Zeilenschinder *m*; **~ dread·ful** *s.* 'Groschen-, 'Schauerro,man *m*; Groschenblatt *n*; '**~-in-the-'slot** *adj.* aus dem 'Groschenauto,maten, Automaten...: ~ *machine* (Verkaufs)Automat; '**~-weight** *s. Brit.* Pennygewicht *n* ($1^1/_2$ *Gramm*); '**~-wise** *adj.* sparsam in Kleinigkeiten: ~ *and pound-foolish* im Kleinen sparsam, im Großen verschwenderisch; '**~·worth** ['penəθ] *s.* **1.** was man für e-n Penny kaufen kann, Pfennigwert *m*: *a* ~ *of tobacco* für e-n Penny Tabak; **2.** (wohlfeiler) Kauf.

pe·no·log·ic *adj.*; **pe·no·log·i·cal** [pi:nə'lɔdʒik(əl)] *adj.* □ ⚖ krimi'nalkundlich, Strafvollzugs...; **pe·nol·o·gist** [pi:'nɔlədʒist] *s.* Strafrechtler *m*; **pe·nol·o·gy** [pi:'nɔlədʒi] *s.* Krimi'nalstrafkunde *f*, *bsd.* Strafvollzugslehre *f.*

pen·sion[1] ['pɑ̃:ŋsiɔ̃:ŋ; pɑ̃sjɔ̃] (*Fr.*) *s.* **1.** Pensi'on *f*, Fremdenheim *n*; **2.** Pensio'nat *n*, Inter'nat *n* (*bsd. auf dem Kontinent*).

pen·sion[2] ['penʃən] **I.** *s.* Pensi'on *f*, Ruhegeld *n*, Rente *f*: ~ *fund* Pensionskasse; *entitled to a* ~ pensionsberechtigt; **II.** *v/t. oft* ~ *off j-n* pensionieren; '**pen·sion·a·ble** [-ʃnəbl] *adj.* **1.** pensi'onsberechtigt; **2.** zu e-r Pensi'on berechtigend; '**pen·sion·ar·y** [-ʃnəri], '**pen·sion·er** [-ʃənə] *s.* **1.** Pensio'när *m*, Ruhegeldempfänger(in), Rentner(in); **2.** *fig. contp.* Mietling *m.*

pen·sive ['pensiv] *adj.* □ **1.** nachdenklich, sinnend, gedankenvoll; **2.** ernst, tiefsinnig; '**pen·sive·ness** [-nis] *s.* Nachdenklichkeit *f*; Tiefsinn *m*, Ernst *m.*

'**pen·stock** *s.* ⊕ **1.** Wehr *n*, Stauanlage *f*, Schleuse *f*; **2.** *Am.* Rohrzuleitung *f*, Druckrohr *n.*

pen·ta·cle ['pentəkl] → *pentagram.*

pen·ta·gon ['pentəgən] *s.* ⚹ Fünfeck *n*: *the* ♀ *Am.* das Pentagon (*Gebäude des amer. Verteidigungsministeriums*); **pen·tag·o·nal** [pen'tægənl] *adj.* fünfeckig; '**pen·ta·gram** [-græm] *s.* Penta'gramm *n*, Drudenfuß *m*; '**pen·ta·grid** [-grid] *adj. Radio*: Fünfgitter...: ~ *valve* Fünfgitterröhre; **pen·ta·he·dral** [pentə'hi:drəl] *adj.* ⚹ fünfflächig; **pen·ta·he·dron** [pentə'hedrən] *pl.* **-drons** *od.* **-dra** [-drə] *s.* ⚹ ,Penta'eder *n*; **pen·tam·e·ter** [pen'tæmitə] *s.* Pen'tameter *m.*

Pen·ta·teuch ['pentətju:k] *s. bibl.* Penta'teuch *m*, die Fünf Bücher Mose.

pen·tath·lete [pen'tæθli:t] *s. sport* Fünfkämpfer(in); **pen'tath·lon** [-lɔn] *s. sport* Fünfkampf *m.*

pen·ta·va·lent [pentə'veilənt] *adj.* ⚗ fünfwertig.

Pen·te·cost ['pentikɔst] *s.* Pfingsten *n od. pl.*, Pfingstfest *n*; **Pen·te·cos·tal** [penti'kɔstl] *adj.* pfingstlich; Pfingst...

pent·house ['penthaus] *s.* △ **1.** Wetter-, Vor-, Schirmdach *n*; **2.** Anbau *m*, Nebengebäude *n*, angebauter Schuppen; **3.** Penthouse *n*, 'Dachter,rassenwohnung *f.*

pen·tode ['pentoud] *s.* ⚡ Pen'tode *f*, Fünfpolröhre *f.*

'**pent-'up** *adj.* **1.** eingepfercht; **2.** *fig.* angestaut (*Gefühle*): ~ *demand* ✝ *Am.* Nachholbedarf.

pe·nult [pi'nʌlt] *s. ling.* vorletzte Silbe; **pe'nul·ti·mate** [-timit] **I.** *adj.* vorletzt; **II.** *s.* → *penult.*

pe·num·bra [pi'nʌmbrə] *pl.* **-bras** *s.* Halbschatten *m.*

pe·nu·ri·ous [pi'njuəriəs] *adj.* □ **1.** geizig, knauserig; **2.** karg; **pen·u·ry** ['penjuri] *s.* Knappheit *f*, Armut *f*, Not *f*, Mangel *m.*

pe·on [pju:n] *s.* **1.** Sol'dat *m*, Poli'zist *m*, Bote *m* (*in Indien u. Ceylon*); **2.** Tagelöhner *m* (*in Südamerika*); **3.** (*durch Geldschulden*) zu Dienst verpflichteter Arbeiter (*Mexiko*); '**pe·on·age** [-nidʒ], '**pe·on·ism** [-nizəm] *s.* Dienstbarkeit *f*, Leibeigenschaft *f.*

pe·o·ny ['pi:əni] *s.* ⚘ Pfingstrose *f.*

peo·ple ['pi:pl] **I.** *s.* **1.** *pl. konstr.* die Leute *pl.*, die Menschen *pl.*: *English* ~ (die) Engländer; *London* ~ die Londoner (Bevölkerung); *country* ~ Landleute, -bevölkerung; *literary* ~ (die) Literaten; *a great many* ~ sehr viele Leute; *some* ~ manche; *he of all* ~ ausgerechnet er; **2.** *the* ~ **a)** *a. sg. konstr.* das *gemeine* Volk, **b)** die Bürger *pl.*, die Wähler *pl.*; **3.** *pl.* ~*s* Volk *n*, Nati'on *f*: *the* ~*s of Europe*; *the chosen* ~ das auserwählte Volk; **4.** *pl. konstr.* F *j-s* Angehörige *pl.*, Fa'milie *f*: *my* ~ m-e Leute; **5.** F man: ~ *say* man sagt; **II.** *v/t.* **6.** bevölkern (*with* mit).

peo·ple's re·pub·lic *s. pol.* 'Volksrepu,blik *f*: *the* ♀ *of Poland.*

pep [pep] *sl.* **I.** *s.* E'lan *m*, Schwung *m*, ‚Schmiß' *m*: ~ *pill* Aufputschungsmittel; ~ *talk* Anfeuerung, ermunternde Worte; **II.** *v/t.* ~ *up* **a)** *j-n* ‚aufmöbeln', in Schwung bringen, **b)** *j-n* anfeuern, **c)** *Geschichte* ‚pfeffern'.

pep·per ['pepə] **I.** *s.* **1.** Pfeffer *m* (*a. fig. et. Scharfes*); **2.** ⚘ Pfefferstrauch *m*, *bsd.* **a)** Spanischer Pfeffer, **b)** Roter Pfeffer, Cay'ennepfeffer *m*, **c)** Paprika *m*; **3.** pfefferähnliches Gewürz: ~ *cake* Ingwerkuchen; **II.** *v/t.* **4.** pfeffern; **5.** *fig. Stil etc.* würzen; **6.** *fig.* sprenkeln, bestreuen; **7.** *fig.* ‚bepfeffern', bombardieren (*a. mit Fragen etc.*); **8.** *fig.* 'durchprügeln; '**~-and-'salt I.** *adj.* pfeffer-und-'salz-farbig, graugesprenkelt (*Stoff*); **II.** *s.* Anzug *m* aus pfeffer-und-salz-farbenem Stoff; '**~·box** *s. bsd. Brit.*, '**~-cast·or** *s.* Pfefferbüchse *f*, -streuer *m*; '**~·corn** *s.* Pfefferkorn *n*; '**~·mint** *s.* **1.** ⚘ Pfefferminze *f*; **2.** Pfefferminzöl *n*; **3.** *a.* ~ *drop*, ~ *lozenge* Pfefferminzplätzchen *n.*

pep·per·y ['pepəri] *adj.* **1.** pfefferig, scharf; **2.** *fig.* hitzig, jähzornig; **3.** beißend, scharf (*Stil*).

pep·py ['pepi] *adj. sl.* schwungvoll, ‚schmissig', forsch.

pep·sin ['pepsin] *s.* ⚗ Pep'sin *n*; **pep·tic** ['peptik] *anat. adj.* **1.** Verdauungs...: ~ *gland* Magendrüse; ~ *ulcer* ⚕ Magengeschwür; **2.** verdauungsfördernd, peptisch; **pep·tone** ['peptoun] *s. physiol.* Pep'ton *n.*

per [pə:; pə] *prp.* **1.** per, durch: ~ *bearer* durch Überbringer; ~ *post* durch die Post, auf dem Postwege; ~ *rail* per Bahn; **2.** pro, je, für: ~ *annum* pro Jahr, jährlich; ~ *capita* pro

Kopf, pro Person; ~ *capita quota* Kopfbetrag; ~ *cent* pro *od.* vom Hundert; ~ *second* in der *od.* pro Sekunde; **3.** laut, gemäß († *a. as* ~).

per·ad·ven·ture [pərəd'ventʃə] *adv. obs.* viel'leicht, ungefähr.

per·am·bu·late [pə'ræmbjuleit] **I.** *v/t.* **1.** durch'wandern, -'reisen, -'ziehen; **2.** bereisen, besichtigen; **3.** die Grenzen *e-s Gebiets* abschreiten; **II.** *v/i.* **4.** um'herwandern; **per·am·bu·la·tion** [pəræmbju'leiʃən] *s.* **1.** Durch'wanderung *f*; **2.** Bereisen *n*, Besichtigung(sreise) *f*; **3.** Grenzbegehung *f*; **per·am·bu·la·tor** ['præmbjuleitə] *s.* **1.** *bsd. Brit.* Kinderwagen *m*; **2.** Durch'wanderer *m*; **3.** *surv.* Meßrad *n*.

per·ceiv·a·ble [pə'si:vəbl] *adj.* □ **1.** wahrnehmbar, spürbar, merklich; **2.** verständlich; **per·ceive** [pə'si:v] *v/t. u. v/i.* **1.** wahrnehmen, empfinden, (be)merken, spüren; **2.** verstehen, erkennen, begreifen.

per·cent, *Brit.* **per cent** [pə'sent] **I.** *adj.* **1.** ...prozentig; **II.** *s.* **2.** Pro'zent *n* (⁰/₀); **3.** *pl.* 'Wertpa₁piere *pl.* mit feststehendem Zinssatz: *three per cents* dreiprozentige Wertpapiere; **per'cent·age** [-tidʒ] *s.* **1.** Pro'zent-, Hundertsatz *m*; Prozentgehalt *m*: ~ *by weight* Gewichtsprozent; **2.** † Pro'zente *pl.*; **3.** *weitS.* Teil *m*, Anteil *m* (*of* an *dat.*); **4.** † Gewinnanteil *m*, Provisi'on *f*, Tan'tieme *f*.

per·cept ['pə:sept] *s. phls.* wahrgenommener Gegenstand; **per·cep·ti·bil·i·ty** [pəseptə'biliti] *s.* Wahrnehmbarkeit *f*; **per·cep·ti·ble** [pə'septəbl] *adj.* □ wahrnehmbar, merklich; **per·cep·tion** [pə'sepʃən] *s.* **1.** (sinnliche *od.* geistige) Wahrnehmung, Empfindung *f*; **2.** Wahrnehmungsvermögen *n*; **3.** Auffassung(skraft) *f*; **4.** Begriff *m*, Vorstellung *f*; **5.** Erkenntnis *f*; **per·cep·tion·al** [pə'sepʃənl] *adj.* Wahrnehmungs..., Empfindungs...; **per·cep·tive** [pə'septiv] *adj.* □ **1.** wahrnehmend, Wahrnehmungs...; **2.** auffassungsfähig, scharfsichtig; **per·cep·tiv·i·ty** [pəsep'tiviti] *s.* Wahrnehmungsvermögen *n*.

perch¹ [pə:tʃ] *pl.* '**perch·es** [-iz] *od.* **perch** *s. ichth.* Flußbarsch *m*.

perch² [pə:tʃ] **I.** *s.* **1.** (Auf)Sitzstange *f für Vögel*, Hühnerstange *f*; **2.** F *fig.* hoher (sicherer) Sitz, ‚Thron' *m*: *to knock s.o. off his* ~ *fig.* j-n besiegen *od.* demütigen; *come off your* ~! F tu nicht so überlegen!; **3.** *surv.* Meßstange *f*; **4.** Rute *f* (*Längenmaß* = *5,029 m*); **5.** ⚓ Pricke *f*; **6.** Lang-, Lenkbaum *m e-s Wagens*; **II.** *v/i.* **7.** sich setzen *od.* niederlassen (*on* auf *acc.*), sitzen (*Vögel*); *fig.* hoch sitzen; **III.** *v/t.* **8.** (*auf et. Hohes*) setzen: *to* ~ *o.s.* sich setzen; *to be* ~*ed* sitzen.

per·chance [pə'tʃɑ:ns] *adv. poet.* viel'leicht, zufällig.

perch·er ['pə:tʃə] *s. orn.* Sitzvogel *m*.

per·chlo·rate [pə'klɔ:rit] *s.* ⚗ Perchlo'rat *n*; **per'chlo·ric** [-ik] *adj.* 'überchlorig: ~ *acid* Über- *od.* Perchlorsäure.

per·cip·i·ence [pə(:)'sipiəns] *s.* **1.** Wahrnehmen *n*; **2.** Wahrnehmung(svermögen *n*) *f*; **per'cip·i·ent** [-nt] *adj.* wahrnehmend, Wahrnehmungs...

per·co·late ['pə:kəleit] **I.** *v/t.* **1.** *Kaffee etc.* filtern, 'durchseihen, 'durchsickern lassen; **II.** *v/i.* **2.** 'durchsintern, -sickern: *percolating tank* Sickertank; **3.** gefiltert werden; **per·co·la·tion** [pə:kə'leiʃən] *s.* 'Durchseihung *f*, Filtrati'on *f*; '**per·co·la·tor** [-tə] *s.* Filtriertrichter *m*, Perko'lator *m*, 'Kaffee(filter)ma₁schine *f*.

per·cuss [pə'kʌs] *v/t. u. v/i.* ⚕ perkutieren, abklopfen; **per'cus·sion** [-ʌʃən] **I.** *s.* **1.** Schlag *m*, Stoß *m*, Erschütterung *f*, Aufschlag *m*; **2.** ⚕ **a)** Perkus'sion *f*, **b)** 'Klopfmas₁sage *f*; **3.** ♪ *coll.* 'Schlaginstru₁mente *pl.*, -zeug *n*; **II.** *adj.* **4.** Schlag..., Stoß..., Zünd...: ~ *cap* Zündhütchen; ~ *fuse* ⚔ Aufschlagzünder; ~ *instrument* ♪ Schlaginstrument; **III.** *v/t.* **5.** ⚕ **a)** perkutieren, **b)** durch Beklopfen massieren; **per'cus·sion·ist** [-ʌʃnist] *s.* ♪ Schlagzeuger *m*; **per'cus·sive** [-siv] *adj.* schlagend, Schlag..., Stoß...

per·cu·ta·ne·ous [pə:kju(:)'teinjəs] *adj.* □ ⚕ perku'tan, durch die Haut hin'durch.

per di·em [pə:'daiem] **I.** *adj. u. adv.* täglich; **II.** *s. Am.* Tagegeld *n*.

per·di·tion [pə:'diʃən] *s.* **1.** Verderben *n*; **2.** ewige Verdammnis; Hölle *f*.

per·du(e) [pə:'dju:] *adj.* im 'Hinterhalt, auf der Lauer.

per·e·gri·nate ['perigrineit] **I.** *v/i.* wandern, um'herreisen; **II.** *v/t.* durch'wandern, bereisen; **per·e·gri·na·tion** [perigri'neiʃən] *s.* **1.** Wandern *n*, Wanderschaft *f*; **2.** Wanderung *f*; **3.** *fig.* Weitschweifigkeit *f*.

per·emp·to·ri·ness [pə'remptərinis] *s.* **1.** Entschiedenheit *f*, Bestimmtheit *f*; herrisches Wesen; **2.** Endgültigkeit *f*; **per·emp·to·ry** [pə'remptəri] *adj.* □ **1.** entschieden, bestimmt; gebieterisch, herrisch; **2.** entscheidend, endgültig; zwingend, defini'tiv: *a* ~ *command*.

per·en·ni·al [pə'renjəl] **I.** *adj.* □ **1.** das ganze Jahr *od.* Jahre hin'durch dauernd, beständig; **2.** immerwährend, anhaltend; **3.** ⚘ perennierend, winterhart; **II.** *s.* **4.** ⚘ perennierende Pflanze.

per·fect ['pə:fikt] **I.** *adj.* □ → *perfectly*; **1.** 'vollkommen, voll'endet, fertig, fehler-, makellos, ide'al: *to make* ~ vervollkommnen; ~ *pitch* ♪ absolutes Gehör; **2.** gründlich (ausgebildet), per'fekt (*in* in *dat.*); **3.** gänzlich, 'vollständig: *a* ~ *circle*; ~ *strangers* wildfremde Leute; **4.** F rein, bar, bloß: ~ *nonsense*; *a* ~ *fool* ein ausgemachter Narr; **5.** voll'endet: ~ *participle* Mittelwort der Vergangenheit; ~ *tense* Perfekt; **II.** *s.* **6.** *ling.* Perfekt *n*: *past* ~ Plusquamperfekt; **III.** *v/t.* [pə'fekt] **7.** voll'enden; ver'vollkommnen (*a. fig.*): *to* ~ *o.s. in* sich vervollkommnen in (*dat.*); **per·fect·i·ble** [pə'fektəbl] *adj.* ver'vollkommnungsfähig; **per·fec·tion** [pə'fekʃən] **I.** *s.* **1.** Ver'vollkommnung *f*; **2.** *fig.* Voll'kommenheit *f*, Voll'endung *f*, Perfekti'on *f*: *to bring to* ~ vervollkommnen; *to* ~ vollkommen, meisterlich; **3.** Vortrefflichkeit *f*; **4.** Fehler-, Makellosigkeit *f*; **5.** *fig.* Gipfel *m*; **per·fec·tion·ist** [pə'fekʃnist] *s.* j-d der *bei jeder Arbeit* nach fehlerloser Leistung strebt, Perfektio'nist *m*; '**per·fect·ly** [-ktli] *adv.* **1.** vollkommen, fehlerlos; gänzlich, völlig; **2.** F ganz, geradezu, einfach *wunderbar etc.*

per·fid·i·ous [pə:'fidiəs] *adj.* □ treulos, verräterisch, falsch, heimtükkisch; **per'fid·i·ous·ness** [-nis], **per·fi·dy** ['pə:fidi] *s.* Treulosigkeit *f*, Falschheit *f*, Perfi'die *f*, Tücke *f*, Verrat *m*.

per·fo·rate I. *v/t.* ['pə:fəreit] durch'bohren, -'löchern, lochen, perforieren: ~*d disk* ⊕ (Kreis)Lochscheibe; ~*d tape* Lochstreifen; ~*ed-card system* Hollerithsystem; **II.** *adj.* [-rit] durch'löchert, gelocht; **per·fo·ra·tion** [pə:fə'reiʃən] *s.* **1.** Durch'bohrung *f*, -'lochung *f*, -'löcherung *f*, Perforati'on *f*; **2.** Lochung *f*, gelochte Linie; **3.** Loch *n*, Öffnung *f*; '**per·fo·ra·tor** [-tə] *s.* Locher *m* (*Gerät*).

per·force [pə'fɔ:s] *adv.* notgedrungen.

per·form [pə'fɔ:m] **I.** *v/t.* **1.** *Arbeit, Dienst etc.* verrichten, leisten, machen, tun, ausführen; **2.** voll'bringen, -'ziehen, 'durchführen; *e-r Verpflichtung* nachkommen, *e-e Pflicht, a. e-n Vertrag* erfüllen; **3.** *Theaterstück, Konzert etc.* aufführen, geben, spielen; *e-e Rolle* spielen, darstellen; **II.** *v/i.* **4.** et. ausführen *od.* leisten; ⊕ funktionieren, arbeiten; **5.** ⚖ leisten: *able to* ~ leistungsfähig; **6.** *thea. etc.* e-e Vorstellung geben, auftreten, vortragen: *to* ~ *on the piano* Klavier spielen, auf dem Klavier et. vortragen; **per'form·ance** [-məns] *s.* **1.** Verrichtung *f*, Aus-, 'Durchführung *f*; **2.** Tat *f*, Werk *n*; **3.** Voll'ziehung *f*, Erfüllung *f* (*Pflicht, Versprechen*); **4.** ⚖ Leistung *f*; (Vertrags)Erfüllung *f*: ~ *in kind* Sachleistung; **5.** ♪, *thea.* Aufführung *f*; Vorstellung *f*; Vortrag *m*; **6.** *thea.* Darstellung(skunst) *f*, Spiel *n*; **7.** Leistung *f* (*a.* ⊕): ~ *principle sociol.* Leistungsprinzip; ~ *test ped.* Leistungsprüfung; **per'form·er** [-mə] *s.* Schauspieler(in); Darsteller(in); Musiker(in); Künstler(in); **per'form·ing** [-miŋ] *adj.* dressiert (*Tier*).

per·fume I. *v/t.* [pə'fju:m] **1.** mit Duft erfüllen, parfümieren (*a. fig.*); **II.** *s.* ['pə:fju:m] **2.** Duft *m*, Wohlgeruch *m*; **3.** Par'füm *n*, Duftstoff *m*; **per'fum·er** [-mə] *s.* Parfüme'riehändler *m*, Parfü'meur *m*; **per'fum·er·y** [-məri] *s.* Parfüme'rien *pl.*; Parfüme'rie(geschäft *n*) *f*.

per·func·to·ry [pə'fʌŋktəri] *adj.* □ **1.** oberflächlich, obenhin, nachlässig, flüchtig; **2.** me'chanisch, inter'esselos.

per·go·la ['pə:gələ] *s.* Laube *f*, offener Laubengang, 'Pergola *f*.

per·haps [pə'hæps, præps] *adv.* viel'leicht.

per·i·car·di·tis [perikɑ:'daitis] *s.* ⚕ Herzbeutelentzündung *f*, Perikar'ditis *f*; **per·i·car·di·um** [peri'kɑ:-

djəm] *pl.* **-di·a** [-djə] *s. anat.* **1.** Herzbeutel *m*; **2.** Herzfell *n*.

per·i·carp ['perikɑːp] *s.* ⚘ Fruchthülle *f*.

per·i·gee ['peridʒiː] *s. ast.* Erdnähe *f*.

per·i·he·li·on [peri'hiːljən] *s. ast.* Sonnennähe *f e-s Planeten*.

per·il ['peril] **I.** *s.* Gefahr *f*, Risiko *n* (*a.* †): *in ~ of one's life* in Lebensgefahr; *at (one's) ~* auf eigene Gefahr; *at the ~ of* auf die Gefahr hin, daß; **II.** *v/t.* gefährden; '**per·il·ous** [-ləs] *adj.* □ gefährlich.

per·im·e·ter [pə'rimitə] *s.* **1.** & 'Umkreis *m*; **2.** Periphe'rie *f*: *~ position* ⚔ Randstellung.

per·i·ne·um [peri'niːəm] *pl.* **-ne·a** [-ə] *s. anat.* Damm *m*, Schamleiste *f*.

pe·ri·od ['piəriəd] **I.** *s.* **1.** Peri'ode *f* (*a.* &, ♪), Zeit(dauer *f*, -raum *m*, -spanne *f*) *f*, Frist *f*: *~ of appeal* ⚖ Berufungsfrist; *~ of exposure phot.* Belichtungszeit; *~ of office* Amtsdauer; *for a ~* für einige Zeit; *for a ~ of* auf die Dauer von; **2.** *ast.* 'Umlaufszeit *f*; **3.** (vergangenes *od.* gegenwärtiges) Zeitalter: *glacial ~* Eiszeit; *dresses of the ~* zeitgenössische Kleider; *a girl of the ~* ein modernes Mädchen; **4.** *ped.* ('Unterrichts)Stunde *f*; **5.** *a. monthly ~* (*od.* *~s pl.*) ⚕ Periode *f der Frau*; **6.** ⚡ Periode *f*, Schwingungsdauer *f*; **7.** (Sprech)Pause *f*, Absatz *m*; **8.** *ling.* **a)** Punkt *m*: *to put a ~ to fig. e-r Sache* ein Ende setzen, **b)** Satzgefüge *n*, **c)** *pl.* blumiger Stil; **II.** *adj.* **9. a)** zeitgeschichtlich, Zeit...: *a ~ play* ein Zeitstück, **b)** Stil...: *~ furniture*; *~ house* Haus im Zeitstil.

pe·ri·od·ic¹ [piəri'ɔdik] *adj.* (□ *~ally*) **1.** peri'odisch, Kreis..., regelmäßig 'wiederkehrend; **2.** *ling.* rhe'torisch, wohlgefügt (*Satz*).

per·i·od·ic² [pəːai'ɔdik] *adj.* ⚗ per-, 'überjodsauer: *~ acid* Überjodsäure.

pe·ri·od·i·cal [piəri'ɔdikəl] **I.** *adj.* □ **1.** → *periodic¹*; **2.** regelmäßig erscheinend; **3.** Zeitschriften...; **II.** *s.* **4.** Zeitschrift *f*; **pe·ri·o·dic·i·ty** [piəriə'disiti] *s.* **1.** Periodizi'tät *f* (*a.* ⚕); **2.** ⚗ Stellung *f* e-s Ele'ments in der A'tomgewichtstafel; **3.** ⚡ Fre'quenz *f*.

per·i·os·te·um [peri'ɔstiəm] *pl.* **-te·a** [-ə] *s. anat.* Knochenhaut *f*; **per·i·os·ti·tis** [periɔs'taitis] *s.* ⚕ Knochenhautentzündung *f*.

per·i·pa·tet·ic [peripə'tetik] *adj.* (□ *~ally*) **1.** um'herwandelnd; **2.** ♀ *phls.* peripa'tetisch; **3.** *fig.* weitschweifig.

pe·riph·er·al [pə'rifərəl] *adj.* □ **1.** peri'pherisch, Rand...; **2.** *anat.* peri'pher; **pe·riph·er·y** [pe'rifəri] *s.* Periphe'rie *f*; *fig. a.* Rand *m*, Grenze *f*.

pe·riph·ra·sis [pə'rifrəsis] *pl.* **-ses** [-siːz] *s.* Um'schreibung *f*, Peri'phrase *f*; **per·i·phras·tic** [peri'fræstik] *adj.* (□ *~ally*) um'schreibend.

per·i·scope ['periskoup] *s.* ⚔ **1.** Sehrohr *n* (*U-Boot, Panzer*); **2.** Beobachtungsspiegel *m*.

per·ish ['periʃ] **I.** *v/i.* **1.** 'umkommen, 'untergehen, zu'grunde gehen, sterben, (tödlich) verunglücken (*by, of, with* durch, von, an *dat.*): *to ~ by drowning* ertrinken; *~ the thought!* daran ist nicht zu denken!; **2.** hinschwinden, absterben, eingehen; **II.** *v/t.* **3.** vernichten (*mst pass.*): *to be ~ed with* F umkommen vor *Kälte etc.*; '**per·ish·a·ble** [-ʃəbl] **I.** *adj.* □ vergänglich; leichtverderblich (*Lebensmittel etc.*); **II.** *s. pl.* leichtverderbliche Waren *pl.*; '**per·ish·er** [-ʃə] *s. Brit. sl.* Lümmel *m*; '**per·ish·ing** [-ʃiŋ] **I.** *adj.* □ vernichtend, tödlich (*a. fig.*); **II.** *adv.* F scheußlich, verflixt.

per·i·style ['peristail] *s.* ⚠ Säulengang *m*.

per·i·to·n(a)e·um [peritou'niːəm] *pl.* **-ne·a** [-ə] *s. anat.* Bauchfell *n*; **per·i·to'ni·tis** [-tə'naitis] *s.* ⚕ Bauchfellentzündung *f*.

per·i·wig ['periwig] *s.* Pe'rücke *f*.

per·i·win·kle¹ ['periwiŋkl] *s.* ⚘ Immergrün *n*.

per·i·win·kle² ['periwiŋkl] *s. zo.* (*eßbare*) Uferschnecke.

per·jure ['pəːdʒə] *v/t.*: *~ o.s.* e-n Meineid leisten, meineidig werden; *~d* meineidig; '**per·jur·er** [-ərə] *s.* Meineidige(r *m*) *f*; '**per·ju·ry** [-dʒəri] *s.* Meineid *m*.

perk¹ [pəːk] *s. mst pl. bsd. Brit.* F freiwillige Sozi'alleistung (*des Arbeitgebers*).

perk² [pəːk] **I.** *v/i. mst ~ up* **1.** (lebhaft) den Kopf recken, munter werden; **2.** *fig.* die Nase hochtragen, selbstbewußt *od.* frech auftreten; **3.** *fig.* sich erholen; **II.** *v/t. mst ~ up* **4.** *den Kopf* recken; *die Ohren* spitzen: *to ~ (up) one's ears*; **5.** *~ o.s. (up)* **a)** sich hübsch machen, **b)** *fig.* munter werden; '**perk·i·ness** [-kinis] *s.* Keckheit *f*, Selbstbewußtsein *n*; '**perk·y** [-ki] *adj.* □ **1.** flott, forsch; **2.** keck, dreist, frech.

perm [pəːm] *s.* F Dauerwelle *f*.

per·ma·nence ['pəːmənəns] *s.* **1.** Perma'nenz *f* (*a. phys.*), Ständigkeit *f*, (Fort)Dauer *f*; **2.** Beständigkeit *f*, Dauerhaftigkeit *f*; '**per·ma·nen·cy** [-si] **1.** → *permanence*; **2.** et. Dauerhaftes *od.* Bleibendes; feste Anstellung, Dauerstellung *f*; '**per·ma·nent** [-nt] *adj.* □ (fort)dauernd, bleibend, perma'nent; ständig (*Ausschuß, Bauten, Personal, Wohnsitz etc.*); dauerhaft, Dauer... (*-magnet, -stellung, -ton, -wirkung etc.*), mas'siv (*Bau*): *~ assets* † Anlagevermögen; *~ call teleph.* Dauerbelegung; *~ situation* † Dauer-, Lebensstellung; *~ wave* Dauerwelle; *~ way* 🚂 Bahnkörper, Oberbau.

per·man·ga·nate [pəː'mæŋgənit] *s.* ⚗ Permanga'nat *n*: *~ of potash* Kaliumpermanganat; **per·man·gan·ic** [pəːmæŋ'gænik] *adj.* Übermangan...: *~ acid*.

per·me·a·bil·i·ty [pəːmjə'biliti] *s.* Durch'dringbarkeit *f*, *bsd. phys.* Permeabili'tät *f*: *~ to gas(es) phys.* Gasdurchlässigkeit.

per·me·a·ble ['pəːmjəbl] *adj.* □ durch'dringbar, 'durchlässig (*to* für); **per·me·ance** ['pəːmiəns] *s.* **1.** Durch'dringung *f*; **2.** *phys.* ma'gnetischer Leitwert; **per·me·ate** ['pəːmieit] **I.** *v/t.* durch'dringen; **II.** *v/i.* dringen (*into* in *acc.*), sich verbreiten (*among* unter *dat.*), 'durchsickern; **per·me·a·tion** [pəːmi'eiʃən] *s.* Eindringen *n*, Durchdringung *f*.

per·mis·si·ble [pə'misəbl] *adj.* □ zulässig; **per'mis·sion** [-'miʃən] *s.* Erlaubnis *f*, Genehmigung *f*, Zulassung *f*: *by special ~* mit besonderer Erlaubnis; *to ask s.o. for ~* (*od. to ask s.o.'s ~*) j-n um Erlaubnis bitten; **per'mis·sive** [-siv] *adj.* □ **1.** gestattend, zulassend; ⚖ fakulta'tiv; **2.** tole'rant, libe'ral: *~ society* tabufreie Gesellschaft; **3.** *obs.* zulässig.

per·mit [pə'mit] **I.** *v/t.* **1.** *et.* erlauben, gestatten, zulassen, dulden: *am I ~ted to* darf ich?; *to ~ o.s. s.th.* sich et. erlauben; **II.** *v/i.* **2.** erlauben: *weather (time) ~ting* wenn es das Wetter (die Zeit) erlaubt; **3.** *~ of fig.* zulassen: *the rule ~s of no exception*; **III.** *s.* ['pəːmit] **4.** Genehmigung(sschein *m*) *f*, Li'zenz *f*, Zulassung *f* (*to* für); † Aus-, Einfuhrerlaubnis *f*; **5.** Aus-, Einreiseerlaubnis *f*; **6.** Passierschein *m*, Ausweis *m*; **per·mit·tiv·i·ty** [pəːmi'tiviti] *s.* ⚡ ˌDielektrizi'tätskonˌstante *f*.

per·mu·ta·tion [pəːmju(ː)'teiʃən] *s.* **1.** Vertauschung *f*, Versetzung *f*: *~ lock* Vexierschloß; **2.** & Permutati'on *f*.

per·ni·cious [pəː'niʃəs] *adj.* □ **1.** verderblich, schädlich; **2.** ⚕ bösartig, pernizi'ös; **per'ni·cious·ness** [-nis] *s.* Schädlichkeit *f*; Bösartigkeit *f*.

per·nick·et·y [pə'nikiti] *adj.* **1.** F kleinlich, wählerisch, pe'dantisch; **2.** heikel (*a. Sache*).

per·o·rate ['perəreit] *v/i.* **1.** große Reden schwingen; **2.** e-e Rede abschließen; **per·o·ra·tion** [perə'reiʃən] *s.* (zs.-fassender) Redeschluß.

per·ox·ide [pə'rɔksaid] ⚗ 'Supero₁xyd *n*; *weitS.* 'Wasserstoffˌsuperoˌxyd *n*; **per·ox·i·dize** [-sidaiz] *v/t. u. v/i.* peroxydieren.

per·pen·dic·u·lar [pəːpən'dikjulə] **I.** *adj.* □ **1.** senk-, lotrecht (*to* zu): *~ style* ⚠ englische Spätgotik; **2.** rechtwinklig (*to* auf *dat.*); **3.** ⚒ seiger; **4.** steil; **5.** aufrecht (*a. fig.*); **II.** *s.* **6.** (Einfalls)Lot *n*, Senkrechte *f*; Perpen'dikel *n*, *m*: *out of (the) ~* schief, nicht senkrecht; *to raise (let fall) a ~* ein Lot errichten (fällen); **7.** ⊕ (Senk)Lot *n*, Senkwaage *f*.

per·pe·trate ['pəːpitreit] *v/t. Verbrechen etc.* begehen, verüben; F *fig. Buch etc.* ‚verbrechen'; **per·pe·tra·tion** [pəːpi'treiʃən] *s.* Begehung *f*, Verübung *f*; '**per·pe·tra·tor** [-tə] *s.* Täter *m*; Verbrecher *m*.

per·pet·u·al [pə'petjuəl] *adj.* □ **1.** fort-, immerwährend, unaufhörlich, beständig, ewig, andauernd: *~ motion* beständige Bewegung, Perpetuum mobile; *~ snow* ewiger Schnee, Firn; **2.** lebenslänglich, unabsetzbar: *~ officer*; **3.** † unablösbar, unkündbar: *~ lease*; *~ bonds* Rentenanleihen; **4.** ⚘ perennierend; **per'pet·u·ate** *v/t.* [-jueit] verewigen, fortbestehen lassen, (immerwährend) fortsetzen; **per·pet·u·a·tion** [pəpetju'eiʃən] *s.* Fortdauer *f*, endlose Fortsetzung, Verewigung *f*, Fortbestehenlassen *n*; **per·pe·tu·i·ty** [pəːpi'tju(ː)iti] *s.* **1.** Fortdauer *f*, unaufhörliches Bestehen, Unaufhörlichkeit *f*, Ewigkeit *f*: *in* (*od. to od. for*) ~ auf ewig; **2.** ⚖ Unveräußerlichkeit(sverfügung) *f*; **3.** lebenslängliche (Jahres)Rente.

per·plex [pə'pleks] *v/t.* verwirren, verblüffen, bestürzt machen; **per'plexed** [-kst] *adj.* □ **1.** verwirrt, verblüfft, verdutzt, bestürzt (*Person*); **2.** verworren, verwickelt (*Sache*); **per'plex·i·ty** [-ksiti] *s.* **1.** Verwirrung *f*, Bestürzung *f*, Verlegenheit *f*; **2.** Verworrenheit *f*, Schwierigkeit *f*.

per·qui·site ['pə:kwizit] *s.* **1.** *mst pl. bsd. Brit.* Nebeneinkünfte *pl.*, -verdienst *m*; **2.** Vergütung *f*, Gehalt *n*; **3.** per'sönliches Vorrecht.

per·se·cute ['pə:sikju:t] *v/t.* **1.** *bsd. pol., eccl.* verfolgen; **2.** belästigen, drangsalieren, schikanieren; **per·se·cu·tion** [pə:si'kju:ʃən] *s.* **1.** Verfolgung *f*: ~ *mania* Verfolgungswahn; **2.** Drangsalierung *f*, Schi'kane(n *pl.*) *f*; '**per·se·cu·tor** [-tə] *s.* **1.** Verfolger *m*; **2.** Peiniger(in).

per·se·ver·ance [pə:si'viərəns] *s.* Beharrlichkeit *f*, Ausdauer *f*; **per·sev·er·ate** [pə'sevəreit] *v/i.* **1.** *psych.* spon'tan auftreten; **2.** immer 'wiederkehren (*Melodie, Motiv*); **per·se·vere** [pə:si'viə] *v/i.* (*in*) beharren, ausdauern, aushalten (bei), fortfahren (mit), festhalten (an *dat.*); **per·se'ver·ing** [-əriŋ] *adj.* □ beharrlich, standhaft.

Per·sian ['pə:ʃən] **I.** *adj.* **1.** persisch; **II.** *s.* **2.** Perser(in); **3.** *ling.* Persisch *n*; ~ **blinds** *s. pl.* Jalou'sien *pl.*; ~ **car·pet** *s.* Perserteppich *m*; ~ **cat** *s.* An'gorakatze *f*.

per·si·flage [pɛəsi'flɑ:ʒ] *s.* Persi'flage *f*, Verspottung *f*.

per·sim·mon [pə:'simən] *s.* ♀ Persi'mone *f*, Kaki-, Dattelpflaume *f*.

per·sist [pə'sist] **I.** *v/i.* **1.** (*in*) aus-, verharren (bei), hartnäckig bestehen (auf *dat.*), beharren (auf *dat.*, bei), unbeirrt fortfahren (mit); **2.** weiterarbeiten (*with* an *dat.*); **3.** fortdauern, anhalten; fort-, weiterbestehen; **per'sist·ence** [-təns], **per'sist·en·cy** [-tənsi] *s.* **1.** Beharren *n* (*in* bei); Beharrlichkeit *f*; Fortdauer *f*; **2.** beharrliches *od.* hartnäckiges Fortfahren (*in* in *dat.*); **3.** Hartnäckigkeit *f*, Ausdauer *f*; **4.** *phys.* Beharrung(szustand *m*) *f*, Nachwirkung *f*; Wirkungsdauer *f*; *Fernsehen, Radar etc.*: Nachleuchten *n*; *opt.* (Augen)Trägheit *f*; **per'sist·ent** [-tənt] *adj.* □ **1.** beharrlich, ausdauernd, hartnäckig; **2.** ständig, nachhaltig; anhaltend (*a.* ♆ *Nachfrage*; *a. Regen*); ⚔ seßhaft (*Kampfstoff*), schwerflüchtig (*Gas*): ~ *current* ⚡ Dauerstrom.

per·son ['pə:sn] *s.* **1.** Per'son *f* (*a. contp.*), (Einzel)Wesen *n*, Indi'viduum *n*; *weitS.* Per'sönlichkeit *f*: *any* ~ irgend jemand: *in* ~ in eigener Person, persönlich; *no* ~ niemand; *natural* ~ ⚖ natürliche Person; **2.** *das* Äußere, Körper *m*: *to carry s.th. on one's* ~ et. bei sich tragen; **3.** *thea.* Rolle *f*; '**per·son·a·ble** [-nəbl] *adj.* gutaussehend, ansehnlich, stattlich; '**per·son·age** [-nidʒ] *s.* **1.** (hohe) Per'sönlichkeit; **2.** *lit.* Fi'gur *f*, *thea. a.* Cha'rakter *m*, Rolle *f*; '**per·son·al** [-nl] **I.** *adj.* □ **1.** per'sönlich (*a. ling.*); Personal...(*-konto, -kredit, -steuer etc.*); Privat...(*-einkommen, -leben etc.*); eigen (*a. Meinung*): ~ *call teleph.* Voranmeldung; ~ *damage* Personenschaden; ~ *data* Personalien; ~ *file* Personalakte; ~ *injury* Körperverletzung; ~ *property* (*od. estate*) → *personalty*; ~ *union pol.* Personalunion; **2.** persönlich, pri'vat, vertraulich (*Brief etc.*); mündlich (*Auskunft etc.*): ~ *matter* Privatsache; **3.** äußer, körperlich: ~ *charms*; ~ *hygiene* Körperpflege; **4.** persönlich, anzüglich (*Bemerkung etc.*): *to become* ~ anzüglich werden; **II.** *s.* **5.** Fa'milienanzeige *f*, Per'sönliches *n* (*Zeitung*); **per·son·al·i·ty** [pə:sə'næliti] *s.* **1.** Per'sönlichkeit *f*, Per'son *f*: ~ *cult pol.* Personenkult; **2.** Individuali'tät *f*; **3.** *pl.* Anzüglichkeiten *pl.*, anzügliche Bemerkungen *pl.*; '**per·son·al·ize** [-nəlaiz] *v/t.* personifizieren; typisieren, illustrieren; '**per·son·al·ty** [-nlti] ⚖ bewegliches *od.* per'sönliches Eigentum, Mobili'arvermögen *n*; '**per·son·ate** [-səneit] **I.** *v/t.* **1.** vor-, darstellen; **2.** personifizieren, verkörpern; nachahmen; **3.** sich (fälschlich) ausgeben als; **II.** *v/i.* **4.** e-e Rolle spielen, nachahmen; **per·son·a·tion** [pə:sə'neiʃən] *s.* **1.** Vor-, Darstellung *f*; **2.** Personifikati'on *f*, Verkörperung *f*; **3.** Nachahmung *f*; **4.** ⚖ fälschliches Sich'ausgeben.

per·son·i·fi·ca·tion [pə:sɔnifi'keiʃən] *s.* Verkörperung *f*; **per'son·i·fy** [pə:'sɔnifai] *v/t.* personifizieren, verkörpern, versinnbildlichen.

per·son·nel [pə:sə'nel] **I.** *s.* Perso'nal *n*, Belegschaft *f*; ⚔, ⚓ Mannschaft(en *pl.*) *f*, Besatzung *f*; **II.** *adj.* Personal...: ~ *manager* Personalchef.

per·spec·tive [pə'spektiv] **I.** *s.* **1.** Perspek'tive *f*, Bildweite *f*: *in true* ~ in richtiger Perspektive; **2.** *a.* ~ *drawing* perspektivische Zeichnung; **3.** *a.* ~ *view* Aus-, Fernsicht *f*; *fig.* Ausblick *m*; **4.** richtiges Verhältnis (*a. fig.*); **II.** *adj.* □ **5.** perspek'tivisch.

per·spi·ca·cious [pə:spi'keiʃəs] *adj.* □ scharfsichtig, -sinnig, 'durchdringend; **per·spi'cac·i·ty** [-'kæsiti] *s.* Scharfblick *m*, -sinn *m*; **per·spi'cu·i·ty** [-'kju(:)iti] *s.* Deutlichkeit *f*, Klarheit *f*, Verständlichkeit *f*; **per·spic·u·ous** [pə'spikjuəs] *adj.* □ deutlich, klar, (leicht) verständlich.

per·spi·ra·tion [pə:spə'reiʃən] *s.* **1.** Ausdünsten *n*, Schwitzen *n*; **2.** Schweiß *m*; **per·spir·a·to·ry** [pə'spaiərətəri] *adj.* Schweiß...: ~ *gland* Schweißdrüse; **per·spire** [pə'spaiə] **I.** *v/i.* schwitzen, transpirieren; **II.** *v/t.* ausschwitzen, -dünsten.

per·suade [pə'sweid] *v/t.* **1.** über'reden, bereden (*to inf., into ger.* zu *inf.*); **2.** über'zeugen (*of* von, *that* daß): *to* ~ *o.s.* **a)** sich überzeugen, **b)** sich einbilden *od.* einreden; *to be* ~*d that* überzeugt sein, daß; **per'suad·er** [-də] *s. sl.* Über'redungsmittel *n* (*a. Knüppel, Pistole etc.*).

per·sua·sion [pə'sweiʒən] *s.* **1.** Über'redung *f*; **2.** Über'redungsgabe *f*, -kraft *f*; **3.** Über'zeugung *f*, fester Glaube; **4.** *eccl.* Glaube(nsrichtung *f*) *m*; **5.** F *humor.* Art *f*, Sorte *f*; **6.** F Geschlecht *n*: *female* ~; **per'sua·sive** [-eisiv] *adj.* □ **1.** über'redend; **2.** über'zeugend; **per'sua·sive·ness** [-eisivnis] *s.* Über'zeugungskraft *f*, Über'redungsgabe *f*.

pert [pə:t] *adj.* □ keck (*a. fig. Hut etc.*), schnippisch, naseweis, vorlaut.

per·tain [pə:'tein] *v/i.* (*to*) gehören (*dat. od.* zu); betreffen (*acc.*), sich beziehen (auf *acc.*): ~*ing to* betreffend.

per·ti·na·cious [pə:ti'neiʃəs] *adj.* □ **1.** hartnäckig, zäh; **2.** beharrlich, standhaft; **per·ti'nac·i·ty** [-'næsiti] *s.* **1.** Hartnäckigkeit *f*, Eigensinn *m*; **2.** Zähigkeit *f*, Beharrlichkeit *f*, Standhaftigkeit *f*.

per·ti·nence ['pə:tinəns], '**per·ti·nen·cy** [-si] *s.* **1.** Angemessenheit *f*, Gemäßheit *f*; **2.** Sachdienlichkeit *f*, Rele'vanz *f*; '**per·ti·nent** [-nt] *adj.* □ **1.** angemessen, passend, schicklich; **2.** zur Sache gehörig, einschlägig, sachdienlich, gehörig (*to* zu): *to be* ~ *to* Bezug haben auf (*acc.*).

pert·ness ['pə:tnis] *s.* Keckheit *f*, schnippisches Wesen, vorlaute Art.

per·turb [pə'tə:b] *v/t.* beunruhigen, stören, verwirren, ängstigen; **per·tur·ba·tion** [pə:tə:'beiʃən] *s.* **1.** Unruhe *f*, Bestürzung *f*; **2.** Beunruhigung *f*, Störung *f*; **3.** *ast.* Perturbati'on *f*.

pe·ruke [pə'ru:k] *s.* Pe'rücke *f*.

pe·rus·al [pə'ru:zəl] *s.* sorgfältiges 'Durchlesen, 'Durchsicht *f*, Prüfung *f*: *for* ~ zur Einsicht; **pe·ruse** [pə'ru:z] *v/t.* 'durchlesen; *weitS.* 'durchgehen, prüfen.

Pe·ru·vi·an [pə'ru:vjən] **I.** *adj.* peru'anisch: ~ *bark* ♀ Chinarinde; **II.** *s.* Peru'aner(in).

per·vade [pə:'veid] *v/t.* durch'dringen, -'ziehen, erfüllen (*a. fig.*); **per'va·sion** [-eiʒən] *s.* Durch'dringung *f* (*a. fig.*); **per'va·sive** [-eisiv] *adj.* □ 'durchdringend; *fig.* 'überall vor'handen, beherrschend.

per·verse [pə'və:s] *adj.* □ **1.** verkehrt, Fehl...; **2.** verderbt, böse; **3.** verdreht, wunderlich; **4.** verstockt, launisch; **5.** *psych.* per'vers, 'widernatürlich; **per'ver·sion** [-ə:ʃən] *s.* **1.** Verdrehung *f*, 'Umkehrung *f*; Entstellung *f*: ~ *of justice* Rechtsbeugung; ~ *of history* Geschichtsklitterung; **2.** *bsd. eccl.* Verirrung *f*, Abkehr *f vom Guten etc.*; **3.** *psych.* Perversi'on *f*; **4.** & 'Umkehrung *f* (*e-r Figur*); **per'ver·si·ty** [-siti] *s.* **1.** Verkehrtheit *f*, Verdrehtheit *f*; **2.** Eigensinn *m*, Halsstarrigkeit *f*; **3.** Verderbtheit *f*; **4.** 'Widerna͵türlichkeit *f*, Perversi'tät *f*; **per'ver·sive** [-siv] *adj.* verderblich (*of* für).

per·vert **I.** *v/t.* [pə'və:t] **1.** verdrehen, verkehren, entstellen, fälschen; miß'brauchen; **2.** *j-n* verderben, verführen; *psych.* pervertieren; **II.** *s.* ['pə:və:t] **3.** Abtrünnige(r *m*) *f*; **4.** *a. sexual* ~ *psych.* per'verser Mensch; **per'vert·er** [-tə] *s.* Verdreher(in); Verführer(in).

per·vi·ous ['pə:vjəs] *adj.* □ **1.** 'durchlässig (*a. phys.*), durch'dringbar, gangbar (*to* für); **2.** *fig.* zugänglich (*to* für), offen (*to dat.*); **3.** ⊕ undicht.

pes·sa·ry ['pesəri] *s.* ⚕ Pes'sar *n*, (Gebär)Mutterring *m*.

pes·si·mism ['pesimizəm] *s.* Pessi'mismus *m*, Schwarzsehe'rei *f*; **'pes·si·mist** [-ist] **I.** *s.* Pessi'mist (-in), Schwarzseher(in); **II.** *adj. a.* **pes·si·mis·tic** [pesi'mistik] *adj.* (□ *~ally*) pessi'mistisch.

pest [pest] **I.** *s.* **1.** Pest *f*, Plage *f* (*a. fig.*); **2.** *fig.* Pestbeule *f*; **3.** *fig.* lästiger Mensch, lästige Sache; **4.** *bsd. insect ~ biol.* Schädling *m*: *~ control* Schädlingsbekämpfung.

pes·ter ['pestə] *v/t.* belästigen, quälen, plagen.

pes·ti·lence ['pestiləns] *s.* Seuche *f*, Pest *f*, Pesti'lenz *f*; **'pes·ti·lent** [-ilənt] *adj.* **1.** → *pestilential 2 u. 3*; **2.** *humor.* verteufelt; **pes·ti·len·tial** [pesti'lenʃəl] *adj.* □ **1.** pestartig; **2.** verpestend, ansteckend; **3.** *fig.* verderblich, schädlich; **4.** ekelhaft.

pes·tle ['pesl] **I.** *s.* **1.** Mörserkeule *f*, Stößel *m*; **2.** ⚗ Pi'still *n*; **II.** *v/t.* **3.** zerstoßen.

pet[1] [pet] **I.** *s.* **1.** (zahmes) Haustier; Stubentier *n*; **2.** gehätscheltes Tier *od.* Kind, Liebling *m*, Schoßkind *n*, Schätzchen *n*; **II.** *adj.* **3.** Lieblings...: *~ dog* Schoßhund; *~ mistake* Lieblingsfehler; *~ name* Kosename; *~ shop* Tierhandlung; → *aversion 3*; **III.** *v/t.* **4.** (ver)hätscheln, liebkosen; **5.** F ‚abfummeln'; **IV.** *v/i.* **6.** F ‚fummeln'.

pet[2] [pet] *s.* Verdruß *m*, schlechte Laune: *in a ~* verärgert, schlecht gelaunt.

pet·al ['petl] *s.* ♀ Blumenblatt *n*.

pe·tard [pe'tɑːd] *s.* **1.** ⚔ *hist.* Pe'tarde *f*, Sprengbüchse *f*; → *hoist*[1]; **2.** Schwärmer *m* (*Feuerwerk*).

pe·ter[1] ['piːtə] *v/i.*: *~ out* F zu Ende gehen, sich verlieren, sich totlaufen, versanden; *mot.* absterben.

Pe·ter[2] ['piːtə] *npr. u. s. bibl.* 'Petrus *m*: (*the Epistles of*) *~* die Petrusbriefe.

pe·ter[3] ['piːtə] *s. sl.* ‚Zipfel' *m* (*Penis*).

pet·it ['peti] → *petty*.

pe·ti·tion [pi'tiʃən] **I.** *s.* Bitte *f*, *bsd.* Bittschrift *f*, Gesuch *n*; Eingabe *f* (*a. Patentrecht*); ⚖ (schriftlicher) Antrag: *~ for divorce* Scheidungsklage; *~ in bankruptcy* Konkursantrag; *to file one's ~ in bankruptcy* Konkurs anmelden; *~ for clemency* Gnadengesuch; **II.** *v/i.* (*u. v/t. j-n*) bitten, an-, ersuchen (*for* um), schriftlich einkommen (s.o. bei j-m), e-e Bittschrift einreichen (s.o. an j-n): *to ~ for divorce* die Scheidungsklage einreichen; **pe'ti·tion·er** [-ʃnə] *s.* Antragsteller(in): **a)** Bitt-, Gesuchsteller(in), Pe'tent *m*, **b)** ⚖ (Scheidungs)Kläger(in).

pet·rel ['petrəl] *s.* **1.** *orn.* Sturmvogel *m*; → *stormy petrel*; **2.** *fig.* Unruhestifter *m*.

pet·ri·fac·tion [petri'fækʃən] *s.* Versteinerung *f* (*Vorgang u. Ergebnis*) (*a. fig.*).

pet·ri·fy ['petrifai] **I.** *v/t.* **1.** versteinern (*a. fig.*); **2.** *fig. durch Schrecken etc.* versteinern, erstarren lassen: *petrified with horror* starr vor Schrecken; **II.** *v/i.* **3.** sich versteinern, zu Stein werden (*a. fig.*).

pe·trog·ra·phy [pi'trɔgrəfi] *s.* Gesteinsbeschreibung *f*, -kunde *f*.

pet·rol ['petrəl] *s. mot. Brit.* Ben'zin *n*, Kraftstoff *m*: *~-assisted bicycle* Fahrrad mit Hilfsmotor; *~ engine* Benzin-, Vergasermotor; *~ station* Tankstelle; **pet·ro·la·tum** [petrə'leitəm] *s.* **1.** ⚗ Petro'latum *n*; **2.** ⚕ Paraf'fin *n*; **pe·tro·le·um** [pi'trouljəm] *s.* Pe'troleum *n*, Erd-, Mine'ralöl *n*: *~ ether* Petroläther; *~ jelly* Vaselin; **pe·trol·o·gy** [pe'trɔlədʒi] *s.* Gesteinskunde *f*.

pet·ti·coat ['petikout] **I.** *s.* **1.** 'Unterrock *m* (*von Frauen*); Petticoat *m*; **2.** *fig.* Frauenzimmer *n*, Weibsbild *n*, ‚Unterrock' *m*; **3.** Kinderröckchen *n*; **4.** ⊕ Glocke *f*; **5.** *a. ~ insulator* ⚡ 'Glockeniso,lator *m*; **6.** *mot.* (Ven'til)Schutzhaube *f*; **II.** *adj.* **7.** Weiber...: *~ government* Weiberregiment.

pet·ti·fog·ger ['petifɔgə] *s.* 'Winkeladvo,kat *m*; Haarspalter *m*, Rabu'list *m*; **'pet·ti·fog·ging** [-giŋ] **I.** *adj.* **1.** rechtsverdrehend; **2.** schika'nös, rabu'listisch; **3.** gemein, lumpig; **II.** *s.* **4.** Rabu'listik *f*, Haarspalte'rei *f*, Rechtskniffe *pl.*

pet·ti·ness ['petinis] *s.* **1.** Geringfügigkeit *f*; **2.** Kleinlichkeit *f des Charakters.*

pet·ting ['petiŋ] *s.* F ‚Fumme'lei' *f*, Petting *n*.

pet·tish ['petiʃ] *adj.* □ empfindlich, mürrisch, launisch; **'pet·tish·ness** [-nis] *s.* Verdrießlichkeit *f*, Launenhaftigkeit *f*.

pet·ti·toes ['petitouz] *s. pl.* **1.** *Küche*: Schweinsfüße *pl.*; **2.** Kinderfüßchen *pl.*, -zehen *pl.*

pet·ty ['peti] *adj.* □ **1.** unbedeutend, geringfügig, klein, Klein...: *~ cash* ✝ **a)** geringfügige Beträge, **b)** kleine Kasse, Portokasse; *~ offence* ⚖ Vergehen; *~ wares* Kurzwaren; **2.** kleinlich; *~* **ju·ry** *s.* ⚖ kleine Jury; *~* **lar·ce·ny** *s.* ⚖ leichter Diebstahl; *~* **of·fi·cer** *s.* ⚔, ⚓ Maat *m* (*Unteroffizier*); *~* **ses·sions** *s. pl.* ⚖ *Brit.* Baga'tellgericht *n*.

pet·u·lance ['petjuləns] *s.* Gereiztheit *f*, Verdrießlichkeit *f*, Launenhaftigkeit *f*; **'pet·u·lant** [-nt] *adj.* □ verdrießlich, gereizt, ungeduldig.

pe·tu·ni·a [pi'tjuːnjə] *s.* ♀ Pe'tunie *f*.

pew [pjuː] *s.* **1.** Kirchenstuhl *m*, -sitz *m*, Bankreihe *f*; **2.** *Brit.* F Sitz *m*, Platz *m*: *to take a ~* Platz nehmen.

pe·wit ['piːwit] *s. orn.* **1.** Kiebitz *m*; **2.** *a. ~ gull* Lachmöwe *f*.

pew·ter ['pjuːtə] **I.** *s.* **1.** brit. Schüsselzinn *n*, Hartzinn *n*; **2.** *coll.* Zinngerät *n*; **3.** Zinnkrug *m*, -gefäß *n*; **4.** *Brit. sl.* ('Preis)Po,kal *m*, Geldpreis *m* (*Wettkampf*); **II.** *adj.* **5.** (Hart)Zinn..., zinnern; **'pew·ter·er** [-ərə] *s.* Zinngießer *m*.

pha·e·ton ['feitn] *s.* Phaeton *m* (*Kutsche*; *mot. Reisewagen*).

phag·o·cyte ['fægəsait] *s. biol.* Phago'cyte *f*, Freßzelle *f*.

phal·ange ['fælændʒ] *s.* **1.** *anat.* Finger-, Zehenknochen *m*; **2.** ♀ Bündel *n* (von) Staubfäden; **3.** *zo.* Tarsenglied *n*.

pha·lanx ['fælæŋks] *pl.* **-lanx·es** *od.* **-lan·ges** [fə'lændʒiːz] *s.* **1.** ⚔ *hist.* Phalanx *f*; **2.** *fig.* Phalanx *f*, geschlossene Front; **3.** → *phalange 1 u. 2*.

phal·lic ['fælik] *adj.* phallisch; **phal·lus** ['fæləs] *pl.* **-li** [-lai] *s.* Phallus *m*.

phan·tasm ['fæntæzəm] *s.* **1.** Trugbild *n*, Wahngebilde *n*, Hirngespinst *n*; **2.** (Geister)Erscheinung *f*, Gespenst *n*; **phan·tas·ma·go·ri·a** [fæntæzmə'gɔriə] *s.* Phantasmago'rie *f*, Gaukelbild *n*, Blendwerk *n*; **phan·tas·ma·gor·ic** [fæntæzmə'gɔrik] *adj.* (□ *~ally*) phantasma'gorisch, traumhaft, gespensterhaft, trügerisch; **phan·tas·mal** [fæn'tæzməl] *adj.* □ **1.** halluzina'torisch, eingebildet; **2.** geisterhaft; **3.** illu'sorisch, unwirklich, trügerisch.

phan·tom ['fæntəm] **I.** *s.* **1.** Phan'tom *n*, Erscheinung *f*, Gespenst *n*; **2.** Wahngebilde *n*, Hirngespinst *n*; Trugbild *n*; **3.** *fig.* Schatten *m*, Schein *m*; **4.** ⚕ Phantom *n* (*Körpermodell*); **II.** *adj.* **5.** Gespenster..., Geister...; Schein...; *~* **cir·cuit** *s.* ⚡ Phan'tomkreis *m*, Duplexleitung *f*; *~* **ship** *s.* Geisterschiff *n*.

phar·i·sa·ic *adj.*; **phar·i·sa·i·cal** [færi'seiik(əl)] *adj.* □ phari'säisch, selbstgerecht, scheinheilig; **phar·i·sa·ism** ['færiseiizəm] *s.* Phari'säertum *n*, Scheinheiligkeit *f*; **Phar·i·see** ['færisiː] *s.* **1.** *eccl.* Phari'säer *m*; **2.** ♀ *fig.* Phari'säer(in), Selbstgerechte(r *m*) *f*, Heuchler(in).

phar·ma·ceu·ti·cal [fɑːmə'sjuːtikəl] *adj.* □ pharma'zeutisch; Apotheker...; **phar·ma'ceu·tics** [-ks] *s. pl. sg. konstr.* Pharma'zeutik *f*, Arz'neimittellehre *f*; **phar·ma·cist** ['fɑːməsist] *s.* **1.** Pharma'zeut *m*, Apo'theker *m*; **2.** pharma'zeutischer Chemiker; **phar·ma·col·o·gy** *s.* [fɑːmə'kɔlədʒi] ,Pharmakolo'gie *f*, Arz'neimittellehre *f*; **phar·ma·co·poe·ia** [fɑːməkə'piːə] *s.* ,Pharmako'pöe *f*, amtliches Arz'neibuch; **phar·ma·cy** ['fɑːməsi] *s.* **1.** Pharma'zie *f*, Arz'neimittelkunde *f*; **2.** Apo'theke *f*.

pha·ryn·gal [fə'riŋgəl], **pha·ryn·ge·al** [færin'dʒiːəl] **I.** *adj. anat.* Schlund..., Rachen... (*a. ling. Laut*); **II.** *s. anat.* Schlundknochen *m*; **phar·yn·gi·tis** [færin'dʒaitis] *s.* 'Rachenka,tarrh *m*; **pha'ryn·go-'na·sal** [-gə'neizəl] *adj.* Rachen u. Nase betreffend; **phar·ynx** ['færiŋks] *s.* Schlund *m*, Rachen (-höhle *f*) *m*.

phase [feiz] **I.** *s.* **1.** ⚗, ⚡, ⚙, *ast.*, *biol.*, *phys.* Phase *f*: *the ~s of the moon ast.* Mondphasen; *~ advancer* (*od. converter*) ⚡ Phasenverschieber; *in ~* (*out of ~*) ⚡ phasengleich (phasenverschoben); *~ shift(ing)* ⚡ Phasenverschiebung; **2.** (Entwicklungs-) Stufe *f*, Stadium *n*, Phase *f*; **3.** ⚔ (Front)Abschnitt *m*; **II.** *v/t.* **4.** ⚡ in Phase bringen; **5.** (zeitlich) aufschlüsseln: *to ~ out* abwickeln, ⚔ *Am. Einheit* auflösen.

pheas·ant ['feznt] *s. orn.* Fa'san *m*; **'pheas·ant·ry** [-ri] *s.* Fasane'rie *f*.

phe·nic ['fiːnik] *adj.* ⚗ kar'bolsauer, Karbol...: *~ acid* → *phenol*; **phe·nol** ['fiːnɔl] *s.* ⚗ Phe'nol *n*, Kar'bolsäure *f*; **phe·no·lic** [fi'nɔlik] **I.** *adj.* Phenol...: *~ resin* Phenolharz; **II.** *s.* Phe'nolharz *n*.

phe·nom·e·nal [fi'nɔminl] *adj.* □ phänome'nal: **a)** *phls.* Erscheinungs... (*-welt etc.*), **b)** unglaublich, 'toll'; **phe'nom·e·nal·ism** [-nəlizəm] *s. phls.* Phänomena'lismus *m*; **phe·nom·e·non** [fi'nɔminən] *pl.* **-na** [-nə] *s.* **1.** Phäno'men *n*, Erscheinung *f* (*a. phys. u. phls.*); **2.** *pl.* **-nons** *fig.* wahres Wunder; *a. infant* ~ Wunderkind *n*.

phe·no·type ['fi:nətaip] *s. biol.* 'Phänoˌtypus *m*, Erscheinungsbild *n*.

phen·yl ['fi:nil] *s.* Phe'nyl *n*; **phe·nyl·ic** [fi'nilik] *adj.* Phenyl..., phe'nolisch: ~ *acid* → *phenol*.

phew [fju:] *int.* puh!

phi·al ['faiəl] *s.* Phi'ole *f*, Fläschchen *n*, Am'pulle *f*.

Phi Be·ta Kap·pa ['fai'bi:tə'kæpə] *s. Am. studentische Vereinigung hervorragender Akademiker*.

phi·lan·der [fi'lændə] *v/i.* 'poussieren', schäkern, den Frauen nachlaufen; **phi'lan·der·er** [-ərə] *s.* Schäker *m*, Schürzenjäger *m*, 'Poussierstengel' *m*.

phil·an·throp·ic *adj.*; **phil·an·throp·i·cal** [filən'θrɔpik(əl)] *adj.* □ philan'thropisch, menschenfreundlich; **phi·lan·thro·pist** [fi'lænθrəpist] **I.** *s.* Philan'throp *m*, Menschenfreund *m*; **II.** *adj.* → *philanthropic*; **phi·lan·thro·py** [fi'lænθrəpi] *s.* Philanthro'pie *f*, Menschenliebe *f*.

phil·a·tel·ic [filə'telik] *adj.* Briefmarken..., philate'listisch; **phi·lat·e·list** [fi'lætəlist] **I.** *s.* Briefmarkensammler *m*, Philate'list *m*; **II.** *adj.* philatelistisch; **phi·lat·e·ly** [fi'lætəli] *s.* Briefmarkensammeln *n*, Philate'lie *f*.

Phi·le·mon [fi'li:mɔn] *npr. u. s. bibl.* (Brief *m* des Paulus an) Phi'lemon *m*.

phil·har·mon·ic [filɑ:'mɔnik] *adj.* philhar'monisch (*Konzert, Orchester*): ~ *society* Philharmonie.

Phi·lip·pi·ans [fi'lipiənz] *s. pl. bibl.* (Brief *m* des Paulus an die) Phi'lipper *pl.*

phi·lip·pic [fi'lipik] *s.* Phi'lippika *f*, Brandrede *f*, Strafpredigt *f*.

Phil·ip·pine ['filipi:n] *adj.* **1.** phi'lip'pinisch, Philippinen...; **2.** Filipino...

Phi·lis·tine ['filistain] **I.** *s. fig.* Phi'lister *m*, Spießbürger *m*, Spießer *m*; **II.** *adj.* phi'listerhaft, spießbürgerlich; **'phi·lis·tin·ism** [-tinizəm] *s.* Phi'listertum *n*, Philiste'rei *f*, Spießbürgertum *n*.

phil·o·log·i·cal [filə'lɔdʒikəl] *adj.* □ philo'logisch, sprachwissenschaftlich; **phi·lol·o·gist** [fi'lɔlədʒist] *s.* Philo'loge *m*, Philo'login *f*, Sprachwissenschaftler(in); **phi·lol·o·gy** [fi'lɔlədʒi] *s.* Philolo'gie *f*, Sprachwissenschaft *f*.

phi·los·o·pher [fi'lɔsəfə] *s.* Philo'soph *m* (*a. fig. Lebenskünstler*): *natural* ~ Naturforscher; ~*s' stone* Stein der Weisen; **phil·o·soph·ic** *adj.*; **phil·o·soph·i·cal** [filə'sɔfik(əl)] *adj.* □ philo'sophisch (*a. fig. weise, gleichmütig*); **phi'los·o·phize** [-faiz] *v/i.* philosophieren; **phi'los·o·phy** [-fi] *s.* **1.** Philoso'phie *f*: *natural* ~ Naturwissenschaft; ~ *of history* Geschichtsphilosophie; **2.** praktische Lebensweisheit, Weltanschauung *f*; *fig.* Gleichmut *m*.

phil·ter *Am.*, **phil·tre** *Brit.* ['filtə] *s.* **1.** Liebestrank *m*; **2.** Zaubertrank *m*.

phiz [fiz] *s. sl.* Vi'sage *f*, Gesicht *n*.

phle·bi·tis [fli'baitis] *s.* ⚕ 'Venenentzündung *f*.

phlegm [flem] *s.* **1.** *physiol.* Phlegma *n*, Schleim *m*; **2.** *fig.* Phlegma *n*, stumpfer Gleichmut; **phleg·mat·ic** [fleg'mætik] **I.** *adj.* (□ ~*ally*) phleg'matisch: **a)** *physiol.* schleimhaltig, **b)** *fig.* gleichgültig, träge; **II.** *s.* Phleg'matiker(in).

pho·bi·a ['foubiə] *s. psych.* Pho'bie *f* (*Angst*).

Phoe·ni·cian [fi'niʃiən] **I.** *s.* **1.** Phö'nizier(in); **2.** *ling.* Phö'nikisch *n*; **II.** *adj.* **3.** phö'nikisch.

phoe·nix ['fi:niks] *s.* **1.** *myth.* Phönix *m* (*sagenhafter Vogel*); **2.** *fig.* Wunder *n*.

phon [fɔn] *s. phys.* Phon *n*.

phone[1] [foun] *s. ling.* (Einzel)Laut *m*.

phone[2] [foun] F → *telephone*: *to be on the* ~ Telephon haben.

pho·neme ['founi:m] *s. ling.* Pho'nem *n*.

pho·net·ic [fou'netik] *adj.* (□ ~*ally*) pho'netisch, lautlich: ~ *spelling* Lautschrift; **pho·ne·ti·cian** [founi'tiʃən] *s.* Pho'netiker *m*; **pho'net·ics** [-ks] *s. pl. mst sg. konstr.* Pho'netik *f*, Laut(bildungs)lehre *f*.

pho·ney → *phony*.

phon·ic ['founik] *adj.* **1.** lautlich, a'kustisch; **2.** pho'netisch; **3.** ⊕ phonisch.

pho·no·gram ['founəgræm] *s.* Lautzeichen *n*; **'pho·no·graph** [-grɑ:f; -græf] *s.* ⊕ **1.** Phono'graph *m*, 'Sprechmaˌschine *f*; **2.** *Am.* Plattenspieler *m*, Grammo'phon *n*; **pho·no·graph·ic** [founə'græfik] *adj.* (□ ~*ally*) phono'graphisch.

pho·nol·o·gy [fou'nɔlədʒi] *s. ling.* Phonolo'gie *f*, Lautlehre *f*.

pho·nom·e·ter [fou'nɔmitə] *s. phys.* Phono'meter *n*, Schall(stärke)messer *m*.

pho·ny ['founi] F **I.** *adj.* **1.** falsch, gefälscht, unecht; Falsch..., Schein...; **II.** *s.* **2.** Schwindler *m*, 'Schauspieler(in)'; **3.** Fälschung *f*, Schwindel *m*.

phos·gene ['fɔzdʒi:n] *s.* ⚗ Phos'gen *n*, Chlor'kohlenoˌxyd *n*; **'phos·phate** [-zfeit] *s.* ⚗ **1.** Phos'phat *n*: ~ *of lime* phosphorsaurer Kalk; **2.** ✓ Phos'phat(düngemittel) *n*; **phos·phat·ic** [fɔs'fætik] *adj.* ⚗ phos'phathaltig; **'phos·phide** [-zfaid] *s.* ⚗ Phos'phid *n*; **'phos·phite** [-zfait] *s.* **1.** ⚗ Phos'phit *n*; **2.** *min.* 'Phosphormeˌtall *n*; **'phos·phor** [-zfə] **I.** *s.* **1.** *poet.* 'Phosphor *m*; **2.** ⊕ Leuchtmasse *f*; **II.** *adj.* **3.** Phosphor...; **'phos·pho·rate** [-zfəreit] *v/t.* ⚗ **1.** phosphorisieren; **2.** phosphoreszierend machen; **phos·pho·resce** [-zfɔsfə'res] *v/i.* phosphoreszieren, (nach)leuchten; **phos·pho·res·cence** [fɔsfə'resns] *s.* **1.** ⚗, *phys.* Chemolumines'zenz *f*; **2.** *phys.* Phosphores'zenz *f*, Nachleuchten *n*; **phos·pho·res·cent** [fɔsfə'resnt] *adj.* phosphoreszierend; **phos·phor·ic** [fɔs'fɔrik] *adj.* phosphorsauer, -haltig, Phosphor...; **'phos·pho·rous** [-zfərəs] *adj.* ⚗ phos'phorig(sauer); **'phospho·rus** [-zfərəs] *pl.* **-ri** [-rai] *s.* **1.** ⚗ Phosphor *m*; **2.** *phys.* 'Leuchtphos'phore *f*, -masse *f*.

phot [fɔt] *s. phys.* Phot *n*.

pho·to ['foutou] F → *photograph*.

pho·to- [foutou-; -tə] *in Zssgn* Photo...: **a)** Licht..., **b)** Photogra'phie..., photographisch; **'~·cell** *s.* ⚡ 'Photozelle *f*, 'Lichteleˌment *n*; **~'chem·i·cal** *adj.* □ photo'chemisch; **~·chro·my** ['foutəkroumi] *s.* 'Farbphotograˌphie *f*; **'~·cop·y** → *photostat 1*; **~·e'lec·tric** [-tou-] *adj.*; **~·e'lec·tri·cal** [-tou-] *adj.* □ *phys.* photoe'lektrisch: ~ *cell* Photozelle; **'~-en'grav·ing** [-tou-] *s.* Lichtdruck(verfahren *n*) *m*; **'~-'fin·ish** *s. sport* **a)** *durch Zielphotographie entschiedener Zieleinlauf*, **b)** Entscheidung *f* durch 'Zielphotograˌphie; **'~-flash (lamp)** *s.* Blitzlicht(birne *f*) *n*, 'Vakublitz *m*.

pho·to·gen·ic [foutə'dʒenik] *adj.* **1.** photo'gen, bildwirksam; **2.** *biol.* lichterzeugend, Leucht...; **~'gram·me·try** [foutə'græmitri] *s.* Photogramme'trie *f*, Meßbildverfahren *n*.

pho·to·graph ['foutəgrɑ:f; -græf] **I.** *s.* Photogra'phie *f*, Lichtbild *n*, Aufnahme *f*: *to take a* ~ e-e Aufnahme machen (*of* von); **II.** *v/t.* photographieren, aufnehmen, 'knipsen'; **III.** *v/i.* photographieren; photographiert werden: *he does not* ~ *well* er wird nicht gut auf den Bildern, er läßt sich schlecht photographieren; **pho·tog·ra·pher** [fə'tɔgrəfə] *s.* Photo'graph(in); **pho·to·graph·ic** [foutə'græfik] *adj.* (□ ~*ally*) **1.** photo'graphisch; **2.** *fig.* photographisch genau; **pho·tog·ra·phy** [fə'tɔgrəfi] *s.* Photogra'phie *f*, Lichtbildkunst *f*.

pho·to·gra·vure [foutəgrə'vjuə] *s.* ˌPhotogra'vüre *f*, Kupferlichtdruck *m*; **pho·to'lith·o·graph** *typ.* **I.** *s.* ˌPhotolithogra'phie *f* (*Erzeugnis*); **II.** *v/t.* photolithographieren; **pho·to·li'thog·ra·phy** [-tou-] *s.* ˌPhotolithogra'phie *f* (*Verfahren*).

pho·tom·e·ter [fou'tɔmitə] *s. phys.* Photo'meter *n*, Lichtstärkemesser *m*; **pho'tom·e·try** [-tri] *s.* Lichtstärkemessung *f*.

pho·to'mi·cro·graph *s. phot.* 'Mikrophotograˌphie *f*.

pho·to·mon'tage *s.* 'Photomonˌtage *f*.

pho·ton ['foutɔn] *s. phys.* Pho'ton *n*, Lichtquant *n*.

'pho·to-play *s.* Filmdrama *n*.

pho·to·stat ['foutoustæt] *phot.* **I.** *s.* **1.** Photoko'pie *f*, Lichtpause *f*; **2.** ♀ Photoko'piergerät *n* (*Handelsname*); **II.** *v/t.* **3.** photokopieren; **pho·to·stat·ic** [foutou'stætik] *adj.* Kopier..., Lichtpaus...: ~ *copy* Photokopie.

pho·to·te'leg·ra·phy [-tou-] *s.* 'Bildtelegraˌphie *f*; **'pho·to·type** *s. typ.* **I.** *s.* Lichtdruck(bild *n*, -platte *f*) *m*; **II.** *v/t.* im Lichtdruckverfahren vervielfältigen.

phrase [freiz] **I.** *s.* **1.** (Rede)Wendung *f*, Redensart *f*, Ausdruck *m*: ~ *of civility* Höflichkeitsfloskel; **2.** Phrase *f*, Schlagwort *n*: ~*-monger* Phrasendrescher; **3.** *ling.* Wortverbindung *f*; kurzer Satz: *consequent* ~ Nachsatz; **4.** ♪ Satz *m*; Phrase *f*; **II.** *v/t.* **5.** ausdrücken, formulieren; **6.** ♪ phrasieren; **phra·se·ol·o·gy** [freizi'ɔlədʒi] *s.* Phraseolo'gie *f* (*a. Buch*), Ausdrucksweise *f*.

phre·net·ic [fri'netik] *adj.* (□ *~ally*) fre'netisch, rasend, toll (*a. fig.*).
phren·ic ['frenik] *adj. anat.* Zwerchfell...
phren·o·log·i·cal [frenə'lɔdʒikl] *adj.* □ phreno'logisch; **phre·nol·o·gist** [fri'nɔlədʒist] *s.* Phreno'loge *m*; **phre·nol·o·gy** [fri'nɔlədʒi] *s.* Phrenolo'gie *f*, Schädellehre *f*.
phthis·ic *adj.*; **phthis·i·cal** [θaisik(əl)] *adj.* □ ⚕ schwindsüchtig, phthisisch; **phthi·sis** ['θaisis] *s* Tuberku'lose *f*, Schwindsucht *f*.
phut [fʌt] **I.** *int.* fft!; **II.** *adj. sl.*: *to go ~* futschgehen, ‚platzen'.
phyl·lox·e·ra [filɔk'siərə] *pl.* **-rae** [-ri:] *s. zo.* Reblaus *f*.
phy·lum ['failəm] *pl.* **-la** [-lə] *s.* **1.** *biol.* Ordnung *f des Tier- od. Pflanzenreichs*; **2.** *biol.* Stamm *m*; **3.** *ling.* Sprachstamm *m*.
phys·ic ['fizik] **I.** *s.* **1.** Arz'nei(mittel *n*) *f*, Medi'zin *f*, *bsd.* Abführmittel *n*; **2.** *obs.* Heilkunde *f*; **3.** *pl. sg. konstr.* (die) Phy'sik; **II.** *v/t. pret. u. p.p.* **'phys·icked** [-kt] **4.** *sl. j-n* ‚verarzten', her'umdoktern an *j-m*; **'phys·i·cal** [-kəl] *adj.* □ **1.** physisch, körperlich: *~ condition* Gesundheitszustand; *~ culture* Körperkultur; *~ examination* ärztliche Untersuchung; *~ force* physische Gewalt; *~ impossibility* absolute Unmöglichkeit; *~ inventory* ✝ Bestandsaufnahme; *~ stock* ✝ Lagerbestand; *~ training* Leibeserziehung; **2.** physi'kalisch; na'turwissenschaftlich: *~ geography* physikalische Geographie; *~ science* **a)** Physik, **b)** Naturwissenschaften;
phy·si·cian [fi'ziʃən] *s.* Arzt *m*;
'phys·i·cist [-isist] *s.* Physiker *m*.
phys·i·co-'chem·i·cal [fizikou-] *adj.* □ physi'kalisch-'chemisch.
phys·i·og·no·my [fizi'ɔnəmi] *s.* **1.** Physiogno'mie *f* (*a. fig.*), Gesichtsausdruck *m*; **2.** Physio'gnomik *f*; **phys·i'og·ra·phy** [-'ɔgrəfi] *s.* **1.** ˌPhysio(geo)gra'phie *f*; **2.** Na'turbeschreibung *f*; **phys·i·o·log·i·cal** [fiziə'lɔdʒikəl] *adj.* □ physio'logisch; **phys·i'ol·o·gist** [-'ɔlədʒist] *s.* Physio'loge *m*; **phys·i'ol·o·gy** [-'ɔlədʒi] *s.* Physiolo'gie *f*; **phys·i·o·ther·a·py** [fiziou'θerəpi] *s.* ˌPhysiothera'pie *f*.
phy·sique [fi'zi:k] *s.* Körperbau *m*, -beschaffenheit *f*, Fi'gur *f*.
phy·to·gen·e·sis [faitou'dʒenisis] *s.* ⚘ Lehre *f* von der Entstehung der Pflanzen; **phy·to·to·my** [fai'tɔtəmi] *s.* ⚘ 'Pflanzenanatoˌmie *f*.
pi·an·ist ['pjænist; ♪ 'piənist] *s.* ♪ Pia'nist(in), Kla'vierspieler(in).
pi·an·o[1] ['pjænou; ♪ 'pjɑ:nou] *pl.* **-os** *s.* ♪ Kla'vier *n*, PiˌanoI('forte) *n*: *at the ~* am Klavier.
pi·a·no[2] ['pjɑ:nou] ♪ **I.** *pl.* **-nos** *s.* Pi'ano *n* (*leises Spiel*): *~ pedal* Pianopedal; **II.** *adv.* pi'ano, leise.
pi·an·o·for·te [pjænou'fɔ:ti] → *piano*[1].
'pi·a·no-play·er → *pianist*.
pi·az·za [pi'ædzə] *pl.* **-zas** (*Ital.*) *s.* **1.** öffentlicher Platz; **2.** *Am.* (große) Ve'randa.
pi·broch ['pi:brɔk; -ɔx] *s.* 'Kriegsmuˌsik *f* der Bergschotten; 'Dudelsackvariatiˌonen *pl*.
pi·ca ['paikə] *s. typ.* Cicero *f*, Pica *f* (*Schriftgrad*).
pic·a·dor ['pikədɔ:] (*Span.*) *s.* Pika'dor *m* (*reitender Stierkämpfer*).
pic·a·resque [pikə'resk] *adj.* pika'resk: *~ novel* Schelmenroman, pikaresker Roman.
pic·a·roon [pikə'ru:n] *s.* **1.** Gauner *m*, Abenteurer *m*; **2.** Pi'rat *m*.
pic·a·yune [piki'ju:n] *Am.* **I.** *s.* **1.** *mst fig.* Pfennig *m*, Groschen *m*; **2.** *fig.* Lap'palie *f*; Tinnef *m*, *n*; **3.** *fig.* Null *f* (*unbedeutender Mensch*); **II.** *adj.*, *a.* **pic·a'yun·ish** [-niʃ] **4.** unbedeutend, schäbig; klein(lich).
pic·ca·lil·li ['pikəlili] *s.* scharf gewürztes Essiggemüse, Pickles *pl*.
pic·ca·nin·ny ['pikənini] **I.** *s. humor.* (*bsd.* Neger)Kind *n*, Gör *n*; **II.** *adj.* kindlich; winzig.
pic·co·lo ['pikəlou] *pl.* **-los** *s.* ♪ Pikkoloflöte *f*; *~* **pi·a·no** *s.* ♪ Kleinklavier *n*.
pick [pik] **I.** *s.* **1.** ⊕ **a)** Spitz-, Kreuzhacke *f*, Picke *f*, Pickel *m*, **b)** ⚒ (Keil)Haue *f*; **2.** Schlag *m*; **3.** Auswahl *f*, -lese *f*: *the ~ of the bunch* der (die, das) Beste von allen; *you may have the ~* Sie können sich (das Beste) aussuchen; **4.** *typ.* unreiner Buchstabe; **5.** ✐ Ernte *f*; **II.** *v/t.* **6.** aufhacken, -picken: → *hole 1*; **7.** *Körner* aufpicken; auflesen; sammeln; *Blumen, Obst* pflücken; *Beeren* abzupfen; F (häppchenweise) essen; **8.** *fig.* (sorgfältig) auswählen, -suchen: *to ~ and choose* wählerisch sein, (sorgfältig) aussuchen; *to ~ one's way* (*od. steps*) sich s-n Weg suchen *od.* bahnen, *fig.* sich durchlavieren; *to ~ one's words* s-e Worte wählen; *to ~ a quarrel (with s.o.)* (mit j-m) Streit suchen *od.* anbändeln; **9.** *Gemüse etc.* (ver)lesen, säubern; *Hühner* rupfen; *Metall* scheiden; *Wolle* zupfen; in *der Nase* bohren; in *den Zähnen* stochern; *e-n Knochen* (ab-)nagen; → *bone 1*; **10.** *Schloß* mit e-m Dietrich öffnen, ‚knacken'; *j-m die Tasche* ausräumen (*Dieb*); → *brain 2*; **11.** ♪ *Am. Banjo etc.* spielen; **12.** ausfasern, zerpflücken: *to ~ to pieces fig. Theorie etc.* zerflücken, herunterreißen; **III.** *v/i.* **13.** hacken, pike(l)n; **14.** im Essen her'umstochern; **15.** sorgfältig wählen; **16.** ‚sti'bitzen', stehlen;
Zssgn mit prp. u. adv.:
pick| at *v/t.* **1.** *im Essen* her'umstochern; **2.** F her'ummäkeln *od.* nörgeln an (*dat.*); auf *j-m* her'umhacken; *~* **off** *v/t.* **1.** (ab-)pflücken, -rupfen; **2.** wegnehmen; **3.** (einzeln) abschießen, ‚wegputzen'; *~* **on** *v/t.* **1.** aussuchen, sich entscheiden für; **2.** → *pick at 2*; *~* **out** *v/t.* **1.** (sich) *et.* auswählen; **2.** ausmachen, erkennen; *fig.* her'ausfinden, -bekommen; **3.** ♪ sich *e-e Melodie auf dem Klavier etc.* zs.-suchen; **4.** *mit e-r anderen Farbe* absetzen; *~* **o·ver** *v/t.* **1.** (gründlich) 'durchsehen, -gehen; **2.** (das Beste) auslesen; *~* **up I.** *v/t.* **1.** *Boden* aufhacken; **2.** aufheben, -nehmen, -lesen; in die Hand nehmen: *to pick o.s. up* sich erheben; → *gauntlet*[1] *2*; **3.** *j-n im Fahrzeug* mitnehmen, abholen; **4. a)** *j-n* ‚auflesen', kennenlernen, **b)** ‚hochnehmen' (*verhaften*); **5.** *Strickmaschen* aufnehmen; **6.** *Rundfunksender* bekommen, ‚(rein)kriegen'; **7.** *Sendung* empfangen, aufnehmen, abhören; *Funkspruch etc.* auffangen; **8.** in Sicht bekommen; **9.** *fig.* mitbekommen, ‚mitkriegen', *Sprache etc.* ‚aufschnappen', erlernen; **10.** erstehen, gewinnen: *to ~ a livelihood* sich mit Gelegenheitsarbeiten *etc.* durchschlagen; *to ~ courage* Mut fassen; *to ~ speed* auf Touren (*od.* in Fahrt) kommen; **II.** *v/i.* **11.** sich (wieder) erholen (*a.* ✝); **12.** sich anfreunden (*with* mit); **13.** auf Touren kommen, Geschwindigkeit aufnehmen; *fig.* stärker werden.
pick-a-back ['pikəbæk] *adj. u. adv.* huckepack *tragen etc.*: *~ plane* ✈ Huckepackflugzeug.
pick·a·nin·ny → *piccaninny*.
'pick·ax(e) *s.* (Spitz)Hacke *f*, (Beil-)Pike *f*, Pickel *m*.
picked [pikt] *adj. fig.* ausgewählt, -gesucht, (aus)erlesen: *~ troops* ⚔ Kerntruppen; **'pick·er** [-kə] *s.* **1.** Pflücker(in); **2.** (*Hopfen- etc.*) Zupfer(in); **3.** (*Lumpen*)Sammler (-in); **4.** *Spinnerei*: Picker *m* (*Arbeiter u. Gerät*).
pick·er·el ['pikərəl] *pl.* **-els** *od. bsd. coll.* **'pick·er·el** *s. ichth.* (*Brit.* junger) Hecht.
pick·et ['pikit] **I.** *s.* **1.** (Holz-, Absteck)Pfahl *m*; Pflock *m*; **2.** ⚔ Feldwache *f*; **3.** Streikposten *m*; **II.** *v/t.* **4.** einpfählen; **5.** an e-n Pfahl binden, anpflocken; **6.** Streikposten aufstellen vor (*dat.*), mit Streikposten besetzen; (als Streikposten) anhalten *od.* belästigen; **7.** ⚔ als Feldwache ausstellen; **III.** *v/i.* **8.** Streikposten stehen.
pick·ings ['pikiŋz] *s. pl.* **1.** Nachlese *f*, 'Überbleibsel *pl.*, Reste *pl.*; **2.** *a. ~ and stealings* unehrliche Nebeneinkünfte *pl.*; Diebesbeute *f*, Fang *m*; **3.** Pro'fit *m*, Gewinn *m*.
pick·le ['pikl] **I.** *s.* **1.** Pökel *m*, Salzlake *f*, Essigsoße *f* (*zum Einlegen*); **2.** Essig-, Gewürzgurke *f*; **3.** *pl.* Eingepökelte(s) *n*, Pickles *pl.*; → *mixed pickles*; **4.** ⊕ Beize *f*; **5.** F *a. nice* (*od. sad od. sorry*) *~* mißliche Lage: *to be in a ~* (schön) in der Patsche sitzen; **6.** F Balg *m*, *n*, Gör *n*, ‚Früchtchen' *n*; **II.** *v/t.* **7.** einpökeln, -salzen, -legen; **8.** ⊕ *Metall* (ab-)beizen; *Bleche* dekapieren: *pickling agent* Abbeizmittel; **9.** ✐ *Saatgut* beizen; **'pick·led** [-ld] *adj.* **1.** gepökelt, eingesalzen; Essig:.., Salz...: *~ herring* Salzhering; **2.** *sl.* ‚blau' (*betrunken*).
'pick|·lock *s.* **1.** Einbrecher *m*; **2.** Dietrich *m*; **'~-me-up** *s.* F **a)** (Magen)Stärkung *f*, Schnäps-chen *n*, **b)** *fig.* Stärkung *f*; **'~-off** *adj.* ⊕ *Am.* 'abmonˌtierbar, Wechsel...; **'~·pock·et** *s.* Taschendieb *m*; **'~-up** *s.* **1.** Ansteigen *n*; ✝ Erholung *f*: *~ (in prices)* Anziehen der Preise, Hausse; **2.** *mot.* Start-, Beschleunigungsvermögen *n*; **3.** *a. ~ truck* (kleiner) Lieferwagen; **4.** *Am.* → *pick-me-up*; **5.** ⊕ Tonabnehmer *m*, Schalldose *f* (*Plattenspieler*); Empfänger *m* (*Mikrophon*); Geber *m* (*Meßgerät*); **6.** *Radio, Fernsehen*: 'Aufnahme(apparaˌtur) *f*; **7.**

⚡ Ansprechen *n* (*Relais*); **8.** Straßenbekanntschaft *f*; **9.** *mst* ~ *dinner sl.* improvisierte Mahlzeit, Essen *n* aus (Fleisch)Resten; **10. a)** Verhaftung *f*, **b)** Verhaftete(r *m*) *f*.

pic·nic ['piknik] **I.** *s.* **1.** Picknick *n*; 'Landpar,tie *f*; **2.** F (reines) Vergnügen, Kinderspiel *n*: *no* ~ keine leichte Sache; **II.** *v/i.* **3.** ein Picknick *etc.* machen; picknicken.

pic·quet ['pikit] → *picket*.

pic·ric ['pikrik] *adj.* ⚗ Pikrin...

pic·to·ri·al [pik'tɔ:riəl] **I.** *adj.* □ **1.** malerisch, Maler...: ~ *art* Malerei; **2.** Bild(er)..., illustriert: ~ *advertising* Bildwerbung; **3.** *fig.* bildmäßig (*a. phot.*), -haft; **II.** *s.* **4.** Illustrierte *f* (*Zeitung*).

pic·ture ['piktʃə] **I.** *s.* **1.** Bild *n*: ~ *frequency Fernsehen*: Bildfrequenz; ~ *telegraph* Bildtelegraph; (*clinical*) ~ ⚕ Krankheitsbild, Befund; **2.** Abbildung *f*, Illustrati'on *f*; **3.** Gemälde *n*, Bild *n*: *to sit for one's* ~ sich malen lassen; **4.** (geistiges) Bild, Vorstellung *f*: *to form a* ~ *of s.th.* sich von et. ein Bild machen; **5.** *fig.* F Bild *n*, Verkörperung *f*: *he looks the very* ~ *of health* er sieht aus wie das blühende Leben; *to be the* ~ *of misery* ein Bild des Jammers sein; **6.** Ebenbild *n*: *the child is the* ~ *of his father*; **7.** *fig.* anschauliche Darstellung *od.* Schilderung (*in Worten*), Bild *n*; **8.** F bildschöne Sache *od.* Per'son: *she is a perfect* ~ sie ist bildschön; *the hat is a* ~ der Hut ist ein Gedicht; **9.** F Blickfeld *n*: *to be in the* ~ **a)** sichtbar sein, e-e Rolle spielen, **b)** im Bilde (*informiert*) sein; *to come into the* ~ in Erscheinung treten; *quite out of the* ~ gar nicht von Interesse, ohne Belang; **10.** *phot.* Aufnahme *f*, Bild *n*; **11. a)** Film *m*, Streifen *m*, **b)** *pl.* F Kino *n*, Film *m* (*Filmvorführung od. Filmwelt*): *to go to the* ~*s Brit.* ins Kino gehen; **II.** *v/t.* **12.** abbilden, darstellen, malen; **13.** *fig.* anschaulich schildern, beschreiben, ausmalen; **14.** *fig.* sich ein Bild machen von, sich *et.* ausmalen *od.* vorstellen; **15.** *s-e Empfindung etc.* spiegeln, zeigen; **III.** *adj.* **16.** Bilder...: ~ *frame* Bilderrahmen; **17.** Film...: ~ *play* Filmdrama; '~**-book** *s.* Bilderbuch *n*; '~**-card** *s. Kartenspiel*: Fi'gurenkarte *f*, Bild *n*; '~**-gal·ler·y** *s.* 'Bildergale,rie *f*; *Am. sl.* Verbrecheralbum *n*; '~**-go·er** *s. Brit.* Kinobesucher(in); '~**-house**, '~**-pal·ace** *Brit.* → *picture theater*; ~ **post·card** *s.* Ansichtskarte *f*; ~ **puz·zle** *s.* **1.** Vexierbild *n*; **2.** Bilderrätsel *n*.

pic·tur·esque [piktʃə'resk] *adj.* □ malerisch (*a. fig.*).

pic·ture| te·leg·ra·phy *s.* 'Bildtelegra,phie *f*; '~**-the·a·ter** *Am.*, '~**-the·a·tre** *Brit. s.* 'Filmthe,ater *n*, 'Lichtspielhaus *n*, Kino *n*; ~ **trans·mis·sion** *s.* 'Bildüber,tragung *f*, Bildfunk *m*; ~ **tube** *s.* Fernseh-, Bildröhre *f*; '~**-writ·ing** s. Bilderschrift *f*.

pic·tur·ize ['piktʃəraiz] *v/t. Am.* verfilmen.

pid·dle ['pidl] *v/i.* **1.** (*v/t.* ver)trödeln; **2.** F ,Pi'pi machen', ,pinkeln';

'**pid·dling** [-liŋ] *adj.* unbedeutend, nutzlos, lumpig.

pidg·in ['pidʒin] *s.* **1.** *sl.* Angelegenheit *f*: *that is your* ~ das ist deine Sache; **2.** ~ *English* Pidgin-Englisch *n* (*Verkehrssprache zwischen Europäern u. Ostasiaten*); *weitS.* Kauderwelsch *n*.

pie[1] [pai] *s.* **1.** *orn.* Elster *f*; **2.** *zo.* Scheck(e) *m* (*Pferd*).

pie[2] [pai] *s.* **1.** ('Fleisch-, 'Obst-*etc.*)Pa,stete *f*, Pie *f*: *it's* (*as easy as*) ~ *sl.* es ist kinderleicht; → *finger 1*; *humble 1*; **2.** (Obst)Torte *f*; **3.** *pol. Am. sl.* Protekti'on *f*, Bestechung *f*: ~ *counter* ,Futterkrippe'; **4.** F *e-e* feine Sache; *ein* ,gefundenes Fressen'.

pie[3] [pai] **I.** *s.* **1.** *typ.* Zwiebelfisch(e *pl.*) *m*; **2.** *fig.* Wirrwarr *m*, Durchein'ander *n*; **II.** *v/t.* **3.** *typ. Satz* zs.-werfen; **4.** *fig.* durchein'anderbringen.

pie·bald ['paibɔ:ld] **I.** *adj.* scheckig, bunt; **II.** *s.* scheckiges Tier; Schecke *f* (*Pferd*).

piece [pi:s] **I.** *s.* **1.** Stück *n*: *a* ~ *of land* ein Stück Land; *a* ~ *of furniture* ein Möbel(stück); *a* ~ *of wallpaper* e-e Rolle Tapete; *a* ~ je, das Stück (*im Preis*); *by the* ~ **a)** stückweise *verkaufen*, **b)** im Akkord *od.* Stücklohn *arbeiten od. bezahlen*; *in* ~*s* entzwei, ,kaputt'; *of a* ~ gleichmäßig; *all of a* ~ aus 'einem Guß; *to be all of a* ~ *with* ganz passen zu; *to break* (*od. fall*) *to* ~*s* entzweigehen, zerbrechen; *to go to* ~*s* **a)** in Stücke gehen (*a. fig.*), **b)** *fig.* zs.-brechen (*Person*); *to take to* ~*s* auseinandernehmen, zerlegen; → *pick 12*, *pull 16*; **2.** *fig.* Beispiel *n*, Fall *m*, *mst* ein(e): *a* ~ *of advice* ein Rat(schlag); *a* ~ *of folly* e-e Dummheit; *a* ~ *of news* e-e Neuigkeit; → *mind 4*; **3.** Teil *m* (*e-s Service etc.*): *two-*~ *set* zweiteiliger Satz; **4.** (Geld)Stück *n*, Münze *f*; **5.** ⚔ Geschütz *n*; Gewehr *n*; **6.** *a.* ~ *of work* Arbeit *f*, Stück *n*; *paint.* Stück *n*, Gemälde *n*; *thea.* (Bühnen)Stück *n*; ♪ (Mu'sik)Stück *n*; (kleines) *literarisches* Werk; **7.** ('Spiel)Fi,gur *f*, Stein *m*; *Schach*: Offi'zier *m*, Figur *f*: *minor* ~*s* leichtere Figuren (*Läufer u. Springer*); **8.** F **a)** Stück *n* Wegs, kurze Entfernung, **b)** Weilchen *n*; **9.** V *contp.* ,(Weibs-) Stück' *n*; **II.** *v/t.* **10.** *a.* ~ *up* flicken, ausbessern, zs.-stücken; **11.** verlängern, anstücken, -setzen (*on to* an *acc.*); **12.** *oft* ~ *together* zs.-setzen, -stücke(l)n (*a. fig.*); **13.** ver'vollständigen, ergänzen; '~**-goods** *pl.* ✝ Meter-, Schnittware *f*; '~**-meal** *adv.* stückweise, Stück für Stück, all'mählich; '~**-rate** *s.* Ak'kordsatz *m*; '~**-wag·es** *s. pl.* Ak'kord-, Stücklohn *m*; '~**-work** *s.* Ak'kordarbeit *f*; '~**-work·er** *s.* Ak'kordarbeiter(in).

'**pie|-chart** *s. Statistik*: 'Kreisdia,gramm *n*; '~**-crust** *s.* Pa'stetenkruste *f*, Teigdecke *f*.

pied[1] [paid] *adj.* gescheckt, buntscheckig: ♀ *Piper* (*of Hamelin*) *der* Rattenfänger von Hameln.

pied[2] [paid] *pret. u. p.p. von pie*[3] *II*.

'**pie|-eyed** *adj. Am. sl.* ,blau' (*betrunken*); '~**-plant** *s. Am.* Rha'barber *m*.

pier [piə] *s.* **1.** Pier *m*, *f* (*feste Landungsbrücke*); Kai *m*; **2.** Mole *f*, Hafendamm *m*; (Brücken)Pfeiler *m*, Wellenbrecher *m*; **3.** ⚠ (Stütz-, Tor)Pfeiler *m*; **pier·age** ['piəridʒ] *s.* Kaigeld *n*.

pierce [piəs] **I.** *v/t.* **1.** durch'bohren, -'dringen, -'stechen, -'stoßen; ⊕ lochen; ⚔ durch'brechen, -'stoßen, eindringen in (*acc.*); **2.** *fig.* durch'dringen (*Kälte, Schrei, Schmerz etc.*): *to* ~ *s.o.'s heart* j-m ins Herz schneiden; **3.** *fig.* durch'schauen, ergründen, eindringen in *Geheimnisse etc.*; **II.** *v/i.* (ein)dringen (*into* in *acc.*) (*a. fig.*); dringen (*through* durch); '**pierc·ing** [-siŋ] *adj.* □ 'durchdringend, scharf, schneidend, stechend (*a. Kälte, Blick, Schmerz*); gellend (*Schrei*).

'**pier|-glass** *s.* Pfeilerspiegel *m*; '~**-head** *s.* Molenkopf *m*.

pi·er·rot ['piərou] *s.* Pier'rot *m*, Hans'wurst *m*.

pi·e·tism ['paiətizəm] *s.* Pie'tismus *m*; '**pi·e·tist** [-ist] *s.* **1.** Pie'tist(in); **2.** Frömmler(in), Mucker(in); **pi·e'tis·tic** [paiə'tistik] *adj.* **1.** pie'tistisch; **2.** frömmelnd.

pi·e·ty ['paiəti] *s.* **1.** Frömmigkeit *f*; **2.** Pie'tät *f*, Ehrfurcht *f* (*to* vor *dat.*).

pi·e·zo·e·lec·tric [paii:zoui'lektrik] *adj. phys.* pi'ezoe,lektrisch.

pif·fle ['pifl] F **I.** *v/i.* **a)** Blech reden, quatschen, **b)** Quatsch machen; **II.** *s.* Quatsch *m*, ,Blech' *n*.

pig [pig] **I.** *pl.* **pigs** *od. coll.* **pig** *s.* **1.** Ferkel *n*: *sow in* ~ trächtiges Mutterschwein; *sucking* ~ Spanferkel; *to buy a* ~ *in a poke fig.* die Katze im Sack kaufen; *in a* (*od. the*) ~*'s eye! Am. sl.* Quatsch!, ,von wegen'!; **2.** *fig. contp.* **a)** Ferkel *n*, Schwein *n*, **b)** Dickschädel *m*, **c)** Ekel *n* (*Person*); **3.** *sl.* ,Bulle' *m* (*Polizist*); **4.** ⊕ **a)** Massel *f*, (Roheisen)Barren *m*, **b)** Roheisen *n*, **c)** Block *m*, Mulde *f* (*bsd. Blei*); **II.** *v/i.* **5.** ferkeln, frischen; **6.** *mst* ~ *it* F eng zs.-hausen, aufein'anderhocken.

pi·geon ['pidʒin] *s.* **1.** *pl.* **-geons** *od. coll.* **-geon** Taube *f*; **2.** *sl.* ,Gimpel' *m*; **3.** → *clay pigeon*; '~**-breast** *s.* ⚕ Hühnerbrust *f*; '~**-'breast·ed** *adj.* hühnerbrüstig; '~**-hole** **I.** *s.* **1.** (Ablege-, Schub)Fach *n*; **2.** Taubenloch *n*; **II.** *v/t.* **3.** in ein Schubfach legen, einordnen, *Akten* ablegen; **4.** *fig.* zu'rückstellen, zu den Akten legen, auf die lange Bank schieben, die Erledigung *e-r Sache* verschleppen; **5.** *fig. Tatsachen, Wissen* (ein)ordnen, klassifizieren; **6.** mit Fächern versehen; '~**-house**, '~**-loft** *s.* Taubenschlag *m*; '~**-'liv·ered** *adj.* ,weich', feige.

pi·geon·ry ['pidʒinri] *s.* Taubenhaus *n*, -schlag *m*.

pig·ger·y ['pigəri] *s.* **1.** Schweinezucht *f*; **2.** Schweinestall *m*; **3.** *fig. contp.* **a)** Saustall *m*, **b)** Schweine'rei *f*; **pig·gish** ['pigiʃ] *adj.* **1.** schweinisch, unflätig; **2.** gierig; **3.** dickköpfig; **pig·gy** ['pigi] **I.** *s.* **1.** Schweinchen *n*: ~ *bank* Sparschwein(chen); **2.** *Am.* F Zehe *f*; **II.** *adj.* **3.** → *piggish*.

'pig|'head·ed *adj.* □ dickköpfig, störrisch, eigensinnig; **'~'head·ed·ness** *s.* Dickköpfigkeit *f*, ‚Sturheit' *f*; **'~-i·ron** *s. metall.* Massel-, Roheisen *n*.

pig·let ['piglit] *s.* Schweinchen *n*, Ferkel *n*.

pig·ment ['pigmənt] **I.** *s.* **1.** *a. biol.* Pig'ment *n*; **2.** Farbe *f*, Farbstoff *m*, -körper *m*; **II.** *v/t. u. v/i.* **3.** (sich) pigmentieren, (sich) färben; **'pig·men·tar·y** [-təri], *a.* **pig·men·tal** [pig'mentl] *adj.* Pigment...; **pig·men·ta·tion** [pigmən'teiʃən] *s.* **1.** *biol.* Pigmentati'on *f*, Färbung *f*; **2.** ⚕ Pigmentierung *f*.

pig·my → *pygmy*.

'pig|·nut *s.* ♀ 'Erdkaˌstanie *f*, -nuß *f*; **'~·skin** *s.* **1.** Schweinsleder *n*; **2.** F ‚Leder' *n* (*Fußball*); **'~·stick·ing** *s.* **1.** Wildschweinjagd *f*, Sauhatz *f*; **2.** Schweineschlachten *n*; **'~·sty** *s.* Schweinestall *m* (*a. fig.*); **'~·tail** *s.* **1.** (Haar)Zopf *m*; **2.** Rolle *f* 'Tabak; **'~·wash** → *hog-wash*.

pi-jaw ['paidʒɔ:] *Brit. sl.* **I.** *s.* Standpauke *f*; **II.** *v/t. j-m* die Le'viten lesen, *j-n* anschnauzen.

pike[1] [paik] *pl.* **pikes** *od. bsd. coll.* **pike** *s. ichth.* Hecht *m*.

pike[2] [paik] *s.* **1.** ⚔ *hist.* Pike *f*, (Lang)Spieß *m*; **2.** (Speer- *etc.*) Spitze *f*, Stachel *m*; **3. a)** Schlagbaum *m* (*Mautstraße*), **b)** Maut *f*, Straßenbenutzungsgebühr *f*, **c)** Mautstraße *f*, gebührenpflichtige Straße; **4.** *Brit. dial.* Bergspitze *f*.

pike·let ['paiklit] *s. Brit. ein* Teegebäck *n*.

'pike·man [-mən] *s.* [*irr.*] **1.** ⚒ Hauer *m*; **2.** Mautner *m*; **3.** ⚔ *hist.* Pike'nier *m*.

pik·er ['paikə] *s. Am. sl.* **1.** Geizhals *m*; **2.** vorsichtiger Spieler; **3.** ‚kleiner Mann'; **4.** Drückeberger *m*, Feigling *m*; **5.** ‚Stromer' *m*.

'pike·staff *s.*: *as plain as a* ~ sonnenklar.

pi·las·ter [pi'læstə] *s.* ⚠ Pi'laster *m*, (*viereckiger*) Stützpfeiler.

pilch [piltʃ] *s.* (*dreieckiges*) Wickeltuch.

pil·chard ['piltʃəd] *s. ichth.* Sar['dine *f*.]

pile[1] [pail] **I.** *s.* **1.** Haufen *m*, Stoß *m*, Stapel *m* (*Akten, Holz etc.*): *a* ~ *of arms* e-e Gewehrpyramide; **2.** Scheiterhaufen *m*; **3.** großes Gebäude, Ge'bäudekomˌplex *m*; **4.** ‚Haufen' *m*, ‚Masse' *f* (*bsd. Geld*): *to make a* (*od. one's*) ~ e-e Menge Geld machen, ein Vermögen verdienen; *to make a* ~ *of money* e-e Stange Geld verdienen; **5.** ⚡ **a)** (gal'vanische *etc.*) Säule: *thermo-electrical* ~ Thermosäule, **b)** Batte'rie *f*; **6.** *a. atomic* ~ (A'tom)Meiler *m*, Re'aktor *m*; **7.** *metall.* 'Schweiß(eisen)pa'ket *n*; **8.** *Am. sl.* ‚Kasten' *m* (*Auto*); **II.** *v/t.* **9.** *a.* ~ *up* (*od. on*) (an-, auf)häufen, (auf)stapeln, aufschichten: *to* ~ *arms* ⚔ Gewehre zs.-setzen; **10.** aufspeichern (*a. fig.*); **11.** über'häufen, -'laden (*a. fig.*): *to* ~ *a table with food*; *to* ~ *up* (*od. on*) *the agony* F Schrecken auf Schrecken häufen; *to* ~ *it on* F dick auftragen; **III.** *v/i.* **12.** *mst* ~ *up* sich (auf- *od.* an)häufen, sich ansammeln (*a. fig.*); **13.** F sich (scharenweise) drängen (*into* in *acc.*); **14.** ~ *up mot.* aufein'anderfahren, zs.-prallen.

pile[2] [pail] **I.** *s.* **1.** ⊕ (Stütz)Pfahl *m*, Pfeiler *m*; Bock *m*, Joch *n e-r Brücke*; **2.** *her.* Spitzpfahl *m*; **II.** *v/t.* **3.** auspfählen, unter'pfählen, durch Pfähle verstärken; **4.** (hin'ein-) treiben *od.* (ein)rammen in (*acc.*).

pile[3] [pail] **I.** *s.* **1.** Flaum *m*; **2.** (Woll)Haar *n*, Pelz *m* (*des Fells*); **3.** *Weberei*: Samt *m*, Felbel *m*; **4.** *Weberei*: Flor *m*, Pol *m* (*e-s Gewebes*); Noppe *f* (*a. rauhe Tuchseite*); **II.** *adj.* **5.** ...fach gewebt (*Teppich etc.*): *a three-*~ *carpet*; *double-*~ *velvet* doppelfloriger Samt.

'pile|-bridge (Pfahl)Jochbrücke *f*; **'~-driv·er** *s.* ⊕ **1.** (Pfahl)Ramme *f*; **2.** Rammklotz *m*; **'~-dwell·ing** *s.* Pfahlbau *m*; **~ fab·ric** *s.* Samtstoff *m*; *pl.* Polgewebe *pl.*

piles [pailz] *s. pl.* ⚕ Hämorrho'iden *pl.*

'pile-up *s. mot.* 'Massenkaramboˌlage *f*.

pil·fer ['pilfə] *v/t. u. v/i.* stehlen, mausen, sti'bitzen; **'pil·fer·age** [-əridʒ] *s.* geringfügiger Diebstahl, Diebe'rei *f*; **'pil·fer·er** [-ərə] *s.* Dieb(in), ‚Langfinger' *m*.

pil·grim ['pilgrim] *s.* **1.** Pilger(in), Wallfahrer(in); **2.** *fig.* Pilger *m*, Wanderer *m*; **3.** ♀ (*pl. a.* ♀ *Fathers*) *hist.* Pilgervater *m*; **'pil·grim·age** [-midʒ] **I.** *s.* **1.** Pilger-, Wallfahrt *f*; **2.** *fig.* lange Reise; **II.** *v/i.* **3.** pilgern, wallfahren.

pill [pil] **I.** *s.* **1.** Pille *f* (*a. fig.*), Ta'blette *f*: *to swallow the* ~ die bittere Pille schlucken, in den sauren Apfel beißen; → *gild*[2] *3*; **2.** *sl.* ‚Brechmittel' *n*, ‚Ekel' *n* (*Person*); **3.** *sport sl.* Ball *m*; *Brit. a.* Billard *n*; **4.** ⚔ *sl. od. humor.* ‚blaue Bohne' (*Gewehrkugel*), ‚Ei' *n*, ‚Koffer' *m* (*Kanonenkugel*); **5.** *sl.* ‚Stäbchen' *n* (*Zigarette*); **6.** *the* ~ die (Anti'baby)Pille: *to be on the* ~ die Pille nehmen; **II.** *v/t.* **7.** *sl. bei e-r Wahl* ablehnen, durchfallen lassen.

pil·lage ['pilidʒ] **I.** *v/t.* **1.** (aus)plündern; **2.** rauben, erbeuten; **II.** *v/i.* **3.** plündern; **III.** *s.* **4.** Plünderung *f*, Plündern *n*; **5.** Beute *f*.

pil·lar ['pilə] **I.** *s.* **1.** Pfeiler *m*, Ständer *m* (*a. Reitsport*): *a* ~ *of coal* ⚒ Kohlenpfeiler; *to run from* ~ *to post fig.* von Pontius zu Pilatus laufen; **2.** ⚠ (*a. weitS.* Luft-, Rauch- *etc.*)Säule *f*; **3.** *fig.* Säule *f*, (Haupt)Stütze *f*: *the* ~*s of wisdom* die Säulen der Weisheit; **4.** ⊕ Stütze *f*, Sup'port *m*, Sockel *m*; **II.** *v/t.* **5.** mit Pfeilern *od.* Säulen stützen *od.* schmücken; **'~-box** *s. Brit.* Briefkasten *m* (in Säulenform).

pil·lared ['piləd] *adj.* **1.** mit Säulen *od.* Pfeilern (versehen); **2.** säulenförmig.

'pill·box *s.* **1.** Pillenschachtel *f*; **2.** ⚔ *sl.* Bunker *m*, 'Unterstand *m*.

pil·lion ['piljən] *s.* **1.** leichter (Damen)Sattel; **2.** Sattelkissen *n*; **3.** *a.* ~ *seat mot.* Soziussitz *m*: *to ride* ~ auf dem Sozius (mit)fahren; **'~-rid·er** *s.* Soziusfahrer(in).

pil·lo·ry ['piləri] **I.** *s.* Pranger *m* (*a. fig.*): *in the* ~ am Pranger; **II.** *v/t.* an den Pranger stellen; *fig.* anprangern.

pil·low ['pilou] **I.** *s.* **1.** (Kopf)Kissen *n*, Polster *n*: *to take counsel of one's* ~ *fig.* e-e Sache beschlafen; **2.** ⊕ (Zapfen)Lager *n*, Pfanne *f*; **II.** *v/t.* **3.** (auf ein Kissen) betten, stützen (*on* auf *acc.*): *to* ~ *up* hoch betten; **'~-case** *s.* (Kopf)Kissenbezug *m*; **'~-lace** *s.* Klöppel-, Kissenspitzen *pl.*; **'~-slip** → *pillow-case*.

pi·lose ['pailous] *adj.* ♀, *zo.* behaart.

pi·lot ['pailət] **I.** *s.* **1.** ⚓ Lotse *m*; **2.** ✈ Flugzeug-, Bal'lonführer *m*, Pi'lot *m*: ~ *instructor* Fluglehrer; ~*'s licence* Flugzeugführerschein; ~ *officer* Fliegerleutnant; ~ *pupil*, ~ *trainee* Flugschüler(in); **3.** *fig.* **a)** Führer *m*, Wegweiser *m*, **b)** Berater *m*; **4.** 🚂 *Am.* Schienenräumer *m*; **5.** ⊕ Be'tätigungseleˌment *n*; **6.** ⊕ Führungszapfen *m*; **II.** *v/t.* **7.** ⚓ lotsen (*a. mot. u. fig.*), steuern: *to* ~ *through* durchlotsen (*a. fig.*); **8.** ✈ steuern, fliegen; **9.** *bsd. fig.* führen, lenken, leiten; **III.** *adj.* **10.** Versuchs...; → *pilot plant 1*; **11.** Hilfs-...: ~ *parachute*; **12.** Steuer..., Kontroll..., Leit...: ~ *relay* Steuer-, Kontrollrelais; **'pi·lot·age** [-tidʒ] *s.* **1.** ⚓ Lotsen(kunst *f*) *n*: *certificate of* ~ Lotsenpatent; **2.** Lotsengeld *n*; **3.** ✈ **a)** Flugkunst *f*, **b)** 'Bodennavigatiˌon *f*; **4.** *fig.* Leitung *f*, Führung *f*.

pi·lot| bal·loon *s.* ✈ Pi'lotbalˌlon *m*; **~ boat** *s.* ⚓ Lotsenboot *n*; **~ burn·er** *s.* ⊕ Sparbrenner *m*; **'~-cloth** *s.* dunkelblauer Fries; **~ en·gine** *s.* 🚂 'Leerfahrtlokomoˌtive *f*; **~ film** *s.* Pi'lotfilm *m*; **~ in·jec·tion** *s. mot.* Voreinspritzung *f*; **~ jet** *s.* ⊕ Leerlaufdüse *f*; **~ lamp** *s.* ⊕ Kon'trolllampe.

pi·lot·less ['pailətlis] *adj.* führerlos, unbemannt.

pi·lot| light *s.* **1.** → *pilot burner*; **2.** → *pilot lamp*; **~ plant** *s.* **1.** Versuchsanlage *f*; **2.** Musterbetrieb *m*; **~ scheme** *s.* Ver'suchsproˌjekt *n*; **~ stu·dy** *s.* 'Leitˌstudie *f*; **~ valve** *s.* ⊕ 'Steuervenˌtil *n*.

pi·lous ['pailəs] → *pilose*.

pil·ule ['pilju:l] *s.* kleine Pille.

pi·men·to [pi'mentou] *pl.* **-tos** *s.* ♀ *bsd. Brit.* **1.** Pi'ment *m, n*, Nelkenpfeffer *m*; **2.** Pi'mentbaum *m*.

pimp [pimp] **I.** *s.* **1.** Kuppler *m*; Zuhälter *m*; **2.** *Am. sl.* ‚Strichjunge' *m*; **II.** *v/i.* **3.** kuppeln.

pim·per·nel ['pimpənel] *s.* ♀ Pimper'nelle *f*.

pim·ple ['pimpl] **I.** *s.* Pustel *f*, (Haut)Pickel *m*; **II.** *v/i.* pickelig werden; **'pim·pled** [-ld], **'pim·ply** [-li] *adj.* pickelig, finnig.

pin [pin] **I.** *s.* **1.** (Steck)Nadel *f*: ~*s and needles* ‚Kribbeln' (*in eingeschlafenen Gliedern*); *to sit on* ~*s and needles fig.* wie auf Kohlen sitzen; *I don't care a* ~ das ist mir völlig schnuppe (*gleichgültig*); **2.** (Schmuck-, Haar-, Hut)Nadel *f*: *scarf-*~ Krawattennadel; **3.** (Ansteck)Nadel *f*, Abzeichen *n*; **4.** ⊕ Pflock *m*, Dübel *m*, Bolzen *m*, Zapfen *m*, Stift *m*: *split* ~ Splint; ~ *with thread* Gewindezapfen; ~ *bearing* Nadel-, Stiftlager; **5.** ⊕ Dorn *m*; **6.** *a. drawing-*~ *Brit.* Reißnagel *m*, -zwecke *f*; **7.** *a. clothes-*~ Wäscheklammer *f*; **8.** *a. rolling-*~ Nudelholz *n*; **3.** *pl.* F ‚Stelzen' *pl.* (*Beine*): *that knocked him off his* ~*s* das hat ihn ‚umgeschmissen'; **10.** ♪ Wirbel *m* (*Streichinstrument*); **11.** *Kegelsport*: Kegel *m*; **II.** *v/t.* **12.** (an)heften, -stecken, befestigen (*to, on* an *acc.*): *to* ~ *up* auf-, hochstecken; *to* ~ *one's faith on* sein Vertrauen auf j-n setzen; *to* ~ *one's hopes on* s-e (ganze) Hoffnung setzen auf (*acc.*), fest bauen auf (*acc.*); **13.** pressen, drücken, heften (*against, to* gegen, an *acc.*), festhalten; **14.** *a.* ~ *down* **a)** zu Boden pressen, **b)** *fig. j-n* festnageln (*to* auf *ein Versprechen, e-e Aussage etc.*), **c)** ⚔ *Feindkräfte* fesseln (*a. Schach*); **15.** ⊕ verbolzen, -dübeln, -stiften.

pin·a·fore ['pinəfɔ:] *s.* (Kinder-) Lätzchen *n*, (-)Schürze *f*.

'pin|·ball ma·chine *s.* Flipper *m* (*Spielautomat*); ~ **bit** *s.* ⊕ Bohrspitze *f*; ~ **bolt** *s.* ⊕ Federbolzen *m*.

pince-nez ['pɛ̃:nsnei; pɛ̃sne] (*Fr.*) *s.* Kneifer *m*, Klemmer *m*.

pin·cer ['pinsə] *adj.* Zangen...: ~ *movement* ⚔ Zangenbewegung; **'pin·cers** [-əz] *s. pl.* **1.** (Kneif-, Beiß)Zange *f*: *a pair of* ~ eine Kneifzange; **2.** ⚕, *typ.* Pin'zette *f*; **3.** *zo.* Krebsschere *f*.

pinch [pintʃ] **I.** *v/t.* **1.** zwicken, kneifen, (ein)klemmen, quetschen: *to* ~ *off* abkneifen; **2.** beengen, einengen, -zwängen; *fig.* (be)drücken, beengen, beschränken: *to be* ~*ed for time* wenig Zeit haben; *to be* ~*ed* in Bedrängnis sein, Not leiden, knapp sein (*for, in, of* an *dat.*); *to be* ~*ed for money* knapp bei Kasse sein; ~*ed circumstances* beschränkte Verhältnisse; **3.** *fig.* quälen: *to be* ~*ed with cold* durchgefroren sein; *to be* ~*ed with hunger* ausgehungert sein; *a* ~*ed face* ein schmales *od.* abgehärmtes Gesicht; **4.** *sl. et.* ‚klemmen', ‚klauen' (*stehlen*); **5.** *sl. j-n* ‚schnappen' (*verhaften*); **II.** *v/i.* **6.** drücken, kneifen, zwicken: ~*ing want* drückende Not; → *shoe 1*; **7.** *fig. a.* ~ *and scrape* knausern, darben, sich nichts gönnen; **III.** *s.* **8.** Kneifen *n*, Zwicken *n*; **9.** *fig.* Druck *m*, Qual *f*, Not(lage) *f*: *at a* ~ im Notfall; *if it comes to a* ~ wenn es zum Äußersten kommt; **10.** Prise *f* (*Tabak etc.*): **11.** Quentchen *n*, (kleines) bißchen: *a* ~ *of butter*; *with a* ~ *of salt fig.* mit Vorbehalt; **12.** *sl.* Festnahme *f*, Verhaftung *f*.

pinch·beck ['pintʃbek] **I.** *s.* **1.** Tombak *m*, Talmi *n* (*a. fig.*); **II.** *adj.* **2.** Talmi... (*a. fig.*); **3.** unecht, nachgemacht.

'pinch|-hit *v/i.* [*irr.* → *hit*] *Am. Baseball u. fig.* einspringen (*for* für); **'~-hit·ter** *s. Am.* Ersatz(mann) *m*.

'pin|·cush·ion *s.* Nadelkissen *n*; ~ **cou·pling** *s.* ⊕ Bolzenkupplung *f*.

pine[1] [pain] *s.* **1.** ♣ Kiefer *f*, Föhre *f*, Pinie *f*; **2.** Kiefernholz *n*; **3.** F Ananas *f*.

pine[2] [pain] *v/i.* **1.** sich sehnen, schmachten (*after, for* nach); **2.** *mst* ~ *away* verschmachten, vor Gram vergehen; **3.** sich grämen *od.* abhärmen (*at* über *acc.*).

pin·e·al gland ['painiəl] *s. anat.* Zirbeldrüse *f*.

'pine|·ap·ple *s.* **1.** ♣ Ananas *f*; **2.** ⚔ *sl.* 'Handgra,nate *f*; Bombe *f*; Tor'pedo *m*; **'~-cone** *s.* ♣ Kiefernzapfen *m*; ~ **mar·ten** *s. zo.* Baummarder *m*; **'~-nee·dle** *s.* ♣ Fichtennadel *f*; **'~-oil** *s.* Kiefernöl *n*.

pin·er·y ['painəri] *s.* **1.** Treibhaus *n* für Ananas; **2.** Kiefernpflanzung *f*.

pine| tar *s.* Kienteer *m*; **,~-tree** *s.* ♣ Kiefer *f*.

'pin-feath·er *s. orn.* Stoppelfeder *f*.

ping [piŋ] **I.** *v/i.* **1.** pfeifen (*Kugel*), schwirren (*Mücke etc.*); *mot.* klingeln; **II.** *s.* **2.** Peng *n*; **3.** Pfeifen *n*, Schwirren *n*; *mot.* Klingeln *n*; **'~-pong** [-pɔŋ] *s.* Tischtennis *n*.

'pin|-head *s.* **1.** (Steck)Nadelkopf *m*; **2.** *fig.* Kleinigkeit *f*; **3.** F Dummkopf *m*; **'~-head·ed** *adj.* dumm, ‚doof'; **'~-hole** *s.* **1.** Nadelloch *n*; **2.** kleines Loch (*a. opt.*): ~ *camera* Lochkamera.

pin·ion[1] ['pinjən] *s.* ⊕ **1.** Ritzel *n*, Antriebs(kegel)rad *n*: *gear* ~ Getriebezahnrad; ~ *drive* Ritzelantrieb; **2.** Kammwalze *f*.

pin·ion[2] ['pinjən] **I.** *s.* **1.** *orn.* Flügelspitze *f*; **2.** *orn.* (Schwung)Feder *f*; **3.** *poet.* Schwinge *f*, Fittich *m*; **II.** *v/t.* **4.** die Flügel stutzen (*dat.*) (*a. fig.*); **5.** fesseln (*to* an *acc.*).

pink[1] [piŋk] **I.** *s.* **1.** ♣ Nelke *f*: *plumed* (*od. feathered*) ~ Federnelke; **2.** Blaßrot *n*, Rosa *n*; **3.** *bsd. Brit.* (scharlach)roter Jagdrock; **4.** *pol. Am. sl.* ‚rot Angehauchte(r)' *m*, Sa'lonbolsche,wist *m*; **5.** *fig.* Gipfel *m*, Krone *f*, höchster Grad: *in the* ~ *of health* bei bester Gesundheit; *the* ~ *of perfection* die höchste Vollendung; *to be in the* ~ (*of condition*) *sl.* in ‚Hochform' sein; **II.** *adj.* **6.** rosa (-farben), blaßrot: ~ *slip* ‚blauer Brief', Kündigungsschreiben; **7.** *pol. sl.* ‚rötlich', kommu'nistisch angehaucht.

pink[2] [piŋk] *v/t.* **1.** *a.* ~ *out* auszacken; **2.** durch'bohren, -'stechen.

pink[3] [piŋk] *s.* ⚓ Pinke *f* (*Boot*).

pink[4] [piŋk] *v/i.* klopfen (*Motor*).

pink·ish ['piŋkiʃ] *adj.* rötlich (*a. pol. sl.*), blaßrosa.

'pin-mon·ey *s.* Nadelgeld *n* (*Taschengeld der Frau*).

pin·na ['pinə] *pl.* **-nae** [-ni:] *s.* **1.** *anat.* Ohrmuschel *f*; **2.** *zo.* **a)** Feder *f*, Flügel *m*, **b)** Flosse *f*; **3.** ♣ Fieder (-blatt *n*) *f*.

pin·nace ['pinis] *s.* ⚓ Pi'nasse *f*.

pin·na·cle ['pinəkl] *s.* **1.** △ **a)** Spitzturm *m*, **b)** Zinne *f*; **2.** (Fels-, Berg-) Spitze *f*, Gipfel *m*; **3.** *fig.* Gipfel *m*, Spitze *f*, Höhepunkt *m*.

pin·nate ['pinit] *adj.* ♣, *orn.* gefiedert.

pin·ni·grade ['pinigreid], **'pin·ni·ped** [-ped] *zo.* **I.** *adj.* flossen-, schwimmfüßig; **II.** *s.* Flossen-, Schwimmfüßer *m*.

pin·nule ['pinju:l] *s.* **1.** Federchen *n*; **2.** *zo.* Flössel *n*; **3.** ♣ Fiederblättchen *n*.

pin·ny ['pini] F → *pinafore*.

pi·noch·le, pi·noc·le ['pi:nʌkl] *s. Am.* Bi'nokel *n* (*Kartenspiel*).

'pin|-point ⚔ **I.** *v/t.* *Ziel* genau festlegen (*a. fig.*) *od.* bombardieren; **II.** *v/i.* ein Punktziel ausmachen; **III.** *adj.* genau, Punkt...: ~ *bombing* Bombenpunktwurf; ~ *strike* ✈ Schwerpunktstreik; ~ *target* Punktziel; **'~-prick** *s.* **1.** Nadelstich *m* (*a. fig.*): *policy of* ~*s* Politik der Nadelstiche; **2.** *fig.* Stiche'lei *f*, spitze Bemerkung; **'~-stripe** *s.* Nadelstreifen *m* (*Stoff*).

pint [paint] *s. etwa* halbes Liter (*Brit. 0,57, Am. 0,47 Liter*).

pin·tle ['pintl] *s.* **1.** ⊕ (Dreh)Bolzen *m*; **2.** *mot.* Düsennadel *f*, -zapfen *m*; **3.** ⚓ Fingerling *m*, Ruderhaken *m*.

pin·to ['pintou] *Am. pl.* **-tos** *s.* Scheck *m*, Schecke *f* (*Pferd*).

'pin-up (girl) *s.* Pin-'up-girl *n* (*Zeitungsbild*), ‚Sexbombe' *f*.

pi·o·neer [paiə'niə] **I.** *s.* **1.** ⚔ Pio'nier *m*; **2.** *fig.* Pio'nier *m*, Bahnbrecher *m*, Vorkämpfer *m*, Wegbereiter *m*; **II.** *v/i.* **3.** *fig.* den Weg bahnen, bahnbrechende Arbeit leisten; **III.** *v/t.* **4.** den Weg bahnen für (*a. fig.*); **IV.** *adj.* **5.** Pionier...: ~ *work*; **6.** *fig.* bahnbrechend, wegbereitend, Versuchs..., erst.

pi·ous ['paiəs] *adj.* □ **1.** fromm (*a. iro.*), gottesfürchtig: ~ *wish fig.* frommer Wunsch; *a* ~ *effort* F ein gutgemeinter Versuch; ~ *fraud* frommer Betrug; **2.** liebevoll.

pip[1] [pip] *s.* **1.** *vet.* Pips *m* (*Geflügelkrankheit*); **2.** *Brit. sl.* miese Laune: *to have the* ~ nicht auf dem Damm sein; *he gives me the* ~ er fällt mir auf die Nerven.

pip[2] [pip] *s.* **1.** Auge *n* (*auf Spielkarten*), Punkt *m* (*auf Würfeln etc.*); **2.** (Obst)Kern *m*; **3.** ⚔ *bsd. Brit. sl.* Stern *m* (*Rangabzeichen*); **4.** *Radar*: Pip *m* (*Bildspur*); **5.** *Brit. Radio*: Ton *m* (*Zeitzeichen*).

pip[3] [pip] *Brit.* F **I.** *v/t.* **1.** 'durchfallen lassen (*bei e-r Wahl etc.*); **2.** *fig.* ‚in den Sack stecken', schlagen; **3.** ‚abknallen' (*erschießen*); **II.** *v/i.* **4.** *a.* ~ *out* ‚eingehen' (*sterben*).

pipe [paip] **I.** *s.* **1.** ⊕ **a)** Rohr *n*, Röhre *f*, **b)** (Rohr)Leitung *f*; **2.** (Tabaks)Pfeife *f*: *put that in your* ~ *and smoke it* F laß dir das gesagt sein; **3.** ♪ Pfeife *f* (*Flöte*); Orgelpfeife *f*; ('Holz)Blasinstru,ment *n*; *mst pl.* Dudelsack *m*; **4.** **a)** Pfeifen *n* (*e-s Vogels*), Piep(s)en *n*, **b)** Pfeifenton *m*, **c)** Stimme *f*; **5.** F Luftröhre *f*: *to clear one's* ~ sich räuspern; **6.** *metall.* Lunker *m*; **7.** ⚒ (Wetter)Lutte *f*; **8.** ✝ Pipe *f* (*Weinfaß = Brit. 477,3, Am. 397,4 Liter*); **II.** *v/t.* **9.** (durch Röhren) leiten; **10.** Röhren *od.* e-e Rohrleitung legen in (*acc.*); **11.** pfeifen, flöten; *Lied* anstimmen, singen; **12.** quieken, piepsen; **13.** ⚓ *Mannschaft* zs.-pfeifen; **14.** *Schneiderei*: paspelieren, mit Biesen besetzen; **15.** *Torte etc.* mit feinem Guß verzieren, spritzen; **16.** *to* ~ *one's eye* F ‚flennen', weinen; **III.** *v/i.* **17.** pfeifen (*a. Wind etc.*), flöten; piep(s)en: *to* ~ *down sl.* ‚die Luft anhalten', den Mund halten; *to* ~ *up* loslegen, anfangen; **'~-bowl** *s.* Pfeifenkopf *m*; ~ **burst** *s.* Rohrbruch *m*; ~ **clamp** *s.* ⊕ Rohrschelle *f*; **'~-clay** **I.** *s.* **1.** *min.* Pfeifenton *m*; **2.** ⚔ *fig.* ‚Kom'miß' *m*; **II.** *v/t.* **3.** mit Pfeifenton weißen; ~ **clip** *s.* ⊕ Rohrschelle *f*; ~ **dream** *s. Am.* F Luftschloß *n*, Hirngespinst *n*; **'~-lay·er** *s.* **1.** ⊕ Rohrleger *m*; **2.** *pol. Am.* Drahtzieher *m*; **'~-line** *s.* **1.** Pipe-

line *f*, Ölleitung *f*: *in the ~ fig.* in Vorbereitung (*Pläne etc*), im Kommen (*Entwicklung etc.*); **2.** *fig.* (*mst* geheime) Verbindung *od.* (Informati'ons)Quelle; **3.** ⚔ Nachschubweg *m*.
pip·er ['paipə] *s.* Pfeifer *m*: *to pay the ~ fig.* die Zeche bezahlen, *weitS.* der Dumme sein.
'pipe|-rack *s.* Pfeifenständer *m*; **~ tongs** *s. pl.* ⊕ Rohrzange *f*.
pi·pette [pi'pet] *s.* ⚗ Pi'pette *f* (*Stechheber*).
pipe| un·ion *s.* ⊕ Rohrverbindung *f*; **'~-wrench** *s.* ⊕ Rohrschlüssel *m*.
pip·ing ['paipiŋ] **I.** *s.* **1.** ⊕ **a)** Rohrleitung *f*, -netz *n*, Röhrenwerk *n*, **b)** Rohrverlegung *f*; **2.** *metall.* **a)** Lunker *m*, **b)** Lunkerbildung *f*; **3.** Pfeifen *n*, Piep(s)en *n*; Pfiff *m*; **4.** *Schneiderei*: Paspel *m*, (*an Uniformen*) Biese *f*; **5.** (feiner) Zuckerguß, Verzierung *f* (*Kuchen*); **II.** *adj.* **6.** pfeifend, schrill; **7.** friedlich, i'dyllisch (*Zeit*); **III.** *adv.* **8.** *~ hot* siedend heiß, *fig.* brühwarm.
pip·it ['pipit] *s. orn.* Pieper *m*.
pip·kin ['pipkin] *s.* irdenes Töpfchen.
pip·pin ['pipin] *s.* **1.** Pippinapfel *m*; **2.** *sl.* **a)** ‚tolle Sache', **b)** ‚toller Kerl'.
pi·quan·cy ['pi:kənsi] *s.* Pi'kantheit *f*, *das* Pi'kante; **'pi·quant** [-nt] *adj.* □ pi'kant (*Soße, a. fig. Witz etc.*).
pique [pi:k] **I.** *v/t.* **1.** (auf)reizen, sticheln, ärgern, *j-s Stolz etc.* verletzen: *to be ~d at* über *et.* pikiert *od.* verärgert sein; **2.** *Neugier etc.* reizen, wecken; **3.** *~ o.s. (on)* sich et. einbilden (auf *acc.*), sich brüsten (mit); **II.** *s.* **4.** Groll *m*; Gereiztheit *f*, Gekränktsein *n*, Ärger *m*.
pi·qué ['pi:kei] *s.* Pi'kee *m* (*Gewebe*).
pi·quet¹ [pi'ket] *s.* Pi'kett *n* (*Kartenspiel*).
pi·quet² → *picket*.
pi·ra·cy ['paiərəsi] *s.* **1.** Pirate'rie *f*, Seeräube'rei *f*; **2.** Raubdruck *m*, unerlaubter Nachdruck; *allg.* Plagi'at *n*; **3.** Pa'tentverletzung *f*; **pi·rate** ['paiərit] **I.** *s.* **1. a)** Pi'rat *m*, Seeräuber *m*, **b)** Seeräuberschiff *n*; **2.** Raubdrucker *m*; *allg.* Plagi'ator *m*; **3. a)** *~ (radio) station* Pi'ratensender *m*, **b)** *~ listener* Schwarzhörer(in); **II.** *v/t.* **4.** kapern, (aus-)plündern (*a. weitS.*); **5.** unerlaubt nachdrucken; *allg.* plagiieren: *~d edition* → *piracy* 2; **pi·rat·i·cal** [pai'rætikəl] *adj.* □ **1.** (see)räuberisch; **2.** *~ edition* unerlaubter Nachdruck, Raubdruck.
pir·ou·ette [piru'et] **I.** *s. Tanz etc.*: Pirou'ette *f*; **II.** *v/i.* pirouettieren.
Pis·ces ['pisi:z] *s. pl. ast.* Fische *pl.*
pis·ci·cul·ture ['pisikʌltʃə] *s.* Fischzucht *f*; **pis·ci·cul·tur·ist** [pisi'kʌltʃərist] *s.* Fischzüchter *m*.
pish [piʃ] *int.* pfui!, bah!
pi·si·form ['paisifɔ:m] *adj.* erbsenförmig, Erbsen...
piss [pis] *sl.* **I.** *v/i.* ‚pissen', ‚schiffen': *to ~ on s.th. fig.* ‚auf et. scheißen'; **II.** *v/t.* ‚be-, anpissen': *to ~ the bed* ins Bett ‚schiffen'; **III.** *s.* ‚Pisse' *f*, ‚Schiffe' *f*; **pissed** [-st] *adj. sl.* **1.** ‚blau', besoffen; **2.** *~-off* ‚(stock-)sauer'.
pis·tach·i·o [pis'tɑ:ʃiou] *pl.* **-i·os** *s.* ♀ Pi'stazie *f*.
pis·til ['pistil] *s.* ♀ Pi'still *n*, Stempel *m*, Griffel *m*; **'pis·til·late** [-lit] *adj.* mit Stempel(n), weiblich (*Blüte*).
pis·tol ['pistl] **I.** *s.* Pi'stole *f* (*a. phys.*); **II.** *v/t.* mit e-r Pi'stole erschießen; **'~-shot** *s.* **1.** Pi'stolenschuß(weite *f*) *m*; **2.** *Am.* Pi'stolenschütze *m*.
pis·ton ['pistən] *s.* **1.** ⊕ Kolben *m*: *~ engine* Kolbenmotor; **2.** ⊕ (Druck)Stempel *m*; **~ dis·place·ment** *s.* Kolbenverdrängung *f*, Hubraum *m*; **'~-rod** *s.* Kolben-, Pleuelstange *f*; **'~-stroke** *s.* Kolbenhub *m*.
pit¹ [pit] **I.** *s.* **1.** Grube *f* (*a. anat.*): *refuse ~* Müllgrube; *~ of the stomach* Magengrube; **2.** Abgrund *m* (*a. fig.*): (*bottomless*) *~*, *~* (*of hell*) (Abgrund der) Hölle, Höllenschlund; **3.** ⚒ **a)** (*bsd.* Kohlen)Grube *f*, Zeche *f*, **b)** (*bsd.* Kohlen)Schacht *m*; **4.** ⚘ (Rüben- *etc.*)Miete *f*; **5.** ⊕ **a)** *Gießerei*: Dammgrube *f*, **b)** Abstichherd *m*, Schlackengrube *f*; **6.** *thea. bsd. Brit.* Par'terre *n*, Par'kett *n*; **7.** *mot.* Box *f*; **8.** ✝ *Am.* Börse *f*, Maklerstand *m*: *grain ~* Getreidebörse; **9.** ⚕ (Blattern-, Pocken)Narbe *f*; **10.** ⊕ Rostgrübchen *n*; **II.** *v/t.* **11.** Löcher *od.* Vertiefungen bilden in (*dat.*) *od.* graben in (*acc.*); ⊕ an-, zerfressen (*Korrosion*); ⚕ mit Narben bedekken: *~ted with smallpox* pockennarbig; **12.** ⚘ *Rüben etc.* einmieten; **13. a)** *feindlich* gegen'überstellen, **b)** *j-n* ausspielen (*against* gegen), **c)** *s-e Kraft etc.* messen (*against* mit); **III.** *v/i.* **14.** Löcher *od.* Vertiefungen bilden; ⚕ narbig werden.
pit² [pit] *Am.* **I.** *s.* (Obst)Stein *m*; **II.** *v/t.* entsteinen.
pit-a-pat ['pitə'pæt] **I.** *adv.* ticktack (*Herz*); klipp'klapp (*Schritte*); **II.** *s.* Getrappel *n*, Getrippel *n*.
pitch¹ [pitʃ] **I.** *s.* Pech *n*; **II.** *v/t.* (ver)pichen, teeren (*a.* ⚓).
pitch² [pitʃ] **I.** *s.* **1.** Wurf *m* (*a. sport*): *to queer s.o.'s ~ sl.* j-m das Konzept verderben, j-m e-n Strich durch die Rechnung machen; *what's the ~? sl.* was ist los?; **2.** ✝ (Waren)Angebot *n*; **3.** ⚓ Stampfen *n*; **4.** Neigung *f*, Gefälle *n* (*Dach etc.*); **5.** ⊕ **a)** Teilung *f* (*Gewinde, Zahnrad*), **b)** Schränkung *f* (*Säge*), **c)** Steigung *f* (*Luftschraube* ✈); **6.** ♪ **a)** Tonhöhe *f*, **b)** (*absolute*) Stimmung *e-s Instruments*, **c)** Nor'malstimmung *f*, Kammerton *m*: *above ~* zu hoch; *to have absolute ~* das absolute Gehör haben; *to sing true to ~* tonrein singen; **7.** Grad *m*, Stufe *f*, Höhe *f* (*a. fig.*); *fig.* höchster Grad, Gipfel *m*: *to the highest ~* aufs äußerste; **8.** ✝ **a)** Stand *m e-s Händlers*, **b)** *Am. sl.* Anpreisung *f*, Verkaufsgespräch *n*; **9.** *sport Brit.* (Mittel)Feld *n* (*Krikket*); **II.** *v/t.* **10.** (*gezielt*) werfen (*a. sport*), schleudern; *Golf*: *den Ball* heben (*hoch schlagen*); **11.** *Heu etc.* aufladen, -gabeln; **12.** *Pfosten etc.* einrammen, befestigen; *Zelt, Verkaufsstand etc.* aufschlagen; *Leiter, Stadt etc.* anlegen; **13.** ♪ **a)** *Instrument* stimmen, **b)** *Grundton* angeben, **c)** *Lied etc. in e-r Tonart* anstimmen *od.* singen *od.* spielen: *high-~ed voice* hohe Stimme; *to ~ one's hopes too high fig.* s-e Hoffnungen zu hoch stecken; *to ~ a yarn fig.* ein Garn spinnen; **14.** *fig. Rede etc.* abstimmen (*on* auf *acc.*), *et.* ausdrücken; **15.** *Straße* beschottern, *Böschung* verpacken; **16.** *Brit. Ware* ausstellen, feilhalten; **17.** ⚔ *~ed battle* regelrechte *od.* offene (Feld-)Schlacht; **III.** *v/i.* **18.** (kopf'über) hinstürzen, -schlagen; **19.** ⚔ (sich) lagern; **20.** ✝ e-n (Verkaufs)Stand aufschlagen; **21.** ⚓ stampfen (*Schiff*); *fig.* taumeln; **22.** sich neigen (*Dach etc.*); **23.** *~ in* F sich (tüchtig) ins Zeug legen, loslegen; *~ into* F **a)** herfallen über *j-n* (*a. fig.*), **b)** tüchtig ‚einhauen' (*essen*); *~ on*, *~ upon* sich entscheiden für, verfallen auf (*acc.*); **'~-and-'toss** *s.* ‚Kopf oder Schrift' (*Spiel*); **~ an·gle** *s.* ⊕ Steigungswinkel *m*; **'~-black** *adj.* pechschwarz; **'~-blende** *s. min.* (U'ran-)Pechblende *f*; **~ cir·cle** *s.* ⊕ Teilkreis *m* (*Zahnrad*); **'~-'dark** *adj.* pechschwarz, stockdunkel (*Nacht*).
pitch·er¹ ['pitʃə] *s. sport* Werfer *m*.
pitch·er² ['pitʃə] *s.* (irdener) Krug (*mit Henkel*).
'pitch|·fork **I.** *s.* **1.** ⚘ Heu-, Mistgabel *f*; **2.** ♪ Stimmgabel *f*; **II.** *v/t.* **3.** mit der Heugabel werfen; *fig.* rücksichtslos werfen: *to ~ troops into a battle*; **4.** drängen, ‚schubsen' (*into* in *ein Amt etc.*); **'~-pine** *s.* ♀ Pechkiefer *f*; **'~-pipe** *s.* ♪ Stimmpfeife *f*.
pitch·y ['pitʃi] *adj.* **1.** pechartig; **2.** voll Pech; **3.** pechschwarz (*a. fig.*).
'pit-coal *s.* Schwarz-, Steinkohle *f*.
pit·e·ous ['pitiəs] *adj.* □ mitleiderregend; *a. contp.* kläglich, erbärmlich: *~ cries* klägliche Schreie.
'pit·fall *s.* Fallgrube *f*, Falle *f* (*a. fig.*).
pith [piθ] *s.* **1.** ♀, *anat.* Mark *n*; **2.** *a. ~ and marrow fig.* Mark *n*, Kern *m*, 'Quintes,senz *f*; **3.** *fig.* Kraft *f*, Prä'gnanz *f* (*e-r Rede etc.*); **4.** *fig.* Gewicht *n*, Bedeutung *f*.
'pit·head *s.* ⚒ **1.** Füllort *m*, Schachtöffnung *f*; **2.** Fördergerüst *n*.
pith·e·can·thro·pus [piθikæn'θroupəs] *s.* Javamensch *m*.
'pith|-hat, ~ hel·met *s.* Tropenhelm *m*.
pith·i·ness ['piθinis] *s.* **1.** *das* Markige, Markigkeit *f*; **2.** *fig.* Kernigkeit *f*, Prä'gnanz *f*, Kraft *f*; **pith·less** ['piθlis] *adj.* marklos; *fig.* kraftlos, schwach; **pith·y** ['piθi] *adj.* □ **1.** mark(art)ig; **2.** *fig.* markig, kernig, prä'gnant: *a ~ saying* ein Kernspruch.
pit·i·a·ble ['pitiəbl] *adj.* □ mitleiderregend, bedauernswert; *a. contp.* erbärmlich, jämmerlich, elend, kläglich; **pit·i·ful** ['pitiful] *adj.* □ **1.** mitfühlend, -leidig, mitleidsvoll; **2.** → *pitiable*; **'pit·i·less** [-lis] *adj.* □ **1.** unbarmherzig; **2.** erbarmungslos, mitleidlos; **'pit·i·less·ness** [-lisnis] *s.* Unbarmherzigkeit *f*.
'pit|·man [-mən] *s.* [*irr.*] Bergmann *m*, Knappe *m*, Grubenarbeiter *m*; **'~-prop** *s.* ⚒ (Gruben)Stempel *m*; *pl.* Grubenholz *n*; **'~-saw** *s.* ⊕ Schrot-, Längensäge *f*.
pit·tance ['pitəns] *s.* **1.** Hungerlohn *m*; **2.** (kleines) bißchen, Häppchen

n: *the small* ~ *of learning* das kümmerliche Wissen.

pit·ting ['pitiŋ] *s. metall.* Körnung *f*, Lochfraß *m*, 'Grübchenkorrosi,on *f*.

pi·tu·i·tar·y [pi'tju(:)itəri] *physiol.* **I.** *adj.* pitui'tär, schleimabsondernd, Schleim...; **II.** *s. a.* ~ *gland* Hirnanhang(drüse *f*) *m*, Hypo'physe *f*.

pit·y ['piti] **I.** *s.* **1.** Mitleid *n*, Erbarmen *n*: *to feel* ~ *for*, *to have* (*od. take*) ~ *on* Mitleid haben mit; *for* ~'*s sake!* um Himmels willen!; **2.** Jammer *m*: *it is a* (*great*) ~ es ist (sehr) schade; *what a* ~! wie schade!; *it is a thousand pities* es ist jammerschade; *the* ~ *of it is that* es ist ein Jammer, daß; **II.** *v/t.* **3.** bemitleiden, bedauern, Mitleid haben mit: *I* ~ *him* er tut mir leid; **pit·y·ing** ['pitiiŋ] *adj.* □ mitleidig.

piv·ot ['pivət] **I.** *s.* **1. a)** (Dreh-) Punkt *m*, **b)** (Dreh)Zapfen *m*: ~ *bearing* Zapfenlager, **c)** Stift *m*, **d)** Spindel *f*; **2.** (Tür)Angel *f*; **3.** ⚔ stehender Flügel(mann), Schwenkungspunkt *m*; **4.** *fig.* Dreh-, Angelpunkt *m*; **II.** *v/t.* **5.** ⊕ **a)** mit Zapfen *etc.* versehen, **b)** drehbar lagern, **c)** (ein)schwenken; **III.** *v/i.* **6.** sich drehen (*upon*, *on* um) (*a. fig.*); ⚔ schwenken; '**piv·ot·al** [-tl] *adj.* **1.** Zapfen..., Angel...: ~ *point* Angelpunkt; **2.** *fig.* zen'tral, Kardinal...: *a* ~ *question*.

piv·ot| bolt *s.* Drehbolzen *m*; '~**-bridge** *s.* Drehbrücke *f*; '~**-man** [-mən] *s.* [*irr.*] *fig.* 'Schlüsselfi,gur *f*; '~**-mount·ed** *adj.* schwenkbar; ~ **tooth** *s.* ⚕ Stiftzahn *m*.

pix·ie → *pixy*.

pix·i·lat·ed ['piksileitid] *adj. Am.* F **1.** ‚verdreht', leicht verrückt; **2.** ‚blau' (*betrunken*).

pix·y ['piksi] *s.* Fee *f*, Elf(e *f*) *m*, Kobold *m*.

piz·zle ['pizl] *s. zo.* V Rute *f*.

pla·ca·bil·i·ty [plækə'biliti] → *placableness*; **pla·ca·ble** ['plækəbl] *adj.* □ versöhnlich, nachgiebig; **pla·ca·ble·ness** ['plækəblnis] *s.* Versöhnlichkeit *f*.

plac·ard ['plækɑ:d] **I.** *s.* **1.** Pla'kat *n*, Anschlag(zettel) *m*; **II.** *v/t.* **2.** mit Pla'katen bekleben; **3.** durch Pla'kate bekanntgeben, anschlagen.

pla·cate [plə'keit] *v/t.* beschwichtigen, besänftigen, versöhnlich stimmen.

place [pleis] **I.** *s.* **1.** Ort *m*, Stelle *f*, Platz *m*: *from* ~ *to* ~ von Ort zu Ort; *in* ~ am Platze (*a. fig. angebracht*); *in* ~*s* stellenweise; *in* ~ *of* an Stelle (*gen.*), anstatt (*gen.*); *out of* ~ *fig.* fehl am Platz, unangebracht; *to take* ~ stattfinden; *to take s.o.'s* ~ j-s Stelle einnehmen; *to take the* ~ *of* ersetzen, an die Stelle treten von; *if I were in your* ~ an Ihrer Stelle (*würde ich* ...); *put yourself in my* ~ versetzen Sie sich in meine Lage; **2.** Ort *m*, Stätte *f*: ~ *of amusement* Vergnügungsstätte; ~ *of birth* Geburtsort; ~ *of business* ✝ Geschäftssitz; ~ *of delivery* ✝ Erfüllungsort; ~ *of worship* Gotteshaus, Kultstätte; *from this* ~ ✝ ab hier; *in* (*od. of*) *your* ~ ✝ dort; *to go* ~*s Am.* **a)** ausgehen, Vergnügungsstätten aufsuchen, **b)** die Sehenswürdigkeiten *e-s Ortes* ansehen, **c)** *fig.* es weit bringen (*im Leben*); **3.** Wohnsitz *m*; F Wohnung *f*, Haus *n*: *at his* ~ bei ihm (zu Hause); **4.** Wohnort *m*; Ort(schaft *f*) *m*, Stadt *f*, Dorf *n*: *in this* ~ hier; **5.** ⚓ Platz *m*, Hafen *m*: ~ *for tran(s)shipment* Umschlagplatz; **6.** ⚔ Festung *f*; **7.** F Gaststätte *f*, Lo'kal *n*; **8.** (Sitz)Platz *m*: *take your* ~*s!*; **9.** *fig.* Platz *m* (*in e-r Reihenfolge*; *a. sport*), Stelle *f* (*a. in e-m Buch*): *in the first* ~ **a)** an erster Stelle, erstens, **b)** zuerst, von vornherein, **c)** in erster Linie, **d)** überhaupt (erst); *in third* ~ *sport* auf dem dritten Platz; **10.** ℞ (Dezi'mal)Stelle *f*; **11.** Raum *m* (*a. fig.*) (*a. für Zweifel etc.*); **12.** *thea.* Ort *m* (der Handlung); **13.** (An)Stellung *f*, (Arbeits-) Stelle *f*: *out of* ~ stellenlos; **14.** Dienst *m*, Amt *n* (*a. fig. Pflicht*): *it is not my* ~ *fig.* es ist nicht meines Amtes; **15.** (sozi'ale) Stellung, Rang *m*, Stand *m*: *to keep s.o. in his* ~ j-n in s-n Schranken *od.* Grenzen halten; *to know one's* ~ wissen wohin man gehört; *to put s.o. in his* ~ j-n in s-e Schranken weisen; **II.** *v/t.* **16.** stellen, setzen, legen (*a. fig.*); *teleph. Gespräch* anmelden; → *disposal* 2; **17.** ⚔ *Posten* aufstellen, (*o.s.* sich) postieren; **18.** *j-n* an-, einstellen; ernennen, in ein Amt einsetzen; **19.** *j-n* 'unterbringen (*a. Kind*), *j-m* Arbeit *od.* e-e Anstellung verschaffen; **20.** ✝ *Anleihe*, *Kapital* 'unterbringen; *Auftrag* erteilen *od.* vergeben; *Bestellung* aufgeben; *Vertrag* abschließen; → *account 5*, *credit 1b*; **21.** ✝ *Ware* absetzen; **22.** (der Lage nach) näher bestimmen; *fig. j-n* ‚'unterbringen' (*identifizieren*): *I can't* ~ *him* ich weiß nicht wo ich ihn ‚unterbringen' *od.* ‚hintun' soll; **23.** *sport* placieren: *to be* ~*d* unter den ersten drei sein, sich placieren.

pla·ce·bo [plə'si:bou] *pl.* **-bos** *s.* **1.** ⚕ Pla'cebo *n*, Suggesti'onsmittel *n*; **2.** *fig.* Beruhigungspille *f*.

'**place|-card** *s.* Platz-, Tischkarte *f*; '~**-hunt·er** *s.* Pöstchenjäger *m*; '~**-hunt·ing** *s.* Pöstchenjäge'rei *f*; '~**-kick** *s. sport* **a)** *Fußball*: Stoß *m* auf den ruhenden Ball (*Freistoß etc.*), **b)** *Rugby*: Platztritt *m*; '~**-man** [-mən] *s.* [*irr.*] *pol. contp.* ‚Pöstcheninhaber' *m*, ‚'Futterkrippenpo,litiker' *m*; ~ **mat** *s.* Set *n*, Platzdeckchen *n*.

place·ment ['pleismənt] *s.* **1.** (Hin-, Auf)Stellen *n*, Placieren *n*; **2. a)** Einstellung *f e-s Arbeitnehmers*, **b)** Vermittlung *f e-s Arbeitsplatzes*, **c)** 'Unterbringung *f von Arbeitskräften*, *Waisen*; **3.** Stellung *f*, Lage *f*; Anordnung *f*; **4.** ✝ Anlage *f*, Unterbringung *f von Kapital*.

'**place-name** *s.* Ortsname *m*.

pla·cen·ta [plə'sentə] *pl.* **-tae** [-ti:] *s.* **1.** *anat.* Pla'zenta *f*, Mutterkuchen *m*, Nachgeburt *f*; **2.** ⚘ Samenleiste *f*.

plac·er ['plæsə] *s. min.* **1.** *bsd. Am.* (*Gold- etc.*)Seife *f*; **2.** seifengold- *od.* erzseifenhaltige Stelle; '~**-gold** *s.* Seifen-, Waschgold *n*; '~**-min·ing** *s.* Goldwaschen *n*.

pla·cet ['pleiset] (*Lat.*) *s.* Plazet *n*, Zustimmung *f*, Ja *n*.

plac·id ['plæsid] *adj.* □ (seelen-) ruhig, gelassen, ‚gemütlich'; mild, sanft; **pla·cid·i·ty** [plæ'siditi] *s.* Milde *f*, Gelassenheit *f*, (Gemüts-) Ruhe *f*.

plack·et ['plækit] *s.* **1.** Schlitz *m an Frauenkleidern*; **2.** Tasche *f im Frauenrock*.

pla·gi·a·rism ['pleidʒjərizəm] *s.* Plagi'at *n*; '**pla·gi·a·rist** [-ist] *s.* Plagi'ator *m*; '**pla·gi·a·rize** [-raiz] **I.** *v/t.* plagiieren, abschreiben; **II.** *v/i.* ein Plagi'at begehen.

plague [pleig] **I.** *s.* **1.** ⚕ Seuche *f*, Pest *f*: *pneumonic* ~ Lungenpest; → *bubonic*; **2.** *bsd. fig.* Plage *f*, Heimsuchung *f*, Geißel *f*: *the ten* ~*s bibl.* die Zehn Plagen; *a* ~ *on it!* zum Kuckuck damit!; **3.** *fig.* F **a)** Plage *f*, **b)** Quälgeist *m* (*Mensch*); **II.** *v/t.* **4.** plagen, quälen; **5.** F belästigen, peinigen; **6.** *fig.* heimsuchen; '~**-spot** *s. mst fig.* Pestbeule *f*.

plaice [pleis] *pl. coll.* **plaice** *s. ichth.* Scholle *f*.

plaid [plæd] **I.** *s.* schottisches Plaid (-tuch); **II.** *adj.* 'buntka,riert.

plain [plein] **I.** *adj.* □ **1.** einfach, schlicht: ~ *clothes* Zivil(kleidung); ~*-clothes man* Detektiv, Geheimpolizist; ~ *cooking* bürgerliche Küche; ~ *fare* Hausmannskost; ~ *postcard* gewöhnliche Postkarte; **2.** schlicht, schmucklos, kahl (*Zimmer etc.*); ungemustert, einfarbig (*Stoff*): ~ *knitting* Rechts-, Glattstrickerei; ~ *sewing* Weißnäherei; **3.** unscheinbar, unschön, wenig anziehend, hausbacken (*Gesicht*, *Mädchen etc.*); **4.** klar, leicht verständlich: *in* ~ *language tel.* im Klartext, offen; **5.** klar, offenbar, -kundig (*Irrtum etc.*); **6.** klar (und deutlich), 'unmißverständlich, 'unum,wunden: ~ *talk*; *the* ~ *truth* die nackte Wahrheit; **7.** offen, ehrlich: ~ *dealing* ehrliche Handlungsweise; **8.** unverdünnt (*Alkohol*); *fig.* bar, rein (*Unsinn etc.*): ~ *folly* heller Wahnsinn; **9.** *bsd. Am.* flach; ⊕ glatt: ~ *country Am.* Flachland; ~ *roll* ⊕ Glattwalze; ~ *bearing* ⊕ Gleitlager; ~ *fit* ⊕ Schlichtsitz; *fig.* → *sailing 1*; **10.** ohne Filter (*Zigarette*); **II.** *adv.* **11.** klar, deutlich; **III.** *s.* **12.** Ebene *f*, Fläche *f*; Flachland *n*; *pl. bsd. Am.* Prä'rie *f*; '**plain·ness** [-nis] *s.* **1.** Einfachheit *f*, Schlichtheit *f*; **2.** Deutlichkeit *f*, Klarheit *f*; **3.** Offenheit *f*, Ehrlichkeit *f*; **4.** unansehnliches Äußere(s); '**plain-'spo·ken** *adj.* offen, freimütig: *he is a* ~ *man* er nimmt (sich) kein Blatt vor den Mund.

plaint [pleint] *s.* **1.** Beschwerde *f*, Klage *f*; **2.** ⚖ (An)Klage(schrift) *f*; '**plain·tiff** [-tif] *s.* ⚖ (Zi'vil)Kläger (-in): *party* ~ klägerische Partei; '**plain·tive** [-tiv] *adj.* □ traurig, kläglich, wehleidig (*Stimme*), Klage...: ~ *song*.

plait [plæt] **I.** *s.* **1.** Zopf *m*, Flechte *f*; (Haar-, Stroh)Geflecht *n*; **2.** Falte *f*; **II.** *v/t.* **3.** *Haar*, *Matte etc.* flechten; **4.** verflechten.

plan [plæn] **I.** *s.* **1.** (Spiel-, Wirtschafts-, Arbeits)Plan *m*, Entwurf *m*, Pro'jekt *n*, Vorhaben *n*: ~ *of action* Schlachtplan (*a. fig.*); *according to* ~ planmäßig; *to make* ~*s* (*for the future*) (Zukunfts)Pläne schmieden; **2.** (Lage-, Stadt)Plan *m*: *general* ~ Übersichtsplan; **3.** ⊕ (Grund)Riß *m*: ~ *view* Draufsicht; **II.** *v/t.* **4.** planen, entwerfen, e-n Plan entwerfen für *od.* zu: ~*ning board* Planungsamt; **5.** *fig.* planen, beabsichtigen.

plane[1] [plein] *s.* ♀ Pla'tane *f.*

plane[2] [plein] **I.** *adj.* **1.** flach, eben; ⊕ plan; **2.** ⩓ eben: ~ *figure*; ~ *curve* einfach gekrümmte Kurve; **II.** *s.* **3.** Ebene *f*, (ebene) Fläche: ~ *of refraction phys.* Brechungsebene; *on the upward* ~ *fig.* im Anstieg; **4.** *fig.* Ebene *f*, Stufe *f*, Ni'veau *n*, Bereich *m*: *on the same* ~ *as* auf dem gleichen Niveau wie; **5.** ⊕ Hobel *m*; **6.** ⚒ Förderstrecke *f*; **7.** ✈ **a)** Tragfläche *f*: *elevating* (*depressing*) ~*s* Höhen-(Flächen)steuer, **b)** Flugzeug *n*; **III.** *v/t.* **8.** (ein)ebnen, planieren, ⊕ *a.* schlichten, *Bleche* abrichten; **9.** (ab)hobeln; **10.** *typ.* bestoßen; **IV.** *v/i.* **11.** ✈ gleiten; fliegen; '**plan·er** [-nə] *s.* **1.** ⊕ 'Hobel(maˌschine *f*) *m*; **2.** *typ.* Klopfholz *n.*

plane sail·ing *s.* ⚓ Plansegeln *n.*

plan·et ['plænit] *s. ast.* Pla'net *m.*

'**plane-ta·ble** *s. surv.* Meßtisch *m*: ~ *map* Meßtischblatt.

plan·e·tar·i·um [plæni'tɛəriəm] *s.* Plane'tarium *n*; **plan·e·tar·y** ['plænitəri] *adj.* **1.** *ast.* plane'tarisch, Planeten...; **2.** *fig.* um'herirrend; **3.** ⊕ Planeten...: ~ *gear* Planetengetriebe; ~ *wheel* Umlaufrad; **plan·et·oid** ['plænitɔid] *s. ast.* Planeto'id *m.*

'**plane-tree** → *plane*[1].

pla·nim·e·ter [plæ'nimitə] *s.* ⊕ Plani'meter *n*, Flächenmesser *m*; **pla'nim·e·try** [-tri] *s.* Planime'trie *f.*

plan·ish ['plæniʃ] ⊕ *v/t.* **1.** glätten, (ab)schlichten, planieren; **2.** *Holz* glatthobeln; **3.** *Metall* glatthämmern; polieren.

plank [plæŋk] **I.** *s.* **1.** (*a.* Schiffs-)Planke *f*, Bohle *f*, (Fußboden)Diele *f*, Brett *n*: ~ *flooring* Bohlenbelag; *to walk the* ~ ⚓ ertränkt werden; **2.** *pol. bsd. Am.* (Pro'gramm)Punkt *m e-r Partei*; **3.** ⚒ Schwarte *f*; **II.** *v/t.* **4.** mit Planken *etc.* belegen, beplanken, dielen; **5.** verschalen, ⚒ verzimmern; **6.** *Speise* auf e-m Brett servieren; **7.** ~ *down* (*od. out*) F *Geld* auf den Tisch legen, hinlegen, ‚blechen'; ~ **bed** *s.* (Holz-)Pritsche *f* (*im Gefängnis etc.*).

plank·ing ['plæŋkiŋ] *s.* Beplankung *f*, (Holz)Verschalung *f*, Verkleidung *f*, Bohlenbelag *m*; *coll.* Planken *pl.*

plank·ton ['plæŋktɔn] *s. zo.* Plankton *n.*

plan·less ['plænlis] *adj.* planlos; '**plan·ning** [-niŋ] *s.* **1.** Planen *n*, Planung *f*; **2.** ✝ Bewirtschaftung *f*, Planwirtschaft *f.*

pla·no-con·cave [pleinou'kɔnkeiv] *adj. phys.* 'plan-konˌkav (*Linse*).

plant [plɑ:nt] **I.** *s.* **1. a)** Pflanze *f*, Gewächs *n*, **b)** Setz-, Steckling *m*: *in* ~ im Wachstum befindlich; **2.** ⊕ (Betriebs-, Fa'brik)Anlage *f*, Werk *n*, Fa'brik *f*, (Fabrikati'ons)Betrieb *m*: ~ *engineer* Betriebsingenieur; **3.** ⊕ (Ma'schinen)Anlage *f*, Aggre'gat *n*; Appara'tur *f*; **4.** (Be'triebs-)Materiˌal *n*, Betriebseinrichtung *f*, Inven'tar *n*, Gerätschaften *pl.*: ~ *equipment* Werksausrüstung; **5.** *sl.* **a)** *et.* Eingeschmuggeltes, Schwindel *m*, (*a.* Poli'zei)Falle *f*, **b)** (Poli'zei)Spitzel *m*; **II.** *v/t.* **6.** (ein-, an-)pflanzen: *to* ~ *out* aus-, um-, verpflanzen; **7.** *Land* **a)** bepflanzen, **b)** besiedeln, kolonisieren; **8.** *Kolonisten* ansiedeln; **9.** *Garten etc.* anlegen; *et.* errichten; *Kolonie etc.* gründen; **10.** *fig.* (*o.s.* sich) *wo* aufpflanzen, (auf)stellen; *j-n* postieren; **11.** *Faust*, *Fuß wohin* setzen; **12.** *fig. Ideen etc.* (ein)pflanzen, einimpfen; **13.** *sl. Schlag* ‚landen', ‚verpassen'; *Schuß* setzen, (hin-)knallen; **14.** *sl. Diebesgut* ‚sicherstellen' (*verstecken*); **15.** *sl. Belastendes, Irreführendes* (ein)schmuggeln: *to* ~ *s.th. on j-m et.* ‚andrehen'; **16.** *j-n* im Stich lassen.

plan·tain[1] ['plæntin] *s.* ♀ Wegerich *m.*

plan·tain[2] ['plæntin] *s.* ♀ **1.** Pi'sang *m*; **2.** Ba'nane *f* (*Frucht*).

plan·ta·tion [plæn'teiʃən] *s.* **1.** Pflanzung *f* (*a. fig.*), Plan'tage *f*; **2.** (Wald)Schonung *f*; **3.** *hist.* Ansiedlung *f*, Kolo'nie *f.*

plant·er ['plɑ:ntə] *s.* **1.** Pflanzer *m*, Plan'tagenbesitzer *m*; **2.** *hist.* Siedler *m*; **3.** 'Pflanzmaˌschine *f.*

plan·ti·grade ['plæntigreid] *zo.* **I.** *adj.* auf den Fußsohlen gehend; **II.** *s.* Sohlengänger *m* (*Mensch, Bär etc.*).

'**plant-louse** *s.* [*irr.*] *zo.* Blattlaus *f.*

plaque [plɑ:k] *s.* **1.** (Schmuck)Platte *f*; **2.** A'graffe *f*, (Ordens)Schnalle *f*, Spange *f*; **3.** Gedenktafel *f*; **4.** ⚕ Fleck *m.*

plash[1] [plæʃ] *v/t. u. v/i.* (*Zweige*) zu e-r Hecke verflechten.

plash[2] [plæʃ] **I.** *v/i.* **1.** platschen, plätschern (*Wasser*); *im Wasser* planschen; **II.** *v/t.* **2.** platschen *od.* klatschen auf (*acc.*): ~! platsch!; **III.** *s.* **3.** Platschen *n*, Plätschern *n*, Spritzen *n*; **4.** Pfütze *f*, Lache *f*; '**plash·y** [-ʃi] *adj.* **1.** plätschernd, klatschend, spritzend; **2.** voller Pfützen, matschig, feucht.

plasm ['plæzəm], '**plas·ma** [-zmə] *s.* **1.** *biol.* ('Milch-, 'Blut-, 'Muskel-)ˌPlasma *n*; **2.** *biol.* Proto'plasma *n*; **3.** *min.* 'Plasma *n*; **plas·mat·ic** [plæz'mætik], '**plas·mic** [-zmik] *adj. biol.* plas'matisch, Plasma...

plas·ter ['plɑ:stə] **I.** *s.* **1.** *pharm.* (Heft-, Senf)Pflaster *n*; **2. a)** Gips *m* (*a.* ⚕), **b)** ⊕ Mörtel *m*, Verputz *m*, Bewurf *m*, Tünche *f*: ~ *cast* **a)** Gipsabdruck, **b)** ⚕ Gipsverband; **3.** *mst* ~ *of Paris* **a)** (gebrannter) Gips (*a.* ⚕), **b)** Stuck *m*, Gips (-mörtel) *m*; **II.** *v/t.* **4.** ⊕ (ver-)gipsen, (über)'tünchen, verputzen; **5.** bepflastern (*a. fig. mit Plakaten, Steinwürfen etc.*); **6.** *fig.* über'schütten (*with* mit *Lob etc.*); **7.** *to be* ~*ed sl.* ‚besoffen' sein; '**plas·ter·er** [-ərə] *s.* Stukka'teur *m*; '**plas·ter·ing** [-əriŋ] *s.* **1.** Verputz *m*, Bewurf *m*; **2.** Stuck *m*; **3.** Gipsen *n*; **4.** Stukka'tur *f.*

plas·tic ['plæstik] **I.** *adj.* (□ ~*ally*) **1.** plastisch: ~ *art* bildende Kunst, Plastik; **2.** formgebend, gestaltend; **3.** ⊕ (ver)formbar, knetbar, plastisch: ~ *clay* bildfähiger Ton; **4.** Kunststoff...: ~ *bag* Plastikbeutel, -tüte; (*synthetic*) ~ *material* → *9*; **5.** ⚕ plastisch: ~ *surgery*; ~ *surgeon* Facharzt für plastische Chirurgie; **6.** *fig.* plastisch, anschaulich; **7.** *fig.* formbar (*Geist*); **8.** ~ *bomb* ⚔ Plastikbombe; **II.** *s.* **9.** ⊕ (Kunstharz)Preßstoff *m*, 'Plastik-, Kunststoff *m*; '**plas·ti·cine** [-isi:n] *s.* Plasti'lin *n*, Knetmasse *f*; **plas·tic·i·ty** [plæs'tisiti] *s.* Plastizi'tät *f* (*a. fig. Bildhaftigkeit*), (Ver-)Formbarkeit *f*; '**plas·ti·ciz·er** [-isaizə] *s.* ⊕ Weichmacher *m.*

plat [plæt] → *plait, plot 1.*

plate [pleit] **I.** *s.* **1.** *allg.* Platte *f* (*a. phot.*); (Me'tall)Schild *n*, Tafel *f*; (Namen-, Firmen-, Tür)Schild *n*; **2.** *paint.* (Kupfer- *etc.*)Stich *m*; *weitS.* Holzschnitt *m*: *etched* ~ Radierung; **3.** (Bild)Tafel *f* (*Buch*); **4.** (Eß-, *eccl.* Kol'lekten)Teller *m*; Platte *f* (*a. Gang e-r Mahlzeit*); *coll.* (Gold-, Silber-, Tafel)Geschirr *n od.* (-)Besteck *n*: *German* ~ Neusilber; **5.** ⊕ (Glas-, Me'tall)Platte *f*; Scheibe *f*, La'melle *f* (*Kupplung etc.*); Deckel *m*; **6.** ⊕ Grobblech *n*; Blechtafel *f*; **7.** ⚡ *Radio*: A'node *f e-r Röhre*; Platte *f*, Elek'trode *f e-s Kondensators*; **8.** *typ.* (Druck-, Stereo'typ)Platte *f*; **9.** Po'kal *m*, Preis *m beim Rennen*; **10.** *Am. Baseball*: (Schlag)Mal *n*; **11.** *a. dental* ~ **a)** (Gaumen)Platte *f*, **b)** *weitS.* (künstliches) Gebiß; **12.** *Am. sl.* **a)** ('hyper)eleˌgante Per'son, **b)** ‚tolle Frau'; **II.** *v/t.* **13.** mit Platten belegen; ⚔, ⚓ panzern, blenden; **14.** plattieren, (mit Me'tall) über'ziehen; **15.** *typ.* **a)** stereotypieren, **b)** *Typendruck*: in Platten formen; '~**-ar·mo(u)r** *s.* ⚓, ⊕ Plattenpanzer(ung *f*) *m.*

pla·teau ['plætou] *pl.* **-teaux, -teaus** [-z] (*Fr.*) *s.* Pla'teau *n*, Hochebene *f.*

'**plate**|**-bas·ket** *s. Brit.* Besteckkorb *m*; ~ **cir·cuit** *s.* ⚡ An'odenkreis *m.*

plat·ed ['pleitid] *adj.* ⊕ plattiert, me'tallüberˌzogen, versilbert, -goldet, dubliert; '**plate·ful** [-ful] *pl.* **-fuls** *s. ein* Teller(voll) *m.*

plate| **glass** *s.* Scheiben-, Spiegelglas *n*; '~**-hold·er** *s. phot.* ('Platten)Kasˌsette *f*; '~**-lay·er** *s.* 🚂 Oberbauarbeiter *m*; '~**-mark** → *hallmark.*

plat·en ['plætən] *s.* **1.** *typ.* Drucktiegel *m*, Platte *f*: ~ *press* Tiegeldruckpresse; **2.** ('Schreibmaˌschinen-)Walze *f*; **3.** 'Druckzyˌlinder *m* (*Rotationsmaschine*).

plat·er ['pleitə] *s.* **1.** ⊕ Plattierer *m*; **2.** *sport* (minderwertiges) Rennpferd.

plate| **shears** *s. pl.* Blechschere *f*; ~ **spring** *s.* ⊕ Blattfeder *f.*

plat·form ['plætfɔ:m] *s.* **1.** Plattform *f*, ('Redner)Triˌbüne *f*, Podium *n*; **2.** ⊕ Rampe *f*; (Lauf-, Steuer)Bühne *f*: *lifting* ~ Hebebühne; **3.** Treppenabsatz *m*; **4.** *geogr.* **a)** Hochebene *f*, **b)** Ter'rasse *f* (*a. engS.*); **5.** 🚂 **a)** Bahnsteig *m*, **b)** *Am. bsd.* Plattform *f am Wagenende*, Per'ron *m* (*Brit. bsd. Straßen-*

bahn etc.); 6. ⚔ Bettung *f e-s Geschützes*; 7. *a.* ~ *sole* (dicke) 'durchgehende Sohle; 8. *fig.* öffentliches Forum, Podiumsgespräch *n*; 9. *pol.* Par'teipro,gramm *n*, Plattform *f*; *bsd. Am.* program'matische Wahlerklärung; ~ **car** *bsd. Am.* → *flatcar*; ~ **scale** *s.* ⊕ Brückenwaage *f*; ~ **tick·et** *s.* Bahnsteigkarte *f.*

plat·ing ['pleitiŋ] *s.* 1. Panzerung *f*; 2. ⊕ Beplattung *f*, Me'tall,auflage *f*, Verkleidung *f* (*mit Metallplatten*); 3. Plattieren *n*, Versilberung *f.*

pla·tin·ic [plə'tinik] *adj.* Platin...: ~ *acid* ⚗ Platinchlorid; **plat·i·nize** ['plætinaiz] *v/t.* 1. ⊕ platinieren, mit Pla'tin über'ziehen; 2. ⚗ mit Pla'tin verbinden; **plat·i·num** ['plætinəm] *s.* Pla'tin *n*: ~ *blonde* F Platinblondine.

plat·i·tude ['plætitju:d] *s. fig.* Plattheit *f*, Gemeinplatz *m*, Plati'tüde *f*; **plat·i·tu·di·nar·i·an** ['plætitju:di'nɛəriən] *s.* Phrasendrescher *m*, Schwätzer *m*; **plat·i·tu·di·nize** [plæti'tju:dinaiz] *v/i.* sich in Gemeinplätzen ergehen, quatschen; **plat·i·tu·di·nous** [plæti'tju:dinəs] *adj.* □ platt, seicht, phrasenhaft.

Pla·ton·ic [plə'tɔnik] *adj.* (□ ~*ally*) pla'tonisch.

pla·toon [plə'tu:n] *s.* 1. ⚔ Zug *m* (*Kompanieabteilung*): *in* (*od. by*) ~*s* zugweise; 2. Poli'zeiaufgebot *n.*

plat·ter ['plætə] *s.* 1. *bsd. Am.* (Servier)Platte *f*; 2. *Am. sl.* Schallplatte *f.*

plat·y·pus ['plætipəs] *pl.* **-pus·es** *s. zo.* Schnabeltier *n.*

plat·y(r)·rhine ['plætirain] *zo.* I. *adj.* breitnasig; II. *s.* Breitnase *f* (*Affe*).

plau·dit ['plɔ:dit] *s. mst pl.* lauter Beifall, Ap'plaus *m.*

plau·si·bil·i·ty [plɔ:zə'biliti] *s.* 1. Glaubwürdigkeit *f*, Wahr'scheinlichkeit *f*; 2. gefälliges Äußeres, einnehmendes Wesen; **plau·si·ble** ['plɔ:zəbl] *adj.* □ 1. glaubhaft, einleuchtend, annehmbar, plau'sibel; 2. einnehmend, gewinnend (*Äußeres*).

play [plei] I. *s.* 1. (Glücks-, Wett-, Unter'haltungs)Spiel *n* (*a. sport*): *to be at* ~ a) spielen, b) *Kartenspiel*: am Ausspielen sein, c) *Schach*: am Zuge sein; *it is your* ~ Sie sind am Spiel; *to lose money at* ~ Geld verwetten; 2. Spiel(weise *f*) *n*: *that was pretty* ~ das war gut (gespielt); → *fair*[1] *8, foul play*; 3. Spiele'rei *f*, Kurzweil *f*: *a* ~ *of words* ein Spiel mit Worten; *a* ~ *(up)on words* ein Wortspiel; *in* ~ im Scherz; 4. *thea.* (Schau)Spiel *n*, (The'ater)Stück *n*: *at the* ~ im Theater; *to go to the* ~ ins Theater gehen; *as good as a* ~ äußerst amüsant *od.* interessant; 5. Spiel *n*, Vortrag *m*; 6. *fig.* Spiel *n des Lichtes auf Wasser etc.*, spielerische Bewegung, (*Muskel- etc.*) Spiel *n*: ~ *of colo(u)rs* Farbenspiel; 7. Bewegung *f*, Gang *m*: *to bring into* ~ a) in Gang bringen, b) ins Spiel *od.* zur Anwendung bringen; *to come into* ~ ins Spiel kommen; *to make* ~ a) Wirkung haben, b) s-n Zweck erfüllen; *to make* ~ *with* zur Geltung bringen, sich brüsten mit; *to make a* ~ *for Am. sl. e-m Mädchen* den Kopf verdrehen wollen; 8. Spielraum *m* (*a. fig.*); ⊕ *mst* Spiel *n*: *to allow* (*od. give*) *full* (*od. free*) ~ *to e-r Sache, s-r Phantasie etc.* freien Lauf lassen; II. *v/i.* 9. a) spielen (*a. sport, thea. u. fig.*) (for um *Geld etc.*), b) mitspielen (*a. fig. mitmachen*): *to* ~ *at* a) *Ball, Karten etc.* spielen, b) *fig.* sich nur so nebenbei mit *et.* beschäftigen; *to* ~ *at business* ein bißchen in Geschäften machen; *to* ~ *for time* Zeit zu gewinnen suchen; *to* ~ *into s.o.'s hands* j-m in die Hände spielen; *to* ~ *(up)on* a) ♪ auf *e-m Instrument* spielen, b) mit *Worten* spielen, c) *fig. j-s Schwächen* ausnutzen; *to* ~ *with* a) spielen mit (*a. fig. e-m Gedanken*; *a. leichtfertig umgehen mit*; *a. engS. herumfingern an*), b) *Am. sl.* mitmachen, ‚spuren'; *to* ~ *up to* a) *j-n* unterstützen, b) *j-m* schöntun; *to* ~ *safe* kein Risiko eingehen; ~! *Tennis etc.*: bitte! (= *fertig*); → *fair*[1] *13, false II, fast*[2] *1, gallery 3 b*; 10. a) *Kartenspiel*: ausspielen, b) *Schach*: am Zug sein, ziehen; 11. a) ‚her'umspielen', sich amüsieren, b) Unsinn treiben, c) scherzen; 12. a) sich tummeln, b) flattern, gaukeln, c) spielen (*Lächeln, Licht etc.*) (*on* auf *dat.*), d) schillern (*Farbe*), e) in Tätigkeit sein (*Springbrunnen*); 13. a) schießen, b) spritzen, c) strahlen, streichen: *to* ~ *on* gerichtet sein auf (*acc.*), bestreichen, bespritzen (*Schlauch, Wasserstrahl*), anstrahlen, absuchen (*Scheinwerfer*); 14. ⊕ a) Spiel(raum) haben, b) sich bewegen (*Kolben etc.*); 15. sich *gut etc.* zum Spielen eignen (*Boden etc.*); III. *v/t.* 16. *Karten, Tennis etc., a.* ♪, *a. thea. Rolle od. Stück, a. fig.* spielen: *to* ~ *(s.th. on) the piano* (et. auf dem) Klavier spielen; *to* ~ *both ends against the middle fig.* vorsichtig lavieren; *to* ~ *it safe* a) kein Risiko eingehen, b) (*Wendung*) um (ganz) sicher zu gehen; *to* ~ *it low down sl.* ein gemeines Spiel treiben (*on* mit *j-m*); *to* ~ *the races* bei (Pferde)Rennen wetten; ~*ed out fig.* ‚erledigt', ‚fertig', erschöpft; → *deuce 3, fool*[1] *2, game*[1] *2, havoc, hooky*[2], *trick 2, truant 1*; 17. a) *Karte* ausspielen (*a. fig.*): *to* ~ *one's cards well* s-e Chancen gut (aus)nutzen, b) *Schachfigur* ziehen; 18. spielen, Vorstellungen geben in (*dat.*): *to* ~ *the larger cities*; 19. *Geschütz, Scheinwerfer, Licht-, Wasserstrahl etc.* richten (*on* auf *acc.*): *to* ~ *a hose on et.* bespritzen; *to* ~ *colo(u)red lights on et.* bunt anstrahlen; 20. *Fisch* auszappeln lassen;

Zssgn mit prp.:

play| at → *play 9*; ~ **(up·)on** → *play 9, 12, 13, 19*; ~ **up to** → *play 9*; ~ **with** → *play 9*;

Zssgn mit adv.:

play| a·way I. *v/t. Geld* verspielen; II. *v/i.* drauf'losspielen; ~ **back** *v/t. Platte, Band* abspielen; ~ **down** *v/t.* her'unterspielen; ~ **off** I. *v/t.* 1. *sport Spiel* a) beenden, b) *durch Stichkampf* entscheiden; 2. *fig. j-n* ausspielen (*against* gegen *e-n andern*); 3. *Musik* her'unterspielen (*a. auswendig*); 4. *to* ~ *graces* kokettieren; 5. ~ *as* (fälschlich) ausgeben als; II. *v/i.* 6. *contp.* schauspielern; ~ **up** I. *v/i.* 1. einsetzen (*Musik*), aufspielen (*a.* F *sport*); 2. ‚sich am Riemen reißen'; *thea.* gut spielen; II. *v/t.* 3. *e-e Sache* hochspielen; 4. *j-n* ‚auf die Palme bringen' (*reizen*).

play·a·ble ['pleiəbl] *adj.* 1. spielbar; 2. *thea.* bühnenreif, -gerecht.

'**play|-ac·tor** *s. mst contp.* Schauspieler *m* (*a. fig.*); '~**-back** *s.* ⚡ Ab-, Rückspielen *n*: ~ *head* Tonkopf (*Magnetophon*); '~**-bill** *s.* The'aterzettel *m*; '~**-book** *s. thea.* Textbuch *n*; '~**-box** *s.* Spielzeugschachtel *f*; '~**-boy** *s.* Playboy *m*; '~**-day** *s.* (schul-, arbeits)freier Tag.

play·er ['pleiə] *s.* 1. *sport, a.* ♪ Spieler(in); 2. *Brit.* Berufsspieler *m* (*Kricket etc.*); 3. (Glücks)Spieler *m*; 4. Schauspieler(in); '~**-pi·an·o** *s.* e'lektrisches Kla'vier.

'**play·fel·low** → *playmate.*

play·ful ['pleiful] *adj.* □ spielerisch, scherzhaft, neckisch; '**play·ful·ness** [-nis] *s.* 1. Munterkeit *f*; Ausgelassenheit *f*, spielerisches Wesen; 2. Scherzhaftigkeit *f.*

'**play|·girl** *s.* Playgirl *n*; '~**·go·er** *s.* The'aterbesucher(in); '~**·ground** *s.* 1. Spiel-, Tummelplatz *m* (*a. fig.*); 2. Schulhof *m*; '~**·house** *s.* 1. *thea.* Schauspielhaus *n*; 2. *Am.* Spielzeughaus *n.*

'**play·ing|-card** ['pleiiŋ] *s.* Spielkarte *f*; '~**-field** *s. Brit.* Sport-, Spielplatz *m.*

play·let ['pleilit] *s.* kurzes Schau-[spiel.]

'**play|·mate** *s.* 'Spielkame,rad(in), Gespiele *m*, Gespielin *f*; '~**-off** *s. sport* Stichkampf *m*, Entscheidungsspiel *n*; '~**-pen** Laufställchen *n*; '~**·thing** *s.* Spielzeug *n* (*fig. a. Person*); '~**·wright** *s.* Bühnenschriftsteller *m*, Dra'matiker *m.*

plea [pli:] *s.* 1. Vorwand *m*, Ausrede *f*: *on the* ~ *of* (*od. that*) unter dem Vorwand (*gen.*) *od.* daß; 2. ⚖ a) Verteidigung *f*, b) Antwort *f* des Angeklagten: ~ *of guilty* Schuldgeständnis; 3. ⚖ Einrede *f*: *to make a* ~ Einspruch erheben; ~ *of the crown Brit.* Strafklage; 4. *fig.* (dringende) Bitte (*for* um), Gesuch *n*; 5. *fig.* Befürwortung *f.*

plead [pli:d] I. *v/i.* 1. ⚖ *u. fig.* plädieren (*for* für); 2. ⚖ (*vor Gericht*) e-n Fall erörtern, Beweisgründe vorbringen; 3. ⚖ sich zu s-r Verteidigung äußern: *to* ~ *guilty* sich schuldig bekennen (*to gen.*); 4. dringend bitten (*for* um, *with s.o.* j-n); 5. sich einsetzen *od.* verwenden (*for* für, *with s.o.* bei j-m); 6. einwenden *od.* geltend machen (*that* daß); II. *v/t.* 7. ⚖ *u. fig.* als Verteidigung *od.* Entschuldigung anführen, *et.* vorschützen: *to* ~ *ignorance*; 8. ⚖ erörtern; 9. ⚖ a) *Sache* vertreten, verteidigen: *to* ~ *s.o.'s cause*, b) (als Beweisgrund) vorbringen, anführen; '**plead·er** [-də] *s.* ⚖ Anwalt *m*, Sachwalter *m* (*a. fig.*); '**plead·ing** [-diŋ] I. *s.* 1. ⚖ a) Plädo'yer *n*, b) Plädieren *n*, Führen *n* e-r Rechtssache, c) *pl.* Parteivorbringen *pl.*, gerichtliche Verhandlungen *pl.*, d) *bsd. Brit.* vorbereitete Schriftsätze *pl.*, Vorverhandlung *f*; **2.** Fürsprache *f*; **3.** Bitten *n* (*for* um); **II.** *adj.* □ **4.** flehend, bittend, inständig.

pleas·ant ['pleznt] *adj.* □ **1.** angenehm (*a. Geruch, Geschmack, Traum etc.*), wohltuend, erfreulich (*Nachrichten etc.*), vergnüglich; **2.** freundlich (*Person, Wetter, Zimmer*): *please look* ~! bitte recht freundlich!; **'pleas·ant·ness** [-nis] *s.* **1.** *das* Angenehme; angenehmes Wesen; **2.** Freundlichkeit *f*; **3.** Heiterkeit *f* (*a. fig.*); **'pleas·ant·ry** [-tri] *s.* **1.** Heiter-, Lustigkeit *f*; **2.** Scherz *m*: **a)** Witz *m*, **b)** Hänse'lei *f.*

please [pli:z] **I.** *v/i.* **1.** gefallen, angenehm sein, befriedigen, Anklang finden: ~! bitte (sehr)!; *as you* ~ wie Sie wünschen; *if you* ~ **a)** wenn ich bitten darf, wenn es Ihnen recht ist, **b)** *iro.* gefälligst, **c)** man stelle sich vor, denken Sie nur; ~ *come in!* bitte, treten Sie ein!; **2.** befriedigen, zufriedenstellen: *anxious to* ~ dienstbeflissen, sehr eifrig; **II.** *v/t.* **3.** *j-m* gefallen *od.* angenehm sein *od.* zusagen, *j-n* erfreuen: *to be* ~*d to do* sich freuen *et.* zu tun; *I am only too* ~*d to do it* ich tue es mit dem größten Vergnügen; *to be* ~*d with* **a)** befriedigt sein von, **b)** Vergnügen haben an (*dat.*), **c)** Gefallen finden an (*dat.*): *I am* ~*d with it* es gefällt mir; **4.** befriedigen, zufriedenstellen: *to* ~ *o.s.* tun, was man will; ~ *yourself* **a)** wie Sie wünschen, **b)** bitte, bedienen Sie sich; *only to* ~ *you* nur Ihnen zuliebe; → *hard* 2; **5.** (*a. iro.*) geruhen, belieben (*to do et.* zu tun): ~ *God* so Gott will; **'pleased** [-zd] *adj.* zufrieden (*with* mit), erfreut (*at* über *acc.*); → *Punch*⁴; **'pleas·ing** [-ziŋ] *adj.* □ angenehm, wohltuend, gefällig.

pleas·ur·a·ble ['pleʒərəbl] *adj.* □ angenehm, vergnüglich, ergötzlich.

pleas·ure ['pleʒə] **I.** *s.* **1.** Vergnügen *n*, Freude *f*; *with* ~! mit Vergnügen!; *to give s.o.* ~ j-m Vergnügen (*od.* Freude) machen; *to have the* ~ *of doing* das Vergnügen haben, *et.* zu tun; *to take* ~ *in* (*od. at*) Vergnügen *od.* Freude finden an (*dat.*): *he takes* (*a*) ~ *in contradicting* es macht ihm Spaß zu widersprechen; *to take one's* ~ sich vergnügen; *a man of* ~ ein Genußmensch; **2.** Gefallen *m*, Gefälligkeit *f*: *to do s.o. a* ~ j-m e-n Gefallen tun; **3.** Belieben *n*, Gutdünken *n*: *at* ~ nach Belieben; *at the Court's* ~ nach dem Ermessen des Gerichts; *during Her Majesty's* ~ *Brit.* (*mst*) auf Lebenszeit (*Gefängnisstrafe*); *what is your* ~? *obs.* womit kann ich dienen?; **II.** *v/i.* **4.** sich erfreuen *od.* vergnügen; **'~-boat** *s.* Vergnügungsdampfer *m*; **'~-ground** *s.* Vergnügungs-, Rasenplatz *m*; ~ **prin·ci·ple** *s. psych.* 'Lustprin,zip *n*; **'~-seek·ing** *adj.* vergnügungssüchtig; ~ **tour** *s.* Vergnügungsreise *f.*

pleat [pli:t] **I.** *s.* (Rock- *etc.*)Falte *f*; **II.** *v/t.* falten, fälteln, plissieren.

ple·be·ian [pli'bi(:)ən] **I.** *adj.* ple'bejisch; **II.** *s.* Ple'bejer(in); **ple'be·ian·ism** [-nizəm] *s.* Ple'bejertum *n.*

pleb·i·scite ['plebisit] *s.* Plebis'zit *n*, Volksabstimmung *f*, -entscheid *m.*

plec·trum ['plektrəm] *pl.* **-tra** [-ə] *s.* ♪ Plektron *n.*

pledge [pledʒ] **I.** *s.* **1.** (Faust-, 'Unter)Pfand *n*, Pfandgegenstand *m*; Verpfändung *f*; Bürgschaft *f*, Sicherheit *f*; *hist.* Bürge *m*, Geisel *f*: *in* ~ *of* **a)** als Pfand für, **b)** *fig.* als Beweis für, zum Zeichen, daß; *to hold in* ~ als Pfand halten; *to put in* ~ verpfänden; *to take out of* ~ *Pfand* auslösen; **2.** Versprechen *n*, feste Zusage, Gelübde *n*, Gelöbnis *n*: *to take the* ~ dem Alkohol abschwören; **3.** *fig.* 'Unterpfand *n*, Beweis *m* (*der Freundschaft etc.*): *under the* ~ *of secrecy* unter dem Siegel der Verschwiegenheit; **4.** *a.* ~ *of love fig.* Pfand *n* der Liebe (*Kind*); **5.** Zutrinken *n*, Toast *m*; **6.** *bsd. univ. Am.* **a)** Versprechen *n*, e-r Verbindung *od.* e-m (Geheim)Bund beizutreten, **b)** Anwärter(in) auf solche Mitgliedschaft; **II.** *v/t.* **7.** verpfänden (*s.th. to s.o.* j-m et.); Pfand bestellen für, e-e Sicherheit leisten für; als Sicherheit *od.* zum Pfand geben: *to* ~ *one's word fig.* sein Wort verpfänden; ~*d article* Pfandobjekt; ~*d merchandise* ✝ sicherungsübereignete Ware(n); ~*d securities* ✝ lombardierte Effekten; **8.** *j-n* verpflichten (*to* zu, auf *acc.*): *to* ~ *o.s.* geloben, sich verpflichten; **9.** *j-m* zutrinken, auf das Wohl (*gen.*) trinken; **'pledge·a·ble** [-dʒəbl] *adj.* verpfändbar; **pledg·ee** [ple'dʒi:] *s.* Pfandnehmer(in), -inhaber(in), -gläubiger(in); **pledge·or** [ple'dʒɔ:] ⚖, **'pledg·er** [-dʒə] *s.* Pfandgeber(in), -schuldner(in), Verpfänder(in).

pledg·et ['pledʒit] *s.* ⚕ (Watte-)Bausch *m*, Tupfer *m.*

pledg·or [ple'dʒɔ:] ⚖ → *pledgeor.*

Ple·iad ['plaiəd] *pl.* **'Ple·ia·des** [-di:z] *s. ast. u. fig.* Siebengestirn *n.*

Pleis·to·cene ['pli:stousi:n] *geol.* **I.** *s.* Pleisto'zän *n*, Di'luvium *n*; **II.** *adj.* Pleistozän...

ple·na·ry ['pli:nəri] *adj.* **1.** □ voll(-ständig), Voll..., Plenar...: ~ *session* Plenarsitzung; **2.** voll('kommen), uneingeschränkt: ~ *indulgence R.C.* vollkommener Ablaß; ~ *power* unbeschränkte Vollmacht, Generalvollmacht.

plen·i·po·ten·ti·ar·y [plenipə'tenʃəri] **I.** *s.* **1.** (Gene'ral)Be,vollmächtigte(r *m*) *f*, bevollmächtigter Gesandter *od.* Mi'nister; **II.** *adj.* **2.** bevollmächtigt; **3.** abso'lut, unbeschränkt.

plen·i·tude ['plenitju:d] *s.* **1.** Fülle *f*, Reichtum *m* (*of* an *dat.*); **2.** Vollkommenheit *f.*

plen·te·ous ['plentjəs] *adj.* □ *poet.* reich(lich); **'plen·te·ous·ness** [-nis] *s. poet.* Fülle *f.*

plen·ti·ful ['plentiful] *adj.* □ reich(-lich), im 'Überfluß (vor'handen); **'plen·ti·ful·ness** [-nis] *s.* Fülle *f*, Reichtum *m* (*of* an *dat.*).

plen·ty ['plenti] **I.** *s.* Fülle *f*, 'Überfluß *m*, Reichtum *m* (*of* an *dat.*): *to have* ~ *of s.th.* mit et. reichlich versehen sein, et. in Hülle u. Fülle haben; *in* ~ im Überfluß; ~ *of money* (*time*) e-e Menge *od.* viel Geld (Zeit); ~ *of times* sehr oft; → *horn* 4; **II.** *adj. pred. Am.* reichlich; **III.** *adv.* F reichlich.

ple·num ['pli:nəm] *s.* **1.** Plenum *n*, Vollversammlung *f*; **2.** *phys.* (vollkommen) ausgefüllter Raum.

ple·o·nasm ['pli(:)ənæzəm] *s.* Pleo'nasmus *m*; **ple·o·nas·tic** [pliə'næstik] *adj.* (□ ~*ally*) pleo'nastisch.

pleth·o·ra ['pleθərə] *s.* **1.** ⚕ Blutandrang *m*; **2.** *fig.* 'Überfülle *f*, Zu'viel *n* (*of* an *dat.*); **ple·thor·ic** [ple'θɔrik] *adj.* (□ ~*ally*) **1.** ⚕ ple'thorisch, vollblütig; **2.** *fig.* 'übervoll, über'laden, dick.

pleu·ra ['pluərə] *pl.* **-rae** [-ri:] *s. anat.* Brust-, Rippenfell *n*; **'pleu·ral** [-rəl] *adj.* Brust-, Rippenfell...; **'pleu·ri·sy** [-risi] *s.* ⚕ Pleu'ritis *f*, Brustfell-, Rippenfellentzündung *f.*

pleu·ro·car·pous [pluərou'kɑ:pəs] *adj.* ♀ seitenfrüchtig; **pleu·ro·pneu'mo·ni·a** [-ounju(:)'mounjə] *s.* **1.** ⚕ Lungen- u. Rippenfellentzündung *f*; **2.** *vet.* Lungen- u. Brustseuche *f.*

plex·im·e·ter [plek'simitə] *s.* ⚕ Plessi'meter *n.*

plex·or ['pleksə] *s.* ⚕ Perkussi'onshammer *m.*

plex·us ['pleksəs] *pl.* **-es** [-iz] *s.* **1.** *anat.* Plexus *m*, (Nerven)Geflecht *n*; **2.** *fig.* Flechtwerk *n*, Netz(-werk) *n*, Kom'plex *m.*

pli·a·bil·i·ty [plaiə'biliti] *s.* Biegsamkeit *f*, Geschmeidigkeit *f* (*a. fig.*); **pli·a·ble** ['plaiəbl] *adj.* □ **1.** biegsam, geschmeidig (*a. fig.*); **2.** *fig.* nachgiebig, fügsam, leicht zu beeinflussen(d).

pli·an·cy ['plaiənsi] *s.* Biegsamkeit *f*, Geschmeidigkeit *f* (*a. fig.*); **'pli·ant** [-nt] *adj.* □ → *pliable.*

pli·ers ['plaiəz] *s. pl.* ⊕ (*a pair of* ~ e-e) (Draht-, Kneif)Zange (*a. sg. konstr.*): *round(-nosed)* ~ Rundzange.

plight¹ [plait] *s.* (mißliche) Lage, Not-, Zwangslage *f.*

plight² [plait] *bsd. poet.* **I.** *v/t.* **1.** *Wort, Ehre* verpfänden, *Treue* geloben: ~*ed troth* gelobte Treue; **2.** verloben (*to dat.*); **II.** *s.* **3.** *obs.* Gelöbnis *n*, feierliches Versprechen; **4.** *a.* ~ *of faith* Verlobung *f.*

plinth [plinθ] *s.* ⌂ **1.** Plinthe *f*, Säulenplatte *f*; **2.** Fußleiste *f e-r Wand.*

Pli·o·cene ['plaiəsi:n] *geol. s.* Plio'zän *n.*

plod [plɔd] **I.** *v/i.* **1.** *a.* ~ *along*, ~ *on* mühsam *od.* schwerfällig gehen, sich da'hinschleppen, trotten, (ein'her)stapfen; **2.** *fig.* sich abmühen *od.* -plagen (*at*, [*up*]*on* mit), ‚schuften'; **II.** *v/t.* **3.** *to* ~ *one's way* → 1; **'plod·der** [-də] *s. fig.* Arbeitstier *n*; **'plod·ding** [diŋ] **I.** *adj.* □ **1.** stapfend; **2.** arbeitsam, angestrengt *od.* unverdrossen (*arbeitend*); **II.** *s.* **3.** Placke'rei *f*, Schufte'rei *f.*

plop [plɔp] **I.** *v/i.* plumpsen; **II.** *v/t.* plumpsen lassen; **III.** *s.* Plumps *m*, Plumpsen *n*; **IV.** *adv.* mit e-m Plumps; **V.** *int.* plumps!

plo·sion ['plouʒən] *s. ling.* Verschluß(sprengung *f*) *m*; **plo·sive** ['plousiv] **I.** *adj.* Verschluß...; **II.** *s.* Verschlußlaut *m.*

plot [plɔt] **I.** *s.* **1.** Stück(chen) *n* Land, Par'zelle *f*, Grundstück *n*: *a gar-*

den-~ ein Stück Garten; **2.** *bsd. Am.* (Lage-, Bau)Plan *m*, (Grund)Riß *m*, Dia'gramm *n*, graphische Darstellung; **3.** ⚔ **a)** *Artillerie*: Zielort *m*, **b)** *Radar*: Standort *m*; **4.** (geheimer) Plan, Kom'plott *n*, Anschlag *m*, Verschwörung *f*, In'trige *f*: *to lay a ~* ein Komplott schmieden; **5.** Handlung *f*, Fabel *f* (*Roman, Drama etc.*), *a.* In'trige *f* (*Komödie*); **II.** *v/t.* **6.** e-n Plan von *et.* anfertigen, *et.* planen, entwerfen; aufzeichnen (*a. ~ down*) (*on* in *dat.*); ⚓, ✈ *Kurs* abstecken, -setzen, ermitteln; ⚒ *Kurve* (graphisch) darstellen *od.* auswerten; *Luftbilder* auswerten: *~ted fire* ⚔ Planfeuer; **7.** *a. ~ out Land* parzellieren; **8.** *Verschwörung* planen, aushecken, *Meuterei etc.* anzetteln; **9.** *Romanhandlung etc.* entwickeln, ersinnen; **III.** *v/i.* **10.** (*against*) Ränke *od.* ein Komplott schmieden, intrigieren, sich verschwören (gegen), e-n Anschlag verüben (auf *acc.*); **'plot·ter** [-tə] *s.* **1.** Planzeichner(in); **2.** Anstifter(in); **3.** Ränkeschmied *m*, Intri'gant(in), Verschwörer(in).

plough [plau] **I.** *s.* **1.** Pflug *m*: *to put one's hand to the ~* s-e Hand an den Pflug legen; **2.** *the* ♀ *ast.* der Große Bär *od.* Wagen; **3.** *Tischlerei*: Falzhobel *m*; **4.** *Buchbinderei*: Beschneidhobel *m*; **5.** *univ. Brit. sl.* ,('Durch-)Rasseln' *n*, ,'Durchfall' *m*; **II.** *v/t.* **6.** *Boden* ('um)pflügen: *to ~ back* unterpflügen, *fig. Gewinn* wieder in das Geschäft stecken; → *sand* 2; **7.** *fig.* **a)** *Wasser, Gesicht* (durch-)'furchen, *Wellen* pflügen, **b)** sich (*e-n Weg*) bahnen: *to ~ one's way*; **8.** *univ. Brit. sl.* 'durchfallen lassen: *to be ~ed* durchrasseln; **III.** *v/i.* **9.** *fig.* sich e-n Weg bahnen: *to ~ through a book* F ein Buch durchackern; **'~-land** *s.* Ackerland *n*; **'~·man** [-mən] *s.* [*irr.*] Pflüger *m*; **~ plane** *s.* ⊕ Nuthobel *m*; **'~·share** *s.* ✔ Pflugschar *f*; **'~-tail** *s.* ✔ Pflugsterz *m*.

plov·er ['plʌvə] *s. orn.* **1.** Regenpfeifer *m*; **2.** Gelbschenkelwasserläufer *m*; **3.** Kiebitz *m*.

plow *etc. Am.* → *plough etc.*

ploy [plɔi] *s.* F List *f*, ,Masche' *f*.

pluck [plʌk] **I.** *s.* **1.** Rupfen *n*, Zupfen *n*, Zerren *n*, Reißen *n*; **2.** Ruck *m*, Zug *m*; **3.** Geschlinge *n von Schlachttieren*; **4.** *fig.* Schneid *m*, Mut *m*; **5.** → *plough 5*; **II.** *v/t.* **6.** *Obst, Blumen etc.* pflücken, abreißen; **7.** *Federn, Haar, Unkraut etc.* ausreißen, -zupfen, *Geflügel* rupfen; ⊕ *Wolle* plüsen; → *crow*[1] *1*; **8.** zupfen, ziehen, zerren, reißen: *to ~ s.o. by the sleeve* j-n am Ärmel zupfen; *to ~ up courage fig.* Mut fassen; **9.** *sl. j-n* ,rupfen', ausplündern; **10.** → *plough 8*; **III.** *v/i.* **11.** (*at*) zupfen, ziehen, zerren (an *dat.*), schnappen, greifen (nach); **'pluck·i·ness** [-kinis] *s.* Schneid *m*, Mut *m*; **'pluck·y** [-ki] *adj.* □ F beherzt, mutig, schneidig.

plug [plʌg] **I.** *s.* **1.** Pflock *m*, Stöpsel *m*, Dübel *m*, Zapfen *m*; (Faß)Spund *m*; Pfropf(en) *m* (*a.* ⚕); Verschlußschraube *f*, (Hahn-, Ven'til)Küken *n*: *drain ~* Ablaßschraube; **2.** ⚡ Stecker *m*, Stöpsel *m*: *~-ended cord* Stöpselschnur; *~ socket* Steckdose; **3.** *mot.* Zündkerze *f*; **4.** ('Feuer)Hy,drant *m*; **5.** (Klo'sett)Spülvorrichtung *f*; **6.** (Zahn)Plombe *f*; **7.** Priem *m* (*Kautabak*); **8.** → *plug-hat*; **9.** ✝ *sl.* Ladenhüter *m*; **10.** *sl.* alter Gaul; **11.** *sl.* (Faust)Schlag *m*; **12.** *Am. Radio*: Re'klame(hinweis *m*) *f*; **13.** *Am. sl.* falsches Geldstück; **II.** *v/t.* **14.** *a. ~ up* zu-, verstopfen, verkorken, zustöpseln; **15.** *Zahn* plombieren; **16.** *~ in* ⚡ Gerät einschalten, -stöpseln, *durch Steckkontakt* anschließen; **17.** F *im Radio etc.* Reklame machen für; *Lied etc.* ständig spielen (lassen); **18.** *sl. j-m* ,eine (*e-n Schlag, e-e Kugel*) verpassen'; **III.** *v/i.* **19.** F *a. ~ away* ,schuften' (*at* an *dat.*); **~ box** *s.* 'Steckdose *f*, -kon,takt *m*; **~ fuse** *s.* Stöpselsicherung *f*; **'~-hat** *s. Am. sl.* ,Angströhre' *f* (*Zylinder*); **~ switch** *s.* ⚡ Steck-, Stöpselschalter *m*; **'~-'ug·ly** *s. Am. sl.* Schläger *m*, Ra'bauke *m*; **~ wrench** *s. mot.* Zündkerzenschlüssel *m*.

plum [plʌm] *s.* **1.** Pflaume *f*, Zwetsch(g)e *f*; **2.** Ro'sine *f* (*im Pudding u. Backwerk*): *~ cake* Rosinenkuchen; **3.** *fig.* **a)** ,Rosine' *f* (*das Beste*), **b)** *pl. Am. sl.* Belohnung *f für Unterstützung bei der Wahl* (*Posten, Titel etc.*); **4.** *Brit. obs. sl.* £ 100 000.

plum·age ['plu:midʒ] *s. orn.* Gefieder *n*.

plumb [plʌm] **I.** *s.* **1.** (Blei)Lot *n*, Senkblei *n*: *out of ~* aus dem Lot, nicht (mehr) senkrecht; **2.** ⚓ (Echo)Lot *n*; **II.** *adj.* **3.** lot-, senkrecht; **4.** F richtig(gehend), rein (*Unsinn etc.*); **III.** *adv.* **5.** *fig.* stracks, gerade(swegs), ,peng', platsch (*ins Wasser etc.*); **6.** *Am.* F ,kom'plett', ,to'tal' (*verrückt etc.*); **IV.** *v/t.* **7.** lotrecht machen; **8.** ⚓ *Meerestiefe* (ab-, aus)loten, sondieren; **9.** *fig.* sondieren, erforschen; **10.** ⊕ (mit Blei) verlöten, verbleien; **11.** F Wasser- *od.* Gasleitungen legen in (*e-m Haus*); **V.** *v/i.* **12.** als Rohrleger arbeiten, klempnern; **plum·ba·go** [plʌm'beigou] *s.* **1.** *min.* **a)** Gra'phit *m*, **b)** Bleiglanz *m*; **2.** ⚘ Bleiwurz *f*.

'plumb-bob *s.* ⊕ (Blei)Lot *n*, Senkblei *n*.

plum·be·ous ['plʌmbiəs] *adj.* **1.** bleiartig; **2.** bleifarben; **3.** *Keramik*: mit Blei glasiert; **'plumb·er** [-mə] *s.* **1.** Klempner *m*, Rohrleger *m*, Installa'teur *m*; **2.** Bleiarbeiter *m*; **'plum·bic** [-bik] *adj.* Blei...: *~ chloride* ⚗ Bleitetrachlorid; **plum·bif·er·ous** [plʌm'bifərəs] *adj.* bleihaltig; **'plumb·ing** [-miŋ] *s.* **1.** Klempner-, Rohrleger-, Installa'teurarbeit *f*; **2.** Rohr-, Wasser-, Gasleitung *f*; **3.** Blei(gießer)arbeit *f*; **4.** ⚠, ⚓ Ausloten *n*; **'plum·bism** [-bizəm] *s.* ⚕ Bleivergiftung *f*.

'plumb-line I. *s.* **1.** Senkschnur *f*, -blei *n*; **II.** *v/t.* **2.** ⚠, ⚓ ausloten; **3.** *fig.* sondieren, prüfen.

plumbo- [plʌmbou] ⚗ *in Zssgn* Blei..., *z.B. plumbosolvent* bleizersetzend.

'plumb-rule *s.* ⊕ Lot-, Senkwaage *f*.

plum duff *s.* Ro'sinenauflauf *m*.

plume [plu:m] **I.** *s.* **1.** *orn.* (*Straußen- etc.*)Feder *f*: *to adorn o.s. with borrowed ~s fig.* sich mit fremden Federn schmücken; **2.** (Hut-, Schmuck)Feder *f*; **3.** Feder-, Helmbusch *m*; **4.** *fig. ~ (of cloud)* Wolkenstreifen; *~ (of smoke)* Rauchfahne; **II.** *v/t.* **5.** mit Federn schmükken: *to ~ o.s. (up)on fig.* sich brüsten mit; *~d* **a)** gefiedert, **b)** mit Federn geschmückt; **6.** *Gefieder* putzen; **'plume·less** [-lis] *adj.* ungefiedert.

plum·met ['plʌmit] **I.** *s.* **1.** (Blei-)Lot *n*, Senkblei *n*; **2.** ⊕ Senkwaage *f*; **3.** *Fischen*: (Blei)Senker *m*; **4.** *fig.* Bleigewicht *n*; **II.** *v/i.* **5.** absinken, (ab)stürzen.

plum·my ['plʌmi] *adj.* **1.** pflaumenartig, Pflaumen...; **2.** reich an Pflaumen *od.* Ro'sinen; **3.** F ,prima', ausgezeichnet.

plu·mose ['plu:mous] *adj.* **1.** *orn.* gefiedert; **2.** ⚘, *zo.* federartig.

plump[1] [plʌmp] **I.** *adj.* prall, drall, mollig, rund(lich), feist: *~ cheeks* Pausbacken; **II.** *v/t. u. v/i. oft ~ up* (*od. out*) prall *od.* fett machen (werden).

plump[2] [plʌmp] **I.** *v/i.* **1.** (hin-)plumpsen, schwer fallen, sich (*in e-n Sessel etc.*) fallen lassen: *to ~ for fig.* **a)** *pol. e-m Wahlkandidaten* s-e Stimme ungeteilt geben, **b)** *j-n* rückhaltlos unterstützen; **II.** *v/t.* **2.** plumpsen lassen; **3.** *~ out with* mit *s-r Meinung etc.* her'ausplatzen, unverblümt her'aussagen; **4.** *pol.* kumulieren; **III.** *s.* **5.** F Plumps *m*; **IV.** *adv.* **6.** plumpsend, mit e-m Plumps; **7.** F unverblümt, gerade her'aus; **V.** *adj.* □ **8.** F plump (*Lüge etc.*), deutlich, glatt (*Ablehnung etc.*); **'plump·er** [-pə] *s.* **1.** Plumps *m*; **2.** Bausch *m*; **3.** *pol.* ungeteilte Wahlstimme; **4.** *sl.* plumpe Lüge; **'plump·ness** [-nis] *s.* **1.** Rundlichkeit *f*, Pausbackigkeit *f*; **2.** F Plumpheit *f*, Offenheit *f*.

plum pud·ding *s.* Plumpudding *m*.

plum·y ['plu:mi] *adj.* **1.** gefiedert; **2.** federartig.

plun·der ['plʌndə] **I.** *v/t.* **1.** *Land, Stadt etc.* plündern; **2.** *Waren* rauben, stehlen; **3.** *j-n* ausplündern; **II.** *v/i.* **4.** plündern, räubern; **III.** *s.* **5.** Plünderung *f*; **6.** Beute *f*, Raub *m*; **7.** *Am.* F Plunder *m*, Kram *m*; **'plun·der·er** [-ərə] *s.* Plünderer *m*, Räuber *m*.

plunge [plʌndʒ] **I.** *v/t.* **1.** (ein-, 'unter)tauchen, stürzen (*in, into* in *acc.*); *fig. j-n in Schulden etc.* stürzen; *e-e Nation in e-n Krieg* stürzen *od.* treiben; *Zimmer in Dunkel* tauchen *od.* hüllen; **2.** *Waffe* stoßen; **II.** *v/i.* **3.** (ein-, 'unter)tauchen (*into* in *acc.*); **4.** stürzen (*a. fig. Klippe etc.*, ✝ *Preise*); **5.** *ins Zimmer etc.* stürzen, stürmen; *fig.* sich *in e-e Tätigkeit, in Schulden etc.* stürzen; **6.** ⚓ stampfen (*Schiff*); **7.** sich nach vorne werfen, ausschlagen (*Pferd*); **8.** *sl.* et. riskieren, alles auf 'eine Karte setzen; **III.** *s.* **9.** (Ein-, 'Unter)Tauchen *n*; *sport* (Kopf)Sprung *m*: *to take the ~ fig.* den entscheidenden Schritt *od.* den Sprung wagen; **10.** Sturz *m*, Stürzen *n*; **11.** Ausschlagen *n e-s Pferdes*; **12.** Sprung-, Schwimmbecken *n*; **13.** Schwimmen *n*, Bad *n*; **'plung·er** [-dʒə] *s.* **1.** Taucher *m*; **2.** ⊕ Tauchkolben *m*; **3.** ⚡ **a)** Tauchbolzen *m*, **b)** Tauchspule *f*; **4.** *mot.* Ven'tilkolben *m*; **5.** ⚔ Schlagbolzen *m*; **6.** *sl.* **a)** Hasar'deur *m*, Spieler *m*, **b)** wilder Speku'lant.

plunk [plʌŋk] **I.** *v/t.* **1.** *Saite* zupfen, auf *e-r Gitarre etc.* klimpern; **2.** *et.* hinplumpsen lassen; hinschmeißen, -werfen: *to ~ down Am. sl.* ‚blechen', bezahlen; **II.** *v/i.* **3.** klimpern; **4.** (hin)plumpsen; **III.** *s.* **5.** Plumps *m*; **6.** *Am.* F Mordsschlag *m*; **7.** *Am. sl.* Dollar *m*; **IV.** *adv.* **8.** mit e-m Plumps; **9.** genau, ‚zack': *~ in the middle.*

plu·per·fect ['plu:'pə:fikt] *s. a. ~ tense ling.* 'Plusquamper,fekt *n*, Vorvergangenheit *f*.

plu·ral ['pluərəl] **I.** *adj.* □ **1.** mehrfach: *~ marriage* Mehrehe; *~ vote* Mehrstimmenrecht; **2.** *ling.* Plural..., im 'Plural, plu'ralisch: *~ number → 3*; **II.** *s.* **3.** *ling.* 'Plural *m*, Mehrzahl *f*; **'plu·ral·ism** [-rəlizəm] *s.* **1.** Vielheit *f*; **2.** *eccl.* Besitz *m* mehrerer Pfründen *od.* Ämter; **3.** *phls.* Plura'lismus *m*; **plu·ral·i·ty** [pluə'ræliti] *s.* **1.** Mehrheit *f*, 'Über-, Mehrzahl *f*; **2.** Vielheit *f*, -zahl *f*: *~ of wives* Vielweiberei; **3.** *pol.* (*Am. bsd.* rela'tive) Stimmenmehrheit; **4.** *eccl.* Besitz *m* mehrerer Pfründen *od.* Ämter; **'plu·ral·ize** [-rəlaiz] **I.** *v/t. ling.* **1.** in den 'Plural setzen; **2.** als *od.* im Plural gebrauchen; **II.** *v/i.* **3.** *eccl.* mehrere Pfründen innehaben.

plus [plʌs] **I.** *prp.* **1.** plus, und; **2.** *bsd.* ✝ zuzüglich (*gen.*); **II.** *adj.* **3.** Plus..., *a.* extra, Extra...; **4.** 𝔄, ⚡ 'positiv, Plus...: *~ quantity* positive Größe; **5.** F plus, mit; **III.** *s.* **6.** Plus(zeichen) *n*; **7.** Plus *n*, Mehr *n*, 'Überschuß *m*; **'~-'fours** *s. pl. weite* Knickerbocker- *od.* Golfhose.

plush [plʌʃ] **I.** *s.* **1.** Plüsch *m*; **II.** *adj.* **2.** Plüsch...; **3.** *sl.* (stink)vornehm (*Restaurant etc.*); **'plush·y** [-ʃi] *adj.* plüschartig.

Plu·to ['plu:tou] *s. ast.* Pluto *m* (*Planet*).

plu·toc·ra·cy [plu:'tɔkrəsi] *s.* **1.** Plutokra'tie *f*, Geldherrschaft *f*; **2.** 'Geldaristokra,tie *f*, *coll.* Pluto'kraten *pl.*; **plu·to·crat** ['plu:təkræt] *s.* Pluto'krat *m*, Kapita'list *m*; **plu·to·crat·ic** [plu:tə'krætik] *adj.* pluto'kratisch.

plu·ton·ic [plu:'tɔnik] *adj. geol.* plu'tonisch; **plu'to·ni·um** [-'tounjəm] *s.* ⚗ Plu'tonium *n*.

plu·vi·al ['plu:vjəl] *adj.* regnerisch; Regen...; **'plu·vi·o·graph** [-əgrɑ:f; -əgræf] *s. phys.* Regenschreiber *m*; **plu·vi·om·e·ter** [plu:vi'ɔmitə] *s. phys.* Pluvio'meter *n*, Regenmesser *m*; **'plu·vi·ous** [-jəs] → *pluvial*.

ply[1] [plai] **I.** *v/t.* **1.** *Arbeitsgerät* (fleißig) handhaben, hantieren *od.* 'umgehen mit; **2.** *Gewerbe* betreiben, ausüben; **3.** (*with*) bearbeiten (mit) (*a. fig.*); *fig. j-m* (mit *Fragen etc.*) zusetzen, *j-n* (mit *et.*) über'häufen: *to ~ s.o. with drink* j-n zum Trinken nötigen; **4.** *Strecke* (regelmäßig) befahren; **II.** *v/i.* **5.** verkehren, fahren, pendeln (*between* zwischen); **6.** ⚓ aufkreuzen.

ply[2] [plai] **I.** *s.* **1.** Falte *f*; (Garn-)Strähne *f*; (Stoff-, Sperrholz- *etc.*) Lage *f*, Schicht *f*: *three-~* dreifach (*z.B. Garn, Teppich*); **2.** *fig.* Hang *m*, Neigung *f*; **II.** *v/t.* **3.** falten; *Garn* fachen; **'ply·wood** *s.* Sperr-, Furnierholz *n*.

pneu·mat·ic [nju(:)'mætik] **I.** *adj.* (□ *~ally*) **1.** ⊕, *phys.* pneu'matisch, Luft...; ⊕ Druck-, Preßluft...: *~ brake* Druckluftbremse; *~ tool* Preßluftwerkzeug; **2.** *zo.* lufthaltig; **II.** *s.* **3.** Luftreifen *m*; **4.** Fahrzeug *n* mit Luftbereifung; *~* **dis·patch** *s.* Rohrpost *f*; *~* **drill** *s.* ⊕ Preßluftbohrer *m*; *~* **float** *s.* Floßsack *m*; *~* **ham·mer** *s.* ⊕ Preßlufthammer *m*.

pneu·mat·ics [nju(:)'mætiks] *s. pl. sg. konstr. phys.* Pneu'matik *f*.

pneu·mat·ic| tire (*od.* **tyre**) *s.* Luftreifen *m*; *pl. a.* Luftbereifung *f*; *~* **tube** *s.* pneu'matische Röhre; *weitS.* Rohrpost *f*; *pl.* Rohrpostanlage *f*.

pneu·mo·ni·a [nju(:)'mounjə] *s.* ⚕ Lungenentzündung *f*, Pneumo'nie *f*; **pneu'mon·ic** [-'mɔnik] *adj.* pneu'monisch, die Lunge *od.* Lungenentzündung betreffend.

poach[1] [poutʃ] **I.** *v/t.* **1.** *a. ~ up Erde* aufwühlen, *Rasen* zertrampeln; **2.** (zu e-m Brei) anrühren; **3.** *Wild etc.* unerlaubt jagen *od.* fangen; räubern (*a. fig.*); **4.** *sl. Vorteil* ‚schinden'; **5.** ⊕ *Papier* bleichen; **II.** *v/i.* **6.** weich *od.* matschig werden (*Boden*); **7.** unbefugt eindringen (*on* in *acc.*); → *preserve 8 b*; **8.** *hunt.* wildern.

poach[2] [poutʃ] *v/t. Eier* pochieren: *~ed egg* pochiertes *od.* verlorenes Ei.

poach·er ['poutʃə] *s.* Wilderer *m*, Wilddieb *m*; **'poach·ing** [-tʃiŋ] *s. hunt.* Wildern *n*, Wilde'rei *f*.

po·chette [pɔ'ʃet] (*Fr.*) *s.* Handtäschchen *n*.

pock [pɔk] *s.* ⚕ Pocke *f*, Blatter *f*, (Pocken)Pustel *f*.

pock·et ['pɔkit] **I.** *s.* **1.** (*Hosen- etc., a. zo. Backen- etc.*)Tasche *f*: *to have s.o. in one's ~ fig.* j-n in der Tasche *od.* Gewalt haben; *to put s.o. in one's ~ fig.* j-n in die Tasche stekken; *to put one's pride in one's ~* s-n Stolz überwinden, klein beigeben; **2.** *fig.* Geldbeutel *m*, Fi'nanzen *pl.*: *to be in ~* gut bei Kasse sein; *to be 3 dollars in (out of) ~* drei Dollar profitiert (verloren) haben; *to put one's hand in one's ~* (tief) in die Tasche greifen; → *line*[2] *3*; **3.** *Brit.* Sack *m Hopfen, Wolle* (= *76 kg*); **4.** *geol.* Einschluß *m*; **5.** *min.* (*Erz-, Gold*)Nest *m*; **6.** *Billard*: Tasche *f*, Loch *n*; **7.** ✈ (Luft)Loch *n*, Fallbö *f*; **8.** ⚔ Kessel *m*: *~ of resistance* Widerstandsnest; **II.** *adj.* **9.** Taschen...: *~ lamp* (*od. torch*) Taschenlampe; *~ lighter* Taschenfeuerzeug; **III.** *v/t.* **10.** in die Tasche stecken, einstecken (*a. fig. einheimsen*); **11. a)** *fig. Kränkung* einstecken, hinnehmen, **b)** *Gefühle* unter'drücken, *s-n Stolz* über'winden; **12.** *Billardkugel* ins Loch treiben; **13.** *pol. Am. Gesetzesvorlage* nicht unter'schreiben, Veto einlegen gegen (*vom Präsidenten*); **14.** ⚔ *Feind* einkesseln; *~* **bat·tle·ship** *s.* ⚓ Westentaschenkreuzer *m* (*Panzerschiff*); **'~-book** *s.* **1.** Taschen-, No'tizbuch *n*; **2.** Brieftasche *f*; **3.** *Am.* Handtasche *f*; **4.** *fig.* Geldbeutel *m*: *the average ~* das Normaleinkommen; **5.** Taschenausgabe *f* (*Buch*): *~ edition*; *~* **cal·cu·la·tor** *s.* Taschenrechner *m*.

pock·et·ful ['pɔkitful] *pl.* **-fuls** *s.* e-e Tasche(voll): *a ~ of money.*

'pock·et|-knife *s.* [*irr.*] Taschenmesser *n*; **'~-mon·ey** *s.* Taschengeld *n*; *~* **ve·to** *s. pol. Am.* Zu'rückhalten *n od.* Verzögerung *f* e-s Gesetzentwurfs (*bsd. durch den Präsidenten*).

'pock|·mark *s.* Pockennarbe *f*; **'~-marked** *adj.* pockennarbig.

pod[1] [pɔd] *s. zo. bsd. Am.* Herde *f*, Schwarm *m*.

pod[2] [pɔd] **I.** *s.* **1.** ⚘ Hülse *f*, Schale *f*, Schote *f*; **2.** *zo.* (Schutz)Hülle *f*, *a.* Ko'kon *m* (*der Seidenraupe*), Beutel *m* (*des Moschustiers*); **3.** *sl.* ‚Wampe' *f*, Bauch *m*; **II.** *v/i.* **4.** Hülsen ansetzen; **5.** *Erbsen etc.* aushülsen, -schoten.

po·dag·ra [pə'dægrə] *s.* ⚕ Podagra *n*, (Fuß)Gicht *f*.

podg·y ['pɔdʒi] *adj.* F unter'setzt, dicklich.

po·di·a·trist [pɔ'daiətrist] *s.* ⚕ 'Fußspezia,list *m*; **po'di·a·try** [-tri] *s.* Lehre *f* von den Fußkrankheiten.

po·em ['pouim] *s.* Gedicht *n* (*a. fig.*), Dichtung *f*; **po·e·sy** ['pouizi] *s. obs.* Poe'sie *f*, Dichtkunst *f*; **po·et** ['pouit] *s.* Dichter *m*, Po'et *m*: *~ laureate* **a)** Dichterfürst, **b)** *Brit.* Hofdichter; **po·et·as·ter** [poui'tæstə] *s.* Dichterling *m*; **po·et·ess** ['pouitis] *s.* Dichterin *f*.

po·et·ic *adj.*; **po·et·i·cal** [pou'etik(əl)] *adj.* □ **1.** po'etisch, dichterisch: *~ justice fig.* poetische Gerechtigkeit; **2.** *fig.* poetisch, ro'mantisch, stimmungsvoll; **po·et·ic li·cence** (*Am.* **li·cense**) *s.* dichterische Freiheit.

po·et·ics [pou'etiks] *s. pl. sg. konstr.* Po'etik *f*; **po·et·ize** ['pouitaiz] **I.** *v/i.* **1.** dichten; **II.** *v/t.* **2.** in Verse bringen; **3.** (im Gedicht) besingen; **po·et·ry** ['pouitri] *s.* **1.** Poe'sie *f* (*a. Ggs. Prosa*) (*a. fig.*), Dichtkunst *f*; **2.** Dichtung *f*, *coll.* Dichtungen *pl.*, Gedichte *pl.*: *dramatic ~* dramatische Dichtung.

po·grom ['pɔgrəm] *s.* Po'grom *m*, (*bsd.* Juden)Verfolgung *f*.

poign·an·cy ['pɔinənsi] *s.* **1.** Schärfe *f von Gerüchen etc.*; **2.** *fig.* Bitterkeit *f*, Heftigkeit *f*, Schärfe *f*; **3.** Schmerzlichkeit *f*; **'poign·ant** [-nt] *adj.* □ **1.** scharf, beißend (*Geruch, Geschmack*); **2.** pi'kant (*a. fig.*); **3.** *fig.* bitter, quälend (*Reue, Hunger etc.*); **4.** *fig.* ergreifend: *a ~ scene*; **5.** *fig.* beißend, scharf: *~ wit*; **6.** stechend, 'durchdringend: *a ~ look.*

point [pɔint] **I.** *s.* **1.** (Nadel-, Messer-, Bleistift- *etc.*)Spitze *f*: (*not*) *to put too fine a ~ upon s.th. fig. et.* (nicht gerade) gewählt ausdrücken; *at the ~ of the pistol, at pistol ~* mit vorgehaltener Pistole; *at the ~ of the sword fig.* unter Zwang, mit Gewalt; **2.** ⊕ **a)** Stecheisen *n*, **b)** Grabstichel *m*, Griffel *m*, **c)** Radiernadel *f*, **d)** Ahle *f*; **3.** *geogr.* **a)** Landspitze *f*, **b)** Himmelsrichtung *f*; → *cardinal 1*; **4.** *hunt.* **a)** (Geweih)Ende *n*, **b)** Stehen *n des Jagdhundes*; **5.** *ling.* **a)** *a. full ~* Punkt *m am Satzende*, **b)** *~ of exclamation* Ausrufezeichen; → *interrogation 1, vowel point*; **6.** *typ.* **a)** Punk'tur *f*, **b)** typo'graphischer Punkt (= *0,376 mm*); **7.** ⩚ **a)** Punkt *m*: ~ *of intersection* Schnittpunkt, **b)** (Dezi'mal)Punkt *m*, Komma *n*; **8.** (Kompaß)Strich *m*; **9.** Auge *n*, Punkt *m auf Karten, Würfeln*; **10.** → *point lace*; **11.** *phys.* Grad *m e-r Skala* (*a. ast.*), Stufe *f* (*a.* ⊕ *e-s Schalters*), Punkt *m*: ~ *of action* Angriffspunkt (der Kraft); ~ *of contact* Berührungspunkt; ~ *of culmination* Kulminations-, Gipfelpunkt; *boiling-*~ Siedepunkt; *freezing-*~ Gefrierpunkt; *3* ~*s below zero* 3 Grad unter Null; *to bursting* ~ zum Bersten (*voll*); *frankness to the* ~ *of insult fig.* an Beleidigung grenzende Offenheit; *up to a* ~ bis zu e-m gewissen Grad; *when it came to the* ~ *fig.* als es so weit war, als es darauf ankam; → *stretch 10*; **12.** Punkt *m*, Stelle *f*, Ort *m*: ~ *of departure* Ausgangsort; ~ *of destination* Bestimmungsort; ~ *of entry* ✝ Eingangshafen; ~ *of lubrication* ⊕ Schmierstelle; ~ *of view fig.* Gesichts-, Standpunkt; **13.** ⚡ **a)** Kon'takt(punkt) *m*, **b)** *Brit.* 'Steckkon,takt *m*; **14.** *Brit.* (Kon'troll)Posten *m e-s Verkehrspolizisten*; **15.** *pl.* 🚂 *Brit.* Weichen *pl.*; **16.** Punkt *m e-s Bewertungs- od. Bewirtschaftungssystems* (*a. Börse u. sport*): *bad* ~ *sport* Strafpunkt; *to win on* ~*s* nach Punkten gewinnen; *to give* ~*s to s.o.* **a)** *sport* j-m vorgeben, **b)** *fig.* j-m überlegen sein; ~ *rationing* ✝ Punktrationierung; **17.** *Boxen*: ‚Punkt' *m* (*Kinnspitze*); **18.** *a.* ~ *of time* Zeitpunkt *m*, Augenblick *m*: *at the* ~ *of death*; *at this* ~ **a)** in diesem Augenblick, **b)** an dieser Stelle, hier (*a. in e-r Rede etc.*); *to be on the* ~ *of doing s.th.* im Begriff sein, et. zu tun; **19.** Punkt *m e-r Tagesordnung etc.*, (Einzel-, Teil)Frage *f*: *a case in* ~ ein einschlägiger Fall, ein Beispiel; *the case in* ~ der vorliegende Fall; *at all* ~*s* in allen Punkten, in jeder Hinsicht; ~ *of interest* interessante Einzelheit; ~ *of law* Rechtsfrage; ~ *of order* **a)** (Punkt der) Tagesordnung, **b)** Verfahrensfrage; *to differ on many* ~*s* in vielen Punkten nicht übereinstimmen; **20.** Kernpunkt *m*, -frage *f*, springender Punkt, Sache *f*: *beside* (*od. off*) *the* ~ nicht zur Sache gehörig, abwegig, unerheblich; *to come to the* ~ zur Sache kommen; *to the* ~ zur Sache gehörig, (zu)treffend, exakt; *to keep* (*od. stick*) *to the* ~ bei der Sache bleiben; *to make* (*od. score*) *a* ~ ein Argument anbringen, s-e Ansicht durchsetzen; *to make a* ~ *of s.th.* Wert *od.* Gewicht auf et. legen, auf et. bestehen; *to make the* ~ *that* die Feststellung machen, daß; *that's the* ~ *I wanted to make* darauf wollte ich hinaus; *in* ~ *of* hinsichtlich (*gen.*); *in* ~ *of fact* tatsächlich; *that is the* ~! das ist die Frage!; *the* ~ *is that* die Sache ist die, daß; *it's a* ~ *of hono(u)r to him* das ist Ehrensache für ihn; → *miss² 1, press 8*; **21.** Pointe *f e-s Witzes etc.*; **22.** Zweck *m*, Ziel *n*, Absicht *f*: *what's your* ~ *in coming?*; *to carry* (*od. gain od. make*) *one's* ~ sich (*od.* s-e Ansicht) durchsetzen, sein Ziel erreichen; *there is no* ~ *in doing* es hat keinen Zweck *od.* es ist sinnlos zu tun; **23.** Nachdruck *m*: *to give* ~ *to one's words* s-n Worten Nachdruck *od.* Gewicht verleihen; **24.** (her'vorstechende) Eigenschaft, (Vor)Zug *m*: *a noble* ~ *in her* ein edler Zug an ihr; *it has its* ~*s* es hat so s-e Vorzüge; *strong* ~ starke Seite, Stärke; *weak* ~ schwache Seite, wunder Punkt; **II.** *v/t.* **25.** (an-, zu-)spitzen; **26.** *fig.* pointieren; **27.** *Waffe etc.* richten (*at* auf *acc.*): *to* ~ *one's finger at* (mit dem Finger) auf *j-n* deuten *od.* zeigen; *to* ~ (*up*)*on Augen, Gedanken etc.* richten auf (*acc.*); *to* ~ *to Kurs, Aufmerksamkeit* lenken auf (*acc.*), *j-n* bringen auf (*acc.*); **28.** ~ *out* **a)** zeigen, **b)** *fig.* hinweisen *od.* aufmerksam machen auf (*acc.*), betonen, **c)** *fig.* aufzeigen (*a. Fehler*), klarmachen, **d)** ausführen, darlegen; **29.** *to* ~ *off places* ⩚ (Dezimal)Stellen abstreichen; **30.** ~ *up* **a)** ⩓ verfugen, **b)** ⊕ *Fugen* glattstreichen, **c)** *Am. fig.* unter'streichen; **III.** *v/i.* **31.** (mit dem Finger) zeigen, deuten, weisen (*at* auf *acc.*); **32.** ~ *to* nach *e-r Richtung* weisen *od.* liegen (*Haus etc.*); *fig.* **a)** hinweisen, -deuten auf (*acc.*), **b)** ab-, hinzielen auf (*acc.*); **33.** *hunt.* (vor)stehen (*Jagdhund*); **34.** ⚕ reifen (*Abszeß etc.*); '~-**'blank I.** *adj.* **1.** schnurgerade; **2.** ⚔ Kernschuß... (*-weite etc.*): ~ *shot* Fleckschuß; **3.** unverblümt, offen; glatt (*Ablehnung*); **II.** *adv.* **4.** geradewegs; **5.** *fig.* 'rundher'aus, klipp u. klar; '~-**du·ty** *s. Brit.* (Verkehrs)Postendienst *m* (*Polizei*).

point·ed ['pɔintid] *adj.* □ **1.** spitz(ig), zugespitzt, Spitz...(*-bogen, -geschoß etc.*); **2.** scharf, pointiert (*Stil, Bemerkung*), anzüglich; **3.** treffend; **'point·ed·ness** [-nis] *s.* **1.** Spitzigkeit *f*; **2.** *fig.* Schärfe *f*, Deutlichkeit *f*; **3.** Anzüglichkeit *f*, Spitze *f*; **'point·er** [-tə] *s.* **1.** ⚔ 'Richtschütze *m*, -kano,nier *m*; **2.** Zeiger *m*, Weiser *m* (*Uhr, Meßgerät*); **3.** Zeigestock *m*; **4.** Radiernadel *f*; **5.** *hunt.* Vorsteh-, Hühnerhund *m*; **6.** F Fingerzeig *m*, Tip *m*.

point lace *s.* genähte Spitze(n *pl.*).

point·less ['pɔintlis] *adj.* □ **1.** ohne Spitze, stumpf; **2.** *sport etc.* punktlos; **3.** *fig.* witzlos, ohne Pointe; **4.** *fig.* sinn-, zwecklos.

'point-po'lice·man [-mən] *s.* [*irr.*] Verkehrsschutzmann *m*; **points·man** ['pɔintsmən] *s.* [*irr.*] *Brit.* **1.** 🚂 Weichensteller *m*; **2.** Ver'kehrspoli,zist *m*; **point sys·tem** *s.* **1.** *sport etc.* (*a. typ.*) 'Punktsys,tem *n*; **2.** Punktschrift *f für Blinde*; **'point-to-'point (race)** *s.* Geländejagdrennen *n*.

poise [pɔiz] **I.** *s.* **1.** Gleichgewicht *n*; **2.** Schwebe *f* (*a. fig. Unentschiedenheit*); **3.** (*Körper-, Kopf*)Haltung *f*; **4.** *fig.* sicheres Auftreten; Gelassenheit *f*; **II.** *v/t.* **5.** im Gleichgewicht erhalten; *et.* balancieren: *to be* ~*d* **a)** im Gleichgewicht sein, **b)** gelassen *od.* ausgeglichen sein; **6.** *Kopf, Waffe etc. wie* halten; **III.** *v/i.* **7.** schweben.

poi·son ['pɔizn] **I.** *s.* **1.** Gift *n* (*a. fig.*): *what is your* ~? F was wollen Sie trinken?; **II.** *v/t.* **2.** (*o.s.* sich) vergiften (*a. fig.*); **3.** ⚕ infizieren; **'poi·son·er** [-nə] *s.* **1.** Giftmörder (-in), Giftmischer(in); **2.** *fig.* Verderber(in).

'poi·son|-fang *s. zo.* Giftzahn *m*; ~ **gas** *s.* ⚔ Kampfstoff *m*, *bsd.* Giftgas *n*.

poi·son·ing ['pɔizniŋ] *s.* **1.** Vergiftung *f*; **2.** Giftmord *m*; **'poi·son·ous** [-nəs] *adj.* □ **1.** giftig (*a. fig.*) Gift...; **2.** F ekelhaft.

poke¹ [pouk] **I.** *v/t.* **1.** *j-n* stoßen, puffen, knuffen: *to* ~ *s.o. in the ribs* j-m e-n Rippenstoß geben; **2.** *Loch* stoßen (*in* in *acc.*); **3.** *a.* ~ *up Feuer* schüren; **4.** *Kopf* vorstrecken, *Nase etc. wohin* stecken: *she* ~*s her nose into everything* sie steckt überall ihre Nase hinein; **5.** *to* ~ *fun at s.o.* sich über j-n lustig machen; **II.** *v/i.* **6.** stoßen (*at* nach); stöbern (*into* in *dat.*): *to* ~ *about* (herum)tasten, -tappen (*for* nach); **7.** *fig.* **a)** *a.* ~ *and pry* (her'um)schnüffeln, **b)** sich einmischen (*into* in *fremde Angelegenheiten*); **8.** *a.* ~ *about* F (her'um)trödeln, bummeln; **III.** *s.* **9.** (Rippen)Stoß *m*, Puff *m*, Knuff *m*; **10.** *Am.* → *slowpoke*.

poke² [pouk] *s. obs.* Spitztüte *f*; → *pig 1*.

'poke-bon·net *s.* Kiepe(nhut *m*) *f*, Schute *f*.

pok·er¹ ['poukə] *s.* **1.** Feuer-, Schürhaken *m*: *to be as stiff as a* ~ steif wie ein Stock sein; **2.** *univ. Brit. sl.* Pe'dell *m*.

po·ker² ['poukə] *s.* Poker(spiel) *n*.

po·ker³ ['poukə] *s. Am.* F Popanz *m*, Schreckgespenst *n*.

'pok·er|-face *s.* Pokergesicht *n* (*unbewegliches, undurchdringliches Gesicht, a. Person*); '~-**work** *s.* ,Brandmale'rei *f*.

pok·y ['pouki] *adj.* **1.** eng, dumpf(ig); **2.** dürftig, schäbig, lumpig; **3.** langweilig (*a. Mensch*).

po·lar ['poulə] **I.** *adj.* □ **1.** po'lar (*a. phys.*, ⩚), Polar...: ~ *air meteor.* Polarluft, polare Kaltluft; ~ *fox zo.* Polarfuchs; ~ *lights ast.* Polarlicht; ♀ *Sea* Polar-, Eismeer; **2.** *fig.* po'lar, genau entgegengesetzt (wirkend); **II.** *s.* **3.** ⩚ Po'lare *f*; ~ **ax·is** *s.* ⩚, *ast.* Po'larachse *f*; ~ **bear** *s. zo.* Eisbär *m*; ~ **cir·cle** *s. geogr.* Po'larkreis *m*; ~ **dis·tance** *s.* ⩚, *ast.* 'Poldi,stanz *f*.

po·lar·i·ty [pou'læriti] *s. phys.* Polari'tät *f* (*a. fig.*): ~ *indicator* ⚡ Polsucher; **po·lar·i·za·tion** [poulərai'zeiʃən] *s.* ⚡, *phys.* Polarisati'on *f*; *fig.* Polarisierung *f*; **po·lar·ize** ['pouləraiz] *v/t.* ⚡, *phys.* polarisieren (*a. fig.*); **po·lar·iz·er** ['pouləraizə] *s. phys.* Polari'sator *m*.

pole¹ [poul] **I.** *s.* **1.** Pfosten *m*, Pfahl *m*; **2.** (*Bohnen, Telegraphen-, Zelt- etc.*)Stange *f*; (*sport* Sprung)Stab *m*; (Wagen)Deichsel *f*; ⚡ (Leitungs-) Mast *m*; (Schi)Stock *m*: ~*-jumper sport* Stabhochspringer; *to be up the* ~ *sl.* **a)** in der Tinte sitzen, **b)** verrückt sein; **3.** ⚓ **a)** Flaggenmast *m*, **b)** Schifferstange *f*: *under bare* ~*s* ⚓ vor Topp und Takel; **4.** (Meß-) Rute *f* (*5,029 Meter*); **II.** *v/t.* **5.** *Boot* staken; **6.** *Bohnen etc.* stängen.

pole² [poul] *s.* **1.** *ast., biol., geogr., phys.* Pol *m*: *celestial* ~ Himmelspol;

negative ~ *phys.* negativer Pol, ⚡ *a.* Kathode; → *positive 8*; **2.** *fig.* Gegenpol *m*, entgegengesetztes Ex'trem: *they are* ~*s apart* Welten trennen sie.

Pole³ [poul] *s.* Pole *m*, Polin *f*.

pole| a·e·ri·al *s.* 'Staban,tenne *f*; '~**-ax(e)** *s.* **1.** Streitaxt *f*; **2.** ⚓ **a)** *hist.* Enterbeil *n*, **b)** Kappbeil *n*; **3.** Schlächterbeil *n*; '~**-cat** *s. zo.* **1.** Iltis *m*; **2.** *Am.* Skunk *m*; ~ **changer** *s.* ⚡ Polwechsler *m*; ~ **charge** *s.* ⚔ gestreckte Ladung; '~**-jump** *etc.* → *pole-vault etc.*

po·lem·ic [pɔ'lemik] **I.** *adj.*, (□ ~*ally*) **1.** po'lemisch; feindlich; Streit...; **II.** *s.* **2.** Po'lemiker(in); **3.** Po'lemik *f*; **po'lem·i·cal** [-kəl] *adj.* □ → *polemic I*; **po'lem·i·cist** [-isist] *s.* Po'lemiker *m*; **po'lem·ics** [-ks] *s. pl. sg. konstr.* Po'lemik *f*.

'pole|-star *s. ast.* Po'larstern *m*; *fig.* Leitstern *m*; '~**-vault** *sport* **I.** *v/i.* stabhochspringen; **II.** *s.* Stabhochsprung *m*; '~**-vault·er** *s. sport* Stabhochspringer *m*.

po·lice [pə'li:s] **I.** *s.* **1.** Poli'zei(behörde, -truppe) *f*; **2.** *coll. pl. konstr.* Poli'zei *f*, *einzelne* Poli'zisten *pl.*: *five* ~; **3.** ⚔ *Am.* Ordnungsdienst *m*: *kitchen* ~ Küchendienst; **II.** *v/t.* **4.** (poli'zeilich) über'wachen; **5.** *fig.* kontrollieren, reglementieren; **6.** ⚔ *Am. Kaserne etc.* säubern, in Ordnung halten; **III.** *adj.* **7.** polizeilich, Polizei...(*-gericht, -gewalt, -staat etc.*): ~ *dossier* polizeiliches Führungszeugnis; ~**-con·sta·ble** → *policeman 1*; ~**-dog** *s.* **1.** Poli'zeihund *m*; **2.** (deutscher) Schäferhund; ~ **force** *s.* Poli'zei(truppe) *f*; ~**-mag·is·trate** *s.* Poli'zeirichter *m*; ~**·man** [-mən] *s.* [*irr.*] **1.** Poli'zist *m*, Schutzmann *m*; **2.** *zo.* Sol'dat *m* (*Ameise*); ~**-of·fice** *s.* Poli'zeiprä,sidium *n*; ~**-of·fi·cer** *s.* Poli'zeibeamte(r) *m*, Poli'zist *m*; ~ **rec·ord** *s.* 'Vorstrafenre,gister *n*; ~**-sta·tion** *s.* Poli'zeiwache *f*, -re,vier *n*; ~**-trap** *s.* Autofalle *f*.

pol·i·clin·ic [pɔli'klinik] *s.* ⚕ **1.** (großes) allgemeines Krankenhaus; **2.** Poli'klinik *f*, Ambu'lanz *f e-s Krankenhauses*.

pol·i·cy¹ ['pɔlisi] *s.* **1.** Verfahren(sweise *f*) *n*, Taktik *f*, Poli'tik *f*: *marketing* ~ ✝ Absatzpolitik *e-r Firma*; *honesty is the best* ~ ehrlich währt am längsten; *the best* ~ *would be to* (*inf.*) das Beste *od.* Klügste wäre, zu (*inf.*); **2.** Poli'tik *f* (*Wege u. Ziele der Staatsführung*), po'litische Linie: *foreign* ~ Außenpolitik; **3.** *public* ~ ⚖ Rechtsordnung *f*: *against public* ~ sittenwidrig; **4.** Klugheit *f*: **a)** Zweckmäßigkeit *f*, **b)** Schlauheit *f*.

pol·i·cy² ['pɔlisi] *s.* **1.** (Ver'sicherungs)Po,lice *f*, Versicherungsschein *m*; **2.** *a.* ~ *racket Am.* Zahlenlotto *n*; '~**·hold·er** *s.* Versicherungsnehmer(in), Po'liceninhaber (-in); '~**-mak·ing** *adj.* die Richtlinien der Poli'tik bestimmend.

pol·i·o(·my·e·li·tis) ['pouliou(maiə'laitis)] *s.* ⚕ spi'nale Kinderlähmung.

Pol·ish¹ ['pouliʃ] **I.** *adj.* polnisch; **II.** *s. ling.* Polnisch *n*.

pol·ish² ['pɔliʃ] **I.** *v/t.* **1.** polieren, glätten; *Schuhe etc.* wichsen; ⊕ abschleifen, -schmirgeln, glanzschleifen; **2.** *fig.* abschleifen, verfeinern: *to* ~ *off* F **a)** *Gegner* ‚erledigen', **b)** *Arbeit* ‚hinhauen' (*schnell erledigen*), **c)** *Essen* ‚wegputzen', ‚verdrücken' (*verschlingen*); *to* ~ *up* aufpolieren (*a. fig. Wissen auffrischen*); **II.** *v/i.* **3.** glänzend werden; sich polieren lassen; **III.** *s.* **4.** Poli'tur *f*, (Hoch-)Glanz *m*, Glätte *f*: *to give s.th. a* ~ et. polieren; **5.** Poliermittel *n*, Poli'tur *f*; Schuhcreme *f*; Bohnerwachs *n*; **6.** *fig.* Schliff *m* (*feine Sitten*); **7.** *fig.* Glanz *m*; '**pol·ished** [-ʃt] *adj.* **1.** poliert, glatt, glänzend; **2.** *fig.* fein, ele'gant; höflich; geschliffen (*Sprache*); **3.** *fig.* tadellos; '**pol·ish·er** [-ʃə] *s.* **1.** Polierer *m*, Schleifer *m*; **2.** ⊕ **a)** Polierfeile *f*, -stahl *m*, -scheibe *f*, -bürste *f*, **b)** Po'liermaschine *f*; **3.** Poliermittel *n*, Poli'tur *f*; '**pol·ish·ing** [-ʃiŋ] **I.** *s.* Polieren *n*, Glätten *n*, Schleifen *n*; **II.** *adj.* Polier..., Putz...: ~*-file* Polierfeile; ~*-powder* Polier-, Schleifpulver; ~*-wax* Bohnerwachs.

po·lite [pə'lait] *adj.* □ **1.** höflich, artig (*to* gegen); **2.** verfeinert, fein: ~ *arts* schöne Künste; ~ *letters* schöne Literatur, Belletristik; **po'lite·ness** [-nis] *s.* Höflichkeit *f*.

pol·i·tic ['pɔlitik] *adj.* □ **1.** diplo'matisch; **2.** *fig.* diplomatisch, (welt)klug, berechnend, po'litisch; **3.** politisch: *body* ~ Staatskörper; **po·lit·i·cal** [pə'litikəl] *adj.* □ **1.** po'litisch: ~ *geography* politische Geographie; *a* ~ *issue* ein Politikum; ~ *science* Staatswissenschaft; **2.** staatlich, Staats...: ~ *system* Regierungssystem; **pol·i·ti·cian** [pɔli'tiʃən] *s.* **1.** Po'litiker *m*, Staatsmann *m*; **2.** (Par'tei)Po,litiker *m* (*a. contp.*); **3.** *Am.* F aalglatter Kerl, guter Diplo'mat; ‚Schmuser' *m*, ‚Radfahrer' *m*; **po·lit·i·co** [pə'litikou] *s. Am. contp.* (kor'rupter *od.* machtgieriger) Politiker.

politico- [pɔlitikou] *in Zssgn* politisch-...: ~*-economical* wirtschaftspolitisch.

pol·i·tics ['pɔlitiks] *s. pl. oft sg. konstr.* **1.** Poli'tik *f*, Staatskunst *f*; **2.** (Par'tei-, 'Staats)Poli,tik: *to enter* ~ ins politische Leben (ein)treten; **3.** po'litische Über'zeugung *od.* Richtung: *what are his* ~? wie ist er politisch eingestellt?; **4.** *fig.* (Inter'essen)Poli,tik *f*; *bsd. Am.* (politische) Machenschaften *pl.*: *to play* ~ Winkelzüge machen, manipulieren; '**pol·i·ty** [-iti] *s.* **1.** Regierungsform *f*, Verfassung *f*, politische Ordnung; **2.** Staats-, Gemeinwesen *n*, Staat *m*.

pol·ka ['pɔlkə] **I.** *s.* ♪ Polka *f*; **II.** *v/i.* Polka tanzen; '~**-dot** *s.* Punktmuster *n* (*auf Textilien*).

poll¹ [poul] **I.** *s.* **1.** *bsd. dial. od. humor.* (Hinter)Kopf *m*; **2.** ('Einzel-)Per,son *f*; **3.** Abstimmung *f*, Stimmabgabe *f*, Wahl *f*: *poor* ~ geringe Wahlbeteiligung; **4.** Wählerliste *f*; **5. a)** Stimmenzählung *f*, **b)** Stimmenzahl *f*; **6.** *mst pl.* 'Wahllo,kal *n*: *to go to the* ~*s* zur Wahl (-urne) gehen; **7.** 'Umfrage *f*; → *public 3*; **II.** *v/t.* **8.** *Haar etc.* stutzen, (*a. Tier*) scheren; *Baum* kappen; *Pflanze* köpfen; *e-m Rind* die Hörner stutzen; **9.** in die Wahlliste eintragen; **10.** *Wahlstimmen* erhalten, auf sich vereinigen; **11.** *Bevölkerung* befragen; **III.** *v/i.* **12.** s-e Stimme abgeben, wählen: *to* ~ *for* stimmen für.

poll² [pɔl] *s. univ. Brit. sl.* **1.** *coll.* the ♀ *Studenten, die sich nur auf den poll degree vorbereiten*; **2.** *a.* ~ *examination* (leichteres) Bakkalaure'atsex,amen: ~ *degree nach Bestehen dieses Examens erlangter Grad.*

poll³ [pɔl] *s.* Papa'gei *m*.

poll⁴ [poul] **I.** *adj.* hornlos: ~ *cattle*; **II.** *s.* hornloses Rind.

pol·lack ['pɔlək] *pl.* **-lacks,** *bsd. coll.* **-lack** *s. ichth.* Pollack *m* (*Schellfisch*).

pol·lard ['pɔləd] **I.** *s.* **1.** gekappter Baum; **2.** *zo.* **a)** hornloses Tier, **b)** Hirsch, der sein Geweih abgeworfen hat; **3.** (Weizen)Kleie *f*; **II.** *v/t.* **4.** *Baum etc.* kappen, stutzen.

'poll·book *s.* Wählerliste *f*.

pol·len ['pɔlin] *s.* ⚘ Pollen *m*, Blütenstaub *m*: ~ *catarrh* ⚕ Heuschnupfen; ~ *sac* Pollensack; ~ *tube* Pollenschlauch; '**pol·li·nate** [-neit] *v/t. bot.* bestäuben, befruchten.

poll·ing ['pouliŋ] **I.** *s.* **1.** Wählen *n*, Wahl *f*; **2.** Wahlbeteiligung *f*: *heavy* ~ hohe Wahlbeteiligung; **II.** *adj.* **3.** Wahl...: ~ *booth* Wahlzelle; ~ *district* Wahlkreis; ~ *station bsd. Brit.* Wahllokal.

pol·lock → *pollack*.

poll·ster ['poulstə] *s. Am.* Meinungsforscher *m*, Inter'viewer *m*.

'poll-tax *s.* Kopfsteuer *f*, -geld *n*.

pol·lu·tant [pə'lu:tənt] *s.* Schadstoff *m*; **pol·lute** [pə'lu:t] *v/t.* **1.** beflecken (*a. fig. Ehre etc.*), beschmutzen; **2.** *Wasser etc.* verunreinigen; **3.** *fig.* besudeln; *eccl.* entweihen; *moralisch* verderben; **pol'lu·ter** [-u:tə] *s.* 'Umweltverschmutzer *m*, -sünder *m*; **pol'lu·tion** [-u:ʃən] *s.* **1.** Befleckung *f*, Verunreinigung *f* (*a. fig.*); **2.** *fig.* Entweihung *f*, Schändung *f*; **3.** *physiol.* Polluti'on *f*; **4.** 'Umweltverschmutzung *f*; **pol'lu·tive** [-u:tiv] *adj.* 'umweltverschmutzend, -feindlich.

po·lo ['poulou] *s. sport* Polo *n*: ~ *shirt* Polohemd.

po·lo·ny [pə'louni] *s.* grobe Zervelatwurst.

pol·troon [pɔl'tru:n] *s.* Feigling *m*, Memme *f*; **pol'troon·er·y** [-nəri] *s.* Feigheit *f*.

poly- [pɔli] *in Zssgn* Viel..., Mehr..., Poly...; **pol·y·a'tom·ic** *adj.* ⚗ 'viel-, 'mehra,tomig; **pol·y'bas·ic** *adj.* ⚗ mehrbasig; **pol·y'cel·lu·lar** *adj.* mehr-, vielzellig; **pol·y·chro'mat·ic** *adj.* (□ ~*ally*) viel-, mehrfarbig; '**pol·y·chrome I.** *adj.* **1.** viel-, mehrfarbig, bunt: ~ *printing* Bunt-, Mehrfarbendruck; **II.** *s.* **2.** Vielfarbigkeit *f*; **3.** mehrfarbige Plastik; **pol·y'clin·ic** *s.* Klinik *f* (für alle Krankheiten).

po·lyg·a·mist [pɔ'ligəmist] *s.* Polyga'mist(in); **po'lyg·a·mous** [-məs] *adj.* poly'gam(isch ⚘, *zo.*); **po'lyg·a·my** [-mi] *s.* Polyga'mie *f* (*a. zo.*), ,Vielweibe'rei *f*.

pol·y·glot ['pɔliglɔt] **I.** *adj.* **1.** vielsprachig; **II.** *s.* **2.** Poly'glotte *f* (*Buch in mehreren Sprachen*); **3.** Poly'glott *m* (*Person*).

pol·y·gon ['pɔligən] *s.* ⩤ **a)** Poly'gon *n*, Vieleck *n*, **b)** Polygo'nal-

zahl *f*: ~ *of forces phys.* Kräftepolygon; **po·lyg·o·nal** [pɔ'ligənl] *adj.* polygo'nal, vieleckig.
pol·y·he·dral [pɔli'hedrəl] *adj.* ⨳ poly'edrisch, vielflächig, Polyeder...; **pol·y'he·dron** [-ən] *s.* ⨳ Poly'eder *n.*
pol·y·mer·ic [pɔli'merik] *adj.* ⚗ poly'mer; **po·lym·er·ism** [pə'liməriz əm] *s.* **1.** Polyme'rie *f*; **2.** Vielteiligkeit *f*; **pol·y·mer·ize** ['pɔliməraiz] ⚗ **I.** *v/t.* polymerisieren; **II.** *v/i.* polymere Körper bilden.
pol·y·mor·phic [pɔli'mɔ:fik] *adj.* poly'morph, vielgestaltig.
Pol·y·ne·sian [pɔli'ni:zjən] **I.** *adj.* **1.** poly'nesisch; **II.** *s.* **2.** Poly'nesier(in); **3.** *ling.* Poly'nesisch *n.*
pol·y·no·mi·al [pɔli'noumjəl] **I.** *adj.* ⨳ poly'nomisch, vielglied(e)rig; **II.** *s.* ⨳ Poly'nom *n.*
pol·yp(e) ['pɔlip] *s.* ⚕, *zo.* Po'lyp *m.*
'**pol·y·phase** *adj.* ⚡ mehrphasig, Mehrphasen...: ~ *current* Mehrphasen-, Drehstrom; **pol·y'phon·ic** [-'fɔnik] *adj.* **1.** vielstimmig, mehrtönig; **2.** ♪ poly'phon, 'kontrapunktisch; **3.** *ling.* pho'netisch mehrdeutig; '**pol·y·pod** [-pɔd] *s. zo.* Vielfüßer *m.*
pol·y·pus ['pɔlipəs] *pl.* **-pi** [-pai] *s.* **1.** *zo.* Po'lyp *m*, Tintenfisch *m*; **2.** ⚕ Polyp *m.*
pol·y·sty·rene [pɔli'staiəri:n] *s.* ⚗ Styro'por *n.*
'**pol·y·syl'lab·ic** *adj.* mehr-, vielsilbig; '**pol·y·syl·la·ble** *s.* vielsilbiges Wort; **pol·y'tech·nic I.** *adj.* poly'technisch; **II.** *s.* polytechnische Schule, Poly'technikum *n*; '**pol·y·the·ism** *s.* Polythe'ismus *m*, ˌVielgötte'rei *f*; **pol·y'trop·ic** *adj.* ⨳, *biol.* poly'trop(isch); **pol·y'va·lent** *adj.* ⚗ polyva'lent, mehrwertig.
pol·y·zo·on [pɔli'zouɔn] *pl.* **-'zo·a** [-ə] *s.* Moos-tierchen *n.*
po·made [pə'mɑ:d] **I.** *s.* Po'made *f*; **II.** *v/t.* pomadisieren, mit Pomade einreiben.
po·ma·tum [pə'meitəm] → *pomade.*
pome [poum] *s.* **1.** ⚘ Apfel-, Kernfrucht *f*; **2.** *hist.* Reichsapfel *m.*
pome·gran·ate ['pɔmgrænit] *s.* **1.** *a.* ~ *tree* Gra'natapfelbaum *m*; **2.** *a.* ~ *apple* Gra'natapfel *m.*
Pom·er·a·nian [pɔmə'reinjən] **I.** *adj.* **1.** pommer(i)sch; **II.** *s.* **2.** Pommer(in); **3.** *a.* ~ *dog* Spitz *m.*
po·mi·cul·ture ['poumikʌltʃə] *s.* Obstbaumzucht *f.*
pom·mel ['pʌml] **I.** *s.* **1.** (Degen-, Sattel-, Turm)Knopf *m*, Knauf *m*; **2.** *Gerberei*: Krispelholz *n*; **II.** *v/t.* **3.** mit den Fäusten bearbeiten, schlagen.
pomp [pɔmp] *s.* Pomp *m*, Prunk *m*, Pracht *f*, Gepränge *n.*
pom-pom ['pɔmpɔm] *s.* ⚔ Pom'pom *n* (*automatisches Schnellfeuer-, bsd. Flakgeschütz*).
pom·pon ['pɔ̃:mpɔ̃:*n*; pɔ̃pɔ̃] (*Fr.*) *s.* Troddel *f*, Quaste *f.*
pom·pos·i·ty [pɔm'pɔsiti] *s.* **1.** Prunk *m*; Pomphaftigkeit *f*, Prahle'rei *f*; wichtigtuerisches Wesen; **2.** Bom'bast *m*, Schwülstigkeit *f* (*im Ausdruck*); **pomp·ous** ['pɔmpəs] *adj.* □ **1.** pom'pös, prunkvoll; **2.** wichtigtuerisch, aufgeblasen; **3.** bom'bastisch, schwülstig (*Sprache*).
ponce [pɔns] *Brit. sl.* **I.** *s.* Zuhälter *m*; **II.** *v/i.* Zuhälter sein; '**ponc·ing** [-siŋ] *s. Brit. sl.* Zuhälte'rei *f.*
pon·cho ['pɔntʃou] *pl.* **-chos** [-z] *s.* 'Regenˌumhang *m.*
pond [pɔnd] *s.* Teich *m*, Weiher *m*: *horse-*~ Pferdeschwemme; *big* ~ ‚Großer Teich' (*Atlantik*).
pon·der ['pɔndə] **I.** *v/i.* nachdenken, -sinnen, (nach)grübeln (*on, upon, over* über *acc.*): *to* ~ *over s.th.* et. überlegen; **II.** *v/t.* erwägen, über'legen, nachdenken über (*acc.*): *to* ~ *one's words* s-e Worte abwägen; ~*ing silence* nachdenkliches Schweigen; **pon·der·a·bil·i·ty** [pɔndərə'biliti] *s. phys.* Wägbarkeit *f*; '**pon·der·a·ble** [-dərəbl] *adj.* wägbar (*a. fig.*); **pon·der·os·i·ty** [pɔndə'rɔsiti] *s.* **1.** Gewicht *n*, Schwere *f*, Gewichtigkeit *f*; **2.** *fig.* Schwerfälligkeit *f*; '**pon·der·ous** [-dərəs] *adj.* □ **1.** schwer, massig, gewichtig; **2.** *fig.* schwerfällig (*Stil*); '**pon·der·ous·ness** [-dərəsnis] → *ponderosity.*
pone[1] [poun] *s. Am.* Maisbrot *n.*
po·ne[2] ['pouni] *s. Kartenspiel*: **1.** Vorhand *f*; **2.** Spieler, der abhebt.
pon·iard ['pɔnjəd] **I.** *s.* Dolch *m*; **II.** *v/t.* erdolchen.
pon·tiff ['pɔntif] *s.* **1.** Hohe'priester *m*; **2.** Papst *m*; **pon·tif·ic·al** [pɔn'tifikəl] *adj.* □ **1.** *antiq.* (ober)priesterlich; **2.** *R.C.* pontifi'kal: **a)** bischöflich, **b)** *bsd.* päpstlich: 2 *Mass* Pontifikalamt; **3.** *fig.* **a)** feierlich, würdig, **b)** päpstlich, über'heblich; **pon·tif·i·cate I.** *s.* [pɔn'tifikit] Pontifi'kat *n*; **II.** *v/i.* [-keit] sich für unfehlbar halten, sich päpstlich gebärden; '**pon·ti·fy** [-ifai] → *pontificate II.*
pon·toon[1] [pɔn'tu:n] *s.* **1.** Pon'ton *m*, Brückenkahn *m*: ~*-bridge* Ponton-, Schiffsbrücke; ~ *train* ⚔ Brückenkolonne; **2.** ⚓ Kielleichter *m*, Prahm *m*; **3.** ✈ Schwimmer *m.*
pon·toon[2] [pɔn'tu:n] *s. Brit. etwa* Vingt-et-un *n* (*Kartenspiel*).
po·ny ['pouni] **I.** *s.* **1.** *zo.* Pony *n*, Pferdchen *n*; **2.** *Brit. sl.* £ 25; **3.** *Am.* F ‚Klatsche' *f*, Eselsbrücke *f* (*Übersetzungshilfe*); **4.** *Am.* F **a)** kleines (Schnaps- *etc.*)Glas, **b)** Gläs-chen *n* Schnaps *etc.*; **5.** *Am.* et. ‚im Westentaschenformat', Miniatur... (*z.B. Auto, Zeitschrift*); **II.** *v/t.* **6.** ~ *up Am. sl.* berappen, bezahlen; '~**-engine** *s.* 🚂 Ran'gierlokomoˌtive *f*; '~**-tail** *s.* Pferdeschwanz *m* (*Frisur*).
pooch [pu:tʃ] *s. Am. sl.* Köter *m.*
poo·dle ['pu:dl] *s. zo.* Pudel *m.*
pooh [pu:] *int. contp.* pah!; ~-'**pooh** *v/t.* geringschätzig behandeln, *et.* als unwichtig abtun, die Nase rümpfen über (*acc.*), *et.* verlachen.
pool[1] [pu:l] *s.* **1.** Teich *m*, Tümpel *m*; **2.** Pfütze *f*, Lache *f*: ~ *of blood* Blutlache; **3.** (Schwimm)Becken *n*; **4.** *geol.* pe'troleumhaltige Ge'steinsparˌtie.
pool[2] [pu:l] **I.** *s.* **1.** *Kartenspiel*: **a)** (Gesamt)Einsatz *m*, **b)** (Spiel)Kasse *f*; **2.** (Fußball- *etc.*)Toto *m, n*; **3.** *Billard*: **a)** *Brit.* Poulespiel *n* (*mit Einsatz*), **b)** *Am. ein* Billardspiel *n*; **4.** *fenc.* Poule *f* (*Turnierart*); **5.** ✝ **a)** Pool *m*, Kar'tell *n*, Ring *m*, Inter'essengemeinschaft *f*, **b)** *a. working* ~ Arbeitsgemeinschaft *f*, **c)** (Preis- *etc.*)Abkommen *n*; **6.** ✝ gemeinsamer Fonds; **II.** *v/t.* **7.** ✝ *Geld, Kapital* zs.-legen: *to* ~ *funds* zs.-schießen; *Gewinn* untereinˈander (ver)teilen; *Geschäfsrisiko* verteilen; **8.** ✝ zu e-m Ring vereinigen; **9.** *fig. Kräfte* vereinigen; **III.** *v/i.* **10.** ein Kartell bilden; '~**·room** *s. Am.* **1.** Billardzimmer *n*, Spielhalle *f*; **2.** Wettannahmestelle *f.*
poop[1] [pu:p] ⚓ **I.** *s.* **1.** Heck *n*; **2.** *a.* ~ *deck* (erhöhtes) Achterdeck; **3.** *obs.* Achterhütte *f*; **II.** *v/t.* **4.** *Schiff* von hinten treffen (*Sturzwelle*): *to be* ~*ed* e-e Sturzsee von hinten bekommen.
poop[2] [pu:p] *v/t. Am. sl. j-n* ‚auspumpen' (*erschöpfen*).
poor [puə] **I.** *adj.* □ → *poorly II*; **1.** arm, mittellos, (unter'stützungs-)bedürftig: ~ *person* ⚖ Arme(r); 2 *Persons Certificate* ⚖ Armenrechtszeugnis; **2.** *fig.* arm(selig), ärmlich, dürftig (*Kleidung, Mahlzeit etc.*); **3.** dürr, mager (*Boden, Erz, Vieh etc.*), schlecht, unergiebig (*Ernte etc.*): ~ *coal* Magerkohle; ~ *lead mine* unergiebige Bleimine; **4.** *fig.* arm (*in* an *dat.*); schlecht, mangelhaft, schwach (*Gesundheit, Leistung, Spieler, Sicht, Verständigung etc.*): ~ *consolation* schwacher Trost; *a* ~ *look-out* schlechte Aussichten; *a* ~ *night* e-e schlechte Nacht; **5.** *fig. contp.* jämmerlich, traurig: *in my* ~ *opinion iro.* m-r unmaßgeblichen Meinung nach; → *opinion 2*; **6.** F arm, bedauernswert: ~ *me! humor.* ich Ärmste(r)!; **II.** *s.* **7.** *the* ~ die Armen *pl.*; '~**-box** *s.* Armenkasse *f*; '~**-house** *s.* Armenhaus *n*; '~**-law** *s.* **1.** ⚖ Armenrecht *n*; **2.** *pl.* öffentliches Fürsorgerecht.
poor·ly ['puəli] **I.** *adj.* **1.** unpäßlich, kränklich: *he looks* ~ er sieht schlecht aus; **II.** *adv.* **2.** armselig, dürftig: *he is* ~ *off* es geht ihm schlecht; **3.** *fig.* schlecht, dürftig, schwach: ~ *gifted* schwach begabt; *to think* ~ *of* nicht viel halten von; '**poor·ness** [-ənis] *s.* **1.** Armut *f*, Mangel *m*; *fig.* Armseligkeit *f*, Ärmlichkeit *f*, Dürftigkeit *f*; **2.** ⚒ Magerkeit *f*, Unfruchtbarkeit *f* (*des Bodens*); *min.* Unergiebigkeit *f.*
'**poor**|**-rate** *s.* Armensteuer *f*; ~ **relief** *s.* Armenfürsorge *f*, -pflege *f*; '~**-'spir·it·ed** *adj.* feige, mutlos, verzagt.
pop[1] [pɔp] **I.** *v/i.* **1.** knallen, puffen, losgehen (*Flaschenkork, Feuerwerk etc.*); **2.** aufplatzen (*Kastanien, Mais*); **3.** F knallen, schießen (*at* auf *acc.*); **4.** *mit adv.* flitzen, huschen: *to* ~ *in* hereinplatzen, auf e-n Sprung vorbeikommen (*Besuch*); *to* ~ *off* F **a)** ‚abhauen', sich aus dem Staub machen, plötzlich verschwinden, **b)** einnicken, **c)** ‚abkratzen' (*sterben*), **d)** *Am. sl.* ‚das Maul aufreißen'; *to* ~ *up* (plötzlich) auftauchen; **5.** *a.* ~ *out* aus den Höhlen treten (*Augen*); **II.** *v/t.* **6.** knallen *od.* platzen lassen; *Am. Mais* rösten; **7.** F *Gewehr etc.* abfeuern; **8** abknallen, -schießen; **9.** schnell *wohin* tun *od.* stecken: *to* ~ *one's head in the door*; *to* ~ *on Hut* aufstülpen; **10.** her'ausplatzen mit (*e-r Frage etc.*): *to* ~ *the question* F (*to e-r*

Dame) e-n Heiratsantrag machen; **11.** *Brit. sl.* verpfänden; **III.** *s.* **12.** Knall *m*, Puff *m*, Paff *m*; **13.** F Schuß *m*: *to take a ~ at* schießen nach; **14.** *Am. sl.* Pi'stole *f*; **15.** F **a)** Brause *f* (*Ingwerlimonade etc.*), **b)** ‚Schampus' *m* (*Sekt*); **16.** *in ~ Brit. sl.* verpfändet; **IV.** *int.* **17.** puff!, paff!, husch!; **V.** *adv.* **18. a)** mit e-m Knall, **b)** plötzlich: *to go ~* knallen, platzen.

pop² [pɔp] *s. Am.* F **1.** Pa'pa *m*; **2.** ‚Opa' *m*, Alter *m*.

pop³ [pɔp] F **I.** *s.* **1.** *a. ~ music* 'Schlager-, 'Popmuˌsik *f*; **2.** *a. ~ song* Schlager *m*; **II.** *adj.* **3.** Schlager...: *~ group* Popgruppe; *~ singer* Schlager-, Popsänger(in).

pop⁴ [pɔp] → *popsicle*.

pop art *s. Kunst*: Pop-art *f*.

'pop·corn *s.* Puffmais *m*.

pope [poup] *s. R.C.* Papst *m* (*a. fig.*); **'pope·dom** [-dəm] *s.* Papsttum *n*; **'pop·er·y** [-pəri] *s. contp.* Papiste'rei *f*, Pfaffentum *n*.

'pop|-eyed *adj.* F glotzäugig: *to be ~* Stielaugen machen (*with* vor *dat.*); **'~-gun** *s.* ‚Knallbüchse' *f*, Kindergewehr *n*.

pop·in·jay ['pɔpindʒei] *s.* Geck *m*, Laffe *m*, Fatzke *m*.

pop·ish ['poupiʃ] *adj.* □ *contp.* pa'pistisch.

pop·lar ['pɔplə] *s.* ♀ Pappel *f*.

pop·lin ['pɔplin] *s.* Pope'lin *m*, Pope'line *f* (*Stoff*).

pop·lit·e·al [pɔp'litiəl] *adj. anat.* Kniekehlen...

pop·pa ['pɔpə] → *pop²*.

pop·pet ['pɔpit] *s.* **1.** *obs. od. dial.* Püppchen *n* (*a. Kosewort*); **2.** ⊕ **a)** *a. ~-head* Docke *f e-r Drehbank*, **b)** *a. ~ valve* 'Schnüffelvenˌtil *n*; **3.** ⚓ Schlittenständer *m*.

pop·py ['pɔpi] *s.* ♀ Mohn(blume *f*) *m*: *corn* (*od. field*) *~* Klatschmohn; **'~-cock** *s. Am.* F Quatsch *m*, dummes Zeug; **♀ Day** *s. Brit. Gedenktag des Waffenstillstands nach dem 1. Weltkrieg* (*Sonnabend vor od. nach dem 11. November*); **'~-seed** *s.* Mohn(samen) *m*.

pops [pɔps] → *pop²* 2.

pop·si·cle ['pɔpsikl] *s. Am.* Eis *n* am Stiel.

pop·sy ['pɔpsi], *a.* **'~-'wop·sy** [-'wɔpsi] *s.* ‚süße Puppe', ‚Goldstück' *n* (*Mädchen*).

pop·u·lace ['pɔpjuləs] *s.* **1.** Pöbel *m*; **2.** (gemeines) Volk, *der* große Haufen.

pop·u·lar ['pɔpjulə] *adj.* □ → *popularly*; **1.** Volks...: *~ election* allgemeine Wahl; *~ front pol.* Volksfront; *~ government* Volksherrschaft; **2.** allgemein, weitverbreitet (*Irrtum, Unzufriedenheit etc.*); **3.** popu'lär, (allgemein) beliebt (*with* bei): *the ~ hero* der Held des Tages; *to make o.s. ~ with* sich bei *j-m* beliebt machen; **4. a)** populär, volkstümlich, **b)** gemeinverständlich, Popular...: *~ magazine* populäre Zeitschrift; *~ science* Popularwissenschaft; *~ song* Schlager; *~ writer* Volksschriftsteller(in); **5.** (für jeden) erschwinglich, Volks...: *~ edition* Volksausgabe; *~ prices* volkstümliche Preise; **pop·u·lar·i·ty** [pɔpju'læriti] *s.* Populari'tät *f*, Volkstümlichkeit *f*, Beliebtheit *f* (*with* bei, *among* unter *dat.*); **'pop·u·lar·ize** [-əraiz] *v/t.* **1.** popu'lär machen, (*beim Volk*) einführen; **2.** popularisieren, volkstümlich *od.* gemeinverständlich darstellen; **'pop·u·lar·ly** [-li] *adv.* **1.** allgemein; im Volksmund; **2.** populär, volkstümlich, gemeinverständlich.

pop·u·late ['pɔpjuleit] *v/t.* bevölkern, besiedeln; **pop·u·la·tion** [pɔpju'leiʃən] *s.* **1.** Bevölkerung *f*, Einwohnerschaft *f*: *~ density* Bevölkerungsdichte; **2.** Bevölkerungszahl *f*; **3.** Gesamtzahl *f*, Bestand *m*: *swine ~* Schweinebestand (*e-s Landes*); **'pop·u·lous** [-ləs] *adj.* □ dichtbesiedelt, volkreich; **'pop·u·lous·ness** [-ləsnis] *s.* dichte Besied(e)lung, Bevölkerungsdichte *f*.

por·ce·lain ['pɔːslin] **I.** *s.* Porzel'lan *n*; **II.** *adj.* Porzellan...: *~ clay min.* Porzellanerde, Kaolin.

porch [pɔːtʃ] *s.* **1.** (über'dachte) Vorhalle, Por'tal *n*; **2.** *Am.* Ve'randa *f*: *~ climber sl.* ‚Klettermaxe', Einsteigdieb.

por·cine ['pɔːsain] *adj.* **1.** *zo.* zur Fa'milie der Schweine gehörig; **2.** schweineartig; **3.** *fig.* schweinisch.

por·cu·pine ['pɔːkjupain] *s.* **1.** *zo.* Stachelschwein *n*; **2.** *Spinnerei*: Igel *m*, Nadel-, Kammwalze *f*.

pore¹ [pɔː] *v/i.* **1.** (*over*) *et.* eifrig studieren; brüten (über *dat.*): *to ~ over one's books* über s-n Büchern hocken; **2.** (nach)grübeln (*on, upon* über *acc.*).

pore² [pɔː] *s. biol. etc.* Pore *f*.

pork [pɔːk] *s.* **1.** Schweinefleisch *n*; **2.** *Am.* F *von der Regierung aus politischen Gründen gewährte* (*finanzielle*) *Begünstigung od. Stellung*; **~ barrel** *s. Am.* F *politisch berechnete* Geldzuwendung *der Regierung*; **'~-butch·er** *s.* Schweineschlächter *m*; **'~-chop** *s.* 'Schweinskoteˌlett *n*.

pork·er ['pɔːkə] *s.* Mastschwein *n*, -ferkel *n*; **'pork·ling** [-kliŋ] *s.* Ferkel *n*.

pork pie *s.* 'Schweinefleischpaˌstete *f*.

'pork-pie hat *s.* runder Filzhut.

pork·y¹ ['pɔːki] *adj.* fett(ig), dick.

por·ky² ['pɔːki] *s. Am.* F Stachelschwein *n*.

porn [pɔːn], **por·no** ['pɔːnou] *sl.* **I.** *s.* **1.** Porno(gra'phie *f*) *m*; **2.** Porno(film) *m*; **II.** *adj.* **3.** → *pornographic*.

por·no·graph·ic [pɔːnə'græfik] *adj.* porno'graphisch, Porno...: *~ film* Porno(film); **por·nog·ra·phy** [pɔː'nɔgrəfi] *s.* Pornogra'phie *f*.

por·ny ['pɔːni] *adj. sl.* → *pornographic*.

po·ros·i·ty [pɔː'rɔsiti] *s.* **1.** Porosi'tät *f*, ('Luft-, 'Wasser)ˌDurchlässigkeit *f*; **2.** Pore *f*, po'röse Stelle; **po·rous** ['pɔːrəs] *adj.* po'rös: **a)** löch(e)rig, porig, **b)** ('luft-, 'wasser-)ˌdurchlässig.

por·poise ['pɔːpəs] *pl.* **-pois·es**, *coll.* **-poise** *s. zo.* Tümmler *m*.

por·ridge ['pɔridʒ] *s.* Porridge *n, m*, Hafer(flocken)brei *m*, -grütze *f*: *pease-~* Erbsenbrei.

por·ri·go [pɔ'raigou] *s.* ⚕ Grind *m*.

por·rin·ger ['pɔrindʒə] *s.* Suppennapf *m*.

port¹ [pɔːt] *s.* **1.** ⚓, ✈ (See-, Flug-) Hafen *m*: *free ~* Freihafen; *inner ~* Binnenhafen; *~ of call* **a)** ⚓ Anlaufhafen, **b)** ✈ Anflughafen; *~ of delivery* (*od. discharge*) Löschhafen, -platz; *~ of departure* **a)** ⚓ Abgangshafen, **b)** ✈ Abflughafen; *~ of destination* **a)** ⚓ Bestimmungshafen, **b)** ✈ Zielflughafen; *~ of entry* Einlaufhafen; *~ of registry* Heimathafen; *~ of tran(s)shipment* Umschlaghafen; *any ~ in a storm fig.* in der Not frißt der Teufel Fliegen; **2.** Hafenplatz *m*, -stadt *f*; **3.** *fig.* (sicherer) Hafen, Ziel *n*: *to come safe to ~*.

port² [pɔːt] ⚓ **I.** *s.* Backbord(seite *f*) *n*: *on the ~ beam* an Backbord dwars; *on the ~ bow* an Backbord voraus; *on the ~ quarter* Backbord achtern; *to cast to ~* nach Backbord abfallen; **II.** *v/t. Ruder* nach der Backbordseite 'umlegen; **III.** *v/i.* nach Backbord drehen (*Schiff*); **IV.** *adj.* **a)** ⚓ Backbord..., **b)** ✈ link.

port³ [pɔːt] *s.* **1.** Tor *n*, Pforte *f*; *city ~* Stadttor; **2.** ⚓ **a)** (Pfort-, Lade)Luke *f*, **b)** (Schieß)Scharte *f* (*a.* ⚔ *Panzer*); **3.** ⊕ (Auslaß-, Einlaß)Öffnung *f*, Abzug *m*: *exhaust ~* Auspuff(öffnung).

port⁴ [pɔːt] *s.* Portwein *m*.

port⁵ [pɔːt] **I.** *v/t.* **1.** *obs.* tragen; **2.** ⚔ *Am. ~ arms! Kommando, das Gewehr schräg nach links vor dem Körper zu halten*; **II.** *s.* **3.** (äußere) Haltung, Benehmen *n*.

port·a·ble ['pɔːtəbl] *adj.* **1.** tragbar: *~ radio* (*set*) **a)** Kofferradio, **b)** ⚔ Tornisterfunkgerät; *~ typewriter* Reiseschreibmaschine; **2.** transpor'tabel, beweglich: *~ derrick* fahrbarer Kran; *~ engine* Lokomobile; *~ railway* Feldbahn; *~ searchlight* Handscheinwerfer.

por·tage ['pɔːtidʒ] *s.* **1.** (*bsd.* 'Trage)Transˌport *m*; **2.** ✝ Fracht *f*, Rollgeld *n*, Träger-, Zustellgebühr *f*; **3.** ⚓ **a)** Por'tage *f*, Trageplatz *m*, **b)** Tragen *n* (*von Kähnen etc.*) über e-e Portage.

por·tal¹ ['pɔːtl] *s.* **1.** △ Por'tal *n*, (Haupt)Eingang *m*, Tor *n*: *~ crane* ⊕ Portalkran; **2.** *poet.* Pforte *f*, Tor *n*: *~ of heaven*.

por·tal² ['pɔːtl] *anat.* **I.** *adj.* Pfort(ader)...; **II.** *s.* Pfortader *f*.

'por·tal-to-'por·tal pay *s.* ✝ *Arbeitslohn, berechnet für die Zeit vom Betreten der Fabrik etc. bis zum Verlassen*.

port·cul·lis [pɔːt'kʌlis] *s.* ⚔ *hist.* Fallgatter *n*.

por·tend [pɔː'tend] *v/t.* vorbedeuten, anzeigen, deuten auf (*acc.*); **por·tent** ['pɔːtent] *s.* **1.** Vorbedeutung *f*; **2.** (*bsd.* schlimmes) (Vor-, An)Zeichen, Omen *n*; **3.** Wunder *n* (*Sache od. Person*); **por'ten·tous** [-ntəs] *adj.* □ **1.** omi'nös, unheilverhängnisvoll; **2.** ungeheuer, wunderbar, *a. humor.* unheimlich.

por·ter¹ ['pɔːtə] *s.* **a)** Pförtner *m*, **b)** Por'tier *m*.

por·ter² ['pɔːtə] *s.* **1.** 🚂 (Gepäck-) Träger *m*, Dienstmann *m*; **2.** 🚂 *Am.* (Schlafwagen)Schaffner *m*.

por·ter³ ['pɔːtə] *s.* Porter(bier *n*) *m*.

por·ter·age ['pɔːtəridʒ] → *portage* 1 *u.* 2.

'por·ter-house *s. Am.* Bier-, Speisehaus *n*: ~ *steak* zartes (Beef-)Steak.

'port|·fire *s.* ⚔ **1.** Lunte *f* (*für Minen etc.*); **2.** Abschußvorrichtung *f* (*für Raketen etc.*); **~'fo·li·o** *s.* **1.** Aktentasche *f*, Mappe *f*; **2.** *fig.* (Mi'nister)Porte,feuille *n*: *without* ~ ohne Geschäftsbereich; **3.** † ('Wechsel)Porte,feuille *n*; **'~·hole** *s.* **1.** ⚓ **a)** (Pfort)Luke *f*, **b)** Bullauge *n*; **2.** ⊕ → *port*[3] 3.

por·ti·co ['pɔːtikou] *pl.* **-cos** *s.* △ Säulengang *m*.

por·tion ['pɔːʃən] **I.** *s.* **1.** (An)Teil *m* (*of* an *dat*); **2.** Porti'on *f* (*Essen*); **3.** Teil *m*, Stück *n* (*Buch, Gebiet, Strecke etc.*); **4.** Menge *f*, Quantum *n*; **5.** ⚖ **a)** Mitgift *f*, Aussteuer *f*, **b)** Erbteil *n*; **6.** *fig.* Los *n*, Schicksal *n*; **II.** *v/t.* **7.** aufteilen: *to* ~ *out* aus-, verteilen; **8.** zuteilen; **9.** *Tochter* ausstatten, aussteuern.

port·li·ness ['pɔːtlinis] *s.* **1.** Stattlichkeit *f*, Würde *f*; **2.** Wohlbeleibtheit *f*, Behäbigkeit *f*; **port·ly** ['pɔːtli] *adj.* **1.** stattlich, würdevoll; **2.** wohlbeleibt, behäbig.

port·man·teau [pɔːt'mæntou] *pl.* **-s** *u.* **-x** [-z] *s.* **1.** Handkoffer *m*; **2.** *obs.* Mantelsack *m*; **3.** *mst* ~*-word ling.* Schachtelwort *n*.

por·trait ['pɔːtrit] *s.* **1.** Por'trät *n*, Bild(nis) *n*: *to take s.o.'s* ~ j-n porträtieren *od.* malen; ~ *lens phot.* Porträtlinse; → *sit for 3*; **2.** *fig.* Bild *n*, (lebenswahre) Darstellung, Schilderung *f*; **'por·trait·ist** [-tist] *s.* Por'trätmaler(in); **'por·trai·ture** [-tʃə] *s.* **1.** → *portrait*; **2. a)** Por'trätmale,rei *f*, **b)** *phot.* Por'trätphotogra,phie *f*; **por·tray** [pɔː'trei] *v/t.* **1.** porträ'tieren, (ab)malen; **2.** *fig.* schildern, darstellen; **por·tray·al** [pɔː'treiəl] *s.* **1.** Porträtieren *n*; **2.** Por'trät *n*; **3.** *fig.* Schilderung *f*.

Por·tu·guese [pɔːtju'giːz] **I.** *pl.* **-guese** *s.* **1.** Portu'giese *m*, Portu'giesin *f*; **2.** *ling.* Portu'giesisch *n*; **II.** *adj.* **3.** portu'giesisch.

pose[1] [pouz] **I.** *s.* **1.** Pose *f* (*a. fig.*), Posi'tur *f*, Haltung *f*; **II.** *v/t.* **2.** aufstellen, in Positur setzen; **3.** *Frage* stellen, aufwerfen; **4.** *Behauptung* aufstellen, *Anspruch* erheben; **5.** (*as*) hinstellen (als), ausgeben (für); **III.** *v/i.* **6.** sich in Positur setzen; **7. a)** *paint. etc.* Mo'dell stehen *od.* sitzen, **b)** sich photographieren lassen; **8.** posieren, auftreten *od.* sich ausgeben (*as* als).

pose[2] [pouz] *v/t.* durch Fragen verwirren, verblüffen.

pos·er ['pouzə] *s.* **1.** → *poseur*; **2.** ‚harte Nuß', knifflige Frage.

po·seur [pou'zəː; pozœːr] (*Fr.*) *s.* Po'seur *m*, ‚Schauspieler' *m*.

posh [pɔʃ] *adj. sl.* ‚pikfein', ‚todschick', fesch.

pos·it ['pɔzit] *v/t. phls.* postulieren.

po·si·tion [pə'ziʃən] **I.** *s.* **1.** Positi'on *f*, Lage *f*, Standort *m*; ⊕ (Schalt- *etc.*)Stellung *f*: ~ *of the sun ast.* Sonnenstand; *in (out of)* ~ (nicht) in der richtigen Lage; **2.** *körperliche* Lage, Stellung *f*: *horizontal* ~; **3.** ⚓, ✈ Position *f*; ⚓ *a.* Besteck *n*: ~ *lights* **a)** ⚓, ✈ Positionslichter, **b)** *mot.* Begrenzungslichter; **4.** ⚔ Stellung *f*: ~ *warfare* Stellungskrieg; **5.** (Arbeits)Platz *m*, Stellung *f*, Posten *m*, Amt *n*: *to hold a responsible* ~ e-e verantwortliche Stellung innehaben; **6.** *fig.* (sozi'ale) Stellung, (gesellschaftlicher) Rang: *people of* ~ Leute von Rang; **7.** *fig.* Lage *f*, Situati'on *f*: *an awkward* ~; *to be in a* ~ *to do s.th.* in der Lage sein, et. zu tun; **8.** *fig.* (Sach)Lage *f*, Stand *m der Dinge*: *financial* ~ Finanzlage, Vermögensverhältnisse; *legal* ~ Rechtslage; **9.** Standpunkt *m*, Haltung *f*: *to take up a* ~ *on a question* zu e-r Frage Stellung nehmen; **10.** ℞, *phls.* (Grund-, Lehr)Satz *m*; **II.** *v/t.* **11.** *bsd.* ⊕ in die richtige Lage bringen, (ein)stellen; anbringen; **12.** lokalisieren; **13.** ⚔ *Truppen* stationieren; **po'si·tion·al** [-ʃənl] *adj.* Stellungs..., Lage...; **po·si·tion find·er** *s.* Ortungsgerät *n*.

pos·i·tive ['pɔzətiv] **I.** *adj.* □ **1.** bestimmt, defini'tiv, ausdrücklich (*Befehl etc.*), fest (*Versprechen etc.*), unbedingt: ~ *law* ⚖ positives Recht; **2.** sicher, 'unum,stößlich, eindeutig (*Beweis, Tatsache*); **3.** 'positiv, tatsächlich; **4.** positiv, zustimmend: ~ *reaction*; **5.** über'zeugt, (abso'lut) sicher: *to be* ~ *about s.th.* e-r Sache ganz sicher sein, et. felsenfest glauben *od.* behaupten; **6.** rechthaberisch; **7.** F ausgesprochen, abso'lut: *a* ~ *fool* ein ausgemachter *od.* kompletter Narr; **8.** ⚡, ℞, ⚘, *biol., phys., phot., phls.* positiv: ~ *electrode* ⚡ Anode; ~ *pole* ⚡ Pluspol; **9.** ⊕ zwangsläufig, Zwangs... (*Getriebe, Steuerung etc.*); **10.** *ling.* im 'Positiv stehend: ~ *degree* Positiv; **II.** *s.* **11.** *et.* Positives, 'Positivum *n*; **12.** *phot.* Positiv *n*; **13.** *ling.* Positiv *m*; **'pos·i·tive·ness** [-nis] *s.* **1.** Bestimmtheit *f*; Wirklichkeit *f*; **2.** *fig.* Hartnäckigkeit *f*; **'pos·i·tiv·ism** [-vizəm] *s. phls.* Positi'vismus *m*.

pos·se ['pɔsi] *s.* (Poli'zei- *etc.*)Aufgebot *n*; *allg.* Haufen *m*, Schar *f*, Rotte *f*.

pos·sess [pə'zes] *v/t.* **1.** *allg.* (*a. Eigenschaften, Kenntnisse etc.*; *a. e-e Frau*) besitzen; im Besitz haben, (inne)haben: ~*ed of* im Besitz *e-r Sache*; *to* ~ *o.s. of et.* in Besitz nehmen, sich *e-r Sache* bemächtigen; ~*ed noun ling.* Besitzsubjekt; **2. a)** (*a. fig. e-e Sprache etc.*) beherrschen, Gewalt haben über (*acc.*), **b)** erfüllen (*with* mit *e-r Idee*, mit *Unwillen etc.*): *like a man* ~*ed* wie ein Besessener, wie toll; *to* ~ *one's soul in patience* sich in Geduld fassen; **pos'ses·sion** [-eʃən] *s.* **1.** *abstrakt*: Besitz *m* (*a.* ⚖): *actual* ~ tatsächlicher *od.* unmittelbarer Besitz; *adverse* ~ Ersitzung(sbesitz); *in the* ~ *of in j-s* Besitz; *in* ~ *of s.th.* im Besitz e-r Sache; *to have* ~ *of* im Besitze von *et.* sein; *to take* ~ *of* Besitz ergreifen von, in Besitz nehmen; **2.** Besitz(tum *n*) *m*, Habe *f*; **3.** *pl.* Besitzungen *pl.*, Liegenschaften *pl.*: *foreign* ~*s* auswärtige Besitzungen; **4.** *fig.* Besessenheit *f*; **5.** *fig.* Beherrscht-, Erfülltsein *n* (*by* von *e-r Idee etc.*); **6.** *mst self-*~ *fig.* Fassung *f*, Beherrschung *f*; **pos'ses·sive** [-siv] **I.** *adj.* □ **1.** Besitz...; **2.** besitzgierig, -betonend: ~ *instinct* Sinn für Besitz; **3.** *ling.* posses'siv, besitzanzeigend: ~ *case* → *4b*; **II.** *s.* **4.** *ling.* **a)** Posses'siv(um) *n*, besitzanzeigendes Fürwort, **b)** 'Genitiv *m*, zweiter Fall; **pos'ses·sor** [-sə] *s.* Besitzer(in), Inhaber(in); **pos'ses·so·ry** [-səri] *adj.* Besitz...: ~ *action* ⚖ Besitzstörungsklage; ~ *right* Besitzrecht.

pos·set ['pɔsit] *s.* Molkentrank *m* (*mit Alkoholzusatz*).

pos·si·bil·i·ty [pɔsə'biliti] *s.* **1.** Möglichkeit *f* (*of* zu, für, *of doing et.* zu tun): *there is no* ~ *of his coming* es besteht keine Möglichkeit, daß er kommt; **2.** *pl.* (Entwicklungs)Möglichkeiten *pl.*, (-)Fähigkeiten *pl.*; **pos·si·ble** ['pɔsibl] **I.** *adj.* □ **1.** möglich (*with* bei, *to dat.*, *for* für): *this is* ~ *with him* das ist bei ihm möglich; *highest* ~ größtmöglich; **2.** eventu'ell, etwaig, denkbar; **3.** F angängig, erträglich, leidlich; **II.** *s.* **4.** *the* ~ das (Menschen)Mögliche, das Beste; *sport* die höchste Punktzahl; **5.** in Frage kommende Per'son (*bei Wettbewerb etc.*); **pos·si·bly** ['pɔsibli] *adv.* **1.** möglicherweise, viel'leicht; **2.** (irgend) möglich: *when I* ~ *can* wenn ich irgend kann; *I cannot* ~ *do this* ich kann das unmöglich tun; *how can I* ~ *do it?* wie kann ich es nur *od.* bloß machen?

pos·sum ['pɔsəm] *s.* F *abbr. für opossum*: *to play* ~ sich nicht rühren, sich tot *od.* krank *od.* dumm stellen.

post[1] [poust] **I.** *s.* **1.** Pfahl *m*, Pfosten *m*, Ständer *m*, Stange *f*, Stab *m*: *telegraph* ~ Telegraphenstange; *as deaf as a* ~ *fig.* stocktaub; **2.** Anschlagsäule *f*; **3.** *sport* (Start- *od.* Ziel)Pfosten *m*, Start- (*od.* Ziel-)linie *f*: *to be beaten at the* ~ kurz vor dem Ziel geschlagen werden; **II.** *v/t.* **4.** *mst* ~ *up Plakate etc.* anschlagen, -kleben; **5.** *mst* ~ *over Mauer mit Zetteln* bekleben; **6. a)** *et.* (durch Aushang *etc.*) bekanntgeben: *to* ~ *as missing* ⚓, ✈ als vermißt melden, **b)** *fig.* (öffentlich) anprangern.

post[2] [poust] **I.** *s.* **1.** ⚔ Posten *m* (*Stelle od. Soldat*): *advanced* ~ vorgeschobener Posten; *last* ~ *Brit.* Zapfenstreich; *at one's* ~ auf (s-m) Posten; **2.** ⚔ Standort *m*, Garni'son *f*: ~ *exchange Am.* Marketenderei, Einkaufsstelle; ~ *headquarters* Standortkommandantur; **3.** Posten *m*, Platz *m*, Stand *m*; † Makler-, Börsenstand *m*; **4.** Handelsniederlassung *f*, -platz *m*; **5.** † (Rechnungs)Posten *m*; **6.** Posten *m*, (An)Stellung *f*, Stelle *f*, Amt *n*: ~ *of a secretary* Sekretärsposten; **II.** *v/t.* **7.** *Soldat etc.* aufstellen, postieren; **8.** ⚔ **a)** ernennen, **b)** versetzen, (ab)kommandieren; **9.** † eintragen, verbuchen; *Konto* (ins Hauptbuch) über'tragen: *to* ~ *up Hauptbuch* nachtragen, *Bücher* in Ordnung bringen.

post[3] [poust] **I.** *s.* **1.** ✉ *bsd. Brit.* Post *f*: **a)** *als Einrichtung*, **b)** *Brit.* Postamt *n*, **c)** *Brit.* Post-, Briefkasten *m*, **d)** Postzustellung *f*, **e)** Postsendung(en *pl.*) *f*, -sachen *pl.*, **f)** Nachricht *f*: *by* ~ per (*od.* mit der) Post; *general* ~ Morgenpost, *fig.* Blindekuhspiel; **2.** *hist.* **a)** Post(kutsche) *f*, **b)** Ku'rier *m*; **3.** *bsd. Brit.*

ˈBriefˌpapier *n* (*Format*); **II.** *v/t.* **4.** *Brit.* zur Post geben, mit der Post (zu)senden, aufgeben, in den Briefkasten werfen; **5.** F *mst* ~ *up j-n* informieren: *to keep s.o.* ~*ed* j-n auf dem laufenden halten; *well* ~*ed* gut unterrichtet; **III.** *v/i.* **6.** (daˈhin-) eilen.

post- [poust] *in Zssgn* nach, später, hinter, post...

post·age [ˈpoustidʒ] *s.* Porto *n*, Postgebühr *f*, -spesen *pl.*: *additional* (*od. extra*) ~ Nachporto, Portozuschlag; ~ *free*, ~ *paid* portofrei, franko; ˈ~-ˈ**due** *s.* Nachgebühr *f*, -porto *n*; ~ **stamp** *s.* Briefmarke *f*, Postwertzeichen *n*.

post·al [ˈpoustəl] **I.** *adj.* poˈstalisch, Post...: ~ *card* → *II*; ~ *cash order* Postnachnahme; ~ *code* → *postcode*; ~ *district* Postzustellbezirk; ~ *order Brit.* Postanweisung (*für kleinere Beträge*); ~ *parcel* Postpaket; ~ *tuition* Fernunterricht; ~ *vote Brit.* Briefwahl; ~ *voter* Briefwähler; ♀ *Union* Weltpostverein; **II.** *s. Am.* Postkarte *f* (*mit aufgedruckter Marke*).

ˈ**post|·card** *s.* Postkarte *f*; ˈ~**code** *s. Brit.* Postleitzahl *f*.

ˈ**post|-ˈdate** *v/t.* **1.** *Brief etc.* nachdatieren; **2.** nachträglich *od.* später datieren; ˈ~-ˈ**en·try** *s.* **1.** ✝ nachträgliche (Ver)Buchung; **2.** ✝ Nachverzollung *f*.

post·er [ˈpoustə] *s.* **1.** Plaˈkatankleber *m*; **2.** Poster *m*, *n*.

poste res·tante [ˈpoustˈrestɑ̃:nt; pɔstrɛstɑ̃:t] (*Fr.*) **I.** *adj.* postlagernd; **II.** *s. bsd. Brit.* Aufbewahrungsstelle *f* für postlagernde Sendungen.

pos·te·ri·or [pɔsˈtiəriə] **I.** *adj.* □ **a)** später (*to* als), **b)** hinter, Hinter...: *to be* ~ *to zeitlich od. örtlich* kommen nach, folgen auf (*acc.*); **II.** *s.* ˈHinterteil *n*, Hintern *m*; **pos·ˈter·i·ty** [-ˈteriti] *s.* **1.** Nachkommen(schaft *f*) *pl.*; **2.** Nachwelt *f*.

pos·tern [ˈpoustə:n] *s. a.* ~ *door*, ~ *gate* ˈHinter-, Neben-, Seitentür *f*.

ˈ**post-ˈfree** *adj. bsd. Brit.* portofrei, franko.

ˈ**post-ˈgrad·u·ate I.** *adj.* **1.** nach beendigter Studienzeit; **2.** nach dem ersten akaˈdemischen Grad, vorgeschritten, Doktoranden...: ~ *studies*; **II.** *s.* **3.** Graduierte(r *m*) *f* (*Forschungsarbeiter*); Doktoˈrand(in).

ˈ**post-ˈhaste** *adv.* eiligst, schnellstens.

post·hu·mous [ˈpɔstjuməs] *adj.* □ **1.** poˈstum, postˈhum: **a)** *nach des Vaters Tod geboren*, **b)** nachgelassen, hinterˈlassen (*Schriftwerk*); **2.** nachträglich (*Ordensverleihung etc.*): ~ *fame* Nachruhm.

pos·til·(l)ion [pəsˈtiljən] *s. hist.* ˈPostillion *m*.

post|·man [ˈpoustmən] *s.* [*irr.*] Briefträger *m*, Postbote *m*; ˈ~**mark** [-stm-] **I.** *s.* Poststempel *m*: *date of the* ~ Datum des Poststempels; **II.** *v/t.* (ab)stempeln; ˈ~**mas·ter** [-stm-] *s.* Postamtsvorsteher *m*, Postmeister *m*: ♀ *General* Postminister.

post·me·rid·i·an [ˈpoustməˈridiən] *adj.* Nachmittags..., nachmittägig; **post me·rid·i·em** [-məˈridiəm] (*Lat.*) *adv.* (*abbr. p.m.*) nachmittags.

ˈ**post·mis·tress** [ˈpoust-] *s.* Postmeisterin *f*.

post|-mor·tem [ˈpoustˈmɔ:təm] ⚖, ⚕ **I.** *adj.* Leichen..., nach dem Tode (stattfindend); **II.** *s.* (*abbr. für* ~ *examination*) Leichenöffnung *f*, Autoˈpsie *f*; ˈ~ˈ**na·tal** [-stn-] *adj.* nach der Geburt (stattfindend); ˈ~ˈ**nup·tial** [-stn-] *adj.* nach der Hochzeit (stattfindend); ~-ˈ**o·bit** (**bond**) [-ˈɔbit] *s.* nach dem Tode fälliger Schuldschein.

post of·fice *s.* **1.** Post(amt *n*) *f*: *General* ♀ Hauptpost(amt); ♀ *Department Am.* Postministerium; **2.** *Am. ein Gesellschaftsspiel*; ~ **box** *s.* Post(schließ)fach *n*; ~ **or·der** *s.* Postanweisung *f* (*für größere Beträge*); ~ **sav·ings bank** *s.* Postsparkasse *f*.

ˈ**post-paid** *adj.* freigemacht, frankiert.

post·pone [poustˈpoun] *v/t.* **1.** verschieben, auf-, hinˈausschieben; **2.** *j-n od. et.* ˈunterordnen (*to dat.*), hintˈansetzen; **postˈpone·ment** [-mənt] *s.* **1.** Verschiebung *f*, Aufschub *m*; **2.** ⊕ Nachstellung *f*.

ˈ**post·poˈsi·tion** *s.* **1.** Nachstellung *f* (*a. ling.*); **2.** *ling.* nachgestelltes (Verhältnis)Wort; ˈ**postˈpos·i·tive** *ling.* **I.** *adj.* nachgestellt; **II.** *s.* → *postposition* 2.

postˈpran·di·al *adj. humor.* nach dem Essen, nach Tisch (*Rede, Schläfchen etc.*).

post·script [ˈpousskript] *s.* **1.** Postˈskriptum *n* (*zu e-m Brief*), Nachschrift *f*; **2.** Nachtrag *m* (*zu e-m Buch*).

pos·tu·lant [ˈpɔstjulənt] *s.* **1.** Antragsteller(in); **2.** Bewerber(in) (*bsd. eccl. um Aufnahme in e-n Orden*); **pos·tu·late I.** *v/t.* [ˈpɔstjuleit] **1.** fordern, verlangen, begehren; **2.** postulieren, (als gegeben) vorˈaussetzen; **II.** *s.* [-lit] **3.** Postuˈlat *n*, Vorˈaussetzung *f*, (Grund)Bedingung *f*; **pos·tu·la·tion** [pɔstjuˈleiʃən] *s.* **1.** Gesuch *n*, Forderung *f*; **2.** *Logik*: Postulat *n*.

pos·ture [ˈpɔstʃə] **I.** *s.* **1.** (Körper-) Haltung *f*, Stellung *f*; (*a. thea., paint.*) Posiˈtur *f*, Pose *f*; **2.** Lage *f* (*a. fig. Situation*), Anordnung *f*; **3.** *fig. geistige* Haltung; **II.** *v/t.* **4.** zuˈrechtstellen, arrangieren; **III.** *v/i.* **5.** sich zurechtstellen, sich in Positur stellen; posieren (*a. fig. as* als); ˈ~**mak·er** *s.* Schlangenmensch *m* (*Artist*).

ˈ**post-ˈwar** *adj.* Nachkriegs...

po·sy [ˈpouzi] *s.* **1.** Blumenstrauß *m*; **2.** Motto *n*, Denkspruch *m*.

pot [pɔt] **I.** *s.* **1.** (*Blumen-, Koch- etc.*) Topf *m*: *to go to* ~ *sl.* kaputtgehen, ‚auf den Hund kommen'; *to keep the* ~ *boiling* die Sache in Gang halten; *the* ~ *calls the kettle black* ein Esel schilt den andern Langohr; *big* ~ *sl.* ‚großes Tier'; *a* ~ *of money* F ‚ein Heidengeld'; *he has* ~*s of money* F er hat Geld wie Heu; **2.** Kanne *f*; **3.** ⊕ Tiegel *m*, Gefäß *n*: ~ *annealing* Kastenglühen; ~ *galvanization* Feuerverzinken; **4.** *sport sl.* Poˈkal *m*; **5.** (Spiel)Einsatz *m*; **6.** → *pot-shot*; **7.** *sl.* Pot *n*, Mariˈhuˈana *n*; **8.** (Nacht)Topf *m*: *to set* (*od. put*) *a baby on the* ~ ein Baby aufs Töpfchen setzen; **II.** *v/t.* **9.** in e-n Topf tun; *Pflanze* eintopfen; **10.** *Fleisch* einlegen, einmachen: ~*ted meat* Fleischkonserven; **11.** *Billardball* in das Loch spielen; **12.** *hunt.* (ab)schießen, erlegen; **13.** F einheimsen, erbeuten; **14.** *Baby* aufs Töpfchen setzen; **III.** *v/i.* **15.** (los)knallen, schießen (*at* auf *acc.*).

po·ta·ble [ˈpoutəbl] **I.** *adj.* trinkbar; **II.** *s. pl.* Getränke *pl.*

po·tage [pɔˈtɑ:ʒ] (*Fr.*) *s.* (dicke) Suppe.

pot·ash [ˈpɔtæʃ] *s.* ⚗ **1.** Pottasche *f*, ˈKaliumkarboˌnat *n*: *bicarbonate of* ~ doppeltkohlensaures Kali; ~ *fertilizer* Kalidünger; ~ *mine* Kalibergwerk; **2.** → *caustic 1*.

po·tas·si·um [pəˈtæsjəm] *s.* ⚗ Kalium *n*; ~ **bro·mide** *s.* ˈKaliumbroˌmid *n*; ~ **car·bon·ate** *s.* ˈKaliumkarboˌnat *n*, Pottasche *f*; ~ **cy·a·nide** *s.* ˈKaliumcyaˌnid *n*, Zyanˈkali *n*; ~ **hy·drox·ide** *s.* ˈKaliumhydroˌxyd *n*, Ätzkali *n*; ~ **ni·trate** *s.* ˈKaliumniˌtrat *n*.

po·ta·tion [pouˈteiʃən] *s.* **1.** Trinken *n*; Zecheˈrei *f*; **2.** Trank *m*, Getränk *n*.

po·ta·to [pəˈteitou] *pl.* **-toes** *s.* **1.** Karˈtoffel *f*: *fried* ~*es* Bratkartoffeln; *small* ~*es Am.* F ‚kleine Fische', Lappalien; *to drop s.th. like a hot* ~ et. erschreckt fallen lassen; *to think o.s. no small* ~*es sl.* sehr von sich eingenommen sein; **2.** *Am. sl.* **a)** ‚Rübe' *f* (*Kopf*), **b)** Dollar *m*; ~ **bee·tle** *s. zo.* Karˈtoffelkäfer *m*; ~**-blight** → *potato-disease*; ~ **bug** → *potato beetle*; ~**-chips** *s. pl.* **a)** *Brit.* → *chip 3*, **b)** *Am.* (Karˈtoffel)Chips *pl.*; ~**-dis·ease**, ~**-rot** *s.* Karˈtoffelkrankheit *f*, -fäule *f*; ~**-trap** *s. sl.* ‚Klappe' *f* (*Mund*).

ˈ**pot|-bar·ley** *s.* Graupen *pl.*; ˈ~**-bel·lied** *adj.* dickbäuchig; ˈ~**-bel·ly** *s.* Dick-, Spitzbauch *m*; ˈ~**-boil·er** *s.* F *paint. etc.* Brot-, Lohnarbeit *f*; ˈ~**-boy** *s. Brit.* Bierkellner *m*.

po·teen [pɔˈti:n] *s.* heimlich gebrannter Whisky (*in Irland*).

po·ten·cy [ˈpoutənsi] *s.* **1.** Stärke *f*, Macht *f*; *fig. a.* Einfluß *m*; **2.** Wirksamkeit *f*, Kraft *f*; **3.** *biol.* Poˈtenz *f*, Zeugungsfähigkeit *f*; ˈ**po·tent** [-nt] *adj.* □ **1.** mächtig, stark; **2.** einflußreich; **3.** zwingend, überˈzeugend (*Argumente etc.*); **4.** stark (wirkend) (*Drogen, Getränk*); **5.** *biol.* poˈtent, zeugungsfähig; ˈ**po·ten·tate** [-teit] *s.* Potenˈtat *m*, Machthaber *m*, Herrscher *m*; **po·ten·tial** [pəˈtenʃəl] **I.** *adj.* □ **1.** möglich, potentiˈell, eventuˈell; **2.** in der Anlage vorhanden, laˈtent: *a* ~ *murderer* ein potentieller Mörder; **3.** *ling.* Möglichkeits...: ~ *mood* → *5*; **4.** *phys.* potentiell, gebunden: ~ *energy* potentielle Energie, Energie der Lage; **II.** *s.* **5.** *ling.* ˈPotentiˌalis *m*, Möglichkeitsform *f*; **6.** *phys.* Potentiˈal *n* (*a.* ⚡), ⚡ Spannung *f*: ~ *difference* Spannungsunterschied; ~ *equation* ⅍ Potentialgleichung; **7.** (*Kriegs-, Menschen- etc.*)Potential *n*, Reˈserven *pl.*; **8.** Leistungsfähigkeit *f*, Kraftvorrat *m*; **po·ten·ti·al·i·ty** [pətenʃiˈæliti] *s.* **1.** Potentialiˈtät *f*,

(Entwicklungs)Möglichkeit *f*; **2.** Wirkungsvermögen *n*, innere Kraft;
po·ten·ti·om·e·ter [pətenʃi'ɔmitə] *s.* ⚡ **1.** Potentio'meter *n*; **2.** *Radio*: Spannungsteiler *m*.
pot hat *s.* F Me'lone *f* (*Hut*).
po·theen [pɔ'θi:n] → *poteen*.
poth·er ['pɔðə] **I.** *s.* **1.** Aufruhr *m*, Lärm *m*, Aufregung *f*, ‚The'ater' *n*: *to be in a ~ about s.th.* e-n großen Wirbel wegen et. machen; **2.** Rauch-, Staubwolke *f*, Dunst *m*; **II.** *v/t.* **3.** verwirren, aufregen; **III.** *v/i.* **4.** sich aufregen.
'**pot|-herb** *s.* Küchenkraut *n*; '**~-hole** *s.* **1.** *mot.* Schlagloch *n*; **2.** *geol.* Gletschertopf *m*, Strudelkessel *m*; '**~-hook** *s.* **1.** Kesselhaken *m*; **2.** Schnörkel *m* (*Kinderschrift*); *pl.* Gekritzel *n*; '**~-house** *s.* Wirtschaft *f*, Kneipe *f*; '**~-hunt·er** *s. sl.* **1.** unweidmännischer Jäger, Aasjäger *m*; **2.** *sport* Preisjäger *m*.
po·tion ['pouʃən] *s.* (Arz'nei-, Gift-) Trank *m*.
pot luck *s.*: *to take ~* (*with s.o.*) (bei j-m) mit dem vorliebnehmen, was es gerade (zu essen) gibt.
pot-pour·ri [*pou*'puri(:)] *s.* 'Potpourri *n*: **a)** Dufttopf *m*, **b)** *Zs.-stellung verschiedener Musikstücke*, **c)** *fig.* Kunterbunt *n*.
'**pot|-roast** *s.* Schmorfleisch *n*; '**~·sherd** [-ʃə:d] *s. Archäologie*: (Topf)Scherbe *f*; '**~-shot** *s.* **1.** unweidmännischer Schuß (*zum Nahrungserwerb*); **2.** Nahschuß *m*, 'hinterhältiger Schuß; **3.** Schuß *m* in die Luft; **4.** *fig.* leichte Sache.
pot·tage ['pɔtidʒ] *s.* dicke Gemüsesuppe (mit Fleisch).
pot·ter[1] ['pɔtə] **I.** *v/i.* **1.** *oft ~ about* her'umwerkeln, -hantieren; **2.** (her'um)trödeln: *to ~ at* herumspielen, -pfuschen an *od.* in (*dat.*); **II.** *v/t.* **3.** *~ away Zeit* vertrödeln.
pot·ter[2] ['pɔtə] *s.* Töpfer(in): *~'s clay* Töpferton; *~'s lathe* Töpferscheibentisch; *~'s wheel* Töpferscheibe;
'**pot·ter·y** [-əri] *s.* **1.** Töpfer-, Tonware(n *pl.*) *f*, Steingut *n*, Ke'ramik *f*; **2.** Töpfe'rei(werkstatt) *f*; **3.** Töpfe'rei *f* (*Kunst*), Keramik *f*.
pot·ty ['pɔti] *adj.* F **1.** verrückt (*about* auf *acc.*); **2.** kinderleicht; **3.** lächerlich, unbedeutend.
'**pot|-val·iant** *adj.* vom Trinken mutig; **~ val·o(u)r** *s.* angetrunkener Mut.
pouch [pautʃ] **I.** *s.* **1.** Beutel (*a. zo.*, ♀), (Leder-, Trage-, *a.* Post)Tasche *f*, (kleiner) Sack; **2.** Tabaksbeutel *m*; **3.** Geldbeutel *m*; **4.** ⚔ Pa'tronentasche *f*; **5.** *anat.* (Tränen)Sack *m*; **II.** *v/t.* **6.** in e-n Beutel tun; **7.** *fig.* einstecken; **8.** beuteln, bauschen; **III.** *v/i.* **9.** sich beuteln *od.* bauschen; sackartig fallen (*Kleid*);
'**pouched** [-tʃt] *adj. zo.* Beutel...
poul·ter·er ['poultərə] *s.* Geflügelhändler *m*.
poul·tice ['poultis] ⚕ **I.** *s.* 'Brei,umschlag *m*, Packung *f*; **II.** *v/t.* e-n 'Brei,umschlag auflegen auf (*acc.*), e-e Packung machen um.
poul·try ['poultri] *s.* (Haus)Geflügel *n*, Federvieh *n*: *~-farm* Geflügelfarm.
pounce[1] [pauns] **I.** *s.* **1. a)** Her'abstoßen *n e-s Raubvogels*, **b)** Sprung *m*, Satz *m*: *on the ~* sprungbereit; **II.** *v/i.* **2.** (her'ab)stoßen, sich stürzen (*on, upon* auf *acc.*) (*Raubvogel*); **3.** *fig.* (*on, upon*) sich stürzen (auf *j-n, e-n Fehler, e-e Gelegenheit etc.*), losgehen (auf *j-n*); **4.** (plötzlich) stürzen: *to ~ into the room*.
pounce[2] [pauns] **I.** *s.* **1.** Glättpulver *n*, *bsd.* Bimssteinpulver *n*; **2.** Pauspulver *n*; **3.** 'durchgepaustes (*bsd.* Stick)Muster; **II.** *v/t.* **4.** glatt abreiben, bimsen; **5.** 'durchpausen.
pound[1] [paund] *s.* **1.** Pfund *n* (*abbr. lbs.* = *453,59 g*): *a ~ of cherries* ein Pfund Kirschen; **2.** *a. ~ sterling* Pfund *n* (Sterling) (*abbr.* £): *to pay twenty shillings in the ~ fig.* voll bezahlen.
pound[2] [paund] **I.** *s.* **1.** schwerer Stoß *od.* Schlag, Stampfen *n*; **II.** *v/t.* **2.** (zer)stoßen, (zer)stampfen; **3.** feststampfen, rammen; **4.** hämmern (auf), trommeln auf, schlagen: *to ~ sense into s.o. fig.* j-m Vernunft einhämmern; *to ~ out* **a)** glatthämmern, **b)** *Melodie* herunterhämmern (*auf dem Klavier*); **III.** *v/i.* **5.** hämmern (*a. Herz*), pochen, schlagen; **6.** *mst ~ along* (ein'her-) stampfen, wuchtig gehen; **7.** stampfen (*Maschine etc.*).
pound[3] [paund] **I.** *s.* **1.** Pfandstall *m*; **2.** 'Tiera,syl *n*; **3.** Hürde *f*, Pferch *m*; **II.** *v/t.* **4.** *oft ~ up* einpferchen.
pound·age ['paundidʒ] *s.* **1.** Anteil *m od.* Gebühr *f* pro Pfund (*Sterling*); **2.** Bezahlung *f* pro Pfund (*Gewicht*).
pound·er ['paundə] *s. in Zssgn* ...pfünder.
pound fool·ish *adj.* unfähig, mit großen Summen *od.* Pro'blemen 'umzugehen; → *penny wise*.
pour [pɔ:] **I.** *s.* **1.** Strömen *n*; **2.** (Regen)Guß *m*; **3.** *metall.* Einguß *m*: *~ test* Stockpunktbestimmung; **II.** *v/t.* **4.** gießen, schütten (*from, out of* aus, *into, in* in *acc.*, *on, upon* auf *acc.*): *to ~ forth* (*od. out*) **a)** ausgießen,(aus-) strömen lassen, **b)** *fig. Herz* ausschütten, *Kummer* ausbreiten, **c)** *Flüche etc.* ausstoßen; *to ~ out drinks* Getränke eingießen, -schenken; *to ~ off* abgießen; *to ~ it on Am. sl.* **a)** ‚rangehen', **b)** mit Vollgas fahren; **5.** *~ itself* sich ergießen (*Fluß*); **III.** *v/i.* **6.** strömen, gießen: *to ~ down* niederströmen; *to ~ forth* (*od. out*) (*a. fig.*) sich ergießen, strömen (*from* aus); *it ~s with rain* es gießt in Strömen; *it never rains but it ~s fig.* ein Unglück kommt selten allein; **7.** *fig.* strömen (*Menschenmenge etc.*): *to ~ in* hereinströmen (*a. Aufträge, Briefe etc.*); **8.** *metall. in die Form* gießen; **pour·a·ble** ['pɔ:əbl] *adj.* ⊕ vergießbar: *~ compound* Gußmasse; **pour·ing** ['pɔ:riŋ] **I.** *adj.* **1.** strömend (*a. Regen*); **2.** ⊕ Gieß..., Guß...: *~ gate* Gießtrichter; **II.** *s.* **3.** ⊕ (Ver)Gießen *n*, Guß *m*.
pout[1] [paut] **I.** *v/i.* **1.** die Lippen spitzen; **2.** e-e Schnute *od.* e-n Flunsch ziehen; *fig.* schmollen; **3.** vorstehen (*Lippen*); **II.** *v/t.* **4.** *Lippen, Mund* (schmollend) aufwerfen, (*a. zum Kuß*) spitzen; **5.** schmollen(d sagen); **III.** *s.* **6.** Flunsch *m*, Schnute *f*, Schmollmund *m*; **7.** Schmollen *n*.
pout[2] [paut] *s. ein* Schellfisch *m*.
pout·er ['pautə] *s.* **1.** *a. ~ pigeon orn.* Kropftaube *f*; **2.** → *pout*[2].
pov·er·ty ['pɔvəti] *s.* **1.** Armut *f*, Mangel *m* (*of* an *dat.*) (*beide a. fig.*): *~ of ideas* Ideenarmut; **2.** *fig.* Armseligkeit *f*, Dürftigkeit *f*; **3.** Armut *f*, geringe Ergiebigkeit (*des Bodens etc.*); '**~-strick·en** *adj.* **1.** in Armut lebend, verarmt; **2.** *fig.* armselig.
pow·der ['paudə] **I.** *s.* **1.** (*Back-, Schieß- etc.*)Pulver *n*: *not worth ~ and shot* keinen Schuß Pulver wert; *the smell of ~* Kriegserfahrung; *keep your ~ dry!* sei auf der Hut!; *to take a ~ Am. sl.* ‚Leine ziehen' (*flüchten*); **2.** Puder *m*: *face-~*; *~-room* Damentoilette; **II.** *v/t.* **3.** pulvern, pulverisieren: *~ed milk* Trockenmilch; *~ed sugar* Staubzucker; **4.** (be)pudern: *to ~ one's nose*; **5.** bestäuben, bestreuen (*with* mit); **III.** *v/i.* **6.** zu Pulver werden; '**~-box** *s.* Puderdose *f*; '**~-'met·al·lur·gy** *s.* 'Sintermetallur,gie *f*, Me'tallke,ramik *f*; '**~-mill** *s.* 'Pulvermühle *f*, -fa,brik *f*; '**~-puff** *s.* Puderquaste *f*.
pow·der·y ['paudəri] *adj.* **1.** pulverig, Pulver...: *~ snow* Pulverschnee; **2.** bestäubt.
pow·er ['pauə] **I.** *s.* **1.** Kraft *f*, Stärke *f*, Macht *f*, Vermögen *n*: *to do all in one's ~* alles tun, was in s-r Macht steht; *it was out of* (*od. not in*) *his ~* es stand nicht in s-r Macht (*to do* zu tun); *more ~ to you(r elbow)!* nur zu!, viel Erfolg!; **2.** Kraft *f*, Ener'gie *f*; *weitS.* Wucht *f*, Gewalt *f*; **3.** *mst pl. hypnotische etc.* Kräfte *pl.*, (geistige) Fähigkeiten *pl.*, Ta'lent *n*: *reasoning ~* Denkvermögen; **4.** Macht *f*, Gewalt *f*, Herrschaft *f*, Einfluß *m* (*over* über *acc.*): *to be in ~ pol.* an der Macht *od.* am Ruder sein; *to be in s.o.'s ~* in j-s Gewalt sein; *to come into ~ pol.* an die Macht kommen; *~ politics* Machtpolitik; **5.** *pol.* Gewalt *f als Staatsfunktion*: *legislative ~*; *separation of ~s* Gewaltenteilung; **6.** *pol.* (Macht-) Befugnis *f*, (Amts)Gewalt *f*; **7.** ⚖ (Handlungs-, Vertretungs)Vollmacht *f*, Befugnis *f*, Recht *n*: *~ of testation* Testierfähigkeit; → *attorney*; **8.** *pol.* Macht *f*, Staat *m*; **9.** Macht(faktor *m*) *f*, einflußreiche Stelle *od.* Per'son: *the ~s that be* die maßgeblichen (Regierungs)Stellen; **10.** *mst pl.* höhere Macht: *heavenly ~s*; **11.** F Masse *f*: *a ~ of people*; **12.** ⅌ Po'tenz *f*: *to raise to the third ~* in die dritte Potenz erheben; **13.** ⚡, *phys.* Kraft *f*, Ener'gie *f*, Leistung *f*; *a. ~ current* ⚡ (Stark)Strom *m*; *Funk*: Sendestärke *f*; *opt.* Stärke *f e-r Linse*: *~ cable* Starkstromkabel; *~ economy* Energiewirtschaft; **14.** ⊕ me'chanische Kraft, Antriebskraft *f*: *~-propelled* kraftbetrieben, Kraft...; *~ on* (mit) Vollgas; *~ off* **a)** mit abgestelltem Motor, **b)** im Leerlauf; **II.** *v/t.* **15.** mit (*elektrischer etc.*) Kraft versehen *od.* betreiben, antreiben: *rocket-~ed* raketengetrieben; **~ am·pli·fi·er** *s. Radio*: Kraft-, Endverstärker *m*; **~ brake** *s. mot.* 'Servobremse *f*; **~ con-**

sump·tion *s.* ⚡ Strom-, Ener'gieverbrauch *m*; '~**-drive** *s.* ⊕ Kraftantrieb *m*; '~**-driv·en** *adj.* ⊕ kraftbetrieben, Kraft...; ~ **en·gi·neer·ing** *s.* ⚡ 'Starkstrom,technik *f*; ~ **fac·tor** *s.* ⚡, *phys.* 'Leistungs,faktor *m*; ~ **fail·ure** *s.* ⚡ Netzausfall *m*.

pow·er·ful ['pauəful] *adj.* □ **1.** mächtig (*a. Körper, Schlag, Mensch*), stark (*a. opt. u. Motor*), gewaltig, kräftig; **2.** *fig.* kräftig, wirksam (*a. Argument*); wuchtig (*Stil*); packend (*Roman etc.*); **3.** F ‚massig', gewaltig.

pow·er| glid·er *s.* ✈ 'Motorsegler *m*; '~**-house** *s.* **1.** → *power-station 1*; **2.** ⊕ Ma'schinenhaus *n*; **3.** *Am. sl.* **a)** *sport* ‚Bombenmannschaft' *f*, **b)** *sport* ‚Ka'none' *f* (*Spitzenspieler*), **c)** Riesenkerl *m*; '~**-lathe** *s.* ⊕ Hochleistungsdrehbank *f*.

pow·er·less ['pauəlis] *adj.* □ kraft-, machtlos, ohnmächtig.

pow·er| line *s.* ⚡ **1.** Starkstromleitung *f*; **2.** 'Überlandleitung *f*; '~-'**op·er·at·ed** *adj.* ⊕ kraftbetätigt, -betrieben; ~ **out·put** *s.* ⚡, ⊕ Ausgangs-, Nennleistung *f*; ~ **pack** *s.* ⚡ Netzteil *n* (*Radio etc.*); '~**-plant** *s.* **1.** → *power-station 1*; **2.** Ma'schinensatz *m*, Aggre'gat *n*, Triebwerk(anlage *f*) *n*; ~ **play** *s.* *sport* 'Powerplay *n*; ~ **pol·i·tics** *s. pl. sg. konstr.* 'Machtpoli,tik *f*; '~**-shov·el** *s.* ⊕ Löffelbagger *m*; '~**-sta·tion** *s.* ⚡ **1.** Elektrizi'täts-, Kraftwerk *n*; **2.** 'Kraftzen,trale *f*: *long-distance* ~ Überlandzentrale; ~ **steer·ing** *s. mot.* 'Servolenkung *f*; ~ **stroke** *s.* ⊕, ⚡, *mot.* Arbeitshub *m*, -takt *m*; ~ **sup·ply** *s.* ⚡ Ener'gieversorgung *f*, Netz(anschluß *m*) *n*; ~ **trans·mis·sion** *s.* ⊕ 'Leistungs-, Ener'gieüber,tragung *f*.

pow·wow ['pauwau] **I.** *s.* **1. a)** indi'anisches Fest, **b)** indianischer Medi'zinmann; **2.** *bsd. Am.* F Konfe'renz *f*, Besprechung *f*; **II.** *v/i.* **3.** *bsd. Am.* F e-e Besprechung *od.* Versammlung abhalten; debattieren.

pox [pɔks] *s.* ⚕ **1.** Pocken *pl.*, Blattern *pl.*; Pusteln *pl.*; **2.** V Syphilis *f*.

prac·ti·ca·bil·i·ty [præktikə'biliti] *s.* 'Durchführbarkeit *f etc.*; **prac·ti·ca·ble** ['præktikəbl] *adj.* □ **1.** 'durch-, ausführbar, tunlich, möglich; **2.** anwendbar, brauchbar; **3.** gang-, fahrbar (*Straße, Furt etc.*).

prac·ti·cal ['præktikəl] *adj.* □ → *practically*; **1.** (*Ggs. theoretisch*) praktisch (*Kenntnisse, Landwirtschaft etc.*); angewandt: ~ *chemistry*; ~ *fact* Erfahrungstatsache; **2.** praktisch (*Anwendung, Versuch etc.*); **3.** praktisch, geschickt (*Person*); **4.** praktisch, in der Praxis tätig, ausübend: ~ *politician*; ~ *man* Mann der Praxis, Praktiker; **5.** praktisch (*Denken*); **6.** praktisch, faktisch, tatsächlich; **7.** sachlich; **8.** praktisch anwendbar, 'durchführbar; **9.** handgreiflich, grob: ~ *joke* Schabernack; **prac·ti·cal·i·ty** [prækti'kæliti] *s. das* Praktische, praktisches Wesen, Sachlichkeit *f*; praktische Anwendbarkeit; **prac·ti·cal·ly** *adv.* **1.** [-kəli] → *practical*; **2.** [-kli] praktisch, so gut wie *nichts etc.*

prac·tice ['præktis] **I.** *s.* **1.** 'Praxis *f* (*Ggs. Theorie*): *in* ~ in der Praxis; *to put into* ~ in die Praxis umsetzen, ausführen, verwirklichen; **2.** Übung *f* (*a.* ♪, ⚔): *in (out of)* ~ in (aus) der Übung; ~ *makes perfect* Übung macht den Meister; **3.** Praxis *f* (*Arzt, Anwalt*); **4.** Brauch *m*, Gewohnheit *f*, übliches Verfahren, 'Usus *m*; **5.** Handlungsweise *f*, 'Praktik *f*; *oft pl. contp.* (unsaubere) Praktiken *pl.*, Machenschaften *pl.*, Schliche *pl.*; **6.** Verfahren *n*; ⊕ *a.* Technik *f*: *welding* ~ Schweißtechnik; **7.** ⚖ Verfahren(sregeln *pl.*) *n*, for'melles Recht; **8.** Übungs..., Probe...: ~ *alarm* ⚔ Probealarm; ~ *ammunition* ⚔ Übungsmunition; ~ *cartridge* ⚔ Exerzierpatrone; ~ *flight* ✈ Übungsflug; ~ *run mot.* Trainingsfahrt; **II.** *v/t. u. v/i.* **9.** *Am.* → *practise*.

prac·tise ['præktis] **I.** *v/t.* **1.** *Beruf* ausüben; *Geschäft etc.* betreiben; tätig sein als *od.* in (*dat.*), *als Arzt, Anwalt* praktizieren: *to* ~ *medicine (law)*; **2.** ♪ *etc.* (ein)üben, sich üben in; (*dat.*); *et. auf e-m Instrument* üben; *j-n* schulen: *to* ~ *Bach* Bach üben; **3.** *fig.* üben, gewohnheitsmäßig tun: *to* ~ *politeness* Höflichkeit üben; **4.** verüben: *to* ~ *a fraud on j-n* arglistig täuschen; **II.** *v/i.* **5.** praktizieren (*als Arzt, Jurist, a. Katholik*); **6.** (sich) üben (*on the piano* auf dem Klavier, *at shooting* im Schießen); **7.** ~ *on* (*od. upon*) **a)** *j-n* bearbeiten, **b)** *j-s Schwäche etc.* ausnutzen, *j-n* miß'brauchen; '**prac·tised** [-st] *adj.* geübt (*Person, a. Auge, Hand*).

prac·ti·tion·er [præk'tiʃnə] *s.* **1.** Praktiker *m*; **2.** *a. general* (*od. medical*) ~ praktischer Arzt; **3.** *a. general* ~ Rechtsanwalt *m*.

praec·i·pe ['pri:sipi] *s.* ⚖ gerichtlicher Befehl.

prag·mat·ic [præg'mætik] *adj.* (□ ~*ally*) **1.** *phls.* prag'matisch; **2.** → *pragmatical*; **prag'mat·i·cal** [-kəl] *adj.* □ **1.** prag'matisch, praktisch, sachlich; **2.** belehrend; **3.** geschäftig; **4.** aufdringlich, vorwitzig; **5.** rechthaberisch; **prag·ma·tism** ['prægmətizəm] *s.* **1.** *phls.* Pragma'tismus *m*; **2.** 'Übereifer *m*, Zudringlichkeit *f*; **3.** rechthaberisches Wesen; **4.** Sachlichkeit *f*; nüchternes, praktisches Denken *od.* Handeln.

prag·ma·tize ['prægmətaiz] *v/t.* **1.** als re'al darstellen; **2.** ratio'nal erklären.

prai·rie ['prɛəri] *s.* **1.** Grasebene *f*, Steppe *f*; **2.** Prä'rie *f* (*in Nordamerika*); **3.** *Am.* (grasbewachsene) Lichtung; '~**-dog** *s. zo.* Prä'riehund *m*; '~**-schoon·er** *s. Am.* Planwagen *m der Kolonialzeit*.

praise [preiz] **I.** *v/t.* **1.** loben, rühmen, preisen; → *sky 2*; **2.** (*bsd. Gott*) (lob)preisen, loben; **II.** *s.* **3.** Lob *n*: *to be loud in one's* ~ *of* laute Loblieder singen auf (*acc.*); *to sing s.o.'s* ~*s* j-s Lob singen; *in* ~ *of s.o., in s.o.'s* ~ zu j-s Lob; '~**-wor·thi·ness** *s.* Löblichkeit *f*, lobenswerte Eigenschaft; '**praise·wor·thy** *adj.* □ lobenswert, löblich.

pram[1] [præm] *s.* ⚓ Prahm *m*, Leichter *m*.

pram[2] [præm] *s.* F → *perambulator*.

prance [prɑ:ns] *v/i.* **1. a)** sich bäumen, **b)** tänzeln (*Pferd*); **2.** (ein'her)stolzieren, paradieren; sich brüsten; **3.** F her'umtollen.

pran·di·al ['prændiəl] *adj. humor.* Essens..., Tisch...

prank[1] [præŋk] *s.* **1.** Streich *m*, Ulk *m*, Possen *m*; **2.** *weitS.* Kapri'ole *f*, Faxe *f e-r Maschine etc.*

prank[2] [præŋk] **I.** *v/t.* *mst* ~ *out* (*od. up*) (her'aus)putzen, schmücken; **II.** *v/i.* prunken, prangen.

prate [preit] **I.** *v/i.* plappern, plaudern, schwatzen (*of* von); **II.** *v/t.* plappern, ausschwatzen; **III.** *s.* Geschwätz *n*, Geplapper *n*; '**prat·er** [-tə] *s.* Schwätzer(in); '**prat·ing** [-tiŋ] *adj.* □ schwatzhaft, geschwätzig; **prat·tle** ['prætl] → *prate*.

prawn [prɔ:n] *s. zo.* Gar'nele *f*.

pray [prei] **I.** *v/i.* **1.** beten (*to* zu, *for* um, für); **2.** bitten, ersuchen (*for* um); ⚖ Antrag stellen (*that* daß); **II.** *v/t.* **3.** *j-n* inständig bitten, ersuchen, anflehen (*for* um): ~, *consider!* bitte, bedenken Sie doch!; **4.** *et.* erbitten, erflehen.

prayer [prɛə] *s.* **1.** Ge'bet *n*: *to put up a* ~ ein Gebet emporsenden; *to say one's* ~*s* beten, s-e Gebete verrichten; *he hasn't got a* ~ *Am. sl.* er hat nicht die geringste Chance; **2.** *oft pl.* Andacht *f*: *evening* ~ Abendandacht; **3.** inständige Bitte, Flehen *n*; **4.** Gesuch *n*; ⚖ *a.* Antrag *m*, Klagebegehren *n*; '~**-book** *s.* Ge'betbuch *n*; '~**-meet·ing** *s.* Ge'betsversammlung *f*; '~**-wheel** *s.* Ge'betsmühle *f*.

pre- [pri:; pri] *in Zssgn* **a)** (*zeitlich*) vor(her); vor...; früher als, **b)** (*räumlich*) vor, da'vor.

preach [pri:tʃ] **I.** *v/i.* **1.** (*to*) predigen (zu *od.* vor *dat.*), e-e Predigt halten (*dat. od.* vor *dat.*); **2.** *fig.* ‚predigen' (*Ermahnungen äußern*); **II.** *v/t.* **3.** *et.* predigen: *to* ~ *the gospel* das Evangelium predigen *od.* verkünden; *to* ~ *a sermon* e-e Predigt halten; **4.** ermahnen zu: *to* ~ *charity* Nächstenliebe predigen; '**preach·er** [-tʃə] *s.* Prediger(in); '**preach·i·fy** [-tʃifai] *v/i.* sal'badern, Mo'ral predigen; '**preach·ing** [-tʃiŋ] *s.* **1.** Predigen *n*; **2.** *bibl.* Lehre *f*; '**preach·ment** [-mənt] *s. contp.* Ser'mon *m*, Salbade'rei *f*; '**preach·y** [-tʃi] *adj.* □ F sal'badernd, moralisierend.

pre·am·ble [pri:'æmbl] *s.* **1.** Prä'ambel *f* (*a.* ⚖), Einleitung *f*; Oberbegriff *m e-r Patentschrift*; Kopf *m e-s Funkspruchs etc.*; **2.** *fig.* Vorspiel *n*, Auftakt *m*.

pre·ar·range ['pri:ə'reindʒ] *v/t.* vorher abmachen *od.* anordnen *od.* bestimmen.

preb·end ['prebənd] *s. eccl.* Prä'bende *f*, Pfründe *f*; '**preb·en·dar·y** [-bəndəri] *s.* Pfründner *m*, Dom-, Stiftsherr *m*.

pre·cal·cu·late ['pri:'kælkjuleit] *v/t.* vor'ausberechnen.

pre·car·i·ous [pri'kɛəriəs] *adj.* □ **1.** pre'kär, unsicher (*a. Lebensunterhalt*), bedenklich (*a. Gesundheitszustand*); **2.** gefährlich; **3.** anfechtbar; **4.** ⚖ 'widerruflich; **pre'car·i·ous·ness** [-nis] *s.* **1.** Unsicherheit *f*; **2.** Gefährlichkeit *f*; **3.** Zweifelhaftigkeit *f*.

prec·a·to·ry ['prekətəri] *adj.* e-e Bitte enthaltend, Bitt...: *in ~ words* ⚖ (*in Testamenten*) als Bitte (*nicht als Auftrag*) formuliert.

pre·cau·tion [pri'kɔ:ʃən] *s.* **1.** Vorkehrung *f*, Vorsichtsmaßregel *f*: *to take ~s* Vorsichtsmaßregeln *od.* Vorsorge treffen; *as a ~* vorsichtshalber, vorsorglich; **2.** Vorsicht *f*; **pre'cau·tion·ar·y** [-ʃnəri] *adj.* **1.** vorbeugend, Vorsichts...: *~ measures* Vorkehrungen; **2.** Warn..., Warnungs...: *~ signal* Warnsignal.

pre·cede [pri(:)'si:d] **I.** *v/t.* **1.** vor'aus-, vor'angehen (*dat.*) (*a. fig. Buchkapitel, Zeitraum etc.*); **2.** den Vorrang *od.* Vortritt *od.* Vorzug haben vor (*dat.*), vorgehen (*dat.*); **3.** *fig.* (*by, with s.th.*) (durch et.) einleiten, (*e-r Sache* et.) vor'ausschikken; **II.** *v/i.* **4.** voran-, vorausgehen; **5.** den Vorrang *od.* Vortritt haben; **pre'ced·ence** [-dəns] *s.* **1.** Vor'hergehen *n*, Priori'tät *f*: *to have the ~ of e-r Sache zeitlich* vorangehen; **2.** Vorrang *m*, Vorzug *m*, Vortritt *m*, Vorrecht *n*: *to take ~ of* (*od. over*) → *precede 2*; (*order of*) ~ Rangordnung; **prec·e·dent** ['presidənt] **I.** *s.* ⚖ Präze'denzfall *m*, Präju'diz *n*: *without ~* ohne Beispiel, noch nie dagewesen; *to set a ~* e-n Präzedenzfall schaffen; **II.** *adj.* □ vor'hergehend; **pre'ced·ing** [-diŋ] **I.** *adj.* vorhergehend: *~ indorser* † Vor(der)mann (*Wechsel*); **II.** *prp.* vor (*dat.*).

pre·cen·tor [pri(:)'sentə] *s.* ♪, *eccl.* Kantor *m*, Vorsänger *m*.

pre·cept ['pri:sept] *s.* **1.** (*a.* göttliches) Gebot; **2.** Regel *f*, Richtschnur *f*; **3.** Lehre *f*, Unter'weisung *f*; **4.** ⚖ Gerichtsbefehl *m*; **pre·cep·tor** [pri'septə] *s.* Lehrer *m*; **pre·cep·tress** [pri'septris] *s.* Lehrerin *f*.

pre·cinct ['pri:siŋkt] *s.* **1.** Bezirk *m*: *cathedral ~s* Domfreiheit; **2.** *bsd. Am.* Poli'zei-, Wahlbezirk *m*; **3.** *pl.* Um'gebung *f*, Bereich *m*; **4.** *pl. fig.* Grenzen *pl.*

pre·ci·os·i·ty [preʃi'ɔsiti] *s.* Geziertheit *f*, Affektiertheit *f*, Über'feinerung *f*.

pre·cious ['preʃəs] **I.** *adj.* □ **1.** kostbar, wertvoll (*a. fig.*): *~ memories*; **2.** edel (*Steine etc.*): *~ metals* Edelmetalle; **3.** *iro.* schön, nett: *a ~ mess* e-e schöne Unordnung; **4.** F beträchtlich: *a ~ lot better than* bei weitem besser als; **5.** *fig.* prezi'ös, affektiert, geziert: *~ style*; **II.** *adv.* **6.** F reichlich, äußerst: *~ little*; **III.** *s.* **7.** Schatz *m*, Liebling *m*: *my ~!*; **'pre·cious·ness** [-nis] *s.* **1.** Köstlichkeit *f*, Kostbarkeit *f*; **2.** → *preciosity*.

prec·i·pice ['presipis] *s.* **1.** Abgrund *m* (*a. fig.*); **2.** *fig.* Klippe *f*.

pre·cip·i·ta·ble [pri'sipitəbl] *adj.* ⚗ abscheidbar, fällbar, niederschlagbar; **pre'cip·i·tance** [-təns], **pre·cip·i·tan·cy** [-tənsi] *s.* **1.** Eile *f*; **2.** Hast *f*, Über'stürzung *f*; **pre'cip·i·tant** [-tənt] **I.** *adj.* □ **1.** (steil) abstürzend, jäh; **2.** *fig.* hastig, eilig; **3.** *fig.* über'eilt; **II.** *s.* **4.** ⚗ Fällungsmittel *n*; **pre'cip·i·tate** [-teit] **I.** *v/t.* **1.** hin'abstürzen (*a. fig.*); **2.** *fig. Ereignisse* her'aufbeschwören, (plötzlich) her'beiführen, beschleunigen; **3.** *j-n* (hin'ein)stürzen (*into* in *acc.*): *to ~ a country into war*; **4.** ⚗ (aus)fällen; **5.** *meteor.* niederschlagen, verflüssigen; **II.** *v/i.* **6.** ⚗ *u. meteor.* sich niederschlagen; **III.** *adj.* [-tit] **7.** jäh(lings) hinabstürzend, steil abfallend; **8.** *fig.* über'stürzt, -'eilt, 'voreilig; eilig, hastig; **9.** plötzlich; **IV.** *s.* [-tit] **10.** ⚗ Niederschlag *m*, 'Fällpro,dukt *n*; **pre'cip·i·tate·ness** [-titnis] *s.* Über'eilung *f*, 'Voreiligkeit *f*; **pre·cip·i·ta·tion** [prisipi'teiʃən] *s.* **1.** jäher Sturz, (Her'ab-)Stürzen *n*; **2.** *fig.* Über'stürzung *f*; Hast *f*; **3.** ⚗ Fällung *f*; **4.** *meteor.* Niederschlag *m*; **5.** *Spiritismus*: Materialisati'on *f*; **pre'cip·i·ta·tor** [-teitə] *s.* ⚗ 'Ausfällappa,rat *m*; **pre'cip·i·tous** [-təs] *adj.* □ **1.** jäh, steil (abfallend), abschüssig; **2.** *fig.* über'stürzt.

pré·cis ['preisi:] (*Fr.*) **I.** *pl.* **-cis** [-si:z] *s.* (kurze) 'Übersicht, Zs.-fassung *f*; **II.** *v/t.* kurz zs.-fassen, e-e kurze Darstellung geben von.

pre·cise [pri'sais] *adj.* □ **1.** prä'zis(e), klar, genau; **2.** ex'akt, (peinlich) genau, kor'rekt; *contp.* pe'dantisch; **3.** genau, richtig (*Betrag, Moment etc.*); **pre'cise·ly** [-li] *adv.* **1.** → *precise*; **2.** gerade, genau, ausgerechnet; **3.** *~!* genau!; **pre'cise·ness** [-nis] *s.* **1.** (über'triebene) Genauigkeit; **2.** (ängstliche) Gewissenhaftigkeit, Pedante'rie *f*; **pre·ci·sian** [pri'siʒən] *s.* Rigo'rist (-in), Pe'dant(in); **pre·ci·sion** [pri'siʒən] **I.** *s.* Genauigkeit *f*, Ex'aktheit *f*; *a.* ⊕, ⚔ Präzisi'on *f*; **II.** *adj.* ⊕, ⚔ Präzisions..., Fein...: *~ adjustment* **a)** ⊕ Feineinstellung, **b)** ⚔ genaues Einschießen; *~ bombing* gezielter Bombenwurf; *~ instrument* Präzisionsinstrument; *~ mechanics* Feinmechanik.

pre·clude [pri'klu:d] *v/t.* **1.** ausschließen (*from* von); **2.** *e-r Sache* vorbeugen *od.* zu'vorkommen; *Einwände* vor'wegnehmen; **3.** *j-n* hindern (*from* an *dat.*, *from doing* zu tun); **pre'clu·sion** [-u:ʒən] *s.* **1.** Ausschließung *f*, Ausschluß *m* (*from* von); **2.** Verhinderung *f*; **pre'clu·sive** [-u:siv] *adj.* □ **1.** ausschließend (*of* von); **2.** (ver)hindernd.

pre·co·cious [pri'kouʃəs] *adj.* □ **1.** frühreif, frühzeitig (entwickelt); **2.** *fig.* frühreif, altklug; **pre'co·cious·ness** [-nis], **pre'coc·i·ty** [-'kɔsiti] *s.* **1.** Frühreife *f*, -zeitigkeit *f*; **2.** *fig.* Frühreife *f*, Altklugheit *f*.

pre·cog·ni·tion [pri:kɔg'niʃən] *s.* Vorkenntnis *f*.

pre·con·ceive ['pri:kən'si:v] *v/t.* (sich) vorher ausdenken, sich vorher vorstellen: *~d opinion* → *preconception*; **pre·con·cep·tion** ['pri:kən'sepʃən] *s.* vorgefaßte Meinung, Vorurteil *n*.

pre·con·cert ['pri:kən'sə:t] *v/t.* vorher vereinbaren: *~ed* verabredet, *b.s.* abgekartet.

'pre·con'di·tion *s.* Vorbedingung *f*, Vor'aussetzung *f*.

pre·co·nize ['pri:kənaiz] *v/t.* **1.** öffentlich verkündigen; **2.** *R.C. Bischof* präkonisieren.

pre·cook ['pri:'kuk] *v/t.* vorkochen.

pre·cool ['pri:'ku:l] *v/t.* vorkühlen.

pre·cur·sor [pri(:)'kə:sə] *s.* **1.** Vorläufer(in), Vorbote *m*, -botin *f*; **2.** (Amts)Vorgänger(in); **pre'cur·so·ry** [-əri] *adj.* **1.** vor'ausgehend; **2.** einleitend, vorbereitend.

pre·da·ceous *Am.*, **pre·da·cious** *Brit.* [pri'deiʃəs] *adj.* räuberisch: *~ animal* Raubtier; *~ instinct* Raub(tier)instinkt.

pre·date ['pri:'deit] *v/t.* **1.** zu'rück-, vordatieren; **2.** *zeitlich* vor'angehen.

pred·a·to·ry ['predətəri] *adj.* □ räuberisch, Raub...(*-krieg, -vogel etc.*).

pre·de·cease ['pri:di'si:s] *v/t.* früher sterben als *j-d*, vor *j-m* sterben: *~d parent* ⚖ vorverstorbener Elternteil.

pred·e·ces·sor ['pri:disesə] *s.* **1.** Vorgänger(in) (*a. fig. Buch etc.*): *~ in interest* ⚖ Rechtsvorgänger; *~ in office* Amtsvorgänger; **2.** Vorfahr *m*.

pre·des·ti·nate [pri(:)'destineit] **I.** *v/t. eccl. u. weitS.* prädestinieren, aus(er)wählen, (vor'her)bestimmen, ausersehen (*to* für, zu); **II.** *adj.* [-nit] prädestiniert, auserwählt; **pre·des·ti·na·ti·on** [pri(:)desti'neiʃən] *s.* **1.** Vor'herbestimmung *f*; **2.** *eccl.* Prädestinati'on *f*, Gnadenwahl *f*; **pre'des·tine** [-tin] → *predestinate I*.

pre·de·ter·mi·na·tion ['pri:ditə:mi'neiʃən] *s.* Vor'herbestimmung *f*; **pre·de·ter·mine** ['pri:di'tə:min] *v/t.* **1.** *eccl.*, *a.* ⊕ vor'herbestimmen; **2.** *Kosten etc.* vorher festsetzen *od.* bestimmen: *to ~ s.o. to s.th.* j-n für et. vorbestimmen.

pred·i·ca·ble ['predikəbl] **I.** *adj.* aussagbar, *j-m* zuzuschreiben(d); **II.** *s. pl. phls.* Prädika'bilien *pl.*, Allgemeinbegriffe *pl.*; **pre·dic·a·ment** [pri'dikəmənt] *s.* **1.** *phls.* Katego'rie *f*; **2.** (mißliche) Lage; **pred·i·cate** ['predikeit] **I.** *v/t.* **1.** behaupten, aussagen; **2.** *phls.* prädizieren, aussagen; **3.** *Am.* F (be)gründen, basieren (*on* auf *dat.*); **II.** *s.* [-kit] **4.** *phls.* Aussage *f*; **5.** *ling.* Prädi'kat *n*, Satzaussage *f*: *~ adjective* prädikatives Adjektiv; **pred·i·ca·tion** [predi'keiʃən] *s.* Aussage *f* (*a. ling. im Prädikat*), Behauptung *f*; **pred·i·ca·tive** [pri'dikətiv] *adj.* □ **1.** aussagend, Aussage...; **2.** *ling.* prädika'tiv; **pred·i·ca·to·ry** [pri'dikətəri] *adj.* **1.** predigend, Prediger...; **2.** gepredigt.

pre·dict [pri'dikt] *v/t.* vor'her-, vor'aussagen, prophe'zeien; **pre'dict·a·ble** [-təbl] *adj.* vor'aussagbar; **pre'dic·tion** [-kʃən] *s.* Vor'her-, Vor'aussage *f*, Weissagung *f*, Prophe'zeiung *f*; **pre'dic·tor** [-tə] *s.* **1.** Pro'phet(in); **2.** ✈ Kom'mandogerät *n*.

pre·di·lec·tion [pri:di'lekʃən] *s.* Vorliebe *f*, Voreingenommenheit *f* (*for* für).

pre·dis·pose ['pri:dis'pouz] *v/t.* (*to*) *j-n* im vor'aus geneigt *od.* empfänglich machen (für); *bsd.* ⚕ prädisponieren, empfänglich *od.* anfällig machen (für); **pre·dis·po·si·tion** ['pri:dispə'ziʃən] *s.* (*to*) Neigung *f* (zu); Empfänglichkeit *f* (für); Anfälligkeit *f* (für) (*alle a.* ⚕).

pre·dom·i·nance [pri'dɔminəns] *s.* **1.** Vorherrschaft *f*; Vormacht(stellung) *f*; **2.** *fig.* Vorherrschen *n*,

Über'wiegen *n*, 'Übergewicht *n* (*in* in *dat.*, *over* über *acc.*); 3. Über'legenheit *f*; **pre'dom·i·nant** [-nt] *adj.* □ **1.** vorherrschend, über'wiegend, 'vorwiegend; **2.** über'legen; **pre'dom·i·nate** [-neit] *v/i.* **1.** vorherrschen, über'wiegen, vorwiegen; **2.** *zahlenmäßig, geistig, körperlich etc.* über'legen sein; **3.** die Oberhand *od.* das 'Übergewicht haben (*over* über *acc.*); **4.** herrschen, die Herrschaft haben (*over* über *acc.*).

pre-em·i·nence [pri(:)'eminəns] *s.* **1.** Her'vorragen *n*, Über'legenheit *f* (*above, over* über *acc.*); **2.** Vorrang *m*, -zug *m* (*over* vor *dat.*); **3.** her'vorragende Stellung; **pre-'em·i·nent** [-nt] *adj.* □ her'vorragend, über'ragend: *to be* ~ hervorstechen, sich hervortun (*in* in *dat.*, *among* unter *dat.*).

pre-empt [pri(:)'empt] *v/t. u. v/i.* durch Vorkaufsrecht erwerben; **pre-'emp·tion** [-pʃən] *s.* Vorkauf(srecht *n*) *m*: ~ *price* Vorkaufspreis; **pre-'emp·tive** [-tiv] *adj.* **1.** Vorkaufs...: ~ *right*; **2.** ⚔ Präventiv...: ~ *strike* Präventivschlag; **pre-'emp·tor** [-tə] *s.* Vorkaufsberechtigte(r *m*) *f*, Vorkäufer *m*.

preen [pri:n] *v/t. Gefieder etc.* putzen; *sein Haar* (her)richten: *to* ~ *o.s.* sich putzen (*a. Person*); *to* ~ *o.s. on fig.* sich et. einbilden auf (*acc.*).

pre-en·gage ['pri:in'geidʒ] *v/t.* **1.** im vor'aus *vertraglich* verpflichten; **2.** im voraus in Anspruch nehmen; **3.** ✝ vorbestellen; **'pre-en'gage·ment** [-mənt] *s.* vorher eingegangene Verpflichtung, frühere Verbindlichkeit.

pre-ex·am·i·na·tion ['pri:igzæmi'neiʃən] *s.* vor'herige Vernehmung, 'Vorunter,suchung *f*, -prüfung *f*.

pre-ex·ist ['pri:ig'zist] *v/i.* vorher vor'handen sein *od.* existieren; **'pre-ex'ist·ence** [-təns] *s. bsd. eccl.* früheres Dasein, Präexi'stenz *f*.

pre·fab ['pri:'fæb] **I.** *adj.* → *prefabricated*; **II.** *s.* Fertighaus *n*.

pre·fab·ri·cate ['pri:'fæbrikeit] *v/t.* vorfabrizieren, *genormte* Fertigteile für *Häuser etc.* herstellen; **'pre'fab·ri·cat·ed** [-tid] *adj.* vorgefertigt, zs.-setzbar, Fertig...: ~ *piece* Bauteil.

pref·ace ['prefis] **I.** *s.* Vorrede *f*, -wort *n*; Einleitung *f* (*a. fig.*); **II.** *v/t. Rede etc.* einleiten (*a. fig.*), ein Vorwort schreiben zu *e-m Buch*.

pref·a·to·ry ['prefətəri] *adj.* □ einleitend, Einleitungs...

pre·fect ['pri:fekt] *s.* **1.** *pol.* Prä'fekt *m*; **2.** *Brit.* Aufsichts-, Vertrauensschüler *m*, Ordner *m*.

pre·fer [pri'fə:] *v/t.* **1.** (es) vorziehen (*to dat., rather than* statt); bevorzugen: *I* ~ *to go today* ich gehe lieber heute; ~*red* ✝ bevorzugt, Vorzugs... (*-aktie etc.*); **2.** befördern (*to* [*the rank of*] zum); **3.** ⚖ *Gläubiger etc.* begünstigen, bevorzugt befriedigen; **4.** ⚖ *Gesuch, Klage* einreichen (*to* bei, *against* gegen); *Ansprüche* erheben; **pref·er·a·ble** ['prefərəbl] *adj.* □ (*to*) vorzuziehen(d) (*dat.*); vorzüglicher (als); **pref·er·a·bly** ['prefərəbli] *adv.* vorzugsweise, lieber, am besten; **pref·er·ence** ['prefərəns] *s.* **1.** Bevorzugung *f*, Vorzug *m* (*above, before, over, to* vor *dat.*); **2.** Vorliebe *f* (*for* für): *by* ~ mit (besonderer) Vorliebe; **3.** ✝, ⚖ **a**) Vor(zugs)recht *n*, Priori'tät *f*: ~ *bond* Prioritätsobligation; ~ *dividend Brit.* Vorzugsdividende; ~ *share* (*od. stock*) *Brit.* Vorzugsaktie, **b**) Vorzug *m*, Bevorrechtigung *f*: ~ *as to dividends* Dividendenbevorrechtigung, **c**) bevorzugte Befriedigung (*a. Konkurs*): *fraudulent* ~ Gläubigerbegünstigung, **d**) *Zoll*: 'Meistbegünstigung(sta,rif *m*) *f*, **e**) *Brit.* 'Vorzugs,aktie *f*; **pref·er·en·tial** [prefə'renʃəl] *adj.* □ bevorzugt; *a.* ✝, ⚖ bevorrechtigt (*Forderung, Gläubiger etc.*), Vorzugs...(*-aktie, -dividende, -recht, -zoll*): ~ *treatment* Vorzugsbehandlung; **pref·er·en·tial·ly** [prefə'renʃəli] *adv.* vorzugsweise; **pre'fer·ment** [-mənt] *s.* **1.** Beförderung *f* (*to* zu); **2.** höheres Amt, Ehrenamt *n* (*bsd. eccl.*); **3.** ⚖ Einreichung *f* (*Klage*).

pre·fig·u·ra·tion ['pri:figju'reiʃən] *s.* **1.** vorbildhafte Darstellung, Vor-, Urbild *n*; **2.** vor'herige Darstellung.

pre·fix I. *v/t.* [pri:'fiks] (*a. ling. Wort, Silbe*) vorsetzen, vor'ausgehen lassen (*to dat.*); **II.** *s.* vorsetzen ['pri:fiks] *ling.* Prä'fix *n*, Vorsilbe *f*.

preg·nan·cy ['pregnənsi] *s.* **1.** Schwangerschaft *f*; *zo.* Trächtigkeit *f*; **2.** *fig.* Fruchtbarkeit *f*, Schöpferkraft *f*, Gedankenfülle *f*; **3.** *fig.* Prä'gnanz *f*, Bedeutungsgehalt *m*, -schwere *f*; **'preg·nant** [-nt] *adj.* □ **1. a**) schwanger (*Frau*), **b**) trächtig (*Tier*); **2.** *fig.* fruchtbar, reich (*in* an *dat.*); **3.** einfalls-, geistreich; **4.** *fig.* prä'gnant, bedeutungsvoll, gewichtig; voll (*with* von).

pre·heat ['pri:'hi:t] *v/t.* vorwärmen (*a.* ⊕).

pre·hen·sile [pri'hensail] *adj. zo.* zum Greifen geeignet, Greif...

pre·his·tor·ic *adj.*; **pre·his·tor·i·cal** ['pri:his'tɔrik(əl)] *adj.* □ prähi'storisch, vorgeschichtlich; **pre·his·to·ry** ['pri:'histəri] *s.* Vor-, Urgeschichte *f*.

pre-ig·ni·tion ['pri:ig'niʃən] *s. mot.* Frühzündung *f*.

pre·judge ['pri:'dʒʌdʒ] *v/t.* im vor'aus *od.* vorschnell be- *od.* verurteilen.

prej·u·dice ['predʒudis] **I.** *s.* **1.** Vorurteil *n*, Voreingenommenheit *f*, vorgefaßte Meinung; **2.** (*a.* ⚖) Nachteil *m*, Schaden *m*: *to the* ~ *of* zum Nachteil (*gen.*); *without* ~ ohne Verbindlichkeit; *without* ~ *to* ohne Schaden für, unbeschadet (*gen.*); **II.** *v/t.* **3.** mit e-m Vorurteil erfüllen, einnehmen (*in favo[u]r of* für, *against* gegen): ~*d* (vor)eingenommen; **4.** *bsd.* ⚖ beeinträchtigen, benachrichtigen, schaden (*dat.*); *e-r Sache* Abbruch tun; **prej·u·di·cial** [predʒu'diʃəl] *adj.* □ nachteilig, schädlich (*to* für).

prel·a·cy ['preləsi] *s.* **1.** Prälatur *f*: **a**) Prä'latenwürde *f*, **b**) Amtsbereich *m* e-s Prä'laten; **2.** *coll.* Prä'laten (-stand *m*, -tum *n*) *pl.*; **prel·ate** ['prelit] *s.* Prä'lat *m*.

pre·lect [pri'lekt] *v/i.* lesen, e-e Vorlesung *od.* Vorlesungen halten (*on, upon* über *acc.*, *to* vor *dat.*); **pre'lec·tion** [-kʃən] *s.* Vorlesung *f*, Vortrag *m*; **pre'lec·tor** [-tə] *s.* Vorleser *m*, (Universi'täts)Lektor *m*.

pre·lim [pri'lim] **1.** F → *preliminary examination*; **2.** *pl. typ.* Tite'lei *f*.

pre·lim·i·nar·y [pri'liminəri] **I.** *adj.* □ **1.** einleitend, vorbereitend, Vor...: ~ *discussion* Vorbesprechung; ~ *inquiry* ⚖ Voruntersuchung; ~ *measures* vorbereitende Maßnahmen; ~ *round sport* Vorrunde; ~ *work* Vorarbeit; **2.** vorläufig: ~ *dressing* ⚕ Notverband; **II.** *s.* **3.** *mst pl.* Einleitung *f*, Vorbereitung(en *pl.*) *f*, vorbereitende Maßnahmen *pl.*; *pl.* Präli'minarien *pl.* (*a.* ⚖ *e-s Vertrags*); **4.** ⚖ Vorverhandlungen *pl.*; **5.** → *preliminary examination*; ~ **ex·am·i·na·tion** *s. univ.* **1.** Aufnahmeprüfung *f*; **2. a**) Vorprüfung *f*, **b**) ⚕ 'Physikum *n*.

prel·ude ['prelju:d] **I.** *s.* **1.** ♪ Vorspiel *n*, Einleitung *f* (*beide a. fig.*), Prä'ludium *n*; *fig.* Auftakt *m*; **II.** *v/t.* **2.** ♪ **a**) (mit e-m Prä'ludium) einleiten, **b**) als Prä'ludium spielen; **3.** *bsd. fig.* einleiten, das Vorspiel *od.* der Auftakt sein zu; **III.** *v/i.* **4.** ♪ **a**) ein Prä'ludium spielen, **b**) als Vorspiel dienen (*to* für, zu); **5.** *fig.* das Vorspiel *od.* die Einleitung bilden.

pre·mar·i·tal ['pri:mə'raitl] *adj.* vorehelich.

pre·ma·ture [premə'tjuə] *adj.* □ **1.** früh-, vorzeitig, verfrüht: ~ *birth* Frühgeburt; ~ *ignition mot.* Frühzündung; **2.** *fig.* voreilig, -schnell, über'eilt; **3.** frühreif; **pre·ma'ture·ness** [-nis], **pre·ma'tu·ri·ty** [-əriti] *s.* **1.** Frühreife *f*; **2.** Früh-, Vorzeitigkeit *f*; **3.** Voreiligkeit *f*, Über'eiltheit *f*.

pre·med·i·cal ['pri:'medikəl] *adj.* 'vormedi,zinisch, in die Medi'zin einführend: ~ *course* Einführungskurs in die Medizin; ~ *student* Medizinstudent(in) im ersten Semester.

pre·me·di·e·val ['pri:medi'i:vəl] *adj.* frühmittelalterlich.

pre·med·i·tate [pri(:)'mediteit] *v/t. u. v/i.* vorher über'legen: ~*d murder* vorsätzlicher Mord; **pre'med·i·tat·ed·ly** [-tidli] *adv.* mit Vorbedacht, vorsätzlich; **pre·med·i·ta·tion** [pri(:)medi'teiʃən] *s.* Vorbedacht *m*; Vorsatz *m*.

pre·mi·er ['premjə] **I.** *adj.* erst; oberst, Haupt...; **II.** *s.* Premi'er(mi,nister) *m*.

pre·mière [prə'mjɛə] (*Fr.*) *thea.* **I.** *s.* Premi'ere *f*, Ur-, Erstaufführung *f*; **II.** *v/t.* ur-, erstaufführen.

pre·mi·er·ship ['premjəʃip] *s.* Amt *n od.* Würde *f* des Premi'ermi,nisters.

prem·ise[1] ['premis] *s.* **1.** *phls.* Prä'misse *f*, Vor'aussetzung *f*, Vordersatz *m e-s Schlusses*; **2.** ⚖ **a**) *pl. das* Obenerwähnte: *in the* ~*s* im Vorstehenden; *in these* ~*s* in Hinsicht auf das eben Erwähnte, **b**) obenerwähntes Grundstück; **3.** *pl.* **a**) Grundstück *n*, **b**) Haus *n* nebst Zubehör (*Nebengebäude, Grund u. Boden*), **c**) Lo'kal *n*, Räumlichkeiten *pl.*: *business* ~*s* Geschäftsgrundstück, -räume; *licensed* ~ Schanklokal; *on the* ~*s* an Ort u. Stelle, auf dem Grundstück, im Hause *od.* Lokal.

pre·mise² [pri'maiz] *v/t.* **1.** vor'ausschicken; **2.** *phls.* postulieren.

pre·mi·um ['pri:mjəm] *s.* **1.** (Leistungs- *etc.*)Prämie *f*, Bonus *m*; Belohnung *f*, Preis *m*; Zugabe *f*: ~ *offers* ✝ Verkauf mit Zugaben; ~ *system* Prämienlohnsystem; **2.** (Versicherungs)Prämie *f*: *free of* ~ prämienfrei; **3.** ✝ Aufgeld *n*, Agio *n*: *at a* ~ **a)** ✝ über Pari, **b)** *fig.* hoch im Kurs (stehend), sehr gesucht; *to sell at a* ~ **a)** (*v/i.*) über Pari stehen, **b)** (*v/t.*) mit Gewinn verkaufen; **4.** Lehrgeld *n e-s Lehrlings*, 'Ausbildungshono,rar *n*.

pre·mo·ni·tion [pri:mə'niʃən] *s.* **1.** Warnung *f*; **2.** (Vor)Ahnung *f*, Vorgefühl *n*; **pre·mon·i·to·ry** [pri'mɔnitəri] *adj.* warnend: ~ *symptom* ⚕ Frühsymptom.

pre·na·tal ['pri:'neitl] *adj.* ⚕ vor der Geburt, vorgeburtlich.

pre·oc·cu·pan·cy [pri(:)'ɔkjupənsi] *s.* **1.** (Recht *n* der) frühere(n) Besitznahme; **2.** (*in*) Beschäftigtsein *n* (mit), Vertieftsein *n* (in *acc.*); **pre·oc·cu·pa·tion** [pri(:)ɔkju'peiʃən] *s.* **1.** vor'herige Besitznahme; **2.** (*with*) Beschäftigtsein *n* (mit), Vertieftsein *n* (in *acc.*), In'anspruchnahme *f* (durch); **3.** Hauptbeschäftigung *f*; **4.** Vorurteil *n*, Voreingenommenheit *f*; **pre'oc·cu·pied** [-paid] *adj.* vertieft (*with* in *acc.*), gedankenverloren, geistesabwesend; **pre·oc·cu·py** [pri(:)'ɔkjupai] *v/t.* **1.** vorher *od.* vor anderen in Besitz nehmen; **2.** *j-n* (völlig) in Anspruch nehmen, *j-s Gedanken* ausschließlich beschäftigen, erfüllen.

pre·or·dain ['pri:ɔ:'dein] *v/t.* vorher anordnen *od.* bestimmen.

prep [prep] *s.* F **1. a)** *a.* ~ *school* → *preparatory school*, **b)** *Am.* Schüler(in) e-r *preparatory school*; **2.** *Brit.* → *preparation 5.*

pre·paid ['pri:'peid] *adj.* vor'ausbezahlt; ✉ frankiert, (porto)frei.

prep·a·ra·tion [prepə'reiʃən] *s.* **1.** Vorbereitung *f*: *in* ~ *for* als Vorbereitung auf (*acc.*); *to make* ~*s* Vorbereitungen *od.* Anstalten treffen (*for* für); **2.** (Zu)Bereitung *f* (*von Tee, Speisen etc.*), Herstellung *f*; ⚒, ⊕ Aufbereitung *f* (*von Erz, Kraftstoff etc.*); Vorbehandlung *f*, Imprägnieren *n* (*von Holz etc.*); **3.** ⚗, ⚕ Präpa'rat *n*; *pharm. a.* Arz'nei (-mittel *n*) *f*; **4.** Abfassung *f e-r Urkunde etc.*; Ausfüllen *n e-s Formulars*; **5.** *ped. Brit.* (Anfertigung *f* der) Hausaufgaben *pl.*, Vorbereitung(sstunde) *f*; **6.** ♪ **a)** (Disso'nanz)Vorbereitung *f*, **b)** Einleitung *f*; **pre·par·a·tive** [pri'pærətiv] **I.** *adj.* □ → *preparatory I*; **II.** *s.* Vorbereitung *f*, vorbereitende Maßnahme (*for* auf *acc.*, *to* zu).

pre·par·a·to·ry [pri'pærətəri] **I.** *adj.* □ **1.** vorbereitend, als Vorbereitung dienend (*to* für); **2.** Vor(bereitungs)...; **3.** ~ *to adv.* im Hinblick auf (*acc.*), vor (*dat.*): ~ *to doing s.th.* bevor *od.* ehe man etwas tut; **II.** *s.* **4.** *Brit.* → *preparatory school*; ~ **school** *s.* (*Am.* pri'vate) Vor(bereitungs)schule.

pre·pare [pri'pɛə] **I.** *v/t.* **1.** (*a. Rede, Schularbeiten, Schüler etc.*) vorbereiten; zu'recht-, fertigmachen, (her)richten; *Speise etc.* (zu)bereiten; **2.** (aus)rüsten, bereitstellen; **3.** *j-n seelisch* vorbereiten (*to do* zu tun, *for* auf *acc.*): **a)** geneigt *od.* bereit machen, **b)** gefaßt machen: *to* ~ *o.s. to do s.th.* sich anschicken, et. zu tun; **4.** anfertigen, ausarbeiten, *Plan* entwerfen, *Schriftstück* abfassen; **5.** ⚗, ⊕ **a)** herstellen, anfertigen, **b)** präparieren, zurichten; **6.** *Kohle* aufbereiten; **II.** *v/i.* **7.** (*for*) sich (*a. seelisch*) vorbereiten (auf *acc.*), sich anschicken *od.* rüsten, Vorbereitungen *od.* Anstalten treffen (für): *to* ~ *for war* (sich) zum Krieg rüsten; ~ *to* ...! ⚔ Fertig zum ...!; **pre'pared** [-ɛəd] *adj.* **1.** vor-, zubereitet, bereit; **2.** *fig.* bereit, gewillt: *to be* ~ *to do s.th.*; **3.** gefaßt (*for* auf *acc.*); **pre'par·ed·ness** [-ɛədnis] *s.* **1.** Bereitschaft *f*; **2.** Gefaßtsein *n* (*for* auf *acc.*).

pre·pay ['pri:'pei] *v/t.* [*irr.* → *pay*] vor'ausbezahlen, *Brief etc.* frankieren, freimachen; **'pre'pay·ment** [-mənt] *s.* Vor'aus(be)zahlung *f*; Frankierung *f*: ~ *fee* Freimachungsgebühr.

pre·pense [pri'pens] *adj.* □ ⚖ vorsätzlich, vorbedacht: *with* (*od. of*) *malice* ~ in böswilliger Absicht.

pre·pon·der·ance [pri'pɔndərəns] *s.* **1.** 'Übergewicht *n* (*a. fig. over* über *acc.*); **2.** *fig.* Über'wiegen *n* (*an Zahl etc.*), über'wiegende Zahl (*over* über *acc.*); **pre'pon·der·ant** [-nt] *adj.* □ über'wiegend, entscheidend; **pre·pon·der·ate** [pri'pɔndəreit] *v/i. fig.* über'wiegen, vorherrschen, -wiegen: *to* ~ *over* (an Zahl) übersteigen, überlegen sein (*dat.*).

prep·o·si·tion [prepə'ziʃən] *s. ling.* Präpositi'on *f*, Verhältniswort *n*; **prep·o'si·tion·al** [-ʃənl] *adj.* □ präpositio'nal.

pre·pos·sess [pri:pə'zes] *v/t.* **1.** *mst pass. j-n, den Geist* einnehmen (*in favo[u]r of* für): ~*ed* voreingenommen; ~*ing* einnehmend, anziehend; **2.** erfüllen (*with* mit *Ideen etc.*); **pre·pos'ses·sion** [-eʃən] *s.* Voreingenommenheit *f* (*in favo[u]r of* für), Vorurteil *n* (*against* gegen); vorgefaßte (günstige) Meinung (*for* von).

pre·pos·ter·ous [pri'pɔstərəs] *adj.* □ **1.** ab'surd, 'widersinnig, -na,türlich; **2.** lächerlich, gro'tesk.

pre·po·tence [pri'poutəns], **pre'po·ten·cy** [-si] *s.* **1.** Vorherrschaft *f*, Über'legenheit *f*; **2.** *biol.* stärkere Vererbungskraft; **pre'po·tent** [-nt] *adj.* **1.** vorherrschend, (an Kraft) über'legen; **2.** *biol.* sich stärker fortpflanzend *od.* vererbend.

pre·print ['pri:'print] *s.* **1.** Vorabdruck *m* (*e-s Buches etc.*); **2.** Teilausgabe *f* (*e-s Gesamtwerks*).

pre·pro·gram(me) ['pri:'prougræm] *v/t.* vorprogrammieren.

pre·puce ['pri:pju:s] *s.* Vorhaut *f*.

pre·req·ui·site ['pri:'rekwizit] **I.** *adj.* vor'auszusetzen(d), erforderlich (*for, to* für); **II.** *s.* Vorbedingung *f*, (erste) Vor'aussetzung (*for, to* für).

pre·rog·a·tive [pri'rɔgətiv] **I.** *s.* Privi'leg(ium) *n*, Vorrecht *n*: *royal* ~ Hoheitsrecht; **II.** *adj.* bevorrechtigt: ~ *right* Vorrecht.

pre·sage ['presidʒ] **I.** *v/t.* **1.** *mst Böses* ahnen; **2.** (vorher) anzeigen *od.* ankündigen; **3.** weissagen, prophe'zeien; **II.** *s.* **4.** Omen *n*, Warnungs-, Anzeichen *n*; **5.** (Vor-) Ahnung *f*, Vorgefühl *n*; **6.** Vorbedeutung *f*: *of evil* ~.

pres·by·op·ic [prezbi'ɔpik] *adj.* alters-, weitsichtig.

pres·by·ter ['prezbitə] *s. eccl.* **1.** (Kirchen)Älteste(r) *m*; **2.** (Hilfs-) Geistliche(r) *m* (*in Episkopalkirchen*); **Pres·by·te·ri·an** [prezbi'tiəriən] **I.** *adj.* presbyteri'anisch; **II.** *s.* Presbyteri'aner(in); **'pres·by·ter·y** [-təri] *s.* **1.** Presby'terium *n* (*a.* ⛪ *Chor*); **2.** *katholisches* Pfarrhaus.

pre·school *ped.* **I.** *adj.* [pri:'sku:l] vorschulisch, Vorschul...: ~ *child* noch nicht schulpflichtiges Kind; **II.** *s.* ['pri:sku:l] Vorschule *f*.

pre·sci·ence ['presiəns] *s.* Vor'herwissen *n*, Vor'aussicht *f*; **'pre·sci·ent** [-nt] *adj.* □ vor'herwissend, -sehend (*of acc.*).

pre·scribe [pris'kraib] **I.** *v/t.* **1.** vorschreiben (*to s.o.* j-m), *et.* anordnen: (*as*) ~*d* (wie) vorgeschrieben, vorschriftsmäßig; **2.** ⚕ verordnen, -schreiben (*for od. to s.o.* j-m, *for s.th.* gegen et.); **II.** *v/i.* **3.** ⚕ et. verschreiben, ein Re'zept ausstellen (*for s.o.* j-m); **4.** ⚖ **a)** verjähren, **b)** Verjährung *od.* Ersitzung geltend machen (*for to* für, auf *acc.*).

pre·script ['pri:skript] *s.* Vorschrift *f*.

pre·scrip·tion [pris'kripʃən] **I.** *s.* **1.** Vorschrift *f*, Verordnung *f*; **2.** ⚕ Re'zept *n*, *a.* verordnete Medi'zin: *to take one's* ~; **3.** ⚖ **a)** (*positive*) ~ Ersitzung *f*, **b)** (*negative*) ~ Verjährung *f*; **II.** *adj.* **4.** ärztlich verordnet: ~ *glasses*; **pre'scrip·tive** [-ptiv] *adj.* □ **1.** verordnend, vorschreibend; **2.** ⚖ **a)** ersessen: ~ *right*, **b)** Verjährungs...: ~ *period*; ~ *debt* verjährte Schuld; **3.** (alt)herkömmlich.

pre·se·lec·tion ['pri:si'lekʃən] *s.* **1.** ⊕, *teleph.* Vorwahl *f*; **2.** *Radio*: 'Vorselekti,on *f*; **'pre·se'lec·tive** [-ktiv] *adj.* ⊕, *mot.* Vorwähler...: ~ *gears*; **'pre·se'lec·tor** [-ktə] *s. teleph.* Vorwähler *m*.

pres·ence ['prezns] *s.* **1.** Gegenwart *f*, Anwesenheit *f*: *in the* ~ *of* in Gegenwart *od.* in Anwesenheit von *od. gen.*, vor *Zeugen*; *saving your* ~ so sehr ich es bedaure, dies in Ihrer Gegenwart sagen zu müssen; → *mind* 2; **2.** (unmittelbare) Nähe, Vor'handensein *n*: *to be admitted into the* ~ (zur Audienz) vorgelassen werden; *in the* ~ *of danger* angesichts der Gefahr; **3.** hohe Per'sönlichkeit(en *pl.*); **4.** Äußere(s) *n*, Aussehen *n*, (stattliche) Erscheinung; *weitS.* Auftreten *n*, Haltung *f*; **5.** 'überna,türliche Erscheinung, Geist *m*; '~-**cham·ber** *s.* Audi'enzzimmer *n*.

pres·ent¹ ['preznt] **I.** *adj.* □ → *presently*; **1.** (*räumlich*) gegenwärtig, anwesend; vor'handen (*a.* ⚗ *etc.*): ~ *company, those* ~ die Anwesenden; *to be* ~ *at* teilnehmen an (*dat.*), beiwohnen (*dat.*), bei *e-m Fest etc.* zugegen sein; ~! (*bei Namensaufruf*) hier!; *it is* ~ *to my mind fig.* es ist mir gegenwärtig; **2.** (*zeitlich*) gegenwärtig, jetzig, augenblicklich, momen'tan: *the* ~ *day* (*od. time*) die Gegenwart; ~ *value* Gegenwartswert; **3.** heutig (*bsd. Tag*), laufend (*bsd. Jahr, Monat*); **4.** vorliegend (*Fall, Urkunde etc.*): *the* ~ *writer* der Schreiber *od.* Verfasser (dieser Zeilen); **5.** *ling.* ~ *participle* Mittelwort der Gegenwart, Partizip Präsens; ~ *perfect* Perfekt, zweite Vergangenheit; ~ *tense* → 7; **II.** *s.* **6.** Gegenwart *f*: *at* ~ gegenwärtig, im Augenblick, jetzt, momentan; *for the* ~ für den Augenblick, vorläufig, einstweilen; *up to the* ~ bislang, bis dato; **7.** *ling.* Präsens *n*, Gegenwart *f*; **8.** *pl.* ⚖ (vorliegendes) Schriftstück *od.* Doku'ment: *by these* ~*s* hiermit, hierdurch; *know all men by these* ~*s* hiermit jedermann kund und zu wissen (*daß*).

pre·sent[2] [pri'zent] **I.** *v/t.* **1.** (dar-) bieten, (über)'reichen; *Nachricht etc.* über'bringen: *to* ~ *one's compliments to* sich *j-m* empfehlen; *to* ~ *s.o. with* j-n mit *et.* beschenken; *to* ~ *s.th. to j-m* et. schenken; **2.** *Gesuch etc.* einreichen, vorlegen, unter'breiten; ✝ *Scheck, Wechsel* (zur Zahlung) vorlegen, präsentieren; ⚖ *Klage* erheben: *to* ~ *a case* e-n Fall vor Gericht vertreten; **3.** *j-n für ein Amt* vorschlagen; **4.** *Bitte, Klage, Argument etc.* vorbringen; *Gedanken, Wunsch etc.* äußern, unterbreiten; **5.** *j-n* vorstellen (*to dat.*), einführen (*at* bei *Hofe*): *to* ~ *o.s.* **a)** sich vorstellen, **b)** sich einfinden, erscheinen, sich melden (*for* zu), **c)** *fig.* sich bieten (*Möglichkeit etc.*); **6.** *Schwierigkeiten* bieten, *Problem* darstellen: *to* ~ *an appearance* (*of*) erscheinen (als); **7.** *thea. etc.* darbieten, *Film* vorführen, zeigen, *Sendung* bringen, geben; *Rolle* spielen *od.* verkörpern; *fig.* vergegenwärtigen, darstellen, schildern; **8.** ⚔ **a)** *Gewehr* präsentieren, **b)** *Waffe* anlegen, richten (*at* auf *acc.*).

pres·ent[3] ['preznt] *s.* Geschenk *n*: *to make s.o. a* ~ *of s.th.* j-m et. zum Geschenk machen.

pre·sent·a·ble [pri'zentəbl] *adj.* □ **1.** darstellbar; **2.** präsen'tabel (*Geschenk*); **3.** präsentabel (*Erscheinung*), anständig angezogen.

pres·en·ta·tion [prezen'teiʃən] *s.* **1.** Schenkung *f*, (feierliche) Über'reichung *od.* 'Übergabe: ~ *copy* Widmungsexemplar; **2.** Gabe *f*, Geschenk *n*; **3.** Vorstellung *f*, Einführung *f e-r Person*; **4.** Vorstellung *f*, Erscheinen *n*; **5.** *fig.* Darstellung *f*, Schilderung *f*, Behandlung *f e-s Falles, Problems etc.*; **6.** *thea., Kino, Radio*: Darbietung *f*, Vorführung *f*; ⚕ Demonstrati'on *f* (*im Kolleg*); **7.** Einreichung *f e-s Gesuchs etc.*; ✝ Vorlage *f e-s Wechsels*: (*up*)*on* ~ gegen Vorlage; *payable on* ~ zahlbar bei Sicht; **8.** Vorschlag(srecht *n*) *m*; Ernennung *f* (*Brit. a. eccl.*); **9.** ⚕ (Kinds-) Lage *f im Uterus*; **10.** *psych.* **a)** Wahrnehmung *f*, **b)** Vorstellung *f*.

'pres·ent-'day *adj.* heutig, gegenwärtig, mo'dern.

pre·sent·er [pri'zentə] *s. Brit.* ('Fernseh)Mode,rator *m*.

pre·sen·tient [pri'senʃiənt] *adj.* im vor'aus fühlend, ahnend (*of acc.*); **pre·sen·ti·ment** [pri'zentimənt] *s.* Vorgefühl *n*, (*mst* böse Vor)Ahnung.

pres·ent·ly ['prezntli] *adv.* **1.** (so-) 'gleich, bald (dar'auf), als'bald; **2.** jetzt, gegenwärtig; **3.** so'fort.

pre·sent·ment [pri'zentmənt] *s.* **1.** Darstellung *f*, 'Wiedergabe *f*, Bild *n*; **2.** *thea. etc.* Darbietung *f*, Aufführung *f*; **3.** ✝ (*Wechsel-*) Vorlage *f*; **4.** ⚖ Anklage(schrift) *f*; Unter'suchung *f* von Amts wegen.

pre·serv·a·ble [pri'zə:vəbl] *adj.* erhaltbar, zu erhalten(d), konservierbar; **pres·er·va·tion** [prezə(:)'veiʃən] *s.* **1.** Bewahrung *f*, (Er)Rettung *f*, Schutz *m* (*from* vor *dat.*): ~ *of natural beauty* Naturschutz; **2.** Erhaltung *f*, Konservierung *f*: *in good* ~ gut erhalten: ~ *of evidence* ⚖ Beweissicherung; **3.** Einmachen *n*, -kochen *n*, Konservierung *f* (*von Früchten etc.*); **pre'serv·a·tive** [-vətiv] **I.** *adj.* **1.** bewahrend, Schutz...: ~ *coat* ⊕ Schutzanstrich; **2.** erhaltend, konservierend; **II.** *s.* **3.** Konservierungsmittel *n* (*a.* ⊕); **4.** *bsd.* ⚕ Vorbeugungsmittel *n*, Präserva'tiv *n*; **pre·serve** [pri'zə:v] **I.** *v/t.* **1.** bewahren, behüten, (er-) retten, (be)schützen (*from* vor *dat.*); **2.** erhalten, vor dem Verderb schützen: *well-*~*d* guterhalten; **3.** aufbewahren, -heben; ⚖ *Beweise* sichern; **4.** konservieren (*a.* ⊕), *Obst etc.* einkochen, -machen, -legen: ~*d meat* Büchsenfleisch, *coll.* Fleischkonserven; **5.** *hunt. bsd. Brit.* *Wild, Fische* hegen; **6.** *fig. Haltung, Ruhe, Andenken etc.* (be)wahren: *to* ~ *silence*; **II.** *s.* **7.** *mst pl.* Eingemachte(s) *n*, Kon'serve(n *pl.*) *f*; **8.** *oft pl.* **a)** *hunt. bsd. Brit.* ('Wild-) Reser,vat *n*, (Jagd-, Fisch)Gehege *n*, **b)** *fig.* Gehege *n*: *to poach on s.o.'s* ~*s* j-m ins Gehege kommen (*a. fig.*); **pre'serv·er** [-və] *s.* **1.** Bewahrer(in), Erhalter(in), (Er)Retter(in); **2.** Konservierungsmittel *n*; **3.** 'Einkochappa,rat *m*; **4.** *hunt. Brit.* Heger *m*, Wildhüter *m*.

pre-shrink ['pri:'ʃriŋk] *v/t.* [*irr.* → shrink] ⊕ *Stoffe* krumpfen: *preshrunk* gekrumpft.

pre·side [pri'zaid] *v/i.* **1.** den Vorsitz haben *od.* führen (*at* bei, *over* über *acc.*), präsidieren: *to* ~ *over* (*od. at*) *a meeting* e-e Versammlung leiten; *presiding judge* ⚖ Vorsitzende(r); **2.** ♪ *u. fig.* führen.

pres·i·den·cy ['prezidənsi] *s.* **1.** Prä'sidium *n*, Vorsitz *m*, (Ober)Aufsicht *f*; **2.** *pol.* **a)** Präsi'dentschaft *f*, **b)** Amtszeit *f e-s Präsidenten*; **'pres·i·dent** [-nt] *s.* **1.** Präsi'dent *m* (*a. pol. u.* ⚖), Vorsitzende(r *m*) *f*, Vorstand *m e-r Körperschaft*; *Am.* ✝ (Gene'ral)Di,rektor *m*: ♀ *of the Board of Trade Brit.* Handelsminister; **2.** *univ. bsd. Am.* Rektor *m*; **'pres·i·dent-e'lect** *s. der* gewählte Präsi'dent (*vor Amtsantritt*); **pres·i·den·tial** [prezi'denʃəl] *adj.* □ Präsidenten..., Präsidentschafts...: ~ *message Am.* Botschaft des Präsidenten an den Kongreß; ~ *primary Am.* Vorwahl zur Nominierung des Präsidentschaftskandidaten *e-r Partei*; ~ *system* Präsidialsystem; ~ *term* Amtsperiode des Präsidenten; ~ *year Am.* F Jahr der Präsidentenwahl.

press [pres] **I.** *v/t.* **1.** *allg., a. j-m die Hand* drücken, pressen (*a.* ⊕); **2.** drücken auf (*acc.*): *to* ~ *the button* auf den Knopf drücken (*a. fig.*); **3.** *Saft, Frucht etc.* (aus)pressen, keltern; **4.** (*vorwärts-, weiter- etc.*)drängen, (-)treiben: *to* ~ *on*; **5.** *j-n* (be)drängen: **a)** in die Enge treiben, zwingen (*to do* zu tun), **b)** *j-m* zusetzen, *j-n* bestürmen: *to* ~ *s.o. for* j-n dringend um *et.* bitten, von j-m *Geld* erpressen; *to be* ~*ed for money* (*time*) in Geldverlegenheit sein (unter Zeitdruck stehen, es eilig haben); *hard* ~*ed* in Bedrängnis; **6.** ([*up*]*on j-m*) *et.* aufdrängen, -nötigen; **7.** *Kleidungsstück* plätten; **8.** Nachdruck legen auf (*acc.*): *to* ~ *one's point* auf s-r Forderung *od.* Meinung nachdrücklich bestehen; *to* ~ *the point that* nachdrücklich betonen, daß; *to* ~ *home* **a)** *Forderung etc.* durchsetzen, **b)** *Angriff* energisch durchführen, **c)** *Vorteil* ausnützen; **9.** ⚔, ⚓ *in den Dienst* pressen; **II.** *v/i.* **10.** drücken, (e-n) Druck ausüben (*a. fig.*); **11.** drängen, pressieren: *time* ~*es* die Zeit drängt; **12.** ~ *for* dringen *od.* drängen auf (*acc.*), fordern; **13.** (sich) *wohin* drängen: *to* ~ *forward* (sich) vor(wärts)drängen; *to* ~ *on* vorwärtsdrängen, weitereilen; *to* ~ *in upon s.o.* auf j-n eindringen (*a. fig.*); **III.** *s.* **14.** (*Frucht-, Wein- etc.*)Presse *f*; **15.** *typ.* **a)** (Drucker)Presse *f*, **b)** Drucke'rei(anstalt *f*, -raum *m*, -wesen *n*) *f*, **c)** Druck(en *n*) *m*: *to correct the* ~ Korrektur lesen; *to go to (the)* ~ in Druck gehen; *to send to (the)* ~ in Druck geben; *in the* ~ im Druck; *ready for the* ~ druckfertig; **16.** *the* ~ die Presse (*Zeitungswesen, a. coll. die Zeitungen od. die Presseleute*): ~ *campaign* Pressefeldzug; ~ *conference* Pressekonferenz; ~ *photographer* Pressephotograph; *to have a good (bad)* ~ e-e gute (schlechte) Presse haben; **17.** Spanner *m für Skier od. Tennisschläger*; **18.** (*Bücher- etc., bsd. Wäsche*)Schrank *m*; **19.** *fig.* **a)** Druck *m*, Hast *f*, **b)** Dringlichkeit *f*, Drang *m der Geschäfte*: *the* ~ *of business*; **20.** ~ *of sail* ⚓ (Segel)Preß *m*: *under a* ~ *of canvas* mit vollen Segeln; **21.** ⚔, ⚓ *hist.* Pressen *n* (*Zwangsaushebung*); ~ **a·gen·cy** *s.* 'Nachrichtenagen,tur *f*; ~ **a·gent** *s. thea. etc.* Re'klamea,gent *m*; **'~-box** *s.* 'Pressetri,büne *f*; ~ **but·ton** *s.* ⚡ (Druck)Knopf *m*; ~ **clip·ping** *Am.* → *press cutting*; ~ **cop·y** *s.* **1.** 'Durchschlag *m*; **2.** Rezensi'onsexem,plar *n*; ~ **cor·rec·tor** *s. typ.* Kor'rektor *m*; ~ **cut·ting** *s. Brit.* Zeitungsausschnitt *m*.

pressed [prest] *adj.* gepreßt, Preß... (*-glas, -käse, -öl, -ziegel etc.*); **'press-**

er [-sə] *s.* **1.** ⊕ Presser(in); **2.** *typ.* Drucker *m*; **3.** Bügler(in); **4.** ⊕ Preßvorrichtung *f*; **5.** *typ. etc.* Druckwalze *f*.

'press|-gal·ler·y *s. parl. bsd. Brit.* 'Pressegaleˌrie *f*; **'~-gang** *s.* ⚓ *hist.* 'Preßpaˌtrouille *f*.

press·ing ['presiŋ] **I.** *adj.* □ **1.** pressend, drückend; **2.** *fig.* **a)** (be)drükkend, **b)** dringend, dringlich; **II.** *s.* **3.** (Aus)Pressen *n*; **4.** ⊕ **a)** Stanzen *n*, **b)** *Papierfabrikation*: Satinieren *n*; **5.** ⊕ Preßling *m*; **6.** *Schallplattenfabrikation*: Preßplatte *f*.

press| law *s. mst pl.* Pressegesetz(e *pl.*) *n*; **'~·man** [-mən] *s.* [*irr.*] **1.** (Buch)Drucker *m*; **2.** Zeitungsmann *m*, Pressevertreter *m*; **'~·mark** *s.* Signa'tur *f*, Biblio'theksnummer *f e-s Buches*; **'~-proof** *s. typ.* letzte Korrek'tur, Ma'schinenrevisiˌon *f*; **'~-room** *s.* Drucke'rei(raum *m*) *f*, Ma'schinensaal *m*; **'~-to-'talk but·ton** *s.* Sprechtaste *f*; **'~-up** *s. sport* Liegestütz *m*.

pres·sure ['preʃə] *s.* **1.** Druck *m* (*a.* ⊕, *phys.*): *~ hose (pump, valve)* ⊕ Druckschlauch, (-pumpe, -ventil); *to work at high ~* mit Hochdruck arbeiten (*a. fig.*); **2.** *meteor.* (Luft-)Druck *m*: *high (low) ~* Hoch-(Tief-)druck; **3.** *fig.* Druck *m* (*Last od. Zwang*): *to act under ~* unter Druck handeln; *to bring ~ to bear upon* auf *j-n* Druck ausüben; *the ~ of business* der Drang *od.* Druck der Geschäfte; *~ of taxation* Steuerdruck, -last; **4.** *fig.* Drangsal *f*, Not *f*: *monetary ~* Geldknappheit; *~ of conscience* Gewissensnot; **~ cab·in** *s.* ✈ 'Druckausgleichkaˌbine *f*; **~ cook·er** *s.* Schnellkochtopf *m*; **~ drop** *s.* **1.** ⊕ Druckgefälle *n*; **2.** ⚡ Spannungsabfall *m*; **~ e·qual·i·za·tion** *s.* Druckausgleich *m*; **~ ga(u)ge** *s.* ⊕ Druckmesser *m*, Mano'meter *n*; **~ group** *s. pol.* Inter'essengruppe *f*; **~ lu·bri·ca·tion** *s.* ⊕ 'Druck-(ˌumlauf)ˌschmierung *f*; **'~-sen·si·tive** *adj.* ☤ druckempfindlich; **~ suit** *s.* ✈ ('Über)Druckanzug *m*; **~ tank** *s.* ⊕ Druckbehälter *m*.

pres·sur·ize ['preʃəraiz] *v/t.* **1.** ⊕ unter Druck setzen, *bsd.* ✈ druckfest machen: *~d cabin → pressure cabin*; **2.** ⚒ belüften.

'press-work *s. typ.* Druckarbeit *f*.

pres·ti·dig·i·ta·tion ['prestididʒi'teiʃən] *s.* **1.** Fingerfertigkeit *f*; **2.** Taschenspielerkunst *f*; **pres·ti·dig·i·ta·tor** [presti'didʒiteitə] *s.* Taschenspieler *m*.

pres·tige [pres'ti:ʒ] (*Fr.*) *s.* Pre-stige *n*, Geltung *f*, Ansehen *n*.

pres·to ['prestou] (*Ital.*) **I.** *adv.* **1.** ♪ presto, sehr schnell; **2.** schnell, geschwind: *hey ~, pass!* Hokuspokus (Fidibus)! (*Zauberformel*); **II.** *adj.* **3.** blitzschnell.

pre·stressed ['pri:'strest] *adj.* ⊕ vorgespannt: *~ concrete* Spannbeton.

pre·sum·a·ble [pri'zju:məbl] *adj.* □ vermutlich, mutmaßlich, vor'aussichtlich, wahr'scheinlich; **pre·sume** [pri'zju:m] **I.** *v/t.* **1.** *als wahr* annehmen, vermuten; vor'aussetzen; schließen (*from* aus): *~d dead* verschollen; **2.** sich *et.* erlauben; **II.** *v/i.* **3.** vermuten, mutmaßen: *I ~* (wie) ich vermute, vermutlich; **4.** sich her'ausnehmen, sich erdreisten, (es) wagen (*to inf.* zu *inf.*); anmaßend sein; **5.** *~ (up)on* pochen auf (*acc.*), ausnutzen *od.* miß'brauchen (*acc.*); **pre'sum·ed·ly** [-midli] *adv.* mutmaßlich, vermutlich; **pre'sum·ing** [-miŋ] *adj.* □ vermessen, anmaßend.

pre·sump·tion [pri'zʌmpʃən] *s.* **1.** Vermutung *f*, Annahme *f*, Mutmaßung *f*; **2.** ⚖ Vermutung *f*, Präsumti'on *f*: *~ of death* Todesvermutung, Verschollenheit; *~ of law* Rechtsvermutung (*der Wahrheit bis zum Beweis des Gegenteils*); **3.** Wahrscheinlichkeit *f*: *there is a strong ~ of his death* es ist (mit Sicherheit) anzunehmen, daß er tot ist; **4.** Vermessenheit *f*, Anmaßung *f*, Dünkel *m*; **pre'sump·tive** [-ptiv] *adj.* □ vermutlich, mutmaßlich, präsum'tiv: *~ evidence* ⚖ Indizienbeweis; *~ title* ⚖ präsumtives Eigentum; **pre'sump·tu·ous** [-ptjuəs] *adj.* □ **1.** anmaßend, vermessen, dreist; **2.** über'heblich, dünkelhaft.

pre·sup·pose [pri:sə'pouz] *v/t.* vor'aussetzen: **a)** im vor'aus annehmen, **b)** zur Vor'aussetzung haben; **pre·sup·po·si·tion** [pri:sʌpə'ziʃən] *s.* Vor'aussetzung *f*.

pre-tax ['pri:'tæks] *adj.* noch unversteuert, vor Besteuerung: *~ figure*.

pre·tence [pri'tens] *s.* **1.** Anspruch *m*: *to make no ~ to* keinen Anspruch erheben auf (*acc.*); **2.** Vorwand *m*, Scheingrund *m*, Vortäuschung *f*: *false ~s* ⚖ Arglist; *under false ~s* arglistig, unter Vorspiegelung falscher Tatsachen; **3.** *fig.* Schein *m*, Verstellung *f*: *to make ~ of doing s.th.* sich den Anschein geben, als täte man etwas.

pre·tend [pri'tend] **I.** *v/t.* **1.** vorgeben, -täuschen, -schützen, -heucheln; so tun als ob: *to ~ to be sick* vorgeben, krank zu sein; krank spielen; **II.** *v/i.* **2.** sich verstellen, heucheln: *he is only ~ing* er tut nur so; **3.** Anspruch erheben (*to* auf *den Thron etc.*); **pre'tend·ed** [-did] *adj.* □ vorgetäuscht, an-, vorgeblich; **pre'tend·er** [-də] *s.* **1.** Beanspruchende(r *m*) *f*; **2.** ('Thron)Präteˌdent *m*, Thronbewerber *m*.

pre·tense *Am.* → *pretence*.

pre·ten·sion [pri'tenʃən] *s.* **1.** Anspruch *m* (*to* auf *acc.*): *of great ~s* anspruchsvoll; **2.** Anmaßung *f*, Dünkel *m*; **pre'ten·tious** [-ʃəs] *adj.* □ **1.** anmaßend; **2.** prätenti'ös, anspruchsvoll; **3.** protzig; **pre'ten·tious·ness** [-ʃəsnis] *s.* Anmaßung *f*.

preter- [pri:tə] *in Zssgn* (hin'ausgehend) über (*acc.*), mehr als.

pret·er·it(e) ['pretərit] *ling.* **I.** *adj.* Vergangenheits...; **II.** *s.* Prä'teritum *n*, (erste) Vergangenheit; **'~-'pres·ent** ['preznt] *s.* Prä'teritoˌpräsens *n*.

pre·ter·mis·sion [pri:tə'miʃən] *s.* **1.** Über'gehung *f*; **2.** Unter'lassung *f*, Versäumnis *n*.

pre·ter·nat·u·ral [pri:tə'nætʃrəl] *adj.* □ **1.** ab'norm, außergewöhnlich; **2.** 'übernaˌtürlich.

pre·text ['pri:tekst] *s.* Vorwand *m*, Ausrede *f*, Ausflucht *f*: *under* (*od. upon od. on*) *the ~ of* unter dem Vorwand (*gen.*).

pret·ti·fy ['pritifai] *v/t.* F verschönern, hübsch machen; **'pret·ti·ly** [-ili] *adv.* → *pretty 1*; **'pret·ti·ness** [-inis] *s.* **1.** Hübschheit *f*, Nettigkeit *f*, Niedlichkeit *f*; Anmut *f*; **2.** Gezier'theit *f* (*bsd. im Ausdruck*); **pret·ty** ['priti] **I.** *adj.* □ **1.** hübsch, nett, niedlich; **2.** (*a. iro.*) schön, fein, tüchtig: *a ~ mess!* e-e schöne Geschichte!; **3.** F ‚(ganz) schön', ‚hübsch', beträchtlich: *it costs a ~ penny* es kostet e-e schöne Stange Geld; **II.** *adv.* **4. a)** ziemlich, ganz, **b)** einigermaßen, leidlich: *~ cold* ganz schön kalt; *~ good* recht gut, nicht schlecht; *~ much the same thing* so ziemlich dasselbe; *~ near* nahe daran, ziemlich nahe; *~ close to perfection* nahezu vollkommen; **5.** *sitting ~ sl.* wie der Hase im Kohl, ‚warm' (sitzend).

pret·zel ['pretsəl] *s.* (Salz)Brezel *f*.

pre·vail [pri'veil] *v/i.* **1.** (*over, against*) die Oberhand *od.* das 'Übergewicht gewinnen *od.* haben (über *acc.*), (*a.* ⚖ ob)siegen; *fig. a.* sich 'durchsetzen *od.* behaupten (gegen); **2.** *fig.* maß-, ausschlaggebend sein; **3.** *fig.* (vor)herrschen; (weit) verbreitet sein; **4.** *to ~ (up)on s.o. to do* j-n dazu bewegen *od.* bringen, *et.* zu tun; **pre'vail·ing** [-liŋ] *adj.* □ **1.** über'legen: *~ party* ⚖ obsiegende Partei; **2.** (vor)herrschend, maßgebend: *the ~ opinion* die herrschende Meinung; *under the ~ circumstances* unter den obwaltenden Umständen; *~ tone* ✝ Grundstimmung; **prev·a·lence** ['prevələns] *s.* **1.** (Vor)Herrschen *n*; Über'handnehmen *n*; **2.** (allgemeine) Gültigkeit; **'prev·a·lent** [-nt] *adj.* □ (vor)herrschend, über'wiegend; häufig, weit verbreitet.

pre·var·i·cate [pri'værikeit] *v/i.* Ausflüchte machen; die Wahrheit verdrehen; **pre·var·i·ca·tion** [priværi'keiʃən] *s.* **1.** Ausflucht *f*, Tatsachenverdrehung *f*, Winkelzug *m*; **2.** ⚖ Anwaltstreubruch *m*; **pre'var·i·ca·tor** [-tə] *s.* Ausflüchtemacher(in), Wortverdreher(in).

pre·vent [pri'vent] *v/t.* **1.** verhindern, -hüten; *e-r Sache* vorbeugen *od.* zu'vorkommen; **2.** (*from*) *j-n* hindern (an *dat.*), abhalten (von): *to ~ s.o. from coming* j-n am Kommen hindern, j-n vom Kommen abhalten; **pre'vent·a·ble** [-təbl] *adj.* verhütbar, abwendbar; **pre'ven·tion** [-nʃən] *s.* **1.** Verhinderung *f*, Verhütung *f*: *~ of accidents* Unfallverhütung; **2.** *bsd.* ☤ Vorbeugung *f*; **pre'ven·tive** [-tiv] **I.** *adj.* □ **1.** ☤ vorbeugend, prophy'laktisch, Vorbeugungs...: *~ medicine* **a)** Vorbeugungsmittel, **b)** Gesundheitspflege; **2.** *bsd.* ⚖ präven'tiv: *~ arrest* Schutzhaft; *~ detention* Sicherungsverwahrung; *~ war pol.* Präventivkrieg; **II.** *s.* **3.** ☤ Vorbeugungs-, Schutzmittel *n*; **4.** Schutz-, Vorsichtsmaßnahme *f*.

pre·view ['pri:'vju:] *s.* **1.** Vorbesichtigung *f*; *Film*: **a)** Probeaufführung *f*, **b)** (Pro'gramm)Vorschau *f*; **2.** Vorbesprechung *f e-s Buches*; **3.** (Vor)'Ausblick *m*.

pre·vi·ous ['pri:vjəs] **I.** *adj.* □ → *previously*; **1.** vor'her-, vor'ausgehend, früher, vor'herig, Vor...: ~ *conviction* ⚖ Vorstrafe; ~ *holder* ☤ Vor(der)mann; ~ *question parl.* Vorfrage, ob ohne weitere Debatte abgestimmt werden soll; *to move the ~ question* Übergang zur Tagesordnung beantragen; *without ~ notice* ohne vorherige Ankündigung; **2.** *mst too ~* F verfrüht, voreilig; **II.** *adv.* **3.** ~ *to* bevor, vor (*dat.*); ~ *to that* zuvor; **'pre·vi·ous·ly** [-li] *adv.* vorher, früher.

pre·vo·ca·tion·al ['pri:vou'keiʃənl] *adj.* vorberuflich.

pre·vue ['pri:vju:] *s. Am.* (Film-) Vorschau *f.*

pre·war ['pri:'wɔ:] *adj.* Vorkriegs...

prey [prei] **I.** *s.* **1.** *zo. u. fig.* Raub *m*, Beute *f*, Opfer *n*: → *beast 1, bird of prey*; *to become* (*od. fall*) *a ~ to j-m od. e-r Sache* zum Opfer fallen; **II.** *v/i.* **2.** auf Raub *od.* Beute ausgehen; **3.** ~ (*up*)*on* **a)** *zo.* Jagd machen auf (*acc.*), erbeuten, fressen, **b)** *fig.* berauben, aussaugen, **c)** *fig.* nagen *od.* zehren an (*dat.*): *it ~ed upon his mind* es ließ ihm keine Ruhe, der Gedanke quälte ihn.

price [prais] **I.** *s.* **1.** ☤ **a)** (Kauf-) Preis *m*, Kosten *pl.*, **b)** *Börse*: Kurs (-wert) *m*: ~ *of issue* Emissionspreis; *bid ~* gebotener Preis, *Börse*: Geldkurs; *share* (*od. stock*) ~ Aktienkurs; *to secure a good ~* e-n guten Preis erzielen; *every man has his ~ fig.* keiner ist unbestechlich; (*not*) *at any ~* um jeden (keinen) Preis; **2.** (Kopf)Preis *m*: *to set a ~ on s.o.'s head* e-n Preis auf j-s Kopf aussetzen; **3.** *fig.* Lohn *m*, Preis *m*; **4.** (Wett)Chance(n *pl.*) *f*: *what ~ ...? sl.* wie steht es mit ...?; **II.** *v/t.* **5.** ☤ **a)** den Preis festsetzen für, **b)** *Waren* auszeichnen: *~d* mit Preisangaben (*Katalog*); *high-~d* hoch im Preis, teuer; **6.** bewerten: *to ~ s.th. high* (*low*) e-r Sache großen (geringen) Wert beimessen; **7.** F nach dem Preis *e-r Ware* fragen; **'~-con·scious** *adj.* preisbewußt; **~ con·trol** *s.* 'Preiskon͵trolle *f*, -über͵wachung *f*; **~ cut** *s.* Preissenkung *f*; **'~-cut·ting** *s.* Preisdrücke'rei *f*, -senkung *f*, 'Preisunter͵bietung *f*.

price·less ['praislis] *adj.* unschätzbar, unbezahlbar (*a.* F *köstlich*).

price| lev·el *s.* 'Preisni͵veau *n*; **~ lim·it** *s.* (Preis)Limit *n*, Preisgrenze *f*; **'~-list** *s.* **1.** Preisliste *f*; **2.** *Börse*: Kurszettel *m*; **'~-main·'tained** *adj.* ☤ preisgebunden (*Ware*); **~ main·te·nance** *s.* ☤ Preisbindung *f*; **~ tag, ~ tick·et** *s.* Preisschild *n*, -zettel *m*.

prick [prik] **I.** *s.* **1.** (*Insekten-, Nadel- etc.*)Stich *m*; **2.** stechender Schmerz, Stich *m*: *~s of conscience fig.* Gewissensbisse; **3.** spitzer Gegenstand; Stachel *m* (*a. fig.*): *to kick against the ~s* wider den Stachel löken; **4.** V ‚Schwanz' *m*; **II.** *v/t.* **5.** (ein-, 'durch)stechen, ‚pieken': *to ~ one's finger* sich in den Finger stechen; *his conscience ~ed him fig.* er bekam Gewissensbisse; **6.** *a. ~ out* (aus)stechen, lochen; *Muster etc.* punktieren; **7.** ⚘ pikieren: *to ~ in* (*out*) ein- (aus)pflanzen; **8.** prikkeln auf *od.* in (*dat.*); **9.** *to ~ up one's ears* die Ohren spitzen (*a. fig.*); **III.** *v/i.* **10.** stechen (*a. Schmerzen*); **11.** prickeln; **12.** ~ *up* sich aufrichten (*Ohren etc.*); **'prick-eared** *adj.* **1.** *zo.* spitzohrig; **2.** *fig.* wachsam; **'prick·er** [-kə] *s.* **1.** ⊕ Pfriem *m* Ahle *f*; **2.** *metall.* Schießnadel *f*; **'prick·et** [-kit] *s. zo.* Spießbock *m*.

prick·le ['prikl] **I.** *s.* **1.** Stachel *m*, Dorn *m*; **2.** Prickeln *n*, Kribbeln *n* (*der Haut*); **II.** *v/i.* **3.** stechen; **4.** prickeln, kribbeln; **'prick·ly** [-li] *adj.* **1.** stachelig, dornig: ~ *pear* ⚘ Feigenkaktus; **2.** stechend, prikkelnd: ~ *heat* ⚕ Hitzpickel.

pride [praid] **I.** *s.* **1.** Stolz *m* (*a. Gegenstand des Stolzes*): *civic ~* Bürgerstolz; ~ *of place* Ehrenplatz, *fig.* Vorrang, *b.s.* Standesdünkel; *to take* (*a*) ~ *in* stolz sein auf (*acc.*); *he is the ~ of his family* er ist der Stolz s-r Familie; **2.** *b.s.* Stolz *m*, Hochmut *m*: ~ *goes before a fall* Hochmut kommt vor dem Fall; **3.** *rhet.* Pracht *f*; **4.** Höhe *f*, Blüte *f*: ~ *of the season* beste Jahreszeit; *in the ~ of his years* in s-n besten Jahren; **5.** *zo.* (Löwen)Rudel *n*; **6.** *in his ~ her.* radschlagend (*Pfau*); **II.** *v/t.* **7.** ~ *o.s.* (*on, upon*) stolz sein (auf *acc.*), sich et. einbilden (auf *acc.*), sich brüsten (mit).

priest [pri:st] *s.* Priester *m*, Geistliche(r) *m*; **'~·craft** *s. contp.* Pfaffenlist *f*; **'priest·ess** [-tis] *s.* Priesterin *f*; **'priest·hood** [-hud] *s.* **1.** Priesteramt *n*, -würde *f*; **2.** Priesterschaft *f*, Priester *pl.*; **'priest·ly** [-li] *adj.* priesterlich, Priester...

prig [prig] *s.* (selbstgefälliger) Pe'dant, Besserwisser(in); Musterknabe *m*; **'prig·gish** [-giʃ] *adj.* □ **1.** selbstgefällig, eingebildet; **2.** pe'dantisch, besserwisserisch.

prim [prim] **I.** *adj.* □ **1.** steif, for'mell, *a.* affektiert, gekünstelt; **2.** spröde, geziert; **II.** *v/t.* **3.** *Mund, Gesicht* affektiert verziehen.

pri·ma·cy ['praiməsi] *s.* **1.** Pri'mat *m, n*, Vorrang *m*, Vortritt *m*; **2.** *eccl.* Primat *m, n* (*Würde, Sprengel e-s Primas*); **3.** *R. C.* Primat *m, n* (*Gerichtsbarkeit des Papstes*).

pri·ma don·na ['pri:mə'dɔnə] *s.* ♪ Prima'donna *f* (*a. fig.*).

pri·ma fa·ci·e ['praimə'feiʃi(:)] (*Lat.*) *adj. u. adv.* dem (ersten) Anschein nach: ~ *case* ⚖ Fall, bei dem der Tatbestand einfach liegt; ~ *evidence* ⚖ **a)** glaubhafter Beweis, **b)** Beweis des ersten Anscheins.

pri·mal ['praiməl] *adj.* □ **1.** erst, frühest, ursprünglich; **2.** wichtigst, Haupt...; **'pri·ma·ri·ly** [-mərili] *adv.* in erster Linie; **pri·ma·ry** ['praiməri] **I.** *adj.* □ **1.** erst, ursprünglich, Anfangs..., Ur...: ~ *instinct* Urinstinkt; ~ *matter* Urstoff; ~ *rocks* Urgestein, -gebirge; **2.** pri'mär, hauptsächlich, wichtigst, Haupt...: ~ *accent ling.* Hauptakzent; ~ *concern* Hauptsorge; ~ *industry* Grundstoffindustrie; ~ *liability* ⚖ unmittelbare Haftung; ~ *road* Straße erster Ordnung; ~ *share* ☤ Stammaktie; *of ~ importance* von höchster Wichtigkeit; **3.** grundlegend, elemen'tar, Grund...: ~ *education* Grundschul(aus)bildung; ~ *school* Elementar-, Grundschule; **4.** ⚡ Primär...(*-batterie, -spule, -strom etc.*); **5.** ⚕ Primär...: ~ *tumo(u)r* Primärtumor (*Krebs*); **II.** *s.* **6.** *a. ~ colo(u)r* Pri'mär-, Grundfarbe *f*; **7.** *a. ~ feather orn.* Haupt-, Schwungfeder *f*; **8.** *pol. Am.* **a)** *a. ~ election* Vorwahl *f* (*zur Aufstellung von Wahlkandidaten*), **b)** *a. ~ meeting* (*innerparteiliche*) Versammlung der 'Wahlkandi͵daten; **9.** *a. ~ planet ast.* 'Hauptpla͵net *m*.

pri·mate ['praimit] *s. eccl. Brit.* Primas *m*: ♀ *of England* (*Titel des Erzbischofs von York*); ♀ *of All England* (*Titel des Erzbischofs von Canterbury*); **Pri·ma·tes** [prai'meiti:z] *s. pl. zo.* Pri'maten *pl.*

prime [praim] **I.** *adj.* □ **1.** erst, wichtigst, wesentlichst, Haupt... (*-grund etc.*): *of ~ importance* von größter Wichtigkeit; **2.** erstklassig (*Kapitalanlage, Qualität etc.*), prima: ~ *bill* ☤ vorzüglicher Wechsel; **3.** pri'mär, grundlegend; **4.** erst, Erst..., Ur...; **5.** & **a)** unteilbar, **b)** teilerfremd (*to* zu): ~ *factor* (*number*) Primfaktor (Primzahl); **6.** Anfang *m*: ~ *of the day* (*year*) Tagesanbruch (Frühling); **7.** *fig.* Blüte (-zeit) *f*: *in his ~* in der Blüte s-r Jahre, im besten (Mannes)Alter; **8.** *das* Beste, höchste Voll'kommenheit; ☤ Primasorte *f*, auserlesene Quali'tät; **9.** *eccl.* Prim *f*, erste Gebetsstunde; Frühgottesdienst *m*; **10.** & **a)** Primzahl *f*, **b)** Strich *m* (*erste Ableitung e-r Funktion*): *x ~* (*x'*) *x*Strich (*x'*); **11.** 'Strich͵index *m*; **12.** ♪ *u. fenc.* Prim *f*; **II.** *v/t.* **13.** ⚔ *Bomben, Munition* scharfmachen: *~d* zündfertig; **14.** **a)** ⊕ *Pumpe* anlassen, **b)** *sl.* ‚vollaufen lassen': *~d* ‚besoffen'; **15.** *mot.* **a)** *Kraftstoff* vorpumpen, **b)** Anlaßkraftstoff einspritzen in (*acc.*); **16.** ⊕, *paint.* grundieren; **17.** mit Strichindex versehen; **18.** *fig.* instruieren, vorbereiten; **~ cost** *s.* ☤ **1.** Selbstkosten(preis *m*) *pl.*, Gestehungskosten *pl.*; **2.** Einkaufspreis *m*, Anschaffungskosten *pl.*; **~ min·is·ter** *s.* Premi'ermi͵nister *m*, Mi'nisterpräsi͵dent *m*; **~ mov·er** *s.* **1.** *phys.* Antriebskraft *f*; *fig.* Triebfeder *f*, treibende Kraft; **2.** ⊕ 'Antriebsma͵schine *f*; 'Zugma͵schine *f* (*Sattelschlepper*); ⚔ *Am.* Geschützschlepper *m*; Triebwagen *m* (*Straßenbahn*).

prim·er[1] ['praimə] *s.* **1.** ⚔ Zündvorrichtung *f*, -hütchen *n*, -pille *f*; Sprengkapsel *f*; **2.** ⚔ Zündbolzen *m* (*am Gewehr*); **3.** ⚒ Zünddraht *m*; **4.** ⊕ Einspritzvorrichtung *f* (*bsd. mot.*): ~ *pump* Anlaßeinspritzpumpe; ~ *valve* Anlaßventil; **5.** ⊕ Grundier-, Spachtelmasse *f*: ~ *coat* Voranstrich; **6.** Grundierer *m*.

prim·er[2] ['praimə] *s.* **1.** **a)** Fibel *f*, **b)** Elemen'tarbuch *n*, **c)** *fig.* Leitfaden *m*; **2.** ['primə] *typ.* **a)** *great ~* Tertia(schrift) *f*, **b)** *long ~* Korpus (-), Garmond(schrift) *f*.

pri·me·val [prai'mi:vəl] *adj.* □ uranfänglich, urzeitlich, Ur...(*-wald, -zeiten etc.*).

prim·ing ['praimiŋ] *s.* **1.** ⚔ Zündmasse *f*, Zündung *f*: *~ charge* Zünd-,

Initialladung; 2. ⊕ Grundierung *f*: ~ *colo(u)r* Grundierfarbe; 3. *a.* ~ *material* Spachtelmasse *f*; 4. *mot.* Einspritzen *n* von Anlaßkraftstoff: ~ *fuel injector* Anlaßeinspritzanlage; 5. ⊕ Angießen *n e-r Pumpe*; 6. *a.* ~ *of the tide* verfrühtes Eintreten der Flut; 7. *fig.* Instrukti'on *f*, Vorbereitung *f*.

prim·i·tive ['primitiv] **I.** *adj.* □ **1.** erst, ursprünglich, urzeitlich, Ur...: ♀ *Church* Urkirche; ~ *races* Ur-, Naturvölker; ~ *rocks geol.* Urgestein; **2.** *allg.* (*a. contp.*) primi'tiv (*Kultur, Mensch, a. fig. Denkweise, Konstruktion etc.*); **3.** *ling.* Stamm...: ~ *verb*; **4.** ~ *colo(u)r* Grundfarbe; **II.** *s.* **5.** *der (die, das)* Primi'tive: *the* ~*s* die Primitiven (*Naturvölker*); **6.** *Kunst*: **a)** primitiver Künstler, **b)** Frühmeister *m*, **c)** Früher Meister (*der Frührenaissance, a. Bild*); **7.** *ling.* Stammwort *n*; '**prim·i·tive·ness** [-nis] *s.* **1.** Ursprünglichkeit *f*; **2.** Primitivi'tät *f*.

prim·ness ['primnis] *s.* **1.** Steifheit *f*, Förmlichkeit *f*; **2.** Sprödigkeit *f*, Zimperlichkeit *f*.

pri·mo·gen·i·ture [praimou'dʒenitʃə] *s.* Erstgeburt(srecht *n* ⚖) *f*.

pri·mor·di·al [prai'mɔːdjəl] □ primordi'al (*a. biol.*), ursprünglich, uranfänglich, Ur...

prim·rose ['primrouz] *s.* **1.** ♀ Primel *f*, gelbe Schlüsselblume: ~ *path fig.* Rosenpfad; ♀ *League hist.* Primelliga; **2.** *evening* ~ ♀ Nachtkerze; **3.** *a.* ~ *yellow* Blaßgelb *n*.

prim·u·la ['primjulə] *s.* ♀ Primel *f*.

prince [prins] *s.* **1.** Fürst *m* (*Landesherr u. Adelstitel*): ♀ *of the Church* Kirchenfürst; ♀ *of Darkness* Fürst der Finsternis (*Satan*); ♀ *of Peace* Friedensfürst (*Christus*); ~ *of poets* Dichterfürst; *merchant* ~ Kaufherr; ~ *consort* Prinzgemahl; **2.** Prinz *m*: ~ *of the blood* Prinz von (königlichem) Geblüt; ♀ *Albert Am.* Gehrock; '**prince·ling** [-liŋ] *s.* **1.** Prinzchen *n*; **2.** kleiner Herrscher, Duo'dezfürst *m*; '**prince·ly** [-li] *adj.* fürstlich (*a. fig.*); prinzlich, königlich; **prin·cess** [prin'ses; *vor npr.* 'prin-] **I.** *s.* **1.** Prin'zessin *f*: ~ *royal älteste Tochter e-s Herrschers*; **2.** Fürstin *f*; **II.** *adj. Damenmode*: Prinzeß...(*-kleid etc.*).

prin·ci·pal ['prinsəpəl] **I.** *adj.* □ → *principally*; **1.** erst, hauptsächlich, Haupt...: ~ *actor* Haupt(rollen)darsteller; ~ *office*, ~ *place of business* Hauptgeschäftsstelle, -niederlassung; **2.** ♪, *ling.* Haupt..., Stamm...: ~ *chord* Stammakkord; ~ *clause* Hauptsatz; ~ *parts* Stammformen *des Verbs*; **3.** ✝ Kapital...: ~ *amount* Kapitalbetrag; **II.** *s.* **4.** 'Haupt(perˌson *f*) *n*; Vorsteher(in), *bsd. Am.* ('Schul)Diˌrektor *m*, Rektor *m*; **5.** ✝ Chef(in), Prinzi'pal(in); **6.** ✝, ⚖ Auftrag-, Vollmachtgeber (-in), Geschäftsherr *m*; **7.** ⚖ *a.* ~ *in the first degree* Haupttäter(in), -schuldige(r *m*) *f*: ~ *in the second degree* Mittäter; **8.** *a.* ~ *debtor* Hauptschuldner(in); **9.** Duel'lant *m* (*Ggs. Sekundant*); **10.** ✝ ('Grund-)Kapiˌtal *n*, Hauptsumme *f*; (*Nachlaß- etc.*)Masse *f*: ~ *and interest* Kapital u. Zins(en); **11.** *a.* ~ *beam* ⩓ Hauptbalken *m*; **prin·ci·pal·i·ty** [prinsi'pæliti] *s.* Fürstentum *n*; '**prin·ci·pal·ly** [-pli] *adv.* hauptsächlich, in der Hauptsache.

prin·ci·ple ['prinsəpl] *s.* **1.** Prin'zip *n*, Grundsatz *m*, -regel *f*: *a man of* ~*s* ein Mann mit Grundsätzen; ~ *of law* Rechtsgrundsatz; *in* ~ im Prinzip, an sich; *on* ~ aus Prinzip, grundsätzlich; *on the* ~ *that* nach dem Grundsatz, daß; **2.** *phys. etc.* Prinzip *n*, (Na'tur)Gesetz *n*, Satz *m*: ~ *of causality* Kausalitätsprinzip; ~ *of averages* Mittelwertsatz; ~ *of relativity* Relativitätstheorie; **3.** Grund(lage *f*) *m*, Ursprung *m*; **4.** ⚗ Grundbestandteil *m*; '**prin·ci·pled** [-ld] *adj.* mit *hohen etc.* Grundsätzen.

prink [priŋk] **I.** *v/i.* *a.* ~ *up* sich (auf)putzen, sich schniegeln; **II.** *v/t.* (auf)putzen: *to* ~ *o.s.* (*up*).

print [print] **I.** *v/t.* **1.** *typ.* drucken (lassen), in Druck geben: *to* ~ *in italics* kursiv drucken; **2.** (ab)drukken: ~*ed form* Vordruck; ~*ed matter* ✉ Drucksache(n); **3.** bedrucken: ~*ed goods* bedruckte Stoffe; **4.** in Druckschrift schreiben: ~*ed characters* Druckbuchstaben; **5.** *Stempel etc.* (auf)drücken (*on dat.*), *Eindruck, Spur* hinter'lassen (*on* auf *acc.*), *Muster etc.* ab-, aufdrucken, drükken (*in* in *acc.*); **6.** *fig.* einprägen (*on s.o.'s mind* j-m); **7.** *a.* ~ *off phot.* abziehen, kopieren; **II.** *v/i.* **8.** *typ.* drucken; **9.** gedruckt werden, sich im Druck befinden: *the book is* ~*ing*; **10.** sich drucken (*phot.* abziehen) lassen; **III.** *s.* **11.** (*Finger- etc.*)Abdruck *m*, Eindruck *m*, Spur *f*, Mal *n*; **12.** *typ.* Druck *m*: *colo(u)red* ~ Farbdruck; *in* ~ **a)** im Druck (erschienen), **b)** vorrätig; *out of* ~ vergriffen; *in cold* ~ *fig.* schwarz auf weiß; **13.** Druckschrift *f*, *bsd. Am.* Zeitung *f*, Blatt *n*: *to rush into* ~ sich in die Öffentlichkeit flüchten; *to appear in* ~ im Druck erscheinen; **14.** Druckschrift *f*, -buchstaben *pl.*; **15.** 'Zeitungspaˌpier *n*; **16.** (*Stahl- etc.*) Stich *m*; Holzschnitt *m*; Lithogra'phie *f*; **17.** bedruckter Kat'tun, Druckstoff *m*: ~ *dress* Kattunkleid; **18.** *phot.* Abzug *m*, Ko'pie *f*: *blue* ~ Lichtpause; **19.** ⊕ Stempel *m*, Form *f*: ~ *cutter* Formenschneider; **20.** *metall.* Gesenk *n*; *Eisengießerei*: Kernauge *n*; **21.** *fig.* Stempel *m*; '**print·a·ble** [-təbl] *adj.* **1.** druckfähig; **2.** druckfertig, -reif (*Manuskript*); '**print·er** [-tə] *s.* **1.** (*Buch- etc.*)Drucker *m*: ~*'s devil* Setzerjunge; ~*'s error* Druckfehler; ~*'s flower* Vignette; ~*'s ink* Druckerschwärze; **2.** Drucke'reibesitzer *m*; **3.** ⊕ 'Druck-, Ko'pierappaˌrat *m*; **4.** → *printing telegraph*; '**print·er·y** [-təri] *s. bsd. Am.* Drucke'rei *f*.

print·ing ['printiŋ] *s.* **1.** Drucken *n*; (Buch)Druck *m*, Buchdruckerkunst *f*; **2.** Tuchdruck *m*; **3.** *phot.* Abziehen *n*, Kopieren *n*; ~ **block** *s.* Kli'schee *n*; ~ **frame** *s. phot.* Ko'pierrahmen *m*; '~**-ink** *s.* Druckerschwärze *f*, -farbe *f*; '~**-ma·chine** *s. typ.* Schnellpresse *f*, ('Buch-) ˌDruckmaˌschine *f*; '~**-of·fice** *s.* (Buch)Drucke'rei *f*: *lithographic* ~ lithographische Anstalt; '~**-out** *adj. phot.* Kopier...: ~ *paper*; '~**-pa·per** *s.* **1.** 'Druckpaˌpier *n*; **2.** 'Lichtpauspaˌpier *n*; **3.** Ko'pierpaˌpier *n*; '~**-press** *s.* Druckerpresse *f*: ~ *type* Letter, Type; ~ **tel·e·graph** *s.* 'Druckteleˌgraph *m*; ~ **types** *s. pl.* Lettern *pl.*; ~ **works** *s. pl. oft sg. konstr.* Drucke'rei *f*.

'**print-works** *s. pl. oft sg. konstr.* Kat'tun- *od.* Ta'petendruckeˌrei *f*.

pri·or ['praiə] **I.** *adj.* **1.** (*to*) früher, älter (als): ~ *art Patentrecht*: Stand der Technik, Vorwegnahme; ~ *patent* älteres Patent; ~ *use* Vorbenutzung; *subject to* ~ *sale* ✝ Zwischenverkauf vorbehalten; **2.** vordringlich, Vorzugs...: ~ *right* (*od. claim*) Vorzugsrecht; ~ *condition* erste Voraussetzung; **II.** *adv.* **3.** ~ *to* vor (*dat.*) (*zeitlich*); **III.** *s. eccl.* **4.** Prior *m*; '**pri·or·ess** [-əris] *s.* Pri'orin *f*; **pri·or·i·ty** [prai'ɔriti] *s.* **1.** Priori'tät *f* (*a.* ⚖), Vorrang *m* (*a. e-s Anspruchs etc.*), Vorzug *m* (*over, to* vor *dat.*): *to take* ~ *of* den Vorrang haben *od.* genießen vor (*dat.*); *to set priorities* Prioritäten setzen; ~ *share* ✝ Vorzugsaktie; **2.** Dringlichkeit(sstufe) *f*: ~ *call teleph.* Vorrangsgespräch; ~ *list* Dringlichkeitsliste; *of first* (*od. top*) ~ von größter Dringlichkeit; *to give* ~ *to* vordringlich behandeln; **3.** Vorfahrt(srecht *n*) *f*; '**pri·o·ry** [-əri] *s. eccl.* Prio'rei *f*.

prism ['prizəm] *s.* Prisma *n* (*a. fig.*): ~ *binoculars* Prismen(fern)glas; **pris·mat·ic** [priz'mætik] *adj.* (□ ~*ally*) pris'matisch, Prismen...: ~ *colo(u)rs* Regenbogenfarben.

pris·on ['prizn] *s.* **1.** Gefängnis *n* (*a. fig.*), Strafanstalt *f*; **2.** *a. state* ~ *Am.* Zuchthaus *n*; '~**-break·ing** *s.* Ausbrechen *n* aus dem Gefängnis; ~ **ed·i·tor** *s.* 'Sitzredakˌteur *m* (*Redakteur, der etwaige Gefängnisstrafen absitzt*).

pris·on·er ['priznə] *s.* Gefangene(r *m*) *f* (*a. fig.*), Häftling *m*: ~ (*at the bar*) Angeklagte(r); ~ (*on remand*) Untersuchungsgefangene(r); ~ *of state* Staatsgefangene(r), politischer Häftling; ~ (*of war*) Kriegsgefangener; *to hold* (*take*) *s.o.* ~ j-n gefangenhalten (-nehmen); *he is a* ~ *to fig.* er ist gefesselt an (*acc.*); ~**'s bar**(s), ~**'s base** *s.* Barlauf(spiel *n*) *m*.

pris·on psy·cho·sis *s.* [*irr.*] 'Haftpsyˌchose *f*.

pris·sy ['prisi] *adj. Am.* F zimperlich, etepe'tete.

pris·tine ['pristain] *adj.* **1.** ursprünglich, -tümlich, unverdorben; **2.** vormalig, alt.

pri·va·cy ['praivəsi] *s.* **1.** Zu'rückgezogenheit *f*; Alleinsein *n*; Ruhe *f*: *to disturb s.o.'s* ~ j-n stören; **2.** Pri'vatleben *n*; ⚖ In'timsphäre *f*: *right of* ~ Persönlichkeitsrecht; **3.** Heimlichkeit *f*, Geheimhaltung *f*: ~ *of letters* ⚖ Briefgeheimnis; *to talk to s.o. in* ~ mit j-m unter vier Augen sprechen; *in strict* ~ streng vertraulich; '**pri·vate** [-vit] **I.** *adj.* □ **1.** pri'vat, Privat...(*-konto, -leben, -person, -recht etc.*), per'sönlich: ~ *affair* Privatangelegenheit; ~ *bill parl.* Antrag e-s Abgeordneten; ~ **eye** *Am. sl.* Privatdetektiv; ~ *firm*

† Einzelfirma; ~ *gentleman* Privatier; ~ *means* Privatvermögen; → *nuisance* 2; ~ *property* Privateigentum, -besitz; **2.** privat, Privat... (*-pension, -schule etc.*), nicht öffentlich: ~ (*limited*) *company* † *Brit.* Gesellschaft mit beschränkter Haftung; ~ *corporation* **a)** ⚖ privatrechtliche Körperschaft, **b)** † *Am.* Gesellschaft mit beschränkter Haftung; *to sell by* ~ *contract* unter der Hand verkaufen; ~ *hotel* Fremdenheim; ~ *industry* Privatwirtschaft; ~ *lessons* Privatunterricht; ~ *road* Privatweg; ~ *theatre* Liebhabertheater; ~ *view* Besichtigung durch geladene Gäste; **3.** al'lein, zu'rückgezogen, einsam; **4.** geheim (*Gedanken, Verhandlungen etc.*), heimlich; vertraulich (*Mitteilung etc.*): ~ *parts* Geschlechtsteile; ~ *prayer* stilles Gebet; ~ *reasons* Hintergründe; *to keep s.th.* ~ et. geheimhalten *od.* vertraulich behandeln; *this is for your* ~ *ear* dies sage ich Ihnen ganz im Vertrauen; **5.** außeramtlich (*Angelegenheit*); **6.** nicht beamtet: ~ *member parl.* nichtbeamtetes Parlamentsmitglied; **7.** ⚖ außergerichtlich: ~ *arrangement* gütlicher Vergleich; **8.** ~ *soldier* → 9; **II.** *s.* **9.** ⚔ (gewöhnlicher) Sol'dat; *pl.* Mannschaften *pl.*: ~ *1st Class Am.* Obergefreite(r); **10.** *pl.* Geschlechtsteile *pl.*; **11.** *in* ~ **a)** pri'vat(im), **b)** insge'heim, unter vier Augen *sprechen*.

pri·va·teer [praivə'tiə] **I.** *s.* **1.** ⚓ Freibeuter *m*, Kaperschiff *n*; **2.** Kapi'tän *m* e-s Kaperschiffes, Kaperer *m*; **3.** *pl.* Mannschaft *f* e-s Kaperschiffes; **II.** *v/i.* **4.** Kape'rei treiben; **pri·va'teer·ing** [-əriŋ] **I.** *s.* Kape'rei *f*; **II.** *adj.* Kaper...

pri·va·tion [prai'veiʃən] *s.* **1.** *a. fig.* Wegnahme *f*, Entziehung; **2.** Fehlen *n*, Mangel *m*; **3.** Not *f*, Entbehrung *f*.

priv·a·tive ['privətiv] **I.** *adj.* □ **1.** entziehend, beraubend; **2.** *a. ling. od. phls.* verneinend, 'negativ; **II.** *s.* **3.** *ling.* **a)** Ver'neinungspar,tikel *f*, **b)** priva'tiver Ausdruck.

priv·et ['privit] *s.* ⚘ Li'guster *m*.

priv·i·lege ['privilidʒ] **I.** *s.* **1.** Privi'leg *n*, Sonder-, Vorrecht *n*, Vergünstigung *f*: *breach of a* ~ **a)** Übertretung der Machtbefugnis, **b)** *parl.* Vergehen gegen die Vorrechte des Parlaments; *Committee of* ℒ*s* Ausschuß zur Untersuchung von Rechtsübergriffen; ~ *of Parliament pol.* Immunität e-s Abgeordneten; ~ *of self-defence* (Recht der) Notwehr; *with kitchen* ~*s* mit Küchenbenutzung; **2.** *fig.* (besonderer) Vorzug: *to have the* ~ *of being admitted* den Vorzug haben, zugelassen zu sein; *it is a* ~ *to do* es ist e-e besondere Ehre, et. zu tun; **3.** *pl.* † *Am.* Prämien- *od.* Stellgeschäft *n*; **II.** *v/t.* **4.** privilegieren, bevorrecht(ig)en: *the* ~*d classes* die privilegierten Stände; ~*d debt* bevorrechtigte Forderung; ~*d communication* ⚖ **a)** vertrauliche Mitteilung (*für die Schweigepflicht besteht*), **b)** Berufsgeheimnis.

priv·i·ty ['priviti] *s.* **1.** ⚖ (Inter'essen)Gemeinschaft *f*; **2.** ⚖ Rechtsbeziehung *f*; **3.** ⚖ Rechtsnachfolge *f*; **4.** Mitwisserschaft *f*.

priv·y ['privi] **I.** *adj.* □ **1.** eingeweiht (*to in acc.*); **2.** ⚖ (mit)beteiligt (*to an dat.*); **3.** *mst poet.* heimlich, geheim: ~ *parts* Scham-, Geschlechtsteile; ~ *stairs* Hintertreppe; **II.** *s.* **4.** ⚖ 'Mitinteres,sent(in) (*to an dat.*); **5.** A'bort *m*, Abtritt *m*; ℒ **Coun·cil** *s. Brit.* (Geheimer) Staats- *od.* Kronrat: *Judicial Committee of the* ~ ⚖ Justizausschuß des Staatsrats (*höchste Berufungsinstanz für die Dominions*); ℒ **Coun·cil·lor** *s. Brit.* Geheimer (Staats)Rat (*Person*); ℒ **Purse** *s. königliche* Pri'vatscha,tulle; ℒ **Seal** *s. Brit.* Geheimsiegel *n*: *Lord* ~ königlicher Geheimsiegelbewahrer.

prize[1] [praiz] **I.** *s.* **1.** (Sieger)Preis *m* (*a. fig.*), Prämie *f*: *the* ~*s of a profession* die höchsten Stellungen in e-m Beruf; **2.** (Lotte'rie)Gewinn *m*, Treffer *m*: *the first* ~ das Große Los; **3.** Lohn *m*, Belohnung *f*; **II.** *adj.* **4.** preisgekrönt, prämiiert; **5.** Preis...: ~ *medal*; ~ *competition* Preisausschreiben; **III.** *v/t.* **6.** (hoch)schätzen, würdigen.

prize[2] [praiz] **I.** *s.* ⚓ Prise *f*, Beute *f* (*a. fig.*): *to make* ~ *of* → *II*; **II.** *v/t.* (als Prise) aufbringen, kapern.

prize[3] [praiz] *bsd. Brit.* **I.** *v/t.* **1.** (auf)stemmen: *to* ~ *open* (mit e-m Hebel) aufbrechen; *to* ~ *up* hochwuchten *od.* -stemmen; **II.** *s.* **2.** Hebelwirkung *f*, -kraft *f*; **3.** Hebel *m*.

'prize|-court *s.* ⚓ Prisengericht *n*; **'~-fight** *s.* Preisboxkampf *m*; **'~-fight·er** *s.* Preis-, Berufsboxer *m*; **'~-list** *s.* Gewinnliste *f*; **'~·man** [-mən] *s.* [*irr.*] Preisträger *m*; **'~-mon·ey** *s.* **1.** ⚓ Prisengeld(er *pl.*) *n*; **2.** Geldpreis *m*; ~ **ques·tion** *s.* Preisfrage *f*; **'~-ring** *s.* **1.** *Boxen*: Ring *m*; *weitS. das* Berufsboxen; **2.** *fig.* Wettkampf *m*; **'~-win·ner** *s.* Preisträger(in); **'~-win·ning** *adj.* preisgekrönt, präm(i)iert.

pro[1] [prou] *pl.* **pros I.** *s.* Ja-Stimme *f*, Stimme *f* da'für: *the* ~*s and cons* das Für und Wider; **II.** *adv.* (da)'für.

pro[2] [prou] (*Lat.*) *prp.* für; pro, per; → *pro forma, pro rata.*

pro[3] [prou] *s. sport* F Profi *m* (*Berufsspieler*).

pro- [prou] *in Zssgn*: **1.** pro..., ...freundlich, *z.B.* ~*-German*; **2.** stellvertretend, Vize..., Pro...; **3.** vor (*räumlich u. zeitlich*).

prob·a·bil·i·ty [prɔbə'biliti] *s.* Wahrscheinlichkeit *f* (*a.* ⅄): *in all* ~ aller Wahrscheinlichkeit nach, höchstwahrscheinlich; *theory of* ~, ~ *calculus* ⅄ Wahrscheinlichkeitsrechnung; *the* ~ *is that* es besteht die Wahrscheinlichkeit, daß; **prob·a·ble** ['prɔbəbl] *adj.* □ **1.** wahrscheinlich, vermutlich, mutmaßlich: ~ *cause* ⚖ hinreichender Verdacht; **2.** wahrscheinlich, glaubhaft, einleuchtend.

pro·bate ['proubit] ⚖ **I.** *s.* **1.** gerichtliche (*bsd.* Testa'ments)Bestätigung; **2.** Testa'mentser,öffnung *f*; **3.** Abschrift *f* e-s gerichtlich bestätigten Testaments; **II.** *v/t.* **4.** *bsd. Am. Testament* **a)** bestätigen, **b)** eröffnen u. als rechtswirksam bestätigen lassen; ~ **court** *s.* Nachlaßgericht *n*, (*in U.S.A. a. zuständig in Sachen der freiwilligen Gerichtsbarkeit, bsd. als*) Vormundschaftsgericht *n*; ~ **du·ty** *s.* ⚖ Erbschaftssteuer *f*.

pro·ba·tion [prə'beiʃən] *s.* **1.** (Eignungs)Prüfung *f*, Probe(zeit) *f*: *on* ~ auf Probe(zeit); *year of* ~ Probejahr; **2.** ⚖ **a)** Bewährungsfrist *f*, **b)** bedingte Freilassung *f*: *to place s.o. on* ~ j-m Bewährungsfrist zubilligen, j-n unter Zubilligung von Bewährungsfrist freilassen: ~ *officer* Bewährungshelfer; **3.** *eccl.* Novizi'at *n*; **pro'ba·tion·ar·y** [-ʃnəri], **pro'ba·tion·al** [-ʃnəl] *adj.* Probe...: ~ *period* ⚖ Bewährungsfrist; **pro'ba·tion·er** [-ʃnə] *s.* **1.** 'Probekandi,dat(in), Angestellte(r *m*) *f* auf Probe, *z.B.* Lernschwester *f*; **2.** *fig.* Neuling *m*; **3.** *eccl.* No'vize *m*, *f*; **4.** ⚖ **a)** j-d dessen Strafe zur Bewährung ausgesetzt ist, **b)** auf Bewährung bedingt Strafentlassene(r).

pro·ba·tive ['proubətiv] als Beweis dienend (*of* für): *to be* ~ *of* beweisen; ~ *facts* ⚖ beweiserhebliche Tatsachen; ~ *force* Beweiskraft.

probe [proub] **I.** *v/t.* **1.** ⚕ sondieren (*a. fig.*); **2.** *fig.* eindringen in (*acc.*), erforschen, e-r (gründlichen) Unter'suchung unter'ziehen; **II.** *v/i.* **3.** *fig.* (forschend) eindringen (*into in acc.*); **III.** *s.* **4.** ⚕, *Radar etc.*: Sonde *f*; **5.** *fig.* Sondierung *f*; *bsd. Am.* Unter'suchung *f* (*e-s Rechtsausschusses*).

prob·i·ty ['proubiti] *s.* Rechtschaffenheit *f*, Redlichkeit *f*.

prob·lem ['prɔbləm] **I.** *s.* **1.** Pro'blem *n* (*a. phls., Schach etc.*), proble'matische Sache, Schwierigkeit *f*: *to set a* ~ ein Problem aufstellen; *it is a* ~ *to me fig.* es ist mir unverständlich; **2.** ⅄ Aufgabe *f*, Problem *n*; **II.** *adj.* **3.** problematisch: ~ *play* Problemstück; ~ *child* schwererziehbares Kind, Sorgenkind; **prob·lem·at·ic** *adj.*; **prob·lem·at·i·cal** [prɔbli'mætik(əl)] *adj.* □ proble'matisch, zweifelhaft.

pro·bos·cis [prə'bɔsis] *pl.* **-cis·es** [-i:z] *s. zo.* Rüssel *m* (*a. humor. Nase*).

pro·ce·dur·al [prə'si:dʒərəl] *adj.* ⚖ verfahrensrechtlich; Verfahrens...: ~ *law*; **pro·ce·dure** [prə'si:dʒə] *s.* **1.** *allg.* Verfahren *n* (*a.* ⊕), Vorgehen *n*; **2.** ⚖ (*bsd. prozeßrechtliches*) Verfahren: *rules of* ~ Prozeßvorschriften, Verfahrensbestimmungen; **3.** Handlungsweise *f*, Verhalten *n*; **pro·ceed** [prə'si:d] *v/i.* **1.** weitergehen, -fahren *etc.*; sich begeben (*to* nach); **2.** *fig.* weitergehen (*Handlung etc.*), fortschreiten; **3.** vor sich gehen, von'statten gehen; **4.** *fig.* fortfahren (*with, in* mit, in *s-r Rede etc.*), s-e Arbeit *etc.* fortsetzen: *to* ~ *on one's journey* s-e Reise fortsetzen, weiterreisen; **5.** *fig.* vorgehen, verfahren: *to* ~ *with et.* durchführen *od.* in Angriff nehmen; *to* ~ *on the assumption that* davon ausgehen, daß; **6.** schreiten *od.* 'übergehen (*to* zu), sich anschicken (*to do* zu tun): *to* ~ *to business* an die Arbeit gehen, anfangen; **7.** (*from*) ausgehen *od.* herrühren *od.* kommen (von) (*Geräusch, Hoffnung, Krankheit etc.*), (*e-r Hoffnung etc.*) entspringen; **8.** ⚖ (gerichtlich) vorgehen, e-n Pro'zeß anstrengen (*against* gegen); **9.** *univ. Brit.* promovieren (*to* [*the degree of*] zum); **pro'ceed·ing** [-diŋ] *s.* **1.** Vorgehen *n*, Verfahren *n*; **2.** *pl.* ⚖ Verfahren *n*, (Gerichts)Verhandlung(en *pl.*) *f*: *to take* (*od. institute*) *~s against* ein Verfahren einleiten *od.* gerichtlich vorgehen gegen; **3.** *pl.* (Sitzungs-, Tätigkeits)Bericht(e *pl.*) *m*, (⚖ Pro'zeß)Akten *pl.*; **pro·ceeds** ['prousi:dz] *s. pl.* **1.** Erlös *m* (*from a sale* aus e-m Verkauf), Ertrag *m*, Gewinn *m*; **2.** Einnahmen *pl.*

proc·ess ['prouses] **I.** *s.* **1.** Verfahren *n*, Pro'zeß *m* (*a.* ⊕, ⚗): *~ engineering* Verfahrenstechnik; *~ of manufacture* Herstellungsvorgang, Werdegang; *in ~ of construction* im Bau (befindlich); **2.** Vorgang *m*, Verlauf *m*, Prozeß *m* (*a. phys.*): *~ of combustion* Verbrennungsvorgang; *mental ~* Denkprozeß; **3.** Arbeitsgang *m*; **4.** Fortgang *m*, -schreiten *n*, (Ver)Lauf *m*: *in ~ of time* im Laufe der Zeit; *to be in ~* im Gange sein; **5.** *typ.* 'photome,chanisches Reprodukti'onsverfahren: *~ printing* Mehrfarbendruck; **6.** *anat.* Fortsatz *m*; **7.** ✿ Auswuchs *m*; **8.** ⚖ **a)** Zustellung(en *pl.*) *f*, *bsd.* Vorladung *f*, **b)** (ordentliches) Verfahren: *due ~ of law* rechtliches Gehör; **II.** *v/t.* **9.** ⊕ *etc.* bearbeiten, (chemisch *etc.*) behandeln, e-m Verfahren unter'werfen; *Lebensmittel* haltbar machen, *Milch etc.* sterilisieren: *to ~ into* verarbeiten zu; **10.** ⚖ *j-n* gerichtlich belangen; **11.** *Am. fig. j-n* 'durchschleusen, abfertigen, *j-s Fall etc.* bearbeiten; **III.** *v/i.* [prə'ses] **12.** F in e-r Prozessi'on (mit)gehen; '**proc·ess·ing** [-siŋ] *s.* **1.** ⊕ Vered(e)lung *f*: *~ industry* Veredelungsindustrie; **2.** ⊕ Verarbeitung *f*; **3.** *bsd. Am. fig.* Bearbeitung *f*.

pro·ces·sion [prə'seʃən] *s.* **1.** Prozessi'on *f*, (feierlicher) (Auf-, 'Um-) Zug: *to go in ~* e-e Prozession abhalten *od.* machen; **2.** Reihe(nfolge) *f*; **3.** *a. ~ of the Holy Spirit eccl.* Ausströmen *n* des Heiligen Geistes; **pro'ces·sion·al** [-ʃənl] **I.** *adj.* Prozessions...; **II.** *s. eccl.* **a)** Prozessi'onsbuch *n*, **b)** Prozessi'onshymne *f*.

pro·claim [prə'kleim] *v/t.* **1.** proklamieren, (öffentlich) verkünd(ig)en, kundgeben: *to ~ war* den Krieg erklären; *to ~ s.o. a traitor* j-n zum Verräter erklären; *to ~ s.o. king* j-n zum König ausrufen; **2.** den Ausnahmezustand verhängen über *ein Gebiet etc.*; **3.** in die Acht erklären; **4.** *Versammlung etc.* verbieten.

proc·la·ma·tion [prɔklə'meiʃən] *s.* **1.** Proklamati'on *f* (*to an acc.*), (öffentliche *od.* feierliche) Verkündigung *od.* Bekanntmachung, Aufruf *m*: *~ of martial law* Verhängung des Standrechts; **2.** Erklärung *f*, Ausrufung *f zum König etc.*; **3.** Verhängung *f* des Ausnahmezustandes.

pro·cliv·i·ty [prə'kliviti] *s.* Neigung *f*, Hang *m* (*to, toward* zu).

pro·con·sul [prou'kɔnsəl] *s.* Statthalter *m*, 'Prokonsul *m*.

pro·cras·ti·nate [prou'kræstineit] *v/i.* zaudern, zögern; **pro·cras·ti·na·tion** [proukræsti'neiʃən] *s.* Verschleppung *f*.

pro·cre·ant ['proukriənt] *adj.* (er-) zeugend; '**pro·cre·ate** [-ieit] *v/t.* (er)zeugen, her'vorbringen (*a. fig.*); **pro·cre·a·tion** [proukri'eiʃən] *s.* (Er)Zeugung *f*, Her'vorbringen *n*; '**pro·cre·a·tive** [-ieitiv] *adj.* **1.** zeugungsfähig, Zeugungs...: *~ capacity* Zeugungsfähigkeit; **2.** fruchtbar.

Pro·crus·te·an [prou'krʌstiən] *adj.* Prokrustes... (*a. fig.*): *~ bed.*

proc·tor ['prɔktə] **I.** *s.* **1.** *univ. Brit.* **a)** Diszipli'narbe,amte(r) *m*, **b)** Aufsichtsführende(r) *m*, (*bsd. bei Prüfungen*): *~'s man*, *~'s* (*bull*)*dog sl.* Pedell; **2.** ⚖ **a)** Anwalt *m* (*an Spezialgerichten*), **b)** *a. King's* (*od. Queen's*) *~* Proku'rator *m* der Krone (*der verpflichtet ist, bei vermuteter Kollusion der Parteien in das Verfahren einzugreifen*); **II.** *v/t.* **3.** beaufsichtigen.

pro·cur·a·ble [prə'kjuərəbl] *adj.* zu beschaffen(d), erhältlich; **proc·u·ra·tion** [prɔkjuə'reiʃən] *s.* **1.** → *procurement 1 u. 3*; **2.** (Stell)Vertretung *f*; **3.** † Pro'kura *f*, Vollmacht *f*: *by ~* per Prokura; *joint ~* Gesamthandlungsvollmacht; *single* (*od. sole*) *~* Einzelprokura; **4.** → *procuring 2*; **proc·u·ra·tor** ['prɔkjuəreitə] *s.* **1.** ⚖ Anwalt *m*: *♀ General Brit.* Königlicher Anwalt des Schatzamtes; **2.** ⚖ Bevollmächtigte(r) *m*, Sachwalter *m*; **3.** *~ fiscal* ⚖ *Scot.* Staatsanwalt *m*.

pro·cure [prə'kjuə] **I.** *v/t.* **1.** (sich) be-, verschaffen, besorgen (*s.th. for s.o., s.o. s.th.* j-m et.); *a. Beweise etc.* liefern, beibringen; **2.** erwerben, erlangen; **3.** verkuppeln; **4.** *fig.* bewirken, her'beiführen; **5.** veranlassen: *to ~ s.o. to commit a crime* j-n zu e-m Verbrechen anstiften; **II.** *v/i.* **6.** kuppeln; **pro'cure·ment** [-mənt] *s.* **1.** Besorgung *f*, Beschaffung *f*; **2.** Erwerbung *f*; **3.** Vermittlung *f*; **4.** Veranlassung *f*; **pro'cur·er** [-ərə] *s.* **1.** Beschaffer(in), Vermittler(in); **2.** Kuppler *m*, Zuhälter *m*; **pro'cur·ess** [-əris] *s.* Kupplerin *f*; **pro'cur·ing** [-əriŋ] *s.* **1.** Beschaffen *n etc.*; **2.** Kuppe'lei *f*, Zuhälte'rei *f*.

prod [prɔd] **I.** *v/t.* **1.** stechen, stoßen; **2.** *fig.* anstacheln, -spornen (*into* zu *et.*); **II.** *s.* **3.** Stich *m*, Stechen *n*, Stoß *m* (*a. fig.*); **4.** *fig.* Ansporn *m*; **5.** Stachelstock *m*; Ahle *f*.

prod·i·gal ['prɔdigəl] **I.** *adj.* □ verschwenderisch (*of* mit): *to be ~ of s.th.* mit et. verschwenderisch umgehen; *the ~ son bibl.* der verlorene Sohn; **II.** *s.* Verschwender(in); **prod·i·gal·i·ty** [prɔdi'gæliti] *s.* **1.** Verschwendung *f*; **2.** Üppigkeit *f*, (verschwenderische) Fülle (*of* an *dat.*); '**prod·i·gal·ize** [-gəlaiz] *v/t.* verschwenden, verschwenderisch 'umgehen mit.

pro·di·gious [prə'didʒəs] *adj.* □ **1.** erstaunlich, wunderbar, großartig; **2.** gewaltig, ungeheuer; **prod·i·gy** ['prɔdidʒi] *s.* **1.** Wunder *n* (*of gen. od.* an *dat.*): *a ~ of learning* ein Wunder der *od.* an Gelehrsamkeit; **2.** *mst infant ~* Wunderkind *n*.

pro·duce[1] [prə'dju:s] *v/t.* **1.** *allg.* erzeugen, machen, schaffen; † *Waren etc.* produzieren, herstellen, erzeugen; *Kohle etc.* gewinnen, fördern; *Buch* **a)** verfassen, **b)** her'ausbringen; *thea. Stück* **a)** inszenieren, **b)** aufführen; *Film* produzieren, herausbringen; *Brit. thea.*, *Radio*: Re'gie führen bei: *to ~ o.s. fig.* sich produzieren; **2.** ✿ *Früchte etc.* her'vorbringen; **3.** † *Gewinn, Zinsen* (ein)bringen, abwerfen; **4.** *fig.* erzeugen, bewirken, her'vorrufen, zeitigen; *Wirkung* erzielen; **5.** her'vorziehen, -holen (*from* aus *der Tasche etc.*); *Ausweis etc.* (vor)zeigen, vorlegen; *Beweise, Zeugen etc.* beibringen; *Gründe* anführen; **6.** ⩘ *Linie* verlängern.

prod·uce[2] ['prɔdju:s] *s.* (*nur sg.*) **1.** (*bsd.* 'Boden)Pro,dukt(e *pl.*) *n*, (Na'tur)Erzeugnis(se *pl.*) *n*: *~ market* Produkten-, Warenmarkt; **2.** Ertrag *m*, Gewinn *m*.

pro·duc·er [prə'dju:sə] *s.* **1.** Erzeuger(in), 'Hersteller(in) (*a.* †); **2.** † Produ'zent *m*, Fabri'kant *m*: *~ goods* Produktionsgüter; **3. a)** *Film*: Produ'zent *m*, Produkti'onsleiter *m*, **b)** *Brit. thea.*, *Radio*: Regis'seur *m*, Spielleiter *m*; **4.** ⊕ Gene'rator *m*: *~ gas* Generatorgas; **pro'duc·i·ble** [-səbl] *adj.* **1.** erzeug-, herstellbar, produzierbar; **2.** vorzuzeigen(d), beizubringen(d), aufweisbar; **pro'duc·ing** [-siŋ] *adj.* Produktions..., Herstellungs...

prod·uct ['prɔdəkt] *s.* **1.** Pro'dukt *n*, Erzeugnis *n* (*a.* †, ⊕): *intermediate ~* Zwischenprodukt; *~ patent* Stoffpatent; **2.** ⚗, ⩘ Produkt *n*; **3.** *fig.* (*a.* 'Geistes)Pro,dukt *n*, Ergebnis *n*, Frucht *f*, Werk *n*; **4.** ⚒ Ausbringen *n*.

pro·duc·tion [prə'dʌkʃən] *s.* **1.** (*z.B. Kälte-, Strom*)Erzeugung *f*, (*z.B. Rauch*)Bildung *f*; **2.** † Produkti'on *f*, Herstellung *f*, Erzeugung *f*, Fertigung *f*; ⚗, ⚒, *min.* Gewinnung *f*; ⚒ Förderleistung *f*: *~ of gold* Goldgewinnung; *to be in ~* serienmäßig hergestellt werden; *to be in good ~* genügend hergestellt werden; *to go into ~* Produktion aufnehmen (*Fabrik*); **3.** (*Arbeits*)Erzeugnis *n*, (*a.* Na'tur)Pro,dukt *n*, Fabri'kat *n*; **4.** *fig.* (*mst* lite'rarisches) Pro'dukt, Ergebnis *n*, Werk *n*, Schöpfung *f*, Frucht *f*; **5.** Her'vorbringen *n*, Entstehung *f*; **6.** Vorlegung *f*, -zeigung *f e-s Dokuments etc.*, Beibringung *f e-s Zeugen*, Erbringen *n e-s Beweises*; Vorführen *n*, Aufweisen *n*; **7.** Her'vorholen *n*, -ziehen *n*; **8.** *thea.* Vor-, Aufführung *f*, Inszenierung *f*; **9. a)** *Brit. thea.*, *Radio*: Re'gie *f*, Spielleitung *f*, **b)** *Film*: Produkti'on *f*; **pro'duc·tion·al** [-ʃənl] *adj.* Produktions...

pro·duc·tion| ca·pac·i·ty *s.* Produkti'onskapazi,tät *f*, Leistungsfähigkeit *f*; *~* **car** *s. mot.* Serienwagen *m*; *~* **costs** *s. pl.* Gestehungskosten *pl.*; *~* **di·rec·tor** *s. Radio*: Sendeleiter *m*; *~* **en·gi·neer** *s.* Be'triebsingeni,eur *m*; *~* **goods** *s. pl.* Produkti'onsgüter *pl.*; *~* **line** *s.* ⊕ Fließband *n*, Fertigungsstraße *f*; *~* **man·ag·er** *s.* † Leiter *m* der Fertigungsabteilung.

pro·duc·tive [prə'dʌktiv] *adj.* □ **1.** (*of acc.*) her'vorbringend, erzeugend, schaffend: *to be ~ of* führen zu, erzeugen; **2.** produk'tiv, ergiebig, ertragreich, fruchtbar, ren'tabel; **3.** produzierend, leistungsfähig; ⚒ abbauwürdig; **4.** *fig.* produktiv, fruchtbar, schöpferisch; **pro'duc·tive·ness** [-nis], **pro·duc·tiv·i·ty** [prɔdʌk'tiviti] *s.* Produktivi'tät *f*: **a)** ✝ Rentabili'tät *f*, Ergiebigkeit *f*, **b)** ✝ Leistungs-, Ertragsfähigkeit *f*, **c)** *fig.* Fruchtbarkeit *f*.

pro·em ['prouem] *s.* Einleitung *f* (*a. fig.*), Vorrede *f*.

prof·a·na·tion [prɔfə'neiʃən] *s.* Entweihung *f*, Profanierung *f*; **profane** [prə'fein] **I.** *adj.* □ **1.** weltlich, pro'fan, ungeweiht, Profan...(*-bau*, *-geschichte*); **2.** lästerlich, gottlos: ~ *language* Lästern, Fluchen; **3.** uneingeweiht (*to* in *acc.*); **II.** *v/t.* **4.** entweihen, profanieren; **pro·fan·i·ty** [prə'fæniti] *s.* **1.** Gott-, Ruchlosigkeit *f*; **2.** Weltlichkeit *f*; **3.** Fluchen *n*; *pl.* Flüche *pl.*

pro·fess [prə'fes] *v/t.* **1.** (*a.* öffentlich) erklären, *Reue etc.* bekunden, sich bezeichnen (*to be* als): *to* ~ *o.s. a communist* sich zum Kommunismus bekennen; **2.** beteuern, versichern, *b.s.* heucheln, zur Schau tragen; **3.** sich bekennen zu (*e-m Glauben etc.*) *od.* als (*Christ etc.*): *to* ~ *christianity*; **4.** eintreten für, *Grundsätze etc.* vertreten; **5.** (*als Beruf*) ausüben, betreiben; **6.** *Brit.* Pro'fessor sein in (*dat.*), lehren; **pro'fessed** [-st] *adj.* □ **1.** erklärt (*Feind etc.*), ausgesprochen; **2.** an-, vorgeblich; **3.** Berufs..., berufsmäßig; **4.** (in einen Orden) aufgenommen: ~ *monk* Profeß; **pro'fess·ed·ly** [-sidli] *adv.* **1.** angeblich; **2.** erklärtermaßen; **3.** offenkundig; **pro'fes·sion** [-eʃən] *s.* **1.** (*bsd.* aka'demischer *od.* freier) Beruf, Stand *m*: *learned* ~ gelehrter Beruf; *the* ~*s* die akademischen Berufe; *the military* ~ der Soldatenberuf; *by* ~ von Beruf; **2.** *the* ~ *coll.* der Beruf *od.* Stand: *the medical* ~ die Ärzteschaft; **3.** (*bsd.* Glaubens)Bekenntnis *n*; **4.** Bekundung *f*, (*a.* falsche) Versicherung *od.* Behauptung, Beteuerung *f*: ~ *of friendship* Freundschaftsbeteuerung; **5.** *eccl.* Pro'feß *f*, Gelübde(ablegung *f*) *n*; **pro'fes·sion·al** [-eʃənl] **I.** *adj.* □ **1.** Berufs..., beruflich, Amts..., Standes...: ~ *discretion* Schweigepflicht *des Arztes etc.*; ~ *ethics* Berufsethos; **2.** Fach..., Berufs..., fachlich: ~ *association* Berufsgenossenschaft; ~ *school* Fach-, Berufsschule; ~ *studies* Fachstudium; ~ *terminology* Fachsprache; ~ *man* Mann vom Fach; → *4*; **3.** professio'nell, Berufs... (*a. sport*): ~ *player*; **4.** freiberuflich, aka'demisch; ~ *man* Akademiker, Geistesarbeiter; *the* ~ *classes* die höheren Berufsstände; **5.** gelernt, fachlich ausgebildet: ~ *gardener*; **6.** *fig. iro.* unentwegt: ~ *patriot*; **II.** *s.* **7.** *sport* Berufssportler (-in) *od.* -spieler(in); **8.** Berufskünstler *m etc.*, Künstler *m* vom Fach; **9.** Fachmann *m*; **10.** Geistesarbeiter *m*; **pro'fes·sion·al·ism** [-eʃnəlizəm] *s.* Berufssportlertum *n*, -spielertum *n*.

pro·fes·sor [prə'fesə] *s.* **1.** Pro'fessor *m*, Profes'sorin *f*; → *associate 8*; **2.** *Am.* Lehrer *m*; **3.** F *a. humor.* Lehrmeister *m*; **4.** *bsd. Am. od. Scot.* (*a.* Glaubens)Bekenner *m*; **pro·fes·so·ri·al** [prɔfe'sɔ:riəl] *adj.* □ professor'al; Professoren...: ~ *chair* Lehrstuhl, Professur; **pro·fes·so·ri·ate** [prɔfe'sɔ:riit] *s.* **1.** Profes'soren(schaft *f*) *pl.*; **2.** → *professorship*; **pro'fes·sor·ship** [-ʃip] *s.* Profes'sur *f*, Lehrstuhl *m*.

prof·fer ['prɔfə] **I.** *s.* Angebot *n*; **II.** *v/t.* (an)bieten.

pro·fi·cien·cy [prə'fiʃənsi] *s.* Fertigkeit *f*, Können *n*, Tüchtigkeit *f*, (gute) Leistungen *pl.*; **pro'fi·cient** [-nt] **I.** *adj.* □ tüchtig, geübt, bewandert, erfahren (*in*, *at* in *dat.*); **II.** *s.* Fachmann *m*, Meister *m*.

pro·file ['proufail] **I.** *s.* **1.** Pro'fil *n*: **a)** Seitenansicht *f*, **b)** Kon'tur *f*; **2.** (*a.* ⚠, ⊕) Pro'fil *n*, Längsschnitt *m*; **3.** Querschnitt *m* (*a. fig.*); **4.** 'Kurzbiogra,phie *f*; **II.** *v/t.* **5.** im Profil darstellen, profilieren; ⊕ im Quer- *od.* Längsschnitt zeichnen; **6.** ⊕ profilieren, fassonieren; kopierfräsen: ~ *cutter* Fassonfräser.

prof·it ['prɔfit] **I.** *s.* **1.** (✝ *oft pl.*) Gewinn *m*, Pro'fit *m*: ~ *and loss account* Gewinn- u. Verlustkonto, Erfolgsrechnung; ~*-sharing* Gewinnbeteiligung; ~*-taking Börse*: Gewinnmitnahme; *to sell at a* ~ mit Gewinn verkaufen; *to leave a* ~ e-n Gewinn abwerfen; **2.** *oft pl.* **a)** Ertrag *m*, Erlös *m*, **b)** Reinertrag *m*; **3.** ⚖ Nutzung *f*, Früchte *pl.* (*aus Land*); **4.** Nutzen *m*, Vorteil *m*: *to turn s.th. to* ~ aus et. Nutzen ziehen; *to his* ~ zu s-m Vorteil; **II.** *v/i.* **5.** (*by*, *from*) (e-n) Nutzen *od.* Gewinn ziehen (aus), profitieren (von): *to* ~ *by* sich *et.* zunutze machen, *e-e Gelegenheit* ausnützen; **III.** *v/t.* **6.** nützen, nutzen (*dat.*), von Nutzen sein für; **'prof·it·a·ble** [-təbl] *adj.* □ **1.** gewinnbringend, einträglich, lohnend, ren'tabel: *to be* ~ sich rentieren; **2.** vorteilhaft, nützlich (*to* für); **'prof·it·a·ble·ness** [-təblnis] *s.* **1.** Einträglichkeit *f*, Rentabili'tät *f*; **2.** Nützlichkeit *f*; **prof·it·eer** [prɔfi'tiə] **I.** *s.* Pro'fitmacher *m*, (Kriegs- *etc.*)Gewinnler *m*, 'Schieber' *m*, Wucherer *m*; **II.** *v/i.* Schieber- *od.* Wuchergeschäfte machen, 'schieben'; **prof·it·eer·ing** [prɔfi'tiəriŋ] *s.* Schieber-, Wuchergeschäfte *pl.*, Preistreibe'rei *f*; **'prof·it·less** [-lis] *adj.* □ nicht einträglich, ohne Gewinn, 'unren,tabel.

prof·li·ga·cy ['prɔfligəsi] *s.* **1.** Lasterhaftigkeit *f*, Verworfenheit *f*; **2.** Verschwendung(ssucht) *f*; **'prof·li·gate** [-git] **I.** *adj.* □ **1.** verworfen, liederlich; **2.** verschwenderisch; **II.** *s.* **3.** lasterhafter Mensch, Liederjan *m*; **4.** Verschwender(in).

pro for·ma [prou'fɔ:mə] (*Lat.*) *adv. u. adj.* **1.** pro forma, zum Schein; **2.** ✝ Proforma...(*-rechnung*), Schein...(*-geschäft*): ~ *bill* Proforma-, Gefälligkeitswechsel.

pro·found [prə'faund] *adj.* □ **1.** tief (*mst fig. Friede, Seufzer, Schlaf etc.*); **2.** tiefschürfend, inhaltsschwer, gründlich, pro'fund; **3.** *fig.* unergründlich, dunkel; **4.** *fig.* tief, groß (*Hochachtung etc.*), stark (*Interesse etc.*), vollkommen (*Gleichgültigkeit*); **pro'found·ness** [-nis], **pro'fun·di·ty** [-'fʌnditi] *s.* **1.** Tiefe *f* (*a. fig.*), Abgrund *m*; **2.** Tiefgründigkeit *f*, -sinnigkeit *f*; **3.** Gründlichkeit *f*; **4.** Stärke *f*, hoher Grad (*der Erregung etc.*).

pro·fuse [prə'fju:s] *adj.* □ **1.** (*a.* 'über)reich (*of*, *in* an *dat.*), 'überfließend, üppig; **2.** (*oft* allzu) freigebig, verschwenderisch (*of*, *in* mit): *to be* ~ *in one's thanks* überschwenglich danken; ~*ly illustrated* reich(haltig) illustriert; **pro'fuse·ness** [-nis], **pro'fu·sion** [-u:ʒən] *s.* **1.** ('Über)Fülle *f*, 'Überfluß *m* (*of* an *dat.*): *in* ~ in Hülle u. Fülle; **2.** Verschwendung *f*, Luxus *m*, allzugroße Freigebigkeit.

prog[1] [prɔg] *s. sl.* Fres'salien *pl.*, Provi'ant *m*.

prog[2] [prɔg] *Brit. sl.* → *proctor 1*.

pro·gen·i·tive [prou'dʒenitiv] *adj.* **1.** Zeugungs...: ~ *act*; **2.** zeugungsfähig; **pro'gen·i·tor** [-tə] *s.* **1.** Vorfahr *m*, Ahn *m*; **2.** *fig.* Vorläufer *m*; **pro'gen·i·tress** [-tris] *s.* Ahne *f*; **pro'gen·i·ture** [-tʃə] *s.* **1.** Zeugung *f*; **2.** Nachkommenschaft *f*; **prog·e·ny** ['prɔdʒini] *s.* **1.** Nachkommen (-schaft *f a.* ♀) *pl.*; *zo. die* Jungen *pl.*, Brut *f*; **2.** *fig.* Frucht *f*, Pro'dukt *n*.

prog·no·sis [prɔg'nousis] *pl.* **-ses** [-si:z] *s. bsd.* ⚕ Pro'gnose *f*, Vor'hersage *f*; **prog'nos·tic** [-'nɔstik] **I.** *adj.* **1.** pro'gnostisch (*bsd.* ⚕), vor'aussagend (*of acc.*): ~ *chart* Wettervorhersagekarte; **2.** warnend, vorbedeutend; **II.** *s.* **3.** Vor'hersage *f*; **4.** (An-, Vor)Zeichen *n*; **prog·nos·ti·cate** [prəg'nɔstikeit] *v/t.* **1.** (*a. v/i.*) vor'her-, vor'aussagen, prognostizieren; **2.** anzeigen; **prognos·ti·ca·tion** [prəgnɔsti'keiʃən] *s.* **1.** Vor'her-, Vor'aussage *f*, Pro'gnose *f* (*a.* ⚕); **2.** Prophe'zeiung *f*; **3.** Vorzeichen *n*.

pro·gram(me) ['prougræm] **I.** *s.* **1.** ('Studien-, Par'tei- *etc.*)Pro,gramm *n*, Plan *m* (*a. fig.* F): *manufacturing* ~ Herstellungsprogramm; **2.** Pro'gramm *n*: **a)** *thea.* Spielplan *m*, **b)** The'aterzettel *m*, **c)** Darbietung *f*, **d)** *Radio, Fernsehen*: Sendefolge *f*, Sendung *f*: ~ *director Radio, Fernsehen*: Programmdirektor; ~ *music* Programmusik; ~ *picture* Beifilm; **3.** Programm *n* (*Computer*); **II.** *v/t.* **4.** ein Pro'gramm aufstellen für; **5.** auf das Pro'gramm setzen, planen, ansetzen; **6.** *Computer* programmieren; **'pro·grammed** *adj.* programmiert: ~ *instruction*; ~ *learning*; **'pro·gram·mer** [-mə] *s.* Program'mierer(in) (*Computer*).

prog·ress[1] ['prougres] *s.* (*nur sg. außer 6*) **1.** *fig.* Fortschritt(e *pl.*) *m*: *to make* ~ Fortschritte machen; ~ *report* Tätigkeitsbericht; **2.** (Weiter)Entwicklung *f*: *in* ~ im Werden (begriffen); **3.** Fortschreiten *n*, Vorrücken *n*; ⚔ Vordringen *n*; **4.** Fortgang *m*, (Ver)Lauf *m*: *to be in* ~ im Gange sein; **5.** Über'handnehmen *n*, 'Umsichgreifen *n*: *the disease made rapid* ~ die Krankheit griff schnell um sich; **6.** *obs.* Reise *f*, Fahrt *f*; *Brit. mst hist.* Rundreise *f e-s Herrschers etc.*

pro·gress[2] [prə'gres] *v/i.* **1.** fortschreiten, weitergehen, s-n Fortgang nehmen; **2.** sich (fort-, weiter)entwickeln: *to ~ towards completion* s-r Vollendung entgegengehen; **3.** *fig.* Fortschritte machen, vorwärtskommen; gedeihen (*to* zu) (*Vorhaben etc.*).

pro·gres·sion [prəˈgreʃən] *s.* **1.** Vorwärts-, Fortbewegung *f*; **2.** Weiterentwicklung *f*, Verlauf *m*; **3.** (Aufeinˈander)Folge *f*; **4.** Ꭿ Progressiˈon *f*, Reihe *f*; **5.** Staffelung *f e-r Steuer etc.*; **6.** ♪ **a)** Seˈquenz *f*, **b)** Fortschreitung *f* (*Stimmbewegung*); **proˈgres·sion·ist** [-ʃnist], **proˈgress·ist** [-esist] *s. pol.* Fortschrittler *m*; **proˈgres·sive** [-esiv] **I.** *adj.* □ **1.** fortschrittlich (*Person u. Sache*): *~ party pol.* Fortschrittspartei; **2.** fortschreitend, -laufend, progresˈsiv: *a ~ step fig.* ein Schritt nach vorn; *~ assembly* ⊕ Fließbandmontage; **3.** gestaffelt, progressiv (*Besteuerung etc.*); **4.** (fort-)laufend: *~ numbers*; **5.** *bsd.* ⚕ zunehmend, progressiv: *~ paralysis*; **6.** *ling.* progressiv: *~ form* Verlaufsform; **II.** *s.* **7.** *pol.* Fortschrittler *m*; **proˈgres·sive·ly** [-esivli] *adv.* stufenweise, nach u. nach, allˈmählich.

pro·hib·it [prəˈhibit] *v/t.* **1.** verbieten, unterˈsagen (*a th.* et., *s.o. from doing* j-m *et.* zu tun); **2.** verhindern (*s.th. being done* daß et. geschieht); **3.** hindern (*s.o. from doing* j-n daran, *et.* zu tun); **pro·hi·bi·tion** [proui-ˈbiʃən] *s.* **1.** Verbot *n*; **2.** *hist. Am.* Prohibitiˈon *f*, Alkoholverbot *n*; **pro·hi·bi·tion·ist** [prouiˈbiʃnist] *s. hist. Am.* Prohibitioˈnist *m*, Verfechter *m* des Alkoholverbots; **proˈhib·i·tive** [-tiv] *adj.* □ **1.** verbietend, unterˈsagend; **2.** † Prohibitiv..., Schutz..., Sperr...: *~ duty* Schutzzoll; *~ system* Schutzzollsystem; *~ tax* Prohibitivsteuer; **3.** unerschwinglich (*Preis*), untragbar (*Kosten*); **proˈhib·i·to·ry** [-təri] → *prohibitive*.

pro·ject[1] [prəˈdʒekt] **I.** *v/t.* **1.** planen, entwerfen, projektieren; **2.** werfen, schleudern; **3.** *Bild, Licht, Schatten etc.* werfen, projizieren; **4.** *fig.* projizieren (*a.* Ꭿ): *to ~ o.s.* (*od. one's thoughts*) *into* sich versetzen in (*acc.*); *to ~ one's feelings into* s-e Gefühle übertragen auf (*acc.*); **II.** *v/i.* **5.** vorspringen, -stehen, -ragen (*over* über *acc.*).

proj·ect[2] [ˈprɔdʒekt] *s.* Proˈjekt *n* (*a. Am. ped.*), Plan *m*, (*a.* Bau)Vorhaben *n*, Entwurf *m*: *~ engineer* Projektingenieur.

pro·jec·tile I. *s.* [ˈprɔdʒiktail]; **1.** ⚔ Geschoß *n*, Projekˈtil *n*; **2.** (Wurf-)Geschoß *n*; **II.** *adj.* [prəˈdʒektail] **3.** (an)treibend, Stoß..., Trieb...: *~ force*; **4.** Wurf...

pro·jec·tion [prəˈdʒekʃən] *s.* **1.** Vorsprung *m*, vorspringender Teil *od.* Gegenstand *etc.*; △ Auskragung *f*, -ladung *f*, ˈÜberhang *m*; **2.** Fortsatz *m*; **3.** Werfen *n*, Schleudern *n*; Vortreiben *n*; **4.** Wurf *m*, Stoß *m*; **5.** Ꭿ, *ast.* Projektiˈon *f*: *upright ~* Aufriß; **6.** *phot.* Projektion *f*: **a)** Projizieren *n* (*Lichtbilder*), **b)** Lichtbild *n*; **7.** Vorführen *n* (*Film*): *~ booth* Vorführkabine; *~ screen* Leinwand, Bildschirm; **8.** *psych.* Projektion *f*; **9.** *fig.* ˈWiderspiegelung *f*; **10.** Planen *n*, Entwerfen *n*; Plan *m*, Entwurf *m*; **11.** *Statistik*: Hochrechnung *f*; **proˈjec·tion·ist** [-kʃnist] *s.* Filmvorführer *m*; **proˈjec·tor** [-ktə] *s.* **1.** Projektiˈonsappaˌrat *m*, Vorführgerät *n*, Bildwerfer *m*, Proˈjektor *m*; **2.** ⊕ Scheinwerfer *m*; **3.** ⚔ (Raˈketen-, Flammen- *etc.*)Werfer *m*; **4.** Pläneschmied *m*, Proˈjektemacher *m*; **5.** † Gründer *m*.

pro·lapse [ˈproulæps] ⚕ **I.** *s.* Vorfall *m*, Proˈlaps(us) *m*; **II.** *v/i.* prolabieren; **pro·lap·sus** [prouˈlæpsəs] → *prolapse I*.

pro·le·tar·i·an [prouleˈtɛəriən] **I.** *adj.* proleˈtarisch, Proletarier...; **II.** *s.* Proleˈtarier(in); **pro·leˈtar·i·at,** *mst* **pro·leˈtar·i·ate** [-iət] *s.* Proletariˈat *n*: *dictatorship of the ~ pol. hist.* Diktatur des Proletariats.

pro·li·cide [ˈproulisaid] *s.* ⚖ Tötung *f* der Leibesfrucht, Abtreibung *f*.

pro·lif·er·ate [prəˈlifəreit] *v/i. biol.* **1.** wuchern; **2.** sich fortpflanzen (*durch Zellteilung etc.*); **3.** sich stark vermehren; **proˈlif·ic** [-fik] *adj.* (□ *~ally*) **1.** *bsd. biol.* (*oft* ˈüberaus) fruchtbar; **2.** *fig.* reich (*of, in* an *dat.*); **3.** *fig.* fruchtbar, produkˈtiv (*Schriftsteller etc.*).

pro·lix [ˈprouliks] *adj.* □ weitschweifig; **pro·lix·i·ty** [prouˈliksiti] *s.* Weitschweifigkeit *f*.

pro·log *Am.* → *prologue*.

pro·logue [ˈproulɔg] *s.* **1.** *bsd. thea.* Proˈlog *m*, Einleitung *f*; Vorspruch *m*; **2.** *fig.* Vorspiel *n*, Auftakt *m* (*to* zu); ˈ**pro·logu·ize** [-gaiz] *v/i.* e-n Proˈlog verfassen *od.* sprechen.

pro·long [prəˈlɔŋ] *v/t.* **1.** verlängern, (aus)dehnen; **2.** † *Wechsel* prolongieren; **proˈlonged** [-ŋd] *adj.* anhaltend (*Beifall, Regen etc.*): *for a ~ time* längere Zeit; **pro·lon·ga·tion** [proulɔŋˈgeiʃən] *s.* **1.** Verlängerung *f*; **2.** Prolongierung *f e-s Wechsels etc.*, Fristverlängerung *f*, Aufschub *m*: *~ business* † Prolongationsgeschäft.

prom [prɔm] *s.* **1.** *Am.* F (Stuˈdenten)Ball *m*; **2.** *bsd. Brit.* F **a)** ˈSeepromeˌnade *f*, **b)** → *promenade concert*.

prom·e·nade [prɔmiˈnɑːd] **I.** *s.* **1.** Promeˈnade *f*: **a)** Spaziergang *m*, -fahrt *f*, -ritt *m*, **b)** Spazierweg *m*, Wandelhalle *f*; **2.** feierlicher Einzug der (Ball)Gäste, Poloˈnäse *f*; **3.** → *prom 1*; **4.** → *promenade concert*; **II.** *v/i.* **5.** promenieren, spazieren(gehen *etc.*); **III.** *v/t.* **6.** promenieren *od.* (herˈum)spazieren in (*dat.*) *od.* auf (*dat.*); **7.** spazierenführen, (umˈher)führen; *~* **con·cert** *s.* Promeˈnadenkonˌzert *n*; *~* **deck** *s.* ⚓ Promeˈnadendeck *n*.

prom·i·nence [ˈprɔminəns] *s.* **1.** (Her)ˈVorragen *n*, -springen *n*; **2.** Vorsprung *m*, vorstehender Teil; *ast.* Protubeˈranz *f*; **3.** *fig.* **a)** Berühmtheit *f*, **b)** Bedeutung *f*: *to bring into ~* **a)** berühmt machen, **b)** klar herausstellen, hervorheben; *to come into ~* in den Vordergrund rücken, hervortreten; → *blaze* 7; ˈ**prom·i·nent** [-nt] *adj.* □ **1.** vorstehend, -springend (*a. Nase etc.*); **2.** marˈkant, auffallend, herˈvorstechend (*Eigenschaft*); **3.** promiˈnent: **a)** führend (*Persönlichkeit*), herˈvorragend, **b)** berühmt.

prom·is·cu·i·ty [prɔmisˈkju(ː)iti] *s.* **1.** Vermischt-, Verworrenheit *f*, Durcheinˈander *n*; **2.** Wahllosigkeit *f*; **3.** Promiskuiˈtät *f*, ungebundene Geschlechtsbeziehungen *pl.*; **pro·mis·cu·ous** [prəˈmiskjuəs] *adj.* □ **1.** (kunter)bunt, verworren; **2.** wahl-, ˈunterschiedslos; **3.** gemeinsam (*beide Geschlechter*): *~ bathing*.

prom·ise [ˈprɔmis] **I.** *s.* **1.** Versprechen *n*, -heißung *f*, Zusage *f* (*to j-m* gegenˈüber): *~ to pay* † Zahlungsversprechen; *to break* (*keep*) *one's ~* sein Versprechen brechen (halten); *to make a ~* ein Versprechen geben; *breach of ~* Bruch des Eheversprechens; *Land of* ≈ → *Promised Land*; **2.** *fig.* Hoffnung *f od.* Aussicht *f* (*of* auf *acc.*, zu *inf.*): *of great ~* vielversprechend (*Aussicht, junger Mann etc.*); *to show some ~* gewisse Ansätze zeigen; **II.** *v/t.* **3.** versprechen, zusagen, in Aussicht stellen, verheißen, geloben (*s.o. s.th., s.th. to s.o.* j-m et.): *I ~ you* F ich versichere Ihnen; **4.** *fig.* versprechen, erwarten *od.* hoffen lassen, ankündigen; **5.** *to be ~d* (in die Ehe) versprochen sein; **6.** *to ~ o.s. s.th.* sich et. versprechen *od.* erhoffen; **III.** *v/i.* **7.** versprechen, zusagen; **8.** *fig.* Hoffnungen erwecken: *he ~s well* er läßt sich gut an; *the weather ~s fine* das Wetter verspricht gut zu werden; **Prom·ised Land** [ˈprɔmist] *s. bibl. u. fig.* das Gelobte Land, Land *n* der Verheißung; **prom·is·ee** [prɔmiˈsiː] *s.* ⚖ Versprechensempfänger(in); ˈ**prom·is·ing** [-siŋ] *adj.* □ *fig.* vielversprechend, hoffnungs-, verheißungsvoll, aussichtsreich; ˈ**prom·i·sor** [-sɔː] *s.* ⚖ Versprechensgeber(in); ˈ**prom·is·so·ry** [-səri] *adj.* versprechend: *~ note* † Schuldschein, Eigen-, Solawechsel.

prom·on·to·ry [ˈprɔməntri] *s.* Vorgebirge *n*.

pro·mote [prəˈmout] *v/t.* **1.** fördern, unterˈstützen; *b.s.* Vorschub leisten (*dat.*); **2.** *j-n* befördern: *to be ~d* **a)** befördert werden, **b)** *sport* aufsteigen; **3.** *parl. Antrag* **a)** unterˈstützen, **b)** einbringen; **4.** † *Gesellschaft* gründen; **5.** † **a)** *Verkauf* (*durch Werbung*) steigern, **b)** werben für; **6.** *ped. Am. Schüler* versetzen; **7.** *Schach*: *Bauern* verwandeln; **8.** *Am. sl.* ‚organisieren'; **proˈmot·er** [-tə] *s.* **1.** Förderer *m*; Befürworter *m*; *b.s.* Anstifter *m*; **2.** † Gründer *m*: *~'s shares* Gründeraktien; **3.** *sport* Veranstalter *m*; **proˈmo·tion** [-ouʃən] *s.* **1.** Beförderung *f* (*a.* ⚔): *~ list* Beförderungsliste; *to get one's ~* befördert werden; **2.** Förderung *f*, Befürwortung *f*: *export ~* † Exportförderung; **3.** † Gründung *f*; **4.** † Verkaufsförderung *f*, Werbung *f*; **5.** *ped. Am.* Versetzung *f*; **6.** *sport* Aufstieg *m*: *to gain ~* aufsteigen; **proˈmo·tion·al** [-ouʃənl] *adj.* **1.** Beförderungs...; **2.** fördernd; **3.** † Reklame..., Werbe...; **pro-**

ˈ**mo·tive** [-tiv] *adj.* fördernd, begünstigend (*of acc.*).

prompt [prɔmpt] **I.** *adj.* □ **1.** unverzüglich, prompt, soˈfortig, ˈumgehend: *a* ~ *reply* e-e prompte *od.* schlagfertige Antwort; **2.** schnell, rasch; **3.** bereit(willig); **4.** ✝ **a)** pünktlich, **b)** bar, **c)** sofort liefer- u. zahlbar: *for* ~ *cash* gegen sofortige Kasse; **II.** *adv.* **5.** pünktlich; **III.** *v/t.* **6.** *j-n* antreiben, bewegen, (*a. et.*) veranlassen (*to* zu); **7.** *Gedanken, Gefühl etc.* eingeben, wecken; **8.** *j-m* das Stichwort geben, ein-, vorsagen; *thea. j-m* soufflieren: ~-*book* Soufflierbuch; ~-*box* Souffleurkasten; **IV.** *s.* **9.** ✝ Ziel *n*, Zahlungsfrist *f*; ˈ**prompt·er** [-tə] *s.* **1.** *thea.* Soufˈfleur *m*, Soufˈfleuse *f*; **2.** Vorsager(in); **3.** Anreger(in), Urheber(in); *b.s.* Anstifter(in); ˈ**prompt·ing** [-tiŋ] *s.* (*oft pl.*) Eingebung *f*, Stimme *f des Herzens*; **promp·ti·tude** [ˈprɔmptitju:d], ˈ**prompt·ness** [-nis] *s.* **1.** Schnelligkeit *f*; **2.** Bereitwilligkeit *f*; **3.** *bsd.* ✝ Promptheit *f*, Pünktlichkeit *f*.

ˈ**prompt-note** *s.* ✝ Mahnzettel *m*, -schreiben *n*.

pro·mul·gate [ˈprɔməlgeit] *v/t.* **1.** *Gesetz etc.* (öffentlich) bekanntmachen *od.* verkündigen; **2.** *Lehre etc.* verbreiten; **pro·mul·ga·tion** [prɔməlˈgeiʃən] *s.* **1.** (öffentliche) Bekanntmachung, Verkündung *f*, -öffentlichung *f*; **2.** Verbreitung *f*.

prone [proun] *adj.* □ **1.** auf dem Bauch *od.* mit dem Gesicht nach unten liegend, hingestreckt: ~ *position* **a)** Bauchlage (*a. sport*), **b)** ⚔ *Am.* Anschlag liegend; **2.** (vornˈüber)gebeugt; **3.** abschüssig; **4.** *fig.* (*to*) neigend (zu), veranlagt (zu), anfällig (für); ˈ**prone·ness** [-nis] *s.* (*to*) Neigung *f*, Hang *m* (zu), Anfälligkeit *f* (für).

prong [prɔŋ] **I.** *s.* **1.** Zinke *f e-r* (*Heu- etc.*)*Gabel*; Zacke *f*, Spitze *f*, Dorn *m*; **2.** (Geweih)Sprosse *f*; **3.** Horn *n*; **4.** (Heu-, Mist- *etc.*)Gabel *f*; **II.** *v/t.* **5.** mit e-r Gabel stechen *od.* heben; **6.** aufspießen; **pronged** [-ŋd] *adj.* gezinkt, zackig: *two*-~ zweizinkig.

pro·nom·i·nal [prəˈnɔminl] *adj.* □ *ling.* pronomiˈnal.

pro·noun [ˈprounaun] *s. ling.* Proˈnomen *n*, Fürwort *n*: *personal* ~ persönliches Fürwort, Personalpronomen.

pro·nounce [prəˈnauns] **I.** *v/t.* **1.** aussprechen (*a. ling.*); **2.** erklären für, bezeichnen als; **3.** *Urteil* aussprechen *od.* verkünden, *Segen* erteilen: *to* ~ *sentence of death* das Todesurteil fällen, auf Todesstrafe erkennen; **4.** behaupten (*that* daß); **II.** *v/i.* **5.** sich aussprechen *od.* erklären, s-e Meinung äußern (*on* über *acc., for, in favo[u]r of* für): *to* ~ *against s.th.* sich gegen et. aussprechen; **proˈnounced** [-st] *adj.* □ **1.** ausgesprochen, ausgeprägt, deutlich (*Tendenz etc.*), sichtlich (*Besserung etc.*); **2.** bestimmt, entschieden (*Ansicht etc.*); **proˈnounc·ed·ly** [-sidli] *adv.* ausgesprochen *gut, schlecht etc.*; **proˈnounce·ment** [-mənt] *s.* **1.** Äußerung *f*; **2.** Erklärung, *f*, (⚖ *Urteils*)Verkünd(ig)ung *f*.

pron·to [ˈprɔntou] *adv.* F fix, schnell, ‚aber dalli'.

pro·nun·ci·a·tion [prənʌnsiˈeiʃən] *s.* Aussprache *f*.

proof [pru:f] **I.** *adj.* **1.** fest (*against, to* gegen), ˈundurchˌlässig, (*wasser- etc.*)dicht, (*hitze*)beständig, (*kugel-*) sicher; **2.** gefeit (*against* gegen) (*a. fig.*); *fig. a.* unzugänglich: ~ *against bribes* unbestechlich; **3.** ⚗ probehaltig, norˈmalstark (*alkoholische Flüssigkeit*); **II.** *s.* **4.** Beweis *m*, Nachweis *m*: *in* ~ *of* zum *od.* als Beweis (*gen.*); *to give* ~ *of et.* beweisen; **5.** (*a.* ⚖) Beweis(mittel *n*, -stück *n*) *m*; Beleg(e *pl.*) *m*; **6.** Probe *f* (*a.* ⅌), (*a.* Materiˈal)Prüfung *f*: *to put to (the)* ~ auf die Probe stellen; *the* ~ *of the pudding is in the eating* Probieren geht über Studieren; **7.** *typ.* **a)** Korrekˈturfahne *f*, -bogen *m*, **b)** Probeabzug *m* (*a. phot.*): *clean* ~ Revisionsbogen; **8.** Norˈmalstärke *f alkoholischer Getränke*; **III.** *v/t.* **9.** ⊕ (wasser- *etc.*)dicht machen, imprägnieren; ˈ~-**mark** *s.* Probestempel *m*, Stempelplatte *f auf Gewehren*; ˈ~-**read·er** *s. typ.* Korˈrektor *m*; ˈ~-**read·ing** *s. typ.* Korrekˈturlesen *n*; ˈ~-**sheet** → *proof 7a*; ˈ~-**spir·it** *s.* Norˈmalweingeist *m*.

prop[1] [prɔp] **I.** *s.* **1.** Stütze *f* (*a.* ⚓), (Stütz)Pfahl *m*; **2.** *fig.* Stütze *f*, Halt *m*; **3.** ⚠, ⊕ Stempel *m*, Stützbalken *m*; Strebe *f*; **4.** ⊕ Drehpunkt *m e-s Hebels*; **5.** *pl. sl.* ‚Stelzen' *pl.* (*Beine*); **II.** *v/t.* **6.** stützen (*a. fig.*); **7.** *a.* ~ *up* (ab)stützen, pfählen; ⊕ verstreben; **8.** *to* ~ *up mot.* aufbocken.

prop[2] [prɔp] *sl.* → *property 4*.

prop[3] [prɔp] *s.* ✈ *sl.* ‚Latte' *f* (*Propeller*).

prop·a·gan·da [prɔpəˈgændə] *s.* Propaˈganda *f*; *bsd.* ✝ Werbung *f*, Reˈklame *f*: *to make* ~ *for*; ~ *week* Werbewoche; **prop·aˈgan·dist** [-dist] **I.** *s.* Propaganˈdist(in); **II.** *adj.* propaganˈdistisch; **prop·a·gan·dis·tic** [prɔpəgænˈdistik] *adj.* propaganˈdistisch; **prop·aˈgan·dize** [-daiz] **I.** *v/t.* **1.** Propaganda machen für, propagieren; **2.** *j-n* durch Propaganda beeinflussen; **II.** *v/i.* **3.** Propaganda machen.

prop·a·gate [ˈprɔpəgeit] **I.** *v/t.* **1.** *a. phys. Ton, Bewegung, Licht* fortpflanzen (*a. fig.*); **2.** *Nachricht etc.* aus-, verbreiten, propagieren; **II.** *v/i.* **3.** sich fortpflanzen; **prop·a·ga·tion** [prɔpəˈgeiʃən] *s.* **1.** Fortpflanzung *f* (*a. phys.*), Vermehrung *f*; **2.** Aus-, Verbreitung *f*; **prop·a·ga·tor** [ˈprɔpəgeitə] *s.* **1.** Fortpflanzer *m*; **2.** Verbreiter *m*, Propaganˈdist *m*.

pro·pane [ˈproupein] *s.* ⚗ Proˈpan *n*.

pro·pel [prəˈpel] *v/t.* (an-, vorwärts-) treiben (*a. fig. od.* ⊕); **proˈpel·lant** [-lənt] *s.* ⊕ Treibstoff *m*, -mittel *n*: ~ (*charge*) Treibladung (*e-r Rakete etc.*); **proˈpel·lent** [-lənt] **I.** *adj.* **1.** (an-, vorwärts)treibend: ~ *gas* Treibgas; ~ *power* Antriebs-, Triebkraft; **II.** *s.* **2.** *fig.* treibende Kraft; **3.** → *propellant*; **proˈpel·ler** [-lə] *s.* Proˈpeller *m*: **a)** ✈ Luftschraube *f*, **b)** ⚓ Schiffsschraube *f*: ~-*blade* ✈ Luftschraubenblatt; ~-*shaft mot. Am.* Kardanwelle; **proˈpel·ling** [-liŋ] *adj.* Antriebs..., Trieb..., Treib...: ~ *charge* Treibladung, -satz (*e-r Rakete etc.*); ~ *force* Triebkraft; ~ *nozzle* ✈ Schubdüse; ~ *pencil* Drehbleistift.

pro·pen·si·ty [prəˈpensiti] *s. fig.* Hang *m*, Neigung *f* (*to, for* zu).

prop·er [ˈprɔpə] *adj.* □ **1.** richtig, passend, geeignet, angemessen, ordnungsgemäß, zweckmäßig: *in* ~ *form* in gebührender *od.* angemessener Form; *in the* ~ *place* am rechten Platz; *do as you think (it)* ~ tun Sie, was Sie für richtig halten; ~ *fraction* ⅌ echter Bruch; **2.** anständig, schicklich, korˈrekt, einwandfrei (*Benehmen etc.*): *it is* ~ es (ge)ziemt *od.* schickt sich; **3.** zulässig; **4.** eigen(tümlich) (*to dat.*), besonder; **5.** genau: *in the* ~ *meaning of the word* strenggenommen; **6.** (*mst nachgestellt*) eigentlich: *philosophy* ~ die eigentliche Philosophie; *in the Middle East* ~ im Mittleren Osten selbst; **7.** maßgebend, zuständig (*Dienststelle etc.*); **8.** F ‚richtig', ‚ordentlich', ‚anständig': *a* ~ *licking* e-e gehörige Tracht Prügel; **9.** *ling.* Eigen...: ~ *name* (*od. noun*) Eigenname; ˈ**prop·er·ly** [-li] *adv.* **1.** richtig, passend, wie es sich gehört: *to behave* ~ sich (anständig) benehmen; **2.** genau: ~ *speaking* eigentlich, streng genommen; **3.** F gründlich, ‚anständig', ‚tüchtig'.

prop·er·tied [ˈprɔpətid] *adj.* besitzend, begütert: *the* ~ *classes*.

prop·er·ty [ˈprɔpəti] *s.* **1.** Eigentum *n*, Besitz(tum *n*) *m*, Gut *n*, Vermögen *n*: *common* ~ Gemeingut; *damage to* ~ Sachschaden; *law of* ~ ⚖ Sachenrecht; *left* ~ Hinterlassenschaft; *lost* ~ Fundsache; *man of* ~ begüterter Mann; *personal* ~ → *personalty*; **2.** *a. landed* ~ (Grund-, Land)Besitz *m*, Grundstück *n*, Liegenschaft *f*, Ländeˈreien *pl.*; **3.** ⚖ Eigentum(srecht) *n*: *industrial* ~ gewerbliches Schutzrecht; *intellectual* ~ geistiges Eigentum; *literary* ~ literarisches Eigentum, Urheberrecht; **4.** *mst pl. thea.* Requiˈsit(en *pl.*) *n*; **5.** Eigenart *f*, -heit *f*; Merkmal *n*; **6.** *phys. etc.* Eigenschaft *f*; ⊕ *a.* Tätigkeit *f*: ~ *of material* Werkstoffeigenschaft; *insulating* ~ Isolationsvermögen; ~ **in·sur·ance** *s.* Sachversicherung *f*; ˈ~-**man** [-mæn] *s.* [*irr.*] *thea.* Requisiˈteur *m*; ~ **mar·ket** *s.* Immoˈbilienmarkt *m*; ~ **tax** *s.* **1.** Vermögenssteuer *f*; **2.** Grundsteuer *f*.

proph·e·cy [ˈprɔfisi] *s.* Propheˈzeiung *f*, Weissagung *f*; ˈ**proph·e·sy** [-sai] *v/t.* propheˈzeien, weis-, vorˈaussagen (*s.th. for s.o.* j-m et.) (*a. fig.*).

proph·et [ˈprɔfit] *s.* Proˈphet *m* (*a. fig.*): *the Major (Minor)* ♀*s bibl.* die großen (kleinen) Propheten; ˈ**proph·et·ess** [-tis] *s.* Proˈphetin *f*; **pro·phet·ic** *adj.*; **pro·phet·i·cal** [prəˈfetik(əl)] *adj.* □ proˈphetisch.

pro·phy·lac·tic [prɔfiˈlæktik] **I.** *adj. bsd.* ⚕ prophyˈlaktisch, vorbeugend, Vorbeugungs...: ~ *station Am.*, ~

aid centre Brit. ⚔ Sanierungsstelle; **II.** *s.* ⚕ Prophy'laktikum *n*, vorbeugendes Mittel; **pro·phy'lax·is** [-ksis] *s.* ⚕ Prophy'laxe *f*, Präven'tivbe,handlung *f*.

pro·pin·qui·ty [prə'piŋkwiti] *s.* **1.** Nähe *f*; **2.** nahe Verwandtschaft.

pro·pi·ti·ate [prə'piʃieit] *v/t.* versöhnen, besänftigen, günstig stimmen; **pro·pi·ti·a·tion** [prəpiʃi'eiʃən] *s.* **1.** Versöhnung *f*; Besänftigung *f*; **2.** *obs.* (Sühn)Opfer *n*, Sühne *f*; **pro'pi·ti·a·to·ry** [-iətəri] *adj.* □ versöhnend, sühnend, Sühn...

pro·pi·tious [prə'piʃəs] *adj.* □ **1.** günstig, vorteilhaft (*to* für); **2.** gnädig, geneigt.

'prop-jet en·gine *s.* ✈ Pro'peller-Düsentriebwerk *n*.

pro·po·nent [prə'pounənt] *s.* **1.** Vorschlagende(r *m*) *f*; *fig.* Befürworter (-in); **2.** ⚖ präsum'tiver Testa'mentserbe.

pro·por·tion [prə'pɔ:ʃən] **I.** *s.* **1.** (richtiges) Verhältnis; Gleich-, Ebenmaß *n*; *pl.* (Aus)Maße *pl.*, Größenverhältnisse *pl.*, Dimensi'onen *pl.*, Proporti'onen *pl.*: *in ~ as* in dem Maße wie, je nachdem wie; *in ~ to* im Verhältnis zu; *to be out of (all) ~ to* in keinem Verhältnis stehen zu; **2.** *fig.* **a)** Ausmaß *n*, Größe *f*, Umfang, **b)** Symmet'rie *f*, Harmo'nie *f*; **3.** ℞, ♏ Proporti'on *f*; **4.** ℞ **a)** Dreisatz(rechnung *f*) *m*, Regelde'tri *f*, **b)** *a. geometric ~* Verhältnisgleichheit *f*; **5.** Anteil *m*, Teil *m*: *in ~* anteilig; **II.** *v/t.* **6.** (*to*) in das richtige Verhältnis bringen (mit, zu), anpassen (*dat.*); **7.** verhältnismäßig verteilen; **8.** proportionieren, bemessen; **9.** sym'metrisch gestalten: *well-~d* ebenmäßig, wohlgestaltet; **pro'por·tion·al** [-ʃənl] **I.** *adj.* □ **1.** proportio'nal, verhältnismäßig; anteilmäßig: *~ numbers* ℞ Proportionalzahlen; *~ representation pol.* Verhältniswahl (-system); **2.** → *proportionate*; **II.** *s.* **3.** ℞ Proportio'nale *f*; **pro'por·tion·ate** [-ʃnit] *adj.* □ (*to*) im richtigen Verhältnis (stehend) (zu), angemessen (*dat.*), entsprechend (*dat.*): *~ share* ✝ Verhältnisanteil, anteilmäßige Befriedigung.

pro·pos·al [prə'pouzəl] *s.* **1.** Vorschlag *m*, (*a.* ✝, *a. Friedens*)Angebot *n*, (*a.* Heirats)Antrag *m*; **2.** Plan *m*; **pro·pose** [prə'pouz] **I.** *v/t.* **1.** vorschlagen (*a th. to s.o.* j-m et., *s.o. for* j-n zu *od.* als); **2.** *Antrag* stellen; *Resolution* einbringen; *Mißtrauensvotum* stellen *od.* beantragen; **3.** *Rätsel* aufgeben; *Frage* stellen; **4.** beabsichtigen, sich vornehmen; **5.** e-n Toast ausbringen auf (*acc.*), auf *et.* trinken; **II.** *v/i.* **6.** beabsichtigen, vorhaben; planen: *man ~s (but) God disposes* der Mensch denkt, Gott lenkt; **7.** e-n Heiratsantrag machen (*to dat.*), anhalten (*for* um *j-n, j-s Hand*); **pro'pos·er** [-zə] *s. pol.* Antragsteller *m*; **prop·o·si·tion** [prɔpə'ziʃən] **I.** *s.* **1.** Vorschlag *m*, Antrag *m*; **2.** (vorgeschlagener) Plan, Pro'jekt *n*; **3.** ✝ Angebot *n*; **4.** Behauptung *f*; **5.** F **a)** Sache *f*, **b)** Geschäft *n*: *an easy ~* ,kleine Fische', Kleinigkeit; **6.** *phls.* Satz *m*; **7.** ℞ (Lehr)Satz *m*; **II.** *v/t.* **8.** *Am. sl.* *j-m* e-n Vorschlag machen; *e-m Mädchen* e-n unsittlichen Antrag machen.

pro·pound [prə'paund] *v/t.* **1.** *Frage etc.* vorlegen, -tragen (*to dat.*); **2.** vorschlagen; **3.** *to ~ a will* ⚖ auf Anerkennung e-s Testaments klagen.

pro·pri·e·tar·y [prə'praiətəri] **I.** *adj.* **1.** Eigentums...(*-recht etc.*), Vermögens...; **2.** Eigentümer..., Besitzer...: *~ company* ✝ Gründergesellschaft; *the ~ classes* die besitzenden Klassen; **3.** gesetzlich geschützt (*Arznei, Ware*): *~ article* Markenartikel; *~ name* Markenbezeichnung; **II.** *s.* **4.** Eigentümer *m od. pl.*; **pro·pri·e·tor** [prə'praiətə] *s.* Eigentümer *m*, Besitzer *m*, (Geschäfts)Inhaber *m*, Anteilseigner *m*, Gesellschafter *m*: *~s' capital* Eigenkapital *e-r Gesellschaft*; *sole ~* **a)** Alleininhaber, **b)** ✝ *Am.* Einzelkaufmann; **pro'pri·e·tor·ship** [-təʃip] *s.* **1.** Eigentum(srecht) *n* (*in* an *dat.*); **2.** Verlagsrecht *n*; **3.** *Bilanz*: 'Eigenkapi,tal *n*; **4.** *sole ~* **a)** al'leiniges Eigentumsrecht, **b)** ✝ *Am.* 'Einzelunter,nehmen *n*; **pro'pri·e·tress** [-tris] *s.* Eigentümerin *f etc.*; **pro'pri·e·ty** [-ti] *s.* **1.** Schicklichkeit *f*, Anstand *m*; **2.** *pl.* Anstandsformen *pl.*; **3.** Angemessenheit *f*, Richtigkeit *f*.

props [prɔps] *s. pl. thea. sl.* Requi'siten *pl.*

pro·pul·sion [prə'pʌlʃən] *s.* **1.** ⊕ Antrieb *m* (*a. fig.*), Antriebskraft *f*: *~ nozzle* Rückstoßdüse; **2.** Fortbewegung *f*; **pro'pul·sive** [-lsiv] *adj.* (an-, vorwärts)treibend (*a. fig.*): *~ force* Triebkraft; *~ jet* Treibstrahl.

pro ra·ta [prou'rɑ:tə] (*Lat.*) *adj. u. adv.* verhältnis-, anteilmäßig; **pro·rate** [prou'reit] *Am. v/t.* anteilmäßig ver-, aufteilen.

pro·ro·ga·tion [prourə'geiʃən] *s. pol.* Vertagung *f*; **pro·rogue** [prə'roug] *v/t. u. v/i.* (sich) vertagen.

pro·sa·ic [prou'zeiik] *adj.* (□ *~ally*) *fig.* pro'saisch: **a)** all'täglich, **b)** nüchtern, trocken, **c)** langweilig.

pro·sce·ni·um [prou'si:njəm] *pl.* **-ni·a** [-njə] *s. thea.* Pro'szenium *n*.

pro·scribe [prous'kraib] *v/t.* **1.** ächten, für vogelfrei erklären; **2.** *mst fig.* verbannen; **3.** *fig.* verurteilen; verbieten; **pro'scrip·tion** [-'kripʃən] *s.* **1.** Ächtung *f*, Acht *f*, Proskripti'on *f* (*mst hist.*); **2.** Verbannung *f*; **3.** *fig.* Verurteilung *f*, Verbot *n*; **pro'scriptive** [-'kriptiv] *adj.* □ Ächtungs..., ächtend; beschränkend.

prose [prouz] **I.** *s.* **1.** Prosa *f*; **2.** *fig.* Prosa *f*, Nüchternheit *f*, All'täglichkeit *f*; **3.** *ped.* Über'setzung *f in die Fremdsprache*; **II.** *adj.* **4.** Prosa...: *~ writer* Prosaschriftsteller(in); **5.** *fig.* pro'saisch; **III.** *v/t. u. v/i.* **6.** in Prosa schreiben; **7.** langweilig erzählen.

pros·e·cute ['prɔsikju:t] **I.** *v/t.* **1.** *Plan etc.* verfolgen, weiterführen: *to ~ an action* ⚖ e-n Prozeß führen; **2.** *Gewerbe, Studien etc.* betreiben; **3.** *Untersuchung* 'durchführen; **4.** ⚖ **a)** strafrechtlich verfolgen, **b)** gerichtlich verfolgen, belangen, anklagen (*for* wegen), **c)** *Forderung* einklagen; **II.** *v/i.* **5.** gerichtlich vorgehen; **6.** ⚖ als Kläger auftreten, die Anklage vertreten: *prosecuting counsel* (*Am. attorney*) Anklagevertreter, Staatsanwalt; **pros·e·cu·tion** [prɔsi'kju:ʃən] *s.* **1.** Verfolgung *f*, Fortsetzung *f*, 'Durchführung *f e-s Plans etc.*; **2.** Betreiben *n e-s Gewerbes etc.*; **3.** ⚖ **a)** strafrechtliche Verfolgung, Strafverfolgung *f*, **b)** Einklagen *n e-r Forderung etc.*: *liable to ~* strafbar; *Director of Public* ⁓*s* Leiter der Anklagebehörde; **4.** *the ~* ⚖ die Staatsanwaltschaft, die Anklage(behörde): *witness for the ~* Belastungszeuge; **'pros·e·cu·tor** [-tə] *s.* ⚖ (An)Kläger *m*, Anklagevertreter *m*: *public ~* Staatsanwalt.

pros·e·lyte ['prɔsilait] *s. eccl.* Prose'lyt(in), Konver'tit(in); **'pros·e·lyt·ism** [-litizəm] *s.* Prosely'tismus *m*: **a)** Bekehrungseifer *m*, **b)** Prose'lytentum *n*; **'pros·e·lyt·ize** [-litaiz] **I.** *v/t.* zum Prose'lyten machen, bekehren; **II.** *v/i.* Anhänger gewinnen.

pros·er ['prouzə] *s.* langweiliger Erzähler.

pros·i·ness ['prouzinis] *s.* **1.** Eintönigkeit *f*, Langweiligkeit *f*; **2.** Weitschweifigkeit *f*.

pros·o·dy ['prɔsədi] *s.* Proso'die *f* (*Silbenmessungslehre*).

pros·pect I. *s.* ['prɔspekt] **1.** (Aus-) Sicht *f*, (-)Blick *m* (*of* auf *acc.*); **2.** *fig.* Aussicht *f*: *to hold out a ~ of et.* in Aussicht stellen; *to have s.th. in ~* auf et. Aussicht haben, et. in Aussicht haben; **3.** *fig.* Vor('aus)schau *f* (*of* auf *acc.*); **4.** ✝ *etc.* Interes'sent *m*, Reflek'tant *m*; ✝ möglicher Kunde; **5.** ⚒ **a)** (*Erz- etc.*)Anzeichen *n*, **b)** Schürfprobe *f*, **c)** Schürfstelle *f*; **II.** *v/t.* [prəs'pekt] **6.** *Gebiet* durch'forschen, unter'suchen (*for* nach *Gold etc.*); **III.** *v/i.* [prəs'pekt] **7.** (*for*) ⚒ suchen (nach, *a. fig.*), schürfen (nach); (nach *Öl*) bohren; **pro·spec·tive** [prəs'pektiv] *adj.* □ **1.** (zu)künftig, vor'aussichtlich, in Aussicht stehend: *~ buyer* Kaufinteressent; **2.** *fig.* vor'ausschauend; **pros·pec·tor** [prəs'pektə] *s.* Pro'spektor *m*, Schürfer *m*, Goldsucher *m*; **pro·spec·tus** [prəs'pektəs] *s.* **1.** ('Werbe)Pro,spekt *m*; **2.** ✝ Subskripti'onsanzeige *f*.

pros·per ['prɔspə] **I.** *v/i.* Erfolg haben (*in* bei); gedeihen, florieren, blühen (*Unternehmen etc.*); **II.** *v/t.* begünstigen, *j-m* hold *od.* gewogen sein; segnen, *j-m* gnädig sein (*Gott*); **pros·per·i·ty** [prɔs'periti] *s.* **1.** Wohlstand *m* (*a.* ✝), Gedeihen *n*, Glück *n*; **2.** ✝ Prosperi'tät *f*, Blüte(zeit) *f*, Aufschwung *m*: **'pros·per·ous** [-pərəs] *adj.* □ **1.** gedeihend, blühend, erfolgreich, glücklich; **2.** wohlhabend; **3.** günstig (*Wind etc.*).

pros·tate (gland) ['prɔsteit] *s. anat.* Prostata *f*, Vorsteherdrüse *f*.

pros·the·sis ['prɔsθisis] *pl.* **-ses** [-si:z] *s.* **1.** ⚕ Pro'these *f*, künstliches Glied; **2.** ⚕ Anfertigung *f e-r* Pro'these; **3.** *ling.* Pros'these *f* (*Vorsetzen e-s Buchstabens od e-r Silbe vor ein Wort*).

pros·ti·tute ['prɔstitju:t] **I.** *s.* **1.** Prostituierte *f*, (gewerbsmäßige) Dirne; **II.** *v/t.* **2.** prostituieren: *to ~ o.s.* sich prostituieren *od.* verkaufen (*a. fig.*); **3.** *fig.* (für ehrlose Zwecke) her-, preisgeben, entwürdigen, *Talent etc.* wegwerfen; **pros·ti·tu·tion** [prɔsti'tju:ʃən] *s.* **1.** Prostituti'on *f*; **2.** *fig.* Her'ab-, Entwürdigung *f.*

pros·trate I. *v/t.* [prɔs'treit] **1.** zu Boden werfen *od.* strecken, niederwerfen; **2.** ~ *o.s. fig.* sich in den Staub werfen, sich demütigen (*before* vor); **3.** entkräften, erschöpfen; *fig.* niederschmettern; **II.** *adj.* ['prɔstreit] **4.** hingestreckt; **5.** *fig.* erschöpft (*with* vor *dat.*), da'niederliegend, kraftlos; *weitS.* gebrochen (*with grief* vom Gram); **6.** *fig.* unter'worfen, demütig; **7.** fußfällig, (*fig.*) im Staube liegend; **pros'tration** [-eiʃən] *s.* **1.** Fußfall *m* (*a. fig.*); **2.** *fig.* Niederwerfung *f*; Demütigung *f*; **3.** *nervöse etc.* Erschöpfung, Entkräftung *f*; **4.** *fig.* Niedergeschlagenheit *f.*

pros·y ['prouzi] *adj.* □ **1.** langweilig; **2.** nüchtern, pro'saisch.

pro·tag·o·nist [prou'tægənist] *s.* **1.** *thea.* 'Hauptfiˌgur *f*, Held(in), Träger(in) der Handlung; **2.** *fig.* Vorkämpfer(in).

pro·te·an [prou'ti:ən] *adj.* **1.** *fig.* pro'teisch, wandelhaft, vielgestaltig; **2.** *zo.* a'möbenartig: ~ *animalcule* Amöbe.

pro·tect [prə'tekt] *v/t.* **1.** (be)schützen (*from* vor *dat.*, *against* gegen): *to* ~ *interests* Interessen wahren; **2.** † (durch Zölle) schützen; **3.** † **a)** *Sichtwechsel* honorieren, einlösen, **b)** *Wechsel mit Laufzeit* schützen; **4.** ⊕ (ab)sichern, abschirmen; *weitS.* schonen: ~*ed against corrosion* korrosionsgeschützt; ~*ed motor* ⚡ geschützter Motor; ~*ing sleeve* Schutzmuffe; **5.** ⚔ (taktisch) sichern, abschirmen; **6.** *Schach*: *Figur* decken; **pro'tec·tion** [-kʃən] *s.* **1.** Schutz *m*, Beschützung *f* (*from* vor *dat.*); Sicherheit *f*: ~ *of interests* Interessenwahrung; (*legal*) ~ *of registered designs* ⚖ Gebrauchsmusterschutz; ~ *of industrial property* gewerblicher Rechtsschutz; **2.** † Wirtschaftsschutz *m*, 'Schutzzoll(poliˌtik *f*, -syˌstem *n*) *m*; **3.** † Honorierung *f e-s Wechsels*: *to find due* ~ honoriert werden; **4.** Protekti'on *f*, Gönnerschaft *f*, Förderung *f*: ~ (*money*) *Am.* Bestechungsgeld; **5.** ⊕ Schutz *m*, Abschirmung *f*; **pro'tec·tion·ism** [-kʃənizəm] *s.* † 'Schutzzollpoliˌtik *f*; **pro'tec·tion·ist** [-kʃənist] **I.** *s.* Protektio'nist *m*, Verfechter *m* der Schutzzollpolitik; **II.** *adj.* Schutzzoll...; **pro'tec·tive** [-tiv] *adj.* □ **1.** (be)schützend, schutzgewährend, Schutz...: ~ *clothing* Schutz(be)kleidung; ~ *conveyance* ⚖ Sicherungsübereignung; ~ *custody* ⚖ Schutzhaft; ~ *duty* † Schutzzoll; **2.** † Schutzzoll...: ~ *system* Schutzzollwesen; **pro'tec·tor** [-tə] *s.* **1.** Beschützer *m*, Schutz-, Schirmherr *m*, Gönner *m*; **2.** ⊕ *etc.* Schutz(vorrichtung *f*, -mittel *n*) *m*, Schützer *m*, Schoner *m*; **3.** *hist.* Pro'tektor *m*, Reichsverweser *m*; **pro'tec·tor·ate** [-tərit] *s.* Protekto'rat *n*: **a)** Schutzherrschaft *f*, **b)** Schutzgebiet *n*; **pro'tec·to·ry** [-təri] *s.* (Kinder)Fürsorgeheim *n*; **pro'tec·tress** [-tris] *s.* Beschützerin *f*, Schutz-, Schirmherrin *f.*

pro·té·gé ['proutеʒei] (*Fr.*) *s.* Schützling *m*, Prote'gé *m.*

pro·te·in ['prouti:n] *s. biol.* Prote'in *n*, Eiweiß(körper *m od. pl.*) *n.*

pro·test I. *s.* ['proutest] **1.** Pro'test *m*, Ein-, 'Widerspruch *m*: *in* ~, *as a* ~ zum *od.* als Protest; *to enter* (*od. lodge*) *a* ~ Protest erheben *od.* Verwahrung einlegen (*with* bei); *to accept under* ~ unter Vorbehalt *od.* Protest annehmen; **2.** †, ⚖ ('Wechsel)Proˌtest *m*; **3.** ⚓, ⚖ 'Seeproˌtest *m*, Verklarung *f*; **II.** *v/i.* [prə'test] **4.** protestieren, Verwahrung einlegen, sich verwahren (*against* gegen); **III.** *v/t.* [prə'test] **5.** protestieren gegen, reklamieren; **6.** beteuern (*s.th.* et., *that* daß): *to* ~ *one's loyalty*; **7.** † *Wechsel* protestieren: *to have a bill* ~*ed* e-n Wechsel zu Protest gehen lassen.

Prot·es·tant ['prɔtistənt] **I.** *s.* Prote'stant(in); **II.** *adj.* prote'stantisch; **'Prot·es·tant·ism** [-tizəm] *s.* Protestan'tismus *m.*

prot·es·ta·tion [proutes'teiʃən] *s.* **1.** Beteuerung *f*; **2.** *obs.* Einspruch *m*, Verwahrung *f.*

pro·to·col ['proutəkɔl] **I.** *s.* **1.** (Ver'handlungs)Protoˌkoll *n*; **2.** *pol.* Proto'koll *n*: **a)** *diplomatische Etikette*, **b)** *kleineres Vertragswerk*; **3.** *pol.* Einleitungs- u. Schlußformeln *pl. e-r Urkunde etc.*; **II.** *v/t. u. v/i.* **4.** protokollieren.

pro·ton ['proutɔn] *s. phys.* Proton *n* (*positiv geladenes Elementarteilchen*).

pro·to·plasm ['proutəplæzəm] *s. biol.* **1.** Proto'plasma *n* (*Zellsubstanz*); **2.** Urschleim *m*; **'pro·to·plast** [-plæst] *s. biol.* Proto'plast *m* (*Zellkörper*).

pro·to·type ['proutətaip] *s.* Proto'typ *m* (*a. biol.*): **a)** Urbild *n*, -typ *m*, -form *f*, **b)** (Ur)Muster *n*; ⊕ ('Richt-)Moˌdell *n*, Ausgangsbautyp *m.*

pro·to·zo·on [proutə'zouən] *pl.* **-'zo·a** [-'zouə] *s.* Proto'zoon *n*, Urtierchen *n.*

pro·tract [prə'trækt] *v/t.* **1.** in die Länge (*od.* hin)ziehen (*mst zeitlich*): ~*ed illness* langwierige Krankheit; ~*ed defence* ⚔ hinhaltende Verteidigung; **2.** ∡ mit e-m Winkelmesser *od.* maßstabsgetreu zeichnen *od.* auftragen; **pro'trac·tion** [-kʃən] *s.* **1.** Hin'ausschieben *n*, Hinziehen *n*, Verschleppen *n* (*a.* ⚕); **2.** ∡ maßstabsgetreue Zeichnung; **pro'trac·tor** [-tə] *s.* **1.** ∡ Transpor'teur *m*, Gradbogen *m*, Winkelmesser *m*; **2.** *anat.* Streckmuskel *m.*

pro·trude [prə'tru:d] **I.** *v/i.* her'aus-, (her)'vorstehen, -ragen, -treten; **II.** *v/t.* her'ausstrecken, (her-)'vortreten lassen; **pro'tru·sion** [-u:ʒən] *s.* **1.** Her'vorstehen *n*, -treten *n*, Vorspringen *n*; **2.** Vorwölbung *f*, -sprung *m*, (her)'vorstehender Teil; **pro'tru·sive** [-u:siv] *adj.* □ vorstehend, her'vortretend.

pro·tu·ber·ance [prə'tju:bərəns] *s.* **1.** Auswuchs *m*, Beule *f*, Höcker *m*; **2.** *ast.* Protube'ranz *f*; **3.** (Her)'Vortreten *n*, -stehen *n*; **pro'tu·ber·ant** [-nt] *adj.* □ (her)'vorstehend, -tretend, -quellend (*a. Augen*).

proud [praud] **I.** *adj.* □ **1.** stolz (*of* auf *acc.*, *to inf.* zu *inf.*): *a* ~ *day fig.* ein stolzer Tag *für uns etc.*; **2.** hochmütig, eingebildet; **3.** *fig.* stolz, prächtig; **4.** ~ *flesh* ⚕ wildes Fleisch; **II.** *adv.* **5.** F stolz: *to do s.o.* ~ **a)** j-m große Ehre erweisen, **b)** j-n königlich bewirten; *to do o.s.* ~ es sich gut gehen lassen.

prov·a·ble ['pru:vəbl] *adj.* □ be-, nachweisbar, erweislich; **prove** [pru:v] **I.** *v/t.* **1.** er-, nach-, beweisen, **2.** ⚖ *Testament* bestätigen (lassen); **3.** bekunden, unter Beweis stellen, zeigen; **4.** (*a.* ⊕) prüfen, erproben: *a* ~*d remedy* ein erprobtes *od.* bewährtes Mittel; *to* ~ *o.s.* **a)** sich bewähren, **b)** sich erweisen als; → *proving 1*; **5.** ∡ die Probe machen auf (*acc.*); **II.** *v/i.* **6.** sich her'ausstellen *od.* erweisen (als): *he will* ~ (*to be*) *the heir* es wird sich herausstellen, daß er der Erbe ist; *to* ~ *true* (*false*) **a)** sich als richtig (falsch) herausstellen, **b)** sich (nicht) bestätigen (*Voraussage etc.*); **7.** ausfallen, sich ergeben; **prov·en** ['pru:vən] *adj.* be-, erwiesen, nachgewiesen; *fig.* bewährt.

prov·e·nance ['prɔvinəns] *s.* Herkunft *f*, Ursprung *m e-r Sache.*

Prov·en·çal [prɔvɑ̃:n'sɑ:l; prɔvɑ̃sɑl] (*Fr.*) **I.** *s.* **1.** Proven'zale *m*, Proven'zalin *f*; **2.** *ling.* Proven'zalisch *n*; **II.** *adj.* **3.** proven'zalisch.

prov·en·der ['prɔvində] *s.* **1.** ⚘ (Trocken)Futter *n*; **2.** F *humor.* ‚Futter' *n* (*Lebensmittel*).

prov·erb ['prɔvəb] **1.** *s.* Sprichwort *n*: *he is a* ~ *for courage* sein Mut ist sprichwörtlich (*b.s.* berüchtigt); **2.** (*The Book of*) ♀*s pl. bibl.* die Sprüche *pl.* (Salo'monis); **pro·ver·bi·al** [prə'və:bjəl] *adj.* □ sprichwörtlich (*a. fig. for* wegen).

pro·vide [prə'vaid] **I.** *v/t.* **1.** versehen, -sorgen, ausstatten, beliefern (*with* mit); **2.** ver-, beschaffen, besorgen, liefern; zur Verfügung (*od.* bereit)stellen; *Gelegenheit* schaffen; **3.** ⚖ vorsehen, -schreiben, bestimmen (*a. Gesetze, Vertrag etc.*); **II.** *v/i.* **4.** Vorsorge *od.* Vorkehrungen treffen, vorsorgen, sich sichern (*against* vor *dat.*, gegen): *to* ~ *against* **a)** sich schützen vor (*dat.*), **b)** *et.* unmöglich machen, verhindern; *to* ~ *for* **a)** sorgen für (*j-s Lebensunterhalt*), **b)** *Maßnahmen* vorsehen, *e-r Sache* Rechnung tragen, *Bedürfnisse* befriedigen, *Gelder etc.* bereitstellen; **5.** ⚖ den Vorbehalt machen (*that* daß): *unless otherwise* ~*d* sofern nichts Gegenteiliges bestimmt ist; *providing* (*that*) → *provided.*

pro·vid·ed [prə'vaidid] *cj. a.* ~ *that* **1.** vor'ausgesetzt (daß), unter der Bedingung, daß; **2.** wenn, so'fern; ~ **school** *s. Brit.* Gemeindeschule *f.*

prov·i·dence ['prɔvidəns] *s.* **1.** (göttliche) Vorsehung; **2.** *the* ♀ die Vorsehung, Gott *m*; **3.** Vorsorge *f*, (weise) Vor'aussicht; **'prov·i·dent** [-nt] *adj.* □ **1.** vor'ausblickend, vor-, fürsorglich: ~ *bank* Sparkasse; ~ *fund* Unterstützungskasse; ~ *society* Unterstützungsverein; **2.** haushälterisch, sparsam; **prov·i·den·tial** [prɔvi'denʃəl] *adj.* □ **1.** durch die (göttliche) Vorsehung bestimmt *od.* bewirkt, schicksalhaft; **2.** glücklich, gnädig (*Geschick etc.*).

pro·vid·er [prə'vaidə] *s.* **1.** Versorger(in), Fürsorger(in), Ernährer *m der Familie*: *good* ~ F treusorgende(r) Mutter (Vater); **2.** Liefe'rant *m.*

prov·ince ['prɔvins] *s.* **1.** Pro'vinz *f*, Bezirk *m*; **2.** *fig.* **a)** (Wissens)Gebiet *n*, Fach *n*, **b)** (Aufgaben)Bereich *m*, Wirkungskreis *m*, Amt *n*: *it is not within my* ~ **a)** es schlägt nicht in mein Fach, **b)** es ist nicht m-s Amtes (*to inf.* zu *inf.*).

pro·vin·cial [prə'vinʃəl] **I.** *adj.* □ **1.** Provinz..., provinzi'ell (*a. fig. engstirnig, spießbürgerlich*): ~ *town*; **2.** pro'vinzlich, ländlich, kleinstädtisch; **3.** *fig. contp.* pro'vinzlerisch (*ungebildet, plump*); **II.** *s.* **4.** Pro'vinzbewohner(in); *contp.* Pro'vinzler(in); **pro'vin·cial·ism** [prə'vinʃəlizəm] *s.* Provinzia'lismus *m* (*a. contp. Kleingeisterei, Lokalpatriotismus, Plumpheit*); *contp.* Pro'vinzlertum *n.*

prov·ing ['pru:viŋ] *s.* **1.** Prüfen *n*, Erprobung *f*: ~ *flight* Probe-, Erprobungsflug; ~ *ground* Versuchsfeld, -gelände; **2.** ~ *of a will* ⚖ Eröffnung u. Bestätigung e-s Testaments.

pro·vi·sion [prə'viʒən] **I.** *s.* **1. a)** Vorkehrung *f*, -sorge *f*, Maßnahme *f*, **b)** Vor-, Einrichtung *f*: *to make* ~ sorgen *od.* Vorkehrungen treffen (*for* für), sich schützen (*against* vor *dat. od.* gegen); **2.** ⚖ Bestimmung *f*, Vorschrift *f*: *to come within the* ~*s of the law* unter die gesetzlichen Bestimmungen fallen; **3.** ⚖ Bedingung *f*, Vorbehalt *m*; **4.** Beschaffung *f*, Besorgung *f*, Bereitstellung *f*; **5.** *pl.* (Lebensmittel-) Vorräte *pl.*, Vorrat *m* (*of* an *dat.*), Nahrungsmittel *pl.*, Provi'ant *m*: ~*s dealer* (*od. merchant*) Lebensmittel-, Feinkosthändler; ~*s industry* Nahrungsmittelindustrie; **6.** *oft pl.* Rückstellungen *pl.*, -lagen *pl.*, Re'serven *pl.*: ~ *for taxes* Steuerrückstellungen; **II.** *v/t.* **7.** mit Lebensmitteln versehen, verproviantieren; **pro'vi·sion·al** [-ʒənl] *adj.* □ provi'sorisch, vorläufig, einstweilig, behelfsmäßig: ~ *agreement* Vorvertrag; ~ *arrangement* Provisorium; ~ *receipt* Interimsquittung; ~ *regulations* Übergangsbestimmungen; ~ *result sport* vorläufiges *od.* inoffizielles Endergebnis.

pro·vi·so [prə'vaizou] *s.* ⚖ Vorbehalt *m*, (Bedingungs)Klausel *f*, Bedingung *f*: ~ *clause* Vorbehaltsklausel; **pro'vi·so·ry** [-zəri] *adj.* □ **1.** bedingend, bedingt, vorbehaltlich; **2.** provi'sorisch, vorläufig.

prov·o·ca·tion [prɔvə'keiʃən] *s.* **1.** Her'ausforderung *f*, Provokati'on *f* (*a.* ⚖); **2.** Aufreizung *f*, Erregung *f*; **3.** Verärgerung *f*, Ärger *m*: *at the slightest* ~ beim geringsten Anlaß; **pro·voc·a·tive** [prə'vɔkətiv] **I.** *adj.* (*a.* zum 'Widerspruch) her'ausfordernd, aufreizend (*of* zu), provozierend; **II.** *s.* Reiz(mittel *n*) *m*, Antrieb *m* (*of* zu).

pro·voke [prə'vouk] *v/t.* **1.** erzürnen, aufbringen, (ver)ärgern; **2.** *Gefühl etc.* her'vorrufen, erregen; **3.** *j-n* antreiben, (auf)reizen, her'ausfordern, provozieren: *to* ~ *s.o. to do s.th.* j-n dazu bewegen, et. zu tun; **pro'vok·ing** [-kiŋ] *adj.* □ **1.** aufreizend, her'ausfordernd; **2.** em'pörend, unausstehlich.

prov·ost ['prɔvəst] *s.* **1.** Vorsteher *m* (*a. univ. Brit. e-s College*); **2.** *Scot.* Bürgermeister *m*; **3.** *eccl.* Propst *m*; **4.** [prə'vou] ⚔ Pro'fos *m*, Offi'zier *m* der Mili'tärpoli,zei; ~ **mar·shal** [prə'vou] *s.* ⚔ Komman'deur *m* der Mili'tärpoli,zei.

prow [prau] *s.* ⚓ Bug *m*, Schiffsschnabel *m.*

prow·ess ['prauis] *s.* **1.** Tapferkeit *f*, Verwegenheit *f*; **2.** über'ragendes Können, Tüchtigkeit *f.*

prowl [praul] **I.** *v/i.* her'umschleichen, -streichen; **II.** *v/t.* durch'streifen; **III.** *s.* Um'herstreifen *n*, Streife *f*: *to be on the* ~ → *I*; ~ *car Am.* (Funk-, Polizei)Streifenwagen; **prowl·er** ['praulə] *s.* Her'umtreiber *m.*

prox·i·mal ['prɔksiməl] *adj.* □ *anat.* proxi'mal, körpernah; **'prox·i·mate** [-mit] *adj.* □ **1.** nächst, folgend, (sich) unmittelbar (anschließend): ~ *cause* unmittelbare Ursache; **2.** naheliegend; **3.** annähernd; **prox·im·i·ty** [prɔk'simiti] *s.* Nähe *f*: ~ *fuse* ⚔ Annäherungszünder; **'prox·i·mo** [-mou] *adv.* (des) nächsten Monats.

prox·y ['prɔksi] *s.* **1.** (Stell)Vertretung *f*, (Handlungs)Vollmacht *f*: *by* ~ in Vertretung; *marriage by* ~ Ferntrauung; **2.** (Stell)Vertreter(in), Bevollmächtigte(r *m*) *f*: *by* ~ durch e-n Bevollmächtigten; *to stand* ~ *for s.o.* als Stellvertreter fungieren für j-n.

prude [pru:d] *s.* Prüde *f*, prüdes Mädchen, Zimperliese *f.*

pru·dence ['pru:dəns] *s.* **1.** Klugheit *f*, Vernunft *f*; **2.** 'Um-, Vorsicht *f*, Über'legtheit *f*: *ordinary* ~ ⚖ *die* im Verkehr erforderliche Sorgfalt; **'pru·dent** [-nt] *adj.* □ **1.** klug, vernünftig; **2.** 'um-, vorsichtig, besonnen; **pru·den·tial** [pru(:)'denʃəl] *adj.* □ klüglich; → *prudent*: *for* ~ *reasons* aus Gründen praktischer Überlegung.

prud·er·y ['pru:dəri] *s.* Prüde'rie *f*, Sprödigkeit *f*, Zimperlichkeit *f*; **'prud·ish** [-diʃ] *adj.* □ prüde, spröde, zimperlich.

prune[1] [pru:n] *s.* **1.** ♀ Pflaume *f*; **2.** Backpflaume *f.*

prune[2] [pru:n] *v/t.* **1.** *Bäume etc.* (aus)putzen, beschneiden; **2.** *a.* ~ *off*, ~ *away* wegschneiden; **3.** *fig.* zu('recht)stutzen, befreien (*of* von), säubern, *Text etc.* zs.-streichen, *Überflüssiges* entfernen.

pru·nel·la[1] [pru(:)'nelə] *s.* ✝ Pru'nell *m*, Lasting *m* (*Gewebe*).

pru·nel·la[2] [pru(:)'nelə] *s.* ⚕ *obs.* Halsbräune *f.*

pru·nelle [pru(:)'nel] *s.* Prü'nelle *f* (*getrocknete entkernte Pflaume*).

pru·nel·lo [pru(:)'nelou] → *prunelle.*

'prun·ing|-hook ['pru:niŋ] *s.* Hekkensichel *f*; **'~-knife** *s.* [*irr.*] Gartenmesser *n*; **'~-shears** *s. pl.* Baumschere *f.*

pru·ri·ence ['pruəriəns], **'pru·ri·en·cy** [-si] *s.* **1.** Geilheit *f*, Lüsternheit *f*; (Sinnen)Kitzel *m*; **2.** Gier *f* (*for* nach); **'pru·ri·ent** [-nt] *adj.* □ geil, lüstern, las'ziv.

Prus·sian ['prʌʃən] **I.** *adj.* preußisch; **II.** *s.* Preuße *m*, Preußin *f*; ~ **blue** *s.* Ber'linerblau *n.*

prus·si·ate ['prʌʃiit] *s.* ⚗ Prussi'at *n*; ~ **of pot·ash** *s.* ⚗ 'Kaliumferrocya,nid *n.*

prus·sic ac·id ['prʌsik] *s.* ⚗ Blausäure *f*, Zy'anwasserstoff(säure *f*) *m.*

pry[1] [prai] *v/i.* neugierig gucken *od.* sein, (*about* her'um)spähen, (-)schnüffeln: *to* ~ *into* **a)** *et.* zu erforschen suchen, **b)** *contp.* s-e Nase stecken in (*acc.*).

pry[2] [prai] **I.** *v/t.* **1.** *a.* ~ *open mit e-m Hebel etc.* aufbrechen, -stemmen: *to* ~ *up* hochstemmen, -heben; **2.** *fig.* her'ausholen; **II.** *s.* **3.** Hebel *m*; Brecheisen *n*; **4.** Hebelwirkung *f.*

pry·ing ['praiiŋ] *adj.* □ neugierig, naseweis.

psalm [sɑ:m] *s.* Psalm *m*: *the* (*Book of*) ♀*s bibl.* die Psalmen; **'psalm·ist** [-mist] *s.* Psal'mist *m*; **psal·mo·dy** ['sælmədi] *s.* **1.** Psalmo'die *f*, Psalmengesang *m*; **2.** *coll.* Psalmen *pl.*

Psal·ter ['sɔ:ltə] *s.* Psalter *m*, (Buch *n* der) Psalmen *pl.*; **psal·te·ri·um** [sɔ:l'tiəriəm] *pl.* **-ri·a** [-riə] *s. zo.* Blättermagen *m*; **'psal·ter·y** [-təri] *s.* ♪ Psalter *m*, Psal'terium *n.*

pseudo- [psju:dou] *in Zssgn* Pseudo..., pseudo..., falsch, unecht; **'pseu·do'carp** [-'kɑ:p] *s.* ♀ Scheinfrucht *f*; **'pseu·do·nym** [-dənim] *s.* Pseudo'nym *n*, Deckname *m*; **pseu·do'nym·i·ty** [-də'nimiti] *s.* **1.** Pseudonymi'tät *f*; **2.** Führen *n* e-s Pseudo'nyms; **pseu'don·y·mous** [-'dɔniməs] *adj.* □ pseudo'nym.

pshaw [pʃɔ:] *int.* pah!

psit·ta·co·sis [psitə'kousis] *s.* ⚕ Papa'geienkrankheit *f.*

pso·ri·a·sis [psɔ'raiəsis] *s.* ⚕ Schuppenflechte *f.*

psy·che·del·ic [saikə'delik] *adj.* psyche'delisch, bewußtseinserweiternd.

psy·chi·at·ric, psy·chi·at·ri·cal [saiki'ætrik(əl)] *adj.* psychi'atrisch; **psy·chi·a·trist** [sai'kaiətrist] *s.* ⚕ Psychi'ater *m*; **psy'chi·a·try** [sai'kaiətri] *s.* ⚕ Psychia'trie *f.*

psy·chic ['saikik] **I.** *adj.* (□ ~*ally*) **1.** psychisch, seelisch(-geistig), Seelen...; **2.** 'übersinnlich: ~ *forces*; **3.** tele'pathisch (veranlagt), medi'al; **4.** spiri'tistisch; **II.** *s.* **5.** für 'übersinnliche Einflüsse empfängliche Per'son, Medium *n*; **6.** *das* Psychische; **7.** *pl. sg. konstr.* **a)** Seelenkunde *f*, -forschung *f*, **b)** 'Parapsycholo,gie *f*; **'psy·chi·cal** [-kəl] *adj.* □ → *psychic I*: ~ *research* Parapsychologie.

psy·cho·a·nal·y·sis [saikouə'næləsis] *s.* ,Psychoana'lyse *f*; **psy·cho·an·a·lyst** [saikou'ænəlist] *s.* ,Psychoana'lytiker(in).

psy·cho·graph ['saikəgrɑ:f; -græf] *s.* Psycho'gramm *n.*

psy·cho·log·ic [saikə'lɔdʒik] → *psychological*; **psy·cho'log·i·cal** [-kəl] *adj.* □ psycho'logisch (*a. Kriegführung*): ~ *moment* richtiger Augenblick; **psy·chol·o·gist** [sai-

'kɔlədʒist] *s.* Psycho'loge *m*, Psycho'login *f*; **psychol·o·gy** [sai'kɔlədʒi] *s.* **1.** Psycholo'gie *f* (*Wissenschaft*); **2.** Psychologie *f*, Seelenleben *n*.

psy·cho·path ['saikəpæθ] *s.* Psycho'path(in); **psy·cho·path·ic** [saikou'pæθik] **I.** *adj.* psycho'pathisch; **II.** *s.* Psycho'path(in); **psy·chop·a·thy** [sai'kɔpəθi] *s.* Psychopa'thie *f*; Gemütskrankheit *f*.

psy·cho·sis [sai'kousis] *pl.* **-ses** [-si:z] *s.* Psy'chose *f* (*a. fig.*), seelische Störung.

psy·cho·ther·a·py ['saikou'θerəpi] *s.* ⚕ ˌPsychothera'pie *f*.

ptar·mi·gan ['tɑ:migən] *s. zo.* Schneehuhn *n*.

pto·maine ['toumein] *s.* ⚗ Ptoma'in *n*, Leichengift *n*.

pub [pʌb] *s. bsd. Brit.* F Pub *n*, Kneipe *f*; '**~-crawl** *s. bsd. Brit.* F Kneipenbummel *m*, Bierreise *f*.

pu·ber·ty ['pju:bəti] *s.* **1.** Puber'tät *f*, Geschlechtsreife *f*; **2.** *a. age of* ~ Puber'tät(salter *n*) *f*: ~ *vocal change* Stimmbruch.

pu·bes[1] ['pju:bi:z] *s. anat.* **a)** Schamgegend *f*, **b)** Schamhaare *pl*.

pu·bes[2] ['pju:bi:z] *pl. von pubis*.

pu·bes·cence [pju(:)'besns] *s.* **1.** Geschlechtsreife *f*; **2.** ⚘, *zo.* Flaumhaar *n*; **pu'bes·cent** [-nt] *adj.* **1.** geschlechtsreif (werdend); **2.** Pubertäts...; **3.** ⚘, *zo.* fein behaart.

pu·bic ['pju:bik] *adj. anat.* Scham...

pu·bis ['pju:bis] *pl.* **-bes** [-bi:z] *s. anat.* Schambein *n*.

pub·lic ['pʌblik] **I.** *adj.* □ **1.** öffentlich *stattfindend* (*z.B. Verhandlung, Versammlung, Versteigerung*): ~ *notice* öffentliche Bekanntmachung, Aufgebot; *in the* ~ *eye* im Lichte der Öffentlichkeit; **2.** öffentlich, allgemein bekannt: *a* ~ *character*; *to go* ~ sich an die Öffentlichkeit wenden; *to make* ~ (allgemein) bekanntmachen; **3. a)** öffentlich (*z.B. Anstalt, Bad, Dienst, Feiertag, Kredit, Sicherheit, Straße, Verkehrsmittel*), **b)** Staats..., staatlich (*z.B. Anleihe, Behörde, Papiere, Schuld, Stellung*), **c)** Volks...(*-bücherei, -gesundheit etc.*), **d)** Gemeinde..., Stadt...: ~ *accountant* öffentlicher Bücherrevisor; ~*-address system* öffentliche Lautsprecheranlage; ♀ *Assistance* öffentliche Fürsorge; ~ *charge* Fürsorgeempfänger; ~ (*limited*) *company* ✝ *Brit.* Aktiengesellschaft; ~ *convenience* öffentliche Bedürfnisanstalt; ~ *corporation* ⚖ öffentlich-rechtliche Körperschaft; ~ *economy* Volkswirtschaft(slehre); ~ *enemy* Staatsfeind; ~ *house bsd. Brit.* → *pub*; ~ *information* Unterrichtung der Öffentlichkeit; ~ *law* öffentliches Recht; ~ *opinion* öffentliche Meinung; ~ *opinion poll* öffentliche Umfrage, Meinungsbefragung; ~ *official* Beamte(r); ~ *relations* **a)** Public Relations, Öffentlichkeitsarbeit, **b)** *attr.* Presse..., Werbe...; ~ *revenue* Staatseinkünfte; ~ *school* **a)** *Brit.* Public School, höhere Privatschule mit Internat, **b)** *Am.* staatliche Schule; ~ *service* **a)** Staatsdienst, **b)** öffentliche Versorgung (*Gas, Wasser, Elektrizität etc.*); ~ *spirit* Bürgersinn; ~ *works* öffentliche Arbeiten *od.* Bauten; → *nuisance 2, policy*[1] *3, prosecutor, utility 3*; **4.** natio'nal: ~ *disaster*; **II.** *s.* **5.** Öffentlichkeit *f*: *in* ~ in der Öffentlichkeit, öffentlich; **6.** *sg. u. pl. konstr.* Öffentlichkeit *f*, *die* Leute *pl.*; *das* Publikum; Kreise *pl.*, Welt *f*: *to appear before the* ~ an die Öffentlichkeit treten; *to exclude the* ~ ⚖ die Öffentlichkeit ausschließen; **7.** *Brit.* F → *pub*; '**pub·li·can** [-kən] *s.* **1.** *Brit.* (Gast)Wirt *m*; **2.** *hist.*, *bibl.* Zöllner *m*; **pub·li·ca·tion** [pʌbli'keiʃən] *s.* **1.** Bekanntmachung *f*, -gabe *f*; **2.** Her'ausgabe *f*, Veröffentlichung *f* (*von Druckwerken*); **3.** Publikati'on *f*, Veröffentlichung *f*, Verlagswerk *n*; (Druck)Schrift *f*: *monthly* ~ Monatsschrift; *new* ~ Neuerscheinung; '**pub·li·cist** [-isist] *s.* **1.** Publi'zist *m*, Tagesschriftsteller *m*; **2.** Völkerrechtler *m*; **pub·lic·i·ty** [pʌb'lisiti] *s.* **1.** Publizi'tät *f*, Öffentlichkeit *f* (*a.* ⚖ *des Verfahrens*): *to give s.th.* ~ et. allgemein bekanntmachen; *to seek* ~ bekannt werden wollen; **2.** Re'klame *f*, Werbung *f*: ~ *agent*, ~ *man* Werbefachmann; ~ *campaign* Werbefeldzug; ~ *manager* Werbeleiter; '**pub·li·cize** [-isaiz] *v/t.* **1.** publizieren, (öffentlich) bekanntmachen; **2.** Re'klame machen für, propagieren.

'**pub·lic|-'pri·vate** *adj.* ✝ gemischtwirtschaftlich; '**~-'spir·it·ed** *adj.* gemeinsinnig, sozi'al gesinnt.

pub·lish ['pʌbliʃ] *v/t.* **1.** (offizi'ell) bekanntmachen, -geben; *Aufgebot etc.* verkünd(ig)en; **2.** publizieren, veröffentlichen; **3.** *Buch etc.* verlegen, her'ausbringen: *just* ~*ed* (so)eben erschienen; ~*ed by Methuen* im Verlag Methuen erschienen; ~*ed by the author* im Selbstverlag; **4.** ⚖ *Beleidigendes* äußern, verbreiten; '**pub·lish·er** [-ʃə] *s.* **1.** Verleger *m*, Her'ausgeber *m*; *bsd. Am.* Zeitungsverleger *m*; **2.** *pl.* Verlag *m*, Verlagsanstalt *f*; '**pub·lish·ing** [-ʃiŋ] **I.** *s.* Her'ausgabe *f*, Verlag *m*; **II.** *adj.* Verlags...: ~ *business* Verlagsgeschäft, -buchhandel; ~ *house* → *publisher 2*.

puce [pju:s] *adj.* braunrot.

puck [pʌk] *s.* **1.** Kobold *m*; **2.** *Eishockey*: Puck *m*, Scheibe *f*.

puck·a ['pʌkə] *adj.* **1.** echt, wirklich; **2.** so'lid, dauerhaft; **3.** erstklassig, tadellos.

puck·er ['pʌkə] **I.** *v/t. oft* ~ *up* **1.** runzeln, fälteln, Runzeln *od.* Falten bilden in (*dat.*); **2.** *Mund, Lippen etc.* zs.-ziehen, spitzen; *a. Stirn, Stoff* kräuseln; **II.** *v/i.* **3.** sich kräuseln, sich zs.-ziehen, sich falten, Runzeln bilden; **III.** *s.* **4.** Runzel *f*, Falte *f*; **5.** Bausch *m*; **6.** F Aufregung *f* (*about* über *acc.*, wegen).

puck·ish ['pʌkiʃ] *adj.* koboldhaft.

pud·ding ['pudiŋ] *s.* **1.** Pudding *m*, Süßspeise *f*; → *proof 6*; **2.** ('Fleisch- *etc.*)Paˌstete *f*; **3.** *e-e Wurstsorte*: *black* ~ Blutwurst; *white* ~ Preßsack; '**~-faced** *adj.* mit e-m Vollmondgesicht.

pud·dle ['pʌdl] **I.** *s.* **1.** Pfütze *f*, Lache *f*; **2.** ⊕ Lehmschlag *m*; **II.** *v/t.* **3.** mit Pfützen bedecken; in Matsch verwandeln; **4.** *Wasser* trüben (*a. fig.*); **5.** *Lehm* zu Lehmschlag verarbeiten; **6.** mit Lehmschlag abdichten *od.* auskleiden; **7.** *metall.* puddeln: ~(*d*) *steel* Puddelstahl; **III.** *v/i.* **8.** (in Pfützen) her'umplanschen *od.* -waten; **9.** *fig.* her'umpfuschen; '**pud·dler** [-lə] *s.* ⊕ Puddler *m* (*Arbeiter od. Gerät*).

pu·den·cy ['pju:dənsi] *s.* Verschämtheit *f*.

pu·den·dum [pju(:)'dendəm] *mst im pl.* **-da** [-də] *s.* weibliche Scham, Vulva *f*.

pu·dent ['pju:dənt] *adj.* verschämt.

pudg·y ['pʌdʒi] *adj.* dicklich, unter'setzt, plump.

pu·er·ile ['pjuərail] *adj.* □ pue'ril, knabenhaft, kindlich, *contp.* kindisch; **pu·er·il·i·ty** [pjuə'riliti] *s.* **1.** Puerili'tät *f*, kindisches Wesen; **2.** *et.* Kindisches, Kinde'rei *f*, Torheit *f*.

pu·er·per·al [pju(:)'ə:pərəl] *adj.* Kindbett...: ~ *fever*.

puff [pʌf] **I.** *s.* **1.** Hauch *m*; (leichter) Windstoß; **2.** Zug *m beim Rauchen*; Paffen *n der Pfeife etc.*; **3.** (Rauch-, Dampf)Wölkchen *n*; **4.** leichter Knall; **5.** *Bäckerei*: Windbeutel *m*; **6.** Puderquaste *f*; **7.** Puffe *f*, Bausch *m an Kleidern*; **8. a)** marktschreierische Anpreisung, aufdringliche Re'klame, **b)** lobhudelnde Kri'tik: ~ *is part of the trade* Klappern gehört zum Handwerk; **II.** *v/t.* **9.** blasen, pusten (*away* weg, *out* aus); **10.** auspuffen, -paffen, -stoßen; **11.** *Zigarre etc.* paffen; **12.** *oft* ~ *out*, ~ *up* aufblasen, (-)blähen; *fig.* aufgeblasen machen: ~*ed up with pride* stolzgeschwellt; ~*ed eyes* geschwollene Augen; ~*ed sleeve* Puffärmel; **13.** außer Atem bringen: ~*ed* außer Atem; **14.** marktschreierisch anpreisen: *to* ~ *up Preise* hochtreiben; **III.** *v/i.* **15.** paffen (*at* an *e-r Zigarre etc.*); Rauch- *od.* Dampfwölkchen ausstoßen; **16.** pusten, schnaufen, keuchen; **17.** *Lokomotive etc.* (da'hin)dampfen, keuchen; **18.** ~ *out* (*od. up*) sich (auf)blähen; '**~-ad·der** *s. zo.* Puffotter *f*; '**~-ball** *s.* ⚘ Bofist *m*; '**~-box** *s.* Puderdose *f*.

puff·er ['pʌfə] *s.* **1.** Paffer *m*; **2.** Marktschreier *m*; **3.** Preistreiber *m*, Scheinbieter *m bei Auktionen*; '**puff·er·y** [-əri] *s.* Marktschreie'rei *f*; **puff·i·ness** ['pʌfinis] *s.* **1.** Aufgeblähtheit *f*, Aufgeblasenheit *f* (*a. fig.*); **2.** (Auf)Gedunsenheit *f*; **3.** Schwulst *m*; **puff·ing** ['pʌfiŋ] *s.* **1.** Aufbauschung *f*, Aufblähung *f*; **2.** → *puff 8 a*; **3.** Scheinbieten *n bei Auktionen*, Preistreibe'rei *f*; '**puff-paste** *s.* Blätterteig *m*; **puff·y** ['pʌfi] *adj.* □ **1.** böig (*Wind*); **2.** kurzatmig, keuchend; **3.** aufgebläht, (an)geschwollen; **4.** bauschig (*Ärmel*); **5.** aufgedunsen, dick; **6.** *fig.* schwülstig.

pug[1] [pʌg] *s. a.* ~*-dog* Mops *m*.

pug[2] [pʌg] *v/t.* **1.** *Lehm etc.* mischen u. kneten; schlagen; **2.** mit Lehmschlag *etc.* ausfüllen *od.* abdichten.

pug[3] [pʌg] *s. sl.* Boxer *m*.

pu·gil·ism ['pju:dʒilizəm] *s.* Boxen *n*, Faustkampf *m*; '**pu·gil·ist** [-ist] *s.* (Berufs)Boxer *m*.

pug·na·cious [pʌgˈneiʃəs] *adj.* □ **1.** kampflustig, kämpferisch; **2.** streitsüchtig; **pugˈnac·i·ty** [-ˈnæsiti] *s.* **1.** Kampflust *f*; **2.** Streitsucht *f*.
ˈpug|-nose *s.* Stupsnase *f*; **ˈ~-nosed** *adj.* stupsnasig.
puis·ne [ˈpju:ni] **I.** *adj.* ⚖ rangjünger, ˈuntergeordnet: *~ judge* → *II*; **II.** *s.* ˈUnterrichter *m*, Beisitzer *m*.
puke [pju:k] *v/t. u. v/i.* (sich) erbrechen, ‚kotzen'.
puk·ka [ˈpʌkə] → *pucka*.
pul·chri·tude [ˈpʌlkritju:d] *s. bsd. Am.* (weibliche) Schönheit; **pul·chri·tu·di·nous** [pʌlkriˈtju:dinəs] *adj. Am.* schön.
pule [pju:l] *v/i.* **1.** wimmern, winseln; **2.** piepsen.
pull [pul] **I.** *s.* **1.** Ziehen *n*, Zerren *n*; **2.** Zug *m*, Ruck *m*: *to give a strong ~ (at)* kräftig ziehen (an *dat.*); **3.** *mot. etc.* Zug(kraft *f*) *m*, Ziehkraft *f*; **4.** Anziehungskraft *f* (*a. fig.*); **5.** *fig.* Zug-, Werbekraft *f*; **6.** Zug *m*, Schluck *m* (*at* aus); **7.** Zug(griff) *m*, -leine *f*: *bell-~* Glockenzug; **8. a)** Bootfahrt *f*, **b)** Ruderschlag *m*: *to go for a ~* e-e Ruderpartie machen; **9.** (*long ~* große) Anstrengung; **10.** ermüdende Steigung; **11.** Vorteil *m* (*over, of* vor *dat.*, gegenˈüber); **12.** *sl.* (*with*) (heimlicher) Einfluß (auf *acc.*), Beziehungen *pl.* (zu); **13.** *typ.* Fahne *f*, (erster) Abzug; **II.** *v/t.* **14.** ziehen, schleppen; **15.** zerren (an *dat.*), zupfen (an *dat.*): *to ~ about* umherzerren; *to ~ s.o.'s ear, to ~ s.o. by the ear* j-n an den Ohren ziehen; *to ~ a muscle* sich e-e Muskelzerrung zuziehen; → *face 2, leg Redew., string 3, trigger 2*; **16.** reißen: *~ apart* auseinanderreißen; *to ~ to pieces* **a)** zerreißen, in Stücke reißen, **b)** *fig.* (in e-r Kritik *etc.*) zer- *od.* herunterreißen; *to ~ o.s. together fig.* sich zs.-reißen; **17.** *Pflanze* ausreißen; *Korken, Zahn* ziehen; *Blumen, Obst* pflücken; *Flachs* raufen; *Gans etc.* rupfen; *Leder* enthaaren; **18.** *to ~ one's punches Boxen*: verhalten schlagen, *fig.* sich zurückhalten; *not to ~ one's punches fig.* vom Leder ziehen, kein Blatt vor den Mund nehmen; **19.** *Pferd* zügeln; *Rennpferd* pullen; **20.** *Boot* rudern: *to ~ a good oar* gut rudern; → *weight 1*; **21.** *Am. Messer etc.* ziehen: *to ~ a pistol on j-n* mit der Pistole bedrohen; **22.** *typ. Fahne* abziehen; **23.** *sl. et.* ‚drehen', ‚schaukeln' (*ausführen*): *to ~ the job* das Ding drehen; *to ~ a fast one on s.o.* j-n ‚reinlegen'; **24.** *sl.* ‚schnappen' (*verhaften*); **25.** *sl.* e-e Razzia machen auf (*acc.*), *Spielhölle etc.* ausheben; **III.** *v/i.* **26.** ziehen (*at* an *dat.*); **27.** zerren, reißen (*at* an *dat.*); **28.** *a. ~ against the bit* am Zügel reißen (*Pferd*); **29. a)** e-n Zug machen, trinken (*at* aus *e-r Flasche*), **b)** ziehen (*at* an *e-r Pfeife etc.*); **30.** *gut etc.* ziehen (*Pfeife etc.*); **31.** sich vorwärtsarbeiten, -bewegen, -schieben: *to ~ into the station* 🚂 (in den Bahnhof) einfahren; **32.** rudern, pullen: *to ~ together fig.* zs.-arbeiten; **33.** (herˈan)fahren (*to the kerb* an den Bordstein); **34.** *sl.* ‚ziehen', Zugkraft haben (*Reklame*);

Zssgn mit adv.:
pull| down *v/t.* **1.** herˈunterziehen, -reißen; *Gebäude* abreißen; **2.** *fig.* herunterreißen, herˈabsetzen; **3.** *j-n* schwächen; *j-n* entmutigen; **~ in I.** *v/t.* **1.** (her)ˈeinziehen; **2.** *Pferd* zügeln, parieren; **II.** *v/i.* **3.** anhalten, stehenbleiben; **4.** hinˈeinrudern; 🚂 einfahren; **~ off I.** *v/t.* **1.** wegziehen, -reißen; **2.** *Schuhe etc.* ausziehen; *Hut* abnehmen (*to* vor *dat.*); **3.** *Preis, Sieg* daˈvontragen, erringen; **4.** F *et.* ‚schaukeln', ‚schaffen' (*zuwege bringen*); **II.** *v/i.* **5.** sich in Bewegung setzen, abfahren; abstoßen (*Boot*); **~ on** *v/t.* *Kleid etc.* anziehen; **~ out I.** *v/t.* **1.** herˈausziehen; **2.** ✈ *Flugzeug* hochziehen, *aus dem Sturzflug* abfangen; **3.** *fig.* in die Länge ziehen; **II.** *v/i.* **4.** hinˈausrudern; 🚂 hinˈausdampfen, abfahren; ‚abziehen', sich daˈvonmachen; **~ round I.** *v/t.* *j-n* wieder ‚hinkriegen', wieder gesund machen; **II.** *v/i.* wieder auf die Beine kommen, sich erholen; **~ through I.** *v/t.* **1.** (hin)ˈdurchziehen; **2.** *fig.* **a)** *j-m* ˈdurchhelfen, **b)** *e-n Kranken* ˈdurchbringen; **3.** *et.* erfolgreich ˈdurchführen; **II.** *v/i.* **4.** durch *et. Übles* ˈdurchkommen; sich ˈdurchschlagen; **~ up I.** *v/t.* **1.** herˈauf-, hochziehen (*a.* ✈); ⚓ *Flagge* hissen; **2.** *Pferd, Wagen* anhalten; **3.** *j-n* zuˈrückhalten, *j-m* Einhalt gebieten; *j-n* zur Rede stellen; **II.** *v/i.* **4.** (an)halten, vorfahren; **5.** *fig.* bremsen; **6.** *sport* sich nach vorn schieben: *to ~ to* (*od. with*) *j-n* einholen.
pul·let [ˈpulit] *s.* Hühnchen *n*.
pul·ley [ˈpuli] ⊕ *s.* **1.** Rolle *f* (*bsd. Flaschenzug*): *rope ~* Seilrolle; *block and ~, set of ~s* Flaschenzug; **2.** Flasche *f* (*Verbindung mehrerer Rollen*); **3.** Flaschenzug *m*; **4.** ⚓ Talje *f*; **5.** *a. belt ~* Riemenscheibe *f*; **~ block** *s.* ⊕ (Roll)Kloben *m*; **~ chain** *s.* Flaschenzugkette *f*; **~ drive** *s.* Riemenscheibenantrieb *m*.
ˈpull-fas·ten·er *s.* Reißverschluß *m*.
Pull·man (**car**) [ˈpulmən] *pl.* **-mans** *s.* 🚂 Pullmanwagen *m* (*Salon- u. Schlafwagen*).
ˈpull|-off I. *s.* **1.** ✈ Lösen *n* des Fallschirms (*beim Absprung*); **2.** *leichter etc.* Abzug (*Schußwaffe*); **II.** *adj.* **3.** ⊕ Abzieh...(*-feder*); **ˈ~-out** *adj.* ⊕ ausziehbar: *~ seat* Schiebesitz; **ˈ~-o·ver** *s.* Pullˈover *m*, ˈÜberziehjacke *f*; **~ strap** *s.* Strippe *f*, Schlaufe *f* (*Stiefel*); **~ switch** *s.* ⚡ Zugschalter *m*; **ˈ~-through** *s.* Reinigungskette *f für Schußwaffen*.
pul·lu·late [ˈpʌljuleit] *v/i.* **1.** (herˈvor)sprossen, knospen; **2.** Knospen treiben; **3.** keimen (*Samen*); **4.** *biol.* sich (*durch Knospung*) vermehren; **5.** *fig.* wuchern, grassieren; **6.** *fig.* wimmeln.
ˈpull-up *s.* Halteplatz *m*, Rast(stätte) *f*.
pul·mo·nar·y [ˈpʌlmənəri] *adj. anat.* Lungen...; **ˈpul·mo·nate** [-neit] *zo. adj.* Lungen..., mit Lungen (ausgestattet): *~ (mollusc)* Lungenschnecke; **pul·mon·ic** [pʌlˈmɔnik] **I.** *adj.* Lungen...; **II.** *s.* Lungenheilmittel *n*.
pulp [pʌlp] **I.** *s.* **1.** Fruchtfleisch *n*, -mark *n*; **2.** ♀ Stengelmark *n*; **3.** *anat.* (Zahn)Pulpa *f*; **4.** Brei *m*, breiige Masse: *to beat to a ~ fig. j-n* zu Brei schlagen; **5.** ⊕ **a)** Paˈpierbrei *m*, Pulpe *f*, *bsd.* Ganzzeug *n*, **b)** Zellstoff *m*: *~board* Zellstoffpappe; *~-engine* Holländer; *~ factory* Holzschleiferei; **6.** Maische *f*, Schnitzel *pl.* (*Zucker*); **7.** *a. ~ magazine Am.* billige Zeitschrift, Schundblatt *n*; **II.** *v/t.* **8.** in Brei verwandeln; **9.** *Papier* einstampfen; **10.** *Früchte* entfleischen; **III.** *v/i.* **11.** breiig werden *od.* sein; **ˈpulp·er** [-pə] *s.* **1.** ⊕ (Ganzzeug)Holländer *m* (*Papier*); **2.** ✓ (Rüben)Breimühle *f*; **ˈpulp·i·fy** [-pifai] *v/t.* in Brei verwandeln; **ˈpulp·i·ness** [-pinis] *s.* **1.** Weichheit *f*; **2.** Fleischigkeit *f*; **3.** Matschigkeit *f*.
pul·pit [ˈpulpit] *s.* **1.** Kanzel *f*: *in the ~* auf der Kanzel; *~ orator* Kanzelredner; **2.** *the ~ coll.* **a)** die Kanzelredner *pl.*, **b)** die Geistlichkeit; **3.** *fig.* Kanzel *f*; Kanzelreden *pl.*
pulp·y [ˈpʌlpi] *adj.* □ **1.** weich u. saftig; **2.** fleischig; **3.** schwammig; **4.** breiig, matschig.
pul·sate [pʌlˈseit] *v/i.* **1.** pulsieren (*a.* ⚡), (rhythmisch) pochen *od.* schlagen; **2.** vibrieren; **3.** *fig.* pulsieren (*with* von *Leben, Erregung*); **pul·sa·tile** [ˈpʌlsətail] *adj.* ♪ Schlag...: *~ instrument*; **pulˈsat·ing** [-tiŋ] *adj.* **1.** ⚡ pulsierend (*a. fig.*), stoßweise; **2.** *fig.* beschwingt (*Rhythmus, Weise*); **pulˈsa·tion** [-eiʃən] *s.* **1.** Pulsieren *n* (*a. fig.*), Pochen *n*, Schlagen *n*; **2.** Pulsschlag *m* (*a. fig.*); **3.** Vibrieren *n*.
pulse[1] [pʌls] **I.** *s.* **1.** Puls(schlag) *m* (*a. fig.*): *quick ~* schneller Puls; *~-rate* ⚕ Pulszahl; *to feel s.o.'s ~* **a)** j-m den Puls fühlen, **b)** *fig.* j-m auf den Zahn fühlen, bei j-m vorfühlen; **2.** ⚡, *phys.* Imˈpuls *m*, (Strom)Stoß *m*; **II.** *v/i.* **3.** → *pulsate*.
pulse[2] [pʌls] *s.* Hülsenfrüchte *pl.*
pul·ver·i·za·tion [pʌlvəraiˈzeiʃən] *s.* **1.** Pulverisierung *f*, (Feinst)Mahlung *f*; **2.** Zerstäubung *f von Flüssigkeiten*; **3.** *fig.* Zermalmung *f*; **pul·ver·ize** [ˈpʌlvəraiz] **I.** *v/t.* **1.** pulverisieren, *zu Staub* zermahlen, -stoßen, -reiben: *~d coal* feingemahlene Kohlen, Kohlenstaub; **2.** *Flüssigkeit* zerstäuben; **3.** *fig.* zermalmen; **II.** *v/i.* **4.** (in Staub) zerfallen, zu Staub werden; **pul·ver·iz·er** [ˈpʌlvəraizə] *s.* **1.** ⊕ Zerkleinerer *m*, Pulverisiermühle *f*, Mahlanlage *f*; **2.** Zerstäuber *m*; **pul·ver·u·lent** [pʌlˈverjələnt] *adj.* **1.** (fein)pulverig; **2.** (leicht) zerbröckelnd; **3.** staubig.
pu·ma [ˈpju:mə] *s. zo.* Puma *m*.
pum·ice [ˈpʌmis] **I.** *s. a. ~-stone* Bimsstein *m*; **II.** *v/t.* mit Bimsstein abreiben, (ab)bimsen.
pum·mel [ˈpʌml] → *pommel II*.
pump[1] [pʌmp] **I.** *s.* **1.** Pumpe *f*: (*dispensing*) *~ mot.* Zapfsäule; *fuel ~* Kraftstoff-, Förderpumpe; **2.** Pumpen(stoß *m*) *n*; **II.** *v/t.* **3.** pumpen: *to ~ dry* aus-, leerpumpen; *to ~ out* auspumpen (*a. fig. erschöpfen*); *to ~ up* **a)** hochpumpen, **b)** *Reifen* aufpumpen (*a. fig.*); *to ~ bullets into fig. j-m* Kugeln in den Leib jagen; *to ~ money into* † Geld in *et.* hin-

einpumpen; **4.** *fig. j-n* ausholen, -fragen, -horchen; **III.** *v/i.* **5.** pumpen (*a. fig. Herz etc.*).

pump² [pʌmp] *s.* Tanzschuh *m*; *pl.* Pumps *pl.*

ˈpump-han·dle I. *s.* Pumpenschwengel *m*; **II.** *v/t.* F *j-s Hand* ˈüberschwenglich schütteln.

pump·kin [ˈpʌmpkin] *s.* ⚘ (*bsd.* Garten)Kürbis *m.*

pump prim·ing *s.* ✝ Ankurbelung *f* der Wirtschaft.

ˈpump-room *s.* Trinkhalle *f in Kurbädern.*

pun [pʌn] **I.** *s.* Wortspiel *n* (*on* über *acc.*, mit); **II.** *v/i.* Wortspiele *od.* ein Wortspiel machen, witzeln.

punch¹ [pʌntʃ] **I.** *s.* **1.** (Faust)Schlag *m*: *to beat s.o. to the* ~ *Am. fig.* j-m zuvorkommen; → *pull 18*; **2.** Schlagkraft *f* (*a. fig.*); → *pack 19*; **3.** F Wucht *f*, Schmiß *m*, Schwung *m*; **II.** *v/t.* **4.** (*mit der Faust*) schlagen, boxen, knuffen; **5.** *Am. Rinder* treiben.

punch² [pʌntʃ] ⊕ **I.** *s.* **1.** Stanzwerkzeug *n*, Lochstanze *f*, -eisen *n*, Stempel *m*, ˈDurchschlag *m*, Dorn *m*; **2.** Paˈtrize *f*; **3.** Prägestempel *m*; **4.** Lochzange *f* (*a.* 🚂 *etc.*); **5.** (Paˈpier)Locher *m*; **II.** *v/t.* **6.** (aus-, loch)stanzen, durchˈschlagen, lochen; **7.** *Zahlen etc.* punzen, stempeln; **8.** *Fahrkarten etc.* lochen, knipsen: *~ed card* Lochkarte; *~ed tape* Lochstreifen.

punch³ [pʌntʃ] *s.* Punsch *m* (*Getränk*).

Punch⁴ [pʌntʃ] *s.* Kasperle *n*, Hansˈwurst *m*: ~ *and Judy show* Kasperletheater; *he was as pleased as* ~ er hat sich königlich gefreut.

punch⁵ [pʌntʃ] *s. Brit.* **1.** kurzbeiniges schweres Zugpferd; **2.** F ‚Stöpsel' *m* (*kleine dicke Person*).

ˈpunch|-bowl *s.* Punschbowle *f*; ~ **card** *s.* Lochkarte *f*; ˈ**~-drunk** *adj.* **1.** (von vielen Boxhieben) blöde (geworden); **2.** (wie) von Faustschlägen betäubt, groggy.

pun·cheon¹ [ˈpʌntʃən] *s.* **1.** (Holz-, Stütz)Pfosten *m*; **2.** ⊕ → *punch² 1.*

pun·cheon² [ˈpʌntʃən] *s. hist.* Puncheon *n* (*Faß enthaltend 324 l*).

punch·er [ˈpʌntʃə] *s.* **1.** ⊕ Locheisen *n*, Locher *m*; **2.** F Schläger *m* (*a. Boxer*); **3.** *Am.* F Cowboy *m.*

punch·ing| bag [ˈpʌntʃiŋ] *s. Boxen*: Sandsack *m*; ˈ**~-ball** *s. Boxen*: Punchingball *m*; ~ **die** *s.* ⊕ ˈStanzmaˌtrize *f.*

ˈpunch|-la·dle *s.* Punschlöffel *m*; ~ **line** *s. Am.* Poˈinte *f*; ~ **press** *s.* ⊕ Lochpresse *f*; ˈ**~-up** *s.* F Schlägeˈrei *f.*

punc·til·i·o [pʌŋkˈtiliou] *pl.* **-i·os** *s.* **1.** Punkt *m* der Etiˈkette; Feinheit *f des Benehmens etc.*; **2.** heikler *od.* kitzliger Punkt: ~ *of hono(u)r* Ehrenpunkt; **3.** → *punctiliousness*; **puncˈtil·i·ous** [-iəs] *adj.* ☐ **1.** peinlich (genau), peˈdantisch, spitzfindig; **2.** (überˈtrieben) förmlich; **puncˈtil·i·ous·ness** [-iəsnis] *s.* peˈdantische Genauigkeit, Förmlichkeit *f.*

punc·tu·al [ˈpʌŋktjuəl] *adj.* ☐ pünktlich; **punc·tu·al·i·ty** [pʌŋktjuˈæliti] *s.* Pünktlichkeit *f.*

punc·tu·ate [ˈpʌŋktjueit] *v/t.* **1.** interpunktieren, Satzzeichen setzen in (*acc.*); **2.** *fig.* unterˈbrechen (*with* durch, mit); **3.** *fig.* unterˈstreichen;

punc·tu·a·tion [pʌŋktjuˈeiʃən] *s.* **1.** Interpunktiˈon *f*, Zeichensetzung *f*: *close* ~ strikte Zeichensetzung; *open* ~ weniger strikte Zeichensetzung; ~ *mark* Satzzeichen; **2.** *fig.* Unterˈbrechung *f*; **3.** *fig.* Unterˈstreichung *f.*

punc·ture [ˈpʌŋktʃə] **I.** *v/t.* **1.** durchˈstechen, -ˈbohren; **2.** ⚕ punktieren; **II.** *v/i.* **3.** ein Loch bekommen, platzen (*Reifen*); **4.** ⚡ ˈdurchschlagen; **III.** *s.* **5.** (Ein)Stich *m*, Loch *n*; **6.** Reifenpanne *f*: ~ *outfit* Flickzeug; **7.** ⚕ Punkˈtur *f*; **8.** ⚡ ˈDurchschlag *m*; ˈ**~-proof** *adj.* **1.** *mot. etc.* nagel-, pannensicher (*Reifen*); **2.** ⚡ ˈdurchschlagsicher.

pun·dit [ˈpʌndit] *s.* **1.** Pandit *m* (*brahmanischer Gelehrter*); **2.** *humor.* ‚gelehrtes Haus', Gelehrte(r) *m.*

pun·gen·cy [ˈpʌndʒənsi] *s.* Schärfe *f* (*a. fig.*); ˈ**pun·gent** [-nt] *adj.* ☐ **1.** scharf (*im Geschmack*); **2.** stechend, beißend (*Geruch etc.*); **3.** *fig.* beißend, sarˈkastisch, scharf; **4.** *fig.* prickelnd, piˈkant.

pu·ni·ness [ˈpju:ninis] *s.* **1.** Schwächlichkeit *f*; **2.** Kleinheit *f*, Bedeutungslosigkeit *f.*

pun·ish [ˈpʌniʃ] **I.** *v/t.* **1.** *j-n* (be-)strafen (*for* für, wegen); **2.** *Vergehen* bestrafen, ahnden; **3.** F *fig. Boxer etc.* übel zurichten, arg mitnehmen (*a. weitS. strapazieren*); **4.** F *e-r Speise etc.* tüchtig zusprechen; **II.** *v/i.* **5.** strafen; ˈ**pun·ish·a·ble** [-ʃəbl] *adj.* ☐ strafbar; ˈ**pun·ish·ment** [-mənt] *s.* **1.** Bestrafung *f* (*by* durch); **2.** Strafe *f* (*a.* ⚖): *for* (*od. as*) *a* ~ als *od.* zur Strafe; **3.** F **a)** grobe Behandlung, **b)** *Boxen*: ‚Prügel' *pl.*: *to take* ~ ‚einstecken', **c)** Straˈpaze *f*, ‚Schlauch' *m*, **d)** ⊕, ✝ harte Beanspruchung. [Straf...]

pu·ni·tive [ˈpju:nitiv] *adj.* strafend,

punk [pʌŋk] *Am.* **I.** *s.* **1.** Zunderholz *n*; **2.** Zunder *m*; **3.** *sl. contp.* Anfänger *m*, ‚Flasche' *f*; **4.** *sl.* ‚Mist' *m*, Schund *m*; Quatsch *m*; **II.** *adj. sl.* **5.** miseˈrabel.

pun·ster [ˈpʌnstə] *s.* Wortspielmacher(in), Witzbold *m.*

punt¹ [pʌnt] **I.** *s.* Punt *n*, Stakkahn *m*; **II.** *v/t. Boot* staken; **III.** *v/i.* punten, im Punt fahren.

punt² [pʌnt] **I.** *s. Rugby*: Fallstoß *m*; **II.** *v/t.* (*v/i.* den fallenden Ball) stoßen.

punt³ [pʌnt] *v/i.* **1.** *Glücksspiel*: gegen die Bank setzen; **2.** (*auf ein Pferd*) wetten.

pu·ny [ˈpju:ni] *adj.* ☐ schwächlich, winzig, kümmerlich.

pup [pʌp] **I.** *s.* junger Hund: *in* ~ trächtig (*Hündin*); *conceited* ~ → *puppy 2*; *to sell s.o. a* ~ F j-m et. andrehen, j-n ‚reinlegen'; **II.** *v/t. u. v/i.* (Junge) werfen.

pu·pa [ˈpju:pə] *pl.* **-pae** [-pi:] *s. zo.* Puppe *f*; ˈ**pu·pate** [-peit] *v/i. zo.* sich verpuppen; **pu·pa·tion** [pju:ˈpeiʃən] *s. zo.* Verpuppung *f.*

pu·pil¹ [ˈpju:pl] *s.* **1.** Schüler(in): ~ *teacher* Junglehrer; **2.** ✝ Praktiˈkant(in); **3.** ⚖ Mündel *m, n.*

pu·pil² [ˈpju:pl] *s. anat.* Puˈpille *f.*

pu·pil·(l)age [ˈpju:pilidʒ] *s.* **1.** Schüler-, Lehrjahre *pl.*; **2.** Minderjährigkeit *f*, Unmündigkeit *f*; ˈ**pu·pil·(l)ar** [-lə] → *pupil(l)ary*; ˈ**pu·pil·(l)ar·y** [-ləri] *adj.* **1.** ⚖ Mündel...; **2.** *anat.* Pupillen...: ~ *reflex* Pupillarreflex.

pup·pet [ˈpʌpit] *s.* Marioˈnette *f*, (Draht)Puppe *f* (*a. fig.*): ~ *government* Marionettenregierung; ˈ**~-play**, ˈ**~-show** *s.* Puppenspiel *n*, Marioˈnettentheˌater *n.*

pup·py [ˈpʌpi] *s.* **1.** junger Hund, Welpe *m*; *a. weitS. zo.* Junge(s) *n*; **2.** *fig.* (junger) Schnösel, (eingebildeter) Fatzke; ˈ**pup·py·hood** [-hud] *s.* Jugend-, Flegeljahre *pl.*

pup tent *s.* (Zweiˈmann)Zelt *n.*

pur → *purr.*

pur·blind [ˈpə:blaind] *adj.* **1.** *fig.* kurzsichtig, dumm; **2.** *obs.* halb blind.

pur·chas·a·ble [ˈpə:tʃəsəbl] *adj.* käuflich (*a. fig.*); **pur·chase** [ˈpə:tʃəs] **I.** *v/t.* **1.** kaufen, erstehen, (käuflich) erwerben; **2.** *fig.* erkaufen, erringen (*with* mit, durch); **3.** *fig.* kaufen (*bestechen*); **4.** ⊕, ⚓ **a)** hochwinden; **b)** (mit Hebelkraft) heben *od.* bewegen; **II.** *s.* **5.** (An-, Ein)Kauf *m*: *by* ~ durch Kauf, käuflich; *to make ~s* Einkäufe machen; **6.** ˈKauf(obˌjekt *n*) *m*, Anschaffung *f*: *~s Bilanz*: Wareneingänge; **7.** ⚖ Erwerbung *f*; **8.** (Jahres)Ertrag *m*: *at ten years'* ~ zum Zehnfachen des Jahresertrages; *his life is not worth a day's* ~ er lebt keinen Tag mehr, er macht es nicht mehr lange; **9.** ⊕ Hebevorrichtung *f*, *bsd.* **a)** Flaschenzug *m*, **b)** ⚓ Talje *f*; **10.** Hebelkraft *f*, -wirkung *f*; **11.** (guter) Angriffs- *od.* Ansatzpunkt; **12.** *fig.* **a)** Machtstellung *f*, Einfluß *m*, **b)** Machtmittel *n*, Handhabe *f.*

pur·chase| ac·count *s.* ✝ Wareneingangskonto *n*; ~ **dis·count** *s.* ˈEinkaufsraˌbatt *m*; ~ **mon·ey** *s.* Kaufsumme *f*; ~ **pat·tern** *s.* Käuferverhalten *n*; ~ **price** *s.* Kaufpreis *m.*

pur·chas·er [ˈpə:tʃəsə] *s.* **1.** Käufer(in); Abnehmer(in); **2.** ⚖ Erwerber *m*: *first* ~ Ersterwerber.

pur·chase tax *s. Brit.* Kaufsteuer *f* (*zwischen Groß- u. Einzelhandel erhobene Umsatzsteuer*).

pur·chas·ing| a·gent [ˈpə:tʃəsiŋ] *s.* ✝ Einkäufer *m e-r Firma*; ~ **as·so·ci·a·tion** *s.* ✝ Einkaufsgenossenschaft *f*; ~ **man·ag·er** *s.* ✝ Einkaufsleiter *m*; ~ **pow·er** *s.* Kaufkraft *f.*

pure [pjuə] *adj.* ☐ **1.** rein: **a)** sauber, makellos (*a. fig. Freundschaft, Sprache, Ton etc.*), **b)** unschuldig, unberührt: *a* ~ *girl*, **c)** unvermischt: ~ *gold* pures *od.* reines Gold, **d)** theoˈretisch: ~ *mathematics* reine Mathematik, **e)** völlig, bloß, pur: ~ *nonsense*; **2.** *biol.* reinrassig; ˈ**~-bred I.** *adj.* reinrassig, rasserein; **II.** *s.* reinrassiges Tier.

pu·rée [ˈpjuərei; pyre] (*Fr.*) *s.* **1.** Püˈree *n*; **2.** (Püˈree)Suppe *f.*

pure·ness [ˈpjuənis] *s.* Reinheit *f.*

pur·ga·tion [pə:ˈgeiʃən] *s.* **1.** *mst eccl. u. fig.* Reinigung *f*; **2.** ⚕ Darmentleerung *f*; **pur·ga·tive** [ˈpə:gətiv] **I.** *adj.* ☐ **1.** reinigend; **2.** ⚕ abführend, Abführ...; **II.** *s.* **3.** ⚕ Ab-

führmittel *n*; **pur·ga·to·ry** ['pəːgətəri] *s. R.C.* Fegefeuer *n* (*a. fig.*).
purge [pəːdʒ] **I.** *v/t.* **1.** *mst fig. j-n* reinigen (*of, from* von *Schuld, Verdacht*); **2.** *Flüssigkeit* klären, läutern; **3.** ⚕ **a)** *Darm* abführen, entschlacken, **b)** *j-m* Abführmittel geben; **4.** *Verbrechen* sühnen; **5.** *pol.* **a)** *Partei etc.* säubern, **b)** (aus der Par'tei) ausschließen; **II.** *v/i.* **6.** sich läutern; **7.** ⚕ **a)** abführen (*Medikament*), **b)** Stuhlgang haben; **III.** *s.* **8.** Reinigung *f*; **9.** ⚕ **a)** Entleerung *f*, -schlackung *f*, **b)** Abführmittel *n*; **10.** *pol.* 'Säuberung(sakti,on) *f*.
pu·ri·fi·ca·tion [pjuərifi'keiʃən] *s.* **1.** Reinigung *f* (*a. eccl.*); **2.** ⊕ Reinigung *f* (*a. metall.*), Klärung *f*, Abläuterung *f*; Regenerierung *f von Altöl*; **pu·ri·fi·er** ['pjuərifaiə] *s.* ⊕ Reiniger *m*, 'Reinigungsappa,rat *m*; **pu·ri·fy** ['pjuərifai] **I.** *v/t.* **1.** reinigen (*of, from* von) (*a. fig. läutern*); **2.** ⊕ reinigen, läutern, klären, raffinieren; *Öl* regenerieren: *~ing plant* Reinigungsanlage; **II.** *v/i.* **3.** sich läutern.
pur·ism ['pjuərizəm] *s. a. ling. u. Kunst*: Pu'rismus *m*; '**pur·ist** [-ist] *s.* Pu'rist *m*, *bsd.* Sprachreiniger *m*.
Pu·ri·tan ['pjuəritən] **I.** *s.* **1.** *hist.* (*fig. mst* ♀) Puri'taner(in); **II.** *adj.* **2.** puri'tanisch; **3.** *fig.* (*mst* ♀) → *puritanical*; **pu·ri·tan·i·cal** [pjuəri'tænikəl] *adj.* □ puritanisch, über'trieben sittenstreng; '**Pu·ri·tan·ism** [-tənizəm] *s.* Purita'nismus *m*.
pu·ri·ty ['pjuəriti] *s.* Reinheit *f*.
purl¹ [pəːl] **I.** *v/i.* murmeln, rieseln (*Bach*); **II.** *s.* Murmeln *n*.
purl² [pəːl] **I.** *v/t.* **1.** (um)'säumen, einfassen; **2.** (*a. v/i.*) linksstricken; **II.** *s.* **3.** Gold-, Silberdraht *m*, -litze *f*; **4.** Zäckchen(borte *f*) *n*; **5.** Häkelkante *f*; **6.** Linksstricken *n*.
purl·er ['pəːlə] *s.* F **1.** schwerer Sturz: *to come* (*od. take*) *a ~* schwer stürzen; **2.** schwerer Schlag.
pur·lieus ['pəːljuːz] *s. pl.* Um'gebung *f*, Randbezirk(e *pl.*) *m*.
pur·loin [pəː'lɔin] *v/t.* entwenden, stehlen (*a. fig.*); **pur'loin·er** [-nə] *s.* Dieb *m*; *fig.* Plagi'ator *m*.
pur·ple ['pəːpl] **I.** *adj.* **1.** purpurn, purpurrot: ♀ *Heart* ⚔ *Am.* Verwundetenabzeichen; **2.** *fig.* bril'lant (*Stil*): *~ passage* Glanzstelle; **3.** *Am.* F zotig, nicht sa'lonfähig; **II.** *s.* **4.** Purpur *m* (*a. fig. Herrscher-, Kardinalswürde*): *to raise to the ~* zum Kardinal ernennen; **III.** *v/i.* **5.** sich purpurn färben.
pur·port **I.** *v/t.* ['pəːpət] **1.** behaupten, vorgeben: *to ~ to be* (*do*) angeblich sein (tun), sein (tun) wollen; **2.** besagen, be-inhalten, zum Inhalt haben, ausdrücken (wollen); **II.** *s.* **3.** Inhalt *m*, Bedeutung *f*, Sinn *m*.
pur·pose ['pəːpəs] **I.** *s.* **1.** Zweck *m*, Ziel *n*; Absicht *f*, Vorsatz *m*: *for what ~?* zu welchem Zweck?, wozu?; *for all practical ~s* praktisch; *for the ~ of* **a)** um zu, zwecks, **b)** im Sinne *e-s Gesetzes*; *of set ~* ⚖ vorsätzlich; *on ~* absichtlich; *to the ~* **a)** zur Sache (gehörig), **b)** zweckdienlich; *to no ~* vergeblich, umsonst; *to answer* (*od. serve*) *the ~* dem Zweck entsprechen; *to be to little ~* wenig Zweck haben; *to turn to good ~* gut anwenden *od.* nützen; *novel with a ~*, *~-novel* Tendenzroman; **2.** *a. strength of ~* Entschlußkraft *f*; **3.** Zielbewußtheit *f*; **4.** Wirkung *f*; **II.** *v/t.* **5.** vorhaben, beabsichtigen, bezwecken; '**~-built** *adj.* spezi'algefertigt.
pur·pose·ful ['pəːpəsful] *adj.* □ **1.** zielbewußt, entschlossen; **2.** zweckmäßig, -voll; **3.** absichtlich; '**pur·pose·less** [-lis] *adj.* □ **1.** zwecklos; **2.** ziel-, planlos; '**pur·pose·ly** [-li] *adv.* absichtlich, vorsätzlich; '**pur·pos·ive** [-siv] *adj.* **1.** zweckmäßig, -voll, -dienlich; **2.** absichtlich, bewußt, *a.* gezielt; **3.** zielstrebig, -bewußt.
'**pur·pose-trained** *adj.* mit Spezi'alausbildung.
purr [pəː] **I.** *v/i.* **1.** schnurren (*Katze etc.*); **2.** *fig.* surren, summen (*Motor etc.*); **3.** *fig.* vor Behagen schnurren; **II.** *v/t.* **4.** *et.* summen, säuseln (*sagen*); **III.** *s.* **5.** Schnurren *n*; Surren *n*.
purse [pəːs] **I.** *s.* **1.** **a)** Geldbeutel *m*, Börse *f*, **b)** (Damen)Handtasche *f*: *a light* (*long*) *~ fig.* ein magerer (voller) Geldbeutel; *public ~* Staatssäckel; **2.** Fonds *m*: *common ~* gemeinsame Kasse; **3.** Geldsammlung *f*, -geschenk *n*: *to make up a ~ for* Geld sammeln für; **4.** *Boxen*: Börse *f*; **II.** *v/t.* **5.** *oft ~ up* in Falten legen; *Lippen* schürzen, *Mund* spitzen; *Stirn* runzeln; '**~-proud** *adj.* geldstolz, protzig.
purs·er ['pəːsə] *s.* ⚓ Zahl-, Provi'antmeister *m*.
'**purse-strings** *s. pl.*: *to hold the ~* den Geldbeutel verwalten; *to tighten the ~* den Daumen auf dem Beutel halten.
pur·si·ness ['pəːsinis] *s.* Kurzatmigkeit *f*.
purs·lane ['pəːslin] *s.* ⚘ Portulak (-gewächs *n*) *m*.
pur·su·ance [pə'sju(ː)əns] *s.* Verfolgung *f*, Ausführung *f*: *in ~ of* **a)** im Verfolg (*gen.*), **b)** → *pursuant*; **pur'su·ant** [-nt] *adj.* □: *~ to e-r Vorschrift etc.* gemäß *od.* zufolge *od.* entsprechend, laut *e-m Befehl etc.*, gemäß *Paragraph 1*.
pur·sue [pə'sjuː] **I.** *v/t.* **1.** (*a.* ⚔) verfolgen, *j-m* nachsetzen, *j-n* jagen; **2.** *fig. Zweck, Ziel, Plan* verfolgen; **3.** nach *Glück etc.* streben; *dem Vergnügen* nachgehen; **4.** *Kurs, Weg* einschlagen, folgen (*dat.*); **5.** *Beruf, Studien etc.* betreiben, nachgehen (*dat.*); **6.** *et.* weiterführen, fortsetzen, fortfahren in; **7.** *Thema etc.* weiterführen, (weiter) diskutieren; **II.** *v/i.* **8.** *~ after* → **1**; **9.** *im Sprechen etc.* fortfahren; **pur'su·er** [-ju(ː)ə] *s.* **1.** Verfolger(in); **2.** ⚖ *Scot.* (An-) Kläger(in).
pur·suit [pə'sjuːt] *s.* **1.** Verfolgung *f*, Jagd *f* (*of* auf *acc.*): *~ action* ⚔ Verfolgungskampf; *in hot ~* in wilder Verfolgung, hart auf den Fersen; **2.** *fig.* Streben *n*, Trachten *n*, Jagd *f* (*of* nach *Glück etc.*); **3.** Verfolgung *f*, Verfolg *m e-s Plans etc.*: *in ~ of* im Verfolg *e-r Sache*; **4.** Beschäftigung *f*, Betätigung *f*; Ausübung *f e-s Gewerbes*, Betreiben *n von Studien etc.*; **5.** *pl.* Arbeiten *pl.*, Geschäfte *pl.*; Studien *pl.*; *~* **in·ter·cep·tor** *s.* ✈ Zerstörer *m*; *~* **plane** *s.* ✈ Jagdflugzeug *n*.
pur·sy¹ ['pəːsi] *adj.* **1.** kurzatmig; **2.** korpu'lent; **3.** protzig.
pur·sy² ['pəːsi] *adj.* zs.-gekniffen (*Mund etc.*), faltig, gerunzelt (*Stirn*).
pu·ru·lence ['pjuəruləns] *s.* ⚕ **1.** Eitrigkeit *f*; **2.** Eiter *m*; '**pu·ru·lent** [-nt] *adj.* □ ⚕ eiternd, eit(e)rig; Eiter...: *~ matter* Eiter.
pur·vey [pəː'vei] **I.** *v/t.* (*to*) *mst Lebensmittel* liefern (an *acc.*), (*j-n*) versorgen mit; **II.** *v/i.* (*for*) liefern (an *acc.*), sorgen (für): *to ~ for j-n* beliefern; **pur'vey·ance** [-eiəns] *s.* **1.** Lieferung *f*, Beschaffung *f*; **2.** (Mund)Vorrat *m*, Lebensmittel *pl.*; **pur'vey·or** [-eiə] *s.* **1.** Liefe'rant *m*: ♀ *to Her Majesty* Hoflieferant; **2.** Lebensmittelhändler *m*.
pur·view ['pəːvjuː] *s.* **1.** ⚖ verfügender Teil (*e-s Gesetzes*); **2.** (Anwendungs)Bereich *m*, Geltungsgebiet *n e-s Gesetzes*; **3.** Wirkungskreis *m*, Sphäre *f*, Gebiet *n*; **4.** Gesichtskreis *m*, Blickfeld *n* (*a. fig.*).
pus [pʌs] *s.* ⚕ Eiter *m*.
push [puʃ] **I.** *s.* **1.** Stoß *m*, Schub *m*: *to give s.o. a ~* **a)** j-m e-n Stoß versetzen, **b)** *mot.* j-n anschieben; *to give s.o. the ~ sl.* j-n ‚rausschmeißen' (*entlassen*); *to get the ~ sl.* ‚rausfliegen' (*entlassen werden*); **2.** Δ, ⊕, *geol.* (horizon'taler) Druck, Schub *m*; **3.** Anstoß *m*, -trieb *m*; **4.** Anstrengung *f*, Bemühung *f*; **5.** *bsd.* ⚔ Vorstoß *m* (*for* auf *acc.*); Offen'sive *f*; **6.** *fig.* Druck *m*, Drang *m der Verhältnisse*; **7.** kritischer Augenblick: *at a ~* im Notfall; *to bring to the last ~* aufs Äußerste treiben; **8.** F Schwung *m*, Ener'gie *f*, Tatkraft *f*, Draufgängertum *n*; **9.** Protekti'on *f*: *to get a job by ~*; **10.** F Menge *f*, Haufen *m Menschen*; **11.** *sl.* **a)** (exklu'sive) Clique, **b)** (Diebs-, Straßen)Bande *f*; **II.** *v/t.* **12.** stoßen, *Karren etc.* schieben: *to ~ open* aufstoßen; **13.** stecken, schieben (*into* in *acc.*); **14.** drängen: *to ~ one's way ahead* (*through*) sich vor- (durch-) drängen; **15.** *fig.* (an)treiben, drängen (*to* zu, *to do* zu tun): *to ~ s.o. for* j-n bedrängen *od.* j-m zusetzen wegen; *to ~ s.o. for payment* bei j-m auf Zahlung drängen; *to ~ s.th. on s.o.* j-m et. aufdrängen; *to be ~ed for time* in Zeitnot *od.* im Gedränge sein; *to be ~ed for money* in Geldverlegenheit sein; **16.** *a. ~ ahead* (*od. forward od. on*) *Angelegenheit* (e'nergisch) betreiben *od.* verfolgen, vor'antreiben; **17.** *a. ~ through* 'durchführen, -setzen; *Anspruch* 'durchdrücken; *Vorteil* ausnutzen: *to ~ s.th. too far* et. zu weit treiben; **18.** Re'klame machen für, die Trommel rühren für; **19.** *sl.* mit *Rauschgift* handeln; **III.** *v/i.* **20.** stoßen, schieben; **21.** (sich) drängen; **22.** sich vorwärtsdrängen, sich vor'ankämpfen; **23.** sich tüchtig ins Zeug legen; **24.** *Billard*: schieben; *~* **off** **I.** *v/t.* **1.** *Boot* abstoßen; **2.** † *Waren* abstoßen, losschlagen; **II.** *v/i.* **3.** ⚓ abstoßen (*from* von); F ‚abhauen', sich da'vonmachen; **4.** *~!* F ‚schieß los' (*erzähle*)!; *~* **up** *v/t.* hoch-, hin'aufschieben, -stoßen; † *Preise* hochtreiben.
'**push|-ball** *s.* Push-, Stoßball(spiel

n) *m*; **'~-bike** *s. Brit.* F Fahrrad *n*; **'~-but·ton I.** *s.* ⊕ Druckknopf *m*, -taste *f*; **II.** *adj.* druckknopfgesteuert, Druckknopf...: ~ *switch*; ~ *telephone* Tastentelephon; ~ *warfare* automatische Kriegführung; **'~-cart** *s.* **1.** (Schiebe)Karren *m*; **2.** *Am.* Einkaufswagen *m*.

push·er ['puʃə] *s.* **1.** Schieber *m* (*Kinderlöffel*); **2.** 🚂 'Hilfslokomoˌtive *f*; **3.** *a.* ~ *airplane* Flugzeug *n* mit Druckschraube; **4.** F Streber *m*; Draufgänger *m*; **5.** *sl.* Rauschgifthändler *m*, Pusher *m*.

push·ful ['puʃful] *adj.* □ e'nergisch, unter'nehmend, draufgängerisch.

push·ing ['puʃiŋ] *adj.* □ **1.** → *pushful*; **2.** streberisch; **3.** zudringlich.

'push|-off *s.* F Anfang *m*, Start *m*; **'~-o·ver** *s.* F **1.** leicht zu besiegender Gegner, Schwächling *m*; **2.** Gimpel *m*: *he is a* ~ *for that* darauf fällt er prompt herein; **3.** leichte Sache, Kinderspiel *n*; **'~-'pull** *adj.* ⚡ Gegentakt...

pu·sil·la·nim·i·ty [pju:silə'nimiti] *s.* Kleinmütigkeit *f*, Verzagtheit *f*; **pu·sil·lan·i·mous** [pju:si'læniməs] *adj.* □ kleinmütig, verzagt.

puss[1] [pus] *s.* **1.** Mieze *f*, Katze *f* (*a. fig. Mädchen*): ♀ *in Boots* der Gestiefelte Kater; ~ *in the corner* Kämmerchen vermieten (*Kinderspiel*); **2.** *hunt.* Hase *m*.

puss[2] [pus] *s. sl.* ‚Fresse' *f* (*Gesicht, Mund*).

puss·l(e)y ['pusli] *s.* ♧ *Am.* Kohlportulak *m*.

puss·y ['pusi] *s.* **1.** Mieze(kätzchen *n*) *f*, Kätzchen *n*; **2.** → *tipcat*; **3.** *et.* Weiches u. Wolliges, *bsd.* ♧ (Weiden)Kätzchen *n*; **4.** *sl.* ‚Spalte' *f*; **'~-cat** → *pussy 1*; **'~-foot I.** *v/i.* **1.** (wie e-e Katze) schleichen; **2.** *fig.* F leisetreten; **3.** *Am. sl.* (on) sich nicht festlegen (auf *acc.*), her'umreden (um); **II.** *pl.* **-foots** [-futs] *s.* **4.** Schleicher *m*; **5.** *fig.* F Leisetreter *m*.

pus·tule ['pʌstju:l] *s.* **1.** ⚕ Pustel *f*, Eiterbläschen *n*; **2.** ♧, *zo.* Warze *f*.

put [put] **I.** *s.* **1.** Stoß *m*, Wurf *m*; **2.** †, *Börse*: Rückprämie *f*: ~ *and call* Stellagegeschäft; ~ *of more* Nochgeschäft ‚auf Geben'; **II.** *adj.* **3.** F an Ort u. Stelle, unbeweglich: *to stay* ~ **a)** sich nicht (vom Fleck) rühren, **b)** festbleiben (*a. fig.*); **III.** *v/t.* [*irr.*] **4.** legen, stellen, setzen, *wohin* tun; befestigen (*to* an *dat.*): *I shall* ~ *the matter before him* ich werde ihm die Sache vorlegen; ~ *the matter in(to) his hands* lege die Angelegenheit in s-e Hände; *I* ~ *him above his brother* ich stelle ihn über seinen Bruder; *to* ~ *s.th. in hand fig.* et. in die Hand nehmen, anfangen; *to* ~ *a tax on s.th.* et. besteuern; **5.** stecken (*in one's pocket* in die Tasche, *in prison* ins Gefängnis); **6.** *die Kuh zum Stier, j-n in e-e unangenehme Lage,* † *et. auf den Markt, in Ordnung, thea. ein Stück auf die Bühne etc.* bringen: *to* ~ *s.o. across a river* j-n über e-n Fluß übersetzen; *to* ~ *it across s.o.* F j-n ‚reinlegen'; *to* ~ *into shape* in (geeignete) Form bringen; *to* ~ *one's brain to it* sich darauf konzentrieren, die Sache in Angriff nehmen; *to* ~ *s.o. in mind of* j-n erinnern an (*acc.*); *to* ~ *s.th. on paper* et. zu Papier bringen; *to* ~ *s.o. right* j-n berichtigen; **7.** *ein Ende, in Kraft, in Umlauf, j-n auf Diät, in Besitz, in ein gutes od. schlechtes Licht, ins Unrecht, über ein Land, sich et. in den Kopf* setzen: *to* ~ *one's signature to* s-e Unterschrift darauf *od.* darunter setzen; ~ *yourself in my place* versetze dich in m-e Lage; **8.** ~ *o.s.* sich in *j-s Hände etc.* begeben: *to* ~ *o.s. under s.o.'s care* sich in j-s Obhut begeben; ~ *yourself in(to) my hands* vertraue dich mir ganz an; **9.** ~ *out of* aus ... hin'ausstellen *etc.*; werfen *od.* verdrängen aus; außer *Betrieb od. Gefecht etc.* setzen; → *action 2, 9, running 1*; **10.** unter'werfen, -'ziehen (*to e-r Probe etc., through e-m Verhör etc.*): *to* ~ *s.o. to inconvenience* j-m Ungelegenheiten machen; *to* ~ *s.o. through it* j-n auf Herz u. Nieren prüfen; → *confusion 3, death 1, expense 1, shame 1, sword 1, test 1*; **11.** *Land* bepflanzen (*into, under* mit): *land was* ~ *under potatoes*; **12.** (*to*) setzen (an *acc.*), (an)treiben *od.* zwingen (zu): *to* ~ *s.o. to work* j-n an die Arbeit setzen, j-n arbeiten lassen; *to* ~ *to school* zur Schule schicken; *to* ~ *to trade j-n* ein Handwerk lernen lassen; *to* ~ *s.o. to a joiner* j-n bei e-m Schreiner in die Lehre geben; *to* ~ *s.o. to it* j-m zusetzen, j-n bedrängen; *to be hard* ~ *to it* arg bedrängt werden; → *flight*[1], *pace*[1] *2*; **13.** veranlassen, verlocken (*on, to* zu); **14.** *in Furcht, Wut etc.* versetzen; → *countenance 2, ease 2, guard 9, mettle 2, temper 4*; **15.** über'setzen (*into French etc.* ins Französische *etc.*); **16.** (*un*)*klar etc.* ausdrücken, sagen, *klug etc.* formulieren, *in Worte* fassen: *the case was cleverly* ~; *to* ~ *it mildly* gelinde gesagt; *how shall I* ~ *it?* wie soll ich mich (*od.* es) ausdrücken; **17.** schätzen (*at* auf *acc.*); **18.** (*to*) verwenden (für), anwenden (zu): *to* ~ *s.th. to a good use* et. gut verwenden; **19.** *Frage, Antrag etc.* vorlegen, stellen; *den Fall* setzen: *I* ~ *it to you* **a)** ich appelliere an Sie, **b)** ich stelle es Ihnen anheim; *I* ~ *it to you that* geben Sie zu, daß; **20.** *Geld* setzen, wetten (*on* auf); **21.** (*into*) *Geld* stecken (in *acc.*), anlegen (in *dat.*), investieren (in *dat.*); **22.** *Schuld* zuschieben, geben (*on dat.*): *they* ~ *the blame on him*; **23.** *Uhr* stellen; **24.** *bsd. sport* werfen, schleudern; *Kugel, Stein* stoßen; **25.** *Waffe* stoßen, *Kugel* schießen (*in[to]* in *acc.*); **IV.** *v/i.* [*irr.*] **26.** sich begeben (*to land* an Land), fahren: *to* ~ *to sea* in See stechen; **27.** *Am.* münden, sich ergießen (*Fluß*) (*into* in *e-n See etc.*); **28.** ~ *upon mst pass.* **a)** *j-m* zusetzen, **b)** *j-n* ausnutzen, **c)** *j-n* ‚reinlegen';

Zssgn mit prp.:

→ *Beispiele unter put 4 — 28*;

Zssgn mit adv.:

put| a·bout I. *v/t.* **1.** ⚓ wenden; **2.** *Gerücht* verbreiten; **3. a)** beunruhigen, **b)** quälen, **c)** ärgern; **II.** *v/i.* **4.** ⚓ wenden; **~ a·cross** *v/t.* **1.** ⚓ 'übersetzen; **2.** *sl. et.* ‚schaukeln', erfolgreich 'durchführen: *to put it across* Erfolg haben, ‚es schaffen'; **~ a·side** *v/t.* **1.** → *put away 1 u. 3*; **2.** *fig.* bei'seite schieben; **~ a·way I.** *v/t.* **1.** weglegen, -stecken, -tun, beiseite legen; **2.** auf-, wegräumen; **3.** *Geld* zu'rücklegen, ‚auf die hohe Kante legen'; **4.** *Laster etc.* ablegen; **5.** F *Speisen* ‚verdrücken', *Getränke* ‚runterstellen'; **6.** F *j-n* ‚einsperren'; **7.** F *j-n* ‚beseitigen' (*umbringen*); **8.** *sl. et.* versetzen; **9.** *obs. od. bibl. Frau* verstoßen; **II.** *v/i.* **10.** ⚓ auslaufen (*for* nach); **~ back I.** *v/t.* **1.** zu'rückschieben, -stellen, -tun; **2.** *Uhr* zu'rückstellen, *Zeiger* zu'rückdrehen; **3.** *fig.* aufhalten, hemmen; → *clock*[1] *1*; **4.** *Schüler* zu'rückversetzen; **II.** *v/i.* **5.** ⚓ 'umkehren; **~ by** *v/t.* **1.** → *put away 1 u. 3*; **2.** *e-r Frage etc.* ausweichen; **3.** *fig.* bei'seite schieben, *j-n* über'gehen; **~ down** *v/t.* **1.** hin-, niederlegen, -stellen, -setzen; → *foot 1*; **2.** *j-n auf der Fahrt* absetzen, aussteigen lassen; **3.** *Weinkeller* anlegen; **4.** *Aufstand* niederwerfen, *a. Mißstand* unter'drücken; **5.** *j-n* demütigen, ducken; kurz abweisen; her'untersetzen; **6.** zum Schweigen bringen; **7. a)** *Preise* heruntersetzen, **b)** *Ausgaben* einschränken; **8.** (auf-, nieder)schreiben; **9.** (*to*) † **a)** *j-m* anschreiben, **b)** auf *j-s Rechnung* setzen: *to put s.th. down to s.o.'s account*; **10.** *j-n* eintragen *od.* vormerken (*for* für *e-e Spende etc.*): *to put o.s. down* sich eintragen; **11.** zuschreiben (*to dat.*); **12.** schätzen (*at, for* auf *acc.*); **13.** ansehen (*as, for* als); **~ forth** *v/t.* **1.** her'vor-, hin'auslegen, -stellen, -schieben; **2.** *Hand etc.* ausstrecken; **3.** *Kraft etc.* aufbieten; **4.** ♧ *Knospen etc.* treiben; **5.** veröffentlichen, *bsd. Buch* her'ausbringen; **6.** behaupten; **~ for·ward** *v/t.* **1.** vorschieben; *Uhr* vorstellen, *Zeiger* vorrücken; **2.** in den Vordergrund schieben: *to put o.s. forward* **a)** sich hervortun, **b)** sich vordrängen; **3.** *fig.* vor'anbringen, weiterhelfen (*dat.*); **4.** *Meinung etc.* vorbringen, *et.* vorlegen, unter'breiten; *Theorie* aufstellen; **~ in I.** *v/t.* **1.** her'ein-, hin'einlegen *etc.*; **2.** einschieben, -schalten: *to* ~ *a word* **a)** e-e Bemerkung einwerfen *od.* anbringen, **b)** ein Wort mitsprechen, **c)** ein Wort einlegen (*for* für); *to* ~ *an extra hour's work* e-e Stunde mehr arbeiten; **3.** *Schlag etc.* anbringen; **4.** *Gesuch etc.* einreichen, *Dokument* vorlegen; *Anspruch* stellen *od.* erheben (*to, for* auf *acc.*); **5.** *j-n* anstellen, *in ein Amt* einsetzen; **6.** *Annonce* einrücken; **7.** F *Zeit* verbringen; **II.** *v/i.* **8.** ⚓ einlaufen; **9.** einkehren (*at* in *e-m Gasthaus etc.*); **10.** sich bewerben (*for* um): *to* ~ *for s.th.* et. fordern *od.* verlangen; **~ off I.** *v/t.* **1.** weg-, bei'seite legen, -stellen; **2.** *Kleider, bsd. fig. Zweifel etc.* ablegen; **3.** auf-, verschieben; **4.** *j-n* vertrösten, abspeisen (*with* mit *Worten etc.*); **5.** *j-m* absagen; **6.** sich drücken vor (*dat.*); **7.** *j-n* abbringen, *j-m* abraten (*from* von); **8.** hindern (*from* an *dat.*); **9.** *to put s.th. off (up)on s.o.* j-m et. ‚andrehen'; **10.** F *j-n* aus der Fassung *od.* aus dem

Kon'zept bringen; **11.** F *j-n* abstoßen; **II.** *v/i.* **12.** ⚓ auslaufen; ~ **on** *v/t.* **1.** *Kleider* anziehen; *Hut, Brille* aufsetzen; *Rouge* auflegen; **2.** *Fett* ansetzen; → *weight 1*; **3.** *Charakter, Gestalt* annehmen; **4.** vortäuschen, -spiegeln, (er)heucheln: → *air¹ 7, dog Redew.*; *to put it on* F **a)** angeben, **b)** übertreiben, **c)** ‚schwer draufschlagen' (*auf den Preis*), **d)** heucheln; *to put it on thick* F dick auftragen; *is all* ~ *s-e Bescheidenheit* ist nur Mache; **5.** *Summe* aufschlagen (*on* auf *den Preis*); **6.** *Uhr* vorstellen, *Zeiger* vorrücken; **7.** an-, einschalten, *Gas etc.* aufdrehen, *Dampf* anlassen, *Tempo* beschleunigen; **8.** *Kraft, a. Arbeitskräfte, Sonderzug etc.* einsetzen; **9.** *Schraube, Bremse* anziehen; **10.** *thea. Stück* ansetzen, her'ausbringen; **11.** *to put s.o. on to* j-m e-n Tip geben für, j-n auf e-e Idee bringen; **12.** *sport Tor etc.* erzielen; ~ **out I.** *v/t.* **1.** hin'auslegen, -stellen *etc.*; **2.** *Hand, Fühler* ausstrecken; *Zunge* her'ausstrecken; *Ankündigung etc.* aushängen; **3.** *sport* zum Ausscheiden zwingen, ‚aus dem Rennen werfen'; **4.** *Glied* aus-, verrenken; **5.** *Feuer, Licht* (aus)löschen; **6. a)** verwirren, außer Fassung bringen, **b)** verstimmen, ärgern: *to be* ~ *about s.th.*, **c)** *j-m* Ungelegenheiten bereiten, *j-n* stören; **7.** *Kraft etc.* aufbieten; **8.** *Geld* ausleihen (*at interest* auf Zinsen), investieren; **9.** *Boot* aussetzen; **10.** *Augen* ausstechen; **11.** *Arbeit, a. Kind, Tier* außer Haus geben; ✝ in Auftrag geben: *to* ~ *to service* in Dienst geben *od.* schicken; → *grass 3 b, nurse 4*; **12.** *Knospen etc.* treiben; **II.** *v/i.* **13.** ⚓ auslaufen: *to* ~ (*to sea*) in See gehen; ~ **o·ver I.** *v/t.* **1.** *sl.* → *put across 2*; **2.** *e-m Film etc.* Erfolg sichern, popu'lär machen (*acc.*): *to put o.s. over* sich durchsetzen, Anklang finden; *to put it over* das Publikum gewinnen; **3.** *to put it over on j-n* ‚reinlegen'; **II.** *v/i.* **4.** ⚓ hin'überfahren; ~ **through** *v/t.* **1.** 'durch-, ausführen; **2.** *teleph. j-n* verbinden (*to* mit); ~ **to** *v/t. Pferd* anspannen, *Lokomotive* vorspannen; ~ **to·geth·er** *v/t.* **1.** zs.-setzen, (*a. Schriftwerk*) zs.-stellen; **2.** zs.-zählen: → *two 2*; **3.** zs.-stecken; → *head Redew.*; ~ **up I.** *v/t.* **1.** hin'auflegen, -stellen; **2.** hochschieben, -ziehen; → *back¹ 8, shutter 1*; **3.** *Hände* **a)** heben, **b)** *zum Kampf* hochnehmen; **4.** *Bild etc.* aufhängen; *Plakat* anschlagen; **5.** *Haar* aufstecken; → *hair 2*; **6.** *Schirm* aufspannen; **7.** *Zelt etc.* aufstellen, *Gebäude* errichten; **8.** F *et.* aushecken; *et.* ‚drehen', fingieren; **9.** *Gebet* em'porsenden; **10.** *Gast* (bei sich) aufnehmen, 'unterbringen; **11.** weglegen; **12.** aufbewahren; **13.** ein-, ver-, wegpacken; zs.-legen; **14.** *Schwert* einstecken; **15.** konservieren, einkochen, -machen; **16.** *Spiel etc.* zeigen; *e-n Kampf* liefern; *Widerstand* leisten; **17.** (als Kandi'daten) aufstellen; **18.** *Auktion*: an-, ausbieten: *to* ~ *for sale* meistbietend verkaufen; **19.** *Preis etc.* hin'aufsetzen, erhöhen; **20.** *Wild* aufjagen; **21.** *Eheaufgebot* verkünden; **22.** bezahlen; **23.** (ein)setzen (*Wette etc.*), *Geld* bereitstellen, *od.* hinter'legen; **24.** ~ *to* **a)** *j-n* anstiften zu, **b)** *j-n* informieren über (*acc.*), *a. j-m* e-n Tip geben für; **II.** *v/i.* **25.** absteigen, einkehren (*at* in); **26.** (*for*) sich aufstellen lassen, kandidieren (für), sich bewerben (um); **27.** ~ *with* sich abfinden mit, sich gefallen lassen, hinnehmen.

pu·ta·tive ['pju:tətiv] *adj.* □ **1.** vermeintlich; **2.** mutmaßlich **3.** ⚖ puta'tiv.

put·lock ['pʌtlɔk], *a.* '**put·log** [-lɔg] *s.* Rüstbalken *m.*

'**put-off** *s.* **1.** Ausflucht *f*; **2.** Verschiebung *f.*

put-put ['pʌtpʌt] *s.* Tuckern *n* (*e-s Motors etc.*).

pu·tre·fa·cient [pju:tri'feiʃənt] → *putrefactive*; **pu·tre'fac·tion** [-'fækʃən] *s.* **1.** Fäulnis *f*, Verwesung *f*; **2.** Faulen *n*; **pu·tre'fac·tive** [-'fæktiv] **I.** *adj.* **1.** faulig, Fäulnis...: ~ *bacterium* Fäulnisbakterium; **2.** fäulniserregend; **II.** *s.* **3.** Fäulniserreger *m*; **pu·tre·fy** ['pju:trifai] **I.** *v/i.* (ver)faulen, in Fäulnis 'übergehen, verwesen; **II.** *v/t.* verfaulen lassen.

pu·tres·cence [pju:'tresns] *s.* (Ver-) Faulen *n*, Fäulnis *f*; **pu'tres·cent** [-nt] *adj.* **1.** (ver)faulend, verwesend; **2.** faulig, Fäulnis...

pu·trid ['pju:trid] *adj.* □ **1.** verfault, verwest, faul; faulig (*Geruch*), stinkend; **2.** *fig.* verderbt, kor'rupt; **3.** *fig.* verderblich; **4.** *fig.* scheußlich, ekelhaft; **5.** *sl.* mise'rabel, ‚saumäßig'; **pu·trid·i·ty** [pju:'triditi] *s.* **1.** Fäulnis *f*; **2.** *fig.* Verderbtheit *f.*

putt [pʌt] *Golf*: **I.** *v/t. u. v/i.* putten, leicht schlagen; **II.** *s.* Putten *n*, leichter Schlag (*zum Einlochen*).

put·tee ['pʌti] *s.* 'Wickelga,masche *f.*

putt·er ['pʌtə] *s. Golf*: Putter *m*, Einlochschläger *m.*

'**putt·ing-green** ['pʌtiŋ] *s.* Grün *n* (*Teil des Golfplatzes*).

put·ty ['pʌti] **I.** *s.* **1.** ⊕ Kitt *m*, Spachtel *m*: (*glaziers'*) ~ Glaserkitt; (*plasterers'*) ~ Kalkkitt; (*jewellers'*) ~ Zinnasche; **2.** *fig.* Wachs *n*: *he is* ~ *in her hand*; **II.** *v/t.* **3.** *a.* ~ *up* (ver)kitten; '~**-knife** *s.* [*irr.*] Spachtelmesser *n.*

put-up ['put'ʌp] *adj.* F abgekartet: *a* ~ *job* e-e ‚Schiebung'.

puz·zle ['pʌzl] **I.** *s.* **1.** Rätsel *n*; **2.** Puzzle-, Geduldspiel *n*; **3.** schwierige Sache, Prob'lem *n*; **4.** Verwirrung *f*, Verlegenheit *f*; **II.** *v/t.* **5.** verwirren, vor ein Rätsel stellen, verdutzen; **6.** *et.* komplizieren, durchein'anderbringen; **7.** *j-m* Kopfzerbrechen machen, zu schaffen machen: *to* ~ *one's brains* (*od. head*) sich den Kopf zerbrechen (*over* über *acc.*); **8.** ~ *out* austüfteln, -knobeln, her'ausbekommen; **III.** *v/i.* **9.** verwirrt sein (*over, about* über *acc.*); **10.** sich den Kopf zerbrechen (*over* über *acc.*); '~**-head·ed** *adj.* wirrköpfig, kon'fus; ~ **lock** *s.* Vexier-, Buchstabenschloß *n.*

puz·zle·ment ['pʌzlmənt] *s.* Verwirrung *f*; '**puz·zler** [-lə] *s.* Rätsel *n*; schwierige Frage, Pro'blem *n*; '**puz·zling** [-liŋ] *adj.* □ **1.** rätselhaft; **2.** verwirrend.

py·e·li·tis [paiə'laitis] *s.* ⚕ Nierenbeckenentzündung *f.*

pyg·m(a)e·an [pig'mi:ən] → *pygmy II.*

pyg·my ['pigmi] **I.** *s.* **1.** ♀ Pyg'mäe *m*, Pyg'mäin *f* (*Zwergmensch*); **2.** *fig.* Zwerg *m*; **II.** *adj.* **3.** Pygmäen...; **4.** winzig, Zwerg...; **5.** unbedeutend.

py·ja·mas [pə'dʒɑ:məz] *s. pl.* Schlafanzug *m*, Py'jama *m.*

py·lon ['pailən] *s.* **1.** ⚡ (freitragender) Mast (*für Hochspannungsleitungen etc.*); **2.** ✈ Orientierungsturm *m*, *bsd.* Wendeturm *m.*

py·lo·rus [pai'lɔ:rəs] *pl.* **-ri** [-rai] *s. anat.* Pförtner *m.*

py·or·rh(o)e·a [paiə'riə] *s.* ⚕ Eiterfluß *m*, *bsd.* Paraden'tose *f.*

pyr·a·mid ['pirəmid] *s.* Pyra'mide *f* (*a.* ⚗); **py·ram·i·dal** [pi'ræmidl] *adj.* □ **1.** Pyramiden...; **2.** pyrami'dal (*a. fig. gewaltig*), pyra'midenartig, -förmig.

pyre ['paiə] *s.* Scheiterhaufen *m.*

py·ret·ic [pai'retik] *adj.* ⚕ fieberhaft, Fieber...; **py'rex·i·a** [-eksiə] *s.* ⚕ Fieberzustand *m.*

py·rite ['pairait] *s. min.* Py'rit *m*, Schwefel-, Eisenkies *m*; **py·ri·tes** [pai'raiti:z] *s. min.* Py'ri: *m*: *copper* ~ Kupferkies; *iron* ~ → *pyrite.*

py·ro ['paiərou] F → *pyrogallol.*

pyro- [pairou] *in Zssgn* Feuer..., Brand..., Wärme..., Glut...; **py·ro·gal·lic ac·id** [pairou'gælik], **py·ro'gal·lol** ['gæloul] *s.* ⚗ Pyro'gallussäure *f*; '**py·ro·gen** [-ridʒən] *s.* ⚕ fiebererregender Stoff; **py·rog·e·nous** [pai'rɔdʒinəs] *adj.* **1. a)** wärmeerzeugend, **b)** durch Wärme erzeugt; **2.** ⚕ **a)** fiebererregend, **b)** durch Fieber verursacht; **3.** *geol.* pyro'gen; **py·rog·ra·phy** [pai'rɔgrəfi] *s.* Brandmale'rei *f*; **py·ro·ma·ni·a** [pairou'meinjə] *s.* Pyroma'nie *f*, Brandstiftungstrieb *m*; **py·ro·ma·ni·ac** [pairou'meinjæk] *s.* Pyro'mane *m*, Pyro'manin *f.*

py·rom·e·ter [pai'rɔmitə] *s. phys.* Pyro'meter *n*, Hitzemesser *m.*

py·ro·tech·nic *adj.*; **py·ro·tech·ni·cal** [pairou'teknik(əl)] *adj.* □ **1.** pyro'technisch; **2.** Feuerwerks..., feuerwerkartig; **3.** *fig.* bril'lant; **py·ro'tech·nics** [-ks] *s. pl.* **1.** Pyro'technik *f*, ‚Feuerwerke'rei *f*; **2.** *fig.* Feuerwerk *n von Witz etc.*; **py·ro'tech·nist** [-ist] *s.* Pyro'techniker *m.*

py·rox·y·lin [pai'rɔksilin] *s.* ⚗ Kol'lodiumwolle *f*: ~ *lacquer* Nitrozelluloselack.

Pyr·rhic vic·to·ry ['pirik] *s.* Pyrrhussieg *m.*

Py·thag·o·re·an [paiθægə'ri(:)ən] **I.** *adj.* pythago'reisch; **II.** *s. phls.* Pythago'reer *m.*

py·thon ['paiθən] *s. zo.* **1.** Pythonschlange *f*; **2.** *allg.* Riesenschlange *f.*

pyx [piks] **I.** *s.* **1.** *R.C.* 'Pyxis *f*, Mon'stranz *f*; **2.** *Brit.* Büchse *f* mit Probemünzen; **II.** *v/t.* **3.** *Münze* **a)** in der *Pyx* hinter'legen, **b)** auf Gewicht u. Feinheit prüfen.

Q

Q, q [kju:] *s.* Q *n*, q *n* (*Buchstabe*).

'**Q-boat** *s.* ⚓ U-Bootfalle *f.*

qua [kwei] (*Lat.*) *adv.* (*in der Eigenschaft*) als.

quack[1] [kwæk] **I.** *v/i.* **1.** quaken; **2.** *fig.* schnattern, schwatzen; **II.** *s.* **3.** Quaken *n* (*Ente*); **4.** *fig.* Geplapper *n.*

quack[2] [kwæk] **I.** *s.* **1.** *a.* ~ *doctor* Quacksalber *m*, Kurpfuscher *m*; **2.** Scharlatan *m*; Marktschreier *m*; **II.** *adj.* **3.** quacksalberisch, Quacksalber...; **4.** marktschreierisch; **5.** Schwindel...; **III.** *v/i.* **6.** quacksalbern; **7.** marktschreierisch auftreten; **IV.** *v/t.* **8.** quacksalbern *od.* her'umpfuschen an (*dat.*); '**quack·er·y** [-kəri] *s.* **1.** Quacksalbe'rei *f*, Kurpfusche'rei *f*; **2.** Scharlatane'rie *f*, Schwindel *m.*

quad[1] [kwɔd] F → *quadrangle, quadrat, quadruped, quadruplet.*

quad[2] [kwɔd] **I.** *s.* ⚡ Viererkabel *n*; **II.** *v/t.* zum Vierer verseilen: ~*ded cable* → *I.*

quad·ra·ble ['kwɔdrəbl] *adj.* ⩕ quadrierbar.

quad·ra·ge·nar·i·an [kwɔdrədʒi'nɛəriən] **I.** *adj.* vierzigjährig **II.** *s.* Vierziger(in), Vierzigjährige(r *m*) *f.*

quad·ran·gle ['kwɔdræŋgl] *s.* **1.** ⩕ *u. weitS.* Viereck *n*; **2. a)** (*bsd.* Schul)Hof *m*, **b)** viereckiger Ge'bäudekomˌplex; **quad·ran·gu·lar** [kwɔ'dræŋgjulə] *adj.* □ ⩕ viereckig, -seitig.

quad·rant ['kwɔdrənt] *s.* **1.** ⩕ Qua'drant *m*, Viertelkreis *m*, ('Kreis-)Segˌment *n*; **2.** ⚓, *ast.* Quadrant *m* (*Instrument*).

quad·rat ['kwɔdrət] *s. typ.* Qua'drat *n*, (großer) Ausschluß: *em* ~ Geviert; *en* ~ Halbgeviert.

quad·rate ['kwɔdrit] **I.** *adj.* (annähernd) qua'dratisch, *bsd. anat.* Quadrat...; **II.** *v/t.* [kwɔ'dreit] (*with, to*) in Über'einstimmung bringen (mit); **III.** *v/i.* über'einstimmen (*with* mit); **quad·rat·ic** [kwə'drætik] **I.** *adj.* quadratisch (*Form*, ⩕ *Gleichung*): ~ *curve* Kurve zweiter Ordnung; **II.** *s.* ⩕ quadratische Gleichung; **quad·ra·ture** ['kwɔdrətʃə] *s.* **1.** ⩕, *ast.* Quadra'tur *f* (*of the circle* des Kreises); **2.** ⚡ (Phasen)Verschiebung *f* um 90 Grad.

quad·ren·ni·al [kwɔ'dreniəl] *adj.* □ **1.** vierjährig, vier Jahre dauernd; **2.** vierjährlich, alle vier Jahre stattfindend.

quad·ri·lat·er·al [kwɔdri'lætərəl] **I.** *adj.* vierseitig; **II.** *s.* Vierseit *n*, -eck *n.*

qua·drille [kwə'dril] *s.* Qua'drille *f* (*Tanz*).

quad·ril·lion [kwɔ'driljən] *s.* ⩕ **1.** *Brit.* Quadrilli'on *f*; **2.** *Am.* Billi'arde *f.*

quad·ri·par·tite [kwɔdri'pɑ:tait] *adj.* **1.** vierteilig (*a.* ⚘); **2.** Vierer..., zwischen vier Partnern abgeschlossen *etc.*: ~ *pact* Viererpakt.

quad·ri·phon·ic [kwɔdri'fɔnik] *adj.* → *quadrophonic.*

quad·ro ['kwɔdrou] *adj. u. adv.* *Radio*: quadro.

quadro- [kwɔdrou] *in Zssgn* quadro...

quad·ro'phon·ic [-'fɔnik] *adj. Radio*: quadro'phonisch.

quad·ru·ped ['kwɔdruped] **I.** *s.* Vierfüßer *m*; **II.** *adj. a.* **quad·ru·pe·dal** [kwɔdrə'pi:dl] vierfüßig; '**quad·ru·ple** [-pl] **I.** *adj.* **1.** *a.* ~ *to* (*od. of*) vierfach, -fältig; viermal so groß wie; **2.** Vierer...: ~ *machine-gun* ⚔ Vierlings-MG; ~ *measure* ♪ Viervierteltakt; ~ *thread* ⊕ viergängiges Gewinde; **II.** *adv.* **3.** vierfach; **III.** *s.* **4.** *das* Vierfache; **IV.** *v/t.* **5.** vervierfachen; **6.** viermal so groß *od.* so viel sein wie; **V.** *v/i.* **7.** sich vervierfachen; '**quad·ru·plet** [-plit] *s.* **1.** Vierling *m* (*Kind*); **2.** Gruppe *f* von Vieren; '**quad·ru·plex** [-pleks] **I.** *adj.* **1.** vierfach, -fältig; **2.** ⚡ Quadruplex..., Vierfach...: ~ *system* Vierfachbetrieb, Doppelgegensprechen; **II.** *s.* **3.** 'Quadruplextele,graph *m*; **quad·ru·pli·cate I.** *v/t.* [kwɔ'dru:plikeit] **1.** vervierfachen; **2.** *Dokument* vierfach ausfertigen; **II.** *adj.* [kwɔ'dru:plikit] **3.** vierfach; **III.** *s.* [-kit] **4.** vierfache Ausfertigung.

quaff [kwɑ:f] **I.** *v/i.* zechen, pokulieren; **II.** *v/t.* schlürfen, in langen Zügen austrinken: *to* ~ *off Getränk* hinunterstürzen.

quag [kwæg] → *quagmire*; '**quag·gy** [-gi] *adj.* **1.** sumpfig, mo'rastig; **2.** schwammig, weich; '**quag·mire** [-maiə] *s.* Mo'rast *m*, Moor(boden *m*) *n*, Sumpf(land *n*) *m*: *to be caught in a* ~ *fig.* in e-e Patsche geraten.

quail[1] [kweil] *pl.* **quails,** *coll.* **quail** *s. orn.* Wachtel *f.*

quail[2] [kweil] *v/i.* **1.** verzagen, den Mut verlieren, (zu'rück)beben (*before, to* vor *dat.*); **2.** sinken (*Mut*); erzittern (*Herz*).

quaint [kweint] *adj.* □ **1.** wunderlich, drollig, kuri'os; **2.** malerisch, anheimelnd (*altmodisch*); **3.** seltsam, merkwürdig; '**quaint·ness** [-nis] *s.* **1.** Wunderlichkeit *f*; Seltsamkeit *f*; **2.** anheimelndes, *bsd.* altmodisches Aussehen.

quake [kweik] **I.** *v/i.* zittern, beben (*with, for* vor *dat.*); **II.** *s.* Zittern *n*, (*a.* Erd)Beben *n*, Erschütterung *f.*

Quak·er ['kweikə] *s.* **1.** *eccl.* Quäker *m*: ~*(s')-meeting fig.* schweigsame Versammlung; **2.** *a.* ~ *gun* ⚔ *Am.* Ge'schützatˌtrappe *f*; **3.** ♀, *a.* ♀*-bird orn.* schwarzer Albatros; '**Quak·er·ess** [-əris] *s.* Quäkerin *f*; '**Quak·er·ism** [-ərizəm] *s.* Quäkertum *n.*

'**quak·ing-grass** ['kweikiŋ] *s.* ⚘ Zittergras *n.*

qual·i·fi·ca·tion [kwɔlifi'keiʃən] *s.* **1.** Qualifikati'on *f*, Befähigung *f*, Eignung *f* (*for* für, zu): ~ *test* Eignungsprüfung; *to have the necessary* ~*s* den Anforderungen entsprechen; **2.** Vorbedingung *f*, (notwendige) Vor'aussetzung (*of, for* für); **3.** Eignungszeugnis *n*; **4.** Einschränkung *f*, Modifikati'on *f*: *without any* ~ ohne jede Einschränkung; **5.** *ling.* nähere Bestimmung; **6.** ✝ 'Mindestˌaktienkapiˌtal *n* (*e-s Aufsichtsratsmitglieds*);

qual·i·fied ['kwɔlifaid] *adj.* **1.** qualifiziert, geeignet, befähigt (*for* für); **2.** berechtigt: ~ *for a post* anstellungsberechtigt; ~ *voter* Wahlberechtigte(r); **3.** eingeschränkt, bedingt, modifiziert: ~ *acceptance* ✝ bedingte Annahme (*e-s Wechsels*); ~ *sale* ✝ Konditionskauf; *in a* ~ *sense* mit Einschränkungen; **qual·i·fy** ['kwɔlifai] **I.** *v/t.* **1.** qualifizieren, befähigen, geeignet machen (*for* für, *for being, to be* zu sein); **2.** berechtigen (*for* zu); **3.** bezeichnen, charakterisieren (*as* als); **4.** einschränken, modifizieren; **5.** abschwächen, mildern; **6.** *Getränke* verdünnen; **7.** *ling.* modifizieren, näher bestimmen; **II.** *v/i.* **8.** sich qualifizieren *od.* eignen, die Eignung besitzen *od.* nachweisen, in Frage kommen (*for* für, *as* als): ~*ing examination* Eignungsprüfung; ~*ing period* Anwartschafts-, Probezeit; **9.** *sport* sich qualifizieren (*for* für): ~*ing round* Ausscheidungsrunde; **10.** die nötigen Fähigkeiten erwerben; **11.** die (ju'ristischen) Vorbedingungen erfüllen, *bsd. Am.* den Eid ablegen; **qual·i·ta·tive** ['kwɔlitətiv] *adj.* □ qualita'tiv (*a.* ⚗ *Analyse, a.* ⩕ *Verteilung*); **qual·i·ty** ['kwɔliti] *s.* **1.** Eigenschaft *f* (*Person u. Sache*): (*good*) ~ gute Eigenschaft; *in the* ~ *of* (in der Eigenschaft) als; **2.** Art *f*, Na'tur *f*, Beschaffenheit *f*; **3.** Fähigkeit *f*, Ta'lent *n*; **4.** *bsd.* ✝, ⊕ Quali'tät *f*: *in* ~ qualitativ; **5.** ✝ (Güte)Sorte *f*, Klasse *f*; **6.** gute Qualität, Güte *f*: ~ *goods* Qualitätswaren; ~ *of life* Lebensqualität; **7. a)** ♪ 'Tonquali,tät *f*, -farbe *f*, **b)** *ling*. Klangfarbe *f*; **8.** *phls*. Qualität *f*; **9.** vornehmer Stand: *person of* ~ Standesperson; *the people of* ~ die vornehme Welt.

qualm [kwɔ:m] *s*. **1.** Übelkeitsgefühl *n*, Schwäche(anfall *m*) *f*; **2.** Bedenken *n*, Zweifel *m*; Skrupel *m*; **'qualm·ish** [-miʃ] *adj*. □ **1.** (sich) übel (fühlend), unwohl; **2.** Übelkeits...: ~ *feelings*.

quan·da·ry ['kwɔndəri] *s*. Verlegenheit *f*, verzwickte Lage: *to be in a* ~ sich in e-m Dilemma befinden; nicht wissen, was man tun soll.

quan·ta ['kwɔntə] *pl. von quantum*.

quan·ti·ta·tive ['kwɔntitətiv] *adj*. □ quantita'tiv (*a. ling.*), Mengen...: ~ *analysis* ⚗ Maßanalyse, Mengenbestimmung; ~ *ratio* Mengenverhältnis; **quan·ti·ty** ['kwɔntiti] *s*. **1.** Quanti'tät *f*, (bestimmte *od*. große) Menge, Quantum *n*: ~ *of heat phys*. Wärmemenge; *a* ~ *of cigars* e-e Anzahl Zigarren; *in (large) quantities* in großen Mengen; ~ *discount* ✝ Mengenrabatt; ~ *production* Massenerzeugung, Serienfertigung; ~ *purchase* Großeinkauf; ~ *surveyor Brit*. Bausachverständige(r); **2.** ⅌ Größe *f*: *negligible* ~ **a)** unwesentliche Größe, **b)** *fig*. völlig unbedeutende Person *etc*.; *numerical* ~ Zahlengröße; *(un)known* ~ (un)bekannte Größe (*a. fig.*); **3.** *ling*. Quanti'tät *f*, Lautdauer *f*; (Silben)Zeitmaß *n*.

quan·ti·za·tion [kwɔnti'zeiʃən] *s*. *phys*. Quantelung *f*.

quan·tum ['kwɔntəm] *pl*. **-ta** [-tə] *s*. **1.** Quantum *n*, Menge *f*; **2.** (An-) Teil *m*; **3.** *phys*. (Ener'gie)Quantum *n*, Quant *n*: ~ *of radiation* Lichtquant; ~ **me·chan·ics** *s. pl. phys*. 'Quantenme,chanik *f*; ~ **or·bit,** ~ **path** *s. phys*. Quantenbahn *f*.

quar·an·tine ['kwɔrənti:n] **I.** *s*. ⚕ **1.** Quaran'täne *f*: *absolute* ~ Isolierung; ~ *flag* ⚓ Quarantäneflagge; *to put under* ~ → 2; **II.** *v/t*. **2.** unter Quaran'täne stellen; **3.** *fig. pol.*, ✝ *Land* völlig isolieren.

quar·rel ['kwɔrəl] **I.** *s*. **1.** Streit *m*, Zank *m*, Hader *m* (*with* mit, *between* zwischen): *to have no* ~ *with (od. against)* keinen Grund zum Streit haben mit, nichts auszusetzen haben an (*dat.*); → *pick 8*; **II.** *v/i*. **2.** (sich) streiten, (sich) zanken (*with* mit, *for* wegen, *about* über *acc.*); **3.** sich entzweien; **4.** hadern (*with one's lot* mit s-m Schicksal); **5.** et. auszusetzen haben (*with* an *dat.*); → *bread 2*; **'quar·rel·(l)er** [-rələ] *s*. Zänker(in), Streitsüchtige(r *m*) *f*, ‚Stänker(in)'; **'quar·rel·some** [-səm] *adj*. □ zänkisch, streitsüchtig; **'quar·rel·some·ness** [-səmnis] *s*. Zank-, Streitsucht *f*.

quar·ri·er ['kwɔriə] *s*. Steinbrecher *m*, -hauer *m*.

quar·ry[1] ['kwɔri] *s*. **1.** *hunt*. (verfolgtes) Wild, Jagdbeute *f*; **2.** *fig*. Opfer *n*, Beute *f*.

quar·ry[2] ['kwɔri] **I.** *s*. **1.** Steinbruch *m*; **2.** *fig*. Fundgrube *f*, Quelle *f*; **II.** *v/t*. **3.** *Steine* brechen, abbauen; **4.** *fig*. zs.-tragen, (mühsam) erarbeiten, ausgraben; stöbern (*for* nach); **'~·man** [-mən] *s*. [*irr.*] → *quarrier*; **'~·stone** *s*. Bruchstein *m*.

quart[1] [kwɔ:t] *s*. **1.** Quart *n* (*Maß* = *Brit. 1,14 l, Am. 0,95 l*); **2.** *a*. ~**-pot** Quartkrug *m*.

quart[2] [kɑ:t] *s*. **1.** *fenc*. Quart *f*; **2.** *Kartenspiel*: Quart *f* (*Sequenz*).

quar·tan ['kwɔ:tn] ⚕ **I.** *adj*. viertägig: ~ *fever* → *II*; **II.** *s*. Quar'tan-, Vier'tagefieber *n*.

quar·ter ['kwɔ:tə] **I.** *s*. **1.** Viertel *n*, vierter Teil: ~ *of a century* Vierteljahrhundert; *for a* ~ *the price* zum viertel Preis; *not a* ~ *as good* nicht annähernd so gut; **2.** *a*. ~ *of an hour* Viertel(stunde *f*) *n*: *a* ~ *to six* (ein) Viertel vor sechs, drei Viertel sechs; **3.** *a*. ~ *of a year* Vierteljahr *n*, Quar'tal *n*; **4.** Viertel(pfund *n*, -zentner *m*) *n*; **5.** (*bsd*. Hinter)Viertel *n e-s Schlachttieres*; Kruppe *f e-s Pferdes*; **6.** *sport* **a)** (Spiel)Viertel *n*, **b)** Viertelmeile(nlauf *m a*. ~*-mile race*) *f*, **c)** *Am*. Abwehrspieler *m*; **7.** *Am*. Vierteldollar *m*, 25 Cent; **8.** Quarter *n*: **a)** *Handelsgewicht* (*12,6 kg*), **b)** *Hohlmaß* (*2,908 hl*); **9.** Himmelsrichtung *f*; **10.** Gegend *f*, Teil *m e-s Landes etc.*: *at close* ~*s* nahe aufeinander; *to come to close* ~*s* handgemein werden; *from all* ~*s* von überall(her); *in this* ~ hierzulande, in dieser Gegend; **11.** (Stadt)Viertel *n*: *poor* ~ Armenviertel; *residential* ~ Wohnbezirk; **12.** *mst pl*. Quar'tier *n*, 'Unterkunft *f*, Wohnung *f*: *to have free* ~*s* freie Wohnung haben; **13.** *mst pl*. ⚔ Quartier *n*, ('Truppen),Unterkunft *f*: *to be confined to* ~*s* Stubenarrest haben; **14.** Stelle *f*, Seite *f*, Quelle *f*: *higher* ~*s* höhere Stellen; *in the proper* ~ bei der zuständigen Stelle; *from official* ~*s* von amtlicher Seite; *from a good* ~ aus guter Quelle; → *informed 1*; **15.** *bsd*. ⚔ Par'don *m*, Schonung *f*: *to find no* ~ keine Schonung finden; *to give no* ~ keinen Pardon geben; *to give fair* ~ *fig*. Nachsicht üben; **16.** ⚓ Achterschiff *n*: *on the port* ~ an Backbord achtern; **17.** ⚓ Posten *m*; **18.** *her*. Quar'tier *n*, (Wappen)Feld *n*; **19.** ⊕, ⚠ Stollenholz *n*; **II.** *v/t*. **20.** *et*. vierteln; *weitS*. aufteilen, zerstückeln; **21.** *j-n* vierteilen; **22.** *her*. *Wappenschild* vieren; **23.** *j-n* beherbergen; ⚔ einquartieren, *Truppen* 'unterbringen ([*up*]*on* bei): ~*ed in barracks* kaserniert; *to be* ~*ed at (od. in)* in Garnison liegen in (*dat.*); *to be* ~*ed (up)on* bei *j-m* in Quartier liegen; *to* ~ *o.s. upon s.o. fig*. sich bei j-m einquartieren; **24.** *Gegend* durch'stöbern (*Jagdhunde*); **'quar·ter·age** [-əridʒ] *s*. Quar'talsgehalt *n*, Vierteljahreszahlung *f*.

'quar·ter|·back *s*. *sport Am*. Abwehrspieler *m*; ~ **bind·ing** *s*. *Buchbinderei*: Halbfranz(band *m*) *n*; ~ **cir·cle** *s*. **1.** ⅌ Viertelkreis *m*; **2.** ⊕ Abrundung *f*; **'~-day** *s*. Quar'talstag *m für fällige Zahlungen* (*in England: 25. 3., 24. 6., 29. 9., 25. 12.; in U.S.A.: 1. 1., 1. 4., 1. 7., 1. 10.*); **'~-deck** *s*. ⚓ **1.** Achterdeck *n*; **2.** *coll*. Offi'ziere *pl*.; **'~'fi·nal** *s*. *sport* (Spiel *n* im) 'Viertelfi,nale *n*; **'~-'fi·nal·ist** *s*. *sport* Teilnehmer(in) am Viertelfinale.

quar·ter·ly ['kwɔ:təli] **I.** *adj*. **1.** Viertel...; **2.** vierteljährlich, Quartals...; **II.** *adv*. **3.** in *od*. nach Vierteln; **4.** vierteljährlich, quar'talsweise; **III.** *s*. **5.** Vierteljahresschrift *f*.

'quar·ter·mas·ter *s*. **1.** ⚔ Quar'tiermeister *m*; **2.** ⚓ **a)** Steuerer *m* (*Handelsmarine*), **b)** Steuermannsmaat *m* (*Kriegsmarine*); **'♀-'Gen·er·al** *s*. ⚔ Gene'ralquar,tiermeister *m*.

quar·tern ['kwɔ:tən] *s*. *bsd. Brit*. **1.** Viertel *n* (*bsd. e-s Maßes od. Gewichtes*): **a)** Viertelpinte *f*, **b)** Viertel *n* e-s engl. Pfunds; **2.** *a*. ~**-loaf** Vier'pfundbrot *n*.

quar·ter| ses·sions *s. pl*. ⚖ **1.** *Brit. obs*. Krimi'nalgericht *n* (*mit vierteljährlichen Sitzungen, a. Berufungsinstanz für Zivilsachen; bis 1971*); **2.** *Am*. (*in einigen Staaten*) *ein ähnliches* Gericht für Strafsachen; **'~·tone** *s*. ♪ **1.** 'Vierteltoninter,vall *n*; **2.** Viertelton *m*; **'~-wind** *s*. ⚓ Backstagswind *m*.

quar·tet(te) [kwɔ:'tet] *s*. **1.** ♪ Quar'tett *n* (*a. humor. 4 Personen*); **2.** Vierergruppe *f*.

quar·tile ['kwɔ:til] *s*. **1.** *ast*. Quadra'tur *f*, Geviertschein *m*; **2.** *Statistik*: Quar'til *n*, Viertelswert *m*.

quar·to ['kwɔ:tou] *pl*. **-tos** *typ*. **I.** *s*. 'Quartfor,mat *n*; **II.** *adj*. im 'Quartfor,mat.

quartz [kwɔ:ts] *s*. *min*. Quarz *m*: *crystallized* ~ Bergkristall; ~ *lamp* **a)** ⊕ Quarz(glas)lampe, **b)** ⚕ Quarzlampe (*Höhensonne*).

quash[1] [kwɔʃ] *v/t*. ⚖ **1.** *Verfügung etc*. aufheben, annullieren, verwerfen; **2.** *Klage* abweisen; **3.** *Verfahren* niederschlagen.

quash[2] [kwɔʃ] *v/t*. **1.** zermalmen, -stören; **2.** *fig*. unter'drücken.

qua·si ['kwɑ:zi] *adv*. gleichsam, gewissermaßen, sozu'sagen; (*mst mit Bindestrich*) Quasi..., Schein..., ...ähnlich: ~ *contract* vertragsähnliches Verhältnis; ~*-judicial* quasigerichtlich; ~*-official* halbamtlich.

qua·ter·na·ry [kwə'tə:nəri] **I.** *adj*. **1.** aus vier bestehend; **2.** ♀ *geol*. Quartär...; **3.** ⚗ vierbindig, quater'när; **II.** *s*. **4.** Gruppe *f* von 4 Dingen; **5.** Vier *f* (*Zahl*); **6.** *geol*. Quar'tär(peri,ode *f*) *n*.

quat·rain ['kwɔtrein] *s*. Vierzeiler *m*.

quat·re·foil ['kætrəfɔil] *s*. **1.** ⚠ Vierpaß *m*; **2.** ⚘ vierblättriges (Klee)Blatt.

qua·ver ['kweivə] **I.** *v/i*. **1.** zittern; **2.** ♪ tremolieren (*weitS. a. beim Sprechen*), trillern; **II.** *v/t*. *mst* ~ *out* **3.** mit über'triebenem Vi'brato singen; **4.** mit zitternder Stimme sagen, stammeln; **III.** *s*. **5.** ♪ Trillern *n*, Tremolieren *n*; **6.** ♪ *Brit*. Achtelnote *f*; **'qua·ver·y** [-vəri] *adj*. zitternd.

quay [ki:] *s*. ⚓ Kai *m*; **quay·age** ['ki:idʒ] *s*. **1.** Kaigeld *n*; **2.** Kaianlagen *pl*.

quea·si·ness ['kwi:zinis] *s*. **1.** Übelkeit *f*; **2.** ('Über)Empfindlichkeit *f*; **quea·sy** ['kwi:zi] *adj*. □ **1.** ('über-) empfindlich (*Magen etc.*); **2.** heikel, mäkelig (*beim Essen etc.*); **3.** ekelerregend; **4.** unwohl: *I feel* ~ mir ist übel.

queen [kwi:n] **I.** *s*. **1.** Königin *f* (*a*.

fig.): ♀ *of (the) May* Maikönigin; *the* ~ *of the watering-places fig.* die Königin *od.* Perle der Badeorte; ~*'s metal* Weißmetall; ~*'s-ware* gelbes Steingut; ♀ *Anne is dead! humor.* so'n Bart!; **2.** *zo.* Königin *f*: **a)** *a.* ~ *bee* Bienenkönigin *f*, **b)** *a.* ~ *ant* Ameisenkönigin *f*; **3.** *Kartenspiel, Schach*: Dame *f*: ~*'s pawn* Damenbauer; **4.** *Am. sl.* **a)** ,Prachtweib' *n*, **b)** → *queer 11*; **II.** *v/i.* **5.** *mst* ~ *it* die große Dame spielen: *to* ~ *it over j-n* beherrschen; **6.** *Schach*: in e-e Dame verwandelt werden (*Bauer*); **III.** *v/t.* **7.** zur Königin machen; **8.** *Bienenstock* beweiseln; **9.** *Schach*: *Bauern* (in e-e Dame) verwandeln; ~ **dow·a·ger** *s.* Königinwitwe *f*; '~**-like** → *queenly*.

queen·ly ['kwi:nli] *adj. u. adv.* wie e-e Königin, königlich, maje'stätisch.

queen moth·er *s.* Königinmutter *f*.

Queen's| Bench → *King's Bench*; ~ **Coun·sel** → *King's Counsel*; ~ **Eng·lish** → *English 3*; ~ **Speech** → *King's Speech*.

queer [kwiə] **I.** *adj.* □ **1.** seltsam, sonderbar, wunderlich, kuri'os, ,komisch': ~ (*in the head*) F leicht verrückt; ~ *fellow* komischer Kauz; **2.** F fragwürdig, ,faul' (*Sache*): *to be in* ♀ *Street* **a)** ,auf dem trockenen sitzen' (*kein Geld haben*), **b)** ,in der Tinte sitzen'; **3.** unwohl, schwummerig: *to feel* ~ sich ,komisch' fühlen; **4.** *sl.* gefälscht; **5.** *Brit. sl.* besoffen; **6.** *sl.* ,schwul' (*homosexuell*); **II.** *v/t.* **7.** *sl.* verpfuschen, verderben; → *pitch*[2] *1*; **8.** *sl. j-n* ,übers Ohr hauen'; **9.** *sl. j-n* ,auf den Arm nehmen'; **III.** *s.* **10.** *sl.* ,Blüte' *f* (*Falschgeld*); **11.** *sl.* ,Schwule(r)' *m* (*Homosexueller*).

quell [kwel] *v/t. rhet.* **1.** bezwingen; **2.** *Aufstand etc., a. Gefühle* unter'drücken, ersticken.

quench [kwentʃ] *v/t.* **1.** *rhet. Flammen, Durst etc.* löschen; **2.** *fig.* **a)** → *quell 2*, **b)** *Hoffnung* zu'nichte machen, **c)** *Verlangen* stillen; **3.** ⊕ *Asche, Koks etc.* (ab)löschen; **4.** *metall.* abschrecken, härten: ~*ing and tempering* (Stahl)Vergütung; **5.** ⚡ *Funken* löschen: ~*ed spark gap* Löschfunkenstrecke; **6.** *fig. j-m* den Mund stopfen; '**quench·er** [-tʃə] *s.* F Schluck *m*; '**quench·less** [-lis] *adj.* □ un(aus)löschlich.

que·nelle [kə'nel] *s.* Fleisch- *od.* Fischknödel *m*.

que·rist ['kwiərist] *s.* Fragesteller (-in).

quer·u·lous ['kweruləs] *adj.* □ quengelig, nörgelnd, verdrossen.

que·ry ['kwiəri] **I.** *s.* **1.** (*bsd.* zweifelnde *od.* unangenehme) Frage; ✝ Rückfrage *f*: ~ (*abbr. qu.*), *was the money ever paid?* Frage, wurde das Geld je bezahlt?; **2.** *typ.* (anzweifelndes) Fragezeichen; **3.** *fig.* Zweifel *m*; **II.** *v/t.* **4.** fragen; **5.** *j-n* (aus-, be)fragen; **6.** *et.* in Zweifel ziehen, in Frage stellen, beanstanden; **7.** *typ.* mit e-m Fragezeichen versehen.

quest [kwest] **I.** *s.* **1.** Suche *f*, Streben *n*, Trachten *n* (*for, of* nach): *knightly* ~ Ritterzug; *the* ~ *for the (Holy) Grail* die Suche nach dem (Heiligen) Gral; *in* ~ *of* auf der Suche nach; **2.** Nachforschung(en *pl.*) *f*; **II.** *v/i.* **3.** suchen; **4.** Wild suchen (*Jagdhund*); **III.** *v/t.* **5.** suchen *od.* trachten nach.

ques·tion ['kwestʃən] **I.** *s.* **1.** Frage *f* (*a. ling.*): *to beg the* ~ **a)** von e-r falschen Voraussetzung ausgehen, **b)** die Sache von vornherein als erwiesen ansehen; *to put a* ~ *to s.o.* j-m e-e Frage stellen; *the* ~ *does not arise* die Frage ist belanglos; → *pop*[1] *10*; **2.** Frage *f*, Pro'blem *n*, Thema *n*, (Streit)Punkt *m*: *the Negro* ♀ die Negerfrage; ~*s of the day* Tagesfragen; ~ *of fact* ⚖ Tatfrage; ~ *of law* ⚖ Rechtsfrage; *the point in* ~ die fragliche *od.* vorliegende *od.* zur Debatte stehende Sache; *to come into* ~ in Frage kommen, wichtig werden; *there is no* ~ *of s.th. od. ger.* es ist nicht die Rede von *et. od.* davon, daß; ~*! parl.* zur Sache!; **3.** Frage *f*, Sache *f*, Angelegenheit *f*: *only a* ~ *of time* nur e-e Frage der Zeit; **4.** Frage *f*, Zweifel *m*: *beyond (all)* ~ ohne Frage, fraglos; *to call in* ~ → *8*; *there is no* ~ *but (od. that)* es steht außer Frage, daß; *out of* ~ außer Frage; *that is out of the* ~ das kommt nicht in Frage; **5.** *pol.* Anfrage *f*: ~ *time parl. Brit.* Fragestunde; *to put to the* ~ zur Abstimmung über *e-e Sache* schreiten; **6.** ⚖ Vernehmung *f*; Unter'suchung *f*: *to put to the* ~ *hist. j-n* foltern; **II.** *v/t.* **7.** *j-n* (aus-, be)fragen; ⚖ vernehmen, -hören; **8.** *et.* an-, bezweifeln, in Zweifel ziehen; '**ques·tion·a·ble** [-tʃənəbl] *adj.* □ **1.** fraglich, zweifelhaft, ungewiß; **2.** bedenklich, fragwürdig; '**ques·tion·ar·y** [-tʃənəri] → *questionnaire*; '**ques·tion·er** [-tʃənə] *s.* Fragesteller(in), Frager(in); '**ques·tion·ing** [-tʃəniŋ] **I.** *adj.* □ fragend (*a. Blick, Stimme*); **II.** *s.* Befragung *f*; ⚖ Vernehmung *f*.

'**ques·tion-mark** *s.* Fragezeichen *n*.

ques·tion·naire [kwestiə'nɛə] (*Fr.*) *s.* Fragebogen *m*.

queue [kju:] **I.** *s.* **1.** (Haar)Zopf *m*; **2.** *bsd. Brit.* Schlange *f*, Reihe *f vor Geschäften etc.*: *to stand (od. wait) in a* ~ Schlange stehen; → *jump 16*; **II.** *v/i.* **3.** *mst* ~ *up Brit.* e-e Schlange bilden, Schlange stehen, sich anstellen.

quib·ble ['kwibl] **I.** *s.* **1.** Spitzfindigkeit *f*, Wortklaube'rei *f*, Ausflucht *f*; **2.** Wortspiel *n*; **II.** *v/i.* **3.** her'umreden, Ausflüchte machen; **4.** spitzfindig sein, Haarspalte'reien betreiben; **5.** witzeln; '**quib·bler** [-lə] *s.* **1.** Wortklauber(in), -verdreher (-in); **2.** Wortwitzler(in); '**quib·bling** [-liŋ] *adj.* □ spitzfindig, haarspalterisch, wortklauberisch.

quick [kwik] **I.** *adj.* □ **1.** schnell, so'fortig: ~ *answer (service)* prompte Antwort (Bedienung); ~ *returns* ✝ schneller Umsatz; **2.** schnell, hurtig, geschwind, rasch: *be* ~*!* mach schnell!, beeile dich!; *to be* ~ *about s.th.* sich mit et. beeilen; **3.** (geistig) gewandt, flink, aufgeweckt, schlagfertig, ,fix'; beweglich, flink (*Geist*): ~ *wit* Schlagfertigkeit; **4.** scharf (*Auge, Ohr, Verstand*): *a* ~ *ear* ein feines Gehör; **5.** scharf (*Geruch, Geschmack, Schmerz*); **6.** voreilig, hitzig: *a* ~ *temper*; **7.** lebend (*a.* ♀ *Hecke*), lebendig: ~ *with child* (hoch)schwanger; **8.** *fig.* lebhaft (*a. Gefühle; a. Handel etc.*); **9.** lose, treibend (*Sand etc.*); **10.** *min.* erzhaltig, ergiebig; **11.** ✝ flüssig (*Anlagen, Aktiva*); **II.** *s.* **12.** *the* ~ die Lebenden *pl.*; **13.** (lebendes) Fleisch; *fig.* Mark *n*: *to the* ~ **a)** (bis) ins Fleisch, **b)** *fig.* bis ins Mark *od.* Herz, **c)** durch u. durch; *to cut s.o. to the* ~ j-n tief verwunden; *touched to the* ~ bis ins Mark getroffen; *a Socialist to the* ~ ein Sozialist bis auf die Knochen; *to paint s.o. to the* ~ j-n malen wie er leibt u. lebt; **14.** *Am.* → *quicksilver*; **III.** *adv.* **15.** schnell, geschwind; '~**-ac·tion** *adj.* ⊕ Schnell...; '~**-break switch** *s.* ⚡ Mo'mentschalter *m*; '~**-change** *adj.* **1.** ~ *artist thea.* Verwandlungskünstler(in); **2.** ⊕ Schnellwechsel...(*-futter, -getriebe etc.*); '~**-dry·ing** *adj.* schnelltrocknend (*Lack*); ä'therisch (*Öl*); '~**-eared** *adj.* mit e-m feinen Gehör.

quick·en ['kwikən] **I.** *v/t.* **1.** beschleunigen; **2.** (wieder) lebendig machen; beseelen; **3.** *Interesse etc.* an-, erregen; **4.** beleben, *j-m* neuen Auftrieb geben; **II.** *v/i.* **5.** sich beschleunigen (*Puls, Schritte etc.*); **6.** (wieder) lebendig werden; **7.** gekräftigt werden; **8.** hoch'schwanger werden; **9.** sich bewegen (*Fötus*).

'**quick|-eyed** *adj.* scharfsichtig (*a. fig.*); '~**-fire,** '~**-fir·ing** *adj.* ⚔ Schnellfeuer...; '~**-freeze** *v/t. Lebensmittel* einfrieren; '~**-freez·ing** *s.* Einfrieren *n*, Gefrierverfahren *n*.

quick·ie ['kwiki] *s.* F **1.** *et.* ,Hingehauenes', ,fixe Sache', *z. B.* billiger, improvisierter Film; ✝ Ramschware *f*; **2.** *et. Kurzdauerndes, bsd.* kurzer Werbefilm; **3.** *Am.* ,Schnäps-chen' *n*.

'**quick|·lime** *s.* ⚗ gebrannter, ungelöschter Kalk, Ätzkalk *m*; ~ **march** *s.* ⚔ Eilmarsch *m*; '~**·match** *s.* ⚔, ⚒ Zündschnur *f*; ~ **mo·tion** *s.* ⊕ Schnellgang *m*; '~**-mo·tion cam·er·a** *s. phot.* Zeitraffer(kamera *f*) *m*.

quick·ness ['kwiknis] *s.* **1.** Schnelligkeit *f*; **2.** (geistige) Beweglichkeit *od.* Flinkheit; **3.** Hitzigkeit *f*: ~ *of temper*; **4.** ~ *of sight* gutes Sehvermögen; **5.** Lebendigkeit *f*, Kraft *f*.

'**quick|·sand** *s. geol.* Treibsand *m*; '~**·set** *s.* **1.** heckenbildende Pflanze, *bsd.* Weißdorn *m*; **2.** Setzling *m*; **3.** *a.* ~ *hedge* lebende Hecke; '~**-set·ting** *adj.* ⊕ schnell abbindend (*Zement etc.*); '~**·sight·ed** *adj.* scharfsichtig; '~**·sil·ver** *s.* Quecksilber *n* (*a. fig.*); ~ **step** *s.* ⚔ Schnellschritt *m*; '~**·step** *s.* ♪ Quickstep *m* (*Foxtrott*); '~-'**tem·pered** *adj.* hitzig, jäh; ~ **time** *s.* ⚔ **1.** schnelles Marschtempo; **2.** exerziermäßiges Marschtempo: ~ *march!* Im Gleichschritt, marsch!; '~-'**wit·ted** *adj.* schlagfertig, aufgeweckt, ,fix'.

quid[1] [kwid] *s.* **1.** Priem *m* (*Kautabak*); **2.** 'wiedergekäutes Futter.

quid[2] [kwid] *pl. mst* **quid** *s. Brit. sl.* Pfund *n* (Sterling).

quid·di·ty ['kwiditi] *s.* **1.** *phls.* Es'senz *f*, Wesen *n*; **2.** Feinheit *f*, Spitzfindigkeit *f*.

quid·nunc ['kwidnʌŋk] *s.* Neuigkeitskrämer *m*, Klatschtante *f*.

quid pro quo ['kwidprou'kwou] *pl.* **quid pro quos** (*Lat.*) *s.* Gegenleistung *f*, Vergütung *f*.

qui·es·cence [kwai'esns] *s.* Ruhe *f*, Stille *f*; **qui'es·cent** [-nt] *adj.* □ **1.** ruhend, bewegungslos; *fig.* ruhig, still; **2.** *ling.* stumm (*Buchstabe*).

qui·et [kwaiət] **I.** *adj.* □ **1.** ruhig, still (*a. fig. Person, See, Straße etc.*); **2.** ruhig, leise, geräuschlos (*a.* ⊕): ~ *running mot.* ruhiger Gang; *be* ~! sei still!; ~, *please!* ich bitte um Ruhe!; *to keep* ~ **a)** sich ruhig verhalten, **b)** den Mund halten; **3.** bewegungslos, still; **4.** ruhig, friedlich (*a. Leben, Zeiten*); behaglich, beschaulich: ~ *conscience* ruhiges Gewissen; ~ *enjoyment* ⚖ ruhiger Besitz, ungestörter Genuß; **5.** ruhig, unauffällig (*Farbe etc.*); **6.** versteckt, geheim, leise: *to keep s.th.* ~ et. geheimhalten, et. für sich behalten; **7.** † ruhig, still, ‚flau' (*Geschäft etc.*); **II.** *s.* **8.** Ruhe *f*, Stille *f*; Frieden *m*: *on the* ~ (*od. on the q.t.*) F ‚klammheimlich', stillschweigend; **III.** *v/t.* **9.** beruhigen, zur Ruhe bringen; **10.** besänftigen; **11.** zum Schweigen bringen; **IV.** *v/i.* **12.** *mst* ~ *down* ruhig *od.* still werden, sich beruhigen; '**qui·et·en** [-tn] → *quiet III u. IV.*

qui·et·ism ['kwaiitizəm] *s. eccl.* Quie'tismus *m*.

qui·et·ness ['kwaiətnis] *s.* **1.** → *quietude*; **2.** Geräuschlosigkeit *f*;

qui·e·tude ['kwaiitju:d] *s.* **1.** Stille *f*, Ruhe *f*; **2.** *fig.* Friede(n) *m*; **3.** (Gemüts)Ruhe *f*.

qui·e·tus [kwai'i:təs] *s.* **1.** Ende *n*, Tod *m*; **2.** Todesstoß *m*: *to give s.o. his* ~ j-m den Garaus machen; **3.** (restlose) Tilgung *e-r Schuld*; **4.** ⚖ **a)** *Brit.* Endquittung *f*, **b)** *Am.* Entlastung *f des Nachlaßverwalters*.

quill [kwil] **I.** *s.* **1.** *a.* ~-*feather orn.* (Schwung-, Schwanz)Feder *f*; **2.** *a.* ~ *pen* Federkiel *m*; *fig.* Feder *f*; **3.** *zo.* Stachel *m* (*Igel etc.*): *to get one's* ~*s up sl.* in Wut geraten; **4.** ♪ **a)** *hist.* Panflöte *f*, **b)** Plektrum *n*; **5.** Zahnstocher *m*; **6.** Zimtstange *f*; **7.** ⊕ Weberspule *f*; **8.** ⊕ Hohlwelle *f*; **II.** *v/t.* **9.** rund fälteln, kräuseln; **10.** *Faden* aufspulen; '~-**driv·er** *s. contp.* Federfuchser *m*.

quill·ing ['kwiliŋ] *s.* Krause *f*, Rüsche *f*.

quilt [kwilt] **I.** *s.* **1.** Steppdecke *f*; **2.** gesteppte (Bett)Decke; **II.** *v/t.* **3.** steppen, 'durchnähen; **4.** wattieren, (aus)polstern; '**quilt·ing** [-tiŋ] *s.* **1.** 'Durchnähen *n*, Steppen *n*: ~ *seam* Steppnaht; **2.** gesteppte Arbeit; **3.** Füllung *f*, Wattierung *f*; **4.** Pi'kee *m* (*Gewebe*).

quince [kwins] *s.* ⚘ Quitte *f*.

qui·nine [*Brit.* kwi'ni:n; *Am.* 'kwainain] *s.* ⚗, *pharm.* Chi'nin *n*.

quin·qua·ge·nar·i·an [kwiŋkwədʒi'nɛəriən] **I.** *adj.* fünfzigjährig, in den Fünfzigern; **II.** *s.* Fünfzigjährige(r *m*) *f*, Fünfziger(in); **quin·quen·ni·al** [kwiŋ'kweniəl] *adj.* □ fünfjährig; fünfjährlich (*wiederkehrend*).

quins [kwinz] *s. pl.* F Fünflinge *pl.*

quin·sy ['kwinzi] *s.* ⚕ (Hals)Bräune *f*, Mandelentzündung *f*.

quint *s.* **1.** [kint] *Pikett*: Quinte *f*; **2.** [kwint] ♪ Quint *f* (*Orgelregister*).

quin·tal ['kwintl] *s.* Doppelzentner *m*.

quinte [kɛ̃t] (*Fr.*) *s. fenc.* Quinte *f*.

quint·es·sence [kwin'tesns] *s.* **1.** ⚗ 'Quintessenz *f* (*a. phls. u. fig.*); **2.** *fig.* Kern *m*, Inbegriff *m*; **3.** (höchste) Voll'kommenheit *f*.

quin·tet(te) [kwin'tet] *s.* ♪ Quin'tett *n*.

quin·tu·ple ['kwintjupl] **I.** *adj.* fünffach; **II.** *s. das* Fünffache; **III.** *v/t. u. v/i.* (sich) verfünffachen; '**quin·tu·plets** [-plits] *s. pl.* Fünflinge *pl.*

quip [kwip] **I.** *s.* **1.** witziger Einfall, geistreiche Bemerkung; **2.** (treffender) Hieb, Stich(e'lei *f*) *m*; **3.** Wortspiel *n*, Spitzfindigkeit *f*; **4.** Scherz *m*; **II.** *v/i.* **5.** witzeln, spötteln.

quire [kwaiə] *s.* **1.** *typ.* Buch *n* (*24 Papierbogen*); **2.** *Buchbinderei*: Lage *f*.

quirk [kwə:k] *s.* **1.** Kniff *m*, Trick *m*; Finte *f*, Ausflucht *f*; **2.** → *quip 1, 2, 3*; **3.** Schnörkel *m*; **4.** △ spitze Kehlung; **5.** Zucken *n des Mundes etc.*; **6.** Eigenart *f*, seltsame Angewohnheit: *by a* ~ *of fate* durch e-n verrückten Zufall, wie das Schicksal so spielt; '**quirk·y** *adj.* F **1.** ‚gerissen' (*Anwalt etc.*); **2.** eigen(artig) (*Ansichten etc.*).

quis·ling ['kwizliŋ] *s. pol.* F Quisling *m*, Kollabora'teur *m*.

quit [kwit] **I.** *v/t.* **1.** verzichten auf (*acc.*); **2.** *a. Stellung* aufgeben; *Dienst* quittieren; sich vom *Geschäft* zu'rückziehen; **3.** *Am.* aufhören (*s.th.* mit et.; *doing* zu tun); **4.** verlassen; **5.** *Schuld* bezahlen, tilgen; **6.** ~ *o.s.* sich befreien (of von); **7.** *poet.* vergelten (*love with hate* Liebe mit Haß); **II.** *v/i.* **8.** aufhören; **9.** weggehen; **10.** ausziehen (*Mieter*): *notice to* ~ Kündigung; *to give notice to* ~ (j-m die Wohnung) kündigen; **III.** *adj. pred.* **11.** quitt, frei: *to go* ~ frei ausgehen; *to be* ~ *for* davonkommen mit; **12.** frei, los (of von): ~ *of charges* † nach Abzug der Kosten, spesenfrei; '~-**claim I.** *s.* ⚖ **1.** Verzicht(leistung *f*) *m auf Rechte*; **2.** ~ *deed* **a)** Grundstückskaufvertrag *m*, **b)** *Am.* Zessi'onsurkunde *f* (*beide: ohne Haftung für Rechts- od. Sachmängel*); **II.** *v/t.* **3.** ⚖ Verzicht leisten auf (*acc.*).

quite [kwait] *adv.* **1.** ganz, völlig: ~ *another* ein ganz anderer; ~ *wrong* völlig falsch; **2.** wirklich, tatsächlich, ziemlich: ~ *a disappointment* e-e ziemliche Enttäuschung; ~ *good* recht gut; ~ *a few* ziemlich viele; ~ *a gentleman* wirklich ein feiner Herr; **3.** F ganz, durch'aus: ~ *nice* ganz *od.* sehr nett; ~ *the thing* genau das Richtige; ~ (so)! ganz recht!

'**quit·rent** *s.* ⚖ Erb-, Pachtzins *m*.

quits [kwits] *adj.* quitt (*mit j-m*): *to cry* ~ aufgeben, genug haben; *to get* ~ *with s.o.* mit j-m quitt werden; → *double 10.*

quit·tance ['kwitəns] *s.* **1.** Vergeltung *f*; **2.** Bezahlung *f e-r Schuld*; **3.** Erlassen *n e-r Schuld*; **4.** † Quittung *f*.

quit·ter ['kwitə] *s. Am. u.* F **1.** Drükkeberger *m*; **2.** Feigling *m*.

quiv·er[1] ['kwivə] **I.** *v/i.* beben, zittern (*with* vor *dat.*); **II.** *s.* Beben *n*, Zittern *n*: *in a* ~ *of excitement fig.* zitternd vor Aufregung.

quiv·er[2] ['kwivə] *s.* Köcher *m*: *to have an arrow left in one's* ~ *fig.* noch ein Eisen im Feuer haben; *a* ~ *full of children fig.* e-e Herde Kinder.

qui vive [ki:'vi:v] (*Fr.*) *s.*: *to be on the* ~ auf dem Quivive sein, aufpassen.

quix·ot·ic [kwik'sɔtik] *adj.* (□ ~*ally*) donqui'chotisch (*weltfremd, überspannt*), phan'tastisch; **quix·ot·ism** ['kwiksətizəm], **quix·ot·ry** ['kwiksətri] *s.* Donquichotte'rie *f*, Narre'tei *f*.

quiz [kwiz] **I.** *v/t.* **1.** *Am.* *j-n* prüfen, abfragen; **2.** (aus)fragen; **3.** *bsd. Brit.* aufziehen, hänseln; **4.** anstarren, fixieren; **II.** *pl.* '**quiz·zes** [-ziz] *s.* **5.** *ped. Am.* Prüfung *f*, Klassenarbeit *f*; **6.** Ausfragen *n*; **7. a)** *Radio etc.*: Quiz *m*: ~*master* Quizmaster; ~ *program(me)* Quizsendung, **b)** Denksportaufgabe *f*; **8.** Foppe'rei *f*, Spaß *m*; **9.** Spottvogel *m*.

quiz·zi·cal ['kwizikəl] *adj.* □ **1.** seltsam, komisch; **2.** spöttisch, hänselnd.

quod [kwɔd] *s. sl.* ‚Loch' *n*, ‚Kittchen' *n* (*Gefängnis*).

quoin [kɔin] **I.** *s.* **1.** △ **a)** (vorspringende) Ecke, **b)** Eckstein *m*; **2.** *typ.* Schließkeil *m*; **II.** *v/t.* **3.** *typ. Druckform* schließen; **4.** ⊕ verkeilen; **5.** △ *Ecke* mit Winkelsteinen versehen.

quoit [kɔit] *s.* **1.** Wurfring *m*; **2.** *pl. sg. konstr.* Wurfringspiel *n*.

quon·dam ['kwɔndæm] *adj.* ehemalig, früher.

Quon·set hut ['kwɔnsit] *s. e-e* Nissenhütte.

quo·rum ['kwɔ:rəm] *s.* **1.** beschlußfähige Anzahl *od.* Mitgliederzahl: *to be* (*od. constitute*) *a* ~ beschlußfähig sein; **2.** ⚖ handlungsfähige Besetzung *e-s Gerichts*.

quo·ta ['kwoutə] *s.* **1.** *bsd.* † Quote *f*, Anteil *m*; Kon'kursdivi,dende *f*, -quote *f*; **2.** † (*Einfuhr- etc.*)Kontin'gent *n*: ~ *goods* kontingentierte Waren; ~ *system* Zuteilungssystem; **3.** *Am.* Einwanderungsquote *f*.

quo·ta·tion [kwou'teiʃən] *s.* **1.** Zi'tat *n*; Anführung *f*, Her'anziehung *f* (*a.* ⚖): *familiar* ~*s* geflügelte Worte; **2.** Beleg(stelle *f*) *m*; **3.** † Preisangabe *f*, -ansatz *m*; **4.** † (Börsen-, Kurs)Notierung *f*, Kurs *m*: *final* ~ Schlußnotierung; ~-**marks** *s. pl.* Anführungszeichen *pl.*, ‚Gänsefüßchen' *pl.*

quote [kwout] *v/t.* **1.** zitieren (*from* aus), (*a. als Beweis*) anführen; *weitS. a.* Bezug nehmen auf (*acc.*), sich auf *ein Dokument etc.* berufen, *e-e Quelle, e-n Fall* her'anziehen: ~: ... ich zitiere: ...; **2.** † *Preis* aufgeben, ansetzen, berechnen; **3.** *Börse*: notieren: *to be* ~*d at* (*od. with*) notieren *od.* im Kurs stehen mit; **4.** *Am.* in Anführungszeichen setzen.

quoth [kwouθ] *obs. ich, er, sie, es* sprach, sagte.

quo·tid·i·an [kwɔ'tidiən] **I.** *adj.* **1.** täglich: ~ *fever* → *3*; **2.** all'täglich, gewöhnlich; **II.** *s.* **3.** ⚕ Quotidi'anfieber *n.*

quo·tient ['kwouʃənt] *s.* ⅍ Quoti'ent *m.*

R

R, r [ɑ:] *s.* R *n*, r *n* (*Buchstabe*): *the three Rs* (*reading*, [*w*]*riting*, [*a*]*rithmetic*) Lesen, Schreiben, Rechnen.

rab·bet [ˈræbit] **I.** *s.* **1.** ⊕ **a)** Fuge *f*, Falz *m*, Nut *f*, **b)** Falzverbindung *f*; **2.** ⊕ Stoßstahl *m*; **3.** ⚓ (Kiel-)Sponung *f*; **II.** *v/t.* **4.** einfügen, (zs.-)fugen, falzen; **ˈ~-joint** *s.* ⊕ Fuge *f*, Falzverbindung *f*; **ˈ~-plane** *s.* ⊕ Falzhobel *m*.

rab·bi [ˈræbai] *s.* **1.** Rabˈbiner *m*; **2.** ˈRabbi *m* (*Schriftgelehrter*); **rab·bin·i·cal** [ræˈbinikəl] *adj.* □ rabˈbinisch.

rab·bit [ˈræbit] *s.* **1.** *zo.* Kaˈninchen *n*; **2.** *zo. Am. allg.* Hase *m*; **3.** → *Welsh*[1] *1*; **4.** *sport* F Anfänger(in), ‚Flasche' *f*; **ˈ~-fe·ver** *s.* Hasenpest *f*; **ˈ~-hutch** *s.* Kaˈninchenstall *m*; **ˈ~-punch** *s. Boxen*: Schlag *m* ins Genick.

rab·ble[1] [ˈræbl] *s.* **1.** Mob *m*, Pöbelhaufen *m*; **2.** *the ~ contp.* der Pöbel: *~-rousing* aufwieglerisch, demagogisch.

rab·ble[2] [ˈræbl] ⊕ **I.** *s.* Rührstange *f*, Kratze *f*; **II.** *v/t.* ˈumrühren.

Rab·e·lai·si·an [ræbəˈleiziən] *adj.* **1.** des Rabeˈlais; **2.** im Stil von Rabelais (*grob-satirisch*, *geistvoll-frech*).

rab·id [ˈræbid] *adj.* □ **1.** wütend (*a. Haß etc.*), rasend (*a. fig. Hunger etc.*); **2.** rabiˈat, faˈnatisch: *a ~ anti-Semite*; **3.** toll(wütig): *a ~ dog*; **ˈrab·id·ness** [-nis] *s.* **1.** Rasen *n*, Wut *f*; **2.** (wilder) Fanaˈtismus, Tollheit *f*.

ra·bies [ˈreibi:z] *s. vet.* Tollwut *f*.

rac·coon [rəˈku:n] *s. zo.* Waschbär *m*.

race[1] [reis] *s.* **1.** Rasse *f*: *the white ~*; **2.** Rasse *f*: **a)** Rassenzugehörigkeit *f*, **b)** rassische Eigenart: *differences of ~* Rassenunterschiede; **3.** Geschlecht *n*, Faˈmilie *f*; Volk *n*: *of noble ~* edler Abstammung; **4.** *biol.* Rasse *f*, Gattung *f*, ˈUnterart *f*; **5.** (*Menschen- etc.*)Geschlecht *n*: *the human ~*; **6.** *fig.* Klasse *f*, Schlag *m*: *the ~ of politicians*; **7.** Rasse *f des Weins etc.*

race[2] [reis] **I.** *s.* **1.** *sport* (Wett)Rennen *n*, (Wett)Lauf *m*; **2.** *pl. sport* Pferderennen *n*; → *play 16*; **3.** *fig.* (*for*) Wettlauf *m*, Kampf *m* (um), Jagd *f* (nach): *armament ~* Wettrüsten; *~ against time* Wettlauf mit der Zeit; **4.** *ast.* Lauf *m* (*a. fig. des Lebens etc.*): *his ~ is run* er hat die längste Zeit gelebt; **5. a)** starke Strömung, **b)** Stromschnelle *f*, **c)** Flußbett *n*, **d)** Kaˈnal *m*, Gerinne *n*, **e)** Kaˈnalgewässer *n*; **6.** ⊕ **a)** Laufring *m* (*Kugellager*), (Gleit)Bahn *f*, **b)** *Weberei*: Schützenbahn *f*; **7.** → *slip-stream*; **II.** *v/i.* **8.** an e-m Rennen teilnehmen, *bsd.* um die Wette laufen *od.* fahren (*with* mit); laufen *etc.* (*for* um); **9.** (daˈhin)rasen, (-)schießen, rennen; **10.** ⊕ ˈdurchdrehen (*Rad*), ˈdurchgehen (*Motor*); **III.** *v/t.* **11.** um die Wette laufen *od.* fahren *etc.* mit; **12.** *Pferde* rennen *od.* laufen lassen; **13.** *Fahrzeug* rasen lassen, rasen mit; **14.** *fig.* (ˈdurch)hetzen, (-)jagen; *Gesetz* ˈdurchpeitschen; **15.** ⊕ **a)** *Motor* (*ohne Belastung*) ˈdurchdrehen lassen, **b)** *Motor* hochjagen: *to ~ up Flugzeugmotor* abbremsen; **ˈ~-boat** *s.* Rennboot *n*; **ˈ~-course** *s.* **1.** Rennbahn *f*, -strecke *f*; **2.** → *raceway 1*; **ˈ~-go·er** *s.* Rennplatzbesucher(in); **ˈ~-horse** *s.* Rennpferd *n*.

ra·ceme [rəˈsi:m] *s.* ♀ Traube *f* (*Blütenstand*).

ˈrace-meet·ing *s.* (Pferde)Rennen *n*.

rac·er [ˈreisə] *s.* **1. a)** (Wett)Läufer (-in), **b)** Rennfahrer(in); **2.** Rennpferd *n*; **3.** Rennfahrzeug *n*, -rad *n*, -boot *n*, -wagen *m etc.*; **4.** ⚔ Drehscheibe *f* (*Geschütz*).

Race Re·la·tions Board *s. Brit.* Ausschuß *m* zur Verhinderung von Rassendiskriminierung.

ˈrace|-track *s.* Rennbahn *f*, -strecke *f*; **ˈ~-way** *s.* **1.** (Mühl)Gerinne *n*; **2.** ⊕ Laufring *m* (*Kugellager*).

ra·chis [ˈreikis] *pl.* **rach·i·des** [ˈreikidi:s] *s.* **1.** ♀, *zo.* ˈRhachis *f*, Spindel *f*; **2.** *anat.*, *zo.* Rückgrat *n*; **ra·chi·tis** [ræˈkaitis] *s.* ⚕ Raˈchitis *f*, Englische Krankheit.

ra·cial [ˈreiʃəl] *adj.* □ rassisch, Rassen...: *~ equality* Rassengleichheit; *~ discrimination* Rassendiskriminierung; **ˈra·cial·ism** [-ʃəlizəm] *s.* → *racism 1*.

rac·i·ness [ˈreisinis] *s.* **1.** Rassigkeit *f*, Rasse *f*; **2.** Urwüchsigkeit *f*, Frische *f*, Lebhaftigkeit *f*; **3.** *das* Piˈkante, Würze *f*.

rac·ing [ˈreisiŋ] **I.** *s.* **1.** Rennen *n*; **2.** (Pferde)Rennsport *m*; **II.** *adj.* **3.** Renn...(*-boot*, *-wagen etc.*); **4.** Pferdesport...: *~ man* Pferdesport-Liebhaber; *~ world die* Rennwelt; *~* **cy·clist** *s.* Radrennfahrer *m*; *~* **driv·er** *s.* Rennfahrer *m*.

rac·ism [ˈreisizəm] *s.* **1.** Rasˈsismus *m*; **2.** ˈRassenpoliˌtik *f*.

rack[1] [ræk] **I.** *s.* **1.** Gestell *n*, Gerüst *n*; (*Gewehr-*, *Kleider- etc.*)Ständer *m*; (Streck-, Stütz)Rahmen *m*; ✓ Raufe *f*, Futtergestell *n*; 🚂 Gepäcknetz *n*; (Handtuch)Halter *m*: *bomb ~* ✈ Bombenaufhängevorrichtung; **2.** ˈFächerreˌgal *n*; **3.** *typ.* ˈSetzreˌgal *n*; **4.** ⊕ Zahnstange *f*: *~ (-and-pinion) gear* Zahnstangengetriebe; **5.** *hist.* Folterbank *f*, (Streck)Folter *f*: *on the ~ bsd. fig.* auf der Folter, in Folterqualen; *to put on the ~ bsd. fig. j-n* auf die Folter spannen; **II.** *v/t.* **6.** (aus-)recken, strecken; **7.** auf *od.* in ein Gestell *od.* Reˈgal legen; **8.** *bsd. fig.* foltern, martern: *to ~ one's brains* sich den Kopf zermartern; *~ed with pain* schmerzgequält; *~ing pains* rasende Schmerzen; **9. a)** *Miete* (wucherisch) hochschrauben, **b)** von *j-m* Wucherzins erpressen, *j-n* aussaugen; **10.** *~ up* ✓ mit Futter versehen.

rack[2] [ræk] *s.* Vernichtung *f*: *to go to ~ and ruin* völlig zugrunde gehen.

rack[3] [ræk] *s. Am.* (schneller) Paßgang (*Pferd*).

rack[4] [ræk] **I.** *s.* fliegendes Gewölk, ziehende Wolkenmasse; **II.** *v/i.* (daˈhin)ziehen (*Wolken*).

rack[5] [ræk] *v/t. oft ~ off Wein etc.* abziehen, -füllen.

rack·et[1] [ˈrækit] *s.* **1.** *sport* Raˈkett *n*, (*Tennis- etc.*)Schläger *m*; **2.** *pl. oft sg. konstr.* Raˈkettspiel *n*, Wandballspiel *n*; **3.** Schneeteller *m*.

rack·et[2] [ˈrækit] **I.** *s.* **1.** Krach *m*, Lärm *m*, Raˈdau *m*, Spekˈtakel *m*; **2.** ‚Wirbel' *m*, Aufregung *f*; **3. a)** ausgelassene Gesellschaft, rauschendes Fest, **b)** Vergnügungstaumel *m*, **c)** Trubel *m des Gesellschaftslebens*: *to go on the ~* ‚auf die Pauke hauen'; **4.** harte (Nerven-)Probe, ‚Schlauch' *m*: *to stand the ~* F **a)** die Sache durchstehen, **b)** die Folgen zu tragen haben *od.* wissen; **5.** *sl.* **a)** Schwindel(geschäft *n*) *m*, ‚Masche' *f*, **b)** Erpresserbande *f*, **c)** *Am.* (einträgliches) Geschäft, **d)** *Am.* Beruf *m*, Gewerbe *n*; **II.** *v/i.* **6.** Krach machen, lärmen; **7.** *mst ~ about* ‚sumpfen'; **rack·et·eer** [rækiˈtiə] **I.** *s.* **1.** Gangster *m*, Erpresser *m*; **2.** Schieber *m*, Geschäftemacher *m*; **II.** *v/i.* **3.** dunkle Geschäfte machen; **4.** organisierte Erpressung betreiben; **rack·et·eer·ing** [rækiˈtiəriŋ] *s.* **1.** Gangstertum *n*, Erpresserwesen *n*; **2.** Geschäftemacheˈrei *f*; **ˈrack·et·y** [-ti] *adj.* **1.** lärmend; **2.** turbuˈlent, aufregend; **3.** ausgelassen, ausschweifend.

ˈrack|-railway *s.* Zahnradbahn *f*; **ˈ~-rent I.** *s.* **1.** Wuchermiete *f*, wucherischer Pachtzins; **2.** *Brit.* ⚖ Pachtzins *m* zum vollen Jahreswert des Grundstücks; **II.** *v/t.* **3.** e-n Wucherzins von *j-m od.* für *et.* verlangen; **ˈ~-wheel** *s.* ⊕ Zahnrad *n*.

ra·coon → *raccoon*.

rac·y [ˈreisi] *adj.* **1.** rassig (*a. fig. Auto*, *Stil etc.*), feurig (*Pferd*, *a.*

Musik etc.); **2.** urtümlich, kernig: ~ *of the soil* urwüchsig, bodenständig; **3.** *fig.* le'bendig, geistreich, ‚spritzig'; **4.** pi'kant, würzig (*Geruch etc.*) (*a. fig.*); **5.** F *u. Am.* schlüpfrig, zotig.

rad [ræd] *s. pol.* Radi'kale(r *m*) *f.*

ra·dar ['reidə] *s.* **1.** Ra'dar *m, n,* Funkmeßtechnik *f,* -ortung *f;* **2.** *a.* ~ *set* Ra'dargerät *n;* ~ **screen** *s.* Ra'darschirm *m;* ~ **trap** *s.* Ra'darfalle *f* (*der Polizei*).

rad·dle ['rædl] **I.** *s.* **1.** *min.* Rötel *m;* **II.** *v/t.* **2.** mit Rötel bemalen; **3.** rot anmalen.

ra·di·al ['reidjəl] **I.** *adj.* □ **1.** radi'al, Radial..., Strahl(en)...; sternförmig; **2.** *anat.* Speichen...; **3.** ♀, *zo.* radi'alsym,metrisch; **II.** *s.* **4.** *anat.* **a)** → *radial artery,* **b)** → *radial nerve;* ~ **ar·ter·y** *s. anat.* Speichenschlagader *f;* ~ **drill** *s.* ⊕ Radi'albohrma,schine *f;* ~ **en·gine** *s.* Sternmotor *m;* '~**-flow tur·bine** *s.* Radi'altur,bine *f;* ~ **nerve** *s. anat.* Speichennerv *m;* '~**(-ply) tire** (*Brit.* **tyre**) *s.* ⊕ Gürtelreifen *m.*

ra·di·ance ['reidjəns], '**ra·di·an·cy** [-si] *s.* **1.** *a. fig.* Strahlen *n,* strahlender Glanz; **2.** → *radiation;* '**ra·di·ant** [-nt] **I.** *adj.* □ **1.** strahlend (*a. fig. with* vor *dat.,* von): ~ *with joy* freudestrahlend; **2.** *phys.* Strahlungs...(*-energie etc.*): ~ *heating* ⊕ Flächenheizung; **3.** strahlenförmig (angeordnet); **II.** *s.* **4.** Strahl(ungs)punkt *m;* '**ra·di·ate** [-dieit] **I.** *v/i.* **1.** ausstrahlen (*from* von) (*a. fig.*); **2.** *a. fig.* strahlen, leuchten; **II.** *v/t.* **3.** *Licht, Wärme etc.* ausstrahlen; **4.** *fig. Liebe etc.* ausstrahlen, -strömen: *to* ~ *health* vor Gesundheit strotzen; **5.** *Radio:* ausstrahlen, senden; **III.** *adj.* [-diit] **6.** radi'al, strahlig, Strahl(en)...; **ra·di·a·tion** [reidi'eiʃən] *s.* **1.** *phys.* (Aus)Strahlung *f* (*a. fig.*): *cosmic* ~ Höhenstrahlung; ~ *detection team* ⚔ Strahlenspürtrupp; **2.** Bestrahlung *f;* '**ra·di·a·tor** [-dieitə] *s.* **1.** ⊕ Heizkörper *m;* Strahlkörper *m,* -ofen *m;* **2.** ⚡ 'Raumstrahlan,tenne *f;* **3.** *mot.* Kühler *m:* ~ *core* Kühlerblock; ~ *mascot* Kühlerfigur.

rad·i·cal ['rædikəl] **I.** *adj.* □ → *radically;* **1.** radi'kal (*pol. oft* ♀); *weitS. a.* 'drastisch, gründlich: ~ *cure* Radikal-, Roßkur; *to undergo a* ~ *change* sich von Grund auf ändern; **2.** ursprünglich, eingewurzelt; fundamen'tal (*Fehler etc.*); grundlegend, Grund...: ~ *difference;* ~ *idea;* **3.** *bsd.* ♀, ⩘ Wurzel...: ~ *sign* ⩘ Wurzelzeichen; **4.** *ling.* Wurzel..., Stamm...: ~ *word* Stamm(wort); **5.** ♪ Grund(ton)...; **6.** Radikal...; **II.** *s.* **7.** *pol.* (*a.* ♀) Radi'kale(r *m*) *f;* **8.** ⩘ **a)** Wurzel *f,* **b)** Wurzelzeichen *n;* **9.** *ling.* Wurzel(buchstabe *m*) *f;* **10.** ♪ Grundton *m* (*Akkord*); **11.** ⚗ Radi'kal *n;* '**rad·i·cal·ism** [-kəlizəm] *s.* Radika'lismus *m;* '**rad·i·cal·ize** [-kəlaiz] *v/t. bsd. pol.* radikalisieren; '**rad·i·cal·ly** [-li] *adv.* **1.** radikal, von Grund auf, grundlegend; **2.** ursprünglich.

rad·i·ces ['reidisi:z] *pl. von radix.*

rad·i·cle ['rædikl] *s.* **1.** ♀ **a)** Keimwurzel *f,* **b)** Würzelchen *n;* **2.** *anat.* (Gefäß-, Nerven)Wurzel *f.*

ra·di·i ['reidiai] *pl. von radius.*

ra·di·o ['reidiou] **I.** *pl.* **-di·os** *s.* **1.** 'Radio *n* (*drahtlose Telegraphie u. Telephonie*); Funkbetrieb *m:* ~ *car Am.* Funk(streifen)wagen; ~ *engineering* Funktechnik; **2.** Radio *n,* Rundfunk *m:* ~ *play* Hörspiel; *on the* ~ im Rundfunk; **3.** 'Radio(sender *m*) *n;* **4.** F Funkspruch *m;* **5.** ⚕ Röntgenstrahlen *pl.;* **II.** *v/t.* **6.** (drahtlos) senden, *Funkmeldung* 'durchgeben; **7.** (durch den Rundfunk) senden, über'tragen; **8.** ⚕ **a)** e-e Röntgenaufnahme machen von, **b)** durch'leuchten; **9.** ⚕ mit 'Radium bestrahlen.

radio- [reidiou] *in Zssgn* Funk..., Radio...

'**ra·di·o|-'ac·tive** *adj.* radioak'tiv; '~**-ac'tiv·i·ty** *s.* ,Radioaktivi'tät *f;* ~ **am·a·teur** *s.* 'Funkama,teur *m;* '~**-'bea·con** *s.* Funkbake *f;* ~ **beam** *s.* Funk-, Richtstrahl *m;* '~**-'bear·ing** *s.* **1.** Funkpeilung *f;* **2.** Peilwinkel *m;* '~**'chem·is·try** *s.* 'Radio-, 'Kernche,mie *f;* '~**-con-'trol** *s.* Funksteuerung *f,* Fernlenkung *f;* '~**'el·e·ment** *s. phys.* radioak'tives Ele'ment; ~ **fan** *s.* Funkbastler *m;* ~ **fre·quen·cy** *s.* ⚡ 'Hochfre,quenz *f.*

ra·di·o·gram ['reidiougræm] *s.* **1.** 'Funkmeldung *f,* -tele,gramm *n;* **2.** *Brit.* → *radiograph I;* **3.** → *radiogramophone.*

'**ra·di·o-'gram·o·phone** *s.* Mu'sikschrank *m,* -truhe *f.*

ra·di·o·graph ['reidiougra:f; -græf] ⚕ **I.** *s.* Radio'gramm *n, bsd.* Röntgenaufnahme *f;* **II.** *v/t.* ein Radio'gramm *etc.* machen von; **ra·di·o·graph·ic** [reidiou'græfik] *adj.* (□ ~*ally*) radio'graphisch, röntgeno'logisch.

'**ra·di·o-lo'ca·tion** *s.* Funkortung *f.*

ra·di·o·log·i·cal [reidiou'lɔdʒikəl] *adj.* ⚕ radio'logisch, Röntgen...;

ra·di·ol·o·gist [reidi'ɔlədʒist] *s.* Röntgeno'loge *m;* **ra·di·ol·o·gy** [reidi'ɔlədʒi] *s.* Strahlen-, 'Röntgenkunde *f.*

'**ra·di·o|-'mark·er** *s.* ✈ (Anflug-) Funkbake *f,* Kurzstreckenfunkfeuer *n;* '~**-'mes·sage** *s.* Funkmeldung *f.*

ra·di·om·e·ter [reidi'ɔmitə] *s. phys.* Strahlungsmesser *m.*

ra·di·o op·er·a·tor *s.* (✈ Bord-) Funker *m.*

ra·di·o·phone ['reidioufoun] *s.* **1.** *phys.* Radio'phon *n;* **2.** → *radiotelephone.*

'**ra·di·o|'pho·no·graph** *s. Am.* Mu'siktruhe *f;* '~**-'pho·to·graph** *s.* Funkbild *n;* '~**-pho'tog·ra·phy** *s.* Bildfunk *m.*

ra·di·os·co·py [reidi'ɔskəpi] *s.* ⚕ Röntgenosko'pie *f,* ('Röntgen-) Durch,leuchtung *f.*

ra·di·o| set *s.* **1.** 'Radiogerät *n,* Rundfunkempfänger *m;* **2.** Funkgerät *n;* ~ **sonde** [sɔnd] *s. meteor.* 'Radiosonde *f;* '~**-'tel·e·gram** *s.* 'Funktele,gramm *n;* '~**-te'leg·ra·phy** *s.* drahtlose Telegra'phie; '~**-'tel·e·phone** *s.* Funksprechgerät *n;* '~**-te'leph·o·ny** *s.* drahtlose Telepho'nie, Sprechfunk *m;* '~**-'ther·a·py** *s.* 'Strahlen-, 'Röntgenthera,pie *f.*

rad·ish ['rædiʃ] *s.* ♀ **1.** *a. large* ~ Rettich *m;* **2.** *a. red* ~ Ra'dieschen *n.*

ra·di·um ['reidjəm] *s.* ⚗ 'Radium *n.*

ra·di·us ['reidjəs] *pl.* **-di·i** [-diai] *od.* **-di·us·es** *s.* **1.** ⩘ 'Radius *m,* Halbmesser *m:* ~ *of turn mot.* Wendehalbmesser; **2.** ⊕, *anat.* Speiche *f;* **3.** ♀ Strahl *m;* **4.** 'Umkreis *m: within a* ~ *of;* **5.** *fig.* (Wirkungs-, Einfluß-) Bereich *m:* ~ *of action* Aktionsradius, *mot.* Fahrbereich.

ra·dix ['reidiks] *pl.* **rad·i·ces** ['reidisi:z] *s.* **1.** ⩘ 'Basis *f,* Grundzahl *f;* **2.** ♀, *a. ling.* Wurzel *f.*

raf·fi·a ['ræfiə] *s.* 'Raffiabast *m.*

raff·ish ['ræfiʃ] *adj.* □ **1.** liederlich; **2.** pöbelhaft, ordi'när.

raf·fle ['ræfl] **I.** *s.* 'Tombola *f* (*Lotterieart*), Verlosung *f;* **II.** *v/t. oft* ~ *off et.* in e-r Tombola verlosen; **III.** *v/i.* losen (*for* um).

raft [ra:ft] **I.** *s.* **1.** Floß *n;* **2.** zs.-gebundenes Holz; **3.** *Am.* Treibholz(ansammlung *f*) *n;* **4.** F Unmenge *f,* ‚Haufen' *m;* **II.** *v/t.* **5.** flößen, als Floß *od.* mit dem Floß befördern; **6.** zu e-m Floß zs.-binden; **7.** mit e-m Floß befahren *od.* über'queren; '**raft·er** [-tə] *s.* **1.** Flößer *m;* **2.** ⊕ (Dach)Sparren *m;* **rafts·man** ['ra:ftsmən] *s.* [*irr.*] Flößer *m.*

rag[1] [ræg] *s.* **1.** Fetzen *m,* Lumpen *m,* Lappen *m: in* ~*s* **a)** in Fetzen (*Stoff etc.*), **b)** zerlumpt (*Person*); *not a* ~ *of evidence* nicht den geringsten Beweis; *to chew the* ~ **a)** ‚quatschen', plaudern, **b)** ‚mekkern'; *to cook to* ~*s* zerkochen; *it's a red* ~ *to him fig.* es ist für ihn ein rotes Tuch; → *ragtag;* **2.** *pl. Papierherstellung:* Hadern *pl.,* Lumpen *pl.;* **3.** *humor.* ‚Fetzen' *m* (*Kleid, Anzug*): *not a* ~ *to put on* keinen Fetzen zum Anziehen *haben;* → *glad* 2; **4.** *humor.* ‚Lappen' *m* (*Geldschein, Taschentuch etc.*); **5.** (*contp.* Käse-, Wurst)Blatt *n* (*Zeitung*); **6.** ♪ F → *ragtime I.*

rag[2] [ræg] *sl.* **I.** *v/t.* **1.** *j-n* ‚anschnauzen'; **2.** *j-n* ‚aufziehen', ‚auf den Arm nehmen'; **3.** Schindluder treiben mit, übel mitspielen (*dat.*); **II.** *v/i.* **4.** es wüst treiben, Ra'dau machen; **III.** *s.* **5.** Radau *m;* Unfug *m,* toller Streich.

rag·a·muf·fin ['rægəmʌfin] *s.* **1.** zerlumpter Kerl, ‚Vogelscheuche' *f;* **2.** (schmutziges) Gassenkind.

'**rag|-bag** *s.* Lumpensack *m;* '~**-bolt** *s.* ⊕ Steinschraube *f,* Bartbolzen *m;* '~**-book** *s.* unzerreißbares Bilderbuch; '~**-doll** *s.* Stoffpuppe *f.*

rage [reidʒ] **I.** *s.* **1.** Wut(anfall *m*) *f,* Rase'rei *f: to be in a* ~ vor Wut schäumen, toben; *to fly into a* ~ in Wut geraten; **2.** Wüten *n,* Toben *n,* Rasen *n* (*der Elemente, der Leidenschaft etc.*); **3.** Sucht *f,* Ma'nie *f,* Gier *f* (*for* nach): ~ *for collecting things* Sammelwut; **4.** Begeisterung *f,* Taumel *m,* Rausch *m,* Ek'stase *f: it is all the* ~ es ist jetzt die große Mode, alles ist wild danach; **II.** *v/i.* **5.** (*a. fig.*) toben, rasen, wüten (*at, against* gegen).

rag fair *s.* Trödelmarkt *m.*

rag·ged ['rægid] *adj.* □ **1.** zerlumpt, abgerissen (*Person, Kleidung*); **2.** zottig (*Fell*); **3.** zerfetzt, ausgefranst (*Wunde*); **4.** zackig, gezackt (*Glas, Stein*); **5.** uneben, holp(e)rig: ~ *rhymes*; **6.** verwildert: *a* ~ *garden*; **7.** roh, unfertig, fehler-, mangelhaft; **8.** rauh (*Stimme, Ton*).

'rag·man [-mən] *s.* [*irr.*] Lumpensammler *m.*

ra·gout ['rægu:] *s.* Ra'gout *n.*

rag| pa·per *s. Papierindustrie*: 'Hadernpa,pier *n*; '~**-pick·er** *s.* Lumpensammler(in); '~**·tag** *s.* **1.** Pöbel *m*, Gesindel *n*: ~ *and bobtail* Krethi u. Plethi; **2.** Ple'bejer(in); '~**·time I.** *s.* ♪ Ragtime *m* (*Jazzstil*); **II.** *adj.* F lustig.

raid [reid] **I.** *s.* **1.** Ein-, 'Überfall *m*; Raub-, Streifzug *m*; ⚔ 'Stoßtruppunter,nehmen *n*; ⚓ Kaperfahrt *f*; ✈ (Luft)Angriff *m*; **2.** (Poli'zei-) ,Razzia *f*; **3.** *fig.* (An)Sturm *m* (*on, upon* auf *acc.*); **II.** *v/t.* **4.** e-n 'Überfall machen auf (*acc.*), e-n Einfall machen in (*acc.*), über'fallen, angreifen (*a.* ✈): ~*ing party* ⚔ Stoßtrupp; **5.** stürmen, plündern; **6.** e-e Razzia machen auf (*acc.*); **7.** *to* ~ *the market* ✝ den Markt drücken.

rail[1] [reil] **I.** *s.* **1.** ⊕ Schiene *f*, Riegel *m*, Querstange *f*; **2.** Geländer *n*; *a. main* ~ ⚓ Reling *f*; **3.** 🚂 **a)** Schiene *f*, **b)** *pl.* Gleis *n*: *by* ~ mit der Bahn; *to run off the* ~*s* entgleisen; *off the* ~*s fig.* aus dem Geleise, in Unordnung, durcheinander; ~ *car Am.*, ~*-motor Brit.* Triebwagen; **4.** *pl.* ✝ 'Eisenbahn,aktien *pl.*; **II.** *v/t.* **5.** *a.* ~ *in* mit e-m Geländer versehen *od.* um'geben: *to* ~ *off* durch ein Geländer (ab)trennen.

rail[2] [reil] *s. orn.* Ralle *f.*

rail[3] [reil] *v/i.* schimpfen, lästern, fluchen (*at, against* über *acc.*): *to* ~ *at* (*od. against*) beschimpfen, über *et.* herziehen; **'rail·er** [-lə] *s.* Schmäher(in).

'rail·head *s.* **1.** ⚔ 'Kopfstati,on *f*, Ausladebahnhof *m*; **2.** 🚂 **a)** Schienenkopf *m*, **b)** im Bau befindliches Ende (*e-r neuen Strecke*).

rail·ing ['reiliŋ] *s.* **1.** *a. pl.* Geländer *n*, Gitter *n*; **2.** ⚓ Reling *f.*

rail·ler·y ['reiləri] *s.* Necke'rei *f*, Stiche'lei *f*, (gutmütiger) Spott.

rail·road ['reilroud] *Am.* **I.** *s.* **1.** Eisenbahn *f*; **2.** *pl.* ✝ 'Eisenbahn-,aktien *pl.*; **II.** *adj.* **3.** Eisenbahn...: ~ *accident*; **III.** *v/t.* **4.** mit der Eisenbahn befördern; **5.** F *Gesetz etc.* 'durchpeitschen; ~ **car** *s. Am.* 'Eisenbahnwagen *m*, -wag,gon *m.*

rail·road·er ['reilroudə] *s. Am.* Eisenbahner *m.*

rail·road sta·tion *s. Am.* Bahnhof *m.*

rail·way ['reilwei] **I.** *s.* **1.** *bsd. Brit.* Eisenbahn *f*; **2.** Lo'kalbahn *f*; **II.** *adj.* **3.** Eisenbahn...: ~ *accident*; ~ **car·riage** *s. Brit.* Per'sonenwagen *m*; ~ **guard** *s. Brit.* Zugbegleiter *m*; ~ **guide** *s. Brit.* Kursbuch *n*; '~**·man** [-weimən] *s.* [*irr.*] *Brit.* Eisenbahner *m*; ~ **sta·tion** *s. Brit.* Bahnhof *m.*

rai·ment ['reimənt] *s. poet.* Kleidung *f*, Gewand *n.*

rain [rein] **I.** *s.* **1.** Regen *m*; *pl.* Regenfälle *pl.*, -güsse *pl.*: *the* ~*s* die Regenzeit (*in den Tropen*); ~ *or shine* bei jedem Wetter; *as right as* ~ F ganz richtig, in Ordnung; **II.** *v/i.* **2.** *impers.* regnen; → *pour 6*; **3.** *fig.* regnen; niederprasseln (*Schläge*); strömen (*Tränen*); **III.** *v/t.* **4.** *Tropfen etc.* (her)'niedersenden, regnen: *it's* ~*ing cats and dogs* es gießt in Strömen; **5.** *fig.* regnen *od.* hageln lassen; '~**·bow** [-bou] *s.* Regenbogen *m*; ~ **check** *s. Am.* Einlaßkarte *f* für die Wieder'holung e-r verregneten Veranstaltung: *may I take a* ~ *on it? fig.* darf ich darauf (*auf Ihr Angebot etc.*) später einmal zurückkommen?; '~**·coat** *s.* Regenmantel *m*; '~**·drop** *s.* Regentropfen *m*; '~**·fall** *s.* **1.** Regen(schauer) *m*; **2.** *meteor.* Niederschlagsmenge *f*; '~**-for·est** *s.* Regenwald *m*; '~**-ga(u)ge** *s.* Niederschlagsmesser *m.*

rain·i·ness ['reininis] *s.* **1.** Regenneigung *f*; **2.** Regenwetter *n.*

'rain|·proof I. *adj.* wasserdicht; **II.** *s.* Regenmantel *m*; '~**·storm** *s.* heftiger Regenguß.

rain·y ['reini] *adj.* □ regnerisch, verregnet; Regen...(*-wetter, -wind etc.*): *to save up for a* ~ *day fig.* e-n Notgroschen zurücklegen.

raise [reiz] **I.** *v/t.* **1.** *oft* ~ *up* (in die Höhe) heben, auf-, em'por-, hochheben, erheben, erhöhen; *mit Kran etc.* hochwinden, -ziehen; *Augen* erheben, aufschlagen; ⚕ *Blasen* ziehen; *Kohle* fördern; *Staub* aufwirbeln; *Vorhang* hochziehen; *Teig, Brot* treiben: *to* ~ *one's glass to* auf *j-n* das Glas erheben, *j-m* zutrinken; *to* ~ *one's hat* (*to s.o.*) den Hut lüften (vor j-m); ~*d cake* Hefekuchen; → *power 12*; **2.** aufrichten, -stellen, aufrecht stellen; **3.** errichten, erstellen, (er)bauen; **4.** *Familie* gründen; *Kinder* auf-, großziehen; **5. a)** *Pflanzen* ziehen, **b)** *Tiere* züchten; **6.** aufwecken: *to* ~ *from the dead* von den Toten erwecken; **7.** *Geister* zitieren, beschwören; **8.** *Gelächter, Sturm etc.* her'vorrufen, verursachen; *Erwartungen, Verdacht, Zorn* erwecken, erregen; *Gerücht* aufkommen lassen; *Schwierigkeiten* machen; **9.** *Geist, Mut* beleben, anfeuern; **10.** aufwiegeln (*against* gegen); *Aufruhr* anstiften, -zetteln; **11.** *Geld etc.* beschaffen; *Anleihe, Hypothek, Kredit* aufnehmen; *Steuern* erheben; *Heer* aufstellen; **12.** *Stimme, Geschrei* erheben; **13.** *An-, Einspruch* erheben, *Einwand a.* vorbringen, geltend machen, *Forderung a.* stellen; *Frage* aufwerfen; *Sache* zur Sprache bringen; **14.** (ver)stärken, vergrößern, vermehren; **15.** *Lohn, Preis, Wert etc.* erhöhen, hin'aufsetzen; *Temperatur, Wette etc.* steigern; **16.** (im Rang) erhöhen: *to* ~ *to the throne* (*peerage*) auf den Thron (in den Pairsstand) erheben; **17.** *Belagerung, Blockade etc., a. Verbot* aufheben; **18.** ⚓ sichten; **II.** *s.* **19.** Erhöhung *f*; Steigung *f* (*Straße*); **20.** (Gehalts-, Lohn)Erhöhung *f*, Aufbesserung *f*; **raised** [-zd] *adj.* **1.** erhöht; **2.** gesteigert; **3.** ⊕ erhaben; **'rais·er** [-zə] *s.* **1.** Erbauer(in); **2.** Gründer(in), Stifter (-in); **3.** Züchter(in).

rai·sin ['reizn] *s.* Ro'sine *f.*

rais·ing plat·form ['reiziŋ] *s.* ⊕ Hebebühne *f.*

rai·son d'ê·tre ['reizɔ̃:n'deitr; rɛzɔ̃ dɛ:tr] (*Fr.*) *s.* Daseinsberechtigung *f*, -zweck *m.*

ra·ja(h) ['rɑ:dʒə] *s.* 'Radscha *m* (*indischer Fürst*).

rake[1] [reik] **I.** *s.* **1.** Rechen *m* (*a. des Croupiers etc.*), Harke *f*; **2.** ⊕ **a)** Rührstange *f*, **b)** Kratze *f*, **c)** Schürhaken *m*; **II.** *v/t.* **3.** (glatt-, zs.-) rechen, (-)harken; **4.** *mst* ~ *together* zs.-scharren (*a. fig. zs.-raffen*); **5.** durch'stöbern (*a.* ~ *up*, ~ *over*): *to* ~ *up fig. alte Geschichten* aufrühren; **6.** ⚔ (mit Feuer) bestreichen, ‚beharken'; **7.** über'blicken; (mit den Augen) absuchen: *to* ~ *out* auskundschaften; **III.** *v/i.* **8.** rechen, harken; **9.** *fig.* her'umstöbern, -suchen (*for* nach).

rake[2] [reik] *s.* Rou'é *m*, Wüstling *m*, Lebemann *m.*

rake[3] [reik] **I.** *v/i.* **1.** Neigung haben; **2.** ⚓ **a)** 'überhängen (*Steven*), **b)** Fall haben (*Mast, Schornstein*); **II.** *v/t.* **3.** (nach rückwärts) neigen; **III.** *s.* **4.** Neigung(swinkel *m*) *f.*

'rake-off *s. sl.* Gewinnanteil *m*, Provisi'on *f*, *bsd.* 'Schwindelpro,fit *m.*

rak·ish[1] ['reikiʃ] *adj.* □ ausschweifend, liederlich, wüst.

rak·ish[2] ['reikiʃ] *adj.* **1.** ⚓, *mot.* schnittig (gebaut); **2.** *fig.* flott, verwegen.

ral·ly[1] ['ræli] **I.** *v/t.* **1.** *Truppen etc.* (wieder) sammeln *od.* ordnen; **2.** vereinigen, scharen (*round, to* um *acc.*), zs.-trommeln; **3.** aufrütteln, -muntern, in Schwung bringen; **4.** *Kräfte etc.* sammeln, zs.-raffen; **II.** *v/i.* **5.** sich (wieder) sammeln; **6.** *a. fig.* sich scharen (*round, to* um *acc.*); sich zs.-tun; sich anschließen (*to dat. od.* an *acc.*); **7.** *a.* ~ *round* sich erholen (*a. fig. u.* ✝), neue Kräfte sammeln; *sport etc.* sich ‚fangen'; **III.** *s.* **8.** ⚔ Sammeln *n*; **9.** Zs.-kunft *f*, Treffen *n*, Tagung *f*, Kundgebung *f*, (Massen)Versammlung *f*; **10.** Erholung *f* (*a.* ✝ *der Preise, des Marktes*); **11.** *Tennis*: Ballwechsel *m*; **12.** *mot.* Rallye *f*, Sternfahrt *f.*

ral·ly[2] ['ræli] *v/t.* ‚aufziehen', hänseln.

ral·ly·ing ['ræliiŋ] *adj.* Sammel...: ~ *cry* Parole, Schlagwort; ~ *point* Sammelpunkt, -platz.

ram [ræm] **I.** *s.* **1.** *zo.* (*ast.* ♈) Widder *m*; **2.** ⚔ *hist.* Sturmbock *m*; **3.** ⊕ **a)** Ramme *f*, **b)** Rammbock m, -bär *m*, **c)** Preßkolben *m*; **4.** ⚓ Ramme *f*, Rammsporn *m*; **II.** *v/t.* **5.** (fest-, ein-) rammen (*a.* ~ *down od. in*); *weitS.* (gewaltsam) stoßen, drücken; **6.** (hin'ein)stopfen: *to* ~ *up* **a)** vollstopfen, **b)** verrammeln, verstopfen; **7.** *fig.* eintrichtern, -pauken: *to* ~ *s.th. into s.o.* j-m et. einbleuen; → *throat 1*; **8.** ⚓, ✈ *etc.* rammen; *weitS.* stoßen, schmettern, *wohin* ‚knallen'.

ram·ble ['ræmbl] **I.** *v/i.* **1.** um'herwandern, -streifen, bummeln; **2.** sich winden (*Fluß etc.*); **3.** ⚘ wuchern, (üppig) ranken; **4.** *fig.* (vom Thema) abschweifen; drauf'losreden; **II.** *s.* **5.** (Fuß)Wanderung *f*, Streifzug *m*; Bummel *m*; **'ram·bler** [-lə] *s.* **1.** Wanderer *m*, Wandrer

(-in); Um'herstreicher(in); 2 *a. crimson* ~ ⚘ Kletterrose *f*; '**ram·bling** [-liŋ] **I.** *adj.* □ **1.** um'herwandernd, -streifend, bummelnd: ~ *club* Wanderverein; **2.** ⚘ (üppig) rankend, wuchernd; **3.** weitläufig, verschachtelt (*Gebäude*); **4.** *fig.* abschweifend, weitschweifig, planlos; **II.** *s.* **5.** Wandern *n*, Um'herschweifen *n*.

ram·bunc·tious [ræm'bʌŋkʃəs] *adj.* laut, lärmend, wild.

ram·ie ['ræmi:] *s.* ⚘ Ra'mie(faser ✝) *f*.

ram·i·fi·ca·tion [ræmifi'keiʃən] *s.* Verzweigung *f*, -ästelung *f* (*a. fig.*); **ram·i·fy** ['ræmifai] *v/t. u. v/i.* (sich) verzweigen (*a. fig.*).

ram·jet, ram-jet en·gine ['ræmdʒet] *s.* ⊕ Staustrahltriebwerk *n*.

ram·mer ['ræmə] *s.* **1.** ⊕ **a)** (Hand-)Ramme *f*, **b)** *Gießerei*: Stampfer *m*; **2.** ⚔ (Geschoß)Ansetzer *m*.

ramp[1] [ræmp] **I.** *s.* **1.** Rampe *f* (*a.* ⚠ *Abdachung*); **2.** (schräge) Auffahrt, (Lade)Rampe *f*; **3.** Krümmling *m* (*am Treppengeländer*); **II.** *v/i.* **4.** sich *drohend* aufrichten, zum Sprung ansetzen (*Tier*); **5.** toben, rasen; **6.** ⚘ wuchern; **III.** *v/t.* **7.** mit e-r Rampe versehen.

ramp[2] [ræmp] *s. Brit. sl.* **1.** Schwindel *m*, Schiebung *f*; **2.** Geldschneide'rei *f*.

ram·page [ræm'peidʒ] **I.** *v/i.* (her'um)toben, (-)rasen; **II.** *s.*: *to be on the* ~ (sich aus)toben; **ram'pa·geous** [-dʒəs] *adj.* □ wild, wütend.

ramp·an·cy ['ræmpənsi] *s.* **1.** Über'handnehmen *n*, 'Umsichgreifen *n*, Wuchern *n*; **2.** *fig.* Ausgelassenheit *f*, Wildheit *f*; '**ramp·ant** [-nt] *adj.* □ **1.** wild, zügellos, ausgelassen; **2.** über'handnehmend: *to be* ~ um sich greifen, grassieren; **3.** üppig, wuchernd (*Pflanzen*); **4.** (drohend) aufgerichtet, sprungbereit (*Tier*); **5.** *her.* steigend.

ram·part ['ræmpɑ:t] *s.* ⚔ **a)** Brustwehr *f*, **b)** (Schutz)Wall *m* (*a. fig.*).

ram·pi·on ['ræmpjən] *s.* ⚘ Ra'punzelglockenblume *f*.

ram·rod ['ræmrɔd] *s.* ⚔ *hist.* Ladestock *m*: *as stiff as a* ~ als hätte *er etc.* e-n Ladestock verschluckt.

ram·shack·le ['ræmʃækl] *adj.* baufällig, wack(e)lig.

ran[1] [ræn] *pret. von run.*

ran[2] [ræn] *s.* **1.** Docke *f* Bindfaden; **2.** ⚓ aufgehaspeltes Kabelgarn.

ranch [rɑ:ntʃ; *bsd. Am.* ræntʃ] **I.** *s.* Ranch *f*, amer. Viehfarm *f*; **II.** *v/i.* Viehzucht treiben; '**ranch·er** [-tʃə] *s. Am.* **1.** Rancher *m*, Viehzüchter *m*; **2.** Farmer *m*.

ran·cid ['rænsid] *adj.* **1.** ranzig (*Butter etc.*); **2.** *fig.* widerlich; **ran·cid·i·ty** [ræn'siditi], '**ran·cid·ness** [-nis] *s.* Ranzigkeit *f*.

ran·cor *Am.* → *rancour.*

ran·cor·ous ['ræŋkərəs] *adj.* □ erbittert, boshaft, voller Groll, giftig; **ran·cour** ['ræŋkə] *s.* Erbitterung *f*, Groll *m*, Haß *m*.

ran·dom ['rændəm] **I.** *adj.* □ ziel-, wahllos, zufällig, aufs Gerate'wohl, Zufalls...: ~ *mating biol.* Zufallspaarung; ~ *sample* (*od. test*) Stichprobe; ~ *shot* Schuß ins Blaue; **II.** *s.*: *at* ~ aufs Geratewohl, auf gut Glück, blindlings, zufällig: *to talk at* ~ faseln, drauflosreden.

ra·nee [rɑ:'ni:] *s.* Rani *f* (*indische Fürstin*).

rang [ræŋ] *pret. von ring*[2].

range [reindʒ] **I.** *s.* **1.** Reihe *f*; (Berg)Kette *f*; **2.** (Koch-, Küchen-)Herd *m*; **3.** Schießstand *m*, -platz *m*; **4.** Entfernung *f zum Ziel*, Abstand *m*: *at a* ~ of aus (*od.* in) e-r Entfernung von; *at close* ~ aus der Nähe; *to find the* ~ ⚔ sich einschießen; *to take the* ~ die Entfernung schätzen; **5.** *bsd.* ⚔ Reich-, Trag-, Schußweite *f*; ⚓ Laufstrecke *f* (*Torpedo*); ✈ Flugbereich *m*: *out of* ~ außer Schußweite; *within* ~ *of vision* in Sichtweite; → *long-range*; **6.** Ausdehnung *f*, (ausgedehnte) Fläche; **7.** *fig.* Bereich *m*, Spielraum *m*, Grenzen *pl.*; (⚘, *zo.* Verbreitungs-)Gebiet *n*: ~ (*of action*) Aktionsbereich; ~ (*of activities*) (Betätigungs-)Feld; ~ *of application* Anwendungsbereich; ~ *of prices* ✝ Preislage, -klasse; ~ *of reception Funk*: Empfangsbereich; *boiling* ~ *phys.* Siedebereich; **8.** ✝ Kollekti'on *f*, Sorti'ment *n*: *a wide* ~ (*of goods*) e-e große Auswahl, ein großes Angebot; **9.** Bereich *m*, Gebiet *n*, Raum *m*: ~ *of knowledge* Wissensbereich; ~ *of thought* Ideenkreis; *in the* ~ *of politics* auf politischem Gebiet; **10.** ♪ **a)** 'Ton-, 'Stimm,umfang *m*, **b)** Ton-, Stimmlage *f*; **II.** *v/t.* **11.** (in Reihen) aufstellen *od.* anordnen; **12.** einreihen, -ordnen: *to* ~ *o.s. with* (*od. on the side of*) zu *j-m* halten; **13.** *Gebiet etc.* durch'streifen, -'wandern; **14.** längs *der Küste* fahren, entlangfahren; **15.** *Teleskop etc.* einstellen; **16.** ⚔ **a)** *Geschütz* richten (*on* auf *acc.*), **b)** e-e Reichweite haben von, tragen; **III.** *v/i.* **17.** (*with*) e-e Reihe *od.* Linie bilden (mit), in e-r Reihe *od.* Linie stehen (mit); **18.** sich erstrecken, verlaufen, sich ausdehnen, reichen; **19.** *fig.* rangieren (*among* unter), im gleichen Rang stehen (*with* mit); zählen, gehören (*with* zu); **20.** (um'her)streifen, (-)schweifen, wandern (*a. Auge, Blick*); **21.** ⚘, *zo.* vorkommen, verbreitet *od.* zu finden sein; **22.** schwanken, sich bewegen (*from ... to ... od. between ... and ...* zwischen ... und ...) (*Zahlenwert, Preis etc.*); **23.** ⚔ sich einschießen (*Geschütz*).

'**range-find·er** *s.* ⚔, *phot.* Entfernungsmesser *m* (⚔ *a. Mann*).

rang·er ['reindʒə] *s.* **1.** *Am.* Förster *m*; **2.** *Brit.* Aufseher *m* e-s königlichen Forsts *od.* Parks (*Titel*); **3.** *bsd. Am.* Angehörige(r) *m* einer (berittenen) Schutztruppe; **4.** ♀s *pl.* ⚔ *Am.* Kom'mandotruppe *f*; **5.** Ranger *m* (*Pfadfinderin über 16*).

rank[1] [ræŋk] **I.** *s.* **1.** Reihe *f*, Linie *f*; **2.** ⚔ **a)** Glied *n*, **b)** Rang *m*, Dienstgrad *m*: *the* ~*s* (Unteroffiziere und) Mannschaften; ~ *and file* ⚔ *der* Mannschaftsstand, *fig. die* große *od.* breite Masse; *in* ~ *and file* in Reih und Glied; *to close the* ~*s* die Reihen schließen; *to join the* ~*s* ins Heer eintreten; *to rise from the* ~*s* von der Pike auf dienen (*a. fig.*); **3.** (sozi'ale) Klasse, Stand *m*, Schicht *f*, Rang *m*: *man of* ~ Mann von Stand; ~ *and fashion* die vornehme Welt; *of second* ~ zweitrangig; *to take* ~ *of* den Vorrang haben vor (*dat.*); *to take* ~ *with* mit *j-m* gleichrangig sein; **II.** *v/t.* **4.** (ein)reihen, (-)ordnen, klassifizieren; **5.** *Truppe etc.* aufstellen, formieren; **6.** *fig.* rechnen, zählen (*with, among* zu): *I* ~ *him above Shaw* ich stelle ihn über Shaw; **III.** *v/i.* **7.** sich reihen *od.* ordnen; ⚔ (in geschlossener Formati'on) marschieren; **8.** e-n Rang *od.* e-e Stelle einnehmen, rangieren (*above* über *dat.*, *below* unter *dat.*, *next to* hinter *dat.*): *to* ~ *as* gelten als; *to* ~ *first* an erster Stelle stehen; *to* ~ *high* e-n hohen Rang einnehmen; ~*ing officer Am.* rangältester Offizier; **9.** gehören, zählen (*among, with* zu).

rank[2] [ræŋk] *adj.* □ **1.** üppig, geil wachsend (*Pflanzen*); **2.** fruchtbar, fett (*Boden*); **3.** stinkend, ranzig; **4.** widerlich, scharf (*Geruch od. Geschmack*); **5.** kraß: ~ *nonsense* blühender Unsinn; ~ *outsider* krasser Außenseiter; ~ *treason* regelrechter Verrat; **6.** ekelhaft, unanständig.

rank·er ['ræŋkə] *s.* ⚔ aus dem Mannschaftsstand her'vorgegangener Offi'zier.

ran·kle ['ræŋkl] *v/i.* **1.** schwären (*Wunde*); **2.** *fig.* nagen, fressen.

rank·ness ['ræŋknis] *s.* **1.** Üppigkeit *f*, üppiges Wachstum; **2.** scharfer Geruch *od.* Geschmack.

ran·sack ['rænsæk] *v/t.* **1.** durch'wühlen, -'stöbern; **2.** plündern, ausrauben.

ran·som ['rænsəm] **I.** *s.* **1.** Loskauf *m*, Auslösung *f*; **2.** Lösegeld *n*: *a king's* ~ e-e Riesensumme; *to hold to* ~ *j-n* gegen Lösegeld gefangenhalten; **3.** *eccl.* Erlösung *f*; **II.** *v/t.* **4.** los-, freikaufen; **5.** *eccl.* erlösen.

rant [rænt] **I.** *v/i.* **1.** toben, lärmen; **2.** schwadronieren, Phrasen dreschen; **3.** (g)eifern, schimpfen (*at, against* über *acc.*); **II.** *v/t.* **4.** pa'thetisch vortragen; **III.** *s.* **5.** Wortschwall *m*; Schwulst *m*, leeres Gerede, ,Phrasendresche'rei *f*; '**rant·er** [-tə] *s.* **1.** pa'thetischer Redner, Kanzelpauker *m*; **2.** Schwadro'neur *m*, Großsprecher *m*.

ra·nun·cu·lus [rə'nʌŋkjuləs] *pl.* **-lus·es, -li** [-lai] *s.* ⚘ Ra'nunkel *f*, Hahnenfuß *m*.

rap[1] [ræp] **I.** *v/t.* **1.** klopfen *od.* pochen an *od.* auf (*acc.*): *to* ~ *s.o.'s fingers* (*od. knuckles*) *bsd. fig.* j-m auf die Finger klopfen; **2.** *Am. sl.* *j-m* e-e ‚Zi'garre' verpassen; **3.** ~ *out* **a)** durch Klopfen mitteilen (*Geist*), **b)** her'auspoltern, ‚bellen'; **II.** *v/i.* **4.** klopfen, pochen, schlagen (*at* an *acc.*); **III.** *s.* **5.** Klopfen *n*, leichter Schlag, Klaps *m*; **6.** *Am. sl.* Rüge *f*, ‚Zigarre' *f*; **7.** *sl.* Anklage *f*: *to beat the* ~ sich rauswinden; *to take the* ~ die Sache ‚ausbaden' müssen.

rap[2] [ræp] *s. fig.* Heller *m*, Deut *m*: *I don't care* (*od. give*) *a* ~ (*for it*) es ist mir ganz egal; *it is not worth a* ~ es ist keinen Pfifferling wert.

ra·pa·cious [rə'peiʃəs] *adj.* □ raubgierig, Raub...(*-tier, -vogel*); *fig.* (hab)gierig; **ra'pa·cious·ness** [-nis], **ra'pac·i·ty** [-'pæsiti] *s.* Raubgier *f*; *fig.* Habgier *f*.

rape¹ [reip] **I.** *s.* **1.** Vergewaltigung *f* (*a. fig.*), *bsd.* ⚖ Notzucht *f*: ~ *and murder* Lustmord; *statutory* ~ *Am.* ⚖ Unzucht mit Minderjährigen; **2.** Entführung *f*, Raub *m*; **II.** *v/t.* **3.** *Frau* vergewaltigen; **4.** rauben.

rape² [reip] *s.* ⚘ Raps *m.*

rape³ [reip] *s.* Trester *pl.*

'rape|-oil *s.* Rüb-, Rapsöl *n*; **'~-seed** *s.* Rübsamen *m.*

rap·id ['ræpid] **I.** *adj.* □ **1.** schnell, rasch, ra'pid(e); reißend (*Fluß*; ✝ *Absatz*); Schnell...: ~ *fire* ⚔ Schnellfeuer; ~ *transit Am.* Nahschnellverkehr; **2.** jäh, steil (*Hang*); **3.** *phot.* **a)** lichtstark (*Objektiv*), **b)** hochempfindlich (*Film*); **II.** *s.* **4.** *pl.* Stromschnelle(n *pl.*) *f*; **ra·pid·i·ty** [rə'piditi] *s.* Schnelligkeit *f*, (rasende) Geschwindigkeit.

ra·pi·er ['reipjə] *s. fenc.* Ra'pier *n*: ~-*thrust fig.* Nadelstich (*Bemerkung*).

rap·ist ['reipist] *s. Am.* Frauenschänder *m*: ~-*killer* Lustmörder.

rap·port [ræ'pɔː] *s.* Beziehung *f*, Verhältnis *n*: *to be in* (*od. en*) ~ *with* mit *j-m* in Verbindung stehen, *fig.* gut harmonieren mit.

rap·proche·ment [ræ'prɔʃmɑ̃ːŋ; raprɔʃmɑ̃] (*Fr.*) *s. bsd. pol.* (Wieder)'Annäherung *f.*

rapt [ræpt] *adj.* **1.** versunken, verloren (*in* in *acc.*): ~ *in thought*; **2.** hingerissen, entzückt (*with*, *by* von); **3.** verzückt (*Lächeln etc.*); gespannt (*upon* auf *acc.*) (*a. Aufmerksamkeit*).

rap·to·ri·al [ræp'tɔːriəl] *orn.* **I.** *adj.* Raub...; **II.** *s.* Raubvogel *m.*

rap·ture ['ræptʃə] *s.* **1.** Entzücken *n*, Verzückung *f*, Begeisterung *f*, Taumel *m*: *in* ~*s* hingerissen (*at* von); *to go into* ~*s* in Verzückung geraten (*over* über *acc.*); **2.** *pl.* Ausbruch *m* des Entzückens, Begeisterungstaumel *m*; **'rap·tur·ous** [-tʃərəs] *adj.* □ **1.** entzückt, hingerissen; **2.** stürmisch, leidenschaftlich (*Beifall etc.*); **3.** verzückt (*Gesicht*).

rare¹ [rɛə] *adj.* □ **1.** selten, rar (*a. fig. ungewöhnlich, hervorragend, köstlich*): ~ *earth* ⚗ seltene Erde; ~ *fun* F Mordsspaß; ~ *gas* Edelgas; **2.** *phys.* dünn (*Luft*).

rare² [rɛə] *adj.* halbgar, nicht 'durchgebraten (*Fleisch*).

rare·bit ['rɛəbit] *s.*: *Welsh* ~ überbackene Käseschnitte.

'rar·ee-show ['rɛəriː] *s.* **1.** Guck-, Rari'tätenkasten *m*; **2.** *fig.* Schauspiel *n.*

rar·e·fac·tion rɛəri'fækʃən] *s. phys.* Verdünnung *f*; **rar·e·fy** ['rɛərifai] **I.** *v/t.* **1.** verdünnen; **2.** *fig.* verfeinern; **II.** *v/i.* **3.** sich verdünnen.

rare·ness ['rɛənis], **rar·i·ty** ['rɛəriti] *s.* **1.** Seltenheit *f*: **a)** Ungewöhnlichkeit *f*, **b)** Rari'tät *f*, Kostbarkeit *f*; **2.** Vor'trefflichkeit *f*; **3.** *phys.* Dünnheit *f.*

ras·cal ['rɑːskəl] *s.* **1.** Schuft *m*, Schurke *m*, Ha'lunke *m*; **2.** *humor.* Spitzbube *m*, Gauner *m*; **ras·cal·i·ty** [rɑːs'kæliti] *s.* Schurke'rei *f*; **'ras·cal·ly** [-kəli] *adj. u. adv.* niederträchtig, schurkisch; gemein.

rase → *raze.*

rash¹ [ræʃ] *adj.* □ **1.** hastig, über'eilt, -'stürzt, vorschnell: *a* ~ *decision*; **2.** unbesonnen, tollkühn.

rash² [ræʃ] *s.* ℞ (Haut)Ausschlag *m.*

rash·er ['ræʃə] *s.* Speckschnitte *f.*

rash·ness ['ræʃnis] *s.* **1.** Hast *f*, Über'eiltheit *f*, -'stürztheit *f*; **2.** Unbesonnenheit *f*, Tollkühnheit *f.*

rasp [rɑːsp] **I.** *v/t.* **1.** raspeln, feilen, schaben; **2.** *fig. Gefühle etc.* verletzen; *Ohren* beleidigen; *Nerven* reizen; **3.** krächzen(d äußern); **II.** *s.* **4.** Raspel *f*, Grobfeile *f*; Reibeisen *n.*

rasp·ber·ry ['rɑːzbəri] *s.* **1.** ⚘ Himbeere *f*; **2.** *a.* ~-*cane* ⚘ Himbeerstrauch *m*; **3.** *to give s.o. the* ~ *fig. sl.* j-n auspfeifen.

rasp·ing ['rɑːspiŋ] **I.** *adj.* □ **1.** kratzend, krächzend (*Stimme etc.*); **II.** *s.* **2.** Raspeln *n*; **3.** *pl.* Raspelspäne *pl.*

ras·ter ['ræstə] *s. Fernsehen, opt.* Raster *m.*

rat [ræt] **I.** *s.* **1.** *zo.* Ratte *f*: *to smell a* ~ *fig.* Lunte *od.* den Braten riechen, Unrat wittern; *like a drowned* ~ pudelnaß; ~*s!* ‚Quatsch'!; **2.** *pol.* 'Überläufer *m*, Abtrünnige(r *m*) *f*; **3.** *sl.* Streikbrecher *m*; **4.** *sl.* Ha'lunke *m*; **II.** *v/i.* **5.** *pol.* 'überlaufen, die Farbe wechseln; **6.** *sl.* (ein) Streikbrecher sein; **7.** *sl.* ‚singen': *to* ~ *on j-n* ‚verpfeifen'; **8.** Ratten fangen.

rat·a·bil·i·ty [reitə'biliti] *s.* **1.** (Ab-)Schätzbarkeit *f*; **2.** Verhältnismäßigkeit *f*; **3.** *bsd. Brit.* Steuerbarkeit *f*, 'Umlagepflicht *f*; **rat·a·ble** ['reitəbl] *adj.* □ **1.** (ab)schätzbar, abzuschätzen(d), bewertbar; **2.** anteilmäßig, proportio'nal; **3.** *bsd. Brit.* (kommu'nal)steuerpflichtig; zollpflichtig: ~ *value* steuerbarer Wert.

ratch [rætʃ] *s.* ⊕ **1.** (gezahnte) Sperrstange; **2.** Auslösung *f* (*Uhr*).

ratch·et ['rætʃit] *s.* ⊕ Sperrklinke *f*; **'~-wheel** *s.* ⊕ Sperrad *n.*

rate¹ [reit] **I.** *s.* **1.** (Verhältnis)Ziffer *f*, 'Quote *f*, Maß(stab *m*) *n*, (*Wachstums-, Inflations- etc.*)Rate *f*: *birth-*~ Geburtenziffer; *death-*~ Sterblichkeitsziffer; *at the* ~ *of* im Verhältnis von (→ *2 u. 6*); *at a fearful* ~ in erschreckendem Ausmaß; **2.** (*Diskont-, Lohn-, Steuer- etc.*)Satz *m*, Kurs *m*, Ta'rif *m*: ~ *of exchange* (Umrechnungs-, Wechsel)Kurs; ~ *of the day* Tageskurs; *at the* ~ *of* zum Satze von; **3.** (festgesetzter) Preis, Betrag *m*, Taxe *f*: *at any* ~ *fig.* **a)** auf jeden Fall, **b)** wenigstens; *at that* ~ unter diesen Umständen; **4.** (*Post- etc.*)Gebühr *f*, 'Porto *n*; (Gas-, Strom)Preis *m*: *inland* ~ Inlandporto; **5.** *Brit.* (Kommu'nal)Steuer *f*, (Gemeinde)Abgabe *f*; **6.** (rela'tive) Geschwindigkeit: ~ *of climb* ✈ Steiggeschwindigkeit; ~ *of energy phys.* Energiemenge pro Zeiteinheit; ~ *of an engine* Motorleistung; ~ *plate* ⊕ Leistungsschild; *at the* ~ *of* mit e-r Geschwindigkeit von; **7.** Grad *m*, Rang *m*, Klasse *f*; → *first-rate etc.*; **8.** ⚓ **a)** Klasse *f* (*Schiff*), **b)** Dienstgrad *m* (*Matrose*); **II.** *v/t.* **9.** *et.* abschätzen, taxieren (*at* auf *acc.*); **10.** *j-n* einschätzen, beurteilen; ⚓ *Seemann* einstufen; **11.** *Preis etc.* bemessen, ansetzen; *Kosten* veranschlagen: *to* ~ *up* höher versichern; **12.** *j-n* betrachten als, halten für; **13.** rechnen, zählen (*among* zu); **14.** *Brit.* **a)** (zur Steuer) veranlagen, **b)** besteuern; **15.** *Am. sl. et.* wert sein, Anspruch haben auf (*acc.*); **III.** *v/i.* **16.** angesehen werden, gelten (*as* als): *to* ~ *high* (*low*) hoch (niedrig) ‚im Kurs stehen'; *to* ~ *with s.o.* bei j-m e-n Stein im Brett haben.

rate² [reit] **I.** *v/t.* ausschelten (*for, about* wegen); **II.** *v/i.* schimpfen (*at* auf *acc.*).

rate·a·bil·i·ty *etc.* → *ratability etc.*

rat·ed ['reitid] *adj.* **1.** (gemeinde-)steuerpflichtig; **2.** ⊕ Nenn...: ~ *power* Nennleistung.

'rate·pay·er *s. Brit.* (Gemeinde-)Steuerzahler(in).

rath·er ['rɑːðə] *adv.* **1.** ziemlich, recht, fast, etwas: ~ *cold* ziemlich kalt; *I would* ~ *think* ich möchte fast glauben; *I* ~ *expected it* ich habe es fast erwartet; **2.** lieber, eher (*than* als): *I would* (*od. had*) *much* ~ *go* ich möchte viel lieber gehen; **3.** (*or* oder) vielmehr, eigentlich, besser gesagt; **4.** *bsd. Brit.* F (ja) freilich!, gewiß!, aller'dings!

rat·i·fi·ca·tion [rætifi'keiʃən] *s.* **1.** Bestätigung *f*, Genehmigung *f*; **2.** *pol.* Ratifizierung *f*; **rat·i·fy** ['rætifai] *v/t.* **1.** bestätigen, genehmigen, gutheißen; **2.** *pol.* ratifizieren.

rat·ing¹ ['reitiŋ] *s.* **1.** (Ab)Schätzung *f*, Bewertung *f*, Beurteilung *f*; *Am. ped.* (Zeugnis)Note *f*: *efficiency* ~ *Am.* Leistungsbeurteilung; **2.** ⚓ **a)** Dienstgrad *m*, **b)** *Brit.* Ma'trose *m*, **c)** *pl. Brit.* Leute *pl.* e-s bestimmten Dienstgrades; **3.** ⚓ (Segel)Klasse *f*; **4.** ✝ Kre'ditwürdigkeit *f*; **5.** Ta'rif *m*; **6.** *Brit.* **a)** (Gemeindesteuer-)Veranlagung *f*, **b)** Steuersatz *m*; **7.** ⊕ Leistung *f.*

rat·ing² ['reitiŋ] *s.* Schelte(n *n*) *f*; Verweis *m*, Rüffel *m.*

ra·tio ['reiʃiou] *s.* **1.** 𝔄 *etc.* Verhältnis *n*: ~ *of distribution* Verteilungsschlüssel; *to be in the inverse* ~ **a)** im umgekehrten Verhältnis stehen, **b)** 𝔄 umgekehrt proportional sein (*to* zu); **2.** 𝔄 Quoti'ent *m*; **3.** ✝ Wertverhältnis *n* zwischen Gold u. Silber; **4.** ⊕ *Getriebe*: Über'setzungsverhältnis *n.*

ra·ti·oc·i·na·tion [rætiɔsi'neiʃən] *s.* **1.** (vernunftmäßiges) Folgern; **2.** (Schluß)Folgerung *f.*

ra·tion ['ræʃən] **I.** *s.* **1.** Rati'on *f*, Zuteilung *f*: ~-*card*, ~-*ticket* Lebensmittelkarte, Bezug(s)schein; *off the* ~ markenfrei; **2.** ⚔ (Tages)Verpflegungssatz *m*; **3.** *pl.* Lebensmittel *pl.*, Verpflegung *f*; **II.** *v/t.* **4.** rationieren, (zwangs)bewirtschaften; **5.** *a.* ~ *out* (in Rationen) zuteilen; **6.** ⚔ verpflegen.

ra·tion·al ['ræʃənl] *adj.* □ **1.** vernünftig: **a)** vernunftmäßig, ratio'nal, **b)** vernunftbegabt, **c)** verständig; **2.** zweckmäßig, rational (*a.* 𝔄); **ra·tion·ale** [ræʃiə'nɑːli] *s.* 'Grundprin,zip *n.*

ra·tion·al·ism ['ræʃnəlizəm] *s.* Rationa'lismus *m*; **'ra·tion·al·ist** [-ist] **I.** *s.* Rationa'list *m*, Verstandesmensch *m*; **II.** *adj.* → *rationalistic*; **ra·tion·al·is·tic** [ræʃnə'listik] *adj.* (□ ~*ally*) rationa'listisch; **ra·tion·al·i·ty** [ræʃə'næliti] *s.* **1.** Vernünftigkeit *f*; **2.** Vernunft *f*, Denkvermögen *n*; **ra·tion·al·i·za·tion** [ræʃnəlai'zeiʃən] *s.* **1.** Rationalisieren *n*; 2. ✝ Rationalisierung *f*; 'ra·tion·al·ize [-laiz] I. *v/t*. 1. ratio'nal erklären, vernunftgemäß deuten; 2. ✝ rationalisieren; II. *v/i*. 3. ratio'nell verfahren; 4. rationa'listisch denken.

ra·tion·ing ['ræʃniŋ] *s*. Rationierung *f*, Bewirtschaftung *f*.

rat race *s*. 1. ‚Hetzjagd' *f* (*des Lebens*); 2. harter (Konkur'renz-)Kampf; 3. Teufelskreis *m*.

rats·bane ['rætsbein] *s*. Rattengift *n*.

rat-tat [ræt'tæt], *a*. **rat-tat-tat** ['rætə'tæt] I. *s*. lautes Pochen, Geknatter *n*; II. *v/i*. knattern.

rat·ten ['rætn] *v/i*. *bsd. Brit*. (die Arbeit) sabotieren, Sabo'tage treiben; '**rat·ten·ing** [-niŋ] *s*. Sabo'tage *f*.

rat·ter ['rætə] *s*. Rattenfänger *m* (*a. Hund*).

rat·tle ['rætl] I. *v/i*. 1. rattern, klappern, rasseln, klirren: *to ~ at the door* an der Tür rütteln; *to ~ off* losrattern, davonjagen; 2. röcheln; rasseln (*Atem*); 3. *a*. *~ away od. on* plappern; II. *v/t*. 4. rasseln mit *od*. an (*dat*.); an *der Tür etc*. rütteln; mit *Geschirr etc*. klappern; → *sabre 1*; 5. *a*. *~ off Rede etc*. ‚her'unterrasseln'; 6. F *j-n* ner'vös machen, aus der Fassung bringen; III. *s*. 7. Rattern *n*, Gerassel *n*, Klappern *n*; 8. Rassel *f*, (Kinder)Klapper *f*, Schnarre *f*; 9. Röcheln *n*: *death-~* Todesröcheln; 10. Lärm *m*, Trubel *m*; 11. ♀ a) *red ~* Sumpfläusekraut, b) *yellow ~* Klappertopf; '**~-brain** *s*. Hohl-, Wirrkopf *m*; Windbeutel *m*; '**~brained** [-breind] '**~-pat·ed** [-peitid] *adj*. hohl-, wirrköpfig.

rat·tler ['rætlə] *s*. 1. Schwätzer(in); 2. *Brit. sl*. a) Mordskerl *m*, b) Mordsding *n*; 3. *Am*. → *rattlesnake*.

'**rat·tle|·snake** *s*. *zo*. Klapperschlange *f*; '**~·trap** I. *s*. 1. Klapperkasten *m* (*Fahrzeug etc*.); 2. F ‚Quatschmaul' *n* (*Schwätzer*); 3. *sl*. ‚Klappe' *f* (*Mund*); II. *adj*. 4. klapperig.

rat·tling ['rætliŋ] I. *adj*. 1. ratternd, rasselnd, klappernd; 2. lebhaft, munter; 3. F schnell: *at a ~ pace* in rasendem Tempo; 4. F prächtig, fa'mos; II. *adv*. 5. äußerst.

rat·ty ['ræti] *adj*. 1. rattenverseucht; 2. Ratten...; 3. *sl*. gereizt, bissig.

rau·cous ['rɔ:kəs] *adj*. □ rauh, heiser.

rav·age ['rævidʒ] I. *s*. 1. Verwüstung *f*, Verheerung *f*; 2. *pl*. verheerende (Aus)Wirkungen *pl*.: *the ~s of time* der Zahn der Zeit; II. *v/t*. 3. verwüsten, verheeren; plündern: *a face ~d by grief fig*. ein gramzerfurchtes Gesicht; III. *v/i*. 4. Verheerungen anrichten.

rave [reiv] *v/i*. 1. ⚕ phantasieren, irrereden; toben, rasen (*a. fig. Sturm etc*.); 2. schwärmen (*about*, *of* von).

rav·el ['rævəl] I. *v/t*. 1. *a*. *~ out* ausfasern, auftrennen; entwirren (*a. fig*.); 2. verwirren, -wickeln (*a. fig*.); II. *v/i*. 3. *a*. *~ out* sich auftrennen, sich ausfasern; sich entwirren (*a. fig*.); III. *s*. 4. Verwirrung *f*, -wicklung *f*; 5. loser Faden.

ra·ven[1] ['reivn] I. *s*. *orn*. Rabe *m*; II. *adj*. (kohl)rabenschwarz.

rav·en[2] ['rævn] I. *v/i*. 1. *a*. *~ about* rauben, plündern(d um'herstreifen); 2. gierig (fr)essen; 3. Heißhunger haben; 4. lechzen, dürsten (*for* nach); II. *v/t*. 5. (gierig) verschlingen.

rav·en·ous ['rævinəs] *adj*. □ 1. heißhungrig; 2. gierig (*for* auf *acc*.): *~ hunger* Bärenhunger; 3. gefräßig; 4. raubgierig (*Tier*); '**rav·en·ous·ness** [-nis] *s*. 1. Heißhunger *m*; 2. Gefräßigkeit *f*; 3. (Raub)Gier *f*.

ra·vine [rə'vi:n] *s*. (Berg)Schlucht *f*, Klamm *f*; Hohlweg *m*.

rav·ing ['reiviŋ] I. *adj*. □ 1. tobend, rasend; 2. phantasierend, delirierend; 3. F phan'tastisch: *a ~ beauty*; II. *s*. 4. *mst pl*. a) Rase'rei *f*, b) De'lirien *pl*., Fieberwahn *m*.

rav·ish ['ræviʃ] *v/t*. 1. entzücken, hinreißen; 2. *Frau* vergewaltigen, schänden; *obs*. entführen; 3. *rhet*. rauben, entreißen; '**rav·ish·er** [-ʃə] *s*. 1. Schänder *m*; 2. Entführer *m*; **rav·ish·ing** [-ʃiŋ] *adj*. □ hinreißend, entzückend; '**rav·ish·ment** [-mənt] *s*. 1. Entzücken *n*; 2. Entführung *f*; 3. Schändung *f*, Vergewaltigung *f*.

raw [rɔ:] I. *adj*. □ 1. roh (*a. fig. grob*); 2. roh, ungekocht (*Milch*); 3. ⊕, ✝ roh, Roh..., unbearbeitet, *a*. ungegerbt (*Leder*), ungewalkt (*Tuch*), ungesponnen (*Wolle etc*.), unvermischt, unverdünnt (*Spirituosen*): *~ material* Rohmaterial, -stoff (*a. fig*.); *~ silk* Rohseide; 4. wund(gerieben); offen (*Wunde*); 5. unwirtlich, rauh, naßkalt (*Wetter, Klima etc*.); 6. unerfahren, ‚grün'; 7. *sl*. gemein: *~ deal* unfaire Behandlung; II. *s*. 8. wund(gerieben)e Stelle; 9. *fig*. wunder Punkt: *to touch s.o. on the ~* j-n an s-r empfindlichen Stelle treffen; 10. Rohzustand *m*: *life in the ~ fig*. die grausame Härte des Lebens; '**~-boned** *adj*. hager, (grob)knochig; **~ hide** *s*. 1. Rohhaut *f*, -leder *n*; 2. Peitsche *f*.

raw·ness ['rɔ:nis] *s*. 1. Rohzustand *m*; 2. Unerfahrenheit *f*; 3. Wundsein *n*; 4. Rauheit *f des Wetters*.

ray[1] [rei] I. *s*. 1. (Licht)Strahl *m*; 2. *fig*. (*Hoffnungs- etc*.)Strahl *m*, Schimmer *m*, Spur *f*; 3. *phys*., ⚘, ♀ Strahl *m*: *~ treatment* ⚕ Strahlenbehandlung, Bestrahlung; II. *v/i*. 4. Strahlen aussenden; 5. sich strahlenförmig ausbreiten; III. *v/t*. 6. *~ out* ausstrahlen; 7. bestrahlen (*a. phys*., ⚕).

ray[2] [rei] *s*. *ichth*. Rochen *m*.

ray·on ['reiɔn] *s*. ✝ Kunstseide *f*: *~ staple* Zellwolle.

raze [reiz] *v/t*. 1. *Gebäude* niederreißen; *Festung* schleifen: *to ~ s.th. to the ground* et. dem Erdboden gleichmachen; 2. *fig*. ausmerzen, tilgen; 3. ritzen, kratzen, streifen.

ra·zor ['reizə] *s*. Rasiermesser *n*: *safety ~* Rasierapparat; *~-blade* Rasierklinge; *as sharp as a ~* messerscharf; *to be on the ~'s edge* auf des Messers Schneide stehen; '**~-strop** *s*. Streichriemen *m*.

razz [ræz] *Am. sl*. I. *v/t*. hänseln, ‚aufziehen', ‚auf den Arm nehmen'; II. *v/i*. necken, spotten; III. *s*. Verspottung *f*.

raz·zi·a ['ræziə] *s*. Raubzug *m*.

raz·zle-daz·zle ['ræzldæzl] *s*. *sl*. 1. Saufe'rei *f*: *to go on the ~* auf den Bummel gehen; 2. *Am. sl*. a) ‚Kuddelmuddel' *m*, *n*, b) Schiebung *f*, c) ‚Wirbel' *m*, Tam'tam *n*.

re[1] [ri:] *s*. ♪ re *n* (*Solmisationssilbe*).

re[2] [ri:] (*Lat*.) *prp*. 1. ⚖ in Sachen; 2. *bsd*. ✝ betrifft, betreffs, bezüglich.

re- *in Zssgn* 1. [ri:] wieder, noch einmal, neu: *reprint*, *rebirth*; 2. [ri] zu'rück, wider: *revert*, *retract*.

're [ə] F *für are*.

re·ab·sorb ['ri:əb'sɔ:b] *v/t*. wieder-'aufsaugen, resorbieren.

reach [ri:tʃ] I. *v/t*. 1. (hin-, her)reichen, über'reichen, geben (*s.o. s.th*. j-m et.); *j-m e-n Schlag* versetzen; 2. (her)langen, nehmen: *to ~ s.th. down* et. herunterlangen; 3. *oft ~ out* (*od. forth*) *Hand etc*. reichen, ausstrecken; 4. reichen *od*. sich erstrecken bis an (*acc*.) *od*. zu: *the water ~ed his knees* das Wasser ging ihm bis an die Knie; 5. *Zahl, Alter* erreichen; sich belaufen auf (*acc*.); *Auflagenzahl* erleben; 6. erreichen, erzielen, gelangen zu: *to ~ an understanding*; *to ~ no conclusion* zu keinem Schluß gelangen; 7. *Ziel* erreichen, treffen; 8. *Ort* erreichen, eintreffen in *od*. an (*dat*.): *to ~ home* nach Hause gelangen; *to ~ s.o.'s ear* j-m zu Ohren kommen; 9. *j-n* erreichen (*Brief etc*.); 10. *fig*. (ein-)wirken auf (*acc*.), *j-n* gewinnen; *durch Werbung* ansprechen; II. *v/i*. 11. (mit der Hand) reichen *od*. greifen *od*. langen; 12. *a*. *~ out* langen, greifen (*after*, *for*, *at* nach); 13. reichen, sich erstrecken *od*. ausdehnen (*to* bis [zu]): *as far as the eye can ~* soweit das Auge reicht; 14. sich belaufen (*to* auf *acc*.); III. *s*. 15. Griff *m*: *to make a ~ for s.th*. nach et. greifen *od*. langen; 16. Reich-, Tragweite *f* (*Geschoß, Waffe, Stimme etc*.) (*a. fig*.): *within ~* erreichbar; *within s.o.'s ~* in j-s Reichweite, für j-n erreichbar *od*. erschwinglich, j-m zugänglich; *above* (*od. beyond od. out of*) *~* unerreichbar *od*. unerschwinglich (*of* für); *within easy ~ of the station* vom Bahnhof aus leicht zu erreichen; 17. Bereich *m*, 'Umfang *m*, Ausdehnung *f*; 18. (geistige) Fassungskraft, Hori'zont *m*; 19. a) Ka'nalabschnitt *m* (*zwischen zwei Schleusen*), b) Flußstrecke *f*; '**reach·a·ble** [-tʃəbl] *adj*. erreichbar.

'**reach-me-down** F I. *adj*. Konfektions..., von der Stange; II. *s*. *mst pl*. Konfekti'onskleidung *f*, Kleid(er *pl*.) *n* von der Stange.

re·act [ri(:)'ækt] I. *v/i*. 1. ⚗, ⚕ reagieren (*to* auf *acc*.): *slow to ~* reaktionsträge; 2. *fig*. reagieren, antworten, eingehen (*to* auf *acc*.); aufnehmen (*to s.th*. et.); sich verhalten: *to ~ against e-r Sache* entgegenwirken *od*. widerstreben; 3. ein-, zu'rückwirken, Rückwirkungen haben ([*up*]*on* auf *acc*.): *to ~ on each other* sich gegenseitig beeinflussen; 4. ⚔ e-n Gegenangriff machen; II. *v/t*. 5. ⚗ zur Reakti'on bringen.

re-act ['ri'ækt] *v/t*. *thea. etc*. wieder aufführen.

re·act·ance [ri(:)'æktəns] *s*. ⚡ Re·ak'tanz *f*, 'Blind‚widerstand *m*.

re·ac·tion [ri(:)'ækʃən] *s.* **1.** ⚗, ⚛, *phys.* Reakti'on *f*; **2.** Rückwirkung *f*, -schlag *m*, Gegen-, Einwirkung *f* (*from, against* gegen, [*up*]*on* auf *acc.*); **3.** *fig.* (*to*) Reaktion *f* (auf *acc.*), Verhalten *n* (bei), Stellungnahme *f* (zu); **4.** *pol.* Reaktion *f* (*a. Bewegung*), Rückschritt(lertum *n*) *m*; **5.** ✝ rückläufige Bewegung, (*Kurs-, Preis- etc.*)Rückgang *m*; **6.** ⚔ Gegenstoß *m*, -schlag *m*; **7.** ⊕ Gegendruck *m*; **8.** ⚡ Rückkopplung *f*, -wirkung *f*; **re'ac·tion·ar·y** [-ʃnəri] **I.** *adj. bsd. pol.* reaktio'när; **II.** *s. pol.* Reaktio'när(in).

re·ac·tion| cou·pling *s.* ⚡ Rückkopplung *f*; ~ **drive** *s.* ⊕ Rückstoßantrieb *m*; ~**-time** *s.* ⚛ Reakti'onszeit *f*.

re'ac·ti·vate [ri'æktiveit] *v/t.* reaktivieren; **re·ac·tive** [ri'æktiv] *adj.* □ **1.** reak'tiv, rück-, gegenwirkend; **2.** empfänglich (*to* für), Reaktions...; **3.** ⚡ Blind... (*-strom, -leistung etc.*);

re·ac·tor [ri'æktə] *s.* **1.** *phys.* Re'aktor *m*, 'Umwandlungsanlage *f*; **2.** ⚡ Drossel(spule) *f*.

read[1] [ri:d] **I.** *v/t.* [*irr.*] **1.** lesen (*a. fig.*): *to ~ s.th. into et.* in *e-n Text* hineinlesen; *to ~ off et.* ablesen; *to ~ out* **a)** *et.* (laut) vorlesen, **b)** *Buch etc.* auslesen; *to ~ over* **a)** durchlesen, **b)** *formell* vor-, verlesen (*Notar etc.*); *to ~ s.o.'s face* in j-s Gesicht lesen; **2.** vor-, verlesen; *Rede etc.* ablesen; **3.** *parl. Vorlage* lesen: *was read for the third time die Vorlage* wurde in dritter Lesung behandelt; **4.** *Kurzschrift etc.* lesen können; *die Uhr* kennen: *to ~ music* **a)** Noten lesen, **b)** nach Noten spielen *etc.*; **5.** *Traum etc.* deuten; → *fortune 3*; **6.** *et.* auslegen, auffassen, verstehen: *do you ~ me?* hast du mich verstanden?; **7.** *Charakter etc.* durch'schauen: *I ~ you like a book* ich lese in dir wie in e-m Buch; **8.** ⊕ **a)** anzeigen (*Meßgerät*), **b)** *Barometerstand etc.* ablesen; **9.** *Rätsel* lösen; **II.** *v/i.* [*irr.*] **10.** lesen: *to ~ to s.o.* j-m vorlesen; **11.** e-e Vorlesung *od.* e-n Vortrag halten; **12.** *bsd. Brit.* (*for*) sich vorbereiten (auf *e-e Prüfung etc.*), *et.* studieren: *to ~ for the bar* sich auf den Anwaltsberuf vorbereiten; *to ~ up on* sich in *ein Fachgebiet* einarbeiten, *et.* studieren; **13.** sich *gut etc.* lesen lassen; **14.** *so u. so* lauten, heißen: *the passage ~s as follows.*

read[2] [red] **I.** *pret. u. p.p. von read*[1]; **II.** *adj.* **1.** gelesen: *the most-~ book* das meistgelesene Buch; **2.** belesen (*in* in *dat.*); → *well-read.*

read·a·ble ['ri:dəbl] *adj.* □ lesbar: **a)** lesenswert, **b)** leserlich.

re·ad·dress ['ri:ə'dres] *v/t.* **1.** *Brief* neu adressieren; **2.** ~ *o.s.* sich nochmals wenden (*to* an *j-n*).

read·er ['ri:də] *s.* **1.** Leser(in); **2.** Vorleser(in); **3.** (Ver'lags)ˌLektor *m*; **4.** *typ.* Kor'rektor *m*; **5.** *univ. Brit.* außerordentlicher Pro'fessor, Do'zent *m*; **6.** *ped.* Lesebuch *n*; **'read·er·ship** [-ʃip] *s.* **1.** Vorleseramt *n*; **2.** *bsd. Brit.* Do'zentenstelle *f*.

read·i·ly ['redili] *adv.* **1.** so'gleich, prompt; **2.** bereitwillig, gern; **3.** leicht, ohne weiteres; **'read·i·ness** [-inis] *s.* **1.** Bereitschaft *f*: *~ for war* Kriegsbereitschaft; *in ~* bereit, in Bereitschaft; *to place in ~* bereitstellen; **2.** Schnelligkeit *f*, Raschheit *f*, Promptheit *f*: *~ of mind od. wit* Geistesgegenwart; **3.** Fertigkeit *f*, Gewandtheit *f*; **4.** Bereitwilligkeit *f*: *~ to help others* Hilfsbereitschaft.

read·ing ['ri:diŋ] **I.** *s.* **1.** Lesen *n*; *weitS.* Bücherstudium *n*; **2.** (Vor-)Lesung *f*, Vortrag *m*; **3.** *parl.* Lesung *f*; **4.** Belesenheit *f*: *a man of vast ~* ein sehr belesener Mann; **5.** Lek'türe *f*, Lesestoff *m*: *this book makes good ~* dieses Buch liest sich gut; **6.** Lesart *f*, Versi'on *f*; **7.** Deutung *f*, Auslegung *f*, Auffassung *f*; **8.** ⊕ Anzeige *f*, Ablesung *f* (*Meßgerät*), (*Barometer- etc.*)Stand *m*; **II.** *adj.* **9.** Lese...: *~-lamp*; **'~-desk** *s.* Lesepult *n*; **'~-glass** *s.* Vergrößerungsglas *n*, Lupe *f*; **~ head** *s. Computer*: Lesekopf *m*; **~ mat·ter** *s.* **1.** Lesestoff *m*; **2.** redaktio'neller Teil (*e-r Zeitung*); **~ pub·lic** *s.* Leserschaft *f*, 'Leserˌpublikum *n*; **'~-room** *s.* Lesezimmer *n*, -saal *m*.

re·ad·just ['ri:ə'dʒʌst] *v/t.* **1.** wieder anpassen; ⊕ nachstellen, -richten; **2.** wieder in Ordnung bringen; ✝ sanieren; *pol. etc.* neu orientieren; **'re·ad'just·ment** [-stmənt] *s.* **1.** Wieder'anpassung *f*; **2.** Neuordnung *f*, ˌReorganisati'on *f*; ✝ wirtschaftliche Sanierung.

re·ad·mis·sion ['ri:əd'miʃən] *s.* Wieder'zulassung *f* (*to* zu); **'re·ad'mit** [-'mit] *v/t.* wieder zulassen; **'re·ad'mit·tance** [-'mitəns] → *readmission.*

read·y ['redi] **I.** *adj.* □ → *readily*; **1.** bereit, fertig (*for* zu *et.*): *~ for action* ⚔ einsatzbereit; *~ for sea* ⚓ seeklar; *~ for service* ⊕ betriebsfertig; *~ for take-off* ✈ startbereit; *~ to operate* ⊕ betriebsbereit; *~ to serve* tafelfertig (*Speise*); *to be ~ with s.th.* et. bereithaben *od.* -halten; *to get od. make ~* (sich) bereit- *od.* fertigmachen; *are you ~? go! sport* Achtung-fertig-los!; **2.** bereit (-willig), willens, geneigt (*to* zu); **3.** schnell, rasch, prompt: *to find a ~ market* (*od. sale*) ✝ raschen Absatz finden, gut gehen; **4.** schlagfertig, prompt (*Antwort*), geschickt (*Arbeiter etc.*), gewandt: *a ~ pen* e-e gewandte Feder; *~ wit* Schlagfertigkeit; **5.** im Begriff, nahe dar'an (*to do* zu tun); **6.** ✝ verfügbar, greifbar (*Vermögenswerte*), bar (*Geld*): *~ cash od. money* Bargeld, -zahlung; *~ money business* Bar-, Kassageschäft; **7.** bequem, leicht: *~ at* (*od. to*) *hand* gleich zur Hand; **II.** *v/t.* **8.** bereit-, fertigmachen; **III.** *s.* **9.** *mst the ~ sl.* Bargeld *n*; **10.** ⚔ *at the ~* schußbereit, -fertig; **IV.** *adv.* **11.** fertig: *~-built houses* Fertighäuser; **12.** *readier* schneller; *readiest* am schnellsten; **'~-'made** *adj.* **1.** Konfektions..., von der Stange: *~ clothes* Konfektion(sbekleidung); *~ shop* Konfektionsgeschäft; **2.** gebrauchsfertig, Fertig...; **3.** *fig.* schablonisiert, ‚vorgekaut'; **~ reck·on·er** *s.* 'Rechentaˌbelle *f*; **'~-to-'wear** → *ready-made 1*; **'~-'wit·ted** *adj.* schlagfertig.

re·af·firm ['ri:ə'fə:m] *v/t.* nochmals versichern *od.* beteuern.

re·af·for·est ['ri:æ'fɔrist] *v/t.* wieder aufforsten; **re·af·for·es'ta·tion** [ri:æfɔris'teiʃən] *s.* Wieder'aufforstung *f*.

re·a·gent [ri(:)'eidʒənt] *s.* **1.** ⚗ Re'agens *n*; **2.** *fig.* Gegenkraft *f*, -wirkung *f*.

re·al [riəl] **I.** *adj.* □ → *really*; **1.** re'al (*a. phls.*), tatsächlich, wirklich, wahr, eigentlich: *~ life* das wirkliche Leben; *the ~ thing sl.* das einzig Wahre; **2.** echt (*Seide etc.*; *fig. Gefühle, Mann etc.*); **3.** ⚖ **a)** dinglich, **b)** unbeweglich: *~ account* ✝ Sach(wert)konto; *~ action* dingliche Klage; *~ assets* unbewegliches Vermögen; *~ estate od. property* Grundeigentum, unbewegliches Vermögen, Liegenschaften, Immobilien; *~ stock* ✝ Ist-Bestand; *~ wage* Reallohn; **4.** *phys.*, ℞ re'ell (*Bild, Zahl etc.*); **5.** ⚡ ohmsch, Wirk...: *~ power* Wirkleistung; **II.** *adv.* **6.** *bsd. Am.* F sehr, äußerst, ‚richtig'; **III.** *s.* **7.** *the ~ phls.* das Re'ale, die Wirklichkeit; **'re·al·ism** [-lizəm] *s.* Rea'lismus *m* (*a. phls., lit., paint.*); **'re·al·ist** [-list] **I.** *s.* Rea'list(in); **II.** *adj.* → *realistic*; **re·al·is·tic** [riə'listik] *adj.* (□ *~ally*) rea'listisch (*a. phls., lit., paint.*), wirklichkeitsnah, -getreu, sachlich;

re·al·i·ty [ri(:)'æliti] *s.* **1.** Reali'tät *f*, Wirklichkeit *f*: *in ~* in Wirklichkeit, tatsächlich; **2.** Wirklichkeits-, Na'turtreue *f*; **3.** Tatsache *f*, Faktum *n*, Gegebenheit *f*; **re·al·iz·a·ble** ['riəlaizəbl] *adj.* □ **1.** realisierbar, aus-, 'durchführbar; **2.** ✝ realisierbar, verwertbar, kapitalisierbar, verkäuflich; **re·al·i·za·tion** [riəlai'zeiʃən] *s.* **1.** Realisierung *f*, Verwirklichung *f*, Aus-, 'Durchführung *f*; **2.** Vergegen'wärtigung *f*, Erkenntnis *f*; **3.** ✝ **a)** Realisierung *f*, Verwertung *f*, **b)** Liquidati'on *f*, Glattstellung *f*, **c)** Erzielung *f e-s Gewinns*: *~ account* Liquidationskonto; **re·al·ize** ['riəlaiz] *v/t.* **1.** (klar) erkennen, sich klarmachen, begreifen, erfassen: *he ~d that* er sah ein, daß; es kam ihm zum Bewußtsein, daß; **2.** verwirklichen, realisieren, aus-, 'durchführen; **3.** sich vergegen'wärtigen, sich (lebhaft) vorstellen; **4.** ✝ **a)** realisieren, verwerten, zu Geld *od.* flüssig machen, **b)** *Gewinn, Preis* erzielen; **re·al·ly** ['riəli] *adv.* **1.** wirklich, tatsächlich, in der Tat; **2.** (*rügend*) *~!* ich muß schon sagen!, aber wirklich!

realm [relm] *s.* **1.** Königreich *n*: *Peer of the* ♀ Mitglied des Oberhauses; **2.** *fig.* Reich *n*, Sphäre *f*; **3.** Bereich *m*, (Fach)Gebiet *n*.

re·al·tor ['riəltə] *s. Am.* Grundstücksmakler *m*; **'re·al·ty** [-ti] *s.* **1.** Grundeigentum *n*; **2.** Grundstück *n*.

ream[1] [ri:m] *s.* Ries *n* (*480 Bogen Papier*): *printer's ~, long ~* 516 Bogen Druckpapier; *~s and ~s of fig.* zahllose, große Mengen von.

ream[2] [ri:m] *v/t.* ⊕ **1.** *Bohrloch etc.* erweitern; **2.** *oft ~ out* **a)** *Bohrung* (auf-, aus)räumen, **b)** *Kaliber* ausbohren, **c)** nachbohren; **'ream·er** [-mə] *s.* ⊕ Reib-, Räumahle *f*.

re·an·i·mate ['riː'ænimeit] *v/t.* **1.** 'wiederbeleben; **2.** *fig.* neu beleben.

reap [riːp] **I.** *v/t.* **1.** *Getreide etc.* schneiden, ernten; **2.** *Feld* mähen, abernten; **3.** *fig.* ernten; **II.** *v/i.* **4.** mähen, ernten: *he ~s where he has not sown fig.* er erntet, wo er nicht gesät hat; '**reap·er** [-pə] *s.* **1.** Schnitter(in), Mäher(in): *the Grim ♀ fig.* der Sensenmann; **2.** 'Mähma,schine *f*: *~-binder* Mähbinder; '**reap·ing-hook** ['riːpiŋ] *s.* Sichel *f*; '**reap·ing-ma·chine** *s.* (Ge'treide),Mähma,schine *f.*

re·ap·pear ['riːə'piə] *v/i.* wieder erscheinen; '**re·ap'pear·ance** [-ərəns] *s.* 'Wiedererscheinen *n.*

re·ap·pli·ca·tion ['riːæpli'keiʃən] *s.* **1.** wieder'holte Anwendung; **2.** erneutes Gesuch; **re·ap·ply** ['riːə'plai] **I.** *v/t.* wieder *od.* wieder'holt anwenden; **II.** *v/i.* (*for*) (*et.*) wiederholt beantragen, erneut e-n Antrag stellen (auf *acc.*); sich erneut bewerben (um).

re·ap·point ['riːə'pɔint] *v/t.* wieder ernennen *od.* einsetzen *od.* anstellen; '**re·ap'point·ment** [-mənt] *s.* 'Wiederernennung *f*, Wieder'anstellung *f.*

rear[1] [riə] **I.** *v/t.* **1.** *Kind* auf-, großziehen, erziehen; *Tiere* züchten; *Pflanzen* ziehen; **2.** *Leiter etc.* aufrichten, -stellen; **3.** *rhet. Gebäude* errichten; **4.** *Haupt, Stimme etc.* (er)heben; **II.** *v/i.* **5.** *a. ~ up* sich (auf)bäumen (*Pferd etc.*); **6.** *oft ~ up* (auf-, hoch)ragen.

rear[2] [riə] **I.** *s.* **1.** 'Hinter-, Rückseite *f*; *mot.*, ⚓ Heck *n*: *at the ~ of* hinter (*dat.*); **2.** 'Hintergrund *m*: *in the ~ of* im Hintergrund (*gen.*); **3.** ⚔ Nachhut *f*: *to bring up the ~ allg.* die Nachhut bilden, den Zug beschließen; *to take in the ~ den Feind* im Rücken angreifen; **4.** *Brit. sl.* ‚Lokus' *m* (*Abort*); **II.** *adj.* **5.** hinter, Hinter..., Rück...: *~ axle*: *mot.* Hinterachse; *~ echelon* ⚔ rückwärtiger Stab; *~ engine mot.* Heckmotor; '**~-'ad·mi·ral** *s.* ⚓ 'Konteradmi,ral *m*; **~ drive** *s. mot.* Heckantrieb *m*; '**~guard** *s.* ⚔ Nachhut *f.*

re·ar·gue ['riː'ɑːgjuː] *v/t.* ⚖ *in gleicher Instanz* neuerlich verhandeln.

rear| gun·ner *s.* ✈ Heckschütze *m*; '**~-lamp**, '**~-light** *s. mot.* Schlußlicht *n*, -leuchte *f.*

re·arm ['riː'ɑːm] **I.** *v/t.* 'wiederbewaffnen; **II.** *v/i.* wieder'aufrüsten; '**re'ar·ma·ment** [-məmənt] *s.* Wieder'aufrüstung *f*, 'Wiederbewaffnung *f.*

re·ar·range ['riːə'reindʒ] *v/t.* neu-, 'umordnen, ändern; '**re·ar'range·ment** [-mənt] *s.* **1.** 'Um-, Neuordnung *f*, Neugestaltung *f*; Änderung *f*; **2.** ⚗ 'Umlagerung *f.*

'**rear|-rank** *s.* ⚔ hinteres *od.* letztes Glied; **~ sight** *s.* ⚔ Kimme *f*; '**~-view mir·ror**, '**~-vi·sion mir·ror** *s. mot.* Rückspiegel *m.*

rear·ward ['riəwəd] **I.** *adj.* **1.** hinter, rückwärtig; **2.** Rückwärts...; **II.** *adv.* **3.** nach hinten, rückwärts, zu'rück; '**rear·wards** [-dz] → *rearward 3.*

rea·son ['riːzn] **I.** *s.* **1.** *ohne art.* Vernunft *f* (*a. phls.*), Verstand *m*, Einsicht *f*: *Age of ♀ hist. die* Aufklärung; *to bring s.o. to ~* j-n zur Vernunft bringen; *to listen to ~* Vernunft annehmen; *to lose one's ~* den Verstand verlieren; *it stands to ~* es ist klar, es leuchtet ein (*that* daß); *there is ~ in what you say* was du sagst, hat Hand u. Fuß; *in (all) ~* **a)** in Grenzen, mit Maß u. Ziel, **b)** mit Recht; *to do everything in ~* sein möglichstes tun (in gewissen Grenzen); **2.** Grund *m* (*of, for gen. od.* für), Ursache *f* (*for gen.*), Anlaß *m*: *the ~ why* (der Grund) weshalb; *by ~ of* wegen (*gen.*), infolge (*gen.*); *for this ~* aus diesem Grund, deshalb; *with ~* aus gutem Grund, mit Recht; *to have ~ to do* Grund *od.* Anlaß haben, zu tun; *there is no ~ to suppose* es besteht **kein Grund** zu der Annahme; *there is every ~ to believe* alles spricht dafür (*that* daß); **3.** Begründung *f*, Rechtfertigung *f*: *woman's ~* weibliche Logik; *~ of state* Staatsräson; **II.** *v/i.* **4.** logisch denken; vernünftig urteilen; **5.** schließen, folgern (*from* aus); **6.** (*with*) vernünftig reden (mit *j-m*), (*j-m*) gut zureden, (*j-n*) zu über'zeugen suchen: *he is not to be ~ed with* er läßt nicht mit sich reden; **III.** *v/t.* **7.** *a. ~ out* durch'denken: *~ed* wohldurchdacht; **8.** ergründen (*why* warum, *what* was); **9.** erörtern: *to ~ away et.* wegdisputieren; *to ~ s.o. into (out of) s.th.* j-m et. ein- (aus)reden; **10.** schließen, geltend machen (*that* daß); '**rea·son·a·ble** [-nəbl] *adj.* □ → *reasonably*; vernünftig: **a)** vernunftgemäß, **b)** verständig, einsichtig (*Person*), **c)** angemessen, annehmbar, tragbar, billig (*Forderung*), zumutbar (*Bedingung, Frist, Preis etc.*): *~ doubt* berechtigter Zweifel; *~ care and diligence* ⚖ die im Verkehr erforderliche Sorgfalt; '**rea·son·a·ble·ness** [-nəblnis] *s.* **1.** Vernünftigkeit *f*, Verständigkeit *f*; **2.** Annehmbarkeit *f*, Tragbarkeit *f*, Billigkeit *f*; '**rea·son·a·bly** [-nəbli] *adv.* **1.** vernünftiger-, billigerweise; **2.** ziemlich, leidlich: *~ good*; '**rea·son·er** [-nə] *s.* logischer Geist (*Person*); '**rea·son·ing** [-niŋ] **I.** *s.* **1.** Denken *n*, Folgern *n*, Urteilen *n*; **2.** *a. line of ~* Gedankengang *m*; **3.** Argumentati'on *f*, Beweisführung *f*; **4.** Schluß(folgerung *f*) *m*, Argu'ment *n*, Beweis *m*; **II.** *adj.* **5.** Denk..., Urteils...

re·as·sem·ble ['riːə'sembl] *v/t.* **1.** (*v/i.* sich) wieder versammeln; **2.** ⊕ wieder zs.-bauen.

re·as·sert ['riːə'səːt] *v/t.* **1.** wieder behaupten; **2.** wieder geltend machen.

re·as·sur·ance [riːə'ʃuərəns] *s.* **1.** Beruhigung *f*; **2.** nochmalige Versicherung, Bestätigung *f*; **3.** ✝ Rückversicherung *f*; **re·as·sure** [riːə'ʃuə] *v/t.* **1.** *j-n* beruhigen; **2.** *et.* nochmals versichern *od.* beteuern; **3.** ✝ wieder versichern; **re·as'sur·ing** [-əriŋ] *adj.* □ beruhigend.

re·bap·tism ['riː'bæptizəm] *s.* 'Wiedertaufe *f*; **re·bap·tize** ['riːbæp'taiz] *v/t.* **1.** 'wiedertaufen; **2.** 'umtaufen.

re·bate[1] ['riːbeit] *s.* **1.** Ra'batt *m*, (Preis)Nachlaß *m*, Abzug *m*; **2.** Zu'rückzahlung *f*, (Rück)Vergütung *f.*

re·bate[2] ['ræbit] → *rabbet.*

reb·el ['rebl] **I.** *s.* Re'bell(in), Aufrührer(in), Empörer(in) (*a. fig.*); **II.** *adj.* re'bellisch, aufrührerisch; Rebellen...; **III.** *v/i.* [ri'bel] rebellieren, sich empören *od.* auflehnen (*against* gegen); **re·bel·lion** [ri'beljən] *s.* **1.** Rebelli'on *f*, Aufruhr *m*, Aufstand *m*, Empörung *f* (*against, to* gegen); **2.** Auflehnung *f*, offener 'Widerstand; **re'bel·lious** [ri'beljəs] *adj.* □ **1.** re'bellisch: **a)** aufrührerisch, -ständig, **b)** *fig.* aufsässig, 'widerspenstig (*a. Sache*); **2.** ⚕ hartnäckig (*Krankheit*).

re·birth ['riː'bəːθ] *s.* 'Wiedergeburt *f* (*a. fig.*).

re·bore ['riː'bɔː] *v/t.* ⊕ **1.** *Loch* nachbohren; **2.** *Motorzylinder* ausschleifen.

re·born ['riː'bɔːn] *adj.* 'wiedergeboren, neu geboren (*a. fig.*).

re·bound[1] [ri'baund] **I.** *v/i.* **1.** zu'rückprallen, -schnellen; **2.** *fig.* zu'rückfallen (*upon* auf *acc.*); **II.** *s.* **3.** Zu'rückprallen *n*; **4.** Rückprall *m*, -sprung *m*, -stoß *m*; **5.** 'Widerhall *m*; **6.** *fig.* Rückschlag *m*: *on the ~* als Reaktion darauf; *to take s.o. on (od. at) the ~* j-s Enttäuschung ausnutzen; **7.** *sport* Abpraller *m*: *to score from the ~* den Abpraller verwandeln.

re·bound[2] ['riː'baund] *adj.* neugebunden (*Buch*).

re·broad·cast ['riː'brɔːdkɑːst] **I.** *v/t.* [*irr.* → *cast*] **1.** *Radiosendung* wieder'holen; **2.** *Programm* durch Re'lais(stati,onen) über'tragen; **II.** *v/i.* [*irr.* → *cast*] **3.** über Re'lais (-stati,onen) senden: *~ing station* Ballsender; **III.** *s.* **4.** Wieder'holungssendung *f*; **5.** Re'laisüber,tragung *f*, Ballsendung *f.*

re·buff [ri'bʌf] **I.** *s.* **1.** (schroffe) Abweisung, Abfuhr *f*: *to meet with a ~* abblitzen; **II.** *v/t.* **2.** zu'rück-, abweisen, abblitzen lassen; **3.** zu'rücktreiben, -schlagen.

re·build ['riː'bild] *v/t.* [*irr.* → *build*] **1.** wieder'aufbauen; **2.** 'umbauen; **3.** *fig.* wieder'herstellen.

re·buke [ri'bjuːk] **I.** *v/t.* **1.** *j-n* rügen, rüffeln, zu'rechtweisen, *j-m* e-n scharfen Verweis erteilen; **2.** *et.* scharf tadeln, rügen; **II.** *s.* **3.** Tadel *m*, Verweis *m*, Rüge *f*, Rüffel *m.*

re·bus ['riːbəs] *pl.* **-bus·es** [-siz] *s.* Rebus *m, n*, Bilderrätsel *n.*

re·but [ri'bʌt] **I.** *v/t.* (durch Beweise) wider'legen *od.* entkräften (*a.* ⚖); **II.** *v/i.* ⚖ auf die Tri'plik antworten; **re'but·tal** [-tl] *s. bsd.* ⚖ Wider'legung *f*; **re'but·ter** [-tə] *s.* ⚖ Quadru'plik *f.*

re·cal·ci·trance [ri'kælsitrəns] *s.* 'Widerspenstigkeit *f*; **re'cal·ci·trant** [-nt] *adj.* 'widerspenstig.

re·call [ri'kɔːl] **I.** *v/t.* **1.** zu'rückrufen; *Gesandten etc.* abberufen; **2.** sich erinnern an (*acc.*), sich ins Gedächtnis zurückrufen; **3.** *j-n* erinnern (*to an acc.*): *to ~ s.th. to s.o. (od. to s.o.'s mind)* j-m et. ins Gedächtnis zurückrufen; **4.** *poet. Gefühl* wieder wachrufen; **5.** *Versprechen etc.* zu'rücknehmen, wider-

ˈrufen: *until ~ed* bis auf Widerruf; **6.** ♆ *Kapital, Kredit etc.* (auf)kündigen; **II.** *s.* **7.** Zuˈrückrufung *f*; Abberufung *f e-s Gesandten etc.*; *teleph.* Rückruf *m*; **8.** ˈWiderruf *m*, Zuˈrücknahme *f*: *beyond (od. past) ~* unwiderruflich, unabänderlich; **9.** ♆ (Auf)Kündigung *f*, Aufruf *m*; **10.** ⚔ Siˈgnal *n* zum Sammeln; **~ test** *s. ped.* Nacherzählung(saufgabe) *f*.

re·cant [riˈkænt] **I.** *v/t. Behauptung* (forˈmell) zuˈrücknehmen, widerˈrufen; **II.** *v/i.* (öffentlich) widerrufen, Abbitte tun; **re·can·ta·tion** [riːkænˈteiʃən] *s.* Widerˈrufung *f*.

re·cap [ˈriːkæp] *v/t.* ⊕ *Autoreifen* aufvulkanisieren, runderneuern.

re·cap·i·tal·i·za·tion [ˈriːkəpitəlaiˈzeiʃən] *s.* ♆ Neukapitalisierung *f*, -finanzierung *f*.

re·ca·pit·u·late [riːkəˈpitjuleit] *v/t. u. v/i.* rekapitulieren (*a. biol.*), (kurz) zs.-fassen *od.* wiederˈholen; **re·ca·pit·u·la·tion** [ˈriːkəpitjuˈleiʃən] *s.* ˌRekapitulatiˈon *f* (*a. biol.*), kurze Wiederˈholung *od.* Zs.-fassung.

re·cap·ture [ˈriːˈkæptʃə] **I.** *v/t.* **1.** *et.* wieder (in Besitz) nehmen, ˈwiedererlangen; *j-n* wieder ergreifen; **2.** ⚔ zuˈrückerobern; **II.** *s.* **3.** ˈWiedererlangung *f*, -ergreifung *f*; Wiederˈeinnahme *f*.

re·cast [ˈriːˈkɑːst] **I.** *v/t.* [*irr.* → *cast*] **1.** ⊕ ˈumgießen; **2.** ˈumformen, neu-, ˈumgestalten; **3.** *thea. Stück, Rolle* ˈumbesetzen; *Rollen* neu verteilen; **4.** ˈdurchrechnen; **II.** *s.* **5.** ⊕ ˈUmguß *m*; **6.** ˈUmformung *f*, ˈUmgestaltung *f*; **7.** *thea.* Neu-, ˈUmbesetzung *f*.

re·cede [ri(ː)ˈsiːd] *v/i.* **1.** zuˈrücktreten, -weichen: *receding* fliehend (*Kinn, Stirn*); **2.** ent-, verschwinden; *fig. in den Hintergrund* treten; **3.** *fig.* (*from*) zurücktreten (von *e-m Amt, Vertrag*), (von *e-r Sache*) Abstand nehmen, (*e-e Ansicht*) aufgeben; **4.** *bsd.* ♆ zuˈrückgehen, im Wert fallen.

re·ceipt [riˈsiːt] **I.** *s.* **1.** Empfang *m e-s Briefes etc.*, Erhalt *m*; Annahme *f e-r Sendung*; Eingang *m von Waren*: *on ~ of* bei *od.* nach Empfang (*gen.*); *to be in ~ of* im Besitz *e-r Sendung etc.* sein; **2.** Empfangsbestätigung *f*, Quittung *f*, Beleg *m*: *~ stamp* Quittungsstempel(marke); **3.** *pl.* ♆ Einnahmen *pl.*, Eingänge *pl.*, eingehende Gelder *pl. od.* Waren *pl.*; **4.** (ˈKoch)Reˌzept *n*; **II.** *v/t. u. v/i.* **5.** quittieren.

re·ceiv·a·ble [riˈsiːvəbl] *adj.* **1.** annehmbar, zulässig (*Beweis etc.*): *to be ~* als gesetzliches Zahlungsmittel gelten; **2.** ♆ ausstehend (*Forderung, Gelder, Guthaben*), debiˈtorisch (*Posten*): *accounts ~* Außenstände; *bills ~* Rimessen; **reˈceiv·a·bles** [-lz] *s. pl.* ♆ *Am.* Außenstände *pl.*;

re·ceive [riˈsiːv] **I.** *v/t.* **1.** *Brief etc., a. weitS. Befehl, Eindruck, Radiosendung, Sakramente, Wunde* empfangen, *a. Namen, Schock, Treffer* erhalten, bekommen; *Aufmerksamkeit* finden, auf sich ziehen; *Neuigkeit* erfahren; **2.** in Empfang nehmen, annehmen, *a. Beichte, Eid* entgegennehmen; *Geld etc.* einnehmen, vereinnahmen: *to ~ stolen goods* ⚖ Hehlerei treiben; **3.** *j-n* bei sich aufnehmen, beherbergen; **4.** *Besucher, a. weitS. Schauspieler etc.* empfangen (*with applause* mit Beifall); **5.** *j-n* aufnehmen (*into* in *e-e Gemeinschaft*); *j-n* zulassen; **6.** *Nachricht etc.* aufnehmen, reagieren auf (*acc.*): *how did he ~ this offer?*; **7.** *et.* erleben, erleiden, erfahren; *Beleidigung* einstecken; *Armbruch etc.* daˈvontragen; **8.** ⊕ *Flüssigkeit, Schraube etc.* aufnehmen; **9.** *et.* (als gültig) anerkennen; **II.** *v/i.* **10.** (Besuch) empfangen; **11.** *eccl.* das Abendmahl empfangen, kommunizieren; **reˈceived** [-vd] *adj.* **1.** erhalten: *~ with thanks* dankend erhalten; **2.** allgemein anerkannt: *~ text* echter *od.* authentischer Text; **3.** gültig, korˈrekt, vorschriftsmäßig; **reˈceiv·er** [-və] *s.* **1.** Empfänger(in); **2.** (Steuer-, Zoll)Einnehmer *m*; **3.** *a. official ~* ⚖ **a)** (gerichtlich bestellter) Zwangs- *od.* Konˈkurs- *od.* Masseverwalter, **b)** Liquiˈdator *m*, **c)** Treuhänder *m*; **4.** *a. ~ of stolen goods* ⚖ Hehler(in); **5.** (Radio-, Funk)Empfänger *m*, Empfangsgerät *n*; **6.** *teleph.* Hörer *m*; **7.** ⊕ (Sammel)Becken *n*, (-)Behälter *m*; **8.** ⚗, *phys.* Rezipiˈent *m*; **reˈceiv·er·ship** [-vəʃip] *s.* ⚖ Zwangs-, Konˈkursverwaltung *f*, Geschäftsaufsicht *f*; **reˈceiv·ing** [-viŋ] *s.* **1.** Annahme *f*: *~ hopper* ⊕ Schüttrumpf; *~ office* Annahmestelle; *~ order* ⚖ Konkurseröffnungsbeschluß; **2.** *Funk*: Empfang *m*: *~ set* → *receiver 5*; *~ station* Empfangsstation; **3.** ⚖ Hehleˈrei *f*.

re·cen·cy [ˈriːsnsi] *s.* Neuheit *f*.

re·cen·sion [riˈsenʃən] *s.* **1.** Prüfung *f*, Revisiˈon *f*, ˈDurchsicht *f e-s Textes etc.*; **2.** revidierter Text.

re·cent [ˈriːsnt] *adj.* □ **1.** vor kurzem *od.* unlängst (geschehen *od.* entstanden *etc.*): *the ~ events* die jüngsten Ereignisse; **2.** neu, jung, frisch: *of ~ date* neueren *od.* jüngeren Datums; **3.** neu, moˈdern; **ˈre·cent·ly** [-li] *adv.* kürzlich, vor kurzem, unlängst, neulich; **ˈre·cent·ness** [-nis] → *recency*.

re·cep·ta·cle [riˈseptəkl] *s.* **1.** Behälter *m*, Gefäß *n*; **2.** *a. floral ~* ⚘ Fruchtboden *m*; **3.** ⚡ Steckdose *f*.

re·cep·ti·ble [riˈseptibl] *adj.* aufnahmefähig, empfänglich (*of* für).

re·cep·tion [riˈsepʃən] *s.* **1.** Empfang *m* (*a. Funk*), Annahme *f*; **2.** Zulassung *f*; **3.** Aufnahme *f* (*a. fig.*): *to meet with a favo(u)rable ~* e-e günstige Aufnahme finden (*Buch etc.*); **4.** (offiziˈeller) Empfang, *a.* Empfangsabend *m*: *a warm (cool) ~* ein herzlicher (kühler) Empfang; **reˈcep·tion·ist** [-ʃənist] *s.* **1.** Empfangsdame *f*; **2.** Sprechstundenhilfe *f*.

reˈcep·tion-room *s.* Empfangszimmer *n*.

re·cep·tive [riˈseptiv] *adj.* □ aufnahmefähig, empfänglich (*of* für); **re·cep·tiv·i·ty** [risepˈtiviti] *s.* Aufnahmefähigkeit *f*, Empfänglichkeit *f*.

re·cess [riˈses] **I.** *s.* **1.** (zeitweilige) Unterˈbrechung (*a.* ⚖ *der Verhandlung*), (*Am. a.* Schul)Pause *f*, *bsd. parl.* Ferien *pl.*; **2.** Schlupfwinkel *m*, stiller Winkel; **3.** ⛫ (Wand)Aussparung *f*, Nische *f*, Alˈkoven *m*; **4.** ⊕ Aussparung *f*, Vertiefung *f*, Einschnitt *m*; **5.** *pl. fig. das* Innere, Tiefe(n *pl.*) *f*, geheime Winkel *pl. des Herzens etc.*; **II.** *v/t.* **6.** in e-e Nische stellen, zuˈrücksetzen; **7.** aussparen; ausbuchten, einsenken, vertiefen; **III.** *v/i.* **8.** *Am.* F e-e Pause machen, sich vertagen.

re·ces·sion [riˈseʃən] *s.* **1.** Zuˈrücktreten *n*; **2.** *eccl.* Auszug *m*; **3.** ⛫ *etc.* Vertiefung *f*; **4.** ♆ Rezessiˈon *f*, (leichter) (Konjunkˈtur-, Geschäfts)Rückgang: *period of ~* Rezessionsphase; **reˈces·sion·al** [-ʃənl] **I.** *adj.* **1.** *eccl.* Schluß...; **2.** *parl.* Ferien...; **II.** *s.* **3.** *a. ~ hymn* ˈSchlußchoˌral *m*.

re·charge [ˈriːˈtʃɑːdʒ] *v/t.* **1.** wieder (be)laden; **2.** ⚔ **a)** von neuem angreifen, **b)** nachladen; **3.** ⚡ *Batterie* wieder aufladen.

re·chris·ten [ˈriːˈkrisn] → *rebaptize*.

re·cid·i·vism [riˈsidivizəm] *s.* ⚖ Rückfall *m*, -fälligkeit *f*; **reˈcid·i·vist** [-ist] *s.* Rückfällige(r *m*) *f*; **reˈcid·i·vous** [-vəs] *adj.* rückfällig.

rec·i·pe [ˈresipi] *s.* Reˈzept *n* (*a. fig.*).

re·cip·i·ent [riˈsipiənt] **I.** *s.* **1.** Empfänger(in); **II.** *adj.* **2.** aufnehmend; **3.** empfänglich.

re·cip·ro·cal [riˈsiprəkəl] **I.** *adj.* □ **1.** wechsel-, gegenseitig: *~ service* Gegendienst; *~ relationship* Wechselbeziehung; **2.** ˈumgekehrt; **3.** ℞, *ling., phls.* reziˈprok; **II.** *s.* **4.** Gegenstück *n*; **5.** *a. ~ value* ℞ reziproker Wert, Kehrwert *m*; **reˈcip·ro·cate** [-keit] **I.** *v/t.* **1.** *Gefühle etc.* erwidern, vergelten; *Glückwünsche etc.* austauschen; **II.** *v/i.* **2.** sich erkenntlich zeigen, sich revanchieren (*for* für, *with* mit): *glad to ~* zu Gegendiensten gern bereit; **3.** in Wechselbeziehung stehen; **4.** ⊕ sich hin- u. herbewegen: *reciprocating engine* Kolbenmaschine; **re·cip·ro·ca·tion** [risiprəˈkeiʃən] *s.* **1.** Erwiderung *f*; **2.** Erkenntlichkeit *f*; **3.** Austausch *m*; **4.** Wechselwirkung *f*; **5.** ⊕ ˌHinundˈherbewegung *f*; **rec·i·proc·i·ty** [resiˈprɔsiti] *s.* Reziproziˈtät *f*; Gegenseitigkeit *f* (*a.* ♆ *in Handelsverträgen etc.*): *~ clause* Gegenseitigkeitsklausel.

re·cit·al [riˈsaitl] *s.* **1.** Vortrag *m*, -lesung *f*; **2.** ♪ (Solo)Vortrag *m*, (*Orgel- etc.*)Konˈzert *n*: *lieder ~* Liederabend; **3.** Bericht *m*, Schilderung *f*; **4.** Aufzählung *f*; **5.** ⚖ **a)** *a. ~ of fact* Darstellung *f* des Sachverhalts, **b)** Präˈambel *f e-s Vertrags etc.*; **rec·i·ta·tion** [resiˈteiʃən] *s.* **1.** Auf-, Hersagen *n*, Rezitieren *n*; **2.** Vortrag *m*, Rezitatiˈon *f*; **3.** *ped. Am.* Abfrage-, Übungsstunde *f*; **4.** Vortragsstück *n*, rezitierter Text; **rec·i·ta·tive** [resitəˈtiːv] ♪ **I.** *adj.* rezitaˈtivartig; **II.** *s.* Rezitaˈtiv *n*, Sprechgesang *m*; **re·cite** [riˈsait] *v/t.* **1.** (auswendig) her- *od.* aufsagen; **2.** rezitieren, vortragen, deklamieren; **3.** ⚖ **a)** *Sachverhalt* darstellen, **b)** anführen, zitieren; **reˈcit·er** [-tə] *s.* **1.** Reziˈtator *m*, Rezitaˈtorin *f*, Vortragskünstler(in); **2.** Vortragsbuch *n*.

reck·less ['reklis] *adj.* □ **1.** unbesorgt, unbekümmert (*of* um): *to be ~ of* sich nicht kümmern um; **2.** sorglos; leichtsinnig; verwegen; **3.** rücksichtslos; ⚖ (bewußt) fahrlässig; '**reck·less·ness** [-nis] *s.* **1.** Unbesorgtheit *f*, Unbekümmertheit *f* (*of* um); **2.** Sorglosigkeit *f*, Leichtsinn *m*, Verwegenheit *f*; **3.** Rücksichtslosigkeit *f*.

reck·on ['rekən] **I.** *v/t.* **1.** (be-, er-) rechnen: *to ~ in* einrechnen; *to ~ over* nachrechnen; *to ~ up* **a)** auf-, zs.-zählen, **b)** *j-n* einschätzen; **2.** halten für: *to ~ as od. for* betrachten als; *to ~ among od. with* rechnen *od.* zählen zu (*od.* unter *acc.*); **3.** der Meinung sein (*that* daß); **II.** *v/i.* **4.** zählen, rechnen: *to ~ with* **a)** rechnen mit (*a. fig.*), **b)** abrechnen mit (*a. fig.*); *to ~ (up)on fig.* rechnen *od.* zählen auf *j-n, j-s Hilfe etc.*; → *host*[2] 2; **5.** *Am.* F denken, meinen, vermuten; **reck·on·er** ['reknə] *s.* **1.** Rechner(in); **2.** → *ready reckoner*; **reck·on·ing** ['rekniŋ] *s.* **1.** Rechnen *n*; **2.** Berechnung *f*, Kalkulati'on *f*; ⚓ Gissung *f*: *dead ~* gegißtes Besteck; *to be out of (od. in) one's ~ fig.* sich verrechnet haben; **3.** Abrechnung *f*: *day of ~* **a)** *bsd. fig.* Tag der Abrechnung, **b)** *eccl. der* Jüngste Tag; **4.** (Wirtshaus)Rechnung *f*, Zeche *f*.

re·claim [ri'kleim] *v/t.* **1.** *Eigentum, Rechte etc.* zu'rückfordern, her'ausverlangen, reklamieren; **2.** *Land* urbar machen, kultivieren, trockenlegen; **3.** *Tiere* zähmen; **4.** *Volk* zivilisieren; **5.** ⊕ *aus Altmaterial* gewinnen, *Altöl, Gummi etc.* regenerieren; **6.** *fig.* **a)** *j-n* bekehren, bessern, **b)** *j-n* zu'rückbringen, -führen (*from* von, *to* zu); **re'claim·a·ble** [-məbl] *adj.* □ **1.** (ver-)besserungsfähig; **2.** kul'turfähig (*Land*); **3.** ⊕ regenerierfähig.

rec·la·ma·tion [reklə'meiʃən] *s.* **1.** Reklamati'on *f*: **a)** Rückforderung *f*, **b)** Beschwerde *f*; **2.** *fig.* Bekehrung *f*, Besserung *f*, Heilung *f* (*from* von); **3.** Urbarmachung *f*, Neugewinnung *f* (*von Land*); **4.** ⊕ Rückgewinnung *f*.

re·cline [ri'klain] **I.** *v/i.* **1.** sich (an-, zu'rück)lehnen: *reclining chair* (verstellbarer) Lehnstuhl; **2.** ruhen, liegen (*on, upon* an, auf *dat.*); **3.** *fig. ~ upon* sich stützen auf (*acc.*); **II.** *v/t.* **4.** (an-, zu'rück)lehnen, legen (*on, upon* auf *acc.*).

re·cluse [ri'klu:s] **I.** *s.* **1.** Einsiedler (-in); **II.** *adj.* **2.** einsam, abgeschieden (*from* von); **3.** einsiedlerisch.

rec·og·ni·tion [rekəg'niʃən] *s.* **1.** ('Wieder)Erkennen *n*: *~ vocabulary ling.* passiver Wortschatz; *beyond ~, out of ~, past (all) ~* (bis) zur Unkenntlichkeit *verändert, verstümmelt etc.*; *the capital has changed beyond (all) ~* die Hauptstadt ist (überhaupt) nicht wiederzuerkennen; **2.** Erkenntnis *f*; **3.** Anerkennung *f* (*a. pol.*): *in ~ of* als Anerkennung für; *to win ~* sich durchsetzen, Anerkennung finden; **rec·og·niz·a·ble** ['rekəgnaizəbl] *adj.* □ ('wieder)erkennbar, kenntlich; **re·cog·ni·zance** [ri'kɔgnizəns] *s.* **1.** ⚖ schriftliche Verpflichtung; (Schuld)Anerkenntnis *f*: *to enter into ~s* sich gerichtlich binden; **2.** ⚖ Sicherheitsleistung *f*, Kauti'on *f*; **re·cog·ni·zant** [ri'kɔgnizənt] *adj.*: *to be ~ of* anerkennen; **rec·og·nize** ['rekəgnaiz] *v/t.* **1.** ('wieder)erkennen; **3.** *j-n, e-e Regierung, Schuld etc., a. lobend* anerkennen: *to ~ that* zugeben, daß; **4.** No'tiz nehmen von; **5.** *auf der Straße* grüßen; **6.** *j-m* das Wort erteilen.

re·coil [ri'kɔil] **I.** *v/i.* **1.** zu'rückprallen; zu'rückstoßen (*Gewehr etc.*); **2.** *fig.* zu'rückprallen, -schrecken, -schaudern (*at, from* vor *dat.*); **3.** *~ on fig.* zu'rückfallen auf (*acc.*); **II.** *s.* **4.** Rückprall *m*; **5.** ⚔ **a)** Rückstoß *m* (*Gewehr*), **b)** (Rohr)Rücklauf *m* (*Geschütz*); **re'coil·less** [-lis] *adj.* ⚔ rückstoßfrei.

rec·ol·lect [rekə'lekt] *v/t.* sich erinnern (*gen.*) *od.* an (*acc.*), sich besinnen auf (*acc.*), sich ins Gedächtnis zu'rückrufen.

re-col·lect ['ri:kə'lekt] *v/t.* wieder sammeln (*a. fig.*): *to ~ o.s.* sich fassen.

rec·ol·lec·tion [rekə'lekʃən] *s.* Erinnerung *f* (*Vermögen u. Vorgang*), Gedächtnis *n*: *it is within my ~* es ist mir in Erinnerung; *to the best of my ~* soweit ich mich (daran) erinnern kann.

re·com·mence ['ri:kə'mens] *v/t. u. v/i.* 'wiederbeginnen.

rec·om·mend [rekə'mend] *v/t.* **1.** empfehlen (*s.th. to s.o.* j-m et.): *to ~ s.o. for a post* j-n für e-n Posten empfehlen; *to ~ caution* Vorsicht empfehlen, zu Vorsicht raten; **2.** empfehlen, anziehend machen: *his manners ~ him*; **3.** (an)empfehlen, anvertrauen: *to ~ o.s. to s.o.*; **rec·om'mend·a·ble** [-dəbl] *adj.* □ empfehlenswert; **rec·om·men·da·tion** [rekəmen'deiʃən] *s.* **1.** Empfehlung *f* (*a. fig. Eigenschaft*), Befürwortung *f*, Vorschlag *m*: *on the ~ of* auf Empfehlung von; **2.** *a. letter of ~* Empfehlungsschreiben *n*; **rec·om'mend·a·to·ry** [-dətəri] *adj.* empfehlend, Empfehlungs...

re·com·mis·sion ['ri:kə'miʃən] *v/t.* **1.** wieder anstellen *od.* beauftragen; ⚔ *Offizier* reaktivieren; **2.** ⚓ *Schiff* wieder in Dienst stellen.

re·com·mit [ri:kə'mit] *v/t.* **1.** *parl.* (an e-n Ausschuß) zu'rückverweisen; **2.** ⚖ *j-n* wieder *dem Gericht* über'antworten: *to ~ s.o. to prison* j-n wieder inhaftieren.

rec·om·pense ['rekəmpens] **I.** *v/t.* **1.** *j-n* belohnen, entschädigen (*for* für); **2.** *et.* vergelten, belohnen (*to s.o.* j-m); **3.** *et.* erstatten, ersetzen, wieder'gutmachen; **II.** *s.* **4.** Belohnung *f*; *a. b.s.* Vergeltung *f*; **5.** Entschädigung *f*, Ersatz *m*.

re·com·pose ['ri:kəm'pouz] *v/t.* **1.** wieder zs.-setzen; **2.** neu (an)ordnen, 'umgestalten, -gruppieren; **3.** *fig.* wieder beruhigen; **4.** *typ.* neu setzen.

rec·on·cil·a·ble ['rekənsailəbl] *adj.* **1.** versöhnbar; **2.** vereinbar (*with* mit); **rec·on·cile** ['rekənsail] *v/t.* **1.** *j-n* ver-, aussöhnen (*to, with* mit): *to ~ o.s. to, to become ~d to fig.* sich versöhnen *od.* abfinden *od.* befreunden mit *et.*, sich fügen *od.* finden in (*acc.*); **2.** *fig.* in Einklang bringen, abstimmen (*with, to* mit); **3.** *Streit* beilegen, schlichten; **rec·on·cil·i·a·tion** [rekənsili'eiʃən] *s.* **1.** Ver-, Aussöhnung *f* (*to, with* mit); **2.** Beilegung *f*, Schlichtung *f*; **3.** Ausgleich(ung *f*) *m*, Einklang *m* (*between* zwischen *dat.*, unter *dat.*).

rec·on·dite [ri'kɔndait] *adj.* □ tief (-gründig), ab'strus, dunkel: *a ~ book*; *a ~ writer*.

re·con·di·tion ['ri:kən'diʃən] *v/t.* *bsd.* ⊕ wieder in'standsetzen, über'holen, erneuern.

re·con·nais·sance [ri'kɔnisəns] *s.* ⚔ **a)** Erkundung *f*, Aufklärung *f*, **b)** *a. ~ party od. patrol* Spähtrupp *m*: *~ car* Spähwagen; *~ plane* Aufklärungsflugzeug, Aufklärer.

rec·on·noi·ter *Am.*, **rec·on·noi·tre** *Brit.* [rekə'nɔitə] *v/t.* ⚔ erkunden, aufklären, auskundschaften (*a. fig.*), rekognoszieren (*a. geol.*).

re·con·quer ['ri:'kɔŋkə] *v/t.* 'wieder-, zu'rückerobern; '**re'con·quest** [-kwest] *s.* 'Wiedereroberung *f*.

re·con·sid·er ['ri:kən'sidə] *v/t.* **1.** von neuem erwägen, nochmals über'legen, nachprüfen; **2.** *pol.*, ⚖ *Antrag, Sache* nochmals behandeln; **re·con·sid·er·a·tion** ['ri:kənsidə'reiʃən] *s.* nochmalige Über'legung *od.* Erwägung *od.* Prüfung.

re·con·stit·u·ent ['ri:kən'stitjuənt] **I.** *s.* ⚕ Wieder'aufbaumittel *n*, 'Roborans *n*; **II.** *adj. bsd.* ⚕ wieder'aufbauend.

re·con·sti·tute ['ri:'kɔnstitju:t] *v/t.* **1.** wieder einsetzen; **2.** wieder'herstellen; neu bilden; ⚔ neu aufstellen.

re·con·struct ['ri:kəns'trʌkt] *v/t.* **1.** wieder aufbauen, wieder herstellen; **2.** 'umbauen (*a.* ⊕ *neu konstruieren*), 'umformen, -bilden; **4.** ✝ wieder'aufbauen, sanieren; **re·con·struc·tion** ['ri:kəns'trʌkʃən] *s.* **1.** Wieder'aufbau *m*, -'herstellung *f*; **2.** 'Umbau *m* (*a.* ⊕ *Neukonstruktion*), 'Umformung *f*; **3.** Rekonstrukti'on *f* (*a. e-s Verbrechens*); **4.** ✝ Sanierung *f*, Wieder'aufbau *m*.

re·con·ver·sion ['ri:kən'və:ʃən] *s.* ('Rück)Umwandlung *f*, 'Umstellung *f* (*bsd.* ✝ *e-s Betriebs, auf Friedensproduktion etc.*); '**re·con'vert** [-'və:t] *v/t.* (wieder) 'umstellen.

rec·ord[1] ['rekɔ:d] *s.* **1.** Aufzeichnung *f*, Niederschrift *f*: *on ~* **a)** (geschichtlich *etc.*) verzeichnet, schriftlich belegt, **b)** → 4 *b*, **c)** *fig. das beste etc.* aller Zeiten, bisher; *off the ~ bsd. Am.* inoffiziell, nicht für die Öffentlichkeit bestimmt; *on the ~* offiziell; *matter of ~* verbürgte Tatsache; **2.** (schriftlicher) Bericht; **3.** *a.* ⚖ Urkunde *f*, Doku'ment *n*, 'Unterlage *f*; **4.** ⚖ **a)** Proto'koll *n*, Niederschrift *f*, **b)** (Gerichts)Akte *f*, Aktenstück *n*: *on ~* aktenkundig; *on the ~ of the case* nach Aktenlage; *to go on ~ Am. fig.* sich festlegen; *to place on ~* aktenkundig machen; *court of ~* ordentliches Gericht; *~ office* Archiv; **5.** Re'gister *n*, Liste *f*, Verzeichnis *n*: *criminal ~* **a)** Strafregister, **b)** *weitS.* Vorstrafen; *to have a (criminal) ~* vorbestraft sein; **6.** *a.* ⊕ Registrierung *f*; **7. a)** Ruf *m*, Leumund *m*, Vergangenheit *f*: *a bad* ~, **b)** *gute etc.* Leistung(en *pl.*) *in der Vergangenheit*; **8.** *fig.* Urkunde *f*, Zeugnis *n*: *to be a* ~ *of et.* bezeugen; **9.** (Schall)Platte *f*: ~ *changer* Plattenwechsler; ~ *machine Am.* Musikautomat; ~ *player* Plattenspieler; **10.** *sport etc.* Re'kord *m*, Best-, Höchstleistung *f*: ~ *performance allg.* Spitzenleistung; ~ *prices* † Rekordpreise; *in* ~ *time* in Rekordzeit.

re·cord² [ri'kɔ:d] *v/t.* **1.** schriftlich niederlegen; (*a.* ⊕) aufzeichnen, -schreiben; ⚖ beurkunden, protokollieren; zu den Akten nehmen; † *etc.* eintragen, registrieren, erfassen; **2.** ⊕ *Meßwerte* registrieren, verzeichnen; **3.** (*auf Tonband etc.*) aufnehmen, *Sendung* mitschneiden, *a. photographisch* festhalten; **4.** *fig.* aufzeichnen, festhalten, der Nachwelt über'liefern; **5.** *Stimme* abgeben; **re·cord·er** [ri'kɔ:də] *s.* **1.** Regi'strator *m*; *weitS.* Chro'nist *m*; **2.** Schrift-, Proto'kollführer *m*; **3.** ⚖ *Brit. obs.* Einzelrichter *m* der *Quarter Sessions*; **4.** ⊕ Regi'strierappa,rat *m*, (Bild-, Selbst)Schreiber *m*, Aufnahmegerät *n*; **5.** ♪ Blockflöte *f*; **re·cord·ing** [ri'kɔ:diŋ] **I.** *s.* **1.** *a.* ⊕ Aufzeichnung *f*, Registrierung *f*; **2.** Beurkundung *f*; Protokollierung *f*; **3.** *Radio etc.*: Aufnahme *f*, Aufzeichnung *f*, Mitschnitt *m*; **II.** *adj.* **4.** Protokoll...; **5.** registrierend: ~ *chart* Registrierpapier; ~ *head* **a)** ⚡ Tonkopf (*Tonbandgerät*), **b)** *Computer*: Schreibkopf.

re·count¹ [ri'kaunt] *v/t.* (im einzelnen) erzählen.

re-count² ['ri:'kaunt] *v/t.* nachzählen.

re·coup [ri'ku:p] *v/t.* **1.** *Verlust etc.* wieder'einbringen; **2.** *j-n* entschädigen, schadlos halten (*for* für); **3.** †, ⚖ einbehalten.

re·course [ri'kɔ:s] *s.* **1.** Zuflucht *f* (*to* zu): *to have* ~ *to s.th.* s-e Zuflucht zu et. nehmen; *to have* ~ *to foul means* zu unredlichen Mitteln greifen; **2.** †, ⚖ Re'greß *m*, Re'kurs *m*: *with* (*without*) ~ mit (ohne) Rückgriff; *liable to* ~ regreßpflichtig.

re·cov·er [ri'kʌvə] **I.** *v/t.* **1.** (*a. fig. Appetit, Bewußtsein, Fassung etc.*) 'wiedererlangen, -finden; zu'rückerlangen, -gewinnen; ⚔ 'wieder-, zu'rückerobern; *Fahrzeug, Schiff* bergen: *to* ~ *one's breath* wieder zu Atem kommen; *to* ~ *one's legs* wieder auf die Beine kommen; *to* ~ *land from the sea* dem Meer Land abringen; **2.** *Verluste etc.* wieder'gutmachen, wieder'einbringen, ersetzen; *Zeit* wieder'aufholen; **3.** ⚖ **a)** *Schuld etc.* einziehen, beitreiben, **b)** *Urteil* erwirken (*against* gegen): *to* ~ *damages for* Schadensersatz erhalten für; **4.** ⊕ *aus Altmaterial* regenerieren, 'wiedergewinnen; **5.** ~ *o.s.* → *8 u. 9*: *to be* ~*ed from* wiederhergestellt sein von; **6.** (er-)retten, befreien (*from* aus *dat.*); **7.** *fenc. etc.* in die Ausgangsstellung bringen; **II.** *v/i.* **8.** genesen, wieder gesund werden; **9.** sich erholen (*from, of* von *e-m Schock etc.*) (*a.* †); **10.** wieder zu sich kommen, das Bewußtsein 'wiedererlangen; **11.** ⚖ **a)** Recht bekommen, **b)** entschädigt werden, sich schadlos halten: *to* ~ *in one's suit* s-n Prozeß gewinnen, obsiegen.

re-cov·er ['ri:'kʌvə] *v/t.* wieder bedecken, *bsd. Schirm etc.* neu beziehen.

re·cov·er·a·ble [ri'kʌvərəbl] *adj.* **1.** 'wiedererlangbar; **2.** wieder'gutzumachen(d); **3.** ⚖ ein-, beitreibbar (*Schuld*); **4.** wieder'herstellbar; **5.** ⊕ regenerierbar; **re·cov·er·y** [ri'kʌvəri] *s.* **1.** (Zu)'Rück-, 'Wiedererlangung *f*, -gewinnung *f*; **2.** ⚖ **a)** Ein-, Beitreibung *f*, **b)** *mst* ~ *of damages* (Erlangung *f* von) Schadenersatz *m*; **3.** ⊕ Rückgewinnung *f aus Abfallstoffen etc.*; **4.** ⚓ *etc.* Bergung *f*, Rettung *f*: ~ *vehicle mot.* Bergungsfahrzeug; **5.** *fig.* Rettung *f*, Bekehrung *f*; **6.** Genesung *f*, Gesundung *f*, Erholung *f* (*a.* †), (*gesundheitliche*) Wieder'herstellung: *economic* ~ Konjunkturaufschwung, -belebung; *to be past* (*od. beyond*) ~ unheilbar krank sein, *fig.* hoffnungslos darniederliegen; **7.** *sport* **a)** *fenc. etc.* Zu'rückgehen *n* in die Ausgangsstellung, **b)** *Golf etc.* Erholung *f* (*befreiender Schlag*).

rec·re·an·cy ['rekriənsi] *s.* **1.** Feigheit *f*, Verzagtheit *f*; **2.** Abtrünnigkeit *f*; **'rec·re·ant** [-nt] **I.** *adj.* □ **1.** feig(e), verzagt; **2.** abtrünnig; **II.** *s.* **3.** Feigling *m*; **4.** Abtrünnige(r *m*) *f*.

rec·re·ate ['rekrieit] **I.** *v/t.* **1.** erfrischen, *j-m* Erholung *od.* Entspannung gewähren; **2.** erheitern, unter'halten; **3.** ~ *o.s.* **a)** ausspannen, sich erholen, **b)** sich ergötzen *od.* unterhalten; **II.** *v/i.* **4.** → *3.*

re-cre·ate ['ri:kri'eit] *v/t.* neu *od.* wieder erschaffen.

rec·re·a·tion [rekri'eiʃən] *s.* Erholung *f*, Entspannung *f*, Erfrischung *f*; Belustigung *f*, Unter'haltung *f*: ~ *area* Erholungsgebiet; ~ *ground* Spiel-, Sportplatz; **rec·re'a·tion·al** [-ʃənl] *adj.* Erholungs..., Entspannungs..., *Ort etc.* der Erholung; Freizeit...; **rec·re·a·tive** ['rekrieitiv] *adj.* **1.** erholsam, entspannend, erfrischend; **2.** unter'haltend, amü'sant.

re·crim·i·nate [ri'krimineit] *v/i. u. v/t.* Gegenbeschuldigungen vorbringen (gegen).

re·crim·i·na·tion [rikrimi'neiʃən] *s.* Gegenbeschuldigung *f*.

re·cru·desce [ri:kru:'des] *v/i.* **1.** wieder aufbrechen (*Wunde*); **2.** sich wieder verschlimmern (*Zustand*); **3.** *fig.* wieder'ausbrechen, -'aufflackern (*Übel*); **re·cru'des·cence** [-sns] *s.* **1.** Wieder'aufbrechen *n* (*e-r Wunde etc.*); **2.** *fig.* Wieder'ausbrechen *n*, -'aufflackern *n*.

re·cruit [ri'kru:t] **I.** *s.* **1.** ⚔ Re'krut *m*; **2.** Neuling *m* (*a. contp.*); **II.** *v/t.* **3.** ⚔ rekrutieren: **a)** *Rekruten* ausheben, einziehen, **b)** anwerben, **c)** *Einheit* ergänzen, erneuern, **d)** *weitS. Leute* her'anziehen: *to be* ~*ed from* sich rekrutieren aus, *fig.* sich zs.-setzen *od.* ergänzen aus; **4.** *j-n, j-s Gesundheit* wieder'herstellen; **5.** *fig.* stärken, erfrischen; **III.** *v/i.* **6.** Rekruten ausheben *od.* anwerben; **7.** sich erholen; **re'cruit·al** [-tl] *s.* Erholung *f*, (gesundheitliche) Wieder'herstellung; **re'cruit·ing** [-tiŋ] ⚔ **I.** *s.* Rekrutierung *f*, (An-)Werben *n*; **II.** *adj.* Werbe...(*-büro, -offizier etc.*); Rekrutierungs...(*-stelle*); **re'cruit·ment** [-mənt] *s.* **1.** Verstärkung *f*, Auffrischung *f*; **2.** ⚔ Rekrutierung *f*; **3.** Erholung *f*.

rec·tal ['rektəl] *adj.* □ *anat.* rek'tal: ~ *syringe* Klistierspritze.

rec·tan·gle ['rektæŋgl] *s.* ∡ Rechteck *n*; **rec·tan·gu·lar** [rek'tæŋgjulə] *adj.* □ ∡ **1.** rechteckig; **2.** rechtwink(e)lig.

rec·ti·fi·a·ble ['rektifaiəbl] *adj.* **1.** zu berichtigen(d), korrigierbar; **2.** ∡, ⊕, ⚗ rektifizierbar; **rec·ti·fi·ca·tion** [rektifi'keiʃən] *s.* **1.** Berichtigung *f*, Verbesserung *f*, Richtigstellung *f*; **2.** ∡, ⚗ Rektifikati'on *f*; **3.** ⚡ Gleichrichtung *f*; **'rec·ti·fi·er** [-faiə] *s.* **1.** Berichtiger *m*; **2.** ⚗ *etc.* Rektifizierer *m*; **3.** ⚡ Gleichrichter *m*; **4.** *phot.* Entzerrungsgerät *n*; **rec·ti·fy** ['rektifai] *v/t.* berichtigen, korrigieren, verbessern, richtigstellen; ∡, ⚗, ⊕ rektifizieren; ⚡ gleichrichten.

rec·ti·lin·e·al [rekti'liniəl] *adj.*; **rec·ti'lin·e·ar** [-iə] *adj.* □ geradlinig; **rec·ti·tude** ['rektitju:d] *s.* Geradheit *f*, Rechtschaffenheit *f*.

rec·tor ['rektə] *s.* **1.** *eccl.* Pfarrer *m*; **2.** *univ.* 'Rektor *m*; **3.** *Scot.* ('Schul)Di,rektor *m*; **'rec·tor·ate** [-ərit], **'rec·tor·ship** [-ʃip] *s.* **1.** *ped.* Rekto'rat *n*; **2.** *eccl.* **a)** Pfarrstelle *f*, **b)** Amt *n od.* Amtszeit *f* e-s Pfarrers; **'rec·to·ry** [-təri] *s.* Pfar'rei *f*, Pfarre *f*: **a)** Pfarrhaus *n*, **b)** *Brit.* Pfarrstelle *f*, **c)** Kirchspiel *n*.

rec·tum ['rektəm] *pl.* **-ta** [-tə] *s. anat.* Mastdarm *m*.

re·cum·ben·cy [ri'kʌmbənsi] *s.* **1.** liegende Stellung, Liegen *n*; **2.** *fig.* Ruhe *f*; **re'cum·bent** [-nt] *adj.* □ (sich zu'rück)lehnend, liegend; ruhend (*a. fig.*).

re·cu·per·ate [ri'kju:pəreit] *v/i.* sich erholen (*a.* †); **re·cu·per·a·tion** [rikju:pə'reiʃən] *s.* Erholung *f* (*a.* †); **re'cu·per·a·tive** [-rətiv] *adj.* **1.** stärkend, kräftigend; **2.** Erholungs...; **re'cu·per·a·tor** [-tə] *s.* ⊕ **1.** Rekupe'rator *m* (*Feuerung*); **2.** Vorholer *m*: ~ *spring* Vorholfeder.

re·cur [ri'kə:] *v/i.* **1.** 'wiederkehren, wieder'auftreten (*Ereignis, Erscheinung etc.*); **2.** *fig. in Gedanken, im Gespräch* zu'rückkommen (*to* auf *acc.*); **3.** *fig.* wiederkehren (*Gedanken*); **4.** zu'rückgreifen (*to* auf *acc.*); **5.** ∡ (peri'odisch) wiederkehren (*Kurve etc.*): ~*ring decimal* periodische Dezimalzahl; **re·currence** [ri'kʌrəns] *s.* **1.** 'Wiederkehr *f*, Wieder'auftreten *n*; **2.** Zu'rückgreifen *n* (*to* auf *acc.*); **3.** *fig.* Zu'rückkommen *n* (*im Gespräch etc.*) (*to* auf *acc.*); **re·cur·rent** [ri'kʌrənt] *adj.* □ **1.** 'wiederkehrend (*a. Zahlungen*), sich wieder'holend; **2.** peri'odisch auftretend: ~ *fever* ⚕ Rückfallfieber; **3.** ⚘, *anat.* rückläufig (*Nerv, Arterie etc.*).

re·cur·vate [ri'kə:vit] *adj.* zu'rückgebogen.

re·cy·cle [ri'saikl] *v/t.* ⊕ 'wiederverwerten: *to* ~ *waste material*;

re'cy·cling *s.* ⊕, ✝ Re'cycling *n*: a) ⊕ 'Wiederverwertung *f*: ~ *of waste material*, b) ✝ Rückschleusung *f*: ~ *of funds*.

red [red] **I.** *adj.* **1.** rot: ~ *ant* rote Waldameise; ♀ *Book* a) Adelskalender, b) *pol.* Rotbuch; ~ *cabbage* Rotkohl; ♀ *Cross* Rotes Kreuz; ~ *currant* Johannisbeere; ~ *deer* Edel-, Rothirsch; ♀ *Ensign* brit. Handelsflagge; ~ *hat* Kardinalshut; ~ *heat* Rotglut; ~ *herring* a) Bückling, b) *fig.* Ablenkungsmanöver; *to draw a* ~ *herring across the path* ein Ablenkungsmanöver durchführen; ~ *lead min.* Mennige; ~ *lead ore* Rotbleierz; ~ *light* Warn-, Stopplicht; *to see the* ~ *light fig.* die Gefahr erkennen; ~ *tape* Amtsschimmel, Bürokratismus, Papierkrieg; to see ~ ‚rotsehen', wild werden; → *paint* 2; *rag*[1] *1*; **2.** rot(glühend); **3.** rot(haarig); **4.** rot(häutig); **5.** *oft* ♀ *pol.* rot: a) kommu'nistisch, b) sow'jetisch: *the* ♀ *Army* die Rote Armee; **II.** *s.* **6.** Rot *n*; **7.** *a.* ~*skin* Rothaut *f* (*Indianer*); **8.** *oft* ♀ *pol.* Rote(r *m*) *f*; **9.** *bsd.* ✝ *to be in the* ~ in den roten Zahlen sein; *to get out of the* ~ aus den roten Zahlen herauskommen; **10.** *bsd. Am.* F roter Heller.

re·dact [ri'dækt] *v/t.* **1.** redigieren, her'ausgeben; **2.** *Erklärung etc.* abfassen; **re'dac·tion** [-kʃən] *s.* **1.** Redakti'on *f* (*Tätigkeit*), Her'ausgabe *f*; **2.** (Ab)Fassung *f*; **3.** Neubearbeitung *f*.

'red|-'blood·ed *adj. fig.* lebensprühend, vi'tal, feurig; **'~breast** *s. orn.* Rotkehlchen *n*; **'~cap** *s.* Rotmütze *f*: a) *Brit. sl.* Mili'tärpoli,zist *m*, b) *Am.* (Bahnhofs)Gepäckträger *m*.

red·den ['redn] **I.** *v/t.* röten, rot färben; **II.** *v/i.* rot werden: a) sich röten, b) erröten (*at* über *acc.*, *with* vor *dat.*).

red·der ['redə] *comp. von red*; **red·dest** ['redist] *sup. von red*; **red·dish** ['rediʃ] *adj.* rötlich.

red·dle ['redl] *s.* Rötel *m*.

re·dec·o·rate ['ri:'dekəreit] *v/t.* *Zimmer etc.* renovieren; **re·dec·o·ra·tion** ['ri:dekə'reiʃən] *s.* Renovierung *f*.

re·deem [ri'di:m] *v/t.* **1.** *Verpflichtung* abzahlen, -lösen, tilgen, amortisieren; **2.** zu'rückkaufen; **3.** ✝ *Staatspapier* auslosen; **4.** *Pfand* einlösen; **5.** *Gefangene etc.* los-, freikaufen; **6.** *Versprechen* erfüllen, einlösen; **7.** *Fehler etc.* wieder'gutmachen, *Sünde* abbüßen; **8.** *schlechte Eigenschaft* aufwiegen, wettmachen, versöhnen mit: ~*ing feature* a) versöhnender Zug, b) ausgleichendes Moment; **9.** *Ehre, Rechte* 'wiedererlangen, wieder'herstellen; **10.** (*from*) bewahren (vor *dat.*); (er-)retten (von); befreien (von); **11.** *eccl.* erlösen (*from* von); **12.** *Zeit* wieder'einbringen; **re'deem·a·ble** [-məbl] *adj.* □ **1.** abzahlbar, -lösbar, tilgbar; kündbar (*Anleihe*); rückzahlbar (*Wertpapier*): ~ *loan* Tilgungsdarlehen; **2.** zu'rückkaufbar; **3.** ✝ auslosbar (*Staatspapier*); **4.** einlösbar (*Pfand, Versprechen etc.*); **5.** wieder'gutzumachen(d) (*Fehler*), abzubüßen(d) (*Sünde*); **6.** 'wiedererlangbar; **7.** *eccl.* erlösbar; **re'deem·er** [-mə] *s.* **1.** Einlöser(in) *etc.*; **2.** ♀ *eccl.* Erlöser *m*, Heiland *m*.

re·de·liv·er ['ri:di'livə] *v/t.* **1.** *j-n* wieder befreien; **2.** *et.* zu'rückgeben; wieder ab- *od.* ausliefern; rückliefern.

re·demp·tion [ri'dempʃən] *s.* **1.** Abzahlung *f*, Ablösung *f*, Tilgung *f*, Amortisati'on *f e-r Schuld etc.*: ~ *fund Am.* ✝ Tilgungsfonds; ~ *loan* ✝ Ablösungsanleihe; **2.** Rückkauf *m*; **3.** Auslosung *f von Staatspapieren*; **4.** Einlösung *f e-s Pfandes* (*fig. e-s Versprechens*); **5.** Los-, Freikauf *m e-r Geisel etc.*; **6.** Wieder'gutmachung *f e-s Fehlers*; Abbüßung *f e-r Sünde*; **7.** Ausgleich *m* (of für), Wettmachen *n e-s Nachteils*; **8.** 'Wiedererlangung *f*, Wieder'herstellung *f e-s Rechts etc.*; **9.** *bsd. eccl.* Erlösung *f* (*from* von): *past od. beyond* ~ hoffnungs-, rettungslos (verloren); **re'demp·tive** [-ptiv] *adj. eccl.* erlösend, Erlösungs...

re·de·ploy ['ri:di'plɔi] *v/t.* **1.** *bsd.* ⚔ 'umgrup,pieren; **2.** ⚔ *Truppen* verlegen; **'re·de'ploy·ment** [-mənt] *s.* **1.** 'Umgrup,pierung *f*, (Truppen-)Verschiebung *f*; **2.** Verlegung *f*.

re·de·vel·op ['ri:di'veləp] *v/t.* *Stadtteil* sanieren; **'re·de'vel·op·ment** [-mənt] *s.* (Stadt)Sanierung *f*: ~ *area* Sanierungsgebiet.

'red-'hand·ed *adj.*: *to take s.o.* ~ j-n auf frischer Tat ertappen.

red·hi·bi·tion [redhi'biʃən] *s.* ⚖ Wandlung *f beim Kauf*; **red·hib·i·to·ry** [red'hibitəri] *adj.* Wandlungs...(*-klage etc.*): ~ *defect* Fehler der Sache beim Kauf.

'red'hot *adj.* **1.** rotglühend; **2.** *fig.* hitzig, feurig, wild; **3.** *fig.*: ~ *news* allerneueste Nachrichten; ~ **pok·er (plant)** *s.* ♣ Fackellilie *f*.

red·in·te·grate [re'dintigreit] *v/t.* **1.** wieder'herstellen; **2.** erneuern.

re·di·rect ['ri:di'rekt] *v/t.* **1.** *Brief etc.* 'umadres,sieren; **2.** e-e neue Richtung geben (*dat.*).

re·dis·count ['ri:'diskaunt] ✝ **I.** *v/t.* rediskontieren; **II.** *s.* Redis'kont *m*.

re·dis·cov·er ['ri:dis'kʌvə] *v/t.* 'wiederentdecken.

re·dis·trib·ute ['ri:dis'tribju(:)t] *v/t.* **1.** neu verteilen; **2.** wieder verteilen.

'red|-'let·ter day *s.* **1.** Festtag *m*; **2.** *fig.* Freuden-, Glückstag *m*; **'~-'light dis·trict** *s.* Bor'dellviertel *n*.

red·ness ['rednis] *s.* Röte *f*.

re·do ['ri:'du:] *v/t.* [*irr.* → *do*] **1.** nochmals tun *od.* machen; **2.** *Haar* nochmals richten *etc.*

red·o·lence ['redouləns] *s.* Duft *m*, Wohlgeruch *m*; **'red·o·lent** [-nt] *adj.* duftend (of, *with* nach): *to be* ~ *of fig. et.* atmen, stark gemahnen an (*acc.*).

re·dou·ble [ri'dʌbl] **I.** *v/t.* **1.** verdoppeln; **2.** *Kartenspiel*: *j-m* Re'kontra geben; **II.** *v/i.* **3.** sich verdoppeln.

re·doubt [ri'daut] *s.* ⚔ **1.** Re'doute *f*; **2.** Schanze *f*; **re'doubt·a·ble** [-təbl] *adj. rhet.* (*a. iro.*) furchtbar, schrecklich.

re·dound [ri'daund] *v/i.* **1.** ausschlagen *od.* gereichen (*to* zu *j-s Ehre, Vorteil etc.*); **2.** zu'teil werden, erwachsen (*to dat.*, *from* aus); **3.** zu'rückfallen, -wirken (*upon* auf *acc.*).

re·draft ['ri:'drɑ:ft] **I.** *s.* **1.** neuer Entwurf; **2.** ✝ Rück-, Ri'kambiowechsel *m*; **II.** *v/t.* **3.** → *redraw I*.

re·draw ['ri:'drɔ:] [*irr.* → *draw*] **I.** *v/t.* neu entwerfen; **II.** *v/i.* ✝ zu'rücktras,sieren (*on*, *upon* auf *acc.*).

re·dress [ri'dres] **I.** *s.* **1.** Abhilfe *f* (*a.* ⚖): *legal* ~ Rechtshilfe; *to obtain* ~ *from s.o.* gegen j-n Regreß nehmen; **2.** Behebung *f*, Beseitigung *f*, Abschaffung *f e-s Übelstandes*; **3.** Wieder'gutmachung *f e-s Unrechts, Fehlers etc.*; **4.** Entschädigung *f* (*for* für); **II.** *v/t.* **5.** *Übelstand* beheben, beseitigen, (*dat.*) abhelfen; *Unrecht* wieder'gutmachen; *Gleichgewicht etc.* wieder'herstellen; **6.** ✈ *Flugzeug* in die nor'male Fluglage zu'rückbringen.

'red|-'short *adj. metall.* rotbrüchig; **'~start** *s. orn.* Rotschwänzchen *n*; **'~-'tape** *adj.* büro'kratisch; **'~-'tap·ism** [-'teipizəm] *s.* Bürokra'tismus *m*; **'~-'tap·ist** [-'teipist] *s.* Büro'krat(in), 'Aktenmensch *m*.

re·duce [ri'dju:s] **I.** *v/t.* **1.** her'absetzen, vermindern, -ringern, -kleinern, reduzieren: ~*d scale* verjüngter Maßstab; *on a* ~*d scale* in verkleinertem Maßstab; **2.** *Preise* herabsetzen, ermäßigen: *at* ~*d prices* zu herabgesetzten Preisen; *at a* ~*d fare* zu ermäßigtem Fahrpreis; **3.** *im Rang, Wert etc.* herabsetzen, -mindern, -drücken, erniedrigen; *a.* ~ *to the ranks* ⚔ degradieren; **4.** schwächen, erschöpfen; (*finanziell*) erschüttern: *in* ~*d circumstances* in beschränkten Verhältnissen, verarmt; **5.** (*to*) verwandeln (in *acc.*, zu), machen (zu): *to* ~ *to pulp* zu Brei machen; ~*d to a skeleton* zum Skelett abgemagert; **6.** bringen (*to* zu): *to* ~ *to a system* in ein System bringen; *to* ~ *to rules* in Regeln fassen; *to* ~ *to writing* schriftlich niederlegen, aufzeichnen; *to* ~ *theories into practice* Theorien in die Praxis umsetzen; **7.** zu'rückführen, reduzieren (*to* auf *acc.*): *to* ~ *to absurdity* ad absurdum führen; **8.** zerlegen (*to* in *acc.*); **9.** einteilen (*to* in *acc.*); **10.** anpassen (*to dat. od.* an *acc.*); **11.** ℞, ⚗, *biol.* reduzieren; *Gleichung* auflösen; *to* ~ *to a common denominator* auf e-n gemeinsamen Nenner bringen; **12.** *metall.* (aus-)schmelzen (*from* aus); **13.** zwingen, *zur Verzweiflung etc.* bringen: *to* ~ *to obedience* zum Gehorsam zwingen; *he was* ~*d to sell(ing) his house* er war gezwungen, sein Haus zu verkaufen; ~*d to tears* zu Tränen gerührt; **14.** unter'werfen, erobern; *Festung* zur 'Übergabe zwingen; **15.** beschränken (*to* auf *acc.*); **16.** *Farben etc.* verdünnen; **17.** *phot.* abschwächen; **18.** ⚕ einrenken, (wieder) einrichten; **II.** *v/i.* **19.** (an Gewicht) abnehmen; e-e Abmagerungskur machen; **re'duc·er** [-sə] *s.* **1.** ⚗ Redukti'onsmittel *n*; **2.** *phot.* a) Abschwächer *m*, b) Entwickler *m*; **3.** ⊕ a) Reduzierstück *n*, b) Unter'setzungsgetriebe *n*; **re'duc·i·ble** [-səbl] *adj.* **1.** reduzierbar (*a.* ⚕), zu'rückführbar (*to* auf *acc.*): *to be* ~ *to* sich reduzieren *od.* zurückführen lassen auf (*acc.*); **2.** verwandelbar (*to, into* in *acc.*); **3.** her'absetzbar.

re·duc·ing| a·gent [ri'dju:siŋ] *s.* ⚗ Redukti'onsmittel *n*; ~ **cou·pling** *s.* ⊕ Redukti'ons(verbindungs)-stück *n*; ~ **di·et** *s.* Abmagerungskur *f*; ~ **gear** *s.* ⊕ Unter'setzungsgetriebe *n*; ~ **valve** *s.* ⊕ Redu'zierven,til *n*.

re·duc·tion [ri'dʌkʃən] *s.* **1.** Her'absetzung *f*, Verminderung *f*, -ringerung *f*, -kleinerung *f*, Reduzierung *f*: ~ *in* (*od. of*) *prices* Preisherabsetzung, -ermäßigung; ~ *in* (*od. of*) *wages* Lohnkürzung; ~ *of interest* Zinsherabsetzung; ~ *of staff* Personalabbau; **2.** (Preis)Nachlaß *m*, Abzug *m*, Ra'batt *m*; **3.** Verminderung *f*, Rückgang *m*: *import* ~ ✝ Einfuhrrückgang; **4.** Verwandlung *f* (*into, to* in *acc.*): ~ *into gas* Vergasung; **5.** Zu'rückführung *f*, Reduzierung *f* (*to* auf *acc.*); **6.** Zerlegung *f* (*to* in *acc.*); **7.** ⚗ Redukti'on *f*; **8.** ⅌ Reduktion *f*, Kürzung *f*, Vereinfachung *f*; Auflösung *f von Gleichungen*; **9.** *metall.* (Aus-)Schmelzung *f*; **10.** Unter'werfung *f* (*to* unter *acc.*); Bezwingung *f*, ⚔ Niederkämpfung *f*; **11.** *phot.* Abschwächung *f*; **12.** *biol.* Reduktion *f*; **13.** ⚕ Einrenkung *f*; **14.** Verkleinerung *f* (*e-s Bildes etc.*); ~ **com·pass·es** *s. pl.* Redukti'onszirkel *m*; ~ **di·vi·sion** *s. biol.* Redukti'onsteilung *f*; ~ **gear** *s.* ⊕ Redukti'ons-, Unter'setzungsgetriebe *n*; ~ **ra·tio** *s.* ⊕ Unter'setzungsverhältnis *n*.

re·dun·dance [ri'dʌndəns], **re'dun·dan·cy** [-si] *s.* **1.** 'Überfluß *m*, -fülle *f*; **2.** 'Überflüssigkeit *f*; **3.** Wortfülle *f*; **4.** *ling.*, *Informatik*: Redun'danz *f*; **re'dun·dant** [-nt] *adj.* □ **1.** 'überreichlich, -mäßig; **2.** 'überschüssig, -zählig: ~ *workers* freigesetzte (*entlassene*) Arbeitskräfte; **3.** 'überflüssig; **4.** üppig; **5.** 'überfließend (*of, with* von); **6.** über'laden (*Stil etc.*), *bsd.* weitschweifig; **7.** *ling.*, *Informatik*: redun'dant.

re·du·pli·cate [ri'dju:plikeit] *v/t.* **1.** verdoppeln; **2.** wieder'holen; **3.** *ling.* reduplizieren.

red wine *s.* Rotwein *m*.

re·dye ['ri:'dai] *v/t.* **1.** nachfärben; **2.** 'umfärben.

re·ech·o [ri(:)'ekou] **I.** *v/i.* 'widerhallen (*with* von); **II.** *v/t.* widerhallen lassen.

reed [ri:d] *s.* **1.** ⚘ Schilf *n*; (Schilf-)Rohr *n*; Ried(gras) *n*: *broken* ~ *fig.* schwankes Rohr; **2.** *pl. Brit.* (Dachdecker)Stroh *n*; **3.** Pfeil *m*; **4.** Rohrflöte *f*; **5.** ♪ **a)** (Rohr)Blatt *n*: ~ *instruments, the* ~*s* Rohrblattinstrumente, **b)** *a.* ~*-stop* Zungenstimme *f* (*Orgel*); **6.** ⊕ Weberkamm *m*, Blatt *n*; '~**-bun·ting** *s. orn.* Rohrammer *f*.

re·ed·it ['ri:'edit] *v/t.* neu her'ausgeben.

re·ed·u·cate ['ri:'edju(:)keit] *v/t.* 'umschulen; **re·ed·u·ca·tion** ['ri:edju(:)'keiʃən] *s.* 'Umschulung *f*.

reed·y ['ri:di] *adj.* **1.** schilfig, schilfreich; **2.** lang u. schlank; **3.** dünn, piepsig, quäkend (*Stimme*).

reef[1] [ri:f] *s.* **1.** (Felsen)Riff *n*; **2.** *min.* Ader *f*, (*bsd.* goldführender Quarz)Gang.

reef[2] [ri:f] ⚓ **I.** *s.* Reff *n*; **II.** *v/t.* *Segel* reffen.

reef·er ['ri:fə] *s.* **1.** ⚓ **a)** Reffer *m*, **b)** *sl.* 'Seeka,dett *m*, **c)** Bord-, Ma'trosenjacke *f*, **d)** *Am. sl.* Kühlschiff *n*; **2.** *Am. sl.* **a)** 🚂, *mot.* Kühlwagen *m*, **b)** Kühlschrank *m*; **3.** *sl.* Marihu'ana-Ziga,rette *f*.

reek [ri:k] **I.** *s.* **1.** Gestank *m*, (üble) Ausdünstung, Geruch *m*; **2.** Dampf *m*, Dunst *m*, Qualm *m*; **II.** *v/i.* **3.** stinken, riechen (*of, with* nach), üble Dünste ausströmen; **4.** dampfen, rauchen (*with* von); **5.** *fig.* (*of, with*) sehr riechen (nach), voll sein (von); '**reek·y** [-ki] *adj.* **1.** dampfend, dunstend; **2.** rauchig.

reel[1] [ri:l] **I.** *s.* **1.** Haspel *f*, (*Garn-etc.*)Winde *f*; **2.** (*Garn-, Schlauch-etc.*)Rolle *f*, (*Bandmaß-, Farbband-, Film- etc.*)Spule *f*; ⚡ Kabeltrommel *f*; **3. a)** Film(streifen) *m*, **b)** (Film)Akt *m*; **II.** *v/t.* **4.** *a.* ~ *up* aufspulen, -wickeln, -rollen: *to* ~ *off* abhaspeln, -spulen, *fig.* herunterrasseln.

reel[2] [ri:l] *v/i.* **1.** sich (schnell) drehen, wirbeln: *my head* ~*s* mir schwindelt; **2.** wanken, taumeln: *to* ~ *back* zurücktaumeln.

reel[3] [ri:l] *s.* Reel *m* (*schottischer Volkstanz*).

re·e·lect ['ri:i'lekt] *v/t.* 'wiederwählen; '**re·e'lec·tion** [-kʃən] *s.* 'Wiederwahl *f*; **re·el·i·gi·ble** ['ri:'elidʒəbl] *adj.* 'wiederwählbar.

re·em·bark ['ri:im'ba:k] *v/t. u. v/i.* (sich) wieder einschiffen.

re·e·merge ['ri:i'mə:dʒ] *v/i.* wieder-'auftauchen, -'auftreten.

re·en·act ['ri:i'nækt] *v/t.* **1.** wieder in Kraft setzen; **2.** *thea.* neu inszenieren; **3.** *fig.* wieder'holen; '**re-en'act·ment** [-mənt] *s.* **1.** ,Wieder-in'kraftsetzung *f*; **2.** *thea.* 'Neuinszenierung *f*.

re·en·gage ['ri:in'geidʒ] *v/t.* *j-n* wieder an- *od.* einstellen.

re·en·list ['ri:in'list] ⚔ *v/t. u. v/i.* (sich) weiter-, 'wiederverpflichten; (*nur v/i.*) kapitulieren: ~*ed man* Kapitulant; '**re-en'list·ment** [-mənt] *s.* Wieder'anwerbung *f*.

re·en·ter ['ri:'entə] *v/t.* **1.** wieder betreten, wieder eintreten in (*acc.*); **2.** wieder eintragen (*in e-e Liste etc.*); **3.** ⊕ *Farben* auftragen; **re·en·trant** [ri:'entrənt] **I.** *adj.* ⅌ einspringend (*Winkel*); **II.** *s.* einspringender Winkel; **re·en·try** [ri:'entri] *s.* Wieder'eintreten *n*, -'eintritt *m* (*a.* ⚖ *in den Besitz*).

re·es·tab·lish ['ri:is'tæbliʃ] *v/t.* **1.** wieder'herstellen; **2.** wieder'einführen, neu gründen.

reeve[1] [ri:v] *s. Brit.* **a)** *hist.* Vogt *m*, **b)** Gemeindevorsteher *m* (*a. in Kanada*).

reeve[2] [ri:v] *v/t.* ⚓ *Tauende* einscheren.

re·ex·am·i·na·tion ['ri:igzæmi'neiʃən] *s.* **1.** Nachprüfung *f*, Wieder'holungsprüfung *f*; **2.** ⚖ **a)** nochmaliges (Zeugen)Verhör, **b)** nochmalige Unter'suchung.

re·ex·change ['ri:iks'tʃeindʒ] *s.* **1.** Rücktausch *m*; **2.** ✝ Rück-, Gegenwechsel *m*; **3.** ✝ Rückwechselkosten *pl.*

re·fash·ion ['ri:'fæʃən] *v/t.* 'umgestalten, -modeln.

re·fec·tion [ri'fekʃən] *s.* **1.** Erfrischung *f*; **2.** Imbiß *m*; **re'fec·to·ry** [-ktəri] *s.* Refek'torium *n* (*Speiseraum*).

re·fer [ri'fə:] **I.** *v/t.* **1.** verweisen, hinweisen (*to* auf *acc.*); **2.** *j-n um Auskunft, Referenzen etc.* verweisen (*to* an *j-n*); **3.** (zur Entscheidung *etc.*) über'geben, -'weisen (*to* an *acc.*): *to* ~ *back to* ⚖ *Rechtssache* zurückverweisen an *die Unterinstanz*; ~ *to drawer* ✝ an Aussteller zurück; **4.** (*to*) zuschreiben (*dat.*), zu'rückführen (auf *acc.*); **5.** zuordnen, -weisen (*to e-r Klasse etc.*); **II.** *v/i.* **6.** (*to*) verweisen, hinweisen, sich beziehen, Bezug haben (auf *acc.*), betreffen (*acc.*): *to* ~ *to s.th. briefly* et. kurz berühren; ~*ring to my letter* Bezug nehmend auf mein Schreiben; *the point* ~*red to* der erwähnte *od.* betreffende Punkt; **7.** sich beziehen *od.* berufen, Bezug nehmen (*to* auf *j-n*); **8.** (*to*) sich wenden (an *acc.*), (*a. Uhr, Wörterbuch etc.*) befragen; (in *e-m Buch*) nachschlagen, -sehen; **ref·er·a·ble** [ri'fə:rəbl] *adj.* **1.** (*to*) zuzuschreiben(d) (*dat.*), zu'rückzuführen(d) (auf *acc.*); **2.** (*to*) zu beziehen(d) (auf *acc.*), bezüglich (*gen.*); **ref·er·ee** [refə'ri:] **I.** *s.* **1.** ⚖, *sport* Schiedsrichter *m*; ⚖ *a.* beauftragter Richter; *Boxen*: Ringrichter *m*; **2.** *parl. etc.* Refe'rent *m*, Berichterstatter *m*; **3.** ⚖ *etc.* Sachbearbeiter(in), -verständige(r *m*) *f*; **II.** *v/i.* **4.** als Schiedsrichter fungieren; **III.** *v/t.* **5.** Schiedsrichter sein bei; **ref·er·ence** ['refrəns] **I.** *s.* **1.** Verweis(ung *f*) *m*, Hinweis *m* (*to* auf *acc.*): *cross-*~ Querverweis; *mark of* ~ → *2 a u. 4*; **2. a)** Verweiszeichen *n*, **b)** Verweisstelle *f*, **c)** Beleg *m*, 'Unterlage *f*; **3.** Bezugnahme *f* (*to* auf *acc.*); *Patentrecht*: Entgegenhaltung *f*: *in* (*od. with*) ~ *to* bezüglich (*gen.*); *for future* ~ zu späterer Verwendung; *terms of* ~ Richtlinien; *to have* ~ *to* sich beziehen auf (*acc.*); **4.** *a.* ~ *number* Akten-, Geschäftszeichen *n*; **5.** (*to*) Anspielung *f* (auf *acc.*), Erwähnung *f* (*gen.*): *to make* ~ *to* auf *et.* anspielen, *et.* erwähnen; **6.** (*to*) Zs.-hang *m* (mit), Beziehung *f* (zu): *to have no* ~ *to* nichts zu tun haben mit; *with* ~ *to him* was ihn betrifft; **7.** Rücksicht *f* (*to* auf *acc.*): *without* ~ *to* ohne Berücksichtigung (*gen.*); **8.** (*to*) Nachschlagen *n*, -sehen *n* (in *dat.*), Befragen *n* (*gen.*): *book* (*od. work*) *of* ~ Nachschlagewerk; ~ *library* Handbibliothek; **9.** (*to*) Befragung *f* (*gen.*), Rückfrage *f* (bei); **10.** ⚖ Über'weisung *f e-r Sache* (*to* an *ein Schiedsgericht etc.*); **11. a)** Refe'renz *f*, Empfehlung *f*; (*a.* Dienstboten-)Zeugnis *n*, **b)** Referenz *f* (*Auskunftgeber*); **II.** *adj.* **12.** ⊕ Bezugs...: ~ *frequency*; ~ *line* ⅌ Bezugslinie; **III.** *v/t.* **13.** Verweise anbringen in *e-m Buch*; **ref·er·en·dum** [refə'rendəm] *pl.* **-dums** *s. pol.* Volksentscheid *m*, -befragung *f*.

re·fill ['riː'fil] **I.** *v/t.* wieder füllen, nach-, auffüllen; **II.** *v/i.* sich wieder füllen; **III.** *s.* ['riːfil] Nach-, Ersatzfüllung *f*; ⚡ Er'satzbatteˌrie *f*; Ersatzmine *f* (*Bleistift etc.*); Einlage *f* (*Ringbuch*).

re·fine [ri'fain] **I.** *v/t.* **1.** ⊕ veredeln, raffinieren, *bsd.* **a)** *Eisen* frischen, **b)** *Metall* feinen, **c)** *Stahl* gar machen, **d)** *Glas* läutern, **e)** *Petroleum, Zucker* raffinieren; **2.** *fig.* bilden, verfeinern, kultivieren; **3.** *fig.* läutern, vergeistigen; **II.** *v/i.* **4.** sich läutern; **5.** sich verfeinern *od.* kultivieren; **6.** klügeln, (her'um)tüfteln ([*up*]*on* an *dat.*): *to ~ (up)on* verbessern, weiterentwickeln; **re'fined** [-nd] *adj.* □ **1.** geläutert, raffiniert: *~ sugar* Feinzucker, Raffinade; *~ steel* Raffinierstahl; **2.** *fig.* fein, gebildet, kultiviert; **3.** *fig.* raffiniert, sub'til; **4.** ('über)fein, (-)genau; **re'fine·ment** [-mənt] *s.* **1.** ⊕ Veredelung *f*, Vergütungs-, Raffinati'onsbehandlung *f*; **2.** Verfeinerung *f*; **3.** Feinheit *f der Sprache, e-r Konstruktion etc.*, Raffi'nesse *f* (*des Luxus etc.*); **4.** Vornehm-, Feinheit *f*, Kultiviertheit *f*, gebildetes Wesen; **5.** Klüge'lei *f*, Spitzfindigkeit *f*; **re'finer** [-nə] *s.* **1.** ⊕ **a)** (Eisen)Frischer *m*, **b)** Raffi'neur *m*, (Zucker)Sieder *m*, **c)** *metall.* Vorfrischofen *m*; **2.** Verfeinerer *m*; **3.** Klügler(in), Haarspalter(in); **re'fin·er·y** [-nəri] *s.* ⊕ **1.** (*Öl-, Zucker- etc.*)Raffine'rie *f*; **2.** *metall.* (Eisen-, Frisch)Hütte *f*; **re'fin·ing fur·nace** [-niŋ] *s. metall.* Frisch-, Feinofen *m*.

re·fit ['riː'fit] **I.** *v/t.* **1.** wieder in'stand setzen, ausbessern; **2.** neu ausrüsten; **II.** *v/i.* **3.** ausgebessert *od.* über'holt werden; **III.** *s.* **4.** *a.* **re·fit·ment** [ri'fitmənt] Wieder-in'standsetzung *f*, Ausbesserung *f*.

re·flect [ri'flekt] **I.** *v/t.* **1.** *Strahlen etc.* reflektieren, zu'rückwerfen, -strahlen: *~ing power* Reflexionsvermögen; **2.** *Bild etc.* ('wider-)spiegeln: *~ing telescope* Spiegelteleskop; **3.** *fig.* ('wider)spiegeln, zeigen: *to be ~ed in* sich (wider-)spiegeln in (*dat.*); *to ~ credit on s.o.* j-m Ehre machen; *our prices ~ your commission* ✝ unsere Preise enthalten Ihre Provision; **4.** über'legen (*that* daß, *how* wie); **II.** *v/i.* **5.** ([*up*]*on*) nachdenken, -sinnen (über *acc.*), (*et.*) überlegen; **6.** *~ (up)on* **a)** sich abfällig äußern über (*acc.*), *et.* her'absetzen, **b)** ein schlechtes Licht werfen auf (*acc.*), *j-m* nicht gerade zur Ehre gereichen, **c)** *et.* ungünstig beeinflussen; **re'flec·tion** [-kʃən] *s.* **1.** *phys.* Reflexi'on *f*, Zu'rückstrahlung *f*; **2.** ('Wider-)Spiegelung *f* (*a. fig.*); Re'flex *m*, 'Widerschein *m*: *a faint ~ of fig.* ein schwacher Abglanz (*gen.*); **3.** Spiegelbild *n*; **4.** *fig.* Nachwirkung *f*, Einfluß *m*; **5. a)** Über'legung *f*, Erwägung *f*, **b)** Betrachtung *f*, Gedanke *m* (*on* über *acc.*): *on ~* nach einigem Nachdenken; **6.** abfällige Bemerkung (*on* über *acc.*), Anwurf *m*: *to cast ~s upon* herabsetzen, in ein schlechtes Licht setzen; **7.** *anat.* **a)** Zu'rückbiegung *f*, **b)** zu'rückgebogener Teil; **8.** *physiol.* Re'flex *m*; **re'flec·tive** [-tiv] *adj.* □ **1.** reflektierend, zu'rückstrahlend; **2.** nachdenklich; **re'flec·tor** [-tə] *s.* **1.** Re'flektor *m*; **2.** Spiegel *m*; **3.** *mot.* Rückstrahler *m*; Katzenauge *n* (*Fahrrad etc.*); **4.** Scheinwerfer *m*;

re·flex ['riːfleks] **I.** *s.* **1.** *physiol.* Re'flex *m*: *~ action* (*od. movement*) Reflexbewegung; **2.** ('Licht)ReˌIflex *m*, 'Widerschein *m*; *fig.* Abglanz *m*: *~ camera* (Spiegel)Reflexkamera; **3.** Spiegelbild *n* (*a. fig.*); **II.** *adj.* **4.** zu'rückgebogen; **5.** Reflex..., Rück...; **re·flex·i·ble** [ri'fleksəbl] *adj.* reflektierbar; **re·flex·ion** → *reflection*; **re·flex·ive** [ri'fleksiv] **I.** *adj.* □ **1.** zu'rückwirkend; **2.** *ling.* refle'xiv, rückbezüglich, Reflexiv...; **II.** *s.* **3.** *ling.* **a)** rückbezügliches Fürwort *od.* Zeitwort, **b)** reflexive Form.

re·float ['riː'flout] *v/t. u. v/i.* ⚓ wieder flottmachen (flottwerden).

ref·lu·ent ['refluənt] *adj.* zu'rückflutend.

re·flux ['riːflʌks] *s.* Zu'rückfließen *n*, Rückfluß *m* (*a.* ✝ *von Kapital*).

re·for·est ['riː'fɔrist] *v/t.* *Land* aufforsten.

re·form[1] [ri'fɔːm] **I.** *s.* **1.** *pol. etc.* Re'form *f*, Verbesserung *f*; **2.** Besserung *f*: *~ school* Besserungsanstalt; **II.** *v/t.* **3.** reformieren, verbessern; **4.** *j-n* bessern; **5.** *Mißstand etc.* beseitigen; **6.** ⚖ *Am. Urkunde* berichtigen; **III.** *v/i.* **7.** sich bessern.

re·form[2], **re-form** ['riː'fɔːm] **I.** *v/t.* 'umformen, -gestalten, -bilden, neu gestalten; **II.** *v/i.* sich 'umformen, sich neu gestalten.

ref·or·ma·tion[1] [refə'meiʃən] *s.* **1.** Reformierung *f*, Verbesserung *f*; **2.** Besserung *f des Lebenswandels etc.*; **3.** ♀ *eccl.* Reformati'on *f*; **4.** ⚖ *Am.* Berichtigung *f e-r Urkunde*.

re·for·ma·tion[2], **re-for·ma·tion** ['riːfɔː'meiʃən] *s.* 'Umbildung *f*, 'Um-, Neugestaltung *f*.

re·form·a·to·ry [ri'fɔːmətəri] **I.** *adj.* **1.** Besserungs...: *~ measures* Besserungsmaßnahmen; **2.** Reform...; **II.** *s.* **3.** Besserungsanstalt *f*; **re'formed** [-md] *adj.* **1.** verbessert, neu u. besser gestaltet; **2.** gebessert: *~ drunkard* geheilter Trinker; **3.** ♀ *eccl.* reformiert; **re'form·er** [-mə] *s.* **1.** *bsd. eccl.* Refor'mator *m*; **2.** *pol.* Re'former(in); **re'form·ist** [-mist] *s.* **1.** *eccl.* Reformierte(r *m*) *f*; **2.** → *reformer*.

re·fract [ri'frækt] *v/t.* *phys.* *Strahlen* brechen; **re'fract·ing** [-tiŋ] *adj.* *phys.* lichtbrechend, Brechungs..., Refraktions...: *~ angle* Brechungswinkel; *~ telescope* Refraktor; **re'frac·tion** [-kʃən] *s. phys.* **1.** (*Licht-, Strahlen*)Brechung *f*, Refrakti'on *f*; **2.** *opt.* Brechungskraft *f*; **re'frac·tive** [-tiv] *adj. phys.* Brechungs..., Refraktions...; **re'frac·tor** [-tə] *s.* *phys.* **1.** Lichtbrechungskörper *m*; **2.** Re'fraktor *m*; **re'frac·to·ri·ness** [-tərinis] *s.* **1.** 'Widerspenstigkeit *f*; **2.** 'Widerstandskraft *f*, *bsd.* **a)** ⚗ Strengflüssigkeit *f*, **b)** ⊕ Feuerfestigkeit *f*; **3.** ⚕ **a)** 'Widerstandsfähigkeit *f gegen Krankheiten*, **b)** Hartnäckigkeit *f e-r Krankheit*; **re'frac·to·ry** [-təri] **I.** *adj.* **1.** 'widerspenstig, aufsässig; **2.** ⚗ strengflüssig; **3.** ⊕ feuerfest: *~ clay* Schamotte(ton); **4.** ⚕ **a)** 'widerstandsfähig (*Person*), **b)** hartnäckig (*Krankheit*); **II.** *s.* **5.** ⊕ feuerfester Baustoff.

re·frain[1] [ri'frein] **I.** *v/i.* (*from*) Abstand nehmen *od.* absehen (von), sich (*gen.*) enthalten: *to ~ from doing s.th.* et. unterlassen; es unterlassen, et. zu tun; **II.** *v/t. obs.* *et.* zu'rückhalten.

re·frain[2] [ri'frein] *s.* Re'frain *m*, Kehrreim *m*.

re·fran·gi·ble [ri'frændʒibl] *adj.* *phys.* brechbar.

re·fresh [ri'freʃ] **I.** *v/t.* **1.** erfrischen, erquicken (*a. fig.*); **2.** *fig. sein Gedächtnis* auffrischen; *Vorrat etc.* erneuern; **II.** *v/i.* **3.** sich erfrischen; **4.** frische Vorräte fassen (*Schiff etc.*); **re'fresh·er** [-ʃə] *s.* **1.** Erfrischung *f*; ‚Gläs·chen' *n* (*Trunk*); **2.** *fig.* Auffrischung *f*: *~ course* Auffrischungs-, Wiederholungskurs; *paint ~* ⊕ Neuglanzpolitur; **3.** ⚖ 'Nachschuß(honoˌrar *n*) *m e-s Anwalts*; **re'fresh·ing** [-ʃiŋ] *adj.* □ erfrischend (*a. fig. wohltuend*); **re'fresh·ment** [-mənt] *s.* Erfrischung *f* (*a. Getränk etc.*): *~ room* Erfrischungsraum, (Bahnhofs)Büfett.

re·frig·er·ant [ri'fridʒərənt] **I.** *adj.* **1.** kühlend, Kühl...; **II.** *s.* **2.** ⚕ kühlendes Mittel, Kühltrank *m*; **3.** ⊕ Kühlmittel *n*; **re'frig·er·ate** [-reit] *v/t.* ⊕ kühlen; **re'frig·er·at·ing** [-reitiŋ] *adj.* ⊕ Kühl... (*-raum etc.*), Kälte...(*-maschine etc.*); **re·frig·er·a·tion** [rifridʒə'reiʃən] *s.* Kühlung *f*; Kälteerzeugung *f*, -technik *f*; **re'frig·er·a·tor** [-reitə] *s.* ⊕ Kühlschrank *m*, -raum *m*, -anlage *f*; 'KältemaˌIschine *f*: *~ van Brit.*, *~ car Am.* 🚃 Kühlwagen; *~ van od. lorry Brit.*, *~ truck Am. mot.* Kühlwagen; *~ vessel* ⚓ Kühlschiff.

re·fu·el ['riː'fjuəl] *v/t. u. v/i. mot.*, ✈ (auf)tanken.

ref·uge ['refjuːdʒ] **I.** *s.* **1.** Zuflucht *f* (*a. fig. Ausweg, a. Person, Gott*), Schutz *m* (*from* vor): *to seek* (*od. take*) *~ in fig.* s-e Zuflucht suchen in *od.* nehmen zu; *house of ~* Obdachlosenasyl; **2.** Zuflucht *f*, Zufluchtsort *m*; **3.** *a. ~ hut mount.* Schutzhütte *f*; **4.** Verkehrsinsel *f*; **II.** *v/i.* **5.** Schutz suchen; **ref·u·gee** [refju(ː)'dʒiː] *s.* Flüchtling *m*: *~ camp* Flüchtlingslager.

re·ful·gence [ri'fʌldʒəns] *s.* Glanz *m*, heller Schein; **re'ful·gent** [-nt] *adj.* □ glänzend, strahlend.

re·fund[1] **I.** *v/t.* [riː'fʌnd] **1.** *Geld* zu'rückzahlen, -erstatten, *Verlust, Auslagen* ersetzen, rückvergüten; **2.** *j-m* Rückzahlung leisten, *j-m* seine Auslagen ersetzen; **II.** *s.* ['riːfʌnd] **3.** Rückvergütung *f*.

re·fund[2] ['riː'fʌnd] *v/t.* ✝ *Anleihe etc.* neu fundieren.

re·fund·ment [ri'fʌndmənt] *s.* Rückvergütung *f*.

re·fur·bish ['riː'fəːbiʃ] *v/t.* aufpolieren.

re·fur·nish ['riː'fəːniʃ] *v/t.* wieder *od.* neu möblieren *od.* ausstatten.

re·fus·al [ri'fju:zəl] *s.* **1.** Ablehnung *f*, Zu'rückweisung *f e-s Angebots etc.*; **2.** Verweigerung *f e-r Bitte, des Gehorsams etc.*; **3.** abschlägige Antwort: *he will take no ~* er läßt sich nicht abweisen; **4.** Weigerung *f (to do s.th.* et. zu tun); **5.** ✝ Vorkaufsrecht *n*, Vorhand *f*: *first ~ of* erstes Anrecht auf (*acc.*); *to give s.o. the ~ of s.th.* j-m das Vorkaufsrecht auf e-e Sache einräumen.

re·fuse[1] [ri'fju:z] **I.** *v/t.* **1.** *Amt, Antrag, Kandidaten etc.* ablehnen; *Angebot* ausschlagen; *et. od. j-n* zu'rückweisen; *j-n* abweisen; *j-m e-e Bitte* abschlagen; **2.** *Befehl, Forderung, Gehorsam* verweigern; *Bitte* abschlagen; **3.** *Kartenspiel*: *Farbe* verweigern; **4.** *Hindernis* verweigern, scheuen vor (*dat.*) (*Pferd*); **II.** *v/i.* **5.** sich weigern, es ablehnen (*to do* zu tun): *he ~d to believe it* er wollte es einfach nicht glauben; *he ~d to be bullied* er ließ sich nicht tyrannisieren; *it ~d to work* es wollte nicht funktionieren, es ‚streikte'; **6.** absagen (*Gast*); **7.** scheuen (*Pferd*).

ref·use[2] ['refju:s] **I.** *s.* **1.** ⊕ Abfall *m*, Ausschuß *m*; **2.** (Küchen)Abfall *m*, Müll *m*; **II.** *adj.* **3.** wertlos; **4.** Abfall..., Müll...

ref·u·ta·ble ['refjutəbl] *adj.* □ wider'legbar; **ref·u·ta·tion** [refju(:)'teiʃən] *s.* Wider'legung *f*; **re·fute** [ri'fju:t] *v/t.* wider'legen.

re·gain [ri'gein] *v/t.* 'wiedergewinnen; *a. Bewußtsein etc.* 'wiedererlangen: *to ~ one's feet* wieder auf die Beine kommen; *to ~ the shore* den Strand wiedergewinnen (*erreichen*).

re·gal ['ri:gəl] *adj.* □ königlich (*a. fig. prächtig*); Königs...

re·gale [ri'geil] **I.** *v/t.* **1.** erfreuen, ergötzen; **2.** festlich bewirten: *to ~ o.s. on* sich laben an (*dat.*); **II.** *v/i.* **3.** (*on*) schwelgen (in *dat.*), sich gütlich tun (an *dat.*).

re·ga·li·a [ri'geiljə] *s. pl.* ('Krönungs-, 'Amts)In,signien *pl.*

re·gard [ri'gɑ:d] **I.** *v/t.* **1.** ansehen; betrachten (*a. fig. with* mit *Abneigung etc.*); **2.** *fig. ~ as* betrachten als, halten für: *to be ~ed as* gelten als *od.* für; **3.** *fig.* beachten, berücksichtigen; **4.** respektieren; **5.** achten, (hoch)schätzen; **6.** betreffen, angehen: *as ~s* was ... betrifft; **II.** *s.* **7.** *fester od. bedeutsamer* Blick; **8.** Hinblick *m*, -sicht *f* (*to* auf *acc.*): *in this ~* in dieser Hinsicht; *in ~ to* (*od. of*), *with ~ to* hinsichtlich, bezüglich, was ... betrifft; *to have ~ to* **a)** sich beziehen auf (*acc.*), **b)** in Betracht ziehen; **9.** (*to, for*) Rücksicht(nahme) *f* (auf *acc.*), Beachtung *f* (*gen.*): *to pay no ~ to s.th.* sich um et. nicht kümmern; *without ~ to* (*od. for*) ohne Rücksicht auf (*acc.*); *to have no ~ for s.o.'s feelings* auf j-s Gefühle keine Rücksicht nehmen; **10.** (Hoch)Achtung *f* (*for* vor *dat.*); **11.** *pl.* Grüße *pl.*, Empfehlungen *pl.*: *with kind ~s to* mit herzlichen Grüßen an (*acc.*); *give him my (best) ~s* grüße ihn (herzlich) von mir; **re'gard·ful** [-ful] *adj.* □ **1.** achtsam, aufmerksam (*of* auf *acc.*); **2.** rücksichtsvoll (*of* gegen); **re'gard·ing** [-diŋ] *prp.* bezüglich, betreffs, hinsichtlich (*gen.*); **re'gard·less** [-lis] **I.** *adj.* □ **1.** *~ of* ungeachtet (*gen.*), ohne Rücksicht auf (*acc.*); **2.** rücksichts-, achtlos; **II.** *adv.* **3.** F ohne Rücksicht auf Kosten *etc.*

re·gat·ta [ri'gætə] *s.* Re'gatta *f.*

re·gen·cy ['ri:dʒənsi] *s.* **1.** Re'gentschaft *f* (*Amt, Gebiet, Periode*); **2.** ♀ *hist.* Regentschaft(szeit) *f*, *bsd.* **a)** Ré'gence *f* (*in Frankreich, des Herzogs Philipp von Orléans* [*1715-23*]), **b)** *in England* (*1811-30*), *von Georg, Prinz von Wales* (*später Georg IV.*).

re·gen·er·ate [ri'dʒenəreit] **I.** *v/t. u. v/i.* **1.** (sich) regenerieren (*a. biol., phys.*, ⊕), (sich) erneuern, (sich) neu *od.* wieder bilden; (sich) wieder erzeugen: *to be ~d eccl.* wiedergeboren werden; **2.** *fig.* (sich) bessern *od.* reformieren; **3.** *fig.* (sich) neu beleben; **4.** ⚡ rückkoppeln; **II.** *adj.* [-rit] **5.** ge- *od.* verbessert, reformiert; 'wiedergeboren; **re·gen·er·a·tion** [ridʒenə'reiʃən] *s.* **1.** Regenerati'on *f* (*a. biol.*), Erneuerung *f*; **2.** *eccl.* 'Wiedergeburt *f*; **3.** Besserung *f*; **4.** ⚡ Rückkopplung *f*; **5.** ⊕ Regenerierung *f*, 'Wiedergewinnung *f*; **re'gen·er·a·tive** [-nərətiv] *adj.* □ **1.** (ver)bessernd; **2.** neuschaffend; **3.** Erneuerungs..., Verjüngungs...; **4.** ⚡ Rückkopplungs...

re·gent ['ri:dʒənt] *s.* **1.** Re'gent(in): *Queen* ♀ Regentin; *Prince* ♀ Prinzregent; **2.** *univ. Am.* Mitglied *n* des 'Aufsichtskomi,tees; **'re·gent·ship** [-ʃip] *s.* Re'gentschaft *f.*

reg·i·cide ['redʒisaid] *s.* **1.** Königsmörder *m*; **2.** Königsmord *m.*

re·gime, *a.* **ré·gime** [rei'ʒi:m] *s.* **1.** *pol.* Re'gime *n*, Regierungsform *f*; **2.** (vor)herrschendes Sy'stem: *matrimonial ~* ⚖ eheliches Güterrecht; **3.** → *regimen 1.*

reg·i·men ['redʒimen] *s.* **1.** ⚕ gesunde Lebensweise, *bsd.* Di'ät *f*; **2.** Regierung *f*, Herrschaft *f*; **3.** *ling.* Rekti'on *f.*

reg·i·ment I. *s.* ['redʒimənt] **1.** ⚔ Regi'ment *n*; **2.** *fig.* (große) Schar; **II.** *v/t.* ['redʒiment] **3.** *fig.* reglementieren, bevormunden; **4.** organisieren, syste'matisch einteilen.

reg·i·men·tal [redʒi'mentl] *adj.* □ Regiments...: *~ officer Brit.* Truppenoffizier; **reg·i·men·tals** [redʒi'mentlz] *s. pl.* ⚔ (Regi'ments)Uni,form *f*; **reg·i·men·ta·tion** [redʒimen'teiʃən] *s.* **1.** Organisierung *f*, Einteilung *f*; **2.** Reglementierung *f*, Diri'gismus *m*, Bevormundung *f.*

Re·gi·na [ri'dʒainə] (*Lat.*) *s. Brit.* ⚖ *die* Königin; *weitS. die* Krone, *der* Staat: *~ versus John Doe.*

re·gion ['ri:dʒən] *s.* **1.** Gebiet *n* (*a. meteor.*), (*a.* ⚕ *Körper*)Gegend *f*, (*a. Höhen-, Tiefen*)Regi'on *f*, Landstrich *m*; (Verwaltungs)Bezirk *m*; **2.** *fig.* Gebiet *n*, Bereich *m*, Sphäre *f*; (*a. himmlische etc.*) Region: *in the ~ of* von ungefähr ...; **'re·gion·al** [-dʒənl] *adj.* □ regio'nal; örtlich, lo'kal (*beide a.* ⚕); Orts...; Bezirks...: *~ (station) Radio*: Bezirkssender.

reg·is·ter ['redʒistə] **I.** *s.* **1.** *amtliches* Re'gister, (Eintragungs)Buch *n*, (*a.* Inhalts)Verzeichnis *n*; (*Wähler- etc.*)Liste *f*: *~ of births, marriages, and deaths* Personenstandsregister; *~ of companies* Handelsregister; (*ship's*) *~* Schiffsregister; *~ ton* ⚓ Registertonne; **2.** ⊕ **a)** Registriervorrichtung *f*, Zählwerk *n*: *cash ~* Registrier-, Kontrollkasse, **b)** Schieber *m*, Klappe *f*, Ven'til *n*; **3.** ♪ **a)** ('Orgel)Re,gister *n*, **b)** Stimm-, Tonlage *f*, **c)** 'Stimm,umfang *m*; **4.** *typ.* Re'gister *n*; **5.** *phot.* genaue Einstellung; **6.** → *registrar*; **II.** *v/t.* **7.** registrieren, (in ein Register *etc.*) eintragen *od.* -schreiben (lassen), anmelden (*for school* zur Schule); *weitS.* amtlich erfassen; (*a. fig. Erfolg etc.*) verzeichnen, -buchen: *to ~ a company* e-e Firma handelsgerichtlich eintragen; **8.** ✝ *Warenzeichen* anmelden; *Artikel* gesetzlich schützen; **9.** *Postsachen* einschreiben (lassen); *Gepäck* aufgeben; **10.** ⊕ *Meßwerte* registrieren, anzeigen; **11.** *fig. Empfindung* zeigen, ausdrücken; **12.** *typ.* in das Re'gister bringen; **13.** ⚔ *Geschütz* einschießen; **III.** *v/i.* **14.** sich (in das Ho'telre,gister, in die Wählerliste *etc.*) eintragen (lassen); **15.** sich (an)melden (*at, with* bei *der Polizei etc.*); **16.** *typ.* Register halten; **17.** ⚔ sich einschießen; **'reg·is·tered** [-əd] *adj.* **1.** eingetragen (✝ *Geschäftssitz, Gesellschaft, Warenzeichen*); **2.** ✝ gesetzlich geschützt: *~ design* (*od. pattern*) Gebrauchsmuster; **3.** ✝ registriert, Namens...: *~ bonds* Namensschuldverschreibungen; *~ capital* autorisiertes (Aktien)Kapital; *~ share* (*Am. stock*) Namensaktie; **4.** ✉ eingeschrieben, Einschreibe...(*-brief etc.*): *~!* Einschreiben!; **reg·is·trar** [redʒis'trɑ:] *s.* Regi'strator *m*, Archi'var *m*, Urkundsbeamte(r) *m*; *bsd. Brit.* Standesbeamte(r) *m*: *~'s office* **a)** Standesamt, **b)** Registratur; ♀*-General Brit.* oberster Standesbeamter; *~ in bankruptcy* ⚖ *Brit.* Konkursrichter; **reg·is·tra·tion** [redʒis'treiʃən] *s.* **1.** (*bsd.* amtliche) Registrierung, Erfassung *f*; Eintragung *f* (*a.* ✝ *e-r Gesellschaft, e-s Warenzeichens*); *mot.* Zulassung *f e-s Fahrzeugs*; **2.** (*polizeiliche, a. Hotel-, Schul- etc.*)Anmeldung, Einschreibung *f*: *compulsory ~* (An)Meldepflicht; *~ fee* Anmelde-, Einschreibgebühr, ✝ Umschreibungsgebühr (*Aktien*); *~ form* (An-)Meldeformular; *~ office* Meldestelle, Einwohnermeldeamt; **3.** Zahl *f* der Erfaßten, registrierte Zahl; **4.** ✉ Einschreibung *f*; **5.** *a. ~ of luggage bsd. Brit.* Gepäckaufgabe *f*: *~ window* Gepäckschalter; **'reg·is·try** [-tri] *s.* **1.** Registrierung *f* (*a. e-s Schiffs*): *~ fee Am.* Anmelde-, Einschreibegebühr; *port of ~* ⚓ Registerhafen; **2.** Re'gister *n*; **3.** *a. ~ office* **a)** Registra'tur *f*, **b)** Standesamt *n*, **c)** 'Stellenver,mittlungsbü,ro *n.*

reg·let ['reglit] *s.* **1.** △ Leistchen *n*; **2.** *typ.* **a)** Re'glette *f*, **b)** ('Zeilen-),Durchschuß *m.*

reg·nant ['regnənt] *adj.* regierend; *fig.* (vor)herrschend.

re·gress I. *v/i.* [ri'gres] **1.** *ast. u. fig.*

zu'rückgehen; **II.** *s.* ['ri:gres] **2.** Rückkehr *f*; **3.** *fig.* Rückgang *m*, -schritt *m*; **re'gres·sion** [-eʃən] *s.* **1.** → *regress 2 u. 3*; **2.** *biol.* Rückbildung *f*; **3.** *psych.* Regressi'on *f*; **re'gres·sive** [-siv] *adj.* □ **1.** rückläufig, -gängig; **2.** rückwirkend (*Steuer etc., a. ling. Akzent*); **3.** *biol.* regres'siv.

re·gret [ri'gret] **I.** *s.* **1.** Bedauern *n* (*at* über *acc.*): *to my* ~ zu m-m Bedauern, leider; **2.** Reue *f*; **3.** Schmerz *m*, Trauer *f* (*for* um); **II.** *v/t.* **4.** bedauern: *it is to be* ~*ted* es ist bedauerlich; *I* ~ *to say* ich muß leider sagen; **5.** *Vergangenes etc., a. Tote* beklagen, trauern um, *j-m od. e-r Sache* nachtrauern; **re'gret·ful** [-ful] *adj.* □ bedauernd, reue-, kummervoll; **re'gret·ful·ly** [-fuli] *adv.* mit Bedauern; **re'gret·ta·ble** [-təbl] *adj.* □ **1.** bedauerlich; **2.** bedauernswert, zu bedauern(d); **re'gret·ta·bly** [-təbli] *adv.* bedauerlicherweise.

re·grind ['ri:'graind] *v/t.* [*irr.* → *grind*] ⊕ nachschleifen.

re·group ['ri:'gru:p] *v/t.* 'um-, neugruppieren, (*a.* ✝ *Kapital*) 'umschichten.

reg·u·lar ['regjulə] **I.** *adj.* □ **1.** *zeitlich* regelmäßig; 🚂 *etc.* fahrplanmäßig: ~ *air service* regelmäßiger Luftverkehr; ~ *business* ✝ laufende Geschäfte; ~ *customer* Stammkunde; *at* ~ *intervals* in regelmäßigen Abständen; **2.** regelmäßig (*in Form od. Anordnung*), ebenmäßig; sym'metrisch; **3.** regelmäßig, geregelt, geordnet (*Lebensweise etc.*); **4.** pünktlich, genau; **5.** regu'lär, nor'mal, gewohnt; **6.** richtig, geprüft, gelernt: *a* ~ *cook*; ~ *doctor* approbierter Arzt; **7.** richtig, vorschriftsmäßig, formgerecht; **8.** F ‚richtig (-gehend)': ~ *rascal*; *a* ~ *guy Am.* ein Pfundskerl; **9.** ⚔ **a)** regu'lär (*Kampftruppe*), **b)** Berufs..., ak'tiv (*Heer, Soldat*); **10.** *eccl.* Ordens...; **II.** *s.* **11.** Ordensgeistliche(r) *m*; **12.** ⚔ ak'tiver Sol'dat, Be'rufssol,dat *m*; *pl.* regu'läre Truppen *pl.*; **13.** *pol. Am.* treuer Par'teianhänger; **14.** F Stammkunde *m*, -kundin *f*, -gast *m*; **reg·u·lar·i·ty** [regju'læriti] *s.* **1.** Regelmäßigkeit *f*: **a)** Gleichmäßigkeit *f*, Stetigkeit *f*, **b)** regelmäßige Form; **2.** Ordnung *f*, Richtigkeit *f*; **'reg·u·lar·ize** [-əraiz] *v/t.* (gesetzlich) regeln *od.* festlegen.

reg·u·late ['regjuleit] *v/t.* **1.** *Geschäft, Verdauung, Verkehr etc.* regeln; ordnen; (*a.* ✝ *Wirtschaft*) lenken; **2.** ⚖ (gesetzlich) regeln; **3.** ⊕ **a)** *Geschwindigkeit etc.* regulieren, regeln, **b)** *Gerät, Uhr* (ein-) stellen; **4.** anpassen (*according to* an *acc.*); **'reg·u·lat·ing** [-tiŋ] *adj.* ⊕ Regulier..., (Ein)Stell...: ~ *screw* Stellschraube; ~ *switch* Regelschalter; **reg·u·la·tion** [regju'leiʃən] **I.** *s.* **1.** Regelung *f*, Regulierung *f* (*a.* ⊕); ⊕ Einstellung *f*; **2.** Verfügung *f*, (Ausführungs)Verordnung *f*; *pl.* **a)** 'Durchführungsbestimmungen *pl.*, **b)** Satzung(en *pl.*) *f*, Sta'tuten *pl.*, **c)** (Dienst-, Betriebs)Vorschrift *f*: ~*s of the works* Betriebsordnung; *traffic* ~*s* Verkehrsvorschriften; *according to* ~*s* nach Vorschrift, vorschriftsmäßig; *contrary to* ~*s* vorschriftswidrig; **II.** *adj.* **3.** vorschriftsmäßig; ⚔ *a.* Dienst...(-*mütze etc.*); **'reg·u·la·tive** [-lətiv] *adj.* regelnd, regulierend, *a. phls.* regula'tiv; **'reg·u·la·tor** [-tə] *s.* **1.** ⚡ Regler *m*: *automatic* ~ Selbst-, Schnellregler; **2.** *Uhrmacherei*: Regu'lator *m* (*a. Uhr*); **3.** ⊕ Regulier-, Stellvorrichtung *f*, Steuerung *f*: ~ *valve* Reglerventil; **'reg·u·la·to·ry** [-leitəri] *adj.* Durch-, Ausführungs...

re·gur·gi·tate [ri'gə:dʒiteit] **I.** *v/i.* zu'rückfließen; **II.** *v/t.* wieder ausströmen, -speien; *Essen* erbrechen.

re·ha·bil·i·tate [ri:ə'biliteit] *v/t.* **1.** rehabilitieren: **a)** wieder'einsetzen (*in* in *acc.*), **b)** *j-s* Ruf wieder'herstellen; **2.** *et. od. j-n* wiederherstellen; **3.** ⚖ *Strafentlassenen* resozialisieren; **4.** ⚔ *Truppen* auffrischen; **re·ha·bil·i·ta·tion** ['ri:əbili'teiʃən] *s.* **1.** Rehabilitierung *f*: **a)** Wieder'einsetzung *f* (*in frühere Rechte*), **b)** Ehrenrettung *f*, **c)** *a. vocational* ~ Wieder'eingliederung *f* ins Berufsleben; **2.** Wieder'herstellung *f*; ✝ Sanierung *f*: *industrial* ~ wirtschaftlicher Wiederaufbau; **3.** *a. social* ~ ⚖ Resozialisierung *f*.

re·hash ['ri:'hæʃ] **I.** *s.* **1.** *fig. et.* Aufgewärmtes, Wieder'holung *f*; **2.** Wieder'aufwärmen *n*; **II.** *v/t.* **3.** *fig.* wieder'aufwärmen, 'wiederkäuen, neu auftischen.

re·hear·ing ['ri:'hiəriŋ] *s.* ⚖ erneute Verhandlung.

re·hears·al [ri'hə:səl] *s.* **1.** *thea.*, ♪ Probe *f*: *to be in* ~ einstudiert werden; *final* ~ Generalprobe; **2.** Einstudierung *f*; **3.** Wieder'holung *f*; **4.** Aufsagen *n*, Vortrag *m*; **re·hearse** [ri'hə:s] *v/t.* **1.** *thea.*, ♪ *et.* proben (*a. v/i.*), *Rolle etc.* einstudieren; **2.** wieder'holen; **3.** aufzählen; **4.** aufsagen, rezitieren; **5.** *fig. Möglichkeiten etc.* 'durchspielen.

reign [rein] **I.** *s.* **1.** Regierung *f*, Regierungszeit *f*: *in* (*od. under*) *the* ~ *of* unter der Regierung (*gen.*); **2.** Herrschaft *f* (*a. fig. der Mode etc.*): ~ *of law* Rechtsstaatlichkeit; ♀ *of Terror* Schreckensherrschaft; **II.** *v/i.* **3.** regieren, herrschen (*over* über *acc.*); **4.** *fig.* (vor)herrschen: *silence* ~*ed* es herrschte Stille.

re·im·burs·a·ble [ri:im'bə:səbl] *adj.* rückzahlbar; **re·im·burse** [ri:im'bə:s] *v/t.* **1.** *j-n* entschädigen (*for* für): *to* ~ *o.s.* sich entschädigen *od.* schadlos halten; **2.** *et.* zu'rückzahlen, vergüten, *Auslagen* erstatten, *Kosten* decken; **re·im'burse·ment** [-mənt] *s.* **1.** Entschädigung *f*; **2.** ('Wieder)Erstattung *f*, (Rück)Vergütung *f*, (Kosten)Deckung *f*: ~ *credit* ✝ Rembourskredit.

rein [rein] **I.** *s.* **1.** *oft pl.* Zügel *m mst pl.* (*a. fig.*): *to draw* ~ anhalten, zügeln (*a. fig.*); *to give a horse the* ~*(s)* die Zügel locker lassen; *to give free* ~*(s) to s-r Phantasie* freien Lauf lassen *od.* die Zügel schießen lassen; *to keep a tight* ~ *on j-n* fest an der Kandare haben; **II.** *v/t.* **2.** *Pferd* aufzäumen; **3.** lenken: *to* ~ *back* (*od. in, up*) (*a. v/i.*) **a)** anhalten, **b)** verhalten; **4.** *a.* ~ *in fig.* zügeln, im Zaum halten; *to take* (*od. assume*) *the* ~*s of government* die Zügel (der Regierung) in die Hand nehmen.

re·in·car·na·tion ['ri:inkɑ:'neiʃən] *s.* Re-inkarnati'on *f*: **a)** (Glaube *m* an die) Seelenwanderung *f*, **b)** 'Wiederverkörperung *f*, -geburt *f*.

rein·deer ['reindiə] *pl.* **-deer** *od.* **-deers** *s. zo.* Ren(ntier) *n*.

re·in·force [ri:in'fɔ:s] **I.** *v/t.* **1.** verstärken (*a.* ⊕, *Gewebe etc., a.* ⚔); ⊕ *Beton* armieren: ~*d concrete* Eisen-, Stahlbeton; **2.** *fig. Gesundheit* kräftigen; *Beweis* unter'mauern; **II.** *s.* **3.** ⊕ Verstärkung *f*; **re·in'force·ment** [-mənt] *s.* **1.** Verstärkung *f*; Armierung *f* (*Beton*); *pl.* ⚔ Verstärkungstruppen *pl.*; **2.** *fig.* Stärkung *f*.

re·in·stall ['ri:in'stɔ:l] *v/t.* wieder'einsetzen; **'re·in'stal(l)·ment** [-mənt] *s.* Wieder'einsetzung *f*.

re·in·state ['ri:in'steit] *v/t.* **1.** *j-n* wieder'einsetzen (*in* in *acc.*); **2.** *et.* (wieder) in'stand setzen; **3.** *j-n od. et.* wieder'herstellen; *Versicherung etc.* wieder'aufleben lassen; **'re·in'statement** [-mənt] *s.* **1.** Wieder'einsetzung *f*; **2.** Wieder'herstellung *f*.

re·in·sur·ance ['ri:in'ʃuərəns] *s.* ✝ Rückversicherung *f*; **re·in·sure** ['ri:in'ʃuə] *v/t.* **1.** rückversichern; **2.** nachversichern.

re·in·vest·ment ['ri:in'vesmənt] *s.* ✝ Neu-, 'Wiederanlage *f*.

re·is·sue ['ri:'isju:; *bsd. Am.* 'ri:'iʃu:] **I.** *v/t.* **1.** *Banknoten etc.* wieder ausgeben; **2.** *Buch* neu her'ausgeben; **II.** *s.* **3.** 'Wieder-, Neuausgabe *f*: ~ *patent* Abänderungspatent.

re·it·er·ate [ri:'itəreit] *v/t.* (ständig) wieder'holen; **re·it·er·a·tion** ['ri:itə'reiʃən] *s.* Wieder'holung *f*.

re·ject I. *v/t.* [ri'dʒekt] **1.** *Antrag, Kandidaten, Lieferung, Verantwortung etc.* ablehnen; *Ersuchen, Freier etc.* ab-, zu'rückweisen; *Bitte* abschlagen; *et.* verwerfen; *Nahrung* verweigern: *to be* ~*ed pol. u. thea.* durchfallen; **2.** (als wertlos) ausscheiden; **3.** *Essen* wieder von sich geben (*Magen*); **4.** ⚕ *körperfremdes Gewebe etc.* abstoßen; **II.** *s.* ['ri:dʒekt] **5.** ⚔ Ausgemusterte(r) *m*, Untaugliche(r) *m*; **6.** ✝ 'Ausschußar,tikel *m*; **re·jec·ta·men·ta** [ridʒektə'mentə] *s. pl.* **1.** Abfälle *pl.*; **2.** Strandgut *n*; **3.** *physiol.* Exkre'mente *pl.*; **re'jec·tion** [-kʃən] *s.* **1.** Ablehnung *f*, Zu'rückweisung *f*, Verwerfung *f*; ✝, ⊕ Abnahmeverweigerung *f*; **2.** Ausscheidung *f*; **3.** *pl.* Ausschußartikel *pl.*; **4.** ⚕ Abstoßung *f*; **5.** *pl. physiol.* Exkremente *pl.*; **re'jec·tor** [-tə] *s. a.* ~ *circuit* ⚡ Sperrkreis *m*.

re·joice [ri'dʒɔis] **I.** *v/i.* **1.** sich freuen, froh'locken (*in, at* über *acc.*); **2.** ~ *in* sich *e-r Sache* erfreuen; **II.** *v/t.* **3.** erfreuen: ~*d at* (*od. by*) erfreut über (*acc.*); **re'joic·ing** [-siŋ] **I.** *s.* **1.** Freude *f*, Froh'locken *n*; **2.** *oft pl.* (Freuden)Fest *n*, Lustbarkeit(en *pl.*) *f*; **II.** *adj.* □ **3.** erfreut, froh (*in, at* über *acc.*).

re-join ['ri:'dʒɔin] *v/t. u. v/i.* (sich) 'wiedervereinigen (*to, with* mit), (sich) wieder zs.-fügen.

re·join[1] ['ri:'dʒɔin] *v/t.* sich wieder anschließen (*dat.*) *od.* an (*acc.*), wieder eintreten in *e-e Partei etc.*;

wieder zu'rückkehren zu, *j-n* wieder treffen.

re·join[2] [ri'dʒɔin] *v/t. u. v/i.* erwidern; **re'join·der** [-də] *s.* Erwiderung *f*; ⚖ Du'plik *f*.

re·ju·ve·nate [ri'dʒu:vineit] *v/t. u. v/i.* (sich) verjüngen; **re·ju·ve·na·tion** [ridʒu:vi'neiʃən] *s.* Verjüngung *f*.

re·ju·ve·nesce [ri:dʒu:vi'nes] *v/t. u. v/i.* (sich) verjüngen (*a. biol.*); **re·ju·ve'nes·cence** [-sns] *s. biol.* Zell-)Verjüngung *f*.

re·kindle ['ri:'kindl] **I.** *v/t.* **1.** wieder anzünden; **2.** *fig.* wieder entfachen, neu beleben; **II.** *v/i.* **3.** sich wieder entzünden; **4.** *fig.* wieder entbrennen, wieder'aufleben.

re·lapse [ri'læps] **I.** *v/i.* **1.** zu'rückfallen, wieder (ver)fallen (*into* in *acc.*); **2.** rückfällig werden; ⚕ e-n Rückfall bekommen; **II.** *s.* **3.** Rückfall *m*.

re·late [ri'leit] **I.** *v/t.* **1.** berichten, erzählen (*to s.o.* j-m); **2.** in Beziehung *od.* Zs.-hang bringen, verbinden (*to, with* mit); **II.** *v/i.* **3.** sich beziehen, Bezug haben (*to* auf *acc.*): *relating to* in bezug auf (*acc.*), bezüglich (*gen.*); **re'lat·ed** [-tid] *adj.* verwandt (*to, with* mit) (*a. fig.*): ~ *by marriage* verschwägert.

re·la·tion [ri'leiʃən] *s.* **1.** Bericht *m*, Erzählung *f*; **2.** Beziehung *f* (*a. pol.*, ✝, ⚗), (*a. Vertrags-, Vertrauens- etc.*)Verhältnis *n*; (*kausaler etc.*) Zs.-hang; Bezug *m*: *business* ~*s* Geschäftsbeziehungen; *human* ~*s* (innerbetriebliche) Kontaktpflege; *in* ~ *to* in bezug auf (*acc.*); *to be out of all* ~ *to* in keinem Verhältnis stehen zu; *to bear no* ~ *to* nichts zu tun haben mit; → *public 3*; **3. a)** Verwandte(r *m*) *f*, **b)** Verwandtschaft *f* (*a. fig.*): *what* ~ *is he to you?* wie ist er mit dir verwandt?; **re'la·tion·ship** [-ʃip] *s.* **1.** Beziehung *f*, (*a. Rechts*)Verhältnis *n* (*to* zu); **2.** Verwandtschaft *f* (*to* mit) (*a. coll. u. fig.*).

rel·a·tive ['relətiv] **I.** *adj.* □ **1.** bezüglich, sich beziehend (*to* auf *acc.*): ~ *value* ⚗ Bezugswert; ~ *to* bezüglich, hinsichtlich (*gen.*); **2.** rela'tiv, verhältnismäßig, Verhältnis...; **3.** (*to*) abhängig (von), bedingt (durch); **4.** gegenseitig, entsprechend, jeweilig; **5.** *ling.* bezüglich, Relativ...; **6.** ♪ paral'lel (*Tonart*); **II.** *s.* **7.** Verwandte(r *m*) *f*; **8.** *ling.* Rela'tivpro‚nomen *n*; **9.** *phls.* Relati'onsbegriff *m*; '**rel·a·tive·ness** [-nis] *s.* Relativi'tät *f*; '**rel·a·tiv·ism** [-vizəm] *s. phls.* Relati'vismus *m*; **rel·a·tiv·i·ty** [relə'tiviti] *s.* **1.** Relativität *f*: *theory of* ~ *phys.* Relativitätstheorie; **2.** Abhängigkeit *f* (*to* von).

re·lax [ri'læks] **I.** *v/t.* **1.** *Muskeln etc.*, ⊕ *Feder* entspannen; (*a. fig. Disziplin, Vorschrift etc.*) lockern: ~*ing climate* Schonklima; **2.** in *s-n Anstrengungen etc.* nachlassen; **3.** ⚕ den Leib öffnen; **II.** *v/i.* **4.** sich entspannen (*Muskeln etc., a. Geist, Person*); ausspannen, sich erholen (*Person*); es sich bequem machen; **5.** sich lockern (*Griff, Seil etc.*) (*a. fig.*); **6.** nachlassen (*in* in *e-r Bemühung etc.*) (*a. Sturm etc.*); **7.** milder *od.* freundlicher werden; **re·lax·a·tion** [ri:læk'seiʃən] *s.* **1.** Entspannung *f* (*a. fig. Erholung*); Lockerung *f* (*a. fig.*); Erschlaffung *f*; **2.** Nachlassen *n*; **3.** Milderung *f*, Erleichterung *f e-r Strafe etc.*

re·lay [ri'lei] **I.** *s.* **1. a)** frisches Gespann, **b)** Pferdewechsel *m*, **c)** *fig.* ✝, ⚔ Ablösung(smannschaft) *f*: ~ *attack* ⚔ rollender Angriff; *in* ~*s* ⚔ in rollendem Einsatz; **2.** *sport* **a)** *a.* ~*-race* Staffellauf *m*, -rennen *n*, **b)** Staffel *f*, **c)** Teilstrecke *f*; **3.** ['ri:'lei] **a)** ⚡ Re'lais *n*: ~ *station* Relais-, Zwischensender; ~ *switch* Schaltschütz, **b)** *Radio*: Über'tragung *f*; **II.** *v/t.* **4.** *allg.* weitergeben; **5.** ['ri:'lei] ⚡ mit Relais steuern; *Radio*: (mit Relais) über'tragen.

re-lay ['ri:'lei] *v/t.* [*irr.* → *lay*[1]] **1.** ⊕ neu (ver)legen; **2.** ⚔ *Geschütz* nachrichten.

re·lease [ri'li:s] **I.** *s.* **1.** (Haft)Entlassung *f*, Freilassung *f* (*from* aus); **2.** *fig.* Befreiung *f*, Erlösung *f* (*from* von); **3.** Entlastung *f* (*a. e-s Treuhänders etc.*), Entbindung *f* (*from* von *e-r Pflicht*); **4.** Freigabe *f* (*Buch, Film, Vermögen etc.*): *first* ~ *Film*: Uraufführung; (*press*) ~ (Presse-) Verlautbarung; ~ *of energy* Freiwerden von Energie; **5.** ⚖ **a)** Verzicht(leistung *f*, -urkunde *f*) *m*, **b)** ('Rechts)Über‚tragung *f*, **c)** Quittung *f*; **6.** ⊕, *phot.* **a)** Auslöser *m*, **b)** Auslösung *f*: ~ *of bombs* ⚔ Bombenabwurf; **II.** *v/t.* **7.** *Häftling* ent-, freilassen; **8.** *fig.* (*from*) **a)** befreien, erlösen (von), **b)** entbinden, -lasten (von *e-r Pflicht, Schuld etc.*); **9.** *Buch, Film, Guthaben* freigeben; **10.** ⚖ verzichten auf (*acc.*), *Recht* aufgeben *od.* über'tragen; *Hypothek* löschen; **11.** ⚗, *phys.* freisetzen; **12.** ⊕ **a)** auslösen (*a. phot.*); *Bomben* abwerfen; *Gas* abblasen, **b)** ausschalten: *to* ~ *the clutch* auskuppeln.

rel·e·gate ['religeit] *v/t.* **1.** relegieren, verbannen (*out of* aus): *to be* ~*d sport* absteigen; **2.** verweisen (*to* an *acc.*); **3.** (*to*) verweisen (in *acc.*), zuschreiben (*dat.*): *to* ~ *to the sphere of legend* in das Reich der Fabel verweisen; *he was* ~*d to fourth place sport* er wurde auf den 4. Platz verwiesen; **re·le·ga·tion** [reli'geiʃən] *s.* **1.** Verbannung *f* (*out of* aus); **2.** Verweisung *f* (*to* an *acc.*); **3.** *sport* Abstieg *m*: *to be in danger of* ~ in Abstiegsgefahr schweben.

re·lent [ri'lent] *v/i.* weicher *od.* mitleidig werden, sich erweichen lassen; **re'lent·less** [-lis] *adj.* □ unbarmherzig, schonungslos, hart.

rel·e·vance ['relivəns], '**rel·e·van·cy** [-si] *s.* Rele'vanz *f*, (*a.* Beweis-) Erheblichkeit *f*; Bedeutung *f* (*to* für); '**rel·e·vant** [-nt] *adj.* □ **1.** einschlägig, sachdienlich; anwendbar (*to* auf *acc.*); **2.** (beweis-, rechts- *etc.*) erheblich, belangvoll, von Bedeutung (*to* für).

re·li·a·bil·i·ty [rilaiə'biliti] *s.* Zuverlässigkeit *f*; ⊕ *a.* Betriebssicherheit *f*: ~ *test* Zuverlässigkeitsprüfung; **re·li·a·ble** [ri'laiəbl] *adj.* □ **1.** zuverlässig (*a.* ⊕ *betriebssicher*), verläßlich; **2.** glaubwürdig; **3.** vertrauenswürdig, re'ell (*Firma etc.*); **re·li·ance** [ri'laiəns] *s.* Vertrauen *n*: *in* ~ (*up*)*on* unter Verlaß auf (*acc.*), bauend auf; *to place* ~ *on* (*od. in*) Vertrauen in *j-n* setzen; **re·li·ant** [ri'laiənt] *adj.* **1.** vertrauensvoll; **2.** zuversichtlich.

rel·ic ['relik] *s.* **1.** ('Über)Rest *m*, 'Überbleibsel *n*, Re'likt *n*: ~*s of the past fig.* Zeugen der Vergangenheit; **2.** *R.C.* Re'liquie *f*; '**rel·ict** [-kt] *s. obs.* Witwe *f*.

re·lief[1] [ri'li:f] *s.* **1.** Erleichterung *f* (*a.* ⚕); → *sigh 5*; **2.** (angenehme) Unter'brechung, Abwechslung *f*, Wohltat *f* (*to* für *das Auge etc.*); **3.** Trost *m*; **4.** Entlastung *f*; (*Steuer- etc.*)Erleichterung *f*; **5. a)** Unter'stützung *f*, Hilfe *f*, **b)** *Brit.* Fürsorge *f*, ('Wohlfahrts)Unter‚stützung *f*: ~ *fund* Unterstützungsfonds, -kasse; ~*-work* Hilfswerk; ~*-works* Notstandsarbeiten; *to be on* ~ Unterstützung beziehen; **6.** ⚖ **a)** Rechtshilfe *f*: *the* ~ *sought* das Klagebegehren, **b)** Rechtsbehelf *m*, -mittel *n*; **7.** ⚔ **a)** *a. allg.* Ablösung *f*, **b)** Entsatz *m*, Entlastung *f*: ~ *attack* Entlastungsangriff; ~ *driver mot.* Beifahrer; ~ *road* Entlastungsstraße; ~ *train* 🚂 Entlastungs-, Vorzug.

re·lief[2] [ri'li:f] *s.* ▲ *etc.* Reli'ef *n*; erhabene Arbeit: ~ *map* Relief-, Höhenkarte; *in* ~ *against* sich (scharf) abhebend gegen; *to set into vivid* ~ *fig. et.* plastisch schildern; *to stand out in* (*bold*) ~ deutlich hervortreten (*a. fig.*); *to throw into* ~ hervortreten lassen (*a. fig.*).

re·lieve [ri'li:v] *v/t.* **1.** *Schmerzen etc., a. Gewissen* erleichtern: *to* ~ *one's feelings* s-n Gefühlen Luft machen; *to* ~ *s.o.'s mind* j-n beruhigen; → *nature 7*; **2.** *j-n* entlasten: *to* ~ *s.o. from* (*od. of*) j-m *et.* abnehmen, j-n von *e-r Pflicht etc.* entbinden, j-n *e-r Verantwortung etc.* entheben, j-n von *et.* befreien; *to* ~ *s.o. of humor.* j-n um *et.* ‚erleichtern', j-m *et.* stehlen; **3.** *j-n* erleichtern, beruhigen, trösten: *I am* ~*d to hear* es beruhigt mich, zu hören; **4.** ⚔ **a)** *Platz* entsetzen, **b)** *Kampftruppe* entlasten, **c)** *Posten, Einheit* ablösen; **5.** *Bedürftige* unter'stützen, *Armen* helfen; **6.** *Eintöniges* beleben, Abwechslung bringen in (*acc.*); **7.** her'vor-, abheben; **8.** *j-m* Recht verschaffen; *e-r Sache* abhelfen; **9.** ⊕ **a)** entlasten (*a.* ▲), *Feder* entspannen, **b)** 'hinterdrehen.

re·lie·vo [ri'li:vou] *pl.* **-vos** *s.* Reli'efarbeit *f*: ~*-engraving typ.* Hochätzung.

re·li·gion [ri'lidʒən] *s.* **1.** Religi'on *f*: *to get* ~ F fromm werden; **2.** Frömmigkeit *f*; **3.** Ehrensache *f*, Herzenspflicht *f*; **4.** mo'nastisches Leben: *to enter* ~ in e-n Orden eintreten; **re'li·gion·ist** [-dʒənist] *s.* religi'öser Schwärmer *od.* Eiferer; **re·lig·i·os·i·ty** [rilidʒi'ɔsiti] *s.* **1.** Religiosi'tät *f*; **2.** Frömme'lei *f*.

re·li·gious [ri'lidʒəs] *adj.* □ **1.** Religions..., religi'ös (*Buch, Pflicht etc.*); **2.** religiös, fromm; **3.** Ordens...: ~ *order* geistlicher Orden; **4.** *fig.* gewissenhaft, peinlich genau; **5.** *fig.* andächtig (*Stille etc.*).

re·lin·quish [ri'liŋkwiʃ] *v/t.* **1.** *Hoffnung, Idee, Plan etc.* aufgeben; **2.** (*to*) *Besitz, Recht* abtreten (*dat. od.* an *acc.*), preisgeben (*dat.*), über'lassen (*dat.*); **3.** *et.* loslassen, fahrenlassen; **4.** verzichten auf (*acc.*); **re'lin·quish·ment** [-mənt] *s.* **1.** Aufgabe *f*; **2.** Über'lassung *f*; **3.** Verzicht *m* (*of* auf *acc.*).

rel·i·quar·y ['relikwəri] *s. R.C.* Re'liquienschrein *m.*

rel·ish ['reliʃ] **I.** *v/t.* **1.** gern essen, sich schmecken lassen; *a. fig.* (mit Behagen) genießen, Geschmack finden an (*dat.*): *I do not much ~ the idea* ich bin nicht gerade begeistert davon (*of doing* zu tun); **2.** *fig.* schmackhaft machen; **II.** *v/i.* **3.** schmecken *od.* (*fig.*) riechen (*of* nach); **III.** *s.* **4.** (Wohl)Geschmack *m*; **5.** *fig.* **a)** Kostprobe *f*, **b)** Beigeschmack *m* (*of* von); **6.** Würze *f* (*a. fig.*); **7.** Hors d'Oeuvre *n*, Appe'tithappen *m*; **8.** *fig.* (*for*) Geschmack *m* (an *dat.*), Sinn *m* (für): *to have no ~ for* sich nichts machen aus; *with* (*great*) *~* mit (großem) Behagen, mit Wonne (*a. iro.*).

re·live ['ri:'liv] *v/t. et.* wieder durch'leben *od.* erleben.

re·luc·tance [ri'lʌktəns] *s.* **1.** Wider'streben *n*, Abneigung *f* (*to* gegen, *to do s.th.* et. zu tun): *with ~* widerstrebend, ungern, zögernd; **2.** *phys.* ma'gnetischer 'Widerstand; **re·luc·tant** [-nt] *adj.* □ 'widerwillig, wider'strebend, zögernd: *to be ~ to do s.th.* sich sträuben, et. zu tun; et. nur ungern tun.

re·ly [ri'lai] *v/i.* **1.** *~* (*up*)*on* sich verlassen, vertrauen *od.* bauen *od.* zählen auf (*acc.*); **2.** *~* (*up*)*on* sich auf *e-e Quelle etc.* stützen *od.* berufen.

re·main [ri'mein] **I.** *v/i.* **1.** *allg.* bleiben; **2.** (übrig)bleiben (*a. fig. to s.o.* j-m); zu'rück-, verbleiben, noch übrig *od.* vor'handen sein: *it now ~s for me to explain* es bleibt mir nur noch übrig, zu erklären; *nothing ~s* (*to us*) *but to* (*inf.*) es bleibt (uns) nichts anderes übrig, als zu (*inf.*); *that ~s to be seen* das bleibt abzuwarten; **3.** (bestehen) bleiben: *to ~ in force* in Kraft bleiben; **4.** *im Briefschluß*: verbleiben; **II.** *s. pl.* **5.** *a. fig.* Reste *pl.*, 'Überreste *pl.*, -bleibsel *pl.*; **6.** *die* sterblichen Überreste *pl.*; **7.** *a. literary ~s* hinter'lassene Werke *pl.*, lite'rarischer Nachlaß; **re'main·der** [-də] **I.** *s.* **1.** Rest *m* (*a.* ⅄), *das* übrige; **2.** ✝ Restbestand *m*, -betrag *m*: *~ of a debt* Restschuld; **3.** ⊕ Rückstand *m*; **4.** *Buchhandel*: Restauflage *f*, Remit'tenden *pl.*; **5.** ⚖ **a)** Anwartschaft *f* (auf Grundeigentum), **b)** Obereigentum *n*, **c)** Nacherbenrecht *n*; **II.** *v/t.* **6.** *Bücher* billig abgeben; **re'main·der·man** [-dəmæn] *s.* [*irr.*] ⚖ **a)** Anwärter *m*, **b)** Nacherbe *m*, **c)** Obereigentümer *m*; **re'main·ing** [-niŋ] *adj.* übrig(geblieben), Rest..., verbleibend, restlich.

re·make ['ri:'meik] **I.** *v/t.* [*irr.* → *make*] wieder *od.* neu machen; **II.** *s.* 'Neuverfilmung *f*, Re'make *n.*

re·mand [ri'ma:nd] **I.** *v/t.* ⚖ **a)** (in Unter'suchungshaft) zu'rückschicken, **b)** *Rechtssache* (an die untere In'stanz) zu'rückverweisen; **II.** *s.* (Zu'rücksendung *f* in die) Unter'suchungshaft *f*: *~ prison* Untersuchungsgefängnis; *prisoner on ~* Untersuchungsgefangene(r); *to be brought up on ~* aus der Untersuchungshaft vorgeführt werden; *~ home s.* ⚖ Voll'zugsanstalt *f* für 'Jugendar,rest.

re·mark [ri'ma:k] **I.** *v/t.* **1.** (be)merken, beobachten; **2.** bemerken, äußern (*that* daß); **II.** *v/i.* **3.** e-e Bemerkung *od.* Bemerkungen machen, sich äußern ([*up*]*on* über *acc.*, zu); **III.** *s.* **4.** Bemerkung *f*, Äußerung *f*: *without ~* ohne Kommentar; *worthy of ~* → *remarkable*; **re'mark·a·ble** [-kəbl] *adj.* □ bemerkenswert: **a)** beachtlich, **b)** ungewöhnlich; **re'mark·a·ble·ness** [-kəblnis] *s.* **1.** Ungewöhnlichkeit *f*, Merkwürdigkeit *f*; **2.** Bedeutsamkeit *f.*

re·mar·riage ['ri:'mæridʒ] *s.* 'Wiederver,heiratung *f*; **'re'mar·ry** [-ri] *v/t. u. v/i.* (sich) wieder verheiraten (*to* mit).

re·me·di·a·ble [ri'mi:djəbl] *adj.* □ heil-, abstellbar: *this is ~* dem ist abzuhelfen; **re'me·di·al** [-jəl] *adj.* □ **1.** heilend, Heil...: *~ gymnastics* Heilgymnastik; **2.** abhelfend: *~ measure* Abhilfsmaßnahme.

rem·e·dy ['remidi] **I.** *s.* **1.** ⚕ (Heil-) Mittel *n*, Arz'nei *f* (*for, against* für, gegen); **2.** *fig.* (Gegen)Mittel *n* (*for, against* gegen); Abhilfe *f*; ⚖ Rechtsmittel *n*, -behelf *m*; **3.** *Münzwesen*: Re'medium *n*, Tole'ranz *f*; **II.** *v/t.* **4.** *Mangel, Schaden* beheben; **5.** *Mißstand* abstellen, abhelfen (*dat.*), in Ordnung bringen.

re·mem·ber [ri'membə] **I.** *v/t.* **1.** sich entsinnen (*gen.*) *od.* an (*acc.*), sich besinnen auf (*acc.*), sich erinnern an (*acc.*): *I ~ that* es fällt mir (gerade) ein, daß; **2.** sich merken, nicht vergessen; **3.** eingedenk sein (*gen.*), denken an (*acc.*), beherzigen, sich *et.* vor Augen halten; **4.** *j-n mit e-m Geschenk, in s-m Testament* bedenken; **5.** empfehlen, grüßen: *~ me to him* grüßen Sie ihn von mir; **II.** *v/i.* **6.** sich erinnern *od.* entsinnen: *not that I ~* nicht, daß ich wüßte; **re'mem·brance** [-brəns] *s.* **1.** Erinnerung *f*, Gedächtnis *n* (*of* an *acc.*); **2.** Gedächtnis *n*, An-, Gedenken *n*: *in ~ of* im Gedenken *od.* zur Erinnerung an (*acc.*); *2 Day* Waffenstillstands-, Heldengedenktag (*11. November*); **3.** Andenken *n* (*Sache*); **4.** *pl.* Grüße *pl.*, Empfehlungen *pl.*

re·mi·gra·tion ['ri:mai'greiʃən] *s.* Rückwanderung *f.*

re·mil·i·ta·ri·za·tion ['ri:militərai'zeiʃən] *s.* Remilitarisierung *f.*

re·mind [ri'maind] *v/t. j-n* erinnern (*of* an *acc.*, *that* daß): *that ~s me* da(bei) fällt mir (et.) ein; *this ~s me of home* das erinnert mich an zu Hause; **re'mind·er** [-də] *s.* Mahnung *f*; *fig.* Denkzettel *m*: *a gentle ~* ein (zarter) Wink.

rem·i·nisce [remi'nis] *v/i.* in Erinnerungen schwelgen; **rem·i'nis·cence** [-sns] *s.* **1.** Erinnerung *f*; **2.** *pl.* (Lebens)Erinnerungen *pl.*, Reminis'zenzen *pl.*; **3.** *fig.* Anklang *m*; **rem·i'nis·cent** [-snt] *adj.* □ **1.** sich erinnernd (*of* an *acc.*), Erinnerungs...; **2.** Erinnerungen wachrufend (*of* an *acc.*), erinnerungsträchtig; **3.** sich (gern) erinnernd, in Erinnerungen schwelgend.

re·mise[1] [ri'maiz] *s.* ⚖ Aufgabe *f e-s Anspruchs*, Rechtsverzicht *m.*

re·mise[2] [rə'mi:z] *s.* **1.** *obs.* **a)** Re'mise *f*, Wagenschuppen *m*, **b)** Mietkutsche *f*; **2.** *fenc.* Nachstoß *m.*

re·miss [ri'mis] *adj.* □ (nach)lässig, säumig; lax, träge: *to be ~ in one's duties* s-e Pflichten vernachlässigen; **re'mis·si·ble** [-səbl] *adj.* **1.** erläßlich; **2.** verzeihlich; *R.C.* läßlich (*Sünde*); **re'mis·sion** [-iʃən] *s.* **1.** Vergebung *f* (der Sünden); **2.** **a)** (teilweiser) Erlaß *e-r Strafe, Schuld, Gebühr etc.*, **b)** Nachlaß *m*, Ermäßigung *f*; **3.** Nachlassen *n der Intensität etc.*; ⚕ Remissi'on *f*; **re'miss·ness** [-nis] *s.* (Nach)Lässigkeit *f.*

re·mit [ri'mit] **I.** *v/t.* **1.** *Sünden* vergeben; **2.** *Schulden, Strafe* (ganz *od.* teilweise) erlassen; **3.** hin'aus-, verschieben (*till, to* bis, *to* auf *acc.*); **4.** **a)** nachlassen in *s-n Anstrengungen etc.*, **b)** *Zorn etc.* mäßigen, **c)** aufhören mit, einstellen; **5.** ✝ *Geld etc.* über'weisen, -'senden; **6.** *bsd.* ⚖ **a)** (*Fall etc. zur Entscheidung*) über'tragen, **b)** → *remand Ib*; **II.** *v/i.* **7.** ✝ Zahlung leisten, remittieren; **re'mit·tal** [-tl] → *remission*; **re'mit·tance** [-təns] *s.* **1.** (*bsd.* Geld-) Sendung *f*, Über'weisung *f*; **2.** ✝ (Geld-, Wechsel)Sendung *f*, Überweisung *f*, Ri'messe *f*: *~ account* Überweisungskonto; *to make ~* remittieren, Deckung anschaffen; **re·mit·tee** [remi'ti:] *s.* ✝ (Zahlungs-, Über'weisungs)Empfänger *m*; **re'mit·tent** [-tənt] *bsd.* ⚕ **I.** *adj.* (vor'übergehend) nachlassend; remittierend (*Fieber*); **II.** *s.* remittierendes Fieber; **re'mit·ter** [-tə] *s.* **1.** ✝ Geldsender *m*, Über'sender *m*; Remit'tend *m*; **2.** ⚖ **a)** Wieder'einsetzung *f* (*to* in *frühere Rechte etc.*), **b)** Über'weisung *f e-s Falles.*

rem·nant ['remnənt] *s.* **1.** ('Über-) Rest *m*, 'Überbleibsel *n*; kläglicher Rest; *fig.* (letzter) Rest, Spur *f*; **2.** ✝ (Stoff)Rest *m*; *pl.* Reste(r) *pl.*: *~ sale* Resteverkauf.

re·mod·el ['ri:'mɔdl] *v/t.* 'umbilden, -bauen, -formen, -gestalten.

re·mon·e·ti·za·tion [ri:mʌnitai'zeiʃən] *s.* ✝ Wiederin'kurssetzung *f.*

re·mon·strance [ri'mɔnstrəns] *s.* (Gegen)Vorstellung *f*, Vorhaltung *f*, Einspruch *m*, Pro'test *m*; **re'mon·strant** [-nt] **I.** *adj.* □ ermahnend, protestierend; **II.** *s.* Einsprucherheber *m*; **re'mon·strate** [-reit] **I.** *v/i.* **1.** protestieren, remonstrieren (*against* gegen); **2.** Vorhaltungen *od.* Vorwürfe machen (*on* über *acc.*, *with s.o.* j-m); **II.** *v/t.* **3.** einwenden (*that* daß).

re·morse [ri'mɔ:s] *s.* Gewissensbisse *pl.*, Reue *f* (*at* über *acc.*, *for* wegen): *without ~* unbarmherzig, kalt; **re'morse·ful** [-ful] *adj.* □ reumütig, reuevoll; **re'morse·less** [-lis] *adj.* □ unbarmherzig, hart(herzig).

re·mote [ri'mout] *adj.* □ **1.** *räumlich u. zeitlich, a. fig.* fern, (weit) entfernt (*from* von); *fig.* schwach, vage: *~ antiquity* graue Vorzeit; *~ control* ⊕ Fernsteuerung; *~-control*(*led*) ferngesteuert, -gelenkt; *~ future* ferne Zukunft; *not the ~st idea* keine blasse Ahnung; *~ possibility* vage Möglichkeit; *~ relation* entfernte(r) *od.* weitläufige(r) Verwandte(r); ~ *resemblance* entfernte *od.* schwache Ähnlichkeit; **2.** abgelegen, entlegen; **3.** mittelbar, ˈindiˌrekt: ~ *damages* ⚖ Folgeschäden; **reˈmote·ness** [-nis] *s.* Ferne *f*, Entlegenheit *f*.

re·mount [riːˈmaunt] **I.** *v/t.* **1.** *Berg, Pferd etc.* wieder besteigen; **2.** ⚔ neue Pferde beschaffen für; **3.** ⊕ *Maschine* wieder aufstellen; **II.** *v/i.* **4.** wieder aufsteigen; wieder aufsitzen (*Reiter*); **5.** *fig.* zuˈrückgehen (*to* auf *acc.*); **III.** *s.* [ˈriːmaunt] **6.** frisches Reitpferd; ⚔ Reˈmonte *f*.

re·mov·a·ble [riˈmuːvəbl] *adj.* □ **1.** absetzbar; **2.** ⊕ abnehmbar, auswechselbar; **3.** zu beseitigen(d), behebbar (*Übel*); **reˈmov·al** [-vəl] *s.* **1.** Fort-, Wegschaffen *n*, -räumen *n*; Entfernen *n*; Abfuhr *f*, ˈAbtransˌport *m*; Beseitigung *f* (*a. fig. von Fehlern, Mißständen, e-s Gegners*); **2.** ˈUmzug *m* (*to* in *acc.*, nach): ~ *of business* Geschäftsverlegung; ~ *van* Möbelwagen; **3. a)** Absetzung *f*, Enthebung *f* (*from office* aus dem Amt), **b)** (Straf)Versetzung *f*; **4.** ⚖ Verweisung *f* (*to* an *acc.*); **re·move** [riˈmuːv] **I.** *v/t.* **1.** *allg.* (weg)nehmen, entfernen (*from* aus); ⊕ abnehmen, abmontieren, ausbauen; *Kleidungsstück* ablegen; *Hut* abnehmen; *Hand* zuˈrückziehen; *fig. Furcht, Zweifel etc.* nehmen: *to* ~ *the cloth* (den Tisch) abdecken; *to* ~ *from the agenda* von der Tagesordnung absetzen; *to* ~ *o.s.* sich entfernen (*from* von); **2.** wegräumen, -rücken, -bringen, fortschaffen, abtransportieren; (*a. fig. j-n*) aus dem Wege räumen: *to* ~ *furniture* (Wohnungs)Umzüge besorgen; *to* ~ *a prisoner* e-n Gefangenen abführen (lassen); *to* ~ *mountains fig.* Berge versetzen; *to* ~ *by suction* ⊕ absaugen; **3.** *Fehler, Gegner, Hindernis, Spuren etc.* beseitigen; *Flecken* entfernen; *fig. Schwierigkeiten* beheben; **4.** *wohin* bringen, schaffen, verlegen; **5.** *Beamten* absetzen, entlassen, *s-s Amtes* entheben; **II.** *v/i.* **6.** (aus-, ˈum-, ver)ziehen (*to* nach); **III.** *s.* **7.** Entfernung *f*, Abstand *m*: *at a* ~ *fig.* mit einigem Abstand; **8.** Schritt *m*, Stufe *f*, Grad *m*; **9.** *Brit.* nächster Gang (*beim Essen*); **reˈmov·er** [-və] *s.* **1.** Abbeizmittel *n*; **2.** (ˈMöbel)SpediˌteurM *m*.

re·mu·ner·ate [riˈmjuːnəreit] *v/t.* **1.** *j-n* entschädigen, belohnen (*for* für); **2.** *et.* vergüten, Entschädigung zahlen für, ersetzen; **re·mu·ner·a·tion** [rimjuːnəˈreiʃən] *s.* **1.** Entschädigung *f*, Vergütung *f*; **2.** Belohnung *f*; **3.** Honoˈrar *n*, Lohn *m*, Entgelt *n*; **reˈmu·ner·a·tive** [-nərətiv] *adj.* □ einträglich, lohnend, lukraˈtiv, vorteilhaft.

Ren·ais·sance [rəˈneisəns; rənɛsɑ̃ːs] (*Fr.*) *s.* **1.** Renaisˈsance *f*; **2.** ∼ ˈWiedergeburt *f*, -erwachen *n*.

re·nal [ˈriːnl] *adj. anat.* reˈnal, Nieren...

re·name [ˈriːˈneim] *v/t.* **1.** ˈumbenennen; **2.** neu benennen.

re·nas·cence [riˈnæsns] *s.* **1.** ˈWiedergeburt *f*, Erneuerung *f*; **2.** ∼ Renaisˈsance *f*; **reˈnas·cent** [-nt] *adj.* sich erneuernd, wieder auflebend, ˈwiedererwachend.

rend [rend] [*irr.*] **I.** *v/t.* **1.** (zer)reißen: *to* ~ *from j-m* entreißen; *to* ~ *the air* die Luft zerreißen (*Schrei etc.*); **2.** spalten (*a. fig.*); **II.** *v/i.* **3.** (zer)reißen.

ren·der [ˈrendə] *v/t.* **1.** *a.* ~ *back* zuˈrückgeben, -erstatten: *to* ~ *up* herausgeben, *fig.* vergelten (*good for evil* Böses mit Gutem); **2.** (*a.* ⚔ *Festung*) überˈgeben; † *Rechnung* (vor)legen: *to account* ~*ed* † laut (erteilter) Rechnung; *to* ~ *a profit* Gewinn abwerfen; → *a. account 6 u. 7*; **3.** (*to s.o.* j-m) *e-n Dienst, Hilfe etc.* leisten; *Aufmerksamkeit, Ehre, Gehorsam* erweisen; *Dank* abstatten: *for services* ~*ed* für geleistete Dienste; **4.** *Grund* angeben; **5.** ⚖ *Urteil* fällen; **6.** *berühmt, schwierig, sichtbar etc.* machen: *to* ~ *audible* hörbar machen; *to* ~ *possible* möglich machen, ermöglichen; **7.** *künstlerisch* ˈwiedergeben, interpretieren; **8.** *sprachlich, sinngemäß* ˈwiedergeben, überˈsetzen; **9.** ⊕ *Fett* auslassen; **10.** △ roh bewerfen; **ˈren·der·ing** [-dəriŋ] *s.* **1.** ˈÜbergabe *f*: ~ *of account* † Rechnungslegung; **2.** *künstlerische* ˈWiedergabe, ˌInterpretatiˈon *f*, Gestaltung *f*, Vortrag *m*; **3.** Überˈsetzung *f*, ˈWiedergabe *f*; **4.** △ Rohbewurf *m*.

ren·dez·vous [ˈrɔndivuː] *pl.* **-vous** [-vuːz] (*Fr.*) *s.* **1. a)** Rendezˈvous *n*, Verabredung *f*, Stelldichein *n*, **b)** Zs.-kunft *f*; **2.** Treffpunkt *m* (*a.* ⚔ *Sammelplatz*).

ren·di·tion [renˈdiʃən] *s.* **1.** → *rendering 2 u. 3*; **2.** *Am.* (Urteils)Fällung *f*, (-)Verkündung *f*.

ren·e·gade [ˈrenigeid] *s.* Reneˈgat (-in), Abtrünnige(r *m*) *f*, ˈÜberläufer(in).

re·new [riˈnjuː] *v/t.* **1.** *allg.* erneuern (*z.B. Bekanntschaft, Angriff, Autoreifen, Gelöbnis*): ~*ed* erneut; **2.** *Briefwechsel etc.* wiederˈaufnehmen: *to* ~ *one's efforts* sich erneut bemühen; **3.** *Jugend, Kraft* ˈwiedererlangen; *biol.* regenerieren; **4.** † *Vertrag etc.* erneuern, verlängern; *Wechsel* prolongieren; **5.** ergänzen, -setzen; **6.** wiederˈholen; **reˈnew·a·ble** [-ju(ː)əbl] *adj.* **1.** erneuerbar, zu erneuern(d); **2.** † erneuerungs-, verlängerungsfähig; prolongierbar (*Wechsel*); **reˈnew·al** [-ju(ː)əl] *s.* **1.** Erneuerung *f*; **2.** † **a)** Erneuerung *f*, Verlängerung *f*, **b)** Prolongatiˈon *f*.

ren·i·form [ˈrenifɔːm] *adj.* nierenförmig.

ren·net[1] [ˈrenit] *s.* ⚗, *zo.* Lab *n*.

ren·net[2] [ˈrenit] *s.* ♀ *Brit.* Reˈnette *f*.

re·nounce [riˈnauns] **I.** *v/t.* **1.** verzichten auf (*acc.*), *et.* aufgeben; entsagen (*dat.*); **2.** verleugnen; *dem Glauben etc.* abschwören; *Freundschaft* aufsagen; † *Vertrag* kündigen; *et.* von sich weisen, ablehnen; sich von *j-m* lossagen; *j-n* verstoßen; **3.** *Kartenspiel: Farbe* nicht bedienen (können); **II.** *v/i.* **4.** Verzicht leisten; **5.** *Kartenspiel*: nicht bedienen (können), passen.

ren·o·vate [ˈrenouveit] *v/t.* **1.** erneuern; wiederˈherstellen; **2.** renovieren; **ren·o·va·tion** [renouˈveiʃən] *s.* Renovierung *f*, Erneuerung *f*; **ˈren·o·va·tor** [-tə] *s.* Erneuerer *m*.

re·nown [riˈnaun] *s. rhet.* Ruhm *m*, Ruf *m*, Berühmtheit *f*; **reˈnowned** [-nd] *adj.* berühmt, namhaft.

rent[1] [rent] **I.** *s.* **1.** (Wohnungs-)Miete *f*, Mietzins *m*: *for* ~ *bsd. Am.* **a)** zu vermieten, **b)** zu verleihen; **2.** Pacht(geld *n*, -zins *m*) *f*; **II.** *v/t.* **3.** vermieten; **4.** verpachten; **5.** mieten; **6.** (ab)pachten; **7.** *Am.* **a)** *et.* ausleihen, **b)** sich *et.* leihen; **III.** *v/i.* **8.** vermietet *od.* verpachtet werden (*at od. for* zu).

rent[2] [rent] **I.** *s.* Riß *m*; Spalt(e *f*) *m*; **II.** *pret. u. p.p. von rend.*

rent·a·ble [ˈrentəbl] *adj.* (ver)mietbar.

ˈrent-a-ˈcar (serv·ice) *s. mot.* Autoverleih *m*.

ren·tal [ˈrentl] *s.* **1.** Miet-, Pachtbetrag *m*, -satz *m*: ~ *library Am.* Leihbücherei; ~ *value* Miet-, Pachtwert; **2.** (Brutto)Mietertrag *m*; **3.** Zinsbuch *n*.

rent charge *pl.* **rents charge** *s.* Grundrente *f*, Erbzins *m*.

rent·er [ˈrentə] *s. bsd. Am.* **1.** Pächter *m*, Mieter *m*; **2.** Verpächter *m*, -mieter *m*, -leiher *m*; **ˈrent-ˈfree** *adj.* miet-, pachtfrei.

re·nun·ci·a·tion [rinʌnsiˈeiʃən] *s.* **1.** (*of*) Verzicht *m* (auf *acc.*), Aufgabe *f* (*gen.*); **2.** Entsagung *f*; **3.** Ablehnung *f*.

re·oc·cu·py [ˈriːˈɔkjupai] *v/t.* ˈwiederbesetzen.

re·o·pen [ˈriːˈoupən] **I.** *v/t.* **1.** ˈwiedereröffnen; **2.** wieder beginnen, wiederˈaufnehmen; **II.** *v/i.* **3.** sich wieder öffnen; **4.** ˈwiedereröffnen (*Geschäft etc.*); **5.** wieder beginnen.

re·or·gan·i·za·tion [ˈriːɔːgənaiˈzeiʃən] *s.* **1.** ˈUmbildung *f*, Neuordnung *f*, -gestaltung *f*; **2.** † Sanierung *f*; **re·or·gan·ize** [ˈriːˈɔːgənaiz] *v/t.* **1.** reorganisieren, neu gestalten, ˈumgestalten, ˈumgliedern; **2.** † sanieren.

rep[1] [rep] *s.* Rips *m* (*Stoff*).

rep[2] [rep] *s. sl.* **1.** Wüstling *m*; **2.** *Am.* Ruf *m*.

re·pack [ˈriːˈpæk] *v/t.* ˈumpacken.

re·paint [ˈriːˈpeint] *v/t.* neu (an-)streichen, überˈmalen.

re·pair[1] [riˈpɛə] **I.** *v/t.* **1.** reparieren, (wieder) inˈstand setzen; ausbessern, flicken; **2.** wiederˈherstellen; **3.** wiederˈgutmachen; *Verlust* ersetzen; **II.** *s.* **4.** Reparaˈtur *f*, Inˈstandsetzung *f*, Ausbesserung *f*; *pl.* Inˈstandsetzungsarbeit(en *pl.*) *f*: *state of* ~ (baulicher *etc.*) Zustand; *in good* ~ in gutem Zustand; *in need of* ~ reparaturbedürftig; *out of* ~ **a)** betriebsunfähig, **b)** baufällig; *under* ~ in Reparatur; ~ *kit*, ~ *outfit* Reparaturwerkzeug, Flickzeug.

re·pair[2] [riˈpɛə] **I.** *v/i.* sich begeben (*to* nach, zu); **II.** *s.* Zufluchtsort *m*, (beliebter) Aufenthaltsort.

re·pair·a·ble [riˈpɛərəbl] *adj.* **1.** reparaˈturbedürftig; **2.** zu reparieren(d), reparierbar; **3.** → *reparable*.

reˈpair|·man [-mæn] *s.* [*irr.*] *bsd. Am.* Meˈchaniker *m*, Autoschlosser *m*; **~-shop** *s.* Reparaˈturwerkstätte *f*.

rep·a·ra·ble [ˈrepərəbl] *adj.* □ wiederˈgutzumachen(d); ersetzbar (*Verlust*); **rep·a·ra·tion** [repəˈreiʃən] *s.* **1.** Wiederˈgutmachung *f*: *to make* ~ Genugtuung leisten; **2.** Entschädigung *f*, Ersatz *m*; **3.** *pol.* Wieder'gutmachungsleistung *f*; *pl.* Reparati'onen *pl.*

rep·ar·tee [repɑ:'ti:] *s.* schlagfertige Antwort, Schlagfertigkeit *f*: *quick at* ~ schlagfertig.

re·par·ti·tion [ri:pɑ:'tiʃən] **I.** *s.* Aufteilung *f*, (Neu)Verteilung *f*; **II.** *v/t.* (neu) auf-, verteilen.

re·pass ['ri:'pɑ:s] **I.** *v/t.* **1.** wieder vor'beikommen an (*dat.*); **II.** *v/i.* **2.** wieder vorbeikommen; **3.** zu'rückkehren.

re·past [ri'pɑ:st] *s.* Mahl(zeit *f*) *n.*

re·pa·tri·ate [ri:'pætrieit] **I.** *v/t.* repatriieren, (in die Heimat) zu'rückführen; **II.** *s.* Repatriierte(r *m*) *f*, Heimkehrer(in); **re·pa·tri·a·tion** ['ri:pætri'eiʃən] *s.* Rückführung *f.*

re·pay [*irr.* → *pay*] **I.** *v/t.* [ri:'pei] **1.** *et.* zu'rückzahlen, (zu'rück)erstatten; **2.** *fig. Besuch, Gruß, Schlag etc.* erwidern; *Böses* heimzahlen, vergelten (*to s.o.* j-m); **3.** *j-n* belohnen, (*a.* ✝) entschädigen (*for* für); **4.** *et.* lohnen, vergelten (*with* mit); **II.** *v/i.* ['ri:'pei] **5.** nochmals (be)zahlen; **re'pay·a·ble** [-'peiəbl] *adj.* rückzahlbar; **re'pay·ment** [-mənt] *s.* **1.** Rückzahlung *f*; **2.** Erwiderung *f*; **3.** Vergeltung *f.*

re·peal [ri'pi:l] **I.** *v/t.* **1.** *Gesetz etc.* aufheben, außer Kraft setzen; **2.** wider'rufen; **II.** *s.* **3.** Aufhebung *f von Gesetzen*; **re'peal·a·ble** [-ləbl] *adj.* 'widerruflich, aufhebbar.

re·peat [ri'pi:t] **I.** *v/t.* **1.** wieder'holen: *to* ~ *an experience* et. nochmals durchmachen *od.* erleben; *to* ~ *an order* (*for s.th.* et.) nachbestellen; **2.** nachsprechen, wieder'holen; weitererzählen; **3.** *ped. Gedicht* aufsagen; **II.** *v/i.* **4.** sich wiederholen (*Vorgang*); **5.** repetieren (*Uhr, Gewehr*); **6.** aufstoßen (*Speisen*); **III.** *s.* **7.** Wieder'holung *f*; **8.** *et.* sich Wieder'holendes (*z.B. Muster*); **9.** ♪ **a)** Wieder'holung *f*, **b)** Wieder'holungszeichen *n*; **10.** ✝ *oft* ~ *order* Nachbestellung *f*; **re'peat·ed** [-tid] *adj.* □ wieder'holt, mehrmalig; neuerlich; **re'peat·er** [-tə] *s.* **1.** Wieder'holende(r *m*) *f*; **2.** Repetieruhr *f*; **3.** Repetier-, Mehrladegewehr *n*; **4.** *Am. Wähler, der widerrechtlich mehrere Stimmen abgibt*; **5.** ℞ peri'odischer Dezi'malbruch; **6.** ⚖ Rückfällige(r *m*) *f*; **7.** ⚓ Tochterkompaß *m*; **8.** ⚡ **a)** (Leitungs)Verstärker *m*, **b)** Über'trager *m*; **re'peat·ing** [-tiŋ] *adj.* wieder'holend: ~ *decimal* → *repeater 5*; ~ *rifle* → *repeater 3*; ~ *watch* → *repeater 2*; **re·peat per·form·ance** *s. thea.* Wiederholung *f.*

re·pel [ri'pel] *v/t.* **1.** *Angreifer* zu'rückschlagen, -treiben; **2.** *Angriff* abschlagen, abweisen, *a. Schlag* abwehren; **3.** *fig.* ab-, zu'rückweisen; **4.** *phys.* abstoßen; **5.** *fig. j-n* abstoßen, anwidern; **re'pel·lent** [-lənt] *adj.* □ **1.** ab-, zu'rückstoßend; **2.** *fig.* abstoßend, widerlich.

re·pent [ri'pent] *v/t.* (*a. v/i. of*) *et.* bereuen; **re'pent·ance** [-təns] *s.* Reue *f*; **re'pent·ant** [-tənt] *adj.* □ reuig (*of* über *acc.*), bußfertig.

re·peo·ple ['ri:'pi:pl] *v/t.* wieder bevölkern.

re·per·cus·sion [ri:pə:'kʌʃən] *s.* **1.** Rückprall *m*, -stoß *m*; **2.** 'Widerhall *m*; **3.** *mst pl. fig.* Rück-, Auswirkungen *pl.* (*on* auf *acc.*).

rep·er·toire ['repətwɑ:] → *repertory 1.*

rep·er·to·ry ['repətəri] *s.* **1.** *thea.* Reper'toire *n*, Spielplan *m*: ~ *theatre* (*Am. theater*) Repertoirebühne; **2.** *fig.* Fundgrube *f.*

rep·e·ti·tion [repi'tiʃən] *s.* **1.** Wieder'holung *f*: ~ *order* ✝ Nachbestellung; ~ *work* ⊕ Reihenfertigung; **2.** *ped.* (Stück *n* zum) Aufsagen *n*, Memorieraufgabe *f*; **3.** Ko'pie *f*, Nachbildung *f*; **re·pet·i·tive** [ri'petitiv] *adj.* □ (sich) wieder'holend, wieder'holt.

re·pine [ri'pain] *v/i.* murren, 'mißvergnügt *od.* unzufrieden sein (*at* über *acc.*); **re'pin·ing** [-niŋ] *adj.* □ unzufrieden, murrend, mürrisch.

re·place [ri'pleis] *v/t.* **1.** wieder hinstellen, -legen; *teleph. Hörer* auflegen; **2.** *et. Verlorenes, Veraltetes* ersetzen, an die Stelle treten von; ⊕ auswechseln; **3.** *j-n* ersetzen *od.* ablösen, *j-s* Stelle einnehmen; **4.** *Geld* zu'rückerstatten, ersetzen; **5.** ℞ vertauschen; **re'place·a·ble** [-səbl] *adj.* ersetzbar; ⊕ auswechselbar; **re'place·ment** [-mənt] *s.* **1. a)** Ersetzung *f*, **b)** Ersatz *m*: ~ *engine* ⊕ Austauschmotor; ~ *parts* ⊕ Ersatzteile; **2.** ⚔ **a)** Ersatzmann *m*, **b)** Ersatz *m*, Auffüllung *f*: ~ *unit* Ersatztruppenteil; **3.** *geol.* Verdrängung *f.*

re·plant ['ri:'plɑ:nt] *v/t.* 'umpflanzen; neu pflanzen.

re·play ['ri:plei] *s. sport* **1.** Wieder'holungsspiel *n*; **2.** *Fernsehen*: Wieder'holung *f e-r Spielszene* (in Zeitlupe).

re·plen·ish [ri'pleniʃ] *v/t.* (wieder) auffüllen, ergänzen (*with* mit); **re'plen·ish·ment** [-mənt] *s.* **1.** Auffüllung *f*, Ersatz *m*; **2.** Ergänzung *f.*

re·plete [ri'pli:t] *adj.* **1.** (*with*) (zum Platzen) voll (von), angefüllt (von); **2.** reichlich versehen (*with* mit); **re'ple·tion** [-i:ʃən] *s.* ('Über)Fülle *f*: *full to* ~ bis zum Rande voll; *to eat to* ~ sich vollessen.

re·plev·in [ri'plevin] *s.* ⚖ **1.** (Klage *f* auf) Her'ausgabe *f* gegen Sicherheitsleistung; **2.** einstweilige Verfügung (auf Herausgabe).

rep·li·ca ['replikə] *s.* **1.** *paint.* Re'plik *f*, Origi'nalkoˌpie *f*; **2.** Ko'pie *f*; **3.** *fig.* Ebenbild *n.*

rep·li·ca·tion [repli'keiʃən] *s.* **1.** Erwiderung *f*; **2.** Echo *n*; **3.** ⚖ Re'plik *f*; **4.** Reprodukti'on *f*, Ko'pie *f.*

re·ply [ri'plai] **I.** *v/i.* **1.** antworten, erwidern (*to s.th.* auf et., *to s.o.* j-m) (*a. fig.*); **2.** ⚖ replizieren; **II.** *s.* **3.** Antwort *f*, Erwiderung *f*: *in* ~ *to* (als Antwort) auf; *in* ~ *to your letter* in Beantwortung Ihres Schreibens; *to make a* ~ erwidern; ~*-paid telegram* Telegramm mit bezahlter Rückantwort; ~ (*postal*) *card* Postkarte mit Rückantwort; ~ *postage* Rückporto; (*there is*) *no* ~ *teleph.* der Teilnehmer meldet sich nicht; **4.** *Funk*: Rückmeldung *f*; **5.** ⚖ Re'plik *f.*

re·port [ri'pɔ:t] **I.** *s.* **1.** *allg.* Bericht *m* (*on* über *acc.*); ✝ (Geschäfts-, Sitzungs-, Verhandlungs)Bericht *m*: *market* ~ ✝ Marktbericht; *month under* ~ Berichtsmonat; ~ *stage parl.* Erörterungsstadium *e-r Vorlage*; → *law report*; **2.** Gutachten *n*, Refe'rat *n*; **3.** ⚔ Meldung *f*; **4.** ⚖ Anzeige *f*; **5.** Nachricht *f*, (Presse)Bericht *m*, (-)Meldung *f*; **6.** (Schul-) Zeugnis *n*; **7.** Gerücht *n*; **8.** Ruf *m*, Leumund *m*; **9.** Knall *m*; **II.** *v/t.* **10.** berichten (*to s.o.* j-m); Bericht erstatten, berichten über (*acc.*); erzählen: *it is* ~*ed that* es heißt, daß; *he is* ~*ed as saying* er soll gesagt haben; ~*ed speech ling.* indirekte Rede; **11.** *Vorkommnis, Schaden etc.* melden; **12.** *j-n* (*o.s.* sich) melden; anzeigen (*to* bei, *for* wegen); **13.** *parl. Gesetzesvorlage* (wieder) vorlegen (*Ausschuß*); **III.** *v/i.* **14.** (e-n) Bericht geben *od.* erstatten, berichten (*on, of* über *acc.*); **15.** als Berichterstatter arbeiten (*for* für *e-e Zeitung*); **16.** (*to*) sich melden (bei); sich stellen (*dat.*): *to* ~ *for duty* sich zum Dienst melden; **re'port·a·ble** [-təbl] *adj.* **1.** ⚕ meldepflichtig (*Krankheit*); **2.** steuerpflichtig (*Einkommen*); **re'port·ed·ly** [-tidli] *adv.* wie verlautet; **re'port·er** [-tə] *s.* **1.** Re'porter *m*, (Presse-) Berichterstatter *m*; **2.** Berichterstatter *m*, Refe'rent *m*; **3.** Proto'kollführer *m.*

re·pose [ri'pouz] **I.** *s.* **1.** Ruhe *f* (*a. fig.*); Erholung *f* (*from* von): *in* ~ in Ruhe, untätig (*a. Vulkan*); **2.** *fig.* Gelassenheit *f*, (Gemüts)Ruhe *f*; **II.** *v/i.* **3.** ruhen (*a. Toter*); (sich) ausruhen, schlafen; **4.** ~ *on* **a)** liegen *od.* ruhen auf (*dat.*), **b)** *fig.* beruhen auf (*dat.*), **c)** verweilen bei (*Gedanken*); **5.** ~ *in fig.* vertrauen auf (*acc.*); **III.** *v/t.* **6.** *j-m* Ruhe gewähren, *j-n* (sich aus)ruhen lassen: *to* ~ *o.s.* sich zur Ruhe legen; **7.** ~ *on* legen *od.* betten auf (*acc.*); **8.** ~ *in fig. Vertrauen, Hoffnung* setzen auf (*acc.*);

re·pos·i·to·ry [ri'pɔzitəri] *s.* **1.** Behältnis *n*, Gefäß *n* (*a. fig.*); **2.** Verwahrungsort *m*; ✝ (Waren)Lager *n*, Niederlage *f*; **3.** *fig.* Fundgrube *f*, Quelle *f*; **4.** Vertraute(r *m*) *f.*

re·pos·sess ['ri:pə'zes] *v/t.* **1.** wieder in Besitz nehmen; **2.** ~ *of j-n* wieder in den Besitz *e-r Sache* setzen.

rep·re·hend [repri'hend] *v/t.* tadeln, rügen, kritisieren; **rep·re'hen·si·ble** [-nsəbl] *adj.* □ tadelnswert, sträflich; **rep·re'hen·sion** [-nʃən] *s.* Tadel *m*, Rüge *f*, Verweis *m.*

rep·re·sent [repri'zent] *v/t.* **1.** *j-n od. j-s Sache* vertreten: *to be* ~*ed at* bei *e-r Sache* vertreten sein; **2.** (bildlich, graphisch) dar-, vorstellen, abbilden; **3.** *thea.* **a)** *Rolle* darstellen, verkörpern, **b)** *Stück* aufführen; **4.** *fig.* (*symbolisch*) darstellen, verkörpern, bedeuten, repräsentieren; *e-r Sache* entsprechen; **5.** darlegen, -stellen, schildern, vor Augen führen (*to dat.*): *to* ~ *to o.s.* sich *et.* vorstellen; **6.** hin-, darstellen (*as od. to be* als); behaupten, vorbringen: *to* ~ *that* behaupten, daß; es so hinstellen, als ob; *to ~ to s.o. that* j-m vorhalten, daß; **rep·re·sen·ta·tion** [reprizen'teiʃən] *s.* **1.** ⚖, ✝, *pol.* Vertretung *f*; → *proportional* 1; **2.** (*bildliche, graphische*) Darstellung, Bild *n*; **3.** *thea.* **a**) Darstellung *f e-r Rolle*, **b**) Aufführung *f e-s Stückes*; **4.** Schilderung *f*, Darstellung *f des Sachverhalts*: *false ~s* ⚖ falsche Angaben; **5.** Vorhaltung *f*: *to make ~s to* bei *j-m* vorstellig werden, Vorstellungen erheben bei; **6.** ⚖ **a**) Anzeige *f* von Ge'fahr₁umständen (*Versicherung*), **b**) Rechtsnachfolge *f* (*bsd. Erbrecht*); **7.** *phls.* Vorstellung *f*, Begriff *m*; **rep·re'sent·a·tive** [-tətiv] **I.** *s.* **1.** Vertreter(in); Stellvertreter(in), Beauftragte(r *m*) *f*, Repräsen'tant(in): *authorized ~* Bevollmächtigte(r); (*commercial*) *~* Handelsvertreter; **2.** *parl.* (Volks)Vertreter(in), Abgeordnete(r *m*) *f*: *House of* 2*s Am.* Unterhaus; **3.** *fig.* typischer Vertreter, Musterbeispiel *n* (*of gen.*); **II.** *adj.* □ **4.** (*of*) vertretend (*acc.*), stellvertretend (für): *in a ~ capacity* als Vertreter; **5.** *pol.* repräsenta'tiv: *~ government* parlamentarische Regierung; **6.** darstellend (*of acc.*): *~ arts*; **7.** (*of*) *fig.* verkörpernd (*acc.*), sym'bolisch (für); **8.** 'typisch, kennzeichnend (*of* für); *Statistik etc.*: repräsentativ (*Auswahl, Querschnitt*): *~ sample* ✝ Durchschnittsmuster; **9.** *phls.* Vorstellungs...; **10.** ♀, *zo.* entsprechend (*of dat.*).

re·press [ri'pres] *v/t.* **1.** *Gefühle, Tränen etc.* unter'drücken; **2.** *psych.* verdrängen; **re'pres·sion** [-eʃən] *s.* **1.** Unter'drückung *f*; **2.** *psych.* Verdrängung *f*; **re'pres·sive** [-siv] *adj.* □ **1.** repres'siv, unter'drückend; **2.** hemmend, Hemmungs...

re·prieve [ri'pri:v] **I.** *s.* **1.** ⚖ **a**) Begnadigung *f*, **b**) (Straf-, Voll'streckungs)Aufschub *m*; **2.** *fig.* (Gnaden)Frist *f*, Atempause *f*; **II.** *v/t.* **3.** ⚖ *j-s* 'Urteilsvoll₁streckung aussetzen, (*a. fig.*) *j-m* e-e Gnadenfrist gewähren; **4.** *j-n* begnadigen; **5.** *fig. j-m* e-e Atempause gönnen.

rep·ri·mand ['reprima:nd] **I.** *s.* Verweis *m*, Rüge *f*, Maßregelung *f*; **II.** *v/t. j-m* e-n Verweis erteilen, *j-n* rügen *od.* maßregeln.

re·print ['ri:'print] **I.** *v/t.* neu drukken, nachdrucken, neu auflegen; **II.** *s.* Nach-, Neudruck *m*, Neuauflage *f*.

re·pris·al [ri'praizəl] *s.* Repres'salie *f*, Vergeltungsmaßnahme *f*: *to make ~s (up)on* Repressalien ergreifen gegen.

re·proach [ri'proutʃ] **I.** *s.* **1.** Vorwurf *m*, Tadel *m*: *without fear or ~* ohne Furcht u. Tadel; *to heap ~es on j-n* mit Vorwürfen überschütten; **2.** *fig.* Schande *f* (*to* für): *to bring ~ (up)on j-m* Schande machen; **II.** *v/t.* **3.** vorwerfen, -halten, zum Vorwurf machen (*s.o. with s.th.* j-m et.); **4.** *j-m* Vorwürfe machen, *j-n* tadeln (*for* wegen); **5.** *et.* tadeln; **6.** *fig.* ein Vorwurf sein für, *et.* mit Schande bedecken; **re'proach·ful** [-ful] *adj.* □ vorwurfsvoll, tadelnd.

rep·ro·bate ['reproubeit] **I.** *adj.* **1.** ruchlos, lasterhaft; **2.** *eccl.* verdammt; **II.** *s.* **3.** **a**) verkommenes Sub'jekt, **b**) Schurke *m*, **c**) Taugenichts *m*; **4.** (*von Gott*) Verworfene(r *m*) *f*; Verdammte(r *m*) *f*; **III.** *v/t.* **5.** miß'billigen, verurteilen, verwerfen; verdammen (*Gott*); **rep·ro·ba·tion** [reprou'beiʃən] *s.* 'Mißbilligung *f*, Verurteilung *f*.

re·pro·duce [ri:prə'dju:s] **I.** *v/t.* **1.** *biol. u. fig.* ('wieder)erzeugen, (wieder) her'vorbringen; (*o.s.* sich) fortpflanzen; **2.** *biol. Glied* regenerieren, neu bilden; **3.** *Bild etc.* reproduzieren; (*a.* ⊕) nachbilden, kopieren; *typ.* ab-, nachdrucken, vervielfältigen; **4.** *Stimme etc.* reproduzieren, 'wiedergeben; **5.** *Buch, Schauspiel* neu her'ausbringen; **6.** *et.* wieder'holen; **II.** *v/i.* **7.** sich fortpflanzen *od.* vermehren; **re·pro'duc·er** [-sə] *s.* ⚡ 'Ton₁wiedergabegerät *n*, Lautsprecher *m*; **re·pro'duc·i·ble** [-səbl] *adj.* reproduzierbar; **re·pro'duc·tion** [-'dʌkʃən] *s.* **1.** *allg.* 'Wiedererzeugung *f*; **2.** *biol.* Fortpflanzung *f*; **3.** *typ., phot.* Reprodukti'on *f* (*a. psych. früherer Erlebnisse*); **4.** *typ.* Nachdruck *m*, Vervielfältigung *f*; **5.** ⊕ Nachbildung *f*; **6.** ♪, ⚡ *etc.* 'Wiedergabe *f* (*a. ped. e-s Textes*); **7.** *paint.* Reproduktion *f*, Ko'pie *f*; **re·pro'duc·tive** [-'dʌktiv] *adj.* □ **1.** sich vermehrend, fruchtbar; **2.** *biol.* Fortpflanzungs...: *~ organs*; **3.** *psych.* reproduk'tiv, nachschöpferisch.

re·proof [ri'pru:f] *s.* Tadel *m*, Rüge *f*, Verweis *m*.

re-proof ['ri:'pru:f] *v/t. Mantel etc.* neu imprägnieren.

re·prov·al [ri'pru:vəl] → *reproof*; **re·prove** [ri'pru:v] *v/t. j-n* tadeln, rügen; *et.* miß'billigen; **re'prov·ing·ly** [-viŋli] *adv.* miß'billigend, tadelnd.

reps [reps] → *rep*[1].

rep·tant ['reptənt] *adj.* ♀, *zo.* kriechend; **'rep·tile** [-tail] **I.** *s.* **1.** *zo.* Rep'til *n*, Kriechtier *n*; **2.** *fig.* **a**) Kriecher(in), **b**) ‚Schlange' *f* (*falsche Person*); **II.** *adj.* **3.** kriechend, Kriech...; **4.** *fig.* **a**) kriecherisch, **b**) gemein, niederträchtig, tückisch; **rep·til·i·an** [rep'tiliən] **I.** *adj.* **1.** *zo.* Reptilien..., Kriechtier..., rep'tilisch; **2.** → *reptile* 4 b; **II.** *s.* **3.** → *reptile* 1 *u.* 2.

re·pub·lic [ri'pʌblik] *s. pol.* Repu'blik *f*: *the ~ of letters fig.* die Gelehrtenwelt; **re'pub·li·can** [-kən] (*USA pol.* 2) **I.** *adj.* republi'kanisch; **II.** *s.* Republi'kaner(in); **re'pub·li·can·ism** [-kənizəm] *s.* **1.** republi'kanische Staatsform; **2.** republikanische Gesinnung.

re·pub·li·ca·tion ['ri:pʌbli'keiʃən] *s.* **1.** 'Wiederveröffentlichung *f*; **2.** Neuauflage *f* (*Vorgang u. Erzeugnis*); **re·pub·lish** ['ri:'pʌbliʃ] *v/t. Buch, a. Gesetz, Testament* neu veröffentlichen.

re·pu·di·ate [ri'pju:dieit] **I.** *v/t.* **1.** *Autorität, Schuld etc.* nicht anerkennen; *Vertrag* für unverbindlich erklären; **2.** *als unberechtigt* zu'rückweisen, verwerfen, in Abrede stellen; **3.** *et.* ablehnen, nicht glauben; **4.** *Frau etc.* verstoßen; **II.** *v/i.* **5.** Staatsschulden nicht anerkennen; **re·pu·di·a·tion** [ripju:di'eiʃən] *s.* **1.** Nichtanerkennung *f* (*bsd. e-r Staatsschuld*); **2.** Ablehnung *f*, Zu'rückweisung *f*, Verwerfung *f*; **3.** Verstoßung *f e-r Frau etc.*

re·pug·nance [ri'pʌgnəns] *s.* **1.** 'Widerwille *m*, Abneigung *f* (*to, against* gegen); **2.** Unvereinbarkeit *f*, (innerer) 'Widerspruch (*of gen. od.* von, *to, with* mit); **re'pug·nant** [-nt] *adj.* **1.** widerlich, zu'wider (-laufend), 'widerwärtig (*to dat.*); **2.** (*to, with*) im Widerspruch stehend (zu), unvereinbar (mit); **3.** wider'strebend.

re·pulse [ri'pʌls] **I.** *v/t.* **1.** *Feind* zu'rückschlagen, -werfen; *Angriff* abschlagen, -weisen; **2.** *fig. j-n* abweisen; *Bitte* abschlagen; **II.** *s.* **3.** Zurückschlagen *n*, Abwehr *f*; **4.** *fig.* Zu'rückweisung *f*, Absage *f*: *to meet with a ~* abgewiesen werden (*a. fig.*); **5.** *phys.* Rückstoß *m*; **re'pul·sion** [-lʃən] *s.* **1.** *phys.* Abstoßung *f*, Repulsi'on *f*: *~ motor* ⚡ Repulsionsmotor *m*; **2.** *fig.* 'Widerwille *m*, Abscheu *m*, *f*; **re'pul·sive** [-siv] *adj.* □ *fig.* abstoßend (*a. phys.*), 'widerwärtig; **re'pul·sive·ness** [-sivnis] *s.* 'Widerwärtigkeit *f*.

re·pur·chase ['ri:'pə:tʃəs] **I.** *v/t.* 'wieder-, zu'rückkaufen; **II.** *s.* ✝ Rückkauf *m*.

rep·u·ta·ble ['repjutəbl] *adj.* □ **1.** achtbar, geachtet, angesehen, ehrbar; **2.** anständig; **rep·u·ta·tion** [repju(:)'teiʃən] *s.* **1.** (guter) Ruf, Name *m*: *a man of ~* ein Mann von Ruf *od.* Namen; **2.** Ruf *m*: *good (bad) ~*; *to have the ~ of being* im Ruf stehen, *et.* zu sein; *to have a ~ for* bekannt sein für *od.* wegen.

re·pute [ri'pju:t] **I.** *s.* **1.** Ruf *m*, Leumund *m*: *by ~* dem Rufe nach, wie es heißt; *of ill ~* von schlechtem Ruf, übelbeleumdet; *house of ill ~* Bordell; **2.** (guter) Ruf, (hohes) Ansehen: *a scientist of ~* ein Wissenschaftler von Ruf *od.* Namen; *to be held in high ~* hohes Ansehen genießen; **II.** *v/t.* **3.** halten für: *to be ~d (to be)* gelten als, gehalten werden für; *to be well (ill) ~d* in gutem (üblem) Rufe stehen; **re'put·ed** [-tid] *adj.* □ **1.** angeblich; **2.** ungeeicht, landesüblich (*Maß*); **3.** bekannt, berühmt; **re'put·ed·ly** [-tidli] *adv.* angeblich, dem Vernehmen nach.

re·quest [ri'kwest] **I.** *s.* **1.** Bitte *f*, Wunsch *m*; (*a. formelles*) Ersuchen, Gesuch *n*; (*Zahlungs- etc.*)Aufforderung *f*: *at* (*od. by*) (*s.o.'s*) *~* auf (j-s) Ansuchen *od.* Bitte hin, auf (j-s) Veranlassung; *by ~* auf Wunsch; *no flowers by ~* Blumenspenden dankend verbeten; (*musical*) *~ program(me)* Wunschkonzert; *~ stop* 🚌 *etc.* Bedarfshaltestelle; **2.** Nachfrage *f* (*a.* ✝): *to be in (great) ~* (sehr) gefragt *od.* begehrt sein; **II.** *v/t.* **3.** bitten *od.* ersuchen um: *to ~ s.th. from s.o.* j-n um et. ersuchen; *it is ~ed* es wird gebeten; **4.** *j-n* (höflich) bitten, *j-n* (*a. amtlich*) ersuchen (*to do* zu tun).

re·qui·em ['rekwiem] *s.* 'Requiem *n* (*a.* ♪), Seelen-, Totenmesse *f*.

re·quire [ri'kwaiə] **I.** *v/t.* **1.** erfordern (*Sache*): *to be* ~*d* erforderlich sein; *if* ~*d* erforderlichenfalls, wenn nötig; **2.** brauchen, nötig haben, *e-r Sache* bedürfen: *a task which* ~*s to be done* e-e Aufgabe, die noch erledigt werden muß; **3.** verlangen, fordern (*of s.o.* von j-m): *to* ~ (*of*) *s.o. to do s.th.* j-n auffordern, et. zu tun; von j-m verlangen, daß er et. tue; ~*d subject ped. Am.* Pflichtfach; **4.** *Brit.* wünschen; **II.** *v/i.* **5.** (es) verlangen; **re'quire·ment** [-mənt] *s.* **1.** (*fig.* An)Forderung *f*; *fig.* Bedingung *f*, Vor'aussetzung *f*: *to meet the* ~*s* den Anforderungen entsprechen; **2.** Erfordernis *n*, Bedürfnis *n*; *mst pl.* Bedarf *m*: ~*s of raw materials* Rohstoffbedarf.

req·ui·site ['rekwizit] **I.** *adj.* **1.** erforderlich, notwendig (*for, to* für); **II.** *s.* **2.** Erfordernis *n*, Vor'aussetzung *f* (*for* für); **3.** (Be'darfs-, Ge'brauchs)Arˌtikel *m*: *office* ~*s* Büroartikel; **req·ui·si·tion** [rekwi'ziʃən] **I.** *s.* **1.** Anforderung *f* (*for* an *dat.*): ~ *number* Bestellnummer; **2.** (amtliche) Aufforderung; *Völkerrecht*: Ersuchen *n*; **3.** ⚔ Requisiti'on *f*, Beschlagnahme *f*; In'anspruchnahme *f*; **4.** Einsatz *m*, Beanspruchung *f*; **5.** Erfordernis *n*; **II.** *v/t.* **6.** verlangen; **7.** in Anspruch nehmen; ⚔ requirieren.

re·quit·al [ri'kwaitl] *s.* **1.** Belohnung *f* (*for* für); **2.** Vergeltung *f* (*of* für); **3.** Vergütung *f* (*for* für); **re·quite** [ri'kwait] *v/t.* **1.** belohnen: *to* ~ *s.o.* (*for s.th.*); **2.** vergelten.

re·read ['ri:'ri:d] *v/t.* [*irr.* → *read*] nochmals ('durch)lesen.

res [ri:z] *pl.* **res** (*Lat.*) *s.* ⚖ Sache *f*: ~ *judicata* rechtskräftig entschiedene Sache, *weitS.* (materielle) Rechtskraft; ~ *gestae* (beweiserhebliche) Tatsachen, Tatbestand.

re·sale ['ri:seil] *s.* 'Wieder-, Weiterverkauf *m*: ~ *price maintenance* Preisbindung der zweiten Hand.

re·scind [ri'sind] *v/t. Gesetz, Urteil etc.* aufheben, für nichtig erklären; *Kauf etc.* rückgängig machen; von *e-m Vertrag* zu'rücktreten; **re'scis·sion** [-iʒən] *s.* **1.** Aufhebung *f e-s Urteils etc.*; **2.** Rücktritt *m vom Vertrag.*

re·script ['ri:skript] *s.* Erlaß *m.*

res·cue ['reskju:] **I.** *v/t.* **1.** (*from*) retten (aus), (*bsd.* ⚖ gewaltsam) befreien (von); (*bsd. et.*) bergen: *to* ~ *from oblivion* der Vergessenheit entreißen; **2.** (gewaltsam) zu'rückholen; **II.** *s.* **3.** Rettung *f* (*a. fig.*); Bergung *f*: *to come to s.o.'s* ~ j-m zu Hilfe kommen; **4.** (gewaltsame) Befreiung; **III.** *adj.* **5.** Rettungs...: ~ *party* Rettungs-, Bergungsmannschaft; ~ *vessel* ⚓ Bergungsfahrzeug; '**res·cu·er** [-juə] *s.* Befreier (-in), Retter(in).

re·search [ri'sə:tʃ] **I.** *s.* **1.** Forschung *f*, (wissenschaftliche) Forschungsarbeit (*on* über *acc.*, auf dem Gebiet *gen.*); **2.** (genaue) Unter'suchung, (Nach)Forschung *f* (*after, for* nach): *industrial* ~ ✝ Konjunkturforschung; **II.** *v/i.* **3.** Forschungen anstellen, wissenschaftlich arbeiten (*on* über *acc.*); **III.** *adj.* **4.** Forschungs...: ~ *satellite* Forschungssatellit; **re'search·er** [-tʃə] *s.* Forscher *m.*

re·seat ['ri:'si:t] *v/t.* **1.** mit neuen Sitzen *od.* e-m neuen Sitz versehen, *Saal etc.* neu bestuhlen; **2.** ⊕ *Ventile* nachschleifen; **3.** *to* ~ *o.s.* sich wieder setzen.

re·sect [ri:'sekt] *v/t.* ⚕ her'ausschneiden; **re'sec·tion** [-kʃən] *s.* Resekti'on *f.*

re·se·da ['residə] *s.* **1.** ♀ Re'seda *f*; **2.** Re'sedagrün *n.*

re·sell ['ri:'sel] *v/t.* [*irr.* → *sell*] wieder verkaufen, 'wiederverkaufen; '**re'sell·er** [-lə] *s.* 'Wiederverkäufer *m.*

re·sem·blance [ri'zembləns] *s.* Ähnlichkeit *f* (*to* mit, *between* zwischen): *to bear* (*od. have*) ~ *to s.o.* j-m ähnlich sehen; **re·sem·ble** [ri'zembl] *v/t.* (*dat.*) ähnlich sein *od.* sehen, gleichen, ähneln.

re·sent [ri'zent] *v/t.* übelnehmen, verübeln, sich ärgern über (*acc.*); **re'sent·ful** [-ful] *adj.* □ **1.** (*against, of*) aufgebracht (gegen), ärgerlich *od.* voller Groll (auf *acc.*); **2.** übelnehmerisch; **re'sent·ment** [-mənt] *s.* **1.** Ressenti'ment *n*, Groll *m* (*against, at* gegen); **2.** Verstimmung *f*, Unmut *m*, Unwille *m.*

res·er·va·tion [rezə'veiʃən] *s.* **1.** Vorbehalt *m*; ⚖ *a.* Vorbehaltsrecht *n*, -klausel *f*: *without* ~ ohne Vorbehalt; → *mental* 1; **2.** *oft pl. Am.* Vorbestellung *f*, Reservierung *f von Zimmern etc.*; **3.** *Am.* Reser'vat *n*: **a)** Na'turschutzgebiet *n*, **b)** Indi'anerreservatiˌon *f.*

re·serve [ri'zə:v] **I.** *s.* **1.** *allg.* Re'serve *f* (*a. fig.*), Vorrat *m*: *in* ~ in Reserve, vorrätig; ~ *seat* Notsitz; **2.** ✝ Reserve *f*, Rücklage *f*, -stellung *f*: ~ *account* Rückstellungskonto; **3.** ⚔ **a)** Reserve *f*: ~ *officer* Reserveoffizier, **b)** *pl. taktische* Reserven *pl.*; **4.** *sport* Ersatz(mann) *m*, Re'servespieler *m*; **5.** Reser'vat *n*, Schutzgebiet *n*: ~ *game* geschützter Wildbestand; **6.** Vorbehalt *m* (*a.* ⚖): *without* ~ vorbehalt-, rückhaltlos; *with certain* ~*s* mit gewissen Einschränkungen; ~ *price* ✝ Mindestgebot (*bei Versteigerungen*); **7.** *fig.* Zu'rückhaltung *f*, Reserve *f*, zu'rückhaltendes Wesen: *to receive s.th. with* ~ *e-e Nachricht etc.* mit Zurückhaltung aufnehmen; **II.** *v/t.* **8.** (sich) aufsparen *od.* -bewahren, (zu'rück)behalten, in Re'serve halten; ⚔ *j-n* zu'rückstellen; **9.** (sich) zu'rückhalten mit, warten mit, *et.* verschieben: *to* ~ *judg(e)ment* ⚖ die Urteilsverkündung aussetzen; **10.** reservieren (lassen), vorbestellen, vormerken (*to, for* für); **11.** *bsd.* ⚖ **a)** vorbehalten (*to s.o.* j-m), **b)** sich vorbehalten: *to* ~ *the right to do* (*od. of doing*) *s.th.* sich das Recht vorbehalten, et. zu tun; *all rights* ~*d* alle Rechte vorbehalten; **re'served** [-vd] *adj.* □ *fig.* zu'rückhaltend, reserviert; **re'serv·ist** [-vist] *s.* ⚔ Reser'vist *m.*

res·er·voir ['rezəvwɑ:] *s.* **1.** Behälter *m* für Wasser *etc.*; Speicher *m*; **2.** ('Wasser)Reserˌvoir *n*: **a)** Wasserturm *m*, **b)** Sammel-, Staubecken *n*, Bas'sin *n*; **3.** *fig.* Reser'voir *n* (*of* an *dat.*).

re·set ['ri:'set] *v/t.* [*irr.* → *set*] **1.** *Edelstein* neu fassen; **2.** *Messer* neu abziehen; **3.** *typ.* neu setzen; **4.** ⊕ nachrichten, -stellen.

re·set·tle ['ri:'setl] **I.** *v/t.* **1.** *Land* wieder besiedeln; **2.** *j-n* wieder ansiedeln, 'umsiedeln; **3.** wieder in Ordnung bringen; **II.** *v/i.* **4.** sich wieder ansiedeln; **5.** sich wieder setzen *od.* legen *od.* beruhigen; '**re'set·tle·ment** [-mənt] *s.* **1.** 'Wiederansiedlung *f*, 'Umsiedlung *f*; **2.** Neuordnung *f.*

re·shape ['ri:'ʃeip] *v/t.* neu formen, 'umgestalten.

re·ship ['ri:'ʃip] *v/t.* **1.** *Güter* wieder verschiffen; **2.** 'umladen; '**re'ship·ment** [-mənt] *s.* **1.** 'Wiederverladung *f*; **2.** Rückladung *f*, -fracht *f.*

re·shuf·fle ['ri:'ʃʌfl] **I.** *v/t.* **1.** *Spielkarten* neu mischen; **2.** *bsd. pol.* 'umgruppieren, -bilden; **II.** *s.* **3.** *pol.* 'Umbildung *f*, 'Umgruppierung *f.*

re·side [ri'zaid] *v/i.* **1.** wohnen, ansässig sein, s-n (ständigen) Wohnsitz haben (*in, at* in *dat.*); **2.** *fig.* (*in*) **a)** wohnen (in *dat.*), **b)** innewohnen (*dat.*), **c)** zustehen (*dat.*), liegen, ruhen (bei *j-m*).

res·i·dence ['rezidəns] *s.* **1.** Wohnsitz *m*, -ort *m*; Sitz *m e-r Behörde etc.*: *to take up one's* ~ s-n Wohnsitz nehmen *od.* aufschlagen, sich niederlassen; **2.** Aufenthalt *m*: ~ *permit* Aufenthaltsgenehmigung; *place of* ~ Wohn-, Aufenthaltsort; **3.** (herrschaftliches) Wohnhaus; **4.** Wohnung *f*: *official* ~ Dienstwohnung; **5.** Wohnen *n*; **6.** Ortsansässigkeit *f*: ~ *is required* es besteht Wohnpflicht; *to be in* ~ am Amtsort ansässig sein; **res·i·dent** ['rezidənt] **I.** *adj.* **1.** (orts)ansässig, (ständig) wohnhaft; **2.** im (*Schul- od. Kranken- etc.*)Haus wohnend: ~ *physician*; **3.** *fig.* innewohnend (*in dat.*); **4.** *zo.* seßhaft: ~ *birds* Standvögel; **II.** *s.* **5.** Ortsansässige(r *m*) *f*, Einwohner(in); *mot.* Anlieger *m*; **6.** *pol. a. minister*-~ Mi'nisterresiˌdent *m* (*Gesandter*); **res·i·den·tial** [rezi'denʃəl] *adj.* **1. a)** Wohn...: ~ *allowance* Ortszulage; ~ *district* Wohnviertel, Villenviertel; ~ *university* Internatsuniversität, **b)** herrschaftlich; **2.** Wohnsitz...

re·sid·u·al [ri'zidjuəl] **I.** *adj.* **1.** ⅌ zu'rückbleibend, übrig; **2.** übrig (-geblieben), Rest... (*a. phys. etc.*): ~ *product* ⚗, ⊕ Nebenprodukt; ~ *soil geol.* Eluvialboden; **3.** *phys.* rema'nent: ~ *magnetism*; **II.** *s.* **4.** Rückstand *m*, Rest *m*; **5.** ⅌ Rest (-wert) *m*, Diffe'renz *f*; **re'sid·u·ar·y** [-əri] *adj.* restlich, übrig(geblieben): ~ *estate* ⚖ Reinnachlaß; ~ *legatee* Nachvermächtnisnehmer; **res·i·due** ['rezidju:] *s.* **1.** Rest *m* (*a.* ⅌, ✝); **2.** ⚗ Rückstand *m*; **3.** ⚖ reiner (Erb)Nachlaß; **re'sid·u·um** [-juəm] *pl.* **-u·a** [-juə] (*Lat.*) *s.* **1.** *bsd.* ⚗ Rückstand *m*, (*a.* ⅌) Re'siduum *n*; **2.** *fig.* Bodensatz *m*, Hefe *f e-s Volkes etc.*

re·sign [ri'zain] **I.** *v/t.* **1.** *Besitz, Hoffnung etc.* aufgeben; verzichten auf (*acc.*); *Amt* niederlegen; **2.** über'lassen (*to dat.*); **3.** ~ *o.s.* sich anvertrauen *od.* überlassen (*to dat.*); **4.** ~ o.s. (*to*) sich ergeben (in *acc.*), sich abfinden *od.* versöhnen (mit *s-m Schicksal etc.*); **II.** *v/i.* **5.** (*to* in *acc.*) sich ergeben, sich fügen; **6.** (*from*) **a)** zu'rücktreten (von *e-m Amt*), abdanken, **b)** austreten (aus); **res·ig·na·tion** [rezig'neiʃən] *s.* **1.** Aufgabe *f*, Verzicht *m*; **2.** Rücktritt(sgesuch *n*) *m*, Amtsniederlegung *f*, Abdankung *f*: *to send in* (*od. tender*) *one's* ~ s-n Rücktritt einreichen; **3.** Ergebung *f* (to in *acc.*); **re'signed** [-nd] *adj.* □ ergeben: *he is* ~ *to his fate* er hat sich mit s-m Schicksal abgefunden.

re·sil·i·ence [ri'ziliəns] *s.* Elastizi'tät *f*: **a)** *phys.* Prallkraft *f*, **b)** *fig.* Spannkraft *f*; **re'sil·i·ent** [-nt] *adj.* e'lastisch: **a)** federnd, **b)** *fig.* spannkräftig, unverwüstlich.

res·in ['rezin] **I.** *s.* **1.** Harz *n*; **2.** → *rosin I*; **II.** *v/t.* **3.** harzen, mit Harz behandeln; **'res·in·ous** [-nəs] *adj.* harzig, Harz...

re·sist [ri'zist] **I.** *v/t.* **1.** wider'stehen (*dat.*): *I cannot* ~ *doing it* ich muß es einfach tun; **2.** 'Widerstand leisten (*dat. od.* gegen), sich wider'setzen (*dat.*), sich sträuben gegen: ~*ing a public officer in the excecution of his duty* ⚖ Widerstand gegen die Staatsgewalt; **II.** *v/i.* **3.** 'Widerstand leisten, sich wider'setzen; **III.** *s.* **4.** ⊕ Deckmittel *n*, Schutzlack *m*; **re'sist·ance** [-təns] *s.* **1.** Widerstand *m* (*to* gegen): *air* ~ *phys.* Luftwiderstand; ~ *movement pol.* Widerstandsbewegung; *to offer* ~ Widerstand leisten (*to dat.*); *to take the line of the least* ~ den Weg des geringsten Widerstandes einschlagen; **2.** 'Widerstandskraft *f* (*a.* ⚕); ⊕ (*Hitze-, Kälte- etc.*)Beständigkeit *f*, (*Biegungs-,Säure-,Stoß-etc.*)Festigkeit *f*: ~ *to wear* Verschleißfestigkeit; **3.** ⚡ Widerstand *m*; **re'sist·ant** [-tənt] *adj.* **1.** wider'stehend, -'strebend; **2.** ⊕ 'widerstandsfähig (*to* gegen), beständig; **re·sis·tiv·i·ty** [rizis'tiviti] *s.* ⚡ spe'zifischer Widerstand; **re'sis·tor** [-tə] *s.* ⚡ Widerstand *m*.

re·sole ['ri:'soul] *v/t.* *Schuhe* neu besohlen.

res·o·lu·ble [ri'zɔljubl] *adj.* **1.** ⚗ auflösbar; **2.** *fig.* lösbar.

res·o·lute ['rezəlu:t] *adj.* □ entschieden, entschlossen, reso'lut; **'res·o·lute·ness** [-nis] *s.* Entschlossenheit *f*; reso'lute Art.

res·o·lu·tion [rezə'lu:ʃən] *s.* **1.** Entschlossenheit *f*, Entschiedenheit *f*; **2.** Entschluß *m*: *good* ~*s* gute Vorsätze; **3.** ✝, *parl.* Beschluß(fassung *f*) *m*, Entschließung *f*, Resoluti'on *f*; **4.** ⚗, ⚕, ♪, *phys.*, *opt.* (*a. Metrik*) Auflösung *f* (*into* in *acc.*); **5.** ⊕ Rasterung *f* (*Bild*); **6.** ⚕ **a)** Lösung *f e-r Entzündung etc.*, **b)** Zerteilung *f e-s Tumors*; **7.** *fig.* Lösung *f e-r Frage*; Behebung *f von Zweifeln*.

re·solv·a·ble [ri'zɔlvəbl] *adj.* (auf-)lösbar (*into* in *acc.*); **re'solve** [ri'zɔlv] **I.** *v/t.* **1.** *a. opt.*, ⚗, ♪, ⚕ auflösen (*into* in *acc.*): *to be* ~*d into* sich auflösen in (*acc.*); ~*d into dust* in Staub verwandelt; *resolving power opt.*, *phot.* Auflösungsvermögen; → *committee*; **2.** analysieren; **3.** *fig.* zu'rückführen (*into*, *to* auf *acc.*); **4.** *fig.* *Frage etc.* lösen; **5.** *fig.* *Bedenken, Zweifel* zerstreuen; **6. a)** beschließen, sich entschließen (*to do et.* zu tun), **b)** entscheiden; **II.** *v/i.* **7.** sich auflösen (*into* in *acc.*, *to* zu); **8.** (*on, upon s.th.*) (et.) beschließen, sich entschließen (zu et.); **III.** *s.* **9.** Entschluß *m*, Vorsatz *m*; **10.** *Am.* → *resolution 3*; **11.** *rhet.* Entschlossenheit *f*; **re'solved** [-vd] *p.p. u. adj.* □ (fest) entschlossen.

res·o·nance ['reznəns] *s.* Reso'nanz *f* (*a* ♪, ⚕, *phys.*), Nach-, 'Widerhall *m*, Mitschwingen *n*: ~ *box* Resonanzkasten; **'res·o·nant** [-nt] *adj.* □ **1.** 'wider-, nachhallend (*with* von); **2.** volltönend (*Stimme*); **3.** *phys.* mitschwingend, Resonanz...; **res·o·na·tor** ['rezəneitə] *s.* *phys.* Reso'nator *m*.

re·sorb [ri'sɔ:b] *v/t.* (wieder) aufsaugen, resorbieren; **re'sorb·ence** [-bəns], **re'sorp·tion** [-ɔ:pʃən] *s.* Resorpti'on *f*.

re·sort [ri'zɔ:t] **I.** *s.* **1.** Zuflucht *f* (*to* zu); (Auskunfts)Mittel *n*: *in the last* ~ als letzter Ausweg, ‚wenn alle Stricke reißen'; *to have* ~ *to* → *5*; *without* ~ *to force* ohne Gewaltanwendung; **2.** Besuch *m*, Zustrom *m*: *place of* ~ (beliebter) Treffpunkt; **3.** (Aufenthalts-, Erholungs)Ort *m*: *health* ~ Kurort; *summer* ~ Sommerfrische; **II.** *v/i.* **4.** ~ *to* **a)** sich begeben zu *od.* nach, **b)** *Ort* oft besuchen; **5.** ~ *to* s-e Zuflucht nehmen zu, zu'rückgreifen auf (*acc.*), Gebrauch machen von, *et.* anwenden.

re·sound [ri'zaund] **I.** *v/i.* **1.** 'widerhallen (*with*, *to* von): ~*ing* schallend; **2.** erschallen, ertönen (*Klang*); **II.** *v/t.* **3.** widerhallen lassen.

re·source [ri'sɔ:s] *s.* **1.** (Hilfs)Quelle *f*, (-)Mittel *n*; **2.** *pl.* **a)** Mittel *pl.*, Reichtümer *pl. e-s Landes*: *natural* ~*s* Bodenschätze, **b)** Geldmittel *pl.*, **c)** ✝ *Am.* Ak'tiva *pl.*; **3.** (Auskunfts-) Mittel *n*, Zuflucht *f*; **4.** Findig-, Wendigkeit *f*; Ta'lent *n*: *he is full of* ~ er weiß sich immer zu helfen; **5.** Entspannung *f*, Unter'haltung *f*; **re'source·ful** [-ful] *adj.* □ **1.** reich an Hilfsquellen; **2.** findig, wendig, erfinderisch, einfallsreich.

re·spect [ris'pekt] **I.** *s.* **1.** Rücksicht *f* (*to*, *of* auf *acc.*): *without* ~ *to persons* ohne Ansehen der Person; **2.** Hinsicht *f*, Beziehung *f*: *in every* (*some*) ~ in jeder (gewisser) Hinsicht; *in* ~ *of* (*od. to*), *with* ~ *to* (*od. of*) hinsichtlich (*gen.*), bezüglich (*gen.*), in Anbetracht (*gen.*); *to have* ~ *to* sich beziehen auf (*acc.*); **3.** (Hoch)Achtung *f*, Ehrerbietung *f*, Re'spekt *m* (*for* vor *dat.*); **4.** *one's* ~*s pl.* s-e Empfehlungen *pl. od.* Grüße *pl.* (*to an acc.*): *give him my* ~*s* grüßen Sie ihn von mir; *to pay one's* ~*s to* **a)** *j-n* bestens grüßen, **b)** *j-m* s-e Aufwartung machen; **II.** *v/t.* **5.** sich beziehen auf (*acc.*), betreffen; **6.** (hoch)achten, ehren; **7.** *Gefühle, Gesetze etc.* respektieren, (be)achten; *to* ~ *o.s.* etwas auf sich halten; **re·spect·a·bil·i·ty** [rispektə'biliti] *s.* **1.** Ehrbarkeit *f*, Achtbarkeit *f*; **2.** Ansehen *n*; ✝ Solidi'tät *f*; **3. a)** *pl.* Re'spektsper,sonen *pl.*, Honorati'oren *pl.*, **b)** Re'spektsper,son *f*; **4.** *pl.* Anstandsregeln *pl.*; **re'spect·a·ble** [-təbl] *adj.* □ **1.** ansehnlich, (recht) beachtlich; **2.** acht-, ehrbar; anständig, so'lide; **3.** angesehen, geachtet; **4.** kor'rekt, konventio'nell; **re'spect·er** [-tə] *s.*: *to be no* ~ *of persons* ohne Ansehen der Person handeln; **re'spect·ful** [-ful] *adj.* □ re'spektvoll (*a. iro. Entfernung*), ehrerbietig, höflich: *Yours* ~*ly* mit vorzüglicher Hochachtung (*Briefschluß*); **re'spect·ing** [-tiŋ] *prp.* bezüglich (*gen.*), hinsichtlich (*gen.*), über (*acc.*); **re'spec·tive** [-tiv] *adj.* □ jeweilig (*jedem einzeln zukommend*), verschieden: *to our* ~ *places wir gingen* jeder an s-n Platz; **re'spec·tive·ly** [-tivli] *adv.* beziehungsweise; in dieser Reihenfolge.

res·pi·ra·tion [respə'reiʃən] *s.* Atmung *f*, Atmen *n*, Atemholen *n*: *artificial* ~ künstliche Beatmung; **res·pi·ra·tor** ['respəreitə] *s.* **1.** *Brit.* Gasmaske *f*; **2.** Atemfilter *m*; **3.** ⚕ Atemgerät *n*, 'Sauerstoffappa,rat *m*; **re·spir·a·to·ry** [ris'paiərətəri] *adj.* *anat.* Atmungs...

re·spire [ris'paiə] **I.** *v/i.* **1.** atmen; **2.** *fig.* aufatmen; **II.** *v/t.* **3.** (ein-)atmen.

res·pite ['respait] **I.** *s.* **1.** Frist *f*, (Zahlungs)Aufschub *m*, Stundung *f*; **2.** ⚖ **a)** Aussetzung *f* des Voll'zugs (*der Todesstrafe*), **b)** Strafaufschub *m*; **3.** *fig.* (Atem-, Ruhe-) Pause *f*; **II.** *v/t.* **4.** auf-, verschieben; **5.** *j-m* Aufschub gewähren, e-e Frist einräumen; **6.** ⚖ die Voll'streckung des Urteils an *j-m* aufschieben; **7.** Erleichterung von *Schmerz etc.* verschaffen.

re·splend·ence [ris'plendəns], **re'splend·en·cy** [-si] *s.* Glanz *m* (*a. fig. Pracht*); **re'splend·ent** [-nt] *adj.* □ glänzend, strahlend, prangend.

re·spond [ris'pɔnd] *v/i.* **1.** (*to*) antworten (auf *acc.*) (*a. eccl.*), *Brief etc.* beantworten; **2.** *fig.* antworten, er'widern (*with* mit); **3.** *fig.* (*to*) reagieren *od.* ansprechen (auf *acc.*), empfänglich sein (für), eingehen auf (*acc.*): *to* ~ *to a call* e-m Rufe folgen; **4.** ⊕ ansprechen (*Motor*), gehorchen; **re'spond·ent** [-dənt] **I.** *adj.* **1.** ~ *to* reagierend auf (*acc.*), empfänglich für; **2.** ⚖ beklagt; **II.** *s.* **3.** ⚖ **a)** (Scheidungs)Beklagte(r *m*) *f*, **b)** Berufungsbeklagte(r *m*) *f*.

re·sponse [ris'pɔns] *s.* **1.** Antwort *f*, Erwiderung *f*: *in* ~ *to* als Antwort auf (*acc.*), in Erwiderung (*gen.*); **2.** *fig.* **a)** Reakti'on *f* (*a. biol., psych.*), Antwort *f*, **b)** 'Widerhall *m* (*alle*: *to* auf *acc.*): *to meet with a good* ~ Widerhall *od.* e-e gute Aufnahme finden; **3.** *eccl.* Antwort(strophe) *f*; **4.** ⊕ Ansprechen *n* (*des Motors etc.*).

re·spon·si·bil·i·ty [rispɔnsə'biliti] *s.* **1.** Verantwortlichkeit *f*; **2.** Verantwortung *f* (*for*, *of* für): *on one's own* ~ auf eigene Verantwortung; **3.** ⚖ **a)** Zurechnungsfähigkeit *f*, **b)** Haftbarkeit *f*; **4.** Vertrauenswürdigkeit *f*; ✝ Zahlungsfähigkeit *f*; **5.** *oft pl.* Verbindlichkeit *f*, Verpflichtung *f*;

re·spon·si·ble [ris'pɔnsəbl] *adj.* □ **1.** verantwortlich (*to dat.*, *for* für): ~ *partner* ✝ persönlich haftender Gesellschafter; **2.** ⚖ **a)** zurechnungsfähig, **b**) geschäftsfähig, **c**) haftbar; **3.** verantwortungsbewußt, zuverlässig; ✝ so'lide, zahlungsfähig; **4.** verantwortungsvoll, verantwortlich (*Stellung*): *used to* ~ *work* an selbständiges Arbeiten gewöhnt; **5.** (*for*) **a**) schuld (an *dat.*), verantwortlich (für), **b**) die Ursache (*gen. od.* von); **re·spon·sive** [ris'pɔnsiv] *adj.* □ **1.** Antwort..., antwortend (*to* auf *acc.*); **2.** (*to*) (leicht) reagierend (auf *acc.*), ansprechbar; *weitS.* empfänglich *od.* zugänglich *od.* aufgeschlossen (für): *to be* ~ *to* **a**) ansprechen *od.* reagieren auf (*acc.*), **b**) eingehen auf (*j-n*), (*e-m Bedürfnis etc.*) entgegenkommen; **3.** ⊕ e'lastisch (*Motor*).

rest[1] [rest] **I.** *s.* **1.** (*a.* Nacht)Ruhe *f*, Rast *f*; *fig.* **a**) Ruhe *f* (*Frieden, Untätigkeit*), **b**) Ruhepause *f*, Erholung *f*, **c**) ewige *od.* letzte Ruhe (*Tod*); *phys.* Ruhe(lage) *f*: *at* ~ in Ruhe, ruhig; *to be at* ~ **a**) ruhen (*Toter*), **b**) beruhigt sein, **c**) ⊕ sich in Ruhelage befinden; *to give a* ~ *to* **a**) *Maschine etc.* ruhen lassen, **b**) F *et.* auf sich beruhen lassen; *to have a good night's* ~ gut schlafen; *to lay to* ~ zur letzten Ruhe betten; *to set s.o.'s mind at* ~ j-n beruhigen; *to set a matter at* ~ e-e Sache (endgültig) entscheiden *od.* erledigen; *to take a* ~ sich ausruhen; **2.** Ruheplatz *m* (*a. Grab*), Raststätte *f*; Aufenthalt *m*; Herberge *f*: *seamen's* ~ Seemannsheim; **3.** ⊕ **a**) Auflage *f*, Stütze *f*, (Arm)Lehne *f*, (Fuß-)Raste *f*, *teleph.* Gabel *f*, **b**) Sup'port *m e-r Drehbank*, **c**) ⚔ (Gewehr-)Auflage *f*; **4.** ♪ Pause *f*; **5.** *Metrik*: Zä'sur *f*; **II.** *v/i.* **6.** ruhen, schlafen (*a. Toter*); **7.** (sich aus)ruhen, rasten, e-e (Ruhe)Pause einlegen: *to let a matter* ~ *fig.* e-e Sache auf sich beruhen lassen; *the matter cannot* ~ *there* damit kann es nicht sein Bewenden haben; **8.** sich stützen: *to* ~ *against* sich stützen *od.* lehnen gegen, ⊕ anliegen an (*acc.*); *to* ~ (*up*)*on* **a**) ruhen auf (*dat.*) (*a. Last, Blick, Schatten etc.*), **b**) *fig.* beruhen auf (*dat.*), sich stützen auf (*acc.*), **c**) *fig.* sich verlassen auf (*acc.*); **9.** ~ *with* bei *j-m* liegen (*Entscheidung, Schuld*), in *j-s* Händen liegen, von *j-m* abhängen, *j-m* über'lassen bleiben; **10.** ⚖ *Am.* → *16*; **III.** *v/t.* **11.** (aus)ruhen lassen, *j-m* Ruhe gönnen: *to* ~ *o.s.* sich ausruhen; *God* ~ *his soul* Gott hab ihn selig; **12.** *Augen, Stimme* schonen; **13.** legen, lagern (*on* auf *acc.*); **14.** stützen, lehnen; *fig.* gründen, stützen (*on, upon* auf *acc.*); **15.** *Am.* F *Hut etc.* ablegen; **16.** ~ *one's case* ⚖ *Am.* den Beweisvortrag abschließen (*Prozeßpartei*).

rest[2] [rest] **I.** *s.* **1.** Rest *m*; (*das*) übrige, (*die*) übrigen: *and all the* ~ *of it* und alles übrige; *the* ~ *of us* wir übrigen; *for the* ~ im übrigen; **2.** ✝ *Brit.* Re'serve,fonds *m*; **3.** ✝ *Brit.* **a**) Bilanzierung *f*, **b**) Restsaldo *m*; **II.** *v/i.* **4.** *in e-m Zustand* bleiben, weiterhin sein: ~ *assured that* seien Sie versichert *od.* verlassen Sie sich darauf, daß; **5.** ~ *with* → *rest*[1] *9*.

re·state ['ri:'steit] *v/t.* neu (u. besser) formulieren; '**re'state·ment** [-mənt] *s.* neue Darstellung *od.* Formulierung.

res·tau·rant ['restərɔ̃:ŋ; -rɔnt; restorɑ̃] (*Fr.*) *s.* Restau'rant *n*, Gaststätte *f*: ~-*car* Speisewagen.

'**rest-cure** [-sɪk-] *s.* ⚕ Liegekur *f*.

rest·ed ['restid] *p.p. u. adj.* ausgeruht, erholt; **rest·ful** ['restful] *adj.* □ **1.** ruhig, friedlich; **2.** erholsam, gemütlich, bequem.

'**rest-house** *s.* Rasthaus *n*.

'**rest·ing-place** ['restiŋ] *s.* **1.** Ruheplatz *m*; **2.** (letzte) Ruhestätte, Grab *n*.

res·ti·tu·tion [resti'tju:ʃən] *s.* **1.** Restituti'on *f*: **a**) (Zu)'Rückerstattung *f*, **b**) Entschädigung *f*, **c**) Wieder'gutmachung *f*, **d**) Wieder'herstellung *f von Rechten etc.*: *to make* ~ Ersatz leisten (*of* für); **2.** *phys.* (e'lastische) Rückstellung; **3.** *phot.* Entzerrung *f*.

res·tive ['restiv] *adj.* □ **1.** unruhig, ner'vös; **2.** störrisch, 'widerspenstig, bockig (*a. Pferd*); '**res·tive·ness** [-nis] *s.* **1.** Unruhe *f*, Ungeduld *f*; **2.** 'Widerspenstigkeit *f*.

rest·less ['restlis] *adj.* □ **1.** ruhe-, rastlos; **2.** unruhig; **3.** schlaflos (*Nacht*); '**rest·less·ness** [-nis] *s.* **1.** Ruhe-, Rastlosigkeit *f*; **2.** (ner'vöse) Unruhe, Unrast *f*.

re·stock ['ri:'stɔk] **I.** *v/t.* **1.** *Lager* wieder auffüllen; **2.** *Gewässer* wieder mit Fischen besetzen; **II.** *v/i.* **3.** neuen Vorrat einlagern.

res·to·ra·tion [restə'reiʃən] *s.* **1.** Wieder'herstellung *f* (*e-s Zustandes, der Gesundheit etc.*); **2.** Restaurierung *f e-s Kunstwerks etc.*; **3.** Rückerstattung *f*, -gabe *f*; **4.** Wieder'einsetzung *f* (*to* in *ein Amt*); **5.** *the* ♀ *hist.* die Restaurati'on; **re·stor·a·tive** [ris'tɔrətiv] ⚕ **I.** *adj.* □ **1.** stärkend; **II.** *s.* **2.** Stärkungsmittel *n*; **3.** 'Wiederbelebungsmittel *n*.

re·store [ris'tɔ:] *v/t.* **1.** *Einrichtung, Gesundheit, Ordnung etc.* wieder'herstellen; **2. a**) *Kunstwerk etc.* restaurieren, **b**) ⊕ in'stand setzen; **3.** *j-n* wieder'einsetzen (*to* in *acc.*); **4.** zu'rückerstatten, -bringen, -geben: *to* ~ *s.th. to its place* et. an s-n Platz zurückstellen; *to* ~ *the receiver teleph.* den Hörer auflegen *od.* einhängen; *to* ~ *s.o.* (*to health*) j-n gesund machen *od.* wiederherstellen; *to* ~ *s.o. to liberty* j-m die Freiheit wiedergeben; *to* ~ *s.o. to life* j-n ins Leben zurückrufen; *to* ~ *a king* (*to the throne*) e-n König wieder auf den Thron setzen; **re'stor·er** [-ɔ:rə] *s.* **1.** Wieder'hersteller(in); **2.** Restau'rator *m*; **3.** Haarwuchsmittel *n*.

re·strain [ris'trein] *v/t.* **1.** zu'rückhalten: *to* ~ *s.o. from doing s.th.* j-n davon abhalten, et. zu tun; ~*ing order* ⚖ Unterlassungsurteil; **2. a**) in Schranken halten, Einhalt gebieten (*dat.*), **b**) *Pferd* im Zaum halten, zügeln (*a. fig.*); **3.** *Gefühl* unter'drücken, bezähmen; **4. a**) einsperren, -schließen, **b**) *Geisteskranken* in e-r Anstalt 'unterbringen; **5.** *Macht etc.* be-, einschränken; **6.** ✝ *Produktion etc.* drosseln; **re'strained** [-nd] *adj.* □ **1.** zu'rückhaltend, beherrscht, maßvoll; **2.** verhalten, gedämpft; **re'straint** [-nt] *s.* **1.** Einschränkung *f*, Beschränkung(en *pl.*) *f*; Hemmnis *n*, Zwang *m*: ~ *of* (*od. upon*) *liberty* Beschränkung der Freiheit; ~ *of trade* **a**) Beschränkung des Handels, **b**) Einschränkung des freien Wettbewerbs, Konkurrenzverbot; ~ *clause* Konkurrenzklausel; *without* ~ frei, ungehemmt, offen; **2.** ⚖ Freiheitsbeschränkung *f*, Haft *f*: *to place s.o. under* ~ j-n in Gewahrsam nehmen; **3. a**) Zu'rückhaltung *f*, Beherrschtheit *f*, **b**) (künstlerische) Zucht.

re·strict [ris'trikt] *v/t.* **a**) einschränken, **b**) beschränken (*to* auf *acc.*): *to be* ~*ed to doing* sich darauf beschränken müssen, et. zu tun; **re'strict·ed** [-tid] *adj.* □ eingeschränkt, beschränkt, begrenzt: ~! nur für den Dienstgebrauch!; ~ *area* Sperrgebiet; ~ *district* Gebiet mit bestimmten Baubeschränkungen; **re'stric·tion** [-kʃən] *s.* **1.** Ein-, Beschränkung *f* (*of, on gen.*): ~*s on imports* Einfuhrbeschränkungen; ~*s of space* räumliche Beschränktheit; *without* ~*s* uneingeschränkt; **2.** Vorbehalt *m*; **re'stric·tive** [-tiv] **I.** *adj.* □ be-, einschränkend (*of acc.*): ~ *clause* **a**) *ling.* einschränkender Relativsatz, **b**) ✝ einschränkende Bestimmung; **II.** *s. ling.* Einschränkung *f*.

'**rest-room** *s.* **1.** Aufenthaltsraum *m*; **2.** *Am.* Toi'lette *f*.

re·sult [ri'zʌlt] **I.** *s.* **1.** *a.* ⅍ Ergebnis *n*, Resul'tat *n*; (*a.* guter) Erfolg: *without* ~ ergebnislos; **2.** Folge *f*, Aus-, Nachwirkung *f*: *as a* ~ **a**) die Folge war, daß, **b**) folglich; **II.** *v/i.* **3.** sich ergeben, resultieren (*from* aus): *to* ~ *in* hinauslaufen auf (*acc.*), zur Folge haben (*acc.*), enden mit (*dat.*); **re'sult·ant** [-tənt] **I.** *adj.* **1.** sich ergebend, (dabei *od.* daraus) entstehend, resultierend (*from* aus); **II.** *s.* **2.** *phys.*, ⅍ Resul'tante *f*; **3.** (End)Ergebnis *n*.

ré·su·mé ['rezju(:)mei; rezyme] (*Fr.*) *s.* Resü'mee *n*, Zs.-fassung *f*.

re·sume [ri'zju:m] **I.** *v/t.* **1.** *Tätigkeit etc.* wieder'aufnehmen, wieder anfangen; fortsetzen: *he* ~*d painting* er begann wieder zu malen, er malte wieder; **2.** 'wiedererlangen; *Platz* wieder einnehmen; *Amt, Kommando* wieder über'nehmen; *Namen* wieder annehmen; **3.** resümieren, zs.-fassen; **II.** *v/i.* **4.** s-e Tätigkeit wieder'aufnehmen; **5.** *in s-r Rede* fortfahren; **6.** wieder beginnen; **re·sump·tion** [ri'zʌmpʃən] *s.* **1. a**) Zu'rücknahme *f*, **b**) ✝ Li'zenzentzug *m*; **2.** Wieder'aufnahme *f e-r Tätigkeit, von Zahlungen etc.*

re·sur·gence [ri'sə:dʒəns] *s.* Wiederem'porkommen *n*, Wieder'aufleben *n*, -'aufstieg *m*, 'Wiedererweckung *f*; **re'sur·gent** [-nt] *adj.* sich 'wiedererhebend, wieder'auflebend.

res·ur·rect [rezə'rekt] *v/t.* **1.** F wieder zum Leben erwecken; **2.** *fig. Sitte* wieder'aufleben lassen; **3.** *Leiche* exhumieren, ausgraben; **res·ur'rec·tion** [-kʃən] *s.* **1.** (*eccl.* ♀) Auferstehung *f*; **2.** *fig.* Wieder'aufleben *n*, 'Wiedererwachen *n*; **3.** Leichenraub *m*; **res·ur'rec·tion·ist**

[-kʃnist] *s.* Leichenräuber *m*; **res·ur·rec·tion pie** *s. Brit. sl.* ˈResteˌpa,stete *f.*
re·sus·ci·tate [riˈsʌsiteit] **I.** *v/t.* **1.** ˈwiederbeleben; **2.** *fig.* ˈwiedererwecken, wiederˈaufleben lassen; **II.** *v/i.* **3.** das Bewußtsein ˈwiedererlangen; **4.** wiederˈaufleben; **re·sus·ci·ta·tion** [risʌsiˈteiʃən] *s.* **1.** ˈWiederbelebung *f* (*a. fig. Erneuerung*); **2.** Auferstehung *f.*
ret [ret] **I.** *v/t. Flachs etc.* rösten, rötten; **II.** *v/i.* verfaulen (*Heu*).
re·tail [ˈri:teil] **I.** *s.* Einzel-, Kleinhandel *m*, Kleinverkauf *m*, Deˈtailgeschäft *n*: *by* (*Am. at*) *~* → *III*; **II.** *adj.* Einzel-, Kleinhandels...: *~ bookseller* Sortimentsbuchhändler; *~ dealer* Einzel-, Kleinhändler; *~ price* Einzelhandels-, Ladenpreis; *~ trade* → *I*; **III.** *adv.* im Einzelhandel, einzeln, en deˈtail: *to sell ~*; **IV.** *v/t.* [ri:ˈteil] **a)** *Waren* im kleinen *od.* en detail verkaufen, **b)** *Klatsch* weitergeben, (haarklein) weitererzählen; **V.** *v/i.* [ri:ˈteil] im Einzelhandel verkauft werden: *it ~s at $6* es kostet im Kleinverkauf 6 Dollar; **re·tail·er** [ri:ˈteilə] *s.* **1.** ✝ Einzel-, Kleinhändler(in); **2.** Erzähler(in), Verbreiter(in) *von Klatsch etc.*
re·tain [riˈtein] *v/t.* **1.** zuˈrück(be)halten, einbehalten; **2.** *Eigenschaft, Posten etc., a. im Gedächtnis* behalten; *a. Geduld etc.* bewahren; **3.** *Brauch* beibehalten; **4.** *j-n* in s-n Diensten halten: *to ~ a lawyer* e-n Anwalt nehmen; *~ing fee* → *retainer 2 a*; **5.** ⊕ halten, sichern, stützen; *Wasser* stauen: *~ing nut* Befestigungsmutter; *~ing ring* Sprengring; *~ing wall* Stütz-, Staumauer; **reˈtain·er** [-nə] *s.* **1.** *hist.* Gefolgsmann *m*: *old ~* F altes Faktotum; **2.** ⚖ **a)** Verpflichtung *f* e-s Anwalts, *bsd.* (*durch*) Honoˈrarvorschuß *m*: *general ~* Pauschalhonorar, **b)** Proˈzeßvollmacht *f*; **3.** ⊕ **a)** Befestigungsteil *n*, **b)** Käfig *m e-s Kugellagers.*
re·take [ˈri:ˈteik] **I.** *v/t.* [*irr.* → *take*] **1.** wieder (an-, ein-, zuˈrück)nehmen; **2.** ⚔ wiederˈeinnehmen; **3.** *Film*: *Szene etc.* wiederˈholen, nochmals (ab)drehen; **II.** *s.* **4.** *Film*: Reˈtake *n*, Wiederˈholung *f.*
re·tal·i·ate [riˈtælieit] **I.** *v/i.* Vergeltung üben, sich rächen (*upon s.o.* an j-m); **II.** *v/t.* vergelten, sich rächen für, heimzahlen; **re·tal·i·a·tion** [ritæliˈeiʃən] *s.* Vergeltung *f*: *in ~* als Vergeltung(smaßnahme); **reˈtal·i·a·to·ry** [-iətəri] *adj.* Vergeltungs...: *~ duty* ✝ Kampfzoll.
re·tard [riˈtɑ:d] *v/t.* **1.** verzögern, -langsamen, -späten; auf-, zuˈrückhalten; **2.** *phys.* retardieren, verzögern; *Elektronen* bremsen: *to be ~ed* nacheilen; **3.** *biol.* retardieren; **4.** *psych. j-s* Entwicklung hemmen: *~ed child* zurückgebliebenes Kind; *mentally ~ed* geistig zurückgeblieben; **5.** *mot. Zündung* nachstellen: *~ed ignition* **a)** Spätzündung, **b)** verzögerte Zündung; **re·tar·da·tion** [ri:tɑ:ˈdeiʃən] *s.* **1.** Verzögerung *f* (*a. phys.*), -langsamung *f*, -spätung *f*; Aufschub *m*; **2.** ℞, *phys., biol.* Retardatiˈon *f*; *phys.* (*Elektronen*)Bremsung *f*; **3.** *psych.* **a)** Entwicklungshemmung *f*, **b)** ˈUnterentwickeltheit *f*; **4.** ♪ **a)** Verlangsamung *f*, **b)** aufwärtsgehender Vorhalt.
retch [retʃ] *v/i.* würgen (*beim Erbrechen*).
re·tell [ˈri:ˈtel] *v/t.* [*irr.* → *tell*] **1.** nochmals erzählen, wiederˈholen; **2.** *ped.* nacherzählen.
re·ten·tion [riˈtenʃən] *s.* **1.** Zuˈrückhalten *n*; **2.** Einbehaltung *f*; **3.** Beibehaltung *f* (*a. von Bräuchen etc.*), Bewahrung *f*; **4.** ⚕ Verhalten *n*; **5.** Festhalten *n*, Halt *m*: *~ pin* ⊕ Arretierstift; **6.** Merken *n*, Merkfähigkeit *f*; **reˈten·tive** [-ntiv] *adj.* ☐ **1.** (zuˈrück)haltend (*of acc.*); **2.** erhaltend, bewahrend; gut (*Gedächtnis*); **3.** Wasser speichernd.
re·think [ˈri:ˈθiŋk] *v/t.* [*irr.* → *think*] *et.* neu ˈdurchdenken *od.* überˈdenken; ˈ**reˈthink·ing** [-kiŋ] *s.* ˈUmdenken *n.*
ret·i·cence [ˈretisəns] *s.* **1.** Verschwiegenheit *f*, Schweigsamkeit *f*; **2.** Zuˈrückhaltung *f*; ˈ**ret·i·cent** [-nt] *adj.* ☐ verschwiegen (*about, on* über *acc.*), schweigsam, zuˈrückhaltend.
ret·i·cle [ˈretikl] *s. opt.* Fadenkreuz *n.*
re·tic·u·lar [riˈtikjulə] *adj.* ☐ netzartig, -förmig, Netz...; **reˈtic·u·late I.** *adj.* ☐ [-lit] netzartig, -förmig; **II.** *v/t.* [-leit] netzförmig mustern *od.* bedecken; **III.** *v/i.* [-leit] sich verästeln; **reˈtic·u·lat·ed** [-leitid] *adj.* netzförmig, maschig, Netz...: *~ glass* Filigranglas; **re·tic·u·la·tion** [ritikjuˈleiʃən] *s.* Netzwerk *n*; **ret·i·cule** [ˈretikju:l] *s.* **1.** → *reticle*; **2.** Damentasche *f*; Arbeitsbeutel *m*; **re·ti·form** [ˈri:tifɔ:m] *adj.* netz-, gitterförmig.
ret·i·na [ˈretinə] *s. anat.* ˈRetina *f*, Netzhaut *f.*
ret·i·nue [ˈretinju:] *s.* Gefolge *n.*
re·tire [riˈtaiə] **I.** *v/i.* **1.** *allg.* sich zuˈrückziehen (*a.* ⚔): *to ~* (*from business*) sich vom Geschäft zurückziehen, sich zur Ruhe setzen; *to ~ into o.s.* sich verschließen; *to ~* (*to rest*) sich zur Ruhe begeben, schlafen gehen; **2.** ab-, zuˈrücktreten; in den Ruhestand treten, in Pensiˈon gehen, s-n Abschied nehmen (*Beamter*); **3.** *fig.* zuˈrücktreten (*Hintergrund, Ufer etc.*); **II.** *v/t.* **4.** zuˈrückziehen (*a.* ⚔); **5.** ✝ *Noten* aus dem Verkehr ziehen; *Wechsel* einlösen; **6.** *bsd.* ⚔ verabschieden, pensionieren; → *retired 1*; **reˈtired** [-əd] *p.p. u. adj.* ☐ **1.** pensioniert, im Ruhestand (lebend): *~ general* General a.D. *od.* außer Dienst; *~ pay* Ruhegeld, Pension; *to be placed on the ~ list* ⚔ den Abschied erhalten; **2.** im Ruhestand lebend (*Kaufmann etc.*); **3.** zuˈrückgezogen (*Leben*); **4.** abgelegen, einsam (*Ort*); **reˈtire·ment** [-mənt] *s.* **1.** (Sich)Zuˈrückziehen *n*; **2.** Aus-, Rücktritt *m*, Ausscheiden *n*; **3.** Ruhestand *m*: *~ pension* (Alters-)Rente, Ruhegeld; *~ pensioner* (Alters)Rentner(in), Ruhegeldempfänger(in); *to go into ~* sich ins Privatleben zurückziehen; **4.** *j-s* Zuˈrückgezogenheit *f*; **5. a)** Abgeschiedenheit *f*, **b)** abgelegener Ort, Zuflucht *f*; **6.** ⚔ (planmäßige) Absetzbewegung, Rückzug *m*; **7.** ✝ Einziehung *f*; **reˈtir·ing** [-əriŋ] *adj.* ☐ **1.** Ruhestands...: *~ age* Pensionierungsalter; *~ pension* Ruhegeld; **2.** *fig.* zuˈrückhaltend, bescheiden; **3.** unauffällig, deˈzent (*Farbe etc.*); **4.** *~ room* **a)** Privatzimmer, **b)** Toilette.
re·tort[1] [riˈtɔ:t] **I.** *s.* **1.** (scharfe *od.* treffende) Entgegnung, (schlagfertige) Antwort; Erwiderung *f*; **II.** *v/t.* **2.** (darauf) erwidern; **3.** *Beleidigung etc.* zuˈrückgeben (*on s.o.* j-m); **III.** *v/i.* **4.** (scharf *od.* treffend) erwidern, entgegnen.
re·tort[2] [riˈtɔ:t] *s.* ⚗, ⊕ Reˈtorte *f.*
re·tor·tion [riˈtɔ:ʃən] *s.* **1.** (Sich-) ˈUmwenden *n*, Zuˈrückströmen *n*, -biegen *n*, -beugen *n*; **2.** *Völkerrecht*: Retorsiˈon *f* (*Vergeltungsmaßnahme*).
re·touch [ˈri:ˈtʌtʃ] **I.** *v/t. et.* überˈarbeiten; *phot.* retuschieren; **II.** *s.* Reˈtusche *f.*
re·trace [riˈtreis] **I.** *v/t.* (*a. fig. Stammbaum etc.*) zuˈrückverfolgen; *fig.* zuˈrückführen (*to* auf *acc.*): *to ~ one's steps* **a)** (denselben Weg) zurückgehen, **b)** *fig.* die Sache ungeschehen machen; **II.** *s.* ⚡ Rücklauf *m.*
re·tract [riˈtrækt] **I.** *v/t.* **1.** *Behauptung* zuˈrücknehmen, (*a.* ⚖ *Aussage*) widerˈrufen; **2.** *Haut, Zunge etc., a.* ⚖ *Anklage* zuˈrückziehen; **3.** *zo. Klauen etc., a.* ✈ *Fahrgestell* einziehen; **II.** *v/i.* **4.** sich zurückziehen; **5.** widerrufen, es zurücknehmen; **6.** zuˈrücktreten (*from* von *e-m Entschluß, e-m Vertrag etc.*); **reˈtract·a·ble** [-təbl] *adj.* **1.** einziehbar: *~ landing gear* ✈ einziehbares Fahrgestell; **2.** zuˈrückziehbar; **3.** zuˈrücknehmbar, zu widerˈrufen(d); **re·trac·ta·tion** [ri:trækˈteiʃən] → *retraction 1*; **reˈtrac·tile** [-tail] *adj.* **1.** einziehbar; **2.** *a. anat.* zuˈrückziehbar; **reˈtrac·tion** [-kʃən] *s.* **1.** Zuˈrücknahme *f*, ˈWiderruf *m*; **2.** Zuˈrück-, Einziehen *n*; **3.** ⚕, *zo.* Retraktiˈon *f*; **reˈtrac·tor** [-tə] *s.* **1.** *anat.* Retraktiˈonsmuskel *m*; **2.** ⚕ Reˈtraktor *m*, Wundhaken *m.*
re·train [ˈri:ˈtrein] *v/t. j-n* ˈumschulen; ˈ**reˈtrain·ing** [-niŋ] *s. a. occupational ~* ˈUmschulung *f.*
re·trans·late [ˈri:trænsˈleit] *v/t.* (zu)ˈrücküber,setzen; ˈ**re·transˈla·tion** [-eiʃən] *s.* ˈRücküber,setzung *f.*
re·tread [ˈri:ˈtred] *v/t.* ⊕ *Reifen* runderneuern.
re·treat [riˈtri:t] **I.** *s.* **1.** *bsd.* ⚔ Rückzug *m*: *to beat a ~ fig.* das Feld räumen, klein beigeben; *to sound the* (*od. a*) *~* zum Rückzug blasen; **2.** Zufluchtsort *m*, Schlupfwinkel *m*; **3.** Anstalt *f für Irre etc.*; **4.** Zuˈrückgezogenheit *f*, Abgeschiedenheit *f*; **5.** ⚔ Zapfenstreich *m*; **II.** *v/i.* **6.** *a.* ⚔ sich zuˈrückziehen; **7.** zuˈrücktreten, -weichen (*z.B. Meer*): *~ing chin* fliehendes Kinn; **III.** *v/t.* **8.** *bsd. Schachfigur* zuˈrückziehen.
re·trench [riˈtrentʃ] **I.** *v/t.* **1.** *Ausgaben etc.* einschränken, *a. Personal* abbauen; **2.** beschneiden, kürzen; **3. a)** *Textstelle* streichen, **b)** *Buch* zs.-streichen; **4.** *Festungswerk* mit inneren Verschanzungen versehen;

II. *v/i.* **5.** sich einschränken, Sparmaßnahmen ˈdurchführen, sparen; **reˈtrench·ment** [-mənt] *s.* **1.** Einschränkung *f*, (*Kosten-, Personal-*) Abbau *m*; Sparmaßnahme *f*; (Gehalts)Kürzung *f*; **2.** Streichung *f*, Kürzung *f*; **3.** ⚔ Verschanzung *f*, innere Verteidigungsstellung.

re·tri·al [ˈriːˈtraiəl] *s.* **1.** nochmalige Prüfung; **2.** ⚖ Wiederˈaufnahmeverfahren *n*.

ret·ri·bu·tion [retriˈbjuːʃən] *s.* Vergeltung *f*, Strafe *f*; **re·trib·u·tive** [riˈtribjutiv] *adj.* □ vergeltend, Vergeltungs...

re·triev·a·ble [riˈtriːvəbl] *adj.* □ wiederˈgutzumachen(d), reparierbar; **reˈtrieve** [riˈtriːv] **I.** *v/t.* **1.** *hunt.* apportieren; **2.** ˈwiederfinden, -bekommen; **3.** (sich *et.*) zuˈrückholen; **4.** *et.* herˈausholen, -fischen (*from* aus); **5.** *fig.* ˈwiedergewinnen, -erlangen; **6.** *Fehler* wiederˈgutmachen; **7.** *Verlust* wettmachen; **8.** *j-n* retten (*from* aus); **9.** *et.* der Vergessenheit entreißen; **II.** *s.* **10.** *beyond* (*od. past*) ~ rettungslos (verloren), unwiederbringlich dahin; **reˈtriev·er** [-və] *s. hunt.* Apportierhund *m*.

retro- [retrou] *in Zssgn* zurück..., rück(wärts)..., Rück...; hinter...; **ret·roˈac·tive** *adj.* □ **1.** ⚖ rückwirkend; **2.** zuˈrückwirkend; **ret·roˈcede I.** *v/i.* **a)** *a.* ⚕ zuˈrückgehen, **b)** ⚕ nach innen schlagen (*Ausschlag*); **II.** *v/t.* ⚖ wiederˈabtreten (to an *acc.*); **ret·roˈces·sion** *s.* **1. a)** *a.* ⚕ Zuˈrückgehen *n*, **b)** ⚕ Nachˈinnenschlagen *n*; **2.** ⚖ ˈWieder-, Rückabtretung *f*; **ret·ro·graˈda·tion** *s.* **1.** → *retrogression 1*; **2.** Zuˈrückgehen *n*; **3.** *fig.* Rück-, Niedergang *m*; **ret·ro·grade** [ˈretrougreid] **I.** *adj.* **1.** ⚕, ♪, *ast., zo.* rückläufig; **2.** *fig.* rückgängig, -läufig, Rückwärts..., rückschrittlich; **II.** *v/i.* **3. a)** rückläufig sein, **b)** zuˈrückgehen; **4.** rückwärts gehen; **5.** *bsd. biol.* entarten.

ret·ro·gres·sion [retrouˈgreʃən] *s.* **1.** *ast.* rückläufige Bewegung; **2.** *bsd. biol.* Rückentwicklung *f*; **3.** *fig.* Rückgang *m*, -schritt *m*; **ret·roˈgres·sive** [-esiv] *adj.* □ **1.** *bsd. biol.* rückschreitend: ~ *metamorphosis biol.* Rückbildung; **2.** *fig.* rückschrittlich; **3.** *fig.* nieder-, zuˈrückgehend; **ret·ro·rock·et** [ˈretrouˈrɔkit] *s. Raumfahrt*: ˈBremsraˌkete *f*; **ret·ro·spect** [ˈretrouspekt] *s.* Rückblick *m*, -schau *f* (*of, on* auf *acc.*): *in* (*the*) ~ rückschauend, im Rückblick; **ret·ro·spec·tion** [retrouˈspekʃən] *s.* Erinnerung *f*; Zuˈrückblicken *n*; **ret·ro·spec·tive** [retrouˈspektiv] *adj.* □ **1.** zuˈrückblickend; **2.** nach rückwärts *od.* hinten (gerichtet); **3.** ⚖ rückwirkend.

ret·rous·sé [rəˈtruːsei] (*Fr.*) *adj.* nach oben gebogen: ~ *nose* Stupsnase.

re·try [ˈriːˈtrai] *v/t.* ⚖ **a)** *Prozeß* wiederˈaufnehmen, **b)** neu verhandeln gegen *j-n*.

re·turn [riˈtəːn] **I.** *v/i.* **1.** zuˈrückkehren, -kommen (*to* zu); ˈwiederkehren (*a. fig.*); *fig.* wieder auftreten (*Krankheit etc.*): *to* ~ *to fig.* **a)** auf *ein Thema* zurückkommen, **b)** zu *e-m Vorhaben* zurückkommen, **c)** in *e-e Gewohnheit etc.* zurückfallen, **d)** in *e-n Zustand* zurückkehren; *to* ~ *to dust* zu Staub werden; *to* ~ *to health* wieder gesund werden; **2.** zuˈrückfallen (*Besitz*) (*to* an *acc.*); **3.** erwidern, antworten; **II.** *v/t.* **4.** *Gruß etc., a. Besuch,* ⚔ *Feuer, Liebe, Schlag etc.* erwidern: *to* ~ *thanks* danken; **5.** zuˈrückgeben, *Geld a.* zuˈrückzahlen, -erstatten; **6.** zuˈrückschicken, -senden: ~*ed empties* ✝ zurückgesandtes Leergut; ~*ed letter* unzustellbarer Brief; **7.** (an s-n Platz) zuˈrückstellen, -tun; **8.** (ein)bringen, *Gewinn* abwerfen, *Zinsen* tragen; **9.** *Bericht* erstatten; ⚖ **a)** Vollˈzugsbericht erstatten über (*acc.*), **b)** *Gerichtsbefehl* mit Vollzugsbericht rückvorlegen; **10.** ⚖ Schuldspruch fällen *od.* aussprechen: *to be* ~*ed guilty* schuldig gesprochen werden; **11.** *Votum* abgeben; **12.** amtlich erklären für *od.* als, *j-n arbeitsunfähig etc.* schreiben; **13.** *Einkommen* zur Steuerveranlagung erklären, angeben (*at* mit); **14.** *amtliche Liste etc.* vorlegen *od.* veröffentlichen; **15.** *parl. Brit. Wahlergebnis* melden; **16.** *parl. Brit.* als Abgeordneten wählen (*to Parliament* ins Parlament); **17.** *sport Ball* zuˈrückschlagen; **18.** *Echo, Strahlen* zuˈrückwerfen; **19.** ⊕ zuˈrückführen, -leiten; **III.** *s.* **20.** Rückkehr *f*, -kunft *f*; ˈWiederkehr *f* (*a. fig.*): ~ *of health* Genesung; *by* ~ *of post Brit.* postwendend, umgehend; *many happy* ~*s of the day!* herzlichen Glückwunsch zum Geburtstag!; *on my* ~ bei m-r Rückkehr; **21.** Wiederˈauftreten *n* (*Krankheit etc.*): ~ *of influenza* Gripperückfall; ~ *of cold weather* Kälterückfall; **22.** 🚂 Rückfahrkarte *f*; **23.** Rück-, Herˈausgabe *f*: *on sale or* ~ ✝ in Kommission; **24.** *oft pl.* ✝ Rücksendung *f* (*a. Ware*): ~*s* **a)** Rückgut, **b)** *Buchhandel*: *a.* ~ *copies* Remittenden; **25.** ✝ Rückzahlung *f*, (-)Erstattung *f*; *Versicherung*: ~ (*of premium*) Riˈstorno *n*; **26.** Entgelt *n*, Gegenleistung *f*, Entschädigung *f*: *in* ~ dafür, dagegen; *in* ~ *for* (als Gegenleistung) für; *without* ~ unentgeltlich; **27.** *oft pl.* ✝ **a)** (*Kapital- etc.*) ˈUmsatz *m*: *quick* ~*s* schneller Umsatz, **b)** Ertrag *m*, Einnahme *f*, Verzinsung *f*, Gewinn *m*: *to yield* (*od. bring*) *a* ~ Nutzen abwerfen, sich rentieren; **28.** Erwiderung *f* (*a. fig. e-s Grußes etc.*): ~ *of affection* Gegenliebe; **29.** (amtlicher) Bericht, (staˈtistischer) Ausweis, Aufstellung *f*; *pol. Brit.* Wahlbericht *m*, -ergebnis *n*: *annual* ~ Jahresbericht, -ausweis; *bank* ~ Bankausweis; *official* ~*s* amtliche Ziffern; **30.** Steuererklärung *f*; **31.** ⚖ **a)** Rückvorlage *f* (*e-s Vollstreckungsbefehls etc.*) (mit Vollˈzugsbericht), **b)** Vollˈzugsbericht *m* (*des Gerichtsvollziehers etc.*); **32.** *a.* ~ *day* ⚖ Verˈhandlungsterˌmin *m*; **33.** ⊕ **a)** Rückführung *f*, -leitung *f*, **b)** Rücklauf *m*, **c)** ⚡ Rückleitung *f*; **34.** Biegung *f*, Krümmung *f*; **35.** ⚠ **a)** ˈWiederkehr *f*, **b)** vorspringender *od.* zuˈrückgesetzter Teil, **c)** (Seiten)Flügel *m*; **36.** *sport* Rückschlag *m* (*a. Ball*); Zuˈrückschlagen *n*; **37.** *sport a.* ~ *match* Rückspiel *n*; **38.** (leichter) Feinschnitt (*Tabak*); **IV.** *adj.* **39.** Rück... (*-porto, -reise etc.*): ~ *cable* ⚡ Rückleitung; ~ *cargo* Rückfracht, -ladung; ~ *current* ⚡ Rück-, Erdstrom; ~ *ticket* **a)** Rückfahrkarte, **b)** ✈ Rückflugkarte; ~ *valve* ⊕ Rückschlagventil; ~ *visit* Gegenbesuch; ~ *wire* ⚡ Nulleiter; **reˈturn·a·ble** [-nəbl] *adj.* **1.** zuˈrückzugeben(d); einzusenden(d); **2.** ✝ rückzahlbar.

re·turn·ing of·fi·cer [riˈtəːniŋ] *s. pol. Brit.* ˈWahlkommisˌsar *m*.

re·u·ni·fi·ca·tion [ˈriːjuːnifiˈkeiʃən] *s. pol.* ˈWiedervereinigung *f*.

re·un·ion [ˈriːˈjuːnjən] *s.* **1.** ˈWiedervereinigung *f*; *fig.* Versöhnung *f*; **2.** Treffen *n*, Zs.-kunft *f*.

re·u·nite [ˈriːjuːˈnait] **I.** *v/t.* ˈwiedervereinigen; **II.** *v/i.* sich wieder vereinigen.

rev [rev] ⊕ F **I.** *s.* ˈTouren-, Drehzahl *f* (*Motor*); **II.** *v/t. mst* ~ *up* auf Touren bringen; **III.** *v/i.* laufen, auf Touren sein (*Motor*): *to* ~ *up* **a)** auf Touren kommen, **b)** den Motor auf Touren bringen.

re·vac·ci·nate [ˈriːˈvæksineit] *v/t.* ˈwieder-, nachimpfen.

re·val·or·i·za·tion [ˈriːvæləraiˈzeiʃən] *s.* ✝ (*bsd. Geld*)Aufwertung *f*; **re·val·or·ize** [ˈriːˈvæləraiz] *v/t.* aufwerten.

re·val·u·ate [ˈriːˈvæljueit] *v/t.* ˈum-, aufwerten; **re·val·u·a·tion** [ˈriːvæljuˈeiʃən] *s.* ˈUmwertung *f*, Neubewertung *f*. [schätzen.]

re·val·ue [ˈriːˈvæljuː] *v/t.* neu]

re·vamp [ˈriːˈvæmp] *v/t.* **1.** ⊕ vorschuhen; **2.** *Am.* F auf neu herˈausputzen, ‚aufpolieren'.

re·veal [riˈviːl] **I.** *v/t.* (*to*) **1.** *eccl., a. fig.* offenbaren (*dat.*); **2.** enthüllen, zeigen (*dat.*) (*a. fig. erkennen lassen*); **3.** *fig. Geheimnis etc.* enthüllen, verraten, aufdecken (*dat.*); **II.** *s.* **4.** ⊕ **a)** innere Laibung (*Tür etc.*), **b)** Fensterrahmen *m* (*Auto*); **reˈveal·ing** [-liŋ] *adj.* enthüllend, aufschlußreich.

rev·eil·le [riˈvæli] *s.* ⚔ (Siˈgnal *n* zum) Wecken *n*.

rev·el [ˈrevl] **I.** *v/i.* **1.** (lärmend) feiern, ausgelassen sein; **2.** schmausen, zechen; schwelgen (*a. fig. in* in *dat.*); **3.** *fig.* sich weiden *od.* ergötzen (*in* an *dat.*); **II.** *s.* **4.** *oft pl.* → *revelry*.

rev·e·la·tion [reviˈleiʃən] *s.* **1.** Enthüllung *f*, Offenˈbarung *f*: *it was a* ~ *to me* es fiel mir wie Schuppen von den Augen; *what a* ~*!* welch überraschende Entdeckung!; **2.** (göttliche) Offenbarung: *the* ♀ (*of St. John*) *bibl.* die (Geheime) Offenbarung (des Johannes); **3.** F ‚Offenbarung' *f* (*et. Ausgezeichnetes*).

rev·el·(l)er [ˈrevlə] *s.* **1.** Feiernde(r *m*) *f*; **2.** Zecher *m*; **3.** Nachtschwärmer *m*; **ˈrev·el·ry** [-lri] *s.* lärmende Festlichkeit, Rummel *m*; Gelage *n*, ˈOrgie *f*.

re·venge [riˈvendʒ] **I.** *v/t.* **1.** *et., a. j-n* rächen (*[up]on* an *dat.*): *to* ~ *o.s. for s.th.* sich für et. rächen; *to be* ~*d* **a)** gerächt sein *od.* werden, **b)** sich rächen; **2.** sich rächen für, vergelten (*upon, on* an *dat.*); **II.** *s.* **3.** Rache *f*: *to take one's* ~ Rache nehmen, sich

rächen; *in* ~ *for it* dafür; **4.** Re'vanche *f* (*beim Spiel*): *to have one's* ~ sich revanchieren; **5.** Rachsucht *f*, -gier *f*; **re'venge·ful** [-ful] *adj.* □ rachsüchtig; **re'venge·ful·ness** [-fulnis] → *revenge 5.*
rev·e·nue ['revinju:] *s.* **1.** *a. public* (*od. national*) ~ öffentliche Einnahmen *pl.*, Staatseinkünfte *pl.*: ~ *board*, ~ *office* Finanzamt; **2.** a) Fi'nanzverwaltung *f*, b) 'Fiskus *m*: *to defraud the* ~ Steuern hinterziehen; **3.** *pl.* Einnahmen *pl.*, Einkünfte *pl.*; **4.** Ertrag *m*, Nutzung *f*; **5.** Einkommensquelle *f*; ~ **cut·ter** *s.* ⚓ Zollkutter *m*; ~ **of·fi·cer** *s.* **1.** Zollbeamte(r) *m*; **2.** Fi'nanz-, Steuerbeamte(r) *m*; ~ **stamp** *s.* ☤ Bande'role *f*, Steuermarke *f*.
re·ver·ber·ate [ri'və:bəreit] **I.** *v/i.* **1.** zu'rückstrahlen; **2.** (nach-, 'wider)hallen; **II.** *v/t.* **3.** *Strahlen, Hitze, Klang* zu'rückwerfen; von *e-m Klange* widerhallen; **re·ver·ber·a·tion** [rivə:bə'reiʃən] *s.* **1.** Zu'rückwerfen *n*, -strahlen *n*; **2.** 'Widerhall(en *n*) *m*; Nachhall *m*; **re'ver·ber·a·tor** [-tə] *s.* ⊕ **1.** Re'flektor *m*; **2.** Scheinwerfer *m*.
re·vere [ri'viə] *v/t.* (ver)ehren.
rev·er·ence ['revərəns] **I.** *s.* **1.** Verehrung *f* (*for* für *od. gen.*); **2.** Ehrfurcht *f* (*for* vor *dat.*); **3.** Ehrerbietung *f*; **4.** Reve'renz *f* (*Verbeugung od. Knicks*); **5.** *dial. od. humor. Your* (*His*) ~ Euer (Seine) Ehrwürden; **II.** *v/t.* **6.** (ver)ehren; **'rev·er·end** [-nd] **I.** *adj.* **1.** ehrwürdig; **2.** ♀ *eccl.* hochwürdig (*Geistlicher*): *Very* ♀ (*im Titel e-s Dekans*); *Right* ♀ (*Bischof*); *Most* ♀ (*Erzbischof*); **II.** *s.* **3.** Geistliche(r) *m*; **'rev·er·ent** [-nt] *adj.* □, **rev·er·en·tial** [revə'renʃəl] *adj.* □ ehrerbietig, ehrfurchtsvoll.
rev·er·ie ['revəri] *s.* (*a.* ♪) Träume'rei *f*: *to be lost in* (*a*) ~ in (s-n) Träumen versunken sein.
re·ver·sal [ri'və:səl] *s.* **1.** 'Umkehr (-ung) *f*; 'Umschwung *m*, -schlagen *n*: ~ *of opinion* Meinungsumschwung; ~ *process phot.* Umkehrentwicklung; **2.** ⚖ (Urteils)Aufhebung *f*, 'Umstoßung *f*; **3.** ⊕ 'Umsteuerung *f*; **4.** ⚡ ('Strom)ˌUmkehr *f*; **5.** ☤ Stornierung *f*; **re'verse** [ri'və:s] **I.** *s.* **1.** Gegenteil *n*, *das* 'Umgekehrte; **2.** Rückschlag *m*: ~ *of fortune* Schicksalsschlag; **3.** ⚔ Niederlage *f*, Schlappe *f*; **4.** Rückseite *f*, *bsd. fig.* Kehrseite *f*: ~ *of a coin* Rückseite *od.* Revers e-r Münze; ~ *of the medal fig.* Kehrseite der Medaille; *on the* ~ umstehend; *to take in* ~ ⚔ im Rükken packen; **5.** *mot.* Rückwärtsgang *m*; **6.** ⊕ 'Umsteuerung *f*; **II.** *adj.* □ **7.** 'umgekehrt, verkehrt, entgegengesetzt (*to dat.*): ~ *current* ⚡ Gegenstrom; ~ *flying* ✈ Rückenflug; ~ *order* umgekehrte Reihenfolge; ~ *side* a) Rückseite, b) linke (*Stoff-*) Seite; **8.** rückläufig, rückwärts...: ~ *gear* → *5*; **III.** *v/t.* **9.** 'umkehren (*a.* ⚗, ⚡), 'umdrehen; *fig. Politik* (ganz) 'umstellen; *Meinung* völlig ändern: *to* ~ *the order of things* die Weltordnung auf den Kopf stellen; **10.** ⚖ *Urteil* aufheben, 'umstoßen; **11.** ☤ stornieren; **12.** ⊕ im Rückwärtsgang *od.* rückwärts fahren *od.* laufen (lassen); **13.** ⚡ a) 'umpolen, b) 'umsteuern; **IV.** *v/i.* **14.** rückwärts fahren; **15.** *beim Walzer* 'linksherˌum tanzen; **re'vers·i·ble** [-səbl] *adj.* **1.** *a.* ⚗, ⚕, *phys.* 'umkehrbar; **2.** doppelseitig, wendbar (*Stoff, Mantel*); **3.** ⊕ 'umsteuerbar; **4.** ⚖ 'umstoßbar; **re'vers·ing** [-siŋ] *adj.* ⊕, *phys.* Umkehr..., Umsteuerungs...: ~ *gear* a) Umsteuerung, b) Wendegetriebe, c) Rückwärtsgang; ~ *pole* ⚡ Wendepol; ~ *switch* ⚡ Wendeschalter; **re'ver·sion** [-ə:ʃən] *s.* **1.** *a.* ⚗ 'Umkehrung *f*; **2.** ⚖ a) Heim-, Rückfall *m*, b) *a. right of* ~ Heimfallsrecht *n*; **3.** ⚖ a) Anwartschaft *f* (*of* auf *acc.*), b) Anwartschaftsrente *f*; **4.** *biol.* a) Rückartung *f*, b) Ata'vismus *m*; **5.** ⚡ 'Umpolung *f*; **re'ver·sion·ar·y** [-ə:ʃnəri] *adj.* **1.** ⚖ anwartschaftlich, Anwartschafts...: ~ *annuity* Rente auf den Überlebensfall; ~ *heir* Nacherbe; **2.** *biol.* ata'vistisch; **re'ver·sion·er** [-ə:ʃnə] *s.* ⚖ **1.** Anwartschaftsberechtigte(r *m*) *f*, Anwärter(in); **2.** Nacherbe *m*;
re·vert [ri'və:t] **I.** *v/i.* **1.** zu'rückkehren (*to* zu *s-m Glauben etc.*); **2.** zu'rückkommen (*to* auf *e-n Brief, ein Thema etc.*); **3.** wieder zu'rückfallen (*to* in *acc.*): *to* ~ *to barbarism*; **4.** ⚖ zu'rück-, heimfallen (*to s.o.* an j-n); **5.** *biol.* zu'rückschlagen (*to* zu); **II.** *v/t.* **6.** *Blick* (zu'rück)wenden; **re'vert·i·ble** [-ə:təbl] *adj.* ⚖ heimfällig (*Besitz*).
re·vet·ment [ri'vetmənt] *s.* **1.** ⊕ Verkleidung *f*, Futtermauer *f* (*Ufer etc.*); **2.** ⚔ Splitterschutzwand *f*.
re·view [ri'vju:] **I.** *s.* **1.** 'Nachprüfung *f*, (Über)'Prüfung *f*, Revisi'on *f*: *court of* ~ ⚖ Rechtsmittelgericht; *to be under* ~ überprüft werden; **2.** (Buch)Besprechung *f*, Rezensi'on *f*, Kri'tik *f*; **3.** Rundschau *f* (*kritische Zeitschrift*); **4.** ⚔ Pa'rade *f*, Truppenschau *f*: *naval* ~ Flottenparade; *to pass in* ~ a) mustern, b) (vorbei-) defilieren (lassen); **5.** Rückblick *m*, -schau *f* (*of* auf *acc.*): *to pass in* ~ a) Rückschau halten über (*acc.*), b) *im Geiste* durchmustern; **6.** Bericht *m*, 'Übersicht *f*, -blick *m* (*of* über *acc.*): *market* ~ ☤ Markt-, Börsenbericht; *month under* ~ Berichtsmonat; **7.** 'Durchsicht *f*; **8.** → *revue*; **II.** *v/t.* **9.** nachprüfen, (über)'prüfen, e-r Revisi'on unter'ziehen; **10.** ⚔ besichtigen, inspizieren; **11.** *fig.* zu'rückblicken auf (*acc.*); **12.** über'blicken, -'schauen: *to* ~ *the situation*; **13.** e-n 'Überblick geben über (*acc.*); **14.** *Buch* besprechen, rezensieren; **III.** *v/i.* **15.** (Buch-) Besprechungen schreiben; **re'view·er** [-ju(:)ə] *s.* 'Kritiker *m*, Rezen'sent *m*: ~*'s copy* Rezensionsexemplar.
re·vile [ri'vail] *v/t. u. v/i.* schmähen; **re'vile·ment** [-mənt] *s.* Schmähung *f*, Verunglimpfung *f*.
re·vis·al [ri'vaizəl] *s.* **1.** (Nach)Prüfung *f*; **2.** (nochmalige) 'Durchsicht; **3.** *typ.* zweite Korrek'tur; **re·vise** [ri'vaiz] **I.** *v/t.* **1.** revidieren: a) *typ.* in zweiter Korrektur lesen, b) *Buch* über'arbeiten: ~*d edition* verbesserte Auflage, c) *fig. Ansicht* ändern; **2.** über'prüfen, (wieder-) 'durchsehen; **II.** *s.* **3.** *a.* ~ *proof typ.* Revisi'onsbogen *m*, Korrek'turabzug *m*; **4.** → *revision*; **re'vis·er** [-zə] *s.* **1.** *typ.* Kor'rektor *m*; **2.** Bearbeiter *m*; **re·vi·sion** [ri'viʒən] *s.* **1.** Revisi'on *f*: a) 'Durchsicht *f*, b) Über'arbeitung *f*, c) Korrek'tur *f*; **2.** verbesserte Ausgabe *od.* Auflage.
re·vis·it ['ri:'vizit] *v/t.* nochmals *od.* wieder besuchen.
re·vi·tal·ize ['ri:'vaitəlaiz] *v/t.* neu beleben, 'wiederbeleben.
re·viv·al [ri'vaivəl] *s.* **1.** 'Wiederbelebung *f* (*a.* ☤; *a.* ⚖ *von Rechten*): ~ *of architecture* Neugotik; ♀ *of Learning hist.* Renaissance; **2.** Wieder'aufleben *n*, -'aufblühen *n*, Erneuerung *f*; **3.** *eccl.* a) Erweckung *f*, b) Erweckungsversammlung *f*; **4.** Wieder'aufgreifen *n e-s veralteten Worts etc.*; *thea.* Wieder'aufnahme *f e-s vergessenen Stücks*; **re'viv·al·ism** [-vəlizəm] *s. bsd. U.S.A.* a) (religi'öse) Erweckungsbewegung, ˌEvangelisati'on *f*, b) Erweckungseifer *m*; **re·vive** [ri'vaiv] **I.** *v/t.* **1.** 'wiederbeleben (*a. fig.*); **2.** *Anspruch, Gefühl, Hoffnung, Streit etc.* wieder'aufleben lassen; *Gefühle* 'wiedererwecken; *Brauch, Gesetz* wieder'einführen; *Vertrag* erneuern; *Gerechtigkeit, Ruf* wieder'herstellen; *Thema* wieder'aufgreifen; **3.** *thea. Stück* wieder auf die Bühne bringen; **4.** ⊕ *Metall* frischen; **II.** *v/i.* **5.** wieder (zum Leben) erwachen; **6.** das Bewußtsein 'wiedererlangen; **7.** *fig.* wieder'aufleben (*a. Rechte*); 'wiedererwachen (*Haß etc.*); wieder'aufblühen; ☤ sich erholen; **8.** wieder'auftreten; wieder'aufkommen (*Brauch etc.*); **re'viv·er** [-və] *s.* **1.** ⊕ Auffrischungs-, Regenerierungsmittel *n*; **2.** *sl.* (*alkoholische*) Stärkung; **re·viv·i·fy** [ri(:)'vivifai] *v/t.* **1.** 'wiederbeleben; **2.** *fig.* wieder'aufleben lassen, neu beleben.
rev·o·ca·ble ['revəkəbl] *adj.* □ 'widerruflich; **rev·o·ca·tion** [revə'keiʃən] *s.* ⚖ 'Widerruf *m*, Aufhebung *f*; (*Lizenz- etc.*)Entziehung *f*.
re·voke [ri'vouk] **I.** *v/t.* wider'rufen, aufheben, rückgängig machen; **II.** *v/i. Kartenspiel*: nicht Farbe bekennen, nicht bedienen.
re·volt [ri'voult] **I.** *s.* **1.** Re'volte *f*, Aufruhr *m*, Aufstand *m*; **II.** *v/i.* **2.** a) (*a. fig.*) revoltieren, sich em'pören, sich auflehnen (*against* gegen), b) abfallen (*from* von); **3.** *fig.* 'Widerwillen empfinden (*at* über *acc.*), sich sträuben *od.* empören (*against, at, from* gegen); **III.** *v/t.* **4.** *fig.* empören, mit Abscheu erfüllen, abstoßen; **re'volt·ing** [-tiŋ] *adj.* □ em'pörend, abstoßend, widerlich.
rev·o·lu·tion [revə'lu:ʃən] *s.* **1.** 'Umwälzung *f*, -drehung *f*, Rotati'on *f*: ~*s per minute* ⊕ Umdrehungen pro Minute, Dreh-, Tourenzahl; ~ *counter* Drehzahlmesser, Tourenzähler; **2.** *ast.* a) Kreislauf *m* (*a. fig.*), b) Umdrehung *f*, c) 'Umlauf(zeit *f*) *m*; **3.** *fig.* Revoluti'on *f*: a) Umwälzung *f*, 'Umschwung *m*, b) *pol.* 'Umsturz *m*; **rev·o'lu·tion·ar·y** [-ʃnəri] **I.** *adj.* revolutio'när: a) *pol.* Revolutions..., Umsturz..., b) *fig.* 'umwälzend, e'pochemachend;

II. *s. a.* **rev·o'lu·tion·ist** [-ʃnist] Revolutio'när(in) (*a. fig.*); **rev·o-'lu·tion·ize** [-ʃnaiz] *v/t.* **1.** aufwiegeln, in Aufruhr bringen; **2.** *Staat* revolutionieren (*a. fig. völlig umgestalten*).

re·volve [ri'vɔlv] **I.** *v/i.* **1.** *bsd.* ⚐, ⊕, *phys.* sich drehen, kreisen, rotieren (*on, about* um *e-e Achse, round* um *e-n Mittelpunkt*); **2.** e-n Kreislauf bilden, da'hinrollen (*Jahre etc.*); **II.** *v/t.* **3.** drehen, rotieren lassen; **4.** *fig.* (hin u. her) über'legen, *Gedanken, Problem* wälzen; **re'volv·er** [-və] *s.* Re'volver *m*; **re'volv·ing** [-viŋ] *adj.* **a)** sich drehend, kreisend, drehbar (*about, round* um), **b)** Dreh...(*-bleistift, -brücke, -bühne, -tür etc.*): ~ *credit* ✝ Revolving-Kredit; ~ *shutter* Rolladen.

re·vue [ri'vju:] *s. thea.* **1.** Re'vue *f*, Ausstattungsstück *n*; **2.** sa'tirische Kaba'rettvorführung.

re·vul·sion [ri'vʌlʃən] *s.* **1.** ⚕ Ableitung *f*; **2.** *fig.* 'Umschwung *m*, heftige Reakti'on; **re'vul·sive** [-lsiv] ⚕ **I.** *adj.* ableitend; **II.** *s.* ableitendes Mittel.

re·ward [ri'wɔ:d] **I.** *s.* **1.** Entgelt *n*; Belohnung *f*, *a.* Finderlohn *m*; **2.** Vergeltung *f*, (gerechter) Lohn; **II.** *v/t.* **3.** *j-n od. et.* belohnen (*a. fig.*); *fig. j-m* vergelten (*for s.th.* et.); *j-n od. et.* bestrafen; **re'ward·ing** [-diŋ] *adj.* lohnend (*a. fig.*); *fig.* dankbar (*Aufgabe*).

re·word ['ri:'wɔ:d] *v/t.* neu *od.* anders formulieren.

re·write ['ri:'rait] **I.** *v/t. u. v/i.* [*irr.* → *write*] **1.** nochmals *od.* neu schreiben; **2.** 'umschreiben; *Am. Pressebericht* redigieren, über'arbeiten; **II.** *s.* **3.** *Am.* redigierter Bericht: ~ *man* Überarbeiter.

Rex [reks] (*Lat.*) *s.* ⚖ *Brit. der* König.

rhap·sod·ic *adj.*; **rhap·sod·i·cal** [ræp'sɔdik(əl)] *adj.* □ **1.** rhap'sodisch; **2.** *fig.* begeistert, 'überschwenglich, ek'statisch; **rhap·so·dist** ['ræpsədist] *s.* **1.** Rhap'sode *m*; **2.** *fig.* begeisterter Schwärmer; **rhap·so·dize** ['ræpsədaiz] *v/i. fig.* schwärmen (*about, on* von); **rhap·so·dy** ['ræpsədi] *s.* **1.** Rhapso'die *f* (*a.* ♪); **2.** *fig.* (Wort)Schwall *m*, Schwärme'rei *f*: *to go into rhapsodies over* in Ekstase geraten über (*acc.*).

rhe·o·stat ['ri:oustæt] *s.* ⚡ Rheo'stat *m*, 'Regel,widerstand *m*.

Rhe·sus fac·tor ['ri:səs] *s.* 'Rhesus,faktor *m*, R'h-,Faktor *m*.

rhet·o·ric ['retərik] *s.* **1.** Rhe'torik *f*, Redekunst *f*; **2.** *ped. Am.* Stilübungen *pl.*, Aufsatz *m*; **3.** *fig. contp.* schöne Reden *pl.*, (leere) Phrasen *pl.*, Schwulst *m*; **rhe·tor·i·cal** [ri'tɔrikəl] **I.** *adj.* □ **1.** rhe'torisch, Redner...: ~ *question* rhetorische Frage; **2.** *contp.* schönrednerisch, phrasenhaft, schwülstig; **II.** *s.* **3.** *pl. ped. Am.* Rede-, Deklamati'onsübungen *pl.*; **rhet·o·ri·cian** [retə'riʃən] *s.* **1.** guter Redner, Redekünstler *m*; **2.** *contp.* Schönredner *m*, Phrasendrescher *m*.

rheu·mat·ic [ru(:)'mætik] ⚕ **I.** *adj.* (□ ~*ally*) **1.** rheu'matisch: ~ *fever* Gelenkrheumatismus; **II.** *s.* **2.** Rheu'matiker(in); **3.** *pl. dial.* 'Rheuma *n*; **rheu·ma·tism** ['ru:mətizəm] *s.* Rheuma'tismus *m*, Rheuma *n*: *articular* ~ Gelenkrheumatismus.

Rhine·land·er ['rainlændə] *s.* Rheinländer(in).

rhine·stone ['rainstoun] *s. min.* Rheinkiesel *m* (*Bergkristall*).

rhi·no[1] ['rainou] *s. Brit. sl.* ,Mo'neten' *pl.* (*Geld*).

rhi·no[2] ['rainou] *pl.* **-nos** *s.* F, **rhi·noc·er·os** [rai'nɔsərəs] *pl.* **-os·es**, *coll.* **-os** *s. zo.* Rhi'nozeros *n*, Nashorn *n*.

rhi·zoph·a·gous [rai'zɔfəgəs] *adj. zo.* wurzelfressend.

rhi·zo·pod ['raizəpɔd] *s. zo.* Rhizo'pode *m*, Wurzelfüßer *m*.

Rho·de·si·an [rou'di:zjən] **I.** *adj.* rho'desisch; **II.** *s.* Rho'desier(in).

rho·do·cyte ['roudəsait] *s. physiol.* rotes Blutkörperchen.

rho·do·den·dron [roudə'dendrən] *s.* ⚘ Rhodo'dendron *n, m*.

rhomb [rɔm] → *rhombus*; **'rhom·bic** [-bik] *adj.* 'rhombisch, rautenförmig; **rhom·bo·he·dron** [rɔmbə'hedrən] *pl.* **-he·dra** [-drə], **-he·drons** *s.* ⚐ Rhombo'eder *n*; **rhom·boid** ['rɔmbɔid] **I.** *s.* **1.** ⚐ Rhombo'id *n*, Parallelo'gramm *n*; **II.** *adj.* **2.** rautenförmig; **3.** → *rhomboidal*; **rhom'boi·dal** [rɔm'bɔidəl] *adj.* ⚐ rhombo'idförmig, rhombo'idisch; **rhom·bus** ['rɔmbəs] *pl.* **-bus·es, -bi** [-bai] *s.* ⚐ 'Rhombus *m*, Raute *f*.

rhu·barb ['ru:bɑ:b] *s.* **1.** ⚘ Rha'barber *m*; **2.** *Am. sl.* Krach *m*, Streit *m*.

rhumb [rʌm] *s.* **1.** Kompaßstrich *m*; **2.** *a.* ~*-line* **a)** ⚐ loxo'dromische Linie, **b)** ⚓ Dwarslinie *f*.

rhyme [raim] **I.** *s.* **1.** Reim *m* (*to* auf *acc.*): *without* ~ *or reason* ohne Sinn und Verstand; **2.** *sg. od. pl.* **a)** Vers *m*, **b)** Reim *m*, Gedicht *n*, Lied *n*; **II.** *v/i.* **3.** reimen, Verse machen; **4.** sich reimen (*with* mit, *to* auf *acc.*); **III.** *v/t.* **5.** reimen, in Reime bringen; **6.** *Wort* reimen lassen (*with* auf *acc.*); **'rhyme·less** [-lis] *adj.* reimlos; **'rhym·er** [-mə], **'rhyme·ster** [-stə] *s.* Verseschmied *m*; **'rhym·ing-dic·tion·ar·y** ['raimiŋ] *s.* Reimwörterbuch *n*.

rhythm ['riðəm] *s.* **1.** ♪ 'Rhythmus *m* (*a. Metrik u. fig.*); Takt *m*: *three-four* ~; *dance* ~*s* Tanzrhythmen, beschwingte Weisen; **2.** Versmaß *n*; **3.** ⚕ Pulsschlag *m*; **rhyth·mic** *adj.*; **rhyth·mi·cal** ['riðmik(əl)] *adj.* □ 'rhythmisch: **a)** taktmäßig, **b)** *fig.* regelmäßig ('wiederkehrend); **rhyth·mics** ['riðmiks] *s. pl. sg. konstr.* ♪ 'Rhythmik *f* (*a. Metrik*).

Ri·al·to [ri'æltou] *s. U.S.A. Theaterviertel am Broadway.*

rib [rib] **I.** *s.* **1.** *anat.* Rippe *f*; **2.** *Küche*: **a)** *a.* ~ *roast* Rippenstück *n*, **b)** Rippe(n)speer *m*; **3.** *humor.* ,Ehehälfte' *f*; **4.** ⚘ (Blatt)Rippe *f*, (-)Ader *f*; **5.** ⊕ Stab *m*, Stange *f*, (*a. Heiz-, Kühl- etc.*)Rippe *f*; **6.** △ (*Gewölbe- etc.*)Rippe *f*, Strebe *f*; **7.** ⚓ **a)** (Schiffs)Rippe *f*, Spant *n*, **b)** Spiere *f*; **8.** ♪ Zarge *f*; **9.** (*Stoff*)Rippe *f*: ~ *stitch Stricken*: linke Masche; **II.** *v/t.* **10.** mit Rippen versehen; **11.** *Stoff etc.* rippen; **12.** *sl.* ,aufziehen', hänseln.

rib·ald ['ribəld] **I.** *adj.* **1.** lästerlich, frech; **2.** zotig, ,saftig', ob'szön; **II.** *s.* **3.** Spötter(in), Lästermaul *n*; **4.** Zotenreißer *m*; **'rib·ald·ry** [-dri] *s.* ordi'näre Rede(n *pl.*), Zoten(reiße'rei *f*) *pl.*, saftige Späße *pl.*

rib·and ['ribənd] *s.* (Zier)Band *n*.

ribbed [ribd] *adj.* gerippt, geriffelt, Rippen...: ~ *cooler* ⊕ Rippenkühler; ~ *glass* Riffelglas.

rib·bon ['ribən] *s.* **1.** Band *n*, Borte *f*; **2.** Ordensband *n*; **3.** (schmaler) Streifen; **4.** Fetzen *m*: *to tear to* ~*s* in Fetzen reißen; **5.** Farbband *n* (*Schreibmaschine*); **6.** ⊕ **a)** (Me'tall)Band *n*, (-)Streifen *m*, **b)** (Holz)Leiste *f*: ~ *microphone* Bandmikrophon; ~ *saw* Bandsäge; **7.** *pl.* Zügel *pl.*; ~ **build·ing,** ~ **de·vel·op·ment** *s.* △ *Brit.* Stadtrandsiedlung *f* entlang der Landstraße.

rib·bon·ed ['ribənd] *adj.* **1.** bebändert; **2.** gestreift.

ri·bo·fla·vin [raibou'fleivin] *s.* ⚕ Ribofla'vin *n* (*Vitamin* B_2).

rice [rais] *s.* ⚘ Reis *m*; **'~-flour** *s.* Reismehl *n*; **'~-pa·per** *s.* 'Reispa,pier *n*.

ric·er ['raisə] *s. Am.* Kar'toffelpresse *f*.

rich [ritʃ] **I.** *adj.* □ **1.** reich (*in* an *dat.*) (*a. fig.*), wohlhabend: ~ *in cattle* viehreich; ~ *in hydrogen* wasserstoffreich; ~ *in ideas* ideenreich; **2.** schwer (*Stoff*), prächtig, kostbar (*Seide, Schmuck etc.*); **3.** reich(lich), reichhaltig, ergiebig (*Ernte etc.*); **4.** fruchtbar, fett (*Boden*); **5. a)** *geol.* (erz)reich, fündig (*Lagerstätte*), **b)** *min.* reich, fett (*Erz*): *to strike it* ~ *min.* auf Öl *etc.* stoßen, *fig.* arrivieren, zu Geld kommen; **6.** ⚗ schwer; *mot.* fett, gasreich (*Luftgemisch*); **7.** schwer, fett (*Speise*); **8.** schwer, kräftig (*Wein, Duft etc.*); **9.** satt, voll (*Farbton*); **10.** voll, satt (*Ton*); voll(tönend), klangvoll (*Stimme*); **11.** inhalt(s)reich; **12.** F ,köstlich', spaßig; **II.** *s.* **13.** *coll. the* ~ die Reichen *pl.*; **rich·es** ['ritʃiz] *s. pl.* Reichtum *m*, -tümer *pl.*; **'rich·ness** [-nis] *s.* **1.** Reichtum *m*, Reichhaltigkeit *f*, Fülle *f*; **2.** Pracht *f*; **3.** Ergiebigkeit *f*; **4.** Nahrhaftigkeit *f*; **5.** (Voll)Gehalt *m*, Schwere *f* (*Wein etc.*); **6.** Sattheit *f* (*Farbton*); **7.** Klangfülle *f*.

rick[1] [rik] ✐ *bsd. Brit.* **I.** *s.* (Getreide-, Heu)Schober *m*; **II.** *v/t.* schobern.

rick[2] [rik] → *wrick*.

rick·ets ['rikits] *s. sg. od. pl. konstr.* ⚕ Ra'chitis *f*, englische Krankheit; **'rick·et·y** [-ti] *adj.* **1.** ⚕ ra'chitisch; **2.** gebrechlich (*Person*); wack(e)lig (*Möbel etc.*) (*a. fig. unsicher*).

rick·rack ['rikræk] *s. Am.* Zackenlitze(nbesatz *m*) *f*.

ric·o·chet ['rikəʃet] **I.** *s.* **1.** Abprallen *n*; **2.** ⚔ **a)** Rikoschettieren *n*, **b)** *a.* ~ *shot* Abpraller *m*, Querschläger *m*; **II.** *v/i. u. v/t.* **3.** abprallen (lassen); ⚔ rikoschettieren (lassen).

rid [rid] *v/t.* [*irr.*] befreien, frei machen (*of* von): *to get* ~ *of j-n od. et.* loswerden; *to be* ~ *of j-n od. et.* los sein; **rid·dance** ['ridəns] *s.* Befreiung *f*, Erlösung *f*: (*he is a*) *good* ~! man ist froh, daß man ihn los ist!, den wären wir los!

rid·den ['ridn] **I.** *p.p. von ride*; **II.** *adj. in Zssgn* bedrückt, geplagt, gepeinigt von: *fever-*~; *pest-*~ von der Pest heimgesucht.

rid·dle[1] ['ridl] **I.** *s.* **1.** Rätsel *n* (*a. fig.*): *to speak in* ~*s* → *4*; **II.** *v/t.* **2.** enträtseln: ~ *me* rate mal; **3.** *fig. j-n* vor ein Rätsel stellen; **III.** *v/i.* **4.** *fig.* in Rätseln sprechen.

rid·dle[2] ['ridl] **I.** *s.* **1.** grobes (Draht)Sieb, Schüttelsieb *n*, Rätter *m*; **II.** *v/t.* **2.** ('durch-, aus)sieben; **3.** *fig.* durch'sieben, durch'löchern: *to* ~ *s.o. with bullets*; **4.** *fig. Argument etc.* zerpflücken; **5.** *fig.* mit Fragen bestürmen.

ride [raid] **I.** *s.* **1. a)** Ritt *m*, **b)** Fahrt *f* (*bsd. auf e-m* [*Motor*]*Rad od. in e-m öffentlichen Verkehrsmittel*): *to go for a* ~, *to take a* ~ **a)** ausreiten, **b)** ausfahren; *to give s.o. a* ~ j-n reiten *od.* fahren lassen, j-n *im Auto etc.* mitnehmen; *to take s.o. for a* ~ F **a)** j-n (im Auto entführen und) umbringen, **b)** j-n ‚reinlegen' (*betrügen*), **c)** j-n ‚auf den Arm nehmen' (*hänseln*); **2.** Reitweg *m*, Schneise *f*; **II.** *v/i.* [*irr.*] **3.** reiten (*a. fig. rittlings sitzen*): *to* ~ *out* F ausreiten; *to* ~ *for* zustreben (*dat.*), entgegeneilen (*dat.*); *to* ~ *for a fall* halsbrecherisch reiten, *fig.* in sein Verderben rennen; *to* ~ *up* hochrutschen (*Kragen etc.*); *let it* ~! F laß die Karre laufen!; **4.** fahren: *to* ~ *on a bicycle* radfahren; *to* ~ *in a train* mit e-m Zug fahren; **5.** sich (fort-) bewegen, da'hinziehen (*a. Mond, Wolken etc.*); **6.** (auf dem Wasser) treiben, schwimmen; *fig.* schweben: *to* ~ *at anchor* ⚓ vor Anker liegen; *to* ~ *on the waves of popularity fig.* von der Woge der Volksgunst getragen werden; *to* ~ *on the wind* sich vom Wind tragen lassen (*Vogel*); *to be riding on air fig.* glücksverklärt sein; **7.** *fig.* ruhen, liegen, sich drehen (*on* auf *dat.*); **8.** sich über'lagern (*z.B.* ⚕ *Knochenfragmente*); ⚓ unklar laufen (*Tau*); **9.** ⊕ fahren, laufen, gleiten; **10.** zum Reiten *gut etc.* geeignet sein (*Boden*); **11.** im Reitdreß wiegen; **III.** *v/t.* [*irr.*] **12.** reiten: *to* ~ *at Pferd* lenken nach *od.* auf (*acc.*); *to* ~ *to death* zu Tode hetzen (*a. fig. Theorie, Witz etc.*); *to* ~ *a race* an e-m Rennen teilnehmen; **13.** reiten *od.* rittlings sitzen (lassen) auf (*dat.*); *j-n auf den Schultern* tragen; **14.** *Motorrad etc.* fahren, lenken: *to* ~ *over j-n* überfahren, *fig. j-n* tyrannisieren, über *e-e Sache* rücksichtslos hinweggehen; **15.** *fig.* reiten *od.* schwimmen *od.* schweben auf (*dat.*): *to* ~ *the waves* auf den Wellen reiten; **16.** aufliegen *od.* ruhen auf (*dat.*); **17.** tyrannisieren, beherrschen; *weitS.* heimsuchen, plagen, quälen; *j-m* bös zusetzen (*a. mit Kritik*); *Am.* F *j-n* reizen, hänseln: *the devil* ~*s him* ihn reitet der Teufel; → *ridden II*; **18.** *Land* durch'reiten; ~ **down** *v/t.* **1.** über'holen; **2. a)** niederreiten, **b)** über'fahren; ~ **out** *v/t. Sturm etc.* (gut) über'stehen (*a. fig.*).

rid·er ['raidə] *s.* **1.** Reiter(in); **2.** (Mit)Fahrer(in); **3.** ⊕ **a)** Oberteil *n*, **b)** Laufgewicht *n* (*Waage*); **4.** △ Strebe *f*; **5.** ⚓ Binnenspant *n*; **6.** ⚖ **a)** Zusatz(klausel *f*) *m*, **b)** Beiblatt *n*, **c)** ('Wechsel)Al‚longe *f*, **d)** zusätzliche Empfehlung; **7.** ⩤ Zusatzaufgabe *f*; **8.** ⚒ Salband *n*.

ridge [ridʒ] **I.** *s.* **1. a)** (Gebirgs-) Kamm *m*, Grat *m*, Kammlinie *f*, **b)** Berg-, Hügelkette *f*, **c)** Wasserscheide *f*; **2.** Kamm *m e-r Welle*; **3.** Rücken *m der Nase, e-s Tiers*; **4.** △ (Dach)First *m*; **5.** ✎ **a)** (Furchen)Rain *m*, **b)** erhöhtes Mistbeet; **6.** ⊕ Wulst *m*; **7.** *meteor.* Hochdruckgürtel *m*; **II.** *v/t. u. v/i.* **8.** (sich) furchen; '**~-pole** *s.* **1.** △ Firstbalken *m*; **2.** Firststange *f* (*Zelt*); '**~-soar·ing** *s.* ✈ Hangsegeln *n*; '**~-tile** *s.* △ Firstziegel *m*; '**~·way** *s.* Kammlinien-, Gratweg *m*.

rid·i·cule ['ridikju:l] **I.** *s.* Spott *m*: *to hold up to* ~ → *II*; *to turn* (*in*)*to* ~ *et.* ins Lächerliche ziehen; **II.** *v/t.* lächerlich machen, verspotten; **ri·dic·u·lous** [ri'dikjuləs] *adj.* □ lächerlich; **ri·dic·u·lous·ness** [ri'dikjuləsnis] *s.* Lächerlichkeit *f*.

rid·ing ['raidiŋ] **I.** *s.* **1.** Reiten *n*; Reitsport *m*; **2.** Fahren *n*; **3.** Reitweg *m*; **4.** *Brit.* Verwaltungsbezirk *m*; **II.** *adj.* **5.** Reit...: ~*-horse*; '**~-breech·es** *s. pl.* Reithose *f*; '**~-hab·it** *s.* Reitkleid *n*.

rife [raif] *adj. pred.* **1.** weit verbreitet, häufig: *to be* ~ (vor)herrschen, grassieren; *to grow* (*od. wax*) ~ überhandnehmen; **2.** (*with*) voll (von), angefüllt (mit).

rif·fle ['rifl] **I.** *s.* **1.** ⊕ Rille *f*, Riefelung *f*; **2.** *Am.* **a)** seichter Abschnitt (*Fluß*), **b)** Stromschnelle *f*; **3.** Stechen *n* (*Mischen von Spielkarten*); **II.** *v/t.* **4.** ⊕ riffeln; **5.** *Spielkarten* stechen (*mischen*); **6.** 'durchblättern; *Zettel etc.* durchein'anderbringen; '**rif·fler** [-lə] *s.* ⊕ Loch-, Riffelfeile *f*.

riff-raff ['rifræf] *s.* Pöbel *m*, Gesindel *n*.

ri·fle[1] ['raifl] **I.** *s.* **1.** Gewehr *n* (*mit gezogenem Lauf*), Büchse *f*; **2.** *pl.* ⚔ Schützen *pl.*; **II.** *v/t.* **3.** *Gewehrlauf* ziehen.

ri·fle[2] ['raifl] *v/t.* (aus)plündern.

'**ri·fle|-corps** *s.* Schützenkorps *n*; '**~·man** [-mən] *s.* [*irr.*] ⚔ Schütze *m*, Jäger *m*; '**~-pit** *s.* ⚔ Schützenloch *n*; '**~-prac·tice** *s.* ⚔ Schießübung *f*; '**~-range** *s.* **1.** Schießstand *m*; **2.** Schußweite *f*; '**~-shot** *s.* **1.** Gewehrschuß *m*; **2.** Schußweite *f*; **3.** *guter etc.* Schütze.

ri·fling ['raifliŋ] *s.* **1.** Ziehen *n e-s Gewehrlaufs etc.*; **2.** Züge *pl.*, Drall *m*.

rift [rift] **I.** *s.* **1.** Spalte *f*, Spalt *m*, Ritze *f*; **2.** Sprung *m*, Riß *m*: *a little* ~ *within the lute fig.* der Anfang vom Ende; **II.** *v/t.* **3.** (zer)spalten; '**~-val·ley** *s. geol.* Senkungsgraben *m*.

rig[1] [rig] **I.** *s.* **1.** ⚓ Takelung *f*, Take'lage *f*; ✈ (Auf)Rüstung *f*; **2.** Ausrüstung *f*; **3.** F *fig.* ‚Auftakelung' *f*, Aufmachung *f* (*Kleidung*); **4.** *Am.* Gespann *n*; **II.** *v/t.* **5.** ⚓ **a)** *Schiff* auftakeln, **b)** *Segel* anschlagen; **6.** ✈ (auf)rüsten, montieren; **7.** ~ *out*, ~ *up* **a)** ⚓ *etc.* ausrüsten, -statten, **b)** F *fig. j-n* ‚auftakeln', ausstaffieren; **8.** *oft* ~ *up* (behelfsmäßig) zs.-bauen, zs.-basteln.

rig[2] [rig] **I.** *v/t.* ✝ *Markt etc.*, *pol. Wahl* manipulieren, (durch Schiebung) beeinflussen; **II.** *s.* ('Schwindel)Ma‚növer *n*, Schiebung *f*.

rig·ger ['rigə] *s.* **1.** ⚓ Takler *m*; **2.** ✈ Mon'teur *m*, ('Rüst)Me‚chaniker *m*; **3.** △ Schutzgerüst *n*; **4.** ⊕ Schnur-, Riemenscheibe *f*; **5.** ✝ Kurstreiber *m*.

rig·ging ['rigiŋ] *s.* **1.** ⚓ Take'lage *f*, Takelwerk *n*, Gut *n*: *running* (*standing*) ~ laufendes (stehendes) Gut; **2.** ✈ Verspannung *f*; **3.** → *rig*[2] *II*; '**~-loft** *s. thea.* Schnürboden *m*.

right [rait] **I.** *adj.* □ → *rightly*; **1.** richtig, recht, angemessen: *it is only* ~ es ist nicht mehr als recht und billig; *he is* ~ *to do so* er tut recht daran (, so zu handeln); *the* ~ *thing* das Richtige; *to say the* ~ *thing* das rechte Wort finden; **2.** richtig: **a)** kor'rekt, **b)** wahr(heitsgemäß): *the solution is* ~ die Lösung stimmt *od.* ist richtig; *is your watch* ~? geht Ihre Uhr richtig?; *to be* ~ recht haben; *to get s.th.* ~ et. klarlegen, et. in Ordnung bringen; *to get it* ~ F es ‚klarbekommen' (*richtig verstehen*); *all* ~! **a)** alles in Ordnung, **b)** ganz recht!, sehr wohl!, **c)** abgemacht!, in Ordnung!, gut!, (na) schön!; ~ *you are!* F richtig!, jawohl!; *that's* ~! ganz recht!, stimmt!; **3.** richtig, geeignet: *he is the* ~ *man* er ist der Richtige; *the* ~ *man in the* ~ *place* der rechte Mann am rechten Platz; **4.** gesund, wohl: *to feel quite all* ~ sich ganz wohl fühlen; *out of one's* ~ *mind*, *not* ~ *in one's* (*od. the*) *head* F nicht ganz bei Trost; *in one's* ~ *mind* bei klarem Verstand; **5.** richtig, in Ordnung: *to come* ~ in Ordnung kommen; *to put* (*od. set*) ~ **a)** in Ordnung bringen, **b)** *j-n* (über e-n Irrtum) aufklären, **c)** *Irrtum* richtigstellen, **d)** *j-n* gesund machen; *to put o.s.* ~ *with s.o.* **a)** sich vor j-m rechtfertigen, **b)** sich mit j-m gut stellen; **6.** recht, Rechts... (*a. pol.*): ~ *arm* (*od. hand*) *fig.* rechte Hand; ~ *side* rechte Seite, Oberseite (*a. Münze, Stoff etc.*); *on* (*od. to*) *the* ~ *side* rechts, rechter Hand; *on the* ~ *side of 40* noch nicht 40 (Jahre alt); ~ *turn* Rechtswendung (um 90 Grad); ~ *wing* **a)** *sport u. pol.* rechter Flügel, **b)** *sport* Rechtsaußen (*Spieler*); **7.** ⩤ **a)** recht(*er Winkel*), **b)** rechtwink(e)lig (*Dreieck*), **c)** gerade (*Linie*), **d)** senkrecht (*Figur*): *at* ~ *angles* rechtwink(e)lig; **8.** *obs.* rechtmäßig (*Erbe*); echt (*Kognak etc.*); **II.** *adv.* **9.** richtig, recht: *to act* (*od. do*) ~; *to guess* ~ richtig (er)raten; **10.** recht, richtig, gut: *nothing goes* ~ *with me* (bei) mir geht alles schief; *to turn out* ~ gut ausgehen; → *5*; **11.** rechts (*from* von); nach rechts; auf der rechten Seite: ~ *and left* rechts und links, *fig.* von *od.* auf *od.* nach allen Seiten; ~ *about face!* ⚔ (ganze Abteilung,) kehrt!; **12.** gerade(wegs), (schnur)stracks, so'fort: ~ *ahead*, ~ *on* geradeaus; ~ *away* (*od. off*) *bsd.*

Am. sofort, gleich; ~ *now Am.* jetzt (gleich); **13.** völlig, ganz (und gar), di'rekt: *rotten ~ through* durch und durch faul; **14.** genau, gerade: ~ *in the middle*; **15.** F ‚richtig', ‚ordentlich': *I was ~ glad*; **16.** *obs.* recht, sehr: *to know ~ well* sehr wohl wissen; **17.** ♀ *in Titeln*: hoch, sehr: ~ *Hono(u)rable* Sehr Ehrenwert; → *reverend 2*; **III.** *s.* **18.** Recht *n*: *of (od. by) ~s* von Rechts wegen, rechtmäßig, eigentlich; *in the ~* im Recht; ~ *and wrong* Recht und Unrecht; *to do s.o. ~* j-m Gerechtigkeit widerfahren lassen; *to give s.o. his ~s* j-m sein Recht geben *od.* lassen; **19.** ⚖ (subjek'tives) Recht, Anrecht *n*, (Rechts-) Anspruch *m* (*to* auf *acc.*); Berechtigung *f*: *~s and duties* Rechte und Pflichten; ~ *of inheritance* Erbschaftsanspruch; ~ *of possession* Eigentumsrecht; ~ *of sale* Verkaufsrecht; ~ *of way* → *right-of-way*; *industrial ~s* gewerbliche Schutzrechte; *by ~ of* kraft (*gen.*), auf Grund (*gen.*); *in ~ of his wife* **a)** im Namen s-r Frau, **b)** von seiten s-r Frau; *in one's own ~* aus eigenem Recht; *to be within one's ~s* das Recht auf s-r Seite haben; **20.** *das* Rechte *od.* Richtige: *to do the ~*; **21.** *pl.* (richtige) Ordnung: *to bring (od. put od. set) s.th. to ~s* et. (wieder) in Ordnung bringen; **22.** wahrer Sachverhalt: *to know the ~s of a case*; **23.** *die* Rechte, rechte Seite (*a. Stoff*): *on (od. to) the ~* rechts, zur Rechten; *on the ~ of* rechts von; *to keep to the ~* sich rechts halten; *to turn to the ~* (sich) nach rechts wenden; **24.** rechte Hand, Rechte *f*; **25.** *Boxen*: **a)** Rechte *f* (*Faust*), **b)** Rechte(r *m*) *f* (*Schlag*); **26.** ♀ *pol.* **a)** rechter Flügel, **b)** 'Rechtspar,tei *f*; **IV.** *v/t.* **27.** (⚓ auf)richten, ins Gleichgewicht bringen; ✈ *Maschine* abfangen; **28.** *Fehler, Irrtum* berichtigen: *to ~ itself* **a)** sich wieder ausgleichen, **b)** (wieder) in Ordnung kommen; **29.** *Unrecht etc.* wieder'gutmachen, in Ordnung bringen; **30.** *Zimmer etc.* in Ordnung bringen; **31.** *j-m* zu s-m Recht verhelfen: *to ~ o.s.* sich rehabilitieren; **V.** *v/i.* **32.** sich wieder aufrichten.

'right|-a·bout I. *adj.*: ~ *face (od. turn)* Kehrtwendung (*a. fig.*); **II.** *s.*: *to send s.o. to the ~* j-n ‚abfahren lassen' (*abweisen*); **'~-'an·gled** → *right 7 b*; **'~-'down** *adj. u. adv.* ‚regelrecht', ausgesprochen.

right·eous ['raitʃəs] **I.** *adj.* □ gerecht (*a. Sache, Zorn*), rechtschaffen; **II.** *s. coll. the ~* die Gerechten *pl.*; **'right·eous·ness** [-nis] *s.* Rechtschaffenheit *f*.

'right|·ful [-ful] *adj.* □ rechtmäßig; **'~-hand** *adj.* **1.** recht, zur Rechten (stehend *etc.*): ~ *man* **a)** ⚔ rechter Nebenmann, **b)** *fig.* rechte Hand; **2.** rechtshändig (*Schlag etc.*); **3.** ⊕ Rechts...; rechtsgängig (*Schraube*); rechtsläufig (*Motor*): ~ *thread* Rechtsgewinde; **'~-'handed** *adj.* **1.** rechtshändig (*Person, a. Schlag etc.*); **2.** → *right-hand 3*; **'~-'hand·er** [-'hændə] *s.* F **1.** Rechtshänder *m*; **2.** → *right 25 b*.

right·ist ['raitist] *adj. pol.* 'rechtspar,teiisch, -stehend.

right·ly ['raitli] *adv.* **1.** richtig; **2.** mit Recht.

'right-'mind·ed *adj.* rechtschaffen.

right·ness ['raitnis] *s.* **1.** Richtigkeit *f*; **2.** Rechtmäßigkeit *f*; **3.** Geradheit *f* (*Linie*).

right·o ['rait'ou] *int. Brit.* F gut!, schön!, in Ordnung!

'right-of-'way *pl.* **'rights-of-'way** *s.* **1.** *Verkehr*: **a)** Vorfahrt *f*, **b)** Vorfahrtsrecht *n*: *to yield the ~* (die) Vorfahrt gewähren (*to dat.*); **2.** Wegerecht *n*; **3.** öffentlicher Weg; **4.** *Am.* zu öffentlichen Zwecken enteignetes (*z.B.* Bahn)Gelände.

right·oh → *righto*.

rig·id ['ridʒid] *adj.* □ **1.** starr, steif; **2.** ⊕ **a)** starr, unbeweglich, **b)** (stand-, form)fest, sta'bil: ~ *airship* Starrluftschiff; **3.** *fig.* **a)** streng (*Disziplin, Glaube, Sparsamkeit etc.*), **b)** starr (*Politik*, ☤ *Preise etc.*), **c)** streng, hart, unbeugsam (*Person*);

ri·gid·i·ty [ri'dʒiditi] *s.* **1.** Starr-, Steifheit *f* (*a. fig.*), Starre *f*; **2.** ⊕ **a)** Starrheit *f*, Unbeweglichkeit *f*, **b)** (Stand-, Form)Festigkeit *f*, Stabili'tät *f*; **3.** *fig.* Strenge *f*, Härte *f*, Unnachgiebigkeit *f*.

rig·ma·role ['rigmәroul] *s.* Geschwätz *n*, Salbade'rei *f*: *to tell a long ~* lang u. breit erzählen.

rig·or[1] *Am.* → *rigour*.

rig·or[2] ['rigә] *s.* ⚕ **1.** Schüttel-, Fieberfrost *m*; **2.** Starre *f*.

ri·gor mor·tis ['raigɔ: 'mɔ:tis] *s.* ⚕ Leichenstarre *f*.

rig·or·ous ['rigәrәs] *adj.* □ **1.** streng, hart, rigo'ros: ~ *measures*; **2.** streng (*Winter*); rauh (*Klima etc.*); **3.** (peinlich) genau, strikt.

rig·our ['rigә] *s.* **1.** Strenge *f*, Härte *f* (*a. des Winters*); Rauheit *f* (*Klima*): *~s of the weather* Unbilden der Witterung; **2.** Ex'aktheit *f*, Schärfe *f*.

rile [rail] *v/t.* F ärgern: *to be ~d at* aufgebracht sein über (*acc.*).

rill [ril] *s.* Bächlein *n*, Rinnsal *n*.

rim [rim] **I.** *s.* **1.** Rand *m* (*a. Brille, Hut etc.*); **2.** ⊕ **a)** Felge *f*, **b)** (Rad-) Kranz *m*: *~-brake* Felgenbremse; **II.** *v/t.* **3.** mit e-m Rand versehen; einfassen; **4.** ⊕ *Rad* befelgen.

rime[1] [raim] *s. poet.* (Rauh)Reif *m*, Rauhfrost *m*.

rime[2] → *rhyme*.

rim·less ['rimlis] *adj.* randlos.

rim·y ['raimi] *adj.* bereift, voll Reif.

rind [raind] *s.* **1.** ⚘ (Baum)Rinde *f*, Borke *f*; **2.** (Brot-, Käse)Rinde *f*, Kruste *f*; **3.** (Speck)Schwarte *f*; **4.** (Obst-, Gemüse)Schale *f*; **5.** *fig.* Schale *f*, *das* Äußere.

rin·der·pest ['rindәpest] (*Ger.*) *s. vet.* Rinderpest *f*.

ring[1] [riŋ] **I.** *s.* **1.** *allg.* Ring *m* (*a.* ⚘, ⚗): *to form a ~ fig.* e-n Kreis bilden (*Personen*); **2.** ⊕ Öse *f*; **3.** *ast.* Hof *m*; **4.** (Zirkus)Ring *m*, Ma'nege *f*; **5.** (Box)Ring *m*: *to be in the ~ for fig. Am.* kämpfen um; **6.** *Rennsport*: **a)** Buchmacherstand *m*, **b)** *coll. die* Buchmacher *pl.*; **7.** ☤ Ring *m*, Kar'tell *n*; **8.** (*Verbrecher-, Spionage- etc.*)Ring *m*, Organisati'on *f*; *weitS.* Clique *f*; **II.** *v/t.* **9.** beringen; *e-m Tier* e-n Ring durch die Nase ziehen; **10.** ⸙ *Baum* ringeln; **11.** *mst ~ in (od. round od. about)* um'ringen, -'kreisen, einschließen; *Vieh* um'reiten, zs.-treiben.

ring[2] [riŋ] **I.** *s.* **1. a)** Glockenklang *m*, -läuten *n*, **b)** Glockenspiel *n*, Läutwerk *n* (*Kirche*); **2.** Läut-, Rufzeichen *n*, Klingeln *n*; **3.** *teleph.* Anruf *m*: *give me a ~* rufe mich an; **4.** Klang *m*, Schall *m*: *the ~ of truth* der Klang der Wahrheit, der echte Klang; **II.** *v/i.* [*irr.*] **5.** läuten (*Glocke*), klingeln (*Glöckchen*): *to ~ at the door* klingeln; *to ~ for* nach *j-m* klingeln; *to ~ off teleph.* (den Hörer) auflegen; **6.** klingen (*Münze, Stimme, Ohr etc.*): *to ~ true* wahr klingen; **7.** *oft ~ out* erklingen, -schallen (*with* von), ertönen (*a. Schuß*): *to ~ again* widerhallen; **III.** *v/t.* [*irr.*] **8.** *Glocke* läuten: *to ~ the bell* **a)** klingeln, läuten, **b)** *fig.* → *bell*[1] *1*; *to ~ down (up) the curtain thea.* den Vorhang nieder- (hoch-) gehen lassen; *to ~ in the new year* das neue Jahr einläuten; *to ~ s.o. up teleph. bsd. Brit.* j-n *od.* bei j-m anrufen; **9.** erklingen lassen; *fig. j-s Lob* erschallen lassen.

'ring|-com·pound *s.* ⚗ Ringverbindung *f*; **'~-dove** *s. orn.* **1.** Ringeltaube *f*; **2.** Lachtaube *f*.

ringed [riŋd] *adj.* **1.** beringt (*Hand etc.*); *fig.* verheiratet; **2.** *zo.* Ringel...

ring·er ['riŋә] *s.* **1.** Glöckner *m*; **2.** *Am. sl.* **a)** *Pferderennen*: ‚Ringer' *m* (*vertauschtes Pferd*), **b)** *fig.* Doppelgänger(in), Ebenbild *n* (*for* von).

ring·ing ['riŋiŋ] **I.** *s.* **1.** (Glocken) Läuten *n*; **2.** Klinge(l)n *n*: *he has a ~ in his ears* ihm klingen die Ohren; **II.** *adj.* □ **3.** klinge(l)nd, schallend: ~ *cheers* brausende Hochrufe; ~ *laugh* schallendes Gelächter.

'ring·lead·er *s.* Rädelsführer *m*.

ring·let ['riŋlit] *s.* **1.** Ringlein *n*; **2.** (lange) Haarlocke, (Ringel)Löckchen *n*.

'ring|·mas·ter *s.* 'Zirkusdi,rektor *m*; **~ ou·zel** *s. orn.* Ringdrossel *f*; **'~-road** *s. mot. bsd. Brit.* Ring-, Um'gehungsstraße *f*; **'~-side I.** *s.* **1.** *at the ~ Boxen*: am Ring; **2.** *weitS.* guter Platz (*bei Veranstaltungen*); **II.** *adj.* **3.** ~ *seat* Ringplatz; **'~-snake** *s. zo.* Ringelnatter *f*.

ring·ster ['riŋstә] *s. Am.* F *bsd. pol.* Mitglied *n* e-s Ringes *od.* e-r Clique.

'ring|-wall *s.* Ringmauer *f*; **'~-worm** *s.* ⚕ Ringelflechte *f*.

rink [riŋk] *s.* **1. a)** (künstliche) Eisbahn, **b)** Rollschuhbahn *f*; **2.** *Bowls, Curling*: (abgegrenzte) Spielfläche.

rinse [rins] **I.** *v/t.* **1.** *oft ~ out* (ab-, aus-, nach)spülen; **2.** ~ *down Speise mit e-m Getränk* hin'unterspülen; **II.** *s.* **3.** Spülung *f*: *to give s.th. a good ~* et. gut (ab- *od.* aus)spülen; **'rins·ing** [-siŋ] *s.* **1.** (Aus)Spülen *n*, Spülung *f*; **2.** *mst pl.* Spülwasser *n*, Spülicht *n*.

ri·ot ['raiәt] **I.** *s.* **1.** *bsd.* ⚖ Aufruhr *m*, Zs.-rottung *f*: ♀ *Act hist. Brit.* Aufruhrakte; *to read the ♀ Act to fig. humor. j-n* (ernstlich) warnen, *j-m* die Leviten lesen; ~ *call Am.* Hilfeersuchen (der Polizei bei Aufruhr *etc.*); ~ *gun* Straßenkampfwaffe; ~ *squad Am.* Überfallkommando; **2.** Tu'mult *m* (*a. fig. der*

Gefühle), Kra'wall *m*; **3.** *fig.* Ausschweifung *f*, 'Orgie *f* (*a. weitS. in Farben etc.*): *to run* ~ **a**) (sich aus-) toben, **b**) durchgehen (*Phantasie etc.*), **c**) *hunt.* e-e falsche Fährte verfolgen (*Hund*), **d**) ⚘ wuchern; **4.** *Am.* F **a**) ‚tolle' Sache, **b**) amü'santer Kerl; **II.** *v/i.* **5. a**) an e-m Aufruhr teilnehmen, **b**) e-n Aufruhr anzetteln; **6.** Kra'wall machen, randalieren, toben; **7.** *a. fig.* schwelgen (*in* in *dat.*); '**ri·ot·er** [-tə] *s.* Aufrührer *m*; Randalierer *m*, Kra'wallmacher *m*; '**ri·ot·ous** [-təs] *adj.* □ **1.** aufrührerisch: ~ *assembly* ⚖ Zs.-rottung; **2.** tumultu'arisch, tobend; **3.** ausgelassen, wild (*a. Farbe etc.*); **4.** zügellos, toll.

rip[1] [rip] **I.** *v/t.* **1.** (zer)reißen, (-)schlitzen; *Naht etc.* (auf-, zer-) trennen: *to* ~ *off* los-, wegreißen; *to* ~ *up* (*od. open*) aufreißen, -schlitzen, -trennen; **II.** *v/i.* **2.** reißen, (auf)platzen; **3.** F sausen: *let her* ~*!* laß den Wagen laufen!, gib Gas!; **III.** *s.* **4.** Schlitz *m*, Riß *m*.

rip[2] [rip] *s.* F **1.** Nichtsnutz *m*; Wüstling *m*; **2.** alter Klepper, Schindmähre *f*.

ri·par·i·an [rai'pɛəriən] **I.** *adj.* **1.** Ufer...: ~ *owner* → *3*; **II.** *s.* **2.** Uferbewohner(in); **3.** ⚖ Uferanlieger *m*.

'**rip-cord** *s.* Reißleine *f* (*Fallschirm, Ballon*).

ripe [raip] **I.** *adj.* □ **1.** reif (*Obst, Ernte etc.*); ausgereift (*Käse, Wein*); schlachtreif (*Tier*); *hunt.* abschußreif; ⚕ operati'onsreif (*Abszeß etc.*): ~ *beauty fig.* reife Schönheit; **2.** *körperlich, geistig* reif, voll entwickelt; **3.** *fig.* reif, gereift (*Alter, Urteil etc.*); voll'endet (*Künstler etc.*); ausgereift (*Plan etc.*); **4.** (*zeitlich*) reif (*for* für); **5.** reif, bereit, fertig (*for* für); **6.** *sl.* ‚blau', ‚besoffen'; '**rip·en** [-pən] **I.** *v/i.* **1.** reifen, reif werden (*a. fig.*); **2.** sich (voll) entwickeln, her'anreifen (*into* zu); **II.** *v/t.* **3.** reifen lassen; '**ripe·ness** [-nis] *s.* Reife *f* (*a. fig.*).

ri·poste [ri'poust] **I.** *s.* **1.** *fenc.* Ri'poste *f*, Nachstoß *m*; **2.** *fig.* **a**) schlagfertige Erwiderung, **b**) Gegenschlag *m*; **II.** *v/i.* **3.** *fenc.* e-n Gegenstoß machen (*a. fig.*); **4.** *fig.* schnell erwidern.

rip·per ['ripə] *s.* **1.** ⊕ **a**) Trennmesser *n*, **b**) 'Trennma,schine *f*, **c**) → *rip-saw*; **2.** *sl.* **a**) 'Prachtexem,plar *n*, **b**) Prachtkerl *m*; **rip·ping** ['ripiŋ] *sl.* **I.** *adj.* □ prächtig, fa'mos, ‚prima'; **II.** *adv.* ‚mordsmäßig', ‚toll': *to have a* ~ *good time* sich prima amüsieren.

rip·ple[1] ['ripl] **I.** *s.* **1.** kleine Welle(n *pl.*), Kräuselung *f* (*Wasser, Sand etc.*): ~ *of laughter fig.* leises Lachen; *to cause a* ~ *fig.* ein kleines Aufsehen erregen; **2.** Rieseln *n*, Plätschern *n*; **3.** *fig.* Da'hinplätschern *n*: ~ *of conversation*; **II.** *v/i.* **4.** kleine Wellen schlagen, sich kräuseln; **5.** rieseln, (da'hin)plätschern (*a. fig. Gespräch*); **III.** *v/t.* **6.** *Wasser etc.* leicht bewegen, kräuseln.

rip·ple[2] ['ripl] ⊕ **I.** *s.* Flachsriffel *m*, Riffelkamm *m*; **II.** *v/t.* *Flachs* riffeln, kämmen.

'**rip·ple|-cloth** *s.* Zibe'line *f* (*Wollstoff*); '**~-cur·rent** *s.* ⚡ pulsierender Strom; '**~-fin·ish** *s.* ⊕ Kräusellack *m*; '**~-mark** *s. geol.* Wellenfurche *f*.

'**rip|-'roar·ing** *adj. sl.* ‚toll', ‚e'norm'; '**~-saw** *s.* ⊕ Spaltsäge *f*; '**~'snort·er** [-'snɔːtə] *s. sl.* **a**) ‚tolle Sache', **b**) ‚toller Kerl'; '**~-'snort·ing** [-'snɔːtiŋ] → *rip-roaring*.

rise [raiz] **I.** *v/i.* [*irr.*] **1.** sich erheben, *vom Bett, Tisch etc.* aufstehen: *to* ~ (*from the dead*) *eccl.* (von den Toten) auferstehen; **2. a**) aufbrechen, **b**) die Sitzung schließen, sich vertagen; **3.** auf-, em'por-, hochsteigen (*Vogel, Rauch etc.*; *a. Geruch*; *a. fig. Gedanke, Zorn etc.*): *the curtain* ~*s thea.* der Vorhang geht auf; *my hair* ~*s* die Haare stehen mir zu Berge; *her colo(u)r rose* die Röte stieg ihr ins Gesicht; *land* ~*s to view* Land kommt in Sicht; *spirits rose* die Stimmung hob sich; *the word rose to her lips* das Wort kam ihr auf die Lippen; **4.** steigen, sich bäumen (*Pferd*): *to* ~ *to a fence* zum Sprung über ein Hindernis ansetzen; **5.** sich erheben, em'porragen (*Berg etc.*); **6.** aufgehen (*Sonne etc.*; *a. Saat, Teig*); **7.** (an)steigen (*Gelände etc.*; *a. Wasser*; *a. Temperatur etc.*); **8.** (an)steigen, anziehen (*Preise etc.*); **9.** ⚕ sich bilden (*Blasen*); **10.** sich erheben, aufkommen (*Sturm*); **11.** sich erheben *od.* em'pören, revoltieren: *to* ~ *in arms* zu den Waffen greifen; *my stomach* ~*s against* (*od. at*) *it* mein Magen sträubt sich dagegen, (*a. fig.*) es ekelt mich an; **12.** *beruflich od. gesellschaftlich* aufsteigen: *to* ~ *in the world* vorwärtskommen, es zu et. bringen; **13.** *fig.* sich erheben: **a**) erhaben sein (*above* über *acc.*), **b**) sich em'porschwingen (*Geist*); → *occasion 3*; **14.** ♪ (an)steigen, anschwellen; **II.** *v/t.* [*irr.*] **15.** aufsteigen lassen; *Fisch* an die Oberfläche locken; **16.** *Schiff* sichten; **III.** *s.* **17.** (Auf)Steigen *n*, Aufstieg *m*; **18.** *ast.* Aufgang *m*; **19.** Auferstehung *f von den Toten*; **20.** Steigen *n* (*Fisch*), Schnappen *n* nach dem Köder: *to get* (*od. take*) *a* ~ *out of s.o. sl.* j-n ‚auf die Palme bringen'; **21.** *fig.* Aufstieg *m* (*Person, Nation etc.*); **22.** (An)Steigen *n*, Erhöhung *f* (*Flut, Temperatur etc.*; ✝ *Preise etc.*); *Börse*: Aufschwung *m*, Hausse *f*; *bsd. Brit.* Aufbesserung *f*, Lohn-, Gehaltserhöhung *f*: *to buy for a* ~ auf Hausse spekulieren; *on the* ~ im Steigen (begriffen) (*Preise*); **23.** Zuwachs *m*, -nahme *f*: ~ *in population* Bevölkerungszuwachs; **24.** Ursprung *m* (*a. fig. Entstehung*): *to take* (*od. have*) *its* ~ entspringen, entstehen; **25.** Anlaß *m*: *to give* ~ *to* verursachen, hervorrufen, erregen; **26. a**) Steigung *f* (*Gelände*), **b**) Anhöhe *f*, Erhebung *f*; **27.** Höhe *f*; △ Pfeilhöhe *f* (*Bogen*); **ris·en** ['rizn] *p.p. von rise*; '**ris·er** [-zə] *s.* **1.** *early* ~ Frühaufsteher(in); *late* ~ Langschläfer(in); **2.** Steigung *f e-r Treppenstufe*; **3. a**) ⊕ Steigrohr *n*, **b**) ⚡ Steigeleitung *f*, **c**) *Gießerei*: Steiger *m*.

ris·i·bil·i·ty [rizi'biliti] *s.* **1.** Lachlust *f*; **2.** *pl. Am.* Sinn *m* für Komik; **ris·i·ble** ['rizibl] *adj.* **1.** lachlustig; **2.** Lach...: ~ *muscles*; **3.** lachhaft.

ris·ing ['raiziŋ] **I.** *adj.* **1.** (an)steigend (*a. fig.*): ~ *ground* (Boden)Erhebung, Anhöhe; ~ *gust* Steigbö; ~ *main* **a**) ⊕ Steigerohr, **b**) ⚡ Steigeleitung; ~ *rhythm Metrik*: steigender Rhythmus; **2.** her'anwachsend, kommend (*Generation*); **3.** aufstrebend: *a* ~ *lawyer*; **II.** *prp.* **4.** *Am.* F ~ *of* **a**) (etwas) mehr als, **b**) genau; **III.** *s.* **5.** Aufstehen *n*; **6.** (An)Steigen *n* (*a. fig. Preise, Temperatur etc.*); **7.** Steigung *f*, Anhöhe *f*; **8.** *ast.* Aufgehen *n*; **9.** Aufstand *m*, Erhebung *f*; **10.** Steigerung *f*, Zunahme *f*; **11.** Aufbruch *m e-r Versammlung*; **12.** ⚕ **a**) Geschwulst *f*, **b**) Pustel *f*.

risk [risk] **I.** *s.* **1.** Wagnis *n*, Gefahr *f*, 'Risiko *n*: *at one's own* ~ auf eigene Gefahr; *at the* ~ *of one's life* unter Lebensgefahr; *at the* ~ *of* (*ger.*) auf die Gefahr hin, zu (*inf.*); *to run the* ~ *of doing s.th.* Gefahr laufen, et. zu tun; *to run* (*od. take*) *a* ~ ein Risiko eingehen; **2.** ✝ **a**) Risiko *n*, Gefahr *f*, **b**) versichertes Wagnis (*Ware od. Person*): *security* ~ *pol.* Sicherheitsrisiko; **II.** *v/t.* **3.** riskieren, wagen, aufs Spiel setzen: *to* ~ *one's life*; **4.** *Verlust, Verletzung etc.* riskieren; '**risk·y** [-ki] *adj.* □ **1.** ris'kant, gewagt, gefährlich; **2.** → *risqué*.

ris·qué [ris'kei] *adj.* gewagt, schlüpfrig: *a* ~ *story*.

ris·sole ['risoul] (*Fr.*) *s. Küche*: Briso'lett *n*.

rite [rait] *s.* **1.** *bsd. eccl.* 'Ritus *m*, Zeremo'nie *f*, feierliche Handlung: *funeral* ~*s* Totenfeier, Leichenbegängnis; *last* ~*s* Sterbesakramente; **2.** *oft* ♀ *eccl.* Ritus *m*: **a**) Religi'onsform *f*, **b**) Litur'gie *f*; **3.** Gepflogenheit *f*, Brauch *m*.

rit·u·al ['ritjuəl] **I.** *s.* **1.** *eccl. etc., a. fig.* Ritu'al *n*; **2.** *eccl.* Ritu'albuch *n*; **II.** *adj.* □ **3.** ritu'al, Ritual...: ~ *murder* Ritualmord; **4.** ritu'ell, feierlich: ~ *dance*; '**rit·u·al·ism** [-lizəm] *s. eccl.* Ritua'lismus *m*.

ritz·y ['ritsi] *adj. Am. sl.* **1.** ‚stinkvornehm', ‚feu'dal'; **2.** angeberisch.

ri·val ['raivəl] **I.** *s.* **1.** Ri'vale *m*, Ri'valin *f*, Nebenbuhler(in), Konkur'rent(in): *without a* ~ *fig.* ohnegleichen, unerreicht; **II.** *adj.* **2.** rivalisierend, wetteifernd: ~ *firm* ✝ Konkurrenzfirma; **III.** *v/t.* **3.** rivalisieren *od.* wetteifern *od.* konkurrieren mit, *j-m* den Rang streitig machen; **4.** *fig.* es aufnehmen mit; gleichkommen (*dat.*); '**ri·val·ry** [-ri] *s.* **1.** Rivali'tät *f*, Nebenbuhlerschaft *f*; **2.** Wettstreit *m*, -eifer *m*, Konkur'renz *f*: *to enter into* ~ *with s.o.* mit j-m in Wettbewerb treten, j-m Konkurrenz machen.

rive [raiv] **I.** *v/t.* [*irr.*] **1.** (zer)spalten; **2.** *poet.* zerreißen; **II.** *v/i.* [*irr.*] **3.** sich spalten; *fig.* brechen (*Herz*); **riv·en** ['rivən] *p.p. von rive*.

riv·er ['rivə] *s.* **1.** Fluß *m*, Strom *m*: *the* ~ *Thames* die Themse; *Hudson* ♀ der Hudson; *down the* ~ stromab(wärts); *to sell s.o. down the* ~ F j-n ‚verkaufen' *od.* verraten; *up the* ~ **a**) stromauf(wärts), **b**) *Am.* F ins *od.* im ‚Kittchen'; **2.** *fig.* Strom *m*, Flut *f* (*Blut, Tränen etc.*).

riv·er·ain ['rivərein] **I.** *adj.* Ufer..., Fluß...; **II.** *s.* Ufer- *od.* Flußbewohner(in).

'**riv·er|-ba·sin** *s. geol.* Einzugsgebiet *n*; '**~-'bed** *s.* Flußbett *n*;

ˈ**~-cross·ing** *s.* ˈFlußˌübergang *m*; ˈ**~-dam** *s.* Staudamm *m*, Talsperre *f*; ˈ**~-front** *s.* (Fluß)Hafenviertel *n*; ˈ**~-head** *s.* (Fluß)Quelle *f*, Quellfluß *m*; ˈ**~-horse** *s. zo.* Flußpferd *n*.
riv·er·ine [ˈrivərain] *adj.* am Fluß gelegen; Fluß...
ˈ**riv·er**|**-po·lice** *s.* ˈStrom-, ˈWasserpoliˌzei *f*; ˈ**~-side I.** *s.* Flußufer *n*; **II.** *adj.* am Ufer (gelegen), Ufer...: *a ~ villa*.
riv·et [ˈrivit] **I.** *s.* ⊕ **1.** Niete *f*, Niet *m*: *~ joint* Nietverbindung; **II.** *v/t.* **2.** ⊕ (ver)nieten; **3.** befestigen (*to* an *acc.*); **4.** *fig.* **a)** *Blick, Aufmerksamkeit* heften, richten (*on* auf *acc.*), **b)** *Aufmerksamkeit, a. j-n* fesseln: *to stand ~ed to the spot* wie angewurzelt stehenbleiben; ˈ**riv·et·ing** [-tiŋ] *s.* ⊕ **1.** Nietnaht *f*; **2.** (Ver)Nieten *n*: *~-hammer* Niethammer.
riv·u·let [ˈrivjulit] *s.* Flüßchen *n*.
roach[1] [routʃ] *s. ichth.* Plötze *f*, Rotauge *n*: *sound as a ~* kerngesund.
roach[2] [routʃ] *s.* ⚓ Gilling *f*, Gillung *f*.
roach[3] [routʃ] → *cockroach*.
road [roud] **I.** *s.* **1. a)** (Land)Straße *f*, **b)** Weg *m* (*a. fig.*): *by ~* per Achse; *on the ~* **a)** auf der Straße, **b)** auf Reisen, unterwegs, **c)** *thea.* auf Tournee; *to take the ~* aufbrechen; *to take to the ~ Brit. obs.* Straßenräuber werden; *rule of the ~* Straßenverkehrsordnung; *the ~ to success fig.* der Weg zum Erfolg; *to be in s.o.'s ~ fig.* j-m im Wege stehen; **2.** *mst pl.* ⚓ Reede *f*; **3.** 🚂 *Am.* Bahn(strecke) *f*; **4.** ⚒ Förderstrecke *f*; **II.** *adj.* **5.** Straßen..., Weg...: *~ conditions* Straßenzustand; *~ haulage* Güterkraftverkehr; *~ junction* Straßenknotenpunkt, -einmündung; *~ sign* Wegzeiger, Straßenschild; *~ surface* Straßendecke.
road·a·bil·i·ty [roudəˈbiliti] *s. mot.* Fahreigenschaften *pl.*; *engS.* Straßenlage *f*.
road| **ac·ci·dent** *s.* Verkehrsunfall *m*; ˈ**~-bed** *s.* **a)** 🚂 Bahnkörper *m*, **b)** Straßenbettung *f*; ˈ**~-block** *s.* Straßensperre *f*; ˈ**~-book** *s.* Reisehandbuch *n*; **~ hog** *s.* ‚Straßensau' *f*, Verkehrsrowdy *m* (*rücksichtsloser Fahrer*); ˈ**~-hold·ing** (**qual·i·ty**) *s. mot.* Straßenlage *f*; ˈ**~-hole** *s.* Schlagloch *n*; **~ house** *s.* Rasthaus *n*; ˈ**~-mak·ing** *s.* Straßen-, Wegebau *m*; ˈ**~·man** [-mən] *s.* [*irr.*] **1.** Straßenarbeiter *m*; **2.** Straßenhändler *m*; **~ map** *s.* Straßen-, Autokarte *f*; ˈ**~-mend·er** → *roadman 1*; ˈ**~-met·al** *s.* Straßenbeschotterung *f*, -schotter *m*; ˈ**~-roll·er** *s.* ⊕ Straßenwalze *f*; ˈ**~-sense** *s. mot.* Fahrverstand *m*; ˈ**~·side I.** *s.* Straßenrand *m*: *by the ~* an der Landstraße, am Wege; **II.** *adj.* an der Landstraße (gelegen): *~ inn*; ˈ**~·stead** *s.* ⚓ Reede *f*.
road·ster [ˈroudstə] *s.* **1.** ⚓ Schiff *n* auf der Reede; **2.** *Am. mot.* Roadster *m*, (offener) Sportzweisitzer; **3.** Reisepferd *n*; **4.** *sport* (starkes) Tourenrad.
ˈ**road**|**-tank·er** *s. mot.* Tankwagen *m*; ˈ**~-test** *mot.* **I.** *s.* Probefahrt *f*; **II.** *v/t. Wagen* probefahren; **~ us·er** *s.* Verkehrsteilnehmer(in); ˈ**~·way** *s.* Fahr-, Straßendamm *m*; ˈ**~·wor·thi·ness** *s. mot.* Verkehrssicherheit *f* (*Auto*); ˈ**~·wor·thy** *adj. mot.* verkehrssicher (*Auto*).
roam [roum] **I.** *v/i.* (umˈher)streifen, (-)wandern; **II.** *v/t.* durchˈstreifen (*a. fig. Blick etc.*); **III.** *s.* Wandern *n*, Umˈherstreifen *n*; ˈ**roam·er** [-mə] *s.* Herˈumtreiber(in).
roan [roun] **I.** *adj.* **1.** rötlichgrau; **2.** gefleckt; **II.** *s.* **3.** Rotgrau *n*; **4.** *zo.* **a)** Rotschimmel *m*, **b)** rotgraue Kuh; **5.** (sumachgegerbtes) Schafleder.
roar [rɔː] **I.** *v/i.* **1.** brüllen (*Löwe etc.*) (*a. fig.*): *to ~ at* **a)** *j-n* anbrüllen, **b)** über *et.* schallend lachen; *to ~ with* vor *Schmerz, Lachen etc.* brüllen; **2.** *fig.* tosen, toben, brausen (*Wind, Meer*); krachen, (g)rollen (*Donner*); (er)dröhnen, donnern (*Geschütz, Motor etc.*); brausen, donnern (*Fahrzeug*); **3.** *vet.* keuchen (*Pferd*); **II.** *v/t.* **4.** *et.* brüllen: *to ~ out Freude, Schmerz etc.* hinausbrüllen; *to ~ s.o. down* j-n niederschreien; **III.** *s.* **5.** Brüllen *n*, Gebrüll *n* (*a. fig.*): *to set the table in a ~ (of laughter)* bei der Gesellschaft schallendes Gelächter hervorrufen; **6.** *fig.* Tosen *n*, Toben *n*, Brausen *n* (*Wind, Meer*); Krachen *n*, Rollen *n* (*Donner*); Donner *m* (*Geschütze*); Dröhnen *n*, Lärm *m* (*Motor, Maschinen etc.*); Getöse *n*; ˈ**roar·ing** [-riŋ] **I.** *adj.* ☐ **1.** brüllend (*a. fig. with* vor *dat.*); **2.** lärmend, laut; **3.** tosend *etc.*; → *roar 2*; **4.** brausend, stürmisch (*Nacht, Fest*); **5.** großartig, ‚phanˈtastisch': *a ~ business* (*od. trade*) ein schwunghafter Handel, ein ‚Bombengeschäft'; *in ~ health* vor Gesundheit strotzend; **II.** *s.* **6.** → *roar 5 u. 6*; **7.** *vet.* Keuchen *n* (*Pferd*).
roast [roust] **I.** *v/t.* **1.** *Fleisch etc.* braten, rösten; schmoren (*a. fig. in der Sonne etc.*): *to be ~ed alive* **a)** bei lebendigem Leibe verbrannt werden *od.* verbrennen, **b)** *fig.* vor Hitze fast umkommen; **2.** *Kaffee etc.* rösten; **3.** *metall.* rösten, abschwelen; **4.** F **a)** ‚verarschen', -albern, **b)** ‚in der Luft zerreißen' (*kritisieren*); **II.** *v/i.* **5.** rösten, braten; schmoren: *I am simply ~ing fig.* ich vergehe vor Hitze; **III.** *s.* **6.** Braten *m*; → *rule 13*; **IV.** *adj.* **7.** geröstet, gebraten, Röst...: *~ beef* Rinderbraten; *~ meat* Braten; *~ pork* Schweinebraten; ˈ**roast·er** [-tə] *s.* **1.** Röster *m*, ˈRöstappaˌrat *m*; **2.** *metall.* Röstofen *m*; **3.** Spanferkel *n*, Brathähnchen *n etc.*; ˈ**roast·ing-jack** [-tiŋ] *s.* Bratenwender *m*.
rob [rɔb] *v/t.* **1. a)** *et.* rauben, stehlen, **b)** *Haus etc.* ausrauben, (-)plündern, **c)** *fig.* berauben (*of gen.*); **2.** *j-n* berauben: *to ~ s.o. of* **a)** j-n *e-r Sache* berauben (*a. fig.*), **b)** *fig.* j-n um *et.* bringen, j-m *et.* nehmen; **rob·ber** [ˈrɔbə] *s.* Räuber *m*; **rob·ber·y** [ˈrɔbəri] *s.* **1.** *a.* ⚖ Raub *m* (*from an dat.*); ˈRaubˌüberfall *m*; **2.** *fig.* Räubeˈrei *f* (*Wucher, Ausbeutung*).
robe [roub] **I.** *s.* **1.** (Amts)Robe *f*, Taˈlar *m* (*Geistlicher, Richter etc.*): *~s* Amtstracht; *state ~* Staatskleid; (*the gentlemen of*) *the* (*long*) *~ fig.* die Juristen; **2.** Robe *f*: **a)** wallendes Gewand, **b)** Festkleid *n*, **c)** Abendkleid *n*, **d)** ✝ *einteiliges Damenkleid*, **e)** Bademantel *m*; **3.** Tragkleidchen *n* (*Säugling*); **4.** *fig.* (Deck)Mantel *m*; **II.** *v/t.* **5.** *j-n* (feierlich an)kleiden, *j-m* die Robe anlegen; **6.** *fig.* (ein)hüllen; **III.** *v/i.* **7.** die Robe anlegen; *fig.* sich schmücken.
rob·in (**red·breast**) [ˈrɔbin] *s. orn.* **1.** Rotkehlchen *n*; **2.** *amer.* Wanderdrossel *f*.
rob·o·rant [ˈrɔbərənt] ⚕ **I.** *adj.* stärkend, roborierend; **II.** *s.* Stärkungsmittel *n*, ˈRoborans *n*.
ro·bot [ˈroubɔt] **I.** *s.* **1.** ˈRoboter *m* (*a. fig.*): **a)** Maˈschinenmensch *m*, **b)** ⊕ Autoˈmat *m*; **2.** *a. ~ bomb* ⚔ V-Geschoß *n*; **II.** *adj.* **3.** autoˈmatisch: *~ pilot* ✈ Selbststeuergerät.
ro·bust [rəˈbʌst] *adj.* ☐ **1.** roˈbust: **a)** kräftig, stark (*Gesundheit, Körper, Person etc.*), **b)** kernig, gerade (*Geist*), **c)** derb (*Humor*); **2.** ⊕ staˈbil, ˈwiderstandsfähig; **3.** hart, kräftig (*Arbeit etc.*); **roˈbust·ness** [-nis] *s.* Roˈbustheit *f*.
roc [rɔk] *s. myth.* (Vogel *m*) Rock *m*.
rock[1] [rɔk] **I.** *s.* **1.** Fels *m* (*a. fig.*), Felsen *m*; *coll.* Felsen *pl.*, (Fels)Gestein *n*: *the 2 geogr.* Gibraltar; *volcanic ~ geol.* vulkanisches Gestein; (*as*) *firm as a ~ fig.* felsenfest; **2.** Klippe *f* (*a. fig.*): *on the ~s* **a)** F ‚pleite', in Geldnot, **b)** F ‚kaputt', in die Brüche gegangen (*Ehe etc.*), **c)** on the rocks, mit Eiswürfeln (*Getränk*); *to see ~s ahead* mit Schwierigkeiten rechnen; **3.** *Am.* F Stein *m*: *to throw ~s at s.o.*; **4.** *pl. Brit.* Rocks *pl.* (*Bonbonsorte*); **5.** *sl.* Edelstein *m*; *pl.* ‚Klunkern' *pl.*; **6.** *Am. sl.* **a)** Geldstück *n*, *bsd.* Dollar *m*, **b)** *pl.* ‚Kies' *m* (*Geld*); **II.** *adj.* **7.** Fels(en)..., Stein...
rock[2] [rɔk] **I.** *v/t.* **1.** wiegen, schaukeln; *Kind* (ein)wiegen, in den Schlaf wiegen: *to ~ in security fig.* in Sicherheit wiegen; **2.** ins Wanken bringen, erschüttern: *to ~ the boat fig.* die Sache gefährden; **3.** *Sieb, Sand etc.* rütteln; **II.** *v/i.* **4.** (sich) schaukeln, sich wiegen; **5.** (sch)wanken, wackeln, taumeln (*a. fig.*); **6.** *sl.* Rock 'n' Roll tanzen *od.* spielen.
ˈ**rock**|**-bed** *s.* Felsengrund *m*; **~ bot·tom** *s.* F *das* Allerniedrigste, Tiefpunkt *m*: *to get down to ~* der Sache auf den Grund gehen; *his supplies touched ~* s-e Vorräte waren erschöpft; ˈ**~-ˈbot·tom** *adj.* F allerniedrigst, äußerst (*Preis etc.*); ˈ**~-bound** *adj.* von Felsen umˈschlossen; ˈ**~-cake** *s.* hartgebackenes Plätzchen; ˈ**~-cork** *s. min.* ˈBergasˌbest *m*, -kork *m*; ˈ**~-crys·tal** *s. min.* ˈBergkriˌstall *m*; **~ de·bris** *s. geol.* Felsgeröll *n*; ˈ**~-drill** *s.* ⊕ Steinbohrer *m*.
rock·er [ˈrɔkə] *s.* **1.** Kufe *f* (*Wiege etc.*): *off one's ~ sl.* ‚übergeschnappt', verrückt; **2.** *Am.* Schaukelstuhl *m*; **3.** ⊕ **a)** Wippe *f*, **b)** Wiegemesser *n*, **c)** Schwing-, Kipphebel *m*; **4.** Schwingtrog *m* (*zur Goldwäsche*); **5.** *Eislauf*: **a)** Holländer(schlittschuh) *m*, **b)** Kehre *f*; **6.** *pl. Brit.* Rocker *pl.*, Halbstarke *pl.* mit bewußt ungepflegtem Aussehen (*Ggs.*

mods); '~-**arm** *s.* ⊕ Kipphebel *m*; ~ **switch** *s.* ⚡ Wippschalter *m*, Wippe *f*.

rock·er·y ['rɔkəri] *s.* Steingarten *m*.

rock·et¹ ['rɔkit] **I.** *s.* **1.** Ra'kete *f*; **II.** *adj.* **2.** Raketen...: ~ *aircraft*, ~*-driven airplane* Raketenflugzeug; ~*-assisted take-off* ✈ Raketenstart; ~ *bomb* ⚔ Raketenbombe; **III.** *v/i.* **3.** (steil *od.* ra'ketenartig) hochschießen; **4.** ✝ hochschnellen (*Preise*); **IV.** *v/t.* **5.** ⚔ mit Raketen beschießen.

rock·et² ['rɔkit] *s.* ⚘ **1.** 'Nachtvi,ole *f*; **2.** Rauke *f*; **3.** *a.* ~ *salad* Senfkohl *m*; **4.** *a.* ~ *cress* (echtes) Barbarakraut.

rock·et·eer [rɔki'tiə] *s.* ⚔ **1.** Ra'ketenkano,nier *m*; **2.** Ra'ketenforscher *m*.

rock·et| jet *s.* Ra'ketentriebwerk *n*; ~ **launch·er** *s.* ⚔ Ra'ketenwerfer *m* (*Waffe*); '~-**launch·ing site** *s.* ⚔ Ra'keten,abschuß,basis *f*; '~-**pow·ered** *adj.* mit Ra'ketenantrieb; ~ **pro·jec·tor** *s.* ⚔ (Ra'keten)Werfer *m*.

rock·et·ry ['rɔkitri] *s.* ⊕ Ra'ketentechnik *f*.

'**rock|-flour** *s. min.* Bergmehl *n*; '~-**gar·den** *s.* Steingarten *m*.

rock·i·ness ['rɔkinis] *s.* felsige *od.* steinige Beschaffenheit.

'**rock·ing|-chair** ['rɔkiŋ] *s.* Schaukelstuhl *m*; '~-**horse** *s.* Schaukelpferd *n*; ~ **le·ver** *s.* ⊕ Schwinghebel *m*; ~ **pier** *s.* ⚠ schwingender Pfeiler.

'**rock|-leath·er** → *rock-cork*; '~-**like** *adj.* felsartig; ~ **'n' roll** ['rɔkən'roul] *s.* Rock 'n' Roll *m* (*Musik u. Tanz*); '~-**oil** *s. min.* Stein-, Erdöl *n*, Pe'troleum *n*; '~-**plant** *s.* ⚘ Felsen-, Alpenpflanze *f*; '~-**rose** *s.* ⚘ 'Cistrose *f*; '~-**salt** *s.* ⚒ Steinsalz *n*; '~-**slide** *s.* Steinschlag *m*, Felssturz *m*; '~-**wood** *s. min.* 'Holzas,best *m*; '~-**work** *s.* **1.** Gesteinsmasse *f*; **2. a)** Steingarten *m*, **b)** Grottenwerk *n*; **3.** ⚠ Quaderwerk *n*.

rock·y¹ ['rɔki] *adj.* felsig: **a)** voller Felsen, aus Felsen bestehend, **b)** steinhart (*a. fig.*).

rock·y² ['rɔki] *adj.* □ F wack(e)lig (*a. fig.*), wankend, taumelig.

ro·co·co [rə'koukou] **I.** *s.* **1.** 'Rokoko *n*; **II.** *adj.* **2.** Rokoko...; **3.** verschnörkelt, über'laden.

rod [rɔd] *s.* **1.** Rute *f*, Gerte *f*; *a. fig. bibl.* Reis *n*; **2.** (Zucht)Rute *f* (*a. fig.*): *to have a* ~ *in pickle for s.o.* mit j-m noch ein Hühnchen zu rupfen haben; *to kiss the* ~ sich unter die Rute beugen; *to make a* ~ *for one's own back fig.* sich die Rute selber flechten; *spare the* ~ *and spoil the child* wer die Rute spart, verzieht das Kind; **3. a)** Zepter *n*, **b)** Amtsstab *m*, **c)** *fig.* Amtsgewalt *f*, **d)** *fig.* Knute *f*, Tyran'nei *f*; → *Black Rod*; **4.** (Holz)Stab *m*, Stock *m*; **5.** ⊕ (Rund)Stab *m*, (Treib-, Verbindungs- *etc.*)Stange *f*: ~ *aerial* ⚡ Stabantenne; **6. a)** Angelrute *f*, **b)** Angler *m*; **7.** Meßlatte *f*, -stab *m*; **8. a)** Rute *f* (*Längenmaß*), **b)** Qua'dratrute *f* (*Flächenmaß*); **9.** *Am. sl.* ‚Schießeisen' *n* (*Pistole*); **10.** *anat.* Stäbchen *n* (*Netzhaut*); **11.** *biol.* 'Stäbchenbak,terie *f*; **12.** *Am. sl.* → *hot rod*.

rode [roud] *pret. von ride*.

ro·dent ['roudənt] **I.** *adj.* **1.** *zo.* nagend, Nage...: ~ *teeth*; **2.** ⚕ fressend (*Geschwür*); **II.** *s.* **3.** Nagetier *n*.

ro·de·o [rou'deiou] *pl.* **-s** *s. Am.* Ro'deo *m*: **a)** Zs.-treiben *n* von Vieh, **b)** *Sammelplatz für diesen Zweck*, **c)** 'Cowboy-Turnier *n*, Wildwest-Vorführung *f*, **d)** 'Motorrad-, 'Autoro,deo *m* (*Kunstfahren*).

rod·o·mon·tade [rɔdəmɔn'teid] **I.** *s.* Aufschneide'rei *f*; **II.** *adj.* prahlerisch, aufschneiderisch; **III.** *v/i.* prahlen, aufschneiden.

rod·ster ['rɔdstə] *s. obs.* Angler *m*.

roe¹ [rou] *s. zo.* **1.** *a. hard* ~ Rogen *m*, Fischlaich *m*: ~*-corn* Fischei; **2.** *a. soft* ~ Milch *f*.

roe² [rou] *pl.* **roes**, *coll.* **roe** *s. zo.* **1.** Reh *n*; **2. a)** Ricke *f* (*weibliches Reh*), **b)** Hindin *f*, Hirschkuh *f*; '~-**buck** *s.* Rehbock *m*; '~-**deer** *s.* Reh *n*.

roent·gen → *röntgen*.

ro·ga·tion [rou'geiʃən] *s. eccl.* **a)** (Für)Bitte *f*, ('Bitt)Lita,nei *f*, **b)** *mst pl.* Bittgang *m*: ♀ *Sunday* Sonntag Rogate; ♀ *week* Bitt-, Himmelfahrtswoche; **rog·a·to·ry** ['rɔgətəri] *adj.* ⚖ Untersuchungs...: ~ *commission*; *letters* ~ Amtshilfeersuchen.

rogue [roug] *s.* **1.** Schurke *m*, Schelm *m*, Gauner *m*: ~*s' gallery* Verbrecheralbum; **2.** *humor.* Schelm *m*, Schlingel *m*, Spitzbube *m*; **3.** ⚘ **a)** aus der Art schlagende Pflanze, **b)** 'Mißbildung *f*; **4.** *zo. a.* ~ *elephant*, ~ *buffalo etc.* bösartiger Einzelgänger; **5.** *Pferderennen*: **a)** bockendes Pferd, **b)** Ausreißer *m* (*Pferd od. Reiter*); '**ro·guer·y** [-gəri] *s.* **1.** Schurke'rei *f*, Gaune'rei *f*; **2.** Schelme'rei *f*, Spitzbübe'rei *f*; '**ro·guish** [-giʃ] *adj.* □ **1.** schurkisch; **2.** schelmisch, schalkhaft, spitzbübisch.

roist·er ['rɔistə] *v/i.* **1.** kra'keelen; **2.** (laut) prahlen, bramarbasieren; '**roist·er·er** [-ərə] *s.* **1.** Kra'keeler *m*; **2.** Großmaul *n*.

role, rôle [roul] (*Fr.*) *s. thea.* Rolle *f* (*a. fig.*): *to play a* ~ e-e Rolle spielen.

roll [roul] **I.** *s.* **1.** (*Haar-, Kragen-, Papier- etc.*)Rolle *f*; **2. a)** *hist.* Schriftrolle *f*, Perga'ment *n*, **b)** Urkunde *f*, **c)** (*bsd.* Namens)Liste *f*, Verzeichnis *n*, **d)** ⚖ Anwaltsliste *f*: ~ *of hono(u)r* Ehrenliste, -tafel (*bsd. der Gefallenen*); *the* ♀*s* Staatsarchiv (*Gebäude in London*); *to call the* ~ die (Namens- *od.* Anwesenheits)Liste verlesen, Appell abhalten; *to strike s.o. off the* ~ j-n von der (Anwalts- *etc.*)Liste streichen, *Arzt etc.* disqualifizieren; → *master 13*; **3.** ⚠ **a)** *a.* ~*-mo(u)lding* Rundleiste *f*, Wulst *m*, **b)** *antiq.* Vo'lute *f*; **4.** ⊕ Rolle *f*, Walze *f*; **5.** Brötchen *n*, Semmel *f*; **6.** (*bsd.* 'Fleisch)Rou,lade *f*; **7.** *sport* Rolle *f* (*a.* ✈ *Kunstflug*); **8.** ⚓ Rollen *n*, Schlingern *n* (*Schiff*); **9.** wiegender Gang, Seemannsgang *m*; **10.** Fließen *n*, Fluß *m* (*des Wassers*; *a. fig. der Rede, von Versen etc.*); **11.** (*Orgel- etc.*)Brausen *n*; (*Donner*)Rollen *n*; (*Trommel*)Wirbel *m*; Dröhnen *n* (*Stimme etc.*); Rollen *n*, Trillern *n* (*Vogel*); **12.** *Am. sl.* **a)** Geldscheinbündel *n*, **b)** *fig.* (*e-e* Masse) Geld *n*; **II.** *v/i.* **13.** rollen (*Ball etc.*): *to start* ~*ing* ins Rollen kommen; **14.** rollen, fahren (*Fahrzeug*); **15.** *a.* ~ *along* sich (da'hin)wälzen, da'hinströmen (*Fluten*) (*a. fig.*); **16.** da'hinziehen (*Gestirn, Wolken*); **17.** sich wälzen: *to* ~ *over* sich herumwälzen, -werfen; *to be* ~*ing in money* F im Geld schwimmen; **18.** *sport*, *a.* ✈ e-e Rolle machen; **19.** ⚓ schlingern; **20.** wiegend gehen: ~*ing gait* → *9*; **21.** (g)rollen (*Donner*); brausen (*Orgel*); dröhnen (*Stimme*); wirbeln (*Trommel*); trillern (*Vogel*); **22. a)** ⊕ sich walzen lassen, **b)** *typ.* sich verteilen (*Druckfarbe*); **III.** *v/t.* **23.** *Faß, Rad etc., a. Augen* rollen; (her'um)wälzen, (-)drehen: *to* ~ *a problem round in one's mind fig.* ein Problem wälzen; **24.** *Wagen etc.* rollen, fahren, schieben; **25.** *Wassermassen* wälzen (*Fluß*); **26.** (zs.-, auf-, ein)rollen, (-)wickeln; **27.** *Teig* (aus)rollen; *Zigarette* drehen; *Schneeball etc.* formen: ~*ed ham* Rollschinken; **28.** ⊕ *Metalle* walzen, strecken; *Rasen, Straße* walzen: ~*ed glass* gezogenes Glas; ~*ed gold* Walzgold, Golddublee; ~*ed iron* (*od. products*) Walzeisen; *to* ~ *on et.* aufwalzen; **29.** *typ.* **a)** *Papier* ka'landern, glätten, **b)** *Druckfarbe* (mit e-r Walze) auftragen; **30.** rollen(d sprechen): *to* ~ *one's r's*; ~*ed r* Zungen-r; **31.** *Trommel* wirbeln; **32.** ⚓ *Schiff* zum Rollen bringen; **33.** *Körper etc. beim Gehen* wiegen; **34.** *Am. sl. Betrunkenen etc.* ausplündern;

Zssgn mit adv.:

roll| back *v/t. fig.* her'unterschrauben, reduzieren; ~ **in** *v/i.* **1.** *fig.* her'einströmen, eintreffen (*Angebote, Geld etc.*); **2.** F schlafen gehen; ~ **out** *v/t.* **1.** *metall.* auswalzen, strecken; **2.** *Teig* ausrollen, -wellen; **3. a)** *Lied etc.* (hin'aus-) schmettern, **b)** *Verse* deklamieren; ~ **up I.** *v/i.* **1.** (her)'anrollen, (-)'anfahren; F vorfahren; **2.** F ‚aufkreuzen', auftauchen; **3.** sich zs.-rollen; **4.** *fig.* sich ansammeln *od.* (-)häufen; **II.** *v/t.* **5.** her'anfahren; **6.** aufrollen, -wickeln; **7.** ⚔ *gegnerische Front* aufrollen; **8.** *sl.* ansammeln: *to* ~ *a fortune*.

'**roll|·back** *s. Am.* (Perso'nal- *etc.*) Abbau *m*; Lohn-, Preissenkung *f*; '~-**bar** *s. mot.* 'Überrollbügel *m*; '~-**call** *s.* **1.** Namensaufruf *m*, -verlesung *f*; **2.** ⚔ 'Anwesenheitsap,pell *m*: '~-**col·lar** *s.* Rollkragen *m*.

roll·er ['roulə] *s.* **1.** ⊕ **a)** Walzwerkarbeiter *m*, **b)** Fördermann *m*; **2.** (Stoff-, Garn- *etc.*)Rolle *f*; **3.** ⊕ **a)** (Gleit-, Lauf-, Führungs)Rolle *f*, **b)** (Gleit)Rolle *f*, Rädchen *n* (*unter Möbeln, an Rollschuhen etc.*); **4. a)** Walze *f*, **b)** Zy'linder *m*, Trommel *f*; **5.** *typ.* Druckwalze *f*; **6.** Rollstab *m* (*Landkarte etc.*); **7.** ⚓ Roller *m*, Sturzwelle *f*; **8.** *orn.* **a)** Flug-, Tümmlertaube *f*, **b)** *e-e* Racke: *common* ~ Blauracke, **c)** Harzer Roller *m*; ~ **band·age** *s.* ⚕ Rollbinde *f*; ~ **bear·ing** *s.* ⊕ Rollen-, Wälzlager *n*; ~ **clutch** *s.* ⊕ Rollen-,

Freilaufkupplung *f*; ~ **coast·er** *s. Am.* Berg- u. Tal-Bahn *f*; '~**-mill** *s.* ⊕ **1.** Mahl-, Quetschwerk *n*; **2.** → *rolling-mill*; '~**-skate I.** *s.* Rollschuh *m*; **II.** *v/i.* rollschuhlaufen; '~**-skat·ing** *s.* Rollschuhlaufen *n*; ~ **tow·el** *s.* Rollhandtuch *n*.

roll| film *s. phot.* Rollfilm *m*; '~**-front cab·i·net** *s.* Rollschrank *m*.

rol·lick ['rɔlik] *v/i.* **1. a)** ausgelassen *od.* 'übermütig sein, **b)** her'umtollen; **2.** das Leben genießen; '**rol·lick·ing** [-kiŋ] *adj.* ausgelassen, 'übermütig.

roll·ing ['rouliŋ] **I.** *s.* **1.** Rollen *n*; **2.** Da'hinfließen *n* (*Wasser etc.*); **3.** Rollen *n* (*Donner*); Brausen *n* (*Wasser*); **4.** *metall.* Walzen *n*, Strecken *n*; **5.** ⚓ Schlingern *n*; **II.** *adj.* **6.** rollend *etc.*; → *roll II*; ~ **bar·rage** *s.* ⚔ Feuerwalze *f*; ~ **cap·i·tal** *s.* ✝ Be'triebskapi,tal *n*; '~**-chair** *s.* (Kranken)Rollstuhl *m*; '~**-kitch·en** *s.* ⚔ Feldküche *f*; '~**-mill** *s.* ⊕ **1.** Walzwerk *n*, Hütte *f*; **2.** 'Walzma,schine *f*; **3.** Walz(en)straße *f*; '~**-pin** *s.* Nudel-, Wellholz *n*; '~**-press** *s.* ⊕ **1.** Walzen-, Rotati'onspresse *f*; **2.** *Papierfabrikation*: Sati'nierma,schine *f*; '~**-stock** *s.* 🚃 rollendes Materi'al, Betriebsmittel *pl*.

roll| lathe *s.* ⊕ Walzendrehbank *f*; '~**-top desk** *s.* Rollpult *n*; ~ **train** *s. metall.* Walzenstrecke *f*.

ro·ly-po·ly ['rouli'pouli] **I.** *s.* **1.** *a.* ~ *pudding* gerollter Pudding; **2.** Pummel *m*; **II.** *adj.* **3.** dick u. rund, mollig, pummelig.

Ro·ma·ic [rou'meiik] **I.** *adj.* ro'maisch, neugriechisch; **II.** *s. ling.* Neugriechisch *n*.

Ro·man ['roumən] **I.** *adj.* **1.** römisch: ~ *law* römisches Recht; ~ *nose* Römer-, Adlernase; ~ *numeral* römische Ziffer; **2.** (römisch-)ka'tholisch; **3.** *mst* ♀ *typ.* Antiqua...; **II.** *s.* **4.** Römer(in); **5.** *mst* ♀ *typ.* An'tiqua *f*; **6.** *eccl.* Katho'lik(in); **7.** *pl. bibl.* (Brief *m* des Paulus an die) Römer *pl.*; ~ **arch** *s.* ⚠ ro'manischer Bogen; ~ **can·dle** *s.* Leuchtkugel *f* (*Feuerwerk*).

Ro·man Cath·o·lic *eccl.* **I.** *adj.* (römisch-)ka'tholisch; **II.** *s.* Katho'lik (-in), Römisch-Ka'tholische(r *m*) *f*; ~ **Church** *s.* Römische *od.* (Römisch-)Ka'tholische Kirche.

ro·mance[1] [rə'mæns] **I.** *s.* **1.** *hist.* ('Ritter-, 'Vers)Ro,man *m*; **2.** Ro'manze *f*: **a)** 'Liebes-, 'Abenteuerro,man *m*, **b)** *fig.* 'Liebesaf,färe *f*; **3.** *fig.* Märchen *n*, Über'treibung *f*; **4.** *fig.* Ro'mantik *f*: **a)** Zauber *m*, **b)** ro'mantische I'deen *pl.*; **II.** *v/i.* **5.** (Ro'manzen) dichten; *fig.* fabulieren.

Ro·mance[2] [rə'mæns] *bsd. ling.* **I.** *adj.* ro'manisch: ~ *peoples* Romanen; ~ *philologist* Romanist(in); **II.** *s.* **a)** Ro'manisch *n*, **b)** *a. the* ~ *languages* die romanischen Sprachen *pl*.

ro·manc·er [rə'mænsə] *s.* **1.** Ro'manzendichter(in); Ro'manschreiber(in); **2.** Phan'tast(in), Aufschneider(in).

Rom·a·nes ['rɔmənes] *s.* Zi'geunersprache *f*.

Ro·man·esque [roumə'nesk] **I.** *adj.* **1.** ⚠, *ling.* ro'manisch; **2.** *ling.* proven'zalisch; **3.** ♀ *fig.* ro'mantisch; **II.** *s.* **4.** *a.* ~ *style* romanischer (Bau)Stil; *das* Ro'manische; **5.** → *Romance*[2] *II*.

Ro·man·ic [rou'mænik] *adj.* **1.** *ling.* → *Romance*[2] *I*; **2.** römisch (*Kulturform*).

Ro·man·ism ['roumənizəm] *s.* **1.** Roma'nismus *m*, römisch-ka'tholische Einstellung; **2.** Poli'tik *f od.* Gebräuche *pl.* der römischen Kirche.

ro·man·tic [rə'mæntik] **I.** *adj.* (□ ~*ally*) **1.** ro'mantisch, phan'tastisch (*Erzählung*; *a. fig. Idee etc.*); **2.** ♪, *lit.*, *paint.* romantisch: *the* ~ *movement* die Romantik; **3.** romantisch (veranlagt): *a* ~ *girl*; **4.** romantisch, malerisch: *a* ~ *place*; **II.** *s.* **5.** Ro'mantiker(in) (*a. fig.*); **6.** *pl.* romantische I'deen *pl. od.* Gefühle *pl.*; **ro'man·ti·cism** [-isizəm] *s.* **1.** *Kunst*: Ro'mantik *f*; **2.** (Sinn *m* für) Romantik *f*; **ro'man·ti·cist** [-isist] *s. Kunst*: Ro'mantiker(in); **ro'man·ti·cize** [-isaiz] **I.** *v/t.* **1.** romantisieren; **2.** in ro'mantischem Licht sehen; **II.** *v/i.* **3.** *fig.* schwärmen.

Rom·a·ny ['rɔməni] *s.* **1.** Zi'geuner *m*; **2.** *coll. die* Zigeuner *pl.*; **3.** Zi'geunersprache *f*.

Rome [roum] *npr.* Rom *n* (*a. fig. hist. das Römerreich*; *eccl. die Katholische Kirche*): ~ *was not built in a day* Rom ist nicht an einem Tag erbaut worden; *to do in* ~ *as the Romans do* mit den Wölfen heulen; '**Rom·ish** [-miʃ] *adj. mst contp.* römisch(-ka'tholisch).

romp [rɔmp] **I.** *v/i.* **1.** um'hertollen, sich (her'um)balgen, toben: *to* ~ *through* spielend hindurchkommen; **2.** *sl. Pferderennen*: rasen, flitzen: *to* ~ *away* davonziehen; *to* ~ *in* (*od. home*) leicht gewinnen; **II.** *s.* **3.** Wildfang *m*, Range *f*; **4.** Tollen *n*, Balge'rei *f*; '**romp·er** [-pə] *s. mst pl.* Spielanzug *m* (*Kind*); '**romp·y** [-pi] *adj.* ausgelassen, wild.

ron·deau ['rɔndou] *pl.* **-deaus** [-douz] *s. Metrik*: Ron'deau *n*, Ringelgedicht *n* (*10- od. 13-zeilige Strophe mit Kehrreim*); **ron·del** ['rɔndl] *s.* vierzehnzeiliges Rondeau.

ron·do ['rɔndou] *s.* ♪ Rondo *n*.

rönt·gen ['rɔntjən] **I.** *s. phys.* Röntgen *n* (*Maßeinheit*); **II.** *adj. mst* ♀ Röntgen...: ~ *rays*; '**rönt·gen·ize** [-tgənaiz] *v/t.* röntgen; **rönt·gen·o·gram** [rɔnt'genəgræm] *s.* Röntgenaufnahme *f*; **rönt·gen·og·ra·phy** [rɔntgə'nɔgrəfi] *s.* 'Röntgenphotogra,phie *f* (*Verfahren*); **rönt·gen·ol·o·gist** [rɔntgə'nɔlədʒist] *s.* Röntgeno'loge *f*; **rönt·gen·os·co·py** [rɔntgə'nɔskəpi] *s.* 'Röntgendurch,leuchtung *f*, -unter,suchung *f*; **rönt·gen·o·ther·a·py** [rɔntgənə'θerəpi] *s.* 'Röntgenthera,pie *f*.

rood [ru:d] *s.* **1.** *eccl.* Kruzi'fix *n*; **2.** Viertelmorgen *m* (*Flächenmaß*); **3.** Rute *f* (*Längenmaß*); '~**-loft** *s.* ⚠ Chorbühne *f*; '~**-screen** *s.* Lettner *m*.

roof [ru:f] **I.** *s.* **1.** ⚠ (Haus)Dach *n*: *under my* ~ *fig.* unter m-m Dach, in m-m Haus; *to raise the* ~ F Krach schlagen; **2.** *mot.* Verdeck *n*; **3.** *fig.* (*Blätter-, Zelt- etc.*)Dach *n*, (*Himmels*)Gewölbe *n*, (-)Zelt *n*: ~ *of the mouth anat.* Gaumen(dach); *the* ~ *of the world* das Dach der Welt; **4.** ⚒ Hangende(s) *n*; **II.** *v/t.* **5.** bedachen: *to* ~ *in Haus* (ein)decken; *to* ~ *over* überdachen; ~*ed-in* überdacht, umbaut; '**roof·age** [-fidʒ] → *roofing 2*; '**roof·er** [-fə] *s.* **1.** Dachdecker *m*; **2.** *Brit.* F Dankbrief *m* (*für e-e Einladung*); '**roof-gar·den** *s.* Dachgarten *m*; '**roof·ing** [-fiŋ] **I.** *s.* **1.** Bedachen *n*, Dachdeckerarbeit *f*; **2. a)** 'Deckmateri,alien *pl.*, **b)** Dachwerk *n*; **II.** *adj.* **3.** Dach...: ~ *felt* Dachpappe; '**roof·less** *adj.* **1.** ohne Dach, unbedeckt; **2.** *fig.* obdachlos; '**roof-tree** *s.* **1.** ⚠ Firstbalken *m*; **2.** *fig.* Dach *n*.

rook[1] [ruk] **I.** *s.* **1.** *orn.* Saatkrähe *f*; **2.** *fig.* Gauner *m*, Bauernfänger *m*; **II.** *v/t.* **3.** *j-n* betrügen.

rook[2] [ruk] *s. Schachspiel*: Turm *m*.

rook·er·y ['rukəri] *s.* **1. a)** Krähenhorst *m*, **b)** 'Krähenkolo,nie *f*; **2.** *orn.*, *zo.* Brutplatz *m*; **3.** *fig.* **a)** 'Elendsquar,tier *n*, -viertel *n*, **b)** 'Mietska,serne *f*.

rook·ie ['ruki] *s. sl.* **1.** ⚔ Re'krut *m*; **2.** Neuling *m*, Anfänger *m*.

room [rum] **I.** *s.* **1.** Raum *m*, Platz *m*: *to make* ~ (*for*) *a. fig.* Platz machen (*dat.*); *no* ~ *to swing a cat* (*in*) sehr wenig Platz; *in the* ~ *of* an Stelle von (*od. gen.*); **2.** Raum *m*, Zimmer *n*, Stube *f*: *next* ~ Nebenzimmer; ~ *heating* Raumheizung; ~ *temperature* (*a. normale*) Raum-, Zimmertemperatur; **3.** *pl. Brit.* Wohnung *f*; **4.** *fig.* (Spiel)Raum *m*; Gelegenheit *f*, Anlaß *m*: ~ *for complaint* Anlaß zur Klage; *there is no* ~ *for hope* es besteht keinerlei Hoffnung; *there is* ~ *for improvement* es ließe sich noch manches besser machen; **II.** *v/i.* **5.** *bsd. Am.* wohnen, logieren (*at* in *dat.*, *with* bei): *to* ~ *together* zs.-wohnen; **-roomed** [rumd] *adj. in Zssgn* ...zimmerig; **room·er** ['rumə] *s. bsd. Am.* 'Untermieter(in); '**room·ful** [-ful] *pl.* **-fuls** *s.*: *a* ~ *of people* ein Zimmer voll(er) Leute; **room·i·ness** ['ruminis] *s.* Geräumigkeit *f*.

'**room-mate** *s.* 'Stubenkame,rad *m*.

'**room·ing-house** ['rumiŋ] *s.* Logierhaus *n*.

room·y ['rumi] *adj.* □ geräumig.

roost [ru:st] **I.** *s.* **1. a)** Schlafplatz *m*, -sitz *m* (*Vogel*), **b)** Hühnerstange *f od.* -stall *m*: *to be at* ~ schlafen (F *a. Mensch*); *to go to* ~ F schlafen gehen; → *rule 13*; **II.** *v/i.* **2.** auf der Stange sitzen; **3.** sich (zum Schlafen) niederhocken; *fig.* (sich) schlafen (legen) (*Person*); **III.** *v/t.* **4.** *j-m* ein Nachtlager geben; '**roost·er** [-tə] *s.* (Haus)Hahn *m*.

root[1] [ru:t] **I.** *s.* **1.** ⚘ Wurzel *f* (*a. weitS. Wurzelgemüse, Knolle, Zwiebel*): ~ *and branch fig.* mit Stumpf u. Stiel; *to pull out by the* ~ mit der Wurzel herausreißen (*a. fig. ausrotten*); *to strike at the* ~ *of fig. et.* an der Wurzel treffen; *to strike* (*od. take*) ~ Wurzel schlagen (*a. fig.*); ~*s of a mountain der* Fuß e-s Berges; **2.** *anat.* (*Haar-, Nagel-, Zahn-, Zungen- etc.*)Wurzel *f*; **3.** ⚕ **a)** Wurzel *f*, **b)** eingesetzter *od.* gesuchter Wert (*Gleichung*): ~ *extraction* Wurzelziehen; **4.** *ling.* Wurzel(wort *n*) *f*, Stammwort *n*; **5.** ♪ Grundton *m*; **6.** *fig.* **a)** Quelle *f*, Ursache *f*, Wurzel *f*: ~ *of all evil* Wurzel alles Bösen; *to get at the* ~ *of e-r Sache* auf den Grund gehen; *to have its* ~ *in, to take its* ~ *from* → *8*, **b)** Kern *m*, Wesen *n*, Gehalt *m*: ~ *of the matter* Kern der Sache; ~ *idea* Grundgedanke; **II.** *v/i.* **7.** Wurzel fassen *od.* schlagen, (ein-)wurzeln (*a. fig.*): *deeply* ~*ed* tief eingewurzelt (*a. Gefühl etc.*); *to stand* ~*ed to the ground* wie angewurzelt dastehen; **8.** ~ *in* beruhen auf (*dat.*), s-n Grund *od.* Ursprung haben in (*dat.*); **III.** *v/t.* **9.** tief einpflanzen, einwurzeln lassen: *fear* ~*ed him to the ground fig.* er stand vor Furcht wie angewurzelt; **10.** ~ *up,* ~ *out,* ~ *away* **a)** ausreißen, **b)** *fig.* ausrotten, vertilgen.

root² [ruːt] **I.** *v/i.* **1.** (*mit der Schnauze*) wühlen (*for* nach) (*Schwein*); **2.** ~ *about fig.* her'umwühlen; **II.** *v/t.* **3.** *Boden* auf-, 'umwühlen; **4.** ~ *out,* ~ *up* ausgraben, aufstöbern (*a. fig.*).

root³ [ruːt] *v/i.* ~ *for Am. sl.* **a)** *sport j-n* (durch Zurufe) anfeuern, **b)** *fig.* Stimmung machen für *j-n od. et.*

'root-and-'branch *adj. u. adv.* radi'kal, restlos.

root·ed ['ruːtid] *adj.* □ (fest) eingewurzelt (*a. fig.*); **'root·ed·ly** [-li] *adv.* von Grund auf, zu'tiefst; **'root·ed·ness** [-nis] *s.* Eingewurzeltsein *n*, Festigkeit *f*.

root·er ['ruːtə] *s. sport Am. sl.* Anfeurer *m*, Schreier *m*, Fa'natiker *m*.

root·less ['ruːtlis] *adj.* wurzellos (*a. fig.*).

root·let ['ruːtlit] *s.* ⚘ Wurzelfaser *f*.

'root|-mean-'square *s.* ⩘ qua'dratischer Mittelwert; **'~-stock** *s.* **1.** ⚘ Wurzelstock *m*; **2.** *fig.* Wurzel *f*; **'~-treat·ment** *s.* ⚕ (Zahn)Wurzelbehandlung *f*.

root·y ['ruːti] *adj.* **1.** wurzelig, wurzelreich; **2.** wurzelartig, Wurzel...

rope [roup] **I.** *s.* **1.** Seil *n*, Tau *n*; Strick *m*, Strang *m* (*beide a. zum Erhängen*); ⚓ (Tau)Ende *n*: *the* ~ *fig.* der Strick (*Tod durch den Strang*); *to be at the end of one's* ~ mit s-m Latein am Ende sein; *to know the* ~*s* sich auskennen, die Schliche kennen; *to learn the* ~*s* sich einarbeiten; *to show s.o. the* ~*s* j-m die Kniffe beibringen; **2.** *mount.* (Kletter)Seil *n*: *on the* ~ angeseilt; ~ *team* Seilschaft; **3.** (Ar'tisten)Seil *n*: *on the high* ~*s fig.* **a)** hochgestimmt, **b)** hochmütig; **4.** *Am.* Lasso *n, m*; **5.** *pl. Boxen*: (Ring-)Seile *pl.*: *to have s.o. on the* ~*s sl.* j-n ‚zur Schnecke' gemacht haben; **6.** *fig.* Strang *m Tabak etc.*; Bund *n Zwiebeln etc.*; Schnur *f Perlen etc.*: ~ *of sand fig.* Illusion; **7.** Faden *m* (*Flüssigkeit*); **8.** *fig.* Spielraum *m*, Handlungsfreiheit *f*: *to give s.o.* (*plenty of*) ~; **II.** *v/t.* **9.** (mit e-m Seil) zs.-binden; festbinden; **10.** *mst* ~ *in* (*od. off od. out*) *Platz* (durch ein Seil) absperren *od.* abgrenzen; **11.** *mount.* anseilen: *to* ~ *down* (*up*) *j-n* ab- (auf)seilen; **12.** *Am.* mit dem Lasso einfangen: *to* ~ *in sl. Wähler, Kunden etc.* fangen, *j-n* ‚keilen'; **13.** *sport Brit. sl. Pferd* zu'rückhalten; **III.** *v/i.* **14.** Fäden ziehen (*Flüssigkeit*); **15.** *mount.* mit dem Seil klettern: *to* ~ *down* sich abseilen; **16.** *sport Brit. sl.* **a)** das Pferd zu'rückhalten, **b)** langsam treten (*Läufer*); **'~-danc·er** *s.* Seiltänzer (-in); **'~-lad·der** *s.* Strickleiter *f*; **'~-mak·er** *s.* Seiler *m*, Reepschläger *m*; **'~-mo(u)ld·ing** *s.* ⚠ Seilleiste *f*; **'~-quoit** *s.* ⚓, *sport* Seilring *m*; ~ **rail·way** → *ropeway*.

rop·er·y ['roupəri] *s.* Seile'rei *f*.

'rope's-end ⚓ **I.** *s.* Tauende *n*; **II.** *v/t.* mit dem Tauende prügeln.

'rope|-walk *s.* Seiler-, Reeperbahn *f*; **'~-walk·er** *s.* Seiltänzer(in); **'~·way** *s.* (Seil)Schwebebahn *f*; **'~-yard** *s.* Seile'rei *f*; **'~-yarn** *s.* **1.** ⊕ Kabelgarn *n*; **2.** *fig.* Baga'telle *f*.

rop·i·ness ['roupinis] *s.* Dickflüssigkeit *f*, Klebrigkeit *f*; **'rop·y** [-pi] *adj.* □ **1.** klebrig, zäh, fadenziehend: ~ *sirup*; **2.** kahmig: ~ *wine*.

ror·qual ['rɔːkwəl] *s. zo.* Finnwal *m*.

ro·sace ['rouzeis] (*Fr.*) *s.* ⚠ **1.** Ro'sette *f*; **2.** → *rose window*.

ro·sa·ceous [rou'zeiʃəs] *adj.* **1.** ⚘ **a)** zu den Rosa'zeen gehörig, **b)** rosenblütig; **2.** Rosen...

ro·sar·i·an [rou'zɛəriən] *s.* **1.** Rosenzüchter *m*; **2.** *R.C.* Mitglied *n* einer Rosenkranzbruderschaft.

ro·sar·i·um [rou'zɛəriəm] (*Lat.*) *s.* Rosengarten *m*.

ro·sa·ry ['rouzəri] *s.* **1.** *R.C.* Rosenkranz *m*: *to tell over the* ♀ den Rosenkranz beten; **2.** Rosengarten *m*, -beet *n*.

rose¹ [rouz] **I.** *s.* **1.** ⚘ Rose *f*: ~ *of Jericho* Jerichorose; ~ *of May* Weiße Narzisse; ~ *of Sharon* **a)** *bibl.* Sharon-Tulpe, **b)** Großblumiges Johanniskraut; *the* ~ *of fig.* die Rose (*das schönste Mädchen*) von; ~*s in one's cheeks* rosige Gesichtsfarbe; *to gather* (*life's*) ~*s* sein Leben genießen; *on a bed of* ~*s fig.* auf Rosen gebettet; *it is no bed of* ~*s* es ist kein Honiglecken; *it is not all* ~*s* es ist kein reines Vergnügen; *under the* ~ im Vertrauen, insgeheim; **2.** → *rose-colo(u)r*; **3.** *her. hist.* Rose *f*: *Red* ♀ Rote Rose (*Haus Lancaster*); *White* ♀ Weiße Rose (*Haus York*); *Wars of the* ♀*s* Rosenkriege; **4.** ⚠ Ro'sette *f* (*a. Putz*; *a. Edelstein* [*-schliff*]); **5.** Brause *f* (*Gießkanne etc.*); **6.** *phys.* 'Kreis,skala *f*; **7.** ⚓ *etc.* Windrose *f*; **8.** ⚕ Wundrose *f*; **II.** *adj.* **9.** Rosen...; **10.** rosenfarbig.

rose² [rouz] *pret. von rise.*

ro·se·ate ['rouziit] *adj.* □ → *rose-colo(u)red*.

rose| bit *s.* ⊕ Senkfräser *m*; **'~-bud** *s.* ⚘ Rosenknospe *f* (*a. fig. Mädchen*); **'~-bush** *s.* Rosenstrauch *m*; **'~-col·o(u)r** *s.* Rosa-, Rosenrot *n*: *life is not all* ~ *fig.* das Leben besteht nicht nur aus Annehmlichkeiten; **'~-col·o(u)red** *adj.* **1.** rosa-, rosenfarbig, rosenrot; **2.** *fig.* rosig, opti'mistisch: *to see things through* ~ *spectacles* die Dinge durch e-e rosa(rote) Brille sehen; **'~-gall** *s.* ⚘ Rosenschwamm *m*.

rose·mar·y ['rouzməri] *s.* ⚘ Rosma'rin *m*.

ro·se·o·la [rou'ziːələ] *s.* ⚕ Rose'ole *f* (*Hautausschlag*).

'rose|-'pink **I.** *s.* ⊕ Rosenlack *m*, roter Farbstoff; **II.** *adj.* rosa, rosenrot (*a. fig.*); **'~-rash** → *roseola*; **'~-'red** *adj.* rosenrot.

ro·ser·y → *rosary 2*.

'rose-tree *s.* Rosenstock *m*.

ro·sette [rou'zet] *s.* Ro'sette *f* (*a.* ⚠); **ro'set·ted** [-tid] *adj.* **1.** mit Rosetten geschmückt; **2.** ro'settenförmig.

'rose|-wa·ter **I.** *s.* **1.** Rosenwasser *n*; **2.** *fig.* **a)** Schmeiche'leien *pl.*, **b)** Gefühlsduse'lei *f*; **II.** *adj.* **3.** *fig.* ('über-)fein, (-)zart; **4.** *fig.* sentimen'tal; ~ **window** *s.* ⚠ ('Fenster)Ro,sette *f*, (-)Rose *f*; **'~·wood** *s.* Rosenholz *n*.

ros·in ['rɔzin] **I.** *s.* ⚗ (Terpen'tin-)Harz *n*, *bsd.* Kolo'phonium *n*, Geigenharz *n*; **II.** *v/t.* mit Kolophonium einreiben.

ros·i·ness ['rouzinis] *s.* Rosigkeit *f*, rosiges Aussehen.

ros·ter ['roustə] *s.* ⚔ **1.** (Dienst-, Namens)Liste *f*; **2.** Dienstplan *m*.

ros·tral ['rɔstrəl] *adj.* (schiffs)schnabelförmig; **'ros·trate(d)** [-reit(id)] *adj.* **1.** ⚘, *zo.* geschnäbelt; **2.** → *rostral*.

ros·trum ['rɔstrəm] *pl.* **-tra** [-trə] *s.* **1. a)** Rednerbühne *f*, 'Podium *n*, **b)** Kanzel *f*, **c)** *fig.* Plattform *f*; **2.** ⚓ *hist.* Schiffsschnabel *m*; **3.** ⚘, *zo.* Schnabel *m*; **4.** *zo.* **a)** Kopfspitze *f*, **b)** Rüssel *m* (*Insekt*).

ros·y ['rouzi] *adj.* □, **1.** rosenrot, -farbig; ~ *red* Rosenrot; **2.** rosig, blühend (*Wangen etc.*); **3.** *fig.* rosig; **4.** rosengeschmückt.

rot [rɔt] **I.** *v/i.* **1.** (ver)faulen, (-)modern (*a. fig. im Gefängnis*); verrotten, verwesen; *geol.* verwittern; **2.** *fig.* verkommen, verrotten; **3.** *Brit. sl.* ‚quatschen', Unsinn reden; **II.** *v/t.* **4.** faulen lassen; **5.** *bsd. Flachs* rotten; **6.** *Brit. sl. Plan etc.* vermurksen; **7.** *Brit. sl.* j-n ‚anpflaumen' (*hänseln*); **III.** *s.* **8. a)** Fäulnis *f*, Verwesung *f*, **b)** Fäule *f*, **c)** *et.* Verfaultes; → *dry-rot*; **9.** ⚘, *zo.* **a)** Fäule *f*, **b)** *vet.* Leberfäule *f* (*Schaf*); **10.** *Brit. sl.* ‚Quatsch' *m*, Unsinn *m*: *to talk* ~; **11.** *fig. u. sport* Pechsträhne *f*; **IV.** *int. sl.* **12.** Quatsch!, Blödsinn!

ro·ta ['routə] *s.* **1.** → *roster*; **2.** *Brit.* 'Dienst,turnus *m*, regelmäßiger Verlauf: ~ *system* Turnusplan, Ablösungssystem; **3.** *mst* ♀ *R.C.* Rota *f* (*oberster Gerichtshof der römisch-katholischen Kirche*).

Ro·tar·i·an [rou'tɛəriən] **I.** *s.* Ro'tarier *m*; **II.** *adj.* Rotary..., den Rotary-Club betreffend.

ro·ta·ry ['routəri] **I.** *adj.* **1.** rotierend, kreisend, sich drehend, 'umlaufend; Rotations..., Dreh...: ~ *crane* Dreh-, Schwenkkran; ~ *file* Drehkartei; ~ *pump* Umlaufpumpe; ~ *switch* ⚡ Drehschalter; ~ *traffic* Kreisverkehr; **II.** *s.* **2.** ⊕ *durch Rotation arbeitende Maschine, bsd.* **a)** → *rotary engine*, **b)** → *rotary machine*, **c)** → *rotary press*; **3.** → *rotary converter*; **4.** ♀, *a.* ♀ *Club* 'Rotary-Club *m*; ~ **con·vert·er** *s.* ⚡ 'Dreh,umformer *m*; ~ **cur·rent** *s.* ⚡ Drehstrom *m*; ~ **en·gine** *s.* 'Drehkolben,motor *m*; ~ **hoe** *s.* ⚒ Hackfräse *f*; ♀ **In·ter·na·tion·al** *s.* Weltvereinigung *f* der Rotary-Clubs; ~ **ma·chine** *s. typ.* Rotati'onsma,schine *f*; ~ **pis·ton en·gine** *s.* → *rotary engine*; ~ **press** *s. typ.* Rotati'ons(druck)-presse *f*.

ro·tate[1] [rou'teit] **I.** *v/i.* **1.** rotieren, kreisen, sich drehen; **2.** der Reihe nach *od.* turnusmäßig wechseln: *to ~ in office*; **II.** *v/t.* **3.** rotieren *od.* (um)'kreisen lassen; **4.** *Personal* turnusmäßig *etc.* auswechseln; **5.** ✓ *Frucht* wechseln: *to ~ crops* im Fruchtwechsel anbauen.

ro·tate[2] ['routeit] *adj.* ⚘, *zo.* radförmig.

ro·ta·tion [rou'teiʃən] *s.* **1.** ⊕, *phys.* Rotati'on *f*, (Achsen-, 'Um)Drehung *f*, 'Um-, Kreislauf *m*, Drehbewegung *f*: *~ of the earth* (tägliche) Erdumdrehung (*um die eigene Achse*); **2.** Wechsel *m*, Abwechslung *f*: *in* (*od. by*) *~* der Reihe nach, abwechselnd, im Turnus; *~ in office* turnusmäßiger Wechsel im Amt; *~ of crops* ✓ Fruchtwechsel, -folge; **ro·ta·tive** ['routətiv] *adj.* **1.** → *rotary 1*; **2.** abwechselnd, regelmäßig 'wiederkehrend; **ro·ta·to·ry** ['routətəri] *adj.* **1.** → *rotary 1*; **2.** *fig.* abwechselnd *od.* turnusmäßig (aufein'anderfolgend): *~ assemblies*; **3.** *~ muscle anat.* Dreh-, Rollmuskel.

rote [rout] *s.*: *by ~* **a)** (rein) mechanisch, durch bloße Übung, **b)** auswendig.

'**rot-gut** *s. sl.* Fusel *m*, schlechter Schnaps.

ro·ti·fer ['routifə] *s. zo.* Rädertier (-chen) *n*; **Ro·tif·er·a** [rou'tifərə] *s. pl. zo.* Rädertiere *pl.*

ro·to·gra·vure [routəgrə'vjuə] *s. typ. Am.* **1.** Kupfer(tief)druck *m*; **2.** → *roto section*.

ro·tor ['routə] *s.* **1.** ✈ 'Rotor *m*, Drehflügel *m* (*Hubschrauber*); **2.** ⚡ Rotor *m*, Anker *m*; **3.** ⊕ Rotor *m* (*Drehteil e-r Maschine*); **4.** ⚓ ('Flettner),Rotor *m*.

ro·to sec·tion ['routou] *s. phot. Am.* Kupfertiefdruckbeilage *f e-r Zeitung*.

rot·ten ['rɔtn] *adj.* □ **1.** faul, verfault: *~ to the core* **a)** kernfaul, **b)** *fig.* durch u. durch korrupt; **2.** morsch, mürbe; **3.** brandig, stockig (*Holz*); **4.** ⚕ faul(ig) (*Zahn*); **5.** *fig.* **a)** verderbt, kor'rupt, **b)** niederträchtig, gemein; **6.** *sl.* (,'hunds-) mise,rabel': *~ luck* Saupech; *~ weather* saumäßiges Wetter; '**rot·ten·ness** [-nis] *s.* **1.** Fäule *f*, Fäulnis *f*; **2.** *fig.* Verderbtheit *f*, Kor'ruptheit *f*; **rot·ter** ['rɔtə] *s. Brit. sl.* Schweinehund *m*, nichtsnutziger *od.* widerlicher Kerl.

ro·tund [rou'tʌnd] *adj.* □ **1.** *obs.* rund, kreisförmig; **2.** rundlich (*Mensch*); **3.** *fig.* **a)** voll(tönend) (*Stimme*), **b)** hochtrabend, blumig, pom'pös (*Ausdruck*); **4.** *fig.* ausgewogen (*Stil*); **ro'tun·da** [-də] *s.* △ Rundbau *m*; **ro'tun·date** [-deit] *adj. bsd.* ⚘ abgerundet; **ro'tun·di·ty** [-diti] *s.* **1.** Rundheit *f*; **2.** Rundlichkeit *f*; **3.** Rundung *f*; **4.** *fig.* Ausgewogenheit *f* (*des Stils etc.*).

rou·ble ['ru:bl] *s.* Rubel *m* (*russisches Geld*).

rou·é ['ru:ei] (*Fr.*) *s.* Rou'é *m*, Wüstling *m*, Lebemann *m*.

rouge [ru:ʒ] **I.** *s.* Rouge *n*, (rote) Schminke; ⊕ Polierrot *n*; **II.** *adj. her.* rot; **III.** *v/i.* Rouge auflegen, sich schminken; **IV.** *v/t.* (rot) schminken.

rough [rʌf] **I.** *adj.* □ → *roughly*; **1.** rauh (*Oberfläche, a. Haut, Tuch etc.*; *a. Stimme*); **2.** rauh, struppig (*Fell, Haar*); **3.** holp(e)rig, uneben (*Gelände, Weg*); **4.** rauh, unwirtlich, zerklüftet (*Landschaft*); **5.** rauh (*Wind etc.*); stürmisch (*See, Überfahrt, Wetter*): *~ sea* ⚓ grobe See; **6.** grob, roh (*Mensch, Manieren etc.*); rauhbeinig, ungehobelt (*Person*); heftig (*Temperament etc.*): *~ house* F **a)** stürmische Versammlung, **b)** Schlägerei; *~ play* rohes *od.* hartes Spiel; *~ stuff* F Gewalttätigkeit(en); **7.** rauh, barsch, schroff (*Person od. Redeweise*): *~ words*; *to have a ~ tongue* e-e rauhe Sprache sprechen; **8.** F rauh (*Behandlung, Empfang etc.*), hart (*Leben, Tag etc.*), garstig, böse: *it was ~* es war e-e böse Sache; *I had a ~ time* es ist mir schlecht ergangen; *that's ~ luck for him* da hat er aber Pech (gehabt); **9.** roh, grob: **a)** ohne Feinheit, **b)** unbearbeitet, im Rohzustand: *~ cloth* ungewalktes Tuch; *~ food* grobe Kost; *~ rice* unpolierter Reis; *~ style* grober *od.* ungeschliffener Stil; *~ stone* **a)** unbehauener Stein, **b)** ungeschliffener (Edel)Stein; → *diamond 1, rough-and-ready*; **10.** ⊕ Grob...: *~ carpenter* Grobtischler; *~ file* Gewichts-, Schruppfeile; **11.** unfertig, Roh...: *~ copy* Konzept; *~ draft* (*od. sketch*) Faustskizze, Rohentwurf; *in a ~ state* im Rohzustand; **12.** *fig.* grob: **a)** annähernd (richtig), ungefähr, **b)** flüchtig, im 'Überschlag: *~ analysis* Rohanalyse; *~ calculation* Überschlag; *~ size* ⊕ Rohmaß; **13.** *typ.* noch nicht beschnitten (*Buchrand*); **14.** herb, sauer (*bsd. Wein*); **15.** stark (wirkend) (*Arznei*); **16.** *Brit. sl.* schlecht, ungenießbar (*Fisch*); **II.** *adv.* **17.** rauh, hart, roh: *to play ~*; *to cut up ~* ,massiv' werden; **18.** grob, flüchtig; **III.** *s.* **19.** Rauheit *f*, *das* Rauhe: *over ~ and smooth* über Stock und Stein; *to take the ~ with the smooth fig.* das Leben nehmen, wie es ist; → *rough-and-tumble II*; **20.** *bsd. Brit.* ,Schläger' *m*, Rowdy *m*, Rohling *m*; **21.** Rohzustand *m*: *from the ~* aus dem Rohen *arbeiten*; *in the ~* im Groben, im Rohzustand; *to take s.o. in the ~* j-n nehmen, wie er ist; **22. a)** holperiger Boden, **b)** unebener Boden (*Golf*); **23.** Stollen *m* (*Pferdehufeisen*); **IV.** *v/t.* **24.** an-, aufrauhen; **25.** *j-n* grob anfassen *od.* behandeln; **26.** *mst ~ out Material* roh *od.* grob bearbeiten, vorbearbeiten; *metall.* vorwalzen; *Linse, Edelstein* grob schleifen; **27.** *Pferd* zureiten; **28.** *Pferd(ehuf)* mit Stollen versehen; **29.** *~ in, ~ out* entwerfen, flüchtig skizzieren; **30.** *~ up Haare etc.* gegen den Strich streichen: *to ~ the wrong way fig. j-n* reizen *od.* verstimmen; **31.** *Fußball*: *Gegner* hart ,nehmen', anschlagen; **V.** *v/i.* **32.** rauh werden; **33.** *Fußball*: (über'trieben) hart spielen; **34.** *~ it* **a)** sich roh benehmen, **b)** sich kümmerlich 'durchschlagen, **c)** primi'tiv leben, ein spar'tanisches Leben führen.

rough·age ['rʌfidʒ] *s.* **a)** ✓ Rauhfutter *n*, **b)** grobe Nahrung, **c)** *biol.* unverdauliche Nährstoffe *pl.*

'**rough|-and-'read·y** *adj.* **1.** grob (gearbeitet), Not..., Behelfs...: *~ rule* Faustregel; **2.** rauh *od.* grob, aber zuverlässig (*Person*); **3.** nicht allzu genau (aber schnell *arbeitend*); '**~-and-'tum·ble I.** *adj.* **1.** wild, heftig, verworren: *a ~ fight*; **II.** *s.* **2.** wirres Handgemenge, wilde Keile'rei; **3.** *fig.* Wirren *pl. des Krieges, des Lebens etc.*; '**~·cast I.** *s.* **1.** *fig.* roher Entwurf; **2.** △ Rohputz *m*, Berapp *m*; **II.** *adj.* **3.** im Entwurf, unfertig; **4.** roh verputzt, angeworfen; **III.** *v/t.* [*irr.* → *cast*] **5.** im Entwurf anfertigen, roh entwerfen; **6.** △ berappen, (*mit Rohputz*) anwerfen; '**~-drill** *v/t.* ⊕ vorbohren; '**~-dry** *v/t. Wäsche* (nur) trocknen (*ohne sie zu bügeln od. mangeln*).

rough·en ['rʌfən] **I.** *v/i.* rauh(er) werden; **II.** *v/t.* an-, aufrauhen, rauh machen.

'**rough|-'grind** *v/t.* [*irr.* → *grind*] **1.** ⊕ vorschleifen; **2.** *Korn* schroten; '**~-'hew** *v/t.* [*irr.* → *hew*] **1.** *Holz, Stein etc.* roh *od.* grob behauen *od.* bearbeiten; **2.** *fig.* in groben Zügen entwerfen; '**~-'hewn** *adj.* **1.** ⊕ roh behauen; **2.** *fig.* in groben Zügen entworfen, flüchtig; **3.** *fig.* grobschlächtig, ungehobelt; '**~-'house** *sl.* **I.** *v/t. j-n* unsanft behandeln; miß'handeln; **II.** *v/i.* Ra'dau machen, toben.

rough·ly ['rʌfli] *adv.* **1.** rauh, roh, grob; **2.** grob, ungefähr, annähernd: *~ speaking* etwa, ungefähr.

'**rough|-ma'chine** *v/t.* ⊕ grob bearbeiten; '**~-neck** *s. Am. sl.* Rauhbein *n*, Grobian *m*.

rough·ness ['rʌfnis] *s.* **1.** Rauheit *f*, Unebenheit *f*; **2.** ⊕ rauhe Stelle; **3.** *fig.* Roheit *f*, Grobheit *f*, Ungeschliffenheit *f*; **4.** Wildheit *f*, Heftigkeit *f*; **5.** Herbheit *f* (*Wein*).

'**rough|-'plane** *v/t.* ⊕ vorhobeln, schroppen; '**~-rid·er** *s.* **1.** Zureiter *m*; **2.** verwegener Reiter; **3.** *Am.* ⚔ *hist.* **a)** 'irregu,lärer Kavalle'rist, **b)** ♀ *Angehöriger e-s im spanisch-amer. Krieg aufgestellten Kavallerie-Freiwilligenregiments*; '**~·shod** *adj.* scharf beschlagen (*Pferd*): *to ride ~ over fig.* **a)** *j-n* rücksichtslos behandeln, *j-n* schurigeln, **b)** rücksichtslos über *et.* hinweggehen.

rou·lade [ru:'lɑ:d] (*Fr.*) *s.* ♪ Rou'lade *f*, Pas'sage *f* (*Koloratur*).

rou·lette [ru(:)'let] *s.* **1.** Rou'lett *n* (*Glücksspiel*); **2.** ⊕ Rollrädchen *n*.

Rou·ma·ni·an → *Rumanian*.

round [raund] **I.** *adj.* □ → *roundly*; **1.** *allg.* rund: **a)** kugelrund, **b)** kreisrund, **c)** zy'lindrisch, **d)** abgerundet, **e)** bogenförmig, **f)** e-n Kreis beschreibend (*Bewegung, Linie etc.*), **g)** rundlich, dick (*Arme, Wangen etc.*): *~ arch* △ (romanischer) Rundbogen; *~ dance* Rundtanz; *~ file* ⊕ Rundfeile; *~ game* Gesellschaftsspiel; *~ hand* Rundschrift; *~ robin* Gesuch *etc.*, auf dem die Unterschriften im Kreise angebracht sind; *~ shot* Kanonenkugel; *~ steak*

Rundsteak; ~ table ‚runder Tisch‘, Konferenztisch; 2 Table hist. die Tafelrunde (des Königs Artus); → round-table; ~ timber Rundholz; ~ towel Rollhandtuch; ~ trip Rundreise, bsd. Am. Hin- u. Rückfahrt; → round-trip; 2. ling. gerundet (Vokal); 3. weich, vollmundig (Wein); 4. ℞ ganz (ohne Bruch): in ~ numbers a) in ganzen Zahlen, b) auf- od. abgerundet; 5. fig. rund, voll: a ~ dozen; 6. rund, annähernd (richtig); 7. rund, beträchtlich (Summe); 8. (ab)gerundet, flüssig (Stil); 9. voll(tönend) (Stimme); 10. flott, scharf: at a ~ pace; 11. offen, unverblümt: a ~ answer; ~ lie freche Lüge; 12. kräftig, derb, ‚saftig‘: in ~ terms in unmißverständlichen Ausdrücken; II. s. 13. Rund n, Kreis m, Ring m; 14. Rund(teil n, -bau m) n, et. Rundes; 15. a) (runde) Stange, b) ⊕ Rundstab m, c) (Leiter)Sprosse f; 16. Rundung f: out of ~ ⊕ unrund; worked on the ~ über e-n Leisten gearbeitet (Schuh); 17. Kunst: Rundplastik f: in the ~ a) plastisch, b) fig. vollkommen; 18. a. ~ of beef Rindskeule; 19. Brit. Scheibe f, Schnitte f (Brot etc.); 20. Kreislauf m, Runde f: the ~ of the seasons; the daily ~ der tägliche Trott; 21. a) (Dienst-)Runde f, Rundgang m (Briefträger, Polizist etc.), b) ⚔ Ronde f, c) ⚔ Streife f: to make the ~ of e-n Rundgang machen um; 22. a) (Inspekti'ons)Rundgang m, -fahrt f, b) Rundreise f, Tour f; 23. fig. Reihe f, Folge f von Besuchen, Pflichten etc.: a ~ of pleasures; 24. Boxen, Golf: Runde f; 25. Runde f, Lage f (Bier etc.): to stand a ~ (of drinks) ‚e-n ausgeben‘ (für alle); 26. Runde f, Kreis m (Personen): to go (od. make) the ~ (of) die Runde machen, kursieren (bei, in dat.) (Gerücht, Witz etc.); 27. a) ⚔ Salve f, b) Schuß m: 20 ~s (of cartridge) 20 Schuß (Patronen); 28. fig. Lach-, Beifallssalve f: ~ after ~ of applause nicht enden wollender Beifall; 29. ♪ a) Rundgesang m, 'Kanon m, b) Rundtanz m, Reigen m; III. adv. 30. a. ~ about rund-, rings(her)'um; 31. rund(her)'um, im ganzen 'Umkreis, auf od. von allen Seiten: all ~ a) ringsum, überall, b) fig. durch die Bank, auf der ganzen Linie; for a mile ~ im Umkreis von e-r Meile; 32. rundherum, im Kreise: ~ and ~ immer rundherum; to hand s.th. ~ et. herumreichen; to look ~ um sich blicken; to turn ~ (sich) umdrehen; the wheels go ~ die Räder drehen sich; 33. außen her'um: a long way ~ ein weiter Umweg; 34. zeitlich: her'an: comes ~ again der Sommer kehrt wieder; 35. e-e Zeit lang: all the year ~ das ganze Jahr lang od. hindurch; the clock ~ volle 24 Stunden; 36. a) hin'über, b) her'über: to ask s.o. ~ j-n zu sich bitten; to order one's car ~ (den Wagen) vorfahren lassen; → win 6; IV. prp. 37. (rund) um: a tour ~ the world; 38. um (... her'um): to sail ~ the Cape; just ~ the corner gleich um die Ecke; 39. in od. auf (dat.) ... herum: ~ all the shops in allen Läden herum; 40. um (... herum), im 'Umkreis von (od. gen.); 41. um (... herum): to write a book ~ a story; to argue ~ and ~ a subject um ein Thema herumreden; 42. zeitlich: durch, während (gen.); V. v/t. 43. rund machen, (a. fig. ab-)runden: ~ed edge abgerundete Kante; ~ed number auf- od. abgerundete Zahl; ~ed teaspoon gehäufter Teelöffel; ~ed vowel ling. gerundeter Vokal; 44. um'kreisen; 45. um'geben, -'schließen; 46. Ecke, Landspitze etc. um'fahren, -'segeln, her'umfahren od. biegen um; 47. mot. Kurve ausfahren; VI. v/i. 48. rund werden, sich runden; 49. fig. sich abrunden, voll'kommen werden; 50. ⚓ drehen, wenden; 51. ~ on F a) j-n anfahren, b) über j-n herfallen, j-m in den Rücken fallen;

Zssgn mit adv.:

round| off v/t. 1. abrunden (a. fig. vervollkommnen); 2. Fest, Rede etc. beschließen, krönen; 3. Zahlen auf- od. abrunden; 4. Schiff wenden; **~ out** I. v/t. 1. (v/i. sich) runden od. ausfüllen; 2. fig. → round off 1; II. v/i. 3. sich wieder erholen (Kranker); **~ to** v/i. 1. ⚓ beidrehen; 2. wieder zu Kräften kommen; **~ up** v/t. 1. Vieh zs.-treiben; 2. F a) Verbrecherbande ausheben, b) Leute etc. zs.-trommeln, a. et. auftreiben, c) zs.-klauben.

'round·a·bout I. adj. 1. weitläufig, -schweifig, 'umständlich; 2. 'umwegig: ~ way Umweg; 3. rund(her)'um laufend od. führend: ~ system of traffic → 8; 4. rundlich (Person); II. s. 5. 'Umweg m; 6. fig. 'Umschweif m; 7. bsd. Brit. Karus'sell n; → swing 24; 8. Brit. (Platz m mit) Kreisverkehr m.

roun·del ['raundl] s. 1. kleine runde Scheibe; 2. Medail'lon n (a. her.), runde Schmuckplatte; 3. ⚠ a) rundes Feld od. Fenster, b) runde Nische; 4. Metrik: → rondel.

roun·de·lay ['raundilei] s. 1. ♪ Re'frainliedchen n, Rundgesang m; 2. Rundtanz m; 3. (Vogel)Lied n.

round·er ['raundə] s. 1. Brit. sport a) pl. sg. konstr. Schlagball(spiel n) m, b) Lauf m e-s Schlagballspielers; 2. Am. sl. a) Stromer m, b) Gewohnheitsverbrecher m, c) Gewohnheitstrinker m, d) Liederjan m.

'round|·head s. 1. 2 hist. Rundkopf m (Puritaner); 2. Rundkopf m (Person; a. ⊕): ~ screw Rundkopfschraube; **'~-house** s. 1. 🚂 Am. Lokomo'tivschuppen m; 2. ⚓ hist. Achterhütte f; 3. hist. Turm m, Gefängnis n; 4. Am. sl. Schwinger m (Schlag).

round·ing ['raundiŋ] s. Rundung f (a. ling.): ~-off Abrundung; **'round·ish** [-iʃ] adj. rundlich; **'round·ly** [-dli] adv. 1. rund, ungefähr; 2. rundweg, rundher'aus, unverblümt; 3. gründlich, gehörig, tüchtig; **'round·ness** [-dnis] s. 1. Rundheit f (a. fig.); Rundung f; 2. fig. Unverblümtheit f; **'round-nose(d)** adj. ⊕ rund(nasig), Rund...: ~ pliers Rundzange.

rounds·man ['raundzmən] s. [irr.] 1. Am. Poli'zei,unterwachtmeister m; 2. Brit. Austräger m, Laufbursche m: milk ~ Milchmann.

'round|-ta·ble adj.: ~ conference Konferenz am runden Tisch; **'~-the-clock** adj. ganztägig, 24-stündig; **'~-top** s. ⚓ Krähennest n; **'~-trip** adj. a) Rundreise..., b) (Hin- u.) Rückfahr...: ~ ticket; **~ turn** s. ⚓ Rundtörn m (Knoten): to bring up with a ~ jäh unterbrechen; **'~-up** s. 1. Zs.-treiben n von Vieh; 2. fig. a) Zs.-treiben n, Sammeln n, b) 'Razzia f, Aushebung f von Verbrechern.

roup[1] [raup] Scot. od. dial. I. v/t. versteigern; II. s. Versteigerung f.

roup[2] [ru:p] s. vet. a) Darre f der Hühner, b) Pips m.

rouse [rauz] I. v/t. 1. oft ~ up wachrütteln, (auf)wecken (from aus); 2. Wild etc. aufjagen; 3. fig. j-n auf-, wachrütteln, ermuntern: to ~ o.s. sich aufraffen; 4. fig. j-n in Wut bringen, aufbringen, reizen; 5. fig. Gefühle etc. erwecken, wachrufen, Haß entflammen, Zorn erregen; 6. ⊕ Bier etc. ('um)rühren; II. v/i. 7. mst ~ up aufwachen (a. fig.); 8. aufschrecken; III. s. 9. ⚔ Brit. Wecken n; **'rous·er** [-zə] s. 1. F Sensati'on f; 2. F faustdicke Lüge, Schwindel m; 3. Brauerei: 'Rührappa,rat m; **'rous·ing** [-ziŋ] adj. □ 1. fig. aufrüttelnd, zündend, mitreißend (Ansprache, Lied etc.); 2. brausend, stürmisch (Beifall etc.); 3. aufregend, spannend; 4. F ‚toll‘, ungeheuer.

roust·a·bout ['raustəbaut] s. 1. Am. a) Werft-, Hafenarbeiter m, b) oft contp. Gelegenheitsarbeiter m; 2. Aushilfskraft f, Handlanger m.

rout[1] [raut] I. s. 1. Rotte f, wilder Haufen; 2. ⚖ Zs.-rottung f, Auflauf m; 3. bsd. ⚔ a) wilde Flucht, b) Schlappe f, Niederlage f: to put to ~ → 5; 4. obs. (große) Abendgesellschaft; II. v/t. 5. ⚔ in die Flucht schlagen, vernichtend schlagen.

rout[2] [raut] v/t. 1. → root[2] II; 2. ~ out, ~ up j-n aus dem Bett od. e-m Versteck etc. (her'aus)treiben, (-)jagen; 3. vertreiben; 4. ⊕ ausfräsen (a. typ.), ausschweifen.

route [ru:t; ⚔ a. raut] I. s. 1. (Reise-, Fahrt)Route f, (-)Weg m: en ~ (Fr.) unterwegs; 2. (Bahn-, Flug)Strecke f; ⚓ Schiffahrtsweg m; tel. Leitweg m; 3. (Fern)Straße f; 4. ⚔ a) Marschroute f, b) Brit. Marschbefehl m: column of ~ Marschkolonne; ~-march Brit. Übungsmarsch, Am. Marsch mit Marscherleichterungen; ~ step, march! ohne Tritt(, marsch)!; II. v/t. 5. Truppen in Marsch setzen; Transportgüter etc. befördern, leiten (via über e-n Ort etc.); 6. die Route (od. ⊕ den Arbeitsgang) festlegen von (od. gen.); 7. Anträge etc. (auf dem Dienstweg) weiterleiten.

rou·tine [ru:'ti:n] I. s. 1. (Ge'schäfts-, 'Amts)Rou,tine f; gleichbleibendes Verfahren, Scha'blone f; laufende od. me'chanische Arbeit; Rou'tinesache f; 2. gewohnheitsmäßiger Gang; contp. (alter) Trott; II. adj. 3. all'täglich, immer gleichbleibend, üblich: ~ *check* regelod. routinemäßige Überprüfung; **4.** *contp.* me'chanisch, scha'blonenhaft; **rou'tine·ly** [-li] *adv.* **1.** rou'tinemäßig; **2.** *contp.* mechanisch; **rou'tin·ist** [-nist] *s.* Gewohnheitsmensch *m.*

rove[1] [rouv] **I.** *v/i.* **1.** *a.* ~ *about* um'herstreifen, -schweifen, -wandern (*a. fig. Augen etc.*); **2.** *sport* mit lebendem Köder angeln; **II.** *v/t.* **3.** durch'streifen; **III.** *s.* **4.** (Um'her-) Wandern *n*; Wanderschaft *f.*

rove[2] [rouv] **I.** *v/t.* **1.** ⊕ vorspinnen; **2.** *Wolle etc.* ausfasern; *Strumpf etc.* aufreufeln; **II.** *s.* **3.** Vorgespinst *n*; **4.** (*Woll- etc.*)Strähne *f.*

rov·er[1] ['rouvə] *s.* ⊕ 'Vorspinnmaˌschine *f.*

rov·er[2] ['rouvə] *s.* **1. a)** (ruhelos) Wandernde(r *m*) *f*, Wanderer *m*, **b)** Her'umstreicher(in); **2.** Wandertier *n*; **3.** *Brit.* Rover *m* (*Pfadfinder über 17*); **4.** *obs.* Seeräuber *m*; **5.** *Rugby*: Außenspieler *m.*

row[1] [rou] *s.* **1.** *allg.* (*a. Häuser-, Sitz*)Reihe *f*: *in* ~*s* in Reihen, reihenweise; *a hard* ~ *to hoe Am. fig.* e-e schwierige Sache; **2.** Straße *f*: *Rochester* ≗; **3.** ⚠ Baufluchtlinie *f.*

row[2] [rou] **I.** *v/i.* **1.** rudern; **II.** *v/t.* **2.** *Boot, a. Rennen, a. j-n* rudern: *to* ~ *down j-n* überholen; **3.** rudern gegen, mit *j-m* (wett)rudern; **4.** rudern: *to* ~ *a fast stroke* schnell rudern, Kahn fahren; *to* ~ *a long stroke* lang ausholen; *to* ~ *a race* wettrudern; **III.** *s.* **5.** Rudern *n*; 'Ruderparˌtie *f*: *to go for a* ~ rudern gehen.

row[3] [rau] F **I.** *s.* Krach *m*: **a)** Kra'wall *m*, Spek'takel *m*, **b)** Streit *m*, **c)** Schläge'rei *f*: *to get into a* ~ ,eins aufs Dach bekommen'; *to have a* ~ *with* Krach *od.* Streit haben mit; *to kick up a* ~ Krach schlagen; *what's the* ~? was ist denn los?; **II.** *v/t. j-n* ,zs.-stauchen'; **III.** *v/i.* randalieren.

row·an ['rauən] *s. a.* ~*-tree* ⚘ Eberesche *f.*

row-de-dow ['raudi'dau] *s.* Spek'takel *m*, Lärm *m.*

row·di·ness ['raudinis] *s.* Pöbelhaftigkeit *f*, rüpelhaftes Benehmen *od.* Wesen; **row·dy** ['raudi] **I.** *s.* 'Rowdy *m*, Ra'bauke *m*, Raufbold *m*; **II.** *adj.* rüpel-, flegelhaft, gewalttätig; **'row·dy·ism** [-iizəm] *s.* **1.** Rowdytum *n*, rüdes *od.* pöbelhaftes Benehmen; **2.** Gewalttätigkeit *f*, Rüpe'lei *f.*

row·el ['rauəl] **I.** *s.* Spornrädchen *n*; **II.** *v/t. e-m Pferd* die Sporen geben.

row·en ['rauən] *s.* ✐ *Am. od. Brit. dial.* Grummet *n.*

row·ing ['rouiŋ] **I.** *s.* Rudern *n*, Rudersport *m*; **II.** *adj.* Ruder...: ~*-boat Brit.* Ruderboot; ~*-club* Ruderklub; ~ *machine* Ruderkasten.

row·lock ['rɔlək] *s.* ⚓ Ruderklampe *f*, Dolle *f.*

roy·al ['rɔiəl] **I.** *adj.* □ **1.** königlich, Königs...: *His* ≗ *Highness* S-e Königliche Hoheit; ~ *prince* Prinz von königlichem Geblüt; → *princess 1*; ≗ *Academy* Königliche Akademie der Künste (*Großbritanniens*); ~ *blue* Königsblau; ≗ *Exchange die* Londoner Börse (*Gebäude*); ≗ *Navy* (Königlich-Brit.) Marine; ~ *road fig.* bequemer Weg; ~ *road to learning* Nürnberger Trichter; ~ *speech* Thronrede; **2.** fürstlich (*a. fig.*): *the* ~ *and ancient game* das Golfspiel; **3.** *fig.* (*a.* F) prächtig, großartig: *in* ~ *spirits* F in glänzender Stimmung; ~ *stag hunt.* Kapitalhirsch; ~ *tiger zo.* Königstiger; **4.** edel (*a. Gas*); **II.** *s.* **5.** F Mitglied *n* des Königshauses; **6.** *a.* ~ *paper* Roy'alpaˌpier *n* (*Format*); **7.** *a.* ~ *sail* ⚓ Ober(bram)segel *n*; **roy·al·ist** ['rɔiəlist] **I.** *s.* Roya'list *m*, Königstreue(r *m*) *f*; **II.** *adj.* königstreu; **'roy·al·ty** [-ti] *s.* **1.** Königtum *n*: **a)** Königswürde *f*, **b)** Königreich *n*: *insignia of* ~ Kroninsignien; **2.** königliche Abkunft; **3. a)** fürstliche Per'sönlichkeit, **b)** *pl.* Fürstlichkeiten *pl.*, **c)** Königshaus *n*; **4.** Krongut *n*; **5.** Re'gal *n*, königliches Privi'leg; **6.** Abgabe *f* an die Krone, Pachtgeld *n*: *mining* ~ Bergwerksabgabe; **7.** mon'archische Regierung; **8.** ⚖ (Au'toren- *etc.*)Tantiˌeme *f*, Gewinnanteil *m*; **9.** ⚖ **a)** Li'zenz *f*, **b)** Li'zenzgebühr *f*: ~ *fees* Patentgebühren; *subject to payment of royalties* lizenzpflichtig.

rub [rʌb] **I.** *s.* **1.** (Ab)Reiben *n*, Strich *m* (*mit der Bürste etc.*): *give it a* ~ reibe es (doch einmal); *to have a* ~ *with a towel* sich (mit dem Handtuch) abreiben *od.* abtrocknen; **2.** *fig.* Schwierigkeit *f*: *there's the* ~! F da liegt der Hase im Pfeffer!, das ist der wunde Punkt!; *there's a* ~ *in it* F die Sache hat e-n Haken; **3.** Unannehmlichkeit *f*; **4.** *fig.* Stiche'lei *f*, Seitenhieb *m*; **5.** rauhe *od.* aufgeriebene Stelle; **6.** Unebenheit *f*; **II.** *v/t.* **7.** reiben: *to* ~ *one's hands* sich die Hände reiben (*mst fig.*); *to* ~ *shoulders with fig.* verkehren mit, (*dat.*) nahe stehen; *it* ~*s me the wrong way fig.* es geht mir gegen den Strich; *to* ~ *s.o. the wrong way fig.* j-n verstimmen *od.* verschnupfen; **8.** reiben, (reibend) streichen; **9.** einreiben (*with* mit *e-r Salbe etc.*); → *rub in*; **10.** streifen, reiben an (*dat.*); (wund) scheuern; **11. a)** scheuern, schaben, **b)** *Tafel etc.* abwischen, **c)** polieren, **d)** wichsen, bohnern, **e)** abreiben, frottieren; **12.** ⊕ (ab)schleifen, (ab)feilen: *to* ~ *with emery* (*pumice*) abschmirgeln (abbimsen); **13.** *typ.* abklatschen; **III.** *v/i.* **14.** reiben, streifen; (*against od.* [*up*]*on* an *dat.*, gegen) **15.** *fig.* sich mühen *od.* schlagen (*through* durch);

Zssgn mit adv.:

rub| a·long *v/i.* sich 'durchschlagen, sich mühsam über Wasser halten; 'durchhalten; ~ **down** *v/t.* **1.** abreiben, frottieren; *Pferd* striegeln; **2.** her'unter-, wegreiben; ~ **in** *v/t.* **1.** *a. Zeichnung* einreiben; **2.** *sl.* ,her'umreiten' auf (*dat.*): *to rub it in* es *j-m* unter die Nase reiben; ~ **off I.** *v/t.* **1.** abreiben, abschleifen; **2.** *fig. Scheu etc.* ablegen; **II.** *v/i.* **3. a)** sich abreiben lassen, **b)** abfärben; **4.** *Am.* F ,abhauen', sich da'vonmachen; **5.** ✝ ,gehen', sich gut verkaufen; ~ **out I.** *v/t.* **1.** ausradieren; **2.** wegwischen; -reiben; **3.** F aus der Welt schaffen, auslöschen; **4.** F *j-n* 'umbringen; **II.** *v/i.* **5.** sich wegreiben *od.* ausradieren lassen; ~ **o·ver** *v/t.* **1.** abreiben; **2.** polieren, putzen; ~ **up** *v/t.* **1.** (auf)polieren; **2.** *fig.* **a)** *Kenntnisse etc.* auffrischen, *et. Vergessenes* wieder in Erinnerung bringen, **b)** *Gedächtnis etc.* stärken; **3.** *Farben etc.* verreiben.

rub-a-dub ['rʌbədʌb] *s.* Ta'ramtamtam *n* (*Trommelwirbel*).

rub·ber[1] ['rʌbə] **I.** *s.* **1.** Gummi *n*, *m*, (Na'tur)Kautschuk *m*; **2.** (Radier)Gummi *m*; **3.** *a.* ~ *band* Gummiring *m*, -band *n*; **4.** ~ *tire* (*od. tyre*) Gummireifen *m*; **5.** *Am.* **a)** *pl.* F Gummischuhe *pl.*, ('Gummi-) ˌÜberschuhe *pl.*, **b)** *sl.* ,Gummi' *m*, ,Pa'riser' *m*; **6.** Reiber *m*, Polierer *m*; **7.** Mas'seur *m*, Mas'seuse *f*; **8.** Reibzeug *n*; **9. a)** Frottier(hand)tuch *n*, -handschuh *m*, **b)** Wischtuch *n*, **c)** Polierkissen, **d)** *Brit.* Geschirrtuch *n*; **10.** Reibfläche *f*; **11.** ⊕ **a)** Schleifstein *m*, **b)** Putzfeile *f*; **12.** *typ.* Farbläufer *m*; **13.** 'Glaspaˌpier *n*; **14.** (weicher) Formziegel; **15.** F *Eishockey*: Puck *m*; **16.** *Baseball*: Platte *f*; **II.** *v/t.* **17.** → *rubberize*; **III.** *v/i.* **18.** *Am. sl.* (neugierig) starren, ,Stielaugen' machen; **IV.** *adj.* **19.** Gummi...: ~ *solution* Gummilösung.

rub·ber[2] ['rʌbə] *s. Kartenspiel*: Robber *m.*

'rub·ber|-boat *s.* Floßsack *m*; ~ **ce·ment** *s.* ⊕ Gummilösung *f*; ~ **check** *s.* ✝ *Am.* F geplatzter Scheck; '~**-coat·ing** *s.* Gummierung *f*; ~ **din·ghi** *s.* Schlauchboot *n.*

rub·ber·ize ['rʌbəraiz] *v/t.* ⊕ mit Gummi imprägnieren, gummieren.

'rub·ber|·neck *Am. sl.* **I.** *s.* **1.** Gaffer(in), Neugierige(r *m*) *f*; **2.** neugieriger Tou'rist *etc.*; **II.** *adj.* **3.** neugierig, schaulustig; **III.** *v/i.* **4.** neugierig gaffen, ,sich den Hals verrenken'; **IV.** *v/t.* **5.** neugierig betrachten; ~ **plant** *s.* ⚘ Kautschukpflanze *f*, *bsd.* Gummibaum *m*; ~ **stamp** *s.* **1.** Gummistempel *m*; **2.** *bsd. Am.* F **a)** sturer Beamter, **b)** bloßes Werkzeug, **c)** Nachbeter *m*; **3.** *bsd. Am.* F (abgedroschene) Phrase; '~**-stamp I.** *adj.* **1.** *bsd. Am.* F **a)** nichtssagend, abgedroschen, **b)** willenlos: ~ *parliament* Parlament von Jasagern; **II.** *v/t.* **2.** abstempeln; **3.** F (rou'tinemäßig) genehmigen; ~ **tree** *s.* ⚘ **a)** Gummibaum *m*, **b)** Kautschukbaum *m*; ~ **trun·cheon** *s.* Gummiknüppel *m.*

rub·bing ['rʌbiŋ] *s.* **1. a)** *phys.* Reibung *f*, **b)** ⊕ Abrieb *m*; **2.** Reiberdruck *m*; ~ **cloth** *s.* Frottier-, Wisch-, Scheuertuch *n*; '~**-stone** *s.* Schleif-, Wetzstein *m*; ~ **var·nish** *s.* ⊕ Schleiflack *m.*

rub·bish ['rʌbiʃ] **I.** *s.* **1.** Abfall *m*, Kehricht *m*, Müll *m*: ~*-heap* Schutthaufen; **2.** (Gesteins)Schutt *m* (*a. geol.*); **3.** F Schund *m*, Ausschuß (-ware *f*) *m*, Plunder *m*; **4.** F *a. int.* Blödsinn *m*, Quatsch *m*; **5.** ⚒ **a)** *über Tage*: Abraum *m*, **b)** *unter Tage*: taubes Gestein; **'rub·bish·y** [-ʃi] *adj.* **1.** schuttbedeckt; **2.** F schundmäßig, Schund..., wertlos.

rub·ble ['rʌbl] *s.* **1.** Bruchstein(e

pl.) *m*, Schotter *m*; **2.** (Stein)Schutt *m*; **3.** *geol.* Geröll *n*, Geschiebe *n*; **4.** (rohes) Bruchsteinmauerwerk; **5.** loses Packeis; **~ ma·son·ry** → *rubble 4*; **'~-stone** *s.* Bruchstein *m*; **'~-work** → *rubble 4*.

'rub-down *s.* Abreibung *f* (*a. fig.*): *to have a ~* sich abreiben *od.* frottieren.

rube [ru:b] *s. Am. sl.* (Bauern)Trottel *m*.

ru·be·fa·cient [ru:bi'feiʃjənt] ⚕ **I.** *adj.* (*bsd.* haut)rötend; **II.** *s.* (*bsd.* haut)rötendes Mittel; **ru·be'fac·tion** [-'fækʃən] *s.* ⚕ Hautröte *f*, -rötung *f*; **ru·be·fy** ['ru:bifai] *v/t. bsd.* ⚕ rot färben.

ru·bi·cund ['ru:bikənd] *adj.* rötlich, rot, rosig (*Person*).

ru·bi·fy → *rubefy*.

ru·bric ['ru:brik] **I.** *s.* **1.** *typ.* Ru'brik *f* ([*roter*] *Titelkopf od. Buchstabe*; *Abschnitt*); **2.** *eccl.* Rubrik *f*, li'turgische Anweisung; **II.** *adj.* **3.** rot (gedruckt *etc.*), rubriziert; **'ru·bri·cate** [-keit] *v/t.* **1.** rot bezeichnen; **2.** rubrizieren: *~d letters* Buchstaben in roter Schrift.

'rub-stone *s.* Schleifstein *m*.

ru·by ['ru:bi] **I.** *s.* **1.** *a. true ~, Oriental ~ min.* Ru'bin *m*; **2.** (Ru'bin)Rot *n*; **3.** *fig.* Rotwein *m*; **4.** *fig.* roter (Haut)Pickel; **5.** *Uhrmacherei*: Stein *m*; **6.** *typ.* Pa'riser Schrift *f*, Fünfein'halbpunktschrift *f*; **II.** *adj.* **7.** (kar'min-, ru'bin)rot.

ruche [ru:ʃ] *s.* Rüsche *f*; **ruched** [-ʃt] *adj.* mit Rüschen besetzt; **'ruch·ing** [-ʃiŋ] *s.* **1.** *coll.* Rüschen (-besatz *m*) *pl.*; **2.** Rüschenstoff *m*.

ruck[1] [rʌk] *s. Rennsport*: *das* Feld, *der* große Haufe (*a. fig.*): *to rise out of the ~ fig.* sich über den Durchschnitt erheben.

ruck[2] [rʌk] **I.** *s.* Falte *f*, (Haut)Runzel *f*; **II.** *v/t. oft ~ up* hochschieben, zerknüllen, -knittern; **III.** *v/i. oft ~ up* Falten werfen, sich runzeln, hochrutschen.

ruck·sack ['ruksæk] (*Ger.*) *s.* Rucksack *m*.

ruck·us ['rʌkəs] *Am. sl.* → *ruction*.

ruc·tion ['rʌkʃən] *s. sl.* **a)** Krach *m*, Kra'wall *m*, **b)** Schläge'rei *f*.

rudd [rʌd] *s. ichth.* Rotfeder *f*.

rud·der ['rʌdə] *s.* **1.** ⚓ (Steuer)Ruder *n*, Steuer *n*; **2.** ✈ Seitenruder *n*, -steuer *n*: *~ controls* Seitensteuerung; **3.** *fig.* Richtschnur *f*; **4.** *Brauerei*: Rührkelle *f*; **'rud·der·less** [-lis] *adj.* **1.** ohne Ruder; **2.** *fig.* führer-, steuerlos.

rud·di·ness ['rʌdinis] *s.* Röte *f*; **rud·dy** ['rʌdi] *adj.* □ **1.** rot, rötlich, gerötet; gesund (*Gesichtsfarbe*); **2.** *Brit. sl.* verdammt, verflixt.

rude [ru:d] *adj.* □ **1.** grob, unverschämt; rüde, ungehobelt; **2.** roh, unsanft (*a. fig. Erwachen*); **3.** wild, heftig (*Kampf, Leidenschaft*); rauh (*Klima etc.*); hart (*Los, Zeit etc.*); **4.** wild (*Landschaft*); holp(e)rig (*Weg*); **5.** wirr (*Masse etc.*): *~ chaos* chaotischer Urzustand; **6.** *allg.* primi'tiv: **a)** unzivilisiert, **b)** ungebildet, **c)** kunstlos, **d)** behelfsmäßig; **7.** ro'bust, unverwüstlich (*Gesundheit*); **8.** roh, unverarbeitet (*Stoff*); **9.** plump, ungeschickt; **10. a)** ungefähr, **b)** flüchtig, grob: *~ sketch*; *a ~ observer* ein oberflächlicher Beobachter; **'rude·ness** [-nis] *s.* **1.** Grobheit *f*; **2.** Roheit *f*; **3.** Heftigkeit *f*; **4.** Wild-, Rauheit *f*; **5.** Primitivi'tät *f*; **6.** Unebenheit *f*.

ru·di·ment ['ru:dimənt] *s.* **1.** Rudi'ment *n* (*a. biol. rudimentäres Organ*); **2.** *pl.* Anfangsgründe *pl.*, Grundlagen *pl.*, Rudimente *pl.*; **ru·di·men·tal** [ru:di'mentl] *adj.*; **ru·di·men·ta·ry** [ru:di'mentəri] *adj.* □ **1.** elemen'tar, Anfangs...; **2.** rudimen'tär (*a. biol.*).

rue[1] [ru:] *s.* ⚘ Gartenraute *f*.

rue[2] [ru:] *v/t.* bereuen, bedauern; *Ereignis* verwünschen: *he will live to ~ it* er wird es noch bereuen; **'rue·ful** [-ful] *adj.* □ **1.** kläglich, jämmerlich: *the Knight of the ~ Countenance* der Ritter von der traurigen Gestalt; **2.** wehmütig; **'rue·ful·ness** [-fulnis] *s.* **1.** Gram *m*, Traurigkeit *f*; **2.** Jammer *m*.

ruff[1] [rʌf] *s.* **1.** Halskrause *f* (*a. zo., orn.*); **2.** (Pa'pier)Krause *f* (*Topf etc.*); **3.** Rüsche *f*; **4.** *orn.* **a)** Kampfläufer *m*, **b)** Haustaube *f* mit Halskrause.

ruff[2] [rʌf] **I.** *s. Kartenspiel*: Stechen *n*; **II.** *v/t. u. v/i.* mit Trumpf stechen.

ruff(e)[3] [rʌf] *s. ichth.* Kaulbarsch *m*.

ruf·fi·an ['rʌfjən] *s.* **1.** Rohling *m*; Raufbold *m*; **2.** Schurke *m*; **'ruf·fi·an·ism** [-nizəm] *s.* Roheit *f*, Brutali'tät *f*; **'ruf·fi·an·ly** [-li] *adj.* **1.** roh, bru'tal, gewalttätig; **2.** wild.

ruf·fle ['rʌfl] **I.** *v/t.* **1.** *Wasser etc., a. Tuch* kräuseln; *Stirn* kraus ziehen; **2.** *Federn, Haare* sträuben: *to ~ one's feathers* sich aufplustern (*a. fig.*); **3.** *Papier* zerknittern; **4.** durchein'anderbringen, -werfen; **5.** *fig. j-n* aus der Fassung bringen; *j-n* verärgern: *to ~ s.o.'s temper* j-s gute Laune verderben; **II.** *v/i.* **6.** sich kräuseln; **7.** *fig.* die Ruhe verlieren; **8.** *fig.* anmaßend auftreten, sich aufspielen; **III.** *s.* **9.** Kräuseln *n* (*Wasser*); **10.** Rüsche *f*, Krause *f*; **11.** *zo., orn.* Halskrause *f*; **12.** *fig.* Aufregung *f*, Störung *f*: *without ~ or excitement* in aller Ruhe.

ru·fous ['ru:fəs] *adj.* fuchsrot, rötlichbraun.

rug [rʌg] *s.* **1.** (kleiner) Teppich, (Bett-, Ka'min)Vorleger *m*, Brücke *f*; **2.** *bsd. Brit.* grobe Wolldecke, (Reise)Decke *f*.

Rug·by (foot·ball) ['rʌgbi] *s. sport* Rugby *n*.

rug·ged ['rʌgid] *adj.* □ **1.** zerklüftet, wild (*Landschaft etc.*), zackig, schroff (*Fels etc.*), felsig; **2.** durch'furcht (*Gesicht etc.*), uneben (*Boden etc.*), holperig (*Weg etc.*), knorrig (*Gestalt*); **3.** rauh (*Rinde, Tuch, a. fig. Manieren, Sport etc.*): *life is ~* das Leben ist hart; *~ individualism* krasser Individualismus; **4.** *Am.* ro'bust, stark, sta'bil (*a.* ⊕); **5.** ruppig, ungehobelt; **'rug·ged·ness** [-nis] *s.* **1.** Rauheit *f*; **2.** Derbheit *f*; **3.** *Am.* Ro'bustheit *f*.

rug·ger ['rʌgə] *Brit.* F *für Rugby*.

ru·in [ruin; 'ru:in] **I.** *s.* **1.** Ru'ine *f* (*a. fig. Person etc.*); *pl.* Ruine(n *pl.*) *f*, Trümmer *pl.*: *to lay in ~s* in Schutt u. Asche legen; *to lie in ~s* in Trümmern liegen; **2.** Verfall *m*: *to go to ~* verfallen; **3.** Ru'in *m*, 'Untergang *m*, Zs.-bruch *m*, Verderben *n*: *to bring to ~* → *5*; *the ~ of my hopes (plans)* die Vernichtung m-r Hoffnungen (Pläne); *it will be the ~ of him* es wird sein Untergang sein; **II.** *v/t.* **4.** vernichten, zerstören; **5.** *j-n, a. Sache, Gesundheit etc.* ruinieren, zu'grunde richten; *Hoffnungen, Pläne* zu'nichte machen; *Aussichten* verderben; *Sprache* verhunzen; **6.** *Mädchen* verführen; **ru·in·a·tion** [rui'neiʃən] *s.* **1.** Zerstörung *f*, Verwüstung *f*; **2.** F *j-s* Verderben *n*, 'Untergang *m*; **'ru·in·ous** [-nəs] *adj.* □ **1.** verfallen(d), baufällig, ru'inenhaft; **2.** zum Ru'in führend, verderblich, ruinierend, rui'nös: *a ~ price* **a)** ruinöser *od.* enormer Preis, **b)** Schleuderpreis; **'ru·in·ous·ness** [-nəsnis] *s.* **1.** Baufälligkeit *f*; **2.** Verderblichkeit *f*.

rule [ru:l] **I.** *s.* **1.** Regel *f*, Nor'malfall *m*: *as a ~* in der Regel; *as is the ~* wie es allgemein üblich ist; *to become the ~* zur Regel werden; *to make it a ~ to (inf.)* es sich zur Regel machen, zu (*inf.*); *by all the ~s* eigentlich; → *exception 1*; **2.** Regel *f*, Richtschnur *f*, Grundsatz *m*; *sport etc.* Spielregel *f* (*a. fig.*): *against the ~s* regelwidrig; *~s of action (od. conduct)* Verhaltungsmaßregeln, Richtlinien; *~ of thumb* Faustregel, praktische Erfahrung; *by ~ of thumb* auf praktischem Wege, über den Daumen gepeilt; *to serve as a ~* als Richtschnur *od.* Maßstab dienen; **3.** ⚖ **a)** Vorschrift *f*, (gesetzliche) Bestimmung, Norm *f*, **b)** gerichtliche Entscheidung, **c)** Rechtsgrundsatz *m*: *~s of the air* Luftverkehrsregeln; *to work to ~* sich genau an die (Dienst)Vorschriften halten (*als Streikmittel*); → *road 1*; **4.** *pl.* (Geschäfts-, Gerichts- *etc.*)Ordnung *f*: *(standing) ~s of court* ⚖ Prozeßordnung; *~s of procedure* **a)** Verfahrensordnung, **b)** Geschäftsordnung; **5.** *a. standing ~* Satzung *f*: *against the ~s* satzungswidrig; *the ~s (and by-laws)* die Satzungen, die Statuten; **6.** *eccl.* Ordensregel *f*; **7.** ☿ U'sance *f*, Handelsbrauch *m*; **8.** 𝔄 Regel *f*, Rechnungsart *f*: *~ of proportion, ~ of three* Regeldetri, Dreisatz; **9.** Herrschaft *f*, Regierung *f*: *during (under) the ~ of* während (unter) der Regierung (*gen.*); *~ of force* Gewaltherrschaft; *~ of law* Rechtsstaatlichkeit; **10. a)** Line'al *n*, **b)** *a. folding ~* Zollstock *m*; **11. a)** Richtmaß *n*, **b)** Winkel(eisen *n*, -maß *n*) *m*, Schmiege *f*; **12.** *typ.* **a)** (Messing)Linie *f*: *~ case* Linienkasten, **b)** Ko'lumnenmaß *n* (*Satzspiegel*), **c)** *Brit.* Strich *m*: *em ~* Gedankenstrich; *en ~* Halbgeviert; **II.** *v/t.* **13.** *a. ~ over Land, Gefühl etc.* beherrschen, herrschen über (*acc.*), regieren: *to ~ the roast (od. roost) fig.* das Regiment *od.* Wort führen, herrschen; **14.** lenken, leiten: *to be*

~*d by* sich leiten lassen von; **15.** *bsd.* ⚖ anordnen, verfügen, entscheiden: *to ~ out* **a)** *j-n od. et.* ausschließen (*a. sport*), **b)** *et.* ablehnen; *to ~ s.o. out of order parl.* j-m das Wort entziehen; *to ~ s.th. out of order* et. nicht zulassen; **16. a)** *Papier* lin(i)ieren, **b)** *Linie* ziehen: *to ~ s.th. out* et. durchstreichen; ~*d paper* lin(i)iertes Papier; **III.** *v/i.* **17.** herrschen *od.* regieren (*over* über *acc.*); **18.** entscheiden (*that* daß); **19.** ✝ *hoch etc.* stehen, liegen, notieren (*Preise*): *to continue to ~ high* weiterhin hoch notieren; **20.** vorherrschen; **21.** gelten, in Kraft sein (*Recht etc.*); '**rul·er** [-lə] *s.* **1.** Herrscher(in); **2.** Line'al *n*; ⊕ Richtscheit *n*; **3.** ⊕ Li'nierma,schine *f*; '**rul·ing** [-liŋ] **I.** *s.* **1.** ⚖ (gerichtliche) Entscheidung; Verfügung *f*; **2.** Linie(n *pl.*) *f*; **3.** Herrschaft *f*; **II.** *adj.* **4.** herrschend; *fig.* (vor-)herrschend; **5.** maßgebend, grundlegend: *~ case*; **6.** ✝ bestehend, laufend: *~ price* Tagespreis.

rum¹ [rʌm] *s.* **1.** Rum *m*; **2.** *Am.* Alkohol *m.*

rum² [rʌm] *adj.* □ *bsd. Brit. sl.* **1.** ‚komisch' (*eigenartig*): *~ go* dumme Geschichte; *~ start* (tolle) Überraschung; **2.** ulkig, drollig; **3.** *~ customer* gefährlicher Bursche.

Ru·ma·ni·an [ru(:)'meinjən] **I.** *adj.* **1.** ru'mänisch; **II.** *s.* **2.** Ru'mäne *m*, Ru'mänin *f*; **3.** *ling.* Ru'mänisch *n.*

rum·ba ['rʌmbə] (*Span.*) *s.* Rumba *m, f* (*Tanz*).

rum·ble¹ ['rʌmbl] **I.** *v/i.* **1.** poltern (*a. Stimme*); rattern (*Gefährt, Zug etc.*), rumpeln, rollen (*Donner*), knurren (*Magen*); **II.** *v/t.* **2.** *a. ~ out Worte* her'auspoltern, *Lied* dröhnend singen; **III.** *s.* **3.** Poltern *n*, Gepolter *n*, Rattern *n*, Rumpeln *n*, Rollen *n* (*Donner*); **4.** ⊕ Poliertrommel *f*; **5. a)** Bedientensitz *m*, **b)** Gepäckraum *m*, **c)** → *rumble seat.*

rum·ble² ['rʌmbl] *v/t. sl.* **1.** *et.* ‚spitzkriegen' (*durchschauen, entdecken*); **2.** *et.* ‚kapieren' (*verstehen*).

rum·ble seat *s. Am. mot.* Not-, Klappsitz *m.*

rum·bus·tious [rʌm'bʌstjəs] *adj.* F wild, ausgelassen, randalierend.

ru·men ['ru:men] *pl.* **-mi·na** [-minə] *s. zo.* Pansen *m* (*Magenabschnitt der Wiederkäuer*); '**ru·mi·nant** [-minənt] *adj.* □ **1.** *zo.* 'wiederkäuend; **2.** *fig.* grübelnd; '**ru·mi·nate** [-mineit] **I.** *v/i.* **1.** 'wiederkäuen; **2.** *fig.* grübeln (*on, over* über *acc.*); **II.** *v/t.* **3.** *fig.* (*bsd.* gründlich) über'legen; **ru·mi·na·tion** [ru:mi'neiʃən] *s.* **1.** 'Wiederkäuen *n*; **2.** *fig.* Grübeln *n*; '**ru·mi·na·tive** [-minətiv] *adj.* □ nachdenklich, grüblerisch.

rum·mage ['rʌmidʒ] **I.** *v/t.* **1.** durch'stöbern, -'suchen, -'wühlen; **2.** *a. ~ out, ~ up* aus-, her'vorkramen; **II.** *v/i.* **3.** *a. ~ about* (her'um-)stöbern *od.* (-)wühlen (*in* in *dat.*); **III.** *s.* **4.** *mst ~ goods* Ramsch *m*, Ausschuß *m*, Restwaren *pl.*; **5. a)** Durch'suchung *f*, **b)** ⚓ 'Zollunter,suchung *f*; *~ sale s.* **1.** Ramschverkauf *m*; **2.** 'Wohltätigkeitsba,zar *m.*

rum·mer ['rʌmə] *s.* Römer *m*, ('Wein)Po,kal *m.*

rum·my¹ ['rʌmi] *s.* Rom'mé *n* (*Kartenspiel*).

rum·my² ['rʌmi] *adj.* □ → *rum²* *1 u. 2.*

ru·mo(u)r ['ru:mə] **I.** *s.* **a)** Gerücht *n*, **b)** Gerede *n*: *~ has it, the ~ runs* es geht das Gerücht; **II.** *v/t.* (als Gerücht) verbreiten (*mst pass.*): *it is ~ed that* man sagt *od.* es geht das Gerücht, daß; *he is ~ed to be* man munkelt, er sei.

rump [rʌmp] *s.* **1.** Steiß *m*, 'Hinterteil *n*; *orn.* Bürzel *m*: *~ steak Küche*: Rumpsteak; **2.** *fig.* Rumpf *m*, kümmerlicher Rest: *the* ♀ (*Parliament*) *hist.* das Rumpfparlament.

rum·ple ['rʌmpl] *v/t.* **1.** zerknittern, -knüllen; **2.** *Haar etc.* in Unordnung bringen, zerwühlen.

rum·pus ['rʌmpəs] *s.* F Krach *m*, Kra'wall *m*, Spek'takel *m.*

'**rum-run·ner** *s. Am.* Alkoholschmuggler *m.*

run [rʌn] **I.** *s.* **1.** Laufen *n*, Rennen *n*; **2.** Lauf *m* (*a. sport*); Lauf-, ⚔ Sturmschritt *m*: *at the ~* im Lauf (-schritt), im Dauerlauf; *in the long ~ fig.* auf die Dauer, am Ende, schließlich; *in the short ~* fürs nächste; *on the ~* **a)** auf der Flucht, **b)** (immer) auf den Beinen (*tätig*); *to be in the ~ bsd. Am. pol. bei e-r Wahl* in Frage kommen *od.* im Rennen liegen, kandidieren; *to come down with a ~* schnell *od.* plötzlich fallen (*a. Barometer, Preis*); *to go for* (*od. take*) *a ~* e-n Lauf machen; *to have a ~ for one's money* sich abhetzen müssen; *to have s.o. on the ~* j-n herumjagen, -hetzen; **3.** Anlauf *m*: *to take a ~* (e-n) Anlauf nehmen; **4.** *Reiten*: schneller Ga'lopp; **5.** ⚓, *mot.* Fahrt *f*; **6.** *oft short ~* Spazierfahrt *f*; **7.** Abstecher *m*, kleine Reise (*to* nach); **8.** ✈ (Bomben)Zielanflug *m*; **9.** ♪ Lauf *m*; **10.** Zulauf *m*, ✝ Ansturm *m*, Run *m* (*on* auf *e-e Bank etc.*); ✝ stürmische Nachfrage (*on* nach *e-r Ware*); **11.** *fig.* Lauf *m*, (Fort)Gang *m*: *the ~ of events*; **12.** *fig.* Verlauf *m*: *the ~ of the hills*; **13.** *fig.* **a)** Ten'denz *f*, **b)** Mode *f*; **14.** Folge *f*, (*sport* Erfolgs-, Treffer)Serie *f*: *a ~ of bad* (*good*) *luck* e-e Pechsträhne (e-e Glückssträhne); **15.** *Am.* kleiner Wasserlauf; **16.** *bsd. Am.* Laufmasche *f*; **17.** (Bob-, Rodel)Bahn *f*; **18.** ✈ Rollstrecke *f*; **19. a)** (Vieh-)Trift *f*, Weide *f*, **b)** (Hühner)Hof *m*, Auslauf *m*; **20.** ⊕ **a)** Bahn *f*, **b)** Laufschiene *f*, **c)** Rinne *f*; **21.** Mühl-, Mahlgang *m*; **22.** ⊕ Herstellungsgröße *f*, (Rohr- *etc.*)Länge *f*, Ausstoß *m*; **23.** Auflage *f* (*Zeitung*); **24.** ⊕ 'Arbeitsperi,ode *f*; **25.** (Amts-, Gültigkeits-, Zeit)Dauer *f*: *~ of office*; **26.** *thea., Film*: Laufzeit *f*: *to have a ~ of 20 nights* 20mal nacheinander gegeben werden; **27. a)** Art *f*, Schlag *m*; Sorte *f* (*a.* ✝), **b)** *mst common* (*od. general od. ordinary*) *~* 'Durchschnitt *m*, *die* große Masse: *the ~ of the mill* Durchschnitt; **28.** Herde *f*; **29.** Schwarm *m* (*Fische*); **30.** ⚓ (Achter)Piek *f*; **31.** (*of*) **a)** freie Benutzung (*gen.*), **b)** freier Zutritt (zu); **II.** *v/i.* [*irr.*] **32.** laufen, rennen; eilen, stürzen; **33.** da'vonlaufen, Reiß'aus nehmen; **34.** *sport* **a)** (um die Wette) laufen, **b)** (an e-m Lauf *od.* Rennen) teilnehmen, laufen, **c)** als *Zweiter etc.* einlaufen: *also ran* ferner liefen; **35.** *fig.* laufen (*Blick, Feuer, Finger, Schauer etc.*): *his eyes ran over ...* sein Blick überflog ...; *the tune keeps ~ning through my head* die Melodie geht mir nicht aus dem Kopf; **36.** *pol.* kandidieren (*for* für); **37.** ⚓ *etc.* fahren; (*in den Hafen*) einlaufen: *to ~ before the wind* vor dem Wind segeln; **38.** wandern (*Fische*); **39.** 🚂 *etc.* verkehren, *auf e-r Strecke* fahren, gehen; **40.** fließen, strömen (*beide a. fig. Blut in den Adern, Tränen, a. Verse*): *it ~s in the blood* (*family*) es liegt im Blut (in der Familie); **41.** lauten (*Schriftstück*); **42.** gehen (*Melodie*); **43.** verfließen, -streichen (*Zeit etc.*); **44.** dauern: *three days ~ning* drei Tage hintereinander; **45.** laufen, gegeben werden (*Theaterstück etc.*); **46.** verlaufen (*Straße etc., a. Vorgang*), sich erstrecken; führen, gehen (*Weg etc.*): *my taste* (*talent*) *does not ~ that way* dafür habe ich keinen Sinn (keine Begabung); **47.** ⊕ laufen, gleiten (*Seil etc.*); **48.** ⊕ laufen: **a)** in Gang sein, arbeiten, **b)** gehen (*Uhr etc.*), funktionieren; **49.** in Betrieb sein (*Fabrik, Hotel etc.*); **50.** aus-, zerlaufen (*Farbe*); **51.** tropfen, strömen, triefen (*with* vor *dat.*) (*Gesicht etc.*); laufen (*Nase, Augen*); 'übergehen (*Augen*): *to ~ with tears* in Tränen schwimmen; **52.** rinnen, laufen (*Gefäß*); **53.** schmelzen (*Metall*); tauen (*Eis*); **54.** ⚕ eitern, laufen; **55.** fluten, wogen: *a heavy sea was ~ning* es lief e-e schwere See; **56.** *Am.* laufen, fallen (*Masche*); Laufmaschen bekommen (*Strumpf*); **57.** ⚖ laufen, gelten, in Kraft sein *od.* bleiben: *the period ~s* die Frist läuft; **58.** ✝ sich stellen (*Preis, Ware*); **59.** *mit adj.*: werden, sein: *to ~ dry* **a)** versiegen, **b)** keine Milch mehr geben, **c)** erschöpft sein, **d)** sich ausgeschrieben haben (*Schriftsteller*); → *80*; *to ~ low* (*od. short*) zur Neige gehen, knapp werden; → *high 11, riot 3, wild 2*; **60.** *im Durchschnitt* sein, *klein etc.* ausfallen (*Früchte etc.*); **III.** *v/t.* [*irr.*] **61.** *Weg etc.* laufen; *Strecke* durch'laufen, zu'rücklegen; *Weg* einschlagen; **62.** fahren (*a.* ⚓); *Strecke* be-, durch'fahren: *to ~ a car against a tree* mit e-m Wagen gegen e-n Baum fahren; **63.** *Rennen* austragen, laufen, *Wettlauf* machen; **64.** um die Wette laufen mit: *to ~ s.o. close* dicht an j-n herankommen (*a. fig.*); **65.** *Pferd* treiben; **66.** *hunt.* hetzen, *a. Spur* verfolgen (*a. fig.*); **67.** *Botschaften* über'bringen; *Botengänge od. Besorgungen* machen: *to ~ errands*; **68.** *Blockade* brechen; **69. a)** *Pferd etc.* laufen lassen, **b)** *pol. j-n* als Kandi'daten aufstellen (*for* für); **70. a)** *Vieh* treiben, **b)** weiden lassen; **71.** 🚂, ⚓ *etc.* fahren *od.* verkehren lassen; **72.** *Am. Annonce* veröffentlichen; **73.** transportieren; **74.** *Schnaps etc.* schmuggeln; **75.** *Augen, Finger etc.* gleiten lassen: *to ~ one's hand through one's hair* (sich) mit den Fingern durchs Haar fahren; **76.** *Film* laufen lassen; **77.** ⊕ *Maschine etc.* laufen lassen, bedienen; **78.** *Betrieb etc.* führen, leiten, verwalten; *Geschäft etc.* betreiben; *Zeitung* her'ausgeben; **79.** hin'eingeraten (lassen) in (*acc.*): *to ~ debts* Schulden machen; *to ~ a firm into debt* e-e Firma in Schulden stürzen; *to ~ the danger of* (*ger.*) Gefahr laufen zu (*inf.*); → *risk 1*; **80.** ausströmen, fließen lassen; *Wasser etc.* führen (*Leitung*): *to ~ dry* leerlaufen lassen; → *59*; **81.** *Gold etc.* (mit sich) führen (*Fluß*); **82.** *Metall* schmelzen; **83.** *Blei, Kugel* gießen; **84.** *Fieber, Temperatur* haben; **85.** stoßen, stechen, stecken; **86.** *Graben, Linie, Schnur etc.* ziehen; *Straße etc.* anlegen; *Brücke* schlagen; *Leitung* legen; **87.** leicht (ver)nähen, heften; **88.** *j-n* belangen (for wegen);

Zssgn mit prp.:

run| a·cross *v/i. j-m* in den Weg laufen, *j-n* zufällig treffen, stoßen auf (*acc.*); **~ aft·er** *v/i.* hinter ... (*dat.*) herlaufen *od.* sein, nachlaufen (*dat.*) (*alle a. fig.*); **~ a·gainst I.** *v/i.* **1.** zs.-stoßen mit, laufen *od.* fahren gegen; **2.** → *run across*; **II.** *v/t.* **3.** *et.* stoßen gegen: *to run one's head against* mit dem Kopf gegen *die Wand etc.* stoßen; **~ at** *v/i.* losstürzen auf (*acc.*); **~ for** *v/i.* **1.** auf ... (*acc.*) zulaufen *od.* -rennen; laufen nach; **2.** *~ it* Reiß'aus nehmen; **3.** *fig.* sich bemühen *od.* bewerben um; *pol.* → *run 36*; **~ in·to I.** *v/i.* **1.** (hin'ein)laufen *od.* (-)rennen in (*acc.*); **2.** ⚓ in *den Hafen* einlaufen; **3.** rennen *od.* fahren gegen, zs.-stoßen mit; **4.** → *run across*; **5.** geraten *od.* sich stürzen in (*acc.*): *to ~ debt*; **6.** werden *od.* sich entwickeln zu; **7.** sich belaufen auf (*acc.*): *to ~ four editions* vier Auflagen erleben; *to ~ money* ins Geld laufen; **II.** *v/t.* **8.** *Messer etc.* stoßen *od.* rennen in (*acc.*); **~ off** *v/i.* her'unterfahren *od.* -laufen von: *to ~ the rails* entgleisen; **~ on** *v/i.* **1.** sich drehen um, betreffen; **2.** sich beschäftigen mit; **3.** losfahren auf (*acc.*); **4.** → *run across*; **5.** mit *e-m Treibstoff* fahren, (an)getrieben werden von; **~ o·ver I.** *v/i.* **1.** laufen *od.* gleiten über (*acc.*); **II.** *v/t.* **2.** über'fahren; **3.** 'durchgehen, -lesen, über'fliegen; **~ through** *v/t.* **1.** → *run over 3*; **2.** kurz erzählen, streifen; **3.** 'durchmachen, erleben; **4.** sich hin'durchziehen durch; **5.** *Vermögen* 'durchbringen; **~ to** *v/i.* **1.** sich belaufen auf (*acc.*); **2.** (aus-) reichen für (*Geldmittel*); **3.** sich entwickeln zu, neigen zu; **4.** F sich *et.* leisten; **5.** allzusehr *Blätter etc.* treiben (*Pflanze*); → *fat 4, seed 1*; **~ up·on** → *run on*; **~ with** *v/i.* über'einstimmen mit;

Zssgn mit adv.:

run| a·way *v/i.* **1.** da'vonlaufen (*from* von *od. dat.*): *to ~ from a subject* von e-m Thema abweichen; **2.** 'durchgehen (*Pferd etc.*): *to ~ with* **a)** durchgehen mit *j-m* (*a. Phantasie, Temperament*); *don't ~ with the idea that* glauben Sie bloß nicht, daß, **b)** *et.* ‚mitgehen lassen', **c)** *viel Geld* kosten *od.* verschlingen, **d)** *sport Satz etc.* klar gewinnen; **~ down I.** *v/i.* **1.** hin'unterlaufen (*a. Träne etc.*); **2.** ablaufen (*Uhr*); **3.** *fig.* her'unterkommen; **II.** *v/t.* **4.** über'fahren; **5.** ⚓ in den Grund bohren; **6.** *j-n* einholen; **7.** *Wild, Verbrecher* zur Strecke bringen; **8.** aufstöbern, ausfindig machen; **9.** erschöpfen, *Batterie a.* zu stark entladen: *to be ~ fig.* erschöpft *od.* ab(gearbeitet, -gespannt) sein; **10.** *Betrieb etc.* her'unterwirtschaften; **~ in I.** *v/i.* **1.** hin'ein-, her'einlaufen; **2.** *~ with fig.* über'einstimmen mit; **II.** *v/t.* **3.** hin'einlaufen lassen; **4.** einfügen (*a. typ.*); **5.** F *Verbrecher* ‚einlochen'; **6.** ⊕ *Maschine* (sich) einlaufen lassen, *Auto etc.* einfahren; **~ off I.** *v/i.* **1.** → *run away*; **2.** ablaufen, -fließen; **II.** *v/t.* **3.** *et.* schnell erledigen; *Gedicht etc.* her'unterrasseln; **4.** *typ.* abdrucken, -ziehen; **5.** *Rennen etc.* **a)** austragen, **b)** zur Entscheidung bringen; **~ on** *v/i.* **1.** weiterlaufen; **2.** *fig.* fortlaufen, fortgesetzt werden (*to* bis); **3.** (unaufhörlich) reden, fortplappern; **4.** *in der Rede* fortfahren; **5.** anwachsen (*into* zu); **6.** *typ.* (ohne Absatz) fortlaufen; **~ out I.** *v/i.* **1.** hin'aus-, her'auslaufen; **2.** her'ausfließen, -laufen; **3.** (aus)laufen (*Gefäß*); **4.** *fig.* ablaufen, zu Ende gehen; **5.** ausgehen, knapp werden (*Vorrat*): *I have ~ of tobacco* ich habe keinen Tabak mehr; **6.** her'ausragen; sich erstrecken; **II.** *v/t.* **7.** hin'ausjagen, -treiben; **8.** erschöpfen: *to run o.s. out* bis zur Erschöpfung laufen; *to be ~* **a)** *vom Laufen* ausgepumpt sein, **b)** ausverkauft sein; **~ o·ver I.** *v/i.* **1.** hin'überlaufen; **2.** 'überlaufen, -fließen; **II.** *v/t.* **3.** über'fahren; **~ through** *v/t.* **1.** durch'bohren, -'stoßen; **2.** *Wort* 'durchstreichen; **3.** *Zug* 'durchfahren lassen; **~ up I.** *v/i.* **1.** hin'auflaufen, -fahren; **2.** zulaufen (*to* auf *acc.*); **3.** schnell anwachsen, hochschießen; **4.** einlaufen, -gehen (*Kleider*); **II.** *v/t.* **5.** *Vermögen etc.* anwachsen lassen; **6.** *Rechnung* auflaufen lassen; **7.** *Angebot, Preis* in die Höhe treiben; **8.** *Flagge* hissen; **9.** schnell zs.-zählen; **10.** *Haus etc.* schnell hochziehen; **11.** *Kleid etc.* ‚zs.-hauen' (*schnell nähen*).

'run|·a·bout *s.* **1.** Her'umtreiber(in); **2.** *a. ~ car mot.* Kleinwagen *m*; **3.** leichtes 'Motorboot; **'~-a·round** *s. Am.* F: *to give s.o. the ~* **a)** j-n von Pontius zu Pilatus schicken, **b)** j-n hinhalten, j-m ausweichen; **'~-a·way I.** *s.* Ausreißer *m*, 'Durchgänger *m* (*a. Pferd*); **II.** *adj.* 'durchgebrannt, flüchtig (*Häftling etc.*): *~ car* Wagen, der sich selbständig gemacht hat; *~ inflation* ✝ galoppierende Inflation; *~ match* Heirat e-s durchgebrannten Liebespaares; *~ victory sport* Kantersieg; **'~-down** *adj.* **1.** erschöpft (*a. ⚡ Batterie*), abgespannt, ‚erledigt'; **2.** baufällig; **3.** abgelaufen (*Uhr*).

rune [ruːn] *s.* Rune *f.*

rung[1] [rʌŋ] *pret. u. p.p. von ring*[2].

rung[2] [rʌŋ] *s.* **1.** (*bsd.* Leiter)Sprosse *f*; **2.** *fig.* Stufe *f*, Sprosse *f*; **3.** (Rad)Speiche *f.*

ru·nic ['ruːnik] **I.** *adj.* **1.** runisch; Runen...; **II.** *s.* **2.** Runeninschrift *f*; **3.** *typ.* Runenschrift *f.*

'run-'in I. *s.* **1.** *sport Brit.* Einlauf *m*; **2.** *typ.* Einschiebung *f*; **3.** *Am.* F ‚Krach' *m*, Zs.-stoß *m* (*Streit*); **II.** *adj.* **4.** *typ.* eingeschoben.

run·let ['rʌnlit] *s.* Bach *m.*

run·nel ['rʌnl] *s.* **1.** Bach *m*; **2.** Rinne *f*, Rinnstein *m.*

run·ner ['rʌnə] *s.* **1.** (*a.* Wett)Läufer(in); **2.** Rennpferd *n*; **3.** Bote *m*; Laufbursche *m*; ⚔ Melder *m*; **4.** ✝ **a)** ‚Schlepper' *m*, Kundenwerber *m*, **b)** *Am.* F Handlungsreisende(r) *m*; **5.** *mst in Zssgn* Schmuggler *m*: *dope ~* Rauschgiftschmuggler; **6.** Läufer *m* (*Teppich*); **7.** (*Schlitten- etc.*)Kufe *f*; **8.** Schieber *m am Schirm etc.*; **9.** ⊕ **a)** Laufschiene *f*, **b)** Seilring *m*, **c)** (*Turbinen- etc.*) Laufrad *n*, **d)** (Gleit-, Lauf)Rolle *f*; **10.** *typ.* Zeilenzähler *m*; **11.** *Spinnerei*: Läuferwalze *f*; **12.** ⚒ Drillschar *f*; **13.** ⚓ Drehreep *n*; **14.** ♀ **a)** Ausläufer *m*, **b)** Kletterpflanze *f*; **15.** *orn.* Ralle *f*; **16.** *ichth.* Goldstöcker *m*; **'~-'up** *s. sport* (*to* hinter *dat.*) **a)** Zweite(r *m*) *f*, **b)** Vizemeister(in).

run·ning ['rʌniŋ] **I.** *s.* **1.** Laufen *n*, Lauf *m* (*a.* ⊕): *to be in (out of) the ~* (*a. fig.*) (keine) Aussichten haben, (nicht) in Betracht kommen (*for* für); *to make the ~* **a)** das Rennen machen (*a. fig.*), **b)** das Tempo angeben; *to put s.o. out of the ~* j-n aus dem Rennen werfen (*a. fig.*); *to take (up) the ~* sich an die Spitze setzen (*a. fig.*); **2.** F Spritztour *f*, Abstecher *m*; **3.** Leitung *f*, Aufsicht *f*; Bedienung *f*, Über'wachung *f e-r Maschine*; **4.** Durch'brechen *n e-r Blockade*; **II.** *adj.* **5.** laufend (*a.* ⊕): *~ fight* ⚔ Rückzugsgefecht; *~ gear* ⊕ Laufwerk; *~ glance fig.* flüchtiger Blick; *~ jump sport* Sprung mit Anlauf; *~ knot* laufender Knoten; *~ speed* ⊕ **a)** Fahrgeschwindigkeit, **b)** Umlaufgeschwindigkeit; *~ start sport* fliegender Start; *in ~ order* ⊕ betriebsfähig; **6.** *fig.* laufend (*ständig*), fortlaufend: *~ account* ✝ **a)** laufende Rechnung, **b)** Kontokorrent; *~ commentary* **a)** laufender Kommentar, **b)** *Radio*: Reportage; *~ debts* laufende Schulden; *~ hand* Kurrentschrift; *~ head(line), ~ title* Kolumnentitel; *~ pattern* fortlaufendes Muster; *~ stitch* Stielstich; **7.** fließend (*Wasser*); **8.** ⚕ laufend, eiternd (*Wunde*); **9.** aufein'anderfolgend: *five times (for three days) ~* fünfmal (drei Tage) hintereinander; *~ fire* ⚔ Lauffeuer; **10.** line'ar gemessen: *per ~ metre* pro laufendes Meter; **11.** ♀ **a)** rankend, **b)** kriechend; **12.** ♪ laufend: *~ passages* Läufe; **'~-board** *s. mot.*, 🚂 *etc.* Tritt-, Laufbrett *n*; **'~-'in test** *s.* ⊕ Probelauf *m.*

'run|-'off *s. sport* Entscheidungslauf *m*, -rennen *n*, Stechen *n*; **'~-'on** *typ.* **I.** *adj.* angehängt, fortlaufend gesetzt; **II.** *s.* angehängtes Wort.

runt [rʌnt] *s.* **1.** *zo.* Zwergrind *n*, -ochse *m*; **2.** *fig.* **a)** (*contp.* lächerlicher) Zwerg, **b)** *Am. contp.* ‚Heini' *m*, ‚Knülch' *m*; **3.** *orn. plumpe Haustaubenrasse.*

'run·way *s.* **1.** ✈ Start-, Lande-, Rollbahn *f*; **2.** *sport* Ablauf-, Anlaufbahn *f*; **3.** *bsd. Am.* Fahrbahn *f*; **4.** *hunt.* Wildpfad *m*, (-)Wechsel *m*: ~ *watching* Ansitzjagd; **5.** *bsd. Am.* Laufsteg *m*; **6.** Holzrutsche *f*.

ru·pee [ru:'pi:] *s.* 'Rupie *f* (*Geld*).

rup·ture ['rʌptʃə] **I.** *s.* **1.** Bruch *m* (*a.* ⚕ *u. fig.*), (*a.* ⚕ *Muskel- etc.*) Riß *m*: *diplomatic* ~ Abbruch der diplomatischen Beziehungen; ~ *support* ⚕ Bruchband; **2.** Brechen *n* (*a.* ⊕): ~ *limit* ⊕ Bruchgrenze; **II.** *v/t.* **3.** brechen (*a. fig.*), zersprengen, -reißen (*a.* ⚕): *to* ~ *o.s.* → *6*; **4.** *fig.* abbrechen, trennen; **III.** *v/i.* **5.** zerspringen, (-)reißen; **6.** ⚕ e-n Bruch bekommen.

ru·ral ['ruərəl] *adj.* □ **1.** ländlich, Land...: ~ *district* **a)** ländlicher Bezirk, **b)** Landkreis; **2.** landwirtschaftlich, Ackerbau...; **'ru·ral·ize** [-rəlaiz] **I.** *v/t.* **1.** verländlichen; **2.** auf das Landleben 'umstellen; **II.** *v/i.* **3.** auf dem Lande leben; **4.** sich auf das Landleben umstellen; **5.** ländlich werden, verbauern.

ruse [ru:z] *s.* List *f*, Trick *m*, Kniff *m*.

rush[1] [rʌʃ] **I.** *s.* ⚘ Binse *f*; *coll.* Binsen *pl.*: *not worth a* ~ *fig.* keinen Pfifferling wert; **II.** *adj.* Binsen...

rush[2] [rʌʃ] **I.** *v/i.* **1.** rasen, stürzen, (da'hin)jagen, stürmen (*a. Fußball*): *to* ~ *at s.o.* auf j-n losstürzen; *to* ~ *in* hereinstürzen, -stürmen; *to* ~ *into extremes fig.* ins Extrem verfallen; *to* ~ *to conclusions* voreilige Schlüsse ziehen; *an idea* ~*ed into my mind* ein Gedanke schoß mir durch den Kopf; *blood* ~*ed to her face* das Blut schoß ihr ins Gesicht; **2.** (da'hin-) brausen (*Wind*); **3.** *fig.* sich (*vorschnell*) stürzen (*into* in *od.* auf *acc.*); → *print 13*; **II.** *v/t.* **4.** (an)treiben, drängen, hetzen, jagen: *I refuse to be* ~*ed* ich lasse mich nicht drängen; *to* ~ *up prices Am.* die Preise in die Höhe treiben; *to be* ~*ed for time* F sehr wenig Zeit haben; **5.** schnell *od.* auf dem schnellsten Wege *wohin* bringen *od.* schaffen: *to* ~ *s.o. to the hospital*; *to* ~ *up reinforcements* ⚔ schnell Verstärkungen herbeischaffen; **6.** schnell erledigen, *Arbeit etc.* her'unterhasten, hinhauen: *to* ~ *a bill (through)* e-e Gesetzesvorlage durchpeitschen; **7.** über'stürzen, -'eilen; **8.** losstürmen auf (*acc.*), angreifen; **9.** im Sturm nehmen (*a. fig.*), stürmen (*a. fig.*): *to* ~ *s.o. off his feet* j-n ‚überfahren'; **10.** über *ein Hindernis* hin'wegsetzen; **11.** *Am. sl.* mit Aufmerksamkeiten über'häufen, um'werben; **12.** *Brit. sl.* ‚neppen', ‚bescheißen' (£5 um 5 Pfund); **III.** *s.* **13.** Vorwärtsstürmen *n*, Da'hinschießen *n*; Brausen *n* (*Wind*): *on the* ~ F in aller Eile; *with a* ~ plötzlich; **14.** ⚔ **a)** Sturm *m*, **b)** Sprung *m*: *by* ~*es* sprungweise; **15.** *amer. Football*: Vorstoß *m*, 'Durchbruch *m*; **16.** *fig.* **a)** (An)Sturm *m* (*for* auf *acc.*), **b)** (Massen)Andrang *m*, **c)** *a.* ✝ stürmische Nachfrage (*on od. for* nach): *to make a* ~ *for* losstürzen auf (*acc.*); **17.** ⚕ (Blut-) Andrang *m*; **18.** *fig.* plötzlicher Ausbruch (*von Tränen etc.*); plötzliche Anwandlung: ~ *of pity* plötzliches Mitleid; **19. a)** Drang *m der Geschäfte*, ‚Hetze' *f*, **b)** Hochbetrieb *m*, -druck *m*, **c)** Über'häufung *f* (*of* mit *Arbeit*); **'~-hour** *s.* Hauptverkehrs-, Stoßzeit *f*; ~ **job** *s.* eilige Arbeit, dringende Sache; ~ **or·der** *s.* Eilauftrag *m*.

rusk [rʌsk] *s.* **1.** Zwieback *m*; **2.** Sandkuchengebäck *n*.

rus·set ['rʌsit] **I.** *adj.* **1. a)** rostbraun, **b)** rotgelb, -grau; **2.** *obs.* grob; **II.** *s.* **3. a)** Rostbraun *n*, **b)** Rotgelb *n*, -grau *n*; **4.** grobes handgewebtes Tuch; **5.** rötlicher Winterapfel.

Rus·sia (leath·er) ['rʌʃə] *s.* Juchten (-leder) *n*; **'Rus·sian** [-ʃən] **I.** *s.* **1.** Russe *m*, Russin *f*; **2.** *ling.* Russisch *n*; **II.** *adj.* **3.** russisch; **'Rus·sian·ize** [-ʃənaiz] *v/t.* russifizieren, russisch machen.

Russo- [rʌsou] *in Zssgn* **a)** russisch, **b)** russisch-...

rust [rʌst] **I.** *s.* **1.** Rost *m* (*a. fig.*): *to gather* ~ Rost ansetzen; **2.** Moderfleck *m*; **3.** ⚘ **a)** Rost *m*, Brand *m*, **b)** *a.* ~*-fungus* Rostpilz *m*; **II.** *v/i.* **4.** (ver)rosten, einrosten (*a. fig.*), rostig werden; **5.** moderfleckig werden; **III.** *v/t.* **6.** rostig machen; **7.** *fig.* einrosten lassen; **'~-col·o(u)red** *adj.* rostfarben.

rus·tic ['rʌstik] **I.** *adj.* □ (~*ally*) **1.** ländlich, Land..., Bauern...; **2.** simpel, schlicht, anspruchslos; **3.** grob, ungehobelt, ungeschliffen; **4.** aus (unbearbeiteten) Baumstämmen *od.* Zweigen (hergestellt), roh (gearbeitet); **5.** ⚠ **a)** Rustika..., **b)** mit Bossenwerk verziert; **6.** *typ.* unregelmäßig geformt; **II.** *s.* **7.** (einfacher) Bauer, Landmann *m*; **8.** *fig.* Bauer *m*; **'rus·ti·cate** [-keit] **I.** *v/i.* **1.** auf dem Lande leben; **2. a)** ein ländliches Leben führen, **b)** verbauern; **II.** *v/t.* **3.** aufs Land senden; **4.** *univ.* relegieren, (zeitweilig) von der Universi'tät verweisen; **5.** ⚠ mit Bossenwerk verzieren; **rus·ti·ca·tion** [rʌsti'keiʃən] *s.* **1.** Landaufenthalt *m*; **2.** Verbauerung *f*; **3.** *univ.* (zeitweise) Relegati'on; **rus·tic·i·ty** [rʌs'tisiti] *s.* **1.** Ländlichkeit *f*; **2.** bäurisches Wesen, Ungehobeltheit *f*; **3.** (ländliche) Einfachheit.

'rus·tic|-ware *s.* hellbraune Terra'kotta; **'~-work** *s.* ⚠ Bossenwerk *n*, 'Rustika *f*.

rust·i·ness ['rʌstinis] *s.* **1.** Rostigkeit *f*; **2.** *fig.* Eingerostetsein *n*.

rus·tle ['rʌsl] **I.** *v/i.* **1.** rascheln (*Blätter etc.*), rauschen, knistern (*Seide etc.*); **2.** *Am. sl.* ‚rangehen', e'nergisch zupacken; **II.** *v/t.* **3.** rascheln mit (*od.* in *dat.*), rascheln machen; **4.** *Am. sl. Vieh* stehlen; **5.** ~ *up Am. sl.* **a)** rasch ‚hinhauen' (*zurechtmachen*), **b)** schnell beschaffen, auftreiben; **III.** *s.* **6.** Rauschen *n*, Rascheln *n*, Knistern *n*; **'rus·tler** [-lə] *s. Am. sl.* **a)** betriebsamer *od.* rühriger Mensch, **b)** Viehdieb *m*.

rust·less ['rʌstlis] *adj.* rostfrei, nicht rostend: ~ *steel* nichtrostender Stahl.

rust·y ['rʌsti] *adj.* □ **1.** rostig, verrostet; **2.** *fig.* eingerostet: **a)** vernachlässigt (*Kenntnisse etc.*), **b)** aus der Übung (*Person*); **3.** rostfarben; **4.** ⚘ vom Rost(pilz) befallen; **5.** verschossen, schäbig (*Kleidung*); **6.** *to turn* ~ widerspenstig *od.* böse werden.

rut[1] [rʌt] **I.** *s.* **1.** (Wagen-, Rad)Spur *f*, Furche *f*; **2.** *fig.* altes Geleise, alter Trott: *to be in a* ~ sich in e-m ausgefahrenen Geleise bewegen, stagnieren; *to get into a* ~ in e-n (immer gleichen) Trott verfallen; **II.** *v/t.* **3.** mit Furchen durch'ziehen, furchen.

rut[2] [rʌt] *zo.* **I.** *s.* **a)** Brunst *f*, **b)** Brunft *f* (*Hirsch*); **II.** *v/i.* brunften, brunsten.

ru·ta·ba·ga [ru:tə'beigə] *s.* ⚘ Gelbe Kohlrübe.

Ruth[1] [ru:θ], *a.* **book of** ~ *s. bibl.* (das Buch) Ruth *f*.

ruth[2] [ru:θ] *s. obs.* Mitleid *n*, Erbarmen *n*.

Ru·the·ni·an [ru(:)'θi:njən] **I.** *s.* **1.** Ru'thene *m*, Ru'thenin *f*; **2.** *ling.* Ru'thenisch *n*; **II.** *adj.* **3.** ru'thenisch.

ruth·less ['ru:θlis] *adj.* □ **1.** unbarmherzig, mitleidlos; **2.** rücksichts-, skrupellos; **'ruth·less·ness** [-nis] *s.* **1.** Unbarmherzigkeit *f*; **2.** Rücksichtslosigkeit *f*.

rut·ting ['rʌtiŋ] *zo.* **I.** *s.* Brunst *f*; **II.** *adj.* Brunst..., Brunft...: ~ *time* (*od. season*) Brunstzeit; **rut·tish** ['rʌtiʃ] *adj. zo.* brunstend, brünstig.

rut·ty ['rʌti] *adj.* durch'furcht, ausgefahren (*Weg*).

rye [rai] *s.* **1.** ⚘ Roggen *m*; **2.** *a.* ~*-whisky* Roggenwhisky *m*.

ry·ot ['raiət] *s. Brit.* indischer Bauer.

S

S, s [es] *s.* S *n*, s *n* (*Buchstabe*).
's [z] **1.** F *für is*: *he's here*; **2.** F *für has*: *she's just come*; **3.** [s] F *für us*: *let's go*; **4.** [s] F *für does*: *what's he think about it?*
Sab·bath ['sæbəθ] *s.* 'Sabbat *m*; *weitS.* ♀ Sonn-, Ruhetag *m*: *to break (keep) the* ~ den Sabbat entheiligen (heiligen); *witches'* ♀ Hexensabbat; '~**-break·er** *s.* 'Sabbatschänder(in).
Sab·bat·ic [sə'bætik] *adj.* (□ ~*ally*) → *sabbatical I*; **sab'bat·i·cal** [-kəl] **I.** *adj.* □ ♀ Sabbat...; **II.** *s. a.* ~ *year* **a)** 'Sabbatjahr *n*, **b)** *univ.* Ferienjahr *n e-s Professors.*
sa·ber *Am.* → *sabre.*
sa·ble [seibl] **I.** *s.* **1.** *zo.* **a)** Zobel *m*, **b)** (*bsd.* Fichten)Marder *m*; **2.** Zobelfell *n*, -pelz *m*; **3.** *her.* Schwarz *n*; **4.** *mst. pl. poet.* Trauer(kleidung) *f*; **II.** *adj.* **5.** Zobel...; **6.** *her.* schwarz; **7.** *poet.* schwarz, finster: *his* ~ *Majesty* der Fürst der Finsternis.
sa·bot ['sæbou] *s.* **1.** Holzschuh *m*; **2.** ⚔ Geschoß-, Führungsring *m*.
sab·o·tage ['sæbətɑːʒ] **I.** *s.* Sabo'tage *f*; **II.** *v/t.* sabotieren; **III.** *v/i.* Sabotage treiben; **sa·bo·teur** [sæbə'təː] (*Fr.*) *s.* Sabo'teur *m*.
sa·bre ['seibə] **I.** *s.* **1.** Säbel *m*: *to rattle the* ~ *fig.* mit dem Säbel rasseln; **2.** ⚔ *hist.* Kavalle'rist *m*; **II.** *v/t.* **3.** niedersäbeln; **sa·bre·tache** ['sæbətæʃ] *s.* ⚔ Säbeltasche *f*; '**sa·bre-toothed ti·ger** *s. zo.* Säbel(zahn)tiger *m*.
sab·u·lous ['sæbjuləs] *adj.* sandig, Sand...: ~ *urine* ⚕ Harngrieß.
sac [sæk] *s.* **1.** ⚘, *anat., zo.* Sack *m*, Beutel *m*; **2.** ⊕ (Tinten)Sack *m* (*Füllhalter*); **sac·cate** ['sækeit] *adj. biol.* **1.** sack-, taschenförmig; **2.** in e-m Sack *od.* Beutel befindlich.
sac·cha·rate ['sækəreit] *s.* ⚗ Saccha'rat *n*; **sac·char·ic** [sə'kærik] *adj.* ⚗ Zucker...: ~ *acid*; **sac·cha·rif·er·ous** [sækə'rifərəs] *adj.* ⚗ zuckerhaltig *od.* -erzeugend; **sac·char·i·fy** [sə'kærifai] *v/t.* **1.** verzuckern, saccharifizieren; **2.** süßen; **sac·cha·rim·e·ter** [sækə'rimitə] *s.* Zuckermesser *m*, Sacchari'meter *n*.
sac·cha·rin(e) ['sækərin] *s.* ⚗ Saccha'rin *n*; '**sac·cha·rine** [-rain] *adj.* **1.** Zucker..., Süßstoff...; **2.** *fig.* süßlich: *a* ~ *smile*; '**sac·cha·roid** [-rɔid] *adj.* ⚗, *min.* zuckerartig, körnig; **sac·cha·rom·e·ter** [sækə'rɔmitə] → *saccharimeter*; '**sac·cha·rose** [-rous] *s.* ⚗ Rohrzucker *m*, Saccha'rose *f*.
sac·cule ['sækjuːl] *s. bsd. anat.* Säckchen *n*.
sac·er·do·tal [sæsə'doutl] *adj.* □ priesterlich, Priester...; **sac·er'do·tal·ism** [-təlizəm] *s.* **1.** Priestertum *n*; **2.** *contp.* Pfaffentum *n*.
sa·chem ['seitʃəm] *s.* **1.** Indi'anerhäuptling *m*; **2.** *Am. humor.* ‚großes Tier', *bsd. pol.* ‚Par'teiboß' *m*.
sa·chet ['sæʃei] *s.* Duftkissen *n*.
sack[1] [sæk] **I.** *s.* **1.** Sack *m*; **2.** F ‚Laufpaß' *m*: *to get the* ~ **a)** ‚fliegen', ‚an die Luft gesetzt (*entlassen*) werden', **b)** *von e-m Mädchen* den Laufpaß *od.* e-n Korb bekommen; *to give s.o. the* ~ → 7; **3.** *Am.* **a)** Beutel *m*, Tüte *f*, **b)** Beutel(inhalt) *m*; **4. a)** 'Umhang *m*, **b)** (kurzer) loser Mantel, **c)** *a.* ~ *coat* 'Sakko *m*, **d)** F Sackkleid *n*; **5.** *sl.* ‚Klappe' *f* (*Bett etc.*): *to hit the* ~ sich ‚hinhauen'; **II.** *v/t.* **6.** einsacken, in Säcke abfüllen, in e-n Sack tun; **7.** F **a)** *j-n* ‚rausschmeißen' (*entlassen*), **b)** *e-m Liebhaber* den Laufpaß geben.
sack[2] [sæk] **I.** *s.* Plünderung *f*: *to put to* ~ → *II*; **II.** *v/t. Stadt etc.* (aus)plündern.
sack[3] [sæk] *s.* heller Südwein.
'**sack|·but** [-bʌt] *s.* ♪ **1.** *hist.* 'Zugpo,saune *f*; **2.** *bibl.* Harfe *f*; '~**·cloth** *s.* Sackleinen *n*: *in* ~ *and ashes fig.* in Sack u. Asche *Buße tun etc.*; '~**·ful** [-ful] *pl.* **-fuls** *s.* Sack(voll) *m*; '~**-race** *s.* Sackhüpfen *n*.
sa·cral ['seikrəl] **I.** *adj.* **1.** *eccl.* sa'kral; **2.** *anat.* Sakral..., Kreuz(bein)...; **II.** *s.* **3.** Sa'kralwirbel *m*; **4.** Sa'kralnerv *m*.
sac·ra·ment ['sækrəmənt] *s.* **1.** *R.C.* Sakra'ment *n* (*Gnadenmittel*): *last* ~ Letzte Ölung; **2.** *oft the* (*Blessed od. Holy*) ~ **a)** das (heilige) Abendmahl, **b)** *R.C.* die heilige Kommuni'on; **3.** Sym'bol *n* (*of* für); **4.** My'sterium *n*; **5.** feierlicher Eid; **sac·ra·men·tal** [sækrə'mentl] **I.** *adj.* □ sakramen'tal, Sakraments...; *fig.* heilig, weihevoll; **II.** *s. R.C.* heiliger *od.* sakramentaler Ritus *od.* Gegenstand; *pl.* Sakramen'talien *pl.*
sa·cred ['seikrid] *adj.* □ **1.** *eccl. u. fig.* heilig (*a. fig. Andenken, Pflicht, Recht*), geheiligt, geweiht (*to dat.*): ~ *cow fig.* Heilige Kuh; **2.** geistlich, kirchlich, Kirchen... (*Dichtung, Musik*); '**sa·cred·ness** [-nis] *s.* Heiligkeit *f*.
sac·ri·fice ['sækrifais] **I.** *s.* **1.** *eccl. u. fig.* **a)** Opfer *n* (*Handlung u. Sache*), **b)** *fig.* Aufopferung *f*; Verzicht *m* (*of* auf *acc.*): ~ *of the Mass* Meßopfer; *the great* (*od. last*) ~ das höchste Opfer, *bsd.* der Heldentod; *to make a* ~ *of* et. opfern; *to make* ~*s* → 6; *at some* ~ *of accuracy* unter einigem Verzicht auf Genauigkeit; **2.** ✝ Verlust *m*: *to sell at a* ~ → 4; **II.** *v/t.* **3.** *eccl. u. fig., a. Schach*: opfern (*to dat.*): *to* ~ *one's life*; **4.** ✝ mit Verlust verkaufen; **III.** *v/i.* **5.** *eccl.* opfern; **6.** *fig.* Opfer bringen; **sacri·fi·cial** [sækri'fiʃəl] *adj.* □ **1.** *eccl.* Opfer...; **2.** aufopferungsvoll.
sac·ri·lege ['sækrilidʒ] *s.* Sakri'leg *n*: **a)** Kirchenschändung *f*, -raub *m*, **b)** Entweihung *f*, **c)** *allg.* Frevel *m*;
sac·ri·le·gious [sækri'lidʒəs] *adj.* □ sakri'legisch, frevlerisch.
sa·crist ['seikrist], **sac·ris·tan** ['sækristən] *s. eccl.* Sakri'stan *m*; Mesner *m*, Küster *m*; **sac·ris·ty** ['sækristi] *s. eccl.* Sakri'stei *f*.
sac·ro·sanct ['sækrousæŋkt] *adj.* (*a. iro.*) sakro'sankt, hochheilig.
sa·crum ['seikrəm] *s. anat.* Kreuzbein *n*.
sad [sæd] *adj.* □ → *sadly*; **1.** (*at*) traurig (über *acc.*), bekümmert, niedergeschlagen (wegen), melan'cholisch; **2.** traurig (*Pflicht*), tragisch (*Unfall etc.*); **3.** schlimm, arg (*Zustand*); **4.** *humor.* elend, mise'rabel, jämmerlich; **5.** F arg, ‚furchtbar': *a* ~ *dog* ein arger Tunichtgut; **6.** dunkel, matt (*Farbe*); **7.** *dial.* teigig (*Gebäck*); **sad·den** ['sædn] **I.** *v/t.* traurig machen, betrüben; **II.** *v/i.* traurig werden (*at* über *acc.*).
sad·dle ['sædl] **I.** *s.* **1.** Sattel *m* (*Pferd, Fahrrad etc.*): *in the* ~ im Sattel, *fig.* fest im Sattel, im Amt, an der Macht; *to put the* ~ *on the wrong (right) horse fig.* die Schuld dem Falschen (Richtigen) geben *od.* zuschreiben; **2. a)** Rücken *m* (*Pferd*), **b)** Rücken(stück *n*) *m* (*Schlachtvieh etc.*): ~ *of mutton* Hammelrücken; **3.** (Berg)Sattel *m*; **4.** Buchrücken *m*; **5.** ⊕ **a)** Querholz *n*, **b)** Bettschlitten *m*, Sup'port *m* (*Werkzeugmaschine*), **c)** Lager *n*, **d)** Türschwelle *f*; **II.** *v/t.* **6.** *Pferd* satteln; **7.** *bsd. fig.* **a)** belasten, **b)** *Aufgabe etc.* aufbürden, -laden, -halsen (*on, upon dat.*), **c)** *et.* zur Last legen (*on, upon dat.*); '~**·back** *s.* **1.** Bergsattel *m*; **2.** ⚠ Turmdach *n* mit zwei Giebeln; **3.** *zo. Tier mit sattelförmiger Rückenzeichnung, bsd.* **a)** Nebelkrähe *f*, **b)** männliche Sattelrobbe; **4.** hohlrückiges Pferd; '~**-backed** *adj.* **1.** hohlrückig (*Pferd etc.*); **2.** sattelförmig; '~**-bag** *s.* Satteltasche *f*; '~**-blan·ket** *s.* 'Woilach *m*; '~**-horse** *s.* Reitpferd *n*; '~**-nose** *s.* Sattelnase *f*.
sad·dler ['sædlə] *s.* Sattler *m*; '**sad·dler·y** [-əri] *s.* **1.** Sattle'rei *f*; **2.** Sattelzeug *n*.

sad·ism ['sædizəm] *s. psych.* Sa'dismus *m*; '**sad·ist** [-ist] **I.** *s.* Sa'dist (-in); **II.** *adj.* → *sadistic*; **sa·dis·tic** [sæ'distik] *adj.* (□ *~ally*) sa'distisch.

sad·ly ['sædli] *adv.* **1.** traurig, betrübt; **2.** erbärmlich, arg, schmählich *vernachlässigt etc.*

sad·ness ['sædnis] *s.* Traurigkeit *f.*

sa·fa·ri [sə'fɑːri] *s.* Sa'fari *f*, ('Jagd-) Expediti͵on *f.*

safe [seif] **I.** *adj.* □ **1.** sicher (*from* vor *dat.*): *we are ~ now* jetzt sind wir in Sicherheit; *to keep s.th. ~* et. sicher aufbewahren; **2.** sicher, unversehrt, heil; außer Gefahr (*a. Patient*): *~ and sound* heil u. gesund *ankommen etc.*; **3.** sicher, ungefährlich: *~ period* ⚕ unfruchtbare Tage (*der Frau*); *~ (to operate)* ⊕ betriebssicher; *~ stress* ⊕ zulässige Beanspruchung; *the rope is ~* das Seil hält; *is it ~ to go there?* ist es ungefährlich, da hinzugehen?; *in ~ custody* → *7*; *as ~ as houses* F absolut sicher; *it is ~ to say* man kann (ruhig) sagen; *to be on the ~ side* um ganz sicher zu gehen; → *play 9*; **4.** vorsichtig (*Fahrer, Schätzung etc.*); **5.** sicher, zuverlässig: *a ~ leader*; *a ~ method*; **6.** sicher, wahrscheinlich: *a ~ winner*; *he is ~ to be there* er wird sicher *od.* bestimmt da sein; **7.** in sicherem Gewahrsam (*a. Verbrecher*); **II.** *s.* **8.** Safe *m*, Tre'sor *m*, Geldschrank *m*; **9.** → *meat-safe*; '**~-blow·er**, '**~-crack·er** *s.* F Geldschrankknacker *m*; **~ con·duct** *s.* **1.** Geleitbrief *m*; **2.** freies *od.* sicheres Geleit; **~ de·pos·it** *s.* Stahlkammer *f*, Tre'sor *m*; '**~-de·pos·it box** *s.* Tre'sor(fach *n*) *m*; Bankfach *n*; '**~guard I.** *s.* Sicherung *f*: **a)** Vorsichtsmaßnahme *f* (*against* gegen), **b)** Sicherheitsklausel *f*, **c)** ⊕ Schutzvorrichtung *f*; **II.** *v/t.* sichern, schützen; *Interessen* wahrnehmen: *~ing duty* Schutzzoll; **~ keep·ing** *s.* sichere Verwahrung, Gewahrsam *m.*

safe·ness ['seifnis] → *safety 1-3.*

safe·ty ['seifti] *s.* **1.** Sicherheit *f*: *to be in ~*; *to jump to ~* sich durch e-n Sprung retten; **2.** Sicherheit *f*, Gefahrlosigkeit *f*: *~ (of operation)* ⊕ Betriebssicherheit *f*; *~ glass* Sicherheitsglas; *~ measure* Sicherheitsmaßnahme, -vorkehrung; *~ in flight* ✈ Flugsicherheit; *~ on the road* Verkehrssicherheit; *there is ~ in numbers* zu mehreren ist man sicherer; *~ first!* Sicherheit über alles!; *~ first scheme* Unfallverhütungsprogramm; *to play for ~* sicher gehen (wollen), Risiken vermeiden; **3.** Sicherheit *f*, Zuverlässigkeit *f*, Verläßlichkeit *f* (*Mechanismus, Verfahren etc.*); **4.** *a. ~ device* ⊕ Sicherung *f*, Schutz-, Sicherheitsvorrichtung *f*; **5.** Sicherung(sflügel *m*) *f* (*Gewehr etc.*): *at ~* gesichert; **~ belt** *s.* **1.** Rettungsgürtel *m*; **2.** ✈ Sicherheits-, Anschnallgurt *m*; '**~-bolt** *s.* ⊕, ⚔ Sicherheitsbolzen *m*; **~ buoy** *s.* Rettungsboje *f*; '**~-catch** *s.* **1.** ⊕ Fangvorrichtung *f*; **2.** Sicherungsflügel *m* (*Gewehr etc.*): *to release the ~* entsichern; **~ cur·tain** *s. thea.* eiserner Vorhang; **~ fuse** *s.* **1.** ⊕ Sicherheitszünder *m*, -zündschnur *f*; **2.** ⚡ **a)** (Schmelz)Sicherung *f*, **b)** Sicherheitsausschalter *m*; **~ is·land** *s.* Verkehrsinsel *f*; **~ lamp** *s.* ⚒ Grubenlampe *f*; '**~-lock** *s.* **1.** Sicherheitsschloß *n*; **2.** Sicherung *f* (*Gewehr, Mine etc.*); **~ match** *s.* Sicherheitszündholz *n*; '**~-pin** *s.* Sicherheitsnadel *f*; **~ ra·zor** *s.* Ra'sierappa͵rat *m*; **~ rules** *pl.* ⊕ Sicherheits-, Unfallverhütungsvorschriften *pl.*; **~ sheet** *s.* Sprungtuch *n* (*Feuerwehr*); '**~-valve** *s.* **1.** ⊕ 'Überdruck-, 'Sicherheitsven͵til *n*; **2.** *fig.* Ven'til *n*: *to sit on the ~* Unterdrückungspolitik treiben; **~ zone** *s.* **1.** *bsd.* ⚔ Sicherheitszone; **2.** Verkehrsinsel *f.*

saf·fi·an ['sæfjən] *s.* 'Saffian(leder *n*) *m.*

saf·flow·er ['sæflauə] *s.* **1.** ⚘ Sa'flor *m*, Färberdistel *f*; **2.** getrocknete Sa'florblüten *pl.*: *~ oil* Safloröl; **3.** *Färberei*: Sa'florfarbstoff *m.*

saf·fron ['sæfrən] **I.** *s.* **1.** ⚘ echter 'Safran; **2.** *pharm.*, *Küche*: Safran *m*; **3.** 'Safrangelb *n*; **II.** *adj.* **4.** safrangelb.

sag [sæg] **I.** *v/i.* **1.** sich senken, ab-, 'durchsacken; *bsd.* ⊕ 'durchhängen; **2.** (he'rab)hängen (*a. Unterkiefer etc.*): *~ging shoulders* hängende *od.* abfallende Schultern; **3.** schief hängen (*Rocksaum etc.*); **4.** *fig.* sinken, nachlassen; ✝ nachgeben (*Markt, Preise*): *~ging spirits* sinkender Mut; **5.** ⚓ (*mst ~ to leeward* nach Lee) (ab)treiben; **II.** *s.* **6.** 'Durch-, Absacken *n*; **7.** Senkung *f*; ⊕ 'Durchhang *m*; **8.** ✝ (Preis)Abschwächung *f.*

sa·ga ['sɑːgə] *s.* **1.** Saga *f* (*Heldenerzählung*); **2.** Sage *f*, Erzählung *f*; **3.** *a. ~ novel fig.* Fa'milienro͵man *m.*

sa·ga·cious [sə'geiʃəs] *adj.* □ scharfsinnig, klug (*a. Tier*); **sa·gac·i·ty** [sə'gæsiti] *s.* Scharfsinn *m*, Klugheit *f.*

sage[1] [seidʒ] **I.** *s.* Weise(r) *m*; **II.** *adj.* □ weise, klug, verständig.

sage[2] [seidʒ] *s.* ⚘ Sal'bei *m*, *f*: *~ tea*; '**~-brush** *s.* ⚘ Nordamer. Beifuß *m* (*Steppengewächs*); '**~-grouse** *s. zo.* Nordamer. Steppenhuhn *n.*

Sag·it·ta·ri·us [sædʒi'tɛəriəs] *s. ast.* Schütze *m.*

sa·go ['seigou] *s.* Sago *m.*

said [sed] **I.** *pret. u. p.p. von say*: *he is ~ to have been ill* er soll krank gewesen sein; es heißt, er sei krank gewesen; **II.** *adj. bsd.* ⚖ vorerwähnt, besagt.

sail [seil] **I.** *s.* **1.** ⚓ **a)** Segel *n*, **b)** *coll.* Segel(werk *n*) *pl.*: *to make ~* **a)** die Segel (bei)setzen, **b)** mehr Segel beisetzen, **c)** *a. to set ~* unter Segel gehen, auslaufen (*for* nach); *to take in ~ fig.* zurückstecken; *under ~* unter Segel, auf der Fahrt; *under full ~* mit vollen Segeln; → *trim 9*; **2.** ⚓ (Segel)Schiff(e *pl.*) *n*: *a fleet of 20 ~*; *~ ho!* Schiff ho! (*in Sicht*); **3.** ⚓ Fahrt *f*: *to have a ~* segeln gehen; **4.** ⊕ **a)** Segel *n e-s Windmühlenflügels*, **b)** Flügel *m e-r Windmühle*; **II.** *v/i.* **5. a)** *allg.* mit e-m Schiff *od.* zu Schiff fahren *od.* reisen, **b)** fahren (*Schiff*), **c)** *bsd. sport* segeln; → *wind 1*; **6.** ⚓ **a)** auslaufen (*Schiff*), **b)** abfahren, -segeln (*for od. to* nach): *ready to ~* seeklar; **7. a)** ✈ fliegen, **b)** *a. ~ along fig.* da'hinschweben, (-)segeln (*Wolke, Vogel*); **8.** *fig.* (*bsd. stolz*) schweben, segeln, schreiten; **9.** *~ in sl.* ‚sich 'ranmachen', zupacken; **10.** *~ into sl.* **a)** *jn od. et.* attackieren, heftig angreifen, schlechtmachen, **b)** *j-n* abkanzeln, **c)** ‚'rangehen' an (*acc.*), *et.* tüchtig anpacken; **III.** *v/t.* **11.** durch'segeln, befahren; **12.** *Segelboot* segeln, *Schiff* steuern; **13.** *poet.* durch *die Luft* schweben; '**~-boat** → *sailing-boat.*

sail·er ['seilə] *s.* ⚓ Segler *m* (*Schiff*).

sail·ing ['seiliŋ] **I.** *s.* **1.** ⚓ (Segel-) Schiffahrt *f*, Navigati'on *f*: *plain (od. smooth) ~ fig.* ‚klare Sache'; *from now on it is all plain ~* von jetzt an geht alles glatt; **2.** Segelsport *m*, Segeln *n*; **3.** Abfahrt *f* (*for* nach); **II.** *adj.* **4.** Segel...; '**~-boat** *s.* Segelboot *n*; '**~-mas·ter** *s.* Naviga'teur *m e-r Jacht*; **~ or·ders** *s. pl.* ⚓ **1.** Fahrtauftrag *m*; **2.** Befehl *m* zum Auslaufen; '**~-ship**, '**~-ves·sel** *s.* ⚓ Segelschiff *n.*

'**sail|-loft** *s.* ⚓ Segelmacherwerkstatt *f* (*an Bord*); '**~-mak·er** *s.* ⚓ Segelmacher *m.*

sail·or ['seilə] *s.* **1.** Ma'trose *m*, Seemann *m*: *~ hat* Matrosenhut; *~s' home* Seemannsheim; *~'s knot* Schifferknoten; **2.** *von Seereisenden*: *to be a good ~* seefest sein; *to be a bad ~* leicht seekrank werden; '**sail·or·ly** [-li] *adj.* seemännisch.

'**sail·plane** *s.* Segelflugzeug *n.*

saint [seint] **I.** *s.* (*vor Eigennamen* ♀, *abbr. St od. S* [snt]) *eccl.* (*a. fig. u. iro.*) Heilige(r *m*) *f*: *St Bernard (dog)* Bernhardiner (*Hund*); *St Anthony's fire* ⚕ *die* Wundrose; *St Elmo's fire meteor. das* Elmsfeuer; *(the Court of) St James('s) der brit. Hof*; *St-John's-wort* ⚘ *das* Johanniskraut; *St Monday Brit.* F ‚blauer Montag'; *St Martin's summer* Altweibersommer; *St Paul's die* Paulskathedrale (*in London*); *St Peter's die* Peterskirche (*in Rom*); *St Valentine's day der* Valentinstag; *St Vitus's dance* ⚕ *der* Veitstanz; **II.** *v/t.* heiligsprechen; '**saint·ed** [-tid] *p.p. u. adj.* **1.** *eccl.* heilig(gesprochen); **2.** heilig, fromm; **3.** anbetungswürdig; **4.** geheiligt, geweiht (*Ort*); **5.** selig (*Verstorbener*); '**saint·hood** [-hud] *s.* (Stand *m* der) Heiligkeit *f.*

saint·like → *saintly.*

saint·li·ness ['seintlinis] *s.* Heiligkeit *f* (*a. iro.*); **saint·ly** ['seintli] *adj.* **1.** heilig; **2.** fromm; **3.** heiligmäßig (*Leben*).

saith [seθ] *obs. od. poet. 3. sg. pres. von say.*

sake [seik] *s.*: *for the ~ of* um ... (*gen.*) willen, *j-m* zuliebe; wegen (*gen.*); *for heaven's ~* um Himmels willen; *for his ~* ihm zuliebe, seinetwegen; *for my own ~ as well as yours* um meinetwillen ebenso wie um deinetwillen; *for peace' ~* um des lieben Friedens willen; *for old ~'s ~* eingedenk alter Zeiten.

sal [sæl] *s.* ⚗, *pharm.* Salz *n*: *~ ammoniac* Salmiak(salz).

sa·laam [sə'lɑːm] **I.** *s.* 'Selam *m* (*orientalischer Gruß*); **II.** *v/t. u. v/i.* mit e-m Selam *od.* e-r tiefen Verbeugung (be)grüßen.

sal·a·bil·i·ty [seilə'biliti] *s.* ✝ Gangbarkeit *f*, Verkäuflichkeit *f*, Marktfähigkeit *f*; **sal·a·ble** ['seiləbl] *adj.* □ ✝ **1.** verkäuflich; **2.** absatz-, marktfähig, gangbar.

sa·la·cious [sə'leiʃəs] *adj.* □ **1.** geil, wollüstig; **2.** ob'szön, zotig; **sa'la·cious·ness** [-nis], **sa·lac·i·ty** [sə'læsiti] *s.* **1.** Geilheit *f*, Wollust *f*; **2.** Obszöni'tät *f*.

sal·ad ['sæləd] *s.* **1.** Sa'lat *m* (*a. fig. Durcheinander*); **2.** ♀ Sa'lat(gewächs *n*, -pflanze *f*) *m*; '**~-days** *s. pl.*: *in my ~* in m-n wilden Jugendtagen; '**~-oil** *s.* Sa'latöl *n*.

sal·a·man·der ['sæləmændə] *s.* **1.** *zo.* Sala'mander *m*, *bsd.* echter Molch; **2.** Salamander *m* (*Feuergeist*); **3.** *j-d der große Hitze ertragen kann*; **4. a)** rotglühendes (Schür)Eisen (*zum Anzünden*), **b)** *glühende Eisenschaufel, die über Gebäck gehalten wird, um es zu bräunen*; **5.** *metall.* Ofensau *f*.

sa·la·mi [sə'lɑ:mi(:)] *s.* Sa'lami *f*; **~ tac·tics** *pl. pol.* Sa'lamiˌtaktik *f*.

sal·a·ried ['sælərid] *adj.* **1.** (fest)bezahlt, festangestellt: *~ employee* Gehaltsempfänger(in), Angestellte(r); **2.** bezahlt (*Stellung*); **sal·a·ry** ['sæləri] **I.** *s.* Gehalt *n*, Besoldung *f*; **II.** *v/t.* (mit e-m Gehalt) bezahlen, besolden.

sale [seil] *s.* **1.** Verkauf *m*, -äußerung *f*: *by private ~* unter der Hand; *for* (*od. on*) *~* verkäuflich, zum Verkauf; *not for ~* unverkäuflich; *forced ~* Zwangsverkauf; *~ of work* Verkauf zu Wohltätigkeitszwecken; **2.** ✝ Verkauf *m*, Vertrieb *m*; → *return* 22; **3.** ✝ Ab-, 'Umsatz *m*, Verkaufsziffer *f*: *slow ~* langsamer Absatz; *to meet with a ready ~* schnellen Absatz finden, gut ‚gehen'; **4.** (öffentliche) Versteigerung, Aukti'on *f*: *to put up for ~* versteigern, meistbietend verkaufen; **5.** ✝ (Sai'son-) Schlußverkauf *m*; **sale·a·bil·i·ty** *etc. bsd. Brit.* → *salability etc.*; '**sale-room** → *salesroom*.

sales| ac·count [seilz] *s.* ✝ Ver'kaufsˌkonto *n*; **~ a·gent** *s.* ✝ Vertreter *m*; '**~·clerk** *s.* ✝ *Am.* (Laden-) Verkäufer *m*; **~ com·mis·sion** *s.* ✝ Ver'kaufsprovisiˌon *f*; **~ de·part·ment** *s.* ✝ Verkauf(sabteilung *f*) *m*; **~ drive** *s.* ✝ Ver'kaufskamˌpagne *f*; **~ en·gi·neer** *s.* ✝ Ver'kaufsingeniˌeur *m*; '**~·girl** *s. Am.* (Laden)Verkäuferin *f*; '**~·la·dy** *Am.* → *saleswoman*; '**~·man** [-mən] *s.* [*irr.*] **1.** ✝ Verkäufer *m*; **2.** ✝ *Am.* (Handlungs)Reisende(r) *m*; **3.** *fig. Am.* Reisende(r) *m* (*of* in *dat.*); **~ man·ag·er** *s.* ✝ Verkaufsleiter *m*.

sales·man·ship ['seilzmənʃip] *s.* ✝ Verkaufsgewandtheit *f*, Geschäftstüchtigkeit *f*.

sales| pro·mo·tion *s.* ✝ Verkaufsförderung *f*; **~ re·sist·ance** *s.* ✝ Kaufabneigung *f*; '**~·room** *s.* Ver'kaufs-, *bsd.* Aukti'onsraum *m*, -loˌkal *n*; **~ talk** *s.* ✝ Verkaufsgespräch *n*; **~ tax** *s.* ✝ 'Umsatzsteuer *f*; '**~·wom·an** *s.* [*irr.*] ✝ **1.** Verkäuferin *f*; **2.** *Am.* (Handlungs)Reisende *f*.

Sal·ic[1] ['sælik] *adj. hist.* salisch: *~ law* Salisches Gesetz.

sal·ic[2] ['sælik] *adj. min.* salisch.

sal·i·cyl·ic [sæli'silik] *adj.* Salizyl...: *~ acid*.

sa·li·ence ['seiljəns], '**sa·li·en·cy** [-si] *s.* **1.** Her'vorspringen *n*, Her'ausragen *n*; **2.** vorspringende Stelle, Vorsprung *m*: *to give ~ to e-e Sache* herausstellen, *e-r Sache* Bedeutung beimessen; '**sa·li·ent** [-nt] **I.** *adj.* **1.** (her)'vorspringend, her'ausragend: *~ angle* ausspringender Winkel; *~ point fig.* springender Punkt; **2.** *fig.* her'vorstechend, ins Auge springend; **3.** *her. u. humor.* springend; **4.** *obs. poet.* aufsteigend (*Wasserstrahl*): *~ spirits of youth fig.* überschäumende Jugend; **II.** *s.* **5.** ⚔ Frontausbuchtung *f*.

sa·lif·er·ous [sə'lifərəs] *adj.* **1.** salzbildend; **2.** *bsd. geol.* salzhaltig.

sa·line I. *adj.* ['seilain] **1.** salzig, salzhaltig, Salz...; **2.** *pharm.* sa'linisch; **II.** *s.* [sə'lain] **3.** Salzsee *m od.* -sumpf *m od.* -quelle *f*; **4.** Sa'line *f*, Salzwerk *n*; **5.** ⚗ **a)** *pl.* Salze *pl.*, **b)** Salzlösung *f*; **6.** *pharm.* sa'linisches Mittel; **sa·lin·i·ty** [sə'liniti] *s.* **1.** Salzigkeit *f*; **2.** Salzhaltigkeit *f*, Salzgehalt *m*.

sa·li·va [sə'laivə] *s.* Speichel(flüssigkeit *f*) *m*; **sal·i·var·y** ['sælivəri] *adj.* Speichel...; **sal·i·vate** ['sæliveit] **I.** *v/t.* **1.** (vermehrten) Speichelfluß her'vorrufen bei *j-m*; **II.** *v/i.* **2.** Speichelfluß haben; **3.** Speichel absondern; **sal·i·va·tion** [sæli'veiʃən] *s.* **1.** Speichelabsonderung *f*; **2.** vermehrter Speichelfluß.

sal·low[1] ['sælou] *s.* ♀ (*bsd.* Sal-) Weide *f*.

sal·low[2] ['sælou] *adj.* bläßlich, fahl (*Gesichtsfarbe*); '**sal·low·ness** [-nis] *s.* Fahlheit *f*.

sal·ly ['sæli] **I.** *s.* **1.** ⚔ Ausfall *m*: *~-port hist.* Ausfallstor; **2.** *fig.* geistreicher Ausspruch *od.* Einfall, *a.* (Seiten)Hieb *m*; **3.** (Zornes)Ausbruch *m*; **II.** *v/i.* **4.** *oft ~ out* ⚔ e-n Ausfall machen, her'vorbrechen; **5.** *mst ~ forth* (*od. out*) sich aufmachen, aufbrechen.

Sal·ly Lunn ['sæli'lʌn] *s.* leichter Teekuchen.

sal·ma·gun·di [sælmə'gʌndi] *s.* **1.** Ra'gout *n*; **2.** *fig.* Mischmasch *n*.

salm·on ['sæmən] *pl.* **-mons,** *coll.* **-mon I.** *s.* **1.** *ichth.* Lachs *m*, Salm *m*; **2.** *a. ~-colo(u)r, ~ pink* Lachs(farbe *f*) *n*; **II.** *adj.* **3.** *a. ~-colo(u)red, ~-pink* lachsfarben, -rot; **~ trout** *s.* 'Lachsfoˌrelle *f*.

sa·lon ['sælɔ̃:ŋ; salɔ̃] (*Fr.*) *s.* **1.** Sa'lon *m* (*a. Ausstellungsraum*; *a. fig. Treffpunkt*); **2.** ♀ Salon *m* (*Kunstausstellung in Paris*).

sa·loon [sə'lu:n] *s.* **1.** Sa'lon *m* (*bsd. in Hotels etc.*), (Gesellschafts)Saal *m*: *billiard ~ Brit.* Billiardzimmer; *shaving ~* Rasiersalon; **2. a)** ✈ Salon *m* (*Aufenthaltsraum*), **b)** ⚓ *a. ~ cabin* Kabine erster Klasse, **c)** → *saloon car*, **d)** → *saloon bar*: *dining ~* 🚃 Speisesalon; *sleeping ~* 🚃 (Luxus)Schlafwagen; **3.** *Am.* Kneipe *f*; **4.** Salon *m*, Empfangszimmer *n*; **~ bar** *s. Brit.* Bar *f* erster Klasse (*in e-r Gastwirtschaft*); **~ car** *s.* **1.** *mot. Brit.* Limou'sine *f*; **2.** *a.* **~-car·riage** 🚃 Sa'lonwagen *m*; **~ deck** *s.* ⚓ Sa'londeck *n*; **~ pis·tol** *s. Brit.* 'Übungspiˌstole *f*.

salt [sɔ:lt] **I.** *s.* **1.** (Koch)Salz *n*: *to eat s.o.'s ~ fig.* **a)** j-s Gast sein, **b)** von j-m abhängen; *with a grain of ~ fig.* mit Vorbehalt, cum grano salis; *not to be worth one's ~* keinen Schuß Pulver wert sein; *the ~ of the earth bibl.* das Salz der Erde; **2.** Salz (-fäßchen) *n*: *above* (*below*) *the ~* am oberen (unteren) Ende der Tafel; **3.** ⚗ Salz *n*; **4.** *oft pl.* ⚕ **a)** (*bsd.* Abführ)Salz *n*, **b)** *mst smelling ~s* Riechsalz, **c)** F → *Epsom salt*; **5.** *fig.* Würze *f*, Salz *n*; **6.** *fig.* Witz *m*, E'sprit *m*; **7.** *bsd. old ~* F alter Seebär; **II.** *v/t.* **8.** salzen, würzen (*beide a. fig.*); **9.** (ein)salzen, *bsd.* pökeln: *~ed meat* Pökel-, Salzfleisch; **10.** ✝ *sl.* **a)** *Bücher etc.* ‚frisieren', **b)** *Rechnung* ‚salzen', ‚pfeffern', **c)** *Bohrloch etc.* (betrügerisch) ‚anreichern'; **11.** *~ away* (*od. down*) **a)** einsalzen, -pökeln, **b)** *sl. Geld etc.* bei'seite legen; **III.** *adj.* **12.** salzig, Salz...: *~ spring* Salzquelle; *~ tears fig.* bittere Tränen; **13.** ♀ halo'phil, Salz...; **14.** (ein)gepökelt.

sal·tant ['sæltənt] *adj. her.* springend; **sal·ta·tion** [sæl'teiʃən] *s.* **1.** Springen *n*; **2.** Sprung *m*; **3.** plötzlicher 'Umschwung; *biol.* Erbsprung *m*; **sal·ta·to·ry** ['sæltətəri] *adj.* **1.** springend; **2.** Spring..., Sprung...; **3.** Tanz...; **4.** *fig.* sprunghaft.

'**salt-cel·lar** *s.* Salzfäßchen *n*.

salt·ed ['sɔ:ltid] *adj.* **1.** gesalzen; **2.** (ein)gesalzen, gepökelt: *~ herring* Salzhering; **3.** *sl.* **a)** abgehärtet, **b)** ausgekocht, gerieben, erfahren; '**salt·ern** [-tən] *s.* ⊕ **1.** Sa'line *f*; **2.** Salzgarten *m* (*Verdunstungsbassins*).

salt·i·ness ['sɔ:ltinis] *s.* Salzigkeit *f*.

salt·ing ['sɔ:ltiŋ] **I.** *s.* **1.** (Ein)Pökeln *n*; **2.** → *salt-marsh*; **II.** *adj.* **3.** Pökel...: *~ tub* Pökelfaß.

'**salt|-lick** *s.* Salzlecke *f* (*für Wild*); '**~-marsh** *s.* **1.** Salzsumpf *m*; **2.** salzreiches Weideland; '**~-mine** *s.* Salzbergwerk *n*.

salt·ness ['sɔ:ltnis] *s.* Salzigkeit *f*.

'**salt-pan** *s.* **1.** ⊕ Salzsiedepfanne *f*; **2.** Salzpfanne *f*, Ver'dunstungsbasˌsin *n*.

salt·pe·ter *Am.*, **salt·pe·tre** *Brit.* ['sɔ:ltpi:tə] *s.* ⚗ Sal'peter *m*.

'**salt|-pit** *s.* Salzgrube *f*; '**~-wa·ter** *adj.* Salzwasser...; '**~-works** *s. pl. oft sg. konstr.* Sa'line *f*, Salzsiede'rei *f*.

salt·y ['sɔ:lti] *adj.* **1.** salzig; **2.** *fig.* gesalzen, gepfeffert: *~ remarks*.

sa·lu·bri·ous [sə'lu:briəs] *adj.* □ heilsam, gesund, zuträglich, bekömmlich; **sa'lu·bri·ty** [-iti] *s.* Heilsamkeit *f*, Zuträglichkeit *f*.

sal·u·tar·i·ness ['sæljutərinis] → *salubrity*; **sal·u·tar·y** ['sæljutəri] *adj.* heilsam, gesund (*a. fig.*).

sal·u·ta·tion [sælju(:)'teiʃən] *s.* **1.** Begrüßung *f*, Gruß *m*: *in ~* zum Gruß; **2.** Anrede *f* (*im Brief*); **sa·lu·ta·to·ry** [sə'lju(:)tətəri] *adj.* Begrüßungs...: *~ oration bsd. ped. Am.* Begrüßungsrede, Eröffnungsansprache; **sa·lute** [sə'lu:t] **I.** *v/t.* **1.** grüßen, begrüßen (*durch e-e Geste etc.*); *weitS.* empfangen, begegnen (*dat.*): *to ~ with a smile*; **2.** (*dem Auge, dem Ohr*) begegnen, *j-n* begrüßen (*An-*

blick, Geräusch etc.); 3. ⚔, ⚓ salutieren vor (*dat.*), grüßen; II. *v/i.* 4. grüßen (*to acc.*); 5. ⚔ (*to*) salutieren (vor *dat.*), grüßen (*acc.*); 6. Sa'lut schießen; III. *s.* 7. Gruß *m* (*a. fenc.*), Begrüßung *f*; 8. ⚔, ⚓ a) Gruß *m*, Ehrenbezeigung *f*, b) Sa'lut *m* (*of six guns* von 6 Schuß): *~ of colo(u)rs* ⚓ Flaggensalut; *to stand at the ~* salutieren; *to take the ~* a) den Gruß erwidern, b) die Parade abnehmen, c) die Front (der Ehrenkompanie) abschreiten; 9. *obs. u. humor.* (Begrüßungs)Kuß *m.*

sal·vage ['sælvidʒ] I. *s.* 1. a) Bergung *f*, Rettung *f* (*Schiff, Ladung, a. brandgefährdete Güter etc.*), b) Bergungsgut *n*, c) *a. ~ money* Bergegeld *n*: *~ vessel* Bergungs-, *a.* Hebeschiff; 2. *a. ~ work* Aufräumungsarbeiten *pl.*; 3. ⊕ a) verwertbares 'Altmateri,al, b) 'Altmateri,alsammlung *f*, -verwertung *f*: *~ value* Schrottwert; 4. *fig.* a) Rettung *f*: *~ from crime*, b) Gerettete *pl.*; II. *v/t.* 5. bergen, retten (*a. fig.*); 6. *Schrott etc.* sammeln *od.* verwerten; 7. ⚔ *Am. sl.* ‚organisieren'.

sal·va·tion [sæl'veiʃən] *s.* 1. (Er-)Rettung *f*; 2. Heil *n*, Rettung *f*; Retter *m*; 3. *eccl.* a) (Seelen)Heil *n*, b) Erlösung *f*: *S Army* Heilsarmee; **sal'va·tion·ist** [-ʃnist] *s. eccl.* Mitglied *n* der 'Heilsar,mee.

salve[1] [sɑ:v] I. *s.* 1. (Heil)Salbe *f*; 2. *fig.* 'Balsam *m*, Pflaster *n*, Trost *m*; 3. *fig.* Beruhigungsmittel *n fürs Gewissen etc.*; II. *v/t.* 4. (ein)salben; 5. *fig. Gewissen etc.* beschwichtigen; 6. *fig. Mangel* beschönigen; 7. *Schwierigkeit, Zweifel etc.* beheben.

salve[2] [sælv] → *salvage 5.*

sal·ver ['sælvə] *s.* Ta'blett *n.*

sal·vo[1] ['sælvou] *pl.* **-vos, -voes** *s.* 1. ⚔ Salve *f*, Lage *f*: *~ bombing* ✈ Massenabwurf; *~ fire* a) ⚔ Laufsalve, b) ⚓ Salvenfeuer; 2. *fig.* (*Beifalls*)Salve *f.*

sal·vo[2] ['sælvou] *pl.* **-vos** *s.* 1. Ausflucht *f*; 2. *bsd.* ⚖ Vorbehalt(sklausel *f*) *m.*

sal·vor ['sælvə] *s.* ⚓ 1. Berger *m*; 2. Bergungsschiff *n.*

Sam [sæm] *s. Brit. sl.*: *to stand ~* die Zeche zahlen; *upon my ~! humor.* so wahr ich hier stehe!

Sa·mar·i·tan [sə'mæritn] *s.* Samari'taner(in), Sama'riter(in): *the good ~ bibl.* der barmherzige Samariter.

same [seim] I. *adj.* 1. selb, gleich, nämlich: *at the ~ price as* zu demselben Preis wie; *it comes to the ~ thing* es läuft auf dasselbe hinaus; *the very* (*od. just the od. exactly the*) *~ thing* genau dasselbe, ebendasselbe; *one and the ~ thing* ein u. dasselbe; *he is no longer the ~ man* er ist nicht mehr der gleiche *od.* der alte; → *time 4*; II. *pron.* 2. der-, die-, dasselbe, der *od.* die *od.* das gleiche: *it is much the ~* es ist ziemlich das gleiche; *~ here* F so geht es mir auch, ‚ganz meinerseits'; *it is all the ~ to me* es ist mir ganz gleich *od.* einerlei; 3. *the ~* a) *a.* ⚖ der- *od.* dieselbe, die besagte Person, b) ⚖, *eccl.* dieser, diese, dies(es); 4. *ohne Artikel* ✝ *od.* F der- *od.* die- *od.* dasselbe: *£5 for alterations to ~*; III. *adv.* 5. *the ~* in derselben Weise, genau so, ebenso (*as* wie): *all the ~* gleichviel, trotzdem; *just the ~* F. a) genau so, b) trotzdem; *the ~ to you!* (*danke,*) gleichfalls!; **'same·ness** [-nis] *s.* 1. Gleichheit *f*, Identi'tät *f*; 2. Einförmigkeit *f.*

sam·let ['sæmlit] *s.* junger Lachs.

sam·pan ['sæmpæn] *s.* 'Sampan *m* (*chinesisches Boot*).

sam·ple ['sɑ:mpl] I. *s.* 1. ✝ (Waren-, Quali'täts)Probe *f*, (Stück-, Typen-) Muster *n*: *by ~ post* (als) Muster ohne Wert; *up to ~* dem Muster entsprechend; 2. *fig.* Probe *f*: *a ~ of his courage*; *that's a ~ of her behavio(u)r* F das ist typisch für sie; II. *v/t.* 3. probieren, e-e Probe nehmen von, *bsd. Küche*: kosten; 4. e-e Probe zeigen von; ✝ *et.* bemustern; III. *v/i.* 5. *~ out* ausfallen; IV. *adj.* 6. Muster...(*-buch, -karte etc.*), Probe...; **'sam·pler** [-lə] *s.* 1. Probierer(in), Prüfer *m*; 2. *Stickerei*: Sticktuch *n*; **'sam·pling** [-liŋ] *s.* ✝ 1. 'Musterkollekti,on *f*; 2. Bemusterung *f.*

Sam·son ['sæmsn] *s. fig.* Simson *m*, bärenstarker Kerl.

Sam·u·el ['sæmjuəl] *npr. u. s. bibl.* (das Buch) 'Samuel *m.*

san·a·tive ['sænətiv] *adj.* heilend, heilsam, -kräftig; **san·a·to·ri·um** [sænə'tɔ:riəm] *pl.* **-ri·ums, -ri·a** [-riə] *s.* ⚕ 1. Sana'torium *n*, *bsd.* a) Lungenheilstätte *f*, b) Erholungsheim *n*; 2. (*bsd.* Höhen)Luftkurort *m* (*in den Tropen*); **'san·a·to·ry** [-təri] → *sanative.*

sanc·ti·fi·ca·tion [sæŋktifi'keiʃən] *s. eccl.* 1. Heilig(mach)ung *f*; 2. Weihung *f*, Heiligung *f*; **sanc·ti·fied** ['sæŋktifaid] *adj.* 1. geheiligt, geweiht; 2. heilig u. unverletzlich; 3. → *sanctimonious*; **sanc·ti·fy** ['sæŋktifai] *v/t.* heiligen: a) weihen, b) (von Sünden) reinigen, c) *fig.* sanktionieren: *the end sanctifies the means* der Zweck heiligt die Mittel.

sanc·ti·mo·ni·ous [sæŋkti'mounjəs] *adj.* □ frömmelnd, scheinheilig; **sanc·ti'mo·ni·ous·ness** [-nis], **sanc·ti·mo·ny** ['sæŋktiməni] *s.* Scheinheiligkeit *f*, Frömme'lei *f.*

sanc·tion ['sæŋkʃən] I. *s.* 1. Sankti'on *f*, (nachträgliche) Billigung *od.* Zustimmung: *to give one's ~ to* → *3a*; 2. ⚖ a) Sanktionierung *f e-s Gesetzes etc.*, b) *pol.* Sanktion *f*, Zwangsmittel *n*, c) *gesetzliche* Strafe, d) *hist.* De'kret *n*; II. *v/t.* 3. sanktionieren: a) billigen, gutheißen, b) dulden, c) *Eid etc.* bindend machen, d) Gesetzeskraft verleihen (*dat.*).

sanc·ti·ty ['sæŋktiti] *s.* 1. Heiligkeit *f* (*a. fig. Unverletzlichkeit*); 2. *pl.* heilige Dinge *pl.*

sanc·tu·ar·y ['sæŋktjuəri] *s.* 1. Heiligtum *n* (*a. fig.*); 2. *eccl.* Heiligtum *n*, heilige Stätte; *bsd. bibl.* Aller'heiligste(s) *n*; 3. Frei- (*fig. a.* Zufluchts)stätte *f*, A'syl *n*: (*rights of*) *~* Asylrecht; *to break the ~* das Asylrecht verletzen; 4. *hunt.* Schongebiet *n.*

sanc·tum ['sæŋktəm] *s.* Heiligtum *n*: a) heilige Stätte, b) *fig.* Pri'vat-, Studierzimmer *n*, c) innerste 'Sphäre; **~ sanc·to·rum** [sæŋk'tɔ:rəm] *s. eccl.*, *a. humor.* das Aller'heiligste.

sand [sænd] I. *s.* 1. Sand *m*: *built on ~ fig.* auf Sand gebaut; *rope of ~ fig.* scheinbare Sicherheit; 2. *oft pl.* a) Sandbank *f*, b) Sand(fläche *f*, -wüste *f*) *m*: *to plough the ~(s) fig.* den Sand pflügen (*Nutzloses tun*); 3. *mst pl.* Sand(körner *pl.*) *m*: *his ~s are running out* s-e Tage sind gezählt; 4. *Am. sl.* ‚Mumm' *m* (*Mut*); II. *v/t.* 5. mit Sand bestreuen; 6. schmirgeln.

san·dal[1] ['sændl] *s.* San'dale *f*; **'san·dal(l)ed** [-ld] *adj.* mit San'dalen (bekleidet).

san·dal[2] ['sændl], **'~·wood** *s.* ⚘ 1. (rotes) Sandelholz; 2. Sandelbaum *m.*

'sand|-bag [-ndb-] I. *s.* 1. Sandsack *m*; II. *v/t.* 2. *bsd.* ⚔ mit Sandsäcken befestigen; 3. mit e-m Sandsack niederschlagen; **'~·bank** [-ndb-] *s.* Sandbank *f*; **'~-bath** [-ndb-] *s.* ⚗ Sandbad *n*; **'~-blast** [-ndb-] ⊕ I. *s.* Sandstrahl(gebläse *n*) *m*; II. *v/t.* (mit Sandstrahl) abblasen; **'~-box** [-ndb-] *s.* 1. *hist.* Streusandbüchse *f*; 2. *Gießerei*: Sandform *f*; 3. Sandstreuer *m* (*Lokomotive*); 4. *Golf*: Sandkasten *m*; **'~-boy** [-ndb-] *s.*: *as happy as a ~* kreuzfidel; **'~-drift** *s. geol.* Flugsand *m.*

sand·er ['sændə] *s.* ⊕ 1. → *sandbox 3*; 2. Sandstrahlgebläse *n*; 3. 'Sandpa,pier,schleifma,schine *f.*

'sand|-glass *s.* Sanduhr *f*, Stundenglas *n*; **'~-grouse** *s. orn. ein* Flughuhn *n*; **'~-hill** *s.* Sanddüne *f*, -hügel *m*; **'~·man** [-ndmæn] *s.* [*irr.*] Sandmann *m* (*Einschläferer*); **'~-mar·tin** [-ndm-] *s. orn.* Uferschwalbe *f*; **'~·pa·per** [-ndp-] I. *s.* 'Sandpa,pier *n*; II. *v/t.* (ab-) schmirgeln; **'~·pip·er** [-ndp-] *s. orn.* Flußuferläufer *m*; **'~-pit** [-ndp-] *s.* Sandgrube *f*; **'~-shoes** *s. pl.* Strandschuhe *pl.*; **'~-spout** *s.* Sandhose *f*; **'~·stone** *s. geol.* Sandstein *m*; **'~·storm** *s.* Sandsturm *m*; **'~-ta·ble** *s.* ⚔ Sandkasten *m.*

sand·wich ['sænwidʒ] I. *s.* 'Sandwich *n* (*zwei Brotscheiben mit Belag dazwischen*): *to sit ~ fig.* eingezwängt sitzen; II. *v/t. a. ~ in fig.* einlegen, schieben; einklemmen, -zwängen; *sport Gegner* ‚in die Zange nehmen'; **'~·man** [-mæn] *s.* [*irr.*] 'Sandwichman *m*, Pla'katträger *m.*

sand·y[1] ['sændi] *adj.* 1. sandig, Sand...: *~ desert* Sandwüste; 2. *fig.* sandfarben; rotblond (*Haare*); 3. sandartig.

Sand·y[2] ['sændi] *s.* 1. *bsd. Scot. Kurzform für Alexander*; 2. (*Spitzname für*) Schotte *m.*

sane [sein] *adj.* □ 1. geistig gesund *od.* nor'mal; 2. vernünftig, gescheit.

San·for·ize ['sænfəraiz] *v/t.* sanforisieren (*Gewebe gegen Einlaufen behandeln; Handelsbezeichnung*).

sang [sæŋ] *pret. u. p.p. von sing.*

sang-froid ['sɑ̃:ŋ'frwɑ:; sɑ̃frwɑ] (*Fr.*) *s.* Kaltblütigkeit *f.*

San·grail [sæŋ'greil], **San·gre·al** ['sæŋgreil] *s.* der Heilige Gral.

san·gui·nar·y ['sæŋgwinəri] *adj.* □ 1. blutig, mörderisch (*Kampf etc.*); 2. blutdürstig, grausam: *a ~ person*; *~ laws*; 3. blutig, Blut...; **san·guine**

['sæŋgwin] **I.** *adj.* □ **1.** heiter, lebhaft, leichtblütig; **2.** 'voll-, heißblütig, hitzig; **3.** 'zuversichtlich (*a. Bericht, Hoffnung etc.*): *to be ~ of success* zuversichtlich auf Erfolg rechnen; **4.** rot, blühend, von gesunder Gesichtsfarbe; **5.** ⚕ *hist.* sangu'inisch; **6.** (blut)rot; **II.** *s.* **7.** Rötelstift *m*; **8.** Rötelzeichnung *f*; **san·guin·e·ous** [sæŋ'gwiniəs] *adj.* **1.** Blut..., blutig; **2.** → *sanguine I.*

sa·ni·es ['seinii:z] *s.* ⚕ pu'trider Eiter, Jauche *f.*

san·i·tar·i·an [sæni'tɛəriən] **I.** *adj.* **1.** sani'tär, Gesundheits...; **II.** *s.* **2.** Hygi'eniker *m*; **3.** Ge'sundheitsaˌpostel *m*; **san·i'tar·i·um** [-riəm] *pl.* **-i·ums, -i·a** [-iə] *s. bsd. Am.* **1.** Sana'torium *n*; **2.** Kurort *m*; **san·i·tar·y** ['sænitəri] **I.** *adj.* □ **1.** hygi'enisch, Gesundheits...; ⊕ sani'tär: *~ towel* (*Am. napkin*) Damenbinde; **2.** hygi'enisch (einwandfrei), gesund; **II.** *s.* **3.** *a. pl. Am.* öffentliche Bedürfnisanstalt; **san·i'ta·tion** [-'teiʃən] *s.* **1.** Sanierung *f*; **2.** sani'täre Einrichtungen *pl.* (*in Gebäuden*); **3.** Gesundheitspflege *f*, -wesen *n.*

san·i·ty ['sæniti] *s.* **1.** geistige Gesundheit; *bsd.* ⚖ Zurechnungsfähigkeit *f*; **2.** gesunder Verstand, Vernunft *f.*

sank [sæŋk] *pret. von sink.*

san·se·rif [sæn'serif] *s. typ.* Gro'tesk *f.*

San·skrit ['sænskrit] *s.* Sanskrit *n.*

San·ta Claus [sæntə'klɔ:z] *npr.* Nikolaus *m*, der Weihnachtsmann.

sap[1] [sæp] **I.** *s.* **1.** ⚘ Saft *m*; **2.** *fig.* (Lebens)Saft *m*, (-)Kraft *f*, Mark *n*; **3.** *a. ~-wood* Splint(holz *n*) *m*; **II.** *v/t.* **4.** entsaften.

sap[2] [sæp] **I.** *s.* **1.** ⚔ Sappe *f*, Grabenkopf *m*; **II.** *v/t.* **2.** (*a. fig. Gesundheit etc.*) unter'graben, -mi'nieren; **3.** *Kräfte etc.* erschöpfen, schwächen.

sap[3] [sæp] *ped. Brit. sl.* **I.** *s.* **1.** ‚Büffler' *m*, Streber *m*; **2.** ‚Büffe'lei' *f*; **3.** *Am. sl.* Trottel *m*; **II.** *v/i.* **4.** ‚büffeln', ‚ochsen'.

sap[4] [sæp] *Am. sl.* **I.** *s.* Totschläger *m* (*Waffe*); **II.** *v/t. j-n* bewußtlos schlagen.

'sap-head *s.* **1.** ⚔ Sappenkopf *m*; **2.** → *sap*[3] *3.*

sap·id ['sæpid] *adj.* **1.** e-n Geschmack habend; **2.** schmackhaft; **3.** *fig.* interes'sant; **sa·pid·i·ty** [sə'piditi] *s.* Schmackhaftigkeit *f.*

sa·pi·ence ['seipjəns] *s.* **1.** *mst iro.* Weisheit *f*; **2.** Scheinweisheit *f*; **'sa·pi·ent** [-nt] *adj.* □ *mst iro.* weise.

sap·less ['sæplis] *adj.* saftlos (*a. fig. kraftlos*).

sap·ling ['sæpliŋ] *s.* **1.** junger Baum, Schößling *m*; **2.** *fig.* Grünschnabel *m*, Jüngling *m*; **3.** junger Windhund.

sap·o·na·ceous [sæpou'neiʃəs] *adj.* **1.** seifenartig, seifig; **2.** *fig.* glatt.

sa·pon·i·fi·ca·tion [səpɔnifi'keiʃən] *s.* ⚗ Verseifung *f*; **sa·pon·i·fy** [sə'pɔnifai] *v/t. u. v/i.* verseifen.

sap·per ['sæpə] *s.* ⚔ Pio'nier *m*, Sap'peur *m.*

Sap·phic ['sæfik] **I.** *adj.* 'sapphisch; **II.** *s.* sapphischer Vers.

sap·phire ['sæfaiə] **I.** *s.* **1.** *min.* Saphir *m*; **2.** *a. ~ blue* Saphirblau *n*; **3.** *orn.* Saphirkolibri *m*; **II.** *adj.* **4.** saphirblau; **5.** Saphir...

sap·pi·ness [sæpinis] *s.* Saftigkeit *f*; **sap·py** ['sæpi] *adj.* **1.** saftig; **2.** *fig.* kraftvoll, markig; **3.** *sl.* blöd, doof.

Sar·a·cen ['særəsn] **I.** *s.* Sara'zene *m*, Sara'zenin *f*; **II.** *adj.* sara'zenisch.

sar·casm ['sɑ:kæzəm] *s.* Sar'kasmus *m*: **a)** beißender Spott, **b)** sar'kastische Bemerkung; **sar·cas·tic** [sɑ:'kæstik] *adj.* (□ *~ally*) sarkastisch.

sar·co·ma [sɑ:'koumə] *pl.* **-ma·ta** [-mətə] *s.* ⚕ Sar'kom *n* (*Geschwulst*); **sar'coph·a·gous** [-'kɔfəgəs] *adj. zo.* fleischfressend; **sar'coph·a·gus** [-'kɔfəgəs] *pl.* **-gi** [-gai] *s.* Sarko'phag *m.*

sard [sɑ:d] *s. min.* Sard(er) *m.*

sar·dine[1] [sɑ:'di:n] *pl.* **sar·dines** *od. coll.* **sar·dine** *s. ichth.* Sar'dine *f*: *packed like ~s* zs.-gepfercht wie die Heringe.

sar·dine[2] ['sɑ:dain] → *sard.*

sar·don·ic [sɑ:'dɔnik] *adj.* (□ *~ally*) sar'donisch, 'zynisch.

sar·do·nyx ['sɑ:dəniks] *s.* **1.** *min.* Sar'donyx *m*; **2.** *her.* Blutrot *n.*

sa·ri ['sɑ:ri(:)] *s.* 'Sari *m.*

sark [sɑ:k] *s. Scot. od. dial.* Hemd *n.*

sa·rong [sə'rɔŋ] *s.* 'Sarong *m.*

sar·sen ['sɑ:sn] *s. geol.* großer Sandsteinblock.

sar·to·ri·al [sɑ:'tɔ:riəl] *adj.* □ **1.** Schneider...; **2.** Kleidung(s)...: *~ elegance* Eleganz der Kleidung; **sar'to·ri·us** [-riəs] *s. anat.* Schneidermuskel *m.*

sash[1] [sæʃ] *s.* Schärpe *f.*

sash[2] [sæʃ] *s.* **1.** (schiebbarer) Fensterrahmen; **2.** schiebbarer Teil *e-s Schiebefensters*; **'~-saw** *s.* ⊕ Schlitzsäge *f*; **'~-win·dow** *s.* Schiebe-, Fallfenster *n.*

Sas·se·nach ['sæsənæk] *Scot. u. Irish* **I.** *s.* ‚Sachse' *m*, Engländer *m*; **II.** *adj.* englisch.

sat [sæt] *pret. u. p.p. von sit.*

Sa·tan ['seitən] *s.* 'Satan *m*, Teufel *m* (*fig.* ♀); **sa·tan·ic** [sə'tænik] *adj.* (□ *~ally*) sa'tanisch, teuflisch.

satch·el ['sætʃəl] *s.* Schultasche *f*, -mappe *f*, *bsd.* Schulranzen *m.*

sate[1] [seit] *v/t.* über'sättigen: *to be ~d with* übersättigt sein von.

sate[2] [sæt; seit] *obs. für sat.*

sa·teen [sæ'ti:n] *s.* ('Baum)Wollsaˌtin *m.*

sate·less ['seitlis] *adj. poet.* unersättlich.

sat·el·lite ['sætəlait] *s.* **1.** *ast.* Tra'bant *m*, (*a. künstlicher*) Satel'lit; **2.** Tra'bant *m*, Anhänger *m*; **3.** *fig.* **a)** *a. ~ nation pol.* Satel'lit(enstaat) *m*, **b)** *a. ~ town* Tra'bantenstadt *f*, **c)** *a. ~ airfield* Ausweichflugplatz *m*; **~ pic·ture** *s. phot.* Satel'litenbild *n.*

sa·ti·ate ['seiʃieit] *v/t.* **1.** über'sättigen; **2.** vollauf sättigen *od.* befriedigen; **sa·ti·a·tion** [seiʃi'eiʃən] *s.* (Über)'Sättigung *f*; **sa·ti·e·ty** [sə'taiəti] *s.* **1.** (*of*) Übersättigung *f* (mit), 'Überdruß *m* (an *dat.*): *to ~* bis zum Überdruß; **2.** Sattheit *f.*

sat·in ['sætin] **I.** *s.* ⊕ **1.** Sa'tin *m*, 'Atlas *m* (*Stoff*); **2.** *a. white ~ sl.* Gin *m*; **II.** *adj.* **3.** Satin...; **4. a)** seidenglatt, **b)** glänzend; **III.** *v/t.* **5.** ⊕ satinieren, glätten; **sat·i'net(te)** [sæti'net] *s.* Halbatlas *m.*

'sat·in|-fin·ished *adj.* ⊕ mattiert; **~ pap·er** *s.* satiniertes Pa'pier, 'Atlaspaˌpier *n.*

sat·in·y ['sætini] *adj.* seidig.

sat·ire ['sætaiə] *s.* **1.** Sa'tire *f*, *bsd.*: **a)** Spottgedicht *n*, -schrift *f* ([*up*]*on* auf *acc.*), **b)** sa'tirische Litera'tur, **c)** Spott *m*; **2.** *fig.* Hohn *m* ([*up*]*on* auf *acc.*); **sa·tir·ic** *adj.*; **sa·tir·i·cal** [sə'tirik(əl)] *adj.* □ sa'tirisch; **sat·i·rist** ['sætərist] *s.* Sa'tiriker(in); **sat·i·rize** ['sætəraiz] *v/t.* verspotten, e-e Sa'tire machen auf (*acc.*).

sat·is·fac·tion [sætis'fækʃən] *s.* **1.** Befriedigung *f*, Zu'friedenstellung *f*: *to find ~ in* Befriedigung finden in (*dat.*); *to give ~* befriedigen; **2.** (*at, with*) Zufriedenheit *f* (mit), Befriedigung *f*, Genugtuung *f* (über *acc.*): *to the ~ of all* zur Zufriedenheit aller; **3.** *eccl.* Sühne *f*; **4.** Satisfakti'on *f*, Genugtuung *f* (*Duell etc.*); **5.** ⚖, ✝ Befriedigung *f e-s Anspruchs*; Erfüllung *f e-r Verpflichtung*; (Be)Zahlung *f e-r Schuld*; **6.** Gewißheit *f*: *to show to the court's ~* ⚖ einwandfrei glaubhaft machen; **sat·is'fac·to·ri·ness** [-ktərinis] *s. das* Befriedigende; **sat·is'fac·to·ry** [-ktəri] *adj.* □ **1.** befriedigend, zu'friedenstellend; **2.** *eccl.* sühnend; **sat·is·fy** ['sætisfai] **I.** *v/t.* **1.** befriedigen, zu'friedenstellen, genügen (*dat.*): *to be satisfied with s.th.* mit et. zufrieden sein; **2. a)** *j-n* sättigen, **b)** *Hunger etc., a. Neugier* stillen, **c)** *fig. Wunsch* erfüllen, *Bedürfnis, a. Trieb* befriedigen; **3.** ✝ *Anspruch* befriedigen; *Schuld* begleichen, tilgen; *e-r Verpflichtung* nachkommen; *Bedingungen*, ⚖ *a. Urteil* erfüllen; **4. a)** *j-n* entschädigen, **b)** *Gläubiger* befriedigen; **5.** *den Anforderungen* entsprechen, genügen; **6.** ⅍ *Bedingung, Gleichung* erfüllen; **7.** *j-n* über'zeugen (of von): *to ~ o.s. that* sich überzeugen *od.* vergewissern, daß; *I am satisfied that* ich bin davon (*od.* habe mich) überzeugt, daß; **II.** *v/i.* **8.** befriedigen; **sat·is·fy·ing** ['sætisfaiiŋ] *adj.* □ **1.** befriedigend, zu'friedenstellend; **2.** sättigend.

sa·trap ['sætrəp] *s. hist. u. fig.* Sa'trap *m.*

sat·u·rant ['sætʃərənt] **I.** *adj.* **1.** *bsd.* ⚗ sättigend; **II.** *s.* **2.** neutralisierender Stoff; **3.** ⚕ Mittel *n* gegen Magensäure; **sat·u·rate** ['sætʃəreit] *v/t.* **1.** ⚗ *u. fig.* sättigen, saturieren (*a.* ✝ *Markt*); **2.** (durch)'tränken, durch'setzen: *to be ~d with fig.* erfüllt *od.* durchdrungen sein von; **3.** ⚔ mit Bombenteppichen belegen; **sat·u·rat·ed** ['sætʃəreitid] *adj.* **1.** durch'tränkt, -'setzt, gesättigt; **2.** tropfnaß; **3.** satt (*Farbe*); **4.** ⚗ **a)** gesättigt, **b)** reakti'onsträge.

sat·u·ra·tion [sætʃə'reiʃən] *s.* **1.** ⚗, ⊕ *u. fig.* Sättigung *f*; **2.** (Durch-)'Tränkung *f*, Durch'setzung *f*; **3.** Durch'feuchtung *f*; **4.** Sattheit *f* (*Farbe*); **~ bomb·ing** *s.* ⚔ Bombenteppich(e *pl.*) *m*; **~ point** *s.* ⚗ Sättigungspunkt *m.*

Sat·ur·day ['sætədi] *s.* Sonnabend *m*, Samstag *m*: *on ~* am Sonnabend *od.* Samstag; *on* ~*s* sonnabends, samstags.

Sat·urn ['sætən] **I.** *s. antiq.* Sa'turn(us) *m* (*Gott*); **2.** *ast.* Saturn *m* (*Planet*); **3.** ⚗ *hist.* Blei *n*; **4.** *her.* Schwarz *n*; **Sat·ur·na·li·a** [sætə:'neiljə] *s. pl. antiq.* Satur'nalien *pl.*; **Sat·ur·na·li·an** [sætə:'neiljən] *adj.* **1.** *antiq.* satur'nalisch; **2.** ♀ *fig.* orgi'astisch; **Sa·tur·ni·an** [sæ'tə:njən] *adj.* **1.** *ast.* Saturn...; **2.** *myth.*, *a. fig. poet.* sa'turnisch: ~ *age fig.* goldenes Zeitalter; **'sat·ur·nine** [-nain] *adj.* □ **1.** düster, finster (*Person, Gesicht etc.*); **2.** ♀ im Zeichen des Sa'turn geboren; **3.** *min.* Blei...

sat·yr ['sætə] *s.* **1.** *oft* ♀ *myth.* 'Satyr *m* (*Waldgott*); **2.** *fig.* Satyr *m* (*geiler Kerl*); **3.** ⚕ ˌSatyro'mane *m*; **sat·y·ri·a·sis** [sætə'raiəsis] *s.* ⚕ Saty'riasis *f* (*abnormer Geschlechtstrieb beim Mann*); **sa·tyr·ic** [sə'tirik] *adj.* Satyr..., 'satyrhaft.

sauce [sɔ:s] **I.** *s.* **1.** Sauce *f*, Soße *f*, Tunke *f*: *hunger is the best* ~ Hunger ist der beste Koch; *what is* ~ *for the goose is* ~ *for the gander* was dem einen recht ist, ist dem andern billig; **2.** *fig.* Würze *f*; **3.** *Am.* Kom'pott *n*; **4.** F Frechheit *f*; **5.** ⊕ **a)** Beize *f*, **b)** ('Tabak)Brühe *f*; **II.** *v/t.* **6.** mit Soße würzen; **7.** *fig.* würzen; **8.** F unverschämt reden mit; **'~-boat** *s.* Saucière *f*, Soßenschüssel *f*; **'~-dish** *s. Am.* Kom'pottschüssel *f*, -schale *f*; **'~-pan** [-pən] *s.* Kochtopf *m*, Kasse'rolle *f*.

sau·cer ['sɔ:sə] *s.* 'Untertasse *f*; **~ eye** [-ərai] *s.* Glotz-, Kullerauge *n*; **'~-eyed** [-əraid] *adj.* glotzäugig.

sau·ci·ness ['sɔ:sinis] *s.* **1.** Frechheit *f*; **2.** F Keßheit *f*; **sau·cy** ['sɔ:si] *adj.* □ **1.** frech, unverschämt; **2.** F keß, flott, frech: *a* ~ *hat.*

sauer·kraut ['sauəkraut] (*Ger.*) *s.* Sauerkraut *n*.

sau·na ['saunə] *s.* Sauna *f*.

saun·ter ['sɔ:ntə] **I.** *v/i.* **1.** schlendern; **2.** *a.* ~ *about* um'herschlendern, bummeln; **II.** *s.* **3.** (Um'her-)Schlendern *n*, Bummel *m*.

sau·ri·an ['sɔ:riən] *zo.* **I.** *s.* Saurier *m*; **II.** *adj.* Saurier..., Eidechsen...

sau·sage ['sɔsidʒ] *s.* **1.** Wurst *f*; **2.** *a.* ~ *balloon* ⚔ *sl.* 'Fesselbalˌlon *m*; **3.** *sl.* Deutsche(r *m*) *f*; **~ roll** *s.* 'Wurstpaˌstete *f*.

sau·té ['soutei] (*Fr.*) *adj. Küche*: sau'té, sautiert (*in wenig Fett schnell gebraten*).

sav·age ['sævidʒ] **I.** *adj.* □ **1.** *allg.* wild: **a)** primi'tiv (*Volk etc.*), **b)** ungezähmt (*Tier*), **c)** bru'tal, grausam, **d)** F wütend, **e)** wüst (*Landschaft*); **II.** *s.* **2.** Wilde(r *m*) *f*; **3.** Rohling *m*; **4.** bösartiges Tier, *bsd.* bissiges Pferd; **III.** *v/t.* **5.** *j-n* brutal behandeln; **6.** *j-n* anfallen, beißen (*Pferd*); **'sav·age·ness** [-nis] *s.* **1.** Wildheit *f*, Roheit *f*, Grausamkeit *f*; **2.** Wut *f*, Bissigkeit *f*; **'sav·age·ry** [-dʒəri] *s.* **1.** Unzivilisiertheit *f*, Wildheit *f*; **2.** Roheit *f*, Grausamkeit *f*.

sa·van·na(h) [sə'vænə] *s. geogr.* Sa'vanne *f*.

sa·vant ['sævənt] *s.* Gelehrte(r) *m*.

save¹ [seiv] **I.** *v/t.* **1.** (er)retten (*from* von, vor *dat.*): *to* ~ *s.o.'s life* j-m das Leben retten; **2.** ⚓ bergen; **3.** bewahren, schützen (*from* vor *dat.*): *God* ~ *the Queen* Gott erhalte die Königin; *to* ~ *the situation* die Situation retten; → *appearance 3, face 4, harmless 2*; **4.** *Geld etc.* sparen, einsparen: *to* ~ *time* Zeit gewinnen *od.* sparen; **5.** (auf)sparen, aufheben, -bewahren: ~ *it! sl.* ‚geschenkt'!, halt's Maul!; → *breath 1*; **6.** *a. Augen* schonen; schonend *od.* sparsam 'umgehen mit; **7.** *j-m e-e Mühe etc.* ersparen: *it* ~*d me the trouble of going there*; **8.** *eccl.* retten, erlösen; **9.** *Brit.* ausnehmen: ~ *the mark!* verzeihen Sie die Bemerkung!; ~ *your presence* (*od. reverence*) mit Verlaub; **10.** *a.* ~ *up* aufsparen; **II.** *v/i.* **11.** sparen; **12.** *sport* ‚retten', (den Ball) abwehren; **III.** *s.* **13.** *sport* Pa'rade *f* (*Tormann*).

save² [seiv] *prp. u. cj.* außer (*dat.*), mit Ausnahme von (*od. gen.*), ausgenommen (*nom.*), abgesehen von: ~ *for* bis auf (*acc.*); ~ *that* abgesehen davon, daß; nur, daß.

sav·e·loy ['sævilɔi] *s.* Zerve'latwurst *f*.

sav·er ['seivə] *s.* **1.** Retter(in); **2.** Sparer(in); **3.** sparsames Gerät *etc.*: *the new range is a coal-*~ der neue Herd spart Kohlen.

sav·ing ['seiviŋ] **I.** *adj.* □ **1.** sparsam (*of* mit); **2.** ...sparend: *labo(u)r-*~; **3.** rettend: ~ *grace eccl.* seligmachende Gnade; **4.** ⚖ Vorbehalts...: ~ *clause* Vorbehalt(sklausel); **II.** *s.* **5.** (Er)Rettung *f*; **6. a)** Sparen *n*, **b)** Ersparnis *f*, Einsparung *f*: ~ *of time* Zeitersparnis; **7.** *pl.* Ersparnis(se *pl.*) *f*; Spargeld(er *pl.*) *n*; **8.** ⚖ Vorbehalt *m*; **III.** *prp. u. cj.* **9.** außer (*dat.*), ausgenommen: ~ *your presence* (*od. reverence*) mit Verlaub.

'sav·ings|-ac·count ['seiviŋz] *s.* Spar(kassen)konto *n*, -guthaben *n*; **'~-bank** *s.* Sparkasse *f*: ~ (*deposit*) *book* Spar(kassen)buch; **'~-de·pos·it** *s.* Spareinlage *f*.

sav·io(u)r ['seivjə] *s.* (Er)Retter *m*, Erlöser *m*: ♀ *eccl.* Heiland.

sa·voir| faire ['sævwa:'fɛə] (*Fr.*) *s.* Gewandtheit *f*, Takt(gefühl *n*) *m*; **~ vi·vre** [vi:vr] (*Fr.*) *s.* feine Lebensart, Gewandtheit *f*; Lebensklugheit *f*.

sa·vo(u)r ['seivə] **I.** *s.* **1.** (Wohl)Geschmack *m*; **2.** *bsd. fig.* Würze *f*, Reiz *m*; **3.** *fig.* Beigeschmack *m*, Anstrich *m*; **II.** *v/t.* **4.** *bsd. fig.* genießen, auskosten; **5.** *bsd. fig.* würzen; **6.** *fig.* e-n Beigeschmack *od.* Anstrich haben von, schmecken nach; **III.** *v/i.* **7.** *a. fig.* schmecken *od.* riechen (*of* nach); **'sa·vo(u)r·i·ness** [-vərinis] *s.* Wohlgeschmack *m*, -geruch *m*, Schmackhaftigkeit *f*; **'sa·vo(u)r·less** [-lis] *adj.* geschmack-, geruchlos, fade.

sa·vo(u)r·y¹ ['seivəri] **I.** *adj.* □ **1.** wohlschmeckend, -riechend, schmackhaft; **2.** *a. fig.* appe'titlich, angenehm: *not* ~ → *unsavo(u)ry*; **3.** würzig, pi'kant (*a. fig.*); **II.** *s.* **4.** *Brit.* pi'kante Vor- *od.* Nachspeise.

sa·vo(u)r·y² ['seivəri] *s.* Bohnenkraut *n*.

sa·voy [sə'vɔi] *s.* Wirsingkohl *m*.

Sa·voy·ard [sə'vɔia:d] **I.** Savoy'arde *m*, Savoy'ardin *f*; **II.** *adj.* savoy'ardisch.

sav·vy ['sævi] *sl.* **I.** *v/t.* ‚kapieren', verstehen; **II.** *s.* ‚Köpfchen' *n*, Verstand *m*.

saw¹ [sɔ:] *pret. von* see¹.

saw² [sɔ:] *s.* Sprichwort *n*.

saw³ [sɔ:] **I.** *s.* ⊕ Säge *f*: *singing* (*od. musical*) ~ ♪ singende Säge; **II.** *v/t.* [*irr.*] sägen: *to* ~ *down* Baum umsägen; *to* ~ *off* absägen; *to* ~ *out Bretter* zuschneiden; *to* ~ *up* zersägen; *to* ~ *the air* (*with one's hands*) (mit den Händen) herumfuchteln; **III.** *v/i.* [*irr.*] sägen.

'saw|·bones *s. pl. sg. konstr. sl.* ‚Knochenbrecher' *m* (*Chirurg*); **'~·buck** *s. Am.* **1.** Sägebock *m*; **2.** *sl.* 10- *od.* 20-Dollar-Note *f*; **'~·dust** *s.* Sägemehl *n*: *to let the* ~ *out of fig.* die Hohlheit zeigen von; **'~·fish** *s. ichth.* Sägefisch *m*; **'~-fly** *s. zo.* Säge-, Blattwespe *f*; **'~-frame**, **'~-gate** *s.* ⊕ Sägegatter *n*; **'~-horse** *s.* Sägebock *m*; **'~·mill** *s.* Sägewerk *n*, -mühle *f*.

sawn [sɔ:n] *p.p. von saw³*.

Saw·ney ['sɔ:ni] *s.* F **1.** (*Spitzname für*) Schotte *m*; **2.** ♀ Trottel *m*.

'saw|-set *s.* ⊕ Schränkeisen *n*: ~ *pliers* Schränkzange; **'~-tooth I.** *s.* **1.** Sägezahn *m*; **II.** *adj.* **2.** Sägezahn...: ~ *roof* Säge-, Scheddach; **3.** ⚡ **a)** Sägezahn... (*-antenne, -strom etc.*), **b)** Kipp... (*-spannung etc.*); **'~-toothed** *adj.* säge(zahn)förmig; **'~-wort** *s.* ⚘ Färberdistel *f*.

saw·yer ['sɔ:jə] *s.* Säger *m*.

Saxe [sæks] *s.* **1.** Sächsischblau *n*; **2.** ♀ *phot. Brit. ein* photo'graphisches Pa'pier.

sax·horn ['sæksho:n] *s.* ♪ Saxhorn *n*, 'Saxtromˌpete *f*.

sax·i·frage ['sæksifridʒ] *s.* ⚘ Steinbrech *m*.

Sax·on ['sæksn] **I.** *s.* **1.** Sachse *m*, Sächsin *f*; **2.** *hist.* (Angel)Sachse *m*, (Angel)Sächsin *f*; **3.** *ling.* Sächsisch *n*; **II.** *adj.* **4.** sächsisch; **5.** (alt-, angel)sächsisch, *ling. oft* ger'manisch: ~ *genitive* sächsischer Genitiv; **~ blue** → *Saxe 1*; **'Sax·o·ny** [-ni] *s.* **1.** *geogr.* Sachsen *n*; **2.** ♀, *a.* ~ *cloth* feiner, glänzender Wollstoff.

sax·o·phone ['sæksəfoun] *s.* ♪ Saxo'phon *n*; **sax·o·phon·ist** [sæk'sɔfənist] *s.* Saxopho'nist(in).

say [sei] **I.** *v/t.* [*irr.*] **1.** *et.* sagen, sprechen; **2.** sagen, äußern, berichten: *he has nothing to* ~ *for himself* **a)** er ist sehr zurückhaltend, **b)** *contp.* mit ihm ist nicht viel los; *have you nothing to* ~ *for yourself?* hast du nichts zu deiner Rechtfertigung zu sagen?; *to* ~ *nothing of* ganz zu schweigen von, geschweige; *the Bible* ~*s* die Bibel sagt, in der Bibel heißt es; *people* (*od. they*) ~ *he is ill*, *he is said to be ill* man sagt *od.* es heißt, er sei krank, er soll krank sein; *you may well* ~ *so* das kann man wohl sagen; **3.** sagen, behaupten, versprechen: *you said you would come*; → *soon 2*; **4. a)** *a.* ~ *over Gedicht etc.* auf-, hersagen, **b)** *Gebet* sprechen, **c)** *R.C. Messe* lesen; **5.** (be)sagen, bedeuten: *that is to* ~ das heißt; *$500*, ~, *five hundred dollars* $500, in Worten: fünfhundert Dollar; *that is* ~*ing a great deal* das will viel heißen; **6.** annehmen: (*let us*) ~ *it happens* angenommen, es passiert; *a sum of*, ~, *$20* e-e Summe von, sagen wir (mal), *od.* von etwa $20; *I should* ~ ich dächte, ich würde sagen; **II.** *v/i.* [*irr.*] **7.** sagen, meinen: *it is hard to* ~ es ist schwer zu sagen; *what do you* ~ (*od. what* ~ *you*) *to ...?* was hältst du von ...?, wie wäre es mit ...?; *you don't* ~ (*so*)*!* was Sie nicht sagen!, nicht möglich!; *it* ~*s* es lautet (*Schreiben etc.*); *it* ~*s here* hier steht (*geschrieben*), hier heißt es; **8.** *I* ~*!* *int.* **a)** hör(en Sie) mal!, sag(en Sie) mal!, **b)** *erstaunt od. beifällig*: Donnerwetter!; **III.** *s.* **9.** *to have one's* ~ (*to od. on*) s-e Meinung äußern (über *acc. od.* zu); **10.** Mitspracherecht *n*: *to have a* (*no*) ~ *in* et. (nichts) zu sagen haben bei; *it is my* ~ *now!* jetzt rede ich!; **11.** *a. final* ~ endgültige Entscheidung: *who has the* ~ *in this matter?* wer hat in dieser Sache zu entscheiden *od.* das letzte Wort zu reden?

say·est ['seiist] *obs. 2. sg. pres. von say*: *thou* ~ du sagst.

say·ing ['seiiŋ] *s.* **1.** Reden *n*: *it goes without* ~ es ist selbstverständlich; *there is no* ~ man kann nicht sagen *od.* wissen (*ob, wann etc.*); **2.** Ausspruch *m*; **3.** Sprichwort *n*, Redensart *f*: *as the* ~ *goes* (*od. is*) wie es (im Sprichwort) heißt, wie man sagt; **'say-so** *s. Brit. dial. od. Am.* F **1.** (bloße) Behauptung; **2.** → *say 11.*

sayst [seist] → *sayest.*

scab [skæb] **I.** *s.* **1.** ⚕ **a)** (Wund-)Schorf *m*, **b)** Krätze *f*; **2.** *vet.* Räude *f*; **3.** ⚘ Schorf *m*; **4.** *sl.* Schuft *m*, Lump *m*; **5.** *sl.* **a)** Streikbrecher (-in), **b)** Nichtgewerkschaftler *m*: ~ *work* Schwarzarbeit, *a.* Arbeit unter Tariflohn; **6.** ⊕ Gußfehler *m*; **II.** *v/i.* **7.** verschorfen, sich verkrusten; **8.** *a.* ~ *it sl.* als Streikbrecher *od.* unter Ta'riflohn arbeiten.

scab·bard ['skæbəd] *s.* (Degen- *etc.*)Scheide *f.*

scabbed [skæbd] *adj.* **1.** → *scabby*; **2.** ⚘ schorfig.

scab·by ['skæbi] *adj.* □ **1.** ⚕ schorfig, grindig; **2.** *vet.* räudig; **3.** F schäbig, schuftig.

sca·bi·es ['skeibii:z] → *scab 1 b u.* 2.

sca·bi·ous[1] ['skeibjəs] *adj.* **1.** ⚕ skabi'ös, krätzig; **2.** *vet.* räudig.

sca·bi·ous[2] ['skeibjəs] *s.* ⚘ Skabi'ose *f.*

sca·brous ['skeibrəs] *adj.* **1.** rauh, schuppig (*Pflanze etc.*); **2.** heikel, kniff(e)lig: *a* ~ *question*; **3.** *fig.* schlüpfrig, anstößig.

scaf·fold ['skæfəld] **I.** *s.* **1.** (Bau-, Arbeits)Gerüst *n*; **2.** Blutgerüst *n*, (*a.* Tod *m* auf dem) Scha'fott *n*; **3.** ('Redner-, 'Zuschauer)Tri͵büne *f*; **4.** *anat.* **a)** Knochengerüst *n*, **b)** Stützgewebe *n*; **5.** ⊕ Ansatz *m* (*im Hochofen*); **II.** *v/t.* **6.** *Haus* (be-)rüsten, mit e-m Gerüst versehen; **'scaf·fold·ing** [-diŋ] *s.* **1.** (Bau-)Gerüst *n*; **2.** 'Rüstmateri͵al *n*; **3.** Errichtung *f* des Gerüsts.

scal·a·ble ['skeiləbl] *adj.* ersteigbar (*Bergwand etc.*).

scal·age ['skeilidʒ] *s.* **1.** ⚚ Schwundgeld *n*; **2.** Holzmaß *n.*

sca·lar ['skeilə] ⊿ **I.** *adj.* ska'lar, ungerichtet; **II.** *s.* Ska'lar *m.*

scal·a·wag ['skæləwæg] *s.* **1.** Kümmerling *m* (*Tier*); **2.** F Lump *m.*

scald[1] [skɔ:ld] *s.* Skalde *m* (*nordischer Sänger*).

scald[2] [skɔ:ld] **I.** *v/t.* **1.** verbrühen; **2.** *Milch etc.* abkochen: ~*ing hot* kochend heiß; ~*ing tears fig.* heiße Tränen; **3.** *Obst etc.* dünsten; **4.** *Geflügel, Schwein etc.* abbrühen; **5.** *a.* ~ *out Gefäß, Instrumente* auskochen; **II.** *s.* **6.** Verbrühung *f.*

scale[1] [skeil] **I.** *s.* **1.** *zo.* Schuppe *f*; *coll.* Schuppen *pl.*; **2.** ⚕ Schuppe *f*: *to come off in* ~*s* → *11*; *the* ~*s fell from my eyes* es fiel mir wie Schuppen von den Augen; **3. a)** ⚘ Schuppenblatt *n* **b)** (*Erbsen- etc.*)Hülse *f*, Schale *f*; **4.** (*Messer*)Schale *f*; **5.** Ablagerung *f*, *bsd.* **a)** Kesselstein *m*, **b)** ⚕ Zahnstein *m*; **6.** *a. pl. metall.* Zunder *m*: *iron* ~ Hammerschlag, Glühspan; **II.** *v/t.* **7.** *a.* ~ *off Fisch* (ab)schuppen; *Schicht etc.* ablösen, -schälen, -häuten; **8. a)** abklopfen, den Kesselstein entfernen aus, **b)** *Zähne* vom Zahnstein befreien; **9.** e-e Kruste *od.* Kesselstein ansetzen in (*dat.*) *od.* an (*dat.*); **10.** *metall.* zunderfrei machen, ausglühen; **III.** *v/i.* **11.** *a.* ~ *off* sich abschuppen *od.* -lösen, abblättern; **12.** Kessel- *od.* Zahnstein ansetzen.

scale[2] [skeil] **I.** *s.* **1.** Waagschale *f* (*a. fig.*): *to hold the* ~*s even fig.* gerecht urteilen; *to throw into the* ~ *fig. Argument, Schwert etc.* in die Waagschale werfen; *to turn* (*od. tip*) *the* ~(*s*) *fig.* den Ausschlag geben; *to turn the* ~ *at 55 lbs* 55 Pfund wiegen; → *weight 4*; **2.** *mst pl.* Waage *f*: *a pair of* ~*s* eine Waage; *to go to* ~ *sport* gewogen werden (*Jockei, Boxer*); *to go to* ~ *at 90 lbs* 90 Pfund auf die Waage bringen; **3.** ♎*s pl. ast.* Waage *f*; **II.** *v/t.* **4.** wiegen; **5.** F (ab-, aus)wiegen; **III.** *v/i.* **6.** ~ *in* (*out*) vor (nach) dem Rennen gewogen werden (*Jockei*).

scale[3] [skeil] **I.** *s.* **1.** ⊕, *phys.* 'Skala *f*: ~ *division* Gradeinteilung; ~ *disk* Skalenscheibe; ~ *line* Teilstrich; **2. a)** Stufenleiter *f*, Staffelung *f*, **b)** Skala *f*, Ta'rif *m*: ~ *of fees* Gebührenordnung; ~ *of wages* Lohnskala, -tabelle; **3.** Stufe *f* (*auf e-r Skala, Tabelle etc.*; *a. fig.*): *social* ~ Gesellschaftsstufe; **4.** ⊿, ⊕ **a)** Maßstab (-angabe *f*) *m*, **b)** loga'rithmischer Rechenstab: *in* (*od. to*) ~ maßstabgerecht: *drawn to a* ~ *of 1:5* im Maßstab 1:5 gezeichnet; ~ *model* maßstabgetreues Modell; **5.** *fig.* Maßstab *m*, 'Umfang *m*: *on a large* ~ in großem Umfang, im großen; **6.** ⊿ (nu'merische) Zahlenreihe: *decimal* ~ Dezimalreihe; **7.** ♪ **a)** Tonleiter *f*, **b)** 'Ton͵umfang *m* (*Instrument*): *to learn one's* ~*s* Tonleitern üben; **8.** *Am. Börse*: *on a* ~ zu verschiedenen Kurswerten (*Wertpapiere*); **9.** *fig.* Leiter *f*: *a* ~ *to success*; **II.** *v/t.* **10.** erklimmen, erklettern (*a. fig.*); **11.** maßstabgetreu zeichnen: *to* ~ *down* (*up*) maßstäblich verkleinern (vergrößern); **12.** einstufen: *to* ~ *down Löhne* herunterschrauben, drücken; *to* ~ *up Preise etc.* hochschrauben; **III.** *v/i.* **13.** *auf e-r Skala od. fig.* klettern, steigen: *to* ~ *down* fallen.

'scale|-ar·mo(u)r *s.* Schuppenpanzer *m*; **'~-beam** *s.* Waagebalken *m*; **~ buy·ing** *s.* ⚚ *Am.* (spekula'tiver) Aufkauf von 'Wertpa͵pieren.

scaled [skeild] *adj.* **1.** *zo.* schuppig, Schuppen...(*-taube etc.*); **2.** mit e-r 'Skala versehen; **scale·less** ['skeillis] *adj.* schuppenlos.

sca·lene ['skeili:n] ⊿ **1.** *adj.* ungleichseitig, schiefwinklig (*Figur*), schief (*Körper*); **II.** *s.* schiefwinkliges Dreieck.

scal·i·ness ['skeilinis] *s.* Schuppigkeit *f.*

scal·ing ['skeiliŋ] *s.* **1.** (Ab)Schuppen *n*; **2.** Kesselstein- *od.* Zahnsteinentfernung *f*; **3.** Erklettern *n*, Aufstieg *m* (*a. fig.*); **'~-lad·der** *s.* **1.** ⚔ *hist.* Sturmleiter *f*; **2.** Feuerleiter *f.*

scall [skɔ:l] *s.* ⚕ (Kopf)Grind *m*, Schorf *m.*

scal·la·wag → *scalawag.*

scal·lion ['skæljən] *s.* ⚘ Scha'lotte *f.*

scal·lop ['skɔləp] **I.** *s.* **1.** *zo.* Kammmuschel *f*; **2.** *a.* ~ *shell* Muschelschale *f* (*a. aus Porzellan zum Servieren von Speisen*); **3.** *Näherei*: Lan'gette *f*; **II.** *v/t.* **4.** ⊕ ausbogen, bogenförmig auszacken; **5.** *Näherei*: langettieren; **6.** *Speisen* in der (Muschel)Schale über'backen.

scalp [skælp] **I.** *s.* **1.** *anat.* Kopfhaut *f*; **2.** Skalp *m* (*abgezogene Kopfhaut als Siegeszeichen*): *to be out for* ~*s* sich auf dem Kriegspfad befinden, *fig.* kampf-, angriffslustig sein; **3.** *fig.* 'Siegestro͵phäe *f*; **II.** *v/t.* **4.** skalpieren; **5.** ⚚ *Am. sl. Wertpapiere* mit kleinem Pro'fit weiterverkaufen; **6.** *Am. sl. Eintrittskarten* auf dem schwarzen Markt verkaufen.

scal·pel ['skælpəl] *s.* ⚕ Skal'pell *n.*

scal·y ['skeili] *adj.* **1.** schuppig, geschuppt; **2.** Schuppen...; **3.** schuppenförmig; **4.** sich abschuppend, schilferig.

scam·mo·ny ['skæməni] *s.* **1.** ⚘ Skam'monia *f*; **2.** *pharm.* Skam'monium(harz) *n* (*Abführmittel*).

scamp [skæmp] **I.** *s.* **1.** Schuft *m*, Lump *m*; **2.** *humor.* Racker *m*, Taugenichts *m*; **II.** *v/t.* **3.** *Arbeit etc.* schlud(e)rig ausführen, hinschlampen, verpfuschen.

scam·per ['skæmpə] **I.** *v/i.* **1.** *a.* ~ *about* (um'her)tollen, her'umhüpfen; **2.** hasten: *to* ~ *away* (*od. off*) sich davonmachen; **II.** *s.* **3.** *fig.* Hetzjagd *f*; Ga'lopp(tour *f*) *m.*

scan [skæn] **I.** *v/t.* **1.** genau *od.* kritisch prüfen, forschend *od.* scharf ansehen; **2.** über'fliegen: *to* ~ *the headlines*; **3.** *Vers* skandieren; **4.** ⚡ *Fernsehen, Radar*: abtasten; **II.** *v/i.* **5.** *Metrik*: sich *gut etc.* skandieren (lassen).

scan·dal ['skændl] **I.** *s.* **1.** Skan'dal *m*: **a)** skanda'löses Ereignis, **b)** (öffentliches) Ärgernis: *to cause* ~ Anstoß erregen, **c)** Schande *f*, Schmach *f* (*to* für); **2.** Verleumdung *f*, (böswilliger) Klatsch: *to talk* ~ klatschen; **3.** ⚖ üble Nachrede (*im Prozeß*); **4.** unwürdige Per'son.

scan·dal·ize[1] ['skændəlaiz] *v/t.* Anstoß erregen bei (*dat.*), *j-n* schockieren: *to be* ~*d at* (*od. by*) Anstoß

nehmen an (*dat.*), empört sein über (*acc.*).
scan·dal·ize[2] ['skændəlaiz] *v/t.* ⚓ *Segel* verkleinern, ohne zu reffen.
'scan·dal·mon·ger *s.* Lästermaul *n*, Klatschblase *f.*
scandal·ous ['skændələs] *adj.* □ **1.** skanda'lös, anstößig, schockierend; **2.** schändlich, schimpflich; **3.** verleumderisch, Schmäh...: ~ *stories*; **4.** klatschsüchtig (*Person*).
Scan·di·na·vi·an [skændi'neivjən] **I.** *adj.* **1.** skandi'navisch; **II.** *s.* **2.** Skandi'navier(in); **3.** *ling.* **a)** Skandi'navisch *n*, **b)** Altnordisch *n*.
scan·ner ['skænə] *s.* **1.** → *scanning disk*; **2.** *Radar*: 'Drehan,tenne *f.*
scan·ning ['skæniŋ] *s. Fernsehen, Radar*: (Bild)Abtastung *f*; ~ **disk** *s. Fernsehen*: Abtastscheibe *f*; ~ **lines** *s. pl. Fernsehen*: Rasterlinien *pl.*
scan·sion ['skænʃən] *s. Metrik*: Skandierung *f.*
Scan·so·res [skæn'sɔːriːz] *s. pl. orn.* Klettervögel *pl.*; **scan'so·ri·al** [-riəl] *adj. orn.* **1.** Kletter...; **2.** zu den Klettervögeln gehörig.
scant [skænt] *adj.* knapp (*of* an *dat.*), spärlich, kärglich: *a* ~ *2 hours* knapp 2 Stunden; **'scant·i·ness** [-tinis], **'scant·ness** [-nis] *s.* **1.** Knappheit *f*, Kargheit *f*; **2.** Unzulänglichkeit *f*; **'scant·y** [-ti] *adj.* □ **1.** kärglich, dürftig, spärlich, knapp; **2.** unzureichend; **3.** eng, beengt (*Raum etc.*).
scape [skeip] *s.* **1.** ♀, *zo.* Schaft *m* (*Pflanze, Feder, Fühler*); **2.** △ (Säulen)Schaft *m.*
'scape·goat *s. fig.* Sündenbock *m.*
'scape·grace *s.* Taugenichts *m.*
scaph·oid ['skæfɔid] *anat.* **I.** *adj.* scapho'id, Kahn...; **II.** *s. a.* ~ *bone* Kahnbein *n*.
scap·u·la ['skæpjulə] *pl.* **-lae** [-liː] *s. anat.* Schulterblatt *n*; **'scap·u·lar** [-lə] **I.** *adj.* **1.** *anat.* Schulter (-blatt)...; **II.** *s.* **2.** → *scapulary*; **3.** ⚕ Schulterbinde *f*; **'scap·u·lar·y** [-ləri] *s. eccl.* Skapu'lier *n*.
scar[1] [skɑː] **I.** *s.* **1.** Narbe *f* (*a.* ♀; *a. fig. psych.*), Schramme *f*; **2.** *fig.* (Schand)Fleck *m*, Makel *m*; **II.** *v/t.* **3.** schrammen, mit e-r Narbe *od.* Narben zeichnen; **4.** *fig.* entstellen, verunstalten; **III.** *v/i.* **5.** *a.* ~ *over* vernarben (*a. fig.*).
scar[2] [skɑː] *s. Brit.* Klippe *f*, steiler (Felsen)Abhang.
scar·ab ['skærəb] *s.* **1.** *zo.* Skara'bäus *m* (*a. Schmuck*); **2.** *zo.* Mistkäfer *m.*
scarce [skɛəs] **I.** *adj.* □ **1.** knapp, spärlich: ~ *commodities* ✝ Mangelwaren; **2.** selten, rar: *to make o.s.* ~ F **a)** sich rar machen, **b)** ,sich dünnmachen'; **II.** *adv.* **3.** *obs.* → *scarcely*; **'scarce·ly** [-li] *adv.* **1.** kaum, gerade erst: ~ *anything* kaum etwas, fast nichts; ~ ... *when* kaum ... als; **2.** wohl nicht, kaum, schwerlich: *you can* ~ *expect that*; **'scarce·ness** [-nis], **'scar·ci·ty** [-siti] *s.* **1.** Knappheit *f*, Mangel *m* (*of* an *dat.*); Verknappung *f*; **2.** Lebensmittelmangel *m*, Teuerung *f*; **3.** Seltenheit *f.*
scare [skɛə] **I.** *v/t.* **1.** erschrecken, in Schrecken versetzen, *j-m* e-n Schrecken einjagen: *to be* ~*d of s.th.* sich vor et. fürchten; **2.** *a.* ~ *away* verscheuchen, -jagen; **3.** ~ *up* **a)** *Wild etc.* aufscheuchen, **b)** F *Geld etc.* auftreiben; **II.** *v/i.* **4.** erschrecken: *he does not* ~ *easily* er läßt sich nicht leicht ins Bockshorn jagen; **III.** *s.* **5.** Schreck(en) *m*, 'Panik *f*; **6.** blinder A'larm; **'~·crow** *s.* **1.** Vogelscheuche *f* (*a. fig. Person*); **2.** *fig.* Schreckbild *n*, -gespenst *n*; **'~·head(·ing)** *s.* Riesenschlagzeile *f*; **'~·mon·ger** *s.* Miesmacher(in), Bangemacher(in).
scarf[1] [skɑːf] *pl.* **scarfs, scarves** [-vz] *s.* **1.** Hals-, Kopf-, Schultertuch *n*, Schal *m*; **2.** (breite) Kra'watte (*für Herren*); **3.** ⚔ Schärpe *f*; **4.** *eccl.* 'Seiden,stola *f*; **5.** Tischläufer *m.*
scarf[2] [skɑːf] **I.** *s.* **1.** ⊕ Laschung *f*, Blatt *n* (*Hölzer*); ⚓ Lasch *m*; **2.** ⊕ → *scarf-joint*; **II.** *v/t.* **3.** ⊕ zs.-blatten; ⚓ (ver)laschen.
'scarf|-joint *s.* ⊕ Blattfuge *f*, Falzverbindung *f*, Verlaschung *f*; **'~-pin** *s.* Kra'wattennadel *f*; **'~-skin** *s. anat.* Oberhaut *f.*
scar·i·fi·ca·tion [skɛərifi'keiʃən] *s.* ⚕ Skarifizierung *f*, Hautritzung *f*; **scar·i·fi·ca·tor** ['skɛərifikeitə], **scar·i·fi·er** ['skɛərifaiə] *s.* **1.** ⚕ Skarifizier-, Stichelmesser *n*; **2.** ✓ Messeregge *f*; **3.** ⊕ Straßenaufreißer *m*; **scar·i·fy** ['skɛərifai] *v/t.* **1.** ⚕ *Haut* skarifizieren, ritzen; **2.** ✓ **a)** *Boden* auflockern, **b)** *Samen* anritzen; **3.** *fig.* **a)** *Gefühle etc.* verletzen, **b)** scharf kritisieren, her'untermachen.
scar·la·ti·na [skɑːlə'tiːnə] *s.* ⚕ Scharlach(fieber *n*) *m.*
scar·let ['skɑːlit] **I.** *s.* **1.** Scharlach (-rot *n*) *m*; **2.** Scharlach(tuch *n*) *m*; **II.** *adj.* **3.** scharlachrot: *to flush* (*od. turn*) ~ dunkelrot werden; **4.** *fig.* unzüchtig; ~ **fe·ver** *s.* ⚕ Scharlach (-fieber *n*) *m*; ~ **hat** *s.* **1.** Kardi'nalshut *m*; **2.** *fig.* Kardi'nalswürde *f*; ~ **run·ner** *s.* ♀ Scharlach-, Feuerbohne *f*; ♀ **Wom·an** *s.* **1.** *bibl. die* (scharlachrot gekleidete) Hure; **2.** *fig. contp.* (*das* heidnische *od.* päpstliche) Rom.
scarp [skɑːp] **I.** *s.* **1.** steile Böschung; **2.** ⚔ Es'karpe *f*; **II.** *v/t.* **3.** abböschen, abdachen; **scarped** [-pt] *adj.* steil, abschüssig.
scarred [skɑːd] *adj.* narbig.
scarves [skɑːvz] *pl. von scarf*[1].
scar·y ['skɛəri] *adj.* F **1.** erschreckend, schaurig; **2.** schreckhaft, ängstlich.
scathe [skeið] **I.** *v/t.* **1.** *poet.* versengen; **2.** *obs. od. Scot.* versehren; **3.** *fig.* vernichtend kritisieren; **II.** *s.* **4.** Schaden *m*: *without* ~; **5.** Beleidigung *f*; **'scathe·less** [-lis] *adj.* unversehrt; **'scath·ing** [-ðiŋ] *adj.* □ *fig.* **1.** vernichtend, ätzend (*Kritik etc.*); **2.** verletzend; **3.** versengend.
sca·tol·o·gy [skə'tɔlədʒi] *s.* **1.** ⚕ Skatolo'gie *f*, Kotstudium *n*; **2.** *geol.* Studium *n* der Kopro'lithen; **3.** *fig.* Beschäftigung *f* mit dem Ob'szönen (in der Litera'tur).
scat·ter ['skætə] **I.** *v/t.* **1.** *a.* ~ *about* (aus-, um'her-, ver)streuen; **2.** verbreiten, -teilen; **3.** bestreuen (*with* mit); **4.** *Armee, Menschenmenge etc.* zerstreuen, -sprengen: *to be* ~*ed to the four winds* in alle Winde zerstreut werden; **5.** *Vermögen* verschleudern; **6.** *Pläne etc.* zu'nichte machen; **7.** *phys. Licht etc.* zerstreuen; **II.** *v/i.* **8.** sich zerstreuen (*Menge*); **9.** sich verbreiten; **10.** streuen (*Schuß*); **III.** *s.* **11.** *phys.* Streuung *f*, Streubereich *m*; **'~-brain** *s.* Wirrkopf *m*; **'~-brained** *adj.* wirr, kon'fus.
scat·tered ['skætəd] *adj.* **1.** zerstreut (liegend *od.* vorkommend *etc.*); **2.** vereinzelt (auftretend); **3.** *fig.* wirr; **4.** *phys.* zerstreut, dif'fus, Streu...
'scat·ter|-gun *s. Am.* Schrotflinte *f*; ~ **rug** *s. Am.* Brücke *f*, kleiner Teppich.
'scaup(-duck) ['skɔːp] *s. orn.* Bergente *f.*
scaur [skɔː] *bsd. Scot. für scar*[2].
scav·enge ['skævindʒ] **I.** *v/t.* **1.** *Straßen etc.* reinigen, säubern; **2.** *mot. Zylinder von Gasen* reinigen, spülen: ~ *stroke* Spültakt, Auspuffhub; **II.** *v/i.* **3.** (die) Straßen reinigen; **'scav·en·ger** [-dʒə] **I.** *s.* **1.** Straßenkehrer *m*; **2.** 'Straßen,reinigungsma,schine *f*; **3.** *zo.* Aasfresser *m*: ~*-beetle* aasfressender Käfer; **II.** *v/i.* **4.** → *scavenge 3.*
sce·nar·i·o [si'nɑːriou] *pl.* **-ri·os** *s.* **1.** *Film*: Drehbuch *n*; **2.** *fig.* Plan *m* (mit Alterna'tivlösungen); **sce·na·rist** ['siːnərist] *s.* 'Drehbuch,autor *m.*
scene [siːn] *s.* **1.** *thea.* **a)** 'Szene *f*, Auftritt *m*, **b)** Ort *m* der Handlung, Schauplatz *m* (*a. Roman etc.*); → *lay 6*, **c)** Ku'lisse *f*, **d)** → *scenery b*: *behind the* ~*s* hinter den Kulissen (*a. fig.*); *change of* ~ Szenenwechsel, *fig.* ,Tapetenwechsel' (*Ortsveränderung*); **2.** Szene *f*, Epi'sode *f* (*Roman etc.*); **3.** 'Hintergrund *m e-r Erzählung etc.*; **4.** *fig.* Szene *f*, Schauplatz *m*: ~ *of accident* (*crime*) Unfallort (Tatort); **5.** Szene *f*, Anblick *m*; *paint.* (Landschafts-) Bild *n*: ~ *of destruction fig.* Bild der Zerstörung; **6.** Szene *f*: **a)** Vorgang *m*, **b)** (heftiger) Auftritt: *to make* (*s.o.*) *a* ~ (*j-m*) e-e Szene machen; **7.** *fig.* (Welt)Bühne *f*: *to quit the* ~ von der Bühne abtreten, sterben; **8.** *sl.* ('Drogen- *etc.*),Szene *f*; **'~-dock** *s. thea.* Requi'sitenraum *m*; **'~-paint·er** *s.* Bühnenmaler(in).
scen·er·y ['siːnəri] *s.* Szene'rie *f*: **a)** Landschaft *f*, Gegend *f*, **b)** *thea.* Bühnenbild *n*, -ausstattung *f.*
'scene-shift·er *s. thea.* Bühnenarbeiter *m.*
sce·nic ['siːnik] **I.** *adj.* (□ ~*ally*) **1.** landschaftlich, Landschafts...; **2.** (landschaftlich) schön, malerisch: ~ *railway* (in e-r künstlichen Landschaft angelegte) Liliputbahn; ~ *road* landschaftlich schöne Strecke (*Hinweis auf Autokarte*); **3.** *thea.* **a)** 'szenisch, Bühnen..., **b)** dra'matisch (*a. Gemälde etc.*), **c)** Ausstattungs...; **II.** *s.* **4.** Na'turfilm *m.*
sce·no·graph·ic *adj.*; **sce·no·graph·i·cal** [siːnə'græfik(əl)] *adj.* □ szeno'graphisch, perspek'tivisch.
scent [sent] **I.** *s.* **1.** (Wohl)Geruch *m*, Duft *m*; **2.** Par'füm *n*; **3.** *hunt.* **a)** Witterung *f*, **b)** Spur *f*, Fährte *f* (*a. fig.*): *blazing* ~ warme Fährte; *on the* (*wrong*) ~ auf der (falschen) Fährte; *to put on the* ~ auf die Fährte setzen; *to put* (*od. throw*) *off the* ~

von der (richtigen) Spur ablenken; **4. a)** Geruchssinn *m*, **b)** *zo. u. fig.* Spürsinn *m*, *gute etc.* Nase: *to have a ~ for s.th. fig.* e-e Nase für et. haben; **II.** *v/t.* **5.** *et.* riechen; **6.** *a. ~ out hunt. u. fig.* wittern, (auf)spüren; **7.** mit Wohlgeruch erfüllen; **8.** parfümieren; '**~-bag** *s.* **1.** *zo.* Duftdrüse *f*; **2.** *Fuchsjagd*: künstliche Schleppe; **3.** Par'fümkissen *n*; '**~-bot·tle** *s.* Riech-, Par'fümfläschchen *n*.

scent·ed ['sentid] *adj.* **1.** duftend; **2.** parfümiert.

'**scent-gland** *s. zo.* Duft-, Moschusdrüse *f*.

scent·less ['sentlis] *adj.* **1.** geruchlos; **2.** *hunt.* ohne Witterung (*Boden*).

scep·sis ['skepsis] *s. bsd. phls.* **1.** 'Skepsis *f*; **2.** skeptische Philoso'phie.

scep·ter *etc. Am.* → *sceptre etc.*

scep·tic ['skeptik] *s.* **1.** (*phls. mst* ♀) 'Skeptiker(in); **2.** *eccl.* Zweifler(in), *allg.* Ungläubige(r *m*) *f*, Athe'ist(in); '**scep·ti·cal** [-kəl] *adj.* □ 'skeptisch, zweifelnd, zweiflerisch: *to be ~ about* (*od.* *of*) *s.th.* et. bezweifeln, an et. zweifeln; '**scep·ti·cism** [-isizəm] *s.* Skepti'zismus *m*, 'Skepsis *f*, Zweifel(sucht *f*) *m*.

scep·tre ['septə] *s.* Zepter *n* (*a. fig. Herrschergewalt*): *to wield the ~* das Zepter führen, herrschen; '**scep·tered** [-əd] *adj.* **1.** zeptertragend, herrschend (*a. fig.*); **2.** *fig.* königlich.

sched·ule [*Brit.* 'ʃedju:l; *Am.* 'skedʒu:l] **I.** *s.* **1.** Liste *f*, Ta'belle *f*, Aufstellung *f*, Verzeichnis *n*; **2.** *bsd.* ⚖ Anhang *m*; **3.** *bsd. Am.* **a)** (Arbeits-, Lehr-, Stunden)Plan *m*, **b)** Fahrplan *m*: *behind ~* verspätet; *on ~* (fahr)planmäßig, pünktlich; **4.** Formblatt *n*, Vordruck *m*, Formu'lar *n*; **5.** Einkommensteuerklasse *f*; **II.** *v/t.* **6.** *et.* in e-r Liste *etc. od.* tabel'larisch zs.-stellen; **7.** (in e-e Liste *etc.*) eintragen, -fügen: *~d ship* (fahr)planmäßiges Schiff; *the train is ~d to leave at 6* der Zug fährt fahrplanmäßig um 6; **8.** *bsd.* ⚖ (als Anhang) beifügen (*to dat.*); **9.** *bsd. Am.* **a)** festlegen, **b)** planen.

sche·mat·ic [ski'mætik] *adj.* (□ *~ally*) sche'matisch: **a)** 'umrißhaft (*Darstellung*), **b)** syste'matisch; **sche·ma·tize** ['ski:mətaiz] *v/t. u. v/i.* schematisieren.

scheme [ski:m] **I.** *s.* **1.** 'Schema *n*, Sy'stem *n*, Anlage *f*: *~ of colo(u)r* Farbenzusammenstellung; *~ of philosophy* philosophisches System; **2. a)** Schema *n*, Aufstellung *f*, Ta'belle *f*, **b)** 'Übersicht *f*, **c)** sche'matische Darstellung; **3.** Plan *m*, Pro'jekt *n*, Pro'gramm *n*: *irrigation ~*; **4.** (dunkler) Plan, In'trige *f*, Kom'plott *n*; **II.** *v/t.* **5.** *a. ~ out* planen, entwerfen; **6.** *Böses* planen, aushecken, anzetteln; **7.** in ein Schema *od.* Sy'stem bringen; **III.** *v/i.* **8.** Pläne schmieden, *bsd. b.s.* Ränke schmieden, intrigieren; '**schem·er** [-mə] *s.* **1.** Plänemacher *m*; **2.** Ränkeschmied *m*, Intri'gant *m*; '**schem·ing** [-miŋ] *adj.* □ ränkevoll.

scher·zan·do [skɛət'sændou] (*Ital.*) *adv.* ♪ scher'zando, heiter; **scher·zo** ['skɛətsou] *s.* ♪ 'Scherzo *n*.

schism ['sizəm] *s.* **1.** *eccl.* **a)** 'Schisma *n*, Kirchenspaltung *f*, **b)** Lossagung *f*; **2.** *fig.* Spaltung *f*, Riß *m*; **schis·mat·ic** [siz'mætik] *bsd. eccl.* **I.** *adj.* (□ *~ally*) schis'matisch, abtrünnig; **II.** *s.* Schis'matiker *m*, Abtrünnige(r) *m*; **schis'mat·i·cal** [siz'mætikəl] *adj.* □ → *schismatic I.*

schist [ʃist] *s. geol.* Schiefer *m*.

schiz·o·gen·e·sis [skitsou'dʒenisis] *s. biol.* Schizogo'nie *f*; **schiz·o'gen·ic** [-nik], **schi·zog·e·nous** [skit'sɔdʒinəs] *adj.* schizo'gen, durch Spaltung entstehend.

schiz·oid ['skitsɔid] *psych.* **I.** *adj.* schizo'id, gespalten; **II.** *s.* schizo'ider Mensch.

schiz·o·my·cete [skitsoumai'si:t] *s.* ♀ Spaltpilz *m* (*Bakterium*); **schiz·o·my'co·sis** [-mai'kousis] *s.* ⚕ Spaltpilzerkrankung *f*.

schiz·o·phrene ['skitsoufri:n] *s. psych.* Schizo'phrene(r *m*) *f*; **schiz·o·phre·ni·a** [skitsou'fri:njə] *s. psych.* Schizophre'nie *f*; **schiz·o·phren·ic** [skitsou'frenik] *psych.* **I.** *s.* Schizophrene(r *m*) *f*; **II.** *adj.* schizo'phren.

schmaltz [ʃmɔ:lts] (*Ger.*) *s. sl.* ‚Schmalz' *m*, *n*; '**schmaltz·y** *adj.* ‚schmalzig', sentimen'tal.

schnap(p)s [ʃnæps] (*Ger.*) *s.* Schnaps *m*.

schnit·zel ['ʃnitsəl] (*Ger.*) *s. Küche*: Wiener Schnitzel *n*.

schnor·kel ['ʃnɔ:kəl] → *snorkel*.

schol·ar ['skɔlə] *s.* **1. a)** Gelehrte(r) *m*, *bsd.* Geisteswissenschaftler *m*, **b)** Gebildete(r) *m*; **2.** Studierende(r *m*) *f*: *he is an apt ~* er lernt gut; *he is a good French ~* er ist im Französischen gut beschlagen; *I am not much of a ~* mit dem Lesen u. Schreiben hapert es bei mir; **3.** *ped. univ.* Stipendi'at *m*; **4.** *obs. u.* F (*bsd.* Elemen'tar)Schüler(in); '**schol·ar·ly** [-li] *adj. u. adv.* **1.** gelehrt; **2.** gelehrtenhaft; '**schol·ar·ship** [-ʃip] *s.* **1.** Gelehrsamkeit *f*: *classical ~* humanistische Bildung; **2.** *ped.* Sti'pendium *n*.

scho·las·tic [skə'læstik] **I.** *adj.* (□ *~ally*) **1.** aka'demisch (*Bildung etc.*); **2.** schulisch, Schul..., Schüler...; **3.** erzieherisch: *~ profession* Lehr(er)beruf; **4.** *phls.* scho'lastisch (*a. fig. contp. spitzfindig, pedantisch*); **II.** *s.* **5.** *phls.* Scho'lastiker *m* (*a. fig. contp. Schulmeister, Pedant*); **scho'las·ti·cism** [-isizəm] *s.* **1.** *a.* ♀ Scho'lastik *f*; **2.** *fig.* Pedante'rie *f*.

school[1] [sku:l] **I.** *s.* **1.** Schule *f* (*Anstalt*): *at ~* auf der Schule; → *high school etc.*; → *4*; **2.** (Schul)Stufe *f*: *lower ~* Unterstufe; *senior* (*od.* *upper*) *~* Oberstufe, -klassen; **3.** Lehrgang *m*, Kurs(us) *m*; **4.** *mst ohne art.* ('Schul)ˌUnterricht *m*, Schule *f*: *at* (*od.* *in*) *~* in der Schule, im Unterricht; *to go to ~* zur Schule gehen; *to put to ~* einschulen; → *tale 5*; **5.** Schule *f*, Schulhaus *n*, -gebäude *n*; **6.** *univ.* Fakul'tät *f*: *the law ~* die juristische Fakultät; **7.** *Am.* aka'demische Anstalt, Hochschule *f*; **8.** *pl.* 'Schlußexˌamen *n* (*für den Grad e-s Bachelor of Arts*; *Oxford*); **9.** *fig. harte etc.* Schule, Lehre *f*: *a severe ~*; **10.** *phls.*, *paint. etc.* Schule *f* (*Richtung u. Anhängerschaft*): *~ of thought* (geistige) Richtung; *the Hegelian ~ phls.* die hegelianische Schule *od.* Richtung, die Hegelianer; *a gentleman of the old ~* ein Kavalier der alten Schule; **11.** ♪ Schule *f*: **a)** Lehrbuch *n*, **b)** Lehre *f*, Sy'stem *n*; **II.** *v/t.* **12.** einschulen; **13.** schulen, unter'richten, ausbilden, trainieren; **14.** *Temperament*, *Zunge etc.* zügeln; **15.** *~ o.s.* (*to*) sich erziehen (zu), sich üben (in *dat.*); *to ~ o.s. to do s.th.* lernen *od.* sich daran gewöhnen et. zu tun; **16.** *Pferd* dressieren; **17.** *obs.* zu'rechtweisen.

school[2] [sku:l] *s. ichth.* Schwarm *m* (*a. fig.*), Schule *f*, Zug *m* (*Wale etc.*).

school| age *s.* schulpflichtiges Alter; '**~-board** *s.* (lo'kale) 'Schulkommissiˌon; '**~·boy** *s.* Schüler *m*, Schuljunge *m*; '**~·bus** *s.* Schulbus *m*; '**~-days** *pl.* (alte) Schulzeit; '**~·fel·low** → *schoolmate*; '**~·girl** *s.* Schülerin *f*, Schulmädchen *n*; '**~·girl·ish** *adj.* backfischhaft; '**~-house** *s.* → *school*[1] *5*; **~ house** *s. Brit.* **a)** (Wohn)Haus *n* des Schulleiters, **b)** Hauptgebäude *n* (*e-r Public School*).

school·ing ['sku:liŋ] *s.* **1.** ('Schul-)ˌUnterricht *m*; **2.** Schulung *f*, Ausbildung *f*; **3.** Schulgeld *n*; **4.** *sport* Schulreiten *n*; **5.** *obs.* Verweis *m*.

'**school|-leav·ing cer·tif·i·cate** *s.* Abgangszeugnis *n*; '**~-ma'am** [-mæm] *s. Am.* F **1.** Lehrerin *f*; **2.** *iro.* Schulmeisterin *f*; '**~·man** [-mən] *s.* [*irr.*] Scho'lastiker *m*; '**~-marm** [-mɑ:m] → *school-ma'am*; '**~·mas·ter** *s.* **1.** Schulleiter *m*; **2.** Lehrer *m*, Schulmeister *m* (*a. fig. contp.*); '**~·mas·ter·ly** *adj.* schulmeisterlich; '**~·mate** *s.* 'Schulkameˌrad(in); '**~·mis·tress** *s.* **1.** Schulleiterin *f*; **2.** Lehrerin *f*; '**~·room** *s.* Klassenzimmer *n*; '**~-ship** *s.* ⚓ Schulschiff *n*; **~ tie** *s.*: *Old ~ Brit.* **a)** Krawatte mit den Farben e-r *Public School*, **b)** *Spitzname für e-n ehemaligen Schüler e-r Public School*, **c)** sentimentale Bindung an die alte Schule, **d)** *der* Einfluß der *Public Schools* auf das öffentliche Leben in England; **~ u·ni·form** *s.* (einheitliche) Schulkleidung; '**~·yard** *s. Am.* Schulhof *m*.

schoon·er ['sku:nə] *s.* **1.** ⚓ Schoner *m*; **2.** *bsd. Am.* → *prairie schooner*; **3.** hohes (Trink)Glas.

schorl [ʃɔ:l] *s. min.* Schörl *m*, (schwarzer) Turma'lin.

schot·tische [ʃɔ'ti:ʃ] *s.* ♪ Schottische(r) *m* (*a. Tanz*).

schuss [ʃus] (*Ger.*) *Schisport*: **I.** *s.* Schuß(fahrt *f*) *m*; **II.** *v/i.* schußfahren.

schwa [ʃwɑ:] *s. ling.* Schwa *n*: **a)** *kurzer Vokal von unbestimmter Klangfarbe*, **b)** *das phonetische Symbol* ə.

sci·a·gram ['saiəgræm], '**sci·a·graph** [-grɑ:f; -græf] *s.* ⚕ Röntgenbild *n*; **sci·ag·ra·phy** [sai'ægrəfi] *s.* **1.** ⚕ Herstellung *f* von Röntgenaufnahmen; **2.** ˌSchattenmale'rei *f*, Schattenriß *m*.

sci·at·ic [sai'ætik] *adj.* ⚕ **1.** Ischias...; **2.** an Ischias leidend; **sci'at·i·ca** [-kə] *s.* ⚕ Ischias *f*.

sci·ence ['saiəns] *s.* **1.** Wissenschaft *f*: *man of* ~ Wissenschaftler; **2.** *a. natural* ~ *coll. die* Na'turwissenschaft(en *pl.*); **3.** *fig.* Lehre *f*, Kunde *f*: ~ *of gardening* Gartenbaukunst; **4.** *phls., eccl.* Erkenntnis *f* (*of* von); **5.** *bsd. sport u. humor.* (gute) 'Technik, Kunst(fertigkeit) *f*; ~ **fic·tion** *s.* 'Science-fiction *f*, 'Zukunftsroˌmane *pl.*

sci·en·ter [sai'entə] (*Lat.*) ⚖ *adv.* wissentlich.

sci·en·tif·ic [saiən'tifik] *adj.* (□ ~*ally*) **1.** (*engS.* na'tur)wissenschaftlich; **2.** wissenschaftlich, ex'akt, syste'matisch; **3.** *fig. sport etc.* kunstgerecht; **sci·en·tist** ['saiəntist] *s.* (Na'tur)Wissenschaftler *m.*

scil·i·cet ['sailiset] *adv.* (*abbr. scil. od. sc.*) nämlich, d. h. (das heißt).

scim·i·tar, scim·i·ter ['simitə] *s.* (orien'talischer) Krummsäbel.

scin·til·la [sin'tilə] *s. bsd. fig.* Fünkchen *n*: *not a* ~ *of truth*; **scin·til·lant** ['sintilənt] *adj.* funkelnd, schillernd; **scin·til·late** ['sintileit] **I.** *v/i.* **1.** Funken sprühen; **2.** funkeln (*a. fig. Augen*), sprühen (*a. fig. Geist, Witz*); **II.** *v/t.* **3.** *Funken, fig. Geistesblitze* (ver)sprühen; **scin·til·la·tion** [sinti'leiʃən] *s.* **1.** Funkensprühen *n*, Funkeln *n*; **2.** Schillern *n*; **3.** *fig.* Geistesblitz *m.*

sci·o·lism ['saiəlizəm] *s.* Halbwissen *n*; '**sci·o·list** [-list] *s.* Halbgebildete(r) *m*, -wisser *m.*

sci·on ['saiən] *s.* **1.** ♀ Ableger *m*, Steckling *m*, (Pfropf)Reis *n*; **2.** *fig.* Sproß *m*, Sprößling *m.*

scir·rhous ['sirəs] *adj.* ⚕ szir'rhös, hart geschwollen; '**scir·rhus** [-rəs] *pl.* **-rhus·es** *s.* ⚕ Szirrhus *m*, harte Krebsgeschwulst.

scis·sion ['siʒən] *s.* **1.** Spalten *n*; **2.** Schnitt *m*; **3.** *fig.* Spaltung *f.*

scis·sor ['sizə] *v/t.* (*mit der Schere*) (zer)schneiden; '~**-grind·er** *s.* Scherenschleifer *m*; ~ **kick** *s. Fußball, Schwimmen*: Scherenschlag *m.*

scis·sors ['sizəz] *s. pl.* **1.** *oft pair of* ~ Schere *f*; **2.** *sg. konstr. Ringen, Turnen*: Schere *f.*

scis·sure ['siʒə] *s. bsd.* ⚕ Fis'sur *f*, Riß *m.*

scle·ra ['skliərə] *s. anat.* Lederhaut *f* des Auges.

scle·ri·a·sis [skliə'raiəsis] *s.* ⚕ skle'rotische Verdickung; **scle'ro·ma** [-'roumə] *pl.* **-ma·ta** [-mətə] *s.* ⚕ Skle'rom *n*, Verhärtung *f*; **scle'ro·sis** [-'rousis] *pl.* **-ro·ses** [-si:z] *s.* **1.** ⚕ Skle'rose *f*, Verhärtung *f* (*des Zellgewebes*); **2.** ♀ Verhärtung *f* (*der Zellwand*); **scle'rot·ic** [-'rɔtik] **I.** *adj.* ⚕, *anat.* skle'rotisch; **II.** *s. anat.* → *sclera*; **scle·rous** ['skliərəs] *adj.* ⚕ skle'rös, verhärtet.

scoff [skɔf] **I.** *s.* **1.** Spott *m*, Hohn *m*; **2.** Zielscheibe *f* des Spotts; **II.** *v/i.* **3.** spotten (*at* über *acc.*); '**scoff·er** [-fə] *s.* Spötter(in).

scold [skould] **I.** *v/t. j-n* (aus)schelten, auszanken; **II.** *s.* zänkisches Weib, (Haus)Drachen *m*; '**scold·ing** [-diŋ] *s.* **1.** Schelten *n*; **2.** Schelte *f*: *to get a (good)* ~ (tüchtig) gescholten werden.

scol·lop ['skɔləp] *etc.* → *scallop etc.*

scon [skɔn] → *scone.*

sconce¹ [skɔns] *s.* **1.** (Wand-, Kla'vier)Leuchter *m*; **2.** Kerzenhalter *m.*

sconce² [skɔns] *s.* ⚔ Schanze *f.*

sconce³ [skɔns] *univ.* **I.** *v/t. zu e-r Strafe* verdonnern; **II.** *s.* Strafe *f.*

sconce⁴ [skɔns] *s. sl.* ‚Birne' *f*, Schädel *m.*

scone [skɔn] *s.* weiches Teegebäck.

scoop [sku:p] **I.** *s.* **1. a)** Schöpfkelle *f*, (*a.* Wasser)Schöpfer *m*, **b)** (*a. Zukker- etc.*)Schaufel *f*, Schippe *f*, **c)** ⊕ Baggereimer *m*; **2.** *Äpfel-, Käse-*Stecher *m*; **3.** ⚕ Spatel *m*; **4.** (Aus-)Schöpfen *n*; **5.** Schub *m*: *in one* ~ mit einem Schub; **6.** *sl.* **a)** ‚Schnitt' *m*, (großer) Fang, **b)** *Zeitung*: sensatio'nelle Erstmeldung; **II.** *v/t.* **7.** schöpfen, schaufeln: *to* ~ *out water* Wasser ausschöpfen; *to* ~ *up* (auf-)schaufeln, *fig. Geld* scheffeln; **8.** *mst* ~ *out Loch* (aus)graben; **9.** *oft* ~ *in sl. Gewinn* einstecken, zs.-scharren; **10.** *sl. Konkurrenzzeitung* durch e-e Erstmeldung ausstechen.

scoot [sku:t] F *v/t.* **1.** rasen, flitzen; **2.** ‚abhauen', da'vonlaufen; '**scoot·er** [-tə] *s.* **1.** (Kinder-, *a.* 'Motor-)Roller *m*; **2.** Schnellboot *n*; **3.** *sport Am.* Eisjacht *f.*

scope [skoup] *s.* **1.** Bereich *m*, Gebiet *n*; ⚖ Anwendungsbereich *m*; Reichweite *f*: *within the* ~ *of* im Rahmen (*gen.*); *to come within the* ~ *of* unter *ein Gesetz etc.* fallen; *an undertaking of wide* ~ ein großangelegtes Unternehmen; **2.** Ausmaß *n*, 'Umfang *m*: ~ *of authority* ⚖ Vollmachtsumfang; **3.** (Spiel)Raum *m*, Bewegungsfreiheit *f*: *to give one's fancy full* ~ s-r Phantasie freien Lauf lassen; *to have free* ~ freie Hand haben (*for* bei); **4.** (geistiger) Hori'zont, Gesichtskreis *m.*

scor·bu·tic [skɔ:'bju:tik] ⚕ **I.** *adj.* (□ ~*ally*) **1.** skor'butisch, Skorbut...; **II.** *s.* **2.** Skor'butkranke(r *m*) *f*; **3.** Skor'butmittel *n.*

scorch [skɔ:tʃ] **I.** *v/t.* **1.** versengen, -brennen: ~*ed earth* ⚔ verbrannte Erde; **2.** (aus)dörren; **3.** *fig.* (durch scharfe Kritik *od.* beißenden Spott) verletzen; **II.** *v/i.* **4.** versengt werden; **5.** ausdörren; **6.** F *mot. etc.* rasen; '**scorch·er** [-tʃə] *s.* **1.** F et. sehr Heißes, *bsd.* heißer Tag; **2.** *sl.* Stich *m*, beißende Bemerkung; **3.** F *mot.* wilder Fahrer; **4.** *sl.* Sensati'on *f*; '**scorch·ing** [-tʃiŋ] *adj.* □ **1.** sengend, brennend (heiß); **2.** ätzend, vernichtend (*Kritik etc.*).

score [skɔ:] **I.** *s.* **1.** Kerbe *f*, Rille *f*; **2.** (Markierungs)Linie *f*; *sport* Start-, Ziellinie *f*: *to get off at full* ~ **a)** losrasen, **b)** *fig.* außer sich geraten; **3.** Zeche *f*, Rechnung *f*: *to run up a* ~ Schulden machen; *to settle old* ~*s fig.* e-e alte Rechnung begleichen; *on the* ~ *of fig.* auf Grund von, wegen; *on that* ~ in dieser Hinsicht; *on what* ~? aus welchem Grund?; **4.** *bsd. sport* **a)** (Spiel)Stand *m*, **b)** *erzielte* Punkt- *od.* Trefferzahl, (Spiel)Ergebnis *n*, (Be)Wertung *f*, **c)** Punktliste *f*: *to get the* ~ das Spiel machen; *to know the* ~ F Bescheid wissen; *what is the* ~? **a)** wie steht das Spiel?, **b)** *Am. fig.* wie ist die Lage?; **5.** F *fig.* ‚Dusel' *m* (*Glück*); **6.** F *fig.* Abfuhr *f*: *to make a* ~ *off* s.o. j-m ‚eins auswischen'; **7.** (Satz *m* von) 20, 20 Stück: *four* ~ *and seven years* 87 Jahre; **8.** *pl.* große (An)Zahl *f*, Menge *f*: ~*s of times fig.* hundert-, x-mal; **9.** *a. full* ~ ♪ Parti'tur *f*; **II.** *v/t.* **10.** einkerben; **11.** markieren: *to* ~ *out* aus-, durchstreichen; **12.** *oft* ~ *up Schulden, Zechen* anschreiben, -rechnen: *to* ~ *up s.th. against s.o.* j-m et. ankreiden (*a. fig.*); **13.** *sport* **a)** *Punkte, Treffer* erzielen, sammeln, *fig. Erfolge, Sieg* verzeichnen, erringen, **b)** *Punkte, Spielstand etc.* aufschreiben: *to* ~ *a hit* **a)** e-n Treffer erzielen, **b)** *fig.* e-n Bombenerfolg haben; *to* ~ *a goal* ein Tor schießen; *to* ~ *s.o. off* F *fig.* j-m ‚eins auswischen'; **14.** *sport* zählen: *a try* ~*s 6 points*; **15.** ♪ **a)** in Parti'tur setzen, **b)** instrumentieren; **16.** *Am. fig.* heftig kritisieren, tadeln; **III.** *v/i.* **17.** *sport* **a)** e-n Punkt *od.* Treffer erzielen, Punkte sammeln, **b)** die Punkte zählen *od.* aufschreiben; **18.** F Erfolg *od.* Glück haben, e-n Vorteil erzielen; **19.** zählen, gezählt werden: *that* ~*s for us*; '~**-board** *s.* Anschreibetafel *f*; '~**-book** *s.* **1.** Anschreibebuch *n*; **2.** Schießbuch *n*; '~**-card** *s. sport* Punkt-, Wertungsliste *f.*

score·less ['skɔ:lis] *adj. sport* torlos: ~ *draw* torloses Unentschieden.

scor·er ['skɔ:rə] *s. sport* **a)** (An-)Schreiber *m*, **b)** Torschütze *m.*

sco·ri·a ['skɔ:riə] *pl.* **-ri·ae** [-rii:] *s.* (⊕ Me'tall-, *geol.* Gesteins)Schlacke *f*; **sco·ri·a·ceous** [skɔ:ri'eiʃəs] *adj.* schlackig; '**sco·ri·fy** [-ifai] *v/t.* (ver)schlacken.

scorn [skɔ:n] **I.** *s.* **1.** Verachtung *f*: *to think* ~ *of* verachten; **2.** Spott *m*, Hohn *m*: *to laugh to* ~ verlachen; **3.** Gegenstand *m* des Spottes *od.* der Verachtung; **II.** *v/t.* **4.** verachten: **a)** geringschätzen, **b)** verschmähen, (mit Verachtung) von sich weisen; '**scorn·ful** [-ful] *adj.* □ **1.** verächtlich; **2.** spöttisch.

Scor·pi·o ['skɔ:piou] *s. ast.* Skorpi'on *m*; '**scor·pi·on** [-pjən] *s. zo.* Skorpion *m.*

Scot¹ [skɔt] *s.* Schotte *m*, Schottin *f.*

scot² [skɔt] *s.* **1.** (Zahlungs)Beitrag *m*: *to pay (for) one's* ~ s-n Beitrag leisten; **2.** *a.* ~ *and lot hist.* Gemeindeabgabe *f*: *to pay* ~ *and lot fig.* alles auf Heller u. Pfennig bezahlen.

Scotch¹ [skɔtʃ] **I.** *adj.* **1.** schottisch (*bsd. Whisky etc.*): ~ *broth* Graupensuppe mit Fleischeinlage; ~ *mist* dichter Nebel; ~ *tape* durchsichtiger Klebestreifen; ~ *terrier* Scotchterrier; ~ *woodcock* gekochte Eier mit An(s)chovis auf Toast; **II.** *s.* **2.** Scotch *m*, schottischer Whisky; **3.** *the* ~ *coll.* die Schotten *pl.*; **4.** *ling.* Schottisch *n.*

scotch² [skɔtʃ] **I.** *v/t.* **1.** (leicht) verwunden, schrammen; **2.** *Gefährliches* unschädlich machen; **3.** *Rad etc. mit e-m Bremsklotz* blockieren; **4.** *obs.* einkerben; **II.** *s.* **5.** (Ein-)Schnitt *m*, Kerbe *f*; **6.** ⊕ Bremsklotz *m*, Hemmschuh *m* (*a. fig.*).

'**Scotch|·man** [-mən] *s.* [*irr.*] Schotte *m*; '~**·wo·man** *s.* [*irr.*] Schottin *f.*

'**scot-'free** ['skɔt-] *adj.*: *to go* ~ *fig.* ungeschoren davonkommen.

Scot·land Yard ['skɔtlənd] *s.*

(*Hauptdienstgebäude der*) *Londoner Kriminalpolizei.*

Scots [skɔts] **I.** *s. ling.* Schottisch *n*; **II.** *adj.* schottisch: ~ *law*; '~·**man** [-mən] *s.* [*irr.*] *bsd. Scot.* Schotte *m*; '~·**wom·an** *s.* [*irr.*] *bsd. Scot.* Schottin *f.*

Scot·ti·cism ['skɔtisizəm] *s.* schottische (Sprach)Eigenheit.

Scot·tish ['skɔtiʃ] *adj.* schottisch.

scoun·drel ['skaundrəl] *s.* Schurke *m*, Schuft *m*, Ha'lunke *m*; '**scoun·drel·ly** [-rəli] *adj.* schurkisch, niederträchtig.

scour[1] ['skauə] *v/t.* **1.** scheuern, schrubben; *Messer etc.* polieren; **2.** *Kleider etc.* säubern, reinigen; **3.** *Kanal etc.* schlämmen, *Rohr etc.* (aus)spülen; **4.** *Pferd etc.* putzen, striegeln; **5.** ⊕ *Wolle* waschen: ~*ing mill* Wollwäscherei; **6.** *Darm* entschlacken; **7.** *a.* ~ *away*, ~ *off* **a)** *Flecken etc.* entfernen, *Schmutz* abreiben, **b)** *fig.* vertreiben.

scour[2] [skauə] **I.** *v/i.* **1.** *a.* ~ *about* (um'her)eilen, (-)jagen; **2.** (suchend) um'herstreifen; **II.** *v/t.* **3.** *Gebiet* durch'streifen, absuchen; **4.** *Buch etc.* durch'stöbern (*for* nach).

scourge [skə:dʒ] **I.** *s.* **1.** Geißel *f*: **a)** Peitsche *f*, **b)** *fig.* Plage *f*; **II.** *v/t.* **2.** geißeln, (aus)peitschen; **3.** *fig.* **a)** *durch Kritik etc.* geißeln, **b)** züchtigen, **c)** quälen, peinigen.

scout[1] [skaut] **I.** *s.* **1.** Kundschafter *m*, Späher *m*; **2.** ⚔ **a)** Erkundungsfahrzeug *n*: ~ *car* Spähwagen, **b)** ⚓ *a.* ~ *vessel* Aufklärungsfahrzeug *n*, **c)** ✈ *a.* ~ *airplane* Aufklärer *m*; **3.** Kundschaften *n*; ⚔ Erkundung *f*: *on the* ~ auf der Suche; **4.** (*boy*) ~ Pfadfinder *m*; **5.** *a good* ~ F ein feiner Kerl; **6.** *univ. Brit.* Hausdiener *m* e-s College (*Oxford*); **7.** *mot. Brit.* Straßenwachtfahrer *m* (*Automobilklub*); **8. a)** *sport* ,Späher' *m*, Be'obachter *m* (*gegnerischer Mannschaften*), **b)** *a. talent* ~ Ta'lentsucher *m*; **II.** *v/i.* **9.** kundschaften, spähen; **III.** *v/t.* **10.** auskundschaften, erkunden: ~*ing party* ⚔ Spähtrupp.

scout[2] [skaut] *v/t.* verächtlich abweisen.

'**scout·mas·ter** *s.* Führer *m* (e-r Pfadfindergruppe).

scow [skau] *s.* ⚓ (See)Leichter *m*.

scowl [skaul] **I.** *v/i.* finster blicken: *to* ~ *at* finster anblicken; **II.** *s.* finsterer Blick *od.* (Gesichts)Ausdruck; '**scowl·ing** [-liŋ] *adj.* □ finster, grollend.

scrab·ble ['skræbl] **I.** *v/i.* **1.** kratzen, scharren: *to* ~ *about bsd. fig.* (herum)suchen (*for* nach); **2.** *fig.* sich (ab)plagen (*for* für, um); **3.** krabbeln; **4.** kritzeln; **II.** *v/t.* **5.** scharren nach; **6.** bekritzeln.

scrag [skræg] **I.** *s.* **1.** *fig.* Gerippe *n* (*dürrer Mensch etc.*); **2.** *mst* ~-*end* (*of mutton*) (Hammel)Hals *m*; **3.** F ,Kragen' *m*, Hals *m*; **II.** *v/t.* **4.** *sl.* **a)** *j-n* ,abmurksen', *j-m* den Hals 'umdrehen, **b)** *j-n* aufhängen; '**scrag·gi·ness** [-ginis] *s.* Magerkeit *f*; '**scrag·gy** [-gi] *adj.* □ **1.** dürr, hager, knorrig; **2.** zerklüftet, rauh.

scram [skræm] *v/i. sl.* ,abhauen', ,sich dünnmachen': ~! ,verdufte'!

scram·ble ['scræmbl] **I.** *v/i.* **1.** krabbeln, klettern: *to* ~ *to one's feet* sich aufrappeln; **2.** *a. fig.* sich schlagen *od.* balgen (*for* um): *to* ~ *for wealth* dem Reichtum nachjagen; **II.** *v/t.* **3.** *oft* ~ *up*, ~ *together* zs.-scharren, -raffen; **4.** ⚡ *Funkspruch etc.* zerhacken (*verschlüsseln*); **5.** *Eier* verrühren: ~*d eggs* Rührei; **6.** *Karten etc.* durchein'anderwerfen; *Flugplan etc.* durchein'anderbringen; **III.** *s.* **7.** Krabbe'lei *f*, Klette'rei *f*; **8.** *a. fig.* (*for*) Balge'rei *f* (um), Jagd *f* (nach *Geld etc.*).

scrap[1] [skræp] **I.** *s.* **1.** Stück(chen) *n*, Brocken *m*, Fetzen *m*, Schnitzel *n*: *a* ~ *of paper* ein Fetzen Papier (*a. fig.*); *not a* ~ kein bißchen; **2.** *pl.* Abfall *m*, (*bsd.* Speise)Reste *pl.*; **3.** (Zeitungs)Ausschnitt *m*; ausgeschnittenes Bild *etc. zum Einkleben*; **4.** *fig.* Bruchstück *n*: ~*s of knowledge*; ~*s of poetry*; **5.** *mst pl.* (Fett-)Grieben *pl.*; **6.** ⊕ **a)** Schrott *m*, **b)** Ausschuß *m*, **c)** Abfall *m*: ~ *value* Schrottwert; **II.** *v/t.* **7.** *Unbrauchbares* ausrangieren; **8.** *fig.* zum alten Eisen *od.* über Bord werfen: *to* ~ *methods*; **9.** ⊕ verschrotten.

scrap[2] [skræp] *sl.* **I.** *s.* **1.** Streit *m*, Ausein'andersetzung *f*; **2.** Keile'rei *f*, Prüge'lei *f*; **3.** Boxkampf *m*; **II.** *v/i.* **4.** streiten; **5.** sich prügeln; kämpfen (*with* mit).

'**scrap-book** *s.* 'Sammel,album *n*, Einklebebuch *n*.

scrape [skreip] **I.** *s.* **1.** Kratzen *n*, Scharren *n* (*beide a. Geräusch*); **2.** Kratzer *m*, Schramme *f*; **3.** Kratzfuß *m*; **4.** *fig.* Verlegenheit *f*: *in a* ~ in der Klemme *od.* Patsche; **5.** *bread and* ~ dünn geschmiertes Butterbrot; **II.** *v/t.* **6.** kratzen, schaben: *to* ~ *off* ab-, wegkratzen; *to* ~ *together* (*od. up*) *a. fig. Geld* zs.-kratzen; *to* ~ *acquaintance with* **a)** *j-s* Bekanntschaft machen, **b)** *contp.* sich bei *j-m* anbiedern; **7.** kratzen *od.* scharren mit *den Füßen etc.*; **III.** *v/i.* **8.** kratzen, schaben, scharren; **9.** scheuern, sich reiben (*against* an *dat.*); **10.** kratzen (*on* auf *e-r Geige etc.*); **11.** *mst* ~ *along fig.* sich (mühsam) 'durchschlagen: *to* ~ *through* (*an examination*) mit Ach u. Krach durchkommen (durch e-e Prüfung); '**scrap·er** [-pə] *s.* **1.** Fußabstreifer *m*; **2.** ⊕ **a)** Kratzer *m*, Kratzeisen *n*, Streichmesser *n*, **b)** ⚒, △ Schrapper *m*, **c)** Planierpflug *m*.

'**scrap-heap** *s.* Abfall-, Schrotthaufen *m*: *fit only for the* ~ völlig wertlos; *to throw s.o. on the* ~ *fig.* j-n zum alten Eisen werfen.

scrap·ing ['skreipiŋ] *s.* **1.** Kratzen *n etc.*; **2.** *pl.* (Ab)Schabsel *pl.*, Späne *pl.*; **3.** *pl. fig.* Spargroschen *m od. pl.*; **4.** *pl. fig. contp.* Abschaum *m*.

'**scrap|-i·ron** *s.*, '~-**met·al** *s.* ⊕ (Eisen)Schrott *m*, 'Alteisen *n*, -me,tall *n*.

scrap·per ['skræpə] *s. sl.* Raufbold *m*, ,Schläger' *m*.

scrap·py[1] ['skræpi] *adj.* □ *sl.* rauflustig.

scrap·py[2] ['skræpi] *adj.* □ **1.** aus (Speise)Resten (hergestellt): ~ *dinner*; **2.** bruchstückhaft; **3.** (bunt-) zs.-gewürfelt, zs.-gestoppelt.

scratch [skrætʃ] **I.** *s.* **1.** Kratzer *m*, Schramme *f* (*beide a. fig. leichte Verwundung*), Riß *m*; **2.** Kratzen *n* (*a. Geräusch*): *by the* ~ *of a pen* mit 'einem Federstrich; **3.** *sport* **a)** Startlinie *f*, **b)** nor'male Startbedingungen *pl.*: *to come up to* (*the*) ~ **a)** sich stellen, s-n Mann stehen, **b)** den Erwartungen entsprechen; *to keep s.o. up to* (*the*) ~ j-n bei der Stange halten; *to start from* ~ **a)** ohne Vorgabe starten, **b)** *fig.* ganz von vorne anfangen; *up to* ~ auf der Höhe, in Form; → *toe* 7; **4.** *pl. mst sg. konstr. vet.* Mauke *f*; **II.** *adj.* **5.** *sport* ohne Vorgabe: ~-*race*; **6.** *bsd. sport* improvisiert, zs.-gewürfelt: ~ *team*; **III.** *v/t.* **7.** (zer)kratzen: *to* ~ *the surface of fig. et.* (nur) an der Oberfläche ritzen; **8.** kratzen; *Tier* kraulen: *to* ~ *one's head* sich (*aus Verlegenheit etc.*) den Kopf kratzen; *to* ~ *together* (*od. up*) *bsd. fig.* zs.-kratzen, -scharren; **9.** kritzeln; **10.** *a.* ~ *out*, ~ *through* aus-, 'durchstreichen; **11.** *sport Pferd etc.* vom Rennen, *a. Nennung* zu'rückziehen; **12.** *pol. Kandidaten* streichen; **IV.** *v/i.* **13.** kratzen (*a. Schreibfeder etc.*); **14.** sich kratzen *od.* scheuern; **15.** scharren (*for* nach); **16.** ~ *along*, ~ *through* → *scrape* 11; **17.** *sport* s-e Meldung zu'rückziehen, ausscheiden; '**scratch·y** [-tʃi] *adj.* □ **1.** kratzend; **2.** zerkratzt; **3.** kritzelig; **4.** *sport* **a)** → *scratch* 6, **b)** unausgeglichen; **5.** *vet.* an Mauke erkrankt.

scrawl [skrɔ:l] **I.** *v/t.* kritzeln, hinschmieren; **II.** *v/i.* kritzeln; **III.** *s.* Gekritzel *n*; Geschreibsel *n*.

scray [skrei] *s. orn. Brit.* Seeschwalbe *f*.

scream [skri:m] **I.** *s.* **1.** (gellender) Schrei; **2.** Gekreisch(e) *n*: ~*s of laughter* brüllendes Gelächter; *he* (*it*) *was a* (*perfect*) ~ *sl.* er (es) war zum Schreien (komisch); **3.** Heulton *m* (*Sirene etc.*); **II.** *v/i.* **4.** schreien (*a. fig. Farben etc.*), gellen; kreischen: *to* ~ *out* aufschreien; *to* ~ *with laughter* vor Lachen brüllen; **5.** heulen (*Wind etc.*), schrill pfeifen; **III.** *v/t.* **6.** *oft* ~ *out* (her'aus)schreien; '**scream·er** [-mə] *s.* **1.** Schreiende(r *m*) *f*; **2.** *sl.* **a)** ,tolle Sache', **b)** *bsd. Am.* Riesenschlagzeile *f*, **c)** *Am.* ,Reißer' *m*, ,Krimi' *m* (*bsd. Fernsehen*); '**scream·ing** [-miŋ] *adj.* □ **1.** schrill, gellend; schreiend (*a. fig. Farbe, Schlagzeile*); **2.** *sl.* **a)** ,toll', großartig, **b)** zum Schreien (komisch).

scree [skri:] *s. geol. Brit.* **1.** Geröll *n*; **2.** Geröllhalde *f*.

screech [skri:tʃ] **I.** *v/i.* (gellend) schreien; kreischen (*a. weitS. Bremsen etc.*); **II.** *v/t. et.* kreischen; **III.** *s.* ('durchdringender) Schrei; '~-**owl** *s. orn.* schreiende Eule.

screed [skri:d] *s.* **1.** lange Liste; **2.** langatmige Rede *etc.*, Ti'rade *f*.

screen [skri:n] **I.** *s.* **1.** (Schutz-) Schirm *m*, (-)Wand *f*; **2.** △ **a)** Zwischenwand *f*, **b)** *eccl.* Kan'zelle *f*; **3. a)** (Film)Leinwand *f*, **b)** *coll. the* ~ der Film, das Kino; ~ *star* Filmstar; *on the* ~ im Film; **4.** *Fernsehen, Radar*: Bildschirm *m*; **5.** Drahtgitter *n*, -netz *n*; **6.** Fliegenfenster *n*; **7.** ⊕ Gittersieb *n für Sand etc.*; **8.**

⚔ a) *taktische* Abschirmung, (⚓ Geleit)Schutz *m*, b) (Rauch-, Schützen)Schleier *m*, Nebelwand *f*, c) Tarnung *f*; **9.** *fig.* a) Schutz *m*, b) Maske *f*; **10.** *phys.* a) *a. optical* ~ Filter *m*, Blende *f*, b) *a. electric* ~ Abschirmung *f*; **11.** *phot.*, *typ.* Raster(platte *f*) *m*; **12.** *mot.* Windschutzscheibe *f*; **II.** *v/t.* **13.** *a.* ~ *off* abschirmen, verdecken; *Licht* abblenden; **14.** (be)schirmen (*from* vor *dat.*); **15.** *fig. j-n* decken; **16.** ⚔ a) tarnen (*a. fig.*), b) einnebeln; **17.** ⊕ *Sand etc.* ('durch)sieben: ~*ed coal* Würfelkohle; **18.** *phot.* *Bild* projizieren; **19.** *Film*: a) verfilmen, b) für den Film bearbeiten; **20.** *fig.* *Personen* 'durchsieben, (über)'prüfen; **III.** *v/i.* **21.** sich (ver)filmen lassen; sich für den Film eignen (*a. Person*); ~ **grid** *s.* ⚡ Schirmgitter *n*: ~ *valve* Schirmgitterröhre; '~**land** [-lənd] *s. Am.* Filmwelt *f*; '~**play** *s.* Fernsehspiel *n*; ~ **test** *s. Film*: Probeaufnahme *f*; '~**-test** *v/t. Film*: Probeaufnahmen machen von; ~ **wash·er** *s. mot.* Scheibenwaschanlage *f*; ~ **wire** *s.* ⊕ Maschendraht *m*.

screw [skru:] **I.** *s.* **1.** ⊕ Schraube *f* (*ohne Mutter*): *there is a* ~ *loose* (*somewhere*) *fig.* da stimmt et. nicht; *he has a* ~ *loose* F bei ihm ist e-e Schraube locker; **2.** ⊕ Spindel *f* (*Presse*); **3.** (Flugzeug-, Schiffs-)Schraube *f*; **4.** ⚓ Schraubendampfer *m*; **5.** F *fig.* Druck *m*: *to apply the* ~ *to*, *to put the* ~*(s) on j-n* unter Druck setzen; *to give another turn to the* ~ *a. fig.* die Schraube anziehen; **6.** *Brit.* Tütchen *n* *Tabak etc.*; **7.** *bsd. sport* Ef'fet *m*; **8.** *Brit.* Geizhals *m*; **9.** *Brit.* alter Klepper (*Pferd*); **10.** *Brit. sl.* Lohn *m*, Gehalt *n*; **11.** Korkenzieher *m*; **12.** *sl.* Gefängniswärter *m*; **II.** *v/t.* **13.** schrauben: *to* ~ *down* ein-, festschrauben; *to* ~ *on* an-, aufschrauben; *to* ~ *up* zuschrauben; *his head is* ~*ed on the right way* F er ist nicht auf den Kopf gefallen; **14.** *fig.* *Augen, Körper etc.* (ver)drehen; *Mund etc.* verziehen; **15.** ~ *down* (*up*) ✝ *Preise* her'unter- (hoch-)schrauben; *to* ~ *s.th. out of et.* aus *j-m* herauspressen; *to* ~ *up one's courage* Mut fassen; **16.** *sport dem Ball* Effet geben; **17.** *sl.* a) reinlegen, b) ‚bumsen', ‚vögeln'; **II.** *v/i.* **18.** sich (ein)schrauben lassen; **19.** *fig.* sich drehen; **20.** *fig.* knickerig sein; **21.** *Am. sl.* ‚verduften'.

'**screw**|**·ball** *Am.* **I.** *s.* **1.** *Baseball*: Ef'fetball *m*; **2.** *sl.* ‚Spinner' *m*, verrückter Kerl; **II.** *adj.* **3.** *sl.* verrückt; ~ **bolt** *s.* ⊕ Schraubenbolzen *m*; ~ **cap** *s.* ⊕ **1.** Schraubdeckel *m*, Verschlußkappe *f*; **2.** 'Überwurfmutter *f*; ~ **con·vey·er** *s.* ⊕ Förderschnecke *f*; ~ **die** *s.* ⊕ Gewindeschneideeisen *n*; '~**·driv·er** *s.* ⊕ Schraubenzieher *m*.

screw·ed [skru:d] *adj.* **1.** (an)geschraubt, verschraubt; mit Gewinde; **2.** verdreht, gewunden; **3.** F ‚besoffen'.

screw| **gear(·ing)** *s.* ⊕ **1.** Schneckenrad *n*; **2.** Schneckengetriebe *n*; '~**-jack** *s.* **1.** ⊕ Wagenheber *m*; **2.** ⚕ Zahnspange *f*; '~**-nut** *s.* ⊕ Mutterschraube *f*; ~ **press** *s.* ⊕ Spindel- *od.* Schraubenpresse *f*; '~**-steam·er** → *screw 4*; '~**-tap** *s.* ⊕ Gewindebohrer *m*; '~**-wrench** *s.* ⊕ Schraubenschlüssel *m*.

screw·y ['skru:i] *adj.* **1.** schraubenartig; **2.** F ‚beschwipst'; **3.** *Am. sl.* verrückt; **4.** knickerig.

scrib·ble ['skribl] **I.** *v/t.* **1.** (*a.* ~ *down* hin)kritzeln, (-)schmieren: *to* ~ *over* bekritzeln; **2.** ⊕ *Wolle* krempeln; **II.** *v/i.* **3.** kritzeln; **III.** *s.* **4.** Gekritzel *n*, Geschreibsel *n*; '**scrib·bler** [-lə] *s.* **1.** Kritzler *m*, Schmierer *m*; **2.** Schreiberling *m*; **3.** ⊕ 'Krempelma,schine *f*.

'**scrib·bling**|**-di·a·ry** ['skribliŋ] *s. Brit.* 'Vormerkka,lender *m*; '~**-pa·per** *s. Brit.* 'Schmierpa,pier *n*, No'tizzettel *m*.

scribe [skraib] **I.** *s.* **1.** Schreiber *m*, Ko'pist *m*; **2.** *bibl.* Schriftgelehrte(r) *m*; **3.** *Am. humor.* a) Schriftsteller *m*, b) Journa'list *m*; **4.** ⊕ *a.* ~-*awl* Reißahle *f*, -nadel *f*; **II.** *v/t.* **5.** ⊕ anreißen; '**scrib·er** [-bə] → *scribe 4*.

scrim [skrim] *s.* leichter, grobgewebter Leinen- *od.* Baumwollstoff.

scrim·mage ['skrimidʒ] *s.* **1.** Handgemenge *n*, Getümmel *n*; **2.** *Rugby*: Gedränge *n*.

scrimp [skrimp] **I.** *v/t.* **1.** knausern mit, knapp bemessen; **2.** *j-n* knapp halten (*for* mit); **II.** *v/i.* **3.** knausern (*on* mit); **III.** *adj.* **4.** *a.* '**scrimp·y** [-pi] knapp.

scrim·shank *v/i. bsd.* ⚔ *Brit. sl.* sich drücken.

scrip[1] [skrip] *s. obs.* (Pilger-, Schäfer)Tasche *f*, Ränzel *n*.

scrip[2] [skrip] *s.* **1.** ✝ a) Scrip *m*, 'Interimsschein *m*, -,aktie *f*, b) *coll.* *die* Scrips *pl. etc.*; **2.** *a.* ~ *money Am.* Besatzungsgeld *n*.

script [skript] *s.* **1.** Handschrift *f*; **2.** Schrift(art) *f*: *phonetic* ~ Lautschrift; **3.** *typ.* (Schreib)Schrift *f*; **4.** *thea. etc.* Manu'skript *n*; *Film*: Drehbuch *n*; **5.** ⚖ Urschrift *f*; **6.** *ped. Brit.* (schriftliche) Prüfungsarbeit; '~**-girl** *s. Film*: 'Scriptgirl *n* (*Ateliersekretärin*).

scrip·tur·al ['skriptʃərəl] *adj.* **1.** Schrift...; **2.** *a.* ♀ biblisch, der Heiligen Schrift; **scrip·ture** ['skriptʃə] *s.* **1.** ♀, *mst the* ♀*s die* Heilige Schrift, *die* Bibel; **2.** *obs.* ♀ Bibelstelle *f*; **3.** heilige (nichtchristliche) Schrift: *Buddhist* ~; **4.** *a.* ~ *class* (*od. lesson*) *ped.* Religi'onsstunde *f*.

'**script·writ·er** *s.* Werbetexter(in).

scrive·ner ['skrivnə] *s. hist.* **1.** (öffentlicher) Schreiber; **2.** Geldmakler *m*.

scrof·u·la ['skrɔfjulə] *s.* ⚕ Skrofu'lose *f*; '**scrof·u·lous** [-ləs] *adj.* □ ⚕ skrofu'lös.

scroll [skroul] *s.* **1.** Schriftrolle *f aus Papier od. Pergament*; **2.** △, ♪ Schnecke *f*; **3.** Schnörkel *m* (*Schrift*); **4.** Liste *f*, Verzeichnis *n*; '~**-saw** *s.* ⊕ Laubsäge *f*; '~**-work** *s.* **1.** Schnörkelverzierung *f*; **2.** Laubsägearbeit *f*.

scro·tum ['skroutəm] *pl.* **-ta** [-tə] *s. anat.* Hodensack *m*.

scrounge [skraundʒ] *sl.* **I.** *v/t.* **1.** ‚klauen', ‚organisieren' (*stehlen*); **2.** schnorren; **II.** *v/i.* **3.** ‚klauen'; **4.** schnorren, nassauern; '**scroung·er** [-dʒə] *s. sl.* **1.** Dieb *m*; **2.** Schnorrer *m*, Nassauer *m*.

scrub[1] [skrʌb] **I.** *v/t.* **1.** schrubben, scheuern; **2.** ⊕ *Gas* reinigen; **II.** *v/i.* **3.** schrubben; **4.** F sich abrakkern; **III.** *s.* **5.** Schrubben *n*: *that wants a good* ~ das muß tüchtig gescheuert werden; **6.** *sport* a) Ersatzmann *m*, b) *a.* ~*-team* zweite Mannschaft *od.* ‚Garni'tur'.

scrub[2] [skrʌb] *s.* **1.** Gestrüpp *n*, Buschwerk *n*; **2.** Busch *m* (*Gebiet*); **3.** verkümmerter Baum; **4.** Zwerg *m*, Knirps *m*.

'**scrub·bing-brush** ['skrʌbiŋ] *s.* Scheuerbürste *f*.

scrub·by ['skrʌbi] *adj.* **1.** verkümmert, -krüppelt; **2.** gestrüppreich; **3.** armselig, schäbig.

scruff [skrʌf], ~ **of the neck** *s.* Genick *n*: *to take s.o. by the* ~ *of the neck* j-n im Genick *od.* beim Kragen packen.

scruff·y ['skrʌfi] *adj.* F schmudd(e)lig, dreckig.

scrum·mage ['skrʌmidʒ] → *scrimmage*.

scrump·tious ['skrʌmpʃəs] *adj.* **1.** F ‚prima', fabelhaft; **2.** *Am. sl.* heikel.

scrunch [skrʌntʃ] **I.** *v/t.* **1.** (zer-)kauen; **2.** zermalmen; **II.** *v/i.* **3.** knirschen, krachen; **III.** *s.* **4.** Knirschen *n*, Krachen *n*.

scru·ple ['skru:pl] **I.** *s.* **1.** 'Skrupel *m*, Zweifel *m*, Bedenken *n*: *to have* ~*s about doing* Bedenken tragen, *et.* zu tun; *to make no* ~ *of doing* keine Bedenken haben *od.* sich kein Gewissen machen, *et.* zu tun; *without* ~ skrupellos; **2.** *pharm.* Skrupel *n* (= *20 Gran od. 1,296 Gramm*); **II.** *v/t.* **3.** Skrupel *od.* Bedenken haben, zögern (*to do* zu tun), zu'rückschrekken vor *et.*; **III.** *v/i.* **4.** *selten* Skrupel *od.* Bedenken haben; '**scru·pu·lous** [-pjuləs] *adj.* □ **1.** voller Skrupel *od.* Bedenken, (allzu)bedenklich (*about* in *dat.*); **2.** ('über-)gewissenhaft, peinlich (genau); **3.** ängstlich, vorsichtig.

scru·ti·neer [skru:ti'niə] *s.* (*pol.* Wahl)Prüfer *m*; **scru·ti·nize** ['skru:tinaiz] *v/t.* **1.** (genau) prüfen, unter'suchen; **2.** genau ansehen, studieren; **scru·ti·ny** ['skru:tini] *s.* **1.** (genaue) Unter'suchung, (*pol.* Wahl)Prüfung *f*; **2.** prüfender Blick.

scud [skʌd] **I.** *v/i.* **1.** eilen, jagen; **2.** ⚓ lenzen; **II.** *s.* **3.** (Da'hin)Jagen *n*; **4.** (tiefftreibende) Wolkenfetzen *pl.*; **5.** (Wind)Bö *f*.

scuff [skʌf] **I.** *v/i.* schlurfen(d gehen); **II.** *v/t. bsd. Am.* abstoßen, abnutzen.

scuf·fle ['skʌfl] **I.** *v/i.* **1.** sich balgen, raufen; **2.** schlurfen, scharren; **II.** *s.* **3.** Balge'rei *f*, Raufe'rei *f*, Handgemenge *n*; **4.** Schlurfen *n*, Scharren *n*.

scull [skʌl] ⚓ **I.** *s.* **1.** Heck-, Wriggriemen *m*; **2.** 'Skullboot *n*; **II.** *v/i. u. v/t.* **3.** wriggen; '**scul·ler** [-lə] *s.* **1.** Ruderer *m*; **2.** → *scull 2*.

scul·ler·y ['skʌləri] *s. Brit.* Spülküche *f*: ~*-maid* Spül-, Scheuermädchen; '**scul·lion** [-ljən] *s. poet. Brit.* Küchenjunge *m*.

sculp·tor ['skʌlptə] *s.* Bildhauer *m*; '**sculp·tress** [-tris] *s.* Bildhauerin *f*; **'sculp·tur·al** [-tʃərəl] *adj.* □ bildhauerisch, Skulptur...; **'sculp·ture** [-tʃə] **I.** *s.* 'Plastik *f*: **a)** Bildhauerkunst *f*, **b)** Skulp'tur *f*, Bildwerk *n*; **II.** *v/t.* formen, (her'aus-) meißeln; schnitzen.

scum [skʌm] **I.** *s.* (⊕ *u. fig.* Ab-) Schaum *m*: *the ~ of the earth fig.* der Abschaum der Menschheit; **II.** *v/t.* abschäumen.

scum·ble ['skʌmbl] *paint.* **I.** *v/t.* **1.** *Farben, Umrisse* vertreiben, dämpfen; **II.** *s.* **2.** Gedämpftheit *f*; **3.** Deckfarbe *f*.

scum·my ['skʌmi] *adj.* **1.** schaumig; **2.** *fig.* gemein, ‚fies'.

scup·per ['skʌpə] **I.** *s.* **1.** ⚓ Speigatt *n*; **II.** *v/t.* ⚔ *Brit. sl.* **2.** niedermetzeln; **3.** *Schiff* versenken; **4.** *fig.* durchein'anderbringen.

scurf [skə:f] *s.* **1.** ⚕ **a)** Schorf *m*, Grind *m*, **b)** *bsd. Brit.* (Kopf)Schuppen *pl.*; **2.** abblätternde Kruste; Fetzen *pl.*; **'scurf·y** [-fi] *adj.* **1.** schorfig; **2.** schuppig.

scur·ril·i·ty [skʌ'riliti] *s.* **1.** zotige Scherzhaftigkeit; **2.** Unflätigkeit *f*; Zotigkeit *f*; **3.** Zote *f*; **scur·ril·ous** ['skʌriləs] *adj.* □ **1.** ordi'närscherzhaft, ‚frech'; **2.** unflätig, zotig.

scur·ry ['skʌri] **I.** *v/i.* **1.** (eilig) trippeln, huschen, hasten; **II.** *s.* **2.** Getrippel *n*, Hasten *n*; **3.** (Regen-) Schauer *m*, Schneetreiben *n*.

scur·vy ['skə:vi] **I.** *s.* ⚕ Skor'but *m*; **II.** *adj.* (hunds)gemein; **'~-grass** *s.* ⚘ Löffelkraut *n*.

scut [skʌt] *s.* **1.** *hunt.* Blume *f*, kurzer Schwanz (*bsd. Hase u. Rotwild*); **2.** Stutzschwanz *m*.

scu·tage ['skju:tidʒ] *s.* ⚔ *hist.* Schildpfennig *m*, Rittersteuer *f*.

scutch [skʌtʃ] ⊕ **I.** *v/t.* **1.** *Flachs* schwingen; **2.** *Baumwolle od. Seidenfäden* (durch Schlagen) entwirren; **II.** *s.* **3.** (Flachs)Schwingmesser *n*, ('Flachs)ˌSchwingmaˌschine *f*.

scutch·eon ['skʌtʃən] *s.* **1.** → *escutcheon*; **2.** Namensschild *n*; **3.** ⊕ Schlüssellochklappe *f*; **4.** → *scute*.

scutch·er ['skʌtʃə] → *scutch 3*.

scute [skju:t] *s. zo.* Schuppe *f*.

scu·tel·late(d) ['skju:təleit(id)] *adj. zo.* schuppig; **scu'tel·lum** [skju:'teləm] *pl.* **-la** [-lə] *s.* ⚘, *zo.* Schildchen *n*; **'scu·ti·form** [-tifɔ:m] *adj.* schildförmig.

scut·tle[1] ['skʌtl] *s.* Kohlenkasten *m*, -eimer *m*.

scut·tle[2] ['skʌtl] **I.** *v/i.* **1.** eilen, flitzen; **2.** *bsd. fig.* sich (ver)drücken *od.* da'vonmachen; **II.** *s.* **3.** hastige Flucht.

scut·tle[3] ['skʌtl] **I.** *s.* **1.** (Dach-, Boden)Luke *f*; **2.** ⚓ (Spring)Luke *f*; **3.** ⊕ Stirnwand *f*, Spritzbrett *n*; **II.** *v/t.* **4.** ⚓ *Schiff* anbohren, (selbst) versenken; **'~-butt** *s.* **1.** ⚓ Trinkwassertonne *f*; **2.** *Am. sl.* Gerücht *n*.

scythe [saið] **I.** *s.* Sense *f*; **II.** *v/t.* (ab)mähen.

sea [si:] *s.* **1. a)** See *f*, Meer *n* (*a. fig.*), **b)** 'Ozean *m*, Weltmeer *n*: *at ~* auf *od.* zur See; *mst all at ~ fig.* ratlos, im dunkeln tappend; *beyond the ~, over ~(s)* nach *od.* in Übersee; *on the ~* **a)** auf *od.* zur See, **b)** an der See *od.* Küste (gelegen); *to follow the ~* Seemann sein; *to put (out) to ~* in See stechen; *the four ~s* die vier (*Großbritannien umgebenden*) Meere; *the high ~s* die hohe See, die Hochsee; **2.** ⚓ See(gang *m*) *f*: *heavy ~; long (short) ~* lange (kurze) See; **3.** ⚓ See *f*, hohe Welle; → *ship 7*; **'~-an·chor** *s.* **1.** ⚓ Treibanker *m*; **2.** ✈ Wasseranker *m*; **~ bear** *s. zo.* **1.** Eisbär *m*; **2.** Seebär *m*; **'~-bird** *s.* Meeres-, Seevogel *m*; **'~·board I.** *s.* (See)Küste *f*; **II.** *adj.* Küsten...; **'~-born** *adj.* **1.** aus dem Meer stammend; **2.** *poet.* meergeboren; **'~-borne** *adj.* auf dem Seewege befördert, See...: *~ goods* Seehandelsgüter; *~ invasion* ⚔ Landungsunternehmen von See aus; *~ trade* Seehandel; **'~-calf** → *sea-dog 1a*; **~ cap·tain** *s.* **1.** ('Schiffs)Kapiˌtän *m*; **2.** *poet.* Seeheld *m*; **'~-cock** *s.* ⚓ 'Bordvenˌtil *n*; **'~-cow** *s. zo.* **1.** Seekuh *f*, Si'rene *f*; **2.** Walroß *n*; **'~-dog** *s. zo.* **1. a)** Gemeiner Seehund, Meerkalb *n*, **b)** → *dogfish*; **2.** *fig.* ⚓ (alter) Seebär; **'~·drome** [-droum] *s.* ✈ Wasserflughafen *m*; **~ el·e·phant** *s. zo.* 'See-EleˌFant *m*; **'~·far·er** *s.* Seefahrer *m*, -mann *m*; **'~·far·ing I.** *adj.* seefahrend: *~ man* Seemann; *~ nation* Seefahrernation; **II.** *s.* Seefahrt *f*; **'~-food** *s. bsd. Am.* Meeresfrüchte *pl.*, eßbare Meerestiere *pl.*; **'~-fowl** *s.* Seevogel *m*; **~ front** *s.* Seeseite *f* (*Stadt etc.*); **'~-ga(u)ge** *s.* ⚓ **1.** Tiefgang *m*; **2.** Lotstock *m*; **'~-girt** *adj poet.* 'meerumˌschlungen; **'~-god** *s.* Meeresgott *m*; **'~·go·ing** *adj.* ⚓ seetüchtig, Hochsee...; **'~-green I.** *s.* Meergrün *n*; **II.** *adj.* meergrün; **'~-gull** *s. orn.* Seemöwe *f*; **'~-hog** *s. zo.* Schweinswal *m*, *bsd.* Meerschwein *n*; **'~-horse** *s.* **1.** *zo.* **a)** Seepferdchen *n*, **b)** Walroß *n*; **2.** *myth.* Seepferd *n*.

seal[1] [si:l] **I.** *s.* **1.** *pl.* **seals**, *bsd. coll. pl.* **seal** *zo.* Robbe *f*, Seehund *m*; **2.** → *sealskin*; **II.** *v/i.* **3.** Robbenjagd betreiben.

seal[2] [si:l] **I.** *s.* **1.** Siegel *n*: *to set one's ~ to* sein Siegel auf *et.* drükken, *bsd. fig. et.* besiegeln (*bekräftigen*); *under the ~ of secrecy fig.* unter dem Siegel der Verschwiegenheit; **2.** Siegel(prägung *f*) *n*; **3.** Siegel(stempel *m*) *n*, Petschaft *n*; → *Great Seal*; **4.** ⚖ *etc.* Siegel *n*, Verschluß *m*; *Zollverkehr etc.*: Plombe *f*: *under ~* unter Verschluß; **5.** ⊕ **a)** (wasser-, luftdichter) Verschluß, **b)** (Ab)Dichtung *f*; **6.** *fig.* Siegel *n*, Besiegelung *f*, Bekräftigung *f*; **7.** Zeichen *n*, Garan'tie *f*; **8.** *fig.* Stempel *m*, Zeichen *n des Todes etc.*; **II.** *v/t.* **9.** *Urkunde* siegeln; **10.** *Rechtsgeschäft etc.* besiegeln (*bekräftigen*); **11.** *fig.* besiegeln: *his fate is ~ed*; **12.** *fig.* zeichnen, s-n Stempel aufdrücken (*dat.*); **13.** versiegeln: *~ed offer* † versiegeltes Angebot; *under ~ed orders* † mit versiegelter Order; **14.** *Verschluß etc.* plombieren; **15.** *oft ~ up* her'metisch (*od.* ⊕ wasser-, 'vakuumdicht) abschließen *od.* abdichten; *mit Klebestreifen etc.* verschließen: *~ed cabin* Höhenkabine; *it is a ~ed book to me fig.* es ist mir ein Buch mit sieben Siegeln; *to ~ a letter* e-n Brief zukleben; **16.** *~ off* ⚔ *Einbruch* abriegeln.

'sea-lane *s.* Seeweg *m*.

seal·ant ['si:lənt] *s.* ⊕ Dichtungsmittel *n*.

sea| law·yer *s.* ⚓ F Queru'lant *m*; **'~-legs** *s. pl.*: *to get one's ~* ⚓ seefest werden.

seal·er ['si:lə] *s.* ⚓ Robbenfänger *m* (*Mann od. Schiff*); **'seal·er·y** [-əri] *s.* **1.** Robbenfang *m*; **2.** Robbenfangplatz *m*.

sea lev·el *s.* Meeresspiegel *m*, -höhe *f*: *corrected to ~* auf Meereshöhe umgerechnet.

'seal-fish·er·y → *sealery 1*.

seal·ing ['si:liŋ] *s.* **1.** (Be)Siegeln *n*; **2.** Versiegeln *n*; ⊕ **a.** (Ab)Dichtung *f*: *~ ring* Dichtungsring; **'~-wax** *s.* Siegellack *m*.

sea| lion *s. zo.* Seelöwe *m*; ♀ **Lord** *s.* ⚓ *Brit.* Seelord *m* (*Amtsleiter in der brit. Admiralität*).

'seal|-rook·er·y *s. zo.* Brutplatz *m* von Seehunden; **'~·skin** *s.* **1.** 'Seal (-skin) *m*, *n*, Seehundsfell *n*; **2.** 'Sealmantel *m*, -cape *n*.

seam [si:m] **I.** *s.* **1.** Saum *m*, Naht *f* (*a.* ⚕): *to burst at the ~s* aus den Nähten platzen (*a. fig.*); **2.** ⊕ **a)** (Guß-, Schweiß)Naht *f*: *~ welding* Nahtschweißung, **b)** *bsd.* ⚓ Fuge *f*, **c)** Sprung *m*, **d)** Falz *m*; **3.** Runzel *f*; **4.** Narbe *f*; **5.** *geol.* (Nutz-) Schicht *f*, Flöz *n*; **II.** *v/t.* **6.** *a. ~ up, ~ together* zs.-nähen; **7.** säumen; **8.** *bsd. fig.* (durch)'furchen; **9.** (zer-) schrammen; **10.** ⊕ durch e-e (Guß- *od.* Schweiß)Naht verbinden.

sea·man ['si:mən] *s.* [*irr.*] ⚓ **1.** Seemann *m*, Ma'trose *m*; **2.** ⚔ *Am.* (Ma'rine)Obergefreite(r) *m*: *~ recruit* Matrose; *~ apprentice* (Marine)Gefreite(r); **'sea·man·like** [-laik] *adj. u. adv.* seemännisch; **'sea·man·ship** [-ship] *s.* Seemannskunst *f*.

'sea|-mark(·er) *s.* Seezeichen *n*; **'~-mew** *s. orn.* Sturmmöwe *f*; **~ mile** *s.* Seemeile *f*; **~ mine** *s.* ⚔ Seemine *f*.

seam·less ['si:mlis] *adj.* **1.** naht-, saumlos: *~-drawn tube* ⊕ nahtlos gezogene Röhre; **2.** fugenlos.

sea mon·ster *s.* Meeresungeheuer *n*.

seam·stress ['semstris] *s.* Näherin *f*.

sea mud *s.* Seeschlamm *m*, Schlick *m*.

seam·y ['si:mi] *adj.* gesäumt: *the ~ side* **a)** die linke Seite, **b)** *fig.* die Kehr- *od.* Schattenseite.

se·ance, sé·ance ['seiɑ̃:ns; seɑ̃:s] (*Fr.*) *s.* Séance *f*, (spiri'tistische) Sitzung.

'sea|-piece *s. paint.* Seestück *n*; **'~-plane** *s.* See-, Wasserflugzeug *n*; **'~·port** *s.* Seehafen *m*, Hafenstadt *f*; **~ pow·er** *s.* Seemacht *f*.

sear[1] [siə] **I.** *v/t.* **1.** versengen; **2.** ⚕ (aus)brennen; **3.** *bsd. fig.* brandmarken; **4.** *fig.* abstumpfen: *a ~ed conscience*; **5.** austrocknen, verdorren lassen; **II.** *v/i.* **6.** austrocknen, verdorren; **III.** *adj.* **7.** *poet.* verdorrt, -welkt: *the ~ and yellow leaf fig.* der Herbst des Lebens.

sear[2] [siə] *s.* ⚔ Abzugstollen *m* (*Gewehr*).

search [sə:tʃ] **I.** *v/t.* **1.** durch'suchen, -stöbern (*for* nach); **2.** ⚖ *Person, Haus etc.* durchsuchen, visitieren; **3.** unter'suchen; **4.** *fig. Gewissen etc.* erforschen, prüfen; **5.** *mst ~ out* auskundschaften, ausfindig machen; **6.** durch'dringen (*Wind, Geschosse etc.*); **7.** ⚔ mit Tiefenfeuer belegen *od.* bestreichen; **8.** *sl.* ~ *me!* keine Ahnung!; **II.** *v/i.* **9.** (*for*) suchen, forschen (nach); ⚖ fahnden (nach): *to* ~ *into* ergründen, untersuchen; **10.** ~ *after* streben nach; **III.** *s.* **11.** Suchen *n*, Forschen *n* (*for, of* nach): *in* ~ *of* auf der Suche nach; *to go in* ~ *of* auf die Suche gehen nach; **12.** ⚖ **a)** Haussuchung *f*, **b)** ('Leibes)Visitatiˌon *f*, **c)** Einsichtnahme *f in öffentliche Bücher*: *right of* ~ ⚓ Recht auf Durchsuchung neutraler Schiffe; **'search·er** [-tʃə] *s.* **1.** Sucher *m*, (Er)Forscher *m*; **2.** (*Zoll- etc.*)Prüfer *m*; **3.** ⚕ Sonde *f*; **'search·ing** [-tʃiŋ] *adj.* □ **1.** gründlich, eingehend; **2.** forschend (*Blick*); durch'dringend (*Wind etc.*): ~ *fire* ⚔ Streufeuer.

'search|·light *s.* (Such)Scheinwerfer *m*; **'~-par·ty** *s.* Suchtrupp *m*; **~ ra·dar** *s.* ⚔ Ra'dar-Suchgerät *n*; **'~-war·rant** *s.* ⚖ Haussuchungsbefehl *m*.

'sea|-risk *s.* ⚖ Seegefahr *f*; **'~-room** *s.* ⚓ Seeräumte *f*; **'~-route** *s.* See-, Schiffahrtsweg *m*; **~ rov·er** *s.* Seeräuber(schiff *n*) *m*; **~ ser·pent** *s. zo. u. myth.* Seeschlange *f*; **'~-shore** *s.* Seeküste *f*; **'~·sick** *adj.* seekrank; **'~-sick·ness** *s.* Seekrankheit *f*; **'~'side I.** *s.* See-, Meeresküste *f*, Küstenland *n*: *to go to the* ~ an die See fahren; **II.** *adj.* an der See gelegen, See...: ~ *place*, ~ *resort* Seebad.

sea·son ['si:zn] **I.** *s.* **1.** (Jahres)Zeit *f*; **2. a)** (Reife- *etc.*)Zeit *f*, rechte Zeit (*für et.*), **b)** *hunt.* (*Paarungs- etc.*) Zeit *f*: *in* ~ **a)** (gerade) reif, (günstig auf dem Markt) zu haben (*Frucht*), **b)** zur rechten Zeit, **c)** *hunt.* jagdbar, **d)** brünstig (*Tier*); *out of* ~ **a)** nicht (auf dem Markt) zu haben, **b)** *fig.* unpassend; *in and out of* ~ jederzeit; *cherries are now in* ~ jetzt ist Kirschenzeit; *a word in* ~ ein Rat zur rechten Zeit; *for a* ~ e-e Zeitlang; → *close-season*; **3.** ✝ Sai'son *f*, Haupt(betriebs-, geschäfts)zeit *f*: *dull* (*od. slack*) ~ stille Saison, tote Jahreszeit; *height of the* ~ Hochsaison; **4.** (*Veranstaltungs*)Saison *f*: *theatrical* ~ Theatersaison, Spielzeit; **5.** (*Bade-, Kur- etc.*)Saison *f*: *holiday* ~ Ferienzeit; **6.** Festzeit *f*; → *compliment 3*; **7.** F → *season ticket*; **II.** *v/t.* **8.** *Speisen* würzen (*a. fig.*): *~ed with wit* geistreich; **9.** *Tabak etc.* (aus)reifen lassen: *~ed wine* abgelagerter *od.* ausgereifter Wein; **10.** *Holz* ablagern; **11.** *Pfeife* einrauchen; **12.** gewöhnen (*to* an *acc.*), abhärten: *to be ~ed to* an *ein Klima etc.* gewöhnt sein; *~ed soldiers* fronterfahrene Soldaten; *~ed by battle* kampfgewohnt; **13.** *obs.* mildern; **III.** *v/i.* **14.** reifen; **15.** ablagern (*Holz*); **'sea·son·a·ble** [-nəbl] *adj.* □ **1.** rechtzeitig; **2.** passend, angebracht; günstig; **3.** jahreszeitlich; **4.** zeitgemäß; **'sea·son·al** [-zənl] *adj.* □ **1.** jahreszeitlich; **2.** sai'sonbedingt, -gemäß: ~ *closing-out sale* ✝ Saisonschlußverkauf; ~ *trade* Saisongewerbe; ~ *work(er)* Saisonarbeit(er); **'sea·son·ing** [-niŋ] *s.* **1.** Würze *f* (*a. fig.*), Gewürz *n*; **2.** Reifen *n etc.*; **sea·son tick·et** *s.* **1.** 🚂 *etc.* Dauer-, Zeitkarte *f*; **2.** *thea. etc.* Abonne'ment(skarte *f*) *n*.

seat [si:t] **I.** *s.* **1.** Sitz(gelegenheit *f*, -platz *m*) *m*; Stuhl *m*, Sessel *m*, Bank *f*; **2.** (*Stuhl- etc.*)Sitz *m*; **3.** Platz *m bei Tisch etc.*: *to take a* ~ Platz nehmen; *to take one's* ~ s-n Platz einnehmen; *take your ~s!* 🚂 einsteigen!; **4.** *thea. etc.* Platz *m*, Sitz *m*: *to book a* ~ e-e (*Theater- etc.*)Karte kaufen; **5.** (Präsi'denten- *etc.*)Sitz *m* (*a. fig. Amt*); **6.** (Amts-, Regierungs-, ✝ Geschäfts)Sitz *m*; **7.** *parl. etc.* Sitz *m* (*a. Mitgliedschaft*): *a* ~ *in parliament*; *to have* ~ *and vote* Sitz u. Stimme haben; **8.** Wohn-, Fa'milien-, Landsitz *m*; **9.** *fig.* Sitz *m*: **a)** Stätte *f*, (Schau-) Platz *m*: ~ *of war* Kriegsschauplatz, **b)** ⚕ Herd *m e-r Krankheit* (*a. fig.*); **10.** Gesäß *n*, Sitzfläche *f*; Hosenboden *m*; **11.** *Reitsport etc.*: Sitz *m* (*Haltung*); **12.** ⊕ Auflager *n*, Funda'ment *n*; **II.** *v/t.* **13.** *j-n wohin* setzen, *j-m* e-n Sitz anweisen: *to* ~ *o.s.* sich setzen; *to be ~ed* sitzen; **14.** Sitzplätze bieten für: *the hall ~s 600 persons*; **15.** *Raum* bestuhlen, mit Sitzplätzen versehen; **16. a)** *Stuhl* mit e-m (neuen) Sitz versehen, **b)** e-n (neuen) Hosenboden einsetzen in (*acc.*); **17.** ⊕ auflegen; **18.** *pass.* sitzen, s-n Sitz haben, liegen (*in* in *dat.*); **'seat·ed** [-tid] *adj.* **1.** sitzend: *to remain* ~ sitzen bleiben, Platz behalten; **2.** *in Zssgn* sitzig: *two-~*; **'seat·er** [-tə] *s. in Zssgn* ...sitzer *m*: *two-~*; **'seat·ing** [-tiŋ] **I.** *s.* **1. a)** Anweisen *n* von Sitzplätzen, **b)** Platznehmen *n*; **2.** Sitzgelegenheit(en *pl.*) *f*; Bestuhlung *f*; **II.** *adj.* **3.** Sitz...: ~ *accommodation* Sitzgelegenheiten.

'sea|-'trout *s. ichth.* 'Meer-, 'Lachsfoˌrelle *f*; **'~-'ur·chin** *s. zo.* See-Igel *m*; **'~-'wall** *s.* Deich *m*; (Hafen)Damm *m*.

sea·ward ['si:wəd] **I.** *adj. u. adv.* seewärts; **II.** *s.* Seeseite *f*; **'sea·wards** [-dz] *adv.* seewärts.

'sea|-'wa·ter *s.* See-, Meerwasser *n*; **'~-way** *s.* **1.** ⚓ Fahrt *f*; **2.** Seeweg *m*; **3.** Seegang *m*; **'~·weed** *s.* **1.** (See)Tang *m*, Alge *f*; **2.** *allg.* Meerespflanze(n *pl.*) *f*; **'~·wor·thi·ness** *s.* Seetüchtigkeit *f*; **'~·wor·thy** *adj.* seetüchtig.

se·ba·ceous [si'beiʃəs] *adj. physiol.* Talg..., Fett...: ~ *gland* Talgdrüse.

sec [sek] (*Fr.*) *adj.* sec, trocken (*Wein*).

se·cant ['si:kənt] **I.** *s.* ⟁ **a)** Se'kante *f*, **b)** Schnittlinie *f*; **II.** *adj.* schneidend.

sec·a·teur ['sekətə:] (*Fr.*) *s. mst* (*a pair of*) *~s pl.* (e-e) Baumschere.

sec·co·tine ['sekəti:n] *Brit.* **I.** *s.* (*Handelsbezeichnung für e-n*) Klebstoff; **II.** *v/t.* kleben.

se·cede [si'si:d] *v/i. bsd. eccl., pol.* sich trennen *od.* lossagen, abfallen (*from* von); **se'ced·er** [-də] *s.* Abtrünnige(r *m*) *f*, Separa'tist *m*.

se·ces·sion [si'seʃən] *s.* **1.** Sezessi'on *f* (*USA hist. oft* ♀), (Ab-, *eccl.* Kirchen)Spaltung *f*, Abfall *m*, Lossagung *f*; **2.** 'Übertritt *m* (*to* zu); **se'ces·sion·al** [-ʃənl] *adj.* Sonderbunds..., Abfall..., Sezessions...; **se'ces·sion·ist** [-ʃnist] *s.* Abtrünnige(r *m*) *f*, Sonderbündler *m*, Sezessio'nist *m*.

se·clude [si'klu:d] *v/t.* (*o.s.* sich) abschließen, absondern (*from* von); **se'clud·ed** [-did] *adj.* □ einsam: **a)** zu'rückgezogen (*Lebensweise*), **b)** abgelegen (*Ort*); **se'clu·sion** [-u:ʒən] *s.* **1.** Abschließung *f*; **2.** Zu'rückgezogenheit *f*, Abgeschiedenheit *f*: *to live in* ~ zurückgezogen leben.

sec·ond ['sekənd] **I.** *adj.* □ → *secondly*; **1.** zweit; nächst: ~ *Advent* (*od. Coming*) *eccl.* Wiederkunft (Christi); ~ *ballot* Stichwahl; ~ *Chamber pol.* Oberhaus; ~ *floor* **a)** *Brit.* zweiter Stock, **b)** *Am.* erster Stock (*über dem Erdgeschoß*); ~ *in height* zweithöchst; *at* ~ *hand* aus zweiter Hand; *in the* ~ *place* zweitens; *it has become* ~ *nature with him* es ist ihm zur zweiten Natur geworden *od.* in Fleisch u. Blut übergegangen; → *self 1, sight 1, thought 3, wind*[1] *5*; **2.** (*to*) 'untergeordnet (*dat.*), geringer (als): ~ *cabin* ⚓ Kabine zweiter Klasse; ~ *cousin* Vetter zweiten Grades; ~ *lieutenant* ⚔ Leutnant; *to come* ~ *fig.* an zweiter Stelle kommen; ~ *to none* unerreicht; *he is* ~ *to none* er steht keinem nach; → *fiddle 1*; **II.** *s.* **3.** *der* (*die, das*) Zweite: ~ *in command* ⚔ **a)** stellvertretender Kommandeur, **b)** ⚓ erster Offizier; **4.** *sport* Zweite(r *m*) *f*, zweiter Sieger: *to run* ~ den zweiten Platz belegen; *to be a good* ~ nur knapp geschlagen werden; **5.** *univ.* zweite Klasse *in e-r Prüfung*; **6.** F 🚂 *etc.* zweite Klasse; **7.** *Duell, Boxen*: Sekun'dant *m*; *fig.* Beistand *m*; **8.** Se'kunde *f*; *weitS. a.* Augenblick *m*, Mo'ment *m*; **9.** ♪ **a)** Sekunde *f*, **b)** Begleitstimme *f*; **10.** *pl.* ✝ Ware(n *pl.*) *f* zweiter Quali'tät *od.* Wahl; **11.** ~ *of exchange* ✝ Se'kundawechsel *m*; **III.** *v/t.* **12.** sekundieren (*dat.*) (*a. fig.*); **13.** *fig.* unter'stützen (*a. parl.*), beistehen (*dat.*); **14.** [si'kɔnd] ⚔ *Brit. Offizier* abstellen.

sec·ond·ar·i·ness ['sekəndərinis] *s.* *das* Sekun'däre, Zweitrangigkeit *f*; **sec·ond·ar·y** ['sekəndəri] **I.** *adj.* □ **1.** sekun'där, zweitrangig, 'untergeordnet, nebensächlich: *of* ~ *importance*; **2.** ⚡, ⚗, *biol., geol., phys.* sekundär, Sekundär...: ~ *electron*; **3.** Neben...: ~ *colo(u)r*; ~ *effect*; **4.** Neben..., Hilfs...: ~ *line* 🚂 Nebenbahn; **5.** *ling.* **a)** sekundär, abgeleitet, **b)** Neben...: ~ *accent* Nebenakzent; ~ *derivative* Sekundärableitung; ~ *tense* Nebentempus; **6.** *ped.* Oberschul...: ~ *education* höhere Schulbildung; ~ *school* höhere Schule; **II.** *s.* **7.** 'Untergeordnete(r *m*) *f*, Stellvertreter(in); **8.** ⚡ **a)** Sekun'där(strom)kreis *m*, **b)** Sekundärwicklung *f*; **9.** *ast. a.* ~ *planet* Satel'lit *m*; **10.** *orn.* Nebenfeder *f*.

'sec·ond|-best *adj.* zweitbest: *to come off* ~ *fig.* den Kürzeren ziehen; **'~-'class** [-nd'k-] *adj.* **1.** zweitklassig, -rangig; **2.** 🚂 *etc. Wagen etc.* zweiter Klasse: ~ *mail* 📯 Postsachen zweiten Ranges (*Zeitungen etc.*).

'sec·ond-'hand[1] **I.** *adj.* **1.** über'nommen, *a. Wissen etc.* aus zweiter Hand; **2.** 'indiˌrekt; **3.** gebraucht, alt; anti'quarisch (*Bücher*): ~ *bookshop* Antiquariat; ~ *car mot.* Gebrauchtwagen; ~ *dealer* Altwarenhändler; **II.** *adv.* **4.** gebraucht: *to buy s.th.* ~.

'sec·ond-hand[2] *s.* Se'kundenzeiger *m.*

sec·ond·ly ['sekəndli] *adv.* zweitens.

'sec·ond|-'rate *adj.* zweitrangig, -klassig, mittelmäßig; **'~-'rat·er** *s.* mittelmäßige Per'son *od.* Sache.

se·cre·cy ['si:krisi] *s.* **1.** Verborgenheit *f*; **2.** Heimlichkeit *f*: *in all* ~, *with absolute* ~ ganz im geheimen, insgeheim; **3.** Verschwiegenheit *f*; Geheimhaltung(spflicht) *f*; (*Wahl-etc.*)Geheimnis *n*: *official* ~ Amtsverschwiegenheit; *professional* ~ Berufsgeheimnis, Schweigepflicht; → *swear 6*; **se·cret** ['si:krit] **I.** *adj.* □ **1.** geheim, heimlich, Geheim... (*-dienst, -diplomatie, -tür etc.*): ~ *ballot* geheime Wahl; → *keep 13*; **2.** a) verschwiegen, b) verstohlen (*Person*); **3.** verschwiegen (*Ort*); **4.** unerforschlich, verborgen; **II.** *s.* **5.** Geheimnis *n* (*from* vor *dat.*): *the* ~ *of success fig.* das Geheimnis des Erfolgs, der Schlüssel zum Erfolg; *in* ~ heimlich, im geheimen; *to be in the* ~ (in das Geheimnis) eingeweiht sein; *to let s.o. into the* ~ j-n (in das Geheimnis) einweihen; *to make no* ~ *of* kein Geheimnis *od.* Hehl aus *et.* machen.

se·cre·taire [sekri'tɛə] (*Fr.*) *s.* Sekre'tär *m*, Schreibschrank *m.*

se·cre·tar·i·al [sekrə'tɛəriəl] *adj.* **1.** Sekretärs...; **2.** Schreib..., Büro...; **sec·re'tar·i·at(e)** [-iət] *s.* Sekretari'at *n.*

sec·re·tar·y ['sekrətri] *s.* **1.** Sekre'tär(in): ~ *of embassy* Botschaftsrat; **2.** Schriftführer *m*; ✝ a) Geschäftsführer *m*, b) 'Syndikus *m*; **3.** *pol. Brit.* a) ~ (*of state*) Mi'nister *m*: ♀ *of State for Foreign Affairs, Foreign* ♀ Außenminister; ♀ *of State for Home Affairs, Home* ♀ Innenminister, b) 'Staatssekreˌtär *m*; **4.** *pol. Am.* Minister *m*: ♀ *of Defense* Verteidigungsminister; ♀ *of State* a) Außenminister, b) Staatssekretär *e-s Bundesstaats*; **5.** → *secretaire*; **'~-bird** *s. orn.* Sekre'tär *m*; **'~-'gen·er·al** *pl.* **'sec·re·tar·ies-'gen·er·al** *s.* Gene'ralsekreˌtär *m.*

sec·re·tar·y·ship ['sekrətriʃip] *s.* Posten *m od.* Amt *n* e-s Sekre'tärs *etc.*

se·crete [si'kri:t] *v/t.* **1.** *physiol.* absondern, abscheiden; **2.** verbergen (*from* vor *dat.*); ⚖ *Vermögensstücke* bei'seite schaffen; **se'cre·tion** [-i:ʃən] *s.* **1.** *physiol.* a) Sekreti'on *f*, Absonderung *f*, b) Se'kret *n*; **2.** Verheimlichung *f*; **se'cre·tive** [-tiv] *adj.* □ heimlich, verschlossen, geheimtuerisch: *to be* ~ *about* mit *et.* geheim tun; **se'cre·tive·ness** [-tivnis] *s.* Geheimnistue'rei *f*; Verschlossenheit *f.*

'se·cret·mon·ger *s.* Geheimniskrämer(in).

se·cre·to·ry [si'kri:təri] *physiol.* **I.** *adj.* sekre'torisch, Sekretions...; **II.** *s.* sekretorische Drüse.

sect [sekt] *s.* **1.** Sekte *f*; **2.** Religi'onsgemeinschaft *f.*

sec·tar·i·an [sek'tɛəriən] **I.** *adj.* **1.** sektiererisch; **2.** Konfessions...; **II.** *s.* **3.** Anhänger(in) e-r Sekte; **4.** Sektierer(in); **sec'tar·i·an·ism** [-nizəm] *s.* Sektierertum *n.*

sec·tion ['sekʃən] **I.** *s.* **1.** a) Durch'schneidung *f*, b) (*a. mikroskopischer*) Schnitt, c) ⚕ Sekti'on *f*, Schnitt *m*; **2.** Ab-, Ausschnitt *m*, Teil *m* (*a. der Bevölkerung etc.*); **3.** Abschnitt *m*, Absatz *m* (*Buch etc.*); ⚖ (*Gesetzes- etc.*)Para'graph *m*; **4.** Para'graph(enzeichen *n*) *m*; **5.** ⊕ Teil *m, n*; **6.** ⩘, ⊕ Schnitt(bild *n*) *m*, Querschnitt *m*, Pro'fil *n*: *horizontal* ~ Horizontalschnitt; **7.** 🚃 a) Streckenabschnitt *m*, b) *Am.* Ab'teil *n e-s Schlafwagens*; **8.** *Am.* Bezirk *m*; **9.** *Am.* 'Landparˌzelle *f* von e-r Quad'ratmeile; **10.** ⚘, *zo.* 'Untergruppe *f*; **11.** ⚔ a) *Brit.* Gruppe *f*, b) *Am.* Halbzug *m*, c) ✈ Halbstaffel *f*, d) Stabsabteilung *f*; **II.** *v/t.* **12.** (ab)teilen, unter'teilen; **13.** e-n Schnitt machen von; **'sec·tion·al** [-ʃənl] *adj.* □ **1.** Schnitt...(*-fläche, -zeichnung etc.*); **2.** Teil...(*-ansicht, -streik etc.*); **3.** zs.-setzbar, -legbar: ~ *boat*; **4.** ⊕ Form...(*-draht, -stahl*); **5.** regio'nal; partikula'ristisch: ~ *pride* Lokalpatriotismus; **'sec·tion·al·ism** [-ʃnəlizəm] *s.* Partikula'rismus *m.*

'sec·tion-mark *s.* Para'graphenzeichen *n.*

sec·tor ['sektə] *s.* **1.** ⩘ ('Kreis- *od.* 'Kugel)ˌSektor *m*; **2.** ⩘, *ast.* Sektor *m*, Proportio'nalzirkel *m*; **3.** ⚔ Sektor *m*, Frontabschnitt *m.*

sec·u·lar ['sekjulə] **I.** *adj.* □ **1.** weltlich: a) diesseitig, b) pro'fan: ~ *music*, c) nicht kirchlich (*Erziehung etc.*): ~ *arm* weltliche Gerichtsbarkeit; **2.** 'freireligiˌös, -denkerisch; **3.** *eccl.* weltgeistlich, Säkular...: ~ *clergy* Weltgeistlichkeit; **4.** hundertjährig, säku'lar; **5.** jahr'hundertelang; **6.** *ast., phys.* säkular; **II.** *s.* **7.** *R.C.* Weltgeistliche(r) *m*; **'sec·u·lar·ism** [-ərizəm] *s.* **1.** Säkula'rismus *m* (*a. phls.*), Weltlichkeit *f*; **2.** ˌAntiklerika'lismus *m*; **sec·u·lar·i·ty** [sekju'læriti] *s.* **1.** Weltlichkeit *f*; **2.** *pl.* weltliche Dinge *pl.*

sec·u·lar·i·za·tion ['sekjulərai'zeiʃən] *s.* **1.** *eccl.* Säkularisierung *f*: a) *geistlicher Güter*, b) *von Ordensgeistlichen*; **2.** Verweltlichung *f*; **sec·u·lar·ize** ['sekjuləraiz] *v/t.* **1.** kirchlichem Einfluß entziehen; **2.** *kirchlichen Besitz, a. Ordensgeistliche* säkularisieren; **3.** verweltlichen; *Sonntag etc.* entheiligen; **4.** mit freidenkerischen I'deen durch'dringen.

se·cund [si'kʌnd] *adj.* □ **1.** ⚘ einseitswendig; **2.** *zo.* einseitig.

sec·un·dine ['sekəndin] *s.* **1.** *mst pl.* ⚕ Nachgeburt *f*; **2.** ⚘ inneres Integu'ment der Samenanlage.

se·cure [si'kjuə] **I.** *adj.* □ **1.** sicher: a) geschützt (*from* vor *dat.*), b) fest (*Grundlage etc.*), c) gesichert (*Existenz*), d) gewiß (*Hoffnung, Sieg etc.*); **2.** ruhig, sorglos; **II.** *v/t.* **3.** sichern, schützen (*from, against* vor *dat.*); **4.** sichern, garantieren (*s.th. to s.o. od. s.o. s.th.* j-m et.); **5.** sich *et.* sichern *od.* beschaffen; erreichen, erlangen; *Patent, Urteil etc.* erwirken; **6.** ⊕ *etc.* sichern, befestigen; *Türe etc.* (fest) (ver)schließen: *to* ~ *by bolts* festschrauben; **7.** *Wertsachen* sicherstellen; **8.** *Verbrecher* festnehmen; **9.** *bsd.* ✝ sicherstellen: a) *et.* sichern (*on, by* durch *Hypothek etc.*), b) *j-m* Sicherheit bieten: *to* ~ *a creditor*; **10.** ⚕ *Ader* abbinden.

se·cu·ri·ty [si'kjuəriti] *s.* **1.** Sicherheit *f* (*Zustand od. Schutz*) (*against, from* vor *dat.*, gegen): ♀ *Council pol.* Sicherheitsrat; ~ *check* Sicherheitsüberprüfung; ~ *clearance* Unbedenklichkeitsbescheinigung; → *risk 2*; **2.** (innere) Sicherheit, Sorglosigkeit *f*; **3.** Gewißheit *f*; **4.** ⚖, ✝ a) Bürge *m*, b) Sicherheit *f*, Bürgschaft *f*, Kauti'on *f*: ~ *bond* Bürgschaftswechsel; *to give* (*od. put up, stand*) ~ Bürgschaft leisten, Kaution stellen; **5.** ✝ a) Schuldverschreibung *f*, b) 'Aktie *f*, c) *pl.* 'WertpaˌPiere *pl.*: ~ *market* Effektenmarkt; *public securities* Staatspapiere.

se·dan [si'dæn] *s.* **1.** *mot.* Limou'sine *f*; **2.** *a.* ~*-chair* Sänfte *f.*

se·date [si'deit] *adj.* □ **1.** ruhig, gelassen; **2.** gesetzt, ernst; **se'date·ness** [-nis] *s.* **1.** Gelassenheit *f*; **2.** Gesetztheit *f.*

sed·a·tive ['sedətiv] *bsd.* ⚕ **I.** *adj.* beruhigend; **II.** *s.* Beruhigungsmittel *n.*

sed·en·tar·i·ness ['sedntərinis] *s.* **1.** sitzende Lebensweise; **2.** Seßhaftigkeit *f*; **sed·en·tar·y** ['sedntəri] *adj.* □ **1.** sitzend (*Beschäftigung, Statue etc.*): ~ *life* sitzende Lebensweise; **2.** von sitzender Lebensweise; **3.** seßhaft: ~ *birds* Standvögel.

se·de·runt [si'diərʌnt] (*Lat.*) *s. Scot.* Sitzung *f.*

sedge [sedʒ] *s.* ⚘ **1.** Segge *f*; **2.** *allg.* Riedgras *n*; **sedg·y** ['sedʒi] *adj.* ⚘ mit Riedgras bewachsen.

sed·i·ment ['sedimənt] *s.* Sedi'ment *n*: a) (Boden)Satz *m*, Niederschlag *m*, b) *geol.* Schichtgestein *n*; **sed·i·men·ta·ry** [sedi'mentəri] *adj.* sedimen'tär, Sediment...; **sed·i·men·ta·tion** [sedimen'teiʃən] *s.* **1.** Sedimentati'on *f*: a) Ablagerung *f*, b) *geol.* Schichtenbildung *f*; **2.** *a. blood* ~ ⚕ Blutsenkung *f.*

se·di·tion [si'diʃən] *s.* **1.** Aufwiegelung *f*, Volksverhetzung *f*; **2.** Aufruhr *m*; **se'di·tious** [-ʃəs] *adj.* □ aufrührerisch, 'umstürzlerisch, staatsgefährdend.

se·duce [si'dju:s] *v/t.* **1.** *Frau etc.* verführen (*a. fig. verleiten*; *into, to* zu; *into doing s.th.* dazu, et. zu tun); **2.** ~ *from j-n* von *s-r Pflicht etc.* abbringen; **se'duc·er** [-sə] *s.* Verführer *m*; **se·duc·tion** [si'dʌkʃən] *s.* **1.** (*a. sexuelle*) Verführung; Verlokkung *f*; **2.** Versuchung *f*, verführerischer Zauber; **se·duc·tive** [si'dʌktiv] *adj.* □ verführerisch.

se·du·li·ty [si'dju:liti] *s.* Emsigkeit *f*, (emsiger) Fleiß; **sed·u·lous** ['sedjuləs] *adj.* □ emsig, fleißig.

see[1] [si:] **I.** *v/t.* [*irr.*] **1.** sehen: ~ *page 15* siehe Seite 15; *I* ~ *him come* (*od. coming*) ich sehe ihn kommen; *I cannot* ~ *myself doing it fig.* ich kann mir nicht vorstellen, daß ich es tue; *I* ~ *things otherwise fig.* ich sehe *od.* betrachte die Dinge anders;

to ~ o.s. obliged to fig. sich gezwungen sehen zu; **2.** (ab)sehen, erkennen: *to ~ danger ahead*; **3.** ersehen, entnehmen (*from* aus *der Zeitung etc.*); **4.** (ein)sehen, verstehen: *as I ~ it* wie ich es sehe, in m-n Augen; *I do not ~ the use of it* ich weiß nicht, wozu es gut sein soll; → *joke* 2; **5.** (sich) ansehen, besuchen: *to ~ a play*; **6.** *j-n* besuchen: *to go* (*come*) *to ~ s.o.* j-n besuchen (gehen *od.* kommen); *Anwalt etc.* aufsuchen, konsultieren (*about* wegen), *j-n* sprechen (*on business* geschäftlich); **7.** *j-n* empfangen: *he refused to ~ me*; **8.** nachsehen, her'ausfinden; **9.** dafür sorgen (daß): *~ (to it) that it is done!* sorge dafür *od.* sieh zu, daß es geschieht!; *to ~ justice done to s.o.* dafür sorgen, daß j-m Gerechtigkeit widerfährt; **10.** sehen, erleben: *to live to ~* erleben; *to ~ action* im Einsatz sein, Kämpfe mitmachen; *he has seen better days* er hat (schon) bessere Tage gesehen; **11.** *j-n* begleiten, geleiten, bringen (*to the station* zum Bahnhof); → *see off, see out*; **II.** *v/i.* [*irr.*] **12.** sehen; → *fit*[1] *3*; **13.** verstehen, einsehen: *I ~!* (ich) verstehe!, aha!, ach so!; (*you*) *~* wissen Sie, weißt du; (*you*) *~?* F verstehst du?; **14.** nachsehen; **15.** sehen, sich über'legen: *let me ~!* warte mal!, laß mich überlegen!; *we'll ~* wir werden sehen, mal abwarten.

Zssgn mit prp.:

see| a·bout *v/i.* **1.** sich kümmern um; **2.** F sich *et.* überlegen; **~ aft·er** *v/i.* **1.** sehen nach, sich kümmern um; **2.** F *et.* suchen; **~ in·to** *v/i.* e-r Sache auf den Grund gehen; **~ o·ver** *v/i.* sich ansehen; **~ through** *v/i.* *j-n od. et.* durch'schauen; **~ to** *v/i.* sich kümmern um.

Zssgn mit adv.:

see| off *v/t. j-n* fortbegleiten, wegbringen; **~ out** *v/t.* **1.** *j-n* hin'ausbegleiten; **2.** F *et.* bis zum Ende ansehen *od.* mitmachen; **~ through** **I.** *v/t.* **1.** *j-m* 'durchhelfen (*with* in *e-r Sache*); **2.** *et.* (bis zum Ende) 'durchhalten *od.* -fechten; **II.** *v/i.* **3.** F durchhalten.

see[2] [si:] *s. eccl.* **1.** (Erz)Bischofssitz *m*; → *Holy See*; **2.** (Erz)Bistum *n*.

seed [si:d] **I.** *s.* **1.** ♀ **a)** Same *m*, **b)** (Obst)Kern *m*, **c)** *coll.* Samen *pl.*, **d)** ⚘ Saat(gut *n*) *f*: *to go* (*od. run*) *to ~* in Samen schießen, *fig.* herunterkommen; **2.** *zo.* Samen *m*; *fig.* Nachkommenschaft *f*: *the ~ of Abraham bibl.* der Same Abrahams; **3.** *pl. fig.* Saat *f*, Keim *m*: *to sow the ~s of discord* (die Saat der) Zwietracht säen; **II.** *v/t.* **4.** entsamen; *Obst* entkernen; **5.** *Acker* besäen; **6.** *sport* **a)** *Spieler* setzen, **b)** *die Spitzenkönner* (auf verschiedene Turniergruppen) verteilen; **III.** *v/i.* **7.** ♀ **a)** Samen tragen, **b)** in Samen schießen, **c)** sich aussäen; **'~-'cake** *s.* Kümmelkuchen *m*; **'~-'corn** *s.* **1.** Saatkorn *n*; **2.** *Am.* Saatmais *m*; **'~-'drill** → *seeder 1*.

seed·er ['si:də] *s.* **1.** ⚘ 'Säma‚schine *f*; **2.** (Frucht)Entkerner *m*.

seed·i·ness ['si:dinis] *s.* F **1.** Schäbigkeit *f*, Abgerissenheit *f*, verwahrloster Zustand; **2.** ‚Flauheit' *f*, Unpäßlichkeit *f*.

'seed-'leaf *s.* [*irr.*] ♀ Keimblatt *n*.

seed·less ['si:dlis] *adj.* kernlos; **'seed·ling** [-liŋ] *s.* ♀ Sämling *m*.

'seed|-'oys·ter *s. zo.* **1.** Saatauster *f*; **2.** *pl.* Austernlaich *m*; **'~-'pearl** *s.* Staubperle *f*; **'~-'plot** *s.* **1.** Pflanzschule *f*, Samenbeet *n*; **2.** *fig.* Pflanz-, Brutstätte *f*; **'~-po'ta·to** *s.* [*irr.*] Saatkartoffel *f*.

seeds·man ['si:dzmən] *s.* [*irr.*] Samenhändler *m*.

seed·y ['si:di] *adj.* **1.** ♀ samentragend, -reich; **2.** F schäbig: **a)** fadenscheinig, **b)** her'untergekommen (*Person*); **3.** F ‚flau', ‚mies' (*Befinden*): *to look ~* elend aussehen.

see·ing [si:iŋ] **I.** *s.* Sehen *n*: *worth ~* sehenswert; **II.** *cj. a. ~ that* da doch; in Anbetracht dessen, daß; **III.** *prp.* angesichts (*gen.*), in Anbetracht (*gen.*); **'~-eye dog** *s. Am.* Blindenhund *m*.

seek [si:k] **I.** *v/t.* [*irr.*] **1.** suchen; **2.** *Bett, Schatten, j-n* aufsuchen; **3.** (*of*) *Rat, Hilfe etc.* suchen (bei), erbitten (von); **4.** begehren, erstreben, nach *Ruhm etc.* trachten; ⚖ *etc.* beantragen, begehren: *to ~ divorce*; → *life Redew.*; **5.** (ver)suchen, trachten (*et. zu tun*); **6.** zu ergründen suchen; **7.** *to be to ~ obs.* (noch) fehlen, zu wünschen übrig lassen; **8.** *a. ~ out* her'ausfinden, aufspüren, *fig.* aufs Korn nehmen; **II.** *v/i.* [*irr.*] **9.** suchen, fragen, forschen (*for, after* nach); **10.** *~ after* begehren; **'seek·er** [-kə] *s.* Sucher(in): *~ after truth* Wahrheitssucher.

seel [si:l] *v/t.* **1.** *obs. Falken* blenden; **2.** *fig.* hinters Licht führen.

seem [si:m] *v/i.* **1.** (zu sein) scheinen, anscheinend sein, erscheinen: *it ~s impossible to me* es (er)scheint mir unmöglich; **2.** *mit inf.* scheinen: *you ~ to believe it* du scheinst es zu glauben; *apples ~ not to grow here* Äpfel wachsen hier anscheinend nicht; *I ~ to hear voices* mir ist, als hörte ich Stimmen; **3.** *impers. it ~s that* es scheint, daß; anscheinend; *it ~s as if* (*od. though*) es sieht so aus *od.* es scheint so als ob; *it ~s to me that it will rain* mir scheint, es wird regnen; *it should* (*od. would*) *~ that* man sollte glauben, daß; *I can't ~ to open this door* ich bringe diese Tür einfach nicht auf; **'seem·ing** [-miŋ] *adj.* □ **1.** scheinbar: *a ~ friend*; **2.** anscheinend; **'seem·li·ness** [-linis] *s.* Anstand *m*, Schicklichkeit *f*; **'seem·ly** [-li] *adj. u. adv.* geziemend, schicklich.

seen [si:n] *p.p. von* see[1].

seep [si:p] *v/i.* sickern (*a. fig.*), tropfen, lecken: *~ away* versickern; **'seep·age** [-pidʒ] *s. Scot. od. Am.* **1.** ('Durch-, Ver)Sickern *n*; **2.** 'Durchgesickertes *n*; **3.** Leck *n*.

se·er ['si(:)ə] *s.* Seher(in).

see·saw ['si:sɔ:] **I.** *s.* **1.** Wippen *n*, Schaukeln *n*; **2.** Wippe *f*, Wippschaukel *f*; **3.** *fig.* (ständiges) Auf u. Ab *od.* Hin u. Her; **II.** *adj.* **4.** schaukelnd, (*a. fig.*) Schaukel...(*-bewegung, -politik*); **III.** *v/i.* **5.** wippen, schaukeln; **6.** sich auf u. ab *od.* hin u. her bewegen; **7.** *fig.* (hin u. her) schwanken.

seethe [si:ð] *v/i.* **1.** kochen, sieden, wallen (*a. fig.*); **2.** *fig.* brodeln, gären (*with* vor *dat.*): *seething with rage* vor Wut kochend.

see-'through *adj.* **1.** 'durchsichtig: *~ blouse*; **2.** Klarsicht...: *~ package*.

seg·ment ['segmənt] **I.** *s.* **1.** Abschnitt *m*, Teil *m*, *n*; **2.** *bsd.* ⦟ (*Kreis- etc.*)Seg'ment *n*; **3.** *biol.* **a)** *allg.* Glied *n*, Segment *n*, **b)** 'Körperseg‚ment *n*, Ring *m* (*Wurm etc.*); **II.** *v/t.* **4.** (*v/i.* sich) in Segmente teilen; **seg·men·tal** [seg'mentl] *adj.* □, **'seg·men·tar·y** [-təri] *adj.* segmen'tär; **seg·men·ta·tion** [segmən'teiʃən] *s.* **1.** Segmentati'on *f*; **2.** *biol.* Zellteilung *f*.

'seg·ment|-gear *s.* ⊕ Seg'ment(zahnrad)getriebe *n*; **'~-saw** *s.* ⊕ **1.** Baumsäge *f*; **2.** Bogenschnittsäge *f*.

seg·re·gate ['segrigeit] **I.** *v/t.* **1.** trennen, absondern; **2.** ⊕ aussaigern, -scheiden; **II.** *v/i.* sich absondern *od.* abspalten (*a. fig.*); ⚗ sich abscheiden; **4.** *biol.* mendeln; **III.** *adj.* [-git] **5.** abgesondert, isoliert; **seg·re·ga·tion** [segri'geiʃən] *s.* **1.** Absonderung *f*, -trennung *f*; **2.** Rassentrennung *f*; **3.** ⚗ Ausscheidung *f*; **4.** abgespaltener Teil; **'seg·re·ga·tive** [-gətiv] *adj.* sich absondernd, Trennungs...

sei·gneur [sein'jə:], **seign·ior** ['seinjə] *s. hist.* Lehns-, Feu'dalherr *m*; **seign·ior·age** ['seinjəridʒ] *s.* **1.** Re'gal *n*, Vorrecht *n*; **2.** *königliche* Münzgebühr; **sei'gno·ri·al** [-'njɔ:riəl] *adj.* feu'dalherrschaftlich; **seign·ior·y** ['seinjəri] *s.* **1.** Feu'dalrechte *pl.*; **2.** (feu'dal)herrschaftliche Do'mäne.

seine [sein] *s.* ⚓ Schlagnetz *n*.

seise [si:z], **'sei·sin** [-zin] *s.* ⚖ Besitz *m*.

seis·mic ['saizmik] *adj.* seismisch.

seis·mo·graph ['saizməgrɑ:f; -græf] *s.* Seismo'graph *m*, Erdbebenschreiber *m*; **seis·mol·o·gist** [saiz'mɔlədʒist] *s.* Seismo'loge *m*; **seis·mol·o·gy** [saiz'mɔlədʒi] *s.* Erdbebenkunde *f*, 'Seismik *f*; **seis·mom·e·ter** [saiz'mɔmitə] *s.* Erdbebenmesser *m*, Seismo'meter *n*; **'seis·mo·scope** [-əskoup] *s.* Seismo'skop *n*.

seiz·a·ble ['si:zəbl] *adj.* **1.** (er)greifbar; **2.** ⚖ pfändbar; **seize** [si:z] **I.** *v/t.* **1.** *et. od. j-n* (er)greifen, packen, fassen (*alle a. fig. Panik etc.*): *~d with* ⚕ von *e-r Krankheit* befallen; *~d with apoplexy* ⚕ vom Schlag getroffen; **2.** ⚔ (ein)nehmen, erobern; **3.** sich *e-r Sache* bemächtigen, *Macht etc.* an sich reißen; **4.** ⚖ *j-n* in den Besitz setzen (*of* von *od. gen.*): *to be ~d with, to stand ~d of* im Besitz *e-r Sache* sein; **5.** *j-n* ergreifen, festnehmen; **6.** beschlagnahmen; **7.** *Gelegenheit* ergreifen, wahrnehmen; **8.** *geistig* erfassen, begreifen; **9.** ⚓ (bei)zeisen, zurren; **II.** *v/i.* **10.** *~ (up)on Gelegenheit, Idee* (begierig) aufgreifen; **11.** *oft ~ up* ⊕ sich festfressen; **'sei·zin** [-zin] *s.* ⚖ Besitz *m*; **'seiz·ings** [-ziŋz] *s. pl.* ⚓ Zurrtau *n*; **sei·zure** ['si:ʒə] *s.* **1.** Ergreifung *f*; **2.** Inbesitznahme *f*; **3.** ⚖

a) Beschlagnahme *f*, b) Festnahme *f*; 4. ⚕ Anfall *m*.

sel·dom ['seldəm] *adv.* selten.

se·lect [si'lekt] I. *v/t.* 1. auswählen, -lesen; II. *adj.* 2. ausgewählt: ~ *committee parl. Brit.* Sonderausschuß; 3. erlesen (*Buch, Geist, Speise etc.*); exklu'siv (*Gesellschaft etc.*); 4. wählerisch; **se·lect·ee** [selek'ti:] *s.* ⚔ *Am.* Einberufene(r) *m*; **se'lec·tion** [-kʃən] *s.* 1. Wahl *f*; 2. Auswahl *f*, -lese *f*; 3. *biol.* Zuchtwahl *f*: *natural* ~ natürliche Auslese; **se'lec·tive** [-tiv] *adj.* □ 1. auswählend, Auswahl...: ~ *service* ⚔ *Am.* a) Wehrpflicht, -dienst, b) Einberufung; 2. ⚡ trennscharf, selek'tiv: ~ *circuit* Trennkreis; **se·lec·tiv·i·ty** [silek'tiviti] *s. Radio*: Trennschärfe *f*; **se'lect·man** [-mən] *s.* [*irr.*] *Am.* Stadtrat *m in den Neuenglandstaaten*; **se'lec·tor** [-tə] *s.* 1. Auswählende(r *m*) *f*; 2. Sortierer(in); 3. ⊕ a) *a.* ⚡ Wähler *m*, b) Schaltgriff *m*, c) *mot.* Gangwähler *m*.

se·le·nic [si'lenik] *adj.* ⚗ se'lensauer, Selen...; **se·le·ni·um** [si'li:njəm] *s.* ⚗ Se'len *n*.

se·le·no·graph [si'li:nəgrɑ:f; -græf] *s. ast.* Mondkarte *f*; **sel·e·nog·ra·phy** [sili'nɔgrəfi] *s.* Mondbeschreibung *f*.

self [self] I. *pl.* **selves** [selvz] *s.* 1. Selbst *n*, Ich *n*: *my better (second)* ~ mein besseres Selbst (mein zweites Ich); *my humble (od. poor)* ~ meine Wenigkeit; *the study of the* ~ *phls.* das Studium des Ich; → *former*² 1; 2. Selbstsucht *f*, das eigene *od.* liebe Ich; 3. *your good selves* ✝ *obs.* Ihre werte Firma, Sie; II. *adj.* 4. einfarbig (*bsd.* ⚘); III. *pron.* 5. ✝ *od.* F → *myself etc.*

'**self**|**-a'ban·don·ment** *s.* (Selbst-)Aufopferung *f*, (bedingungslose) Hingabe; '**~-a'base·ment** *s.* Selbsterniedrigung *f*; '**~-ab'sorbed** *adj.* in sich selbst vertieft; '**~-a'buse** *s.* Selbstbefleckung *f*; '**~-'act·ing** *adj.* ⊕ selbsttätig; '**~-ad'just·ing** *adj.* selbstregelnd (*a.* ⊕); '**~-ap'point·ed** *adj.* selbsternannt; '**~-as'ser·tion** *s.* 1. Geltendmachung *f* s-r Rechte; 2. Sich'vordrängen *n*, Anmaßung *f*; '**~-as'sert·ive** *adj.* über'heblich, rechthaberisch; '**~-as'sur·ance** *s.* Selbstsicherheit *f*, -bewußtsein *n*; '**~-as'sured** *adj.* selbstbewußt; '**~-'bind·er** *s.* ⚒ Selbstbinder *m*; '**~-'cen·t(e)red** *adj.* ichbezogen, ego'zentrisch; '**~-'col·o(u)red** *adj.* 1. einfarbig; 2. na'turfarben; '**~-com'mand** *s.* Selbstbeherrschung *f*; '**~-com'pla·cent** *adj.* selbstgefällig, -zufrieden; '**~-con'ceit** *s.* Eigendünkel *m*; '**~-'con·fi·dence** *s.* Selbstvertrauen *n*, -bewußtsein *n*; '**~-'con·scious** *adj.* befangen, gehemmt; '**~-'con·scious·ness** *s.* Befangenheit *f*; '**~-con'tained** *adj.* 1. *a.* ⊕ (in sich) geschlossen, unabhängig, selbständig: ~ *country* Selbstversorgerland; ~ *flat* abgeschlossene Wohnung; ~ *house* Einfamilienhaus; 2. verschlossen, zu'rückhaltend (*Charakter, Person*); 3. selbstbeherrscht; '**~-con·tra'dic·tion** *s.* innerer 'Widerspruch; '**~-con·tra'dic·to·ry** *adj.* 'widerspruchsvoll; '**~-con'trol** *s.* Selbstbeherrschung *f*; '**~-de'ceit**, '**~-de'cep·tion** *s.* Selbsttäuschung *f*, -betrug *m*; '**~-de'fence** *Brit.*, '**~-de'fense** *Am. s.* 1. Selbstverteidigung *f*; 2. ⚖ Notwehr *f*; '**~-de'ni·al** *s.* Selbstverleugnung *f*; '**~-de'ny·ing** *adj.* selbstverleugnend; '**~-de'spair** *s.* Verzweiflung *f* an sich selbst; '**~-de'struc·tion** *s.* Selbstvernichtung *f*, -mord *m*; '**~-de·ter·mi'na·tion** *s.* 1. *pol. etc.* Selbstbestimmung *f*; 2. *phls.* freier Wille; '**~-de'vo·tion** → *self-abandonment*; '**~-dis'trust** *s.* Mangel *m* an Selbstvertrauen; '**~-'ed·u·cat·ed** → *self-taught* 1; '**~-em'ployed** *adj.* ✝ selbständig (*Handwerker etc.*); '**~-es'teem** *s.* 1. Selbstachtung *f*; 2. Eigendünkel *m*; '**~-'ev·i·dent** *adj.* □ selbstverständlich; '**~-ex'plan·a·to·ry** *adj.* ohne Erläuterung verständlich, für sich (selbst) sprechend; '**~-ex'pres·sion** *s.* Ausdruck *m* der eigenen Per'sönlichkeit; '**~-for'get·ful** *adj.* □ selbstvergessen, -los; '**~-ful'fil(l)·ment** *s.* Selbstverwirklichung *f*; '**~-'gov·ern·ing** *adj. pol.* 'selbstverwaltet, selbständig, unabhängig; '**~-'gov·ern·ment** *s. pol.* Selbstverwaltung *f*, -regierung, Autono'mie *f*; '**~-'help** *s.* Selbsthilfe *f*; '**~-ig'ni·tion** *s. mot.* Selbstzündung *f*; '**~-im'por·tance** *s.* 'Selbstüber,hebung *f*, ,Wichtigtue'rei *f*; '**~-im'por·tant** *adj.* über'heblich, wichtigtuerisch; '**~-in'dul·gence** *s.* 1. Sich'gehenlassen *n*; 2. Hemmungslosigkeit *f*, Genußsucht *f*; '**~-in'dul·gent** *adj.* 1. bequem, schwächlich; 2. zügellos; '**~-in'flict·ed** *adj.* selbstzugefügt: ~ *wounds* ⚔ Selbstverstümmelung; '**~-in'struc·tion** *s.* 'Selbst,unterricht *m*; '**~-in'struc·tion·al** *adj.* Selbstlehr..., Selbstunterrichts...: ~ *manual*; '**~-'in·ter·est** *s.* Eigennutz *m*, eigenes Inter'esse.

self·ish ['selfiʃ] *adj.* □ selbstsüchtig, ego'istisch, eigennützig; '**self·ish·ness** [-nis] *s.* Selbstsucht *f*, Ego'ismus *m*.

'**self-'knowl·edge** *s.* Selbst(er)kenntnis *f*.

self·less ['selflis] *adj.* selbstlos; '**self·less·ness** [-nis] *s.* Selbstlosigkeit *f*.

'**self**|**-'load·ing** *adj.* Selbstlade...; '**~-'love** *s.* Eigenliebe *f*; '**~-'made** *adj.* selbstgemacht: ~ *man* j-d der durch eigene Kraft hochgekommen ist, Selfmademan; '**~-neg'lect** *s.* 1. Selbstlosigkeit *f*; 2. Vernachlässigung *f* s-s Äußeren; '**~-o'pin·ion·at·ed** *adj.* 1. eingebildet; 2. rechthaberisch; '**~-'pit·y** *s.* Selbstbemitleidung *f*; '**~-'por·trait** *s.* 'Selbstpor,trät *n*, -bildnis *n*; '**~-pos'ses·sion** *s.* Selbstbeherrschung *f*; '**~-pres·er'va·tion** *s.* Selbsterhaltung *f*: *instinct of* ~ Selbsterhaltungstrieb; '**~-pro'pelled** *adj.* ⊕ Selbstfahr..., mit Eigenantrieb; '**~-re·al·i'za·tion** *s.* Selbstverwirklichung *f*; '**~-re'gard** *s.* Eigennutz *m*; '**~-re'li·ance** *s.* Selbstvertrauen *n*, -sicherheit *f*; '**~-re'li·ant** *adj.* selbstbewußt, -sicher; '**~-re'proach** *s.* Selbstvorwurf *m*; '**~-re'spect** *s.* Selbstachtung *f*; '**~-re'spect·ing** *adj.*: *every* ~ *craftsman* jeder Handwerker, der etwas auf sich hält; '**~-re'straint** *s.* Selbstbeherrschung *f*; '**~-'right·eous** *adj.* selbstgerecht; '**~-'sac·ri·fice** *s.* Selbstaufopferung *f*; '**~-'sac·ri·fic·ing** *adj.* aufopferungsvoll; '**~-same** *adj.* ebenderselbe, -dieselbe, -dasselbe; '**~-'sat·is·fied** *adj.* selbstzufrieden; '**~-'seal·ing** *adj.* ⊕, ⚔ selbstdichtend, schußsicher; '**~-'seek·er** *s.* Ego'ist (-in); '**~-'serv·ice** I. *adj.* Selbstbedienungs...: ~ *shop* Selbstbedienungsladen; II. *s.* Selbstbedienung *f*; '**~-'start·er** *s. mot.* (Selbst-)Anlasser *m*; '**~-'styled** *adj.* von eigenen Gnaden; '**~-suf'fi·cien·cy** *s.* 1. Unabhängigkeit *f* (von fremder Hilfe); 2. ✝ Autar'kie *f*; 3. Eigendünkel *m*; '**~-'suf'fi·cient** *adj.* 1. unabhängig, selbständig; 2. ✝ au'tark; 3. dünkelhaft; '**~-sug'ges·tion** *s. psych.* ,Autosuggesti'on *f*; '**~-sup'pli·er** *s.* Selbstversorger *m*; '**~-sup'port·ing** *adj.* 1. Selbstversorger..., aut'ark; 2. ⊕ freitragend (*Brücke etc.*); '**~-'taught** *adj.* 1. autodi'daktisch: ~ *person* Autodidakt; 2. selbsterlernt; '**~-'tim·er** *s. phot.* Selbstauslöser *m*; '**~-'will** *s.* Eigensinn *m*; '**~-'willed** *adj.* eigensinnig; '**~-'wind·ing** *adj.* auto'matisch (*Uhr*).

sell [sel] I. *s.* 1. F a) Reinfall *m*, b) Schwindel *m*; II. *v/t.* [*irr.*] 2. verkaufen, -äußern (to an *acc.*); ✝ *a. Ware* absetzen; → *life Redew.*; 3. ✝ *Waren* führen, handeln mit, vertreiben; 4. *fig.* verkaufen, e-n guten Absatz sichern (*dat.*): *his name will* ~ *the book*; 5. *fig.* ,verkaufen', verraten; 6. *sl.* ,anschmieren', beschwindeln; 7. *Am. sl. j-m et.* ,verkaufen', aufschwatzen, schmackhaft machen: *to* ~ *s.o. on* j-m *et.* andrehen, *j-n* zu *et.* überreden; *to be sold on fig.* von *et.* überzeugt sein; III. *v/i.* [*irr.*] 8. verkaufen; 9. verkauft werden (*at* für); 10. sich *gut etc.* verkaufen, *gut etc.* gehen, ziehen; ~ **off** *v/t.* ausverkaufen, *Lager* räumen; ~ **out** *v/t.* 1. → *sell off*: *to be sold out* ausverkauft sein; 2. *Wertpapiere* realisieren; 3. *fig.* → *sell* 5; ~ **up** *v/t. Schuldner* pfänden.

sell·er ['selə] *s.* 1. Verkäufer(in); Händler(in): ~*s' market* ✝ Verkäufermarkt, verkaufsgünstiger Markt; 2. *good* ~ ✝ gutgehende Ware, zugkräftiger Ar'tikel.

sell·ing ['seliŋ] I. *adj.* Verkaufs..., Absatz..., Vertriebs...; II. *s.* Verkauf *m*; '**~-race** *s. Rennsport*: Verkaufsrennen *n*.

'**sell·out** *s.* 1. Ausverkauf *m* (*a. fig.*); 2. ausverkaufte Veranstaltung, volles Haus, Bombenerfolg *m*; 3. *fig.* Verrat *m*.

Selt·zer (wa·ter) ['seltsə] *s.* Selters(wasser) *n*.

sel·vage ['selvidʒ] *s. Weberei*: Salband *n*.

selves [selvz] *pl. von self.*

se·man·tic [si'mæntik] *adj. ling.* se'mantisch; **se'man·tics** [-ks] *s. pl. sg. konstr.* Se'mantik *f*, (Wort-)Bedeutungslehre *f*.

sem·a·phore ['seməfɔ:] I. *s.* 1. ⊕ Sema'phor *m*: a) 🚂 ('Flügel)Si,gnalmast *m*, b) optischer Tele'graph; 2. ⚔, ⚓ (Flaggen)Winken *n*: ~ *mes-*

sage Winkspruch; **II.** *v/t. u. v/i.* **3.** (*bsd.* durch Winkzeichen) signalisieren.

sem·blance ['sembləns] *s.* **1.** (äußere) Gestalt, Erscheinung *f*: *in the ~ of* in Gestalt (*gen.*); **2.** Ähnlichkeit *f* (*to* mit); **3.** (An)Schein *m*: *to have at least the ~ of honesty; under the ~ of* unter dem Deckmantel *der Freundschaft etc.*

se·mei·ol·o·gy [si:mai'ɔlədʒi] *s.*, **se·mei'ot·ics** [-ɔtiks] *s. pl. sg. konstr.* Semi'otik *f*: **a)** *Lehre von den Zeichen*, **b)** ⚕ ˌSymptoˌmatolo'gie *f.*

se·men ['si:men] *s. zo.* Samen *m*, 'Sperma *n.*

se·mes·ter [si'mestə] *s.* Se'mester *n*, Halbjahr *n.*

semi- [semi] *in Zssgn* halb..., Halb...; **'~-'an·nu·al** *adj.* ☐ halbjährlich: **'~-au·to'mat·ic** *adj.* (☐ *~ally*) 'halbautoˌmatisch; **'~-breve** *s.* ♪ ganze Note: *~ rest* ganze Pause; **'~-cir·cle** *s.* **1.** Halbkreis *m*; **2.** ⚒ Winkelmesser *m*; **'~'cir·cu·lar** *adj.* halbkreisförmig; **'~'co·lon** *s.* Semi'kolon *n*, Strichpunkt *m*; **'~-con'duc·tor** *s.* ⚡ Halbleiter *m*; **'~-de'tached** *adj.* halb freistehend, (einseitig) angebaut: *~ houses* alleinstehendes Doppelhaus; **'~-'fi·nal** *sport* **I.** *s.* 'Halbfiˌnale *n*, Vorschlußrunde *f*; **II.** *adj.* Vorschlußrunden...; **'~-'fi·nal·ist** *s. sport* Teilnehmer(in) am Halbfinale; **'~-'fin·ished** *adj.* ⊕ halbfertig: *~ products* Halbfabrikate, -zeug; **'~-'flu·id**, **'~-'liq·uid** *adj.* halb-, zähflüssig; **'~-man·u'fac·tured** → *semi-finished*; **'~-'month·ly** *adj. u. adv.* halbmonatlich.

sem·i·nal ['si:minl] *adj.* ☐ **1.** ♀, *physiol.* Samen...: *~ duct* Samengang; *~ fluid* Samenflüssigkeit, Sperma; *~ leaf* ♀ Keimblatt; *~ power* Zeugungskraft; **2.** *fig.* keimtragend, zukunftsträchtig, fruchtbar; **3.** noch unentwickelt: *in the ~ state* im Entwicklungsstadium.

sem·i·nar ['seminɑ:] *s. univ.* Semi'nar *n.*

sem·i·nar·y ['seminəri] *s.* **1.** (*eccl.* 'Priester)SemiˌNar *n*, Bildungsanstalt *f*; **2.** *fig.* Schule *f*, Pflanzstätte *f.*

sem·i·na·tion [semi'neiʃən] *s.* (Aus-)Säen *n.*

'sem·i-of'fi·cial *adj.* ☐ halbamtlich, offizi'ös.

se·mi·ol·o·gy [si:mi'ɔlədʒi] *s.*, **se·mi'ot·ics** [-'ɔtiks] *s. pl. sg. konstr.* → *semeiology.*

'sem·i|'pre·cious *adj.* halbedel: *~ stone* Halbedelstein; **'~-qua·ver** *s.* ♪ Sechzehntel(note *f*) *n*: *~ rest* Sechzehntelpause; **'~-'rig·id** *adj.* halbstarr (*Luftschiff*); **'~'skilled** *adj.* angelernt (*Arbeiter*).

Sem·ite ['si:mait] **I.** *s.* Se'mit(in); **II.** *adj.* se'mitisch; **Se·mit·ic** [si'mitik] **I.** *adj.* semitisch; **II.** *s. ling.* Se'mitisch *n.*

'sem·i|·tone *s.* ♪ Halbton *m*; **'~-'trail·er** *s. mot.* Sattelschlepper(anhänger) *m*; **'~'trop·i·cal** *adj.* 'subtropisch; **'~'vow·el** *s. ling.* 'HalbvoˌKal *m*; **'~-'week·ly I.** *adj. u. adv.* halbwöchentlich; **II.** *s.* halbwöchentlich erscheinende Veröffentlichung.

sem·o·li·na [semə'li:nə] *s.* Grieß (-mehl *n*) *m.*

sem·pi·ter·nal [sempi'tə:nl] *adj. rhet.* immerwährend, ewig.

semp·stress ['sempstris] → *seamstress.*

sen·ate ['senit] *s.* **1.** Se'nat *m* (*a. univ.*); **2.** ♀ *parl. Am.* Senat *m* (*Oberhaus*); **sen·a·tor** ['senətə] *s.* Se'nator *m*; **sen·a·to·ri·al** [senə'tɔ:riəl] *adj.* ☐ **1.** sena'torisch, Senats...; **2.** *Am.* zur Wahl von Sena'toren berechtigt.

send [send] [*irr.*] **I.** *v/t.* **1.** *j-n, Brief, Hilfe etc.* senden, schicken (*to dat.*): *to ~ s.o. to bed (to a school, to prison)* j-n ins Bett (auf e-e Schule, ins Gefängnis) schicken; → *word 6*; **2.** *Ball, Kugel etc. wohin* senden, schießen; schleudern; **3.** *mit adv. od. p.pr.* machen: *to ~ s.o. mad* j-n wahnsinnig machen; *to ~ s.o. flying* **a)** j-n verjagen, **b)** j-n hinschleudern; *to ~ s.o. reeling* j-n taumeln machen *od.* lassen; → *pack 24*; **4.** *Am. sl. Zuhörer etc.* in Ek'stase versetzen, ‚fertigmachen'; **II.** *v/i.* **5.** *~ for* **a)** nach *j-m* schicken, *j-n* kommen lassen, *j-n* holen *od.* rufen (lassen), **b)** (sich) *et.* kommen lassen, bestellen; **6.** *Nachricht* geben (*to s.o.* j-m);

Zssgn mit adv.:

send| a·way I. *v/t.* **1.** fortschicken; **2.** entlassen; **II.** *v/i.* **3.** *~ for* (von weither) kommen lassen; **~ down** *v/t.* **1.** *fig. Preise, Temperatur* (her'ab)drücken; **2.** *univ.* relegieren; **~ forth** *v/t.* **1.** *j-n, et., a. Licht* aussenden; *Wärme etc.* ausstrahlen; **2.** *Laut etc.* von sich geben; **3.** her'vorbringen; **4.** *fig.* veröffentlichen, verbreiten; **~ in** *v/t.* einsenden, -schicken, -reichen; → *name Redew.*; **~ off** *v/t.* **1.** absenden; *j-n* aussenden; **2.** fortschicken; **3.** (herzlich) verabschieden, *j-m* das Geleit geben; **~ on** *v/t.* vor'aus-, weiterschicken; **~ out** → *send forth*; **~ up** *v/t.* **1.** *j-n, a. Ball etc.* hin'aufsenden; **2.** *Schrei* ausstoßen; **3.** *fig. Preise, Fieber* in die Höhe treiben; **4.** F ‚ins Kittchen stecken'.

send·er ['sendə] *s.* **1.** Absender(in); **2.** (Über)'Sender(in); **3.** *tel.* Geber *m.*

'send-'off *s.* F **1.** Abschied *m*, Abschiedsfeier *f*, Geleit(e) *n*; **2.** gute Wünsche *pl.* zum Anfang; **3.** *fig.* Starthilfe *f.*

Sen·e·gal·ese ['senigə'li:z] **I.** *adj.* Senegal...; **II.** *s.* 'Senegalneger(in).

se·nes·cence [si'nesns] *s.* Altern *n*; **se'nes·cent** [-nt] *adj.* alternd.

sen·es·chal ['seniʃəl] *s. hist.* Seneschall *m*, Major'domus *m.*

se·nile ['si:nail] *adj.* **1.** se'nil, greisenhaft; **2.** Alters...: *~ decay* Altersschwäche; *~ dementia* ⚕ Altersblödsinn; *~ speckle* ⚕ Altersfleck; **se·nil·i·ty** [si'niliti] *s.* Senili'tät *f.*

sen·ior ['si:njə] **I.** *adj.* **1.** (*nachgestellt, abbr. in England sen., senr., sr., in USA Sr.*) 'senior: *Mr. John Smith sen. (Sr.)* Herr John Smith sen.; **2.** älter (*to* als): *~ citizen* Altersrentner(in), Ruhegeldempfänger(in); *~ citizens* Senioren; **3.** rang-, dienstälter, ranghöher, Ober-...: *a ~ man Brit.* ein höheres Semester (*Student*); *~ officer* **a)** höherer Offizier, *mein etc.* Vorgesetzter, **b)** Rangälteste(r); *~ service Brit. die* Kriegsmarine; **4.** *ped.* Ober...: *~ classes* Oberklassen; **5.** *Am.* im letzten Schuljahr (stehend): *the ~ class* die oberste Klasse; **II.** *s.* **6.** Ältere(r *m*) *f*; Älteste(r *m*) *f*: *he is my ~ by four years, he is four years my ~* er ist vier Jahre älter als ich; **7.** Rang-, Dienstältere(r *m*) *f*; **8.** Vorgesetzte(r *m*) *f*; **9.** *Am.* Stu'dent *m od.* Schüler *m* im letzten Studienjahr.

sen·ior·i·ty [si:ni'ɔriti] *s.* **1.** höheres Alter; **2.** höheres Dienstalter: *by ~* nach dem Dienstalter (*Beförderung*).

sen·na ['senə] *s. pharm.* Sennesblätter *pl.*

sen·night, *a.* **se'n·night** ['senait] *s. obs.* eine Woche: *Tuesday ~* Dienstag in e-r Woche.

sen·sate ['senseit] *adj.* sinnlich wahrgenommen.

sen·sa·tion [sen'seiʃən] *s.* **1.** (Sinnes)Wahrnehmung *f*, (-)Empfindung *f*; **2.** Gefühl *n*: *pleasant ~*; *~ of thirst* Durstgefühl; **3.** Empfindungsvermögen *n*; **4.** (großer) Eindruck, Sensati'on *f*, Aufsehen *n*: *to make (od. create) a ~* Aufsehen erregen; **5.** Sensation *f* (*Ereignis*); **sen'sa·tion·al** [-ʃənl] *adj.* ☐ **1.** sensatio'nell, Sensations...; **2.** sinnlich, Sinnes...; **3.** *phls.* sensua'listisch; **sen'sa·tion·al·ism** [-ʃnəlizəm] *s.* **1.** Sensati'onsgier *f*, -lust *f*; **2.** EfˌFekthasche'rei *f*; **3.** *phls.* Sensua'lismus *m.*

sense [sens] **I.** *s.* **1.** Sinn *m*, 'SinnesorˌGan *n*: *the five ~s* die fünf Sinne; *~ of smell (touch)* Geruchs-, (Tast-)sinn; → *sixth 1*; **2.** *pl.* Sinne *pl.*, (klarer) Verstand: *in (out of) one's ~s* bei (von) Sinnen; *in one's right ~s* bei Verstand; *to lose one's ~s* den Verstand verlieren; *to bring s.o. to his ~s* j-n zur Besinnung bringen; **3.** *fig.* Vernunft *f*, Verstand *m*: *a man of ~* ein vernünftiger *od.* kluger Mensch; *common (od. good) ~* gesunder Menschenverstand; *to have the ~ to do s.th.* so klug sein, et. zu tun; **4.** Sinne *pl.*, Empfindungsvermögen *n*; **5.** Gefühl *n*, Empfindung *f* (*of* für): *~ of pain* Schmerzgefühl, -empfindung; *~ of security* Gefühl der Sicherheit; **6.** Sinn *m*, Gefühl *n* (*of* für): *~ of beauty* Schönheitssinn; *~ of duty* Pflichtgefühl; *~ of humo(u)r* (Sinn für) Humor; *~ of justice* Gerechtigkeitssinn; *~ of locality* Ortssinn; **7.** Sinn *m*, Bedeutung *f* (*e-s Wortes etc.*): *in a ~* gewissermaßen; **8.** Sinn *m* (*et. Vernünftiges*): *what is the ~ of doing this?* was hat es für e-n Sinn das zu tun?; *to talk ~* vernünftig reden; *it does not make ~* es hat keinen Sinn; *to make ~ of* e-n Sinn finden in (*dat.*); **9.** (allgemeine) Ansicht, Meinung *f*: *to take the ~ of* die Meinung (*gen.*) einholen; **10.** ⚒ Richtung *f*: *~ of rotation* Drehsinn; **II.** *v/t.* **11.** fühlen, spüren; **12.** *Am.* F ‚kapieren', begreifen; **'sense·less** [-lis] *adj.* ☐ **1.** besinnungslos; **2.** unvernünftig, dumm, verrückt (*Mensch*); **3.** sinnlos, unsinnig (*Sache*); **'sense·less·ness**

[-lisnis] *s.* **1.** Unempfindlichkeit *f*; **2.** Bewußtlosigkeit *f*; **3.** Unvernunft *f*; **4.** Sinnlosigkeit *f*.

ˈ**sense-or·gan** *s.* ˈSinnesorˌgan *n.*

sen·si·bil·i·ty [sensiˈbiliti] *s.* **1.** Sensibiliˈtät *f*, Empfindungsvermögen *n*; **2.** *phys. etc.* Empfindlichkeit *f*: ~ *to light* Lichtempfindlichkeit; **3.** *fig.* Empfänglichkeit *f* (*to* für); **4.** Empfindsamkeit *f*; *a. pl.* Fein-, Zartgefühl *n*; **sen·si·ble** [ˈsensəbl] *adj.* □ **1.** vernünftig (*Person, Sache*); **2.** fühl-, spürbar; **3.** merklich, wahrnehmbar; **4.** bei Bewußtsein; **5.** bewußt (*of gen.*): *to be* ~ *of* **a)** sich *e-r Sache* bewußt sein, **b)** *et.* empfinden; **sen·si·ble·ness** [ˈsensəblnis] *s.* Vernünftigkeit *f*, Klugheit *f*.

sen·si·tive [ˈsensitiv] **I.** *adj.* □ **1.** fühlend (*Kreatur etc.*); **2.** Empfindungs...: ~ *nerves*; **3.** sensiˈtiv, (ˈüber)empfindlich; **4.** senˈsibel, feinfühlig, empfindsam; **5.** *phys. etc.* (*phot.* licht)empfindlich: ~ *to heat* wärmeempfindlich; ~ *plant* ♀ Sinnpflanze; **6.** schwankend (*a.* ✝ *Markt*); **7.** ⚔ gefährdet; **II.** *s.* **8.** sensiˈtiver Mensch; ˈ**sen·si·tive·ness** [-nis], **sen·si·tiv·i·ty** [sensiˈtiviti] *s.* **1.** → *sensibility 1 u.* 2; **2.** Sensitiviˈtät *f*, Feingefühl *n*.

sen·si·tize [ˈsensitaiz] *v/t.* sensibilisieren, (*phot.* licht)empfindlich machen: ~*d phot.* (licht-, hoch)empfindlich.

sen·sor [ˈsensə] *s.* ⚡, ⊕ Sensor *m.*

sen·so·ri·al [senˈsɔːriəl] → *sensory*; **senˈso·ri·um** [-əm], *pl.* **-ri·a** [-riə] *s. anat.* **1.** Senˈsorium *n*, ˈSinnesappaˌrat *m*; **2.** Sitz *m* des Empfindungsvermögens, Bewußtsein *n*; **sen·so·ry** [ˈsensəri] *adj.* Sinnes..., Empfindungs...

sen·su·al [ˈsensjuəl] *adj.* □ **1.** sinnlich; **2.** sinnlich, wollüstig; *bibl.* fleischlich; **3.** *phls.* sensuaˈlistisch; ˈ**sen·su·al·ism** [-lizəm] *s.* **1.** Sinnlichkeit *f*, Lüsternheit *f*; **2.** *phls.* Sensuaˈlismus *m*; ˈ**sen·su·al·ist** [-list] *s.* **1.** sinnlicher Mensch; **2.** *phls.* Sensuaˈlist *m*; **sen·su·al·i·ty** [sensjuˈæliti] *s.* Sinnlichkeit *f*; ˈ**sen·su·al·ize** [-laiz] *v/t.* **1.** sinnlich machen; **2.** versinnlichen.

sen·su·ous [ˈsensjuəs] *adj.* □ **1.** sinnlich: **a)** Sinnes... (*die Sinne betreffend*), **b)** *die Sinne ansprechend*; **2.** sinnenfroh; ˈ**sen·su·ous·ness** [-nis] *s.* Sinnlichkeit *f*.

sent [sent] *pret. u. p.p. von send.*

sen·tence [ˈsentəns] **I.** *s.* **1.** *ling.* Satz (-verbindung *f*) *m*: *complex* ~ Satzgefüge; **2.** ⚖ **a)** (Straf)Urteil *n*, Richterspruch *m*: *to pass* ~ (*up*)*on* das Urteil fällen über (*acc.*), verurteilen (*a. fig.*), **b)** Strafe *f*: *under* ~ *of death* zum Tode verurteilt; *to serve a* ~ *of imprisonment* e-e Freiheitsstrafe verbüßen; **3.** *obs.* Senˈtenz *f*, Sinnspruch *m*; **II.** *v/t.* **4.** ⚖ *u. fig.* verurteilen (*to* zu).

sen·ten·tious [senˈtenʃəs] *adj.* □ **1.** sententiˈös, präˈgnant, kernig; **2.** spruchreich, lehrhaft; *contp.* aufgeblasen, salbungsvoll; **senˈten·tious·ness** [-nis] *s.* **1.** Präˈgnanz *f*, Bündigkeit *f*; **2.** Spruchreichtum *m*, Lehrhaftigkeit *f*; **3.** Aufgeblasenheit *f*.

sen·ti·ence [ˈsenʃəns] *s.* **1.** Empfindungsvermögen *n*; **2.** Empfindung *f*; ˈ**sen·tient** [-nt] *adj.* □ **1.** empfindungsfähig; **2.** empfindend.

sen·ti·ment [ˈsentimənt] *s.* **1.** Empfindung *f*, (Gefühls)Regung *f*, Gefühl *n* (*towards j-m* gegenüber); **2.** *pl.* Gedanken *pl.*, Meinung *f*, (Geistes)Haltung *f*: *noble* ~*s* edle Gesinnung; *them's my* ~*s humor.* (so) denke ich; **3.** (Fein)Gefühl *n*, Innigkeit *f* (*a. Kunst*); **4.** *contp.* Sentimentaliˈtät *f*.

sen·ti·men·tal [sentiˈmentl] *adj.* □ **1.** sentimenˈtal: **a)** gefühlvoll, empfindsam, **b)** *contp.* rührselig; **2.** gefühlsmäßig, Gefühls...: ~ *value* ✝ Liebhaberwert; **sen·tiˈmen·tal·ism** [-təlizəm] → *sentimentality*; **sen·tiˈmen·tal·ist** [-təlist] *s.* Gefühlsmensch *m*; **sen·ti·men·tal·i·ty** [sentimenˈtæliti] *s. contp.* Sentimentaliˈtät *f*, Rührseligkeit *f*, Gefühlsduseˈlei *f*; **sen·tiˈmen·tal·ize** [-təlaiz] **I.** *v/t.* sentimenˈtal gestalten; **II.** *v/i.* (*about, over*) in Gefühlen schwelgen (bei), sentimental werden (bei, über *dat.*).

sen·ti·nel [ˈsentinl] *s.* **1.** Wächter *m*: *to stand* ~ *over* bewachen; **2.** → *sentry 1.*

sen·try [ˈsentri] ⚔ *s.* **1.** (Wach)Posten *m*, (Schild)Wache *f*; **2.** Wache *f*, Wachdienst *m*; ˈ~**-box** *s.* Schilderhaus *n*; ˈ~**-go** *s.* Postengang *m.*

se·pal [ˈsepəl] *s.* ♀ Kelchblatt *n.*

sep·a·ra·ble [ˈsepərəbl] *adj.* □ (ab-) trennbar, (ab)lösbar; abscheidbar; ˈ**sep·a·rate** [ˈsepəreit] **I.** *v/t.* trennen (*from* von): **a)** *Freunde, a. Kämpfende etc.* auseinˈanderbringen, **b)** abtrennen, -schneiden, **c)** (ab)sondern, (aus)scheiden, **d)** auseinˈanderhalten, unterˈscheiden zwischen; **2.** (auf-, zer)teilen (*into* in *acc.*); **3.** ⚗, ⊕ **a)** scheiden, (ab-) spalten, **b)** sortieren, **c)** aufbereiten; **4.** *Milch* zentrifugieren; **5.** ⚔ *Am.* entlassen; **II.** *v/i.* **6.** sich (⚖ ehelich) trennen (*from* von); **7.** ⚗, ⊕ sich absondern; **III.** *adj.* [ˈseprit] □ **8.** getrennt, besonder, sepaˈrat, Separat..., Sonder...: ~ *account* ✝ Sonderkonto; ~ *estate* ⚖ eingebrachtes Sondergut (*der Ehefrau*); **9.** einzeln, gesondert, getrennt, selbständig: ~ *questions* gesondert zu behandelnde Fragen; **10.** einzeln, isoliert; **IV.** *s.* [ˈseprit] **11.** *typ.* Sonder(ab)druck *m*; ˈ**sep·a·rate·ness** [ˈsepritnis] *s.* **1.** Getrenntheit *f*; **2.** Besonderheit *f*; **3.** Abgeschiedenheit *f*, Isoliertheit *f*; **sep·a·ra·tion** [sepəˈreiʃən] *s.* **1.** (⚖ eheliche) Trennung: *judicial* ~ (gerichtliche) Aufhebung der ehelichen Gemeinschaft; **2.** ⊕, ⚗ **a)** Abscheidung *f*, -spaltung *f*, **b)** Scheidung *f*, Klassierung *f von Erzen*; **3.** ⚔ *Am.* Entlassung *f*; ˈ**sep·a·ra·tism** [-ətizəm] *s.* Separaˈtismus *m*, Loslösungsbestrebung(en *pl.*) *f*; ˈ**sep·a·ra·tist** [-ətist] **I.** *s.* **1.** Separaˈtist(in), Sonderbündler(in); **2.** *eccl.* Sektierer(in); **II.** *adj.* **3.** separaˈtistisch; ˈ**sep·a·ra·tive** [-ətiv] *adj.* trennend, Trennungs...; **sep·a·ra·tor** [ˈsepəreitə] *s.* **1.** Trennende(r *m*) *f*; **2.** ⊕ **a)** (Ab)Scheider *m*, **b)** (*bsd.* ˈMilch-) Zentriˌfuge *f*; **3.** *Weberei*: Scheidekamm *m*; **4.** *bsd.* ⚕ Spreizvorrichtung *f*.

Se·phar·dim [seˈfɑːdim] (*Hebrew*) *s. pl.* Seˈphardim *pl.*

se·pi·a [ˈsiːpjə] *s.* **1.** *ichth.* ˈSepia *f*, Tinten-, Kuttelfisch *m*; **2.** Sepia *f*: **a)** *Sekret*, **b)** *Farbstoff*; **3.** *paint.* **a)** Sepia *f* (*Farbe*), **b)** *a.* ~*-drawing* ˈSepiazeichnung *f*; **4.** *phot.* ˈSepiadruck *m.*

se·poy [ˈsiːpɔi] *s. Brit.* Sepoy *m* (*ostindischer Soldat*).

sep·sis [ˈsepsis] *s.* ⚕ ˈSepsis *f* (*Blutvergiftung*).

sept- [sept] *in Zssgn* sieben...

sep·ta [ˈseptə] *pl. von septum.*

sep·tae·mi·a [sepˈtiːmiə] → *septic(a)emia.*

sep·tan·gle [ˈseptæŋgl] *s.* ⟁ Siebeneck *n*; **sep·tan·gu·lar** [sepˈtæŋgjulə] *adj.* siebeneckig.

Sep·tem·ber [səpˈtembə] *s.* Sepˈtember *m*: *in* ~ im September.

sep·te·mi·a [sepˈtiːmiə] → *septica(e)mia.*

sep·te·nar·y [sepˈtiːnəri] **I.** *adj.* **1.** aus sieben bestehend, Sieben...; **2.** → *septennial*; **II.** *s.* **3.** Gruppe *f* von sieben; **4.** Siebenzahl *f*.

sep·ten·ni·al [sepˈtenjəl] *adj.* □ **1.** alle sieben Jahre eintretend *od.* stattfindend; **2.** siebenjährig.

sep·tet(te) [sepˈtet] *s.* ♪ Sepˈtett *n.*

sep·tic [ˈseptic] **I.** *adj.* (□ ~*ally*) ⚕ ˈseptisch: ~ *sore throat* septische Angina; **II.** *s.* Fäulniserreger *m.*

sep·ti·c(a)e·mi·a [septiˈsiːmiə] *s.* ⚕ Blutvergiftung *f*, ˈSepsis *f*.

sep·tu·a·ge·nar·i·an [septjuədʒiˈneəriən] **I.** *s.* Siebzigjährige(r *m*) *f*, Siebziger(in); **II.** *adj.* siebzigjährig;

Sep·tu·a·ges·i·ma (Sun·day) [septjuəˈdʒesimə] *s.* Septuaˈgesima *f* (*9. Sonntag vor Ostern*).

sep·tum [ˈseptəm] *pl.* **-ta** [-tə] *s.* ♀, *anat., zo.* (Scheide)Wand *f*.

sep·tu·ple [ˈseptjupl] **I.** *adj.* siebenfach; **II.** *s. das* Siebenfache; **III.** *v/t.* versiebenfachen, mit sieben multiplizieren.

sep·ul·cher *Am.* → *sepulchre*; **se·pul·chral** [siˈpʌlkrəl] *adj.* □ **1.** Grab..., Begräbnis...; **2.** *fig.* düster, Grabes...(*-stimme etc.*); **sep·ul·chre** [ˈsepəlkə] *s.* **1.** Grab(stätte *f*, -mal *n*) *n*; **2.** *a. Easter* ~ *R.C.* Ostergrab *n* (*Schrein*).

sep·ul·ture [ˈsepəltʃə] *s.* (Toten)Bestattung *f*.

se·quel [ˈsiːkwəl] *s.* **1.** (Aufeinˈander)Folge *f*: *in the* ~ in der Folge; **2.** Folge(erscheinung) *f*, (Aus)Wirkung *f*, Konseˈquenz *f*; (*gerichtliches etc.*) Nachspiel; **3.** (Roˈman- *etc.*)Fortsetzung *f*, (*a.* Hör)Folge *f*.

se·quence [ˈsiːkwəns] *s.* **1.** (Aufeinˈander)Folge *f*: ~ *of operations* ⊕ Arbeitsablauf; ~ *of tenses ling.* Zeitenfolge; **2.** (Reihen)Folge *f*: *in* ~ der Reihe nach; **3.** Folge *f*, Reihe *f*, Serie *f*; **4.** → *sequel 2*; **5.** ♪, *eccl.*, *Kartenspiel*: Seˈquenz *f*; **6.** *Film*: Szene *f*; **7.** Folgerichtigkeit *f*; ˈ**se·quent** [-nt] **I.** *adj.* **1.** (aufeinˈander-) folgend; **2.** (logisch) folgend; **II.** *s.* **3.** (*zeitliche od. logische*) Folge;

se·quen·tial [siˈkwenʃəl] *adj.* □ **1.** (*regelmäßig*) (aufeinˈander)folgend; **2.** folgend (*to* auf *acc.*); **3.** folgerichtig.

se·ques·ter [siˈkwestə] *v/t.* **1.** (*o.s.*

sich) absondern (*from* von); **2.** ⚖ → *sequestrate*; **se'ques·tered** [-əd] *adj.* einsam, weltabgeschieden; zu'rückgezogen; **se'ques·trate** [-treit] *v/t.* ⚖ unter Treuhänderschaft stellen, beschlagnahmen; **se·ques·tra·tion** [si:kwes'treiʃən] *s.* **1.** Absonderung *f*; Ausschluß *m* (*eccl. aus der Kirche*); **2.** ⚖ Zwangsverwaltung *f*, Beschlagnahme *f*; **3.** Zu'rückgezogenheit *f*.

se·quin ['si:kwin] *s.* **1.** *hist.* Ze'chine *f* (*Goldmünze*); **2.** Ziermünze *f*.

Se·quoi·a [si'kwɔiə] *s.* ⚘ Mammutbaum *m*.

se·ragl·io [se'rɑ:liou] *pl.* **-os** *s.* Se'rail *n* (*Palast od. Harem*).

se·ra·i [se'rai] *s.* Karawanse'rei *f*.

ser·aph ['serəf] *pl.* **'ser·aphs, 'ser·a·phim** [-fim] *s.* Seraph *m* (*Engel*); **se·raph·ic** [se'ræfik] *adj.* (□ *~ally*) se'raphisch, engelhaft, verzückt.

Serb [sə:b], **'Ser·bian** [-bjən] **I.** *s.* **1.** Serbe *m*, Serbin *f*; **2.** *ling.* Serbisch *n*; **II.** *adj.* **3.** serbisch.

sere [siə] → *sear*[1] 7.

ser·e·nade [seri'neid] ♪ **I.** *s.* **1.** Sere'nade *f*, Ständchen *n*, 'Nachtmuˌsik *f*; **2.** Serenade *f* (*Kantate; mehrsätziges Orchesterwerk*); **II.** *v/i. u. v/t.* **3.** (*j-m*) ein Ständchen bringen; **ser·e'nad·er** [-də] *s.* j-d der ein Ständchen bringt.

se·rene [si'ri:n] *adj.* □ **1.** heiter, klar (*Himmel, Wetter etc.*); ruhig (*See*); **2.** heiter, gelassen (*Person, Gemüt etc.*); **3.** ♀ durch'lauchtig: *His* ♀ *Highness* Seine Durchlaucht; **se·ren·i·ty** [si'reniti] *s.* **1.** Heiterkeit *f*, Klarheit *f*; **2.** Gelassenheit *f*, heitere (Gemüts)Ruhe; **3.** ♀ 'Durchlaucht *f* (*Titel*).

serf [sə:f] *s.* Leibeigene(r *m*) *f*; **'serf·age** [-fidʒ], **'serf·dom** [-dəm] *s.* **1.** Leibeigenschaft *f*; **2.** *fig.* Sklave'rei *f*.

serge [sə:dʒ] *s.* Serge *f* (*Stoff*).

ser·geant ['sɑ:dʒənt] *s.* **1.** ⚔ Feldwebel *m*; *Artillerie, Kavallerie*: Wachtmeister *m*; **2.** (Poli'zei-) Wachtmeister *m*; **3.** → *serjeant*; **'~-'ma·jor** *pl.* **'ser·geants-'major** *s.* ⚔ Hauptfeldwebel *m*.

se·ri·al ['siəriəl] **I.** *s.* **1.** in Fortsetzungen *od.* in regelmäßiger Folge erscheinende Veröffentlichung, *bsd.* 'Fortsetzungsroˌman *m*; **2.** (Veröffentlichungs)Reihe *f*; Lieferungswerk *n*; peri'odische Zeitschrift; **II.** *adj.* □ **3.** Serien..., Fortsetzungs...: *~ story*; *~ rights* Copyright e-s Fortsetzungsromans; **4.** serienmäßig, Serien..., Reihen...: *~ manufacture*; *~ number* **a)** laufende Nummer, **b)** Fabrikationsnummer; *~ photograph* Reihenbild; **'se·ri·al·ize** [-laiz] *v/t.* **1.** peri'odisch *od.* in Fortsetzungen veröffentlichen; **2.** reihenweise anordnen; **se·ri·a·tim** [siəri'eitim] (*Lat.*) *adv.* der Reihe nach.

se·ri·ceous [si'riʃəs] *adj.* **1.** seidig; **2.** ⚘, *zo.* seidenhaarig; **ser·i·cul·ture** ['serikʌltʃə] *s.* Seidenraupenzucht *f*.

se·ries ['siəri:z] *pl.* **-ries** *s.* **1.** Serie *f*, Folge *f*, Kette *f*, Reihe *f*: *in ~* der Reihe nach; → *3 u. 9*; **2.** (Ar'tikel-, Buch- *etc.*)Serie *f*, Reihe *f*; **3.** ⊕ Serie *f*, Baureihe *f*: *~ production* Reihen-, Serienbau; *in ~* serienmäßig; **4.** (*Briefmarken- etc.*)Serie *f*; **5.** 𝔄 Reihe *f*; **6.** ⚗ homo'loge Reihe; **7.** *geol.* Schichtfolge *f*; **8.** *zo.* Abteilung *f*; **9.** *a. ~ connection* ⚡ Serien-, Reihenschaltung *f*: *to connect in ~* hintereinanderschalten.

ser·if ['serif] *s. typ.* Haarstrich *m*.

ser·in ['serin] *s. orn.* wilder Ka'narienvogel.

se·rin·ga [si'riŋgə] *s.* Kautschukbaum *m*.

se·ri·o-com·ic ['siəriou'kɔmik] *adj.* (□ *~ally*) ernst-komisch.

se·ri·ous ['siəriəs] *adj.* □ **1.** ernst (-haft): **a)** feierlich, **b)** von ernstem Cha'rakter, seri'ös, **c)** schwerwiegend, bedeutend: *~ dress* seriöse Kleidung; *~ music* ernste Musik; *~ changes* tiefgreifende Veränderungen; *~ artist* ernsthafter Künstler; **2.** ernstlich, bedenklich, gefährlich: *~ illness*; *~ rival* ernstzunehmender Rivale; **3.** ernst(lich), ernstgemeint (*Angebot etc.*): *are you ~?* ist das dein Ernst?, meinst du das im Ernst?; **'se·ri·ous·ly** [-li] *adv.* ernst(lich); im Ernst: *~ ill* ernstlich krank; *~ wounded* schwerverwundet; *now, ~!* im Ernst!; **'se·ri·ous·ness** [-nis] *s.* **1.** Ernst *m*, Ernsthaftigkeit *f*; **2.** Wichtigkeit *f*, Bedeutung *f*.

ser·jeant ['sɑ:dʒənt] *s.* ⚖ **1.** Gerichtsdiener *m*; **2.** *Common* ♀ 'Stadtˌsyndikus *m* (*London*); **3.** *a. ~-at-law* Ju'stizrat *m*, höherer Anwalt; **'~-at-arms** *s. parl.* Aufsichtsbeamte(r) *m* (*in England bsd. Leiter des Zeremonienwesens*).

ser·mon ['sə:mən] *s.* **1.** Predigt *f*: ♀ *on the Mount bibl.* Bergpredigt; **2.** *iro.* Ser'mon *m*, (Mo'ral-, Straf-) Predigt *f*; **'ser·mon·ize** [-naiz] **I.** *v/i.* (*a. iro.*) predigen; **II.** *v/t.* *j-m* e-e (Mo'ral)Predigt halten.

se·rol·o·gist [siə'rɔlədʒist] *s.* ⚕ Sero'loge *m*; **se'rol·o·gy** [-dʒi] *s.* Serolo'gie *f*, Serumkunde *f*; **se'ros·i·ty** [-ɔsiti] *s.* ⚕ **1.** se'röser Zustand; **2.** se'röse Flüssigkeit; **se·rous** ['siərəs] *adj.* ⚕ se'rös.

ser·pent ['sə:pənt] *s.* **1.** (*bsd. große*) Schlange; **2.** *fig.* (Gift)Schlange *f* (*Person*); **3.** ♀ *ast.* Schlange *f*; **'ser·pen·tine** [-tain] **I.** *adj.* **1.** schlangenförmig, Schlangen...; **2.** sich schlängelnd *od.* windend, geschlängelt, Serpentinen...: *~ road*; **3.** *fig.* falsch, tückisch; **II.** *s.* **4.** *geol.* Serpen'tin *m*; **5.** *Eislauf*: Schlangenbogen *m*; **6.** ♀ *Teich im Hyde Park*.

ser·pi·go [sə:'paigou] *s.* ⚕ fressende *od.* kriechende Flechte.

ser·rate ['serit], **ser·rat·ed** [se'reitid] *adj.* gezahnt, gezackt, sägeartig; **'ser·rate-'den·tate** *adj.* ⚘ gesägt-gezähnt (*Blattrand*).

ser·ra·tion [se'reiʃən] *s.* (sägeförmige) Auszackung.

ser·ried ['serid] *adj.* dicht (geschlossen) (*Reihen*).

se·rum ['siərəm] *s.* **1.** *physiol.* ('Blut)ˌSerum *n*, Blutwasser *n*; **2.** ⚕ ('Heil-, 'Schutz)ˌSerum *n*.

ser·val ['sə:vəl] *s. zo.* Serval *m*.

serv·ant ['sə:vənt] *s.* **1.** Diener *m* (*a. fig. Gottes, der Kunst etc.*); (*domestic*) *~* Dienstbote, Bedienstete(r); Dienstmädchen; *~s' hall* Gesindestube; *your obedient ~* hochachtungsvoll (*Amtsstil*); **2.** *bsd. public ~* Beamte(r) *m*, Angestellte(r) *m* (*im öffentlichen Dienst*); → *Civil Servant*; **3.** ⚖ (Handlungs)Gehilfe *m*, Angestellte(r) *m* (*Ggs. master 5 b*); **'~-girl, '~-maid** *s.* Dienstmädchen *n*.

serve [sə:v] **I.** *v/t.* **1.** *j-m, a. Gott, s-m Land etc.* dienen; arbeiten für, im Dienst stehen bei; **2.** *j-m* dienlich sein, helfen (*a. Sache*); **3.** *Dienstzeit* (*a.* ⚔) ableisten; *Lehre* 'durchmachen; ⚖ *Strafe* absitzen, verbüßen; **4. a)** *Amt* ausüben, innehaben, **b)** Dienst tun in (*dat.*), *Gebiet, Personenkreis* betreuen, versorgen; **5.** *e-m Zweck* dienen *od.* entsprechen, *e-n Zweck* erfüllen, *e-r Sache* nützen: *it ~s no purpose* es hat keinen Zweck; **6.** genügen (*dat.*), ausreichen für: *enough to ~ us a month*; **7.** *j-m bei Tisch* aufwarten; *j-n*, ✝ *Kunden* bedienen; **8.** *a. ~ up Essen etc.* servieren, auftragen, reichen: *dinner is ~d!* es ist serviert *od.* angerichtet!; *to ~ up* F *fig.* ‚auftischen'; **9.** ⚔ *Geschütz* bedienen; **10.** versorgen (*with* mit): *to ~ the town with gas*; **11.** *oft ~ out* aus-, verteilen; **12.** *mst* F **a)** *j-n schändlich etc.* behandeln, **b)** *j-m et.* zufügen: *to ~ s.o. a trick* j-m e-n Streich spielen; *to ~ s.o. out* es j-m heimzahlen; (*it*) *~s him right* (das) geschieht ihm recht; **13.** *Verlangen* befriedigen, frönen (*dat.*); **14.** *Stute etc.* decken; **15.** ⚖ *Vorladung etc.* zustellen (*dat.*): *to ~ s.o. a writ, to ~ a writ on s.o.*; **16.** ⊕ um'wickeln; **17.** ⚓ *Tau* bekleiden; **II.** *v/i.* **18.** dienen, Dienst tun (*beide a.* ⚔); in Dienst stehen, angestellt sein (*with* bei); **19.** servieren, bedienen: *to ~ at table*; **20.** fungieren, amtieren (*as* als): *to ~ on a committee* in e-m Ausschuß tätig sein; **21.** dienen, nützen: *it ~s to inf.* es dient dazu, zu *inf.*; *it ~s to show his cleverness* daran kann man s-e Klugheit erkennen; **22.** dienen (*as, for* als): *a blanket ~d as a curtain*; **23.** genügen, den Zweck erfüllen; **24.** günstig sein, passen: *as occasion ~s* bei passender Gelegenheit; *the tide ~s* ⚓ der Wasserstand ist (*zum Auslaufen etc.*) günstig; **25.** *sport* **a)** *Tennis etc.*: aufschlagen, **b)** *Volleyball*: aufgeben; **26.** *R.C.* ministrieren; **III.** *s.* **27.** → *service 20*; **'ser·ver** [-və] *s.* **1.** *R.C.* Mini'strant *m*; **2.** *Tennis*: Aufschläger *m*.

serv·ice[1] ['sə:vis] *s.* ⚘ **1.** zahme Eberesche; **2.** *a. wild ~(-tree)* Elsbeerbaum *m*; **'~-ber·ry** *s.* Elsbeere *f*.

serv·ice[2] ['sə:vis] **I.** *s.* **1.** Dienst *m*, Stellung *f* (*bsd. v. Hausangestellten*): *to be in ~* in Stellung sein; *to take s.o. into ~* j-n einstellen; **2. a)** Dienstleistung *f* (*a.* ✝ *z.B. Transport*), Dienst *m* (*to* an *dat.*), **b)** (guter) Dienst, Gefälligkeit *f*: *to do* (*od. render*) *s.o. a ~* j-m e-n Dienst erweisen; *at your ~* zu Ihren Diensten; *to be* (*place*) *at s.o.'s ~* j-m zur Verfügung stehen (stellen); **3.** ✝ Bedienung *f*: *prompt ~*; **4.** Nutzen *m*: *to be of ~ to* j-m nützen; **5.** (*Nacht-, Nachrichten-, Presse-, Telephon- etc.*)Dienst *m*; **6. a)** Versorgungsdienst *m*, **b)** Versorgungsbetrieb *m*: *water* ~ Wasserversorgung; **7.** Funkti'on *f*, Amt *n* (*e-s Beamten*); **8.** (öffentlicher) Dienst, Staatsdienst *m*: *diplomatic* ~; *on Her Majesty's* ~ ✉ frei durch Ablösung; **9.** 🚌 *etc.* Verkehr *m*, Betrieb *m*: *twenty-minute* ~ Zwanzig-Minuten-Verkehr; **10.** ⊕ Betrieb *m*: *in (out of)* ~ in (außer) Betrieb; ~ *conditions* Betriebsbeanspruchung; ~ *life* Lebensdauer; **11.** ⊕ Kundendienst *m*, 'Service *m*; **12.** ⚔ **a)** (Wehr)Dienst *m*, **b)** Waffengattung *f*, **c)** *pl.* Streitkräfte *pl.*, **d)** *Brit.* Ma'rine *f*: *to be on active* ~ aktiv dienen; ~ *pistol* Dienstpistole *f*; **13.** ⚔ *Am.* (technische) Versorgungstruppe; **14.** ⚔ Bedienung *f* (*Geschütz*); **15.** *mst pl.* Hilfsdienst *m*: *medical* ~(s); **16.** *eccl.* **a)** *a. divine* ~ Gottesdienst *m*, **b)** Litur'gie *f*; **17.** Ser'vice *n*, Tafelgerät *n*; **18.** ⚖ Zustellung *f*; **19.** ⚓ Bekleidung *f* (*Tau*); **20.** *sport* **a)** *Tennis etc.*: Aufschlag *m*, **b)** *Volleyball*: Aufgabe *f*; **II.** *v/t.* **21.** ⊕ über'holen, warten; **22.** ✝ *bsd. Am.* Kundendienst verrichten für *od.* bei; '**serv·ice·a·ble** [-səbl] *adj.* □ **1.** brauch-, verwendbar, nützlich; betriebs-, leistungsfähig; zweckdienlich; **2.** haltbar, strapazierfähig; **3.** *obs.* dienstbar.

serv·ice| a·re·a *s.* **1.** *Radio*: Sendebereich *m*; **2.** ⚔ rückwärtiges Gebiet; '**~-book** *s. eccl.* Gebet-, Gesangbuch *n*; **~ box** *s.* ⚡ Anschlußkasten *m*; **~ brake** *s. mot.* Betriebsbremse *f*; **~ charge** *s.* Bedienung(sgeld *n*) *f*; '**~-court** *s. Tennis etc.*: Aufschlagfeld *n*; **~ dress** → *service uniform*; **~ flat** *s. Brit.* E'tagenwohnung *f* mit Bedienung; **~ hatch** *s. Brit.* 'Durchreiche *f* (*für Speisen*); **~ life** *s.* ⊕ Lebensdauer *f* (*Gerät*); '**~-line** *s. Tennis etc.*: Aufschlaglinie *f*; '**~-man** [-mən] *s.* [*irr.*] **1.** Sol'dat *m*, Ar'meeangehörige(r) *m*; **2.** ⊕ **a)** 'Kundendienstmeˌchaniker *m*, **b)** 'Wartungsmonˌteur *m*; **~ mod·ule** *s.* Versorgungsteil *m e-s Raumschiffs*; **~ sta·tion** *s.* **1.** (Groß-) Tankstelle *f*; **2.** Repara'turwerkstätte *f*; **~ trade** *s.* Dienstleistungsgewerbe *n*; **~ u·ni·form** *s.* ⚔ Dienstanzug *m*.

ser·vi·ette [sə:vi'et] *s.* Servi'ette *f*.

ser·vile ['sə:vail] *adj.* □ ser'vil, unter'würfig, kriecherisch; sklavisch (*Gehorsam*); **ser·vil·i·ty** [sə:'viliti] *s.* Unter'würfigkeit *f*; Krieche'rei *f*.

ser·ving ['sə:viŋ] *s.* Porti'on *f*.

ser·vi·tor ['sə:vitə] *s.* **1.** *obs.* Diener (-in) (*a. fig.*); **2.** *obs. od. poet.* Gefolgsmann *m*; **3.** *univ. hist.* Stipendi'at *m* (*Oxford*), *der zu Dienstleistungen verpflichtet ist*.

ser·vi·tude ['sə:vitju:d] *s.* **1.** Sklave'rei *f*, Knechtschaft *f* (*a. fig.*); **2.** ⚖ Zwangsarbeit *f*: *penal* ~ Zuchthausstrafe; **3.** ⚖ Servi'tut *n*.

'**ser·vo·brake** ['sə:vou] *s.* ⊕ 'Servobremse *f*.

ses·a·me ['sesəmi] *s.* **1.** ♀ Indischer Sesam; **2.** → *open sesame*.

ses·a·moid ['sesəmɔid] *adj. anat.* Sesam...: ~ *bones* Sesamknöchelchen.

sesqui- [seskwi] *in Zssgn* anderthalb; **~'al·ter** [-'æltə], **~'al·ter·al** [-'æltərəl] *adj.* im Verhältnis 3:2 *od.* 1:1½ stehend; '**~cen'ten·ni·al** **I.** *adj.* 150jährig; **II.** *s.* 150-Jahrfeier *f*; '**~pe'da·li·an** [-pi'deiljən] *adj.* **1.** anderthalb Fuß lang; **2.** *fig. humor.* sehr lang: ~ *word* Wortungeheuer; **3.** *fig.* schwülstig; '**~-plane** [-plein] *s.* ✈ Anderthalbdecker *m*; **~'ter·tial** *adj.* im Verhältnis 4:3 stehend.

ses·sile ['sesil] *adj.* **1.** ♀ stiellos; **2.** *zo.* ungestielt.

ses·sion ['seʃən] *s.* **1.** *parl.* ⚖ **a)** Sitzung *f*, **b)** 'Sitzungsperiˌode *f*: *to be in* ~ e-e Sitzung abhalten, tagen; **2.** (*einzelne*) Sitzung, Konfe'renz *f*; **3.** ♀*s pl.* → *Petty Sessions, Quarter Sessions*; **4.** *Court of* ♀*s oberster schottischer Gerichtshof*; **5.** *univ.* **a)** *Brit.* aka'demisches Jahr, **b)** *Am.* ('Studien)Seˌmester *n*; '**ses·sion·al** [-ʃənl] *adj.* □ Sitzungs...

ses·tet [ses'tet] *s.* **1.** ♪ Sex'tett *n*; **2.** *Metrik*: sechszeilige Strophe (*bsd. die letzten 6 Zeilen e-s Sonetts*).

set [set] **I.** *s.* **1.** Satz *m Briefmarken, Dokumente, Werkzeuge etc.*; (*Möbel-, Toiletten-, etc.*)Garni'tur *f*; (*Speise- etc.*)Ser'vice *n*, Besteck *n*; (*Farben- etc.*)Sorti'ment *n*; **2.** ✝ Kollekti'on *f*; **3.** Sammlung *f*: *a* ~ *of Shakespeare's works*; **4.** (Schriften)Reihe *f*, (Ar'tikel)Serie *f*; **5.** ⊕ (Ma'schinen)Anlage *f*; **6.** (Häuser-) Gruppe *f*; **7.** (Zimmer)Flucht *f*; **8.** (*Radio- etc.*)Gerät *n*, Appa'rat *m*; **9. a)** *thea.* Bühnenausstattung *f*, **b)** *Film*: 'Szenenaufbau *m*; **10.** *Tennis etc.*: Satz *m*; **11.** ℞ Menge *f*; **12.** ~ *of teeth* Gebiß *n*; **13.** (Per'sonen-) Kreis *m*: **a)** Gesellschaft(sschicht) *f*, *vornehme, literarische etc.* Welt, **b)** *contp.* Sippschaft *f*, Klüngel *m*: *the fast* ~ die Lebewelt; **14.** Sitz *m*, Schnitt *m von Kleidern*; **15.** Haltung *f*; **16.** Richtung *f*, (Ver)Lauf *m e-r Strömung etc.*; **17.** Neigung *f*, Ten'denz *f*; **18.** *poet.* 'Untergang *m der Sonne etc.*: *the* ~ *of the day* das Tagesende; **19.** ⊕ → *setting 10*; **20.** *hunt.* Vorstehen *n des Hundes*: *to make a dead* ~ *at fig.* **a)** über *j-n* herfallen, **b)** es auf *e-n Mann* abgesehen haben (*Frau*); **21.** *hunt.* (*Dachs- etc.*)Bau *m*; **22.** ♀ Setzling *m*, Ableger *m*; **II.** *adj.* **23.** starr (*Gesicht, Lächeln*); **24.** fest (*Meinung*); **25.** festgesetzt: *at the* ~ *day*; **26.** vorgeschrieben, festgelegt: ~ *rules*; ~ *books od. reading* Pflichtlektüre; **27.** for'mell, konventio'nell; **28.** 'wohlüberˌlegt, einstudiert: ~ *speech*; **29.** zs.-gebissen (*Zähne*); **30.** eingefaßt (*Edelstein*); **31.** *hard* ~ in schwerer Bedrängnis; **32.** ~ *piece paint. etc.* Gruppenbild; **33.** ~ *fair* beständig (*Barometer*); **34.** *in Zssgn* ...gebaut; **III.** *v/t.* [*irr.*] **35.** setzen, stellen, legen: *to* ~ *the glass to one's lips* das Glas an die Lippen setzen; *to* ~ *a match to* ein Streichholz halten an (*acc.*), *et.* in Brand stecken; → *hand 13, sail 1*; **36.** (ein-, her-) richten, (an)ordnen, zu'rechtmachen; *thea. Bühne* aufbauen; *Tisch* decken; ⊕ *etc.* (ein)stellen, (-)richten, regulieren; *Uhr, Wecker* stellen; ⊕ *Säge* schränken; *hunt. Falle* (auf)stellen; ✂ *Bruch, Knochen* (ein)richten; *Messer* abziehen; *Haar* legen; **37.** ♪ **a)** vertonen, **b)** arrangieren; **38.** *typ.* absetzen; **39.** ✓ **a)** *Setzlinge* (aus)pflanzen, **b)** *Boden* bepflanzen; **40. a)** *Bruthenne* setzen, **b)** *Eier* 'unterlegen; **41. a)** *Edelstein* fassen, **b)** *mit Edelsteinen etc.* besetzen; **42.** *Wache* (auf)stellen; **43.** *Aufgabe, Frage* stellen; **44.** *j-n* anweisen (*to do s.th.* et. zu tun), *j-n* an (*e-e Sache*) setzen: *to* ~ *o.s. to do s.th.* sich daran machen, et. zu tun; **45.** vorschreiben; **46.** *Zeitpunkt* festlegen; **47.** *Hund etc.* hetzen (*on* auf *j-n*): *to* ~ *spies on j-n* bespitzeln lassen; **48.** (veran)lassen (*doing* zu tun): *to* ~ *going* in Gang setzen; *to* ~ *s.o. laughing* j-n zum Lachen bringen; *to* ~ *s.o. thinking* j-m zu denken geben; **49.** *in e-n Zustand* versetzen; → *ease 2*; **50.** *Flüssiges* fest werden lassen; *Milch* gerinnen lassen; **51.** *Zähne* zs.-beißen; **52.** *Wert* bemessen, festsetzen; **53.** *Preis* aussetzen (*on* auf *acc.*); **54.** *Geld, Leben* riskieren; **55.** *Hoffnung, Vertrauen* setzen (*on* auf *acc.*; *in* in *acc.*); **56.** *Grenzen, Schranken etc.* setzen (*to dat.*); **IV.** *v/i.* [*irr.*] **57.** 'untergehen (*Sonne etc.*); **58. a)** auswachsen (*Körper*), **b)** ausreifen (*Charakter*); **59.** fest werden (*Flüssiges*); abbinden (*Zement etc.*); erstarren (*a. Gesicht, Muskel*); gerinnen (*Milch*); **60.** sitzen (*Kleidung*); **61.** fließen, laufen (*Flut etc.*); wehen, kommen (*from* aus, von) (*Wind*); **62.** ♀ Frucht ansetzen (*Blüte, Baum*); **63.** *hunt.* (vor)stehen (*Hund*);

Zssgn mit prp.:

set| a·bout *v/i.* **1.** sich an *et.* machen, *et.* in Angriff nehmen; **2.** F über *j-n* herfallen; **~ a·gainst** *v/t.* **1.** entgegenstellen (*dat.*): *to set o.s.* (*od. one's face*) *against* sich *e-r Sache* widersetzen; **2.** *j-n* aufhetzen gegen; **~ (up·)on** *v/i.* **1.** herfallen über *j-n*; **2.** schwer bedrängen;

Zssgn mit adv.:

set| a·part *v/t.* **1.** bei'seite legen, reservieren; **2.** trennen; **~ a·side** *v/t.* **1.** bei'seite setzen; **2.** *fig. Geld* bei'seitelegen; **3.** *Plan etc.* fallenlassen; **4.** außer Acht lassen, über'gehen; **5.** ⚖ *Urteil, Beschluß etc.* aufheben; **~ back I.** *v/t.* **1.** aufhalten, hindern; **2.** *Uhr* zu'rückstellen; **II.** *v/i.* **3.** zu'rückfließen (*Flut etc.*); **~ by** *v/t. Geld etc.* zu'rücklegen, sparen; **~ down** *v/t.* **1.** *Last, a. Fahrgast* absetzen; abstellen, weglegen; **2.** (schriftlich) niederlegen, aufzeichnen; **3.** *j-m* e-n ‚Dämpfer' geben; **4.** ~ *as j-n* abtun *od.* betrachten als; **5.** *et.* zuschreiben (*to dat.*); **~ forth I.** *v/t.* **1.** bekanntmachen; **2.** → *set out 1*; **3.** zur Schau stellen; **II.** *v/i.* **4.** aufbrechen: *to* ~ *on a journey* e-e Reise antreten; **5.** *fig.* ausgehen (*from* von); **~ for·ward I.** *v/t.* **1.** *Uhr* vorstellen; **2.** *et.* vor'antreiben, *j-n od. et.* weiterbringen; **3.** vorbringen, darlegen; **II.** *v/i.* **4.** sich auf den Weg machen; **~ in** *v/i.* **1.** einsetzen (*beginnen*); **2.** landwärts gehen (*Wind, Strömung*); **~ off I.** *v/t.* **1.** her'vortreten lassen, abheben, kontrastieren; **2.** her'vorheben; **3.** *Rakete* abschießen; *Spreng-*

ladung zur Explosi'on bringen; *Feuerwerk* abbrennen; **4.** ✝ auf-, anrechnen (*against* gegen); **5.** ⚖ als Ausgleich nehmen (*against* für); **6.** *Verlust etc.* ausgleichen; **II.** *v/i.* **7.** aufbrechen; **8.** *fig.* anfangen; ~ **on** *v/t. j-n* anstiften, drängen (*to do* zu tun); ~ **out I.** *v/t.* **1.** (ausführlich) darlegen, angeben, aufzeigen; **2.** abgrenzen, festsetzen; **3.** abstecken; **4.** arrangieren, schmücken; **II.** *v/i.* **5.** aufbrechen, sich aufmachen, sich auf den Weg machen (*for* nach); **6.** sich vornehmen (*to do et.* zu tun); ~ **to** *v/i.* sich dar'anmachen, sich ‚da'hinterklemmen', ‚loslegen'; ~ **up I.** *v/t.* **1.** errichten: *to* ~ *a monument*; **2.** ⊕ *Maschine etc.* aufstellen, montieren; **3.** *Geschäft etc.* gründen; *Regierung* bilden, einsetzen; **4.** *j-m* zu e-m (guten) Start verhelfen, *j-n* etablieren: *to* ~ *s.o. up in business*; **5.** *Behauptung etc.* aufstellen; ⚖ *Anspruch* erheben, *Verteidigung* vorbringen; **6.** *Kandidaten* aufstellen; **7.** *j-n* erhöhen (*over* über *acc.*); *a. j-n* auf den Thron setzen; **8.** *Stimme, Geschrei* erheben; **9.** *Krankheit* verursachen; **10. a)** *j-n* kräftigen, **b)** *gesundheitlich* wieder'herstellen; **11.** *j-m* (finanzi'ell) ‚auf die Beine helfen'; **12.** *j-n* versehen, -sorgen (*with* mit); **13.** *typ.* (ab)setzen: *to* ~ *in type*; **II.** *v/i.* **14.** sich niederlassen *od.* etablieren (*as* als): *to* ~ *for o.s.* sich selbständig machen; **15.** ~ *for* sich ausgeben für *od.* als, sich aufspielen als.

se·ta·ceous [si:'teiʃəs] *adj.* borstig.

'set|·a·side *s. Am.* Rücklage *f*; **'~·back** *s.* **1.** Rückschlag *m*; **2.** ⚠ **a)** Rücksprung *m e-r Wand*, **b)** zu'rückgesetzte Fas'sade; **'~·down** *s.* Verweis *m*, Dämpfer *m*; **'~-'off** *s.* **1.** Kon'trast *m*; **2.** Schmuck *m*, Zierde *f* (*to* für); **3.** ⚖ **a)** Gegenforderung *f*, **b)** Ausgleich *m* (*a. fig.*; *against* für); **4.** ✝ Aufrechnung *f*; **~-'out** *s.* **1. a)** Aufbruch *m*, **b)** Anfang *m*; **2.** Auslage *f*, -stellung *f*; Aufmachung *f*; **3.** (Porzel'lan- *etc.*)Ser,vice *n*; **~ screw** *s.* ⊕ Stellschraube *f*; **~ square** *s.* Winkel *m*, Zeichendreieck *n*.

sett [set] *s.* Pflasterstein *m*.

set·tee [se'ti:] *s.* **1.** Sitz-, Polsterbank *f*; **2.** kleineres Sofa: ~ *bed* Bettcouch.

set·ter ['setə] *s.* **1.** *allg.* Setzer(in), Einrichter(in): (*type*-)~ (Schrift-)Setzer; **2.** Setter *m* (*Vorstehhund*); **3.** *a.* ~-*on* Aufhetzer(in); **'~·wort** → *bear's-foot*.

set the·o·ry *s.* ℞ Mengenlehre *f*.

set·ting ['setiŋ] *s.* **1.** (*typ.* Schrift-)Setzen *n*; Einrichten *n*; (Ein)Fassen *n* (*Edelstein*); **2.** Schärfen *n* (*Messer*); **3.** (*Gold- etc.*)Fassung *f*; **4.** Lage *f*, 'Hintergrund *m* (*a. fig. Rahmen*); **5.** Schauplatz *m*, Hintergrund *m e-s Romans etc.*; **6.** *thea.* szenischer Hintergrund, Bühnenbild *n*; *a. Film*: Ausstattung *f*; **7.** ♪ **a)** Vertonung *f*, **b)** Satz *m*; **8.** (*Sonnen- etc.*)'Untergang *m*; **9.** ⊕ Einstellung *f*; **10.** ⊕ Hartwerden *n*, Abbinden *n von Zement etc.*: ~ *point* Stockpunkt; **11.** ⊕ Schränkung *f* (*Säge*); **'~-lo·tion** *s.* ('Haar)Fixa,tiv *n*; **'~-rule** *s. typ.* Setzlinie *f*; **'~-stick** *s. typ.* Winkelhaken *m*; **'~-up** *s. bsd.* ⊕ Einrichtung *f*, Aufstellung *f*: ~ *exercises Am.* Freiübungen.

set·tle ['setl] **I.** *v/i.* **1.** sich niederlassen *od.* setzen (*a. Vogel etc.*); **2. a)** sich ansiedeln, **b)** *a.* ~ *in* sich *in e-r Wohnung etc.* einrichten, einziehen; **3. a)** *a.* ~ *down* sich *in e-m Ort* niederlassen, **b)** sich (häuslich) niederlassen, **c)** *a. to marry and* ~ *down* e-n Hausstand gründen, **d)** seßhaft werden, zur Ruhe kommen, sich einleben; **4.** ~ *down to* sich widmen (*dat.*), sich an *e-e Arbeit etc.* machen; **5.** sich legen *od.* beruhigen (*Wut etc.*); **6.** ~ *on* sich zuwenden (*dat.*), fallen auf (*acc.*) (*Zuneigung etc.*); **7.** ⚕ sich festsetzen (*on, in* in *dat.*), sich legen (*on* auf *acc.*) (*Krankheit*); **8.** beständig werden (*Wetter*): *it* ~*d in for rain* es regnete sich ein; *it is settling for a frost* es wird Frost geben; *the wind has* ~*d in the west* der Wind steht im Westen; **9.** sich senken (*Mauern etc.*); **10.** langsam absacken (*Schiff*); **11.** sich klären (*Flüssigkeit*); **12.** sich setzen (*Trübstoff*); **13.** sich legen (*Staub*); **14.** (*upon*) sich entscheiden (für), sich entschließen (zu); **15.** ~ *for* sich begnügen mit; **16.** e-e Vereinbarung treffen; **17.** ✝ **a)** zahlen, **b)** abrechnen, **c)** sich vergleichen, e-n Vergleich schließen (*with* mit): *to* ~ *with one's creditors* s-e Gläubiger abfinden; **II.** *v/t.* **18.** *Füße, Hut etc.* (fest) setzen (*on* auf *acc.*): *to* ~ *o.s.* sich niederlassen; *to* ~ *o.s. to* sich an *e-e Arbeit etc.* machen, sich anschicken zu; **19. a)** *Menschen* ansiedeln, **b)** *Land* besiedeln; **20.** *j-n beruflich, häuslich etc.* etablieren, 'unterbringen; *Kind etc.* versorgen, ausstatten, *a.* verheiraten; **21. a)** *Flüssigkeit* ablagern lassen, klären **b)** *Trübstoff* sich setzen lassen; **22.** *Boden etc., a. fig. Glauben, Ordnung etc.* festigen; **23.** *Institutionen* gründen, aufbauen (*on* auf *dat.*); **24.** *Zimmer etc.* in Ordnung bringen; **25.** *Frage etc.* klären, regeln, erledigen: *that* ~*s it* **a)** damit ist der Fall erledigt, **b)** *iro.* jetzt ist es endgültig aus; **26.** *Streit* schlichten, beilegen; *strittigen Punkt* beseitigen; **27.** *Nachlaß* regeln, *s-e Angelegenheiten* in Ordnung bringen: *to* ~ *one's affairs*; **28.** ([*up*]*on*) *Besitz* über'schreiben, -'tragen (auf *acc.*), *letztwillig* vermachen (*dat.*), *Legat, Rente* aussetzen (für); **29.** bestimmen, festlegen, -setzen; **30.** vereinbaren, sich einigen auf (*acc.*); **31.** *a.* ~ *up* ✝ erledigen, in Ordnung bringen: **a)** *Rechnung* begleichen, **b)** *Konto* ausgleichen, **c)** *Anspruch* befriedigen, **d)** *Geschäft* abwickeln; → *account 5*; **32.** ⚖ *Prozeß* durch Vergleich beilegen; **33.** *Magen, Nerven* beruhigen; **34.** *j-n* ‚fertigmachen', zum Schweigen bringen (F *a. töten*); **III.** *s.* **35.** Sitzbank *f* (mit hoher Lehne); **'set·tled** [-ld] *adj.* **1.** fest, bestimmt; entschieden; feststehend (*Tatsache*); **2.** fest begründet (*Ordnung*); **3.** fest, ständig (*Wohnsitz, Gewohnheit*); **4.** beständig (*Wetter*); **5.** ruhig, gesetzt (*Person, Leben*).

set·tle·ment ['setlmənt] *s.* **1.** Ansied(e)lung *f*; **2.** Besied(e)lung *f e-s Landes*; **3.** Siedlung *f*, Niederlassung *f*; **4.** 'Unterbringung *f*, Versorgung *f* (*Person*); **5.** Regelung *f*, Klärung *f*, Erledigung *f e-r Frage etc.*; **6.** Schlichtung *f*, Beilegung *f e-s Streits*; **7.** Festsetzung *f*; **8.** (endgültige) Entscheidung; **9.** Über'einkommen *n*, Abmachung *f*; **10.** ✝ **a)** Begleichung *f von Rechnungen*, **b)** Ausgleich(ung *f*) *m von Konten*, **c)** *Börse*: Abrechnung *f*, **d)** Abwicklung *f e-s Geschäfts*, **e)** Vergleich *m*, Abfindung *f*: *day of* ~ *fig.* Tag der Abrechnung; *in* ~ *of all claims* zum Ausgleich aller Forderungen; **11.** ⚖ **a)** (*Eigentums*)Über'tragung *f*, **b)** Vermächtnis *n*, **c)** Aussetzung *f e-r Rente etc.*, **d)** Schenkung *f*, Stiftung *f*; **12.** ⚖ Ehevertrag *m*; **13. a)** ständiger Wohnsitz, **b)** Heimatberechtigung *f*; **14.** sozi'ales Hilfswerk; **'~-day** *s.* ✝ Abrechnungstag *m*.

set·tler ['setlə] *s.* **1.** (An)Siedler(in), Kolo'nist(in); **2.** F **a)** entscheidender Schlag, **b)** *fig.* vernichtendes Argu'ment, **c)** Abfuhr *f*; **'set·tling** [-liŋ] *s.* **1.** Festsetzen *n etc.*; → *settle*; **2.** ⊕ Ablagerung *f*; **3.** *pl.* (Boden)Satz *m*; **4.** ✝ Abrechnung *f*: ~-*day* Abrechnungstag; **'set·tlor** [-lə] *s.* ⚖ Verfügende(r *m*) *f*.

set-to ['set'tu:] *pl.* **-tos** *s.* F **1.** Schläge'rei *f*; **2.** heftiger Wortwechsel.

set-up ['setʌp] *s.* **1.** Aufbau *m*, Gliederung *f*; **2.** F Situati'on *f*, Lage *f*; **3.** *Am. sl.* Schiebung *f*, abgekartete Sache; **4.** Körperhaltung *f*.

sev·en ['sevn] **I.** *adj.* **1.** sieben: ~-*league boots* Siebenmeilenstiefel; *the* ♀ *Years' War* der Siebenjährige Krieg; **II.** *s.* **2.** Sieben *f* (*Zahl u. Ziffer*; *a. Spielkarte, Uhrzeit*); **3.** *pl.* Sieben *pl.* (*Anzahl*); **'~·fold** *adj. u. adv.* siebenfach, -fältig.

sev·en·teen ['sevn'ti:n] **I.** *adj.* siebzehn; **II.** *s.* Siebzehn *f*: *sweet* ~ ‚göttliche Siebzehn' (*Mädchenalter*); **'sev·en'teenth** [-nθ] **I.** *adj.* **1.** siebzehnt; **II.** *s.* **2.** *der* (*die, das*) Siebzehnte; **3.** Siebzehntel *n*.

sev·enth ['sevnθ] **I.** *adj.* **1.** siebent; **II.** *s.* **2.** *der* (*die, das*) Sieb(en)te: *the* ~ *of May* der 7. Mai; **3.** Sieb(en)tel *n*; **4.** ♪ Sep'time *f*; **'sev·enth·ly** [-li] *adv.* sieb(en)tens.

sev·en·ti·eth ['sevntiiθ] **I.** *adj.* **1.** siebzigst; **II.** *s.* **2.** *der* (*die, das*) Siebzigste; **3.** Siebzigstel *n*; **sev·en·ty** ['sevnti] **I.** *adj.* siebzig; **II.** *s.* Siebzig *f*: ~-*first* einundsiebzigst; *the seventies* **a)** die siebziger Jahre (*e-s Jahrhunderts*), **b)** die Siebziger(jahre) (*Alter*).

sev·er ['sevə] **I.** *v/t.* **1.** (ab)trennen (*from* von); **2.** ('durch)trennen; **3.** *fig. Freundschaft etc.* lösen; **4.** ~ *o.s.* (*from*) sich trennen *od.* lösen (von), (aus *der Kirche etc.*) austreten; **5.** (vonein'ander) trennen; **6.** ⚖ *Besitz etc.* teilen; **II.** *v/i.* **7.** (zer)reißen; **8.** sich trennen (*from* von); **9.** sich (vonein'ander) trennen; **sev·er·al** ['sevrəl] **I.** *adj.* □ **1.** mehrere: ~ *people*; **2.** verschieden, getrennt: *three* ~ *occasions*; **3.** einzeln, verschieden: *the* ~ *reasons*; **4.** besonder, eigen: *we went our* ~ *ways* wir gingen jeder seinen (eigenen) Weg; → *joint 13*; **II.** *s.* **5.** mehrere *pl.*: ~ *of you*; **sev·er·al·ly** ['sevrəli] *adv.*

1. einzeln, getrennt; 2. beziehungsweise; '**sev·er·ance** [-ərəns] *s.* 1. Trennung *f*; Teilung *f*; 2. (Ab-)Bruch *m*, Lösung *f e-r Freundschaft etc.*: ~ *pay* ✝ Abfindungsentschädigung (*bei Entlassung*).

se·vere [si'viə] *adj.* □ 1. streng: a) hart, scharf (*Kritik, Richter, Strafe etc.*), b) ernst(haft) (*Miene, Person*), c) rauh (*Wetter*), hart (*Winter*), d) herb (*Schönheit, Stil*), schmucklos, e) ex'akt, strikt; 2. schwer, schlimm (*Krankheit, Verlust etc.*); 3. heftig (*Schmerz, Sturm etc.*); 4. schwierig, schwer (*Prüfung*); 5. scharf (*Bemerkung*); **se'vere·ly** [-li] *adv.* 1. streng, strikt; 2. schwer, ernstlich: ~ *ill*; **se·ver·i·ty** [si'veriti] *s.* 1. *allg.* Strenge *f*: a) Schärfe *f*, Härte *f*, Unfreundlichkeit *f* (*des Wetters etc.*), b) Ernst *m*, c) Schlichtheit *f* (*Stil*), d) Ex'aktheit *f*; 2. Heftigkeit *f*, Schwere *f* (*e-r Krankheit*); 3. Schwierigkeit *f*.

sew [sou] [*irr.*] I. *v/t.* 1. nähen: *to ~ on* annähen; *to ~ up* a) zu-, vernähen, b) *sl.* betrügen, c) *Am.* F unter s-e Kontrolle bringen, ‚perfekt' machen; *~ed up sl.* besoffen; 2. *Bücher* heften, broschieren; II. *v/i.* 3. nähen.

sew·age ['sju(:)idʒ] *s.* 1. Abwasser *n*: *~-farm* Rieselfelder; 2. → *sewerage*; **sew·er** ['sjuə] I. *s.* 1. 'Abwasserkaˌnal *m*, Klo'ake *f*: *~-gas* Faulschlammgas; ~ *pipe* Abzugrohr; ~ *rat zo.* Wanderratte; 2. Gosse *f*; II. *v/t.* 3. kanalisieren; **sew·er·age** ['sjuəridʒ] *s.* Kanalisati'on *f* (*System u. Vorgang*).

sew·in ['sjuin] *s. ichth.* 'Lachsfoˌrelle *f*.

sew·ing ['souiŋ] *s.* Näharbeit *f*; '**~-ma·chine** *s.* 'Nähmaˌschine *f*.

sex [seks] I. *s.* 1. *biol.* Geschlecht *n*; 2. (*männliches od. weibliches*) Geschlecht (*als Gruppe*): *the ~ humor.* die Frauen; *the gentle* (*od. weaker od. softer*) ~ das zarte *od.* schwache Geschlecht; *of both ~es* beiderlei Geschlechts; 3. a) Geschlechtstrieb *m*, b) e'rotische Anziehungskraft, 'Sex(-Ap'peal) *m*, c) Geschlechtsleben *n*, d) Sex(uali'tät *f*) *m*, e) (Geschlechts)Verkehr *m*: *to have ~ with* mit *j-m* ins Bett gehen; II. *v/t.* 4. das Geschlecht bestimmen von; III. *adj.* 5. Geschlechts..., sexu'ell, Sexual...: ~ *appeal* → *3b*; ~ *crime* Sexualverbrechen; ~ *education* Sexualerziehung; ~ *life* → *3c*; ~ *object* Lustobjekt.

sex- [seks] *in Zssgn* sechs.

sex·a·ge·nar·i·an [seksədʒi'nɛəriən] I. *adj.* sechzigjährig; II. *s.* Sechzigjährige(r *m*) *f*.

sex·ag·e·nar·y [sek'sædʒənəri] I. *adj.* 1. Sechzig(er)...; sechzigteilig; 2. sechzigjährig; II. *s.* 3. Sechzigjährige(r *m*) *f*.

Sex·a·ges·i·ma (**Sun·day**) [seksə'dʒesimə] *s.* Sonntag *m* Sexa'gesima (*8. Sonntag vor Ostern*); **sex·a'ges·i·mal** [-məl] ⩘ I. *adj.* Sexagesimal...; II. *s.* Sexagesi'malbruch *m*.

sex·an·gle ['seksæŋgl] *s.* ⩘ Sechseck *n*; **sex·an·gu·lar** [sek'sæŋgjulə] *adj.* □ sechseckig.

sex·cen·te·nar·y [sekssen'ti:nəri] I. *adj.* sechshundertjährig; II. *s.* Sechshundert'jahrfeier *f*.

sexed [sekst] *adj.* geschlechtlich.

sex·en·ni·al [sek'seniəl] *adj.* □ 1. sechsjährig; 2. sechsjährlich ('wiederkehrend).

'**sex·foil** *s.* ⚘ Sechsblatt *n*.

sexi- [seksi] *in Zssgn* sechs.

sex·il·lion [sek'siljən] → *sextillion*.

sex·less ['sekslis] *adj. biol.* geschlechtslos (*a. fig.*), a'gamisch.

sex·ol·o·gy [sek'sɔlədʒi] *s. biol.* Sexu'alwissenschaft *f*.

sex·par·tite [seks'pɑ:tait] *adj.* sechsteilig.

sex·tain ['sekstein] *s. Metrik*: sechszeilige Strophe.

sex·tant ['sekstənt] *s.* 1. ⚓, *ast.* Sex'tant *m*; 2. ⩘ Kreissechstel *n*.

sex·tet(te) [seks'tet] *s.* ♪ Sex'tett *n*.

sex·til·lion [seks'tiljən] *s.* Sextilli'on *f* (*6. Potenz e-r Million*): a) *Brit. 1 mit 36 Nullen*, b) *Am. 1 mit 21 Nullen.*

sex·to ['sekstou] *pl.* **-tos** *s. typ.* 'Sexto(forˌmat) *n*; **sex·to·dec·i·mo** ['sekstou'desimou] *pl.* **-mos** *s.* Se'dez(forˌmat) *n*.

sex·ton ['sekstən] *s.* Küster *m*, *zugleich* Totengräber *m*; ~ **bee·tle** *s. zo.* Totengräber *m* (*Käfer*).

sex·tu·ple ['sekstjupl] I. *adj.* sechsfach; II. *v/t. u. v/i.* (sich) versechsfachen.

sex·u·al ['seksjuəl] *adj.* □ sexu'ell, sexu'al, geschlechtlich, Geschlechts..., Sexual...: ~ *intercourse* Geschlechtsverkehr; **sex·u·al·i·ty** [seksju'æliti] *s.* 1. Sexuali'tät *f*; 2. Geschlechtsleben *n*; '**sex·y** [-si] *adj.* 1. ‚sexy' (*Frau*): ~ *underwear* ‚Reizwäsche'; 2. e'rotisch (*Roman etc.*).

shab·bi·ness ['ʃæbinis] *s.* Schäbigkeit *f* (*a. fig.*).

shab·by ['ʃæbi] *adj.* □ *allg.* schäbig: a) fadenscheinig (*Kleider*), b) abgenutzt (*Sache*), c) ärmlich, her'untergekommen (*Person, Haus, Gegend etc.*), d) niederträchtig, e) geizig; '**~-gen'teel** *adj.* vornehm aber arm, e-e verblichene Ele'ganz zur Schau tragend: *the ~* die verarmten Vornehmen.

shab·rack ['ʃæbræk] *s.* ⚔ Scha'brakke *f*, Satteldecke *f*.

shack [ʃæk] I. *s.* Hütte *f*, Ba'racke *f* (*a. contp.*); II. *v/i.* ~ *up sl.* zu'sammen leben (*with* mit *e-r Frau*).

shack·le ['ʃækl] I. *s.* 1. Gelenkstück *n* (*Kette*); 2. *pl.* Fesseln *pl.*, Ketten *pl.* (*a. fig.*); 3. ⊕ Bügel *m*, Lasche *f*; ⚓ (Anker)Schäkel *m*; II. *v/t.* 4. fesseln (*a. fig. hemmen*); 5. ⚓, ⊕ anschäkeln.

shad [ʃæd] *pl.* **shads**, *coll.* **shad** *s. ichth.* Alse *f*.

shad·dock ['ʃædək] *s.* ⚘ *e-e* Pampelmuse *f*.

shade [ʃeid] I. *s.* 1. Schatten *m* (*a. paint. u. fig.*): *to put* (*od. throw*) *into the ~ fig.* in den Schatten stellen; 2. schattiges Plätzchen; 3. *myth.* a) Schatten *m* (*Seele*), b) *pl.* Schattenreich *n*; 4. a) Farbton *m*, Schattierung *f* (*a. fig.*), b) dunkle Tönung; 5. *fig.* Spur *f*, Kleinigkeit *f*, Nu'ance *f*; 6. (*Schutz-, Lampen-, Sonnen- etc.*)Schirm *m*; 7. *Am.* Rou'leau *n*; 8. *pl.* Weinkeller *m*; II. *v/t.* 9. beschatten, verdunkeln (*a. fig.*); 10. *Augen etc.* abschirmen, schützen (*from* gegen); 11. *paint.* a) schattieren, b) schraffieren, c) dunkel tönen; 12. *fig.* abstufen: ~ (*away od. off*) allmählich übergehen lassen (*into* in *acc.*); ~ *off* ✝ *Preise* nach u. nach senken; III. *v/i.* 13. *a.* ~ *off* (*od. away*) all'mählich 'übergehen (*into* in *acc.*); 14. ~ *off* (*od. away*) nach u. nach verschwinden; '**shade·less** [-lis] *adj.* schattenlos; '**shad·i·ness** [-dinis] *s.* 1. Schattigkeit *f*; 2. *fig.* Anrüchigkeit *f*; '**shad·ing** [-diŋ] *s. paint. u. fig.* Schattierung *f*.

shad·ow ['ʃædou] I. *s.* 1. Schatten *m* (*a. paint. u. fig.*); Schattenbild *n*: *to live in the ~* im Verborgenen leben; *worn to a ~* zum Skelett abgemagert; *he is but the ~ of his former self* er ist nur noch ein Schatten s-s früheren Selbst; *coming events cast their ~s before* kommende Ereignisse werfen ihre Schatten voraus; *may your ~ never grow less fig.* möge es dir immer gut gehen; 2. Schemen *m*, Phan'tom *n*: *to catch* (*od. grasp*) *at ~s* Phantomen nachjagen; 3. *fig.* Spur *f*, Kleinigkeit *f*: *without a ~ of doubt* ohne den leisesten Zweifel; 4. *fig.* Schatten *m*, Trübung *f* (*e-r Freundschaft etc.*); Verstimmung *f*; 5. *fig.* Schatten *m* (*Begleiter od. Verfolger*); II. *v/t.* 6. beschatten: a) verdunkeln (*a. fig.*), b) verfolgen; 7. *mst ~ forth* (*od. out*) a) dunkel andeuten, b) versinnbildlichen; '**~-box·ing** *s. sport* Schattenboxen *n*; *fig.* Spiegelfechte'rei *f*; ~ **cab·i·net** *s. pol.* 'Schattenkabiˌnett *n*; ~ **fac·to·ry** *s.* Schatten-, Ausweichbetrieb *m*.

shad·ow·less ['ʃædoulis] *adj.* schattenlos; '**shad·ow·y** [-oui] *adj.* 1. schattig: a) dämmerig, düster, b) schattenspendend; 2. *fig.* schattenhaft, 'vage; 3. *fig.* unwirklich.

shad·y ['ʃeidi] *adj.* □ 1. → *shadowy 1 u. 2*: *on the ~ side of forty fig.* über die Vierzig hinaus; 2. F anrüchig, zwielichtig, fragwürdig.

shaft [ʃɑ:ft] *s.* 1. (*Pfeil- etc.*)Schaft *m*; 2. *poet.* Pfeil *m* (*a. fig. des Spottes*), Speer *m*; 3. (Licht)Strahl *m*; 4. ⚘ Stamm *m*; 5. ⊕ a) Stiel *m* (*Werkzeug etc.*), b) Deichsel(arm *m*) *f*, c) Welle *f*, Spindel *f*; 6. ⚠ Säulenschaft *m*; 7. (*Aufzugs-, Bergwerks- etc.*)Schacht *m*; → *sink 17*.

shag [ʃæg] I. *s.* 1. Zottel *f*; zottiges Haar; 2. *Art* Plüschstoff *m*; 3. Shag (-tabak) *m*; 4. *orn.* Krähenscharbe *f*; II. *v/t.* 5. zottig machen, aufrauhen; **shag·gy** ['ʃægi] *adj.* □ 1. zottig, struppig: ~ *dog story humor.* surrealistischer Witz; 2. verwildert (*Land*).

sha·green [ʃæ'gri:n] *s.* Cha'grin *n*, Körnerleder *n*.

shah [ʃɑ:] *s.* Schah *m*.

shake [ʃeik] I. *s.* 1. Schütteln *n*, Rütteln *n*: ~ *of the hand* Händeschütteln; ~ *of the head* Kopfschütteln; *to give s.th. a good ~* et. tüchtig schütteln; *to give s.o. the ~ Am. sl.* j-n ‚abwimmeln'; *in two ~s* (*of a lamb's tail*) F im Nu; 2. (*a.* seelische) Erschütterung; (*Wind- etc.*) Stoß *m*; *Am.* F Erdstoß *m*: *he* (*it*) *is no great ~s* F mit ihm (damit) ist es

nicht weit her; **3.** Beben *n*: *the* ~*s* **a)** ⚕ Schüttelfrost, **b)** F *fig.* Nervenkrise; *all of a* ~ zitternd, bebend; **4.** (Milch- *etc.*)Shake *m*; **5.** ♪ Triller *m*; **6.** Riß *m*, Spalt *m*; **II.** *v/i.* [*irr.*] **7.** (sch)wanken; **8.** zittern, beben (*a. Stimme*) (*with* vor *Furcht etc.*); **9.** ♪ trillern; **III.** *v/t.* [*irr.*] **10.** schütteln: *to* ~ *one's finger at s.o.* j-m mit dem Finger drohen; *to be shaken before taken!* vor Gebrauch schütteln!; → *hand Redew.*, *head Redew.*, *side* 4; **11.** (*a. fig. Entschluß, Gegner, Glauben, Zeugenaussage*) erschüttern; **12.** *j-n* (seelisch) erschüttern; aufrütteln; **13.** ♪ *Ton* trillern;
Zssgn mit adv.:
shake| down I. *v/t.* **1.** *Frucht* vom Baum schütteln; **2.** *Stroh etc.* (zu e-m Nachtlager) ausbreiten; **3.** *Gefäßinhalt* zu'rechtschütteln; **4.** *Am. sl.* **a)** *j-n* ausplündern (*a. fig.*), **b)** erpressen, **c)** ‚filzen', durch'suchen; **II.** *v/i.* **5.** sich setzen (*Masse*); **6.** sich ein (Nacht)Lager zu'rechtmachen; **7.** sich einleben, -gewöhnen; ~ **off** *v/t.* **1.** *Staub etc., a. fig. Joch, a. Verfolger etc.* abschütteln; **2.** *fig. j-n od. et.* loswerden; ~ **out** *v/t.* **1.** ausschütteln; **2.** *Fahne etc.* ausbreiten; ~ **up** *v/t.* **1.** *Bett, Kissen* aufschütteln; **2.** *et.* zs.-, 'umschütteln, mischen; **3.** *fig. j-n* aufrütteln.
'shake|'down *s.* **1.** Notlager *n*; **2.** *Am. sl.* **a)** Ausplünderung *f*, **b)** Erpressung *f*, **c)** Durch'suchung *f*; **'~-'hands** *s.* Händedruck *m*.
shak·en ['ʃeikən] **I.** *p.p. von shake*; **II.** *adj.* **1.** erschüttert, (sch)wankend (*a. fig.*): (*badly*) ~ arg mitgenommen; **2.** → *shaky* 5.
shak·er ['ʃeikə] *s.* **1.** Mixbecher *m*, ('Cocktail- *etc.*)ˌShaker *m*; **2.** ♀ *eccl.* Zitterer *m*.
Shake·spear·i·an [ʃeiks'piəriən] **I.** *adj.* 'shakespearisch; **II.** *s.* 'Shakespeareforscher(in).
'shake-'up *s.* **1.** F Aufrüttelung *f*; **2.** 'Umwälzung *f*; **3.** 'Umbesetzung *f*, -gruppierung *f*.
shak·i·ness ['ʃeikinis] *s.* Wack(e)ligkeit *f* (*a. fig.*).
shak·ing ['ʃeikiŋ] **I.** *s.* **1.** Schütteln *n*; Erschütterung *f*; **II.** *adj.* **2.** Schüttel...; → *palsy* 1; **3.** zitternd; **4.** wackelnd.
shak·o ['ʃækou] *pl.* **-os** *s.* 'Tschako *m*.
shak·y ['ʃeiki] *adj.* □ **1.** wack(e)lig (*a. fig. Person, Gesundheit, Kredit, Kenntnisse*); **2.** zitt(e)rig, bebend: ~ *hands*; **3.** *fig.* (sch)wankend; **4.** *fig.* unsicher, zweifelhaft; **5.** (kern-)rissig (*Holz*).
shale [ʃeil] *s. geol.* Schiefer(ton) *m*; **'~-oil** *s.* Schieferöl *n*.
shall [ʃæl, ʃəl] *v/aux.* [*irr.*] **1.** *Futur*: *ich* werde, *wir* werden; **2.** *Befehl, Pflicht*: *ich, er, sie, es* soll, *du* sollst, *ihr* sollt, *wir, Sie, sie* sollen: ~ *I come?*; **3.** ⚖ *Mußbestimmung* (*im Deutschen durch Indikativ wiederzugeben*): *any person* ~ *be liable* jede Person ist verpflichtet ...; **4.** → *should* 1.
shal·loon [ʃə'lu:n] *s.* Cha'lon *m* (*Wollstoff*).
shal·lop ['ʃæləp] *s.* ⚓ Scha'luppe *f*.
shal·lot [ʃə'lɔt] *s.* ♀ Scha'lotte *f*.
shal·low ['ʃælou] **I.** *adj.* □ seicht, flach (*beide a. fig. oberflächlich*); **II.** *s.* (*a. pl.*) seichte Stelle, Untiefe *f*; **III.** *v/t. u. v/i.* (sich) verflachen; **'shal·low-brain·ed** [-oub-] *adj.* seicht, hohlköpfig; **'shal·low·ness** [-lounis] *s.* Seichtheit *f* (*a. fig.*).
shalt [ʃælt] *obs. 2. sg. pres. von shall*: *thou* ~ du sollst.
sham [ʃæm] **I.** *s.* **1.** (Vor)Täuschung *f*, (Be)Trug *m*, Schein *m*; **2.** Schwindler(in), 'Scharlatan *m*; **3.** Heuchler(in); **II.** *adj.* **4.** vorgetäuscht, fingiert, Schein...: ~ *battle* Scheingefecht; **5.** unecht, falsch: ~ *diamond*; ~ *piety*; **III.** *v/t.* **6.** vortäuschen, -spiegeln, fingieren, simulieren; **IV.** *v/i.* **7.** sich (ver)stellen, heucheln: *to* ~ *ill* simulieren, krank spielen.
sham·ble ['ʃæmbl] **I.** *v/i.* watscheln; **II.** *s.* watschelnder Gang.
sham·bles ['ʃæmblz] *s. pl. sg. konstr.* **1. a)** Schlachthaus *n*, **b)** (Fleisch-) Verkaufsstand *m*, -bank *f*; **2.** *fig.* Schlachtfeld *n* (*a. iro. wüstes Durcheinander*).
shame [ʃeim] **I.** *s.* **1.** Scham(gefühl *n*) *f*: *for* ~*!* pfui, schäm dich!; *to feel* ~ *at* sich über *et.* schämen; **2.** Schande *f*, Schmach *f*: *to be a* ~ *to* → *5*; ~ *on you!* schäm dich!, pfui!; *to put s.o. to* ~ **a)** j-n in Schande bringen, **b)** j-n beschämen (*übertreffen*); *to cry* ~ *upon s.o.* pfui über j-n rufen; **3.** F Schande *f* (*Gemeinheit*): *what a* ~*!* **a)** es ist e-e Schande!, **b)** es ist ein Jammer!; **II.** *v/t.* **4.** *j-n* beschämen, mit Scham erfüllen; **5.** *j-m* Schande machen; **6.** Schande bringen über (*acc.*), schänden; **7.** *j-n* durch Beschämung bringen *od.* treiben (*into* zu); **~-faced** [-feist] *adj.* □ **1.** verschämt, schamhaft; **2.** schüchtern; **'shame-faced·ness** [-feistnis] *s.* **1.** Verschämtheit *f*; **2.** Schüchternheit *f*.
shame·ful ['ʃeimful] *adj.* □ **1.** schmachvoll, schändlich; **2.** unanständig, anstößig; **'shame·ful·ness** [-nis] *s.* **1.** Schändlichkeit *f*; **2.** Anstößigkeit *f*; **'shame·less** [-lis] *adj.* □ schamlos (*a. fig. unverschämt*); **'shame·less·ness** [-lisnis] *s.* **1.** Schamlosigkeit *f*; **2.** Unverschämtheit *f*.
sham·mer ['ʃæmə] *s.* **1.** Schwindler (-in); **2.** Heuchler(in); **3.** Simu'lant(in).
sham·my (leath·er) ['ʃæmi] *s.* Sämisch-, Wildleder *n*.
sham·poo [ʃæm'pu:] **I.** *v/t.* **1.** *Kopf, Haar* schampunieren, waschen; **2.** *j-m* den Kopf waschen; **3.** *Körper etc.* massieren; **II.** *s.* **4.** Schampunieren *n*: ~ *and set* Waschen u. Legen; **5.** Sham'poo *n* (*Haarwaschmittel*).
sham·rock ['ʃæmrɔk] *s.* **1.** ♀ Weißer Feldklee; **2.** Kleeblatt *n* (*irisches Nationalzeichen*).
shang·hai [ʃæŋ'hai] *v/t.* ⚓ *sl.* schang'haien (*gewaltsam anheuern*).
shank [ʃæŋk] **I.** *s.* **1. a)** ('Unter-) Schenkel *m*, Schienbein *n*, **b)** Bein *n*, **c)** Hachse *f* (*vom Schlachttier*): *to go on* ♀*'s pony* (*od. mare*) auf Schusters Rappen reiten; **2.** (⚓ Anker-, ⊕ Bolzen- *etc.*)Schaft *m*; **3.** (Schuh)Gelenk *n*; **4.** *typ.* (Schrift)Kegel *m*; **5.** ♀ Stiel *m*; **II.** *v/i.* **6.** *mst* ~ *off* ♀ abfallen; **shanked** [-kt] *adj.* ...schenk(e)lig; gestielt.
shan·ny ['ʃæni] *s. ichth.* Schleimlerche *f*.
shan't [ʃɑ:nt] F *für shall not*.
shan·ty ['ʃænti] *s.* **1.** *bsd. Am.* Hütte *f*, Ba'racke *f*; **2.** → *chanty*.
shape [ʃeip] **I.** *s.* **1.** Gestalt *f*, Form *f* (*a. fig.*): *in the* ~ *of* in Form *e-s Briefes etc.*; *in human* ~ in Menschengestalt; *to put into* ~ formen, gestalten, *s-e Gedanken* ordnen; *in no* ~ in keiner Weise; **2.** Fi'gur *f*, Gestalt *f*; **3.** feste Form, Gestalt *f*: *to take* ~ Gestalt annehmen (*a. fig.*); → *lick* 1; **4.** *körperliche od. geistige* Verfassung, Form *f*: *to be in (good)* ~ in (guter) Form sein; **5.** ⊕ Form *f*; **6.** *Küche*: **a)** (Pudding- *etc.*)Form *f*, **b)** Stürzpudding *m*; **II.** *v/t.* **7.** gestalten, formen, bilden (*alle a. fig.*); **8.** anpassen (*to dat.*); **9.** planen, ersinnen: *to* ~ *the course for* ⚓ *u. fig.* den Kurs setzen auf (*acc.*); **10.** ⊕ formen; **III.** *v/i.* **11.** Gestalt *od.* Form annehmen, sich formen; **12.** sich *gut etc.* anlassen, sich entwickeln, sich gestalten: *to* ~ *well* vielversprechend sein; *to* ~ *up* F e-e endgültige Form annehmen, sich entwickeln; **shaped** [-pt] *adj.* geformt, ...gestaltet, ...förmig; **'shape·less** [-lis] *adj.* □ **1.** form-, gestaltlos; **2.** unförmig; **'shape·less·ness** [-lisnis] *s.* **1.** Form-, Gestaltlosigkeit *f*; **2.** Unförmigkeit *f*; **'shape·li·ness** [-linis] *s.* Wohlgeformtheit *f*, schöne Form; **'shape·ly** [-li] *adj.* wohlgeformt, schön, hübsch; **'shap·er** [-pə] *s.* **1.** Former(in), Gestalter(in); **2.** ⊕ 'Form-, 'Fräsmaˌschine *f*.
shard [ʃɑ:d] *s.* **1.** (Ton)Scherbe *f*; **2.** *zo.* (harte) Flügeldecke (*Insekt*).
share¹ [ʃɛə] *s.* (Pflug)Schar *f*.
share² [ʃɛə] **I.** *s.* **1.** (An)Teil *m* (*a. fig.*): *to fall to s.o.'s* ~ j-m zufallen; *to go* ~*s with* mit *j-m* teilen (*in s.th. et.*); ~ *and* ~ *alike* zu gleichen Teilen; **2.** (An)Teil *m*, Beitrag *m*; Kontin'gent *n*: *to do one's* ~ sein(en) Teil leisten; *to take a* ~ *in* sich beteiligen an (*dat.*); *to have (od. take) a large* ~ *in* e-n großen Anteil haben an (*dat.*); **3.** ✝ Beteiligung *f*; Geschäftsanteil *m*; Kapi'taleinlage *f*: ~ *in a ship* Schiffspart; **4.** ✝ **a)** Gewinnanteil *m*, **b)** 'Aktie *f*, **c)** ⚒ Kux *m*: *to hold* ~*s in* Aktionär in *e-r Gesellschaft* sein; **II.** *v/t.* **5.** (*a. fig sein Bett, Ansicht, Ruhm etc.*) teilen (*with* mit); **6.** *mst* ~ *out* aus-, verteilen; **7.** teilnehmen, -haben an (*dat.*); sich *an den Kosten etc.* beteiligen; **III.** *v/i.* **8.** → *in* → 7; **9.** sich teilen (*in in acc.*); ~ **cer·tif·i·cate** *s.* ✝ *Brit.* 'Aktienurkunde *f*; **'~-crop·per** *s. Am. kleiner* Farmpächter (*der s-e Pacht mit e-m Teil der Ernte entrichtet*); **'~-hold·er** *s.* ✝ *Brit.* Aktio'när *m*; **'~-list** *s.* ✝ *Brit.* **1.** ('Aktien)Kursliste *f*; **2.** 'Aktienreˌgister *n*; ~ **mark·et** *s.* ✝ *Brit.* 'Aktienmarkt *m*; **'~-push·er** *s.* ✝ *Brit.* F 'Aktienschwindler *m*.
shark [ʃɑ:k] *s.* **1.** *ichth.* Hai(fisch) *m*; **2.** *fig.* Gauner *m*, Betrüger *m*; **3.** *fig.* Schma'rotzer *m*; **4.** *Am. sl.* Ex'perte *m*, ‚Ka'none' *f*.
sharp [ʃɑ:p] **I.** *adj.* □ **1.** scharf

(*Messer etc., a. Gesichtszüge, Kurve etc.*); **2.** spitz (*Giebel etc.*); **3.** steil; **4.** *fig. allg.* scharf: **a)** deutlich (*Gegensatz, Umrisse etc.*), **b)** herb (*Geschmack*), **c)** schneidend (*Befehl, Stimme*), schrill (*Schrei, Ton*), **d)** heftig (*Schmerz etc.*), schneidend (*a. Frost, Wind*), **e)** hart (*Antwort, Kritik*), spitz (*Bemerkung, Zunge*), **f)** schnell (*Tempo, Spiel etc.*): *~'s the word* F mach fix!; **5.** scharf, wachsam (*Auge, Ohr*); angespannt (*Aufmerksamkeit*); **6.** scharfsinnig, gescheit, aufgeweckt, ‚auf Draht': *~ at figures* gut im Rechnen; **7.** gerissen, raffiniert: *~ practice* Gaunerei; **8.** F ele'gant, schick; **9.** ♪ **a)** (zu) hoch, **b)** (*durch Kreuz* um e-n Halbton) erhöht, **c)** Kreuz...: *C ~* Cis; **10.** *ling.* stimmlos (*Konsonant*); **II.** *adv.* **11.** scharf; **12.** plötzlich; **13.** pünktlich, genau: *at 3 o'clock ~* Punkt 3 Uhr, genau um 3 Uhr; **14.** schnell: *look ~* mach schnell!; **15.** ♪ zu hoch; **III.** *v/i. u. v/t.* **16.** ♪ zu hoch singen *od.* spielen; **17.** betrügen; **IV.** *s.* **18.** *pl.* lange Nähnadeln *pl.*; **19.** *pl.* ✝ *Brit.* grobes Kleienmehl; **20.** ♪ **a)** Kreuz *n*, **b)** Erhöhung *f*, Halbton *m*, **c)** nächsthöhere Taste; **21.** F → *sharper*; '**~-'cut** *adj.* **1.** scharf (geschnitten); **2.** festum'rissen, deutlich; '**~-'edged** *adj.* scharfkantig.

sharp·en ['ʃɑ:pən] **I.** *v/t.* **1.** *Messer etc.* schärfen, schleifen, wetzen; *Bleistift etc.* (an)spitzen; **2.** *fig. j-n* ermuntern; *Sinn, Verstand* schärfen; *Appetit* anregen; **3.** *s-r Stimme etc.* e-n scharfen Klang geben; **II.** *v/i.* **4.** scharf werden, sich verschärfen (*a. fig.*); '**sharp·en·er** [-pnə] *s.* (*Bleistift- etc.*)Spitzer *m.*

sharp·er ['ʃɑ:pə] *s.* Gauner *m*, Betrüger *m.*

'**sharp-'eyed** *adj.* scharfsichtig.

sharp·ness ['ʃɑ:pnis] *s.* **1.** Schärfe *f*, Spitzigkeit *f*; **2.** *fig.* Schärfe *f* (*Herbheit, Strenge, Heftigkeit*); **3.** (Geistes)Schärfe *f*, Scharfsinn *m*; Pfiffigkeit *f*, Schlauheit *f*; **4.** (*phot.* Rand)Schärfe *f*, Deutlichkeit *f.*

'**sharp|-'set** *adj.* **1.** (heiß)hungrig; **2.** *fig.* scharf, erpicht (*on* auf *acc.*); '**~-shoot·er** *s.* Scharfschütze *m*; '**~-'sight·ed** *adj.* **1.** scharfsichtig; **2.** *fig.* scharfsinnig; '**~-'tongued** *adj. fig.* mit spitzer Zunge (*Person*); '**~-'wit·ted** *adj.* scharfsinnig, aufgeweckt.

shat·ter ['ʃætə] **I.** *v/t.* **1.** zerschmettern, -schlagen, -trümmern (*alle a. fig.*); *fig. Hoffnungen* zerstören; **2.** *Gesundheit, Nerven* zerrütten; **II.** *v/i.* **3.** in Stücke brechen, zerspringen; '**~-proof** *adj.* ⊕ **a)** bruchfest, **b)** splitterfrei, -sicher (*Glas*).

shave [ʃeiv] **I.** *v/t.* **1.** (*o.s.* sich) rasieren: *to ~ (off) Bart* abrasieren; *to get ~d* rasiert werden; **2.** *Holz* (ab)schälen; *Häute* abschaben, -falzen; **3.** streifen, *a.* knapp vor'beikommen an (*dat.*); **II.** *v/i.* **4.** sich rasieren; **5.** *~ through* F (gerade noch) ‚durchrutschen' (*in e-r Prüfung*); **III.** *s.* **6.** Ra'sur *f*, Rasieren *n*: *to have a ~* sich rasieren (lassen); *to have a close* (*od. narrow*) *~* F *fig.* mit knapper Not davonkommen; *that was a close ~* F ‚das hätte ins Auge gehen können'; *by a ~* F um ein Haar; **7.** (Ab)Schabsel *n*, Span *m*; **8.** ⊕ Schabeisen *n*; **9.** *Brit.* Schwindel *m*, Betrug *m*; **10.** *Am. sl.* Wucher(zins) *m*; '**shave·ling** [-liŋ] *s. obs. contp.* Pfaffe *m*, Mönch *m*; '**shav·en** [-vn] *adj.* **1.** rasiert: *clean-~* glattrasiert; **2.** (kahl)geschoren (*Kopf*); '**shav·er** [-və] *s.* **1.** Bar'bier *m*; **2.** E'lektrorasierer *m*; **3.** *mst young ~* F Grünschnabel *m*; '**shave-tail** *s.* **1.** nicht zugerittenes Maultier; **2.** ⚔ *Am. sl.* frischgebackener Leutnant.

Sha·vi·an ['ʃeivjən] *adj.* Shawsch, für G. B. Shaw charakte'ristisch: *~ humo(u)r* Shawscher Humor.

shav·ie ['ʃeivi] *s. Scot.* Streich *m*, Possen *m.*

shav·ing ['ʃeiviŋ] *s.* **1.** Rasieren *n*; **2.** *mst pl.* Schnitzel *n, m*, (Hobel-)Span *m*; '**~-brush** *s.* Rasierpinsel *m*; '**~-soap**, '**~-stick** *s.* Rasierseife *f.*

shawl [ʃɔ:l] *s.* Schal *m*, 'Umhängetuch *n.*

shawm [ʃɔ:m] *s.* ♪ Schal'mei *f.*

she [ʃi:; ʃi] **I.** *pron.* **1. a)** sie (*3. sg. für alle weiblichen Lebewesen*), **b)** (*beim Mond*) er, (*bei Ländern*) es, (*bei Schiffen mit Namen*) sie, (*bei Schiffen ohne Namen*) es, (*bei Motoren u. Maschinen, wenn personifiziert*) er, es; **2.** sie, die(jenige); **II.** *s.* **3.** Sie *f*: **a)** Mädchen *n*, Frau *f*, **b)** Weibchen *n* (*Tier*); **III.** *adj. in Zssgn* **4.** weiblich: *~-bear* Bärin; *~-dog* Hündin; **5.** *contp.* Weibs...: *~-devil* Weibsteufel.

shea [ʃiə] *s.* ✿ Schi(butter)baum *m.*

sheaf [ʃi:f] **I.** *pl.* **-ves** [-vz] *s.* **1.** ⚒ Garbe *f*; **2.** (*Papier-, Pfeil-, phys. Strahlen*)Bündel *n*: *~ of fire* ⚔ Feuer-, Geschoßgarbe; **II.** *v/t.* **3.** → *sheave*[1].

sheal·ing ['ʃi:liŋ] → *shieling.*

shear [ʃiə] **I.** *v/t.* [*irr.*] **1.** scheren: *to ~ sheep*; **2.** *a. ~ off* (ab)scheren, abschneiden; **3.** *fig.* berauben; → *shorn*; **4.** *fig. j-n* ‚rupfen'; **5.** *poet. mit dem Schwert* abhauen; **II.** *v/i.* [*irr.*] **6.** ⚒ sicheln, mähen; **III.** *s.* **7.** *pl.* große Schere; ⊕ Me'tall-, Blechschere *f*; **8.** → *shear-legs*; **9. a)** → *shearing force*, **b)** → *shearing stress*; **10.** *dial.* ⚒ Schur *f*; '**shear·er** [-ərə] *s.* **1.** (Schaf)Scherer *m*; **2.** Schnitter *m.*

shear·ing ['ʃiəriŋ] *s.* **1.** Schur *f* (*Schafescheren; Schurertrag*); **2.** *phys.* (Ab)Scherung *f*; **3.** *Scot. od. dial.* Mähen *n*, Mahd *f*; *~* **force** *s. phys.* Scher-, Schubkraft *f*; *~* **strength** *s. phys.* Scherfestigkeit *f*; *~* **stress** *s. phys.* Scherbeanspruchung *f.*

'**shear-legs** *s. pl. sg. konstr.* ⊕ Scherenkran *m.*

shear·ling ['ʃiəliŋ] *s.* erst 'einmal geschorenes Schaf.

'**shear|-pin** *s.* ⊕ Scherbolzen *m*; *~* **stress** → *shearing stress*; '**~-wa·ter** *s. orn.* Sturmtaucher *m.*

sheath [ʃi:θ] *s.* **1.** (*Schwert- etc.*) Scheide *f*; **2.** Futte'ral *n*, Hülle *f*; **3.** ✿, *anat.* Scheide *f*; **4.** *zo.* Flügeldecke *f* (*Käfer*); **sheathe** [ʃi:ð] *v/t.* **1.** *das Schwert* in die Scheide stekken; in e-e Hülle *od.* ein Futteral stecken; **2.** *bsd.* ⊕ um'hüllen, -'manteln, über'ziehen; *Kabel* armieren; **sheath·ing** ['ʃi:ðiŋ] *s.* ⊕ Verschalung *f*, -kleidung *f*; Beschlag *m*; 'Überzug *m*, Mantel *m*; Bewehrung *f* (*Kabel*).

sheave[1] [ʃi:v] *v/t.* ⚒ in Garben binden.

sheave[2] [ʃi:v] *s.* ⊕ Scheibe *f*, Rolle *f.*

sheaves [ʃi:vz] **1.** *pl. von sheaf*; **2.** *pl. von sheave*[2].

she·bang [ʃə'bæŋ] *s. Am. sl.* **1.** ‚Bude' *f*, ‚Laden' *m*; **2.** *the whole ~* der ganze Plunder *od.* Kram.

shed[1] [ʃed] *s.* **1.** Schuppen *m*; **2.** Stall *m*; **3.** ✈ *kleine* Flugzeughalle; **4.** Hütte *f.*

shed[2] [ʃed] *v/t.* [*irr.*] F **1.** verschütten, *a. Blut, Tränen* vergießen; **2.** ausstrahlen, -strömen, *Duft, Licht, Frieden etc.* verbreiten; **3.** *Wasser* abstoßen (*Stoff*); **4.** *biol. Laub, Federn etc.* abwerfen, *Hörner* abstoßen, *Zähne* verlieren: *to ~ one's skin* sich häuten; **5.** *Winterkleider etc., a. fig. Gewohnheit* ablegen; *fig. Freunde* loswerden.

she'd [ʃi:d] F *für* **a)** *she would*, **b)** *she had.*

sheen [ʃi:n] *s.* Glanz *m* (*bsd. von Stoffen*), Schimmer *m.*

sheen·y[1] ['ʃi:ni] *adj.* glänzend.

sheen·y[2] ['ʃi:ni] *s. sl.* ‚Itzig' *m* (*Jude*).

sheep [ʃi:p] *pl. coll.* **sheep** *s.* **1.** *zo.* Schaf *n*: *to cast ~'s eyes at s.o.* j-m schmachtende Blicke zuwerfen; *to separate the ~ and the goats bibl.* die Schafe von den Böcken trennen; *you might as well be hanged for a ~ as for a lamb!* wenn schon, denn schon!; → *black sheep*; **2.** *fig. contp.* Schaf *n* (*Person*); **3.** *pl. fig.* Schäflein *pl.*, Herde *f* (*Gemeinde e-s Pfarrers etc.*); **4.** Schafleder *n*; '**~-dip** *s.* Desinfekti'onsbad *n* für Schafe; '**~-dog** *s.* Schäferhund *m*; '**~-farm** *s. Brit.* Schaf(zucht)farm *f*; '**~-farm·ing** *s. Brit.* Schafzucht *f*; '**~-fold** *s.* Schafhürde *f.*

sheep·ish ['ʃi:piʃ] *adj.* □ **1.** schüchtern, blöd(e); **2.** töricht, blöd(e); **3.** einfältig; '**sheep·ish·ness** [-nis] *s.* **1.** Schüchternheit *f*, Verzagtheit *f*; **2.** Einfältigkeit *f*; **3.** Blödheit *f.*

'**sheep|·man** [-mən] *s.* [*irr.*] *Am.* Schafzüchter *m*; '**~-pen** → *sheepfold*; '**~-run** → *sheep-walk*; '**~-shear·ing** *s.* Schafschur *f*; '**~·skin** *s.* **1.** Schaffell *n*; **2.** (*a.* Perga'ment *n* aus) Schafleder *n*; **3.** F **a)** Urkunde *f*, **b)** *Am.* Di'plom *n*; '**~-walk** *s.* Schaftrift *f*, -weide *f.*

sheer[1] [ʃiə] **I.** *adj.* □ **1.** bloß, rein, nichts als: *~ nonsense*; *by ~ force* mit bloßer *od.* nackter Gewalt; **2.** völlig, glatt: *~ impossibility*; **3.** rein, unvermischt: *~ ale*; **4.** steil, jäh; **5.** (hauch)dünn, 'durchsichtig (*Stoff*); **II.** *adv.* **6.** völlig; **7.** senkrecht; **8.** di'rekt.

sheer[2] [ʃiə] **I.** *s.* **1.** ⚓ **a)** Ausscheren *n*, **b)** Sprung *m* (*Deckerhöhung*); **II.** *v/i.* **2.** ⚓ abscheren, (ab)gieren (*Schiff*); **3.** *fig.* (*from*) **a)** abweichen (von), **b)** sich losmachen (von); *~* **off** *v/i.* **1.** → *sheer*[2] 2; **2.** sich (fort-)scheren; **3.** aus dem Wege gehen (*from dat.*).

sheet [ʃi:t] **I.** *s.* **1.** Bettuch *n*, (Bett-)Laken *n*; Leintuch *n*: *to stand in a white ~* demütig s-e Sünden bekennen; (*as*) *white as a ~ fig.* kreidebleich; **2.** (*typ.* Druck)Bogen *m*, Blatt *n* (*Papier*): *a blank ~ fig.* ein unbeschriebenes Blatt; *a clean ~ fig.* e-e reine Weste; *in (the) ~s* (noch) nicht gebunden, ungefalzt (*Buch*); **3.** Bogen *m* (*von Briefmarken*); **4. a)** Zeitung *f*, Blatt *n*, **b)** (Flug)Schrift *f*; **5.** ⊕ (*Blech-, Glas- etc.*)Platte *f*; **6.** *metall.* (Fein)Blech *n*; **7.** weite Fläche (*von Wasser etc.*); (*Feuer-, Regen*)Wand *f*; *geol.* Schicht *f*: *rain came down in ~s* es regnete in Strömen; **8.** ⚓ Schot(e) *f*, Segelleine *f*: *to have three ~s in the wind sl.* ‚sternhagelvoll' sein; **9.** ⚓ Vorder- (*u.* Achter)Teil *m*, *n* (*Boot*); **II.** *v/t.* **10.** *Bett* beziehen; **11.** (in Laken) (ein-) hüllen; **12.** ⊕ mit Blech verkleiden; **13.** *a. ~ home Segel* anholen; '**~-anchor** *s.* ⚓ Notanker *m* (*a. fig. letzte Rettung*); **~ cop·per** *s.* ⊕ Kupferblech *n*; **~ glass** *s.* ⊕ Tafel-, Scheibenglas *n*.

sheet·ing ['ʃi:tiŋ] *s.* **1.** Bettuchstoff *m*; **2.** (Holz-, Bretter)Verschalung *f*; **3.** Blechverkleidung *f*.

sheet| i·ron *s.* ⊕ Eisenblech *n*; **~ light·ning** *s.* **1.** Wetterleuchten *n*; **2.** Flächenblitz *m*; **~ met·al** *s.* ⊕ (Me'tall)Blech *n*; **~ mu·sic** *s.* ♪ Noten(blätter) *pl.*; **~ steel** *s.* ⊕ Stahlblech *n*.

sheik(h) [ʃeik] *s.* **1.** Scheich *m*; **2.** *fig. Brit. sl.* **a)** ‚Scheich' *m*, Freund *m*, **b)** ('Film)I,dol *n*; **3.** *fig. Am. sl.* ‚Schwarm' *m* (*Person*).

shek·el ['ʃekl] *s.* **1.** S(ch)ekel *m* (*hebräische Gewichts- u. Münzeinheit*); **2.** *pl.* F ‚Mo'neten' *pl.* (*Geld*).

shel·drake ['ʃeldreik] *s. orn.* Brandente *f*.

shelf [ʃelf] *pl.* **shelves** [-vz] *s.* **1.** Bord *n*, (Bücher-, Wand-, Schrank-) Brett *n*; Fach *n*; ('Bücher-, 'Waren- *etc.*)Re,gal *n*; Sims *m*: *to be put (od. laid) on the ~ fig.* **a)** ausrangiert werden (*a. Beamter etc.*), **b)** auf die lange Bank geschoben werden; *to get on the ~* sitzenbleiben (*Mädchen*); **2.** Riff *n*, Felsplatte *f*; **3.** ⚓ Sandbank *f*; **4.** ⚓, *geol.* Festlandssockel *m*, Schelf *m*, *n*; '**~-warm·er** *s.* ‚Ladenhüter' *m*.

shell [ʃel] **I.** *s.* **1.** *allg.* Schale *f*; **2.** *zo.* **a)** Muschelschale *f*, **b)** Schneckenhaus *n*, **c)** Flügeldecke *f* (*Käfer*), **d)** Rückenschild *m* (*Schildkröte*): *to come out of one's ~ fig.* aus sich herausgehen; **3.** (Eier)Schale *f*: *in the ~* **a)** (noch) unausgebrütet, **b)** *fig.* noch in der Entwicklung; **4. a)** Muschel *f*, **b)** Perlmutt *n*, **c)** Schildpatt *n*; **5.** (Nuß- *etc.*)Schale *f*, Hülse *f*; **6.** ⚓, ✈ Schale *f*, Außenhaut *f*; (Schiffs)Rumpf *m*; **7.** Gerippe *n*, Gerüst *n* (*Haus*) (*a. fig.*); **8.** ⊕ Kapsel *f*, (*Scheinwerfer- etc.*) Gehäuse *n*; **9.** ⚔ **a)** Gra'nate *f*, **b)** Hülse *f*, **c)** *Am.* Pa'trone *f*; **10.** ('Feuerwerks)Ra,kete *f*; **11.** *Küche*: (Pa'steten)Schale *f*; **12.** *sport* (leichtes) Renn(ruder)boot; **13.** Innensarg *m*; **14.** (*Degen- etc.*)Korb *m*; **15.** *fig. das* (bloße) Äußere; **16.** *ped. Brit.* Mittelstufe *f*; **II.** *v/t.* **17.** *Erbsen etc.* enthülsen; **18.** schälen; *Nüsse* knacken; **19.** *Körner* von der Ähre *od.* vom Kolben entfernen; **20.** ⚔ (mit Gra'naten) beschießen; **~ out** *v/t. u. v/i. sl.* ‚blechen' (*bezahlen*).

she'll [ʃi:l] F *für she will.*

shel·lac [ʃə'læk] **I.** *s.* **1.** ⚗ Schellack *m*; **II.** *v/t. pret. u. p.p.* **shel'lacked** [-kt] **2.** mit Schellack behandeln; **3.** *fig. Am. sl. j-n* ‚vermöbeln'.

'**shell·cra·ter** *s.* ⚔ Gra'nattrichter *m*.

shelled [ʃeld] *adj.* ...schalig.

'**shell|-egg** *s.* Frischei *n*; '**~-fish** *s. zo.* Schalentier *n*; **~ game** *s. Am.* **1.** Falschspielertrick *m* (*mit Walnußschalen etc.*); **2.** *fig.* Falschspiel *n*.

shell·ing ['ʃeliŋ] *s.* ⚔ Beschuß *m*, (Artille'rie)Feuer *n*.

'**shell-shock** *s.* ⚔ 'Kriegsneu,rose *f*.

shel·ter ['ʃeltə] **I.** *s.* **1.** Schutzhütte *f*, -dach *n*; Schuppen *m*; **2.** Obdach *n*, Herberge *f*; **3.** Zuflucht *f*; **4.** Schutz *m*: *to take (od. seek) ~* Schutz suchen (*with* bei, *from* vor *dat.*); **5.** ⚔ **a)** Bunker *m*, 'Unterstand *m*, **b)** Dekkung *f*; **II.** *v/t.* **6.** (be)schützen, beschirmen (*from* vor); **7.** schützen, bedecken, über'dachen; **8.** *j-m* Schutz *od.* Zuflucht gewähren: *to ~ o.s. fig.* sich verstecken (*behind* hinter *j-m etc.*); *~ed trade* ✝ *Brit.* (*durch Zölle*) geschützter Handelszweig; **9.** *j-n* aufnehmen, beherbergen; **10.** verbergen; **III.** *v/i.* **11.** Schutz suchen; sich 'unterstellen; **~ half** *s.* ⚔ *Am.* Zeltbahn *f*.

shelve[1] [ʃelv] *v/t.* **1.** *Bücher* (in ein Re'gal) einstellen, auf ein (Bücher-) Brett stellen; **2.** *fig.* **a)** *et.* zu den Akten legen, bei'seite legen, **b)** *j-n* ausrangieren, entlassen; **3.** aufschieben; **4.** mit Fächern *od.* Re'galen versehen.

shelve[2] [ʃelv] *v/i.* (sanft) abfallen.

shelves [ʃelvz] *pl. von shelf.*

shelv·ing[1] ['ʃelviŋ] *s.* (Bretter *pl.* für) Fächer *pl. od.* Re'gale *pl.*

shelv·ing[2] ['ʃelviŋ] *adj.* schräg, abschüssig.

she·nan·i·gan [ʃi'nænigæn] *s. oft pl. sl.* Schwindel *m*, ‚Mumpitz' *m*, ‚fauler Zauber'.

shep·herd ['ʃepəd] **I.** *s.* **1.** (Schaf-) Hirt *m*, Schäfer *m*; *~ dog* → *shepherd's dog*; **2.** *fig. eccl.* (Seelen)Hirt *m* (*Geistlicher*): *the (good)* ♀ *bibl.* der Gute Hirte (*Christus*); **II.** *v/t.* **3.** *Schafe etc.* hüten; **4.** *fig. Menschenmenge etc.* treiben, führen, ‚bugsieren'; '**shep·herd·ess** [-dis] *s.* (Schaf)Hirtin *f*, Schäferin *f*.

shep·herd's| crook *s.* Hirtenstab *m*; **~ dog** *s.* Schäferhund *m*; **~ pie** *s.* in Kar'toffelteig gebackene 'Fleischpa,stete; **~ plaid** *s.* schwarzweiß karierter Plaid; '**~-'purse** *s.* ♀ Hirtentäschel *n*.

sher·bet ['ʃə:bət] *s.* **1.** Sor'bett *n*, *m* (*Frucht-, Eisgetränk*); **2.** 'Brauselimo,nade *f*.

sherd [ʃə:d] → *shard.*

sher·iff ['ʃerif] *s.* ⚖ 'Sheriff *m*: **a)** *in England u. Irland der höchste Verwaltungs- u. Polizeibeamte e-r Grafschaft*, **b)** *in den USA der gewählte höchste Exekutivbeamte e-s Verwaltungsbezirkes*, **c)** *a. ~-depute oberster Grafschaftsrichter in Schottland.*

sher·ry ['ʃeri] *s.* Sherry *m* (*Wein*): *~-glass* Südweinglas.

she's [ʃi:z] F *für* **a)** *she is*, **b)** *she has.*

shew [ʃou] *obs. für show.*

shib·bo·leth ['ʃibəleθ] *s. fig.* Schib'boleth *n*, Erkennungszeichen *n*, -wort *n*.

shield [ʃi:ld] **I.** *s.* **1.** Schild *m*; **2.** Schutzschild *m*, -schirm *m*; **3.** *fig.* **a)** Schutz *m*, Schirm *m*, **b)** (Be-) Schützer(in); **4.** ⚡, ⊕ (Ab)Schirmung *f*; **5.** *zo.* (Rücken)Schild *n*, Panzer *m* (*Insekt etc.*); **6.** *her.* (Wappen)Schild *m*; **II.** *v/t.* **7.** (be)schützen, (be)schirmen (*from* vor *dat.*); **8.** *bsd. b.s. j-n* decken; **9.** ⚡, ⊕ (ab)schirmen; '**~-bear·er** *s.* Schildknappe *m*; '**~-fern** *s.* ♀ Schildfarn *m*; **~ forc·es** *s. pl.* ⚔ Schildstreitkräfte *pl.*

shield·less ['ʃi:ldlis] *adj.* **1.** ohne Schild; **2.** *fig.* schutzlos.

shiel·ing ['ʃi:liŋ] *s. Scot.* **1.** (Vieh-) Weide *f*; **2.** Hütte *f*.

shift [ʃift] **I.** *v/i.* **1.** den Platz *od.* die Lage wechseln, sich bewegen; **2.** sich verlagern (*a.* ⚖ *Beweislast*), sich verwandeln (*a. Szene*), sich verschieben, wechseln; **3.** ⚓ 'überschießen, sich verlagern (*Ballast, Ladung*); **4.** die Wohnung wechseln; **5.** 'umspringen (*Wind*); **6.** *mot.* schalten: *to ~ up* heraufschalten; **7.** *sport* anspringen (*Kugelstoßen*); **8.** *to ~ for o.s.* **a)** auf sich selbst gestellt sein, **b)** sich selbst helfen; **9.** *mst ~ away* F sich da'vonmachen; **II.** *v/t.* **10.** *a. die Wohnung* wechseln, verändern, (aus)tauschen; → *ground 3*; **11.** (*a. fig.*) verschieben, -lagern, (*a. Schauplatz*) verlegen; *Betrieb* 'umstellen (*to* auf *acc.*); ⚔ *Feuer* verlegen; *thea. Kulissen* schieben; **12.** ⊕ schalten, ausrücken, verstellen, *Hebel* 'umlegen: *to ~ gears mot.* schalten; **13.** ⚓ **a)** *Schiff* verholen, **b)** *Ladung* 'umstauen; **14.** *dial. Kleidung* wechseln; **15.** *Schuld, Verantwortung* (ab)schieben, abwälzen ([*up*]*on* auf *acc.*); **16.** *j-n* loswerden; **17.** *sl. j-n* ‚'umlegen' (*ermorden*); **18.** F *Essen etc.* ‚wegputzen'; **III.** *s.* **19.** Verschiebung *f*, -änderung *f*, Wechsel *m*; **20.** ✝ (Arbeits)Schicht *f* (*Arbeiter od. Arbeitszeit*): *~ work(er)* Schichtarbeit(er); **21.** Ausweg *m*, Hilfsmittel *n*, Notbehelf *m*: *to make (a) ~* **a)** sich durchschlagen, **b)** es fertigbringen, es möglich machen (*to do* zu tun), **c)** sich behelfen (*with* mit, *without* ohne); **22.** Kniff *m*, List *f*, Ausflucht *f*; **23.** ⸙ *Brit.* Fruchtwechsel *m*; **24.** *geol.* Verwerfung *f*; **25.** ♪ Lagenwechsel *m* (*Streichinstrumente*); **26.** *sport* Ansprung *m*; **27.** *obs.* ('Unter)Hemd *n der Frau*; '**shift·er** [-tə] *s.* **1.** *thea.* Ku'lissenschieber *m*; **2.** *fig.* schlauer Fuchs, unzuverlässige Per'son; **3.** ⊕ **a)** Schalter *m*, **b)** Ausrückvorrichtung *f*; '**shift·i·ness** [-tinis] *s.* **1.** Gewandtheit *f*; **2.** Verschlagenheit *f*; **3.** Unzuverlässigkeit *f*; '**shift·ing** [-tiŋ] *adj.* sich verschiebend, veränderlich: *~ sand* Treib-, Flugsand.

'**shift-key** *s.* 'Umschalter *m* (*Schreibmaschine*).

shift·less ['ʃiftlis] *adj.* □ **1.** hilflos (*a. fig. unfähig*); **2.** unbeholfen, einfallslos; **3.** faul; '**shift·less·ness** [-nis] *s.* **1.** Hilflosigkeit *f*; **2.** Trägheit *f*.

shift·y [ˈʃifti] *adj.* □ **1.** schlau, gerissen; **2.** verschlagen, falsch; **3.** *obs. u. fig.* unstet.

shil·le·la(g)h [ʃiˈleilə] *s. Irish* (Eichen- *od.* Schlehdorn)Knüttel *m.*

shil·ling [ˈʃiliŋ] *s. Brit. obs.* Schilling *m*: *a ~ in the pound* 5 Prozent; *to pay twenty ~s in the pound* s-e Schulden *etc.* auf Heller u. Pfennig bezahlen; *to cut s.o. off with a ~* j-n enterben; **~ shock·er** *s.* ˈSchundroˌman *m.*

shil·ly-shal·ly [ˈʃiliʃæli] **I.** *v/i.* zögern, schwanken; **II.** *s.* Schwanken *n*, Zögern *n*; **III.** *adj. u. adv.* zögernd, schwankend.

shim [ʃim] ⊕ *s.* Keil *m*, Klemmstück *n*, Ausgleichsscheibe *f.*

shim·mer [ˈʃimə] **I.** *v/i.* schimmern; **II.** *s.* Schimmer *m*; ˈ**shim·mer·y** [-əri] *adj.* schimmernd.

shim·my [ˈʃimi] **I.** *s.* **1.** Shimmy *m* (*Tanz*); **2.** ⊕ Flattern *n* (*der Vorderräder*); **3.** F *od. dial.* Hemdchen *n*; **II.** *v/i.* **4.** Shimmy tanzen; **5.** ⊕ flattern (*Vorderräder*).

shin [ʃin] **I.** *s.* **1.** Schienbein *n*; **2.** *~ of beef* Rinderhachse; **II.** *v/i.* **3.** *~ up e-n Baum etc.* hinˈaufklettern; **4.** *~ round* F herˈumlaufen; **III.** *v/t.* **5.** *j-n* ans Schienbein treten; **6.** *~ o.s.* sich das Schienbein verletzen; ˈ**~-bone** *s.* Schienbein(knochen *m*) *n.*

shin·dig [ˈʃindig] *s. sl.* ‚Schwof' *m*, Tanzvergnügen *n*; *weitS.* Rummel *m*, ˈParty *f.*

shin·dy [ˈʃindi] *s.* **1.** *sl.* Krach *m*, Raˈdau *m*; **2.** → *shindig.*

shine [ʃain] **I.** *v/i.* [*irr.*] **1.** scheinen; leuchten, strahlen (*a. Augen etc.*; *with joy* vor Freude): *to ~ out* hervorleuchten (*a. fig.*); *to ~ (up)on et.* beleuchten; *to ~ up to Am. sl.* sich bei *j-m* anbiedern; **2.** glänzen (*a. fig. sich hervortun as* als, *in* in *dat.*); **II.** *v/t.* [*irr.*] **3.** F *Schuhe etc.* polieren; **III.** *s.* **4.** (*Sonnen- etc.*)Schein *m*; → *rain 1*; **5.** Glanz *m*: *to take the ~ out of* **a)** *e-r Sache* den Glanz nehmen, **b)** *et. od. j-n* in den Schatten stellen; **6.** Glanz *m* (*bsd. auf Schuhen*): *have a ~?* Schuhputzen gefällig?; **7.** *to kick up a ~* F Radau machen; **8.** *to take a ~ to s.o. Am. sl.* j-n ins Herz schließen; ˈ**shin·er** [-nə] *s.* **1.** Leuchte *f* (*Genie*); **2.** auffallende Erscheinung; **3.** glänzender Gegenstand; **4.** *sl.* Goldmünze *f* (*bsd. Sovereign*); *pl.* ‚Moˈneten' *pl.* (*Geld*); **5.** *sl.* ‚Veilchen' *n*, blau(geschlagen)es Auge.

shin·gle[1] [ˈʃiŋgl] **I.** *s.* **1.** (Dach-)Schindel *f*; **2.** Herrenschnitt *m* (*Damenfrisur*); **3.** *Am.* F *humor.* (Firmen)Schild *n*: *to hang out one's ~* sich (als Arzt *etc.*) etablieren, ‚s-n (eigenen) Laden aufmachen'; **II.** *v/t.* **4.** mit Schindeln decken; **5.** *Haar* (sehr) kurzschneiden: *~d hair* → 2.

shin·gle[2] [ˈʃiŋgl] *s. Brit.* **1.** grober Strandkies(el) *m*; **2.** Kiesstrand *m.*

shin·gle[3] [ˈʃiŋgl] *v/t. metall.* zängen.

shin·gles [ˈʃiŋglz] *s. sg. od. pl.* ⚕ Gürtelrose *f.*

shin·gly [ˈʃiŋgli] *adj.* kies(el)ig.

shin·ing [ˈʃainiŋ] *adj.* □ leuchtend (*a. fig. Beispiel*), strahlend; glänzend (*a. fig. hervorragend*): *a ~ light* e-e Leuchte (*Person*).

shin·ny [ˈʃini] *v/i. Am.* F klettern.

shin·y [ˈʃaini] *adj.* glänzend: **a)** leuchtend (*a. fig.*), funkelnd (*a. Auto etc.*), **b)** strahlend (*Tag etc.*), **c)** blank(geputzt), **d)** abgetragen (*Rock etc.*).

ship [ʃip] **I.** *s.* **1.** ⚓ *allg.* Schiff *n*: *~'s articles* → *shipping-articles*; *~'s company* Besatzung; *~'s husband* Mitreeder; *~'s papers* Schiffspapiere; *~ of the desert fig.* Schiff der Wüste (*Kamel*); *~ of the line* ⚔ Linienschiff; *to take ~* sich einschiffen (*for* nach); *about ~!* klar zum Wenden!; *when my ~ comes home fig.* wenn ich mein Glück mache; **2.** ⚓ Vollschiff *n* (*Segelschiff*); **3.** *sl.* (Renn)Boot *n*; **4.** *Am.* **a)** Luftschiff *n*, **b)** Flugzeug *n*; **II.** *v/t.* **5.** an Bord bringen *od.* (*a. Passagiere*) nehmen, verladen; **6.** ⚓ verschiffen, transportieren; **7.** † **a)** verladen, **b)** versenden, -frachten, (aus)liefern (*a. zu Lande*), **c)** *Ware zur Verladung* abladen, **d)** ⚓ *Ladung* überˈnehmen: *to ~ a sea* e-e See (*Welle*) übernehmen; **8.** ⚓ *Ruder* einlegen, *Mast* einsetzen: *to ~ the oars* die Riemen einlegen; **9.** ⚓ *Matrosen* (an)heuern; **10.** F *a. ~ off* fortschicken; **III.** *v/i.* **11.** sich einschiffen; **12.** anheuern; **~ bis·cuit** *s.* Schiffszwieback *m*; ˈ**~·board** *s.*: *on ~* an Bord; ˈ**~·borne air·craft** *s.* ✈ Bordflugzeug *n*; ˈ**~-bro·ker** *s.* Schiffsmakler *m*; ˈ**~·build·er** *s.* ⚓ Schiffsbauer *m*, ˈSchiffsarchiˌtekt *m*; ˈ**~·build·ing** *s.* ⚓ Schiffbau *m*; ˈ**~-ca·nal** *s.* ⚓ ˈSeekaˌnal *m*; ˈ**~-chan·dler** *s.* Liefeˈrant *m* von Schiffsbedarf; ˈ**~·load** *s.* (volle) Schiffsladung (*als Maß*); ˈ**~-mas·ter** *s.* ⚓ (ˈHandels)Kapiˌtän *m.*

ship·ment [ˈʃipmənt] *s.* **1.** ⚓ **a)** Verladung *f*, **b)** Verschiffung *f*, ˈSeetransˌport *m*, **c)** (Schiffs)Ladung *f*; **2.** † (*a. zu Lande*) **a)** Versand *m*, **b)** (Waren)Sendung *f*, Lieferung *f.*

ˈ**ship·own·er** *s.* Reeder *m.*

ship·per [ˈʃipə] *s.* † **1.** Verschiffer *m*, Ablader *m*; **2.** Spediˈteur *m.*

ship·ping [ˈʃipiŋ] *s.* **1.** Verschiffung *f*; **2.** † **a)** Abladung *f* (*Anbordnahme*), **b)** Verfrachtung *f*, Versand *m* (*a. zu Lande etc.*); **3.** ⚓ *coll.* Schiffsbestand *m* (*e-s Landes etc.*); ˈ**~-a·gent** *s.* **1.** ˈSchiffsaˌgent *m*; **2.** Schiffsmakler *m*; ˈ**~-ar·ti·cles** *s. pl.* ⚓ ˈSchiffsarˌtikel *pl.*, Heuervertrag *m*; ˈ**~-bill** *s. Brit.* Maniˈfest *n*; ˈ**~-clerk** *s.* † Expediˈent *m*, Leiter *m* der Versandabteilung; ˈ**~-com·pa·ny** *s.* ⚓ Reedeˈrei *f.*

ˈ**ship|·shape** *pred. adj. u. adv.* in tadelloser Ordnung, blitzblank; ˈ**~·way** *s.* Stapel *m*, Helling *f*; ˈ**~·wreck I.** *s.* **1.** ⚓ Wrack *n*; **2.** Schiffbruch *m* (*a. fig.*); *fig.* (völliger) Zs.-bruch, Scheitern *n von Plänen etc.*: *to make ~ of* → 4; **II.** *v/t.* **3.** scheitern lassen: *to be ~ed* schiffbrüchig werden *od.* sein; **4.** *fig.* zum Scheitern bringen, vernichten; **III.** *v/i.* **5.** Schiffbruch erleiden, scheitern (*beide a. fig.*); ˈ**~·wright** *s.* **1.** → *shipbuilder*; **2.** Schiffszimmermann *m*; ˈ**~·yard** *s.* (Schiffs)Werft *f.*

shir [ʃəː] → *shirr.*

shire [ˈʃaiə] *s.* **1.** brit. Grafschaft *f*; **2.** auˈstralischer Landkreis; **3.** *a. ~-horse ein schweres Zugpferd.*

shirk [ʃəːk] **I.** *v/t.* sich drücken vor (*dat.*); **II.** *v/i.* sich drücken (*from* vor *dat.*); ˈ**shirk·er** [-kə] *s.* Drückeberger *m.*

shirr [ʃəː] *bsd. Am.* **I.** *s.* eˈlastisches Gewebe, eingewebte Gummischnur, Zugband *n*; **II.** *v/t. Gewebe* kräuseln; **shirred** [ʃəːd] *adj.* eˈlastisch, gekräuselt.

shirt [ʃəːt] *s.* **1.** (Herren-, Ober-) Hemd *n*: *to get s.o.'s ~ out* j-n ‚auf die Palme bringen' (*wütend machen*); *to give away the ~ off one's back* s-n letzten Heller *für j-n* hergeben; *to keep one's ~ on sl.* sich nicht aufregen; *to put one's ~ on sl.* alles auf *ein Pferd etc.* setzen; **2.** *a. ~-blouse* (Damen)Hemdbluse *f*; ˈ**~-front** *s.* Hemdbrust *f.*

shirt·ing [ˈʃəːtiŋ] *s.* Hemdenstoff *m.*

shirt·less [ˈʃəːtlis] *adj.* **1.** ohne Hemd; **2.** *fig.* bettelarm.

ˈ**shirt-sleeve I.** *s.* Hemdsärmel *m*: *in one's ~s* in Hemdsärmeln; **II.** *adj. fig.* ungezwungen, leˈger, ˈinforˌmell, ‚hemdsärmelig': *~ diplomacy* offene Diplomatie.

shirt·y [ˈʃəːti] *adj. sl.* fuchsteufelswild.

shit [ʃit] V **I.** *s.* **1.** Scheiße *f*: *to have a ~* → 4; **2.** *fig.* Arschloch *n*; **II.** *int.* **3.** *~!* Scheiße!, Scheißdreck!; **III.** *v/i.* [*Am. irr.*] **4.** scheißen: *to ~ on* **a)** auf *j-n od. et.* scheißen, **b)** *fig. j-n* ‚verpfeifen'; **IV.** *v/t.* [*Am. irr.*] **5.** vollscheißen, scheißen in (*acc.*).

shiv·er[1] [ˈʃivə] **I.** *s.* **1.** Splitter *m*, (Bruch)Stück *n*, Scherbe *f*; **2.** *min.* Dachschiefer *m*; **II.** *v/t.* **3.** zersplittern, zerschmettern; **III.** *v/i.* **4.** (zer)splittern.

shiv·er[2] [ˈʃivə] **I.** *v/i.* **1.** (*with* vor *dat.*) zittern, (er)schauern, frösteln; **2.** flattern (*Segel*); **II.** *s.* **3.** Schauer *m*, Zittern *n*, Frösteln *n*: *the ~s* **a)** ⚕ der Schüttelfrost, **b)** F *fig.* das kalte Grausen; ˈ**shiv·er·ing** [-vəriŋ] *s.* Schauer(n *n*) *m*, Schüttelfrost *m*: *~ fit* Fieberschauer; ˈ**shiv·er·y** [-əri] *adj.* fröstelnd; fiebrig.

shoal[1] [ʃoul] **I.** *s.* Schwarm *m*, Zug *m von Fischen*; **II.** *v/i.* in Schwärmen auftreten.

shoal[2] [ʃoul] **I.** *s.* **1.** Untiefe *f*, seichte Stelle; Sandbank *f*; **2.** *fig.* Klippe *f*, Falle *f*; **II.** *adj.* **3.** seicht; **III.** *v/i.* **4.** seicht(er) werden; ˈ**shoal·y** [-li] *adj.* seicht.

shock[1] [ʃɔk] **I.** *s.* **1.** Stoß *m*, Erschütterung *f* (*a. fig. des Vertrauens etc.*); **2.** Zs.-stoß *m*, Zs.-prall *m*, Anprall *m*; **3.** ⚕ (Nerven)Schock *m*, Schreck *m*, (plötzlicher) Schlag (*to* für), *seelische* Erschütterung (*to gen.*): *to get the ~ of one's life* zu Tode erschrecken; *with a ~* mit Schrecken; **4.** Schock *m*, Ärgernis *n* (*to* für); **5.** ⚡ Schlag *m*, (*a.* ⚕ Eˈlektro)Schock *m*; **II.** *v/t.* **6.** erschüttern, erbeben lassen; **7.** *fig.* schokkieren, emˈpören: *~ed* empört *od.* entrüstet (*at* über *acc.*, *by* durch); **8.** *fig. j-m* e-n Schock versetzen, *j-n* erschüttern: *I was ~ed to hear* zu m-m Entsetzen hörte ich; **9.** *j-m* e-n eˈlektrischen Schlag versetzen; ⚕

j-n schocken; **III.** *v/i.* **10.** ⚔ zs.-prallen.

shock² [ʃɔk] ↗ **I.** *s.* Mandel *f*, Hocke *f*; **II.** *v/t.* in Mandeln aufstellen.

shock³ [ʃɔk] **I.** *s.* (~ *of hair* Haar-) Schopf *m*; **II.** *adj.* zottig: ~ *head* Strubbelkopf.

ˈshock|-ab·sorb·er *s.* ⊕ Stoßdämpfer *m*; **2.** ˈSchwingmeˌtall *n*; **ˈ~-ab·sorp·tion** *s.* ⊕ Stoßdämpfung *f*.

shock·er [ˈʃɔkə] *s.* **1.** böse Überˈraschung; **2.** Sensatiˈon *f*; **3.** F ˈSchauerroˌman *m*; **4.** *Brit.* F *ein* ‚Graus' *m* (*et. sehr Schlechtes*).

ˈshock-head·ed *adj.* strubb(e)lig: ~ *Peter* Struwwelpeter.

shock·ing [ˈʃɔkiŋ] **I.** *adj.* □ **1.** schokkierend, emˈpörend, unerhört, anstößig; **2.** entsetzlich, haarsträubend; **3.** F scheußlich, schrecklich, miseˈrabel; **II.** *adv.* F **4.** schrecklich, unheimlich (*groß etc.*).

ˈshock|-ˈproof *adj.* ⊕ stoß-, erschütterungsfest; ~ **tac·tics** *s. pl. sg. konstr.* ⚔ ˈDurchbruchs-, ˈStoßˌtaktik *f*; ~ **ther·a·py,** ~ **treat·ment** *s.* ⚕ ˈSchocktheraˌpie *f*, -behandlung *f*; **ˈ~-troops** *s. pl.* ⚔ Stoßtruppen *pl.*; **ˈ~-work·er** *s.* Stoßarbeiter *m* (*in kommunistischen Ländern*).

shod [ʃɔd] **I.** *pret. u. p.p. von* shoe; **II.** *adj.* **1.** beschuht; **2.** beschlagen (*Pferd, Stange etc.*).

shod·dy [ˈʃɔdi] **I.** *s.* **1.** Shoddy *n*, (langfaserige) Kunstwolle; **2.** Shoddytuch *n*; **3.** *fig.* Schund *m*, Kitsch *m*; **4.** *fig. Am.* Emˈporkömmling *m*; **5.** *fig. Am.* Protzentum *n*; **II.** *adj.* **6.** Shoddy...; **7.** *fig.* unecht, falsch: ~ *aristocracy* Talmiaristokratie; **8.** *fig.* kitschig, Schund...: ~ *literature*; **9.** *fig. Am.* protzig.

shoe [ʃu:] **I.** *s.* **1.** (*bsd. Brit.* Halb-) Schuh *m*: *dead men's* ~*s fig.* ungeduldig erwartetes Erbe; *to be in s.o.'s* ~*s fig.* in j-s Haut stecken; *to know where the* ~ *pinches fig.* wissen, wo der Schuh drückt; *to shake in one's* ~*s fig.* vor Angst schlottern; *to step into s.o.'s* ~*s* j-s Stelle einnehmen; *that is another pair of* ~*s fig.* das sind zwei Paar Stiefel; *now the* ~ *is on the other foot* F jetzt will er *etc.* (plötzlich) nichts mehr davon wissen; **2.** Hufeisen *n*; **3.** ⊕ Schuh *m*, (Schutz)Beschlag *m*; **4.** ⊕ **a)** Bremsschuh *m*, -klotz *m*, **b)** Bremsbacke *f*; **5.** ⊕ (Reifen)Decke *f*; **6.** ⚡ Gleitschuh *m*; **II.** *v/t.* [*irr.*] **7. a)** beschuhen, **b)** *Pferd, a. Stock* beschlagen; **ˈ~·black** *s.* Schuhputzer *m*; **ˈ~·horn** *s.* Schuhlöffel *m*; **ˈ~-lace** *s.* Schnürsenkel *m*; **ˈ~-leath·er** *s.* Schuhleder *n*.

shoe·less [ˈʃu:lis] *adj.* unbeschuht, barfuß.

ˈshoe|-lift *s.* Schuhanzieher *m*; **ˈ~-mak·er** *s.* Schuhmacher *m*: ~*'s thread* Pechdraht; **ˈ~·shine** *s. Am.* **1.** Schuhputzen *n*; **2.** Schuhputzer *m*: ~ *parlor* Schuhputzladen; **ˈ~-string** *s.* **1.** *Am.* → *shoe-lace*; **2.** *to start a business on a* ~ *fig.* ein Geschäft mit e-m Minimum an Kapital aufmachen.

shone [ʃɔn] *pret. u. p.p. von shine.*

shoo [ʃu:] **I.** *int.* **1.** husch!, sch! (*Scheuchruf*); **II.** *v/t.* **2.** *a.* ~ *away Vögel etc.* verscheuchen; **3.** *Am.* F *j-n* ‚bugsieren', (ge)leiten; **III.** *v/i.* **4.** husch! *od.* sch! rufen.

shook¹ [ʃuk] *bsd. Am. s.* **1.** Bündel *n* Faßdauben; **2.** Pack *m* Kistenbretter; **3.** → *shock² I.*

shook² [ʃuk] *pret. u. obs. od. dial. p.p. von shake.*

shoot [ʃu:t] **I.** *s.* **1.** Schießen *n*; **2.** *hunt.* **a)** ˈJagd(reˌvier *n*) *f*, **b)** Jagdgesellschaft *f*; **3.** *fig.* Schuß *m* (*schnelle Bewegung*); **4.** (Holz- *etc.*) Rutsche *f*, Rutschbahn *f*; **5.** Stromschnelle *f*; **6.** ⚘ Schößling *m*; **II.** *v/t.* [*irr.*] **7.** *Pfeil, Kugel etc.* (ab)schießen, (-)feuern: *to* ~ (*away*) *Munition* verschießen; **8.** *a.* ~ *off Waffe* abschießen, -feuern: *to* ~ *off one's mouth Am. sl.* ‚blöd quatschen'; **9. a)** *Wild* schießen, erlegen, **b)** anschießen, **c)** *j-n* erschießen (*for* wegen): *to* ~ *down* abschießen (*a.* ✈); **10.** *hunt.* in *e-m Revier* jagen; **11.** *sport Ball, Tor* schießen; **12.** ⚓ *Sonne etc.* schießen (*Höhe messen*); → *moon 1*; **13.** *fig. Strahl etc.* schießen, senden: *to* ~ *a glance at* e-n schnellen Blick werfen auf (*acc.*); **14. a)** *Film, Szene* drehen, **b)** *bsd. Am.* photographieren; **15.** *fig.* stoßen, schleudern, werfen; **16.** *fig.* unter *e-r Brücke etc.* hinˈdurchschießen, über *e-e Stromschnelle etc.* hinˈwegschießen; **17.** *Riegel* vorschieben; **18.** *mit Fäden* durchˈschießen, -ˈwirken; **19.** *a.* ~ *forth* ⚘ *Knospen etc.* treiben; **20.** *Müll, Karren etc.* abladen, auskippen; **21.** *Faß* schroten; **22.** ⚕ (ein)spritzen; **III.** *v/i.* [*irr.*] **23.** *a. sport* schießen, feuern (*at* nach, auf *acc.*): ~! *Am. sl.* schieß los (*sprich*)!; **24.** *hunt.* jagen, schießen: *to go* ~*ing* auf die Jagd gehen; **25.** *fig.* (daˈhin-, vorˈbei- *etc.*)schießen, (-)jagen, (-)rasen: *to* ~ *ahead* nach vorn schießen, voranstürmen; *to* ~ *ahead of* vorbeischießen an (*dat.*), überholen; **26.** stechen (*Schmerz, Glied*); **27.** *a.* ~ *forth* ⚘ sprossen, keimen; **28. a)** filmen, **b)** *bsd. Am.* photographieren; **29.** ⚓ ˈüberschießen (*Ballast*);

Zssgn mit adv.:

shoot| out I. *v/t.* **1.** *Auge etc.* ausschießen; **2.** herˈausschleudern, hinˈauswerfen; **3.** *Faust, Fuß* vorschnellen (lassen); *Zunge* herˈausstrecken; **4.** herˈausragen lassen; **II.** *v/i.* **5.** ⚘ herˈvorsprießen; **6.** vor-, herˈausschnellen; ~ **up I.** *v/t.* **1.** *sl.* zs.-schießen; **II.** *v/i.* **2.** in die Höhe schießen, rasch wachsen (*Pflanze, Kind*); **3.** emˈporschnellen (*a.* ☨ *Preise*); **4.** (jäh) aufragen (*Klippe etc.*).

shoot·er [ˈʃu:tə] *s.* **1.** Schütze *m*, Schützin *f*; **2.** F ‚Schießeisen' *n*.

shoot·ing [ˈʃu:tiŋ] **I.** *s.* **1. a)** Schießen *n*, **b)** Schießeˈrei *f*; **2.** Erschießen *n*; **3.** *fig.* Stechen *n* (*Schmerz*); **4.** *hunt.* **a)** Jagd *f*, **b)** Jagdrecht *n*, **c)** ˈJagdreˌvier *n*; **5.** Aufnahme *f e-s Films*, Dreharbeiten *pl.*; **II.** *adj.* **6.** schießend, Schieß...; **7.** *fig.* stechend (*Schmerz*); **8.** Jagd...; **ˈ~-box** *s.* Jagdhütte *f*; **ˈ~-gal·ler·y** *s.* **1.** ⚔, *sport* Schießstand *m*; **2.** Schießbude *f*; **ˈ~-i·ron** *s. sl.* ‚Schießeisen' *n*; **ˈ~-li·cense** *s.* Jagdschein *m*; **ˈ~-match** *s.* Preis-, Wettschießen *n*; **ˈ~-range** *s.* Schießstand *m*; ~ **star** *s. ast.* Sternschnuppe *f*; ~ **war** *s.* heißer Krieg, Schießkrieg *m*.

shop [ʃɔp] **I.** *s.* **1.** (Kauf)Laden *m*, Geschäft *n*: *to keep* ~ ein Geschäft *od.* e-n Laden haben; *to shut up* ~ das Geschäft schließen, den Laden dicht machen (*a. für immer*); *to come to the wrong* ~ F an die falsche Adresse geraten; *all over the* ~ *sl.* **a)** überall verstreut, **b)** in alle Himmelsrichtungen, **c)** wild; **2.** ⊕ Werkstatt *f*; **3. a)** Betrieb *m*, Faˈbrik *f*, **b)** Abteilung *f in e-r Fabrik*; *to talk* ~ fachsimpeln; *to sink the* ~ F **a)** nicht vom Geschäft reden, **b)** s-n Beruf verheimlichen; → *closed (open) shop*; **4.** *bsd. Brit. sl.* **a)** ‚Penne' *f* (*Schule*), ‚Uni' *f* (*Universität*), **b)** ‚Kittchen' *n* (*Gefängnis*); **II.** *v/i.* **5.** einkaufen, Einkäufe machen: *to go* ~*ping*; *to* ~ *around* F *vor dem Einkauf* die Preise vergleichen; **III.** *v/t.* **6.** *bsd. Brit. sl.* **a)** *j-n* ‚verpfeifen', **b)** *j-n* ‚ins Kittchen bringen'; **ˈ~-as·sist·ant** *s. Brit.* Ladenangestellte(r *m*) *f*, Verkäufer(in); ~ **com·mit·tee** *s.* ☨ Betriebsrat *m*; **ˈ~-girl** *s.* Verkäuferin *f*; **ˈ~·keep·er** *s.* Ladenbesitzer(in), Krämer(in): *nation of* ~*s fig. contp.* Krämervolk; **ˈ~·keep·ing** *s.* **1.** Kleinhandel *m*; **2.** Betrieb *m* e-s (Laden)Geschäfts; **ˈ~-lift·er** *s.* Ladendieb(in); **ˈ~-lift·ing** *s.* Ladendiebstahl *m*; **ˈ~·man** [-mən] *s.* [*irr.*] **1.** Ladengehilfe *m*, Verkäufer *m*; **2.** *bsd. Brit.* → *shopkeeper.*

shop·per [ˈʃɔpə] *s.* (Ein)Käufer(in);

shop·ping [ˈʃɔpiŋ] *s.* Einkauf *m*, Einkaufen *n* (*in Läden*): ~ *centre Brit.*, ~ *center Am.* Einkaufszentrum; ~ *list* Einkaufsliste; *to do one's* ~ (seine) Einkäufe machen.

ˈshop|-soiled *adj. bsd. Brit.* ☨ angestaubt, beschädigt; **ˈ~-stew·ard** *s.* ☨ Betriebsrat *m*, Vertrauensmann *m*; **ˈ~-talk** *s.* Fachsimpeˈlei *f*; **ˈ~·walk·er** *s. Brit.* (aufsichtführender) Abˈteilungsleiter (*im Kaufhaus*); **ˈ~-win·dow** *s.* Schaufenster *n*, Auslage *f*: *to put all one's goods in the* ~ *fig.* ‚auf Wirkung machen'; **ˈ~-worn** → *shop-soiled.*

sho·ran [ˈʃɔ:ræn] *s.* ✈ Shoran *n* (*von short range navigation Nahbereichs-Radar-Navigation*).

shore¹ [ʃɔ:] **I.** *s.* **1.** Stütz-, Strebebalken *m*, Strebe *f*; **2.** ⚓ Schore *f* (*Spreizholz*); **II.** *v/t.* **3.** *mst* ~ *up* abstützen.

shore² [ʃɔ:] **I.** *s.* **1.** Küste *f*, Strand *m*, Ufer *n*, Gestade *n*: *my native* ~ *fig.* mein Heimatland; **2.** ⚓ Land *n*: *on* ~ an(s) Land; *in* ~ in Küstennähe; **II.** *adj.* **3.** Küsten..., Strand..., Land...: ~*-battery* ⚔ Küstenbatterie; ~*-leave* ⚓ Landurlaub; **ˈshore·less** [-lis] *adj.* ohne Ufer, uferlos (*a. poet. fig.*); **ˈshore·ward** [-wəd] **I.** *adj.* küstenwärts gelegen *od.* gerichtet *etc.*; **II.** *adv. a.* ~*s* küstenwärts, (nach) der Küste zu.

shorn [ʃɔ:n] *p.p. von shear*: ~ *of fig. e-r Sache* beraubt.

short [ʃɔ:t] **I.** *adj.* □ → *shortly*; **1.** *räumlich u. zeitlich* kurz: *a* ~ *life*; *a* ~ *memory*; *a* ~ *street*; *a* ~ *time ago* vor kurzer Zeit, vor kurzem; ~ *sight* Kurzsichtigkeit (*a. fig.*); *on the* ~ *list fig.* in der engeren Wahl; *to get* *the ~ end of the stick Am.* F schlecht wegkommen (*bei e-r Sache*); *to have by the ~ hairs Am.* F *j-n od. et.* ‚in der Tasche' haben; **2.** kurz, gedrungen, klein; **3.** zu kurz (for für): *to fall* (*od. come*) *~ of fig. et.* nicht erreichen, *den Erwartungen etc.* nicht entsprechen, hinter (*dat.*) zurückbleiben; **4.** *fig.* kurz, knapp: *a ~ speech*; *~ story* Erzählung; *~ ~ story* Kurzgeschichte; **5.** kurz angebunden, barsch (*with* gegen); **6.** knapp, unzureichend: *~ rations*; *~ weight* Fehlgewicht; *to run ~* knapp werden; **7.** knapp (of an *dat.*): *~ of breath* kurzatmig; *~ of cash* knapp bei Kasse; *they ran ~ of bread* das Brot ging ihnen aus; **8.** knapp, nicht ganz: *a ~ hour* (*mile*); **9.** geringer, weniger (of als): *nothing ~ of* nichts weniger als, geradezu; **10.** mürbe (*Gebäck etc.*): *~ pastry* Mürbeteig; **11.** *metall.* brüchig; **12.** *bsd.* † kurzfristig, *Wechsel etc.* auf kurze Sicht: *at ~ date* kurzfristig; *at ~ notice* **a)** kurzfristig (kündbar), **b)** schnell, prompt; **13.** † *Börse*: **a)** Baisse..., Blanko...(*-verkäufer*), **b)** Blanko..., deckungslos (*Verkauf*); **14. a)** klein, in e-m Gläs·chen serviert, **b)** stark (*Getränk*); **II.** *adv.* **15.** kurz(erhand), plötzlich, ab'rupt: *to cut s.o. ~*, *to take s.o. up ~* j-n (jäh) unterbrechen; *to be taken ~* F plötzlich (austreten) ‚müssen'; *to stop ~* plötzlich innehalten, → 17; **16.** zu kurz; **17.** *~ of* **a)** knapp *od.* kurz vor (*dat.*), **b)** *fig.* abgesehen von, außer (*dat.*): *~ of lying* ehe ich lüge; *to stop ~ of* zurückschrecken vor (*dat.*); **18.** † ungedeckt: *to sell ~* ohne Deckung verkaufen, in Baisse spekulieren; **III.** *s.* **19.** *et.* Kurzes, *z.B.* Kurzfilm *m*; **20.** *in ~* kurzum; *called Bill for ~* kurz *od.* der Kürze halber Bill genannt; *to be ~ for* die Kurzform sein für; **21.** ⚡ F ‚Kurze(r)' *m* (*Kurzschluß*); **22.** † Baissi'er *m*; **23.** *ling.* **a)** kurzer Vo'kal, **b)** kurze Silbe; **24.** *pl.* **a)** Shorts *pl.*, kurze Hose, **b)** *Am.* kurze 'Unterhose; **IV.** *v/t.* **25.** F → *short-circuit*;

'short·age [-tidʒ] *s.* **1.** Knappheit *f*, Mangel *m* (of an *dat.*); **2.** Fehlbetrag *m*; Abgang *m*, Gewichtsverlust *m*.

'short|·bread, '~·cake *s.* Mürbe-, Teekuchen *m*; **~'change** *v/t. Am.* F *j-m* zu wenig (Wechselgeld) her'ausgeben; *fig. j-n* ‚übers Ohr hauen'; **~ cir·cuit** *s.* ⚡ Kurzschluß *m*; **'~-'cir·cuit** *v/t.* **1.** ⚡ e-n Kurzschluß verursachen in (*dat.*); **2.** kurz schließen; **'~·com·ing** *s.* **1.** Unzulänglichkeit *f*; **2.** Fehler *m*, Mangel *m*; **3.** Pflichtversäumnis *n*; **4.** Fehlbetrag *m*; **~ cut** *s.* Abkürzung *f* (*Weg*); *fig.* abgekürztes Verfahren: *to take a ~* (den Weg) abkürzen; **'~-'dat·ed** *adj.* † kurzfristig, auf kurze Sicht; **'~-'dis·tance** *adj.* Nah...

short·en ['ʃɔːtn] **I.** *v/t.* **1.** (ab-, ver-) kürzen, kürzer machen; *Bäume etc.* stutzen; *fig.* vermindern; **2.** ⚓ *Segel* reffen; **3.** *Teig* mürbe machen; **II.** *v/i.* **4.** kürzer werden; **5.** fallen (*Preise*); **'short·en·ing** [-niŋ] *s.* **1.** (Ab-, Ver)Kürzung *f*; **2.** (Ver)Minderung *f*; **3.** Backfett *n*.

'short|·fall *s.* Fehlbetrag *m*; **'~·hand I.** *s.* **1.** Kurzschrift *f*; **II.** *adj.* **2.** in Kurzschrift (geschrieben), stenographiert; **3.** Kurzschrift...: *~ typist* Stenotypistin; *~ writer* Stenograph(in); **'~-'hand·ed** *adj.* knapp an Arbeitskräften; **~ haul** *s.* 'Nahtrans,port *m*, -verkehr *m*; **'~·horn** *s. zo.* 'Shorthorn *n*, Kurzhornrind *n*.

short·ish ['ʃɔːtiʃ] *adj.* etwas *od.* ziemlich kurz.

'short|-list *v/t. j-n* in die engere Wahl ziehen; **'~-'lived** [-'livd] *adj.* kurzlebig, von kurzer Dauer.

short·ly ['ʃɔːtli] *adv.* **1.** in kurzem, bald: *~ after* kurz (da)nach; *~ before* kurz vorher *od.* vor (*dat.*); **2.** in kurzen Worten; **3.** kurz (angebunden), schroff; **short·ness** ['ʃɔːtnis] *s.* **1.** Kürze *f*; **2.** Schroffheit *f*; **3.** Knappheit *f*, Mangel *m* (of an *dat.*): *~ of breath* Kurzatmigkeit; **4.** Mürbe *f* (*Gebäck etc.*).

'short|-range *adj.* ⚔ Nahkampf...; **~ rib** *s. anat.* falsche Rippe; **'~-'sight·ed** [-'saitid] *adj.* □ kurzsichtig (*a. fig.*); **'~-'sight·ed·ness** [-'saitidnis] *s.* Kurzsichtigkeit *f* (*a. fig.*); **'~-'spo·ken** *adj.* kurz angebunden, schroff; **~ tem·per** *s.* Reizbarkeit *f*, Heftigkeit *f*; **'~-'tem·pered** *adj.* reizbar, aufbrausend; **'~-term** *adj. bsd.* † kurzfristig: *~ credit*; **~ time** *s.* † Kurzarbeit *f*: *to work ~* kurzarbeiten; **~ ton** *s. bsd. Am.* Tonne *f* (*2000 lbs.*); **~ wave** *s.* ⚡ Kurzwelle *f*; **'~-wave** *adj.* ⚡ **1.** kurzwellig; **2.** Kurzwellen...; **~ wind** *s.* Kurzatmigkeit *f* (*a. fig.*); **'~-'wind·ed** *adj.* kurzatmig (*a. fig.*).

shot[1] [ʃɔt] **I.** *pret. u. p.p. von shoot*; **II.** *adj.* **1.** *a. ~ through* durch'schossen, gesprenkelt (*Seide etc.*); **2.** changierend, schillernd (*Stoff, Farbe*); **3.** *sl.* ‚ka'putt', erschöpft.

shot[2] [ʃɔt] *s.* **1.** Schuß *m* (*a. Knall*): *a long ~ fig.* ein kühner Versuch; *by a long ~ sl.* weitaus; *not by a long ~* noch lange nicht, keine Spur; *like a ~* F wie der Blitz, sofort; *to take a ~ at* schießen auf (*acc.*); **2.** Schußweite *f*: *out of ~* außer Schußweite; **3.** *a. small ~* **a)** Schrotkugel *f*, -korn *n*, **b)** *coll.* Schrot(kugeln *pl.*) *m*; **4.** (Ka'nonen)Kugel *f*, Geschoß *n*: *a ~ in the locker* ⚓, F Geld in der Tasche; **5.** *guter etc.* Schütze: *big ~* F *fig.* großes Tier, Bonze; **6.** *sport* Schuß *m*, Wurf *m*, Stoß *m*, Schlag *m*; **7.** *sport* Kugel *f*; **8. a)** (Film)Aufnahme *f*, (-)Szene *f*, **b)** *phot.* F Aufnahme *f*, Schnappschuß *m*; **9.** *fig.* Versuch *m*: *at the third ~* beim dritten Versuch; *to have a ~ at* es (einmal) mit *et.* versuchen; **10.** *fig.* (Seiten)Hieb *m*; **11.** ⚕ Spritze *f* (*Injektion*): *~ in the arm* F *fig.* ‚Spritze' (*bsd.* † *finanzielle Hilfe*); **12.** F Schuß *m Rum etc.*; ‚Gläs·chen' *n Schnaps*: *to stand ~* die Zeche (für alle) bezahlen; **13.** ⊕ **a)** Sprengladung *f*, **b)** Sprengung *f*; **14.** *Am. sl.* Chance *f*; **'~·gun** *s.* Schrotflinte *f*: *~ marriage Am.* F ‚Mußheirat'; **'~-put** *s. sport* Kugelstoßen *n*; **'~-put·ter** *s. sport* Kugelstoßer(in).

shot·ten ['ʃɔtn] *adj. ichth.* gelaicht habend: *~ herring* Hohlhering.

'shot|-tow·er *s.* Schrotturm *m*; **~ weld·ing** *s.* ⊕ Schußschweißen *n*.

should [ʃud; ʃəd] **1.** *pret. von shall, a. konditional futurisch*: *ich, er, sie, es* sollte, *du* solltest, *wir, Ihr, Sie, sie* sollten: *I ~ have gone* ich hätte gehen sollen; *if he ~ come* falls er kommen sollte; *~ it prove false* sollte es sich als falsch erweisen; **2.** *konditional*: *ich* würde, *wir* würden: *I ~ go if ...*; *I ~ not have come if* ich wäre nicht gekommen, wenn; *I ~ like to* ich würde *od.* möchte gern; **3.** *nach Ausdrücken des Erstaunens*: *it is incredible that he ~ have failed* es ist unglaublich, daß er versagt hat.

shoul·der ['ʃouldə] **I.** *s.* **1.** Schulter *f*, Achsel *f*: *~ to ~ bsd. fig.* Schulter an Schulter; *to put one's ~ to the wheel fig.* sich tüchtig ins Zeug legen; (*straight*) *from the ~ fig.* unverblümt, geradeheraus; *to give s.o. the cold ~ fig.* j-m die kalte Schulter zeigen; → *rub 7*; *he has broad ~s fig.* er hat e-n breiten Rücken; **2.** Bug *m*, Schulterstück *n* (*von Tieren*): *~ of mutton* Hammelkeule; **3.** *fig.* Schulter *f*, Vorsprung *m*; **4.** Ban'kett *n* (*Straßenrand*); **5.** ✈ 'Übergangsstreifen *m* (*Flugplatz*); **II.** *v/t.* **6.** (mit der Schulter) stoßen *od.* drängen: *to ~ one's way through the crowd* sich e-n Weg durch die Menge bahnen; **7.** *et.* schultern, auf die Schulter nehmen; ⚔ *Gewehr* 'übernehmen; *Aufgabe, Verantwortung etc.* auf sich nehmen; **'~-belt** *s.* ⚔ Schulterriemen *m*; **'~-blade** *s. anat.* Schulterblatt *n*; **'~-knot** *s.* **1.** Achselband *n* (*Livree*); **2.** ⚔ Schulterstück *n*; **'~-mark** *s.* ⚔, ⚓ *Am.* Schulterklappe *f*; **'~-strap** *s.* **1.** Träger *m* (*bsd. an Damenunterwäsche*); **2.** ⚔ Schulterstück *n*; **~ win** *s. Ringen*: Schultersieg *m*.

should·n't ['ʃudnt] F *für should not.*

shout [ʃaut] **I.** *v/i.* **1.** (laut) rufen, schreien (for nach): *to ~ to s.o.* j-m zurufen; **2.** schreien, brüllen (*with* vor *Schmerz, Lachen*): *to ~ at s.o.* j-n anschreien; **3.** jauchzen (*for, with* vor *dat.*); **II.** *v/t.* **4.** (laut) rufen, schreien: *to ~ disapproval* laut sein Mißfallen kundgeben; *to ~ s.o. down* j-n niederbrüllen; *to ~ out* **a)** herausschreien, **b)** *Namen etc.* ausrufen; **III.** *s.* **5.** Schrei *m*, Ruf *m*; **6.** Geschrei *n*, Gebrüll *n*: *a ~ of laughter* brüllendes Lachen; **7.** *my ~!* *sl.* jetzt bin ich dran! (*bsd. zum Stiften von Getränken*); **'shout·ing** [-tiŋ] *s.* Schreien *n*, Geschrei *n*: *all is over but the ~* die Schlacht ist entschieden.

shove [ʃʌv] **I.** *v/t.* **1.** *beiseite etc.* schieben, stoßen; **2.** (achtlos *od.* rasch) *wohin* schieben, stecken; **II.** *v/i.* **3.** schieben, stoßen; **4.** (sich) dränge(l)n; **5.** *~ off* **a)** vom Ufer abstoßen, **b)** *sl.* ‚abschieben', sich da'vonmachen; **III.** *s.* **6.** Stoß *m*, Schubs *m*: *to give s.o. a ~ off fig.* j-m weiterhelfen.

shov·el ['ʃʌvl] **I.** *s.* **1.** Schaufel *f*; **2.** ⊕ **a)** Löffel *m* (*e-s Löffelbaggers*), **b)** Löffelbagger; **II.** *v/t.* **3.** schaufeln: *to ~ up* (*od. in*) *money* Geld scheffeln; **'~·board** *s.* Beilkespiel *n*.

shov·el·er *Am.* → *shoveller*; **shov·el·ful** ['ʃʌvlful] *pl.* **-fuls** *s.* *e-e*

Schaufel(voll); **shov·el·ler** ['ʃʌvlə] *s. orn.* Löffelente *f.*

show [ʃou] **I.** *s.* **1.** (Her)Zeigen *n*: *to vote by ~ of hands* durch Handheben wählen; **2.** Schau *f*, Zur'schaustellung *f*: *a ~ of force fig.* e-e Demonstration der Macht; **3.** *künstlerische etc.* Darbietung, Vorführung *f*, -stellung *f*; **4.** F (The'ater)Vorstellung *f*; **5.** Schau *f*, Ausstellung *f*: *flower-~*; *on ~* ausgestellt, zu besichtigen; **6.** *prunkvoller* 'Umzug; **7.** Schaubude *f auf Jahrmärkten*; **8.** Anblick *m*: *to make a sorry ~* e-n traurigen Eindruck hinterlassen; *to make a good ~* (e-e), ‚gute Figur' machen; **9.** *gute etc.* Leistung; **10.** Protze'rei *f*, Angebe'rei *f*: *for ~* um Eindruck zu machen, (nur) fürs Auge; *to be fond of ~* gern großtun, *to make a ~ of* mit *et.* protzen; *to steal the ~ j-m* ‚die Schau stehlen' (*j-n in den Schatten stellen*); **11.** (leerer) Schein: *in outward ~* nach außen hin; *to make a ~ of rage* sich wütend stellen; **12.** Spur *f*: *no ~ of* keine Spur von; **13.** F Chance *f*; **14.** *sl.* ‚Laden' *m*, ‚Kiste' *f*, ‚Kram' *m*: *to run the ~ sl.* ‚den Laden schmeißen'; *to give the (whole) ~ away* F den ganzen Schwindel verraten; *a dull (poor) ~* e-e langweilige (armselige) Sache; **II.** *v/t.* [*irr.*] **15.** zeigen (*s.o. s.th.*, *s.th. to s.o.* j-m et.), sehen lassen, *Fahrkarten etc. a.* vorzeigen, -weisen: *to ~ o.s.* sich zeigen *od.* sehen lassen, *fig.* sich *grausam etc.* zeigen, sich erweisen als; *to ~ s.o. the door* j-m die Tür weisen; **16.** ausstellen, (auf e-r Ausstellung) zeigen; **17.** *thea. etc.* zeigen, vorführen; **18.** *j-n ins Zimmer etc.* geleiten, führen: *to ~ s.o. over the house* j-n durch das Haus führen; **19.** *Absicht etc.* (auf-) zeigen, kundtun, darlegen; **20.** zeigen, beweisen, nachweisen; ⚖ *a.* glaubhaft machen: *to ~ proof* den Beweis erbringen; **21.** zeigen, erkennen lassen, verraten: *to ~ bad taste*; **22.** *Gunst etc.* erweisen; **23.** *j-m* zeigen *od.* erklären (*wie et. gemacht wird*): *to ~ s.o. how to write* j-m das Schreiben beibringen; **III.** *v/i.* [*irr.*] **24.** zeigen: *to be ~ing* gezeigt werden, laufen (*Film*); → *time 1*; **25.** sich zeigen, sichtbar werden *od.* sein: *it ~s* man sieht es; **26.** sich *in Gesellschaft* zeigen, erscheinen;

Zssgn mit adv.:

show| forth *v/t.* darlegen, kundtun; **~ in** *v/t. j-n* her'einführen; **~ off I.** *v/t.* protzen mit; **II.** *v/i.* angeben, (sich) großtun (*with* mit); **~ out** *v/t.* hin'ausgeleiten, -führen; **~ up I.** *v/t.* **1.** hin'aufführen; **2.** F **a)** *j-n* bloßstellen, entlarven, **b)** *et.* aufdecken; **II.** *v/i.* **3.** F ‚aufkreuzen', -tauchen, erscheinen; **4.** sich abheben (*against* gegen).

'**show|·boat** *s.* The'aterschiff *n*; **~ busi·ness** *s.* 'Showbusineß *n*, Schaugeschäft *n*; '**~-card** *s.* ✝ **1.** Musterkarte *f*; **2.** 'Werbepla,kat *n* (*im Schaufenster*); '**~-case** *s.* Schaukasten *m*, Vi'trine *f*; '**~-down** *s.* **1.** Aufdecken *n* der Karten (*a. fig.*); **2.** entscheidende Kraftprobe, endgültige Ausein'andersetzung *od.* Bereinigung.

show·er ['ʃauə] **I.** *s.* **1.** (Regen-, Hagel- *etc.*)Schauer *m*; **2.** Guß *m*; **3.** *fig.* (*Funken-, Kugel- etc.*)Regen *m*, (*Geschoß-, Stein*)Hagel *m*; **4.** *Am.* **a)** Brautgeschenke *pl.*, **b)** *a. ~ party* Party *f* zur Über'reichung der Hochzeitsgeschenke; **5.** → *shower-bath*; **II.** *v/t.* **6.** über'schütten, begießen: *to ~ gifts etc. upon s.o.* j-n mit Geschenken *etc.* überhäufen; **7.** niederprasseln lassen; **III.** *v/i.* **8.** (*~ down* nieder)prasseln; '**show·er-bath** *s.* **1.** Dusche *f*: **a)** Brausebad *n*, **b)** Brause *f* (*Vorrichtung*); **2.** Duschraum *m*; **show·er·y** ['ʃauəri] *adj.* **1.** voll von (Regen)Schauern; **2.** schauerartig.

show·i·ness ['ʃouinis] *s.* **1.** Prunkhaftigkeit *f*, Gepränge *n*; **2.** Auffälligkeit *f*; **3.** pom'pöses Auftreten.

show·ing ['ʃouiŋ] *s.* **1.** Zur'schaustellung *f*; **2.** Ausstellung *f*; **3.** Vorführung *f* (*e-s Films etc.*); **4.** Darlegung *f*, Erklärung *f*: *on (od. by) your own ~* nach deiner eigenen Darstellung; *upon proper ~* ⚖ nach erfolgter Glaubhaftmachung; **5. a)** *schlechte etc.* Leistung, **b)** Lage *f*: *poor ~*.

show| jump·er *s. sport* Springreiter (-in); **~ jump·ing** *s. sport* Springreiten *n*.

'**show·man** [-mən] *s.* [*irr.*] **1.** Schausteller *m*; **2.** *fig.* geschickter Propagan'dist, wirkungsvoller Redner *etc.*; '**show·man·ship** [-ʃip] *s.* **1.** Schaustelle'rei *f*; **2.** *fig.* ef'fektvolle Darbietung; **3.** propagan'distisches Ta'lent; *die* Kunst, sich in Szene zu setzen.

shown [ʃoun] *p.p. von show.*

'**show|-off** *s.* **1.** Protze'rei *f*; **2.** ‚Angeber(in)' *m*; '**~-piece** *s.* Schau-, Pa'radestück *n*; '**~-place** *s.* Ort *m* mit vielen Sehenswürdigkeiten; '**~-room** *s.* **1.** Ausstellungsraum *m*; **2.** Vorführungssaal *m*; '**~-win·dow** *s.* Schaufenster *n*.

show·y ['ʃoui] *adj.* □ **1.** prächtig, prunkvoll; **2.** auffällig, grell; **3.** protzig.

shrank [ʃræŋk] *pret. von shrink.*

shrap·nel ['ʃræpnl] *s.* ⚔ **1.** Schrap'nell *n*; **2.** Schrap'nelladung *f*.

shred [ʃred] **I.** *s.* **1.** Fetzen *m* (*a. fig.*), Lappen *m*: *in ~s* in Fetzen; *to tear to ~s* **a)** → **4**, **b)** *fig. Argument etc.* zerpflücken, -reißen; **2.** Schnitzel *n*, *m*; **3.** *fig.* Spur *f*, A'tom *n*: *not a ~ of doubt* nicht der leiseste Zweifel; **II.** *v/t.* [*irr.*] **4.** zerfetzen, in Fetzen reißen; **5.** in Streifen schneiden, *bsd. Küche*: schnitzeln; **III.** *v/i.* [*irr.*] **6.** zerreißen, in Fetzen gehen; '**shred·der** [-də] *s.* **1.** ⊕ Reißwolf *m*; **2.** *Küche*: 'Schnitzelma,schine *f*, -einsatz *m*.

shrew[1] [ʃru:] *s.* Xan'thippe *f*, zänkisches Weib: "*The Taming of the* ♀" „Der Widerspenstigen Zähmung" (*Shakespeare*).

shrew[2] [ʃru:] *s. zo.* Spitzmaus *f*.

shrewd [ʃru:d] *adj.* □ **1.** schlau, gerieben: *a ~ politician*; **2.** scharfsinnig, klug: *this was a ~ guess* das war gut geraten; **3.** *obs.* scharf: *~ pain*; *~ wind*; '**shrewd·ness** [-nis] *s.* **1.** Schlauheit *f*; **2.** Scharfsinn *m*, Klugheit *f*.

shrew·ish ['ʃru:iʃ] *adj.* □ zänkisch, boshaft.

'**shrew-mouse** → *shrew*[2].

shriek [ʃri:k] **I.** *s.* **1.** schriller Schrei; **2.** Kreischen *n* (*a. von Bremsen etc.*), Gekreisch(e) *n*: *~s of laughter* kreischendes Lachen; **II.** *v/i.* **3.** schreien, schrille Schreie ausstoßen; **4.** (gellend) aufschreien: *to ~ with pain*; *to ~ with laughter* kreischen vor Lachen; **5.** schrill klingen; kreischen (*Bremsen etc.*); **III.** *v/t.* **6.** *~ out et.* kreischen *od.* gellen.

shriev·al·ty ['ʃri:vəlti] *s.* Amt *n* des Sheriffs.

shrift [ʃrift] *s.* **1.** *obs. eccl.* Beichte *f* u. Absoluti'on *f*; **2.** *short ~* Galgenfrist *f*: *to give short ~ to* kurzen Prozeß machen mit.

shrike [ʃraik] *s. orn.* Würger *m*.

shrill [ʃril] **I.** *adj.* □ **1.** schrill, gellend; **2.** *fig.* grell (*Farbe etc.*); **3.** *fig.* verbissen; **II.** *v/t. u. v/i.* **4.** schrillen; '**shrill·ness** [-nis] *s.* schriller Klang.

shrimp [ʃrimp] **I.** *s.* **1.** *pl. coll.* **shrimp** *zo.* Gar'nele *f*; **2.** *fig. contp.* Knirps *m*; **II.** *v/i.* **3.** Gar'nelen fangen.

shrine [ʃrain] *s.* **1.** *eccl.* **a)** (Re'liquien)Schrein *m*, **b)** Heiligengrab *n*, **c)** Al'tar *m*; **2.** *fig.* Heiligtum *n*.

shrink [ʃriŋk] **I.** *v/i.* [*irr.*] **1.** sich zs.-ziehen, (zs.-, ein)schrumpfen; **2.** einlaufen, -gehen (*Stoff*); **3.** abnehmen, schwinden; **4.** *fig.* zu'rückweichen (*from* vor *dat.*): *to ~ from doing s.th.* et. widerwillig tun; **5.** *a. ~ back* zu'rückschrecken, -schaudern, -beben (*from*, *at* vor *dat.*); **6.** sich scheuen *od.* fürchten (*from* vor *dat.*); **7.** *~ away* sich da'vonschleichen; **II.** *v/t.* [*irr.*] **8.** (ein-, zs.-)schrumpfen lassen; **9.** *Stoffe* einlaufen lassen, krump(f)en; **10.** *fig.* zum Schwinden bringen; '**shrink·age** [-kidʒ] *s.* **1.** (Zs.-, Ein)Schrumpfen *n*; **2.** Schrumpfung *f*; **3.** Verminderung *f*; Schwund *m* (*a.* ⊕): *~ in the value of currency* ✝ Geldwertschwund; **4.** Einlaufen *n*, Dekatieren *n*; '**shrink·ing** [-kiŋ] *adj.* □ **1.** schrumpfend; **2.** abnehmend; **3.** 'widerwillig; **4.** scheu.

shrive [ʃraiv] *v/t.* [*irr.*] *eccl. obs.* **1.** *j-m* die Beichte abnehmen u. Absoluti'on erteilen; **2.** *~ o.s.* beichten.

shriv·el ['ʃrivl] **I.** *v/t.* **1.** *a. ~ up* (ein-, zs.-)schrumpfen lassen; **2.** (ver)welken lassen, ausdörren; **3.** runzeln; **II.** *v/i.* **4.** *oft ~ up* (zs.-, ein)schrumpfen, schrumpeln; **5.** runz(e)lig werden; **6.** (ver)welken; **7.** *fig.* verkümmern.

shriv·en ['ʃrivn] *p.p. von shrive.*

shroud [ʃraud] **I.** *s.* **1.** Leichentuch *n*, Totenhemd *n*; **2.** *fig.* Hülle *f*, Schleier *m*; **3.** *pl.* ⚓ Wanten *pl.*; **II.** *v/t.* **4.** in ein Leichentuch (ein-) hüllen; **5.** *fig. in Nebel, Geheimnis* hüllen; **6.** *fig. et.* verschleiern.

shrove [ʃrouv] *pret. von shrive.*

Shrove| Mon·day [ʃrouv] *s.* Rosen'montag *m*; '**~-tide** *s.* Fastnachtszeit *f*; **~ Tues·day** *s.* Fastnachts'dienstag *m*.

shrub[1] [ʃrʌb] *s.* ⚘ Strauch *m*, Busch *m*.

shrub[2] [ʃrʌb] *s. Art* Punsch *m*.

shrub·ber·y ['ʃrʌbəri] *s.* ⚘ Strauchwerk *n*, Gesträuch *n*, Gebüsch *n*;

ˈ**shrub·by** [-bi] *adj.* ♀ strauchig, buschig, Strauch..., Busch...

shrug [ʃrʌg] **I.** *v/t.* **1.** *die Achseln* zucken: *she ~ged her shoulders*; **2.** *to ~ s.th. off fig.* et. mit e-m Achselzucken abtun; **II.** *v/i.* **3.** die Achseln zucken; **III.** *s.* **4.** *a. ~ of the shoulders* Achselzucken *n*.

shrunk [ʃrʌŋk] **I.** *p.p. von shrink*; **II.** *adj.* **1.** (ein-, zs.-)geschrumpft; **2.** eingelaufen, dekatiert (*Stoff*); ˈ**shrunk·en** [-kən] *adj.* **1.** abgemagert, -gezehrt; eingefallen (*Wangen*); **2.** → *shrunk 1*.

shuck [ʃʌk] **I.** *s. bsd. Am. u. Brit. dial.* **1.** Hülse *f*, Schote *f* (*von Bohnen etc.*); **2.** grüne Schale (*von Nüssen etc.*); **3.** *not to care ~s* F sich nichts daraus machen; *~s!* F Quatsch!; **II.** *v/t. bsd. Am.* **4.** enthülsen, -schoten; schälen.

shud·der [ˈʃʌdə] **I.** *v/i.* schaudern, (er)zittern (*at* bei, *with* vor *dat.*): *I ~ at the thought, I ~ to think of it* es schaudert mich bei dem Gedanken; **II.** *s.* Schauder(n *n*) *m*.

shuf·fle [ˈʃʌfl] **I.** *s.* **1.** Schlurfen *n*, schlurfender Gang; **2.** *Tanz*: Schleifschritt *m*; **3.** (Karten)Mischen *n*; **4.** Ausflucht *f*; Trick *m*, Schiebung *f*; **II.** *v/i.* **5.** schlurfen; (mit den Füßen) scharren: *to ~ through s.th. fig.* et. flüchtig erledigen; **6.** *fig.* Ausflüchte machen; sich herˈauszureden suchen (*out of* aus); **7.** (die Karten) mischen; **III.** *v/t.* **8.** hin- u. herschieben: *to ~ one's feet* → *5*; **9.** schmuggeln: *to ~ away* wegpraktizieren; **10.** *~ off* **a)** *Kleider* abstreifen, **b)** *fig.* abschütteln, sich befreien von, *e-r Verpflichtung* ausweichen, *Schuld etc.* abwälzen (*on* auf *acc.*); **11.** *~ on Kleider* ˈüberwerfen; **12.** *Karten* mischen: *to ~ the cards fig.* s-e Taktik ändern; *to ~ together et.* zs.-werfen; ˈ**shuf·fle-board** *s.* Beilkespiel *n*; ˈ**shuf·fler** [-lə] *s.* **1.** Schlurfende(r *m*) *f*; **2.** Ausflüchtemacher *m*; Schwindler(in); ˈ**shuf·fling** [-liŋ] *adj.* □ **1.** schlurfend, schleppend; **2.** unaufrichtig, unredlich; **3.** ausweichend: *a ~ answer*.

shun [ʃʌn] *v/t.* (ver)meiden, ausweichen (*dat.*), sich fernhalten von.

shunt [ʃʌnt] **I.** *v/t.* **1.** beiˈseite schieben; **2.** 🚂 *Zug etc.* rangieren, auf ein anderes Gleis fahren; **3.** ⚡ nebenschließen, paralˈlel schalten; **4.** *fig. et.* aufschieben; **5.** *fig. j-n* beiseite schieben, *j-n* kaltstellen; **6.** abzweigen; **II.** *v/i.* **7.** 🚂 rangieren; **8.** *fig. von e-m Thema, Vorhaben etc.* abkommen, -springen; **III.** *s.* **9.** 🚂 Weiche *f*; **10.** ⚡ Nebenschluß *m*: *~ circuit* Nebenschluß (-kreis); **10.** *fig.* Ausweichen *n*; ˈ**shunt·er** [-tə] *s.* 🚂 **a)** Weichensteller *m*, **b)** Rangierer *m*; ˈ**shunt·ing** [-tiŋ] 🚂 **I.** *s.* Rangieren *n*; Weichenstellen *n*; **II.** *adj.* Rangier..., Verschiebe...: *~ engine*; *~ station*.

shush [ʃʌʃ] **I.** *int.* sch!, pst!; **II.** *v/i.* ‚sch' *od.* ‚pst' machen; **III.** *v/t. j-n* zum Schweigen bringen.

shut [ʃʌt] **I.** *v/t.* [*irr.*] **1.** (ver)schließen, zumachen: *to ~ one's mind* (*od. heart*) *to s.th. fig.* sich gegen et. verschließen; → *mouth 1*; **2.** einschließen, -sperren (*into, in* in *dat., acc.*); **3.** ausschließen, -sperren (*out of* aus); **4.** *Finger etc.* (ein)klemmen; **5.** *Taschenmesser, Buch etc.* schließen, zs.-, zuklappen; **II.** *v/i.* [*irr.*] **6.** sich schließen, zugehen; **7.** schließen (*Fenster etc.*); **III.** *p.p. u. adj.* **8.** ge-, verschlossen, zu: *the shops are ~* die Geschäfte sind geschlossen *od.* zu;

Zssgn mit adv.:

shut| down I. *v/t.* **1.** *Fenster etc.* schließen; **2.** *Fabrik etc.* schließen, stillegen; **II.** *v/i.* **3.** die Arbeit *od.* den Betrieb einstellen, ‚zumachen'; **4.** *~ (up)on Am.* F ein Ende machen mit; *~* **in** *v/t.* **1.** einschließen (*a. fig.*); **2.** *Aussicht* versperren; *~* **off** *v/t.* **1.** *Wasser, Motor etc.* abstellen; **2.** abschließen (*from* von); *~* **out** *v/t.* **1.** *j-n, a. Licht, Luft etc.* ausschließen, -sperren; **2.** *Landschaft* den Blicken entziehen; **3.** *sport Am. Gegner* (ohne Gegentor *etc.*) besiegen; *~* **to I.** *v/t. Tür etc.* zuschließen; **II.** *v/i.* sich schließen; *~* **up I.** *v/t.* **1.** *Haus etc.* (fest) verschließen, -riegeln; → *shop 1*; **2.** *j-n* einsperren, -schließen; **3.** F *j-m* den Mund stopfen; **II.** *v/i.* **4.** F den Mund halten: *~!* halt's Maul!

ˈ**shut|·down** *s.* **1.** Arbeitseinstellung *f*; **2.** (Betriebs)Stillegung *f*; ˈ*~*-**eye** *s. sl.* Schläfchen *n*; ˈ*~*-**off** *s.* **1.** ⊕ Abstell-, Absperrvorrichtung *f*; **2.** *hunt.* Schonzeit *f*; ˈ*~*-**out** *s.* **1.** Ausschließung *f*; **2.** *sport* **a)** Zu-ˈNull-Niederlage *f*, **b)** Zu-ˈNull-Sieg *m*.

shut·ter [ˈʃʌtə] **I.** *s.* **1.** Fensterladen *m*, Rolladen *m*: *to put up the ~s fig.* das Geschäft (*am Abend od. für immer*) schließen; **2.** Klappe *f*; Verschluß *m* (*a. phot.*); **3.** ⚠ Schalung *f*; **4.** *Wasserbau*: Schütz(e *f*) *n*; **5.** ♪ Jalouˈsie *f* (*Orgel*); **II.** *v/t.* **6.** mit Fensterläden versehen *od.* verschließen; *~* **speed** *s. phot.* Belichtung(szeit) *f*.

shut·tle [ˈʃʌtl] **I.** *s.* **1.** ⊕ **a)** Weberschiff(chen) *n*, (Web)Schütze(n) *m*, **b)** Schiffchen *n* (*Nähmaschine*); **2.** Schütz(entor) *n* (*Schleuse*); **3.** *Am.* → *shuttle train*; **II.** *v/t.* **4.** (schnell) hin- u. herbewegen *od.* -befördern; **III.** *v/i.* **5.** sich (schnell) hin- u. herbewegen; **6.** 🚂 *etc.* pendeln (*between* zwischen); ˈ*~*·**cock I.** *s.* **1.** *sport* Federball(spiel *n*) *m*; **2.** *fig.* Zankapfel *m*; **3.** *fig.* schwankes Rohr (*Person*); *~* **race** *s. sport* Pendelstaffel(lauf *m*) *f*; *~* **serv·ice** *s.* Pendelverkehr *m*; *~* **train** *s.* Pendel-, Vorortzug *m*.

shy[1] [ʃai] **I.** *adj.* □ **1.** scheu (*Tier*); **2.** scheu, schüchtern; **3.** zuˈrückhaltend: *to be* (*od. fight*) *~ of s.o.* j-m aus dem Weg gehen; **4.** argwöhnisch; **5.** zaghaft: *to be ~ of doing s.th.* et. vorsichtig *od.* zögernd tun; **6.** *sl.* knapp (*of* an *dat.*); **7.** *I'm ~ of one dollar sl.* mir fehlt (noch) ein Dollar; **II.** *v/i.* **8.** scheuen (*Pferd etc.*); **9.** *fig.* zuˈrückscheuen, -schrecken (*at* vor *dat.*); **III.** *s.* **10.** Scheuen *n* (*Pferd etc.*).

shy[2] [ʃai] **I.** *v/t.* **1.** *Stein etc.* werfen, schleudern; **II.** *v/i.* **2.** werfen; **III.** *s.* **3.** Wurf *m*; **4.** *fig.* Hieb *m*, Sticheˈlei *f*; **5.** *to have a ~ at* (*doing*) *s.th.* F es (einmal) mit et. versuchen.

shy·ness [ˈʃainis] *s.* **1.** Scheu *f*; **2.** Schüchternheit *f*, Zuˈrückhaltung *f*; **3.** ˈMißtrauen *n*.

shy·ster [ˈʃaistə] *s. bsd. Am. sl.* **1.** ˈWinkeladvoˌkat *m*; **2.** Gauner *m*.

si [si:] *s.* ♪ si *n* (*Solmisationssilbe*).

Si·a·mese [saiəˈmi:z] **I.** *adj.* **1.** siaˈmesisch; **II.** *pl.* **Si·aˈmese** *s.* **2.** Siaˈmese *m*, Siaˈmesin *f*; **3.** *ling.* Siaˈmesisch *n*; *~* **cat** *s. zo.* Siamkatze *f*; *~* **twins** *s. pl.* **1.** Siamesische Zwillinge *pl.*; **2.** *fig.* unzertrennliche Freunde *pl.*

Si·be·ri·an [saiˈbiəriən] **I.** *adj.* siˈbirisch; **II.** *s.* Siˈbirier(in).

sib·i·lance [ˈsibiləns] *s.* **1.** Zischen *n*; **2.** *ling.* Zischlaut *m*; ˈ**sib·i·lant** [-nt] **I.** *adj.* **1.** zischend; **2.** *ling.* Zisch...: *~ sound*; **II.** *s.* **3.** *ling.* Zischlaut *m*; ˈ**sib·i·late** [-leit] *v/t. u. v/i.* zischen; **sib·i·la·tion** [sibiˈleiʃən] *s.* **1.** Zischen *n*; **2.** *ling.* Zischlaut *m*.

sib·ling [ˈsibliŋ] *s. biol.* Bruder *m*, Schwester *f*; *pl.* Geschwister *pl.*

sib·yl [ˈsibil] *s.* **1.** *myth.* Siˈbylle *f*; **2.** *fig.* **a)** Seherin *f*, **b)** Hexe *f*; **sib·yl·line** [siˈbilain] *adj.* **1.** sibylˈlinisch; **2.** proˈphetisch; geheimnisvoll.

sic·ca·tive [ˈsikətiv] **I.** *adj.* trocknend; **II.** *s.* Trockenmittel *n*, Sikkaˈtiv *n*.

Si·cil·ian [siˈsiljən] **I.** *adj.* siˈzilisch, siziliaˈnisch; **II.** *s.* Siˈzilier(in), Siziliˈaner(in).

sick[1] [sik] **I.** *adj.* **1.** (*Brit. nur attr.*) krank (*of* an *dat.*): *to fall ~* krank werden, erkranken; *to go ~ bsd.* ⚔ sich krank melden; **2.** Brechreiz verspürend: *to be ~* sich erbrechen *od.* übergeben; *I feel ~* mir ist schlecht *od.* übel; *she turned ~* ihr wurde übel, sie mußte (sich er-) brechen; *it makes me ~* **a)** mir wird übel davon, **b)** *fig.* es widert mich an, ‚es ist zum Kotzen'; **3.** *fig.* krank (*of* vor *dat.*, *for* nach); **4.** *fig.* enttäuscht, ärgerlich (*with* über *j-n*, *at* über *et.*): *~ at heart* **a)** todunglücklich, **b)** angsterfüllt; **5.** F *fig.* (*of*) ˈüberdrüssig (*gen.*), ˈangewidert (von): *I am ~* (*and tired*) *of it* ich habe es satt, es hängt mir zum Hals heraus; **6.** fahl (*Farbe, Licht*); **7.** F matt (*Lächeln*); **8.** schlecht (*Nahrungsmittel, Luft*); trüb (*Wein*); **9.** F grausig: *~ humo(u)r* ‚schwarzer' Humor; **II.** *s.* **10.** *the ~ pl.* die Kranken *pl.*

sick[2] [sik] *v/t. Hund, Polizei etc.* hetzen (*on* auf *acc.*): *~ him!* faß!

ˈ**sick|-bay** *s.* ⚓ (ˈSchiffs)Lazaˌrett *n*; ˈ*~*-**bed** *s.* Krankenbett *n*; ˈ*~*-**ben·e·fit** *s. Brit.* Krankengeld *n*; ˈ*~*-**call** *s.* ⚔ Reˈvierstunde *f*: *to go on ~* sich krank melden; ˈ*~*-**cer·tif·i·cate** *s.* ˈKrankheitsatˌtest *n*.

sick·en [ˈsikn] **I.** *v/i.* **1.** erkranken, krank werden: *to be ~ing for et.* in den Gliedern haben; **2.** kränkeln; **3.** sich ekeln, Übelkeit *od.* Abscheu empfinden (*at* vor *dat.*); **4.** ˈüberdrüssig *od.* müde sein *od.* werden (*of gen.*): *to be ~ed with e-r Sache* überdrüssig sein; **II.** *v/t.* **5.** *j-m* Übelkeit verursachen, *j-n* zum Erbrechen reizen; **6.** anekeln, anwidern; ˈ**sick·en·er** [-nə] *s. fig.* Brechmittel *n*; '**sick·en·ing** [-niŋ] *adj.* □ **1.** Übelkeit erregend: *this is* ~ dabei kann einem (ja) übel werden; **2.** *fig.* ekelhaft, widerlich.

sick| head·ache *s.* **1.** Kopfschmerz(en *pl.*) *m* mit Übelkeit; **2.** Mi'gräne *f*; '~**-in·sur·ance** *s.* Krankenversicherung *f*, -kasse *f*.

sick·ish ['sikiʃ] *adj.* □ **1.** kränklich, unpäßlich, unwohl; **2.** → *sickening.*

sick·le ['sikl] *s.* ⚘ *u. fig.* Sichel *f*.

'**sick-leave** *s.* Fehlen *n* wegen Krankheit: *to be on* ~ wegen Krankheit fehlen; *to request* ~ sich krank melden.

sick·li·ness ['siklinis] *s.* **1.** Kränklichkeit *f*; **2.** kränkliches Aussehen; **3.** Unzuträglichkeit *f* (*des Klimas etc.*).

'**sick-list** *s.* ⚓, ⚔ Krankenliste *f*: *to be on the* ~ krank (gemeldet) sein.

sick·ly ['sikli] **I.** *adj.* □ **1.** kränklich, schwächlich; **2.** kränklich, blaß (*Aussehen etc.*); matt (*Lächeln*); **3.** ungesund (*Gebiet, Klima*); **4.** 'widerwärtig (*Geruch etc.*); **5.** *fig.* wehleidig, süßlich: ~ *sentimentality*; **II.** *adv.* **6.** kränklich.

sick·ness ['siknis] *s.* **1.** Krankheit *f* (*Zustand u. bestimmtes Leiden*): ~ *insurance* → *sick-insurance*; **2.** Übelkeit *f*, Erbrechen *n*.

'**sick|-nurse** *s.* Krankenschwester *f*; '~**-pay** *s.* Krankengeld *n*; ~ **re·port** *s.* ⚔ **1.** Krankenbericht *m*, -liste *f*; **2.** Krankmeldung *f*; '~**-room** *s.* Krankenzimmer *n*, -stube *f*.

side [said] **I.** *s.* **1.** *allg.* Seite *f*: ~ *by* ~ Seite an Seite (*with* mit); *at* (*od. by*) *the* ~ *of* an der Seite von (*od. gen.*); *by the* ~ *of fig.* neben (*dat.*), verglichen mit; *to stand by s.o.'s* ~ *fig.* j-m zur Seite stehen; *off* (*on*) ~ *sport* (nicht) abseits; *on all* ~*s* überall; *on the* ~ *sl.* nebenbei *verdienen etc.*; *on the* ~ *of* **a)** auf der Seite von, **b)** seitens (*gen.*); *on this* (*the other*) ~ *of* diesseits (jenseits) (*gen.*); *this* ~ *up!* Vorsicht, nicht stürzen!; *to be on the small* ~ ziemlich klein sein; *to keep on the right* ~ *of* sich mit *j-m* gut stellen; *to put on one* ~ *Frage etc.* zurückstellen, ausklammern; → *dark 5, right 6, sunny, wrong 2*; **2.** ⟁ Seite *f* (*a. Gleichung*); Seitenlinie *f*, -fläche *f*; **3.** (Seiten)Rand *m*; **4.** (Körper)Seite *f*: *to shake* (*od. split*) *one's* ~*s with laughter* sich schütteln vor Lachen; **5.** (Speck-, Hammel- *etc.*)Seite *f*; **6.** Seite *f*: **a)** Hang *m*, Flanke *f*, *a.* Wand *f e-s Berges*, **b)** Ufer(seite *f*) *n*; **7.** Seite *f*, (Abstammungs)Linie *f*: *on one father's* ~, *on the paternal* ~ väterlicherseits; **8.** *fig.* Seite *f*, (Cha'rakter)Zug *m*; **9.** Seite *f*: **a)** Par'tei *f* (*a.* ⚖ *u. sport*), **b)** *sport* Spielfeld(hälfte *f*) *n*: *to be on s.o.'s* ~ auf j-s Seite stehen; *to change* ~*s* **a)** ins andere Lager überwechseln, **b)** *sport* die Seiten wechseln; *to take* ~*s* → *16*; *to win s.o. over to one's* ~ j-n auf s-e Seite ziehen; **10.** *sport Brit.* Mannschaft *f*; **11.** *ped. Brit.* Ab'teilung *f*: *classical* ~ humanistische Abteilung; **12.** *Billiard*: Ef'fet *n*; **13.** *sl.* Al'lüren *pl.*, ‚Angabe' *f*: *to put on* ~ angeben; **II.** *adj.* **14.** seitlich (liegend, stehend *etc.*), Seiten...; **15.** Seiten..., Neben...: ~*-door*; ~ *brake mot.* Handbremse; ~ *effect* Neben-, Begleiterscheinung; **III.** *v/i.* **16.** (*with*) Par'tei ergreifen (*gen. od.* für), es halten (mit); '~**-aisle** *s.* ⛪ Seitenschiff *n* (*Kirche*); '~**-arms** *s. pl.* ⚔ Seitenwaffen *pl.*; '~**-band** *s.* ⚡, *Radio*: 'Seiten(fre,quenz)band *n*; '~**-board** *s.* **1.** Anrichte(tisch *m*) *f*; **2.** Bü'fett *n*; **3.** *pl.* F Kote'letten *pl.*; '~**-burns** *s. pl.* Kote'letten *pl.*; '~**-car** *s.* **1.** Beiwagen *m*: ~ *motor cycle* Seitenwagenmaschine; **2.** → *jaunting-car.*

sid·ed ['saidid] *adj. in Zssgn* ...seitig: *four-*~.

'**side|-dish** *s.* **1.** Zwischengang *m*; **2.** Beilage *f*; '~**-face** *s.* Pro'fil *n*; '~**-glance** *s.* Seitenblick *m* (*a. fig.*); ~ **is·sue** *s.* Nebenfrage *f*, -sache *f*, 'Randpro,blem *n*; '~**-kick** *s. Am. sl.* Kum'pan *m*; '~**-light** *s.* **1.** Seitenleuchte *f*; ⚓ Seitenlampe *f*; ✈ Positi'onslicht *n*; *mot.* Begrenzungslicht *n*; **2.** Seitenfenster *n*; **3.** *fig.* Streiflicht *n*: ~*s* interessante Aufschlüsse (*on* über *acc.*); '~**-line** *s.* **1.** Seitenlinie *f* (*a. sport*); **2.** 🚂 Nebenstrecke *f*; **3.** Nebenbeschäftigung *f*, -erwerb *m*; **4.** ✝ 'Nebenar,tikel *m*; '~**-long** *adj. u. adv.* seitlich, seitwärts, schräg: ~ *glance* Seitenblick.

si·de·re·al [sai'diəriəl] *adj. ast.* si'derisch, Stern(en)...: ~ *day* Sterntag.

sid·er·ite ['saidərait] *s.* ⚒, *min.* **1.** Side'rit *m*; **2.** Mete'orgestein *n*.

'**side|-sad·dle** *s.* Damensattel *m*; '~**-show** *s.* **1.** Nebenvorstellung *f*, -ausstellung *f*; **2.** *oft pl. fig.* Epi'sode *f*, *et.* Unwichtig(er)es; '~**-slip** *v/i.* **1.** seitwärts rutschen; **2.** ✈ seitlich abrutschen.

sides·man ['saidzmən] *s.* [*irr.*] Kirchenrat *m*.

'**side|-split·ting** *adj.* zwerchfellerschütternd; '~**-step I.** *s.* **1.** Seit(en)schritt *m*; **II.** *v/t.* **2.** *Boxen*: *e-m Schlag* (durch Seitschritt) ausweichen; **3.** ausweichen (*dat.*) (*a. fig.*): *to* ~ *a decision*; **III.** *v/i.* **4.** e-n Seit(en)schritt machen; bei'seite treten; **5.** ausweichen (*a. fig.*); '~**-stroke** *s.* Seitenschwimmen *n*; '~**-swipe** *v/t. Am.* F **1.** seitwärts schlagen; **2.** *mot.* seitlich abdrängen (*beim Überholen*); '~**-track I.** *s.* **1.** → *siding 1*; **II.** *v/i.* **2.** 🚂 *Waggon* auf ein Nebengleis schieben; **3.** *fig.* **a)** *et.* aufschieben, abbiegen, **b)** *j-n* ablenken, **c)** *j-n* kaltstellen; '~**-view** *s.* Seitenansicht *f*; '~**-walk** *s. bsd. Am.* Bürgersteig *m*, Gehweg *m*: ~ *superintendent humor.* (besserwisserischer) Zuschauer *bei Bauarbeiten.*

side·ward ['saidwəd] **I.** *adj.* seitlich; **II.** *adv.* seitwärts; '**side·wards** [-dz] → *sideward II*; '**side·way**(s) → *sideward.*

'**side-whis·kers** *pl.* → *sideburns.*

side·wise ['saidwaiz] → *sideward.*

sid·ing ['saidiŋ] *s.* **1.** 🚂 Neben-, Anschluß-, Rangiergleis *n*; **2.** Par'teinahme *f*.

si·dle ['saidl] *v/i.* sich *wohin* schlängeln: *to* ~ *away* sich davonschleichen; *to* ~ *up to* sich an *j-n* heranmachen.

siege [si:dʒ] *s.* **1.** ⚔ Belagerung *f*: *state of* ~ Belagerungszustand; *to lay* ~ *to* **a)** *Stadt etc.* belagern, **b)** *fig. j-n* bestürmen; **2.** *fig.* **a)** Bestürmen *n*, **b)** Zermürbung *f*; **3.** ⊕ **a)** Werktisch *m*, **b)** Glasschmelzofenbank *f*; '~**-train** *s.* ⚔ Belagerungs(geschütz)park *m*.

si·en·na [si'enə] *s. paint.* Si'ena (-erde) *f*.

si·es·ta [si'estə] *s.* Si'esta *f*, Mittagsruhe *f*.

sieve [siv] **I.** *s.* **1.** Sieb *n*, ⊕ *a.* 'Durchwurf *m*, Rätter *m*; **2.** *fig.* Klatschmaul *n*; **3.** *grobgeflochtener Weidenkorb* (*a. Maß*); **II.** *v/t.* **4.** ('durch-, aus)sieben.

sift [sift] **I.** *v/t.* **1.** ('durch)sieben: *to* ~ *out* aussieben; **2.** *Zucker etc.* streuen; **3.** *fig.* sichten, sorgfältig (über-) 'prüfen; **II.** *v/i.* **4.** 'durchrieseln, -dringen (*a. Licht etc.*); '**sift·er** [-tə] *s.* Sieb(vorrichtung *f*) *n*; '**sift·ing** [-tiŋ] *s.* **1.** ('Durch)Sieben *n*; **2.** (sorgfältige) Unter'suchung; **3.** *pl.* **a)** *das* 'Durchgesiebte, **b)** Siebabfälle *pl.*

sigh [sai] **I.** *v/i.* **1.** (auf)seufzen; tief (auf)atmen; **2.** schmachten, seufzen (*for* nach): ~*ed-for* heißbegehrt; **3.** *fig.* seufzen, ächzen (*Wind*); **II.** *v/t.* **4.** *oft* ~ *out* seufzen(d äußern); **III.** *s.* **5.** Seufzer *m*: *a* ~ *of relief* ein Seufzer der Erleichterung, ein erleichtertes Aufatmen.

sight [sait] **I.** *s.* **1.** Sehvermögen *n*, -kraft *f*, Auge(nlicht) *n*: *good* ~ gute Augen; *long* (*near*) ~ Weit- (Kurz-) Sichtigkeit; *second* ~ zweites Gesicht, Hellsehen; *to lose one's* ~ das Augenlicht verlieren, erblinden; **2.** *fig.* Auge *f*: *in my* ~ in m-n Augen; *in the* ~ *of God* vor Gott; *to find favo(u)r in s.o.'s* ~ Gnade vor j-s Augen finden; **3.** (An)Blick *m*, Sicht *f*: *at* (*od. on*) ~ beim ersten Anblick, auf Anhieb; sofort (*erschießen etc.*; *at* ~ vom Blatt *singen, spielen, übersetzen*; *at first* ~ auf den ersten Blick; *by* ~ vom Sehen *kennen*; *to catch* (*od. get*) ~ *of* zu Gesicht bekommen, erblicken; *to lose* ~ *of* **a)** aus den Augen verlieren (*a. fig.*), **b)** *et.* übersehen; **4.** Sicht (-weite) *f*: (*with*)*in* ~ **a)** in Sicht (-weite), **b)** *fig.* in Sicht; *within* ~ *of* kurz vor *dem Sieg etc.*; *out of* ~ außer Sicht; *out of* ~, *out of mind* aus den Augen, aus dem Sinn; (*get*) *out of my* ~! geh mir aus den Augen!; *to come in* ~ in Sicht kommen; *to put out of* ~ wegtun; **5.** ✝ Sicht *f*: *payable at* ~ bei Sicht fällig; *30 days* (*after*) ~ 30 Tage (nach) Sicht; ~ *unseen* unbesehen *kaufen*; ~ *bill* (*od. draft*) Sichtwechsel, -tratte; **6.** Anblick *m*: *a sorry* ~; *a* ~ *for sore eyes* ein erfreulicher Anblick, eine Augenweide; *to be* (*od. look*) *a* ~ F gräßlich *od.* komisch aussehen; *I did look a* ~! F ich sah vielleicht aus!; *what a* ~ *you are!* F wie siehst denn du aus!; → *god 1*; **7.** Sehenswürdigkeit *f*: *the* ~*s of a town*; **8.** F Menge *f*, Masse *f Geld etc.*: *a long* ~ *better* zehnmal besser; *not by a long* ~ bei weitem nicht; **9.** ⚔ *etc.* Vi'sier *n*; Zielvorrichtung *f*: *to take* ~ visieren, zielen; **10.** *Am. sl.* Aussicht *f*, Chance *f*; **II.** *v/t.* **11.** sichten, zu Gesicht bekommen; **12.** ⚔ **a)** anvisieren (*a.* ⚓, *ast.*), **b)** *Geschütz* richten; **13.** beobachten; **14.**

† *Wechsel* a) mit Sicht versehen, **b)** präsentieren; '**sight·ed** [-tid] *adj.* □ *in Zssgn* ...sichtig; '**sight·ing** [-tiŋ] *adj.* ⚔ Ziel..., Visier...: *~ mechanism* Visier-, Zieleinrichtung; *~ shot* Anschuß (*Probeschuß*); *~ telescope* Zielfernrohr; '**sight·less** [-lis] *adj.* □ blind; '**sight·li·ness** [-linis] *s.* Ansehnlichkeit *f*, Schönheit *f*, Stattlichkeit *f*; '**sight·ly** [-li] *adj.* gut aussehend, stattlich.

'**sight|-read·ing** *s.* ♪ (Vom)'Blattsingen *n od.* -spielen *n*; '**~-see·ing I.** *s.* **1.** Besichtigung *f* von Sehenswürdigkeiten; **II.** *adj.* **2.** schaulustig; **3.** Besichtigungs...: *~ bus* Rundfahrtautobus; *~ tour* Stadtrundfahrt; '**~-se·er** [-si:ə] *s.* Tou'rist(in).

sign [sain] **I.** *s.* **1.** (*a.* Schrift)Zeichen *n*, Sym'bol *n* (*a. fig.*): *~ (of the cross) eccl.* Kreuzzeichen; *in ~ of fig.* zum Zeichen (*gen.*); **2.** ℞, ♪ (Vor)Zeichen *n*; **3.** Zeichen *n*, Wink *m*: *to give s.o. a ~, to make a ~ to s.o.* j-m ein Zeichen geben; **4.** (An)Zeichen *n*, Sym'ptom *n* (*a.* ⚕): *no ~ of life* kein Lebenszeichen; *the ~s of the times* die Zeichen der Zeit; *to make no ~* sich nicht rühren; **5.** Kennzeichen *n*; **6.** *ast.* (Tierkreis)Zeichen *n*; **7.** (Aushänge-, Wirtshaus)Schild *n*: *at the ~ of* im Wirtshaus zum *Hirsch etc.*; **8.** (Wunder)Zeichen *n*: *~s and wonders* Zeichen und Wunder; **9.** *hunt. etc.* Spur *f*; **II.** *v/t.* **10.** unter'zeichnen, -'schreiben, (*a. typ. u. paint.*) signieren; **11.** mit *s-m Namen* unterzeichnen: *to ~ one's name* unterschreiben; **12.** *~ away Vermögen etc.* über'tragen, -'schreiben; **13.** *~ on* (*od.* F *up*) (vertraglich) verpflichten, anstellen, -mustern; **14.** *eccl.* das Kreuzzeichen machen über (*acc. od. dat.*); *Täufling* segnen; **15.** *j-m* bedeuten (*to do* zu tun), *j-m et.* (durch Gebärden) zu verstehen geben: *to ~ one's assent*; **III.** *v/i.* **16.** unter'zeichnen, -'schreiben; **17.** *~ on* (*off*) *Am.* den Beginn (das Ende) e-r Radio-Sendung ansagen; **18.** *~ on* (*od.* F *up*) a) sich (vertraglich) verpflichten (*for* zu), e-e Arbeit annehmen, **b)** *Am.* sich (zum Wehrdienst) verpflichten.

sig·nal ['signl] **I.** *s.* **1.** *a.* ⚔ *etc.* Si'gnal *n*, (*a.* verabredetes) Zeichen: *~ of distress* Notsignal; *Royal Corps of* 2*s, the ~s Brit.* Fernmeldetruppe; **2.** (Funk)Spruch *m*; **3.** *fig.* Signal *n*, (*auslösendes*) Zeichen (*for* für, zu); **4.** *Kartenspiel*: Signal *n*; **II.** *adj.* □ **5.** Signal...: *~ beacon*; 2 *Corps Am.* Fernmeldetruppe; *~ communications* ⚔ Fernmeldewesen; **6.** *fig.* beachtlich, außerordentlich; **III.** *v/t.* **7.** *j-m* Zeichen geben, winken; **8.** *Nachricht* signalisieren; *et.* melden; *fig.* zu verstehen geben; **IV.** *v/i.* **9.** signalisieren; '**~-book** *s.* ⚓ Si'gnalbuch *n*; '**~-box** *s.* 🚂 Stellwerk *n*; *~* **check** *s.* Sprechprobe *f* (*Mikrophon*).

sig·nal·er *Am.* → *signaller.*

sig·nal| gun *s.* ⚔ **1.** Si'gnalgeschütz *n*; **2.** Si'gnalschuß *m*; *~* **hal·yard** *s.* ⚓ Flaggleine *f*.

sig·nal·ize ['signəlaiz] *v/t.* **1.** aus-, kennzeichnen, bemerkenswert machen: *to ~ o.s. by* sich hervortun durch; **2.** her'vorheben, her'ausstellen; **3.** (durch Si'gnale) ankündigen; **4.** signalisieren.

sig·nal·ler ['signələ] *s.* Si'gnalgeber *m*, *bsd.* **a)** ⚔ Blinker *m*, Melder *m*, **b)** ⚓ Si'gnalgast *m*.

'**sig·nal|-man** [-mən] *s.* [*irr.*] **1.** 🚂 Stellwärter *m*; **2. a)** ⚓ Si'gnalgast *m*, **b)** ⚔ 'Fernmeldesol,dat *m*, Winker *m*; *~* **of·fi·cer** *s.* ⚔ *Am.* **1.** 'Fernmeldeoffi,zier *m*; **2.** Leiter *m* des Fernmeldedienstes; *~* **rock·et** *s.* ⚔ Leuchtkugel *f*; *~* **strength** *s.* ⚡ Lautstärke *f*; *~* **tow·er** *s.* **1.** ⊕ Si'gnalturm *m*; **2.** 🚂 *Am.* Stellwerk *n*.

sig·na·ry ['signəri] *s.* ('Schrift)Zeichensy,stem *n*.

sig·na·to·ry ['signətəri] **I.** *adj.* **1.** unter'zeichnend, vertragschließend, Signatar...: *~ powers* → *3 c*; **2.** † Zeichnungs..., Unterschrifts...: *~ power*; **II.** *s.* **3. a)** ('Mit)Unter,zeichner(in), **b)** *pol.* Signa'tar *m* (*Unterzeichnerstaat*), **c)** *pl. pol.* Signa'tarmächte *pl.* (*to a treaty* e-s Vertrags).

sig·na·ture ['signitʃə] *s.* **1.** 'Unterschrift(sleistung) *f*, Namenszug *m*; **2.** Signa'tur *f* (*e-s Buchs etc.*); **3.** ♪ Signatur *f*, Vorzeichnung *f*; **4.** *a. ~ tune Radio*: 'Kennmelo,die *f*; **5.** *typ.* **a)** *a. ~ mark* Signatur *f*, Bogenzeichen *n*, **b)** signierter Druckbogen; **6.** *obs. fig.* (Kenn)Zeichen *n*.

'**sign·board** *s.* (*bsd.* Firmen-, Aushänge)Schild *n*.

sign·er ['sainə] *s.* Unter'zeichner(in).

sig·net ['signit] *s.* Siegel *n*, Petschaft *n*: *privy ~* Privatsiegel des Königs; '**~-ring** *s.* Siegelring *m*.

sig·nif·i·cance [sig'nifikəns], *a.* **sig'nif·i·can·cy** [-si] *s.* **1.** Bedeutung *f*, (tieferer) Sinn; **2.** Bedeutung *f*, Wichtigkeit *f*: *of no ~* nicht von Belang; **sig'nif·i·cant** [-nt] *adj.* □ **1.** bedeutsam, wichtig, von Bedeutung; **2.** *fig.* vielsagend: *a ~ gesture*; **3.** bezeichnend (*of* für); **4.** *ling.* e-e Bedeutung habend; **sig·ni·fi·ca·tion** [signifi'keiʃən] *s.* **1.** (*bestimmte*) Bedeutung, Sinn *m*; **2.** Bezeichnung *f*, Bekundung *f*; **sig'nif·i·ca·tive** [-ətiv] *adj.* □ **1.** Bedeutungs..., bedeutsam; **2.** bezeichnend, kennzeichnend (*of* für).

sig·ni·fy ['signifai] **I.** *v/t.* **1.** an-, bedeuten, kundtun, zu verstehen geben; **2.** bedeuten, ankündigen; **3.** bedeuten: *this signifies nothing*; **II.** *v/i.* **4.** bedeuten: *it does not ~* es hat nichts auf sich.

Si·gnior ['si:njɔ:] (*Ital.*) *s.* Si'gnor *m*.

sign| lan·guage *s.* Zeichen-, *bsd.* Fingersprache *f*; '**~-man·u·al** *s.* (eigenhändige) 'Unterschrift, Handzeichen *n*.

'**sign|-paint·er** *s.* Schilder-, Pla'katmaler *m*; '**~-post I.** *s.* **1.** Wegweiser *m*; **2.** (Straßen)Schild *n*, (Verkehrs-)Zeichen *n*; **II.** *v/t.* **3.** *Straße etc.* be-, ausschildern; '**~-post·ing** *s.* (Straßen)Beschilderung *f*.

si·lage ['sailidʒ] ✓ **I.** *s.* 'Silofutter *n*; **II.** *v/t.* *Gärfutter* silieren.

si·lence ['sailəns] **I.** *s.* **1.** (Still-)Schweigen *n* (*a. fig.*), Ruhe *f*, Stille *f*: *to keep ~* **a)** schweigen, still sein, **b)** Stillschweigen wahren (*on* über *acc.*); *in ~* (still)schweigend; *~ gives consent* wer schweigt, scheint zuzustimmen; *~ is golden* Schweigen ist Gold; *~!* Ruhe!; → *pass over 4*; **2.** Schweigsamkeit *f*; **3.** Verschwiegenheit *f*; **4.** Vergessenheit *f*; **5.** *a.* ⊕ Geräuschlosigkeit *f*; **II.** *v/t.* **6.** zum Schweigen bringen (*a.* ⚔ *u. fig.*); '**si·lenc·er** [-sə] *s.* **1.** ⚔, ⊕ Schalldämpfer *m*; **2.** *mot.* Auspufftopf *m*; **si·lent** ['sailənt] *adj.* □ **1.** still, ruhig, schweigsam: *to be ~* (sich aus)schweigen (*on* über *acc.*) (*a. fig.*); **2.** still (*Gebet etc.*), stumm (*Schmerz etc.*; *a. ling. Buchstabe*): *~ film* Stummfilm; *~ partner* † stiller Teilhaber (mit unbeschränkter Haftung); **3.** *fig.* stillschweigend: *~ consent*; *~ majority die* schweigende Mehrheit; **4.** *a.* ⊕ geräuschlos, leise.

Si·le·sian [sai'li:zjən] **I.** *adj.* schlesisch; **II.** *s.* Schlesier(in).

sil·hou·ette [silu(:)'et] **I.** *s.* **1.** Silhou'ette *f*: **a)** Schattenbild *n*, -riß *m*, **b)** 'Umriß *m* (*a. fig.*): *to stand out in ~ against* → *3*; **II.** *v/t.* **2.** silhouettieren; **3.** *to be ~d* sich abheben (*against* gegen).

sil·i·ca ['silikə] *s.* ⚗ **1.** Kieselerde *f*; **2.** Quarz(glas *n*) *m*; '**sil·i·cate** [-kit] *s.* ⚗ Sili'kat *n*, kieselsaures Salz; '**sil·i·cat·ed** [-keitid] *adj.* siliziert; **si·li·ceous** [si'liʃəs] *adj.* kiesel(erde-, -säure)haltig, -artig, Kiesel...; **si'lic·ic** [si'lisik] *adj.* Kiesel(erde)...; **si·lic·i·fy** [si'lisifai] *v/t. u. v/i.* (sich) in Kieselerde verwandeln (*Holz etc.*); **si·li·cious** → *siliceous*; '**sil·i·con** [-kən] *s.* ⚗ Si'lizium *n*; **sil·i·co·sis** [sili'kousis] *s.* ⚕ Sili'kose *f*, Staublunge *f*.

silk [silk] **I.** *s.* **1.** Seide *f*: **a)** Seidenfaser *f*, **b)** Seidenfaden *m*, **c)** Seidenstoff *m*, -gewebe *n*; **2.** Seide(nkleid *n*) *f*: *in ~s and satins* in Samt u. Seide; **3.** ⚖ *Brit.* **a)** → *silk gown*, **b)** F Ju'stizrat *m* (*höherer Anwalt*): *to take ~* Justizrat werden; **4.** *fig.* Seide *f*, *zo. bsd.* Spinnfäden *pl.*; **5.** Seidenglanz *m* (*von Edelsteinen*); **II.** *adj.* **6.** seiden, Seiden...: *to make a ~ purse out of a sow's ear fig.* aus e-m Kieselstein e-n Diamanten schleifen; *~ culture* Seiden(raupen)zucht; **silk·en** ['silkən] *adj.* **1.** *poet.* seiden, Seiden...; **2.** → *silky 1 u. 2*.

silk| gown *s. Brit.* 'Seidenta,lar *m* (*e-s King's od. Queen's Counsel*); '**~-hat** *s.* Zy'linder(hut) *m*.

silk·i·ness ['silkinis] *s.* **1.** *das* Seidige, seidenartige Weichheit; **2.** *fig.* Sanftheit *f*.

'**silk|-moth** *s. zo.* Seidenspinner *m*; '**~-'screen print·ing** *s. typ.* Seidensiebdruck *m*; '**~worm** *s. zo.* Seidenraupe *f*.

silk·y ['silki] *adj.* □ **1.** seidig (glänzend), seidenweich: *~ hair*; **2.** *fig.* sanft, einschmeichelnd, zärtlich (*Person, Stimme etc.*); **3.** *contp.* ölig; **4.** lieblich (*Wein*).

sill [sil] *s.* **1.** (Tür)Schwelle *f*; **2.** Fensterbrett *n*, -bank *f*; **3.** ⊕ Schwellbalken *m*; **4.** *geol.* Lagergang *m*.

sil·la·bub ['siləbʌb] *s.* **1.** Sillabub *n* (*gesüßtes Milchgetränk mit Wein*); **2.** *fig.* Geschwafel *n*.

sil·li·ness ['silinis] *s.* **1.** Dummheit *f*, Albernheit *f*; **2.** Verrücktheit *f*.

sil·ly ['sili] **I.** *adj.* □ **1.** dumm, albern, blöd(e), verrückt (*Person u. Sache*); **2.** dumm, unklug (*Handlungsweise*); **3.** ‚dumm im Kopf', benommen, betäubt; **II.** *s.* **4.** Dummkopf *m*, Dummerchen *n*; ~ **sea·son** *s.* Saure'gurkenzeit *f* (*Journalismus*).

si·lo ['sailou] **I.** *pl.* **-los** *s.* ⚒, ⊕ Silo *m*; **II.** *v/t.* ⚒ *Futter* **a)** in e-m Silo aufbewahren, **b)** einmieten.

silt [silt] **I.** *s.* Treibsand *m*, Schlamm *m*, Schlick *m*; **II.** *v/i. u. v/t. mst* ~ *up* verschlammen.

sil·van → *sylvan*.

sil·ver ['silvə] **I.** *s.* **1.** ⚗, *min.* Silber *n*; **2. a)** Silber(geld) *n*, **b)** *allg.* Geld *n*; **3.** Silber(geschirr *n*, -zeug *n*) *n*; **4.** Silber(farbe *f*, -glanz *m*) *n*; **5.** *phot.* 'Silbersalz *n*, -niˌtrat *n*; **II.** *adj.* **6.** silbern, Silber...: ~ *paper phot.* Silberpapier; **7.** silb(e)rig, silberglänzend; **8.** *fig.* silberhell (*Stimme etc.*); **III.** *v/t.* **9.** versilbern; *Spiegel* belegen; **10.** silbern färben; **IV.** *v/i.* **11.** silberweiß werden (*Haar etc.*); ~ **fir** *s.* ♀ Edel-, Weißtanne *f*; ~ **foil** *s.* **1.** 'Silberˌfolie *f*; **2.** 'Silberpaˌpier *n*; ~ **fox** *s. zo.* Silberfuchs *m*; ~ **gilt** *s.* vergoldetes Silber; ~ **glance** *s.* Schwefelsilber *n*; '~-'**gray**, '~-'**grey** *adj.* silbergrau; ~ **leaf** *s.* ⊕ Blattsilber *n*; ~ **lin·ing** *s. fig.* Silberstreifen *m* am Hori'zont, Lichtblick *m*: *every cloud has its* ~ jedes Unglück hat auch sein Gutes; ~ **ni·trate** *s.* ⚗, *phot.* 'Silberniˌtrat *n*; *bsd.* ⚕ Höllenstein *m*; ~ **plate** Silber(geschirr *n*, -zeug *n*) *n*, Tafelsilber *n*; '~-'**plat·ed** *adj.* ⊕ versilbert; ~ **point** *s. paint.* Silberstiftzeichnung *f*; ~ **screen** *s.* **1.** (Film)Leinwand *f*; **2.** *coll.* Film *m*; ~ **side** *s.* bester Teil der Rindskeule; '~**smith** *s.* Silberschmied *m*; ~ **spoon** *s.* Silberlöffel *m*: *to be born with a* ~ *in one's mouth fig.* ein Glückskind sein; '~-'**tongued** *adj.* beredt; '~**ware** *Am.* → *silver plate*; ~ **wed·ding** *s.* silberne Hochzeit.

sil·ver·y ['silvəri] → *silver 7 u. 8*.

sil·vi·cul·ture ['silvikʌltʃə] *s.* Waldbau *m*, 'Forstkulˌtur *f*.

sim·i·an ['simiən] **I.** *adj. zo.* affenartig, Affen...; **II.** *s.* (*bsd.* Menschen)Affe *m*.

sim·i·lar ['similə] **I.** *adj.* □ → *similarly*; **1.** ähnlich (*a.* ⩘), (annähernd) gleich (*to dat.*); **2.** gleichartig, entsprechend; **3.** *phys.* gleichnamig; **II.** *s.* **4.** *das* Ähnliche *od.* Gleichartige; **5.** *pl.* ähnliche *od.* gleichartige Dinge *pl.*; **sim·i·lar·i·ty** [simi'læriti] *s.* **1.** Ähnlichkeit *f* (*to* mit), Gleichartigkeit *f*; **2.** *pl.* Ähnlichkeiten *pl.*; '**sim·i·lar·ly** [-li] *adv.* ähnlich, gleichermaßen.

sim·i·le ['simili] *s.* Gleichnis *n*, Vergleich *m*; **si·mil·i·tude** [si'militju:d] *s.* **1.** Ähnlichkeit *f* (*a.* ⩘); **2.** Gleichnis *n*; **3.** *obs.* (Eben)Bild *n*.

sim·mer ['simə] **I.** *v/i.* **1.** sieden, wallen, brodeln; **2.** *fig.* kochen (*with* vor *dat.*), gären (*Gefühl, Aufstand*): *to* ~ *down* sich ‚abregen' *od.* beruhigen; **II.** *v/t.* **3.** zum Brodeln *od.* Wallen bringen; **III.** *s.* **4.** *at a* (*od. on the*) ~ am Kochen.

Si·mon ['saimən] *npr.* Simon *m*: *Simple* ~ *fig.* F Einfaltspinsel; *the real* ~ *Pure* F ‚der wahre Jakob'.

sim·o·ny ['saiməni] *s.* Simo'nie *f*, Pfründenschacher *m*, Ämterkauf *m*.

simp [simp] *s. sl.* Simpel *m*.

sim·per ['simpə] **I.** *v/i.* albern *od.* geziert lächeln; **II.** *s.* einfältiges *od.* geziertes Lächeln.

sim·ple ['simpl] **I.** *adj.* □ → *simply*; **1.** *allg.* einfach: **a)** 'simpel, leicht: *a* ~ *explanation*; *a* ~ *task*, **b)** schlicht (*Person, Lebensweise, Stil etc.*): ~ *beauty*, **c)** unkompliziert: *a* ~ *design*; ~ *fracture* ⚕ einfacher (Knochen-)Bruch, **d)** nicht zs.-gesetzt, unzerlegbar: ~ *equation* ⩘ einfache Gleichung; ~ *fraction* ⩘ einfacher *od.* gemeiner Bruch; ~ *fruit* ♀ einfache Frucht; ~ *interest* † Kapitalzinsen; ~ *larceny* einfacher Diebstahl; ~ *sentence ling.* einfacher Satz, **e)** niedrig: *of* ~ *birth*; **2.** ♪ einfach; **3. a)** einfältig, simpel, **b)** na'iv, leichtgläubig; **4.** gering(fügig): ~ *efforts*; **5.** rein, glatt: ~ *madness*; **II.** *s.* **5.** *pharm.* Heilkraut *n*, -pflanze *f*; '~-'**heart·ed**, '~-'**mind·ed** *adj.* **1.** schlicht, einfach; **2.** → *simple 3*; '~-'**mind·ed·ness** *s.* **1.** Schlichtheit *f*; **2.** Einfalt *f*; **3.** Arglosigkeit *f*.

sim·ple·ton ['simpltən] *s.* Einfaltspinsel *m*.

sim·plex ['simpleks] **I.** *adj.* ⊕, ⚡ Simplex...; **II.** *s. ling.* 'Simplex *n*.

sim·plic·i·ty [sim'plisiti] *s.* **1.** Einfachheit *f*; **2.** Einfalt *f*.

sim·pli·fi·ca·tion [simplifi'keiʃən] *s.* Vereinfachung *f*; **sim·pli·fi·ca·tive** ['simplifikətiv] *adj.* vereinfachend; **sim·pli·fy** ['simplifai] *v/t.* vereinfachen (*a. erleichtern, a. als einfach hinstellen*).

sim·plis·tic [sim'plistik] *adj.* (□ ~*ally*) stark vereinfachend, simplifizierend.

sim·ply ['simpli] *adv.* **1.** einfach, simpel; **2.** bloß, nur; **3.** F einfach (*großartig etc.*), geradezu.

sim·u·la·crum [simju'leikrəm] *pl.* **-cra** [-krə] *s.* **1.** (Ab)Bild *n*; **2.** Scheinbild *n*, Abklatsch *m*; **3.** Trugbild *n*, leerer Schein.

sim·u·lant ['simjulənt] *adj. bsd. biol.* (scheinbar) ähnlich (*of dat.*); **sim·u·late** ['simjuleit] *v/t.* **1.** vortäuschen, (-)heucheln, *bsd. Krankheit* simulieren: ~*d account* † fingierte Rechnung; **2.** *j-n od. et.* nachahmen; **3.** sich tarnen als; **4.** ähneln (*dat.*); **5.** *ling.* sich angleichen an (*acc.*); **6.** ⊕ simulieren; **sim·u·la·tion** [simju'leiʃən] *s.* **1.** Vorspiegelung *f*, -täuschung *f*; **2.** Heuche'lei *f*, Verstellung *f*; **3.** Nachahmung *f*; **4.** Simulieren *n*, Krankspielen *n*; **sim·u·la·tor** ['simjuleitə] *s.* ⊕ Simu'lator *m*.

si·mul·ta·ne·i·ty [siməltə'niəti] *s.* Gleichzeitigkeit *f*; **si·mul·ta·ne·ous** [siməl'teinjəs] *adj.* □ gleichzeitig, simul'tan (*with* mit): ~ *translation* Simultandolmetschen.

sin [sin] **I.** *s.* **1.** *eccl.* Sünde *f*: *cardinal* ~ Hauptsünde; *deadly* (*od. mortal*) ~ Todsünde; *original* ~ Erbsünde; *like* ~ F wie der Teufel; *to live in* (*open*) ~ in wilder Ehe *od.* im Ehebruch leben; *commission of* ~ Sündigen; **2.** *fig.* (*against*) Sünde *f* (*Verstoß*) (gegen), Versündigung *f* (an *dat.*); **II.** *v/i.* **3.** sündigen; **4.** *fig.* (*against*) sündigen, verstoßen (gegen *et.*), sich versündigen (an *j-m*); **III.** *v/t.* **5.** *Sünde etc.* begehen.

sin·a·pism ['sinəpizəm] *s.* ⚕ Senfpflaster *n*.

since [sins] **I.** *adv.* **1.** seit'dem, -'her: *ever* ~ seit der Zeit, seitdem: *long* ~ seit langem, schon lange; *how long* ~? seit wie langer Zeit?; *a short time* ~ vor kurzem; **2.** in'zwischen, mittler'weile; **II.** *prp.* **3.** seit: ~ *1945*; ~ *Friday*; ~ *seeing you* seitdem ich dich sah; **III.** *cj.* **4.** seit (-dem): *how long is it* ~ *it happened?* wie lange ist es her, daß das geschah?; **5.** da (ja), weil.

sin·cere [sin'siə] *adj.* □ **1.** aufrichtig, ehrlich, offen: *a* ~ *friend* ein wahrer Freund; **2.** aufrichtig, echt (*Gefühl etc.*); **3.** rein, lauter; **sin'cere·ly** [-li] *adv.* aufrichtig: *Yours* ~ Ihr ergebener (*als Briefschluß*); **sin'cere·ness** [-nis], **sin·cer·i·ty** [sin'seriti] *s.* **1.** Aufrichtigkeit *f*; **2.** Lauterkeit *f*, Echtheit *f*.

sin·ci·put ['sinsipʌt] *s. anat.* Schädeldach *n*, *bsd.* Vorderhaupt *n*.

sine[1] [sain] *s.* ⩘ 'Sinus *m*: ~ *curve* Sinuskurve; ~ *of angle* Winkelsinus; ~ *wave phys.* Sinuswelle.

si·ne[2] ['saini] (*Lat.*) *prp.* ohne.

si·ne·cure ['sainikjuə] *s.* Sine'kure *f*: **a)** *eccl. hist.* Pfründe *f* ohne Seelsorge, **b)** einträglicher Ruheposten; '**si·ne·cur·ist** [-ərist] *s.* Inhaber *m* e-r Sinekure.

si·ne di·e ['saini'daii(:)] (*Lat.*) *adv.* ⚖ auf unbestimmte Zeit; **si·ne qua non** ['sainikwei'nɔn] (*Lat.*) *s.* unerläßliche Bedingung, notwendige Vor'aussetzung.

sin·ew ['sinju:] *s.* **1.** *anat.* Sehne *f*, Flechse *f*; **2.** *pl.* Muskeln *pl.*, (Muskel)Kraft *f*: *the* ~*s of war fig.* das Geld *od.* die Mittel (zur Kriegführung *etc.*); '**sin·ewed** [-ju:d] → *sinewy*; '**sin·ew·less** [-lis] *adj. fig.* kraftlos, schwach; '**sin·ew·y** [-ju(:)i] *adj.* **1.** sehnig; **2.** zäh (*Fleisch*); **3.** *fig.* **a)** stark, zäh, **b)** kräftig, kraftvoll (*a. Stil*).

sin·ful ['sinful] *adj.* □ sündig, sündhaft; '**sin·ful·ness** [-nis] *s.* Sündhaftigkeit *f*.

sing [siŋ] **I.** *v/i.* [*irr.*] **1.** singen (*a. fig. dichten*): *to* ~ *of poet.* besingen; *to* ~ *to s.o.* j-m vorsingen; *to* ~ *small* kleinlaut werden, klein beigeben; **2.** summen (*Biene, Wasserkessel etc.*); **3.** krähen (*Hahn*); **4.** *fig.* pfeifen, sausen (*Geschoß*); heulen (*Wind*); **5.** ~ *out* F (laut) rufen, schreien; **6.** *a.* ~ *out sl.* gestehen, alle(s) verraten, ‚singen' (*Verbrecher*); **7.** sich *gut etc.* singen lassen; **II.** *v/t.* [*irr.*] **8.** *Lied* singen: *to* ~ *a child to sleep* ein Kind in Schlaf singen; *to* ~ *out* ausrufen, schreien; **9.** *poet.* besingen; **III.** *s.* **10.** *Am.* F (Gemeinschafts)Singen *n*; **sing·a·ble** ['siŋəbl] *adj.* singbar.

singe [sindʒ] **I.** *v/t.* **1.** ver-, ansengen; → *wing 1*; **2.** *Geflügel, Schwein* sengen; **3.** *a.* ~ *off Borsten etc.* absengen; **4.** *Haar* sengen (*Friseur*); **II.** *v/i.* **5.** versengen; **III.** *s.* **6.** (An-, Ab-, Ver)Sengen *n*; **7.** (leichte) Verbrennung.

sing·er ['siŋə] *s.* **1.** Sänger(in); **2.** *poet.* Sänger *m* (*Dichter*).

Sin·gha·lese [siŋhə'li:z] *sg. u. pl.* **I.** *s.* **1.** Sing(h)a'lese *m*, Sing(h)a'lesin *f*; **2.** *ling.* Sing(h)a'lesisch *n*; **II.** *adj.* **3.** sing(h)a'lesisch.

sing·ing ['siŋiŋ] **I.** *adj.* **1.** singend *etc.*; **2.** Sing..., Gesangs...: *~-lesson*; **II.** *s.* **3.** Singen *n*, Gesang *m*; **4.** *fig.* Klingen *n*, Summen *n*, Pfeifen *n*, Sausen *n*: *a ~ in the ears* (ein) Ohrensausen; **'~-bird** *s. orn.* Singvogel *m*; **'~-man** [-mæn] *s.* [*irr.*] *Brit.* (bezahlter) Sänger (*im Kirchenchor*); **'~-mas·ter** *s.* a) Gesangslehrer *m*, **b)** *Am. eccl.* Vorsänger *m*; **'~-voice** *s.* Singstimme *f*.

sin·gle ['siŋgl] **I.** *adj.* □ → *singly*; **1.** einzig: *not a ~ one* kein *od.* nicht ein einziger; **2.** einzeln, einfach, Einzel..., Ein(fach)...: *~-decker* ✈ Eindecker; *~-stage* einstufig; (*bookkeeping by*) *~ entry* † einfache Buchführung; *~(-trip) ticket* → *10*; **3.** einzeln, al'lein, Einzel...: *~ bed* Einzelbett; *~ bill* † Solawechsel; *~ combat* ⚔ Einzel-, Zweikampf; *~ game sport* Einzel(spiel); *~ house* Einfamilienhaus; **4. a)** allein, einsam, für sich (lebend), **b)** al'leinstehend, ledig, unverheiratet: *~ man* Alleinstehende(r), Junggeselle; *~ woman* Junggesellin; **5.** einmalig: *~ payment*; **6.** ⚘ einfach; **7.** *fig.* ungeteilt, einzig: *~ purpose*; *to have a ~ eye for* nur Sinn haben für, nur denken an (*acc.*); *with a ~ voice* wie aus 'einem Munde; **8.** *fig.* aufrichtig: *~ mind*; **II.** *s.* **9.** *der* (*die, das*) Einzelne *od.* Einzige; Einzelstück *n*; **10.** 🚂 *Brit.* einfache Fahrkarte; **11.** *pl. sg. konstr. sport* Einzel *n*: *to play a ~s*; *men's ~s* Herreneinzel; **12.** Single *f* (*Schallplatte*); **III.** *v/t.* **13.** *~ out* **a)** auslesen, -suchen, -wählen (*from* aus), **b)** bestimmen (*for* für *e-n Zweck*), her'ausheben; **'~-'act·ing** *adj.* ⊕ einfach wirkend; **'~-'breast·ed** *adj.* einreihig (*Anzug*); **'~-'cut** *adj.* ⊕ einhiebig (*Feile*); **'~-'en·gined** *adj.* 'einmo,torig (*Flugzeug*); **'~-'eyed** → *single-minded*; **'~-'hand·ed** *adj. u. adv.* **1.** einhändig; mit 'einer Hand; **2.** *fig.* eigenhändig, al'lein, ohne (fremde) Hilfe; auf eigene Faust; **'~-'heart·ed** *adj.* □ → *single-minded*; **'~-'line** *adj.* 🚂 eingleisig; **'~-'mind·ed** *adj.* **1.** aufrichtig, redlich; **2.** zielbewußt, -strebig; **'~-'mind·ed·ness** *s.* **1.** Aufrichtigkeit *f*; **2.** Zielstrebigkeit *f*.

sin·gle·ness ['siŋglnis] *s.* **1.** Ehelosigkeit *f*; **2.** *a. ~ of purpose* Zielstrebigkeit *f*; **3.** *fig.* Aufrichtigkeit *f*.

'sin·gle|-'phase *adj.* ⚡ einphasig, Einphasen...; **'~-'seat·er** *bsd.* ✈ **I.** *s.* Einsitzer *m*; **II.** *adj.* Einsitzer..., einsitzig; **'~-stick** *s. sport* 'Stockra,pier(fechten) *n*.

sin·glet ['siŋglit] *s. bsd. Brit.* 'Unter-, Tri'kothemd *n*.

'sin·gle-'thread *adj.* ⊕ **1.** eindrähtig (*Garn*); **2.** eingängig (*Gewinde*).

sin·gle·ton ['siŋgltən] *s.* **1.** *Kartenspiel*: 'Singleton *m* (*einzige Karte e-r Farbe*); **2.** einziges Kind; **3.** Einspänner *m* (*alleinstehender Mensch*).

'sin·gle-'track *adj.* **1.** einspurig, eingleisig (*Bahn*); **2.** *fig.* F einseitig.

sin·gly ['siŋgli] *adv.* **1.** einzeln, al'lein; **2.** → *single-handed* 2.

'sing·song **I.** *s.* **1.** Singsang *m*, Geleier *n*; **2.** *Brit.* Gemeinschaftssingen *n*; **II.** *adj.* **3.** im Leierton, eintönig; **III.** *v/t. u. v/i.* **4.** eintönig sprechen *od.* singen, leiern.

sin·gu·lar ['siŋgjulə] **I.** *adj.* □ **1.** *ling.* singu'larisch: *~ number* → *6*; **2.** ⚗, *phls.* singu'lär; **3.** *bsd.* ⚖ einzeln: *all and ~* jeder (jede, jedes) einzelne; **4.** *fig.* einzigartig, außergewöhnlich, einmalig; **5.** *fig.* eigentümlich, seltsam; **II.** *s.* **6.** *ling.* 'Singular *m*, Einzahl *f*; **sin·gu·lar·i·ty** [siŋgju'læriti] *s.* **1.** Eigentümlichkeit *f*, Seltsamkeit *f*; **2.** Einzigartigkeit *f*; **'sin·gu·lar·ize** [-əraiz] *v/t.* **1.** vereinzeln, her'ausstellen; **2.** *ling.* (*fälschlich*) in die Einzahl setzen.

Sin·ha·lese → *Singhalese*.

sin·is·ter ['sinistə] *adj.* □ **1.** böse, drohend, unheilvoll, schlimm; **2.** finster, unheimlich; **3.** *her.* link; **'sin·is·tral** [-trəl] *adj.* □ **1.** linksseitig; **2.** *zo.* linkswendig.

sink [siŋk] **I.** *v/i.* [*irr.*] **1.** sinken, 'untergehen (*Schiff, Gestirn etc.*); **2.** (her'ab-, nieder)sinken (*Arm, Kopf, Person etc.*): *to ~ into a chair*; *to ~ into the grave* ins Grab sinken; **3.** *im Wasser, Schnee etc.* versinken, ein-, 'untersinken: *~ or swim fig.* auf Biegen oder Brechen; **4.** sich senken: **a)** her'absinken (*Dunkelheit, Wolken etc.*), **b)** abfallen (*Gelände*), **c)** sich senken (*Gebäude*), sinken (*Preise, Wasserspiegel, Zahl etc.*); **5.** 'umsinken; **6.** erliegen (*beneath, under* unter *dat.*); **7.** (*into*) **a)** (ein)dringen, (ein)sickern (in *acc.*), **b)** *fig.* (in *j-s Geist*) eindringen, sich einprägen (*dat.*): *he allowed his words to ~ in* er ließ s-e Worte wirken; **8.** *in Ohnmacht, Schlaf, Schweigen etc.* (ver-)fallen, (ver)sinken; **9.** nachlassen, schwächer werden; **10.** sich dem Ende nähern (*Kranker*): *he is ~ing fast* er verfällt zusehends; **11.** *im Wert, in j-s Achtung etc.* sinken; **12.** *b.s.* (ver)sinken (*into* in *acc.*), *in Armut, Vergessenheit* geraten, *dem Laster etc.* verfallen; **13. sich senken** (*Blick, Stimme*); **14.** sinken (*Mut*), verzagen (*Herz*); **II.** *v/t.* [*irr.*] **15.** *Schiff etc.* versenken; **16.** *bsd. in den Boden* ver-, einsenken; **17.** *Grube etc.* ausheben; *Brunnen, Loch* bohren: *to ~ a shaft* ⚒ e-n Schacht abteufen; **18.** ⊕ **a)** einlassen, -betten, **b)** eingravieren, **c)** *Stempel* schneiden; **19.** *Wasserspiegel etc., a. Preis, Wert* senken; **20.** *Blick, Kopf, Stimme* senken; **21.** *fig. Niveau, Stand* her'abdrücken; **22.** zu'grunde richten: *we are sunk sl.* wir sind ‚erledigt'; **23.** *Tatsache* unter'drücken, vertuschen; **24.** *et.* ignorieren; *Streit* beilegen; *Ansprüche, Namen etc.* aufgeben; **25. a)** † *Kapital* fest (*bsd.* ungünstig) anlegen, **b)** (*bsd.* durch 'Fehlinvestiti,on) verlieren; **26.** † *Schuld* tilgen; **III.** *s.* **27.** Ausguß (-becken *n*, -loch *n*) *m*, Spülstein *m* (*Küche*); **28. a)** Abfluß *m* (*Rohr*), **b)** Senkgrube *f*, **c)** *fig.* Pfuhl *m*: *~ of iniquity fig.* Sündenpfuhl, Lasterhöhle; **29.** *thea.* Versenkung *f*; **30.** *geol.* Endsee *m*; **'sink·a·ble** [-kəbl] *adj.* zu versenken(d), versenkbar (*bsd. Schiff*); **'sink·er** [-kə] *s.* **1.** ⚒ Abteufer *m*; **2.** ⊕ Stempelschneider *m*; **3.** *Weberei*: Pla'tine *f*; **4.** ⚓ **a)** Senkblei *n* (*Lot*), **b)** Senkgewicht *n* (*Angelleine, Fischnetz*); **5.** *Am. sl.* Krapfen *m*; **'sink·ing** [-kiŋ] **I.** *s.* **1.** (Ver)Sinken *n*; **2.** Versenken *n*; **3.** ⚕ **a)** Schwächegefühl *n*, **b)** Senkung *f e-s Organs*; **4.** † Tilgung *f*; **II.** *adj.* **5.** sinkend (*a. Mut etc.*): *a ~ feeling* Beklommenheit, flaues Gefühl (im Magen); **6.** † Tilgungs...: *~ fund* Amortisationsfonds.

sin·less ['sinlis] *adj.* □ sünd(en)los, unschuldig; **'sin·less·ness** [-nis] *s.* Sünd-, Schuldlosigkeit *f*.

sin·ner ['sinə] *s. eccl.* Sünder(in) (*a. fig. Übeltäter*; *a. humor. Halunke*).

Sinn Fein ['ʃin'fein] *s. pol.* Sinn Fein *m* (*nationalistische Bewegung u. Partei in Irland*).

Sino- [sinou] *in Zssgn* chi'nesisch, Chinesen..., China...: *~-American* chinesisch-amerikanisch; **si·nol·o·gy** [si'nɔlədʒi] *s.* Sinolo'gie *f*: **a)** Chinakunde *f*, **b)** Kenntnis *f od.* Studium *n* des Chinesischen.

sin·ter ['sintə] **I.** *s. geol. u. metall.* Sinter *m*; **II.** *v/t. Erz* sintern.

sin·u·ate ['sinjuit] *adj.* □ ⚘ gebuchtet (*Blatt*); **sin·u·os·i·ty** [sinju'ɔsiti] *s.* **1.** Biegung *f*, Krümmung *f*; **2.** *fig.* Gewundenheit *f*; **'sin·u·ous** [-juəs] *adj.* □ **1.** gewunden, sich schlängelnd: *~ line* Wellen-, Schlangenlinie; **2.** ⚗ 'sinusförmig gekrümmt; **3.** *fig.* krumm, winkelzügig; **4.** geschmeidig, biegsam.

si·nus ['sainəs] *pl.* **'si·nus, 'si·nus·es** *s.* **1.** Krümmung *f*, Kurve *f*; **2.** Ausbuchtung *f*; **3.** *anat.* 'Sinus *m*, (Knochen-, Neben)Höhle *f*; **4.** ⚕ Fistelgang *m*; **5.** ⚘ Ausbuchtung *f* (*Blatt*); **si·nus·i·tis** [sainə'saitis] *s.* ⚕ Nebenhöhlenentzündung *f*: *frontal ~* Stirnhöhlenkatarrh; **si·nus·oi·dal** [sainə'sɔidl] *adj.* ⚗, ⚡, *phys.* 'sinusförmig, Sinus...: *~ wave* Sinuswelle.

Sioux [su:] *s. sg. u. pl.* [su:z] **1.** 'Sioux(indi,aner[in]) *m, f*; **2.** *pl. die* 'Sioux(indi,aner) *pl.*

sip [sip] **I.** *v/t.* **1.** nippen an (*acc.*) *od.* von, schlürfen (*a. fig.*); **II.** *v/i.* **2.** (*of*) nippen (an *dat. od.* von), schlückchenweise trinken (von); **III.** *s.* **3.** Nippen *n*; **4.** Schlückchen *n*.

si·phon ['saifən] **I.** *s.* **1.** (Saug)Heber *m*; 'Siphon *m*; **2.** 'Siphonflasche *f*; **3.** *zo.* 'Sipho *m*; **II.** *v/t.* **4.** *~ out* (*a.* ⚕ *Magen*) aushebe(r)n, entleeren; **5.** *~ off* **a)** absaugen, **b)** *fig. Gewinne etc.* abschöpfen; **6.** *fig.* (weiter)leiten; **II.** *v/i.* **7.** ablaufen; **'~-bot·tle** *s.* Siphon(flasche *f*) *m*; **~ ga(u)ge** *s.* ⊕ 'Heberrohrmano,meter *n*.

sip·pet ['sipit] *s.* **1.** (Brot-, Toast-) Brocken *m* (*zum Eintunken*); **2.** geröstete Brotschnitte.

sir [sə:] **I.** *s.* **1.** (mein) Herr! (*respektvolle Anrede*): *yes, ~!* ja(wohl)!; **2**(*s*) *Anrede in* (*Leser*)*Briefen, im Deutschen unübersetzt*; *Dear* **2***s* Sehr geehrte Herren! (*Anrede in Briefen*); *my dear ~! iro.* mein Verehrtester!; **2.** **2** *Brit.* Sir *m* (*Titel e-s baronet od. knight*); **3.** *Brit. Anrede für den Speaker im Unter-*

haus; **II.** *v/t.* **4.** *j-n* mit ,Sir' anreden.
sire ['saiə] **I.** *s.* **1.** *poet.* **a)** Vater *m*, Erzeuger *m*, **b)** Vorfahr *m*; **2.** *zo.* Vater(tier *n*) *m*; **3.** ♀! Sire!, Eure Maje'stät!; **4.** *obs.* Herr *m*, Gebieter *m*; **II.** *v/t.* **5.** *to be* ~*d by* abstammen von (*bsd. Zuchtpferd*).
si·ren ['saiərin] *s.* **1.** *myth.* Si'rene *f* (*a. fig. verführerische Frau, bezaubernde Sängerin*); **2.** ⊕ Sirene *f*; **3.** *zo.* **a)** Armmolch *m*, **b)** → *sirenian*; **si·re·ni·an** [saiə'rinjən] *s. zo.* Seekuh *f*, Sirene *f*.
sir·loin ['sə:lɔin] *s.* Lendenstück *n* (*des Rinds*).
si·roc·co [si'rɔkou] *pl.* **-cos** *s.* Schi'rokko *m* (*Wind*).
sir·up → *syrup*.
sis [sis] *s.* **1.** *Am.* F Schwester *f*; **2.** F Mädel *n*; **3.** *sl.* → *sissy 1*.
si·sal (hemp) ['saisəl] *s.* ♀ Sisal (-hanf) *m*.
sis·kin ['siskin] *s. orn.* (Erlen)Zeisig *m*.
sis·sy ['sisi] *s.* **1.** F Weichling *m*, ,Heulsuse' *f*; **2.** *Am. sl.* Mädel *n*.
sis·ter ['sistə] **I.** *s.* **1.** Schwester *f* (*a. fig. Genossin*): *the three* ♀*s myth.* die drei Schicksalsschwestern; **2.** *fig.* Schwester *f* (*Gleichartiges*); **3.** *eccl.* (Ordens)Schwester *f*: ♀*s of Mercy* Barmherzige Schwestern; **4.** ⚕ *bsd. Brit.* **a)** Oberschwester *f*, **b)** (Kranken)Schwester *f*; **5.** *a.* ~ *company* ✝ Schwestergesellschaft *f*; **II.** *adj.* **6.** Schwester...: ~ *ship*; '**sis·ter·hood** [-hud] *s.* **1.** schwesterliches Verhältnis; **2.** *eccl.* Schwesternschaft *f*.
'**sis·ter-in-law** *pl.* '**sis·ters-in-law** *s.* Schwägerin *f*.
sis·ter·ly ['sistəli] *adj.* schwesterlich.
Sis·tine ['sistain] *adj.* six'tinisch: ~ *Chapel*; ~ *Madonna*.
Sis·y·phe·an [sisi'fi(:)ən] *adj.*: ~ *task* (*od. labo[u]r*) Sisyphusarbeit.
sit [sit] [*irr.*] **I.** *v/i.* **1.** sitzen; **2.** sich setzen; **3.** (*to j-m*) (Por'trät *od.* Mo'dell) sitzen; **4.** sitzen, brüten (*Henne*); **5.** liegen, sitzen (*Sache, a. Wind*); **6.** Sitzung (ab)halten, tagen; **7.** (*on*) beraten (über *acc.*), (*e-n Fall etc.*) unter'suchen; **8.** sitzen, e-n Sitz (inne)haben (*in Parliament* im Parlament): *to* ~ *on a committee* e-m Ausschuß angehören; *to* ~ *on the bench* Richter sein; *to* ~ *on a jury* Geschworener sein; **9.** (*on*) sitzen, passen (*Kleidung*) (*dat.*); *fig.* (*j-m*) *gut etc.* zu Gesicht stehen; **II.** *v/t.* **10.** ~ *o.s.* sich setzen; **11.** sitzen auf (*dat.*): *to* ~ *a horse well* gut zu Pferde sitzen;
Zssgn mit adv.:
sit| back *v/i.* sich zu'rücklehnen; *fig.* die Hände in den Schoß legen; ~ **down I.** *v/i.* **1.** sich (hin)setzen, sich niederlassen, Platz nehmen: *to* ~ *to work* sich an die Arbeit machen; **2.** ~ *under e-e Beleidigung etc.* hinnehmen; **II.** *v/t.* **3.** *j-n* hinsetzen; ~ **in** *v/i.* F **1.** 'Babysitter sein; **2.** mitmachen (*at* bei); ~ **out I.** *v/t.* **1.** *e-r Vorstellung etc.* bis zu Ende beiwohnen; **2.** länger bleiben *od.* aushalten als; **3.** *Spiel, Tanz* auslassen; **II.** *v/i.* **4.** aussetzen, nicht mitmachen (*bei e-m Spiel etc.*); **5.** im Freien sitzen; ~ **up** *v/i.* **1.** aufrecht sitzen; **2.** sich geradesetzen: *to* ~ (*and beg*) ,schön' machen (*Hund*); *to make s.o.* ~ **a)** j-n aufrütteln, **b)** j-n aufhorchen lassen; **3.** sich *im Bett etc.* aufrichten; **4.** aufsitzen, -bleiben; wachen (*with* bei *e-m Kranken*);
Zssgn mit prp.:
sit| for *v/i.* **1.** *e-e Prüfung* machen; **2.** *parl. e-n Wahlkreis* vertreten; **3.** ~ *one's portrait* sich porträtieren lassen; ~ **on** → *sit upon*; ~ **un·der** *v/i.* **1.** *eccl.* zu *j-s* Gemeinde gehören; **2.** *j-s* Schüler sein; ~ **up·on** *v/i.* **1.** lasten auf *j-m*; im *Magen* liegen; **2.** → *sit 7 u. 8*; **3.** *sl. j-m* ,aufs Dach steigen': *he needs to be sat (up)on* er hat e-e ,Abreibung' nötig.
'**sit-down (strike)** *s.* Sitzstreik *m*.
site [sait] **I.** *s.* **1.** Lage *f* (*e-r Baulichkeit, Stadt etc.*): ~ *plan* Lageplan; **2.** Stelle *f* (*a.* ⚕), Örtlichkeit *f*; **3.** Bauplatz *m*, Grundstück *n*; **4.** ✝ (*Ausstellungs*)Gelände *n*; **5.** Sitz *m* (*e-r Industrie*); **II.** *v/t.* **6.** placieren, legen: **well-**~**d** gutgelegen (*Haus*).
'**sit-in** *s.* Sit-'in *n*.
sit·ter ['sitə] *s.* **1.** Sitzende(r *m*) *f*; **2.** **a)** Glucke *f*, **b)** brütender Vogel: *a bad* ~ e-e schlechte Brüterin; **3.** *paint.* Mo'dell *n*; **4.** *a.* ~*-in* F 'Babysitter *m*; **5.** *sl.* **a)** *hunt.* leichter Schuß, **b)** *fig.* Leichtigkeit *f*, **c)** ,todsichere Sache'.
sit·ting ['sitiŋ] **I.** *s.* **1.** Sitzen *n*; **2.** *bsd.* ⚖, *parl.* Sitzung *f*, Tagung *f*; **3.** *paint., phot. etc.* Sitzung *f*: *at a* ~ *fig.* in 'einem Zug; **4.** **a)** Brutzeit *f*, **b)** Gelege *n*; **5.** *eccl., thea.* Sitz(platz) *m*; **II.** *adj.* **6.** sitzend, Sitz...: ~ *duck fig.* leichtes Opfer; **7.** brütend; '~**-room** *s.* **1.** Platz *m* zum Sitzen; **2.** Wohnzimmer *n*.
sit·u·ate ['sitjueit] **I.** *v/t.* **1.** aufstellen, *e-r Sache* e-n Platz geben, den Platz festlegen (*gen.*); **2.** in e-e Lage bringen; **II.** *adj.* **3.** ⚖ *od. obs.* → *situated 1*; '**sit·u·at·ed** [-tid] *adj.* **1.** gelegen: *to be* ~ liegen *od.* sein (*Haus etc.*); **2.** in e-r *schwierigen etc.* Lage (befindlich): *thus* ~ in dieser Lage; *well* ~ gutsituiert, wohlhabend.
sit·u·a·tion [sitju'eiʃən] *s.* **1.** Lage *f e-s Hauses etc.*; **2.** Situati'on *f*: **a)** Lage *f*, Zustand *m*, **b)** Sachlage *f*, 'Umstände *pl.*: *difficult* ~; **3.** *thea.* dra'matische Situation, Höhepunkt *m*; **4.** Stellung *f*, Stelle *f*, Posten *m*: ~*s offered* Stellenangebote; ~*s wanted* Stellengesuche.
si·tus ['saitəs] (*Lat.*) *s.* **1.** ⚕ 'Situs *m*, (ana'tomische) Lage (*e-s Organs*); **2.** Sitz *m*, Lage *f*.
six [siks] **I.** *adj.* **1.** sechs: *it is* ~ *of one and half-a-dozen of the other fig.* das ist gehüpft wie gesprungen; **2.** *in Zssgn* sechs...: ~*-cylinder(ed)* sechszylindrig, Sechszylinder... (*Motor*); **II.** *s.* **3.** Sechs *f*: **a)** *Zahl*, **b)** *Spielkarte etc.*: *a rowing* ~ e-e Sechsermannschaft (*Rudern*); *at* ~*es and sevens* **a)** ganz durcheinander, **b)** uneins; **4.** *Kricket*: *a.* **six·er** ['siksə] *s.* F Sechserschlag *m*; '**six·fold** [-fould] *adj. u. adv.* sechsfach.
'**six|-foot** *adj.* sechs Fuß lang; '~**-'foot·er** *s.* F sechs Fuß langer *od.* ,baumlanger' Mensch; '~**pence** *s. Brit. obs.* Sixpencestück *n*, $^1/_2$ Schilling *m*: *it does not matter* (*a*) ~ das ist ganz egal; '~**·pen·ny** *adj. Brit. obs.* einen Sixpence wert, Sixpenny...; '~**-'shoot·er** *s.* F sechsschüssiger Re'volver.
six·teen ['siks'ti:n] **I.** *s.* Sechzehn *f*; **II.** *adj.* sechzehn; '**six'teenth** [-nθ] **I.** *adj.* **1.** sechzehnt; **2.** sechzehntel; **II.** *s.* **3.** *der* (*die, das*) Sechzehnte; **4.** Sechzehntel *n*; **5.** *a.* ~ *note* ♪ Sechzehntel(note *f*) *n*.
sixth [siksθ] **I.** *adj.* **1.** sechst: ~ *sense fig.* sechster Sinn; **II.** *s.* **2.** *der* (*die, das*) Sechste; **3.** Sechstel *n*; **4.** ♪ Sext *f*; **5.** *a.* ~ *form ped. Brit.* sechste Klasse, Prima *f*; '**sixth·ly** [-li] *adv.* sechstens.
six·ti·eth ['sikstiiθ] **I.** *adj.* **1.** sechzigst; **2.** sechzigstel; **II.** *s.* **3.** *der* (*die, das*) Sechzigste; **4.** Sechzigstel *n*.
Six·tine ['sikstain] → *Sistine*.
six·ty ['siksti] **I.** *adj.* **1.** sechzig; **II.** *s.* **2.** Sechzig *f*; **3.** *pl.* **a)** *die* sechziger Jahre *pl.* (*e-s Jahrhunderts*), **b)** *die* Sechziger(jahre) *pl.* (*Alter*).
'**six|-'wheel·er** *s. mot.* Dreiachser *m*; '~**-year-old I.** *s.* Sechsjährige(r *m*) *f*; **II.** *adj.* sechsjährig, sechs Jahre alt.
siz·a·ble ['saizəbl] *adj.* (ziemlich) groß, ansehnlich, beträchtlich.
siz·ar ['saizə] *s. univ.* Stipendi'at *m* (*in Cambridge od. Dublin*).
size[1] [saiz] **I.** *s.* **1.** Größe *f*, Maß *n*, For'mat *n*, 'Umfang *m*: *all of a* ~ (alle) gleich groß; *of all* ~*s* in allen Größen; *the* ~ *of* so groß wie; *that's about the* ~ *of it* F (genau) so ist es; *to cut s.o. down to* ~ *fig.* j-n in die Schranken verweisen; **2.** (Schuh-, Kleider- *etc.*)Größe *f*, Nummer *f*: *two* ~*s too big* zwei Nummern zu groß; *what* ~ *do you take?* welche Größe haben Sie?; **3.** *fig.* **a)** Größe *f*, Ausmaß *n*, **b)** *geistiges etc.* For'mat *e-r Person*; **II.** *v/t.* **4.** nach Größen ordnen; **5.** ~ *up* F ab-, einschätzen (*a. fig.*); **III.** *v/i.* **6.** ~ *up* F gleichkommen (*to, with dat.*).
size[2] [saiz] **I.** *s.* **1.** (*paint.* Grundier-) Leim *m*, Kleister *m*; **2.** **a)** *Weberei*: Appre'tur *f*, **b)** *Hutmacherei*: Steife *f*; **II.** *v/t.* **3.** leimen; **4.** *paint.* grundieren; **5.** *Stoff* appretieren; **6.** *Hutfilz* steifen.
-size [saiz] → *-sized*.
size·a·ble → *sizable*.
-sized [saizd] *adj. in Zssgn* ...groß, von *od.* in ... Größe.
siz·er[1] ['saizə] *s.* **1.** Sortierer(in); **2.** ⊕ **a)** ('Größen)Sor,tiermaˌschine *f*, **b)** *Holzwirtschaft*: 'Zuschneidemaˌschine *f*.
siz·er[2] ['saizə] *s.* ⊕ **1.** Leimer *m*; **2.** *Textilindustrie*: Schlichter *m*.
siz·zle ['sizl] **I.** *v/i.* zischen; **II.** *s.* Zischen *n*; '**siz·zling** [-liŋ] *adj.* **1.** zischend, brutzelnd; **2.** glühend heiß.
sjam·bok ['ʃæmbɔk] *s.* Nilpferdpeitsche *f*.
skald → *scald*[1].
skat [ska:t] *s.* Skat(spiel *n*) *m*.
skate[1] [skeit] *pl.* **skates**, *bsd. coll.* **skate** *s. ichth.* (Glatt)Rochen *m*.
skate[2] [skeit] **I.** *s.* **1.** Schlittschuh *m*; **2.** Rollschuh *m*; **II.** *v/i.* **3.** Schlittschuh *od.* Rollschuh laufen; → *ice 1*; '**skate·board** *s.* Skateboard *n*;

'**skat·er** [-tə] *s.* **1.** Schlittschuh-, Eisläufer(in); **2.** Rollschuhläufer(in).
skat·ing ['skeitiŋ] *s.* **1.** Schlittschuhlaufen *n*, Eis(kunst)lauf *m*; **2.** Rollschuhlauf(en *n*) *m*; '**~-rink** *s.* **1.** Eisbahn *f*; **2.** Rollschuhbahn *f*.
skean ['ski:ən] *s. hist. Ir. od. Scot.* Dolch *m*; '**~-'dhu** [-'du:] *s.* Dolchmesser *n*.
ske·dad·dle [ski'dædl] F **I.** *v/i.* ‚türmen', ‚abhauen' (*Reißaus nehmen*); **II.** *s.* ‚Türmen' *n*, Ausreißen *n*.
skee·sicks ['ski:ziks] *s. Am.* F Taugenichts *m*, Strolch *m*.
skeet (shoot·ing) [ski:t] *s. sport* Skeetschießen *n*.
skein [skein] *s.* **1.** Strang *m*, Docke *f* (*Wolle etc.*); **2.** Skein *n*, Warp *n* (*Baumwollmaß*); **3.** Kette *f*, Schwarm *m* (*Wildenten etc.*).
skel·e·tal ['skelitl] *adj.* **1.** ⚕ Skelett...; **2.** ske'lettartig; **skel·e·tol·o·gy** [skeli'tɔlədʒi] *s.* Knochenlehre *f*.
skel·e·ton ['skelitn] **I.** *s.* **1.** Ske'lett *n*, Knochengerüst *n*, Gerippe *n* (*alle a. fig.*): *~ in the cupboard, family ~ fig.* dunkler Punkt, Familiengeheimnis; *~ at the feast* Freudenstörer; **2.** ♀ Rippenwerk *n* (*Blatt*); **3.** ⚠, ⊕ (*Stahl- etc.*)Skelett *n*, (*a. Schiffs-, Flugzeug*)Gerippe *n*; (*a. Schirm-*) Gestell *n*; **4.** *fig.* **a)** Entwurf *m*, Rohbau *m*, **b)** Rahmen *m*; **5. a)** 'Stamm(perso,nal *n*) *m*, **b)** ⚔ Kader *m*, Stammtruppe *f*; **6.** *sport* 'Skeleton *m* (*Schlitten*); **II.** *adj.* **7.** Skelett...: *~ construction* ⚠ Skelettbauweise; **8.** ✝, ⚖ Rahmen...: *~ agreement*; *~ law*; *~ bill* Wechselblankett; *~ wage agreement* Manteltarif; **9.** Stamm...: *~ crew* ⚔ Stammbesatzung; '**~-face type** *s. typ.* Ske'lettschrift *f*.
skel·e·ton·ize ['skelitənaiz] *v/t.* **1.** skelettieren; **2.** *fig.* skizzieren, entwerfen, in großen 'Umrissen darstellen; **3.** *fig.* zahlenmäßig reduzieren.
skel·e·ton| key *s.* Dietrich *m*, Nachschlüssel *m*; **~ serv·ice** *s.* Bereitschaftsdienst *m*.
skelp [skelp] *Scot. od. dial.* **I.** *s.* Klaps *m*, Schlag *m*; **II.** *v/t.* klapsen, schlagen.
skene → *skean*.
skep [skep] *s.* **1.** (Weiden)Korb *m*; **2.** Bienenkorb *m*.
skep·tic *etc. Am.* → *sceptic etc.*
sker·ry ['skeri] *s. bsd. Scot.* Schäre *f*, Riff *n*.
sketch [sketʃ] **I.** *s.* **1.** *paint. etc.* Skizze *f*, Studie *f*; **2.** *lit. etc.* Grundriß *m*, Entwurf *m*; **3.** *fig.* Skizze *f* (*kurze Darstellung*; *a. Erzählung*); **4.** *thea.* Sketch *m*; **II.** *v/t.* **5.** *oft ~ in* (*od. out*) skizzieren; **6.** *fig.* skizzieren, in großen Zügen darstellen; **III.** *v/i.* **7.** e-e Skizze *od.* Skizzen machen; '**~-block**, '**~-book** *s.* Skizzenblock *m*, -buch *n*.
sketch·i·ness ['sketʃinis] *s.* Skizzenhaftigkeit *f*, 'Unvoll,kommenheit *f*, Oberflächlichkeit *f*; **sketch·y** ['sketʃi] *adj.* □ **1.** skizzenhaft, flüchtig, oberflächlich; **2.** unzureichend: *a ~ meal*; **3.** *fig.* unklar, vage.
skew [skju:] **I.** *adj.* **1.** schief, schräg: *~ bridge* schiefe Brücke; *~ gear* ⊕ Kreisbogenzahnrad; **2.** abschüssig; **3.** ⅌ 'asym,metrisch; **II.** *s.* **4.** ⚠ **a)** schräger Kopf (*Strebepfeiler*), **b)** 'Untersatzstein *m*; '**~-back** *s.* ⚠ schräges 'Widerlager; '**~-bald** *adj.* scheckig (*bsd. Pferd*).
skewed [skju:d] *adj.* schief, abgeschrägt, verdreht; **skew·er** ['skju:ə] **I.** *s.* **1.** Fleischspieß *m*, Speil(er) *m*; **2.** *humor.* Schwert *n*, Dolch *m*; **II.** *v/t.* **3.** *Fleisch* spießen, *Wurst* speilen.
'**skew-eyed** *adj. Brit.* schielend.
ski [ski:] **I.** *pl.* **ski, skis** *s.* **1.** *sport* Ski *m*, Schi *m*; **2.** ✈ (Schnee)Kufe *f*; **II.** *v/i. pret. u. p.p. Brit.* **ski'd**, *Am.* **skied 3.** *sport* Ski *od.* Schi laufen.
ski·a·gram ['skaiəgræm] → *sciagram*.
skid [skid] **I.** *s.* **1.** Stützbalken *m*; **2.** Ladebalken *m*, Rolle *f*; **3.** Hemmschuh *m*, Bremsklotz *m*; **4.** ✈ (Gleit)Kufe *f*, Sporn(rad *n*) *m*; **5.** Rutschen *n*, *mot. etc.* Schleudern *n*: *~ chain* Schneekette; *~ mark* Bremsspur; *he is on the ~s Am. sl.* es geht abwärts mit ihm; **II.** *v/t.* **6.** *Rad* bremsen, hemmen; **III.** *v/i.* **7.** rutschen; **8.** *mot. etc.* schleudern.
skid·doo [ski'du:] *v/i. sl.* ‚abhauen': *~!* hau ab!
ski·er ['ski:ə] *s. sport* Ski-, Schiläufer(in).
skies [skaiz] *pl. von sky.*
skiff [skif] *s.* ⚓ Skiff *n* (*Ruderboot*).
ski·ing ['ski:iŋ] *s. sport* Ski-, Schilauf *m*, -laufen *n*, -fahren *n*, -sport *m*.
ski|-jor·ing [ski:'jɔ:riŋ] *s. sport* Ski(k)jöring *n*; '**~-jump** *s.* **1.** Ski-, Schisprung *m*; **2.** Sprungschanze *f*; '**~-jump·ing** *s.* Ski-, Schispringen *n*, Sprunglauf *m*.
skil·ful ['skilful] *adj.* □ geschickt: **a)** gewandt, **b)** kunstgerecht (*Arbeit, Operation etc.*), **c)** geübt, (sach)kundig (*at, in* in *dat.*): *to be ~ at* sich verstehen auf (*acc.*); '**skil·ful·ness** [-nis] → *skill*.
skill [skil] *s.* **1.** Geschick(lichkeit *f*) *n*: **a)** (Kunst)Fertigkeit *f*, Können *n*, **b)** Gewandtheit *f*; **2.** (Fach-, Sach)Kenntnis *f* (*at, in* in *dat.*); '**skilled** [-ld] *adj.* **1.** geschickt, gewandt, erfahren (*in* in *dat.*); **2.** Fach...: *~ labo(u)r* Facharbeiter *pl.*; *~ trades* Fachberufe; *~ workman* gelernter Arbeiter, Facharbeiter.
skil·let ['skilit] *s.* **1. a)** Tiegel *m*, **b)** Kasse'rolle *f*; **2.** *Am.* Bratpfanne *f*.
skill·ful(·ness) *Am.* → *skilful(ness)*.
skil·ly ['skili] *s. Brit.* dünner Haferschleim.
skim [skim] **I.** *v/t.* **1.** (*a. fig.* ✝ *Gewinne*) abschöpfen: *to ~ the cream off* den Rahm abschöpfen (*oft fig.*); **2.** abschäumen; **3.** *Milch* entrahmen; **4.** *fig.* (hin)gleiten über (*acc.*); **5.** *fig. Buch etc.* über'fliegen; **II.** *v/i.* **6.** gleiten, streichen (*over* über *acc.*, *along* entlang); **7.** *~ over Buch etc.* flüchtig lesen, überfliegen: *to ~ through* durchblättern; '**skim·mer** [-mə] *s.* **1.** Schaum-, Rahmkelle *f*; **2.** ⊕ Abstreicheisen *n*; **3.** *orn. ein* Scherenschnabel *m*; **4.** ⚓ *Brit.* leichtes Rennboot; **skim milk** *s.* entrahmte Milch, Magermilch *f*;
skim·ming ['skimiŋ] *s.* **1.** *mst pl. das* Abgeschöpfte; **2.** *pl.* Schaum *m* (*auf Kochgut etc.*); **3.** *pl.* ⊕ Schlakken *pl.*; **4.** Abschöpfen *n*, -schäumen *n*: *~ of excess profit* ✝ Gewinnabschöpfung.
skimp [skimp] *etc.* → *scrimp etc.*
skin [skin] **I.** *s.* **1.** Haut *f* (*a. biol.*): *dark* (*fair*) *~* dunkle (helle) Haut (-farbe); *he is mere ~ and bone* er ist nur noch Haut u. Knochen; *to be in s.o.'s ~ fig.* in j-s Haut stecken; *to get under s.o.'s ~* F **a)** j-m nahegehen, **b)** j-n ärgern; *to have a thick* (*thin*) *~* dickfellig (zartbesaitet) sein; *to save one's ~* mit heiler Haut davonkommen; *by the ~ of one's teeth* mit knapper Not; → *jump out of*; **2.** Fell *n*, Pelz *m*, Balg *m* (*von Tieren*); **3.** (*Obst- etc.*)Schale *f*, Haut *f*, Hülse *f*, Rinde *f*; **4.** ⊕ *etc.* dünne Schicht, Haut *f* (*auf der Milch etc.*); **5.** Oberfläche *f*, *bsd.* **a)** ⚓ Außenhaut *f*, **b)** ✈ Bespannung *f*, **c)** *Ballon-*)Hülle *f*; **6.** (*Wein- etc.*) Schlauch *m*; **7.** *sl.* Klepper *m* (*Pferd*); **II.** *v/t.* **8.** enthäuten, (ab-) häuten, schälen: *to keep one's eyes ~ned* F die Augen offenhalten; **9.** *a. ~ out Tier* abbalgen, -ziehen; **10.** *Knie etc.* aufschürfen; **11.** *sl.* *j-m* das Fell über die Ohren ziehen, *j-n* ‚rupfen' (*beim Spiel etc.*); **12.** F *Strumpf etc.* abstreifen; **III.** *v/i.* **13.** *~ over* (zu)heilen (*Wunde*); **14.** *~ out Am. sl.* entschlüpfen; '**~-'deep** *adj. u. adv.* (nur) oberflächlich, nicht tiefgehend (*a. fig.*); **~ dis·ease** *s.* Hautkrankheit *f*; **~ div·ing** *s.* Sporttauchen *n*; '**~-flicks** *s. Brit. sl.* Nackt-, Sexfilm *m*; '**~-flint** *s.* Knicker *m*, Geizhals *m*; '**~-fric·tion** *s. phys.* Oberflächenreibung *f*.
skin·ful ['skinful] *s.*: *he had got a ~* F er hatte ‚schwer geladen' (*war betrunken*).
'**skin|-game** *s. sl.* Schwindel *m*, Bauernfänge'rei *f*; '**~-graft·ing** *s.* ⚕ 'Hauttransplantati,on *f*.
skinned [skind] *adj.* **1.** häutig; **2.** ent-, gehäutet; **3.** *in Zssgn* ...häutig, ...fellig; '**skin·ner** [-nə] *s.* **1.** Pelzhändler *m*, Kürschner *m*; **2.** Abdecker *m*; '**skin·ny** [-ni] *adj.* **1.** häutig; **2.** mager, abgemagert, dünn; **3.** *fig.* knauserig.
'**skin|-tight** *adj.* hauteng (*Kleidung*); '**~-wool** *s.* Schlachtwolle *f*.
skip[1] [skip] **I.** *v/i.* **1.** hüpfen, hopsen, springen; **2.** seilhüpfen; **3.** *fig.* Sprünge machen; über'schlagen (*in e-m Buch*): *to ~ off* abschweifen; *to ~ over et.* übergehen; **4.** *oft ~ out* F ‚abhauen'; *to ~ (over) to* e-n Abstecher nach *e-m Ort* machen; **II.** *v/t.* **5.** springen über (*acc.*): *to ~ (a) rope* seilhüpfen; **6.** *fig.* über'springen, auslassen, *Buchseite* über'schlagen; **7.** *Am. sl.* **a)** verschwinden aus *e-r Stadt etc.*, **b)** sich von *e-r Verabredung etc.* drücken, *Schule etc.* schwänzen; **8.** F *~ it* ‚abhauen'; **III.** *s.* **9.** Sprung *m* (*a.* ♪), Hopser *m*.
skip[2] [skip] *Scot.* → *skipper*[2] *3.*
skip[3] [skip] *s.* (Stu'denten)Diener *m*.
skip[4] [skip] *s.* ⊕ Förderkorb *m*.
'**skip·jack** *s.* **1.** *coll. pl. ichth.* **a)** *ein* Thunfisch *m*, **b)** Blaufisch *m*; **2.** *zo.* Springkäfer *m*; **3.** Stehaufmännchen *n* (*Spielzeug*).
skip·per[1] ['skipə] *s.* **1.** Hüpfer *m*; **2.** flüchtiger Leser; **3.** → *skipjack 1.*
skip·per[2] ['skipə] *s.* **1.** ⚓ Schiffer *m*.

Kapi'tän *m*; **2.** ✈ F 'Flugkapi,tän *m*; **3.** *sport* 'Mannschaftskapi,tän *m*.
skip·pet ['skipit] *s.* (*Siegel*)Kapsel *f*.
skip·ping ['skipiŋ] *s.* Hüpfen *n*, (*bsd.* Seil)Springen *n*; '~**-rope** *s.* Springseil *n*.
skirl [skə:l] *Scot. od. dial.* **I.** *v/i.* schrill klingen, pfeifen (*bsd. Dudelsack*); **II.** *s.* Pfeifen *n* (*des Dudelsacks*).
skir·mish ['skə:miʃ] **I.** *s.* **1.** ⚔ Schar'mützel *n*: ~ *line* Schützenlinie; **2.** *fig.* (Wort)Geplänkel *n*; **II.** *v/i.* **3.** plänkeln (*a. fig.*); '**skir·mish·er** [-ʃə] *s.* ⚔ Plänkler *m*, Schütze *m* (*beim Angriff*).
skirt [skə:t] **I.** *s.* **1.** (Frauen)Rock *m*; **2.** *sl.* ‚Weibsbild' *n* ‚Schürze' *f*; **3.** (Rock-, Hemd- *etc.*)Schoß *m*; **4.** Saum *m*, Rand *m* (*fig. oft pl.*); **5.** *pl.* Außenbezirk *m*, Randgebiet *n*; **6.** Kutteln *pl.*: ~ *of beef*; **II.** *v/t.* **7. a)** (um)'säumen, **b)** sich entlangziehen an (*dat.*); **8.** entlang- *od.* her'umgehen *od.* -fahren um; **9.** *fig.* um'gehen; **III.** *v/i.* **10.** ~ *along* am Rande entlanggehen *od.* -fahren, sich entlangziehen; '**skirt·ed** [-tid] *adj.* **1.** e-n Rock tragend; **2.** *in Zssgn* **a)** mit e-m *langen etc.* Rock: *long*-~, **b)** *fig.* eingesäumt; '**skirt·ing** [-tiŋ] *s.* **1.** Rand *m*, Saum *m*; **2.** Rockstoff *m*; **3.** *mst* ~*-board* △ (*bsd.* Fuß-, Scheuer)Leiste *f*.
skit[1] [skit] *s.* **1.** Stiche'lei *f*; **2.** *Scot. od. dial.* Spaß *m*; **3.** Paro'die *f*, Sa'tire *f* (*on* über, auf *acc.*).
skit[2] [skit] *s. mst pl.* F ‚Haufen' *m*, Masse *f*.
skit·ter ['skitə] *v/i.* **1.** den Angelhaken an der Wasseroberfläche hinziehen; **2.** dicht über der Wasserfläche flattern (*Wildenten etc.*); **3.** *Am.* da'hinjagen.
skit·tish ['skitiʃ] *adj.* □ **1.** ungebärdig, scheu (*Pferd*); **2.** *fig.* **a)** lebhaft, **b)** (kindisch) ausgelassen (*Mädchen, Frau*); '**skit·tish·ness** [-nis] *s.* **1.** Ungebärdigkeit *f*; **2.** Lebhaftigkeit *f*; **3.** (kindische) Ausgelassenheit, Verspieltheit *f*.
skit·tle ['skitl] **I.** *s.* **1.** *bsd. Brit.* Kegel *m*; **2.** *pl. sg. konstr.* Kegeln *n*, Kegelspiel *n*: *to play (at)* ~*s* kegeln; **II.** *int.* **3.** ~*s!* F Quatsch!, Unsinn!; **III.** *v/t.* **4.** ~ *out Kricket*: *Schläger od. Mannschaft* zur Strecke bringen; **5.** ~ *away Geld etc.* vertun; '~**-al·ley**, '~**-ground** *s.* Kegelbahn *f*.
skive [skaiv] **I.** *v/t.* **1.** *Leder, Fell* spalten; **2.** *Edelstein* abschleifen; **II.** *s.* **3.** Dia'mantenschleifscheibe *f*; '**skiv·er** [-və] *s.* **1.** Lederspaltmesser *n*; **2.** Spaltleder *n*.
skiv·vy ['skivi] *s.* **1.** *Brit.* F *contp.* ‚Dienstbolzen' *m* (*Dienstmädchen*); **2.** *mst pl. Am. sl.* 'Unterwäsche *f*, -hemd *n*, -hose *f*.
sku·a ['skju:ə] *s. orn.* (*great* ~ Riesen)Raubmöwe *f*.
skul·dug·ger·y [skʌl'dʌgəri] *s.* Gaune'rei *f*, Gemeinheit *f*.
skulk [skʌlk] *v/i.* **1.** sich verstecken, lauern; **2.** (um'her)schleichen: *to* ~ *after s.o.* j-m nachschleichen; **3.** sich drücken; '**skulk·er** [-kə] *s.* **1.** Schleicher(in); **2.** Drückeberger (-in); '**skulk·ing** [-kiŋ] *adj.* □ feige.
skull [skʌl] *s.* **1.** *anat.* Schädel *m*, Hirnschale *f*: *fractured* ~ ⚕ Schädelbruch; **2.** Totenschädel *m*: ~ *and cross-bones* Totenkopf (*Giftzeichen etc.*); **3.** *fig.* Schädel *m* (*Verstand*): *to have a thick* ~ ein Brett vor dem Kopf haben; '~**-cap** *s.* **1.** *anat.* Schädeldach *n*; **2.** Käppchen *n*.
skunk [skʌŋk] **I.** *s.* **1.** *zo.* Skunk *m*, Stinktier *n*; **2.** Skunk(s)pelz *m*; **3.** *fig. sl.* ‚Scheißkerl' *m*, ‚Schwein' *n*; **II.** *v/t.* **4.** *sport Am. sl. Gegner* (ohne Gegentor *etc.*) haushoch schlagen.
sky [skai] **I.** *s.* **1.** *oft pl.* (*Wolken-*) Himmel *m*: *in the* ~ am Himmel; *out of a clear* ~ *bsd. fig.* aus heiterem Himmel; ~ *advertising* Luftreklame; **2.** *oft pl.* Himmel *m* (*a. fig.*), Himmelszelt *n*, Firma'ment *n*: *under the open* ~ unter freiem Himmel; *to praise to the skies fig.* in den Himmel heben; *the* ~ *is the limit Am.* F nach oben sind keine Grenzen gesetzt; **3. a)** Klima *n*, **b)** Himmelsstrich *m*, Gegend *f*; **II.** *v/t.* **4.** *Ball etc.* hoch in die Luft schlagen *od.* werfen; **5.** F *Bild* (zu) hoch aufhängen (*in e-r Ausstellung*); '~-'**blue** **I.** *adj.* himmelblau; **II.** *s.* Himmelblau *n*; '~**-clad** *adj. humor.* im 'Adamsko,stüm (*nackt*); '~**·div·er** *s. sport* Fallschirmspringer(in); '~**·div·ing** *s. sport* Fallschirmspringen *n*; '~-'**high** *adj. u. adv.* himmelhoch; '~**·jack** **I.** *v/t. Flugzeug* entführen; **II.** *s.* Flugzeugentführung *f*; '~**·jack·er** *s.* Flugzeugentführer *m*; '~**·jack·ing** *s.* → *skyjack II*; '~**·lab** *s.* 'Weltraumla,bor *n*; '~**·lark** **I.** *s.* **1.** *orn.* (Feld)Lerche *f*; **2.** Spaß *m*, Ulk *m*; **II.** *v/i.* **3.** Ulk treiben, um'hertollen; '~**·lift** *s.* ✈ Luftbrücke *f*; '~**·light** *s.* Oberlicht *n*, Dachfenster *n*; '~**·line** *s.* Hori'zont (-,linie *f*) *m*, (*Stadt- etc.*)Silhou'ette *f*; ~ **pi·lot** *s. sl.* ‚Schwarzrock' *m* (*Geistlicher*); '~**-rock·et** **I.** *s. Feuerwerk*: Ra'kete *f*; **II.** *v/i.* in die Höhe schießen (*Preise etc.*); '~**·scape** [-skeip] *s. paint.* Wolkenlandschaft *f* (*Bild*); '~**·scrap·er** *s.* Wolkenkratzer *m*; '~**-sign** *s.* ✝ 'Leuchtre,klame *f* (*auf Häusern etc.*).
sky·ward ['skaiwəd] **I.** *adv.* himmelan, -wärts; **II.** *adj.* himmelwärts gerichtet; '**sky·wards** [-dz] → *skyward I.*
'**sky**|**·way** *s.* ✈ *bsd. Am.* Luftroute *f*; '~**-writ·er** *s.* Himmelsschreiber *m*; '~**-writ·ing** *s.* Himmelsschrift *f*.
slab [slæb] **I.** *s.* **1.** (Me'tall-, Stein-, Holz- *etc.*)Platte *f*, Tafel *f*, Fliese *f*; **2.** (dicke) Scheibe (*Brot, Fleisch etc.*); **3.** ⊕ Holzschwarte *f*, Schalbrett *n*; **4.** *metall.* Bramme *f* (*Roheisenblock*); **5.** *Am. sl. Baseball*: Schlagmal *n*; **6.** (*westliche USA*) Be'tonstraße *f*; **II.** *v/t.* **7.** ⊕ **a)** *Stamm* abschwarten, **b)** in Platten *od.* Bretter zersägen.
slack[1] [slæk] **I.** *adj.* □ **1.** schlaff, locker, lose (*a. fig.*): *to keep a* ~ *rein* (*od. hand*) die Zügel locker lassen (*a. fig.*); **2. a)** langsam, träge (*Strömung etc.*), **b)** flau (*Brise*); **3.** ✝ flau, lustlos; → *season 3*; **4.** (nach)lässig, lasch: *to be* ~ *in one's duties* s-e Pflichten vernachlässigen; **5.** *ling.* locker: ~ *vowel* offener Vokal; **II.** *s.* **6.** ⚓ Lose *n* (*loses Tauende*); **7.** ⊕ Spiel *n*: *to take up the* ~ Druckpunkt nehmen (*beim Schießen*); **8.** ⚓ Stillwasser *n*; **9.** Flaute *f* (*a.* ✝); **10.** F (Ruhe)Pause *f*; **11.** *pl.* Freizeithose *f*; **III.** *v/t.* **12.** *a.* ~ *off* → *slacken 1*; **13.** *a.* ~ *up* verlangsamen, -zögern; **14.** → *slake*; **IV.** *v/i.* **15.** → *slacken 5*; **16.** *oft* ~ *off* **a)** nachlassen, **b)** F trödeln; **17.** ~ *up* langsamer werden *od.* fahren.
slack[2] [slæk] *s.* ⚒ Kohlengrus *m*.
slack·en ['slækən] **I.** *v/t.* **1.** *Seil, Muskel etc.* lockern, locker machen, entspannen; **2.** lösen; ⚓ *Segel* lose machen; (*Tau*)*Ende* fieren; **3.** *Tempo* verlangsamen, her'absetzen; **4.** nachlassen, nachlässig werden in (*dat.*); **II.** *v/i.* **5.** sich lockern, schlaff werden; **6.** *fig.* erlahmen, nachlassen, nachlässig werden; **7.** langsamer werden; **8.** ✝ stocken; '**slacker** [-kə] *s.* Drückeberger(in), Faulpelz *m*; '**slack·ness** [-knis] *s.* **1.** Schlaffheit *f*, Lockerheit *f*; **2.** Flaute *f*, Stille *f* (*a. fig.*); **3.** ✝ Flaute *f*, (Geschäfts)Stockung *f*; Unlust *f*; **4.** Mattigkeit *f*; **5.** Saumseligkeit *f*; **6.** (Nach)Lässigkeit *f*, Trägheit *f*; **7.** ⊕ Spiel *n*, toter Gang.
slack| **suit** *s. Am.* (bequemer) Sport- *od.* Hausanzug; ~ **wa·ter** → *slack*[1] *8*.
slag [slæg] **I.** *s.* ⊕ (*geol.* vul'kanische) Schlacke: ~ *concrete* Schlackenbeton; **II.** *v/t. u. v/i.* verschlacken; '**slag·gy** [-gi] *adj.* schlackig.
slain [slein] *p.p. von slay*.
slake [sleik] *v/t.* **1.** *Durst, a. fig. Begierde etc.* stillen; **2.** ⊕ *Kalk* löschen: ~*d lime* ⚗ Löschkalk.
sla·lom ['sleiləm] *s. sport* 'Slalom *m*, Torlauf *m*.
slam[1] [slæm] **I.** *v/t.* **1.** *a.* ~ *to Tür, Deckel* zuschlagen, zuknallen; **2.** *et. auf den Tisch etc.* knallen: *to* ~ *down et.* hinknallen; **3.** *j-n* schlagen; **4.** *sl. sport* ‚über'fahren' (*besiegen*); **5.** *Am.* F *j-n* ‚her'untermachen'; **II.** *v/i.* **6.** *a.* ~ to zuschlagen (*Tür*); **III.** *s.* **7.** Knall *m*; **IV.** *adv.* **8.** *a. int.* bums(!), peng(!).
slam[2] [slæm] *s. Kartenspiel*: Schlemm *m*.
slan·der ['slɑ:ndə] **I.** *s.* **1.** ⚖ *mündliche* Verleumdung, üble Nachrede; **2.** *allg.* Verleumdung *f*, Klatsch *m*; **II.** *v/t. u. v/i.* **3.** *j-n* verleumden; '**slan·der·er** [-dərə] *s.* Verleumder (-in); '**slan·der·ous** [-dərəs] *adj.* □ verleumderisch.
slang [slæŋ] **I.** *s.* **1.** Slang *m*, Jar'gon *m*, Sonder-, Berufssprache *f*: *schoolboy* ~ Schülersprache; *thieves'* ~ Gaunersprache, *das* Rotwelsch; **2.** Slang *m*, sa'loppe 'Umgangssprache; **II.** *v/t.* **3.** *j-n* (wüst) beschimpfen.
slant [slɑ:nt] **I.** *s.* **1.** Schräge *f*, schräge Fläche *od.* Richtung *od.* Linie: *on the* (*od. on a*) ~ schräg, schief; **2.** Abhang *m*; **3.** *Am. fig.* **a)** Ten'denz *f*, **b)** Einstellung *f*, Gesichtspunkt *m*: *to take a* ~ *at Am. sl.* e-n (Seiten)Blick werfen auf (*acc.*); **II.** *adj.* □ **4.** schräg; **III.** *v/i.* **5.** schräg liegen; sich neigen, kippen; **6.** *Am.* tendieren (*towards* zu *et.* hin); **IV.** *v/t.* **7.** schräg legen, kippen, e-e schräge Richtung geben (*dat.*): ~*ed* schräg; '**slant-eyed** *adj.* mit schrägstehenden Augen;

schlitzäugig; 'slant·ing [-tiŋ] adj. □ schräg; 'slant·wise adj. u. adv. schräg, schief.

slap [slæp] I. s. 1. Schlag m, Klaps m: a ~ in the face e-e Ohrfeige, ein Schlag ins Gesicht (a. fig.); II. v/t. 2. schlagen, e-n Klaps geben (dat.): to ~ s.o.'s face j-n ohrfeigen; 3. → slam¹ 2; III. v/i. 4. schlagen, klatschen (a. Regen etc.); IV. adv. 5. F plötzlich, gerade(n)wegs, ‚zack': I ran ~ into him; '~-'bang adv. 1. par'dauz, bums, peng; 2. spornstreichs, Knall u. Fall; '~-dash I. adv. 1. blindlings, Hals über Kopf; 2. hoppla'hopp, aufs Gerate'wohl; II. adj. 3. heftig, ungestüm; 4. oberflächlich, schlampig: ~ work; '~-hap·py → punch-drunk; '~-jack s. Am. 1. Pfannkuchen m; 2. ein Kinderkartenspiel; '~-stick I. s. 1. (Narren)Pritsche f; 2. thea. a) Situati'onskomik f, Kla'mauk m, b) Ra'dauko,mödie f, Schwank m; II. adj. 3. Radau..., Klamauk...: ~ comedy; ~ picture Filmschwank; '~-up adj. sl. erstklassig, piekfein, prima.

slash [slæʃ] I. v/t. 1. (auf)schlitzen; zerfetzen; 2. Kleid etc. schlitzen: ~ed sleeve Schlitzärmel; 3. peitschen; Peitsche knallen lassen; 4. fig. geißeln, kritisieren; 5. F Gehalt etc. stark kürzen, zs.-streichen; II. v/i. 6. hauen (at nach): to ~ out um sich hauen (a. fig.); III. s. 7. Hieb m, Streich m; 8. Schnitt(wunde f) m; 9. Schlitz m; 10. Holzschlag m; 'slash·ing [-ʃiŋ] I. s. 1. ⚔ Verhau m; II. adj. 2. schneidend, schlitzend: ~ weapon ⚔ Hiebwaffe; 3. fig. vernichtend, beißend (Kritik etc.).

slat [slæt] s. 1. (Holz- od. Me'tall-) Leiste f, (a. Jalou'sie)Stab m; 2. pl. sl. Rippen pl.

slate¹ [sleit] I. s. 1. geol. Schiefer m; 2. (Dach)Schiefer m, Schieferplatte f; 3. Schiefertafel f (zum [An-] Schreiben): to have a clean ~ fig. e-e reine Weste haben; to clean the ~ fig. reinen Tisch machen; → wipe off 2; 4. Film: Klappe f; 5. pol. etc. Am. Kandi'datenliste f; 6. Schiefergrau n (Farbe); II. v/t. 7. Dach mit Schiefer decken; 8. Am. Kandidaten (vorläufig) aufstellen, vorschlagen: to be ~d for für e-n Posten vorgesehen sein; III. adj. 9. schieferartig, -farbig; Schiefer...

slate² [sleit] v/t. sl. 1. ‚vermöbeln', prügeln; 2. fig. a) et. ‚verreißen' (kritisieren), b) j-n abkanzeln.

'**slate**|-'**blue** adj. schieferblau; '~-club s. Brit. Sparverein m; '~-'gray, '~-'grey adj. schiefergrau; '~-pen·cil s. Griffel m.

slat·er ['sleitə] s. Schieferdecker m.

slath·er ['slæðə] Am. F I. v/t. 1. dick schmieren od. auftragen; 2. verschwenden; II. s. 3. mst pl. große Menge.

slat·ing ['sleitiŋ] s. sl. 1. ‚Verriß' m, beißende Kri'tik; 2. Standpauke f: to give s.o. a ~ j-m e-e Standpauke halten.

slat·tern ['slætən] s. Schlampe f, Schlumpe f; 'slat·tern·li·ness [-linis] s. Schlampigkeit f; 'slat·tern·ly [-li] adj. u. adv. schlampig, schmudd(e)lig.

slat·y ['sleiti] adj. schief(e)rig.

slaugh·ter ['slɔːtə] I. s. 1. Schlachten n; 2. fig. a) Abschlachten n, Niedermetzeln n, b) Gemetzel n, Blutbad n; → innocent 6; II. v/t. 3. Vieh schlachten; 4. fig. (ab-) schlachten, niedermetzeln; 'slaugh·ter·er [-ərə] s. Schlächter m (a. fig. Mörder); 'slaugh·ter·house s. 1. Schlachthaus n; 2. fig. Schlachtbank f; 'slaugh·ter·ous [-ərəs] adj. □ rhet. mörderisch, verheerend.

Slav [slɑːv] I. s. Slawe m, Slawin f; II. adj. slawisch, Slawen...

slave [sleiv] I. s. 1. Sklave m, Sklavin f; 2. fig. Sklave m, Arbeitstier n: to work like a ~ → 4; 3. fig. Sklave m, Knecht m (to, of gen.): a ~ to one's passions; a ~ to drink dem Trunk verfallen; II. v/i. 4. schuften, sich schinden; '~-driv·er s. 1. Sklavenaufseher m; 2. fig. Leuteschinder m, Sklaventreiber m.

slav·er¹ ['sleivə] s. 1. Sklavenschiff n; 2. Sklavenhändler m.

slav·er² ['sleivə] I. v/i. 1. geifern, sabbern (a. fig.); II. v/t. 2. begeifern, besabbern; III. s. 3. Geifer m, Speichel m; 4. fig. Geplapper n; 5. fig. Speichellecke'rei f, Lobhude'lei f.

slav·er·y¹ ['sleivəri] s. 1. Sklave'rei f (a. fig.); 2. Sklavenarbeit f; fig. Placke'rei f, Schinde'rei f.

slav·er·y² ['sleivəri] adj. 1. mit Geifer bedeckt; 2. geifernd.

'**slave**|-**ship** s. Sklavenschiff n; '~-**trade** s. Sklavenhandel m; '~-**trad·er** s. Sklavenhändler m.

slav·ey ['slævi] s. Brit. F ‚dienstbarer Geist'.

Slav·ic ['slævik] I. adj. slawisch; II. s. ling. Slawisch n.

slav·ish ['sleiviʃ] adj. 1. □ sklavisch, Sklaven...; 2. fig. knechtisch, kriecherisch, unter'würfig; 3. fig. sklavisch (Nachahmung); 'slav·ish·ness [-nis] s. sklavisches Wesen, Knechtssinn m.

slaw [slɔː] s. Am. 'Krautsa,lat m.

slay [slei] [irr.] I. v/t. töten, erschlagen; II. v/i. morden; slay·er ['sleiə] s. Totschläger(in), Mörder (-in).

slea·zy ['sliːzi] adj. dünn (Gewebe).

sled [sled] → sledge¹ 1; 'sled·ding [-diŋ] s. bsd. Am. 'Schlittenfahren n, -trans,port m: hard (smooth) ~ fig. schweres (glattes) Vorankommen.

sledge¹ [sledʒ] I. s. 1. a) a. ⊕ Schlitten m, b) Rodelschlitten m; 2. bsd. Brit. (leichterer) Pferdeschlitten; II. v/t. 3. mit e-m Schlitten befördern od. fahren; III. v/i. 4. Schlitten fahren.

sledge² [sledʒ] ⊕ s. 1. Vorschlag-, Schmiedehammer m; 2. schwerer Treibfäustel; 3. ⚒ Schlägel m; '~-ham·mer I. s. → sledge² 1; II. adj. fig. Holzhammer...(-argumente etc.); wuchtig, vernichtend (Schlag); ungeschlacht (Stil).

sleek [sliːk] I. adj. □ 1. glatt, glänzend (Haar); 2. geschmeidig, glatt (Körper; a. fig. Wesen); 3. fig. a) gepflegt (Äußeres), b) schnittig (Form); 4. fig. b.s. aalglatt, ölig; II. v/t. 5. a. ⊕ glätten; Haar glatt kämmen od. bürsten; ⊕ Leder schlichten; 'sleek·ness [-nis] s. Glätte f, Geschmeidigkeit f (a. fig.).

sleep [sliːp] I. v/i. [irr.] 1. schlafen, ruhen (beide a. fig. Dorf, Streit, Toter etc.): to ~ late ausschlafen; to ~ like a log (od. top od. dormouse) schlafen wie ein Murmeltier; to ~ [up]on (od. over) s.th. et. überschlafen; 2. schlafen, über'nachten; 3. stehen (Kreisel); II. v/t. [irr.] 4. schlafen: to ~ the ~ of the just den Schlaf des Gerechten schlafen; 5. ~ away Zeit verschlafen; 6. ~ off Kopfweh etc. ausschlafen: to ~ it off s-n Rausch etc. ausschlafen; 7. Schlafgelegenheit bieten für; j-n 'unterbringen; III. s. 8. Schlaf m, Ruhe f (a. fig.): in one's ~ im Schlaf; the last ~ fig. die letzte Ruhe, der Tod(esschlaf); to get some ~ ein wenig schlafen; to go to ~ a) schlafen gehen, b) einschlafen (a. fig. sterben); to put to ~ einschläfern; 9. zo. (Winter)Schlaf m; 10. ♀ Schlafbewegung f; 'sleep·er [-pə] s. 1. Schläfer(in): to be a light (sound) ~ e-n leichten (festen) Schlaf haben; 2. 🚂 a) Schlafwagen m, b) Brit. (Eisenbahn)Schwelle f; 3. △ Grundbalken m; 4. Am. sl. über'raschender Erfolg od. Gewinner; 'sleep·i·ness [-pinis] s. 1. Schläfrigkeit f; 2. fig. Verschlafenheit f.

sleep·ing ['sliːpiŋ] adj. 1. schlafend; 2. Schlaf...: ~ accommodation Schlafgelegenheit; '~-bag s. Schlafsack m; ♀ Beau·ty s. Dornröschen n; '~-car, '~-'car·riage s. 🚂 Schlafwagen m; '~-draught s. Schlaftrunk m, -mittel n; ~ part·ner s. ✝ Brit. stiller Teilhaber (mit unbeschränkter Haftung); '~-'sick·ness s. ⚕ Schlafkrankheit f; '~-suit s. (Kinder)Schlafanzug m; ~ tab·let s. ⚕ 'Schlafta,blette f.

sleep·less ['sliːplis] adj. □ 1. schlaflos; 2. fig. rast-, ruhelos; 'sleep·less·ness [-nis] s. 1. Schlaflosigkeit f; 2. fig. Rast-, Ruhelosigkeit f.

'**sleep**|-**walk·er** s. Nachtwandler (-in); '~-**walk·ing** I. s. Nacht-, Schlafwandeln n; II. adj. schlafwandelnd; nachtwandlerisch.

sleep·y ['sliːpi] adj. □ 1. schläfrig, müde; 2. fig. schläfrig, schlafmützig, träge; 3. fig. verschlafen, verträumt (Dorf etc.); 4. sehr weich (Obst); '~-head s. fig. Schlafmütze f; ~ sick·ness s. ⚕ Schlafsucht f (Encephalitis lethargica).

sleet [sliːt] meteor. I. s. 1. Graupel(n pl.) f, Schloße(n pl.) f; 2. Wetterdienst: a) Brit. Schneeregen m, b) Am. Graupelschauer m; 3. F 'Eis-,überzug m auf Bäumen etc.; II. v/i. 4. graupeln; 'sleet·y [-ti] adj. graupelig.

sleeve [sliːv] s. 1. Ärmel m: to have s.th. up (od. in) one's ~ a) et. bereit haben, et. ‚auf Lager' haben, b) et. im Schild führen; to laugh in one's ~ sich ins Fäustchen lachen; to roll up one's ~s die Ärmel hochkrempeln (a. fig.); 2. ⊕ Muffe f, Buchse f, Man'schette f; 3. Schallplattenhülle f; sleeved [-vd] adj. 1. mit Ärmeln; 2. in Zssgn ...ärmelig; 'sleeve·less [-lis] adj. ärmellos.

'**sleeve**|-**link** s. Man'schettenknopf; '~-**nut** s. ⊕ (doppelte) Schraub(en)-

muffe; '~-**valve** *s.* ⊕ 'Muffenven-ˌtil *n.*
sleigh [slei] **I.** *s.* (Pferde- *od.* Last-) Schlitten *m*; **II.** *v/i.* (im) Schlitten fahren; '~-**bell** *s.* Schlittenglocke *f*, -schelle *f*.
sleight [slait] *s.* **1.** Geschicklichkeit *f*; **2.** Kunstgriff *m*; '~-**of-'hand** *s.* **1.** (Taschenspieler)Kunststück *n*, (-)Trick *m* (*a. fig.*); **2.** (Finger-) Fertigkeit *f*.
slen·der ['slendə] *adj.* □ **1.** schlank; **2.** schmal, schmächtig; **3.** *fig.* schmal, dürftig: ~ *income*; **4.** gering, schwach: *a* ~ *hope*; **5.** mager, karg (*Essen*); '**slen·der·ize** [-əraiz] *v/t. u. v/i.* schlank(er) machen *od.* werden; '**slen·der·ness** [-nis] *s.* **1.** Schlankheit *f*, Schmalheit *f*; **2.** *fig.* Spärlichkeit *f*; **3.** *fig.* Geringfügigkeit *f*; **4.** Kargheit *f* (*des Essens*).
slept [slept] *pret. u. p.p. von sleep.*
sleuth [slu:θ] **I.** *s. a.* ~-*hound* Spürhund *m* (*bsd. fig. Detektiv*); **II.** *v/i.* ‚schnüffeln' (*bsd. Detektiv*); **III.** *v/t. j-s* Spur verfolgen.
slew[1] [slu:] *pret. von slay.*
slew[2] [slu:] *s. Am. od. Canad.* Sumpf (-land *n*, -stelle *f*) *m*.
slew[3] [slu:] **I.** *v/t. a.* ~ *round* her'umdrehen, (-)schwenken; **II.** *v/i.* sich herumdrehen.
slew[4] [slu:] *s. Am.* F (große) Menge, Haufe(n) *m*: *a* ~ *of people*.
slice [slais] **I.** *s.* **1.** Scheibe *f*, Schnitte *f*, Stück *n*: *a* ~ *of bread*; **2.** *fig.* Stück *n Land etc.*; (An)Teil *m*: *a* ~ *of the profits* ein Anteil am Gewinn; *a* ~ *of luck fig.* e-e Portion Glück; **3.** (*bsd.* Fisch)Kelle *f*; **4.** ⊕ Spa(ch)tel *m*; **5.** *Golf*: Schlag *m* mit Rechtsdrall; **II.** *v/t.* **6.** in Scheiben schneiden, aufschneiden: *to* ~ *off Stück* abschneiden; **7.** *a. Luft, Wellen* durch'schneiden; **8.** *fig.* aufteilen; **9.** *Golf*: *dem Ball* e-n Rechtsdrall geben; **III.** *v/i.* **10.** Scheiben schneiden; **11.** *Golf*: dem Ball e-n Rechtsdrall geben; '**slic·er** [-sə] *s.* (*Brot-, Gemüse- etc.*)'Schneidemaˌschine *f*; (*Gurken-, Kraut- etc.*)Hobel *m*.
slick [slik] F **I.** *adj.* □ **1.** glatt, glitschig; **2.** *fig.* geschickt, raffiniert; **3.** flott; **II.** *adv.* **4.** geschickt; **5.** flugs; **6.** genau, ‚peng': ~ *in the eye*; **III.** *v/t.* **7.** ‚auf Hochglanz bringen'; **IV.** *s.* **8.** *a.* ~ *paper Am. sl.* ele'gante Zeitschrift; '**slick·er** [-kə] *s. Am.* **1.** Regenmantel *m*; **2.** F raffinierter Kerl, Schwindler *m*.
slid [slid] *pret. u. p.p. von slide.*
slide [slaid] **I.** *v/i.* [*irr.*] **1.** gleiten (*a. Riegel etc.*): *to* ~ *down* hinunterrutschen, -gleiten; *to* ~ *from* entgleiten (*dat.*); *to let things* ~ *fig.* die Dinge laufen lassen; **2.** *auf Eis* schlittern; **3.** (aus)rutschen; **4.** ~ *over fig.* leicht über *ein Thema* hin'weggehen; **5.** ~ *into fig.* (unversehens) in *et.* geraten *od.* hin'einschlittern; **II.** *v/t.* [*irr.*] **6.** *Gegenstand, s-e Hände etc. wohin* gleiten lassen, schieben: *to* ~ *in fig. Wort* einfließen lassen; **III.** *s.* **7.** Gleiten *n*; **8.** Schlittern *n auf Eis*; **9. a)** Schlitterbahn *f*, **b)** Rodelbahn *f*; **10.** *geol.* Erd-, Fels-, Schneerutsch *m*; **11.** ⊕ **a)** Rutsche *f*, **b)** Schieber *m*, **c)** Führung *f* (*Drehbank etc.*); **12.** ♪ Zug *m*; **13.** Spange *f*; **14.** *phot.* Diaposi'tiv *n*; **15.** *Mikroskop*: Ob'jektträger *m*; ~ **cal·i·per** *s.* ⊕ Schieb-, Schublehre *f*.
slid·er ['slaidə] *s.* **1.** ⊕ Schieber *m*, gleitendes Teil; **2.** ⚡ Schleifer *m*.
'**slide|-rest** *s.* ⊕ Sup'port *m*; '~-**rule** *s.* ⊕ **1.** Rechenschieber *m*; **2.** verschiebbarer Maßstab; '~-**valve** *s.* ⊕ 'Schieber(venˌtil *n*) *m*.
slid·ing ['slaidiŋ] **I.** *adj.* □ **1.** gleitend; **2.** Schiebe...: ~ *door*; ~ **fit** *s.* ⊕ Gleitsitz *m*; ~ **fric·tion** *s. phys.* gleitende Reibung; ~ **roof** *s. mot.* Schiebedach *n*; ~ **rule** → *slide-rule*; ~ **scale** *s.* ✝ **1.** gleitende ('Lohn- *od.* 'Preis)ˌSkala; **2.** 'Staffeltaˌrif *m*; ~ **seat** *s. Rudern*: Gleit-, Rollsitz *m*; ~ **ta·ble** *s.* Ausziehtisch *m*.
slight [slait] **I.** *adj.* □ → *slightly*; **1.** schmächtig, dünn; **2.** schwach (*Konstruktion*); **3.** leicht, schwach (*Geruch etc.*); **4.** leicht, gering(fügig), unbedeutend: *a* ~ *increase*; *not the* ~*est doubt* nicht der geringste Zweifel; **5.** *geistig* unbedeutend, schwach; **6.** oberflächlich; **II.** *v/t.* **7.** *j-n* geringschätzig behandeln, ignorieren, kränken; **8.** *et.* auf die leichte Schulter nehmen; **III.** *s.* **9.** Kränkung *f*; **10.** Geringschätzung *f*, Nichtachtung *f*; '**slight·ing** [-tiŋ] *adj.* □ abschätzig, kränkend; '**slight·ly** [-li] *adv.* leicht, schwach, etwas, ein wenig; '**slight·ness** [-nis] *s.* **1.** Geringfügigkeit *f*; **2.** Schmächtigkeit *f*; **3.** Schwäche *f*.
sli·ly ['slaili] *adv. von sly.*
slim [slim] **I.** *adj.* □ **1.** schlank, dünn; **2.** *fig.* gering, dürftig, schwach: *a* ~ *chance*; **3.** *Brit.* schlau, gerieben; **II.** *v/i.* **4.** e-e Schlankheitskur machen.
slime [slaim] **I.** *s.* **1.** *bsd.* ♀, *zo.* Schleim *m*; **2.** Schlamm *m*; *fig.* Schmutz *m*; **II.** *v/t.* **3.** mit Schlamm *od.* Schleim über'ziehen *od.* bedecken; **III.** *v/i.* **4.** *Brit. sl.* sich (*heraus- etc.*)winden; '**slim·i·ness** [-minis] *s.* **1.** Schleimigkeit *f*, *das* Schleimige; **2.** Schlammigkeit *f*.
slim·mer ['slimə] *comp. von slim.*
slim·mest ['slimist] *sup. von slim.*
slim·ming ['slimiŋ] **I.** *s.* Abnehmen *n*; Schlankheitskur *f*; **II.** *adj.* Schlankheits...: ~ *cure*; ~ *diet*; '**slim·ness** [-mnis] *s.* **1.** Schlankheit *f*; **2.** *fig.* Dürftigkeit *f*.
slim·y ['slaimi] *adj.* □ **1.** schleimig, glitschig; **2.** *physiol.* mu'cös, Schleim...; **3.** schlammig; **4.** *fig.* schleimig, kriecherisch; **5.** *fig.* schmierig, schmutzig.
sling[1] [sliŋ] **I.** *s.* **1.** Schleuder *f*; **2.** (Schleuder)Wurf *m*; **II.** *v/t.* [*irr.*] **3.** *Stein etc.* schleudern: *to* ~ *ink* ‚Tinte verspritzen', schriftstellern.
sling[2] [sliŋ] **I.** *s.* **1.** Schlinge *f zum Heben von Lasten*; **2.** ⚕ (Arm-) Schlinge *f*, Binde *f*; **3.** Tragriemen *m*; **4.** *mst pl.* ⚓ Stropp *m*, Tauschlinge *f*; **II.** *v/t.* [*irr.*] **5. a)** e-e Schlinge legen um *e-e Last*, **b)** *Last* hochziehen; **6.** aufhängen: *to be slung from* hängen *od.* baumeln von; **7.** ⚔ *Gewehr* 'umhängen; **8.** ⚕ *Arm* in die Schlinge legen.
sling[3] [sliŋ] *s. bsd. Am. Art* Punsch *m*.
'**sling-shot** *s. Am.* (Stein)Schleuder *f*, Kata'pult *m*.
slink [sliŋk] **I.** *v/i.* [*irr.*] **1.** schleichen, sich *wohin* stehlen: *to* ~ *off* wegschleichen, sich fortstehlen; **2.** *zo.* fehlgebären, *bsd.* verkalben (*Kuh*); **II.** *v/t.* [*irr.*] **3.** *Junges* vor der Zeit werfen, *bsd. Kalb* zu früh zur Welt bringen.
slip [slip] **I.** *s.* **1.** (Aus)Gleiten *n*, (-)Rutschen *n*; Fehltritt *m* (*a. fig.*); **2.** *fig.* (Flüchtigkeits)Fehler *m*, Schnitzer *m*, 'Lapsus *m*: ~ *of the pen* Schreibfehler; *it was a* ~ *of the tongue* ich habe mich (er hat sich *etc.*) versprochen; **3.** Verstoß *m*; **4.** 'Unterkleid *n*, -rock *m*; **5.** *pl. Brit.* Badehose *f*; **6.** (Kissen)Bezug *m*; **7.** (Hunde)Leine *f*, Koppel *f*: *to give s.o. the* ~ *fig. j-m* entwischen; **8.** ⚓ (Schlipp)Helling *f*; **9.** ⊕ Schlupf *m* (*Nachbleiben der Drehzahl*); **10.** *geol.* Erdrutsch *m*; **11.** ♀ Propfreis *n*, Setzling *m*; *fig.* Sprößling *m*; **12.** Streifen *m*, Stück *n Holz, Papier*, Zettel *m*: *a* ~ *of a boy fig.* ein schmächtiges Bürschchen; **13.** (Kon'troll- *etc.*)Abschnitt *m*; **14.** *typ.* Fahne *f*; **15.** *Kricket*: Eckmann *m*; **II.** *v/i.* **16.** gleiten, rutschen: *to* ~ *from der Hand, a. dem Gedächtnis* entgleiten; **17.** sich (hoch- *etc.*)schieben, (ver)rutschen; **18.** sich lösen (*Knoten*); **19.** *wohin* schlüpfen: *to* ~ *away* **a)** *a.* ~ *off* entschlüpfen, -wischen, sich davonstehlen, **b)** *a.* ~ *by* verstreichen (*Tage, Zeit*); *to* ~ *in* sich einschleichen (*a. fig. Fehler etc.*), hineinschlüpfen; *to* ~ *into* in *ein Kleid, Zimmer etc.* schlüpfen *od.* gleiten; *to let an opportunity* ~ sich e-e Gelegenheit entgehen lassen; **20.** *a.* F ~ *up* e-n Fehler machen, ‚stolpern': *he is* ~*ping* F er läßt nach; **III.** *v/t.* **21.** *Gegenstand, s-e Hand etc. wohin* gleiten lassen, (*bsd.* heimlich) *wohin* stecken *od.* schieben: *to* ~ *s.o. s.th.* j-m et. zustecken; *to* ~ *in* **a)** *et.* hineingleiten lassen, **b)** *Bemerkung* einfließen lassen; **22.** *Ring, Kleid etc.* 'über- *od.* abstreifen: *to* ~ *on (off)*; **23.** *j-m* entwischen; **24.** *j-s Aufmerksamkeit* entgehen: *to have* ~*ped s.o.'s memory* (*od. mind*) j-m entfallen sein; **25.** *et.* fahrenlassen; **26. a)** *Hundehalsband, a. Fessel etc.* abstreifen, **b)** *Hund etc.* loslassen; **27.** *Knoten* lösen; **28.** → *slink 3*; '~-**case** *s.* ('Bücher)KasˌSette *f*; '~-**cov·er** *s.* Schutzhülle *f* (*für Bücher, Möbel*); '~-**knot** *s.* Laufknoten *m*; '~-**on I.** *s.* Kleidungsstück *n* zum 'Überstreifen, *bsd.* **a)** 'Slipon *m* (*Mantel*), **b)** Pull'over *m*, **c)** Schlupfjacke *f*; **II.** *adj.* Umhänge..., 'Überzieh...
slip·per ['slipə] **I.** *s.* **1. a)** Pan'toffel *m*, **b)** Slipper *m* (*leichter Haus- od. Straßenschuh*); **2.** ⊕ Hemmschuh *m*; **II.** *v/t.* **3.** *Kind etc.* mit e-m Pantoffel schlagen; '**slip·pered** [-əd] *adj.* Slipper tragend.
slip·per·i·ness ['slipərinis] *s.* **1.** Schlüpf(e)rigkeit *f* (*a. fig. Unsicherheit*); **2.** Unzuverlässigkeit *f*, Gerissenheit *f*; **slip·per·y** ['slipəri] *adj.* □ **1.** schlüpfrig, glatt, glitschig; **2.** *fig.* aalglatt, gerissen (*Person*); **3.** *fig.* zweifelhaft, unsicher; **4.** *fig.* heikel (*Thema*); **slip·py** ['slipi] *adj.*

F **1.** schlüpfrig, glatt; **2.** fix, flink: *look ~!* mach fix!

slip| ring *s.* ⚡ Schleifrad *n*; '**~-road** *s. Brit.* (Autobahn)Zubringerstraße *f*; '**~-shod** *adj.* schlampig, schludrig; '**~-slop** *s.* F labberiges Zeug (*Getränk*; *a. fig. sentimentales Gewäsch*); '**~-stream** *s.* ✈ Luftschraubenstrahl *m*; '**~-up** *s.* F Flüchtigkeitsfehler *m*, Schnitzer *m*, ‚Panne' *f*; '**~-way** *s.* ⚓ Helling *f*.

slit [slit] **I.** *v/t.* [*irr.*] **1.** aufschlitzen, -schneiden; **2.** zerschlitzen; **3.** spalten; **4.** ritzen; **II.** *v/i.* [*irr.*] **5.** reißen, schlitzen, e-n Riß bekommen; **III.** *s.* **6.** Schlitz *m*; '**~-eyed** *adj.* schlitzäugig.

slith·er ['sliðə] *v/i.* schlittern, rutschen, gleiten; '**slith·er·y** [-ðəri] *adj.* schlüpfrig.

sliv·er ['slivə] **I.** *s.* **1.** Splitter *m*, Span *m*; **2.** *Spinnerei*: **a)** Kammzug *m*, **b)** Florband *n*; **II.** *v/t.* **3.** *Span etc.* abspalten; **4.** aufspalten, zersplittern; **III.** *v/i.* **5.** zersplittern.

slob [slɔb] *s.* **1.** *bsd. Ir.* Schlamm *m*; **2.** *sl.* **a)** ‚Bauer' *m*, **b)** Neureiche(r) *m*: *fat ~* fette Sau.

slob·ber ['slɔbə] **I.** *v/i.* **1.** geifern, sabbern; **2.** *~ over* **a)** *j-n* abküssen, -schlecken, **b)** kindisch schwärmen von; **II.** *v/t.* **3.** begeifern, -sabbern; **III.** *s.* **4.** Geifer *m*, Speichel *m*; **5.** *fig.* Salbade'rei *f*, sentimen'tales Gewäsch; '**slob·ber·y** [-əri] *adj.* **1.** sabbernd; **2.** speichelnaß, besabbert; **3.** *fig.* gefühlsduselig.

sloe [slou] *s.* ♀ **1.** Schlehe *f*; **2.** Schleh-, Schwarzdorn *m*; '**~-worm** → *slow-worm*.

slog [slɔg] **I.** *v/t.* **1.** hart schlagen, (ver)prügeln; **II.** *v/i.* **2.** schlagen, ‚dreschen'; **3.** *~ on*, *~ away* **a)** sich da'hinschleppen, **b)** sich ‚'durchbeißen'; **4.** schuften; **III.** *s.* **5.** harter Schlag.

slo·gan ['slougən] *s.* **1.** *Scot.* Schlachtruf *m*; **2.** 'Slogan *m*: **a)** Schlagwort *n*, **b)** ✝ Werbespruch *m*.

slog·ger ['slɔgə] *s.* **1.** *sport* harter Schläger; **2.** *fig.* ‚Arbeitstier' *n*.

sloid → *sloyd*.

sloop [slu:p] *s.* ⚓ **1.** Scha'luppe *f*; **2.** Geleitboot *n*, Kor'vette *f*.

slop[1] [slɔp] **I.** *s.* **1.** Pfütze *f*, Nässe *f*; **2.** *pl.* **a)** Spülicht *n*, **b)** Schmutzwasser *n*; **3.** *pl.* Krankenspeise *f*, -süppchen *n*; **4.** *pl.* ‚dünnes Zeug' (*Getränk*); **5.** *sl.* Salbade'rei *f*; **II.** *v/t.* **6.** verschütten; **III.** *v/i.* **7.** *~ over* 'überschwappen; **8.** *~ over fig.* schwärmen.

slop[2] [slɔp] *s.* **1. a)** lose Jacke, **b)** *pl.* Pluderhose(n *pl.*) *f*; **2.** *pl.* (billige) Konfekti'onskleider *pl.*; **3.** ⚓ ‚Kla'motten' *pl.* (*Kleidung u. Bettzeug*).

slop[3] [slɔp] *s. sl.* ‚Bulle' *m* (*Polizist*).

'**slop-ba·sin** *s.* **1.** 'Untersatz *m*; **2.** → *slop-pail*.

slope [sloup] **I.** *s.* **1.** (Ab)Hang *m*; **2.** Böschung *f*; **3. a)** Neigung *f*, Gefälle *n*, **b)** Schräge *f*, geneigte Ebene: *on the ~* schräg, abfallend; **4.** *geol.* Senke *f*; **5.** *at the ~* ⚔ mit Gewehr über; **II.** *v/i.* **6.** sich neigen; (schräg) abfallen; **III.** *v/t.* **7.** neigen, senken; **8.** abschrägen (*a.* ⊕); **9.** schräg legen; **10.** (ab)böschen; **11.** ⚔ *Brit. Gewehr* 'übernehmen; **12.** *sl.* **a)** *a. ~ off* ‚abhauen', verschwinden, **b)** *~ about* her'umschlendern; '**slop·ing** [-piŋ] *adj.* □ schräg, abfallend; ansteigend.

'**slop-pail** *s.* Abfall-, Toi'letteneimer *m*.

slop·pi·ness ['slɔpinis] *s.* **1.** Nässe *f*, Matschigkeit *f*; **2.** Matsch *m*; **3.** Schlampigkeit *f*, Nachlässigkeit *f*; **4.** F Gefühlsduse'lei *f*; **slop·py** ['slɔpi] *adj.* □ **1.** matschig, naß (*Boden etc.*); **2.** naß, bespritzt (*Tisch etc.*); **3.** *fig.* labberig (*Speisen*); **4.** schlampig, nachlässig (*Arbeit etc.*), sa'lopp (*Sprache*); **5.** rührselig.

'**slop-shop** *s. Laden mit billiger Konfektionsware.*

slosh [slɔʃ] **I.** *s.* **1.** → *slush 1 u. 2*; **II.** *v/i.* **2.** im (Schmutz)Wasser her'umpatschen; **3.** quatschen (*Wasser, Schuhe*); **III.** *v/t.* **4.** spritzen; **5.** *sl. j-n* verdreschen.

slot[1] [slɔt] **I.** *s.* **1.** Schlitz(einwurf) *m*; Spalte *f*; **2.** ⊕ Nut *f*: *~ and key* Nut u. Feder (*Metall*); **II.** *v/t.* **3.** ⊕ nuten, schlitzen: *~ting-machine* Nutenstoßmaschine.

slot[2] [slɔt] *s. hunt.* Spur *f*.

sloth [slouθ] *s.* **1.** Faulheit *f*, Trägheit *f*; **2.** *zo.* Faultier *n*; '**sloth·ful** [-ful] *adj.* □ faul, träge; '**sloth·ful·ness** [-fulnis] → *sloth 1*.

'**slot-ma·chine** *s.* ('Waren-, 'Spiel-) Auto,mat *m*.

slouch [slautʃ] **I.** *s.* **1.** krumme, nachlässige Haltung; **2.** latschiger Gang; **3.** her'abhängende Hutkrempe; **4.** *sl.* ‚Flasche' *f*, ‚Niete' *f* (*Nichtskönner*): *the show is no ~* das Stück ist nicht ohne; **II.** *v/i.* **5.** krumm dasitzen *od.* -stehen; **6.** *a. ~ along* latschen, latschig gehen; **7.** her'abhängen (*Krempe*); **III.** *v/t.* **8.** *Schultern* hängen lassen; **9.** *Krempe* her'unterbiegen; **slouch hat** *s.* Schlapphut *m*; '**slouch·ing** [-tʃiŋ] *adj.* □, '**slouch·y** [-tʃi] *adj.* **1.** krumm (*Haltung*); latschig (*Gang, Haltung, Person*); **2.** her'abhängend (*Krempe*); **3.** schlotterig, schlampig (*Kleidung*).

slough[1] [slau] *s.* Sumpf-, Schmutzloch *n*; Mo'rast *m* (*a. fig.*): *♀ of Despond* Sumpf der Verzweiflung.

slough[2] [slʌf] **I.** *s.* **1.** abgestreifte Haut (*bsd. Schlange*); **2.** ⚕ Schorf *m*; **II.** *v/i.* **3.** *oft ~ away* (*od. off*) sich häuten; **4.** sich ablösen (*Schorf etc.*); **III.** *v/t.* **5.** *a. ~ off Haut etc.* abstreifen, -werfen; *fig. Gewohnheit etc.* ablegen; '**slough·y** [-fi] *adj.* ⚕ schorfig.

Slo·vak ['slouvæk] **I.** *s.* **1.** Slo'wak(-in); **2.** *ling.* Slo'wakisch *n*; **II.** *adj.* *a.* **Slo·va·ki·an** [slou'vækiən] **3.** slo'wakisch.

slov·en ['slʌvn] *s.* unordentlicher Mensch, Schlamper *m*.

Slo·vene ['slouvi:n], **Slo·ve·ni·an** [slou'vi:njən] **I.** *s.* **1.** Slo'wene *m*, Slo'wenin *f*; **2.** *ling.* Slo'wenisch *n*; **II.** *adj.* **3.** slo'wenisch.

slov·en·ly ['slʌvnli] *adj. u. adv.* schlampig, schlud(e)rig, nachlässig.

slow [slou] **I.** *adj.* □ **1.** *allg.* langsam: *~ and sure* langsam, aber sicher; *~ train* 🚂 Personenzug; *to be ~ to write* sich mit dem Schreiben Zeit lassen; *to be ~ to take offence* nicht leicht et. übelnehmen; *not to be ~ to do s.th.* et. prompt tun, nicht lange mit et. fackeln; *the clock is 20 minutes ~* die Uhr geht 20 Minuten nach; **2.** all'mählich, langsam: *~ growth*; **3.** säumig (*a. Zahler*); unpünktlich: *to be ~ in arriving* lange ausbleiben; **4.** schwach (*Feuer*); **5.** schleichend (*Fieber*); **6.** ✝ schleppend (*Geschäft*); **7.** schwerfällig, schwer von Begriff, begriffsstutzig: *to be ~ in learning s.th.* et. nur schwer lernen; *to be ~ of speech* e-e schwere Zunge haben; **8.** langweilig, fad(e); **9.** langsam (*Rennbahn*); schwer (*Boden*); **10.** *mot.* Leerlauf...; **II.** *adv.* **11.** langsam: *to go ~ fig.* ‚langsam treten', vorsichtig vorgehen; **III.** *v/t.* **12.** *mst ~ down* (*od. off, up*) **a)** *Geschwindigkeit* verlangsamen, verringern, **b)** *et.* verzögern; '**~-burn·ing stove** *s.* Dauerbrandofen *m*; '**~-coach** *s. contp.* Langweiler *m*, ‚Leimsieder' *m*; '**~-down** *s.* Verlangsamung *f*; **~ lane** *s. mot.* Kriechspur *f* (*Autobahn*); '**~-match** *s.* ⚔ Zündschnur *f*, Lunte *f*; **~ mo·tion** *s.* Zeitlupentempo *n*; '**~-'mo·tion** *adj.* Zeitlupen...: *~ picture* Zeitlupe(naufnahme).

slow·ness ['slounis] *s.* **1.** Langsamkeit *f*; **2.** Schwerfälligkeit *f*, Begriffsstutzigkeit *f*; **3.** Langweiligkeit *f*.

'**slow|·poke** *Am.* F → *slowcoach*; '**~-speed** *adj.* ⊕ langsam(laufend); **~ time** *s.* ⚔ (langsames) Marschtempo; '**~-'wit·ted** → *slow 7*; '**~-worm** *s. zo.* Blindschleiche *f*.

sloyd [slɔid] *s. ped.* 'Werk,unterricht *m* (*bsd. Schnitzen*).

sludge [slʌdʒ] *s.* **1.** Schlamm *m*, (*a.* Schnee)Matsch *m*; **2.** ⊕ Schlamm *m*, Bodensatz *m*; **3.** Klärschlamm *m*; **4.** Treibeis *n*; '**sludg·y** [-dʒi] *adj.* schlammig, matschig.

slue [slu:] → *slew*[3] *u. slew*[4].

slug[1] [slʌg] **I.** *s. zo.* **1.** (Weg-) Schnecke *f*; **2.** Larve *f*; **II.** *v/i.* **3.** faulenzen.

slug[2] [slʌg] *s.* **1.** Stück *n* 'Rohme,tall; **2. a)** *hist.* Mus'ketenkugel *f*, **b)** grobes Schrot, **c)** (Luftgewehr-, *bsd.* Pi'stolen)Kugel *f*; **3.** *Am.* Gläs·chen *n Schnaps etc.*; **4.** *typ.* **a)** Re'glette *f*, **b)** 'Setzma,schinenzeile *f*, **c)** Zeilenguß *m*; **5.** *phys.* Masseneinheit *f*.

slug[3] [slʌg] **I.** *Am. od. dial.* (harter) Schlag; **II.** *v/t. j-m* ‚eine knallen'; *j-n* verdreschen.

slug-a-bed ['slʌgəbed] *s.* Langschläfer(in).

slug·gard ['slʌgəd] **I.** *s.* Faulpelz *m*; **II.** *adj.* faul.

slug·ger ['slʌgə] *s.* **1.** *Am.* F *Baseball, Boxen*: harter Schläger; **2.** Berufsboxer *m*.

slug·gish ['slʌgiʃ] *adj.* □ **1.** träge (*a.* ⚕ *Organ*), langsam, schwerfällig; **2.** ✝ schleppend; **3.** träge fließend (*Fluß etc.*); '**slug·gish·ness** [-nis] *s.* Trägheit *f*, Langsamkeit *f*, Schwerfälligkeit *f*.

sluice [slu:s] **I.** *s.* ⊕ **1.** (Wasser-) Schleuse *f*; **2.** Stauwasser *n*; **3.** 'Schleusenka,nal *m*; **4.** *min.* (Erz-, Gold)Waschrinne *f*; **II.** *v/t.* **5.** *Wasser* ablassen; **6.** *min. Erz etc.* waschen; **7.** *Holz* flößen; **8.** (aus)spülen; **III.** *v/i.* **9.** (aus)strömen; '~-'**gate** *s.* Schleusentor *n*; '~-'**way** → *sluice 3.*

slum [slʌm] **I.** *s.* **1.** schmutzige Gasse; **2.** *mst pl.* Slums *pl.*, Elendsviertel *n*; **II.** *v/i.* **3.** *mst go* ~*ming* die Slums aufsuchen (*aus Neugierde od. karitativ*).

slum·ber ['slʌmbə] **I.** *v/i.* **1.** *bsd. poet.* schlummern (*a. fig.*); **2.** da'hindösen; **II.** *v/t.* **3.** ~ *away Zeit* verschlafen; **III.** *s. mst pl.* **4.** Schlummer *m*; '**slum·ber·ous** [-bərəs] *adj.* □ **1.** schläfrig; **2.** einschläfernd; '**slum·brous** [-brəs] → *slumberous.*

slump [slʌmp] **I.** *v/i.* **1.** (hin'ein-)plumpsen; **2.** *mst* ~ *down* (in sich) zs.-sacken (*Person*); **3.** † fallen, stürzen (*Preise*); **4.** 'durchfallen, völlig versagen; **II.** *s.* **5.** † **a)** (Börsen-, Preis)Sturz *m*, Baisse *f*, **b)** Wirtschaftskrise *f*, (Geschäfts-, Produkti'ons)Rückgang *m*; **6.** *allg.* plötzlicher Rückgang.

slung [slʌŋ] *pret. u. p.p. von sling.*

slung shot *s. Am.* Schleudergeschoß *n.*

slunk [slʌŋk] *pret. u. p.p. von slink.*

slur[1] [slə:] **I.** *v/t.* **1.** *obs. j-n* her'absetzen, verleumden; **II.** *s.* **2.** Makel *m*, (Schand)Fleck *m*; → *cast 13*; **3.** Vorwurf *m*, Schimpf *m*: *to put a* ~ (*up*)*on* **a)** *j-n* verunglimpfen, verleumden, **b)** *j-s Ruf etc.* Abbruch tun.

slur[2] [slə:] **I.** *v/t.* **1. a)** undeutlich schreiben, **b)** *typ.* schmitzen, verwischen; **2.** undeutlich aussprechen; *Silbe etc.* verschleifen, -schlucken; **3.** ♪ **a)** *Töne* binden, **b)** *Noten* mit Bindebogen bezeichnen; **4.** *oft* ~ *over* (leicht) über *ein Thema* hin'weggehen; **II.** *v/i.* **5.** undeutlich schreiben *od.* sprechen; **6.** ♪ le'gato singen *od.* spielen; **III.** *s.* **7.** Undeutlichkeit *f*; **8.** ♪ **a)** Bindung *f*, **b)** Bindebogen *m.*

slush [slʌʃ] **I.** *s.* **1.** Schneematsch *m*; **2.** Schlamm *m*, Schmutz *m*; **3.** ⊕ Schmiere *f*, Rostschutzmittel *n*; **4.** ⊕ Pa'pierbrei *m*; **5.** *fig.* Gefühlsduse'lei *f*; **6.** *fig.* Kitsch *m*, Schund *m*; **II.** *v/t.* **7.** bespritzen; **8.** ⊕ schmieren; **III.** *v/i.* **9.** → *slosh 2 u. 3*; **slush fund** *s. pol. Am. sl.* Schmiergelderfonds *m*; '**slush·y** [-ʃi] *adj.* **1.** matschig, schlammig, schmutzig (*a. fig.*); **2.** sentimen'tal, kitschig.

slut [slʌt] *s.* **1.** Schlampe *f*; **2.** Hure *f*, ‚Nutte' *f*; **3.** *humor.* Luder *n* (*Mädchen*); **4.** *Am.* Hündin *f*; '**slut·tish** [-tiʃ] *adj.* □ **1.** schlampig, liederlich; **2.** schmutzig; **3.** *obs.* unzüchtig; '**slut·tish·ness** [-tiʃnis] *s.* Schlampigkeit *f etc.*

sly [slai] *adj.* □ **1.** schlau, verschlagen, listig; **2.** verstohlen, heimlich, 'hinterhältig: *a* ~ *dog* ein ‚(ganz) Heimlicher'; *on the* ~ insgeheim; **3.** verschmitzt, durch'trieben; '**sly·boots** *s. humor.* Pfiffikus *m*, Schlauberger *m*; '**sly·ness** [-nis] *s.* Schlauheit *f etc.*

slype [slaip] *s.* △ (über'dachter) Verbindungsgang *zwischen Querschiff u. Pfarrhaus.*

smack[1] [smæk] **I.** *s.* **1.** (Bei)Geschmack *m* (of von); **2.** Prise *f* Salz *etc.*; **3.** *fig.* Beigeschmack *m*, Anflug *m* (of von); **II.** *v/i.* **4.** schmecken (of nach); **5.** *fig.* schmecken *od.* riechen (of nach).

smack[2] [smæk] **I.** *s.* **1.** Klatsch *m*, Klaps *m*: *a* ~ *in the eye fig.* **a)** ein Schlag ins Gesicht, **b)** ein Schlag ins Kontor; **2.** Schmatzen *n*; **3.** (*Peitschen- etc.*)Knall *m*; **4.** Schmatz *m* (*lauter Kuß*); **II.** *v/t.* **5.** *et.* schmatzend genießen; **6.** ~ *one's lips* (mit den Lippen) schmatzen, sich die Lippen lecken; **7.** *Hände etc.* zs.-schlagen; **8.** mit *der Peitsche* knallen; **9.** *j-m* e-n Klaps geben; **10.** *et.* hinklatschen; **III.** *v/i.* **11.** schmatzen; **12.** knallen (*Peitsche etc.*); **13.** (hin)klatschen (*on* auf *acc.*); **IV.** *adv. u. int.* **14.** klatsch(!), platsch(!), plauz(!) (*a. gerade, direkt*): *to run* ~ *into s.th.*

smack[3] [smæk] *s.* ⚓ Schmack(e) *f.*

smack·er ['smækə] *s. sl.* **1.** Schmatz *m*; **2.** Klatsch *m*; **3.** *Brit.* ‚tolles Ding'; **4.** *Am.* Dollar *m*; '**smack·ing** [-kiŋ] **I.** *adj.* heftig, frisch: *a* ~ *breeze* e-e steife Brise; **II.** *s.* Tracht *f* Prügel.

small [smɔ:l] **I.** *adj.* **1.** *allg.* klein; **2.** klein, schmächtig; **3.** klein, gering (*Anzahl, Ausdehnung, Grad etc.*): *they came in* ~ *numbers* es kamen nur wenige; **4.** klein, armselig, dürftig; **5.** wenig: ~ *blame to him* das macht ihm kaum Schande; ~ *wonder* kein Wunder; *to have* ~ *cause for* kaum Anlaß zu *Dankbarkeit etc.* haben; **6.** klein, mit wenig Besitz: ~ *farmer* Kleinbauer; ~ *tradesman* kleiner Geschäftsmann; **7.** klein, (sozi'al) niedrig: ~ *people* kleine Leute; **8.** klein, unbedeutend: *a* ~ *man*; *a* ~ *poet*; **9.** trivi'al, klein: *the* ~ *worries* die kleinen Sorgen: *a* ~ *matter* e-e Kleinigkeit; **10.** klein, bescheiden: *a* ~ *beginning*; *in a* ~ *way* **a)** bescheiden *leben etc.*, **b)** im Kleinen *handeln etc.*; **11.** *contp.* kleinlich; **12.** *b.s.* niedrig (*Gesinnung etc.*): *to feel* ~ sich schämen; *to make s.o. feel* ~ j-n beschämen; **13.** dünn (*Bier*); **14.** schwach (*Stimme, Puls*); **II.** *s.* **15.** schmal(st)er *od.* verjüngter Teil: ~ *of the back anat. das* Kreuz; **16.** → *smalls 2*; **17.** → *smalls 1*; '~-**arms** *s. pl.* ⚔ Hand(feuer)waffen *pl.*; ~ **beer** *s.* **1.** *obs.* Dünnbier *n*; **2.** *bsd. Brit.* **a)** Lap'palie *f*, **b)** ‚Null' *f*, unbedeutende Per'son: *to think no* ~ *of o.s.* F e-e hohe Meinung von sich haben; '~-**bore** *adj.* Kleinkaliber...; ~ **cap·i·tals**, ~ **caps** *s. pl. typ.* Kapi'tälchen *pl.*; ~ **change** *s.* **1.** Kleingeld *n*; **2.** (leere) Redensarten *pl.*; **3.** → *small beer 2*; '~-**clothes** *s. pl. hist.* Kniehosen *pl.*; '~-**coal** *s.* Feinkohle *f*, Grus *m*; ~ **fry** *s.* **1.** junge, kleine Fische *pl.*; **2.** ‚junges Gemüse', *die* Kleinen *pl.*; **3.** → *small beer 2*; ~ **hand** *s.* gewöhnliche Schreibschrift; ~ **hold·er** *s. Brit.* Kleinbauer *m*; ~ **hold·ing** *s. Brit.* Kleinlandbesitz *m*; ~ **hours** *s. pl. die* frühen Morgenstunden *pl.*

small·ish ['smɔ:liʃ] *adj.* ziemlich klein.

small| let·ter *s.* Kleinbuchstabe *m*, Mi'nuskel *f*; '~-'**mind·ed** *adj.* engstirnig, kleinlich, kleinkariert.

small·ness ['smɔ:lnis] *s.* **1.** Kleinheit *f*; **2.** geringe Anzahl; **3.** Kleinlichkeit *f.*

small| pi·ca *s. typ.* kleine 'Cicero (-schrift); '~**pox** *s.* ⚕ Pocken *pl.*, Blattern *pl.*

smalls [smɔ:lz] *s. pl. Brit.* F **1.** *ped. erstes Examen der Kandidaten für den Baccalaureusgrad an der Universität Oxford*; **2.** Leibwäsche *f.*

small| shot *s.* Schrot *m*, *n*; ~ **talk** *s.* oberflächliche Konversati'on, Geplauder *n*: *he has no* ~ er kann nicht (unverbindlich) plaudern; '~-**time** *adj. Am. sl.* unbedeutend, armselig; ~ **wares** *s. pl.* Kurzwaren *pl.*

smalt [smɔ:lt] *s.* **1.** ⚗ S(ch)malte *f*, 'Kobaltblau *n*; **2.** 'Kobaltglas *n.*

smar·agd ['smærægd] *s. min.* Sma'ragd *m.*

smarm·y ['smɑ:mi] *adj.* □ *Brit.* F schmierig, kriecherisch.

smart [smɑ:t] **I.** *adj.* □ **1.** klug, gescheit, intelli'gent, pa'tent; **2.** geschickt, gewandt; **3.** geschäftstüchtig; **4.** *b.s.* gerissen, raffiniert; **5.** witzig, geistreich(elnd *contp.*); **6.** *contp.* ‚'superklug', klugschnackend; **7.** flink, fix; **8.** schmuck, gepflegt; **9. a)** ele'gant, fesch, schick, **b)** modisch (*Person, Kleidung, Wort etc.*): *the* ~ *set* die elegante Welt; **10.** forsch, schneidig: ~ *pace*; **11.** hart, empfindlich (*Schlag, Strafe*); **12.** scharf (*Schmerz, Kritik etc.*); **13.** F beträchtlich; **II.** *v/i.* **14.** schmerzen, brennen; **15.** leiden (*from, under* unter *dat.*); **16.** *fig.* grollen: *he* ~*ed under the insult* die Kränkung nagte an s-m Herzen; **III.** *s.* **17.** Schmerz *m* (*a. fig.*); ~ **al·eck** ['ælik] *s.* F Neunmalkluge(r) *m*, ‚Klugscheißer' *m*; '~-'**al·eck·y** [-ki] *adj.* F neunmalklug.

smart·en ['smɑ:tn] **I.** *v/t.* **1.** *a.* ~ *up* her'ausputzen; **II.** *v/i. mst* ~ *up* **2.** sich schönmachen, sich ‚in Schale werfen'; **3.** *fig.* aufwachen.

'**smart-mon·ey** *s.* Schmerzensgeld *n.*

smart·ness ['smɑ:tnis] *s.* **1.** Klugheit *f*, Gescheitheit *f*; **2.** Gewandtheit *f*; **3.** *b.s.* Gerissenheit *f*; **4.** flotte Ele'ganz, Schick *m*; Forschheit *f*; **5.** Schärfe *f*, Heftigkeit *f.*

smash [smæʃ] **I.** *v/t.* **1.** *oft* ~ *up* zertrümmern, -schmettern, -schlagen: ~ *in* einschlagen; **2.** *j-n* (zs.-)schlagen; *Feind* vernichtend schlagen; *fig. Argument* restlos wider'legen, *Gegner* ‚fertigmachen'; **3.** *j-n* (finanzi'ell) ruinieren; **4.** *Faust, Stein etc. wohin* schmettern; **5.** *Tennis*: *Ball* schmettern; **II.** *v/i.* **6.** zersplittern, in Stücke springen; **7.** krachen, knallen (*against* gegen, *through* durch); **8.** zs.-stoßen, -krachen (*Autos etc.*); ✈ Bruch machen; **9.** *oft* ~ *up* ‚zs.-krachen', bank'rott gehen; *fig.* zuschanden werden; (gesundheitlich) ka'puttgehen; **III.** *adv.* (*a. int.*) **10.** krachend, krach(!); **IV.** *s.* **11.** Zerkrachen *n*; **12.** Krach *m*; **13.** (*a.* finanzi'eller) Zs.-bruch, Vernichtung *f*, Ru'in *m*: *to go* ~ **a)** völlig zs.-brechen, **b)** → *9*; **14.** *sl.* voller Erfolg; **15.** *Tennis*: Schmetterball *m*; **16.** *kaltes Branntwein-Mischgetränk*; '~-**and**-'**grab**

raid [-ʃən'g-] *s.* Schaufensterein-bruch *m.*
smash·er ['smæʃə] *s. sl.* **1.** schwerer Schlag (*a. fig.*); **2.** vernichtendes Argu'ment; **3.** ‚Mordsding' *n*, ‚tolle Sache': *a ~ of a girl* ein tolles Mädchen; **4.** Falschgeldverbreiter *m.*
'**smash-hit** *s. sl.* Schlager *m*, toller Erfolg.
smash·ing ['smæʃiŋ] *adj.* **1.** *sl.* ‚toll', e'norm; **2.** vernichtend (*Schlag, Niederlage*).
'**smash-up** *s.* **1.** völliger Zs.-bruch; **2.** Bank'rott *m*; **3.** *mot. etc.* Zs.-stoß *m*; ✈ Bruch(landung *f*) *m.*
smat·ter·er ['smætərə] *s.* Stümper *m*, Halbwisser *m*; Dilet'tant *m*; '**smat·ter·ing** [-təriŋ] *s.* oberflächliche Kenntnis, geringes Wissen.
smear [smiə] **I.** *v/t.* **1.** *Fett etc.* schmieren (*on* auf *acc.*); **2.** *et.* beschmieren, bestreichen (*with* mit); **3.** (ein)schmieren; **4.** *Schrift* verschmieren; **5.** beschmieren, besudeln; **6.** *fig.* **a**) *j-s Ruf etc.* besudeln, **b**) *j-n* verleumden, ‚durch den Dreck ziehen'; **7.** *Am. sl. j-n* schmieren, bestechen; **II.** *v/i.* **8.** schmieren; **9.** sich verwischen; **III.** *s.* **10.** Schmiere *f*; **11.** (Fett-, Schmutz-) Fleck *m*; **12.** *fig.* Besudelung *f*; **13.** ⚕ Abstrich *m*; ~ **cam·paign** *s. pol.* Ver'leumdungskam,pagne *f*; '~-**case** *s. Am.* Quark *m.*
smear·y ['smiəri] *adj.* □ **1.** schmierig; **2.** verschmiert.
smell [smel] **I.** *v/t.* [*irr.*] **1.** *et.* riechen; **2.** *et.* beriechen, riechen an (*dat.*); **3.** *fig. Verrat etc.* wittern; → *rat 1*; **4.** *fig.* sich *et.* genauer besehen; **5.** ~ *out hunt.* aufspüren (*a. fig. entdecken, ausschnüffeln*); **II.** *v/i.* [*irr.*] **6.** riechen (*at* an *dat.*): *to ~ about* (*od. round*) *fig.* herumschnüffeln; **7.** *gut etc.* riechen: *his breath ~s* er riecht aus dem Mund; **8.** ~ *of* riechen nach (*a. fig.*); **III.** *s.* **9.** Geruch(ssinn) *m*; **10.** Geruch *m*: **a**) Duft *m*, **b**) Gestank *m*; **11.** *fig.* Anflug *m*, -strich *m* (*of* von); **12.** *to take a ~ at s.th.* et. beriechen (*a. fig.*); '**smell·er** [-lə] *s. sl.* **1.** ‚Riechkolben' *m* (*Nase*); **2.** Nasenstüber *m*; **3.** Sturz *m*; '**smell·y** [-li] *adj.* F übelriechend, muffig: ~ *feet* Schweißfüße.
smelt[1] [smelt] *pl.* **smelts** *coll. a.* **smelt** *s. ichth.* Stint *m.*
smelt[2] [smelt] *v/t.* **1.** *Erz* (ein-) schmelzen, verhütten; **2.** *Kupfer etc.* ausschmelzen.
smelt[3] [smelt] *pret. u. p.p. von smell.*
smelt·er ['smeltə] *s.* ⊕ Schmelzer *m*; '**smelt·er·y** [-əri] *s.* ⊕ Schmelzhütte *f.*
smelt·ing ['smeltiŋ] *s.* ⊕ Verhüttung *f*; '~-**fur·nace** *s.* ⊕ Schmelzofen *m.*
smile [smail] **I.** *v/i.* **1.** lächeln (*a. fig. Sonne etc.*): *to ~ at* **a**) *j-m* zulächeln, **b**) *et.* belächeln, lächeln über (*acc.*); *to come up ~ing fig.* mit neuem Mut an e-e Sache gehen; **2.** ~ (*up*)*on fig. j-m* lächeln, hold sein: *fortune ~d on him*; **II.** *v/t.* **3.** ~ *away Tränen etc.* hin'weglächeln; **4.** *to ~ approval* (*consent*) beifällig (zustimmend) lächeln; **III.** *s.* **5.** Lächeln *n*: *to be all ~s* (über das ganze Gesicht) strahlen; **6.** *mst pl.* Gunst *f*; '**smil·ing** [-liŋ] *adj.* □ **1.** lächelnd (*a. fig. heiter*); **2.** *fig.* huldvoll.
smirch [smə:tʃ] **I.** *v/t.* besudeln (*a. fig.*); **II.** *s.* Schmutzfleck *m*; *fig.* Schandfleck *m.*
smirk [smə:k] **I.** *v/i.* affektiert *od.* blöde lächeln, grinsen; **II.** *s.* einfältiges Lächeln, Grinsen *n.*
smite [smait] [*irr.*] **I.** *v/t.* **1.** *bibl., rhet., a. humor.* schlagen (*a. erschlagen, heimsuchen*); **2.** befallen: *smitten with the plague* von der Pest befallen; **3.** *j-n* quälen, peinigen (*Gewissen*); **4.** *fig.* ergreifen, packen: *smitten with* von *Begierde etc.* gepackt; **5.** *fig.* hinreißen: *he was smitten with* (*od. by*) *her charms* er war hingerissen von ihrem Charme; *to be smitten by* (sinnlos) verliebt sein in (*acc.*); **II.** *v/i.* **6.** ~ *upon bsd. fig.* an *das Ohr etc.* schlagen.
smith [smiθ] *s.* Schmied *m.*
smith·er·eens ['smiðə'ri:nz] *s. pl.* F Fetzen *pl.*, Splitter *pl.*: *to smash to ~* in (tausend) Stücke schlagen.
smith·er·y ['smiðəri] *s.* **1.** Schmiedearbeit *f*; **2.** Schmiedekunst *f.*
smith·y ['smiði] *s. bsd. Am.* Schmiede *f.*
smit·ten ['smitn] **I.** *p.p. von smite*; **II.** *adj.* **1.** betroffen, befallen; **2.** hingerissen, ganz weg, verliebt, vernarrt; → *smite 5.*
smock [smɔk] **I.** *s.* **1.** (Arbeits)Kittel *m*; **2.** Kinderkittel *m*; **II.** *v/t.* **3.** *Bluse etc.* smoken, mit Smokarbeit verzieren; '~-**frock** *s.* Fuhrmanns-, Russenkittel *m.*
smock·ing ['smɔkiŋ] *s.* Smokarbeit *f* (*Vorgang u. Verzierung*).
smog [smɔg] *s.* (*aus smoke u. fog*) 'rauchdurch,setzter Nebel (*über Großstädten*), Smog *m.*
smok·a·ble ['smoukəbl] *adj.* rauchbar; **smoke** [smouk] **I.** *s.* **1.** Rauch *m* (*a.* ⚗, *phys.*): *like ~ sl.* wie der Teufel; *no ~ without a fire fig.* irgend etwas ist immer dran (*an e-m Gerücht*); **2.** Qualm *m*, Dunst *m*: *to end* (*od. go up*) *in ~ fig.* in nichts zerrinnen, zu Wasser werden; **3.** ⚔ (Tarn)Nebel *m*; **4.** Rauchen *n e-r Zigarre etc.*: *to have a ~* ‚eine' rauchen *od.* anstecken; **5.** F ‚Glimmstengel' *m*, Zi'garre *f*, Ziga'rette *f*; **II.** *v/i.* **6.** rauchen, qualmen (*Schornstein, Ofen etc.*); **7.** dampfen (*a. Pferd*); **8.** ('Tabak) rauchen; **III.** *v/t.* **9.** *Pfeife etc.* rauchen; **10.** ~ *out* **a**) *Räume, a. Ungeziefer* ausräuchern, **b**) *Feind* vertreiben; **11.** *Fisch etc.* räuchern; **12.** *Glas etc.* schwärzen; '~-**ball**, '~-**bomb** *s.* Nebel-, Rauchbombe *f*; '~-**con·sum·er** *s.* Rauchverzehrer *m*; '~-**dried** *adj.* geräuchert; '~-**hel·met** *s.* Rauchmaske *f* (*Feuerwehr*).
smoke·less ['smouklis] *adj.* □ *a.* ⚔ rauchlos.
smok·er ['smoukə] *s.* **1.** Raucher(in): *~'s heart* ⚕ Nikotinherz; **2.** 🚂 Raucher(abteil *n*) *m*; **3.** → *smoking-concert.*
'**smoke**|-**room** *s.* Herren-, Rauchzimmer *n*; '~-**screen** *s.* ⚔ Rauch-, Nebelvorhang *m*; '~-**stack** *s.* ⚓, 🚂, ⊕ Schornstein *m.*
smok·ing ['smoukiŋ] **I.** *s.* **1.** Rauchen *n*; **II.** *adj.* **2.** Rauch...; **3.** Raucher...; '~-**car**, '~-**car·riage**, '~-**com·part·ment** *s.* 🚂 Raucherabteil *n*; '~-**con·cert** *s. Brit. Konzert, bei dem Rauchen gestattet ist*; '~-**room** → *smoke-room.*
smok·y ['smouki] *adj.* □ **1.** qualmend; **2.** rauchig, dunstig, verräuchert; **3.** rauchgrau.
smol·der *Am.* → *smoulder.*
smooch [smu:tʃ] *v/i.* F schmusen, knutschen.
smooth [smu:ð] **I.** *adj.* □ **1.** *allg.* glatt; **2.** glatt, ruhig (*See*): *I am in ~ water now fig.* jetzt habe ich es geschafft; **3.** ⊕ ruhig (*Gang*); *mot. a.* zügig (*Fahren, Schalten*); ✈ glatt (*Landung*); **4.** *fig.* glatt, reibungslos: *to make things ~ for j-m* den Weg ebnen; **5.** fließend, flüssig (*Rede, Musik etc.*); **6.** *fig.* sanft, weich (*Stimme, Ton*); **7.** glatt, gewandt (*Manieren, Person*); *b.s.* aalglatt: *a ~ tongue* e-e glatte Zunge; **8.** *Am. sl.* fesch; **9.** lieblich (*Wein*); **II.** *adv.* **10.** glatt, ruhig: *things have gone ~ with me* bei mir hat alles geklappt; **III.** *v/t.* **11.** glätten (*a. fig.*): *to ~ the way for fig. j-m od. e-r Sache* den Weg ebnen; **12.** besänftigen; **IV.** *v/i.* **13.** → *smooth down 1*;
Zssgn mit adv.:
smooth| **a·way** *v/t. Schwierigkeiten etc.* wegräumen, ‚ausbügeln'; ~ **down I.** *v/i.* **1.** sich glätten *od.* beruhigen (*Meer etc.*) (*a. fig.*); **II.** *v/t.* **2.** glattstreichen, glätten; **3.** *fig.* besänftigen; **4.** *Streit* schlichten; ~ **out** *v/t. Falte* ausplätten (*from* aus); ~ **o·ver** *v/t. Fehler etc.* bemänteln, beschönigen.
'**smooth**|-**bore** *adj.* ⚔ mit glattem Lauf; '~-**faced** *adj.* **1. a**) bartlos, **b**) glattrasiert; **2.** *fig.* glatt, schmeichlerisch; ~ **file** *s.* ⊕ Schlichtfeile *f.*
'**smooth·ing**|-**i·ron** ['smu:ðiŋ] *s.* Plätt-, Bügeleisen *n*; '~-**plane** *s.* ⊕ Schlichthobel *m.*
smooth·ness ['smu:ðnis] *s.* **1.** Glätte *f*; **2.** Reibungslosigkeit *f* (*a. fig.*); **3.** *fig.* glatter Fluß, Ele'ganz *f e-r Rede etc.*; **4.** Glätte *f*, Gewandtheit *f*; **5.** Sanftheit *f.*
'**smooth-tongued** *adj.* glattzüngig, schmeichlerisch.
smote [smout] *pret. von smite.*
smoth·er ['smʌðə] **I.** *v/t.* **1.** *j-n, a. Feuer, Rebellion, Ton* ersticken; **2.** *bsd. fig.* über'häufen (*with* mit *Arbeit etc.*): *to ~ s.o. with kisses* j-n abküssen; **3.** ~ *in* (*od. with*) völlig bedecken mit, einhüllen in (*dat.*), begraben unter (*Blumen, Decken etc.*); **4.** *oft ~ up Gähnen, Wut etc., a. Skandal etc.* unter'drücken; **II.** *v/i.* **5.** ersticken; **III.** *s.* **6.** dicker Qualm; **7.** Dampf-, Dunst-, Staubwolke *f.*
smoul·der ['smouldə] **I.** *v/i.* **1.** glimmen, schwelen (*a. fig. Feindschaft, Rebellion etc.*); **2.** glühen (*a. fig. Augen*); **II.** *s.* **3.** schwelendes Feuer.
smudge [smʌdʒ] **I.** *s.* **1.** Schmutzfleck *m*, Klecks *m*; **2.** qualmendes Feuer (*gegen Mücken, Frost etc.*); **II.** *v/t.* **3.** beschmutzen; **4.** be-, verschmieren, 'vollklecksen; **5.** *fig. Ruf etc.* besudeln; **III.** *v/i.* **6.** schmieren (*Tinte, Papier etc.*); **7.** schmutzig

werden; '**smudg·y** [-dʒi] *adj.* □ verschmiert, schmierig, schmutzig.
smug [smʌg] **I.** *adj.* □ **1.** *obs.* schmuck; **2.** geschniegelt u. gebügelt; **3.** spießig; **4.** selbstgefällig, blasiert; **II.** *s. univ. Brit. sl.* **5.** Streber *m*; **6.** Außenseiter *m*.
smug·gle ['smʌgl] **I.** *v/t. Waren, a. weitS. Brief, j-n etc.* schmuggeln: *to ~ in* einschmuggeln; **II.** *v/i.* schmuggeln; '**smug·gler** [-lə] *s.* **1.** Schmuggler *m*; **2.** Schmuggelschiff *n*; '**smug·gling** [-liŋ] *s.* Schmuggel *m*, Schleichhandel *m*.
smut [smʌt] **I.** *s.* **1.** Ruß-, Schmutzflocke *f od.* -fleck *m*; **2.** *fig.* Zote(n *pl.*) *f*, Schmutz *m*: *to talk ~* Zoten reißen, ‚schweinigeln'; **3.** ⚘ (*bsd.* Getreide)Brand *m*; **II.** *v/t.* **4.** beschmutzen; **5.** ⚘ brandig machen; **III.** *v/i.* **6.** ⚘ vom Brand befallen werden.
smutch [smʌtʃ] **I.** *v/t.* beschmutzen, schwarz machen; **II.** *s.* schwarzer Fleck.
smut·ty ['smʌti] *adj.* □ **1.** schmutzig, rußig; **2.** *fig.* zotig, ob'szön: *~ joke* Zote; **3.** ⚘ brandig.
snack [snæk] *s.* **1.** Imbiß *m*; **2.** *obs.* Anteil *m*: *to go ~s* teilen; '**~-bar** *s.* Imbißstube *f*.
snaf·fle ['snæfl] **I.** *s.* **1.** Trense *f*; **II.** *v/t.* **2.** *e-m Pferd* die Trense anlegen; **3.** mit der Trense lenken; **4.** *Brit. sl.* ‚klauen' (*stehlen*); '**~-bit** *s.* (Trensen)Gebiß *n*.
sna·fu [snæ'fu:] *Am. sl.* **I.** *adj.* in heillosem Durchein'ander; to'tal versaut; **II.** *s.* heilloses Durcheinander, große Schweine'rei; **III.** *v/t.* durchein'anderbringen, (alles) verpatzen.
snag [snæg] **I.** *s.* **1.** Aststumpf *m*; **2.** *gefährlicher* Baumstumpf (*in Flüssen*); *fig.* Haken *m*, unerwartetes Hindernis: *to strike a ~* auf Schwierigkeiten stoßen; **3. a)** Zahnstumpf *m*, **b)** *Am.* Raffzahn *m*; **II.** *v/t.* **4.** *Boot* gegen e-n Stumpf fahren lassen; **5.** *Fluß* von Baumstümpfen befreien; **snagged** [-gd], '**snag·gy** [-gi] *adj.* **1.** ästig, knorrig; **2.** voller Baumstümpfe (*Fluß*).
snail [sneil] *s.* **1.** *zo.* Schnecke *f* (*a. fig. Faulpelz*): *at a ~'s pace* im Schneckentempo; **2.** → *snail-wheel*; '**~-shell** *s.* Schneckenhaus *n*; '**~-wheel** *s.* ⊕ Schnecke(nrad *n*) *f* (*Uhr*).
snake [sneik] **I.** *s.* Schlange *f* (*a. fig.*): *~ in the grass* **a)** geheime Gefahr, **b)** (falsche) Schlange; *to see ~s* F weiße Mäuse sehen; **II.** *v/i.* sich schlängeln (*a. Weg*); '**snake-charm·er** *s.* Schlangenbeschwörer *m*; **snak·y** ['sneiki] *adj.* □ **1.** Schlangen...; **2.** schlangenartig, gewunden; **3.** *fig.* 'hinterhältig.
snap [snæp] **I.** *s.* **1.** Schnappen *n*, Biß *m*; **2.** Knacken *n*, Knacks *m*, Klicken *n*; **3.** (*Peitschen- etc.*) Knall *m*; **4.** Reißen *n*; **5.** Schnappschloß *n*, Schnapper *m*; **6.** *phot.* Schnappschuß *m*; **7.** *etwa*: Schnipp-Schnapp *n* (*Kartenspiel*); **8.** *fig.* Schwung *m*, Schmiß *m*; **9.** *cold ~* Kältewelle *f*; **II.** *adj.* **10.** Schnapp...; **11.** Schnell...: *~ judgement* (vor-)schnelles Urteil; *~ vote* Blitzabstimmung; **III.** *adv. u. int.* **12.** knack(s)(!), krach(!), schwapp(!); **IV.** *v/i.* **13.** schnappen (*at* nach *a. fig. e-m Angebot etc.*), zuschnappen: *to ~ at the chance* zugreifen, die Gelegenheit beim Schopfe fassen; *to ~ at s.o.* j-n anschnauzen; **14.** *a. ~ to* zuschnappen, zuknallen (*Schloß, Tür*); **15.** knacken, klicken; **16.** knallen (*Peitsche etc.*); **17.** (zer-)springen, (-)reißen, entzweigehen; **18.** schnellen: *to ~ to attention* ⚔ ‚Männchen bauen'; *~ into it!* F mach Tempo!; *~ out of it!* F komm, komm!; laß das (sein)!; **V.** *v/t.* **19.** (er)schnappen; beißen: *to ~ off* abbeißen; *to ~ s.o.'s head* (*od. nose*) *off* → *snap up 4*; **20.** (zu-)schnappen lassen; **21.** *phot.* knipsen; **22.** zerknicken, -knacken, -brechen, -reißen: *to ~ off* abbrechen; **23.** mit *der Peitsche* knallen; mit *den Fingern* schnalzen: *to ~ one's fingers at fig.* **a)** verhöhnen, -lachen, **b)** *j-m* ein Schnippchen schlagen; **24.** *a. ~ out Wort* her'vorstoßen, bellen; **~ up** *v/t.* **1.** auf-, wegschnappen; **2.** (gierig) an sich reißen, *Angebot* schnell annehmen: *snap it up!* F mach fix!; **3.** *Häuser etc.* aufkaufen; **3. a)** *j-n* anschnauzen, **b)** *j-m* das Wort abschneiden.
'**snap|-bolt** → *snap-lock*; '**~·dragon** *s.* **1.** ⚘ Löwenmaul *n*; **2.** Ro'sinenfischen *n aus brennendem Branntwein* (*Spiel*); '**~-fas·ten·er** *s. Näherei*: Druckknopf *m*; '**~-hook** *s.* Kara'binerhaken *m*; '**~-lock** *s.* Schnappschloß *n*.
snap·pish ['snæpiʃ] *adj.* □ **1.** bissig (*Hund, a. Person*); **2.** schnippisch; '**snap·pish·ness** [-nis] *s.* **1.** Bissigkeit *f*; **2.** schnippisches Wesen; **3.** Barschheit *f*.
snap·py ['snæpi] *adj.* □ **1.** → *snappish*; **2.** F schwungvoll, schmissig; **3.** F forsch, flott, zackig: *make it ~!* mach mal fix!
snap| shot *s.* ⚔ Schnellschuß *m* (*ohne Zielen*); '**~·shot** *phot.* **I.** *s.* Schnappschuß *m*, Mo'mentaufnahme *f*; **II.** *v/t.* e-n Schnappschuß machen von, *et.* knipsen.
snare [snɛə] **I.** *s.* **1.** Schlinge *f*, Fallstrick *m* (*beide a. fig.*): *to set a ~ for s.o.* j-m e-e Falle stellen; **2.** ♪ Schnarrsaite *f* (*Trommel*); **II.** *v/t.* **3.** mit e-r Schlinge fangen; **4.** *fig.* um'stricken, fangen, *j-m* e-e Falle stellen; '**~-drum** *s.* ♪ Wirbel-, Schnarrtrommel *f*.
snarl[1] [snɑ:l] *bsd. Am.* **I.** *s.* **1.** Knoten *m*, Fitz *m*; **2.** *fig.* wirres Durchein'ander, Gewirr *n*: *traffic ~ Am.* Verkehrsstockung, -chaos; **II.** *v/t. u. v/i.* **3.** (sich) verwirren; (sich) verfitzen.
snarl[2] [snɑ:l] **I.** *v/i.* wütend knurren, die Zähne fletschen (*Hund, a. Person*); **II.** *v/t. et.* knurren, wütend her'vorstoßen; **III.** *s.* Knurren *n*, Zähnefletschen *n*.
snatch [snætʃ] **I.** *v/t.* **1.** *et.* schnappen, packen, (er)haschen, fangen: *to ~ up* aufraffen; **2.** *fig. Gelegenheit etc.* ergreifen; *et., a. Schlaf* ergattern: *to ~ a hurried meal* rasch et. zu sich nehmen; **3.** *et.* an sich reißen; *a. Kuß* rauben; **4.** *~ (away) from j-m et., a. j-n dem Meer, dem Tod, durch den Tod* entreißen: *he was ~ed away from us* er wurde uns *durch e-n frühen Tod etc.* entrissen; **5.** *~ off* weg-, her'unterreißen; **6.** *Am. sl. Kind* rauben; **II.** *v/i.* **7.** *~ at* schnappen *od.* greifen *od.* haschen nach: *to ~ at the offer fig.* mit beiden Händen zugreifen; **III.** *s.* **8.** Schnappen *n*, schneller Griff: *to make a ~ at* → 7; **9.** *fig.* (kurzer) Augenblick: *~es of sleep*; **10.** *pl.* Bruchstücke *pl.*, ‚Brocken' *pl.*, Aufgeschnappte(s) *n*: *~es of conversation*; *by* (*od. in*) *~es* hastig, ruckweise; '**snatch·y** [-tʃi] *adj.* □ abgehackt, ruckweise, unregelmäßig.
sneak [sni:k] **I.** *v/i.* **1.** (sich *wohin*) schleichen: *to ~ about* herumschleichen, -schnüffeln; *to ~ out of fig.* sich von *et.* drücken, sich aus *e-r Sache* herauswinden; **2.** *ped. Brit. sl.* ‚petzen'; **II.** *v/t.* **3.** *et.* (heimlich) *wohin* schmuggeln; **4.** *sl.* ‚sti'bitzen'; **III.** *s.* **5.** *contp.* Schleicher *m*; **6.** *Brit. sl.* ‚Petzer' *m*; **~ at·tack** *s.* ⚔ Über'raschungsangriff *m* (*mit Ferngeschossen etc.*).
sneak·ers ['sni:kəz] *s. pl. bsd. Am.* leichte Segeltuch-, Turnschuhe *pl.*; '**sneak·ing** [-kiŋ] *adj.* □ **1.** verstohlen; **2.** 'hinterlistig, gemein; **3.** *fig.* heimlich (*Verdacht etc.*).
'**sneak-thief** *s.* Einsteig-, Gelegenheitsdieb *m*.
sneak·y ['sni:ki] *adj.* □ schleichend, heimtückisch.
sneer [sniə] **I.** *v/i.* **1.** höhnisch grinsen, hohnlächeln, ‚feixen' (*at* über *acc.*); **2.** spötteln (*at* über *acc.*); **II.** *v/t.* **3.** *et.* höhnen(d äußern); **III.** *s.* **4.** Hohnlächeln *n*; **5.** Hohn *m*, Spott *m*, höhnische Bemerkung; '**sneerer** [-ərə] *s.* Spötter *m*, ‚Feixer' *m*; '**sneer·ing** [-əriŋ] *adj.* □ höhnisch, spöttisch, ‚feixend'.
sneeze [sni:z] **I.** *v/i.* niesen: *not to be ~d at* F nicht zu verachten; **II.** *s.* Niesen *n*; '**~·wort** *s.* ⚘ Sumpfgarbe *f*.
snick [snik] **I.** *v/t.* **1.** (ein)kerben; **2.** *Kricket*: *Ball* leicht (schneidend) anschlagen; **II.** *s.* **3.** Kerbe *f*; **4.** *Kricket*: leichter (geschnittener) Schlag.
snick·er ['snikə] **I.** *v/i.* **1.** kichern; **2.** wiehern; **II.** *v/t.* **3.** F *et.* kichern; **III.** *s.* **4.** Kichern *n*; '**~'snee** [-'sni:] *s. humor.* ‚Dolch' *m* (*Messer*).
snide [snaid] *adj.* abfällig, höhnisch (*Bemerkung etc.*).
sniff [snif] **I.** *v/i.* **1.** schniefen; **2.** schnüffeln (*at* an *dat.*); **3.** *fig.* die Nase rümpfen (*at* über *acc.*); **II.** *v/t.* **4.** *a. ~ in* (*od. up*) durch die Nase einziehen; **5.** schnuppern an (*dat.*); **6.** riechen (*a. fig. wittern*); **III.** *s.* **7.** Schnüffeln *n*; **8.** kurzer Atemzug; **9.** Naserümpfen *n*.
snif·fle ['snifl] *Am.* **I.** *v/i.* **1.** schniefen; **2.** greinen, heulen; **II.** *s.* **3.** Schnüffeln *n*; **4.** *the ~s pl.* laufende Nase, Schnupfen *m*.
sniff·y ['snifi] *adj.* □ F **1.** naserümpfend, hochnäsig, verächtlich; **2.** muffig.
snif·ter ['sniftə] *s.* **1.** Schnäps-chen *n*, ‚Gläs-chen' *n*; **2.** *Am.* 'Kognakschwenker *m*.
'**snift·ing-valve** ['sniftiŋ] *s.* ⊕ 'Schnüffelven,til *n*.
snig·ger ['snigə] → *snicker*.

snip [snip] **I.** *v/t.* **1.** schnippeln, schnipseln, schneiden; **2.** *Fahrkarte* knipsen; **II.** *s.* **3.** Schnitt *m*; **4.** Schnippel *m*, Schnipsel *m*, *n*; **5.** F Schneider *m*; **6.** *sl.* **a)** todsichere Sache, **b)** günstige (Kauf)Gelegenheit: *it's a* ~!

snipe [snaip] **I.** *s.* **1.** *orn.* Schnepfe *f*; **II.** *v/i.* **2.** *hunt.* Schnepfen jagen *od.* schießen; **3.** ⚔ aus dem 'Hinterhalt schießen (*at* auf *acc.*); **III.** *v/t.* **4.** ⚔ abschießen, ‚wegputzen'; '**snip·er** [-pə] *s.* ⚔ Scharf-, Heckenschütze *m.*

snip·pet ['snipit] *s.* **1.** (Pa'pier-) Schnipsel *m*, *n*; **2.** *pl. fig.* Bruchstücke *pl.*

snitch [snitʃ] *sl.* **I.** *v/t.* ‚klauen', sti'bitzen; **II.** *v/i.* ~ *on j-n* ‚verpetzen'.

sniv·el ['snivl] **I.** *v/i.* **1.** schniefen; **2.** schluchzen, wimmern; **3.** wehleidig tun; **4.** scheinheilig tun; **II.** *v/t.* **5.** *et.* (her'aus)schluchzen; **III.** *s.* **6.** Nasenschleim *m*, ‚Rotz' *m*; **7.** Geplärr *n*; **8.** weinerliches *od.* scheinheiliges Getue; '**sniv·el·(l)er** [-lə] *s.* ‚Heulsuse' *f*; '**sniv·el·(l)ing** [-liŋ] **I.** *adj.* **1.** triefnasig; **2.** wehleidig, weinerlich; **II.** *s.* **3.** → *snivel 7 u. 8.*

snob [snɔb] *s.* Großtuer(in), Snob *m*; '**snob·ber·y** [-bəri] *s.* Vornehmtue'rei *f*, (*a. schöngeistiger*) Sno'bismus; '**snob·bish** [-biʃ] *adj.* □ sno'bistisch.

snook [snu:k] *Brit. sl.* **I.** *s.*: *to cock a* ~ *at j-m* e-e lange Nase machen; **II.** *int.*: ~*s!* ätsch!

snook·er (pool) ['snu:kə] *s. Art* 'Billardspiel *n.*

snoop [snu:p] *bsd. Am.* F **I.** *v/i.* **1.** *a.* ~ *around* her'umschnüffeln, -schleichen; **II.** *s.* **2.** Schnüffe'lei *f*; **3.** *a.* '**snoop·er** [-pə] Schnüffler *m*; '**snoop·y** [-pi] *adj.* F schnüffelnd, neugierig.

snoot [snu:t] *s. Am.* F **1.** ‚Schnauze' *f* (*Nase, Gesicht*); **2.** Gri'masse *f*; ‚Schnute' *f*; '**snoot·y** [-ti] *adj. Am.* F ‚großkotzig', hochnäsig, patzig.

snooze [snu:z] **I.** *v/i.* **1.** ein Nickerchen machen; **2.** dösen; **II.** *v/t.* **3.** ~ *away Zeit* vertrödeln; **III.** *s.* **4.** Nikkerchen *n*: *to have a* ~ → *1.*

snore [snɔ:] **I.** *v/i.* schnarchen; **II.** *s.* Schnarchen *n*; **snor·er** ['snɔ:rə] *s.* Schnarcher *m.*

snor·kel ['snɔ:kəl] *s.* ⚓, ⚔ Schnorchel *m.*

snort[1] [snɔ:t] **I.** *v/i.* (*a.* wütend *od.* verächtlich) schnauben; **II.** *v/t. a.* ~ *out Worte* (wütend) schnauben; **III.** *s.* Schnauben *n.*

snort[2] [snɔ:t] *Brit.* → *snorkel.*

snort·er ['snɔ:tə] *s. sl.* **1.** heftiger Sturm; **2.** Schlag *m* auf die Nase; **3.** Mordsding *n*; **4.** Mordskerl *m*; '**snort·y** [-ti] *adj. fig.* **1.** gereizt; **2.** naserümpfend.

snot [snɔt] *s.* Rotz *m*; '**snot·ty** [-ti] *adj.* □ **1.** V rotzig, Rotz...; **2.** F ‚dreckig', gemein; **3.** übellaunig; **4.** *Am. sl.* patzig, schnodd(e)rig.

snout [snaut] *s.* **1.** *zo.* Schnauze *f* (*a.* F *fig. Nase, Gesicht*); **2.** ‚Schnauze' *f*, Vorderteil *n* (*Auto etc.*); **3.** ⊕ Schnabel *m*, Tülle *f.*

snow [snou] **I.** *s.* **1.** Schnee *m* (*a.* 📺 *u. Küche*); **2.** Schneefall *m*; **3.** *pl.* Schneemassen *pl.*; **4.** *sl.* ‚Koks' *m* (*Kokain*); **II.** *v/i.* **5.** schneien: *to* ~ *in* hereinschneien (*a. fig.*); ~*ed in* (*od. up*, *Am. under*) eingeschneit; *to be* ~*ed under* **a)** *mit Arbeit etc.* überhäuft sein, *von Sorgen etc.* erdrückt werden, **b)** *pol. Am. in e-r Wahl* vernichtend geschlagen werden; **6.** *fig.* regnen, hageln; **III.** *v/t.* **7.** her'unterrieseln lassen; '~**·ball I.** *s.* **1.** Schneeball *m*; **2.** *Brit. Fonds, der sich durch Werben der Mitglieder ständig vergrößert*; **3.** (Apfel)Reispudding *m*; **4.** ♀ Schneeball *m*; **II.** *v/t.* **5.** Schneebälle werfen auf; **III.** *v/i.* **6.** mit Schneebällen werfen; **7.** *fig.* la'winenartig anwachsen; '~**·ball-tree** *s.* ♀ Schneeball *m*; '~**·bank** *s.* Schneewehe *f*; '~**·bird**[1] → *snow bunting*; '~**·bird**[2] *s. sl.* Koka'inschnupfer *m*; '~**·blind** *adj.* schneeblind; '~**·bound** *adj.* eingeschneit, durch Schnee(massen) abgeschnitten; ~ **bun·ting** *s. orn.* Schneeammer *f*; '~**-cap** *s. orn. ein* 'Kolibri *m*; '~**-capped** *adj.* schneebedeckt; '~**-drift** *s.* Schneewehe *f*; '~**·drop** *s.* ♀ Schneeglöckchen *n*; '~**-fall** *s.* Schneefall *m*, -menge *f*; '~**-field** *s.* Schneefeld *n*; '~**-gog·gles** *s. pl.* Schneebrille *f*; '~**-line** *s.* Schneegrenze *f*; '~**·man** *s.* [*irr.*] Schneemann *m*: *to build a* ~ e-n Schneemann bauen; '~**·mo·bile** [-məbi:l] *s.* 'Motorschlitten *m*; '~-'**plough**, *Am.* '~**·plow** *s.* Schneepflug *m* (*a. beim Skifahren*); '~**-shoe I.** *s.* Schneeschuh *m*; **II.** *v/i.* auf Schneeschuhen gehen; '~**-slip** *s.* Schneerutsch *m*, La'wine *f*; '~-**storm** *s.* Schneesturm *m*; ~ **tire** (*Brit.* **tyre**) *s. mot.* Matsch-und-'Schnee-Reifen *m*, M-und-'S-Reifen *m*; '~-'**white** *adj.* schneeweiß; ♀ **White** *npr.* Schnee'wittchen *n.*

snow·y ['snoui] *adj.* □ **1.** schneeig; **2.** schneebedeckt, Schnee...; **3.** schneeweiß.

snub[1] [snʌb] **I.** *v/t.* **1.** *j-n* rüffeln; **2.** *j-n* abfahren lassen, kurz abfertigen; **3.** *j-n* verächtlich behandeln; **II.** *s.* **4.** Rüffel *m*, Verweis *m*; schroffe Abfertigung.

snub[2] [snʌb] *adj.* stumpf: ~ *nose* Stumpf-, Stupsnase; '~**-nosed** *adj.* stupsnasig.

snuff[1] [snʌf] **I.** *v/t.* **1.** *a.* ~ *up* durch die Nase einziehen; **2.** beschnüffeln; **II.** *v/i.* **3.** schnüffeln (*at* an *dat.*); **4.** (Schnupftabak) schnupfen; **III.** *s.* **5.** Atemzug *m*, Einziehen *n*; **6.** 'Schnupf‚tabak *m*, Prise *f*: *to take* ~ schnupfen; *to be up to* ~ *sl.* auf Draht sein, die Kniffe kennen; *to give s.o.* ~ F *fig.* j-m ‚Saures geben'.

snuff[2] [snʌf] **I.** *s.* **1.** Schnuppe *f e-r Kerze*; **II.** *v/t.* **2.** *Kerze* putzen; **3.** ~ *out* auslöschen (*a. fig.*); *fig.* erstikken, vernichten; **III.** *v/i.* **4.** ~ *out* F ‚abkratzen' (*sterben*).

'**snuff|-box** *s.* 'Schnupftabaksdose *f*; '~**-col·o(u)red** *adj.* gelbbraun, 'tabakfarben.

snuf·fers ['snʌfəz] *s. pl.* Lichtputzschere *f.*

snuf·fle ['snʌfl] **I.** *v/i.* **1.** schnüffeln, schnuppern; **2.** schniefen; **3.** (*a.* scheinheilig) näseln; **II.** *v/t.* **4.** *mst* ~ *out et.* näseln; **III.** *s.* **5.** Schnüffeln *n*; **6.** (*a.* scheinheiliges) Näseln; **7.** *the* ~*s pl.* → *sniffle 4.*

'**snuff|-tak·er** *s.* Schnupfer(in); '~**-tak·ing** *s.* ('Tabak)Schnupfen *n.*

snuff·y ['snʌfi] *adj.* **1.** 'schnupf‚tabakartig; **2.** voll *od.* beschmutzt mit 'Schnupf‚tabak; **3.** F ‚verschnupft', ‚eingeschnappt' (*verärgert*).

snug [snʌg] **I.** *adj.* □ **1.** gemütlich, behaglich, traulich; **2.** geborgen, gut versorgt: *as* ~ *as a bug in a rug* F wie die Made im Speck; **3.** angenehm; **4.** auskömmlich, ‚hübsch' (*Einkommen etc.*); **5.** kom'pakt, ordentlich; **6.** eng anliegend (*Kleid*): ~ *fit* **a)** guter Sitz, **b)** ⊕ Paßsitz; **7.** ⚓ schmuck, seetüchtig (*Schiff*); **8.** verborgen: *to keep s.th.* ~ et. geheim halten; *to lie* ~ sich verborgen halten; **II.** *v/i.* **9.** → *snuggle I*; **III.** *v/t.* **10.** *oft* ~ *down* gemütlich *od.* bequem machen; **11.** *mst* ~ *down* ⚓ *Schiff* auf Sturm vorbereiten; '**snug·ger** [-gə] *comp. von snug*; '**snug·ger·y** [-gəri] *s.* behagliche Bude, warmes Nest (*Zimmer etc.*); '**snug·gest** [-gist] *sup. von snug*; '**snug·gle** [-gl] **I.** *v/i.* sich schmiegen *od.* kuscheln ([*up*] *in* in *e-e Decke*, *up to* an *acc.*): *to* ~ *down* sich behaglich niederlegen; **II.** *v/t.* an sich schmiegen, liebkosen.

so [sou; so] **I.** *adv.* **1.** (*mst vor adj. u. adv.*) so, dermaßen: *I was* ~ *surprised*; *not* ~ ... *as* nicht so ... wie; ~ *great a man* ein so großer Mann; → *far 3, much Redew.*; **2.** (*mst exklamatorisch*) (ja) so, 'überaus: *I am* ~ *glad!*; **3.** so, in dieser Weise: *and* ~ *on* (*od. forth*) und so weiter; *is that* ~? wirklich?; ~ *as to* so daß, um zu; ~ *that* so daß; *or* ~ etwa, oder so; ~ *saying* mit *od.* bei diesen Worten; → *if 1*; **4.** (*als Ersatz für ein Prädikativum od. e-n Satz*) **a)** es, das: *I hope* ~ ich hoffe (es); *I have never said* ~ das habe ich nie behauptet, **b)** auch: *you are tired*, ~ *am I* du bist müde, ich (bin es) auch, **c)** allerdings, ja: *are you tired?* ~ *I am* bist du müde? ja *od.* allerdings; *I am stupid!* ~ *you are* ich bin dumm! allerdings (das bist du); **5.** so ... daß: *it was* ~ *hot I took my coat off*; **II.** *cj.* **6.** daher, folglich, also, und so, so ... denn: *it was necessary* ~ *we did it* es war nötig, und so taten wir es (denn); ~ *you came after all!* du bist also doch (noch) gekommen!

soak [souk] **I.** *v/i.* **1.** sich vollsaugen, durch'tränkt werden: ~*ing wet* tropfnaß; **2.** ('durch)sickern; **3.** *fig.* langsam *ins Bewußtsein* einsickern *od.* -dringen; **4.** *sl.* ‚saufen'; **II.** *v/t.* **5.** *et.* einweichen; **6.** durch'tränken, -'nässen, -'feuchten; ⊕ *a.* imprägnieren (*in* mit); **7.** ~ *o.s. in fig.* sich versenken in; **8.** ~ *in* einsaugen: *to* ~ *up* **a)** aufsaugen, **b)** *fig. Wissen etc.* in sich aufnehmen; **9.** *sl. et.* ‚saufen'; **10.** *sl. j-n* ‚schröpfen'; **11.** *sl. j-n* verdreschen; **III.** *s.* **12.** Einweichen *n*, Durch'tränken *n*; ⊕ Imprägnieren *n*; **13.** *sl.* **a)** Säufer *m*, **b)** Saufe'rei *f*; **14.** F Regenguß *m*, ‚Dusche' *f*; **15.** *Am. sl.* schwerer Schlag; '**soak·age** [-kidʒ] *s.* **1.** 'Durchsickern *n*; **2.** 'durchgesickerte Flüssigkeit, Sickerwasser *n*; '**soak·er** [-kə] *s.* F **1.** Säufer *m*; **2.** → *soak 14.*

'**so-and-so** ['souənsou] *s.* Soundso *m, f*: *Mr.* ~ Herr Soundso.

soap [soup] **I.** *s.* **1.** Seife *f* (*a.* ⚗); **II.** *v/t.* **2.** (ein-, ab)seifen; **3.** *a.* ~ *down fig.* → *soft-soap*; '**~-boil·er** *s.* ⊕ Seifensieder *m*; '**~-box I.** *s.* **1.** 'Seifenkiste *f*, -kar͵ton *m*; **2.** ‚Seifenkiste' *f*, improvisierte Rednerbühne; **II.** *adj.* Seifenkisten...: ~ *derby* Seifenkistenrennen; ~ *orator* Straßenredner; '**~-bub·ble** *s.* Seifenblase *f* (*a. fig.*); '**~-dish** *s.* Seifennapf *m*; ~ **op·er·a** *s. Am.* rührseliges Hör- *od.* Fernsehspiel *in Fortsetzungen*; '**~-stone** *s. min.* Seifen-, Speckstein *m*; '**~-suds** *s. pl.* Seifenlauge *f*, -wasser *n*; '**~-works** *s. pl. oft sg. konstr.* Seifensiede'rei *f*; '**~-wort** *s.* ♣ Seifenkraut *n*.

soap·y ['soupi] *adj.* □ **1.** seifig; **2.** *fig.* ölig, schmeichlerisch.

soar [sɔː] *v/i.* **1.** (hoch) aufsteigen, sich erheben (*Vogel, Berge etc.*); **2.** in großer Höhe schweben; **3.** ✈ segelfliegen, segeln; **4.** *fig.* sich em'porschwingen (*Geist*): ~*ing thoughts* hochfliegende Gedanken; **5.** ✝ in die Höhe schnellen (*Preise*); **soar·ing** ['sɔːriŋ] **I.** *adj.* □ **1.** hochfliegend (*a. fig.*); **2.** *fig.* em'porstrebend; **II.** *s.* **3.** ✈ Segeln *n*.

sob [sɔb] **I.** *v/i.* schluchzen; **II.** *v/t.* *a.* ~ *out Worte* (her'aus)schluchzen; **III.** *s.* Schluchzen *n*; schluchzender Laut: ~ *sister sl.* **a)** Briefkastenonkel, -tante (*Frauenzeitschrift*), **b)** Verfasser(in) rührseliger Romane *etc.*; ~ *stuff sl.* rührseliges Zeug, ‚Druck auf die Tränendrüse'.

so·ber ['soubə] **I.** *adj.* □ **1.** nüchtern: **a)** nicht betrunken, **b)** *fig.* sachlich: ~ *facts* nüchterne Tatsachen; *in* ~ *fact* nüchtern betrachtet, **c)** unauffällig, gedeckt (*Farbe etc.*); **2.** mäßig; **II.** *v/t. u. v/i.* **3.** *oft* ~ *down* (sich) ernüchtern; '**~-'mind·ed** *adj.* besonnen, nüchtern; '**~-sides** *s.* fader Kerl, ‚Trauerkloß' *m*, Spießer *m*.

so·bri·e·ty [sou'braiəti] *s.* **1.** Nüchternheit *f* (*a. fig.*); **2.** Besonnenheit *f*; **3.** Ernst(haftigkeit *f*) *m*.

so·bri·quet ['soubrikei] (*Fr.*) *s.* Spitzname *m*.

soc·age ['sɔkidʒ] *s.* ⚖ *hist.* **1.** Lehensleistung *f* (*ohne Verpflichtung zum Ritter- u. Heeresdienst*); **2.** Frongut *n*.

'**so-'called** ['sou-] *adj.* sogenannt, angeblich.

socc·age → *socage*.

soc·cer ['sɔkə] F **I.** *s. sport* (Verbands)Fußball *m* (*Spiel*); **II.** *adj.* Fußball...: ~ *team*; ~ *ball* Fußball (*Ggs. Rugbyball*).

so·cia·bil·i·ty [souʃə'biliti] *s.* Geselligkeit *f*, 'Umgänglichkeit *f*; **so·cia·ble** ['souʃəbl] **I.** *adj.* □ **1.** gesellig, 'umgänglich, freundlich; **2.** gesellig, gemütlich, ungezwungen: ~ *evening*; **II.** *s.* **3.** Kremser *m* (*Kutschwagen*); **4.** Zweisitzer *m* (*Dreirad etc.*); **5.** Plaudersofa *n*; **6.** F → *social* 7.

so·cial ['souʃəl] **I.** *adj.* □ **1.** *zo. etc.* gesellig; **2.** gesellschaftlich, Gesellschafts..., sozi'al, Sozial...: ~ *contract hist.* Gesellschaftsvertrag; ~ *criticism* Sozialkritik; ~ *evil die* Prostitution; ~ *order* Gesellschaftsordnung; ~ *rank* gesellschaftlicher Rang, soziale Stellung; ~ *register* Prominentenliste; ~ *science* Sozialwissenschaft; **3.** sozial, Sozial...: ~ *insurance* Sozialversicherung; ~ *insurance contribution* Sozialbeitrag; ~ *policy* Sozialpolitik; ~ *security* **a)** soziale Sicherheit, **b)** Sozialversicherung; ~ *services* Sozialeinrichtungen; ~ *work* Sozial-, Fürsorgearbeit; ~ *worker* Sozialarbeiter(in), -fürsorger(in); *to be on* ~ *security* Fürsorgeunterstützung beziehen; **4.** *pol.* sozia'listisch, Sozial...: ♀ *Democrat* Sozialdemokrat; **5.** gesellschaftlich, gesellig: ~ *activities* gesellschaftliche Veranstaltungen; **6.** → *sociable 1*; **II.** *s.* **7.** geselliges Bei'sammensein; '**so·cial·ism** [-ʃəlizəm] *s. pol.* Sozia'lismus *m*; '**so·cial·ist** [-ʃəlist] **I.** *s.* Sozia'list(in); **II.** *adj. a.* **so·cial·is·tic** [souʃə'listik] *adj.* (□ ~*ally*) sozia'listisch; '**so·cial·ite** [-ʃəlait] *s. Am.* F Angehörige(r *m*) *f* der oberen Zehntausend, Promi'nente(r *m*) *f*.

so·cial·i·za·tion [souʃəlai'zeiʃən] *s. pol.* Sozialisierung *f*; **so·cial·ize** ['souʃəlaiz] *v/t.* **1.** gesellig machen; **2.** *pol.*, ✝ sozialisieren, verstaatlichen, vergesellschaften.

so·ci·e·ty [sə'saiəti] *s. allg.* Gesellschaft *f*: **a)** Gemeinschaft *f*: *human* ~, **b)** Kul'turkreis *m*, **c)** (*die* große *od.* ele'gante) Welt: ~ *lady* Dame der großen Gesellschaft; *not fit for good* ~ nicht salon- *od.* gesellschaftsfähig, **d)** (gesellschaftlicher) 'Umgang, **e)** Anwesenheit *f*, **f)** Verein (-igung *f*) *m*: ♀ *of Friends* Gesellschaft der Freunde (*die Quäker*); ♀ *of Jesus* Gesellschaft Jesu.

so·ci·o·crit·i·cal [sousiou'kritikəl] *adj.* so'zialkritisch; **so·ci·og·e·ny** [sousi'ɔdʒəni] *s.* Wissenschaft *f* vom Ursprung der menschlichen Gesellschaft; **so·ci·o·gram** ['sousjəgræm] *s.* Sozio'gramm *n*; **so·ci·o·log·ic** *adj.*, **so·ci·o·log·i·cal** [sousjə'lɔdʒik(əl)] *adj.* □ sozio'logisch; **so·ci·ol·o·gist** [sousi'ɔlədʒist] *s.* Sozio'loge *m*; **so·ci·ol·o·gy** [sousi'ɔlədʒi] *s.* Soziolo'gie *f*; **so·ci·o·po·lit·i·cal** [sousioupə'litikəl] *adj.* sozi'alpo͵litisch; **so·ci·o·psy·chol·o·gy** [sousiousai'kɔlədʒi] *s.* Sozi'alpsycholo͵gie *f*.

sock[1] [sɔk] *s.* **1.** Socke *f*: *to pull up one's* ~*s Brit. sl.* ‚in die Hände spukken', sich anstrengen; *put a* ~ *in it! Brit. sl.* hör auf!, halt's Maul!; **2.** *Brit.* Einlegesohle *f*.

sock[2] [sɔk] *sl.* **I.** *v/t.* **1.** *j-m* ‚eine in die Fresse hauen': *to* ~ *it to s.o.* **a)** j-m ‚Saures' geben, **b)** *fig.* es j-m geben *od.* ‚besorgen'; **II.** *s.* **2.** (Faust)Schlag *m*, ‚eine in die Fresse': *give him* ~*s!* gib ihm Saures!; **3.** *Am.* ‚Bombenerfolg' *m*.

sock·er ['sɔkə] → *soccer*.

sock·et ['sɔkit] *s.* **1.** *anat.* **a)** (Augen-, Zahn)Höhle *f*, **b)** (Gelenk)Pfanne *f*; **2.** ⊕ Muffe *f*, Rohransatz *m*; **3.** ⚡ **a)** Steckdose *f*, **b)** Fassung *f*, **c)** Sockel *m* (*für Röhren etc.*); '**~-joint** *s.* ⊕, *anat.* Kugelgelenk *n*.

so·cle ['sɔkl] *s.* ⚠ Sockel *m*.

So·crat·ic [sɔ'krætik] *adj.* (□ ~*ally*) so'kratisch.

sod[1] [sɔd] **I.** *s.* **1.** Grasnarbe *f*: *under the* ~ unterm Rasen (*tot*); **2.** Rasenstück *n*; **II.** *v/t.* **3.** mit Rasen bedecken.

sod[2] [sɔd] *s. sl.* ‚Heini' *m*, Blödmann *m*.

so·da ['soudə] *s.* ⚗ **1.** Soda *f, n*, kohlensaures Natrium: (*bicarbonate of*) ~ → *sodium bicarbonate*; **2.** → *sodium hydroxide*; **3.** 'Natriumo͵xyd *n*; **4.** 'Soda(wasser *n*) *f, n*: *whisky and* ~; **5.** → *soda-water* 2; '**~-foun·tain** *s.* **1.** (Mine'ralwasser)͵Siphon *m*; **2.** *Am.* Mine'ralwasserausschank *m*, Erfrischungshalle *f*, Eisbar *f*; ~ **jerk(·er)** *s. Am.* F Mixer *m* in e-r Eisbar; '**~-wa·ter** *s.* **1.** Sodawasser *n*; **2.** Selters(wasser) *n*, Sprudel *m*.

sod·den ['sɔdn] *adj.* **1.** durch'weicht, -'näßt; **2.** teigig, kli(e)tschig (*Brot etc.*); **3.** *fig.* **a)** ‚voll', ‚besoffen', **b)** blöd(e) (*vom Trinken*); **4.** aufgedunsen; **5.** *sl.* blöd.

so·di·um ['soudjəm] *s.* ⚗ 'Natrium *n*; ~ **bi·car·bon·ate** *s.* doppeltkohlensaures Natrium; ~ **car·bon·ate** *s.* Soda *f, n*, 'Natriumkarbo͵nat *n*; ~ **chlor·ide** *s.* 'Natriumchlo͵rid *n*, Kochsalz *n*; ~ **hy·drox·ide** *s.* 'Natriumhydro͵xyd *n*, Ätznatron *n*; ~ **ni·trate** *s.* 'Natriumni͵trat *n*.

sod·om·y ['sɔdəmi] *s.* 'widerna͵türliche Unzucht, Sodo'mie *f*.

so·ev·er [sou'evə] *adv.* (*mst in Zssgn wer etc.*) auch immer.

so·fa ['soufə] *s.* Sofa *n*; ~ **bed** *s.* Bettcouch *f*.

sof·fit ['sɔfit] *s.* ⚠ Laibung *f e-s Gewölbes*, 'Untersicht *f*.

soft [sɔft] **I.** *adj.* □ **1.** *allg.* weich (*a. fig. Person, Charakter etc.*): *as* ~ *as silk* seidenweich; ~ *currency* ✝ weiche Währung; ~ *goods* ✝ Textilien; ~ *prices* ✝ nachgiebige Preise; → *soft soap*; **2.** ⊕ weich, *bsd.* **a)** ungehärtet (*Eisen*), **b)** schmiedbar (*Metall*), **c)** enthärtet (*Wasser*): ~ *coal* ⚒ Weichkohle; ~ *solder* Weichlot; **3.** *fig.* weich, sanft (*Augen, Herz, Lächeln, Worte etc.*); → *spot 5*; **4.** mild, sanft (*Klima, Regen, Schlaf, Wind, a. Strafe etc.*): *to be* ~ *with* sanft umgehen mit *j-m*; **5.** leise, sacht (*Bewegung, Geräusch, Rede*); **6.** sanft, gedämpft (*Licht, Farbe, Musik*); **7.** schwach, verschwommen: ~ *outlines*; **8.** mild, lieblich (*Wein*); **9.** *Brit.* schwül, feucht, regnerisch; **10.** höflich, ruhig, gewinnend; **11.** zart, zärtlich, verliebt: ~ *nothings* zärtliche Worte; → *sex 2*; **12.** schlaff (*Muskeln*); **13.** *fig.* verweichlicht, schlapp; **14.** angenehm, leicht, ‚gemütlich': ~ *job*; *a* ~ *thing* e-e ruhige Sache, e-e ‚Masche' (*einträgliches Geschäft*); **15.** *a.* ~ *in the head* F ‚leicht matschig', ‚doof'; **16.** F 'alkoholfrei: ~ *drinks*; **II.** *adv.* **17.** sanft, leise; **III.** *s.* **18.** F Trottel *m*; '**~-ball** *s. Am. sport Art Baseball.*

sof·ten ['sɔfn] **I.** *v/t.* **1.** weich machen; ⊕ *Wasser* enthärten; **2.** *Ton, Farbe* dämpfen; **3.** *a.* ~ *up* ⚔ **a)** *Gegner durch Bombardement etc.* zermürben, **b)** *Festung etc.* sturmreif machen; **4.** *fig.* mildern; *j-n* erweichen; *j-s Herz* rühren; **5.** *fig.* verweichlichen; **II.** *v/i.* **6.** weich(er) werden, sich erweichen; '**sof·ten·er** [-nə] *s.* ⊕ **1.** Enthärtungsmittel *n*; **2.** Weichmacher *m* (*bei Kunststoff,*

Öl etc.); **'sof·ten·ing** [-niŋ] *s.* **1.** Erweichen *n*: ~ *of the brain* ⚕ Gehirnerweichung; ~ *point* ⊕ Erweichungspunkt; **2.** *fig.* Besänftigung *f.*

'soft|·head *s.* Schwachkopf *m*; **'~-head·ed** *adj.* blöd(e), schwachköpfig; **'~-'heart·ed** *adj.* weichherzig; **'~-land** *v/t. u. v/i.* weich landen.

soft·ness ['sɔftnis] *s.* **1.** Weichheit *f*; **2.** Sanftheit *f*; **3.** Milde *f*; **4.** Zartheit *f*; **5.** *contp.* Weichlichkeit *f.*

soft| ped·al *s.* ♪ Pi'anope,dal *n*; **'~-'ped·al** *v/t.* **1.** (*a. v/i.*) mit dem Pianopedal spielen; **2.** *sl. et.* mildern, weniger laut vorbringen; **~ roe** *s. ichth.* Milch *f*; **~ soap** *s.* **1.** Schmierseife *f*; **2.** *sl.* Schmeiche'lei(en *pl.*) *f*; **'~-'soap** *v/t. sl. j-n* ‚poussieren', *j-m* Honig um den Mund schmieren; **'~-spo·ken** *adj.* **1.** leise sprechend; **2.** *fig.* gewinnend, freundlich; **'~-ware** *s. Computer*: Software *f*, Pro'grammausstattung *f*; **'~-wood** *s.* **1.** Weichholz *n*; **2.** Nadelbaumholz *n*; **3.** Baum *m* mit weichem Holz.

soft·y ['sɔfti] *s.* F **1.** Trottel *m*; **2.** Schwächling *m*, ‚Schlappschwanz' *m.*

sog·gy ['sɔgi] *adj.* **1.** feucht, sumpfig (*Land*); **2.** durch'näßt, -'weicht; **3.** kli(e)tschig (*Brot etc.*).

soi-di-sant [swadiː'zɑːŋ; swadizɑ̃] (*Fr.*) *adj.* angeblich, sogenannt.

soil[1] [sɔil] **I.** *v/t.* **1. a)** schmutzig machen, verunreinigen, **b)** *bsd. fig.* besudeln, beflecken, beschmutzen; **II.** *v/i.* **2.** schmutzig werden, *leicht etc.* schmutzen; **III.** *s.* **3.** Verschmutzung *f*; **4.** Schmutzfleck *m*; **5.** Schmutz *m*; **6.** Dung *m*; **7.** *hunt. obs.* Suhle *f.*

soil[2] [sɔil] *s.* **1.** (Erd)Boden *m*, Erde *f*, (Acker)Krume *f*, Grund *m*; **2.** *fig.* Erde *f*, Land *n*: *on British* ~ auf britischem Boden; *one's native* ~ die heimatliche Erde.

soil[3] [sɔil] *v/t.* ✓ mit Grünfutter füttern; **'soil·age** [-lidʒ] *s.* ✓ Grünfutter *n.*

'soil-pipe *s.* ⊕ Abflußrohr *n* (*am Klosett*).

soi·rée ['swɑːrei; sware] (*Fr.*) *s.* Soi'ree *f*, Abendgesellschaft *f.*

so·journ ['sɔdʒəːn] **I.** *v/i.* **1.** sich (vor'übergehend) aufhalten, (ver-) weilen (*in* in *od.* an *dat.*, *with* bei); **II.** *s.* **2.** (vor'übergehender) Aufenthalt; **3.** Aufenthaltsort *m*; **'so·journ·er** [-nə] *s.* Gast *m*, Besucher(in).

soke [souk] *s.* ⚖ *hist. Brit.* **1.** Gerichtsbarkeit *f*; **2.** Gerichtsbarkeitsbezirk *m.*

sol [sɔl] (*Ital.*) *s.* ♪ sol *n* (*Solmisationssilbe*).

sol·ace ['sɔləs] **I.** *s.* Trost *m*: *she found* ~ *in religion*; **II.** *v/t.* trösten: *to* ~ *o.s.* sich trösten (*with* mit).

so·la·num [sou'leinəm] *s.* ⚘ Nachtschatten *m.*

so·lar ['soulə] *adj.* **1.** *ast.* Sonnen... (*-system*, *-tag*, *-zeit etc.*), Solar...: ~ *eclipse* Sonnenfinsternis; ~ *plexus anat.* Solarplexus, F Magengrube; **2.** ⊕ durch 'Sonnenener,gie angetrieben.

so·lar·i·um [sou'lɛəriəm] *pl.* **-i·a** [-iə] *s.* ⚕ Sonnenliegehalle *f.*

so·lar·ize ['souləraiz] *phot.* **I.** *v/t.* 'überbelichten; **II.** *v/i.* 'überbelichtet werden.

so·la·ti·um [sou'leiʃjəm] *pl.* **-ti·a** [-ʃjə] *s.* **1.** Trostpreis *m*; **2.** ⚖ Entschädigung *f.*

sold [sould] *pret. u. p.p. von sell.*

sol·der ['sɔldə] **I.** *s.* ⊕ Lot *n*, 'Lötme,tall *n*: *hard* ~ Hartlot; **II.** *v/t.* (ver)löten: ~*ed joint* Lötstelle; ~*ing iron* Lötkolben; **III.** *v/i.* löten.

sol·dier ['souldʒə] **I.** *s.* **1.** Sol'dat *m* (*a. engS. Feldherr*): ~ *of Christ* Streiter Christi; ~ *of fortune* Glücksritter; *old* ~ **a)** F ‚alter Hase', **b)** *sl.* leere Flasche, **c)** *sl.* Zigarrenstummel; **2.** ⚔ (einfacher) Soldat, Schütze *m*, Mann *m*; **3.** *zo.* Soldat *m* (*bei Ameisen etc.*); **II.** *v/i.* **4.** (als Soldat) dienen: *to go* ~*ing* Soldat werden; **'sol·dier·like, 'sol·dier·ly** [-li] *adj.* **1.** sol'datisch; **2.** Soldaten...; **'sol·dier·ship** [-ʃip] *s.* **1.** *das* Sol'datische; **2.** Sol'datentum *n*; **'sol·dier·y** [-əri] *s.* **1.** Mili'tär *n*; **2.** Sol'daten *pl.*; **3.** *contp.* Solda'teska *f.*

sole[1] [soul] **I.** *s.* **1.** (Fuß- *od.* Schuh-) Sohle *f*: ~*-leather* Sohlleder; **2.** Bodenfläche *f*, Sohle *f*; **II.** *v/t.* **3.** besohlen.

sole[2] [soul] *adj.* □ → *solely*; **1.** einzig, al'leinig, Allein...: ~ *agency* Alleinvertretung; ~ *bill* ✝ Solawechsel; ~ *heir* Allein-, Universalerbe; **2.** ⚖ unverheiratet.

sole[3] [soul] *pl.* **soles**, *coll.* **sole** *s. ichth.* Seezunge *f.*

sol·e·cism ['sɔlisizəm] *s.* Schnitzer *m*, Verstoß *m*: **a)** *ling.* Sprachsünde *f*, **b)** Faux Pas *m*; **sol·e·cis·tic** [sɔli'sistik] *adj.* (□ ~*ally*) **1.** *ling.* 'unkor,rekt; **2.** ungehörig.

sole·ly ['soulli] *adv.* (einzig u.) al'lein, ausschließlich, nur.

sol·emn ['sɔləm] *adj.* □ **1.** *allg.* feierlich, ernst, so'lenn; **2.** feierlich (*Eid etc.*); ⚖ for'mell (*Vertrag*); **3.** gewichtig, ernst: *a* ~ *warning*; **4.** hehr, erhaben: ~ *building*; **5.** *contp.* wichtigtuerisch; **so·lem·ni·ty** [sə'lemniti] *s.* **1.** Feierlichkeit *f*, (feierlicher *od.* würdevoller) Ernst; **2.** Steifheit *f*; **3.** *oft pl.* feierliches Zeremoni'ell; **4.** *bsd. eccl.* Festlich-, Feierlichkeit *f*; **'sol·em·nize** [-mnaiz] *v/t.* **1.** feierlich begehen; **2.** *Trauung* (feierlich) voll'ziehen.

sol-fa [sɔl'fɑː] ♪ **I.** *s.* **1.** *a.* ~ *syllables* Solmisati'onssilben *pl.*; **2.** Tonleiter *f*; **3.** Solmisati'on(subung) *f*; **II.** *v/t.* **4.** auf Solmisationssilben singen; **III.** *v/i.* **5.** solmisieren.

so·lic·it [sə'lisit] **I.** *v/t.* **1.** (dringend) bitten, angehen (*s.o.* j-n; *s.th.* um et.; *s.o. for s.th. od. s.th. of s.o.* j-n um et.); **2.** sich um *ein Amt etc.* bemühen; ✝ um *Aufträge, Kundschaft* werben; **3.** *j-n* ansprechen, belästigen (*Prostituierte*); **4.** ⚖ anstiften; **II.** *v/i.* **5.** dringend bitten; **6.** ✝ Aufträge sammeln; **7.** sich anbieten (*Dirne*); **so·lic·i·ta·tion** [səlisi'teiʃən] *s.* **1.** dringende(s) Bitte(n); **2.** Bewerbung *f*, Ansuchen *n*; ✝ (Auftrags-, Kunden)Werbung *f*; **3.** Belästigung *f* (*durch Dirnen*); **4.** ⚖ Anstiftung *f.*

so·lic·i·tor [sə'lisitə] *s.* **1.** ⚖ *Brit.* Anwalt *m* (*der nur vor niederen Gerichten plädieren darf*), Rechtsbeistand *m*; **2.** *Am.* 'Rechtsrefe,rent *m e-r Stadt etc.*; **3.** *Am.* ✝ A'gent *m*, Werber *m*; **~-gen·er·al** *pl.* **so'lic·i·tors-gen·er·al** *s.* **1.** ⚖ zweiter Kronanwalt (*in England*); **2.** *USA* **a)** stellvertretender Ju'stizmi,nister, **b)** oberster Ju'stizbeamter (*in einigen Staaten*).

so·lic·it·ous [sə'lisitəs] *adj.* □ **1.** besorgt, bekümmert (*about* um, *for* um, wegen); **2.** fürsorglich; **3.** (*of*) eifrig bedacht (auf *acc.*), begierig (nach); **4.** bestrebt *od.* eifrig bemüht (*to do* zu tun); **so'lic·i·tude** [-tjuːd] *s.* **1.** Besorgtheit *f*, Sorge *f*; **2.** (über'triebener) Eifer; **3.** *pl.* Sorgen *pl.*

sol·id ['sɔlid] *adj.* □ **1.** *allg.* fest (*Eis, Kraftstoff, Speise, Wand etc.*): ~ *body* Festkörper; ~ *lubricant* ⊕ Starrschmiere; *on* ~ *ground* auf festem Boden (*a. fig.*); **2.** kräftig, sta'bil, derb, fest: ~ *build* kräftiger Körperbau; ~ *leather* Kernleder; *a* ~ *meal* ein kräftiges Essen; **3.** mas'siv (*Ggs. hohl*), Voll...(*-gummi*, *-reifen*); **4.** massiv, gediegen: ~ *gold*; **5.** *fig.* so'lid(e), gründlich: ~ *learning*; **6.** *fig.* gewichtig, triftig (*Grund etc.*), stichhaltig, handfest (*Argument etc.*); **7.** so'lid(e), gediegen, zuverlässig (*Person*); **8.** ✝ **a)** solid(e), gutfundiert, **b)** re'ell, gediegen; **9. a)** soli'darisch, **b)** einmütig, geschlossen (*for* für *j-n od. et.*): *to be* ~*ly behind s.o.* geschlossen hinter j-m stehen; *a* ~ *vote* e-e einstimmige Wahl; **10.** *Am.* auf gutem Fuße, ‚dick' (*with* mit): *to make o.s.* ~ *with* sich gut stellen mit *j-m*; **11.** *Am. sl.* ‚prima', erstklassig; **12.** 𝔄 **a)** körperlich, räumlich, **b)** Kubik..., Raum...: ~ *capacity*; ~ *geometry* Stereometrie; ~ *measure* Raummaß; **13.** *typ.* kom'preß; **14. a)** einheitlich (*Farbe*), **b)** einfarbig; **15.** geschlossen: *a* ~ *row of buildings*; **16.** F voll, ‚geschlagen': *a* ~ *hour.*

sol·i·dar·i·ty [sɔli'dæriti] *s.* Solidari'tät *f*, Zs.-halt *m*, Zs.-gehörigkeitsgefühl *n.*

'sol·id|-drawn *adj.* ⊕ gezogen: ~ *axle*; ~ *tube* nahtlos gezogenes Rohr; **'~-hoofed** *adj. zo.* einhufig.

so·lid·i·fi·ca·tion [səlidifi'keiʃən] *s. phys. etc.* Erstarrung *f*, Festwerden *n*; **so·lid·i·fy** [sə'lidifai] **I.** *v/t.* **1.** fest werden lassen; **2.** verdichten; **3.** *fig. Partei* festigen, konsolidieren; **II.** *v/i.* **4.** fest werden, erstarren.

so·lid·i·ty [sə'liditi] *s.* **1.** Festigkeit *f* (*a. fig.*); kom'pakte *od.* mas'sive Struk'tur; Dichtigkeit *f*; **2.** *fig.* Gediegenheit *f*, Zuverlässigkeit *f*, Solidi'tät *f*; ✝ Kre'ditfähigkeit *f*; **3.** 𝔄 Rauminhalt *m.*

sol·id·un·gu·late [sɔlid'ʌŋgjuleit] *adj. zo.* einhufig.

so·lil·o·quize [sə'liləkwaiz] **I.** *v/i.* Selbstgespräche führen; **II.** *v/t. et.* zu sich selbst sagen; **so'lil·o·quy** [-kwi] *s.* Selbstgespräch *n*, Mono'log *m.*

sol·i·ped ['sɔliped] *zo.* **I.** *s.* Einhufer *m*; **II.** *adj.* einhufig.

sol·i·taire [sɔli'tɛə] *s.* **1.** Soli'tär (-spiel) *n*; **2.** Pa'tience *f*; **3.** Soli'tär *m* (*einzeln gefaßter Edelstein*).

sol·i·tar·y ['sɔlitəri] *adj.* □ **1.** einsam (*Leben, Spaziergang etc.*); →

confinement 2; **2.** einsam, abgelegen (*Ort*); **3.** einsam, einzeln (*Baum, Reiter etc.*); **4.** einsiedlerisch; **5.** ♀, *zo.* soli'tär; **6.** *fig.* einzig: ~ *exception*; **'sol·i·tude** [-tju:d] *s.* **1.** Einsamkeit *f*; **2.** (Ein)Öde *f*.

sol·mi·za·tion [sɔlmi'zeiʃən] *s.* ♪ **a)** Solmisati'on *f*, **b)** Solmisati'onsübung *f*.

so·lo ['soulou] *pl.* **-los I.** *s.* **1.** *bsd.* ♪ 'Solo(gesang *m*, -spiel *m*, -tanz *m etc.*) *n*; **2.** *Kartenspiele*: Solo(spiel) *n*; **3.** ✈ Al'leinflug *m*; **II.** *adj.* **4.** *bsd.* ♪ Solo...; **5.** al'lein: *a* ~ *flight* → *3*; **III.** *adv.* **6.** allein: *to fly* ~ e-n Alleinflug machen; **'so·lo·ist** [-ouist] *s.* So'list(in).

sol·stice ['sɔlstis] *s. ast.* (*Sommer-, Winter*)Sonnenwende *f*: *summer* ~; **sol·sti·tial** [sɔl'stiʃəl] *adj.* Sonnenwende...: ~ *point*.

sol·u·bil·i·ty [sɔlju'biliti] *s.* **1.** ⚗ Löslichkeit *f*; **2.** *fig.* Lösbarkeit *f*; **sol·u·ble** ['sɔljubl] *adj.* **1.** ⚗ löslich; **2.** *fig.* (auf)lösbar.

so·lu·tion [sə'lu:ʃən] *s.* **1.** ⚗ **a)** Auflösung *f*, **b)** Lösung *f*: *aqueous* ~ wässerige Lösung; (*rubber*) ~ Gummilösung; **2.** ♈ *etc.* (Auf)Lösung *f*; **3.** *fig.* Lösung *f* (*e-s Problems etc.*); Erklärung *f*.

solv·a·ble ['sɔlvəbl] → *soluble*.

solve [sɔlv] *v/t.* **1.** *Aufgabe, Problem* lösen, *Zweifel* beheben; **2.** lösen, (er)klären: *to* ~ *a mystery*; **'sol·ven·cy** [-vənsi] *s.* ✝ Zahlungsfähigkeit *f*; **'sol·vent** [-vənt] **I.** *adj.* **1.** ⚗ (auf)lösend; **2.** *fig.* zersetzend; **3.** *fig.* erlösend: *the* ~ *power of laughter*; **4.** ✝ zahlungsfähig, sol'vent; kre'ditwürdig; **II.** *s.* **5.** ⚗ Lösungsmittel *n*; **6.** *fig.* Lösemittel *n*.

so·mat·ic [sou'mætik] *adj. biol.*, ⚕ **1.** körperlich, 'physisch; **2.** so'matisch: ~ *cell* Somazelle.

so·ma·tol·o·gy [soumə'tɔlədʒi] *s.* ⚕ Somatolo'gie *f*, Körperlehre *f*; **so·ma·to·psy·chic** [soumətou'saikik] *adj.* ⚕, *psych.* psychoso'matisch.

som·ber *Am.*, **som·bre** *Brit.* ['sɔmbə] *adj.* ☐ **1.** düster, trübe (*a. fig. Aussichten, Miene, Stimmung etc.*); **2.** dunkel(farbig); **3.** *fig.* melan'cholisch; **'som·ber·ness** *Am.*, **'som·bre·ness** *Brit.* [-nis] *s.* Düsterkeit *f*, Trübheit *f*; Schwermut *m*.

som·bre·ro [sɔm'brɛərou] *pl.* **-ros** *s.* Som'brero *m* (*Hut*).

some [sʌm; səm] **I.** *adj.* **1.** (*vor Substantiven*) (irgend)ein: ~ *day* eines Tages; ~ *day* (*or other*), ~ *time* irgendwann (einmal), mal; **2.** (*vor pl.*) einige, ein paar: ~ *few* einige wenige; **3.** manche; **4.** ziemlich (viel), beträchtlich, e-e ganze Menge; **5.** gewiß: *to* ~ *extent* in gewissem Grade, einigermaßen; **6.** etwas, ein (klein) wenig: ~ *bread* (etwas) Brot; *take* ~ *more* nimm noch etwas; **7.** ungefähr, gegen: *a village of* ~ *60 houses* ein Dorf von einigen (ungefähr) 60 Häusern; **8.** *sl.* beachtlich: *that was* ~ *race!* das war vielleicht ein Rennen!; **II.** *adv.* **9.** *bsd. Am.* etwas, ziemlich; **10.** F ,e'norm', ,toll'; **III.** *pron.* **11.** (irgend)ein: ~ *of these days* dieser Tage, demnächst; **12.** etwas: ~ *of it* etwas davon; ~ *of these people* einige dieser Leute; **13.** welche: *will you have* ~*?*; **14.** *Am. sl.* dar'über hin'aus, noch mehr; **15.** *some ... some* die einen ... die anderen.

some|·bod·y ['sʌmbədi] **I.** *pron.* jemand, (irgend)einer; **II.** *s.* e-e bedeutende Per'sönlichkeit: *he thinks he is* ~ er bildet sich ein, er sei jemand; **'~·how** *adv. oft* ~ *or other* **1.** irgend'wie, auf irgendeine Weise; **2.** aus irgendeinem Grund(e), ,irgendwie': ~ (*or other*) *I don't trust him*; **'~·one I.** *pron.* jemand, (irgend)einer: ~ *or other* irgendeiner; **II.** *s.* → *somebody II*; **'~·place** *adv. Am.* irgend'wo, irgendwo'hin.

som·er·sault ['sʌməsɔ:lt] *s.* **a)** Salto *m*, **b)** Purzelbaum *m* (*a. fig.*): *to turn a* ~ e-n Salto machen, e-n Purzelbaum schlagen.

Som·er·set House ['sʌməsit] *s. Verwaltungsgebäude in London mit Personenstandsregister, Steuerbehörden etc.*

'some|·thing ['sʌm-] **I.** *s.* **1.** (irgend) etwas, was: ~ *or other* irgend etwas; *a certain* ~ ein gewisses Etwas; **2.** ~ *of* so etwas wie, ein bißchen: *he is* ~ *of a liar* (*mechanic*); **3.** *or* ~ oder so (etwas Ähnliches); **II.** *adv.* **4.** ~ *like* **a)** so etwas wie, so ungefähr, **b)** F wirklich, mal: *that's* ~ *like a pudding!*; *that's* ~ *like!* das lasse ich mir gefallen!; **'~·time I.** *adv.* **1.** irgend(-wann) einmal (*bsd. in der Zukunft*): *write* ~*!* schreib (ein)mal!; **2.** früher, ehemals; **II.** *adj.* **3.** ehemalig, weiland (*Professor etc.*); **'~·times** *adv.* manchmal, hie und da, gelegentlich, zu'weilen; **'~·what** *adv. u. s.* etwas, ein wenig, ein bißchen: *she was* ~ *puzzled*; ~ *of a shock* ein ziemlicher Schock; **'~·where** *adv.* **1.** irgend'wo; **2.** irgendwo'hin: ~ *else* sonstwohin, woandershin; **3.** ~ *about* so etwa, um ... her'um.

som·nam·bu·late [sɔm'næmbjuleit] *v/i.* schlaf-, nachtwandeln; **som'nam·bu·lism** [-lizəm] *s.* Schlaf-, Nachtwandeln *n*; **som'nam·bu·list** [-list] *s.* Somnam'bule *m, f*; **som·nam·bu·lis·tic** [sɔmnæmbju'listik] *adj.* schlaf-, nachtwandlerisch.

som·nif·er·ous [sɔm'nifərəs] *adj.* einschläfernd.

som·no·lence ['sɔmnələns] *s.* **1.** Schläfrigkeit *f*; **2.** ⚕ Schlafsucht *f*; **'som·no·lent** [-nt] *adj.* ☐ **1.** schläfrig; **2.** einschläfernd.

son [sʌn] *s.* **1.** Sohn *m*: ~ *and heir* Stammhalter; ~ *of God* (*od. man*), *the* ♀ *eccl.* Gottes-, Menschensohn, Christus; **2.** *fig.* Sohn *m*, Abkomme *m*: ~ *of a gun humor.* **a)** ,toller Hecht', **b)** ,(alter) Gauner'; ~*-of-a-bitch* V ,Scheißkerl', *Am. a.* ,Scheißding'; **3.** *fig. pl. coll.* Schüler *pl.*, Jünger *pl.*; Söhne *pl.* (*e-s Volks, e-r Gemeinschaft etc.*).

so·nance ['sounəns] *s.* **1.** Stimmhaftigkeit *f*; **2.** Laut *m*; **'so·nant** [-nt] *ling.* **I.** *adj.* stimmhaft; **II.** *s.* **a)** So'nant *m*, **b)** stimmhafter Laut.

so·nar ['souna:] *s.* ⚓ *Am.* Sonar *n* (*abbr. für sound navigation and ranging Unterwasserortungsgerät*).

so·na·ta [sə'na:tə] *s.* ♪ So'nate *f*; **so·na·ti·na** [sɔnə'ti:nə] *s.* ♪ Sona'tine *f*.

song [sɔŋ] *s.* **1.** ♪ Lied *n*, Gesang *m*: ~ (*and dance*) F *fig. das* Getue (*about* wegen); *for a* (*mere*) ~ *fig.* für ein Butterbrot; **2.** → *song-hit*; **3.** *poet.* **a)** Lied *n*, Gedicht *n*, **b)** Dichtung *f*: ♀ *of Solomon*, ♀ *of Songs bibl. das* Hohelied (Salomonis); ♀ *of the Three Children bibl. der* Gesang der drei Männer *od.* Jünglinge im Feuerofen; **4.** Singen *n*, Gesang *m*: *to break* (*od. burst*) *into* ~ zu singen anfangen; **'~-bird** *s.* **1.** Singvogel *m*; **2.** ,Nachtigall' *f* (*Sängerin*); **'~·book** *s.* Liederbuch *n*; **'~-hit** *s.* Schlager (-lied *n*) *m*.

song·ster ['sɔŋstə] *s.* **1.** ♪ Sänger(in); **2.** Singvogel *m*; **3.** *Am.* (*bsd.* volkstümliches) Liederbuch; **'song·stress** [-tris] *s.* Sängerin *f*.

'song-thrush *s. orn.* Singdrossel *f*.

son·ic ['sɔnik] *adj.* ⊕ Schall...; ~ **bar·ri·er** *s.* Schallgrenze *f*, -mauer *f*; ~ **depth find·er** *s.* ⚓ Echolot *n*.

'son-in-law *pl.* **'sons-in-law** *s.* Schwiegersohn *m*.

son·net ['sɔnit] *s.* So'nett *n*.

son·ny ['sʌni] *s.* Söhnchen *n*, Kleiner *m* (*Anrede*).

son·o·buoy ['sɔnoubɔi] *s.* ⚓ Schallboje *f*.

so·nom·e·ter [sou'nɔmitə] *s.* Schallmesser *m*.

so·nor·i·ty [sə'nɔriti] *s.* **1.** Klangfülle *f*, (Wohl)Klang *m*; **2.** *ling.* (Ton)Stärke *f* (*e-s Lauts*); **so·no·rous** [sə'nɔ:rəs] *adj.* ☐ **1.** tönend, reso'nant (*Holz etc.*); **2.** volltönend (*a. ling.*), klangvoll, so'nor (*Stimme, Sprache*); **3.** *phys.* Schall..., Klang...

son·sy ['sɔnsi] *adj. Scot.* **1.** drall (*Mädchen*); **2.** gutmütig.

soon [su:n] *adv.* **1.** bald, unverzüglich; **2.** (sehr) bald, (sehr) schnell: *no* ~*er ... than* kaum ... als; *no* ~*er said than done* gesagt, getan; **3.** bald, früh: *as* ~ *as* sobald als *od.* wie; ~*er or later* früher oder später; *the* ~*er the better* je früher desto besser; **4.** gern: (*just*) *as* ~ ebenso gern; *I would* ~*er ... than* ich möchte lieber ... als; **'soon·er** [-nə] *comp. adv.* **1.** früher, eher; **2.** schneller; **3.** lieber; → *soon 2, 3, 4*; **'soon·est** [-nist] *sup. adv.* frühestens.

soot [sut] **I.** *s.* Ruß *m*; **II.** *v/t.* mit Ruß bedecken, be-, verrußen.

sooth [su:θ] *s. Brit. obs.*: *in* ~, ~ *to say* fürwahr, wahrlich.

soothe [su:ð] *v/t.* **1.** besänftigen, beruhigen, beschwichtigen; **2.** *Schmerz etc.* mildern, lindern; **'sooth·ing** [-ðiŋ] *adj.* ☐ **1.** besänftigend; **2.** lindernd.

sooth·say·er ['su:θseiə] *s.* Wahrsager(in).

soot·i·ness ['sutinis] *s.* Rußigkeit *f*, Schwärze *f*; **'soot·y** ['suti] *adj.* ☐ **1.** rußig; **2.** geschwärzt; **3.** schwarz (-braun).

sop [sɔp] **I.** *s.* **1.** eingetunkter Brokken (Brot *etc.*); **2.** *fig.* Beschwichtigungsmittel *n*, ,Schmiergeld' *n*, ,Brocken' *m*; → *Cerberus*; **3.** *et.* Durch'weichtes, Matsch *m*; **II.** *v/t.* **4.** *Brot etc.* eintunken; **5.** durch'nässen, -'weichen: ~*ped to the skin* klitschnaß; **6.** ~ *up Wasser* aufnehmen, -wischen.

soph [sɔf] F *für sophomore.*

soph·ism ['sɔfizəm] *s.* **1.** So'phismus *m*, Spitzfindigkeit *f*, 'Scheinargu,ment *n*; **2.** Trugschluß *m*; '**soph·ist** [-ist] *s.* ♀ *phls.* So'phist *m* (*a. fig. spitzfindiger Mensch*); '**soph·ist·er** [-istə] *s. univ. hist. Student im 2. od. 3. Jahr* (*in Cambridge, Dublin*).

so·phis·tic *adj.*; **so·phis·ti·cal** [sə'fistik(əl)] *adj.* □ so'phistisch; **so'phis·ti·cate** [-keit] **I.** *v/t.* verdrehen, -fälschen; **II.** *v/i.* So'phismen gebrauchen; **so'phis·ti·cat·ed** [-keitid] *adj.* **1.** erfahren, weltoffen, intellektu'ell; **2.** *contp.* blasiert, ‚auf mo'dern *od.* intellektuell machend', ‚hochgestochen'; **3.** verfeinert, kultiviert, raffiniert (*Stil etc.*); hochentwickelt (*a.* ⊕ *Maschinen*); **4.** anspruchsvoll, exqui'sit (*Roman etc.*); **5.** unecht, verfälscht; **so·phis·ti·ca·tion** [səfisti'keiʃən] *s.* **1.** Erfahrenheit *f*, ,Intellektua'lismus *m*, Kultiviertheit *f*; **2.** Blasiertheit *f*; **3.** (Ver-) Fälschung *f*; **4.** → *sophistry* 2;

soph·ist·ry ['sɔfistri] *s.* **1.** Spitzfindigkeit *f*, Sophiste'rei *f*; **2.** So'phismus *m*, Trugschluß *m*.

soph·o·more ['sɔfəmɔ:] *s. ped. Am.* 'College-Stu,dent(in) *od.* Schüler (-in) e-r *High School* im 2. Jahr.

Soph·o·ni·as [sɔ'founiəs] → *Zephaniah*.

so·po·rif·ic [soupə'rifik] **I.** *adj.* einschläfernd, schlaffördernd; **II.** *s. bsd.* ⚕ Schlafmittel *n*.

sop·ping ['sɔpiŋ] *adj. a.* ~ *wet* patschnaß, triefend (naß); '**sop·py** [-pi] *adj.* □ **1.** durch'weicht (*Boden etc.*); **2.** regnerisch; **3.** F saftlos, fad(e); **4.** F rührselig, ‚schmalzig'; **5.** F närrisch verliebt (*on s.o.* in j-n).

so·pran·o [sə'prɑ:nou] *pl.* **-nos I.** *s.* **1.** So'pran *m* (*Singstimme*); **2.** So'pranstimme *f*, -par,tie *f* (*e-r Komposition*); **3.** Sopra'nist(in); **II.** *adj.* **4.** Sopran...

sorb [sɔ:b] *s.* ⚘ **1.** Eberesche *f*; **2.** *a.* ~*-apple* Elsbeere *f*.

sor·be·fa·cient [sɔ:bi'feiʃənt] **I.** *adj.* absorbierend, absorpti'onsfördernd; **II.** *s.* ⚕ Ab'sorbens *n*.

sor·bet ['sɔ:bit] → *sherbet*.

sor·cer·er ['sɔ:sərə] *s.* Zauberer *m*; '**sor·cer·ess** [-ris] *s.* Zauberin *f*, Hexe *f*; '**sor·cer·ous** [-rəs] *adj.* Zauber..., Hexen...; '**sor·cer·y** [-ri] *s.* Zaube'rei *f*, Hexe'rei *f*.

sor·did ['sɔ:did] *adj.* □ *bsd. fig.* schmutzig, schäbig; '**sor·did·ness** [-nis] *s.* Schmutzigkeit *f* (*a. fig.*).

sor·dine ['sɔ:di:n] *s.* ♪ Dämpfer *m*, Sor'dine *f*.

sor·di·no [sɔ:'di:nou] *pl.* **-ni** [-ni:] (*Ital.*) → *sordine*.

sore [sɔ:] **I.** *adj.* □ → *sorely*; **1.** weh(e), wund: ~ *feet*; ~ *heart fig.* wundes Herz, Leid; *like a bear with a* ~ *head fig.* brummig, bärbeißig; → *spot* 5; **2.** entzündet, schlimm, ‚böse': ~ *finger*; ~ *throat* Halsentzündung; → *sight* 6; **3.** *fig.* schlimm, arg: ~ *calamity*; **4.** F verärgert, beleidigt, böse (*about* über *acc.*, wegen); **5.** heikel (*Thema*); **II.** *s.* **6.** Wunde *f*, wunde Stelle, Entzündung *f*: *an open* ~ **a)** e-e offene Wunde (*a. fig.*), **b)** *fig.* ein altes Übel, ein ständiges Ärgernis; '**sore·head** *s. Am.* F **1.** mürrischer Mensch; **2.** *bsd. pol.* 'Mißgünstige(r) *m*, Enttäuschte(r) *m*; '**sore·ly** [-li] *adv.* **1.** sehr, äußerst; **2.** arg, schlimm; **3.** heftig, bitterlich *weinen etc.*

so·ri·tes [sə'raiti:z] *s. Logik*: Kettenschluß *m*.

so·ror·i·ty [sə'rɔriti] *s.* **1.** *Am.* Verbindung *f* von 'College-Stu,dentinnen; **2.** *eccl.* Schwesternschaft *f*.

so·ro·sis [sə'rousis] *pl.* **-ses** [-si:z] *s.* **1.** ⚘ zs.-gesetzte Beerenfrucht; **2.** *Am.* Frauenverein *m*.

sorp·tion ['sɔ:pʃən] *s.* ⚗, *phys.* (Ab)Sorpti'on *f*.

sor·rel[1] ['sɔrəl] **I.** *s.* **1.** Rotbraun *n*; **2.** (Rot)Fuchs *m* (*Pferd*); **II.** *adj.* **3.** rotbraun.

sor·rel[2] ['sɔrəl] *s.* ⚘ **1.** Sauerampfer *m*; **2.** Sauerklee *m*.

sor·row ['sɔrou] **I.** *s.* **1.** Kummer *m*, Leid *n*, Gram *m* (*at* über *acc.*, *for* um): *to my* ~ zu m-m Kummer *od.* Leidwesen; **2.** Leid *n*, Unglück *n*; *pl.* Leid(en *pl.*) *n*; **3.** Reue *f* (*for* über *acc.*); **4.** *bsd. iro.* Bedauern *n*: *without much* ~; **5.** Klage *f*, Jammer *m*; **II.** *v/i.* **6.** sich grämen *od.* härmen (*at, over, for* über *acc.*, wegen, um); **7.** klagen, trauern (*after, for* um, über *acc.*); **sor·row·ful** ['sɔrəful] *adj.* □ **1.** sorgen-, kummervoll, bekümmert; **2.** klagend, traurig: *a* ~ *song*; **3.** traurig, beklagenswert: *a* ~ *accident*.

sor·ry ['sɔri] *adj.* □ **1.** betrübt: *I am* (*od. feel*) ~ *for him* er tut mir leid; *to be* ~ *for o.s.* sich selbst bedauern; (*I am*) (*so*) ~! (es) tut mir (sehr) leid!, (ich) bedaure!, Verzeihung!; *we are* ~ *to say* wir müssen leider sagen; **2.** reuevoll: *to be* ~ *about et.* bereuen *od.* bedauern; **3.** *contp.* traurig, erbärmlich (*Anblick, Zustand etc.*); faul (*Ausrede*).

sort [sɔ:t] **I.** *s.* **1.** Sorte *f*, Art *f*, Klasse *f*, Gattung *f*; ✝ *a.* Marke *f*, Quali'tät *f*: *all* ~*s of people* allerhand *od.* alle möglichen Leute; *all* ~*s of things* alles mögliche; **2.** Art *f*: *after a* ~ gewissermaßen; *nothing of the* ~ nichts dergleichen; *something of the* ~ so etwas, et. Derartiges; *he is not my* ~ er ist nicht mein Fall *od.* Typ; *he is not the* ~ *of man who ...* er ist nicht der Mann, der *so et. tut*; *what* ~ *of a ...?* was für ein ...?; *he is a good* ~ er ist ein guter *od.* anständiger Kerl; (*a*) ~ *of a peace* so etwas wie ein Frieden; *I* ~ *of expected it* F ich habe es irgendwie *od.* halb erwartet; *he* ~ *of hinted* F er machte e-e vage Andeutung; **3.** *of a* ~, *of* ~*s contp.* so was wie: *a politician of* ~*s*; **4.** *out of* ~*s* **a)** unwohl, nicht auf der Höhe, **b)** verstimmt; → 5; **5.** *typ.* 'Schriftgarni,tur *f*: *out of* ~ ausgegangen; **II.** *v/t.* **6.** sortieren, (ein)ordnen, sichten; **7.** sondern, trennen (*from* von); **8.** *oft* ~ *out* auslesen, -suchen, -sortieren; **9.** *to* ~ *s.th. out* et. ‚auseinanderklauben', sich Klarheit verschaffen über et.; **10.** *to* ~ *s.o. out* j-m den Kopf zurechtsetzen; **III.** *v/i.* **11.** *obs. gut, schlecht* passen (*with* zu); '**sort·er** [-tə] *s.* Sortierer (-in).

sor·tie ['sɔ:ti(:)] *s.* ⚔ **1.** Ausfall *m*; **2.** ✈ (Einzel)Einsatz *m*, Feindflug *m*.

sor·ti·lege ['sɔ:tilidʒ] *s.* Wahrsagen *n* (aus Losen).

so-so, so so ['sousou] *adj. u. adv.* F so('so) la'la (*leidlich, mäßig*).

sot [sɔt] **I.** *s.* Trunkenbold *m*, Säufer *m*; **II.** *v/i.* (sich be)saufen.

sot·tish ['sɔtiʃ] *adj.* □ **1.** ‚versoffen' (*trunksüchtig*); **2.** ‚besoffen'; **3.** ‚blöd' (*albern*).

sot·to vo·ce ['sɔtou'voutʃi] (*Ital.*) *adv.* ♪ leise, gedämpft (*a. fig. halblaut*).

sou·brette [su:'bret] (*Fr.*) *s. thea.* Sou'brette *f*.

sou·bri·quet ['su:brikei] → *sobriquet*.

souf·fle ['su:fl] *s.* ⚕ Geräusch *n*.

souf·flé ['su:flei] (*Fr.*) *s.* Auflauf *m*, Souf'flé *n*.

sough [sau] **I.** *s.* Sausen *n*, Stöhnen *n* (*des Windes*); **II.** *v/i.* säuseln, stöhnen, pfeifen (*Wind*).

sought [sɔ:t] *pret. u. p.p. von* seek.

soul [soul] *s.* **1.** *eccl., phls.* Seele *f*: *upon my* ~! ganz bestimmt!; **2.** Seele *f*, Herz *n*, *das* Innere: *he has a* ~ *above mere money-grubbing* er hat auch noch Sinn für andere Dinge als Geldraffen; **3.** *fig.* Seele *f* (*Triebfeder*): *he was the* ~ *of the enterprise*; **4.** *fig.* Geist *m* (*Person*): *the greatest* ~*s of the past*; **5.** Seele *f*, Mensch *m*: *the ship went down with 300* ~*s*; *a good* ~ e-e gute Seele, e-e Seele von e-m Menschen; *poor* ~ armer Kerl; *not a* ~ keine Menschenseele, niemand; **6.** Inbegriff *m*, *ein* Muster (*of an dat.*): *the* ~ *of generosity er ist* die Großzügigkeit selbst; **7.** Inbrunst *f*, Kraft *f*, *künstlerischer* Ausdruck; **8.** ♪ Soul *m*.

-souled [sould] *in Zssgn* ...herzig, ...gesinnt: *high*-~ hochherzig.

'**soul-de·stroy·ing** *adj.* seelentötend.

soul·ful ['soulful] *adj.* □ seelenvoll (*a. fig. u. iro.*); **soul·less** ['soullis] *adj.* □ seelenlos (*a. fig. gefühllos, egoistisch, ausdruckslos*).

soul| mu·sic *s.* ♪ 'Soul(mu,sik *f*) *m*; '~**-stir·ring** *adj.* ergreifend.

sound[1] [saund] **I.** *adj.* □ **1.** gesund: *as* ~ *as a bell* kerngesund; ~ *in mind and body* körperlich u. geistig gesund; *of* ~ *mind* ⚖ voll zurechnungs- *od.* handlungsfähig; **2.** fehlerfrei (*Holz etc.*), tadellos, in'takt: ~ *fruit* unverdorbenes Obst; **3.** gesund, fest (*Schlaf*); **4.** ✝ gesund, so'lide (*Firma, Währung*); sicher (*Kredit*); **5.** gesund, vernünftig (*Urteil etc.*); gut, brauchbar (*Rat, Vorschlag*); kor'rekt, folgerichtig (*Denken etc.*); ⚖ begründet, gültig; **6.** zuverlässig (*Freund etc.*); **7.** gut, tüchtig (*Denker, Schläfer, Stratege etc.*); **8.** tüchtig, kräftig, gehörig: *a* ~ *slap* e-e saftige Ohrfeige; **II.** *adv.* **9.** fest, tief *schlafen*.

sound[2] [saund] *s.* **1.** Sund *m*, Meerenge *f*; **2.** *ichth.* Fischblase *f*.

sound[3] [saund] **I.** *v/t.* **1.** ⚓ (aus-) loten, peilen; **2.** *Meeresboden, oberste Luftschichten etc.* erforschen (*a. fig.*); **3.** ⚕ **a)** sondieren, **b)** → *sound*[4] 13; **4.** *fig.* **a)** sondieren, erkunden, **b)** *j-n* ausholen, *j-m* auf den Zahn fühlen; **II.** *v/i.* **5.** ⚓ loten; **6.** (weg-) tauchen (*Wal*); **7.** *fig.* sondieren; **III.** *s.* **8.** ⚕ Sonde *f*.

sound[4] [saund] **I.** *s.* **1.** Schall *m*, Laut *m*, Ton *m*: ~ *barrier* Schallgrenze, -mauer; ~ *broadcasting* Tonrundfunk; ~ *locator* ⚔ Horchgerät; ~ *news* tönende Wochenschau; ~ *ranging* ⚔ Schallmessen; *faster than* ~ mit Überschallgeschwindigkeit; ~ *and fury fig.* Schall und Rauch; *within* ~ in Hörweite; **2.** Geräusch *n*, Laut *m*: *without a* ~ geräusch-, lautlos; **3.** Ton *m*, Klang *m*, *a. fig.* ˈTenor *m* (*e-s Briefes, e-r Rede etc.*); **4.** *ling.* Laut *m*; **II.** *v/i.* **5.** (er)schallen, (-)tönen, (-)klingen; **6.** (*a. fig. gut, unwahrscheinlich etc.*) klingen; **7.** ~ *off Am. sl.* ‚loslegen' (*reden, schimpfen*); **8.** ~ *in* ⚖ auf *Schadenersatz etc.* gehen *od.* lauten (*Klage*); **III.** *v/t.* **9.** *Trompete etc.* erschallen *od.* ertönen *od.* erklingen lassen: *to* ~ *s.o.'s praises fig.* j-s Lob singen; **10.** *durch ein Signal* verkünden; → *alarm 1*; *retreat 1*; **11.** äußern, von sich geben: *to* ~ *a note of fear*; **12.** *ling.* aussprechen; **13.** ⚕ abhorchen, -klopfen; ˈ~-**board** [-ndb-] *s.* ♪ Resoˈnanzboden *m*, Schallbrett *n*; ˈ~-**box** [-ndb-] *s.* ♪ Schalldose *f*; ~ **en·gi·neer** *s. Film*: ˈTonˌtechniker *m*.

sound·er [ˈsaundə] *s.* **1.** ⚓ a) Lot *n*, b) ⚔ Lotgast *m*; **2.** *tel.* Klopfer *m*.

ˈ**sound-film** *s.* Tonfilm *m*.

sound·ing[1] [ˈsaundiŋ] *adj.* ☐ **1.** tönend, schallend; **2.** wohlklingend; **3.** *contp.* lautstark, bomˈbastisch.

sound·ing[2] [ˈsaundiŋ] *s.* **1.** Loten *n*; **2.** *pl.* (ausgelotete *od.* auslotbare) Wassertiefe: *to take a* ~ loten.

ˈ**sound·ing|-bal·loon** *s. meteor.* Verˈsuchsbalˌlon *m*; ˈ~-**board** *s.* ♪ **1.** → *sound-board*; **2.** Schallmuschel *f* (*für Orchester etc. im Freien*); **3.** Schalldämpfungsbrett *n*; ˈ~-**line** *s.* ⚓ Lotleine *f*.

sound·less [ˈsaundlis] *adj.* ☐ laut-, geräuschlos.

ˈ**sound|-ˈproof** [-ndˈp-] **I.** *adj.* schalldicht; **II.** *v/t.* schalldicht machen, isolieren; ˈ~-ˈ**proof·ing** [-ndˈp-] *s.* ⊕ Schalldämpfung *f*, Schallisolierung *f*; ˈ~-**rang·ing I.** *s.* ⚔ Schallmessen *n*; **II.** *adj.* Schallmeß...; ˈ~-**shift** *s. ling.* Lautverschiebung *f*; ~ **tech·ni·cian** *s. Radio etc.*: ˈTonˌtechniker(in); ˈ~-**track** *s. Film*: Tonstreifen *m*, -spur *f*; ~ **truck** *s. Am.* Lautsprecherwagen *m*; ˈ~-**wave** *s. phys.* Schallwelle *f*.

soup [su:p] **I.** *s.* **1.** Suppe *f*, Brühe *f*: *to be in the* ~ F ‚in der Tinte sitzen'; **2.** *fig.* dicker Nebel, ‚Waschküche' *f*; **3.** *Am. sl.* ‚Super' *n*, Speziˈalkraftstoff *m*; **II.** *v/t.* **4.** *Am. sl.* ~ *up* a) *Motor* ‚frisieren', b) *fig.* Dampf hinter *e-e Sache* machen.

soup·çon [ˈsu:psɔ̃:ŋ; supsɔ̃] *s.* Spur *f* (*of Knoblauch, a. Ironie etc.*).

ˈ**soup|-kitch·en** *s.* Armenküche *f*; ˈ~-**mix** *s.* ˈSuppenpräpaˌrat *n*.

sour [ˈsauə] **I.** *adj.* ☐ **1.** sauer (*a. Geruch, Milch*); herb, bitter: ~ *grapes fig.* saure Trauben; **2.** *fig.* sauer (*Gesicht etc.*); **3.** *fig.* sauertöpfisch, mürrisch, bitter; **4.** naßkalt (*Wetter*); **5.** ⛏ sauer (*kalkarm, naß*) (*Boden*); **II.** *s.* **6.** Säure *f*; **7.** *fig.* Bitternis *f*: *to take the sweet with the* ~ das Leben nehmen, wie es (eben) ist; **III.** *v/i.* **8.** sauer werden; **9.** *fig.* verbittert werden; **IV.** *v/t.* **10.** sauer machen, säuern; **11.** *fig.* verbittern.

source [sɔ:s] *s.* **1.** Quelle *f*, *poet.* Quell *m*; **2.** Quellfluß *m*; **3.** *poet.* Strom *m*; **4.** *fig.* (*Licht-, Strom- etc.*) Quelle *f*: ~ *impedance* ⚡ Quellwiderstand; **5.** *fig.* Quelle *f*, Ursprung *m*: ~ *of information* Nachrichtenquelle: *from a reliable* ~ aus zuverlässiger Quelle; *to have its* ~ *in* s-n Ursprung haben in (*dat.*); *to take its* ~ *from* entspringen (*dat.*); **6.** *fig. literarische* Quelle: ~ *material* Quellenmaterial; **7.** ⚚ (*Einnahme-, Kapital- etc.*) Quelle *f*: ~ *of supply* Bezugsquelle; *to levy a tax at the* ~ e-e Steuer an der Quelle erheben; ~ **lan·guage** *s. ling.* Ausgangssprache *f* (*Übersetzung etc.*).

ˈ**sour·dough** *s. Am.* Aˈlaska-Schürfer *m*.

sour·ing [ˈsauəriŋ] *s.* ⚗ Aussäuerung *f*; ˈ**sour·ish** [-əriʃ] *adj.* säuerlich, angesäuert; ˈ**sour·ness** [-ənis] *s.* **1.** Herbheit *f*; **2.** Säure *f* (*als Eigenschaft*); **3.** *fig.* Bitterkeit *f*; Griesgrämigkeit *f*.

souse[1] [saus] **I.** *s.* **1.** Pökelfleisch *n*, Sülze *f*; **2.** Pökelbrühe *f*, Lake *f*; **3.** Eintauchen *n*; **4.** Sturz *m* ins Wasser; **5.** ‚Dusche' *f*, (Regen)Guß *m*; **6.** *sl.* a) Saufeˈrei *f*, b) *Am.* Säufer *m*, c) *Am.* ‚Suff' *m*; **II.** *v/t.* **7.** eintauchen; **8.** durchˈtränken, einweichen; **9.** *Wasser etc.* ausgießen (*over* über *acc.*); **10.** (ein)pökeln; **11.** ~*d sl.* ‚voll', besoffen.

souse[2] [saus] **I.** *s.* Plumps *m*; **II.** *adv.* plumps, plötzlich; **III.** *int.* plumps!

sou·tane [su:ˈtɑ:n] *s. R.C.* Souˈtane *f*.

sou·ten·eur [su:təˈnə:] (*Fr.*) *s.* Zuhälter *m*.

south [sauθ] **I.** *s.* **1.** Süden *m*: *in the* ~ *of* im Süden von; *to the* ~ *of* → 6; **2.** *a.* ♀ Süden *m* (*Landesteil*): *from the* ♀ aus dem Süden (*Person, Wind*); *the* ♀ der Süden, die Südstaaten (*der USA*); **3.** *poet.* Südwind *m*; **II.** *adj.* **4.** südlich, Süd...: ♀ *Dakota* Süddakota; ♀ *Pole* Südpol; ♀ *Sea* Südsee; **III.** *adv.* **5.** nach Süden, südwärts; **6.** ~ *of* südlich von; **7.** aus dem Süden (*Wind*); ♀ **Af·ri·can I.** *adj.* ˈsüdafriˈkanisch; **II.** *s.* ˈSüdafriˈkaner(in): ~ *Dutch* Afrikaander (-in); ~ **by east** *s.* Südsüdˈost *m*; ~-**east** [ˈsauθˈi:st, ⚓ sauˈi:st] **I.** *s.* Südˈosten *m*; **II.** *adj.* südˈöstlich, Südost...; **III.** *adv.* südöstlich; nach Südosten.

south|·east·er [sauθˈi:stə] *s.* Südˈostwind *m*, -ˈoststurm *m*; ~-ˈ**east·er·ly** [-li] **I.** *adj.* → *south-east II*; **II.** *adv.* von *od.* nach Südˈosten; ~-ˈ**east·ern** [-ən] → *south-east II*; ~ˈ**east·ward** [-wəd] **I.** *adj. u. adv.* nach Südˈosten, südˈöstlich; **II.** *s.* Südˈosten *m*; ~-ˈ**east·wards** [-wədz] *adv.* nach Südˈosten.

south·er·ly [ˈsʌðəli] **I.** *adj.* südlich, Süd...; **II.** *adv.* von *od.* nach Süden.

south·ern [ˈsʌðən] **I.** *adj.* **1.** südlich, Süd...: ♀ *Cross ast. das* Kreuz des Südens; ~ *lights ast. das* Südlicht; **2.** ♀ südstaatlich, ... der Südstaaten (*der USA*); **II.** *s.* **3.** → *southerner*; ˈ**south·ern·er** [-nə] *s.* **1.** Bewohner *m* des Südens (*e-s Landes*); **2.** ♀ Südstaatler *m* (*in den USA*); ˈ**south·ern·ly** [-li] → *southerly*; ˈ**south·ern·most** *adj.* südlichst.

south·ing [ˈsauðiŋ] *s.* **1.** ⚓ (zuˈrückgelegter) südlicher Kurs; **2.** südliche Fahrt; **3.** Kulminatiˈon *f* (*des Mondes etc.*).

ˈ**south|·most** *adj.* südlichst; ˈ~·**paw** *sport* **I.** *adj.* linkshändig; **II.** *s.* Linkshänder *m*; *Boxen*: Rechtsausleger *m*; ˈ~-**po·lar** *adj.* antˈarktisch, Südpol...; ˈ~-**southˈeast** [⚓ ˈsau-sauˈi:st] **I.** *adj.* südsüdˈöstlich, Südsüdost...; **II.** *adv.* nach *od.* aus Südsüdˈosten; **III.** *s.* Südsüdosten *m*; ˈ~·**ward** [-wəd] *adj. u. adv.* nach Süden, südwärts.

south|-west [ˈsauθˈwest; ⚓ sauˈwest] **I.** *adj.* südˈwestlich, Südwest...; **II.** *adv.* nach *od.* aus Südˈwesten, Südwest...; **III.** *s.* Südˈwesten *m*; ˈ~ˈ**west·er** [-tə] *s.* **1.** Südˈwestwind *m*; **2.** → *sou'wester*; ~-ˈ**west·er·ly** [-təli] *adj.* nach *od.* aus Südˈwesten; ~-ˈ**west·ern** [-tən] *adj.* südˈwestlich, Südwest...; ~-ˈ**west·ward** [-wəd] *adj. u. adv.* nach Südwesten.

sou·ve·nir [ˈsu:vəniə] *s.* Andenken *n*, Souveˈnir *n*.

sou'·west·er [sauˈwestə] *s.* **1.** Südˈwester *m* (*wasserdichter Klapphut*); **2.** → *southwester 1*.

sov·er·eign [ˈsɔvrin] **I.** *s.* **1.** Souveˈrän *m*, Monˈarch(in); **2.** *die* Macht im Staate (*Person od. Gruppe*); **3.** (be)herrschender Staat; **4.** ⚚ *Brit.* Sovereign *m* (*20-Schilling-Münze*); *half a* ~, *a half* ~ 10-Schillingsmünze; **II.** *adj.* **5.** höchst, oberst; **6.** ˈunumˌschränkt, souveˈrän, königlich: ~ *power*; **7.** souverän (*Staat*); **8.** äußerst, größt: ~ *contempt* tiefste Verachtung; **9.** ˈunüberˌtrefflich; ⚕ hochwirksam, unfehlbar (*Heilmittel*); ˈ**sov·er·eign·ty** [-rənti] *s.* **1.** höchste (Staats)Gewalt; **2.** Landeshoheit *f*, Souveräniˈtät *f*; **3.** Oberherrschaft *f*.

so·vi·et [ˈsouviet] **I.** *s. oft* ♀ **1.** Soˈwjet *m*: *Supreme* ♀ Oberster Sowjet (*Volksvertretung*); **2.** ♀ Soˈwjetsyˌstem *n*; **3.** *pl. die* Soˈwjets; **II.** *adj.* **4.** ♀ soˈwjetisch, Sowjet...; **so·vi·et·i·za·tion** [souvietaiˈzeiʃən] *s.* Sowjetisierung *f*; ˈ**so·vi·et·ize** [-taiz] *v/t.* sowjetisieren.

sow[1] [sau] *s.* **1.** Sau *f*, (Mutter-)Schwein *n*: *to get the wrong* ~ *by the ear* a) den Falschen erwischen, b) falsche Schlüsse ziehen; **2.** *metall.* Massel *f*, Sau *f*.

sow[2] [sou] [*irr.*] **I.** *v/t.* **1.** säen; **2.** *Land* besäen; **3.** *fig.* säen, ausstreuen; → *seed 3*; *wind 1*; **4.** *et.* verstreuen; **II.** *v/i.* **5.** säen; **sow·er** [ˈsouə] *s.* **1.** Säer *m*: *he is a* ~ *of discord* er stiftet *od.* sät Zwietracht; **2.** ⛏ ˈSämaˌschine *f*.

sown [soun] *p.p. von sow*[2].

soy [sɔi] *s.* **1.** Sojabohnenöl *n*; **2.** → *soy bean*; ˈ**so·ya** (**bean**) [ˈsɔiə], **soy bean** *s.* ⚘ Sojabohne *f*.

soz·zled [ˈsɔzld] *adj. Brit. sl.* ‚blau' (*betrunken*).

spa [spɑ:] *s.* a) Mineˈralquelle *f*, b) Badekurort *m*, Bad *n*.

space [speis] **I.** *s.* **1.** A, *phls.* Raum

m (*Ggs. Zeit*): *to disappear into* ~ ins Nichts verschwinden; *to look into* ~ ins Leere starren; **2.** Raum *m*, Platz *m*: *to require much* ~; **3.** (Welt-)Raum *m*; **4.** (Zwischen)Raum *m*, Stelle *f*, Lücke *f*; **5.** Zwischenraum *m*, Abstand *m*; **6.** Zeitraum *m*: *a* ~ *of three hours*; *after a* ~ nach e-r Weile; **7.** *typ.* ˈSpatium *n*, Ausschlußstück *n*; **8.** *tel.* Abstand *m*, Pause *f*; **9.** *Am.* **a)** Raum *m* für Reˈklame (*Zeitung*), **b)** *Radio etc.*: Sendezeit *f* für Werbung; **II.** *v/t.* **10.** räumlich einteilen; **11.** in Zwischenräumen anordnen; **12.** *typ.* **a)** *Wörter* spatiieren, **b)** *mst* ~ *out* sperren: ~*d type* Sperrdruck; **13.** gesperrt schreiben (*Schreibmaschine*); **III.** *v/i.* **14.** sperren, gesperrt drucken *od.* schreiben; ~ **age** *s.* Weltraumzeitalter *n*; ˈ~**-bar** *s.* Leertaste *f* (*Schreibmaschine*); ~ **cap·sule** *s.* Raumkapsel *f*; ˈ~**·craft** *s.* Raumfahrzeug *n*, -schiff *n*; ˈ~**-flight** *s.* Raumflug *m*; ˈ~**-heat·er** *s.* Raumerhitzer *m*, -strahler *m*; ˈ~**·lab** *s.* ˈWeltraumlaˌbor *n*; ˈ~**-man** *s.* [*irr.*] Raumfahrer *m*, Astroˈnaut *m*; ~ **med·i·cine** *s.* ⚕ ˈRaumfahrtmediˌzin *f*.

spac·er [ˈspeisə] *s.* ⊕ **1.** Diˈstanzstück *n*; **2.** → *space-bar*.

space| re·search *s.* (Welt)Raumforschung *f*; ˈ~**-sav·ing** *adj.* raumsparend; ˈ~**-ship** *s.* Raumschiff *n*; ~ **shut·tle** *s.* Raumfähre *f*; ~ **sta·tion** *s.* ˈRaumstatiˌon *f*; ~ **suit** *s.* Raumanzug *m*; ˈ~-ˈ**time I.** *s.* ⩓, *phls.* Zeit-Raum *m*; **II.** *adj.* Raum-Zeit...; ~ **trav·el** *s.* (Welt)Raumfahrt *f*; ˈ~**-writ·er** *s.* Zeitungsschreiber, der nach dem ˈUmfang s-s Beitrags bezahlt wird.

spa·cial [ˈspeiʃəl] → *spatial*.

spa·cious [ˈspeiʃəs] *adj.* □ **1.** geräumig, weit, ausgedehnt; **2.** *fig.* weit, ˈumfangreich, umˈfassend; ˈ**spa·cious·ness** [-nis] *s.* **1.** Geräumigkeit *f*; **2.** *fig.* Weite *f*, ˈUmfang *m*, Ausmaß *n*.

spade[1] [speid] **I.** *s.* **1.** Spaten *m*: *to call a* ~ *a* ~ *fig.* das Kind beim (richtigen) Namen nennen; *to dig the first* ~ den ersten Spatenstich tun; **2.** ⚔ Laˈfettensporn *m*; **II.** *v/t.* **3.** ˈumgraben, mit e-m Spaten bearbeiten; **III.** *v/i.* **4.** graben.

spade[2] [speid] *s.* **1.** Pik(karte *f*) *n*, Schippe *f* (*des französischen Blatts*), Grün *n* (*des deutschen Blatts*): *seven of* ~*s* Piksieben; **2.** *mst pl.* Pik(farbe *f*) *n*.

spade·ful [ˈspeidful] *pl.* **-fuls** *s. ein* Spaten(voll) *m*.

ˈ**spade-work** *s. fig.* (mühevolle) Vorarbeit, Kleinarbeit *f*.

spa·dix [ˈspeidiks] *pl.* **spa·di·ces** [speiˈdaisi:z] *s.* ♀ (Blüten)Kolben *m*.

spa·do [ˈspeidou] *pl.* **spa·do·nes** [spɑ:ˈdouni:z] (*Lat.*) *s.* **1.** Kaˈstrat *m*; **2.** kastriertes Tier.

spa·ghet·ti [spəˈgeti] (*Ital.*) *s.* **1.** Spaˈghetti *pl.*; **2.** *sl.* ˈFilmsaˌlat *m*.

spa·hi [ˈspɑ:hi:] *s.* ⚔ Spahi *m*.

spake [speik] *obs. pret. von speak*.

spall [spɔ:l] **I.** *s.* (Stein-, Erz)Splitter *m*; **II.** *v/t.* ⊕ *Erz* zerstückeln; **III.** *v/i.* zerbröckeln, absplittern.

spal·peen [spælˈpi:n] *s. Ir.* Nichtsnutz *m*.

span [spæn] **I.** *s.* **1.** Spanne *f*: **a)** *gespreizte Hand*, **b)** *engl. Maß* = *9 inches*; **2.** △ **a)** Spannweite *f* (*Brückenbogen*), **b)** Stützweite *f* (*e-r Brücke*), **c)** (einzelner) Brückenbogen; **3.** ✈ Spannweite *f*; **4.** ⚓ Spann *n*, *m* (*Haltetau*, *-kette*); **5.** *fig.* Spanne *f*, ˈUmfang *m*: *the whole* ~ *of Greek history*; **6.** *fig.* (Zeit-)Spanne *f*: *the brief* ~ *of our lives*; **7.** Gewächshaus *n*; **8.** *Am.* Gespann *n*; **II.** *v/t.* **9.** abmessen; **10.** umˈspannen (*a. fig.*); **11.** sich erstrecken über (*acc.*), überˈspannen; **12.** *Fluß* überˈbrücken: *to* ~ *a river with a bridge*; **13.** *fig.* überspannen, bedecken.

span·drel [ˈspændrəl] *s.* **1.** △ Spanˈdrille *f* (*Gewölbezwickel*); **2.** ⊕ Hohlkehle *f*.

span·gle [ˈspæŋgl] **I.** *s.* **1.** Flitter (-plättchen *n*) *m*, Pailˈlette *f*; **2.** ♀ Gallapfel *m*; **II.** *v/t.* **3.** mit Flitter besetzen; **4.** *fig.* schmücken, besprenkeln, überˈsäen (*with* mit): *the* ~*d heavens* der gestirnte Himmel.

Span·iard [ˈspænjəd] *s.* Spanier(in).

span·iel [ˈspænjəl] *s. zo.* ˈSpaniel *m*, Wachtelhund *m*: *a tame* ~ *fig.* ein Kriecher.

Span·ish [ˈspæniʃ] **I.** *adj.* **1.** spanisch; **II.** *s.* **2.** *coll. die* Spanier; **3.** *ling.* Spanisch *n*; ~ **A·mer·i·can** *adj.* ˈspanisch-ameriˈkanisch; ~ **chest·nut** *s.* ♀ ˈEßkaˌstanie *f*; ~ **pa·pri·ka** *s.* ♀ Roter *od.* Spanischer Pfeffer, ˈPaprika *m*.

spank [spæŋk] F **I.** *v/t.* **1.** verhauen, *j-m* ‚den Hintern versohlen'; **2.** *Pferde etc.* antreiben; **II.** *v/i.* **3.** ~ *along* daˈhinflitzen; **III.** *s.* **4.** Schlag *m*, Klaps *m*; ˈ**spank·er** [-kə] *s.* **1.** F Renner *m* (*Pferd*); **2.** ⚓ Beˈsan *m*; **3.** *sl.* **a)** Prachtkerl *m*, **b)** ˈPrachtexemˌplar *n*; ˈ**spank·ing** [-kiŋ] F **I.** *adj.* □ **1.** schnell, tüchtig; **2.** scharf, stark: ~ *breeze* steife Brise; **3.** prächtig, ‚toll'; **II.** *adv.* **4.** prächtig; **III.** *s.* **5.** ‚Haue' *f*, Schläge *pl.*

span·ner [ˈspænə] *s.* ⊕ Schraubenschlüssel *m*: *to throw a* ~ *in(to) the works* F ‚j-m e-n Knüppel zwischen die Beine werfen', ‚querschießen'.

spar[1] [spɑ:] *s. min.* Spat *m*.

spar[2] [spɑ:] *s.* **1.** ⚓ Rundholz *n*, Spiere *f*, Sparren *m*; **2.** ✈ (Flügel-, Trag)Holm *m*.

spar[3] [spɑ:] **I.** *v/i.* **1.** *Boxen*: sparren; **2.** (mit Sporen) kämpfen (*Hähne*); **3.** sich streiten (*with* mit), sich in den Haaren liegen; **II.** *s.* **4.** *Boxen*: Sparringskampf *m*; **5.** Hahnenkampf *m*; **6.** (Wort)Streit *m*.

spare [spɛə] **I.** *v/t.* **1.** *j-n od. et.* verschonen; *Gegner*, *j-s Gefühle*, *j-s Leben etc.* schonen: *if we are* ~*d* wenn wir verschont *od.* am Leben bleiben; ~ *his blushes!* bring ihn doch nicht in Verlegenheit!; **2.** sparsam ˈumgehen mit, schonen, kargen mit: *to* ~ *neither trouble nor expense* weder Mühe noch Kosten scheuen; (*not*) *to* ~ *o.s.* sich (nicht) schonen; **3.** *j-m et.* ersparen, *j-n* verschonen mit; **4.** entbehren: *we cannot* ~ *him just now*; **5.** *et.* erübrigen, übrig haben für; *j-m et.* abgeben: *can you* ~ *me a cigarette* (*a moment*)? hast du e-e Zigarette (e-n Augenblick Zeit) für mich (übrig)?; *no time to* ~ keine Zeit (zu verlieren); → *enough II*; **II.** *v/i.* **6.** sparen; **7.** Schonung üben, Gnade walten lassen; **III.** *adj.* □ **8.** Ersatz..., Reserve...: ~ *part* → *14*; ~ *tyre* (*od. tire*) Ersatzreifen; **9.** ˈüberflüssig, übrig: ~ *hours* (*od. time*) Freizeit, Mußestunden; ~ *moment* freier Augenblick; ~ *room* Gästezimmer; ~ *money* übriges Geld; **10.** sparsam, kärglich; **11.** → *sparing 2*; **12.** sparsam (*Person*); **13.** hager, dürr (*Person*); **IV.** *s.* **14.** ⊕ Ersatz-, Reˈserveteil *n*; ˈ**spare·ness** [-nis] *s.* Magerkeit *f*, Dürftigkeit *f*.

ˈ**spare|-part sur·ger·y** *s.* ⚕ Erˈsatzteilchirurˌgie *f*; ˈ~**-rib** *s.* Rippe(n)speer *m*.

spar·ing [ˈspɛəriŋ] *adj.* □ **1.** sparsam (*in*, *of* mit) karg; mäßig: *to be* ~ *of* sparsam umgehen mit, mit *et.*, *a. Lob* kargen; **2.** spärlich, dürftig knapp, gering; ˈ**spar·ing·ness** [-nis] *s.* **1.** Sparsamkeit *f*, Kargheit *f*; **2.** Spärlichkeit *f*.

spark[1] [spɑ:k] **I.** *s.* **1.** Funke(n) *m* (*a. fig.*): *the vital* ~ der Lebensfunke; *to strike* ~*s out of s.o.* j-n in Fahrt bringen; **2.** *fig.* Funke(n) *m*, Spur *f* (*of* von *Intelligenz*, *Leben etc.*): *not a* ~ *of decency* keinen Funken Anstand; **3.** ⚡ (eˈlektrischer) Funke; *mot.* (Zünd)Funke *m*: *to advance* (*retard*) *the* ~ die Zündung vor-(zurück)stellen; **II.** *v/i.* **4.** Funken sprühen, funke(l)n; **5.** ⊕ zünden; **III.** *v/t.* **6.** *fig. j-n* befeuern; **7.** *fig. et.* auslösen.

spark[2] [spɑ:k] **I.** *s.* **1.** flotter Kerl; **2.** Gaˈlan *m*; **3.** *Am.* hübsche u. geistreiche junge Dame; **II.** *v/t.* **4.** *Am.* F *j-m* den Hof machen; **III.** *v/i.* **5.** *Am.* F poussieren, ‚knutschen'.

spark| ad·vance *s. mot.* Vor-, Frühzündung *f*; ˈ~**-ar·rest·er** *s.* ⚡ Funkenlöscher *m*; ˈ~**-gap** *s.* ⚡ (Meß-)Funkenstrecke *f*.

ˈ**spark·ing-plug** [ˈspɑ:kiŋ] *s. mot.* Zündkerze *f*.

spar·kle [ˈspɑ:kl] **I.** *v/i.* **1.** funkeln (*a. fig. Augen etc.*; *with* vor *Zorn etc.*); **2.** *fig.* **a)** funkeln, sprühen (*Geist*, *Witz*), **b)** brillieren, glänzen (*Person*): ~*d with wit s-e Unterhaltung* sprühte vor Witz; **3.** Funken sprühen; **4.** schäumen, perlen (*Wein*); **II.** *v/t.* **5.** *Licht* sprühen; **III.** *s.* **6.** Funkeln *n*, Glanz *m*; **7.** Funke(n) *m*; **8.** *fig.* Brilˈlanz *f*; ˈ**spar·kler** [-lə] *s. sl.* **1.** Diaˈmant *m*; **2.** funkelnder Geist (*Person*); ˈ**spark·let** [-lit] *s.* **1.** Fünkchen *n* (*a. fig.*); **2.** Kohlenˈdioxydkapsel *f* (*für Siphonflaschen*); ˈ**spar·kling** [-liŋ] *adj.* □ **1.** funkelnd, sprühend (*a. fig. Witz etc.*); **2.** *fig.* geistsprühend (*Person*); **3.** schäumend, moussierend: ~ *wines* Schaumweine.

ˈ**spark-plug** *Am.* → *sparking-plug*.

Sparks [spɑ:ks] *s* ⚓ F Funker *m*.

spar·ring [ˈspɑ:riŋ] *s. Boxen*: ˈSparring *n*, Übungsboxen *n*; ~ **part·ner** *s.* Sparringspartner *m*.

spar·row [ˈspærou] *s. orn.* Spatz *m*, Sperling *m*; ˈ~**-grass** *s.* F Spargel *m*; ˈ~**-hawk** [-ouh-] *s. orn.* Sperber *m*.

sparse [spɑ:s] *adj.* □ spärlich, dünn (gesät); ˈ**sparse·ness** [-nis], ˈ**spar-**

si·ty [-siti] *s.* Spärlichkeit *f*, Seltenheit *f*.

Spar·tan ['spɑ:tən] **I.** *adj. antiq. u. fig.* spar'tanisch; **II.** *s.* Spar'taner (-in).

spasm ['spæzəm] *s.* **1.** ⚕ Krampf *m*, 'Spasmus *m*, Zuckung *f*; **2.** *fig.* Anfall *m*.

spas·mod·ic [spæz'mɔdik] *adj.* (□ ~*ally*) **1.** ⚕ krampfhaft, -artig, spas'modisch; **2.** *fig.* sprunghaft, vereinzelt.

spas·tic ['spæstik] *adj.* (□ ~*ally*) ⚕ spastisch, Krampf...

spat[1] [spæt] *zo.* **I.** *s.* **1.** Muschel-, Austerlaich *m*; **2. a)** *coll.* junge Schaltiere *pl.*, **b)** junge Auster; **II.** *v/i.* **3.** laichen (*bsd. Muscheln*).

spat[2] [spæt] *s. mst pl.* ('Schuh)Ga₁maschen *pl.*

spat[3] [spæt] *Am.* F *od. dial.* **I.** *s.* **1.** Klatsch *m*, Klaps *m*; **2.** ‚Krach' *m*, Zank *m*; **II.** *v/i.* **3.** disputieren, sich streiten; **4.** klatschen.

spat[4] [spæt] *pret. u. p.p. von spit.*

spatch·cock ['spætʃkɔk] **I.** *s.* eiligst geschlachtetes u. gekochtes Geflügel; **II.** *v/t.* F *Worte etc.* einflicken.

spate [speit] *s.* **1.** *Brit.* Über'schwemmung *f*, Hochwasser *n*; **2.** *fig.* Flut *f*, (Wort)Schwall *m*.

spathe [speið] *s.* ♀ Blütenscheide *f*.

spath·ic ['spæθik] *adj. min.* (feld-) spatartig, Spat... [Raum...]

spa·tial ['speiʃəl] *adj.* □ räumlich,

spat·ter ['spætə] **I.** *v/t.* **1.** bespritzen (*with* mit); **2.** (ver)spritzen; **3.** *fig. Namen* besudeln; **II.** *v/i.* **4.** spritzen; **5.** prasseln (*Tropfen etc.*); **III.** *s.* **6.** Spritzen *n*; **7.** Klatschen *n*, Prasseln *n*; **8.** Spritzer *m*, Spritzfleck *m*; '**~-dash** *s. mst pl.* Ga'maschen *pl.*

spat·u·la ['spætjulə] *s.* ⊕, ⚕ Spatel *m*, Spachtel *m, f*; '**spat·u·lar** [-lə], '**spat·u·late** [-lit] *adj.* spatelförmig, Spatel...

spav·in ['spævin] *s. vet.* Spat *m* (*Pferdekrankheit*); '**spav·ined** [-nd] *adj.* spatig, lahm.

spawn [spɔ:n] **I.** *s.* **1.** *ichth.* Laich *m*; **2.** ♀ My'zel(fäden *pl.*) *n*; **3.** *fig. contp.* Brut *f*; **II.** *v/i.* **4.** *ichth.* laichen; **5.** *fig. contp.* sich wie Ka'ninchen vermehren; **III.** *v/t.* **6.** *ichth. Laich* ablegen; **7.** *fig. contp. Kinder* massenweise in die Welt setzen; **8.** *fig.* ausbrüten, her'vorbringen; '**spawn·er** [-nə] *s. ichth.* Rogener *m* (*weiblicher Fisch vor dem Laichen*); '**spawn·ing** [-niŋ] **I.** *s.* **1.** Laichen *n*; **II.** *adj.* **2.** Laich...; **3.** *fig.* sich stark vermehrend.

spay [spei] *v/t. weiblichem Tier* die Eierstöcke entfernen.

speak [spi:k] [*irr.*] **I.** *v/i.* **1.** reden, sprechen (*to* mit, zu, *about, of, on* über *acc.*): *spoken thea.* gesprochen (*Regieanweisung*); *so to* ~ sozusagen; *the picture* ~*s fig.* das Bild ist ganz naturgetreu; → *speak of u. to, speaking I*; **2.** (öffentlich) sprechen, e-e Rede *od.* e-n Vortrag halten; **3.** *fig.* ertönen (*Trompete etc.*); **4.** ⚓ signalisieren; **II.** *v/t.* **5.** sprechen, sagen; **6.** *Gedanken, s-e Meinung etc.* aussprechen, äußern, *die Wahrheit etc.* sagen; **7.** verkünden (*Trompete etc.*); **8.** *Sprache* sprechen (können): *he* ~*s French* er spricht Französisch; **9.** *fig. Eigenschaft etc.* verraten; **10.** ⚓ *Schiff* ansprechen, -preien;

Zssgn mit prp.:

speak| for *v/i.* **1.** sprechen *od.* eintreten für: *that speaks well for him* das spricht für ihn; *to* ~ *o.s.* **a)** selbst sprechen, **b)** s-e eigene Meinung äußern; *that speaks for itself* das spricht für sich selbst; **2.** zeugen von; ~ **of** *v/i.* **1.** sprechen von *od.* über (*acc.*): *nothing to* ~ nicht der Rede wert, nichts Erwähnenswertes; *not to* ~ ganz zu schweigen von; **2.** *et.* verraten, zeugen von; ~ **to** *v/i.* **1.** *j-n* ansprechen; mit j-m reden (*a. mahnend etc.*); **2.** *et.* bestätigen, bezeugen; **3.** zu sprechen kommen auf (*acc.*);

Zssgn mit adv.:

speak| out I. *v/i.* **1.** → *speak up 1 u. 2*; **2.** *fig.* deutlich werden, sich zeigen (*Eigenschaft*); **II.** *v/t.* **3.** aussprechen; ~ **up** *v/i.* **1.** laut u. deutlich sprechen: ~! (sprich) lauter!; **2.** kein Blatt vor den Mund nehmen, frei her'aussprechen: ~*!* heraus mit der Sprache!; **3.** sich einsetzen (*for* für).

'**speak-eas·y** *pl.* **-eas·ies** *s. Am. sl.* Flüsterkneipe *f* (*ohne Konzession*).

speak·er ['spi:kə] *s.* **1.** Sprecher *m*, Redner *m*; **2.** 𝔖 *parl.* Sprecher *m*, Präsi'dent *m*: *the* 𝔖 *of the House of Commons*; *Mr.* 𝔖*!* Herr Vorsitzender!; **3.** ⊕ Sprechgerät *n*, Sprecher *m*.

speak·ing ['spi:kiŋ] **I.** *adj.* □ **1.** sprechend (*a. fig. Ähnlichkeit*): ~*! teleph.* am Apparat!; *Brown* ~*! teleph.* (hier) Brown!; *to have a* ~ *knowledge of e-e Sprache* (*nur*) sprechen können; ~ *acquaintance* flüchtige(r) Bekannte(r); → *term 9*; **2.** Sprech..., Sprach...: *a* ~ *voice* e-e (gute) Sprechstimme; **II.** *s.* **3.** Sprechen *n*, Reden *n*; **III.** *adverbartig*: **4.** *generally* ~ allgemein; *legally* ~ vom rechtlichen Standpunkt aus (gesehen); *strictly* ~ streng genommen; '**~-trum·pet** *s.* Sprachrohr *n*; '**~-tube** *s.* **1.** Sprechverbindung *f* zwischen zwei Räumen *etc.*; **2.** Sprachrohr *n*.

spear [spiə] **I.** *s.* **1.** (Wurf)Speer *m*, Lanze *f*; Spieß *m*: ~ *side* männliche Linie *e-r Familie*; **2.** *poet.* Speerträger *m*; **II.** *v/t.* **3.** durch'bohren, aufspießen; **III.** *v/i.* **4.** ♀ (auf)sprießen; '**~·head I.** *s.* **1.** Lanzenspitze *f*; **2.** ⚔ **a)** Angriffsspitze *f*, **b)** Stoßkeil *m*; **3.** *fig.* Anführer *m*, Vorkämpfer *m*; **II.** *v/t.* **4.** an der Spitze (*gen.*) stehen; **III.** *v/i.* **5.** ⚔ die Spitze bilden; '**~·mint** *s.* ♀ Grüne Minze.

spec [spek] *s.* ✝ F Spekulati'on *f*.

spe·cial ['speʃəl] **I.** *adj.* □ → *specially*; **1.** spezi'ell: **a)** (ganz) besonder: *a* ~ *occasion*; *his* ~ *charm*; *my* ~ *friend*; *on* ~ *days* an bestimmten Tagen, **b)** Spezial..., Fach...: ~ *knowledge* Fachkenntnis; ~ *anatomy* ⚕ spezielle Anatomie; **2.** Sonder...(*-erlaubnis, -fall, -steuer, -zug etc.*), Extra..., Ausnahme...: ~ *area Brit.* Notstandsgebiet; ~ *constable* → *3a*; ~ *correspondent* → *3b*; ~ *delivery* 🖂 *Am.* Eilzustellung, durch Eilboten; ~ *edition* → *3c*; ~ *offer* ✝ Sonderangebot; ~ *pleading* **a)** ⚖ Vorbringen von Nebenmaterial, **b)** *fig.* Spitzfindigkeit; **II.** *s.* **3. a)** 'Hilfspoli₁zist *m*, **b)** Sonderberichterstatter *m*, **c)** Sonderausgabe *f*, **d)** Sonderzug *m*, **e)** Sonderprüfung *f*, **f)** ✝ *Am.* Sonderangebot *n*, **g)** *Am.* ('Tages)Speziali₁tät *f* (*Restaurant*); '**spe·cial·ism** [-ʃəlizəm] *s.* Spezia'listentum *n*; '**spe·cial·ist** [-ʃəlist] **I.** *s.* **1.** Spezia'list *m*: **a)** Fachmann *m*, **b)** ⚕ Facharzt *m*; **2.** *Am. Börse*: Jobber *m* (*der sich auf e-e bestimmte Kategorie von Wertpapieren beschränkt*); **II.** *adj. a.* **spe·cial·ist·ic** [speʃə'listik] **3.** fachmännisch, Fach..., Spezial...; **spe·ci·al·i·ty** [speʃi'æliti] *s. bsd. Brit.* **1.** Besonderheit *f*; **2.** besonderes Merkmal; **3.** Spezi'alfach *n*, -gebiet *n*; **4.** Speziali'tät *f* (*a.* ✝); **5.** ✝ Spezi'alar₁tikel *m*; Neuheit *f*; **spe·cial·i·za·tion** [speʃəlai'zeiʃən] *s.* Spezialisierung *f*; '**spe·cial·ize** [-ʃəlaiz] **I.** *v/i.* **1.** sich spezialisieren (*in* auf *acc.*); **II.** *v/t.* **2.** spezialisieren: ~*d* spezialisiert, Spezial..., Fach...; **3.** näher bezeichnen; **4.** *biol. Organe* besonders entwickeln; '**spe·cial·ly** [-ʃəli] *adv.* **1.** besonders, im besonderen; **2.** eigens, extra, ausdrücklich; '**spe·cial·ty** [-ti] *s.* **1.** *bsd. Am.* → *speciality*; **2.** ⚖ **a)** besiegelte Urkunde, **b)** formgebundener Vertrag.

spe·cie ['spi:ʃi] *s.* **1.** Hartgeld *n*, Münze *f*; **2.** Bargeld *n*: ~ *payments* Barzahlung; *in* ~ **a)** in bar, **b)** in natura, **c)** *fig.* in gleicher Münze.

spe·cies ['spi:ʃi:z] *s. sg. u. pl.* **1.** *allg.* Art *f*, Sorte *f*; **2.** *biol.* Art *f*, 'Spezies *f*: *our* ~ die Menschheit; **3.** *Logik*: Art *f*, Klasse *f*; **4.** *eccl.* (sichtbare) Gestalt (von Brot u. Wein).

spe·cif·ic [spi'sifik] **I.** *adj.* (□ ~*ally*) **1.** spe'zifisch, spezi'ell, bestimmt; **2.** eigen(tümlich); **3.** typisch, kennzeichnend, besonder; **4.** wesentlich; **5.** genau, defini'tiv, prä'zis(e): *a* ~ *statement*; **6.** *biol.* Art...: ~ *name*; **7.** ⚕ spezifisch (*Heilmittel, Krankheit*); **8.** *phys.* spezifisch: ~ *gravity* spezifisches Gewicht, *die* Wichte; **II.** *s.* **9.** ⚕ Spe'zifikum *n*.

spec·i·fi·ca·tion [spesifi'keiʃən] *s.* **1.** Spezifizierung *f*; **2.** genaue Aufzählung, Einzelaufstellung *f*; **3.** *mst pl.* Einzelangaben *pl.*, -vorschriften *pl.*, *bsd.* **a)** △ Baubeschrieb *m*, **b)** ⊕ (technische) Beschreibung; **4.** ⚖ Pa'tentbeschreibung *f*, -schrift *f*; **5.** ⚖ Spezifikati'on *f* (*Eigentumserwerb durch Verarbeitung*); **spec·i·fy** ['spesifai] **I.** *v/t.* **1.** (einzeln) angeben *od.* aufführen, (be)nennen, spezifizieren; **2.** bestimmen, (im einzelnen) festsetzen; **3.** in e-r Aufstellung besonders anführen; **II.** *v/i.* **4.** genaue Angaben machen.

spec·i·men ['spesimin] *s.* **1.** Exem'plar *n*: *a fine* ~; **2.** Muster *n* (*a. typ.*), Probe(stück *n*) *f*, ⊕ **Prüfstück** *n*: ~ *of s.o.'s handwriting* Handschriftenprobe; **3.** *fig.* Probe *f*, Beispiel *n* (*of gen.*); **4.** *fig. contp.* **a)** ‚Exemplar' *n*, ‚Muster' *n* (of an), **b)** ‚Type' *f*, komischer Kauz *m*; ~ **cop·y** *s.* 'Probeexem₁plar *n*; ~ **sig·na·ture** *s.* 'Unterschriftsprobe *f*.

spe·cious ['spi:ʃəs] *adj.* □ *äußerlich*

blendend, bestechend, trügerisch, Schein...(*Argument etc.*); '**spe·cious·ness** [-nis] *s.* **1.** *das* Bestechende; blendende Form (*e-r Beweisführung etc.*); **2.** trügerischer Schein.

speck [spek] **I.** *s.* **1.** Fleck(en) *m*, Fleckchen *n*; **2.** Stückchen *n*, *das* bißchen: *a ~ of dust* ein Stäubchen; **3.** faule Stelle (*im Obst*); **4.** *fig.* Pünktchen *n*; **II.** *v/t.* **5.** flecken, sprenkeln; '**speck·le** [-kl] **I.** *s.* Fleck(en) *m*, Sprenkel *m*, Tupfen *m*, Punkt *m*; **II.** *v/t.* → *speck 5*; '**speck·led** [-ld] *adj.* **1.** gefleckt, gesprenkelt, getüpfelt; **2.** (bunt-) scheckig; '**speck·less** [-lis] *adj.* □ fleckenlos, sauber, rein (*a. fig.*).

specs [speks] *s. pl.* F Brille *f.*

spec·ta·cle ['spektəkl] *s.* **1.** Schauspiel *n* (*a. fig.*); **2.** Schaustück *n*: *to make a ~ of o.s.* sich zur Schau stellen, (unangenehm) auffallen; **3.** *trauriger etc.* Anblick; **4.** *pl. a. a pair of ~s* e-e Brille; '**spec·ta·cled** [-ld] *adj.* **1.** bebrillt; **2.** *zo.* Brillen... (*-bär etc.*): *~ cobra* Brillenschlange;

spec·tac·u·lar [spek'tækjulə] **I.** *adj.* □ **1.** Schau..., schauspielartig; **2.** spektaku'lär, eindrucksvoll, aufsehenerregend, sensatio'nell; **II.** *s. Am.* F **3.** 'Gala-Re,vue *f*; **spec·ta·tor** [spek'teitə] *s.* Zuschauer(in).

spec·ter *Am.* → *spectre.*

spec·tra ['spektrə] *pl. von spectrum*; '**spec·tral** [-trəl] *adj.* □ **1.** geisterhaft, gespenstisch; **2.** *phys.* Spektral...: *~ colo(u)r* Spektral-, Regenbogenfarbe; '**spec·tre** [-tə] *s.* **1.** Geist *m*, (Geister)Erscheinung *f*, Gespenst *n* (*a. fig.*); **2.** *fig.* Hirngespinst *n.*

spec·tro·gram ['spektrougræm] *s. phys.* Spektro'gramm *n*; '**spec·tro·graph** [-grɑ:f; -græf] *s. phys.* **1.** Spektro'graph *m*; **2.** Spektro'gramm *n.*

spec·tro·scope ['spektrəskoup] *s. phys.* Spektro'skop *n*; **spec·tro·scop·ic** [spektrəs'kɔpik] *adj.* (□ *~ally*) spektro'skopisch.

spec·trum ['spektrəm] *pl.* **-tra** [-trə] *s.* **1.** *phys.* 'Spektrum *n*: *~ analysis* Spektralanalyse; **2.** *a. radio ~* ⚡ (Fre'quenz),Spektrum *n*; **3.** *a. ocular ~ opt.* Nachbild *n* e-s leuchtenden Gegenstandes in den Augen; **4.** *fig.* Skala *f*: *the whole ~ of fear.*

spec·u·la ['spekjulə] *pl. von speculum*; '**spec·u·lar** [-lə] *adj.* **1.** spiegelnd, Spiegel...: *~ iron min.* Eisenglanz; *~ stone min.* Marienglas; **2.** ⚕ Spekulum...

spec·u·late ['spekjuleit] *v/i.* **1.** nachsinnen, -denken, grübeln, theoretisieren, Vermutungen anstellen (*on, upon, about* über *acc.*); **2.** ✝ spekulieren (*for, on* auf *Baisse etc., in* in *Kupfer etc.*); **spec·u·la·tion** [spekju'leiʃən] *s.* **1.** Nachdenken *n*, Grübeln *n*; **2.** Betrachtung *f*, Theo'rie *f*, Spekulati'on *f* (*a. phls.*); **3.** Vermutung *f*, Mutmaßung *f*: *mere ~*; **4.** ✝ Spekulation *f*; '**spec·u·la·tive** [-lətiv] *adj.* □ **1.** *phls.* spekula'tiv; **2.** theo'retisch; **3.** nachdenkend, grüblerisch; **4.** forschend, abwägend (*Blick etc.*); **5.** ✝ spekula'tiv, Spekulations...; '**spec·u·la·tor** [-leitə] *s.* **1.** ✝ Speku'lant *m*; **2.** Denker *m*, Theo'retiker *m.*

spec·u·lum ['spekjuləm] *pl.* **-la** [-lə] *s.* **1.** (Me'tall)Spiegel *m* (*bsd. für Teleskope*); **2.** ⚕ 'Spekulum *n*, Spiegel *m.*

sped [sped] *pret. u. p.p. von speed.*

speech [spi:tʃ] **I.** *s.* **1.** Sprache *f*, Sprechvermögen *n*: *to recover one's ~* die Sprache wiedergewinnen; **2.** Reden *n*, Sprechen *n*: *freedom of ~* Redefreiheit; **3.** Rede *f*, Äußerung *f*: *to direct one's ~ to* das Wort an *j-n* richten; **4.** Gespräch *n*: *to have ~ of* mit *j-m* reden; **5.** Rede *f*, Ansprache *f*, Vortrag *m*; ⚖ Plädoy'er *n*; **6. a)** (Landes)Sprache *f*, **b)** Dia'lekt *m*: *in common ~* in der Umgangssprache, landläufig; **7.** Sprech-, Ausdrucksweise *f*, Sprache *f* (*e-r Person*); **8.** ♪ Klang *m e-r Orgel etc.*; **II.** *adj.* **9.** Sprach..., Sprech...: *~ area ling.* Sprachraum; *~ island* Sprachinsel; *~ map* Sprachenkarte; *~ record* Sprechplatte; '**~-cen·ter** *Am.*, '**~-cen·tre** *Brit. s. anat.* Sprechzentrum *n*; '**~-day** *s. ped.* (Jahres)Schlußfeier *f*; **~ de·fect** *s.* ⚕ Sprachfehler *m.*

speech·i·fi·ca·tion [spi:tʃifi'keiʃən] *s. contp.* Schwätzen *n*, Redenhalten *n*; **speech·i·fi·er** ['spi:tʃifaiə] *s.* Vielredner *m*, Schwätzer *m*; **speech·i·fy** ['spi:tʃifai] *v/i.* Reden schwingen, viele Worte machen.

speech·less ['spi:tʃlis] *adj.* □ **1.** *fig.* sprachlos (*with* vor *Empörung etc.*); **2.** stumm, wortkarg; **3.** *fig.* unsagbar (*Kummer etc.*); **4.** *sl.* völlig ‚blau' (*betrunken*); '**speech·less·ness** [-nis] *s.* Sprachlosigkeit *f.*

speech| ther·a·pist *s.* ⚕ Logo'päde *m*; **~ ther·a·py** *s.* ⚕ Logopä'die *f.*

speed [spi:d] **I.** *s.* **1.** Geschwindigkeit *f*, Schnelligkeit *f*, Eile *f*, Tempo *n*: *at a ~ of* mit e-r Geschwindigkeit von; *at full ~* eiligst, mit äußerster Geschwindigkeit; *full ~ ahead* ⚓ volle Kraft voraus; **2.** ⊕ **a)** Drehzahl *f*, **b)** *mot. etc.* Gang *m*: *three-~ bicycle* Fahrrad mit Dreigangschaltung; **3.** *phot.* **a)** Lichtempfindlichkeit *f*, **b)** Verschlußgeschwindigkeit *f*; **4.** *obs.*: *good ~!* guten Erfolg!, viel Glück!; **II.** *adj.* **5.** Schnell..., Geschwindigkeits...; **III.** *v/t.* [*irr.*] **6.** *Gast* (rasch) verabschieden, *j-m* Lebe'wohl sagen; **7.** *j-n* fördern, *j-m* Glück verleihen: *God ~ you!* Gott sei mit dir!; **8.** rasch befördern; **9.** *Lauf etc.* beschleunigen; **10.** *mst ~ up* (*pret. u. p.p. speeded*) *Maschine, Sache* beschleunigen; *Produktion* erhöhen; **IV.** *v/i.* [*irr.*] **11.** (da'hin)eilen, rasen; **12.** *mot.* (zu) schnell fahren: *no ~ing!* Schnellfahren verboten!; **13.** *~ up* (*pret. u. p.p. speeded*) die Geschwindigkeit erhöhen; **14.** *obs.* gedeihen, Glück haben; '**~-boat** *s.* Renn-, Schnellboot *n*; '**~-cop** *s.* F motorisierter Ver'kehrspoli,zist; **~ count·er** *s.* ⊕ Tourenzähler *m.*

speed·er ['spi:də] *s.* **1.** ⊕ Geschwindigkeitsregler *m*; **2.** *mot.* Schnellfahrer *m*, ‚Raser' *m.*

speed in·di·ca·tor *s.* **1.** → *speedometer 1*; **2.** → *speed counter.*

speed·i·ness ['spi:dinis] *s.* Schnelligkeit *f*, Eile *f.*

speed| lathe *s.* ⊕ Schnelldrehbank *f*; **~ lim·it** *s. mot.* Geschwindigkeitsbegrenzung *f*, 'Tempolimit *n.*

speed·om·e·ter [spi'dɔmitə] *s.* ⊕ **1.** Geschwindigkeitsmesser *m*, Tacho'meter *m, n*; **2.** Kilo'meterzähler *m.*

speed| skat·er *s. sport* Eisschnellläufer(in); **~ skat·ing** *s. sport* Eisschnellauf *m.*

speed·ster ['spi:dstə] *s. bsd. Am.* **1.** → *speeder 2*; **2.** Renn-, Sportwagen *m.*

'**speed|-up** *s.* **1.** Produkti'onserhöhung *f*; **2.** (rücksichtslose) Antreibe'rei; **3.** Beschleunigung *f*; '**~·way** *s.* **1.** Motorradrennbahn *f*; **2.** *bsd. Am.* Schnellstraße *f.*

speed·well ['spi:dwel] *s.* ⚘ Ehrenpreis *n, m.*

speed·y ['spi:di] *adj.* □ **1.** schnell, zügig, rasch: *to wish s.o. a ~ recovery* j-m gute Besserung wünschen; **2.** prompt.

speiss [spais] *s.* ⚒, *metall.* Speise *f.*

spe·le·ol·o·gist [spi:li'ɔlədʒist] *s.* Höhlenforscher *m*; **spe·le'ol·o·gy** [-dʒi] *s.* Speläolo'gie *f*, Höhlenforschung *f.*

spell[1] [spel] **I.** *v/t.* [*a. irr.*] **1.** buchstabieren: *to ~ backward* **a)** rückwärts buchstabieren, **b)** *fig.* völlig verdrehen; → 7; **2.** (ortho'graphisch richtig) schreiben; **3.** *Wort* bilden, ergeben: *l-e-d ~s led*; **4.** *fig.* bedeuten: *it ~s trouble*; **5.** *~ out* (*od. over*) (mühsam) entziffern; **6.** *oft ~ out fig.* **a)** her'ausfinden, **b)** (*for j-m*) *et.* ‚ausein'anderklauben'; **II.** *v/i.* [*a. irr.*] **7.** (richtig) schreiben: *to ~ backward* in der Rechtschreibung sattelfest sein; **8.** geschrieben werden, sich *so* schreiben.

spell[2] [spel] *s.* **1.** Arbeit(szeit) *f*: *to have a ~ at* sich e-e Zeitlang mit *et.* beschäftigen; **2.** (Arbeits)Schicht *f*: *to give s.o. a ~* j-n (bei s-r Arbeit) ablösen; **3.** *Am.* F (*Husten- etc.*)Anfall *m*, (ner'vöser) Zustand; **4. a)** Zeit(abschnitt *m*) *f*, **b)** *ein* Weilchen *n*; **5.** *Am.* F Katzensprung *m* (*kurze Strecke*); **6.** *meteor.* Peri'ode *f*: *a ~ of fine weather* e-e Schönwetterperiode; *hot ~* Hitzewelle.

spell[3] [spel] **I.** *s.* **1.** Zauber(wort *n*) *m*; **2.** *fig.* Zauber *m*, Bann *m*, Bezauberung *f*: *to be under a ~* gebannt *od.* fasziniert sein; *to break the ~* den Zauberbann (*fig.* das Eis) brechen; **II.** *v/t.* **3.** *j-n* bezaubern, bannen, fesseln, faszinieren; '**~·bind** *v/t.* [*irr.* → *bind*] → *spell*[3] *3*; '**~·bind·er** *s.* faszinierender Redner; '**~·bound** *adj. u. adv.* (wie) gebannt, fasziniert.

spell·er ['spelə] *s.* **1.** *he is a good ~* er ist in der Orthographie gut beschlagen; **2.** Fibel *f*; '**spell·ing** [-liŋ] *s.* **1.** Buchstabieren *n*; **2.** Rechtschreibung *f*, Orthogra'phie *f.*

spelt[1] [spelt] *s.* ⚘ Spelz *m*, Dinkel *m.*

spelt[2] [spelt] *pret. u. p.p. von spell*[1].

spel·ter ['speltə] *s.* **1.** ✝ (Handels-, Roh)Zink *n*; **2.** *a. ~ solder* ⊕ Messingschlaglot *n.*

spe·lunk [spi'lʌŋk] *v/i.* Höhlen erforschen (*als Hobby*).

spen·cer[1] ['spensə] *s. hist.* Spenzer *m* (*kurze Überjacke*).

spen·cer[2] ['spensə] *s.* ⚓ *hist.* Gaffelsegel *n.*

Spen·ce·ri·an [spen'siəriən] **I.** *adj.* (Herbert) Spencer betreffend, Spencerisch: *~ philosophy*; **II.** *s.* Spence'ri'aner *m.*

spend [spend] [*irr.*] **I.** *v/t.* **1.** verbrauchen, aufwenden; **2.** *Geld, Zeit etc.* verwenden, anlegen, ausgeben (*on* für): *to ~ a penny* F auf die Toilette gehen; **3.** verschwenden, -geuden, 'durchbringen; **4.** *Zeit* zu-, verbringen; **5.** (*o.s.* sich) erschöpfen, verausgaben: *the storm is spent* der Sturm hat sich gelegt *od.* ausgetobt; **II.** *v/i.* **6.** Geld ausgeben, Ausgaben machen; **7.** laichen (*Fische*).

spend·ing mon·ey ['spendiŋ] *s.* Taschengeld *n.*

spend·thrift ['spendθrift] **I.** *s.* Verschwender(in); **II.** *adj.* verschwenderisch.

Spen·se·ri·an [spen'siəriən] *adj.* (Edmund) Spenser betreffend, Spenser...: *~ stanza* Spenserstanze.

spent [spent] **I.** *pret. u. p.p. von spend*; **II.** *adj.* **1.** matt, verausgabt, erschöpft, entkräftet: *~ bullet* matte Kugel; *~ liquor* ⊕ Ablauge; **2.** verbraucht; **3.** *zo.* (*von Eiern od. Samen*) entleert (*Insekten, Fische*): *~ herring* Hering nach dem Laichen.

sperm[1] [spə:m] *s. biol.* 'Sperma *n*, Samenflüssigkeit *f.*

sperm[2] [spə:m] *s.* **1.** → *spermaceti*; **2.** *zo.* → *sperm-whale*; **3.** → *sperm-oil.*

sper·ma·ce·ti [spə:mə'seti] *s.* Walrat *m, n.*

sper·ma·ry ['spə:məri] *s. biol.* (männliche) Keimdrüse.

sper·mat·ic [spə:'mætik] *adj. biol.* Samen..., samenartig, -haltig; *~* **cord** *s.* Samenstrang *m*; *~* **flu·id** *s.* Samenflüssigkeit *f.*

sper·ma·to·blast [spə:mətou'blæst] *s. biol.* Ursamenzelle *f*; **sper·ma·to·gen·e·sis** [spə:mətou'dʒenisis] *s. biol.* Samenbildung *f*; **sper·ma·to·zo·on** [spə:mətou'zouən] *pl.* **-zo·a** [-'zouə] *s. biol.* Spermato'zoon *n*, 'Spermium *n.*

spermo- [spə:mou; -mə] *in Zssgn* Samen...

'sperm-oil *s.* Walratöl *n.*

sper·mo·log·i·cal [spə:mou'lɔdʒikəl] *adj.* **1.** ⚕ spermato'logisch; **2.** ⚘ samenkundlich.

'sperm-whale *s. zo.* Pottwal *m.*

spew [spju:] **I.** *v/i.* sich erbrechen, ‚spucken', ‚speien'; **II.** *v/t.* (er-) brechen: *to ~ forth* (*od. out, up*) (aus)speien, (-)spucken, (-)werfen; **III.** *s. das* Erbrochene, Auswurf *m*, ‚Kotze' *f.*

sphac·e·late ['sfæsileit] ⚕ **I.** *v/i.* brandig werden; **II.** *v/t.* brandig machen; **sphac·e·la·tion** [sfæsi'leiʃən] *s.* ⚕ Brandbildung *f*; **'sphac·e·lous** [-ləs] *adj.* ⚕ gangrä'nös, ne'krotisch.

sphaero- [sfiərou, -rə] *in Zssgn* Kugel..., Sphaero...

sphag·num ['sfægnəm] *pl.* **-na** [-nə] *s.* **1.** ⚘ *ein* Torf-, Sumpfmoos *n*; **2.** Torfmull *m.*

sphe·nog·ra·phy [sfi:'nɔgrəfi] *s.* Keilschriftkunde *f*; **sphe·noid** ['sfi:nɔid] **I.** *adj.* **1.** keilförmig; **2.** *anat.* Keilbein...; **II.** *s.* **3.** *min.* Spheno'id *n* (*Kristallform*); **sphe·'noi·dal** [-'nɔidl] *adj.* **1.** *anat.* Keilbein...; **2.** *min.* sphenoi'dal.

sphere [sfiə] *s.* **1.** Kugel *f* (*a.* Ꜭ; *a. sport Ball*), kugelförmiger Körper; Erd-, Himmelskugel *f*; Himmelskörper *m*: *doctrine of the ~* Ꜭ Sphärik; **2.** *antiq. ast.* Sphäre *f*: *music of the ~s* Sphärenmusik; **3.** *poet.* Himmel *m*, Sphäre *f*; **4.** *fig.* (*Einfluß-, Interessen- etc.*)Sphäre *f*, Gebiet *n*, Bereich *m*, Kreis *m*: *~ of influence*; *~ (of activity)* Wirkungskreis; **5.** Mili'eu *n*, (gesellschaftliche) Um'gebung; **spher·ic** ['sferik] **I.** *adj.* **1.** *poet.* himmlisch; **2.** kugelförmig; **3.** *obs.* 'sphärisch; **II.** *s. pl.* **4.** → *spherics*[1]; **spher·i·cal** ['sferikəl] *adj.* □ **1.** kugelförmig; **2.** Ꜭ Kugel...(*-ausschnitt, -vieleck etc.*), sphärisch: *~ astronomy*; *~ trigonometry*; **sphe·ric·i·ty** [sfe'risiti] *s.* Kugelgestalt *f*, sphärische Gestalt.

spher·ics[1] ['sferiks] *s. pl. sg. konstr.* Ꜭ 'Sphärik *f*, Kugellehre *f.*

spher·ics[2] ['sferiks] *s. pl. sg. konstr.* Wetterbeobachtung *f* mit elek'tronischen Geräten.

sphero- → *sphaero-.*

sphe·roid ['sfiərɔid] **I.** *s.* Ꜭ Sphäro'id *n*; **II.** *adj.* → *spheroidal*; **sphe·roi·dal** [sfiə'rɔidl] *adj.* □ sphäro'idisch, kugelig; **sphe·roi·dic** *adj.*; **sphe·roi·di·cal** [sfiə'rɔidik(əl)] *adj.* □ → *spheroidal.*

sphe·rom·e·ter [sfiə'rɔmitə] *s. phys.* Sphäro'meter *n.*

spher·ule ['sferju:l] *s.* Kügelchen *n.*

sphinc·ter ['sfiŋktə] *s. a. ~ muscle anat.* Schließmuskel *m.*

sphinx [sfiŋks] *pl.* **'sphinx·es** *s.* **1.** *mst* ♀ *myth. u.* ⚠ Sphinx *f* (*a. fig. rätselhafter Mensch*); **2. a)** *a. ~-moth* Sphinx *f* (*Nachtfalter*), **b)** *a. ~ baboon* 'Sphinx,pavian *m*; **'~-like** *adj.* sphinxartig (*a. fig. rätselhaft*).

spi·ca ['spaikə] *pl.* **-cae** [-si:] *s.* **1.** ⚘ Ähre *f*; **2.** ⚕ Kornährenverband *m*; **'spi·cate** [-keit] *adj.* ⚘ **a)** ährentragend (*Pflanze*), **b)** ährenförmig (angeordnet) (*Blüte*).

spice [spais] **I.** *s.* **1. a)** Gewürz *n*, Würze *f*, **b)** *coll.* Gewürze *pl.*; **2.** *fig.* Würze *f* (*des Lebens etc.*); **3.** *fig.* Beigeschmack *m*, Anflug *m*: *a ~ of malice*; **II.** *v/t.* **4.** würzen (*a. fig.*); **spiced** [-st] *adj.* **1.** gewürzt: *~ food*; **2.** aro'matisch, würzig; **'spic·er·y** [-səri] *s.* **1.** *coll.* Gewürze *pl.*, Speze'reiwaren *pl.*; **2.** *fig.* Würze *f*; **'spic·i·ness** [-sinis] *s. fig. das* Würzige, *das* Pi'kante.

spick and span [spik] *adj.* **1.** funkelnagelneu; **2. a)** blitzsauber, **b)** ‚geschniegelt u. gebügelt', ‚wie aus dem Ei gepellt'.

spic·u·lar ['spikjulə] *adj.* **1.** *zo.* nadelförmig; **2.** ⚘ ährchenförmig; **spic·ule** ['spaikju:l] *s.* **1.** (Eis- *etc.*) Nadel *f*; **2.** *zo.* nadelartiger Fortsatz, *bsd.* Ske'lettnadel *f* (*e-s Schwammes etc.*); **3.** ⚘ Ährchen *n.*

spic·y ['spaisi] *adj.* □ **1.** gewürzt, würzig; **2.** würzig, aro'matisch (*Duft etc.*); **3.** Gewürz...; **4.** *fig.* **a)** würzig, witzig, **b)** pi'kant, gepfeffert, schlüpfrig; **5.** *sl.* **a)** ‚gewieft', geschickt, **b)** ele'gant, schick.

spi·der ['spaidə] *s.* **1.** *zo.* Spinne *f*; **2.** ⊕ **a)** Armkreuz *n*, **b)** Drehkreuz *n*, **c)** Armstern *m* (*Rad*); **3.** ⚡ Läuferkörper *m*; **4.** *Am.* Dreifuß *m* (*Untersatz*); **'~-catch·er** *s. orn.* **1.** Spinnenfresser *m*; **2.** Mauerspecht *m*; **'~-like** *adj.* spinnenartig; **'~-line** *s. mst pl.* ⊕, *opt.* Faden (-kreuz *n*) *m*, Ableselinie *f*; **'~-web,** *a.* **~'s web** *s.* Spinn(en)gewebe *n* (*a. fig.*).

spi·der·y ['spaidəri] *adj.* **1.** spinnenartig; **2.** spinnwebartig; **3.** voll von Spinnen.

spiel [spi:l] *s. Am. sl.* Geschichte *f*, Gequatsche *n*; Geschwätz *n.*

spiff·ing ['spifiŋ] *adj. sl.* **1.** glänzend, ‚toll'; **2.** schick, ‚fesch'.

spif·fli·cate ['spiflikeit] *v/t. sl. od. humor.* ‚es *j-m* geben', *j-n* ‚fertigmachen'.

spiff·y ['spifi] → *spiffing.*

spif·li·cate → *spifflicate.*

spig·ot ['spigət] *s.* ⊕ **1.** (Faß)Zapfen *m*; **2.** Zapfen *m* (*e-s Hahns*); **3.** (Faß-, Leitungs)Hahn *m*; **4.** Muffenverbindung *f* (*bei Röhren*).

spike[1] [spaik] *s.* ⚘ **1.** (Gras-, Korn-) Ähre *f*; **2.** (Blüten)Ähre *f.*

spike[2] [spaik] **I.** *s.* **1.** Stift *m*, Spitze *f*, Dorn *m*, Stachel *m*; **2.** ⊕ (Haken-, Schienen)Nagel *m*, Bolzen *m*; **3.** (Zaun)Eisenspitze *f*; **4.** *sport* Laufdorn *m*, *pl. a.* Spikes *pl.*; **5.** *hunt.* Spieß *m* (*e-s Junghirsches*); **II.** *v/t.* **6.** festnageln; **7.** mit (Eisen-) Spitzen versehen; **8.** aufspießen; **9.** *sport* mit den Spikes verletzen; **10.** ⚔ *Geschütz* vernageln: *to ~ s.o.'s guns fig.* j-s *feindliche* Pläne durchkreuzen; **11.** *Am.* e-n Schuß Alkohol geben in *ein Getränk.*

spiked[1] [spaikt] *adj.* ⚘ ährentragend.

spiked[2] [spaikt] *adj.* mit Nägeln *od.* (Eisen)Spitzen (versehen): *~ shoes.*

spike·nard ['spaiknα:d] *s.* **1.** La'vendel-, Nardenöl *n*; **2.** ⚘ Indische Narde; **3.** ⚘ Traubige A'ralie.

spike oil → *spikenard 1.*

spik·y ['spaiki] *adj.* **1.** spitz, dornenartig, stachelig; **2.** *Brit.* F verbohrt (*Anglikaner*).

spile [spail] **I.** *s.* **1.** *bsd. dial.* (Faß-) Zapfen *m*, Spund *m*; **2.** Pflock *m*, Pfahl *m*; **II.** *v/t.* **3.** verspunden; **4.** anzapfen.

spill[1] [spil] *s.* **1.** (Holz)Splitter *m*; **2.** 'Fidibus *m.*

spill[2] [spil] **I.** *v/t.* [*irr.*] **1.** aus-, verschütten, 'überlaufen lassen; **2.** *Blut* vergießen; **3.** um'her-, verstreuen; **4.** ⚓ *Segel* killen lassen; **5.** F *Reiter* abwerfen; *weitS.* schleudern; **6.** *sl.* ausplaudern, verraten; → *bean 1*; **II.** *v/i.* [*irr.*] **7.** 'überlaufen, verschüttet werden; **8.** sich ergießen; **III.** *s.* **9.** F Sturz *m*, Fall *m* (*vom Wagen, Pferd etc.*).

spil·li·kin ['spilikin] *s.* **1.** Stäbchen *n* (*bsd. im Federspiel*); **2.** *pl.* Federspiel *n*; **3.** *fig.* Splitter *m.*

'spill·way *s.* ⊕ 'Überlauf(rinne *f*) *m.*

spilt [spilt] *pret. u. p.p. von spill*; → *milk 1.*

spin [spin] **I.** *v/t.* [*irr.*] **1.** *Wolle, Flachs etc.* (zu Fäden) spinnen; **2.** *Fäden, Garn* spinnen; **3.** schnell drehen, (her'um)wirbeln; *Kreisel* treiben; ✈ *Flugzeug* trudeln lassen; *Münze* hochwerfen; *Wäsche* schleudern; *Schallplatte* abspielen; **4. a)** sich *et.* ausdenken, *Pläne* aushecken, **b)** erzählen; → *yarn 3*; **5.** ~ *out* in die Länge ziehen, *Geschichte* ausspinnen; **6.** *sl. Kandidaten* ,'durchrasseln' lassen; **II.** *v/i.* [*irr.*] **7.** spinnen; **8.** *a.* ~ *round* sich (im Kreise um die eigene Achse) drehen, her'umwirbeln: *to send s.o.* ~*ning* j-n hinschleudern; *my head* ~*s* mir dreht sich alles; **9.** ~ *along* da'hinsausen (*fahren*); **10.** ✈ trudeln; **11.** *sl.* ,durchrasseln' (*Prüfungskandidat*); **III.** *s.* **12.** *das* Her'umwirbeln; **13.** schnelle Drehung, Drall *m*; **14.** Spazierfahrt *f*, schneller Ritt: *to go for a* ~ F e-e Spritztour machen; **15.** (Ab)Trudeln *n*.

spin·ach ['spinidʒ] *s.* **1.** ♀ Spi'nat *m*; **2.** *Am. sl.* ,Kohl' *m* (*Unsinn*).

spi·nal ['spainl] *adj. anat.* spi'nal, Rückgrat..., Rückenmarks...; ~ **column** *s.* Wirbelsäule *f*, Rückgrat *n*; ~ **cord,** ~ **mar·row** *s.* Rückenmark *n*; ~ **nerve** *s.* Spi'nalnerv *m*.

spin·dle ['spindl] **I.** *s.* **1.** ⊕ **a)** (Hand-, *a.* Drehbank)Spindel *f*, **b)** Welle *f*, Achszapfen *m*, **c)** Triebstock *m*; **2.** ♀ Spindel *f*; **II.** *v/i.* **3.** (auf)schießen (*Pflanze*); **4.** in die Höhe schießen (*Person*); '~**-legged** *adj.* storch-, spindelbeinig; '~**-legs,** '~**-shanks** *s. pl.* **1.** lange, dürre Beine *pl.*; **2.** *sg. konstr.* storchbeinige Per'son, ,Langbein' *n*.

spin·dling ['spindliŋ], '**spin·dly** [-li] *adj.* lang u. dünn, spindeldürr.

'**spin-dri·er** *s.* Wäscheschleuder *f*.

spine [spain] *s.* **1.** ♀, *zo.* Stachel *m*; **2.** *anat.* Rückgrat *n* (*a. fig. fester Charakter*), Wirbelsäule *f*; **3.** (Gebirgs)Grat *m*; **spined** [-nd] *adj.* **1.** stachelig, Stachel...; **2.** Rückgrat..., Wirbel...

spine·less ['spainlis] *adj.* **1.** stachellos; **2.** rückgratlos (*a. fig.*).

spin·et [spi'net] *s.* ♪ Spi'nett *n*.

spin·na·ker ['spinəkə] *s.* ⚓ Spinnaker *m*, dreieckiges Bal'lonsegel.

spin·ner ['spinə] *s.* **1.** *poet. od. dial.* Spinne *f*; **2.** Spinner(in); **3.** ⊕ 'Spinnmaˌschine *f*; **4.** Kreisel *m*; **5.** (Polier)Scheibe *f*; **6.** → *spinneret*.

spin·ner·et ['spinəret] *s. zo.* Spinndrüse *f*.

spin·ney ['spini] *pl.* **-neys** *s. Brit.* **1.** Dickicht *n*, Gestrüpp *n*; **2.** Buschwerk *n*.

'**spin·ning|-jen·ny** ['spiniŋ] *s.* ⊕ 'Feinspinnmaˌschine *f*; '~**-mill** *s.* Spinne'rei *f*; '~**-wheel** *s.* ⊕ Spinnrad *n*.

spi·nose ['spainous] *adj.* stach(e)lig; **spi·nos·i·ty** [spai'nɔsiti] *s.* Dornigkeit *f*, Stach(e)ligkeit *f*; '**spinous** [-nəs] *adj.* ♀, *zo.* stach(e)lig.

spin·ster ['spinstə] *s.* **1.** älteres Fräulein, alte Jungfer; **2.** *Brit.* ⚖ **a)** unverheiratete Frau, **b)** *nach dem Namen*: ledig: ~ *aunt* unverheiratete Tante; '**spin·ster·hood** [-hud] *s.* **1.** 'Alt'jüngferlichkeit *f*; **2.** 'Alt'jungfernstand *m*; **3.** lediger Stand; '**spin·ster·ish** [-əriʃ] *adj.*; '**spinster·ly** [-li] *adj. u. adv.* 'alt'jüngferlich.

spin·y ['spaini] *adj.* **1.** ♀, *zo.* dornig, stach(e)lig; **2.** *fig.* heikel (*Thema etc.*).

spi·ra·cle ['spaiərəkl] *s.* **1.** Atem-, Luftloch *n*, *bsd. zo.* Tra'chee *f*; **2.** *zo.* Spritzloch *n* (*bei Walen etc.*).

Spi·rae·a [spai'riə] *s.* ♀ Geißbart *m*.

spi·ral ['spaiərəl] **I.** *adj.* □ **1.** gewunden, schrauben-, schneckenförmig, spi'ral, Spiral...: ~ *balance* ⊕ (Spiral)Federwaage; ~ *staircase* Wendeltreppe; **2.** ♣ spi'ralig, Spiral...; **II.** *s.* **3.** ♣ *etc.* Spi'rale *f*; **4.** Windung *f e-r Spirale*; **5.** ⊕ **a)** *a.* ~ *conveyer* Förderschnecke *f*, **b)** *a.* ~ *spring* Spi'ralfeder *f*; **6.** ⚡ **a)** Spule *f*, **b)** Wendel *f* (*Glühlampe*); **7.** *a.* ~ *nebula ast.* Spi'ralnebel *m*; **8.** ✈ Spi'ralflug *m*, Spirale *f*; **9.** ✝ (*Preis-, Lohn- etc.*)Spirale *f*: *wage-price* ~ Lohn-Preis-Spirale; **III.** *v/t.* **10.** spiralig machen; **IV.** *v/i.* **11.** sich spi'ralförmig bewegen, *a.* ✈, ✝ sich (*hoch-, nieder*)schrauben.

spi·rant ['spaiərənt] *ling.* **I.** *s.* 'Spirans *f*, Reibelaut *m*; **II.** *adj.* spi'rantisch.

spire¹ ['spaiə] *s.* **1.** → *spiral 4*; **2.** Spi'rale *f*; **3.** *zo.* Gewinde *n* (*e-r Schneckenschale etc.*).

spire² ['spaiə] **I.** *s.* **1.** (*Dach-, Turm-, a. Baum-, Berg- etc.*)Spitze *f*; **2.** Spitzturm *m*; **3.** Kirchturm(spitze *f*) *m*; **4.** spitz zulaufender Körper *od.* Teil, *z. B.* (Blüten)Ähre *f*, Grashalm *m*, (Geweih)Gabel *f*; **II.** *v/i. u. v/t.* **5.** spitz zulaufen (lassen).

spired¹ ['spaiəd] *adj.* spi'ralförmig.

spired² ['spaiəd] *adj.* **1.** spitz (zulaufend); **2.** spitztürmig.

spir·it ['spirit] **I.** *s.* **1.** *allg.* Geist *m*: **a)** Odem *m*, Lebenshauch *m*, **b)** innere Vorstellung: *in* (*the*) ~ im Geiste, **c)** Seele *f* (*a. e-s Toten*), **d)** Gespenst *n*, **e)** Gesinnung *f*, (*Gemein- etc.*)Sinn *m*, **f)** Cha'rakter *m*, **g)** Sinn *m*: *the* ~ *of the law*; → *enter into 3*; **2.** Stimmung *f*, Gemütsverfassung *f*, *pl. a.* Lebensgeister *pl.*: *in high* (*low*) ~*s* gehobener (in gedrückter) Stimmung; **3.** Feuer *n*, Schwung *m*, E'lan *m*; Ener'gie *f*, Mut *m*; **4.** (Mann *m* von) Geist *m*, Kopf *m*, Ge'nie *n*; **5.** Seele *f e-s Unternehmens*; **6.** (Zeit)Geist *m*: ~ *of the age*; **7.** ⚗ Destil'lat *n*, Geist *m*, 'Spiritus *m*: ~(*s*) *of hartshorn* Hirschhornspiritus, -geist; ~(*s*) *of turpentine* Terpentinöl; ~(*s*) *of wine* Weingeist; **8.** ⚗ Spiritus *m*: ~*-lamp*; **9.** *mot.* Ben'zin *n*, ,Sprit' *m*; **10.** *oft pl.* alko'holische *od.* geistige Getränke *pl.*, Spiritu'osen *pl.*; **11.** *Am.* 'Alkohol *m*; **II.** *v/t.* **12.** *a.* ~ *up* aufmuntern, ermutigen, anstacheln; **13.** ~ *away*, ~ *off* hin'wegschaffen, verschwinden lassen, hin'wegzaubern; '**spir·it·ed** [-tid] *adj.* □ **1.** le'bendig, lebhaft, tempera'mentvoll; **2.** e'nergisch, beherzt; **3.** feurig (*Pferd etc.*); **4.** (geist)sprühend, le'bendig (*Rede, Buch etc.*).

-spir·it·ed ['spiritid] *adj. in Zssgn* **1.** ...gesinnt: → *public-*~; **2.** (*hoch- etc.*)gestimmt, ...gemut.

spir·it·ed·ness ['spiritidnis] *s.* **1.** Lebhaftigkeit *f*, Le'bendigkeit *f*; **2.** Ener'gie *f*, Forschheit *f*; **3.** *in Zssgn*: *low-*~ Niedergeschlagenheit; *public-*~ Gemeinsinn.

spir·it·ism ['spiritizəm] *s.* Spiri'tismus *m*; '**spir·it·ist** [-ist] *s.* Spiri'tist *m*; **spir·it·is·tic** [spiri'tistik] *adj.* (□ ~*ally*) spiri'tistisch.

spir·it·less ['spiritlis] *adj.* □ **1.** geistlos; **2.** leb-, schwunglos, schlapp; **3.** niedergeschlagen, mutlos; lustlos; '**spir·it·less·ness** [-nis] *s.* **1.** Geistlosigkeit *f*; **2.** Lust-, Schwunglosigkeit *f*; **3.** Kleinmut *m*.

'**spir·it-lev·el** *s.* ⊕ Nivellier-, Wasserwaage *f*, Li'belle *f*.

spi·ri·to·so [spi:ri:'touzou] (*Ital.*) *adv.* ♪ lebhaft, munter.

'**spir·it|-rap·per** *s.* Spiri'tist *m*; '~**-rap·ping** *s.* Geisterklopfen *n*.

spir·it·u·al ['spiritjuəl] **I.** *adj.* □ **1.** geistig, unkörperlich; **2.** geistig, innerlich, seelisch: ~ *life* Seelenleben; **3.** vergeistigt (*Person, Gesicht etc.*); **4.** religi'ös, göttlich (inspiriert); **5.** geistlich (*Gericht, Lied etc.*), kirchlich: *Lords* ♀ geistliche Lords (*des Oberhauses*); **6.** geistreich, -voll; **II.** *s.* **7.** ♪ ('Neger-) ˌSpiritual *n* (*geistlicher Gesang*); '**spir·it·u·al·ism** [-lizəm] *s.* **1.** Geisterglaube *m*, Spiri'tismus *m*; **2.** *phls.* **a)** Spiritua'lismus *m*, **b)** meta'physischer Idea'lismus; **3.** Geistigkeit *f*; '**spir·it·u·al·ist** [-list] *s.* **1.** Spiritua'list *m*, Idea'list *m*; **2.** Spiri'tist *m*; **spir·it·u·al·is·tic** [spiritjuə'listik] *adj.* **1.** *phls.* spiritua'listisch; **2.** spiri'tistisch.

spir·it·u·al·i·ty [spiritju'æliti] *s.* **1.** Geistigkeit *f*, *das* Geistige; **2.** geistliches Wesen; **3.** Unkörperlichkeit *f*, geistige Na'tur; **4.** *oft pl. hist.* geistliche Rechte *pl. od.* Einkünfte *pl.*; **spir·it·u·al·i·za·tion** [spiritjuəlai'zeiʃən] *s.* Vergeistigung *f*; **spir·it·u·al·ize** ['spiritjuəlaiz] *v/t.* **1.** ver-, durch'geistigen; **2.** im über'tragenen Sinne deuten.

spir·it·u·ous ['spiritjuəs] *adj.* **1.** alko'holisch, spiritu'os: ~ *liquors* **a)** alkoholische Getränke, **b)** Bier; **2.** destilliert.

spi·rom·e·ter [spaiə'rɔmitə] *s.* ⚕ Atmungsmesser *m*.

spirt → *spurt²*.

spir·y¹ ['spaiəri] *adj.* spi'ralförmig, gewunden.

spir·y² ['spaiəri] *adj.* **1.** spitz zulaufend; **2.** vieltürmig.

spit¹ [spit] **I.** *v/i.* [*irr.*] **1.** spucken: *to* ~ *on fig.* auf *et.* spucken; *to* ~ *on* (*od. at*) *s.o.* **a)** j-n anspucken, **b)** *fig.* j-n schändlich behandeln; **2.** spritzen, klecksen (*Federhalter*); **3.** sprühen (*Regen*); **4.** fauchen, zischen (*Katze etc.*); **5.** her'aussprudeln, -spritzen (*kochendes Wasser etc.*); **II.** *v/t.* [*irr.*] **6.** *a.* ~ *out* (aus)spucken; **7.** *Feuer etc.* speien; **8.** *a.* ~ *out fig. Worte* (heftig) her'vorstoßen: ~ *it out!* F heraus mit der Sprache!, nun sag's schon!; **III.** *s.* **9.** Spucke *f*, Speichel *m*: ~ *and polish* ⚓, ⚔ *sl.* **a)** Putz- u. Flickstunde, **b)** peinliche Sauberkeit, **c)** Leuteschinderei; **10.** Fauchen *n* (*e-r Katze*); **11.** Sprühregen *m*; **12.** F Eben-, Abbild *n*: *she is the very* ~ *of her mother* sie ist ihrer Mutter wie aus dem Gesicht geschnitten.

spit² [spit] **I.** *s.* **1.** (Brat)Spieß *m*; **2.** *geogr.* Landzunge *f*; **3.** spitz zulaufende Sandbank; **II.** *v/t.* **4.** an e-n Bratspieß stecken; **5.** aufspießen.

spit³ [spit] *s.* Spatenstich *m*.

spite [spait] **I.** *s.* **1.** Boshaftigkeit *f*, Gehässigkeit *f*: *from pure* (*od. in od. out of*) ~ aus reiner Bosheit; **2.** Groll *m*: *to have a ~ against j-m* grollen; **3.** (*in*) ~ *of* trotz, ungeachtet (*gen.*): *in ~ of that* dessenungeachtet; *in ~ of o.s.* unwillkürlich; **II.** *v/t.* **4.** *j-n* ärgern, kränken; → *nose Redew.*; '**spite·ful** [-ful] *adj.* □ boshaft, gehässig; '**spite·ful·ness** [-fulnis] → *spite 1.*

'**spit|·fire I.** *s.* **1.** Feuer-, Hitzkopf *m*, *bsd.* ‚Drachen' *m*, ‚Kratzbürste' *f* (*Frau*); **2.** Feuerspeier *m*; **II.** *adj.* **3.** hitzköpfig.

spit·tle ['spitl] → *spit*[1] *9.*

spit·toon [spi'tu:n] *s.* Spucknapf *m.*

spitz(-dog) [spits] (*Ger.*) *s. zo.* Spitz *m* (*Hund*).

spiv [spiv] *s. Brit. sl.* **1. a)** Nichtstuer *m*, **b)** Schma'rotzer *m*; **2.** Schieber *m.*

splanch·nic ['splæŋknik] *adj. anat.* Eingeweide...

splash [splæʃ] **I.** *v/t.* **1.** (mit Wasser *od.* Schmutz *etc.*) bespritzen; **2.** *Wasser etc.* spritzen, gießen (*on, over* über *acc.*); **3.** *s-n Weg* patschend bahnen; **II.** *v/i.* **4.** spritzen; **5.** platschen, planschen, plätschern; **6.** klatschen (*Regen*); **III.** *adv.* **7.** platschend, klatsch, patsch; **IV.** *s.* **8.** Spritzen *n*; **9.** Plätschern *n*, Klatschen *n*; **10.** Schwapp *m*, Guß *m*; **11.** Spritzer *m*, (Spritz)Fleck *m*; **12.** (Farb-, Licht)Fleck *m*; **13.** F **a)** Aufsehen *n*, Sensati'on *f*, **b)** große Aufmachung: *to make a ~* Aufsehen erregen, Furore machen; **14.** *Brit.* F Schuß *m* Sodawasser (*zum Whisky etc.*); **15.** Gesichtspuder *m*; '**~-board** *s.* ⊕, *mot.* Schutzblech *n*; '**~·down** *s.* Wasserung *f*, Landung *f* im Wasser (*Raumkapsel etc.*).

splash·er ['splæʃə] *s.* **1.** Schutzblech *n*; **2.** Wandschoner *m.*

splash·y ['splæʃi] *adj.* **1.** spritzend; **2.** klatschend, platschend; **3.** bespritzt, beschmutzt, klecksig; **4.** matschig; **5.** F sensatio'nell ‚toll'.

splat·ter ['splætə] *Brit. dial. od. Am.* **I.** *v/t.* **1.** (be-, um'her)spritzen; **2.** beschmutzen; **3.** sprenkeln; **II.** *v/i.* **4.** spritzen; **5.** platschen, planschen; **6.** undeutlich sprechen, ‚nuscheln'.

splay [splei] **I.** *v/t.* **1.** ausbreiten, -dehnen; **2.** △ *Fenster etc.* ausschrägen; **3.** (ab)schrägen; **4.** *bsd. vet. Schulterknochen* ausrenken (*bei Pferden*); **II.** *v/i.* **5.** ausgeschrägt sein; **III.** *adj.* **6.** breit u. flach; **7.** gespreizt, nach auswärts gebogen (*Fuß*); **8.** schief, schräg; **IV.** *s.* **9.** △ schiefwink(e)lige Fläche, Ausschrägung *f*; **splayed** [-eid] *adj.* **1.** auswärts gebogen, gespreizt; **2.** schräg.

'**splay|-foot I.** *s.* ⚕ Spreiz-, Plattfuß *m*; **II.** *adj. a.* '**~-foot·ed** mit Spreizfüßen behaftet.

spleen [spli:n] *s.* **1.** *anat.* Milz *f*; **2.** *fig.* üble Laune, Ärger *m*; **3.** *obs.* Hypochon'drie *f*, Melancho'lie *f*; **4.** *obs.* Spleen *m*, ‚Tick' *m*; '**spleen·ful** [-ful], '**spleen·ish** [-niʃ] *adj.* □ **1.** mürrisch, griesgrämig, übelgelaunt; **2.** hypo'chondrisch.

splen·dent ['splendənt] *adj. min. u. fig.* glänzend, leuchtend.

splen·did ['splendid] *adj.* □ **1.** *alle a.* F glänzend, großartig, herrlich, prächtig; **2.** ruhmreich; **3.** wunderbar, her'vorragend: ~ *talents*; '**splen·did·ness** [-nis] *s.* **1.** Glanz *m*, Pracht *f*; **2.** Großartigkeit *f.*

splen·dif·er·ous [splen'difərəs] *adj.* F *od. humor.* herrlich, prächtig.

splen·do(u)r ['splendə] *s.* **1.** heller Glanz; **2.** Pracht *f*; **3.** Großartigkeit *f*, Bril'lanz *f*, Größe *f.*

sple·net·ic [spli'netik] **I.** *adj.* (□ *~ally*) **1.** ⚕ Milz...; **2.** milzkrank; **3.** *fig.* verdrießlich, übellaunig, reizbar; **4.** *obs.* melan'cholisch; **II.** *s.* **5.** ⚕ Milzkranke(r *m*) *f*; **6.** *fig.* Hypo'chonder *m.*

splen·ic ['splenik] *adj.* ⚕ Milz...: ~ *fever* Milzbrand.

sple·ni·tis [spli'naitis] *s.* ⚕ Milzentzündung *f.*

splice [splais] **I.** *v/t.* **1.** spleißen, zs.-splissen; **2.** (ein)falzen; **3.** verbinden, zs.-fügen; **4.** F verheiraten: *to get ~d* getraut werden; **II.** *s.* **5.** ⚓ Spleiß *m*, Splissung *f*; **6.** ⊕ (Ein-) Falzung *f.*

spline [splain] *s.* **1.** längliches, dünnes Stück Holz *od.* Me'tall; **2.** *Art* 'Kurvenline,al *n*; **3.** ⊕ **a)** Keil *m*, Feder *f* für Keilnut, **b)** Nut *f*, Rille *f* (*an e-r Achse etc.*).

splint [splint] **I.** *s.* **1.** ⚕ Schiene *f*: *in ~s* geschient; **2.** ⊕ Span *m*; **3.** → *splint-bone 1*; **4.** *vet.* **a)** → *splint-bone 2*, **b)** Knochenauswuchs *m*, 'Tumor *m* (*Pferdefuß*); **5.** *a.* *~-coal min.* Splitterkohle *f*; **II.** *v/t.* **6.** ⚕ schienen; '**~-bone** *s.* **1.** *anat.* Wadenbein *n*; **2.** *vet. Knochen des Pferdefußes hinter dem Schienbein.*

splin·ter ['splintə] **I.** *s.* **1.** (*a. Bomben-, Knochen- etc.*)Splitter *m*, Span *m*: *to go (in)to ~s* → *3*; **2.** *fig.* Splitter *m*, Bruchstück *n*; **II.** *v/t. u. v/i.* **3.** zersplittern; '**~-bar** *s.* Ortscheit *n*, (Wagen)Schwengel *m*; '**~-bomb** *s.* ⚔ Splitterbombe *f*; ~ **par·ty** *s. pol.* 'Splitterpar,tei *f*; '**~-proof** *adj.* splittersicher.

splin·ter·y ['splintəri] *adj.* **1.** *bsd. min.* splitterig, schieferig; **2.** leicht splitternd; **3.** splitterförmig; **4.** Splitter...

split [split] **I.** *v/t.* [*irr.*] **1.** (zer)spalten, zerteilen, schlitzen; *Holz, fig. Haare* spalten; **2.** zerreißen; → *side 4*; **3.** *fig.* zerstören; **4.** *Gewinn, Flasche Wein etc.* (unterein'ander) teilen, sich in *et.* teilen: *to ~ the difference* **a)** ✝ sich in die Differenz teilen, **b)** sich auf halbem Wege entgegenkommen *od.* einigen; → *ticket 7*; **5.** trennen, entzweien, *Partei etc.* spalten; **6.** *sl. Plan etc.* verraten; **7.** *Am.* F *Whisky etc.* ‚spritzen' (*mit Wasser verdünnen*); **8.** ⚗, *phys. Atome etc.* (auf)spalten: *to ~ off* abspalten; **II.** *v/i.* [*irr.*] **9.** sich aufspalten, reißen; platzen, bersten, zerspringen: *my head is ~ing fig.* ich habe rasende Kopfschmerzen; **10.** zerschellen (*Schiff*); **11.** sich spalten (*into* in *acc.*): *to ~ off* sich abspalten; **12.** sich entzweien *od.* trennen (*over* wegen *e-r Sache*); **13.** *sl.* sich teilen (*on* in *acc.*); **14.** *sl.* aus der Schule plaudern, alles verraten: *to ~ on j-n* denunzieren *od.* ‚hochgehen lassen'; **15.** F vor Lachen bersten; **16.** *pol. Am.* panaschieren; **III.** *s.* **17.** Spalt *m*, Riß *m*, Sprung *m*; **18.** *fig.* Spaltung *f*, Zersplitterung *f* (*e-r Partei etc.*); **19.** *fig.* Entzweiung *f*, Bruch *m*; **20.** *pol.* Splittergruppe *f*; **21.** ⊕ Schicht *f von Spaltleder*; **22.** F Mischgetränk *n*; **23.** F Split *m*, Fruchteisbecher *m*: *banana ~*; **24.** F **a)** halb(gefüllt)e (*Mineralwasser- etc.*)Flasche, **b)** halbgefülltes Schnapsglas; **25.** *pl.* **a)** *Akrobatik*: Spa'gat *m*, **b)** *sport* Grätsche *f*; **26.** *sl.* Spitzel *m*; **IV.** *adj.* **27.** gespalten, Spalt...: ~ *cloth* ⚕ Binde mit mehreren Enden; ~ *infinitive ling.* gespaltener Infinitiv; ~ *peas*(e) halbe Erbsen; ~ *personality psych.* gespaltene Persönlichkeit; ~ *second* Bruchteil e-r Sekunde; ~ *second watch sport* Stoppuhr; ~ *ticket Am.* Wahlzettel mit Kandidaten mehrerer Parteien; '**split·ting** [-tiŋ] **I.** *adj.* **1.** (*ohren- etc.*)zerreißend; **2.** rasend, heftig (*Kopfschmerzen*); **3.** blitzschnell; **4.** zwerchfellerschütternd: *a ~ farce*; **II.** *s.* **5.** Splitting *n* (*Einkommensteuer*).

splodge [splɔdʒ], **splotch** [splɔtʃ] **I.** *s.* Fleck *m*, Klecks *m*; **II.** *v/t.* beklecksen; **splotch·y** ['splɔtʃi] *adj.* fleckig, schmutzig.

splurge [splə:dʒ] F **I.** *s.* **1.** ‚Angabe' *f*, protziges Getue; **2.** verschwenderischer Aufwand, große Sache; **II.** *v/i.* **3.** protzen, angeben; **4.** prassen.

splut·ter ['splʌtə] **I.** *v/i.* **1.** stottern, plappern; **2.** ‚stottern', ‚kotzen' (*Motor*); **3.** zischen (*Braten etc.*); **4.** spritzen, klecksen (*Schreibfeder*); **5.** spritzen, sprühen (*Wasser etc.*); **II.** *v/t.* **6.** *Worte* her'aussprudeln, -stottern; **7.** verspritzen; **8.** bespritzen; **9.** *j-n* (*beim Sprechen*) bespucken; **III.** *s.* **10.** Geplapper *m*; **11.** Spritzen *n*; Sprudeln *n*; Zischen *n.*

spoil [spɔil] **I.** *v/t.* [*irr.*] **1.** *et., a. Appetit, Spaß* verderben, ruinieren, vernichten; *Plan* vereiteln; **2.** *Charakter etc.* verderben, *Kind* verziehen, -wöhnen; **3.** (*pret. u. p.p. nur ~ed*) berauben, entblößen (*of gen.*); **4.** (*pret. u. p.p. nur ~ed*) *obs.* (aus)plündern; **II.** *v/i.* [*irr.*] **5.** verderben, ‚ka'puttgehen', schlecht werden (*Obst etc.*); **6.** *to be ~ing for* brennen auf (*acc.*); *~ing for a fight* streitlustig; **III.** *s.* **7.** *mst pl.* (Sieges)Beute *f*, Raub *m*; **8.** Beute (-stück *n*) *f*; **9.** *mst pl. bsd. Am.* **a)** Ausbeute *f*, **b)** *pol.* Gewinn *m*, Einkünfte *pl.* (*e-r Partei nach dem Wahlsieg aus Ämtern etc.*); **10.** Schutt *m*, Erdhaufen *m*; **11.** *pl.* 'Überreste *pl.*, -bleibsel *pl.* (*von Mahlzeiten*); '**spoil·age** [-lidʒ] *s.* **1.** *typ.* Makula'tur *f*; **2.** ✝ Verderb *m von Waren.*

spoils·man ['spɔilzmən] *s.* [*irr.*] *pol. Am.* Postenjäger *m.*

'**spoil-sport** *s.* Spielverderber(in).

spoils sys·tem *s. pol. Am.* 'Futterkrippensy,stem *n.*

spoilt [spɔilt] *pret. u. p.p. von spoil.*

spoke[1] [spouk] **I.** *s.* **1.** (Rad)Speiche *f*; **2.** (Leiter)Sprosse *f*; **3.** ⚓ Spake *f* (*des Steuerrads*); **4.** Bremsvorrichtung *f*: *to put a ~ in s.o.'s wheel fig.* j-m e-n Knüppel zwischen die Beine werfen; **II.** *v/t.* **5.** *Rad* verspeichen; **6.** *Rad* (ab)bremsen.

spoke[2] [spouk] *pret. u. obs. p.p. von speak.*

'spoke-bone *s. anat.* Speiche *f.*

spo·ken ['spoukən] **I.** *p.p. von speak*; **II.** *adj.* **1.** gesprochen, mündlich: ~ *English* gesprochenes Englisch; **2.** *in Zssgn* ...sprechend.

spokes·man ['spouksmən] *s.* [*irr.*] Wortführer *m*, Sprecher *m*, Vertreter *m*: *government* ~ *pol.* Regierungssprecher.

spo·li·ate ['spoulieit] *v/t. u. v/i.* plündern; **spo·li·a·tion** [spouli'eiʃən] *s.* **1.** Plünderung *f*, Beraubung *f*; **2.** ⚓, ⚔ *kriegsrechtliche Plünderung neutraler Schiffe.*

spon·da·ic [spɔn'deiik] *adj. Metrik*: spon'deisch; **spon·dee** ['spɔndi:] *s.* Spon'deus *m.*

spon·dyl(e) ['spɔndil] *s. anat., zo.* Wirbelknochen *m.*

sponge [spʌndʒ] **I.** *s.* **1.** *zo.*, † *u. weitS.* Schwamm *m*: *to pass the* ~ *over* aus dem Gedächtnis löschen, vergessen; *to throw up the* ~ *Boxen*: das Handtuch werfen (*a. fig. sich geschlagen geben*); **2.** ⚔ Wischer *m*; **3.** *fig.* Schma'rotzer *m*, ‚Nassauer' *m* (*Person*); **4.** *Küche*: **a)** aufgegangener Teig, **b)** Schwammpudding *m*; **II.** *v/t.* **5.** *a.* ~ *down* (mit e-m Schwamm) reinigen, abwaschen: *to* ~ *off*, ~ *away* weg-, abwischen; *to* ~ *out* auslöschen (*a. fig.*); **6.** ~ *up Wasser etc.* (mit e-m Schwamm) aufsaugen, -nehmen; **7.** (kostenlos) ergattern, ‚schnorren'; **III.** *v/i.* **8.** Schwämme sammeln; **9.** schma'rotzen, ‚nassauern': *to* ~ *on s.o.* auf j-s Kosten leben; '~**-cake** *s.* Bis'kuitkuchen *m*; ~ **cloth** *s.* † *Art* Frot'tee *n*; '~**-down** *s.* Abreibung *f*, Abwaschung *f.*

spong·er ['spʌndʒə] *s.* **1.** ⊕ Dekatierer *m*; **2.** ⊕ Deka'tierma₁schine *f*; **3.** Schwammtaucher *m*; **4.** → *sponge 3.*

spon·gi·ness ['spʌndʒinis] *s.* Schwammigkeit *f*; **spon·gy** ['spʌndʒi] *adj.* **1.** schwammig, po'rös, Schwamm...; **2.** *metall.* locker, porös: ~ *platinum* Platinschwamm; **3.** sumpfig, matschig.

spon·sal ['spɔnsəl] *adj.* Hochzeits...

spon·sion ['spɔnʃən] *s.* **1.** ('Übernahme *f* e-r) Bürgschaft *f*; **2.** ⚖, *pol.* (*von e-m nicht bsd. bevollmächtigten Vertreter*) *für e-n Staat übernommene Verpflichtung.*

spon·sor ['spɔnsə] **I.** *s.* **1.** Bürge *m*, Bürgin *f*; **2.** (Tauf)Pate *m*, (-)Patin *f*: *to stand* ~ *to* (*od. for*) Pate stehen bei; **3.** Förderer *m*, Gönner(in), Schirmherr(in); **4.** Geldgeber *m*, Sponsor *m*, *bsd.* Auftraggeber(in) für Werbesendungen; **II.** *v/t.* **5.** bürgen für; Pate stehen bei; **6.** fördern; **7.** *Rundfunksendung etc.* als Sponsor finanzieren *od.* veranstalten; **spon·so·ri·al** [spɔn'sɔ:riəl] *adj.* Paten...; **'spon·sor·ship** [-ʃip] *s.* **1.** Bürgschaft *f*; **2.** Gönnerschaft *f*, Schirmherrschaft *f*; **3.** Patenschaft *f.*

spon·ta·ne·i·ty [spɔntə'ni:iti] *s.* **1.** Freiwilligkeit *f*, eigener *od.* freier Antrieb; **2.** impul'sives *od.* spon'tanes Handeln; **3.** Ungezwungenheit *f*, Na'türlichkeit *f*; **4.** Selbstentstehung *f*, -entwicklung *f*; **spon·ta·ne·ous** [spɔn'teinjəs] □ *adj.* **1.** spon'tan: **a)** plötzlich, impul'siv, **b)** freiwillig, von innen her'aus (erfolgend), **c)** ungezwungen (*Stil etc.*); **2.** auto'matisch, 'unwill₁kürlich; **3.** ⚘ wildwachsend; **4.** selbsttätig, von selbst (entstanden): ~ *combustion* ⊕ Selbstverbrennung; ~ *generation biol.* Urzeugung; ~ *ignition* ⊕ Selbstentzündung; **spon·ta·ne·ous·ness** [spɔn'teinjəsnis] → *spontaneity.*

spoof [spu:f] *bsd. Brit. sl.* **I.** *s.* Humbug *m*, Schwindel *m*; **II.** *v/t.* ‚reinlegen', beschwindeln.

spook [spu:k] **I.** *s. humor.* Spuk *m*, Gespenst *n*; **II.** *v/i.* (her'um)geistern, spuken; **'spook·ish** [-kiʃ], **'spook·y** [-ki] *adj.* gespenstisch, spukhaft.

spool [spu:l] **I.** *s.* Rolle *f*, Spule *f*, Haspel *f*; **II.** *v/t.* (auf)spulen.

spoon [spu:n] **I.** *s.* **1.** Löffel *m*; **2.** ⚓ Löffelruder(blatt) *n*; **3.** ⚓, ⚔ Führungsschaufel *f* (*Torpedorohr*); **4.** → *spoon-bait*; **5.** *sport* Spoon *m* (*Golfschläger*); **6.** F Einfaltspinsel *m*; **7.** verliebter Narr: *to be* ~*s on in j-n* ‚verknallt' sein; **II.** *v/t.* **8.** *mst* ~ *up*, ~ *out* auslöffeln; **9.** *sport Ball* schlenzen; **III.** *v/i.* **10.** mit e-m Blinker angeln; **11.** *sl.* ‚schmusen', poussieren; '~**-bait** *s. Angeln*: Blinker *m*; '~**-bill** *s. orn.* **1.** Löffelreiher *m*; **2.** Löffelente *f.*

spoon·er·ism ['spu:nərizəm] *s.* (*un*)*beabsichtigtes Vertauschen von Buchstaben od. Silben* (*z. B. queer old dean statt dear old queen*).

'spoon|-fed *adj.* auf-, hochgepäppelt (*a. fig.*); '~**-feed** *v/t.* [*irr.* → *feed*] **1.** *Säugling etc.* mit dem Löffel füttern; **2.** *fig. j-n* auf-, hochpäppeln, *a.* verwöhnen; **3.** ~ *s.th. to s.o. fig.* **a)** j-m et. ‚vorkauen', **b)** j-m et. eintrichtern; **4.** ~ *s.o. fig.* j-n (geistig) bevormunden.

spoon·ful ['spu:nful] *pl.* **-fuls** *s. ein* Löffel(voll) *m.*

'spoon-meat *s.* (Kinder-, Kranken-) Brei *m*, ‚Papp' *m* (*a. fig.*).

spoon·y ['spu:ni] *adj.* □ *sl.* **1.** verliebt, ‚verschossen' (*on in acc.*); **2.** *bsd. Brit.* läppisch, blöd(e).

spoor [spuə] *hunt.* **I.** *s.* Spur *f*, Fährte *f*; **II.** *v/t.* aufspüren; **III.** *v/i.* e-e Spur verfolgen.

spo·rad·ic [spə'rædik] *adj.* (□ ~*ally*) spo'radisch, vereinzelt (auftretend).

spo·range [spə'rændʒ] *s.*; **spo'ran·gi·um** [-dʒiəm] *pl.* **-gi·a** [-dʒiə] *s.* Sporenträger *m*, -kapsel *f.*

spore [spɔ:] *s.* **1.** *biol.* Spore *f*, Keimkorn *n*; **2.** *fig.* Keim(zelle *f*) *m.*

spo·rif·er·ous [spɔ:'rifərəs] *adj.* sporentragend, -bildend.

Spo·ro·zo·a [spɔ:rə'zouə] *s. pl. zo.* Sporentierchen *pl.*, Sporo'zoen *pl.*

spor·ran ['spɔrən] *s.* beschlagene Felltasche (*Schottentracht*).

sport [spɔ:t] **I.** *s.* **1.** Vergnügen *n*, Belustigung *f* (*im Freien*), *bsd.* **a)** Spiel *n*, Rennen *n*, **b)** *oft pl. allg.* Sport(veranstaltung *f*) *m*, Wettkampf *m*: *to go in for* ~*s* Sport treiben; **2.** Sport(art *f*) *m*, *engS.* Jagd-, Angelsport *m*; **3.** Kurzweil *f*, Zeitvertreib *m*; **4.** Spaß *m* Scherz *m*: *in* ~ im Spaß, zum Scherz; *to make* ~ *of* sich lustig machen über (*acc.*), *j-n* zum besten haben; **5.** Zielscheibe *f* des Spottes; **6.** *fig.* Spielball *m* (*des Schicksals, der Wellen etc.*); **7.** feiner *od.* anständiger Kerl: *be a* (*good*) ~ **a)** sei kein Spielverderber, **b)** sei ein guter Kerl, nimm es nicht übel; **8.** *Am.* F Sportbegeisterte(r *m*) *f*; **9.** *bsd. Am.* F Lebemann *m*; **10.** *biol.* Spiel-, Abart *f*; **II.** *adj.* **11.** sportlich, Sport...; **III.** *v/i.* **12.** sich belustigen; **13.** sich tummeln, her'umtollen; **14.** scherzen, sich lustig machen (*at, over, upon* über *acc.*); **IV.** *v/t.* **15.** stolz (zur Schau) tragen, protzen mit; **'sport·ing** [-tiŋ] *adj.* □ **1.** sportlich (*a. fig. fair, anständig*); **2.** unter'nehmungslustig, mutig: *a* ~ *chance* e-e gewagte, aber aussichtsreiche Sache; **3.** Sport..., Jagd...: ~ *gun* Jagdgewehr; ~ *news* Sportbericht; **'spor·tive** [-tiv] *adj.* □ **1.** mutwillig, verspielt; **2.** scherz-, spaßhaft.

sports [spɔ:ts] *adj.* Sport...: ~ *car* Sportwagen; ~ *coat*, ~ *jacket* Sportsakko; '~**·man** [-mən] *s.* [*irr.*] **1.** Sportsmann *m*: **a)** Sportler *m*, *bsd.* Jäger *m*, Angler *m*, **b)** *fig.* fairer, anständiger Kerl; **2.** *fig.* 'Spielerna₁tur *f*, Wagemutige(r) *m*; '~**·man-like** [-mənlaik] *adj.* **1.** sportlich (*a. fig. fair, anständig*); **2.** *hunt.* weidmännisch; '~**·man·ship** [-mənʃip] *s.* Sportlichkeit *f* (*a. fig. Anständigkeit*); '~**·wom·an** *s.* [*irr.*] Sportlerin *f.*

sport·y ['spɔ:ti] *adj. bsd. Am.* F **1.** angeberisch, auffallend; **2.** modisch; **3.** sportlich, fair.

spor·ule ['spɔrju:l] *s. biol.* (kleine) Spore.

spot [spɔt] **I.** *s.* **1.** (Schmutz-, Rost- *etc.*)Fleck(en) *m*; **2.** *fig.* Schandfleck *m*, Makel *m*; **3.** (Farb)Fleck *m*, Tupfen *m* (*a. zo.*); **4.** ⚕ **a)** Leberfleck *m*, Hautmal *n*, **b)** Pustel *f*, Pickel *m*; **5.** Stelle *f*, Ort *m*, Platz *m*: *on the* ~ **a)** zur Stelle, **b)** an Ort u. Stelle, **c)** auf der Stelle, sofort, **d)** ‚auf Draht', **e)** *sl.* in der ‚Tinte' *od.* Klemme; *to put on the* ~ *sl.* **a)** *j-n* in Verlegenheit bringen, **b)** *j-n* ‚umlegen' (*töten*); *on the* ~ *of four* Punkt 4 Uhr; *in* ~*s* stellenweise; *soft* ~ *fig.* Schwäche (*for* für); *sore* (*od. tender*) ~ *fig.* wunder Punkt, empfindliche Stelle; **6.** Fleckchen *n*, Stückchen *n* (*Erde*); **7.** *bsd. Brit.* F **a)** Bissen *m*, Häppchen *n* (*Essen*), **b)** Tropfen *m*, Schluck *m*, Schuß *m* (*Whisky etc.*); **8.** *Billard*: Point *m*; **9.** *Am.* Auge *n* (*Würfel etc.*); **10.** *pl.* † 'Lokowaren *pl.*; **11.** *a.* ~ *announcement* †, *Radio, Fernsehen*: (Werbe)Spot *m*, kurze Werbeeinblendung, *Radio*: *a.* 'Werbe₁durchsage *f*; **II.** *adj.* **12.** † **a)** so'fort lieferbar, **b)** sofort zahlbar (*bei Lieferung*), **c)** bar, Bar...: ~ *business* Lokogeschäft; ~ *goods* → *10*; → *spot cash*; **III.** *v/t.* **13.** beflecken (*a. fig.*); **14.** tüpfeln, sprenkeln; **15.** F erkennen, her'ausfinden, entdecken, erspähen; **16.** placieren: *to* ~ *a billiard-ball*; **17.** ⚔, ✈ (genau) ausmachen; **IV.** *v/i.* **18.** e-n Fleck *od.* Flecke machen; **19.** flecken, fleckig werden.

'spot|-ball *s. Billard*: **1.** auf dem Point stehender Ball; **2.** bunter Ball;

~ **cash** *s.* ✝ Barzahlung *f*, so'fortige Kasse; '~-**check** *s.* Stichprobe *f*.
spot·less ['spɔtlis] *adj.* □ fleckenlos (*a. fig.*); '**spot·less·ness** [-nis] *s.* Flecken-, Makellosigkeit *f* (*a. fig.*).
'**spot·light I.** *s.* **1.** *thea.* (Punkt-) Scheinwerfer(licht *n*) *m*; **2.** *fig.* Rampenlicht *n* (der Öffentlichkeit): *in the* ~ im Brennpunkt des Interesses; **3.** *mot.* Suchscheinwerfer *m*; **II.** *v/t.* **4.** anstrahlen; **5.** *fig.* die Aufmerksamkeit lenken auf (*acc.*), *et. od. j-n* groß her'ausstellen.
spot·ted ['spɔtid] *adj.* **1.** fleckig, gefleckt, getüpfelt, gesprenkelt: ~ *dog sl.* Korinthenpudding; **2.** *fig.* besudelt, befleckt; **3.** ⚕ Fleck...: ~ *fever* **a)** Fleckfieber, **b)** Genickstarre; '**spot·ter** [-tə] *s.* **1.** *Am.* F (Pri'vat-) Detek,tiv *m*; **2.** ⚔ Artille'riebeobachter *m*; **3.** ⚔ *Brit.* Flugmelder *m* (*beim Luftschutz*).
'**spot-test** → *spot-check*.
spot·ty ['spɔti] *adj.* □ **1.** → *spotted* 1; **2.** nicht einheitlich; **3.** pickelig.
'**spot-weld** *v/t.* ⊕ punktschweißen.
spous·al ['spauzəl] **I.** *adj.* **1.** bräutlich, Hochzeits..., ehelich; **II.** *s.* **2.** *mst. pl. obs.* Hochzeit *f*; **3.** *obs.* Ehe (-stand *m*) *f*; **spouse** [spauz] *s.* (*a.* ⚖ Ehe)Gatte *m*, Gattin *f*, Gemahl(in).
spout [spaut] **I.** *v/t.* **1.** *Wasser etc.* (aus)speien, her'ausspritzen, -schleudern; **2.** deklamieren, hersagen: *to* ~ *verses*; **3.** *sl.* versetzen, -pfänden; **II.** *v/i.* **4.** Wasser speien, spritzen (*a. Wal*); **5.** her'vorsprudeln, her'ausschießen, -spritzen (*Blut, Wasser etc.*); **6. a)** deklamieren, **b)** *contp.* sal'badern; **III.** *s.* **7.** Tülle *f*, Schnauze *f e-r Kanne*; **8.** Abfluß-, Speirohr *n*; **9.** (kräftiger) Wasserstrahl; **10.** *zo.* **a)** Fon'täne *f* (*e-s Wals*), **b)** → *spout-hole*; **11.** *sl. to be up the* ~ **a)** versetzt *od.* verpfändet sein, **b)** ‚auf dem letzten Loch pfeifen': *she's up the* ~ bei ihr ist was ‚unterwegs'; '**spout·er** [-tə] *s.* **1.** (spritzender) Wal; **2.** Ölquelle *f*; **3.** pa'thetischer Redner.
'**spout-hole** *s. zo.* Spritzloch *n* (*Wal*).
sprag¹ [spræg] *s.* **1.** Bremsklotz *m*; **2.** ⊕ Spreizholz *n*.
sprag² [spræg] *s. ichth.* Dorsch *m*.
sprain [sprein] **I.** *v/t.* verstauchen; **II.** *s.* ⚕ Verstauchung *f*, -renkung *f*.
sprang [spræŋ] *pret. von spring*.
sprat [spræt] *s. ichth.* Sprotte *f*: *to throw a* ~ *to catch a whale* (*od. mackerel*) *fig.* mit der Wurst nach der Speckseite werfen.
sprawl [sprɔ:l] **I.** *v/i.* **1.** ausgestreckt daliegen, alle Viere von sich strekken: *to send s.o.* ~*ing* j-n zu Boden strecken; **2.** sich spreizen; **3.** sich (hin)rekeln *od.* (-)lümmeln; **4.** sich ausbreiten, viel Raum einnehmen: ~*ing hand* ausladende Handschrift; **5.** ♀ wuchern; **II.** *v/t.* **6.** *mst* ~*out* ausstrecken, -spreizen; **III.** *s.* **7.** Rekeln *n*, Sich'breitmachen *n*; ausgestreckte Lage.
spray¹ [sprei] *s.* **1.** Zweig(chen *n*) *m*; **2.** *coll.* **a)** Gezweig *n*, **b)** Reisig *n*; **3.** Zweigverzierung *f*, -schmuck *m*.
spray² [sprei] **I.** *s.* **1.** Gischt *f*, Schaum *m*; Sprühnebel *m*, -regen *m*, -wasser *n*; **2.** ⊕, ⚕ *etc.* **a)** zerstäubte Flüssigkeit *f*, Spray *m*, **b)** Zerstäuberflüssigkeit *f*; **3.** Zerstäuber *m*, Sprühdose *f*, -gerät *n*; **II.** *v/t.* **4.** *Flüssigkeit* zerstäuben, (ver)sprühen; *vom Flugzeug* abregnen; **5.** *a.* ~ *on* ⊕ *Überzug* aufsprühen, -spritzen; **6.** *et.* besprühen, -spritzen; *mot. etc.* spritzlackieren; '**spray·er** [-eiə] → *spray*² *3*.
'**spray**|-**gun** *s.* ⊕ 'Spritzpi,stole *f*; '~-**noz·zle** *s.* **1.** (Gießkannen)Brause *f*; **2.** Brause *f*; **3.** *mot.* Spritzdüse *f*.
spread [spred] **I.** *v/t.* [*irr.*] **1.** *oft* ~ *out Hände, Flügel, Teppich etc.* ausbreiten; *Arme etc.* ausstrecken: *to* ~ *the table* den Tisch decken; *the peacock* ~*s its tail* der Pfau schlägt ein Rad; **2.** *oft* ~ *out* ausdehnen; *Beine etc.* spreizen (*a.* ⊕); **3.** bedecken, über'ziehen, -'säen (*with* **mit**); **4.** *Heu etc.* **ausbreiten;** **5.** *Butter etc.* aufstreichen, *Farbe, Mörtel etc.* auftragen; **6.** *Brot* streichen, schmieren; **7.** breitschlagen; **8.** *Krankheit, Geruch etc., a. Furcht* verbreiten; **9.** *a.* ~ *abroad Gerücht, Nachricht* verbreiten, aussprengen, -streuen; **10.** *zeitlich* verteilen; **11.** ~ *o.s. sl.* **a)** sich *als Gastgeber etc.* mächtig anstrengen, **b)** angeben, prahlen; **II.** *v/i.* [*irr.*] **12.** *a.* ~ *out* sich ausbreiten *od.* verteilen; **13.** sich ausbreiten (*Fahne etc.*; *a. Lächeln etc.*); sich spreizen (*Beine etc.*); **14.** sich *vor den Augen* ausbreiten *od.* -dehnen, sich erstrecken (*Landschaft*); **15.** ⊕ sich strecken *od.* dehnen (lassen) (*Werkstoff*); **16.** sich streichen *od.* auftragen lassen (*Butter, Farbe*); **17.** sich ver- *od.* ausbreiten (*Geruch, Pflanze, Krankheit, Gerücht etc.*) 'übergreifen (*to* auf *acc.*) (*Feuer, Epidemie etc.*); **III.** *s.* **18.** Ausbreitung *f*, -dehnung *f*; **19.** Aus-, Verbreitung *f* (*e-r Krankheit, von Wissen etc.*); **20.** Ausdehnung *f*, Weite *f*, 'Umfang *m*; **21.** (weite) Fläche; **22.** *orn.*, ✈ (Flügel)Spanne *f*; **23.** *Ballistik*: Streubereich *m*; **24.** (Zwischen)Raum *m*, Abstand *m*, Lücke *f* (*a. fig.*); (*a. Zeit*)Spanne *f*; **25.** Dehnweite *f*; **26.** Körperfülle *f*, Behäbigkeit *f*; **27.** (Bett- *etc.*)Decke *f*; **28.** Brotaufstrich *m*; **29.** F (Fest-) Schmaus *m*, Gelage *n*; **30.** ✝ (*oft* ganzseitige) (Werbe)Anzeige; **31.** ✝ *Am.* Stel'lagegeschäft *n*; **32.** ✝ *Am.* Marge *f*, (Verdienst)Spanne *f*, Differ'enz *f*; **IV.** *adj.* **33.** verbreitet; ausgebreitet; **34.** gespreizt; **35.** Streich...: ~ **cheese.**
spread| **ea·gle** *s.* **1.** *her.* Adler *m*; **2.** *Am.* F **a)** Hur'rapatri,ot *m*, Chauvi'nist *m*, **b)** Chauvi'nismus *m*; **3.** F Angeber *m*; '~-**ea·gle I.** *adj.* **1.** F angeberisch, bom'bastisch; **2.** F chauvi'nistisch; **II.** *v/t.* **3.** (*nach Art e-s Wappenadlers*) ausbreiten, spreizen.
spread·er ['spredə] *s.* Streu- *od.* Spritzgerät *n*, *a.* Spreize *f*, *bsd.* **a)** ('Dünger)Streuma,schine *f*, **b)** Abstandsstütze *f*, **c)** Zerstäuber *m*, **d)** Spritzdüse *f*, **e)** Buttermesser *n*.
spree [spri:] F *s.* **1.** lustiger Abend, Jux *m*: *to go on a* ~ auf e-n Bummel gehen; **2.** ‚Orgie' *f*, ‚Saufe'rei' *f*; **3.** (*Kauf-, Spar- etc.*)Orgie *f*, Welle *f*.
sprig [sprig] **I.** *s.* **1.** Zweigchen *n*, Schößling *m*, Reis *n*; **2.** *humor. od. contp.* Sprößling *m*, ‚Ableger' *m*; **3.** Bürschchen *n*, grüner Junge; **4.** → *spray*¹ *3*; **5.** ⊕ Zwecke *f*, Stift *m*; **II.** *v/t.* **6.** mit e-m Zweigmuster verzieren; **7.** festzwecken.
spright·li·ness ['spraitlinis] *s.* Lebhaftigkeit *f*, Munterkeit *f*; **spright·ly** ['spraitli] *adj. u. adv.* lebhaft, munter, ‚spritzig'.
spring [spriŋ] **I.** *v/i.* [*irr.*] **1.** springen: *to* ~ *at* (*od.* [*up*]*on*) auf *j-n* losspringen, *j-n* anfallen; **2.** aufspringen; **3.** springen, schnellen, hüpfen: *to* ~ *open* aufspringen (*Tür*); *the trap sprang* die Falle schnappte zu; **4.** *oft* ~ *forth* (*od. out*) **a)** her'ausschießen, (-)sprudeln (*Wasser, Blut etc.*), **b)** (her'aus)sprühen, springen (*Funken etc.*); **5.** (*from*) entspringen (*dat.*): **a)** quellen (aus), **b)** *fig.* herkommen, abstammen (von): *to be sprung from* entstanden sein aus; **6.** *mst* ~ *up* **a)** aufkommen (*Wind*), **b)** *fig.* plötzlich entstehen *od.* aufkommen (*Ideen, Industrie etc.*): *to* ~ *into existence*; *to* ~ *into fame* plötzlich berühmt werden; **7.** aufschießen (*Pflanzen etc.*); **8.** (hoch) aufragen; **9.** auffliegen (*Rebhühner etc.*); **10.** ⊕ **a)** sich werfen, **b)** springen, platzen (*Holz*); **11.** ⚔ explodieren (*Mine*); **II.** *v/t.* [*irr.*] **12.** *Falle* zuschnappen lassen; *et.* zu'rückschnellen lassen; **13.** *Riß etc.*, ⚓ *Leck* bekommen; **14.** explodieren lassen; → *mine*² *8*; **15.** mit *e-r Neuigkeit etc.* ‚her'ausplatzen': *to* ~ *s.th. on s.o.* j-m mit *e-r Überraschung etc.* ins Gesicht springen; **16.** ⚠ *Bogen* wölben; **17.** ⊕ (ab)federn; **18.** *Brit.* F *Geld etc.* springen lassen; **19.** *Brit.* F *j-n* erleichtern (*for* um *Geld etc.*); **20.** *sl. j-n* ‚rausholen' (*befreien*); **III.** *s.* **21.** Sprung *m*, Satz *m*; **22.** Frühling *m*, Lenz *m* (*a. fig.*); **23.** Elastizi'tät *f*, Sprung-, Schnellkraft *f*; **24.** *fig.* (geistige) Spannkraft; **25.** Sprung *m*, Riß *m im Holz etc.*; Krümmung *f e-s Bretts*; **26.** (*a. Mineral-, Öl-*) Quelle *f*, Brunnen *m*: *hot* ~*s* heiße Quellen; **27.** *fig.* Quelle *f*, Ursprung *m*; **28.** *fig.* Triebfeder *f*, Beweggrund *m*; **29.** ⚠ **a)** (Bogen)Wölbung *f*, **b)** Gewölbeanfang *m*; **30.** ⊕ (*bsd.* Sprung)Feder *f*; Federung *f*; **IV.** *adj.* **31.** Sprung..., Schwung...; **32.** Feder...; **33.** Frühlings...; ~ **bal·ance** *s.* ⊕ Federwaage *f*; ~ **bed** *s.* 'Sprungfederma,tratze *f*; '~-**board** *s. sport* Sprungbrett *n* (*a. fig.*); '~-**bok** [-bɔk] *pl.* -**boks**, *bsd. coll.* -**bok** *s. zo.* Springbock *m*; '~-**bows** [-bouz] *s. pl.* ⊕ Federzirkel *m*; '~-'**clean·ing** *s.* Frühjahrshausputz *m*.
springe [sprindʒ] **I.** *s.* **1.** *hunt.* Schlinge *f*; **2.** *fig.* Falle *f*; **II.** *v/t.* **3.** *Tier* mit e-r Schlinge fangen.
spring·er ['spriŋə] *s.* **1.** *a.* ~ *spaniel hunt.* 'Springer,spaniel *m*; **2.** ⚠ Gewölbeanfang(sstein) *m*, (Bogen-) Kämpfer *m*.
spring| **fe·ver** *s.* **1.** Frühjahrsmüdigkeit *f*; **2.** (*rastlose*) Frühlingsgefühle *pl.*; ~ **gun** *s.* Selbstschuß *m*.
spring·i·ness ['spriŋinis] → *spring* 23.
spring·ing ['spriŋiŋ] *s.* **1.** ⊕ (Ab-) Federung *f*; **2.** ⚠ Kämpferlinie *f*.
spring| **leaf** *s.* ⊕ Federblatt *n*; '~-**lock** *s.* ⊕ Schnappschloß *n*; ~ **mat-**

tress → *spring bed*; '~·tide → *springtime*; ~ tide *s.* ⚓ Springflut *f*; *fig.* Flut *f*, Über'schwemmung *f*; '~·time *s.* Frühling(szeit *f*) *m*, Frühjahr *n*; ~ wa·ter *s.* Quell-, Brunnenwasser *n*; ~ wheat *s.* Sommerweizen *m.*

spring·y ['spriŋi] *adj.* □ **1.** federnd, e'lastisch; **2.** *fig.* schwungvoll.

sprin·kle ['spriŋkl] **I.** *v/t.* **1.** *Wasser etc.* sprenkeln, (ver)sprengen (*on* auf *acc.*); **2.** *Salz, Pulver etc.* sprenkeln, streuen; **3.** (ver-, zer)streuen, verteilen; **4.** *et.* besprenkeln, besprengen, bestreuen, (be)netzen (*with* mit); **5.** *Stoff etc.* sprenkeln; **II.** *v/i.* **6.** sprenkeln; **7.** (nieder)sprühen; **III.** *s.* **8.** Sprühregen *m*; **9.** leichter Schneefall; **10.** Prise *f Salz etc.*; **11.** → *sprinkling 3*; '**sprin·kler** [-lə] *s.* **1. a)** 'Sprengappa,rat *m*, -wagen *m*, **b)** Berieselungsanlage *f*, (Rasen-)Sprenger *m*, **c)** Brause *f*, Gießkanne(nkopf *m*) *f*, **d)** Feuerlöscher *m*; **2.** *R.C.* Weihwasserwedel *m*; '**sprin·kling** [-liŋ] *s.* **1.** Sprenkeln *n*, (Be-)Sprengen *n*; **2.** Spritzer *m*, Gesprengsel *n*; **3.** *a ~ of fig.* ein bißchen, etwas, e-e Spur, ein paar *Leute etc.*, ein wenig *Salz etc.*

sprint [sprint] **I.** *v/i.* **1.** rennen; **2.** *sport* sprinten (*Läufer*), *allg.* spurten; **II.** *s.* **3.** *sport* **a)** Sprint *m*, Kurzstreckenlauf *m*, **b)** *allg.* Spurt *m*, **c)** *Radsport*: Spurtrennen *n*; **4.** *fig.* (End)Spurt *m*; '**sprint·er** [-tə] *s. sport* **1.** Sprinter *m*, Kurzstreckler *m*; **2.** *Radsport*: Flieger *m.*

sprit [sprit] *s.* ⚓ Spriet *n.*

sprite [sprait] *s.* Elfe *f*, Fee *f*; Kobold *m.*

'**sprit·sail** *s.* ⚓ Sprietsegel *n.*

sprock·et ['sprɔkit] *s.* ⊕ **1.** Zahn *m* e-s (Ketten)Rades; **2.** *a. ~-wheel* (Ketten)Zahnrad *n*, Kettenrad *n*; **3.** 'Filmtrans,porttrommel *f.*

sprout [spraut] **I.** *v/i.* **1.** sprießen, (auf)schießen, aufgehen; **2.** keimen; **3.** schnell wachsen, sich schnell entwickeln; **II.** *v/t.* **4.** (her'vor)treiben, wachsen *od.* keimen lassen, entwickeln; **III.** *s.* **5.** Sproß *m*, Schößling *m*, Schößling *m* (*a. fig.*); **6.** *pl.* → *Brussels sprouts.*

spruce[1] [spru:s] *s.* ♀ **1.** *a. ~ fir* Fichte *f*, Rottanne *f*; **2.** Fichte(nholz *n*) *f.*

spruce[2] [spru:s] **I.** *adj.* □ **1.** schmuck, (blitz)sauber, a'drett; **2.** geschniegelt; **II.** *v/t.* **3.** *oft ~ up j-n* fein machen, (her'aus)putzen: *to ~ o.s. up* → *4*; **III.** *v/i.* **4.** *oft ~ up* sich fein machen, sich schniegeln; '**spruce·ness** [-nis] *s.* Sauberkeit *f*, A'drettheit *f.*

sprung [sprʌŋ] **I.** *pret. u. p.p. von spring*; **II.** *adj.* **1.** *sl.* beschwipst; **2.** ⊕ gefedert; **3.** rissig (*Holz*).

spry [sprai] *adj. Am. od. dial.* flink, hurtig, lebhaft.

spud [spʌd] **I.** *s.* **1.** **a)** Jätmesser *n*, Reutspaten *m*, **b)** Stoßeisen *n*; **2.** *sl. od. dial.* Kar'toffel *f*; **3.** *bsd. dial.* Knirps *m*; **II.** *v/t.* **4.** *mst ~ up*, *~ out* ausgraben, -jäten.

spue → *spew.*

spume [spju:m] *s.* Schaum *m*, Gischt *m*; '**spu·mous** [-məs], '**spu·my** [-mi] *adj.* schäumend, schaumig.

spun [spʌn] **I.** *pret. u. p.p. von spin*; **II.** *adj.* **1.** gesponnen: *~ glass* Glasgespinst; *~ gold* Goldgespinst; *~ silk* Schappseide; **2.** *sl.* ‚durchgedreht', ‚fertig'.

spunk [spʌŋk] *s.* **1.** Zunderholz *n*; **2.** Zunder *m*, Lunte *f*; **3.** F **a)** Feuer *n*, Schwung *m*, **b)** ‚Mumm' *m*, **c)** Zorn *m*; '**spunk·y** [-ki] *adj.* **1.** feurig, lebhaft; **2.** mutig, draufgängerisch; **3.** *Am. od. dial.* hitzig, wild.

spur [spə:] **I.** *s.* **1.** (Reit)Sporn *m*: *~s* Sporen; *to put* (*od. set*) *~s to* → *8*; *to win one's ~s fig.* sich die Sporen verdienen; **2.** *fig.* Ansporn *m*, -reiz *m*: *on the ~ of the moment* der Eingebung des Augenblicks folgend, ohne Überlegung, spontan; **3.** ♀ **a)** Dorn *m*, Stachel *m* (*kurzer Zweig etc.*), **b)** Sporn *m* (*Nektarbehälter*); **4.** *zo.* Sporn *m*, Stachel *m* (*des Hahns*); **5.** *geogr.* Ausläufer *m*, (Gebirgs)Vorsprung *m*; **6.** Δ **a)** Strebe *f*, Stütze *f*, **b)** Strebebalken *m*, **c)** (Mauer)Vorsprung *m*; **7.** ⚔ *hist.* Außen-, Vorwerk *n*; **II.** *v/t.* **8.** *Pferd* spornen, die Sporen geben (*dat.*); **9.** *oft ~ on fig. j-n* anspornen, -stacheln: *to ~ s.o. into action*; **10.** mit Sporen versehen, Sporen (an-)schnallen an (*acc.*); **III.** *v/i.* **11.** (das Pferd) spornen; **12. a)** sprengen, eilen, **b)** *fig.* (vorwärts)drängen.

spurge [spə:dʒ] *s.* ♀ Wolfsmilch *f.*

'**spur|-gear** *s.* ⊕ **1.** Geradstirnrad *n*; **2.** *a. spur-gearing* Geradstirnradgetriebe *n.*

'**spurge-'lau·rel** *s.* ♀ Lorbeer-Seidelbast *m.*

spu·ri·ous ['spjuəriəs] *adj.* □ **1.** falsch, unecht, Pseudo..., Schein...: *~ fruit* ♀ Scheinfrucht; **2.** nachgemacht, gefälscht; **3.** unehelich; '**spu·ri·ous·ness** [-nis] *s.* Unechtheit *f.*

spurn [spə:n] *v/t.* **1.** *obs.* mit dem Fuß (weg)stoßen; **2.** verschmähen, verächtlich zu'rückweisen.

spurred [spə:d] *adj.* gespornt; *a.* ♀, *zo.* sporentragend.

spur·r(e)y ['spʌri] *s.* ♀ Spergel *m.*

spurt[1] [spə:t] **I.** *s.* **1.** *sport* (*a.* 'Zwischen),Spurt *m*; **2.** Ruck *m*, plötzliche ruckartige Anstrengung; **3.** † plötzliches Anziehen (*von Preisen etc.*); **II.** *v/i.* **4.** *sport* spurten; **5.** e-e kurze, heftige Anstrengung machen, alle s-e Kräfte zs.-nehmen.

spurt[2] [spə:t] **I.** *v/t. u. v/i.* (her'aus-)spritzen; **II.** *s.* (Wasser- *etc.*)Strahl *m.*

spur| track *s.* 🚂 Neben-, Seitengleis *n*; '~-**wheel** → *spur-gear 1.*

sput·ter ['spʌtə] → *splutter.*

spu·tum ['spju:təm] *pl.* **-ta** [-tə] *s.* ⚕ 'Sputum *n*, Auswurf *m.*

spy [spai] **I.** *v/t.* **1.** ausspionieren, -spähen: *to ~ out* auskundschaften; **2.** erspähen, entdecken; **II.** *v/i.* **3.** ⚔ *etc.* spionieren, Spio'nage treiben: *to ~ (up)on j-m* nachspionieren, *j-n* bespitzeln; **4.** spähen; **5.** her'umspionieren: *to ~ into et.* untersuchen, erkunden; **III.** *s.* **6.** Späher(in), Kundschafter(in); **7.** ⚔, *pol.* Spi'on(in) (*a. fig. Spitzel*); '~-**glass** *s.* Fernglas *n*; '~-**hole** *s.* Guckloch *n.*

squab [skwɔb] **I.** *s.* **1.** *orn.* (unbefiederter) Jungvogel; **2.** *Am.* F *fig.* Kü(c)ken *n*, junges Ding (*Mädchen*); **3.** Sofakissen *n*, Polster(stuhl *m*, -bank *f*) *n*; **4.** *fig.* Dickwanst *m* (*Person*); **II.** *adj.* **5.** unter'setzt, feist; **6.** *orn.* noch nicht flügge, ungefiedert.

squab·ble ['skwɔbl] **I.** *v/i.* sich zanken *od.* kabbeln *od.* (katz)balgen; **II.** *v/t. typ.* verrücken; **III.** *s.* Zank *m*, Händel *pl.*, Kabbe'lei *f*; '**squab·bler** [-lə] *s.* Zänker(in), ‚Streithammel' *m.*

squab·by [skwɔbi] → *squab 5.*

squad [skwɔd] *s.* **1.** ⚔ Gruppe *f*, Korpo'ralschaft *f*: *awkward ~* **a)** ‚patschnasse' Re'kruten, **b)** *fig.* ‚Flaschenverein' (*Gruppe unfähiger Leute*); **2.** (Arbeits- *etc.*)Trupp *m*; **3.** ('Überfall- *etc.*)Kom,mando *n* (*Polizei*); **4.** *sport bsd. Am.* Mannschaft *f*, (Turn)Riege *f*; *~* **car** *s. Am.* (Funk-, Poli'zei)Streifenwagen *m.*

squad·ron ['skwɔdrən] *s.* **1.** ⚔ **a)** ('Reiter)Schwa,dron *f*, **b)** ('Panzer-)Batail,lon *n*; **2.** ⚓, ⚔ (Flotten-)Geschwader *n*; **3.** ✈ Staffel *f*; **4.** *allg.* Ab'teilung *f*, Mannschaft *f*; '~-**lead·er** *s.* ✈, ⚔ *Brit.* ('Flieger-)Ma,jor *m.*

squail [skweil] *s.* **1.** *pl.* Flohspiel *n*; **2.** Spielplättchen *n* zum Flohspiel.

squal·id ['skwɔlid] *adj.* □ schmutzig, verkommen (*beide a. fig.*), verwahrlost; '**squal·id·ness** [-nis] *s.* Schmutz *m* (*a. fig.*), Verwahrlosung *f*, Elend *n.*

squall[1] [skwɔ:l] **I.** *s.* **1.** *meteor.* Bö *f*, heftiger Windstoß; **2.** F ‚Sturm' *m*, ‚Gewitter' *n* (*drohende Aufregung od. Unannehmlichkeit, Streit*): *to look out for ~s* die Augen offen halten, auf der Hut sein; **II.** *v/i.* **3.** stürmen, stürmisch sein.

squall[2] [skwɔ:l] **I.** *v/i.* kreischen, schreien (*a. Kind*); **II.** *v/t. oft ~ out et.* kreischen; **III.** *s.* schriller Schrei: *~s* Geschrei; '**squall·er** [-lə] *s.* Schreihals *m.*

squall·y ['skwɔ:li] *adj.* böig, stürmisch.

squal·or ['skwɔlə] → *squalidness.*

squa·ma ['skweimə] *pl.* **-mae** [-mi:] *s.* ♀, *anat.*, *zo.* Schuppe *f*, schuppenartige Or'ganbildung; '**squa·mous** [-məs] *adj. biol.* schuppenförmig, -artig, schuppig.

squan·der ['skwɔndə] *v/t.* *oft ~ away Geld, Zeit etc.* verschwenden, -geuden; '**squan·der·er** [-dərə] *s.* Verschwender(in); '**squan·der·ing** [-dəriŋ] **I.** *adj.* □ verschwenderisch; **II.** *s.* Verschwendung *f*, -geudung *f.*

squan·der·ma·ni·a ['skwɔndə'meinjə] *s.* Verschwendungssucht *f.*

square [skwɛə] **I.** *s.* **1.** Qua'drat *n* (*Figur*); **2.** Quadrat *n*, Viereck *n*, qua'dratisches Stück (*Glas, Stoff etc.*), Karo *n*; **3.** Feld *n* (*Schachbrett etc.*); **4.** Häuserblock *m*; **5.** (öffentlicher) Platz; **6.** ⊕ **a)** Winkel(maß *n*) *m*, **b)** *bsd. Zimmerei*: Geviert *n*: *on the ~* **a)** rechtwink(e)lig, **b)** F ehrlich, anständig, in Ordnung; *out of ~* **a)** nicht rechtwink(e)lig, **b)** *fig.* nicht in Ordnung; **7.** Qua'drat(-zahl *f*) *n*: *in the ~* im Quadrat; **8.** ⚔ *hist.* Kar'ree *n*; **9.** ('Wort-, 'Zahlen)Qua,drat *n*; **10.** Δ Säulenplatte *f*; **11.** *sl.* Spießer *m*; **II.** *v/t.* **12.** rechtwink(e)lig *od.* qua-

'dratisch machen; **13.** *a.* ~ *off* in Quadrate einteilen, *Papier etc.* karieren; **14.** auf s-e Abweichung vom rechten Winkel prüfen; **15.** Ⱥ **a)** den Flächeninhalt berechnen von (*od. gen.*), **b)** *Zahl* quadrieren, ins Quadrat erheben, **c)** *Figur* quadrieren; → *circle 1*; **16.** *a.* ~ *off* in Quadrate einteilen: *~d paper Brit.* Millimeterpapier; **17.** ⊕ vierkantig behauen; **18.** *Schultern* straffen; **19.** *fig.* in Einklang bringen (*with* mit), anpassen (*to* an *acc.*); **20.** (*a.* ☿ *Konten*) ausgleichen; → *account 5*; **21.** *Schuld* begleichen; **22.** *Gläubiger* befriedigen; **23.** *sl.* *j-n* ,schmieren', bestechen; **24.** *sport Kampf* unentschieden beenden; **III.** *v/i.* **25.** ~ *up* (*Am. a. off*) in Boxerstellung *od.* in Auslage gehen: *to ~ up to* sich vor *j-m* aufpflanzen, *fig. Problem* anpacken; **26.** (*with*) über'einstimmen (mit), passen (zu); **27.** ~ *up* ☿ *u. fig.* abrechnen; **IV.** *adj.* □ **28.** Ⱥ qua'dratisch, Quadrat... (*-wurzel, -zahl etc.*): ~ *measure* Flächenmaß; **29.** im Quadrat: *2 feet* ~; **30.** rechtwink(e)lig, im rechten Winkel (stehend) (*to* zu); **31.** (vier-)eckig; **32.** ⊕ Vierkant...; **33.** gerade, gleichmäßig; **34.** breit(schulterig), stämmig, vierschrötig; **35.** *fig.* in Einklang (stehend) (*with* mit), stimmend, in Ordnung: *to get things* ~ die Sache in Ordnung bringen; **36.** ☿ abgeglichen (*Konten*): *to get* ~ *with* mit *j-m* quitt werden (*a. fig.*); **37.** F **a)** re'ell, anständig, **b)** offen, ehrlich: ~ *deal* **a)** reeller Handel, **b)** anständige Behandlung; **38.** klar, deutlich: *a* ~ *refusal*; **39.** F ordentlich, reichlich: *a* ~ *meal*; **40.** *sl.* ,spießig'; **41.** zu viert: ~ *game*; **V.** *adv.* **42.** quadratisch, viereckig; rechtwink(e)lig; **43.** F anständig, ehrlich; **44.** *Am.* di'rekt, gerade; **'~-'built** → *square 34*; **~ dance** *s.* **1.** Qua'drille *f*; **2.** Volkstanz *m*; **'~·head** *s.* F ,Qua'dratschädel' *m* (*Skandinavier, Holländer, Deutscher in U.S.A. od. Kanada*).

square·ness ['skweənis] *s.* **1.** *das* Viereckige; **2.** Vierschrötigkeit *f*; **3.** Ehrlichkeit *f*.

'square|-'rigged *adj.* ⚓ mit Rahen getakelt; **'~-rig·ger** *s.* ⚓ Rahsegler *m*; **~ sail** *s.* ⚓ Rahsegel *n*; **~shoot·er** *s. Am.* F ehrlicher *od.* anständiger Kerl; **'~-'shoul·dered** *adj.* breitschultrig; **'~-'toed** *adj. fig.* **a)** altmodisch, hausbacken, **b)** steif, pe'dantisch; **'~-toes** *s. pl. sg. konstr. humor.* Pe'dant(in).

squash[1] [skwɔʃ] **I.** *v/t.* **1.** (zu Brei) zerquetschen, zs.-drücken; flach-, breitschlagen; **2.** *fig. Aufruhr etc.* niederschlagen, im Keim ersticken; **3.** F *j-n mit Entgegnungen* mundtot (*od.* fertig)machen; **II.** *v/i.* **4.** zerdrückt *od.* -quetscht werden; **5.** sich zs.-quetschen; **6.** quatschen (*Schuhe im Morast etc.*); **III.** *s.* **7.** Matsch *m*, Brei *m*; **8.** Gedränge *n*, zs.-gequetschte (Menschen)Menge; **9.** (Zi'tronen- *etc.*)Saft *m*; **10.** Quatschen *n*, Platsch(en *n*) *m*; **11.** *sport ein* Ra'kettspiel *n*.

squash[2] [skwɔʃ] *s.* ⚘ Kürbis *m*.

squash hat *s.* Schlapphut *m*.

squash·y ['skwɔʃi] *adj.* □ **1.** weich, breiig; **2.** matschig (*Boden*).

squat [skwɔt] **I.** *v/i.* **1.** hocken, kauern; **2.** sich ducken (*Tier*); **3.** F ~ *down* ,sich (hin)hocken', sich setzen; **4.** sich ohne Rechtstitel ansiedeln; **II.** *v/t.* **5.** *leerstehendes Haus* besetzen; **III.** *adj.* **6.** unter'setzt, gedrungen, vierschrötig (*Person*); **7.** flach, platt; **IV.** *s.* **8.** Hockstellung *f*, Hocke *f* (*a. sport*); **9.** Sitz *m*, Platz *m*; **'squat·ter** [-tə] *s.* **1.** Hockende(r *m*) *f*; **2.** Hausbesetzer *m*; **3.** *Am.* Squatter *m*, Ansiedler *m* ohne Rechtstitel; **4.** *Am. u. Austral.* Squatter *m*: **a)** Siedler *m* auf regierungseigenem Land, **b)** (*bsd.* Schaf)Herdenbesitzer *m*; **'squat·ting** [-tiŋ] *s.* Häuserbesetzung *f*.

squaw [skwɔ:] *s.* (Indi'aner)Frau *f*, Indi'anerin *f*, Squaw *f*.

squawk [skwɔ:k] **I.** *v/i.* **1.** *bsd. orn.* schreien, kreischen, quäken; **2.** *fig.* ,meckern', aufbegehren; **II.** *s.* **3.** (gellender) Schrei, Kreischen *n*, Quäken *n*.

squeak [skwi:k] **I.** *v/i.* **1.** quiek(s)en, piep(s)en; **2.** quietschen, knarren (*Türangel, Schuh etc.*); **3.** *sl.* → *squeal 4*; **II.** *v/t.* **4.** *et.* quiek(s)en; **III.** *s.* **5.** Gequiek(s)e *n*, Piep(s)en *n*; **6.** Quietschen *n*, Knarren *n*; **7.** *a narrow* (*od. close*) ~ F ein knappes Entrinnen; **'squeak·er** [-kə] *s.* **1.** junger Vogel, *bsd.* junges Täubchen; **2.** Schreihals *m*; **3.** → *squealer 3*; **'squeak·y** [-ki] *adj.* □ **1.** quiek(s)end; **2.** quietschend.

squeal [skwi:l] **I.** *v/i.* **1.** grell schreien, winseln; **2.** quieken (*Schwein, Kind etc.*); **3.** F zetern, schimpfen (*against* gegen); **4.** *sl.* ,pfeifen', ,singen' (*verraten*): *to* ~ *on s.o.* j-n verpetzen *od.* verraten; **II.** *v/t.* **5.** *et.* quäken, kreischen; **III.** *s.* **6.** langer, schriller Schrei, Quieken *n*; **'squeal·er** [-lə] *s.* **1.** Schreier *m*, Winsler *m*; **2.** Täubchen *n*, *allg.* junger Vogel; **3.** *sl.* Verräter *m*.

squeam·ish ['skwi:miʃ] *adj.* □ **1.** ('über)empfindlich, zimperlich; **2.** heikel (*im Essen*); **3.** 'übergewissenhaft, pe'nibel; **'squeam·ish·ness** [-nis] **1.** 'Überempfindlichkeit *f*, Zimperlichkeit *f*; **2.** 'Übergewissenhaftigkeit *f*; **3.** Ekel *m*, Übelkeit *f*.

squee·gee ['skwi:'dʒi:] *s. phot. etc.* ('Gummi)Quetschwalze *f*.

squeez·a·ble ['skwi:zəbl] *adj.* **1.** zs.-drückbar; **2.** *fig.* gefügig; **'squeeze** [skwi:z] **I.** *v/t.* **1.** (zs.-)drücken; **2. a)** *Frucht* auspressen, -quetschen, *Schwamm* ausdrücken, **b)** F *j-n* auspowern, ,schröpfen'; **3.** *oft* ~ *out Saft etc.* (her')auspressen, -quetschen (*from* aus): *to* ~ *a tear fig.* e-e Träne zerdrücken, ein paar Krokodilstränen weinen; **4.** drücken, quetschen, zwängen (*into* in *acc.*); eng (zs.-)packen: *to* ~ *o.s.* (*od. one's way*) *into* (*through*) sich hinein- (hindurch)zwängen; **5.** F fest *od.* innig an sich drücken; **6.** F **a)** unter Druck setzen, erpressen, **b)** *Geld etc.* her'auspressen, *Vorteil etc.* her'ausschinden (*out of* aus); **7.** e-n Abdruck machen von (*e-r Münze etc.*); **II.** *v/i.* **8.** quetschen, drücken, pressen; **9.** sich zwängen: *to* ~ *through* (*in*) sich durch- (hinein)zwängen; **III.** *s.* **10.** Druck *m*, Pressen *n*, Quetschen *n*; **11.** Händedruck *m*; **12.** (innige) Um'armung; **13.** Gedränge *n*; **14.** F Klemme *f*, *bsd.* Geldverlegenheit *f*; **15.** ,Druck' *m*, Erpressung *f*; **16.** ☿ **a)** wirtschaftlicher Engpaß, **b)** Geldknappheit *f*; **17.** (*bsd.* Wachs)Abdruck *m*; **'squeez·er** [-zə] *s.* **1.** (*Frucht- etc.*) Presse *f*, Quetsche *f*; **2.** ⊕ **a)** ('Aus)Preßma,schine *f*, **b)** Quetschwerk *n*, **c)** 'Preßformma,schine *f*.

squelch [skweltʃ] F **I.** *v/t.* **1.** zermalmen; **2.** *fig.* *j-n* ,kurz fertigmachen'; **II.** *v/i.* **3.** p(l)atschen; **4.** quatschen, glucksen (*nasser Schuh etc.*); **III.** *s.* **5.** Matsch *m*; **6.** P(l)atschen *n*, Glucksen *n*; **7.** → *squelcher*; **'squelch·er** [-tʃə] *s.* F **1.** vernichtender Schlag; **2.** vernichtende Antwort.

squib [skwib] *s.* **1. a)** Frosch *m*, Schwärmer *m*, **b)** *Brit. allg.* (Hand-)Feuerwerkskörper *m*; **2.** ⚔ *hist.* Zündladung *f*; **3.** Spottgedicht *n*, Sa'tire *f*.

squid [skwid] *pl.* **squids**, *bsd. coll.* **squid** *s.* **1.** *zo.* Zehnfüßiger Tintenfisch; **2.** *künstlicher Köder in Tintenfischform.*

squif·fy ['skwifi] *adj. sl.* beschwipst.

squill [skwil] *s.* **1.** ⚘, *pharm.* Meerzwiebel *f*; **2.** ⚘ *ein* Blaustern *m*; **3.** Heuschreckenkrebs *m*.

squint [skwint] **I.** *v/i.* **1.** schielen (*a. fig.*); **2.** ~ *at* **a)** schielen nach, **b)** e-n Blick werfen auf (*acc.*), *et.* angucken, **c)** scheel *od.* argwöhnisch blicken auf (*acc.*); **3.** blinzeln, zwinkern; **II.** *v/t.* **4.** *Augen* **a)** verdrehen, **b)** zs.-kneifen; **III.** *s.* **5.** Schielen *n* (*a. fig.*); **6.** F (rascher *od.* verstohlener) Blick: *to have a* ~ *at* → *2b*; **IV.** *adj.* **7.** schielend; **8.** schief, schräg; **'~-eyed** *adj.* **1.** schielend; **2.** *fig.* scheel, böse.

squint·ing ['skwintiŋ] *adj.* □ **1.** schielend; **2.** schief, schräg.

squir·arch·y → *squirearchy*.

squire ['skwaiə] **I.** *s.* **1.** *englischer* Landjunker, *a.* Gutsherr *m*, Großgrundbesitzer *m*; **2.** *bsd.* F (*a. Am.*) **a)** (Friedens)Richter *m*, **b)** *andere Person mit lokaler Obrigkeitswürde*; **3.** *hist.* Edelknabe *m*, (Schild)Knappe *m*; **4.** Kava'lier *m*, Begleiter *m* (*e-r Dame*): ~ *of dames* Frauenheld; **II.** *v/t. u. v/i.* **5.** (e-e Dame) begleiten; **6.** (e-r Dame) Ritterdienste leisten *od.* den Hof machen; **'squire·arch·y** [-ərɑ:ki] *s.* Junkertum *n*: **a)** *coll. die* (Land)Junker *pl.*, **b)** (Land)Junkerherrschaft *f*.

squirm [skwə:m] **I.** *v/i.* **1.** sich krümmen, sich winden (*a. fig. with* vor *Verlegenheit etc.*): *to* ~ *out of* sich aus *e-m Kleid* (mühsam) ,herausschälen', *fig.* sich aus *e-r Notlage etc.* (heraus)winden; **II.** *s.* **2.** Krümmen *n*, Sich'winden *n*; **3.** ⚓ Kink *m im Tau*; **'squirm·y** [-mi] *adj.* **1.** sich windend; **2.** *fig.* eklig.

squir·rel ['skwirəl] *s.* **1.** *zo.* Eichhörnchen *n*: *flying* ~ Flughörnchen; **2.** Feh *n* (*Pelzwerk*); **'~-cage** ⚡ **I.** *s.* Kurzschluß-, Käfiganker *m*; **II.** *adj.* Käfig..., Kurzschluß...

squirt [skwə:t] **I.** *v/i.* **1.** spritzen; **2.** her'vorspritzen, -sprudeln; **II.**

v/t. **3.** *Flüssigkeit etc.* her'vor-, her'ausspritzen; **4.** bespritzen; **III.** *s.* **5.** (Wasser- *etc.*)Strahl *m*; **6.** Spritze *f*: ~ *can* ⊕ Spritzkanne; **7.** *a.* ~*-gun* 'Wasserpiˌstole *f*; **8.** F (junger) ‚Spritzer', Wichtigtuer *m*.

squish [skwiʃ] *s.* F Marme'lade *f*.

stab [stæb] **I.** *v/t.* **1.** *j-n* erstechen, erdolchen; **2.** *Messer etc.* bohren, stoßen (*into* in *acc.*); **3.** *fig.* verletzen: *to* ~ *s.o. in the back* j-m in den Rücken fallen, j-n verleumden; *to* ~ *s.o.'s reputation* an j-m Rufmord begehen; **4.** ⊕ *Mauer* rauh hauen; **II.** *v/i.* **5.** stechen (*at* nach); **6.** stechen (*Schmerz*); **III.** *s.* **7.** (Dolch- *etc.*)Stoß *m*, Stich *m*: ~ *in the back fig.* Dolchstoß, hinterhältiger Angriff; *to make a* ~ *at sl. et.* probieren; **8.** Stich(wunde *f*) *m*; **9.** *fig.* stechender Schmerz, Stich *m*.

sta·bil·i·ty [stə'biliti] *s.* **1.** Stabili'tät *f*: **a)** Standfestigkeit *f*, **b)** (Wert)Beständigkeit *f*, Festigkeit *f*, Haltbarkeit *f*, **c)** Unveränderlichkeit *f* (*a.* ⚗), **d)** ⚡ Resi'stenz *f*: *monetary* ~ ✝ Währungsstabilität; **2.** *fig.* Beständigkeit *f*, Standhaftigkeit *f*, (Cha'rakter)Festigkeit *f*; **3.** **a)** ⊕ Kippsicherheit *f*, **b)** ✈ dy'namisches Gleichgewicht, **c)** ⚓ Stabilität *f* (*e-s Schiffs im Wasser*).

sta·bi·li·za·tion [steibilai'zeiʃən] *s.* **1.** Stabilisierung *f* (*bsd.* ✝), Festigung *f*; **2.** ⊕, ✈ Kippsicherung *f*; **sta·bi·lize** ['steibilaiz] *v/t.* stabilisieren (*a.* ✝, ✈): **a)** festigen, stützen, **b)** kon'stant halten: ~*d warfare* ⚔ Stellungskrieg; **sta·bi·liz·er** ['steibilaizə] *s.* ⊕, ✈, ⚓, ⚡ Stabili'sator *m*.

sta·ble[1] ['steibl] *adj.* □ **1.** sta'bil (*a.* ✝): **a)** standfest, -sicher (*a.* ⊕), **b)** (wert)beständig, fest, dauerhaft, haltbar, **c)** unveränderlich (*a.* ⚗), **d)** ⚡ resi'stent: ~ *currency* ✝ stabile Währung; **2.** *fig.* beständig, gefestigt.

sta·ble[2] ['steibl] **I.** *s.* **1.** (Pferde-, Kuh)Stall *m*; **2.** Stall(bestand) *m*; **3.** Rennstall *m* (*bsd. coll. Pferde, Leute*); **4.** *pl.* ⚔ *Brit.* **a)** Stalldienst *m*, **b)** → *stable-call*; **II.** *v/t.* **5.** *Pferd* einstallen; **III.** *v/i.* **6.** im Stall stehen (*Pferd*); **7.** *fig.* hausen; '~**-boy** *s.* Stalljunge *m*; '~**-call** *s.* ⚔ Si'gnal *n* zum Stalldienst; '~**-com·pan·ion** *s.* Stallgefährte *m* (*a.* F *fig.*); '~**-man** [-mən] *s.* [*irr.*] Stallknecht *m*.

sta·ble·ness ['steiblnis] → *stability*.

sta·bling ['steibliŋ] *s.* **1.** Einstallung *f*; **2.** Stallung(en *pl.*) *f*, Ställe *pl.*

stac·ca·to [stə'kɑ:tou] (*Ital.*) *adv.* **1.** ♪ stak'kato; **2.** *fig.* abgehackt.

stack [stæk] **I.** *s.* **1.** (Heu-, Getreide-, Stroh)Schober *m*, Feim *m*; **2.** Stoß *m*, Stapel *m* (*Holz, Bücher etc.*); **3.** *Brit. Maßeinheit für Holz u. Kohlen* (*3,05814 m*³); **4.** *Am.* ('Bücher)Reˌgal *n*; *pl.* 'Hauptmagaˌzin *n e-r Bibliothek*; **5.** ⚔ (Ge'wehr)Pyraˌmide *f*; **6.** **a)** *bsd.* 🚂, ⚓ Schornstein *m*, Ka'min *m*, **b)** (Schmiede-) Esse *f*; **II.** *v/t.* **7.** *Heu etc.* aufschobern; **8.** aufschichten, -stapeln; **9.** *et.* 'vollstapeln; **10.** ⚔ *Gewehre* zs.-setzen: *to* ~ *arms*; **11.** *to* ~ *cards Am.* **a)** Karten ‚packen' (*um zu betrügen*), **b)** *sl.* e-e Sache abkarten; '**stack·er** [-kə] *s.* Stapler *m* (*Person u. Gerät*).

sta·di·a[1] ['steidjə] *pl. von stadium*.

sta·di·a[2] ['steidjə] *s. a.* ~*-rod* ⊕ ('Basis)Meßlatte *f*.

sta·di·um ['steidjəm] *pl.* **-di·a** [-djə] *s.* **1.** *antiq.* 'Stadion *n* (*Kampfbahn u. Längenmaß*); **2.** *pl. mst* '**sta·di·ums** *sport* Stadion *n*, Sportfeld *n*, Kampfbahn *f*; **3.** *bsd.* ⚕, *biol.* 'Stadium *n*.

staff[1] [stɑ:f] **I.** *s.* **1.** Stock *m*, Stecken *m*; **2.** (*a.* Amts-, Bischofs-, Kom'mando-, Meß-, Wander)Stab *m*; **3.** (Fahnen)Stange *f*, ⚓ Flaggenstock *m*; **4.** *fig.* **a)** Stütze *f des Alters etc.*, **b)** *das* Nötige *od.* Wichtigste: ~ *of life* Brot, Nahrung; **5.** Unruhewelle *f* (*Uhr*); **6.** **a)** (Assi'stenten-, 'Mitarˌbeiter)Stab *m*, **b)** Beamtenkörper *m*, -stab *m*, **c)** Lehrkörper *m*, 'Lehrkolˌlegium *n*, **d)** Perso'nal *n*, Belegschaft *f*: *editorial* ~ Redaktion(sstab), Schriftleitung; *nursing* ~ ⚕ Pflegepersonal; *senior* ~ ✝ leitende Angestellte; *to be on the* ~ (*of*) zum Stabe *od.* Lehrkörper *od.* Personal gehören (*gen.*), Mitarbeiter sein (bei), fest angestellt sein (bei); **7.** ⚔ Stab *m* (*Kommandostelle*); **8.** *pl.* **staves** ♪ 'Noten(linien)syˌstem *n*; **II.** *adj.* **9.** *bsd.* ⚔ Stabs...; **10.** Perso'nal...; **III.** *v/t.* **11.** (mit Personal) besetzen: *well* ~*ed* gut besetzt; **12.** mit e-m Stab *od.* Lehrkörper *etc.* versehen; **13.** den Lehrkörper *e-r Schule* bilden.

staff[2] [stɑ:f] *s.* ⊕ *Baustoff aus Gips u.* (*Hanf*)*Fasern*.

staff| car *s.* ⚔ Stabs-, Befehlsfahrzeug *n*; ~ **col·lege** *s.* ⚔ 'Kriegsakadeˌmie *f*; ~ **man·a·ger** *s.* ✝ Perso'nalchef *m*; ~ **no·ta·tion** *s.* ♪ 'Liniennotenschrift *f*; ~ **of·fi·cer** *s.* ⚔ 'Stabsoffiˌzier *m*; ~ **re·duc·tions** *pl.* ✝ Perso'nalabbau *m*; '~**-ser·geant** *s.* ⚔ (*Brit.* Ober)Feldwebel *m*.

stag [stæg] **I.** *s.* **1.** *hunt.*, *zo.* **a)** Rothirsch *m*, **b)** Hirsch *m*; **2.** *bsd. dial.* Männchen *n* (*verschiedener anderer Tiere*); **3.** *nach der Reife kastriertes männliches Tier*; **4.** F **a)** ‚Unbeweibte(r)' *m*, Herr *m* ohne Damenbegleitung, **b)** *bsd. Am.* → *stag-party*; **5.** ✝ *Brit.* **a)** Kon'zertzeichner *m*, **b)** Speku'lant, der Neuausgaben von 'Aktien aufkauft; **II.** *adj.* **6.** F Herren...: ~ *dinner*; **III.** *v/i.* **7.** ✝ *Brit. sl.* Diffe'renzgeschäfte machen; **8.** F ohne Damenbegleitung gehen; '~**-bee·tle** *s. zo.* Hirschkäfer *m*.

stage [steidʒ] **I.** *s.* **1.** Bühne *f*, Gerüst *n*; ⚓ Landungsbrücke *f*; **2.** *thea.* Bühne *f* (*a. fig. Theaterwelt, Bühnenlaufbahn*): *the* ~ *fig.* die Bühne, das Drama *od.* Schauspiel; *to be on the* ~ Schauspieler(in) *od.* beim Theater sein; *to bring on the* ~ → *11a*; *to go on the* ~ zur Bühne gehen; *to hold the* ~ sich auf der Bühne halten; **3.** *hist.* **a)** ('Post-) Statiˌon *f*, **b)** Postkutsche *f*; **4.** **a)** Haltestelle *f*, **b)** (Fahr-, Teil)Strecke *f*, **c)** (Reise)Abschnitt *m*, E'tappe *f* (*a. fig. des Lebens etc.*): *by* (*od. in*) (*easy*) ~*s* etappenweise; **5.** ⚕, ✝, *biol. etc.* 'Stadium *n*, (Entwicklungs)Stufe *f*, Phase *f*: *at this* ~ zum gegenwärtigen Zeitpunkt; *critical* (*experimental, intitial*) ~ kritisches (Versuchs-, Anfangs)Stadium; ~*s of appeal* ⚖ Instanzenweg; **6.** ⊕ (Schalt- *etc.*, ⚡ Verstärker-, *a.* Ra'keten)Stufe *f*; **7.** *geol.* Stufe *f e-r Formation*; **8.** Ob'jektträger *m* (*Mikroskop*); **9.** ⊕ Farbläufer *m*; **10.** *Am.* Höhe *f* des Spiegels (*e-s Flusses*); **II.** *v/t.* **11.** *Theaterstück* **a)** auf die Bühne bringen, inszenieren, **b)** für die Bühne bearbeiten; **12.** *fig.* inszenieren, in Szene setzen; **13.** ⊕ berüsten; **14.** ⚔ *Am. Personen* 'durchschleusen; '~**-box** *s. thea.* Pro'szeniumsloge *f*; '~**-coach** *s. hist.* Postkutsche *f*; '~**-craft** *s.* Bühnenkunst *f*, -technik *f*, -erfahrung *f*; ~ **di·rec·tion** *s.* Bühnen-, Re'gieanweisung *f*; ~ **di·rec·tor** *s.* Regis'seur *m*; ~ **door** *s.* Bühneneingang *m*; ~ **ef·fect** *s.* **1.** Bühnenwirkung *f*; **2.** *fig.* Thea'tralik *f*, Ef'fekt *m*; ~ **fe·ver** *s.* Drang *m* zur Bühne, The'aterbesessenheit *f*; ~ **fright** *s.* Lampenfieber *n*; '~**-hand** *s.* Bühnenarbeiter *m*; '~**-man·age** *v/t. fig.* inszenieren; ~ **man·age·ment** *s.* Spielleitung *f*, Re'gie *f*; ~ **man·ag·er** *s.* Inspizi'ent *m*; '~**-mas·ter** *s.* technischer Spielleiter; '~**-play** *s.* Bühnenstück *n*, -schauspiel *n* (*Ggs. Lesedrama*).

stag·er ['steidʒə] *s. mst old* ~ alter Praktikus *od.* Hase.

stage| right *s. mst pl.* ⚖ Aufführungs-, Bühnenrecht *n*; '~**-struck** *adj.* the'aterbesessen, bühnenbegeistert; ~ **whis·per** *s.* **1.** *thea.* nur für das Publikum gedachtes Flüstern; **2.** *fig.* weithin hörbares Geflüster; '~**-worth·y** *adj.* bühnenfähig, -gerecht (*Schauspiel*).

stage·y → *stagy*.

stag·fla·tion [stæg'fleiʃən] *s.* ✝ Stagflati'on *f*.

stag·ger ['stægə] **I.** *v/i.* **1.** (sch)wanken, taumeln, torkeln; **2.** *fig.* wanken, unsicher werden; **II.** *v/t.* **3.** ins Wanken bringen, erschüttern (*a. fig.*); **4.** *fig.* verblüffen, *stärker*: 'umwerfen, über'wältigen; **5.** ⊕ gestaffelt *od.* versetzt anordnen; (*a. fig. Arbeitszeit etc.*) staffeln; **III.** *s.* **6.** Schwanken *n*, Taumeln *n*; **7.** *pl. sg. konstr.*: **a)** Schwindel *m*, **b)** *vet.* Schwindel *m* (*von Rindern*), Koller *m* (*von Pferden*), Drehkrankheit *f* (*von Schafen*); **8.** ⊕, ✈ *u. fig.* Staffelung *f*; **9.** *Leichtathletik*: Kurvenvorgabe *f*; '**stag·gered** [-əd] *adj.* **1.** ⊕ versetzt (angeordnet), gestaffelt; **2.** gestaffelt (*Arbeitszeit etc.*); '**stag·ger·ing** [-əriŋ] *adj.* □ **1.** (sch)wankend, taumelnd; **2.** wuchtig, heftig (*Schlag*); **3.** *fig.* 'umwerfend, phan'tastisch; schwindelerregend (*Preise etc.*).

'**stag-horn** *s.* **1.** Hirschhorn *n*; **2.** *a.* ~ *coral zo.* 'Dornkoˌralle *f*; **3.** ♀ **a)** *a.* ~ *fern* Geweihfarn *m*, **b)** *a.* ~ *moss* Keulen-Bärlapp *m*.

stag·i·ness ['steidʒinis] *s.* Thea'tralik *f*, Efˌfekthasche'rei *f*.

stag·ing ['steidʒiŋ] *s.* **1.** *thea.* **a)** Inszenierung *f* (*a. fig.*), **b)** Bühnenbearbeitung *f*; **2.** (Bau)Gerüst *n*; **3.** ⚓ Hellinggerüst *n* (*e-r Werft*); ~ **a·re·a** *s.* ⚔ **1.** Bereitstellungsraum *m*; 2. Auffangraum *m*; ~ **camp** *s. Am.* 'Durchgangslager *n*.

stag·nan·cy ['stægnənsi] *s.* Stagnati'on *f*: a) Stockung *f*, Stillstand *m*, b) *bsd.* ✝ Flauheit *f*, c) *fig.* Trägheit *f*; '**stag·nant** [-nt] *adj.* □ stagnierend: a) stockend (*a.* ✝), stillstehend, b) abgestanden (*Wasser*), c) *fig.* träge; '**stag·nate** [-neit] *v/i.* stagnieren, stocken; **stag·na·tion** [stæg'neiʃən] → *stagnancy*.

'**stag-par·ty** *s.* F Herrenabend *m*.

stag·y ['steidʒi] *adj.* □ 1. bühnenmäßig, Bühnen...; 2. *fig.* thea'tralisch, ef'fekthaschend.

staid [steid] *adj.* □ gesetzt, seri'ös; ruhig (*a. Farbe*), gelassen; '**staid·ness** [-nis] *s.* Gesetztheit *f*.

stain [stein] **I.** *s.* 1. (Schmutz-, *a.* Farb)Fleck *m*; 2. *fig.* Schandfleck *m*, Makel *m*; 3. Färbung *f*; 4. ⊕ Farbe *f*, Färbemittel *n* (*a. beim Mikroskopieren*); 5. (Holz)Beize *f*; **II.** *v/t.* 6. beschmutzen, beflecken, besudeln (*alle a. fig.*); 7. färben; *Holz* beizen; *Glas etc.* bemalen; *Stoff etc.* bedrucken: *~ed glass* buntes *od.* bemaltes (Fenster)Glas; **III.** *v/i.* 8. Flecken verursachen; 9. Flecken bekommen, schmutzen; '**stain·ing** [-niŋ] **I.** *s.* 1. (Ver)Färbung *f*; 2. Verschmutzung *f*; 3. ⊕ Färben *n*, Beizen *n*: ~ *of glass* Glasmalerei; **II.** *adj.* 4. Färbe...; '**stain·less** [-lis] *adj.* □ 1. *bsd. fig.* fleckenlos, unbefleckt; 2. rostfrei, nichtrostend (*Stahl*).

stair [stɛə] *s.* 1. Treppe *f*, Stiege *f*; 2. (Treppen)Stufe *f*; 3. *pl.* Treppe(nhaus *n*) *f*: *below ~s* a) unten, b) beim Hauspersonal; '**~-car·pet** *s.* Treppenläufer *m*; '**~·case** *s.* Treppe *f*, Treppenhaus *n*, -aufgang *m*; '**~·head** *s.* oberster Treppenabsatz; '**~·way** → *staircase*.

stake[1] [steik] **I.** *s.* 1. (*a.* Grenz)Pfahl *m*, Pfosten *m*: *to pull up ~s Am.* F ‚abhauen'; 2. Marter-, Brandpfahl *m*: *the ~ fig.* der (Tod auf dem) Scheiterhaufen; 3. Pflock *m* (*zum Anbinden von Tieren*); 4. (Wagen-)Runge *f*; 5. Absteckpfahl *m*, -pflock *m*; 6. kleiner (Hand)Amboß; **II.** *v/t.* 7. *oft ~ off*, *~ out* abstecken (*a. fig.*): *to ~ out a claim fig.* e-e Forderung umreißen; *to ~ in* (*od. out*) mit Pfählen einzäunen; 8. *Pflanze* mit e-m Pfahl stützen; 9. *a. ~ out Tier* anpflocken; 10. a) mit e-m Pfahl durch'bohren, aufspießen, b) pfählen (*als Strafe*).

stake[2] [steik] **I.** *s.* 1. (Wett-, Spiel-) Einsatz *m*: *to place one's ~s on* setzen auf (*acc.*); *to be at ~ fig.* auf dem Spiel stehen; *to play for high ~s* a) um hohe Einsätze spielen, b) *fig.* ein hohes Spiel spielen, allerhand riskieren; 2. *fig.* Inter'esse *n*, Anteil *m* (*a.* ✝): *to have a ~ in* interessiert *od.* beteiligt sein an (*dat.*); 3. *pl. Pferderennen*: a) Dotierung *f*, b) Rennen *n*; **II.** *v/t.* 4. *Geld* setzen (*on* auf *acc.*); 5. *fig.* (ein)setzen, aufs Spiel setzen, riskieren: *I'd ~ my life on that* darauf gehe ich jede Wette ein; 6. *Am.* F a) *Geld* in *j-n od. et.* investieren, b) *to ~ s.o. to s.th.* j-m et. zahlen *od.* spendieren.

'**stake|-boat** *s. Segeln*: Markierungsboot *n*; '**~·hold·er** *s.* 'Unpar,teiische(r), der die Wetteinsätze verwahrt; '**~-net** *s.* ⚓ Staknetz *n*.

Sta·kha·no·vism [stə'kɑ:nouvizəm] *s.* Sta'chanow-Sy,stem *n*.

sta·lac·tic *adj.*; **sta·lac·ti·cal** [stə'læktik(əl)] *adj.* → *stalactitic*; **sta·lac·tite** ['stæləktait] *s.* Stalak'tit *m*, hängender Tropfstein; **stal·ac·tit·ic** [stæləkˈtitik] *adj.* (□ *~ally*) stalak'titisch.

sta·lag·mite ['stæləgmait] *s. min.* Stalag'mit *m*, stehender Tropfstein; **stal·ag·mit·ic** [stæləg'mitik] *adj.* (□ *~ally*) stalag'mitisch.

stale[1] [steil] **I.** *adj.* □ 1. *allg.* alt (*Ggs. frisch*); schal, abgestanden (*Wasser, Wein*); alt(backen), trokken (*Brot*); schlecht, verdorben (*Lebensmittel*); verbraucht (*Luft*); schal (*Geruch, Geschmack*); 2. *fig.* fad(e), abgedroschen, schal; (ur)alt (*Witz*); 3. a) verbraucht (*Person, Geist*), über'anstrengt, b) aus der Übung (gekommen), ‚eingerostet'; 4. ⚖ verjährt (*Scheck, Schuld etc.*), gegenstandslos (geworden); **II.** *v/i.* 5. schal *etc.* werden.

stale[2] [steil] **I.** *v/i.* stallen, harnen, (*Vieh*); **II.** *s.* (Pferde-, Rinder-) Harn *m*.

stale·mate ['steil'meit] **I.** *s.* 1. *Schach*: Patt *n*; 2. *fig.* Sackgasse *f*, Stillstand *m*, toter Punkt; **II.** *v/t.* 3. patt setzen; 4. *fig. j-n* ausschalten, matt setzen.

stale·ness ['steilnis] *s.* 1. Schalheit *f* (*a. fig.*); 2. Verbrauchtheit *f*, Über'arbeitung *f*.

Sta·lin·ism ['stɑ:linizəm] *s. pol.* Stali'nismus *m*; '**Sta·lin·ist** [-nist] **I.** *s.* Stali'nist(in); **II.** *adj.* stali'nistisch.

stalk[1] [stɔ:k] *s.* 1. ⚘ Stengel *m*, Stiel *m*, (Getreide- *etc.*)Halm *m*; 2. *biol.*, *zo.* Stiel *m* (*Träger e-s Organs*); 3. *zo.* Federkiel *m*; 4. Stiel *m* (*e-s Weinglases etc.*); 5. (Fa'brik)Schlot *m*.

stalk[2] [stɔ:k] **I.** *v/i.* 1. *hunt.* (sich an-) pirschen; 2. (ein'her)schreiten, stolzieren; 3. *fig.* 'umgehen (*Krankheit, Gespenst etc.*); 4. staken, steifbeinig gehen; **II.** *v/t.* 5. *Wild* anpirschen; 6. sich her'anschleichen an *j-n*; **III.** *s.* 7. Pirsch(jagd) *f*; 8. stolzer *od.* steifer Gang.

stalked [stɔ:kt] *adj.* ⚘, *zo.* gestielt, ...stielig.

stalk·er ['stɔ:kə] *s.* Pirschjäger *m*.

'**stalk·ing-horse** ['stɔ:kiŋ] *s.* 1. *hunt.*, *hist.* Versteckpferd *n*; 2. *fig.* Deckmantel *m*; 3. *pol.* Strohmann *m*.

stalk·less ['stɔ:klis] *adj.* 1. ungestielt; 2. ⚘ stengellos.

stalk·y ['stɔ:ki] *adj.* 1. stengel-, stielartig; 2. hochaufgeschossen.

stall[1] [stɔ:l] **I.** *s.* 1. (Pferde)Stand *m*, Box *f* (*im Stall*); 2. *Brit.* (Verkaufs-) Stand *m*, (Markt)Bude *f*, *a.* Budentisch *m*: *~ money* Standgeld; 3. *bsd. Brit.* a) Chor-, Kirchenstuhl *m*, b) Chorherrenwürde *f*; 4. *thea. Brit.* Sperrsitz *m*, Vorderplatz *m* im Par'kett; 5. Fingerling *m*; 6. ⚒ Arbeitsstand *m*; 7. ✈ Sackflug; **II.** *v/t.* 8. einstallen; 9. im Stall füttern *od.* mästen; 10. mit Boxen *od.* Ständen versehen; 11. a) *Wagen* festfahren, b) *Motor* abwürgen; 12. ✈ über'ziehen; **III.** *v/i.* 13. sich festfahren, steckenbleiben; 14. absterben (*Motor*); 15. ✈ abrutschen.

stall[2] [stɔ:l] **I.** *s.* 1. Ausflucht *f*, 'Hinhaltema,növer *n*; 2. Dieb(e)shelfer *m*; **II.** *v/i.* 3. Ausflüchte machen, Zeit schinden; 4. *sport* ‚kurztreten'; **III.** *v/t.* 5. *a. ~ off* a) hinhalten, b) sich vom Leibe halten.

stall·age ['stɔ:lidʒ] *s. Brit.* 1. Standgeld *n*; 2. Standplatz *m* (*für Buden*).

'**stall-feed** *v/t.* [*irr.* → *feed*] 1. *Tier* im Stall füttern; 2. *Schlachttier* durch Trockenfütterung mästen.

stal·lion ['stæljən] *s. zo.* (Zucht-) Hengst *m*.

stal·wart ['stɔ:lwət] **I.** *adj.* □ 1. ro'bust, stramm, (hand)fest; 2. *bsd. pol.* unentwegt, treu; **II.** *s.* 3. strammer Kerl; 4. *bsd. pol.* treuer Anhänger, Unentwegte(r *m*) *f*.

sta·men ['steimen] *s.* ⚘ Staubblatt *n*, -gefäß *n*, -faden *m*.

stam·i·na ['stæminə] *s.* 1. a) Lebenskraft *f* (*a. fig.*), b) Vitali'tät *f*; 2. Zähigkeit *f*, 'Durchhaltevermögen *n*; 3. *a.* ⚔ 'Widerstandskraft *f*; '**stam·i·nal** [-nl] *adj.* 1. konstitutio'nell; 2. Lebens..., vi'tal; 3. Widerstands...; 4. ⚘ Staubblatt...

stam·mer ['stæmə] **I.** *v/i.* (*v/t. a. ~ out*) stottern, stammeln; **II.** *s.* Stammeln *n*, Stottern *n*, Gestammel *n*; '**stam·mer·er** [-ərə] *s.* Stotterer *m*, Stammler *m*; '**stam·mer·ing** [-əriŋ] **I.** *adj.* □ stammelnd, stotternd; **II.** *s.* → *stammer II*.

stamp [stæmp] **I.** *v/t.* 1. stampfen (auf *acc.*): *to ~ one's foot* → *12*; *to ~ down* a) feststampfen, b) niedertrampeln; *to ~ out* a) *Feuer* austreten, b) zertrampeln, c) ausmerzen, d) *Aufstand* niederschlagen; 2. *Geld* prägen; 3. aufprägen (*on* auf *acc.*); 4. *bsd. Stempel* aufdrücken; 5. *Urkunde etc.* stempeln; 6. *Gewichte* eichen; 7. *Brief etc.* frankieren, e-e Brief- *od.* Gebührenmarke (auf)kleben auf (*acc.*): *~ed envelope* Freiumschlag; 8. kennzeichnen; 9. *fig.* stempeln, kennzeichnen, charakterisieren (*as* als); 10. *fig.* (fest) einprägen: *~ed on s.o.'s memory* j-s Gedächtnis eingeprägt, unverrückbar in j-s Erinnerung; 11. ⊕ a) *a. ~ out* (aus)stanzen, b) pressen, c) *Erz* pochen, d) *Lumpen etc.* einstampfen; **II.** *v/i.* 12. (auf)stampfen; 13. stampfen, trampeln (*upon* auf *acc.*); **III.** *s.* 14. Stempel *m*, (*Dienst- etc.*)Siegel *n*; 15. *fig.* Stempel *m* (*der Wahrheit etc.*), Gepräge *n*: *to bear the ~ of* den Stempel *des Genies etc.* tragen, das Gepräge *j-s od. e-r Sache* haben; 16. (Brief-) Marke *f*, (Post)Wertzeichen *n*; 17. (Stempel-, Steuer-, Gebühren-) Marke *f*; 18. ✝ Ra'battmarke *f*; 19. ✝ ('Firmen)Zeichen *n*, Eti'kett *n*; 20. *fig.* Art *f*, Schlag *m*: *a man of his ~* ein Mann s-s Schlages; *of a different ~* aus e-m andern Holz geschnitzt; 21. ⊕ a) Prägestempel *m*, b) Stanze *f*, c) Stampfe *f*, d) Presse *f*, e) Pochstempel *m*, f) Pa'trize *f*; 22. Prägung *f*; 23. Aufdruck *m*; 24. Eindruck *m*, Spur *f*; ♀ **Act** *s. hist.* Stempelakte *f*; '**~-al·bum** *s.* Briefmarkenalbum *n*; '**~-col·lec·tor** *s.* Briefmarkensammler *m*; **'~-du·ty** *s.* Stempelgebühr *f.*

stam·pede [stæm'pi:d] **I.** *s.* **1.** wilde, panische Flucht, Panik *f*; **2.** (Massen)Ansturm *m*, Welle *f*; **3.** *Am. pol.* 'Meinungs,umschwung *m*; **II.** *v/i.* **4.** (in wilder Flucht) da'vonstürmen, 'durchgehen; **5.** (in Massen) losstürmen; **III.** *v/t.* **6.** in wilde Flucht jagen; **7.** in Panik versetzen.

stamp·er ['stæmpə] *s.* ⊕ **1.** Stampfe(r *m*) *f*, Ramme *f*; **2.** Stößel *m.*

stamp·ing ['stæmpiŋ] *s.* ⊕ **1.** Ausstanzen *n etc.*; **2.** Stanzstück *n*; **3.** Preßstück *n*; **4.** Prägung *f*; **~ die** *s.* ⊕ 'Schlagma,trize *f*; **~ ground** *s. bsd. Am.* F Tummel-, Lieblingsplatz *m* (*a. von Tieren*).

'stamp(·ing)-mill *s.* ⊕ **a)** Stampfwerk *n*, **b)** Pochwerk *n.*

stance [stæns] *s.* Stellung *f*, Haltung *f* (*a. sport*).

stanch[1] [sta:ntʃ] *v/t. Blutung* stillen.

stanch[2] [sta:ntʃ] → *staunch*[2].

stan·chion ['sta:nʃən] **I.** *s.* **1.** Pfosten *m*, Stütze *f* (*a.* ⚓); **2.** (Wagen)Runge *f*; **3.** ✓ Freßgitter *n*; **II.** *v/t.* **4.** (ab)stützen; **5.** *Vieh* an e-m Pfosten *od.* Freßgitter festbinden.

stanch·ness ['sta:ntʃnis] → *staunchness.*

stand [stænd] **I.** *s.* **1.** Stillstand *m*, Halt *m*; **2.** Standort *m*, Platz *m*: *to take one's* ~ sich (auf)stellen (*at* bei, auf *dat.*); **3.** *fig.* Standpunkt *m*: *to take a* ~ Stellung nehmen *od.* beziehen; **4.** *fig.* (entschlossenes) Eintreten: *to make a* ~ *for* sich einsetzen für; *to make a* ~ *against* sich entgegenstellen (*dat.*); **5.** (Verkaufs)Stand *m*; **6.** Stand(platz) *m für Taxis*; **7.** ('Zuschauer)Tri,büne *f*; **8.** *Am.* Zeugenstand *m*: *to take the* ~ **a)** den Zeugenstand betreten, **b)** als Zeuge aussagen; **9.** (Kleider-, Noten- *etc.*)Ständer *m*; **10.** Gestell *n*; **11.** *phot.* Sta'tiv *n*; **12.** (Baum)Bestand *m*; **13.** ✓ Stand *m des Getreides etc., zu erwartende* Ernte: ~ *of wheat* stehender Weizen; **14.** ~ *of arms* ⚔ ('vollständige) Ausrüstung *e-s Soldaten*; **II.** *v/i.* [*irr.*] **15.** *allg.* stehen: *to* ~ *alone* **a)** allein (da)stehen *mit e-r Ansicht etc.*, **b)** unerreicht dastehen *od.* sein; *to* ~ *fast* (*od. firm*) nicht nachgeben, hart bleiben; *to* ~ *or fall* siegen oder untergehen; ~*s at* 78° *das Thermometer* steht auf 78 Grad (Fahrenheit); *the wind* ~*s in the west* der Wind weht von Westen; *to* ~ *well with s.o.* (sich) mit j-m gut stehen; *to* ~ *to lose* (*win*) (mit Sicherheit) verlieren (gewinnen); *as matters* ~ (so) wie die Dinge (jetzt) liegen, nach Lage der Dinge; *I want to know where I* ~ ich will wissen, woran ich bin; **16.** aufstehen, sich erheben; **17.** sich *wohin* stellen, treten: *to* ~ *back* (*od. clear*) zurücktreten; **18.** sich *wo* befinden, stehen, liegen (*Sache*); **19.** *a.* ~ *still* stehenbleiben, stillstehen: ~*!* halt!; ~ *fast!* ⚔ *Brit.* stillgestanden!, *Am.* Abteilung halt!; **20.** *bestürzt etc.* sein: *to* ~ *aghast*; *to* ~ *convicted* überführt sein; *to* ~ *corrected* s-n Irrtum *od.* sein Unrecht zugeben; *to* ~ *in need of* benötigen; **21.** groß sein, messen: *he* ~*s six feet* (*tall*); **22.** *neutral etc.* bleiben: *to* ~ *unchallenged* unbeanstandet bleiben; *and so it* ~*s* und dabei bleibt es; **23.** *a.* ~ *good* gültig bleiben, (weiterhin) gelten: *my offer* ~*s* mein Angebot bleibt bestehen; **24.** bestehen, sich behaupten: *to* ~ *through et.* überstehen, -dauern; **25.** ⚓ *auf e-m Kurs* liegen, steuern; **26.** zu'statten kommen (*to dat.*); **27.** *hunt.* vorstehen (*upon dat.*) (*Hund*); **III.** *v/t.* [*irr.*] **28.** *wohin* stellen; **29.** *e-m Angriff etc.* standhalten; **30.** *Beanspruchung, Kälte etc.* aushalten; *Klima, Person* (v)ertragen: *I cannot* ~ *him* ich kann ihn nicht ausstehen; **31.** sich *et.* gefallen lassen, dulden; **32.** sich *e-r Sache* unter'ziehen; *Pate* stehen; → *trial* 2; **33. a)** aufkommen für *et.*; *Bürgschaft* leisten, **b)** *j-m ein Essen etc.* spendieren; → *treat* 11; **34.** *e-e Chance* haben;

Zssgn mit prp.:

stand| by *v/i.* **1.** *fig. j-m* zur Seite stehen, zu *j-m* halten *od.* stehen; **2.** *s-m Wort, s-n Prinzipien etc.* treu bleiben, stehen zu; **~ for** *v/i.* **1.** stehen für, bedeuten; **2.** eintreten für, vertreten; **3.** *bsd. Brit.* sich um *ein Amt* bewerben; **4.** *parl. Brit.* kandidieren für *e-n Sitz im Parlament*; **5.** F sich gefallen lassen, ertragen; **~ in** *v/t.* F *j-n et.* kosten: *the meal stood me in £ 7.50 only*; **~ on** *v/i.* **1.** bestehen *od.* halten auf (*acc.*); → *ceremony* 2; **2.** auf *sein Recht etc.* pochen; **3.** ⚓ *Kurs* beibehalten; **~ to** *v/i.* **1.** zu *s-m Versprechen etc.* stehen, bei *s-m Wort* bleiben; **2.** beharren bei: *to* ~ *it that* dabei bleiben *od.* darauf beharren, daß; *to* ~ *one's duty* (treu) s-e Pflicht tun; **~ up·on** → *stand on*;

Zssgn mit adv.:

stand| a·loof, ~ a·part *v/i.* **1. a)** abseits *od.* für sich stehen, **b)** sich ausschließen, nicht mitmachen; **2.** *fig.* sich distanzieren (*from* von); **~ a·side** *v/i.* **1.** bei'seite treten; **2.** *fig. zu j-s Gunsten* verzichten; **3.** → *stand aloof*; **~ by** *v/i.* **1.** da'bei sein u. zusehen (müssen), (ruhig) zusehen; **2. a)** *bsd.* ⚔ bereitstehen, sich in Bereitschaft halten, **b)** ~*!* ⚓ klar zum Manöver!; **3.** ⚡ **a)** auf Empfang bleiben, **b)** sendebereit sein; **~ down** *v/i.* **1.** *Am.* den Zeugenstand verlassen; **2.** ab-, zu'rücktreten; **3.** *sport* ausscheiden; **~ in** *v/i.* **1.** einspringen (*for* für *j-n*): *to* ~ *for s.o. Film*: j-n doubeln; **2.** mitmachen; **3.** ~ *with* **a)** unter'stützen, mitmachen bei, **b)** sich mit *j-m* beteiligen (*in* an *Kosten*); **4.** ~ *with* sich gut stellen mit; **5.** ⚓ landwärts anliegen; **~ off I.** *v/i.* **1.** sich entfernt *od.* in e-r gewissen Entfernung halten (*from* von); **2.** zurücktreten: ~*!* weg da!, Platz da!; **3.** *fig.* Abstand halten (*im Umgang*); **4.** abstehen; **5.** ⚓ seewärts anliegen; **II.** *v/t.* **6.** *j-n* vor'übergehend entlassen; **~ out I.** *v/i.* **1.** (*a. fig.* deutlich) her'vortreten: *to* ~ *against* sich gut abheben von; → 4; **2.** abstehen (*Ohren*); **3.** *fig.* her'ausragen, her'vorstechen; **4.** aus-, 'durchhalten: *to* ~ *against* sich hartnäckig wehren gegen; **5.** ~ *for* eintreten für; **~ o·ver** *v/i.* **1.** (*to* auf *acc.*) **a)** sich vertagen, **b)** verschoben werden; **2.** *für später* liegenbleiben, warten; **~ to** *v/i.* ⚔ Posten beziehen: ~*!* an die Gewehre!; **~ up I.** *v/i.* **1.** aufstehen, sich erheben (*a. fig.*); **2.** sich aufrichten (*Stachel etc.*); **3.** eintreten *od.* sich einsetzen (*for* für); **4.** ~ *to* (mutig) gegen'übertreten (*dat.*), sich zur Wehr setzen gegen; **II.** *v/t.* **5.** F *j-n* ‚versetzen'.

stand·ard[1] ['stændəd] **I.** *s.* **1.** 'Standard *m*, Norm *f*; **2.** Muster *n*, Vorbild *n*; **3.** Maßstab *m*: *to apply another* ~ e-n anderen Maßstab anlegen; ~ *of value* Wertmaßstab; *by present-day* ~*s* nach heutigen Begriffen; **4.** Richt-, Eichmaß *n*; **5.** Richtlinie *f*; **6.** (Mindest)Anforderungen *pl.*: *to be up to* (*below*) ~ den Anforderungen (nicht) genügen *od.* entsprechen; *to set a high* ~ viel verlangen; ~ *of living* Lebensstandard; **7.** † 'Standard(quali,tät *f od.* -ausführung *f*) *m*; **8.** (*Gold- etc.*)Währung *f*, (-)Standard *m*; **9.** Standard *m*: **a)** (gesetzlich vorgeschriebener) Feingehalt (*der Edelmetalle*), **b)** Münzfuß *m*; **10.** Ni'veau *n*, Grad *m*: *to be of a high* ~ ein hohes Niveau haben; ~ *of knowledge* Bildungsgrad, -stand; ~ *of prices* Preisniveau; **11.** *ped. bsd. Brit.* Stufe *f*, Klasse *f*; **II.** *adj.* **12.** nor'mal, Normal... (*-film, -wert, -zeit etc.*); Standard..., Einheits...(*-modell etc.*); Durchschnitts...(*-wert etc.*): ~ set Seriengerät; ~ *size* gängige Größe (*Schuhe etc.*); **13.** gültig, maßgebend, Standard...(*-muster, -werk*): ~ *German* Hochdeutsch; **14.** klassisch (*Roman etc.*).

stand·ard[2] ['stændəd] **I.** *s.* **1. a)** *pol. u.* ⚔ Stan'darte *f*, **b)** Fahne *f*, Flagge *f*, **c)** Wimpel *m*; **2.** *fig.* Banner *n*; **3.** ⊕ **a)** Ständer *m*, **b)** Pfosten *m*, Pfeiler *m*, Stütze *f*; **4.** ✓ Hochstämmchen *n*, Bäumchen *n*; **II.** *adj.* **5.** stehend, Steh...: ~ *lamp* Stehlampe; **6.** ✓ hochstämmig.

stand·ard·i·za·tion [stændədai'zeiʃən] *s.* **1.** Normung *f*, Standardisierung *f*: ~ *committee* Normenausschuß; **2.** ⚗ Titrierung *f*; **3.** Eichung *f*; **stand·ard·ize** ['stændədaiz] *v/t.* **1.** normen, normieren, standardisieren; **2.** ⚗ einstellen, titrieren; **3.** eichen.

'stand-by [-ndb-] **I.** *pl.* **-bys** *s.* **1.** Stütze *f*, Beistand *m*, Hilfe *f*; **2.** ⊕ Hilfs-, Re'servegerät *n*; **II.** *adj.* **3.** Hilfs..., Ersatz..., Reserve...: ~ *unit* ⚡ Notaggregat; **4.** *bsd.* ⚔ Bereitschafts...(*-dienst etc.*).

stand·ee [stæn'di:] *s. Am.* F Stehplatzinhaber(in).

stand·er-by ['stændə'bai] *s.* Da'beistehende(r *m*) *f*, Zuschauer(in).

'stand-'in *s.* **1.** *Film*: Double *n*; **2.** Vertreter *m*, Ersatzmann *m.*

stand·ing ['stændiŋ] **I.** *s.* **1.** Stehen *n*: *no* ~ keine Stehplätze; **2. a)** Stand *m*, Rang *m*, Stellung *f*, **b)** Ruf *m*, Ansehen *n*: *of high* ~ hochangesehen, -stehend; **3.** Dauer *f*: *of long* ~ alt (*Brauch, Freundschaft etc.*); **II.** *adj.* **4.** stehend, Steh...: ~ *army* stehendes Heer; ~ *corn* Getreide auf dem Halm; ~ *jump*

Sprung aus dem Stand; ~ *rule* stehende Regel; *all* ~ ⚓ a) unter vollen Segeln, b) *sl.* hilfslos; 5. *fig.* ständig (*a. Ausschuß etc.*); 6. † laufend (*Unkosten etc.*); 7. üblich, gewohnt: *a* ~ *dish*; 8. bewährt, alt (*Witz etc.*); ~ **or·der** *s.* 1. † Dauerauftrag *m*; 2. *pl. parl. etc.* Geschäftsordnung *f*; 3. ⚔ Dauerbefehl *m*; '~-**room** *s.* 1. Platz *m* zum Stehen; 2. Stehplatz *m.*

'**stand|·off** *s. Am.* 1. *sport* Unentschieden *n*; 2. Distanzierung *f*; 3. Dünkel *m*; '~-'**off·ish** [-'ɔ:fiʃ] *adj.* □ 1. zu'rückhaltend, (sehr) reserviert, ablehnend; 2. unnahbar, hochmütig; ~'**pat·ter** [-nd'pætə] *s. pol. Am.* F sturer Konserva'tiver; '~-**pipe** [-ndp-] *s.* ⊕ Standrohr *n*; '~·**point** [-ndp-] *s.* Standpunkt *m* (*a. fig.*); '~·**still** [-nds-] I. *s.* Stillstand *m*: *to be at a* ~ stillstehen, ruhen; *to a* ~ zum Stillstand *kommen, bringen*; II. *adj.* stillstehend: ~ *agreement pol.* Stillhalteabkommen; '~-**up** *adj.* 1. stehend: ~ *collar* Stehkragen; 2. F im Stehen eingenommen: ~ *supper* kaltes Büfett; 3. regelrecht, ehrlich (*Faustkampf*).

stank [stæŋk] *pret. von stink.*

stan·na·ry ['stænəri] *Brit.* I. *s.* 1. Zinngrubengebiet *n*; 2. Zinngrube *f*; II. *adj.* 3. Zinn(gruben)...; '**stan·nate** [-neit] *s.* ⚗ Stan'nat *n*; '**stan·nic** [-nik] *adj.* ⚗ Zinn...; '**stan·nite** [-nait] *s.* ⚗ 1. *min.* Zinnkies *m*, Stan'nin *n*; 2. Stan'nit *n*; '**stan·nous** [-nəs] *adj.* ⚗ Zinn...

stan·za ['stænzə] *pl.* **-zas** *s.* 1. 'Strophe *f*; 2. 'Stanze *f*; **stan·za·ic** [stæn'zeiik] *adj.* 'strophisch.

sta·ple[1] ['steipl] I. *s.* 1. † Haupterzeugnis *n e-s Landes etc.*; 2. † Stapelware *f*: a) 'Hauptar,tikel *m*, b) Massenware *f*; 3. † Rohstoff *m*; 4. ⊕ Stapel *m*: a) *Fadenlänge od. -qualität*: *of short* ~ kurzstapelig, b) *Büschel Schafwolle*; 5. ⊕ a) Rohwolle *f*, b) Faser *f*: ~ *fibre* (*Am. fiber*) Zellwolle; 6. *fig.* 'Hauptgegenstand *m*, -,thema *n*; 7. † a) Stapelplatz *m*, b) *hist.* Markt *m* (mit Stapelrecht); II. *adj.* 8. Stapel...: ~ *goods*; 9. Haupt...: ~ *food*; ~ *industry*; ~ *topic* Hauptthema; 10. † a) Haupthandels..., b) gängig, c) Massen...; III. *v/t.* 11. *Wolle* (nach Stapel) sortieren.

sta·ple[2] ['steipl] ⊕ I. *s.* 1. (Draht-)Öse *f*; 2. Haspe *f*; 3. Krampe *f*; 4. Heftklammer *f*; 5. Heftdraht *m*; II. *v/t.* 6. (mit Draht) heften; (fest-)klammern (*to* an *acc.*): *stapling-machine* → *stapler*[1].

sta·pler[1] ['steiplə] *s.* ⊕ ('Draht-)Heftma,schine *f.*

sta·pler[2] ['steiplə] *s.* † 1. (Baumwoll)Sortierer *m*; 2. Stapelkaufmann *m.*

star [stɑ:] I. *s.* 1. *ast.* a) Stern *m*, b) *mst fixed* ~ Fixstern *m*; 2. Stern *m*: a) sternähnliche Figur, b) *fig.* Größe *f*, Berühmtheit *f* (*Person*), c) Orden *m*, d) *typ.* Sternchen *n*, e) *weißer Stirnfleck, bsd. e-s Pferdes*: ℒ*s and Stripes das* Sternenbanner (*Nationalflagge der USA*); ~ *of Bethlehem* ⚘ Milchstern; *to see* ~*s* F Sterne sehen (*durch Schlag*); 3. a) Stern *m* (*Schicksal*), b) *a. lucky* ~ Glücksstern *m*: *unlucky* ~ Unstern; *his* ~ *is in the ascendant* (*is od. has set*) sein Stern ist im Aufgehen (ist untergegangen); *my good* ~ mein guter Stern; *you may thank your* ~*s* Sie können von Glück sagen (,daß); 4. *thea.* (Bühnen-, *bsd.* Film)Star *m*; 5. *sport* Star *m*; II. *adj.* 6. Stern...: 7. Haupt...: ~ *prosecution witness* ⚖ Hauptbelastungszeuge; 8. *thea., sport* Star...: ~ *performance* Elitevorstellung; ~ *turn fig.* Hauptattraktion; III. *v/t.* 9. mit Sternen schmücken, besternen; 10. *j-n* als Star her'ausbringen, in e-r Hauptrolle zeigen; 11. *typ. Wort* mit Sternchen versehen; IV. *v/i.* 12. als Hauptdarsteller auftreten: ~*ring with* mit ... in der Hauptrolle.

'**star·blind** *adj.* ⚕ halbblind.

star·board ['stɑ:bəd] ⚓ I. *s.* Steuerbord *n*; II. *adj.* Steuerbord...; III. *adv.* nach (*od.* auf) der Steuerbordseite; IV. *v/t. u. v/i.* nach Steuerbord halten.

starch [stɑ:tʃ] I. *s.* 1. Stärke *f*: a) Stärkemehl *n*, b) Wäschestärke *f*, c) Stärkekleister *m*, d) ⚗ A'mylum *n*; 2. *pl.* stärkereiche Nahrungsmittel *pl.*, 'Kohle(n)hy,drate *pl.*; 3. *fig.* Steifheit *f*, Förmlichkeit *f*; 4. *Am. sl.* ,Mumm' *m*, Cou'rage *f*; II. *v/t.* 5. *Wäsche* stärken.

Star Cham·ber *s.* ⚖ *hist.* Sternkammer *f* (*nur dem König verantwortliches Willkürgericht bis 1641*).

starched [stɑ:tʃt] *adj.* □ 1. gestärkt, gesteift; 2. → *starchy 4*; '**starch·i·ness** [-tʃinis] *s. fig.* F Steifheit *f*, Förmlichkeit *f*; '**starch·y** [-tʃi] *adj.* □ 1. stärkehaltig: ~ *food*; 2. Stärke...; 3. gestärkt; 4. *fig.* F steif, förmlich.

'**star-crossed** *adj. poet.* von e-m Unstern verfolgt.

star·dom ['stɑ:dəm] *s.* 1. Welt *f* der Stars; 2. Stars *pl.*; 3. Startum *n.*

'**star|-drift** *s. ast.* Sterndrift *f*; '~-**dust** *s. ast.* 1. Sternennebel *m*; 2. kosmischer Staub.

stare [stɛə] I. *v/i.* 1. (~ *at* an)starren, (-)stieren; 2. große Augen machen, erstaunt blicken: *to* ~ *at* anstaunen, angaffen; *to make s.o.* ~ j-n in Erstaunen versetzen; II. *v/t.* 3. *to* ~ *s.o. out of countenance* (*od. down*) j-n durch Anstarren aus der Fassung bringen; 4. ~ *s.o. in the face fig.* a) j-m in die Augen springen, b) j-m deutlich vor Augen stehen; III. *s.* 5. (starrer *od.* erstaunter) Blick, Starrblick *m*, Starren *n.*

'**star|·finch** *s. orn.* Rotschwänzchen *n*; '~-**gaz·er** *s. humor.* Sterngucker *m*: a) Astro'loge *m*, b) Astro'nom *m*, c) Träumer *m.*

star·ing ['stɛəriŋ] I. *adj.* □ 1. stier, starrend: ~ *eyes*; 2. auffallend: *a* ~ *tie*; 3. grell (*Farbe*); II. *adv.* 4. völlig.

stark [stɑ:k] I. *adj.* □ 1. steif, starr; 2. rein, völlig: ~ *folly*; ~ *nonsense* barer Unsinn; 3. *fig.* rein sachlich (*Bericht*); 4. kahl, öde (*Landschaft*); II. *adv.* 5. ganz, völlig: ~ *naked* splitternackt; ~ (*staring*) *mad* ,total' verrückt.

star·less ['stɑ:lis] *adj.* sternlos.

star·let ['stɑ:lit] *s.* 1. Sternchen *n*; 2. *fig.* Starlet(t) *n*, Filmsternchen *n.*

'**star|·light** I. *s.* Sternenlicht *n*; II. *adj.* → *starlit*; '~·**like** *adj.* 1. sternförmig; 2. funkelnd.

star·ling[1] ['stɑ:liŋ] *s. orn.* Star *m.*

star·ling[2] ['stɑ:liŋ] *s.* ⊕ Pfeilerkopf *m* (*Eisbrecher e-r Brücke*).

'**star|·lit** *adj.* sternhell, -klar; ~ **map** *s. ast.* Sternkarte *f*, -tafel *f*.

starred [stɑ:d] *p.p. u. adj.* 1. gestirnt (*Himmel*); 2. sternengeschmückt; 3. *typ. etc.* mit e-m Sternchen bezeichnet.

star·ry ['stɑ:ri] *adj.* 1. Sternen..., Stern...; 2. → *starlit*; 3. strahlend: ~ *eyes*; 4. sterngeschmückt; 5. sternförmig; '~-**eyed** *adj.* 1. mit strahlenden Augen; 2. *fig.* a) ro'mantisch, wirklichkeitsfremd, b) 'überglücklich.

star| shell *s.* ⚔ Leuchtgeschoß *n*; '~-**span·gled** *adj.* sternenbesät: *Star-Spangled Banner Am. das* Sternenbanner (*Nationalflagge od. -hymne der USA*).

start [stɑ:t] I. *s.* 1. *sport* Start *m* (*a. fig.*): *good* ~; *to give s.o. a* ~ (*in life*) j-m zu e-m Start ins Leben verhelfen; 2. Startzeichen *n* (*a. fig.*): *to give the* ~; 3. a) Aufbruch *m*, b) Abreise *f*, c) Abfahrt *f*, d) ✈ Abflug *m*, Start *m*, e) Abmarsch *m*: *to make an early* ~ *for* frühzeitig nach *e-m Ort* aufbrechen; 4. Beginn *m*, Anfang *m*: *at the* ~ am Anfang; *from the* ~ von Anfang an; *from* ~ *to finish* von Anfang bis Ende; *to make a fresh* ~ e-n neuen Anfang machen, noch einmal von vorn anfangen; 5. *sport* a) Vorgabe *f*, b) Vorsprung *m* (*a. fig.*): *to get* (*od. have*) *the* ~ *of one's rivals* s-n Rivalen zuvorkommen; 6. Auf-, Zs.-fahren *n*, -schrecken *n*, Ruck *m*: *to give a* ~ → *12*; *to give s.o. a* ~ j-n erschrecken; II. *v/i.* 7. aufbrechen, sich aufmachen (*for* nach): *to* ~ *on a journey* sich auf e-e Reise begeben; 8. a) abfahren, abgehen (*Zug etc.*), b) auslaufen (*Schiff*), ✈ abfliegen, starten (*for* nach); 9. anfangen, beginnen (*on* mit *e-r Arbeit etc., doing* zu tun): *to* ~ *in business* ein Geschäft anfangen *od.* eröffnen; *to* ~ *with* (*Wendung*) a) erstens, als erstes, b) von vornherein, c) um es gleich zu sagen; 10. *fig.* ausgehen (*from* von *e-m Gedanken*); 11. entstehen, aufkommen; 12. a) auffahren, -schrecken, b) zs.-fahren, -zucken (*at* vor *dat.*, bei *e-m Laut etc.*), 13. a) aufspringen, b) losstürzen; 14. stutzen (*at* bei); 15. aus den Höhlen treten (*Augen*); 16. sich lockern *od.* lösen; 17. ⊕, *mot.* anspringen, anlaufen; III. *v/t.* 18. in Gang *od.* in Bewegung setzen; ⊕ *a.* anlassen; *Feuer* anzünden, in Gang bringen; 19. *Brief, Streit etc.* anfangen; *Aktion* starten; *Geschäft, Zeitung* gründen, aufmachen; 20. *Frage* aufwerfen, *Thema* anschneiden; 21. *Gerücht* in 'Umlauf setzen; 22. *sport* starten (lassen); 23. *Läufer, Pferd* aufstellen, an den Start bringen; 24. 🚂 *Zug* abfahren lassen; 25. *fig. j-m* zu e-m Start verhelfen: *to* ~ *s.o. in business*; 26. j-n (veran-)lassen (*doing* zu tun); 27. lockern, lösen; 28. aufscheuchen; ~ **in** (*Am. a.* **out**) *v/i.* F anfangen (*to do* zu tun); ~ **up** I. *v/i.* 1. → *start 12a u.*

13a; **2.** *fig.* auftauchen (*Schwierigkeiten*); **3.** anspringen (*Motor*); **II.** *v/t.* **4.** in Gang setzen; *Motor* anlassen.

start·er ['stɑːtə] *s.* **1.** *sport* **a)** Starter *m*, **b)** Läufer *m od.* Pferd *n* am Start, (Renn)Teilnehmer *m*; **2.** *mot.* Starter *m*, Anlasser *m*.

start·ing ['stɑːtiŋ] **I.** *s.* **1.** Ablauf *m*; **2.** ⊕ Anlassen *n*, In'gangsetzen *n*, Starten *n*: *cold* ~ *mot.* Kaltstart; **II.** *adj.* **3.** Start...; *mot. etc.* Anlaß... (*-kurbel, -motor, -schalter*); ~ **block** *s. sport* Startblock *m*; '~**-gate** *s. Pferderennen*: 'Startmaˌschine *f*; '~**-point** *s.* Ausgangspunkt *m* (*a. fig.*); '~**-post** *s. Pferderennen*: Startpfosten *m*; ~ **price** *s.* **1.** *Pferderennen*: Eventu'alquote *f*; **2.** *Auktion*: Mindestgebot *n*.

star·tle ['stɑːtl] *v/t.* **1.** erschrecken; **2.** aufschrecken; **3.** über'raschen; **4.** *fig.* aufrütteln (*into doing et.* zu tun); '**star·tling** [-liŋ] *adj.* □ **1.** erschreckend, bestürzend; **2.** über'raschend, aufsehenerregend.

star·va·tion [stɑː'veiʃən] *s.* **1.** Hungern *n*: ~ *wages* Hungerlohn, -löhne; **2.** Hungertod *m*, Verhungern *n*.

starve [stɑːv] **I.** *v/i.* **1.** *a.* ~ *to death* verhungern, Hungers sterben: *I am simply starving* F ich komme fast um vor Hunger; **2.** hungern (*a. fig. for* nach), Hunger leiden; **3.** fasten; **4.** *fig.* verkümmern; **II.** *v/t.* **5.** *a.* ~ *to death* verhungern lassen; **6.** aushungern: *to* ~ *into (a) surrender* ⚔ durch Hunger zur Übergabe zwingen; **7.** hungern lassen: *to be* ~*d* Hunger leiden, ausgehungert sein (*a. fig. for* nach); **8.** darben lassen (*a. fig.*): *to be* ~*d of* knapp sein an (*dat.*); **9.** *to be* ~*d with cold* vor Kälte schier umkommen; '**starve·ling** [-liŋ] **I.** *s.* **1.** Hungerleider *m*; **2.** *fig.* Kümmerling *m*; **II.** *adj.* **3.** hungrig; **4.** ausgehungert, mager; **5.** kümmerlich.

stash [stæʃ] *v/t. Am. sl.* **1.** verstecken, bei'seite tun; **2.** (an)halten.

sta·sis ['steisis] *pl.* **-ses** [-siːz] *s.* ⚕ 'Stase *f*, (*Blut- etc.*)Stauung *f*.

state [steit] **I.** *s.* **1.** *mst* ♀ *pol., a. zo.* Staat *m*: *affairs of* ~ Staatsgeschäfte; **2.** *pol. Am.* (Bundes-, Einzel-)Staat *m*: *the* ♀*s* die (Vereinigten) Staaten; ~ *law* Rechtsordnung des Einzelstaates; ♀*'s attorney* ⚖ Staatsanwalt; *to turn* ~*'s evidence* ⚖ gegen s-e Komplicen aussagen, als Kronzeuge auftreten; **3.** (*Gesundheits-, Geistes- etc.*)Zustand *m*: ~ *of health*; ~ *of aggregation phys.* Aggregatzustand; ~ *of war* Kriegszustand; *in a* ~ F **a)** in e-m schrecklichen Zustand, **b)** ‚ganz aus dem Häus-chen'; → *emergency 1*; **4.** Stand *m*, Lage *f* (*of affairs* der Dinge); **5.** (Fa'milien)Stand *m*: *married* ~ Ehestand; **6.** ⚕, *zo.* 'Stadium *n*; **7.** (gesellschaftliche) Stellung, Stand *m*: *in a style befitting one's* ~ standesgemäß; **8.** Pracht *f*, Staat *m*: *in* ~ feierlich, mit großen Zeremoniell *od.* Pomp; *to lie in* ~ feierlich aufgebahrt liegen; *to live in* ~ großen Aufwand treiben; **9.** *pl. pol. hist.* (Land- *etc.*) Stände *pl.*; **10.** *Kupferstecherei*: (Ab)Druck *m*; **II.** *adj.* **11.** Staats..., staatlich, po'litisch: ~ *papers* ⚚ Staatspapiere; ~ *prison* staatliche Strafanstalt (*in U.S.A. e-s Bundesstaates*); ~ *prisoner* politischer Häftling *od.* Gefangener; **12.** Staats..., Prunk..., Parade..., feierlich: ~ *apartment* Prunkzimmer; ~ *carriage* Prunk-, Staatskarosse; **III.** *v/t.* **13.** festsetzen, -legen; *e-e Regel* aufstellen; → *stated 1*; **14.** erklären: **a)** darlegen, ausein'andersetzen, **b)** *a.* ⚖ (aus)sagen, *Gründe, Klage etc.* vorbringen, -tragen; → *case 1*, **c)** *Einzelheiten etc.* angeben; **15.** feststellen; **16.** behaupten; **17.** erwähnen, bemerken, anführen; **18.** *Problem etc.* stellen; **19.** △ (mathe'matisch) ausdrücken.

'**state|-con'trolled** *adj.* staatlich gelenkt, unter staatlicher Aufsicht: ~ *economy* Zwangswirtschaft; '~**-craft** *s. pol.* Staatskunst *f*.

stat·ed ['steitid] *p.p. u. adj.* **1.** festgesetzt: *at the* ~ *time*; *at* ~ *intervals* in regelmäßigen Abständen; ~ *meeting bsd. Am.* ordentliche Versammlung; **2.** festgestellt; **3.** *bsd. Am.* (amtlich) anerkannt; **4.** angegeben: *as* ~ *above*; ~ *case* ⚖ Sachdarstellung.

State De·part·ment *s. pol. Am.* 'Außenminiˌsterium *n*.

state·hood ['steithud] *s. pol. bsd. Am.* Eigenstaatlichkeit *f*, Souverä-ni'tät *f*.

'**State·house** *s. pol. Am.* Parla'mentsgebäude *n od.* Kapi'tol *n* (*e-s Bundesstaats*).

state·less ['steitlis] *adj. pol.* staatenlos: ~ *person* Staatenlose(r).

state·li·ness ['steitlinis] *s.* **1.** Stattlichkeit *f*; Vornehmheit *f*; **2.** Würde *f*; **3.** Pracht *f*; '**state·ly** [-li] *adj.* **1.** stattlich, impo'sant; prächtig; **2.** würdevoll; **3.** erhaben, vornehm.

state·ment ['steitmənt] *s.* **1.** (*a.* amtliche *etc.*) Erklärung: *to make a* ~ e-e Erklärung abgeben; **2. a)** (Zeugen- *etc.*)Aussage *f*, **b)** Angabe(n *pl.*) *f*: *false* ~; ~ *of facts* Sachdarstellung, Tatbestand; ~ *of contents* Inhaltsangabe; **3.** Behauptung *f*; **4.** *bsd.* ⚖ (schriftliche) Darlegung, (Par'tei)Vorbringen *n*: ~ *of claim* Klageschrift; ~ *of defence* (*Am. defense*) **a)** Klagebeantwortung, **b)** Verteidigungsschrift; **5.** *bsd.* ⚚ (*Geschäfts-, Monats-, Rechenschafts- etc.*)Bericht *m*, (*Bank-, Gewinn-, Jahres- etc.*)Ausweis *m*, (*statistische etc.*) Aufstellung: ~ *of affairs* Situationsbericht, Status *e-r Firma*; ~ *of account* Kontoauszug; *financial* ~ Gewinn- und Verlustrechnung; **6.** *Am.* ⚚ Bi'lanz *f*: ~ *of assets and liabilities*; **7.** Darstellung *f*, Darlegung *f e-s Sachverhalts*; **8.** ⚚ Lohn *m*, Ta'rif *m*; **9.** *fig.* Aussage *f e-s Autors etc.*

State rights → *States' rights*.

'**state-room** *s.* **1.** Staats-, Prunkzimmer *n*; **2.** ⚓ 'Einzelkaˌbine *f*; **3.** 🚂 *Am.* Pri'vatabteil *n* (*mit Betten*).

'**state·side** *oft* ♀ *Am.* **I.** *adj.* ameri'kanisch, Heimat...; ~ *duty bsd.* ⚔ Dienst in der Heimat; **II.** *adv.* in den *od.* in die Staaten: *to go* ~ heimkehren.

states·man ['steitsmən] *s.* [*irr.*] **1.** *pol.* Staatsmann *m*; **2.** (bedeutender) Po'litiker; **3.** *Brit. dial.* Bauer *m* (*mit eigenem Land*); '**states·man·like** [-laik], '**states·man·ly** [-li] *adj.* staatsmännisch; '**states·man·ship** [-ʃip] *s.* Staatskunst *f*.

States' rights *s. pl. pol. Am.* Staatenrechte *pl.* (*der Einzelstaaten der USA*).

stat·ic ['stætik] **I.** *adj.* (□ ~*ally*) **1.** *phys.* 'statisch, Ruhe...: ~ *sense* ⚕ Gleichgewichtssinn; **2.** ⚡ eˌlektro'statisch; **3.** *Funk*: **a)** atmo'sphärisch (*Störung*), **b)** Störungs...; **II.** *s.* **4.** ⚡ statische *od.* atmo'sphärische Elektrizi'tät; **5.** *pl. sg. konstr. phys.* 'Statik *f*; **6.** *pl. Funk*: atmosphärische Störung(en *pl.*).

sta·tion ['steiʃən] **I.** *s.* **1.** Platz *m*, Posten *m* (*a.* ⚓, *sport*); (Bedienungs)Stand *m*; **2.** (*Rettungs-, Unfall- etc.*)Stati'on *f*, (*Beratungs-, Dienst-, Tank- etc.*)Stelle *f*; (Tele'graphen)Amt *n*; (Tele'phon-)Sprechstelle *f*; ('Wahl)Loˌkal *n*; (Handels)Niederlassung *f*; (Feuer-)Wache *f*; **3.** (Poli'zei)Wache *f*; **4.** 🚂 **a)** Bahnhof *m*, **b)** ('Bahn)Statiˌon *f*; **5.** *Am.* (Bus- *etc.*)Haltestelle *f*; **6.** (Zweig)Postamt *n*; **7.** ('Forschungs)Statiˌon *f*; (Erdbeben-)Warte *f*; **8.** (Rundfunk)Sender *m*, Station *f*; **9.** Kraftwerk *n*; **10.** ⚔ **a)** Posten *m*, (⚓ Flotten)Stützpunkt *m*, **b)** Standort *m*, **c)** ✈ *Brit.* Fliegerhorst *m*; **11.** *biol.* Standort *m*; **12.** ⚓, ⚔ Positi'on *f*; **13.** Station *f* (*Rastort*); **14.** *R.C.* **a)** *a.* ~ *of the cross* ('Kreuzweg)Statiˌon *f*, **b)** Stati'onskirche *f*; **15.** *eccl. a.* ~ *day* Wochen-Fasttag *m*; **16.** *surv.* **a)** Station *f* (*Ausgangspunkt*), **b)** 'Basismeßstrecke *f*; **17.** ⚘ *Austral.* (Rinder-, Schafs)Zuchtfarm *f*; **18.** *fig.* **a)** *gesellschaftliche etc.* Stellung: ~ *in life*, **b)** Stand *m*, Rang *m*: *below one's* ~ nicht standesgemäß *heiraten etc.*; *men of* ~ Leute von Rang; **II.** *v/t.* **19.** aufstellen, postieren; **20.** ⚔, ⚓ stationieren: *to be* ~*ed* stehen.

sta·tion·ar·y ['steiʃnəri] *adj.* **1.** ⊕ *etc.* statio'när (*a. ast.*, ⚕), ortsfest, fest(stehend): ~ *treatment* ⚕ stationäre Behandlung; ~ *warfare* Stellungskrieg; **2.** seßhaft; **3.** gleichbleibend, stationär, unveränderlich: *to remain* ~ unverändert sein *od.* bleiben; **4.** (still)stehend: *to be* ~ stehen; ~ **dis·ease** *s.* ⚕ lo'kal auftretende u. jahreszeitlich bedingte Krankheit.

sta·tion·er ['steiʃnə] *s.* Pa'pier-, Schreibwarenhändler *m*: ♀*'s Hall* Buchhändlerbörse *in London*; '**sta·tion·er·y** [-ri] *s.* **1.** Schreib-, Pa'pierwaren *pl.*: *office* ~ Büromaterial, -bedarf; **2.** 'Brief-, 'Schreibpaˌpier *n*.

sta·tion| hos·pi·tal *s.* ⚔ 'Standortlazaˌrett *n*; '~**-house** *s.* **1.** Poli'zeiwache *f*; **2.** 🚂 Stati'onsgebäude *n*; '~**-mas·ter** *s.* 🚂 Stati'onsvorsteher *m*; ~ **se·lec·tor** *s.* ⚡ Abstimmknopf *m*, Sendereinstellung *f*; ~ **wag·on** *s. mot. Am.* 'Kombiwagen *m*.

stat·ism ['steitizəm] *s.* ⚚, *pol.* Diri'gismus *m*, Planwirtschaft *f*; '**stat·ist** [-tist] **I.** *s.* **1.** Sta'tistiker *m*; **2.** *obs.* Po'litiker *m*; **II.** *adj.* **3.** *pol.* diri'gistisch.

sta·tis·tic *adj.*; **sta·tis·ti·cal** [stə-

ˈtistik(əl)] *adj.* □ staˈtistisch; **stat·is·ti·cian** [stætisˈtiʃən] *s.* Staˈtistiker *m*; **staˈtis·tics** [-ks] *s.* **1.** *sg. konstr.* Staˈtistik *f* (*Wissenschaft od. Methode*); **2.** *pl. konstr.* Statistik(en *pl.*) *f.*

sta·tor [ˈsteitə] *s.* ⊕, ⚡ ˈStator *m.*

stat·u·ar·y [ˈstætjuəri] **I.** *s.* **1.** Bildhauerkunst *f*, ˌBildhaueˈrei *f*; **2.** (ˈRund)ˌPlastiken *pl.*, ˈStatuen *pl.*, Skulpˈturen *pl.*; **3.** Bildhauer *m*; **II.** *adj.* **4.** Bildhauer...; **5.** (rund-)plastisch; **6.** Statuen...: *~ marble*;

stat·ue [ˈstætju:] Statue *f*, Standbild *n*, Plastik *f*; **stat·u·esque** [stætjuˈesk] *adj.* □ ˈstatuenhaft (*a. fig.*); **stat·u·ette** [stætjuˈet] *s.* Statuˈette *f.*

stat·ure [ˈstætʃə] *s.* **1.** Staˈtur *f*, Wuchs *m*, Gestalt *f*; **2.** Größe *f*; **3.** *fig.* (geistige *etc.*) Größe, Forˈmat *n.*

sta·tus [ˈsteitəs] *pl.* **-es** [-iz] *s.* **1.** ⚖ **a)** ˈStatus *m*, Rechtsstellung *f*, **b)** *a. legal ~* Rechtsfähigkeit *f*, **c)** Akˈtivlegitimatiˌon *f*: *~ of ownership* Eigentumsverhältnisse; *equality of ~* (politische) Gleichberechtigung; *national ~* Staatsangehörigkeit; **2.** (Faˈmilien-, Perˈsonen)Stand *m*; **3.** *a. military ~* (Wehr)Dienstverhältnis *n*; **4.** (gesellschaftliche *etc.*) Stellung *f*, (Soziˈal)Preˌstige *n*, Status *m*: *~ symbol* Statussymbol; **5.** † (geschäftliche) Lage: *financial ~* Vermögenslage; **6.** Zustand *m*, Status *m*; **~ quo** [ˈkwou] (*Lat.*) *s. der* Status quo (*der jetzige Zustand*); **~ quo an·te** [kwouˈænti] (*Lat.*) *s. der* Status quo ante (*der vorherige Zustand*).

stat·ute [ˈstætju:t] *s.* **1.** ⚖ **a)** Gesetz *n* (*vom Parlament erlassene Rechtsvorschrift*), **b)** Gesetzesvorschrift *f*, **c)** *parl.* Parlaˈmentsakte *f*: *~ of bankruptcy* Konkursordnung; **2.** *~ (of limitations)* ⚖ (Gesetz *n* über) Verjährung *f*: *not subject to the ~* unverjährbar; **3.** Staˈtut *n*, Satzung *f*; **ˈ~-barred** *adj.* ⚖ verjährt; **ˈ~-book** *s.* Gesetzessammlung *f*; **~ law** *s.* Gesetzesrecht *n* (*Ggs. common law*); **~ mile** *s.* Landmeile *f*, englische Meile (*1,60933 km*).

stat·u·to·ry [ˈstætjutəri] *adj.* □ **1.** ⚖ gesetzlich vorgeschrieben; gesetzlich (*Erbe, Feiertag, Rücklage etc.*): *~ corporation* Körperschaft des öffentlichen Rechts; *~ declaration* eidesstattliche Erklärung; **2.** Gesetzes...; **3.** ⚖ (dem Gesetz nach) strafbar; → *rape*[1] *1*; **4.** ⚖ Verjährungs...; **5.** satzungsgemäß.

staunch[1] [stɔ:ntʃ] → *stanch*[1].

staunch[2] [stɔ:ntʃ] *adj.* □ **1.** (ge-)treu, zuverlässig; **2.** standhaft, fest; **ˈstaunch·ness** [-ʃnis] *s.* Festigkeit *f*, Zuverlässigkeit *f.*

stave [steiv] **I.** *s.* **1.** (Faß)Daube *f*; **2.** (Leiter)Sprosse *f*; **3.** Stock *m*; **4.** Strophe *f*, Vers *m*; **5.** ♪ ˈNoten(linien)syˌstem *n*; **II.** *v/t.* **6.** *mst ~ in* **a)** einschlagen, **b)** *Loch* schlagen; **7.** *~ off* **a)** *j-n* hinhalten *od.* abweisen, **b)** *Unheil etc.* abwenden, abwehren, **c)** *et.* aufschieben; **8.** mit Dauben *od.* Sprossen versehen; **ˈ~-rhyme** *s.* Stabreim *m.*

staves [steivz] *pl. von staff*[1] *8.*

stay [stei] **I.** *v/i.* **1.** bleiben (*with* bei *j-m*): *to ~ away* fernbleiben; *to ~ behind* zurückbleiben; *to ~ clean* rein bleiben; *to come to ~* (für immer) bleiben; *to ~ in* zu Hause *od.* drinnen bleiben; *to ~ on* (noch länger) bleiben; *to ~ for* (*od. to*) *dinner* zum Essen bleiben; → *put 3*; **2.** sich (vorˈübergehend) aufhalten, wohnen, weilen (*at, in* in *dat.*, *with* bei *j-m*); **3.** stehenbleiben; **4.** (sich) verweilen; **5.** warten (*for s.o.* auf j-n); **6.** *bsd. sport* F ˈdurchhalten; **II.** *v/t.* **7.** **a)** aufhalten, hemmen, Halt gebieten (*dat.*), **b)** zuˈrückhalten (*from* von): *to ~ one's hand* sich zurückhalten; **8.** ⚖ *Urteilsvollstreckung, Verfahren* aussetzen; *Verfahren, Zwangsvollstreckung* einstellen; **9.** *Hunger etc.* stillen; **10.** *a. ~ up* stützen (*a. fig.*); **11.** ⊕ **a)** absteifen, **b)** ab-, verspannen, **c)** verankern; **III.** *s.* **12.** (vorˈübergehender) Aufenthalt; **13.** **a)** Halt *m*, Stockung *f*, **b)** Hemmnis *n* (*upon* für): *to put a ~ on s-e Gedanken etc.* zügeln; **14.** ⚖ Aussetzung *f*, Einstellung *f*, (Vollˈstreckungs)Aufschub *m*; **15.** F Ausdauer *f*; **16.** ⊕ **a)** Stütze *f*, **b)** Strebe *f*, **c)** Verspannung *f*, **d)** Anker *m*; **17.** ⚓ Stag *n*, Stütztau *n*; **18.** *pl.* Korˈsett *n*; **19.** *fig.* Stütze *f des Alters etc.*

stay|-at-home [ˈsteiəthoum] **I.** *s.* Stubenhocker(in); **II.** *adj.* stubenhockerisch; daˈheimgeblieben; **ˈ~-ˈdown strike** *s.* ⚒ *Brit.* Sitzstreik *m.*

stay·er [ˈsteiə] *s.* *Pferderennen*: Steher *m.*

ˈstay·ing-pow·er [ˈsteiiŋ] *s.* Stehvermögen *n*, Ausdauer *f.*

ˈstay-ˈin strike *s. Brit.* Sitzstreik *m.*

stead [sted] *s.* **1.** Stelle *f*: *in his ~* an s-r Statt, statt seiner; **2.** Nutzen *m*: *to stand s.o. in good ~* j-m (gut) zustatten kommen (*Kenntnisse etc.*), nützlich (*od.* von Nutzen) sein (*Beziehungen etc.*).

stead·fast [ˈstedfəst] *adj.* □ fest: **a)** unverwandt (*Blick*), **b)** standhaft, unentwegt, treu (*Person*), **c)** unerschütterlich (*Person, a. Entschluß, Glaube etc.*); **ˈstead·fast·ness** [-nis] *s.* Standhaftigkeit *f*, Festigkeit *f.*

stead·i·ness [ˈstedinis] *s.* **1.** Festigkeit *f*; **2.** Beständigkeit *f*, Stetigkeit *f*; **3.** Rechtschaffenheit *f*; **stead·y** [ˈstedi] **I.** *adj.* □ **1.** (stand)fest, staˈbil: *a ~ ladder*; *not ~ on one's legs* nicht fest auf den Beinen; **2.** gleichbleibend, -mäßig, unveränderlich; ausgeglichen (*Klima*); † fest, stabil (*Preise*); **3.** stetig, ständig: *~ progress*; *~ work*; **4.** regelmäßig: *~ customer* Stammkunde; *to go ~ with* F mit *e-m Mädchen* ‚gehen'; **5.** ruhig (*Augen, Nerven*), sicher (*Hand*); **6.** → *steadfast*; **7.** soˈlid, ordentlich, zuverlässig (*Person, Lebensweise*); **II.** *int.* **8.** sachte!, ruhig Blut!; **9.** *~ on!* halt!; **III.** *v/t.* **10.** festigen, fest *od.* sicher *etc.* machen: *to ~ o.s.* sich stützen; **11.** *Pferd* zügeln; **12.** *j-n* zur Vernunft bringen; **IV.** *v/i.* **13.** fest *od.* ruhig *od.* sicher *etc.* werden; sich festigen (*a.* † *Kurse*); **V.** *s.* **14.** Stütze *f* (*für Hand od. Werkzeug*); **15.** F fester Freund *od.* feste Freundin.

steak [steik] *s.* **1.** (*bsd.* Beef)Steak *n*; **2.** (ˈFisch)KoteˌIett *n*, (-)FiˌIet *n*; **~ ham·mer** *s.* *Küche*: Fleischklopfer *m.*

steal [sti:l] **I.** *v/t.* [*irr.*] **1.** stehlen (*a. fig. plagiieren*); **2.** *fig.* stehlen, erhaschen: *to ~ a kiss*; *to ~ a look* e-n verstohlenen Blick werfen; → *march*[1] *10*; *show 10*; *thunder 1*; **3.** *fig.* *wohin* schmuggeln; **II.** *v/i.* [*irr.*] **4.** stehlen; **5.** schleichen: *to ~ away* sich davonstehlen; *to ~ into* sich einschleichen *od.* sich stehlen in (*acc.*); **6.** *fig.* beschleichen, überˈkommen (*over,* [*up*]*on j-n*) (*Gefühl*); **III.** *s.* **7.** *Am.* F Diebstahl *m.*

stealth [stelθ] *s.* Heimlichkeit *f*: *by ~* heimlich; **ˈstealth·i·ness** [-θinis] *s.* Heimlichkeit *f*; **ˈstealth·y** [-θi] *adj.* □ verstohlen, heimlich.

steam [sti:m] **I.** *s.* **1.** (Wasser-)Dampf *m*: *at full ~* mit Volldampf (*a. fig.*); *to get up ~* **a)** Dampf aufmachen, **b)** *fig.* F (s-e) Kräfte sammeln; *to let* (*od. blow*) *off ~* **a)** Dampf ablassen, **b)** *fig.* sich *od.* s-m Zorn Luft machen; *to put on ~* **a)** Dampf anlassen, **b)** *fig.* Dampf dahinter machen; **2.** Dunst *m*, Dampf *m*, Schwaden *pl.*; **3.** *fig.* Kraft *f*, Wucht *f*; **II.** *v/i.* **4.** dampfen (*a. Pferd etc.*); **5.** verdampfen; **6.** ⚓, 🚂 dampfen (*fahren*): *to ~ ahead* F *fig.* **a)** sich (mächtig) ins Zeug legen, **b)** gut vorankommen; **7.** *~ over od. up* sich beschlagen (*Glas*); **III.** *v/t.* **8.** **a)** *Speisen etc.* dämpfen, dünsten, **b)** *Holz etc.* mit Dampf behandeln, dämpfen, *Stoff* dekatieren; **9.** *~ up Glas* beschlagen; **10.** *be ~ed up* F vor Wut kochen (*about* wegen); **ˈ~-boat** *s.* Dampfboot *n*, -schiff *n*; **ˈ~-boil·er** *s.* Dampfkessel *m*; **ˈ~-en·gine** *s.* ˈDampfmaˌschine *f.*

steam·er [ˈsti:mə] *s.* **1.** Dampfer *m*, Dampfschiff *n*; **2.** **a)** Dampfkochtopf *m*, **b)** ˈDämpfappaˌrat *m.*

steam| fit·ter *s.* (ˈHeizungs)InstalˌIateur *m*; **ˈ~-ga(u)ge** *s.* Dampfdruckmesser *m*; **~ ham·mer** *s.* Dampfhammer *m*; **ˈ~-heat** *s.* **1.** durch Dampf erzeugte Hitze; **2.** *phys.* speˈzifische Verdampfungswärme; **~ nav·vy** *Brit.* → *steam-shovel*; **ˈ~-pow·er** *s.* Dampfkraft *f*; **ˈ~-roll·er** **I.** *s.* **1.** Dampfwalze *f* (*a. fig.*); **II.** *v/t.* **2.** glattwalzen; **3.** *fig.* **a)** *Opposition etc.* niederwalzen, überˈfahren, **b)** *Antrag etc.* ˈdurchpeitschen; **ˈ~-ship** → *steamer 1*; **ˈ~-shov·el** *s.* ⊕ (Dampf)Löffelbagger *m*; **~ tug** *s.* ⚓ Schleppdampfer *m.*

steam·y [ˈsti:mi] *adj.* □ dampfig, dunstig, dampfend, Dampf...

ste·a·rate [ˈsti:əreit] *s.* ⚗ Steaˈrat *n.*

ste·ar·ic [stiˈærik] *adj.* ⚗ Stearin...;

ste·a·rin [ˈstiərin] *s.* **1.** Steaˈrin *n*; **2.** *der feste Bestandteil e-s Fettes.*

ste·a·tite [ˈstiətait] *s. min.* Steaˈtit *m.*

steed [sti:d] *s. rhet.* (Streit)Roß *n.*

steel [sti:l] **I.** *s.* **1.** Stahl *m*: *~s* † Stahlaktien; *of ~* → *4*; **2.** Stahl *m*: **a)** *oft cold ~* kalter Stahl, Schwert *n*, Dolch *m*, **b)** Wetzstahl *m*, **c)** Feuerstahl *m*, **d)** Korsettstäbchen *n*; **3.** *poet.* Stahl *m*, Schwert *n*: *a foe worthy of my ~* ein mir würdiger Gegner; **II.** *adj.* **4.** stählern (*a. fig.*), aus Stahl, Stahl...; **III.** *v/t.* **5.** ⊕

(ver)stählen; **6.** *fig.* stählen, (ver-) härten, wappnen: *to ~ o.s. for (against) s.th.* sich für (gegen) et. wappnen; **'~-clad** *adj.* stahlgepanzert; **~ en·grav·ing** *s.* Stahlstich *m* (*Bild u. Technik*).

steel·i·fy ['sti:lifai] *v/t. metall. Eisen* in Stahl verwandeln.

steel| mill *s.* ⊕ Stahl(walz)werk *n*; **'~-wool** *s.* Stahlspäne *pl.*, -wolle *f*; **'~·works** *s. pl. mst sg. konstr.* Stahlwerk(e *pl.*) *n*.

steel·y ['sti:li] *adj.* **1.** → *steel 4*; **2.** *fig.* stählern, hart (*Blick etc.*).

steel·yard ['stiljɑ:d] *s.* Laufgewichtswaage *f*.

steep[1] [sti:p] **I.** *adj.* □ **1.** steil, jäh; **2.** F *fig.* ‚happig', ‚gepfeffert', unverschämt (*Preis*); **3.** F *fig.* ‚toll', unglaublich; **II.** *s.* **4.** *poet.* jäher Abhang.

steep[2] [sti:p] **I.** *v/t.* **1.** eintauchen, -weichen; **2.** (*in, with*) (durch)'tränken (mit); imprägnieren (mit); **3.** (*in*) *fig.* durch'dringen (mit), versenken (in *acc.*), erfüllen (von): *to ~ o.s. in* sich in *ein Thema etc.* versenken; *~ed in* versunken in (*acc.*), tief in *Leid etc.*; **II.** *s.* **4.** Einweichen *n*, -tauchen *n*; **5.** (Wasch)Lauge *f*.

steep·en ['sti:pən] *v/t. u. v/i.* steil(er) machen (werden); *fig.* (sich) erhöhen.

stee·ple ['sti:pl] *s.* **1.** Kirchturm (-spitze *f*) *m*; **2.** Spitzturm *m*; **'~·chase** *sport s.* **1.** Steeplechase *f*, Hindernisrennen *n* (*zu Pferd*); **2.** Hindernislauf *m*.

stee·pled ['sti:pld] *adj.* **1.** betürmt (*Gebäude*); **2.** vieltürmig (*Stadt*).

'stee·ple·jack *s.* Schornstein-, Turmarbeiter *m*.

steep·ness ['sti:pnis] *s.* Steilheit *f*, Steile *f*.

steer[1] [stiə] *s.* **a)** junger Ochse, **b)** *Am. a.* männliches Schlachtvieh, *z.B.* Mastochse *m*.

steer[2] [stiə] **I.** *v/t.* **1.** *Schiff, Fahrzeug, a. fig. Staat etc.* steuern, lenken; **2.** *Weg, Kurs* verfolgen, einhalten; **3.** *j-n wohin* lotsen, dirigieren; **II.** *v/i.* **4.** steuern: *to ~ clear of fig.* vermeiden, aus dem Wege gehen (*dat.*); *to ~ for* lossteuern auf (*acc.*) (*a. fig.*); **'steer·a·ble** [-ərəbl] *adj.* lenkbar; **'steer·age** [-ridʒ] *s. mst* ⚓ **1.** Steuerung *f*; **2.** Steuerwirkung *f*: *~-way* ⚓ Steuerfahrt; **3.** Zwischendeck *n*.

steer·ing ['stiəriŋ] **I.** *s.* **1.** Steuern *n*; **2.** Steuerung *f*; **II.** *adj.* **3.** Steuer...; **~ col·umn** *s. mot.* Lenksäule *f*; **~ com·mit·tee** *s.* Lenkungsausschuß *m*; (Kon'greß- *etc.*)Leitung *f*; **'~-gear** *s.* **1.** *mot.*, ✈ Steuerung *f*, Lenkung *f*; **2.** ⚓ 'Steuergerät *n*, Ruderanlage *f*; **~ lock** *s. mot.* Lenkradschloß *n*; **'~-wheel** *s.* ⚓, *mot.* Steuer-, Lenkrad *n*.

steers·man ['stiəzmən] *s.* [*irr.*] ⚓ Rudergänger *m*.

steeve[1] [sti:v] ⚓ *v/t.* traven, *Ballenladung* zs.-pressen.

steeve[2] [sti:v] *s.* ⚓ Steigung *f* (*des Bugspriets*).

stein [stain] (*Ger.*) *s. bsd. Am.* Bier-, Maßkrug *m*.

stel·lar ['stelə] *adj.* Stern(en)...

stel·late ['stelit] *adj.* sternförmig: *~ leaves* ♀ quirlständige Blätter.

stem[1] [stem] **I.** *s.* **1.** (Baum)Stamm *m*; **2.** **a)** Stengel *m*, **b)** (Blüten-, Blatt-, Frucht)Stiel *m*, **c)** Halm *m*; **3.** Bündel *n* Bananen; **4.** (*Pfeifen-, Weinglas- etc.*)Stiel *m*; (Lampen-) Fuß *m*; (Ven'til)Schaft *m*; (Thermo'meter)Röhre *f*; **5.** (Aufzieh-) Welle *f* (*Uhr*); **6.** Geschlecht *n*, Stamm *m*; **7.** *ling.* (Wort)Stamm *m*; **8.** ♪ (Noten)Hals *m*; **9.** *typ.* Grundstrich *m*; **10.** ⚓ (Vorder)Steven *m*: *from ~ to stern* von vorn bis achtern; **II.** *v/t.* **11.** *Blatt etc.* entstielen; **III.** *v/i.* **12.** *bsd. Am.* stammen (*from* von).

stem[2] [stem] **I.** *v/t.* **1.** *Fluß etc.* eindämmen (*a. fig.*); **2.** *Blutung* stillen; **3.** ⚓ ankämpfen gegen *die Strömung etc.*; **4.** *fig.* **a)** aufhalten, Einhalt gebieten (*dat.*), **b)** ankämpfen gegen, sich entgegenstemmen (*dat.*); **II.** *v/i.* **5.** *Schisport*: stemmen.

stem·less ['stemlis] *adj.* stengellos, ungestielt.

stem| turn *s. Schisport*: Stemmbogen *m*; **'~-'wind·er** *s.* Remon'toiruhr *f*.

stench [stentʃ] *s.* Gestank *m*, übler Geruch.

sten·cil ['stensl] **I.** *s.* **1.** *a. ~-plate* ('Maler)Scha,blone *f*, Pa'trone *f*; **2.** *typ.* ('Wachs)Ma,trize *f*; **3.** Scha'blonenzeichnung *f*, -muster *n*; **4.** Ma'trizenabzug *m*; **II.** *v/t.* **5.** *Oberfläche, Buchstaben* schablonieren; **6.** auf Matrizen schreiben.

Sten gun *s.* ⚔ leichtes Ma'schinengewehr.

sten·o ['stenou] *v/t. u. v/i.* F stenographieren.

sten·o·graph ['stenəgrɑ:f; -græf] **I.** *s.* **1.** Steno'gramm *n*; **2.** Kurzschriftzeichen *n*; **3.** Stenogra'phierma,schine *f*; **II.** *v/t.* **4.** stenographieren; **ste·nog·ra·pher** [ste'nɔgrəfə] *s.* Steno'graph(in); **sten·o·graph·ic** [stenə'græfik] *adj.* (□ *~ally*) steno'graphisch; **ste·nog·ra·phy** [ste'nɔgrəfi] *s.* Stenogra'phie *f*, Kurzschrift *f*.

sten·o·type ['stenətaip] → *stenograph 2 u. 3.*

sten·to·ri·an [sten'tɔ:riən] *adj.* 'überlaut: *~ voice* Stentorstimme.

step [step] **I.** *s.* **1.** Schritt *m* (*a. Geräusch, Maß*): *~ by ~* Schritt für Schritt (*a. fig.*); *to take a ~* e-n Schritt machen; **2.** Fußstapfen *m*: *to tread in s.o.'s ~s fig.* in j-s Fußstapfen treten; **3.** *eiliger etc.* Schritt, Gang *m*; **4.** (Tanz)Schritt *m*; **5.** (Gleich)Schritt *m*: *in ~* im Gleichschritt; *out of ~* außer Tritt; *to fall in ~* Tritt fassen; *to keep ~ (with)* Schritt halten mit; **6.** ein paar Schritte *pl.*, *ein* ‚Katzensprung': *it is only a ~ to the inn*; **7.** *fig.* Schritt *m*, Maßnahme *f*: *to take ~s* Schritte unternehmen; *to take legal ~s against* gegen *j-n* gerichtlich vorgehen; *a false ~* ein Fehler, e-e Dummheit; → *watch 17*; **8.** *fig.* Schritt *m*, Stufe *f*: *a great ~ forward* ein großer Schritt vorwärts; **9.** Stufe *f* (*e-r Treppe etc.*; *a.* ⚡ *e-s Verstärkers etc.*); (Leiter)Sprosse *f*; **10.** (*pair of*) *~s pl.* Trittleiter *f*; **11.** Tritt(brett *n*) *m*; **12.** *geogr.* Stufe *f*, Ter'rasse *f*; Pla'teau *n*; **13.** ♪ **a)** (Ton-, Inter'vall)Schritt *m*, **b)** Inter'vall *n*, **c)** (Tonleiter)Stufe *f*; **14.** *fig.* **a)** (Rang)Stufe *f*, Grad *m*, **b)** *bsd.* ⚔ Beförderung *f*; **II.** *v/i.* **15.** schreiten, treten: *to ~ into a fortune fig.* unverhofft zu e-m Vermögen kommen; **16.** *wohin* gehen, treten: *~ in!* herein!; **17.** (*tüchtig*) ausschreiten (*bsd. Pferd*); **18.** treten (*[up]on* auf *acc.*): *to ~ on the gas* (*od. to ~ on it*) (F *a. fig.*) Gas geben; *~ on it!* F Tempo!; **III.** *v/t.* **19.** *Schritt* machen: *to ~ it* zu Fuß gehen; **20.** *Tanz* tanzen; **21.** *a. ~ off* (*od. out*) *Entfernung etc.* **a)** abschreiten, **b)** abstecken; **22.** abstufen;

Zssgn mit adv.:

step| a·side *v/i.* **1.** zur Seite treten; **2.** *fig.* zu'rücktreten; **~ back I.** *v/i. a. fig.* zu'rücktreten; **II.** *v/t.* abstufen; **~ down I.** *v/i.* **1.** her'unter, hin'unterschreiten; **II.** *v/t.* **2.** verringern, verzögern; **3.** ⚡ her'untertransformieren; **~ in** *v/i.* **1.** eintreten, -steigen; **2.** *fig.* einschreiten, -greifen; **~ out I.** *v/i.* **1.** her'austreten, aussteigen; **2.** (*tüchtig*) ausschreiten; **3.** F ausgehen; **II.** *v/t.* **4.** → *step 21a*; **~ up I.** *v/i.* **1.** hin'auf-, her'aufsteigen; **2.** zugehen (*to* auf *acc.*); **II.** *v/t.* **3.** *Produktion etc.* steigern, ankurbeln; **4.** ⚡ 'hochtransfor,mieren.

step- [step] *in Zssgn* Stief...: *~child* Stiefkind; *~father* Stiefvater.

'step|-dance *s.* Step(tanz) *m*; **'~-down** *adj.* ⚡ Umspann...: *a ~ transformer* ein Abwärtstransformator; **'~-in I.** *adj.* **1.** zum Hin'einschlüpfen (*Schuhe etc.*); **II.** *s.* **2.** *mst pl.* Schlüpfer *m*; **3.** *pl. a. ~ shoes* Slipper *pl.*; **'~-lad·der** *s.* Trittleiter *f*; **'~·moth·er·ly** *adj. a. fig.* stiefmütterlich.

steppe [step] *s. geogr.* Steppe *f*.

step·ping-stone ['stepiŋstoun] *s.* **1.** (Tritt)Stein *m im Wasserlauf etc.*; **2.** *fig.* Sprungbrett *n*, Stufe *f* (*to* zu).

'step-up I. *adj.* stufenweise erhöhend: *~ transformer* ⚡ Aufwärtstransformator; **II.** *s.* Zunahme *f* (*in* an *dat.*).

'step·wise *adv.* schritt-, stufenweise.

ster·e·o ['stiəriou] F **I.** *s.* **1.** **a)** → *stereotype 1*, **b)** → *stereoscope*; **2.** 'Stereo(schall)platte *f*; **II.** *adj.* **3.** → *stereoscopic*; **4.** 'stereo, Stereo...: *~ record* → 2.

stereo- [stiəriə] *in Zssgn* **a)** starr, fest, **b)** 'dreidimensio,nal, stereo..., Stereo..., Raum...; **ster·e·o·chem·is·try** [stiəriə'kemistri] *s.* 'Stereo-, 'Raumche,mie *f*; **ster·e·og·ra·phy** [stiəri'ɔgrəfi] *s.* ⩘ Stereogra'phie *f*, Körperzeichnung *f*; **ster·e·om·e·try** [stiəri'ɔmitri] *s.* **1.** *phys.* Stereome'trie *f*; **2.** ⩘ Geome'trie *f* des Raumes.

ster·e·o·phon·ic [stiəriə'fɔnik] *adj.* (□ *~ally*) stereo'phonisch, Stereoton...: *~ sound* Raumton.

ster·e·o plate *s. typ.* Stereo'typplatte *f*, 'Stereo *n*.

ster·e·o·scope ['stiəriəskoup] *s.* Stereo'skop *n*; **ster·e·o·scop·ic** [stiəriə'skɔpik] *adj.* (□ *~ally*) stereo'skopisch: *~ effect phot.* Tiefenwirkung; **ster·e·os·co·py** [stiəri'ɔskəpi] *s.* Stereosko'pie *f*.

ster·e·o·type ['stiəriətaip] **I.** *s.* **1.** *typ.* **a)** Stereoty'pie *f*, Plattendruck *m*, **b)** Stereo'type *f*, Druckplatte *f*; **2.** *fig.* Kli'schee *n*, Scha'blone *f*; **II.** *v/t.* **3.** *typ.* stereotypieren; **4.** *fig. Redensart etc.* stereo'typ wieder'holen; **5.** e-e feste Form geben (*dat.*); **'ster·e·o·type-block** → *stereo plate*; **'ster·e·o·typed** [-pt] *adj.* **1.** *typ.* stereotypiert; **2.** *fig.* stereo'typ, scha'blonenhaft; **ster·e·o·ty·pog·ra·phy** [stiəriətai'pɔgrəfi] *s. typ.* Stereo'typdruck(verfahren *n*) *m*; **'ster·e·o·typ·y** [-pi] *s. typ.* Stereoty'pie *f*.

ster·ile ['sterail] *adj.* **1.** ste'ril: **a)** ⚕ keimfrei, **b)** ⚘, *physiol.* unfruchtbar (*a. fig. Geist etc.*); **2.** *fig.* fruchtlos (*Arbeit, Diskussion etc.*); leer, gedankenarm (*Stil*); **ste·ril·i·ty** [ste'riliti] *s.* Sterili'tät *f* (*a. fig.*).

ster·i·li·za·tion [sterilai'zeiʃən] *s.* **1.** Sterilisati'on *f*: **a)** Entkeimung *f*, **b)** Unfruchtbarmachung *f*; **2.** Sterili'tät *f*; **ster·i·lize** ['sterilaiz] *v/t.* sterilisieren: **a)** keimfrei machen, **b)** unfruchtbar machen; **'ster·i·liz·er** ['sterilaizə] *s.* Sterili'sator *m* (*Apparat*).

ster·ling ['stə:liŋ] **I.** *adj.* **1.** † Sterling(...): *ten pounds* ~ 10 Pfund Sterling; ~ *area* Sterlinggebiet, -block; **2.** von Standardwert (*Gold, Silber*); **3.** *fig.* echt, gediegen, bewährt; **II.** *s.* **4.** † Sterling *m*.

stern[1] [stə:n] *adj.* □ **1.** streng, hart: ~ *discipline*; ~ *penalty*; **2.** unnachgiebig; **3.** streng, finster: *a* ~ *face*.

stern[2] [stə:n] **I.** *s.* **1.** ⚓ Heck *n*, Achterschiff *n*: (*down*) *by the* ~ hecklastig; **2.** *zo.* **a)** 'Hinterteil *n*, **b)** Schwanz *m*; **3.** *allg.* hinterer Teil; **II.** *adj.* **4.** ⚓ Heck...

ster·nal ['stə:nl] *adj. anat.* Brustbein...

'stern|-chas·er *s.* ⚓ *hist.* Heckgeschütz *n*; **'~-fast** *s.* ⚓ Achtertau *n*.

stern·ness ['stə:nnis] *s.* Strenge *f*, Härte *f*, Düsterkeit *f*.

'stern|-post *s.* ⚓ Achtersteven *m*; ~ **sheets** *s. pl.* ⚓ Achtersitze *pl.*

ster·num ['stə:nəm] *pl.* **-na** [-nə] *s. anat.* Brustbein *n*.

ster·to·rous ['stə:tərəs] *adj.* □ röchelnd.

stet [stet] (*Lat.*) *typ.* **I.** *imp.* stehen lassen (*Korrektur rückgängig machen*); **II.** *v/t.* mit ‚stet' markieren.

steth·o·scope ['steθəskoup] ⚕ **I.** *s.* Stetho'skop *n*, Hörrohr *n*; **II.** *v/t.* abhorchen; **steth·o·scop·ic** [steθə'skɔpik] *adj.* (□ *~ally*) stetho'skopisch.

ste·ve·dore ['sti:vidɔ:] *s.* ⚓ **1.** Stauer *m*, Schauermann *m*; **2.** Stauer *m* (*Unternehmer*).

stew[1] [stju:] **I.** *v/t.* **1.** schmoren, dämpfen, langsam kochen; **II.** *v/i.* **2.** schmoren; → *stewed 1*; *juice 1*; **3.** *fig.* ‚schmoren', vor Hitze (fast) 'umkommen; **III.** *s.* **4.** Schmor-, Eintopfgericht *n*; **5.** F Aufregung *f*.

stew[2] [stju:] *s. Brit.* Fischteich *m*, -behälter *m*.

stew·ard ['stjuəd] *s.* **1.** Verwalter *m*; **2.** Haushalter *m*, Haushofmeister *m*; **3.** Tafelmeister *m*, Kämmerer *m* (*e-s College, Klubs etc.*); **4.** ⚓, ✈ Steward *m*; **5.** (Fest- *etc.*)Ordner *m*; *mot.* 'Rennkommis,sar *m*; **'stew·ard·ess** [-dis] *s.* ⚓, ✈ Stewardeß *f*; **'stew·ard·ship** [-ʃip] *s.* Verwalteramt *n*.

stewed [stju:d] *adj.* **1.** geschmort, gedämpft, gedünstet: ~ *fruit* Kompott; **2.** *sl.* ‚besoffen'.

'stew|-pan, **'~-pot** *s.* Schmorpfanne *f*, -topf *m*.

stick[1] [stik] **I.** *s.* **1.** Stecken *m*, Stock *m*, (trockener) Zweig; *pl.* Klein-, Brennholz *n*: *dry ~s* (dürres) Reisig; **2.** Scheit *n*, Stück *n* Holz; **3.** Gerte *f*, Rute *f*; **4.** Stengel *m*, Stiel *m* (*Rhabarber, Sellerie*); **5.** Stock *m* (*a. fig. Schläge*), Stab *m*: *to get* (*give*) *the* ~ e-e Tracht Prügel bekommen (verabreichen); *to get hold of the wrong end of the* ~ *fig.* die Sache falsch verstehen; **6.** (Besen- *etc.*)Stiel *m*; **7.** (Spazier)Stock *m*; **8.** (Zucker-, Siegellack)Stange *f*; **9.** (Stück *n*) Rasierseife *f*; **10.** ♪ **a)** Taktstock *m*, **b)** (Trommel)Schlegel *m*, **c)** (Geigen)Bogen *m*; **11.** *sport* **a)** (Hockey- *etc.*)Schläger *m*, **b)** Hürde *f*; **12.** ✈ Steuerknüppel *m*; **13.** ⚔ Bombenreihe *f*; **14.** *typ.* Winkelhaken *m*; **15.** F Stock(fisch) *m* (*Person*); **16.** *pl. Am.* F hinterste Pro'vinz; **II.** *v/t.* **17.** *Pflanze* mit e-m Stock stützen; **18.** *typ.* **a)** setzen, **b)** in e-m Winkelhaken anein'anderreihen.

stick[2] [stik] **I.** *v/t.* [*irr.*] **1.** durch'stechen, -'bohren; *Schweine* (ab-) stechen; **2.** stechen mit *e-r Nadel etc.* (*in, into in acc.*); *et.* stecken, stoßen; **3.** *auf e-e Gabel etc.* stecken, aufspießen; **4.** *Kopf, Hand etc. wohin* st(r)ecken; **5.** F legen, setzen, *in die Tasche etc.* stecken; **6.** (an-) stecken, anheften; **7.** 'vollstecken (*with* mit); **8.** *Briefmarke, Plakat etc.* ankleben, *Photos etc.* (ein-) kleben: *to* ~ *together et.* zs.-kleben; **9.** bekleben; **10.** zum Stecken bringen, festfahren: *to be stuck im Schlamm etc.* stecken(bleiben), festsitzen (*a. fig.*); *to be stuck on* F vernarrt sein in; **11.** *j-n* verwirren; **12.** F *j-n* ‚blechen' lassen (*for* für); **13.** *sl. j-n* ‚leimen' (*betrügen*); **14.** *sl. et. od. j-n* aushalten, -stehen, (v)ertragen: *I can't* ~ *him*; **15.** ~ *it* (*out*) *Brit.* F 'durchhalten, es aushalten; **16.** ~ *it on* F **a)** e-n unverschämten Preis verlangen, **b)** ‚dick auftragen', über'treiben; **II.** *v/i.* [*irr.*] **17.** *wo* stecken; **18.** (fest)kleben, haften: *to* ~ *together* zs.-kleben; **19.** sich festklammern *od.* heften (*to* an *acc.*); **20.** haften, hängenbleiben (*a. fig. Spitzname etc.*): *some of it will* ~ et. *von e-r Verleumdung* bleibt immer hängen; *to* ~ *in the mind* im Gedächtnis haftenbleiben; **21.** ~ *to* bei *j-m od. e-r Sache* bleiben, *j-m* nicht von der Seite weichen: *to* ~ *to the point fig.* bei der Sache bleiben; *to* ~ *to it* dabeibleiben, es durchhalten; → *gun 1*; **22.** ~ *to* treu bleiben (*dat.*), *zu j-m, s-m Wort etc.* stehen, bei *s-r Ansicht etc.* bleiben: *to* ~ *together* zs.-halten (*Freunde*); **23.** *im Hals, im Schmutz, a. fig. beim Lesen etc.* steckenbleiben; → *mud 2*; **24.** *to* ~ *at nothing* vor nichts zurückschrecken; **25.** her'vorstehen (*from, out of* aus);

Zssgn mit adv.:

stick| out I. *v/i.* **1.** ab-, her'vor-, her'ausstehen; **2.** *fig.* bestehen (*for* auf *dat.*); **II.** *v/t.* **3.** *Arm, Brust, a. Kopf, Zunge* her'ausstrecken; **4.** → *stick*[2] *15*; ~ **up I.** *v/t.* **1.** *sl. j-n, e-e Bank etc.* über'fallen; **II.** *v/i.* **2.** in die Höhe stehen; **3.** ~ *for* sich für *j-n* einsetzen; **4.** ~ *to* 'Widerstand entgegensetzen (*dat.*).

stick·er ['stikə] *s.* **1.** (Schweine-) Schlächter *m*; **2.** 'Klebezettel *m*, -eti,kett *n*; **3.** *fig.* zäher Kerl; **4.** F lange bleibender Gast; **5.** F ‚Ladenhüter' *m*; **6.** verwirrende Frage *etc.*

stick·i·ness ['stikinis] *s.* **1.** Klebrigkeit *f*; **2.** Schwüle *f*.

'stick·ing|-place ['stikiŋ] *s.* **1.** Haltepunkt *m e-r Schraube etc.*; **2.** *fig. das* Äußerste; **'~-plas·ter** *s.* ⚕ Heftpflaster *n*.

'stick-in-the-mud [-kinðə-] **I.** *adj.* **1.** träge, verschlafen, nicht fortschrittlich; **II.** *s.* **2.** Schlafmütze *f*; **3.** Rückschrittler *m*.

'stick·jaw *s. bsd. Brit.* F ‚Plombenzieher' *m* (*zäher Bonbon etc.*).

stick·le ['stikl] *v/i.* **1.** hartnäckig zanken *od.* streiten: *to* ~ *for s.th.* et. verfechten. **2.** Bedenken äußern, Skrupel haben.

stick·le·back ['stiklbæk] *s. ichth.* Stichling *m*.

stick·ler ['stiklə] *s.* **1.** Eiferer *m*, Verfechter *m* (*for gen.*); **2.** Kleinigkeitskrämer *m*, Pe'dant *m*, j-d der es ganz genau nimmt (*for* mit).

stick-to-it·ive [stik'tu:itiv] *adj. Am.* F hartnäckig, zäh.

'stick-up I. *adj.* **1.** ~ *collar* → *2*; **II.** *s.* **2.** F Stehkragen *m*; **3.** *sl.* ('Raub),Überfall *m*.

stick·y ['stiki] *adj.* □ **1.** klebrig, zäh: ~ *charge* ⚔ Haftladung; ~ *label Brit.* Klebezettel; **2.** schwül, stickig (*Wetter etc.*); **3.** F *fig.* **a)** klebrig, **b)** eklig, dreckig, **c)** schwierig, heikel (*Sache*), **d)** kritisch: *to be* ~ *about doing s.th.* et. nur ungern tun.

stiff [stif] **I.** *adj.* □ **1.** *allg.* steif, starr (*a. Gesicht, Person*): ~ *collar* steifer Kragen; ~ *neck* steifer Hals; → *lip 1*; **2.** zäh, dick, steif (*Teig etc.*); **3.** steif (*Brise*), stark (*Wind, Strömung*); **4.** stark (*Dosis, Getränk*), steif (*Grog*); **5.** *fig.* starrköpfig; **6.** *fig.* hart (*Gegner, Kampf etc.*), scharf (*Konkurrenz, Opposition*); **7.** schwierig (*Aufstieg, Prüfung etc.*); **8.** hart (*Strafe*); **9.** steif, for'mell, gezwungen (*Benehmen, Person etc.*); **10.** steif, linkisch (*Stil*); **11.** F unglaublich: *a bit* ~ ziemlich stark, allerhand; **12.** F ‚zu Tode' *gelangweilt, erschrocken*; **13.** † **a)** sta'bil, fest (*Preis, Markt*), **b)** hoch, unverschämt (*Forderung, Preis*); **II.** *s. sl.* **14.** Tote(r *m*) *f*; **15.** langweiliger Kerl; **16.** *Am.* Holzkopf *m*, Stoffel *m*; **'stiff·en** [-fn] **I.** *v/t.* **1.** (ver)steifen, (ver)stärken; *Stoff etc.* stärken, steifen; **2.** steif *od.* starr machen (*Flüssigkeit, Glieder etc.*), verdicken (*Flüssiges*); **3.** *fig.* (be)stärken, *j-m* den Nacken steifen; **II.** *v/i.* **4.** sich versteifen, -stärken; starr werden; **5.** *fig.* hart werden, sich versteifen; **6.** förmlich werden; **7.** † sich festigen (*Preise etc.*); **'stiff·en·er** [-fnə] *s.* **1.** Versteifung *f*, steife Einlage; **2.** F ‚Seelenwärmer' *m*, Stärkung *f* (*Getränk*); **'stiff·en·ing** [-fniŋ] *s.* Versteifung *f*, 'Steifmateri,al *n*.

'stiff-'necked *adj. fig.* halsstarrig, hartnäckig.

stiff·ness ['stifnis] *s.* **1.** Steifheit *f* (*a. fig. Förmlichkeit*), Steife *f*, Starrheit *f*; **2.** Zähigkeit *f*, Dickflüssigkeit *f*; **3.** *fig.* Hartnäckigkeit *f*.

sti·fle[1] ['staifl] **I.** *v/t.* **1.** *j-n* ersticken; **2.** *Fluch etc., a. Gefühl, a. Aufstand etc.* ersticken, unter'drücken, *Diskussion etc.* abwürgen; **II.** *v/i.* **3.** (*weitS.* schier) ersticken.

sti·fle[2] ['staifl] *s. zo.* **1.** Kniegelenk *n* (*Pferd, Hund*); **2.** *vet.* Kniegelenkgalle *f* (*Pferd*); **'~-bone** *s.* Kniescheibe *f* (*Pferd*).

sti·fling ['staifliŋ] *adj.* □ stickig, zum Ersticken (*Luft etc.*); drückend (*Atmosphäre*).

stig·ma ['stigmə] *pl.* **-mas, -ma·ta** [-mətə] *s.* **1.** *fig.* Brand-, Schandmal *n*, 'Stigma *n*; **2.** ⚕ Sym'ptom *n*; **3.** ⚕ (*pl. -mata*) Mal *n*, roter Hautfleck; **4.** *eccl.* (*pl. -mata*) Wundmale *pl.*, 'Stigmata *pl.*; **5.** ♀ Narbe *f* (*Blüte*); **6.** *zo.* Luftloch *n* (*Insekt*); **stig·mat·ic** [stig'mætik] *adj.* (□ *~ally*) **1.** stig'matisch (*a. opt.*); **2.** ♀ narbenartig; **'stig·ma·tize** [-ətaiz] *v/t.* **1.** ⚕, *eccl.* stigmatisieren; **2.** *bsd. fig.* brandmarken.

stile[1] [stail] *s.* 'Zauntritt *m*, Steige *f*.

stile[2] [stail] *s.* Seitenstück *n* (*e-r Täfelung*), Höhenfries *m* (*e-r Tür*).

sti·let·to [sti'letou] *pl.* **-tos** [-z] *s.* Sti'lett *n*.

still[1] [stil] **I.** *adj.* □ **1.** *allg.* still: **a)** reglos, unbeweglich, **b)** ruhig, lautlos, **c)** leise, gedämpft, **d)** friedlich, ruhig: *~ life paint.* Stilleben; *keep ~!* sei ruhig!; → *water 11*; **2.** nicht schäumend: *~ wine* Stillwein; **3.** *phot.* Stand..., Steh..., Einzel(aufnahme)...; **II.** *s.* **4.** *poet.* Stille *f*; **5.** *phot.* **a)** 'Stand,photo *n*, **b)** Einzelaufnahme *f*; **III.** *v/t.* **6.** *Geräusche etc.* zum Schweigen bringen; **7.** *Leidenschaft etc.* stillen, beruhigen; **IV.** *v/i.* **8.** still werden.

still[2] [stil] **I.** *adv.* **1.** (immer) noch, noch immer, bis jetzt; **2.** (*beim comp.*) noch, immer: *~ higher, higher ~* noch höher; *~ more so because* um so mehr als; **3.** dennoch; **II.** *cj.* **4.** (und) dennoch, und doch, in'des(sen).

still[3] [stil] *s.* **a)** Destil'lierkolben *m*, **b)** Destil'lierappa,rat *m*.

stil·lage ['stilidʒ] *s.* Gestell *n*.

still| birth *s.* Totgeburt *f*; **'~-born** *adj.* totgeboren (*a. fig.*); **'~-fish** *v/i.* vom verankerten Boot aus angeln; **'~-hunt** *v/i.* (*v/t.* an)pirschen; **'~-hunt·ing** *s.* Pirsch(jagd) *f*.

stil·li·form ['stilifɔ:m] *adj.* tropfenförmig.

still·ness ['stilnis] *s.* Stille *f*.

'still-room *s. bsd. Brit.* **1.** *hist.* Destillati'onsraum *m*; **2. a)** Vorratskammer *f*, **b)** Servierraum *m* (*bei der Küche*).

still·y ['stili] *adj. u. adv. poet.* still, ruhig.

stilt [stilt] *s.* **1.** Stelze *f*; **2.** △ Pfahl *m*, Pfeiler *m*; **3.** *orn. a. ~-bird* Schnepfenvogel *m*, *bsd.* Stelzenläufer *m*; **'stilt·ed** [-tid] *adj.* □ **1.** geziert, gespreizt, geschraubt (*Rede, Stil etc.*); **2.** △ erhöht, über'höht; **'stilt·ed·ness** [-tidnis] *s.* Gespreiztheit *f*, Geschraubtheit *f*.

stim·u·lant ['stimjulənt] **I.** *s.* **1.** ⚕ 'Stimulans *n*, Anregungs-, Reizmittel *n*; **2.** Genußmittel *n*, *bsd.* 'Alkohol *m*; **3.** Anreiz *m* (*of* für); **II.** *adj.* **4.** → *stimulating 1*; **'stim·u·late** [-leit] *v/t.* **1.** ⚕ *etc., a. fig.* stimulieren, anregen (*s.o. into* j-n zu *et.*); *fig. a.* anspornen, anstacheln; beleben; **2.** *Nerv* reizen; **'stim·u·lat·ing** [-leitiŋ] *adj.* **1.** *a. fig.* stimulierend, anregend, belebend; **2.** *fig.* anspornend; **stim·u·la·tion** [stimju'leiʃən] *s.* **1.** Anreiz *m*, Antrieb *m*, Anregung *f*, Belebung *f*; **2.** ⚕ Reizung *f*, Reiz *m*; **'stim·u·la·tive** [-lətiv] → *stimulating*; **'stim·u·lus** [-ləs] *pl.* **-li** [-lai] *s.* **1.** 'Stimulus *m*: **a)** (An)Reiz *m*, Antrieb *m*, Ansporn *m* (*to* zu), **b)** ⚕ Reiz *m*: *~ threshold* Reizschwelle; **2.** → *stimulant 1*; **3.** ♀ Nesselhaar *n*.

sti·my ['staimi] → *stymie*.

sting [stiŋ] **I.** *v/t.* [*irr.*] **1.** stechen (*Insekt, Nessel etc.*); **2.** *auf der Zunge etc.* brennen, beißen (*Pfeffer etc.*); **3.** schmerzen (*Schlag etc.*), peinigen: *stung by remorse fig.* von Reue gepeinigt; **4.** *fig. j-n* verletzen, kränken; **5.** anstacheln, reizen (*into* zu); **6.** *sl.* ‚neppen' (*for* um *Geld*); **II.** *v/i.* [*irr.*] **7.** stechen; **8.** brennen, beißen (*Pfeffer etc.*); **9.** *a. fig.* schmerzen, weh tun; **III.** *s.* **10.** Stachel *m* (*Insekt*; *a. fig. des Todes, der Eifersucht etc.*); **11.** ♀ Brennborste *f*; **12.** Stich *m*, Biß *m*: *~ of conscience fig.* Gewissensbiß; **13.** Schärfe *f*; **14.** Spitze *f* (*e-s Witzes*); **15.** Schwung *m*, Wucht *f*; **'sting·er** [-ŋə] *s.* **1. a)** stechendes In'sekt, **b)** stechende Pflanze; **2.** F **a)** schmerzhafter Schlag, **b)** beißende Bemerkung.

sting·i·ness ['stindʒinis] *s.* Geiz *m*.

sting·ing ['stiŋiŋ] *adj.* □ **1.** ♀, *zo.* stechend; **2.** *fig.* schmerzend (*Schlag etc.*); schneidend (*Kälte, Wind*); scharf, beißend, verletzend (*Worte, Tadel*); **'~-net·tle** *s.* ♀ Brennessel *f*.

stin·gy ['stindʒi] *adj.* □ **1.** geizig, knickerig: *to be ~ of s.th.* mit et. geizen *od.* knausern; **2.** dürftig, kärglich.

stink [stiŋk] **I.** *v/i.* [*irr.*] **1.** stinken, übel riechen (*of* nach): *to ~ of money fig.* F vor Geld stinken; **2.** *fig.* verrufen sein, ‚stinken': *to ~ to high heaven* zum Himmel stinken; → *nostril*; **3.** *fig.* F ('hunds)mise,rabel sein; **II.** *v/t.* [*irr.*] **4.** verstänkern; **5.** *~ out* **a)** *Höhle, Tiere* ausräuchern, **b)** *j-n* durch Gestank vertreiben; **6.** *sl.* (den Gestank *gen.*) riechen: *you can ~ it a mile off*; **III.** *s.* **7.** Gestank *m*; **8.** Stunk *m*, Krach *m*: *to raise* (*od. kick up*) *a ~* Stunk machen (*about* wegen); **9.** *pl. Brit. sl.* Che'mie *f*; **'stink·ard** [-kəd] *s.* **1.** *zo.* Stinkdachs *m*; **2.** → *stinker 1*; **'stink·er** [-kə] *s.* **1.** stinkender Kerl, ‚Stinker' *m*; **2.** *sl.* Ekel *n* (*Person*); **3. a)** ‚Stinka'dores' *m* (*Käse*), **b)** ‚Stinkadores' *f* (*Zigarre*); **4.** *sl.* **a)** gemeiner Brief, **b)** böse Bemerkung *od.* Kri'tik, **c)** ‚böse' (*schwierige etc.*) Sache; **5.** *orn.* (Riesen)Sturmvogel *m*; **'stink·ing** [-kiŋ] *adj.* □ **1.** übelriechend, stinkend; **2.** V **a)** widerlich, **b)** mise'rabel; **3.** → *stinko*.

stinko ['stiŋkou] *adj. Am. sl.* ‚(stink-)besoffen'.

'stink-pot *s.* **1.** ⚓ *hist.* Stinktopf *m*; **2.** F **a)** → *stinker 1 u. 2*, **b)** ‚Mistding' *n*.

stint [stint] **I.** *v/t.* **1.** *j-n od. et.* einschränken, *j-n* kurz *od.* knapp halten (*in, of* mit): *to ~ o.s. of* sich einschränken mit, sich *et.* versagen; **2.** knausern, kargen mit (*Geld, Lob etc.*); **II.** *v/i.* **3.** sich einschränken *od.* knapp halten; **III.** *s.* **4.** Be-, Einschränkung *f*: *without ~* ohne Einschränkung, rückhaltlos; **5.** *obs.* **a)** *zugewiesene* Arbeit, **b)** *vorgeschriebenes* Maß; **6.** ⚒ Schicht *f*; **'stint·ed** [-tid] *adj.* □ knapp, karg.

stipe [staip] *s.* ♀ Stiel *m*, Strunk *m*.

sti·pel ['staipl] *s.* ♀ sekun'däres Nebenblättchen.

sti·pend ['staipend] *s.* **1.** Gehalt *n* (*bsd. e-s Geistlichen*); **2.** Pensi'on *f*; **sti·pen·di·ar·y** [stai'pendjəri] **I.** *adj.* besoldet: *~ magistrate* → *II*; **II.** *s. Brit.* Poli'zeirichter *m*.

stip·ple ['stipl] **I.** *v/t.* **1.** *paint.* tüpfeln, punktieren; **II.** *s.* **2.** Punk'tierma,nier *f*, Pointil'lismus *m*; **3.** Punktierung *f*.

stip·u·late ['stipjuleit] *bsd.* ⚖, ✝ **I.** *v/i.* **1.** (*for*) **a)** e-e Vereinbarung treffen (über *acc.*), **b)** *et.* zur Bedingung machen; **II.** *v/t.* **2.** festsetzen, vereinbaren, ausbedingen; **3.** ⚖ *Tatbestand* einverständlich feststellen, außer Streit stellen; **stip·u·la·tion** [stipju'leiʃən] *s.* **1.** ✝, ⚖ (vertragliche) Abmachung, Über'einkunft *f*, Festsetzung *f*; **2.** Klausel *f*, Bedingung *f*; **3.** ⚖ Par'teienüber,einkunft *f*.

stip·ule ['stipju:l] *s.* ♀ Nebenblatt *n*.

stir[1] [stə:] **I.** *v/t.* **1.** *Kaffee, Teig etc.* rühren: *to ~ up* **a)** tüchtig umrühren, **b)** *Schlamm* aufwühlen; **2.** *Feuer* (an)schüren; **3.** *Glied etc.* rühren, bewegen: *not to ~ a finger* keinen Finger krumm machen; **4.** *Blätter, See etc.* bewegen (*Wind*); **5.** *~ up a. fig. j-n* auf-, wachrütteln; **6.** *~ up fig.* **a)** *j-n* aufreizen, -hetzen, **b)** *Neugier etc.* erregen, *Streit* entfachen; **7.** *fig.* aufwühlen, bewegen; *Herz* rühren; **II.** *v/i.* **8.** sich rühren *od.* regen (*a. fig. geschäftig sein*): *not to ~ from the spot* sich nicht von der Stelle rühren; *he never ~red abroad* er ging nie aus; *he is not ~ring yet* er ist noch nicht auf(gestanden); **9. a)** im Gange *od.* 'Umlauf sein, **b)** geschehen, sich ereignen; **III.** *s.* **10.** Rühren *n*; **11.** Bewegung *f*; **12.** Aufregung *f*; **13.** Aufsehen *n*, Sensati'on *f*: *to create a ~* Aufsehen erregen.

stir[2] [stə:] *s. sl.* ‚Kittchen' *n* (*Gefängnis*).

stirps [stə:ps] *pl.* **stir·pes** ['stə:pi:z] *s.* **1.** Fa'milie(nzweig *m*) *f*; **2.** ⚖ **a)** Stammvater *m*, **b)** Stamm *m*: *by stirpes Erbfolge* nach Stämmen.

stir·ring ['stə:riŋ] *adj.* □ **1.** bewegt; **2.** *fig.* rührig; **3.** erregend, aufwühlend; bewegt (*Zeiten*).

stir·rup ['stirəp] *s.* **1.** Steigbügel *m*; **2.** ⊕ Bügel *m*; **3.** ⚓ Springpferd *n* (*Haltetau*); **'~-bone** *s. anat.* Steigbügel *m* (*im Ohr*); **'~-i·ron** *s.* Steigbügel *m* (*ohne Steigriemen*); **'~-leath·er** *s.* Steig(bügel)riemen *m*.

stitch [stitʃ] **I.** *s.* **1.** *Nähen etc.*: Stich *m*: *a ~ in time saves nine* gleich getan ist viel gespart; **2.** *Stricken, Häkeln etc.*: Masche *f*; → *take up 14*; **3.** Stich(art *f*) *m*, Strick-, Häkelart *f*; **4.** F Faden *m*: *not to have a dry ~ on one* keinen trockenen Faden am Leibe haben; *without a ~ on* splitternackt; **5. a)** Stich *m*, Stechen *n* (*Schmerz*), **b)** *a. ~es in the side* Seitenstechen *n*; **II.** *v/t.* **6.** nähen, steppen, (be)sticken; **7.** *~ up* vernähen (*a.* ⚕), (zs.-)flicken; **8.** *Buchbinderei*: (zs.-)heften, broschieren.

stith·y [ˈstiði] *s.* ⊕ *obs.* Schmiede *f.*

sto·a [ˈstouə] *pl.* **-ae** [-iː] *s. antiq.* ˈStoa *f*: **a)** ⚠ Säulenhalle *f*, **b)** ♀ ˈstoische Philosoˈphie.

stoat [stout] *s. zo.* **1.** Hermeˈlin *n*; **2.** Wiesel *n*.

stock [stɔk] **I.** *s.* **1.** (*Baum-, Pflanzen-*) Strunk *m*; **2.** *fig.* ‚Klotz' *m* (*steifer Mensch*); **3.** ⚘ Levˈkoje *f*; **4.** ⚘ (ˈPropf)ˌUnterlage *f*; **5.** (*Peitschen-, Werkzeug*)Griff *m*; **6.** ⚔ **a)** (Gewehr)Schaft *m*, **b)** Schulterstütze *f* (*MG*); **7.** ⊕ ˈUnterlage *f*, Block *m*; (Amboß)Klotz *m*; **8.** ⚓ Stapel *m*: *on the ~s* im Bau; **9.** *hist.* Stock *m* (*Strafmittel*); **10.** ⊕ (Grund-, Werk)Stoff *m*: *paper ~* Papierstoff; **11. a)** ⊕ (*Füll- etc.*)Gut *n*, Materiˈal *n*, **b)** (Fleisch-, Gemüse)Brühe *f* als Suppengrundlage; **12.** steifer Kragen; *bsd.* ⚔ Halsbinde *f*; **13.** Stamm *m*, Rasse *f*, Her-, Abkunft *f*; **14.** *allg.* Vorrat *m*; ✝ (Waren)Lager *n*, Invenˈtar *n*: *~ (on hand)* Warenbestand; *in (out of) ~* (nicht) vorrätig; *to take ~* Inventur machen; *to take ~ of fig.* sich klarwerden über (*acc.*), *j-n od. et.* abschätzen; **15.** ✝ Ware(n *pl.*) *f*; **16.** *fig.* (*Wissens- etc.*) Schatz *m*: *a ~ of information*; **17. a)** *a. live ~* Vieh(bestand *m*) *n*, **b)** *a. dead ~* totes Inventar, Materiˈal *n*: *fat ~* Schlachtvieh; **18. a)** ✝ ˈAnleihekapiˌtal *n*, **b)** ˈGrundkapiˌtal *n*, **c)** ˈAktienkapiˌtal *n*, **d)** Geschäftsanteil *m*; **19.** ✝ **a)** *Am.* ˈAktie(*n pl.*) *f*: *to issue ~* Aktien ausgeben, **b)** *pl.* ˈAktien *pl.*, **c)** *pl.* Efˈfekten *pl.*, Wertpapiere *pl.*; **20.** ✝ **a)** Schuldverschreibung *f*, **b)** *pl. Brit.* ˈStaatspaˌpiere *pl.*; **21.** *thea.* Repertoˈire(theˌater) *n*; **II.** *adj.* **22.** (stets) vorrätig, Lager..., Serien...: *~ size* Standardgröße; **23.** *fig.* stehend, stereoˈtyp: *~ phrase*; **24.** ⚘ Vieh..., Zucht...; **25.** ✝ *bsd. Am.* Aktien...; **26.** *thea.* Repertoire...; **III.** *v/t.* **27.** versehen, -sorgen, ausstatten, füllen (*with* mit); **28.** *a. ~ up* auf Lager legen, (auf)speichern; **29.** ✝ *Ware* vorrätig haben, führen; **30.** ⚘ anpflanzen; **31.** *Gewehr, Werkzeug* schäften; **IV.** *v/i.* **32.** *a. ~ up* sich eindecken; ˈ**~-ac·count** *s.* ✝ *Brit.* Kapiˈtal-, Efˈfektenkonto *n*, -rechnung *f*.

stock·ade [stɔˈkeid] **I.** *s.* **1.** Staˈket *n*, Einpfählung *f*; **2.** ⚔ **a)** Paliˈsade *f*, **b)** *Am. provisorisches* Miliˈtärgefängnis; **II.** *v/t.* **3.** einpfählen, mit Staket umˈgeben.

ˈ**stock|-book** *s.* ✝ **1.** Lagerbuch *n*; **2.** *Am.* ˈAktienbuch *n*; ˈ**~-breed·er** *s.* Viehzüchter *m*; ˈ**~-bro·ker** *s.* → *broker 2*; ˈ**~-car** *s.* 🚃 Viehwagen *m*; **~ car** *s. mot.* Serienwagen *m*; **~ cer·tif·i·cate** *s.* ˈAktienurkunde *f*; **~ com·pa·ny** *s.* **1.** ✝ *Am.* ˈAktiengesellschaft *f*; **2.** *thea.* Repertoˈiregruppe *f*, Enˈsemble *n*; **~ cor·po·ra·tion** *s.* ✝ *Am.* **1.** Kapiˈtalgesellschaft *f*; **2.** ˈAktiengesellschaft *f*; **~ div·i·dend** *s.* ✝ *Am.* ˈGratisˌaktien *pl.*; **~ ex·change** *s.* ✝ (Efˈfekten)Börse *f*; ˈ**~-farm** *s.* (Vieh-) Zuchtfarm *f*; ˈ**~-farm·er** *s.* Viehzüchter *m*; ˈ**~-farm·ing** *s.* Viehzucht *f*; ˈ**~-fish** *s.* Stockfisch *m*; ˈ**~-hold·er** *s.* **1.** ✝ *bsd. Am.* Aktioˈnär *m*; **2.** Efˈfektenbesitzer(in).

stock·i·ness [ˈstɔkinis] *s.* Stämmigkeit *f*, Unterˈsetztheit *f*.

stock·i·net [stɔkiˈnet] *s.* Stockiˈnett *n*, Triˈkot *m*, *n*.

stock·ing [ˈstɔkiŋ] *s.* **1.** Strumpf *m*; **2.** Färbung *f* am Fuß (*Pferd etc.*); ˈ**~ mask** *s.* Strumpfmaske *f*; ˈ**~-weav·er** *s.* Strumpfwirker *m*.

ˈ**stock|-in-ˈtrade** *s.* ✝ **a)** Warenbestand *m*, **b)** Betriebsmittel *pl.*, **c)** ˈArbeitsmateriˌal *n*; **2.** *fig.* **a)** Rüstzeug *n*, **b)** ‚Repertoˈire' *n*; ˈ**~-job·ber** *s.* ✝ **1.** *Brit.* → *jobber 3*; **2.** *Am.* ˈBörsenspekuˌlant *m*; ˈ**~-job·bing** *s.* ✝ *Am.* ˈBörsenspekulatiˌon *f*; **~ ledg·er** *s.* ✝ *Am.* ˈAktienbuch *n*; ˈ**~-list** *s.* (ˈAktien- *od.* Börsen)Kurszettel *m*; ˈ**~-mar·ket** *s.* ✝ **1.** (ˈWertpaˌpier)Börse *f*, Efˈfektenmarkt *m*; **2.** Börsenkurse *pl.*; ˈ**~-pile** *s. bsd.* ⚔ Vorrat *m*; ˈ**~-pile** *v/t.* e-n Vorrat anlegen von, aufstapeln; ˈ**~-pot** *s.* Suppentopf *m*; ˈ**~-room** *s.* Lager(raum *m*) *n*; **~ shot** *s. phot.* Arˈchivaufnahme *f*; ˈ**~-ˈstill** *adj.* stockstill, bewegungslos; ˈ**~-tak·ing** *s.* Bestandsaufnahme *f*: **a)** ✝ Invenˈtur *f*, **b)** *fig.* (Selbst)Besinnung *f*.

stock·y [ˈstɔki] *adj.* □ stämmig, unterˈsetzt.

ˈ**stock·yard** *s.* Viehhof *m*.

stodge [stɔdʒ] *sl.* **I.** *v/i. u. v/t.* **1.** sich (*den Magen*) vollstopfen; **II.** *s.* **2. a)** dicker Brei, **b)** schwerverdauliches Zeug (*a. fig.*); **3.** ‚Festessen' *n*; ˈ**stodg·y** [-dʒi] *adj.* □ **1.** schwer(verdaulich); **2.** *fig.* unverdaulich, schwerfällig (*Stil etc.*).

sto·gie, sto·gy [ˈstougi] *s. Am.* billige Ziˈgarre.

Sto·ic [ˈstouik] **I.** *s. phls.* ˈStoiker *m* (*a. fig.* ♀); **II.** *adj.*, *a.* ˈ**Sto·i·cal** [-kəl] □ *phls.* ˈstoisch (*a. fig.* ♀ *unerschütterlich, gleichmütig*); ˈ**Sto·i·cism** [-isizəm] *s.* Stoiˈzismus *m*: **a)** *phls.* ˈStoa *f*, **b)** ♀ *fig.* Gelassenheit *f*, Gleichmut *m*.

stoke [stouk] **I.** *v/t.* **1.** *Feuer etc.* schüren (*a. fig.*); **2.** *Ofen etc.* (an-) heizen, beschicken; **3.** F **a)** ˈvollstopfen, **b)** *Essen etc.* hinˈeinstopfen; **II.** *v/i.* **4.** schüren, stochern; **5.** heizen, feuern; ˈ**~hold** *s.* ⚓ Heizraum *m*; ˈ**~hole** **1.** → *stokehold*; **2.** Schürloch *n*.

stok·er [ˈstoukə] *s.* **1.** Heizer *m*; **2.** (Kohlen)Beschickungsvorrichtung *f*.

stole[1] [stoul] *s. eccl. u. Damenkleidung*: ˈStola *f*.

stole[2] [stoul] *pret.*, ˈ**sto·len** [-lən] *p.p. von steal*.

stol·id [ˈstɔlid] *adj.* □ **1.** stur, gleichmütig, unerschütterlich; **2.** stumpf, phlegˈmatisch; **sto·lid·i·ty** [stɔˈliditi] *s.* **1.** Gleichmut *m*, Sturheit *f*, Unerschütterlichkeit *f*; **2.** Stumpfheit *f*.

sto·lon [ˈstoulɔn] *s.* ⚘ Ausläufer *m*.

sto·ma [ˈstoumə] *pl.* **-ma·ta** [ˈstɔmətə] *s.* **1.** ⚘ ˈStoma *n*, Spaltöffnung *f*; **2.** *zo.* Atmungsloch *n*.

stom·ach [ˈstʌmək] **I.** *s.* **1.** Magen *m*: *coat of the ~* Magenschleimhaut; *on an empty ~* auf leeren Magen, nüchtern; **2.** Bauch *m*, Leib *m*; **3.** Appeˈtit *m* (*for* auf *acc.*); **4.** Lust *f*, Neigung *f* (*for* zu); **II.** *v/t.* **5.** verdauen (*a. fig.*); **6.** *fig.* (v)ertragen; einstecken, hinnehmen, sich gefallen lassen; ˈ**~-ache** *s.* Magen-, Leibschmerz(en *pl.*) *m*.

stom·ach·er [ˈstʌməkə] *s. hist.* Mieder *n*, Brusttuch *n*.

sto·mach·ic [stəˈmækik] **I.** *adj.* **1.** Magen...; **2.** magenstärkend; **II.** *s.* **3.** ⚕ Magenmittel *n*.

sto·ma·ti·tis [stɔməˈtaitis] *s.* ⚕ Mundschleimhaut-, Mundhöhlenentzündung *f*.

stomp [stɔmp] → *stamp 1, 12, 13.*

stone [stoun] **I.** *s.* **1.** *allg.* (*a. Grab-, Schleif- etc.*)Stein *m*: *rolling ~ fig.* unsteter Mensch; *a rolling ~ gathers no moss* (*Sprichwort*) ein rollender Stein setzt kein Moos an; *a ~'s throw* ein Steinwurf (weit), (nur) ein ‚Katzensprung'; *to leave no ~ unturned* nichts unversucht lassen; *to throw ~s at fig. j-n* verunglimpfen, angreifen, kritisieren; **2.** *a. precious ~* (Edel)Stein *m*; **3.** (*Obst*)Kern *m*, Stein *m*; **4.** ⚕ **a)** (Gallen- *etc.*) Stein *m*, **b)** Steinleiden *n*; **5.** (Hagel)Korn *n*; **6.** *brit. Gewichtseinheit* (*= 6,35 kg*); **II.** *adj.* **7.** steinern, Stein...; **III.** *v/t.* **8.** mit Steinen bewerfen; **9.** *zu Tode* steinigen; **10.** *Obst* entkernen, -steinen; **11.** ⊕ schleifen, glätten; ♀ **Age** *s.* Steinzeit *f*; ˈ**~-ˈblind** *adj.* stockblind; ˈ**~-brash** *s.* Trümmergestein *n*; ˈ**~-break** *s.* ⚘ Steinbrech *m*; ˈ**~-ˈbroke** *adj.* völlig ‚blank' *od.* ‚pleite'; ˈ**~-chat** *s. orn.* **1.** Schwarzkehlchen *n*; **2.** → *blue tit(mouse)*; ˈ**~-coal** *s.* Steinkohle *f*, *bsd.* Anthraˈzit *m*; ˈ**~-crop** *s.* ⚘ Steinkraut *n*; ˈ**~-cut·ter** *s.* **1.** Steinmetz *m*, -schleifer *m*; **2.** ˈSteinschneidemaˌschine *f*.

stoned [stound] *adj. sl.* **1.** ‚(stink-) besoffen'; **2.** im Drogenrausch, ‚high'.

ˈ**stone|-ˈdead** *adj.* mausetot; ˈ**~-ˈdeaf** *adj.* stocktaub; ˈ**~-fruit** *s.* **1.** Steinfrucht *f*; **2.** *coll.* Steinobst *n*.

stone·less [ˈstounlis] *adj.* steinlos (*Obst*).

stone| mar·ten *s. zo.* Steinmarder *m*; ˈ**~-ma·son** *s.* Steinmetz *m*; ˈ**~-pit** *s.* Steinbruch *m*; ˈ**~ˈwall** **I.** *v/i.* **1.** *sport* mauern (*defensiv spielen*); **2.** *pol.* Obstruktiˈon treiben; **II.** *v/t.* **3.** *pol. Antrag* durch Obstruktion zu Fall bringen; ˈ**~ˈwall·ing** *s.* **1.** *sport* Mauern *n*; **2.** *pol.* Obstruktion *f*; ˈ**~ware** *s.* Steingut *n*.

ston·i·ness [ˈstouninis] *s.* **1.** steinige Beschaffenheit; **2.** *fig.* Härte *f*; **ston·y** [ˈstouni] *adj.* □ **1.** steinig; **2.** steinern (*a. fig. Herz*), stein..., Stein...; **3.** starr (*Blick*); **4.** *a. ~ broke* F pleite, völlig abgebrannt.

stood [stud] *pret. u. p.p. von stand.*

stooge [stu:dʒ] *s. sl.* **1.** *thea. bsd. Am.* Stichwortgeber *m*; **2.** *contp.* Handlanger *m*, Krea'tur *f*; Strohmann *m*.

stool [stu:l] *s.* **1.** Hocker *m*; (Bü'ro-, Kla'vier)Stuhl *m*: *to fall between two* ~*s* sich zwischen zwei Stühle setzen; **2.** Schemel *m*; **3. a)** Nachtstuhl *m*, **b)** ⚕ Stuhl *m* (*Kot*), **c)** Stuhlgang *m*: *to go to* ~ Stuhlgang haben; **4.** ♣ **a)** Wurzelschößling *m*, **b)** Wurzelstock *m*, Baumstumpf *m*; **'~-pi·geon** *s.* **1.** Lockvogel *m* (*a. fig.*); **2.** *bsd. Am. sl.* Lockspitzel *m*.

stoop[1] [stu:p] **I.** *v/i.* **1.** sich bücken, sich (vorn'über)beugen; **2.** sich krumm halten, gebeugt gehen; **3.** *fig. contp.* **a)** sich her'ablassen, **b)** sich erniedrigen, die Hand reichen (*to zu et., to do zu tun*); **4.** her'abstoßen (*Vogel*); **II.** *v/t.* **5.** neigen, beugen; *Schultern* hängenlassen; **III.** *s.* **6.** (Sich)Beugen *n*; **7.** gebeugte *od.* krumme Haltung; krummer Rücken; **8.** Niederstoßen *n* (*Vogel*).

stoop[2] [stu:p] *s. Am.* (offene) Ve'randa, Vorhalle *f*.

stop [stɔp] **I.** *v/t.* **1.** aufhören (*doing* zu tun): ~ *it!* hör auf (damit)!; **2.** aufhören mit, *Besuche*, ✝ *Lieferung, Zahlung, Tätigkeit*, ⚖ *Verfahren* einstellen; *Kampf, Verhandlungen etc.* abbrechen; **3.** ein Ende machen *od.* bereiten (*dat.*), Einhalt gebieten (*dat.*); **4.** *Angriff, Fortschritt, Gegner, Verkehr etc.* aufhalten, zum Stehen bringen, hemmen; *Ball* stoppen; *Wagen, Zug, a. Uhr* anhalten, stoppen; *Maschine, a. Gas, Wasser* abstellen; *Fabrik* stillegen; *Lohn, Scheck etc.* sperren; *Redner etc.* unter'brechen; *Lärm etc.* unter'binden; **5.** verhindern; hindern (*from* an *dat.*, *from doing* zu tun); **6.** *Boxen etc.*: **a)** *Schlag* parieren, **b)** *Gegner* besiegen, stoppen: *to* ~ *a bullet* e-e (Kugel) ‚verpaßt' kriegen; **7.** *a.* ~ *up Ohren etc.* verstopfen: *to* ~ *s.o.'s mouth fig.* j-m *durch Bestechung* den Mund stopfen; → *gap* 4; **8.** *Weg* versperren; **9.** *Blut, Wunde* stillen; **10.** *Zahn* plombieren, füllen; **11.** ♪ *Saite, Ton* greifen; **12.** *ling.* interpunktieren; **13.** ~ *down phot. Objektiv* abblenden; **14.** ~ *out Ätzkunst*: abdecken; **II.** *v/i.* **15.** (an)halten, haltmachen, stehenbleiben, stoppen; **16.** aufhören, an-, innehalten, e-e Pause machen: *do not* ~ hör nicht auf, mach weiter; *to* ~ *dead* (*od. short*) plötzlich aufhören; *to* ~ *at nothing fig.* vor nichts zurückschrecken; **17.** aufhören (*Vorgang, Lärm etc.*); **18.** ~ *for* warten auf (*acc.*); **19.** F *zu Hause, im Bett etc.* bleiben: *to* ~ *by Am.* (rasch) bei *j-m* ‚reinschauen'; *to* ~ *in* daheim bleiben; *to* ~ *off* die Fahrt unterbrechen; *to* ~ *out* ausbleiben; *to* ~ *over* die Fahrt unterbrechen; **III.** *s.* **20.** Halt *m*, Stillstand *m*: *to come to a* ~ anhalten; *to come to a full* ~ aufhören, zu e-m Ende kommen; *to put a* ~ *to* → 3; **21.** Pause *f*; **22.** 🚂 *etc.* Aufenthalt *m*, Halt *m*; **23. a)** Stati'on *f* (*Zug*), **b)** Haltestelle *f* (*Autobus*), **c)** Anlegestelle *f* (*Schiff*); **24.** 'Absteigequar,tier *n*; **25.** ⊕ Anschlag *m*, Sperre *f*, Hemmung *f*; **26.** ✝ Sperrung *f*, Sperrauftrag *m* (*für Scheck etc.*); **27.** ♪ **a)** Griff *m*, Greifen *n* (*e-r Saite etc.*), **b)** Griffloch *n*, **c)** Klappe *f*, **d)** Ven'til *n*, **e)** Re'gister *n* (*Orgel etc.*), **f)** *a.* ~*-knob* Re'gisterzug *m*: *to pull out the pathetic* ~ *fig.* pathetisch werden; **28.** *phot.* f-stop Blende *f* (*Einstellmarke*); **29.** *ling.* **a)** Knacklaut *m*, **b)** Verschlußlaut *m*; **30. a)** Satzzeichen *n*, **b)** Punkt *m*; **'~·cock** *s.* ⊕ Absperrhahn *m*; **'~·gap I.** *s.* Lückenbüßer *m*, Notbehelf *m*; ✝ Über'brückung *f*; **II.** *adj.* Not...; Behelfs...; Überbrückungs... (*-hilfe, -kredit*); **'~-light** *s.* **1.** *mot.* Bremslicht *n*; **2.** rotes (Verkehrs)Licht; **'~-off** *s.* → *stop-over*; **'~-or·der** *s.* ✝ limitierte Order; **'~-o·ver** *s.* **1.** 'Fahrtunter,brechung *f*, *kurzer* Aufenthalt; **2.** ✈ Zwischenlandung *f*.

stop·page ['stɔpidʒ] *s.* **1. a)** (An-)Halten *n*, **b)** Stillstand *m*, **c)** Aufenthalt *m*; **2.** (Verkehrs- *etc.*)Stokkung *f*; **3. a)** ⊕ (Betriebs)Störung *f*, Hemmung *f*, **b)** ⊕, *a.* ⚕ Verstopfung *f*; **4.** Sperrung *f*, (✝ *Kredit- etc.*, ⚡ *Strom*)Sperre *f*; **5.** (Arbeits-, Betriebs-, Zahlungs)Einstellung *f*; **6.** (Gehalts)Abzug *m*.

stop pay·ment *s.* ✝ Zahlungssperre *f* (*für Schecks etc.*).

stop·per ['stɔpə] **I.** *s.* **1. a)** Stöpsel *m*, Pfropf(en) *m*, **b)** Stopfer *m*: *to put a* ~ *on fig. e-r Sache* ein Ende setzen; **2.** ⊕ Absperrvorrichtung *f*; Hemmer *m*: ~ *circuit* ⚡ Sperrkreis; **3.** *Werbung*: Blickfang *m*; **II.** *v/t.* **4.** zustöpseln.

'stop-pin *s.* ⊕ Anschlagstift *m*.

stop·ping ['stɔpiŋ] *s.* ⚕ (Zahn)Füllung *f*, Plombe *f*; ~ **dis·tance** *s. mot.* Anhalteweg *m*; **'~-place** *s.* Haltestelle *f*; ~ **train** *s.* 🚂 Bummelzug *m*.

stop·ple ['stɔpl] **I.** *s.* Stöpsel *m*; **II.** *v/t.* zustöpseln.

'stop|-press *s.* (Spalte *f* für) letzte (nach Redaktionsschluß eingelaufene) Meldungen *pl.*; **'~-screw** *s.* ⊕ Anschlagschraube *f*; ~ **sign** *s. mot.* Stoppschild *n*; **'~-valve** *s.* ⊕ 'Absperrven,til *n*; **'~-vol·ley** *s. Tennis*: Stoppflugball *m*; **'~-watch** *s.* Stoppuhr *f*.

stor·a·ble ['stɔ:rəbl] *adj.* zum Lagern geeignet, Lager...

stor·age ['stɔ:ridʒ] *s.* **1.** (Ein)Lagerung *f*, Lagern *n*; *a.* ⚡ Speicherung *f*: ~ *bin* Sammelbehälter, Silo; *cold* ~ Kühlraumlagerung; *to put into cold* ~ *fig. Plan etc.* ‚auf Eis legen'; **2.** Lager(raum *m*) *n*, De'pot *n*; **3.** Lagergeld *n*; ~ **bat·ter·y** *s.* ⚡ **1.** Akku(mu'lator) *m*, Sammler *m*; **2.** 'Sammlerbatte,rie *f*, Sekun'därele,ment *n*; ~ **cell** *s.* ⚡ Sekun'därzelle *f*.

store [stɔ:] **I.** *s.* **1.** (Vorrats)Lager *n*, Vorrat *m*: *in* ~ vorrätig, auf Lager; *to be in* ~ *for fig. j-m* bevorstehen, auf *j-n* warten; *to have* (*od. hold*) *in* ~ *for fig. Überraschung etc.* bereithalten für *j-n*, *j-m e-e Enttäuschung etc.* bringen; **2.** *pl.* **a)** Vorräte *pl.*, Ausrüstung *f* (u. Verpflegung *f*), Provi'ant *m*, **b)** *a. military* ~*s* Mili'tärbedarf *m*, Versorgungsgüter *pl.*, **c)** *a. naval* (*od. ship's*) ~*s* Schiffsbedarf *m*; **3.** *a. pl. bsd. Brit.* Kauf-, Warenhaus *n*; **4.** *Am.* Laden *m*, Geschäft *n*; **5.** *bsd. Brit.* Lagerhaus *n*; **6.** *a. pl. fig.* (große) Menge, Fülle *f*, Reichtum *m* (*of* an *dat.*): *a great* ~ *of knowledge* ein großer Wissensschatz; **7.** *to set great* (*little*) ~ *by fig.* **a)** hoch (gering) einschätzen, **b)** großen (wenig) Wert legen auf (*acc.*); **II.** *v/t.* **8.** versorgen, -sehen, eindecken (*with* mit); *Schiff* verproviantieren; *fig. s-n Kopf mit Wissen etc.* anfüllen; **9.** *a.* ~ *up* einlagern, (auf)speichern; *fig. im Gedächtnis* bewahren; **10.** *Möbel etc.* einstellen, -lagern; **11.** fassen, aufnehmen, 'unterbringen; **12.** ⚡, *phys.* speichern; ~ **cat·tle** *s.* Magervieh *n*; **'~·house** *s.* **1.** Lagerhaus *n*; **2.** *fig.* Fundgrube *f*, Schatzkammer *f*; **'~-keep·er** *s.* **1.** Lagerverwalter *m*; ⚔ Kammer-, Geräteverwalter *m*; **2.** *Am.* Ladenbesitzer(in); **'~-room** *s.* Vorrats-, Lagerraum *m*.

sto·rey ['stɔ:ri] → *story*[2]; **'sto·reyed** [-id] → *storied*[2].

sto·ried[1] ['stɔ:rid] *adj.* **1.** geschichtlich, berühmt; **2.** 'sagenum,woben; **3.** mit Bildern aus der Geschichte geschmückt: *a* ~ *frieze*.

sto·ried[2] ['stɔ:rid] *adj.* mit Stockwerken: *two-*~ zweistöckig (*Haus*).

stork [stɔ:k] *s. orn.* Storch *m*; **'~'s-bill** *s.* ♣ Storchschnabel *m*.

storm [stɔ:m] **I.** *s.* **1.** Sturm *m* (*a.* ⚔ *u. fig.*), Unwetter *n*: ~ *and stress hist.* Sturm u. Drang; ~ *in a teacup fig.* Sturm im Wasserglas; *to take by* ~ im Sturm erobern (*a. fig.*); **2.** (Hagel-, Schnee)Sturm *m*, Gewitter *n*; **II.** *v/i.* **3.** stürmen, wüten, toben (*Wind etc.*) (*a. fig. at* gegen, über *acc.*); **4.** ⚔ stürmen; **5.** *wohin* stürmen, stürzen; **III.** *v/t.* **6.** ⚔ (er-)stürmen; **7.** *fig.* bestürmen; **8.** *et.* wütend ausstoßen; **'~-beat·en** *adj.* sturmgepeitscht; **'~-bird** → *stormy petrel*; **'~·bound** *adj.* vom Sturm aufgehalten; ~ **cen·ter** *Am.*, **'~-cen·tre** *Brit. s.* **1.** *meteor.* Sturmzentrum *n*; **2.** *fig.* Unruheherd *m*; **'~-cloud** *s.* Gewitterwolke *f* (*a. fig.*); **'~-cone** *s.* ⚓ Sturmkegel *m* (*Signal*).

'storm·ing-par·ty ['stɔ:miŋ] *s.* ⚔ Sturmtrupp *m*.

'storm|-tossed *adj.* vom Sturm um'hergestoßen, sturmgepeitscht; **'~-troops** *s. pl.* **1.** ⚔ Schock-, Sturmtruppe(n *pl.*) *f*; **2.** *hist.* (*Nazi-*)Sturmabteilung *f*, S'A *f*.

storm·y ['stɔ:mi] *adj.* □ stürmisch (*a. fig.*); ~ **pet·rel** *s. orn.* Sturmschwalbe *f*.

sto·ry[1] ['stɔ:ri] *s.* **1.** (*a.* amü'sante) Geschichte, Erzählung *f*: *the same old* ~ *fig.* das alte Lied; **2.** Fabel *f*, Handlung *f*, Story *f e-s Dramas etc.*; **3.** Bericht *m*, Darstellung *f*: *the* ~ *goes* man erzählt sich; *to cut* (*od. make*) *a long* ~ *short* (*Wendung*) um es kurz zu machen, kurz u. gut; *that's quite another* ~ das ist et. ganz anderes; **4.** (Lebens)Geschichte *f*; **5.** *bsd. Am.* ('Zeitungs)Ar,tikel *m*; **6.** F (Lügen-, Ammen)Märchen *n*.

sto·ry[2] ['stɔ:ri] *s.* Stock(werk *n*) *m*, Geschoß *n*, E'tage *f*; → *upper* I.

'sto·ry|-book *s.* Geschichten-, Märchenbuch *n*; **'~-tell·er** *s.* **1.** (Märchen-, Geschichten)Erzähler(in); **2.** Lügenbold *m*.

stoup [stu:p] *s.* **1.** *R.C.* Weihwasserbecken *n*; **2.** *obs. od. dial.* Trinkgefäß *n*, *bsd.* Becher *m*.

stout [staut] **I.** *adj.* □ **1.** dick, beleibt; **2.** stämmig, kräftig; **3.** ausdauernd, zäh; **4.** mannhaft, beherzt, tapfer; **5.** heftig (*Angriff, Wind*); **6.** stark, kräftig (*Material etc.*); **II.** *s.* **7.** *starkes Porterbier*; **'stout-'heart·ed** *adj.* □ → *stout 4*; **'stout·ness** [-nis] *s.* **1.** Stärke *f*, Festigkeit *f*; **2.** Stämmigkeit *f*; **3.** Beleibtheit *f*, Korpu'lenz *f*; **4.** Tapferkeit *f*, Mannhaftigkeit *f*; **5.** Ausdauer *f*.

stove[1] [stouv] **I.** *s.* **1.** Ofen *m*; **2.** (Koch)Herd *m*; **3.** ⊕ **a)** Brennofen *m*, **b)** Trockenraum *m*; **4.** Treibhaus *n*; **II.** *v/t.* **5.** trocknen, erhitzen; **6.** im Treibhaus ziehen.

stove[2] [stouv] *pret. u. p.p. von stave*.

stove| en·am·el *s.* ⊕ Einbrennlack *m*; **'~-pipe** *s.* **1.** Ofenrohr *n*; **2.** *a. ~ hat bsd. Am.* F Zy'linder *m*, ‚Angströhre' *f*.

stow [stou] *v/t.* **1.** ⚓ (ver)stauen; **2.** verstauen, packen: *to ~ away* **a)** wegräumen, -stecken, **b)** F *Speise* ‚verdrücken'; **3.** *sl.* aufhören mit: *~ it!* hör auf (damit)!, halt's Maul!; **stow·age** ['stouidʒ] *s. bsd.* ⚓ **1.** Stauen *n*; **2.** Laderaum *m*; **3.** Ladung *f*; **4.** Staugeld *n*.

'stow·a·way [-ouə-] *s.* blinder Passa'gier.

stra·bis·mus [strə'bizməs] *s.* Schielen *n*; **stra'bot·o·my** [-'bɔtəmi] *s.* 'Schieloperati,on *f*.

strad·dle ['strædl] **I.** *v/i.* **1.** die Beine spreizen; breitbeinig *od.* mit gespreizten Beinen gehen *od.* stehen *od.* sitzen; rittlings sitzen; grätschen; **2.** sich spreizen; **3.** sich (aus)strecken; **4.** *fig.* schwanken; *bsd. Am.* es mit beiden Par'teien halten; **II.** *v/t.* **5.** rittlings sitzen auf (*dat.*); **6.** mit gespreizten Beinen stehen über (*dat.*); **7.** *Beine* spreizen; **8.** *fig.* sich nicht festlegen wollen bei *e-r Streitfrage etc.*; **9.** ⚔ *Ziel* eingabeln; **10.** *Kartenspiel: Einsatz* verdoppeln; **III.** *s.* **11.** (Beine)Spreizen *n*; breitbeiniges *od.* ausgreifendes Gehen; breitbeiniges (Da)Stehen; Rittlingssitzen *n*; **12.** ✝ Stel'lagegeschäft *n*.

strafe [*Brit.* strɑ:f; *Am.* streif] *sl.* **I.** *v/t.* **1.** im Tiefflug mit Bordwaffen angreifen; **2.** schwer bombardieren; **3.** *fig.* **a)** (be)strafen, **b)** anschnauzen; **II.** *s.* **4.** → *strafing*; **'straf·er** [-fə] *s. sl.* Tiefflieger *m*; **'straf·ing** [-fiŋ] *s. sl.* **1.** Feuer *n*, (Bordwaffen-)Beschuß *m*; **2.** *fig.* ‚Anpfiff' *m*.

strag·gle ['strægl] *v/i.* **1.** um'herstreifen; **2.** (hinter'drein- *etc.*)bummeln, (-)zotteln; **3.** wuchern; **4.** zerstreut liegen *od.* stehen (*Häuser etc.*); sich hinziehen (*Vorstadt etc.*); **5.** *fig.* abschweifen; **'strag·gler** [-lə] *s.* **1.** Bummler *m*; **2.** Nachzügler *m* (*a.* ⚓); **3.** ⚔ Versprengte(r) *m*; **4.** wilder Schößling; **'strag·gling** [-liŋ] *adj.* □, **'strag·gly** [-li] *adj.* **1.** *beim Marsch etc.* zu'rückgeblieben; **2.** ausein'andergezogen (*Kolonne*); **3.** zerstreut (liegend); **4.** weitläufig; **5.** wuchernd; **6.** lose, 'widerspenstig (*Haar etc.*).

straight [streit] **I.** *adj.* □ **1.** gerade: *~ hair* glattes Haar; *~ line* gerade Linie, Å Gerade; *to keep a ~ face* das Gesicht nicht verziehen; **2.** ordentlich: *to put ~* in Ordnung bringen; *to put things ~* Ordnung schaffen; **3.** gerade, di'rekt; **4.** *fig.* gerade, offen, ehrlich, re'ell: *as ~ as a die* **a)** grundehrlich, **b)** kerzengerade; **5.** anständig; **6.** F zuverlässig: *a ~ tip*; **7.** pur, unverdünnt: *~ whisk(e)y*; **8.** *pol. Am.* 'hundertpro,zentig: *a ~ Republican*; → *ticket 7*; **9.** ✝ *Am. sl.* ohne ('Mengen)Ra,batt; **10.** *thea.* **a)** konventio'nell (*Stück*), **b)** ef'fektlos (*Spiel*); **II.** *adv.* **11.** gerade('aus); **12.** di'rekt, gerade(s)wegs; **13.** anständig, ordentlich: *to live ~*; **14.** *sl.* richtig: *to get s.o. ~* j-n richtig verstehen; **15.** *~ away, ~ off Brit.* so'fort, auf der Stelle; **16.** *~ out* 'rundher,aus; **III.** *s.* **17.** Geradheit *f*: *out of the ~* krumm, schief; **18.** *sport* Gerade *f*: *back ~* Gegengerade; *home ~* Zielgerade; **19.** *Kartenspiel*: Se'quenz *f*; **'~-edge** *s.* ⊕ Line'al *n*, Richtscheit *n*.

straight·en ['streitn] **I.** *v/t.* **1.** gerade machen, -biegen, (gerade-, aus)richten; ⚔ *Front* begradigen: *to ~ one's face* e-e ernste Miene aufsetzen; **2.** *oft ~ out* in Ordnung bringen: *to ~ one's affairs*; **3.** *oft ~ out* entwirren, klarstellen; **4.** *~ s.o. out* j-m den Kopf zurechtsetzen; **II.** *v/i* **5.** gerade werden; **6.** *~ up Am.* **a)** sich aufrichten, **b)** F ein anständiges Leben beginnen.

'straight|-faced *adj.* mit unbewegtem Gesicht; **~'for·ward** [-'fɔ:wəd] **I.** *adj.* □ **1.** di'rekt, offen, freimütig; **2.** ehrlich, redlich, aufrichtig; **3.** einfach, 'unkompliziert (*Aufgabe etc.*); **II.** *adv.* **4.** → *I*; **~'for·ward·ness** [-'fɔ:wədnis] *s.* Geradheit *f*, Offenheit *f*, Ehrlichkeit *f*, Aufrichtigkeit *f*; **'~-line** *adj.* Å, ⊕ geradlinig.

straight·ness ['streitnis] *s.* Geradheit *f*: **a)** Geradlinigkeit *f*, **b)** *fig.* Offenheit *f*, Aufrichtigkeit *f*.

'straight·way *adv. obs.* stracks.

strain[1] [strein] **I.** *s.* **1.** Spannung *f*, Zug *m*; **2.** ⊕ (verformende) Spannung, Verdehnung *f*; **3.** Zerrung *f*; **4.** Anstrengung *f*, -spannung *f*, Kraftaufwand *m*; **5.** (*on*) Anstrengung *f*, Stra'paze *f* (für); starke In'anspruchnahme (*gen.*); *nervliche, finanzielle etc.* Belastung (für); Druck *m* (auf *acc.*); Über'anstrengung *f* (*gen.*); Last *f der Verantwortung etc.*: *to be a ~ on s.o.'s nerves* j-n Nerven kosten; *to put a great ~ on* stark beanspruchen *od.* belasten; **6.** *mst pl.* ♪ Weise *f*, Melo'die *f*: *to the ~s of* unter den Klängen (*gen.*); **7.** *fig.* Ton *m*, Ma'nier *f*; **8.** Laune *f*; **II.** *v/t.* **9.** (an)spannen; **10.** ⊕ verformen, -dehnen; **11.** *Muskel etc.* zerren; *Handgelenk etc.* verstauchen; **12.** *Augen etc.* (über-)'anstrengen; → *nerve 1*; **13.** *fig.* über'spannen; *Geduld, Kraft etc.* über'fordern; *Rechte* über'schreiten; *Recht, Sinn* vergewaltigen; **14.** ('durch)seihen, filtrieren: *to ~ off* (*od. out*) *feste Stoffe* abseihen; **15.** *to ~ s.o. to one's breast* j-n an die Brust ziehen; **III.** *v/i.* **16.** sich spannen; **17.** ⊕ sich verdehnen, -formen; **18.** *~ at* zerren an (*dat.*); → *gnat*; **19.** sich anstrengen: *to ~ after* sich abmühen um, streben nach, auf *e-e Sache* aus sein; → *effect 3*; **20.** drücken, pressen.

strain[2] [strein] *s.* **1.** Abstammung *f*; **2.** Linie *f*, Geschlecht *n*; **3.** Rasse *f*; **4.** Art *f*; **5.** (Erb)Anlage *f*, (Cha'rakter)Zug *m*; **6.** Hang *m* (of zu).

strained [streind] *adj.* □ **1.** gezwungen, 'unna,türlich; **2.** gespannt: *~ relations*; **'strain·er** [-nə] *s.* Seiher *m*, Sieb *n*, Filter *m*, *n*.

strait [streit] **I.** *s.* **1.** *oft pl.* Straße *f*, Meerenge *f*: *the* **2**s *of Dover* die Straße von Dover; **2**s *Settlements ehemalige brit. Kronkolonie* (*Malakka, Penang, Singapur*); *the* **2**s **a)** (*früher*) die Meerenge von Gibraltar, **b)** (*heute*) die Malakkastraße; **2.** *oft pl.* Not *f*, *bsd. finanzielle* Verlegenheit, Engpaß *m*: *reduced to great ~s* in e-r Zwangslage; **II.** *adj.* □ **3.** *obs.* eng, schmal; **4.** streng, hart; **'strait·en** [-tn] *v/t.* beschränken, beengen: *in ~ed circumstances* in beschränkten Verhältnissen; *~ed for* verlegen um.

strait| jack·et *s.* Zwangsjacke *f* (*a. fig.*); **'~-laced** *adj.* sittenstreng, puri'tanisch, engherzig, prüde.

Straits dol·lar [streits] *s.* ✝ *in den Straits Settlements gültige Währung*.

strait waist·coat → *strait jacket*.

stra·min·e·ous [strə'miniəs] *adj.* **1.** strohern, Stroh...; **2.** strohfarben.

strand[1] [strænd] **I.** *s.* **1.** *poet.* Strand *m*, Ufer *n*; **II.** *v/t.* **2.** ⚓ auf den Strand setzen, auf Grund treiben; **3.** *fig.* stranden *od.* scheitern lassen: *~ed* **a)** gestrandet (*a. fig.*), **b)** *mot.* steckengeblieben, **c)** *fig.* arbeits-, mittellos; *to be (left) ~ed* **a)** auf dem trockenen sitzen, **b)** ‚aufgeschmissen' sein; **III.** *v/i.* **4.** stranden.

strand[2] [strænd] **I.** *s.* **1.** Strang *m* (*e-s Taus od. Seils*); **2.** (*Draht-, Seil-*)Litze *f*; **3.** *biol.* (Gewebe)Faser *f*; **4.** (Haar)Strähne *f*; **5.** (Perlen-)Schnur *f*; **6.** *fig.* Faden *m*, Zug *m* (*e-s Ganzen*); **II.** *v/t.* **7.** ⊕ *Seil* drehen; *Kabel* verseilen: *~ed wire* Litzendraht, Drahtseil; **8.** *Tau etc.* brechen.

strange [streindʒ] *adj.* □ **1.** fremd, neu, unbekannt, ungewohnt (*to j-m*); **2.** seltsam, sonderbar, merkwürdig: *~ to say* seltsamerweise; **3.** nicht gewöhnt (*to* an), unerfahren (*at* in *dat.*); **'strange·ness** [-nis] *s.* Fremdheit *f*; Fremdartigkeit *f*; Seltsamkeit *f*, *das* Merkwürdige; **'stran·ger** [-dʒə] *s.* **1.** Fremde(r *m*) *f*, Unbekannte(r *m*) *f*, Fremdling *m*: *I am a ~ here* ich bin hier fremd; *you are quite a ~* Sie sind ein seltener Gast; *he is no ~ to me* er ist mir kein Fremder; *I spy* (*od.* see) *~s parl. Brit.* ich beantrage die Räumung der Galerie; *the little ~* der kleine Neuankömmling (*Kind*); **2.** Neuling *m* (*to* in *dat.*): *to be a ~ to* nicht vertraut sein mit; *he is no ~ to poverty* die Armut ist ihm nicht unbekannt.

stran·gle ['strængl] **I.** *v/t.* **1.** erwürgen, erdrosseln; **2.** *j-n* würgen; *Hals* einschnüren (*Kragen etc.*); **3.** *fig. Seufzer etc.* ersticken; **II.** *v/i.* **4.** ersticken; **'~-hold** *s.* Würgegriff *m*.

stran·gu·late ['stræŋgjuleit] *v/t.* **1.** ⚕ abschnüren, abbinden; **2.** strangulieren, erwürgen; **stran·gu·la·tion** [stræŋgju'leiʃən] *s.* **1.** Erdrosselung *f*, Strangulierung *f*; **2.** ⚕ Abschnürung *f*.

stran·gu·ry ['stræŋgjuəri] *s.* ⚕ Harnzwang *m*.

strap [stræp] **I.** *s.* **1.** (Leder-, *a.* Trag-, ⊕ Treib)Riemen *m*, Gurt *m*, Band *n*; **2.** (Stiefel)Strippe *f*; **3.** Träger *m am Kleid*; **4.** Achselklappe *f*; **5.** Steg *m an der Hose*; **6.** ⊕ **a)** Band *n*, **b)** Bügel *m* (*a. am Kopfhörer*); **7.** ⚓ Stropp *m*; **8.** ⚘ Blatthäutchen *n*; **II.** *v/t.* **9.** festschnallen (*to* an *acc.*): *to* ~ *o.s. in* ✈ sich anschnallen; **10.** *Messer* abziehen; **11.** mit e-m Riemen schlagen; **12.** ⚕ ein (Heft)Pflaster kleben auf *e-e Wunde*; '**~·hang·er** *s.* F Stehplatzinhaber(in) *im Omnibus etc.*; **~ i·ron** *s.* ⊕ *Am.* Bandeisen *n*.

strap·less ['stræplis] *adj.* trägerlos (*Kleid*); '**strap·per** [-pə] *s.* **a)** strammer Bursche, **b)** strammes *od.* dralles Mädchen; '**strap·ping** [-piŋ] **I.** *adj.* **1.** stramm (*Bursche, Mädchen*), drall (*Mädchen*); **II.** *s.* **2.** Riemen *pl.*; **3.** Tracht *f* Prügel; **4.** ⚕ **Heftpflaster *n*, (Heft)Pflasterverband *m*.**

stra·ta ['strɑ:tə] *pl. von stratum.*

strat·a·gem ['strætidʒəm] *s.* **1.** Kriegslist *f*; **2.** List *f*, Kunstgriff *m*.

stra·te·gic [strə'ti:dʒik] *adj.* (☐ ~*ally*) stra'tegisch; strategisch wichtig; kriegswichtig; Kriegs...(*-lage, -plan*): ~ *arms* **strategische Waffen**; **strat·e·gist** ['strætidʒist] *s.* Stra'tege *m*; **strat·e·gy** ['strætidʒi] *s.* Strate'gie *f*: **a)** ⚔ Feldherrn-, Kriegskunst *f*, **b)** ⚔ (Art *f* der) Kriegsführung *f*, **c)** *fig.* 'Taktik *f* (*a. sport*), **d)** *fig.* List *f*.

strat·i·fi·ca·tion [strætifi'keiʃən] *s.* Schichtung *f* (*a. fig.*); **strat·i·fied** ['strætifaid] *adj.* geschichtet, schichtenförmig: ~ *rock geol.* Schichtgestein; **strat·i·form** ['strætifɔ:m] *adj.* schichtenförmig; **strat·i·fy** ['strætifai] *v/t.* schichten.

stra·tig·ra·phy [strə'tigrəfi] *s. geol.* **Stratigra'phie *f*, Formati'onskunde *f*.**

stra·toc·ra·cy [strə'tɔkrəsi] *s.* Mili'tärherrschaft *f*.

strat·o·cruis·er ['strætoukru:zə] *s.* ✈ Strato'sphärenflugzeug *n*.

strat·o·sphere ['strætousfiə] *s.* Strato'sphäre *f*; **strat·o·spher·ic** [strætou'sferik] *adj.* strato'sphärisch.

stra·tum ['strɑ:təm] *pl.* **-ta** [-tə] *s.* **1.** *allg.* (*a.* Gewebe-, Luft)Schicht *f*, Lage *f*; **2.** *geol.* (Gesteins- *etc.*) Schicht *f*, Formati'on *f*; **3.** *fig.* (gesellschaftliche *etc.*) Schicht.

stra·tus ['streitəs] *pl.* **-ti** [-tai] *s.* 'Stratus *m*, Schichtwolke *f*.

straw [strɔ:] **I.** *s.* **1.** Strohhalm *m*: *to draw* ~*s* Strohhalme ziehen (*als Lose*); *to catch* (*od. grasp*) *at a* ~ sich an e-n Strohhalm klammern; *the last* ~ *that breaks the camel's back* der Tropfen, der das Faß zum Überlaufen bringt; *that's the last* ~! das hat gerade noch gefehlt!, jetzt reicht es mir aber!; *he doesn't care a* ~ es ist ihm völlig gleichgültig; **2.** Stroh *n*; → *man 3*; **3.** Trinkhalm *m*; **4.** Strohhut *m*; **II.** *adj.* **5.** Stroh...

straw·ber·ry ['strɔ:bəri] *s.* **1.** ⚘ Erdbeere *f*; **2.** F ‚Knutschfleck' *m*; '**~·mark** *s.* ⚕ rotes Muttermal; '**~·tongue** *s.* ⚕ Himbeerzunge *f* (*bei Scharlach*).

straw| bid *s.* ✝ *Am.* F Scheingebot *n*; '**~·col·o(u)red** *adj.* strohfarbig, -farben; **~ hat** *s.* Strohhut *m*; **~ vote** *s.* ('Meinungs),Umfrage *f*.

straw·y ['strɔ:i] *adj.* **1.** strohern; **2.** mit Stroh bestreut.

stray [strei] **I.** *v/i.* **1.** (um'her-) schweifen, (-)streunen (*a. Tier*): *to* ~ *to* hinlaufen zu, *j-m* zulaufen; **2.** weglaufen (*from* von); **3. a)** abirren (*from* von), sich verlaufen, **b)** her'umirren, **c)** *fig.* in die Irre gehen, vom rechten Weg abkommen; **4.** *fig.* abirren, -schweifen (*Gedanken etc.*); **5.** ⚡ streuen, vagabundieren; **II.** *s.* **6.** verirrtes Tier; **7.** Her'umirrende(r *m*) *f*, Heimatlose(r *m*) *f*; **8.** *pl.* ⚡ atmo'sphärische Störungen *pl.*; **III.** *adj.* **9.** *a. strayed* verirrt (*a. Kugel*), verlaufen, streunend (*Hund etc.*); **10.** vereinzelt: ~ *customers*; **11.** beiläufig: *a* ~ *remark*; **12.** ⚡ Streu..., vagabundierend (*Strom*).

streak [stri:k] **I.** *s.* **1.** Streif(en) *m*, Strich *m*; (Licht)Streifen *m*, (-)Strahl *m*: ~ *of lightning* Blitzstrahl; *like a* ~ (*of lightning*) F blitzschnell; **2.** Maser *f*, Ader *f* (*im Holz*); **3.** *fig.* Spur *f*, Anflug *m*; **4.** Anlage *f*, *humoristische etc.* Ader; **5.** ~ *of* (*bad*) *luck* (Pech-), Glückssträhne; **6.** ⚗ Schliere *f*; **II.** *v/t.* **7.** streifen; **8.** ädern; **III.** *v/i.* **9.** F flitzen; **streaked** [-kt] *adj.*, '**streak·y** [-ki] *adj.* ☐ **1.** gestreift; **2.** gemasert (*Holz*); **3.** durch'wachsen (*Speck*).

stream [stri:m] **I.** *s.* **1.** Wasserlauf *m*, Fluß *m*, Bach *m*; **2.** Strom *m*, Strömung *f*: *against* (*with*) *the* ~ gegen den (mit dem) Strom (*a. fig.*); **3.** (*a. Blut-, Gas-, Menschen- etc.*)Strom *m*, (*Licht-, Tränen- etc.*)Flut *f*: ~ *of words* Wortschwall; ~ *of consciousness psych.* Bewußtseinsstrom; **4.** *ped.* **Leistungsgruppe *f***; **5.** *fig.* **Strom *m*, Lauf *m der Zeit etc.***; **II.** *v/i.* **6.** strömen, fluten (*a. Licht, Menschen etc.*); **7.** (*with*) strömen (von), triefen (von *dat.*); **8.** *im Wind* flattern; **9.** fließen (*langes Haar*); **III.** *v/t.* **10.** aus-, verströmen; '**stream·er** [-mə] *s.* **1.** Wimpel *m*; flatternde Fahne; **2.** (langes, flatterndes) Band; Pa'pierschlange *f*; **3.** Lichtstreifen *m* (*bsd. des Nordlichts*); **4.** *Zeitung*: Schlagzeile *f*; '**stream·ing** [-miŋ] *s. ped.* Einteilung *f e-r Klasse* in Leistungsgruppen; '**stream·let** [-lit] *s.* Flüßchen *n*, Bächlein *n*.

'**stream|·line I.** *s.* **1.** *phys.* Stromlinie *f*; **2.** *a.* ~ *shape* Stromlinienform *f*; **II.** *adj.* **3.** → *streamlined 1*; **III.** *v/t.* **4.** ⊕ stromlinienförmig konstruieren; windschnittig verkleiden; **5.** *fig.* **a)** modernisieren, **b)** rationalisieren, **c)** *pol. Am. sl.* ‚gleichschalten'; '**~·lined** *adj.* **1.** ⊕ stromlinienförmig, windschnittig, Stromlinien...; **2.** *fig.* **a)** modernisiert, fortschrittlich, **b)** ratio'nell; '**~·lin·er** *s. Am.* Stromlinienzug *m*, *a.* -(auto)bus *m*, -flugzeug *n*.

street [stri:t] *s.* **1.** Straße *f*: *in the* ~ auf der Straße; *not in the same* ~ *with* F nicht zu vergleichen mit; *on the* ~*s* ‚auf dem Strich', auf der Straße (*Prostituierte*); → *man 3*; **2.** *the* ~ ✝ Fi'nanz,zentrum *n*, -welt *f*; **~ Ar·ab** *s.* Straßen-, Gassenjunge *m*; '**~·car** *s. Am.* Straßenbahnwagen *m*; **~ clean·er** *Am.* → *street-sweeper*; **~ light·ing** *s.* **Straßenbeleuchtung *f***; **~ mar·ket** *s.* ✝ **1.** **Freiverkehrsmarkt *m***; **2.** *Brit.* Nachbörse *f*; '**~·sweep·er** *s. bsd. Brit.* **1.** **Straßenkehrer *m***; **2.** **'Straßenkehrma,schine *f***; **~ the·a·ter** *Am.*, **~ the·a·tre** *Brit. s.* 'Straßenthe,ater *n*; '**~·walk·er** *s.* **Strichmädchen *n*, Prostituierte *f*.**

strength [streŋθ] *s.* **1.** Kraft *f*, Kräfte *pl.*, Stärke *f*: ~ *of body* (*mind, will*) Körper- (Geistes-, Willens)kraft, -stärke; *this goes beyond my* ~ das geht über meine Kraft; **2.** Stärke *f* (*besondere Veranlagung*): *his* ~ *is* (*od. lies*) *in endurance* s-e Stärke ist s-e Ausdauer; **3.** ⚔ (Truppen-) Stärke *f*, Bestand *m*: *actual* ~ Iststärke; *in full* ~ in voller Stärke, vollzählig; **4.** ⚔ Stärke *f*, (Heeres- *etc.*)Macht *f*, Schlagkraft *f*; **5.** ⊕ (⚡ *Strom-, Feld- etc.*)Stärke *f*, (*Bruch-, Zerreiß- etc.*)Festigkeit *f*; ⚗, *phys.* Stärke *f* (*a. e-s Getränks*), Wirkungsgrad *m*; **6.** Stärke *f*, Intensi'tät *f* (*Farbe, Gefühl etc.*); **7.** (Beweis-, Über'zeugungs)Kraft *f*: *on the* ~ *of* auf Grund (*gen.*), kraft (*gen.*), auf (*acc.*) ... hin; '**strength·en** [-θən] **I.** *v/t.* **1.** stärken: *to* ~ *s.o.'s hand fig.* j-m Mut machen; **2.** *fig.* bestärken; **3.** (*zahlenmäßig*; *a.* ⊕, ⚡) verstärken; **II.** *v/i.* **4.** stark *od.* stärker werden, sich verstärken; '**strength·en·er** [-θənə] *s.* **1.** ⊕ Verstärkung *f*; **2.** ⚕ Stärkungsmittel *n*; **3.** *fig.* Stärkung *f*; '**strength·en·ing** [-θəniŋ] **I.** *s.* **1.** Stärkung *f*; **2.** Verstärkung *f* (*a.* ⊕, ⚡); **II.** *adj.* **3. stärkend**; **4. verstärkend.**

strength·less ['streŋθlis] *adj.* **kraftlos.**

stren·u·ous ['strenjuəs] *adj.* ☐ **1.** emsig, rührig; **2.** eifrig, tatkräftig; **3.** e'nergisch: ~ *opposition*; **4.** anstrengend, angestrengt, mühsam; '**stren·u·ous·ness** [-nis] *s.* **1.** Emsigkeit *f*; **2.** Eifer *m*, Tatkraft *f*; **3.** Ener'gie *f*; **4.** *das* Anstrengende *od.* Mühsame.

stress [stres] **I.** *s.* **1.** ♪, *ling.* **a)** Ton *m*, ('Wort-, 'Satz)Ak,zent *m*, **b)** Betonung *f*: *the* ~ *is on* ... der Ton liegt auf *der zweiten Silbe*; **2.** *fig.* Nachdruck *m*: *to lay* ~ (*up*)*on* → 6; **3.** ⊕, *phys.* **a)** Beanspruchung *f*, Druck *m*, **b)** Spannung *f*, Dehnung *f*; **4.** *seelische etc.* Belastung, Druck *m*; Zwang *m*; *psych. a.* Stress *m*: ~ *disease* ⚕ Managerkrankheit; *times of* ~ Krisenzeiten; *under* (*the*) ~ *of circumstances* unter dem Druck der Umstände; **5.** Ungestüm *n des Wetters etc.*; **II.** *v/t.* **6.** ♪, *ling.*, *a. fig.* betonen, den Ak'zent legen auf (*acc.*); *fig.* Nachdruck *od.* Gewicht legen auf (*acc.*), her'vorheben; **7.** ⊕, *phys.* **beanspruchen.**

stretch [stretʃ] **I.** *v/t.* **1.** *oft* ~ *out* (aus)strecken, *bsd. Kopf, Hals,* rekken: *to* ~ *o.s.* (*out*) → **11**; *to* ~ *one's* *legs* sich die Beine vertreten; **2.** ~ *out Hand etc.* aus-, hinstrecken; **3.** *j-n* niederstrecken; **4.** *Seil, Saite, Tuch etc.* spannen (over über *dat. od. acc.*), straff ziehen; *Teppich etc.* ausbreiten; **5.** strecken; *Handschuhe etc.* ausweiten; *Hosen* spannen; **6.** ⊕ spannen, dehnen; **7.** *Nerven, Muskel* anspannen; **8.** *fig.* über'spannen, -'treiben: *to* ~ *a principle*; **9.** 'überbeanspruchen, *Befugnisse, Kredit etc.* über'schreiten; **10.** *fig.* es mit *der Wahrheit, e-r Vorschrift etc.* nicht allzu genau nehmen: *to* ~ *a point* fünf gerade sein lassen, ein Auge zudrücken; **II.** *v/i.* **11.** sich (aus)strecken; sich dehnen *od.* rekeln; **12.** langen (*for* nach); **13.** sich erstrecken *od.* hinziehen (*to* [bis] zu) (*Gebirge etc., a. Zeit*): *to* ~ *down to* zurückreichen *od.* -gehen (bis) zu *od.* in (*acc.*) (*Zeitalter, Erinnerung etc.*); **14.** sich *vor dem Blick* ausbreiten; **15.** sich dehnen (lassen); **16.** F über'treiben, flunkern; **III.** *s.* **17.** *to give a* ~ sich strecken; **18.** Strecken *n*, (Aus-)Dehnen *n*; **19.** Spannen *n*; **20.** (An-)Spannung *f*, (Über)'Anstrengung *f*: *by every* ~ *of imagination* unter Aufbietung aller Phantasie; *on the* ~ (an)gespannt (*Nerven etc.*); **21.** Über'treiben *n*; **22.** Über'schreiten *n von Befugnissen, Mitteln etc.*; **23.** (Weg)Strecke *f*; Fläche *f*, Ausdehnung *f*; **24.** → *straight 18*; **25.** *Segeln*: Strecke *f*, Schlag *m*; **26.** Zeit(spanne) *f*: *a* ~ *of 10 years*; *at a* ~ ununterbrochen, hintereinander, auf 'einen Sitz; **27.** *sl.* (Freiheits)Strafe *f*, ‚Knast' *m*: *to do a* ~ ‚brummen', ‚sitzen'; **'stretch·er** [-tʃə] *s.* **1.** ⚕ (Kranken)Trage *f*: ~-*bearer* Krankenträger; *rolling* ~ fahrbare Trage; **2.** (*Schuh- etc.*) Spanner *m*; **3.** ⊕ Streckvorrichtung *f*; **4.** *paint.* Keilrahmen *m*; **5.** Fußplatte *f im Boot*; **6.** ⚠ Läufer (-stein) *m*; **7.** Flunke'rei *f*; **'stretch·y** [-tʃi] *adj.* dehnbar.

strew [struː] *v/t.* [*irr.*] **1.** (aus)streuen; **2.** bestreuen; **strewn** [struːn] *p.p. von strew.*

stri·a ['straiə] *pl.* **stri·ae** ['straiiː] *s.* **1.** Streifen *m*, Furche *f*, Riefe *f*; **2.** *pl.* ⚕ Striemen *pl.*, 'Striae *pl.*; **3.** *zo.* 'Stria *f*; **4.** *pl. geol.* (Gletscher)Schrammen *pl.*; **5.** ⚠ Riffel *m* (*an Säulen*); **stri·ate I.** *v/t.* [strai'eit] **1.** streifen, furchen, riefeln; **2.** *geol.* kritzen; **II.** *adj.* ['straiit] **3.** → *striated*; **stri·at·ed** [strai'eitid] *adj.* **1.** gestreift, geriefelt; **2.** *geol.* gekritzt; **stri·a·tion** [strai'eiʃən] *s.* **1.** Streifenbildung *f*, Riefung *f*; **2.** Streifen *m*, *pl.*, Riefe(n *pl.*) *f*; **3.** *geol.* Schramme(n *pl.*) *f*.

strick·en ['strikən] **I.** *p.p. von strike*; **II.** *adj.* **1.** *obs.* verwundet; **2.** (*with*) heimgesucht, schwer betroffen (von *Unglück etc.*), befallen (von *Krankheit*), ergriffen (von *Schrecken, Schmerz etc.*): ~ *area* Katastrophengebiet; **3.** *fig.* (nieder)geschlagen, (gram)gebeugt; verzweifelt (*Blick*); **4.** ~ *in years* hochbetagt, vom Alter gebeugt.

strick·le ['strikəl] **I.** *s.* **1.** Abstreichlatte *f*; **2.** *Tischlerei etc.*: Streichmodel *m*; **II.** *v/t.* **3.** ab-, glattstreichen.

strict [strikt] *adj.* □ **1.** strikt, streng (*Person; Befehl, Befolgung, Disziplin; Wahrheit etc.*); streng (*Gesetz, Moral, Untersuchung*): *to be* ~ *with* mit *j-m* streng sein; *in* ~ *confidence* streng vertraulich; **2.** streng, genau: *in the* ~ *sense* im strengen Sinne; ~*ly speaking* streng *od.* genau genommen; **'strict·ness** [-nis] *s.* Strenge *f*: **a)** Härte *f*, **b)** Genauigkeit *f*.

stric·ture ['striktʃə] *s.* **1.** *oft pl.* (*on, upon*) scharfe Kri'tik (an *dat.*), 'kritische Bemerkung (über *acc.*); **2.** ⚕ Strik'tur *f*, Verengung *f*.

strid·den ['stridn] *p.p. von stride.*

stride [straid] **I.** *v/i.* [*irr.*] **1.** schreiten; **2.** *a.* ~ *out* (tüchtig) ausschreiten; **II.** *v/t.* [*irr.*] **3.** *et.* entlang-, abschreiten; **4.** über-, durch'schreiten; **5.** mit gespreizten Beinen stehen über (*dat.*) *od.* gehen über (*acc.*); **6.** rittlings sitzen auf (*dat.*); **III.** *s.* **7.** (langer *od.* feierlicher) Schritt: *to get into one's* ~ *fig.* (richtig) in Schwung kommen; *to take s.th. in one's* ~ *fig.* et. spielend (leicht) schaffen, et. mühelos bewältigen; **8.** Schritt(weite *f*) *m*; **9.** *mst pl. fig.* Fortschritt(e *pl.*) *m*: *with rapid* ~*s* mit Riesenschritten.

stri·dent ['straidnt] *adj.* □ **1.** 'durchdringend, schneidend, grell (*Stimme, Laut*); **2.** knirschend, knarrend; **3.** *fig.* scharf.

strife [straif] *s.* Streit *m*: **a)** Hader *m*, **b)** Kampf *m*: *to be at* ~ Streit haben, uneins sein.

stri·gose ['straigous] *adj.* **1.** ♀ Borsten..., striegelig; **2.** *zo.* fein gestreift.

strike [straik] **I.** *s.* **1.** (*a. Glocken-*) Schlag *m*, Stoß *m*; **2.** *Am. Baseball*: Verlustpunkt *m bei Schlagfehler etc.*; **3.** *fig.* ‚Treffer' *m*, Glücksfall *m*; **4.** ✝ Streik *m*, Ausstand *m*: *to be on* ~ streiken; *to go on* ~ in (den) Streik *od.* in den Ausstand treten; *on* ~ im Ausstand; **II.** *v/t.* [*irr.*] **5.** schlagen, Schläge *od.* e-n Schlag versetzen (*dat.*); *allg.* treffen: *to* ~ *off* abschlagen, -hauen; *struck by a stone* von e-m Stein getroffen; **6.** *Waffe* stoßen (*into* in *acc.*); **7.** *Schlag* führen; → *blow² 1*; **8.** ♪ *Ton, a. Glocke, Saite, Taste* anschlagen; → *note 8*; **9.** *Zündholz, Licht* entzünden; *Feuer, Funken* schlagen; **10.** *Kopf, Fuß etc.* (an)stoßen, schlagen (*against* gegen); **11.** stoßen *od.* schlagen gegen *od.* auf (*acc.*); zs.-stoßen mit; ⚓ auflaufen auf; einschlagen in (*acc.*) (*Geschoß, Blitz*); fallen auf (*acc.*) (*Strahl*); *Auge, Ohr* treffen (*Lichtstrahl, Laut*): *to* ~ *s.o.'s eye* j-m ins Auge fallen; **12.** *j-m* einfallen, in den Sinn kommen; **13.** *j-m* auffallen; **14.** *j-n* beeindrucken, Eindruck machen auf (*acc.*); **15.** *j-m wie* vorkommen: *how does it* ~ *you?* was hältst du davon?; *it* ~*s me as ridiculous* es kommt mir lächerlich vor; **16.** stoßen auf (*acc.*): **a)** (zufällig) treffen *od.* entdecken, **b)** *Gold etc.* finden; → *oil 1, rich 5*; **17.** *Wurzel* schlagen; **18.** *Lager, Zelt* abbrechen; **19.** ⚓ *Flagge, Segel* streichen; **20.** *Angeln*: *Fisch* mit e-m Ruck auf den Haken spießen; **21.** *Giftzähne* schlagen in (*acc.*) (*Schlange*); **22.** ⊕ glattstreichen; **23. a)** ⩚ *Durchschnitt, Mittel* nehmen, **b)** ✝ *Bilanz*: *den Saldo* ziehen; → *balance 6*; **24.** (*off* von *e-r Liste etc.*) streichen; **25.** *Münze* schlagen, prägen; **26.** *Stunde* schlagen (*Uhr*); **27.** *fig. j-n* schlagen, treffen (*Unglück etc.*), befallen (*Krankheit*); **28.** (*with* mit *Schrecken, Schmerz etc.*) erfüllen; **29.** *blind etc.* machen: → *blind 1, dumb 1*; **30.** *Haltung, Pose* einnehmen; **31.** *Handel* abschließen; → *bargain 2*; **32.** *to* ~ *work* die Arbeit niederlegen: **a)** Feierabend machen, **b)** in Streik treten; **III.** *v/i.* [*irr.*] **33.** (zu)schlagen, (-)stoßen; **34.** schlagen, treffen: *to* ~ *at* **a)** *j-n od.* nach *j-m* schlagen, **b)** *fig.* zielen auf (*acc.*); *to* ~ *back* zurückschlagen (*a. fig.*); **35.** ([*up*]*on*) **a)** (an)schlagen, stoßen (an *acc.*, gegen), **b)** ⚓ auflaufen (auf *acc.*), auf Grund stoßen; **36.** fallen (*Licht*), auftreffen ([*up*]*on*) (*Lichtstrahl, Schall etc.*); **37.** *fig.* stoßen ([*up*]*on* auf *acc.*); **38.** schlagen (*Uhrzeit*): *the hour has struck* die Stunde hat geschlagen (*a. fig.*); **39.** sich entzünden, angehen (*Streichholz*); **40.** einschlagen (*Geschoß, Blitz*); **41.** Wurzel schlagen; **42.** den Weg einschlagen, sich (plötzlich) *nach links etc.* wenden: *to* ~ *for home* F heimzu gehen; *to* ~ *into* **a)** einbiegen in (*acc.*), *Weg* einschlagen, **b)** *fig.* plötzlich verfallen in, *et.* beginnen, *a.* sich *e-m Thema* zuwenden; **43.** ✝ streiken (*for* um); **44.** ⚓ die Flagge streichen (*to* vor *dat.*) (*a. fig.*); **45.** (zu-)beißen (*Schlange*); **46.** *fig.* zuschlagen (*Feind etc.*);

Zssgn mit adv.:

strike| down *v/t.* niederschlagen, -strecken (*a. fig.*); ~ **in** *v/i.* **1.** beginnen, einfallen (*a.* ♪); **2.** ⚕ (sich) nach innen schlagen; **3.** einfallen, unter'brechen (*with* mit *e-r Frage etc.*); **4.** sich einmischen, -schalten, *a.* mitmachen: *to* ~ *with* **a)** sich richten nach, **b)** mitmachen bei; ~ **in·wards** → *strike in 2*; ~ **off** *v/t.* **1.** → *strike 5*; **2.** *Wort etc.* ausstreichen, *Eintragung* tilgen, löschen; **3.** *typ.* abziehen; ~ **out I.** *v/t.* **1.** → *strike off 2*; **2.** *fig. et.* ausdenken, ersinnen; **3.** *mst fig. Weg* bahnen, (be)gehen; **II.** *v/i.* **4. a)** (los-, zu-)schlagen, **b)** (zum Schlag) ausholen; **5.** ausschreiten, *a.* (los)schwimmen (*for* nach, auf *e-n Ort* zu); **6.** *fig.* loslegen; **7.** *mit den Armen beim Schwimmen* ausgreifen; ~ **through** *v/t. Wort etc.* 'durchstreichen; ~ **up I.** *v/i.* **1.** ♪ einsetzen (*Spieler, Melodie*); **II.** *v/t.* **2.** *Lied etc.* anstimmen; **3.** ♪ *Kapelle* einsetzen lassen; **4.** *Bekanntschaft, Freundschaft* schließen, anknüpfen (*with* mit).

strike| bal·lot *s.* Urabstimmung *f*: *to take a* ~ e-e Urabstimmung abhalten; **'~-bound** *adj.* bestreikt (*Fabrik etc.*); **'~-break·er** *s.* Streikbrecher *m*; ~ **pay** *s.* Streikgeld *n*.

strik·er ['straikə] *s.* **1.** Schläger(in); **2.** Streikende(r *m*) *f*, Ausständige(r *m*) *f*; **3.** Hammer *m*, Klöppel *m* (*Uhr*); **4.** ⚔ Schlagbolzen *m*; **5.** ⚡

Zünder *m*; **6.** *bsd. Fußball*: Stürmer *m*, ‚Spitze' *f*: *to be* ~ Spitze spielen.

strik·ing ['straikiŋ] *adj.* □ **1.** schlagend, Schlag...; **2.** *fig.* **a)** bemerkenswert, auffallend, eindrucksvoll, **b)** über'raschend, verblüffend, **c)** treffend: ~ *example*; **3.** streikend, ausständig.

string [striŋ] **I.** *s.* **1.** Schnur *f*, Bindfaden *m*; **2.** (*Schürzen-, Schuh- etc.*) Band *n*, Kordel *f*: *to have s.o. on a* ~ j-n am Gängelband *od.* in s-r Gewalt haben; **3.** (Puppen)Draht *m*: *to pull* ~*s fig.* s-e Beziehungen spielen lassen; *to pull the* ~*s fig.* der Drahtzieher sein; **4.** (Bogen)Sehne *f*: *to have two* ~*s to one's bow fig.* zwei Eisen im Feuer haben; *to be a second* ~ das zweite Eisen im Feuer sein; **5.** ♪ **a)** Saite *f*, **b)** *pl.* 'Streichinstru,mente *pl.*, *die* Streicher *pl. e-s Orchesters*: *to be for ever harping on the same* ~ *fig.* immer auf derselben Sache herumreiten; **6.** Schnur *f* (*Perlen, Zwiebeln etc.*); **7.** *fig.* Reihe *f*, Kette *f* (*von Fragen, Fahrzeugen etc.*); **8.** Koppel *f* (*Pferde etc.*); **9.** ♀ **a)** Faser *f*, 'Fiber *f*, **b)** Faden *m von Bohnen*; **10.** *zo. obs.* Flechse *f*; **11.** ⚠ Fries *m*, Sims *m*; **12.** F *einschränkende* Bedingung, ‚Haken' *m*: *no* ~*s attached* ohne Bedingungen; **II.** *v/t.* [*irr.*] **13.** *Schnur etc.* spannen; **14.** (zu-, ver)schnüren, zubinden; **15.** *Perlen etc.* aufreihen; **16.** *fig.* anein'anderreihen; **17.** *Bogen* spannen; **18.** ♪ **a)** besaiten, bespannen (*a. Tennisschläger*), **b)** *Instrument* stimmen; **19.** *mit Girlanden etc.* behängen; **20.** *Bohnen* abziehen; **21.** ~ *up sl.* ‚aufknüpfen', -hängen; **22.** ~ *up Nerven* anspannen: *to* ~ *o.s. up to* **a)** sich in *e-e Erregung etc.* hineinsteigern, **b)** sich aufraffen (*to do et.* zu tun); → *high-strung*; **23.** *Am. sl. j-n* ‚verkohlen', aufziehen; **III.** *v/i.* [*irr.*] **24.** Fäden ziehen (*Flüssigkeit*); **25.** ~ *along* **a)** sich in e-r Reihe bewegen, **b)** *Am.* F *fig.* sich anschließen (*with s.o.* j-m); ~ **band** *s.* ♪ 'Streichor,chester *n*; '~**-bean** *s.* ♀ *bsd. Am.* Gartenbohne *f*; '~**-course** → *string 11*.

stringed [striŋd] *adj.* **1.** ♪ Saiten..., Streich...: ~ *instruments*; ~ *music* Streichmusik; **2.** ♪ *in Zssgn* ...saitig; **3.** aufgereiht (*Perlen etc.*).

strin·gen·cy ['strindʒənsi] *s.* **1.** Strenge *f*, Schärfe *f*; **2.** Bündigkeit *f*, zwingende Kraft: *the* ~ *of an argument*; **3.** ✝ (Geld-, Kre'dit)Verknappung *f*, Knappheit *f*; '**stringent** [-nt] *adj.* □ **1.** streng, bindend (*Gesetz, Regel*); **2.** zwingend: ~ *necessity*; **3.** zwingend, über'zeugend, bündig: ~ *arguments*; **4.** ✝ knapp (*Geld*), gedrückt (*Geldmarkt*).

string·er ['striŋə] *s.* **1.** ♪ Saitenaufzieher *m*; **2.** ⊕ Längs-, Streckbalken *m*; ⚠ (Treppen)Wange *f*; 🚂 Langschwelle *f*; ✈ Längsversteifung *f*.

string·i·ness ['striŋinis] *s.* **1.** Faserigkeit *f*; **2.** Zähigkeit *f*.

string| or·ches·tra *s.* ♪ 'Streichor,chester *n*; ~ **quar·tet(te)** *s.* ♪ 'Streichquar,tett *n*.

string·y ['striŋi] *adj.* **1.** faserig, zäh, sehnig; **2.** zäh(flüssig), klebrig, Fäden ziehend.

strip [strip] **I.** *v/t.* **1.** *Haut etc.* abziehen, (-)schälen; *Baum* abrinden; **2.** *Bett* abziehen; **3.** *a.* ~ *off Kleid etc.* ausziehen, abstreifen; **4.** *j-n* entkleiden, ausziehen (*to the skin* bis auf die Haut): ~*ped* nackt, entblößt; **5.** *fig.* entblößen, berauben (*of gen.*), (aus)plündern: *to* ~ *s.o. of his office* j-n s-s Amtes entkleiden; **6.** *Haus etc.* ausräumen; *Fabrik* demontieren; **7.** ⚓ abtakeln; **8.** ⊕ zerlegen; **9.** ⊕ *Gewinde* über'drehen; **10.** *Kuh* ausmelken; **11.** *Kohlenlager etc.* freilegen; **II.** *v/i.* **12.** sich ausziehen; **III.** *s.* **13.** *schmaler* Streifen (*Papier etc., a. Land*); **14.** ⊕ (Me'tall)Band *n*, 'Bandmateri,al *n*.

stripe [straip] **I.** *s.* **1.** (*anders*)*farbiger etc.* Streifen (*a. zo.*), Strich *m*; **2.** ⚔ Tresse *f*, (Ärmel)Streifen *m*: *to get one's* ~*s* (zum Unteroffizier) befördert werden; *to lose one's* ~*s* degradiert werden; **3.** Striemen *m*; **4.** (Peitschen- *etc.*)Hieb *m*; **5.** *fig. Am.* Sorte *f*, Schlag *m*; **II.** *v/t.* **6.** streifen: ~*d* gestreift, streifig.

strip·ling ['stripliŋ] *s.* Bürschchen *n*, Grünschnabel *m*.

'**strip|-tease I.** *s.* 'Striptease *m*; **II.** *adj.* Striptease..., Entkleidungs-...; '~**-teas·er** *s.* 'Stripteasetänzerin *f*.

strive [straiv] *v/i.* [*irr.*] **1.** sich (be-)mühen, bestrebt sein (*to do* zu tun); **2.** (*for, after*) streben (nach), ringen, sich mühen (um); **3.** (erbittert) kämpfen (*against* gegen, *with* mit), ringen (*with* mit); **striv·en** ['strivn] *p.p. von strive*.

strode [stroud] *pret. von stride*.

stroke [strouk] **I.** *s.* **1.** (*a. Blitz-, Flügel-, Schicksals*)Schlag *m*; Hieb *m*, Streich *m*, Stoß *m*: *at a* (*od. one*) ~ mit 'einem Schlag, auf 'einen Streich (*a. fig.*); *a good* ~ *of business* ein gutes Geschäft; ~ *of luck* Glückstreffer, -fall; *not to do a* ~ *of work* keinen Finger rühren; **2.** (Glocken-, Hammer-, Herz- *etc.*) Schlag *m*: *on the* ~ pünktlich; *on the* ~ *of nine* Schlag *od.* Punkt neun; **3.** ⚕ Anfall *m*, *bsd.* Schlag(anfall) *m*; **4.** *mot.* **a)** (Kolben)Hub *m*, **b)** Hubhöhe *f*, **c)** Takt *m*; **5.** *sport* **a)** *Schwimmen*: Stoß *m*, (Bein)Schlag *m*, (Arm)Zug *m*, **b)** (Ruder-, Golf- *etc.*)Schlag *m*, **c)** (Schlag- *etc.*)Art *f*, Stil *m*: *to set the* ~ *Rudern*: die Schlagzahl bestimmen; **6.** *Rudern*: Schlagmann *m*: *to row* ~ → *11*; **7.** (Pinsel-, Feder)Strich *m* (*a. typ.*), (Feder)Zug *m*: *with a* ~ *of the pen* mit einem Federstrich (*a. fig.*); **8.** *fig.* (glänzender) Einfall, Leistung *f*: *a clever* ~ ein geschickter Schachzug; *a* ~ *of genius* ein Geniestreich; **9.** ♪ **a)** Bogenstrich *m*, **b)** Anschlag *m*, **c)** (Noten)Balken *m*; **10.** Streicheln *n*; **II.** *v/t.* **11.** *to* ~ *a boat Rudern*: Schlagmann e-s Bootes sein; **12.** streichen über (*acc.*); glattstreichen; **13.** streicheln.

stroll [stroul] **I.** *v/i.* **1.** schlendern, (um'her)bummeln, spazierengehen: *to* ~ *out* hinausschlendern; **2.** um'herziehen: ~*ing actor* (*od. player*) → *stroller 2*; **II.** *s.* **3.** Spaziergang *m*, Bummel *m*: *to go for a* ~, *to take a* ~ e-n Bummel machen, spazierengehen; '**stroll·er** [-lə] *s.* **1.** Bummler(in), Spaziergänger(in); **2.** Schmierenschauspieler(in); **3.** (Kinder)Sportwagen *m*.

stro·ma ['stroumə] *pl.* **-ma·ta** [-mətə] *s. biol.* 'Stroma *n* (*a.* ♀), Grundgewebe *n*.

strong [strɔŋ] **I.** *adj.* □ → *strongly*; **1.** *allg.* stark (*a. Gift, Kandidat, Licht, Nerven, Schlag, Verdacht, Gefühl etc.*); kräftig (*a. Farbe, Gesundheit, Stimme, Wort*): ~ *face* energisches *od.* markantes Gesicht; ~ *man pol.* starker Mann; *to have* ~ *feelings about* sich erregen über (*acc.*); *to use* ~ *language* Kraftausdrücke gebrauchen; → *point 24*; **2.** stark (an Zahl *od.* Einfluß), mächtig: *a company 200* ~ e-e 200 Mann starke Kompanie; **3.** *fig.* scharf (*Verstand*), klug (*Kopf*): ~ *in* tüchtig in (*dat.*); **4.** fest (*Glaube, Überzeugung*); **5.** eifrig, über'zeugt: *a* ~ *Tory*; **6.** gewichtig, zwingend: ~ *arguments*; **7.** stark, gewaltsam, e'nergisch (*Anstrengung, Maßnahmen*): *with a* ~ *hand* mit starker Hand; **8.** stark, schwer (*Getränk, Speise, Zigarre*); **9. a)** stark (*Geruch, Geschmack, Parfüm*), **b)** scharf *od.* übel riechend, *a.* ranzig; **10.** *ling.* stark (ablautend); **11.** ✝ **a)** anziehend (*Preis*), **b)** fest (*Markt*); **II.** *adv.* **12.** stark, e'nergisch, nachdrücklich; **13.** *sl.* tüchtig: *to be going* ~ gut in Schuß *od.* Form sein; *to come* (*od. go*) *it* ~ sich ins Zeug legen; '~**-arm** *adj. Am.* Gewalt..., Schläger...; '~'**arm** *v/t. Am.* F Gewalt anwenden gegen; '~**-bod·ied** *adj.* stark (*Wein*); '~**-box** *s.* ('Geld-, 'Stahl)Kas,sette *f*; Tre'sorfach *n*; '~**-hold** *s.* **1.** ⚔ Feste *f*; **2.** *fig.* Bollwerk *n*, Hochburg *f*.

strong·ly ['strɔŋli] *adv.* **1.** kräftig, stark: *to feel* ~ *about* sich erregen über (*acc.*); **2.** nachdrücklich, sehr.

'**strong|-'mind·ed** *adj.* **1.** willensstark; **2.** *oft contp.* emanzipiert (*Frau*); '~**-point** *s.* **1.** ⚔ Stützpunkt *m*; **2.** *fig.* → *point 24*; '~**-room** *s.* Tre'sor(raum) *m*, Panzergewölbe *n*; '~-'**willed** *adj.* **1.** willensstark; **2.** eigenwillig, hartnäckig.

stron·ti·um ['strɔnʃiəm] *s.* ⚗ Strontium *n*.

strop [strɔp] **I.** *s.* **1.** Streichriemen *m* (*für Rasiermesser*); **2.** ⚓ Stropp *m*; **II.** *v/t.* **3.** *Rasiermesser etc.* abziehen.

stro·phe ['stroufi] *s.* 'Strophe *f*; **stroph·ic** ['strɔfik] *adj.* 'strophisch.

strove [strouv] *pret. von strive*.

struck [strʌk] **I.** *pret. u. p.p. von strike*; **II.** *adj.* ✝ *Am.* bestreikt, von einem (Arbeits)Streik betroffen.

struc·tur·al ['strʌktʃərəl] *adj.* □ **1.** struktu'rell (bedingt), Struktur... (*a. fig.*); **2.** ⊕ baulich, Bau... (*-stahl, -technik etc.*), Konstruktions...: ~ *defect* Konstruktionsfehler; **3.** *biol.* **a)** morpho'logisch, Struktur..., **b)** or'ganisch (*Krankheit etc.*); **4.** *geol.* tek'tonisch; **5.** ⚗ Struktur...; '**struc·tur·al·ism** [-lizəm] *s. ling., philos.* Struktura'lismus *m*.

struc·ture ['strʌktʃə] *s.* **1.** Struk'tur *f* (*a.* ⚗, *biol., phys., psych.*), Gefüge *n*, (Auf)Bau *m*, Gliederung *f* (*alle a. fig.*): ~ *of a sentence* Satzbau;

price ~ ⚜ Preisstruktur, -gefüge; **2.** ⊕, ⚠ Bau(art *f*) *m*, Konstrukti'on *f*; **3.** Bau(werk *n*) *m*, Gebäude *n* (*a. fig.*); *pl.* Bauten *pl.*; **4.** *fig.* Gebilde *n*; **'struc·tured** [-tʃəd] *adj.* (or'ganisch) gegliedert, strukturiert; **'struc·ture·less** [-tʃəlis] *adj.* struk'turlos; **'struc·tur·ize** [-raiz] *v/t.* strukturieren.

strug·gle ['strʌgl] **I.** *v/i.* **1.** (*against, with*) kämpfen (gegen, mit), ringen (mit) (*for* um *Atem, Macht etc.*); **2.** sich winden, zappeln, sich sträuben (*against* gegen); **3.** sich (ab-)mühen (*with* mit, *to do et.* zu tun), sich anstrengen *od.* quälen: *to* ~ *through* sich durchkämpfen; *to* ~ *to one's feet* mühsam aufstehen, sich ‚hochrappeln'; **II.** *s.* **4.** Kampf *m*, Ringen *n*, Streit *m* (*for* um, *with* mit): ~ *for existence* **a)** *biol.* Kampf ums Dasein, **b)** Existenzkampf; **5.** Anstrengung *f*, Streben *n*; **6.** Zappeln *n*, Sich'aufbäumen *n*; **'strug·gler** [-lə] *s.* Kämpfer *m.*

strum [strʌm] **I.** *v/t.* **1.** klimpern auf (*dat.*): *to* ~ *a piano*; **2.** *Melodie* (her'unter)klimpern *od.* (-)hämmern; **II.** *v/i.* **3.** klimpern (*on* auf *dat.*); **III.** *s.* **4.** Geklimper *n.*

stru·ma ['stru:mə] *pl.* **-mae** [-mi:] *s.* **1.** ⚕ 'Struma *f*, Kropf *m* (*a.* ⚘); **2.** ⚕ Skrofel *f*; **'stru·mose** [-mous], **'stru·mous** [-məs] *adj.* **1.** ⚕ stru'mös, skrofu'lös; **2.** ⚘ kropfig.

strum·pet ['strʌmpit] *s. rhet. od.* F Metze *f*, Dirne *f*, Hure *f.*

strung [strʌŋ] *pret. u. p.p. von string.*

strut¹ [strʌt] **I.** *v/i.* **1.** (ein'her)stolzieren; **2.** *fig.* sich brüsten, sich spreizen; **II.** *s.* **3.** Ein'herstolzieren *n*, Sich'brüsten *n*; **4.** gespreiztes Wesen.

strut² [strʌt] ⚠, ⊕ **I.** *s.* Strebe *f*, Stütze *f*, Spreize *f*; **II.** *v/t.* verstreben, abspreizen, -stützen.

strut·ting¹ ['strʌtiŋ] **I.** *adj.* □ sich brüstend, prahlerisch, eitel; **II.** *s.* → *strut¹ 3 u. 4.*

strut·ting² ['strʌtiŋ] *s.* ⊕ Versteifung *f*, -strebung *f.*

strych·nic ['striknik] *adj.* ⚗ Strychnin...; **'strych·nin(e)** [-ni:n] *s.* ⚗ Strych'nin *n.*

stub [stʌb] **I.** *s.* **1.** (Baum)Stumpf *m*; **2.** (Kerzen-, Bleistift- *etc.*)Stummel *m*, Stumpf *m*; **3.** Ziga'retten-, Zi'garrenstummel *m*, ‚Kippe' *f*; **4.** kurzer stumpfer Gegenstand, *z.B.* Kuppnagel *m*; **5.** *Am.* Kon'trollabschnitt *m*; **II.** *v/t.* **6.** *Land* roden; **7.** *mst* ~ *up Bäume etc.* ausroden; **8.** mit *der Zehe etc.* (an)stoßen; **9.** *mst* ~ *out Zigarette* ausdrücken.

stub·ble ['stʌbl] *s.* **1.** Stoppel *f*; **2.** *coll.* (Getreide-, Bart- *etc.*)Stoppeln *pl.*; **3.** *a.* ~*-field* Stoppelfeld *n*; **'stub·bly** [-li] *adj.* stopp(e)lig, Stoppel...

stub·born ['stʌbən] *adj.* □ **1.** eigensinnig, halsstarrig, störrisch, stur; 'widerspenstig (*a. Sache*); **2.** hartnäckig (*a. Widerstand etc.*); **3.** standhaft, unbeugsam; **4.** unerbittlich (*Tatsache*); **5.** *metall.* strengflüssig; **'stub·born·ness** [-nis] *s.* **1.** Eigen-, Starrsinn *m*, Halsstarrigkeit *f*; **2.** Hartnäckigkeit *f*; **3.** Standhaftigkeit *f.*

stub·by ['stʌbi] *adj.* **1.** stummelartig, kurz; **2.** unter'setzt, kurz und dick; **3.** stopp(e)lig.

stuc·co ['stʌkou] ⚠ **I.** *pl.* **-coes** *s.* **1.** Stuck *m* (*Gipsmörtel*); **2.** Stuck(-arbeit *f*, -verzierung *f*) *m*, Stucka'tur *f*; **II.** *v/t.* **3.** mit Stuck verzieren, stuckieren; **'~-work** → *stucco 2.*

stuck [stʌk] *pret. u. p.p. von stick.*

'stuck-'up *adj.* F hochnäsig.

stud¹ [stʌd] **I.** *s.* **1.** Beschlagnagel *m*, Knopf *m*, Knauf *m*, Buckel *m*; **2.** ⚠ (Wand)Pfosten *m*, Ständer *m*; **3.** ⊕ **a)** Kettensteg *m*, **b)** Stift *m*, Zapfen *m*, **c)** Stiftschraube *f*, **d)** Stehbolzen *m*; **4.** ⚔ (Führungs-)Warze *f* (*e-s Geschosses*); **5.** *herausnehmbarer* (Kragen)Knopf; *Am.* Man'schettenknopf *m*; **6.** ⚡ Brücke *f*; **II.** *v/t.* **7.** (mit Beschlagnägeln *etc.*) beschlagen *od.* verzieren; **8.** besetzen, über'säen; **9.** ⊕ mittels Schraubenbolzen sichern.

stud² [stʌd] **I.** *s.* **1.** Gestüt *n*; **2.** *coll.* **a)** Zucht *f* (*Tiere*), **b)** Stall *m* (*Pferde*); **3.** *Am.* **a)** (Zucht)Hengst *m*, **b)** *allg.* männliches Zuchttier; **II.** *adj.* **4.** Zucht...; **5.** Stall...; **'~-book** *s.* **1.** Gestütbuch *n für Pferde*; **2.** *allg.* Zuchtstammbuch *n.*

stud·ding-sail ['stʌdiŋseil; ⚓ 'stʌnsl] *s.* ⚓ Bei-, Leesegel *n.*

stu·dent ['stju:dənt] *s.* **1.** Stu'dent (-in), Studierende(r *m*) *f*, Schüler(in): ~ *of law, law* ~ Student der Rechte; **2.** Gelehrte(r *m*) *f*, Forscher(in); Büchermensch *m*; **3.** Beobachter(in), Erforscher(in) *des Lebens etc.*; **4.** *Brit.* Stipendi'at(in) *od.* Mitglied *n* (*mancher Colleges*); **'student·ship** [-ʃip] *s.* **1.** Stu'dentenzeit *f*; **2.** *bsd. Brit.* Sti'pendium *n.*

stud| farm *s.* Gestüt *n*; **'~-horse** *s.* Zuchthengst *m.*

stud·ied ['stʌdid] *adj.* □ **1.** gewollt, gesucht, gekünstelt; **2.** absichtlich, geflissentlich.

stu·di·o ['stju:diou] *s.* **1.** *paint., phot. etc.* Ateli'er *n*, 'Studio *n*; **2.** ('Film)Ateli,er *n*; **3.** ('Fernseh-, 'Rundfunk),Studio *n*, Aufnahme-, Senderaum *m.*

stu·di·ous ['stju:diəs] *adj.* □ **1.** gelehrtenhaft; **2.** fleißig, beflissen, lernbegierig; **3.** (eifrig) bedacht (*of* auf *acc.*), bemüht (*to do* zu tun); **4.** sorgfältig, peinlich (*gewissenhaft*); **5.** → *studied*; **'stu·di·ous·ness** [-nis] *s.* Fleiß *m*, (Studier)Eifer *m*, Beflissenheit *f.*

stud·y ['stʌdi] **I.** *s.* **1.** Studieren *n*; **2.** 'Studium *n*: *studies* Studien, Studium; ~ *of languages* Sprachenstudium; *to make a* ~ *of et.* sorgfältig studieren; *to make a* ~ *of doing s.th. fig.* bestrebt sein, et. zu tun; *in a (brown)* ~ *fig.* in Gedanken versunken, geistesabwesend; **3.** 'Studie *f*, wissenschaftliche Unter'suchung (*of, in* über *acc.*, zu); **4.** 'Studienfach *n*, -zweig *m*, -ob,jekt *n*, Studium *n*: *his face was a perfect* ~ *fig.* sein Gesicht war sehenswert; **5.** Studier-, Arbeits-, Herrenzimmer *n*; **6.** *Kunst, Literatur*: Studie *f*, Entwurf *m*; **7.** ♪ E'tüde *f*; **8.** *to be a good (slow)* ~ *thea.* s-e Rolle leicht (schwer) lernen; **II.** *v/t.* **9.** *allg.* studieren: **a)** *Fach etc.* erlernen, **b)** unter'suchen, erforschen, genau lesen: *to* ~ *out sl.* ausknobeln, **c)** mustern, prüfen(d ansehen), **d)** *sport etc. Gegner* abschätzen; **10.** *Brit. j-m* gegenüber aufmerksam *od.* rücksichtsvoll sein; **11.** sich bemühen um *et.* (*od. to do* zu tun), bedacht sein auf (*acc.*): *to* ~ *one's own interests*; **III.** *v/i.* **12.** studieren (*for acc.*); **'~-group** *s.* Arbeitsgruppe *f*, -gemeinschaft *f.*

stuff [stʌf] **I.** *s.* **1.** (*a.* Roh)Stoff *m*, Materi'al *n*; **2. a)** (Woll)Stoff *m*, Zeug *n*, **b)** *Brit.* (*bsd.* Kamm)Wollstoff *m*: ~ *gown* ⚖ Wolltalar (*des jüngeren Anwalts*); **3.** ⊕ Bauholz *n*; **4.** ⊕ Ganzzeug *n* (*Papier*); **5.** Lederschmiere *f*; **6.** *coll.* Zeug *n*, Sachen *pl.* (*Gepäck, Ware etc.*): *green* ~ Grünzeug, Gemüse; **7.** *contp.* (wertloses) Zeug, Kram *m* (*a. fig.*): ~ (*and nonsense*) dummes Zeug; **8.** *fig.* Zeug *n*, Stoff *m*: *the* ~ *that heroes are made of* das Zeug, aus dem Helden gemacht sind; *he is made of sterner* ~ er ist aus härterem Holz geschnitzt; *do your* ~*!* F laß mal sehen!, ‚auf geht's'!; *he knows his* ~ F er kennt sich aus (*ist gut bewandert*); *good* ~*!* bravo!, prima!; *that's the* ~ (*to give them*)! F so ist's richtig!; → *rough 6*; **9.** F ‚Zeug' *n*, ‚Stoff' *m* (*Schnaps etc.*); **II.** *v/t.* **10.** (*a. fig. sich den Kopf mit Tatsachen etc.*) vollstopfen; *e-e Pfeife* stopfen: *to* ~ *o.s.* (*on*) sich vollstopfen (mit *Essen*); *to* ~ *s.o.* (*with lies*) F j-m die Hucke voll lügen; ~*ed shirt sl.* Fatzke, Wichtigtuer, ‚lackierter Affe'; **11.** *a.* ~ *up* ver-, zustopfen; **12.** *Sofa etc.* polstern; **13.** *Geflügel* **a)** stopfen, nudeln, **b)** *Küche*: füllen; **14.** *Tiere* ausstopfen; **15.** *Am. Wahlurne* mit gefälschten Stimmzetteln füllen; **16.** *Leder* mit Fett imprägnieren; **17.** *et. wohin* stopfen; **III.** *v/i.* **18.** sich vollstopfen (*beim Essen*); **'stuff·i·ness** [-finis] *s.* **1.** Dumpfheit *f*, Schwüle *f*, Stickigkeit *f*; **2.** Langweiligkeit *f*; **3.** F **a)** Beschränktheit *f*, **b)** Verstaubtheit *f*; **4.** F Verdrießlichkeit *f.*

stuff·ing ['stʌfiŋ] *s.* **1.** Füllung *f*, 'Füllmateri,al *n*; Füllhaar *n*, 'Polstermateri,al: *to knock the* ~ *out of fig.* **a)** *j-n* ‚zur Schnecke machen', **b)** *j-n* aus der Fassung bringen, **c)** *j-n gesundheitlich* kaputtmachen, **d)** *Argument etc.* erledigen; **2.** *Küche*: Füllsel *n* (*a. fig.*), (Fleisch)Füllung *f*; **'~-box** *s.* ⊕ Stopfbüchse *f.*

stuff·y ['stʌfi] *adj.* □ **1.** stickig, dumpf, schwül; **2.** *fig.* langweilig, fade; **3.** F **a)** beschränkt, spießig, **b)** pe'dantisch, **c)** verknöchert; **4.** F verdrießlich, ‚muffig'.

stul·ti·fi·ca·tion [stʌltifi'keiʃən] *s.* **1.** Veralberung *f*; **2.** Bla'mage *f*;

stul·ti·fy ['stʌltifai] *v/t.* **1.** veralbern, -dummen; blamieren; **2.** wirkungslos machen; **3.** wider'legen.

stum·ble ['stʌmbl] **I.** *v/i.* **1.** stolpern, straucheln (*at od. over* über *acc.*) (*a. fig.*): *to* ~ *in(to) fig.* in *e-e Sache* (hinein)stolpern, (-)schlittern; *to* ~ *(up)on (od. across) fig.* zufällig stoßen auf (*acc.*); **2.** *fig.* e-n Fehltritt tun; **3.** stottern, stocken: *to* ~ *through Rede etc.* herunterstottern; **II.** *s.* **4.** Stolpern *n*, Straucheln *n*; *fig. a.* Fehltritt *m*; **5.** *fig.*

,Schnitzer' *m*, Fehler *m*; '**stum·bling-block** ['stʌmbliŋ] *s. fig.* Stein *m* des Anstoßes, Hindernis *n* (*to* für).

stu·mer ['stju:mə] *s. Brit. sl.* **1.** ,Blüte' *f* (*Falschgeld*); **2.** gefälschter *od.* ungedeckter Scheck.

stump [stʌmp] **I.** *s.* **1.** (*Baum-, Kerzen-, Zahn- etc.*)Stumpf *m*, Stummel *m*; (*Ast*)Strunk *m*: ~ *foot* ⚕ Klumpfuß; *up a* ~ *Am. sl.* in der Klemme; **2.** *pol.* 'Wahlpropa,ganda *f*: ~ *speeches* Volks-, Wahlreden; *to go on* (*od. take*) *the* ~ e-e Propagandareise machen, öffentliche Reden halten; **3.** *Kricket*: Torstab *m*: *to draw* (*the*) ~*s* das Spiel beenden; **4.** *sl.* ,Stelzen' *pl.* (*Beine*): *to stir one's* ~*s* die Beine in die Hand nehmen; **5.** *Zeichnen*: Wischer *m*; **II.** *v/t.* **6.** *a.* ~ *out Kricket*: *Schläger* (*durch Niederwerfen des Dreistabs*) ,aus' machen; **7.** F *j-n durch e-e Frage etc.* verblüffen: *he was* ~*ed* er war verblüfft *od.* aufgeschmissen; ~*ed for* verlegen um *e-e Antwort etc.*; **8.** *Gegend* als Wahlredner bereisen, Volksreden halten in (*dat.*); **9.** F sta(m)pfen über (*acc.*); **10.** *Zeichnung* abtönen; **11.** *Am.* F *j-n* her'ausfordern (*to do* zu tun); **12.** ~ *up Brit.* F ,berappen', (bar) bezahlen; **III.** *v/i.* **13.** (da'her-) sta(m)pfen; **14.** → *12*; '**stump·er** [-pə] *s.* **1.** *Kricket*: Torwächter *m der Feldpartei*; **2.** F harte Nuß; **3.** *Am.* F Wahl-, Propa'gandaredner *m*; '**stump·y** [-pi] *adj.* □ **1.** stumpfartig; **2.** gedrungen, unter'setzt (*Körperbau, Person*); **3.** plump.

stun [stʌn] *v/t.* **1.** *durch Schlag etc., a. durch Lärm etc.* betäuben; **2.** *fig.* betäuben: **a)** verblüffen, **b)** niederschmettern, **c)** über'wältigen: ~*ned* wie betäubt *od.* gelähmt.

stung [stʌŋ] *pret. u. p.p. von sting.*

stunk [stʌŋk] *pret. u. p.p. von stink.*

stun·ner ['stʌnə] *s. sl.* **a)** ,toller Kerl', **b)** ,tolle Frau', **c)** ,tolle Sache', ,Mordsding' *n*; '**stun·ning** [-niŋ] *adj.* □ **1.** betäubend (*a. fig. niederschmetternd*); **2.** *sl.* ,toll', phänome'nal.

stunt[1] [stʌnt] *v/t.* **1.** (im Wachstum, in der Entwicklung *etc.*) hemmen, hindern; **2.** verkümmern lassen, verkrüppeln: ~*ed* verkümmert.

stunt[2] [stʌnt] **I.** *s.* **1.** Kunst-, Glanzstück *n*; Kraftakt *m*; **2.** Sensati'on *f*: **a)** Schaunummer *f*, **b)** Schlager *m*; **3.** ✈ Flugkunststück *n*; *pl. a.* Kunstflug *m*; **4.** (Re'klame- *etc.*) Trick *m*, ,tolle Idee'; **II.** *v/i.* **5.** (Flug)Kunststücke machen, kunstfliegen; '**stunt·er** [-tə] *s.* F **1.** Kunstflieger(in); **2.** Akro'bat(in).

'**stunt|-fly·ing** *s.* ✈ Kunstflug *m*; ~ **man** *s.* [*irr.*] *Film*: 'Stuntman *m*, Double *n* (*für gefährliche Szenen*).

stupe [stju:p] ⚕ **I.** *s.* heißer 'Umschlag *od.* Wickel; **II.** *v/t.* heiße 'Umschläge legen auf (*acc.*), *j-m* warme Umschläge machen.

stu·pe·fa·cient [stju:pi'feiʃnt] **I.** *adj.* betäubend, abstumpfend; **II.** *s.* ⚕ Betäubungsmittel *n*; **stu·pe'fac·tion** [-'fækʃn] *s.* **1.** Betäubung *f*; **2.** Abstumpfung *f*; **3.** Abgestumpftheit *f*; **4.** Bestürzung *f*, Verblüffung *f*; **stu·pe·fied** ['stju:pifaid] *adj.* **1.** betäubt; **2.** verdummt; **3.** abgestumpft; **4.** betäubt, verblüfft, bestürzt; **stu·pe·fy** ['stju:pifai] *v/t.* **1.** betäuben; **2.** verdummen; **3.** abstumpfen; **4.** verblüffen, bestürzen.

stu·pen·dous [stju(:)'pendəs] *adj.* □ erstaunlich, riesig, gewaltig, e'norm.

stu·pid ['stju:pid] **I.** *adj.* □ **1.** dumm; **2.** stumpfsinnig, blöd (*langweilig*); **3.** betäubt, benommen; **II.** *s.* **4.** Dummkopf *m*; **stu·pid·i·ty** [stju(:)'piditi] *s.* **1.** Dummheit *f* (*a. Handlung, Idee*); **2.** Stumpfsinn *m*.

stu·por ['stju:pə] *s.* **1.** Erstarrung *f*, Betäubung *f*; **2.** Stumpfheit *f*; **3.** ⚕, *psych.* 'Stupor *m*: **a)** Benommenheit *f*, **b)** Stumpfsinn *m*.

stur·di·ness ['stə:dinis] *s.* **1.** Ro'bustheit *f*, Kräftigkeit *f*; **2.** Standhaftigkeit *f*; **stur·dy** ['stə:di] *adj.* □ ro'bust: **a)** kräftig, sta'bil, **b)** *fig.* standhaft, fest, mas'siv.

stur·geon ['stə:dʒən] *pl.* '**stur·geons,** *coll.* '**stur·geon** *s. ichth.* Stör *m*.

stut·ter ['stʌtə] **I.** *v/i.* stottern; **II.** *v/t. a.* ~ *out* (her'vor)stottern; **III.** *s.* Stottern *n*; '**stut·ter·er** [-ərə] *s.* Stotterer *m*.

sty[1] [stai] *s.* Schweinestall *m* (*a. fig.*).

sty[2], **stye** [stai] *s.* ⚕ Gerstenkorn *n*.

Styg·i·an ['stidʒiən] *adj.* **1.** stygisch; **2.** finster; **3.** höllisch, teuflisch.

style [stail] **I.** *s.* **1.** *allg.* Stil *m*: **a)** Art *f*, Typ *m*, **b)** Manier *f*, Art *f* u. Weise *f*, *sport* Technik *f*: ~ *of singing* Gesangsstil; *in superior* ~ in überlegener Manier, souverän; *it cramps my* ~ dabei kann ich mich nicht recht entfalten, **c)** guter Stil: *in* ~ stilvoll, **d)** Lebensart *f*, -stil *m*: *in good* (*bad*) ~ geschmackvoll (-los), **e)** vornehme Lebensart, Ele'ganz *f*: *in* ~ vornehm; *to put on* ~ *Am.* F vornehm tun, **f)** Mode *f*: *in* ~ modisch, **g)** *literarische etc.* Ausdrucksweise *od.* -kraft: *commercial* ~ Geschäftsstil, **h)** Kunst-, Baustil *m*: *in proper* ~ stilecht; **2.** (Mach)Art *f*, Ausführung *f*, Fas'son *f*; **3. a)** Titel *m*, Anrede *f*, **b)** ✝ (Firmen)Bezeichnung *f*, Firma *f*: *under the* ~ *of* unter dem Namen ..., ✝ unter der Firma ...; **4. a)** *antiq.* (Schreib)Griffel *m*, **b)** (Schreib-, Ritz)Stift *m*, **c)** Radiernadel *f*, **d)** Feder *f e-s Dichters*; **5.** ⚕ 'Sonde *f*; **6.** Zeiger *m* der Sonnenuhr; **7.** Zeitrechnung *f*, Stil *m*: *Old* (*New*) ♀; **8.** ⚘ Griffel *m*; **9.** *anat.* Griffelfortsatz *m*; **II.** *v/t.* **10.** betiteln, benennen, bezeichnen, anreden (mit *od.* als); **11.** entwerfen, gestalten; modisch zuschneiden; '**styl·er** [-lə] *s. bsd. Am.* Modezeichner(in), -schöpfer(in).

sty·let ['stailit] *s.* **1.** Sti'lett *n* (*Dolch*); **2.** ⚕ Man'drin *m*, 'Sondenführer *m*.

styl·ish ['stailiʃ] *adj.* □ **1.** stilvoll; **2.** modisch, ele'gant, flott; '**styl·ish·ness** [-nis] *s.* Ele'ganz *f*.

styl·ist ['stailist] *s.* **1.** Sti'list(in); **2.** → *styler*; **sty·lis·tic** [stai'listik] *adj.* (□ ~*ally*) sti'listisch, Stil...

sty·lite ['stailait] *s. eccl.* Sty'lit *m*, Säulenheilige(r) *m*.

styl·ize ['stailaiz] *v/t.* **1.** stilisieren; **2.** der Konventi'on unter'werfen.

sty·lo ['stailou] *pl.* **-los** F, '**sty·lo·graph** [-ləgrɑ:f; -græf], **sty·lo·graph·ic pen** [stailə'græfik] *s.* **1.** Tintenkuli *m*, Füllstift *m*; **2.** Füll(feder)halter *m*.

sty·lus ['stailəs] *s.* **1.** (Schreib)Griffel *m*; **2.** Kopierstift *m*; **3.** Schreibstift *m e-s Registriergeräts*; **4. a)** (Grammo'phon)Nadel *f*, **b)** (Platten)Schneidnadel *f*; **5.** → *style 5, 6*.

sty·mie, *a.* **sty·my** ['staimi] **I.** *s. Golf*: **1.** *Situation, wenn der gegnerische Ball zwischen dem Ball des Spielers u. dem Loch liegt, auf das er spielt*; **II.** *v/t.* **2.** (*den Gegner durch die Ballage von 1*) hindern; **3.** *fig. Gegner* matt setzen, lahmlegen; *Plan etc.* vereiteln, hindern.

styp·tic ['stiptik] *adj. u. s.* ⚕ blutstillend(es Mittel).

Styr·i·an ['stiriən] **I.** *adj.* stei(e)risch, steiermärkisch; **II.** *s.* Steiermärker(in).

Sua·bi·an [sweibjən] → *Swabian*.

su·a·ble ['sju(:)əbl] *adj.* ⚖ **1.** (ein)klagbar (*Sache*); **2.** (passiv) pro'zeßfähig (*Person*).

sua·sion ['sweiʒən] *s.* **1.** (*moral* ~ gütliches) Zureden; **2.** Über'redung(sversuch *m*) *f*; **sua·sive** ['sweisiv] *adj.* □ **1.** über'redend, zuredend; **2.** über'zeugend.

suave [swɑ:v] *adj.* □ **1.** verbindlich, höflich, zu'vorkommend, sanft; **2.** lieblich, mild (*Wein etc.*); **suav·i·ty** ['swæviti] *s.* **1.** Höflichkeit *f*, Verbindlichkeit *f*; **2.** Lieblichkeit *f*, Milde *f*; **3.** *pl.* **a)** Artigkeiten *pl.*, **b)** Annehmlichkeiten *pl.*

sub[1] [sʌb] **I.** *s.* F *abbr. für submarine, subordinate, subway, subaltern, sublieutenant etc.*; **II.** *adj.* Aushilfs..., Not...; **III.** *v/i.* F (*for*) einspringen (für), vertreten (*acc.*).

sub[2] [sʌb] (*Lat.*) *prp.* unter: ~ *finem* am Ende (*e-s zitierten Kapitels*); ~ *judice* (noch) anhängig, (noch) nicht entschieden (*Rechtsfall*); ~ *rosa* unter dem Siegel der Verschwiegenheit, vertraulich; ~ *voce* unter dem angegebenen Wort (*in e-m Wörterbuch etc.*).

sub- [sʌb; səb] *in Zssgn* **a)** Unter..., Grund..., Sub..., **b)** 'untergeordnet, Neben..., Unter..., **c)** annähernd, **d)** ⚗ 'basisch, **e)** ⚘ 'umgekehrt.

sub'ac·e·tate [səb-] *s.* ⚗ 'basisch essigsaures Salz.

'**sub'ac·id** ['sʌb-] *adj.* **1.** säuerlich; **2.** *fig.* bissig, säuerlich.

'**sub'a'cute** ['sʌb-] *adj.* ⚕ suba'kut.

'**sub'a·gent** ['sʌb-] *s.* **1.** ✝ **a)** 'Untervertreter *m*, **b)** 'Zwischenspedi,teur *m*; **2.** ⚖ 'Unterbevollmächtigte(r *m*) *f*.

'**sub'al·pine** ['sʌb-] ⚘, *zo.* **I.** *adj.* subal'pin(isch); **II.** *s.* **a)** subalpines Tier, **b)** subalpine Pflanze.

sub·al·tern ['sʌbltən] **I.** *adj.* **1.** subal'tern, 'untergeordnet, Unter...; **II.** *s.* **2.** Subal'terne(r *m*) *f*, Unter'gebene(r *m*) *f*; **3.** ⚔ *bsd. Brit.* Subal'ternoffi,zier *m*.

'**sub'arc·tic** ['sʌb-] *adj. geogr.* sub'arktisch.

sub·a'tom·ic [sʌb-] *adj. phys.* subato'mar.

sub'au·di·ble [səb-] *adj.* **1.** *phys.* unter der Hörbarkeitsgrenze; **2.** kaum hörbar.

sub'cal·i·ber *Am.*, **sub'cal·i·bre** *Brit.* [səb-] **I.** *adj.* **1.** Kleinkaliber...; **2.** ⚔ *Artillerie*: Abkommkaliber...;

II. *s.* 3. ˈKleinkaˌliber *n*; 4. ⚔ *Artillerie*: ˈAbkommkaˌliber *n*.

subˈcla·vi·an [səb-] *anat.* **I.** *adj.* unter dem Schlüsselbein (gelegen); **II.** *s.* → *subclavian artery (muscle, vein)*; ~ **ar·ter·y** *s.* ˈUnterschlüsselbeinschlagader *f*; ~ **mus·cle** *s.* Schlüsselbeinmuskel *m*; ~ **vein** *s.* körpernaher Teil der Hauptvene des Arms.

ˈsub·com·mit·tee [ˈsʌb-] *s.* ˈUnterausschuß *m*.

ˈsubˈcon·scious [ˈsʌb-] ⚕, *psych.* **I.** *adj.* □ ˈunterbewußt; **II.** *s. das* ˈUnterbewußte *n*.

subˈcon·ti·nent [səb-] *s. geogr.* ˈSubkontiˌnent *m*.

subˈcon·tract [səb-] *s.* Nebenvertrag *m*.

sub·conˈtrac·tor [sʌb-] *s.* ✝ **1.** ˈUnterkontraˌhent *m*; **2.** ˈUnterliefeˌrant *m*, Zulieferfirma *f*.

ˈsubˈcul·ture [ˈsʌb-] *s. sociol.* ˈSubkulˌtur *f*.

sub·cu·ta·ne·ous [ˈsʌbkju(ː)ˈteinjəs] *adj.* □ *anat.* subkuˈtan, unter der *od.* die Haut.

ˈsubˈdean [ˈsʌb-] *s. eccl.* ˈUnterdeˌchant *m*.

sub·deb [sʌbˈdeb] *s. Am.* F **1.** → *subdebutante*; **2.** ˈTeenager *m*; **sub-ˈdeb·u·tante** [sʌb-] *s. Am.* noch nicht in die Gesellschaft eingeführtes junges Mädchen.

ˈsub·diˈvide [ˈsʌb-] *v/t. u. v/i.* (sich) unterˈteilen; **ˈsub·di·vi·sion** *s.* **1.** Unterˈteilung *f*; **2.** ˈUnterabˌteilung *f*.

ˈsubˈdom·i·nant [ˈsʌb-] ♪ **I.** *s.* ˈSubdomiˈnante *f*; **II.** *adj.* ˈsubdomiˌnantisch.

sub·due [səbˈdjuː] *v/t.* **1.** unterˈwerfen (*to dat.*), unterˈjochen; **2.** überˈwinden, -ˈwältigen; **3.** *fig.* besiegen, bändigen, zähmen: *to* ~ *one's passions*; **4.** *Farbe, Licht, Stimme, Wirkung etc., a. Begeisterung, Stimmung etc.* dämpfen; **5.** *fig. j-m* e-n Dämpfer aufsetzen; **subˈdued** [-juːd] *adj.* **1.** unterˈworfen, -ˈjocht; **2.** gebändigt; **3.** gedämpft (*a. fig.*).

ˈsubˈed·it [ˈsʌb-] *v/t. Zeitung etc.* als zweiter Schriftleiter herˈausgeben; **ˈsubˈed·i·tor** *s.* zweiter Schriftleiter *od.* Redakˈteur.

ˈsub·head(·ing) [ˈsʌb-] *s.* **1.** ˈUnter-, Zwischentitel *m*; **2.** ˈUnterabˌteilung *f e-s Buches etc.*

ˈsubˈhu·man [ˈsʌb-] *adj.* **1.** halbtierisch; **2.** ˈuntermenschlich.

sub·ja·cent [sʌbˈdʒeisənt] *adj.* **1.** daˈrunter *od.* tiefer liegend; **2.** *fig.* zuˈgrunde liegend.

sub·ject [ˈsʌbdʒikt] **I.** *s.* **1.** (*Gesprächs- etc.*)Gegenstand *m*, ˈThema *n*, Stoff *m*: ~ *of conversation*; *on the* ~ *of* über (*acc.*), bezüglich (*gen.*); **2.** *ped.* (Lehr-, Schul-, Studien)Fach *n*, Fachgebiet *n*: *compulsory* ~ Pflichtfach; **3.** Grund *m*, Anlaß *m* (*for complaint* zur Beschwerde); **4.** Obˈjekt *n*, Gegenstand *m* (*of ridicule* des Spotts); **5.** *paint. etc.* Thema *n* (*a.* ♪), Suˈjet *n*, Vorwurf *m*; **6.** *ling.* Subˈjekt *n*, Satzˈgegenstand *m*; **7.** ˈUntertan(in), *a.* Staatsbürger(in), -angehörige(r *m*) *f*: *a British* ~; **8.** *bsd.* ⚕ **a)** Verˈsuchsperˌson *f*, -tier *n*, **b)** Leichnam *m für Sektionszwecke*, **c)** Paˈtient(in), *hysterische etc.* Perˈson; **9.** *ohne Artikel* die betreffende Person *etc.* (*in Informationen*); **10.** *phls.* **a)** Subjekt *n*, Ich *n*, **b)** Subˈstanz *f*; **II.** *adj. pred.* **11.** ˈuntertan, unterˈgeben (*to dat.*); **12.** abhängig (*to* von); **13.** ausgesetzt (*to dem Gespött etc.*); **14.** (*to*) unterˈworfen, -ˈliegend (*dat.*), abhängig (von), vorbehaltlich (*gen.*): ~ *to approval* genehmigungspflichtig; ~ *to your consent* vorbehaltlich Ihrer Zustimmung; ~ *to change without notice* Änderungen vorbehalten; ~ *to being unsold*, ~ *to (prior) sale* ✝ freibleibend, Zwischenverkauf vorbehalten; **15.** (*to*) neigend (zu), anfällig (für): ~ *to headaches*; **III.** *v/t.* [səbˈdʒekt] **16.** (*to*) **a)** unterˈwerfen (*dat.*), abhängig machen (von), **b)** *e-r Behandlung, Prüfung etc.* unterˈziehen, **c)** *dem Gespött, der Hitze etc.* aussetzen; **ˈ~-ˈcat·a·logue** *s.* ˈSchlagwortkataˌlog *m*; **ˈ~-head·ing** *s.* Ruˈbrik *f* in e-m ˈSachreˌgister; ~ **in·dex** *s.* ˈSachreˌgister *n*.

sub·jec·tion [səbˈdʒekʃən] *s.* **1.** Unterˈwerfung *f*; **2.** Unterˈworfensein *n*; **3.** Abhängigkeit *f* (*to* von): *to be in* ~ *to s.o.* von j-m abhängig sein.

sub·jec·tive [sʌbˈdʒektiv] **I.** *adj.* □ **1.** *allg., a.* ⚕, *phls.* subjekˈtiv; **2.** *ling.* Subjekts...; **II.** *s.* **3.** *a.* ~ *case ling.* ˈNominaˌtiv *m*; **subˈjec·tive·ness** [-nis] *s.* Subjektiviˈtät *f*; **sub·jec·tiv·ism** [səbˈdʒektivizəm] *s. bsd. phls.* Subjektiˈvismus *m*.

sub·jec·tiv·i·ty [sʌbdʒekˈtiviti] *s.* Subjektiviˈtät *f*.

ˈsub·ject|-mat·ter *s.* **1.** Gegenstand *m* (*e-r Abhandlung*, ⚖ *e-r Klage etc.*); **2.** Stoff *m*, Inhalt *m* (*Ggs. Form*); ~ **ref·er·ence** *s.* Sachverweis *m*.

ˈsubˈjoin [ˈsʌb-] *v/t.* **1.** hinˈzufügen, -setzen; **2.** beilegen, -fügen.

sub·ju·gate [ˈsʌbdʒugeit] *v/t.* **1.** unterˈjochen, -ˈwerfen (*to dat.*); **2.** *bsd. fig.* bezwingen, bändigen; **sub·ju·ga·tion** [sʌbdʒuˈgeiʃən] *s.* Unterˈwerfung *f*, -ˈjochung *f*.

sub·junc·tive [səbˈdʒʌŋktiv] *ling.* **I.** *adj.* □ **1.** ˈkonjunktiv(isch); **II.** *s.* **2.** *a.* ~ *mood* ˈKonjunktiv *m*; **3.** ˈKonjunktivform *f*.

ˈsubˈlease [ˈsʌb-] **I.** *s.* ˈUntermiete *f*, -pacht *f*, -vermietung *f*, -verpachtung *f*; **II.** *v/t.* [sʌbˈliːs] ˈuntervermieten, -verpachten; **ˈsub·lesˈsee** *s.* ˈUntermieter(in), -pächter(in); **ˈsub·lesˈsor** [-ˈsɔː] *s.* ˈUntervermieter(in), -verpächter(in).

sub·let [ˈsʌbˈlet] *v/t.* [*irr.* → *let*[1]] ˈunter-, weitervermieten.

ˈsub·lieu·ten·ant [ˈsʌbleˈtenənt] *s.* ⚓ *Brit.* Oberleutnant *m* zur See.

sub·li·mate [ˈsʌblimeit] **I.** *v/t.* **1.** ⚗ sublimieren; **2.** *fig.* sublimieren (*a. psych.*), veredeln, vergeistigen; **II.** *s.* [-mit] **3.** ⚗ Subliˈmat *n*; **sub·li·ma·tion** [sʌbliˈmeiʃən] *s.* **1.** ⚗ Sublimatiˈon *f*; **2.** *fig.* Sublimierung *f* (*a. psych.*).

sub·lime [səˈblaim] **I.** *adj.* □ **1.** erhaben, hehr, suˈblim; **2.** *iro.* **a)** großartig, glanzvoll: ~ *ignorance*, **b)** vollˈendet: *a* ~ *idiot*, **c)** kraß: ~ *indifference*; **3.** ⚕ oberflächlich; **II.** *s.* **4.** *the* ~ das Erhabene; **III.** *v/t.* **5.** → *sublimate 1 u. 2*; **IV.** *v/i.* **6.** ⚗ sublimiert werden; **7.** *fig.* sich läutern.

sub·lim·i·nal [sʌbˈliminl] *psych.* **I.** *adj.* **1.** ˈunterbewußt: ~ *self* → *3*; **2.** ˈunterschwellig (*Reiz etc.*, ✝ *Werbung*); **II.** *s.* **3.** *das* ˈUnterbewußte.

sub·lim·i·ty [səˈblimiti] *s.* Erhabenheit *f*.

ˈsub·maˈchine-gun [ˈsʌb-] *s.* ⚔ Maˈschinenpiˌstole *f*.

ˈsub·ma·rine [ˈsʌb-] **I.** *s.* **1.** ⚓ ⚔ ˈUnterseeboot *n*, U-Boot *n*; **II.** *adj.* **2.** ˈunterseeisch, Untersee..., submaˈrin; **3.** ⚓ ⚔ Unterseeboot..., U-Boot...: ~ *berth* U-Boot-Liegeplatz; ~ *chaser* U-Boot-Jäger; ~ *warfare* U-Boot-Krieg.

sub·merge [səbˈməːdʒ] **I.** *v/t.* **1.** ein-, ˈuntertauchen; **2.** überˈschwemmen, unter Wasser setzen; **3.** *fig.* **a)** unterˈdrücken, **b)** überˈtönen; **II.** *v/i.* **4.** ˈuntertauchen, -sinken; **5.** ⚓ tauchen (*U-Boot*); **subˈmerged** [-dʒd] *adj.* **1.** ˈuntergetaucht; ⚓ ⚔ *Angriff etc.* unter Wasser; **2.** überˈschwemmt; **3.** *fig.* verelendet, verarmt.

sub·mersed [səbˈməːst] *adj.* **1.** → *submerged 1 u. 2*; **2.** *bsd.* ⚘ Unterwasser...: ~ *plants*; **subˈmers·i·ble** [-səbl] **I.** *adj.* **1.** ˈuntertauch-, versenkbar; **2.** überˈschwemmbar; **3.** ⚓ tauchfähig; **II.** *s.* **4.** ⚓ ˈUnterseeboot *n*; **subˈmer·sion** [-əːʃən] *s.* **1.** Ein-, ˈUntertauchen *n*; **2.** Überˈschwemmung *f*.

sub·mis·sion [səbˈmiʃən] *s.* **1.** (*to*) Unterˈwerfung *f* (unter *acc.*), Ergebenheit *f* (in *acc.*), Gehorsam *m* (gegen); **2.** Unterˈwürfigkeit *f*: *with all due* ~ mit allem schuldigen Respekt; **3.** *bsd.* ⚖ Vorlage *f e-s Dokuments etc.*, Unterˈbreitung *f e-r Frage etc.*; **4.** ⚖ **a)** Sachvorlage *f*, Behauptung *f*, **b)** Komproˈmiß *m, n*; **subˈmis·sive** [-isiv] *adj.* □ **1.** ergeben, gehorsam; **2.** unterˈwürfig; **subˈmis·sive·ness** [-isivnis] *s.* **1.** Ergebenheit *f*; **2.** Unterˈwürfigkeit *f*.

sub·mit [səbˈmit] **I.** *v/t.* **1.** unterˈwerfen, -ˈziehen, aussetzen (*to dat.*): *to* ~ *o.s.* (*to*) → *4*; **2.** *bsd.* ⚖ unterˈbreiten, vortragen, -legen (*to dat.*); **3.** *bsd.* ⚖ beantragen, behaupten, zu bedenken geben, anˈheimstellen (*to dat.*); *bsd. parl.* ergebenst bemerken; **II.** *v/i.* **4.** (*to*) gehorchen (*dat.*), sich fügen (*dat. od.* in *acc.*); sich *j-m, e-m Urteil etc.* unterwerfen, sich *e-r Operation etc.* unterziehen; **subˈmit·tal** [-tl] *s.* Vorlage *f*, Unterˈbreitung *f*.

ˈsubˈnor·mal [ˈsʌb-] *adj.* □ **1.** ˈunternorˌmal; **2.** ⚲ ˈsubnorˌmal; **3.** *psych.* minderbegabt, -wertig.

ˈsubˈor·der [ˈsʌb-] *s. biol.* ˈUnterordnung *f*.

sub·or·di·nate [səˈbɔːdnit] **I.** *adj.* □ **1.** ˈuntergeordnet: **a)** unterˈstellt (*to dat.*): ~ *position* untergeordnete Stellung, **b)** zweitrangig, nebensächlich: ~ *clause ling.* Nebensatz; *to be* ~ *to e-r Sache* an Bedeutung nachstehen; **II.** *s.* **2.** Unterˈgebene(r *m*) *f*; **III.** [-dineit] *v/t.* **3.** *a. ling.* ˈunterordnen (*to dat.*); **4.** zuˈrückstellen (*to* hinter *acc.*); **sub·or·di-**

na·tion [səbɔːdiˈneiʃən] *s.* ˈUnterordnung *f* (*to* unter *acc.*); **subˈor·di·na·tive** [-dinətiv] *adj. ling.* ˈunterordnend: ~ *conjunction.*

sub·orn [sʌˈbɔːn] *v/t.* ⚖ (*bsd.* zum Meineid) anstiften, *Zeugen* bestechen; **sub·or·na·tion** [sʌbɔːˈneiʃən] *s.* ⚖ Anstiftung *f*, Verleitung *f* (*of* zum *Meineid*, zu *falscher Zeugenaussage*), (Zeugen)Bestechung *f*; **subˈorn·er** [-nə] *s.* ⚖ Anstifter(in) (*of* zum *Meineid etc.*).

sub·pe·na *Am.* → *subpoena.*

ˈ**sub·plot** [ˈsʌb-] *s.* Nebenhandlung *f* (*in e-m Roman etc.*).

sub·poe·na [səbˈpiːnə] ⚖ **I.** *s.* (Vor-)Ladung *f* (unter Strafandrohung); **II.** *v/t.* vorladen.

sub·ro·gate [ˈsʌbrəgeit] *v/t.* ⚖ einsetzen (*for s.o.* an j-s Stelle; *to the rights of* in *j-s* Rechte); **sub·ro·ga·tion** [sʌbrəˈgeiʃən] *s.* ⚖ ˈForderungsˌübergang *m* (kraft Gesetzes); Ersetzung *f e-s Gläubigers durch e-n anderen*: ~ *of rights* Rechtseintritt.

sub·scribe [səbˈskraib] **I.** *v/t.* **1.** *Vertrag etc.* unterˈzeichnen, (ˈunterschriftlich) anerkennen; **2.** *et.* mit *s-m Namen etc.* (unter)zeichnen; **3.** *Geldbetrag* zeichnen (*for* für *Aktien*, *to* für *e-n Fonds*): *to* ~ *money to charities*; **II.** *v/i.* **4.** e-n Geldbetrag zeichnen (*to* für *e-n Fonds*, *for* für *e-e Anleihe etc.*); **5.** ~ *for Buch* vorbestellen; **6.** ~ *to Zeitung etc.* abonnieren; **7.** unterˈschreiben, -zeichnen (*to acc.*); **8.** ~ *to fig. et.* unterschreiben, gutheißen, billigen; **subˈscrib·er** [-bə] *s.* **1.** Unterˈzeichner(in), -ˈzeichnete(r *m*) *f* (*to gen.*); **2.** Befürworter(in) (*to gen.*); **3.** Subskriˈbent(in), Aboˈnnent(in); *teleph.* Teilnehmer(in); **4.** Zeichner *m*, Spender *m* (*to e-s Geldbetrages*).

sub·scrip·tion [səbˈskripʃən] *s.* **1. a)** Unterˈzeichnung *f*, **b)** ˈUnterschrift *f*; **2.** (*to*) (ˈunterschriftliche) Einwilligung (in *acc.*), Zustimmung *f* (zu); **3.** (*to*) Beitrag *m* (zu, für), Spende *f* (für), (gezeichneter) Betrag; (*teleph.* Grund)Gebühr *f*; **4.** *Brit.* (Mitglieds)Beitrag *m*; **5.** Aboneˈment *n*, Bezugsrecht *n*, Subskriptiˈon *f* (*to* auf *acc.*): *by* ~ im Abonnement; *to take out a* ~ *to Zeitung etc.* abonnieren; **6.** ✝ Zeichnung *f* (*of e-r Summe*, *Anleihe etc.*): ~ *for shares* Aktienzeichnung; *open for* ~ zur Zeichnung aufgelegt; *to invite* ~*s for a loan* e-e Anleihe (zur Zeichnung) auflegen; ˈ**~-list** *s.* **1.** ✝ Subskriptiˈonsliste *f*; **2.** *Zeitung*: Zeichnungsliste *f*; ˈ**~-price** *s.* Bezugspreis *m*; **~ rate** *s.* Abonneˈment(spreis *m*) *n.*

ˈ**sub·sec·tion** [ˈsʌb-] *s.* ˈUnterabˌteilung *f*, -ˌabschnitt *m.*

sub·se·quence [ˈsʌbsikwəns] *s.* **1.** späteres Eintreten; **2.** 𝔄 Teilfolge *f*; ˈ**sub·se·quent** [-nt] *adj.* □ (nach-)folgend, später, nachträglich, Nach-...: ~ *to* **a)** später als, **b)** nach, im Anschluß an (*acc.*), folgend (*dat.*); ~ *upon* **a)** infolge (*gen.*), **b)** *nachgestellt*: (daraus) entstehend, (daraufhin) erfolgend; ˈ**sub·se·quent·ly** [-ntli] *adv.* **1.** ˈhinterher, nachher; **2.** anschließend, in der Folge; **3.** später.

sub·serve [səbˈsəːv] *v/t.* dienlich *od.* förderlich sein (*dat.*); **subˈser·vi·ence** [-vjəns] *s.* **1.** Dienlich-, Nützlichkeit *f* (*to* für); **2.** Abhängigkeit *f* (*to* von); **3.** Unterˈwürfigkeit *f*; **subˈser·vi·ent** [-vjənt] *adj.* □ **1.** dienstbar, ˈuntergeordnet (*to dat.*); **2.** unterˈwürfig (*to* gegenüber); **3.** dienlich, förderlich (*to dat.*).

sub·side [səbˈsaid] *v/i.* **1.** sich senken: **a)** sinken (*Flut etc.*), **b)** (ein-)sinken, absacken (*Boden etc.*), sich setzen (*Haus*); **2.** ⚗ sich niederschlagen; **3.** *fig.* abklingen, abflauen, sich legen: *to* ~ *into* verfallen in (*acc.*); **4.** *in e-n Stuhl etc.* sinken; **subˈsid·ence** [-dəns] *s.* **1.** (Erd-)Senkung *f*, Absinken *n*; **2.** *fig.* Nachlassen *n*, Abflauen *n.*

sub·sid·i·ar·y [səbˈsidjəri] **I.** *adj.* □ **1.** Hilfs..., Unterstützungs..., Subsidien...: *to be* ~ *to* ergänzen, unterstützen; **2.** ˈuntergeordnet (*to dat.*), Neben...: ~ *company* → *4 a*; ~ *stream* Nebenfluß; **II.** *s.* **3.** *oft pl.* Hilfe *f*, Stütze *f*; **4.** ✝ **a)** Tochtergesellschaft *f*, **b)** Filiˈale *f.*

sub·si·dize [ˈsʌbsidaiz] *v/t.* aus öffentlichen Geldern unterˈstützen, subventionieren; ˈ**sub·si·dy** [-di] *s.* **1.** Beihilfe *f* (aus öffentlichen Mitteln), Subventiˈon *f*; **2.** *oft pl. pol.* Subˈsidien *pl.*, Hilfsgelder *pl.*

sub·sist [səbˈsist] **I.** *v/i.* **1.** existieren, bestehen; **2.** weiterbestehen, fortdauern; **3.** sich ernähren *od.* erhalten, leben ([*up*]*on* von *e-r Nahrung*, *by* von *e-m Beruf*); **II.** *v/t.* **4.** *j-n* er-, unterˈhalten; **subˈsist·ence** [-təns] *s.* **1.** Dasein *n*, Exiˈstenz *f*; **2.** (ˈLebens)ˌUnterhalt *m*, Auskommen *n*, Exiˈstenz(möglichkeit) *f*: ~ *level od. minimum* Existenzminimum; **3.** *bsd.* ⚔ Verpflegung *f*, -sorgung *f*; **4.** *a.* ~ *money* **a)** (Lohn-)Vorschuß *m*, **b)** ˈUnterhaltsbeihilfe *f*, -zuschuß *m.*

ˈ**sub·soil** [ˈsʌb-] *s.* ˈUntergrund *m.*

sub·son·ic [səb-] *adj. phys.* Unterschall...

ˈ**sub·spe·cies** [ˈsʌb-] *s. biol.* ˈUnterart *f*, Subˈspezies *f.*

sub·stance [ˈsʌbstəns] *s.* **1.** Subˈstanz *f*, Maˈterie *f*, Stoff *m*, Masse *f*; **2.** feste Konsiˈstenz, Körper *m* (*Tuch etc.*); **3.** *fig.* Substanz *f*: **a)** Wesen *n*, **b)** *das* Wesentliche, wesentlicher Inhalt *od.* Bestandteil, Kern *m*: *in* ~ im wesentlichen *übereinstimmen etc.*, **c)** Gehalt *m*: *arguments of little* ~ wenig stichhaltige Argumente; *this essay lacks* ~; **4.** *phls.* **a)** Substanz *f*, **b)** Wesen *n*, Ding *n*; **5.** Vermögen *n*, Kapiˈtal *n*: *a man of* ~ ein vermögender Mann.

subˈstand·ard [səb-] *adj.* **1.** unter der Norm, klein...: ~ *camera phot.* Kleinbildkamera; **2.** *ling.* ˈumgangssprachlich.

sub·stan·tial [səbˈstænʃəl] *adj.* □ → *substantially*; **1.** materiˈell, stofflich, wirklich; **2.** fest, kräftig; **3.** nahrhaft, kräftig: *a* ~ *meal*; **4.** beträchtlich, wesentlich (*Fortschritt*, *Unterschied etc.*), namhaft (*Summe*); **5.** wesentlich: *in* ~ *agreement* im wesentlichen übereinstimmend; **6.** vermögend, kapiˈtalkräftig; **7.** *phls.* substantiˈell, wesentlich; **subˈstan·tial·ism** [-ʃəlizəm] *s. phls.* Substantiaˈlismus *m*; **sub·stan·ti·al·i·ty** [səbstænʃiˈæliti] *s.* **1.** Wirklichkeit *f*, Stofflichkeit *f*; **2.** Festigkeit *f*; **3.** Nahrhaftigkeit *f*; **4.** Gediegenheit *f*; **5.** Maßgeblichkeit *f*; **6.** *phls.* Wesenhaftigkeit *f*; **subˈstan·tial·ly** [-ʃəli] *adv.* **1.** dem Wesen nach; **2.** im wesentlichen, wesentlich; **3.** beträchtlich, wesentlich, in hohem Maße; **4.** wirklich; **subˈstan·ti·ate** [-ʃieit] *v/t.* **1. a)** begründen, **b)** erhärten, beweisen, **c)** glaubhaft machen; **2.** Gestalt *od.* Wirklichkeit verleihen (*dat.*), konkretisieren; **3.** stärken, festigen; **sub·stan·tiˈa·tion** [səbstænʃiˈeiʃən] *s.* **1. a)** Begründung *f*, **b)** Erhärtung *f*, Beweis *m*, **c)** Glaubhaftmachung *f*: *in* ~ *of* zur Erhärtung *od.* zum Beweis von (*od. gen.*); **2.** Verwirklichung *f.*

sub·stan·ti·val [sʌbstənˈtaivəl] *adj.* □ *ling.* ˈsubstantivisch, Substantiv...; **sub·stan·tive** [ˈsʌbstəntiv] **I.** *s.* **1.** *ling.* **a)** ˈSubstantiv *n*, Hauptwort *n*, **b)** substantivisch gebrauchte Form; **II.** *adj.* □ **2.** *ling.* substantivisch (gebraucht); **3.** selbständig; **4.** wesentlich; **5.** wirklich, reˈal; **6.** fest: ~ *rank* ⚔ Dienstgrad mit Patent; **7.** ⚖ materiˈell: ~ *law.*

ˈ**sub·sta·tion** [ˈsʌb-] *s.* Neben-, Außenstelle *f*: *post office* ~ Zweigpostamt.

sub·sti·tute [ˈsʌbstitjuːt] **I.** *s.* **1.** Ersatz(mann) *m*, (Stell)Vertreter (-in): *to act as a* ~ *for j-n* vertreten; **2.** Ersatz(stoff) *m*, Surroˈgat *n* (*for* für); **3.** *ling.* Ersatzwort *n*; **II.** *adj.* **4.** Ersatz...: ~ *driver*; ~ *material* ⊕ Austausch(werk)stoff; ~ *power of attorney* ⚖ Untervollmacht; **III.** *v/t.* **5.** (*for*) einsetzen (für, an Stelle von), an die Stelle setzen (von *od. gen.*); *b.s.* ˈunterschieben (statt); **6.** ersetzen, an *j-s* Stelle treten; **7.** (*for*) ersetzen (durch), austauschen (gegen); **IV.** *v/i.* **8.** (*for*) als Ersatz dienen, als Stellvertreter fungieren (für), vertreten (*acc.*), an die Stelle treten (von *od. gen.*); **sub·sti·tu·tion** [sʌbstiˈtjuːʃən] *s.* **1.** Einsetzung *f* (⚖ *e-s Ersatzerben*, *Unterbevollmächtigten*); *bsd. b.s.* (*Kindes- etc.*) Unterˈschiebung *f*; **2.** Ersatz *m*, Ersetzung *f*; (ersatzweise) Verwendung; **3.** Stellvertretung *f*; **4.** 𝔄, ⚗, *ling.* Substitutiˈon *f*; **sub·sti·tu·tion·al** [sʌbstiˈtjuːʃənl] *adj.* □ **1.** stellvertretend, Stellvertretungs...; **2.** Ersatz...: ~ *legatee* ⚖ Ersatzerbe.

ˈ**subˈstra·tum** [ˈsʌb-] *s.* [*irr.*] **1.** ˈUnter-, Grundlage *f* (*a. fig.*); **2.** *geol.* ˈUnterschicht *f*; **3.** *biol.* Subˈstrat *n*, Nähr-, Keimboden *m*; **4.** ⚗ ˈMedium *n*; **5.** *phot.* ˈUnterguß *m*; **6.** *ling.* Substrat *n*; **7.** *phls.* Subˈstanz *f.*

ˈ**sub·struc·ture** [ˈsʌb-] *s.* **1.** △ Fundaˈment *n*, ˈUnterbau *m* (*a.* 🚂); **2.** *fig.* Grundlage *f.*

sub·sume [səbˈsjuːm] *v/t.* **1.** zs.-fassen, ˈunterordnen (*under* unter *dat. od. acc.*); **2.** einordnen, -reihen, -schließen (*in* in *acc.*); **3.** *phls. als Prämisse* vorˈausschicken; **subˈsump·tion** [-ˈsʌmpʃən] *s.* **1.** Zs.-

fassung *f* (*under* unter *dat. od. acc.*); **2.** Einordnung *f.*
'sub'ten·an·cy ['sʌb-] *s.* 'Untermiete *f*, -pacht *f*; **'sub'ten·ant** *s.* 'Untermieter *m*, -pächter *m.*
sub·ter·fuge ['sʌbtəfju:dʒ] *s.* **1.** Vorwand *m*, Ausflucht *f*; **2.** List *f.*
sub·ter·ra·ne·an [sʌbtə'reinjən] *adj.*; **sub·ter'ra·ne·ous** [-njəs] *adj.* □ **1.** 'unterirdisch (*a. fig.*); **2.** *fig.* verborgen, heimlich.
sub·tile ['sʌtl], **sub·til·i·ty** [sʌb'tiliti] → *subtle, subtlety*; **sub·til·i·za·tion** [sʌtilai'zeiʃən] *s.* **1.** Verfeinerung *f*; **2.** Spitzfindigkeit *f*; **3.** ⚗ Verflüchtigung *f*; **sub·til·ize** ['sʌtilaiz] **I.** *v/t.* **1.** verfeinern; **2.** spitzfindig diskutieren *od.* erklären; ausklügeln; **3.** ⚗ verflüchtigen, -dünnen; **II.** *v/i.* **4.** klügeln, spitzfindig argumentieren.
'sub·ti·tle ['sʌb-] *s.* 'Untertitel *m* (*Buch, Film*).
sub·tle ['sʌtl] *adj.* □ **1.** *allg.* fein: ~ *delight*; ~ *odo(u)r*; ~ *smile*; **2.** fein (-sinnig), sub'til: ~ *distinction*; ~ *irony*; **3.** scharf(sinnig), spitzfindig; **4.** heikel, schwierig: *a* ~ *point*; **5.** raffiniert; **6.** schleichend (*Gift*); **'sub·tle·ty** [-ti] *s.* **1.** Feinheit *f*; sub'tile Art; **2.** Spitzfindigkeit *f*; **3.** Scharfsinn(igkeit *f*) *m*; **4.** Gerissenheit *f*, Raffi'nesse *f*; **5.** schlauer Einfall, Fi'nesse *f.*
sub·to·pi·a [sʌb'toupjə] *s. Brit.* zersiedelte Landschaft.
sub'to·tal [səb-] *s.* ⅍ Zwischen-, Teilsumme *f.*
sub·tract [səb'trækt] **I.** *v/t.* ⅍ abziehen, subtrahieren (*from* von); **II.** *v/i. fig.* (*from*) Abstriche machen von, schmälern (*acc.*); **sub'trac·tion** [-kʃən] *s.* **1.** ⅍ Subtrakti'on *f*, Abziehen *n*; **2.** *fig.* Abzug *m.*
sub·tra·hend ['sʌbtrəhend] *s.* ⅍ Subtra'hend *m.*
sub·trop·i·cal ['sʌb'trɔpikəl] *adj. geogr.* 'subtropisch; **'sub'trop·ics** [-ks] *s. pl. geogr.* 'Subtropen *pl.*
sub·urb ['sʌbə:b] *s.* Vorstadt *f*, -ort *m.*
sub·ur·ban [sə'bə:bən] **I.** *adj.* **1.** vorstädtisch, Vorstadt..., Vororts...; **2.** *contp.* kleinstädtisch, spießig; **II.** *s.* **3.** → *suburbanite*; **sub·ur·ban·ite** [sə'bə:bənait] *s.* Vorstadtbewohner(in); **sub·ur·bi·a** [sə'bə:bjə] *s. oft contp.* **1.** Vorstadt *f*; **2.** *coll. die* Vorstädter *pl.*
'sub·va·ri·e·ty ['sʌb-] *s.* ♀, *zo.* 'untergeordnete Abart.
sub·ven·tion [səb'venʃən] *s.* (staatliche) Subventi'on, (geldliche) Beihilfe, Unter'stützung *f*; **sub'ven·tioned** [-nd] *adj.* subventioniert.
sub·ver·sion [sʌb'və:ʃən] *s.* **1.** *pol.* **a)** 'Umsturz *m*, Sturz *m e-r Regierung*, **b)** Staatsgefährdung *f*, Verfassungsverrat *m*; **2.** Unter'grabung *f*, Zerrüttung *f*; **sub'ver·sive** [-ə:siv] *adj.* **1.** *pol.* 'umstürzlerisch, staatsgefährdend, Wühl..., subver'siv; **2.** zerstörerisch; **3.** zerrüttend; **sub'vert** [-ə:t] *v/t.* **1.** *Regierung* stürzen; *Gesetz* 'umstoßen; *Verfassung* gewaltsam ändern; **2.** *Glauben, Moral, Ordnung etc.* unter'graben, zerrütten.
'sub·way ['sʌb-] *s.* **1.** ('Straßen- *etc.*) Unter͵führung *f*, Tunnel *m*; **2.** *Am.* U-Bahn *f.*
suc·ceed [sək'si:d] **I.** *v/i.* **1.** glücken, gelingen, erfolgreich sein *od.* verlaufen, Erfolg haben (*Sache*); **2.** Erfolg haben, erfolgreich sein, sein Ziel erreichen (*Person*) (*as* als, *in* mit *etc.*, *with* bei *j-m*): *he* ~*ed in doing s.th.* es gelang ihm, et. zu tun; *to* ~ *in an action* ⚖ obsiegen; **3.** (*to*) **a)** Nachfolger werden (in *e-m Amt etc.*), **b)** erben (*acc.*): *to* ~ *to the throne* auf den Thron folgen; *to* ~ *to s.o.'s rights* in j-s Rechte eintreten; **4.** (*to*) *unmittelbar* folgen (*dat. od.* auf *acc.*), nachfolgen (*dat.*); **II.** *v/t.* **5.** nachfolgen (*dat.*), folgen (*dat. od.* auf *acc.*); *j-s* (Amts-, Rechts)Nachfolger werden, an *j-s* Stelle treten; *j-n* beerben: *to* ~ *s.o. in office* j-s Amt übernehmen.
suc·cès d'es·time [sukseides'ti:m; sykse desti:m] (*Fr.*) *s.* Achtungserfolg *m.*
suc·cess [sək'ses] *s.* **1.** (guter) Erfolg, Gelingen *n*: *with* ~ erfolgreich; *without* ~ erfolglos; *to be a (great)* ~ ein (großer) Erfolg sein (*Sache u. Person*), (gut) einschlagen; *crowned with* ~ von Erfolg gekrönt (*Bemühung*); **2.** Erfolg *m*, Glanzleistung *f*; **3.** *beruflicher etc.* Erfolg; **suc'cess·ful** [-ful] *adj.* □ **1.** erfolgreich: *to be* ~ *in doing (s.th.)* (et.) mit Erfolg tun, Erfolg haben (bei *od.* mit et.); **2.** erfolgreich, glücklich (*Sache*): *to be* ~ → *succeed 1.*
suc·ces·sion [sək'seʃən] *s.* **1.** (Aufein'ander-, Reihen)Folge *f*: *in* ~ nach-, auf-, hintereinander; *in rapid* ~ in rascher Folge; **2.** Reihe *f*, Kette *f*, ('ununter͵brochene) Folge (*of gen. od.* von); **3.** Nach-, Erbfolge *f*, Sukzessi'on *f*: ~ *to the throne* Thronfolge; *in* ~ *to* als Nachfolger von; *to be next in* ~ *to s.o.* als nächster auf j-n folgen; ~ *to an office* Übernahme e-s Amtes, Amtsnachfolge; *Apostolic* ♀ *eccl.* Apostolische Sukzession; *the War of the Spanish* ♀ *hist.* der Spanische Erbfolgekrieg; **4.** ⚖ **a)** Rechtsnachfolge *f*, **b)** Erbfolge *f*, **c)** *a. order of* ~ Erbfolgeordnung *f*, **d)** *a. law of* ~ *objektives* Erb(folge)recht, **e)** ~ *to* 'Übernahme *f e-s Erbes*: ~ *duties* Erbschaftssteuer (*für unbewegliches Vermögen*); ~ *rights subjektive* Erbrechte; **5.** *coll.* Nachkommenschaft *f*, Erben *pl.*; **suc'ces·si·ve** [-esiv] *adj.* □ (aufein'ander)folgend, sukzes'siv: *3* ~ *days* 3 Tage hintereinander; **suc'ces·sive·ly** [-esivli] *adv.* nach-, hinterein'ander, der Reihe nach; **suc'ces·sor** [-esə] *s.* **1.** Nachfolger(in) (*to, of j-s*, für *j-n*): ~ *in office* Amtsnachfolger; ~ *to the throne* Thronfolger; **2.** *a.* ~ *in interest* (*od. title*) ⚖ Rechtsnachfolger(in).
suc·cinct [sək'siŋkt] *adj.* □ kurz (und bündig), knapp, la'konisch, prä'gnant; **suc'cinct·ness** [-nis] *s.* Kürze *f*, Bündigkeit *f*, Prä'gnanz *f.*
suc·cor *Am.* → *succour.*
suc·co·ry ['sʌkəri] *s.* ♀ Zi'chorie *f.*
suc·co·tash ['sʌkətæʃ] *s. Am.* Mais- u. Bohneneintopf *m.*
suc·cour ['sʌkə] **I.** *s.* Hilfe *f*, Beistand *m*; ⚔ Entsatz *m*; **II.** *v/t.* beistehen (*dat.*), zu Hilfe kommen (*dat.*); ⚔ entsetzen.
suc·cu·lence ['sʌkjuləns], **'suc·cu·len·cy** [-si] *s.* Saftigkeit *f*; **'suc·cu·lent** [-nt] *adj.* □ **1.** saftig (*a. fig.*); fleischig, sukku'lent (*Frucht etc.*); **2.** *fig.* kraftvoll.
suc·cumb [sə'kʌm] *v/i.* **1.** zs.-brechen (*to* unter *dat.*); **2.** (*to*) (*j-m*) unter'liegen, (*e-r Krankheit, s-n Verletzungen etc., a. der Versuchung*) erliegen; **3.** (*to, under, before*) nachgeben (*dat.*).
suc·cur·sal [sə'kə:səl] *adj. eccl.*: Hilfs...: ~ *church* Sukkursale.
such [sʌtʃ; sətʃ] **I.** *adj.* **1.** solch, derartig: *no* ~ *thing* nichts dergleichen; *there are* ~ *things* so etwas gibt es *od.* kommt vor; ~ *people as you see here* die(jenigen) *od.* alle Leute, die man hier sieht; *a system* ~ *as this* ein derartiges System; ~ *a one* ein solcher, eine solche, ein solches; ~ *and* ~ *persons* die u. die Personen; **2.** ähnlich, derartig: *silk and* ~ *luxuries*; *poets* ~ *as Spenser* Dichter wie Spenser; **3.** *pred.* so (beschaffen), derart(ig) (*as to* daß): ~ *is life* so ist das Leben; ~ *as it is* wie es nun einmal ist; ~ *being the case* da es sich so verhält; **4.** solch, so (groß *od.* klein *etc.*), dermaßen: ~ *a fright that* e-n derartigen Schrekken, daß ...; ~ *was the force of the explosion* so groß war die Gewalt der Explosion; **5.** F so (gewaltig), solch: *we had* ~ *fun* wir hatten e-n Riesenspaß; **II.** *adv.* **6.** so, derart: ~ *a nice day* so ein schöner Tag; ~ *a long time* e-e so lange Zeit; **III.** *pron.* **7.** solch, der, die, das, die *pl.*: ~ *as* **a)** diejenigen welche, alle die, **b)** wie (zum Beispiel); ~ *was not my intention* das war nicht meine Absicht; *man as* ~ der Mensch als solcher; *and* ~ (*like*) u. dergleichen; **8.** F *u.* ✝ der-, die-, das'selbe, die'selben *pl.*; **'~·like** *adj. u. pron.* dergleichen.
suck [sʌk] **I.** *v/t.* **1.** saugen (*from, out of* aus *dat.*); **2.** saugen an (*dat.*), aussaugen; **3.** *a.* ~ *in*, ~ *up* ein-, aufsaugen, absorbieren (*a. fig.*); **4.** ~ *in* einsaugen, verschlingen; **5.** lutschen (an *dat.*): *to* ~ *one's thumb* (am) Daumen lutschen; **6.** schlürfen: *to* ~ *soup*; **7.** *fig.* holen, gewinnen, ziehen: *to* ~ *advantage out of* Vorteil ziehen aus; **8.** *fig.* aussaugen: *to* ~ *s.o.'s brain* j-n ausholen, j-m s-e Ideen stehlen; **II.** *v/i.* **9.** saugen, lutschen (*at* an *dat.*); **10.** Luft saugen *od.* ziehen (*Pumpe*); **11.** ~ *up to sl. j-m* ‚in den Arsch kriechen'; **III.** *s.* **12.** Saugen *n*, Lutschen *n*: *to give* ~ *to* → *suckle 1*; **13.** Sog *m*, Saugkraft *f*; **14.** saugendes Geräusch; **15.** Strudel *m*; **16.** F kleiner Schluck; **17.** *sl.* **a)** Reinfall *m*, **b)** Schwindel *m*, Bluff *m*; **'suck·er** [-kə] *s.* **1.** *zo.* saugendes Jungtier, *bsd.* Spanferkel *n*; **2.** *zo.* **a)** Saugrüssel *m*, **b)** Saugnapf *m*; **3.** *ichth.* **a)** *ein* Karpfenfisch *m*, **b)** Neunauge *n*, **c)** Lumpenfisch *m*, **d)** Schildfisch *m*; **4.** ⊕ 'Saugven͵til *n od.* -kolben *m od.* -rohr *n*; **5.** Lutscher *m* (*Bonbon*); **6.** ♀ (*a. Wurzel*)Schößling *m*; **7.** *bsd. Am. sl.* Dumme(r) *m*, Gimpel *m*:

to be a ~ for **a)** stets hereinfallen auf (*acc.*), **b)** scharf sein auf (*acc.*).
suck·ing ['sʌkiŋ] *adj.* **1.** saugend; Saug...: *~-pump*; **2.** *fig.* angehend, ‚grün', Anfänger...; '**~-coil** *s.* ⊕ Tauchkernspule *f*; '**~-disk** *s. zo.* Saugnapf *m*; '**~-pig** *s. zo.* (Span-) Ferkel *n*.
suck·le ['sʌkl] *v/t.* **1.** *Kind, a. Jungtier* säugen, *Kind* stillen; **2.** *fig.* nähren, pflegen; '**suck·ling** [-liŋ] *s.* **1.** Säugling *m*; **2.** *zo.* (noch nicht entwöhntes) Jungtier; **3.** *fig.* Anfänger *m*, Grünschnabel *m*.
su·crose ['sjukrous] *s.* Rohr-, Rübenzucker *m*.
suc·tion ['sʌkʃən] **I.** *s.* **1.** (An)Saugen *n*; ⊕ *a.* Saugwirkung *f*; *phys.* Saugfähigkeit *f*; **2.** ⊕, *phys.* Sog *m*; **3.** *mot.* Hub(höhe *f*, -kraft *f*) *m*; **II.** *adj.* **4.** Saug... (*-leistung, -pumpe etc.*): *~ cleaner* (*od. sweeper*) Staubsauger; *~* **cup** *s.* ⊕ Saugnapf *m*; '**~-pipe** *s.* ⊕ Ansaugrohr *n*; '**~-plate** *s.* ⚕ Saugplatte *f* (*für Zahnprothese*); '**~-stroke** *s. mot.* (An-) Saughub *m*.
suc·to·ri·al [sʌk'tɔ:riəl] *adj.* ♀, *zo.* Saug...
Su·da·nese [su:də'ni:z] **I.** *adj.* suda'nesisch; **II.** *s.* Suda'nese *m*, Suda'nesin *f*; *pl.* Suda'nesen *pl.*
su·dar·i·um [sju(:)'dɛəriəm] *s. eccl.* Schweißtuch *n* (der Heiligen Ve'ronika); **su·da·to·ri·um** [sju:də'tɔ:riəm] *pl.* **-ri·a** [-riə] → *sudatory 3*; **su·da·to·ry** ['sju:dətəri] **I.** *adj.* **1.** Schwitz(bad)...; **2.** ⚕ schweißtreibend; **II.** *s.* **3.** Schwitzbad *n*; **4.** ⚕ schweißtreibendes Mittel.
sud·den ['sʌdn] **I.** *adj.* □ plötzlich, jäh, unvermutet, ab'rupt, über'stürzt; **II.** *s.*: *on a ~*, (*all*) *of a ~* (ganz) plötzlich; '**sud·den·ness** [-nis] *s.* Plötzlichkeit *f*.
su·dor·if·er·ous [sju:də'rifərəs] *adj. physiol.* Schweiß absondernd: *~ glands* Schweißdrüsen; **su·dor'if·ic** [-fik] *adj. u. s.* schweißtreibend(es Mittel).
suds [sʌdz] *s. pl.* **1.** Seifenwasser *n*, -lauge *f*; **2.** *Am.* F Bier *n*; '**suds·y** [-zi] *adj. Am.* schaumig, seifig.
sue [sju:] **I.** *v/t.* **1.** ⚖ *j-n* (gerichtlich) belangen, verklagen (*for* auf *acc.*, wegen); **2.** *~ out Gerichtsbeschluß etc.* erwirken; **3.** *j-n* anflehen, bitten (*for* um); **4.** *obs.* werben, anhalten um *j-n*; **II.** *v/i.* **5.** (*for*) klagen (auf *acc.*), Klage einreichen (wegen); (*e-e Schuld*) einklagen: *to ~ for a divorce* auf Scheidung klagen; **6.** nachsuchen (*to s.o.* bei j-m, *for s.th.* um et.).
suède [sweid] *s.* Wildleder *n*, Ve'lours(leder) *n*.
su·et ['sjuit] *s.* Nierenfett *n*, Talg *m*.
suf·fer ['sʌfə] **I.** *v/i.* **1.** leiden (*from* an *e-r Krankheit etc.*); **2.** leiden (*under* [*od. from*] unter *dat.*) (*Handel, Ruf, Maschine etc.*), Schaden leiden, zu Schaden kommen (*a. Person*); **3.** ⚔ Verluste erleiden; **4.** büßen, bezahlen müssen (*for* für); **5.** hingerichtet werden; **II.** *v/t.* **6.** *Strafe, Tod, Verlust etc.* erleiden, *Durst etc.* leiden, erdulden; **7.** *et. od. j-n* ertragen *od.* aushalten; **8. a)** dulden, (zu-) lassen, **b)** erlauben, gestatten: *he ~ed himself to be cheated* er ließ sich betrügen; '**suf·fer·a·ble** [-fərəbl] *adj.* □ erträglich; '**suf·fer·ance** [-fərəns] *s.* **1.** Duldung *f*, Einwilligung *f*: *on ~* unter stillschweigender Duldung, nur geduldet(erweise); **2.** *obs.* **a)** Ergebung *f*, (Er)Dulden *n*, **b)** Leiden *n*, Not *f*: *to remain in ~* ✝ weiter Not leiden (*Wechsel*); **3.** ✝ *Brit.* Zollvergünstigung *f*; '**suf·fer·er** [-fərə] *s.* **1.** Leidende(r *m*) *f*, Dulder(in): *to be a ~ by* (*from*) leiden durch (an *dat.*); **2.** Geschädigte(r *m*) *f*; **3.** Märtyrer(in); '**suf·fer·ing** [-fəriŋ] **I.** *s.* Leiden *n*, Dulden *n*; **II.** *adj.* leidend.
suf·fice [sə'fais] **I.** *v/i.* genügen, (hin-, aus)reichen: *~ it to say* es genüge zu sagen; **II.** *v/t. j-m* genügen.
suf·fi·cien·cy [sə'fiʃənsi] *s.* **1.** Hinlänglichkeit *f*, Angemessenheit *f*; **2.** hinreichende Menge *od.* Zahl: *a ~ of money* genug Geld; **3.** hinreichendes Auskommen *n*, auskömmliches Vermögen; **suf'fi·cient** [-nt] **I.** *adj.* □ **1.** genügend, genug, aus-, hin-, zureichend (*for* für): *to be ~* genügen, (aus)reichen; *~ reason* zureichender Grund; *I am not ~ of a scientist* ich bin in den Naturwissenschaften nicht bewandert genug; **2.** *obs.* tauglich, fähig; **II.** *s.* **3.** F genügende Menge, genug; **suf'fi·cient·ly** [-ntli] *adv.* genügend, zur Genüge, genug, hinlänglich.
suf·fix ['sʌfiks] **I.** *s.* **1.** *ling.* Suf'fix *n*, Nachsilbe *f*; **II.** *v/t.* [*a.* sə'fiks] **2.** *ling.* als Nachsilbe anfügen; **3.** anfügen, -hängen.
suf·fo·cate ['sʌfəkeit] **I.** *v/t.* ersticken (*a. fig.*); **II.** *v/i.* (*with*) ersticken (an *dat.*), (fast) 'umkommen (vor *dat.*); '**suf·fo·cat·ing** [-tiŋ] *adj.* □ erstickend, stickig; **suf·fo·ca·tion** [sʌfə'keiʃən] *s.* Ersticken *n*, Erstickung *f*; '**suf·fo·ca·tive** [-kətiv] *adj.* erstickend.
suf·fra·gan ['sʌfrəgən] *eccl.* **I.** *adj.* Hilfs..., Suffragan...; **II.** *s. a. ~ bishop* Suffra'gan-, Weihbischof *m*.
suf·frage ['sʌfridʒ] *s.* **1.** *pol.* Wahl-, Stimmrecht *n*: *female ~* Frauenstimmrecht; *universal ~* allgemeines Wahlrecht; **2.** (Wahl)Stimme *f*; **3.** Abstimmung *f*, Wahl *f*; **4.** Zustimmung *f*; **suf·fra·gette** [sʌfrə'dʒet] *s.* Suffra'gette *f*, Stimmrechtlerin *f*.
suf·fuse [sə'fju:z] *v/t.* **1.** über'strömen, benetzen; über'gießen, -'ziehen, bedecken (*with* mit *e-r Farbe*); durch'fluten (*Licht*): *a face ~d with blushes* ein von Schamröte übergossenes Gesicht; **2.** *fig.* (er)füllen; **suf'fu·sion** [-ju:ʒən] *s.* **1.** Über'gießen *n*, -'flutung *f*; **2.** 'Überzug *m*; **3.** ⚕ 'Blutunter,laufung *f*; **4.** *fig.* Schamröte *f*.
sug·ar ['ʃugə] **I.** *s.* **1.** Zucker *m* (*a.* ⚗, *physiol.*); **2.** ⚗ 'Kohlehy,drat *n*; **3.** *fig.* honigsüße Worte *pl.*; **4.** *sl.* ‚Zaster' *m* (*Geld*); **5.** *Am. sl.* ‚Schätzchen' *n*; **II.** *v/t.* **6.** zuckern, süßen; (über)'zuckern; **7.** *a. ~ over fig.* **a)** versüßen, **b)** über'tünchen; '**~-ba·sin** *s. Brit.* Zuckerdose *f*; '**~-beet** *s.* ♀ Zuckerrübe *f*; '**~-bowl** *s. Am.* Zuckerdose *f*; **~ can·dy** *s.* Kandis(zucker) *m*; '**~-cane** *s.* ♀ Zuckerrohr *n*; '**~-coat** *v/t.* mit Zuckerguß über'ziehen; verzuckern (*a. fig.*): *~ed pill* Dragée, verzuckerte Pille (*a. fig.*); '**~-coat·ing** *s.* **1.** Über'zuckerung *f*, Zuckerguß *m*; **2.** *fig.* Versüßen *n*; Beschönigung *f*; '**~-dad·dy** *s. Am. sl.* (*von e-r Kokotte* ausgebeuteter) ‚Geldonkel'.
sug·ared ['ʃugəd] *adj.* **1.** gezuckert, gesüßt; **2.** mit Zuckerguß; **3.** *fig.* (honig)süß.
'**sug·ar|-loaf** *s.* Zuckerhut *m* (*a. fig. Berg*); '**~-ma·ple** *s.* ♀ Zuckerahorn *m*; '**~-plum** *s.* **1.** Zuckererbse *f* (*Süßigkeit*); **2.** *fig.* Lockspeise *f*, Schmeiche'lei *f*; '**~-re·fin·er·y** *s.* 'Zuckkerraffine,rie *f*; '**~-tongs** *s. pl.* Zuckerzange *f*.
sug·ar·y ['ʃugəri] *adj.* **1.** zuckerhaltig, zuck(e)rig, süß; **2.** süßlich (*a. fig.*); **3.** *fig.* zuckersüß.
sug·gest [sə'dʒest] *v/t.* **1.** *et. od. j-n* vorschlagen, empfehlen; *et.* anregen; *et.* nahelegen (*to dat.*); **2.** *Idee etc.* eingeben, -flüstern, suggerieren: *the idea ~s itself* der Gedanke drängt sich auf (*to dat.*); **3.** hindeuten, -weisen, schließen lassen auf (*acc.*); **4.** denken lassen *od.* erinnern *od.* gemahnen an (*acc.*); **5.** *et.* andeuten, anspielen auf (*acc.*); zu verstehen geben (*that* daß); **6.** behaupten, meinen (*that* daß); **sug'gest·i·ble** [-təbl] *adj.* **1.** beeinflußbar, sugge'stibel; **2.** suggerierbar; **sug'ges·tion** [-tʃən] *s.* **1.** Vorschlag *m*, Anregung *f*: *at the ~ of* auf Vorschlag von (*od. gen.*); **2.** Wink *m*, Hinweis *m*; **3.** Spur *f*, I'dee *f*: *not even a ~ of fatigue* nicht die leiseste Spur von Müdigkeit; **4.** Vermutung *f*: *a mere ~*; **5.** Erinnerung *f* (*of* an *acc.*); **6.** Andeutung *f*, Anspielung *f* (*of* auf *acc.*); **7.** Suggesti'on *f*, Beeinflussung *f*; **8.** Eingebung *f*, -flüsterung *f*; **sug'ges·tive** [-tiv] *adj.* □ **1.** anregend, gehaltvoll; **2.** (*of*) andeutend (*acc.*), erinnernd (an *acc.*): *to be ~ of* → *suggest 3, 4*; **3.** vielsagend; *b.s.* zweideutig, schlüpfrig; **4.** *psych.* sugge'stiv; **sug'ges·tive·ness** [-tivnis] *s.* **1.** *das* Anregende *od.* Vielsagende, Gedanken-, Beziehungsreichtum *m*; **2.** Schlüpfrigkeit *f*, Zweideutigkeit *f*.
su·i·cid·al [sjui'saidl] *adj.* □ selbstmörderisch (*a. fig.*), Selbstmord...; **su·i·cide** ['sjuisaid] **I.** *s.* **1.** Selbstmord *m* (*a. fig.*), Freitod *m*: *to commit ~* Selbstmord begehen; **2.** Selbstmörder(in); **II.** *adj.* **3.** Selbstmord...
su·int [swint] *s.* Wollfett *n*, -schweiß *m* (*der Schafe*).
suit [sju:t] **I.** *s.* **1.** Satz *m*, Garni'tur *f*: *~ of armo(u)r* Rüstung; **2. a)** *a. ~ of clothes* (Herren)Anzug *m*, **b)** ('Damen)Ko,stüm *n*: *to cut one's ~ according to one's cloth fig.* sich nach der Decke strecken; **3.** *Kartenspiel*: Farbe *f*: *long ~* lange Hand; *to follow ~* **a)** Farbe bekennen, **b)** *fig.* dasselbe tun, j-s Beispiel folgen; **4.** ⚖ Rechtsstreit *m*, Pro'zeß *m*, Klage (-sache) *f*; **5.** Werbung *f*, (Heirats-) Antrag *m*; **6.** Anliegen *n*, Bitte *f*; **II.** *v/t.* **7.** (*to*) anpassen (*dat. od.* an *acc.*), einrichten (nach): *to ~ the action to the word* das Wort in die Tat umsetzen; *to ~ one's style to* sich im Stil nach *dem Publikum* richten;

a task ~*ed to his powers* e-e s-n Kräften angemessene Aufgabe; **8.** entsprechen (*dat.*): *to* ~ *s.o.'s purpose*; **9.** passen zu; *j-m* stehen, *j-n* kleiden; **10.** passen für, sich eignen zu *od.* für; → *suited 1*; **11.** sich schicken *od.* ziemen für *j-n*; **12.** *j-m* bekommen, zusagen (*Klima, Speise etc.*); **13.** *j-m* gefallen, *j-n* zufriedenstellen: *to try to* ~ *everybody* es allen Leuten recht machen wollen; *to* ~ *o.s.* nach Belieben handeln; ~ *yourself* tu, was dir beliebt; *are you* ~*ed?* haben Sie et. Passendes gefunden?; **14.** *j-m* recht sein *od.* passen; **III.** *v/i.* **15.** passen, (angenehm sein; **16.** (*with, to*) passen (zu), über'einstimmen (mit); **suit·a·bil·i·ty** [sju:tə'biliti] *s.* **1.** Eignung *f*, Angemessenheit *f*; **2.** Schicklichkeit *f*; **'suit·a·ble** [-təbl] *adj.* □ passend, geeignet; angemessen (*to, for* für, zu): *to be* ~ **a)** passen, sich eignen, **b)** sich schicken; **'suit·a·ble·ness** [-təblnis] → *suitability*.

'suit·case *s.* Handkoffer *m.*

suite [swi:t] *s.* **1.** Gefolge *n*; **2.** Folge *f*, Reihe *f*, Serie *f*; **3.** *a.* ~ *of rooms* **a)** Zimmerflucht *f*, **b)** Apparte'ment *n*; **4.** ('Möbel)Garni,tur *f*, (Zimmer)Einrichtung *f*; **5.** Fortsetzung *f* (*Roman etc.*); **6.** ♪ Suite *f.*

suit·ed ['sju:tid] *adj.* **1.** passend, geeignet (*to, for* für): *he is not* ~ *for* (*od. to be*) *a teacher* er eignet sich nicht zum Lehrer; **2.** *in Zssgn*: gekleidet; **'suit·ing** [-iŋ] *s.* Anzug-, Herrenstoff *m.*

suit·or ['sju:tə] *s.* **1.** Freier *m*; **2.** ⚖ Kläger *m*, (Pro'zeß)Par,tei *f*; **3.** Bittsteller *m.*

sul·fate *etc.* → *sulphate etc.*

sulk [sʌlk] **I.** *v/i.* schmollen (*with* mit), trotzen, schlechter Laune *od.* ‚eingeschnappt' sein; **III.** *s. mst pl.* Schmollen *n*, (Anfall *m* von) Trotz *m*, schlechte Laune: *to be in the* ~*s* → *I*; **'sulk·i·ness** [-kinis] *s.* Schmollen *n*, Trotzen *n*, schlechte Laune, mürrisches Wesen; **'sulk·y** [-ki] **I.** *adj.* □ **1.** mürrisch, launisch; **2.** schmollend, trotzend; **3.** *Am.* für 'eine Per'son (bestimmt): *a* ~ *set of China*; **4.** ⚒, ⊕ *Am. Pflug* mit Fahrersitz; **II.** *s.* **5. a)** zweirädriger, einsitziger Einspänner, **b)** *sport* Sulky *n*, Traberwagen *m.*

sul·len ['sʌlən] *adj.* □ **1.** mürrisch, grämlich, verdrossen; **2.** düster (*Miene, Landschaft etc.*); **3.** 'widerspenstig, störrisch (*bsd. Tiere u. Dinge*); **4.** langsam, träge (*Schritt etc.*); **'sul·len·ness** [-nis] *s.* **1.** mürrisches Wesen, Verdrossenheit *f*; **2.** Düsterkeit *f*; **3.** 'Widerspenstigkeit *f*; **4.** Trägheit *f.*

sul·ly ['sʌli] *v/t. mst fig.* besudeln, beflecken.

sul·phate ['sʌlfeit] ⚗ **I.** *s.* schwefelsaures Salz, Sul'fat *n*: ~ *of copper* Kupfervitriol, -sulfat; **II.** *v/t.* sulfatieren; **'sul·phide** [-faid] *s.* ⚗ Sul'fid *n*; **'sul·phite** [-fait] *s.* ⚗ schwefeligsaures Salz, Sul'fit *n.*

sul·phur ['sʌlfə] *s.* **1.** ⚗ Schwefel *m*; **2.** *a.* ~*yellow* Schwefelgelb *n* (*Farbe*); **3.** *zo. ein* Weißling *m* (*Falter*); **'sul·phu·rate** [-fjureit] → *sulphurize*; **sul·phu·re·ous** [sʌl'fjuəriəs] *adj.* **1.** schwef(e)lig, schwefelhaltig, Schwefel...; **2.** schwefelfarben; **'sul·phu·ret** [-fjuret] ⚗ **I.** *s.* Sul'fid *n*; **II.** *v/t.* schwefeln: ~*ted* geschwefelt; ~*ted hydrogen* Schwefelwasserstoff; **sul·phu·ric** [sʌl'fjuərik] *adj.* ⚗ Schwefel...; **'sul·phu·rize** [-juraiz] ⚗, ⊕ *v/t.* **1.** schwefeln; **2.** vulkanisieren; **'sul·phu·rous** [-fjərəs] *adj.* **1.** ⚗ → *sulphureous*; **2.** *fig.* hitzig, heftig.

sul·tan ['sʌltən] *s.* 'Sultan *m*; **sul·tan·a** [sʌl'tɑ:nə] *s.* **1.** 'Sultanin *f*; **2.** [səl'tɑ:nə] *a.* ~ *raisin* ⚘ Sulta'nine *f*; **'sul·tan·ate** [-tənit] *s.* Sulta'nat *n.*

sul·tri·ness ['sʌltrinis] *s.* Schwüle *f*; **sul·try** ['sʌltri] *adj.* □ **1.** schwül (*a. fig. sexuell*); **2.** *fig.* heftig, heiß, hitzig (*Temperament etc.*).

sum [sʌm] **I.** *s.* **1.** *allg.* Summe *f*: **a)** *a.* ~ *total* (Gesamt-, End)Betrag *m*, **b)** (Geld)Betrag *m*, **c)** *fig.* Ergebnis *n*, **d)** *fig.* Gesamtheit *f*: *in* ~ insgesamt; mit 'einem Wort; **2.** F **a)** Rechenaufgabe *f*, **b)** *pl.* Rechnen *n*: *to do* ~*s* rechnen; *he is good at* ~*s* er kann gut rechnen; **3.** *fig.* Inbegriff *m*, Kern *m*, Sub'stanz *f*; **4.** Zs.-fassung *f*; **II.** *v/t.* **5.** *a.* ~ *up* summieren, zs.-zählen; **6.** ~ *up Ergebnis* ausmachen; **7.** ~ *up fig.* (kurz) zs.-fassen, rekapitulieren; **8.** ~ *up* (kurz) ein-, abschätzen, (mit Blikken) messen; **III.** *v/i.* **9.** ~ *up* (das Gesagte) zs.-fassen, resümieren.

sum·ma·ri·ness ['sʌmərinis] *s. das* Sum'marische, Kürze *f*; **'sum·ma·rize** [-raiz] *v/t. u. v/i.* (kurz) zs.-fassen; **'sum·ma·ry** [-ri] **I.** *s.* Zs.-fassung *f*, (gedrängte) 'Übersicht, Abriß *m*, (kurze) Inhaltsangabe; **II.** *adj.* sum'marisch: **a)** knapp, gedrängt, **b)** ⚖ abgekürzt, Schnell...: ~ *procedure*; ~ *dismissal* fristlose Entlassung; **sum·ma·tion** [sʌ'meiʃən] *s.* **1.** Zs.-zählen *n*; **2.** Summierung *f*; **3.** (Gesamt)Summe *f*; **4.** ⚖ Resü'mee *n.*

sum·mer[1] ['sʌmə] **I.** *s.* **1.** Sommer *m*: *in (the)* ~ im Sommer; **2.** Lenz *m* (*Lebensjahr*): *a lady of 20* ~*s*; **II.** *v/t.* **3.** *Vieh etc.* über'sommern lassen; **III.** *v/i.* **4.** den Sommer verbringen; **IV.** *adj.* **5.** sommerlich, Sommer...

sum·mer[2] ['sʌmə] *s.* △ **1.** Oberschwelle *f*; **2.** Trägerbalken *m*; **3.** Tragstein *m auf Pfeilern.*

'sum·mer|-house *s.* Gartenhaus *n*, (-)Laube *f*; ~ **light·ning** *s.* Wetterleuchten *n.*

'sum·mer·like [-laik], **sum·mer·ly** ['sʌməli] *adj.* sommerlich.

'sum·mer|-re·sort *s.* Sommerfrische *f*, -kurort *m*; ~ **school** *s. bsd. univ.* Ferien-, Sommerkurs *m*; ~ **term** *s. univ.* 'Sommerse,mester *n*; **'~time** *s.* Sommer *m*, Sommerszeit *f*; ~ **time** *s.* Sommerzeit *f* (*Uhrzeit*).

sum·mer·y ['sʌməri] *adj.* sommerlich.

'sum·ming-'up ['sʌmiŋ-] (kurze) Zs.-fassung, Resü'mee *n* (*a.* ⚖).

sum·mit ['sʌmit] *s.* **1.** Gipfel *m* (*a. fig. pol.*), Kuppe *f e-s Berges*: ~ *conference pol.* Gipfelkonferenz; **2.** Scheitel *m e-r Kurve etc.*; Kappe *f*, Krone *f e-s Dammes etc.*; **3.** *fig.* Gipfel *m*, Höhepunkt *m*: *at the* ~ *of power* auf dem Gipfel der Macht; **4.** höchstes Ziel.

sum·mon ['sʌmən] *v/t.* **1.** auffordern, -rufen (*to do et.* zu tun); **2.** rufen, kommen lassen, (her)zitieren; **3.** ⚖ vorladen; **4.** *Konferenz etc.* zs.-rufen, einberufen; **5.** *oft* ~ *up Kräfte, Mut etc.* zs.-nehmen, zs.-raffen, aufbieten; **'sum·mon·er** [-nə] *s.* (*hist.* Gerichts-) Bote *m*; **'sum·mons** [-nz] *s.* **1.** Ruf *m*, Berufung *f*; **2.** Aufforderung *f*, Aufruf *m*; **3.** ⚖ (Vor)Ladung *f*: *to take out a* ~ *against s.o.* j-n (vor-) laden lassen; **4.** Einberufung *f.*

sump [sʌmp] *s.* **1.** Sammelbehälter *m*, Senkgrube *f*; **2.** ⊕, *mot.* Ölwanne *f*; **3.** ⚒ (Schacht)Sumpf *m.*

sump·ter ['sʌmptə] **I.** *s.* Saumtier *n*; **II.** *adj.* Pack...: ~ *horse*; ~ *saddle.*

sump·tion ['sʌmpʃən] *s. phls.* **1.** Prä'misse *f*; **2.** Obersatz *m* (*im Syllogismus*).

sump·tu·ar·y ['sʌmptjuəri] *adj.* Aufwands..., Luxus...; **'sump·tu·ous** [-əs] *adj.* □ **1.** kostspielig; **2.** kostbar, prächtig, herrlich; **3.** üppig; **'sump·tu·ous·ness** [-əsnis] *s.* **1.** Kostspieligkeit *f*; **2.** Pracht *f*; Aufwand *m*, Luxus *m.*

sun [sʌn] **I.** *s.* **1.** Sonne *f*: *a place in the* ~ *fig.* ein Platz an der Sonne; *under the* ~ *fig.* unter der Sonne, auf Erden; *with the* ~ bei Tagesanbruch; *his* ~ *is set fig.* sein Stern ist erloschen; **2.** Sonne *f*, Sonnenwärme *f*, -licht *n*, -schein *m*: *to have the* ~ *in one's eyes sl.* beduselt *od.* betrunken sein; **3.** *poet.* **a)** Jahr *n*, **b)** Tag *m*; **II.** *v/t. u. v/i.* **4.** (sich) sonnen; **'~-and-'plan·et (gear)** *s.* ⊕ Pla'netengetriebe *n*; **'~-baked** *adj.* von der Sonne ausgedörrt *od.* getrocknet; **'~-bath** *s.* Sonnenbad *n*; **'~-bathe** *v/i.* Sonnenbäder *od.* ein Sonnenbad nehmen; **'~beam** *s.* Sonnenstrahl *m*; **'~-blind** *s. Brit.* Mar'kise *f*; **'~burn** *s.* Sonnenbrand *m*, -bräune *f*; **'~burned, '~burnt** *adj.* sonn(en)verbrannt: **to be** ~ e-n Sonnenbrand haben; **'~burst** *s.* **1.** plötzlicher 'Durchbruch der Sonne; **2.** Sonnenbanner *n* (*Japans*).

sun·dae ['sʌndei] *s. bsd. Am.* Eisbecher *m* mit Früchten.

Sun·day ['sʌndi] **I.** *s.* **1.** Sonntag *m*: *on* ~ (am) Sonntag; *on* ~*(s)* sonntags; ~ *evening*, ~ *night* Sonntagabend; *a month of* ~*s fig.* schrecklich lange, ewig; **II.** *adj.* **2.** sonntäglich, Sonntags...: ~ *best* F Sonntagsstaat, -kleider; ~ *school eccl.* Sonntagsschule; **3.** F Sonntags...: ~ *driver*; ~ *painter.*

sun·der ['sʌndə] *poet.* **I.** *v/t.* **1.** trennen, sondern (*from* von); **2.** *fig.* entzweien; **II.** *v/i.* **3.** sich trennen; **III.** *s.* **4.** *in* ~ entzwei, auseinander.

'sun|-di·al *s.* Sonnenuhr *f*; **'~down** → *sunset*; **'~down·er** *s.* **1.** *Austral.* F Landstreicher *m*; **2.** F Dämmerschoppen *m*; **3.** *Am. sl.* **a)** Nachtarbeiter *m*, **b)** Abendschüler *m*; **'~-dried** *adj.* an der Sonne getrocknet *od.* gedörrt.

sun·dries ['sʌndriz] *s. pl.* Di'verses *n*, Verschiedenes *n*, allerlei Dinge; di'verse Unkosten; **sun·dry** ['sʌndri] *adj.* verschiedene, di'verse, allerlei, -hand: *all and* ~ all u. jeder, alle miteinander.

'sun|·fast *adj. Am.* lichtecht; **'~·flow·er** *s.* Sonnenblume *f.*

sung [sʌŋ] *pret. u. p.p. von sing.*

'sun|-glass·es *s. pl. a. pair of* ~ Sonnenbrille *f*; **'~-glow** *s.* **1.** Morgen-, Abendröte *f*; **2.** Sonnenhof *m*; **'~-god** *s.* Sonnengott *m*; **'~-'hel·met** *s.* Tropenhelm *m.*

sunk [sʌŋk] **I.** *pret. u. p.p. von sink*; **II.** *adj.* **1.** vertieft; **2.** *bsd.* ⊕ eingelassen, versenkt: ~ *screw*; ~ *relief*; **sunk·en** [-kən] **I.** *obs. p.p. von sink*; **II.** *adj.* **1.** versunken; **2.** eingesunken: ~ *rock* blinde Klippe; **3.** tiefliegend, vertieft (angelegt); **4.** ⊕ → *sunk 2*; **5.** *fig.* hohl (*Augen, Wangen*), eingefallen (*Gesicht*).

'sun|·lamp *s.* **1.** ⚕ künstliche Höhensonne; **2.** *Film*: 'Jupiterlampe *f*; **'~·light** *s.* Sonnenschein *m*, -licht *n*; **'~·like** *adj.* sonnenähnlich, Sonnen...; **'~·lit** *adj.* sonnenbeschienen.

sun·ni·ness ['sʌninis] *s.* Sonnigkeit *f* (*a. fig.*); **sun·ny** ['sʌni] *adj.* □ sonnig (*a. fig. Gemüt, Lächeln etc.*), Sonnen...: ~ *side* Sonnenseite (*a. fig. des Lebens*).

sun| par·lor *s. Am.* 'Glasveˌranda *f*; **'~·pow·er** *s. phys.* 'SonnenenerˌgIe *f*; **'~·proof** *adj.* **1.** für Sonnenstrahlen 'unˌdurchlässig; **2.** lichtfest; **'~·rise** *s.* Sonnenaufgang *m*: *at* ~ bei Sonnenaufgang; **'~·set** *s.* 'Sonnenˌuntergang *m*: *at* ~ bei Sonnenuntergang; ~ *of life fig.* Lebensabend; **'~·shade** *s.* **1.** Sonnenschirm *m*; **2.** Mar'kise *f*; **3.** *phot.* Gegenlichtblende *f*; **'~·shine** *s.* Sonnenschein *m* (*a. fig.*); sonniges Wetter: ~ *roof mot.* Schiebedach; **'~·shin·y** *adj.* sonnig (*a. fig.*); **'~·spot** *s.* **1.** *ast.* Sonnenfleck *m*; **2.** Sommersprosse *f*; **'~·stroke** *s.* ⚕ Sonnenstich *m*, Hitzschlag *m*; **'~·struck** *adj.* ⚕ vom Sonnenstich *od.* Hitzschlag getroffen; **'~·tan** *s.* (Sonnen)Bräune *f*; **'~·up** *s. dial.* Sonnenaufgang *m.*

'sun-wor·ship·(p)er *s.* Sonnenanbeter *m.*

sup¹ [sʌp] *v/i.* zu Abend essen (*off od. on s.th. et.*).

sup² [sʌp] **I.** *v/t.* **1.** *a.* ~ *off*, ~ *out* löffeln, schlürfen; **2.** *fig.* (gründlich) auskosten, erfahren; **II.** *v/i.* **3.** nippen, löffeln; **III.** *s.* **4.** Mundvoll *m*, kleiner Schluck: *a bite and a* ~ et. zu essen u. zu trinken; *neither bit* (*od. bite*) *nor* ~ nichts zu beißen u. zu brechen.

super- [sju:pə] *in Zssgn* **a)** 'übermäßig, Über..., über..., **b)** oberhalb (von *od. gen.*) *od.* über (*dat.*) befindlich, **c)** Super... (*in wissenschaftlichen Ausdrücken*), **d)** 'übergeordnet, Ober...

su·per ['sju:pə] **I.** *s.* **1.** F *für* **a)** *superintendent*, **b)** *supernumerary*; **2.** ✝ **a)** erstklassige Quali'tät, Spitzenklasse *f*, **b)** Quali'tätsware *f*; **II.** *adj.* **3.** F erstklassig, prima, ‚super'.

su·per·a·ble ['sju:pərəbl] *adj.* über'windbar, besiegbar.

su·per|·a'bound [-ərə-] *v/i.* **1.** im 'Überfluß vor'handen sein; **2.** Überfluß *od.* e-e 'Überfülle haben (*in, with* an *dat.*); **~·a'bun·dance** *s.* Überfülle *f*, -fluß *m* (*of* an *dat.*); **~·a'bun·dant** *adj.* □ **1.** 'überreichlich; **2.** 'überschwenglich; **~'add** [-ər'æd] *v/t.* noch hin'zufügen (*to* zu): *to be* ~*ed* (*to*) noch dazukommen (zu *et.*).

su·per|·an·nu·ate [sju:pə'rænjueit] *v/t.* **1.** pensionieren, in den Ruhestand versetzen; **2.** (als zu alt) ausscheiden; **3.** *ped. wegen mangelnder Leistung* von der Schule verweisen; **~'an·nu·at·ed** [-tid] *adj.* **1.** pensioniert, ausgedient; **2.** über'altert (*Person*); **3.** veraltet, über'holt, ausgedient (*Sache*); **~·an·nu·a·tion** [sju:pərænju'eiʃən] *s.* **1.** Pensionierung *f*; **2.** Ruhestand *m*; **3.** Ruhegeld *n*, Pensi'on *f*: ~ *fund* Pensionskasse.

su·perb [sju(:)'pə:b] *adj.* □ **1.** herrlich, prächtig; **2.** vor'züglich, ausgezeichnet.

'su·per|'cal·en·der ⊕ **I.** *s.* 'Hochkaˌlander *m*; **II.** *v/t. Papier* 'hochsatiˌnieren; **'~·car·go** *s.* Fracht-, Ladungsaufseher *m*; **'~·charge** *v/t.* **1.** über'laden; **2.** ⊕, *mot.* vor-, 'überverdichten: ~*d engine* Lader-, Kompressormotor; **'~·charg·er** *s.* ⊕ Vorverdichter *m*, Gebläse *n*, Kom'pressor *m.*

su·per·cil·i·ous [sju:pə'siliəs] *adj.* □ hochmütig, her'ablassend; **su·per'cil·i·ous·ness** [-nis] *s.* Hochmut *m*, Hochnäsigkeit *f*, Her'ablassung *f.*

'su·per|'dom·i·nant *s.* ♪ sechste Stufe (*Stufe über der Dominante*); **'~'dread·nought** *s.* ⚓ Großkampfschiff *n*; **~·el·e'va·tion** *s.* ⊕ Über'höhung *f*; **~'em·i·nence** *s.* **1.** Vorrang(stellung *f*) *m*; **2.** über'ragende Bedeutung *od.* Quali'tät, Vortrefflichkeit *f.*

su·per·er·o·ga·tion [sju:pərerə'geiʃən] *s.* Mehrleistung *f*: *works of* ~ *eccl.* überschüssige (gute) Werke; *work of* ~ *fig.* Arbeit über die Pflicht hinaus; **su·per·e·rog·a·to·ry** [sju:pəre'rɔgətəri] *adj.* **1.** über das Pflichtmaß hin'ausgehend, 'übergebührlich; **2.** 'überflüssig.

su·per'ex·cel·lent [-ə're-] *adj.* □ höchst vor'trefflich, 'unüberˌtrefflich.

su·per·fi·ci·al [sju:pə'fiʃəl] *adj.* □ **1.** oberflächlich, Oberflächen...; **2.** Flächen..., Quadrat...: ~ *measurement* Flächenmaß; **3.** äußerlich, äußer: ~ *characteristics*; **4.** *fig.* oberflächlich: **a)** flüchtig, **b)** *contp.* seicht; **su·per·fi·ci·al·i·ty** [sju:pəfiʃi'æliti] *s.* **1.** Oberflächenlage *f*; **2.** *fig.* Oberflächlichkeit *f*; **su·per·fi·ci·es** [sju:pə'fiʃi:z] *s.* **1.** (Ober-)Fläche *f*; **2.** *fig.* Oberfläche *f*, äußerer Anschein.

'su·per|-film *s.* Monumen'talfilm *m*; **'~'fine** *adj.* **1.** *bsd.* ✝ extra-, hochfein; **2.** über'feinert.

su·per·flu·i·ty [sju:pə'flu(:)iti] *s.* **1.** 'Überfluß *m*, Zu'viel *n* (*of* an *dat.*); **2.** *mst pl.* Entbehrlichkeit *f*, 'Überflüssigkeit *f*; **su·per·flu·ous** [sju(:)-'pə:fluəs] *adj.* □ 'überflüssig.

'su·per|'heat *v/t.* ⊕ über'hitzen; **'~'het(·er·o·dyne)** [-'het(ərədain)] **I.** *adj.* **1.** Überlagerungs..., Superhet...; **II.** *s.* **2.** Über'lagerungsempfänger *m*, Super(het) *m*; **'~'high fre·quen·cy** *s.* ⚡ 'Höchstfrequenz (-bereich *m*) *f*; **~'high·way** *s. Am.* Autobahn *f*; **~'hu·man** *adj.* 'übermenschlich: ~ *beings*; ~ *efforts*; **'~·im'pose** [-əri-] *v/t.* **1.** dar'auf-, dar'übersetzen *od.* -legen; **2.** setzen, legen, lagern (*on* auf, über *acc.*); **3.** (*on*) hin'zufügen (zu), folgen lassen (*dat.*); **4.** ⚡, *phys.* über'lagern; **'~·im'posed** [-əri-] *adj.* **1.** dar'auf-, dar'übergelegt *od.* -liegend: ~ *one upon another* übereinandergelagert; **2.** *phys.* über'lagert; **'~·in'duce** [-əri-] *v/t.* **1.** (noch) hin'zufügen (*on* zu); **2.** (zusätzlich) einführen (*on, upon* zu); **3.** (oben'drein) her'beiführen.

su·per·in·tend [sju:prin'tend] *v/t.* die (Ober)Aufsicht haben über (*acc.*), beaufsichtigen, über'wachen, leiten; **su·per·in'tend·ence** [-dəns] *s.* (Ober)Aufsicht *f* (*over* über *acc.*), Leitung *f* (*of gen.*); **su·per·in'ten·dent** [-dənt] **I.** *s.* **1.** Leiter *m*, Vorsteher *m*, Di'rektor *m*: ~ *of public works*; **2.** Oberaufseher *m*, Aufsichtsbeamte(r) *m*, In'spektor *m*: ~ *of schools*; **3.** *Brit.* Poli'zeichef *m*; **4.** *eccl.* ˌSuperinten'dent *m*; **II.** *adj.* **5.** aufsichtführend, leitend, Aufsichts...

su·pe·ri·or [sju(:)'piəriə] **I.** *adj.* □ **1.** höherliegend, ober: ~ *planets ast.* äußere Planeten; ~ *wings zo.* Flügeldecken; **2.** höher(stehend), Ober..., vorgesetzt: ~ *court* ⚖ Obergericht, höhere Instanz; ~ *officer* vorgesetzter *od.* höherer Beamter *od.* Offizier, Vorgesetzte(r); **3.** über'legen, -'ragend: ~ *man*; ~ *skill*; → *style 1b*; **4.** besser (*to* als), her'vorragend, erlesen: ~ *quality*; **5.** (*to*) größer, stärker (als), über'legen (*dat.*): ~ *forces* ⚔ Übermacht; ~ *in number* zahlenmäßig überlegen, in der Überzahl; **6.** *fig.* erhaben (*to* über *acc.*): ~ *to prejudice*; *to rise* ~ *to* sich über *et.* erhaben zeigen; **7.** *fig.* über'legen, -'heblich: ~ *smile*; **8.** *iro.* vornehm: ~ *persons* bessere *od.* feine Leute; **9.** *typ.* hochgestellt; **II.** *s.* **10.** *to be s.o.'s* ~ j-m überlegen sein (*in* im *Denken etc.*, an *Mut etc.*); **11.** Vorgesetzte(r *m*) *f*; **12.** *eccl.* **a)** Su'perior *m*, **b)** *mst lady* ~ Oberin *f*; **su·pe·ri·or·i·ty** [sju(:)piəri'ɔriti] *s.* **1.** Erhabenheit *f* (*to, over* über *acc.*); **2.** Über'legenheit *f*, 'Übermacht *f* (*to, over* über *acc.*, *in* in *od.* an *dat.*); **3.** Vorrecht *n*, -rang *m*, -zug *m*; **4.** Über'heblichkeit *f*: ~ *complex psych.* Superioritätskomplex.

su·per·la·tive [sju(:)'pə:lətiv] **I.** *adj.* □ **1.** höchst; **2.** über'ragend, 'unüberˌtrefflich; **3.** *ling.* superla'tivisch, Superlativ...: ~ *degree* → *5*; **II.** *s.* **4.** höchster Grad, Gipfel *m*; *contp.* Ausbund *m* (*of* von): *to talk in* ~*s* in Superlativen reden; **5.** *ling.* Superlativ *m.*

'su·per|·man [-mæn] *s.* [*irr.*] 'Übermensch *m*; **'~·mar·ket** *s.* Supermarkt *m.*

su·per·nal [sju(:)'pə:nl] *adj. poet.* 'überirdisch.

su·per|'nat·u·ral **I.** *adj.* □ 'übernaˌtürlich; **II.** *s. das* 'Übernaˌtürliche *od.* Wunderbare; **'~'nor·mal** *adj.* □ **1.** 'überˌdurchschnittlich; **2.** außer-, ungewöhnlich; **~'nu·mer·ar·y** [-'nju:mərəri] **I.** *adj.* **1.** 'überzählig, außerplanmäßig, extra; **2.**

ˈüberflüssig; **II.** *s.* **3.** ˈüberzählige Perˈson *od.* Sache; **4.** außerplanmäßiger Beamter *od.* Offiˈzier, Supernumeˈrar *m*; **5.** Hilfsarbeiter *m*; **6.** *thea.* Staˈtist(in); **~ˈox·ide** *s.* ⚗ ˈSuper-, ˈPero,xyd *n*; **~ˈphos·phate** *s.* ⚗ ˈSuperphos,phat *n*.

su·per·pose [ˈsju:pəˈpouz] *v/t.* **1.** (auf)legen, lagern, schichten (*on* über, auf *acc.*); **2.** übereinˈander anbringen, übereinˈanderlegen, -lagern; **3.** ⚡ überˈlagern; **ˈsu·per·po·ˈsi·tion** *s.* **1.** Aufschichtung *f*, -lagerung *f*; **2.** Übereinˈandersetzen *n*; **3.** *geol.* Schichtung *f*; **4.** ⚘, ⚡ ,Superpositiˈon *f*; **5.** ⚡ Überˈlagerung.

ˈsu·per|ˈpow·er I. *s. pol.* Supermacht *f*; **II.** *adj.* ⚡ Groß...: **~** *station* Großkraftwerk; **ˈ~ˈscribe** *v/t.* **1.** beschriften, überˈschreiben; **2.** *obs.* adressieren; **~ˈscrip·tion** [-ˈskripʃən] *s.* ˈÜber-, Aufschrift *f*.

su·per·sede [sju:pəˈsi:d] *v/t.* **1.** *j-n od. et.* ersetzen (*by* durch); **2.** *et.* abschaffen, beseitigen, *Gesetz etc.* aufheben; **3.** *j-n* absetzen, des Amtes entheben; **4.** *j-n in der Beförderung etc.* überˈgehen; **5.** *et.* verdrängen, ersetzen, ˈüberflüssig machen; **6.** an die Stelle treten von (*od. gen.*), *j-n od. et.* ablösen: *to be* **~***d by* abgelöst werden von; **su·per·ˈse·de·as** [-diæs] *s.* **1.** ⚖ Sistierungsbefehl *m*, ˈWiderruf *m e-r Anordnung*; **2.** *fig.* aufschiebende Wirkung, Hemmnis *n*; **su·perˈsed·ence** [-dəns], **su·perˈse·dure** [-dʒə] → *supersession*.

su·perˈsen·si·tive *adj.* ˈüberempfindlich.

su·per·ses·sion [sju:pəˈseʃən] *s.* **1.** Ersetzung *f* (*by* durch); **2.** Abschaffung *f*; **3.** Aufhebung *f*; **4.** Verdrängung *f*.

ˈsu·perˈson·ic I. *adj.* **1.** *phys.* Ultraschall...; **2.** ✈ Überschall...: *at* **~** *speed* mit Überschallgeschwindigkeit; **II.** *s. pl.* **3.** *phys.* **a)** ˈUltraschallwellen *pl.*, **b)** *mst sg. konstr.* Fachgebiet *n* des ˈUltraschalls.

su·per·sti·tion [sju:pəˈstiʃən] *s.* Aberglaube(n) *m*; **su·perˈsti·tious** [-ʃəs] *adj.* □ abergläubisch; **su·perˈsti·tious·ness** [-ʃəsnis] *s. das* Abergläubische, Aberglaube(n) *m*.

su·perˈstra·tum *s.* [*irr.*] *geol.* obere Schicht.

ˈsu·per·struc·ture *s.* **1.** Über-, Ober-, Aufbau *m*: **~** *work* Hochbau; **2.** ⚓ (Decks)Aufbauten *pl.*

ˈsu·per·tax → *surtax*.

su·per·vene [sju:pəˈvi:n] *v/i.* **1.** (noch) hinˈzukommen ([*up*]*on* zu); **2.** (unvermutet) eintreten, daˈzwischenkommen; **3.** (unmittelbar) folgen, sich ergeben; **su·perˈven·tion** [-ˈvenʃən] *s.* **1.** Hinˈzukommen *n* (*on* zu); **2.** Daˈzwischenkunft *f*.

su·per·vise [ˈsju:pəvaiz] *v/t.* beaufsichtigen, überˈwachen, die Aufsicht haben *od.* führen über (*acc.*); **su·perˈvi·sion** [-ˈviʒən] *s.* **1.** Beaufsichtigung *f*; **2.** (Ober)Aufsicht *f*, Leitung *f*, Konˈtrolle *f* (*of* über *acc.*): *police* **~** Polizeiaufsicht; **3.** *ped.* ˈSchulinspekti,on *f*; **ˈsu·per·vi·sor** [-zə] *s.* **1.** Aufseher *m*, Inˈspektor *m*, Kontrolˈleur *m*; **2.** *Am.* (leitender) Beamter e-s Stadt- *od.* Kreisverwaltungsvorstandes; **3.** *univ.* Doktorvater *m*; **su·perˈvi·so·ry** [-zəri] *adj.* Aufsichts...: *in a* **~** *capacity* aufsichtführend, als Aufsichtsbehörde.

su·pine[1] [ˈsju:pain] *s. ling.* Suˈpinum *n*.

su·pine[2] [sju:ˈpain] *adj.* □ **1.** auf dem Rücken liegend, aus-, hingestreckt: **~** *position* Rückenlage; **2.** *poet.* zuˈrückgelehnt; **3.** *fig.* (nach-) lässig, gleichgültig, träge.

sup·per [ˈsʌpə] *s.* **1.** Abendessen *n*: *to have* **~** zu Abend essen; **2.** *the* ♀ *eccl.* **a)** *a. the Last* ♀ das letzte Abendmahl, **b)** *a. the Lord's* ♀ das Heilige Abendmahl, die Heilige Kommunion.

sup·plant [səˈplɑ:nt] *v/t. j-n od. et.* verdrängen, ersetzen; *Rivalen etc.* ausstechen.

sup·ple [ˈsʌpl] **I.** *adj.* □ **1.** geschmeidig: **a)** biegsam, **b)** *fig.* beweglich (*Geist etc.*), **c)** *fig.* kriecherisch; **II.** *v/t.* geschmeidig machen.

sup·ple·ment I. *s.* [ˈsʌplimənt] **1.** Ergänzung *f*, Zusatz *m* (*to* zu); **2.** Nachtrag *m*, Anhang *m* (*zu e-m Buch*), Ergänzungsband *m*; **3.** (*Zeitungs- etc.*)Beilage *f*; **4.** ⩚ Ergänzung *f*, Suppleˈment(winkel *m*) *n*; **II.** *v/t.* [ˈsʌpliment] **5.** ergänzen; **sup·ple·ment·al** [sʌpliˈmentl] *adj.* □, **sup·ple·men·ta·ry** [sʌpliˈmentəri] *adj.* □ **1.** ergänzend, Ergänzungs..., Zusatz..., Nach(trags)...: *to be* **~** *to et.* ergänzen; **~** *agreement pol.* Zusatzabkommen; **~** *order* Nachbestellung; **~** *proceedings* ⚖ (Zwangs)Vollstreckungsverfahren; *to take a* **~** *ticket* (e-e Fahrkarte) nachlösen; **2.** ⩚ supplemenˈtär; **3.** Hilfs..., Ersatz...; **sup·ple·men·ta·tion** [sʌplimenˈteiʃən] *s.* Ergänzung *f*: **a)** Nachtragen *n*, **b)** Nachtrag *m*, Zusatz *m*.

sup·ple·ness [ˈsʌplnis] *s.* Geschmeidigkeit *f* (*a. fig.*).

sup·pli·ant [ˈsʌpliənt] **I.** *s.* (demütiger) Bittsteller; **II.** *adj.* □ flehend, demütig (bittend).

sup·pli·cant [ˈsʌplikənt] → *suppliant*; **sup·pli·cate** [ˈsʌplikeit] **I.** *v/i.* **1.** demütig bitten, flehen (*for* um); **II.** *v/t.* **2.** anflehen, demütig bitten (*s.o. for s.th.* j-n um et.); **3.** erbitten, erflehen, bitten um; **sup·pli·ca·tion** [sʌpliˈkeiʃən] *s.* **1.** demütige Bitte (*for* um), Flehen *n*; **2.** (Bitt)Gebet *n*; **3.** Bittschrift *f*, Gesuch *n*; **ˈsup·pli·ca·to·ry** [-ətəri] *adj.* flehend, Bitt...

sup·pli·er [səˈplaiə] *s.* Liefeˈrant (-in), Versorger(in); *a. pl.* ˈLiefer-,firma *f*.

sup·ply[1] [səˈplai] **I.** *v/t.* **1.** *Ware,* ⚡ *Strom etc., a. fig. Beweis etc.* liefern; beschaffen, bereitstellen, zuführen; **2.** *j-n* beliefern, versorgen, -sehen, ausstatten; ⊕, ⚡ speisen (*with* mit); **3.** *Fehlendes* ergänzen; *Verlust* ausgleichen, ersetzen; *Defizit* decken; **4.** *Bedürfnis* befriedigen; *Nachfrage* decken: *to* **~** *a want* e-m Mangel abhelfen; **5.** *e-e Stelle* ausfüllen, einnehmen; *Amt* vorˈübergehend versehen: *to* **~** *the place of j-n* vertreten; **II.** *s.* **6.** Lieferung *f* (*to* an *acc.*); Beschaffung *f*, Bereitstellung *f*; An-, Zufuhr *f*; **7.** Belieferung *f*, Versorgung *f* (*of* mit): **~** *of power* Energie-, Stromversorgung; **8.** ⊕, ⚡ Anschluß *m* (an das Netz); **9.** Ergänzung *f*; Beitrag *m*, Zuschuß *m*; **10.** ✝ Angebot *n* (*Ggs. demand*): *to be in short* **~** knapp sein; **11.** *pl.* ✝ Arˈtikel *pl.*, Bedarf *m*: *office supplies* Bürobedarf; **12.** *mst pl.* Vorrat *m*, Lager *n*, Bestand *m*; **13.** *mst pl.* ⚔ Nachschub *m*, Verˈsorgung(smateri,al *n*) *f*, Proviˈant *m*; **14.** *mst pl. parl.* bewilligter Eˈtat, (ˈAusgabe-) Bu,dget *n*: *Committee of* **~** Haushaltsausschuß; **15.** (Amts-, Stell-) Vertretung *f*: *on* **~** in Vertretung, als Ersatz; **16.** (Stell)Vertreter *m* (*Lehrer etc.*); **III.** *adj.* **17.** Versorgungs..., Liefer(ungs)...: **~** *house* Lieferfirma; **18.** ⚔ Versorgungs... (*-bombe, -gebiet, -offizier, -schiff*), Nachschub...: **~** *base* Versorgungs-, Nachschubbasis; **~** *depot* Nachschublager; **~** *lines* Nachschubverbindungen; **~** *sergeant* Kammerunteroffizier; **19.** ⊕, ⚡ Speise... (*-leitung, -stromkreis etc.*): **~** *pipe* Zuleitung(srohr); **20.** Hilfs..., Ersatz...: **~** *teacher* Hilfslehrer.

sup·ply[2] [ˈsʌpli] *adv.* → *supple*.

sup·port [səˈpɔ:t] **I.** *v/t.* **1.** *Gewicht, Wand etc.* tragen, (ab)stützen, (aus)halten; **2.** ertragen, (er)dulden, aushalten: *I cannot* **~** *his impudence*; **3.** *j-n* unterˈstützen, stärken, *j-m* beistehen, *j-m* den Rücken decken; *j-n* aufrecht halten (*Hoffnung etc.*); **4.** *sich, e-e Familie etc.* er-, unterˈhalten, sorgen für, ernähren (*on* von): *inability to* **~** *o.s.* Erwerbsunfähigkeit; **5.** *et.* finanzieren; **6.** *Debatte etc.* in Gang halten; **7.** eintreten für, unterˈstützen, fördern, befürworten; **8.** *Theorie etc.* vertreten; **9.** *Anklage, Anspruch etc.* beweisen, erhärten, begründen, rechtfertigen; **10.** ✝ *Währung* decken; **11. a)** *thea. Rolle* spielen, **b)** als Nebendarsteller auftreten mit *e-m Star etc.*; **II.** *s.* **12.** *allg.* Stütze *f*: *to walk without* **~**; **13.** *bsd.* ⊕ Stütze *f*, Träger *m*, Ständer *m*, Strebe *f*, Absteifung *f*, Bettung *f*; Staˈtiv *n*; ⚠ ˈDurchzug *m*; ⚔ (Gewehr)Auflage *f*; **14.** *fig.* (*a.* ⚔ taktische) Unterˈstützung, Beistand *m*: **~** *buying* ✝ Stützungskäufe *pl.*; *to give* **~** *to* → **3**; *in* **~** *of s.o.* zur Unterstützung von j-m; **15.** (ˈLebens),Unterhalt *m*; **16.** Unterˈhaltung *f e-r Einrichtung*; **17.** *fig.* Stütze *f*, (Rück)Halt *m*; **18.** Beweis *m*, Erhärtung *f*: *in* **~** *of* zur Bestätigung (*gen.*); **19.** ⚔ Reˈserve *f*, Verstärkung *f*; **20.** *thea.* **a)** Partner(in) *e-s Stars*, **b)** Unterˈstützung *f e-s Stars durch das Ensemble*; **supˈport·a·ble** [-təbl] *adj.* □ **1.** haltbar, vertretbar (*Ansicht etc.*); **2.** erträglich, zu ertragen(d); **supˈport·er** [-tə] *s.* **1.** ⊕, ⚠ Stütze *f*, Träger *m*; **2.** Stütze *f*, Beistand *m*, Helfer (-in), Unterˈstützer(in); **3.** Erhalter *m*; **4.** Anhänger(in), Verfechter(in), Vertreter(in); **5.** ⚕ Tragbinde *f*, Stütze *f*; **supˈport·ing** [-tiŋ] *adj.* **1.** Unterstützungs...: **~** *actor thea.* Nebendarsteller, Mitspieler; **~** *fire* ⚔ Unterstützungsfeuer; **~** *measures* flankierende Maßnahmen; **~** *program(me) Film*: Beiprogramm; **~** *surfaces* ✈ Tragwerk; **2.** erhärtend, bekräftigend: ~ *document* Beleg, Unterlage; ~ *evidence* ⚖ zusätzliche Beweise; **3.** ~ *purchases* ✝ Stützungskäufe.

sup·pose [sə'pouz] **I.** *v/t.* **1.** (als möglich *od.* gegeben) annehmen, sich vorstellen: ~ (*od. supposing od. let us* ~) angenommen, gesetzt den Fall; *it is to be* ~*d that* es ist anzunehmen, daß; **2.** *imp.* (*e-n Vorschlag einleitend*) wie wäre es, wenn *wir e-n Spaziergang machten*!: ~ *we went for a walk!*; ~ *you meet me at 10 o'clock* ich schlage vor, du triffst mich um 10 Uhr; **3.** vermuten, glauben, meinen: *I don't* ~ *we shall be back* ich glaube nicht, daß wir zurück sein werden; *they are British, I* ~ es sind wohl *od.* vermutlich Engländer; *I* ~ *so* ich nehme an, wahrscheinlich, vermutlich; **4.** (*mit acc. u. inf.*) halten für: *I* ~ *him to be a painter* ich halte ihn für e-n Maler; *he is* ~*d to be rich* er soll reich sein; **5.** (mit Notwendigkeit) vor'aussetzen: *creation* ~*s a creator*; **6.** (*pass. mit inf.*) sollen: *isn't he* ~*d to be at home?* sollte er nicht eigentlich zu Hause sein?; *he is* ~*d to do* man erwartet *od.* verlangt von ihm, daß er *et.* tut; **II.** *v/i.* **7.** denken, glauben, vermuten; **sup'posed** [-zd] *adj.* □ **1.** angenommen: *a* ~ *case*; **2.** vermutlich; **3.** vermeintlich, angeblich.

sup·po·si·tion [sʌpə'ziʃən] *s.* **1.** Vor'aussetzung *f*, Annahme *f*: *on the* ~ *that* unter der Voraussetzung *od.* in der Annahme, daß; **2.** Vermutung *f*, Mutmaßung *f*; **sup·po'si·tion·al** [-ʃənl] *adj.* □ angenommen, hypo'thetisch; **sup·pos·i·ti·tious** [səpɔzi'tiʃəs] *adj.* □ **1.** unecht, gefälscht; **2.** 'untergeschoben (*Kind, Absicht etc.*), erdichtet; **3.** → *suppositional*.

sup·pos·i·to·ry [sə'pɔzitəri] *s.* ⚕ (Stuhl)Zäpfchen *n*, Supposi'torium *n*.

sup·press [sə'pres] *v/t.* **1.** *Aufstand etc., a. Gefühl, Lachen etc., a.* ⚡ unter'drücken; **2.** *et.* abstellen, abschaffen; **3.** *Buch* verbieten *od.* unterdrücken; **4.** *Textstelle* streichen; **5.** *Skandal, Wahrheit etc.* verheimlichen, vertuschen, unter'schlagen; **6.** ⚕ *Blutung* stillen, *Durchfall* stopfen; **7.** *psych.* verdrängen; **sup'pres·sion** [-ʃən] *s.* **1.** Unter'drückung *f* (*a. fig. u.* ⚡); **2.** Aufhebung *f*, Abschaffung *f*; **3.** Verheimlichung *f*, Vertuschung *f*, Unter'drückung *f*; **4.** ⚕ (Blut)Stillung *f*; Stopfung *f*, (Harn)Verhaltung *f*; **5.** *psych.* Verdrängung *f*; **sup'pres·sive** [-siv] *adj.* unter'drückend, Unterdrückungs...; **sup'pres·sor** [-sə] *s.* ⚡ Sperrgerät *n*, Ent'störungsele,ment *n*: ~ *grid* Bremsgitter.

sup·pu·rate ['sʌpjuəreit] *v/i.* ⚕ eitern; **sup·pu·ra·tion** [sʌpjuə'reiʃən] *s.* Eiterung *f*; '**sup·pu·ra·tive** [-rətiv] *adj.* eiternd, eitrig, Eiter...

su·pra ['sju:prə] (*Lat.*) *adv.* oben (*bei Verweisen in e-m Buch etc.*).

supra- [sju:prə] *in Zssgn* über.

'**su·pra'mun·dane** *adj.* 'überweltlich.

'**su·pra'nas·al** *adj. anat.* über der Nase (befindlich).

su·prem·a·cy [sju'preməsi] *s.* **1.** Oberhoheit *f*: **a**) *pol.* höchste Gewalt, Souveräni'tät *f*, **b**) Supre'mat *m, n* (*in Kirchensachen*); **2.** *fig.* Vorherrschaft *f*, Über'legenheit *f*: *air* ~ ⚔ Luftherrschaft; **3.** Vorrang *m*;

su·preme [sju(:)'pri:m] **I.** *adj.* □ **1.** höchst, oberst, Ober...: ~ *authority* höchste (Regierungs)Gewalt; ~ *command* ⚔ Oberbefehl, -kommando; ~ *commander* ⚔ Oberbefehlshaber; ♀ *Court Am.* **a**) oberstes Bundesgericht, **b**) oberstes Gericht (*e-s Bundesstaates*); ♀ *Court (of Judicature) Brit.* Oberster Gerichtshof; *to reign* ~ herrschen (*a. fig.*); **2.** höchst, größt, äußerst, über'ragend: ~ *courage*; ♀ *Being* → 6; *the* ~ *good phls.* das höchste Gut; *the* ~ *punishment* die Todesstrafe; *to stand* ~ *among* den höchsten Rang einnehmen unter (*dat.*); **3.** letzt: ~ *moment* Augenblick des Todes; ~ *sacrifice* Hingabe des Lebens; **4.** 'kritisch: *the* ~ *hour in the history of a nation*; **II.** *s.* **5.** *the* ~ der *od.* die *od.* das Höchste; **6.** *the* ♀ der Allerhöchste, Gott; **su·preme·ly** [sju(:)'pri:mli] *adv.* höchst, aufs äußerste, 'überaus.

sur-[1] [sə:] *in Zssgn* über, auf.

sur-[2] [sə] → *sub-*.

sur·base ['sə:beis] *s.* △ Kranz(gesims *n*) *m*.

sur·cease [sə:'si:s] *obs.* **I.** *v/i.* **1.** ablassen (*from* von); **2.** aufhören; **II.** *s.* **3.** Ende *n*, Aufhören *n*; **4.** Pause *f*.

sur·charge I. *s.* ['sə:tʃɑ:dʒ] **1.** *bsd. fig.* Über'lastung *f*; **2.** ✝ **a**) Über'forderung *f* (*a. fig.*), **b**) 'Überpreis *m*, (*a.* Steuer)Zuschlag *m*, **c**) Nachporto *n*; **3.** 'Über-, Aufdruck *m* (*Briefmarke etc.*); **II.** *v/t.* [sə:'tʃɑ:dʒ] **4.** über'lasten, -'fordern; **5.** ✝ **a**) mit Zuschlag *od.* Nachporto belegen, **b**) *Konto* zusätzlich belasten; **6.** *Briefmarken etc. mit neuer Wertangabe* über'drucken; **7.** über'füllen, -'sättigen.

sur·cingle [sə:'siŋgl] *s.* Sattel-, Obergurt *m*.

sur·coat ['sə:kout] *s. hist.* **1.** Wappenrock *m*, 'Überwurf *m*; **2.** 'Überrock *m* (*der Frauen*).

surd [sə:d] **I.** *adj.* **1.** ⩘ 'irratio,nal (*Zahl*); **2.** *ling.* stimmlos; **II.** *s.* **3.** ⩘ irrationale Größe, *a.* Wurzelausdruck *m*; **4.** *ling.* stimmloser Laut.

sure [ʃuə] **I.** *adj.* □ → *surely*; **1.** *pred.* (of) sicher, gewiß (*gen.*), über'zeugt (von): *I am* ~ *he is there*; *are you* ~ (*about it*)? bist du (dessen) sicher?; *he is* (*od. feels*) ~ *of success* er ist sich s-s Erfolges sicher; *I'm* ~ *I didn't mean to hurt you* ich wollte Sie ganz gewiß nicht verletzen; *are you* ~ *you won't come?* wollen Sie wirklich nicht kommen?; **2.** *pred.* sicher, gewiß, (ganz) bestimmt, zweifellos (*objektiver Sachverhalt*): *he is* ~ *to come* er kommt sicher *od.* bestimmt; *man is* ~ *of death* dem Menschen ist der Tod gewiß *od.* sicher; *to make* ~ *that* ... sich (davon) überzeugen, daß ...; *to make* ~ *of s.th.* **a**) sich von et. überzeugen, sich e-r Sache vergewissern, **b**) sich et. sichern; *to make* ~ (*Redewendung*) um sicherzugehen; *be* ~ *to* (*od. and*) *shut the window!* vergiß nicht, das Fenster zu schließen!; *to be* ~ (*Redewendung*) sicher(lich), natürlich (*a. einschränkend* = *freilich, allerdings*); ~ *thing Am.* F (tod)sicher, klar; **3.** sicher, fest: *a* ~ *footing*; ~ *faith fig.* fester Glaube; **4.** sicher, untrüglich: *a* ~ *proof*; **5.** verläßlich, zuverlässig; **6.** sicher, unfehlbar: *a* ~ *cure* (*method, shot*); **II.** *adv.* **7.** *obs. od.* F sicher(lich): (*as*) ~ *as eggs* ‚bombensicher'; ~ *enough* **a**) ganz bestimmt, sicher(lich), **b**) tatsächlich; **8.** F wirklich: *it* ~ *was cold*; **9.** ~! *Am.* F sicher!, klar!; '~**-fire** *adj. Am.* F (tod)sicher, zuverlässig; '~-'**foot·ed** *adj.* **1.** sicher (auf den Füßen *od.* Beinen); **2.** *fig.* sicher.

sure·ly ['ʃuəli] *adv.* **1.** sicher(lich), gewiß, zweifellos; **2.** (ganz) bestimmt *od.* gewiß, doch (wohl): *you* ~ *don't mean to be cruel*; ~ *something can be done to help him*; **3.** sicher: *slowly but* ~ langsam aber sicher;

sure·ness ['ʃuənis] *s.* Sicherheit *f*: **a**) Gewißheit *f*, **b**) feste Über'zeugung, **c**) Zuverlässigkeit *f*; **sure·ty** ['ʃuəti] *s.* **1.** *bsd.* ⚖ **a**) Bürge *m*, **b**) Bürgschaft *f*, Sicherheit *f*: *to stand* ~ *for* bürgen *od.* Bürgschaft leisten (*for* für *j-n*); **2.** Gewähr(leistung) *f*, Garan'tie *f*; **3.** *obs.* Sicherheit *f*: *of a* ~ sicher(lich), ohne Zweifel; **sure·ty·ship** ['ʃuətiʃip] *s. bsd.* ⚖ Bürgschaft(sleistung) *f*.

surf [sə:f] **I.** *s.* Brandung *f*; **II.** *v/i.* wellenreiten.

sur·face ['sə:fis] **I.** *s.* **1.** *allg.* Oberfläche *f*: ~ *of water* Wasseroberfläche; *to come* (*od. rise*) *to the* ~ an die Oberfläche kommen (*a. fig.*); **2.** *fig.* Oberfläche *f*, *das* Äußere: *on the* ~ **a**) äußerlich, **b**) oberflächlich betrachtet; **3.** ⩘ **a**) (Ober-)Fläche *f*, **b**) Flächeninhalt *m*: *lateral* ~ Seitenfläche; **4.** (Straßen-)Belag *m*, (-)Decke *f*; **5.** ✈ (Trag-)Fläche *f*: *control* ~ Steuerfläche; **6.** ⚒ Tag *m*: *on the* ~ über Tag, im Tagebau; **II.** *adj.* **7.** Oberflächen... (*a.* ⊕ *-härtung etc.*); **8.** *fig.* oberflächlich: **a**) flüchtig, **b**) äußerlich, Schein...; **III.** *v/t.* **9.** ⊕ *allg.* die Oberfläche behandeln von; glätten; *Lackierung* spachteln; **10.** ⊕ flach-, plandrehen; **11.** ⚓ *U-Boot* auftauchen lassen; **IV.** *v/i.* **12.** ⚓ auftauchen (*U-Boot*); ~ **craft** *s.* ⚓ Über'wasserfahrzeug *n*; ~ **mail** *s. Brit.* gewöhnliche Post (*Ggs. Luftpost*); '~**-man** [-mən] *s.* [*irr.*] 🚂 Streckenarbeiter *m*; '~**-print·ing** *s. typ.* Reli'ef-, Hochdruck *m*.

sur·fac·er ['sə:fisə] *s.* ⊕ Spachtelmasse *f*.

'**sur·face-ten·sion** *s. phys.* Oberflächenspannung *f*.

'**surf|-board** *s. sport* Wellenreiterbrett *n*; '~**-boat** *s.* ⚓ Brandungsboot *n*.

sur·feit ['sə:fit] **I.** *s.* **1.** 'Übermaß *n* (*of an dat.*); **2.** Über'sättigung *f* (*of* mit); **3.** 'Überdruß *m*, Ekel *m*: *to* (*a*) ~ bis zum Überdruß; **II.** *v/t.* **4.** über'sättigen, -'füttern (*with* mit); **5.** über'füllen, -'laden; **III.** *v/i.* **6.** sich über'sättigen (*of, with* mit).

surf·ing [ˈsəːfiŋ] *s. sport* Wellenreiten *n.*

surge [səːdʒ] **I.** *s.* **1.** Woge *f*, Welle *f* (*beide a. fig.*); **2.** Brandung *f*; **3.** *a. fig.* Wogen *n*, (An)Branden *n*; **4.** ⚡ Spannungsstoß *m*; **II.** *v/i.* **5.** wogen: **a)** (hoch)branden (*a. fig.*), **b)** *fig.* (vorwärts)drängen (*Menge*); **6.** *fig.* (auf)wallen (*Blut, Gefühl etc.*); **7.** ⚡ plötzlich ansteigen, heftig schwanken (*Spannung etc.*).

sur·geon [ˈsəːdʒən] *s.* **1.** Chirˈurg *m*; **2.** ⚔ leitender Saniˈtätsoffiˌzier: ~ *general Brit.* Stabsarzt; ♀ *General Am.* **a)** General(stabs)arzt, **b)** ⚓ Marineadmiralarzt; ~ *major Brit.* Oberstabsarzt; ˈ**sur·ger·y** [-dʒəri] *s.* ⚕ **1.** Chirurˈgie *f*; **2.** chirˈurgische Behandlung, operaˈtiver Eingriff; **3.** Operatiˈonssaal *m*; **4.** *bsd. Brit.* Sprechzimmer *n*; ˈ**sur·gi·cal** [-dʒikəl] *adj.* □ ⚕ **1.** chirˈurgisch: ~ *cotton* (Verband)Watte; **2.** Operations...: ~ *wound*; ~ *fever* septisches Fieber, Wundfieber.

surg·ing [ˈsəːdʒiŋ] **I.** *s. a. fig.* Wogen *n*, Branden *n*; **II.** *adj.*, *a.* ˈ**surg·y** [-dʒi] *adj. a. fig.* wogend, brandend.

sur·li·ness [ˈsəːlinis] *s.* Verdrießlichkeit *f*, mürrisches Wesen; Bärbeißigkeit *f*; **sur·ly** [ˈsəːli] *adj.* □ **1.** verdrießlich, mürrisch, griesgrämig; **2.** grob, bärbeißig; **3.** zäh (*Boden*).

sur·mise **I.** *s.* [ˈsəːmaiz] **1.** Vermutung *f*, Mutmaßung *f*, Einbildung *f*; **2.** Argwohn *m*; **II.** *v/t.* [səːˈmaiz] **3.** mutmaßen, vermuten, sich *et.* einbilden; **4.** argwöhnen.

sur·mount [səːˈmaunt] *v/t.* **1.** überˈsteigen; **2.** *fig. Schwierigkeit etc.* überˈwinden; **3.** bedecken, krönen: ~*ed by* gekrönt *od.* überdeckt *od.* überragt von; **surˈmount·a·ble** [-təbl] *adj.* **1.** überˈsteigbar, ersteigbar; **2.** *fig.* überˈwindlich.

sur·name [ˈsəːneim] **I.** *s.* **1.** Faˈmilien-, Nach-, Zuname *m*; **2.** Beiname *m*; **II.** *v/t.* **3.** *j-m* den Bei- *od.* Zunamen ... geben: ~*d* **a)** mit Zunamen, **b)** mit dem Beinamen.

sur·pass [səːˈpɑːs] *v/t.* **1.** *j-n od. et.* überˈtreffen (*in* an *dat.*): *to* ~ *o.s.* sich selbst übertreffen; **2.** *et.*, *j-s Kräfte etc.* überˈsteigen; **surˈpass·ing** [-siŋ] *adj.* □ herˈvorragend, unerreicht, außerordentlich.

sur·plice [ˈsəːpləs] *s. eccl.* Chorhemd *n*, -rock *m.*

sur·plus [ˈsəːpləs] **I.** *s.* **1.** ˈÜberschuß *m*, Rest *m*; **2.** ✝ **a)** ˈÜberschuß *m*, Mehr(betrag *m*) *n*, **b)** Mehrertrag *m*, ˈüberschüssiger Gewinn, Reingewinn *m*, **c)** Mehrwert *m*; **II.** *adj.* **3.** ˈüberschüssig, Über(schuß)..., Mehr...: ~ *population* Bevölkerungsüberschuß; ~ *weight* Mehr-, Übergewicht; ˈ**sur·plus·age** [-sidʒ] *s.* **1.** Überschuß *m*, -fülle *f* (*of* an *dat.*); **2.** *et.* ˈÜberflüssiges; **3.** ⚖ unerhebliches Vorbringen.

sur·prise [səˈpraiz] **I.** *v/t.* **1.** überˈraschen: **a)** ertappen, **b)** verblüffen, in Erstaunen (ver)setzen: *to be* ~*d at s.th.* über et. erstaunt sein, sich über et. wundern, **c)** ⚔ überˈrumpeln, -ˈfallen; **2.** befremden, empören; **3.** ~ *s.o. into (doing) s.th.* j-n zu et. verleiten, j-n dazu verleiten, et. zu tun; **II.** *s.* **4.** Überˈraschung *f*: **a)** Überˈrumplung *f*: *to take by* ~ *j-n, feindliche Stellung etc.* überrumpeln, *Festung etc.* im Handstreich nehmen, **b)** *et.* Überˈraschendes *n*: *it came as a great* ~ (*to him*) es kam (ihm) sehr überraschend, **c)** Verblüffung *f*, Erstaunen *n*, Verwunderung *f*, Bestürzung *f* (*at* über *acc.*): *to my* ~ zu m-r Überraschung; *to stare in* ~ große Augen machen; **III.** *adj.* **5.** überˈraschend, Überraschungs...: ~ *attack*; ~ *visit*; **surˈpris·ed·ly** [-zidli] *adv.* überˈrascht; **surˈpris·ing** [-ziŋ] *adj.* □ überˈraschend, erstaunlich; **surˈpris·ing·ly** [-ziŋli] *adv.* überˈraschend(erweise), erstaunlich(erweise).

sur·re·al·ism [səˈriəlizəm] *s.* Surreaˈlismus *m*; **surˈre·al·ist** [-ist] **I.** *s.* Surreaˈlist(in); **II.** *adj.* → *surrealistic*; **sur·re·al·is·tic** *adj.* (□ ~*ally*) surreaˈlistisch.

sur·re·but [sʌriˈbʌt] *v/i.* ⚖ e-e Quintuˈplik vorbringen; **sur·reˈbut·ter** [-tə] *s.* ⚖ Quintuplik *f.*

sur·re·join·der [sʌriˈdʒɔində] *s.* ⚖ Triˈplik *f.*

sur·ren·der [səˈrendə] **I.** *v/t.* **1.** *et.* überˈgeben, ausliefern, -händigen (*to dat.*): *to* ~ *o.s.* (*to*) → *5, 6, 7*; **2.** *Amt, Vorrecht, Hoffnung etc.* aufgeben; *et.* abtreten, verzichten auf (*acc.*); **3.** ⚖ **a)** *Sache, Urkunde* herˈausgeben, **b)** *Verbrecher* ausliefern; **4.** ✝ *Versicherungspolice* zum Rückkauf bringen; **II.** *v/i.* **5.** ⚔ *u. fig.* sich ergeben (*to dat.*), kapitulieren; **6.** sich *der Verzweiflung etc.* hingeben *od.* überˈlassen; **7.** ⚖ sich *der Polizei etc.* stellen; **III.** *s.* **8.** ˈÜbergabe *f*, Auslieferung *f*, -händigung *f*; **9.** ⚔ Übergabe *f*, Kapitulatiˈon *f*; **10.** (*of*) Auf-, Preisgabe *f*, Abtretung *f* (*gen.*), Verzicht *m* (auf *acc.*); **11.** Hingabe *f*, Sichüberˈlassen *n*; **12.** ✝ Aufgabe *f* e-r Versicherung: ~ *value* Rückkaufswert; **13.** ⚖ **a)** Aufgabe *f e-s Rechts etc.*, **b)** Herˈausgabe *f*, **c)** Auslieferung *f e-s Verbrechers.*

sur·rep·ti·tious [sʌrəpˈtiʃəs] *adj.* □ **1.** erschlichen, betrügerisch; **2.** heimlich, verstohlen: *a* ~ *glance*; ~ *edition* unerlaubter Nachdruck.

sur·ro·gate [ˈsʌrəgit] *s.* **1.** Stellvertreter *m* (*bsd. e-s Bischofs*); **2.** ⚖ *Am.* Nachlaß- u. Vormundschaftsrichter *m*; **3.** Ersatz *m*, Surroˈgat *n* (*of, for* für).

sur·round [səˈraund] **I.** *v/t.* **1.** umˈgeben, -ˈringen (*a. fig.*): ~*ed by danger* (*luxury*) von Gefahr umringt *od.* mit Gefahr verbunden (von Luxus umgeben); *circumstances* ~*ing s.th.* (Begleit)Umstände e-r Sache; **2.** ⚔ *etc.* umˈzingeln, -ˈstellen, einkreisen, -schließen; **II.** *s.* **3.** Einfassung *f*, *bsd.* Boden(schutz)belag *m* zwischen Wand u. Teppich; **4.** *hunt. Am.* Treibjagd *f*; **surˈround·ing** [-diŋ] **I.** *adj.* umˈgebend, ˈumliegend; **II.** *s. pl.* Umˈgebung *f*: **a)** ˈUmgegend *f*, **b)** ˈUmwelt *f.*

sur·tax [ˈsəːtæks] **I.** *s.* (Einkommen-)Steuerzuschlag *m*; **II.** *v/t.* mit e-m Steuerzuschlag belegen.

sur·veil·lance [səːˈveiləns] *s.* Überˈwachung *f*, (*a.* Poliˈzei)Aufsicht *f.*

sur·vey **I.** *v/t.* [səːˈvei] **1.** überˈblicken, -ˈschauen; **2.** genau betrachten, (sorgfältig) prüfen, mustern; **3.** abschätzen, begutachten; **4.** besichtigen, inspizieren; **5.** *Land etc.* vermessen, aufnehmen; **6.** *fig.* ˈÜberblick geben über (*acc.*); **II.** *s.* [ˈsəːvei] **7.** *bsd. fig.* ˈÜberblick *m*, -sicht *f* (*of* über *acc.*); **8.** Besichtigung *f*, Prüfung *f*; **9.** Schätzung *f*, Begutachtung *f*; **10.** Gutachten *n*, (Prüfungs)Bericht *m*; **11.** (Land)Vermessung *f*, Aufnahme *f*; **12.** (Lage-)Plan *m*; **13.** ˈUmfrage *f*; **surˈvey·ing** [-eiiŋ] *s.* **1.** (Land-, Feld)Vermessung *f*, Vermessungsurkunde *f*, -wesen *n*; **2.** Vermessen *n*, Aufnehmen *n* (*von Land etc.*); **sur·vey·or** [sə(ː)ˈveiə] *s.* **1.** Land-, Feldmesser *m*, Geoˈmeter *m*: ~*'s chain* Meßkette; **2.** (amtlicher) Inˈspektor *od.* Verwalter *od.* Aufseher: ~ *of highways* Straßenmeister; *Board of* ~*s* Baupolizei; **3.** *Am.* Zollaufseher *m*; **4.** Sachverständige(r) *m*, Gutachter *m.*

sur·viv·al [səˈvaivəl] *s.* **1.** Überˈleben *n*: ~ *of the fittest biol.* Überleben der Tüchtigsten; ~ *rate* Geburtenüberschuß; ~ *shelter* atomsicherer Bunker; ~ *time* ⚔ Überlebenszeit; **2.** Weiterleben *n*; **3.** Fortbestand *m*; **4.** ˈÜberbleibsel *n alten Brauchtums etc.*; **sur·vive** [səˈvaiv] **I.** *v/t.* **1.** *j-n od. et.* überˈleben, -ˈdauern, länger leben als; **2.** *Unglück etc.* überleben, -ˈstehen; **II.** *v/i.* **3.** am Leben *od.* übrig bleiben; **4.** noch leben *od.* bestehen; übriggeblieben sein; **5.** weiter-, fortleben *od.* -bestehen; **surˈviv·ing** [-viŋ] *adj.* **1.** überˈlebend: ~ *wife*; **2.** hinterˈblieben: ~ *dependents* Hinterbliebene; **3.** übrigbleibend: ~ *debts* ✝ Restschulden; **surˈvi·vor** [-və] *s.* **1.** Überˈlebende(r *m*) *f*; **2.** ⚖ Überˈlebender, auf den nach dem Ableben der Miteigentümer das Eigentumsrecht ˈübergeht.

sus·cep·ti·bil·i·ty [səseptəˈbiliti] *s.* **1.** Empfänglichkeit *f*, Anfälligkeit *f* (*to* für); **2.** Empfindlichkeit *f*; **3.** *pl.* (leicht verletzbare) Gefühle *pl.*, empfindliche Stelle; **sus·cep·ti·ble** [səˈseptəbl] *adj.* □ **1.** anfällig (*to* für); **2.** empfindlich (*to* gegen); **3.** (*to*) empfänglich (für *Reize, Schmeicheleien etc.*), zugänglich (*dat.*); **4.** (leicht) zu beeindrucken(d); **5.** *to be* ~ *of* (*od. to*) *et.* zulassen.

sus·cep·tive [səˈseptiv] *adj.* **1.** aufnehmend, rezepˈtiv; **2.** → *susceptible*; **sus·cep·tiv·i·ty** [sʌsepˈtiviti] *s.* **1.** Aufnahmefähigkeit *f*; **2.** → *susceptibility.*

sus·pect [səsˈpekt] **I.** *v/t.* **1.** *j-n* verdächtigen (*of gen.*), im Verdacht haben (*of doing et.* getan zu haben *od.* daß *j-d et.* tut): *to be* ~*ed of doing s.th.* im Verdacht stehen *od.* verdächtig werden, et. getan zu haben; **2.** argwöhnen, befürchten; **3.** für möglich halten, halb glauben; **4.** vermuten, glauben (*that* daß); **5.** *Echtheit, Wahrheit etc.* anzweifeln, mißˈtrauen (*dat.*); **II.** *v/i.* **6.** (e-n) Verdacht hegen, argwöhnisch sein; **III.** *s.* [ˈsʌspekt] **7.** Verdächtige(r *m*) *f*, verdächtige Per'son, Ver'dachtsper₁son *f*: *smallpox* ~ ⚕ Pockenverdächtige(r); **IV.** *adj.* ['sʌspekt] **8.** verdächtig, su'spekt (*a. fig. fragwürdig*); **sus'pect·ed** [-tid] *adj.* **1.** verdächtigt (of *gen.*); **2.** verdächtig.

sus·pend [səs'pend] *v/t.* **1.** *a.* ⊕ aufhängen (*from* an *dat.*); **2.** *bsd.* ⚗ suspendieren, (*in Flüssigkeiten etc.*) schwebend halten; **3.** *Frage etc.* in der Schwebe *od.* unentschieden lassen; **4.** *einstweilen* auf-, verschieben; ⚖ *Verfahren, Vollstreckung* aussetzen: *to* ~ *a sentence* ⚖ **a)** die Urteilsverkündung aufschieben, **b)** e-e Strafzeit *od.* den Strafvollzug unterbrechen; **5.** *Verordnung etc.* zeitweilig aufheben *od.* außer Kraft setzen; **6.** *die Arbeit*, ⚔ *die Feindseligkeiten*, ✝ *Zahlungen etc.* (zeitweilig) einstellen; **7.** *j-n* (zeitweilig) des Amtes entheben, suspendieren; **8.** *Mitglied* zeitweilig ausschließen; **9.** *Sportler* sperren; **10.** mit *s-r Meinung etc.* zu'rückhalten; **11.** ♪ *Ton* vorhalten; **sus'pend·ed** [-did] *adj.* **1.** hängend, Hänge...(*-decke, -lampe etc.*): *to be* ~ hängen (*by* an *dat.*, *from* von); **2.** schwebend; **3.** unter'brochen, ausgesetzt, zeitweilig eingestellt: ~ *animation* ⚕ Scheintod; **4.** ⚖ zur Bewährung ausgesetzt (*Strafe*): ~ *sentence of two years* zwei Jahre mit Bewährung; **sus'pend·er** [-də] *s.* **1.** *pl. bsd. Am.* Hosenträger *pl.*; **2.** *Brit.* Strumpf-, Sockenhalter *m*; **3.** Aufhängevorrichtung *f.*

sus·pense [səs'pens] *s.* **1.** Spannung *f*, Ungewißheit *f*: *anxious* ~ Hangen u. Bangen; *in* ~ gespannt, voller Spannung; *to be in* ~ in der Schwebe sein; *to keep in* ~ **a)** *j-n* in Spannung halten, im ungewissen lassen, **b)** *et.* in der Schwebe lassen; ~ *account* ✝ vorläufiges Konto; ~ *entry* ✝ transitorische Buchung; **2.** → *suspension 6*; **sus'pen·sion** [-nʃən] *s.* **1.** Aufhängen *n*; **2.** *bsd.* ⊕ Aufhängung *f*: *front-wheel* ~ Vorderradaufhängung; ~*-bridge* Hängebrücke; ~ *railway* Schwebebahn; **3.** ⊕ Federung *f*: ~ *spring* Tragfeder; **4.** ⚗, *phys.* Suspensi'on *f*; *pl.* Aufschlämmungen *pl.*; **5.** (einstweilige) Einstellung (*der Feindseligkeiten etc.*): ~ *of payment*(*s*) ✝ Zahlungseinstellung; **6.** ⚖ Aufschub *m*, Aussetzung *f*; vor'übergehende Aufhebung *e-s Rechts*; Hemmung *f der Verjährung*; **7.** Aufschub *m*, Verschiebung *f*; **8.** Suspendierung *f* (*from* von), (Dienst-, Amts)Enthebung *f*; **9.** zeitweiliger Ausschluß; **10.** *sport* Sperre *f*; **11.** ♪ Vorhalt *m*; **sus'pen·sive** [-siv] *adj.* □ **1.** aufschiebend, suspen'siv: ~ *condition*; ~ *veto*; **2.** unter'brechend, hemmend; **3.** unschlüssig; **4.** unbestimmt; **sus'pen·so·ry** [-səri] **I.** *adj.* **1.** hängend, Schwebe..., Hänge...; **2.** *anat.* Aufhänge...; **3.** ⚖ → *suspensive 1*; **II.** *s.* **4.** *anat.* **a)** *a.* ~ *ligament* Aufhängeband *n*, **b)** *a.* ~ *muscle* Aufhängemuskel *m*; **5.** ⚕ **a)** *a.* ~ *bandage* Suspen'sorium *n*, **b)** Bruchband *n.*

sus·pi·cion [sə'spiʃən] *s.* **1.** Argwohn *m*, 'Mißtrauen *n* (*of* gegen); **2.** (*of*) Verdacht *m* (gegen *j-n*), Verdächtigung *f* (*gen.*): *above* ~ über jeden Verdacht erhaben; *on* ~ *of murder* unter Mordverdacht *festgenommen werden*; *to be under* ~ unter Verdacht stehen; *to cast a* ~ *on* e-n Verdacht auf j-n werfen; *to have a* ~ *that* e-n Verdacht haben *od.* hegen, daß; **3.** Vermutung *f*: *no* ~ keine Ahnung; **4.** *fig.* Spur *f*: *a* ~ *of brandy* (*arrogance*); *a* ~ *of a smile* der Anflug e-s Lächelns; **sus'pi·cious** [-ʃəs] *adj.* □ **1.** 'mißtrauisch, argwöhnisch (*of* gegen): *to be* ~ *of s.th.* et. befürchten; **2.** verdächtig, verdachterregend; **sus'pi·cious·ness** [-ʃəsnis] *s.* **1.** Mißtrauen *n*, Argwohn *m* (*of* gegen); 'mißtrauisches Wesen; **2.** *das* Verdächtige.

sus·tain [səs'tein] *v/t.* **1.** stützen, tragen: ~*ing wall* Stützmauer; **2.** *Last, Druck, fig. den Vergleich etc.* aushalten; *e-m Angriff etc.* standhalten; **3.** *Niederlage, Schaden, Verletzungen, Verlust etc.* erleiden, da'vontragen; **4.** *et.* (aufrecht) erhalten, in Gang halten; *Interesse* wach halten: ~*ing program Am.* Radioprogramm ohne Reklameeinschaltungen; **5.** *j-n* er-, unter'halten, *Familie etc.* ernähren; *Heer* verpflegen; **6.** *Institution* unter'halten, -'stützen; **7.** *j-n, j-s Forderung* unterstützen; **8.** ⚖ als rechtsgültig anerkennen, *e-m Antrag, Einwand etc.* stattgeben; **9.** *Behauptung etc.* bestätigen, rechtfertigen, erhärten; **10.** *j-n* aufrecht halten, *j-m* Kraft geben; **11.** ♪ *Ton* (aus)halten; **12.** *Rolle* (gut) spielen; **sus'tained** [-nd] *adj.* **1.** anhaltend (*a. Interesse etc.*), Dauer...(*-feuer, -geschwindigkeit etc.*); **2.** ♪ **a)** (aus)gehalten (*Ton*), **b)** getragen; **3.** *phys.* ungedämpft.

sus·te·nance ['sʌstinəns] *s.* **1.** ('Lebens)₁Unterhalt *m*, Auskommen *n*; **2.** Nahrung *f*; **3.** Nährwert *m*; **4.** Erhaltung *f*, Ernährung *f*; **5.** *fig.* Beistand *m*, Stütze *f*; **sus·ten·ta·tion** [sʌsten'teiʃən] *s.* **1.** → *sustenance 1, 2, 4*; **2.** Unter'haltung *f e-s Instituts etc.*; **3.** (Aufrecht)Erhaltung *f*; **4.** Unter'stützung *f.*

su·sur·rant [sju'sʌrənt] *adj.* **1.** flüsternd, säuselnd; **2.** raschelnd.

sut·ler ['sʌtlə] *s.* ⚔ Marke'tender (-in), Kan'tinenwirt *m.*

su·ture ['sju:tʃə] **I.** *s.* **1.** ⚕, ♀, *anat.* Naht *f*; **2.** ⚕ (Zs.-)Nähen *n*; **3.** ⚕ 'Nahtmateri₁al *n*, Faden *m*; **II.** *v/t.* **4.** *bsd.* ⚕ (zu-, ver)nähen.

su·ze·rain ['su:zərein] **I.** *s.* **1.** Oberherr *m*, Suze'rän *m*; **2.** *pol.* Pro'tektor-Staat *m*; **3.** *hist.* Oberlehensherr *m*; **II.** *adj.* **4.** oberhoheitlich; **5.** *hist.* oberlehensherrlich; **'su·ze·rain·ty** [-ti] *s.* **1.** Oberhoheit *f*; **2.** *hist.* Oberlehensherrlichkeit *f.*

svelte [svelt] *adj.* schlank, gra'zil.

swab [swɔb] **I.** *s.* **1. a)** Scheuerlappen *m*, **b)** Schrubber *m*, **c)** Handfeger *m*, **d)** ⚓ Schwabber *m*; **2.** ⚕ **a)** Tupfer *m*, **b)** Abstrich *m*; **II.** *v/t.* **3.** *a.* ~ *down* aufwischen, ⚓ *Deck* schrubben; **4.** ⚕ **a)** *Blut etc.* abtupfen, **b)** *Wunde* betupfen.

Swa·bi·an ['sweibjən] **I.** Schwabe *m*, Schwäbin *f*; **II.** *adj.* schwäbisch.

swad·dle ['swɔdl] **I.** *adj.* **1.** *Säugling* wickeln, in Windeln legen; **2.** um'wickeln, einwickeln; **II.** *s.* **3.** *Am.* Windel *f.*

swad·dling ['swɔdliŋ] *s.* Wickeln *n e-s Säuglings*; '~**-clothes** [-klouðz] *s. pl.* Windeln *pl.*: *to be still in one's* ~ *fig.* noch in den Anfängen stecken.

swag [swæg] *s.* **1.** Gir'lande *f* (*Zierat*); **2.** *sl.* Beute *f*, Raub *m.*

swage [sweidʒ] **I.** *s.* ⊕ **1.** Gesenk *n*; **2.** Präge *f*, Stanze *f*; **II.** *v/t.* **3.** im Gesenk bearbeiten.

swag·ger ['swægə] **I.** *v/i.* **1.** (ein-'her)stolzieren; **2.** prahlen, aufschneiden, renommieren (*about* mit); **II.** *s.* **3.** stolzierender *od.* wiegender Gang; **4.** Großtue'rei *f*, Prahle'rei *f*; **III.** *adj.* **5.** F ele'gant; '~**-cane** *s.* ⚔ Offi'ziersstöckchen *n.*

swag·ger·er ['swægərə] *s.* Prahler *m*, Renom'mist *m*, Aufschneider *m*; **'swag·ger·ing** [-əriŋ] *adj.* □ **1.** stolzierend; **2.** prahlerisch; **3.** schwadronierend.

swain [swein] *s.* **1.** *mst poet.* Bauernbursche *m*, Schäfer *m*, 'Seladon *m*; **2.** *poet. od. humor.* Liebhaber *m*, Verehrer *m.*

swal·low[1] ['swɔlou] **I.** *v/t.* **1.** (ver-)schlucken, verschlingen: *to* ~ *down* hinunterschlucken; **2.** *fig. Buch etc.* verschlingen, *Ansicht etc.* begierig in sich aufnehmen; **3.** *Gebiet etc.* ‚schlucken', sich einverleiben; **4.** *mst* ~ *up fig. j-n, Schiff, Geld, Zeit etc.* verschlingen; **5.** ‚schlucken', für bare Münze nehmen; **6.** *Beleidigung etc.* schlucken, einstecken **7.** *Tränen, Ärger* hin'unterschlukken; **8.** *Behauptung* zu'rücknehmen: *to* ~ *one's words*; **II.** *v/i.* **9.** schlucken (*a. vor Erregung*): *to* ~ *the wrong way* sich verschlucken; **III.** *s.* **10.** Schlund *m*, Kehle *f*; **11.** Schluck *m.*

swal·low[2] ['swɔlou] *s. orn.* Schwalbe *f*: *one* ~ *does not make a summer* eine Schwalbe macht noch keinen Sommer; '~**-tail** [-out-] *s.* **1.** *orn.* 'Schwalbenschwanz-₁Kolibri *m*; **2.** *zo.* Schwalbenschwanz *m* (*Schmetterling*); **3.** ⊕ Schwalbenschwanz *m*; **4.** *a. pl.* Frack *m*; '~**-tailed** [-out-] *adj.* schwalbenschwanzartig, Schwalbenschwanz...: ~ *coat* Frack.

swam [swæm] *pret. von swim.*

swamp [swɔmp] **I.** *s.* **1.** Sumpf *m*; **2.** (Flach)Moor *n*; **II.** *v/t.* **3.** über'schwemmen (*a. fig.*): *to be* ~*ed with* mit *Arbeit, Einladungen etc.* überhäuft werden *od.* sein, sich nicht mehr retten können vor (*dat.*); **4.** ⚓ *Boot* vollaufen lassen, zum Sinken bringen; **5.** *Am. pol. Gesetz* zu Fall bringen; **'swamp·y** [-pi] *adj.* sumpfig, mo'rastig, Sumpf...

swan [swɔn] *s.* **1.** *zo.* Schwan *m*: ♀ *of Avon fig.* der Schwan vom Avon (*Shakespeare*); **2.** ♀ *ast.* Schwan *m* (*Sternbild*).

swank [swæŋk] *sl.* **I.** *s.* Protze'rei *f*, ‚Angabe' *f*; **II.** *v/i.* protzen, ‚angeben'; **III.** *adj.* protzig; **'swank·y** [-ki] *adj. sl.* **1.** protzig; **2.** ele'gant, schick.

'swan|·like *adj. u. adv.* schwanengleich; '~**-maid·en** *s. myth.* Schwan(en)jungfrau *f*; '~**-neck** *s. a. fig. u.* ⊕ Schwanenhals *m.*

swan·ner·y ['swɔnəri] *s.* Schwanenteich *m.*

swan| song *s. bsd. fig.* Schwanengesang *m*; **'~-up·ping** *s. Brit. Einfangen u. Kennzeichnen der jungen Schwäne (bsd. auf der Themse).*

swap [swɔp] F **I.** *v/t.* (aus-, ein-)tauschen (*s.th. for* et. für); *Pferde etc.* tauschen, wechseln: *to ~ stories fig.* Geschichten austauschen; **II.** *v/i.* tauschen; **III.** *s.* Tausch(handel) *m*; ✝ De'visenswap *m.*

sward [swɔ:d] *s.* Rasen *m*, Grasnarbe *f*; **'sward·ed** [-did] *adj.* mit Rasen bedeckt, rasig.

sware [swɛə] *pret. obs. von swear.*

swarm[1] [swɔ:m] **I.** *s.* **1.** (Bienen-*etc.*)Schwarm *m*; **2.** Schwarm *m* (*Kinder, Soldaten etc.*); **3.** *fig.* Haufen *m*, Masse *f* (*Briefe etc.*); **II.** *v/i.* **4.** *a.* ~ *off* schwärmen (*Bienen*); **5.** (um'her)schwärmen, (zs.-)strömen: *to ~ out* **a)** ausschwärmen, **b)** hinausströmen; *to ~ to a place* zu e-m Ort (hin)strömen; *beggars ~ in that town* in dieser Stadt wimmelt es von Bettlern; **6.** (*with*) schwärmen *od.* wimmeln (von); **III.** *v/t.* **7.** um'schwärmen, -'drängen; **8.** *Örtlichkeit* in Schwärmen über'fallen; **9.** *Bienenschwarm* einfangen: *to ~ a hive.*

swarm[2] [swɔ:m] **I.** *v/t. a.* ~ *up* hochklettern an (*dat.*); **II.** *v/i.* klettern.

swarth·i·ness ['swɔ:ðinis] *s.* dunkle Gesichtsfarbe, Schwärze *f*, Dunkelbraun *n*; **swarth·y** ['swɔ:ði] *adj.* □ dunkel(häutig, -braun), schwärzlich.

swash [swɔʃ] **I.** *v/i.* **1.** klatschen, schwappen (*Wasser etc.*); **2.** plantschen: *to ~ in one's bath*; **3.** prahlen, schwadronieren; **II.** *v/t.* **4.** *Wasser* spritzen, platschen lassen, schütten; **5.** bespritzen; **III.** *s.* **6.** Platschen *n*, Schwappen *n*; **7.** Platsch *m*, Klatsch *m*; **'~-buck·ler** [-bʌklə] *s.* Säbelraßler *m*, Schwadro'neur *m*, Bra'marbas *m*; **'~-buck·ling** [-bʌkliŋ] **I.** *s.* Renommieren *n*, Säbelrasseln *n*, Schwadronieren *n*; **II.** *adj.* schwadronierend, prahlerisch; **'~-plate** *s.* ⊕ Taumelscheibe *f.*

swas·ti·ka ['swæstikə] *s.* Hakenkreuz *n.*

swat [swɔt] F **I.** *v/t. Fliege etc.* zerquetschen, klatschen; **II.** *s.* (zerschmetternder) Schlag.

swath [swɔ:θ] *s.* ⸗ Schwade(n *m*) *f.*

swathe[1] [sweið] **I.** *v/t.* **1.** (um)'wickeln (*with* mit), einwickeln; **2.** (*wie e-n Verband*) her'umwickeln; **3.** einhüllen; **II.** *s.* **4.** Binde *f*, Verband *m*; **5.** (Wickel)Band *n*; **6.** ⚕ 'Umschlag *m.*

swathe[2] [sweið] → *swath.*

sway [swei] **I.** *v/i.* **1.** schwanken, schaukeln, sich wiegen; **2.** sich neigen; **3.** (*to*) *fig.* sich zuneigen (*dat.*) (*öffentliche Meinung etc.*); **4.** herrschen; **II.** *v/t.* **5.** *et.* schwenken, schaukeln, wiegen; **6.** neigen; **7.** ⚓ *mst ~ up Masten etc.* aufheißen; **8.** *fig.* beeinflussen, lenken; **9.** beherrschen, herrschen über (*acc.*); *Publikum* mitreißen; **10.** *rhet. Zepter etc.* schwingen; **III.** *s.* **11.** Schwanken *n*, Schaukeln *n*, Wiegen *n*; **12.** Schwung *m*, Wucht *f*; **13.** 'Übergewicht *n*; **14.** Einfluß *m*: *under the ~ of* unter dem Einfluß *od.* im Banne (*gen.*); → *15*; **15.** Herrschaft *f*, Gewalt *f*, Macht *f*: *to hold ~ over* beherrschen, herrschen über (*acc.*); *under the ~ of* in der Gewalt *od.* unter der Herrschaft (*gen.*).

swear [swɛə] **I.** *v/i.* [*irr.*] **1.** schwören, e-n Eid leisten (*on the Bible* auf die Bibel): *to ~ by* **a)** bei *Gott etc.* schwören, **b)** F schwören auf (*acc.*), felsenfest glauben an (*acc.*); *to ~ by all that's holy* Stein u. Bein schwören; *to ~ off* F *e-m Laster* abschwören; *to ~ to* **a)** *et.* beschwören, **b)** *et.* geloben; **2.** fluchen (*at* auf *acc.*); **II.** *v/t.* [*irr.*] **3.** *Eid* schwören, leisten; **4.** *et.* beschwören, eidlich bekräftigen; *to ~ out* ⚖ *Am. Haftbefehl* durch eidliche Strafanzeige erwirken; **5.** *Rache, Treue etc.* schwören; **6.** *a. ~ in j-n* vereidigen: *to ~ s.o. into an office* j-n in ein Amt einschwören; *to ~ s.o. to secrecy* j-n eidlich zur Verschwiegenheit verpflichten; **III.** *s.* **7.** F Fluch *m*; **'swear·ing** [-riŋ] *s.* **1.** Schwören *n*: *~-in* ⚖ Vereidigung; **2.** Fluchen *n*; **'swear-word** *s.* Fluch(wort *n*) *m.*

sweat [swet] **I.** *s.* **1.** Schweiß *m*: *cold ~* kalter Schweiß, Angstschweiß; *by the ~ of one's brow* im Schweiße s-s Angesichts; *to be in a ~* **a)** in Schweiß gebadet sein, **b)** F (vor Angst, Erregung *etc.*) schwitzen; *to get into a ~* in Schweiß geraten; **2.** Schwitzen *n*, Schweißausbruch *m*; **3.** ⊕ Ausschwitzung *f*, Feuchtigkeit *f*; **4.** F Placke'rei *f*; **5.** *old ~ mil. sl.* ‚alter Knochen'; **II.** *v/i.* [*Am. irr.*] **6.** schwitzen (*with* vor *dat.*); **7.** ⊕, *phys. etc.* schwitzen, anlaufen; gären (*Tabak*); **8.** F schwitzen, sich schinden; **9.** ✝ für e-n Hungerlohn arbeiten; **III.** *v/t.* [*Am. irr.*] **10.** schwitzen: *to ~ blood* Blut schwitzen; *to ~ out* **a)** *Krankheit etc.* (her)ausschwitzen, **b)** *fig. et.* mühsam hervorbringen; *to ~ it out Am. sl.* es (mit Hangen u. Bangen) durchstehen; **11.** *Kleidung* 'durchschwitzen; **12.** *j-n* schwitzen lassen (*a. sl. fig. im Verhör etc.*); *fig.* schuften lassen, *Arbeiter* ausbeuten; *sl. j-n* aussaugen; **13.** ⊕ schwitzen *od.* gären lassen; *metall.* (~ *out* aus)seigern; (heiß-, weich)löten; *Kabel* schweißen; **'~-band** *s.* Schweißleder *n* (*Hut*).

sweat·ed ['swetid] *adj.* ✝ **1.** für Hungerlöhne hergestellt; **2.** für Hungerlohn arbeitend, 'unterbezahlt; **'sweat·er** [-tə] *s.* **1.** Sweater *m*, Pull'over *m*; **2.** Leuteschinder *m.*

'sweat-gland *s. physiol.* Schweißdrüse *f.*

sweat·i·ness ['swetinis] *s.* Verschwitztheit *f*, Schweißigkeit *f.*

sweat·ing ['swetiŋ] *s.* **1.** Schwitzen *n*; **2.** ✝ Ausbeutung *f*; **'~-bath** *s.* ⚕ Schwitzbad *n*; **~ sys·tem** *s.* ✝ 'Ausbeutungssyˌstem *n.*

sweat| shirt *s.* **1.** *sport* Trainingsbluse *f*, **2.** kurzärmeliger Pull'over; **'~-shop** *s.* ✝ Ausbeutungsbetrieb *m.*

sweat·y ['sweti] *adj.* □ schweißig, verschwitzt.

Swede [swi:d] **I.** *npr.* Schwede *m*, Schwedin *f*; **II.** *s.* ♀ *Brit.* → *Swedish turnip.*

Swed·ish ['swi:diʃ] **I.** *adj.* **1.** schwedisch; **II.** *s.* **2.** *ling.* Schwedisch *n*; **3.** *the ~ coll.* die Schweden *pl.*; **~ tur·nip** *s.* ♀ *Brit.* schwedische (Steck)Rübe.

sweep [swi:p] **I.** *v/t.* [*irr.*] **1.** kehren, fegen: *to ~ away* (*off, up*) weg-(fort-, auf)kehren; **2.** freimachen, säubern (*of* von; *a. fig.*); **3.** hin'wegstreichen über (*acc.*) (*Wind etc.*); **4.** *Flut etc.* jagen, treiben: *to ~ before one Feind* vor sich her treiben; **5.** *a. ~ away* (*od. off*) *fig.* fort-, mitreißen (*Flut etc.*): *to ~ along with one Zuhörer* mitreißen; *to ~ s.o. off his feet j-n* hinreißen; **6.** *a. ~ away Hindernis etc.* (aus dem Weg) räumen, *e-m Übelstand etc.* abhelfen, aufräumen mit: *to ~ aside et.* abtun, beiseite schieben; *to ~ off j-n* hinwegraffen (*Tod, Krankheit*); **7.** *mit der Hand* streichen über (*acc.*); **8.** *Geld* einstreichen: *to ~ the board Kartenspiel u. fig.* alles gewinnen; **9. a)** *Gebiet* durch'streifen, **b)** *Horizont etc.* absuchen (*a.* ⚔ *mit Scheinwerfern, Radar*) (*for* nach), **c)** hingleiten über (*acc.*) (*Blick etc.*); **10.** ⚔ *mit MG-Feuer* bestreichen; **11.** ♪ *Saiten, Tasten* (be)rühren, schlagen, (hin)gleiten über (*acc.*); **II.** *v/i.* [*irr.*] **12.** kehren, fegen; **13.** fegen, stürmen, jagen (*Wind, Regen etc., a. Krieg, Heer*), fluten (*Wasser, Truppen etc.*); *durchs Land* gehen (*Epidemie etc.*): *to ~ along* (*down, over*) entlang- *od.* einher- (hernieder-, darüber hin)fegen *etc.*; *to ~ down on* sich (herab)stürzen auf (*acc.*); *fear swept over him* Furcht erfaßte ihn; **14.** maje'stätisch ein'herschreiten: *she swept from the room* sie rauschte aus dem Zimmer; **15.** in weitem Bogen gleiten; **16.** sich da'hinziehen (*Küste, Straße etc.*); **17.** (*for*) ⚓ (nach *et.*) dreggen; ⚔ *Minen* suchen, räumen; **III.** *s.* **18.** Kehren *n*: *to give s.th. a ~* et. kehren; *to make a clean ~* (*of*) *fig.* reinen Tisch machen *od.* aufräumen (mit); **19.** *mst pl.* Müll *m*; **20.** *bsd. Brit.* (*bsd.* Schornstein)Feger *m*; **21.** Da'hinfegen *n*, (Da'hin)Stürmen *n* (*des Windes etc.*): *onward ~ fig.* mächtiger Fortschritt; **22.** schwungvolle (Hand- *etc.*)Bewegung; Schwung *m* (*e-r Sense, Waffe etc.*); (Ruder)Schlag *m*; **23.** *fig.* Reichweite *f*, Bereich *m*, Spielraum *m*; weiter (geistiger) Hori'zont; **24.** Schwung *m*, Bogen *m* (*Straße etc.*); **25.** ausgedehnte Strecke, weite Fläche; **26.** Auffahrt *f zu e-m Haus*; **27.** Ziehstange *f*, Schwengel *m* (*Brunnen*); **28.** ⚓ langes Ruder; **29.** ♪ Tusch *m*; **30.** *Radar*: Abtaststrahl *m*; **31.** *Kartenspiel*: Gewinnen *n* aller Stiche *od.* Karten; **IV.** *adj.* **32.** ⚡ Ablenk..., Kipp...

'sweep·back ✈ **I.** *s.* Pfeilform *f* (*der Tragflächen*); **II.** *adj.* pfeilförmig, Pfeil...

sweep·er ['swi:pə] *s.* **1.** (Straßen-)Kehrer *m*, Feger(in); **2.** 'Kehrmaˌschine *f*; **3.** ⚓ Such-, Räumboot *n*; **4.** *Fußball*: Libero *m*, Ausputzer *m*; **'sweep·ing** [-piŋ] **I.** *adj.* □ **1.** kehrend, Kehr...; **2.** sausend, stürmisch (*Wind etc.*); **3.** ausgedehnt; **4.** schwungvoll (*a. fig. mitreißend*); **5.** 'durchschlagend, über'wältigend (*Sieg, Erfolg*); **6.** 'durchgreifend, radi'kal: *~ changes*; **7.** um'fassend;

8. weitreichend, *a.* (zu) stark verallgemeinernd, sum'marisch: ~ *statement*; **II.** *s.* **9.** *pl.* **a)** → *sweep 19*, **b)** *fig. contp.* Abschaum *m.*

'sweep|-net *s.* **1.** ⚓ Schleppnetz *n*; **2.** Schmetterlingsnetz *n*; **'~·stake** *s. sport* **1.** *sg. od. pl.* **a)** *Art* Toto *n* (*bsd. bei Pferderennen, wobei die Preise aus den Einsätzen gebildet werden*), **b)** Rennen *n*, in dem die Pferdebesitzer den ganzen Einsatz machen; **2.** *pl.* aus allen Einsätzen gebildeter Preis.

sweet [swi:t] **I.** *adj.* □ **1.** süß (*im Geschmack*); **2.** süß, lieblich (duftend): *to be ~ with* duften nach; **3.** frisch (*Butter, Fleisch, Milch*); **4.** Frisch..., Süß...: ~ *water*; **5.** süß, lieblich (*Musik, Stimme*); **6.** süß, angenehm: ~ *dreams*; ~ *sleep*; **7.** süß, lieb: ~ *face*; *at his own ~ will* (ganz) nach seinem Köpfchen; → *seventeen II*; **8.** (*to* zu *od.* gegenüber *j-m*) lieb, nett, freundlich, sanft: ~ *nature od. temper*; **9.** F ‚süß', reizend, goldig (*alle a. iro.*): *to be ~ on* in *j-n* verliebt sein; **10.** leicht, bequem; glatt, ruhig; **11.** ⚗ **a)** säurefrei (*Mineralien*), **b)** schwefelfrei, süß (*bsd. Benzin, Rohöl*); **12.** ⚒ nicht sauer (*Boden*); **13.** ♪ schmalzig (*Ggs. heiß, improvisiert*); **II.** *s.* **14.** Süße *f*; **15.** *Brit.* **a)** Bon'bon *m, n*, Süßigkeit *f*, **b)** *oft pl.* Nachtisch *m*, Süßspeise *f*; **16.** *mst pl. fig.* Freude *f*, Annehmlichkeit *f*: *the ~(s) of life*; → *sour 7*; **17.** *mst in der Anrede*: Liebling *m*, Süße(r *m*) *f*; **'~·bread** *s.* (*bsd.* Kalbs)Brieschen *n*; ~ **chest·nut** *s.* 'Edel-, 'Eßka,stanie *f*; **'~·corn** *s.* **1.** ⚘ Zuckermais *m*; **2.** grüne Maiskolben *pl.*

sweet·en ['swi:tn] **I.** *v/t.* **1.** süßen; **2.** *fig.* versüßen, angenehm(er) *od.* gefällig machen; **II.** *v/i.* **3.** süß(er) werden; **4.** milder *od.* sanfter werden; **'sweet·en·ing** [-niŋ] *s.* Versüßungsmittel *n.*

'sweet|·heart *s.* Liebste(r *m*) *f*, Schatz *m*; ~ **herbs** *s. pl.* Küchen-, Gewürzkräuter *pl.*

sweet·ie ['swi:ti] *s.* **1.** F Schätzchen *n*, ‚Süße' *f*; **2.** *mst pl. Brit.* Näsche'rei *f*, Bon'bon *m, n.*

sweet·ing ['swi:tiŋ] *s.* ⚘ Jo'hannisapfel *m*, Süßling *m.*

sweet·ish ['swi:tiʃ] *adj.* süßlich.

'sweet|·meat *s. mst pl.* Zuckerwerk *n*, Kon'fekt *n*, Bon'bon *m, n*; **'~-'na·tured** → *sweet 8.*

sweet·ness ['swi:tnis] *s.* **1.** Süße *f*, Süßigkeit *f*; **2.** süßer Duft; **3.** Frische *f*; **4.** *fig. et.* Angenehmes, Annehmlichkeit *f*, *das* Süße; **5.** Freundlichkeit *f*, Liebenswürdigkeit *f*, Sanftheit *f*; **6.** Lieblichkeit *f.*

sweet| oil *s.* O'liven,öl *n*; ~ **pea** *s.* ⚘ Gartenwicke *f*; ~ **po·ta·to** *s.* ⚘ 'Süßkar,toffel *f*, Ba'tate *f*; **'~-'scent·ed** *adj. bsd.* ⚘ wohlriechend, duftend; **'~·shop** *s. bsd. Brit.* Süßwarengeschäft *n*; **'~-'tem·pered** *adj.* sanft-, gutmütig; ~ **vi·o·let** *s.* ⚘ Wohlriechendes Veilchen; **'~-'wil·liam** *s.* ⚘ Stu'dentennelke *f.*

sweet·y → *sweetie.*

swell [swel] **I.** *v/i.* [*irr.*] **1.** *a.* ~ *up*, ~ *out* (an-, auf)schwellen (*into, to* zu), dick werden; **2.** sich aufblasen *od.* -blähen (*a. fig.*); **3.** anschwellen, (an)steigen (*Wasser etc., a. fig. Preise, Anzahl etc.*); **4.** sich wölben: **a)** ansteigen (*Land etc.*), **b)** sich ausbauchen *od.* bauschen (*Mauerwerk, Möbel etc.*), **c)** ⚓ sich blähen (*Segel*); **5.** her'vorbrechen (*Quelle, Tränen*); **6.** *bsd.* ♪ **a)** anschwellen (*into* zu), **b)** (an- u. ab)schwellen (*Ton, Orgel etc.*); **7.** *fig.* bersten (wollen) (*with* vor): *his heart ~s with indignation*; **8.** aufwallen, sich steigern (*into* zu) (*Gefühl*); **II.** *v/t.* [*irr.*] **9.** ~ *up*, ~ *out a.* ♪ *u. fig. Buch etc.* anschwellen lassen; **10.** aufblasen, -blähen, -treiben; **11.** *fig.* aufblähen (*with* vor): *~ed* (*with pride*) stolzgeschwellt; **III.** *s.* **12.** (An-)Schwellen *n*; **13.** Schwellung *f*; **14.** ⚓ Dünung *f*; **15.** Wölbung *f*, Ausbauchung *f*; **16.** kleine Anhöhe, sanfte Steigung; **17.** *fig.* Anschwellen *n*, -wachsen *n*, (An)Steigen *n*; **18.** ♪ **a)** An- (u. Ab)Schwellen *n*, **b)** Schwellzeichen *n*, **c)** Schwellwerk *n* (*Orgel etc.*); **19.** F **a)** ‚hohes Tier', ‚Größe' *f*, **b)** ‚feiner Pinkel', **c)** ‚Ka'none' *f*, ‚Mordskerl' *m* (*at* in *dat.*); **IV.** *adj.* **20.** (*a. int.*) F ‚prima', ‚bombig'; **21.** F (tod)schick, ‚piekfein', feu'dal; **swelled** [-ld] *adj.* **1.** (an)geschwollen, aufgebläht: ~ *head* F *fig.* Aufgeblasenheit; **2.** geschweift (*Möbel*); **'swell·ing** [-liŋ] **I.** *s.* **1.** (*a. fig. u.* ♪ An)Schwellen *n*; **2.** ⚕ Schwellung *f*, Geschwulst *f*, *a.* Beule *f*: *hunger ~* Hungerödem; **3.** Wölbung *f*: **a)** Erhöhung *f*, **b)** ⌂ Ausbauchung *f*, ⊕ Schweifung *f*; **II.** *adj.* □ **4.** (an-)schwellend; **5.** geschwollen (*Stil etc.*).

'swell|-man·u·al *s.* ♪ 'Schwellmanu,al *n* (*Orgel*); ~ **mob** *s. sl. coll. die* Hochstapler *pl.*; ~ **mobs·man** [-'mɔbzmən] *s.* [*irr.*] *sl.* Hochstapler *m*; **'~-or·gan** *s.* ♪ Schwellwerk *n.*

swel·ter ['sweltə] **I.** *v/i.* **1.** (schier) vor Hitze 'umkommen, verschmachten; **2.** in Schweiß gebadet sein; **3.** (vor Hitze) kochen; **II.** *s.* **4.** drükkende Hitze, Schwüle *f*; **5.** F *fig.* Hetze *f*, Hexenkessel *m*; **'swel·tering** [-təriŋ], **'swel·try** [-tri] *adj.* **1.** vor Hitze vergehend, verschmachtend; **2.** in Schweiß gebadet; **3.** drückend, schwül, kochend.

swept [swept] *pret. u. p.p. von sweep*; **'~-back wing** *s.* ✈ Pfeilflügel *m*; ~ **vol·ume** *s. mot.* 'Hubraum *m*; ~ **wing** → *swept-backwing.*

swerve [swɔ:v] **I.** *v/i.* **1.** sich (plötzlich) seitwärts wenden, *a. mot.* ab-, ausbiegen; seitlich ausbrechen (*Pferd*); **2.** ausweichen; **3.** *mot.* schleudern; **4.** *fig.* abweichen (*from* von); **II.** *v/t.* **5.** ablenken (*a. fig.*); **6.** *sport Ball* schneiden; **III.** *s.* **7.** (plötzliche) Seitenbewegung, Abweichung *f.*

swift [swift] **I.** *adj.* □ **1.** *allg.* schnell, rasch; **2.** flüchtig (*Zeit, Stunde etc.*); **3.** geschwind, eilig; **4.** flink, hurtig, *a.* geschickt: *a ~ worker*; ~ *wit* rasche Auffassungsgabe; **5.** rasch, schnell bereit: ~ *to anger* jähzornig; ~ *to take offence* leicht beleidigt; **II.** *adv.* **6.** *mst poet. od. in Zssgn* schnell, geschwind, rasch; **III.** *s.* **7.** *orn.* (*bsd.* Mauer)Segler *m*; **8.** *e-e brit. Taubenrasse*; **9.** *zo.* → *newt*; **10.** ⊕ Haspel *f.*

'swift|-'foot·ed *adj.* schnellfüßig, flink; **'~-'hand·ed** *adj.* □ **1.** schnell (handelnd); **2.** schnell (*Rache etc.*).

swift·ness ['swiftnis] *s.* Schnelligkeit *f.*

swig [swig] F **I.** *v/t.* (aus-, hin'unter)trinken; **II.** *v/i.* saufen, e-n tüchtigen Zug tun (*at* aus, von); **III.** *s.* (kräftiger) Schluck.

swill [swil] **I.** *v/t.* **1.** *bsd. Brit.* (ab-)spülen: *to ~ out* ausspülen; **2.** *Bier etc.* saufen, hin'unterspülen; **II.** *v/i.* **3.** saufen; **III.** *s.* **4.** (Ab)Spülen *n*; **5.** Schweinetrank *m*, -futter *n*; **6.** Spülicht *n* (*a. fig. contp.*); **7.** *fig. contp.* **a)** ‚Gesöff' *n*, **b)** ‚Saufraß' *m.*

swim [swim] **I.** *v/i.* [*irr.*] **1.** *durch Körperbewegung* schwimmen: *to ~ on one's back*; **2.** schwimmen (*Gegenstand*), treiben; **3.** schweben, (sanft) gleiten; **4.** *fig.* **a)** schwimmen (*in* in *dat.*), **b)** über'schwemmt sein, 'überfließen (*with* von): *his eyes were ~ming with tears* s-e Augen schwammen in Tränen; *to ~ in fig.* schwimmen in (*Geld etc.*); **5.** (ver)schwimmen (*before one's eyes* vor den Augen): *my head ~s* mir ist schwind(e)lig; **II.** *v/t.* [*irr.*] **6.** *Strecke etc.* schwimmen, *Gewässer* durch'schwimmen; **7.** *Person, Pferd etc.* schwimmen lassen; **8.** F mit *j-m* um die Wette schwimmen; **III.** *s.* **9.** Schwimmen *n*, Bad *n*: *to go for a ~* schwimmen gehen; *to be in (out of) the ~* F *fig.* (nicht) auf dem laufenden sein; **10.** *Angelsport*: tiefe u. fischreiche Stelle (*e-s Flusses*); **11.** Schwindel(anfall) *m*; **'swim·mer** [-mə] *s.* **1.** Schwimmer(in); **2.** *orn.* Schwimmvogel *m.*

swim·mer·et ['swimәret] *s. zo.* Schwimmfuß *m* (*Krebs*).

swim·ming ['swimiŋ] **I.** *s.* **1.** Schwimmen *n*; **2.** ~ *of the head* Schwindelgefühl; **II.** *adj.* □ → *swimmingly*; **3.** Schwimm...; **'~-bath** *s.* Schwimmbad *n*; **'~-blad·der** *s. zo.* Schwimmblase *f.*

swim·ming·ly ['swimiŋli] *adv. fig.* glatt, reibungslos, leicht: *to go on ~* glatt (vonstatten) gehen.

'swim·ming-pool *s.* **1.** Schwimmbecken *n*; **2.** **a)** Freibad *n*, **b)** *mst indoor ~* Hallenbad *n.*

swin·dle ['swindl] **I.** *v/i.* **1.** betrügen, mogeln; **II.** *v/t.* **2.** *j-n* beschwindeln, betrügen (*out of s.th.* um et.); **3.** *et.* erschwindeln (*out of s.o.* von j-m); **III.** *s.* **4.** Schwindel *m*, Schwinde'lei *f*, Betrug *m*; **'swin·dler** [-lə] *s.* Schwindler(in), Betrüger(in).

swine [swain] *pl.* **swine** *s. zo.*, *mst* ⚒, *poet. od. Am.* Schwein *n* (*a. fig. contp.*); **'~-bread** *s.* ⚘ Trüffel *f*; **'~-fe·ver** *s. vet.* **1.** (Virus)Schweinepest *f*; **2.** *bsd. Brit.* → *swineplague*; **'~-herd** *s. poet.* Schweinehirt *m*; **'~-plague** *s. vet.* Schweineseuche *f*; **'~-pox** *s.* **1.** ⚕ *hist.* Wasserpocken *pl.*; **2.** *vet.* Schweinepocken *pl.*

swing [swiŋ] **I.** *v/t.* [*irr.*] **1.** *Stock, Keule, Lasso etc.* schwingen; **2.** *Glocke etc.* schwingen, (hin u. her) schwenken: *to ~ one's arms* mit den Armen schlenkern; *to ~ s.th. about* et. (im Kreis) herumschwenken;

to ~ the propeller ✈ den Propeller durchdrehen *od.* anwerfen; **3.** *Beine etc.* baumeln lassen, *a. Tür etc.* pendeln lassen; *Hängematte etc.* aufhängen (*from* an *dat.*): *to ~ open (to) Tor* auf-, (zu)stoßen; **4.** *j-n in e-r Schaukel* schaukeln; **5.** *auf die Schulter etc.* (hoch)schwingen; **6.** ⚔ (*~ in od. out* ein- *od.* aus)schwenken lassen; **7.** ⚓ (rund)schwojen; **8.** *bsd. Am.* F **a)** *et.* ‚schaukeln', ‚hinkriegen', **b)** *Wähler* her'umkriegen; **II.** *v/i.* [*irr.*] **9.** (hin- u. herschwingen, pendeln, ausschlagen (*Pendel, Zeiger*): *to ~ into motion* in Schwung *od.* Gang kommen; **10.** schweben, baumeln (*from* an *dat.*) (*Glocke etc.*); **11.** (sich) schaukeln; **12.** F ‚baumeln' (*gehängt werden*): *he must ~ for it*; **13.** sich (*in den Angeln*) drehen (*Tür etc.*): *to ~ open (to)* auffliegen (zuschlagen); *he swung round* er drehte sich ruckartig herum; **14.** ⚓ schwojen; **15.** schwenken, mit schwungvollen Bewegungen gehen, (flott) marschieren: *to ~ into line* ⚔ einschwenken; **16.** *to ~ it sl.* **a)** ‚toll leben', **b)** ‚auf den Putz hauen'; **17.** schwanken; **18.** (zum Schlag) ausholen: *to ~ at* nach *j-m* schlagen; **19.** ♪ swingen; **III.** *s.* **20.** (Hin- u. Her-) Schwingen *n*, Pendeln *n*, Schwingung *f*; ⊕ Schwungweite *f*, Ausschlag *m* (*e-s Pendels od. Zeigers*): *the ~ of the pendulum* der Pendelschlag (*a. fig. od. pol.*); *free ~* Bewegungsfreiheit, Spielraum (*a. fig.*); *in full ~* in vollem Gange, im Schwung; *to give full ~ to* **a)** *e-r Sache* freien Lauf lassen, **b)** *j-m* freie Hand lassen; **21.** Schaukeln *n*; **22. a)** Schwung *m beim Gehen, Schilauf etc.*, schwingender Gang, Schlenkern *n*, **b)** ♪ *etc.* Schwung *m*, (schwingender) Rhythmus: *to go with a ~* **a)** Schwung haben, **b)** *fig.* wie am Schnürchen gehen; **23.** ♪ Swing *m* (*Jazz*); **24.** Schaukel *f*: *to lose on the ~s what you make on the roundabouts fig.* genau so weit sein wie am Anfang; *you make up on the ~s what you lose on the roundabouts* was man hier verliert, macht man dort wieder wett; **25.** ✝ *Am. sl.* Konjunk'turperi͵ode *f*; **26.** *Boxen*: Schwinger *m*; **27.** Schwenkung *f*; **'~-back** *s.* **1.** *phot.* Einstellscheibe *f*; **2.** *fig.* 'Umschwung *m*, Reakti'on *f*, Rückkehr *f* (*to* zu); **'~-'boat** *s.* Schiffsschaukel *f*; **~ bridge** *s.* Drehbrücke *f*; **'~-door** *s.* Drehtür(e) *f*.

swinge [swindʒ] *v/t. obs.* 'durchprügeln, (aus)peitschen; **'swinge·ing** [-dʒiŋ] *adj.* □ F **1.** wuchtig (*Schlag etc.*); **2.** gewaltig, riesig, mächtig.

swing·er ['swiŋə] *s. sl.* (*contp.* krampfhaft) modebewußte Per'son.

swing·ing ['swiŋiŋ] *adj.* □ **1.** schwingend, schaukelnd, pendelnd, Schwing...; **2.** Schwenk...; **3.** 'rhythmisch, schwungvoll; **4.** schwankend: *~ temperature* ⚕ Temperaturschwankungen.

swin·gle ['swiŋgl] **I.** *s.* ⊕ (Flachs-, Hanf)Schwinge *f*; **II.** *Flachs, Hanf* schwingeln; **'~-tree** *s.* Ortscheit *n*, Wagenschwengel *m*.

swing shift *s.* ✝ Spätschicht *f*.

swin·ish ['swainiʃ] *adj.* □ schweinisch.

swipe [swaip] **I.** *v/i.* **1.** dreinschlagen, hauen; *sport* aus vollem Arm schlagen; **II.** *v/t.* **2.** (hart) schlagen; **3.** *sl.* ‚klauen', stehlen; **III.** *s.* **4.** *bsd. sport* harter Schlag, Hieb *m*; **5.** *pl. sl.* Dünnbier *n*.

swirl [swəːl] **I.** *v/i.* **1.** wirbeln (*Wasser, a. fig. Kopf*), e-n Strudel bilden; **2.** (her'um)wirbeln; **II.** *v/t.* **3.** *et.* herumwirbeln; **III.** *s.* **4.** Wirbel *m*, Strudel *m*; **5.** *Am.* (Haar)Wirbel *m*; **6.** Wirbel(*n n*) *m* (*Drehbewegung*).

swish [swiʃ] **I.** *v/i.* **1.** schwirren, zischen, sausen; **2.** rascheln (*Seide*); **II.** *v/t.* **3.** sausen *od.* schwirren lassen; **4.** *Brit.* 'durchprügeln; **III.** *s.* **5.** Sausen *n*, Zischen *n*; **6.** Rascheln *n*; **7.** *Brit.* (Ruten)Streich *m*, Peitschenhieb *m*; **IV.** *adj.* **8.** *Brit. sl.* ele'gant, schick.

Swiss [swis] **I.** *pl.* **Swiss** *s.* **1.** Schweizer(in); **2.** ⊕ 𝔰, *a. ~ muslin* 'Schweizermusse͵lin *m* (*Stoff*); **II.** *adj.* **3.** schweizerisch, Schweizer: *~ German* Schweizerdeutsch (*Mundart*); *~ roll* Biskuitroulade.

switch [switʃ] **I.** *s.* **1.** Gerte *f*, Rute *f*; **2.** (Ruten)Streich *m*; **3.** falscher Zopf; **4.** ⚡, ⊕ Schalter *m*; **5.** 🚂 Weiche *f*; **6.** *bsd. Am. fig.* 'Umstellung *f*, Wechsel *m*; **II.** *v/t.* **7.** peitschen; **8.** zucken mit; **9.** ⚡, ⊕ ('um)schalten: *to ~ on* einschalten, *Licht* anschalten, *teleph. j-n* verbinden; *to ~ off* ab-, ausschalten, *Radio* abstellen, *teleph. j-n* trennen; *to ~ to* anschließen an (*acc.*); **10.** 🚂 **a)** *Zug* rangieren, **b)** *Waggons* 'umstellen; **11.** *bsd. Am. fig. Produktion etc.* umstellen, *Methode, Thema etc.* wechseln, *Gedanken, Gespräch* 'überleiten (*to* auf *acc.*); **III.** *v/i.* **12.** 🚂 rangieren; **13.** ⚡, ⊕ (*a. ~ over* um-) schalten; *to ~ off* abschalten, *teleph.* trennen; **14.** *fig.* umstellen: *to ~ (off od. over) to* übergehen zu, sich umstellen auf (*acc.*); **'~-back** *s.* **1.** Zickzackstraße *f*, -bahn *f*; **2.** *Brit.* Berg- u. Talbahn *f*, Achterbahn *f*; **'~-bar** *s.* ⊕ Schaltstange *f*; **'~-board** *s.* ⚡ **1.** Schaltbrett *n*, -tafel *f*; **2.** *teleph.* Klappenschrank *m*; Vermittlung *f*: *~ operator* Telephonist(in); **'~-box** *s.* **1.** ⚡ Schaltkasten *m*; **2.** 🚂 Stellwerk *n*; **'~-clock** *s.* ⊕ Schaltuhr *f*.

switch·ing ['switʃiŋ] **I.** *s.* **1.** ⚡, ⊕ ('Um)Schalten *n*: *~-on* Einschalten; *~-off* Ab-, Ausschalten; **2.** 🚂 Rangieren *n*; **II.** *adj.* **3.** ⚡, ⊕ (Um-) Schalt...; **4.** 🚂 Rangier...

'switch|-le·ver *s.* ⊕, ⚡ Schalthebel *m*; 🚂 Weichenhebel *m*; **'~-man** [-mən] *s.* [*irr.*] 🚂 Weichensteller *m*; **'~-plug** *s.* ⚡, ⊕ Schaltstöpsel *m*; **'~-yard** *s.* 🚂 *Am.* Rangier-, Verschiebebahnhof *m*.

swiv·el ['swivl] **I.** *s.* Drehzapfen *m*, -ring *m*, -gelenk *n*, (⚓ Ketten)Wirbel *m*; **II.** *v/t.* (*auf e-m Zapfen etc.*) drehen *od.* schwenken; **III.** *v/i.* sich drehen; **IV.** *adj.* dreh-, schwenkbar, Dreh..., Schwenk...; **'~-bridge** *s.* ⊕ (beweglicher Teil e-r) Drehbrücke; **'~-chair** *s.* Drehstuhl *m*; **'~-eyed** *adj. sl.* schieläugig; **~ gun** *s.* ⚔ *hist.* Drehbasse *f* (*Geschütz*); **'~-joint** *s.* ⊕ Drehgelenk *n*; **'~-mount** *s.* ⚔ 'Schwenkla͵fette *f*.

swol·len ['swoulən] **I.** *p.p. von swell*; **II.** *adj.* ⚕ geschwollen (*a. fig. Rede etc.*).

swoon [swuːn] **I.** *v/i.* **1.** *oft ~ away* in Ohnmacht fallen (*with* vor *dat.*); **2.** *poet.* schwinden; **II.** *s.* **3.** Ohnmacht(sanfall *m*) *f*.

swoop [swuːp] **I.** *v/i.* **1.** *oft ~ down* ([*up*]*on, at*) her'abstoßen, sich stürzen (auf *acc.*), *fig.* herfallen (über *acc.*); **II.** *v/t.* **2.** *mst ~ up* F packen, ‚schnappen'; **III.** *s.* **3.** Her'abstoßen *n* (*Raubvogel*); **4.** *fig.* **a)** 'Überfall *m*, **b)** Stoß *m*: *at one (fell) ~* mit 'einem Schlag.

swop [swɔp] → *swap*.

sword [sɔːd] *s.* Schwert *n* (*a. fig.*); Säbel *m*, Degen *m*; *allg.* Waffe *f*: *to draw (sheathe) the ~* das Schwert ziehen (in die Scheide stecken), *fig.* den Kampf beginnen (beenden); *to put to the ~* über die Klinge springen lassen; → *cross 10*; *measure 16*; **'~-arm** *s.* rechter Arm; **'~-belt** *s.* **1.** Schwertgehenk *n*; **2.** ⚔ Degenkoppel *n*; **'~-cane** *s.* Stockdegen *m*; **'~-dance** *s.* Schwert(er)tanz *m*; **'~-fish** *s. ichth.* Schwertfisch *m*; **'~-guard** *s.* ⚔ Stichblatt *n*; **'~-hilt** *s.* Degengriff *m*; **'~-knot** *s.* ⚔ Degen-, Säbelquaste *f*; **'~-lil·y** *s.* ⚘ Schwertel *m*, Siegwurz *f*; **'~-play** *s.* **1.** (Degen-, Säbel)Fechten *n*; **2.** *fig.* (geschicktes) Wortgefecht, Schlagfertigkeit *f*.

swords·man ['sɔːdzmən] *s.* [*irr.*] Fechter *m*; Kämpfer *m*; **'swords·man·ship** [-ʃip] *s.* Fechtkunst *f*.

'sword-stick → *sword-cane*.

swore [swɔː] *pret. von swear*; **sworn** [swɔːn] **I.** *p.p. von swear*; **II.** *adj.* **1.** ⚖ (gerichtlich) vereidigt, beeidigt: *~ expert*; **2.** eidlich: *~ statement*; **3.** geschworen (*Gegner*): *~ enemies* Todfeinde; **4.** verschworen (*Freunde*).

swot [swɔt] *ped. Brit. sl.* **I.** *v/i.* **1.** büffeln, pauken; **II.** *v/t.* **2.** *mst ~ up Lehrstoff* schnell einpauken *od.* büffeln; **III.** *s.* **3.** Streber(in); **4.** Büffe'lei *f*, Pauke'rei *f*; *weitS.* hartes Stück Arbeit.

swum [swʌm] *p.p. u. obs. od. dial. pret. von swim*.

swung [swʌŋ] *pret. u. p.p. von swing*.

syb·a·rite ['sibərait] *s. fig.* Syba'rit *m*, Schlemmer *m*, Genüßling *m*; **syb·a·rit·ic** [sibə'ritik] *adj.* (□ *~ally*) syba'ritisch, genußsüchtig; **'syb·a·rit·ism** [-tizəm] *s.* Genußsucht *f*, Schwelge'rei *f*.

syc·a·more ['sikəmɔː] *s.* ⚘ **1.** *Am.* Pla'tane *f*; **2.** *a. ~ maple Brit.* Bergahorn *m*; **3.** Syko'more *f*, Maulbeerfeigenbaum *m*.

syc·o·phan·cy ['sikəfənsi] *s.* Kieche'rei *f*, ͵Speichellecke'rei *f*; **'syc·o·phant** [-nt] *s.* Schmeichler *m*, Kriecher *m*, Speichellecker *m*; **syc·o·phan·tic** [sikə'fæntik] *adj.* (□ *~ally*) schmeichlerisch, kriecherisch.

syl·la·bar·y ['siləbəri] *s.* 'Silbenta͵belle *f*; **'syl·la·bi** [-bai] *pl. von syllabus*.

syl·lab·ic [si'læbik] *adj.* (□ *~ally*) **1.** syl'labisch (*a.* ♪), Silben...: *~ accent*; **2.** silbenbildend, silbisch; **3.** *in Zssgn* ...silbig; **syl'lab·i·cate** [-keit],

syl'lab·i·fy [-ifai], **syl·la·bize** ['siləbaiz] *v/t. ling.* syllabieren, in Silben teilen, Silbe für Silbe (aus-) sprechen.

syl·la·ble ['siləbl] **I.** *s.* **1.** *ling.* Silbe *f*: not a ~ *fig.* keine Silbe *od.* kein Sterbenswörtchen *sagen*; **2.** ♪ Tonsilbe *f*; **II.** *v/t.* **3.** → syllabicate; **4.** *poet.* aussprechen; '**syl·la·bled** [-ld] *adj.* ...silbig.

syl·la·bus ['siləbəs] *pl.* **-bi** [-bai] *s.* **1.** Auszug *m*, Abriß *m*; zs.-fassende Inhaltsangabe; **2.** (*bsd.* Vorlesungs)Verzeichnis *n*; Lehr-, 'Unterrichtsplan *m*; **3.** ⚖ Kom'pendium *n von richtungsweisenden Entscheidungen*; **4.** *R.C.* 'Syllabus *m*.

syl·lep·sis [si'lepsis] *s. ling.* Syl'lepsis *f* (*Gebrauch des Prädikats im eigentlichen u. figürlichen Sinn in e-m Satz*).

syl·lo·gism ['silədʒizəm] *s. phls.* Syllo'gismus *m*, (Vernunft)Schluß *m*; '**syl·lo·gize** [-dʒaiz] *v/i.* syllogisieren, schließen, folgern.

sylph [silf] *s.* **1.** *myth.* 'Sylphe *m*, Luftgeist *m*; **2.** *fig.* Syl'phide *f*, gra'ziles Mädchen; '**sylph·ish** [-fiʃ], '**sylph·like** [-laik], '**sylph·y** [-fi] *adj.* 'sylphenhaft, grazil.

syl·van ['silvən] *adj. poet.* **1.** waldig, Wald...; **2.** Wald...: ~ deities Waldgötter.

sym·bi·o·sis [simbai'ousis] *s. biol.* Symbi'ose *f*; **sym·bi·ot·ic** [simbi'ɔtik] *adj.* (□ ~ally) *biol.* symbi'o(n)tisch.

sym·bol ['simbəl] *s.* Sym'bol *n*, Sinnbild *n*, Zeichen *n*; **sym·bol·ic** *adj.*; **sym·bol·i·cal** [sim'bɔlik(əl)] *adj.* □ sym'bolisch, sinnbildlich (of für): to be ~ of s.th. et. versinnbildlichen; **sym·bol·ics** [sim'bɔliks] *s. pl. mst sg. konstr.* **1.** 'Studium *n* alter Sym'bole; **2.** *eccl.* Sym'bolik *f*; '**sym·bol·ism** [-bəlizəm] *s.* **1.** Symbolik *f* (*a. eccl.*), sym'bolische Darstellung; ⅋ Forma'lismus *m*; **2.** symbolische Bedeutung; **3.** *coll.* Symbole *pl.*; **4.** *paint. etc.* Symbo'lismus *m*; '**sym·bol·ize** [-bəlaiz] *v/t.* **1.** symbolisieren: **a)** versinnbildlichen, **b)** sinnbildlich darstellen; **2.** symbolisch betrachten.

sym·met·ric *adj.*; **sym·met·ri·cal** [si'metrik(əl)] *adj.* □ sym'metrisch, eben-, gleichmäßig: ~ axis ⅋ Symmetrieachse; **sym·me·trize** ['simitraiz] *v/t.* symmetrisch machen; **sym·me·try** ['simitri] *s.* Symme'trie *f* (*a. fig. Ebenmaß*).

sym·pa·thet·ic [simpə'θetik] **I.** *adj.* (□ ~ally) **1.** mitfühlend, teilnehmend: ~ strike Sympathiestreik; **2.** einfühlend, verständnisvoll; **3.** gleichgesinnt, geistesverwandt, kongeni'al; **4.** sym'pathisch; **5.** F wohlwollend (to[ward] gegen['über]); **6.** sympa'thetisch (*Kur, Tinte etc.*); **7.** ⚕, *psysiol.* sympathisch (*Nervensystem etc.*); → 9; **8.** ♪, *phys.* mitschwingend: ~ vibration Sympathieschwingung; **II.** *s.* **9.** *a.* ~ nerve *physiol.* Sym'pathikus(nerv) *m*; **10.** gutes 'Medium (*Hypnose*).

sym·pa·thize ['simpəθaiz] *v/i.* **1.** (with) **a)** sympathisieren (mit), gleichgesinnt sein (*dat.*), **b)** über'einstimmen (mit), wohlwollend gegen'überstehen (*dat.*), **c)** mitfühlen (mit); **2.** sein Mitgefühl *od.* Beileid ausdrücken (with *dat.*); **3.** ⚕ in Mitleidenschaft gezogen werden (with von); '**sym·pa·thiz·er** [-zə] *s.* **1.** Kondo'lent(in); **2.** Anhänger(in); **3.** Sympathi'sant(in); '**sym·pa·thy** [-θi] *s.* **1.** Sympa'thie *f*, Zuneigung *f* (for für): ~ strike Sympathiestreik; **2.** Gleichgestimmtheit *f*; **3.** Mitleid *n*, -gefühl *n* (with mit, for für): to feel ~ for (*od.* with) Mitleid haben mit *j-m*, Anteil nehmen an *e-r Sache*; **4.** *pl.* (An)Teilnahme *f*, Beileid *n*: letter of ~ Beileidschreiben; to offer one's sympathies to s.o. j-m sein Beileid bezeigen, j-m kondolieren; **5.** ⚕ Mitleidenschaft *f*; **6.** Wohlwollen *n*, Zustimmung *f*; **7.** Über'einstimmung *f*, Einklang *m*; **8.** *biol., psych.* Sympathie *f*, Wechselwirkung *f*.

sym·phon·ic [sim'fɔnik] *adj.* (□ ~ally) sin'fonisch, sym'phonisch, Sinfonie..., Symphonie...: ~ poem ♪ symphonische Dichtung; **sym'pho·ni·ous** [-'founjəs] *adj.* har'monisch (*a. fig.*); **sym·pho·nist** ['simfənist] *s.* ♪ Sin'foniker *m*, Sym'phoniker *m*; **sym·pho·ny** ['simfəni] **I.** *s.* **1.** ♪ Sinfo'nie *f*, Sympho'nie *f*; **2.** *fig.* (*Farben- etc.*)Symphonie *f*, (*a. häusliche etc.*) Harmo'nie, Zs.-klang *m*; **II.** *adj.* **3.** Sinfonie..., Symphonie...: ~ orchestra.

sym·po·si·um [sim'pouzjəm] *pl.* **-si·a** [-sjə] *s.* **1.** *antiq.* Sym'posion *n*: **a)** Gastmahl *n*, **b)** *Titel philosophischer Dialoge*; **2.** *fig.* Sammlung *f* von Beiträgen (*über e-e Streitfrage*); **3.** Sym'posium *n*, Tagung *f* (*von Fachleuten*).

symp·tom ['simptəm] *s.* ⚕ *u. fig.* Sym'ptom *n* (of für, von), (An)Zeichen *n*; **symp·to·mat·ic** *adj.*; **symp·to·mat·i·cal** [simptə'mætik(əl)] *adj.* □ *bsd.* ⚕ sympto'matisch (*a. fig. bezeichnend*) (of für); **symp·tom·a·tol·o·gy** [simptəmə'tɔlədʒi] *s.* ⚕ ˌSymptomatolo'gie *f*.

syn- [sin] *in Zssgn* mit, zusammen.

syn·a·gogue ['sinəgɔg] *s. eccl.* Syna'goge *f*.

syn·a·l(o)e·pha [sinə'li:fə] *s. ling.* Syna'loiphe *f*, Verschleifung *f*.

syn·an·ther·ous [si'nænθərəs] *adj.* ♀ syn'andrisch, mit verwachsenen Staubbeuteln *od.* -blättern: ~ plant Korbblüter, Komposite.

syn·carp ['sinka:p] *s.* ♀ Sammelfrucht *f*.

syn·chro·mesh ['siŋkrou'meʃ] ⊕ **I.** *adj.* Synchron...; **II.** *s. a.* ~ gear Syn'chrongetriebe *n*.

syn·chro·nism ['siŋkrənizəm] *s.* **1.** Synchro'nismus *m*, Gleichzeitigkeit *f*; **2.** Synchronisati'on *f*; **3.** synchro'nistische (Ge'schichts)Taˌbelle; **4.** *phys.* Gleichlauf *m*; **syn·chro·ni·za·tion** [siŋkrənai'zeiʃən] *s.* **1.** *bsd. Film, Fernsehen*: Synchronisation *f*; **2.** Gleichzeitigkeit *f*, zeitliches Zs.-fallen; **syn·chro·nize** ['siŋkrənaiz] **I.** *v/i.* **1.** gleichzeitig sein, zeitlich zs.-fallen *od.* über'einstimmen; **2.** syn'chron gehen (*Uhr*) *od.* laufen (*Maschine*); **3.** synchronisiert sein (*Bild u. Ton e-s Films*); **II.** *v/t.* **4.** *Uhren, Maschinen* synchronisieren: ~d shifting *mot.* Synchron(gang)-schaltung; **5.** *Tonfilm, Fernsehsendung* synchronisieren; **6.** *Ereignisse* synchro'nistisch darstellen, *Gleichzeitiges* zs.-stellen; **7.** *Geschehnisse* (zeitlich) zs.-fallen lassen *od.* aufein'ander abstimmen; **8.** ♪ **a)** *Ausführende* zum (genauen) Zs.-spiel bringen, **b)** *Stelle, Bogenstrich etc.* genau zu'sammen ausführen (lassen); '**syn·chro·nous** [-nəs] *adj.* □ **1.** gleichzeitig: to be ~ (zeitlich) zs.-fallen; **2.** syn'chron: **a)** ⊕, ⚡ gleichlaufend (*Maschine etc.*), gleichgehend (*Uhr*), **b)** ⚡, ⊕ von gleicher Phase u. Schwingungsdauer: ~ motor Synchronmotor.

syn·co·pal ['siŋkəpəl] *adj.* **1.** syn'kopisch; **2.** ⚕ Ohnmacht...; '**syn·co·pate** [-peit] *v/t.* **1.** *ling. Wort* synkopieren, zs.-ziehen; **2.** ♪ synkopieren; **syn·co·pa·tion** [siŋkə'peiʃən] *s.* **1.** → syncope 1; **2.** ♪ **a)** Synkopierung *f*, **b)** Syn'kope(n *pl.*) *f*, **c)** syn'kopische Mu'sik; **syn·co·pe** ['siŋkəpi] *s.* **1.** *ling.* **a)** Synkope *f*, kontrahiertes Wort, **b)** Kontrakti'on *f*; **2.** ♪ Synkope *f*; **3.** ⚕ Synkope *f*, tiefe Ohnmacht.

syn·dic ['sindik] *s.* **1.** ⚖, ✝ 'Syndikus *m*, Rechtsberater *m*; **2.** *univ.* Se'natsmitglied *n* (*Cambridge*); '**syn·di·cal·ism** [-kəlizəm] *s.* Syndika'lismus *m* (*radikaler Gewerkschaftssozialismus*); **syn·di·cate I.** *s.* [-kit] **1.** ✝, ⚖ Syndi'kat *n*, Kon'sortium *n*; **2.** ✝ Ring *m*, Verband *m*, Sammelverkaufsstelle *f*; **3.** 'Pressezenˌtrale *f*; **4.** Verbrecherring *m*; **II.** *v/t.* [-keit] **5.** ✝ zu e-m Syndikat vereinigen; **6.** *Artikel etc.* in mehreren Zeitungen zugleich veröffentlichen; **III.** *v/i.* **7.** ✝ sich zu e-m Syndikat zs.-schließen; **IV.** *adj.* [-kit] **8.** ✝ Konsortial...; **syn·di·ca·tion** [sindi'keiʃən] *s.* ✝ Syndi'katsbildung *f*.

syn·drome ['sindroum] *s.* ⚕ Syn'drom *n*, Sym'ptomenkomˌplex *m*.

syn·od ['sinəd] *s. eccl.* Syn'ode *f*; '**syn·od·al** [-dl] *adj.*; **syn·od·ic** *adj.*; **syn·od·i·cal** [si'nɔdik(əl)] *adj.* □ syn'odisch (*a. ast.*), Synoden...

syn·o·nym ['sinənim] *s. ling.* Syno'nym *n*, sinnverwandtes Wort; **syn·on·y·mous** [si'nɔniməs] *adj.* □ **1.** *ling.* syno'nym(isch), bedeutungsgleich, sinnverwandt; **2.** *allg.* gleichbedeutend (with mit).

syn·op·sis [si'nɔpsis] *pl.* **-ses** [-si:z] *s.* **1.** Zs.-fassung *f*, 'Übersicht *f*, Abriß *m*; **2.** *eccl.* Syn'opse *f*, (vergleichende) Zs.-schau; **syn'op·tic** [-ptik] *adj.* (□ ~ally) **1.** syn'optisch, 'übersichtlich, zs.-fassend: ~ chart *meteor.* synoptische Karte; **2.** um'fassend (*Genie*); **3.** *oft* ♀ *eccl.* synoptisch; **Syn'op·tist**, *a.* ♀ [-ptist] *s. eccl.* Syn'optiker *m* (*Matthäus, Markus u. Lukas*).

syn·o·vi·a [si'nouviə] *s. physiol.* Gelenkschmiere *f*; **syn'o·vi·al** [-əl] *adj.* Synovial...: ~ fluid → synovia; **syn·o·vi·tis** [sinə'vaitis] *s.* ⚕ Gelenkentzündung *f*.

syn·tac·tic *adj.*; **syn·tac·ti·cal** [sin'tæktik(əl)] *adj.* □ syn'taktisch, Syntax...; **syn·tax** ['sintæks] *s.* **1.** *ling.* 'Syntax *f*: **a)** Satzbau *m*, **b)** Satzlehre *f*; **2.** ⅋, *phls.* Syntax *f*, Be'weistheoˌrie *f*.

syn·the·sis ['sinθisis] *pl.* **-ses** [-si:z]

s. allg. Syn'these *f*; **'syn·the·size** [-saiz] *v/t.* **1.** zs.-fügen, (durch Synthese) aufbauen; **2.** ⚗, ⊕ syn'thetisch *od.* künstlich herstellen; **syn·thet·ic** [sin'θetik] **I.** *adj.* (□ *~ally*) syn'thetisch: **a)** *bsd. ling., phls.* zs.-fügend: *~ language*, **b)** ⚗ künstlich, Kunst...: *~ rubber*; **II.** *s.* ⚗ Kunststoff *m*; **syn·thet·i·cal** [sin'θetikəl] *adj.* □ → *synthetic I*; **'syn·the·tize** [-itaiz] → *synthesize.*

syn·ton·ic [sin'tɔnik] *adj.* (□ *~ally*) **1.** ⚡ (auf gleiche Fre'quenz) abgestimmt, gleichlaufend; **2.** *psych.* extravertiert; **syn·to·nize** ['sintənaiz] *v/t.* ⚡ (*to* auf *e-e bestimmte Frequenz*) abstimmen *od.* einstellen; **syn·to·ny** ['sintɔni] *s.* **1.** ⚡ (Fre'quenz)Abstimmung *f*, Reso'nanz *f*; **2.** Extraversi'on *f.*

syph·i·lis ['sifilis] *s.* ⚕ 'Syphilis *f*; **syph·i·lit·ic** [sifi'litik] **I.** *adj.* syphi'litisch; **II.** *s.* Syphi'litiker(in).

sy·phon → *siphon.*

Syr·i·an ['siriən] **I.** *adj.* syrisch; **II.** *s.* Syr(i)er(in).

sy·rin·ga [si'riŋgə] *s.* ⚘ Sy'ringe *f*, Flieder *m.*

syr·inge ['sirindʒ] **I.** *s.* **1.** ⚕, ⊕ Spritze *f*; **II.** *v/t.* **2.** *Flüssigkeit etc.* (ein)spritzen; **3.** *Ohr* ausspritzen; **4.** *Pflanze etc.* ab-, bespritzen.

syr·inx ['siriŋks] *s.* **1.** *antiq.* Pan-, Hirtenflöte *f*; **2. a)** *anat.* Eu'stachische Röhre, **b)** ⚕ Fistel *f*; **3.** *orn.* 'Syrinx *f*, unterer Kehlkopf.

Syro- [saiərou] *in Zssgn* Syro..., syrisch.

syr·up ['sirəp] *s.* Sirup *m*, Zuckersaft *m*; **'syr·up·y** [-pi] *adj.* sirupartig, dickflüssig, klebrig.

sys·tem ['sistim] *s.* **1.** Sy'stem *n* (*a.* Ѧ, ♪, ⚗, ⚘, *zo.*): **a)** Gefüge *n*, Aufbau *m*, Anordnung *f*, **b)** Einheit *f*, geordnetes Ganzes, **c)** *phls., eccl.* Lehrgebäude *n*, **d)** ⊕ Anlage *f*, **e)** Verfahren *n*: *~ of government* Regierungssystem; *~ of logarithms* Ѧ Logarithmensystem; *electoral ~ pol.* Wahlsystem, -verfahren; *mountain ~* Gebirgssystem; *savings-bank ~* Sparkassenwesen; *to lack ~* kein System haben; **2.** *ast.* System *n*: *solar ~*; *the ~* das Weltall; **3.** *geol.* Formati'on *f*; **4.** *physiol.* **a)** (Or'gan)Sy,stem *n*, **b)** *the ~* der Organismus: *digestive ~* Verdauungssystem; *to get s.th. out of one's ~* F et. loswerden; **5.** (*Eisenbahn-, Straßen-, Verkehrs- etc.*)Netz *n*: *~ of roads*; **sys·tem·at·ic** *adj.*; **sys·tem·at·i·cal** [sisti'mætik(əl)] *adj.* □ syste'matisch: **a)** plan-, zweckmäßig, -voll, **b)** me'thodisch (*vorgehend od. geordnet*); **'sys·tem·a·tist** [-mətist] *s.* Syste'matiker *m*; **sys·tem·a·ti·za·tion** ['sistimətai'zeiʃən] *s.* Systematisierung *f*; **'sys·tem·a·tize** [-mətaiz] *v/t.* systematisieren, in ein System bringen.

sys·tem·ic [sis'temik] *adj.* (□ *~ally*) *physiol.* Körper..., Organ...: *~ circulation* großer Blutkreislauf; *~ disease* Systemerkrankung.

sys·tems| a·nal·y·sis *s. Computer*: Sy'stemana,lyse *f*; **~ an·a·lyst** *s. Computer*: **Sy'stemana,lytiker** *m.*

sys·to·le ['sistəli] *s.* Sy'stole *f*: **a)** ⚕ *Zs.-ziehung des Herzmuskels*, **b)** *Metrik*: *Verkürzung e-r langen Silbe.*

T

T, t [tiː] *pl.* **T's, Ts, t's, ts** *s.* **1.** T *n*, t *n* (*Buchstabe*): *to a T* **haargenau**; *it suits me to a T* das paßt mir ausgezeichnet; *to cross the T's* **a)** peinlich genau sein, **b)** es klar u. deutlich sagen; **2.** *a. flanged T* ⊕ T-Stück *n*.

ta [tɑː] *int. Brit.* F danke (*Kindersprache*).

Taal [tɑːl] *s. ling.* Afri'kaans *n* (*der frühen Zeit*).

tab [tæb] *s.* **1.** Streifen *m*, *bsd.* **a)** Schlaufe *f*, (Mantel)Aufhänger *m*, **b)** Lappen *m*, Zipfel *m*, **c)** (Stiefel-) Strippe *f*, **d)** Dorn *m am Schnürsenkel*, **e)** Ohrklappe *f* (*Mütze*); **2.** ⚔ (Kragen)Spiegel *m*; **3.** Schildchen *n*, Anhänger *m*, Eti'kett *n*; (Kar'tei-) Reiter *m*; **4.** F **a)** Rechnung *f*, **b)** Kon'trolle *f*: *to keep* ~(*s*) *on* Buch führen über (*acc.*), *fig.* kontrollieren, sich auf dem laufenden halten über (*acc.*); *to pick up the* ~ *Am.* (die Rechnung) bezahlen; **5.** ⊕ Nase *f*; **6.** ✈ Trimm-, Hilfsruder *n*.

tab·ard ['tæbəd] *s. hist.* Wappen-, Heroldsrock *m*.

tab·by ['tæbi] **I.** *s.* **1.** Moi'ré *m*, *n* (*Stoff*); **2.** *mst* ~ *cat* **a)** getigerte *od.* gescheckte Katze, **b)** (weibliche) Katze; **3.** F **a)** alte Jungfer, **b)** Klatschbase *f*; **4.** *ein* Kalkmörtel *m*; **II.** *adj.* **5.** Moiré...; **6.** gestreift; scheckig; **III.** *v/t.* **7.** *Seide* moirieren.

tab·er·nac·le ['tæbə(ː)nækl] **I.** *s.* **1.** Zelt *n*, Hütte *f*; **2.** ♀ *eccl.* Stiftshütte *f der Juden*: *Feast of* ♀*s* Laubhüttenfest; **3.** *eccl.* **a)** (jüdischer) Tempel, **b)** ♀ Mor'monentempel *m*, **c)** Bethaus *n der Dissenter*, **d)** Kirche *f* (mit geräumigem Schiff); **4.** Taber'nakel *n*: **a)** *R.C.* Sakra'mentshäuschen *n*, **b)** △ 'Statuennische *f*; **5.** *fig.* Leib *m* (*als Wohnsitz der Seele*); **6.** ⚓ Mastbock *m*; **II.** *v/i.* **7.** *fig.* weilen, s-e Zelte aufschlagen; **III.** *v/t.* **8.** *fig.* beherbergen; **tab·er·nac·u·lar** [tæbə(ː)'nækjulə] *adj.* △, *eccl.* Tabernakel...

ta·bes ['teibiːz] *s.* ⚕ **a)** Rückenmarksschwindsucht *f*, **b)** *allg.* Auszehrung *f*; **ta·bet·ic** [tə'betik] ⚕ **I.** *s.* Ta'betiker(in); **II.** *adj.* 'tabisch, 'tabeskrank; **tab·id** ['tæbid] *adj.* □ → *tabetic II*.

tab·la·ture ['tæblətʃə] *s.* **1.** Bild *n*: **a)** Tafelgemälde *n*, **b)** bildliche Darstellung (*a. fig.*); **2.** ♪ *hist.* Tabula'tur *f*.

ta·ble ['teibl] **I.** *s.* **1.** (Eß-, Spiel-) Tisch *m*: *to lay s.th. on the* ~ *parl.* et. verschieben *od.* zurückstellen; *to lie on the* ~ verschoben werden; *to turn the* ~*s* (*on s.o.*) den Spieß umdrehen (gegenüber j-m); *the* ~*s are turned* das Blatt hat sich gewendet; **2.** Tafel *f*, Tisch *m*: **a)** gedeckter Tisch, **b)** Kost *f*, Essen *n*: *at* ~ bei Tisch, beim Essen; *to keep* (*od. set*) *a good* ~ e-e gute Küche führen; *the Lord's* ~ der Tisch des Herrn, das Heilige Abendmahl; **3.** (Tisch-, Tafel-) Runde *f*; → *round 1*; **4.** Komi'tee *n*, Ausschuß *m*; **5.** *geol.* Tafel(land *n*) *f*, Pla'teau *n*: ~ *mountain* Tafelberg; **6.** △ **a)** Tafel *f*, Platte *f*, **b)** Sims *m*, *n*, Fries *m*; **7.** (Holz-, Stein-, *a.* Gedenk- *etc.*)Tafel *f*: *the* (*two*) ~*s of the law* die Gesetzestafeln, die zehn Gebote Gottes; **8.** Ta'belle *f*, Verzeichnis *n*: ~ *of contents* Inhaltsverzeichnis; ~ *of wages* Lohntabelle; **9.** ⅍ Tabelle *f*: ~ *of logarithms* Logarithmentafel; *multiplication* ~ Einmaleins; *to learn one's* ~*s* rechnen lernen; **10.** *anat.* Tafel *f*, 'Tabula *f* (ex'terna *od.* in'terna) (*Schädeldach*); **11.** ⊕ (Auflage)Tisch *m*; **12.** *opt.* Bildebene *f*; **13.** *Chiromantie*: Handteller *m*; **II.** *v/t.* **14.** auf den Tisch legen (*a. fig. vorlegen*); **15.** ⚖ *Antrag etc.* einbringen; **16.** *parl. bsd. Am.* zu'rückstellen, *bsd. Gesetzesvorlage* ruhen lassen; **17.** in e-e Tabelle eintragen, tabel'larisch verzeichnen.

ta·bleau ['tæblou; tablo] *pl.* **'ta·bleaux** [-ouz; -o] *s.* **1.** Bild *n*: **a)** Gemälde *n*, **b)** anschauliche Darstellung; **2.** → *tableau vivant*; **3.** *Brit.* dra'matische Situati'on, über'raschende Szene: ~! man stelle sich die Situation vor!; ~ **vi·vant** ['vivɑ̃ːŋ; vivɑ̃] (*Fr.*) *s.* **a)** lebendes Bild, **b)** *fig.* malerische Szene.

'ta·ble|-cloth *s.* Tischtuch *n*, -decke *f*; **'~-cut** *adj.* mit Tafelschnitt (versehen) (*Edelstein*).

ta·ble d'hôte ['tɑːbl'dout] (*Fr.*) *s.* Me'nü *n*.

'ta·ble|-knife *s.* [*irr.*] *Brit.* Tafel-, Tischmesser *n*; **'~-land** *s. geogr.*, *geol.* Tafelland *n*, Hochebene *f*; **'~-lin·en** *s.* Tischwäsche *f*; **'~-mat** *s.* Set *n*, *m*; **'~-nap·kin** *s.* Servi'ette *f*; **'~-rap·ping** *s. Spiritismus*: Tischklopfen *n*; **'~-salt** *s.* Tafelsalz *n*; **'~-spoon** *s.* Eßlöffel *m*; **'~-spoon·ful** *pl.* **-fuls** *s. ein* Eßlöffel(voll) *m*.

tab·let ['tæblit] *s.* **1.** Täfelchen *n*; **2.** (Gedenk-, Wand- *etc.*)Tafel *f*; **3.** *hist.* Schreibtafel *f*; **4.** (No'tiz-, Schreib-, Zeichen)Block *m*; **5. a)** Stück *n Seife*, **b)** Tafel *f Schokolade*; **6.** *pharm.* Ta'blette *f*; **7.** △ Kappenstein *m*.

'ta·ble|-talk *s.* Tischgespräch *n*; ~ **ten·nis** *s.* Tischtennis *n*; **'~-top** *s.* Tischplatte *f*; **'~-turn·ing** *s. Spiritismus*: Tischrücken *n*; **'~-ware** *s.* Tischgeschirr *n*; **'~-wa·ter** *s.* Tafel-, Mine'ralwasser *n*.

tab·loid ['tæblɔid] **I.** *s.* **1.** *pharm.* Ta'blette *f*, Pa'stille *f* (*geschützte Marke*); **2.** *fig.* konzentrierte 'Dosis; **3.** **Bildzeitung** *f*, **Sensati'onsblatt** *n*; *pl. a.* **Boule'vardpresse** *f*; **II.** *adj.* **4.** **konzentriert**: *in* ~ *form*.

ta·boo [tə'buː] **I.** *adj.* ta'bu: **a)** unantastbar, **b)** verboten, **c)** verpönt; **II.** *s.* Ta'bu *n*: *to put s.th. under* ~ → *III*; **III.** *v/t.* für tabu erklären.

ta·bor ['teibə] *s.* ♪ Tambu'rin *n* (*ohne Schellen*).

tab·o(u)·ret ['tæbərit] *s.* **1.** Hocker *m*, Tabu'rett *n*; **2.** Stickrahmen *m*.

tab·u·lar ['tæbjulə] *adj.* □ **1.** tafelförmig, Tafel..., flach; **2.** dünn; **3.** blättrig; **4.** tabel'larisch, Tabellen...: ~ *standard* ✝ Preisindexwährung.

ta·bu·la ra·sa ['tæbjulə'reizə] (*Lat.*) *s.* Tabula *f* rasa: **a)** unbeschriebenes Blatt, völlige Leere, **b)** reiner Tisch.

tab·u·late ['tæbjuleit] **I.** *v/t.* tabellarisieren, tabel'larisch (an)ordnen; **II.** *adj.* → *tabular*; **tab·u·la·tion** [tæbju'leiʃən] *s.* **1.** Tabellarisierung *f*; **2.** Ta'belle *f*; **'tab·u·la·tor** [-tə] *s.* **1.** Tabellarisierer *m*; **2.** ⊕ Tabu'lator *m* (*Schreibmaschine*).

tach·o·gram ['tækəgræm] *s.* ⚕ Tacho'gramm *n*; **'tach·o·graph** [-grɑːf; -græf] *s.* ⊕ Tacho'graph *m*, Geschwindigkeitsschreiber *m*.

ta·chom·e·ter [tæ'kɔmitə] *s.* ⊕ Tacho'meter *n*, Geschwindigkeitsmesser *m*.

tac·it ['tæsit] *adj.* □ *bsd.* ⚖ stillschweigend: ~ *approval*.

tac·i·turn ['tæsitəːn] *adj.* □ schweigsam, wortkarg; **tac·i·tur·ni·ty** [tæsi'təːniti] *s.* Schweigsamkeit *f*, Wortkargheit *f*.

tack[1] [tæk] **I.** *s.* **1.** (Nagel)Stift *m*, Reißnagel *m*, Zwecke *f*; **2.** *Näherei*: Heftstich *m*; **3.** ⚓ **a)** Halse *f*, **b)** Haltetau *n*; **4.** ⚓ Schlag *m*, Gang *m* (*beim Lavieren od. Kreuzen*): *to be on the port* ~ auf Backbordhalsen liegen; **5.** ⚓ Lavieren *n* (*a. fig.*); **6.** *fig.* Kurs *m*, Weg *m*, Richtung *f*: *on the wrong* ~ auf dem Holzwege; *to try another* ~ e-n anderen Weg versuchen; **7.** *parl. Brit.* 'Zusatzantrag *m*, -arˌtikel *m*; **8.** ⊕ Klebrigkeit *f*; **II.** *v/t.* **9.** heften (*to* an *acc.*); **10.** *a.* ~ *down* festmachen; **11.** *a.* ~ *together* anein'anderfügen (*a. fig.*); **12.** (*on, to*) anfügen (an *acc.*): *to* ~ *mortgages Brit.* Hypotheken (verschiedenen Ranges) zs.-schreiben; *to* ~ *securities* ⚖ *Brit.* Sicherheiten zs.-fassen; *to* ~ *a rider to a bill parl. Brit.* e-e Vorlage mit e-m Zusatzantrag koppeln; **13.** ⊕ heftschweißen; **III.** *v/i.* **14.** ⚓ **a)** wenden, **b)** lavieren (*a. fig.*).

tack² [tæk] *s.* ⚓ Nahrung *f*, Zeug *n*: *hard* ~ Schiffszwieback; *soft* ~ Weißbrot, gute Kost.

tack·le ['tækl] **I.** *s.* **1.** Gerät *n*, (Werk)Zeug *n*, Ausrüstung *f*; **2.** (Pferde)Geschirr *n*; **3.** *a. block and* ~ ⊕ Flaschenzug *m*; **4.** ⚓ Talje *f*; **5.** ⚓ Takel-, Tauwerk *n*; **6.** *Fußball*: Angreifen *n* (*e-s Gegners im Ballbesitz*); **7.** *amer. Fußball*: Halbstürmer *m*; **II.** *v/t.* **8.** *et. od. j-n* packen; **9.** *Rugby etc.*: *Gegner im Ballbesitz* angehen, stoppen; **10.** *j-n* angreifen, anein'andergeraten mit; **11.** *fig. j-n* (*mit Fragen etc.*) angehen (*on* betreffs); **12.** *fig.* **a)** *Problem etc.* anpacken, angehen, in Angriff nehmen, **b)** *Aufgabe etc.* lösen, fertig werden mit.

tack·y ['tæki] *adj.* **1.** klebrig, zäh; **2.** *Am. sl.* **a)** schäbig, armselig, **b)** vul'gär.

tact [tækt] *s.* **1.** Takt *m*, Takt-, Zartgefühl *n*; **2.** Feingefühl *n* (*of* für); **3.** ♪ Takt(schlag) *m*; '**tact·ful** [-ful] *adj.* □ taktvoll; '**tact·ful·ness** [-fulnis] → *tact 1*.

tac·ti·cal ['tæktikəl] *adj.* □ ⚔ 'taktisch (*a. fig. planvoll, klug*); **tac·ti·cian** [tæk'tiʃən] *s.* ⚔ 'Taktiker *m* (*a. fig.*); '**tac·tics** [-ks] *s.* **1.** *sg. od. pl. konstr.* ⚔ 'Taktik *f*; **2.** *nur pl. konstr. fig.* Taktik *f*, planvolles Vorgehen.

tac·tile ['tæktail] *adj.* **1.** tak'til, Tast...: ~ *sense* Tastsinn; **2.** fühl-, greifbar; **tac·til·i·ty** [tæk'tiliti] *s.* Fühlbarkeit *f*, Tastbarkeit *f*.

tact·less ['tæktlis] *adj.* □ taktlos; '**tact·less·ness** [-nis] *s.* Taktlosigkeit *f*.

tac·tu·al ['tæktjuəl] *adj.* □ tastbar, Tast...: ~ *sense* Tastsinn.

tad·pole ['tædpoul] *s. zo.* Kaulquappe *f*.

taf·fe·ta ['tæfitə] *s.* Taft *m*.

taf·fy¹ ['tæfi] *s.* **1.** *Am.* → *toffee*; **2.** *Am.* F ‚Schmus' *m*, Schmeiche'lei *f*.

Taf·fy² ['tæfi] *s.* Wa'liser *m* (*Spottname*).

tag¹ [tæg] **I.** *s.* **1.** (loses) Ende, Anhängsel *n*, Zipfel *m*, Fetzen *m*: ~-*end* F letzter Rest, Ende; **2.** Eti'kett *n*, Anhänger *m*, Schildchen *n*; Abzeichen *n*, Pla'kette *f*: ~-*day Am.* Sammeltag; **3. a)** Schlaufe *f am Stiefel*, **b)** (Schnürsenkel)Stift *m*; **4.** ⊕ Lötklemme *f*; **5. a)** Schwanzspitze *f* (*bsd. e-s Fuchses*), **b)** Wollklunker *f*, *m* (*Schaf*); **6.** (Schrift)Schnörkel *m*; **7.** *fig.* Zusatz *m*, Schwanz *m*; **8.** Re'frain *m*, Kehrreim *m*; **9.** Schlußwort *n*, Mo'ral *f*; **10.** stehende Redensart, bekanntes Zi'tat; **11.** → *ragtag*; **II.** *v/t.* **12.** mit e-m Etikett *etc.* versehen, etikettieren; *Waren* auszeichnen; **13.** mit e-m Schlußwort *od.* e-r Moral versehen; **14.** *Rede etc.* verbrämen; **15.** *et.* anhängen (*to* an *acc.*); **16.** *Schafen* Klunkerwolle abscheren; **17.** F *j-m* wie ein Schatten folgen; **III.** *v/i.* **18.** *oft* ~ *along* hinter'herlaufen: *to* ~ *after* → 17.

tag² [tæg] **I.** *s.* Fangen *n*, Haschen *n* (*Kinderspiel*); **II.** *v/t.* haschen.

Ta·hi·ti·an [tɑː'hiːtiən] **I.** *s.* **1.** Ta'hitier(in); **2.** *ling.* Ta'hitisch *n*; **II.** *adj.* **3.** ta'hitisch.

tail¹ [teil] **I.** *s.* **1.** *zo.* Schwanz *m*, (Pferde)Schweif *m*: *to turn* ~ *fig.* ausreißen, davonlaufen; *to twist s.o.'s* ~ j-n piesacken; *close on s.o.'s* ~ j-m dicht auf den Fersen; ~*s up* fidel, hochgestimmt; *keep your* ~ *up!* laß dich nicht unterkriegen!; *with one's* ~ *between one's legs fig.* mit hängenden Ohren, betreten; **2.** *fig.* Schwanz *m*, Ende *n*, Schluß *m* (*e-r Marschkolonne, e-s Briefes etc.*): ~ *of a comet ast.* Kometenschweif; *the* ~ *of the class ped.* der ‚Schwanz' *od.* die Schlechtesten der Klasse; ~ *of a note* ♪ Notenhals; ~ *of a storm* (ruhigeres) Ende e-s Sturms; *out of the* ~ *of one's eye* aus den Augenwinkeln; **3.** Haarzopf *m*, -schwanz *m*; **4. a)** Schleppe *f e-s Kleides*, **b)** (Rock-, Hemd-) Schoß *m*, **c)** *pl.* Frack *m*; **5.** ✈ Schwanz *m*, Heck *n*; **6.** *mst pl.* Rück-, Kehrseite *f e-r Münze*; **7. a)** Gefolge *n*, **b)** Anhang *m e-r Partei*, große Masse *e-r Gemeinschaft*; **8.** F **‚Beschatter'** *m* (*Detektiv etc.*): **to put a ~ on s.o. j-n beschatten** lassen; **II.** *v/t.* **9.** mit e-m Schwanz versehen; **10.** *Marschkolonne etc.* beschließen; **11.** *a.* ~ *on* ansetzen, -hängen (*to* an *acc.*); **12.** *Tier* stutzen; **13.** *Beeren* zupfen, entstielen; **14.** F *j-n* **‚beschatten', verfolgen; III.** *v/i.* **15. sich hinziehen: to ~ away** (*od. off*) **a) abflauen, -nehmen, sich** verlieren, **b)** zurückbleiben, -fallen, **c)** sich auseinanderziehen (*Marschkolonne etc.*); **16.** F hinter'herlaufen: *to* ~ *after j-m* nachlaufen; **17.** △ eingelassen sein (*in[to]* in *acc. od. dat.*).

tail² [teil] ⚖ **I.** *s.* Beschränkung *f* (*der Erbfolge*), beschränktes Erb- *od.* Eigentumsrecht: *heir in* ~ Vorerbe; *estate in* ~ *male* Fideikommiß; **II.** *adj.* beschränkt: *estate* ~.

'**tail|-board** *s.* Ladeklappe *f* (*a. mot.*); '~**coat** *s.* Frack *m*.

tailed [teild] *adj.* **1.** geschwänzt; **2.** *in Zssgn* ...schwänzig.

'**tail|-'end** *s.* Schluß *m*, Ende *n*; ~ **fly** *s. Am.* (Angel)Fliege *f*; '~**-gun** *s.* ✈ Heckwaffe *f*; '~**-heav·y** *adj.* ✈ schwanzlastig.

tail·ing ['teiliŋ] *s.* **1.** △ eingelassenes Ende; **2.** *pl.* Rückstände *pl.*, Abfälle *pl.*, *bsd.* **a)** Erzabfälle *pl.*, **b)** Ausschußmehl *n*; **3.** zerlaufene Stelle (*im Kattunmuster*).

'**tail-lamp** *s. mot. etc.* Rück-, Schlußlicht *n*.

tail·less ['teillis] *adj.* schwanzlos.

'**tail-light** → *tail-lamp*.

tai·lor ['teilə] **I.** *s.* **1.** Schneider *m*; **II.** *v/t.* **2.** schneidern; **3.** schneidern für *j-n*; **4.** *j-n* kleiden: *well* ~*ed* gut gekleidet; **5.** *fig.* zuschneiden (*to* für *j-n*, auf *et.*); '**tai·lored** [-əd] *adj.* nach Maß angefertigt, gut sitzend, tadellos gearbeitet: ~ *suit* Maßanzug; ~ *costume* Schneiderkostüm; '**tai·lor·ess** [-əris] *s.* **Schneiderin** *f*.

'**tai·lor-made I.** *adj.* **1. vom Schneider angefertigt, Schneider...; 2. a) gutsitzend** (*Kleid etc.*), **b)** ele'gant gekleidet (*Dame*); **3.** nach Maß angefertigt; **4.** F ‚ak'tiv' (*Zigarette, Ggs. selbstgedreht*); **II.** *s.* **5.** 'Schneiderko,stüm *n*.

'**tail|·piece** *s.* **1.** ♪ Saitenhalter *m*; **2.** *typ.* 'Schlußvi,gnette *f*; ~ **plane** *s.* ✈ Höhenflosse *f*; '~**-skid** *s.* ✈ Schwanzsporn *m*; '~**-spin** *s.* ✈ (Ab)Trudeln *n*; '~**·stock** *s.* ⊕ Reitstock *m* (*Drehbank*); ~ **u·nit** *s.* ✈ (Schwanz)Leitwerk *n*; ~ **wind** *s.* ✈ Rückenwind *m*.

taint [teint] **I.** *s.* **1.** *bsd. fig.* Fleck *m*, Makel *m*; *fig. krankhafter etc.* Zug: *a* ~ *of suspicion* ein Anflug von Mißtrauen; **2.** ⚕ **a)** (verborgene) Ansteckung, **b)** (verborgene) Anlage (*of* zu *e-r Krankheit*): *hereditary* ~ erbliche Belastung; **3.** Verderbnis *f*; **II.** *v/t.* **4.** verderben, -giften; **5.** anstecken; **6.** *fig.* verderben: *to be* ~*ed with* behaftet sein mit; **7.** *bsd. fig.* beflecken, besudeln; **III.** *v/i.* **8.** verderben, schlecht werden; '**taint·less** [-lis] *adj.* □ unbefleckt, makellos.

take [teik] **I.** *s.* **1.** *Fischerei*: Fang *m*; **2.** *bsd. thea.* Einnahme(n *pl.*) *f*, Kasse *f*; **3.** *sl.* Fang *m*, Beute *f*; **4.** *Film*: Szene(naufnahme) *f*; **5.** *typ.* Porti'on *f*, Manu'skript *n*; **II.** *v/t.* [*irr.*] **6.** *allg.*, *a. Abschied, Partner, Unterricht etc.* nehmen: ~ *it or leave it sl.* mach was du willst; ~*n all in all* im großen ganzen; *taking one thing with another* eins zum anderen gerechnet; → *account 9, action 8, aim 6, care 4, consideration 1, effect 1*; **7.** (weg)nehmen; **8.** nehmen, fassen, packen, ergreifen; **9.** *Fische etc.* fangen; **10.** *Verbrecher etc.* fangen, ergreifen; **11.** ⚔ gefangennehmen, *Gefangene* machen; **12.** ⚔ *Stadt, Stellung etc.* (ein)nehmen, *a. Land* erobern; *Schiff* kapern; **13.** *j-n* erwischen, ertappen (*stealing* beim Stehlen, *in a lie* bei e-r Lüge); **14.** nehmen, sich aneignen, Besitz ergreifen von, sich bemächtigen (*gen.*); **15.** *Gabe etc.* (an-, entgegen-) nehmen, empfangen; **16.** bekommen, erhalten; *Geld, Steuer etc.* einnehmen; *Preis etc.* gewinnen; **17.** (her'aus)nehmen (*from, out of* aus); *a. fig. Zitat etc.* entnehmen (*from dat.*): *I* ~ *it from s.o. who knows* ich habe (*weiß*) es von j-m, der es genau weiß; **18.** *Speise etc.* zu sich nehmen; *Mahlzeit* einnehmen; *Gift, Medizin etc.* nehmen; **19.** sich *e-e Krankheit* holen *od.* zuziehen: *to be* ~*n ill* krank werden; **20.** nehmen: **a)** auswählen: *I am not taking any sl.* ‚ohne mich'!, **b)** kaufen, **c)** mieten, **d)** *Eintritts-, Fahrkarte* lösen, **e)** *Frau* heiraten, **f)** *e-r Frau* beischlafen, **g)** *Weg* wählen; **21.** mitnehmen: ~ *me with you* nimm mich mit; *you can't* ~ *it with you fig.* im Grabe nützt (dir) aller Reichtum nichts mehr; **22.** (hin- *od.* weg-) bringen; *j-n wohin* führen: *business took him to London; he was taken to the hospital* er wurde in die Klinik gebracht; **23.** *j-n durch den Tod* nehmen, wegraffen; **24.** ℞ abziehen (*from* von); **25.** *j-n* treffen, erwischen (*Schlag*); **26.** *Hindernis* nehmen; **27.** *j-n* befallen, packen (*Empfindung, Krankheit*): **to be taken with e-e Krankheit** bekommen; **→ 40; taken with fear von Furcht gepackt; 28.** *Gefühl* haben, bekommen, *Mit-*

leid etc. empfinden, *Mut* fassen, *Anstoß* nehmen; *Ab-*, *Zuneigung* fassen (*to* gegen, für): *to ~ alarm* beunruhigt sein (*at* über *acc.*); *to ~ comfort* sich trösten; → *fancy 4, pride* 1; **29.** *Feuer* fangen; **30.** *Bedeutung, Sinn, Eigenschaft, Gestalt* annehmen, bekommen: *to ~ a new meaning*; **31.** *Farbe, Geruch, Geschmack* annehmen; **32.** *sport u. Spiele*: **a)** *Ball, Punkt, Figur, Stein* abnehmen (*from dat.*), **b)** *Stein* schlagen, **c)** *Karte* stechen, **d)** *Spiel* gewinnen; **33.** ⚖ *etc.* erwerben, *bsd.* erben; **34.** *Ware, Zeitung* beziehen; † *Auftrag* her'einnehmen; **35.** nehmen, verwenden: *~ 4 eggs Küche*: man nehme 4 Eier; **36.** *Zug, Taxi etc.* nehmen, benutzen; **37.** *Gelegenheit, Vorteil* ergreifen, wahrnehmen; → *chance* 2; **38.** (als Beispiel) nehmen; **39.** *Platz* einnehmen: *taken* besetzt; **40.** *fig. j-n, das Auge, den Sinn* gefangennehmen, fesseln, (für sich) einnehmen: *to be ~n with* (*od. by*) begeistert *od.* entzückt sein von; → 27; **41.** *Befehl, Führung, Rolle, Stellung, Vorsitz* über'nehmen; **42.** *Mühe, Verantwortung* auf sich nehmen; **43.** leisten: **a)** *Arbeit, Dienst* verrichten, **b)** *Eid, Gelübde* ablegen, **c)** *Versprechen* (ab)geben; **44.** *Notiz, Aufzeichnung* machen, niederschreiben, *Diktat, Protokoll* aufnehmen; **45.** *phot. et. od. j-n* aufnehmen, *Bild* machen; **46.** *Messung, Zählung etc.* vornehmen, 'durchführen; **47.** *wissenschaftlich* ermitteln, *Größe, Temperatur etc.* messen; *Maß* nehmen; **48.** machen, tun: *to ~ a look* e-n Blick tun *od.* werfen; *to ~ a swing* schaukeln; **49.** *Maßnahme* ergreifen, treffen; **50.** *Auswahl* treffen; **51.** *Entschluß* fassen; **52.** *Fahrt, Spaziergang, a. Sprung, Verbeugung, Wendung etc.* machen; *Anlauf* nehmen; **53.** *Ansicht* vertreten; → *stand 3, view 11*; **54. a)** verstehen, **b)** auffassen, auslegen, **c)** *et. gut etc.* **aufnehmen: *do you ~ me?* verstehen Sie (,was ich meine)?**; *I ~ it that* ich nehme an, daß; *to ~ s.th. ill of s.o.* j-m et. übelnehmen; *to ~ it seriously* es ernst nehmen; **55.** ansehen *od.* betrachten (*as* als); halten (*for* für): *I took him for an honest man*; **56.** sich *Rechte, Freiheiten* (her'aus)nehmen; **57. a)** *Rat, Auskunft* einholen, **b)** *Rat* annehmen, befolgen; **58.** *Wette, Angebot* annehmen; **59.** glauben: *you may ~ it from me* verlaß dich drauf!; **60.** *Beleidigung, Verlust etc., a. j-n* hinnehmen, *Strafe, Folgen* auf sich nehmen, sich *et.* gefallen lassen: *to ~ people as they are* die Leute nehmen, wie sie (eben) sind; **61.** *et.* ertragen, aushalten: *can you ~ it?* kannst du das aushalten?; *to ~ it* F es ‚kriegen', es ausbaden (müssen); **62.** ⚕ sich *e-r Behandlung etc.* unter'ziehen; **63.** *ped. Prüfung* machen, ablegen: *to ~ French* Examen im Französischen machen; → **degree 3**; **64.** *Rast, Ferien etc.* machen, *Urlaub, a. Bad* nehmen; **65.** *Platz, Raum* ein-, wegnehmen, beanspruchen; **66. a)** *Zeit, Material etc., a. fig. Geduld, Mut etc.* brauchen, erfordern, kosten, *gewisse Zeit* dauern: *it took a long time* es dauerte *od.* brauchte lange; *it ~s brains and courage* es erfordert Verstand u. Mut; *it ~s a man to do that* das kann nur ein Mann (fertigbringen), **b)** *j-n et.* kosten, *j-m et.* abverlangen: *it took him* (*od. he took*) *3 hours* es kostete ihn *od.* er brauchte 3 Stunden; → *time 9*; **67.** *Kleidergröße, Nummer* haben: *which size in hats do you ~?*; **68.** *ling.* **a)** *grammatische Form* annehmen, im *Konjunktiv etc.* stehen, **b)** *Akzent, Endung, Objekt etc.* bekommen; **69.** aufnehmen, fassen, Platz bieten für; **III.** *v/i.* [*irr.*] **70.** ✿ *Wurzel* schlagen; **71.** ✿, ⚕ anwachsen (*Pfropfreis, Steckling, Transplantat*); **72.** ⚕ wirken, anschlagen (*Droge etc.*); **73.** F ‚ankommen', ‚ziehen', ‚einschlagen', Anklang finden (*Buch, Theaterstück etc.*); **74.** ⚖ das Eigentumsrecht erlangen, *bsd.* erben, (als Erbe) zum Zuge kommen; **75.** sich *gut etc.* photographieren (lassen); **76.** Feuer fangen; **77.** anbeißen (*Fisch*); **78.** ⊕ an-, eingreifen;

Zssgn mit prp.:

take| aft·er *v/i. j-m* nachschlagen, -geraten, ähneln (*dat.*); **~ for** *v/t.* **1.** halten für; **2.** auf *e-n Spaziergang etc.* mitnehmen; **~ from I.** *v/t.* **1.** *j-m* wegnehmen; **2.** ℞ abziehen von; **II.** *v/i.* **3.** Abbruch tun (*dat.*), schmälern (*acc.*), her'absetzen (*acc.*); **4.** beeinträchtigen, mindern, (ab-) schwächen; **~ in·to** *v/t.* **1.** (hin-) 'einführen in (*acc.*); **2.** bringen in (*acc.*); **~ to** *v/t.* **1. a)** sich begeben in (*acc.*) *od.* nach *od.* zu, **b)** sich flüchten in (*acc.*) *od.* zu, **c)** *fig.* Zuflucht nehmen zu: *to ~ the stage* zur Bühne gehen; → *bed 1, heel*[1] *Redew., road 1*; **2. a)** (her'an-) gehen *od.* sich begeben an *e-e Arbeit etc.*, **b)** sich *e-r Sache* widmen, sich abgeben mit: *to ~ doing s.th.* dazu übergehen, et. zu tun; **3.** *et.* anfangen, sich ergeben (*dat.*), sich verlegen auf (*acc.*); *schlechte Gewohnheiten* annehmen: *to ~ drink* (*-ing*) sich aufs Trinken verlegen, das Trinken anfangen; **4.** sich hingezogen fühlen zu, Gefallen finden an *j-m*; **~ up·on** *v/t.*: *~ o.s. et.* auf sich nehmen: *to take it upon o.s. to do s.th.* **a)** es auf sich nehmen, et. zu tun, **b)** sich berufen fühlen, et. zu tun;

Zssgn mit adv.:

take| a·back *v/t.* verblüffen, über'raschen; → *aback 2*; **~ a·bout** *v/t. j-n* her'umführen; **~ a·long** *v/t.* mitnehmen; **~ a·part** *v/t.* ausein'andernehmen; **~ a·side** *v/t. j-n* bei'seite nehmen; **~ a·way** *v/t.* wegnehmen (*from s.o.* j-m, *from s.th.* von et.); **~ back** *v/t.* **1.** zu'rücknehmen (*a. fig. sein Wort*); **2.** *j-n im Geist* zu'rückversetzen (*to* in *e-e Zeit*); **~ down** *v/t.* **1.** her'unter-, abnehmen; **2.** *Gebäude* abreißen, abtragen, *Gerüst* abnehmen; **3.** ⊕ *Motor* zerlegen; **4.** *Baum* fällen; **5.** *Arznei etc.* (hin'unter)schlucken; **6.** *j-n* demütigen, ‚ducken'; **7.** nieder-, aufschreiben, notieren; **~ for·ward** *v/t.* weiterführen, -bringen; **~ in** *v/t.* **1.** *Wasser etc.* (her)'einlassen: *to ~ petrol* (*Am. gas*) *mot.* tanken; **2.** *Gast etc.* einlassen, aufnehmen; **3.** *Heimarbeit* annehmen; **4.** *Geld* einnehmen; **5.** † *Waren* her'einnehmen; **6.** *Zeitung* halten; **7.** *fig.* in sich aufnehmen; *Lage* über'schauen; **8.** für bare Münze nehmen, glauben; **9.** her'einnehmen, einziehen, ⚓ *Segel* einholen; **10.** *Kleider* kürzer *od.* enger machen; **11.** einschließen (*a. fig. umfassen*); **12.** F *j-n* **reinlegen: *to be taken in* a) reinfallen, b) reingefallen sein; ~ off I.** *v/t.* **1.** wegnehmen, -bringen, -schaffen; fortführen: *to take o.s. off* sich fortmachen; **2.** *durch den Tod* hinraffen; **3.** *Verkehrsmittel* einstellen; **4.** *Hut etc.* abnehmen, *Kleidungsstück* ablegen, ausziehen; **5. a)** *Rabatt* abziehen, **b)** *Steuer etc.* senken; **6.** hin'unter-, austrinken; **7.** *thea. Stück* absetzen; **8.** *to take a day off* sich e-n Tag freinehmen; **9.** *j-n* nachmachen, -äffen, imitieren; **II.** *v/i.* **10.** *sport* abspringen; **11.** ✈ aufsteigen, starten; **12.** fortgehen, sich entfernen; **~ on I.** *v/t.* **1.** *Arbeit* annehmen, über'nehmen; **2.** *Arbeiter* ein-, anstellen; *Mitglied* aufnehmen; **3. a)** *j-n* (als Gegner) annehmen, **b)** es aufnehmen mit *od.* gegen; **4.** *Wette* eingehen; **5.** *Eigenschaft, Gestalt* annehmen; **II.** *v/i.* **6.** F ‚sich haben', großes The'ater machen, sich aufregen; **~ out** *v/t.* **1. a)** her'ausnehmen, *a. Geld* abheben, **b)** wegnehmen, entfernen (*of* von, aus); **2.** *Fleck* entfernen (*of* aus); **3.** †, ⚖ *Patent, Vorladung etc.* erwirken; *Versicherung* abschließen; **4.** *to take it out* sich schadlos halten (*in* an *e-r Sache*); *to take it out of* **a)** sich rächen *od.* schadlos halten für (*Beleidigung etc.*), **b)** *j-n* ‚kaputtmachen', erschöpfen; *to take it out on s.o.* s-n Zorn an j-m auslassen; **5.** (*of s.o.* j-m) *den Unsinn etc.* austreiben; **6.** *j-n zum Abendessen etc.* ausführen; *Kinder* spazierenführen; **~ o·ver I.** *v/t. Amt, Aufgabe etc.* über'nehmen; **II.** *v/i.* die Amtsgewalt, Leitung *etc.* übernehmen; **~ up I.** *v/t.* **1.** aufheben, -nehmen; **2.** *Pflaster* aufreißen; **3.** *Gerät, Waffe* erheben, ergreifen (*against* gegen); **4.** *Reisende* mitnehmen; **5.** *Flüssigkeit* aufsaugen, -nehmen; **6.** *Tätigkeit* aufnehmen; sich befassen mit, sich verlegen auf (*acc.*); *Beruf* ergreifen; **7.** *Fall, Idee etc.* aufgreifen; **8.** *Erzählung etc.* fortführen; **9.** *Platz, Zeit, Gedanken etc.* ausfüllen, beanspruchen, in Anspruch nehmen: *taken up with* in Anspruch genommen von; **10.** *Wohnsitz* aufschlagen; **11.** *Stelle* antreten; **12.** *Posten* einnehmen; **13.** *Verbrecher* aufgreifen, verhaften; **14.** *Masche* aufnehmen; **15.** ⚕ *Gefäß* abbinden; **16.** † **a)** *Anleihe, Kapital* aufnehmen, **b)** *Aktien* zeichnen, **c)** *Wechsel* einlösen; **17.** *Wette, Herausforderung* annehmen; **18. a)** *e-m Redner* ins Wort fallen, **b)** *j-n* zu'rechtweisen, korrigieren; **II.** *v/i.* **19.** *~ with* anbändeln *od.* sich einlassen mit; **~ with** *v/i.* verfangen bei: *that won't ~ me* das verfängt *od.* ‚zieht' bei mir nicht.

'take|-'home pay *s.* Nettolohn *m*,

-gehalt *n*; '~-'**in** *s.* F **1.** Schwindel *m*, Betrug *m*; **2.** ‚Reinfall' *m*.

tak·en ['teikən] *p.p. von take*.

'**take|-off** *s.* **1.** ✈ Start *m*, Abflug *m*; → *assist 1*; **2.** *sport* **a)** Absprung *m*, **b)** Absprungstelle *f*: ~ *board* Absprungbalken; **3.** *fig.* Sprungbrett *n*, Start *m*; **4.** Nachahmung *f*, -äffung *f*, Karika'tur *f*; '~-**o·ver** *s.* **1.** ✝ 'Übernahme *f e-r Firma*: ~ *bid* Übernahmeangebot; **2.** *pol.* 'Macht-ˌübernahme *f*, ‚Wachablösung' *f*.

tak·er ['teikə] *s.* **1.** Nehmer(in); **2.** ✝ Käufer(in); **3.** Wettende(r *m*) *f*.

tak·ing ['teikiŋ] **I.** *s.* **1.** (An-, Ab-, Auf-, Ein-, Ent-, Hin-, Weg- *etc.*) Nehmen *n*; **2.** Inbe'sitznahme *f*; **3.** ⚔ Einnahme *f*, Eroberung *f*; **4.** *pl.* ✝ Einnahmen *pl.*; **5.** F Aufregung *f*; **II.** *adj.* □ **6.** fesselnd; **7.** anziehend, einnehmend, gewinnend; **8.** F ansteckend.

talc [tælk] *s.* Talk *m*.

tal·cum ['tælkəm] *s.* Talk *m*; ~ **pow·der** *s.* Körperpuder *m*.

tale [teil] *s.* **1.** Erzählung *f*, Bericht *m*: *it tells its own* ~ es spricht für sich selbst; **2.** Erzählung *f*, Geschichte *f*: *old wives'* ~ Ammenmärchen; *thereby hangs a* ~ damit ist e-e Geschichte verknüpft; **3.** Sage *f*, Märchen *n*; **4.** Lüge(ngeschichte) *f*, Unwahrheit *f*; **5.** Klatschgeschichte *f*: *to tell (od. carry, bear)* ~*s* klatschen; *to tell* ~*s (out of school) fig.* aus der Schule plaudern; **6.** *obs.* **a)** (An-, Gesamt-) Zahl *f*, **b)** (Auf)Zählung *f*; '~·**bear·er** *s.* Zwischen-, Zuträger(in), Klatschmaul *n*; '~·**bear·ing** *s.* Zuträge'rei *f*, Klatsch(e'rei *f*) *m*.

tal·ent ['tælənt] *s.* **1.** Ta'lent *n*, Begabung *f* (*beide a. talentierte Person*): ~ *for languages* Sprachtalent; **2.** *coll.* Ta'lente *pl.* (*Personen*): *to engage the best* ~ die besten Kräfte verpflichten; **3.** *bibl.* Pfund *n*; '**tal·ent·ed** [-tid] *adj.* talen'tiert, ta'lentvoll, begabt; '**tal·ent·less** [-lis] *adj.* 'untalenˌtiert, ta'lentlos.

ta·les ['teili:z] *s. pl. sg. konstr.* ⚖ **1.** Liste *f* der Ersatzgeschworenen; **2.** Vorladung(sschreiben *n*) *f an Ersatzgeschworene*; '**ta·les·man** [-mən] *s.* [*irr.*] Ersatzgeschworene(r) *m*.

'**tale·tell·er** *s.* **1.** Märchen-, Geschichtenerzähler *m*; **2.** Flunkerer *m*; **3.** → *talebearer*.

tal·is·man ['tælizmən] *pl.* **-mans** *s.* 'Talisman *m*.

talk [tɔ:k] **I.** *s.* **1.** Reden *n*; **2.** Gespräch *n*: **a)** Unter'haltung *f*, Plaude'rei *f*, **b)** *a. pol.* Unter'redung *f*: *to have a* ~ *with s.o.* mit j-m reden *od.* plaudern, sich mit j-m unterhalten; **3.** Ansprache *f*; **4.** *bsd. Radio*: **a)** Plaude'rei *f*, **b)** Vortrag *m*; **5.** Gerede *n*, Geschwätz *n*: *he is all* ~ er ist ein großer Schwätzer; *to end in* ~ im Sand verlaufen; *there is* ~ *of his being bankrupt* es heißt, daß er bank(e)rott ist; → *small talk*; **6.** Gesprächsgegenstand *m*: *to be the* ~ *of the town* Stadtgespräch sein; **7.** Sprache *f*, Art *f* zu reden; → *baby talk*; **II.** *v/i.* **8.** reden, sprechen: *to* ~ *big* große Reden führen; *to* ~ *round s.th.* um et. herumreden; **9.** reden, sprechen, plaudern, sich unter'halten (*about, on* über *acc.*, *of* von): *to* ~ *at j-n* indirekt ansprechen, meinen; *to* ~ *to s.o.* **a)** mit j-m sprechen *od.* reden, **b)** F j-m die Meinung sagen; *to* ~ *to o.s.* Selbstgespräche führen; ~*ing of* da wir gerade von ... sprechen; *you can* ~! F du hast gut reden!; *now you are* ~*ing! sl.* das läßt sich eher hören!; **10.** *contp.* reden, schwatzen; **11.** *b.s.* reden, klatschen (*about* über *acc.*); **III.** *v/t.* **12.** *et.* reden: *to* ~ *nonsense*; *to* ~ *wisdom* weise reden; **13.** reden *od.* sprechen über (*acc.*): *to* ~ *business (politics)*; **14.** *Sprache* sprechen: *to* ~ *French*; **15.** reden: *to* ~ *o.s. hoarse* sich heiser reden; *to* ~ *s.o. into believing s.th.* j-n et. glauben machen; *to* ~ *s.o. into (out of) s.th.* j-m et. ein- (aus)reden;

Zssgn mit adv.:

talk| a·way *v/t. Zeit* verplaudern; ~ **back** *v/i.* e-e freche Antwort geben; ~ **down I.** *v/t.* **1. a)** *j-n* unter den Tisch reden, **b)** niederschreien; **2.** *Flugzeug bei der Landung* ‚her'untersprechen'; **II.** *v/i.* **3.** (*to*) sich dem (*niedrigen*) Ni'veau (*e-r Zuhörerschaft*) anpassen; ~ **o·ver** *v/t.* **1.** *j-n* über'reden; **2.** *et.* besprechen, 'durchsprechen; ~ **round** → *talk over 1*; ~ **up I.** *v/i.* **1.** laut u. deutlich reden; **II.** *v/t. Am.* F **2.** *et.* rühmen, anpreisen; **3.** *et.* frei her'aussagen.

talk·a·thon ['tɔ:kəθɔn] *s. Am. sl.* 'Marathonsitzung *f*.

talk·a·tive ['tɔ:kətiv] *adj.* □ geschwätzig, gesprächig, redselig; '**talk·a·tive·ness** [-nis] *s.* Geschwätzigkeit *f etc.*

talk·ee-talk·ee ['tɔ:ki'tɔ:ki] *s.* **1.** Kauderwelsch *n*; **2.** F *contp.* Geschwätz *n*.

talk·er ['tɔ:kə] *s.* **1.** Schwätzer(in); **2.** Sprechende(r *m*) *f*: *he is a good* ~ er kann (gut) reden.

talk·ie ['tɔ:ki] *s.* F Tonfilm *m*.

talk·ing ['tɔ:kiŋ] **I.** *s.* **1.** Sprechen *n*, Reden *n*: *he did all the* ~ er führte allein das Wort; *let him do the* ~ laß(t) ihn (für uns alle) sprechen; **II.** *adj.* **2.** sprechend: ~ *doll*; ~ *parrot*; **3.** *teleph.* Sprech...: ~ *current*; **4.** *fig.* sprechend: ~ eyes; ~ **film,** ~ **(mo·tion) pic·ture** *s.* Tonfilm *m*; '~-**to** *s.* F: *to give s.o. a* ~ j-m e-e Standpauke halten.

'**talk-show** *s. bsd. Am. Fernsehen*: 'Talk-Show *f*.

talk·y ['tɔ:ki] *adj.* F geschwätzig (*a. fig.*); '~-**talk** *s.* F Geschwätz *n*, leeres Gerede.

tall [tɔ:l] **I.** *adj.* **1.** groß, hochgewachsen: *he is six feet* ~ er ist sechs Fuß groß; **2.** hoch: ~ *house* hohes Haus; **3.** F **a)** großsprecherisch, **b)** über'trieben, unglaublich (*Geschichte*): *that's a* ~ *order* das ist ein bißchen viel verlangt; **II.** *adv.* **4.** F prahlerisch: *to talk* ~ prahlen; '**tall·boy** *s.* Kom'mode *f* mit Aufsatz; '**tall·ish** [-liʃ] *adj.* ziemlich groß; '**tall·ness** [-nis] *s.* Größe *f*, Höhe *f*, Länge *f*.

tal·low ['tælou] **I.** *s.* **1.** *ausgelassener* Talg: *vegetable* ~ Pflanzenfett; **2.** ⊕ Schmiere *f*; **3.** Talg-, Unschlittkerze *f*; **II.** *v/t.* **4.** (ein)talgen, schmieren; **5.** *Tiere* mästen; '~-**faced** *adj.* bleich, käsig.

tal·low·y ['tæloui] *adj.* talgig.

tal·ly[1] ['tæli] **I.** *s.* **1.** *hist.* Kerbholz *n*, -stock *m*; **2.** ✝ (Ab)Rechnung *f*; **3.** (Gegen)Rechnung *f*; **4.** ✝ Kontogegenbuch *n* (*e-s Kunden*); **5.** Seiten-, Gegenstück *n* (*of* zu); **6.** Zählstrich *m*: *by the* ~ ✝ nach dem Stück *kaufen*; **7.** Eti'kett *n*, Marke *f*, Kennzeichen *n* (*auf Kisten etc.*); **8.** Ku'pon *m*; **II.** *v/t.* **9.** (stückweise) nachzählen, buchen, kontrollieren; **10.** *oft* ~ *up* berechnen; **III.** *v/i.* **11.** (*with*) über'einstimmen (mit), entsprechen (*dat.*); **12.** aufgehen, stimmen.

tal·ly[2] ['tæli] *v/t.* ⚓ *Schoten* beiholen.

tal·ly-ho ['tæli'hou] *hunt.* **I.** *int.* hal'lo!, ho! (*Jagdruf*); **II.** *pl.* **-hos** *s.* Hallo *n*; **III.** *v/i.* ‚hallo' rufen.

'**tal·ly|-sheet** *s.* ✝ Kon'trolliste *f*; '~-**shop** *s.* ✝ *bsd. Brit.* Abzahlungsgeschäft *n*; ~ **sys·tem,** ~ **trade** *s.* ✝ *bsd. Brit.* 'Abzahlungsgeschäft *n*, -syˌstem *n*.

'**tal·mi-gold** ['tælmi] *s.* 'Talmigold *n*.

Tal·mud ['tælmud] *s.* 'Talmud *m*; **Tal·mud·ic** [tæl'mudik] *adj.* tal'mudisch; '**Tal·mud·ist** [-dist] *s.* Talmu'dist *m*.

tal·on ['tælən] *s.* **1.** *orn.* Klaue *f*, Kralle *f*; **2.** △ Kehlleiste *f*; **3.** *Kartenspiel*: Ta'lon *m*; **4.** ✝ Talon *m*, Erneuerungsschein *m*, 'ZinskuˌPon *m*.

ta·lus[1] ['teiləs] *pl.* **-li** [-lai] *s.* **1.** *anat.* 'Talus *m*, Sprungbein *n*; **2.** Fußgelenk *n*; **3.** ⚕ Klumpfuß *m*.

ta·lus[2] ['teiləs] *s.* **1.** Böschung *f*; **2.** *geol.* Geröll-, Schutthalde *f*.

tam [tæm] → *tam-o'-shanter*.

tam·a·ble ['teiməbl] *adj.* (be)zähmbar.

tam·a·rack ['tæməræk] *s.* ⚘ **1.** Nordamer. Lärche *f*; **2.** 'Tamarakholz *n*.

tam·a·rind ['tæmərind] *s.* ⚘ Tama'rinde *f*.

tam·a·risk ['tæmərisk] *s.* ⚘ Tama'riske *f*.

tam·bour ['tæmbuə] **I.** *s.* **1.** (große) Trommel; **2.** *a.* ~-*frame* Stickrahmen *m*; **3.** Tambu'riersticke'rei *f*; **4.** △ **a)** Säulentrommel *f*, **b)** Tambour *m* (*zylindrischer Unterbau e-r Kuppel*); **5.** *Festungsbau*: Tambour *m*; **II.** *v/t.* **6.** *Stoff* tamburieren.

tam·bou·rine [tæmbə'ri:n] *s.* ♪ (flaches) Tamb(o)u'rin, Schellentrommel *f*.

tame [teim] **I.** *adj.* □ **1.** *allg.* **zahm: a)** gezähmt (*Tier*), **b)** friedlich, **c)** folgsam, **d)** harmlos (*Witz*), **e)** lahm, fad(e): *a* ~ *affair*; *a* ~ *retort*; **II.** *v/t.* **2.** zähmen, bändigen (*a. fig.*); **3.** *Land* urbar machen; '**tame·ness** [-nis] *s.* **1.** Zahmheit *f* (*a. fig.*); **2.** Unter'würfigkeit *f*; **3.** Harmlosigkeit *f*; **4.** Langweiligkeit *f*; '**tam·er** [-mə] *s.* (Be)Zähmer (-in), Bändiger(in).

Tam·ma·ny ['tæməni] *s. pol. Am.* **1.** → **a)** *Tammany Hall*, **b)** *Tammany Society*; **2.** *fig.* po'litische Korrupti'on; ~ **Hall** *s. pol. Am.* **1.** *Versammlungshaus der Tammany Society in New York*; **2.** *fig. a.* ~ **So·ci·e·ty** *s. pol. Am. organisierte demokratische Partei in New York*.

tam-o'-shan·ter [tæmə'ʃæntə] *s.* Schottenmütze *f.*

tamp [tæmp] *v/t.* ⊕ **1.** *Bohrloch* besetzen; zustopfen; **2.** *Sprengladung* verdämmen; **3.** *Lehm etc.* feststampfen; *Beton* rammen.

tamp·er[1] ['tæmpə] *s.* ⊕ Stampfer *m.*

tam·per[2] ['tæmpə] *v/i.* ~ *with* **1.** sich (unbefugt) zu schaffen machen mit, her'umbasteln *od.* -pfuschen an (*dat.*), *bsd. Urkunde etc.* verfälschen, betrügerisch ändern, ‚frisieren'; **2. a)** sich (ein)mischen in (*acc.*), **b)** hin'einpfuschen in (*acc.*); **3. a)** mit *j-m* intrigieren, **b)** *bsd. Zeugen* (zu) bestechen (suchen).

tam·pi·on ['tæmpiən] *s.* ⚔ Mündungspfropfen *m.*

tam·pon ['tæmpən] **I.** *s.* **1.** ⚕, *a. typ.* Tam'pon *m*; **2.** *allg.* Pfropfen *m*; **II.** *v/t.* **3.** ⚕, *typ.* tamponieren.

tan [tæn] **I.** *s.* **1.** ⊕ Lohe *f*; **2.** ⚗ Gerbstoff *m*; **3.** Lohfarbe *f*; **4.** (gelb)braunes Kleidungsstück (*bsd. Schuh*); **5.** Sonnenbräunung *f* (*der Haut*); **II.** *v/t.* **6.** ⊕ **a)** *Leder* gerben, **b)** beizen; **7.** *Haut* bräunen; **8.** F versohlen, *j-m* das Fell gerben; **III.** *v/i.* **9.** sich bräunen (*Haut*); **IV.** *adj.* **10.** lohfarben, gelbbraun; **11.** Gerb...

tan·dem ['tændəm] **I.** *adv.* **1.** hinterein'ander (angeordnet) (*bsd. Pferde*): *to drive* ~ zweie lang fahren; **II.** *s.* **2.** Tandem *n* (*Gespann, Wagen, Fahrrad*); **3.** ⊕ Reihe *f*, Tandem *n*; **III.** *adj.* **4.** Tandem..., hinterein'anderliegend: ~ *bicycle* Tandem; ~ *connection* ⚡ Kaskadenschaltung; ~ *engine* Tandemmaschine.

tang[1] [tæŋ] *s.* **1.** ⊕ **a)** Griffzapfen *m* (*Messer etc.*), **b)** Angel *f*, **c)** Dorn *m*; **2.** scharfer Geruch *od.* Geschmack; Beigeschmack *m* (of von) (*a. fig.*).

tang[2] [tæŋ] **I.** *s.* (scharfer) Klang; **II.** *v/i. u. v/t.* (laut u. scharf) ertönen *od.* erklingen (lassen).

tang[3] [tæŋ] *s.* ⚘ Seetang *m.*

tan·gent ['tændʒənt] **I.** *s.* ⩚ Tan'gente *f*: *to fly* (*od. go*) *off at a* ~ *fig.* plötzlich (vom Gegenstande) abspringen; **II.** *adj.* → *tangential 1*;

tan·gen·tial [tæn'dʒenʃəl] *adj.* ☐ **1.** ⩚ berührend, tangenti'al, Berührungs..., Tangential...: ~ *force* Tangentialkraft; ~ *plane* Berührungsebene; *to be* ~ *to et.* berühren; **2.** *fig.* sprunghaft, flüchtig.

tan·ge·rine [tændʒə'ri:n] *s.* ⚘ Manda'rine *f.*

tan·gi·ble ['tændʒəbl] *adj.* ☐ greifbar: **a)** fühlbar, **b)** *fig.* handgreiflich, **c)** † re'al: ~ *assets* greifbare Aktiven; ~ *property* Sachvermögen.

tan·gle ['tæŋgl] **I.** *v/t.* **1.** verwirren, -wickeln, durchein'anderbringen (*alle a. fig.*); **2.** verstricken (*a. fig.*); **II.** *v/i.* **3.** sich verwirren; **III.** *s.* **4.** Gewirr *n*, wirrer Knäuel; **5.** Verwirrung *f*, -wicklung *f*, Durchein'ander *n.*

tan·go ['tæŋgou] **I.** *pl.* **-gos** *s.* Tango *m* (*Tanz*); **II.** *v/i. pret. u. p.p.* **-goed** Tango tanzen.

tank [tæŋk] **I.** *s.* **1.** Tank *m*, Behälter *m*; **2.** (Wasser)Becken *n*, Zi'sterne *f*; **3.** 🚂 **a)** Wasserkasten *m*, **b)** 'Tenderlokomo,tive *f*; **4.** *phot.* Bad *n*; **5.** ⚔ Panzer(wagen) *m*, Tank *m*; **6.** *Am. sl.* **a)** ‚Kittchen' *n*, **b)** (Haft-) Zelle *f*; **II.** *v/t. u. v/i.* **7.** tanken; **8.** *a.* ~ *up sl.* sich ‚vollaufen' lassen: ~*ed* besoffen; **'tank·age** [-kidʒ] *s.* **1.** Fassungsvermögen *n* e-s Tanks; **2.** (Gebühr *f* für) Aufbewahrung *f* in Tanks; **3.** ✓ Fleischmehl *n* (*Düngemittel*); **'tank·ard** [-kəd] *s.* (Deckel)Kanne *f*, (*bsd.* Bier)Krug *m.*

'tank|-bust·er *s.* ⚔ *sl.* **1.** Panzerknacker *m*; **2.** Jagdbomber *m* zur Panzerbekämpfung; **'~-car** *s.* 🚂 Kesselwagen *m*; **~ de·stroy·er** *s.* ⚔ Sturmgeschütz *n*; **~ dra·ma** *s. thea. sl.* Sensati'onsstück *n*; **~ en·gine** → *tank 3 b.*

tank·er ['tæŋkə] *s.* ⚓ Tanker *m*, Tankschiff *n*; **~ air·craft** *s.* ✈ Tankflugzeug *n.*

'tan-liq·uor *s.* ⊕ Beizbrühe *f.*

tanned [tænd] *adj.* sonn(en)verbrannt, gebräunt.

tan·ner[1] ['tænə] *s. Brit. obs. sl.* 'Sixpencestück *n.*

tan·ner[2] ['tænə] *s.* ⊕ (Loh)Gerber *m*; **'tan·ner·y** [-əri] *s.* Gerbe'rei *f*; **'tan·nic** [-nik] *adj.* Gerb...: ~ *acid*; **'tan·nin** [-nin] *s.* ⚗ Tan'nin *n.*

'tan|-ooze, '~-pick·le → *tan-liquor*; **'~-pit** *s. Gerberei*: Lohgrube *f.*

tan·ta·li·za·tion [tæntəlai'zeiʃən] *s.* **1.** Quälen *n*, Zappelnlassen *n*; **2.** ('Tantalus)Qual *f*; **tan·ta·lize** ['tæntəlaiz] *v/t. fig.* peinigen, quälen, zappeln lassen; **tan·ta·liz·ing** ['tæntəlaiziŋ] *adj.* ☐ quälend, aufreizend.

tan·ta·lum ['tæntələm] *s.* ⚗ 'Tantal *n.*

tan·ta·mount ['tæntəmaunt] *adj.* gleichbedeutend (*to* mit): *to be* ~ *to* gleichkommen (*dat.*).

tan·tiv·y [tæn'tivi] **I.** *s.* **1.** schneller Ga'lopp; **2.** Hussa *n* (*Jagdruf*); **II.** *adv.* **3.** schnell, spornstreichs.

tan·trum ['tæntrəm] *s.* F **1.** schlechte Laune; **2.** Wut(anfall *m*) *f*, Koller *m*, Rappel *m*: *to fly into a* ~ in Wut geraten.

tap[1] [tæp] **I.** *s.* **1.** Zapfen *m*, Spund *m*, (Faß)Hahn *m*: *on* ~ **a)** angestochen, angezapft (*Faß*), **b)** *fig.* (sofort) verfügbar; **2.** *Brit.* **a)** (Wasser-, Gas)Hahn *m*, **b)** Wasserleitung *f*; **3.** F Getränk *n*, (Getränke)Sorte *f*; **4.** *Brit.* → *taproom*; **5.** ⊕ **a)** Gewindebohrer *m*, **b)** (Ab)Stich *m*, **c)** Abzweigung *f*; **6.** ⚡ **a)** Stromabnehmer *m*, **b)** Zapfstelle *f*; **II.** *v/t.* **7.** mit e-m Zapfen *od.* Hahn versehen; **8.** *Flüssigkeit* abzapfen; **9.** *Faß* anstechen; **10.** ⚕ punktieren; **11.** ⚡ *Telephonleitung etc.* anzapfen: *to* ~ *the wire(s)* **a)** Strom stehlen, **b)** Telephongespräche *etc.* abhören; **12.** ⚡ mit Stöpseln anschalten; **13.** *metall. Schlacke* abstechen; **14.** *fig. Hilfsquellen etc.* erschließen; **15.** *fig. Vorräte etc.* angreifen, anbrechen; **16.** *sl. j-n* ‚anpumpen' (*for* um).

tap[2] [tæp] **I.** *v/t.* **1.** leicht schlagen *od.* klopfen *od.* pochen an (*acc.*) *od.* auf (*acc.*) *od.* gegen, *et.* beklopfen: *to* ~ *s.o. on the shoulders* j-m auf die Schulter klopfen; **2.** klopfen mit; **3.** *Schuh* flicken; **II.** *v/i.* **4.** klopfen (*on, at* gegen, an *acc.*); **III.** *s.* **5.** Klaps *m*, leichter Schlag; **6.** *pl.* ⚔ *Am.* Zapfenstreich *m*; **7.** Stück *n* Leder, Flicken *m.*

'tap|-dance I. *s.* Steptanz *m*; **II.** *v/i.* steppen; **'~-danc·er** *s.* Steptänzer (-in); **'~-danc·ing** *s.* Steptanz *m.*

tape [teip] **I.** *s.* **1.** schmales (Leinen-) Band, Zwirnband *n*; **2.** (Isolier-, Meß-, Me'tall- *etc.*)Band *n*, (Pa'pier-, Kleb- *etc.*)Streifen *m*; **3. a)** *Telegraphie*: Papierstreifen *m*, **b)** *Fernschreiber, Computer*: Lochstreifen *m*; **4.** ⚡ ('Video-, Ton-) Band *n*; **5.** *sport* Zielband *n*: *to breast the* ~ das Zielband durchreißen; **II.** *v/t.* **6.** mit Band versehen; (mit Band) um'wickeln *od.* binden; **7.** mit Heftpflaster verkleben; **8.** *Buchteile* heften; **9.** mit dem Bandmaß messen: *I've got him* ~*d sl.* ich habe ihn durchschaut, ich weiß genau Bescheid über ihn; **10. a)** auf (Ton)Band aufnehmen, **b)** *Fernsehen*: aufzeichnen; **~ li·brar·y** *s.* 'Bandar,chiv *n*; **'~-line, '~-meas·ure** *s.* Meßband *n*, Bandmaß *n*; **'~-mi·cro·phone** *s.* 'Bandmikro,phon *n.*

ta·per ['teipə] **I.** *s.* **1.** (dünne) Wachskerze; **2.** ⊕ Verjüngung *f*, Konizi'tät *f*; **3.** ⚡ 'Widerstandsverteilung *f*; **II.** *adj.* **4.** spitz zulaufend, verjüngt; **III.** *v/t.* **5.** zuspitzen, verjüngen; **6.** ~ *off fig.* F *Produktion* auslaufen lassen; **IV.** *v/i.* **7.** *oft* ~ *off* spitz zulaufen, sich verjüngen; all'mählich dünn werden; **8.** ~ *off* F allmählich aufhören, auslaufen.

'tape|-re·cord *v/t.* → *tape 10*; **'~-re·cord·er** *s.* ⚡ Tonband(aufnahme)gerät *n*; **'~-re·cord·ing** *s.* **1.** (Ton)Bandaufnahme *f*; **2.** *Fernsehen*: Aufzeichnung *f.*

ta·pered ['teipəd] *adj.*; **'ta·per·ing** [-əriŋ] *adj.* ☐ spitz zulaufend, verjüngt, konisch.

tap·es·tried ['tæpistrid] *adj.* gobe'lingeschmückt; **tap·es·try** ['tæpistri] *s.* **1. a)** Gobe'lin *m*, Wandteppich *m*, gewirkte Ta'pete, **b)** Dekorati'onsstoff *m*; **2.** Tapisse'rie *f.*

'tape·worm *s. zo.* Bandwurm *m.*

tap·is ['tæpi:] (*Fr.*) *s.* Teppich *m*: *to bring (up)on the* ~ *fig.* aufs Tapet *od.* zur Sprache bringen.

tap·pet ['tæpit] *s.* ⊕ **1.** Daumen *m*, Mitnehmer *m*; **2.** (Ven'til- *etc.*) Stößel *m*; **3.** (Wellen)Nocke *f*; **4.** (Steuer)Knagge *f.*

'tap|·room *s.* Schankstube *f*; **'~-root** *s.* ⚘ Pfahlwurzel *f.*

tap·ster ['tæpstə] *s.* Schankkellner *m.*

tar [tɑ:] **I.** *s.* **1.** Teer *m*; **2.** F ‚Teerjacke' *f* (*Matrose*); **II.** *v/t.* **3.** teeren: *to* ~ *and feather j-n* teeren u. federn; ~*red with the same brush* (*od. stick*) genau dasselbe, genauso schlecht.

tar·a·did·dle ['tærədidl] *s.* Flunke'rei *f*, Flause *f*, Lüge *f.*

ta·ran·tu·la [tə'ræntjulə] *s. zo.* Ta'rantel *f.*

'tar|-board *s.* Dach-, Teerpappe *f*; **'~-brush** *s.* Teerpinsel *m*: *he has a touch of the* ~ er hat Neger- *od.* Indianerblut in den Adern.

tar·di·ness ['tɑ:dinis] *s.* **1.** Langsamkeit *f*; **2.** Unpünktlichkeit *f*, Säumigkeit *f*; **3.** Verspätung *f*;

tar·dy ['tɑ:di] *adj.* ☐ **1.** langsam, träge; **2.** säumig, unpünktlich; **3.**

spät, verspätet: *to be ~* (zu) spät kommen.

tare[1] [tɛə] *s.* **1.** ♀ (*bsd.* Futter)Wicke *f*; **2.** *bibl.* Unkraut *n.*

tare[2] [tɛə] ✝ **I.** *s.* Tara *f*: *~ and tret* Tara u. Gutgewicht; **II.** *v/t.* tarieren.

tar·get ['tɑːgit] **I.** *s.* **1.** (Schieß-, Ziel)Scheibe *f*; **2.** ⚔, *Radar etc.*: Ziel *n* (*a. fig.*): *to be off ~* das Ziel verfehlen, danebenschießen; *to be on ~* **a)** das Ziel voll im Visier haben, *a.* sich eingeschossen haben, **b)** *fig.* Bescheid wissen; **3.** *fig.* Zielscheibe *f des Spottes etc.*; **4.** *fig.* (Leistungs-, Produkti'ons- *etc.*)Ziel *n*, Soll *n*; **5.** 🚂 'Weichensiˌgnal *n*; **6.** ⚡ 'Antikaˌthode *f von Röntgenröhren*; **7.** *her.* runder Schild; **II.** *adj.* **8.** Ziel...: *~ area* ⚔ Zielbereich, -raum; *~ bombing* gezielter Bombenwurf; *~ electrode* ⚡ Auffangelektrode; *~ group* Zielgruppe; *~ practice* Übungs-, Scheibenschießen; *~* **lan·guage** *s. ling.* Zielsprache *f* (*Übersetzung etc.*).

tar·iff ['tærif] **I.** *s.* **1.** 'Zolltaˌrif *m*; **2.** Zoll(gebühr *f*) *m*, Zölle *pl.*; **3.** (Ge'bühren-, 'Kosten- *etc.*)Taˌrif *m*; **4.** *Brit.* Preisverzeichnis *n* (*in e-m Hotel etc.*); **II.** *v/t.* **5.** e-n Ta'rif aufstellen für; **6.** *Ware* mit Zoll belegen; **7.** ✝ *Ware* auszeichnen; *~* **rate** *s.* **1.** Ta'rifsatz *m*; **2.** Zollsatz *m*; *~* **re·form** *s.* **1.** *Brit.* 'Schutzzollpoliˌtik *f*; **2.** *Am.* 'Freihandelspoliˌtik *f*; *~* **wall** *s.* Zollschranke *f e-s Staates.*

tar·mac ['tɑːmæk] *s. Brit.* 'Teermakaˌdam(straße *f*, ✈ -rollfeld *n*) *m.*

tar·nish ['tɑːniʃ] **I.** *v/t.* **1.** trüben, matt *od.* blind machen, *e-r Sache* den Glanz nehmen; **2.** *fig.* besudeln, beflecken; **3.** ⊕ mattieren; **II.** *v/i.* **4.** matt *od.* trübe werden; **5.** anlaufen (*Metall*); **III.** *s.* **6.** Trübung *f*; Beschlag *m*, Anlaufen *n* (*von Metall*); **7.** *fig.* Fleck *m*, Makel *m.*

tarp [tɑːp] *abbr. für tarpaulin*; **tar·pau·lin** [tɑː'pɔːlin] *s.* **1.** ⚓ **a)** Per'senning *f* (*geteertes Segeltuch*), **b)** Ölzeug *n* (*Hose, Mantel*); **2.** Plane *f*, Wagendecke *f*; **3.** Zeltbahn *f.*

tar·ra·did·dle → *taradiddle.*

tar·ry[1] ['tɑːri] *adj.* teerig.

tar·ry[2] ['tæri] **I.** *v/i.* **1.** zögern, zaudern, säumen; **2.** (ver)weilen, bleiben: *to ~ at home*; **II.** *v/t.* **3.** *obs. et.* abwarten.

tar·sal ['tɑːsəl] *anat.* **I.** *adj.* **1.** Fußwurzel...; **2.** (Augen)Lidknorpel...; **II.** *s.* **3.** *a. ~ bone* Fußwurzelknochen *m*; **4.** (Augen)Lidknorpel *m.*

tar·si·a ['tɑːsiə] *s.* In'tarsia *f*, Einlegearbeit *f* in Holz.

tar·sus ['tɑːsəs] *pl.* **-si** [-sai] *s.* **1.** → *tarsal 3 u. 4*; **2.** *orn.* Laufknochen *m*; **3.** *zo.* Fußglied *n.*

tart[1] [tɑːt] *adj.* □ **1.** sauer, herb, scharf; **2.** *fig.* scharf, beißend: *~ reply.*

tart[2] [tɑːt] *s.* **1.** (Obst)Torte *f*, Obstkuchen *m*; **2.** *sl.* Hure *f*, ‚Nutte' *f.*

tar·tan ['tɑːtən] *s.* Tartan *m*: **a)** Schottentuch *n*, **b)** Schottenmuster *n*: *~ plaid* Schottenplaid.

Tar·tar[1] ['tɑːtə] **I.** *s.* **1.** Ta'tar(in); **2.** *a.* ♀ Wüterich *m*, böser *od.* unangenehmer Kerl: *to catch a ~* an den Unrechten kommen, übel ankommen; **II.** *adj.* **3.** ta'tarisch.

tar·tar[2] ['tɑːtə] *s.* **1.** Weinstein *m*: *~ emetic* ⚕ Brechweinstein; **2.** Zahnstein *m*; **tar·tar·ic** [tɑː'tærik] *adj.* ⚗ **1.** Wein...: *~ acid*; **2.** Weinsäure...

tart·let ['tɑːtlit] *s.* (Obst)Törtchen *n.*

tart·ness ['tɑːtnis] *s.* Schärfe *f*: **a)** Säure *f*, Herbheit *f*, **b)** *fig.* Schroffheit *f*, Bissigkeit *f.*

tar·trate ['tɑːtreit] *s.* ⚗ wein(stein)saures Salz, Tar'trat *n.*

task [tɑːsk] **I.** *s.* **1.** Aufgabe *f*: *to take to ~ fig.* zur Rede stellen, ins Gebet nehmen (*for* wegen); **2.** Pflicht *f*, (auferlegte) Arbeit; **3.** Schularbeit *f*, -aufgabe *f*; **II.** *v/t.* **4.** *j-m* Arbeit zuweisen *od.* aufbürden, *j-n* beschäftigen; **5.** *fig. Kräfte etc.* stark beanspruchen, *sein Gedächtnis etc.* anstrengen; *~* **force** *s.* **1.** ⚔ *gemischter* Kampfverband (*für Sonderunternehmen*); **2.** Einsatzgruppe *f* (*Polizei etc.*); **3.** ✝ Pro'jektgruppe *f*; **'~·mas·ter** *s.* **1.** (*bsd.* strenger) Arbeitgeber: *severe ~ fig.* strenger Zuchtmeister; **2.** ⊕ (Arbeit)Anweiser *m*; **'~·wag·es** *s. pl.* ✝ Ak'kord-, Stücklohn *m*; **'~·work** *s.* ✝ Ak'kord-, Stückarbeit *f.*

tas·sel ['tæsəl] **I.** *s.* Quaste *f*, Troddel *f*; **II.** *v/t.* mit Quasten *od.* Troddeln schmücken.

taste [teist] **I.** *v/t.* **1.** *Speisen etc.* kosten, (ab)schmecken, probieren, versuchen (*a. fig.*); **2.** kosten, *Essen* anrühren: *he had not ~d food for days*; **3.** *et.* (her'aus)schmecken; **4.** *fig.* kosten, kennenlernen, erleben; **5.** *fig.* genießen; **II.** *v/i.* **6.** schmekken (*of* nach); **7.** kosten, versuchen (*of* von *od. acc.*); **8.** *obs. fig.* (*of*) erleben (*acc.*), kosten (*acc.*); **III.** *s.* **9.** Geschmack *m*: *a ~ of garlic* ein Knoblauchgeschmack; *to leave a bad ~ in one's mouth bsd. fig.* e-n üblen Nachgeschmack haben; **10.** Geschmackssinn *m*; **11.** (Kost)Probe *f* (*of* von *od. gen.*): **a)** kleiner Bissen, **b)** Schlückchen *n*; **12.** *fig.* (Kost)Probe *f*, Vorgeschmack *m*: *to give s.o. a ~ of one's skill* (*bad manners*); **13** *fig.* Beigeschmack *m*, Anflug *m* (*of* von); **14.** *fig.* (künstlerischer *od.* guter) Geschmack: *in bad ~* geschmacklos (*a. weitS. unfein, taktlos*); *in good ~* **a)** geschmackvoll, **b)** taktvoll; **15.** Geschmacksrichtung *f*, Mode *f*; **16.** **a)** Neigung *f*, Sinn *m* (*for* für), **b)** Geschmack *m*, Gefallen *n* (*for* an *dat.*): *not to my ~* nicht nach m-m Geschmack; **'taste·ful** [-ful] *adj.* □ *fig.* geschmackvoll; **'taste·ful·ness** [-fulnis] *s. fig.* guter Geschmack *e-r Sache, das* Geschmackvolle; **'taste·less** [-lis] *adj.* □ **1.** unschmackhaft, fade; **2.** *fig.* geschmacklos; **'taste·less·ness** [-lisnis] *s.* **1.** Unschmackhaftigkeit *f*; **2.** *fig.* Geschmack-, Taktlosigkeit *f*; **'tast·er** [-tə] *s.* **1.** (berufsmäßiger Tee-, Wein- *etc.*) Schmecker *m*, Koster *m*; **2.** *hist.* Vorkoster *m*; **3.** Pro'biergläs-chen *n* (*für Wein*); **4.** (Käse)Stecher *m*; **'tast·i·ness** [-tinis] *s.* **1.** Schmackhaftigkeit *f* (*Speise etc.*); **2.** *fig.* → *tastefulness*; **'tast·y** [-ti] *adj.* □ F **1.** schmackhaft; **2.** *fig.* geschmack-, stilvoll.

tat [tæt] **I.** *v/i.* Frivoli'täten- *od.* Schiffchenarbeit machen; **II.** *v/t.* in Frivolitätenarbeit herstellen.

ta-ta ['tæ'tɑː] *int. Kindersprache*: auf 'Wiedersehen!

Ta·tar ['tɑːtə] **I.** *s.* Ta'tar(in); **II.** *adj.* ta'tarisch; **Ta·tar·i·an** [tɑː'tɛəriən], **Ta·tar·ic** [tɑː'tærik] *adj.* tatarisch.

tat·ter ['tætə] *s.* Lumpen *m*, Fetzen *m*: *in ~s* zerfetzt; *to tear to ~s* (*a. fig. Argument etc.*) zerfetzen, -reißen; **tat·ter·de·mal·ion** [tætədə'meiljən] **I.** *s.* zerlumpter Kerl; **II.** *adj.* → *tattered 1*; **'tat·tered** [-əd] *adj.* **1.** zerlumpt, abgerissen; **2.** zerrissen, zerfetzt.

tat·ting ['tætiŋ] *s.* Frivoli'täten-, Schiffchenarbeit *f* (*Spitze*).

tat·tle ['tætl] **I.** *v/i.* schwatzen, klatschen; **II.** *v/t.* ausplaudern; **III.** *s.* Klatsch *m*, Geschwätz *n*; **'tat·tler** [-lə] *s.* Schwätzer(in), Klatschbase *f.*

tat·too[1] [tə'tuː] **I.** *s.* **1.** ⚔ **a)** Zapfenstreich *m* (*Signal*), **b)** 'Abendpaˌrade *f* mit Mu'sik, Vorführungen *pl.*; **2.** Trommeln *n*, Klopfen *n*: *to beat the devil's ~* ungeduldig mit den Fingern trommeln; **II.** *v/i.* **3.** den Zapfenstreich blasen *od.* trommeln.

tat·too[2] [tə'tuː] **I.** *v/t. pret. u. p.p.* **tat'tooed** [-uːd] **1.** *Haut* tätowieren; **2.** *Muster* eintätowieren (*on* in *acc.*); **II.** *s.* **3.** Tätowierung *f.*

taught [tɔːt] *pret. u. p.p. von teach.*

taunt [tɔːnt] **I.** *v/t.* verhöhnen, -spotten, schmähen: *to ~ s.o. with* j-m *et.* (höhnisch) vorwerfen; **II.** *s.* Spott *m*, Hohn *m*, Schmähung *f*; **'taunt·ing** [-tiŋ] *adj.* □ spottend, höhnisch.

tau·rine ['tɔːrain] *adj.* **1.** *zo.* **a)** rinderartig, **b)** Rinder..., Stier...; **2.** *ast.* Stier...; **Tau·rus** ['tɔːrəs] *s. ast.* Stier *m* (*Sternbild u. Tierkreiszeichen*).

taut [tɔːt] *adj.* □ **1.** straff, stramm (*Seil etc.*), angespannt (*a. Nerven, Gesicht*); **2.** schmuck (*Schiff etc.*); **'taut·en** [-tən] **I.** *v/t.* stramm ziehen, straff anspannen; **II.** *v/i.* sich straffen *od.* spannen.

tau·to·log·ic *adj.*; **tau·to·log·i·cal** [tɔːtə'lɔdʒik(əl)] *adj.* □ tauto'logisch, das'selbe wieder'holend; **tau·tol·o·gy** [tɔː'tɔlədʒi] *s.* Tautolo'gie *f*, Doppelaussage *f.*

tau·to·mer ['tɔːtəmə] *s.* ⚗ Tauto'mere *n.*

tav·ern ['tævən] *s.* Ta'verne *f*, Schenke *f*, Kneipe *f.*

taw[1] [tɔː] *v/t.* weißgerben.

taw[2] [tɔː] *s.* **1.** Murmel *f*; **2.** Murmelspiel *n*; **3.** Ausgangslinie *f.*

taw·dri·ness ['tɔːdrinis] *s.* **1.** Flitterhaftigkeit *f*, grelle Buntheit, Kitsch *m*; **2.** Wertlosigkeit *f*, Billigkeit *f*; **taw·dry** ['tɔːdri] *adj.* □ **1.** flitterhaft, Flitter...; **2.** geschmacklos aufgeputzt, aufgedonnert; **3.** kitschig, billig.

tawed [tɔːd] *adj. Gerberei*: a'laungar (*Leder*); **taw·er** ['tɔːə] *s.* Weißgerber *m*; **taw·er·y** ['tɔːəri] *s.* Weißgerbe'rei *f.*

taw·ni·ness ['tɔːninis] *s.* Lohfarbe *f*, Gelbbraun *n*; **taw·ny** ['tɔːni] *adj.*

lohfarben, gelbbraun: ~ *owl orn.* Waldkauz.
taws(e) [tɔːz] *s. bsd. Scot.* Peitsche *f*, Riemen *m.*
tax [tæks] **I.** *s.* **1.** (Staats)Steuer *f* (*on* auf *acc.*), Abgabe *f*: ~ *on land, land* ~ Grundsteuer; **2.** Besteuerung *f* (*on gen.*); **3.** 'Taxe *f*, Gebühr *f*; **4.** *fig.* **a)** Bürde *f*, Last *f*, **b)** Beanspruchung *f*: *a heavy* ~ *on his time* e-e starke Inanspruchnahme s-r Zeit; **II.** *v/t.* **5.** *j-n od. et.* besteuern, *j-m* e-e Steuer auferlegen; **6.** ⚖ *Kosten etc.* schätzen, taxieren, ansetzen (*at* auf *acc.*); **7.** *fig.* belasten; **8.** *fig.* stark in Anspruch nehmen, anstrengen, strapazieren; **9.** auf e-e harte Probe stellen; **10.** *j-n* zu'rechtweisen, mit *j-m* ins Gericht gehen: *to* ~ *s.o. with* j-n *e-s Verbrechens etc.* beschuldigen *od.* bezichtigen; **tax·a·ble** ['tæksəbl] *adj.* □ **1.** besteuerbar; **2.** steuerpflichtig: ~ *income*; **3.** Steuer...: ~ *value*; **4.** ⚖ gebührenpflichtig; **tax·a·tion** [tæk'seiʃən] *s.* **1.** Besteuerung *f*; **2.** *coll.* Steuern *pl.*; **3.** ⚖ Schätzung *f*, Taxierung *f.*
'tax|-a·void·ance → *tax-evasion*; ~ **brack·et** *s.* Steuerklasse *f*, -gruppe *f*; '~**-col·lec·tor** *s.* Steuereinnehmer *m*; ~ **cut** *s.* Steuersenkung *f*; '~**-e·va·sion** *s.* 'Steuerhinterˌziehung *f*; '~**-ex'empt** → *tax-free*; '~**-'free** *adj.* steuerfrei; ~ **ha·ven** *s.* 'Steuerparaˌdies *n.*
tax·i ['tæksi] **I.** *pl.* '**tax·is** *s.* **1.** → *taxi-cab*; **II.** *v/i.* **2.** mit e-m Taxi fahren; **3.** ✈ rollen; '~**-cab** *s.* Taxi *n*, (Auto-)Taxe *f*, (-)Droschke *f*; '~**-danc·er** *s. bsd. Am.* **1.** Eintänzer *m*; **2.** Taxigirl *n* (*bezahlte Tanzpartnerin*).
tax·i·der·mal [tæksi'dəːməl], **tax·i·'der·mic** [-mik] *adj.* taxi'dermisch; **tax·i·der·mist** ['tæksidəːmist] *s.* Präpa'rator *m*, Ausstopfer *m* (*von Tieren*); **tax·i·der·my** ['tæksidəːmi] *s.* Taxider'mie *f.*
'tax·i|-driv·er *s.*, '~**-man** [-mæn] *s.* [*irr.*] 'Taxichaufˌfeur *m*, -fahrer *m*; '~**-me·ter** *s.* **1.** Taxa'meter *m*, Zähler *m*, Fahrpreisanzeiger *m*; **2.** → *taxi-cab*; '~**-plane** *s.* Mietflugzeug *n*; '~**-rank** *s.* Taxistand *m.*
'tax|-list *s.* Hebeliste *f*; '~**-pay·er** *s.* Steuerzahler *m*; ~ **re·ceipts** *s. pl.* Steueraufkommen *n*; ~ **re·fund** *s.* Steuerrückzahlung *f*; ~ **re·lief** *s.* Steuererleichterung(en *pl.*) *f*; '~**-re·turn** *s.* Steuererklärung *f.*
'T-bone steak *s.* Kote'lett *n* (*mit T-förmigem Knochen*).
te [tiː] *s.* ♪ ti *n* (*Solmisationssilbe*).
tea [tiː] *s.* **1.** Tee *m*; **2.** Tee(mahlzeit *f*) *m*: *five-o'clock* ~ Fünfuhrtee; *high* ~, *meat* ~ frühes Abendbrot mit Tee; **3.** Teegesellschaft *f*; ~ **ball** *s. Am.* Tee-Ei *n*; '~**-bread** *s.* *ein* Teekuchen *m*; '~**-cad·dy** *s.* Teebüchse *f*; '~**-cake** *s.* Teekuchen *m*; '~**-cart** *s.* Teewagen *m.*
teach [tiːtʃ] *pret. u. p.p.* **taught** [tɔːt] **I.** *v/t.* **1.** *Fach* lehren, 'Unterricht geben in (*dat.*); **2.** *j-n et.* lehren, *j-n* unter'richten, -'weisen in (*dat.*), *j-m* Unterricht geben in (*dat.*); **3.** *j-m et.* zeigen, beibringen: *to* ~ *s.o. to whistle* j-m das Pfeifen beibringen; *to* ~ *s.o. better* j-n e-s Besser(e)n belehren; *I will* ~ *you to steal* F dich werd' ich das Stehlen lehren!; **4.** *Tier* dressieren, abrichten; **II.** *v/i.* **5.** unterrichten, Unterricht geben; '**teach·a·ble** [-tʃəbl] *adj.* **1.** lehrbar (*Fach etc.*); **2.** gelehrig (*Person*); '**teach·er** [-tʃə] *s.* Lehrer(in): ~*s college Am.* Pädagogische Hochschule.
'teach-in *s.* Teach-'in *n.*
teach·ing ['tiːtʃiŋ] **I.** *s.* **1.** 'Unterricht *m*, Lehren *n*; **2.** *oft pl.* Lehre *f*, Lehren *pl.*; **3.** Lehrberuf *m*; **II.** *adj.* **4.** lehrend, unter'richtend: ~ *machine* Lehr-, Lernmaschine; ~ *profession* Lehrberuf; ~ *staff* Lehrkörper.
'tea|-cloth *s.* **1.** kleine Tischdecke; **2.** Geschirrtuch *n*; '~**-co·sy** *s.* Teewärmer *m*; '~**-cup** *s.* Teetasse *f*; → *storm 1*; '~**-cup·ful** [-ful] *pl.* **-fuls** *s.* *e-e* Teetasse(voll); '~**-dance** *s.* *bsd. Am.* F Tanztee *m*; '~**-gar·den** *s.* 'Gartenrestauˌrant *n*; '~**-gown** *s.* Nachmittagskleid *n*; '~**-house** *s.* Teehaus *n* (*in China u. Japan*).
teak [tiːk] *s.* **1.** ⚘ Teakholzbaum *m*; **2.** Teak(holz) *n.*
teal [tiːl] *pl.* **teal** *s. orn.* Krickente *f.*
team [tiːm] **I.** *s.* **1.** Gespann *n*; **2.** *bsd. sport* Mannschaft *f*; **3.** (*Arbeits- etc.*)Gruppe *f*, Team *n*; **4.** Ab'teilung *f*, Ko'lonne *f von Arbeitern*; **5.** *orn.* Flug *m*, Zug *m*; **II.** *v/t.* **6.** *Zugtiere* zs.-spannen; **7.** F *Arbeit* (an Unter'nehmer) vergeben; **III.** *v/i.* **8.** ~ *up bsd. Am.* sich zs.-tun (*with* mit); '~**-spir·it** *s.* **1.** *sport* Mannschaftsgeist *m*; **2.** *fig.* Gemeinschafts-, 'Korpsgeist *m.*
team·ster ['tiːmstə] *s.* **1.** Gespannführer *m*; **2.** *Am.* Fuhrmann *m*, Lastwagenfahrer *m.*
'team-work *s.* **1.** *sport, thea.* Zs.-spiel *n*; **2.** *fig.* (gute) Zs.-arbeit, Teamwork *n.*
'tea|-par·ty *s.* Teegesellschaft *f*; '~**-pot** *s.* Teekanne *f.*
tear[1] [tiə] *s.* **1.** *a.* ~*-drop* Träne *f*: *in* ~*s* in Tränen (aufgelöst), unter Tränen; ~ *bomb* Tränengasbombe; → *fetch 3, squeeze 3*; **2.** (Harz- *etc.*)Tropfen *m.*
tear[2] [tεə] **I.** *s.* **1.** Riß *m*; **II.** *v/t.* [*irr.*] **2.** zerreißen: *to* ~ *in* (*od. to*) *pieces* in Stücke reißen; *to* ~ *open* aufreißen; *to* ~ *out* herausreißen; *torn between hope and despair fig.* zwischen Hoffnung u. Verzweiflung hin- u. hergerissen; *a country torn by civil war* ein vom Bürgerkrieg zerrissenes Land; *that's torn it! sl.* jetzt ist es aus!, damit ist alles ‚im Eimer'!; **3.** *Haut etc.* aufreißen; **4.** *Loch* reißen; **5.** zerren, (aus)reißen: *to* ~ *one's hair* sich die Haare (aus-)raufen; **6.** *a.* ~ *away*, ~ *off* ab-, wegreißen (*from* von): *to* ~ *o.s. away* sich losreißen (*a. fig.*); *to* ~ *s.th. from s.o.* j-m et. entreißen; **III.** *v/i.* [*irr.*] **7.** (zer)reißen; **8.** reißen, zerren (*at* an *dat.*); **9.** F rasen, stürmen, sausen: *to* ~ *about* herumsausen; *to* ~ *off* losrasen; ~ **up** *v/t.* **1.** aufreißen; **2.** *Baum etc.* ausreißen; **3.** zerreißen, in Stücke reißen; **4.** *fig.* unter'graben.
tear·ful ['tiəful] *adj.* □ **1.** tränenreich; **2.** weinend, in Tränen; **3.** weinerlich; **4.** schmerzlich.
'tear|-gas [tiə] *s.* ⚗ Tränengas *n*; '~**-gland** *s. anat.* Tränendrüse *f.*
tear·ing ['tεəriŋ] *adj. fig.* rasend, toll (*Tempo, Wut etc.*); ~ **strength** *s.* ⊕ Zerreißfestigkeit *f.*
'tear-jerk·er [tiə] *s. Am.* F ‚Schnulze' *f*, ‚Schmachtfetzen' *m*, rührseliges Lied *etc.*
tear·less ['tiəlis] *adj.* □ tränenlos.
tear-off ['tεərɔːf] *adj.* Abreiß...: ~ *calendar.*
'tea|-room *s.* Teestube *f*, Ca'fé *n*; '~**-rose** *s.* ⚘ Teerose *f.*
'tear-sheet [tεə] *s.* † Belegbogen *m.*
'tear-stained [tiə] *adj.* **1.** tränennaß; **2.** verweint (*Augen*).
tease [tiːz] **I.** *v/t.* **1.** ⊕ **a)** *Wolle* kämmen, krempeln, **b)** *Flachs* hecheln, **c)** *Werg* auszupfen; **2.** ⊕ *Tuch* (auf-)rauhen, kardieren; **3.** *fig.* **a)** hänseln, necken, aufziehen, foppen, **b)** ärgern, quälen, **c)** bestürmen, belästigen (*for* wegen); **II.** *s.* **4.** F → *teaser 1*, 2.
tea·sel ['tiːzl] **I.** *s.* **1.** ⚘ Karde(ndistel) *f*; **2.** *Weberei*: Karde *f*, Kar'dätsche *f*; **II.** *v/t.* **3.** → *tease 2.*
teas·er ['tiːzə] *s.* **1.** Necker *m*; **2.** Quäl-, Plagegeist *m*; **3.** F ‚harte Nuß', schwierige Sache.
'tea|-serv·ice, '~**-set** *s.* 'Teeserˌvice *n*; '~**-shop** → *tea-room*; '~**-spoon** *s.* Teelöffel *m*; '~**-spoon·ful** [-ful] *pl.* **-fuls** *s.* *ein* Teelöffel(voll) *m.*
teat [tiːt] *s.* **1.** *zo.* Zitze *f*; **2.** *anat.* Brustwarze *f*; **3.** (Gummi)Sauger *m*; **4.** ⊕ Warze *f.*
'tea|-things *s. pl.* Teegeschirr *n*; '~**-time** *s.* Teestunde *f*; '~**-urn** *s.* **1.** 'Teemaˌschine *f*; **2.** Gefäß *n* zum Heißhalten des Teewassers.
tea·zel, tea·zle → *teasel.*
tec [tek] *s. sl.* Detek'tiv *m.*
tech·nic ['teknik] **I.** *adj.* → *technical*; **II.** *s.* → *technics*; '**tech·ni·cal** [-kəl] *adj.* □ → *technically*; **1.** ⊕ 'technisch: ~ *bureau* Konstruktionsbüro; **2.** technisch (*a. sport*), fachlich, fachmännisch, Fach..., Spezial...: ~ *book* (technisches) Fachbuch; ~ *dictionary* Fachwörterbuch; ~ *school* Fachhochschule; ~ *skill* **a)** (technisches) Geschick, **b)** ♪ Technik; ~ *staff* technisches Personal; ~ *term* Fachausdruck; **3.** *fig.* technisch: **a)** sachlich, **b)** (rein) for'mal, **c)** theo'retisch: ~ *knock-out Boxen*: technischer K. o.; *on* ~ *grounds* ⚖ aus formaljuristischen *od.* verfahrenstechnischen Gründen; **tech·ni·cal·i·ty** [tekni'kæliti] *s.* **1.** technische Eigentümlichkeit *od.* Einzelheit; **2.** Fachausdruck *m*; **3.** *bsd.* ⚖ (reine) Formsache, Spitzfindigkeit *f*; '**tech·ni·cal·ly** [-kəli] *adv.* **1.** technisch *etc.*; **2.** genaugenommen, eigentlich; **tech·ni·cian** [tek'niʃən] *s.* Techniker *m* (*a. weitS. Virtuose etc.*), (technischer) Fachmann.
tech·ni·col·or ['teknikʌlə] **I.** *s. Film*: Techni'kolor(verfahren) *n*; **II.** *adj.* Technikolor...
tech·nics ['tekniks] *s. pl.* **1.** *mst sg. konstr.* 'Technik *f*, *bsd.* Ingeni'eurwissenschaft *f*; **2.** technische Einzelheiten *pl.*; **3.** Fachausdrücke *pl.*; **4.** *mst sg. konstr.* → *technique*; **technique** [tek'niːk] *s.* **1.** ⊕ (Arbeits-)Verfahren *n*; **2.** ♪, *paint.*, *sport etc.* Technik *f*: **a)** Me'thode *f*, **b)** Art *f* der Ausführung, **c)** Geschicklich-

keit *f*; **tech·noc·ra·cy** [tek'nɔkrəsi] *s.* Technokra'tie *f*; **tech·no·crat** ['teknoukræt] *s.* Techno'krat *m.*

tech·no·log·ic *adj.*; **tech·no·log·i·cal** [teknə'lɔdʒik(əl)] *adj.* □ techno'logisch, 'technisch: *technological gap* technologische Lücke; **tech·nol·o·gist** [tek'nɔlədʒist] *s.* Techno'loge *m*; **tech·nol·o·gy** [tek'nɔlədʒi] *s.* Technolo'gie *f*, 'Technik *f* (*Wissenschaft*): *school of* ~ Technische Universität.

tech·y ['tetʃi] → *testy.*

tec·tol·o·gy [tek'tɔlədʒi] *s. biol.* Struk'turlehre *f.*

tec·ton·ic [tek'tɔnik] *adj.* (□ ~*ally*) △, *geol.* tek'tonisch; **tec'ton·ics** [-ks] *s. pl. mst sg. konstr.* **1.** △ *etc.* Tek'tonik *f*; **2.** *geol.* ('Geo)Tek,tonik *f.*

tec·to·ri·al [tek'tɔ:riəl] *adj. physiol.* Schutz..., Deck...: ~ *membrane.*

tec·tri·ces [tek'traisi:z] *s. pl. zo.* Deckfedern *pl.*

ted·der ['tedə] *s.* Heuwender *m* (*Maschine od. Arbeiter*).

Ted·dy| bear ['tedi] *s.* Teddybär *m*; ~ **boy** *s. Brit. sl.* ‚Halbstarke(r)' *m*; ~ **girl** *s. Brit. sl.* ‚Halbstarke' *f.*

te·di·ous ['ti:djəs] *adj.* □ **1.** langweilig, öde, ermüdend; **2.** weitschweifig; '**te·di·ous·ness** [-nis] *s.* **1.** Langweiligkeit *f*; **2.** Weitschweifigkeit *f*; '**te·di·um** [-jəm] *s.* **1.** Lang(e)weile *f*; **2.** Langweiligkeit *f.*

tee[1] [ti:] **I.** *s.* ⊕ T-Stück *n*; **II.** *adj.* T-...: ~ *iron*; **III.** *v/t.* ⚡ abzweigen: *to* ~ *across* (*together*) in Brücke (parallel)schalten.

tee[2] [ti:] **I.** *s. sport* Tee *n*: **a)** *Curling*: Mittelpunkt *m* des Zielkreises, **b)** *Golf*: Abschlag(stelle *f*) *m*; **II.** *v/t. Golf*: *Ball* auf die Abschlagstelle legen; **III.** *v/i.* ~ **off a)** *Golf*: abschlagen, das Spiel eröffnen, **b)** *fig.* anfangen.

teem[1] [ti:m] *v/i.* **1.** wimmeln, voll sein (*with* von): *the roads are* ~*ing with people*; *this page* ~*s with mistakes* diese Seite strotzt von Fehlern; **2.** reichlich vor'handen sein: *fish* ~ *in that river*; **3.** *obs.* **a)** schwanger sein, **b)** fruchtbar sein (*Pflanze*), **c)** Junge gebären (*Tier*).

teem[2] [ti:m] **I.** *v/t. bsd.* ⊕ *flüssiges Metall* (aus)gießen; **II.** *v/i.* gießen (*a. fig. Regen*).

teen [ti:n] *Am.* → *teen-age(r)*; '**teen-age** *adj.* jugendlich, Jugend...; '**teen-ag·er** [-eidʒə] *s.* Teenager *m*, Jugendliche(r *m*) *f* (*vom 13. bis 19. Lebensjahr*).

teens [ti:nz] *s. pl.* Jugendjahre *pl.* (*vom 13. bis 19. Lebensjahr*): *to be in one's* ~ ein Teenager sein.

tee·ny ['ti:ni], *a.* '~-'**wee·ny** ['wi:ni] *adj.* F klitzeklein.

'**tee-shirt** ['ti:-] *s.* 'T-shirt *n.*

tee·ter ['ti:tə] *v/i. Am.* F **1.** (*a. v/t.*) schaukeln, wippen; **2.** (sch)wanken.

teeth [ti:θ] *pl. von tooth.*

teethe [ti:ð] *v/i.* zahnen, (die) Zähne bekommen: *teething troubles* Beschwerden beim Zahnen, *fig.* Kinderkrankheiten.

tee·to·tal [ti:'toutl] *adj.* absti'nent, Abstinenzler...; **tee'to·tal·(l)er** [-lə] *s.* Absti'nenzler(in), ,Antialko'holiker(in); **tee'to·tal·ism** [-lizəm] *s.* **1.** Absti'nenz *f*; **2.** Absti'nenzprin,zip *n.*

tee·to·tum ['ti:tou'tʌm] *s.* Drehwürfel *m.*

teg·u·ment ['tegjumənt] *s. zo.* **1.** (Ober)Haut *f*, Integu'ment *n*; **2.** Flügeldecke *f* (*von Insekten*).

tel·au·to·gram [tel'ɔ:təgræm] *s.* ⚡ 'Bildtele,gramm *n*, Fak'simile *n*; **tel'au·to·graph** [-grɑ:f; -græf] *s.* Tel(e)auto'graph *m*, Bildbriefsender *m.*

tele-[1] [teli] *in Zssgn* **a)** Fern..., **b)** Fernseh...

tele-[2] [teli] *in Zssgn* **a)** Ziel, **b)** Ende.

tel·e'cam·er·a *s.* **1.** *phot.* Telekamera *f*, Kamera *f* mit 'Teleobjek,tiv; **2.** ⚡ Fernsehkamera *f.*

'**tel·e·cast I.** *v/t.* [*irr.* → *cast*] im Fernsehen über'tragen *od.* bringen; **II.** *s.* Fernsehsendung *f*; '**tel·e·cast·er** *s.* (Fernseh)Ansager(in).

'**tel·e·com·mu·ni'ca·tion I.** *s.* **1.** Fernmeldeverbindung *f*, -verkehr *m*; **2.** *pl.* Fernmelde-, Nachrichtenwesen *n*; **II.** *adj.* **3.** Fernmelde...

'**tel·e·course** *s. Am.* Fernsehlehrgang *m*, -kurs *m.*

'**tel·e·film** *s.* Fernsehfilm *m.*

tel·e·gen·ic [teli'dʒenik] *adj.* tele'gen, für Fernsehsendungen geeignet, bildwirksam.

tel·e·gram ['teligræm] *s.* Tele'gramm *n*: *by* ~ telegraphisch.

tel·e·graph ['teligrɑ:f; -græf] **I.** *s.* **1.** Tele'graph *m*; **2.** Sema'phor *m, n*; **3.** → *telegraph-board*; **II.** *v/t.* **4.** telegraphieren; **5.** *j-n* tele'graphisch benachrichtigen; **6.** (*durch Zeichen*) zu verstehen geben, signalisieren; **7.** *sport Spielstand etc.* auf e-r Tafel anzeigen; **8.** *sl. Boxen*: *Schlag* ‚telegraphieren' (*erkennbar ansetzen*); **III.** *v/i.* **9.** telegraphieren (*to dat. od.* an *acc.*); '~-**board** *s. bsd. sport* Anzeigetafel *f*; ~ **code** *s.* Tele'grammschlüssel *m.*

te·leg·ra·pher [ti'legrəfə] *s.* Telegra'phist(in).

tel·e·graph·ese ['teligrɑ:'fi:z] *s.* Tele'grammstil *m*; **tel·e·graph·ic** [teli'græfik] *adj.* (□ ~*ally*) **1.** tele'graphisch: ~ *address* Telegrammadresse, Drahtanschrift; **2.** tele'grammartig (*Kürze, Stil*); **te·leg·ra·phist** [ti'legrəfist] → *telegrapher.*

'**tel·e·graph|-key** *s.* ⚡ (Tele'graphen-, Morse)Taste *f*; '~-**line** *s.* Tele'graphenleitung *f*; '~-**pole,** '~-**post** *s.* Tele'graphenstange *f*, -mast *m.*

te·leg·ra·phy [ti'legrəfi] *s.* Telegra'phie *f.*

'**tel·e·me'chan·ics** *s. pl. sg. konstr.* ⊕ Teleme'chanik *f*, me'chanische Fernsteuerung.

te·lem·e·ter [te'lemitə] *s.* Tele'meter *n*: **a)** ⊕ Entfernungsmesser *m*, **b)** ⚡ Fernmeßgerät *n.*

tel·e·o·log·ic *adj.*; **tel·e·o·log·i·cal** [teliə'lɔdʒik(əl)] *adj.* □ *phls.* teleo'logisch: ~ *argument* teleologischer Gottesbeweis; **tel·e·ol·o·gy** [teli'ɔlədʒi] *s.* Teleolo'gie *f.*

tel·e·path·ic [teli'pæθik] *adj.* (□ ~*ally*) tele'pathisch; **te·lep·a·thy** [ti'lepəθi] *s.* Telepa'thie *f*, Ge'dankenüber,tragung *f.*

tel·e·phone ['telifoun] **I.** *s.* **1.** Tele'phon *n*, Fernsprecher *m*: *at the* ~ am Apparat; *by* ~ telephonisch; *on the* ~ telephonisch, durch das *od.* am Telephon; *to be on the* ~ **a)** Telephonanschluß haben, **b)** am Telephon sein; *over the* ~ durch das *od.* per Telephon; **II.** *v/t.* **2.** *j-n* anrufen, antelephonieren; **3.** *Nachricht etc.* telephonieren, tele'phonisch über'mitteln (*s.th. to s.o., s.o. s.th.* j-m et.); **III.** *v/i.* **4.** telephonieren; ~ **booth,** *Brit.* ~ **box** *s.* Tele'phon-, Fernsprechzelle *f*; ~ **call** *s.* Tele'phongespräch *n*, (tele'phonischer) Anruf; ~ **con·nec·tion** *s.* Tele'phonanschluß *m*; ~ **di·rec·to·ry** *s.* Tele'phon-, Fernsprechbuch *n*; ~ **ex·change** *s.* Fernsprechamt *n*, Tele'phonvermittlung *f*, -zen,trale *f*; ~ **op·er·a·tor** *s.* Telepho'nist(in); ~ **re·ceiv·er** *s.* (Tele'phon)Hörer *m*; ~ **sub·scrib·er** *s.* Fernsprechteilnehmer *m.*

tel·e·phon·ic [teli'fɔnik] *adj.* (□ ~*ally*) tele'phonisch, fernmündlich, Telephon...; **tel·e·pho·nist** [ti'lefənist] *s.* Telepho'nist(in); **te·leph·o·ny** [ti'lefəni] *s.* Telepho'nie *f*, Fernsprechwesen *n.*

tel·e·phote ['telifout] *s. phot.* photoe'lektrische 'Fern,kamera.

'**tel·e'pho·to** *phot.* **I.** *adj.* Telephoto(graphie)..., Fernaufnahme...: ~ *lens* Fernlinse, Teleobjektiv; **II.** *s.* 'Telephoto(gra,phie *f*) *n*, Fernbild *n*; '**tel·e'pho·to·graph** → *telephoto II*; '**tel·e·pho·to'graph·ic** *adj.* (□ ~*ally*) **1.** 'fernphoto,graphisch; **2.** 'bildtele'graphisch; '**tel·e·pho'tog·ra·phy** *s.* **1.** 'Tele-, 'Fernphotogra,phie *f*; **2.** 'Bildtelegra,phie *f.*

'**tel·e·print·er** *s.* Fernschreiber *m* (*Gerät*): ~ *message* Fernschreiben; ~ *operator* Fernschreiber(in).

'**tel·e·re·cord·er** *s.* Bildaufzeichnungsgerät *n*; '**tel·e·re·cord·ing** *s.* (Fernseh)Aufzeichnung *f.*

tel·e·scope ['teliskoup] **I.** *s.* Tele'skop *n*, Fernrohr *n*; **II.** *v/t. u. v/i.* (sich) inein'anderschieben; **III.** *adj.* → *telescopic.*

tel·e·scop·ic [telis'kɔpik] *adj.* (□ ~*ally*) **1.** tele'skopisch, Fernrohr...: ~ *sight* ⚔ Zielfernrohr; **2.** inein'anderschiebbar, ausziehbar, Auszieh..., Teleskop...

'**tel·e·screen** *s.* ⚡ Fernseh-, Bildschirm *m.*

'**tel·e·ther'mom·e·ter** *s. phys.* 'Fern-, 'Telethermo,meter *n.*

'**tel·e·type** *bsd. Am.* **I.** *s.* **1.** Fernschreiber *m* (*Gerät*): ~ *message* Fernschreiben; ~ *operator* Fernschreiber(in); **2.** 'Fernschreibsy,stem *n*, -netz *n*; **II.** *v/t.* **3.** per Fernschreiber über'mitteln; '**tel·e'type·writ·er** → *teletype 1.*

'**tel·e·view I.** *v/t.* sich (im Fernsehen) ansehen, auf dem Bildschirm sehen; **II.** *v/i.* fernsehen; '**tel·e·view·er** *s.* Fernsehteilnehmer(in).

tel·e·vise ['telivaiz] *v/t.* **1.** im Fernsehen über'tragen *od.* bringen; **2.** → *teleview I*; '**tel·e·vi·sion I.** *s.* **1.** Fernsehen *n*: *to watch* ~ fernsehen; *on* ~ im Fernsehen; **2.** *a.* ~ *set* Fernsehgerät *n*, Fernseher *m*; **II.** *adj.* Fernseh...; '**tel·e·vi·sor** *s.* Fernsehgerät *n.*

tel·ex ['teleks] **I.** *s.* **1.** Fernschreibnetz *n*, Telex *n*: *to be on the* ~ Telex- *od.* Fernschreibanschluß haben; **2.** Fernschreiben *n*: *by* ~ per FS, per Fernschreiben; ~ *operator* Fernschreiber(in); **II.** *v/t.* **3.** *j-m* ein Fernschreiben *od.* F'S schicken.

tell [tel] [*irr.*] **I.** *v/t.* **1.** sagen, erzählen (*s.o. s.th.*, *s.th. to s.o.* j-m et.): *I can* ~ *you that* ... ich kann Sie *od.* Ihnen versichern, daß; *I have been told* mir ist gesagt worden; *I told you so!* ich habe es (dir) ja gleich gesagt!, ‚siehste'!; *you are telling me! sl.* wem sagen Sie das!; *to* ~ *the world* F *et.* hinausposaunen; **2.** mitteilen, berichten, *a. die Wahrheit* sagen; *Neuigkeit* verkünden: *to* ~ *a lie* lügen; **3.** *Geheimnis* verraten; **4.** erkennen (*by, from* an *dat.*): *to* ~ *by ear* mit dem Gehör feststellen, hören; **5.** (mit Bestimmtheit) sagen: *I cannot* ~ *what it is*; *it is difficult to* ~ es ist schwer zu sagen; **6.** unter'scheiden (*one from the other* eines vom andern): *to* ~ *apart* auseinanderhalten; **7.** sagen, befehlen: *to* ~ *s.o. to do s.th.* j-m sagen, er solle et. tun; j-n et. tun heißen; *do as you are told* tu wie dir geheißen; **8.** *bsd. pol. Stimmen* zählen: *all told* alles in allem; → *bead* 2; **9.** ~ *off* **a)** abzählen, **b)** ⚔ abkommandieren, **c)** F *j-m* ‚Bescheid stoßen', **d)** *Am.* F *j-m* e-n Tip geben; **II.** *v/i.* **10.** berichten, erzählen (*of* von, *about* über *acc.*); **11.** *fig.* ein Zeichen *od.* Beweis sein (*of* für, von); **12.** *et.* sagen können, wissen: *how can you* ~?, *you never can* ~ man kann nie wissen; **13.** ‚petzen': *to* ~ *on s.o.* j-n verpetzen *od.* verraten; *don't* ~! nicht verraten!; **14.** sich auswirken (*on* bei, auf *acc.*): *the hard work began to* ~ *on him*; *his troubles have told on him* s-e Sorgen haben ihn sichtlich mitgenommen; *every blow (word)* ~*s* jeder Schlag (jedes Wort) sitzt; *that* ~*s against you* das spricht gegen Sie; **15.** sich (deutlich) abheben (*against* gegen, von); zur Geltung kommen (*Farbe etc.*); **'tell·er** [-lə] *s.* **1.** Erzähler(in); **2.** Zähler(in); *bsd. parl.* Stimmenzähler *m*; **3.** Kassierer *m*, Schalterbeamte(r) *m* (*Bank*): ~*'s department* Hauptkasse; **'tell·ing** [-liŋ] *adj.* □ **1.** wirkungsvoll (*a. Schlag*), wirksam, eindrucksvoll; 'durchschlagend (*Erfolg, Wirkung*); **2.** *fig.* aufschlußreich.

'tell·tale I. *s.* **1.** Klatschbase *f*, Zuträger(in), ‚Petzer(in)'; **2.** verräterisches (Kenn)Zeichen; **3.** ⊕ (selbsttätige) Anzeigevorrichtung; **II.** *adj.* **4.** *fig.* verräterisch: *a* ~ *tear*; **5.** sprechend (*Ähnlichkeit*); **6.** ⊕ **a)** Anzeige..., **b)** Warnungs...: ~ *clock* Kontrolluhr. [(*Gerät*).]

tel·ly ['teli] *s. Brit.* F Fernseher *m*

tel·o·type ['teloutaip] *s.* **1.** e'lektrischer 'Schreib- *od.* 'Drucktele,graph; **2.** auto'matisch gedrucktes Tele'gramm.

tel·pher ['telfə] **I.** *s.* Hängebahnwägelchen *n*; **II.** *adj.* (Elektro-) Hängebahn...; **'tel·pher·age** [-əridʒ] *s.* e'lektrische Lastenbeförderung; **'tel·pher·way** *s.* Telpherbahn *f*, E'lektrohängebahn *f*.

Tel·star ['telsta:] *s.* Telstar *m* (*Nachrichtensatellit*).

tem·er·ar·i·ous [temə'rɛəriəs] *adj.* □ **1.** tollkühn, verwegen; **2.** unbesonnen; **te·mer·i·ty** [ti'meriti] *s.* **1.** (Toll)Kühnheit *f*, Verwegenheit *f*; **2.** *b.s.* Kühnheit *f*, Frechheit *f*.

tem·per ['tempə] **I.** *s.* **1.** Tempera'ment *n*, Natu'rell *n*, Gemüt(sart*f*) *n*, Cha'rakter *m*, Veranlagung *f*: *even* ~ Gleichmut; *to have a quick* ~ ein hitziges Temperament haben; **2.** Stimmung *f*, Laune *f*: *in a bad* ~ (in) schlechter Laune, schlecht gelaunt; **3.** Gereiztheit *f*, Zorn *m*, Wut *f*: *to be in a* ~ gereizt *od.* wütend sein; *to fly* (*od. get*) *into a* ~ in Wut geraten; **4.** Gemütsruhe *f* (*obs. außer in den Redew.*): *to keep one's* ~ ruhig bleiben; *to lose one's* ~ in Wut geraten, die Geduld verlieren; *out of* ~ übelgelaunt; *to put s.o. out of* ~ j-n wütend machen *od.* erzürnen; **5.** Zusatz *m*, Beimischung *f*, *metall.* Härtemittel *n*; **6.** *bsd.* ⊕ richtige Mischung; **7.** *metall.* Härte (-grad *m*) *f*; **II.** *v/t.* **8.** mildern (*with* durch); **9.** *Farbe, Kalk, Mörtel* mischen, anmachen; **10.** ⊕ **a)** *Stahl* härten, anlassen, **b)** *Eisen* ablöschen, **c)** *Gußeisen* adouzieren, **d)** *Glas* rasch abkühlen; **11.** ♪ *Klavier etc.* temperieren; **III.** *v/i.* **12.** ⊕ den richtigen Härtegrad erreichen *od.* haben.

tem·per·a ['tempərə] *s.* 'Tempera (-male,rei) *f*.

tem·per·a·ment ['tempərəmənt] *s.* **1.** → *temper* 1; **2.** Tempera'ment *n*, Leidenschaftlichkeit *f*; **3.** ♪ Tempera'tur *f*; **tem·per·a·men·tal** [tempərə'mentl] *adj.* □ **1.** veranlagungsmäßig, Temperaments...; **2.** reizbar, launisch; **3.** leicht erregbar; **4.** mit starken per'sönlichen Zügen.

tem·per·ance ['tempərəns] *s.* **1.** Mäßigkeit *f*, Enthaltsamkeit *f*; **2.** Mäßigkeit *f* im *od.* Absti'nenz *f* vom Alkoholgenuß; ~ **ho·tel** *s.* alkoholfreie Gaststätte; ~ **move·ment** *s.* Absti'nenzbewegung *f*.

tem·per·ate ['tempərit] *adj.* □ **1.** gemäßigt, maßvoll: ~ *language*; **2.** zu'rückhaltend; **3.** mäßig: ~ *enthusiasm*; **4. a)** mäßig, enthaltsam (*bsd. im Essen u. Trinken*), **b)** absti'nent (*geistige Getränke meidend*); **5.** gemäßigt, mild (*Klima etc.*); **'tem·per·ate·ness** [-nis] *s.* **1.** Gemäßigtheit *f*; **2.** Beherrschtheit *f*, Zu'rückhaltung *f*; **3.** Mäßigkeit *f*, geringes Ausmaß; **4. a)** Mäßigkeit *f*, Enthaltsamkeit *f*, Mäßigung *f* (*bsd. im Essen u. Trinken*), **b)** Absti'nenz *f* (*von geistigen Getränken*); **5.** Milde *f* (*des Klimas etc.*).

tem·per·a·ture ['tempritʃə] *s.* **1.** *phys.* Tempera'tur *f*: *at a* ~ *of* bei e-r Temperatur von; **2.** *physiol.* ('Körper)Tempera,tur *f*: *to take s.o.'s* ~ j-s Temperatur messen; *to have* (*od. run*) *a* ~ ⚕ F Fieber *od.* (erhöhte) Temperatur haben.

tem·pered ['tempəd] *adj.* **1.** *bsd. in Zssgn* gestimmt, gelaunt: *even-*~ gleichmütig; **2.** ♪ temperiert; **3.** *metall.* gehärtet.

tem·pest ['tempist] *s.* **1.** (wilder) Sturm; **2.** *fig.* Sturm *m*, Ausbruch *m*; **3.** Gewitter *n*; **tem·pes·tu·ous** [tem'pestjuəs] *adj.* □ *a. fig.* stürmisch, ungestüm, heftig; **tem·pes·tu·ous·ness** [tem'pestjuəsnis] *s.* Ungestüm *n*, Heftigkeit *f*.

Tem·plar ['templə] *s.* **1.** *hist.* Templer *m*, Tempelherr *m*, -ritter *m*; **2.** Tempelritter *m* (*Freimaurer*); **3.** ♀ *univ.* Stu'dent *m* der Rechte am Londoner *Temple*.

tem·plate ['templit] *s.* **1.** ⊕ Scha'blone *f*, Lehre *f*; **2.** ⚠ **a)** 'Unterleger *m* (*Balken*), **b)** (Dach)Pfette *f*, **c)** Kragholz *n*; **3.** ⚓ Scha'blone *f*, Mallbrett *n*.

tem·ple[1] ['templ] *s.* **1.** *eccl.* Tempel *m* (*a. fig.*); **2.** ♀ ⚖ Temple *m* (*in London, Sitz zweier Rechtskollegien*: *the Inner* ♀ *u. the Middle* ♀).

tem·ple[2] ['templ] *s. anat.* Schläfe *f*.

tem·ple[3] ['templ] *s. Weberei*: Tömpel *m*, Spannrute *f*.

tem·plet ['templit] → *template*.

tem·po ['tempou] *pl.* **-pi** *s.* ♪ Tempo *n* (*a. fig. Geschwindigkeit*): ~ *turn* (*Skisport*) Temposchwung.

tem·po·ral[1] ['tempərəl] *adj.* □ **1.** zeitlich: **a)** Zeit... (*Ggs. räumlich*), **b)** irdisch; **2.** weltlich (*Ggs. geistlich*): ~ *lords Brit.* die weltlichen Mitglieder des Oberhauses; **3.** *ling.* tempo'ral, Zeit...: ~ *adverb* Umstandswort der Zeit; ~ *clause* Temporalsatz.

tem·po·ral[2] ['tempərəl] *anat.* **I.** *adj.* **a)** Schläfen..., **b)** Schläfenbein...; **II.** *s.* Schläfenbein *n*.

tem·po·rar·i·ness ['tempərərinis] *s.* Einst-, Zeitweiligkeit *f*; **tem·po·rar·y** ['tempərəri] *adj.* □ provi'sorisch: **a)** vorläufig, einst-, zeitweilig, vor'übergehend, tempo'rär, **b)** behelfsmäßig, Not..., Hilfs..., Interims...: ~ *bridge* Behelfs-, Notbrücke; ~ *credit* ✝ Zwischenkredit.

tem·po·rize ['tempəraiz] *v/i.* **1.** Zeit zu gewinnen suchen, abwarten, sich nicht festlegen, lavieren: *to* ~ *with s.o.* j-n hinhalten; **2.** mit dem Strom schwimmen, s-n Mantel nach dem Winde hängen; **'tem·po·riz·er** [-zə] *s.* **1.** j-d der Zeit zu gewinnen sucht *od.* sich nicht festlegt; **2.** Opportu'nist(in); **'tem·po·riz·ing** [-ziŋ] *adj.* □ **1.** hinhaltend, abwartend; **2.** opportu'nistisch.

tempt [tempt] *v/t.* **1.** *eccl., a. allg.* *j-n* versuchen, in Versuchung führen; **2.** *j-n* verlocken, -leiten, da'zu bringen (*to do zu tun*): *to be* ~*ed to do* versucht *od.* geneigt sein, zu tun; **3.** reizen, locken (*Angebot, Sache*); **4.** *Gott, sein Schicksal* versuchen, her'ausfordern; **5.** *obs.* erproben; **temp·ta·tion** [temp'teiʃən] *s.* Versuchung *f*, -führung *f*, -lokkung *f*: *to lead into* ~ in Versuchung führen; **'tempt·er** [-tə] *s.* Versucher *m*, -führer *m*: *the* ♀ *eccl.* der Versucher; **'tempt·ing** [-tiŋ] *adj.* □ verführerisch, -lockend; **'tempt·ing·ness** [-tiŋnis] *s. das* Verführerische; **'tempt·ress** [-tris] *s.* Versucherin *f*, Verführerin *f*.

ten [ten] **I.** *adj.* **1.** zehn: ~ *times* zehnmal (*a. fig. um vieles*); ~ *to one* zehn zu eins; **II.** *s.* **2.** Zehn *f* (*Zahl, Gruppe, Spielkarte*): *the upper* ~ *fig.* die oberen Zehntausend; **3.** F Zehner *m* (*Geldschein etc.*); **4.** zehn Uhr.

ten·a·ble ['tenəbl] *adj.* **1.** haltbar

(⚔ *Stellung*, *fig. Behauptung etc.*); **2.** verliehen (*for* für, auf *acc.*): *an office ~ for two years*; '**ten·a·ble·ness** [-nis] *s.* Haltbarkeit *f* (*a. fig.*).

te·na·cious [ti'neiʃəs] *adj.* □ **1.** zäh(e), klebrig; **2.** *fig.* zäh(e), hartnäckig: *to be ~ of* zäh an *et.* festhalten; *~ of life* zählebig; **3.** verläßlich, gut (*Gedächtnis*); **te'na·cious·ness** [-nis], **te·nac·i·ty** [ti'næsiti] *s.* **1.** *allg.* Zähigkeit *f*: **a)** Klebrigkeit *f*, **b)** *phys.* Zug-, Zähfestigkeit *f*, **c)** *fig.* Hartnäckigkeit *f*: *~ of life* zähes Leben; *~ of purpose* Zielstrebigkeit; **2.** Verläßlichkeit *f* (*des Gedächtnisses*).

ten·an·cy ['tenənsi] *s.* ⚖ **1.** Pacht-, Mietverhältnis *n*: *~ at will* jederzeit beiderseits kündbares Pachtverhältnis; **2. a)** Pacht-, Mietbesitz *m*, **b)** Eigentum *n*: *~ in common* Miteigentum; **3.** Pacht-, Mietdauer *f*; '**ten·ant** [-nt] **I.** *s.* **1.** ⚖ Pächter *m*, Mieter *m*; **2.** ⚖ Inhaber *m* (*von Realbesitz, Renten etc.*); **3.** Insasse *m*, Bewohner *m*; **4.** *hist.* Lehensmann *m*; **II.** *v/t.* **5.** bewohnen; **6.** *als Mieter etc.* beherbergen: *this house ~s five families*; '**ten·ant·a·ble** [-ntəbl] *adj.* **1.** ⚖ pacht-, mietbar; **2.** bewohnbar.

ten·ant farm·er *s.* (Guts)Pächter *m*.

ten·ant·less ['tenəntlis] *adj.* **1.** unverpachtet; **2.** unvermietet, leer (-stehend).

ten·ant·ry ['tenəntri] *s.* *mst pl. konstr. coll.* Pächter *pl.*, Mieter *pl.*

tench [tenʃ] *pl.* '**tench·es**, *bsd. coll.* **tench** *s. ichth.* Schleie *f*.

tend[1] [tend] *v/i.* **1.** sich *in e-r bestimmten Richtung* bewegen; (hin-)streben (*to*[*ward*] nach): *to ~ from* wegstreben von; **2.** *fig.* **a)** tendieren, neigen (*to*[*wards*] zu), **b)** da'zu neigen (*to do* zu tun); **3.** abzielen, gerichtet sein (*to* auf *acc.*); **4.** (da'zu) führen *od.* beitragen (*to* [*do*] zu [tun]); hin'auslaufen (*to* auf *acc.*); **5.** ⚓ schwoien.

tend[2] [tend] *v/t.* **1.** ⊕ *Maschine* bedienen; **2.** sich kümmern um, sorgen für, *Kranke* pflegen, *Vieh* hüten.

ten·den·cious → *tendentious*.

tend·en·cy ['tendənsi] *s.* **1.** Ten'denz *f*: **a)** Richtung *f*, Strömung *f*, Hinstreben *n*, **b)** (bestimmte) Absicht, Zweck *m*; **2.** Hang *m* (*to, toward* zu); **3.** Neigung *f* (*to* für); **4.** Gang *m*, Lauf *m*: *the ~ of events*.

ten·den·tious [ten'denʃəs] *adj.* □ tendenzi'ös, Tendenz...; **ten'den·tious·ness** [-nis] *s.* tendenzi'öser Cha'rakter.

ten·der[1] ['tendə] *adj.* □ **1.** zart, weich, mürbe (*Fleisch etc.*); **2.** *allg.* zart (*a. Alter, Farbe, Gesundheit*): *~ passion* Liebe; **3.** zart, zärtlich, sanft; **4.** zart, empfindlich (*Körperteil, a. Gewissen*): *~ spot fig.* wunder Punkt; **5.** heikel, kitzlig (*Thema*); **6.** bedacht (*of* auf *acc.*).

ten·der[2] ['tendə] **I.** *v/t.* **1.** (for'mell) anbieten; → *oath 1, resignation 2*; **2.** *s-e Dienste etc.* anbieten, zur Verfügung stellen; **3.** *s-n Dank, s-e Entschuldigung* zum Ausdruck bringen; **4.** ✝, ⚖ als Zahlung (*e-r Verpflichtung*) anbieten; **II.** *v/i.* **5.** sich an e-r Ausschreibung beteiligen, ein Angebot machen: *to ~ and contract for a supply* e-n Lieferungskontrakt machen; **III.** *s.* **6.** Anerbieten *n*, Angebot *n*: *to make a ~ of* → 2; **7.** ✝ (*legal* gesetzliches) Zahlungsmittel; **8.** ✝ Angebot *n*, Of'ferte *f bei Ausschreibung*: *to invite ~s for ein Projekt* ausschreiben; *to put to ~* in freier Ausschreibung vergeben; *by ~* in Submission; **9.** ⚖ Zahlungsangebot *n*; **10.** *~ of resignation* Rücktrittsgesuch.

tend·er[3] ['tendə] *s.* **1.** Wärter(in), Pfleger(in); **2.** 🚂 Tender *m*, Kohlenwagen *m*; **3.** ⚓ Tender *m*, Begleitschiff *n*; **4.** *mot.* Anhänger *m*.

'**ten·der|·foot** *pl.* **-feet** *od.* **-foots** *s. Am.* F Anfänger *m*, Greenhorn *n*; '**~-'heart·ed** *adj.* □ weichherzig; '**~loin** *s. Am.* **1.** zartes Lendenstück, Fi'let *n*; **2.** ♀ *Vergnügungs- u. Verbrecherviertel, bsd. von New York*.

ten·der·ness ['tendənis] *s.* **1.** Zartheit *f*, Weichheit *f* (*a. fig.*); **2.** Schwächlichkeit *f*; Empfindlichkeit *f* (*a. e-s Körperteils, des Gewissens etc.*); **3.** Zärtlichkeit *f* (*to* gegen, zu); **4.** Güte *f*, Freundlichkeit *f*.

ten·di·nous ['tendinəs] *adj.* **1.** sehnig, flechsig; **2.** *anat.* Sehnen...;

ten·don ['tendən] *s. anat.* Sehne *f*, Flechse *f*.

ten·dril ['tendril] *s.* ⚘ Ranke *f*.

ten·e·brous ['tenibrəs] *adj. obs.* dunkel, finster, düster.

'**ten-'eight·y** *s.* ⚗ fluressigsaures 'Natrium (*Rattengift*).

ten·e·ment ['tenimənt] *s.* **1.** Wohnhaus *n*; **2.** *a. ~-house* Miet(s)haus *n*, *bsd.* 'Mietska,serne *f*; **3.** Mietwohnung *f*; **4.** Wohnung *f*; **5.** ⚖ **a)** (Pacht)Besitz *m*, **b)** beständiger Besitz, beständiges Privi'legium: *free ~* freier Grundbesitz.

te·nes·mus [ti'nezməs] *s.* ⚕ Te'nesmus *m*: *rectal ~* Stuhldrang; *vesical ~* Harndrang.

ten·et ['ti:net] *s.* (Grund-, Lehr-) Satz *m*, Lehre *f*.

'**ten·fold** *adj. u. adv.* zehnfach.

'**ten-gal·lon hat** *s. Am. dial.* breitrandiger Cowboyhut.

ten·ner ['tenə] *s.* F **a)** *Brit.* Zehn'pfundnote *f*, **b)** *Am.* Zehn'dollarnote *f*.

ten·nis ['tenis] *s. sport* Tennis(spiel) *n*; '**~-ball** *s. sport* Tennisball *m*; '**~-court** *s. sport* Tennisplatz *m*; '**~-play·er** *s. sport* Tennisspieler (-in); '**~-rack·et** *s. sport* Tennisschläger *m*.

ten·on ['tenən] ⊕ **I.** *s.* Zapfen *m*; **II.** *v/t.* verzapfen; '**~-saw** *s.* ⊕ Ansatzsäge *f*, Fuchsschwanz *m*.

ten·or ['tenə] **I.** *s.* **1.** Verlauf *m*; **2.** 'Tenor *m*, (wesentlicher) Inhalt, Sinn *m*; Absicht *f*; **3.** ✝ Laufzeit *f* (*Wechsel*); **4.** ♪ Te'nor(stimme *f*, -par,tie *f*, -sänger *m*, -instru,ment *n*) *m*; **II.** *adj.* **5.** ♪ Tenor...

'**ten·pin** *s. Am.* **1.** Kegel *m*; **2.** *pl. sg. konstr.* Kegelspiel *n* mit 10 Kegeln.

tense[1] [tens] *s. ling.* Zeitform *f*, 'Tempus *n*: *simple* (*compound*) *~s* einfache (zs.-gesetzte) Zeiten.

tense[2] [tens] **I.** *adj.* □ **1.** gespannt (*a. ling. Laut*); **2.** *fig.* **a)** (an)gespannt (*Person, Nerven*), **b)** spannungsgeladen: *a ~ moment*; **II.** *v/t.* **3.** straffen, (an)spannen; **III.** *v/i.* **4.** sich straffen *od.* (an)spannen; **5.** *fig.* (vor Nervosi'tät *etc.*) starr werden; '**tense·ness** [-nis] *s.* **1.** Straffheit *f*; **2.** *fig.* (ner'vöse) Spannung; '**ten·si·ble** [-səbl] *adj.* dehnbar; '**ten·sile** [-sail] *adj.* **1.** dehn-, streckbar; **2.** *phys.* Dehn(ungs)..., Zug...: *~ strength* (*stress*) Zugfestigkeit (-beanspruchung); **ten·sim·e·ter** [ten'simitə] *s.* ⊕ Gas-, Dampfdruckmesser *m*; **ten·si·om·e·ter** [tensi'ɔmitə] *s.* ⊕ Zugmesser *m*.

ten·sion ['tenʃən] *s.* **1.** Spannung *f* (*a.* ⚡); **2.** ⚕, *phys.* Druck *m*; **3.** *phys.* **a)** Dehnung *f*, **b)** Zug-, Spannkraft *f*: *~ spring* ⊕ Zug-, Spannfeder; **4.** (ner'vöse) Spannung; **5.** *fig.* Spannung *f*, gespanntes Verhältnis: *political ~*; '**ten·sion·al** [-ʃənl] *adj.* Spann(ungs)..., Dehn...; **ten·sor** ['tensə] *s. anat.* Streck-, Spannmuskel *m*.

'**ten|-spot** *s. Am. sl.* **1.** *Kartenspiel*: Zehn *f*; **2.** → *tenner b*; '**~-strike** *s. Am.* **1.** *Kegeln*: *bestmöglicher Wurf, entsprechend* ‚alle neune'; **2.** F *fig.* Volltreffer *m*.

tent[1] [tent] *s.* Zelt *n* (*a.* ⚕): *to pitch one's ~s* s-e Zelte aufschlagen (*a. fig.*).

tent[2] [tent] ⚕ **I.** *s.* Tam'pon *m*; **II.** *v/t.* *Wunde* durch e-n Tampon offenhalten.

tent[3] [tent] *s.* Tintowein *m*.

ten·ta·cle ['tentəkl] *s.* **1.** *zo.* **a)** Ten'takel *m, n*, Fühler *m* (*a. fig.*), **b)** Fangarm *m e-s Polypen*; **2.** ⚘ Tentakel *m, n*; '**ten·ta·cled** [-ld] *adj.* ⚘, *zo.* mit Ten'takeln versehen; **ten·tac·u·lar** [ten'tækjulə] *adj.* Fühler..., Tentakel...

ten·ta·tive ['tentətiv] **I.** *adj.* □ **1.** versuchend, Versuchs..., Probe...; **2.** vorläufig, provi'sorisch; **II.** *s.* **3.** Versuch *m*, Probe *f*; '**ten·ta·tive·ly** [-li] *adv.* versuchsweise.

ten·ter ['tentə] *s.* ⊕ Spannrahmen *m für Tuch*; '**~-hook** *s.* ⊕ Spannhaken *m*: *to be on ~s fig.* auf die Folter gespannt sein, wie auf glühenden Kohlen sitzen; *to keep s.o. on ~s fig.* j-n auf die Folter spannen.

tenth [tenθ] **I.** *adj.* □ **1.** zehnt; **2.** zehntel; **II.** *s.* **3.** *der* (*die, das*) Zehnte; **4.** Zehntel *n*: *a ~ of a millimeter* ein Zehntel Millimeter; **5.** ♪ De'zime *f*; '**tenth·ly** [-li] *adv.* zehntens.

'**tent|-peg** *s.* Zeltpflock *m*, Hering *m*; '**~-pole** *s.* Zeltstange *f*; '**~-stitch** *s. Stickerei*: Perlstich *m*.

ten·u·is ['tenjuis] *pl.* '**ten·u·es** [-i:z] *s. ling.* 'Tenuis *f* (*stimmloser, nicht aspirierter Verschlußlaut*).

ten·u·ous ['tenjuəs] *adj.* **1.** dünn; **2.** zart, fein; **3.** *fig.* dürftig.

ten·ure ['tenjuə] *s.* **1.** (Grund-, *hist.* Lehens)Besitz *m*; **2.** ⚖ **a)** Besitzart *f*, **b)** Besitztitel *m*: *~ by lease* Pachtbesitz; **3.** Besitzdauer *f*; **4.** Innehaben *n*, Bekleidung *f* (e-s Amtes): *~ of office* Amtsdauer; **5.** *fig.* Genuß *m e-r Sache*.

te·pee ['ti:pi:] *s.* Indi'anerzelt *n*, Wigwam *m*.

tep·id ['tepid] *adj.* □ lauwarm, lau (*a. fig.*); **te·pid·i·ty** [te'piditi], '**tep·id·ness** [-nis] *s.* Lauheit *f* (*a. fig.*).

ter·cen·te·nar·y [tə:sen'ti:nəri], **ter-**

cen'ten·ni·al [-'tenjəl] I. *adj.* 1. dreihundertjährig; II. *s.* 2. dreihundertster Jahrestag; 3. Dreihundert'jahrfeier *f.*

ter·cet ['tə:sit] *s.* 1. *Metrik:* Ter'zine *f*; 2. ♪ Tri'ole *f.*

ter·gi·ver·sate ['tə:dʒivə:seit] *v/i.* Ausflüchte machen; sich drehen und wenden; sich wider'sprechen; **ter·gi·ver·sa·tion** [tə:dʒivə:'seiʃən] *s.* 1. Ausflucht *f*, Winkelzug *m*; 2. Wankelmut *m.*

term [tə:m] I. *s.* 1. *bsd. fachlicher* Ausdruck, Bezeichnung *f*, Wort *n*: *botanical* ~*s*; 2. *pl.* Ausdrucksweise *f*: *in* ~*s of* a) in Form von (*od. gen.*), b) im Sinne (*gen.*), als, c) hinsichtlich (*gen.*), d) vom Standpunkt (*gen.*); *in* ~*s of approval* beifällig; *in plain* ~*s* rundheraus (gesagt); *to think in* ~*s of money* (nur) in Mark u. Pfennig denken; 3. Wortlaut *m*; 4. a) Zeit *f*, Dauer *f*: ~ *of imprisonment* Freiheitsstrafe; ~ *of office* Amtsdauer, -periode; *for a* ~ *of four years* für die Dauer von vier Jahren, b) (*Zahlungs- etc.*)Frist *f*: *long-*~ langfristig; 5. ✝, ⚖ a) Laufzeit *f* (*Vertrag, Wechsel*), b) Ter'min *m*, c) *Brit.* Quar'talster,min *m* (*vierteljährlicher Zahltag für Miete etc.*), d) *Brit. halbjährlicher* Lohn-, Zahltag (*für Dienstboten*), e) ⚖ 'Sitzungsperi,ode *f*; 6. *ped., univ.* Quar'tal *n*, Tri'mester *n*, Se'mester *n*, Kol'legienzeit *f*: *end of* ~ Schul- *od.* Semesterschluß; *to keep* ~*s* Jura studieren; 7. *pl.* ✝, ⚖ (*Vertrags- etc.*)Bedingungen *pl.*: ~*s of delivery* Lieferungsbedingungen; *on easy* ~*s* zu günstigen Bedingungen; *on equal* ~*s* unter gleichen Bedingungen; *to come to* ~*s* a) handelseinig werden, sich einigen, b) die Bedingungen annehmen; 8. *pl.* Preise *pl.*, Hono'rar *n*: *cash* ~*s* Barpreis; *inclusive* ~*s* Pauschalpreis; 9. *pl.* Beziehungen *pl.*: *to be on good (bad)* ~*s with* auf gutem (schlechtem) Fuße stehen mit; *they are not on speaking* ~*s* sie sprechen nicht (mehr) miteinander; *to come to* ~*s with* a) sich mit *j-m* einigen, b) sich mit *et.* abfinden; *to come to* ~*s with the past* die Vergangenheit bewältigen; 10. *Logik:* Begriff *m*; → *contradiction* 2; 11. A a) Glied *n*: ~ *of a sum* Summand, b) *Geometrie:* Grenze *f*; 12. ⚠ Terme *m*, Grenzstein *m*; 13. *physiol.* a) Menstruati'on *f*, b) (nor'male) Schwangerschaftszeit; II. *v/t.* 14. (be)nennen, bezeichnen als.

ter·ma·gant ['tə:məgənt] I. *s.* Zankteufel *m*, (Haus)Drachen *m* (*Weib*); II. *adj.* zänkisch.

ter·mi·na·ble ['tə:minəbl] *adj.* □ 1. begrenzbar; 2. befristet, (zeitlich) begrenzt, kündbar (*Vertrag etc*).

ter·mi·nal ['tə:minl] I. *adj.* □ → *terminally*; 1. letzt, Grenz..., End..., (Ab)Schluß...: ~ *amplifier* ⚡ Endverstärker; ~ *station* Endstation, Kopfbahnhof; ~ *value* A Endwert; ~ *voltage* ⚡ Klemmenspannung; 2. Termin...; *univ.* Semester... *od.* Trimester...; 3. ♀ gipfelständig; II. *s.* 4. Endstück *n*, -glied *n*, Spitze *f*; 5. ⚡ a) (Anschluß-)Klemme *f*, Pol *m*, b) Klemmschraube *f*, c) Endstecker *m*; 6. *bsd. Am.* 'Endstati,on *f*; 7. *univ.* Se'mesterprüfung *f*; **'ter·mi·nal·ly** [-nəli] *adv.* 1. zum Schluß; 2. ter'minweise; 3. se'mesterweise; **'ter·mi·nate** [-neit] I. *v/t.* 1. *räumlich* begrenzen; 2. beendigen, *Vertrag a.* aufheben, kündigen; II. *v/i.* 3. endigen (*in* in *dat.*); 4. *ling.* enden (*in* auf *acc.*); III. *adj.* [-nit] 5. begrenzt; 6. A endlich; **ter·mi·na·tion** [tə:mi'neiʃən] *s.* 1. Aufhören *n*; 2. Ende *n*, (Ab)Schluß *m*; 3. Beendigung *f*; 4. ⚖ Beendigung *f e-s Vertrags etc.*: a) Ablauf *m*, Erlöschen *n*, b) Aufhebung *f*, Kündigung *f*; 5. *ling.* Endung *f*; **'ter·mi·na·tive** [-nətiv] *adj.* □ 1. End..., Schluß...; 2. *ling.* den Abschluß e-r Handlung anzeigend.

ter·mi·no·log·i·cal [tə:minə'lɔdʒikəl] *adj.* □ termino'logisch: ~ *inexactitude humor.* Schwindelei; **ter·mi·nol·o·gy** [tə:mi'nɔlədʒi] *s.* Terminolo'gie *f*, Fachsprache *f*, -ausdrücke *pl.*

ter·mi·nus ['tə:minəs] *pl.* -ni [-nai], -nus·es *s.* 1. Endpunkt *m*; 2. 🚂 'Endstati,on *f.*

ter·mite ['tə:mait] *s. zo.* Ter'mite *f.*

terms of trade *s. pl.* ✝ Verhältnis *n* der Ex'portpreise zu den Im'portpreisen, 'Austauschrela,tion *f.*

tern[1] [tə:n] *s. orn.* Seeschwalbe *f.*

tern[2] [tə:n] *s.* 1. Gruppe *f od.* Satz *m* von dreien; 2. *Lotterie:* Terne *f*, Terno *m*; **'ter·na·ry** [-nəri] I. *adj.* 1. aus (je) drei bestehend, dreifältig; 2. ♀ dreizählig; 3. *metall.* dreistoffig; 4. A ter'när; II. *s.* 5. Dreizahl *f*; **'ter·nate** [-neit] *adj.* → *ternary* 1 *u.* 2.

ter·ra ['terə] (*Lat. u. Ital.*) *s.* Land *n*, Erde *f.*

ter·race ['terəs] I. *s.* 1. Ter'rasse *f* (*a.* ⚠ *u. geol.*); 2. *bsd. Brit.* a) Häuserreihe *f* an erhöht gelegener Straße, b) Pano'ramaweg *m*; 3. *Am.* Grünstreifen *m*, -anlage *f in der Straßenmitte*; II. *v/t.* 4. ter'rassenförmig anlegen, terrassieren; **'ter·raced** [-st] *adj.* 1. terrassenförmig (angelegt); 2. flach (*Dach*).

ter·ra·cot·ta ['terə'kɔtə] I. *s.* 1. Terra'kotta *f*; 2. Terra'kottafi,gur *f*; II. *adj.* 3. Terrakotta...

ter·ra fir·ma ['fə:mə] (*Lat.*) *s.* festes Land.

ter·rain ['terein] I. *s.* Ter'rain *n*, Gelände *n*; II. *adj. bsd.* ⚔ Gelände...

ter·ra in·cog·ni·ta [in'kɔgnitə] (*Lat.*) *s.* unerforschtes Land; *fig.* (völliges) Neuland.

ter·ra·ne·ous [tə'reiniəs] *adj.* ♀ Land...

ter·ra·pin ['terəpin] *s. zo.* Dosenschildkröte *f.*

ter·raz·zo [ter'rɑ:tsou] (*Ital.*) *s.* Ter'razzo *m*, Ze'mentmosa,ik *n.*

ter·rene [te'ri:n] *adj.* 1. irdisch; 2. Erd..., erdig.

ter·res·tri·al [ti'restriəl] I. *adj.* □ 1. irdisch, weltlich; 2. Erd...: ~ *globe* Erdball, Globus; 3. ♀, *zo., geol.* Land...; II. *s.* 4. Erdenbewohner (-in).

ter·ri·ble ['terəbl] *adj.* □ schrecklich, furchtbar, fürchterlich (*alle a.* F *außerordentlich*); **'ter·ri·ble·ness** [-nis] *s.* Schrecklichkeit *f*, Fürchterlichkeit *f.*

ter·ri·er[1] ['teriə] *s.* 1. *zo.* 'Terrier *m* (*Hunderasse*); 2. F → *territorial* 4 a.

ter·ri·er[2] ['teriə] *s.* ⚖ Flurbuch *n*, Ka'taster *m.*

ter·rif·ic [tə'rifik] *adj.* (□ ~*ally*) 1. furchtbar, fürchterlich, schrecklich (*alle a.* F *fig.*); 2. F kolos'sal, ungeheuer, ‚toll', phan'tastisch, großartig.

ter·ri·fied ['terifaid] *adj.* erschrokken, verängstigt, entsetzt: *to be* ~ *of* (große) Angst haben vor (*dat.*); **ter·ri·fy** ['terifai] *v/t.* erschrecken, *j-m* Angst *od.* e-n Schreck einjagen; **'ter·ri·fy·ing** [-aiiŋ] *adj.* furchterregend, erschreckend, fürchterlich.

ter·ri·to·ri·al [teri'tɔ:riəl] I. *adj.* □ 1. Grund..., Land...: ~ *property*; 2. territori'al, Landes..., Gebiets...: ♀ *Army*, ♀ *Force* ⚔ Territorialarmee, Landwehr; ~ *waters pol.* Hoheitsgewässer; 3. ♀ *pol.* Territorial..., ein Terri'torium (*der USA*) betreffend; II. *s.* 4. ♀ ⚔ a) Landwehrmann *m*, b) *pl.* Territori'altruppen *pl.*; **ter·ri·to·ry** ['teritəri] *s.* 1. (*a. fig.*) Gebiet *n*, Territorium *n*; 2. *pol.* Hoheits-, Staatsgebiet *n*: *Federal* ~ Bundesgebiet; *on British* ~ auf britischem Gebiet; 3. *pol.* Territorium *n* (*Schutzgebiet*); 4. ✝ (Vertrags-, Vertreter)Gebiet *n*; 5. *sport* F (Spielfeld)Hälfte *f.*

ter·ror ['terə] *s.* 1. Schrecken *m*, Entsetzen *n*, schreckliche Furcht (*of* vor *dat.*); 2. Schrecken *m* (*of od. to gen.*) (*schreckeneinflößende Person od. Sache*); 3. 'Terror *m*, Gewalt-, Schreckensherrschaft *f*; 4. F a) Ekel *n*, widerliche Per'son, b) Plage *f* (*to* für); **'ter·ror·ism** [-ərizəm] *s.* 1. → *terror* 3; 2. Terrorisierung *f*; **'ter·ror·ist** [-ərist] *s.* Terro'rist *m*; **'ter·ror·ize** [-əraiz] *v/t.* 1. terrorisieren; 2. einschüchtern.

'ter·ror|-'strick·en, '~-'struck *adj.* schreckerfüllt.

ter·ry ['teri] *s.* 1. ungeschnittener Samt *od.* Plüsch; 2. Schlinge *f* (*des ungeschnittenen Samtes etc.*).

terse [tə:s] *adj.* □ knapp, kurz u. bündig, markig; **'terse·ness** [-nis] *s.* Knappheit *f*, Kürze *f*, Bündigkeit *f*, Prä'gnanz *f.*

ter·tian ['tə:ʃən] ⚕ I. *adj.* dreitägig, Tertian...: ~ *ague*, ~ *fever*, ~ *malaria* → II; II. *s.* Terti'anfieber *n.*

ter·ti·ar·y ['tə:ʃəri] I. *adj.* 1. *allg.* terti'är, Tertiär...; II. *s.* 2. ♀ *geol.* Terti'är *n*; 3. *a.* ♀ *eccl.* Terti'arier (-in).

ter·zet·to [tə:t'setou] *pl.* -tos, -ti [-ti:] (*Ital.*) *s.* ♪ Ter'zett *n*, Trio *n.*

tes·sel·late ['tesileit] *v/t.* tessellieren, mit Mosa'iksteinen auslegen, mosa'ikartig zs.-setzen: ~*d pavement* Mosaik(fuß)boden; **tes·sel·la·tion** [tesi'leiʃən] *s.* Mosa'ik(arbeit *f*) *n.*

test [test] I. *s.* 1. *allg., a.* ⊕ Probe *f*, Versuch *m*, Test *m*; 2. a) Prüfung *f*, Unter'suchung *f*, Stichprobe *f*, b) *fig.* Probe *f*, Prüfung *f*: *to put to the* ~ auf die Probe stellen; *to stand the* ~ die Probe bestehen; → *acid test*, *crucial* 1; 3. *fig.* Prüfstein *m*, Kri-

'terium *n*: *success is not a fair* ~; **4.** *ped., psych.* (Eignungs-, Leistungs)Prüfung *f*, Test *m*; **5.** *ped.* Klassenarbeit *f*; **6.** ⚕ (Blut- *etc.*) Probe *f*, (Haut- *etc.*)Test *m*; **7.** ⚗ **a)** Ana'lyse *f*, **b)** Rea'gens *n*; **8.** *metall.* **a)** Versuchstiegel *m*, Ka'pelle *f*, **b)** Treibherd *m*; **9.** F → *test-match*; **10.** *hist. Brit.* Testeid *m*; **II.** *v/t.* **11.** (*for s.th.* auf et. [hin]) prüfen (*a. ped.*) *od.* unter'suchen, erproben, e-r Prüfung unter'ziehen, testen (*alle a.* ⊕): *to* ~ *out* F ausprobieren; **12.** *fig. j-s Geduld etc.* auf die Probe stellen; **13.** *ped., psych. j-n* testen; **14.** ⚗ analysieren; **15.** ⚡ *Leitung* prüfen *od.* abfragen; **16.** ⚔ *Waffe* anschießen; **III.** *adj.* **17.** Probe..., Versuchs..., Prüf(ungs)..., Test...

tes·ta·cean [tes'teiʃən] *zo.* **I.** *adj.* hartschalig, Schal(tier)...; **II.** *s.* Schaltier *n*; **tes'ta·ceous** [-ʃəs] *adj. zo.* hartschalig, Schalen...

tes·ta·ment ['testəmənt] *s.* **1.** ⚖ Testa'ment *n*, letzter Wille; **2.** ♀ *bibl.* **a)** (*Altes od. Neues*) Testament, **b)** F (Neues) Testament (*Einzelexemplar*); **tes·ta·men·ta·ry** [testə'mentəri] *adj.* □ ⚖ testamen'tarisch: **a)** letztwillig, **b)** durch Testament (vermacht, bestimmt): ~ *disposition* letztwillige Verfügung; ~ *capacity* Testierfähigkeit.

tes·tate ['testit] *adj.*: *to die* ~ ⚖ unter Hinterlassung e-s Testaments sterben, ein Testament hinterlassen; **tes·ta·tor** [tes'teitə] *s.* ⚖ Erblasser *m*; **tes·ta·trix** [tes'teitriks] *pl.* **-tri·ces** [-si:z] *s.* Erb-lasserin *f*.

'test|-case *s.* **1.** ⚖ **a)** 'Musterpro₁zeß *m*, **b)** Präze'denzfall *m*; **2.** *fig.* Muster-, Schulbeispiel *n*; ~ **cer·tif·i·cate** *s.* ⊕ 'Prüfproto₁koll *n*.

test·ed ['testid] *adj.* geprüft; erprobt (*a. weitS. bewährt*).

test·er[1] ['testə] *s.* **1.** Prüfer *m*; **2.** Prüfgerät *n*.

tes·ter[2] ['testə] *s.* **1.** ⩓ 'Baldachin *m*; **2.** (Bett)Himmel *m*.

tes·tes ['testi:z] *pl. von testis.*

test| flight *s.* ✈ Probeflug *m*; '~**-glass** → *test-tube.*

tes·ti·cle ['testikl] *s. anat.* Hode *m, f*, Hoden *m*.

tes·ti·fy ['testifai] **I.** *v/t.* **1.** ⚖ aussagen, bezeugen; **2.** *fig.* bezeugen: **a)** zeugen von, **b)** kundtun; **II.** *v/i.* **3.** ⚖ aussagen (*Zeuge*): *to* ~ *to et.* bezeugen (*a. fig.*); *to refuse to* ~ die Aussage verweigern; **tes·ti·mo·ni·al** [testi'mounjəl] *s.* **1.** (Führungs- *etc.*)Zeugnis *n*; **2.** Empfehlungsschreiben *n*; **3.** Zeichen *n* der Anerkennung, *bsd.* Ehrengabe *f*; '**tes·ti·mo·ny** [-iməni] *s.* **1.** Zeugnis *n*: **a)** ⚖ (Zeugen)Aussage *f*, **b)** Beweis *m*: *in* ~ *whereof* ⚖ zu Urkund dessen; *to bear* ~ *to et.* bezeugen (*a. fig.*); *to have s.o.'s* ~ *for* j-n zum Zeugen haben für; **2.** *coll. od. pl.* Zeugnis(se *pl.*) *n*: *the* ~ *of history*; **3.** *bibl.* Zeugnis *n*: **a)** Gesetzestafeln *pl.*, **b)** *mst pl.* göttliche Offenbarung, *a.* Heilige Schrift.

tes·ti·ness ['testinis] *s.* Gereiztheit *f*.

test·ing ['testiŋ] *adj. bsd.* ⊕ Probe..., Prüf..., Versuchs...: ~ *engineer* ⊕ Prüfingenieur; ~ *ground* ⊕ Prüffeld; ~ *method psych.* Testmethode.

tes·tis ['testis] *pl.* **-tes** [-ti:z] (*Lat.*) → *testicle.*

test| load *s.* ⊕ Probebelastung *f*; '~**-match** *s. Kricket*: internatio'naler Vergleichskampf; '~**-pa·per** *s.* **1.** *ped.* **a)** schriftliche (Klassen-) Arbeit, **b)** Prüfungsbogen *m*; **2.** ⚗ Rea'genzpa₁pier *n*; ~ **pi·lot** *s.* 'Testpi₁lot *m*, Einflieger *m*; ~ **print** *s. phot.* Probeabzug *m*; ~ **stand** *s.* ⊕ Prüfstand *m*; '~**-tube** [-stt-] *s.* ⚗ Rea'genzglas *n*: ~ *baby* ⚕ Retortenbaby.

tes·ty ['testi] *adj.* □ gereizt, reizbar, heftig, unwirsch.

tet·a·nus ['tetənəs] *s.* ⚕ 'Tetanus *m*, (*bsd.* Wund)Starrkrampf *m*.

tetch·y ['tetʃi] *adj.* □ empfindlich, reizbar.

tête-à-tête ['teitɑ:'teit] (*Fr.*) **I.** *adv.* **1.** vertraulich, unter vier Augen; **2.** ganz al'lein (*with* mit); **II.** *s.* **3.** Tête-à-tête *n*, vertrauliches Zwiegespräch.

teth·er ['teðə] **I.** *s.* **1.** Haltestrick *m*; **2.** *fig.* Spielraum *m*: *to be at the end of one's* ~ am Ende s-r (*a. finanziellen*) Kräfte sein, am Ende s-r Geduld sein, sich nicht mehr zu helfen wissen; **II.** *v/t.* **3.** anbinden (*to* an *acc.*).

tet·rad ['tetræd] *s.* **1.** Vierzahl *f*; **2.** ⚗ vierwertiges A'tom *od.* Ele'ment; **3.** *biol.* ('Sporen)Te₁trade *f*.

tet·ra·gon ['tetrəgən] *s.* ⩚ Tetra'gon *n*, Viereck *n*; **te·trag·o·nal** [te'trægənl] *adj.* ⩚ tetrago'nal.

tet·ra·he·dral ['tetrə'hedrəl] *adj.* ⩚ vierflächig, tetra'edrisch; '**tet·ra'he·dron** [-drən] *pl.* **-'he·drons, -'he·dra** [-drə] *s.* ⩚ Tetra'eder *n*.

te·tral·o·gy [te'trælədʒi] *s. lit.* Tetralo'gie *f*.

tet·rode ['tetroud] *s.* ⚡ Vierpolröhre *f*.

tet·ter ['tetə] *s.* ⚕ (Haut)Flechte *f*, Ausschlag *m*.

Teu·ton ['tju:tən] **I.** *s.* **1.** Ger'mane *m*, Ger'manin *f*; **2.** *pl.* **-to·nes** [-təni:z] Teu'tone *m*, Teu'tonin *f*; **3.** F Deutsche(r *m*) *f*; **II.** *adj.* **4.** → *Teutonic I*; **Teu·ton·ic** [tju(:)'tɔnik] **I.** *adj.* **1.** ger'manisch; **2.** teu'tonisch; **3.** Deutschordens...: ~ *Order hist.* Deutschritterorden; **II.** *s.* **4.** *ling.* Ger'manisch *n*; '**Teu·ton·ism** [-tənizəm] *s.* **1.** Ger'manentum *n*, ger'manisches Wesen; **2.** *ling.* Germa'nismus *m*.

Tex·an ['teksən] **I.** *adj.* te'xanisch, aus Texas; **II.** *s.* Te'xaner(in).

text [tekst] *s.* **1.** (Ur)Text *m*, (genauer) Wortlaut; **2.** *typ.* Text(abdruck, -teil) *m* (*Ggs. Anmerkungen, Vorwort etc.*); **3.** (Lied- *etc.*)Text *m*; **4. a)** Bibelspruch *m*, -stelle *f*, **b)** Bibeltext *m*; **5.** Thema *n*: *to stick to one's* ~ bei der Sache bleiben; **6.** *Am.* → *textbook*; **7.** → *text-hand*; '~**·book** *s.* Lehrbuch *n*, Leitfaden *m*; '~**-hand** *s.* große Kur'rentschrift.

tex·tile ['tekstail] **I.** *s.* Gewebe *n*, Web-, Faserstoff *m*; *pl.* Web-, Tex'tilwaren *pl.*, Tex'tilien *pl.*; **II.** *adj.* gewebt; Textil..., Stoff..., Gewebe...: ~ *goods* Textilien; ~ *industry* Textilindustrie.

tex·tu·al ['tekstjuəl] *adj.* □ **1.** textlich, Text...; **2.** wortgetreu, textgemäß.

tex·tur·al ['tekstʃərəl] *adj.* □ **1.** Gewebe...; **2.** struktu'rell, Struktur...: ~ *changes*; **tex·ture** ['tekstʃə] *s.* **1.** Gewebe *n*; **2.** *biol.* Tex'tur *f* (*Gewebezustand*); **3.** Maserung *f* (*Holz*); **4.** Struk'tur *f*, Beschaffenheit *f*; **5.** *geol., a. fig.* Struktur *f*, Gefüge *n*.

'T-gird·er *s.* ⊕ T-Träger *m*.

thal·a·mus ['θæləməs] *pl.* **-mi** [-mai] *s. anat.* Sehhügel *m*.

Thames [temz] *npr.* Themse *f*: *he won't set the* ~ *on fire fig.* er hat das Pulver nicht erfunden.

than [ðæn; ðən] *cj.* (*nach e-m Komparativ*) als: *more* ~ *was necessary* mehr als nötig; *none other* ~ *you* niemand anders als Sie.

thane [θein] *s.* **1.** *hist.* **a)** Gefolgsadlige(r) *m*, **b)** Than *m*, Lehensmann *m* (*der schottischen Könige*); **2.** *allg.* schottischer Adliger.

thank [θæŋk] **I.** *v/t. j-m* danken, sich bedanken bei: (*I*) ~ *you* danke; ~ *you* bitte (*beim Servieren etc.*); (*yes,*) ~ *you* ja, bitte; *no,* ~ *you* nein, danke; *I will* ~ *you oft iro.* ich wäre Ihnen sehr dankbar (*to do, for doing* wenn Sie täten); ~ *you for nothing iro.* ich danke (dafür); *he has only himself to* ~ *for that* das hat er sich selbst zuzuschreiben; **II.** *s. pl.* **a)** Dank *m*, **b)** Dankesbezeigung(en *pl.*) *f*, Danksagung(en *pl.*) *f*: *letter of* ~*s* Dankesbrief; *in* ~*s for* zum Dank für; *with* ~*s* dankend, mit Dank; ~*s to a. fig. u. iro.* dank (*gen.*); *small* ~*s to her* ohne ihre Hilfe; (*many*) ~*s!* vielen Dank!, danke!; *no,* ~*s!* nein, danke!; *small* ~*s I got* schlecht hat man es mir gedankt; '**thank·ful** [-ful] *adj.* □ dankbar (*to s.o.* j-m): *I am* ~ *that* ich bin (heil)froh, daß; '**thank·less** [-lis] *adj.* □ undankbar (*a. fig. Aufgabe etc.*); '**thank·less·ness** [-lisnis] *s.* Undankbarkeit *f*.

'thank-of·fer·ing *s. bibl.* Sühneopfer *n der Juden.*

thanks·giv·ing ['θæŋksgiviŋ] *s.* **1.** Danksagung *f*, *bsd.* Dankgebet *n*; **2.** Dankfest *n*, *bsd. Am.* ♀ (*Day*) (Ernte)Dankfest *n* (*letzter Donnerstag im November*).

'thank|·wor·thy *adj.* dankenswert; '~**-you** *s.* F Dankeschön *n*.

that[1] [ðæt] **I.** *pron. u. adj.* (*hinweisend*) *pl.* **those** [ðouz] **1.** (*ohne pl.*) das: ~*'s all* das ist alles; ~*'s it!* so ist es recht!; ~*'s what it is* das ist es ja gerade; ~*'s that* F das wäre erledigt, damit basta; ~ *is* (*to say*) das heißt; *and* ~ und zwar; *at* ~ **a)** zudem, obendrein, **b)** F dabei; *for all* ~ trotz alledem; *like* ~ so; **2.** jener, jene, jenes, der, die, das, der-, die-, dasjenige: ~ *car over there* jenes Auto da drüben; ~ *there man* V der Mann da; *those who* diejenigen welche; ~ *which* das was; *those are his friends* das sind seine Freunde; **3.** solch: *to* ~ *degree that* in solchem Ausmaße *od.* so sehr, daß; **II.** *adv.* **4.** F so (sehr), dermaßen: ~ *far* so weit; ~ *furious* so *od.* dermaßen wütend.

that[2] [ðæt; ðət] *pl.* **that** *rel. pron.* **1.** (*bsd. in einschränkenden Sätzen*) der, die, das, welch: *the book* ~ *he wanted* das Buch, das er wünschte;

any house ~ jedes Haus, das; *no one* ~ keiner, der; *Mrs. Jones, Miss Black* ~ *was* F Frau J., geborene B.; *Mrs. Quilp* ~ *is* die jetzige Frau Q.; **2.** (*nach all, everything, nothing etc.*) was: *the best* ~ das Beste, was.

that[3] [ðæt; ðət] *cj.* **1.** (*in Subjekts- u. Objektssätzen*) daß: *it is a pity* ~ *he is not here* es ist schade, daß er nicht hier ist; *it is 4 years* ~ *he went away* es sind nun 4 Jahre her, daß *od.* seitdem er fortging; *I am not sure* ~ *it will be there* ich bin nicht sicher, ob *od.* daß es dort sein wird; **2.** (*in Konsekutivsätzen*) daß: so ~ so daß; **3.** (*in Finalsätzen*) da'mit, daß; **4.** (*in Kausalsätzen*) weil, da (ja), daß: *not* ~ *I have any objection* nicht daß ich etwas dagegen hätte; *it is rather* ~ es ist eher deshalb, weil; *in* ~ **a)** darum weil, **b)** insofern als; **5.** (*nach Adverbien der Zeit*) als, da.

thatch [θætʃ] **I.** *s.* **1.** Dachstroh *n*; **2.** Stroh-, Rohrdach *n*; **3.** F Haarwald *m*; **II.** *v/t.* **4.** mit Stroh *od.* Binsen *etc.* decken: *~ed roof* Strohdach.

thau·ma·tur·gy ['θɔːmətəːdʒi] *s.* Thaumatur'gie *f*: **a)** Zaube'rei *f*, **b)** Wundertätigkeit *f*.

thaw [θɔː] **I.** *v/i.* **1.** (auf)tauen, schmelzen; **2.** tauen (*Wetter*): *it is ~ing* es taut; **3.** *fig.* auftauen (*Person*); **II.** *v/t.* **4.** schmelzen, auftauen; **5.** *a.* ~ *out fig.* j-n zum Auftauen bringen; **III.** *s.* **6.** (Auf)Tauen *n*; **7.** Tauwetter *n* (*a. fig. pol.*).

the [*unbetont vor Konsonanten*: ðə; *unbetont vor Vokalen*: ði; *betont od. alleinstehend*: ðiː] **I.** *bestimmter Artikel* **1.** der, die, das, *pl.* die (*u. die entsprechenden Formen im acc. u. dat.*): ~ *book on* ~ *table* das Buch auf dem Tisch; ~ *England of today* das England von heute; ~ *Browns* die Browns, die Familie Brown; **2.** *vor Maßangaben*: *one dollar* ~ *pound* einen Dollar das Pfund; *wine at 5 shillings* ~ *bottle* Wein zu 5 Schilling die Flasche; **3.** [ðiː] 'der, 'die, 'das (*hervorragende od. geeignete etc.*): *he is* ~ *painter of the century* er ist 'der Maler des Jahrhunderts; **II.** *adv.* **4.** (*vor comp.*) desto, um so: ~ ... ~ je ... desto; ~ *sooner* ~ *better* je eher, desto besser; *so much* ~ *better* um so besser.

the·a·ter *Am.*, **the·a·tre** *Brit.* ['θiətə] *s.* **1.** The'ater *n* (*Gebäude u. Kunstgattung*); **2.** *coll.* Bühnenwerke *pl.*; **3.** Hörsaal *m*: *lecture* ~; *operating-*~ ⚕ Operationssaal; **4.** *fig.* (*of war* Kriegs)Schauplatz *m*; **'~-go·er** *s.* The'aterbesucher(in); **'~-go·ing** *s.* The'aterbesuch *m*.

the·at·ri·cal [θi'ætrikəl] **I.** *adj.* □ **1.** Theater..., Bühnen..., bühnenmäßig; **2.** thea'tralisch: ~ *gestures*; **II.** *s.* **3.** *pl.* The'ater-, *bsd.* Liebhaberaufführungen *pl.*

the·ci·tis [θi'saitis] *s.* ⚕ Sehnenscheidenentzündung *f*.

thee [ðiː] *pron.* **1.** *obs. od. poet. od. bibl.* **a)** dich, **b)** dir: *of* ~ dein; **2.** *dial.* (*u. in der Sprache der Quäker*) du.

theft [θeft] *s.* Diebstahl *m* (*from* aus, *from s.o.* an j-m).

the·in(e) ['θiːiːn] *s.* ⚗ The'in *n*.

their [ðɛə; *vor Vokal* ðɛr] *pron.* (*besitzanzeigendes Fürwort der 3. pl.*) ihr, ihre: ~ *books* ihre Bücher.

theirs [ðɛəz] *pron.* der *od.* die *od.* das ihrige *od.* ihre: *this book is* ~ dieses Buch gehört ihnen; *a friend of* ~ ein Freund von ihnen.

the·ism[1] ['θiːizəm] *s.* ⚕ Teevergiftung *f*.

the·ism[2] ['θiːizəm] *s. eccl.* The'ismus *m*; **the·is·tic** [θiː'istik] *adj.* the'istisch.

them [ðem; ðəm] *pron.* **1.** (*acc. u. dat. von they*) **a)** sie (*acc.*), **b)** ihnen: *they looked behind* ~ sie blickten hinter sich; **2.** F *od. dial.* sie (*nom.*): ~ *as* diejenigen, die; **3.** *dial. od.* V diese: ~ *guys*.

the·mat·ic [θi'mætik] *adj.* (□ *~ally*) **1.** *bsd.* ♪ the'matisch; **2.** *ling.* Stamm..., Thema...: ~ *vowel*.

theme [θiːm] *s.* **1.** 'Thema *n* (*a.* ♪): *to have s.th. for* (*a*) ~ et. zum Thema haben; **2.** *bsd. Am.* (Schul)Aufsatz *m*, (-)Arbeit *f*; **3.** *ling.* (Wort-)Stamm *m*; **4.** *Radio*: 'Kennmelo,die *f*; **~ song** *s.* **1.** 'Hauptmelo,die *f*, -schlager *m* (*Film etc.*); **2.** → *theme 4*.

them·selves [ðəm'selvz] *pron.* **1.** (*emphatisch*) (sie) selbst: *they* ~ *said it* sie selbst sagten es; **2.** *refl.* sich (selbst): *they washed* ~ sie wuschen sich; *the ideas in* ~ die Ideen an sich.

then [ðen] **I.** *adv.* **1.** damals: *long before* ~ lange vorher; **2.** dann: ~ *and there* auf der Stelle, sofort; *by* ~ bis dahin, inzwischen; *from* ~ von da an; *till* ~ bis dahin; **3.** dann, 'darauf, 'hier'auf: *what* ~? was dann?; **4.** dann, außerdem: *but* ~ aber andererseits *od.* freilich; **5.** dann, in dem Falle: *if* ... ~ wenn ... dann; **6.** denn: *well* ~ nun gut (denn); *how* ~ *did he do it?* wie hat er es denn (dann) getan?; **7.** also, folglich, dann: ~ *you did not expect me?* du hast mich also nicht erwartet?; **II.** *adj.* **8.** damalig: *the* ~ *president*.

thence [ðens] *adv.* **1.** von da, von dort; **2.** (*zeitlich*) von da an, seit jener Zeit: *a week* ~ e-e Woche darauf; **3.** 'daher, deshalb; **4.** 'daraus, aus dieser Tatsache: ~ *it follows*; **'~'forth, '~'for·ward(s)** *adv.* von da an, seit der Zeit, seit'dem.

the·oc·ra·cy [θi'ɔkrəsi] *s.* Theokra'tie *f*; **the·o·crat·ic** [θiə'krætik] *adj.* (□ *~ally*) theo'kratisch.

the·od·o·lite [θi'ɔdəlait] *s. surv.* Theodo'lit *m*.

the·o·lo·gi·an [θiə'loudʒjən] *s.* Theo'loge *m*; **the·o'log·i·cal** [-'lɔdʒikəl] *adj.* □ theo'logisch; **the·ol·o·gy** [θi'ɔlədʒi] *s.* Theolo'gie *f*.

the·oph·a·ny [θi'ɔfəni] *s.* Theopha'nie *f*, Erscheinung *f* (*e-s*) Gottes.

the·o·rem ['θiərəm] *s.* ⅍, *phls.* Theo'rem *n*, (Grund-, Lehr)Satz *m*: ~ *of the cosine* Kosinussatz.

the·o·ret·ic *adj.*; **the·o·ret·i·cal** [θiə'retik(əl)] *adj.* □ **1.** theo'retisch; **2.** spekula'tiv; **the·o·rist** ['θiərist] *s.* Theo'retiker *m*; **the·o·rize** ['θiəraiz] *v/i.* theoretisieren, Theo'rien aufstellen; **the·o·ry** ['θiəri] *s.* Theo'rie *f*: **a)** Lehre *f*: ~ *of chances* Wahrscheinlichkeitsrechnung; ~ *of relativity* Relativitätstheorie, **b)** theo'retischer Teil (*e-r Wissenschaft*): ~ *of music* Musiktheorie, **c)** *Ggs. Praxis*: *in* ~ theoretisch, **d)** Anschauung *f*: *it is his pet* ~ es ist s-e Lieblingsidee.

the·o·soph·ic *adj.*; **the·o·soph·i·cal** [θiə'sɔfik(əl)] *adj.* □ *eccl.* theo'sophisch; **the·os·o·phist** [θi'ɔsəfist] *s.* Theo'soph(in); **the·os·o·phy** [θi'ɔsəfi] *s.* Theoso'phie *f*.

ther·a·peu·tic *adj.*; **ther·a·peu·ti·cal** [θerə'pjuːtik(əl)] *adj.* □ thera'peutisch; **ther·a'peu·tics** [-ks] *s. pl. mst sg. konstr.* Thera'peutik *f*, Thera'pie(lehre) *f*; **ther·a·pist** ['θerəpist] *s.* Thera'peut(in): *mental* ~ Psychotherapeut(in); **ther·a·py** ['θerəpi] *s.* Thera'pie *f*: **a)** Behandlung *f*, **b)** Heilverfahren *n*.

there [ðɛə; ðə] **I.** *adj.* **1.** da, dort: *down* (*up, over, in*) ~ da *od.* dort unten (oben, drüben, drinnen); *to have been* ~ *sl.* ,dabeigewesen sein', genau Bescheid wissen; *to be not all* ~ *sl.* ,nicht ganz richtig (im Oberstübchen) sein'; ~ *and then* **a)** (gerade) hier u. jetzt, **b)** auf der Stelle, sofort; ~ *it is!* **a)** da ist es!, **b)** *fig.* so steht es!; ~ *you are* (*od. go*)! siehst du!, da hast du's!; *you* ~! (*Anruf*) du da!, he!; **2.** ('da-, 'dort-)hin: *down* (*up, over, in*) ~ (da- *od.* dort)hinunter (-hinauf, -hinüber, -hinein); ~ *and back* hin u. zurück; *to get* ~ **a)** hingelangen, -kommen, **b)** *sl.* ,es schaffen'; **3.** 'darin, in dieser Sache *od.* Hinsicht: ~ *I agree with you*; **4.** *fig.* da, an dieser Stelle (*in e-r Rede etc.*); **5.** es: ~ *is*, *pl.* ~ *are* es gibt, ist, sind; ~ *was once a king* es war einmal ein König; ~ *is no saying* es läßt sich nicht sagen; ~ *was dancing* es wurde getanzt; *~'s a good boy* (*girl, fellow*)! **a)** sei doch (so) lieb!, **b)** so bist du lieb!, brav!; **II.** *int.* **6.** da!, schau (her)!, na!: ~, ~! *tröstend*: (sei) ruhig!; ~ *now* na, bitte; **'~·a·bout,** *a.* **'~·a·bouts** ['ðɛərə-] *adv.* **1.** da her'um, etwa da: *somewhere* ~ da irgendwo; **2.** *fig.* so ungefähr: *500 people or ~s* so etwa *od.* ungefähr 500 Leute; **~'aft·er** [ðɛər'ɑː-] *adv.* **1.** da'nach, später; **2.** seit'her; **~·at** [ðɛər'æt] *adv. obs. od.* ⚖ **1.** da'selbst, dort; **2.** bei der Gelegenheit, 'dabei; **'~'by** *adv.* **1.** 'dadurch, auf diese Weise; **2.** da'bei, dar'an, da'von; **3.** nahe da'bei; **~'for** *adv.* 'dafür; **'~·fore** *adv. u. cj.* **1.** deshalb, -wegen, 'daher, 'darum; **2.** demgemäß, folglich; **~'from** *adv.* da'von, dar'aus, da'her; **~·in** [ðɛər'in] *adv.* **1.** dar'in, da drinnen; **2.** *fig.* 'darin, in dieser Hinsicht; **~·in'aft·er** [ðɛərin-] *adv. bsd.* ⚖ (*weiter*) unten, später (*in e-r Urkunde etc.*); **~·of** [ðɛər'ɔv] *adv. obs. od.* ⚖ **1.** da'von; **2.** dessen, deren; **~·on** [ðɛər'ɔn] *adv.* 'darauf, -über; **~'to** *adv. obs.* **1.** da'zu, dar'an, da'für; **2.** außerdem, noch da'zu; **~·un·der** [ðɛər'ʌndə] *adv.* dar'unter; **~·up·on** ['ðɛərə'pɔn] *adv.* **1.** dar'auf, 'hier'auf, da'nach; **2.** darauf'hin, demzufolge, 'darum; **~'with** *adv.* **1.** 'damit; **2.** → *thereupon*; **~·with'al** *adv. obs.* **1.** über'dies, außerdem; **2.** 'damit.

therm [θəːm] *s. phys.* **1.** *unbestimmte Wärmeeinheit*: **a)** 'Gramm-Kalo,rie *f*, **b**) 'Kilo(gramm)-Kalo,rie *f*, **c**) 1000 große Kalo'rien *pl.*; **2.** *Brit.* 100,000 Wärmeeinheiten *pl.* (*zur Messung des Gasverbrauchs*); '**ther·mae** [-mi:] (*Lat.*) *s. pl.* ⚕ Ther'malquellen *pl.*

ther·mal ['θə:məl] **I.** *adj.* □ **1.** *phys.* Wärme...: ~ *efficiency* Wärmewirkungsgrad; ~ *power-station* Wärmekraftwerk; ~ *station* Heizkraftwerk; ~ *value* Heizwert; **2.** warm, heiß: ~ *water* heiße Quelle; **3.** ⚕ ther'mal, Thermal...; **II.** *s.* **4.** *pl.* ✈, *phys.* 'Thermik *f*; '**ther·mic** [-mik] *adj.* (□ ~*ally*) 'thermisch, Wärme..., Hitze...; **therm·i·on·ic** [θə:mi'ɔnik] *adj.* thermi'onisch: ~ *valve* ⚡ Elektronen-, Glühkathodenröhre; ~ *valve transmitter* Röhrensender.

thermo- [θə:mou] *in Zssgn* **a**) Wärme, Hitze, Thermo..., **b**) thermoe'lektrisch; **ther·mo'chem·is·try** *s.* ⚗ Thermoche'mie *f*; '**ther·mo·cou·ple** *s.* ⚡ Thermoele'ment *n*; '**ther·mo·dy'nam·ics** *s. sg. u. pl. konstr. phys.* Thermody'namik *f*, Wärmelehre *f*; '**ther·mo·e'lec·tric** *adj.* thermoe'lektrisch, 'wärmee,lektrisch: ~ *couple* → *thermocouple*.

ther·mom·e·ter [θə'mɔmitə] *s. phys.* Thermo'meter *n*: *clinical* ~ ⚕ Fieberthermometer; ~ *reading* Thermometerablesung, -stand; **ther·mo·met·ric** *adj.*; **ther·mo·met·ri·cal** [θə:mə'metrik(əl)] *adj.* □ *phys.* thermo'metrisch, Thermometer...

'**ther·mo·pile** *s. phys.* 'Thermosäule *f*; '**ther·mo'plas·tic** ⚗ **I.** *adj.* thermo'plastisch; **II.** *s.* Thermo'plast *m.*

Ther·mos (**bot·tle**) ['θə:mɔs] *s.* 'Thermosflasche *f.*

'**ther·mo'set·ting** *adj.* ⚗ ,thermostato'plastisch, hitzehärtbar (*Kunststoff*).

Ther·mos flask → *Thermos* (*bottle*).

ther·mo·stat ['θə:məstæt] *s.* ⚡, ⊕ Thermo'stat *m*; **ther·mo·stat·ic** [θə:mə'stætik] *adj.* (□ ~*ally*) thermo'statisch.

the·sau·rus [θi(:)'sɔ:rəs] *pl.* **-ri** [-rai] (*Lat.*) *s.* The'saurus *m*: **a**) Wörterbuch *n*, **b**) (Wort-, Wissens-, Sprach)Schatz *m.*

these [ði:z] *pl. von this.*

the·sis ['θi:sis] *pl.* **-ses** [-si:z] *s.* **1.** 'These *f*: **a**) Behauptung *f*, **b**) (Streit)Satz *m*; **2.** *univ.* Dissertati'on *f*; **3.** ['θesis] *Metrik*: unbetonte Silbe; '~**-play** *s. thea.* Pro'blemstück *n.*

Thes·pi·an ['θespiən] **I.** *adj. fig.* dra'matisch, Schauspiel...; **II.** *s. oft humor.* 'Thespisjünger(in).

Thes·sa·lo·ni·ans [θesə'lounjənz] *s. pl. sg. konstr. bibl.* (Brief *m* des Paulus an die) Thessa'lonicher *pl.*

thews [θju:z] *s. pl.* **1.** Muskeln *pl.*, Sehnen *pl.*; **2.** *fig.* Kraft *f.*

they [ðei; ðe] *pron.* **1.** (*pl. zu he, she, it*) sie; **2.** man: ~ *say* man sagt; **3.** es: *who are* ~? — ~ *are Americans* Wer sind sie? — Es (*od.* sie) sind Amerikaner; **4.** (*auf Kollektiva bezogen*) er, sie, es: *the police* ..., ~ ... die Polizei ..., sie (*sg.*); **5.** ~ *who* diejenigen, welche.

they'd [ðeid] F *für* **a**) *they would*, **b**) *they had.*

they'll [ðeil] F *für they will.*

they're ['ðeiə] F *für they are.*

they've [ðeiv] F *für they have.*

thick [θik] **I.** *adj.* □ **1.** *allg.* dick: *a* ~ *neck*; *a board 2 inches* ~ ein 2 Zoll dickes Brett; **2.** dicht (*Wald, Haar, Menschenmenge, a. Nebel etc.*); **3.** ~ *with* über u. über bedeckt von; **4.** ~ *with* voll von, voller, reich an (*dat.*): *a tree* ~ *with leaves*; *the air is* ~ *with snow* die Luft ist voll(er) Schnee; **5.** dick(flüssig); **6.** neblig, trüb(e) (*Wetter*); **7.** schlammig, trübe; **8.** dumpf, belegt (*Stimme*); **9.** dumm; **10.** dicht (aufein'anderfolgend); **11.** F dick (befreundet): *they are as* ~ *as thieves* sie sind dicke Freunde, sie halten zusammen wie Pech u. Schwefel; **12.** *sl.* frech: *that's a bit* ~! das ist ein bißchen stark!; **II.** *s.* **13.** dickster *od.* dichtester Teil; **14.** *fig.* Brennpunkt *m*: *in the* ~ *of* mitten in (*dat.*); *in the* ~ *of it* mittendrin; *in the* ~ *of fight* im dichtesten Kampfgetümmel; *the* ~ *of the crowd* das dichteste Menschengewühl; *through* ~ *and thin* durch dick u. dünn; **15.** *sl.* Dummkopf *m*; **III.** *adv.* **16.** dick: *to spread* ~ *Butter etc.* dick aufstreichen; *to lay it on* ~ *sl.* ‚dick auftragen'; **17.** dicht *od.* rasch (aufein'ander); hageldicht (*Schläge*); **thick·en** ['θikən] **I.** *v/t.* **1.** dick(er) machen, verdicken; **2.** *Sauce, Flüssigkeit* eindicken, *Suppe* legieren; **3.** dicht(er) machen, verdichten; **4.** verstärken, -mehren; **5.** trüben; **II.** *v/i.* **6.** dick(er) werden; **7.** dick(flüssig) werden; **8.** sich verdichten; **9.** sich trüben; **10.** sich verwirren: *the plot* ~*s* der Knoten (*im Drama etc.*) schürzt sich; **11.** sich vermehren, zunehmen; **12.** heftiger werden (*Kampf*); **thick·en·er** ['θiknə] *s.* ⚗ **1.** Eindicker *m*; **2.** Verdicker *m*, Absetzbehälter *m*; **3.** Verdickungsmittel *n*; **thick·en·ing** ['θikniŋ] *s.* **1.** Verdickung *f*; **2.** Eindickung *f*; **3.** Eindickmittel *n*; **4.** Verdichtung *f*; **5.** ⚕ Anschwellung *f*, Schwarte *f.*

thick·et ['θikit] *s.* Dickicht *n*; '**thick·et·ed** [-tid] *adj.* voller Dickicht(e).

'**thick|·head** *s.* Dummkopf *m*; '~**-'head·ed** *adj.* **1.** dickköpfig; **2.** *fig.* dumm.

thick·ness ['θiknis] *s.* **1.** Dicke *f*, Stärke *f*; **2.** Dichte *f*; **3.** Verdickung *f*; **4.** ✝ Lage *f* (*Seide etc.*), Schicht *f*; **5.** Dickflüssigkeit *f*; **6.** Trübheit *f*: *misty* ~ undurchdringlicher Nebel; **7.** Heiserkeit *f*, Undeutlichkeit *f*: ~ *of speech* schwere Zunge.

'**thick|'set** *adj.* **1.** dicht (gepflanzt): *a* ~ *hedge*; **2.** unter'setzt (*Person*); '~**-'skinned** *adj.* **1.** dickhäutig; **2.** dickschalig; **3.** *zo.* Dickhäuter...; **4.** *fig.* dickfellig; '~**-'skulled** [-'skʌld] *adj.* **1.** dickköpfig; **2.** → *thick-witted*; '~**-'wit·ted** *adj.* dumm, begriffsstutzig, schwer von Begriff.

thief [θi:f] *pl.* **thieves** [θi:vz] *s.* **1.** Dieb(in): *stop* ~! haltet den Dieb!; *to set a* ~ *to catch a* ~ den Bock zum Gärtner machen; **2.** Räuber *m*, Lichtschnuppe *f* (*an Kerzen*); **thieve** [θi:v] *v/t. u. v/i.* stehlen; **thiev·er·y** ['θi:vəri] *s.* Diebe'rei *f*, Diebstahl *m*; Diebesbeute *f.*

thieves [θi:vz] *pl. von thief*: ~' *Latin die* Gaunersprache.

thiev·ish ['θi:viʃ] *adj.* □ **1.** diebisch, Dieb(e)s...; **2.** heimlich, verstohlen; '**thiev·ish·ness** [-nis] *s.* diebisches Wesen, Hang *m* zum Stehlen, Unehrlichkeit *f.*

thigh [θai] *s. anat.* (Ober)Schenkel *m*; '~**-bone** *s. anat.* (Ober)Schenkelknochen *m.*

thill [θil] *s.* (Gabel)Deichsel *f*; **thill·er** ['θilə], *a.* '**thill-horse** *s.* Deichselpferd *n.*

thim·ble ['θimbl] *s.* **1.** *Näherei*: **a**) Fingerhut *m*, **b**) Nähring *m*; **2.** ⊕ **a**) Me'tallring *m*, **b**) (Stock)Zwinge *f*; '**thim·ble·ful** [-ful] *pl.* **-fuls** *s.* **1.** Fingerhutvoll *m*, Schlückchen *n*; **2.** *fig.* Kleinigkeit *f.*

'**thim·ble|·rig** **I.** *s.* Becherspiel *n* (*bei dem eine Erbse unter e-m von drei kleinen Becherchen verborgen wird; die Spieler setzen auf das Becherchen, unter dem sie die Erbse vermuten*); **II.** *v/t. a. allg.* betrügen; '~**·rig·ger** *s.* **1.** Becherspieler *m*; **2.** Taschenspieler *m*; **3.** *fig.* Gauner *m*; '~**·rig·ging** *s.* **1.** Taschenspiele'rei *f*; **2.** *fig.* Gaune'rei *f.*

thin [θin] **I.** *adj.* □ **1.** *allg.* dünn: ~ *air*; ~ *blood*; ~ *clothes*; *a* ~ *line* e-e dünne *od.* schmale *od.* feine Linie; **2.** dünn, mager, schmächtig: *as* ~ *as a lath* spindeldürr; **3.** dünn, licht (*Wald, Haar etc.*): ~ *rain* feiner Regen; **4.** dünn, schwach (*Getränk etc., a. Stimme, Ton*); **5.** ⚒ mager (*Boden*); **6.** *fig.* mager, spärlich, dürftig: *a* ~ *house thea.* e-e schwachbesuchte Vorstellung; *he had a* ~ *time of it sl.* es ging ihm dreckig; **7.** *fig.* fadenscheinig: *a* ~ *excuse*; **8.** seicht, sub'stanzlos (*Buch etc.*); **II.** *v/t.* **9.** *oft* ~ *down*, ~ *off*, ~ *out* **a**) dünn(er) machen, **b**) *Flüssigkeit* verdünnen, **c**) *fig.* verringern, *Bevölkerung* dezimieren, *Schlachtreihe, Wald etc.* lichten; **III.** *v/i.* **10.** *oft* ~ *down*, ~ *off*, ~ *out* **a**) dünn(er) werden, **b**) sich verringern, **c**) sich lichten (*a. Haar*), **d**) *fig.* spärlicher werden, abnehmen: *his hair is* ~*ning* sein Haar lichtet sich; *to* ~ *out geol.* sich auskeilen (*Flöz*).

thine [ðain] *pron. obs. od. bibl. od. poet.* **1.** (*substantivisch*) der *od.* die *od.* das dein(ig)e, dein(e, er); **2.** (*adjektivisch vor Vokalen od. stummem h für thy*) dein(e): ~ *eyes* deine Augen.

thing [θiŋ] *s.* **1.** *konkretes* Ding, Sache *f*, Gegenstand *m*: *the law of* ~*s* ⚖ das Sachenrecht; *just the* ~ *I wanted* genau (das), was ich wollte; **2.** *fig.* Ding *n*, Sache *f*, Angelegenheit *f*: ~*s political* politische Dinge, alles Politische; *above all* ~*s* vor allen Dingen, vor allem; *another* ~ etwas anderes; *the best* ~ *to do* das Beste(, was man tun kann); *a foolish* ~ *to do* e-e Torheit; *for one* ~ (erstens) einmal; *in all* ~*s* in jeder Hinsicht; *no small* ~ keine Kleinigkeit; *no such* ~ nichts dergleichen; *of all* ~*s* ausgerechnet (*dieses etc.*); *a pretty* ~ *iro.* e-e schöne Geschichte; *taking one* ~ *with the other* im großen (u.) ganzen; *to do great* ~*s* große Dinge tun, Großes vollbringen; *to get* ~*s* *done* et. zuwege bringen; *to know a ~ or two* Bescheid wissen (*about* über *acc.*); → *first 1*; **3.** *pl.* Sachen *pl.*, Zeug *n* (*Gepäck, Gerät, Kleider etc.*): *swimming ~s* Badesachen, -zeug; *tea-~s* Teegeschirr; *to put on one's ~s* sich anziehen; **4.** *pl.* Dinge *pl.*, 'Umstände *pl.*, (Sach)Lage *f*: *~s are improving* die Dinge *od.* Verhältnisse bessern sich; *~s look black for me* es sieht schwarz aus für mich; **5.** Geschöpf *n*, Wesen *n*: *dumb ~s*; **6. a)** Ding *n* (*Mädchen etc.*), **b)** Kerl *m*: (*the*) *poor ~* das arme Ding, der *od.* die Ärmste; *poor ~!* du *od.* Sie Ärmste(r)!; *the dear old ~* die gute alte Haut; **7.** *the ~* F **a)** die Hauptsache, **b)** das Richtige, richtig, **c)** das Schickliche, schicklich: *the ~ was to* das Wichtigste war zu; *this is not the ~* das ist nicht das Richtige; *not to be* (*od. feel*) *quite the ~* nicht ganz auf dem Posten sein; *that's not at all the ~ to do* so etwas tut man nicht; **'~-in-it'self** *s. phls. das* Ding an sich.

thing·um·a·bob ['θiŋəmibɔb], **thing·um·a·jig** ['θiŋəmidʒig], **thing·um·my** ['θiŋəmi] *s.* F *der* (*die, das*) Dings(da).

think [θiŋk] [*irr.*] **I.** *v/i.* **1.** denken (*of* an *acc.*); **2.** (*about, over*) nachdenken (über *acc.*), sich (*e-e Sache*) über'legen; **3.** *~ of* **a)** sich besinnen auf (*acc.*), sich erinnern an (*acc.*), **b)** *et.* bedenken: *~ of it!* denke daran!, **c)** sich *et.* denken *od.* vorstellen, **d)** *Plan etc.* ersinnen, ausdenken, **e)** halten von: *to ~ much* (*od. highly*) *of* viel halten von, e-e hohe Meinung haben von; *to ~ nothing of* wenig halten von, sich nichts machen aus, sich nichts dabei denken (*to do* zu tun); → *better¹ 5*; **4.** meinen, denken: *I ~ so* ich glaube (schon), ich denke; *I should ~ so* ich denke doch, das will ich meinen; **5.** gedenken, vorhaben, beabsichtigen (*of doing, to do* zu tun); **II.** *v/t.* **6.** *et.* denken: *to ~ away et.* wegdenken; *to ~ out* **a)** sich *et.* ausdenken, **b)** *Problem* zu Ende denken; *to ~ s.th. over* sich et. überlegen *od.* durch den Kopf gehen lassen; *to ~ up* F *Plan etc.* aushecken, sich ausdenken, sich *et.* einfallen lassen; **7.** sich *et.* denken *od.* vorstellen; **8.** halten für: *to ~ o.s. clever*; *to ~ it advisable* es für ratsam halten *od.* erachten; *I ~ it best to do* ich halte es für das beste, *et.* zu tun; **9.** über'legen, nachdenken über (*acc.*); **10.** denken, vermuten: *to ~ no harm* nichts Böses denken; **'think·a·ble** [-kəbl] *adj.* denkbar: **a)** begreifbar, **b)** möglich; **'think·er** [-kə] *s.* Denker(in); **'think·ing** [-kiŋ] **I.** *adj.* □ **1.** denkend, vernünftig: *a ~ being* ein denkendes Wesen; *all ~ men* jeder vernünftig Denkende; **2.** Denk...; **3.** *~ distance mot.* Reaktionszeit; **II.** *s.* **4.** Denken *n*: *way of ~* Denkart; *to do some hard ~* scharf nachdenken; **5.** Meinung *f*: *in* (*od. to*) *my* (*way of*) *~* m-r Meinung nach.

'think-so *s.* F (grundlose *od.* bloße) Vermutung.

thin·ner¹ ['θinə] *s.* **1.** Verdünner *m* (*Arbeiter od. Gerät*); **2.** (*bsd.* Farben)Verdünnungsmittel *n*.

thin·ner² ['θinə] *comp. von thin.*

thin·ness ['θinnis] *s.* **1.** Dünne *f*, Dünnheit *f*; **2.** Magerkeit *f*; **3.** Spärlichkeit *f*, Seltenheit *f*; **4.** *fig.* Dürftigkeit *f*, Seichtheit *f*.

thin·nest ['θinist] *sup. von thin.*

'thin|-'skinned *adj.* **1.** dünnhäutig; **2.** *fig.* empfindlich: **a)** feinfühlig, **b)** reizbar; **'~-'spun** *adj.* dünngesponnen.

third [θə:d] **I.** *adj.* □ → *thirdly*; **1.** dritt: *~ best der* (*die, das*) Drittbeste; *~ degree* dritter Grad; *~ estate pol. hist.* dritter Stand, Bürgertum; *~ party* ⚖ Dritte(r); *~ rail* ⚡ Stromschiene; *~ world* dritte Welt; **II.** *s.* **2.** *der* (*die, das*) Dritte; **3.** ♪ Terz *f*; **4.** *mot.* F dritter Gang; **5.** Drittel *n*; **6.** *pl.* ☿ Waren *pl.* dritter Güte; *~* **class** *s.* 🚂 *etc.* dritte Klasse; **'~-'class** *adj. u. adv.* **1.** *allg.* drittklassig: *~ mail Am.* Postsachen dritter Klasse (*Drucksachen, außer Zeitschriften*); **2.** 🚂 *etc. Abteil etc.* dritter Klasse: *to travel ~* dritter Klasse reisen.

third·ly ['θə:dli] *adv.* drittens.

'third|-'par·ty *adj.* ⚖ Dritt...: *~ debtor*; *~ insurance* Haftpflichtversicherung; *insured against ~ risks* haftpflichtversichert; **'~-'rate** *adj.* **1.** drittrangig; **2.** *fig.* minderwertig.

thirst [θə:st] **I.** *s.* **1.** Durst *m*; **2.** *fig.* Durst *m*, Gier *f*, Verlangen *n*, Sucht *f* (*for, of, after* nach): *~ for blood* Blutdurst; *~ for knowledge* Wissensdurst; *~ for power* Machtgier; **II.** *v/i.* **3.** *bsd. fig.* dürsten, lechzen (*for, after* nach *Rache etc.*); **'thirst·i·ness** [-tinis] *s.* Durst(igkeit *f*) *m*; **'thirst·y** [-ti] *adj.* □ **1.** durstig: *to be ~* Durst haben, durstig sein; **2.** dürr, trocken (*Boden, Jahreszeit*); **3.** F ‚durstig', Durst verursachend: *~ work*; **4.** *fig.* begierig, lechzend (*for, after* nach): *to be ~ for s.th.* nach et. lechzen.

thir·teen ['θə:'ti:n] **I.** *adj.* dreizehn; **II.** *s.* Dreizehn *f*; **'thir'teenth** [-nθ] **I.** *adj.* **1.** dreizehnt; **II.** *s.* **2.** *der* (*die, das*) Dreizehnte; **3.** Dreizehntel *n*.

thir·ti·eth ['θə:tiiθ] **I.** *adj.* **1.** dreißigst; **II.** *s.* **2.** *der* (*die, das*) Dreißigste; **3.** Dreißigstel *n*; **thir·ty** ['θə:ti] **I.** *adj.* **1.** dreißig: *~ all*, F *~ up Tennis*: dreißig beide; **II.** *s.* **2.** Dreißig *f*: *the thirties* **a)** die Dreißiger (-jahre) (*des Lebens*), **b)** die dreißiger Jahre (*e-s Jahrhunderts*); **3.** *Am. sl.* Ende *n* (*e-r Meldung etc.*).

this [ðis] *pl.* **these** [ði:z] **I.** *pron.* **1. a)** dieser, diese, dieses, **b)** dies, das: *all ~* dies alles, all' das; *for all ~* deswegen, darum; *like ~* so; *~ is what I expected* (genau) das habe ich erwartet; *~ is what happened* Folgendes geschah; **2.** dieses, dieser Zeitpunkt, dieses Ereignis: *after ~* danach; *before ~* zuvor; *by ~* bis dahin, mittlerweile; **II.** *adj.* **3.** dieser, diese, dieses, ☿ *a.* laufend (*Monat, Jahr*): *~ day week* heute in e-r Woche; *in ~ country* hierzulande; *~ morning* heute morgen; *~ time* diesmal; *these 3 weeks* die letzten 3 Wochen, seit 3 Wochen; **III.** *adv.* **4.** so: *~ much* so viel.

this·tle ['θisl] *s.* ⚘ Distel *f*; **'~-down** *s.* ⚘ Distelwolle *f*.

this·tly ['θisli] *adj.* **1.** distelig; **2.** distelähnlich, stach(e)lig.

thith·er ['ðiðə] *obs. od. poet.* **I.** *adv.* 'dort-, 'dahin; **II.** *adj.* jenseitig.

'thole(-pin) [θoul] *s.* ⚓ Dolle *f*, Ruderpflock *m*.

thong [θɔŋ] **I.** *s.* **1.** (Leder)Riemen *m* (*Halfter, Zügel, Peitschenschnur etc.*); **II.** *v/t.* **2.** mit Riemen versehen *od.* befestigen; **3.** (mit e-m Riemen) peitschen.

tho·rac·ic [θɔ:'ræsik] *adj. anat.* Brust...; **tho·rax** ['θɔ:ræks] *pl.* **-rax·es** [-ræksiz] *s.* **1.** *anat.* Brust (-korb *m*, -kasten *m*) *f*, 'Thorax *m*; **2.** *zo.* Mittelleib *m bei Gliederfüßlern.*

thorn [θɔ:n] *s.* **1.** Dorn *m*: *a ~ in the flesh* (*od. side*) *fig.* ein Pfahl im Fleische, ein Dorn im Auge; *to be* (*od. sit*) *on ~s fig.* (wie) auf glühenden Kohlen sitzen; **2.** *ling.* Dorn *m* (*altenglischer Buchstabe*); **'~-ap·ple** *s.* ⚘ Stechapfel *m*; **'~-bill** *s. orn.* 'Dornschnabel,kolibri *m*.

thorn·y ['θɔ:ni] *adj.* **1.** dornig, stach(e)lig; **2.** *fig.* dornenvoll, mühselig; **3.** *fig.* heikel: *a ~ subject.*

thor·ough ['θʌrə] *adj.* □ → *thoroughly*; **1.** gründlich: **a)** sorgfältig (*Person u. Sache*), **b)** genau, eingehend: *a ~ inquiry*; *a ~ knowledge*, **c)** 'durchgreifend: *a ~ reform*; **2.** voll'endet: **a)** voll'kommen, meisterhaft, **b)** völlig, echt, durch und durch: *a ~ politician*, **c)** *contp.* ausgemacht: *a ~ rascal*; **'~-'bass** [-'beis] *s.* ♪ Gene'ralbaß *m*; **'~-bred** **I.** *adj.* **1.** reinrassig, Vollblut...; **2.** *fig.* **a)** rassig, edel, **b)** ele'gant, **c)** kultiviert; **II.** *s.* **3.** Vollblut(pferd) *n*; **4.** rassiger *od.* kultivierter Mensch; **'~-fare** *s.* **1.** (*bsd.* Haupt)Verkehrs-, 'Durchgangsstraße *f*, Verkehrsader *f*; **2.** 'Durchfahrt *f*: *no ~!*; **3.** Wasserstraße *f*; **'~-go·ing** *adj.* **1.** → *thorough 1*; **2.** ex'trem, kompro'mißlos, durch u. durch.

thor·ough·ly ['θʌrəli] *adv.* **1.** gründlich *etc.*; **2.** völlig, gänzlich, abso'lut; **'thor·ough·ness** [-ənis] *s.* **1.** Gründlichkeit *f*; **2.** Voll'endung *f*, Voll'kommenheit *f*.

'thor·ough·paced *adj.* **1.** in allen Gangarten geübt (*Pferd*); **2.** *fig.* → *thorough 2 b*; **3.** *fig.* ausgekocht, abgefeimt.

those [ðouz] *pron. pl. von that¹.*

thou [ðau] **I.** *pron. poet. od. dial. od. bibl.* du; **II.** *v/t.* mit ‚thou' anreden, duzen.

though [ðou; ðo] **I.** *cj.* **1.** ob'wohl, ob'gleich, ob'schon; **2.** *a. even ~* wenn auch, wenn'gleich, selbst wenn, zwar: *important ~ it is* so wichtig es auch ist; *what ~ the way is long* was macht es schon aus, wenn der Weg (auch) lang ist; **3.** je'doch, doch; **4.** *as ~* als ob, wie wenn; **II.** *adv.* **5.** F (*am Satzende*) aber, aller'dings, dennoch, immer'hin: *I wish you had told me, ~.*

thought [θɔ:t] **I.** *pret. u. p.p. von think*; **II.** *s.* **1. a)** Gedanke *m*, Einfall *m*: *a happy ~*, **b)** Gedankengang *m*, **c)** Gedanken *pl.*, Denken *n*: *lost in ~* in Gedanken (verloren); *his one ~ was how to* er dachte nur daran, wie er *es tun könnte*; *it never* *entered my ~s* es kam mir nie in den Sinn; **2.** *nur sg.* Denken *n*, Denkvermögen *n*; **3.** Über'legung *f*: *to give ~ to* sich Gedanken machen über (*acc.*); *to take ~ how* sich überlegen, wie *man es tun könnte*; *after serious ~* nach ernsthafter Erwägung; *on second ~s* nach reiflicher Überlegung, wenn ich es mir recht überlege; *without ~* ohne zu überlegen; **4.** Absicht *f*: *he had no ~ of coming*; *we had (some) ~s of going* wir trugen uns mit dem Gedanken zu gehen; **5.** *mst pl.* Gedanke *m*, Meinung *f*, Ansicht *f*; **6.** (Für)Sorge *f*, Rücksicht *f*: *to take ~ for* Sorge tragen für *od.* um (*acc.*); *to take no ~ to* nicht achten auf (*acc.*); **7.** *nur sg.* Denken *n*: **a)** Denkweise *f*: *scientific ~*, **b)** Gedankenwelt *f*: *Greek ~*; **8.** *fig.* Spur *f*: *a ~ smaller* e-e ‚Idee' kleiner; '**thought·ful** [-ful] *adj.* □ **1.** gedankenvoll, nachdenklich, besinnlich (*a. Buch etc.*); **2.** achtsam (of auf *acc.*); **3.** rücksichtsvoll, aufmerksam, zu'vorkommend; '**thought·ful·ness** [-fulnis] *s.* **1.** Nachdenklichkeit *f*, Besinnlichkeit *f*; **2.** Achtsamkeit *f*; **3.** Rücksichtnahme *f*, Aufmerksamkeit *f*; '**thought·less** [-lis] *adj.* □ **1.** gedankenlos, unbesonnen, unbekümmert; **2.** rücksichtslos, unaufmerksam; '**thought·less·ness** [-lisnis] *s.* **1.** Gedankenlosigkeit *f*, Unbekümmertheit *f*; **2.** Rücksichtslosigkeit *f*, Unaufmerksamkeit *f*.

'**thought|-read·er** *s.* Gedankenleser (-in); '**~-read·ing** *s.* Gedankenlesen *n*; '**~-trans·fer·ence** *s.* Ge'dankenüber,tragung *f*; '**~-wave** *s. telepathische* Gedankenwelle.

thou·sand ['θauzənd] **I.** *adj.* **1.** tausend (*a. fig. unzählige*): *~ and one fig.* zahllos, unzählig; *The ♀ and One Nights* Tausendundeine Nacht; *a ~ times* tausendmal; *a ~ thanks* tausend Dank; **II.** *s.* **2.** Tausend *n*, *pl.* Tausende *pl.*: *many ~s of times* vieltausendmal; *in their ~s, by the ~* zu Tausenden; **3.** Tausend *f* (*Zahlzeichen*): *one in a ~* eine(r, s) unter tausend, 'eine Ausnahme; '**thou·sand·fold** [-ndf-] **I.** *adj.* tausendfach, -fältig; **II.** *adv. mst a ~* tausendfach, -mal; '**thou·sandth** [-ntθ] **I.** *s.* **1.** *der (die, das)* Tausendste; **2.** Tausendstel *n*; **II.** *adj.* **3.** tausendst.

thral·dom ['θrɔːldəm] *s. fig.* Knechtschaft *f*, Sklave'rei *f*; **thrall** [θrɔːl] *s.* **1.** *hist.* Leibeigene(r *m*) *f*, Hörige(r *m*) *f*; **2.** *fig.* Sklave *m*, Knecht *m*; **3.** → *thraldom*; **thrall·dom** *Am.* → *thraldom*.

thrash [θræʃ] **I.** *v/t.* **1.** → *thresh*; **2.** verdreschen, -prügeln; *fig.* (vernichtend) schlagen, besiegen; **II.** *v/i.* **3.** *a. ~ about* **a)** sich *im Bett etc.* 'hin- u. 'herwerfen, **b)** (mit den Armen *etc.*) schlegeln; **4.** ⚓ sich vorwärtsarbeiten; '**thrash·er** [-ʃə] → *thresher*; '**thrash·ing** [-ʃiŋ] *s.* **1.** Dresche *f*, Prügel *pl.*: *to give s.o. a ~* j-n verdreschen; **2.** Niederlage *f*, Abfuhr *f*.

thread [θred] **I.** *s.* **1.** Faden *m*: **a)** Zwirn *m*, Garn *n*: *to hang by a ~ fig.* an e-m Faden hängen, **b)** *weitS.* Faser *f*, Fiber *f*, **c)** *fig.* (dünner) Strahl, Strich *m*, **d)** *fig.* Zs.-hang *m*: *to lose the ~ (of one's story)* den Faden verlieren; *to resume (od. take up) the ~* den Faden wieder aufnehmen; **2.** ⊕ Gewinde(gang *m*) *n*; **II.** *v/t.* **3.** *Nadel* einfädeln; **4.** *Perlen etc.* aufreihen; **5.** mit Fäden durch'ziehen; **6.** *fig.* durch'ziehen, -'dringen; **7.** sich winden durch: *to ~ one's way (through)* sich (hindurch-) schlängeln (durch); **8.** ⊕ Gewinde schneiden in (*acc.*): *to ~ on* anschrauben; '**~·bare** *adj.* **1.** fadenscheinig, abgetragen; **2.** schäbig (gekleidet); **3.** *fig.* abgedroschen.

thread·ed ['θredid] *adj.* ⊕ Gewinde...: *~ flange*; '**thread·er** [-də] *s.* **1.** 'Einfädelma,schine *f*; **2.** ⊕ Gewindeschneider *m*.

thread·ing lathe ['θrediŋ] *s.* ⊕ Gewindeschneidbank *f*.

thread·y ['θredi] *adj.* fadenartig, faserig.

threat [θret] *s.* **1.** Drohung *f* (of mit, *to* gegen); **2.** (*to*) Bedrohung *f* (*gen.*), Gefahr *f* (für): *a ~ to peace*; *there was a ~ of rain* es drohte zu regnen; '**threat·en** [-tn] **I.** *v/t.* **1.** (*with*) *j-m* drohen (mit), *j-m* androhen (*acc.*), *j-n* bedrohen (mit); **2.** drohend ankündigen: *the sky ~s a storm*; **3.** (damit) drohen (*to do* zu tun); **4.** bedrohen, gefährden; **II.** *v/i.* **5.** drohen; **6.** *fig.* drohen: **a)** drohend bevorstehen, **b)** Gefahr laufen (*to do* zu tun); '**threat·en·ing** [-tniŋ] *adj.* □ **1.** drohend, Droh...: *~ letter* Drohbrief; **2.** *fig.* bedrohlich.

three [θriː] **I.** *adj.* **1.** drei; **II.** *s.* **2.** Drei *f* (*Ziffer, Anzahl, Spielkarte, Würfel etc.*); **3.** drei Uhr; '**~-'col·o(u)r** *adj.* dreifarbig, Dreifarben...: *~ process* Dreifarbendruckverfahren; '**~-'cor·nered** *adj.* **1.** dreieckig; **2.** zu dreien: *a ~ discussion*; '**~-'deck·er** *s.* **1.** ⚓ *hist.* Dreidecker *m*; **2.** *et.* Dreiteiliges, *z.B.* F dreibändiger Ro'man; '**~-di'men·sion·al** *adj.* 'dreidimensio,nal.

'**three·fold** *adj. u. adv.* dreifach.

'**three|-'foot(·ed)** *adj.* drei Fuß (lang); '**~-lane** *adj.* dreispurig (*Autobahn etc.*); '**~-'legged** [-'legd; *attr.* -'legid] *adj.* dreibeinig: *~ race* Dreibein-Wettlaufen; '**~-mast·er** *s.* ⚓ Dreimaster *m*.

three|·pence ['θrepəns] *s. Brit.* **1.** drei Pence *pl.*; **2.** *obs.* Drei'pencestück *n*; **~·pen·ny** ['θrepəni] *adj.* **1.** drei Pence wert, Dreipence...: *~ bit obs.* Dreipencestück; **2.** *fig.* billig, wertlos.

'**three|-per-cents** *s. pl.* ✝ 'dreipro,zentige ('Staats)Pa,piere *pl.*; '**~-phase** *adj.* ⚡ 'dreiphasig, Dreiphasen...: *~ current* Drehstrom, Dreiphasenstrom; '**~-piece** *adj.* dreiteilig (*Anzug etc.*); '**~-ply** **I.** *adj.* **1.** dreifach (*Garn, Seil etc.*); **2.** dreischichtig (*Holz etc.*); **II.** *s.* **3.** dreischichtiges Sperrholz; '**~-point land·ing** *s.* ✈ Dreipunktlandung *f*; '**~-'quar·ter** **I.** *adj.* dreiviertel; **II.** *s. a. ~ back Rugby*: Drei'viertelspieler *m*; '**~'score** *adj.* sechzig.

three·some ['θriːsəm] **I.** *adj.* **1.** zu dreien, Dreier...; **II.** *s.* **2.** Dreiergruppe *f*, ‚Trio' *n*; **3.** *Golf etc.*: Dreier(spiel *n*) *m*.

'**three|-speed gear** *s.* ⊕ Dreiganggetriebe *n*; '**~-stage** *adj.* ⊕ dreistufig (*Rakete, Verstärker etc.*); '**~-way** *adj.* ⊕ Dreiwege...; '**~-year-old** ['θriːjərould] **I.** *adj.* dreijährig; **II.** *s.* Dreijährige(r *m*) *f* (*bsd. Rennpferd*).

thresh [θreʃ] *v/t. u. v/i.* dreschen: *to ~ (over old) straw fig.* leeres Stroh dreschen; *to ~ out fig. et.* gründlich erörtern, klären; '**thresh·er** [-ʃə] *s.* **1.** Drescher *m*; **2.** 'Dreschma,schine *f*; '**thresh·ing** [-ʃiŋ] **I.** *s.* Dreschen *n*; **II.** *adj.* Dresch...: *~-floor* Dreschboden, Tenne.

thresh·old ['θreʃhould] **I.** *s.* **1.** (Tür)Schwelle *f*; **2.** *fig.* Schwelle *f*, Beginn *m*; **3.** *psych.* (*Bewußtseins- etc.*)Schwelle *f*; **II.** *adj.* **4.** *bsd.* ⊕ Schwellen...: *~ frequency*; *~ value* Grenzwert.

threw [θruː] *pret. zu throw.*

thrice [θrais] *adv.* **1.** dreimal; **2.** *fig.* sehr, 'überaus, höchst.

thrift [θrift] *s.* **1.** Sparsamkeit *f*: **a)** Sparsinn *m*, **b)** Wirtschaftlichkeit *f*; **2.** ⚘ Grasnelke *f*; '**thrift·i·ness** [-tinis] → *thrift 1*; '**thrift·less** [-lis] *adj.* □ verschwenderisch; '**thrift·less·ness** [-lisnis] *s.* Verschwendung *f*; '**thrift·y** [-ti] *adj.* □ **1.** sparsam (*of, with* mit): **a)** haushälterisch, **b)** wirtschaftlich (*a. Sachen*); **2.** *poet.* gedeihend.

thrill [θril] **I.** *v/t.* **1.** erschauern lassen, erregen, packen, begeistern, elektrisieren, entzücken; **2.** *j-n* durch'laufen, -'schauern, über'laufen (*Gefühl*); **II.** *v/i.* **3.** (er)beben, erschauern, zittern (*with* vor *Freude etc.*); **4.** (*to*) sich begeistern (für), gepackt werden (von); **5.** durch'laufen, -'schauern, -'rieseln (*through acc.*); **III.** *s.* **6.** Zittern *n*, Erregung *f*: *a ~ of joy* ein freudiges Erbeben; **7. a)** *das* Spannende *od.* Erregende, **b)** Nervenkitzel *m*, Sensati'on *f*; '**thrill·er** [-lə] *s.* F ‚Reißer' *m* (*Kriminalroman, -film etc.*); '**thrill·ing** [-liŋ] *adj.* □ **1.** erregend, packend, spannend, sensatio'nell; **2.** hinreißend, begeisternd.

thrive [θraiv] *v/i.* [*irr.*] **1.** gedeihen (*Pflanze, Tier etc.*); **2.** *fig.* gedeihen: **a)** blühen, Erfolg haben (*Geschäft etc.*), **b)** reich werden (*Person*), **c)** sich entwickeln (*Laster etc.*); **thriv·en** ['θrivn] *p.p. von thrive*; '**thriv·ing** [-viŋ] *adj.* □ *fig.* blühend.

thro' [θruː] *abbr. für through.*

throat [θrout] *s.* **1.** *anat.* Kehle *f*, Gurgel *f*, Rachen *m*, Schlund *m*: *~ irritant* ⚔ Rachenreizstoff; *sore ~* Halsschmerzen, rauher Hals; *to lie in one's ~* lügen wie gedruckt; *to stick in one's ~* j-m im Halse stecken bleiben (*Worte*); *to ram (od. thrust) s.th. down s.o.'s ~* j-m et. aufzwingen; **2.** Hals *m*, Kehle *f*: *to cut s.o.'s ~* j-m den Hals abschneiden; *to cut one's own ~ fig.* sich selbst ruinieren; *to take s.o. by the ~* j-n an der Gurgel packen; **3.** *fig.* 'Durch-, Eingang *m*, verengte Öffnung, Schlund *m*, *z.B.* Hals *m* e-r *Vase*, Kehle *f* e-s *Kamins*, Gicht *f* e-s *Hochofens*; **4.** ⚠ Hohlkehle *f*; '**throat·y** [-ti] *adj.* □ **1.** kehlig, guttu'ral; **2.** rauh, heiser.

throb [θrɔb] **I.** *v/i.* **1.** pochen, hämmern, klopfen (*Herz etc.*): *~bing* *pains* klopfende Schmerzen; **II.** *s.* **2.** Pochen *n*, Klopfen *n*, Hämmern *n*, (Puls)Schlag *m*; **3.** *fig.* Erregung *f*, Erbeben *n*.

throe [θrou] *s. mst pl.* heftiger Schmerz: **a)** *pl.* (Geburts)Wehen *pl.*, **b)** *pl.* Todeskampf *m*, Ago'nie *f*: *in the* ~*s of fig.* mitten in *et. Unangenehmem*, im Kampfe mit.

throm·bo·sis [θrɔm'bousis] *s.* ⚕ Throm'bose *f*; **throm'bot·ic** [-'bɔtik] *adj.* ⚕ throm'botisch.

throne [θroun] **I.** *s.* **1.** Thron *m* (*König, Prinz*), Stuhl *m* (*Papst, Bischof*); **2.** *fig.* Thron *m*: **a)** Herrschaft *f*, **b)** Herrscher(in); **II.** *v/t.* **3.** auf den Thron setzen; **III.** *v/i.* **4.** thronen; **'throne·less** [-lis] *adj.* thronlos.

throng [θrɔŋ] **I.** *s.* **1.** (Menschen-)Menge *f*; **2.** Gedränge *n*, Andrang *m*; **3.** Menge *f*, Masse *f* (*Sachen*); **II.** *v/i.* **4.** sich drängen *od.* (zs.-) scharen, (her'bei-, hin'ein- *etc.*) strömen; **III.** *v/t.* **5.** sich drängen in (*dat.*): *to* ~ *the streets*; **6.** bedrängen, um'drängen.

thros·tle ['θrɔsl] *s.* **1.** ⊕ 'Drossel-(spinn)ma͵schine *f*; **2.** *poet. od. dial.* (Sing)Drossel *f*.

throt·tle ['θrɔtl] **I.** *s.* **1.** F Kehle *f*; **2.** ⊕, *mot.* **a)** *a.* ~*-lever* Gashebel *m*, **b)** *a.* ~*-valve* Drosselklappe *f*: *to open the* ~ Gas geben; **II.** *v/t.* **3.** erdrosseln; *fig.* ersticken, unter'drücken; **4.** *a.* ~ *down* ⊕, *mot.* (ab)drosseln; **III.** *v/i.* **5.** ~ *back* (*od. down*) *mot. etc.* drosseln, Gas wegnehmen.

through [θru:] **I.** *prp.* **1.** *räumlich u. fig.* durch, durch ... hin'durch; **2.** durch, in (*überall umher in e-m Gebiet etc.*): *I searched* ~ *the whole house* ich durchsuchte das ganze Haus; **3. a)** *e-n Zeitraum* hindurch, während, **b)** *Am.* (von ...) bis; **4.** *bis zum Ende od. ganz* durch, fertig (mit): *when shall you get* ~ *your work?*; **5.** durch, mittels; **6.** aus, vor, durch, in-, zu'folge, wegen: ~ *fear* aus *od.* vor Furcht; ~ *neglect* infolge *od.* durch Nachlässigkeit; **II.** *adv.* **7.** durch: ~ *and* ~ durch u. durch (*a. fig.*); *to push a needle* ~ e-e Nadel durchstechen; *he would not let us* ~ er wollte uns nicht durchlassen; *this train goes* ~ *to Boston* dieser Zug fährt (durch) bis Boston; *you are* ~*! teleph.* Sie sind verbunden!; **8.** (ganz) durch (*von Anfang bis Ende*): *to read a letter* ~ e-n Brief ganz durchlesen; *to carry a matter* ~ e-e Sache durchführen; **9.** fertig (with mit), erledigt (*a. fig.*): *I am* ~ *with him* F er ist für mich erledigt; **III.** *adj.* **10.** 'durchgehend, Durchgangs...: *a* ~ *train*; ~ *ticket* für Strecken verschiedener Eisenbahngesellschaften gültige Fahrkarte; ~ *carriage* (*od. coach*) Kurswagen; ~ *traffic* Durchgangsverkehr; ~ *way Am.* Durchgangsstraße; **through·out** [θru(:)'aut] **I.** *prp.* **1.** über'all in: ~ *the country* im ganzen *Land*; **2.** während (*gen.*): ~ *the year* das ganze Jahr hindurch; **II.** *adv.* **3.** durch u. durch, ganz u. gar, 'durchweg; **4.** überall; **5.** die ganze Zeit.

throve [θrouv] *pret. von thrive.*

throw [θrou] **I.** *s.* **1.** Werfen *n*, (*Speer- etc.*)Wurf *m*; **2.** Wurf *m* (*a. Ringkampf, Würfelspiel*) (*a. fig. Wagnis*); **3.** ⊕ (Kolben)Hub *m*; **4.** ⊕ (Regler- *etc.*)Ausschlag *m*; **5.** ⊕ Kröpfung *f* (*Kurbelwelle*); **II.** *v/t.* [*irr.*] **6.** werfen, schleudern; (*a. fig. Blick, Kußhand etc.*) zuwerfen (s.o. *s.th., s.th. to s.o.* j-m et.); mit *Steinen etc.* werfen auf (*acc.*); *Wasser* schütten *od.* gießen: *to* ~ *at* werfen nach; *to* ~ *o.s. at* (*the head of*) *s.o. fig.* sich j-m an den Hals werfen; *to* ~ *a shawl over one's shoulders* sich e-n Schal um die Schultern werfen; *to* ~ *together* zs.-werfen; *to be thrown together fig.* zs.-kommen (*with* mit); **7.** *Angel, Netz etc.* auswerfen; **8. a)** *Würfel* werfen, **b)** *Zahl* würfeln; **9.** *Reiter* abwerfen; **10.** *Ringkampf*: *Gegner* werfen; **11.** *zo. Junge* werfen; **12.** *Brücke* schlagen (*over, across* über *acc.*); **13.** *zo. Haut* abwerfen; **14.** ⊕ *Hebel* 'umlegen, *Kupplung od. Schalter* ein-, ausrücken, ein-, ausschalten; **15.** *Töpferei*: formen, drehen; **16.** ⊕ *Seide* zwirnen, mulinieren; **17.** *fig.* in *Entzücken, Verwirrung etc.* versetzen: *to be thrown out of work* arbeitslos werden; **18.** F *e-e Gesellschaft* geben, *e-e Party* ‚schmeißen'; **19.** *Am.* F *Wettkampf* betrügerisch verlieren; **20.** *sl. Wutanfall etc.* bekommen: *to* ~ *a fit*; **III.** *v/i.* [*irr.*] **21.** werfen; **22.** würfeln;

Zssgn mit prp.:

throw| in·to *v/t.* (hin'ein)werfen in (*acc.*): *to* ~ *prison j-n* ins Gefängnis werfen; *to* ~ *the bargain* (beim Kauf) dreingeben; *to throw one's heart (and soul) into* ganz in *e-r Sache* aufgehen; *to throw o.s. into fig.* sich in *die Arbeit etc.* stürzen; ~ **(up·)on** *v/t.* **1.** werfen auf (*acc.*): *to be thrown upon o.s.* (*od. upon one's own resources*) auf sich selbst angewiesen sein; **2.** *to throw o.s.* (*up*)*on* sich auf *die Knie etc.* werfen; **3.** *to throw o.s.* (*up*)*on* sich anvertrauen (*dat.*);

Zssgn mit adv.:

throw| a·way *v/t.* **1.** wegwerfen; **2.** *Geld etc.* verschwenden, -geuden ([*up*]*on* an *acc.*); **3.** *Gelegenheit* verpassen; **4.** *et.* verwerfen; ~ **back** **I.** *v/t.* **1.** zu'rückwerfen (*a. fig. hemmen*): *to be thrown back upon* angewiesen sein auf (*acc.*); **II.** *v/i.* **2.** (*to*) zu'rückkehren (zu), zu'rückfallen (auf *acc.*, in *acc.*); **3.** nachgeraten (*to dat.*); *biol.* rückarten; ~ **down** *v/t.* **1.** (*o.s.* sich) niederwerfen; **2.** 'umstürzen, vernichten; ~ **in** *v/t.* **1.** (hin)'einwerfen; **2.** *Bemerkung etc.* einwerfen, -schalten; **3.** *et.* mit in den Kauf geben, dreingeben; **4.** ⊕ *Gang etc.* einrücken; ~ **off** **I.** *v/t.* **1.** (*a. fig. Schamgefühl etc.*) von sich werfen; **2.** *Kleider, Maske* ablegen; **3.** *Joch etc.* abwerfen, abschütteln, sich freimachen von; **4.** *Bekannte, Krankheit etc.* loswerden; **5.** *Verfolger, a. Hund* von der Fährte abbringen, abschütteln; **6.** *Gedicht etc.* hinwerfen, aus dem Ärmel schütteln; **7.** ⊕ **a)** kippen, 'umlegen, **b)** auskuppeln, -rücken; **8.** *typ.* abziehen; **II.** *v/i.* **9.** (*hunt.* die Jagd) beginnen; ~ **on** *v/t. Kleider* 'überwerfen, sich *et.* 'umwerfen; ~ **o·pen** *v/t.* **1.** *Tür etc.* aufreißen, -stoßen; **2.** öffentlich zugänglich machen; ~ **out** *v/t.* **1.** (*a. j-n* hin)'auswerfen; **2.** *bsd. parl.* verwerfen; **3.** △ vorbauen; anbauen (*to dat.*); **4.** *Bemerkung* fallenlassen, *Vorschlag etc.* äußern; *e-n Wink* geben; **5.** *j-n* aus dem Kon'zept bringen; **6.** ⊕ auskuppeln, -rücken; **7.** *Fühler etc.* ausstrecken: *to* ~ *a chest sl.* sich in die Brust werfen; **8.** *Licht etc.* von sich geben; ~ **o·ver** *v/t.* **1.** über den Haufen werfen; **2.** *fig. Plan etc.* über Bord werfen, aufgeben; **3.** *Freund etc.* im Stich lassen, fallenlassen; ~ **up** **I.** *v/t.* **1.** in die Höhe werfen, hochwerfen; **2.** *Schanze etc.* aufwerfen; **3.** *Karten, a. Amt etc.* hinwerfen, -schmeißen; **4.** erbrechen; **II.** *v/i.* **5.** (sich er)brechen, sich über'geben.

'throw|·a·way **I.** *s.* Re'klamezettel *m*; **II.** *adj.* Wegwerf...: ~ *ball pen*; **'~-back** *s.* **1.** *bsd. biol.* Ata'vismus *m*, Rückkehr *f* (*to* zu); **2.** Rückschlag *m*; **3.** *Am. Film*: Rückblende *f*.

throw·er ['θrouə] *s.* **1.** Werfer(in); **2.** *Töpferei*: Dreher(in), Former(in); **3.** → *throwster.*

'throw-in *s. sport* Einwurf *m*.

throw·ing ['θrouiŋ] **I.** *s.* Werfen *n*, (*Speer- etc.*)Wurf *m*: ~ *the javelin*; **II.** *adj.* Wurf...

thrown [θroun] **I.** *p.p. von throw*; **II.** *adj.* gezwirnt: ~ *silk* Seidengarn.

'throw|-'off *s.* **1.** Aufbruch *m* (zur Jagd); **2.** *fig.* Beginn *m*; **'~-out** *s.* ⊕ **1.** Auswerfer *m*; **2.** *mot.* Ausrückvorrichtung *f*: ~ *lever* (Kupplungs-) Ausrückhebel.

throw·ster ['θroustə] *s.* Seidenzwirner(in).

thru [θru:] *Am.* → *through.*

thrum[1] [θrʌm] **I.** *v/i.* **1.** ♪ klimpern (*on* auf *dat.*); **2.** (mit den Fingern) trommeln; **II.** *v/t.* **3.** ♪ klimpern auf (*dat.*); **4.** (mit den Fingern) trommeln auf (*dat.*).

thrum[2] [θrʌm] **I.** *s.* **1.** *Weberei*: **a)** Trumm *n, m* (*am Ende der Kette*), **b)** *pl.* (Reihe *f* von) Fransen *pl.*, Saum *m*; **2.** Franse *f*; **3.** loser Faden; **4.** *oft pl.* Garnabfall *m*, Fussel *f*; **II.** *v/t.* **5.** befransen.

thrush[1] [θrʌʃ] *s. orn.* Drossel *f*.

thrush[2] [θrʌʃ] *s.* **1.** ⚕ Soor *m*, Schwämmchen *pl.*; **2.** *vet.* Strahlfäule *f*.

thrust [θrʌst] **I.** *v/t.* [*irr.*] **1.** *Waffe etc.* stoßen; **2.** *allg.* stecken, schieben: *to* ~ *o.s.* (*od. one's nose*) *in fig.* s-e Nase stecken *od.* sich einmischen in (*acc.*); *to* ~ *one's hand into one's pocket* die Hand in die Tasche stecken; *to* ~ *on et.* hastig anziehen, überstreifen; **3.** stoßen, drängen, treiben, (*a. ins Gefängnis*) werfen: *to* ~ *aside* zur Seite stoßen; *to* ~ *o.s. into* sich werfen *od.* drängen in (*acc.*); *to* ~ *out* **a)** (her-, hin)ausstoßen, **b)** *Zunge* herausstrecken, **c)** *Hand* ausstrecken; *to* ~ *s.th. upon s.o.* j-m et. aufdrängen; **4.** ~ *through j-n* durch'bohren; **5.** ~ *in Wort* einwerfen; **II.** *v/i.* [*irr.*] **6.** stoßen (*at* nach); **7.** sich *wohin* drängen *od.* schieben: *to* ~ *into* ⚔ hineinstoßen in *e-e Stellung etc.*; **III.** *s.* **8.** Stoß *m*; **9.** Hieb *m* (*a. fig.*); **10.** *allg. u.* ⊕

Druck *m*; 11. ✈, *phys.* Schub(kraft *f*) *m*; 12. ⊕, ⚠ (Seiten)Schub *m*; 13. *geol.* Schub *m*; 14. ⚔ *u. fig.* Vorstoß *m*; '**~-bear·ing** *s.* ⊕, ✈ Drucklager *n*; ~ **per·form·ance** *s.* ⊕, ✈ Schubleistung *f*; ~ **weap·on** *s.* ⚔ Stich-, Stoßwaffe *f*.

thud [θʌd] **I.** *s.* dumpfer (Auf-)Schlag, Bums *m*; **II.** *v/i.* dumpf (auf)schlagen, bumsen, dröhnen.

thug [θʌg] *s.* **1.** (Gewalt)Verbrecher *m*, Raubmörder *m*; **2.** Rowdy *m*, ‚Schläger' *m*; **3.** *fig.* Gangster *m*, Halsabschneider *m*.

thumb [θʌm] **I.** *s.* **1.** Daumen *m*: *his fingers are all ~s* er ist ein tappiger Kerl; *to turn ~s down on fig.* ablehnen, verwerfen; *under s.o.'s ~* in j-s Gewalt, unter j-s Fuchtel; → *rule* 2; **II.** *v/t.* **2.** *Buchseiten* 'durchblättern; **3.** *Buch* abgreifen, beschmutzen: (*well-*)*~ed* abgegriffen; **4.** *to ~ a lift* (*Am. ride*) F per Anhalter fahren (wollen); *to ~ a car* e-n Wagen anhalten, sich mitnehmen lassen; **5.** *to ~ one's nose at Am. j-m* e-e lange Nase machen; '**~-mark** *s.* Daumenabdruck *m*, Schmutzfleck *m*; '**~-nail I.** *s.* Daumennagel *m*; **II.** *adj. fig.* (rasch) hingeworfen: *~ sketch*; '**~-nut** *s.* ⊕ Flügelmutter *f*; '**~-print** *s.* Daumenabdruck *m*; '**~-screw** *s.* **1.** *hist.* Daumenschraube *f*; **2.** ⊕ Flügelschraube *f*; '**~-stall** *s.* Däumling *m* (*Schützer*); '**~-tack** *s. Am.* Reißnagel *m*.

thump [θʌmp] **I.** *s.* **1.** dumpfer Schlag, Bums *m*; **2.** (Faust)Schlag *m*, Puff *m*; **II.** *v/t.* **3.** schlagen auf (*acc.*), hämmern *od.* pochen gegen *od.* auf (*acc.*); *Kissen* aufschütteln; **4.** plumpsen gegen *od.* auf (*acc.*); **III.** *v/i.* **5.** (auf)schlagen, (-)bumsen (*on* auf *acc.*, *at* gegen); **6.** (laut) pochen (*Herz*); '**thump·er** [-pə] *s.* **1.** *sl.* Mordsding *n*, *e-e* ‚Wucht'; **2.** *sl.* faustdicke Lüge; '**thump·ing** [-piŋ] F **I.** *adj.* kolos'sal, Mords...; **II.** *adv.* mordsmäßig.

thun·der ['θʌndə] **I.** *s.* **1.** Donner *m* (*a. fig. Getöse*): *to steal s.o.'s ~ fig.* j-m den Wind aus den Segeln nehmen; *~s of applause* donnernder Beifall; **II.** *v/i.* **2.** donnern (*a. fig. Kanone, Zug etc.*); **3.** *fig.* wettern, mit Donnerstimme sprechen; **III.** *v/t.* **4.** *et.* donnern, brüllen; '**~-bolt** *s.* **1.** Blitz *m* (u. Donnerschlag *m*), Blitzstrahl *m* (*a. fig.*); **2.** *myth. u. geol.* Donnerkeil *m*; '**~-clap** *s.* Donnerschlag *m* (*a. fig.*); '**~-cloud** *s.* Gewitterwolke *f*.

thun·der·ing ['θʌndəriŋ] **I.** *adj.* □ **1.** donnernd (*a. fig.*); **2.** F kolos'sal, gewaltig: *a ~ lie* e-e faustdicke Lüge; **II.** *adv.* **3.** F riesig, mächtig: *~ glad*; '**thun·der·ous** [-rəs] *adj.* □ **1.** gewitterschwül; **2.** *fig.* donnernd; **3.** *fig.* gewaltig.

'**thun·der|-show·er** *s.* Gewitterschauer *m*; '**~-storm** *s.* Gewitter *n*, Unwetter *n*; '**~-struck** *adj.* (*fig.* wie) vom Blitz getroffen.

thun·der·y ['θʌndəri] *adj.* gewitterschwül.

Thu·rin·gi·an [θjuə'rindʒiən] **I.** *adj.* Thüringer(...); **II.** *s.* Thüringer(in).

Thurs·day ['θə:zdi] *s.* Donnerstag *m*: *on ~* am Donnerstag; *on ~s* donnerstags.

thus [ðʌs] *adv.* **1.** so, folgendermaßen; **2.** so'mit, also, folglich, demgemäß; **3.** so, in diesem Maße: *~ far* soweit, bis jetzt; *~ much* so viel.

thwack [θwæk] **I.** *v/t.* 'durchwalken, verprügeln, schlagen; **II.** *s.* derber Schlag, Puff *m*.

thwart [θwɔ:t] **I.** *v/t.* **1.** *Pläne etc.* durch'kreuzen, vereiteln, hinter'treiben; **2.** *j-m* entgegenarbeiten, *j-m* e-n Strich durch die Rechnung machen; **II.** *s.* **3.** ⚓ Ruderbank *f*.

thy [ðai] *adj. bibl., rhet., poet.* dein.

thyme [taim] *s.* ⚘ 'Thymian *m*.

thy·mus ['θaiməs], *a.* ~ **gland** *s. anat.* 'Thymus(drüse *f*) *m*.

thy·roid ['θairɔid] ⚕ **I.** *adj.* **1.** Schilddrüsen...; **2.** Schildknorpel...: *~ cartilage* → 4; **II.** *s.* **3.** *a. ~ gland* Schilddrüse *f*; **4.** Schildknorpel *m*.

thyr·sus ['θə:səs] *pl.* **-si** [-sai] *s. antiq. u.* ⚘ 'Thyrsus *m*.

thy·self [ðai'self] *pron. bibl., rhet., poet.* **1.** du (selbst); **2.** *dat.* dir (selbst); **3.** *acc.* dich (selbst).

ti [ti:] *s.* ♪ ti *n* (*Solmisationssilbe*).

ti·ar·a [ti'ɑ:rə] *s.* **1.** Ti'ara *f* (*Papstkrone u. fig. -würde*); **2.** Dia'dem *n*, Stirnreif *m* (*für Damen*).

tib·i·a ['tibiə] *pl.* **-ae** [-i:] *s. anat.* Schienbein *n*, 'Tibia *f*; '**tib·i·al** [-əl] *adj. anat.* Schienbein..., Unterschenkel...

tic [tik] *s.* ⚕ Tic(k) *m*, (ner'vöses) Muskel- *od.* Gesichtszucken.

tick[1] [tik] **I.** *s.* **1.** Ticken *n*: *to* (*od. on*) *the ~* (auf die Sekunde) pünktlich; **2.** F Augenblick *m*; **3.** Häkchen *n*, Vermerkzeichen *n*; **II.** *v/i.* **4.** ticken: *to ~ over mot.* leerlaufen; **III.** *v/t.* **5.** *in e-r Liste* anhaken: *to ~ off* **a)** abhaken, **b)** F *j-n* ‚zs.-stauchen', **c)** *Am. sl. der Polizei etc.* auf die Sprünge helfen.

tick[2] [tik] *s. zo.* Zecke *f*, Holzbock *m*.

tick[3] [tik] *s.* **1.** (Kissen- *etc.*)Bezug *m*; **2.** Inlett *n*, Ma'tratzenbezug *m*; **3.** F Drillich *m*.

tick[4] [tik] *s.* F Kre'dit *m*, Pump *m*: *to buy on ~* auf Pump *od.* Borg kaufen; *to go ~* Schulden machen.

tick·er ['tikə] *s.* **1.** 'Börsentele,graph *m*; **2.** *sl.* Uhr *f*.

tick·et ['tikit] **I.** *s.* **1.** (Ausweis-, Eintritts-, Lebensmittel-, Mitglieds-)Karte *f*; 🚂 *etc.* Fahrkarte *f*, -schein *m*; ✈ Flugschein *m*, Ticket *n*: *to take a ~* e-e Karte lösen; **2.** (*bsd.* Gepäck-, Pfand)Schein *m*; **3.** Lotte'rielos *n*; **4.** Eti'kett *n*, (*Preis- etc.*) Zettel *m*; **5.** *mot.* gebührenpflichtige Verwarnung; **6.** ⚓, ✈ Li'zenz *f*; **7.** *pol. bsd. Am.* **a)** (Wahl-, Kandi'daten)Liste *f*, **b)** ('Wahl-, Par'tei)Pro,gramm *n*: *to split the ~* panaschieren; *to vote a straight ~* die Liste e-r Partei unverändert wählen; **8.** *~ of leave* ⚖ *Brit.* (Schein *m* über) bedingte Freilassung auf Bewährung: *to be on ~ of leave* auf Bewährung bedingt freigelassen sein; **9.** F *das* Richtige: *that's the ~!*; **II.** *v/t.* **10.** etikettieren, kennzeichnen, *Waren* auszeichnen; '**~-col'lec·tor** *s.* 🚂 Bahnsteigschaffner *m*; '**~-day** *s. Börse*: Tag *m* vor dem Abrechnungstag; '**~-in·spec·tor** *s.* 'Fahrkartenkontrol,leur *m*; '**~-night** *s. thea.* Bene'fizvorstellung *f*; ~ **of·fice** *s. bsd. Am.* Fahrkartenschalter *m*; '**~-of-'leave man** *s.* [*irr.*] *Brit.* ⚖ bedingt Strafentlassene(r) *m*; '**~-punch** *s.* Lochzange *f*; ~ **win·dow** → *ticket office*.

tick·ing ['tikiŋ] *s.* Drell *m*, Drillich *m*.

tick·le ['tikl] **I.** *v/t.* **1.** (*a. fig. den Gaumen*) kitzeln; **2.** *fig. j-s Eitelkeit etc.* schmeicheln; **3.** *fig.* amüsieren: *I'm ~d to death* ich könnte mich totlachen (*a. iro.*); **4.** *~ up* anreizen, aufmuntern; **II.** *v/i.* **5.** kitzeln; **6.** jucken; **III.** *s.* **7.** Kitzel *m* (*a. fig.*); **8.** Juckreiz *m*; '**tick·ler** [-lə] *s.* **1.** kitzlige Sache, (schwieriges) Pro'blem; **2.** *Am.* No'tizbuch *n*; **3.** *a. ~ coil* ⚡ Rückkopplungsspule *f*; '**tick·lish** [-liʃ] *adj.* □ **1.** kitz(e)lig; **2.** *fig.* **a)** kitzlig, heikel, schwierig, **b)** empfindlich (*Person*).

tick·tack ['tik'tæk] *s.* **1.** Ticktack *n*; **2.** *sl. Rennsport*: Buchmachergehilfe *m*.

tid·al ['taidl] *adj.* **1.** Gezeiten..., den Gezeiten unter'worfen: *~ basin* ⚓ Tidebecken; *~ power-plant* Gezeitenkraftwerk; **2.** Flut...: *~ wave* Flutwelle (*a. fig.*).

tid·bit ['tidbit] *Am.* → *titbit*.

tid·dl(e)y ['tidli] *Brit. sl.* **I.** *adj.* ‚angesäuselt', beschwipst; **II.** *s.* ‚Gesöff' *n*.

tid·dly-winks ['tidliwiŋks] *s. pl.* Floh(hüpf)spiel *n*.

tide [taid] **I.** *s.* **1.** Gezeit(en *pl.*) *f*, Ebbe *f* u. 'Flut *f*: *high ~* Flut; *low ~* Ebbe; *the ~ is coming in* (*going out*) die Flut steigt (fällt); *the ~ is out* es ist Ebbe; *turn of the ~* **a)** Flutwechsel, **b)** *fig.* Umschwung; *the ~ turns fig.* das Blatt wendet sich; **2.** *fig.* Strom *m*, Strömung *f*: *~ of events der* Gang der Ereignisse; *to swim against the ~* gegen den Strom schwimmen; **3.** *fig.* rechte Zeit, günstiger Augenblick; **4.** *in Zssgn* Zeit *f*: *winter~*; **II.** *v/i.* **5.** (mit dem Strom) treiben; **6.** *~ over fig.* hin'wegkommen über (*acc.*); **III.** *v/t.* **7.** *~ over fig. j-m* hin'weghelfen über (*acc.*); '**~-gate** *s.* Flut(schleusen)tor *n*; '**~-ga(u)ge** *s.* (Gezeiten)Pegel *m*; '**~-land** *s.* Watt *n*; '**~-mark** *s.* **1.** Gezeitenmarke *f*; **2.** Pegelstand *m*; '**~-ta·ble** *s.* Gezeitentafel *f*; '**~-wait·er** *s. hist.* Hafenzollbeamte(r) *m*; '**~-wa·ter** *s.* Flut-, Gezeitenwasser *n*: *~ district* Wattengebiet; '**~-way** *s.* Priel *m*.

ti·di·ness ['taidinis] *s.* **1.** Sauberkeit *f*, Ordnung *f*; **2.** Nettigkeit *f*.

ti·dings ['taidiŋz] *s. pl. sg. od. pl. konstr.* Nachricht(en *pl.*) *f*, Neuigkeit(en *pl.*) *f*.

ti·dy ['taidi] **I.** *adj.* □ **1.** sauber, reinlich, ordentlich (*Zimmer, Person, Aussehen etc.*); **2.** nett, schmuck; **3.** *fig.* F ordentlich, beträchtlich: *a ~ penny* e-e Stange Geld; **II.** *s.* **4.** (Sofa- *etc.*)Schoner *m*; **5.** (Arbeits-, Flick- *etc.*)Beutel *m*; Fächerkasten *m*; **6.** Abfallkorb *m*; **III.** *v/t.* **7.** in Ordnung bringen, säubern, richten: *to ~ up* aufräumen; **IV.** *v/i.* **8.** *~ up* aufräumen, saubermachen.

tie [tai] **I.** *s.* **1.** (Schnür)Band *n*; **2. a)** Kra'watte *f*, **b)** Halstuch *n*; **3.** Schleife *f*, Masche *f*; **4.** *fig., pol., psych.* Bindung *f*: *~s of friendship* Bande der Freundschaft; **5.** *fig.* (lästige) Fessel, Last *f*; **6.** ⚠,

⊕ a) Verbindung(sstück *n*) *f*, b) Anker *m*, c) → *tie-beam*; **7.** 🚆 *Am.* Schwelle *f*; **8.** *parl.*, *pol.* Stimmengleichheit *f*: *to end in a* ~ stimmengleich enden; **9.** *sport* a) Punktgleichheit *f*, Gleichstand *m*, b) Unentschieden *n*, unentschiedenes Spiel, c) Ausscheidungsspiel *n*, d) Wieder'holung(sspiel *n*) *f*; **10.** ♪ Bindebogen *m*, Liga'tur *f*; **II.** *v/t.* **11.** an-, festbinden (*to* an *acc.*); **12.** binden, schnüren; *fig.* fesseln: *to* ~ *s.o.'s hands* (*tongue*) j-m die Hände (Zunge) binden; **13.** *Schleife*, *Schuhe etc.* binden; **14.** △, ⊕ verankern, befestigen; **15.** ♪ *Noten* (anein'ander)binden; **16.** (*to*) *fig. j-n* binden (an *acc.*), verpflichten (zu); **17.** hindern, hemmen; **18.** *j-n* in Anspruch nehmen (*Pflichten etc.*); **III.** *v/i.* **19.** *sport* a) gleichstehen, punktgleich sein, b) unentschieden spielen *od.* kämpfen; **20.** *parl.*, *pol.* gleiche Stimmenzahl haben, stimmengleich sein;

Zssgn mit adv.:

tie| down *v/t.* **1.** festbinden; **2.** niederhalten, fesseln; **3.** (*to*) *fig. j-n* binden (an *Pflichten*, *Regeln etc.*), *j-n* festlegen (auf *acc.*); ~ **in I.** *v/i.* (*with*) über'einstimmen (mit), passen (zu); **II.** *v/t.* (*with*) verbinden (mit), einbauen (in *acc.*); ~ **up** *v/t.* **1.** (an-, ein-, ver-, zs.-, zu)binden; **2.** *fig.* hemmen, fesseln; **3.** *fig.* lahmlegen; *Industrie*, *Produktion* stilllegen; *Vorräte etc.* blockieren; **4.** †, ⚖ festlegen: a) *Geld* fest anlegen, b) *bsd. Erbgut* e-r Verfügungsbeschränkung unter'werfen; **5.** *to tie it up Am. sl.* e-e Sache erledigen.

'tie|-bar *s.* **1.** 🚆 a) Verbindungsstange *f* (*Weiche*), b) Spurstange *f*; **2.** *typ.* Bogen *m über 2 Buchstaben*; **'~-beam** *s.* △ Zugbalken *m*, Gebindesparren *m*.

tied [taid] *adj.* † zweckgebunden; ~ **house** *s. Brit.* Braue'reigaststätte *f*.

'tie|-in sale *s.* † Kopplungsverkauf *m*; **'~-on** *adj.* zum Anbinden, Anhänge...

tier [tiə] *s.* **1.** Reihe *f*, Lage *f*: *in* ~*s* in Reihen übereinander, lagenweise; **2.** *thea.* a) (Sitz)Reihe *f*, b) Rang *m*.

tierce [tiəs] *s.* **1.** ♪, *fenc.*, *eccl.* Terz *f*; **2.** Weinfaß *n* (*mit 42 Gallonen*); **3.** [tɔːs] *Kartenspiel*: Terz *f*.

'tie-rod *s.* ⊕ **1.** Zugstange *f*; **2.** Kuppelstange *f*; **3.** 🚆 Spurstange *f*.

tiers é·tat ['tjɛərzei'tɑː] (*Fr.*) *s.* dritter Stand, Bürgertum *n*.

'tie-up *s.* **1.** Verbindung *f*; **2.** *bsd.* † a) Still-, Lahmlegung *f*, b) *Am.* Streik *m*; **3.** (*a.* Verkehrs)Stockung *f*, Stillstand *m*.

tiff [tif] *s.* kleine Meinungsverschiedenheit, Kabbe'lei *f*.

tif·fin ['tifin] *s.* Gabelfrühstück *n*.

tige [tiːʒ] (*Fr.*) *s.* **1.** △ Säulenschaft *m*; **2.** ⚘ Stengel *m*, Stiel *m*.

ti·ger ['taigə] *s.* **1.** *zo.* Tiger *m* (*a. fig. Wüterich*): *American* ~ Jaguar; **2.** *fig.* livrierter Bedienter, Page *m*; **3.** *three cheers and a* ~*! Am. sl.* hoch!, hoch!, und nochmals hoch!; **'~-cat** *s. zo.* **1.** Tigerkatze *f*; **2.** getigerte (Haus-)Katze.

ti·ger·ish ['taigəriʃ] *adj.* **1.** tigerartig; **2.** blutdürstig; **3.** wild, grausam.

tight [tait] **I.** *adj.* □ **1.** dicht, nicht leck (*Faß*, *Schiff etc.*); **2.** fest(sitzend) (*Kork*, *Knoten etc.*), stramm (*Schraube etc.*); **3.** straff, (an)gespannt (*Muskel*, *Seil etc.*); **4.** schmuck; **5.** a) (zu) eng, knapp, b) eng (anliegend) (*Kleid etc.*): ~ *fit* knapper Sitz, ⊕ Feinpassung; **6.** a) eng, dicht (gedrängt), b) *fig.* F kritisch, ‚mulmig'; → *corner* 2; **7.** prall (voll); **8.** † a) knapp (*Geld*), b) angespannt (*Marktlage*); **9.** F knick(e)rig, geizig; **10.** gedrängt (*Stil*); **11.** eng, am Kleinen klebend (*Kunst etc.*); **12.** *sl.* ‚blau', besoffen; **II.** *adv.* **13.** eng, knapp; *a.* ⊕ fest: *to hold* ~ festhalten; *to sit* ~ a) fest im Sattel sitzen, b) sich nicht (vom Fleck) rühren, c) *fig.* sich eisern behaupten, sich nicht beirren lassen; **'tight·en** [-tn] **I.** *v/t.* **1.** *a.* ~ *up* zs.-ziehen; **2.** *Schraube*, *Zügel etc.* fest-, anziehen; *Feder*, *Gurt etc.* spannen; *Gürtel* enger schnallen; *Muskel*, *Seil etc.* straffen: *to* ~ *one's grip* fester zupacken, den Druck verstärken (*a. fig.*); **3.** (ab)dichten; **II.** *v/i.* **4.** sich straffen; **5.** fester werden (*Griff*); **6.** *a.* ~ *up* sich fest zs.-ziehen; **7.** † sich versteifen (*Markt*).

'tight|-'fist·ed *adj.* knaus(e)rig; **'~-'fit·ting** *adj.* **1.** → *tight* 5; **2.** ⊕ genau an- *od.* eingepaßt, Paß...; **'~-laced** *adj.* **1.** fest geschnürt; **2.** *fig.* engherzig, puri'tanisch; **'~-lipped** *adj.* **1.** schmallippig; **2.** *fig.* verschlossen.

tight·ness ['taitnis] *s.* **1.** Dichtheit *f*; **2.** Festigkeit *f*; **3.** Straffheit *f*; **4.** Knappheit *f*; **5.** Enge *f*; **6.** Geiz *m*, Knicke'rei *f*; **7.** † a) (Geld)Knappheit *f*, b) Festigkeit *f* (*Börse*).

'tight·rope I. *s.* (Draht)Seil *n* (*Zirkus*); **II.** *adj.* (Draht)Seil...: ~ *dancer*, ~ *walker* Seiltänzer(in).

tights [taits] *s. pl.* **1.** ('Tänzer-, Ar'tisten)Tri,kot *n*; **2.** Strumpfhose *f*.

'tight·wad *s. sl.* Geizkragen *m*.

ti·gress ['taigris] *s.* **1.** Tigerin *f*; **2.** *fig.* Me'gäre *f*, (Weibs)Teufel *m*.

tike → *tyke*.

til·de ['tild] (*Span.*) *s. ling.* Tilde *f*.

tile [tail] **I.** *s.* **1.** (Dach)Ziegel *m*: *he has a* ~ *loose sl.* bei ihm ist eine Schraube locker; *to be* (*out*) *on the* ~*s sl.* ‚herumsumpfen'; **2.** ([Kunst-]Stein)Platte *f*, (Fußboden-, Wand-)Fliese *f*, (Ofen)Kachel *f*; **3.** *coll.* Ziegel *pl.*, Fliesen(fußboden *m*) *pl.*, Fliesen(ver)täfelung *f*; **4.** △ Hohlstein *m*; **5.** F a) ‚Angströhre' *f* (*Zylinder*), b) ‚Deckel' *m* (*steifer Hut*); **II.** *v/t.* **6.** (mit Ziegeln) decken; **7.** mit Fliesen *od.* Platten auslegen, kacheln; **til·er** ['tailə] *s.* **1.** Dachdecker *m*; **2.** Plattenleger *m*; **3.** Ziegelbrenner *m*; **4.** Logenhüter *m* (*Freimaurerloge*).

till¹ [til] **I.** *prp.* **1.** bis: ~ *now* bis jetzt, bisher; ~ *then* bis dahin *od.* dann *od.* nachher; **2.** bis zu: ~ *death* bis zum Tod, bis in den Tod; **3.** *not* ~ erst: *not* ~ *yesterday*; **II.** *cj.* **4.** bis; **5.** *not* ~ erst (als *od.* wenn).

till² [til] *s.* **1.** Laden(tisch)kasse *f*: ~ *money* † Kassenbestand; **2.** Geldschublade *f*.

till³ [til] ⚒ **I.** *v/t.* *Boden* bebauen, bestellen, (be)ackern; **II.** *v/i.* akkern, pflügen; **'till·a·ble** [-ləbl] *adj.* ⚒ anbaufähig; **'till·age** [-lidʒ] *s.* **1.** Bodenbestellung *f*; **2.** Ackerbau *m*; **3.** Ackerland *n*.

till·er¹ ['tilə] *s. oft* ~ *of the soil* (Acker)Bauer *m*, Pflüger *m*.

till·er² ['tilə] *s.* **1.** ⚓ Ruderpinne *f*; **2.** ⊕ Griff *m*; **'~-rope** *s.* ⚓ Steuerreep *n*.

tilt¹ [tilt] **I.** *v/t.* **1.** kippen, neigen, schrägstellen; **2.** 'umkippen, 'umstoßen; **3.** ⚓ *Schiff* krängen; **4.** ⊕ recken (*schmieden*); **5.** *hist.* a) (mit eingelegter Lanze) anreiten gegen, b) *Lanze* einlegen; **II.** *v/i.* **6.** *a.* ~ *over* a) sich neigen, kippen, b) umkippen, 'umfallen; **7.** ⚓ krängen; **8.** *hist.* im Tur'nier kämpfen: *to* ~ *at* a) anreiten gegen, b) (mit der Lanze) stechen nach, c) *fig.* losziehen gegen, attackieren; **III.** *s.* **9.** Kippen *n*: *to give a* ~ *to* → 1; **10.** Schräglage *f*, Neigung *f*: *on the* ~ auf der Kippe; **11.** *hist.* Turnier *n*, Lanzenbrechen *n*; **12.** *fig.* Strauß *m*, (Wort)Gefecht *n*; **13.** (Lanzen)Stoß *m*; **14.** (Angriffs)Wucht *f*: (*at*) *full* ~ mit voller Wucht *od.* Geschwindigkeit, in gestrecktem Galopp; *to run full* ~ *against* mit voller Wucht gegen *et.* rennen.

tilt² [tilt] **I.** *s.* (Wagen- *etc.*)Plane *f*, Verdeck *n*; **II.** *v/t.* (mit e-r Plane) bedecken.

'tilt-cart *s.* Kippwagen *m*.

tilt·er ['tiltə] *s.* **1.** (*Kohlen- etc.*)Kipper *m*, Kippvorrichtung *f*; **2.** ⊕ *Walzwerk*: Wipptisch *m*.

tilth [tilθ] → *tillage*.

tilt·ing ['tiltiŋ] *adj.* **1.** *hist.* Turnier...; **2.** *bsd.* ⊕ schwenkbar, Kipp...

'tilt-yard *s. hist.* Tur'nierplatz *m*.

tim·bal ['timbəl] *s.* ♪ *hist.* (Kessel-)Pauke *f*.

tim·ber ['timbə] **I.** *s.* **1.** Bau-, Nutzholz *n*; **2.** *coll.* (Nutzholz)Bäume *pl.*, Baumbestand *m*, Wald(bestand) *m*: ~*-forest* Hochwald; **3.** *Brit.* a) Bauholz *n*, b) Schnittholz *n*; **4.** ⚓ Inholz *n*; *pl.* Spantenwerk *n*; **5.** *Am. fig.* Holz *n*, Schlag *m*, Ka'liber *n*: *a man of his* ~; **II.** *v/t.* **6.** (ver)zimmern; **7.** *Holz* abvieren; **8.** *Graben etc.* absteifen; **III.** *adj.* **9.** Holz...; **'tim·bered** [-əd] *adj.* **1.** gezimmert; **2.** Fachwerk...; **3.** bewaldet; **'tim·ber·ing** [-əriŋ] *s.* **1.** Zimmern *n*, Ausbau *m*; **2.** ⊕ Verschalung *f*, Holzverkleidung *f*; **3.** Bau-, Zimmerholz *n*.

'tim·ber|·land *s. Am.* Waldland *n* (*für Nutzholz*); **'~-line** *s.* Baumgrenze *f*; **'~·work** *s.* ⊕ Gebälk *n*, Holzwerk *n*; **'~-yard** *s. Brit.* **1.** Zimmerplatz *m*, Bauhof *m*; **2.** *sl. Kricket*: Dreistab *m*.

tim·bre [tɛ̃ːmbr] (*Fr.*) *s.* ♪, *ling.* Klangfarbe *f*.

tim·brel ['timbrəl] *s.* Tambu'rin *n*.

time [taim] **I.** *s.* **1.** Zeit *f*: ~ *past*, *present*, *and to come* Vergangenheit, Gegenwart und Zukunft; *for all* ~ für alle Zeiten; ~ *will show* die Zeit wird es lehren; **2.** Zeit *f*, Uhr(zeit) *f*: *what's the* ~*?*, *what* ~ *is it?* wieviel Uhr *od.* wie spät ist es?; *at this* ~

of day **a)** zu dieser (späten) Tageszeit, **b)** *fig.* so spät, in diesem späten Stadium; *to bid* (*od. pass*) *s.o. the ~ of* (*the*) *day, to pass the ~ of day with s.o.* j-n grüßen; *some ~ about noon* etwa um Mittag; *this ~ tomorrow* morgen um diese Zeit; *this ~ twelve months* heute übers Jahr; *to keep good ~* richtig gehen (*Uhr*); **3.** Zeit(-dauer) *f*, Zeitabschnitt *m*, (*a. phys. Fall-, Schwingungs- etc.*)Dauer *f*; ✝ Laufzeit *f* (*Wechsel etc.*); Arbeitszeit *f im Herstellungsprozeß etc.*: *a long ~* lange Zeit; *to be a long ~ in doing s.th.* lange (Zeit) dazu brauchen, et. zu tun; **4.** Zeit(punkt *m*) *f*: *~ of arrival* Ankunftszeit; *at the ~* **a)** zu dieser Zeit, damals, **b)** gerade; *at the present ~* derzeit, gegenwärtig; *at the same ~* **a)** zur selben Zeit, gleichzeitig, **b)** gleichwohl, zugleich, andererseits; *at any ~, at all ~s* zu jeder Zeit; *at no ~* nie; *at that ~* zu der Zeit; *at one ~* einst, früher (einmal); *at some ~* irgendwann; *for the ~* für den Augenblick; *for the ~ being* **a)** vorläufig, fürs erste, **b)** unter den gegenwärtigen Umständen; **5.** *oft pl.* Zeit(alter *n*) *f*, E'poche *f*: *~ immemorial, ~ out of mind* un(vor)denkliche Zeit; *at* (*od. in*) *the ~ of Queen Anne* zur Zeit der Königin Anna; *the good old ~s* die gute alte Zeit; **6.** *pl.* Zeiten *pl.*, (Zeit)Verhältnisse *pl.*: *hard ~s*; **7.** *the ~s* die Zeit: *behind the ~s* rückständig; *to move with the ~s* mit der Zeit gehen; **8.** Frist *f*, Ter'min *m*: *~ for payment* Zahlungsfrist; *~ of delivery* ✝ Lieferfrist, -zeit; *to ask* (*for a*) *~* ✝ um Frist(verlängerung) bitten; *you must give me ~* Sie müssen mir Zeit geben *od.* lassen; **9.** (verfügbare) Zeit: *to have no ~* keine Zeit haben; *to have no ~ for s.o. fig.* nichts übrig haben für j-n; *to kill ~* die Zeit totschlagen; *to take* (*the*) *~* sich die Zeit nehmen (*to do* zu tun); *to take one's ~* sich Zeit lassen; *~ is up!* die Zeit ist um!; *~ gentlemen, please!* (es ist bald) Polizeistunde! (*Lokal*); *~! sport* Zeit! (= **a)** *anfangen!*, **b)** *aufhören!*); *~! parl.* Schluß!; → *forelock*; **10.** Lehr-, Dienstzeit *f*: *to serve one's ~* s-e Lehre machen; **11. a)** (na'türliche *od.* nor'male) Zeit, **b)** Lebenszeit *f*: *~ of life* Alter; *ahead of ~* vorzeitig; *to die before one's ~* vor der Zeit *od.* zu früh sterben; *his ~ is drawing near* sein Tod naht heran; **12. a)** Schwangerschaft *f*, **b)** Entbindung *f*, Niederkunft *f*: *she is far on in her ~* sie ist hochschwanger; *she is near her ~* sie steht kurz vor der Entbindung; **13.** (günstige) Zeit: *now is the ~* nun ist die passende Gelegenheit, jetzt gilt es (*to do* zu tun); *at such ~s* bei solchen Gelegenheiten; *to bide one's ~* (s-e Zeit) abwarten; **14.** Mal *n*: *the first ~* das erste Mal; *for the last ~* zum letzten Mal; *till next ~* bis zum nächsten Mal; *every ~* jedesmal; *many ~s* viele Male; *~ and again, ~ after ~* immer wieder; *at some other ~, at other ~s* ein anderes Mal; *at a ~* auf einmal, zusammen, zugleich, jeweils; *one at a ~* einzeln, immer nur eine(r, s); *two at a ~* zu zweit, jeweils zwei; **15.** *pl.* mal, ...mal: *three ~s four is twelve* drei mal vier ist zwölf; *twenty ~s* zwanzigmal; *four ~s the size of yours* viermal so groß wie deines; **16.** *bsd. sport* (erzielte, gestoppte) Zeit; **17. a)** Tempo *n*, Zeitmaß *n* (*beide a.* ♪), **b)** ♪ Takt *m*: *change of ~* Taktwechsel; *to beat* (*keep*) *~* den Takt schlagen (halten); **18.** ⚔ Marschtempo *n*, Schritt *m*: *to mark ~* **a)** ⚔ auf der Stelle treten (*a. fig.*), **b)** *fig.* nicht vom Fleck kommen;

Besondere Redewendungen:

against ~ gegen die Zeit *od.* Uhr, mit größter Eile; *ahead of* (*od. before*) *one's ~* s-r Zeit voraus; *all the ~* **a)** die ganze Zeit (über), ständig, **b)** jederzeit; *at ~s* zu Zeiten, gelegentlich; *at all ~s* stets, zu jeder Zeit; *at any ~* **a)** zu irgendeiner Zeit, jemals, **b)** jederzeit; *behind* (*one's*) *~* verspätet; *between ~s* in den Zwischenzeiten; *by that ~* **a)** bis dahin, unterdessen, **b)** zu der Zeit; *for a* (*od. some*) *~* e-e Zeitlang, einige Zeit; *for a long ~ past* schon seit langem; *not for a long ~* noch lange nicht; *from ~ to ~* von Zeit zu Zeit; *in ~* **a)** rechtzeitig (*to do* um zu tun), **b)** mit der Zeit, **c)** im (richtigen) Takt; *in due ~* rechtzeitig, termingerecht; *in good ~* (gerade) rechtzeitig; *all in good ~* alles zu s-r Zeit; *in one's own good ~* wenn es e-m paßt; *in no ~* im Nu, im Handumdrehen; *on ~* **a)** pünktlich, rechtzeitig, **b)** *bsd. Am.* für e-e (bestimmte) Zeit, **c)** ✝ *Am.* auf Zeit, *bsd.* auf Raten; *out of ~* **a)** zur Unzeit, unzeitig, **b)** vorzeitig, **c)** zu spät, **d)** aus dem Takt *od.* Schritt; *till such ~ as* so lange bis; *to ~* pünktlich; *to do ~* F *im Gefängnis* ‚sitzen'; *to have a good ~* es schön haben, es sich gutgehen lassen, sich gut amüsieren; *to have a hard ~* Schlimmes durchmachen; *he had a hard ~ getting up early* es fiel ihm schwer, früh aufzustehen; *to have the ~ of one's life* sich großartig amüsieren, leben wie ein Fürst; *with ~* mit der Zeit; *~ was, when* die Zeit ist vorüber, als;

II. *v/t.* **19.** (mit der Uhr) messen, (ab)stoppen, die Zeit messen von; **20.** die Zeit *od.* den richtigen Zeitpunkt wählen *od.* bestimmen für, zur rechten Zeit tun; → *timed*; **21.** zeitlich abstimmen; **22.** die Zeit festsetzen für: *is ~d to leave at 7 der Zug etc.* soll um 7 abfahren; **23.** ⊕ *Zündung etc.* einstellen; *Uhr* stellen; **24.** zeitlich regeln (*to* nach); **25.** das Tempo *od.* den Takt angeben für; **III.** *v/i.* **26.** Takt halten; **27.** zeitlich zs.- *od.* über'einstimmen (*with* mit);

'~-and-'mo·tion stud·y *s.* ⊕ 'Zeit,studie *f*; **'~-bar·gain** *s.* ✝ Zeit-, Ter'mingeschäft *n*; **'~-base** *adj.* ⚡ Kipp...; **~ bomb** *s.* Zeitbombe *f*, Bombe *f* mit Zeitzünder; **'~-card** *s.* **1.** Stech-, Stempelkarte *f*; **2.** Fahrplan *m*; **~ clock** *s.* Stech-, Stempeluhr *f*; **'~-con'sum·ing** *adj.* zeitraubend.

timed [taimd] *adj.* zeitlich (genau) festgelegt *od.* reguliert; → *ill-timed*; *well-timed*.

time| de·pos·its *s. pl.* ✝ *Am.* Termingelder *pl.*; **~ draft** *s.* ✝ Zeitwechsel *m*; **'~-ex·pired** *adj.* ⚔ *Brit.* ausgedient (*Soldat od. Unteroffizier*); **'~-ex·po·sure** *s. phot.* **1.** Zeitbelichtung *f*; **2.** Zeitaufnahme *f*; **'~-fuse** *s.* ⚔ Zeitzünder *m*; **'~-hon·o(u)red** *adj.* alt'ehrwürdig; **'~-keep·er** *s.* **1.** Zeitmesser *m*, Chrono'meter *n*; **2.** *sport* (*u.* ✝ Arbeits)Zeitnehmer *m*; **~ lag** *s. bsd.* ⊕ Verzögerung *f*, zeitliche Nacheilung; zeitliche Lücke; **'~-lapse** *adj. phot.* Zeitraff(er)...

time·less ['taimlis] *adj.* ☐ **1.** ewig; **2.** zeitlos (*a. Schönheit etc.*).

'time-'lim·it *s.* Frist *f*.

time·li·ness ['taimlinis] *s.* **1.** Rechtzeitigkeit *f*; **2.** günstige Zeit.

time| loan *s.* ✝ Darlehen *n* auf Zeit; **~ lock** *s.* ⊕ Zeitschloß *n*.

time·ly ['taimli] *adj.* **1.** rechtzeitig; **2.** (*zeitlich*) günstig, angebracht; **3.** aktu'ell.

'time|-'out *pl.* **-'outs** *s.* **1.** *Am.* ('Arbeits)Unter,brechung *f*; **2.** *sport* Auszeit *f*: *to take a ~* e-e Auszeit nehmen; **~ pay·ment** *s.* ✝ *Am.* Ratenzahlung *f*; **'~-piece** *s.* Chrono'meter *n*, Uhr *f*.

tim·er ['taimə] *s.* **1.** Zeitmesser *m* (*Apparat*); Stoppuhr *f*; *phot.* Zeitauslöser *m*; **2.** ⊕, *sport* Zeitnehmer *m* (*Person*).

'time|-sav·ing *adj.* zeit(er)sparend; **'~-serv·er** *s.* Opportu'nist(in), Achselträger(in); **'~-serv·ing I.** *adj.* opportu'nistisch, achselträgerisch; **II.** *s.* Opportu'nismus *m*, Gesinnungslumpe'rei *f*; **~ shar·ing** *s. Computer*: 'Time-sharing *n*; **~ sheet** *s.* Stech-, Stempelkarte *f*; **'~-sig·nal** *s. bsd. Radio*: Zeitzeichen *n*; **'~-stud·y man** *s.* [*irr.*] ✝, ⊕ 'Zeit,studienbeamte(r) *m*; **'~-ta·ble** *s.* **1.** Fahrplan *m*; **2.** Stundenplan *m*; **3.** ‚Fahrplan' *m*, 'Zeitta,belle *f*; **'~-work** *s.* ✝ nach Zeit bezahlte Arbeit; **'~-worn** *adj.* **1.** abgenutzt (*a. fig.*); **2.** veraltet.

tim·id ['timid] *adj.* ☐ **1.** furchtsam, ängstlich (*of* vor *dat.*); **2.** schüchtern, zaghaft; **ti·mid·i·ty** [ti'miditi], **'tim·id·ness** [-nis] *s.* **1.** Ängstlichkeit *f*; **2.** Schüchternheit *f*.

tim·ing ['taimiŋ] *s.* **1.** zeitliche Abstimmung *od.* Berechnung; **2.** Wahl *f* des richtigen Zeitpunkts; **3.** (gewählter) Zeitpunkt; **4.** ⊕, *mot.* (zeitliche) Steuerung, (*Ventil-, Zündpunkt- etc.*)Einstellung *f*.

tim·or·ous ['timərəs] *adj.* ☐ → *timid*.

Tim·o·thy ['timəθi] *npr. u. s. bibl.* (Brief *m* des Paulus an) Ti'motheus *m*.

tim·pa·nist ['timpənist] *s.* ♪ Pauker *m*; **tim·pa·no** ['timpənou] *pl.* **-ni** [-ni] *s.* Kessel-, Or'chesterpauke *f*.

tin [tin] **I.** *s.* **1.** ⚒, ⊕ Zinn *n*; **2.** (Weiß)Blech *n*; **3.** (Blech-, *bsd. Brit.* Kon'serven)Dose *f*, (-)Büchse *f*; **4.** *sl.* ‚Piepen' *pl.* (*Geld*); **II.** *adj.* **5.** zinnern, Zinn...; **6.** Blech..., blechern (*a. fig. contp.*); **III.** *v/t.* **7.** verzinnen; **8.** *Brit.* eindosen, (in Büchsen) einmachen *od.* packen, konservieren; → *tinned 2*; **'~-'can** *s.* **1.** Blechdose *f*; **2.** ⚓ *sl.* Zerstörer *m*; **3.** *sl.* ‚alter Blechkasten' (*Auto*).

tinc·ture ['tiŋktʃə] **I.** *s.* **1.** *pharm.* Tink'tur *f*; **2.** Farbe *f*; **3.** *her.* **a)** Farbe *f*, **b)** Me'tall *n*; **4.** *fig.* **a)**

Spur *f*, Beigeschmack *m*, **b**) Anstrich *m*: ~ *of education*; **II.** *v/t.* **5.** (leicht) färben; **6.** *fig.* e-n Anstrich geben (*dat.*) (*with* von); **7.** *fig.* durch'dringen (*with* mit).

tin·der ['tində] *s.* Zunder *m*; '**~-box** *s.* **1.** Zunderbüchse *f*; **2.** *fig.* Pulverfaß *n.*

tine [tain] *s.* **1.** Zinke *f*, Zacke *f* (*Gabel etc.*); **2.** *hunt.* (Geweih)Sprosse *f.*

tin| fish *s.* ⚓ *sl.* ‚Aal' *m* (*Torpedo*); **~ foil** *s.* **1.** Stanni'ol *n*; **2.** Stanni'olpaˌpier *n*; '**~-foil** *v/t.* **1.** mit Stanniol belegen; **2.** in Stanniol(papier) verpacken.

ting [tiŋ] **I.** *s.* Klingeln *n*; **II.** *v/t* klingeln mit, läuten; **III.** *v/i.* klingeln.

tinge [tindʒ] **I.** *v/t.* **1.** tönen, (leicht) färben; **2.** *fig.* e-n Anstrich geben (*dat.*): *to be ~d with* e-n Anflug haben von, et. von ... an sich haben; **II.** *v/i.* **3.** sich färben; **III.** *s.* **4.** leichter Farbton, Tönung *f*: *to have a ~ of red* e-n Stich ins Rote haben, ins Rote spielen; **5.** *fig.* Anstrich *m*, Anflug *m*, Spur *f.*

tin·gle ['tiŋgl] **I.** *v/i.* **1.** prickeln, kribbeln, beißen, brennen (*Haut, Ohren etc.*) (*with cold* vor Kälte); **2.** klingen, summen (*with* vor *dat.*): *my ears are tingling* mir klingen die Ohren; **3.** vor Erregung zittern, beben (*with* vor *dat.*): *the story ~s with suspense* die Geschichte ist spannungsgeladen; **4.** flirren (*Hitze, Licht*); **II.** *s.* **5.** Prickeln *n etc.*; **6.** Klingen *n in den Ohren*; **7.** (ner'vöse) Erregung.

tin| god *s.* Götze *m*, 'Popanz *m*, *bsd.* (kleiner) Bonze, aufgeblasener Kerl; **~ hat** *s.* ⚔ *humor.* Stahlhelm *m*; '**~horn** *Am. sl.* **I.** *adj.* **1.** kapi'talschwach; **2.** hochstaplerisch; **II.** *s.* **3.** Hochstapler *m*, kleiner Gauner.

tink·er ['tiŋkə] **I.** *s.* **1.** Kesselflicker *m*: *not worth a ~'s cuss* keinen Pfifferling wert; **2.** Pfuscher *m*, Stümper *m*; **3.** Pfusche'rei *f*: *to have a ~ at* an *et.* herumpfuschen; **II.** *v/i.* **4.** her'umbasteln, -pfuschen (*at, with* an *dat.*); **III.** *v/t.* **5.** *mst ~ up* (rasch) zs.-flicken; zu'rechtbasteln *od.* -pfuschen (*a. fig.*).

tin·kle ['tiŋkl] **I.** *v/i.* klingeln, hell (er)klingen; **II.** *v/t.* klingeln mit; **III.** *s.* Klingeln *n*, (*a. fig.* Vers-, Wort)Geklingel *n.*

tin| Liz·zie ['lizi] *s. humor.* alter Klapperkasten (*Auto*), *bsd. ein* altes 'Ford-MoˌdeIl; '**~·man** [-mən] *s.* [*irr.*] **1.** Zinngießer *m*; **2.** → *tin-smith.*

tinned [tind] *adj.* **1.** verzinnt; **2.** *Brit.* konserviert, Dosen..., Büchsen...: *~ fruit* Obstkonserven; *~ meat* Büchsenfleisch; *~ music humor.* ‚Konservenmusik'; **tin·ner** ['tinə] *s.* **1.** → *tin-smith*; **2.** Verzinner *m.*

tin·ny ['tini] *adj.* **1.** zinnern; **2.** zinnhaltig; **3.** blechern (*Klang*).

'tin|-o·pen·er *s. Brit.* Dosen-, Büchsenöffner *m*; '**~-plate** ⊕ **I.** *s.* Weiß-, Zinnblech *n*; **II.** *v/t.* verzinnen; '**~pot I.** *s.* Blechtopf *m*; **II.** *adj. sl.* minderwertig, klein.

tin·sel ['tinsəl] **I.** *s.* **1.** Flitter-, Rauschgold *n*, -silber *n*; **2.** La'metta *n*; **3.** Glitzerschmuck *m*; **4.** *fig.* Flitterkram *m*, Kitsch *m*; **II.** *adj.* **5.** Flitter...; **6.** *fig.* flitterhaft, kitschig, Flitter..., Schein...; **III.** *v/t.* **7.** mit Flitterwerk verzieren.

'tin|-smith *s.* Blechschmied *m*, Klempner *m*; **~sol·der** *s.* ⊕ Weichlot *n*, Lötzinn *n.*

tint [tint] **I.** *s.* **1.** (hellgetönte *od.* zarte) Farbe; **2.** (Farb)Ton *m*, Tönung *f*: *autumnal ~s* Herbstfärbung; *to have a bluish ~* ins Blaue spielen, e-n Stich ins Blaue haben; **3.** *paint.* Weißmischung *f*; **II.** *v/t.* **4.** (leicht) färben: *~ed glass* Rauchglas; *~ed paper* Tonpapier; **5. a**) (ab)tönen, **b**) aufhellen.

tin·tin·nab·u·la·tion ['tintinæbju'leiʃən] *s.* Geklingel *n.*

ti·ny ['taini] *adj.* winzig (*a. Geräusch etc.*).

tip¹ [tip] **I.** *s.* **1.** (Schwanz-, Stock- *etc.*)Spitze *f*, (Flügel- *etc.*)Ende *n*: *~ of the ear* Ohrläppchen; *~ of the finger (nose, tongue)* Finger- (Nasen-, Zungen)spitze; *to have s.th. at the ~s of one's fingers* et. ‚parat' haben, et. aus dem Effeff können; *I have it on the ~ of my tongue* es schwebt mir auf der Zunge; **2.** Gipfel *m*, (Berg)Spitze *f*; **3.** ⊕ spitzes Endstück, *bsd.* **a**) (*Stock- etc.*) Zwinge *f*, **b**) Düse *f*, **c**) Tülle *f*, **d**) (Schuh)Kappe *f*; **4.** Mundstück *n* (*Zigarette*); **II.** *v/t.* **5.** ⊕ mit e-r Spitze *etc.* versehen; beschlagen, bewehren; **6.** *Büsche etc.* stutzen.

tip² [tip] **I.** *s.* **1.** Neigung *f*: *to give s.th. a ~* → *3*; **2.** (Schutt- *etc.*)Abladeplatz *m*; **II.** *v/t.* **3.** kippen, neigen; → *scale² 1*; **4.** *mst ~ over* 'umkippen; **5.** *Hut* abnehmen (zum Gruß); **6.** *Brit. Müll etc.* abladen; **III.** *v/i.* **7.** sich neigen; **8.** *mst ~ over* umkippen; ✈ auf den Kopf gehen (*beim Landen*); **~ off** *v/t.* **1.** abladen; **2.** *sl. Glas Bier etc.* ‚hin'unterkippen'; **~ out I.** *v/t.* ausschütten; **II.** *v/i.* her'ausfallen; **~ o·ver** → *tip² 4 u. 8*; **~ up** *v/t. u. v/i.* **1.** hochkippen; **2.** umkippen.

tip³ [tip] **I.** *s.* **1.** Trinkgeld *n*; **2.** (Wett- *etc.*)Tip *m*: *the straight ~* der richtige Tip; **3.** Tip *m*, Wink *m*, Fingerzeig *m*, Rat *m*; **II.** *v/t.* **4.** *j-m* ein Trinkgeld geben; **5.** F *j-m* e-n Tip *od.* Wink geben: *to ~ s.o. off* j-m (rechtzeitig) e-n Tip geben, j-n warnen; **6.** *sport* tippen auf (*acc.*); **III.** *v/i.* **7.** Trinkgeld(er) geben.

tip⁴ [tip] **I.** *s.* Klaps *m*; leichte Berührung; **II.** *v/t.* leicht schlagen; antippen, antupfen.

tip| and run *s. Art* Schlagballspiel *n*; '**~-and-'run** *adj. fig.* Überraschungs..., blitzschnell: *~ raider* ⚔ Einbruchsflieger; '**~-car**, '**~-cart** *s.* Kippwagen *m*; '**~-cat** *s.* Spatzeck *n* (*Kinderspiel*).

'tip-off *s.* rechtzeitiger Wink, Tip *m.*

tipped [tipt] *adj.* **1.** mit e-m Endstück *od.* e-r Zwinge, Spitze *etc.* versehen; **2.** mit Mundstück (*Zigarette*).

tip·per ['tipə] *s.* ⊕ Kippwagen *m.*

tip·pet ['tipit] *s.* **1.** Pele'rine *f*, (her'abhängender) Pelzkragen; **2.** *eccl.* (Seiden)Halsband *n*, (-)Schärpe *f.*

tip·ple ['tipl] **I.** *v/t. u. v/i.* zechen, picheln; **II.** *s.* (alko'holisches) Getränk; '**tip·pler** [-lə] *s.* (Quar'tais-) Säufer *m*, Zechbruder *m.*

tip·si·fy ['tipsifai] *v/t.* beduseln; '**tip·si·ness** [-inis] *s.* Beschwipstheit *f.*

'tip·staff *pl.* **-staves** *s.* **1.** *hist.* Amtsstab *m*; **2.** Gerichtsdiener *m.*

tip·ster ['tipstə] *s.* F *bsd. Rennsport u. Börse*: (berufsmäßiger) Tipgeber, (Wett)Berater *m.*

tip·sy ['tipsi] *adj.* □ **1.** angeheitert, beschwipst; **2.** wack(e)lig, torkelnd; '**~-cake** *s. mit Wein getränkter u. mit Eiercreme servierter Kuchen.*

'tip|-tilt·ed *adj.*: *~ nose* Stupsnase; '**~·toe I.** *s.*: *on ~* **a**) auf den Zehenspitzen, **b**) *fig.* neugierig, gespannt (*with* vor *dat.*); **II.** *adj. u. adv.* → *I*; **III.** *v/i.* auf den Zehenspitzen gehen, schleichen; '**~'top I.** *s.* Gipfel *m*, Höhepunkt *m* (*a. fig.*); **II.** *adj. u. adv.* F 'tipp'topp, erstklassig; '**~-up** *adj.* aufklappbar: *~ seat* Klappsitz.

ti·rade [tai'reid] *s.* **1.** Ti'rade *f*, Wortschwall *m*; **2.** 'Schimpfkanoˌnade *f.*

tire¹ ['taiə] **I.** *v/t.* ermüden (*a. fig. langweilen*): *to ~ out* erschöpfen; *to ~ to death* **a**) todmüde machen, **b**) *fig.* zum Sterben langweilen; **II.** *v/i.* müde werden: **a**) ermüden, ermatten, **b**) *fig.* 'überdrüssig werden (*of gen.*, *of doing* zu tun).

tire² ['taiə] *mot.* **I.** *s.* (Rad-, Auto-) Reifen *m*; **II.** *v/t.* bereifen.

tire³ ['taiə] *obs.* **I.** *v/t.* schmücken; **II.** *s.* **a**) (Kopf)Putz *m*, Schmuck *m*, **b**) Kleidung *f.*

tire| cas·ing *s. mot.* (Reifen)Mantel *m*, (-)Decke *f*; **~ chain** *s. mot.* Schneekette *f.*

tired¹ ['taiəd] *adj.* **1.** müde: **a**) ermüdet (*by, with* von): *~ to death* todmüde, **b**) 'überdrüssig (*of gen.*); *I am ~ of it fig.* ich habe es satt; **2.** erschöpft, verbraucht; **3.** abgenutzt.

tired² ['taiəd] *adj.* ⊕, *mot.* bereift.

tired·ness ['taiədnis] *s.* **1.** Müdigkeit *f*; **2.** 'Überdruß *m.*

tire| ga(u)ge *s. mot.* Reifendruckmesser *m*; **~ grip** *s.* ⊕ (Reifen-) Griffigkeit *f.*

tire·less¹ ['taiəlis] *adj.* ⊕ unbereift.

tire·less² ['taiəlis] *adj.* □ unermüdlich; '**tire·less·ness** [-nis] *s.* Unermüdlichkeit *f.*

tire| le·ver *s. mot.* ('Reifen)Monˌtierhebel *m*; **~ marks** *s. pl. mot.* Reifen-, Bremsspur(en *pl.*) *f*; **~ rim** *s.* ⊕ Reifenwulst *m.*

tire·some ['taiəsəm] *adj.* □ **1.** ermüdend (*a. fig.*); **2.** *fig.* unangenehm, lästig.

'tire·wom·an *s.* [*irr.*] *obs.* **1.** Kammerzofe *f*; **2.** *thea.* Garderobi'ere *f.*

ti·ro → *tyro.*

Tir·o·lese [tirə'li:z] **I.** *adj.* ti'rolerisch, ti'rolisch, Tiroler(...); **II.** *s.* Ti'roler(in).

'T-i·ron *s.* ⊕ T-Eisen *n.*

tis·sue ['tisju:; 'tiʃu:] *s.* **1.** *biol.* (Zell-, Muskel- *etc.*)Gewebe *n*; **2.** ✝ feines Gewebe, Flor *m*; **3.** *a. ~-paper* 'Seidenpaˌpier *n*; **4.** *phot.* 'Kohlepaˌpier *n*; **5.** *fig.* (*Lügen- etc.*)Gewebe *n*, Netz *n.*

tit¹ [tit] *s. orn.* Meise *f.*

tit² [tit] *s.*: *~ for tat* **wie du mir, so ich dir**; *to give s.o. ~ for tat* **j-m mit gleicher Münze heimzahlen.**

tit³ [tit] → *teat.*

Ti·tan ['taitən] *s.* Ti'tan(e) *m*;

'Ti·tan·ess [-tənis] *s.* Ti'tanin *f*; **ti·tan·ic** [tai'tænik] *adj.* **1.** ti'tanisch, gi'gantisch; **2.** ⚗ Titan...: ~ *acid*; **ti·ta·ni·um** [tai'teinjəm] *s.* ⚗ Ti'tan *n.*

tit·bit ['titbit] *s.* Leckerbissen *m* (*a. fig.*).

tith·a·ble ['taiðəbl] *adj.* zehntpflichtig.

tithe [taið] **I.** *s.* **1.** *oft pl. bsd. eccl.* Zehnte *m*; **2.** Zehntel *n*: *not a* ~ *of it fig.* nicht ein bißchen davon; **II.** *v/t.* **3.** den Zehnten bezahlen von; **4.** den Zehnten erheben von.

tit·il·late ['titileit] *v/t. u. v/i.* kitzeln (*a. fig. angenehm erregen*); **tit·il·la·tion** [titi'leiʃən] *s.* **1.** Kitzeln *n*; **2.** *fig.* Kitzel *m.*

tit·i·vate ['titiveit] *v/t. u. v/i. humor.* (sich) feinmachen, (sich) schniegeln.

tit·lark ['titlɑ:k] *s. orn.* Pieper *m.*

ti·tle ['taitl] *s.* **1.** (*Buch- etc.*)Titel *m*; **2.** (Ka'pitel- *etc.*)Überschrift *f*; **3.** (Haupt)Abschnitt *m e-s Gesetzes etc.*; **4.** *Film*: 'Untertitel *m*; **5.** Bezeichnung *f*; **6.** (Adels-, Ehren-, Amts-)Titel *m*: ~ *of nobility* Adelsprädikat; **7.** *sport* Titel *m*; **8.** ⚖ **a)** Rechtstitel *m*, -anspruch *m*, Recht *n* (*to* auf *acc.*), **b)** dingliches Eigentum(srecht) (*to* an *dat.*), **c)** Eigentumsurkunde *f*; **9.** *allg.* Recht *n* (*to* auf *acc.*), Berechtigung *f* (*to do* zu tun); **10.** Buchrücken *m*; **'ti·tled** [-ld] *adj.* **1.** betitelt, tituliert; **2.** ad(e)lig.

'ti·tle|-deed → *title* 8 c; **'~-hold·er** *s.* **1.** ⚖ (Rechts)Titelinhaber(in); **2.** *sport* Titelhalter(in), -verteidiger(in); **'~-page** *s.* Titelblatt *n*; **'~-role** *s. thea.* Titelrolle *f.*

tit·ling ['titliŋ] *s. Brit.* → *titlark.*

'tit·mouse *s.* [*irr.*] *orn.* Meise *f.*

ti·trate ['titreit] *v/t. u. v/i.* ⚗ titrieren.

tit·ter ['titə] **I.** *v/i.* kichern; **II.** *s.* Gekicher *n*, Kichern *n.*

tit·tle ['titl] *s.* **1.** Pünktchen *n*, (*bsd.* I-)Tüpfelchen *n*; **2.** *fig.* Tüttelchen *n*, *das* bißchen: *to a* ~ aufs I-Tüpfelchen *od.* Haar, ganz genau; *not a* ~ *of it* nicht ein Iota (davon).

'tit·tle-tat·tle I. *s.* **1.** Schnickschnack *m*, Geschwätz *n*; **2.** Klatsch *m*, Tratsch *m*; **II.** *v/i.* **3.** schnickschnacken, schwätzen; **4.** tratschen.

tit·u·lar ['titjulə] **I.** *adj.* □ **1.** Titel...; **2.** Titular..., nomi'nell: ~ *king* Titularkönig; **II.** *s.* **3.** Titu'lar *m.*

Ti·tus ['taitəs] *npr. u. s. bibl.* (Brief *m* des Paulus an) Titus *m.*

to [tu:; *im Satz mst* tu; *vor Konsonanten* tə] **I.** *prp.* **1.** *Grundbedeutung*: zu; **2.** *Richtung u. Ziel, räumlich*: zu, nach, an (*acc.*), in (*acc.*), auf (*acc.*), vor: ~ *bed* zu Bett *gehen*; ~ *London* nach London *reisen etc.*; ~ *school* in die Schule *gehen*; ~ *the ground* auf den *od.* zu Boden *fallen, werfen etc.*; ~ *the station* zum Bahnhof; ~ *the wall* an die Wand *nageln etc.*; ~ *the right* auf der rechten Seite, rechts; *back* ~ *back* Rücken an Rücken; **3.** F in (*dat.*): *I have never been* ~ *London*; **4.** *Richtung, Ziel, Zweck, Wirkung*: zu, auf (*acc.*), an (*acc.*), in (*acc.*), für, gegen: *to pray* ~ *God* zu Gott beten; *our duty* ~ unsere Pflicht *j-m* gegenüber; ~ *dinner* zum Essen *einladen etc.*; ~ *death* zu Tode *prügeln etc.*, zum Tode *verurteilen*; ~ *my surprise* zu m-r Überraschung; *pleasant* ~ *the ear* angenehm für das Ohr; *here's* ~ *you!* F (auf) Ihre Gesundheit!, Prosit!; *what is that* ~ *you?* was geht das Sie an?; ~ *a large audience* vor e-m großen Publikum *spielen*; **5.** *Zugehörigkeit*: zu, in (*acc.*), für, auf (*acc.*): *cousin* ~ Vetter des *Königs etc.*, der *Frau N.*, von *N.*; *he is a brother* ~ *her* er ist ihr Bruder; *secretary* ~ Sekretär des ..., *j-s* Sekretär; *that is all there is* ~ *it* das ist alles; *a cap with a tassel* ~ *it* e-e Mütze mit e-r Troddel (daran); *a room* ~ *myself* ein eigenes Zimmer; *a key* ~ *the trunk* ein Schlüssel für den (*od.* zum) Koffer; **6.** *Gemäßheit*: nach: ~ *my feeling* m-m Gefühl nach; *not* ~ *my taste* nicht nach m-m Geschmack; **7.** (im Verhältnis *od.* Vergleich) zu, gegen, gegen'über, auf (*acc.*), mit: *you are but a child* ~ *him* Sie sind nur ein Kind gegen ihn; *nothing* ~ nichts im Vergleich zu; *five* ~ *one* fünf gegen eins, *sport etc.* fünf zu eins; *three* ~ *the pound* drei auf das Pfund; **8.** *Ausmaß, Grenze*: bis, (bis) zu, (bis) an (*acc.*), auf (*acc.*), in (*dat.*): ~ *the clouds*; *goods* ~ *the value of* Waren im Werte von; *to love* ~ *craziness* bis zum Wahnsinn lieben; **9.** *zeitliche Ausdehnung od. Grenze*: bis, bis zu, bis gegen, auf (*acc.*), vor (*dat.*): *a quarter* ~ *one* ein Viertel vor eins; *from three* ~ *four* von drei bis vier (Uhr); ~ *this day* bis zum heutigen Tag; ~ *the minute* auf die Minute (genau); **10.** *Begleitung*: zu, nach: ~ *a guitar* zu e-r Gitarre *singen*; ~ *a tune* nach e-r Melodie *tanzen*; **11.** *zur Bildung des (betonten) Dativs*: ~ *me, you etc.* mir, dir, Ihnen *etc.*; *it seems* ~ *me* es scheint mir; *she was a good mother* ~ *him* sie war ihm e-e gute Mutter; **12.** *zur Bezeichnung des Infinitivs*: ~ *be or not* ~ *be* sein oder nicht sein; ~ *go* gehen; *I want* ~ *go* ich möchte gehen; *easy* ~ *understand* leicht zu verstehen; *years* ~ *come* künftige Jahre; *I want her* ~ *come* ich will, daß sie kommt; **13.** *Zweck, Absicht*: um zu, zu: *he only does it* ~ *earn money* er tut es nur, um Geld zu verdienen; **14.** *zur Verkürzung des Nebensatzes*: *I weep* ~ *think of it* ich weine, wenn ich daran denke; *he was the first* ~ *arrive* er kam als erster; ~ *be honest, I should decline* wenn ich ehrlich sein soll, muß ich ablehnen; ~ *hear him talk* wenn man ihn (so) reden hört; **15.** *zur Andeutung e-s aus dem vorhergehenden zu ergänzenden Infinitivs*: *I don't go because I don't want* ~ ich gehe nicht, weil ich nicht (gehen) will; **II.** *adv.* [tu:] **16.** zu, geschlossen: *to pull the door* ~ die Tür zuziehen; **17.** *bei verschiedenen Verben*: dran; → *fall to, put to etc.*; **18.** zu Bewußtsein *od.* zu sich *kommen, bringen*; **19.** ⚓ nahe am Wind: *keep her* ~!; **20.** ~ *and fro* **a)** hin u. her, **b)** auf u. ab.

toad [toud] *s.* **1.** *zo.* Kröte *f*; **2.** Kröte *f*, Ekel *n* (*Person*); **3.** ~ *in a* (*od. the*) *hole* Fleischpastete; **'~-eat·ing I.** *s.* Speichellecke'rei *f*; **II.** *adj.* speichelleckerisch; **'~-flax** *s.* ♀ Leinkraut *n*; **'~-stool** *s. bot.* **1.** (größerer Blätter)Pilz; **2.** Giftpilz *m.*

toad·y ['toudi] **I.** *s.* Speichellecker *m*; **II.** *v/i.* (*v/t.* vor *j-m*) kriechen *od.* schar'wenzeln; **'toad·y·ism** [-iizəm] *s.* Speichellecke'rei *f.*

toast[1] [toust] **I.** *s.* **1.** Toast *m*, geröstete (Weiß)Brotschnitte: *to have s.o. on* ~ *Brit. sl.* j-n ganz in der Hand haben; **II.** *v/t.* **2.** *Brotschnitten etc.* rösten; **3.** *Füße etc.* wärmen; **III.** *v/i.* **4.** rösten, sich bräunen; **5.** sich gründlich wärmen.

toast[2] [toust] **I.** *s.* **1.** Trinkspruch *m*, Toast *m*: *to propose the* ~ *of s.o.* e-n Toast auf j-n ausbringen; **2.** gefeierte Per'son; **II.** *v/t.* **3.** toasten *od.* trinken auf (*acc.*); **III.** *v/i.* **4.** toasten (*to* auf *acc.*).

toast·er ['toustə] *s.* Brotröster *m.*

'toast-mas·ter *s.* Toastmeister *m.*

to·bac·co [tə'bækou] *pl.* **-cos** *s.* **1.** *a.* ~-*plant* 'Tabak(pflanze *f*) *m*; **2.** ('Rauch- *etc.*)Tabak *m*: ~ *heart* ⚕ Nikotinherz; **to'bac·co·nist** [-kənist] *s.* 'Tabakhändler *m*: ~*'s* (*shop*) Tabak(waren)laden.

to·bog·gan [tə'bɔgən] **I.** *s.* **1.** To'boggan *m* (*Indianerschlitten*); **2.** (Rodel)Schlitten *m*; **II.** *v/i.* **3.** rodeln; **~-slide** *s.* Rodelbahn *f.*

to·by ['toubi] *s. a.* ~ *jug* Bierkrug *m in Form e-s Mannes*; ~ **col·lar** *s.* Halskrause *f.*

to·co ['toukou] *s. Brit. sl.* ‚Keile' *f*, Prügel *pl.*

toc·sin ['tɔksin] *s.* **1.** A'larm-, Sturmglocke *f*; **2.** A'larm-, 'Warnsignal *n.*

to·day, *a.* **to-day** [tə'dei] **I.** *adv.* **1.** heute; **2.** heute, heutzutage; **II.** *s.* **3.** heutiger Tag: ~*'s paper* die heutige Zeitung, die Zeitung von heute; ~*'s rate* ✝ Tageskurs; **4.** *das* Heute, heutige Zeit, Gegenwart *f*: *of* ~ von heute, der Gegenwart.

tod·dle ['tɔdl] **I.** *v/i.* **1.** watscheln (*bsd. kleine Kinder*); **2.** F (da'hin-)zotteln: *to* ~ *off* sich trollen, ‚abhauen'; **II.** *s.* **3.** Watscheln *n*; **4.** F Bummel *m*; **5.** F → *toddler*; **'toddler** [-lə] *s.* ‚Taps' *m*, kleines Kind.

tod·dy ['tɔdi] *s. Art* Grog *m.*

to-do [tə'du:] *s.* F **1.** Lärm *m*; **2.** Ge'tue *n*, ‚Wirbel' *m*, ‚The'ater' *n*: *to make much* ~ *about s.th.* viel Wind um e-e Sache machen.

toe [tou] **I.** *s.* **1.** *anat.* Zehe *f*: *on one's* ~*s* F ‚auf Draht'; *to turn one's* ~*s in* (*out*) einwärts (auswärts) gehen; *to turn up one's* ~*s sl.* ins Gras beißen; *to tread on s.o.'s* ~*s* F *fig.* ‚j-m auf die Hühneraugen treten'; **2.** Vorderhuf *m* (*Pferd*); **3.** Spitze *f*, Kappe *f von Schuhen, Strümpfen etc.*; **4.** ⊕ **a)** (Well)Zapfen *m*, **b)** Nocken *m*, Daumen *m*, **c)** 🚂 Keil *m* (*Weiche*); **5.** *sport* Löffel *m* (*Golfschläger*); **II.** *v/t.* **6.** **a)** *Strümpfe* mit neuen Spitzen versehen, **b)** *Schuhe* bekappen; **7.** mit den Zehen berühren: *to* ~ *the line* **a)** *a. to* ~ *the mark* (*od. scratch*) in e-r Reihe (*sport* zum Start) antreten, **b)** *pol.* sich der Parteilinie unterwerfen, ‚spuren' (*a. weitS. gehorchen*); **8.** *Ball etc.* spitzeln; **9.** *sl. j-m* e-n (Fuß)Tritt versetzen; **10.** *Golf*: *Ball* mit dem Löffel schlagen; **'~-cap** *s.* (Schuh-)Kappe *f.*

-toed [toud] *in Zssgn* ...zehig.
'**toe**|-**danc·er** *s.* Spitzentänzer(in); '~-**hold** *s.* **1.** Halt *m* für die Zehen (*beim Klettern*); **2.** *fig.* **a)** Brückenkopf *m*, schwache Positi'on, **b)** Ansatzpunkt *m*; **3.** *Ringen*: Zehengriff *m*; '~-**nail** *s.* Zehennagel *m*.
toff [tɔf] *s. Brit. sl.* feiner Pinkel, Fatzke *m*.
tof·fee, tof·fy ['tɔfi] *s. Brit.* 'Sahnebon,bon *m*, *n*: *he can't shoot for* ~ *sl.* vom Schießen hat er keine Ahnung.
tog [tɔg] *sl.* **I.** *v/t. mst* ~ *out* ausstaffieren, anziehen; **II.** *s. pl.* ‚Kluft' *f* (*Kleidung*): *golf* ~*s* Golfdreß.
to·geth·er [tə'geðə] *adv.* **1.** zu'sammen: *to call (sew)* ~ zs.-rufen (-nähen); **2.** zu-, bei'sammen, mitein'ander, gemeinsam; **3.** zusammen (genommen); **4. a)** mitein'ander, **b)** gegenein'ander: *to fight* ~ mit *od.* gegeneinander kämpfen; **5.** zu'gleich, gleichzeitig, zusammen; **6.** *Tage etc.* nach-, hintereinander, *e-e Zeit* lang *od.* hin'durch: *he talked for hours* ~ er sprach stundenlang; **7.** ~ *with* zusammen *od.* gemeinsam mit, mit(samt); **to'geth·er·ness** [-nis] *s. bsd. Am.* Zs.-gehörigkeitsgefühl *n*, Gemeinschaft *f der Familie etc.*
tog·ger·y ['tɔgəri] *s.* F ‚Kle'dage' *f*, ‚Kluft' *f* (*Kleidung*).
tog·gle ['tɔgl] **I.** *s.* **1.** ⊕, ⚓ Knebel *m*; **2.** *a.* ~-*joint* ⊕ Knebel-, Kniegelenk *n*; **II.** *v/t.* **3.** ein-, festknebeln; '~-**switch** *s.* ⚡ Kippschalter *m*.
toil[1] [tɔil] *s. mst pl. fig.* Schlingen *pl.*, Netz *n*: *in the* ~*s of* **a)** in den Schlingen *od.* Fängen des *Satans etc.*, **b)** in *Schulden etc.* verstrickt.
toil[2] [tɔil] **I.** *s.* (mühselige) Arbeit, Mühe *f*, Plage *f*, Placke'rei *f*; **II.** *v/i.* sich abmühen *od.* plagen *od.* quälen (*at, on* mit): *to* ~ *up a hill* e-n Berg mühsam erklimmen; '**toil·er** [-lə] *s. fig.* Arbeitspferd *n*, Schwerarbeiter *m*.
toi·let ['tɔilit] *s.* **1.** Toi'lette *f*: **a)** Ankleideraum *m*, **b)** Waschraum *m*, Badezimmer *n*, **c)** Klo'sett *n*, **d)** Toi'lettentisch *m*; **2.** Toilette *f* (*Ankleiden etc.*): *to make one's* ~ Toilette machen; **3.** Toilette *f*, Kleidung *f*, *a.* (Abend)Kleid *n od.* (Gesellschafts)Anzug *m*; '~-**case** *s.* 'Reiseneces,saire *n*; '~-**pa·per** *s.* Toi'letten-, Klo'settpa,pier *n*; ~ **pow·der** *s.* Körperpuder *m*; '~-**set** *s.* Toi'lettengarni,tur *f*; ~ **soap** *s.* Toi'lettenseife *f*; '~-**ta·ble** → *toilet 1d.*
toil·ful ['tɔilful], '**toil·some** [-səm] *adj.* □ mühsam, -selig; '**toil·some·ness** [-səmnis] *s.* Mühseligkeit *f*.
'**toil-worn** *adj.* abgearbeitet.
To·kay [tou'kei] *s.* To'kaier *m* (*Wein*).
to·ken ['toukən] **I.** *s.* **1.** Zeichen *n*: **a)** Anzeichen *n*, Merkmal *n*, **b)** Beweis *m*: *as a (od. in)* ~ *of* als *od.* zum Zeichen (*gen.*); *by the same* ~ **a)** aus dem gleichen Grunde, mit demselben Recht, umgekehrt, **b)** ferner, überdies; **2.** Andenken *n*, (Erinnerungs)Geschenk *n*; **3.** *hist.* Scheidemünze *f*; **4.** Gutschein *m*; **II.** *adj.* **5.** nomi'nell: ~ *payment* Anerkennungszahlung; **6.** Schein...: ~ *raid* Scheinangriff; ~ **mon·ey** *s.* **1.** Not-, Ersatzgeld *n*; **2.** Scheidemünze *f*; ~ **strike** *s.* Warnstreik *m*.
told [tould] *pret. u. p.p. von tell.*
tol·er·a·ble ['tɔlərəbl] *adj.* □ **1.** erträglich; **2.** *fig.* leidlich, mittelmäßig, erträglich; **3.** F einigermaßen gesund, ziemlich wohl; '**tol·er·a·ble·ness** [-nis] *s.* Erträglichkeit *f*; '**tol·er·ance** [-rəns] *s.* **1.** Tole'ranz *f*, Duldsamkeit *f*; **2.** (*of*) **a)** Duldung *f* (*gen.*), **b)** Nachsicht *f* (mit); **3.** ⚕ Toleranz *f*, 'Widerstandsfähigkeit *f*; **4.** ⊕ Toleranz *f*, zulässige Abweichung, Spiel *n*, Fehlergrenze *f*; '**tol·er·ant** [-rənt] *adj.* □ **1.** tole'rant, duldsam (*of* gegen); **2.** geduldig, nachsichtig; **3.** ⚕ 'widerstandsfähig (*of* gegen); **tol·er·ate** ['tɔləreit] *v/t.* **1.** *et.* dulden, leiden, zulassen, tolerieren; **2.** duldsam *od.* tolerant sein gegen; **3.** *et.*, *j-s Gesellschaft* ertragen; **4.** *bsd.* ⚕ vertragen; **tol·er·a·tion** [tɔlə'reiʃən] *s.* **1.** Duldung *f*; **2.** → *tolerance 1.*
toll[1] [toul] **I.** *v/t.* **1.** *bsd. Totenglocke* läuten, erschallen lassen; **2.** *Stunde* schlagen; **3.** (durch Glockengeläut) verkünden; **II.** *v/i.* **4. a)** läuten, schallen, **b)** schlagen (*Glocke*); **III.** *s.* **5.** Geläut *n*; **6.** Glockenschlag *m*.
toll[2] [toul] *s.* **1.** (Straßen-, Wege-, Brücken)Zoll *m*, Maut *f*; **2.** Standgeld *n*; **3.** Mahlgeld *n*: *to take* ~ *of fig.* et. einbehalten von; → *5*; **4.** → *toll-call*; **5.** *fig.* Tri'but *m an Menschenleben etc.*, (Blut)Zoll *m*, (Zahl *f* der) Todesopfer *pl.*: *the* ~ *of the road* die Verkehrsopfer *od.* -unfälle; *to take (a od. its)* ~ *of j-n* arg mitnehmen; → *3*; *to take* ~ *of 100 lives* 100 Todesopfer fordern (*Katastrophe*); '~-**bar** → *toll-gate*; '~-**call** *s. teleph.* **1.** *bsd. Am.* Ferngespräch *n*; **2.** Nahverkehrsgespräch *n*; ~ **ex·change** *s. teleph.* **1.** *bsd. Am.* Fernamt *n*; **2.** Nahverkehrsamt *n*; '~-**gate** *s.* Schlagbaum *m* (*Mautstraße*); '~-**house** *s.* Maut(-stelle) *f*; ~ **line** *s. teleph.* **1.** *bsd. Am.* Fernleitung *f*: ~ *dial(l)ing* Selbstwählfernverkehr; **2.** Nahverkehrsleitung *f*; ~ **road** *s.* gebührenpflichtige Straße, Mautstraße *f*.
tol·u·ene ['tɔljuiːn], '**tol·u·ol** [-juɔl] *s.* ⚗ Tolu'ol *n*.
tom [tɔm] *s.* **1.** Männchen *n kleinerer Tiere*: ~ *turkey* Truthahn, Puter; **2.** Kater *m*; **3.** ♀ *abbr. für Thomas*: ♀ *and Jerry Am.* Eiergrog; ♀, *Dick, and Harry* Hinz u. Kunz; ♀ *Thumb* Däumling.
tom·a·hawk ['tɔməhɔːk] **I.** *s.* Tomahawk *m* (*Streitaxt der Indianer*): *to bury the* ~ *fig.* das Kriegsbeil begraben; **II.** *v/t.* mit dem Tomahawk (er)schlagen.
to·ma·to [tə'mɑːtou] *pl.* **-toes** *s.* ⚘ To'mate *f*.
tomb [tuːm] *s.* **1.** Grab(stätte *f*) *n*; **2.** Grabmal *n*, Gruft *f*, Mauso'leum *n*; **3.** *fig.* Grab *n*, Tod *m*.
tom·bac, tom·bak ['tɔmbæk] *s. metall.* Tombak *m*.
tom·bo·la ['tɔmbələ] *s.* 'Tombola *f*.
tom·boy ['tɔmbɔi] *s.* Wildfang *m*, Range *f* (*Mädchen*); '**tom·boy·ish** [-bɔiiʃ] *adj.* ausgelassen, wild.
'**tomb·stone** *s.* Grabstein *m*.
'**tom·cat** *s.* Kater *m*.
tome [toum] *s.* **1.** Band *m e-s Werkes*; **2.** (dicker) Wälzer (*Buch*).
tom·fool ['tɔm'fuːl] **I.** *s.* Einfaltspinsel *m*, Narr *m*; **II.** *v/i.* den Narren spielen, albern; **tom·fool·er·y** [tɔm'fuːləri] *s.* Narre'tei *f*, Albernheit *f*, Unsinn *m*.
tom·my ['tɔmi] *s.* **1. a)** *a.* ♀ *Atkins* Tommy *m* (*brit. Soldat*), **b)** *a.* ♀ *sl.* Tommy *m*, *brit.* Landser *m* (*einfacher Soldat*); **2.** ✝ **a)** Natu'ralien *pl.* (*an Stelle von Geldlohn*), **b)** → *tommy system*; **3.** ⚔ *sl.* ‚Fres'salien' *pl.*, Verpflegung *f*; **4.** ⊕ **a)** (verstellbarer) Schraubenschlüssel, **b)** Schraubenhebel *m*; '~-**gun** *s.* ⚔ Ma'schinenpi,stole *f*; ~ **rot** *s. sl.* (purer) Blödsinn, Quatsch *m*; ~ **sys·tem** *s.* ✝ *hist.* 'Trucksy,stem *n* (*Lohnzahlung in Form von Waren*).
to·mor·row, *a.* **to-mor·row** [tə'mɔrou] **I.** *adv.* morgen: ~ *week* morgen in e-r Woche *od.* acht Tagen; ~ *morning* morgen früh; ~ *night* morgen abend; **II.** *s. der* morgige Tag, *das* Morgen: ~*'s paper* die morgige Zeitung; ~ *never comes* das werden wir nie erleben; *the day after* ~ übermorgen.
'**tom'tit** *s. orn.* (Blau)Meise *f*.
ton[1] [tʌn] *s.* **1.** *engl.* Tonne *f* (*Gewicht*): **a)** *a. long* ~ *bsd. Brit.* = *2240 lbs. od. 1016,05 kg*, **b)** *a. short* ~ *bsd. Am.* = *2000 lbs. od. 907,18 kg*, **c)** *a. metric* ~ metrische Tonne (= *2205 lbs. od. 1000 kg*); **2.** ⚓ Tonne *f* (*Raummaß*): **a)** *register* ~ Registertonne (= *100 cubic feet od. 2,83 m³*), **b)** *gross register* ~ Bruttoregistertonne (*Schiffsgrößenangabe*); **3.** *to weigh (half) a* ~ F sehr schwer sein; **4.** *pl. e-e* Unmenge (*of money* Geld): ~*s of times* ‚tausendmal'.
ton[2] [tɔ̃ːŋ] (*Fr.*) *s.* **1.** *die* (herrschende) Mode; **2.** Ele'ganz *f*: *in the* ~ modisch, elegant.
ton·al ['tounl] *adj.* □ ♪ **1.** Ton..., tonlich; **2.** to'nal; **to·nal·i·ty** [tou'næliti] *s.* **1.** ♪ **a)** Tonali'tät *f*, Tonart *f*, **b)** 'Ton-, 'Klangcha,rakter *m*; **2.** *paint.* Farbton *m*.
tone [toun] **I.** *s.* **1.** *allg.* Ton *m*, Klang *m*: *heart* ~*s* ⚕ Herztöne; **2.** Ton *m*, Stimme *f*: *in an angry* ~ in ärgerlichem Ton, mit zorniger Stimme; **3.** *ling.* **a)** Tonfall *m*, **b)** Tonhöhe *f*, Betonung *f*; **4.** ♪ **a)** (*whole* ~ Ganz)Ton *m*, **b)** Klang(-farbe *f*) *m*; **5.** *paint.* (Farb)Ton *m*, Tönung *f*; **6.** ⚕, *a. fig.* Spannkraft *f*; **7.** *fig.* Geist *m*, Haltung *f*; **8.** Stimmung *f* (*a. Börse*); **9.** Ton *m*, Note *f*, Stil *m*: *to set the* ~ *of* **a)** den Ton angeben für, **b)** den Stil *e-r Sache* bestimmen; **II.** *v/t.* **10.** e-n Ton verleihen (*dat.*), e-e Färbung geben (*dat.*); **11.** *Farbe etc.* abtönen: *to* ~ *down Farbe, fig. Zorn etc.* dämpfen, mildern; *to* ~ *up paint. u. fig.* kräftiger machen, (ver)stärken; **12.** *phot.* tonen; **13.** *fig.* **a)** 'umformen, -modeln, **b)** regeln; **III.** *v/i.* **14.** *a.* ~ *in (with)* **a)** verschmelzen (mit), **b)** harmonieren (mit), passen (zu) (*bsd. Farbe*); **15.** ~ *down* sich mildern *od.* abschwächen; **16.** ~ *up* stärker werden; '~-**arm** *s.* Tonarm

m (*Grammophon*); ~ **con·trol** *s.* ⚡ Klangregelung *f.*

tone·less ['tounlis] *adj.* □ **1.** tonlos (*a. Stimme*); **2.** ausdruckslos.

'tone-po·em *s.* ♪ Tondichtung *f.*

tongs [tɔŋz] *s. pl. sg. konstr.* Zange *f*: *a pair of* ~ eine Zange; *I would not touch that with a pair of* ~ **a)** das möchte ich nicht mit e-r Zange anfassen, **b)** *fig.* mit dieser Sache möchte ich nichts zu tun haben.

tongue [tʌŋ] **I.** *s.* **1.** *anat.* Zunge *f* (*a. fig. Redeweise*): *malicious* ~*s* böse Zungen; *long* (*ready, sharp*) ~ geschwätzige (leichte, scharfe) Zunge; *to find one's* ~ die Sprache wiederfinden; *to give* ~ **a)** sich laut u. deutlich äußern (*to* zu), **b)** anschlagen (*Hund*), **c)** Laut geben (*Jagdhund*); *to hold one's* ~ den Mund halten; *to keep a civil* ~ *in one's head* höflich bleiben; *with one's* ~ *in one's cheek* **a)** ironisch, **b)** mit Hintergedanken; **2.** Sprache *f e-s Volkes*: *one's mother* ~ s-e Muttersprache; → *gift* 4; **3.** *fig.* Zunge *f* (*Schuh, Flamme, Klarinette etc.*); **4.** (Glokken)Klöppel *m*; **5.** (Wagen)Deichsel *f*; **6.** ⊕ Feder *f*, Spund *m*: ~ *and groove* Feder u. Nut; **7.** Dorn *m* (*Schnalle*); **8.** Zeiger *m* (*Waage*); **9.** *geogr.* Landzunge *f*; **II.** *v/t. u. v/i.* **10.** ♪ mit Flatterzunge blasen; **tongued** [-ŋd] *adj.* **1.** *in Zssgn* -züngig; **2.** ⊕ gefedert, gezapft.

'tongue|-tied *adj.* **1.** ⚕ zungenlahm; **2.** *fig.* **a)** maulfaul, schweigsam, **b)** stumm, sprachlos (*vor Verlegenheit etc.*); **'~-twist·er** *s.* Zungenbrecher *m.*

ton·ic ['tɔnik] **I.** *adj.* (□ ~*ally*) **1.** ⚕ 'tonisch: ~ *spasm* Starrkrampf; **2.** ⚕ stärkend, belebend (*a. fig.*); **3.** *ling.* Ton...: ~ *accent* musikalischer Akzent; **4.** ♪ Tonika..., (Grund-) Ton...: ~ *chord* Grundakkord; ~ *major* gleichnamige Dur-Tonart; ~ *sol-fa* Tonika-Do-System; **5.** *paint.* Tönungs..., Farbgebungs...; **II.** *s.* **6.** ⚕ Stärkungsmittel *n*, 'Tonikum *n*; *fig.* 'Stimulans *n*; **7.** ♪ Grundton *m*, 'Tonika *f*; **8.** *ling.* Haupttonsilbe *f*; **to·nic·i·ty** [tə'nisiti] *s.* **1.** ⚕ Spannkraft *f*; **2.** musi'kalischer Ton.

to·night, *a.* **to-night** [tə'nait] **I.** *adv.* **1.** heute abend; **2.** heute nacht; **II.** *s.* **3.** der heutige Abend; **4.** diese Nacht.

ton·ing so·lu·tion ['touniŋ] *s. phot.* Tonbad *n.*

ton·nage ['tʌnidʒ] *s.* **1.** ⚓ Ton'nage *f*, Tonnengehalt *m*, Schiffsraum *m*; **2.** ⚓ Ge'samtton,nage *f e-s Landes*; **3.** ⚓ Tonnengeld *n*; **4.** ⊕ (Ge'samt-) Produkti,on *f* (*Stahl etc.*).

ton·neau ['tɔnou] *pl.* **-neaus** (*Fr.*) *s. mot.* hinterer Teil (*mit Rücksitzen*) e-s Kraftwagens.

ton·ner ['tʌnə] *s.* ⚓ *in Zssgn* ...tonner, *ein* Schiff von ... Tonnen.

to·nom·e·ter [tou'nɔmitə] *s.* ♪, *phys.* Tonhöhenmesser *m.*

ton·sil ['tɔnsl] *s. anat.* Mandel *f*; **'ton·sil·lar** [-silə] *adj.* Mandel...; **ton·sil·lec·to·my** [tɔnsi'lektəmi] *s.* ⚕ Mandelentfernung *f*; **ton·sil·li·tis** [tɔnsi'laitis] *s.* ⚕ Mandelentzündung *f.*

ton·so·ri·al [tɔn'sɔːriəl] *adj. mst humor.* Barbier...

ton·sure ['tɔnʃə] **I.** *s.* **1.** Haarschneiden *n*, -schur *f*; **2.** *eccl.* Ton'sur *f*; **II.** *v/t.* **3.** tonsurieren, *j-m* e-e Tonsur schneiden.

to·ny ['touni] *adj. Am. sl.* schick, ele'gant.

too [tuː] *adv.* **1.** (*vorangestellt*) zu, allzu: *all* ~ *familiar* allzu vertraut; ~ *fond of comfort* zu sehr auf Bequemlichkeit bedacht; ~ *many* zu viele; *none* ~ *pleasant* nicht gerade angenehm; **2.** F sehr, höchst, äußerst: *it is* ~ *kind of you*; **3.** (*außer im Am. stets nachgestellt*) auch, ebenfalls, über'dies, noch da'zu.

took [tuk] *pret. von take.*

tool [tuːl] **I.** *s.* **1.** Werkzeug *n*, Gerät *n*, Instru'ment *n*: ~*s coll.* Handwerkszeug; *gardener's* ~*s* Gartengerät; **2.** ⊕ (Bohr-, Schneide- *etc.*) Werkzeug *n e-r Maschine*, *a.* Arbeits-, Drehstahl *m*; **3.** ⊕ 'Werkzeugma,schine *f*; **4.** *typ.* 'Stempelfi,gur *f* (*Punzarbeit*); **5.** *pl. fig.* **a)** Handwerkszeug *n* (*Bücher etc.*), **b)** Rüstzeug *n* (*Fachwissen*); **6.** *fig. contp.* Werkzeug *n*, Handlanger *m*, Krea'tur *f e-s anderen*; **II.** *v/t.* **7.** ⊕ bearbeiten; **8.** *a.* ~ *up Fabrik* (maschi'nell) ausstatten, -rüsten; **9.** *Bucheinband* punzen; **10.** *sl.* ‚kutschieren' (*fahren*); **III.** *v/i.* **11.** *a.* ~ *up* die nötigen Ma'schinen aufstellen (*in e-r Fabrik*); **12.** *sl.* (her'um)gondeln; **'~-bag** *s.* Werkzeugtasche *f*; **'~-box** *s.* Werkzeugkasten *m*; **'~-car·ri·er** *s.* ⊕ Werkzeugschlitten *m.*

tool·ing ['tuːliŋ] *s.* ⊕ **1.** Bearbeitung *f*; **2.** Einrichten *n e-r Werkzeugmaschine*; **3.** Werkzeugausrüstung *f*; **4.** *Buchbinderei*: Punzarbeit *f.*

'tool|·mak·er *s.* ⊕ Werkzeugmacher *m*; **'~-post** *s.* ⊕ Schneidstahlhalter *m.*

toot [tuːt] *v/i.* **1.** (*a. v/t. et.*) tuten, blasen; **2.** hupen (*Auto*).

tooth [tuːθ] **I.** *pl.* **teeth** [tiːθ] *s.* **1.** *anat.* Zahn *m*: ~ *and nail fig.* verbissen, erbittert (*be*)*kämpfen*; *armed to the teeth* bis an die Zähne bewaffnet; *in the teeth of fig.* trotz (*gen. od. dat.*), ungeachtet (*gen.*), entgegen (*dat.*); *to cut one's teeth* zahnen; *to draw s.o.'s teeth fig.* **a)** j-n beruhigen, **b)** j-n ungefährlich machen; *to get one's teeth into fig.* sich an *e-e Arbeit etc.* ‚ranmachen'; *to have a sweet* ~ gerne Süßigkeiten essen *od.* naschen; *to set s.o.'s teeth on edge* j-m auf die Nerven gehen *od.* ‚weh' tun; *to show one's teeth* die Zähne zeigen (*a. fig.*); → *cast* 10; **2.** Zahn *m e-s Kammes, e-r Säge, e-s Zahnrads etc.*; **3.** (Gabel)Zinke *f*; **II.** *v/t.* **4.** *Rad etc.* bezahnen; **5.** *Brett* verzahnen; **III.** *v/i.* **6.** inein'andergreifen (*Zahnräder*); **'~ache** *s.* Zahnweh *n*; **'~-brush** *s.* Zahnbürste *f.*

toothed [tuːθt] *adj.* **1.** mit Zähnen (versehen), Zahn..., gezahnt: ~ *wheel* Zahnrad; **2.** ⚘ gezähnt, gezackt (*Blattrand*); **3.** ⊕ verzahnt; **'tooth·ing** [-θiŋ] *s.* ⊕ Verzahnung *f*; **'tooth·less** [-θlis] *adj.* zahnlos.

'tooth|-paste *s.* Zahnpasta *f*; **'~-pick** *s.* Zahnstocher *m*; **'~-pow·der** *s.* Zahnpulver *n.*

tooth·some ['tuːθsəm] *adj.* □ schmackhaft.

too·tle ['tuːtl] *v/t. u. v/i.* **1.** (leise) tuten, dudeln; **2.** *sl.* quatschen.

toot·sy(-woot·sy) ['tuːtsi(wuːtsi)] *s.* *Kindersprache*: Füßchen *n.*

top[1] [tɔp] **I.** *s.* **1.** ober(st)es Ende, Oberteil *n*; Spitze *f*, Gipfel *m e-s Berges etc.*; Krone *f*, Wipfel *m des Baumes*; (Haus)Giebel *m*, Dach (-spitze *f*) *n*; Kopf(ende *n*) *m des Tisches, e-r Buchseite etc.*: *at the* ~ oben(an); *at the* ~ *of* oben an (*dat.*); *at the* ~ *of one's speed* mit höchster Geschwindigkeit; *at the* ~ *of one's voice* aus vollem Halse; *page 20 at the* ~ auf Seite 20 oben; *on* ~ oben (-auf); *on* (*the*) ~ *of* oben auf (*dat.*), über (*dat.*); *on* ~ *of each other* aufod. übereinander; *on* (*the*) ~ *of it* obendrein; *to go over the* ~ **a)** ⚔ zum Sturmangriff (*aus dem Schützengraben*) antreten, **b)** *fig.* es wagen; **2.** *fig.* Spitze *f*, erste *od.* höchste Stelle; 'Spitzenpositi,on *f*: *the* ~ *of the class* der Primus der Klasse; *the* ~ *of the tree* (*od. ladder*) *fig.* die höchste Stellung, der Gipfel des Erfolgs; *at the* ~ an der Spitze; *to be on* ~ (*of the world*) obenauf sein; *to come out on* ~ als Sieger *od.* Erster hervorgehen; *to come to the* ~ an die Spitze kommen, sich durchsetzen; **3.** *fig.* Gipfel *m*, *das* Äußerste *od.* Höchste; **4.** Scheitel *m*, Kopf *m*: *from* ~ *to toe* von Kopf bis Fuß; *to blow one's* ~ *sl.* ‚hochgehen', e-n Wutanfall haben; **5.** Oberfläche *f des Tisches, Wassers etc.*; **6.** *mot. etc.* Verdeck *n*; **7.** (Bett)Himmel *m*; **8.** (Möbel)Aufsatz *m*; **9.** ⚓ Mars *m, f*, Topp *m*; **10.** (Schuh)Oberleder *n*; **11.** Stulpe *f* (*Stiefel, Handschuh*); **12.** (Topf- *etc.*)Deckel *m*; **13.** ⚘ **a)** (oberer Teil e-r) Pflanze *f* (*Ggs. Wurzel*), **b)** *mst pl.* (Rüben- *etc.*) Kraut *n*; **14.** Blume *f des Bieres*; **15.** *mot.* → *top gear*; **II.** *adj.* **16.** oberst: ~ *line* Kopf-, Titelzeile; *the* ~ *rung fig.* oberste Stelle, höchste Stellung; **17.** höchst: ~ *efficiency* ⊕ Spitzenleistung; ~ *price* Höchstpreis; ~ *speed* Höchstgeschwindigkeit; ~ *secret* streng geheim; **18.** *der* (*die, das*) erste; **19.** Haupt...; **III.** *v/t.* **20.** (oben) bedecken; krönen; **21.** über'ragen; **22.** *fig.* über'treffen, -'ragen; **23.** die Spitze erreichen; **24.** an der Spitze *der Klasse, e-r Liste etc.* stehen; **25.** über'steigen; **26.** ↗ stutzen, kappen; **27.** *Hindernis* nehmen; **28.** *Golf*: *Ball* oben schlagen; ~ **off** *v/t.* F *et.* abschließen *od.* krönen (*with* mit).

top[2] [tɔp] *s.* Kreisel *m* (*Spielzeug*); → *sleep* 1.

to·paz ['toupæz] *s. min.* To'pas *m.*

'top|-'boots *s. pl.* Stulpenstiefel *pl.*, Langschäfter *pl.*; **'~'coat** *s.* 'Überzieher *m*; ~ **dog** *s.* F *fig.* **1.** *der* Herr *od.* Über'legene; *der* Sieger; **2.** ‚Chef' *m*, *der* Oberste; **3.** *der* (*die, das*) Beste; ~ **draw·er** *s.* **1.** oberste Schublade; **2.** F *fig. die* oberen Zehntausend: *he does not come from the* ~ er kommt nicht aus vornehmster Familie; **'~-'dress·ing** *s.* **1.** ↗ Kopfdüngung *f*; **2.** ⊕ Oberflächenbeschotterung *f.*

tope[1] [toup] *v/t. u. v/i.* trinken, ‚saufen'.
tope[2] [toup] *s. ichth.* Glatthai *m.*
to·pee ['toupi] *s.* Tropenhelm *m.*
top·er ['toupə] *s.* Säufer *m,* Zecher *m.*
'top|·flight *adj.* F erstklassig, prima; **~·gal·lant** [tɔp'gælənt; ⚓ tə'g-] ⚓ **I.** *s.* Bramsegel *n;* **II.** *adj.* Bram...: *~ sail;* **~ gear** *s. mot.* höchster Gang; **~ ham·per** *s.* ⚓ obere Takelung; **~ hat** *s.* Zy'linder(hut) *m;* **'~-'heav·y** *adj.* **1.** oben schwerer als unten (*Gefäß etc.*); **2.** ⚓ topplastig; **3.** ✈ kopflastig; **4.** ✝ **a)** 'überbewertet (*Wertpapiere*), **b)** 'überkapitaliˌsiert (*Wirtschaft*); **'~-'hole** *adj. Brit. sl.* ‚ganz groß', erstklassig.
top·ic ['tɔpik] *s.* **1.** 'Thema *n,* Gegenstand *m;* **2.** *phls.* 'Topik *f;* **'top·i·cal** [-kəl] **I.** *adj.* □ **1.** örtlich, lo'kal (*a.* ⚕): *~ colo(u)rs* topische Farben; **2.** aktu'ell, von aktuellem Inter'esse: *~ talk Radio:* Zeitfunk; **3.** the'matisch; **II.** *s.* **4.** aktueller Film; **top·i·cal·i·ty** [tɔpi'kæliti] *s.* aktuelle *od.* örtliche Bedeutung.
top| kick → *top sergeant;* **'~·knot** *s.* **1.** Haarknoten *m,* -büschel *n;* **2.** *orn.* (Feder)Haube *f,* Schopf *m;* **3.** *sl.* ‚Birne' *f* (*Kopf*); **4.** *ichth.* Butterfisch *m.*
top·less ['tɔplis] *adj.* **1.** ohne Kopf; **2.** unermeßlich hoch; **3.** ‚oben ohne' (*Kleid*): *~ dress* Oben-ohne-Kleid.
'top|-light *s.* ⚓ 'Topplaˌterne *f;* **~-'lin·er** *s.* F Promi'nente(r *m*) *f,* Star *m;* **'~·mast** [-mɑːst; -məst] *s.* ⚓ (Mars)Stenge *f;* **'~·most** *adj.* höchst, oberst; **'~-'notch** *adj.* F prima, erstklassig; **'~'notch·er** *s. bsd. Am.* F ‚Ka'none' *f* (*Könner*).
to·pog·ra·pher [tə'pɔgrəfə] *s. geogr.* Topo'graph *m;* **top·o·graph·ic** *adj.;* **top·o·graph·i·cal** [tɔpə'græfik(əl)] *adj.* □ topo'graphisch; **to'pog·ra·phy** [-fi] *s.* **1.** *geogr., a.* ⚕ Topogra'phie *f;* **2.** Ortsbeschreibung *f;* **3.** ⚔ Geländekunde *f.*
top·per ['tɔpə] *s.* **1.** ⛏ oberer Stein; **2.** ✝ F (oben'aufliegendes) Schaustück (*Obst etc.*); **3.** F Zy'linder *m* (*Hut*); **4.** F ‚(tolles) Ding'; **5.** ‚Pfundskerl' *m;* **top·ping** ['tɔpiŋ] *adj.* □ F prima, 'tipp'topp, fabelhaft.
top·ple ['tɔpl] **I.** *v/i.* **1.** wackeln; **2.** kippen, stürzen, purzeln: *to ~ down* (*od. over*) umkippen, hinpurzeln, niederstürzen; **II.** *v/t.* **3.** ins Wanken bringen, stürzen: *to ~ over* umstürzen, -kippen.
tops [tɔps] *adj. Am.* F prima, erstklassig; an erster Stelle (stehend).
top|·sail ['tɔpsl] *s.* ⚓ Marssegel *n;* **~-'saw·yer** *s.* F *fig.* ‚hohes Tier'; **~ ser·geant** *s.* ⚔ *Am.* F Hauptfeldwebel *m,* ‚Spieß' *m;* **'~-soil** *s.* ✐ Boden-, Ackerkrume *f.*
top·sy·tur·vy ['tɔpsi'təːvi] **I.** *adv.* **1.** das Oberste zu'unterst, auf den Kopf: *to turn everything ~* alles auf den Kopf stellen; **2.** kopf'über, kopf'unter *fallen;* **3.** drunter u. drüber, verkehrt; **II.** *adj.* **4.** auf den Kopf gestellt, in wildem Durchein'ander, cha'otisch; **III.** *s.* **5.** (wildes) Durcheinander, Kuddelmuddel *m, n;* **'top·sy'tur·vy·dom** [-dəm] → *topsyturvy 5.*
'top-track *s.* Spur 1 *od.* obere Spur *e-s Tonbands.*
toque [touk] *s.* Toque *f* (*randloser Damenhut*).
tor [tɔː] *s. Brit.* Felsturm *m.*
torch [tɔːtʃ] *s.* **1.** Fackel *f* (*a. fig. der Wissenschaft*): *to carry a ~ for Am. fig. Mädchen* (von ferne) verehren; **2.** *electric ~ Brit.* (Stab)Taschenlampe *f;* **3.** ⊕ Schweißbrenner *m;* **~ bat·ter·y** *s. Brit.* 'Stabbatteˌrie *f;* **'~·bear·er** *s.* Fackelträger *m* (*a. fig.*); **'~·lamp** *s.* ⊕ Lötlampe *f;* **'~·light** *s.* Fackelschein *m,* -beleuchtung *f:* *~ procession* Fackelzug; **~ pine** *s.* ⚘ (Amer.) Pechkiefer *f;* **'~·sing·er** *s. Am.* Sängerin *f* sentimen'taler Liebeslieder; **'~·weld·ing** *s.* ⊕ Gasschweißung *f.*
tore [tɔː] *pret. von tear*[2].
tor·e·a·dor ['tɔriədɔː] (*Span.*) *s.* Torea'dor *m,* berittener Stierkämpfer.
to·re·ro [tɔ'rɛərou] *pl.* **-ros** (*Span.*) *s.* Stierkämpfer *m* (*zu Fuß*).
tor·ment I. *v/t.* [tɔː'ment] **1.** quälen, peinigen, foltern, plagen (*with* mit): *~ed with* gequält *od.* gepeinigt von (*Zweifel etc.*); **II.** *s.* ['tɔːment] **2.** Qual *f,* Pein *f,* Marter *f:* *to be in ~* Qualen ausstehen; **3.** Plage *f;* **4.** Quälgeist *m;* **tor'men·tor** [-tə] *s.* **1.** Peiniger *m;* **2.** Quälgeist *m;* **3.** ✐ Kulti'vator *m;* **4.** ⚓ lange Fleischgabel; **tor'men·tress** [-tris] *s.* Peinigerin *f.*
tor·mi·na ['tɔːminə] *s. pl.* ⚕ Leibschmerzen *pl.,* 'Kolik *f.*
torn [tɔːn] *p.p. von tear*[2].
tor·na·do [tɔː'neidou] *pl.* **-does** *s.* **1.** Tor'nado *m:* **a)** *Wirbelsturm in den USA,* **b)** *tropisches Wärmegewitter;* **2.** *fig.* Or'kan *m* (*Wutausbruch etc.*).
tor·pe·do [tɔː'piːdou] **I.** *pl.* **-does** *s.* **1.** ⚓ Tor'pedo *m;* **2.** *aerial ~* ✈ 'Lufttorˌpedo *m;* **3.** *a. toy ~* Knallerbse *f;* **4.** *a. ~-fish ichth.* Zitterrochen *m;* **II.** *v/t.* **5.** torpedieren (*a. fig. vereiteln*); **~-boat** *s.* ⚓ Tor'pedoboot *n;* **~-plane** *s.* ⚔ Tor'pedoflugzeug *n;* **~-tube** *s.* Tor'pedorohr *n.*
tor·pid ['tɔːpid] **I.** *adj.* □ **1.** starr, erstarrt, betäubt; **2.** träge, schlaff; **3.** a'pathisch, stumpf; **II.** *s.* **4.** *mst pl.* Bootsrennen *n* der Colleges in Oxford; **5.** *Boot in diesem Rennen;* **tor·pid·i·ty** [tɔː'piditi], **'tor·pid·ness** [-nis], **'tor·por** [-pə] *s.* **1.** Erstarrung *f,* Betäubung *f;* **2.** Träg-, Schlaffheit *f;* **3.** Apa'thie *f,* Stumpfheit *f.*
torque [tɔːk] *s.* ⊕, *phys.* 'Drehmoˌment *n;* **~ shaft** *s.* ⊕ Dreh-, Torsi'onsstab *m.*
tor·re·fac·tion [tɔri'fækʃən] *s.* ⚗, ⊕ Rösten *n,* Dörren *n;* **tor·re·fy** ['tɔrifai] *v/t.* rösten, darren, dörren.
tor·rent ['tɔrənt] *s.* **1.** reißender Strom, *bsd.* Wild-, Sturzbach *m;* **2.** (Lava)Strom *m;* **3.** *pl.* Wolkenbruch *m:* *it rains in ~s* es gießt in Strömen; **4.** *fig.* Strom *m,* Schwall *m,* Sturzbach *m von Worten etc.;* **tor·ren·tial** [tɔ'renʃəl] *adj.* □ **1.** reißend, strömend, sturzbachartig; **2.** wolkenbruchartig; **3.** *fig.* **a)** über'wältigend, wortreich, **b)** wild, ungestüm.
tor·rid ['tɔrid] *adj.* **1.** sengend, brennend heiß (*a. fig. Leidenschaft etc.*): *~ zone geogr.* heiße Zone; **2.** ausgedörrt, verbrannt: *~ plain.*
tor·sion ['tɔːʃən] *s.* **1.** *a.* ⚕ Drehung *f;* **2.** ⊕, *phys.* Torsi'on *f,* Verdrehung *f:* *~ balance* Drehwaage; **3.** ⚕ Abschnürung *f e-r Arterie;* **'tor·sion·al** [-ʃənl] *adj.* Dreh..., (Ver-)Drehungs..., Torsions...: *~ force.*
tor·so ['tɔːsou] *pl.* **-sos** *s.* 'Torso *m:* **a)** Rumpf *m,* **b)** *fig.* Bruchstück *n,* unvollendetes Werk.
tort [tɔːt] *s.* ⚖ unerlaubte Handlung, Zi'vilunrecht *n:* *law of ~s* Schadenersatzrecht; **'~-fea·sor** [-fiːzə] *s.* ⚖ rechtswidrig Handelnde(r) *m.*
tor·til·la [tɔː'tiːljə] (*Span.*) *s. Am. dial.* Tor'tilla *f* (*Maiskuchen*).
tor·tious ['tɔːʃəs] *adj.* □ ⚖ rechtswidrig.
tor·toise ['tɔːtəs] **I.** *s. zo.* Schildkröte *f:* *as slow as a ~ fig.* (langsam) wie e-e Schnecke; **II.** *adj.* Schildpatt...; **'~-shell** *s.* Schildpatt *n:* *~ cat zo.* Schildpattkatze.
tor·tu·os·i·ty [tɔːtju'ɔsiti] *s.* **1.** Krümmung *f,* Windung *f;* **2.** Gewundenheit *f* (*a. fig.*); **3.** *fig.* Unlauterkeit *f;* **tor·tu·ous** ['tɔːtjuəs] *adj.* □ **1.** gewunden, verschlungen, gekrümmt; **2.** *fig.* gewunden; **3.** *fig.* ‚krumm', unehrlich.
tor·ture ['tɔːtʃə] **I.** *s.* **1.** Folter(ung) *f:* *to put to the ~* foltern; **2.** *fig.* Tor'tur *f,* Marter *f,* (Folter)Qual(en *pl.*) *f;* **II.** *v/t.* **3.** foltern, martern; *fig. a.* quälen, peinigen; **4.** zwingen, pressen (*into* in *acc.,* zu); **5.** *Text etc.* verdrehen; **'tor·tur·er** [-ərə] *s.* **1.** Folterknecht *m;* **2.** *fig.* Peiniger *m.*
to·rus ['tɔːrəs] *pl.* **-ri** [-rai] *s.* ⛏, ⚕, ⚘, ⚕ 'Torus *m.*
To·ry ['tɔːri] *bsd.* F *od. contp.* **I.** *s.* Tory *m* (*englischer Konservativer*); **II.** *adj.* Tory..., konserva'tiv; **'To·ry·ism** [-iizəm] *s.* Torytum *n.*
tosh [tɔʃ] *s. Brit. sl.* ‚Quatsch' *m,* Unsinn *m.*
toss [tɔs] **I.** *v/t.* **1.** werfen, schleudern: *to ~ off* **a)** *Reiter* abwerfen (*Pferd*), **b)** *Getränk* hinunterstürzen, **c)** *Arbeit* ‚hinhauen'; **2.** *a. ~ up Münze etc., a. Kopf* hochwerfen: *to ~ s.o. for* mit j-m um *et.* losen (*durch Münzwurf*); **3.** *a. ~ about* hin- u. herschleudern, schütteln; **4.** ⚓ *Riemen* pieken: *~ oars!* Riemen hoch!; **II.** *v/i.* **5.** *a. ~ about* sich *im Schlaf etc.* hin- u. herwerfen *od.* -wälzen; **6.** *a. ~ about* hin- u. hergeworfen werden, geschüttelt werden; hin- u. herschwanken; flattern; **7.** rollen (*Schiff*); **8.** schwer gehen (*See*); **9.** *a. ~ up* (durch Hochwerfen e-r Münze) losen *od.* knobeln (*for* um); **III.** *s.* **10.** Werfen *n,* Wurf *m;* **11.** Hoch-, Zu'rückwerfen *n des Kopfes;* **12. a)** Hochwerfen *n* e-r Münze, **b)** → *toss-up;* **13.** Sturz *m vom Pferd etc.:* *to take a ~* stürzen, *bsd.* abgeworfen werden; **'~-up** *s.* **1.** Losen *n mit e-r Münze,* Loswurf *m;* **2.** *fig.* ungewisse Sache: *it is a ~ whether* es ist völlig offen, ob.
tot[1] [tɔt] *s.* F **1.** Knirps *m,* Kerlchen

n; **2.** *Brit.* Schlückchen *n*; **3.** *fig.* Häppchen *n*.

tot² [tɔt] F **I.** *s.* **1.** (Gesamt)Summe *f*; **2.** a) Additi'onsaufgabe *f*, **b)** Additi'on *f*; **II.** *v/t.* **3.** ~ *up* zs.-zählen; **III.** *v/i.* **4.** ~ *up* sich belaufen (*to* auf *acc.*); sich summieren.

to·tal ['toutl] **I.** *adj.* □ **1.** ganz, gesamt, Gesamt...; **2.** to'tal, Total..., völlig, gänzlich; **II.** *s.* **3.** (Gesamt-) Summe *f*, Gesamtbetrag *m*, -menge *f*: *a* ~ *of 20 cases* insgesamt 20 Kisten; **4.** *die* Gesamtheit, *das* Ganze; **III.** *v/t.* **5.** zs.-zählen; **6.** insgesamt betragen, sich belaufen auf (*acc.*): *total(l)ing $70* im Gesamtbetrag von 70 Dollar; **to·tal·i·tar·i·an** [toutæli'tɛəriən] *adj. pol.* totali'tär; **to·tal·i·tar·i·an·ism** [toutæli'tɛəriənizəm] *s.* totali'täres Sy'stem; **to·tal·i·ty** [tou'tæliti] *s.* **1.** Gesamtheit *f*; **2.** Vollständigkeit *f*; **3.** *ast.* to'tale Verfinsterung; **'to·tal·i·za·tor** [-təlaizeitə] *s. Pferderennen*: Totali'sator *m*; **'to·tal·ize** [-təlaiz] *v/t.* **1.** zs.-zählen; **2.** (zu e-m Ganzen) zs.-fassen; **'to·tal·iz·er** [-təlaizə] → *totalizator*.

tote¹ [tout] *s. sl.* → *totalizator*.

tote² [tout] *Am.* F **I.** *v/t.* **1.** tragen, (mit sich) schleppen; **2.** transportieren; **II.** *s.* **3.** (Trag)Last *f*.

to·tem ['toutəm] *s.* 'Totem *n*; **'~-pole, '~-post** *s.* 'Totempfahl *m*.

tot·ter ['tɔtə] *v/i.* **1.** torkeln; **2.** wanken: *to* ~ *to one's grave fig.* dem Grabe zuwanken; **3.** (sch)wanken, wackeln: *to* ~ *to its fall fig.* (allmählich) zs.-brechen (*Reich etc.*); **'tot·ter·ing** [-əriŋ] *adj.* □, **'tot·ter·y** [-əri] *adj.* torkelig; wack(e)lig, (sch)wankend.

touch [tʌtʃ] **I.** *s.* **1.** Berührung *f*: *at a* ~ beim Berühren; *on the slightest* ~ bei der leisesten Berührung; *it has a velvety* ~ es fühlt sich wie Samt an; *that was a (near)* ~ F das hätte ins Auge gehen können; **2.** Tastsinn *m*: *it is soft to the* ~ es fühlt sich weich an; **3.** (*Pinsel- etc.*)Strich *m*: *to put the finishing* ~*es to* letzte Hand legen an (*acc.*), *e-r Sache* den letzten Schliff geben; **4.** ♪ a) Anschlag *m des Pianisten od. des Pianos*, **b)** Strich *m des Geigers*; **5.** *fig.* Fühlung(nahme) *f*, Verbindung *f*, Kon'takt *m*: *to get into* ~ *with* sich in Verbindung setzen mit, Fühlung nehmen mit; *to keep in* ~ *with* in Verbindung bleiben mit; *to lose* ~ *with* den Kontakt mit *j-m od. e-r Sache* verlieren; *to put s.o. in* ~ *with* j-n in Verbindung setzen mit; *within* ~ in Reichweite; **6.** *fig.* Hand *f des Meisters etc.*, Stil *m*; (souve'räne) Ma'nier: *light* ~ leichte Hand; *with sure* ~ mit sicherer Hand; **7.** Einfühlungsvermögen *n*, Feingefühl *n*; **8.** *e-e* Spur *Pfeffer etc.*: *a* ~ *of red* ein rötlicher Hauch; **9.** Anflug *m von Sarkasmus etc.*, Hauch *m von Romantik etc.*: *he has a* ~ *of genius* er hat etwas von e-m Genie; **10.** ⚕ *etc.* (leichter) Anfall: *a* ~ *of flu* e-e leichte Grippe; **11.** (besondere) Note, Zug *m*: *the personal* ~ die persönliche Note; **12.** *fig.* Stempel *m*, Gepräge *n*; **13.** Probe *f*: *to put to the* ~ auf die Probe stellen; **14.** *Rugby etc.*: Mark *f* (*Außenfeld*); **15.** Fangspiel *n*; **16.** *sl.* a) Anpumpen *n*, **b)** gepumptes Geld; **II.** *v/t.* **17.** an-, berühren (*a. weitS. Essen etc. mst neg.*); anfassen, angreifen: *to* ~ *one's hat to j-n* grüßen; *to* ~ *the spot* das Richtige treffen; **18.** befühlen, betasten; **19.** *Hand etc.* legen (*to* an *acc.*, auf *acc.*); **20.** mitein'ander in Berührung bringen; **21.** in Berührung kommen *od.* stehen mit; **22.** drücken auf (*acc.*), (leicht) anstoßen: *to* ~ *the bell* klingeln; *to* ~ *glasses* (mit den Gläsern) anstoßen; **23.** grenzen *od.* stoßen an (*acc.*); **24.** reichen an (*acc.*), erreichen; F *fig.* her'anreichen an (*acc.*), gleichkommen (*dat.*); **25.** erlangen, erreichen; **26.** ♪ *Saiten* rühren; *Ton* anschlagen; **27.** tönen, (leicht) färben; *fig.* färben, beeinflussen; **28.** beeindrucken; rühren, bewegen: ~*ed to tears* zu Tränen gerührt; **29.** *fig.* verletzen, treffen; **30.** *fig.* berühren, betreffen; **31.** in Mitleidenschaft ziehen, mitnehmen: ~*ed* a) angegangen (*Fleisch*), **b)** ‚bekloppt', ‚nicht ganz bei Trost' (*Person*); **32.** *Ort* berühren, haltmachen in (*dat.*); *Hafen* anlaufen; **33.** *sl.* anpumpen (*for* um); **III.** *v/i.* **34.** sich berühren; **35.** ~ *at* ⚓ anlegen bei *od.* in (*dat.*), anlaufen (*acc.*); **36.** ~ *(up)on fig.* berühren: a) (kurz) erwähnen, **b)** betreffen; *Zssgn mit adv.*:

touch| down *v/i.* **1.** *Rugby etc.*: e-n Versuch legen *od.* erzielen; **2.** ✈ aufsetzen; ~ **off** *v/t.* **1.** skizzieren; **2.** *Skizze* flüchtig entwerfen; **3.** *Sprengladung, fig. Suchaktion etc.* auslösen; **4.** *Telephonhörer* auflegen, einhängen; ~ **up** *v/t.* auffrischen; erneuern; *phot.* retuschieren.

touch|-and-go ['tʌtʃən'gou] **I.** *s.* **1.** ris'kante Sache, pre'käre Situati'on: *it was* ~ es hing an e-m Haar, es stand auf des Messers Schneide; **II.** *adj.* **2.** ris'kant; **3.** flüchtig, oberflächlich; **'~-down** *s.* **1.** *Rugby*: Versuch *m*; **2.** ✈ Aufsetzen *n*.

touch·ing ['tʌtʃiŋ] **I.** *adj.* □ *fig.* rührend, ergreifend; **II.** *prp. a. as* ~ betreffs, betreffend.

'touch|-line *s. sport* a) *Fußball*: Seitenlinie *f*, **b)** *Rugby*: Marklinie *f*; **'~-me-not** *s.* ♀ Rührmichnichtan *n*; **'~-pa·per** *s.* 'Zündpa,pier *n*; **'~-stone** *s.* **1.** *min.* Probierstein *m*; **2.** *fig.* Prüfstein *m*; **'~-wood** *s.* **1.** Zunder(holz *n*) *m*; **2.** ♀ Zunderschwamm *m*.

touch·y ['tʌtʃi] *adj.* □ **1.** empfindlich, reizbar; **2.** heikel, kitzlig (*Thema*).

tough [tʌf] **I.** *adj.* □ **1.** *allg.* zäh: a) hart, 'widerstandsfähig, **b)** ro'bust, stark (*Person, Körper etc.*), **c)** hartnäckig (*Kampf, Wille etc.*); **2.** *fig.* schwierig, unangenehm, ‚bös' (*Arbeit etc., a.* F *Person*); F eklig, grob (*Person*): *it was* ~ *going* F es war ein saures Stück Arbeit; *he is a* ~ *customer* mit ihm ist nicht gut Kirschen essen; ~ *luck* F ‚Pech'; **3.** *bsd. Am.* 'rowdyhaft, bru'tal, übel, Verbrecher...: *to get* ~ *with s.o.* j-m gegenüber massiv werden; **II.** *s.* **4.** *bsd. Am.* 'Rowdy *m*, ‚Schläger' *m*, ‚übler Kunde'; **tough·en** ['tʌfn] *v/t. u. v/i.* zäh(er) *etc.* machen (werden); **tough·ie** ['tʌfi] *s. Am. sl.* **1.** ‚harte Nuß', schwierige Sache; **2.** → *tough 4*; **'tough·ness** [-nis] *s.* **1.** Zähigkeit *f*, Härte *f* (*a. fig.*); **2.** Ro'bustheit *f*; **3.** *fig.* Hartnäckigkeit *f*; **4.** Schwierigkeit *f*.

tou·pee ['tu:pei] (*Fr.*) *s.* **1.** Tou'pet *n* (*Haarersatzstück*); **2.** falsches Stirnhaar.

tour [tuə] **I.** *s.* **1.** Tour *f* (*of* durch): a) (Rund)Reise *f*, (-)Fahrt *f*, **b)** Ausflug *m*, Wanderung *f*: *conducted* ~ Gesellschaftsreise; *the grand* ~ *hist.* (Bildungs)Reise durch Europa; **2.** Rundgang *m* (*of* durch): ~ *of inspection* Besichtigungsrundgang *od.* -rundfahrt; **3.** *thea.* Tour'nee *f*, Gastspielreise *f*: *to go on* ~ auf Tournee gehen; **4.** ⚔ ('turnusmäßige) Dienstzeit; **II.** *v/t.* **5.** bereisen; **III.** *v/i.* **6.** e-e (*thea.* Gastspiel)Reise machen (*through, about* durch); ~ **de force** ['tuədə'fɔ:s] (*Fr.*) *s.* **1.** Gewaltakt *m*; **2.** Glanzleistung *f*.

tour·ing ['tuəriŋ] *adj.* Touren..., Reise...: ~*-car mot.* Tourenwagen; **tour·ism** ['tuərizəm] *s.* Reise-, Fremdenverkehr *m*, Tou'ristik *f*; **tour·ist** ['tuərist] **I.** *s.* Tou'rist(in), (Ferien-, Vergnügungs)Reisende(r *m*) *f*; **II.** *adj.* Reise..., Fremden(verkehrs)..., Touristen...: ~ *agency*, ~ *bureau*, ~ *office* Reisebüro, *a.* Verkehrsamt, -verein; ~ *class* ⚓, ✈ Touristenklasse; ~ *industry* Fremdenverkehr(sindustrie); ~ *season* Reisezeit; ~ *ticket* Rundreisekarte.

tour·na·ment ['tuənəmənt] *s.* (*Ritter-, a. Schach-, Tennis- etc.*)Tur'nier *n*.

tour·ney ['tuəni] **I.** *s. bsd. hist.* Tur'nier *n*; **II.** *v/i.* turnieren.

tou·sle ['tauzl] *v/t. Haar etc.* (zer-) zausen.

tout [taut] **I.** *v/i.* **1.** (*bsd. aufdringliche* Kunden-, Stimmen)Werbung treiben (*for* für); **2.** *Pferderennen*: **a)** *Brit.* sich *durch Spionieren* gute Renntips verschaffen, **b)** *bsd. Am.* Wett-Tips geben; **II.** *s.* **3.** Kundenschlepper *m*, -werber *m*; **4.** *Pferderennen*: a) *Brit.* ‚Spi'on' *m beim Pferdetraining*, **b)** Tipgeber *m*.

tow¹ [tou] **I.** *s.* **1.** a) Schleppen *n*, **b)** Schlepptau *n*: *to have in* ~ im Schlepptau haben (*a. fig.*); *to take* ~ sich schleppen lassen; *to take in* ~ *bsd. fig.* ins Schlepptau nehmen; **2.** *bsd.* ⚓ Schleppzug *m*; **II.** *v/t.* **3.** (ab)schleppen, ins Schlepptau nehmen: ~*ed flight (target)* Schleppflug (-ziel); **4.** *Schiff* treideln; **5.** *fig. j-n* ab-, mitschleppen, *wohin* bugsieren.

tow² [tou] *s.* (Schwing)Werg *n*.

tow·age ['touidʒ] *s.* **1.** Schleppen *n*, Bugsieren *n*; **2.** Schleppgebühr *f*.

to·ward **I.** *adj.* ['touəd] **1.** *obs.* fügsam; **2.** *obs. od. Am.* vielversprechend; **3.** im Gange, am Werk; **4.** bevorstehend; **II.** *prp.* [tə'wɔ:d] **5.** auf (*acc.*) ... zu, (nach) ... zu, nach ... hin, gegen *od.* zu ... (hin); **6.** *zeitlich*: gegen; **7.** *Gefühle etc.* gegen'über; **8.** *als Beitrag* zu, um *e-r Sache* willen, zum Zwecke (*gen.*): *efforts* ~ *reconciliation* Bemühungen um e-e Versöhnung; **to·wards** [tə'wɔ:dz] → *toward II*.

'tow-boat *s.* Schleppschiff *n*, Schlepper *m*.

tow·el ['tauəl] **I.** *s.* **1.** Handtuch *n*: *to throw in the ~ Boxen*: das Handtuch werfen (*a. fig. sich geschlagen geben*); **II.** *v/t.* **2.** (mit e-m Handtuch) (ab)trocknen, (-)reiben; **3.** *Brit. j-m* ‚e-e Abreibung geben', *j-n* prügeln; **'~-horse** *s.* Handtuchständer *m*.

tow·el·(l)ing ['tauəliŋ] *s.* **1.** Handtuchstoff *m*; **2.** Abreibung *f* (*Brit. a. fig. Prügel*).

'tow·el-rack *s.* Handtuchhalter *m*.

tow·er ['tauə] **I.** *s.* **1.** Turm *m*; **2.** Feste *f*, Bollwerk *n*: *~ of strength fig.* starker Hort, Säule; **3.** Zwinger *m*, Festung *f* (*Gefängnis*); **4.** ⚗ Turm *m* (*Reinigungsanlage*); **II.** *v/i.* **5.** (hoch)ragen, sich (em'por)türmen (*to* zu): *to ~ above et. od. j-n* (weit) überragen (*a. fig. turmhoch überlegen sein* [*dat.*]); **'tow·ered** [-əd] *adj.* (hoch)getürmt; **'tow·er·ing** [-əriŋ] *adj.* **1.** (turm)hoch, hoch-, aufragend; **2.** *fig.* maßlos, gewaltig: *~ ambition*; *~ passion*; *~ rage* rasende Wut.

tow·ing ['touiŋ] *adj.* (Ab)Schlepp...; **'~-line, '~-path, '~-rope** → *tow-line, tow-path, tow-rope*.

'tow-line *s.* ⚓ Treidelleine *f*, Schlepptau *n*.

town [taun] **I.** *s.* **1.** Stadt *f* (*unter dem Rang e-r City*); **2.** *the ~ fig.* die Stadt: **a)** die Stadtbevölkerung, die Einwohnerschaft, **b)** das Stadtleben; **3.** *Brit.* Marktflecken *m*; **4.** *ohne art. die* (nächste) Stadt: **a)** Stadtzentrum *n*, **b)** *Brit. bsd.* London: *to ~* nach der *od.* in die Stadt, *Brit. bsd.* nach London; *out of ~* nicht in der Stadt, *Brit. bsd.* nicht in London, auswärts; *to go to ~ sl.* **a)** Erfolg haben, **b)** ‚aufdrehen', ‚auf die Pauke hauen'; → *paint* 2; **5.** *Brit.* Bürgerschaft *f e-r Universitätsstadt*; → *gown* 2; **II.** *adj.* **6.** städtisch, Stadt..., Städte...; **'~-bred** *adj.* in der Stadt aufgewachsen; **~ cen·tre** *s. Brit.* Innenstadt *f*, City *f*; **~ clerk** *s.* 'Stadtˌsyndikus *m*; **~ coun·cil** *s.* Stadtrat *m* (*Versammlung*); **~ coun·cil·(l)or** *s.* Stadtverordnete(r *m*) *f*, Stadtrat *m*; **~ cri·er** *s.* Ausrufer *m*; **~ hall** *s.* Rathaus *n*; **~ house** *s. bsd. Brit.* Rathaus *n*; **'~-meet·ing** *s. pol.* **1.** Bürgerversammlung *f*; **2.** *bsd. Am.* Wählerversammlung *f in Neuengland*; **'~-'plan·ning** *s.* Städtebau *m*, Stadtplanung *f*; **'~scape** [-skeip] *s.* Stadtbild *n*.

towns·folk ['taunzfouk] *s. pl.* Stadtleute *pl.*, Städter *pl.*

town·ship ['taunʃip] *s.* **1.** *hist.* (Dorf-, Stadt)Gemeinde *f od.* (-)Gebiet *n*; **2.** *Am.* Verwaltungsbezirk *m*; **3.** *surv. Am.* 6 Qua'dratmeilen großes Gebiet.

towns|·man ['taunzmən] *s.* [*irr.*] **1.** Städter *m*, Stadtbewohner *m*; **2.** *fellow-~* Mitbürger *m*; **'~·peo·ple** [-nz-] → *townsfolk*.

'town·ward(s) [-wəd(z)] *adv.* stadtwärts.

'tow|-path *s.* Lein-, Treidelpfad *m*; **'~-rope** → *tow-line*.

tox·(a)e·mi·a [tɔk'si:miə] *s.* ⚕ Blutvergiftung *f*.

tox·ic *adj.*; **tox·i·cal** ['tɔksik(əl)] *adj.* □ giftig, 'toxisch, Gift...; **'tox·i·cant** [-sikənt] **I.** *adj.* giftig, toxisch; **II.** *s.* Gift(stoff *m*, -körper *m*) *n*; **tox·i·co·log·i·cal** [tɔksikə'lɔdʒikəl] *adj.* □ toxiko'logisch; **tox·i·col·o·gist** [tɔksi'kɔlədʒist] *s.* ⚕ Toxiko'loge *m*; **tox·i·col·o·gy** [tɔksi'kɔlədʒi] *s.* ⚕ Toxikolo'gie *f*, Giftkunde *f*; **'tox·in** [-sin] *s.* ⚕ To'xin *n*, Gift(stoff *m*) *n*.

toy [tɔi] **I.** *s.* **1.** (Kinder)Spielzeug *n* (*a. fig.*); *pl.* Spielwaren *pl.*, -sachen *pl.*; **2.** *fig.* Tand *m*, ‚Kinkerlitzchen' *n*; **II.** *v/i.* **3.** (*with*) spielen (mit *e-m Gegenstand, fig.* mit *e-m Gedanken*), tändeln (mit); **III.** *adj.* **4.** Spielzeug..., Kinder..., Zwerg...: *~ dog* Schoßhund; *~ train* Miniatur-, Kindereisenbahn; **'~-book** *s.* Bilderbuch *n*; **'~-box** *s.* Spielzeugschachtel *f*; **~ fish** *s.* Zierfisch *m*; **'~-shop** *s.* Spielwarenhandlung *f*; **~ sol·dier** *s.* **1.** 'Zinn-, 'Bleisolˌdat *m*; **2.** ⚔ *fig.* Pa'radesolˌdat *m*.

trace¹ [treis] *s.* Zugriemen *m*, Strang *m* (*Pferdegeschirr*): *in the ~s* angespannt (*a. fig.*); *to kick over the ~s fig.* über die Stränge schlagen.

trace² [treis] **I.** *s.* **1.** (Fuß-, Wagen-, Wild- *etc.*)Spur *f*: *hot on the ~s of j-m* dicht auf den Fersen; *without a ~* spurlos; *~ element* ⚗ Spurenelement; **2.** *fig.* Spur *f*: **a)** ('Über-)Rest *m*: *~s of ancient civilizations*, **b)** (An)Zeichen *n*: *~s of fatigue*, **c)** geringe Menge, bißchen: *not a ~ of fear* keine Spur von Angst; **3.** ⚔ **a)** Leuchtspur *f*, **b)** *Radar*: Bildspur *f*; **4.** Linie *f*: **a)** Aufzeichnung *f* (*Meßgerät*), **b)** Zeichnung *f*, Skizze *f*, **c)** Pauszeichnung *f*, **d)** Grundriß *m*; **5.** *Am.* (markierter) Weg; **II.** *v/t.* **6.** nachspüren (*dat.*), *j-s* Spur verfolgen; **7.** *Wild, Verbrecher* verfolgen, aufspüren; **8.** *a. ~ out et. od. j-n* ausfindig machen *od.* aufspüren, *et.* auf-, her'ausfinden; **9.** *fig. e-r Entwicklung etc.* nachgehen, *e-e Sache* verfolgen: *to ~ back et.* zurückverfolgen (*to* bis zu); *to ~ s.th. to et.* zurückführen auf (*acc.*), et. herleiten von; **10.** erkennen; **11.** *Pfad* verfolgen; **12.** *a. ~ out* (auf-)zeichnen, skizzieren, entwerfen; **13.** *Buchstaben* sorgfältig (aus)ziehen, schreiben; **14.** ⊕ **a)** *a. ~ over* ('durch)pausen, **b)** *Bauflucht etc.* abstecken, **c)** *Messung* aufzeichnen (*Gerät*); **'trace·a·ble** [-səbl] *adj.* □ **1.** auffindbar, nachweisbar; **2.** zu'rückzuführen(d) (*to* auf *acc.*); **'trac·er** [-sə] *s.* **1.** Aufspürer(in); **2.** 📯, 🚃 *Am.* Lauf-, Suchzettel *m*; **3.** *Schneiderei*: Kopierrädchen *n*; **4.** ⊕ Punzen *m*; **5.** ⚗ Iso'topenindiˌkator *m*; **6.** ⚔ **a)** *mst ~ bullet*, *~ shell* Leuchtspur-, Rauchspurgeschoß *n*, **b)** *mst ~ composition* Leuchtspursatz *m*; **7. a)** 'technischer Zeichner, **b)** Pauser *m*; **'trac·er·y** [-səri] *s.* **1.** △ Maßwerk *n an gotischen Fenstern*; **2.** Flechtwerk *n*.

tra·che·a [trə'ki(:)ə] *pl.* **-che·ae** [-'ki:i:] *s.* **1.** *anat.* Tra'chea *f*, Luftröhre *f*; **2.** ✿, *zo.* Tra'chee *f*; **tra'che·al** [-'ki(:)əl] *adj.* **1.** *anat.* Luftröhren...; **2.** *zo.* Tracheen...; **3.** ✿ Gefäß...; **tra·che·i·tis** [træki'aitis] *s.* ⚕ 'Luftröhrenkaˌtarrh *m*; **tra·che·ot·o·my** [træki'ɔtəmi] *s.* ⚕ Luftröhrenschnitt *m*.

trac·ing ['treisiŋ] *s.* **1.** Suchen *n*, Nachforschung *f*; **2.** ⊕ **a)** (Auf-)Zeichnen *n*, **b)** 'Durchpausen *n*; **3.** ⊕ **a)** Zeichnung *f*, (Auf)Riß *m*, Plan *m*, **b)** Pause *f*; **4.** Aufzeichnung *f* (*e-s Kardiographen etc.*); **'~-file** *s.* 'Suchkarˌtei *f*; **'~-pa·per** *s.* 'Pauspaˌpier *n*.

track [træk] **I.** *s.* **1.** (Fuß-, Wild- *etc.*)Spur *f* (*a. fig.*), Fährte *f*: *off the ~* auf falscher Fährte (*a. fig. auf dem Holzweg*); → 2; *on s.o.'s ~s* j-m auf der Spur; *to cover up one's ~s* s-e Spuren verwischen, s-e Aktionen tarnen; *to keep ~ of fig. et.* verfolgen, sich auf dem laufenden halten über (*acc.*); *to lose ~ of* aus den Augen verlieren; *to make ~s sl.* ‚abhauen'; *to make ~s for* schnurstracks losgehen auf (*acc.*); *to stop in one's ~s Am.* wie festgewurzelt stehenbleiben; **2.** 🚃 Gleis *n*, Geleise *n u. pl.*, Schienenstrang *m*, (Bahn-)Strecke *f*: *off the ~* entgleist, aus den Schienen; → 1; *on ~* † auf (der) Achse, rollend; **3.** ⚓ Fahrwasser *n*; **4.** ⚓ *übliche* Route; **5.** Weg *m*, Pfad *m*; → *beaten*; **6.** (Ko'meten- *etc.*) Bahn *f*; **7.** *sport* **a)** (Renn-, Lauf-) Bahn *f*, **b)** *mst ~ events* 'Laufdisziˌplinen *pl.*, **c)** *a. ~ and field sports* 'Leichtathˌletik *f*; **8.** (Gleis-, Raupen)Kette *f* (*Traktor, Panzerwagen etc.*); **9.** *mot.* **a)** Spurweite *f*, **b)** 'Reifenproˌfil *n*; **II.** *v/t.* **10.** nachspüren (*dat.*), verfolgen (*acc.*): *to ~ down Wild, Verbrecher etc.* aufspüren, zur Strecke bringen; **11.** *Weg* kennzeichnen; **12.** 🚃 *Am.* mit Schienen versehen; **13.** ⊕ mit Raupenketten versehen: *~ed vehicle* Ketten-, Raupenfahrzeug; **III.** *v/i.* **14.** Spur halten (*Räder*); **IV.** *adj.* **15.** 🚃 Gleis..., Schienen...; **16.** *sport* **a)** (Lauf)Bahn..., Lauf..., **b)** Leichtathletik...: *~ meet Am.* Leichtathletikveranstaltung; **'track·age** [-kidʒ] *s.* 🚃 **1.** *coll.* Schienen *pl.*; **2.** Schienenlänge *f*; **3.** *Am.* Streckenbenutzungsrecht *n*, -gebühr *f*; **'track·er** [-kə] *s.* **1.** *bsd. hunt.* **a)** Fährtenfinder *m*, **b)** Spürhund *m*; **2.** Verfolger *m*; **3.** ⚔ Zielgeber *m* (*Gerät*).

'track|·lay·er *s.* 🚃 *bsd. Am.* Schienenleger *m*; **'~-lay·ing** *adj.* ⊕ Raupen..., Gleisketten...: *~ vehicle*.

track·less ['træklis] *adj.* □ **1.** unbetreten, pfadlos; **2.** schienenlos; **3.** spurlos.

track| suit *s. sport* Trainingsanzug *m*; **~ sys·tem** *s. Am.* → *streaming*.

tract¹ [trækt] *s.* **1.** (ausgedehnte) Fläche, Strecke *f*, Strich *m*, Gebiet *n*, Gegend *f*; **2.** Zeitraum *m*; **3.** *anat.* Trakt *m*, (Ver'dauungs- *etc.*)Syˌstem *n*: *respiratory ~* Atemwege; **4.** *physiol.* (Nerven)Strang *m*: *optic ~* Sehstrang.

tract² [trækt] *s. eccl.* Trak'tat *m, n*; *contp.* Trak'tätchen *n*.

trac·ta·bil·i·ty [træktə'biliti] *s.* Lenksamkeit *f*, Gefügigkeit *f*; **trac·ta·ble** ['træktəbl] *adj.* **1.** □ lenk-, folg-, fügsam; **2.** *fig.* gefügig, geschmeidig (*Material*).

trac·tion ['trækʃən] *s.* **1.** Ziehen *n*; **2.** ⊕, *phys.* **a)** Zug *m*, **b)** Zugleistung *f*: *~-engine* Zugmaschine; **3.** *phys.* Reibungsdruck *m*; **4.** *mot.* **a)** Griffigkeit *f* (*Reifen*), **b)** *a. ~ of the road* Bodenhaftung *f*; **5.** Trans'port *m*, Fortbewegung *f*; **6.** *physiol.* Zs.-ziehung *f* (*Muskeln*); **'trac·tion·al** [-ʃənl], **'trac·tive** [-ktiv] *adj.* ⊕ Zug...

trac·tor ['træktə] *s.* **1.** ⊕ 'Zugmaˌschine *f*, 'Traktor *m*, Schlepper *m*; **2.** ✈ **a)** Zugschraube *f*, **b)** *a. ~ airplane* Flugzeug *n* mit Zugschraube; **'~-plough** *s.* ⊕ Motorpflug *m*; **'~-'trail·er train** *s. mot.* Lastzug *m*; **~ truck** *s. Am. mot.* Sattelschlepper *m*.

trade [treid] **I.** *s.* **1.** ✝ Handel *m*, (Handels)Verkehr *m*: *foreign ~* **a)** Außenhandel, **b)** ⚓ große Fahrt; *home ~* **a)** Binnenhandel, **b)** ⚓ kleine Fahrt; → *board 8*; **2.** ✝ Geschäft *n*: **a)** Gewerbe *n*, Geschäftszweig *m*, Branche *f*, **b)** (Einzel-, Groß)Handel *m*, **c)** Geschäftslage *f*, -gewinn *m*: *to be in ~* (Einzel)Händler sein; *to do a good ~* gute Geschäfte machen; *to sell to the ~* an Wiederverkäufer abgeben; **3.** ✝ *the ~* **a)** *coll.* die Geschäftswelt, **b)** *Brit.* der Spiritu'osenhandel, **c)** die Kundschaft; **4.** Gewerbe *n*, Beruf *m*, Handwerk *n*: *the ~ coll.* die Zunft *od.* Gilde; *by ~ Bäcker etc.* von Beruf; *every man to his ~* jeder, wie er es gelernt hat; *the ~ of war* das Kriegshandwerk; **5.** *mst the ~s pl.* die Pas'satwinde *pl.*; **II.** *v/i.* **6.** Handel treiben, handeln (*in* mit *et.*); **7.** *~ (up)on fig.* spekulieren *od.* ‚reisen' auf (*acc.*), ausnutzen; **III.** *v/t.* **8.** (aus)tauschen (*for* gegen); **9.** *~ in bsd. Auto* in Zahlung geben; **~ ac·cept·ance** *s.* ✝ 'Handelsakˌzept *n*; **~ ac·count** *s.* ✝ *Bilanz*: **a)** *~s payable* Liefe'rantenschulden *pl.*, **b)** *~s receivable* Außenstände *pl.*; **~ as·so·ci·a·tion** *s.* ✝ Wirtschaftsverband *m*; **~ bal·ance** *s.* 'Handelsbiˌlanz *f*; **~ bill** *s.* ✝ Warenwechsel *m*; **~ board** *s.* ✝ Arbeit'geber-Arbeit'nehmerausschuß *m für Lohnfragen*; **~ cy·cle** *s.* ✝ Konjunk'turˌzyklus *m*; **~ di·rec·to·ry** *s.* Firmenverzeichnis *n*, 'Handelsaˌdreßbuch *n*; **~ dis·count** *s.* ✝ 'Händlerraˌbatt *m*; **~ fair** *s.* (Handels)Messe *f*; **'~-in** *s.* in Zahlung gegebene Sache (*bsd. Auto*); **'~-mark I.** *s.* ✝ Warenzeichen *n*, Schutzmarke *f*: *registered ~* eingetragenes Warenzeichen; **II.** *v/t. Ware* gesetzlich schützen lassen: *~ed goods* Markenartikel; **~ mis·sion** *s. pol.* 'Handelsmissiˌon *f*; **~ name** *s.* **1.** Handelsbezeichnung *f*; **2.** 'Firmenname *m*, 'Firma *f*; **~ price** *s.* (Groß)Handelspreis *m*.

trad·er ['treidə] *s.* **1.** Händler *m*, Kaufmann *m*; **2.** ⚓ Handels-, Kauffahr'teischiff *n*.

trade| school *s.* Gewerbeschule *f*; **~ se·cret** *s.* Geschäftsgeheimnis *n*; **~ show** *s.* Filmvorführung *f* für Verleiher u. 'Kritiker.

trades|·man ['treidzmən] *s.* [*irr.*] **1.** Gewerbetreibende(r) *m*; **2.** Ladeninhaber *m*, -besitzer *m*; **3.** Handwerker *m*; **'~·peo·ple** [-zp-] *s. pl.* Geschäftsleute *pl.*

trade| sym·bol *s.* Bild *n* (*Warenzeichen*); **~ un·ion** *s.* Gewerkschaft *f*; **~-'un·ion·ism** *s.* Gewerkschaftswesen *n*; **~-'un·ion·ist I.** *s.* Gewerkschaftler(in); **II.** *adj.* gewerkschaftlich; **~ wind** → *trade 5*.

trad·ing ['treidiŋ] **I.** *s.* **1.** Handeln *n*; **2.** Handel *m* (*in* mit *et.*, *with* mit *j-m*); **II.** *adj.* **3.** Handels...; **~ a·re·a** *s.* ✝ Absatzgebiet *n*; **~ cap·i·tal** *s.* ✝ Be'triebskapiˌtal *n*; **~ com·pa·ny** *s.* Handelsgesellschaft *f*; **~ post** *s.* Handelsniederlassung *f*; **~ stamp** *s.* ✝ Ra'battmarke *f*.

tra·di·tion [trə'diʃən] *s.* **1.** Traditi'on *f*: **a)** (mündliche) Über'lieferung (*a. eccl.*), **b)** Herkommen *n*, (alter) Brauch, Brauchtum *n*: *to be in the ~* sich im Rahmen der Tradition halten; **2.** ⚖ 'Übergabe *f von Verbrechern etc.*; **tra'di·tion·al** [-ʃənl] *adj.* □ traditio'nell, Traditions...: **a)** (mündlich) über'liefert, **b)** herkömmlich, brauchtümlich, (alt)hergebracht, üblich; **tra'di·tion·al·ism** [-ʃnəlizəm] *s.* **1.** *eccl.* Traditiona'lismus *m*; **2.** Festhalten *n* an der Über'lieferung.

tra·duce [trə'dju:s] *v/t.* verleumden.

traf·fic ['træfik] **I.** *s.* **1.** (öffentlicher, Straßen-, Schiffs-, Eisenbahn- *etc.*) Verkehr; **2.** (Per'sonen-, Güter-, Nachrichten-, Fernsprech- *etc.*) Verkehr *m*; **3. a)** (Handels)Verkehr *m*, Handel *m* (*in* in *dat.*, mit), **b)** *b.s.* ('illeˌgaler) Handel, Schacher *m*; **II.** *v/i. pret. u. p.p.* **'traf·ficked** [-kt] **4.** handeln, Handel treiben (*in* in *dat.*, *with* mit); **5.** *bsd. fig.* handeln, schachern (*for* um); **III.** *v/t.* **6.** *~ away* verschachern.

traf·fi·ca·tor ['træfikeitə] *s. mot. Brit.* Blinker *m*.

traf·fic| cen·sus *s.* Verkehrszählung *f*; **~ cir·cle** *s. mot. Am.* Kreisverkehr *m*; **~ is·land** *s.* Verkehrsinsel *f*; **~ jam** *s.* Verkehrsstauung *f*, -stockung *f*.

traf·fick·er ['træfikə] *s.* **1.** Händler *m*; **2.** *b.s.* Schacherer *m*.

'traf·fic|-light *s.* Verkehrsampel *f*; **~ man·a·ger** *s.* ✝ Versandleiter *m*; **~ of·fence** *s. Brit.*, **~ of·fense** *s. Am.* Ordnungswidrigkeit *f*, Ver'kehrsüberˌtretung *f*; **~ reg·u·la·tions** *s. pl.* Verkehrsvorschriften *pl.*, (Straßen)Verkehrsordnung *f*; **'~-sign** *s.* Verkehrszeichen *n*, -schild *n*; **~ ward·en** *s.* Poli'tesse *f*.

tra·ge·di·an [trə'dʒi:djən] *s.* **1.** 'Tragiker *m*, Trauerspieldichter *m*; **2.** *thea.* Tra'göde *m*, 'tragischer Schauspieler; **tra·ge·di·enne** [trədʒi:'djen] *s. thea.* Tra'gödin *f*; **trag·e·dy** ['trædʒidi] *s.* **1.** Tra'gödie *f*: **a)** *thea.* Trauerspiel *n*, **b)** *fig.* 'tragische Begebenheit, *a.* Unglück *n*; **2.** *fig. das* 'Tragische; **trag·ic** *adj.*; **trag·i·cal** ['trædʒik(ə)l] *adj.* □ *thea. u. fig.* 'tragisch; **trag·i·com·e·dy** ['trædʒi'kɔmidi] *s.* 'Tragikoˌmödie *f* (*a. fig.*); **trag·i·com·ic** ['trædʒi'kɔmik] *adj.* (□ *~ally*) 'tragiˌkomisch.

trail [treil] **I.** *v/t.* **1.** (nach)schleppen, (-)schleifen, hinter sich her ziehen; **2.** (auf der Spur) verfolgen (*acc.*), nachspüren, -gehen (*dat.*); **II.** *v/i.* **3.** schleifen, schleppen (*Rock etc.*); **4.** wehen, flattern; her'unterhängen; **5.** ⚘ kriechen, wuchern; **6.** (sich da'hin)ziehen (*Rauch etc.*); **7.** sich da'hinschleppen; **8.** [illegible] nachhinken (*a. fig.*); **9.** *~ off* verhallen, sich verlieren (*Klang, Stimme*); **III.** *s.* **10.** Schleppe *f* (*Kleid*); **11.** *fig.* Schweif *m*, Schwanz *m* (*Meteor etc.*): *~ of smoke* Rauchfahne; **12.** Spur *f*: *~ of blood*; **13.** *hunt. u. fig.* Fährte *f*, Spur *f*: *on s.o.'s ~* j-m auf der Spur *od.* auf den Fersen; *off the ~* von der Spur abgekommen; **14.** (Trampel)Pfad *m*, Weg *m*: *to blaze the ~* **a)** den Weg markieren, **b)** *fig.* den Weg bahnen (*for* für), bahnbrechend sein; **15.** ⚔ (La'fetten)Schwanz *m*; **~ blaz·er** *s.* **1.** Pistensucher *m*; **2.** *fig.* Bahnbrecher *m*, Pio'nier *m*.

trail·er ['treilə] *s.* **1.** ⚘ Kriechpflanze *f*; rankender Ausläufer; **2.** *hunt.* Spurhalter *m*; **3.** *mot.* **a)** Anhänger *m*, **b)** Wohnwagen *m*; **4.** (Film)Vorschau *f*.

trail·ing| a·e·ri·al ['treiliŋ] *s.* ⚡ 'Schleppanˌtenne *f*; **~ ax·le** *s. mot.* nicht angetriebene Achse; **~ edge** *s.* ✈ (Pro'fil)ˌHinterkante *f*.

train [trein] **I.** *s.* **1.** (Eisenbahn)Zug *m*: *~ journey* Bahnfahrt; *~ staff* Zugpersonal; *by ~* mit der Bahn; *to be on the ~* im Zug sein *od.* sitzen; *to take a ~ to* mit dem Zug fahren nach; **2.** Zug *m von Personen, Wagen etc.*, Kette *f*, Ko'lonne *f*: *~ of barges* Schleppzug (*Kähne*); **3.** Gefolge *n* (*a. fig.*): *to have* (*od. bring*) *in its ~ et.* mit sich bringen, zur Folge haben; **4.** *fig.* Folge *f*, Kette *f*, Reihe *f von Ereignissen etc.*: *~ of thoughts* Gedankengang; *in ~* **a)** im Gang, im Zuge, **b)** bereit (*for* für); *to put in ~* in Gang setzen; **5.** (Kleider)Schleppe *f*; **6.** (Ko'meten)Schweif *m*; **7.** ⚒, ⚔ Zündlinie *f*; **8.** ⊕ Räder-, Triebwerk *n*; **II.** *v/t.* **9.** auf-, erziehen; **10.** ⚘ ziehen; **11.** *j-n* ausbilden (*a.* ⚔), *a. Auge, Geist etc.* schulen; **12.** *j-m et.* einexerzieren, beibringen; **13.** *Tiere* abrichten, dressieren (*to do* zu tun); **14.** *Pferde, Sportler* trainieren; **15.** ⚔ *Geschütz* richten (*on* auf *acc.*); **III.** *v/i.* **16.** sich ausbilden (*for* zu, als); sich üben; **17.** *sport* trainieren (*for* für); **18.** *a. ~ it* F mit der Bahn fahren; **'~-ac·ci·dent** *s.* Eisenbahnunglück *n*; **'~-bear·er** *s.* Schleppenträger *m*; **'~-call** *s. teleph.* Zuggespräch *n*.

trained [treind] *adj.* **1.** geübt, geschult (*Auge, Geist etc.*); **2.** (voll) ausgebildet, geschult, Fach...: *~ lawyer* (Voll)Jurist; *~ men* Fachkräfte; **train·ee** [trei'ni:] *s.* **1. a)** Auszubildende(r *m*) *f*, Lehrling *m*, **b)** Prakti'kant(in); **2.** ⚔ *Am.* Re'krut *m*; **'train·er** [-nə] *s.* **1.** Ausbilder *m*; **2.** *sport* Trainer *m*; **3. a)** Abrichter *m*, ('Hunde- *etc.*)Dresˌseur *m*, **b)** Zureiter *m*; **4.** ✈ Schulflugzeug *n*.

'train-'fer·ry *s.* Eisenbahnfähre *f*.

train·ing ['treiniŋ] **I.** *s.* **1.** Schulung *f*, Ausbildung *f*; **2.** Üben *n*; **3.** *sport* Training *n*: *in good ~* gut im Training; *out of ~* aus der Übung; *physical ~* körperliche Ertüchtigung; **4.** a) Abrichten *n*, **b)** Zureiten *n*; **II.** *adj.* **5.** Ausbildungs..., Schul(ungs)..., Lehr...; **6.** *sport* Trainings...; **~ camp** *s.* **1.** *sport* Trainingslager *n*; **2.** ⚔ Ausbildungslager *n*; '**~-col·lege** *s. Brit. obs.* Päda'gogische Hochschule; '**~-film** *s.* Lehrfilm *m*; **~ school** *s. Am.* **1.** *ped.* Aufbauschule *f*; **2.** ⚖ Erziehungsanstalt *f*; '**~-ship** *s.* ⚓ Schulschiff *n*.

'**train-oil** *s.* (Fisch)Tran *m*, *bsd.* Walöl *n*.

traipse [treips] → *trapse*.

trait [trei] *s.* **1.** (Cha'rakter)Zug *m*, Merkmal *n*; **2.** Gesichtszug *m*.

trai·tor ['treitə] *s.* Verräter *m* (*to* an *dat.*); '**trai·tor·ous** [-tərəs] *adj.* □ verräterisch; '**trai·tress** [-tris] *s.* Verräterin *f*.

tra·jec·to·ry ['trædʒiktəri] *s.* **1.** *phys.* Flugbahn *f*; Fallkurve *f* (*Bombe*); **2.** ⩤ Trajekto'rie *f*.

tram [træm] **I.** *s.* **1.** *Brit.* Straßenbahn *f*: *by* ~ mit der Straßenbahn; **2.** ⚒ Förderwagen *m*, Hund *m*; **II.** *v/i.* **3.** *a.* ~ *it Brit.* mit der Straßenbahn fahren; '**~-car** *s. Brit.* Straßenbahnwagen *m*; '**~-line** *s. Brit.* Straßenbahnlinie *f*, -schiene *f*.

tram·mel ['træməl] **I.** *s.* **1.** (Schlepp-)Netz *n*; **2.** Spannriemen *m für Pferde*; **3.** *mst pl. fig.* Fessel *f*; **4.** Kesselhaken *m*; **5.** ⩤ El'lipsenˌzirkel *m*; **6.** *a. pair of* ~*s* Stangenzirkel *m*; **II.** *v/t.* **7.** *mst fig.* fesseln, hemmen.

tra·mon·tane [trə'mɔntein] *adj.* **1.** transal'pin(isch), jenseits der Alpen (gelegen *etc.*); **2.** *fig.* fremd, bar'barisch.

tramp [træmp] **I.** *v/i.* **1.** trampeln ([*up*]*on* auf *acc.*); sta(m)pfen; **2.** *mst* ~ *it* marschieren, wandern, ‚tippeln'; **3.** vagabundieren; **II.** *v/t.* **4.** durch'wandern; **5.** stampfen: *to* ~ *down* niedertreten; **III.** *s.* **6.** Getrampel *n*; **7.** (schwerer) Tritt; **8.** (Fuß)Marsch *m*, Wanderung *f*: *on the* ~ auf (der) Wanderschaft; **9.** Landstreicher *m*; **10.** *sl.* ‚Luder' *n* (*leichtes Mädchen*); **11.** ⚓ Trampschiff *n*; '**tram·ple** [-pl] **I.** *v/i.* **1.** (her'um)trampeln ([*up*]*on* auf *dat.*); **2.** *fig.* mit Füßen treten ([*up*]*on acc.*); **II.** *v/t.* **3.** (zer-)trampeln: *to* ~ *down* niedertrampeln; *to* ~ *out Feuer* austreten; **4.** *a.* ~ *under foot* mit Füßen treten; **III.** *s.* **5.** Trampeln *n*.

tram·po·lin(**e**) ['træmpəlin] *s. sport* Trampo'lin *n*.

'**tram·way** *s.* **1.** *Brit.* Straßenbahn (-linie) *f*; **2.** ⚒ Grubenbahn *f*.

trance [trɑ:ns] *s.* **1.** Trance *f*: a) (hyp'notischer) Traumzustand, **b)** ⚕ Starrsucht *f*; **2.** Verzückung *f*, Ek'stase *f*.

tran·quil ['træŋkwil] *adj.* □ **1.** ruhig, friedlich; **2.** gelassen, heiter; **tran·quil·(l)i·ty** [træŋ'kwiliti] *s.* **1.** Ruhe *f*, Friede(n) *m*, Stille *f*; **2.** Gelassenheit *f*, Heiterkeit *f*; '**tran·quil·(l)ize** [-laiz] *v/t. u. v/i.* (sich) beruhigen; '**tran·quil·(l)iz·er** [-laizə] *s.* Be'ruhigungstaˌblette *f*, ‚Stimmungspille' *f*.

trans·act [træn'zækt] **I.** *v/t. Geschäfte etc.* ('durch)führen, verrichten, abwickeln; *Handel* abschließen; **II.** *v/i.* ver-, unter'handeln (*with* mit); **trans'ac·tion** [-kʃən] *s.* **1.** 'Durchführung *f*, Abwicklung *f*, Erledigung *f*; **2.** Ver-, Unter'handlung *f*; **3.** a) ✝ Transakti'on *f*, (Geschäfts)Abschluß *m*, Geschäft *n*, (größere) geschäftliche Unter'nehmung, **b)** ⚖ Rechtsgeschäft *n*; **4.** *pl.* ✝ (Ge'schäfts-)ˌUmsatz *m*; **5.** *pl.* Verhandlungen *pl.*, Sitzungsbericht *m*.

trans·al·pine ['trænz'ælpain] *adj.* transal'pin(isch).

trans·at·lan·tic ['trænzət'læntik] *adj.* **1.** transat'lantisch, 'überseeisch; **2.** Übersee...: ~ *liner*; ~ *flight* Ozeanflug.

trans·ceiv·er [træns'si:və] *s.* ⚡ Sender-Empfänger *m*.

tran·scend [træn'send] *v/t.* **1.** *bsd. fig.* über'schreiten, -'steigen; **2.** *fig.* über'treffen; **tran'scend·ence** [-dəns], **tran'scend·en·cy** [-dənsi] *s.* **1.** Über'legenheit *f*, Vor'züglichkeit *f*, Erhabenheit *f*; **2.** *phls.*, *eccl.* Transzen'denz *f*; **tran'scend·ent** [-dənt] *adj.* □ **1.** transzen'dent: a) *phls.* 'übersinnlich, **b)** *eccl.* 'überweltlich; **2.** her'vorragend.

tran·scen·den·tal [trænsen'dentl] *adj.* □ **1.** *phls.* transzenden'tal: a) meta'physisch, **b)** *bei Kant*: apri'orisch; **2.** außerordentlich, 'übernaˌtürlich; **3.** F phan'tastisch, ab'strus, verworren; **4.** ⩤ transzen'dent; **tran·scen'den·tal·ism** [-təlizəm] *s.* Transzenden'talphilosoˌphie *f*.

tran·scribe [træns'kraib] *v/t.* **1.** abschreiben; **2.** *Stenogramm* über'tragen; **3.** ♪ transkribieren; **4.** *Rundfunkaufnahme* a) aufzeichnen, auf Band aufnehmen, **b)** übertragen; **tran·script** ['trænskript] *s.* Abschrift *f*, Ko'pie *f*; **tran'scrip·tion** [-ripʃən] *s.* **1.** Abschreiben *n*; **2.** Abschrift *f*; **3.** 'Umschrift *f*; **4.** ♪ Transkripti'on *f*, 'Umsetzung *f*; **5.** *Rundfunk*: Tonaufnahme *f*, Bandsendung *f*, Aufzeichnung *f*.

tran·sept ['trænsept] *s.* ⛪ Querschiff *n*.

trans·fer [træns'fə:] **I.** *v/t.* **1.** hin'überbringen, -schaffen (*from ... to* von ... nach *od.* zu); **2.** über'geben (*to dat.*); **3.** *Betrieb*, *Truppen*, *Wohnsitz etc.* verlegen, *Beamten*, *Schüler in e-e andere Schule etc.* versetzen (*to* nach, *in*, *into* in *acc.*); **4.** ⚖ (*to*) über'tragen (auf *acc.*), abtreten (an *acc.*); **5.** ✝ a) *Summe* vortragen, **b)** *Posten*, *Wertpapiere* 'umbuchen, **c)** *Aktien etc.* übertragen; **6.** *Geld* über'weisen (*to* an *acc.*, auf *ein Konto*); **7.** *fig. Zuneigung etc.* übertragen (*to* auf *acc.*); **8.** *typ. Druck*, *Stich etc.* 'umdrucken, übertragen; **II.** *v/i.* **9.** 'übertreten (*to* zu); **10.** verlegt *od.* versetzt werden (*to* nach); **11.** 🚂 *etc.* 'umsteigen; **III.** *s.* ['trænsfə(:)] **12.** Über'tragung *f*; **13.** Wechsel *m* (*to* zu); **14.** a) Verlegung *f*, **b)** Versetzung *f* (*to* nach); **15.** ⚖ Übertragung *f* (*to* auf *acc.*), Zessi'on *f*; **16.** ('Geld)Überˌweisung *f*: ~ *business* ✝ Giroverkehr; **17.** ✝ (De'visen)ˌTransfer *m*; **18.** ✝ ('Aktien-, Kapi'tal- *etc.*)Überˌtragung *f*, 'Umschreibung *f von Wertpapieren*; **19.** *typ.* a) Übertragung *f*, 'Umdruck *m*, **b)** Abziehen *n*, Abzug *m*, **c)** Abziehbild *n*; **20.** 🚂 *etc.* a) 'Umsteigen *n*, **b)** 'Umsteigefahrkarte *f*, 'Umsteiger *m*, **c)** *a.* ⚓ 'Umschlagplatz *m*; **trans'fer·a·ble** [-ə:rəbl] *adj.* **1.** *bsd.* ✝, ⚖ über'tragbar (*a. Wahlstimme*); **2.** ⚕ trans'portfähig (*Kranker*).

'**trans·fer|-bank** *s.* ✝ 'Girobank *f*; '**~-book** *s.* ✝ 'Umschreibungsbuch *n* (*Aktien*); '**~-day** *s.* ✝ 'Umschreibungstag *m*; '**~-deed** *s.* Abtretungsurkunde *f*.

trans·fer·ee [trænsfə(:)'ri:] *s.* **1.** Zessio'nar *m*, Über'nehmer *m*; **2.** Indossa'tar *m*; **trans·fer·ence** ['trænsfərəns] *s.* **1.** Über'tragung *f*; **2.** ✝ Transferierung *f*, 'Umschreibung *f*; **3.** Verlegung *f*, Versetzung *f*; **trans·fer·en·tial** [trænsfə'renʃəl] *adj.* Übertragungs...

'**trans·fer-ink** *s.* *typ.* 'Umdrucktinte *f*.

trans·fer·or ['trænsfərə] *s.* **1.** ⚖ Ze'dent *m*, Abtretende(r *m*) *f*; **2.** ✝ Indos'sant *m*.

'**trans·fer|-pa·per** *s.* *typ.* 'Umdruckpaˌpier *n*; '**~-pic·ture** *s.* Abziehbild *n*.

trans·fer·rer [træns'fə:rə] *s.* **1.** Über'trager *m*; **2.** → *transferor*.

'**trans·fer-tick·et** *s.* → *transfer 20b*.

trans·fig·u·ra·tion [trænsfigju'reiʃən] *s.* **1.** 'Umgestaltung *f*; **2.** *eccl.* a) Verklärung *f* (*Christi*), **b)** ♀ Fest *n* der Verklärung (*6. August*); **trans·fig·ure** [træns'figə] *v/t.* **1.** 'umgestalten (*into* in *acc.*); **2.** *eccl. u. fig.* verklären.

trans·fix [træns'fiks] *v/t.* **1.** durch'stechen, -'bohren (*a. fig.*); **2.** *fig.* lähmen: ~*ed* (wie) versteinert, starr (*with* vor *dat.*).

trans·form [træns'fɔ:m] **I.** *v/t.* **1.** 'umgestalten, -wandeln ([*in*]*to* in *acc.*, zu); 'umformen (*a.* ⩤); *a. j-n* verwandeln, verändern; **2.** ⚡ 'umspannen; **II.** *v/i.* **3.** sich verwandeln (*into* zu); **trans·for·ma·tion** [trænsfə'meiʃən] *s.* **1.** 'Umgestaltung *f*, -bildung *f*; 'Umwandlung *f*, -formung *f* (*a.* ⩤); Verwandlung *f*, -änderung *f* (*a. e-r Person, des Charakters etc.*): ~ *of energy phys.* Energieumsetzung; ~-*scene thea.* Verwandlungsszene; **2.** ⚡ 'Umspannung *f*; **3.** 'Damenpeˌrücke *f*; **trans'form·a·tive** [-mətiv] *adj.* 'umgestaltend, -bildend; **trans'form·er** [-mə] *s.* **1.** 'Umgestalter (-in); **2.** ⚡ Transfor'mator *m*, 'Umspanner *m*, -former *m*.

trans·fuse [træns'fju:z] *v/t.* **1.** *in ein anderes Gefäß* 'umgießen; **2.** ⚕ *Blut* über'tragen; **3.** *fig.* einflößen (*into dat.*); **4.** *fig.* durch'tränken, erfüllen (*with* mit, von); **trans'fu·sion** [-ju:ʒən] *s.* **1.** 'Umgießen *n*; **2.** ⚕ 'Blutüberˌtragung *f*, Transfusi'on *f*; **3.** *fig.* a) Über'tragung *f*, **b)** Durch'tränkung *f*.

trans·gress [træns'gres] **I.** *v/t.* **1.** über'schreiten, -'treten (*a. fig.*); **2.** *fig. Gesetze etc.* übertreten; **II.** *v/i.* **3.** (*against* gegen) sich vergehen, sündigen; **trans'gres·sion** [-eʃən] *s.* **1.** Über'schreitung *f*; **2.** Über'tretung *f* (*Gesetze etc.*); **3.** Vergehen *n*, Missetat *f*; **trans'gres·sor** [-sə] *s.* Über'treter(in), Missetäter(in).

tran·sience ['trænziəns], '**tran·sien·cy** [-nsi] *s.* Vergänglichkeit *f*, Flüchtigkeit *f*; '**tran·sient** [-nt] **I.** *adj.* □ **1.** *zeitlich* vor'übergehend; **2.** vergänglich, flüchtig; **3.** *Am.* Durchgangs...: *~ camp*; *~ visitor* → *4*; **II.** *s.* **4.** *Am.* 'Durchreisende(r *m*) *f*; **5.** *a. ~ current* ⚡ Ausgleichsstrom *m*.

trans·i·re [trænz'aiəri] *s.* ✝ *Brit.* Zollbegleit-, Passierschein *m*.

tran·sis·tor [træn'zistə] *s.* ⚡ Tran'sistor *m*: *~ radio*; **tran'sis·tor·ize** [-raiz] *v/t.* ⚡ transistor(is)ieren.

trans·it ['trænsit] **I.** *s.* **1.** 'Durch-, 'Überfahrt *f*; **2.** *a. ast.* 'Durchgang *m*; **3.** ✝ 'Transit *m*, 'Durchfuhr *f*, Trans'port *m*: *in ~* unterwegs, auf dem Transport; **4.** ✝ 'Durchgangsverkehr *m*; **5.** 'Durchgangsstraße *f*; **6.** *fig.* 'Übergang *m* (*to* zu); **II.** *adj.* **7.** *a.* ✝ Durchgangs... (*-lager*, *-verkehr etc.*): *~ visa* Durchreisevisum; **8.** ✝ Durchfuhr..., Transit...: *~ trade* Transithandel.

tran·si·tion [træn'siʒən] **I.** *s.* **1.** 'Übergang *m* (*a.* ♪); **2.** 'Übergangszeit *f*: *state of ~* Übergangsstadium; **II.** *adj.* **3.** → *transitional*; **tran'si·tion·al** [-ʒənl] *adj.* □ Übergangs..., Überleitungs..., Zwischen...

tran·si·tive ['trænsitiv] *adj.* □ **1.** *ling.* 'transitiv; **2.** 'übergehend.

tran·si·to·ri·ness ['trænsitərinis] *s.* Flüchtigkeit *f*, Vergänglichkeit *f*; **tran·si·to·ry** ['trænsitəri] *adj.* □ **1.** *zeitlich* vor'übergehend; transi'torisch (*a.* ✝, ⚖); **2.** vergänglich, flüchtig.

trans·lat·a·ble [træns'leitəbl] *adj.* über'setzbar; **trans·late** [træns'leit] **I.** *v/t.* **1.** *Buch etc.* über'setzen, -'tragen (*into* in *acc.*); **2.** *fig. Grundsätze etc.* übertragen (*into* in *acc.*, zu): *to ~ ideas into action* Gedanken in die Tat umsetzen; **3.** *fig.* **a)** auslegen, **b)** ausdrücken (*in* in *dat.*); **4.** *eccl.* **a)** *Bischof* versetzen, **b)** *Reliquie etc.* 'überführen, verlegen (*to* nach), **c)** *j-n* entrücken; **5.** *Brit. Schuhe etc.* auf-, 'umarbeiten; **6.** ⊕ *Bewegung* übertragen (*to* auf *acc.*); **II.** *v/i.* **7.** sich *gut etc.* über'setzen lassen; **trans'la·tion** [-eiʃən] *s.* **1.** Über'setzung *f*, -'tragung *f*; **2.** *fig.* Auslegung *f*; **3.** *eccl.* **a)** Versetzung *f*, **b)** Entrückung *f*; **trans'la·tor** [-tə] *s.* Über'setzer(in).

trans·lit·er·ate [trænz'litəreit] *v/t.* transkribieren; **trans·lit·er·a·tion** [trænzlitə'reiʃən] *s.* Transkripti'on *f*, 'Umschreibung *f*.

trans·lu·cence [trænz'lu:sns], **trans'lu·cen·cy** [-si] *s.* **a)** 'Durchscheinen *n*, **b)** 'Durchsichtigkeit *f*; **trans'lu·cent** [-nt] *adj.* □ **1. a)** 'licht₁durchlässig, **b)** halb 'durchsichtig; **2.** 'durchscheinend.

trans·ma·rine [trænzmə'ri:n] *adj.* 'überseeisch, Übersee...

trans·mi·grant ['trænzmaigrənt] *s.* 'Durchreisende(r *m*) *f*, -wandernde(r *m*) *f*; **trans·mi·grate** ['trænzmaigreit] *v/i.* **1.** fortziehen; **2.** 'übersiedeln; **3.** auswandern; **4.** wandern (*Seele*); **trans·mi·gra·tion** [trænzmai'greiʃən] *s.* **1.** Auswanderung *f*, 'Übersiedlung *f*; **2.** *a. ~ of souls* Seelenwanderung *f*; **3.** ⚕ **a)** 'Überwandern *n* (*Ei-*, *Blutzelle etc.*), **b)** Diape'dese *f*.

trans·mis·si·ble [trænz'misəbl] *adj.* **1.** über'sendbar; **2.** *a.* ⚕ *u. fig.* über'tragbar (*to* auf *acc.*).

trans·mis·sion [trænz'miʃən] *s.* **1.** Über'sendung *f*, -'mittlung *f*; ✝ Versand *m*; **2.** Übermittlung *f*, Mitteilung *f von Nachrichten etc.*; **3.** *ling.* ('Text)Über₁lieferung *f*; **4.** ⊕ **a)** Transmissi'on *f*, Über'setzung *f*, -'tragung *f*, **b)** Triebwelle *f*, -werk *n*: *~ gear* Wechselgetriebe; **5.** Über'tragung *f*: **a)** *biol.* Vererbung *f*, **b)** ⚕ Verschleppung *f*, **c)** *Rundfunk*: Sendung *f*, **d)** ⚖ Über'lassung *f*, **e)** *phys.* Fortpflanzung *f*; *~* **belt** *s.* ⊕ Treibriemen *m*; *~* **gear·ing** *s.* ⊕ Über'setzungsgetriebe *n*; *~* **ra·tio** *s.* ⊕ Über'setzungsverhältnis *n*; *~* **shaft** *s.* ⊕ Getriebewelle *f*.

trans·mit [trænz'mit] *v/t.* **1.** (*to*) über'senden, -'mitteln (*dat.*), (ver-) senden (an *acc.*); *a. Telegramm etc.* weitergeben (an *acc.*), befördern; **2.** *Eindrücke, Nachrichten etc.* mitteilen (*to dat.*); **3.** über'tragen: **a)** *biol.* vererben, **b)** ⚖ über'schreiben, vermachen, **c)** ⚕ *Krankheit* verschleppen; **4.** *phys. Wellen, Wärme etc.* **a)** (weiter)leiten, **b)** *a. Kraft* übertragen, **c)** 'durchlassen; **trans'mit·tal** [-tl] → *transmission 1, 2*; **trans'mit·ter** [-tə] *s.* **1.** Über'sender *m*, -'mittler *m*; **2.** (Funk)Sender *m*, Geber *m*; *teleph.* Mikro'phon *n*; **3.** *Rundfunk*: Sender *m*; **trans'mit·ting** [-tiŋ] *adj.* Sende...(*-antenne*, *-stärke etc.*): *~ station* Sendestelle, Sender.

trans·mog·ri·fy [trænz'mɔgrifai] *v/t. humor.* (gänzlich) 'ummodeln.

trans·mut·a·bil·i·ty [trænzmju:tə'biliti] *s.* 'Umwandelbarkeit *f*; **trans·mut·a·ble** [trænz'mju:təbl] *adj.* □ 'umwandelbar; **trans·mu·ta·tion** [trænzmju:'teiʃən] *s.* **1.** 'Umwandlung *f* (*a.* ⚗, *phys.*); **2.** *biol.* Transmutati'on *f*, 'Umbildung *f*; **trans·mute** [trænz'mju:t] *v/t.* 'umwandeln, -bilden, verwandeln (*into* in *acc.*).

trans·o·ce·an·ic ['trænzouʃi'ænik] *adj.* **1.** transoze'anisch, 'überseeisch; **2. a)** Übersee..., **b)** Ozean...

tran·som ['trænsəm] *s.* △ **a)** Querbalken *m über e-r Tür*, **b)** (Quer-) Blende *f* (*Fenster*).

tran·son·ic [træn'sɔnik] *adj. phys.* schallnah.

trans·par·en·cy [træns'pɛərənsi] *s.* **1.** 'Durchsichtigkeit *f*, Transpa'renz *f*; **2.** Transpa'rent(bild) *n*; **3.** *phot.* Dia(posi'tiv) *n*; **trans'par·ent** [-nt] *adj.* □ **1.** 'durchsichtig (*a. fig. offenkundig*): *~ colo(u)r* ⊕ Lasurfarbe; *~ slide* Diapositiv; **2.** *phys.* transpa'rent, 'licht₁durchlässig; **3.** *fig.* **a)** klar (*Stil etc.*), **b)** offen, ehrlich.

tran·spi·ra·tion [trænspi'reiʃən] *s.* **1.** Ausdünstung *f*; **2.** Schweiß *m*; **tran·spire** [træns'paiə] **I.** *v/i.* **1.** *physiol.* transpirieren, schwitzen, ausdunsten; **2.** ausgedünstet werden; **3.** *fig.* 'durchsickern, verlauten, bekannt werden; **4.** F *fig.* passieren, sich ereignen; **II.** *v/t.* **5.** ausdünsten, -schwitzen.

trans·plant [træns'plɑ:nt] **I.** *v/t.* **1.** ♀ 'umpflanzen; **2.** ⚕ *Gewebe* transplantieren; **3.** *fig.* versetzen, -pflanzen (*to* nach, *into* in *acc.*); **II.** *v/i.* **4.** sich verpflanzen lassen; **III.** *s.* ['trænsplɑ:nt] **5.** → *transplantation*; **trans·plan·ta·tion** [trænsplɑ:n'teiʃən] *s.* Verpflanzung *f*: **a)** ♀ 'Umpflanzung *f*, **b)** *fig.* Versetzung *f*, 'Umsiedlung *f*, **c)** ⚕ Transplantati'on *f*.

trans·port **I.** *v/t.* [træns'pɔ:t] **1.** transportieren, befördern, versenden; **2.** *mst pass. fig.* **a)** *j-n* hinreißen, entzücken (*with* vor *dat.*, von), **b)** heftig erregen: *~ed with joy* außer sich vor Freude; **3.** ⚖ deportieren; **II.** *s.* ['trænspɔ:t] **4. a)** ('Ab-, 'An)Trans₁port *m*, Beförderung *f*, **b)** Versand *m*, **c)** Verschiffung *f*; **5.** Verkehr *m*; **6.** Beförderungsmittel *n*; **7.** *a. ~-ship*, *~-vessel* **a)** Trans'port-, Frachtschiff *n*, **b)** ⚔ 'Truppentrans₁porter *m*; **8.** ✈ Trans'portflugzeug *n*; **9.** *fig.* Taumel *m der Freude etc.*: *in a ~ of* außer sich vor *Entzücken etc.*; **III.** *adj.* **10.** Transport...: *~ industry* Transport-, Verkehrsgewerbe; **trans'port·a·ble** [-təbl] *adj.* transportierbar, versendbar; **trans·por·ta·tion** [trænspɔ:'teiʃən] *s.* **1.** → *transport 4*; **2.** Trans'portsy₁stem *n*; **3. a)** Beförderungsmittel *pl.*, **b)** Trans'portkosten *pl.*; **4.** ⚖ Deportati'on *f*; **trans'port·er** [-tə] *s.* **1.** Beförderer *m*; **2.** ⊕ Förder-, Trans'portvorrichtung *f*.

trans·pose [træns'pouz] *v/t.* **1.** 'umstellen (*a. ling.*), 'umsetzen, versetzen; **2.** ♪, ⩚ transponieren; **trans·po·si·tion** [trænspə'ziʃən] *s.* **1.** 'Umstellen *n*; **2.** 'Umstellung *f* (*a. ling.*); **3.** ♪, ⩚ Transpositi'on *f*; **4.** ⊕ **a)** 'Umstellung *f*, **b)** Kreuzung *f im Gestänge od. von Drähten*.

trans-ship [træns'ʃip] *v/t.* ✝, ⚓ *Güter* 'umladen; **trans-'ship·ment** [-mənt] *s.* ⚓ 'Umladung *f*, 'Umschlag *m*: *~ charge* Umladegebühr; *~ port* Umschlaghafen.

tran·sub·stan·ti·ate [trænsəb'stænʃieit] *v/t.* (stofflich) 'umwandeln, (*a. eccl. Brot u. Wein*) verwandeln (*into*, *to* in *acc.*, zu); **tran·sub·stan·ti·a·tion** ['trænsəbstænʃi'eiʃən] *s.* **1.** 'Stoff₁umwandlung *f*; **2.** *eccl.* ₁Transsub₁stantiati'on *f* (*Abendmahl*).

tran·su·da·tion [trænsju:'deiʃən] *s.* **1.** ⚕ 'Durchschwitzung *f von Flüssigkeiten*; **2.** ⚗ Ab-, Aussonderung *f*; **tran·sude** [træn'sju:d] *v/i.* **1.** *physiol.* 'durchschwitzen (*Flüssigkeiten*); **2.** ('durch)dringen, (-)sikkern (*through* durch); **3.** abgesondert werden.

trans·ver·sal [trænz'və:səl] **I.** *adj.* □ → *transverse 1*; **II.** *s.* ⩚ Transver'sale *f*; **trans·verse** ['trænzvə:s] **I.** *adj.* □ **1.** schräg, diago'nal, Quer..., quer(laufend) (*to* zu): *~ flute* ♪ Querflöte; *~ section* ⩚ Querschnitt; **II.** *s.* **2.** Querstück *n*, -achse *f*, -muskel *m*; **3.** ⩚ große Achse e-r El'lipse.

trans·ves·tism [træns'vestizəm] *s. psych.* Transve'stismus *m*; **trans'ves·tite** [-tait] *s. psych.* Transve'stit *m*.

trap[1] [træp] **I.** *s.* **1.** *hunt., a.* ⚔ *u. fig.* Falle *f*: *to lay (od. set) a ~ for s.o.* j-m e-e Falle stellen; *to walk (od. fall) into a ~* in e-e Falle gehen; **2.** ⊕ Abscheider *m*; **3. a)** Auffangvorrichtung *f*, **b)** Dampf-, Wasserverschluß *m*, **c)** Geruchverschluß *m* (*Klosett*); **4.** ⚡ (Funk)Sperrkreis *m*; **5.** *Tontaubenschießen*: 'Wurfmaˌschine *f*; **6.** → *trapdoor*; **7.** Golfhindernis *n*; **8.** *Brit.* Gig *n*, zweirädriger Einspänner; **9.** *mot.* offener Zweisitzer; **10.** *pl.* ♪ *Am.* Schlagzeug *n*; **11.** *sl.* ‚Klappe' *f* (*Mund*); **12.** *sl.* Gauneˈrei *f*; **II.** *v/t.* **13.** fangen (*a. fig.*); (*a. phys. Elektronen*) einfangen; **14.** ⚔ einschließen; **15.** *fig.* ertappen, herˈeinlegen; **16.** mit Fallen besetzen; **17.** ⊕ **a)** mit Wasserverschluß *etc.* versehen, verschließen, **b)** *Gase etc.* abfangen; **III.** *v/i.* **18.** Fallen stellen (*for dat.*).

trap[2] [træp] *s. mst pl.* F ‚Klaˈmotten' *pl.*, Siebensachen *pl.*, Gepäck *n*.

trap[3] [træp] *s. min.* Trapp *m*.

ˈtrap|-ball *s. sport ein* (Schlag)Ballspiel *n*; **ˈ~-door** *s.* **1.** Fall-, Klapptür *f*, (✈ Boden)Klappe *f*; **2.** *thea.* Versenkung *f*.

trapes [treips] → *trapse*.

tra·peze [trəˈpi:z] *s. sport* Traˈpez *n*, Schwebereck *n*; **traˈpe·zi·form** [-zifɔ:m] *adj.* trapezoˈid, traˈpezförmig; **traˈpe·zi·um** [-zjəm] *s.* **1.** ⩤ Trapez *n*; **2.** *anat.* großes Vieleckbein (*Handwurzel*); **trap·e·zoid** [ˈtræpizɔid] **I.** *s.* **1.** ⩤ **a)** *Brit.* Trapezoˈid *n*, **b)** *bsd. Am.* Trapez *n*; **2.** *anat.* kleines Vieleckbein (*Handwurzel*); **II.** *adj.* **3.** *a.* **trap·e·zoi·dal** [træpiˈzɔidl] ⩤ trapezoˈid, traˈpezähnlich.

trap·per [ˈtræpə] *s.* Trapper *m*, [Pelztierjäger *m*.]

trap·pings [ˈtræpiŋz] *s. pl.* **1.** Staatsgeschirr *n für Pferde*; **2.** *fig.* Staat *m*, Putz *m*, Schmuck(sachen *pl.*) *m*.

trapse [treips] *v/i.* **1.** (daˈhin)latschen; **2.** (umˈher)schlendern.

trap shoot·ing *s. sport* Trapschießen *n*.

trash [træʃ] *s.* **1.** *bsd. Am.* Abfall *m*; **2.** Plunder *m*, Schund *m*; **3.** *fig.* Schund *m*, Kitsch *m* (*Bücher etc.*); **4.** ‚Blech' *n*, Unsinn *m*; **5.** Ausschuß *m*, Gesindel *n*; **ˈtrash·i·ness** [-ʃinis] *s.* Wertlosigkeit *f*, Minderwertigkeit *f*; **ˈtrash·y** [-ʃi] *adj.* □ wertlos, minderwertig, kitschig, Schund..., Kitsch...

trau·ma [ˈtrɔ:mə] *s.* ˈTrauma *n*: **a)** ⚕ Wunde *f*, **b)** *psych.* seelische Erschütterung; **trau·mat·ic** [trɔ:ˈmætik] *adj.* (□ *~ally*) ⚕ trauˈmatisch, Wund...: *~ experience* traumatisches Erlebnis; *~ neurosis* traumatische Neurose.

trav·ail[1] [ˈtræveil] **I.** *s.* **1.** *obs. od. rhet.* (mühevolle) Arbeit, Plackeˈrei *f*; **2.** (Geburts)Wehen *pl.*; **3.** *fig.* (Seelen)Qual *f*: *to be in ~ with* schwer ringen mit; **II.** *v/i.* **4.** sich abrackern; **5.** in den Wehen liegen.

tra·vail[2] [trəˈveil] *s. Am. u. Canadian* Hundeschlitten *m*.

trav·el [ˈtrævl] **I.** *s.* **1.** Reisen *n*; **2.** *mst pl.* (längere) Reise: *book of ~* Reisebeschreibung; **3.** ⊕ Bewegung *f*, Lauf *m*, Hub *m* (*Kolben etc.*); **II.** *v/i.* **4.** reisen, e-e Reise machen; **5.** ✝ reisen (*in* in *e-r Ware*), als (Reise)Vertreter arbeiten (*for* für); **6.** *ast., phys., mot. etc.* sich bewegen; sich fortpflanzen (*Licht etc.*); **7.** ⊕ sich (ˈhin- u. ˈher)bewegen, laufen (*Kolben etc.*); **8.** *bsd. fig.* schweifen, wandern (*Blick etc.*); **9.** F (daˈhin-) sausen; **III.** *v/t.* **10.** *Land, a.* ✝ *Vertreterbezirk* bereisen, *Strecke* zuˈrücklegen; **~ a·gen·cy** *s.* ˈReisebüˌro *n*; **~ al·low·ance** *s.* Reisezuschuß *m*, -spesen *pl.*

trav·el(l)ed [ˈtrævld] *adj.* **1.** (weit-, viel)gereist; **2.** (viel)befahren (*Straße etc.*); **ˈtrav·el·(l)er** [-lə] *s.* **1.** Reisende(r *m*) *f*; **2.** ✝ *bsd. Brit.* (Handlungs)Reisende(r) *m*; **3.** ⊕ Laufstück *n*, *bsd.* **a)** Laufkatze *f*, **b)** Hängekran *m*; **4.** *Am.* Einkauf-Sammelbuch *n*.

trav·el·(l)er's| check (*Brit.* **cheque**) *s.* Reisescheck *m*; **ˈ~-ˈjoy** *s.* ⚘ Waldrebe *f*; **~ tale** *s.* ‚Münchhaus(en)iˈade' *f*.

trav·el·(l)ing [ˈtrævliŋ] *adj.* **1.** Reise...(*-koffer, -wecker, -kosten etc.*): *~ agent, bsd. Am. ~ salesman* Reisevertreter, Handlungsreisender; **2.** Wander...(*-ausstellung, -bücherei, -zirkus etc.*); fahrbar, auf Rädern: *~ dental clinic*; *~ crane* ⊕ Laufkran.

trav·e·log(ue) [ˈtrævəloug] *s.* Reisebericht *m* (*Vortrag, mst mit Lichtbildern*), Reisefilm *m*.

trav·ers·a·ble [ˈtrævə(:)səbl] *adj.* **1.** (leicht) durch- *od.* überˈquerbar; **2.** passierbar, befahrbar; **3.** ⊕ (aus-) schwenkbar; **trav·erse** [ˈtrævə(:)s] **I.** *v/t.* **1.** durch-, überˈqueren; **2.** durchˈziehen, -ˈfließen; **3.** *Fluß etc.* überˈspannen; **4.** *fig.* ˈdurchgehen, -sehen; **5.** ⊕, *a.* ⚔ *Geschütz* (seitwärts) schwenken; **6.** *Linie etc.* kreuzen, schneiden; **7.** *Plan etc.* durchˈkreuzen; **8.** ⚓ kreuzen; **9.** ⚖ **a)** *Vorbringen* bestreiten, **b)** gegen *e-e Klage etc.* Einspruch erheben; **10.** *mount., Skisport*: *Hang* queren; **II.** *v/i.* **11.** ⊕ sich drehen; **12.** *fenc., Reitsport*: traversieren; **13.** *mount., Skisport*: queren; **III.** *s.* **14.** Durch-, Überˈquerung *f*; **15.** ⚠ **a)** Quergitter *n*, **b)** Querwand *f*, **c)** Quergang *m*, **d)** Traˈverse *f*, Querstück *n*; **16.** ⩤ Schnittlinie *f*; **17.** ⚓ Koppelkurs *m*; **18.** ⚔ **a)** Traverse *f*, Querwall *m*, **b)** Schulterwehr *f*; **19.** ⚔ Schwenken *n* (*Geschütz*); **20.** ⊕ **a)** Schwenkung *f e-r Maschine*, **b)** schwenkbarer Teil; **21.** *surv.* Polyˈgon(zug *m*) *n*; **22.** ⚖ **a)** Bestreitung *f*, **b)** Einspruch *m*; **23.** *mount., Skisport*: **a)** Queren *n e-s Hanges*, **b)** Quergang *m*; **IV.** *adj.* **24.** querlaufend, Quer...(*-bohrer etc.*): *~ motion* Schwenkung; **25.** Zickzack...: *~ sailing* ⚓ Koppelkurs; **26.** sich kreuzend (*Linien*).

trav·es·ty [ˈtrævisti] **I.** *s.* **1.** Traveˈstie *f*; **2.** *fig.* Zerrbild *n*, Karikaˈtur *f*; **II.** *v/t.* **3.** travestieren (*scherzhaft umgestalten*); **4.** *fig.* entstellen, verzerren.

trawl [trɔ:l] ⚓ **I.** *s. a. ~-net* (Grund-) Schleppnetz *n*; **II.** *v/t. u. v/i.* mit dem Schleppnetz fischen; **ˈtrawl·er** [-lə] *s.* Grundschleppnetzfischer *m* (*Boot u. Person*).

tray [trei] *s.* **1.** Taˈblett *n*, (Serˈvier-, Tee)Brett *n*; Präsentierteller *m*; **2. a)** Auslagekästchen *n*, **b)** (ˈumgehängtes) Verkaufsbrett, ‚Bauchladen' *m*; **3.** flache Schale; **4.** Ablegekasten *m* (*Büro*); **5.** (Koffer-) Einsatz *m*.

treach·er·ous [ˈtretʃərəs] *adj.* □ **1.** verräterisch, treulos (*to* gegen); **2.** (heim)tückisch, ˈhinterhältig; **3.** *fig.* tückisch, trügerisch (*Eis, Wetter etc.*), unzuverlässig (*a. Gedächtnis*); **ˈtreach·er·ous·ness** [-nis] *s.* **1.** Treulosigkeit *f*, Verräteˈrei *f*; **2.** *a. fig.* Tücke *f*; **ˈtreach·er·y** [-ri] *s.* (*to*) Verrat *m* (an *dat.*), Verräteˈrei *f*, Treulosigkeit *f* (gegen).

trea·cle [ˈtri:kl] *s.* **1. a)** (Deck)Sirup *m*, **b)** Meˈlasse *f*; **2.** *fig.* süßliches Getue; **ˈtrea·cly** [-li] *adj.* **1.** sirupartig; **2.** *fig.* süßlich.

tread [tred] **I.** *s.* **1.** Tritt *m*, Schritt *m*; **2. a)** Tritt(spur *f*) *m*, **b)** (Rad-*etc.*)Spur *f*; **3.** ⊕ Lauffläche *f* (*Rad*); *mot.* (ˈReifen)Proˌfil *n*; **4.** Spurweite *f*; **5.** Peˈdalabstand *m* (*Fahrrad*); **6. a)** Fußraste *f*, Trittbrett *n*, **b)** (Leiter)Sprosse *f*; **7.** Auftritt *m* (*Stufe*); **8.** *orn.* **a)** Treten *n* (*Begattung*), **b)** Hahnentritt *m* (*im Ei*); **II.** *v/t.* [*irr.*] **9.** *rhet.* beschreiten: *to ~ the boards thea.* (als Schauspieler) auftreten; **10.** *rhet. Zimmer etc.* durchˈmessen; **11.** *a. ~ down* zertreten, -trampeln: *to ~ out Feuer* austreten, *fig. Aufstand* niederwerfen; *to ~ under foot* niedertreten, *fig.* mit Füßen treten; **12.** *Pedale etc., a. Wasser* treten; **13.** *orn.* treten, begatten; **III.** *v/i.* [*irr.*] **14.** treten (*on* auf *acc.*): *to ~ on air* (glück)selig sein; *to ~ lightly* leise auftreten, *fig.* vorsichtig zu Werke gehen; **15.** (einˈher)schreiten; **16.** trampeln: *to ~ (up)on* zertrampeln; **17.** unmittelbar folgen (*on* auf *acc.*); → *heel*[1] *Redew.*; **18.** *orn.* sich paaren; **trea·dle** [ˈtredl] **I.** *s.* **1.** ⊕ Tretkurbel *f*, Tritt(brett *n*) *m*: *~ drive* Fußantrieb; **2.** Peˈdal *n*; **II.** *v/i.* **3.** treten.

ˈtread-mill *s.* Tretmühle *f* (*a. fig.*).

trea·son [ˈtri:zn] *s.* (⚖ Landes)Verrat *m* (*to* an *dat.*): *high ~, ~-felony* Hochverrat; **ˈtrea·son·a·ble** [-nəbl] *adj.* □ (landes-, hoch)verräterisch.

treas·ure [ˈtreʒə] **I.** *s.* **1.** Schatz *m* (*a. fig.*); **2.** Reichtum *m*, Reichtümer *pl.*, Schätze *pl.*: *~s of the soil* Bodenschätze; *~ trove* ⚖ Schatz (-fund); **3.** F ‚Perle' *f* (*Dienstmädchen etc.*); **4.** F Schatz *m*, Liebling *m*; **II.** *v/t.* **5.** *oft ~ up Schätze* (an-) sammeln, aufhäufen; **6. a)** (hoch-) schätzen, **b)** hegen, *a. Andenken* in Ehren halten; **ˈ~-house** *s.* **1.** Schatzhaus *n*, -kammer *f*; **2.** *fig.* Gold-, Fundgrube *f*.

treas·ur·er [ˈtreʒərə] *s.* **1.** Schatzmeister(in) (*a.* ✝ *e-r Körperschaft etc.*); **2.** ✝ Leiter *m* der Fiˈnanzabˌteilung, Kassenwart *m*: *city ~* Stadtkämmerer; **3.** Fisˈkalbeamte(r) *m*: *℞ of the Household Brit.* Fiskalbeamte(r) des königlichen Haushalts; **ˈtreas·ur·er·ship** [-ʃip] *s.* Schatzmeisteramt *n*, Amt *n* e-s Kassenwarts.

treas·ur·y [ˈtreʒəri] *s.* **1.** Schatzkammer *f*, -haus *n*; **2. a)** Schatzamt *n*, **b)** Staatsschatz *m*: *Lords (od. Commissioners) of the ℞ das* brit. Finanzministerium; *First Lord of the*

≈ erster Schatzlord (*mst der Ministerpräsident*); **3.** 'Fiskus *m*, Staatskasse *f*; **4.** *fig.* Schatz(kästlein *n*) *m*, Antholo'gie *f* (*Buchtitel*); ≈ **bench** *s. parl. Brit.* Regierungsbank *f*; ~ **bill** *s.* ✝ (*kurzfristiger*) Schatzwechsel; ≈ **Board** *s. Brit.*, ≈ **De·part·ment** *s. Am.* Fi'nanzmini,sterium *n*; ~ **note** *s.* ✝ *Am.* (*mittelfristiger*) Schatzwechsel; ≈ **war·rant** *s.* ✝ *Brit.* Schatzanweisung *f*.

treat [tri:t] **I.** *v/t.* **1.** behandeln, 'umgehen mit: *to ~ s.o. brutally*; **2.** behandeln, betrachten (*as* als); **3.** ⚕, ⚗, ⊕ behandeln (*for* gegen, *with* mit); **4.** *fig. Thema etc.* behandeln; **5.** *j-m* e-n Genuß bereiten, *bsd. j-n* bewirten (*to* mit): *to ~ o.s. to* sich *et.* gönnen *od.* leisten *od.* genehmigen; *to ~ s.o. to s.th.* j-m et. spendieren; **II.** *v/i.* **6.** ~ *of* handeln von, *Thema* behandeln; **7.** ~ *with* unter'handeln mit; **8.** (die Zeche) bezahlen; **III.** *s.* **9.** ('Extra)Vergnügen *n*, *bsd.* (Fest-) Schmaus *m*: *school ~* Schulfest *od.* -ausflug; **10.** *fig.* (Hoch)Genuß *m*, Wonne *f*; **11.** ('Gratis)Bewirtung *f*: *to stand ~* (die Zeche) bezahlen; *it is my ~* das geht auf m-e Rechnung, diesmal bezahle ich; **'trea·tise** [-tiz] *s.* (*wissenschaftliche*) Abhandlung, Monogra'phie *f*; **'treat·ment** [-mənt] *s.* **1.** Behandlung *f* (*a.* ⚕ *u.* ⚗); **2.** Behandlung *f*, Handhabung *f e-s Themas etc.*; **3.** ⊕ Bearbeitung *f*; **4.** *Film*: Treatment *n* (*erweitertes Handlungsschema*).

trea·ty ['tri:ti] *s.* **1.** (*bsd.* Staats-) Vertrag *m*, Pakt *m*: ~ *powers* Vertragsmächte; **2.** Verhandlung *f*: *to be in ~ with s.o. for s.th.* mit j-m über e-e Sache verhandeln.

tre·ble ['trebl] **I.** *adj.* □ **1.** dreifach; **2.** & dreistellig; **3.** ♪ Diskant..., Sopran...; **4.** hoch, schrill; **II.** *s.* **5.** ♪ *allg.* Dis'kant *m*; **III.** *v/t. u. v/i.* **6.** (sich) verdreifachen.

tree [tri:] **I.** *s.* **1.** Baum *m*: ~ *of life* **a)** *bibl.* Baum des Lebens, **b)** ♀ Lebensbaum; *up a ~* F in der Klemme; → *top*[1] 2; **2.** (*Rosen- etc.*)Strauch *m*, (*Bananen- etc.*)Staude *f*; **3.** ⊕ Baum *m*, Welle *f*, Schaft *m*; (Holz)Gestell *n*; (Stiefel)Leisten *m*; **4.** → *family tree*; **II.** *v/t.* **5.** auf e-n Baum jagen; **6.** *j-n* in die Enge treiben; **'~·'fern** *s.* ♀ Baumfarn *m*; **'~·frog** *s. zo.* Laubfrosch *m*.

tree·less ['tri:lis] *adj.* baumlos, kahl.

'tree|·nail *s.* ⊕ Holznagel *m*, Dübel *m*; ~ **nurs·er·y** *s.* Baumschule *f*; ~ **sur·geon** *s.* 'Baum-Chir,urg *m*; **'~·toad** *s. zo.* Baum-Laubfrosch *m*; **'~·top** *s.* Baumkrone *f*, -wipfel *m*.

tre·foil ['trefɔil] *s.* **1.** ♀ Klee *m*; **2.** △ Dreiblatt(verzierung *f*) *n*; **3.** *bsd. her.* Kleeblatt *n*.

trek [trek] **I.** *v/i.* **1.** *Südafrika*: trekken, (im Ochsenwagen) reisen; **2.** (aus)wandern; **II.** *s.* **3.** Treck *m*.

trel·lis ['trelis] **I.** *s.* **1.** Gitter *n*, Gatter *n*; **2.** ⊕ Gitterwerk *n*; **3.** ✓ Spa'lier *n*; **II.** *v/t.* **4.** vergittern: *~ed window* Gitterfenster; **5.** ✓ am Spalier ziehen; **'~·work** *s.* Gitterwerk *n* (*a.* ⊕).

trem·ble ['trembl] **I.** *v/i.* **1.** (er)zittern, (-)beben (*at, with* vor *dat.*): *to ~ all over* (*od. in every limb*) am ganzen Körper beben; *to ~ at the thought* (*od. to think*) bei dem Gedanken zittern; → *balance* 2; **2.** zittern, bangen (*for* für, um): *a trembling uncertainty* e-e bange Ungewißheit; **II.** *s.* **3.** Zittern *n*, Beben *n*: *to be all of a ~* am ganzen Körper beben; **4.** *pl.* **a)** ⚕ *u. vet.* Zittern *n*, **b)** *vet. Am.* Milchfieber *n*; **'trem·bler** [-lə] *s.* **1.** ⚡ 'Selbstunter,brecher *m*; **2.** e'lektrische Glocke *od.* Klingel; **'trem·bling** [-liŋ] *adj.* □ zitternd: ~ *grass* ♀ Zittergras; ~ *poplar* (*od. tree*) ♀ Zitterpappel, Espe.

tre·men·dous [tri'mendəs] *adj.* □ **1.** schrecklich, fürchterlich; **2.** F gewaltig, ungeheuer, e'norm, kolos'sal, ‚toll'.

trem·o·lo ['tremələu] *pl.* **-los** *s.* ♪ 'Tremolo *n*.

trem·or ['tremə] *s.* **1.** ⚕ Zittern *n*, Zucken *n*: ~ *of the heart* Herzflackern; **2.** Zittern *n*, Schau(d)er *m der Erregung*; **3.** Beben *n der Erde*; **4.** Angst(gefühl *n*) *f*, Beben *n*.

trem·u·lous ['tremjuləs] *adj.* □ **1.** zitternd, bebend; **2.** zitt(e)rig, ner'vös; **3.** ängstlich.

tre·nail ['trenl] → *treenail*.

trench [trentʃ] **I.** *v/t.* **1.** mit Gräben durch'ziehen *od.* (⚔) befestigen; **2.** ✓ tief 'umpflügen, ri'golen; **3.** zerschneiden, durch'furchen; **II.** *v/i.* **4.** (⚔ Schützen)Gräben ausheben; **5.** *geol.* sich (ein)graben (*Fluß etc.*); **6.** ~ (*up*)*on* beeinträchtigen, in *j-s Rechte* eingreifen; **7.** ~ (*up*)*on fig.* hart grenzen an (*acc.*); **III.** *s.* **8.** (⚔ Schützen)Graben *m*; **9.** Furche *f*, Rinne *f*; **10.** ⚒ Schramm *m*.

trench·an·cy ['trentʃənsi] *s.* Schärfe *f*; **'trench·ant** [-nt] *adj.* □ **1.** scharf, schneidend (*Witz etc.*); **2.** einschneidend, e'nergisch: *a ~ policy*; **3.** *poet.* scharf (*Klinge etc.*).

trench coat *s.* Trenchcoat *m*, Wettermantel *m*.

trench·er[1] ['trentʃə] *s.* ⚔ Schanzarbeiter *m*.

trench·er[2] ['trentʃə] *s.* **1.** Tranchier-, Schneidebrett *n*; **2.** *fig.* Speise *f*, Tafel(freuden *pl.*) *f*; ~ **cap** *s. viereckige englische* Stu'dentenmütze; **'~·man** [-mən] *s.* [*irr.*] guter *etc.* Esser.

'trench|·fe·ver *s.* ⚕ Schützengrabenfieber *n*; ~ **foot** *s.* ⚕ Schützengrabenfüße *pl.* (*Fußbrand*); ~ **mor·tar** *s.* ⚔ Gra'natwerfer *m*; ~ **war·fare** *s.* ⚔ Stellungskrieg *m*.

trend [trend] **I.** *s.* **1.** Richtung *f* (*a. fig.*); **2.** *fig.* Ten'denz *f*, Entwicklung *f*, Trend *m* (*alle a.* ✝); Neigung *f*, Bestreben *n*: *the ~ of his argument was* s-e Beweisführung lief darauf hinaus; ~ *in od. of prices* ✝ Preistendenz; **3.** *fig.* (Ver)Lauf *m*: *the ~ of events*; **II.** *v/i.* **4.** sich neigen, streben, tendieren (*towards* nach *e-r Richtung*); **5.** sich erstrecken, laufen (*towards* nach *Süden etc.*); **6.** *geol.* streichen (*to* nach); ~ **a·nal·y·sis** *s.* ✝ Konjunk'turana,lyse *f*; **'~·set·ter** *s. Mode etc.*: j-d der den Ton angibt, Schrittmacher *m*; **'~·set·ting** *adj.* tonangebend.

tren·dy ['trendi] *adj.* ('super)mo,dern, schick, modebewußt.

tre·pan[1] [tri'pæn] **I.** *s.* **1.** ⚕ *hist.* Schädelbohrer *m*; **2.** ⊕ 'Bohrma,schine *f*; **3.** *geol.* Stein-, Erdbohrer *m*; **II.** *v/t.* **4.** ⚕ trepanieren.

tre·pan[2] [tri'pæn] *v/t. obs.* betrügen; (ver)locken (*into* zu).

trep·i·da·tion [trepi'deiʃən] *s.* **1.** ⚕ (Glieder-, Muskel)Zittern *n*; **2.** Beben *n*; **3.** Angst *f*, Bestürzung *f*.

tres·pass ['trespəs] **I.** *s.* **1.** Über'tretung *f*, Vergehen *n*, Sünde *f*; **2.** 'Übergriff *m*; **3.** 'Mißbrauch *m* (*on gen.*); **4.** ⚖ *allg.* unerlaubte Handlung (*Zivilrecht*): **a)** unbefugtes Betreten, **b)** Besitzstörung *f*, **c)** 'Übergriff *m* gegen die Per'son (*z.B. Körperverletzung*); **5.** *a. action for ~* ⚖ Schadenersatzklage *f* aus unerlaubter Handlung, *z.B.* Besitzstörungsklage *f*; **II.** *v/i.* **6.** ⚖ e-e unerlaubte Handlung begehen: *to ~ (up)on* **a)** widerrechtlich betreten, **b)** rechtswidrige Übergriffe gegen *j-s Eigentum* begehen; **7.** ~ (*up*)*on* 'übergreifen auf (*acc.*); *j-s Zeit etc.* über Gebühr in Anspruch nehmen; **8.** (*against*) verstoßen (gegen), sündigen (wider *od.* gegen); **'tres·pass·er** [-sə] *s.* **1.** ⚖ **a)** Rechtsverletzer *m*, **b)** Unbefugte(r *m*) *f*: *~s will be prosecuted!* Betreten bei Strafe verboten!; **2.** Sünder(in).

tress [tres] *s.* **1.** (Haar)Flechte *f*, Zopf *m*; **2.** Locke *f*; **3.** *pl.* üppiges Haar; **tressed** [-st] *adj.* geflochten; gelockt.

tres·tle ['tresl] *s.* **1.** ⊕ Gestell *n*, Gerüst *n*, Bock *m*, Schragen *m*; **2.** ⚔ Brückenbock *m*: *~-bridge* Bockbrücke.

trews [tru:z] *s. pl. Scot.* (enge) Hose aus kariertem Stoff.

trey [trei] *s.* Drei *f im Karten- od. Würfelspiel*.

tri·a·ble ['traiəbl] *adj.* ⚖ **a)** justiti'abel, zu verhandeln(d) (*Sache*), **b)** belangbar, abzuurteilen(d) (*Person*).

tri·ad ['traiəd] *s.* **1.** Tri'ade *f*: **a)** Dreizahl *f*, **b)** ⚗ dreiwertiges Ele'ment, **c)** & Dreiergruppe *f*; **2.** ♪ Dreiklang *m*.

tri·al ['traiəl] **I.** *s.* **1.** Versuch *m* (*of* mit), Probe *f*, Erprobung *f*, Prüfung *f* (*alle a.* ⊕): ~ *and error* **a)** & Regula falsi, **b)** empirische Me'thode; ~ *of strength* Kraftprobe; *on ~* auf *od.* zur Probe; *to give a ~, to make a ~ of* e-n Versuch machen mit, erproben; **2.** ⚖ ('Straf- *od.* Zi'vil)Pro,zeß *m*, (Gerichts)Verfahren *n*, (Haupt)Verhandlung *f*: ~ *by jury* Schwurgerichtsverfahren; *to be on* (*od. stand*) ~ unter Anklage stehen (*for* wegen); *to bring* (*od. put*) *s.o. to ~* j-n vor Gericht bringen; *to stand one's ~* sich vor Gericht verantworten; **3.** (*to* für) *fig.* **a)** (Schicksals)Prüfung *f*, Heimsuchung *f*, **b)** Last *f*, **c)** Plage *f*, ‚Nervensäge' *f*; **II.** *adj.* **4.** Versuchs..., Probe...: ~ *balance* ✝ Rohbilanz; ~ *balloon fig.* Versuchsballon; ~ *marriage* Ehe auf Probe, Probeehe; ~ *order* ✝ Probeauftrag; ~ *package* ✝ Probepackung; ~ *run* Probefahrt, -lauf; **5.** ⚖ Verhandlungs...: ~ *judge* Richter der ersten Instanz; ~ *lawyer* Prozeßanwalt.

tri·an·gle ['traiæŋgl] *s.* **1.** & Dreieck *n*; **2.** ♪ Triangel *m*; **3.** ⊕ **a)**

Reißdreieck *n*, **b)** Winkel *m*; **tri·an·gu·lar** [traiˈæŋgjulə] *adj.* dreieckig, -winkelig; **tri·an·gu·la·tion** [traiæŋgjuˈleiʃən] *s.* **1.** *surv.* trigonoˈmetrische Netzlegung; **2.** ⚔ Dreieckzielen *n.*

tri·as [ˈtraiəs] *s. geol.* ˈTrias(formaˌtiˌon) *f*; **tri·as·sic** [traiˈæsik] *adj. geol.* Trias...

trib·al [ˈtraibəl] *adj.* □ Stammes...; ˈ**trib·al·ism** [-bəlizəm] *s.* **1.** ˈStammessyˌstem *n*; **2.** Stammesgefühl *n.*

tri·bas·ic [traiˈbeisik] *adj.* ⚗ drei-, ˈtribasisch.

tribe [traib] *s.* **1.** (Volks)Stamm *m*; **2.** ♀, *zo.* ˈTribus *f*, Klasse *f*; **3.** *humor. u. contp.* Sippschaft *f*; **tribes·man** [ˈtraibzmən] *s.* [*irr.*] Stammesangehörige(r) *m*, -genosse *m.*

trib·u·la·tion [tribjuˈleiʃən] *s.* Drangsal *f*, ˈWiderwärtigkeit *f*, Leiden *n.*

tri·bu·nal [traiˈbjuːnl] *s.* **1.** ⚖ Gericht(shof *m*) *n*, Tribuˈnal *n* (*a. fig.*); **2.** Richterstuhl *m* (*a. fig.*); **trib·une** [ˈtribjuːn] *s.* **1.** *antiq.* (ˈVolks)Triˌbun *m*; **2.** Verfechter *m* der Volksrechte, Volksheld *m*; **3.** Triˈbüne *f*; **4.** Rednerbühne *f*; **5.** Bischofsthron *m.*

trib·u·tar·y [ˈtribjutəri] **I.** *adj.* □ **1.** triˈbut-, zinspflichtig (*to dat.*); **2.** ˈuntergeordnet (*to dat.*); **3.** helfend, beisteuernd (*to* zu); **4.** *geogr.* Neben...: ~ *stream*; **II.** *s.* **5.** Triˈbutpflichtige(r) *m*; tributpflichtiger Staat; **6.** *geogr.* Nebenfluß *m*; **trib·ute** [ˈtribjuːt] *s.* **1.** Triˈbut *m*: **a)** Zins *m*, Abgabe *f*, **b)** *fig.* Zoll *m*, Beitrag *m*; **2.** Huldigung *f*, Achtungsbezeigung *f*, Anerkennung *f*: ~ *of admiration* gebührende Bewunderung; *to pay* (*a*) ~ *to j-m* Hochachtung bezeigen *od.* Anerkennung zollen.

tri·car [ˈtrai-kɑː] *s. mot.* Dreiradlieferwagen *m.*

trice [trais] *s.*: *in a* ~ im Nu, im Handumdrehen.

tri·ceps [ˈtraiseps] *pl.* ˈ**tri·ceps·es** *s. anat.* ˈTrizeps *m* (*Muskel*).

tri·chi·na [triˈkainə] *pl.* **-nae** [-niː] *s. zo.* Triˈchine *f*; **trich·i·no·sis** [trikiˈnousis] *s.* ⚕ Trichiˈnose *f.*

trich·o·mon·ad [trikouˈmɔnæd] *s. zo.* Geißeltierchen *n.*

tri·chord [ˈtraikɔːd] *adj. u. s.* ♪ dreisaitig(es Instruˈment).

tri·chot·o·my [traiˈkɔtəmi] *s.* Dreiheit *f*, -teilung *f.*

trick [trik] **I.** *s.* **1.** Trick *m*, Kunstgriff *m*, Kniff *m*, List *f*; *pl. a.* Schliche *pl.*, Ränke *pl.*, Winkelzüge *pl.*: *full of* ~*s* raffiniert; **2.** (*dirty* ~ gemeiner) Streich, Possen *m*: ~*s of fortune* Tücken des Schicksals; *the* ~*s of the memory fig.* die Tücken des Gedächtnisses; *to be up to one's* ~*s* Dummheiten machen; *to be up to s.o.'s* ~*s* j-n *od.* j-s Schliche durchschauen; *what* ~*s have you been up to?* was hast du angestellt?; *to play s.o. a* ~, *to play a* ~ *on s.o.* j-m e-n Streich spielen; **3.** Trick *m*, (*Karten- etc.*)Kunststück *n*: *to do the* ~ den Zweck erfüllen; *that did the* ~ damit war es geschafft; **4.** (Sinnes-)Täuschung *f*; **5.** (*bsd.* üble) Angewohnheit, Eigenheit *f*; **6.** *Kartenspiel*: Stich *m*; **7.** ⚓ Rudertörn *m*; **II.** *adj.* **8.** Trick...(*-dieb*, *-film*, *-szene*); **9.** Kunst...(*-flug*, *-reiten*); **III.** *v/t.* **10.** überˈlisten, betrügen, prellen (*out of um*); **11.** *j-n* verleiten (*into doing et.* zu tun); **12.** *mst* ~ *up* (*od. out*) schmücken, (herˈaus-)putzen; ˈ**trick·er** [-kə] → *trickster*; ˈ**trick·er·y** [-kəri] *s.* Betrügeˈrei *f*, Gauneˈrei *f*; ˈ**trick·i·ness** [-kinis] *s.* **1.** Verschlagenheit *f*, Durchˈtriebenheit *f*; **2.** Kitzligkeit *f e-r Situation etc.*; **3.** Kompliziertheit *f*; ˈ**trick·ish** [-kiʃ] → *tricky.*

trick·le [ˈtrikl] **I.** *v/i.* **1.** tröpfeln (*a. fig.*); **2.** rieseln; **3.** sickern: *to* ~ *out fig.* durchsickern; **4.** *Golf etc.* langsam rollen (*Ball*); **II.** *v/t.* **5.** tröpfeln (lassen), träufeln; **6.** rieseln lassen; **III.** *s.* **7.** Tröpfeln *n*, Rieseln *n*; **8.** Rinnsal *n*, dünner Strom (*a. fig.*); ~ **charg·er** *s.* ⚡ Kleinlader *m.*

trick·si·ness [ˈtriksinis] *s.* **1.** Durchˈtriebenheit *f*; **2.** Mutwilligkeit *f.*

trick·ster [ˈtrikstə] *s.* Gauner(in), Schwindler(in).

trick·sy [ˈtriksi] *adj.* **1.** → *tricky* **1**; **2.** mutwillig.

trick·y [ˈtriki] *adj.* □ **1.** verschlagen, durchˈtrieben, raffiniert; **2.** heikel, kitzlig (*Lage*, *Problem*); **3.** kompliziert, knifflig, schwierig.

tri·col·o(u)r [ˈtrikələ] *s.* Trikoˈlore *f.*

tri·cot [ˈtrikou] *s.* Triˈkot *m*, *n*: **a)** *Gewebe*, **b)** *Kleidungsstück.*

tri·cy·cle [ˈtraisikl] **I.** *s.* Dreirad *n*; **II.** *v/i.* Dreirad fahren.

tri·dent [ˈtraidənt] *s.* Dreizack *m.*

tried [traid] **I.** *p.p. von try*; **II.** *adj.* erprobt, bewährt, zuverlässig.

tri·en·ni·al [traiˈenjəl] *adj.* □ **1.** dreijährig; **2.** alle drei Jahre stattfindend, dreijährlich.

tri·er [ˈtraiə] *s.* Unterˈsucher *m*, Prüfer *m*: *he is a great* ~ F er läßt nichts unversucht.

tri·er·arch·y [ˈtraiərɑːki] *s.* Trierarˈchie *f*, Dreiherrschaft *f.*

tri·fle [ˈtraifl] **I.** *s.* **1.** Kleinigkeit *f*: **a)** unbedeutender Gegenstand, **b)** Bagaˈtelle *f*, Lapˈpalie *f*, **c)** Kinderspiel *n* (*to* für *j-n*), **d)** kleine Geldsumme, **e)** *das* bißchen: *a* ~ *expensive* etwas *od.* ein bißchen teuer; *not to stick at* ~*s* sich nicht mit Kleinigkeiten abgeben; *to stand upon* ~*s* ein Kleinigkeitskrämer sein; **2.** *Brit.* Bisˈkuitauflauf *m*; **II.** *v/i.* **3.** spielen (*with* mit *dem Bleistift etc.*); **4.** (*with*) *fig.* spielen (mit), sein Spiel treiben *od.* leichtfertig ˈumgehen (mit): *he is not to be* ~*d with* er läßt nicht mit sich spaßen; **5.** tändeln, scherzen; leichtfertig daˈherreden; **III.** *v/t.* **6.** ~ *away Zeit* vertändeln, vertrödeln, *a. Geld* verplempern; ˈ**tri·fler** [-lə] *s.* **1.** oberflächlicher *od.* friˈvoler Mensch; **2.** Tändler *m*; **3.** Müßiggänger *m*; ˈ**tri·fling** [-liŋ] *adj.* □ **1.** oberflächlich, leichtfertig; **2.** tändelnd; **3.** unbedeutend, geringfügig.

Tri·fo·li·um [traiˈfouljəm] *s.* ♀ Klee *m.*

trig[1] [trig] *adj.* □ **1.** schmuck; **2.** kräftig.

trig[2] [trig] **I.** *v/t.* **1.** *Rad etc.* hemmen; **2.** *a.* ~ *up* stützen; **II.** *s.* **3.** Hemmklotz *m.*

trig[3] [trig] F *für trigonometry.*

trig·ger [ˈtrigə] **I.** *s.* **1.** *phot. etc.* Auslöser *m*; **2.** Abzug *m* (*Feuerwaffe*), *Gewehr a.* Drücker *m*: *to pull the* ~ abdrücken; *quick on the* ~ *fig.* **a)** reaktionsschnell, ‚auf Draht', **b)** schlagfertig; **II.** *v/t.* **3.** ⊕ auslösen (*a. fig.*); ~ **guard** *s.* ⚔ Abzugsbügel *m*; ˈ~**-hap·py** *adj.* **1.** *bsd.* ⚔ schießwütig; **2.** *pol.* kriegslüstern; **3.** *fig.* kampflustig.

trig·o·no·met·ric *adj.*; **trig·o·no·met·ri·cal** [trigənəˈmetrik(əl)] *adj.* □ ⩓ trigonoˈmetrisch.

trig·o·nom·e·try [trigəˈnɔmitri] *s.* ˌTrigonomeˈtrie *f.*

tri·he·dral [traiˈhedrəl] *adj.* ⩓ dreiflächig, triˈedrisch.

tri·lat·er·al [ˈtraiˈlætərəl] *adj.* ⩓ dreiseitig.

tril·by [ˈtrilbi] *s.* **1.** *a.* ~ *hat Brit.* F weicher Filzhut; **2.** *pl. sl.* ‚Flossen' *pl.* (*Füße*).

tri·lin·e·ar [ˈtraiˈliniə] *adj.* ⩓ dreilinig: ~ *co-ordinates* Dreieckskoordinaten.

tri·lin·gual [ˈtraiˈliŋgwəl] *adj.* dreisprachig.

trill [tril] **I.** *v/t. u. v/i.* **1.** ♪ *etc.* trillern, trällern; **2.** *ling.* (*bsd.* das r) rollen; **II.** *s.* **3.** ♪ Triller *m*; **4.** *ling.* gerolltes r.

tril·lion [ˈtriljən] *s.* **1.** *Brit.* Trilliˈon *f*; **2.** *Am.* Billiˈon *f.*

tril·o·gy [ˈtrilədʒi] *s.* Triloˈgie *f.*

trim [trim] **I.** *v/t.* **1.** in Ordnung bringen, zuˈrechtmachen; **2.** *Lampe* putzen; **3.** *Feuer* anschüren; **4.** *Haar, Hecken etc.* (be-, zuˈrecht)schneiden, stutzen, *bsd. Hundefell* trimmen; **5.** ⊕ *Bauholz* behauen, zurichten; **6.** *a.* ~ *up* (herˈaus)putzen, schmükken, ausstaffieren, schönmachen; **7.** *Hüte etc.* besetzen, garnieren; **8.** F **a)** *j-n* ‚zs.-stauchen', **b)** ‚reinlegen', **c)** verprügeln, **d)** *sport* schlagen; **9.** ✈, ⚓ trimmen: **a)** *Flugzeug, Schiff* in die richtige Lage bringen, **b)** *Segel* stellen: *to* ~ *one's sails to every wind fig.* sein Mäntelchen nach dem Wind hängen, **c)** *Kohlen* schaufeln, **d)** *Ladung* (richtig) verstauen; **II.** *v/i.* **10.** *fig.* e-n Mittelkurs steuern; *pol.* lavieren: *to* ~ *with the times* sich den Zeiten anpassen, Opportunitätspolitik treiben; **III.** *s.* **11.** Ordnung *f*, (richtiger) Zustand, *a.* richtige (*körperliche od. seelische*) Verfassung: *in good* (*out of*) ~ in guter (schlechter) Verfassung (*a. Person*); **12.** ✈, ⚓ **a)** Trimm *m*, Gleichgewichtslage *f*, **b)** richtige Stellung *der Segel*, **c)** gute Verstauung *der Ladung*; **13.** Putz *m*, Staat *m*; **IV.** *adj.* **14.** ordentlich; **15.** schmuck, sauber, aˈdrett; gepflegt (*a. Bart, Rasen etc.*); **16.** (gut) im Schuß.

tri·mes·ter [triˈmestə] *s.* **1.** Zeitraum *m* von drei Monaten, Vierteljahr *n*; **2.** *univ.* Triˈmester *n.*

trim·mer [ˈtrimə] *s.* **1.** Aufarbeiter(in), Putzmacher(in); **2.** ⚓ **a)** (Kohlen)Trimmer *m*, **b)** Stauer *m*; **3.** *Zimmerei*: Wechselbalken *m*; **4.** *fig. bsd. pol.* Achselträger(in); ˈ**trim·ming** [-miŋ] *s.* **1.** (Auf-, Aus)Putzen *n*, Zurichten *n*; **2. a)** (Hut-, Kleider)Besatz *m*, Borte *f*, **b)** *pl.* Zutaten *pl.*, Posaˈmenten *pl.*, **c)** *fig.* ‚Verzierung' *f* (*Stil*); **3.** *pl.*

Garnierung *f*, Zutaten *pl.* (*Speise*); **4.** *pl.* Abfälle *pl.*, Schnipsel *pl.*; **5.** ⚓ a) Trimmen *n*, (Ver)Stauen *n*, **b)** Staulage *f*; **6.** (Tracht *f*) Prügel *pl.*; **7.** *bsd. sport* Niederlage *f*; '**trimness** [-mnis] *s.* **1.** gute Ordnung; **2.** gutes Aussehen, Gepflegtheit *f*.

trine [train] **I.** *adj.* **1.** dreifach; **II.** *s.* **2.** Dreiheit *f*; **3.** *ast.* Trigo'nal-aˌspekt *m*.

Trin·i·tar·i·an [trini'tɛəriən] *eccl.* **I.** *adj.* **1.** Dreieinigkeits...; **II.** *s.* **2.** Bekenner(in) der Drei'einigkeit; **3.** *hist.* Trini'tarier *m*; **Trin·i'tar·i·an·ism** [-nizəm] *s.* Drei'einigkeitslehre *f*.

tri·ni·tro·tol·u·ene [trai'naitrou'tɔljuiːn] *s.* ⚗ ˌTrinitrotolu'ol *n* (T.N.T.).

trin·i·ty ['triniti] *s.* **1.** Dreiheit *f*; **2.** ♀ *eccl.* Drei'einigkeit *f*; ♀ **House** *s.* Verband *m* zur Aufsicht über See- u. Lotsenzeichen *etc.*; ♀ **Sunday** *s.* Sonntag *m* Trini'tatis; ♀ **term** *s. univ.* 'Sommer-TriˌmesterN *n*.

trin·ket ['triŋkit] **I.** *s.* **1.** Schmuck *m*; (*bsd.* wertloses) Schmuckstück; **2.** *pl. fig.* Kram *m*, Plunder *m*, ‚Kinkerlitzchen' *pl.*

tri·no·mi·al [trai'noumjəl] **I.** *adj.* **1.** ⅍ tri'nomisch, dreigliedrig, -namig; **2.** *biol.*, *zo.* dreigliedrig (*Artname*); **II.** *s.* **3.** ⅍ Tri'nom *n*, dreigliedrige (Zahlen)Größe.

tri·o ['tri(ː)ou] *pl.* **-os** *s.* **1.** ♪ Trio *n*; **2.** *fig.* Trio *n* (*Dreiergruppe*; *a. Kartenspiel*); *Personen a.* Kleeblatt *n*.

tri·ode ['traioud] *s.* ⚡ Tri'ode *f*, 'Dreielekˌtrodenˌröhre *f*.

tri·o·let ['tri(ː)oulet] *s.* Trio'lett *n* (*Ringelgedicht*).

trip [trip] **I.** *s.* **1.** (*bsd.* kurze, *a.* See-) Reise; Ausflug *m*, Spritztour *f* (*to* nach); **2.** *weitS.* Fahrt *f*; **3.** Trippeln *n*; **4.** Stolpern *n*; **5.** Fehltritt *m* (*bsd. fig.*); **6.** *fig.* Fehler *m*; **7.** Beinstellen *n*; **8.** ⊕ Auslösung *f*; **9.** *sl.* ‚Trip' *m* (*Drogenrausch*); **II.** *v/i.* **10.** trippeln, tänzeln; **11.** stolpern, straucheln (*a. fig.*); **12.** *fig.* (e-n) Fehler machen: *to catch s.o. ~ping* j-n bei e-m Fehler ertappen; **13.** *über ein Wort* stolpern, sich versprechen; **III.** *v/t.* **14.** *oft ~ up j-m* ein Bein stellen, *j-n* zu Fall bringen (*beide a. fig.*), **15.** *fig.* vereiteln; **16.** (*in* bei *e-m Fehler etc.*) ertappen; **17.** ⊕ auslösen.

tri·par·tite ['trai'pɑːtait] *adj.* **1.** ⚘ dreiteilig; **2.** Dreier..., dreiseitig (*Vertrag etc.*).

trip dog *s.* ⊕ (Auslöse)Anschlag *m*.

tripe [traip] *s.* **1.** Kal'daunen *pl.*, Kutteln *pl.*; **2.** *sl.* Schund *m*, Mist *m*, Quatsch *m*.

tri·phase ['trai'feiz] → *three-phase*.

tri·phib·i·ous [trai'fibiəs] *adj.* ⚔ mit Einsatz von Land-, See- u. Luftstreitkräften ('durchgeführt).

triph·thong ['trifθɔŋ] *s. ling.* Tri'phthong *m*, Dreilaut *m*.

tri·plane ['traiplein] *s.* ✈ Dreidecker *m*.

tri·ple ['tripl] **I.** *adj.* □ **1.** dreifach; **2.** dreimalig; **3.** Drei..., drei...: ♀ *Alliance hist.* Tripelallianz, Dreibund; *~ fugue* ♪ Tripelfuge; *~ time* ♪ Tripeltakt; **II.** *v/t. u. v/i.* **4.** (sich) verdreifachen.

tri·plet ['triplit] *s.* **1.** Drilling *m*; **2.** Dreiergruppe *f*, Trio *n* (*drei Personen etc.*); **3.** ♪ Tri'ole *f*; **4.** *Verskunst*: Dreireim *m*.

trip le·ver *s.* ⊕ Auslösehebel *m*.

tri·plex ['tripleks] **I.** *adj.* **1.** dreifach: *~ glass* → 3; **II.** *s.* **2.** ♪ 'Tripeltakt *m*; **3.** ⊕ 'Triplex-, Sicherheitsglas *n*.

trip·li·cate ['triplikit] **I.** *adj.* **1.** dreifach; **2.** in dreifacher Ausfertigung (geschrieben *etc.*); **II.** *s.* **3.** dritte Ausfertigung: *in ~* in dreifacher Ausfertigung; **III.** *v/t.* [-keit] **4.** verdreifachen; **5.** dreifach ausfertigen;

trip·li·ca·tion [tripli'keiʃən] *s.* Verdreifachung *f*.

tri·pod ['traipɔd] *s.* **1.** Dreifuß *m*; **2.** *bsd. phot.* Sta'tiv *n*; **3.** ⊕, ⚔ Dreibein *n*.

tri·pos ['traipɔs] *s.* letztes Ex'amen *für honours* (*Cambridge*).

trip·per ['tripə] *s.* Ausflügler(in), Tou'rist(in).

trip·ping ['tripiŋ] **I.** *adj.* □ **1.** leicht (-füßig), flink; **2.** flott, munter; **3.** strauchelnd (*a. fig.*); **4.** ⊕ Auslöse..., Schalt...; **II.** *s.* **5.** Trippeln *n*; **6.** Beinstellen *n*.

trip·tych ['triptik] *s.* 'Triptychon *n*, dreiteiliges (Al'tar)Bild.

tri·reme ['trairiːm] *s. antiq.* Tri'reme *f*, Tri'ere *f* (*Dreiruderer*).

tri·sect [trai'sekt] *v/t.* in drei (gleiche) Teile teilen; **tri'sec·tion** [-kʃən] *s.* Dreiteilung *f*.

tri·syl·lab·ic ['traisi'læbik] *adj.* (□ *~ally*) dreisilbig; **tri·syl·la·ble** ['trai'siləbl] *s.* dreisilbiges Wort.

trite [trait] *adj.* □ abgedroschen, platt, ba'nal; '**trite·ness** [-nis] *s.* Abgedroschenheit *f*, Plattheit *f*.

Tri·ton ['traitn] *s.* **1.** *antiq.* Triton *m* (*niederer Meergott*): *a ~ among* (*the*) *minnows* ein Riese unter Zwergen; **2.** ♀ *zo.* Tritonshorn *n*; **3.** ♀ *zo.* Molch *m*.

tri·tone ['traitoun] *s.* ♪ 'Tritonus *m*.

trit·u·rate ['tritjureit] *v/t.* zerreiben, -mahlen, -stoßen, pulverisieren.

tri·umph ['traiəmf] **I.** *s.* **1.** Tri'umph *m*: **a)** Sieg *m* (*over* über *acc.*), **b)** Siegesfreude *f* (*at* über *acc.*): *in ~* im Triumph, triumphierend; **2.** Triumph *m* (*Großtat*, *Erfolg*): *the ~s of science*; **II.** *v/i.* **3.** triumphieren: **a)** den Sieg da'vontragen, **b)** froh'locken (*beide over* über *acc.*); **tri·um·phal** [trai'ʌmfəl] *adj.* Triumph..., Sieges...: *~ arch* Triumphbogen; *~ procession* Triumphzug;

tri·um·phant [trai'ʌmfənt] *adj.* □ triumphierend: **a)** den Sieg feiernd, **b)** sieg-, erfolgreich, glorreich, **c)** froh'lockend, jubelnd.

tri·um·vir [trai'ʌmvə(ː)] *pl.* **-virs** *od.* **-vi·ri** [tri'umviriː] *s. antiq.* Tri'umvir *m* (*a. fig.*); **tri'um·vi·rate** [-virit] *s.* **1.** *antiq.* Triumvi'rat *n* (*a. fig.*); **2.** *fig.* Dreigestirn *n*.

tri·une ['traijuːn] *adj. bsd. eccl.* drei'einig.

tri·va·lent [trai'veilənt] *adj.* ⚗ dreiwertig.

triv·et ['trivit] *s.* Dreifuß *m* (*bsd. für Kochgefäße*): *as right as a ~ fig.* **a)** in schönster Ordnung, **b)** ‚sauwohl'.

triv·i·a ['triviə] *s. pl.* Baga'tellen *pl.*; '**triv·i·al** [-əl] *adj.* □ **1.** trivi'al, ba'nal, all'täglich; **2.** gering(fügig), unbedeutend; **3.** unbedeutend, oberflächlich (*Person*); **4.** volkstümlich (*Ggs. wissenschaftlich*); **triv·i·al·i·ty** [trivi'æliti] *s.* **1.** Triviali'tät *f*, Plattheit *f*; **2.** Geringfügigkeit *f*, Unerheblichkeit *f*, Nebensächlichkeit *f*.

tri·week·ly [trai'wiːkli] **I.** *adj.* **1.** dreiwöchentlich, -wöchig; **2.** dreimal wöchentlich erscheinend (*Zeitschrift etc.*); **II.** *adv.* **3.** dreimal in der Woche.

tro·cha·ic [trou'keiik] *Metrik* **I.** *adj.* tro'chäisch; **II.** *s.* Tro'chäus *m* (*Vers*); **tro·chee** ['troukiː] *s.* Trochäus *m* (*Versfuß*).

trod [trɔd] *pret. u. p.p. von tread*.

trod·den ['trɔdn] *p.p. von tread*.

trog·lo·dyte ['trɔglədait] *s.* **1.** Troglo'dyt *m*, Höhlenbewohner *m*; **2.** *fig.* Einsiedler *m*; **trog·lo·dyt·ic** [trɔglə'ditik] *adj.* troglo'dytisch.

troi·ka ['trɔikə] (*Russ.*) *s.* Troika *f*, Dreigespann *n*.

Tro·jan ['troudʒən] **I.** *adj.* tro'janisch; **II.** *s.* Tro'janer(in): *like a ~* F wie ein Pferd *arbeiten*.

troll[1] [troul] **I.** *v/t. u. v/i.* **1.** (fröhlich) trällern; **2.** (mit der Schleppangel) fischen (*for* nach); **II.** *s.* **3.** Schleppangel *f*, künstlicher Köder.

troll[2] [troul] *s.* Troll *m*, Kobold *m*.

trol·ley ['trɔli] *s.* **1.** *Brit.* (zweirädriger) Karren; **2.** ⊕ Laufkatze *f*, Förderwagen *m*; **3.** 🚂 *Brit.* Drai'sine *f*; **4.** ⚡ Kon'taktrolle *f bei elektr. Oberleitungsfahrzeugen*; **5.** *Am.* Straßenbahn(wagen *m*) *f*; **6.** *a. ~-table Brit.* Tee-, Servierwagen *m*; '**~-bus** *s.* O(berleitungs)bus *m*; '**~-car** *s. Am.* Straßenbahnwagen *m*; '**~-pole** *s.* ⚡ Stromabnehmerstange *f*; '**~-wire** *s.* Oberleitung *f*.

trol·lop ['trɔləp] **I.** *s.* **1.** Schlampe *f*; **2.** Hure *f*; **II.** *v/i.* **3.** schlunzen; **4.** latschen, bummeln.

trom·bone [trɔm'boun] *s.* ♪ **1.** Po'saune *f*: *slide ~* Zugposaune; **2.** → *trombonist*; **trom'bon·ist** [-nist] *s.* ♪ Posau'nist *m*.

troop [truːp] **I.** *s.* **1.** Trupp *m*, Schar *f*; **2.** *pl.* ⚔ Truppe(n *pl.*) *f*; **3.** ⚔ **a)** Schwa'dron *f*, **b)** ('Panzer-) KompaˌNie *f*, **c)** Batte'rie *f*; **II.** *v/i.* **4.** *oft ~ up*, *~ together* sich scharen, sich sammeln; **5.** (in Scharen) *wohin* ziehen, (her'ein- *etc.*)strömen, marschieren; **6.** *~ away*, *~ off* F abziehen, sich da'vonmachen; **III.** *v/t.* **7.** *~ the colour(s) Brit.* ⚔ Fahnenparade abhalten; '**~-car·ri·er** *s.* ⚔ 'Truppentransˌport-Flugzeug *n*; '**~-car·ry·ing** *adj.* ⚔: *~ glider* Lastensegler; *~ vehicle Brit.* Mannschafts(transport)wagen.

troop·er ['truːpə] *s.* **1.** ⚔ Reiter *m*, Kavalle'rist *m*: *to swear like a ~* wie ein Landsknecht fluchen; **2.** 'Panzersolˌdat *m*; **3.** *Am.* berittener Poli'zist; **4.** ⚔ Kavalle'riepferd *n*; **5.** *Brit.* → *troopship*.

'**troop**|**-horse** *s.* Kavalle'riepferd *n*; '**~·ship** *s.* ⚓ 'Truppentransˌporter *m*.

trope [troup] *s.* 'Tropus *m*, bildlicher Ausdruck.

troph·ic ['trɔfik] *adj. biol.* 'trophisch, Ernährungs...

tro·phied ['troufid] *adj.* mit Tro'phäen geschmückt; **tro·phy** ['troufi] *s.* **1.** Tro'phäe *f*, Siegeszeichen *n*, -beute *f* (*a. fig.*); **2.** Preis *m*, (*Jagd- etc.*)Trophäe *f*.

trop·ic [ˈtrɔpik] **I.** *s.* **1.** *ast., geogr.* Wendekreis *m*; **2.** *pl. geogr.* Tropen *pl.*; **II.** *adj.* **3.** → *tropical*[1].

trop·i·cal[1] [ˈtrɔpikəl] *adj.* □ Tropen..., tropisch.

trop·i·cal[2] [ˈtrɔpikəl] → *tropological.*

trop·o·log·i·cal [trɔpəˈlɔdʒikəl] *adj.* □ fiˈgürlich, bildlich, metaˈphorisch; **tro·pol·o·gy** [trəˈpɔlədʒi] *s.* bildliche Ausdrucksweise.

trop·o·sphere [ˈtrɔpəsfiə] *s. meteor.* Tropoˈsphäre *f.*

trot [trɔt] **I.** *v/i.* **1.** traben, trotten, im Trab gehen *od.* reiten: *to ~ along* (*od. off*) F ab-, losziehen; **II.** *v/t.* **2.** *Pferd* traben lassen, *a. j-n* in Trab setzen; **3.** *~ out* **a)** *Pferd* vorreiten, -führen, **b)** *fig. et. od. j-n* vorführen, renommieren mit, *Argumente, Kenntnisse etc., a. Wein etc.* auftischen, aufwarten mit; **4.** *a. ~ round j-n* herˈumführen; **III.** *s.* **5.** Trott *m*, Trab *m* (*a. fig.*): *at a ~* im Trab; *to keep s.o. on the ~* j-n in Trab halten; **6.** F ‚Taps' *m* (*kleines Kind*); **7.** *ped. Am. sl.* Eselsbrücke *f*, ‚Klatsche' *f* (*Übersetzungshilfe*).

troth [trouθ] *s. obs.* Treue(gelöbnis *n*) *f*: *by my ~!, in ~!* meiner Treu!, wahrlich!; *to pledge one's ~* sein Wort verpfänden, ewige Treue schwören; *to plight one's ~* sich verloben.

trot·ter [ˈtrɔtə] *s.* **1.** Traber *m* (*Pferd*); **2.** F Fuß *m*, Bein *n* (*Schlachttiere*): *pigs ~s* Schweinsfüße; **3.** *pl. humor.* ‚Haxen' *pl.* (*menschliche Füße*).

trou·ble [ˈtrʌbl] **I.** *v/t.* **1.** beunruhigen, stören, belästigen; **2.** *j-n* bemühen, bitten (*for* um): *may I ~ you to pass me the salt* darf ich Sie um das Salz bitten; *I will ~ you to hold your tongue iro.* würden Sie gefälligst den Mund halten; **3.** *j-m* ˈUmstände *od.* Unannehmlichkeiten bereiten, *j-m* Mühe machen; *j-n* behelligen (*about, with* mit); **4.** *j-n* plagen, quälen: *to be ~d with* von *e-r Krankheit etc.* geplagt sein; **5.** *j-m* Sorge *od.* Verdruß *od.* Kummer machen *od.* bereiten, *j-n* beunruhigen: *to be ~d about* sich Sorgen machen wegen; *don't let it ~ you* machen Sie sich deswegen keine Gedanken; *~d face* sorgenvolles *od.* gequältes Gesicht; **6.** *Wasser* trüben: *~d waters fig.* schwierige Situation, unangenehme Lage; *to fish in ~d waters fig.* im trüben fischen; **II.** *v/i.* **7.** sich beunruhigen (*about* über *acc.*): *I shall not ~ if* **a)** ich wäre beruhigt, wenn, **b)** es wäre mir gleichgültig, wenn; **8.** sich die Mühe machen, sich bemühen (*to do* zu tun); sich ˈUmstände machen: *don't ~ (yourself)* bemühen Sie sich nicht; *don't ~ to write* du brauchst nicht zu schreiben; **III.** *s.* **9. a)** Mühe *f*, Plage *f*, Last *f*, Belästigung *f*, Störung *f*, **b)** *weitS.* Unannehmlichkeiten *pl.*, Schwierigkeiten *pl.*, Schereˈreien *pl.* (*a. mit der Polizei etc.*): *to give s.o. ~* j-m Mühe verursachen; *to go to much ~* sich besondere Mühe machen *od.* geben; *to put s.o. to ~* j-m Umstände bereiten; *to save o.s. the ~ of doing* sich die Mühe (er)sparen, zu tun; *to take (the) ~* sich (die) Mühe machen; *to take ~ over* sich Mühe geben mit; (*it is*) *no ~* (*at all*) (es ist) nicht der Rede wert; **10.** Schwierigkeit *f*, Proˈblem *n*: *the ~ is* der Haken dabei ist, das Unangenehme ist (*that* daß); *what's the ~?* wo(ran) fehlt's?, was ist los?; **11.** Not *f*, Kummer *m*, Sorge(n *pl.*) *f*, Verdruß *m*: *to ask* (*od. look*) *for ~* das Schicksal herausfordern, sich (nur) selbst Schwierigkeiten bereiten; *to be in ~* in Nöten sein, in der Patsche sitzen; *to get into ~* sich in die Nesseln setzen; *to have ~ with* Ärger haben mit, es zu tun haben mit; **12.** ⚕ Störung *f*, Leiden *n*: *heart ~* Herzleiden; **13.** *pol.* Unruhe(n *pl.*) *f*, Wirren *pl.*; **14.** ⊕ Störung *f*, Deˈfekt *m*; **ˈ~-mak·er** *s.* Unruhestifter *m*; **ˈ~·man** [-mən] *s.* [*irr.*] ⊕ Störungssucher *m*; **ˈ~-shoot·er** *s. Am.* **1.** → *troubleman*; **2.** *fig.* Friedensstifter *m.*

trou·ble·some [ˈtrʌblsəm] *adj.* □ lästig, beschwerlich, unangenehm; **ˈtrou·ble·some·ness** [-nis] *s.* Lästigkeit *f*, Beschwerlichkeit *f.*

trou·blous [ˈtrʌbləs] *adj.* □ *obs.* unruhig.

trough [trɔf] *s.* **1.** Trog *m*, Mulde *f*; **2.** Wanne *f*; **3.** Rinne *f*, Kaˈnal *m*; **4.** Wellental *n*: *~ of the sea*; **5.** *meteor.* Tief(druck *m*) *n*: *~ of low pressure* Tiefdruckrinne.

trounce [trauns] *v/t.* **1.** verprügeln; **2.** *fig.* herˈuntermachen; **3.** *sport* ‚überˈfahren' (*besiegen*).

troupe [tru:p] *s.* (Schauspieler-, Zirkus)Truppe *f.*

trou·sered [ˈtrauzəd] *adj.* Hosen tragend; **ˈtrou·ser·ing** [-zəriŋ] *s.* Hosenstoff *m*; **trou·sers** [ˈtrauzəz] *s. pl.* (*a pair of ~* e-e) (lange) Hose; Hosen *pl.*; → *wear*[1] **1.**

trou·ser suit *s.* Hosenanzug *m.*

trous·seau [ˈtru:sou] *pl.* **-seaus** (*Fr.*) *s.* Aussteuer *f.*

trout [traut] *ichth.* **I.** *pl.* -s, *bsd. coll.* **trout** *s.* Foˈrelle *f*; **II.** *v/i.* Forellen fischen; **III.** *adj.* Forellen...

trove [trouv] *s.* Fund *m.*

tro·ver [ˈtrouvə] *s.* ⚖ **1.** rechtswidrige Aneignung; **2.** *a. action of ~* Klage *f* auf Herˈausgabe.

trow·el [ˈtrauəl] **I.** *s.* **1.** (Maurer-) Kelle *f*: *to lay it on with a ~ fig.* zu dick auftragen; **2.** ⚘ Hohlspatel *m*, Pflanzenheber *m*; **II.** *v/t.* **3.** mit der Kelle auftragen, glätten.

troy (**weight**) [trɔi] *s.* ✝ Troygewicht *n* (*für Edelmetalle, Edelsteine u. Arzneien; 1 lb. = 373,24 g*).

tru·an·cy [ˈtru(:)ənsi] *s.* (Schul-) Schwänzeˈrei *f*, unentschuldigtes Fernbleiben; **ˈtru·ant** [-nt] **I.** *s.* **1. a)** (Schul)Schwänzer(in), **b)** Bummler(in), Faulenzer(in): *to play ~* (*bsd.* die Schule) schwänzen, bummeln; **II.** *adj.* **2.** träge, bumm(e)lig, pflichtvergessen; **3.** (schul)schwänzend; **4.** *fig.* schweifend (*Gedanken*).

truce [tru:s] *s.* **1.** ⚔ Waffenruhe *f*, -stillstand *m*: *flag of ~* Parlamentärflagge; *~ of God hist.* Gottesfriede; *political ~* Burgfriede; *a ~ to talking* Schluß mit (dem) Reden; **2.** *fig.* (Ruhe-, Atem)Pause *f* (*from* von).

truck[1] [trʌk] **I.** *s.* **1.** Tausch(handel) *m*; **2.** Verkehr *m*: *to have no ~ with s.o.* mit j-m nichts zu tun haben; **3.** *bsd. Am.* Gemüse *n*: *~-farm, ~-garden Am.* Gemüsegärtnerei; **4.** *coll.* **a)** Kram(waren *pl.*) *m*, Hausbedarf *m*, **b)** *contp.* Plunder *m*; **5.** *mst ~ system* ✝ Natuˈrallohn-, ˈTrucksyˌstem *n*; **II.** *v/t.* **6.** (*for*) (aus-, ver)tauschen (gegen), eintauschen (für); **7.** verschachern, hausieren; **III.** *v/i.* **8.** Tauschhandel treiben, schachern, handeln (*for* um).

truck[2] [trʌk] **I.** *s.* **1.** ⊕ Block-, Laufrad *n*; **2.** Hand-, Gepäck-, Rollwagen *m*; **3.** Lore *f*: **a)** 🚂 *Brit.* offener Güterwagen, **b)** ⚒ Kippkarren *m*, Förderwagen *m*; **4.** *Am.* Lastauto *n*, -(kraft)wagen *m*; **5.** 🚂 Dreh-, ˈUntergestell *n*; **6.** ⚓ Flaggenknopf *m*; **II.** *v/t.* **7.** auf Güter- *od.* Lastwagen *etc.* verladen *od.* befördern; **ˈtruck·age** [-kidʒ] *s.* **1.** (*Am.* ˈLast)Wagentransˌport *m*; **2.** Rollgeld *n*; **ˈtruck·er** [-kə] *s. Am.* **1.** Lastwagen-, Fernlastfahrer *m*; **2.** Gemüsegärtner *m*, -händler *m.*

ˈtruck-farm·er → *trucker* 2.

truck·le [ˈtrʌkl] **I.** *v/i.* (zu Kreuze) kriechen (*to* vor); **II.** *s. mst ~-bed* (niedriges) Rollbett; **ˈtruck·ler** [-lə] *s.* Kriecher(in).

ˈtruck|·man [-mən] *s.* [*irr.*] → *trucker 1*; **~ sys·tem** → *truck*[1] *5.*

truc·u·lence [ˈtrʌkjuləns], **ˈtruc·u·len·cy** [-si] *s.* Wildheit *f*; **ˈtruc·u·lent** [-nt] *adj.* □ **1.** wild, grausam; **2.** trotzig; **3.** gehässig.

trudge [trʌdʒ] **I.** *v/i.* (*bsd.* mühsam) stapfen; sich (mühsam) (fort-) schleppen: *to ~ along*; **II.** *v/t.* (mühsam) durchˈwandern; **III.** *s.* langer *od.* mühseliger Marsch *od.* Weg.

true [tru:] **I.** *adj.* □ → *truly*; **1.** wahr, wahrheitsgetreu: *a ~ story*; *to be ~ of* zutreffen auf (*acc.*), gelten für; *to come ~* sich bewahrheiten, sich erfüllen, eintreffen; **2.** wahr, echt, wirklich, (regel)recht: *a ~ Christian*; *~ bill* ⚖ begründete (*von den Geschworenen bestätigte*) Anklage (-schrift); *~ love* wahre Liebe; (*it is*) *~* zwar, allerdings, freilich, zugegeben; **3.** (ge)treu (*to dat.*): *a ~ friend*; (*as*) *~ as gold* (*od. steel*) treu wie Gold; *~ to one's principles* (*word*) s-n Grundsätzen (s-m Wort) getreu; **4.** (ge)treu (*to dat.*) (*von Sachen*): *~ copy*; *~ weight* genaues *od.* richtiges Gewicht; *~ to life* lebenswahr, -echt; *~ to nature* naturgetreu; *~ to size* ⊕ maßgerecht, -haltig; *~ to type* artgemäß, typisch; **5.** rechtmäßig: *~ heir (owner)*; **6.** zuverlässig: *a ~ sign*; **7.** ⊕ genau, richtig eingestellt *od.* eingepaßt; **8.** ⚓, *phys.* rechtweisend (*Kurs, Peilung*): *~ declination* Ortsmißweisung; *~ north* geographisch Nord; **9.** ♪ richtig gestimmt, rein; **10.** *biol.* reinrassig; **II.** *adv.* **11.** wahr(ˈhaftig): *to speak ~* die Wahrheit reden; **12.** (ge)treu (*to dat.*); **13.** genau: *to shoot ~*; **III.** *s.* **14.** *the ~* das Wahre; **15.** *out of ~* ⊕ unrund; **IV.** *v/t.* **16.** *a. ~ up* ⊕ *Lager* ausrichten; *Rad* zentrieren; *Werkzeug* nachschleifen; **ˈ~-ˈblue I.** *adj.* waschecht, treu; **II.** *s.* getreuer Anhänger; **ˈ~-born** *adj.* echt, gebürtig; **ˈ~-bred** *adj.* **1.** reinrassig; **2.** gebildet, kultiviert (*Person*); **ˈ~-ˈheart·ed** *adj.*

aufrichtig, ehrlich; '**~-love** *s.* Geliebte(r *m*) *f*.

true·ness ['tru:nis] *s.* **1.** Wahrheit *f*; **2.** Echtheit *f*; **3.** Treue *f*; Aufrichtigkeit *f*; **4.** Richtigkeit *f*; **5.** Genauigkeit *f*.

truf·fle ['trʌfl] *s.* ⚘ Trüffel *f*.

tru·ism ['tru(:)izəm] *s.* Binsenwahrheit *f*, Gemeinplatz *m*.

trull [trʌl] *s.* Dirne *f*, Hure *f*.

tru·ly ['tru:li] *adv.* **1.** wahrheitsgemäß; **2.** aufrichtig: *Yours (very)* ~ (*als Briefschluß*) Hochachtungsvoll; *yours* ~ *humor.* meine Wenigkeit; **3.** wirklich, wahr'haftig, in der Tat; **4.** genau.

trump[1] [trʌmp] *s. obs. od. poet.* Trom'pete(nstoß *m*) *f*: *the* ~ *of doom* die Posaune des Jüngsten Gerichts.

trump[2] [trʌmp] **I.** *s.* **1. a)** Trumpf *m*, **b)** *a.* ~ *card* Trumpfkarte *f* (*a. fig.*): *to play one's* ~ *card fig.* s-n Trumpf ausspielen; *to put s.o. to his* ~*s fig.* j-n bis zum Äußersten treiben; *to turn up* ~*s* **a)** sich als das Beste erweisen, **b)** immer Glück haben; **2.** F *fig.* feiner Kerl; **II.** *v/t.* **3.** (über)'trumpfen, *Karte* stechen; **4.** *fig. j-n* übertrumpfen (*with* mit); **III.** *v/i.* **5.** Trumpf ausspielen, trumpfen, stechen.

trump[3] [trʌmp] *v/t.* ~ *up* erdichten, zs.-schwindeln, sich aus den Fingern saugen; '**trumped-up** [trʌmpt] *adj.* erfunden, erlogen, falsch: ~ *charges.*

trump·er·y ['trʌmpəri] **I.** *s.* **1.** Plunder *m*, Ramsch *m*, Schund *m*; **2.** *fig.* Gewäsch *n*, Quatsch *m*; **II.** *adj.* **3.** Schund..., Kitsch..., kitschig, geschmacklos; **4.** *fig.* billig, nichtssagend: ~ *arguments.*

trum·pet ['trʌmpit] **I.** *s.* **1.** ♪ Trom'pete *f*: *to blow one's own* ~ *fig.* sein eigenes Lob singen; *the last* ~ die Posaune des Jüngsten Gerichts; **2.** Trom'petenstoß *m* (*a. des Elefanten*); **3.** ♪ Trom'pete(nre͵gister *n*) *f* (*Orgel*); **4.** Schalltrichter *m*, Sprachrohr *n*; **5.** Hörrohr *n*; **II.** *v/t. u. v/i.* **6.** trom'peten (*a. Elefant*): *to* ~ (*forth*) *fig.* ausposaunen; '**~-call** *s.* Trom'petensi͵gnal *n*.

trum·pet·er ['trʌmpitə] *s.* **1.** Trom'peter *m*; **2.** *fig.* 'Auspo͵sauner(in); **3.** *orn.* Trom'petertaube *f* (*Haustaubenrasse*); '**trum·pet·ist** [-tist] *s.* ♪ (Or'chester)Trom͵peter *m* (*bsd. Jazz*).

trum·pet ma·jor *s.* ⚔ 'Stabstrom͵peter *m*.

trun·cate ['trʌŋkeit] **I.** *v/t.* stutzen, verstümmeln, beschneiden; ⊕ *Gewinde* abrunden, abflachen; **II.** *adj.* abgestutzt, -stumpft (*Blätter, Muscheln*); '**trun·cat·ed** [-tid] *adj.* **1. a)** verstümmelt, **b)** gestutzt (*beide a. fig.*); **2.** ⩕ abgestumpft: ~ *cone* (*pyramid*) Kegel- (Pyramiden-) stumpf; **trun·ca·tion** [trʌŋ'keiʃən] *s.* **1.** Verstümmelung *f*; **2.** Abstumpfung *f*.

trun·cheon ['trʌntʃən] *s.* **1.** *Brit.* (Poli'zei-, Gummi)Knüppel *m*; **2.** Kom'mandostab *m*.

trun·dle ['trʌndl] **I.** *v/t.* *Faß etc.* trudeln, rollen; *Reifen* schlagen; *j-n im Rollstuhl etc.* fahren; **II.** *v/i.* *oft* ~ *along* rollen, sich wälzen, trudeln; **III.** *s.* Rolle *f*, Walze *f*: ~*-bed* Rollbett.

trunk [trʌŋk] *s.* **1.** (Baum)Stamm *m*; **2.** Rumpf *m*, Leib *m*; 'Torso *m*; **3.** *zo.* Rüssel *m*; **4.** (Schrank)Koffer *m*, Truhe *f*; **5.** ⚠ (Säulen)Schaft *m*; **6.** *anat.* (*Nerven- etc.*)Strang *m*, Stamm *m*; **7.** *pl.* **a)** → *trunk hose*, **b)** *bsd. Am.* Badehose(n *pl.*) *f*, kurze 'Herren͵unterhose; **8.** ⊕ Rohrleitung *f*, Schacht *m*; **9.** *teleph. Brit.* **a)** Fernleitung *f*, **b)** *pl.* Fernverbindung *f*: ~*s, please!* Fernamt, bitte!; **10.** 🚂 → *trunk-line 1*; '**~-call** *s. teleph. Brit.* Ferngespräch *n*; ~ **ex·change** *s. teleph. Brit.* Fernamt *n*; ~ **hose** *s. hist.* Kniehose *f*; '**~-line** *s.* **1.** 🚂 Hauptstrecke *f*, -linie *f*; **2.** → *trunk 9*; '**~-road** *s.* Haupt-, Autostraße *f*.

trun·nion ['trʌnjən] *s.* ⊕ (Dreh-) Zapfen *m*.

truss [trʌs] **I.** *v/t.* **1.** *oft* ~ *up* bündeln, (fest)schnüren, zs.-binden; **2.** *Geflügel zum Braten* (auf)zäumen; **3.** absteifen, stützen; **4.** *oft* ~ *up obs. Kleider etc.* aufschürzen, -stecken; **5.** *obs. j-n* aufhängen; **II.** *s.* **6.** ⚕ Bruchband *n*; **7.** ⚠ **a)** Träger *m*, Binder *m*, **b)** Fach-, Gitter-, Hängewerk *n*, Gerüst *n*; **8.** ⚓ Rack *n*; **9.** (Heu-, Stroh)Bündel *n*, (*a.* Schlüssel)Bund *n*; **10.** ⚘ Dolde *f*; '**~-bridge** *s.* ⊕ (Gitter)Fachwerkbrücke *f*.

trust [trʌst] **I.** *s.* **1.** (*in*) Vertrauen *n* (auf *acc.*), Zutrauen *n* (zu *dat.*): *to place* (*od. put*) *one's* ~ *in* → *13*; *position of* ~ Vertrauensstellung; **2.** Zuversicht *f*, zuversichtliche Erwartung *od.* Hoffnung, Glaube *m*; **3.** Kre'dit *m*: *on* ~ **a)** auf Kredit, **b)** auf Treu u. Glauben; **4.** Pflicht *f*, Verantwortung *f*; **5.** Verwahrung *f*, Obhut *f*; **6.** Pfand *n*, anvertrautes Gut; **7.** ⚖ **a)** Treuhand(verhältnis *n*) *f*, **b)** Treuhandgut *n*, -vermögen *n*: *breach of* ~ Verletzung der Treupflicht; ~ *territory pol.* Gebiet unter Treuhandverwaltung; *to hold s.th. in* ~ et. zu treuen Händen verwahren, et. treuhänderisch verwalten; **8.** ✝ **a)** Trust *m*, Kon'zern *m*, **b)** Kar'tell *n*, Ring *m*; **9.** (*Familien- etc.*)Stiftung *f*; **II.** *v/t.* **10.** *j-m* (ver-) trauen, glauben, sich auf *j-n* verlassen: *to* ~ *s.o. to do s.th.* j-m zutrauen, daß er et. tut; ~ *him to* (*inf.*) *iro.* es sieht ihm ähnlich, zu (*inf.*); **11.** (*s.o. with s.th., s.th. to s.o.* j-m et.) anvertrauen; **12.** (zuversichtlich) hoffen *od.* erwarten, glauben; **III.** *v/i.* **13.** (*in, to*) vertrauen (auf *acc.*), sein Vertrauen setzen (auf *acc.*); **14.** hoffen, glauben, denken; ~ **com·pa·ny** *s. Am.* **1.** Treuhandgesellschaft *f*; **2.** Treuhandbank *f*; '**~-deed** *s.* Treuhandvertrag *m*.

trus·tee [trʌs'ti:] *s.* **1.** Sachwalter *m* (*a. fig.*), (Vermögens)Verwalter *m*, Treuhänder *m*: ~ *in bankruptcy, official* ~ Konkurs-, Masseverwalter; *Public* ♀ *Brit.* Öffentlicher Treuhänder; ~ *securities,* ~ *stock* mündelsichere Wertpapiere; **2.** Ku'rator *m*, Pfleger *m*: *board of* ~*s* Kuratorium; **trus'tee·ship** [-ʃip] *s.* **1.** Treuhänderschaft *f*; **2.** Kura'torium *n*; **3.** *pol.* Treuhandverwaltung *f*.

trust·ful ['trʌstful] *adj.* □ vertrauensvoll, zutraulich.

'**trust-fund** *s.* ✝ Treuhand-, Mündelgelder *pl.*

trust·i·fi·ca·tion [trʌstifi'keiʃən] *s.* ✝ Ver'trustung *f*, 'Trustbildung *f*.

trust·ing ['trʌstiŋ] *adj.* □ → *trustful.*

'**trust·wor·thi·ness** *s.* Vertrauenswürdigkeit *f*; '**trust·wor·thy** *adj.* □ vertrauenswürdig, zuverlässig.

trust·y ['trʌsti] **I.** *adj.* □ treu, zuverlässig; **II.** *s.* Strafgefangener, der wegen guter Führung Vergünstigungen hat.

truth [tru:θ] *s.* **1.** Wahrheit *f*: *in* ~, *obs. of a* ~ in Wahrheit; *the* ~, *the whole* ~ *and nothing but the* ~ ⚖ die reine Wahrheit; *to tell the* ~, ~ *to tell* um die Wahrheit zu sagen, ehrlich gesagt; *there is no* ~ *in it* daran ist nichts Wahres; *the* ~ *is that I forgot it* in Wirklichkeit *od.* tatsächlich habe ich es vergessen; **2.** *allgemein anerkannte* Wahrheit: *historical* ~; **3.** Wahr'haftigkeit *f*; Aufrichtigkeit *f*; **4.** Wirklichkeit *f*, Echtheit *f*, Treue *f*; **5.** Richtigkeit *f*, Genauigkeit *f*: *to be out of* ~ ⊕ nicht genau passen; ~ *to life* (~ *to nature*) Lebens- (Natur)treue.

truth·ful ['tru:θful] *adj.* □ **1.** wahr (-heitsgemäß); **2.** wahr'haftig, wahrheitsliebend; **3.** echt, genau, getreu; '**truth·ful·ness** [-nis] *s.* **1.** Wahr'haftigkeit *f*; **2.** Wahrheitsliebe *f*; **3.** Echtheit *f*.

try [trai] **I.** *s.* **1.** Versuch *m*: *to have a* ~ e-n Versuch machen, es versuchen (*at* mit); **2.** *Rugby*: Versuch *m* (*3 Punkte*); **II.** *v/t.* **3.** versuchen, probieren: *to* ~ *one's best* sein Bestes tun; *to* ~ *one's hand at s.th.* sich an e-r Sache versuchen; **4.** *a.* ~ *out* (aus-, 'durch)probieren, erproben, prüfen: *to* ~ *a new method* (*remedy, invention*); *to* ~ *on Kleid etc.* anprobieren, *Hut* aufprobieren; *to* ~ *it on with s.o. sl.* j-n zu überlisten versuchen, ‚es bei j-m probieren'; **5.** e-n Versuch machen mit, es versuchen mit: *to* ~ *the door* die Tür zu öffnen suchen; *to* ~ *one's luck* sein Glück versuchen (*with* bei *j-m*); **6.** ⚖ **a)** verhandeln über *e-e Sache, Fall* unter'suchen, **b)** verhandeln gegen *j-n*, vor Gericht stellen, aburteilen; **7.** *Augen etc.* angreifen, (über)'anstrengen, *Geduld, Mut, Nerven etc.* auf e-e harte Probe stellen; **8.** *j-n* arg mitnehmen, plagen, quälen; **9.** ⊕ *mst* ~ *out* **a)** *Metalle* raffinieren, scheiden, **b)** *Talg etc.* ausschmelzen, **c)** *Spiritus* rektifizieren; **III.** *v/i.* **10.** versuchen (*at acc.*), sich bemühen *od.* bewerben (*for* um); **11.** versuchen, e-n Versuch machen: ~ *again!* noch einmal!; ~ *and read!* F versuche zu lesen!; *to* ~ *hard* sich große Mühe geben.

try·ing ['traiiŋ] *adj.* □ **1.** schwierig, kritisch, unangenehm, nervtötend: *to be* ~ *to j-m* auf die Nerven gehen; **2.** anstrengend, ermüdend (*to* für).

'**try**|**-'on** *s.* **1.** Anprobe *f*; **2.** 'Schwindelma͵növer *n*, Täuschungsversuch *m*; '**~-'out** *s.* **1.** Probe *f*, Erprobung *f*, (Vor)Versuch *m*; **2.** *sport* Ausscheidungskampf *m*, -spiel *n*; **~-sail** ['traisl] s. ⚓ Gaffelsegel n; '~-**square** s. ⊕ Richtscheit n, Anschlagwinkel m.

tryst [traist] I. s. 1. Stelldichein n, Rendez'vous n; 2. → *trysting-place*; 3. *Scot.* (Vieh)Markt m; II. v/t. 4. j-n (an e-n verabredeten Ort) bestellen; 5. *Zeit, Ort* verabreden; III. v/i. 6. sich verabreden od. treffen; '**tryst·ing-place** [-tiŋ] s. Treffpunkt m, Ort m des Stelldicheins.

tsar [zɑ:] s. Zar m; **tsar·e·vitch** ['zɑ:rəvitʃ] s. Za'rewitsch m; **tsar·ism** ['zɑ:rizəm] s. Zarentum n.

'**tset·se(-fly)** ['tsetsi] s. zo. Tsetsefliege f.

'**T-shirt** s. 'T-shirt n.

'**T-square** s. ⊕ 1. Reißschiene f; 2. Anschlagwinkel m.

tub [tʌb] I. s. 1. (Bade)Wanne f; 2. *Brit.* F (Wannen)Bad n; 3. Bottich m, Kübel m, Wanne f; 4. (*Butter- etc.*)Faß n, Tonne f; 5. Faß n (*als Maß*): *a ~ of tea*; 6. ⚓ *humor.* ‚Kahn' m, ‚Kasten' m (*Schiff*); 7. *sport* Übungsruderboot n, Ruderkasten m; 8. ⚒ Förderkorb m, -wagen m; II. v/t. 9. *bsd. Butter* in ein Faß tun; 10. ⚘ in e-n Kübel pflanzen; 11. *Brit.* F baden; III. v/i. 12. (sich) baden; 13. *sport sl.* (im Ruderkasten) trainieren.

tu·ba ['tju:bə] s. ♪ Tuba f (*a. Orgelregister*).

tub·by ['tʌbi] I. adj. 1. faß-, tonnenartig; 2. F rundlich, klein u. dick; 3. dumpf, hohl (*klingend*); II. s. 4. F ‚Dickerchen' n.

tube [tju:b] I. s. 1. Rohr(leitung f) n, Röhre f, Röhrchen n; 2. Schlauch m: (*inner*) ~ ⊕ (Luft)Schlauch; 3. (Me'tall)Tube f: *~ colo(u)rs* Tubenfarben; 4. ♪ (Blas)Rohr n; 5. *anat.* (*Luft- etc.*)Röhre f, Ka'nal m; 6. ⚘ (Pollen)Schlauch m; 7. ⚡ *Am.* (Elek'tronen-, 'Radio)Röhre f; 8. a) (U-Bahn-)Tunnel m, b) a. ♀ Londoner U-Bahn f; II. v/t. 9. ⊕ mit Röhren versehen; 10. (durch Röhren) befördern; 11. (in Röhren od. Tuben) abfüllen; '**tube·less** [-lis] adj. schlauchlos (*Reifen*).

tu·ber ['tju:bə] s. 1. ⚘ Knolle f, Knollen(gewächs n) m; 2. ⚕ Knoten m, Schwellung f.

tu·ber·cle ['tju:bə:kl] s. 1. *biol.* Knötchen n; 2. ⚕ a) Tu'berkel (-knötchen n) m, b) (*bsd.* 'Lungen-) Tuˌberkel m; 3. ⚘ kleine Knolle, Warze f; **tu·ber·cu·lar** [tju(:)-'bə:kjulə] → *tuberculous*; **tu·ber·cu·lo·sis** [tju(:)bə:kju'lousis] s. ⚕ Tuberku'lose f; **tu·ber·cu·lous** [tju(:)'bə:kjuləs] adj. 1. ⚕ tuberku'lös, Tuberkel...; 2. knotig.

tube·rose[1] ['tju:bərouz] s. ⚘ Tube'rose f, 'Nachthyaˌzinthe f.

tu·ber·ose[2] ['tju:bərous] → *tuberous*.

tu·ber·os·i·ty [tju:bə'rɔsiti] s. *anat., zo.* Höcker m, Knoten m, Schwellung f.

tu·ber·ous ['tju:bərəs] adj. 1. *anat.*, ⚕ knotig, knötchenförmig; 2. ⚘ a) knollentragend, b) knollig.

tub·ing ['tju:biŋ] s. ⊕ 1. 'Röhrenmateriˌal n, Rohr n; 2. *coll.* Röhren pl., Röhrenanlage f, Rohrleitung f; 3. Rohr(stück) n.

'**tub|-thump·er** s. (g)eifernder od. schwülstiger Redner, *bsd.* Kanzelpauker m; '**~-thump·ing** adj. thea'tralisch, eifernd.

tu·bu·lar ['tju:bjulə] adj. rohrförmig, Röhren..., Rohr...: *~-steel pole* Stahlrohrmast; **tu·bule** ['tju:bju:l] s. 1. Röhrchen n; 2. *anat.* Ka'nälchen n.

tuck [tʌk] I. s. 1. Falte f, Biese f, Einschlag m, Saum m; 2. ⚓ Gilling f; 3. *ped. Brit. sl.* ‚gute Sachen' *pl.*, Lecke'reien *pl.*; 4. *sport* Hocksprung m; II. v/t. 5. *mst ~ in* a) einnähen, b) *Falte* einschlagen; 6. Biesen nähen in *ein Kleid*; 7. *mst ~ in* (*od. up*) ein-, 'umschlagen: *to ~ up* a) abnähen, b) hochstecken, -schürzen, c) raffen, d) *Ärmel* hochkrempeln; 8. *et. wohin* stecken, *unter den Arm etc.* klemmen: *to ~ away* a) wegstecken, verstauen, b) verstecken; *~ed away* versteckt (liegend) (*z.B. Dorf*); *to ~ in* (*od. up*) (warm) zudecken, (behaglich) einpacken; *to ~ up in bed* ins Bett stecken; *to ~ up one's legs* die Beine unterschlagen; 9. *~ in sl. Essen etc.* ‚verdrücken'; III. v/i. 10. Falten nähen; 11. *~ in sl. beim Essen* ‚einhauen'.

tuck·er[1] ['tʌkə] s. 1. Faltenleger m (*Nähmaschine*); 2. *hist.* Brusttuch n: *best bib and ~ fig.* Sonntagsstaat, beste Kleidung.

tuck·er[2] ['tʌkə] v/t. *mst ~ out Am.* F j-n ‚fertigmachen' (*völlig erschöpfen*): *~ed out* (total) erledigt.

'**tuck|-in** s. *Brit. sl.* ‚Fresse'rei' f, Schmaus m; '**~-shop** s. *Brit. ped. sl.* Süßwarenladen m.

Tues·day ['tju:zdi] s. Dienstag m: *on ~* am Dienstag; *on ~s* dienstags.

tu·fa ['tju:fə] s. *geol.* Kalktuff m, Tuff(stein) m; **tu·fa·ceous** [tju:-'feiʃəs] adj. (Kalk)Tuff...

tuff [tʌf] → *tufa*.

tuft [tʌft] s. 1. (*Gras-, Haar- etc.*) Büschel n, (*Feder- etc.*)Busch m, (*Haar*)Schopf m; 2. Quaste f, Troddel f; 3. *anat.* Kapil'largefäßbündel n; '**tuft·ed** [-tid] adj. 1. büschelig; 2. *orn.* Hauben...: *~ lark.*

'**tuft-hunt·er** s. gesellschaftlicher Streber, Snob m; Speichellecker m.

tuft·y ['tʌfti] adj. büschelig.

tug [tʌg] I. v/t. 1. zerren, ziehen an (*dat.*); ⚓ schleppen; II. v/i. 2. *~ at* zerren an (*dat.*); 3. *fig.* sich (ab-) placken; III. s. 4. Zerren n, (heftiger) Zug, Ruck m: *to give a ~ at* → 2; *~ of war sport u. fig.* Tauziehen; 5. *fig.* a) große Anstrengung, b) schwerer (*a. seelischer*) Kampf; 6. *a. ~boat* ⚓ Schleppdampfer m, Schlepper m.

tu·i·tion [tju(:)'iʃən] s. 1. 'Unterricht m: *private ~* Privatunterricht, -stunden; 2. 'Unterrichtshonoˌrar n, Schulgeld n; **tu'i·tion·al** [-ʃənl], **tu'i·tion·ar·y** [-ʃnəri] adj. Unterrichts...

tu·lip ['tju:lip] s. ⚘ Tulpe f; '**~-tree** s. ⚘ Tulpenbaum m.

tulle [tju:l; tyl] s. Tüll m.

tum·ble ['tʌmbl] I. s. 1. Fall m, Sturz m (*a.* ✝): *~ in prices* ✝ Preissturz; 2. Purzelbaum m; 'Salto m; 3. *fig.* Wirrwarr m: *all in a ~* kunterbunt durcheinander; 4. *to give s.o. a ~ sl.* von j-m Notiz nehmen; II. v/i. 5. *a. ~ down* (ein-, 'um-, hin-, hin'ab)fallen, (-)stürzen, (-)purzeln: *to ~ over* umkippen, sich überschlagen; 6. purzeln, stolpern (*over* über *acc.*); 7. *wohin* stolpern (*eilen*): *to ~ into fig.* a) *j-m in die Arme* laufen, b) in *e-n Krieg etc.* ‚hineinschlittern'; *to ~ to sl. et.* plötzlich ‚kapieren' od. merken; 8. Luftsprünge od. Saltos *etc.* machen; *sport* Bodenübungen machen; 9. sich wälzen; 10. ⚔ taumeln (*Geschoß*); 11. ✝ stürzen (*Aktien, Preise*); III. v/t. 12. zu Fall bringen, 'umstürzen, -werfen; 13. durch'wühlen, durchein'anderwerfen; 14. schleudern, schmeißen; 15. zerknüllen; *Haar* zerzausen; 16. ⊕ schleudern; 17. *hunt.* abschießen; '**~-down** adj. baufällig.

tum·bler ['tʌmblə] s. 1. Trink-, Wasserglas n, Becher m; 2. Par'terreakroˌbat(in); 3. ⊕ a) Zuhaltung f (*Türschloß*), b) Richtwelle f (*Übersetzungsmotor*), c) (Wasch-, Scheuer)Trommel f; 4. *orn.* Tümmler m (*Taubenrasse*); *~* **switch** s. ⚡ Kippschalter m.

tum·brel ['tʌmbrəl], '**tum·bril** [-ril] s. 1. ⸙ Schutt-, Dungkarren m; 2. *hist.* Schinderkarren m; 3. ⚔ *hist.* Muniti'onskarren m.

tu·me·fa·cient [tju:mi'feiʃənt] adj. ⚕ Schwellung erzeugend; **tu·me'fac·tion** [-'fækʃən] s. ⚕ (An-) Schwellung f, Geschwulst f; **tu·me·fy** ['tju:mifai] I. v/i. ⚕ (an-, auf)schwellen; II. v/t. schwellen lassen; **tu·mes·cent** [tju:'mesnt] adj. (an)schwellend, geschwollen.

tu·mid ['tju:mid] adj. □ geschwollen (*a. fig.*); **tu·mid·i·ty** [tju:-'miditi] s. 1. ⚕ Schwellung f; 2. *fig.* Geschwollenheit f.

tum·my ['tʌmi] s. Bäuchlein n, Magen m (*Kindersprache*).

tu·mo(u)r ['tju:mə] s. ⚕ 'Tumor m, Geschwulst f.

tu·mult ['tju:mʌlt] s. Tu'mult m: a) Getöse n, Lärm m, b) Aufruhr m (*a. fig.*); **tu·mul·tu·ar·y** [tju(:)-'mʌltjuəri] adj. 1. → *tumultuous*; 2. verworren; 3. aufrührerisch; **tu·mul·tu·ous** [tju(:)'mʌltjuəs] adj. □ 1. tumultu'arisch, lärmend; 2. heftig, stürmisch, turbu'lent, erregt.

tu·mu·lus ['tju:mjuləs] s. (*bsd. alter* Grab)Hügel.

tun [tʌn] s. 1. Tonne f, Faß n; 2. *Brit.* Tonne f (*altes Flüssigkeitsmaß*); 3. *Brauerei*: Maischbottich m.

tun·dra ['tʌndrə] s. *geogr.* 'Tundra f.

tune [tju:n] I. s. 1. ♪ Melo'die f, Weise f, Lied n; a. 'Hymne f, Cho'ral m: *to the ~ of* a) nach der Melodie von, b) *fig.* in Höhe von, von sage u. schreibe £ *100*; *to change one's ~, to sing another ~* F e-n anderen Ton anschlagen, andere Saiten aufziehen; 2. ♪ a) (richtige) (Ein)Stimmung e-s Instru'ments, b) richtige Tonhöhe: *in ~* (richtig) gestimmt; *out of ~* verstimmt; *to keep ~* a) Stimmung halten (*Instrument*), b) Ton halten; *to play out of ~* unrein od. falsch spielen; *to sing in ~* tonrein od. sauber singen; 3. *fig.* Harmo'nie f: *in ~ with* übereinstimmend mit, im Einklang (stehend) mit, harmonierend mit; *to be* *out of* ~ *with* im Widerspruch stehen zu, nicht übereinstimmen mit; **4.** *fig.* Stimmung *f*: *not in* ~ *for* nicht aufgelegt zu; *out of* ~ verstimmt, mißgestimmt; **II.** *v/t.* **5.** ♪ *u. fig.* (ab)stimmen (*to* auf *acc.*); **6.** *Antenne, Radio, Stromkreis* abstimmen, einstellen (*to* auf *acc.*); **III.** *v/i.* **7.** ♪ stimmen; ~ **in** *v/t.* (*v/i.* das Rundfunkgerät) einstellen, abstimmen (*to* auf *acc.*); ~ **out** *v/i.* abstellen, ausschalten; ~ **up I.** *v/t.* **1.** ♪ (hin'auf-)stimmen; **2.** *mot.*, ✈ **a)** startbereit machen, **b)** *Motor* einfahren, **c)** die Leistung *e-s Motors* erhöhen; **3.** *fig.* in Schwung bringen; *Befinden etc.* heben; **II.** *v/i.* **4. a)** ♪ einsetzen, **b)** F losheulen.

tune·ful ['tju:nful] *adj.* □ **1.** melo'dienreich; me'lodisch, klangvoll; **2.** sangesfreudig: ~ *birds*; '**tune·less** [-nlis] *adj.* **1.** 'unme,lodisch; **2.** klanglos, stumm.

tun·er ['tjunə] *s.* **1.** ♪ (Instru'menten)Stimmer *m*; **2.** ♪ **a)** Stimmpfeife *f*, **b)** Stimmvorrichtung *f* (*Orgel*); **3.** ⚡ Abstimmvorrichtung *f*; **4.** *Radio, Fernsehen*: Tuner *m*, Ka'nalwähler *m*.

tung·state ['tʌŋsteit] *s.* ⚗ Wolfra'mat *n*; '**tung·sten** [-stən] *s.* ⚗ Wolfram *n*: ~ *steel* ⊕ Wolframstahl; '**tung·sten·ic** [-stenik] *adj.* ⚗ Wolfram..., wolframsauer; '**tung·stic** [-stik] *adj.* ⚗ Wolfram...: ~ *acid*; '**tung·stite** [-stait] *s.* ⚗ Tung'stit *m*.

tu·nic ['tju:nik] *s.* **1.** *antiq.* 'Tunika *f*; **2.** *bsd.* ⚔ *Brit.* Waffenrock *m*; **3.** 'Kasack-Bluse *f für Damen*; **4.** → *tunicle*; **5.** *biol.* Häutchen *n*, Hülle *f*; '**tu·ni·ca** [-kə] *pl.* **-cae** [-si:] *s. anat.* Häutchen *n*, Mantel *m*; '**tu·ni·cate** [-kit] **I.** *s.* **1.** *zo.* Manteltier *n*; **II.** *adj.* **2.** ⚘ mit e-m Mantel versehen; **3.** *zo.* häutig; '**tu·ni·cle** [-kl] *s. R.C.* Meßgewand *n*.

tun·ing ['tju:niŋ] **I.** *s.* **1.** ♪ **a)** (Ein-)Stimmen *n*, **b)** (Ein)Stimmung *f*; **2.** ⚡ Einstellen *n*, Abstimmen *n*; Abstimmung *f*; **II.** *adj.* **3.** ♪ Stimm...; **4.** ⚡ Abstimm...(*-kreis, -skala etc.*); '~**-fork** *s.* ♪ Stimmgabel *f*.

tun·nel ['tʌnl] **I.** *s.* **1.** Tunnel *m*, Unter'führung *f* (*Straße, Bahn, Kanal*); **2.** 'unterirdischer Gang (*a. zo.*); **3.** ⚒ Stollen *m*; **4.** ✈ 'Windka,nal *m*; **II.** *v/t.* **5.** unter'tunneln, e-n Tunnel bohren durch; **III.** *v/i.* **6.** e-n Tunnel anlegen *od.* bohren (*through* durch); '**tun·nel·(l)ing** [-liŋ] *s.* ⊕ Tunnelanlage *f*, -bau *m*.

tun·ny ['tʌni] *s. ichth. bsd. coll.* Thunfisch *m*.

tun·y ['tju:ni] *adj.* F me'lodisch.

tup [tʌp] **I.** *s.* **1.** *zo.* Widder *m*; **2.** ⊕ Hammerkopf *m*, Rammklotz *m*; **II.** *v/t.* **3.** *zo.* bespringen, decken.

tup·pence ['tʌpəns], '**tup·pen·ny** [-pni] *Brit.* F *für twopence, twopenny*.

tur·ban ['tə:bən] *s.* Turban *m*; '**tur·baned** [-nd] *adj.* turbantragend.

tur·bid ['tə:bid] *adj.* □ **1.** dick(flüssig), trübe, schlammig; **2.** *fig.* verschwommen; **tur·bid·i·ty** [tə:'biditi], '**tur·bid·ness** [-nis] *s.* **1.** Trübung *f*, Trübheit *f*; **2.** *fig.* Verschwommenheit *f*.

tur·bine ['tə:bin] **I.** *s.* Tur'bine *f*; **II.** *adj.* Turbinen...: ~ *steamer*; '~**-'pow·ered** *adj.* mit Tur'binenantrieb.

turbo- [tə:bou] ⊕ *in Zssgn* Turbinen...; '**tur·bo-'jet** (**en·gine**) *s.* ✈ 'Strahl(,vortrieb)tur,bine *f*; '**turbo-'prop**(**-jet**) *s.* ✈ 'Turbo-Pro'pellerma,schine *f*, -,motor *m*.

tur·bot ['tə:bət] *s. ichth.* Steinbutt *m*.

tur·bu·lence ['tə:bjuləns] *s.* **1.** Unruhe *f*, Aufruhr *m*, Ungestüm *n*, Sturm *m* (*a. meteor.*); **2.** *phys.* Wirbelbewegung *f*, -bildung *f*; '**tur·bu·lent** [-nt] *adj.* □ **1.** unruhig, ungestüm, stürmisch, turbu'lent; **2.** aufrührerisch; **3.** *phys.* verwirbelt: ~ *flow*.

turd [tə:d] *s.* F Kot *m*, Dreck *m*.

tu·reen [tə'ri:n] *s.* Ter'rine *f*.

turf [tə:f] **I.** *s.* **1.** Rasen *m*; **2.** Rasenstück *n*, -sode *f*; **3.** Torf(ballen) *m*; **4.** *sport* Turf *m*: **a)** (Pferde)Rennbahn *f*, **b)** *the* ~ *fig.* der Pferderennsport, die Rennsportwelt; **II.** *v/t.* **5.** mit Rasen bedecken; **6.** ~ *out Brit. sl. j-n* hin'auswerfen; '**turf·ite** [-fait] *s.* (Pferde)Rennsportliebhaber *m*; '**turf·y** [-fi] *adj.* **1.** rasenbedeckt; **2.** torfartig; **3.** *fig.* Rennsport...

tur·ges·cence [tə:'dʒesns] *s.* **1.** ⚕, ⚘ Schwellung *f*, Geschwulst *f*; **2.** *fig.* Schwulst *m*.

tur·gid ['tə:dʒid] *adj.* □ **1.** ⚕ geschwollen, aufgedunsen; **2.** *fig.* schwülstig; **tur·gid·i·ty** [tə:'dʒiditi], '**tur·gid·ness** [-nis] *s.* **1.** Geschwollensein *n*; **2.** *fig.* Geschwollenheit *f*, Schwülstigkeit *f*.

Turk [tə:k] **I.** *s.* **1.** Türke *m*, Türkin *f*; **2.** *fig.* Wildfang *m*; **II.** *adj.* **3.** türkisch, Türken...

Tur·key[1] ['tə:ki] **I.** *s.* Tür'kei *f*; **II.** *adj.* türkisch: ~ *carpet* Orientteppich; ~ *red das* Türkischrot.

tur·key[2] ['tə:ki] *s.* **1.** *orn.* Truthahn *m*, -henne *f*, Pute(r *m*) *f*: *to talk* ~ *Am. sl.* **a)** Fraktur reden (*with* mit), **b)** sachlich reden; **2.** *Am. sl. thea. etc.* ‚Pleite' *f*, ‚Versager' *m*; '~**-cock** *s.* **1.** Truthahn *m*, Puter *m*: (*as*) *red as a* ~ puterrot (im Gesicht); **2.** *fig.* eingebildeter Fatzke; '~**-poult** *s.* junges Truthuhn.

Turk·ish ['tə:kiʃ] **I.** *adj.* türkisch, Türken...; **II.** *s. ling.* Türkisch *n*; ~ **bath** *s.* Dampf-, Schwitzbad *n*; ~ **de·light** *s.* türkischer Honig; ~ **tow·el** *s.* Frottier(hand)tuch *n*.

Turko- [tə:kou; -kə] *in Zssgn* türkisch, Türken...

Tur·ko·man ['tə:kəmən] *pl.* **-mans** *s.* **1.** Turk'mene *m*; **2.** *ling.* Turk'menisch *n*.

tur·mer·ic ['tə:mərik] *s.* **1.** ⚘ Gelbwurz *f*; **2.** *pharm.* 'Kurkuma *f*; **3.** 'Kurkumagelb *n* (*Farbstoff*): ~ *paper* ⚗ Kurkumapapier.

tur·moil ['tə:mɔil] *s.* Aufruhr *m*, Tu'mult *m*; Unruhe *f*; Getümmel *n*.

turn [tə:n] **I.** *s.* **1.** ('Um)Drehung *f*: *a single* ~ *of the handle*; *to a* ~ **a)** gerade richtig *durchgebraten etc.*, **b)** *fig.* aufs Haar, vortrefflich; **2.** 'Turnus *m*, Reihe(nfolge) *f*: *by* (*od. in*) ~*s* abwechselnd, wechselweise; *in* ~ **a)** der Reihe nach, **b)** dann wieder; *in his* ~ seinerseits; *to speak out of* ~ *fig.* unpassende Bemerkungen machen; *it is my* ~ ich bin an der Reihe *od.* dran; *to take* ~*s* (mit)einander *od.* sich abwechseln (*at in dat.*, bei); *to take one's* ~ handeln, wenn die Reihe an einen kommt; *wait your* ~! warte bis du dran bist!; *my* ~ *will come fig.* m-e Zeit kommt (auch) noch, ‚ich komme schon noch dran'; **3.** Drehung *f*, (~ *to the left* Links)Wendung *f*; **4.** Wendepunkt *m* (*a. fig.*); **5.** Biegung *f*, Kurve *f*, Kehre *f* (*a. Eislauf*); **6.** Krümmung *f* (*a.* ⚔); **7.** Wendung *f*: **a)** 'Umkehr *f*: *to be on the* ~ ⚓ umschlagen (*Gezeit*); → *23*; ~ *of the tide* Gezeitenwechsel, *fig.* Wendung, **b)** Richtung *f*, (Ver-)Lauf *m*: *to take a good* (*bad*) ~ sich zum Guten (Schlechten) wenden; *to take a* ~ *for the better* (*worse*) sich bessern (verschlimmern); *to take an interesting* ~ e-e interessante Wendung nehmen (*Gespräch etc.*), **c)** (*Glücks-, Zeiten- etc.*)Wende *f*, Wechsel *m*, 'Umschwung *m*, 'Krise *f*: ~ *of the century* Jahrhundertwende; ~ *of life* Lebenswende, ⚕ Wechseljahre (*der Frau*); **8.** Ausschlag(en *n*) *m e-r Waage*; **9.** *bsd. Brit.* (Arbeits)Schicht *f*; **10.** Tour *f*, (einzelne) Windung (*Bandage, Kabel etc.*); **11.** (Rede)Wendung *f*; **12.** (kurzer) Spaziergang: *to take a* ~ e-n Spaziergang machen; **13.** (*for, to*) Neigung *f*, Hang *m*, Ta'lent *n* (zu), Sinn *m* (für *Humor etc.*); **14.** *a.* ~ *of mind* Denkart *f*, -weise *f*; **15. a)** (*ungewöhnliche od. unerwartete*) Tat, **b)** Dienst *m*, Gefallen *m*: *a bad* ~ e-e schlechte Tat *od.* ein schlechter Dienst; *a friendly* ~ ein Freundschaftsdienst; *to do s.o. a good* ~ j-m e-n Gefallen tun; *one good* ~ *deserves another* e-e Liebe ist der andern wert; **16.** Anlaß *m*: *at every* ~ auf Schritt u. Tritt; **17.** (kurze) Beschäftigung: ~ (*of work*) (Stück) Arbeit; *to take a* ~ *at* rasch mal an *e-e Sache* gehen, sich kurz mit *e-r Sache* versuchen; **18.** F Schock *m*, Schrecken *m*: *to give s.o. a* ~ j-n erschrecken; **19.** Zweck *m*: *this won't serve my* ~ damit ist mir nicht gedient; **20.** ♪ Doppelschlag *m*; **21.** (Pro'gramm)Nummer *f*; **22.** ⚔ (Kehrt)Wendung *f*: *left* (*right*) ~! *Brit.* links-(rechts)um!; *about* ~! *Brit.* ganze Abteilung kehrt!; **23.** *on the* ~ am Sauerwerden (*Milch*); **II.** *v/t.* **24.** (*im Kreis od. um e-e Achse*) drehen; *Hahn, Schlüssel, Schraube, e-n Kranken etc.* ('umher'um)drehen; **25.** *a. Kleider* wenden; *et.* 'umkehren, -stülpen, -drehen; *Blatt, Buchseite* umdrehen, -wenden, *Buch* 'umblättern; *Boden* 'umpflügen, -graben; 🚂 *Weiche*, ⊕ *Hebel* 'umlegen: *it* ~*s my stomach* mir dreht sich dabei der Magen um; *to* ~ *s.o.'s head fig.* j-m den Kopf verdrehen, j-n verrückt machen; **26.** zuwenden, -drehen, -kehren (*to dat.*); **27.** *Blick, Kamera, Schritte etc.* wenden, *a. Gedanken, Verlangen* richten, lenken (*against* gegen, *on* auf *acc.*, *to, toward(s)* nach, auf *acc.*): *to* ~ *the hose on the fire* den (Spritzen-)Schlauch auf das Feuer richten; *to* ~ *one's attention to e-r Sache* s-e Aufmerksamkeit zuwenden; **28. a)**

'um-, ablenken, (-)leiten, (-)wenden, **b**) abwenden, abhalten, **c**) *j-n* 'umstimmen, abbringen (*from* von), **d**) *Richtung* ändern, **e**) *Gesprächsthema* wechseln; **29. a**) *Waage* zum Ausschlagen bringen, **b**) *fig.* ausschlaggebend sein bei: *to ~ an election* bei e-r Wahl den Ausschlag geben; → *balance 2, scale² 1*; **30.** verwandeln (*into* in *acc.*): *to ~ water into wine*; *to ~ love into hate*; *to ~ into cash* † flüssig *od.* zu Geld machen; **31. a**) machen, werden lassen (*into* zu): *it ~ed her pale* es ließ sie erblassen; *to ~ colo(u)r* die Farbe wechseln, **b**) *a. ~ sour Milch* sauer werden lassen, **c**) *Laub* verfärben; **32.** *Text* über'tragen, -'setzen (*into* ins *Italienische etc.*); **33.** her'umgehen um: *to ~ the corner* um die Ecke biegen, *fig.* über den Berg kommen; **34.** ⚔ **a**) um'gehen, -'fassen, **b**) aufrollen: *to ~ the enemy's flank*; **35.** hin'ausgehen *od.* hin'aus sein über *ein Alter, e-n Betrag etc.*: *he is just ~ing* (*od. has just ~ed*) *50* er ist gerade 50 geworden; **36.** ⊕ **a**) drehen, **b**) *Holzwaren, a. fig. Komplimente, Verse* drechseln; **37.** formen, *fig.* gestalten, bilden: *a well-~ed ankle*; **38.** *fig. Satz* formen, (ab)runden; **39.** † verdienen, 'umsetzen; **40.** *Messerschneide etc.* verbiegen, *a.* stumpf machen: *to ~ the edge of fig. e-r Bemerkung etc.* die Spitze nehmen; **41.** *Purzelbaum etc.* schlagen; **42.** *~ loose* los-, freilassen, -machen; **III.** *v/i.* **43.** sich drehen (lassen), sich (im Kreis) (her'um)drehen; **44.** sich (ab-, hin-, zu)wenden; → *turn to I*; **45.** sich *stehend, liegend etc.* ('um-, herum)drehen; ⚓, *mot.* wenden, (⚓ ab)drehen; ✈, *mot.* kurven; **46.** (ab-, ein)biegen: *I do not know which way to ~ fig.* ich weiß nicht, was ich machen soll; **47.** e-e Biegung machen (*Straße, Wasserlauf etc.*); **48.** sich krümmen *od.* winden (*Wurm etc.*): *to ~ in one's grave* sich im Grabe umdrehen; **49.** sich umdrehen, -stülpen (*Schirm etc.*): *my stomach ~s at this sight* bei diesem Anblick dreht sich mir der Magen um; **50.** schwind(e)lig werden: *my head ~s* mein Kopf dreht sich; **51.** sich (ver)wandeln (*into, to* in *acc.*), 'umschlagen (*bsd. Wetter*): *love has ~ed into hate*; **52.** *Kommunist, Soldat etc., a. blaß, kalt etc.* werden: *to ~ (sour)* sauer werden (*Milch*); *to ~ traitor* zum Verräter werden; **53.** sich verfärben (*Laub*); **54.** sich wenden (*Gezeiten*); → *tide 1*;

Zssgn mit prp.:

turn| a·gainst I. *v/i.* **1.** sich (*feindlich etc.*) wenden gegen; **II.** *v/t.* **2.** *j-n* aufhetzen gegen; **3.** *Spott etc.* richten gegen; **~ in·to** → *turn 30, 31, 32, 51*; **~ on I.** *v/i.* **1.** sich drehen um *od.* in (*dat.*); **2.** → *turn upon*; **3.** sich wenden *od.* richten gegen; **II.** *v/t.* **4.** → *turn 27*; **~ to I.** *v/i.* **1.** sich nach *links etc.* wenden (*Person*), nach *links etc.* abbiegen (*a. Fahrzeug, Straße etc.*); **2. a**) sich *der Musik, e-m Thema etc.* zuwenden, **b**) sich beschäftigen mit, **c**) sich anschicken (*doing s.th.* et. zu tun); **3.** s-e Zuflucht nehmen zu: *to ~ God*; **4.** sich an *j-n* wenden, *j-n od. et.* zu Rate ziehen; **5.** → *turn 51*; **II.** *v/t.* **6.** *Hand* anlegen bei: *to turn a* (*od. one's*) *hand to s.th.* et. in Angriff nehmen; *he can turn his hand to anything* er ist zu allem zu gebrauchen; **7.** → *turn 26, 27*; **8.** verwandeln in (*acc.*); **9.** anwenden zu; → *account 11*; **~ up·on** *v/i.* **1.** *fig.* abhängen von; **2.** *fig.* sich drehen um, handeln von; **3.** → *turn on 3*;

Zssgn mit adv.:

turn| a·bout I. *v/t.* **1.** 'umdrehen; **2.** ⚒ *Heu, Boden* wenden; **II.** *v/i.* **3.** sich umdrehen; ⚔ kehrtmachen; *fig.* 'umschwenken; **~ a·side** *v/t. u. v/i.* (sich) abwenden; **~ a·way I.** *v/t.* **1.** abwenden; **2.** abweisen, wegschicken, -jagen; **3.** entlassen; **II.** *v/i.* **4.** sich abwenden; **~ back I.** *v/t.* **1.** 'umkehren lassen; **2.** 'umdrehen, zu'rückbiegen; **II.** *v/i.* **3.** zu'rück-, umkehren; **4.** zu'rückgehen; **~ down I.** *v/t.* **1.** 'umkehren, -legen, -biegen; *Kragen* 'umschlagen, *Buchseite etc.* 'umkniffen; **2.** *Gas, Lampe* kleiner stellen, *Radio* leiser stellen; **3.** *Bett* aufdecken; *Bettdecke* zu'rückschlagen; **4.** F *j-n, Vorschlag etc.* ablehnen; *j-m* e-n Korb geben; **II.** *v/i.* **5.** abwärts *od.* nach unten gebogen sein; **6.** sich 'umlegen *od.* -schlagen lassen; **~ in I.** *v/t.* **1.** einreichen, -senden; **2.** *Füße etc.* einwärts *od.* nach innen drehen *od.* biegen *od.* stellen; **3.** ⚒ 'unterpflügen; **II.** *v/i.* **4.** hin'eingehen, einkehren; **5.** F zu Bett gehen; **6.** einwärts gebogen sein; **~ off I.** *v/t.* **1.** *Wasser, Gas* abdrehen; *Licht, Radio etc.* ausschalten, abstellen; **2.** *Schlag etc.* abwenden, ablenken; **3.** fortschicken, entlassen; **II.** *v/i.* **4.** abbiegen (*Person, a. Straße*); **~ on** *v/t.* **1.** *Gas, Wasser* aufdrehen, *a. Radio* anstellen, *Licht, Gerät* anmachen, einschalten; **2.** *sl. j-n* scharfmachen, *j-n* aufgeilen; **~ out I.** *v/t.* **1.** hin'auswerfen, wegjagen, vertreiben; **2.** entlassen (*of* aus *e-m Amt etc.*); **3.** *Regierung* stürzen; **4.** *Vieh* auf die Weide treiben; **5.** *Taschen etc.* 'umkehren, -stülpen; **6.** *Zimmer, Möbel* ausräumen; **7. a**) † *Waren* produzieren, herstellen, **b**) *contp. Bücher etc.* produzieren, **c**) *fig. Wissenschaftler etc.* her'vorbringen (*Universität etc.*): *Oxford turned out many statesmen* aus Oxford gingen viele Staatsmänner hervor; **8.** *Licht* ausdrehen, *Wasser, Gas, Radio, Gerät* abstellen; **9.** *Füße etc.* auswärts *od.* nach außen drehen *od.* biegen; **10.** ausstatten, herrichten, *bsd.* kleiden: *well-turned-out* gutgekleidet; **11.** ⚔ antreten *od. Wache* her'austreten lassen; **II.** *v/i.* **12.** auswärts gerichtet sein (*Füße etc.*); **13. a**) hin'ausziehen, her'auskommen (*of* aus), **b**) ⚔ ausrücken (*a. Feuerwehr etc.*), **c**) *zur Wahl etc.* kommen (*Bevölkerung*), **d**) ⚔ antreten, **e**) in Streik treten, **f**) F *aus dem Bett* aufstehen; **14.** *gut etc.* ausfallen, werden; **15.** sich gestalten, *gut etc.* ausgehen, ablaufen; **16.** sich erweisen *od.* entpuppen als, sich her'ausstellen: *he turned out* (*to be*) *a good swimmer* er entpuppte sich als guter Schwimmer; *it turned out that he was* (*had*), *he turned out to be* (*have*) es stellte sich heraus, daß er ... war (hatte); **~ o·ver I.** *v/t.* **1.** † *Geld, Ware* 'umsetzen; **2.** 'umdrehen, -wenden, *Buch, Seite a.* 'umblättern: *please ~!* (*abbr.* p.t.o.) bitte wenden!; → *leaf 3*; **3.** (*to*) über'tragen (*dat. od.* auf *acc.*), über'geben (*dat.*); *der Polizei etc.* ausliefern; **4.** *a. ~ in one's mind* über'legen, sich *et.* durch den Kopf gehen lassen; **II.** *v/i.* **5.** sich *im Bett etc.* umdrehen; **6.** 'umkippen, -schlagen; **~ round I.** *v/i.* **1.** sich (im Kreis *od.* her'um)drehen; **2.** *fig.* s-n Sinn ändern, 'umschwenken; **II.** *v/t.* **3.** (herum)drehen; **~ to** *v/i.* sich ‚ranmachen' (an die Arbeit), sich ins Zeug legen; **~ un·der** *v/t.* ⚒ *Rasen etc.* 'unterpflügen; **~ up I.** *v/t.* **1.** nach oben drehen *od.* richten *od.* biegen; *Kragen* hochschlagen, -klappen; → *nose Redew., toe 1*; **2.** ausgraben, zu'tage fördern; **3.** *Spielkarte* aufdecken; **4.** *Rocksaum, Hose* 'um-, einschlagen; **5.** *Wasser, Gas, Licht* groß drehen, *Radio* lauter stellen; **6.** *Kind* übers Knie legen (*züchtigen*); **7.** F *j-m* den Magen 'umdrehen (*vor Ekel*); **8.** *sl. Arbeit* ‚aufstecken'; **II.** *v/i.* **9.** sich nach oben drehen, nach oben gerichtet *od.* gebogen sein; **10.** *fig.* auftauchen: **a**) kommen, erscheinen (*Person*), **b**) zum Vorschein kommen, sich anfinden (*Sache*); **11.** geschehen, eintreten, passieren.

turn·a·ble ['tə:nəbl] *adj.* drehbar.

'turn|·a·bout *s.* **1.** (*a. fig.* Kehrt-)Wendung *f*; **2.** ⚓ Gegenkurs *m*; **3.** *fig.* Frontenwechsel *m*, 'Umschwung *m*; **4.** *Am.* Karus'sell *n*; **'~-buck·le** *s.* ⊕ Spannschraube *f*, -schloß *n*; **'~-coat** *s.* Abtrünnige(r *m*) *f*, Rene'gat *m*; **'~-down** *adj.* 'umlegbar, Umleg...: *~ collar* Umleg(e)kragen.

turned [tə:nd] *adj.* **1.** ⊕ gedreht, gedrechselt; **2.** ('um)gebogen: *~-back* zurückgebogen; *~-down* **a**) abwärts gebogen, **b**) Umlege...; *~-in* einwärts gebogen; **3.** *typ.* auf dem Kopf stehend; **'turn·er** [-nə] *s.* **1.** ⊕ **a**) Dreher *m*, **b**) Drechsler *m*; **2.** *sport Am. bsd. deutschstämmiger* Turner; **'turn·er·y** [-nəri] *s.* ⊕ **1.** *coll.* **a**) Dreharbeit(en *pl.*) *f*, **b**) Drechslerarbeit(en *pl.*) *f*; **2. a**) Drehe'rei *f*, **b**) Drechsle'rei *f* (*Werkstatt*).

turn·ing ['tə:niŋ] *s.* **1.** ⊕ Drehen *n*, Drechseln *n*; **2. a**) (Straßen-, Fluß-)Biegung *f*, **b**) (Straßen)Ecke *f*, **c**) Querstraße *f*, Abzweigung *f*; **'~-lathe** *s.* ⊕ Drehbank *f*; **'~-ma·chine** *s.* ⊕ 'Drehmaˌschine *f*; **'~-point** *s.* **1.** ✈, *sport* Wendemarke *f*; **2.** *fig.* Wendepunkt *m*.

tur·nip ['tə:nip] *s.* **1.** ✿ (*bsd.* Weiße) Rübe; **2.** *sl.* ‚Zwiebel' *f* (*plumpe Taschenuhr*).

'turn|·key *s.* Gefangenenwärter *m*, Schließer *m*; **'~-'out** *s.* **1.** † *Brit.* F Arbeitseinstellung *f*, Ausstand *m*; **2.** F Versammlung *f*, Besucher *pl.*, Zuschauer *pl.*, (Wahl- *etc.*)Beteiligung *f*; **3.** (Pferde)Gespann *n*, Kutsche *f*; **4.** Aufmachung *f*, 'Ausstafˌfierung *f*; **5.** † Ge'samtprodukti͵on *f*; 6. [ˈtəːnaut] a) 🚂 Weiche *f*, Ausweichgleis *n*, b) Ausweichstelle *f* (*Autostraße*); ˈ**~·o·ver** *s.* 1. ˈUmstürzen *n*; 2. ✝ ˈUmsatz *m*: *~ tax* Umsatzsteuer; 3. Zu- u. Abgang *m* (*von Patienten in Krankenhäusern etc.*): *labo(u)r ~* Arbeiterwechsel; 4. ✝ ˈUmgruppierung *f*, Verschiebung *f*; 5. *Brit.* (ˈZeitungs)Ar͵tikel *m der auf die nächste Seite überläuft*; 6. (Apfel- *etc.*) Tasche *f* (*Gebäck*); ˈ**~·pike** *s.* 1. Schlagbaum *m* (*Mautstraße*); 2. *a. ~ road* gebührenpflichtige (*Am.* Schnell)Straße *f*, Mautstraße *f*; ˈ**~·round** *s.* ✝, ⚓ ˈUmschlag *m* (*Schiffsabfertigung*); ˈ**~·screw** *s.* ⊕ Schraubenzieher *m*; ˈ**~·spit** *s.* Bratenwender *m*; ˈ**~·stile** *s.* Drehkreuz *n an Durchgängen etc.*; ˈ**~·ta·ble** *s.* 1. 🚂 Drehscheibe *f*; 2. Plattenteller *m* (*Plattenspieler*); ˈ**~-ˈup** I. *adj.* 1. hochklappbar; II. *s.* 2. (ˈHosen- *etc.*)͵Umschlag *m*; 3. F Krach *m*; 4. F Keileˈrei *f*.

tur·pen·tine [ˈtəːpəntain] *s.* ⚗ 1. Terpenˈtin *n*; 2. *a. oil* (*od. spirits*) *of ~* Terpenˈtingeist *m*, -öl *n*.

tur·pi·tude [ˈtəːpitjuːd] *s.* Verworfenheit *f*.

turps [təːps] F → *turpentine* 2.

tur·quoise [ˈtəːkwɑːz] *s.* 1. *min.* Türˈkis *m*; 2. *a. ~ blue* Türˈkisblau *n*: *~ green* Türkisgrün.

tur·ret [ˈtʌrit] *s.* 1. ⚠ Türmchen *n*; 2. ⚔, ⚓ Geschütz-, Panzer-, Gefechtsturm *m*: *~ gun* Turmgeschütz; 3. ✈ Kanzel *f*; 4. ⊕ Reˈvolverkopf *m*: *~ lathe* Revolverdrehbank; ˈ**tur·ret·ed** [-tid] *adj.* 1. betürmt; 2. *zo.* spiˈral-, türmchenförmig (*Muschel etc.*).

tur·tle[1] [ˈtəːtl] *s.* *zo.* (See)Schildkröte *f*: *to turn ~* a) ⚓ kentern, umschlagen, b) *Am.* F hilflos *od.* feige sein.

tur·tle[2] [ˈtəːtl] *s.* *orn.* *mst ~-dove* Turteltaube *f*.

Tus·can [ˈtʌskən] I. *adj.* 1. tosˈkanisch; II. *s.* 2. Tosˈkaner(in); 3. *ling.* Tosˈkanisch *n*.

tush [tʌʃ] *int.* *obs.* pah!

tusk [tʌsk] *s.* *zo.* a) Fangzahn *m*, b) Stoßzahn *m des Elefanten etc.*, c) Hauer *m des Wildschweins*; **tusked** [-kt] *adj.* *zo.* mit (Fang- *etc.*)Zähnen *od.* Hauern (bewaffnet); ˈ**tusk·er** [-kə] *s.* *zo.* Eleˈfant *m od.* Keiler *m* (*mit ausgebildeten Stoßzähnen*); ˈ**tusk·y** [-ki] → *tusked*.

tus·sle [ˈtʌsl] I. *s.* 1. Balgeˈrei *f*, Raufeˈrei *f* (*a. fig.*); 2. *fig.* scharfe Kontroˈverse; II. *v/i.* 3. kämpfen, raufen, sich balgen (*for* um *acc.*).

tus·sock [ˈtʌsək] *s.* (*bsd.* Gras)Büschel *n*.

tus·sore [ˈtʌsə] *s.* ˈTussahseide *f*.

tut(-tut) [tʌt] *int.* 1. ach was!; 2. pfui!; 3. Unsinn!, Na, ˈna!

tu·te·lage [ˈtjuːtilidʒ] *s.* 1. ⚖ Vormundschaft *f*; 2. Unmündigkeit *f*; 3. *fig.* a) Bevormundung *f*, b) Schutz *m*, c) (An)Leitung *f*; ˈ**tu·te·lar** [-lə], ˈ**tu·te·lar·y** [-ləri] *adj.* 1. schützend, Schutz...; 2. ⚖ Vormunds..., Vormundschafts...

tu·tor [ˈtjuːtə] I. *s.* 1. Priˈvat-, Hauslehrer *m*; 2. *ped., univ. Brit.* Tutor *m*, Studienleiter *m*; 3. *ped., univ. Am.* Assiˈstent *m mit Lehrauftrag*; 4. (Ein)Pauker *m*, Repeˈtitor *m*; 5. ⚖ Vormund *m*; II. *v/t.* 6. *ped.* unterˈrichten, *j-m* Priˈvat͵unterricht geben; 7. *j-n* schulen, erziehen; 8. *fig. j-n* bevormunden; **tu·to·ri·al** [tju(ː)ˈtɔːriəl] *ped.* I. *adj.* Tutor..., Lehrer...; II. *s.* Tuˈtoren͵kurs(us) *m*; ˈ**tu·tor·ship** [-ʃip] *s.* (*bsd.* Haus-) Lehrerstelle *f* (*of* bei).

tu·tu [tyˈty] (*Fr.*) *s.* (Balˈlett)Röckchen *n*.

tux·e·do [tʌkˈsiːdou] *pl.* **-dos** *s.* *Am.* Smoking *m*.

TV [ˈtiːˈviː] F I. *adj.* Fernseh...; II. *s.* ˈFernsehappa͵rat *m*.

twad·dle [ˈtwɔdl] I. *v/i.* 1. schwatzen, quasseln; II. *s.* 2. Gequassel *n*; 3. Quatsch *m*, Unsinn *m*.

twain [twein] I. *adj.* *obs. od. poet.* zwei: *in ~* entzwei; II. *s.* *die* Zwei *pl.*

twang [twæŋ] I. *v/i.* 1. schwirren, (scharf) klingen; 2. näseln; II. *v/t.* 3. *Saiten etc.* schwirren (lassen), zupfen; klimpern *od.* kratzen auf (*dat.*); 4. *et.* näseln, durch die Nase sprechen; III. *s.* 5. scharfer Ton, Schwirren *n*, Klingen *n*; 6. Näseln *n*.

tweak [twiːk] I. *v/t.* zwicken, kneifen; II. *s.* Zwicken *n*.

tweed [twiːd] *s.* 1. Tweed *m* (*Wollgewebe*); 2. *pl.* Kleidungsstücke *pl.* aus Tweed.

'tween [twiːn] I. *adv. u. prp.* → *between*; II. *in Zssgn* Zwischen...; ˈ**~-decks** *adv.* ⚓ im Zwischendeck.

tween·y [ˈtwiːni] *s.* *Brit.* F Aushilfsmädchen *n*.

tweet·er [ˈtwiːtə] *s.* *Radio*: Hochtonlautsprecher *m*.

tweez·ers [ˈtwiːzəz] *s. pl.* (*a pair of ~* e-e) Pinˈzette.

twelfth [twelfθ] I. *adj.* □ 1. zwölft: *℞-night* Dreikönigsabend; II. *s.* 2. *der* (*die, das*) Zwölfte; 3. Zwölftel *n*; ˈ**twelfth·ly** [-li] *adv.* zwölftens.

twelve [twelv] I. *adj.* zwölf; II. *s.* Zwölf *f* (*Zahl, Ziffer, Uhrzeit etc.*); ˈ**twelve·fold** *adj. u. adv.* zwölffach; ˈ**twelve·mo** [-mou] *s.* *typ.* Duoˈdez(for͵mat) *n*.

ˈ**twelve-tone** *adj.* ♪ Zwölfton...

twen·ti·eth [ˈtwentiiθ] I. *adj.* 1. zwanzigst; II. *s.* 2. *der* (*die, das*) Zwanzigste; 3. Zwanzigstel *n*.

twen·ty [ˈtwenti] I. *adj.* 1. zwanzig; II. *s.* 2. Zwanzig *f* (*Zahl, Ziffer, Uhrzeit etc.*); 3. *the twenties pl.* a) die zwanziger Jahre *e-s Jahrhunderts*, b) die Zwanziger(jahre) (*Lebensalter*); ˈ**twen·ty·fold** *adj. u. adv.* zwanzigfach.

twerp [twəːp] *s.* *sl.* *contp.* Kerl *m*, ‚Knülch' *m*.

twice [twais] *adv.* zweimal: *to think ~ about s.th. fig.* sich e-e Sache gründlich überlegen; *~ as much* doppelt *od.* zweimal soviel, das Doppelte; *~ the sum* die doppelte Summe; ˈ**~-ˈtold** *adj.* *fig.* alt, abgedroschen: *~ tales*.

twid·dle [ˈtwidl] I. *v/t.* (müßig) herˈumdrehen, mit *et.* spielen: *to ~ one's thumbs fig.* Däumchen drehen, die Hände in den Schoß legen; II. *s.* Schnörkel *m*.

twig[1] [twig] *s.* 1. (dünner) Zweig, Rute *f*: *to hop the ~* F ‚abkratzen' (*sterben*); 2. Wünschelrute *f*.

twig[2] [twig] *Brit. sl.* I. *v/t.* 1. ‚kapieren' (*verstehen*); 2. beobachten; 3. (be)merken; II. *v/i.* 4. ‚kapieren'.

twi·light [ˈtwailait] I. *s.* 1. (*mst* Abend)Dämmerung *f*: *~ of the gods myth.* Götterdämmerung; 2. Zwielicht *n* (*a. fig.*), Halbdunkel *n*; 3. *fig.* Dämmerzustand *m*; II. *adj.* 4. Zwielicht..., dämmerig, schattenhaft (*a. fig.*): *~ sleep* ⚕ *u. fig.* Dämmerschlaf.

twill [twil] I. *s.* Köper(stoff) *m*; II. *v/t.* köpern.

twin [twin] I. *s.* 1. Zwilling *m*: *the ℞s ast.* die Zwillinge; II. *adj.* 2. Zwillings..., Doppel..., doppelt: *~ brother* Zwillingsbruder; *~ engine* ✈ Zwillingstriebwerk; *~-engined* zweimotorig; 3. ⚘ gepaart.

twine [twain] I. *s.* 1. Bindfaden *m*, Schnur *f*; 2. ⊕ Garn *n*, Zwirn *m*; 3. Wick(e)lung *f*; 4. Windung *f*; 5. Geflecht *n*; 6. ⚘ Ranke *f*; II. *v/t.* 7. *Fäden etc.* zs.-drehen, zwirnen; 8. *Kranz* winden; 9. *fig.* ineinˈanderschlingen, verflechten; 10. schlingen, winden (*about, around* um); 11. umˈschlingen, -ˈwinden, -ˈranken (*with* mit); III. *v/i.* 12. sich verflechten (*with* mit); 13. sich winden *od.* schlingen; sich schlängeln; ˈ**twin·er** [-nə] *s.* 1. ⚘ Kletter-, Schlingpflanze *f*; 2. ⊕ ˈSpinn-, ˈZwirnma͵schine *f*.

twinge [twindʒ] I. *s.* 1. stechender Schmerz, Zwicken *n*, Stechen *n*, Stich *m* (*a. fig.*): *~ of conscience* Gewissensbiß; II. *v/t. u. v/i.* 2. stechen; 3. zwicken, kneifen.

twin·kle [ˈtwiŋkl] I. *v/i.* 1. (auf-) blitzen, glitzern, funkeln (*Sterne etc., a. Augen*); 2. huschen; 3. (verschmitzt) zwinkern, blinzeln; II. *s.* 4. Blinken *n*, Blitzen *n*, Glitzern *n*; 5. (Augen)Zwinkern *n*, Blinzeln *n*: *a humorous ~*; 6. → *twinkling* 2; ˈ**twin·kling** [-liŋ] *s.* 1. → *twinkle* 4, 5; 2. *fig.* Augenblick *m*: *in the ~ of an eye* im Nu, im Handumdrehen.

twin| town *s.* Partnerstadt *f*; *~* **track** *s.* Doppelspur *f e-s Tonbands*.

twirl [twəːl] I. *v/t.* 1. (herˈum)wirbeln, quirlen; *Daumen, Locke etc.* drehen; *Bart* zwirbeln; II. *v/i.* 2. (sich herum)wirbeln; III. *s.* 3. schnelle (Um)ˈDrehung, Wirbel *m*; 4. Schnörkel *m*.

twist [twist] I. *v/t.* 1. drehen: *to ~ off* losdrehen, abbrechen; 2. zs.-drehen, zwirnen; 3. verflechten, -schlingen; 4. *Kranz etc.* winden, *Schnur etc.* wickeln: *to ~ s.o. round one's (little) finger* j-n um den (kleinen) Finger wickeln; 5. umˈwinden; 6. wringen; 7. (ver)biegen, (-)krümmen; *j-m den Arm etc.* verdrehen; *Fuß* vertreten; *Gesicht* verzerren: *~ed mind fig.* verbogener Geist; *~ed with pain* schmerzverzerrt (*Züge*); *to ~ s.o.'s arm* F j-n unter Druck setzen; 8. *fig.* *Sinn* verdrehen, entstellen; 9. *Ball* schneiden; II. *v/i.* 10. sich drehen: *to ~ round* sich umdrehen; 11. sich krümmen; 12. sich winden (*a. fig.*); 13. sich winden *od.* schlängeln (*Fluß etc.*); 14. sich verziehen *od.* verzerren (*a. Gesicht*); 15. sich verschlingen; **III.** *s.* **16.** Drehung *f*, Windung *f*, Biegung *f*, Krümmung *f*; **17.** Drehung *f*, Rotati'on *f*; **18.** Geflecht *n*; **19.** Zwirnung *f*; **20.** Verflechtung *f*, Knäuel *m*, *n*; **21.** (Gesichts)Verzerrung *f*; **22.** *fig.* Verdrehung *f*; **23.** *fig.* **a)** Verdrehtheit *f*, Verbogenheit *f*, **b)** merkwürdige Neigung (*towards* zu), Ma'rotte *f*; **24.** *fig.* **a)** Falschheit *f*, **b)** ‚Dreh' *m* (*Betrügerei*); **25.** *fig.* über'raschende Wendung, ‚Dreh' *m* (*Roman etc.*); **26.** ⊕ **a)** Drall *m* (*Schußwaffe, Seil etc.*), **b)** Torsi'on *f*; **27.** Spi'rale *f*: ~ *drill* ⊕ Spiralbohrer; **28.** Twist *m* (*Tanz*); **29. a)** (Seiden-, Baumwoll-) Twist *m*, **b)** Zwirn *m*; **30.** Seil *n*, Schnur *f*; **31.** Rollentabak *m*; **32.** *Bäckerei*: Kringel *m*, Zopf *m*; '**twist·er** [-tə] *s.* **1. a)** Dreher(in), Zwirner(in), **b)** Seiler(in); **2.** ⊕ 'Zwirn-, 'Drehmaˌschine *f*; **3.** *sport* Schnitt-, Ef'fetball *m*; **4.** F harte Nuß, knifflige Sache; **5.** *sl.* Gauner *m*; **6.** *Am.* Tor'nado *m*, Wirbel(wind) *m*; '**twist·y** [-ti] *adj.* **1.** gewunden, kurvenreich; **2.** *fig.* unehrlich, verschlagen.

twit [twit] *v/t.* **1.** *j-n* aufziehen (*with* mit); **2.** *j-m* Vorwürfe machen (*with* wegen).

twitch [twitʃ] **I.** *v/t.* **1.** zupfen, zerren, reißen; **2.** zucken mit; **II.** *v/i.* **3.** zucken (*with* vor); **III.** *s.* **4.** Zukken *n*, Zuckung *f*; **5.** Ruck *m*; **6.** Stich *m* (*Schmerz*); **7.** Nasenbremse *f* (*Pferd*).

twit·ter ['twitə] **I.** *v/i.* **1.** zwitschern (*Vogel, Person*), zirpen (*a. Insekt*); **2.** (aufgeregt) schnattern, piepsen (*Person*); **3.** kichern; **4.** F (vor Aufregung) zittern; **II.** *v/t.* **5.** *et.* zwitschern; **III.** *s.* **6.** Gezwitscher *n*; **7.** *fig.* Geschnatter *n* (*Person*); **8.** Kichern *n*; **9.** Nervosi'tät *f*: *in a* ~ aufgeregt.

two [tu:] **I.** *s.* **1.** Zwei *f* (*Zahl, Ziffer, Uhrzeit etc.*); **2.** Paar *n*: *the* ~ die beiden, beide; *the* ~ *of us* wir beide; *to put* ~ *and* ~ *together fig.* sich et. zs.-reimen, s-e Schlüsse ziehen; *in* (*od. by*) ~*s* zu zweien, paarweise; ~ *and* ~ paarweise, zwei u. zwei; ~ *can play at that game* das kann ich (*od.* ein anderer) auch; **II.** *adj.* **3.** zwei: *one or* ~ einige; *in a day or* ~ in ein paar Tagen; *in* ~ entzwei; *to cut in* ~ entzweischneiden; **4.** beide: *the* ~ *cars*; '~**-bit** *adj. Am.* F **1.** 25-Cent-...; **2.** billig (*a. fig. wertlos, a. Person*); '~-'**cy·cle** *adj.* ⊕ Zweitakt...: ~ *engine*; '~-'**edged** *adj.* zweischneidig (*a. fig.*); '~**-faced** *adj. fig.* falsch, heuchlerisch; '~-'**fist·ed** *adj.* **1.** *Brit.* plump, ungeschickt; **2.** *Am.* F *fig.* ro'bust, handfest; '~**·fold** *adj. u. adv.* zweifach, doppelt; '~-'**four** *adj.* ♪ Zweiviertel...; '~-'**hand·ed** *adj.* **1.** zweihändig; **2.** für zwei Per'sonen (*Spiel etc.*); '~**-horse** *adj.* zweispännig; '~-'**job man** *s.* [*irr.*] Doppelverdiener *m*; '~-'**legged** *adj.* zweibeinig; ~**·pence** ['tʌpəns] *s. Brit.* zwei Pence *pl.*: *not to care* ~ *for fig.* sich nicht scheren um; *he didn't care* ~ es war ihm völlig gleichgültig; ~**·pen·ny** ['tʌpni] *adj.* **1.** zwei Pence wert *od.* betragend, Zweipenny...; **2.** *fig.* armselig, billig; '~**·pen·ny-'half·pen·ny** ['tʌpni] *adj.* **1.** Zweieinhalbpenny...; **2.** *fig.* mise'rabel, schäbig; '~-'**phase** *adj.* ⚡ zweiphasig, Zweiphasen...; '~**-piece** *adj.* zweiteilig; '~-'**pin plug** *s.* ⚡ Doppel(stift)stecker *m*; '~**-ply** *adj.* doppelt (*Stoff etc.*); zweischäftig (*Tau*); zweisträhnig (*Wolle etc.*); '~-'**seat·er** *s.* ✈, *mot.* Zweisitzer *m*; '~-'**sid·ed** *adj.* zweiseitig; '~**·some** [-səm] *s.* **1.** Tanz *m od.* Spiel *n* zu zweien; **2.** Paar *n*; '~**-speed** *adj.* ⊕ Zweigang...; '~**-stage** *adj.* ⊕ zweistufig; '~**-step** *s.* Twostep *m* (*Tanz*); '~**-stroke** *adj. mot.* Zweitakt...; '~**-time** *v/t. Am. sl. bsd. Ehepartner* hinter'gehen; '~**-way** *adj.* Zweiweg(e)..., Doppel...: ~ *adapter* (*od. plug*) ⚡ Doppelstecker; ~ *cock* Zweiwegehahn; ~ *communication* ⚡ Doppelverkehr, Gegensprechen; ~ *traffic* Doppel-, Gegenverkehr.

ty·coon [tai'ku:n] *s.* F Indu'striemaˌgnat *m*, -kapiˌtän *m*: *oil* ~ Ölmagnat.

ty·ing ['taiiŋ] *pres. p. von tie.*

tyke [taik] *s.* **1.** Köter *m*; **2.** Lümmel *m*, Kerl *m*.

tym·pan ['timpən] *s.* **1.** *typ.* Preßdeckel *m*; **2.** → *tympanum 2*; **tym·pan·ic** [tim'pænik] *adj. anat.* Mittelohr..., Trommelfell...: ~ *membrane* Trommelfell; **tym·pa·ni·tis** [timpə'naitis] *s.* ⚕ Mittelohrentzündung *f*; '**tym·pa·num** [-nəm] *pl.* **-na** [-nə] *s.* **1.** *anat.* **a)** Mittelohr *n*, **b)** Trommelfell *n*; **2.** △ **a)** 'Tympanon *n*, Giebelfeld *n*, **b)** Türbogenfeld *n*.

type [taip] **I.** *s.* **1.** 'Typ(us) *m*: **a)** Urform *f*, **b)** 'typischer Vertreter, **c)** charakte'ristische Klasse; **2.** Ur-, Vorbild *n*, Muster *n*; **3.** ⊕ Typ *m*, Mo'dell *n*, Ausführung *f*, Baumuster *n*: ~ *plate* Typenschild; **4.** Art *f*, Schlag *m*, Sorte *f*; **5.** *typ.* **a)** Letter *f*, (Druck)Type *f*, **b)** *coll.* Lettern *pl.*, Schrift *f*, Druck *m*: *in* ~ (ab)gesetzt; *to set* (*up*) *in* ~ setzen; **6.** *fig.* **a)** Sinnbild *n*, Sym'bol *n* (*of gen. od.* für), **b)** Gepräge *n*; **II.** *v/t. u. v/i.* **7.** mit der Ma'schine (ab-) schreiben, (ab)tippen: ~*d* maschinegeschrieben; ~ **a·re·a** *s. typ.* Satzspiegel *m*; '~**-cast** *v/t.* [*irr.* → *cast*] *thea. etc. Schauspieler* auf ein bestimmtes Rollenfach festlegen; '~**-face** *s. typ.* 'Schrifttype *f*; '~**-found·er** *s. typ.* Schriftgießer *m*; '~**-found·ry** *s. typ.* Schriftgieße'rei *f*; '~**-met·al** *s. typ.* 'Letternmeˌtall *n*; ~ **page** *s. typ.* Satzspiegel *m*; '~**-script** *s.* Ma'schinenschrift(satz *m*) *f*, ma'schinegeschriebener Text; '~**-set·ter** *s. typ.* (Schrift)Setzer *m*; ~ **spec·i·men** *s.* **1.** ⊕ 'Musterexemˌplar *n*; **2.** *biol.* Typus *m*, Origi'nal *n*; '~**·write** *v/t. u. v/i.* [*irr.* → *write*] → *type* **7**; '~**·writ·er** *s.* **1.** 'Schreibmaˌschine *f*: ~ *ribbon* Farbband; **2.** *a.* ~ *face typ.* 'Schreibmaˌschinenschrift *f*; '~**·writ·ing** *s.* **1.** Ma'schineschreiben *n*; **2.** Ma'schinenschrift *f*; '~**-writ·ten** *adj.* ma'schinegeschrieben, in Maschinenschrift.

ty·phoid ['taifɔid] ⚕ **I.** *adj.* ty'phös, Typhus...: ~ *fever* → *II*; **II.** *s.* ('Unterleibs)ˌTyphus *m*.

ty·phoon [tai'fu:n] *s.* Tai'fun *m*.

ty·phus ['taifəs] *s.* ⚕ 'Fleckˌtyphus *m*, -fieber *n*.

typ·i·cal ['tipikəl] *adj.* □ **1.** 'typisch; **2.** charakte'ristisch, bezeichnend, kennzeichnend, typisch (*of* für): *to be* ~ *of et.* kennzeichnen *od.* charakterisieren; **3.** sym'bolisch, sinnbildlich (*of* für); **4. a)** vorbildlich, echt, **b)** hinweisend (*of* auf *et. Künftiges*); '**typ·i·cal·ness** [-nis] *s.* **1.** *das* 'Typische; **2.** Sinnbildlichkeit *f*; '**typ·i·fy** [-ifai] *v/t.* **1.** typisch *od.* ein typisches Beispiel sein für, verkörpern; **2.** versinnbildlichen; **3.** vorbilden.

typ·ist ['taipist] *s.* Ma'schinenschreiber(in), (*a. shorthand* ~) Stenoty'pistin *f*.

ty·pog·ra·pher [tai'pɔgrəfə] *s.* **1.** (Buch)Drucker *m*; **2.** (Schrift)Setzer *m*; **ty·po·graph·ic** [taipə'græfik] *adj.* (□ ~*ally*) → *typographical*; **ty·po·graph·i·cal** [taipə'græfikəl] *adj.* □ **1.** Druck..., drucktechnisch: ~ *error* Druckfehler; **2.** typo'graphisch, Buchdruck(er)...; **ty'pog·ra·phy** [-fi] *s.* **1.** Buchdruckerkunst *f*, Typogra'phie *f*; **2.** (Buch)Druck *m*.

ty·po·log·i·cal [taipə'lɔdʒikəl] *adj.* typo'logisch; **ty·pol·o·gy** [tai'pɔlədʒi] *s.* Typolo'gie *f*: **a)** 'Typenlehre *f*, **b)** *eccl.* Vorbilderlehre *f*.

ty·ran·ni·cal [ti'rænikəl] *adj.* □ ty'rannisch; **ty'ran·ni·cide** [-isaid] *s.* **1.** Ty'rannenmord *m*; **2.** Ty'rannenmörder *m*; **tyr·an·nize** ['tirənaiz] **I.** *v/i.* ty'rannisch sein *od.* herrschen: *to* ~ *over* → *II*; **II.** *v/t.* tyrannisieren; **tyr·an·nous** ['tirənəs] *adj.* □ *rhet.* ty'rannisch; **tyr·an·ny** ['tirəni] *s.* **1.** Tyran'nei *f*, Despo'tismus *m*; **2.** Gewalt-, Willkürherrschaft *f*; **3.** Tyrannei *f* (*tyrannische Handlung etc.*); **4.** *antiq.* Ty'rannis *f*; **ty·rant** ['taiərənt] *s.* Ty'rann(in).

tyre *etc. Brit.* → *tire*² *etc.*

ty·ro ['taiərou] *pl.* **-ros** *s.* Anfänger(in), Neuling *m*.

Tyr·o·lese [tirə'li:z] **I.** *pl.* **-lese** *s.* Ti'roler(in); **II.** *adj.* ti'rolisch, Tiroler(...).

tzar *etc.* → *tsar etc.*

U

U, u [ju:] **I.** *s.* **1.** U *n*, u *n* (*Buchstabe*); **2.** U *n*: *U-bolt* ⊕ U-Bolzen; **II.** *adj.* **3.** U *Brit.* vornehm.

u·biq·ui·tous [ju(:)ˈbikwitəs] *adj.* □ allˈgegenwärtig, (gleichzeitig) ˈüberall zu finden(d); **uˈbiq·ui·ty** [-ti] *s.* Allˈgegenwart *f.*

ˈU-boat *s.* ⚓ U-Boot *n*, (deutsches) ˈUnterseeboot.

u·dal [ˈju:dəl] *s.* ⚖ *hist.* Alˈlod(ium) *n*, Freigut *n.*

ud·der [ˈʌdə] *s.* Euter *n.*

u·dom·e·ter [ju(:)ˈdɔmitə] *s. meteor.* Regenmesser *m.*

ugh [uh; ə:h] *int.* hu!

ug·li·fy [ˈʌglifai] *v/t.* häßlich machen, entstellen; **ˈug·li·ness** [-inis] *s.* Häßlichkeit *f*; **ug·ly** [ˈʌgli] **I.** *adj.* □ **1.** häßlich, garstig (*beide a. fig.*); **2.** *fig.* gemein, schmutzig; **3.** unangenehm, ˈwiderwärtig, übel: *an ~ customer* ein unangenehmer Kerl, ‚ein übler Kunde'; **4.** bös, schlimm, gefährlich (*Wunde etc.*); **II.** *s.* **5.** F ‚Ekel' *n.*

u·kase [ju:ˈkeiz] *s. hist. u. fig.* ˈUkas *m*, Erlaß *m.*

U·krain·i·an [ju(:)ˈkreinjən] **I.** *adj.* **1.** ukraˈinisch; **II.** *s.* **2.** Ukraˈiner (-in); **3.** *ling.* Ukraˈinisch *n.*

u·ku·le·le [ju:kəˈleili] *s.* ♪ Ukuˈlele *n* (*viersaitige Hawaiigitarre*).

ul·cer [ˈʌlsə] *s.* **1.** ⚕ (*Magen- etc.*) Geschwür *n*, ˈUlcus *n*; **2.** *fig.* (Eiter)Beule *f*; **3.** *fig.* Schandfleck *m*; **ˈul·cer·ate** [-əreit] ⚕ **I.** *v/t.* schwären lassen: *~d* eitrig, vereitert; **II.** *v/i.* geschwürig werden, schwären; **ul·cer·a·tion** [ʌlsəˈreiʃən] *s.* ⚕ Geschwür(bildung *f*) *n*; Schwären *n*, (Ver)Eiterung *f*; **ul·cer·ous** [ˈʌlsərəs] *adj.* □ **1.** ⚕ geschwürig, eiternd; Geschwür(s)..., Eiter...; **2.** *fig.* korˈrupt, giftig.

ul·lage [ˈʌlidʒ] *s.* ✝ Schwund *m*, Lecˈkage *f*, Flüssigkeitsverlust *m.*

ul·na [ˈʌlnə] *pl.* **-nae** [-ni:] *s. anat.* Elle *f*; **ˈul·nar** [-nə] *adj. anat.* Ellen...

ul·ster [ˈʌlstə] *s.* Ulster(mantel) *m.*

ul·te·ri·or [ʌlˈtiəriə] *adj.* □ **1.** (*räumlich*) jenseitig; **2.** später (folgend), weiter, anderweitig: *~ action*; **3.** *fig.* tiefer(liegend), versteckt: *~ motives* tiefere Beweggründe, Hintergedanken.

ul·ti·mate [ˈʌltimit] *adj.* □ **1.** äußerst, (aller)letzt; **2.** entferntest; **3.** schließlich, endlich, endgültig: *~ consumer* ✝ Endverbraucher; *~ result* Endergebnis; **4.** grundlegend, elemenˈtar, Grund...; **5.** ⊕, *phys.* Höchst..., Grenz...: *~ strength* Bruchfestigkeit; **ˈul·ti·mate·ly** [-li] *adv.* schließlich, endlich, letzten Endes, im Grunde.

ul·ti·ma·tum [ʌltiˈmeitəm] *pl.* **-tums, -ta** [-tə] *s. pol. u. fig.* Ultiˈmatum *n* (*to* an *acc.*): *to deliver an ~ to j-m* ein Ultimatum stellen.

ul·ti·mo [ˈʌltimou] (*Lat.*) *adv.* ✝ vom letzten Monat, letzten *od.* vorigen Monats.

ul·tra [ˈʌltrə] **I.** *adj.* **1.** exˈtrem, radiˈkal, Erz..., Ultra...; **2.** ˈübermäßig, überˈtrieben; ultra..., super...; **II.** *s.* **3.** Extreˈmist *m*, ˈUltra *m*; **~ˈhigh-ˈfre·quen·cy** ⚡ **I.** *s.* Ultraˈhochfreˌquenz *f*, Ultraˈkurzwelle *f*; **II.** *adj.* Ultrahochfrequenz..., Ultrakurzwellen...

ul·tra·ism [ˈʌltrəizəm] *s.* Radikaˈlismus *m*, Ultraˈismus *m.*

ul·tra|·ma'rine I. *adj.* **1.** ˈübersee-isch; **2.** ⚗, *paint.* ultramaˈrin: *~ blue* → *3*; **II.** *s.* **3.** Ultramaˈrin(blau) *n*; **ˈ~ˈmod·ern** *adj.* ˈüber-, ˈhypermoˌdern; **~ˈmon·tane** [-ˈmɔntein] **I.** *adj.* **1.** jenseits der Berge (gelegen); **2.** südlich der Alpen (gelegen), italiˈenisch; **3.** *pol., eccl.* ultramonˈtan, streng päpstlich; **II.** *s.* **4.** → *ultramontanist*; **ul·traˈmon·ta·nist** [-ˈmɔntinist] *s.* Ultramonˈtane(r *m*) *f*; **ˈ~ˈna·tion·al** *adj.* ˈultranatioˌnal; **ˈ~ˈred** *adj.* ˈultrarot; **ˈ~ˈshort wave** *s.* ⚡ Ultraˈkurzwelle *f*; **ˈ~ˈson·ic** *phys.* **I.** *adj.* Ultra-, Überschall...; **II.** *s. pl. sg. konstr.* ˈUltraschall *m*; **ˈ~ˈvi·o·let** *adj. phys.* ˈultravioˌlett.

ul·tra vi·res [ˈʌltrəˈvaiəri:z] (*Lat.*) *adv. u. pred. adj.* ⚖ über j-s Macht *od.* Befugnisse (hinˈausgehend).

ul·u·late [ˈju:ljuleit] *v/i.* heulen; **ul·u·la·tion** [ju:ljuˈleiʃən] *s.* Heulen *n*, Geheul *n.*

um·bel [ˈʌmbəl] *s.* ⚘ Dolde *f*; **ˈum·bel·late** [-leit] *adj.* doldenblütig, Dolden...; **um·bel·li·fer** [ʌmˈbelifə] *s.* Doldengewächs *n*; **um·bel·lif·er·ous** [ʌmbəˈlifərəs] *adj.* doldenblütig, -tragend.

um·ber [ˈʌmbə] *s.* **1.** *min.* Umber (-erde *f*) *m*, ˈUmbra *f*; **2.** *paint.* Berg-, Dunkelbraun *n.*

um·bil·i·cal [ʌmˈbilikəl; *anat.* ʌmbiˈlaikəl] *adj.* Nabel...: *~ cord* Nabelschnur; **um·bil·i·cus** [ʌmˈbilikəs] *pl.* **-cus·es** *s.* **1.** *anat.* Nabel *m*; **2.** (nabelförmige) Delle; **3.** ⚘ (Samen-) Nabel *m*; **4.** △ Nabelpunkt *m.*

um·bra [ˈʌmbrə] *pl.* **-brae** [-bri:] *s. ast.* **a)** Kernschatten *m*, **b)** ˈUmbra *f* (*Kern e-s Sonnenflecks*).

um·brage [ˈʌmbridʒ] *s.* **1.** Anstoß *m*, Ärgernis *n*: *to give ~* Anstoß erregen (*to* bei); *to take ~ at* Anstoß nehmen an (*dat.*); **2.** *poet.* Schatten *m von Bäumen*; **um·bra·geous** [ʌmˈbreidʒəs] *adj.* □ **1.** schattig, schattenspendend, -reich; **2.** *fig.* empfindlich.

um·bral [ˈʌmbrəl] *adj. ast.* Kernschatten...

um·brel·la [ʌmˈbrelə] *s.* **1.** (*bsd.* Regen)Schirm *m*: *~-stand* Schirmständer; *to get* (*od. put*) *under one ~ fig.* ‚unter ˈeinen Hut bringen'; **2.** ✈, ⚔ **a)** Jagdschutz *m*, Abschirmung *f*, **b)** *a. ~ barrage* Feuervorhang *m*, -glocke *f.*

um·pire [ˈʌmpaiə] **I.** *s.* **1.** *sport etc.* Schiedsrichter *m*, ˈUnparˌteiische(r *m*) *f*; **2.** ⚖ Obmann *m* e-s Schiedsgerichts; **II.** *v/t.* **3.** *Spiel* als Schiedsrichter leiten; **III.** *v/i.* **4.** Schiedsrichter sein.

ump·teen [ˈʌmpti:n] *adj. sl.* ‚zig' (*viele*): *~ times* x-mal; **ˈump·teenth** [-nθ], **ˈump·ti·eth** [-tiiθ] *adj. sl.* ‚zigst', *der* (*die, das*) ˈsoundsoˈvielte; **ˈump·ty** [-ti] → *umpteen.*

'un [ən] *pron.* F *für one.*

un- [ʌn] *in Zssgn* **1.** Un..., un..., nicht...; **2.** ent..., los..., auf..., ver... (*bei Verben*).

ˈun·aˈbashed *adj.* **1.** unverfroren; **2.** unerschrocken.

un·a·bat·ed [ˈʌnəˈbeitid] *adj.* unvermindert; **ˈun·aˈbat·ing** [-tiŋ] *adj.* unablässig, anhaltend.

ˈun·abˈbre·vi·at·ed *adj.* ungekürzt.

ˈunˈa·ble *adj.* **1.** unfähig, außerˈstande (*to do* zu tun): *to be ~ to work* nicht arbeiten können, arbeitsunfähig sein; *~ to pay* zahlungsunfähig, insolvent; **2.** untauglich, ungeeignet.

ˈun·aˈbridged *adj.* ungekürzt.

ˈun·acˈcent·ed *adj.* unbetont.

ˈun·acˈcept·a·ble *adj.* **1.** unannehmbar (*to* für); **2.** unangenehm (*to dat.*).

ˈun·acˈcom·mo·dat·ing *adj.* ungefällig, unnachgiebig.

ˈun·acˈcom·pa·nied *adj.* unbegleitet, ohne Begleitung (*a.* ♪).

ˈun·acˈcom·plished *adj.* **1.** ˈunvollˌendet, unfertig; **2.** *fig.* ungebildet.

ˈun·acˈcount·a·ble *adj.* □ **1.** nicht verantwortlich; **2.** unerklärlich, seltsam; **ˈun·acˈcount·a·bly** *adv.* unerklärlicherweise.

ˈun·acˈcount·ed-for *adj.* unerklärt (geblieben), nicht belegt.

ˈun·acˈcus·tomed *adj.* **1.** ungewohnt; **2.** nicht gewöhnt (*to* an *acc.*).

un·a·chiev·a·ble [ˈʌnəˈtʃi:vəbl] *adj.* unausführbar, unerreichbar; **ˈun·aˈchieved** [-vd] *adj.* unerreicht, ˈunvollˌendet.

ˈun·acˈknowl·edged *adj.* **1.** nicht

anerkannt; uneingestanden; **2.** unbestätigt (*Brief etc.*).
'un·ac'quaint·ed *adj.* (*with*) unerfahren (in *dat.*), nicht vertraut (mit), unkundig (*gen.*): *to be ~ with et.* nicht kennen.
'un'act·a·ble *adj. thea.* nicht bühnengerecht, unaufführbar; **'un'act·ed** *adj.* nicht aufgeführt (*Theaterstück etc.*).
'un·a'dapt·a·ble *adj.* **1.** nicht anpassungsfähig (*to* an *acc.*); **2.** nicht anwendbar (*to* auf *acc.*); **3.** ungeeignet (*for, to* für, zu).
'un·a'dapt·ed *adj.* **1.** nicht angepaßt (*to dat. od.* an *acc.*); **2.** ungeeignet, nicht eingerichtet (*to* für).
'un·ad'dressed *adj.* ohne Anschrift (*Brief etc.*).
'un·a'dorned *adj.* schmucklos.
un·a'dul·ter·at·ed *adj.* rein, unverfälscht, echt.
'un·ad'ven·tur·ous *adj.* **1.** ohne Unter'nehmungsgeist; **2.** ereignislos (*Reise*).
'un·ad·vis·a'bil·i·ty *s.* Unratsamkeit *f*; **'un·ad'vis·a·ble** *adj.* □ unratsam, nicht ratsam *od.* empfehlenswert; **'un·ad'vised** *adj.* □ **1.** unberaten; **2.** unbesonnen, 'unüber,legt.
un·af'fect·ed *adj.* □ **1.** ungekünstelt, nicht affektiert (*Stil, Auftreten etc.*); **2.** echt, aufrichtig; **3.** *'unaf'fected* unberührt, ungerührt, unbeeinflußt (*by* von); **un·af'fect·ed·ness** *s.* Unbefangenheit *f*, Na'türlichkeit *f*; Aufrichtigkeit *f*.
'un·a'fraid *adj.* furchtlos, nicht bange (*of* vor *dat.*).
'un'aid·ed *adj.* **1.** ohne Unter'stützung, ohne Hilfe (*by* von); (ganz) al'lein; **2.** unbewaffnet, bloß (*Auge*).
'un'al·ien·a·ble *adj.* □ unveräußerlich.
'un·al'loyed *adj.* **1.** ⚗ unvermischt, unlegiert; **2.** *fig.* ungemischt, ungetrübt, rein, lauter: *~ happiness.*
un'al·ter·a·ble *adj.* □ unveränderlich, unabänderlich; **'un'al·tered** *adj.* unverändert.
'un·a'mazed *adj.* nicht verwundert: *to be ~ at* sich nicht wundern über (*acc.*).
un·am·big·u·ous ['ʌnæm'bigjuəs] *adj.* □ unzweideutig; **'un·am'big·u·ous·ness** [-nis] *s.* Eindeutigkeit *f*.
'un·am'bi·tious *adj.* □ **1.** nicht ehrgeizig, ohne Ehrgeiz; **2.** anspruchslos, schlicht (*Sache*).
'un·a'me·na·ble *adj.* **1.** unzugänglich (*to dat. od.* für); **2.** nicht verantwortlich (*to* gegenüber).
'un·a'mend·ed *adj.* unverbessert, unabgeändert.
'un-A'mer·i·can *adj.* **1.** 'unameri,kanisch; **2.** *~ activities pol. Am.* staatsfeindliche Umtriebe.
un'a·mi·a·ble *adj.* □ unliebenswürdig.
'un·a'mus·ing *adj.* □ nicht unter'haltsam, langweilig, unergötzlich.
u·na·nim·i·ty [ju:nə'nimiti] *s.* Einstimmigkeit *f*, Einmütigkeit *f*; **u·nan·i·mous** [ju(:)'næniməs] *adj.* □ **1.** einmütig, einig; **2.** einstimmig (*Beschluß etc.*).
'un·an'nounced *adj.* unangemeldet, unangekündigt.
un'an·swer·a·ble *adj.* □ **1.** nicht zu beantworten(d); unlösbar (*Rätsel*); **2.** 'unwider,legbar; **3.** nicht verantwortlich *od.* haftbar; **'un'answered** *adj.* **1.** unbeantwortet; **2.** 'unwider,legt.
'un·ap'palled *adj.* unerschrocken.
un·ap·peal·a·ble ['ʌnə'pi:ləbl] *adj.* ⚖ nicht berufungsfähig, unanfechtbar.
un·ap·peas·a·ble ['ʌnə'pi:zəbl] *adj.* **1.** nicht zu besänftigen(d), unversöhnlich; **2.** nicht zu'friedenzustellen(d), unersättlich.
'un'ap·pe·tiz·ing *adj.* □ 'unappe,titlich.
'un·ap'plied *adj.* nicht angewandt *od.* gebraucht: *~ funds* totes Kapital.
'un·ap'pre·ci·at·ed *adj.* nicht gebührend gewürdigt *od.* geschätzt, unbeachtet.
un·ap'proach·a·ble *adj.* □ **1.** unzugänglich, unnahbar; **2.** unvergleichlich.
'un·ap'pro·pri·at·ed *adj.* **1.** herrenlos; **2.** nicht verwendet *od.* gebraucht; **3.** † nicht zugeteilt, keiner bestimmten Verwendung zugeführt (*Gelder etc.*).
'un·ap'proved *adj.* ungebilligt, nicht genehmigt.
'un'apt *adj.* □ **1.** ungeeignet, untauglich (*for* für, zu); **2.** unzutreffend, unpassend; **3.** nicht geneigt (*to do* zu tun); **4.** ungeschickt (*at* bei, in *dat.*).
'un'ar·gued *adj.* **1.** unbesprochen; **2.** unbestritten.
'un'armed *adj.* **1.** unbewaffnet; **2.** unscharf (*Munition*).
'un'ar·mo(u)red *adj. bsd.* ⚔, ⚓ ungepanzert.
'un·as·cer'tain·a·ble *adj.* nicht feststellbar; **'un·as·cer'tained** *adj.* unermittelt.
'un·a'shamed *adj.* □ **1.** nicht beschämt; **2.** schamlos.
'un'asked *adj.* **1.** ungefragt; **2.** ungebeten, unaufgefordert.
'un·as'pir·ing *adj.* □ ohne Ehrgeiz, anspruchslos, bescheiden.
un·as'sail·a·ble *adj.* **1.** unangreifbar; **2.** *fig.* unanfechtbar.
un·as'sign·a·ble *adj.* ⚖ nicht über'tragbar.
'un·as'sist·ed *adj.* □ ohne Hilfe *od.* Unter'stützung, 'ununter,stützt.
'un·as'sum·ing *adj.* □ anspruchslos, bescheiden.
'un·at'tached *adj.* **1.** nicht befestigt (*to* an *dat.*); **2.** nicht gebunden, unabhängig; **3.** ungebunden, frei, ledig; **4.** *ped., univ.* ex'tern, nicht korporiert (*Student*); **5.** ⚔ zur Dispositi'on stehend; **6.** ⚖ nicht mit Beschlag belegt.
'un·at'tain·a·ble *adj.* □ unerreichbar.
'un·at'tempt·ed *adj.* unversucht.
'un·at'tend·ed *adj.* **1.** unbegleitet; **2.** *mst ~ to* unbeaufsichtigt, vernachlässigt.
'un·at'test·ed *adj.* **1.** unbezeugt, unbestätigt; **2.** *Brit.* (behördlich) nicht über'prüft.
un·at'trac·tive *adj.* □ wenig anziehend, reizlos, 'unintere,sant.
'un'au·thor·ized *adj.* **1.** nicht bevollmächtigt, unbefugt: *~ person* Unbefugte(r); **2.** unerlaubt; unberechtigt (*Nachdruck etc.*).
un·a·vail·a·ble ['ʌnə'veiləbl] *adj.* □ nicht verfügbar *od.* erreichbar *od.* vor'handen; **'un·a'vail·ing** [-liŋ] *adj.* □ frucht-, nutzlos, vergeblich.
un·a·void·a·ble [ʌnə'vɔidəbl] *adj.* □ unvermeidlich, unvermeidbar: *~ cost* notwendige Kosten; **un·a'void·a·ble·ness** [-nis] *s.* Unvermeidlichkeit *f*, Unvermeidbarkeit *f*.
un·a·ware ['ʌnə'wɛə] *adj.* **1.** (*of*) nicht gewahr (*gen.*), in Unkenntnis (*gen.*): *to be ~ of* sich *e-r Sache* nicht bewußt sein, *et.* nicht wissen *od.* bemerken; **2.** nichtsahnend: *he was ~ that* er ahnte nicht, daß; **'un·a'wares** [-εəz] *adv.* **1.** versehentlich, unbewußt; **2.** unversehens, unerwartet, unvermutet: *to catch (od. take) s.o. ~* j-n überraschen; *at ~* unverhofft, überraschend.
'un'backed *adj.* **1.** ohne Rückhalt *od.* Unter'stützung; **2.** *~ horse* Pferd, auf das nicht gesetzt wurde; **3.** † ungedeckt, nicht indossiert (*Scheck etc.*).
'un'bag *v/t.* (aus e-m Sack *etc.*) ausschütten, her'ausnehmen, -lassen.
'un'bal·ance I. *v/t.* **1.** aus dem Gleichgewicht bringen (*a. fig.*); **2.** *fig.* in Unordnung bringen; **II.** *s.* **3.** *fig.* Unausgeglichenheit *f*; **'un'bal·anced** *adj.* **1.** aus dem Gleichgewicht gebracht, nicht im Gleichgewicht (befindlich); **2.** *fig.* unausgeglichen (*a.* †); **3.** *psych.* la'bil, ‚gestört'.
'un·bap'tized *adj.* ungetauft.
'un'bar *v/t.* aufriegeln, -schließen.
un'bear·a·ble *adj.* □ unerträglich.
'un'beat·en *adj.* **1.** ungeschlagen, unbesiegt; **2.** *fig.* 'unüber,troffen; **3.** unerforscht (*Wege etc.*).
'un·be'com·ing *adj.* □ **1.** unkleidsam: *this hat is ~ to him* dieser Hut steht ihm nicht; **2.** *fig.* unpassend, unschicklich, ungeziemend (*of, to, for* für *j-n*).
'un·be'fit·ting *adj.* unpassend, ungeziemend.
'un·be'friend·ed *adj.* freundlos, ohne Freund(e); hilflos.
un·be·known(st F) ['ʌnbi'noun(st)] *adj. u. adv.* **1.** (*to*) ohne *j-s* Wissen; **2.** unbekannt(erweise).
'un·be'lief *s.* Unglaube *m*, Ungläubigkeit *f*, Zweifel *m*; **un·be'liev·a·ble** *adj.* □ unglaublich; **'un·be'liev·er** *s. a. eccl.* Ungläubige(r *m*) *f*, Zweifler(in); **'un·be'liev·ing** *adj.* □ ungläubig.
un·bend ['ʌn'bend] [*irr.* → *bend*] **I.** *v/t.* **1.** *Bogen etc., a. fig. Geist* entspannen; **2.** ⊕ geradebiegen, glätten; **3.** ⚓ **a)** *Tau etc.* losmachen, **b)** *Segel* abschlagen; **II.** *v/i.* **4.** sich entspannen, sich lösen; **5.** *fig.* auftauen, freundlich(er) werden, s-e Förmlichkeit ablegen; **'un'bend·ing** [-diŋ] *adj.* □ **1.** unbiegsam; **2.** *fig.* unbeugsam, entschlossen.
un·be·seem·ing ['ʌnbi'si:miŋ] *adj.* □ unpassend.
'un'bi·as(s)ed *adj.* □ unbefangen, unbeeinflußt, 'unpar,teiisch, vorurteilslos.
'un'bid(·den) *adj.* ungeheißen, unaufgefordert; ungebeten (*a. Gast*).
'un'bind *v/t.* [*irr.* → *bind*] **1.** *Gefangenen etc.* losbinden, befreien; **2.** *Haar, Knoten etc.* lösen.

'un'bleached *adj.* ungebleicht.
un'blem·ished *adj. bsd. fig.* unbefleckt, makellos.
un'blush·ing *adj.* □ *fig.* schamlos.
'un'bolt *v/t.* aufriegeln, öffnen.
'un'bolt·ed[1] *adj.* unverriegelt.
'un'bolt·ed[2] *adj.* ungebeutelt (*Mehl etc.*).
'un'born *adj.* **1.** (noch) ungeboren; **2.** *fig.* (zu)künftig.
un'bos·om *v/t. Gedanken, Gefühle etc.* enthüllen, offen'baren (*to dat.*): *to* ~ *o.s.* (*to s.o.*) sich (j-m) offenbaren, (j-m) sein Herz ausschütten.
'un'bound *adj.* **1.** *fig.* ungebunden, frei; **2.** ungebunden, broschiert (*Buch*).
un'bound·ed *adj.* □ **1.** unbegrenzt; **2.** *fig.* grenzen-, schrankenlos.
'un'brace *v/t.* **1.** *Gurte etc.* lösen, losschnallen; **2.** entspannen (*a. fig.*): *to* ~ *o.s.* sich entspannen.
'un'break·a·ble *adj.* unzerbrechlich.
'un'brib·a·ble *adj.* unbestechlich.
un'bri·dled *adj.* **1.** ab-, ungezäumt; **2.** *fig.* ungezügelt, zügellos.
'un'bro·ken *adj.* □ **1.** ungebrochen, unzerbrochen, ganz, heil; **2.** 'ununter,brochen; **3.** ungebrochen (*Eid, Versprechen*); **4.** nicht zugeritten (*Pferd*); **5.** unbeeinträchtigt, unvermindert; **6.** ⚒ ungepflügt; **7.** ungebrochen: ~ *record*.
'un'broth·er·ly *adj.* unbrüderlich.
'un'buck·le *v/t.* auf-, losschnallen.
'un'built *adj.* **1.** (noch) nicht gebaut; **2.** *a.* ~*-on* unbebaut (*Gelände*).
un'bur·den *v/t.* **1.** *bsd. fig.* entlasten, von e-r Last befreien, *Gewissen etc.* erleichtern: *to* ~ *o.s.* (*to s.o.*) (j-m) sein Herz ausschütten; **2.** **a)** *Geheimnis etc.* loswerden, **b)** *Sünden* bekennen, beichten: *to* ~ *one's troubles to s.o.* s-e Sorgen bei j-m abladen.
'un'bur·ied *adj.* unbegraben.
'un'burnt *adj.* **1.** unverbrannt; **2.** ⊕ ungebrannt (*Ziegel etc.*).
'un'bur·y *v/t.* ausgraben (*a. fig.*).
un'busi·ness·like *adj.* unkaufmännisch, nicht geschäftsmäßig.
'un'but·ton *v/t.* aufknöpfen; **'un'but·toned** *adj. fig.* aufgetaut, zwanglos.
'un'called *adj.* **1.** unaufgefordert; **2.** ✝ nicht aufgerufen; **un'called-for** *adj.* **1.** ungerufen, unerwünscht; unverlangt (*Sache*); **2.** unangebracht, unpassend: ~ *remarks*; **3.** ungerechtfertigt.
un'can·ny *adj.* □ unheimlich (*a. fig. Treffsicherheit etc.*).
'un'cared-for *adj.* unbeachtet, vernachlässigt.
'un'case *v/t.* auspacken.
un·ceas·ing [ʌn'siːsiŋ] *adj.* □ unaufhörlich.
'un·cer·e'mo·ni·ous *adj.* □ **1.** ungezwungen, zwanglos; **2.** unsanft, grob.
un'cer·tain *adj.* □ **1.** unsicher, ungewiß, unbestimmt; **2.** nicht sicher: *to be* ~ *of s.th.* e-r Sache nicht sicher *od.* gewiß sein; **3.** zweifelhaft, undeutlich, vage: *an* ~ *answer*; **4.** unzuverlässig: *an* ~ *friend*; **5.** unstet, unbeständig, veränderlich, launenhaft: ~ *temper*; ~ *weather*; **un'cer·tain·ty** *s.* **1.** Unsicherheit *f*, Ungewißheit *f*, Unbestimmtheit *f*; **2.** Zweifelhaftigkeit *f*; **3.** Unbeständigkeit *f*.
'un·cer'tif·i·cat·ed *adj.* unbescheinigt; ohne amtliches Zeugnis, nicht diplomiert.
'un'cer·ti·fied *adj.* nicht bescheinigt, unbeglaubigt.
'un'chain *v/t.* **1.** losketten; **2.** *fig.* entfesseln.
'un'chal·lenge·a·ble *adj.* □ unanfechtbar, unbestreitbar; **'un'chal·lenged** *adj.* unbestritten, 'unwider,sprochen, unangefochten.
un·change·a·ble [ʌn'tʃeindʒəbl] *adj.* □ unveränderlich, unwandelbar; **un'change·a·ble·ness** [-nis] *s.* Unveränderlichkeit *f*; **un·changed** ['ʌn'tʃeindʒd] *adj.* unverändert; **un'chang·ing** [-dʒiŋ] *adj.* □ unveränderlich.
'un'charged *adj.* **1.** nicht beladen; **2.** ⚖ nicht angeklagt; **3.** ⚡ nicht (auf)geladen; **4.** ungeladen (*Schußwaffe*); **5.** ✝ **a)** unbelastet (*Konto*), **b)** unberechnet.
un'char·i·ta·ble *adj.* □ lieblos, hartherzig.
'un'charm *v/t.* entzaubern.
'un'chart·ed *adj.* auf keiner (Land-) Karte verzeichnet.
'un'char·tered *adj.* **1.** unverbrieft, nicht privilegiert, unberechtigt; **2.** gesetzlos.
'un'chaste *adj.* □ unkeusch; **'un'chas·ti·ty** *s.* Unkeuschheit *f*.
'un'checked *adj.* **1.** ungehindert, ungehemmt; **2.** unkontrolliert, ungeprüft.
'un'chiv·al·rous *adj.* unritterlich.
'un'chris·tened *adj.* ungetauft.
'un'chris·tian *adj.* □ unchristlich.
un·ci·al ['ʌnsiəl] **I.** *adj.* **1.** Unzial...; **II.** *s.* **2.** Unzi'ale *f* (*abgerundeter Großbuchstabe*); **3.** Unzi'alschrift *f*.
un·ci·form ['ʌnsifɔːm] **I.** *adj.* hakenförmig; **II.** *s. anat.* Hakenbein *n* (*Handwurzel*).
'un'cir·cum·cised *adj.* unbeschnitten; **'un·cir·cum'ci·sion** *s. bibl. die* Unbeschnittenen *pl.*, *die* Heiden *pl.*
'un'civ·il *adj.* □ **1.** unhöflich, grob; **2.** unzivilisiert; **'un'civ·i·lized** *adj.* unzivilisiert.
'un'claimed *adj.* **1.** nicht beansprucht, nicht geltend gemacht; **2.** nicht abgeholt *od.* abgehoben *od.* abgenommen.
'un'clasp *v/t.* **1.** lösen, auf-, loshaken, -schnallen; öffnen; **2.** loslassen.
'un'clas·si·fied *adj.* **1.** nicht klassifiziert, nicht eingeordnet; **2.** ⚔ offen (*Geheimhaltungsstufe*).
un·cle ['ʌŋkl] *s.* **1.** Onkel *m*; **2.** *sl.* Pfandleiher *m*.
'un'clean *adj.* □ unrein (*a. fig.*).
'un'clean·li·ness *s.* **1.** Unreinlichkeit *f*, Unsauberkeit *f*; **2.** *fig.* Unreinheit *f*; **'un'clean·ly** *adj.* **1.** unreinlich; **2.** *fig.* unrein, unkeusch.
'un'clench **I.** *v/t.* **1.** *Faust* öffnen; **2.** *Griff* lockern; **3.** aufsprengen; **II.** *v/i.* **4.** sich öffnen *od.* lockern.
'un'cloak *v/t.* **1.** *j-m* den Mantel abnehmen; **2.** *fig.* enthüllen, -larven.
un·close ['ʌn'klouz] **I.** *v/t.* **1.** öffnen; **2.** *fig.* eröffnen, enthüllen; **II.** *v/i.* **3.** sich öffnen.
'un'clothe *v/t.* entkleiden, -blößen, -hüllen (*a. fig.*); **'un'clothed** *adj.* unbekleidet.
'un'cloud·ed *adj.* **1.** unbewölkt, wolkenlos (*a. fig.*); **2.** *fig.* heiter, ungetrübt.
un·co ['ʌŋkou] *Scot. od. dial.* **I.** *adj.* ungewöhnlich, seltsam; **II.** *adv.* äußerst, höchst: *the* ~ *guid* die ach so guten Menschen.
'un'cock *v/t. Gewehr(hahn)* entspannen.
'un'coil *v/t. u. v/i.* (sich) abwickeln *od.* abspulen *od.* aufrollen.
'un·col'lect·ed *adj.* **1.** nicht (ein-) gesammelt; **2.** ✝ (noch) nicht erhoben (*Gebühren*); **3.** *fig.* nicht gefaßt *od.* gesammelt.
'un'col·o(u)red *adj.* **1.** ungefärbt; **2.** *fig.* ungeschminkt.
un-come-at-a·ble ['ʌnkʌm'ætəbl] *adj.* F unerreichbar, unzugänglich: *it's* ~ ‚da ist nicht ranzukommen'.
'un'come·ly *adj.* **1.** unschön, reizlos; **2.** ungebührlich, unanständig.
un'com·fort·a·ble *adj.* □ **1.** unangenehm, beunruhigend; **2.** unbequem, unbehaglich, ungemütlich.
'un·com'mit·ted *adj.* **1.** nicht begangen (*Verbrechen etc.*); **2.** (*to*) nicht verpflichtet (zu), nicht gebunden (an *acc.*); **3.** nicht eingesperrt; **4.** *parl.* nicht an e-n Ausschuß *etc.* verwiesen; **5.** *pol.* neu'tral, blockfrei.
un'com·mon **I.** *adj.* □ **1.** ungewöhnlich, selten; **2.** außergewöhnlich, -ordentlich; **II.** *adv.* F **3.** äußerst, ungewöhnlich; **un'com·mon·ness** *s.* Ungewöhnlichkeit *f*.
'un·com'mu·ni·ca·ble *adj.* nicht mitteilbar; **'un·com'mu·ni·ca·tive** *adj.* □ nicht *od.* wenig mitteilsam, verschlossen.
'un·com'pan·ion·a·ble *adj.* ungesellig, nicht 'umgänglich.
un·com·plain·ing ['ʌnkəm'pleiniŋ] *adj.* □ klaglos, ohne Murren, geduldig; **'un·com'plain·ing·ness** [-nis] *s.* Klaglosigkeit *f*, Ergebung *f*.
'un·com'plai·sant *adj.* □ ungefällig.
'un·com'plet·ed *adj.* 'unvoll,endet.
'un'com·pli·cat·ed *adj.* unkompliziert, einfach.
'un·com·pli'men·ta·ry *adj.* **1.** nicht *od.* wenig schmeichelhaft; **2.** unhöflich.
un·com·pro·mis·ing [ʌn'kɔmprəmaiziŋ] *adj.* □ **1.** kompro'mißlos; **2.** unbeugsam, unnachgiebig; **3.** *fig.* entschieden.
'un·con'cealed *adj.* unverhohlen, offen.
un·con·cern ['ʌnkən'səːn] *s.* **1.** Sorglosigkeit *f*, Unbekümmertheit *f*; **2.** Gleichgültigkeit *f*; **'un·con'cerned** [-nd] *adj.* □ **1.** (*in*) unbeteiligt (an *dat.*), nicht verwickelt (in *acc.*); **2.** uninteressiert (*with* an *dat.*); **3.** unbesorgt, unbekümmert (*about* um, wegen): *to be* ~ *about* sich über *et.* keine Gedanken *od.* Sorgen machen; **4.** gleichgültig; **'un·con'cern·ed·ness** [-nidnis] → *unconcern*.
'un·con'di·tion·al *adj.* □ **1.** unbedingt, bedingungslos: ~ *surrender* bedingungslose Kapitulation; **2.** uneingeschränkt, vorbehaltlos.
'un·con'di·tioned *adj.* **1.** → *uncon-*

ditional; 2. *phls.* unbedingt (*a. psych. Reflex*).

ˈun·conˈfined *adj.* □ 1. unbegrenzt, unbeschränkt; 2. unbehindert.

ˈun·conˈfirmed *adj.* 1. unbestätigt, nicht erhärtet, unverbürgt; 2. *eccl.* a) nicht konfirmiert (*Protestanten*), b) nicht gefirmt (*Katholiken*).

ˈun·conˈgen·ial *adj.* □ 1. ungleichartig, nicht kongeniˈal; 2. nicht zusagend, unangenehm, ˈunsymˌpathisch (*to dat.*).

ˈun·conˈnect·ed *adj.* 1. unverbunden, getrennt; 2. ˈunzuˌsammenhängend; 3. ungebunden, ohne Anhang; 4. nicht verwandt.

un·con·quer·a·ble [ʌnˈkɔŋkərəbl] *adj.* □ ˈunüberˌwindlich (*a. fig.*), unbesiegbar; **ˈunˈcon·quered** *adj.* unbesiegt, nicht erobert.

ˈun·con·sciˈen·tious *adj.* □ nicht gewissenhaft, nachlässig.

un·con·scion·a·ble [ʌnˈkɔnʃnəbl] *adj.* □ 1. gewissen-, skrupellos; 2. unvernünftig, nicht zumutbar; 3. ‚unverschämt', unglaublich, eˈnorm.

unˈcon·scious I. *adj.* □ 1. unbewußt: *to be ~ of* nichts ahnen von, sich *e-r Sache* nicht bewußt sein; 2. ⚕ bewußtlos, ohnmächtig; 3. unbewußt, unwillkürlich; unfreiwillig (*a. Humor*); 4. unabsichtlich; 5. *psych.* unbewußt; II. *s.* 6. *the ~ psych.* das Unbewußte; **unˈcon·scious·ness** *s.* 1. Unbewußtheit *f*; 2. ⚕ Bewußtlosigkeit *f*.

ˈunˈcon·se·crat·ed *adj.* ungeweiht.

ˈun·conˈsid·ered *adj.* 1. unberücksichtigt; 2. unbedacht, ˈunüberˌlegt.

ˈun·con·stiˈtu·tion·al *adj.* □ *pol.* verfassungswidrig.

ˈun·conˈstrained *adj.* □ ungezwungen (*a. fig.*); **ˈun·conˈstraint** *s.* Ungezwungenheit *f*, Zwanglosigkeit *f*.

ˈun·conˈtest·ed *adj.* unbestritten, unangefochten: *~ election pol.* Wahl ohne Gegenkandidaten.

ˈun·con·traˈdict·ed *adj.* ˈunwiderˌsprochen, ˈunbestritten.

un·conˈtrol·la·ble *adj.* □ 1. unkontrollierbar, unbezähmbar; 2. unbändig, unbeherrscht: *an ~ temper*; **ˈun·conˈtrolled** *adj.* □ 1. nicht kontrolliert, unbeaufsichtigt; 2. unbeherrscht, zügellos.

ˈun·conˈven·tion·al *adj.* □ ˈunkonventioˌnell: a) nicht herkömmlich, b) ungezwungen, form-, zwanglos; **ˈun·con·ven·tionˈal·i·ty** *s.* Zwanglosigkeit *f*, Ungezwungenheit *f*.

ˈun·conˈvert·ed *adj.* 1. unverwandelt; 2. *eccl.* unbekehrt (*a. fig. nicht überzeugt*); 3. ✝ nicht konvertiert; **ˈun·conˈvert·i·ble** *adj.* 1. nicht verwandelbar; 2. nicht vertauschbar; 3. ✝ nicht konvertierbar.

ˈun·conˈvinced *adj.* nicht überˈzeugt; **ˈun·conˈvinc·ing** *adj.* nicht überˈzeugend.

ˈunˈcooked *adj.* ungekocht, roh.

ˈunˈcord *v/t.* auf-, losbinden.

ˈunˈcork *v/t.* 1. entkorken; 2. *fig.* F *Gefühlen etc.* Luft machen; 3. *Am.* F *et.* ‚vom Stapel lassen'.

ˈun·corˈrob·o·rat·ed *adj.* unbestätigt, nicht erhärtet.

un·count·a·ble [ˈʌnˈkauntəbl] *adj.* 1. unzählbar; 2. zahllos; **ˈunˈcount·ed** [-tid] *adj.* 1. ungezählt; 2. unzählig.

ˈunˈcou·ple *v/t.* 1. *Hunde etc.* aus der Koppel (los)lassen; 2. loslösen, trennen; 3. ⊕ aus-, loskuppeln.

un·couth [ʌnˈku:θ] *adj.* □ 1. ungeschlacht, unbeholfen, plump; 2. grob, ungehobelt; 3. *obs.* wunderlich.

ˈunˈcov·e·nant·ed *adj.* 1. nicht (vertraglich) vereinbart; 2. nicht vertraglich gebunden *od.* gesichert.

unˈcov·er I. *v/t.* 1. aufdecken, freilegen; *Körperteil, a. Kopf* entblößen: *to ~ o.s.* → 5; 2. *fig.* aufdecken, enthüllen; 3. ⚔ ohne Deckung lassen; 4. *Boxen etc.*: ungedeckt lassen; II. *v/i.* 5. den Hut abnehmen, das Haupt entblößen; **unˈcov·ered** *adj.* 1. unbedeckt (*a. barhäuptig*); 2. unbekleidet, nackt; 3. ⚔, *sport etc.* ungedeckt, ungeschützt; 4. ✝ ungedeckt (*Wechsel etc.*).

ˈunˈcrit·i·cal *adj.* □ ˈunˌkritisch, kriˈtiklos.

ˈunˈcross *v/t. gekreuzte Arme, Beine* geradelegen; **ˈunˈcrossed** *adj.* 1. nicht gekreuzt: *~ cheque* (*Am. check*) ✝ offener Scheck, Barscheck; 2. *fig.* unbehindert.

unc·tion [ˈʌŋkʃən] *s.* 1. Salbung *f*, Einreibung *f*; 2. ⚕ Salbe *f*; 3. *eccl.* a) (heiliges) Öl, b) Salbung *f* (*Weihe*), c) *a. Extreme* ♀ Letzte Ölung; 4. *fig.* Balsam *m* (*Linderung, Trost*) (*to* für); 5. *fig.* Inbrunst *f*, ˈPathos *n*; 6. *fig.* Salbung *f*, unechtes Pathos: *with ~* a) salbungsvoll, b) mit Genuß; **ˈunc·tu·ous** [-ktjuəs] *adj.* □ 1. ölig, fettig: *~ soil* fetter Boden; 2. *fig.* salbungsvoll, ölig.

ˈunˈcul·ti·vat·ed *adj.* 1. ✂ unbebaut, unkultiviert; 2. *fig.* brachliegend (*Talent etc.*); 3. *fig.* ungebildet, unkultiviert.

ˈunˈcul·tured *adj.* unkultiviert (*a. fig. ungebildet*).

ˈunˈcurbed *adj.* 1. abgezäumt; 2. *fig.* ungezähmt, zügellos.

ˈunˈcured *adj.* 1. ungeheilt; 2. ungesalzen, ungepökelt.

ˈunˈcurl *v/t. u. v/i.* (sich) entkräuseln *od.* glätten.

ˈun·curˈtailed *adj.* ungekürzt, unbeschnitten.

ˈunˈcut *adj.* 1. ungeschnitten; 2. unzerschnitten; 3. ✂ ungemäht; 4. ungeschliffen (*Diamant*); 5. unbeschnitten (*Buch*); 6. *fig.* ungekürzt.

ˈunˈdam·aged *adj.* unbeschädigt, unversehrt.

ˈunˈdamped *adj.* 1. ungedämpft (*a.* ♪ *u. phys.*); 2. unangefeuchtet; 3. *fig.* nicht entmutigt.

un·date [ˈʌndeit] *adj.* wellig, wellenförmig.

un·dat·ed[1] [ˈʌndeitid] → *undate.*

ˈunˈdat·ed[2] *adj.* 1. undatiert, ohne Datum; 2. unbefristet.

unˈdaunt·ed *adj.* □ unerschrocken.

ˈun·deˈceive *v/t.* 1. *j-m* die Augen öffnen, *j-n* ˈdesillusioˌnieren; 2. aufklären (*of* über *acc.*), e-s Besser(e)n belehren; **ˈun·deˈceived** *adj.* 1. nicht irregeführt; 2. aufgeklärt, e-s Besser(e)n belehrt.

ˈun·deˈcid·ed *adj.* □ 1. unentschieden, offen: *to leave s.th. ~*; 2. unbestimmt, vage; 3. unentschlossen, unschlüssig; 4. unbeständig (*Wetter*).

ˈun·deˈci·pher·a·ble *adj.* 1. nicht zu entziffern(d), nicht entzifferbar; 2. unerklärlich.

ˈun·deˈclared *adj.* 1. nicht bekanntgemacht, nicht erklärt: *~ war* Krieg ohne Kriegserklärung; 2. ✝ nicht deklariert.

ˈun·deˈfend·ed *adj.* 1. unverteidigt; 2. ⚖ a) unverteidigt, ohne Verteidiger, b) ˈunwiderˌsprochen (*Klage*).

ˈun·deˈfiled *adj.* unbefleckt, rein (*a. fig.*).

ˈun·deˈfined *adj.* 1. unbegrenzt; 2. unbestimmt, unklar, vage.

ˈun·deˈmand·ing *adj. fig.* anspruchslos, bescheiden.

ˈun·deˈmon·stra·tive *adj.* zuˈrückhaltend, reserviert, unaufdringlich.

un·deˈni·a·ble *adj.* □ 1. unleugbar, unbestreitbar; 2. ausgezeichnet.

ˈun·de·nom·i·naˈtion·al *adj.* 1. nicht konfessioˈnell gebunden; 2. *ped.* ˌinterkonfessioˈnell, Gemeinschafts...: *~ school.*

un·der [ˈʌndə] I. *prp.* 1. *allg.* unter (*dat. od. acc.*); 2. *Lage*: unter (*dat.*), ˈunterhalb von (*od. gen.*): *from ~ ...* unter *dem Tisch etc.* hervor; *to get out from ~ Am. sl.* a) sich herauswinden, b) den Verlust wettmachen; 3. *Richtung*: unter (*acc.*); 4. unter (*dat.*), am Fuße von (*od. gen.*); 5. *zeitlich*: unter (*dat.*), während: *~ his rule*; *~ the Stuarts* unter den Stuarts; *~ the date of* unter dem Datum vom *1. Januar etc.*; 6. unter *der Autorität, Führung etc.*: *~ his direction* unter s-r Leitung; *he fought ~ Wellington* er kämpfte unter Wellington; 7. unter (*dat.*), unter dem Schutz von: *~ arms* unter Waffen; *~ darkness* im Schutz der Dunkelheit; *~ sail* unter Segel; 8. unter (*dat.*), geringer als, weniger als: *persons ~ 40 (years of age)* Personen unter 40 (Jahren); *in ~ an hour* in weniger als ˈeiner Stunde; *~ age* minderjährig; 9. *fig.* unter (*dat.*): *~ alcohol* unter Alkohol; *~ these circumstances* unter diesen Umständen; *~ fire* ⚔ unter Feuer *od.* Beschuß; *~ an assumed name* unter e-m angenommenen Namen; *~ supervision* unter Aufsicht; 10. gemäß, laut, nach: *~ the terms of the contract*; *claims ~ a contract* Forderungen aus e-m Vertrag; 11. in (*dat.*): *~ construction* im Bau; *~ quarantine* in Quarantäne; *~ repair* in Reparatur; *~ suspicion of* unter dem Verdacht (*gen.*); *~ treatment* ⚕ in Behandlung; 12. bei: *he studied physics ~ Maxwell* er studierte *od.* hörte Physik bei Maxwell; 13. mit: *~ s.o.'s signature* mit j-s Unterschrift, (eigenhändig) unterzeichnet von j-m; *~ separate cover* mit getrennter Post; II. *adv.* 14. darˈunter, unter; → *go (keep) under*; 15. unten: *as ~* wie unten (angeführt); III. *adj.* 16. unter, Unter...; 17. unter, nieder, ˈuntergeordnet, Unter...; 18. *nur in Zssgn* ungenügend, zu gering: *an ~dose*; **ˈ~ˈact** [-ərˈæ-] *thea.* I. *v/t.* 1. unterˈspielen; 2. schlecht spielen; II. *v/i.* 3. schlecht *od.* schwach spielen; **ˈ~-ˈa·gent** [-ərˈei-] *s.* ˈUntervertreter *m*; **ˈ~-**

arm [-ərɑːm] **I.** *adj.* **1.** Unterarm...; **2.** → *underhand* 2; **II.** *adv.* **3.** mit e-r ˈUnterarmbewegung; ˈ~ˈ**bid** *v/t.* [*irr.* → *bid*] unterˈbieten; ˈ~ˈ**bred** *adj.* unfein, ungebildet; ˈ~·**brush** *s.* ˈUnterholz *n*, Gesträuch *n*; ˈ~·**car·riage** *s.* **1.** ✈ Fahrwerk *n*; **2.** *mot. etc.* Fahrgestell *n*; **3.** ⚔ ˈUnterlaˌfette *f*; ˈ~ˈ**charge I.** *v/t.* **1.** *j-m* zu wenig berechnen; **2.** *et.* zu gering berechnen; **3.** ⚡ *Batterie etc.* unterˈladen; **4.** *Geschütz etc.* zu schwach laden; **II.** *s.* **5.** zu geringe Berechnung *od.* Belastung; **6.** ungenügende (Auf)Ladung; ˈ~·**clothes** *s. pl.*, ˈ~·**cloth·ing** *s.* ˈUnterkleidung *f*, -wäsche *f*; ˈ~·**coat** *s.* **1.** ⊕, *paint.* Grundierung *f*; **2.** *zo.* Wollhaarkleid *n*; ˈ~·**cov·er** *adj.* Geheim...: ~ *agent* Geheimagent; ~ *man* Spitzel; ˈ~·**croft** *s.* ⚠ ˈunterirdisches Gewölbe, ˈKrypta *f*; ˈ~·**cur·rent** *s.* ˈUnterströmung *f* (*a. fig.*); ˈ~ˈ**cut I.** *v/t.* [*irr.* → *cut*] **1.** unterˈhöhlen; **2.** (im Preis) unterˈbieten; **3.** *e-m Golfball* e-n ˈRückwärtsefˌfet geben; **II.** *s.* ˈ*undercut* **4.** Unterˈhöhlung *f*; **5.** *Boxen*: Körperhaken *m*; **6.** *Küche*: **a)** *bsd. Brit.* Fiˈlet *n*, Lendenstück *n*, **b)** *bsd. Am.* Lenden-, Rückenstück *n* (*vom Rind*); ˈ~·**deˈvel·oped** *adj. phot.* ˈunterentwickelt (*a. Kind, Land etc.*); ˈ~·**dog** *s. fig.* **1.** Unterˈlegene(r *m*) *f*; **2. a)** Unterˈdrückte(r *m*) *f*, **b)** Benachteiligte(r *m*) *f*, zu kurz Gekommene(r *m*) *f*; ˈ~ˈ**done** *adj.* nicht gar, nicht ˈdurchgebraten; ˈ~·**dose** ⚕ **I.** *s.* **1.** zu geringe ˈDosis; **II.** *v/t.* ˈ*underˈdose* **2.** *j-m* e-e zu geringe Dosis geben; **3.** *et.* ˈunterdoˌsieren; ˈ~ˈ**dress** *v/t. u. v/i.* (sich) zu leicht *od.* zu einfach kleiden; ˈ~ˈ**es·ti·mate** [-ərˈestimeit] **I.** *v/t.* unterˈschätzen; **II.** *s.* [-mit] *a.* ˈ~·**es·tiˈma·tion** [-ˌəre-] Unterˈschätzung *f*; ˈUnterbewertung *f*; ˈ~·**exˈpose** [-dəri-] *v/t. phot.* ˈunterbelichten; ˈ~·**exˈpo·sure** [-dəri-] *s. phot.* ˈUnterbelichtung *f*; ˈ~ˈ**fed** *adj.* ˈunterernährt; ˈ~ˈ**feed·ing** *s.* ˈUnterernährung *f*; ~ˈ**foot** *adv.* **1.** unter den Füßen, unten, am Boden *zertrampeln etc.*; **2.** *fig.* in der Gewalt, unter Konˈtrolle; ˈ~·**frame** *s. mot. etc.* ˈUntergestell *n*, Rahmen *m*; ˈ~·**gar·ment** *s.* ˈUnterkleid(ung *f*) *n*; ~ˈ**go** *v/t.* [*irr.* → *go*] **1.** *e-n Wandel etc.* erleben, ˈdurchmachen; **2.** sich *e-r Operation etc.* unterˈziehen; **3.** erdulden; ~ˈ**grad·u·ate** *univ.* **I.** *s.* Stuˈdent(in); **II.** *adj.* Studenten...; ˈ~·**ground I.** *s.* **1.** ˈUntergrundbahn *f*, *bsd.* Londoner U-Bahn *f*; **2.** *pol.* ˈUntergrund(bewegung *f*) *m*; **II.** *adj.* **3.** ˈunterirdisch: ~ *cable* ⊕ Erdkabel; ~ *railway* (*Am. railroad*) Untergrundbahn; ~ *water* Grundwasser; **4.** ⚒ unter Tag(e): ~ *mining* Untertag(e)bau; **5.** ⊕ Tiefbau...: ~ *engineering* Tiefbau; ~ *car park*, ~ *garage* Tiefgarage; **6.** *fig.* Untergrund..., Geheim..., verborgen: ~ *movement pol.* Untergrundbewegung; ~ *film* Underground-, Untergrundfilm; **III.** *adv.* *underˈground* **7.** unter der *od.* die Erde, ˈunterirdisch; **8.** *fig.* im verborgenen, geheim: *to go* ~ *bsd. pol.* in den Untergrund gehen; ˈ~·**growth** *s.* ˈUnterholz *n*, Gestrüpp *n*; ˈ~·**hand** *adj. u. adv.* **1.** *fig.* heimlich, verstohlen, ˈhinterlistig; **2.** *Kricket*: mit der Hand unter Schulterhöhe ausgeführt: ~ *service Tennis*: Tiefaufschlag; ~ˈ**hand·ed** *adj.* □ **1.** verstohlen, heimlich, ˈhinterhältig; **2.** ✝ knapp an Arbeitskräften, ˈunterbesetzt; ˈ~ˈ**hung** *adj.* ⚕ **a)** über den Oberkiefer vorstehend, **b)** mit vorstehendem ˈUnterkiefer; ~ˈ**lay I.** *v/t.* [*irr.* → *lay*[1]] **1.** (dar)ˈunterlegen; **2.** *et.* unterˈlegen, stützen; **3.** *typ. Satz* zurichten; **II.** *v/i.* **4.** ⚒ sich neigen, einfallen; **III.** *s.* ˈ*underlay* **5.** ˈUnterlage *f*; **6.** *typ.* Zurichtebogen *m*; **7.** ⚒ schräges Flöz; ˈ~·**lease** *s.* ˈUnterverpachtung *f*, -miete *f*; ˈ~ˈ**let** *v/t.* [*irr.* → *let*[1]] **1.** unter Wert verpachten *od.* vermieten; **2.** ˈunterverpachten, -vermieten; ~ˈ**lie** *v/t.* [*irr.* → *lie*[2]] **1.** liegen unter (*dat.*); **2.** zuˈgrundeliegen (*dat.*); **3.** ✝ unterˈliegen (*dat.*), unterˈworfen sein (*dat.*); ~ˈ**line I.** *v/t.* **1.** unterˈstreichen (*a. fig. betonen*); **II.** *s.* ˈ*underline* **2.** Unterˈstreichung *f*; **3.** *thea.* (Vor)Ankündigung *f* am Ende e-s Theˈaterzettels; **4.** ˈBildˌunterschrift *f*; ˈ~·**lin·en** *s.* ˈUnter-, Leibwäsche *f*.

un·der·ling [ˈʌndəliŋ] *s. contp.* Unterˈgebene(r *m*) *f*, (kleiner) Handlanger, ‚Kuli' *m*.

un·der|ˈly·ing *adj.* **1.** darˈunterliegend; **2.** *fig.* zuˈgrundeliegend; **3.** ✝ *Am.* Vorrangs...; ˈ~ˈ**manned** [-ˈmænd] *adj.* ˈunterbemannt, -besetzt; ˈ~ˈ**men·tioned** *adj.* unten erwähnt; ~ˈ**mine** *v/t.* **1.** ⊕ ˌunterminiˈnieren; **2.** unterˈspülen, auswaschen; **3.** *fig.* unterˈgraben; *Gesundheit* (allˈmählich) zerstören; ˈ~·**most I.** *adj.* unterst; **II.** *adv.* zuˈunterst.

un·der·neath [ʌndəˈniːθ] **I.** *prp.* **1.** unter (*dat. od. acc.*), ˈunterhalb (*gen.*); **II.** *adv.* **2.** unten, darˈunter; **3.** auf der ˈUnterseite.

ˈ**un·der|ˈnour·ished** *adj.* ˈunterernährt; ˈ~·**pass** *s.* Unterˈführung *f*; ˈ~ˈ**pay** *v/t.* [*irr.* → *pay*] ✝ schlecht bezahlen, ˈunterbezahlen; ~ˈ**pin** *v/t.* ⚠ (unter)ˈstützen, unterˈmauern (*beide a. fig.*); ~ˈ**pin·ning** *s.* **1.** ⚠ Unterˈmauerung *f*, ˈUnterbau *m*; **2.** F ‚Fahrgestell' *n* (*Beine*); ˈ~·**plot** *s.* Nebenhandlung *f*, Epiˈsode *f* (*Roman etc.*); ˈ~ˈ**pop·u·lat·ed** *adj.* ˈunterbevölkert; ˈ~ˈ**print** *v/t.* **1.** *typ.* **a)** gegendrucken, **b)** zu schwach drucken; **2.** *phot.* ˈunterkoˌpieren; ˈ~ˈ**priv·i·leged** *adj.* ✝, *pol.* ˈunterprivilegiert, schlechtergestellt; ˈ~·**proˈduc·tion** *s.* ✝ ˈUnterproduktiˌon *f*; ˈ~ˈ**proof** *adj.* ✝ unter Norˈmalstärke (*Spirituosen*); ~ˈ**rate** *v/t.* **1.** unterˈschätzen, ˈunterbewerten (*a. sport Turner etc.*); **2.** ✝ zu niedrig veranschlagen; ~ˈ**score** *v/t.* unterˈstreichen (*a. fig. betonen*); ˈ~·ˈ**sec·re·tar·y** *s. pol.* ˈUnterˌstaatssekreˌtär *m*; ˈ~ˈ**sell** *v/t.* [*irr.* → *sell*] ✝ **1.** *j-n* unterˈbieten; **2.** *Ware* verschleudern, unter Wert verkaufen; ˈ~·**shirt** *s.* ˈUnterhemd *n*; ˈ~·**shot** *adj.* **1.** ⊕ ˈunterschlächtig (*Wasserrad*); **2.** mit vorspringendem ˈUnterkiefer; ~ˈ**signed I.** *adj.* unterˈzeichnet; **II.** *s.* ˈ*undersigned* Unterˈzeichnete(r *m*) *f*; ˈ~ˈ**sized** *adj.* unter Norˈmalgröße, winzig; ˈ~·**skirt** *s.* ˈUnterrock *m*; ~ˈ**slung** *adj.* ⊕, *mot.* Hänge... (*-kühler etc.*); unterˈbaut (*Feder etc.*); ˈ~·**soil** *s.* ˈUntergrund *m*; ~ˈ**staffed** *adj.* ˈunterbesetzt.

un·der·stand [ʌndəˈstænd] [*irr.* → *stand*] **I.** *v/t.* **1.** verstehen: **a)** begreifen, **b)** einsehen, **c)** *wörtlich etc.* auffassen, **d)** Verständnis haben für: *to* ~ *each other fig.* sich *od.* einander verstehen, *a.* zu e-r Einigung kommen; *to give s.o. to* ~ j-m zu verstehen geben; *to make o.s. understood* sich verständlich machen; *do I* (*od. am I to*) ~ *that* ... soll das etwa heißen, daß ...; *be it understood* wohlverstanden; *what do you* ~ *by* ...? was verstehen Sie unter (*dat.*)?; **2.** sich verstehen auf (*acc.*), wissen (*how to inf.* wie man *et. macht*): *he* ~*s horses* er versteht sich auf Pferde; *she* ~*s children* sie kann mit Kindern umgehen; **3.** (als sicher) annehmen, vorˈaussetzen: *an understood thing* e-e aus- *od.* abgemachte Sache; *that is understood* das versteht sich (von selbst); *it is understood that* ⚖ es gilt als vereinbart, daß; **4.** erfahren, hören: *I* ~ ... wie ich höre; *I* ~ *that* ich hörte *od.* man sagte mir, daß; *it is understood* es heißt, wie verlautet; **5.** (*from*) entnehmen (*dat. od.* aus), schließen (aus); **6.** *bsd. ling.* sinngemäß ergänzen, hinˈzudenken; **II.** *v/i.* **7.** verstehen: **a)** begreifen, **b)** *fig.* (volles) Verständnis haben; **8.** Verstand haben; **9.** hören: ... *so I* ~ wie ich höre; **un·der·stand·a·ble** [-dəbl] *adj.* verständlich; **un·derˈstand·ing** [-diŋ] **I.** *s.* **1.** Verstehen *n*; **2.** Verstand *m*, Intelliˈgenz *f*; **3.** Verständnis *n* (*of* für); **4.** *gutes etc.* Einvernehmen (*between* zwischen); **5.** Verständigung *f*, Vereinbarung *f*, Überˈeinkunft *f*, Abmachung *f*: *to come to an* ~ *with s.o.* zu e-r Einigung mit j-m kommen; **6.** Bedingung *f*: *on the* ~ *that* unter der Bedingung *od.* Voraussetzung, daß; **7.** *pl. sl.* ‚Fahrgestell' *n* (*Beine*); **II.** *adj.* □ **8.** verständig; **9.** verständnisvoll.

ˈ**un·der|ˈstate** *v/t.* **1.** zu gering angeben; **2.** (bewußt) zuˈrückhaltend darstellen, unterˈtreiben; **3.** abschwächen, mildern; ˈ~ˈ**state·ment** *s.* **1.** zu niedrige Angabe; **2.** Unterˈtreibung *f*, Understatement *n*; ˈ~·**strap·per** → *underling*; ˈ~·**stud·y** *thea.* **I.** *v/t.* **1.** *Rolle* als Ersatzmann einstudieren; **2.** für *e-n Schauspieler* einspringen; **II.** *s.* **3.** Rollenvertreter(in); *a. fig.* Ersatzmann *m*; ~ˈ**take** *v/t.* [*irr.* → *take*] **1.** *Aufgabe* überˈnehmen, *Sache* auf sich *od.* in die Hand nehmen; **2.** *Reise etc.* unterˈnehmen; **3.** *Risiko, Verantwortung etc.* übernehmen, eingehen; **4.** sich erbieten, sich verpflichten (*to do* zu tun); **5.** garantieren, sich verbürgen (*that* daß); ˈ~·**tak·er** *s.* **1.** Leichenbestatter *m*, Beˈstattungsinstiˌtut *n*; **2.** *underˈtaker obs.* Unterˈnehmer *m*; ~ˈ**tak·ing** *s.* **1.** ˈÜbernahme *f e-r Aufgabe*; **2.** Unterˈnehmen *n*, -ˈfangen *n*; **3.** Unternehmen *n*, Betrieb *m*: *industrial* ~; **4.** Versprechen *n*, Verpflichtung *f*, Garanˈtie *f*; **5.** ˈ*undertaking* Leichenbestattung *f*; ˈ**~-ˈten·ant** *s.* ˈUntermieter(in), -pächter(in); ˈ**~ˈtimed** *adj. phot.* ˈunterbelichtet; ˈ**~·tone** *s.* **1.** gedämpfter Ton, gedämpfte Stimme: *in an* ~ halblaut; **2.** *fig.* ˈUnterton *m*, -strömung *f*; *Börse*: Grundton *m*; **3.** *phys.* gedämpfte Farbe; ˈ**~·tow** *s.* ⚓ **1.** Sog *m*; **2.** ˈWidersee *f*; ˈ**~ˈval·ue** *v/t.* unterˈschätzen, ˈunterbewerten, zu gering ansetzen; ˈ**~·wear** → *underclothes*; ˈ**~·weight I.** *s.* ˈUntergewicht *n*; **II.** *adj.* ˈ*underˈweight* ˈuntergewichtig; ˈ**~·wood** *s.* ˈUnterholz *n*, Gestrüpp *n* (*a. fig.*); ˈ**~·world** *s.* ˈUnterwelt *f*; **~·write** [ˈʌndərait] *v/t.* [*irr.* → *write*] ✝ **1. a)** *Versicherungspolice* unterˈzeichnen, *Versicherung* überˈnehmen, **b)** *et.* versichern, **c)** die Haftung überˈnehmen für; **2.** *Aktienemission etc.* garantieren; ˈ**~·writ·er** [-raitə] *s.* ✝ **1.** Versicherer *m*, Assekuˈranz *f* (*Gesellschaft*); **2.** Mitglied *n* e-s Emissiˈonskonˌsortiums, (ˈAnleihe-) Gaˌrant *m*; **3.** *Am.* F Verˈsicherungsaˌgent *m*; ˈ**~·writ·ing** [-raitiŋ] *s.* ✝ **1.** (See)Versicherung(sgeschäft *n*) *f*; **2.** Emissiˈonsgaranˌtie *f*.

ˈ**un·deˈserved** *adj.* □ unverdient; ˈ**un·deˈserv·ing** *adj.* □ unwert, unwürdig (*of gen.*): *to be* ~ *of* kein *Mitgefühl etc.* verdienen.

ˈ**un·deˈsigned** *adj.* □ unbeabsichtigt, absichtslos; ˈ**un·deˈsign·ing** *adj.* harmlos, aufrichtig.

ˈ**un·de·sir·aˈbil·i·ty** *s.* Unerwünschtheit *f*; ˈ**un·deˈsir·a·ble I.** *adj.* □ **1.** nicht wünschenswert; **2.** unerwünscht, lästig: ~ *alien*; **II.** *s.* **3.** unerwünschte Perˈson; **4.** *das* Unerwünschte; ˈ**un·deˈsired** *adj.* unerwünscht, ˈunwillˌkommen; ˈ**un·deˈsir·ous** *adj.* nicht begierig (*of* nach): *to be* ~ *of et.* nicht wünschen *od.* (haben) wollen.

ˈ**un·deˈtach·a·ble** *adj.* nicht abtrennbar *od.* abnehmbar.

ˈ**un·deˈtect·ed** *adj.* nicht entdeckt, unbemerkt.

ˈ**un·deˈter·mined** *adj.* **1.** unentschieden, schwebend, offen: *an* ~ *question*; **2.** unbestimmt, vage; **3.** unentschlossen, unschlüssig.

ˈ**un·deˈterred** *adj.* nicht abgeschreckt, unbeeindruckt.

ˈ**un·deˈvel·oped** *adj.* **1.** unentwickelt; **2.** unerschlossen (*Gelände*).

un·de·vi·at·ing [ʌnˈdi:vieitiŋ] *adj.* □ **1.** nicht abweichend; **2.** unentwegt, unbeirrbar.

ˈ**unˈdid** *pret. von undo.*

un·dies [ˈʌndiz] *s. pl.* F (ˈDamen-) ˌUnterwäsche *f*.

ˈ**un·difˈferˈen·ti·at·ed** *adj.* ˈundifferenˌziert, homoˈgen. [*fig.*).]

ˈ**un·diˈgest·ed** *adj.* unverdaut (*a.*

unˈdig·ni·fied *adj.* würdelos.

ˈ**un·diˈlut·ed** *adj.* unverdünnt, unvermischt, unverfälscht.

ˈ**un·diˈmin·ished** *adj.* **1.** unvermindert, ungeschmälert; **2.** *fig.* ungerührt, unverzagt (*Person*).

ˈ**un·dip·loˈmat·ic** *adj.* (□ ~*ally*) ˈundiploˌmatisch.

ˈ**un·diˈrect·ed** *adj.* **1.** ungeleitet, führungslos, ungelenkt; **2.** unadressiert; **3.** *phys.* ungerichtet.

ˈ**un·disˈcerned** *adj.* □ unbemerkt; ˈ**un·disˈcern·ing** *adj.* □ urteilseinsichtslos.

ˈ**un·disˈcharged** *adj.* **1.** unbezahlt; unbeglichen; **2.** (noch) nicht entlastet: ~ *bankrupt*; **3.** unerledigt; **4.** nicht abgeschossen (*Feuerwaffe*); **5.** nicht entladen (*Schiff*).

unˈdis·ci·plined *adj.* **1.** undiszipliniert, zuchtlos; **2.** ungeschult.

ˈ**un·disˈclosed** *adj.* ungenannt, geheimgehalten, nicht bekanntgegeben.

ˈ**un·disˈcour·aged** *adj.* nicht entmutigt.

ˈ**un·disˈcov·er·a·ble** *adj.* unauffindbar, nicht zu entdecken(d); ˈ**un·disˈcov·ered** *adj.* **1.** unaufgeklärt; **2.** unentdeckt; **3.** unbemerkt.

ˈ**un·disˈcrim·i·nat·ing** *adj.* □ **1.** ˈunterschiedslos; **2.** ohne Scharfblick, ˈunˌkritisch.

ˈ**un·disˈcussed** *adj.* unerörtert.

ˈ**un·disˈguised** *adj.* □ **1.** unverkleidet, unmaskiert; **2.** *fig.* unverhüllt, unverhohlen.

ˈ**un·disˈmayed** *adj.* unerschrocken, unverzagt.

ˈ**un·disˈposed** *adj.* **1.** ~ *of* nicht verteilt *od.* vergeben; ✝ unverkauft; **2.** abgeneigt, unwillig (*to do* zu tun).

ˈ**un·disˈput·ed** *adj.* □ unbestritten.

ˈ**un·disˈtin·guish·a·ble** *adj.* □ **1.** undeutlich, nicht erkennbar; **2.** nicht unterˈscheidbar, nicht zu unterˈscheiden(d) (*from* von); ˈ**un·disˈtin·guished** *adj.* **1.** nicht unterˈschieden (*from, by* von); **2.** undeutlich, nicht zu erkennen(d); **3.** nicht ausgezeichnet, unbekannt, gewöhnlich.

ˈ**un·disˈturbed** *adj.* □ **1.** ungestört; **2.** unberührt, gelassen.

ˈ**un·diˈvid·ed** *adj.* □ **1.** ungeteilt (*a. fig. Aufmerksamkeit etc.*); **2.** ✝ nicht verteilt, nicht ausgeschüttet: ~ *profits*.

un·do [ˈʌnˈdu:] *v/t.* [*irr.* → *do*] **1.** *Paket, Knoten, a. Kragen, Mantel etc.* aufmachen, öffnen; aufknöpfen, -knüpfen, -lösen; losbinden; *j-m* das Kleid aufmachen; *Saum etc.* auftrennen; → *undone*; **2.** *fig.* ungeschehen *od.* rückgängig machen, aufheben; **3.** *fig.* ruinieren, zuˈgrunde richten; *Hoffnungen etc.* zuˈnichte machen; ˈ**unˈdo·ing** *s.* **1.** Aufmachen *n etc.*; **2.** Ungeschehen-, Rückgängigmachen *n*; **3.** Vernichtung *f*; **4.** Unglück *n*, Verderben *n*, Ruˈin *m*; ˈ**unˈdone I.** *p.p. von undo*; **II.** *adj.* **1.** ungetan, unerledigt: *to leave s.th.* ~ et. unausgeführt lassen, et. unterlassen; *to leave nothing* ~ nichts unversucht lassen, alles (nur Mögliche) tun; **2.** offen: *to come* ~ aufgehen; **3.** ruiniert, ‚erledigt', ‚hin': *he is* ~ es ist aus mit ihm.

un·doubt·ed [ʌnˈdautid] *adj.* □ unbezweifelt, unbestritten; unzweifelhaft; **unˈdoubt·ed·ly** [-li] *adv.* zweifellos, ohne (jeden) Zweifel.

un·dreamed, *a.* **un·dreamt** [*beide* ʌnˈdremt] *adj. oft* ~*-of* ungeahnt, nie erträumt, unerhört: ~*-of possibilities* ungeahnte Möglichkeiten.

ˈ**unˈdress I.** *v/t. u. v/i.* **1.** (sich) entkleiden *od.* ausziehen; **II.** *s.* **2.** Alltagskleid(ung *f*) *n*; **3.** Hauskleid *n*, Morgenrock *m*, Negliˈgé *n*; **4.** ⚔ ˈInterimsuniˌform *f*; ˈ**unˈdressed** *adj.* **1.** unbekleidet; **2.** unordentlich (gekleidet); **3.** *Küche*: **a)** ungarniert, **b)** unzubereitet; **4.** ⊕ **a)** ungegerbt (*Leder*), **b)** unbehauen (*Holz, Stein*); **5.** unverbunden (*Wunde etc.*).

ˈ**unˈdrink·a·ble** *adj.* nicht trinkbar.

ˈ**unˈdue** *adj.* □ **1.** ˈübermäßig, überˈtrieben; **2.** ungehörig, unangebracht, ungebührlich; **3.** *bsd.* ⚖ unzulässig: ~ *influence* unzulässige Beeinflussung; **4.** ✝ noch nicht fällig.

un·du·late [ˈʌndjuleit] **I.** *v/i.* **1.** wogen, wallen, sich wellenförmig (fort)bewegen; **2.** wellenförmig verlaufen; **II.** *v/t.* **3.** in wellenförmige Bewegung versetzen, wogen lassen; **4.** wellen; **III.** *adj.* □ **5.** → *undulated*; ˈ**un·du·lat·ed** [-tid] *adj.* wellenförmig, wellig, Wellen...: ~ *line* Wellenlinie; ˈ**un·du·lat·ing** [-tiŋ] *adj.* □ **1.** → *undulated*; **2.** wallend, wogend; **un·du·la·tion** [ʌndjuˈleiʃən] *s.* **1.** wellenförmige Bewegung; Wallen *n*, Wogen *n*; **2.** *geol.* Welligkeit *f*; **3.** *phys.* Wellenbewegung *f*, -linie *f*; **4.** *phys.* Schwingung(sbewegung) *f*; **5.** ⚕ Undulatiˈon *f*; ˈ**un·du·la·to·ry** [-lətəri] *adj.* wellenförmig, Wellen...

ˈ**unˈdu·ly** *adv. von undue.*

ˈ**unˈdu·ti·ful** *adj.* □ **1.** pflichtvergessen; **2.** ungehorsam; **3.** unehrerbietig.

unˈdy·ing *adj.* □ **1.** unsterblich, unvergänglich (*Liebe, Ruhm etc.*); **2.** endlos (*Haß etc.*).

ˈ**unˈearned** *adj.* unverdient: ~ *income* ✝ nicht durch Arbeit verdientes Einkommen, Kapital(vermögens)einkommen.

ˈ**unˈearth** *v/t.* **1.** *Tier* aus der Höhle treiben; **2.** ausgraben; **3.** *fig. et.* ans (Tages)Licht bringen, aufstöbern.

unˈearth·ly *adj.* **1.** ˈüberirdisch; **2.** unirdisch, ˈübernaˌtürlich; **3.** schauerlich, unheimlich: *an* ~ *cry*; **4.** F unmöglich (*Zeit*): *at an* ~ *hour* in aller Herrgottsfrühe.

unˈeas·i·ness *s.* **1.** (*körperliches u. geistiges*) Unbehagen; **2.** (innere) Unruhe; **3.** Unbehaglichkeit *f e-s Gefühls etc.*; **4.** Unsicherheit *f*; **unˈeas·y** *adj.* □ **1.** unruhig, unbehaglich, besorgt, ängstlich: *to feel* ~ *about s.th.* über et. beunruhigt sein; **2.** unbehaglich, beunruhigend (*Verdacht etc.*); **3.** unsicher (*im Sattel etc.*); **4.** gezwungen, unsicher (*Benehmen etc.*).

ˈ**unˈeat·a·ble** *adj.* ungenießbar; ˈ**unˈeat·en** *adj.* unverzehrt, ungegessen.

ˈ**un·e·coˈnom·ic** *adj.*; ˈ**un·e·coˈnom·i·cal** *adj.* □ unwirtschaftlich.

ˈ**unˈed·i·fy·ing** *adj. fig.* wenig erbaulich *od.* erhebend.

ˈ**unˈed·u·cat·ed** *adj.* ungebildet.

ˈ**un·emˈbar·rassed** *adj.* **1.** nicht verlegen, ungeniert; **2.** unbehindert; **3.** von (Geld)Sorgen frei.

ˈ**un·eˈmo·tion·al** *adj.* □ **1.** leidenschaftslos, nüchtern; **2.** teilnahmslos, passiv, kühl.

'un·em'ploy·a·ble I. *adj.* **1.** nicht verwendbar, unbrauchbar; **2.** arbeitsunfähig (*Person*); **II.** *s.* **3.** Arbeitsunfähige(r *m*) *f*; **'un·em'ployed I.** *adj.* **1.** arbeits-, erwerbslos, unbeschäftigt; **2.** ungenützt, brachliegend: ~ *capital* ✝ totes Kapital; **II.** *s.* **3.** *the* ~ *pl.* die Arbeitslosen *pl.*; **'un·em'ploy·ment** *s.* Arbeitslosigkeit *f*: ~ *benefit* (*od. relief*) Arbeitslosenunterstützung; ~ *insurance* Arbeitslosenversicherung.

'un·en'cum·bered *adj.* **1.** ⚖ unbelastet (*Grundbesitz*); **2.** (*by*) unbehindert (durch), frei (von).

un'end·ing *adj.* □ endlos, nicht enden wollend, unaufhörlich.

'un·en'dowed *adj.* **1.** nicht ausgestattet (*with* mit); **2.** nicht dotiert (*with* mit), ohne Zuschuß; **3.** nicht begabt (*with* mit).

'un·en'dur·a·ble *adj.* □ unerträglich.

'un·en'gaged *adj.* frei: **a)** nicht gebunden *od.* verpflichtet, **b)** nicht verlobt, **c)** unbeschäftigt.

'un-'Eng·lish *adj.* unenglisch.

'un·en'light·ened *adj. fig.* **1.** unerleuchtet; **2.** unaufgeklärt.

'un'en·ter·pris·ing *adj.* □ nicht unter'nehmungslustig, ohne Unter'nehmungsgeist.

'un'en·vi·a·ble *adj.* □ nicht zu beneiden(d), wenig beneidenswert.

'un'e·qual *adj.* □ **1.** ungleich (*a. Kampf*), 'unterschiedlich; **2.** nicht gewachsen (*to dat.*); **3.** ungleichförmig; **'un'e·qual(l)ed** *adj.* **1.** unerreicht, 'unüber,troffen (*by* von, *for* in *od.* an *dat.*); **2.** beispiellos, *nachgestellt*: ohne'gleichen: ~ *ignorance*.

'un·e'quiv·o·cal *adj.* □ **1.** unzweideutig, eindeutig; **2.** aufrichtig.

'un'err·ing *adj.* □ unfehlbar, untrüglich.

'un·es'sen·tial I. *adj.* unwesentlich, unwichtig; **II.** *s.* Nebensache *f*.

'un'e·ven *adj.* □ **1.** uneben: ~ *ground*; **2.** ungerade (*Zahl*); **3.** ungleich(mäßig, -artig); **4.** unausgeglichen (*Charakter etc.*); **'un'e·ven·ness** *s.* Unebenheit *f etc.*

'un·e'vent·ful *adj.* □ ereignislos: *to be* ~ ohne Zwischenfälle verlaufen.

un·ex'am·pled *adj.* beispiellos, unvergleichlich, *nachgestellt*: ohne'gleichen: *not* ~ nicht ohne Beispiel.

'un·ex'celled *adj.* 'unüber,troffen.

un·ex'cep·tion·a·ble *adj.* □ untadelig, einwandfrei.

'un·ex'cep·tion·al *adj.* □ **1.** nicht außergewöhnlich; **2.** ausnahmslos; **3.** → *unexceptionable*.

'un·ex'cit·ing *adj.* nicht aufregend, ruhig.

un·ex·pect·ed ['ʌniks'pektid] *adj.* □ unerwartet, unvermutet; **'un·ex'pect·ed·ness** [-nis] *s. das* Unerwartete, *die* Plötzlichkeit.

'un·ex'pired *adj.* (noch) nicht abgelaufen *od.* verfallen (*Frist etc.*), noch in Kraft.

'un·ex'plain·a·ble *adj.* unerklärlich; **'un·ex'plained** *adj.* unerklärt.

'un·ex'plored *adj.* unerforscht.

'un·ex'posed *adj. phot.* unbelichtet.

'un·ex'pressed *adj.* unausgesprochen.

'un'ex·pur·gat·ed *adj.* nicht gereinigt, ungekürzt (*Bücher etc.*).

un'fad·ing *adj.* □ **1.** unverwelklich (*a. fig.*); **2.** *fig.* unvergänglich; **3.** nicht verblassend (*Farbe*).

un'fail·ing *adj.* □ **1.** unfehlbar; **2.** nie versagend; **3.** treu; **4.** unerschöpflich, unversiegbar.

'un'fair *adj.* □ unfair: **a)** unbillig, ungerecht, **b)** unehrlich, *bsd.* ✝ unlauter, **c)** nicht anständig, **d)** unsportlich (*alle to* gegen'über): ~ *competition* unlauterer Wettbewerb; **'un'fair·ly** *adv.* **1.** unfair, unbillig(erweise) *etc.*; zu Unrecht: *not* ~ nicht zu Unrecht; **2.** 'übermäßig; **'un'fair·ness** *s.* **1.** Unbilligkeit *f etc.*; **2.** unsportliches Verhalten.

un'faith·ful *adj.* □ **1.** un(ge)treu, treulos; **2.** nicht wortgetreu, ungenau (*Abschrift, Übersetzung*); **'un'faith·ful·ness** *s.* Untreue *f*, Treulosigkeit *f*.

un'fal·ter·ing *adj.* □ **1.** nicht schwankend (*Schritt etc.*); **2.** fest (*Stimme, Blick*); **3.** *fig.* unbeugsam, entschlossen.

'un·fa'mil·iar *adj.* □ **1.** nicht vertraut, unbekannt (*to dat.*); **2.** ungewohnt (*to dat. od.* für).

'un'fash·ion·a·ble *adj.* □ 'unmo,dern, altmodisch.

'un'fas·ten I. *v/t.* aufmachen, losbinden, lösen, öffnen; **II.** *v/i.* sich lösen, aufgehen; **'un'fas·tened** *adj.* unbefestigt, lose.

'un'fa·ther·ly *adj.* unväterlich, lieblos.

un·fath·om·a·ble [ʌn'fæðəməbl] *adj.* □ unergründlich (*a. fig.*); **'un'fath·omed** *adj.* unergründet (*a. fig.*).

'un'fa·vo(u)r·a·ble *adj.* □ **1.** unvorteilhaft (*a. Aussehen*), ungünstig (*for, to* für); widrig (*Wetter, Umstände etc.*); **2.** ✝ 'passiv (*Zahlungsbilanz etc.*); **'un'fa·vo(u)r·a·ble·ness** *s.* Unvorteilhaftigkeit *f*.

'un'fea·si·ble *adj.* unausführbar.

un·feel·ing [ʌn'fi:liŋ] *adj.* □ gefühllos; **un'feel·ing·ness** [-nis] *s.* Gefühllosigkeit *f*.

un'feigned *adj.* □ ungeheuchelt, unverstellt; wahr, echt.

'un'felt *adj.* ungefühlt.

'un·fer'ment·ed *adj.* ungegoren.

'un'fet·ter *v/t.* **1.** losketten; **2.** *fig.* befreien; **'un'fet·tered** *adj. fig.* unbehindert, unbeschränkt, frei.

'un'fil·i·al *adj.* □ lieb-, re'spektlos, pflichtvergessen (*Kind*).

'un'filled *adj.* **1.** un(aus)gefüllt; **2.** unbesetzt (*Posten, Stelle*); **3.** ~ *orders* ✝ nicht ausgeführte Bestellungen, Auftragsbestand.

'un'fin·ished *adj.* **1.** unfertig (*a. fig. Stil etc.*); ⊕ unbearbeitet; **2.** 'unvoll,endet (*Buch, Symphonie etc.*); **3.** unerledigt: ~ *business parl.* unerledigte Punkte (*der Geschäftsordnung*).

un·fit I. *adj.* □ ['ʌn'fit] **1.** untauglich (*a.* ⚔), ungeeignet (*for* für, zu): ~ *for (military) service* (wehr)dienstuntauglich; **2.** unfähig, unbefähigt (*for* zu *et.*, *to do* zu tun); **II.** *v/t.* [ʌn'fit] **3.** ungeeignet *etc.* machen (*für etwas*); **'un'fit·ness** [-nis] *s.* Untauglichkeit *f*, Unbrauchbarkeit *f*; **un·fit·ted** [ʌn'fitid] *adj.* **1.** ungeeignet, untauglich; **2.** nicht (gut) ausgerüstet (*with* mit); **'un'fit·ting** [-tiŋ] *adj.* □ **1.** ungeeignet, unpassend; **2.** unschicklich.

'un'fix *v/t.* losmachen, lösen: ~ *bayonets!* ⚔ Seitengewehr an Ort!; **'un'fixed** *adj.* unbefestigt, beweglich, lose.

un'flag·ging *adj.* □ unermüdlich, unentwegt.

un'flap·pa·ble *adj.* F unerschütterlich.

'un'flat·ter·ing *adj.* □ nicht *od.* wenig schmeichelhaft; ungeschminkt.

'un'fledged *adj.* **1.** *orn.* ungefiedert, (noch) nicht flügge; **2.** *fig.* unreif.

un·flinch·ing [ʌn'flintʃiŋ] *adj.* □ **1.** unerschütterlich, unerschrocken; **2.** entschlossen, unnachgiebig.

un·fly·a·ble ['ʌn'flaiəbl] *adj.*: ~ *weather* ✈ kein Flugwetter.

'un'fold I. *v/t.* **1.** entfalten, ausbreiten, öffnen; **2.** *un'fold fig.* enthüllen, darlegen, entwickeln; **II.** *v/i.* **3.** sich entfalten *od.* öffnen.

'un'forced *adj.* □ ungezwungen (*a. fig. natürlich*).

'un·fore'see·a·ble *adj.* unvorhersehbar; **'un·fore'seen** *adj.* 'unvor,hergesehen, unerwartet.

un·for·get·ta·ble ['ʌnfə'getəbl] *adj.* □ unvergeßlich: *scenes of* ~ *beauty*.

un·for·giv·a·ble ['ʌnfə'givəbl] *adj.* unverzeihlich; **'un·for'giv·en** [-vən] *adj.* unverziehen; **'un·for'giv·ing** [-viŋ] *adj.* □ unversöhnlich, nachtragend.

'un·for'got·ten *adj.* unvergessen.

'un'formed *adj.* **1.** ungeformt, formlos; **2.** unfertig, unentwickelt; unausgebildet.

'un'for·ti·fied *adj.* unbefestigt.

un'for·tu·nate I. *adj.* □ **1.** unglücklich, Unglücks...; verhängnisvoll, un(glück)selig; **2.** bedauerlich; **II.** *s.* **3.** Unglückliche(r *m*) *f*; **un'for·tu·nate·ly** *adv.* unglücklicherweise, bedauerlicherweise, leider.

'un'found·ed *adj.* □ unbegründet, grundlos.

'un·fre'quent·ed *adj.* nicht *od.* wenig besucht *od.* begangen; einsam.

'un'friend·ed *adj.* freundlos.

'un'friend·li·ness *s.* Unfreundlichkeit *f*; **'un'friend·ly I.** *adj.* **1.** unfreundlich (*to[wards]* gegen): ~ *act (nation)*; **2.** ungünstig (*for, to* für); **II.** *adv.* **3.** unfreundlich.

'un'frock *v/t. eccl. j-m* das Priesteramt entziehen.

'un'fruit·ful *adj.* □ **1.** unfruchtbar; **2.** frucht-, ergebnislos; **'un'fruit·ful·ness** *s.* **1.** Unfruchtbarkeit *f*; **2.** *fig.* Fruchtlosigkeit *f*.

'un'fund·ed *adj.* ✝ unfundiert, nicht fundiert (*Schuld*).

un'furl I. *v/t. Fahne etc.* entfalten, -rollen; *Fächer* ausbreiten; ⚓ *Segel* losmachen; **II.** *v/i.* sich entfalten.

'un'fur·nished *adj.* **1.** nicht ausgerüstet: ~ *with* nicht versehen mit; **2.** unmöbliert (*Zimmer etc.*): ~ *room* Leerzimmer.

un·gain·li·ness [ʌn'geinlinis] *s.* Plumpheit *f*, Unbeholfenheit *f*;

un·gain·ly [ʌn'geinli] *adj.* unbeholfen, plump, linkisch.
'un'gal·lant *adj.* □ **1.** 'unga,lant (*to* zu, gegenüber); **2.** nicht tapfer.
'un'gear *v/t.* ⊕ auskuppeln: *~ed engine* getriebeloser Motor.
'un'gen·er·ous *adj.* □ **1.** nicht freigebig, knauserig; **2.** unedel (-mütig).
'un'gen·ial *adj.* unfreundlich.
'un'gen·tle *adj.* □ unsanft, unzart.
un'gen·tle·man·like → *ungentlemanly*; **un'gen·tle·man·li·ness** *s.* **1.** unvornehmes Wesen; **2.** ungebildetes *od.* unfeines Benehmen; **un'gen·tle·man·ly** *adj.* ungebildet, unfein.
un-get-at-a·ble ['ʌnget'ætəbl] *adj.* **1.** unzugänglich, schwererreichbar; **2.** unnahbar.
'un'gird *v/t.* losgürten; **'un'gird·ed, 'un'girt** *adj.* **1.** ohne Gürtel; **2.** locker gegürtet; **3.** locker.
'un'glazed *adj.* **1.** unverglast; **2.** unglasiert.
'un'gloved *adj.* ohne Handschuh(e).
un'god·li·ness *s.* Gottlosigkeit *f*; **un'god·ly** *adj.* **1.** gottlos (*a. weitS. verrucht*); **2.** F scheußlich, ‚gotteslästerlich'.
un·gov·ern·a·ble [ʌn'gʌvənəbl] *adj.* □ **1.** unlenksam; **2.** zügellos, unbändig, wild; **'un'gov·erned** *adj.* unbeherrscht.
'un'grace·ful *adj.* □ 'ungrazi,ös, ohne Anmut; plump, ungelenk.
'un'gra·cious *adj.* □ ungnädig (*a. weitS. unfreundlich*).
'un·gram'mat·i·cal *adj.* □ *ling.* 'ungram,matisch.
un'grate·ful *adj.* □ undankbar (*to* gegen) (*a. fig. unangenehm*); **un'grate·ful·ness** *s.* Undankbarkeit *f.*
'un'grat·i·fied *adj.* unbefriedigt.
'un'ground·ed *adj.* □ **1.** unbegründet; **2.** ungeschult; ohne sichere Grundlagen (*Wissen*).
'un'grudg·ing *adj.* □ **1.** ohne Murren, (bereit)willig; **2.** neidlos, großzügig: *to be ~ in* reichlich *Lob etc.* spenden.
un·gual ['ʌŋgwəl] *adj. zo.* Nagel..., Klauen..., Huf...
'un'guard·ed *adj.* □ **1.** unbewacht (*a. fig.*); *a.* ⊕ ungeschützt; unverteidigt; *a. sport, Schach*: ungedeckt; **2.** unvorsichtig, unbedacht.
un·guent ['ʌŋgwənt] *s.* Salbe *f.*
'un'guid·ed *adj.* ungeleitet, führer-, führungslos.
un·gu·late ['ʌŋgjuleit] *zo.* **I.** *adj.* hufförmig; mit Hufen; Huf...: *~ animal* → *II*; **II.** *s.* Huftier *n.*
un'hal·lowed *adj.* **1.** nicht geheiligt, ungeweiht; **2.** unheilig, pro'fan.
'un'ham·pered *adj.* ungehindert.
un'hand *v/t. j-n* loslassen.
'un'hand·i·ness *s.* **1.** Unhandlichkeit *f*; **2.** Ungeschick(lichkeit *f*) *n.*
un'hand·some *adj.* □ unschön (*a. fig. Benehmen etc.*).
'un'hand·y *adj.* □ **1.** unhandlich (*Sache*); **2.** unbeholfen, ungeschickt (*Person*).
un'hap·pi·ly *adv.* unglücklicherweise, leider; **un'hap·pi·ness** *s.* Unglück(seligkeit *f*) *n*, Elend *n*; **un'hap·py** *adj.* □ unglücklich: **a)** traurig, elend, **b)** un(glück)selig, unheilvoll, **c)** unpassend (*Bemerkung etc.*).
'un'harmed *adj.* unversehrt.
'un·har'mo·ni·ous *adj.* 'unhar,monisch (*a. fig.*).
'un'har·ness *v/t. Pferd* ausspannen, abschirren.
un'health·i·ness *s.* Ungesundheit *f*; **un'health·y** *adj.* □ ungesund: **a)** kränklich (*a. Aussehen etc.*), **b)** gesundheitsschädlich, **c)** (*moralisch*) schädlich, **d)** F gefährlich, **e)** *fig.* krankhaft.
'un'heard *adj.* **1.** ungehört; **2.** ⚖ ohne rechtliches Gehör; **un'heard-of** *adj.* unerhört, beispiellos.
un·heed·ed ['ʌn'hi:did] *adj.* □ unbeachtet; **'un'heed·ful** [-dful] *adj.* □ unachtsam, sorglos; nicht achtend (*of* auf *acc.*); **'un'heed·ing** [-diŋ] *adj.* □ nicht beachtend; sorglos, unachtsam.
'un'help·ful *adj.* □ **1.** nicht hilfreich; **2.** ohne Nutzen, nutzlos (*to* für).
un·hes·i·tat·ing [ʌn'heziteitiŋ] *adj.* □ **1.** ohne Zaudern *od.* Zögern, unverzüglich; **2.** anstandslos, bereitwillig.
'un'hin·dered *adj.* ungehindert, ungehemmt.
un'hinge *v/t.* **1.** *Tür etc.* aus den Angeln heben (*a. fig.*); **2.** die Angeln entfernen von; **3.** *fig. Geist* zerrütten; **4.** *fig.* aus dem Gleichgewicht bringen.
'un·his'tor·ic *adj.*; **'un·his'tor·i·cal** *adj.* □ **1.** 'unhi,storisch; **2.** ungeschichtlich, legen'där.
'un'hitch *v/t.* **1.** loshaken, -machen; **2.** *Pferd* ausspannen.
un'ho·ly *adj.* □ **1.** unheilig; **2.** ungeheiligt, nicht geweiht; **3.** gottlos, ruchlos; **4.** F scheußlich, schrecklich, ‚gotteslästerlich'.
'un'hon·o(u)red *adj.* ungeehrt; nicht verehrt.
'un'hook *v/t. u. v/i.* auf-, loshaken.
'un'hoped, un'hoped-for *adj.* unverhofft, unerwartet.
'un'horse *v/t.* aus dem Sattel heben *od.* werfen; *Reiter* abwerfen.
un·house ['ʌn'hauz] *v/t.* **1.** (aus dem Hause) vertreiben; **2.** obdachlos machen; **'un'housed** [-zd] *adj.* obdach-, heimatlos, vertrieben.
'un'hur·ried *adj.* □ gemütlich, gemächlich.
'un'hurt *adj.* unverletzt, unbeschädigt.
u·ni·cel·lu·lar ['ju:ni'seljulə] *adj. biol.* einzellig: *~ animal, ~ plant* Einzeller.
u·ni·col·o(u)r ['ju:ni'kʌlə], **'u·ni'col·o(u)red** [-əd] *adj.* einfarbig.
u·ni·corn ['ju:nikɔ:n] *s.* Einhorn *n.*
'un·i'den·ti·fied *adj.* nicht identifiziert; unbekannt (*a.* ⚔ *Flugobjekt etc.*).
u·ni·di·men·sion·al [ju:nidi'menʃənl] *adj.* 'eindimensio,nal.
u·ni·fi·ca·tion [ju:nifi'keiʃən] *s.* **1.** Vereinigung *f*; **2.** Vereinheitlichung *f.*
u·ni·form ['ju:nifɔ:m] **I.** *adj.* □ **1.** gleich(förmig); **2.** gleichbleibend, -mäßig, kon'stant; **3.** einheitlich, über'einstimmend, gleich, Einheits...; **4.** einförmig, -tönig; **II.** *s.* **5.** Uni'form *f*, Dienstkleidung *f*; **III.** *v/t.* **6.** uniformieren (*a.* ⚔ *etc.*): *~ed* uniformiert, in Uniform; **u·ni·form·i·ty** [ju:ni'fɔ:miti] *s.* **1.** Gleichförmigkeit *f*, -mäßigkeit *f*, Gleichheit *f*, Über'einstimmung *f*; **2.** Einheitlichkeit *f*; **3.** Einförmigkeit *f*, -tönigkeit *f.*
u·ni·fy ['ju:nifai] *v/t.* **1.** verein(ig)en, zs.-schließen; **2.** vereinheitlichen.
u·ni·lat·er·al ['ju:ni'lætərəl] *adj.* □ einseitig.
'un·il'lu·mi·nat·ed *adj.* **1.** unerleuchtet (*a. fig.*); **2.** *fig.* unwissend.
un·im'ag·i·na·ble *adj.* □ unvorstellbar; **'un·im'ag·i·na·tive** *adj.* □ phanta'sielos, einfallslos; **'un·im'ag·ined** *adj.* ungeahnt.
'un·im'paired *adj.* unvermindert, ungeschwächt, ungeschmälert.
'un·im'pas·sioned *adj.* leidenschaftslos.
un·im'peach·a·ble *adj.* □ **1.** unanfechtbar, unantastbar; **2.** vorwurfsfrei, untad(e)lig.
'un·im'ped·ed *adj.* □ ungehindert.
'un·im'por·tant *adj.* unwichtig.
'un·im'pos·ing *adj.* nicht imponierend *od.* impo'sant, eindruckslos.
'un·im'pres·sion·a·ble *adj.* nicht zu beeindrucken(d), (für Eindrücke) unempfänglich.
'un·im'pres·sive *adj.* □ ausdruckslos, unscheinbar.
'un·im'proved *adj.* **1.** unverbessert, nicht vervollkommnet; **2.** nicht kultiviert, unbebaut (*Land*).
'un·in'flect·ed *adj. ling.* unflektiert, flexi'onslos.
'un'in·flu·enced *adj.* unbeeinflußt (*by* durch, von); **'un·in·flu'en·tial** *adj.* ohne Einfluß, nicht einflußreich.
'un·in'formed *adj.* **1.** (*on*) nicht informiert *od.* unter'richtet (über *acc.*), nicht eingeweiht (in *acc.*); **2.** unwissend, ungebildet.
'un·in'hab·it·a·ble *adj.* unbewohnbar; **'un·in'hab·it·ed** *adj.* unbewohnt.
'un·in'i·ti·at·ed *adj.* uneingeweiht, nicht eingeführt (*into* in *acc.*).
'un'in·jured *adj.* unverletzt, unbeschädigt.
'un·in'spired *adj.* schwunglos, ohne Feuer; **'un·in'spir·ing** *adj.* nicht begeisternd, wenig anregend.
'un·in'struct·ed *adj.* **1.** nicht unter'richtet, unwissend; **2.** nicht instruiert, ohne Verhaltungsmaßregeln; **'un·in'struc·tive** *adj.* nicht instruk'tiv.
'un·in'sured *adj.* unversichert.
'un·in'tel·li·gent *adj.* □ **1.** 'unintelli,gent, beschränkt; **2.** geistlos, dumm.
'un·in·tel·li·gi'bil·i·ty *s.* Unverständlichkeit *f*; **'un·in'tel·li·gi·ble** *adj.* □ unverständlich.
'un·in'tend·ed *adj.*, **'un·in'ten·tion·al** *adj.* □ unbeabsichtigt, unabsichtlich.
'un'in·ter·est·ed *adj.* □ inter'esselos, uninteressiert (*in* an *dat.*), gleichgültig; **'un'in·ter·est·ing** *adj.* □ 'uninteres,sant.
'un·in·ter'rupt·ed *adj.* □ 'ununter,brochen: **a)** ungestört (*by* von), **b)** kontinuierlich, fortlaufend, anhaltend: *~ working hours* durchgehende Arbeitszeit.
'un·in'vit·ed *adj.* un(ein)geladen;

'un·in'vit·ing *adj.* □ nicht *od.* wenig einladend *od.* verlockend *od.* anziehend.

un·ion ['ju:njən] *s.* **1.** *allg.* Vereinigung *f*, (*a. eheliche*) Verbindung; **2.** Eintracht *f*, Harmo'nie *f*; **3.** *pol.* Zs.-schluß *m*; **4.** *pol. etc.* Uni'on *f*: **a)** (Staaten)Bund *m*, *z.B. die* U.S.A. *pl.*, **b)** Vereinigung *f*, (Zweck)Verband *m*, Bund *m*, (*a. Post-, Zoll- etc.*) Verein *m*, **c)** *Brit. Vereinigung unabhängiger Kirchen*; **5.** Gewerkschaft *f*; **6.** *Brit. hist.* **a)** *Kirchspielverband zu gemeinsamer Armenpflege*, **b)** Armenhaus *n*; **7.** ⊕ Anschlußstück *n*, (Rohr)Verbindung *f*; **8.** ⊕ Mischgewebe *n*; **9.** ⚓ Gösch *f* (*Flaggenfeld mit Hoheitsabzeichen*): ~ *flag* → *union jack* 1; **'un·ion·ism** [-nizəm] *s.* **1.** *pol.* Unio'nismus *m*, unio'nistische Bestrebungen *pl.*; **2.** Gewerkschaftswesen *n*; **'un·ion·ist** [-nist] *s.* **1.** ♀ *pol. hist.* Unio'nist *m*; **2.** Gewerkschaftler *m*; **'un·ion·ize** [-naiz] *v/t.* gewerkschaftlich organisieren.

un·ion| jack *s.* **1.** *Union Jack* Union Jack *m* (*brit. Nationalflagge*); **2.** ⚓ → *union 9*; **~ joint** *s.* Rohrverbindung *f*; **~ shop** *s.* ✝ *bsd. Am. Betrieb, der auch Nicht-Gewerkschaftsmitglieder einstellen darf, wenn sie innerhalb e-r gewissen Zeit der Gewerkschaft beitreten*; **~ suit** *s. Am.* Hemdhose *f* mit langem Bein.

u·nip·a·rous [ju:'nipərəs] *adj.* **1.** *zo.* nur 'ein Junges gebärend *od.* werfend (*bei e-m Wurf*); **2.** ♀ nur 'eine Achse *od.* 'einen Ast treibend.

u·ni·par·tite [ju:ni'pɑ:tait] *adj.* einteilig.

u·ni·po·lar [ju:ni'poulə] *adj.* **1.** *phys.*, ⚡ einpolig, Einpol...; **2.** *anat.* monopo'lar (*Nervenzelle*).

u·nique [ju:'ni:k] **I.** *adj.* □ **1.** einzig; **2.** einmalig, einzigartig; unerreicht, *nachgestellt*: ohne'gleichen; **3.** F außer-, ungewöhnlich; großartig; **II.** *s.* **4.** Seltenheit *f*, 'Unikum *n*; **u'nique·ness** [-nis] *s.* Einzigartig-, Einmaligkeit *f*.

u·ni·sex·u·al ['ju:ni'seksjuəl] *adj.* □ **1.** eingeschlechtig; **2.** *zo.*, ♀ getrenntgeschlechtlich.

u·ni·son ['ju:nizn] *s.* **1.** ♪ Ein-, Gleichklang *m*, Uni'sono *n*: *in* ~ unisono, einstimmig; **2.** *fig.* Einklang *m*, Über'einstimmung *f*: *in* ~ *with* in Einklang mit; **u·nis·o·nous** [ju:'nisənəs] *adj.* **1.** ♪ **a)** gleichklingend, **b)** einstimmig; **2.** *fig.* gleichgestimmt, über'einstimmend.

u·nit ['ju:nit] *s.* **1.** *allg.* Einheit *f* (*Einzelding*): ~ *of account* (*trade, value*) ✝ (Ver)Rechnungs- (Handels-, Währungs)einheit; *dwelling* ~ Wohneinheit; ~ *factor biol.* Erbfaktor; ~ *furniture* Anbaumöbel; ~ *price* ✝ Einheitspreis; ~ *wages* ✝ Stück-, Akkordlohn; **2.** *phys.* (Grund-, Maß)Einheit *f*: ~ (*of*) *power* (*time*) Leistungs- (Zeit)einheit; **3.** ℞ Einer *m*, Einheit *f*; **4.** ⚔ Einheit *f*, Verband *m*, Truppenteil *m*; **5.** ⊕ **a)** (Bau)Einheit *f*, **b)** Aggre'gat *n*, Anlage *f*: ~ *construction* Baukastenbauweise; **6.** *fig.* Kern *m*, Zelle *f*: *the family as the* ~ *of society*.

U·ni·tar·i·an [ju:ni'tɛəriən] **I.** *s. eccl.* Uni'tarier(in); **II.** *adj.* uni'tarisch; **U·ni'tar·i·an·ism** [-nizəm] *s. eccl.* Unita'rismus *m*; **u·ni·tar·y** ['ju:nitəri] *adj.* Einheits... (*a.* ℞, ⚡); einheitlich.

u·nite [ju:'nait] **I.** *v/t.* **1.** verbinden (*a.* ⚗, ⊕), vereinigen; **2.** (ehelich) verbinden, verheiraten; **3.** *Eigenschaften* in sich vereinigen; **II.** *v/i.* **4.** sich vereinigen; **5.** ⚗, ⊕ sich verbinden (*with* mit); **6.** sich zs.-tun: *to* ~ *in doing s.th.* et. geschlossen *od.* vereint tun; **7.** sich anschließen (*with dat. od.* an *acc.*); **8.** sich verheiraten *od.* verbinden; **u'nit·ed** [-tid] *adj.* vereinigt; vereint (*Kräfte etc.*), gemeinsam: ♀ *Kingdom das* Vereinigte Königreich (*Großbritannien u. Nordirland*); ♀ *Nations* Vereinte Nationen; ♀ *States die* Vereinigten Staaten *von Nordamerika, die* U.S.A.

u·nit trust *s.* ✝ In'vestmenttrust *m*.

u·ni·ty ['ju:niti] *s.* **1.** Einheit *f* (*a.* ℞, ⚖): *the dramatic unities thea.* die drei Einheiten; **2.** Einheitlichkeit *f* (*a. e-s Kunstwerks*); **3.** Einigkeit *f*, Eintracht *f*: ~ (*of sentiment*) Einmütigkeit; *at* ~ in Eintracht, im Einklang; **4.** *nationale etc.* Einheit.

u·ni·va·lent [ju:ni'veilənt] *adj.* ⚗ einwertig.

u·ni·ver·sal [ju:ni'və:səl] **I.** *adj.* □ **1.** ('all)um,fassend, univer'sal, Universal...(*-genie, -erbe, etc.*), gesamt, glo'bal: ~ *knowledge* umfassendes Wissen; ~ *succession* ⚖ Gesamtnachfolge; **2.** allgemein (*a. Wahlrecht, Wehrpflicht etc.*): ~ *partnership* ⚖ allgemeine Gütergemeinschaft; *to meet with* ~ *applause* allgemeinen Beifall finden; *the disappointment was* ~ die Enttäuschung war allgemein; **3.** allgemein(gültig), univer'sell: ~ *rule*; **4.** allgemein, 'überall üblich *od.* anzutreffen(d); **5.** 'weltum,fassend, Welt...: ~ *language* Weltsprache; ♀ *Postal Union* Weltpostverein; ~ *time* Weltzeit; **6.** ⊕ Universal...(*-gerät etc.*): ~ *current* ⚡ Allstrom; ~ *joint* Universal-, Kardangelenk; **7.** *Logik*: allgemein; **II.** *s.* **8.** *das* Allgemeine; **9.** *Logik*: allgemeine Aussage; **10.** *phls.* Allgemeinbegriff *m*; **u·ni'ver·sal·ism** [-səlizəm] *s. eccl., phls.* Universa'lismus *m*; **u·ni·ver·sal·i·ty** [ju:nivə:'sæliti] *s.* **1.** *das* 'Allum,fassende, Allgemeinheit *f*; **2.** Universali'tät *f*, Vielseitigkeit *f*, um'fassende Bildung; **3.** Allgemeingültigkeit *f*; **u·ni'ver·sal·ize** [-səlaiz] *v/t.* allgemeingültig machen, allgemein verbreiten; **u·ni·verse** ['ju:nivə:s] *s.* **1.** Uni'versum *n*, (Welt)All *n*, 'Kosmos *m*; **2.** Welt *f*; **u·ni'ver·si·ty** [-siti] **I.** *s.* Universi'tät *f*, Hochschule *f*: *Open* ♀, ♀ *of the Air* Fernsehuniversität; *at the* ♀ ✝*Oxford, at Oxford* ♀ auf *od.* an der Universität Oxford; **II.** *adj.* Universitäts..., Hochschul..., aka'demisch: ~ *education* Hochschulbildung; ~ *extension* Volkshochschule; ~ *man* Akademiker; ~ *professor* ordentlicher Professor.

u·niv·o·cal ['ju:ni'voukəl] **I.** *adj.* □ eindeutig, unzweideutig; **II.** *s.* Wort *n* mit nur 'einer Bedeutung.

'un'just *adj.* □ ungerecht (*to* gegen); **un'jus·ti·fi·a·ble** *adj.* □ nicht zu rechtfertigen(d), unverantwortlich; **'un'jus·ti·fied** *adj.* ungerechtfertigt, unberechtigt; **'un'just·ness** *s.* Ungerechtigkeit *f*.

un·kempt ['ʌn'kempt] *adj.* **1.** *obs.* ungekämmt, zerzaust; **2.** *fig.* ungepflegt, unordentlich, verwahrlost.

un'kind *adj.* □ **1.** unfreundlich, ungefällig; **2.** rücksichtslos, herzlos (*to* gegen); **un'kind·li·ness** *s.* Unfreundlichkeit *f*; **un'kind·ly** → *unkind*; **un'kind·ness** *s.* Unfreundlichkeit *f etc.*

'un'knit *v/t. bsd. fig.* (auf)lösen.

'un'knot *v/t.* auf-, entknoten; losknüpfen.

'un'know·ing *adj.* □ **1.** unwissend; **2.** unwissentlich, unbewußt; **3.** nicht wissend, ohne zu wissen (*that* daß, *how* wie *etc.*).

'un'known **I.** *adj.* **1.** unbekannt (*to dat.*); → *quantity* 2; **2.** nie gekannt, beispiellos (*Entzücken etc.*); **II.** *adv.* **3.** (*to s.o.*) ohne (j-s) Wissen; **III.** *s.* **4.** *der* (*die, das*) Unbekannte; **5.** ℞ Unbekannte *f*.

'un'la·bel(l)ed *adj.* nicht etikettiert, ohne Eti'kett *od.* (Gepäck)Zettel.

'un'la·bo(u)red *adj.* mühelos (*a. fig. ungezwungen, leicht*).

'un'lace *v/t.* aufschnüren.

'un'lade *v/t.* [*irr.* → *lade*] **1.** aus-, entladen; **2.** ⚓ *Ladung etc.* löschen; **'un'lad·en** *adj.* **1.** unbeladen: ~ *weight* Leergewicht; **2.** *fig.* unbelastet.

'un'la·dy·like *adj.* nicht damenhaft, unfein.

'un'laid *adj.* **1.** nicht gelegt, ungelegt; **2.** nicht gebannt (*Geist*); **3.** ungedeckt (*Tisch*); **4.** ungerippt (*Papier*).

'un·la'ment·ed *adj.* unbeklagt, unbeweint.

'un'latch *v/t.* aufklinken.

'un'law·ful *adj.* □ **1.** ⚖ rechtswidrig, 'widerrechtlich, unzulässig, ungesetzlich: ~ *assembly* Auflauf, Zs.-rottung; **2.** unerlaubt, unrechtmäßig; **3.** unehelich; **'un'law·ful·ness** *s.* Ungesetzlichkeit *f etc.*

'un'learn *v/t.* [*irr.* → *learn*] **1.** verlernen, vergessen; **2.** 'umlernen.

un·learned[1] ['ʌn'lə:nt] *adj.* nicht er- *od.* gelernt.

un·learn·ed[2] ['ʌn'lə:nid] *adj.* □ ungebildet, ungelehrt, unwissend.

'un'learnt → *unlearned*[1].

'un'leash *v/t.* **1.** losbinden, *Hund* loskoppeln; **2.** *fig.* entfesseln, loslassen.

'un'leav·ened *adj.* ungesäuert (*Brot*).

un·less [ən'les] **I.** *cj.* wenn ... nicht; wo'fern ... nicht; es sei denn (, daß) ...; außer wenn ...; ausgenommen (wenn) ...; vor'ausgesetzt, daß nicht ...; **II.** *prp.* außer.

'un'let·tered *adj.* **1.** analpha'betisch; **2.** ungebildet, ungelehrt.

'un'li·censed *adj.* **1.** unerlaubt, unberechtigt; **2.** unkonzessioniert, ohne Li'zenz, ‚schwarz'.

'un'licked *adj.* **1.** *mst fig.* ungeleckt, unbeleckt; **2.** *fig.* **a)** ungehobelt, ungeschliffen, roh, **b)** unreif: ~ *cub* grüner Junge.

'un'like **I.** *adj.* **1.** ungleich, (voneinander) verschieden; **2.** unähnlich;

II. *prp.* **3.** unähnlich (*s.o.* j-m), verschieden von, anders als: *that is very ~ him* das sieht ihm gar nicht ähnlich; **4.** anders als, nicht wie; **5.** im Gegensatz zu.

un'like·li·hood, un'like·li·ness *s.* Unwahrscheinlichkeit *f*; **un'like·ly I.** *adj.* **1.** unwahrscheinlich; **2.** (ziemlich) unmöglich: *~ place*; **3.** aussichtslos; **II.** *adv.* **4.** unwahrscheinlich.

un'lim·ber *v/t. u. v/i.* **1.** ⚔ abprotzen; **2.** *fig.* (sich) bereitmachen.

un'lim·it·ed *adj.* **1.** unbegrenzt; unbeschränkt (*a. Haftung etc.*): *~ company* ✝ *Brit.* Gesellschaft mit unbeschränkter Haftung; **2.** ✝ *Börse*: nicht limitiert; **3.** *fig.* grenzen-, uferlos.

'un'lined[1] *adj.* ungefüttert (*bsd. Kleidungsstück*).

'un'lined[2] *adj.* **1.** unliniert, ohne Linien; **2.** faltenlos (*Gesicht*).

'un'link *v/t.* **1.** losketten; **2.** *Kettenglieder* trennen; **3.** *Kette* ausein'andernehmen; **'un'linked** *adj. fig.* ungebunden.

'un'liq·ui·dat·ed *adj.* ✝ unbeglichen, unbezahlt, offenstehend.

'un'list·ed *adj.* ✝ unnotiert, nicht börsenfähig.

'un'load I. *v/t.* **1.** ab-, aus-, entladen; *Ladung* löschen; **2.** *fig.* (von e-r Last) befreien, erleichtern; **3.** *Waffe* entladen; **4.** *Börse*: *Aktien* (*massenhaft*) abstoßen, auf den Markt werfen; **II.** *v/i.* **5.** aus-, abladen; **6.** gelöscht *od.* ausgeladen werden.

'un'lock *v/t.* **1.** aufschließen, öffnen; **2.** *Waffe* entsichern; **'un'locked** *adj.* unverschlossen.

un'looked-for *adj.* unerwartet, 'unvor,hergesehen, über'raschend.

'un'loose, un'loos·en *v/t.* lösen, losmachen, -lassen.

'un'lov·a·ble *adj.* **1.** nicht liebenswert; **2.** unliebenswürdig; **'un'loved** *adj.* ungeliebt; **'un'love·ly** *adj.* **1.** unschön, häßlich, reizlos; **2.** garstig; **'un'lov·ing** *adj.* □ kalt, lieblos.

un'luck·i·ly *adv.* unglücklicherweise; **un'luck·y** *adj.* □ unglücklich: **a)** vom Pech verfolgt: *to be ~* Pech *od.* kein Glück haben, **b)** fruchtlos: *~ effort*, **c)** ungünstig: *~ moment*, **d)** unheilvoll, schwarz, Unglücks...: *~ day.*

'un'made *adj.* ungemacht.

'un'make *v/t.* [*irr.* → *make*] **1.** aufheben, 'umstoßen, wider'rufen, rückgängig machen; **2.** *j-n* absetzen; **3.** zerstören; **4.** 'umbilden.

'un'man *v/t.* **1.** entmannen; **2.** *j-n* s-r Kraft berauben; **3.** *j-n* verzagen lassen, entmutigen; **4.** verrohen (lassen); **5.** *e-m Schiff etc.* die Mannschaft nehmen: *~ned* unbemannt.

un'man·age·a·ble *adj.* □ **1.** schwer zu handhaben(d), unhandlich; **2.** *fig.* schwierig zu behandeln(d), unlenksam, 'widerspenstig: *~ child*; **3.** **3.** unkontrollierbar, schwierig (*Lage*).

'un'man·li·ness *s.* Unmännlichkeit *f*; **'un'man·ly** *adj.* **1.** unmännlich; **2.** weibisch; **3.** feige.

un'man·ner·li·ness *s.* Ungezogenheit *f*; **un'man·ner·ly** *adj.* ungezogen, 'unma,nierlich.

'un'marked *adj.* **1.** nicht gekennzeichnet, unbezeichnet, ungezeichnet; **2.** unbemerkt.

'un'mar·ket·a·ble *adj.* ✝ **1.** nicht marktgängig *od.* -fähig; **2.** unverkäuflich.

'un'mar·riage·a·ble *adj.* nicht heiratsfähig; **'un'mar·ried** *adj.* unverheiratet, ledig.

un·mask ['ʌn'mɑːsk] **I.** *v/t.* **1.** *j-m* die Maske abnehmen, *j-n* demaskieren; **2.** *fig. j-n* entlarven, *j-m* die Maske her'unterreißen; **II.** *v/i.* **3.** sich demaskieren; **4.** *fig.* die Maske fallenlassen; **'un'mask·ing** [-kiŋ] *s.* Entlarvung *f.*

'un'matched *adj.* unvergleichlich, unerreicht, 'unüber,troffen.

un'mean·ing *adj.* □ sinn-, bedeutungslos; nichtssagend (*a. Gesicht*); **'un'meant** *adj.* unbeabsichtigt, ungewollt.

un'meas·ured *adj.* **1.** ungemessen; **2.** unermeßlich, grenzenlos, unbegrenzt; **3.** unmäßig.

'un'meet *adj.* □ *obs.* **1.** unschicklich; **2.** ungeeignet.

'un·me'lo·di·ous *adj.* □ 'unme,lodisch.

un'men·tion·a·ble I. *adj.* nicht zu erwähnen(d), unaussprechlich; **II.** *s. pl. humor. die* Unaussprechlichen *pl.* (*Hosen*); **'un'men·tioned** *adj.* unerwähnt.

'un'mer·chant·a·ble *adj.* ✝ **1.** nicht marktgängig *od.* -fähig; **2.** unverkäuflich.

un'mer·ci·ful *adj.* □ unbarmherzig.

'un'mer·it·ed *adj.* □ unverdient.

'un·me'thod·i·cal *adj.* 'unme,thodisch, planlos.

'un'mil·i·tar·y *adj.* 'unmili,tärisch, 'unsol,datisch.

un'mind·ful *adj.* □ unbedacht(sam), sorglos; uneingedenk (*of gen.*), ohne Rücksicht (*of* auf *acc.*): *to be ~ of et.* nicht beachten, nicht denken an (*acc.*), sich durch *et.* nicht abhalten lassen.

'un·mis'tak·a·ble *adj.* □ **1.** 'un,mißver,ständlich; **2.** unverkennbar.

un'mit·i·gat·ed *adj.* □ **1.** ungemildert, ganz; **2.** voll'endet, Erz..., *nachgestellt*: durch u. durch: *an ~ liar.*

'un'mixed *adj.* □ **1.** unvermischt; **2.** *fig.* ungemischt, rein.

'un'mod·i·fied *adj.* unverändert, nicht abgeändert.

'un·mo'lest·ed *adj.* unbelästigt, ungestört: *to live ~* in Frieden leben.

'un'moor ⚓ **I.** *v/t.* **1.** abankern, losmachen; **2.** vor 'einem Anker liegen lassen; **II.** *v/i.* **3.** die Anker lichten.

'un'mor·al *adj.* 'amo,ralisch.

'un'mort·gaged *adj.* ⚖ **1.** unverpfändet; **2.** hypo'thekenfrei, unbelastet.

'un'mount·ed *adj.* **1.** unberitten: *~ police*; **2.** *typ.* nicht aufgezogen (*Bild*); **3.** ⊕, ⚔ unmontiert; **4.** nicht gefaßt (*Stein*).

'un'mourned *adj.* unbetrauert, unbeweint.

'un'mov·a·ble *adj.* □ unbeweglich; **'un'moved** *adj.* □ **1.** unbewegt; **2.** *fig.* ungerührt, unbewegt; **3.** *fig.* unerschütterlich, standhaft, gelassen; **'un'mov·ing** *adj.* regungslos.

'un'mur·mur·ing *adj.* □ ohne Murren, klaglos.

'un'mu·si·cal *adj.* □ **1.** 'unmusi,kalisch (*Person*); **2.** 'unme,lodisch, 'mißtönend (*Klang*).

'un'muz·zle *v/t.* **1.** *e-m Hund* den Maulkorb abnehmen: *~d* ohne Maulkorb; **2.** *fig. j-m* freie Meinungsäußerung gewähren.

'un'nam·a·ble *adj.* unsagbar.

'un'named *adj.* **1.** namenlos; **2.** nicht namentlich genannt, ungenannt.

un'nat·u·ral *adj.* □ **1.** 'unna,türlich; **2.** künstlich, gekünstelt; **3.** 'widerna,türlich (*Laster, Verbrechen etc.*); **4.** ungeheuerlich, ab'scheulich; **5.** ungewöhnlich; **6.** 'anomal.

'un'nav·i·ga·ble *adj.* nicht schiffbar, nicht befahrbar.

un'nec·es·sar·i·ly *adv.* unnötigerweise; **un'nec·es·sar·y** *adj.* □ **1.** unnötig, nicht notwendig; **2.** nutzlos, 'überflüssig.

'un'need·ed *adj.* nicht benötigt, nutzlos; **'un'need·ful** *adj.* □ unnötig.

'un'neigh·bo(u)r·ly *adj.* nicht gutnachbarlich, unfreundlich.

'un'nerve *v/t.* entnerven, zermürben, *j-n* die Nerven *od.* den Mut verlieren lassen.

'un'not·ed *adj.* **1.** unbeachtet, unberühmt; **2.** → *unnoticed 1.*

'un'no·ticed *adj.* **1.** unbemerkt, unbeobachtet; **2.** → *unnoted 1.*

'un'num·bered *adj.* **1.** unnumeriert; **2.** *poet.* ungezählt, zahllos.

'un·ob'jec·tion·a·ble *adj.* □ einwandfrei.

'un·o'blig·ing *adj.* ungefällig.

'un·ob'serv·ant *adj.* unaufmerksam, unachtsam: *to be ~ of et.* nicht beachten; **'un·ob'served** *adj.* □ unbeobachtet, unbemerkt.

'un·ob'struct·ed *adj.* unversperrt; *allg.* ungehindert: *~ view*; *~ policy.*

'un·ob'tru·sive *adj.* □ unaufdringlich: **a)** zu'rückhaltend, bescheiden, **b)** unauffällig; **'un·ob'tru·sive·ness** *s.* Unaufdringlichkeit *f.*

'un'oc·cu·pied *adj.* frei: **a)** unbewohnt, leer(stehend), **b)** unbesetzt, **c)** unbeschäftigt.

'un·of'fend·ing *adj.* harmlos, unschädlich, nicht anstößig.

'un·of'fi·cial *adj.* □ nichtamtlich, 'inoffizi,ell.

'un'o·pened *adj.* **1.** ungeöffnet, verschlossen; **2.** ✝ unerschlossen: *~ market.*

'un·op'posed *adj.* **1.** unbehindert; **2.** unbeanstandet: *~ by* ohne Widerstand *od.* Einspruch seitens (*gen.*).

'un'or·gan·ized *adj.* **1.** 'unor,ganisch; **2.** unorganisiert.

'un'or·tho·dox *adj.* **1.** *eccl.* 'unortho,dox; **2.** *fig.* unorthodox, unüblich, 'unkonventio,nell: *~ measures.*

'un·os·ten'ta·tious *adj.* □ unaufdringlich, unauffällig: **a)** prunklos, schlicht, **b)** anspruchslos, zu'rückhaltend, **c)** de'zent (*Farben etc.*).

'un'owned *adj.* herrenlos.

'un'pack *v/t. u. v/i.* auspacken.

'un'paid *adj.* **1.** unbezahlt; rückständig (*Zinsen etc.*); ✝ noch nicht eingezahlt (*Kapital*); **2.** unbesoldet, unbezahlt, ehrenamtlich (*Stellung*); **3.** ✉ unfrankiert: *~-letter stamps* Nachgebührenmarken.

un'pal·at·a·ble *adj.* □ **1.** unschmackhaft, schlecht (schmeckend); **2.** *fig.* unangenehm, 'widerwärtig.
un'par·al·leled *adj.* einmalig, beispiellos, *nachgestellt*: ohne'gleichen.
un'par·don·a·ble *adj.* □ unverzeihlich.
'un·par·lia'men·ta·ry *adj. pol.* 'unparlamen,tarisch.
'un'pat·ent·ed *adj.* nicht patentiert.
'un·pa·tri'ot·ic *adj.* (□ *~ally*) 'unpatri,otisch.
'un'paved *adj.* ungepflastert.
'un'ped·i·greed *adj.* ohne Stammbaum.
'un'peo·ple *v/t.* entvölkern.
'un·per'ceived *adj.* □ unbemerkt.
'un·per'formed *adj.* **1.** nicht ausgeführt, ungetan, unverrichtet; **2.** *thea.* nicht aufgeführt (*Stück*).
'un·per'turbed *adj.* nicht beunruhigt, gelassen, ruhig.
'un·phil·o'soph·i·cal *adj.* □ 'unphilo,sophisch.
'un'pick *v/t. Naht etc.* (auf)trennen; **'un'picked** *adj.* **1.** ungepflückt; **2.** ✝ unausgesucht, unsortiert (*Proben*).
'un'pin *v/t.* **1.** die Nadeln entfernen aus; **2.** losstecken, -machen.
'un'pit·ied *adj.* unbemitleidet; **un'pit·y·ing** *adj.* □ mitleid(s)los.
'un'placed *adj.* **1.** nicht 'untergebracht; nicht angestellt, ohne Stellung; **2.** *Rennsport*: unplaciert.
'un'plait *v/t.* **1.** glätten; **2.** *Haar* aufflechten.
'un'play·a·ble *adj.* **1.** *sport* nicht zu spielen(d) (*Ball*); **2.** *sport* unbespielbar (*Sportplatz*); **3.** ♪ unspielbar.
un'pleas·ant *adj.* □ **1.** unangenehm, unerfreulich; **2.** unangenehm, widerlich; **un'pleas·ant·ness** *s.* **1.** Unannehmlichkeit *f*; **2.** Widerlichkeit *f*; **3.** 'Mißhelligkeit *f*, Unstimmigkeit *f*.
'un'pledged *adj.* **1.** nicht gebunden, nicht verpflichtet; **2.** ⚖ unverpfändet.
'un'plumbed *adj. fig.* unergründet, unergründlich.
'un·po'et·ic *adj.*; **'un·po'et·i·cal** *adj.* □ 'unpo,etisch, undichterisch.
'un'pol·ished *adj.* **1.** unpoliert (*a. Reis*), ungeglättet, ungeschliffen; **2.** *fig.* unausgeglichen, unausgefeilt (*Stil etc.*); **3.** *fig.* ungeschliffen, ungehobelt, ungebildet.
'un'pol·i·tic → *unpolitical 1*; **'un·po'lit·i·cal** *adj.* **1.** po'litisch unklug; **2.** 'unpo,litisch, an Poli'tik uninteressiert.
'un'polled *adj. pol.* **1.** nicht gewählt (habend): *~ elector* Nichtwähler; **2.** nicht (in die Wählerliste) eingetragen; **3.** ungezählt (*Stimme*).
'un·pol'lut·ed *adj.* **1.** nicht verschmutzt *od.* verseucht (*Wasser etc.*); **2.** *fig.* unbefleckt.
'un'pop·u·lar *adj.* □ 'unpopu,lär, unbeliebt; **'un·pop·u'lar·i·ty** *s.* 'Unpopulari,tät *f*, Unbeliebtheit *f*.
'un·pos'sessed *adj.* **1.** herrenlos (*Sache*); **2.** *~ of s.th.* nicht im Besitz e-r Sache.
'un'post·ed *adj.* **1.** nicht informiert, 'ununter,richtet; **2.** *Brit.* nicht aufgegeben (*Brief*).
'un'prac·ti·cal *adj.* □ unpraktisch.
un'prac·ticed *Am.*, **un'prac·tised** *Brit. adj.* **1.** unerfahren, ungeübt (*in* in *dat.*); **2.** nicht praktiziert; **3.** nicht üblich.
un'prec·e·dent·ed *adj.* □ **1.** beispiellos, unerhört, noch nie dagewesen; **2.** ⚖ ohne Präze'denzfall.
'un·pre'dict·a·ble *adj.* unberechenbar (*a. Person*), unvorhersehbar.
un'prej·u·diced *adj.* unvoreingenommen, vorurteilsfrei, unbefangen, 'unpar,teiisch.
'un·pre'med·i·tat·ed *adj.* □ **1.** unvorbereitet, aus dem Stegreif; **2.** nicht vor('her)bedacht, unbeabsichtigt.
'un·pre'pared *adj.* □ **1.** unvorbereitet: *an ~ speech*; **2.** (*for*) nicht vorbereitet (auf *acc.*), nicht gerüstet (für).
'un·pre·pos'sess·ing *adj.* wenig einnehmend *od.* anziehend, reizlos.
'un·pre'sent·a·ble *adj.* nicht präsen'tabel *od.* gesellschaftsfähig.
'un·pre'sum·ing *adj.* nicht anmaßend; bescheiden, anspruchslos.
'un·pre'tend·ing, **'un·pre'ten·tious** *adj.* □ anspruchslos.
un'prin·ci·pled *adj.* **1.** ohne (feste) Grundsätze, haltlos, cha'rakterlos (*Person*); **2.** gewissenlos, charakterlos (*Benehmen*).
un·print·a·ble ['ʌn'printəbl] *adj.* zur Veröffentlichung ungeeignet, *bsd.* zu anstößig; **'un'print·ed** [-tid] *adj.* **1.** ungedruckt (*Schriften*); **2.** unbedruckt (*Stoffe*).
'un'priv·i·leged *adj.* nicht privilegiert *od.* bevorrechtigt: *~ creditor* ⚖ Massegläubiger.
'un·pro'duc·tive *adj.* □ **1.** unfruchtbar; **2.** unergiebig (*of* an *dat.*); **3.** ✝ *u. weitS.* 'unproduk,tiv; **'un·pro'duc·tive·ness** *s.* **1.** Unfruchtbarkeit *f*; **2.** Unergiebigkeit *f*; **3.** 'Unproduktivi,tät *f*.
'un·pro'fes·sion·al *adj.* □ **1.** keiner freien Berufsgruppe zugehörig; **2.** nicht berufsmäßig; **3.** berufswidrig: *~ conduct*; **4.** unfachmännisch.
un'prof·it·a·ble *adj.* □ **1.** uneinträglich, nicht gewinnbringend *od.* lohnend; **2.** unvorteilhaft; **3.** nutz-, zwecklos, unnütz; **un'prof·it·a·ble·ness** *s.* **1.** Uneinträglichkeit *f*; **2.** Nutzlosigkeit *f*.
'un·pro'gres·sive *adj.* □ **1.** nicht fortschrittlich, rückständig; **2.** rückschrittlich, konserva'tiv, reaktio'när.
'un'prom·is·ing *adj.* □ nicht vielversprechend, ziemlich aussichtslos.
'un'prompt·ed *adj.* unbeeinflußt, ungeheißen (*by* von), spon'tan.
'un·pro'nounce·a·ble *adj.* unaussprechlich.
'un·pro'pi·tious *adj.* □ ungünstig, ungeeignet.
'un·pro'por·tion·al *adj.* □ unverhältnismäßig.
'un·pro'tect·ed *adj.* **1.** ungeschützt, schutzlos; **2.** ungedeckt.
'un'proved *adj.* unerwiesen.
'un·pro'vid·ed *adj.* □ **1.** nicht versehen (*with* mit): *~ with* ohne; **2.** unvorbereitet; **3.** *~ for* unversorgt (*Kind*); **4.** *~ for* nicht vorgesehen.
'un·pro'voked *adj.* □ **1.** unprovoziert; **2.** nicht veranlaßt, grundlos.
'un'pub·lished *adj.* unveröffentlicht.
'un'punc·tu·al *adj.* □ unpünktlich; **'un·punc·tu'al·i·ty** *s.* Unpünktlichkeit *f*.
'un'pun·ished *adj.* unbestraft, ungestraft: *to go ~* straflos ausgehen.
'un'qual·i·fied[1] *adj.* □ **1.** unqualifiziert, unberechtigt; nicht approbiert (*Arzt*); **2.** ungeeignet, untauglich, unbefähigt.
un'qual·i·fied[2] *adj.* **1.** uneingeschränkt, unbedingt; **2.** F ausgesprochen (*Lügner etc.*).
un·quench·a·ble [ʌn'kwentʃəbl] *adj.* □ **1.** unlöschbar; **2.** *fig.* unstillbar.
un·ques·tion·a·ble [ʌn'kwestʃənəbl] *adj.* □ unzweifelhaft, fraglos; **un'ques·tioned** [-tʃənd] *adj.* **1.** ungefragt; **2.** unbezweifelt, unbestritten; **un'ques·tion·ing** [-niŋ] *adj.* □ bedingungslos, blind: *~ obedience*; **un'ques·tion·ing·ly** [-niŋli] *adv.* ohne zu fragen, ohne Zögern.
'un'quote *v/t. Zitat* beenden: *~!* Ende des Zitats!; **'un'quot·ed** *adj.* *Börse*: nicht notiert.
un'rav·el I. *v/t.* **1.** *Gewebe* ausfasern; **2.** *Gestricktes* auftrennen, -räufeln; **3.** entwirren; **4.** *fig.* entwirren, enträtseln; **II.** *v/i.* **5.** sich entwirren *etc.*
un·read ['ʌn'red] *adj.* **1.** ungelesen; **2.** unbelesen (*Person*).
'un'read·a·ble *adj.* **1.** unleserlich (*Handschrift etc.*); **2.** unlesbar (*Buch etc.*).
'un'read·i·ness *s.* mangelnde Bereitschaft; **'un'read·y** *adj.* □ **1.** nicht bereit (*for* zu), nicht fertig; ungerüstet; **2.** zaudernd, unlustig.
'un're·al *adj.* □ **1.** unwirklich; **2.** wesenlos; **'un·re·al'is·tic** *adj.* (□ *~ally*) wirklichkeitsfremd, 'unrea,listisch; **'un·re'al·i·ty** *s.* **1.** Unwirklichkeit *f*; **2.** Wesenlosigkeit *f*.
'un're·al·iz·a·ble *adj.* nicht realisierbar: **a)** nicht zu verwirklichen(d), **b)** ✝ nicht verwertbar, unverkäuflich; **'un're·al·ized** *adj.* **1.** nicht verwirklicht *od.* erfüllt; **2.** nicht vergegenwärtigt *od.* erkannt.
'un'rea·son *s.* **1.** Unvernunft *f*; **2.** Torheit *f*; **un'rea·son·a·ble** *adj.* □ **1.** unvernünftig; **2.** unvernünftig, unbillig, unmäßig, 'übermäßig; unzumutbar; **un'rea·son·a·ble·ness** *s.* **1.** Unvernunft *f*; **2.** Unbilligkeit *f*, Unmäßigkeit *f*; **un'rea·son·ing** *adj.* □ **1.** vernunftlos; **2.** unvernünftig, blind.
'un·re'ceipt·ed *adj.* ✝ unquittiert.
'un·re'cep·tive *adj.* nicht aufnahmefähig, unempfänglich.
'un·re'claimed *adj.* **1.** ungebessert; **2.** ungezähmt (*a. fig.*); **3.** unkultiviert, unbebaut (*Land*).
'un'rec·og·niz·a·ble *adj.* □ unerkennbar, nicht 'wiederzuerkennen(d); **'un'rec·og·nized** *adj.* **1.** nicht ('wieder)erkannt; **2.** nicht anerkannt.
'un'rec·om·pensed *adj.* unbelohnt.
'un'rec·on·ciled *adj.* unversöhnt (*to* mit).
un·re·cord·ed ['ʌnri'kɔ:did] *adj.* **1.** (geschichtlich) nicht über'liefert *od.* aufgezeichnet; **2.** ⚖ nicht (amtlich) eingetragen; unverzeichnet.
'un·re'deemed *adj.* **1.** *eccl.* unerlöst; **2.** ✝ a) ungetilgt (*Schuld*), **b)** uneingelöst (*Wechsel*); **3.** uneingelöst (*Pfand, Versprechen*); **4.** *fig.* ungemildert (*by* durch); Erz...: *~ rascal*.
'un·re'dressed *adj.* nicht wieder-

ˈgutgemacht, ungesühnt; unabgestellt (*Mißstand*).

ˈ**unˈreel** *v/t. u. v/i.* (sich) abspulen.

ˈ**un·reˈfined** *adj.* **1.** ⊕ nicht raffiniert, ungeläutert, roh, Roh...; **2.** *fig.* ungebildet, unfein, unkultiviert.

ˈ**un·reˈflect·ing** *adj.* □ **1.** *phys.* nicht reflektierend; **2.** gedankenlos, ˈunüberˌlegt.

ˈ**un·reˈformed** *adj.* ungebessert, nicht reformiert.

ˈ**un·reˈfut·ed** *adj.* ˈunwiderˌlegt.

ˈ**un·reˈgard·ed** *adj.* unberücksichtigt, unbeachtet, vernachlässigt; ˈ**un·reˈgard·ful** *adj.* unachtsam, ohne Rücksicht (of auf *acc.*).

un·re·gen·er·a·cy [ˈʌnriˈdʒenərəsi] *s. eccl.* Sündhaftigkeit *f*; ˈ**un·reˈgen·er·ate** [-rit] *adj. eccl.* **1.** nicht ˈwiedergeboren; **2.** *a. allg.* sündig, verderbt.

ˈ**unˈreg·is·tered** *adj.* **1.** nicht aufgezeichnet *od.* eingetragen; **2.** nicht approbiert (*Arzt etc.*); **3.** nicht eingeschrieben (*Brief*).

ˈ**un·reˈgret·ted** *adj.* unbedauert, unbeklagt.

ˈ**unˈreg·u·lat·ed** *adj.* ungeregelt, ungeordnet.

ˈ**un·reˈhearsed** *adj.* **1.** *thea.* ungeprobt; **2.** überˈraschend, sponˈtan.

ˈ**un·reˈlat·ed** *adj.* **1.** ohne Beziehung (*to* zu); **2.** nicht verwandt; **3.** nicht berichtet.

ˈ**un·reˈlent·ing** *adj.* □ **1.** unbeugsam, unerbittlich; **2.** unvermindert.

ˈ**un·re·li·aˈbil·i·ty** *s.* Unzuverlässigkeit *f*; ˈ**un·reˈli·a·ble** *adj.* □ unzuverlässig.

ˈ**un·reˈlieved** *adj.* □ **1.** ungelindert, ungemildert; **2.** nicht unterˈbrochen, ˈununterˌbrochen; **3.** ⚔ **a)** nicht abgelöst (*Wache*), **b)** nicht entsetzt (*Festung*).

un·re·mit·ting [ˈʌnriˈmitiŋ] *adj.* □ unablässig, unaufhörlich, beharrlich.

ˈ**un·reˈmu·ner·a·tive** *adj.* nicht lohnend *od.* einträglich, ˈunrenˌtabel.

ˈ**un·reˈpair** *s.* Schadhaftigkeit *f*, Baufälligkeit *f*.

ˈ**un·reˈpealed** *adj.* nicht widerˈrufen *od.* aufgehoben.

ˈ**un·reˈpent·ant** *adj.* reuelos, unbußfertig; ˈ**un·reˈpent·ed** *adj.* unbereut.

ˈ**un·reˈpin·ing** *adj.* □ **1.** ohne Murren, klaglos; **2.** unverdrossen.

ˈ**un·rep·reˈsent·ed** *adj. pol. u.* ✝ nicht vertreten.

ˈ**un·reˈquit·ed** *adj.* □ **1.** unerwidert: ~ *love*; **2.** unbelohnt (*Dienste*); **3.** ungesühnt (*Missetat*).

un·re·served [ˈʌnriˈzəːvd] *adj.* □ **1.** uneingeschränkt, vorbehalt-, rückhaltlos, völlig; **2.** freimütig, offen(herzig); **3.** nicht reserviert; ˈ**un·reˈserv·ed·ness** [-vidnis] *s.* Offenheit *f*, Freimütigkeit *f*.

ˈ**un·reˈsist·ed** *adj.* ungehindert: *to be* ~ keinen Widerstand finden; ˈ**un·reˈsist·ing** *adj.* □ ˈwiderstandslos.

ˈ**un·reˈsolved** *adj.* **1.** ungelöst: ~ *problem*; **2.** unschlüssig, unentschlossen; **3.** 𝄞 *u.* ♪ unaufgelöst.

ˈ**un·reˈspon·sive** *adj.* □ **1.** unempfänglich (*to* für): *to be* ~ (*to*) nicht reagieren *od.* ansprechen (auf *acc.*); **2.** teilnahmslos.

un·rest [ˈʌnˈrest] *s.* Unruhe *f* (*a. pol.*); ˈ**unˈrest·ful** [-ful] *adj.* □ ruhelos; ˈ**unˈrest·ing** [-tiŋ] *adj.* □ rastlos, unermüdlich.

ˈ**un·reˈstrained** *adj.* □ **1.** ungehemmt (*a. fig. ungezwungen*); **2.** hemmungs-, zügellos; **3.** uneingeschränkt; ˈ**un·reˈstraint** *s.* **1.** Ungehemmtheit *f*; **2.** Hemmungslosigkeit *f*; **3.** Zwanglosigkeit *f*, Ungezwungenheit *f*.

ˈ**un·reˈstrict·ed** *adj.* □ uneingeschränkt, unbeschränkt.

ˈ**un·reˈturned** *adj.* **1.** nicht zuˈrückgegeben; **2.** unerwidert, unvergolten: *to be* ~ unerwidert bleiben; **3.** *pol.* nicht (*ins Parlament*) gewählt.

ˈ**un·reˈvealed** *adj.* nicht offenˈbart, verborgen, geheim.

ˈ**un·reˈvised** *adj.* nicht ˈdurchgesehen *od.* revidiert.

ˈ**un·reˈward·ed** *adj.* unbelohnt.

ˈ**unˈrhymed** *adj.* ungereimt, reimlos.

ˈ**unˈrid·dle** *v/t.* enträtseln.

ˈ**unˈrig** *v/t.* **1.** ⚓ abtakeln; **2.** abmontieren.

unˈright·eous *adj.* □ **1.** ungerecht; **2.** *eccl.* ungerecht, verworfen, sündig; **unˈright·eous·ness** *s.* Ungerechtigkeit *f*.

ˈ**unˈrip** *v/t.* aufreißen, -schlitzen, -trennen.

ˈ**unˈripe** *adj. allg.* unreif; ˈ**unˈripe·ness** *s.* Unreife *f*.

unˈri·val(l)ed *adj.* **1.** ohne Riˈvalen *od.* Gegenspieler; **2.** unerreicht, unvergleichlich; ✝ konkurˈrenzlos.

ˈ**unˈroll I.** *v/t.* **1.** entrollen, -falten; **2.** abwickeln; **II.** *v/i.* **3.** sich entfalten; sich auseinˈanderrollen.

ˈ**un·roˈman·tic** *adj.* (□ ~*ally*) ˈunroˌmantisch, proˈsaisch.

ˈ**unˈroof** *v/t. Haus* abdecken.

ˈ**unˈrope** *v/t.* **1.** losbinden; **2.** *mount.* (*a. v/i.* sich) ausseilen.

ˈ**unˈround** *v/t. ling. Vokale* entrunden.

ˈ**unˈruf·fled** *adj.* **1.** ungekräuselt, glatt; **2.** *fig.* gelassen, unerschüttert.

ˈ**unˈruled** *adj.* **1.** *fig.* unbeherrscht; **2.** unliniert (*Papier*).

un·ru·li·ness [ʌnˈruːlinis] *s.* **1.** Unlenkbarkeit *f*, ˈWiderspenstigkeit *f*; **2.** Ausgelassenheit *f*, Unbändigkeit *f*; **un·ru·ly** [ʌnˈruːli] *adj.* **1.** unlenksam, aufsässig; **2.** unbändig, ungebärdig; ausgelassen; **3.** ungestüm.

ˈ**unˈsad·dle I.** *v/t.* **1.** *Pferd* absatteln; **2.** *j-n* aus dem Sattel werfen; **II.** *v/i.* **3.** absatteln.

ˈ**unˈsafe** *adj.* □ unsicher, gefährlich; ˈ**unˈsafe·ness** *s.* Unsicherheit *f*.

ˈ**unˈsaid** *adj.* ungesagt, unerwähnt.

ˈ**unˈsal·a·ble** *adj.* **1.** unverkäuflich: ~ *article* Ladenhüter; **2.** nicht gangbar (*Waren*).

ˈ**unˈsal·a·ried** *adj.* unbezahlt, ehrenamtlich: ~ *clerk* ✝ Volontär.

ˈ**unˈsale·a·ble** → *unsalable*.

ˈ**unˈsalt·ed** *adj.* ungesalzen.

ˈ**unˈsanc·tioned** *adj.* **1.** unbestätigt; **2.** nicht sanktioniert, unerlaubt.

ˈ**unˈsan·i·tar·y** *adj.* **1.** ungesund; **2.** ˈunhygiˌenisch.

ˈ**un·sat·isˈfac·to·ri·ness** *s. das* Unbefriedigende, Unzulänglichkeit *f*; ˈ**un·sat·isˈfac·to·ry** *adj.* □ unbefriedigend, ungenügend, unzulänglich; ˈ**unˈsat·is·fied** *adj.* **1.** unbefriedigt; **2.** unzufrieden; **3.** ✝ unbezahlt; ˈ**unˈsat·is·fy·ing** *adj.* □ → *unsatisfactory*.

ˈ**unˈsa·vo(u)r·i·ness** *s.* **1.** Unschmackhaftigkeit *f*; **2.** Widerlichkeit *f*; ˈ**unˈsa·vo(u)r·y** *adj.* □ **1.** unschmackhaft; **2.** ˈwiderwärtig, widerlich (*a. fig.*).

ˈ**unˈsay** *v/t.* [*irr.* → *say*] widerˈrufen, zuˈrücknehmen.

ˈ**unˈscal·a·ble** *adj.* unersteigbar.

ˈ**unˈscathed** *adj.* (völlig) unversehrt, unbeschädigt.

ˈ**unˈschol·ar·ly** *adj.* **1.** unwissenschaftlich; **2.** ungelehrt.

ˈ**unˈschooled** *adj.* **1.** ungeschult, nicht ausgebildet; **2.** unverbildet.

ˈ**un·sci·enˈtif·ic** *adj.* (□ ~*ally*) unwissenschaftlich.

ˈ**unˈscreened** *adj.* **1.** ungeschützt, *a.* ⚡ nicht abgeschirmt; **2.** ungesiebt (*Kohle etc.*).

ˈ**unˈscrew I.** *v/t.* ⊕ ab-, auf-, losschrauben; **II.** *v/i.* sich herˈaus- *od.* losdrehen; sich losschrauben lassen.

ˈ**unˈscrip·tur·al** *adj.* □ unbiblisch, schriftwidrig.

unˈscru·pu·lous *adj.* □ skrupel-, bedenken-, gewissenlos; **unˈscru·pu·lous·ness** *s.* Skrupel-, Gewissenlosigkeit *f*.

ˈ**unˈseal** *v/t.* **1.** *Brief etc.* entsiegeln *od.* öffnen; **2.** *fig. j-m die Augen, Lippen* öffnen; **3.** *fig.* enthüllen; ˈ**unˈsealed** *adj.* **1.** unversiegelt; **2.** *fig.* unverbindlich.

unˈsearch·a·ble *adj.* □ unerforschlich, unergründlich.

unˈsea·son·a·ble *adj.* □ **1.** unzeitig; **2.** *fig.* unpassend, unangebracht, ungünstig; **unˈsea·son·a·ble·ness** *s.* **1.** Unzeitigkeit *f*; **2.** Ungelegenheit *f*; **3.** Unangebrachtheit *f*.

ˈ**unˈsea·soned** *adj.* **1.** nicht (aus)gereift; **2.** nicht abgelagert (*Holz*); **3.** *fig.* nicht abgehärtet (*to* gegen); **4.** ungewürzt.

ˈ**unˈseat** *v/t.* **1.** *Reiter* abwerfen; **2.** *j-n* absetzen, des Postens entheben; **3.** *pol. j-m* s-n Sitz (im Parlaˈment) nehmen; ˈ**unˈseat·ed** *adj.* ohne Sitz(gelegenheit): *to be* ~ nicht sitzen.

ˈ**unˈsea·wor·thi·ness** *s.* ⚓ Seeuntüchtigkeit *f*; ˈ**unˈsea·wor·thy** *adj.* ⚓ seeuntüchtig.

ˈ**un·seˈcured** *adj.* **1.** ungesichert; **2.** unbefestigt; **3.** ✝ ungedeckt, nicht sichergestellt.

ˈ**unˈsee·ing** *adj. fig.* blind; leer (*Blick*).

unˈseem·li·ness *s.* Unziemlichkeit *f*; **unˈseem·ly** *adj.* unziemlich, ungehörig.

ˈ**unˈseen I.** *adj.* **1.** ungesehen, unbemerkt; **2.** unsichtbar; **3.** *ped.* unvorbereitet (*Übersetzungstext*); **II.** *s.* **4.** *the* ~ das Unsichtbare; **5.** *ped.* Klauˈsur(arbeit) *f*.

ˈ**unˈself·ish** *adj.* □ selbstlos, uneigennützig; ˈ**unˈself·ish·ness** *s.* Selbstlosigkeit *f*, Uneigennützigkeit *f*.

ˈ**un·sen·tiˈmen·tal** *adj.* □ ˈunsentimenˌtal.

ˈ**unˈserv·ice·a·ble** *adj.* □ **1.** undienlich, unzweckmäßig (*to* für); **2.** unbrauchbar (*Gerät etc.*); betriebsunfähig.

ˈ**unˈset·tle** *v/t.* **1.** *et.* aus s-r (festen)

Lage bringen; **2.** *fig.* beunruhigen; *a. j-n, j-s Glauben etc.* erschüttern, ins Wanken bringen; **3.** *fig.* verwirren, durchein'anderbringen; *j-n* aus dem (gewohnten) Gleis werfen; **4.** in Unordnung bringen; **'un'set·tled** *adj.* **1.** ohne festen Wohnsitz; **2.** unbesiedelt (*Land*); **3.** *fig.* unbestimmt, ungewiß, unsicher; **4.** unentschieden, unerledigt (*Frage*); **5.** unbeständig, veränderlich (*Wetter*; ✝ *Markt*); **6.** schwankend, unentschlossen (*Person*); **7.** (geistig) gestört, aus dem (seelischen) Gleichgewicht; **8.** unstet (*Charakter, Leben*); **9.** unruhig (*Zeit*); **10.** ✝ unbezahlt, unbeglichen, unerledigt; **11.** ⚖ nicht zugeschrieben; nicht reguliert (*Erbschaft*).

'un'sex *v/t. Frau* vermännlichen: *to ~ o.s.* alles Frauliche ablegen.

'un'shack·le *v/t. j-n* befreien (*a. fig.*); **'un'shack·led** *adj.* ungehemmt (*by* von).

'un'shad·ed *adj.* **1.** unverdunkelt, unbeschattet; **2.** *paint.* nicht schattiert.

un'shak·a·ble *adj.* unerschütterlich; **'un'shak·en** *adj.* □ **1.** unerschüttert, fest; **2.** unerschütterlich.

'un'shape·ly *adj.* ungestalt, unförmig.

'un'shaved, 'un'shav·en *adj.* unrasiert.

'un'sheathe *v/t.* aus der Scheide ziehen: *to ~ the sword fig.* Ernst machen, den Krieg erklären.

'un'shed *adj.* unvergossen (*Tränen*).

'un'shell *v/t.* (ab)schälen, enthülsen.

'un'shel·tered *adj.* ungeschützt, schutz-, obdachlos.

'un'ship *v/t.* **1.** ⚓ **a)** *Ladung* löschen, ausladen, **b)** *Passagiere* ausschiffen, **c)** *Ruder, Mast etc.* abbauen; **2.** F *fig. j-n* ausbooten.

'un'shod *adj.* **1.** unbeschuht, barfuß **2.** unbeschlagen (*Pferd*).

'un'shorn *adj.* ungeschoren.

un·shrink·a·ble ['ʌn'ʃriŋkəbl] *adj.* nicht einlaufend (*Stoffe*); **un'shrink·ing** *adj.* □ unverzagt, fest.

'un'sift·ed *adj.* **1.** ungesiebt; **2.** *fig.* ungeprüft.

'un'sight·ed *adj.* **1.** ungesehen, nicht gesichtet; **2.** ungezielt (*Schuß*); **3.** ohne Vi'sier (*Gewehr etc.*).

un'sight·li·ness *s.* Unansehnlichkeit *f*, Häßlichkeit *f*; **un'sight·ly** *adj.* unansehnlich, häßlich.

'un'signed *adj.* unsigniert, nicht unter'zeichnet.

'un'sized[1] *adj.* nicht nach Größe(n) geordnet, unsortiert.

'un'sized[2] *adj.* ⊕ **1.** ungrundiert; **2.** ungeleimt (*Papier*).

'un'skil·ful *adj.* □ ungeschickt.

'un'skilled *adj.* **1.** unerfahren, ungeübt; **2.** ungelernt (*Arbeit, Arbeiter*): *the ~ labo(u)r coll.* die ungelernten Arbeiter, die Hilfsarbeiter.

'un'skill·ful → *unskilful.*

'un'skimmed *adj.* nicht entrahmt: *~ milk* Vollmilch.

'un'slaked *adj.* **1.** ungelöscht (*Kalk*; *a. Durst*); **2.** *fig.* ungestillt.

'un'sleep·ing *adj.* **1.** schlaflos; **2.** *fig.* immer wach.

'un'smil·ing *adj.* □ ernst.

'un'smoked *adj.* **1.** ungeräuchert; **2.** nicht aufgeraucht.

'un'snarl *v/t.* entwirren.

un'so·cia·ble *adj.* □ ungesellig, nicht 'umgänglich, reserviert.

un'so·cial *adj.* □ **1.** 'unsozi,al; **2.** 'asozi,al, gesellschaftsfeindlich.

'un'soiled *adj.* **1.** rein, sauber (*a. fig.*); **2.** *fig.* unbefleckt.

'un'sold *adj.* unverkauft; → *subject* 14.

'un'sol·der *v/t.* ⊕ ab-, loslöten.

'un'sol·dier·ly *adj.* 'unsol,datisch.

'un·so'lic·it·ed *adj.* **1.** ungebeten, unaufgefordert, unverlangt; **2.** freiwillig.

'un'solv·a·ble *adj.* unlösbar.

'un'solved *adj.* ungelöst.

'un·so'phis·ti·cat·ed *adj.* **1.** unverfälscht; **2.** lauter, rein; **3.** ungekünstelt, na'türlich, unverbildet; **4.** arglos, na'iv; **5.** unverdorben.

'un'sought, un'sought-for *adj.* ungesucht, ungewollt.

'un'sound *adj.* □ **1.** ungesund (*a. unzuträglich*) (*a. fig.*): *of ~ mind* geistesgestört, unzurechnungsfähig; **2.** verdorben, schlecht (*Ware etc.*), faul (*Obst*); **3.** morsch, wurmstichig; **4.** brüchig (*Eis*); **5.** unzuverlässig; 'unso,lide (*a.* ✝); **6.** nicht stichhaltig, anfechtbar: *~ argument*; **7.** falsch, verkehrt: *~ doctrine* Irrlehre; *~ policy* verfehlte Politik; **'un'sound·ness** *s.* **1.** Ungesundheit *f*: **a)** Krankhaftigkeit *f*, **b)** Unzuträglichkeit *f*; **2.** Verdorbenheit *f*; **3.** *fig.* Unzuverlässigkeit *f*; **4.** Anfechtbarkeit *f*; **5.** Fehlerhaftigkeit *f*, Verfehltheit *f*.

un'spar·ing *adj.* □ **1.** freigebig, verschwenderisch (*in, of* mit): *to be ~ in* nicht kargen mit *Lob etc.*; *to be ~ in one's efforts* keine Mühe scheuen; **2.** reichlich, großzügig; **3.** schonungslos (*of* gegen).

un'speak·a·ble *adj.* □ **1.** unsagbar, unsäglich, unbeschreiblich; **2.** F scheußlich.

'un'spec·i·fied *adj.* nicht einzeln angegeben, nicht spezifiziert.

'un'spent *adj.* unverbraucht, unerschöpft (*beide a. fig.*).

'un'spir·it·u·al *adj.* □ ungeistig, geistlos.

'un'spoiled, 'un'spoilt *adj.* **1.** *allg.* unverdorben; **2.** unbeschädigt; **3.** nicht verzogen (*Kind*).

'un'spo·ken *adj.* un(aus)gesprochen, ungesagt: *~-of* unerwähnt; *~-to* unangeredet.

'un'sport·ing, 'un'sports·man·like *adj.* **1.** unsportlich, unfair; **2.** unweidmännisch.

'un'spot·ted *adj.* **1.** fleckenlos; **2.** *fig.* makellos (*Ruf*), unbefleckt; **3.** unentdeckt.

'un'sprung *adj.* ⊕ ungefedert.

'un'sta·ble *adj.* **1.** *a. fig.* unsicher, nicht fest, schwankend, la'bil; **2.** *fig.* unbeständig, unstet(ig).

'un'stained *adj.* **1.** → *unspotted* 1, 2; **2.** ungefärbt.

un·stamped ['ʌn'stæmpt; *attr.* 'ʌnstæmpt] *adj.* ungestempelt; 🖂 unfrankiert (*Brief*).

'un'states·man·like *adj.* unstaatsmännisch.

'un'stead·i·ness *s.* **1.** Unsicherheit *f*; **2.** *fig.* Unstetigkeit *f*, Schwanken *n*; **3.** Unzuverlässigkeit *f*; **4.** Unregelmäßigkeit *f*; **'un'stead·y** *adj.* □ **1.** unsicher, wack(e)lig; **2.** *fig.* unstet(ig); unbeständig, schwankend (*beide a.* ✝ *Kurse, Markt*); **3.** *fig.* 'unso,lide; **4.** unregelmäßig.

'un'stick *v/t.* [*irr.* → *stick*[2]] **1.** lösen, losmachen; **2.** ✈ (*vom Boden etc.*) abheben.

un·stint·ed [ʌn'stintid] *adj.* uneingeschränkt, unbegrenzt, unverkürzt; **un'stint·ing** [-tiŋ] *adj.* □ → *unsparing* 1, 2.

'un'stitch *v/t.* auftrennen: *~ed* **a)** aufgetrennt, **b)** ungesteppt (*Falte*); *to come ~ed* sich auftrennen, aufgehen (*Naht*).

'un'stop *v/t.* **1.** entstöpseln, -korken, aufmachen; **2.** frei machen.

'un'strained *adj.* **1.** unfiltriert, ungefiltert; **2.** nicht angespannt (*a. fig.*); **3.** *fig.* ungezwungen.

'un'strap *v/t.* ab-, losschnallen.

'un'stressed *adj.* **1.** *ling.* unbetont; **2.** ⊕ unbelastet.

'un'string *v/t.* [*irr.* → *string*] **1.** *Perlen etc.* abfädeln; **2.** ♪ entsaiten; **3.** *Bogen, Saite* entspannen; **4.** *Nerven, j-n* abspannen, ‚über'drehen'.

'un'strung *adj.* **1.** ♪ **a)** saitenlos (*Instrument*), **b)** entspannt (*Saite, Bogen*); **2.** abgereiht (*Perlen*); **3.** *fig.* abgespannt, ner'vös, ‚über'dreht'.

'un'stud·ied *adj.* ungesucht, ungekünstelt, na'türlich.

'un·sub'dued *adj.* unbezwungen, unbesiegt, nicht unter'worfen *od.* unter'jocht.

'un·sub'mis·sive *adj.* □ nicht unter'würfig, 'widerspenstig.

'un·sub'stan·tial *adj.* □ **1.** sub'stanzlos, unkörperlich; **2.** *fig.* unwirklich, wesen-, inhaltlos, unbegründet; **3.** gehalt-, kraftlos (*Essen*); **4.** dürftig.

'un·sub'stan·ti·at·ed *adj.* unbegründet; nicht erhärtet.

un·suc·cess ['ʌnsək'ses] *s.* 'Mißerfolg *m*, Fehlschlag *m*; **'un·suc'cess·ful** [-sək'sesful] *adj.* □ **1.** erfolglos, ohne Erfolg: *~ take-off* ✈ Fehlstart; **2.** 'durchgefallen (*Kandidat*); zu'rückgewiesen (*Bewerber*); ⚖ unter'legen (*Partei*); **'un·suc'cess·ful·ness** [-sək'sesfulnis] *s.* Erfolglosigkeit *f*.

'un'suit·a·ble *adj.* □ unpassend, unangemessen; ungeeignet (*to, for* für); **'un'suit·ed** *adj.* ungeeignet (*to* zu, *for* für).

'un'sul·lied *adj. mst fig.* unbefleckt.

'un'sung *poet.* **I.** *adj.* unbesungen; **II.** *adv. fig.* sang- u. klanglos.

'un·sup'port·ed *adj.* **1.** ungestützt; **2.** *fig.* nicht bestätigt; ohne 'Unterlagen; **3.** *fig.* nicht unter'stützt (*Antrag etc., a. Kinder etc.*).

'un'sure *adj. allg.* unsicher.

'un·sur'mount·a·ble *adj.* 'unüber,windlich (*Hindernis etc.*) (*a. fig.*).

'un·sur'pass·a·ble *adj.* □ 'unüber,trefflich; **'un·sur'passed** *adj.* 'unüber,troffen.

un·sus·pect·ed ['ʌnsəs'pektid] *adj.* □ **1.** unverdächtig(t); **2.** unvermutet, ungeahnt; **'un·sus'pect·ing** [-iŋ] *adj.* □ **1.** nichtsahnend, ahnungslos: *~ of* ohne *et.* zu ahnen; **2.** arglos.

'un·sus'pi·cious *adj.* □ **1.** arglos, nicht argwöhnisch; **2.** unverdächtig, harmlos.

'un'sweet·ened *adj.* **1.** ungesüßt; **2.** *fig.* unversüßt.

un·swerv·ing [ʌn'swɔːviŋ] *adj.* □ unentwegt, unerschütterlich.

'un'sworn *adj.* **1.** unbeeidet; **2.** unvereidigt (*Zeuge etc.*).

'un·sym'met·ri·cal *adj.* □ 'unsymˌmetrisch.

'un·sym·pa'thet·ic *adj.* (□ *~ally*) **1.** teilnahmslos, ohne Mitgefühl; **2.** 'unsymˌpathisch.

'un·sys·tem'at·ic *adj.* (□ *~ally*) 'unsysteˌmatisch, planlos.

'un'tack *v/t.* los-, abmachen.

'un'taint·ed *adj.* □ **1.** fleckenlos (*a. fig.*); **2.** unverdorben (*Lebensmittel*); **3.** *fig.* unbeeinträchtigt (*with* von).

'un'tam·a·ble *adj.* □ un(be)zähmbar; **'un'tamed** *adj.* ungezähmt.

'un'tan·gle *v/t.* **1.** entwirren (*a. fig.*): **2.** aus einer schwierigen Lage befreien.

'un'tanned *adj.* **1.** ungegerbt (*Leder*); **2.** ungebräunt (*Haut*).

'un'tapped *adj.* unangezapft (*a. fig.*): *~ resources* ungenützte Hilfsquellen.

'un'tar·nished *adj.* **1.** ungetrübt; **2.** makellos, unbefleckt (*a. fig.*).

'un'tast·ed *adj.* ungekostet (*a. fig.*).

'un'taught *adj.* **1.** ungelehrt, nicht unter'richtet; **2.** unwissend, ungebildet; **3.** ungelernt, selbstentwikkelt (*Fähigkeit etc.*).

'un'taxed *adj.* unbesteuert, steuerfrei.

'un'teach·a·ble *adj.* **1.** unbelehrbar (*Person*); **2.** unlehrbar (*Sache*).

'un'tem·pered *adj.* **1.** ⊕ ungehärtet, unvergütet (*Stahl*); **2.** *fig.* ungemildert (*with, by* durch).

'un'ten·a·ble *adj.* unhaltbar (*Theorie etc.*).

'un'ten·ant·a·ble *adj.* unbewohn-, unvermietbar; **'un'ten·ant·ed** *adj.* unbewohnt, unvermietet, leer(stehend).

'un'tend·ed *adj.* **1.** unbehütet, unbeaufsichtigt; **2.** vernachlässigt.

'un'thank·ful *adj.* □ undankbar.

un'think·a·ble *adj.* undenkbar, unvorstellbar; **'un'think·ing** *adj.* □ gedankenlos.

'un'thought *adj.* **1.** ungedacht; **2.** *a.* **un'thought-of** unerwartet, unvermutet.

'un'thread *v/t.* **1.** *Nadel* ausfädeln; den Faden her'ausziehen aus; **2.** *a. fig.* sich hin'durchfinden durch, her'ausfinden aus; **3.** *mst fig.* entwirren.

'un'thrift·y *adj.* □ **1.** verschwenderisch; **2.** unwirtschaftlich; **3.** unvorteilhaft; **4.** nicht gedeihend.

un'ti·di·ness *s.* Unordentlichkeit *f*; **un'ti·dy** *adj.* □ unordentlich.

'un'tie *v/t.* aufknoten, auf-, losbinden, *Knoten* lösen.

un·til [ən'til] **I.** *prp.* bis (*zeitlich*): *not ~ Monday* erst (am) Montag; **II.** *cj.* bis: *not ~* erst als *od.* wenn, nicht eher als bis.

'un'tilled *adj.* ✓ unbebaut.

un'time·li·ness *s.* Unzeit *f*; falscher *od.* verfrühter Zeitpunkt.

un'time·ly *adj. u. adv.* unzeitig: **a)** vorzeitig, verfrüht, **b)** ungelegen, unpassend.

un'tir·ing *adj.* □ unermüdlich.

un·to ['ʌntu] *prp. obs. od. poet. od. bibl.* → *to.*

'un'told *adj.* **1. a)** unerzählt, **b)** ungesagt: *to leave nothing ~* nichts unerwähnt lassen; **2.** unsäglich (*Leiden etc.*); **3.** ungezählt, zahllos; **4.** unermeßlich.

un'touch·a·ble I. *adj.* **1.** unberührbar; **2.** unantastbar, unangreifbar; **3.** unerreichbar, unnahbar; **II.** *s.* **4.** Unberührbare(r *m*) *f* (*bei den Hindus*); **'un'touched** *adj.* **1.** unberührt (*a. Essen*) (*a. fig.*); unangetastet (*a. Vorrat*); **2.** *fig.* ungerührt, unbeeinflußt; **3.** nicht zu'rechtgemacht, *fig.* ungeschminkt; **4.** *phot.* unretuschiert.

un·to·ward [ʌn'touəd] *adj.* **1.** ungefügig, 'widerspenstig; **2.** widrig, ungünstig, unglücklich (*Umstand etc.*); **un'to·ward·ness** [-nis] *s.* **1.** 'Widerspenstigkeit *f*, Eigen-, Starrsinn *m*; **2.** Ungunst *f*, 'Widerwärtigkeit *f.*

'un'trace·a·ble *adj.* unauffindbar, nicht ausfindig zu machen(d).

'un'trained *adj.* **1.** ungeschult; *a.* ⚔ unausgebildet; **2.** *sport* untrainiert; **3.** ungeübt; **4.** undressiert (*Tier*).

un'tram·mel(l)ed *adj. bsd. fig.* ungebunden, ungehindert.

'un·trans'lat·a·ble *adj.* □ 'unüberˌsetzbar.

'un'trav·el(l)ed *adj.* **1.** unbereist (*Land*); **2.** ungereist, nicht (weit) her'umgekommen (*Person*).

'un'tried *adj.* **1.** unerprobt, ungeprüft, unversucht; **2.** ⚖ **a)** unerledigt, nicht verhandelt (*Fall*), **b)** nicht verhört, nicht abgeurteilt (*Angeklagter*).

'un'trimmed *adj.* **1.** unbeschnitten (*Bart, Hecke etc.*), ungepflegt, nicht (ordentlich) zu'rechtgemacht; **2.** ungeschmückt.

'un'trod·den *adj.* unbetreten.

'un'trou·bled *adj.* **1.** ungestört, unbelästigt; **2.** ruhig (*Geist, Zeiten etc.*); **3.** ungetrübt (*a. fig.*).

'un'true *adj.* □ **1.** untreu (*to dat.*); **2.** unwahr, falsch, irrig; **3.** (*to*) nicht in Über'einstimmung (mit), abweichend (von); **4.** ⊕ **a)** unrund, **b)** ungenau; **'un'tru·ly** *adv.* fälschlicherweise.

'un'trust·wor·thi·ness *s.* Unzuverlässigkeit *f*; **'un'trust·wor·thy** *adj.* □ unzuverlässig, nicht vertrauenswürdig.

'un'truth *s.* **1.** Unwahrheit *f*; **2.** Falschheit *f*; **'un'truth·ful** *adj.* □ **1.** unwahr (*Person od. Sache*); unaufrichtig; **2.** falsch, irrig.

'un'turned *adj.* nicht 'umgedreht; → *stone 1.*

'un'tu·tored *adj.* **1.** ungebildet, ungeschult; **2.** unerzogen; **3.** unverbildet, na'türlich; **4.** unkultiviert.

'un'twine, 'un'twist I. *v/t.* **1.** aufdrehen, -flechten; **2.** *bsd. fig.* entwirren, lösen; **II.** *v/i.* **3.** sich aufdrehen, aufgehen.

un·used *adj.* **1.** ['ʌn'juːzd] unbenutzt, ungebraucht; nicht verwendet *od.* beansprucht; **2.** ['ʌn'juːst] **a)** ungewohnt, nicht gewöhnt (*to* an *acc.*), **b)** nicht gewohnt (*to doing* zu tun).

un'u·su·al *adj.* □ **1.** un-, außergewöhnlich; **2.** ungewohnt, selten; **3.** F äußerst.

un'ut·ter·a·ble *adj.* □ **1.** unaussprechlich (*a. fig.*); **2.** → *unspeakable 1*; **3.** unglaublich, Erz...: *~ scoundrel*; **'un'ut·tered** *adj.* unausgesprochen.

'un'val·ued *adj.* **1.** nicht (ab)geschätzt, untaxiert, ungewertet; ✝ ohne Nennwert (*Aktien*); **2.** nicht geschätzt, wenig geachtet.

un'var·ied *adj.* unverändert, einförmig.

'un'var·nished *adj.* **1.** ungefirnißt; **2.** *fig.* ungeschminkt: *~ truth*; **3.** *un'varnished fig.* schlicht, einfach.

un'var·y·ing *adj.* □ unveränderlich, gleichbleibend.

un'veil I. *v/t. Gesicht etc.* entschleiern, *Denkmal etc.* enthüllen (*a. fig.*): *~ed* **a)** unverschleiert, **b)** unverhüllt (*a. fig.*); **II.** *v/i.* den Schleier fallen lassen, sich enthüllen (*a. fig.*).

'un'ver·i·fied *adj.* unbestätigt.

'un'versed *adj.* unbewandert, unerfahren (*in* in *dat.*).

'un'voiced *adj.* **1.** unausgesprochen, nicht geäußert; **2.** *ling.* stimmlos (*Konsonant*).

'un'vouched, *a.* **un'vouched-for** *adj.* unverbürgt, unbezeugt.

'un'want·ed *adj.* unerwünscht.

un'war·i·ness *s.* Unvorsichtigkeit *f.*

'un'war·like *adj.* unkriegerisch.

'un'warped *adj.* **1.** nicht verzogen (*Holz*); **2.** *fig.* unvoreingenommen, unbefangen.

un'war·rant·a·ble *adj.* □ unverantwortlich, ungerechtfertigt, nicht vertretbar, untragbar, unhaltbar; **un'war·rant·a·bly** *adv.* in unverantwortlicher *od.* ungerechtfertigter Weise; **'un'war·rant·ed** *adj.* □ **1.** ungerechtfertigt, unberechtigt, unbefugt; **2.** unverbürgt, ohne Gewähr.

un'war·y *adj.* □ unvorsichtig, unbedacht(sam).

'un'washed *adj.* ungewaschen: *the great ~ fig.* der Pöbel.

'un'watched *adj.* unbewacht, unbeobachtet.

'un'wa·tered *adj.* **1.** unbewässert; nicht begossen, nicht gesprengt (*Rasen etc.*); **2.** unverwässert (*Milch etc.*; *a.* ✝ *Kapital*).

un'wa·ver·ing *adj.* □ unerschütterlich, standhaft, unentwegt.

un·wea·ried [ʌn'wiərid] *adj.* □ **1.** nicht ermüdet; **2.** unermüdlich; **un'wea·ry·ing** [-iiŋ] *adj.* □ unermüdlich.

'un'wed(·ded) *adj.* unverheiratet, unvermählt.

'un'weighed *adj.* **1.** ungewogen; **2.** nicht erwogen, unbedacht.

'un'weight *v/t. Schi* entlasten.

un'wel·come *adj.* □ 'unwillˌkommen (*a. fig. unangenehm*).

'un'well *adj.* **1.** unwohl, unpäßlich; **2.** unwohl, menstruierend.

'un'wept *adj.* **1.** unbeweint; **2.** unvergossen (*Tränen*).

'un'whole·some *adj.* □ ungesund, schädlich, unbekömmlich, unzuträglich (*alle a. fig.*); **'un'whole·some·ness** *s.* Ungesundheit *f*, Unzuträglichkeit *f*, Schädlichkeit *f.*

un·wield·i·ness [ʌn'wiːldinis] *s.* **1.** Unbeholfenheit *f*, Schwerfälligkeit *f*; **2.** Unhandlichkeit *f*; **un·wield·y** [ʌn'wi:ldi] *adj.* □ **1.** unbeholfen, plump, schwerfällig; **2.** unhandlich; sperrig.

'un'will·ing *adj.* □ un-, 'widerwillig: *to be ~ to do* abgeneigt sein, *et.* zu tun; *et.* nicht tun wollen; *I am ~ to admit it* ich gebe es ungern zu; **un'will·ing·ly** *adv.* ungern, 'widerwillig; **un'will·ing·ness** *s.* 'Widerwille *m*, Abgeneigtheit *f*.

un·wind ['ʌn'waind] [*irr.* → *wind*²] **I.** *v/t.* ab-, auf-, loswickeln, abspulen; **II.** *v/i.* sich ab- *od.* loswickeln.

un·wink·ing ['ʌn'wiŋkiŋ] *adj.* □ unverwandt, starr (*Blick*).

'un'wis·dom *s.* Unklugheit *f*; **'un'wise** *adj.* □ unklug, töricht.

'un'wished *adj.* ungewünscht; **un'wished-for** *adj.* unerwünscht.

un'wit·ting *adj.* □ unwissentlich, unabsichtlich.

un'wom·an·li·ness *s.* Unweiblichkeit *f*; **un'wom·an·ly** *adj.* unweiblich, unfraulich.

un'wont·ed *adj.* □ **1.** nicht gewöhnt (*to* an *acc.*), ungewohnt (*to inf.* zu *inf.*); **2.** ungewöhnlich.

'un'work·a·ble *adj.* **1.** unaus-, 'un,durchführbar (*Plan*); **2.** nicht zu bearbeiten(d) (*a.* ⊕); **3.** ⊕ **a)** nicht betriebsfähig, **b)** ⚒ nicht abbauwürdig, **c)** *metall.* unverhüttbar.

'un'worked *adj.* **1.** unbearbeitet (*Boden etc.*), roh (*a.* ⊕); **2.** ⚒ unverritzt: *~ coal* anstehende Kohle.

'un'work·man·like *adj.* unfachmännisch, unfachgerecht, stümperhaft.

'un'world·li·ness *s.* **1.** unweltliche Gesinnung, Weltfremdheit *f*; **2.** Uneigennützigkeit *f*; **3.** Geistigkeit *f*; **'un'world·ly** *adj.* **1.** unweltlich, nicht weltlich (gesinnt), weltfremd; **2.** uneigennützig; **3.** unirdisch, geistig.

'un'worn *adj.* **1.** ungetragen (*Kleidungs-, Schmuckstück etc.*); **2.** nicht abgetragen.

un'wor·thi·ness *s.* Unwürdigkeit *f*; **un'wor·thy** *adj.* □ unwürdig (*of gen.*): *he is ~ of it* er verdient es nicht; *he is ~ of respect* er verdient keine Achtung; er ist nicht wert, daß man ihn achtet.

un·wound ['ʌn'waund] *adj.* **1.** abgewickelt; **2.** abgelaufen, nicht aufgezogen (*Uhr*).

'un'wound·ed *adj.* unverwundet, unverletzt.

'un'wrap *v/t.* auf-, auswickeln, auspacken.

'un'wrin·kled *adj.* nicht gerunzelt; faltenlos, glatt.

'un'writ·ten *adj.* **1.** ungeschrieben (*Gesetz*): *~ law* ⚖ Gewohnheitsrecht; **2.** unbeschrieben (*Seite*).

'un'wrought *adj.* unbe-, unverarbeitet, roh: *~ goods* Rohstoffe.

un'yield·ing *adj.* □ **1.** nicht nachgebend (*to dat.*), unbiegsam, starr; **2.** *fig.* unnachgiebig, starrsinnig, unbeugsam.

'un'yoke *v/t.* **1.** aus-, losspannen; **2.** *fig.* (los)trennen, lösen.

up [ʌp] **I.** *adv.* **1. a)** nach oben, hoch, (her-, hin)'auf, aufwärts, in die Höhe, em'por, **b)** oben (*a. fig.*): ... *and ~* u. (noch) höher *od.* mehr, von ... aufwärts; *~ and ~* immer höher; *three stor(e)ys ~* drei Stock hoch, oben im dritten Stock(werk); *~ and down* auf u. ab, hin u. her; *fig.* überall; *to jump ~* auf-, hochspringen; *come ~!* komm herauf!; *hands ~!* Hände hoch!; *~ with the Democrats!* hoch die Demokraten!; *not ~! Tennis*: tot!; *~ from the country* vom Lande; *~ till now* bis jetzt; **2.** nach *od.* im Norden: *~ from Cuba* von Cuba aus in nördlicher Richtung; **3. a)** in der *od.* in die (*bsd.* Haupt-) Stadt, **b)** *Brit. bsd.* in *od.* nach London; **4.** am *od.* zum Studienort, im College *etc.*: *he stayed ~ for the vacation*; **5.** *Am.* F in (*dat.*): *~ north* im Norden; **6.** aufrecht, gerade: *to sit ~*; **7.** her'an, her, auf ... (*acc.*) zu, hin: *to come ~* herankommen; *he went straight ~ to the door* er ging geradewegs auf die Tür zu *od.* zur Tür; **8.** *~ to* **a)** hin'auf nach *od.* zu, **b)** bis (zu), bis an *od.* auf (*acc.*), **c)** gemäß, entsprechend; → *date*² 5; *~ to town* in die Stadt, *Brit. bsd.* nach London; *~ to the chin* bis ans *od.* zum Kinn; *~ to death* bis zum Tode; *not ~ to expectations* nicht den Erwartungen entsprechend; → *mark*¹ 12, *par* 2, *scratch* 3, *standard*¹ 6; *to be ~ to* F **a)** *et.* vorhaben, *et.* im Schilde führen, **b)** gewachsen sein (*dat.*), **c)** entsprechen (*dat.*), **d)** *j-s* Sache sein, abhängen von *j-m*, **e)** fähig *od.* bereit sein zu, **f)** vorbereitet *od.* gefaßt sein auf (*acc.*), **g)** vertraut sein mit, bewandert sein in (*dat.*); *what are you ~ to?* was hast du vor?, was machst du (*there* da)?; → *trick* 2; *he is ~ to no good* er führt nichts Gutes im Schilde; *it is ~ to him* es liegt an ihm, es hängt von ihm ab, es ist s-e Sache; *it is not ~ to much* es taugt nicht viel; *he is not ~ to much* mit ihm ist nicht viel los; **9.** *~ to* (*nach anderen Verben*): *to act ~ to* handeln *od.* sich richten nach; *to come ~ to* **a)** reichen bis an (*acc.*) *od.* zu, **b)** erreichen, **c)** *fig.* heranreichen an (*acc.*), entsprechen (*dat.*); *to draw ~ to* vorfahren vor (*acc.*); *to feel ~ to* **a)** sich (*dat.*) gewachsen fühlen, sich in der Lage fühlen zu, **b)** in Stimmung sein zu; → *live up*; **10.** auf gleicher Höhe (*with* mit): *to come ~ with* **a)** einholen, **b)** *a. to keep ~ with* Schritt halten mit; **11.** *mit Verben* (*siehe jeweils diese*) *bsd. als Intensivum*: **a)** auf..., aus..., ver..., **b)** zu'sammen...: *to add ~* zs.-zählen; *to chain ~* aneinanderketten; *to drink ~* austrinken; *to eat ~* aufessen; *to finish ~* (endgültig) beendigen; *to heal ~* ver-, zuheilen; **II.** *pred. adj.* **12. a)** oben (befindlich), **b)** hoch (*a. fig.*): *to be ~ fig.* an der Spitze sein, obenauf sein; *he is ~ in* (*od. on*) *that subject* F in diesem Fach ist er gut beschlagen; *prices are ~* die Preise sind hoch *od.* gestiegen; *wheat is ~* ✝ Weizen steht hoch (im Kurs), der Weizenpreis ist gestiegen; **13.** auf(gestanden). auf den Beinen (*a. fig.*): *~ and about* F (wieder) auf den Beinen; *~ and coming* → *up-and-coming*; *~ and doing* **a)** auf den Beinen, **b)** rührig, tüchtig; *to be ~ late* lange aufbleiben; *to be ~ against* F *e-r Schwierigkeit etc.* gegenüberstehen; *to be ~ against it* F ‚dran' sein, in der Klemme sein; *to be ~ to* → 8; **14.** *parl. Brit.* geschlossen: *Parliament is ~* das Parlament hat s-e Sitzungen beendet *od.* hat sich vertagt; **15.** (*bei verschiedenen Substantiven*) **a)** aufgegangen (*Sonne, Samen*), **b)** hochgeschlagen (*Kragen*), **c)** hochgekrempelt (*Ärmel etc.*), **d)** aufgespannt (*Schirm*), **e)** aufgeschlagen (*Zelt*), **f)** hoch-, aufgezogen (*Vorhang etc.*), **g)** aufgestiegen (*Ballon etc.*), **h)** aufgeflogen (*Vogel*), **i)** angeschwollen (*Fluß etc.*); **16.** schäumend (*Apfelwein etc.*); **17.** in Aufregung *od.* Wallung, in Aufruhr: *his temper is ~* er ist aufgebracht; *the whole country was ~* das ganze Land befand sich in Aufruhr; **18.** ‚los', im Gange: *what's ~?* was ist los?; *is anything ~?* ist (irgend et)was los?; *the hunt is ~* die Jagd ist eröffnet; → *arm*² 3, *blood* 2; **19.** abgelaufen, vor'bei, um (*Zeit*): *the game is ~ fig.* das Spiel ist aus; *it's all ~* alles ist aus; *it's all ~ with him* es ist aus mit ihm; **20.** *~ with j-m* ebenbürtig *od.* gewachsen; **21.** *~ for* bereit zu: *to be ~ for discussion* zur Diskussion stehen; *to be ~ for election* auf der Wahlliste stehen; *to be ~ for examination* sich e-r Prüfung unterziehen; *to be ~ for sale* zum Kauf stehen; *to be ~ for trial* ⚖ **a)** vor Gericht stehen, **b)** verhandelt werden; **22.** vor den *od.* dem Richter: *to be (had) ~ for* vorgeladen werden wegen; *the case is ~ before the court* der Fall wird (vor dem Gericht) verhandelt; **23.** *sport etc. um e-n Punkt etc.* vor'aus: *to be one ~*; **24.** *Baseball*: am Schlag; **III.** *adj.* **25.** nach oben (gerichtet), aufwärts...; **26.** im Innern (des Landes *etc.*); **27.** 🚂 nach der *od.* zur Stadt: *~ train (line)*; *~ platform* Bahnsteig für Stadtzüge; **IV.** *int.* **28.** *~!* auf!, hoch!, her'auf!, hin'auf!, her'an!; *~ (with you)!* (steh) auf!; **V.** *prp.* **29.** hinauf, em'por (*a. fig.*), auf ... (*acc.*) hinauf: *~ the hill (river)* den Berg (Fluß) hinauf, bergauf (flußaufwärts); *~ the street* die Straße hinauf *od.* entlang; **30.** in das Innere *e-s Landes etc.*: *~ (the) country* landeinwärts; *to go ~ country* aufs Land gehen; **31.** oben an *od.* auf (*dat.*): *~ the tree* (oben) auf dem Baum; **VI.** *s.* **32.** *the ~s and downs* das Auf u. Ab, die Höhen u. Tiefen *des Lebens*; *on the ~-and-~ Am. sl.* in Ordnung, ehrlich; **VII.** *v/i.* **33.** F sich (plötzlich) erheben: *to ~ with et.* erheben, hochschnellen mit; **VIII.** *v/t.* **34.** *Preis, Produktion etc.* erhöhen.

'up-and-'com·ing *adj.* **1.** rührig, unter'nehmungslustig; **2.** vielversprechend (*Person*).

'up-and-'down *adj.* auf- u. abgehend: *~ looks* kritisch musternde Blicke; *~ motion* Aufundabbewegung; *~ stroke* Doppelhub.

u·pas ['ju:pəs] *s.* **1.** *a. ~-tree* ♀ 'Upasbaum *m*; *fig.* Gift *n*, verderblicher Einfluß; **2.** 'Upassaft *m* (*Pfeilgift*).

'up·beat I. *s.* ♪ Auftakt *m*; **II.** *adj. Am.* F Unterhaltungs...: *~ movies.*

'up·bow [-bou] *s.* ♪ Aufstrich *m.*
up'braid *v/t. j-m* Vorwürfe machen, *j-n* tadeln, (aus)schelten: *to* ~ *s.o. with* (*od. for*) *s.th.* j-m et. vorwerfen *od.* vorhalten, j-m wegen e-r Sache Vorwürfe machen; **up'braid·ing I.** *s.* Vorwurf *m*, Tadel *m*, Standpauke *f*; **II.** *adj.* □ vorwurfsvoll, tadelnd.
'up·bring·ing *s.* **1.** Erziehung *f*; **2.** Groß-, Aufziehen *n.*
'up·cast I. *adj.* em'porgerichtet (*Blick etc.*), aufgeschlagen (*Augen*); **II.** *s. a.* ~ *shaft* ⚒ Wetter-, Luftschacht *m.*
up coun·try *adv.* land'einwärts.
'up'coun·try I. *adj.* im Inneren des Landes (gelegen *od.* lebend), binnenländisch; **II.** *s. das* (Landes-) Innere, Binnenland *n.*
'up·cur·rent *s.* ✈ Aufwind *m.*
up'date I. *v/t.* modernisieren, auf den neuesten Stand bringen; **II.** *s.* *'update* neuester Bericht, 'Unterlage *f etc.* vom neuesten *od.* heutigen Stand.
up-'end *v/t.* F **1.** hochkant stellen, *Faß etc.* aufrichten; **2.** *Gefäß* 'umstülpen.
'up·grade I. *s.* **1.** Steigung *f*: *on the* ~ **a)** an-, aufsteigend, **b)** *fig.* im Aufsteigen; **II.** *v/t.* *up'grade* **2.** höher einstufen; **3.** *j-n* (im Rang) befördern; **4.** ⚒ *Kohle* aufbereiten, verbessern.
up·heav·al [ʌp'hi:vəl] *s.* **1.** *geol.* (Er)Hebung *f*; **2.** *fig.* 'Umwälzung *f*, 'Umbruch *m*: *social* ~*s*; **up·heave** [ʌp'hi:v] *v/t.* [*irr.* → *heave*] hoch-, em'porheben.
'up'hill I. *adv.* **1.** den Berg hin'auf, berg'auf, -'an; **2.** aufwärts; **II.** *adj.* **3.** bergauf führend, ansteigend; **4.** *fig.* mühselig, -sam, hart: ~ *work.*
up'hold *v/t.* [*irr.* → *hold*²] **1.** hochhalten, aufrecht halten; **2.** halten, stützen (*a. fig.*); **3.** *fig. j-m* den Nacken steifen; **4.** *fig.* aufrechterhalten, unter'stützen, billigen; **up'hold·er** *s.* Erhalter *m*, Verteidiger *m*, Stütze *f*: ~ *of public order* Hüter der öffentlichen Ordnung.
up·hol·ster [ʌp'houlstə] *v/t.* **1.** *Möbel* (auf-, aus)polstern: ~*ed goods* Polsterware(n); **2.** *Zimmer* tapezieren, dekorieren; **up'hol·ster·er** [-tərə] *s.* Tapezierer *m*: **a)** Polsterer *m*, **b)** ('Zimmer)Dekora,teur *m*; **up'hol·ster·y** [-təri] *s.* **1.** Polsterwaren *pl.*, -möbel *pl.*; **2.** 'Polstermateri,al *n*, Polsterung *f*, (Möbel-) Bezugsstoff *m*; **3. a)** Tapezierarbeit *f*, 'Zimmerdekorati,on *f*, **b)** Polsterung *f.*
'up·keep *s.* **1. a)** In'standhaltung *f*, **b)** In'standhaltungskosten *pl.*; **2. a)** 'Unterhalt *m*, **b)** 'Unterhaltskosten *pl.* (*a. von Personen*).
up·land ['ʌplənd] **I.** *s. mst pl.* Hochland *n*; **II.** *adj.* Hochland(s)...
up'lift I. *v/t.* **1.** em'porheben; **2.** *Augen, Stimme, a. fig. Stimmung, Niveau* heben; **3.** *fig. bsd. Am.* aufrichten, erheben; **II.** *s.* *'uplift* **4.** *geol.* (Boden)Erhebung *f*; **5.** *fig.* Aufschwung *m*; **6.** *fig. bsd. Am. innerer* Auftrieb, Erhebung *f.*
up·on [ə'pɔn] *prp.* → on (*upon ist bsd. in der Umgangssprache weniger geläufig als* on, *jedoch in folgenden Fällen üblich*): **a)** *in verschiedenen Redewendungen*: ~ *this* hierauf, -nach, darauf(hin), **b)** *in Beteuerungen*: ~ *my word* (*of hono[u]r*)! auf mein Wort!, **c)** *in kumulativen Wendungen*: *loss* ~ *loss* Verlust auf Verlust, dauernde Verluste; *petition* ~ *petition* ein Gesuch nach dem anderen, **d)** *als Märchenanfang*: *once* ~ *a time there was* es war einmal, **e)** *am Satzende*: *what is he writing* ~? worüber schreibt er?; *he is not to be relied* ~ man kann sich auf ihn nicht verlassen.
up·per ['ʌpə] **I.** *adj.* ober, höher, Ober...(*-arm, -deck, -kiefer, -klasse, -kleidung, -leder, -teil etc.*): ~ *beds* ⚒ Hangendes; ~ *case typ.* Oberkasten, Versal-, Großbuchstaben; *the* ~ *circles* die oberen Kreise; ~ *crust* F *die* Spitzen der Gesellschaft; *to get the* ~ *hand fig.* die Oberhand gewinnen; ⁲ *House parl. bsd. britisches* Oberhaus; ~ *stor(e)y* oberes Stockwerk; *there is something wrong in his* ~ *stor(e)y* F *fig.* er ist nicht ganz richtig im Oberstübchen; **II.** *s. mst pl.* Oberleder *n* (*Schuh*): *to be* (*down*) *on one's* ~*s* F **a)** die Schuhe durchgelaufen haben, **b)** *fig.* ‚total abgebrannt' *od.* ‚auf dem Hund' sein; **'~-cut** *Boxen*: **I.** *s.* Aufwärts-, Kinnhaken *m*; **II.** *v/t. j-m* e-n Aufwärtshaken versetzen.
'up·per·most I. *adj.* oberst, höchst; **II.** *adv.* ganz oben, oben'an, zu'oberst: *to say whatever comes* ~ sagen, was e-m gerade einfällt.
up·pish ['ʌpiʃ] *adj.* □ hochnäsig.
up·pi·ty ['ʌpiti] *adj. Am.* F **1.** eingebildet; **2.** dreist.
up'raise *v/t.* erheben: *with hands* ~*d* mit erhobenen Händen.
up'rear *v/t. u. v/i.* (sich) aufrichten.
up·right I. *adj.* □ ['ʌp'rait] **1.** auf-, senkrecht, gerade: ~ *piano* → 7; ~ *size* Hochformat; **2.** aufrecht (sitzend, stehend, gehend); **3.** ['ʌprait] *fig.* aufrecht, rechtschaffen; **II.** *adv.* ['ʌp'rait] **4.** aufrecht, gerade; **III.** *s.* ['ʌprait] **5.** (senkrechte) Stütze, Träger *m*, Ständer *m*, Pfosten *m*, (Treppen)Säule *f*; **6.** *pl. sport* Torpfosten *pl.*; **7.** ♪ ('Wand-) Kla,vier *n*, Pi'ano *n*; **up·right·ness** ['ʌpraitnis] *s. fig.* Geradheit *f*, Rechtschaffenheit *f.*
up'ris·ing *s.* **1.** Aufstehen *n*; **2.** *fig.* Aufstand *m*, Erhebung *f.*
'up'riv·er → *up-stream II.*
up·roar ['ʌprɔ:] *s. fig.* Aufruhr *m*, Tu'mult *m*, Toben *n*, Lärm *m*, Erregung *f*: *in* (*an*) ~ in Aufruhr; **up·roar·i·ous** [ʌp'rɔ:riəs] *adj.* □ **1.** lärmend, laut, stürmisch (*Begrüßung etc.*), tosend (*Beifall*), schallend (*Gelächter*); **2.** tumultu'arisch, tobend.
up'root *v/t.* **1.** ausreißen; *Baum etc.* entwurzeln (*a. fig.*); **2.** *fig.* her'ausreißen (*from* aus); **3.** *fig.* ausmerzen, -rotten.
up'set¹ **I.** *v/t.* [*irr.* → *set*] **1.** 'umwerfen, -kippen, -stoßen; *Boot* zum Kentern bringen; **2.** *fig. Regierung* stürzen; **3.** *fig. Plan* 'umstoßen, über den Haufen werfen, vereiteln; → *apple-cart*; **4.** *fig. j-n* umwerfen, aus der Fassung bringen, bestürzen, durchein'anderbringen; **5.** in Unordnung bringen; *Magen* verderben; **6.** ⊕ stauchen; **II.** *v/i.* [*irr.* → *set*] **7.** 'umkippen, -schlagen; kentern (*Boot*); **III.** *s.* **8.** 'Umkippen *n*, -schlagen *n*; ⚓ Kentern *n*; Sturz *m*, Fall *m*; **9.** 'Umsturz *m*; **10.** Unordnung *f*, Durchein'ander *n*; **11.** Bestürzung *f*, Verwirrung *f*; **12.** Vereitelung *f*; **13.** (*a.* ⚕ Magen)Verstimmung *f*; Streit *m*, Meinungsverschiedenheit *f*; **14.** *sport* Über'raschung *f* (*unerwartete Niederlage etc.*).
'up·set² *adj.*: ~ *price* Anschlagspreis *m* (*Auktion*).
'up·shot *s.* (End)Ergebnis *n*, Ende *n*, Ausgang *m*, ('Schluß)Ef,fekt *m*: *in the* ~ am Ende, schließlich.
'up·side *s.* **1.** Oberseite *f*; **2.** *Brit.* Bahnsteig *m od.* -linie *f* für Züge in Richtung (Haupt)Stadt; **'~-'down** [-d'd-] **I.** *adv.* **1.** das Oberste zu'unterst, mit dem Kopf *od.* Oberteil nach unten, verkehrt (her'um); **2.** *fig.* drunter u. drüber, vollkommen durchein'ander: *to turn everything* ~ alles auf den Kopf stellen; **II.** *adj.* **3.** auf den Kopf gestellt, 'umgekehrt: ~ *flight* ✈ Rückenflug; ~ *world fig.* verkehrte Welt.
'up'stage I. *adv.* **1.** im *od.* in den 'Hintergrund der Bühne; **II.** *adj.* **2.** zum 'Bühnen,hintergrund gehörig; **3.** F hochnäsig, von oben her'ab; **III.** *v/t.* *up'stage* **4.** *fig. j-n* an die Wand spielen, *j-n* in den 'Hintergrund drängen.
'up'stairs I. *adv.* **1.** die Treppe hin'auf, nach oben; → *kick 9*; **2.** e-e Treppe höher; **3.** oben, in e-m oberen Stockwerk; **II.** *adj.* **4.** im oberen Stockwerk (gelegen), ober; **III.** *s.* **5.** oberes Stockwerk, Obergeschoß *n.*
up'stand·ing *adj.* **1.** aufrecht (*a. fig. ehrlich, tüchtig*); **2.** großgewachsen, (groß u.) kräftig.
'up·start I. *s.* Em'porkömmling *m*, Parve'nü *m*; **II.** *adj.* em'porgekommen, Parvenü...
'up'state *Am.* **I.** *s.* 'Hinterland *n e-s Staates, bsd.* nördlicher Teil des Staates New York; **II.** *adj. u. adv.* aus dem *od.* in den *od.* im nördlichen Teil des Staates, in *od.* aus der *od.* in die Pro'vinz.
'up-'stream I. *adv.* **1.** strom'aufwärts; **2.** gegen den Strom; **II.** *adj.* **3.** strom'aufwärts gerichtet; **4.** (weiter) strom'aufwärts gelegen.
'up·stroke *s.* **1.** Aufstrich *m beim Schreiben*; **2.** ⊕ (Aufwärts)Hub *m.*
up'surge I. *v/i.* aufwallen; **II.** *s.* *'upsurge* Aufwallung *f.*
'up·sweep *s.* **1.** Schweifung *f* (*Bogen etc.*); **2.** 'Hochfri,sur *f*; **'up·swept** *adj.* **1.** nach oben gebogen *od.* gekrümmt; **2.** hochgekämmt (*Frisur*).
'up·swing *s. fig.* Aufschwung *m.*
'up·take *s.* **1.** *fig.* Auffassungsvermögen *n*: *to be quick in the* ~ schnell begreifen, ‚schnell schalten'; *to be slow in the* ~ schwer von Begriff sein, e-e ‚lange Leitung' haben; **2.** ⊕ **a)** Steigrohr *n*, -leitung *f*, **b)** 'Fuchs (-ka,nal) *m* (*Dampfkessel etc.*).
'up·throw *s.* **1.** 'Umwälzung *f*; **2.** *geol.* Verwerfung *f* (ins Hangende).
'up'thrust *s.* **1.** Em'porschleudern *n*,

Stoß *m* nach oben; **2.** *geol.* Horstbildung *f.*

ˈup·tight *adj. sl.* nerˈvös (*about* wegen).

up-to-date [ˈʌptəˈdeit] *adj.* **1. a)** moˈdern, neuzeitlich, **b)** zeitnah, aktuˈell (*Thema etc.*); **2. a)** auf der Höhe (*der Zeit*), auf dem laufenden, auf dem neuesten Stand, **b)** modisch; **ˈup-to-ˈdate·ness** [-nis] *s.* **1.** Neuzeitlichkeit *f*, Moderniˈtät *f*; **2.** Aktualiˈtät *f.*

ˈupˈtown I. *adv.* **1.** im *od.* in den oberen Stadtteil; **2.** *Am.* in den Wohnvierteln, in die Wohnviertel; **II.** *adj.* ˈ*uptown* **3.** im oberen Stadtteil (gelegen); **4.** *Am.* in den Wohnvierteln (gelegen *od.* lebend).

ˈupˈtrain *s.* in die Stadt (*Brit. bsd.* nach London) fahrender Zug.

upˈturn I. *v/t.* **1.** ˈumdrehen; **2.** nach oben richten *od.* kehren, *Blick* in die Höhe richten; **II.** *s.* ˈ*upturn* **3.** (An)Steigen *n* (*der Kurse etc.*); **4.** *fig.* Aufschwung *m*; **ˈupˈturned** *adj.* **1.** nach oben gerichtet *od.* gebogen: ~ *nose* Stupsnase; **2.** ˈumgeworfen, ˈumgekippt, ⚓ gekentert.

up·ward [ˈʌpwəd] **I.** *adv. a.* **ˈupwards** [-dz] **1.** aufwärts (*a. fig.*): *from five dollars* ~ von 5 Dollar an (aufwärts); **2.** nach oben (*a. fig.*); **3.** mehr, darˈüber (hinˈaus): ~ *of 10 years* mehr als *od.* über 10 Jahre; **II.** *adj.* **4.** nach oben gerichtet; (an)steigend (*Tendenz etc.*): *upward glance* Blick nach oben; *upward movement* ✝ Aufwärtsbewegung.

u·rae·mi·a [juəˈri:mjə] *s.* ⚕ Uräˈmie *f*; **u·ra·nal·y·sis** [juərəˈnæləsis] *s.* ⚕ ˈHarnunterˌsuchung *f.*

u·ra·nite [ˈjuərənait] *s. min.* Uraˈnit *n*, Uˈranglimmer *m.*

u·ra·ni·um [juəˈreinjəm] *s.* ⚗ Uˈran *n.*

u·ra·nog·ra·phy [juərəˈnɔgrəfi] *s.* Himmelsbeschreibung *f.*

u·ra·nous [ˈjuərənəs] *adj.* ⚗ Uran..., uˈranhaltig.

U·ra·nus [ˈjuərənəs] *s. ast.* Uranus *m* (*Planet*).

ur·ban [ˈə:bən] *adj.* städtisch, Stadt...: ~ *district* Stadtkreis; ~ *guerilla* Stadtguerilla; ~ *planning* Stadtplanung; ~ *renewal* Stadtsanierung, -erneuerung; ~ *sprawl*, ~ *spread* unkontrollierte Ausdehnung e-r Stadt; **ur·bane** [ə:ˈbein] *adj.* □ urˈban: **a)** weltgewandt, -männisch, **b)** höflich, gebildet; **ur·ban·i·ty** [ə:ˈbæniti] *s.* **1.** (Welt-)Gewandtheit *f*; Bildung *f*; **2.** Höflichkeit *f*, Liebenswürdigkeit *f*; **ur·ban·i·za·tion** [ə:bənaiˈzeiʃən] *s.* **1.** Verstädterung *f*; **2.** Verfeinerung *f*; **ˈur·ban·ize** [-naiz] *v/t.* verstädtern, städtischen Chaˈrakter verleihen (*dat.*).

ur·chin [ˈə:tʃin] *s.* **1.** Bengel *m*, Balg *m, n*; **2.** *zo.* **a)** *dial.* Igel *m*, **b)** *mst sea-*~ Seeigel *m.*

u·re·a [ˈjuəriə] *s.* ⚗, *biol.* Harnstoff *m*, Karbaˈmid *n*; **ˈu·re·al** [-əl] *adj.* Harnstoff...

u·re·mi·a → *uraemia.*

u·re·ter [juəˈri:tə] *s. anat.* Harnleiter *m*; **uˈre·thra** [-i:θrə] *s. anat.* Harnröhre *f*; **uˈret·ic** [-ˈretik] *adj. physiol.* **1.** harntreibend, diuˈretisch; **2.** Harn...

urge [ə:dʒ] **I.** *v/t.* **1.** *a.* ~ *on* (*od. forward*) (an-, vorwärts)treiben, anspornen (*a. fig.*); **2.** *fig.* *j-n* (be-)drängen, dringend bitten *od.* auffordern, dringen in *j-n*, *j-m* (heftig) zusetzen: *to be* ~*d to do* sich genötigt sehen, zu tun; ~*d by necessity* der Not gehorchend; **3.** drängen *od.* dringen auf (*acc.*); (hartnäckig) bestehen auf (*dat.*); Nachdruck legen auf (*acc.*): *to* ~ *s.th. on s.o.* j-m et. eindringlich vorstellen *od.* vor Augen führen, j-m et. einschärfen; *he* ~*d the necessity for immediate action* er drängte auf sofortige Maßnahmen; **4.** *als Grund* geltend machen, *Einwand etc.* ins Feld führen; **5.** *Sache* vorˈan-, betreiben, beschleunigen; **II.** *s.* **6.** Drang *m*, (An)Trieb *m*: *creative* ~ Schaffensdrang; *sexual* ~ Geschlechtstrieb; **7.** Inbrunst *f*: *religious* ~; **ˈur·gen·cy** [-dʒənsi] *s.* **1.** Dringlichkeit *f*; **2.** (dringende) Not, Druck *m*; **3.** Drängen *n*; **4.** *parl. Brit.* Dringlichkeitsantrag *m*; **ˈur·gent** [-dʒənt] *adj.* □ **1.** dringend (*a. Mangel*; *a. teleph. Gespräch*), dringlich, eilig: *the matter is* ~ die Sache eilt; **2.** drängend: *to be* ~ *about* (*od. for*) *s.th.* zu et. drängen, auf et. dringen; *to be* ~ *with s.o.* j-n drängen, in j-n dringen (*for* wegen, *to do* zu tun); **3.** zu-, aufdringlich; **4.** hartnäckig.

u·ric [ˈjuərik] *adj.* Urin..., Harn...: ~ *acid* Harnsäure.

u·ri·nal [ˈjuərinl] *s.* **1.** Uˈrinflasche *f* (*für Kranke*); **2.** Harnglas *n*; **3.** Uˈrinbecken *n* (*in Toiletten*); **4.** Pisˈsoir *n*; **u·ri·nal·y·sis** [juəriˈnæləsis] *pl.* **-ses** [-si:z] *s.* ⚕ ˈHarnunterˌsuchung *f*; **u·ri·nar·y** [ˈjuərinəri] *adj.* Harn..., Urin...: ~ *calculus* ⚕ Blasenstein; **u·ri·nate** [ˈjuərineit] *v/i.* urinieren, harnen, Wasser lassen; **u·rine** [ˈjuərin] *s.* Uˈrin *m*, Harn *m.*

urn [ə:n] *s.* **1.** Urne *f*: *funeral* ~ Graburne; **2.** *mst tea-*~ ˈTeemaˌschine *f*; **3.** *fig.* Grab(stätte *f*) *n.*

u·ro·gen·i·tal [juərouˈdʒenitl] *adj.* ⚕ urogeniˈtal.

u·rol·o·gy [juəˈrɔlədʒi] *s.* ⚕ Uroloˈgie *f.*

ur·sine [ˈə:sain] *adj. zo.* bärenartig, [Bären...]

U·ru·guay·an [uruˈgwaiən] **I.** *adj.* uruguˈayisch; **II.** *s.* Uruguˈayer(in).

us [ʌs; əs] *pron.* **1.** uns (*dat. od. acc.*): *all of* ~ wir alle; *both of* ~ wir beide; **2.** *dial.* wir: ~ *poor people.*

us·a·ble [ˈju:zəbl] *adj.* brauch-, verwendbar.

us·age [ˈju:zidʒ] *s.* **1.** Brauch *m*, Gepflogenheit *f*, ˈUsus *m*: (*commercial*) ~ Handelsbrauch, Usance; **2.** übliches Verfahren, ˈPraxis *f*; **3.** Sprachgebrauch *m*; **4.** Gebrauch *m*, Verwendung *f*; **5.** Behandlung(sweise) *f.*

us·ance [ˈju:zəns] *s.* ✝ **1.** (übliche) Wechselfrist, ˈUso *m*: *at* ~ nach Uso; *bill at* ~ Usowechsel; **2.** Uso *m*, Uˈsance *f*, Handelsbrauch *m.*

use [ju:s] **I.** *s.* **1.** Gebrauch *m*, Benutzung *f*, Benützung *f*, An-, Verwendung *f*: *for* ~ zum Gebrauch; *for* ~ *in schools* für den Schulgebrauch; *directions for* ~ Gebrauchsanweisung; *in* ~ in Gebrauch, gebräuchlich; *to be in daily* ~ täglich gebraucht werden; *in common* ~ allgemein gebräuchlich; *to come into* ~ in Gebrauch kommen; *out of* ~ nicht in Gebrauch; *to fall* (*od. go od. pass*) *out of* ~ außer Gebrauch kommen, ungebräuchlich werden; *with* ~ durch (ständigen) Gebrauch; *to make* ~ *of* Gebrauch machen von, benutzen; *to make* (*a*) *bad* ~ *of* (e-n) schlechten Gebrauch machen von; **2. a)** Verwendung(szweck *m*) *f*, **b)** Brauchbarkeit *f*, Verwendbarkeit *f*, **c)** Zweck *m*, Sinn *m*, Nutzen *m*, Nützlichkeit *f*: *of* ~ (*to*) brauchbar (für), nützlich (*dat.*), von Nutzen (für); *it is of no* ~ *doing od. to do* es ist unnütz *od.* nutz- *od.* zwecklos zu tun, es hat keinen Zweck zu tun; *is this of* ~ *to you?* können Sie das (ge)brauchen?; *crying is no* ~ Weinen führt zu nichts; *what is the* ~ (*of it*)? was hat es (überhaupt) für einen Zweck?; *to put to* (*good*) ~ (gut) an- *od.* verwenden; *to have no* ~ *for* **a)** nicht brauchen können, mit *et. od. j-m* nichts anfangen können, **b)** *bsd. Am.* F nichts übrig haben für; **3.** Fähigkeit *f et.* zu gebrauchen, Gebrauch *m*: *he lost the* ~ *of his right eye* er kann auf dem rechten Auge nicht mehr sehen; *to have the* ~ *of one's limbs* sich bewegen können; **4.** Gewohnheit *f*, Brauch *m*, Übung *f*, ˈPraxis *f*: *once a* ~ *and ever a custom* jung gewohnt, alt getan; **5.** Benutzungsrecht *n*; **6.** ⚖ **a)** Nutznießung *f*, **b)** Nutzen *m*; **II.** *v/t.* [ju:z] **7.** gebrauchen, Gebrauch machen von (*a. von e-m Recht etc.*), benutzen, benützen, *a. Gewalt* anwenden, *a. Sorgfalt* verwenden, sich bedienen (*gen.*), *Gelegenheit etc.* nutzen, sich zuˈnutze machen: *to* ~ *one's brains* den Verstand gebrauchen, s-n Kopf anstrengen; *to* ~ *one's legs* zu Fuß gehen; *to* ~ *tobacco* rauchen; **8.** verwenden (*on* auf *acc.*): *to* ~ *up* **a)** *et.* auf-, verbrauchen, **b)** F *j-n* erschöpfen, ‚fertigmachen'; → *used* 2; **9.** behandeln, verfahren mit: *to* ~ *s.o. ill* j-n schlecht behandeln; *how has the world* ~*d you?* wie ist es dir ergangen?; **III.** *v/i.* **10.** *nur pret.* [ju:st]: pflegte (*to do* zu tun): *it* ~*d to be said* man pflegte zu sagen; *he* ~*d to live here* er wohnte früher hier; *he does not come as often as he* ~*d* (*to*) er kommt nicht mehr so oft wie früher *od.* sonst; **used** [ju:zd] *adj.* **1.** gebraucht, getragen (*Kleidung*): ~ *car mot.* Gebrauchtwagen; **2.** ~ *up* **a)** aufgebraucht, verbraucht (*a. Luft*), **b)** F ‚erledigt', ‚fertig', erschöpft; **3.** [ju:st] **a)** gewohnt (*to* zu *od. acc.*), **b)** gewöhnt (*to* an *acc.*): *he is* ~ *to working late* er ist gewohnt, lange zu arbeiten; *to get* ~ *to* sich gewöhnen an (*acc.*); **ˈuse·ful** [-ful] *adj.* □ **1.** nützlich, brauchbar, (zweck-)dienlich, (gut) verwendbar: *to make o.s.* ~ sich nützlich machen; **2.** *bsd.* ⊕ nutzbar, Nutz...: ~ *efficiency* Nutzleistung; ~ *load* Nutzlast; ~ *plant* Nutzpflanze; **ˈuse·ful·ness** [-fulnis] *s.* Nützlichkeit *f*, Brauchbarkeit *f*, Zweckmäßigkeit *f*; **ˈuse·less** [-lis] *adj.* □ **1.** nutz-, sinn-, zwecklos, unnütz, vergeblich: *it is* ~ *to* es erübrigt sich, zu; **2.** unbrauchbar; **ˈuse·less·ness** [-lisnis] *s.* Nutz-, Zwecklosigkeit *f*; Unbrauchbarkeit *f*; **us·er** ['ju:zə] *s.* **1.** Benutzer(in); **2.** † Verbraucher(in), Bedarfsträger(in); **3.** ⚖ Nießbrauch *m*, Benutzungsrecht *n*.

'U-shaped *adj.* U-förmig: ~ *iron* ⊕ U-Eisen.

ush·er ['ʌʃə] **I.** *s.* **1.** Türhüter *m*; **2.** Platzanweiser *m*; **3.** Gerichtsdiener *m*; **4.** *Art* Zere'monienmeister *m*: *gentleman* ~; **5.** *Brit. contp.* ‚Pauker' *m* (*Hilfslehrer*); **II.** *v/t.* **6.** (*mst* ~ *in* her'ein-, hin'ein)führen, (-)geleiten; **7.** ~ *in a. fig.* ankündigen; *fig. Epoche etc.* einleiten; **ush·er·ette** [ʌʃə'ret] *s.* Platzanweiserin *f*.

u·su·al ['ju:ʒuəl] *adj.* □ üblich, gewöhnlich, gebräuchlich: *as* ~ wie gewöhnlich, wie sonst; *the* ~ *thing* das Übliche; *it has become the* ~ *thing* (*with us*) es ist (bei uns) gang u. gäbe geworden; *it is* ~ *for shops to close at 6 o'clock* die Geschäfte schließen gewöhnlich um 6 Uhr; *the* ~ *pride with her* der ihr eigene Stolz; **'u·su·al·ly** [-əli] *adv.* (für) gewöhnlich, in der Regel; **'u·su·al·ness** [-nis] *s.* **1.** *das* Übliche; **2.** Üblichkeit *f*, Gewohnheit *f*.

u·su·fruct ['ju:sju(:)frʌkt] *s.* ⚖ Nießbrauch *m*, Nutznießung *f*; **u·su·fruc·tu·ar·y** [ju:zju(:)'frʌktjuəri] **I.** *s.* Nießbraucher(in), Nutznießer(in); **II.** *adj.* Nutznießungs..., Nutzungs...: ~ *right*.

u·su·rer ['ju:ʒərə] *s.* Wucherer *m*; **u·su·ri·ous** [ju:'zjuəriəs] *adj.* □ wucherisch, Wucher...: ~ *interest* Wucherzins; **u·su·ri·ous·ness** [ju:'zjuəriəsnis] *s.* Wucher *m*.

u·surp [ju:'zə:p] *v/t.* **1.** an sich reißen, sich 'widerrechtlich aneignen, sich bemächtigen (*gen.*); **2.** sich ('widerrechtlich) anmaßen; **u·sur·pa·tion** [ju:zə:'peiʃən] *s.* **1.** Usurpati'on *f*: **a)** 'widerrechtliche Machtergreifung *od.* Aneignung, Anmaßung *f e-s Rechts etc.*, **b)** ~ *of the throne* Thronraub *m*; **2.** unberechtigter Eingriff (*on* in *acc.*); **u'surp·er** [-pə] *s.* **1.** Usur'pator *m*, unrechtmäßiger Machthaber, Thronräuber *m*; **2.** unberechtigter Besitzergreifer; **3.** *fig.* Eindringling *m* (*on* in *acc.*); **u'surp·ing** [-piŋ] *adj.* □ usurpa'torisch, gewaltsam, eigenmächtig.

u·su·ry ['ju:ʒuri] *s.* **1.** (Zins)Wucher *m*: *to practise* ~ Wucher treiben; **2.** Wucherzinsen *pl.* (*at* auf *acc.*): *to return with* ~ *fig.* mit Zins u. Zinseszins heimzahlen.

u·ten·sil [ju(:)'tensl] *s.* **1.** (*a. Schreib- etc.*)Gerät *n*, Werkzeug *n*; Gebrauchs-, Haushaltsgegenstand *m*: (*kitchen*) ~ Küchengerät; **2.** Geschirr *n*, Gefäß *n*; **3.** *pl.* Uten'silien *pl.*, Geräte *pl.*; (Küchen)Geschirr *n*.

u·ter·ine ['ju:tərain] *adj.* **1.** *anat.* Gebärmutter..., Uterus...; **2.** von der'selben Mutter stammend: ~ *brother* Halbbruder mütterlicherseits; **u·ter·us** ['ju:tərəs] *pl.* **-ter·i** [-tərai] *s. anat.* 'Uterus *m*, Gebärmutter *f*.

u·til·i·tar·i·an [ju:tili'tɛəriən] **I.** *adj.* utilita'ristisch, Nützlichkeits...; **II.** *s.* Utilita'rist(in), Vertreter(in) des 'Nützlichkeitsprin,zips; **u·til·i'tar·i·an·ism** [-nizəm] *s.* Utilita'rismus *m*, Nützlichkeitslehre *f*.

u·til·i·ty [ju(:)'tiliti] **I.** *s.* **1.** *a.* † Nutzen *m* (*to* für), Nützlichkeit *f*; **2.** *et.* Nützliches, nützliche Einrichtung; **3.** *a. public* ~ (*company od. corporation*) gemeinwirtschaftlicher Nutzungsbetrieb, öffentlicher Versorgungsbetrieb; *pl. a.* städtische Werke *pl.*; **II.** *adj.* **4.** †, ⊕ Gebrauchs...(*-güter, -möbel, -wagen etc.*); **~-man** [-mæn] *s.* [*irr.*] **1.** *bsd. Am.* Gelegenheitsarbeiter *m*, Fak'totum *n*; **2.** *thea.* Gelegenheitsschauspieler *m* (für kleine Rollen).

u·ti·liz·a·ble ['ju:tilaizəbl] *adj.* verwendbar, verwertbar, nutzbar; **u·ti·li·za·tion** [ju:tilai'zeiʃən] *s.* Nutzbarmachung *f*, Verwertung *f*, (Aus)Nutzung *f*, Verwendung *f*; (Nutz)Anwendung *f*; **u·ti·lize** ['ju:tilaiz] *v/t.* **1.** ausnutzen, verwerten, sich *et.* nutzbar *od.* zu'nutze machen; **2.** verwenden.

ut·most ['ʌtmoust] **I.** *adj.* äußerst: **a)** entlegenst, fernst, **b)** *fig.* höchst, größt; **II.** *s. das* Äußerste: *the* ~ *that I can do*; *to do one's* ~ sein äußerstes *od.* möglichstes tun; *to the* ~ *of my powers* nach besten Kräften.

U·to·pi·a [ju:'toupjə] *s.* **1.** U'topia *n* (*Buchtitel*); **2.** *oft* ♀ *fig.* Uto'pie *f*: **a)** Ide'alstaat *m*, **b)** Luftschloß *n*, Zukunftstraum *m*; **U'to·pi·an** [-jən] **I.** *adj.* **1.** u'topisch: *a* ~ *novel*; **2.** *oft* ♀ *fig.* utopisch, phan'tastisch; **II.** *s.* **3.** Bewohner(in) von U'topien; **4.** Uto'pist *m*, Schwärmer *m*; **u'to·pi·an·ism** [-jənizəm] *s.* Uto'pismus *m*, Schwärme'rei *f*.

u·tri·cle ['ju:trikl] *s.* **1.** *zo.*, ♀ Schlauch *m*, bläs-chenförmiges Luft- *od.* Saftgefäß; **2.** ⚕ U'triculus *m* (*Säckchen im Ohrlabyrinth*).

ut·ter ['ʌtə] **I.** *adj.* □ → *utterly*; **1.** äußerst, höchst, völlig; **2.** endgültig, entschieden: ~ *denial*; **3.** *contp.* ausgesprochen, voll'endet (*Schurke, Unsinn etc.*); **II.** *v/t.* **4.** *Gedanken, Gefühle* äußern, ausdrücken, aussprechen; **5.** *Laute etc.* ausstoßen, von sich geben, her'vorbringen; **6.** *Falschgeld etc.* in 'Umlauf setzen, verbreiten; **ut·ter·ance** ['ʌtərəns] *s.* **1.** (stimmlicher) Ausdruck, Äußerung *f*: *to give* ~ *to e-m Gefühl etc.* Ausdruck verleihen *od.* Luft machen; **2.** Sprechweise *f*, Aussprache *f*, Vortrag *m*; **3.** *a. pl.* Äußerung *f*, Aussage *f*, Worte *pl.*; **'ut·ter·er** [-ərə] *s.* **1.** Äußernde(r *m*) *f*; **2.** Verbreiter(in); **'ut·ter·ly** [-li] *adv.* äußerst, abso'lut, völlig, ganz; **'ut·ter·most** [-moust] → *utmost*.

u·vu·la ['ju:vjulə] *pl.* **-lae** [-li:] *s. anat.* Zäpfchen *n*; **'u·vu·lar** [-lə] **I.** *adj.* Zäpfchen...; **II.** *s. ling.* Zäpfchenlaut *m*.

ux·o·ri·ous [ʌk'sɔ:riəs] *adj.* □ treuliebend, ‚schwer verheiratet' (*Gatte*); **ux'o·ri·ous·ness** [-nis] *s.* Ergebenheit *f*, Unter'würfigkeit *f* (*des Gatten*).

V

V, v [vi:] *s.* V *n*, v *n* (*Buchstabe*).

vac [væk] *Brit.* F *für vacation.*

va·can·cy ['veikənsi] *s.* **1.** Leere *f* (*a. fig.*): *to stare into* ~ ins Leere starren; **2.** leerer *od.* freier Platz; Lücke *f* (*a. fig.*); **3.** freie *od.* offene Stelle, unbesetztes Amt, Va'kanz *f*: *to fill a* ~ e-e Stelle besetzen; **4. a)** Geistesabwesenheit *f*, **b)** geistige Leere; **5.** Untätigkeit *f*, Muße *f*; **'va·cant** [-nt] *adj.* □ **1.** leer (*a. fig. Blick, Geist etc.*); frei, unbesetzt (*Sitz, Zimmer, Zeit etc.*); **2.** leer(stehend), unbewohnt, unvermietet (*Haus*); unbebaut (*Grundstück*): ~ *possession* sofort beziehbar; **3.** frei, offen (*Stelle*), va'kant, unbesetzt (*Amt*); **4.** geistlos, leer.

va·cate [və'keit] *v/t.* **1.** *Wohnung etc.*, ⚔ *Stellung etc.* räumen; *Sitz etc.* freimachen; **2.** *Stelle* aufgeben, aus *e-m Amt* scheiden: *to be* ~*d* freiwerden (*Stelle*); **3.** *Truppen etc.* evakuieren; **4.** ⚖ *Vertrag, Urteil etc.* aufheben; **va'ca·tion** [-eiʃən] **I.** *s.* **1.** Räumung *f*; **2.** Niederlegung *f od.* Erledigung *f e-s Amtes*; **3.** (Gerichts-, Schul-, Universi'täts)Ferien *pl.*: *the long* ~ die großen Ferien, die Sommerferien; **4.** *bsd. Am.* Urlaub *m*: *on* ~ im Urlaub; **II.** *v/i.* **5.** *bsd. Am.* in Ferien sein, Urlaub machen; **va'ca·tion·ist** [-eiʃnist] *s. Am.* Ferienreisende(r *m*) *f*, Urlauber(in), Sommerfrischler(in).

vac·ci·nal ['væksinl] *adj.* ⚕ Impf...; **vac·ci·nate** ['væksineit] *v/t. u. v/i.* impfen (*against* gegen *Pocken etc.*); **vac·ci·na·tion** [væksi'neiʃən] *s.* (*bsd.* Pocken)Schutzimpfung *f*; **'vac·ci·na·tor** [-neitə] *s.* **1.** Impfarzt *m*; **2.** Impfnadel *f*; **'vac·cine** [-si:n] ⚕ **I.** *adj.* Impf..., Kuhpocken...: ~ *matter* → *II*; **II.** *s.* Impfstoff *m*, Vak'zine *f*: *bovine* ~ Kuhlymphe; **vac·cin·i·a** [væk'sinjə] *s.* ⚕ Kuhpocken *pl.*

vac·il·late ['væsileit] *v/i. mst fig.* schwanken; **'vac·il·lat·ing** [-tiŋ] *adj.* □ schwankend (*mst fig. unschlüssig*); **vac·il·la·tion** [væsi'leiʃən] *s.* **1.** Schwanken *n* (*a. fig.*); **2.** *a. pl. fig.* Unschlüssigkeit *f*, Wankelmut *m*, Schwankungen *pl.*

va·cu·i·ty [væ'kju(:)iti] *s.* **1.** (*bsd. fig.* geistige) Leere; **2.** *fig.* Nichtigkeit *f*, Plattheit *f*; **3.** *fig.* Dumm-, Hohlheit *f*; **vac·u·ous** ['vækjuəs] *adj.* □ **1.** *mst fig.* leer: **a)** ausdruckslos (*Blick etc.*), **b)** nichtssagend (*Redensart*), **c)** müßig (*Leben*); **2.** hohl(köpfig), dumm; **vac·u·um** ['vækjuəm] **I.** *pl.* **-ums** [-z] *s.* **1.** ⊕, *phys.* 'Vakuum *n*, (*bsd.* luft)leerer Raum; **2.** *fig.* 'Vakuum *n*, Leere *f*, Lücke *f*; **II.** *adj.* **3.** Vakuum...: ~ *bottle* (*od. flask*) Thermosflasche; ~ *brake* ⊕ Unterdruckbremse; ~ *cleaner* Staubsauger; ~ *drier* Vakuumtrockner; ~*-ga(u)ge* Unterdruckmesser; ~*-tube* ⚡ Vakuumröhre; **III.** *v/t.* **4.** (mit dem Staubsauger) absaugen *od.* reinigen.

va·de·me·cum ['veidi'mi:kəm] *s.* Vade'mekum *n*, Handbuch *n*, Leitfaden *m*.

vag·a·bond ['vægəbənd] **I.** *adj.* **1.** vagabundierend (*a.* ⚡); **2.** Vagabunden..., vaga'bundenhaft; **3.** nomadisierend; **4.** Wander..., unstet: *a* ~ *life*; **II.** *s.* **5.** Vaga'bund(in), Landstreicher(in); **6.** F Strolch *m*; **III.** *v/i.* **7.** vagabundieren, um'herstreichen; **'vag·a·bond·age** [-bəndidʒ] *s.* **1.** Landstreiche'rei *f*, Vagabundieren *n*; **2.** *coll.* Vaga'bunden *pl.*; **'vag·a·bond·ism** [-bəndizəm] → *vagabondage 1*; **'vag·a·bond·ize** [-bəndaiz] → *vagabond 7.*

va·gar·y ['veigəri] *s.* **1.** wunderlicher Einfall; *pl. a.* Phantaste'reien *pl.*; **2.** Ka'price *f*, Grille *f*, Laune *f*; **3.** *mst pl.* Extrava'ganzen *pl.*: *the vagaries of fashion.*

va·gi·na [və'dʒainə] *pl.* **-nas** *s.* **1.** *anat.* Va'gina *f*, Scheide *f*; **2.** ⚘ Blattscheide *f*; **vag'i·nal** [-nəl] *adj.* vagi'nal, Vaginal..., Scheiden...: ~ *spray* Intimspray.

va·gran·cy ['veigrənsi] *s.* **1.** Landstreiche'rei *f* (*a.* ⚖); **2.** *coll.* Landstreicher *pl.*; **'va·grant** [-nt] **I.** *adj.* □ **1.** wandernd (*a. weitS. Zelle etc.*), um'herziehend, vagabundierend; **2.** → *vagabond 3 u. 4*; **3.** *fig.* kaprizi'ös, unstet; **II.** *s.* **4.** → *vagabond 5.*

vague [veig] *adj.* □ **1.** 'vage: **a)** undeutlich, nebelhaft, verschwommen (*alle a. fig.*), **b)** unbestimmt (*Gefühl, Verdacht, Versprechen etc.*), dunkel (*Ahnung, Gerücht etc.*), **c)** unklar (*Antwort etc.*): ~ *hope* vage Hoffnung; *not the* ~*st idea* nicht die leiseste Ahnung; **2.** geistesabwesend; **'vague·ness** [-nis] *s.* Unbestimmtheit *f*, Verschwommenheit *f*.

vain [vein] *adj.* □ **1.** eitel; eingebildet (*of* auf *acc.*); **2.** *fig.* eitel, leer (*Vergnügen etc.*; *a. Drohung, Hoffnung etc.*), nichtig; **3.** vergeblich, fruchtlos: ~ *efforts*; **4.** *in* ~ vergeblich: **a)** vergebens, um'sonst, **b)** unnütz; ~**'glo·ri·ous** *adj.* □ prahlerisch, großsprecherisch, -spurig; ~**'glo·ry** *s.* Prahle'rei *f*; Aufgeblasenheit *f*.

vain·ness ['veinnis] *s.* **1.** Vergeblichkeit *f*; **2.** Hohl-, Leerheit *f*, Nichtigkeit *f*.

val·ance ['væləns] *s.* kurzer Behang *od.* Vo'lant, 'Bettgar,dine *f*.

vale¹ [veil] *s. poet. od. in Namen*: Tal *n*: ~ *of tears* Jammertal.

va·le² ['veili] (*Lat.*) **I.** *int.* lebe wohl!; **II.** *s.* Lebe'wohl *n*.

val·e·dic·tion [væli'dikʃən] *s.* **1.** Abschied(nehmen *n*) *m*; **2.** Abschiedsworte *pl.*; **val·e·dic·to·ri·an** [vælidik'tɔ:riən] *s. Am. univ.* Abschiedsredner *m*; **val·e'dic·to·ry** [-ktəri] **I.** *adj.* Abschieds...: ~ *address* → *II*; **II.** *s. bsd. Am. univ.* Abschiedsrede *f*.

va·lence ['veiləns], **'va·len·cy** [-si] *s.* **1.** ⚗ Wertigkeit *f*; **2.** ⚘, *phys.* Wertigkeit *f*, Va'lenz *f*.

val·en·tine ['væləntain] *s.* **1.** Valentinsgruß *m* (*zum Valentinstag, 14. Februar, dem od. der Erwählten gesandt*); **2.** am Valentinstag erwählte(r) Liebste(r), *a. allg.* Schatz *m*.

va·le·ri·an [və'liəriən] *s.* ⚘, *pharm.* Baldrian *m*; **va·le·ri·an·ic** [vəliəri'ænik], **va'ler·ic** [-'lerik] *adj.* ⚗ Baldrian..., Valerian...

val·et ['vælit] **I.** *s.* (Kammer)Diener *m*; **II.** *v/t. j-n* bedienen, versorgen; **III.** *v/i.* Diener sein.

val·e·tu·di·nar·i·an ['vælitju:di'nɛəriən] **I.** *adj.* **1.** kränklich, kränkelnd; **2.** ,rekonvales'zent; **3.** sehr um die eigene Gesundheit besorgt, hypo'chondrisch; **II.** *s.* **4.** kränkliche Per'son; **5.** ,Rekonvales'zent (-in); **6.** Hypo'chonder *m*; **'val·e·tu·di'nar·i·an·ism** [-nizəm] *s.* **1.** Kränklichkeit *f*; **2.** ,Rekonvales'zenz *f*; **val·e·tu·di·nar·y** [væli'tju:dinəri] → *valetudinarian.*

Val·hal·la [væl'hælə], **Val'hall** [-'hæl] *s. myth.* Wal'halla *f*.

val·iant ['væljənt] *adj.* □ **1.** tapfer, mutig, heldenhaft, he'roisch; **2.** *dial.* kräftig, ro'bust.

val·id ['vælid] *adj.* □ **1.** gültig: **a)** stichhaltig, triftig (*Beweis, Grund*), **b)** begründet, berechtigt (*Anspruch, Argument etc.*), **c)** richtig (*Entscheidung etc.*); **2.** ⚖ (rechts)gültig, rechtskräftig: *to become* ~ Rechtskraft erlangen; **'val·i·date** [-deit] *v/t.* ⚖ **a)** für (rechts)gültig erklären, rechtswirksam machen, **b)** bestätigen; **val·i·da·tion** [væli'deiʃən] *s.* Gültigkeit(serklärung) *f*; **va·lid·i·ty** [və'liditi] *s.* **1.** Gültigkeit *f*; Triftigkeit *f*, Stichhaltigkeit *f*; Richtigkeit *f*; **2.** ⚖ Rechtsgültigkeit *f*, -kraft *f*; **3.** Gültigkeit(sdauer) *f* (*Fahrkarte etc.*).

va·lise [və'li:z] *s.* **1.** kleiner Handkoffer, lederne Reisetasche; **2.** ⚔ Tor'nister *m*.

Val·kyr ['vælkiə], **Val·kyr·ia** [væl-

'kiərjə], 'Val·kyr·ie [-kiri] *s. myth.* Wal'küre *f.*

val·ley ['væli] *s.* **1.** Tal *n*: *down the* ~ talabwärts; *the Thames* ~ das Flußgebiet der Themse; **2.** ⚠ Dachkehle *f.*

val·or *Am.* → *valour.*

val·or·i·za·tion [vælərai'zeiʃən] *s.* † Valorisati'on *f*, Aufwertung *f*; **val·or·ize** ['væləraiz] *v/t.* † valorisieren, aufwerten, den Preis *e-r Ware* heben *od.* aufrechterhalten.

val·or·ous ['vælərəs] *adj.* □ *rhet.* tapfer, mutig, heldenhaft, -mütig; **val·our** ['vælə] *s.* Tapferkeit *f*, Heldenmut *m.*

val·u·a·ble ['væljuəbl] **I.** *adj.* □ **1.** wertvoll: **a)** kostbar, teuer, **b)** *fig.* nützlich: *for* ~ *consideration* ⚖ entgeltlich; **2.** abschätzbar; **II.** *s.* **3.** *pl.* Wertsachen *pl.*, -gegenstände *pl.*

val·u·a·tion [vælju'eiʃən] *s.* **1.** Bewertung *f*, (Ab)Schätzung *f*, Wertbestimmung *f*, Taxierung *f*, Veranschlagung *f*; **2. a)** Schätzungswert *m*, (festgesetzter) Wert *od.* Preis, 'Taxe *f*, **b)** Gegenwartswert *m* e-r 'Lebensver,sicherungspo,lice; **3.** Wertschätzung *f*, Würdigung *f*: *we take him at his own* ~ wir beurteilen ihn so, wie er sich selbst beurteilt; **val·u·a·tor** ['væljueitə] *s.* † (Ab)Schätzer *m*, Ta'xator *m.*

val·ue ['vælju:] **I.** *s.* **1.** *allg.* Wert *m* (*a.* ∧, ⚗, *phys. u. fig.*): *to be of* ~ *to j-m* wertvoll *od.* nützlich sein; **2.** Wert *m*, Einschätzung *f*: *to set a high* ~ (*up*)*on* **a)** großen Wert legen auf (*acc.*), **b)** *et.* hoch einschätzen; **3.** † Wert *m*: *assessed* ~ Taxwert; *at* ~ zum Tageskurs; *book* ~ Buchwert; *commercial* ~ Handelswert; *exchange(able)* ~ Tauschwert; **4.** † **a)** (Verkehrs)Wert *m*, Kaufkraft *f*, Preis *m*, **b)** Gegenwert *m*, -leistung *f*, **c)** Währung *f*, Va'luta *f*, **d)** *a. good* ~ re'elle Ware, Quali'tätsware *f*, **e)** → *valuation 1 u. 2*, **f)** Wert *m*, Preis *m*, Betrag *m*: *for* ~ *received* Betrag erhalten; *to the* ~ *of* im *od.* bis zum Betrag von; *to give (get) good* ~ *(for one's money)* reell bedienen (bedient werden); *it is excellent* ~ *for money* es ist äußerst preiswert, es ist ausgezeichnet; **5.** *fig.* Wert *m*, Gewicht *n e-s Wortes etc.*; **6.** *mst pl. fig. kulturelle, sittliche* Werte *pl.*; **7.** *paint.* Verhältnis *n* von Licht u. Schatten, Farb-, Grauwert *m*; **8.** ♪ Noten-, Zeitwert *m*; **II.** *v/t.* **9. a)** den Wert *od.* Preis *e-r Sache* bestimmen *od.* festsetzen, **b)** (ab)schätzen, veranschlagen, taxieren (*at* auf *acc.*); **10.** † *Wechsel* ziehen ([*up*]*on* auf *j-n*); **11.** *Wert, Nutzen, Bedeutung* schätzen, (*vergleichend*) bewerten; **12.** (hoch-) schätzen, achten; '~-'**add·ed tax** *s.* † Mehrwertsteuer *f.*

val·ued ['vælju:d] *adj.* **1.** (hoch)geschätzt; **2.** taxiert, veranschlagt (*at* auf *acc.*): ~ *at £ 100* £ 100 wert.

'**val·ue|-free** *adj.* wertfrei; ~ **judg(e)·ment** *s.* Werturteil *n.*

val·ue·less ['væljulis] *adj.* wertlos; '**val·u·er** [-juə] → *valuator.*

va·lu·ta [vɑ:'l(j)u:tɑ:] (*Ital.*) *s.* † Va'luta *f.*

valve [vælv] *s.* **1.** ⊕ Ven'til *n*, Absperrvorrichtung *f*, Klappe *f*, Hahn *m*, Regu'lieror,gan *n*: ~ *gear* Ventilsteuerung; ~*-in-head engine* kopfgesteuerter Motor; **2.** ♪ Klappe *f* (*Blasinstrument*); **3.** ⚕ (*Herz- etc.*) Klappe *f*: *cardiac* ~; **4.** *zo.* (Muschel)Klappe *f*; **5.** ⚘ **a)** Klappe *f*, **b)** Kammer *f* (*beide e-r Fruchtkapsel*); **6.** ⚡ *Brit.* (Elek'tronen-, Radio-) Röhre *f*: ~ *amplifier* Röhrenverstärker; ~ *set* Röhrenempfänger; **7.** ⊕ Schleusentor *n*; **8.** *obs.* Türflügel *m*; '**valve·less** [-lis] *adj.* ven'tillos; '**val·vu·lar** [-vjulə] *adj.* **1.** klappenförmig, Klappen...: ~ *defect* ⚕ Klappenfehler; **2.** mit Klappe(n) *od.* Ven'til(en) (versehen); **3.** ⚘ klappig; '**val·vule** [-vju:l] *s.* kleine Klappe; **val·vu·li·tis** [vælvju'laitis] *s.* ⚕ (Herz)Klappenentzündung *f.*

va·moose [və'mu:s], **va'mose** [-'mous] *Am. sl.* **I.** *v/i.* ‚verduften', sich aus dem Staub machen; **II.** *v/t.* fluchtartig verlassen.

vamp[1] [væmp] **I.** *s.* **1. a)** Oberleder *n*, (Vorder)Kappe *f* (*Schuh*), **b)** (aufgesetzter) Flicken; **2.** ♪ (improvisierte) Begleitung; **3.** *fig.* Flickwerk *n*; **II.** *v/t.* **4.** *oft* ~ *up* **a)** flicken, reparieren, **b)** vorschuhen; **5.** ~ *up Zeitungsartikel etc.* zs.-stoppeln, zu'rechtschustern; **6.** ♪ (aus dem Stegreif) begleiten; **III.** *v/i.* **7.** ♪ improvisieren.

vamp[2] [væmp] F **I.** *s.* Vamp *m* (*dämonisch-verführerische Frau*); **II.** *v/t.* *Männer* verführen, ‚ausnehmen', aussaugen.

vam·pire ['væmpaiə] *s.* **1.** 'Vampir *m*: **a)** *blutsaugendes Gespenst*, **b)** *fig.* Erpresser(in), Blutsauger(in); **2.** *a.* ~ *bat zo.* Vampir *m*, Blattnase *f*; **3.** *thea.* kleine Falltür auf der Bühne; '**vam·pir·ism** [-ərizəm] *s.* **1.** 'Vampirglaube *m*; **2.** Blutsaugen *n* (*e-s Vampirs*); **3.** *fig.* Ausbeutung *f.*

van[1] [væn] *s.* **1.** ⚔ Vorhut *f*, Vor'ausab,teilung *f*, Spitze *f*; **2.** ⚓ Vorgeschwader *n*; **3.** *fig.* vorderste Reihe, Spitze *f.*

van[2] [væn] *s.* **1.** Last-, Liefer-, Möbelwagen *m*; **2.** Gefangenenwagen *m* (*Polizei*); **3.** 🚃 *Brit.* (geschlossener) Güterwagen; Dienst-, Gepäckwagen *m*; **4.** *Brit.* Plan-, *bsd.* Zi'geunerwagen *m.*

van[3] [væn] *s.* **1.** *obs. od. poet.* Schwinge *f*, Fittich *m*; **2.** *Brit. dial.* Getreideschwinge *f*; **3.** ⚒ *Brit.* **a)** Schwingschaufel *f*, **b)** Schwingprobe *f.*

va·na·di·um [və'neidjəm] *s.* ⚗ Va'nadium *n*: ~ *steel* Vanadiumstahl.

Van·dal ['vændəl] **I.** *s.* **1.** *hist.* Van'dale *m*, Van'dalin *f*; **2.** ♀ *fig.* Vandale *m*, Bar'bar *m*; **II.** *adj. a.* **Van·dal·ic** [væn'dælik] **3.** *hist.* van'dalisch, Vandalen...; **4.** ♀ *fig.* bar'barisch; '**van·dal·ism** [-dəlizəm] *s. fig.* Vanda'lismus *m*, Zerstörungswut *f.*

Van·dyke [væn'daik] **I.** *adj.* **1.** von Van Dyck, in Van Dyckscher Ma'nier; **II.** *s.* **2.** *oft* ♀ *abbr. für* **a)** ~ *beard*, **b)** ~ *collar*; **3.** Zackenmuster *n*; ~ **beard** *s.* Spitz-, Knebelbart *m*; ~ **col·lar** *s.* Van'dyckkragen *m.*

vane [vein] *s.* **1.** Wetterfahne *f*, -hahn *m*; **2.** Windmühlenflügel *m*; **3.** (Pro'peller-, Venti'lator- *etc.*)Flügel *m*; (Tur'binen-, ✈ Leit)Schaufel *f*; **4.** *surv.* Di'opter *n*, Vi'sier *n*; **5.** *zo.* Fahne *f* (*Feder*).

van·guard ['vængɑ:d] → *van*[1].

va·nil·la [və'nilə] *s.* ⚘, † Va'nille *f.*

van·ish ['væniʃ] *v/i.* **1.** (plötzlich) verschwinden; **2.** (langsam) (ver-, ent)schwinden, da'hinschwinden, sich verlieren (*from* von, aus); **3.** (spurlos) verschwinden, vergehen: *to* ~ *into air* sich in Luft auflösen; **4.** ∧ verschwinden, Null werden.

van·ish·ing| **cream** ['væniʃiŋ] *s.* *Kosmetik*: Tagescreme *f*; '~**-line** *s.* Fluchtlinie *f*; '~**-point** *s.* **1.** Fluchtpunkt *m* (*Perspektive*); **2.** *fig.* F Nullpunkt *m.*

van·i·ty ['væniti] *s.* **1.** *persönliche* Eitelkeit; **2.** *j-s* Stolz *m* (*Sache*); **3.** Leer-, Hohlheit *f*, Nichtigkeit *f*, Eitelkeit *f*: ♀ *Fair fig.* Jahrmarkt der Eitelkeit; **4.** *Am.* Toi'lettentisch *m*; **5.** *a.* ~ *bag* (*od. box, case*) Hand-, Kos'metiktäschchen *n.*

van·quish ['væŋkwiʃ] **I.** *v/t.* besiegen, über'wältigen; *bsd. fig. Stolz etc.* über'winden, bezwingen; **II.** *v/i.* siegreich sein, siegen; '**van·quish·er** [-ʃə] *s.* Sieger *m*, Eroberer *m*, Bezwinger *m.*

van·tage ['vɑ:ntidʒ] *s.* **1.** *Tennis*: Vorteil *m*; **2.** *coign* (*od. point*) *of* ~ günstiger (Angriffs)Punkt; '~**-ground** *s.* günstige Stellung (*a. fig.*); '~**-point** *s.* **1.** Aussichtspunkt *m*; **2.** günstiger (Ausgangs)Punkt; **3.** → *vantage-ground.*

vap·id ['væpid] *adj.* □ **1.** schal: ~ *beer*; **2.** *fig.* **a)** schal, flach, leer, **b)** öd(e), fad(e); **va·pid·i·ty** [væ'piditi], '**vap·id·ness** [-nis] *s.* **1.** Schalheit *f* (*a. fig.*); **2.** *fig.* Fadheit *f*, Geist-, Leblosigkeit *f.*

va·por *Am.* → *vapour.*

va·por·i·za·tion [veipərai'zeiʃən] *s.* *phys.* Verdampfung *f*, -dunstung *f.*

va·por·ize ['veipəraiz] **I.** *v/t.* **1.** ⚗, *phys.* ver-, eindampfen, verdunsten (lassen); **2.** ⊕ vergasen; **II.** *v/i.* **3.** verdampfen, verdunsten; '**va·por·iz·er** [-zə] *s.* ⊕ **1.** Ver'dampfungsappa,rat *m*, Zerstäuber *m*; **2.** Vergaser *m*; '**va·por·ous** [-rəs] *adj.* □ **1.** dampfig, dunstig; **2.** *fig.* nebelhaft; **3.** duftig (*Gewebe*); '**va·por·y** [-ri] *Am.* → *vaporous.*

va·pour ['veipə] **I.** *s.* **1.** Dampf *m* (*a. phys.*), Dunst *m* (*a. fig.*): ~ *bath* Dampfbad; ~ *trail* ✈ Kondensstreifen; **2.** *fig.* Phan'tom *n*, Hirngespinst *n*; **3.** *pl. obs.* Hypochon'drie *f*; **II.** *v/i.* **4.** (ver)dampfen; **5.** *fig.* schwadronieren, prahlen; '**va·pour·y** [-əri] → *vaporous.*

var·i·a·bil·i·ty [vɛəriə'biliti] *s.* **1.** Veränderlichkeit *f*, Schwanken *n*, Unbeständigkeit *f* (*a. fig.*); **2.** ∧, *phys.*, *a. biol.* Variabili'tät *f.*

var·i·a·ble ['vɛəriəbl] **I.** *adj.* □ **1.** veränderlich, 'unterschiedlich, wechselnd; schwankend, unbeständig (*a. Person*): ~ *wind meteor.* Wind aus wechselnder Richtung; **2.** vari'abel (*a.* ∧, *ast.*, *biol.*, *phys.*), wandelbar; **3.** ⊕ regelbar, veränderlich: ~ *condenser* Drehkondensator; ~ *gear* Wechselgetriebe; *infinitely* ~ stufenlos regelbar; **II.** *s.* **4.** veränderliche Größe; *bsd.* ∧ Vari'able *f*, Veränderliche *f*; **5.** *ast.* vari'abler Stern; '**var·i·a·ble·ness** [-nis] →

variability; '**var·i·ance** [-iəns] *s.* **1.** Veränderung *f*; **2.** Abweichung *f* (*a.* ⚖ *zwischen Klage u. Beweisergebnis*); **3.** Uneinigkeit *f*, Meinungsverschiedenheit *f*, Streit *m*: *to be at* ~ (*with*) uneinig sein (mit *j-m*); → *4*; *to set at* ~ entzweien; **4.** *fig.* 'Widerstreit *m*, -spruch *m*, Unvereinbarkeit *f*: *to be at* ~ (*with*) unvereinbar sein (mit *et.*), im Widerspruch stehen (zu); → *3*; '**var·i·ant** [-iənt] **I.** *adj.* abweichend, verschieden; 'unterschiedlich; **II.** *s.* Vari'ante *f*, Spielart *f*; abweichende Lesart; **var·i·a·tion** [vɛəri'eiʃən] *s.* **1.** Veränderung *f*, Wechsel *m*, Schwankung *f*; **2.** Abweichung *f*; **3.** ♪, ✈, *ast.*, *biol. etc.* Variati'on *f*; **4.** ('Orts)ˌMißweisung *f*, Deklinati'on *f* (*Kompaß*).

var·i·col·o(u)red ['vɛərikʌləd] *adj.* bunt (*a. fig. mannigfaltig*), vielfarbig.

var·i·cose ['værikous] *adj.* ⚕ krampfad(e)rig, vari'kös: ~ *vein* Krampfader; ~ *bandage* Krampfaderbinde; **var·i·co·sis** [væri'kousis], **var·i·cos·i·ty** [væri'kɔsiti] *s.* Krampfaderleiden *n*, Krampfader(n *pl.*) *f*.

var·ied ['vɛərid] *adj.* □ verschieden(-artig); mannigfaltig; abwechslungsreich, bunt.

var·i·e·gate ['vɛərigeit] *v/t.* **1.** bunt gestalten (*a. fig.*); **2.** *fig.* (durch Abwechslung) beleben, variieren; '**var·i·e·gat·ed** [-tid] *adj.* **1.** bunt(scheckig, -gefleckt), vielfarbig; **2.** → *varied*; **var·i·e·ga·tion** [vɛəri'geiʃən] *s.* Buntheit *f*, Vielfarbigkeit *f*.

va·ri·e·ty [və'raiəti] *s.* **1.** Verschieden-, Buntheit *f*, Mannigfaltigkeit *f*, Vielseitigkeit *f*, Abwechslung *f*; **2.** Vielfalt *f*, Reihe *f*, Anzahl *f*, *bsd.* ✝ Auswahl *f*: *owing to a* ~ *of causes* aus verschiedenen Gründen; **3.** Sorte *f*, Art *f*; **4.** *allg.*, *a.* ⚘, *zo.* Ab-, Spielart *f*; **5.** ⚘, *zo.* **a)** Varie'tät *f* (*Unterabteilung e-r Art*), **b)** Vari'ante *f*; **6.** Varie'té *n*: ~ *artist* Varietékünstler; ~ **show** *s.* Varie'té(-vorstellung *f*) *n*; ~ **store** *s.* ✝ *Am.* Gemischtwarenhandlung *f*; ~ **the·a·tre** *s.* Varie'té(theˌater) *n*.

var·i·form ['vɛərifɔ:m] *adj.* vielgestaltig (*a. fig.*).

va·ri·o·la [və'raiələ] *s.* ⚕ Pocken *pl.*

var·i·o·lite ['vɛəriəlait] *s. geol.* Blatterstein *m*.

var·i·om·e·ter [vɛəri'ɔmitə] *s.* ⊕, ⚡, *phys.* Vario'meter *n*.

var·i·o·rum [vɛəri'ɔ:rəm] **I.** *adj.* mit Anmerkungen verschiedener Kommenta'toren *od.* mit verschiedenen Lesarten versehen: ~ *edition* → *II*; **II.** *s.* Ausgabe *f* mit Anmerkungen verschiedener Kommenta'toren.

var·i·ous ['vɛəriəs] *adj.* □ **1.** verschieden(artig); **2.** mehrere, verschiedene; **3.** → *varied*.

var·ix ['vɛəriks] *pl.* **-i·ces** [-isi:z] *s.* ⚕ Krampfader(knoten *m*) *f*.

var·let ['vɑ:lit] *s.* **1.** *hist.* Knappe *m*, Page *m*; **2.** *obs. od. humor.* Schelm *m*, Schuft *m*.

var·mint ['vɑ:mint] *s.* **1.** *zo.* Schädling *m*; **2.** F *kleiner* ‚Racker'.

var·nish ['vɑ:niʃ] **I.** *s.* ⊕ **1.** Lack *m*: *oil* ~ Öllack; **2.** *a. clear* ~ Klarlack *m*, Firnis *m*; **3.** ('Möbel)PoliˌTur *f*; **4.** *Töpferei*: Gla'sur *f*; **5.** *fig.* Firnis *m*, Tünche *f*, äußerer 'Anstrich; **II.** *v/t. a.* ~ *over* **6.** lackieren, firnissen, glasieren; **7.** *Möbel* (auf)polieren; **8.** *fig.* bemänteln, beschönigen.

var·si·ty ['vɑ:siti] *s.* F ‚'Uni' *f* (*Universität*).

var·y ['vɛəri] **I.** *v/t.* **1.** (ver-, *a.* ⚖ ab)ändern; **2.** variieren, 'unterschiedlich gestalten, wechseln mit *et.*; *bsd.* ♪ abwandeln; **II.** *v/i.* **3.** sich (ver)ändern; variieren (*a. biol.*), wechseln, schwanken; **4.** verschieden sein, abweichen (*from* von); '**var·y·ing** [-iiŋ] *adj.* wechselnd, unterschiedlich, verschieden.

vas·cu·lar ['væskjulə] *adj.* ⚘, *physiol.* Gefäß...(*-pflanzen*, *-system etc.*): ~ *tissue* ⚘ Stranggewebe.

vase [vɑ:z] *s.* Vase *f*.

vas·e·line ['væsili:n] *s.* ⚗ Vase'lin *n*, Vase'line *f*.

vas·sal ['væsəl] **I.** *s.* **1.** Va'sall(in), Lehnsmann *m*; **2.** *fig.* 'Untertan *m*, Unter'gebene(r *m*) *f*; **3.** *rhet.* Knecht *m*, Sklave *m*; **II.** *adj.* **4.** Vasallen...; '**vas·sal·age** [-səlidʒ] *s.* **1.** *hist.* Va'sallentum *n*, Lehnspflicht *f*, (*to* gegenüber); **2.** *coll.* Va'sallen *pl.*; **3.** *fig.* Knechtschaft *f*, Abhängigkeit *f*.

vast [vɑ:st] **I.** *adj.* □ **1.** weit, ausgedehnt, unermeßlich; **2.** *a. fig.* ungeheuer, (riesen)groß, riesig, gewaltig: ~ *difference*; ~ *quantity*; **II.** *s.* **3.** *poet.* Weite *f*; '**vast·ly** [-li] *adv.* gewaltig, in hohem Maße; ungemein, äußerst: ~ *superior* haushoch überlegen, weitaus besser; '**vast·ness** [-nis] *s.* **1.** Weite *f*, Unermeßlichkeit *f* (*a. fig.*); **2.** ungeheure Größe, riesige Zahl, Unmenge *f*.

vat [væt] **I.** *s.* ⊕ **1.** großes Faß, Bottich *m*, Kufe *f*; **2. a)** *Färberei*: Küpe *f*, **b)** *a. tan-*~ *Gerberei*: Lohgrube *f*; **II.** *v/t.* **3.** (ver)küpen, in ein Faß *etc.* füllen; **4.** in e-m Faß *etc.* behandeln: ~*ted* faßreif (*Wein etc.*).

Vat·i·can ['vætikən] *s.* Vati'kan *m*.

vaude·ville ['voudəvil] *s.* **1.** *Brit.* heiteres Singspiel (mit Tanzeinlagen); **2.** *Am.* Varie'té *n*.

vault[1] [vɔ:lt] **I.** *s.* **1.** ⚠ (*a. poet.* Himmels)Gewölbe *n*, Wölbung *f*; **2.** Kellergewölbe *n*, (*Wein- etc.*)Keller *m*; **3.** Grabgewölbe *n*, Gruft *f*: *family* ~; **4.** Stahlkammer *f*, Tre'sor *m*; **5.** *anat.* Wölbung *f*, (Schädel)Dach *n*; (Gaumen)Bogen *m*; Kuppel *f* (*Zwerchfell*); **II.** *v/t.* **6.** (über)'wölben.

vault[2] [vɔ:lt] **I.** *v/i.* springen, sich schwingen, setzen (*over* über *acc.*); **II.** *v/t.* über'springen; **III.** *s. bsd. sport* Sprung *m*.

vault·ed ['vɔ:ltid] *adj.* **1.** gewölbt, Gewölbe...; **2.** über'wölbt.

vault·er ['vɔ:ltə] *s.* Springer *m*.

vault·ing[1] ['vɔ:ltiŋ] *s.* ⚠ **1.** Spannen *n* e-s Gewölbes; **2.** Wölbung *f*; **3.** Gewölbe *n* (*od. pl. coll.*).

vault·ing[2] ['vɔ:ltiŋ] *s.* Springen *n*; '**~-horse** *s. Turnen*: (Lang-, Sprung)Pferd *n*; '**~-pole** *s. sport* Sprungstab *m*.

vaunt [vɔ:nt] **I.** *v/t.* sich rühmen (*gen.*), sich brüsten mit; **II.** *v/i.* (*of*) sich rühmen (*gen.*), prahlen (mit); **III.** *s.* Prahle'rei *f*; '**vaunt·er** [-tə] *s.* Prahler(in); '**vaunt·ing** [-tiŋ] *adj.* □ prahlerisch.

'**V-Day** *s.* Tag *m* des Sieges (*im 2. Weltkrieg*; *7. 5. 1945*).

've [v] F *abbr. für have*.

veal [vi:l] *s.* Kalbfleisch *n*: ~ *cutlet* Kalbskotelett; *roast* ~ Kalbsbraten.

vec·tor ['vektə] **I.** *s.* **1.** ✈ 'Vektor *m*; **2.** ⚕, *vet.* Bak'terienüberˌträger *m*; **3.** ✈ Vektor *m*; **II.** *v/t.* **4.** *Flugzeug* (mittels Funk *od.* Ra'dar) leiten, einweisen (auf Ziel).

V-E Day → *V-Day*.

ve·dette [vi'det] *s.* ⚔ *obs.* Kavalle'rie(wacht)posten *m*.

vee [vi:] **I.** *s.* V *n*, v *n*, Vau *n* (*Buchstabe*); **II.** *adj.* V-förmig, V-...

veep [vi:p] *s. Am.* F 'Vizepräsiˌdent *m*.

veer [viə] **I.** *v/i.* **1.** *a.* ~ *round* sich ('um)drehen; 'umspringen, sich drehen (*Wind*); *fig.* 'umschwenken (*to* zu); **2.** ⚓ (ab)drehen, wenden; **II.** *v/t.* **3.** *Schiff etc.* wenden, drehen, schwenken; **4.** ⚓ *Tauwerk* fieren, abschießen: *to* ~ *and haul* fieren u. holen; **III.** *s.* **5.** Wendung *f*, Drehung *f*, Schwenkung *f*; **veer·ing·ly** ['viəriŋli] *adv. fig.* schwankend, ziellos.

veg·e·ta·ble ['vedʒitəbl] **I.** *s.* **1.** *allg.* (*bsd.* Gemüse-, Futter)Pflanze *f*: *to become a mere* ~ *fig.* nur noch dahinvegetieren; **2.** *a. pl.* Gemüse *n*; **3.** ⚒ Grünfutter *n*; **II.** *adj.* **4.** pflanzlich, vegeta'bilisch, Pflanzen...: ~ *diet* Pflanzenkost; ~ *kingdom* Pflanzenreich; ~ *marrow* Kürbis(frucht); **5.** Gemüse...: ~ *garden*; ~ *soup*.

veg·e·tal ['vedʒitl] *adj.* **1.** ⚘ → *vegetable 4 u. 5*; **2.** *biol.* vegeta'tiv; **veg·e·tar·i·an** [vedʒi'tɛəriən] **I.** *s.* **1.** Vege'tarier(in); **II.** *adj.* **2.** vege'tarisch; **3.** Vegetarier...; **veg·e·tar·i·an·ism** [vedʒi'tɛəriənizəm] *s.* Vegeta'rismus *m*, vege'tarische Lebensweise; '**veg·e·tate** [-teit] *v/i.* **1.** (*wie e-e Pflanze*) wachsen; vegetieren; **2.** *contp.* (da'hin)vegetieren; **veg·e·ta·tion** [vedʒi'teiʃən] *s.* **1.** Vegetati'on *f*, Pflanzenwelt *f*, -decke *f*: *luxuriant* ~; **2.** Vegetieren *n*, Pflanzenwuchs *m*; **3.** *fig.* (Da'hin-)Vegetieren *n*; **4.** ⚕ Wucherung *f*; '**veg·e·ta·tive** [-tətiv] *adj.* □ *biol.* **1.** vegeta'tiv: **a)** wie Pflanzen wachsend, **b)** wachstumsfördernd, **c)** Wachstums...; **2.** Vegetations..., pflanzlich; **3.** *fig.* vegeta'tiv (*Lebensweise*).

ve·he·mence ['vi:iməns] *s.* **1.** Heftigkeit *f* (*a. fig. der Rede etc.*), Gewalt *f*, Wucht *f*; **2.** *fig.* Ungestüm *n*, Leidenschaft *f*; '**ve·he·ment** [-nt] *adj.* □ **1.** heftig, gewaltig: ~ *wind*; **2.** *fig.* heftig, ungestüm, leidenschaftlich.

ve·hi·cle ['vi:ikl] *s.* **1.** Fahrzeug *n*, Beförderungsmittel *n*; Wagen *m*; Fuhrwerk *n*; **2.** *fig.* **a)** Ausdrucksmittel *n*, 'Medium *n*, Ve'hikel *n*, **b)** Träger *m*, Vermittler *m*; **3.** *pharm.* Vehikel *n* (*Lösemittel*); **4.** ⚗, ⊕ Bindemittel *n*; **ve·hic·u·lar** [vi'hikjulə] *adj.* Fahrzeug..., Wagen...: ~ *traffic*; ~ *language ling.* Verkehrssprache.

veil [veil] **I.** *s.* **1.** (Gesichts- *etc.*)Schleier *m*: *to take the* ~ *eccl.* den Schleier nehmen (*Nonne werden*); *beyond the*

~ *fig.* nach dem Tode; **2.** *phot.* (*a.* Nebel-, Dunst)Schleier *m*; **3.** *fig.* Schleier *m*, Maske *f*, Deckmantel *m*: *to draw a ~ over* den Mantel des Geheimnisses breiten über (*acc.*), *et.* verbergen; **4.** Hülle *f* (*a.* ⚘); **5.** ⚘, *anat.* → *velum*; **6.** *eccl.* **a**) (Tempel)Vorhang *m*, **b**) 'Velum *n* (*Kelchtuch*); **7.** Verschleierung *f der Stimme*; **II.** *v/t.* **8.** verschleiern, -hüllen (*a. fig.*); **III.** *v/i.* **9.** sich verschleiern; **veiled** [-ld] *adj.* verschleiert (*a. phot., fig.*) (*a. Stimme*); **'veil·ing** [-liŋ] *s.* **1.** Verschleierung *f* (*a. phot.*); **2.** ✝ Schleier(stoff) *m.*

vein [vein] *s.* **1.** *anat.* 'Vene *f* (*Ggs. Arterie*); **2.** *allg.* Ader *f*: **a**) *anat.* Blutgefäß *n*, **b**) ⚘ Blattnerv *m*, **c**) Maser *f* (*Holz, Marmor*), **d**) *geol.* (Erz)Gang *m*, Flöz *n*; **3.** *fig.* **a**) *poetische etc.* Ader, Veranlagung *f*, Hang *m* (of zu), **b**) (Ton)Art *f*, **c**) Stimmung *f*: *to be in the ~ for* in Stimmung sein zu; **veined** [-nd] *adj. allg.* geädert; **'vein·ing** [-niŋ] *s.* Äderung *f*, Maserung *f*; **'vein·let** [-lit] *s.* **1.** Äderchen *n*; **2.** ⚘ Seitenrippe *f.*

ve·la ['vi:lə] *pl. von velum.*

ve·lar ['vi:lə] **I.** *adj. anat., ling.* ve'lar, Gaumensegel..., Velar...; **II.** *s. ling.* Gaumensegellaut *m*, Ve'lar (-laut) *m*; **'ve·lar·ize** [-əraiz] *v/t. ling. Laut* velarisieren.

veld(t) [velt] *s. geogr.* Gras- *od.* Buschland *n* (*Südafrika*).

vel·le·i·ty [ve'li:iti] *s.* kraftloses Wollen, schwacher Wille.

vel·lum ['veləm] *s.* **1.** ('Kalbs-, 'Schreib)Perga͵ment *n*, Ve'lin *n*; **2.** *a. ~ paper* Ve'linpa͵pier *n* (*vegetabilisches Pergamentpapier*).

ve·loc·i·pede [vi'lɔsipi:d] *s.* **1.** *hist.* Velozi'ped *n* (*Lauf-, Fahrrad*); **2.** *Am.* (Kinder)Dreirad *n.*

ve·loc·i·ty [vi'lɔsiti] *s. bsd.* ⊕, *phys.* Geschwindigkeit *f*: *at a ~ of* mit e-r Geschwindigkeit von; *initial ~* Anfangsgeschwindigkeit.

ve·lour(s) [və'luə] *s.* ✝ Ve'lours *m* (*Samt*).

ve·lum ['vi:ləm] *pl.* **-la** [-lə] *s.* **1.** ⚘, *anat.* Hülle *f*, Segel *n*; **2.** *anat.* Gaumensegel *n*, weicher Gaumen; **3.** ⚘ Schleier *m* (*Hutpilz*).

vel·vet ['velvit] **I.** *s.* **1.** Samt *m*: *to be on ~* F *fig.* glänzend dastehen; **2.** *zo.* Bast *m an jungen Geweihen etc.*; **II.** *adj.* **3.** aus Samt, Samt...; **4.** samtartig, -weich: *an iron hand in a ~ glove* die eiserne Faust unter dem Samthandschuh (*hinter e-m liebenswürdigen Äußeren verborgene Unerbittlichkeit*); *to handle s.o. with ~ gloves fig.* j-n mit Samthandschuhen anfassen; **vel·vet·een** ['velvi'ti:n] *s.* Man'(s)chester *m*, Baumwollsamt *m*; **'vel·vet·y** [-ti] *adj.* samten, samtartig; samtweich.

ve·nal ['vi:nl] *adj.* □ käuflich, bestechlich; kor'rupt; **ve·nal·i·ty** [vi:'næliti] *s.* Käuflichkeit *f*, Kor'ruptheit *f.*

ve·na·tion [vi:'neiʃən] *s.* ⚘, *zo.* Geäder *n.*

vend [vend] *v/t. bsd.* ⚖ **a**) verkaufen, **b**) zum Verkauf anbieten, **c**) hausieren mit; **vend·ee** [ven'di:] *s.* ⚖ Käufer *m*; **'vend·er** [-də] *s.* **1.** (Straßen)Verkäufer *m*, (-)Händler *m*; **2.** → *vendor.*

ven·det·ta [ven'detə] *s.* Blutrache *f.*

vend·i·ble ['vendəbl] *adj.* □ verkäuflich, gangbar, gängig.

'vend·ing-ma·chine ['vendiŋ] *s.* (Ver'kaufs)Auto͵mat *m.*

ven·dor ['vendɔ:] *s.* **1.** *bsd.* ⚖ Verkäufer(in); **2.** (Ver'kaufs)Auto͵mat *m.*

ven·due [ven'dju:] *s. bsd. Am.* Aukti'on *f.*

ve·neer [vi'niə] **I.** *v/t.* **1.** ⊕ **a**) *Holz* furnieren, einlegen, **b**) *Stein* auslegen, **c**) *Töpferei*: (mit dünner Schicht) über'ziehen; **2.** *fig.* um'kleiden, e-n äußeren Anstrich geben; **3.** *fig. schlechte Eigenschaften etc.* über'tünchen, verdecken; **II.** *s.* **4.** ⊕ Fur'nier(holz, -blatt) *n*; **5.** *fig.* Tünche *f*, äußerer Anstrich; **ve'neer·ing** [-əriŋ] *s.* **1.** ⊕ **a**) Furnierholz *n*, **b**) Furnierung *f*, **c**) Fur'nierarbeit *f*; **2.** *fig.* → *veneer 5.*

ven·er·a·bil·i·ty [venərə'biliti] *s.* Ehrwürdigkeit *f*; **ven·er·a·ble** ['venərəbl] *adj.* □ **1.** ehrwürdig (*a. R.C.*) (*a. fig. Bauwerk etc.*), verehrungswürdig; **2.** *Anglikanische Kirche*: Hoch(ehr)würden *m* (*Archidiakon*): ♀ *Sir*; **ven·er·a·ble·ness** ['venərəblnis] *s.* Ehrwürdigkeit *f.*

ven·er·ate ['venəreit] *v/t.* verehren, bewundern; **ven·er·a·tion** [venə'reiʃən] *s.* Verehrung *f*, Ehrfurcht *f* (for für, vor *dat.*); **'ven·er·a·tor** [-tə] *s.* Verehrer(in).

ve·ne·re·al [vi'niəriəl] *adj.* **1.** geschlechtlich, Geschlechts..., Sexual...; **2.** ⚕ **a**) ve'nerisch, Geschlechts..., **b**) geschlechtskrank: *~ disease* Geschlechtskrankheit; **ve·ne·re·ol·o·gist** [vini:ri'ɔlədʒist] *s.* ⚕ Venero'loge *m*, Facharzt *m* für Geschlechtskrankheiten; **ven·er·y** ['venəri] *s. obs.* Fleischeslust *f.*

Ve·ne·tian [vi'ni:ʃən] **I.** *adj.* venezi'anisch: *~ blind* (Stab)Jalousie; *~ glass* Muranoglas; **II.** *s.* Venezi'aner (-in).

Ven·e·zue·lan [vene'zweilən] **I.** *adj.* venezo'lanisch; **II.** *s.* Venezo'laner (-in).

venge·ance ['vendʒəns] *s.* Rache *f*, Vergeltung *f*: *to take ~ (up)on* Vergeltung üben *od.* sich rächen an (*dat.*); *with a ~* F **a**) mächtig, (ganz) gehörig, wie besessen, wie der Teufel, **b**) *jetzt* erst recht, **c**) im Exzess, übertrieben; **'venge·ful** [-ful] *adj.* □ *rhet.* rachsüchtig, -gierig.

ve·ni·al ['vi:njəl] *adj.* □ verzeihlich: *~ sin R.C.* läßliche Sünde.

ven·i·son ['venzn] *s.* Wildbret *n.*

ven·om ['venəm] *s.* **1.** *zo.* (Schlangen- *etc.*)Gift *n*; **2.** *fig.* Gift *n*, Gehässigkeit *f*; **'ven·omed** [-md] *adj. mst fig.* giftig; **'ven·om·ous** [-məs] *adj.* □ **1.** giftig (*Tier, Biß etc.*): *~ snake* Giftschlange; **2.** *fig.* giftig, gehässig; **'ven·om·ous·ness** [-məsnis] *s.* Giftigkeit *f.*

ve·nose ['vi:nous] → *venous*; **ve·nos·i·ty** [vi'nɔsiti] *s. biol.* **1.** Äderung *f*; **2.** Venosi'tät *f*; **ve·nous** ['vi:nəs] *adj.* □ *biol.* **1.** Venen..., Adern...; **2.** ve'nös: *~ blood*; **3.** ⚘ geädert.

vent [vent] **I.** *s.* **1.** (Luft)Loch *n*, (Abzugs)Öffnung *f*, Schlitz *m*; ⊕ *a.* Entlüfter(stutzen) *m*; **2.** Spundloch *n* (*Faß*); **3.** ⚔ **a**) Zündloch *n*, **b**) *hist.* Schießscharte *f*; **4.** Fingerloch *n* (*Flöte*); **5.** (Vul'kan)Schlot *m*; **6.** *orn., ichth.* After *m*; **7.** *zo.* Aufstoßen *n* zum Luftholen (*Otter etc.*); **8.** Auslaß *m* (*a. fig.*): *to find (a) ~ fig.* sich entladen (*Gefühl*); *to give ~ to s-m Zorn etc.* Luft machen; **II.** *v/t.* **9.** *fig. e-m Gefühl* Luft machen, *Wut etc.* auslassen (*on* an *dat.*); **10.** ⊕ **a**) e-e Abzugsöffnung *etc.* anbringen an (*dat.*), **b**) *Rauch etc.* abziehen lassen, **c**) ventilieren; **III.** *v/i.* **11.** *hunt.* aufstoßen (zum Luftholen) (*Otter etc.*); **'vent·age** [-tidʒ] → *vent 1, 4, 8.*

ven·ter ['ventə] *s.* **1.** *anat.* Bauch (-höhle *f*) *m*; **2.** *anat.* (Muskel- *etc.*) Bauch *m*; **3.** *zo.* (In'sekten)Magen *m*; **4.** ⚖ Mutter(leib *m*) *f*: *of a second ~* von e-r zweiten Frau (*Kind*).

'vent-hole → *vent 1.*

ven·ti·late ['ventileit] *v/t.* **1.** ventilieren, (be-, ent-, 'durch)lüften; **2.** *physiol.* Sauerstoff zuführen (*dat.*); **3.** *fig.* ventilieren: **a**) *Frage* zur Sprache bringen, erörtern, **b**) *Meinung etc.* äußern; **4.** → *vent 9*; **'ven·ti·lat·ing** [-tiŋ] *adj.* Ventilations..., Lüftungs...; **ven·ti·la·tion** [venti'leiʃən] *s.* **1.** Ventilati'on *f*, (Be-, Ent)Lüftung *f* (*beide a. Anlage*), Luftzufuhr *f*; ⚒ Bewetterung *f*; **2. a**) (freie) Erörterung, öffentliche Diskussi'on, **b**) Äußerung *f e-s Gefühls etc.*; **'ven·ti·la·tor** [-tə] *s.* Venti'lator *m*, Entlüfter *m*, Lüftungsanlage *f.*

ven·ti·pane ['ventipein] *s. mot.* Ausstellfenster *n.*

ven·tral ['ventrəl] *adj.* □ **1.** *biol.* Bauch...; **2.** ⚔ Boden...(*-lafette*, ✈ *-kanzel*).

ven·tri·cle ['ventrikl] *s. anat.* Ven'trikel *m*, (Körper)Höhle *f*, *bsd.* (Herz-, Hirn)Kammer *f*; **ven·tric·u·lar** [ven'trikjulə] *adj. anat.* ventriku'lär, Kammer...

ven·tri·lo·qui·al [ventri'loukwiəl] *adj.* bauchrednerisch, Bauchrede...

ven·tril·o·quism [ven'triləkwizəm] *s.* Bauchreden *n*; **ven'tril·o·quist** [-ist] *s.* Bauchredner(in); **ven'tril·o·quize** [-kwaiz] **I.** *v/i.* bauchreden; **II.** *v/t. et.* bauchrednerisch sagen; **ven'tril·o·quous** [-kwəs] → *ventriloquial.*

ven·ture ['ventʃə] **I.** *s.* **1.** Wagnis *n*: **a**) 'Risiko *n*, **b**) (gewagtes) Unter'nehmen, ✝ *a.* Spekulati'on *f*; **2.** Spekulati'onsob͵jekt *n*, Einsatz *m*; **3.** *obs.* Glück *n*: *at a ~* aufs Geratewohl, auf gut Glück; **II.** *v/t.* **4.** *et.* riskieren, wagen, aufs Spiel setzen: *nothing ~ nothing have* wer nicht wagt, gewinnt (auch) nicht; **5.** *Bemerkung etc.* (zu äußern) wagen; **III.** *v/i.* **6.** (es) wagen, sich erlauben (*to do* zu tun); **7.** *~ (up)on* sich an *e-e Sache* wagen; **8.** sich *wohin* wagen; **'ven·ture·some** [-səm] *adj.* □ waghalsig: **a**) kühn, verwegen (*Person*), **b**) gewagt, ris'kant (*Tat*); **'ven·ture·some·ness** [-səmnis] *s.* Waghalsigkeit *f*; **'ven·tur·ous** [-ərəs] *adj.* □ → *venturesome.*

ven·ue ['venju:] *s.* **1.** ⚖ **a**) Gerichts-, Verhandlungsort *m*, zuständige Grafschaft, **b**) örtliche Zuständigkeit; **2. a)** Schauplatz *m*, **b)** Treffpunkt *m*, Tagungsort *m*, **c)** *sport* Austragungsort *m*.

Ve·nus ['vi:nəs] *s. ast.* Venus *f* (*Planet*).

ve·ra·cious [ve'reiʃəs] *adj.* □ **1.** wahr'haftig, wahrheitsliebend; **2.** wahr(heitsgetreu): ~ *account*; **ve·rac·i·ty** [ve'ræsiti] *s.* **1.** Wahr'haftigkeit *f*, Wahrheitsliebe *f*; Glaubwürdigkeit *f*; **2.** Wahrheit *f*.

ve·ran·da(h) [və'rændə] *s.* Ve'randa *f*.

verb [və:b] *s. ling.* Zeitwort *n*, Verb(um) *n*; **'ver·bal** [-bəl] **I.** *adj.* □ **1.** Wort... (*-fehler, -gedächtnis, -kritik etc.*); **2.** mündlich (*a. Vertrag etc.*): ~ *message*; **3.** (wort)wörtlich: ~ *copy*; ~ *translation*; **4.** wörtlich, Verbal...: ~ *inspiration eccl.* Verbalinspiration; ~ *note pol.* Verbalnote; **5.** *ling.* ver'bal, Verbal..., Zeitwort...: ~ *noun* → *6*; **II.** *s.* **6.** *ling.* Ver'bal₁substantiv *n*; **'ver·bal·ism** [-bəlizəm] *s.* **1.** Ausdruck *m*; **2.** Verba'lismus *m*, Wortemache'rei *f*; **3.** Wortklaube'rei *f*; **'ver·bal·ist** [-bəlist] *s.* **1.** Wortkundler *m*; **2.** Wortklauber *m*; **'ver·bal·ize** [-bəlaiz] **I.** *v/t.* **1.** (geschickt) formulieren; **2.** *ling.* in ein Verb verwandeln; **II.** *v/i.* **3.** viele Worte machen; **ver·ba·tim** [və:'beitim] **I.** *adv.* ver'batim, (wort-) wörtlich, Wort für Wort; **II.** *adj.* → *verbal 3*; **III.** *s.* wortgetreuer Bericht; **'ver·bi·age** [-biidʒ] *s.* Wortschwall *m*; **ver·bose** [və:'bous] *adj.* □ wortreich, geschwätzig, weitschweifig; **ver·bos·i·ty** [və:'bɔsiti] *s.* Wortschwall *m*, -fülle *f*.

ver·dan·cy ['və:dənsi] *s.* **1.** (frisches) Grün; **2.** *fig.* Grünheit *f*, Unreife *f*; **'ver·dant** [-nt] *adj.* □ **1.** grün, grünend; **2.** *fig.* grün, unerfahren, unreif: *a* ~ *youth*.

ver·dict ['və:dikt] *s.* **1.** ⚖ (Urteils-) Spruch *m* der Geschworenen, Ver'dikt *n*: ~ *of not guilty* Freispruch der Jury; *to bring in* (*od. return*) *a* ~ *of guilty* auf schuldig erkennen; **2.** *fig.* Urteil *n* (*on* über *acc.*).

ver·di·gris ['və:digris] *s.* Grünspan *m*.

ver·dure ['və:dʒə] *s.* **1.** (frisches) Grün; **2.** Vegetati'on *f*, saftiger Pflanzenwuchs; **3.** *fig.* Frische *f*, Kraft *f*.

verge [və:dʒ] **I.** *s.* **1.** *mst fig.* Rand *m*, Grenze *f*: *on the* ~ *of* am Rande *der Verzweiflung etc.*, dicht vor (*dat.*); *on the* ~ *of tears* den Tränen nahe; *on the* ~ *of doing* nahe daran, zu tun; **2.** ⚘ (Beet)Einfassung *f*, Grasstreifen *m*; **3.** ⚖ *Brit. hist.* Gerichtsbezirk *m* rund um den Königshof; **4.** ⊕ **a)** 'überstehende Dachkante, **b)** Säulenschaft *m*, **c)** Schwungstift *m* (*Uhrhemmung*), **d)** Zugstab *m* (*Setzmaschine*); **5. a)** *bsd. eccl.* Amtsstab *m*, **b)** *hist.* Belehnungsstab *m*; **II.** *v/i.* **6.** *mst fig.* grenzen *od.* streifen (*on an acc.*); **7.** (*on, into*) sich nähern (*dat.*), (in *e-e Farbe etc.*) 'übergehen; **8.** sich (hin)neigen (*to*[*wards*] nach); **'ver·ger** [-dʒə] *s.* **1.** Kirchendiener *m*, Küster *m*; **2.** *bsd. Brit. eccl.* (Amts)Stabträger *m*.

ver·i·est ['veriist] *adj.* (*sup. von very II*) äußerst: *the* ~ *child* (selbst) das kleinste Kind; *the* ~ *nonsense* der reinste Unsinn; *the* ~ *rascal* der ärgste *od.* größte Schuft.

ver·i·fi·a·ble ['verifaiəbl] *adj.* nachweisbar, beweisbar, nachprüfbar; **ver·i·fi·ca·tion** [verifi'keiʃən] *s.* **1.** Nachprüfung *f*; **2.** Echtheitsnachweis *m*, Richtigbefund *m*; **3.** Beglaubigung *f*, Beurkundung *f*; (⚖ eidliche) Bestätigung; **ver·i·fy** ['verifai] *v/t.* **1.** *auf die Richtigkeit hin* (nach)prüfen; **2.** die Richtigkeit *od.* Echtheit *e-r Angabe etc.* feststellen *od.* nachweisen, verifizieren; **3.** *Urkunde etc.* beglaubigen; beweisen, belegen; **4.** ⚖ *Vorbringen* eidlich beteuern; **5.** bestätigen; **6.** *Versprechen etc.* erfüllen, wahrmachen.

ver·i·ly ['verili] *adv. bibl.* wahrlich.

ver·i·si·mil·i·tude [verisi'militju:d] *s.* Wahr'scheinlichkeit *f*.

ver·i·ta·ble ['veritəbl] *adj.* □ wahr (-haft), wirklich, echt.

ver·i·ty ['veriti] *s.* **1.** (Grund)Wahrheit *f*: *of a* ~ wirklich, wahrhaftig; **2.** Wahrheit *f*; **3.** (*j-s*) Wahr'haftigkeit *f*.

ver·juice ['və:dʒu:s] *s.* **1.** Obst-, Traubensaft *m* (*bsd. von unreifen Früchten*); **2.** Essig *m* (*a. fig.*).

ver·meil ['və:meil] **I.** *s.* **1.** *bsd. poet. für vermilion*; **2.** ⊕ Ver'meil *n*: **a)** feuervergoldetes Silber *od.* Kupfer, vergoldete Bronze, **b)** hochroter Gra'nat; **II.** *adj.* **3.** *poet.* purpur-, scharlachrot.

ver·mi·cel·li [və:mi'seli] (*Ital.*) *s. pl.* Fadennudeln *pl.*

ver·mi·cide ['və:misaid] *s. pharm.* Wurmmittel *n*; **ver·mic·u·lar** [və:'mikjulə] *adj.* wurmartig, -förmig, Wurm...; **ver·mic·u·lat·ed** [və:'mikjuleitid] *adj.* **1.** wurmstichig; **2.** △ geschlängelt, wurmlinig verziert; **ver·mi·form** ['və:mifɔ:m] *adj. biol.* wurmförmig: ~ *appendix anat.* Wurmfortsatz; ~ *process anat.* Kleinhirnwurm; **ver·mi·fuge** ['və:mifju:dʒ] → *vermicide*.

ver·mil·ion [və'miljən] **I.** *s.* **1.** Zin'nober *m*; **2.** Zin'noberrot *n*; **II.** *adj.* **3.** zin'noberrot; **III.** *v/t.* **4.** mit Zinnober färben; **5.** zinnoberrot färben.

ver·min ['və:min] *s. mst pl. konstr.* **1.** *zo. coll.* **a)** Ungeziefer *n*, **b)** Schädlinge *pl.*, Para'siten *pl.*, **c)** *hunt.* Raubzeug *n*; **2.** *fig. contp.* Geschmeiß *n*, Gezücht *n*, Schädlinge *pl.*; **'~-kill·er** *s.* **1.** Kammerjäger *m*; **2.** Ungeziefervertilgungsmittel *n*.

ver·min·ous ['və:minəs] *adj.* □ **1.** voller Ungeziefer; verlaust, verwanzt; schmutzig; **2.** durch Ungeziefer verursacht: ~ *disease*; **3.** *fig.* **a)** schädlich, **b)** niedrig.

ver·m(o)uth ['və:məθ] *s.* Wermut (-wein) *m*.

ver·nac·u·lar [və'nækjulə] **I.** *adj.* □ **1.** einheimisch, Landes...(*-sprache*); **2.** mundartlich, Volks...: ~ *poetry*; **3.** ⚕ en'demisch, lo'kal: ~ *disease*; **II.** *s.* **4.** Landes-, Mutter-, Volkssprache *f*; **5.** Mundart *f*, Dia'lekt *m*; **6.** Jar'gon *m*; **7.** Fachsprache *f*; **ver'nac·u·lar·ism** [-ərizəm] *s.* volkstümlicher *od.* mundartlicher Ausdruck; **ver'nac·u·lar·ize** [-əraiz] *v/t.* **1.** *Ausdrücke etc.* einbürgern; **2.** in Volkssprache *od.* Mundart über'tragen *od.* ausdrücken.

ver·nal ['və:nl] *adj.* □ **1.** Frühlings...; **2.** *fig.* frühlingshaft; ~ **e·qui·nox** *s. ast.* 'Frühlingsäqui₁noktium *n* (*21. März*).

ver·ni·er ['və:njə] *s.* ⊕ **1.** 'Nonius *m* (*Gradteiler*); **2.** Fein(ein)steller *m*, Verni'er *m*; ~ **cal·(l)i·per(s)** *s.* ⊕ Schublehre *f* mit Nonius.

Ver·o·nese [verə'ni:z] **I.** *adj.* vero'nesisch, aus Ve'rona; **II.** *s.* Vero'neser(in).

ve·ron·i·ca [vi'rɔnikə] *s.* **1.** ⚘ Ve'ronika *f*, Ehrenpreis *m*; **2.** *R.C. u. paint.* Schweißtuch *n* der Veronika.

ver·sa·tile ['və:sətail] *adj.* □ **1.** vielseitig (begabt *od.* gebildet); gewandt, wendig, beweglich; **2.** unbeständig, wandelbar; **3.** ⚘, *zo.* (frei) beweglich; **ver·sa·til·i·ty** [və:sə'tiliti] *s.* **1.** Vielseitigkeit *f*, Gewandtheit *f*, Wendigkeit *f*, geistige Beweglichkeit; **2.** Unbeständigkeit *f*, Wandelbarkeit *f*.

verse [və:s] **I.** *s.* **1. a)** Vers(zeile *f*) *m*, **b)** (Gedicht)Zeile *f*, **c)** *allg.* Vers *m*, Strophe *f*; → *chapter 1*; **2.** *coll. ohne art.* **a)** Verse *pl.*, **b)** Poe'sie *f*, Dichtung *f*; **3.** Vers(maß *n*) *m*: *blank* ~ Blankvers (*reimloser fünffüßiger Jambus*); **II.** *v/t.* **4.** in Verse bringen; **III.** *v/i.* **5.** dichten, Verse machen.

versed[1] [və:st] *adj.* bewandert, beschlagen, versiert (*in* in *dat.*).

versed[2] [və:st] *adj.* ✗ 'umgekehrt: ~ *sine* Sinusversus.

ver·si·col·o(u)r(ed) ['və:sikʌlə(d)] *adj.* **1.** → *variegated*; **2.** changierend (*Stoff*).

ver·si·fi·ca·tion [və:sifi'keiʃən] *s.* **1.** Verskunst *f*, Versemachen *n*; **2.** Versbau *m*; **ver·si·fi·er** ['və:sifaiə] *s.* Verseschmied *m*, Dichterling *m*; **ver·si·fy** ['və:sifai] → *verse 4 u. 5*.

ver·sion ['və:ʃən] *s.* **1.** (*a.* 'Bibel-) Über₁setzung *f*; **2.** *ped.* Kompositi'on *f*, Über'setzung *f* in die Fremdsprache; **3.** Darstellung *f*, Fassung *f*, Lesart *f*, Versi'on *f*; **4.** Spielart *f*, Vari'ante *f*; ⊕ (*Export- etc.*)Ausführung *f*.

ver·so ['və:sou] *s.* **1.** *typ.* 'Verso *n*, (Blatt)Rückseite *f*; **2.** Rückseite *f* (*Münze*).

ver·sus ['və:səs] *prp.* ⚖ *u. fig.* gegen, 'kontra.

vert [və:t] *eccl. Brit.* F **I.** *v/i.* 'übertreten, konvertieren; **II.** *s.* Konver'tit(in).

ver·te·bra ['və:tibrə] *pl.* **-brae** [-bri:] *s. anat.* **1.** (Rücken)Wirbel *m*; **2.** *pl.* Wirbelsäule *f*; **'ver·te·bral** [-rəl] *adj.* □ Wirbel...: ~ *column* Wirbelsäule; **'ver·te·brate** [-brit] **I.** *adj.* **1.** mit Wirbelsäule (versehen), Wirbel...(*-tier*); **2.** *zo.* zu den Wirbeltieren gehörig; **II.** *s.* **3.** Wirbeltier *n*; **'ver·te·brat·ed** [-reitid] → *vertebrate I*; **ver·te·bra·tion** [və:ti'breiʃən] *s.* Wirbelbildung *f*.

ver·tex ['və:teks] *pl. mst* **-ti·ces** [-tisi:z] *s.* **1.** *biol.* Scheitel *m*; **2.** ✗ Scheitelpunkt *m*, Spitze *f* (*beide a. fig.*); **3.** *ast.* **a)** Ze'nith *m*, **b)** 'Vertex *m*; **4.** *fig.* Gipfel *m*; **'ver·ti·cal** [-tikəl] **I.** *adj.* □ **1.** senk-, lotrecht, verti'kal: ~ *clearance* ⊕ lichte Höhe; ~ *combination* ✝ Vertikalverflechtung; ~ *engine* ⊕ stehender Motor; ~ *fin* ✈ Seitenflosse; ~ *take-off* ✈ Senkrechtstart; ~ *take-off plane* ✈ Senkrechtstarter; **2.** *ast.*, ⩘ Scheitel..., Höhen..., Vertikal...: ~ *angle* Scheitelwinkel; ~ *circle ast.* Vertikalkreis; ~ *section* △ Aufriß; **II.** *s.* **3.** Senkrechte *f.*

ver·ti·cil ['və:tisil] *s.* ⚘, *zo.* Quirl *m*, Wirbel *m* (*kreisförmige Anordnung*).

ver·tig·i·nous [və:'tidʒinəs] *adj.* □ **1.** wirbelnd; **2.** schwindlig, Schwindel...; **3.** schwindelerregend, schwindelnd: ~ *height*; **ver·ti·go** ['və:tigou] *pl.* **-goes** *s.* ⚕ Schwindel(gefühl *n*, -anfall *m*) *m*.

ver·tu [və:'tu:] → *virtu.*

ver·vain ['və:vein] *s.* ⚘ Eisenkraut *n.*

verve [və:v] *s.* (künstlerische) Begeisterung, Schwung *m*, Feuer *n*, Verve *f.*

ver·y ['veri] **I.** *adv.* **1.** sehr, äußerst, außerordentlich: ~ *good* **a)** sehr gut, **b)** einverstanden, sehr wohl; ~ *well* **a)** sehr gut, **b)** meinetwegen, wenn es sein muß; *not* ~ *good* nicht sehr *od.* besonders *od.* gerade gut; ~ *high frequency* ⚡ ultrahohe Frequenz, Ultrakurzwelle; **2.** ~ *much* (*in Verbindung mit Verben*) sehr, außerordentlich: *he was* ~ *much pleased*; **3.** (*vor sup.*) aller...: *the* ~ *last drop* der allerletzte Tropfen; **4.** völlig, ganz; **II.** *adj.* **5.** gerade, genau: *the* ~ *opposite* genau das Gegenteil; *the* ~ *thing* genau *od.* gerade das (Richtige); *at the* ~ edge ganz am Rand, am äußersten Rand; **6.** bloß: *the* ~ *fact of his presence* die bloße Tatsache s-r Anwesenheit; *the* ~ *thought* der bloße Gedanke, schon der Gedanke; **7.** rein, pur, schier: *from* ~ *egoism*; *the* ~ *truth* die reine Wahrheit; **8.** frisch: *in the* ~ *act* auf frischer Tat; **9.** eigentlich, wahr, wirklich: ~ *God of* ~ *God bibl.* wahrer Gott vom wahren Gott; *the* ~ *heart of the matter* der Kern der Sache; *in* ~ *deed* (*truth*) tatsächlich (wahrhaftig); **10.** (*nach this, that, the*) (der-, die-, das)'selbe, (der, die, das) gleiche *od.* nämliche: *that* ~ *afternoon*; *the* ~ *same words*; **11.** selbst, so'gar: *his* ~ *servants*; **12.** → *veriest.*

Ver·y| light ['viəri] *s.* ⚔ 'Leuchtpa,trone *f*; ~ **pis·tol** *s.* ⚔ 'Leuchtpi,stole *f.*

Ver·y's night sig·nals *s.* ⚔ Si'gnalschießen *n* mit 'Leuchtmuniti,on.

ve·si·ca ['vesikə] *pl.* **-cas** (*Lat.*) *s.* **1.** *biol.* Blase *f*, Zyste *f*; **2.** *anat.*, *zo.* (Harn-, Gallen-, *ichth.* Schwimm-) Blase *f*; '**ves·i·cal** [-kəl] *adj.* Blasen...; '**ves·i·cant** [-kənt] **I.** *adj.* **1.** ⚕ blasenziehend; **II.** *s.* **2.** ⚕ blasenziehendes Mittel, Zugpflaster *n*; **3.** ⚔ ätzender Kampfstoff; '**ves·i·cate** [-keit] **I.** *v/i.* Blasen ziehen; **II.** *v/t.* Blasen ziehen auf (*dat.*); **ves·i·ca·tion** [vesi'keiʃən] *s.* Blasenbildung *f*; '**ves·i·ca·to·ry** [-keitəri] → *vesicant*; '**ves·i·cle** [-kl] *s.* Bläs·chen *n*; **ve·sic·u·lar** [vi'sikjulə] *adj.* **1.** Bläs·chen..., Blasen...; **2.** blasenförmig, blasig; **3.** blasig, Bläs·chen aufweisend.

ves·per ['vespə] *s.* **1.** ♀ *ast.* Abendstern *m*; **2.** *poet.* Abend *m*; **3.** *pl. eccl.* 'Vesper *f*, Abendgottesdienst *m*, -andacht *f*; **4.** *a.* ~*-bell* Abendglocke *f*, -läuten *n.*

ves·sel ['vesl] *s.* **1.** Gefäß *n* (*a. anat.*, ⚘ *u. fig.*); **2.** ⚓ (*a.* ✈ Luft)Schiff *n*, (Wasser)Fahrzeug *n.*

vest [vest] **I.** *s.* **1.** 'Unterjacke *f*, -hemd *n*; **2.** *Brit.* † *od. Am.* Weste *f*; **3.** Einsatz *m* (*Damenkleid*); **4.** *poet.* Gewand *n*; **II.** *v/t.* **5.** *bsd. eccl.* bekleiden; **6.** (*with*) *fig. j-n* bekleiden, ausstatten (mit *Befugnissen etc.*), bevollmächtigen; *j-n* einsetzen (in *Eigentum, Rechte etc.*); **7.** *Recht etc.* über'tragen, verleihen (*in s.o.* j-m): ~*ed interest*, ~*ed right* wohlerworbenes *od.* unabdingbares Recht; **8.** *Am. Feindvermögen* mit Beschlag belegen: ~*ing order* Beschlagnahmeverfügung; **III.** *v/i.* **9.** *bsd. eccl.* sich bekleiden; **10.** 'übergehen (*in* auf *acc.*) (*Vermögen etc.*); **11.** (*in*) zustehen (*dat.*), liegen (bei) (*Recht etc.*).

ves·ta ['vestə] *s. Brit. a.* ~ *match*, *wax* ~ (Wachs)Streichholz *n.*

ves·tal ['vestl] **I.** *adj.* **1.** *antiq.* ve'stalisch; **2.** *fig.* jungfräulich, rein; **II.** *s.* **3.** *antiq.* Ve'stalin *f*; **4.** Jungfrau *f*; **5.** Nonne *f.*

ves·ti·bule ['vestibju:l] *s.* **1.** (Vor-) Halle *f*, Vorplatz *m*, Vesti'bül *n*; **2.** 🚃 *Am.* (Har'monika)Verbindungsgang *m zwischen zwei D-Zug-Wagen*; **3.** *anat.* Vorhof *m*; ~ **school** *s. Am.* Einführungskurs *m* (*für neue Arbeiter in Industriebetrieben*); ~ **train** *s. bsd. Am.* D-Zug *m.*

ves·tige ['vestidʒ] *s.* **1.** *obs. od. poet.* Spur *f*; **2.** *fig.* Spur *f*, 'Überrest *m*, -bleibsel *n*; **3.** *fig.* Spur *f*, (*k*)ein bißchen; **4.** *biol.* Rudi'ment *n*, verkümmertes Or'gan *od.* Glied; **ves·tig·i·al** [ves'tidʒiəl] *adj. biol.* rudimen'tär, verkümmert.

vest·ment ['vestmənt] *s.* **1.** Amtstracht *f*, Robe *f*; *a. eccl.* Or'nat *m*; **2.** *eccl.* Meßgewand *n*; **3.** Gewand *n* (*a. fig.*).

'**vest-'pock·et** *adj.* im 'Westentaschenfor,mat, Westentaschen..., Klein...

ves·tral ['vestrəl] *adj.* Sakristei...

ves·try ['vestri] *s. eccl.* **1.** Sakri'stei *f*; **2.** Bet-, Gemeindesaal *m*; **3.** *Brit.* **a)** *a. common* ~, *general* ~, *ordinary* ~ Gemeindesteuerpflichtige *pl.*, **b)** *a. select* ~ Gemeindevertretung *f*, Kirchenvorstand *m*; '~**-clerk** *s. Brit.* Rechnungsführer *m* der Kirchgemeinde; '~**man** [-mən] *s.* [*irr.*] Gemeindevertreter *m.*

ves·ture ['vestʃə] *s. obs. od. poet.* **a)** Gewand *n*, Kleid(ung *f*) *n*, **b)** Hülle *f*, Mantel *m* (*a. fig.*).

ve·su·vi·an [vi'su:vjən] **I.** *adj.* **1.** ♀ *geogr.* ve'suvisch; **2.** vul'kanisch; **II.** *s.* **3.** *obs.* Windstreichhölzchen *n.*

vet[1] [vet] F **I.** *s.* **1.** Tierarzt *m*; **II.** *v/t.* **2.** *Tier* unter'suchen *od.* behandeln; **3.** *humor. j-n* verarzten; **4.** *humor. fig.* auf Herz u. Nieren prüfen.

vet[2] [vet] *Am.* F *abbr. für veteran.*

vetch [vetʃ] *s.* ⚘ Wicke *f*; '**vetch·ling** [-liŋ] *s.* ⚘ Platterbse *f.*

vet·er·an ['vetərən] **I.** *s.* **1.** Vete'ran *m* (*alter Soldat od. Beamter*); **2.** ⚔ *Am.* ehemaliger Kriegsteilnehmer; **3.** *fig.* ‚alter Hase'; **II.** *adj.* **4.** alt-, ausgedient; **5.** kampferprobt: ~ *troops*; **6.** *fig.* erfahren: ~ *golfer.*

vet·er·i·nar·i·an [vetəri'nɛəriən] → *veterinary*; **vet·er·i·nar·y** ['vetərinəri] **I.** *s.* Tierarzt *m*, Veteri'när *m*; **II.** *adj.* tierärztlich: ~ *medicine* Tierheilkunde; ~ *surgeon* Tierarzt.

ve·to ['vi:tou] *pol.* **I.** *pl.* **-toes** *s.* **1.** 'Veto *n*, Einspruch *m*: *to put a* (*od. one's*) ~ (*up*)*on* → *3*; **2.** *a.* ~ *power* 'Veto-, Einspruchsrecht *n*; **II.** *v/t.* **3.** sein Veto einlegen gegen, Einspruch erheben gegen; **4.** unter'sagen, verbieten.

vex [veks] *v/t.* **1.** *j-n* ärgern, belästigen, aufbringen, irritieren; → *vexed*; **2.** quälen, bedrücken, beunruhigen; **3.** schikanieren; **4.** *obs. od. poet. Meer* aufwühlen.

vex·a·tion [vek'seiʃən] *s.* **1.** Ärger *m*, Verdruß *m*; **2.** Plage *f*, Qual *f*; **3.** Belästigung *f*; Schi'kane *f*; **4.** Beunruhigung *f*, Sorge *f*; **vex·a·tious** [vek'seiʃəs] *adj.* □ **1.** lästig, verdrießlich, ärgerlich, leidig; **2.** ⚖ schika'nös: *a* ~ *suit*; **vex·a·tious·ness** [vek'seiʃəsnis] *s.* Ärgerlich-, Verdrießlich-, Lästigkeit *f*; **vexed** [vekst] *adj.* □ **1.** ärgerlich (*at s.th.*, *with s.o.* über *acc.*); **2.** beunruhigt (*with* durch, von); **3.** ('viel)um,stritten, strittig (*Frage, Problem*); **vex·ing** ['veksiŋ] *adj.* □ ärgerlich, verdrießlich.

vi·a ['vaiə] (*Lat.*) **I.** *prp.* via, über (*acc.*): ~ *London*; ~ *air mail* per Luftpost; **II.** *s.* Weg *m*: ~ *media fig.* Mittelding, -weg.

vi·a·ble ['vaiəbl] *adj. biol.*, *a. fig.* lebensfähig.

vi·a·duct ['vaiədʌkt] *s.* Via'dukt *m.*

vi·al ['vaiəl] *s.* (Glas)Fläschchen *n*, Phi'ole *f*: *to pour out the* ~*s of one's wrath bibl. u. fig.* die Schalen s-s Zornes ausgießen.

vi·and ['vaiənd] *s. mst pl.* Lebensmittel *n od. pl.*

vi·at·i·cum [vai'ætikəm] *pl.* **-cums** *s. eccl.* bei der letzten Ölung gereichte Euchari'stie.

vibes [vaibz] *s. pl. sl.* Ausstrahlung *f* (*e-r Person*).

vi·brant ['vaibrənt] *adj.* **1.** vibrierend: **a)** schwingend (*Saite etc.*), **b)** laut schallend (*Ton*); **2.** zitternd, bebend (*with* vor *dat.*): ~ *with energy*; **3.** pulsierend (*with* von): ~ *cities*; **4.** kraftvoll, lebensprühend: *a* ~ *personality*; **5.** erregt; **6.** *ling.* stimmhaft (*Laut*).

vi·bra·phone ['vaibrəfoun] *s.* ♪ Vibra'phon *n.*

vi·brate [vai'breit] **I.** *v/i.* **1.** vibrieren: **a)** zittern (*a. phys.*), **b)** (nach-) klingen, (-)schwingen (*Töne*); **2.** schwingen, pulsieren; **3.** zittern, beben (*with* vor *Erregung etc.*); **II.** *v/t.* **4.** in Schwingungen versetzen; **5.** vibrieren *od.* schwingen *od.* zittern lassen; **vi'bra·tion** [-eiʃən] *s.* **1.** Schwingen *n*, Vibrieren *n*, Zittern *n*: ~*-proof* erschütterungsfrei; **2.** *phys.* Vibrati'on *f*: **a)** Schwingung *f*, **b)** Oszillati'on *f*; **vi'bra·tion·al** [-eiʃənl] *adj.* Schwingungs...; **vi'bra·tor** [-tə] *s.* ⊕ **1.** Vi'brator *m*, 'Rüttelappa,rat *m*; **2.** ⚕ Vi'briermа,schine *f*; **3.** ⚡ **a)** Summer *m*, **b)** Zerhacker *m*; **4.** ♪ Zunge *f*, Blatt *n* (*Blasinstrument*); **vi·bra·to·ry** ['vaibrətəri] *adj.* **1.** schwingungsfähig; **2.** vibrierend; **3.** Vibrations..., Schwingungs...

vic·ar ['vikə] *s. eccl.* **1.** *Brit.* Vi'kar *m*, ('Unter)Pfarrer *m*; **2.** *Protestantische Episkopalkirche in den USA*: **a)** (Unter)Pfarrer *m*, **b)** Stellvertreter *m* des Bischofs; **3.** *R.C.* **a)** *cardinal* ~ Kardinalvikar, **b)** ♀ *of (Jesus) Christ* Statthalter Christi (*Papst*); '**vic·ar·age** [-əridʒ] *s.* **1.** Pfarrhaus *n*; **2.** Vikari'at *n* (*Amt des Vikars*).

vic·ar gen·er·al *s. eccl.* Gene'ralvi,kar *m*.

vi·car·i·ous [vai'keəriəs] *adj.* □ **1.** stellvertretend; **2.** *fig.* mit-, nachempfunden, aus zweiter Hand (*Erlebnisse etc.*): ~ *pleasure*.

vice[1] [vais] *s.* **1.** Laster *n*: **a)** Untugend *f*, **b)** schlechte (An)Gewohnheit; **2.** Lasterhaftigkeit *f*, Verderbtheit *f*: ~ *squad* ⚖ *Am.* Sittenpolizei; **3.** körperlicher Fehler, Gebrechen *n*; **4.** *fig.* Mangel *m*, Fehler *m*; **5.** Verirrung *f*, Auswuchs *m*; **6.** Unart *f* (*Pferd*).

vice[2] [vais] *s.* ⊕ Schraubstock *m* (*a. fig.*), Aufspannblock *m*, Zwinge *f*.

vi·ce[3] ['vaisi] *prp.* an Stelle von.

vice[4] [vais] *s.* F ,Vize' *m* (*abbr. für vice-admiral etc.*).

vice- [vais] *in Zssgn* stellvertretend, Vize...; '~-'**ad·mi·ral** *s.* ⚓ 'Vizeadmi,ral *m*; '~-'**chair·man** *s.* [*irr.*] stellvertretender Vorsitzender, 'Vizepräsi,dent *m*; '~-'**chan·cel·lor** *s.* **1.** 'Vizekanzler *m*; **2.** *Brit. univ.* (geschäftsführender) Rektor; '~-'**con·sul** *s.* 'Vize,konsul *m*; '~-'**ge·rent** [-'dʒerənt] *s.* Statthalter *m*; '~-'**pres·i·dent** *s.* Vizepräsident *m*: **a)** stellvertretender Vorsitzender, **b)** ✝ *Am.* Di'rektor *m*, Vorstandsmitglied *n*; '~'**re·gal** *adj.* 'vizeköniglich; ~**reine** ['vais'rein] *s.* Frau *f* des 'Vizekönigs; ~**roy** ['vaisrɔi] *s.* 'Vizekönig *m*; '~'**roy·al** *adj.* 'vizeköniglich.

vi·ce ver·sa ['vaisi'vəːsə] (*Lat.*) *adv.* 'umgekehrt.

vic·i·nage ['visinidʒ] → *vicinity*; '**vic·i·nal** [-nl] *adj.* benachbart, 'umliegend, nah; **vi·cin·i·ty** [vi'siniti] *s.* **1.** Nähe *f*, Nachbarschaft *f*: *in close* ~ *to* in unmittelbarer Nähe von; *in the* ~ *of 40 fig.* um (die) 40 herum; **2.** Nachbarschaft *f*, (nähere) Um'gebung.

vi·cious ['viʃəs] *adj.* □ **1.** lasterhaft, verderbt, 'unmo,ralisch; **2.** verwerflich: ~ *habit*; **3.** bösartig, boshaft, gemein: ~ *attack*; **4.** fehler-, mangelhaft; **5.** F bösartig, schwer: *a* ~ *headache*; **6.** un-, bösartig (*Tier*); **7.** schädlich: ~ *air*; ~ **cir·cle** *s.* **1.** 'Circulus *m* viti'osus, Teufelskreis *m*; **2.** *phls.* Zirkel-, Trugschluß *m*.

vi·cious·ness ['viʃəsnis] *s.* **1.** Lasterhaftigkeit *f*, Verderbtheit *f*; **2.** Verwerflichkeit *f*; **3.** Bösartigkeit *f*, Gemeinheit *f*; **4.** Fehlerhaftigkeit *f*.

vi·cis·si·tude [vi'sisitjuːd] *s.* **1.** Wandel *m*, Wechsel *m*; **2.** *pl.* Wechselfälle *pl.*, *das* Auf u. Ab: *the* ~*s of life*; **3.** *pl.* Schicksale *pl.*, Schicksalsschläge *pl.*; **vi·cis·si·tu·di·nous** [visisi'tjuːdinəs] *adj.* wechselvoll.

vic·tim ['viktim] *s.* **1.** Opfer *n*: **a)** (Unfall- *etc.*)Tote(r *m*) *f*, **b)** Leidtragende(r *m*) *f*, **c)** Betrogene(r *m*) *f*: *to fall a* ~ *to* zum Opfer fallen (*dat.*); **2.** Opfer(tier) *n*; '**vic·tim·ize** [-maiz] *v/t.* **1.** *j-n* (auf)opfern; **2.** quälen, schikanieren, belästigen; **3.** prellen, betrügen.

vic·tor ['viktə] **I.** *s.* Sieger(in); **II.** *adj.* siegreich, Sieger...

vic·to·ri·a [vik'tɔːriə] *s.* Vik'toria *f* (*zweisitziger Einspänner*); ♀ **Cross** *s.* Vik'toriakreuz *n* (*brit. Tapferkeitsauszeichnung*).

Vic·tor·i·an [vik'tɔːriən] **I.** *adj.* **1.** Viktori'anisch: ~ *Period*; **2.** viktori'anisch: ~ *habits*; **II.** *s.* **3.** Viktori'aner(in).

vic·to·ri·ous [vik'tɔːriəs] *adj.* □ **1.** siegreich (*over* über *acc.*): *to be* ~ den Sieg davontragen, siegen; **2.** Sieges...; **vic·to·ry** ['viktəri] *s.* **1.** Sieg *m* (*a. fig.*); **2.** *fig.* Tri'umph *m*, Erfolg *m*: *moral* ~.

vict·ual ['vitl] **I.** *s.* **1.** *mst pl.* Eßwaren *pl.*, Lebensmittel *pl.*, Provi'ant *m*; **II.** *v/t.* **2.** verpflegen, verproviantieren; **III.** *v/i.* **3.** sich verpflegen *od.* verproviantieren; **4.** essen, ,futtern'; '**vict·ual·(l)er** [-lə] *s.* **1.** ('Lebensmittel)Liefe,rant *m*; **2.** *a. licensed* ~ *Brit.* Schankwirt *m*; **3.** ⚓ Provi'antschiff *n*; '**vict·ual·(l)ing** [-liŋ] *s.* Verproviantierung *f*: ~ *ship* Proviantschiff.

vi·de ['vaidi(ː)] (*Lat.*) *int.* siehe!

vi·de·li·cet [vi'diːliset] (*Lat.*) *adv.* nämlich, das heißt (*abbr. viz*; *lies*: *namely, that is*).

vid·e·o ['vidiou] *Am.* **I.** *adj.* Fernseh..., Bild...; **II.** *s.* Fernsehen *n*; ~ **cas·sette** *s.* 'Videokas,sette *f*; ~ **disc** *s.* Bildplatte *f*; ~ **re·cord·er** *s.* 'Videore,corder *m*; '~**tape I.** *s.* Videoband *n*; **II.** *v/t.* auf Videoband aufnehmen, aufzeichnen.

vie [vai] *v/i.* wetteifern: *to* ~ *with s.o. in* (*od. for*) *s.th.* mit j-m in *od.* um et. wetteifern.

Vi·en·nese [vie'niːz] **I.** *s. sg. u. pl.* **1. a)** Wiener(in), **b)** Wiener(innen) *pl.*; **2.** *ling.* Wienerisch *n*; **II.** *adj.* **3.** wienerisch, Wiener(...).

view [vjuː] **I.** *v/t.* **1.** ansehen, betrachten, besichtigen, in Augenschein nehmen, prüfen; **2.** *fig.* ansehen, auffassen, betrachten, beurteilen; **3.** über'blicken, -'schauen; **4.** *obs.* sehen; **II.** *s.* **5.** (An-, Hin-) Sehen *n*, Besichtigung *f*: *at first* ~ auf den ersten Blick; *on nearer* ~ bei näherer Betrachtung; **6.** Sicht *f* (*a. fig.*): *in* ~ **a)** in Sicht, sichtbar, **b)** *fig.* in (Aus)Sicht; *in* ~ *of fig.* im Hinblick auf (*acc.*), in Anbetracht *od.* angesichts (*gen.*); *in full* ~ *of* direkt vor *j-s* Augen; *on* ~ zu besichtigen(d), ausgestellt; *on the long* ~ *fig.* auf weite Sicht; *out of* ~ außer Sicht, nicht zu sehen; *to come in* ~ in Sicht kommen, sichtbar werden; *to have in* ~ *fig.* im Auge haben, beabsichtigen; *to keep in* ~ *fig.* im Auge behalten; **7.** Aussicht *f*, (Aus)Blick *m* (*of, over* auf *acc.*); Szene'rie *f*; **8.** *paint., phot.* Ansicht *f*, Bild *n*: ~*s of London*; *sectional* ~ ⊕ Ansicht im Schnitt; **9.** *fig.* 'Überblick *m* (*of* über *acc.*); **10.** Absicht *f*: *with a* ~ *to* **a)** (*ger.*) mit *od.* in der Absicht zu (*tun*), zu dem Zweck (*gen.*), **b)** im Hinblick auf (*acc.*); **11.** *fig.* Ansicht *f*, Auffassung *f*, Urteil *n* (*of, on* über *acc.*): *in my* ~ in m-n Augen, m-s Erachtens; *to form a* ~ *on* sich ein Urteil bilden über (*acc.*); *to take the* ~ *that* die Ansicht *od.* den Standpunkt vertreten, daß; *to take a bright* (*dim, grave*) ~ *of et.* optimistisch (pessimistisch, ernst) beurteilen; **12.** Vorführung *f*: *private* ~ *of a film*; **view·er** ['vjuːə] *s.* **1.** Betrachter(in); **2.** Fernsehteilnehmer(in).

'**view|-find·er** *s. phot.* (Bild)Sucher *m*; ~ **hal·loo** *s. hunt.* Hal'lo(ruf *m*) *n* (*beim Erscheinen des Fuchses*).

view·less ['vjuːlis] *adj.* □ **1.** *poet.* unsichtbar; **2.** *Am.* meinungs-, urteilslos.

'**view·point** *s. fig.* Gesichts-, Standpunkt *m*.

view·y ['vjuːi] *adj.* F verstiegen, über'spannt, ,fimmelig'.

vig·il ['vidʒil] *s.* **1.** Wachsein *n*, Wachen *n* (*zur Nachtzeit*); **2.** Nachtwache *f*: *to keep* ~ wachen (*over* bei); **3.** *eccl.* **a)** *mst pl.* Vi'gilie(n *pl.*) *f*, Nachtwache *f* (*vor Kirchenfesten*), **b)** Vi'gil *f* (*Vortag e-s Kirchenfests*): *on the* ~ *of* am Vorabend von (*od. gen.*); '**vig·i·lance** [-ləns] *s.* **1.** Wachsamkeit *f*: ~ *committee bsd. Am.* Sicherheitsausschuß (*Form der Volksjustiz durch Freiwillige in Notzeiten*); **2.** ⚕ Schlaflosigkeit *f*; '**vig·i·lant** [-lənt] *adj.* □ wachsam, 'umsichtig, aufmerksam; **vig·i·lan·te** [vidʒi'lænti] *s. Am.* Mitglied *n* e-s Sicherheitsausschusses.

vi·gnette [vi'njet] **I.** *s. typ., phot. etc.* Vi'gnette *f*; **II.** *v/t.* vignettieren.

vig·or *Am.* → *vigour*.

vi·go·ro·so [viːgə'rousou] (*Ital.*) *adv.* ♪ kraftvoll.

vig·or·ous ['vigərəs] *adj.* □ **1.** *allg.* kräftig; **2.** kraftvoll, vi'tal; **3.** lebhaft, ak'tiv, tatkräftig; **4.** e'nergisch, nachdrücklich; wirksam; **vig·our** ['vigə] *s.* **1.** (Körper-, Geistes-) Kraft *f*, Vitali'tät *f*; **2.** Ener'gie *f*; **3.** *biol.* Lebenskraft *f*; **4.** *fig.* Nachdruck *m*, Wirkung *f*.

vi·king ['vaikiŋ] *hist.* **I.** *s.* Wiking(er) *m*; **II.** *adj.* wikingisch, Wikinger...

vile [vail] *adj.* □ **1.** *obs.* wertlos; **2.** gemein, schändlich, abstoßend, schmutzig; **3.** F scheußlich, ab'scheulich, mise'rabel: *a* ~ *hat*; ~ *weather*; '**vile·ness** [-nis] *s.* Gemeinheit *f*, Schändlichkeit *f*; 'Widerwärtigkeit *f*.

vil·i·fi·ca·tion [vilifi'keiʃən] *s.* **1.** Schmähung *f*, Verleumdung *f*, -unglimpfung *f*; **2.** *obs.* Her'absetzung *f*; **vil·i·fi·er** ['vilifaiə] *s.* Verleumder(in); **vil·i·fy** ['vilifai] *v/t.* **1.** schmähen, verleumden, verunglimpfen; **2.** her'absetzen.

vil·la ['vilə] *s.* **1.** Villa *f*, Landhaus *n*; **2.** 'Einfa,milienhaus *n*.

vil·lage ['vilidʒ] **I.** *s.* Dorf *n*; **II.** *adj.* dörflich, Dorf...; '**vil·lag·er** [-dʒə] *s.* Dorfbewohner(in), Dörfler(in).

vil·lain ['vilən] *s.* **1.** *a. thea. u. humor.* Schurke *m*, Bösewicht *m*; **2.** *humor.* Schlingel *m*: *the little* ~; **3.** → *villein*; **vil·lain·age** ['vilinidʒ] → *villeinage*; '**vil·lain·ous** [-nəs] *adj.* □ **1.** schurkisch, Schurken..., schändlich; **2.** F → *vile 3*; '**vil·lain·y** [-ni] *s.* Schurke'rei *f*.

vil·lein ['vilin] *s. hist.* **1.** Leibeigne(r)

m; **2.** *später*: Zinsbauer *m*; **'vil·lein·age** [-nidʒ] *s.* **1.** Leibeigenschaft *f*; **2.** 'Hintersassengut *n.*

vil·li·form ['vilifɔ:m] *adj. biol.* zottenförmig; **vil·lose** ['vilous], **vil·lous** ['viləs] *adj. biol.* zottig; **'vil·lus** [-ləs] *pl.* **-li** [-lai] *s.* **1.** *anat.* (Darm)Zotte *f*; **2.** ♀ Zottenhaar *n.*

vim [vim] *s.* F Schwung *m*, Schneid *m*, ‚Mumm' *m*: *full of* ~ ‚aufgekratzt'.

vin·ai·grette [vinei'gret] *s.* **1.** → *vinaigrette sauce*; **2.** Riechfläschchen *n*, -dose *f*; ~ **sauce** *s. Küche*: Vinai'grette *f* (*Essigsoße*).

vin·ci·ble ['vinsibl] *adj.* besiegbar, über'windbar.

vin·cu·lum ['viŋkjuləm] *pl.* **-la** [-lə] *s.* **1.** ⅍ Strich *m* (*über mehreren Zahlen*), Über'streichung *f* (*an Stelle von Klammern*); **2.** *bsd. fig.* Band *n.*

vin·di·ca·ble ['vindikəbl] *adj.* haltbar, zu rechtfertigen(d); **vin·di·cate** ['vindikeit] *v/t.* **1.** in Schutz nehmen, verteidigen (*from* vor *dat.*, gegen); **2.** rechtfertigen, bestätigen: *to* ~ *o.s.* sich rechtfertigen; **3.** ⚖ Anspruch erheben auf (*acc.*), beanspruchen; *Recht, Anspruch* geltend machen; **4.** *Recht etc.* behaupten; **vin·di·ca·tion** [vindi'keiʃən] *s.* **1.** Verteidigung *f*, Rechtfertigung *f*: *in* ~ *of* zur Rechtfertigung von (*od. gen.*); **2.** Behauptung *f*, Geltendmachung *f*; **'vin·dic·a·tive** [-kətiv] *adj.* rechtfertigend; **'vin·di·ca·to·ry** [-keitəri] *adj.* □ **1.** rechtfertigend, Rechtfertigungs...; **2.** rächend, ahndend.

vin·dic·tive [vin'diktiv] *adj.* □ **1.** rachsüchtig, nachtragend; **2.** als Strafe: ~ *damages* ⚖ tatsächlicher Schadensersatz zuzüglich e-r Buße; **vin'dic·tive·ness** [-nis] *s.* Rachsucht *f.*

vine [vain] ♀ **I.** *s.* **1.** (Hopfen- *etc.*) Rebe *f*, Kletterpflanze *f*; **2.** Wein (-stock) *m*, (Wein)Rebe *f*; **II.** *adj.* **3.** Wein..., Reb(en)...; **'~-clad** *adj. poet.* weinlaubbekränzt; **'~-dress·er** *s.* Winzer *m.*

vin·e·gar ['vinigə] **I.** *s.* **1.** (Wein-) Essig *m*: *aromatic* ~ aromatischer Essig, Gewürzessig; **2.** *pharm.* Essig *m*; **3.** *fig.* saure Worte *pl. od.* Miene; **II.** *v/t.* **4.** mit Essig behandeln, sauer machen (*a. fig.*); **'vin·e·gar·y** [-əri] *adj.* **1.** essigähnlich, -sauer; **2.** *fig.* (essig)sauer: ~ *smile.*

'vine|-grow·er *s.* Weinbauer *m*, Winzer *m*; **'~-grow·ing** *s.* Weinbau *m*; **'~-leaf** *s.* [*irr.*] Wein-, Rebenblatt *n*: *vine-leaves* Weinlaub; ~ **louse** *s.* [*irr.*] Reblaus *f*; **'~-mil·dew** *s.* ♀ Traubenfäule *f.*

vin·er·y ['vainəri] *s.* Treibhaus *n* für Reben.

vine·yard ['vinjəd] *s.* Weinberg *m*, -garten *m.*

vin·i·cul·tur·al [vini'kʌltʃərəl] *adj.* weinbaukundlich; **vin·i·cul·ture** ['vinikʌltʃə] *s.* Weinbau *m* (*als Fach*).

vin·i·fi·ca·tion [vinifi'keiʃən] *s.* ⊕ Weinkeltern *n*, -kelterung *f.*

vi·nos·i·ty [vai'nɔsiti] *s.* **1.** Weinartigkeit *f*; **2.** Weinseligkeit *f*; Trunksucht *f*; **vi·nous** ['vainəs] *adj.* **1.** weinartig, Wein...; **2.** weinselig, (be)trunken: ~ *eloquence*; **3.** weinrot.

vin·tage ['vintidʒ] *s.* **1.** Weinertrag *m*, -ernte *f*; **2.** Weinlese(zeit) *f*; **3.** (guter) Wein, her'vorragender Jahrgang: ~ *wine* Qualitätswein; **4.** F Jahrgang *m*, Herstellung *f*: *a hat of last year's* ~; ~ *car mot.* altes Modell, ‚Autoveteran'; **'vin·tag·er** [-dʒə] *s.* Weinleser(in), Winzer(in).

vint·ner ['vintnə] *s.* Weinhändler *m.*

vi·nyl ['vainil] *adj.* ⚗ Vinyl...; ~ **pol·y·mers** *s. pl.* ⚗ Vi'nylpoly,mere *pl.* (*Kunststoffe*).

vi·ol ['vaiəl] *s.* ♪ *hist.* Vi'ole *f*: *bass* ~ Viola da gamba, Gambe.

vi·o·la[1] [vi'oulə] *s.* ♪ **1.** Vi'ola *f*, Bratsche *f*; **2.** → *viol.*

vi·o·la[2] ['vaiələ] *s.* ♀ Veilchen *n*, Stiefmütterchen *n.*

vi·o·la·ble ['vaiələbl] *adj.* □ verletzbar (*bsd. Gesetz, Vertrag*); **vi·o·late** ['vaiəleit] *v/t.* **1.** *Eid, Vertrag, Grenze etc.* verletzen, *Gesetz* über'treten, *bsd. Versprechen* brechen, *e-m Gebot, dem Gewissen* zu'widerhandeln; **2.** *Frieden, Stille, Schlaf* (grob) stören; **3.** *a. fig.* Gewalt antun (*dat.*); **4.** *Frau* schänden, vergewaltigen; **5.** *Heiligtum etc.* entweihen, schänden; **vi·o·la·tion** [vaiə'leiʃən] *s.* **1.** Verletzung *f*, Über'tretung *f*, Bruch *m e-s Eides, Gesetzes*; Zu'widerhandlung *f*: *in* ~ *of* unter Verletzung von; **2.** (grobe) Störung (*von Frieden, Schlaf etc.*); **3.** Vergewaltigung *f* (*a. fig.*), Schändung *f e-r Frau*; **4.** Entweihung *f*, Schändung *f e-s Heiligtums*; **'vi·o·la·tor** [-leitə] *s.* **1.** Verletzer(in), Über'treter(in); **2.** Schänder(in).

vi·o·lence ['vaiələns] *s.* **1.** Gewalt (-tätigkeit) *f*; **2.** ⚖ Gewalt(tat, -anwendung) *f*: *by* ~ gewaltsam; *crimes of* ~ Gewaltverbrechen; **3.** Verletzung *f*, Unrecht *n*, Schändung *f*: *to do* ~ *to* Gewalt antun (*dat.*), *Gefühle etc.* verletzen, *Heiliges* entweihen; **4.** *bsd. fig.* Heftigkeit *f*, Ungestüm *n*; **'vi·o·lent** [-nt] *adj.* □ **1.** heftig, gewaltig, stark: ~ *blow*; ~ *tempest*; **2.** gewaltsam, -tätig (*Person, Handlung*), Gewalt...: ~ *death* gewaltsamer Tod; ~ *interpretation fig.* gewaltsame Auslegung; ~ *measures* Gewaltmaßnahmen; *to lay* ~ *hands on* Gewalt antun (*dat.*); **3.** *fig.* heftig, ungestüm, hitzig: ~ *controversy*; ~ *temper*; **4.** grell, laut (*Farben, Töne*).

vi·o·let ['vaiəlit] **I.** *s.* **1.** ♀ Veilchen *n*; **2.** Veilchenblau *n*, Vio'lett *n*; **II.** *adj.* **3.** veilchenblau, vio'lett.

vi·o·lin [vaiə'lin] *s.* ♪ Vio'line *f*, Geige *f*: *to play the* ~ Geige spielen, geigen; *first* ~ erste(r) Geige(r); ~ *case* Geigenkasten; ~ *clef* Violinschlüssel; **vi·o·lin·ist** ['vaiəlinist] *s.* Violi'nist(in), Geiger(in).

vi·ol·ist ['vaiəlist] *s.* ♪ **1.** *hist.* Vi'olenspieler(in); **2.** [vi'oulist] Brat'schist (-in).

vi·o·lon·cel·list [vaiələn'tʃelist] *s.* ♪ (Violon)Cel'list(in); **vi·o·lon'cel·lo** [-lou] *pl.* **-los** *s.* (Violon)'Cello *n.*

VIP ['vi:ai'pi:] *s. sl.* ‚hohes' *od.* ‚großes Tier' (*aus Very Important Person*).

vi·per ['vaipə] *s.* **1.** *zo.* Viper *f*, Otter *f*, Natter *f*; **2.** *zo. a. common* ~ Kreuzotter *f*; **3.** *allg.* Giftschlange *f*: *to cherish a* ~ *in one's bosom fig.* e-e Schlange an s-m Busen nähren; **4.** *fig.* (Gift)Schlange *f*, Natter *f* (*Person*); **'vi·per·ine** [-ərain] *adj. zo.* **a)** vipernartig, **b)** Vipern...; **'vi·per·ish** [-əriʃ] *adj.*, **'vi·per·ous** [-ərəs] *adj.* □ *mst fig.* giftig, vipernartig.

vi·per's grass *s.* ♀ Schwarzwurzel *f.*

vi·ra·go [vi'rɑ:gou] *pl.* **-gos** *s.* **1.** Mannweib *n*; **2.** Zankteufel *m*, ‚Drachen' *m.*

vi·res ['vaiəri:z] *pl. von vis.*

vir·gin ['və:dʒin] **I.** *s.* **1.** Jungfrau *f* (*a. ast.* ♍); **2.** *eccl. the (Blessed)* ♀ *(Mary)* die Heilige Jungfrau; **II.** *adj.* **3.** jungfräulich, unberührt (*beide a. fig. Schnee etc.*): ~ *forest* Urwald; ♀ *Mother eccl.* Mutter Gottes; *the* ♀ *Queen hist.* die jungfräuliche Königin (*Elisabeth I. von England*); ~ *queen zo.* unbefruchtete (Bienen-) Königin; ~ *soil* **a)** ungepflügtes Land, **b)** *fig.* Neuland, **c)** unberührter Geist; **4.** keusch, jungfräulich: ~ *modesty*; **5.** ⊕ *u. fig.* Jungfern...(*-öl, -fahrt etc.*): ~ *honey* Jungfernscheibenhonig; ~ *wool* Neuwolle; **'vir·gin·al** [-nl] *adj.* □ **1.** jungfräulich, Jungfern...: ~ *membrane anat.* Jungfernhäutchen; **2.** rein, keusch; **'vir·gin·hood** [-hud] *s.* Jungfräulichkeit *f*, Jungfernschaft *f.*

Vir·gin·i·a [və'dʒinjə] → *Virginia tobacco*; ~ **creep·er** *s.* ♀ Wilder Wein, Jungfernrebe *f.*

Vir·gin·i·an [və'dʒinjən] **I.** *adj.* Virginia..., vir'ginisch; **II.** *s.* Vir'ginier (-in).

Vir·gin·i·a to·bac·co *s.* Vir'ginia (-,tabak) *m.*

vir·gin·i·ty [və:'dʒiniti] *s.* **1.** Jungfräulichkeit *f*, Jungfernschaft *f*; **2.** Reinheit *f*, Keuschheit *f*, Unberührtheit *f* (*a. fig.*).

Vir·go ['və:gou] *s. ast.* Jungfrau *f*, 'Virgo *f.*

vir·i·des·cence [viri'desns] *s.* Grünwerden *n*, grünliches Aussehen; (frisches) Grün; **vir·i'des·cent** [-nt] *adj.* grün(lich); **vi·rid·i·ty** [vi'riditi] *s.* **1.** *biol.* grünes Aussehen (*z. B. an Austern*); **2.** *fig.* Frische *f.*

vir·ile ['virail] *adj.* **1.** männlich, kräftig (*beide a. fig. Stil etc.*), Männer..., Mannes...: ~ *voice*; **2.** *physiol.* po'tent, zeugungskräftig: ~ *member* männliches Glied; **vi·ril·i·ty** [vi'riliti] *s.* **1.** Männlichkeit *f*; **2.** Mannesalter *n*, -jahre *pl.*; **3.** *physiol.* Po'tenz *f*, Zeugungskraft *f*; **4.** *fig.* Kraft *f.*

vir·tu [və:'tu:] *s.* **1.** Kunst-, Liebhaberwert *m*: *article of* ~ Kunstgegenstand; **2.** *coll.* Kunstgegenstände *pl.*; **3.** Kunstgeschmack *m*, Kunstliebhabe'rei *f.*

vir·tu·al ['və:tjuəl] *adj.* □ **1.** tatsächlich, 'faktisch, eigentlich; **2.** ⊕, *phys.* virtu'ell; **'vir·tu·al·ly** [-əli] *adv.* eigentlich, praktisch, im Grunde genommen.

vir·tue ['və:tju:] *s.* **1.** Tugend(haftigkeit) *f* (*a. Keuschheit*): *woman of* ~ tugendhafte Frau; *lady of easy* ~ leichtes Mädchen; **2.** Rechtschaffenheit *f*; **3.** Tugend *f*: *to make a* ~

of necessity aus der Not e-e Tugend machen; **4.** Wirksamkeit *f*, Wirkung *f*, Erfolg *m*; **5.** (gute) Eigenschaft, Vorzug *m*; (hoher) Wert; **6.** *by* (*od. in*) ~ *of* kraft *e-s Gesetzes, e-r Vollmacht etc.*, auf Grund von (*od. gen.*), vermöge (*gen.*).

vir·tu·os·i·ty [vəːtjuˈɔsiti] *s.* **1.** Virtuosiˈtät *f*, (blendende) Kunstfertigkeit; **2.** Kunstsinn *m*, -liebhabeˈrei *f*; **vir·tu·o·so** [vəːtjuˈouzou] *pl.* **-si** [-siː] *s.* **1.** Virtuˈose *m*; **2.** Kunstkenner *m*.

vir·tu·ous [ˈvəːtjuəs] *adj.* □ tugendhaft, rechtschaffen.

vir·u·lence [ˈvirulǝns], **ˈvir·u·len·cy** [-si] *s.* ⚕ *u. fig.* Viruˈlenz *f*, Giftigkeit *f*, Bösartigkeit *f*; **ˈvir·u·lent** [-nt] *adj.* □ **1.** giftig, bösartig (*Gift, Krankheit*) (*a. fig.*); **2.** ⚕ viruˈlent, sehr ansteckend.

vi·rus [ˈvaiərəs] *s.* **1.** ⚕ ˈVirus *n*: **a)** (Krankheits)Gift *n*, (-)Erreger *m*, **b)** Gift-, Impfstoff *m*; **2.** *fig.* Gift *n*: *the* ~ *of hatred*.

vis [vis] *pl.* **vi·res** [ˈvaiəriːz] (*Lat.*) *s. phys.* Kraft *f*: ~ *inertiae* Trägheitskraft; ~ *mortua* tote Kraft; ~ *viva* kinetische Energie.

vi·sa [ˈviːzə] **I.** *s.* Visum *n*: **a)** Sichtvermerk *m*, **b)** Einreisebewilligung *f*; **II.** *v/t. pret. u. p.p.* **-saed, -sa'd** ein Visum eintragen in (*acc.*).

vis·age [ˈvizidʒ] *s. poet.* Antlitz *n*.

vis-à-vis [ˈviːzɑːviː] (*Fr.*) **I.** *adv.* gegenˈüber (*to, with* von); **II.** *s.* Gegenˈüber *n*, Visaˈvis *n*.

vis·cer·a [ˈvisərə] *s. pl. anat.* Eingeweide *pl.*: *abdominal* ~ Bauchorgane; **ˈvis·cer·al** [-rəl] *adj. anat.* Eingeweide...

vis·cid [ˈvisid] *adj.* **1.** klebrig (*a.* ⚘); **2.** *bsd. phys.* visˈkos, dick-, zähflüssig; **vis·cid·i·ty** [viˈsiditi] *s.* **1.** Klebrigkeit *f*; **2.** Dick-, Zähflüssigkeit *f*.

vis·cose [ˈviskous] *s.* ⊕ Visˈkose *f* (*Art Zellulose*): ~ *silk* Viskose-, Zellstoffseide; **vis·cos·i·ty** [visˈkɔsiti] *s.* ⊕, *phys.* Viskosiˈtät *f*, (Grad *m* der) Zähflüssigkeit *f*, Konsiˈstenz *f*.

vis·count [ˈvaikaunt] *s.* Viˈcomte *m* (*brit. Adelstitel zwischen baron u. earl*); **ˈvis·count·cy** [-si] *s.* Rang *m od.* Würde *f* e-s Vicomte; **ˈvis·count·ess** [-tis] *s.* Vicomˈtesse *f*; **ˈvis·count·y** [-ti] → *viscountcy*.

vis·cous [ˈviskəs] → *viscid*.

vi·sé [ˈviːzei] **I.** *s.* → *visa I*; **II.** *v/t. pret. u. p.p.* **-séd, -sé'd** → *visa II*.

vise [vais] *Am.* → *vice²*.

vis·i·bil·i·ty [viziˈbiliti] *s.* **1.** Sichtbarkeit *f*; **2.** *meteor.* Sicht(weite) *f*: *high* (*low*) ~ gute (schlechte) Sicht; ~ *conditions* Sichtverhältnisse; **vis·i·ble** [ˈvizibl] *adj.* □ **1.** sichtbar; **2.** *fig.* (er-, offen)sichtlich; merklich, deutlich; **3.** *pred.* **a)** zu sehen (*Sache*), **b)** zu sprechen (*Person*).

vi·sion [ˈviʒən] *s.* **1.** Sehkraft *f*, -vermögen *n*: *field of* ~ Blickfeld; **2.** *fig.* **a)** (Seher-, Weit)Blick *m*, **b)** Phantaˈsie *f*, Vorstellungsvermögen *n*, Einsicht *f*: *poetic* ~ visionäre Kraft des Dichters; **3.** Visiˈon *f*: **a)** Traum-, Wunschbild *n*, **b)** *oft pl. psych.* Halluzinatiˈonen *pl.*, Gesichte *pl.*; **4.** Anblick *m*, Bild *n*; Traum *m* (*et. Schönes*): *she was a* ~ *of delight* sie bot e-n entzückenden Anblick; **vi·sion·ar·y** [ˈviʒnəri] **I.** *adj.* **1.** visioˈnär, (hell)seherisch; **2.** phanˈtastisch, überˈspannt: *a* ~ *scheme*; **3.** unwirklich, eingebildet; **4.** Visions..., geisterhaft, Geister...; **II.** *s.* **5.** Visioˈnär *m*, Hell-, Geisterseher *m*; **6.** Phanˈtast *m*, Träumer *m*, Schwärmer *m*; **vi·sion con·trol** *s. Fernsehen*: ˈBildreˌgie *f*.

vis·it [ˈvizit] **I.** *v/t.* **1.** besuchen: **a)** *j-n, Arzt, Kranke, Lokal etc.* aufsuchen, **b)** inspizieren, in Augenschein nehmen, **c)** *Stadt, Museum etc.* besichtigen; **2.** heimsuchen (*s.th. upon j-n* mit et.): **a)** befallen (*Krankheit, Unglück*), **b)** *bibl. u. fig.* (be)strafen, *Sünden* vergelten (*upon* an *dat.*); **3.** *bibl.* belohnen, segnen; **II.** *v/i.* **4.** e-n Besuch *od.* Besuche machen; **5.** *Am.* F plaudern; **III.** *s.* **6.** Besuch *m*: *on a* ~ auf Besuch (*to* bei *j-m*, in *e-r Stadt etc.*); *to make* (*od. pay*) *a* ~ e-n Besuch machen; ~ *to the doctor* Konsultation beim Arzt; **7.** (forˈmeller) Besuch, *bsd.* Inspektiˈon *f*; **8.** ⚓ *u.* ⚖ Durchˈsuchung *f*; **9.** *Am.* F Plaudeˈrei *f*, Plausch *m*; **ˈvis·it·ant** [-tənt] **I.** *s.* **1.** *rhet.* Besucher(in); **2.** *orn.* Strichvogel *m*; **II.** *adj.* **3.** *rhet.* besuchend; **vis·it·a·tion** [viziˈteiʃən] *s.* **1.** Besuchen *n*; **2.** offiziˈeller Besuch, Besichtigung *f*, Visitatiˈon *f*: *right of* ~ ⚓ Durchsuchungsrecht (*auf See*); ~ (*of the sick*) *eccl.* Krankenbesuch; **3.** *fig.* (göttliche) Heimsuchung: **a)** Prüfung *f*, Strafe *f*, **b)** himmlischer Beistand: ♀ *of our Lady R.C.* Heimsuchung Mariae; **4.** langer Besuch; **vis·it·a·to·ri·al** [vizitəˈtɔːriəl] *adj.* Visitations..., Überwachungs..., Aufsichts...: ~ *power* Aufsichtsbefugnis; **ˈvis·it·ing** [-tiŋ] *adj.* Besuchs..., Besucher...: ~*-book* Besuchsliste; ~*-card* Visitenkarte; ~ ***hours*** Besuchszeit (*Klinik etc.*); ~ ***professor*** *univ.* Gastprofessor; ***to be on*** ~ ***terms with s.o.*** mit j-m verkehren; **ˈvis·i·tor** [-tə] *s.* **1.** Besucher(in) (*to gen.*), (*a.* Kur)Gast *m*; *pl.* Besuch *m*: *summer* ~*s* Sommergäste; ~*s' book* **a)** Fremdenbuch, **b)** Gästebuch; **2.** Visiˈtator *m*, Inˈspektor *m*; **vis·i·to·ri·al** [viziˈtɔːriəl] → *visitatorial*.

vi·sor [ˈvaizə] *s.* **1.** *hist. u. fig.* Viˈsier *n*; **2.** (Mützen)Schirm *m*; **3.** *mot.* Blendschutz(scheibe *f*) *m*.

vis·ta [ˈvistə] *s.* **1.** (Aus-, ˈDurch-) Blick *m*, Aussicht *f*; **2.** Alˈlee *f*; **3.** △ Galeˈrie *f*, Korridor *m*; **4.** (lange) Reihe, Kette *f*: *a* ~ *of years*; **5.** *fig.* Ausblick *m*, -sicht *f* (*of* auf *acc.*), Möglichkeit *f*, Perspekˈtive *f*: *his words opened up new* ~*s*.

vis·u·al [ˈvizjuəl] *adj.* □ **1.** Seh..., Gesichts...: ~ ***acuity*** Sehschärfe; ~ *angle phys.* Gesichtswinkel; ~ *nerve anat.* Sehnerv; ~ *test* Augentest; **2.** visuˈell (*Eindruck, Gedächtnis etc.*): ~ *aid ped.* Anschauungsmaterial; ~ ***instruction*** *ped.* Anschauungsunterricht; **3.** sichtbar: ~ *objects*; **4.** optisch, Sicht...(*-bereich, -zeichen etc.*): ~ ***reconnaissance*** ⚔ Augenaufklärung; **vis·u·al·i·za·tion** [vizjuəlaiˈzeiʃən] *s.* Vergegenwärtigung *f*; **ˈvis·u·al·ize** [-laiz] *v/t.* sich vergegenwärtigen *od.* vor Augen stellen, sich vorstellen, sich ein Bild machen von.

vi·tal [ˈvaitl] **I.** *adj.* **1.** Lebens... (*-frage, -funktion, -funke etc.*): ~ *energy* (*od. power*) Lebenskraft; ~ *statistics* Bevölkerungsstatistik; *Bureau of* ♀ *Statistics Am.* Personenstandsregister; **2.** lebenswichtig (*Industrie, Organ etc.*): ~ *parts* → *8*; **3.** (hoch)wichtig, entscheidend (*to* für): ~ *problems*; *of* ~ *importance* von entscheidender Bedeutung, von äußerster Wichtigkeit; **4.** wesentlich, grundlegend; **5.** *mst fig.* leˈbendig: ~ *style*; **6.** viˈtal, lebensprühend; **7.** lebensgefährlich: ~ *wound*; **II.** *s.* **8.** *pl.* **a)** *anat.* ‚edle Teile' *pl.*, lebenswichtige Orˈgane *pl.*, **b)** *fig. das* Wesentliche, wichtige Bestandteile *pl.*; **ˈvi·tal·ism** [-təlizəm] *s. biol., phls.* Vitaˈlismus *m*; **vi·tal·i·ty** [vaiˈtæliti] *s.* **1.** Vitaliˈtät *f*, Lebenskraft *f*; **2.** Lebensfähigkeit *f*, -dauer *f* (*a. fig.*); **vi·tal·i·za·tion** [vaitəlaiˈzeiʃən] *s.* Belebung *f*, Aktivierung *f*; **ˈvi·tal·ize** [-təlaiz] *v/t.* **1.** beleben, kräftigen; **2.** mit Lebenskraft erfüllen; **3.** *fig.* **a)** verleˈbendigen, **b)** leˈbendig gestalten.

vi·ta·min(e) [ˈvitəmin] *s.* Vitaˈmin *n*, Wirkstoff *m*.

vi·ti·ate [ˈviʃieit] *v/t.* **1.** *allg.* verderben; **2.** beeinträchtigen; **3. a)** *Luft etc.* verunreinigen, **b)** *fig. Atmosphäre* vergiften; **4.** hinfällig (⚖ ungültig) machen; **vi·ti·a·tion** [viʃiˈeiʃən] *s.* **1.** Verderben *n*, Verderbnis *f*; **2.** Beeinträchtigung *f*; **3.** Verunreinigung *f*; **4.** ⚖ Vernichtung *f*, Aufhebung *f*, Ungültigmachen *n*.

vit·i·cul·ture [ˈvitikʌltʃə] *s.* Weinbau *m*.

vit·re·ous [ˈvitriəs] *adj.* **1.** Glas..., aus Glas, gläsern; **2.** glasartig, glasig: ~ *body* (*od. humo[u]r*) *anat.* Glaskörper *des Auges*; ~ *electricity* positive Elektrizität, Glaselektrizität; **3.** *geol.* vitroˈphyrisch, glasig; **vi·tres·cence** [viˈtresns] *s.* ⚗ **1.** Verglasung *f*; **2.** Verglasbarkeit *f*; **vi·tres·cent** [viˈtresnt] *adj.* **1.** verglasend; **2.** verglasbar.

vit·rics [ˈvitriks] *s. pl.* **1.** Glaswaren *pl.*; **2.** *mst sg. konstr.* Glaswarenkunde *f*.

vit·ri·fac·tion [vitriˈfækʃən] → *vitrification*; **vit·ri·fi·a·ble** [ˈvitrifaiəbl] *adj.* verglasbar; **vit·ri·fi·ca·tion** [vitrifiˈkeiʃən] *s.* ⊕ Ver-, Überˈglasung *f*, Sinterung *f*; **vit·ri·fy** [ˈvitrifai] ⊕ **I.** *v/t.* ver-, überˈglasen, glasieren, sintern; *Keramik*: dicht brennen; **II.** *v/i.* (sich) verglasen.

vit·ri·ol [ˈvitriəl] *s.* **1.** ⚗ Vitriˈol *n*: *blue* ~, *copper* ~ Kupfervitriol, -sulfat; *green* ~ Eisenvitriol, Ferrosulfat; *white* ~ Zinksulfat; **2.** ⚗ Vitriˈolsäure *f*; **3.** *fig.* Giftigkeit *f*, Schärfe *f*; **vit·ri·ol·ic** [vitriˈɔlik] *adj.* **1.** vitriˈolisch, Vitriol...: ~ *acid* Vitriolöl, rauchende Schwefelsäure; **2.** *fig.* ätzend, beißend: ~ *remark*; **ˈvit·ri·ol·ize** [-laiz] *v/t.* **1.** ⚗ vitriolisieren; **2.** *j-n* mit Vitriol verletzen.

vi·tu·per·ate [viˈtjuːpəreit] *v/t.* beschimpfen, schmähen, schelten; **vi·tu·per·a·tion** [vitjuːpəˈreiʃən] *s.*

1. Schmähung *f*, Beschimpfung *f*; *pl.* Schimpfworte *pl.*; 2. Tadel *m*; **vi'tu·per·a·tive** [-pərətiv] *adj.* □ schmähend, Schmäh...

vi·va[1] ['vi:və] (*Ital.*) **I.** *int.* Hoch!; **II.** *s.* Hoch(ruf *m*) *n.*

vi·va[2] ['vaivə] → *viva voce.*

vi·va·ce [vi'vɑ:tʃi] (*Ital.*) *adv.* ♪ vi'vace, lebhaft.

vi·va·cious [vi'veiʃəs] *adj.* □ lebhaft, munter; **vi·vac·i·ty** [vi'væsiti] *s.* Lebhaftigkeit *f*, Munterkeit *f.*

vi·var·i·um [vai'vɛəriəm] *pl.* **-i·a** [-iə] *s.* Vi'varium *n*, Tiergehege *n*; A'quarium *n* (mit Ter'rarium).

vi·va vo·ce ['vaivə'vousi] **I.** *adj. u. adv.* mündlich; **II.** *s.* mündliche Prüfung; **vi·va-vo·ce** ['vaivə'vousi] *v/t.* mündlich prüfen.

viv·id ['vivid] *adj.* □ **1.** lebhaft: **a)** impul'siv (*Mensch*), **b)** inten'siv (*Gefühle, Phantasie*), **c)** leuchtend, glänzend (*Farbe etc.*), **d)** deutlich, klar (*Erinnerung, Schilderung etc.*); **2.** le'bendig (*Porträt etc.*); **'viv·id·ness** [-nis] *s.* **1.** Lebhaftigkeit *f*; **2.** Le'bendigkeit *f.*

viv·i·fy ['vivifai] *v/t.* **1.** *bsd. fig.* Leben geben (*dat.*), beleben, anregen; **2.** intensivieren; **vi·vip·a·rous** [vi'vipərəs] *adj.* □ **1.** *zo.* lebendgebärend; **2.** ⚘ noch an der Mutterpflanze keimend (*Samen*); **viv·i·sect** [vivi'sekt] *v/t. u. v/i.* vivisezieren, lebend sezieren; **viv·i·sec·tion** [vivi'sekʃən] *s.* Vivisekti'on *f.*

vix·en ['viksn] *s.* **1.** *zo.* Füchsin *f*; **2.** *fig.* Zankteufel *m*, ‚Drachen' *m*; **'vix·en·ish** [-niʃ] *adj.* zänkisch, keifend.

viz *abbr. für videlicet.*

vi·zier [vi'ziə] *s.* We'sir *m.*

vi·zor → *visor.*

V-J Day *s.* Tag *m* des Sieges der Alli'ierten über Japan (*im 2. Weltkrieg; 2. 9. 1945*).

vo·ca·ble ['voukəbl] *s.* Vo'kabel *f*, Wort *n.*

vo·cab·u·lar·y [və'kæbjuləri] *s.* **1.** Wörterverzeichnis *n*; **2.** Wörterbuch *n*; **3.** Wortschatz *m*, Vokabu'lar *n.*

vo·cal ['voukəl] *adj.* □ → *vocally*; **1.** stimmlich, mündlich, Stimm..., Sprech...: ~ *c(h)ords* Stimmbänder; **2.** ♪ Vokal..., Gesang..., gesanglich: ~ *music* Vokalmusik; ~ *part* Singstimme; ~ *recital* Liederabend; **3.** klingend, 'widerhallend (*with* von); **4.** laut, vernehmbar (*a. fig.*): *to become* ~ *fig.* laut werden, sich vernehmen lassen; **5.** *ling.* **a)** vo'kalisch, **b)** stimmhaft; **vo·cal·ic** [vou'kælik] *adj.* vokalisch; **'vo·cal·ism** [-kəlizəm] *s.* **1.** Vokalisati'on *f* (*Vokalbildung u. -aussprache*); **2.** Vo'kalsy,stem *n e-r Sprache*; **'vo·cal·ist** [-kəlist] *s.* ♪ Sänger(in); **vo·cal·i·za·tion** [voukəlai'zeiʃən] *s.* **1.** *bsd.* ♪ Stimmgebung *f*; **2.** *ling.* **a)** Vokalisati'on *f*, **b)** stimmhafte Aussprache; **'vo·cal·ize** [-kəlaiz] **I.** *v/t.* **1.** *Laut* aussprechen, *a.* singen; **2.** *ling.* **a)** *Konsonanten* vokalisieren, **b)** stimmhaft aussprechen; **3.** → *vowelize 1*; **II.** *v/i.* **4.** *humor.* sprechen, singen, summen *etc.*; **'vo·cal·ly** [-kəli] *adv.* **1.** mit(tels) der Stimme; **2.** mündlich; **3.** gesanglich; **4.** *ling.* vo'kalisch; **5.** in stimmlicher *od.* gesanglicher Hinsicht.

vo·ca·tion [vou'keiʃən] *s.* **1.** (*eccl.* göttliche, *allg.* innere) Berufung (*for* zu); **2.** Begabung *f*, Eignung *f* (*for* für); **3.** Beruf *m*, Beschäftigung *f*; **vo'ca·tion·al** [-ʃənl] *adj.* □ beruflich, Berufs...(*-ausbildung, -krankheit, -schule etc.*): ~ *guidance* Berufsberatung.

voc·a·tive ['vɔkətiv] **I.** *adj. ling.* 'vokativisch, Anrede...: ~ *case* → *II*; **II.** *s.* 'Vokativ *m.*

vo·cif·er·ate [vou'sifəreit] *v/i.* schreien, brüllen; **vo·cif·er·a·tion** [vousifə'reiʃən] *s. a. pl.* Schreien *n*, Brüllen *n*, Geschrei *n*; **vo'cif·er·ous** [-fərəs] *adj.* □ **1.** laut schreiend, brüllend; **2.** lärmend, laut.

vod·ka ['vɔdkə] *s.* Wodka *m.*

vogue [voug] *s.* **1.** *allg.* (herrschende) Mode: *all the* ~ (die) große Mode, der letzte Schrei; *to be in* ~ (in) Mode sein; *to come into* ~ in Mode kommen; **2.** Beliebtheit *f*: *to be in full* ~ großen Anklang finden, sehr im Schwange sein; *to have a short-lived* ~ sich e-r kurzen Beliebtheit erfreuen; **~ word** *s.* Modewort *n.*

voice [vɔis] **I.** *s.* **1.** Stimme *f* (*a. fig. des Gewissens etc.*): *in (good)* ~ ♪ (gut) bei Stimme; *in a low* ~ mit leiser Stimme; ~ *radio* ⚡ Sprechfunk; **2.** *fig.* Ausdruck *m*, Äußerung *f*: *to find* ~ *in* Ausdruck finden in (*dat.*); *to give* ~ *to* → *8*; **3.** Stimme *f*, Entscheidung *f*: *to give one's* ~ *for* stimmen für; *with one* ~ einstimmig; **4.** Stimmrecht *n*, Stimme *f*: *to have a (no)* ~ *in* et. (nichts) zu sagen haben bei *od.* in (*dat.*); **5.** ♪ **a)** *a.* ~ *quality* Stimmton *m*, **b)** (Orgel)Stimme *f*; **6.** *ling.* **a)** stimmhafter Laut, **b)** Stimmton *m*; **7.** *ling.* Genus *n* des Verbs: *active* ~ Aktiv(um); *passive* ~ Passiv(um); **II.** *v/t.* **8.** Ausdruck geben *od.* verleihen (*dat.*), *Meinung etc.* äußern, in Worte fassen; **9.** ♪ *Orgelpfeife etc.* regulieren; **10.** *ling.* (stimmhaft) (aus)sprechen; **voiced** [-st] *adj.* **1.** *in Zssgn* mit *leiser etc.* Stimme: *low-*~; **2.** *ling.* stimmhaft; **'voice·less** [-lis] *adj.* **1.** ohne Stimme, stumm; **2.** sprachlos; **3.** *parl.* nicht stimmfähig; **4.** *ling.* stimmlos.

'voice-o·ver *s. Radio, Fernsehen*: ‚Geisterstimme' *f* (*die bei Rede od. Interview übersetzt u. überspricht*).

void [vɔid] **I.** *adj.* □ **1.** leer; **2.** ~ *of* ohne, bar (*gen.*), arm an (*dat.*), frei von; **3.** unbewohnt; **4.** unbesetzt, frei (*Amt*); **5.** ⚖ nichtig, ungültig, -wirksam; → *null 1*; **II.** *s.* **6.** (*fig.* Gefühl *n* der) Leere *f*, leerer Raum; **7.** *fig.* Lücke *f*: *to fill the* ~ die Lücke schließen; **8.** ⚖ unbewohntes Gebäude; **III.** *v/t.* **9.** ⚖ aufheben, ungültig machen; **10.** *physiol. Urin etc.* ausscheiden; **'void·a·ble** [-dəbl] *adj.* ⚖ aufheb-, anfechtbar; **'void·ance** [-dəns] *s.* **1.** Entleerung *f*, Räumung *f*; **2.** *fig.* Entfernung *f*, Absetzung *f*, Ausstoßung *f* (*aus e-r Pfründe etc.*); **3.** Freiwerden *n* (*e-s Amts etc.*); **'void·ness** [-nis] *s.* **1.** Leere *f*; **2.** ⚖ Nichtigkeit *f*, Ungültigkeit *f.*

voile [vɔil] *s.* Voile *m*, Schleierstoff *m.*

vo·lant ['voulənt] *adj.* **1.** *zo.* fliegend (*a. her.*); **2.** *poet.* flüchtig.

vol·a·tile ['vɔlətail] *adj.* **1.** *phys.* verdampfbar, (leicht) flüchtig, ä'therisch (*Öl etc.*); **2.** *fig.* flüchtig, vergänglich; **3.** *fig.* **a)** le'bendig, lebhaft, **b)** launisch, unbeständig, flatterhaft; **vol·a·til·i·ty** [vɔlə'tiliti] *s.* **1.** *phys.* Verdampfbarkeit *f*, Flüchtigkeit *f* (*a. fig.*); **2.** *fig.* **a)** Lebhaftigkeit *f*, **b)** Unbeständig-, Flatterhaftigkeit *f*; **vol·a·til·i·za·tion** [vɔlætilai'zeiʃən] *s. phys.* Verflüchtigung *f*, Verdampfung *f*; **vol·a·til·ize** [vɔ'lætilaiz] *v/t. u. v/i. phys.* (sich) verflüchtigen, verdunsten, verdampfen.

vol-au-vent ['vɔlou'vɑ̃:ŋ; vɔlovɑ̃] (*Fr.*) *s.* Vol-au-'vent *m* (*Blätterteighohlpastete mit Fleisch- od. Fisch- od. Pilzfüllung*).

vol·can·ic [vɔl'kænik] *adj.* (□ *~ally*) **1.** *geol.* vul'kanisch, Vulkan...; **2.** *fig.* ungestüm, explo'siv; **vol·ca·no** [vɔl'keinou] *pl.* **-noes** *s.* **1.** *geol.* Vul'kan *m*; **2.** *fig.* Vulkan *m*, Pulverfaß *n*: *to sit on the top of a* ~ (wie) auf e-m Pulverfaß sitzen.

vole[1] [voul] *s. zo.* Wühlmaus *f.*

vole[2] [voul] *s. Kartenspiel*: 'Vola *f*, Vole *f* (*Gewinn aller Stiche*).

vo·li·tion [vou'liʃən] *s.* **1.** Willensäußerung *f*, -akt *m*, (Willens)Entschluß *m*: *on one's own* ~ aus eigenem Entschluß; **2.** Wille *m*, Wollen *n*, Willenskraft *f*; **vo'li·tion·al** [-ʃənl] *adj.* □ Willens..., willensmäßig; **vol·i·tive** ['vɔlitiv] *adj.* **1.** Willens...; **2.** *ling.* voli'tiv.

vol·ley ['vɔli] **I.** *s.* **1.** (Gewehr-, Geschütz)Salve *f*; (Pfeil-, Stein- *etc.*) Hagel *m*; *Flak*: Gruppe *f*: ~ *bombing* ✈ Reihenwurf; **2.** *fig.* Schwall *m*, Strom *m*, Flut *f*: *a* ~ *of oaths*; **3.** *Tennis*: **a)** Flugball *m*, **b)** Flugschlag *m*; **4.** *Fußball*: Schlag *m* aus der Luft, Volleyball *m*; **II.** *v/t.* **5.** in e-r Salve abschießen; **6.** *mst* ~ *out od. forth* e-n Schwall von *Worten etc.* von sich geben; **7.** *Tennis*: als Flugball nehmen; **8.** *Fußball*: *Ball* (di'rekt) aus der Luft nehmen; **III.** *v/i.* **9.** e-e Salve *od.* Salven abgeben; **10.** hageln (*Geschosse*); **11.** krachen (*Geschütze*); **12.** *Tennis*: Flugbälle spielen *od.* nehmen; **'~-ball** *s. sport* Volleyball(spiel *n*) *m.*

vol·plane ['vɔlplein] ✈ **I.** *s.* Gleitflug *m*; **II.** *v/i.* im Gleitflug niedergehen.

volt[1] [vɔlt] *s. fenc. u. Reitkunst*: Volte *f.*

volt[2] [voult] *s.* ⚡ Volt *n*; **'volt·age** [-tidʒ] *s.* ⚡ (Volt)Spannung *f*: *service* ~ Betriebsspannung; **vol·ta·ic** [vɔl'teiik] *adj.* ⚡ vol'taisch, gal'vanisch (*Batterie, Element, Strom etc.*): ~ *couple* Elektrodenmetalle.

volte-face [vɔlt'fɑ:s] (*Fr.*) *s. fig.* Frontwechsel *m*, (Kehrt)Wendung *f.*

volt·me·ter ['voultmi:tə] *s.* ⚡ Volt-, Spannungsmesser *m.*

vol·u·bil·i·ty [vɔlju'biliti] *s.* **1.** *fig.* Beweglichkeit *f*; **2. a)** Geläufigkeit *f* (*der Zunge*), glatter Fluß (*der Rede*), **b)** Zungenfertigkeit *f*, Redegewandtheit *f*, **c)** Redseligkeit *f*, **d)** Wortreichtum *m*; **vol·u·ble** ['vɔljubl] *adj.* □ **1.** leicht beweglich; **2. a)** geläufig (*Zunge*), fließend (*Rede*),

b) zungenfertig, (rede)gewandt, c) redselig, d) wortreich; 3. ⚘ sich windend.

vol·ume ['vɔljum] *s.* 1. Band *m e-s Buches*; Buch *n* (*a. fig.*): *a three-~ novel* ein dreibändiger Roman; *to speak ~s (for) fig.* Bände sprechen (für); 2. ⚒, ⚗, *phys. etc.* Vo'lumen *n*, (Raum)Inhalt *m*; 3. *fig.* 'Umfang *m*, Volumen *n*: *~ of imports*; *~ of traffic* Verkehrsaufkommen; 4. *fig.* Masse *f*, Schwall *m*; 5. ♪ Klangfülle *f*, 'Stimmvoˌlumen *n*, -ˌumfang *m*; 6. ⚡ Lautstärke *f*: *~ control* Lautstärkeregler; '**vol·umed** [-md] *adj. in Zssgn* ...bändig: *a three-~ book*; **vol·u·met·ric** [vɔlju'metrik] *adj.* (□ *~ally*) ⚒, ⚗ volu'metrisch: *~ analysis* ⚗ volumetrische Analyse, Maßanalyse; *~ density* Raumdichte; **vol·u·met·ri·cal** [vɔlju'metrikəl] *adj.* □ → *volumetric*; **vo·lu·mi·nous** [və'lju:minəs] *adj.* □ 1. vielbändig (*literarisches Werk*); 2. massig, gewaltig, 'umfangreich, volumi'nös: *~ correspondence*; 3. bauschig.

vol·un·tar·i·ness ['vɔləntərinis] *s.* 1. Freiwilligkeit *f*; 2. (Willens-)Freiheit *f*; **vol·un·tar·y** ['vɔləntəri] I. *adj.* □ 1. freiwillig, spon'tan: *~ contribution*; *~ death* Freitod; 2. frei, unabhängig; 3. ⚖ a) vorsätzlich, schuldhaft, b) freiwillig, unentgeltlich, c) außergerichtlich, gütlich: *~ settlement*; 4. durch freiwillige Spenden unter'halten (*Schule etc.*); 5. *physiol.* willkürlich: *~ muscles*; 6. *psych.* volunta'ristisch; II. *s.* 7. a) freiwillige *od.* wahlweise Arbeit, b) *a. ~ exercise sport* Kür (-übung) *f*; 8. ♪ Orgelsolo *n*, *bsd.* (improvisiertes) Vor- *od.* Nachspiel.

vol·un·teer [vɔlən'tiə] I. *s.* 1. Freiwillige(r *m*) *f* (*a.* ⚔); 2. *pl.* ⚔ *Brit. hist.* Freiwilligenkorps *n*; 3. † Volon'tär *m*; II. *adj.* 4. freiwillig, Freiwilligen...; III. *v/i.* 5. sich freiwillig melden *od.* erbieten (*for* für, zu), als Freiwilliger eintreten *od.* dienen; IV. *v/t.* 6. *Dienste etc.* freiwillig anbieten *od.* leisten; 7. sich *e-e Bemerkung* erlauben; 8. (freiwillig) zum besten geben: *he ~ed a song.*

vo·lup·tu·ar·y [və'lʌptjuəri] *s.* Wollüstling *m*, sinnlicher Mensch; **vo'lup·tu·ous** [-juəs] *adj.* □ 1. wollüstig, sinnlich; geil, lüstern; 2. üppig: *~ body*; **vo'lup·tu·ous·ness** [-juəsnis] *s.* 1. Wollust *f*, Sinnlichkeit *f*, Geilheit *f*; 2. Üppigkeit *f*.

vo·lute [və'lju:t] *s.* 1. ⚠ Vo'lute *f*, Schnecke *f*; 2. *zo.* Windung *f* (*Schneckengehäuse*); **vo'lut·ed** [-tid] *adj.* 1. gewunden, spi'ral-, schnekkenförmig; 2. ⚠ mit Vo'luten (versehen); **vo'lu·tion** [-ju:ʃən] *s.* 1. Drehung *f*; 2. *anat.*, *zo.* Windung *f*.

vom·it ['vɔmit] I. *v/t.* 1. (er)brechen; 2. *fig. Feuer etc.* (aus)speien; *Rauch, a. Flüche etc.* ausstoßen; II. *v/i.* 3. (sich er)brechen, sich über'geben; 4. *geol.* Lava auswerfen, Feuer speien (*Vulkan*); III. *s.* 5. Erbrechen *n*; 6. *das* Erbrochene; 7. ⚕ Brechmittel *n*; 8. *fig.* Unflat *m*; '**vom·i·tive** [-tiv] I. *s.* ⚕ Brechmittel *n*; II. *adj.* Erbrechen verursachend, Brech...; '**vom·i·to·ry** [-təri] I. *s.* 1. → *vomitive I*; 2. *antiq.* Vomi'torium *n* (*Eingang zum römischen Amphitheater*); II. *adj.* 3. → *vomitive II.*

voo·doo ['vu:du:] I. *s.* 1. Wodu *m*, Zauberkult *m*; 2. Zauber *m*, Hexe'rei *f*; 3. *a. ~ doctor*, *~ priest* (Wodu-)Zauberer *m*, Medi'zinmann *m*; II. *v/t.* 4. behexen.

vo·ra·cious [və'reiʃəs] *adj.* □ gefräßig, gierig, unersättlich (*a. fig.*); **vo'ra·cious·ness** [-nis], **vo·rac·i·ty** [vɔ'ræsiti] *s.* Gefräßigkeit *f*, Unersättlichkeit *f*, Gier *f* (*of* nach).

vor·tex ['vɔ:teks] *pl.* **-ti·ces** [-tisi:z] *s.* Wirbel *m*, Strudel *m* (*a. fig.*); '**vor·ti·cal** [-tikəl] *adj.* □ 1. wirbelnd, kreisend, Wirbel...; 2. wirbel-, strudelartig.

vo·ta·ress ['voutəris] *s.* Geweihte *f etc.*; → *votary*; **vo·ta·ry** ['voutəri] *s.* 1. *eccl.* Geweihte(r *m*) *f*; 2. *fig.* Verfechter(in), (Vor)Kämpfer(in); 3. *fig.* Anhänger(in), Verehrer(in), Jünger(in), Enthusi'ast(in).

vote [vout] I. *s.* 1. (Wahl)Stimme *f*, 'Votum *n*: *~ of censure*, *~ of no confidence parl.* Mißtrauensvotum; *~ of confidence parl.* Vertrauensvotum; *to give one's ~ to* (*od. for*) s-e Stimme geben (*dat.*), stimmen für; 2. Abstimmung *f*, Wahl *f*: *to put s.th. to the ~*, *to take a ~ on s.th.* über e-e Sache abstimmen lassen; 3. Stimmzettel *m*, Stimme *f*: *to cast one's ~* s-e Stimme abgeben; 4. *the ~* das Stimm-, Wahlrecht; 5. *the ~ coll.* die Stimmen *pl.*: *the Labour ~*; 6. Beschluß *m*: *a unanimous ~*; 7. (Geld)Bewilligung *f*; II. *v/i.* 8. (ab-)stimmen, wählen, s-e Stimme abgeben: *to ~ against* stimmen gegen; *to ~ for* stimmen für (*a.* F *für et. sein*); *to ~ that* F dafür sein, daß; vorschlagen, daß; III. *v/t.* 9. abstimmen über (*acc.*), wählen, stimmen für: *to ~ down* niederstimmen; *to ~ s.o. in* j-n wählen; *to ~ s.th. through* et. durchbringen; 10. (durch Abstimmung) wählen *od.* beschließen *od. Geld* bewilligen; 11. allgemein erklären für *od.* halten für; '**vote·less** [-lis] *adj.* ohne Stimmrecht *od.* Stimme; '**vot·er** [-tə] *s.* Wähler(in), Wahl-, Stimmberechtigte(r *m*) *f*.

vot·ing ['voutiŋ] I. *s.* (Ab)Stimmen *n*, Abstimmung *f*; II. *adj.* Stimm..., Wahl...; *~* **ma·chine** *s.* 'Stimmenˌzählappaˌrat *m*; '*~*-**pa·per** *s. bsd. Brit.* Stimmzettel *m*; *~* **stock** *s.* † 1. stimmberechtigtes 'Aktienkapiˌtal; 2. 'Stimmrechtsˌaktie *f*.

vo·tive ['voutiv] *adj.* Weih..., Votiv..., Denk...: *~ medal* Denkmünze; *~ tablet* Votivtafel.

vouch [vautʃ] I. *v/i.* 1. *~ for* (sich ver)bürgen für; 2. *~ that* dafür bürgen, daß; II. *v/t.* 3. bezeugen; 4. bürgen für; '**vouch·er** [-tʃə] *s.* 1. Zeuge *m*, Bürge *m*; 2. 'Unterlage *f*, Doku'ment *n*: *to support by ~* dokumentarisch belegen; 3. (Rechnungs)Beleg *m*, Quittung *f*: *~ check* † *Am.* Verrechnungsscheck; 4. Gutschein *m*; 5. Eintrittskarte *f*; **vouch'safe** [-'seif] *v/t.* 1. (gnädig) gewähren, geruhen zu *tun*; 2. sich her'ablassen zu: *he ~d me no answer* er würdigte mich keiner Antwort.

vow [vau] I. *s.* 1. Gelübde *n* (*a. eccl.*); *oft pl.* (feierliches) Versprechen, (Treu)Schwur *m*: *to be under a ~* ein Gelübde abgelegt haben, versprochen haben (*to do* zu tun); *to take* (*od. make*) *a ~* ein Gelübde ablegen; *to take ~s eccl.* Profeß ablegen, in ein Kloster eintreten; II. *v/t.* 2. geloben, weihen; 3. (sich) schwören, (sich) geloben, hoch u. heilig versprechen (*to do* zu tun); 4. feierlich *od.* nachdrücklich erklären.

vow·el ['vauəl] I. *s. ling.* 1. Vo'kal *m*, Selbstlaut *m*; II. *adj.* 2. vo'kalisch; 3. Vokal..., Selbstlaut...: *~ gradation* Ablaut; *~ mutation* Umlaut; **vow·el·ize** ['vauəlaiz] *v/t.* 1. *hebräischen od. kurzschriftlichen Text* mit Vo'kalzeichen *od.* Punkten versehen; 2. *Laut* vokalisieren.

voy·age [vɔidʒ] I. *s. längere* (See-, Flug)Reise: *~ home* Rück-, Heimreise; *~ out* Hinreise; II. *v/i.* (*bsd.* zur See) reisen; III. *v/t.* reisen durch, bereisen; **voy·ag·er** ['vɔiədʒə] *s.* (See)Reisende(r *m*) *f*.

vul·can·ite ['vʌlkənait] *s.* Ebo'nit *n*, Vulka'nit *n* (*Hartgummi*); '**vul·can·ize** [-aiz] *v/t. Kautschuk* vulkanisieren: *~d fibre* (*Am. fiber*) ⚗ Vulkanfiber.

vul·gar ['vʌlgə] I. *adj.* □ → *vulgarly*; 1. (all)gemein, Volks...: *~ herd die* Masse, *das* gemeine Volk; *~ era die* christlichen Jahrhunderte; 2. volkstümlich: *~ superstitions*; 3. vul'gärsprachlich, in der Volkssprache (verfaßt *etc.*): *~ tongue* Volkssprache; 4. ungebildet, ungehobelt; 5. vul'gär, unfein, ordi'när, gewöhnlich, unanständig, pöbelhaft; 6. ⚒ gemein, gewöhnlich: *~ fraction*; II. *s.* 7. *the ~ pl.* das (gemeine) Volk; **vul·gar·i·an** [vʌl'gɛəriən] *s.* 1. vul'gärer Mensch, Ple'bejer *m*; 2. Parve'nü *m*, Protz *m*; '**vul·gar·ism** [-ərizəm] *s.* 1. Unfeinheit *f*, vul'gäres Benehmen; 2. Gemeinheit *f*, Unanständigkeit *f*; 3. *ling.* vul'gärer Ausdruck; **vul·gar·i·ty** [vʌl'gæriti] *s.* 1. Gewöhnlichkeit *f*, Ungeschliffenheit *f*; 2. Gemeinheit *f*, Pöbelhaftigkeit *f*; 3. Unsitte *f*, Ungezogenheit *f*; '**vul·gar·ize** [-əraiz] *v/t.* 1. popularisieren, popu'lär machen, verbreiten; 2. her'abwürdigen, vulgarisieren; '**vul·gar·ly** [-li] *adv.* 1. allgemein, gemeinhin; 2. gemein, pöbel-, protzenhaft.

vul·ner·a·bil·i·ty [vʌlnərə'biliti] *s.* Verwundbarkeit *f*; **vul·ner·a·ble** ['vʌlnərəbl] *adj.* 1. verwundbar (*a. fig.*); 2. angreifbar; 3. anfällig (*to* für); 4. ⚔ ungeschützt; **vul·ner·ar·y** ['vʌlnərəri] I. *adj.* Wund..., Heil...; II. *s.* Wundmittel *n*.

vul·pine ['vʌlpain] *adj.* 1. fuchsartig, Fuchs...; 2. *fig.* füchsisch, verschlagen.

vul·ture ['vʌltʃə] *s. zo.* Geier *m* (*a. fig.*).

vul·va ['vʌlvə] *pl.* **-vae** [-vi:] *s. anat.* (äußere) weibliche Scham, Vulva *f*.

vy·ing ['vaiiŋ] *adj.* □ wetteifernd.

W

W, w [ˈdʌblju(:)] *s.* W *n*, w *n* (*Buchstabe*).
Waac [wæk] *s.* ⚔ F *Brit.* Arˈmeehelferin *f* (*aus Women's Army Auxiliary Corps*).
Waaf [wæf] *s.* ⚔ F *Brit.* ‚Blitzmädel' *n*, Luftwaffenhelferin *f* (*aus Women's Auxiliary Air Force*).
wab·ble → *wobble*.
WAC, Wac [wæk] *s.* ⚔ F *Am.* Arˈmeehelferin *f* (*aus Women's Army Corps*).
wack·y [ˈwæki] *adj. sl.* verrückt.
wad [wɔd] **I.** *s.* **1.** Pfropf(en) *m*, (*Watte- etc.*)Bausch *m*, Polster *n*; **2.** Paˈpierknäuel *m*, *n*; **3. a)** (Banknoten)Bündel *n*, (-)Rolle *f*, **b)** *Am. sl.* Haufen *m* Geld, **c)** Stoß *m* Paˈpiere; **4.** ⚔ *hist.* Ladepfropf *m*; **II.** *v/t.* **5.** zu e-m Bausch *etc.* zs.-pressen; **6.** ~ *up Am.* fest zs.-rollen; **7.** *Öffnung* ver-, zustopfen; **8.** *Kleidungsstück etc.* wattieren, auspolstern, füttern; **wad·ding** [ˈwɔdiŋ] **I.** *s.* **1.** Einlage *f* (*zum Polstern od. Verpacken*); **2.** Watte *f*; **3.** Wattierung *f*; **II.** *adj.* **4.** Wattier...
wad·dle [ˈwɔdl] **I.** *v/i.* watscheln; **II.** *s.* watschelnder Gang, Watscheln *n*.
wade [weid] **I.** *v/i.* **1.** waten; **2.** sich (mühsam) (hin)ˈdurcharbeiten (*durch ein Buch etc.*); **3.** ~ *in* F *fig.* **a)** ‚hinˈeinsteigen', sich einmischen, **b)** *a.* ~ *into a problem etc.* ein Problem *etc.* anpacken *od.* angehen; **II.** *v/t.* **4.** durchˈwaten; **III.** *s.* **5.** Waten *n*; ˈ**wad·er** [-də] *s.* **1.** *orn.* Wat-, Stelzvogel *m*; **2.** *pl.* (hohe) Wasserstiefel *pl.*
wa·fer [ˈweifə] **I.** *s.* **1.** Obˈlate *f* (*a.* ⚕ *u. Siegelmarke*); **2.** (*bsd.* Eis)Waffel *f*: *as thin as a* ~ hauchdünn; **3.** *a. consecrated* ~ *eccl.* ˈHostie *f*, Oblate *f*; **II.** *v/t.* **4.** (*mittels e-r Oblate*) an- *od.* zukleben.
waf·fle [ˈwɔfl] **I.** *s.* Waffel *f*; **II.** *v/i. sl.* ‚quasseln'; ˈ**~-i·ron** *s.* Waffeleisen *n*.
waft [wɑ:ft] **I.** *v/t.* **1.** *wohin* wehen, tragen; **II.** *v/i.* **2.** (herˈan)getragen werden, schweben; **III.** *s.* **3.** Flügelschlag *m*; **4.** Wehen *n*; **5.** (Duft-)Hauch *m*, (-)Welle *f*; **6.** *fig.* Anwandlung *f*, Welle *f* (*von Freude, Neid etc.*); **7.** ⚓ Flagge *f* im Schau (*Notsignal*).
wag [wæg] **I.** *v/i.* **1.** wackeln; wedeln, wippen (*Schwanz*): *to set tongues* ~*ging* zu e-m Gerede Anlaß geben; **II.** *v/t.* **2.** wackeln *od.* wedeln *od.* wippen mit *dem Schwanz etc.*; *den Kopf* schütteln *od.* wiegen: *to* ~ *one's finger at j-m* mit dem Finger drohen; **3.** (hin- u. her)bewegen, schwenken; **III.** *s.* **4.** Wackeln *n*; Wedeln *n*, Schütteln *n*; **5.** Witzbold *m*, Spaßvogel *m*; **6.** *ped. Brit. sl.* (Schul)Schwänzer *m*: *to play* ~ (die Schule) schwänzen.
wage¹ [weidʒ] *v/t. Krieg* führen, *Feldzug* unterˈnehmen: *to* ~ *effective war on fig. e-r Sache* wirksam zu Leibe gehen.
wage² [weidʒ] *s.* **1.** *mst pl.* ✝ (Arbeits)Lohn *m*: ~*s per hour* Stundenlohn; **2.** *pl.* ✝ Lohnanteil *m* (*an der Produktion*); **3.** *pl. sg. konstr. fig.* Lohn *m*: *the* ~*s of sin bibl.* der Sünde Sold; ~ **a·gree·ment** *s.* ✝ Taˈrifvertrag *m*; ~ **claims** *s. pl.* Lohnforderungen *pl.*; ~ **dis·pute** *s.* Lohnkampf *m*; ˈ**~-earn·er** *s.* Lohnempfänger(in); ˈ**~-freeze** *s.* Lohnstopp *m*; ˈ**~-fund** *s.* Lohnfonds *m*; ˈ**~-in·ten·sive** *adj.* ˈlohnintenˌsiv; ~ **lev·el** *s.* ˈLohniˌveau *n*; ˈ**~-pack·et** *s.* Lohntüte *f*.
wa·ger [ˈweidʒə] **I.** *s.* **1.** Wette *f*; **II.** *v/t.* **2.** wetten um, setzen auf (*acc.*); wetten mit (*that* daß); **3.** *fig. Ehre etc.* aufs Spiel setzen; **III.** *v/i.* **4.** wetten, e-e Wette eingehen.
ˈ**wage-scale** *s.* ✝ **1.** ˈLohnˌskala *f*; **2.** Taˈrif *m*.
wag·es clerk *s. Brit.* ✝ Lohnbuchhalter(in).
wage slip *s.* Lohnstreifen *m*, -zettel *m*.
ˈ**wag·es-sheet** *s.* Lohnliste *f*.
wag·ger·y [ˈwægəri] *s.* Schelmeˈrei *f*, Spaß *m*, Schalkhaftigkeit *f*; **wag·gish** [ˈwægiʃ] *adj.* □ schalkhaft, schelmisch, spaßig, lose; **wag·gish·ness** [ˈwægiʃnis] *s.* Schalkhaftigkeit *f*.
wag·gle [ˈwægl] F → *wag I u. II.*
wag·gly [ˈwægli] *adj.* wack(e)lig.
wag·gon [ˈwægən] *s.* **1.** (Last-, Roll)Wagen *m*; **2.** 🚃 *Brit.* (offener) Güterwagen, Wagˈgon *m*: *by* ~ ✝ per Achse; **3.** *Am.* F Kinderwagen *m*; **4.** *the* ♀ *ast.* der Große Wagen; **5.** *to be* (*go*) *on the* ~ F dem Alkohol abgeschworen haben (abschwören); ˈ**wag·gon·age** [-nidʒ] *s.* Fracht(-geld *n*) *f*, Fuhrlohn *m*.
ˈ**wag·gon-ceil·ing** *s.* △ Tonnengewölbe *n*.
wag·gon·er [ˈwægənə] *s.* **1.** (Fracht-)Fuhrmann *m*; **2.** ♀ *ast.* Fuhrmann *m*.
wag·gon·ette [wægəˈnet] *s.* Break *m*, *n*, Jagdwagen *m*.
ˈ**wag·gon|-load** *s.* **1.** Wagenladung *f*, Fuhre *f*; **2.** Wagˈgonladung *f*: *by the* ~ waggonweise; ˈ**~-train** *s.* **1.** ⚔ Arˈmeetrain *m*; **2.** 🚃 *Am.* Güterzug *m*; ˈ**~-vault** *s.* △ Tonnengewölbe *n*.
Wag·ner·i·an [vɑ:gˈniəriən] ♪ **I.** *s.* Wagneriˈaner(in); **II.** *adj.* wagnerisch, wagneriˈanisch, Wagner...
wag·on *etc. bsd. Am.* → *waggon etc.*
wa·gon-lit [ˈvægɔ̃:nˈli:] (*Fr.*) *s.* 🚃 Schlafwagen *m*.
ˈ**wag·tail** *s. orn.* Bachstelze *f*.
waif [weif] *s.* **1.** ⚖ **a)** *Brit.* weggeworfenes Diebesgut, **b)** herrenloses Gut, *bsd.* Strandgut *n* (*a. fig.*); **2. a)** Heimatlose(r *m*) *f*, **b)** verlassenes *od.* verwahrlostes Kind: ~*s and strays* verwahrloste Kinder, **c)** streunendes *od.* verwahrlostes Tier; **3.** *fig.* ˈÜberrest *m*, Fetzen *pl.*
wail [weil] **I.** *v/i.* (weh)klagen, jammern (*for* um, *over* über *acc.*); schreien, wimmern (*with* vor *Schmerz*); **II.** *v/t.* bejammern; **III.** *s.* (Weh)Klagen *n*, Jammern *n*; (Weh)Geschrei *n*, Wimmern *n*; ˈ**wail·ing** [-liŋ] **I.** *s.* → *wail III*; **II.** *adj.* □ (weh)klagend *etc.*; Klage...: ♀ *Wall* Klagemauer.
wain [wein] *s.* **1.** *poet.* Karren *m*, Wagen *m*; **2.** ♀ → *Charles's Wain.*
wain·scot [ˈweinskət] **I.** *s.* (*bsd. untere*) (Wand)Täfelung, Tafelwerk *n*, Holzverkleidung *f*; **II.** *v/t. Wand etc.* verkleiden, (ver)täfeln; ˈ**wain·scot·ing** [-tiŋ] *s.* **1.** → *wainscot I*; **2.** (Wand)Verkleidungsbretter *pl.*
waist [weist] *s.* **1.** Taille *f*; **2.** *bsd. Am.* Mieder *n*, Leibchen *n*; Bluse *f*; **3.** Mittelstück *n*, schmalste Stelle (*e-s Dinges*), Schweifung *f* (*e-r Glocke etc.*); **4.** ⚓ Mitteldeck *n*, Kuhl *f*; ˈ**~-band** [-stb-] *s.* (Hosen-, Rock)Bund *m*; ˈ**~-belt** [-stb-] *s.* **1.** Leibriemen *m*, Gürtel *m*; **2.** ⚔ Koppel *n*; **3.** ✈ Sitzgurt *m*; ~**coat** [ˈweiskout] *s.* (*a.* Damen)Weste *f*, (ärmellose) Jacke; *hist.* Wams *n*; ˈ**~-ˈdeep** *adj. u. adv.* bis zur Taille *od.* Hüfte, hüfthoch.
waist·ed [ˈweistid] *adj.* mit e-r ... Taille: *short-*~.
ˈ**waist|-ˈhigh** → *waist-deep*; ˈ**~-line** *s.* Gürtellinie *f*.
wait [weit] **I.** *v/i.* **1.** warten (*for* auf *acc.*): *to* ~ *for s.o. to come* warten, daß *od.* bis j-d kommt; *to* ~ *up for s.o.* aufbleiben u. auf j-n warten; *to keep s.o.* ~*ing* j-n warten lassen; *that can* ~ *fig.* das kann warten, das hat Zeit; *dinner is* ~*ing* das Essen wartet *od.* ist bereit; *you just* ~*!* F na warte!; **2.** (ab)warten, sich gedulden: ~ *and see!* ‚abwarten u. Tee trinken'!; **3.** ~ (*up*)*on* **a)** *j-m* dienen, **b)** *j-m* aufwarten, *j-n* bedienen, **c)** *j-m* s-e Aufwartung machen, **d)** *fig. e-r Sache* folgen, *et.* begleiten (*Umstand*); **4.** *a.* ~ *at table* (bei Tisch) bedienen; **II.** *v/t.* **5.** warten auf (*acc.*), abwarten: *to* ~

one's opportunity e-e günstige Gelegenheit abwarten; **6.** F verschieben, mit *dem Essen etc.* warten (*for s.o.* auf j-n); **III.** *s.* **7. a)** Warten *n*, **b)** Wartezeit *f*: *to have a long* ~ lange warten müssen; **8.** Lauer *f*: *to lay a* ~ *for j-m* e-n Hinterhalt legen; *to lie in* ~ im Hinterhalt liegen; *to lie in* ~ *for j-m* auflauern; **9.** *pl.* **a)** Weihnachtssänger *pl.*, **b)** *hist.* 'Stadtmusi,kanten *pl.*; '**wait·er** [-tə] *s.* **1.** Kellner *m*, *in der Anrede*: Ober *m*; **2.** Servier-, Präsentierteller *m*.

wait·ing ['weitiŋ] **I.** *s.* **1.** → *wait* 7; **2.** Dienst *m bei Hofe etc.*, Aufwarten *n*: *in* ~ **a)** diensttuend; → *lady-in-waiting, lord in waiting*, **b)** ⚔ *Brit.* in Bereitschaft; **II.** *adj.* **3.** (ab)wartend; → *game*[1] 4; **4.** Warte...(*-liste etc.*); '~**-maid** *s.* (Kammer)Zofe *f*; '~**-room** *s.* **1.** 🚂 Wartesaal *m*; **2.** Wartezimmer *n* (*beim Arzt etc.*).

wait·ress ['weitris] *s.* Kellnerin *f*.

waive [weiv] *v/t. bsd.* ⚖ **1.** verzichten auf (*acc.*), sich *e-s Rechtes, Vorteils* begeben; **2.** *Frage* zu'rückstellen; '**waiv·er** [-və] *s.* ⚖ **1.** Verzicht *m* (*of* auf *acc.*), Verzichtleistung *f*; **2.** Verzichterklärung *f*.

wake[1] [weik] *s.* **1.** ⚓ Kielwasser *n* (*a. fig.*): *in the* ~ *of* im Kielwasser *e-s Schiffs*; *in the* ~ *of s.o.* in j-s Fußstapfen, auf j-s Spur; *to follow in the* ~ *of* auf dem Fuße folgen (*dat.*); *to bring s.th. in its* ~ et. nach sich ziehen, et. zur Folge haben; **2.** ✈ Luftschraubenstrahl *m*; **3.** Sog *m*.

wake[2] [weik] **I.** *v/i.* [*irr.*] **1.** *oft* ~ *up* auf-, erwachen, wach werden (*a. fig. Person, Gefühl etc.*); **2.** wachen, wach sein *od.* bleiben; **3.** ~ *to* sich *e-r Gefahr etc.* bewußt werden; **4.** *vom Tode od. von den Toten* auferstehen; **II.** *v/t.* [*irr.*] **5.** *a.* ~ *up* (auf-)wecken, wachrütteln (*a. fig.*); **6.** *fig.* erwecken, *Erinnerungen, Gefühle* wachrufen, *Streit etc.* erregen; **7.** *fig. j-n, j-s Geist etc.* aufrütteln; **8.** (*von den Toten*) auferwecken; **III.** *s.* **9.** *bsd. Irish* **a)** Totenwache *f*, **b)** Leichenschmaus *m*; **10.** *hist.* Kirchweih(fest *n*) *f*, Kirmes *f*; **11.** *Brit.* (Arbeits)Urlaub *m*; '**wake·ful** [-ful] *adj.* □ **1.** wachend; **2.** schlaflos; **3.** *fig.* wachsam; '**wake·ful·ness** [-fulnis] *s.* **1.** Schlaflosigkeit *f*; **2.** Wachsamkeit *f*; '**wak·en** [-kən] → *wake*[2] *1, 3, 5, 6 u. 7*; '**wak·ing** [-kiŋ] **I.** *s.* **1.** (Er)Wachen *n*; **2.** (Nacht)Wache *f*; **II.** *adj.* **3.** wach: ~ *dream* Tagtraum; *in his* ~ *hours* in s-n wachen Stunden.

wale [weil] *s.* **1.** → *weal*[2]; **2.** *Weberei*: **a)** Rippe *f* (*e-s Gewebes*), **b)** Salleiste *f*, feste Webkante; **3.** ⊕ **a)** Bandbalken *m*, **b)** Gurtholz *n*; **4.** ⚓ **a)** Berg-, Krummholz *n*, **b)** Dollbord *m* (*e-s Boots*).

walk [wɔ:k] **I.** *s.* **1.** Gehen *n* (*a. sport*): *to go at a* ~ im Schritt gehen; **2.** Gang(art *f*) *m*, Schritt *m*: *a dignified* ~; **3.** Spaziergang *m*: *to go for* (*od. have od. take*) *a* ~ e-n Spaziergang machen; *to take s.o. for a* ~ j-n spazierenführen, mit j-m spazierengehen; **4.** (Spazier)Weg *m*: **a)** Prome'nade *f*, **b)** Strecke *f*: *a ten minutes'* ~ *to the station* zehn Minuten (Weg) zum Bahnhof; *quite a* ~ ein gutes Stück zu gehen; **5.** Al'lee *f*; **6.** (Geflügel)Auslauf *m*; → *sheepwalk*; **7.** Route *f e-s Hausierers etc.*, Runde *f e-s Polizisten etc.*; **8.** *mst* ~ *of life* **a)** (sozi'ale) Schicht *od.* Stellung, **b)** Beruf *m*; **II.** *v/i.* **9.** gehen (*a. sport*), marschieren; **10.** im Schritt gehen (*a. Pferd*); **11.** spazierengehen, wandern; **12.** 'umgehen (*Geist*): *to* ~ *in one's sleep* nachtwandeln; **III.** *v/t.* **13.** *Strecke* gehen, zu'rücklegen; **14.** *Bezirk* durch'wandern, *Raum* durch'schreiten; **15.** auf u. ab (*od.* um'her)gehen in *od.* auf; → *hospital 1*; **16.** *Pferd* **a)** führen, **b)** im Schritt gehen lassen; **17.** *j-n wohin* führen: *to* ~ *s.o. off his legs* j-n abhetzen; **18.** spazierenführen; **19.** um die Wette gehen mit;

Zssgn mit adv. u. prp.:

walk| a·bout *v/i.* um'hergehen, -wandern; ~ **a·long** *v/i.* weitergehen; ~ **a·way** *v/i.* weg-, fortgehen: *to* ~ *from sport j-m* (einfach) davonlaufen, *j-n* ‚stehenlassen', *j-n* mühelos schlagen; *to* ~ *with* mit *et.* durchbrennen; ~ **in I.** *v/i.* eintreten: **a)** her'einkommen, **b)** hin'eingehen; **II.** *v/t.* hin'einführen; ~ **in·to** *v/i.* **1.** (hinein)gehen in (*acc.*); **2.** F über *j-n, a. e-n Kuchen etc.* herfallen; ~ **off I.** *v/i.* **1.** da'von-, fortgehen: *to* ~ *with* **a)** mit *et.* durchbrennen, *et.* ‚mitgehen' lassen, **b)** *Preis etc.* davontragen; **II.** *v/t.* **2.** ab-, fortführen; **3.** *Rausch, Zorn etc.* durch e-n Spaziergang vertreiben; ~ **out I.** *v/i.* **1.** hin'ausgehen: *to* ~ *on* F *j-n* im Stich lassen, stehenlassen; **2. a)** ausgehen, **b)** F *mit j-m* ‚gehen' *od.* ein Verhältnis haben; **3.** ✝ F streiken; **II.** *v/t.* **4.** *Hund etc.* ausführen; *j-n* auf e-n Spaziergang mitnehmen; ~ **o·ver** *v/i. sport* (ein Rennen) mit Leichtigkeit gewinnen; ~ **up** *v/i.* **1.** hin'aufgehen, her'aufkommen: *to* ~ *to s.o.* auf j-n zugehen; **2.** *Straße* entlanggehen.

'**walk|·a·way** *s. sport* ‚Spaziergang' *m* (*leichter Sieg*); '~**-bill** *s.* ✝ *Brit.* 'Platzin,kasso *n*.

walk·er ['wɔ:kə] *s.* **1.** Spaziergänger (-in): *to be a good* ~ gut zu Fuß sein; **2.** *sport* Geher *m*; **3.** *orn. Brit.* Laufvogel *m*; '~**-on** [-ərɔn] *s. thea.* Sta'tist(in).

walk·ie-talk·ie ['wɔ:ki'tɔ:ki] *s.* ⚔ tragbares Sprechfunkgerät.

'**walk-in clos·et** *s.* begehbarer (Wand)Schrank.

walk·ing ['wɔ:kiŋ] **I.** *adj.* **1.** gehend, wandernd; wandelnd (*bsd. fig. Leiche, Lexikon*): ~ *wounded* ⚔ Leichtverwundete; **2.** Geh..., Marsch..., Spazier...: *to drive at a* ~ *speed mot.* (im) Schritt fahren; *within* ~ *distance* zu Fuß erreichbar; **II.** *s.* **3.** Spazieren(gehen) *n*, Wandern *n*; '~**-boot** *s.* Marschstiefel *m*; ~ **chair** → *gocart 1*; ~ **del·e·gate** *s.* Gewerkschaftsvertreter *m*; '~**-dress** *s.* Straßenkleid *n*; ~ **gen·tle·man** *s.* [*irr.*] *thea.* Sta'tist *m*; ~ **la·dy** *s. thea.* Sta'tistin *f*; '~**-pa·pers** *s. pl. sl.* **1.** Ent'lassung(spa,piere *pl.*) *f*; **2.** ‚Laufpaß' *m*; ~ **part** *s. thea.* Sta'tistenrolle *f*; '~**-stick** *s.* Spazierstock *m*; '~**-tick·et** → *walking-papers*; '~**-tour** *s.* Fußwanderung *f*, -tour *f*.

'**walk|-on** *s. thea.* **1.** Sta'tist(in), Kom'parse *m*, Kom'parsin *f*; **2.** Sta'tisten-, Kom'parsenrolle *f*; '~**-out** *s.* ✝ F Ausstand *m*, Streik *m*; '~**-'o·ver** *s. sport* **1.** einseitiger Wettbewerb; **2.** ‚Spaziergang' *m*, leichter Sieg (*a. fig.*); '~**-up** *Am.* F **I.** *adj.* ohne Fahrstuhl (*Haus*); **II.** *s.* Haus *n* ohne Fahrstuhl; '~**-way** *s.* Laufgang *m*, (Verbindungs)Steg *m*.

wall [wɔ:l] **I.** *s.* **1.** Wand *f* (*a. fig.*): ~ *of partition fig.* Trennungslinie, Scheidewand; *with one's back to the* ~ in die Enge getrieben; *to drive* (*od. push*) *to the* ~ *fig.* **a)** *j-n* an die Wand drücken, **b)** *j-n* beiseite stoßen; *to go to the* ~ **a)** an die Wand gedrückt werden, den kürzer(e)n ziehen, **b)** ✝ Konkurs machen; *to run one's head against a* ~ *fig.* mit dem Kopf durch die Wand wollen; **2.** ⊕ (Innen)Wand *f*; **3.** Mauer *f* (*a. fig.*); **4.** Wall *m* (*a. fig.*), (Stadt-, Schutz-) Mauer *f*: *within the* ~*s* in den Mauern (e-r Stadt); **5.** *anat.* (*Brust-, Zell- etc.*)Wand *f*, (*Bauch*)Decke *f*, (*Nagel*)Wulst *m*, *f*; **6.** Häuserseite *f*: *to give s.o. the* ~ **a)** j-n auf der Häuserseite gehen lassen (*aus Höflichkeit*), **b)** *fig.* j-m den Vorrang lassen; **7.** ⚒ (Abbau-, Orts)Stoß *m*; **II.** *v/t.* **8.** *a.* ~ *in* mit e-r Mauer um'geben, um'mauern: ~*ed town* befestigte Stadt; *to* ~ *in* (*od. up*) einmauern; **9.** *a.* ~ *up* **a)** ver-, zumauern, **b)** (aus)mauern, um'wanden; **10.** *fig.* ab-, einschließen, *den Geist* verschließen (*against* gegen).

wal·la·by ['wɔləbi] *pl.* **-bies** [-biz] *s. zo.* Wallaby *n*.

wal·lah ['wɔlə] *s.* F ‚Knülch' *m*, [Kerl *m*.]

'**wall|-bars** *s. pl. sport* Sprossenwand *f*; ~ **brack·et** *s.* 'Wandarm *m*, -kon,sole *f*; '~**-creep·er** *s. orn.* Mauerläufer *m*; '~**-cress** *s.* ⚘ **1.** *Brit.* Gänsekresse *f*; **2.** Ackerkresse *f*.

wal·let ['wɔlit] *s.* **1.** *obs.* Ränzel *n*, Schnappsack *m*; **2.** kleine Werkzeugtasche; **3. a)** Brieftasche *f*, **b)** (*flache*) Geldtasche.

'**wall-eye** *s.* **1.** *vet.* Glasauge *n*; **2.** ⚕ Hornhautfleck *m*; '**wall-eyed** *adj.* **1.** *vet.* glasäugig (*Pferd etc.*); **2.** ⚕ mit Hornhautflecken.

'**wall|·flow·er** *s.* **1.** ⚘ Goldlack *m*; **2.** F *fig.* ‚Mauerblümchen' *n* (*Mädchen*); '~**-fruit** *s.* Spa'lierobst *n*; '~**-map** *s.* Wandkarte *f*.

Wal·loon [wɔ'lu:n] **I.** *s.* **1.** Wal'lone *m*, Wal'lonin *f*; **2.** *ling.* Wal'lonisch *n*; **II.** *adj.* **3.** wal'lonisch.

wal·lop ['wɔləp] **I.** *v/t.* **a)** (ver)prügeln, verdreschen, **b)** *im Spiel* ‚über'fahren' (*besiegen*); **II.** *v/i. a.* ~ *along* galoppieren; **III.** *s.* **a)** F wuchtiger Schlag, **b)** *sl.* Schlagkraft *f*; '**wal·lop·ing** [-piŋ] **I.** *adj.* F riesig, Mords...; **II.** *s.* F Tracht *f* Prügel.

wal·low ['wɔlou] **I.** *v/i.* **1.** sich wälzen *od.* suhlen (*Schweine etc.*) (*a. fig.*): *to* ~ *in money fig.* in Geld schwimmen; *to* ~ *in pleasure* im Vergnügen schwelgen; *to* ~ *in vice* dem Laster frönen; **II.** *s.* **2.** Sich'wälzen *n*; **3.** Schwelgen *n*; **4.** *hunt.* Suhle *f*.

ˈ**wall|-paint·ing** *s.* Wandgemälde *n*; ˈ**~-pa·per I.** *s.* Taˈpete *f*; **II.** *v/t. u. v/i.* tapezieren; ˈ**~-plug** *s.* ⚡ Wandstecker *m*; **2 Street** *s.* Wall Street *f*: **a)** *Bank- u. Börsenstraße in New York*, **b)** *fig.* der amer. Geld- u. Kapiˈtalmarkt, **c)** *fig.* die amer. ˈHochfiˌnanz; ˈ**~-tree** *s.* Spaˈlierbaum *m*.

wal·nut [ˈwɔːlnət] *s.* ⚘ **1.** Walnuß *f* (*Frucht*); **2.** Walnuß(baum *m*) *f*; **3.** Nußbaumholz *n*.

wal·rus [ˈwɔːlrəs] *s. zo.* Walroß *n*.

waltz [wɔːls] **I.** *s.* **1.** Walzer *m*; **II.** *v/i.* **2.** (*v/t.* mit *j-m*) Walzer tanzen, walzen; **3.** *vor Freude etc.* herˈumtanzen; ˈ**~-time** *s.* ♪ Walzertakt *m*.

wan [wɔn] *adj.* □ **1.** bleich, blaß, fahl; **2.** matt (*a. Lächeln*), erschöpft.

wand [wɔnd] *s.* **1.** Rute *f*; **2.** Zauberstab *m*; **3.** (Amts-, Komˈmando-) Stab *m*; **4.** ♪ Taktstock *m*.

wan·der [ˈwɔndə] **I.** *v/i.* **1.** wandern: **a)** ziehen, streifen, **b)** schlendern, bummeln, **c)** *fig.* schweifen, irren, gleiten (*Auge, Gedanken etc.*): *to ~ in* hereinschneien (*Besucher*); *to ~ off* **a)** davonziehen, **b)** sich verlieren (*into* in *acc.*) (*a. fig.*); **2.** *a. ~ about* umˈherwandern, -ziehen, -irren, -schweifen (*a. fig.*); **3.** *a. ~ away* irregehen, sich verirren (*a. fig.*); **4.** abirren, -weichen (*from* von) (*a. fig.*): *to ~ from the subject* vom Thema abschweifen; **5.** phantasieren: **a)** irrereden, faseln, **b)** im Fieber reden; **6.** geistesabwesend *od.* zerstreut sein; **II.** *v/t.* **7.** *poet.* durchˈwandern; ˈ**wan·der·er** [-ərə] *s.* Wanderer *m*; ˈ**wan·der·ing** [-dəriŋ] **I.** *s.* **1.** Wandern *n*, Umˈherirren *n*, -schweifen *n*; **2.** *mst pl.* **a)** Wanderung(en *pl.*) *f*, **b)** Wanderschaft *f*; **3.** *mst pl.* Phantasieren *n*: **a)** Irrereden *n*, Faseln *n*, **b)** Fieberwahn *m*; **II.** *adj.* □ **4.** wandernd, Wander...; **5.** umˈherschweifend, Nomaden...; **6.** unstet: *the 2 Jew* der Ewige Jude; **7.** irregehend, abirrend (*a. fig.*): *~ bullet* Ausreißer (*abirrende Kugel*); **8.** ⚘ Kriech..., Schling...; **9.** ⚕ Wander...(*-niere, -zelle*).

wan·der·lust [ˈvɑːndəlust] (*Ger.*) *s.* Wanderlust *f*, -trieb *m*.

wane [wein] **I.** *v/i.* **1.** abnehmen (*a. Mond*), nachlassen, schwinden (*Einfluß, Kräfte, Interesse etc.*); **2.** schwächer werden, verblassen (*Licht, Farben etc.*); **3.** zu Ende gehen; **II.** *s.* **4.** Abnehmen *n*, Abnahme *f*, Schwinden *n*: *to be on the ~* im Abnehmen sein, abnehmen, schwinden, zu Ende gehen; *in the ~ of the moon* bei abnehmendem Mond.

wan·gle [ˈwæŋgl] *sl.* **I.** *v/t.* **1.** *et.* ‚drehen' *od.* ‚deichseln' *od.* ‚schaukeln' (*durch List zuwege bringen*); **2.** *et.* ‚organisieren' (*beschaffen*); **3.** ergaunern: *to ~ s.th. out of s.o.* j-m et. abluchsen; *to ~ s.o. into doing s.th.* j-n dazu bringen, et. zu tun; **4.** ‚frisieren' (*fälschen*); **II.** *v/i.* **5.** mogeln, ‚schieben'; **6.** sich herˈauswinden (*out of* aus *dat.*); **III.** *s.* **7.** Kniff *m*, Trick *m*; **8.** Schiebung *f*, Mogeˈlei *f*; ˈ**wan·gler** [-lə] *s.* Schieber *m*.

wan·ness [ˈwɔnnis] *s.* Blässe *f*.

want [wɔnt] **I.** *v/t.* **1.** wünschen: **a)** (haben) wollen, **b)** *vor inf.* (*et. tun*) wollen: *I ~ to go* ich möchte gehen; *I ~ed to go* ich wollte gehen; *what do you ~ (with me)?* was wünschen *od.* wollen Sie (von mir)?; *I ~ you to try* ich möchte, daß du es versuchst; *I ~ it done* ich wünsche *od.* möchte, daß es getan wird; *~ed* gesucht (*in Annoncen; a. von der Polizei*); *you are ~ed* du wirst gewünscht *od.* gesucht, man will dich sprechen; **2.** ermangeln (*gen.*), nicht (genug) haben, es fehlen lassen an (*dat.*): *he ~s judg(e)ment* es fehlt ihm an Urteilsvermögen; **3. a)** brauchen, nötig haben, erfordern, benötigen, bedürfen (*gen.*), **b)** müssen, sollen: *you ~ some rest* du hast etwas Ruhe nötig; *this clock ~s repairing* (*od. to be repaired*) diese Uhr müßte *od.* sollte repariert werden; *it ~s doing* es muß getan werden; *you don't ~ to be rude* Sie brauchen nicht grob zu werden; *you ~ to see a doctor* du solltest e-n Arzt aufsuchen; **II.** *v/i.* **4.** ermangeln (*for gen.*): *he does not ~ for talent* es fehlt ihm nicht an Begabung; *he ~s for nothing* es fehlt ihm an nichts; **5.** (*in*) es fehlen lassen (an *dat.*), ermangeln (*gen.*); → *wanting* 2; **6.** Not leiden; **III.** *s.* **7.** *pl.* Bedürfnisse *pl.*, Wünsche *pl.*: *a man of few ~s* ein Mann mit geringen Bedürfnissen *od.* Ansprüchen; **8.** Notwendigkeit *f*, Bedürfnis *n*, Erfordernis *n*; Bedarf *m*; **9.** Mangel *m*, Ermangelung *f*: *a (long-)felt ~* → *feel* 3; *~ of care* Achtlosigkeit; *~ of sense* Unvernunft; *from* (*od. for*) *~ of* aus Mangel an (*dat.*), in Ermang(e)lung (*gen.*); *to be in (great) ~ of s.th.* et. (dringend) brauchen *od.* benötigen; *in ~ of repair* reparaturbedürftig; **10.** Bedürftigkeit *f*, Armut *f*, Not *f*: *to be in ~* Not leiden; **want ad** *s.* F **1.** Stellengesuch *n*; **2.** Stellenangebot *n*; **want·age** [ˈwɔntidʒ] *s.* ✝ Fehlbetrag *m*, ˈDefizit *n*; ˈ**want·ing** [-tiŋ] **I.** *adj.* **1.** fehlend, mangelnd; **2.** ermangelnd (*in gen.*): *to be ~ in* es fehlen lassen an (*dat.*); *to be ~ to j-n* im Stich lassen, *e-r Erwartung* nicht gerecht werden, *e-r Lage* nicht gewachsen sein; *he is never found ~* auf ihn ist immer Verlaß; **3.** nachlässig (*in* in *dat.*); **II.** *prp.* **4.** ohne: *a book ~ a cover*; **5.** weniger, mit Ausnahme von.

wan·ton [ˈwɔntən] **I.** *adj.* □ **1.** mutwillig: **a)** ausgelassen, wild, **b)** leichtfertig, **c)** böswillig (*a.* ⚖): *~ negligence* ⚖ grobe Fahrlässigkeit; **2.** liederlich, ausschweifend; **3.** wollüstig, geil; **4.** üppig (*Haar, Phantasie etc.*): *~ vegetation* wuchernder Pflanzenwuchs; **II.** *s.* **5. a)** Buhlerin *f*, Dirne *f*, **b)** Wüstling *m*; **III.** *v/i.* **6.** umˈhertollen; **7.** ⚘ geil wachsen, wuchern; ˈ**wan·ton·ness** [-nis] *s.* **1.** Mutwille *m*, ˈÜbermut *m*; **2.** Böswilligkeit *f*; **3.** Liederlichkeit *f*; **4.** Geilheit *f*, Lüsternheit *f*.

wap·en·take [ˈwæpənteik] *s.* Hundertschaft *f*, Bezirk *m* (*Unterteilung der nördlichen Grafschaften Englands*).

war [wɔː] **I.** *s.* **1.** Krieg *m*: *~ of aggression (attrition, independence, nerves, succession)* Angriffs- (Zermürbungs-, Unabhängigkeits-, Nerven-, Erbfolge)krieg; *to be at ~ (with)* **a)** Krieg führen (gegen *od.* mit), **b)** *fig.* im Streit liegen *od.* auf (dem) Kriegsfuß stehen (mit); *to make ~* Krieg führen, kämpfen (*on, upon, against* gegen, *with* mit); *to go to ~ (with)* Krieg beginnen (mit); *to go to the ~(s) obs.* in den Krieg ziehen; *to carry the ~ into the enemy's country* (*od. camp*) **a)** den Krieg ins feindliche Land *od.* Lager tragen, **b)** *fig.* zum Gegenangriff übergehen; *he has been in the ~s fig. Brit.* es hat ihn arg mitgenommen; **2.** Kampf *m*, Streit *m* (*a. fig.*); **3.** Feindseligkeit *f*; **II.** *v/i.* **4.** kämpfen, streiten (*against* gegen, *with* mit); **5.** → *warring* 2; **III.** *adj.* **6.** Kriegs...

war·ble [ˈwɔːbl] **I.** *v/t. u. v/i.* trillern, singen, schmettern (*Singvögel od. Person*); **II.** *s.* Trillern *n*, Gesang *m*; ˈ**war·bler** [-lə] *s.* **1.** Sänger (-in); **2.** Singvogel *m*, *bsd.* Grasmücke *f od.* Teichrohrsänger *m*.

ˈ**war|-blind·ed** *adj.* kriegsblind; **~ bond** *s.* Kriegsschuldverschreibung *f*; ˈ**~-cloud** *s.* (drohende) Kriegsgefahr; **~ crime** *s.* Kriegsverbrechen *n*; **~ crim·i·nal** *s.* Kriegsverbrecher *m*; ˈ**~-cry** *s.* Feldgeschrei *n*, Schlachtruf *m* (*der Soldaten*), Kriegsruf *m* (*der Indianer*) (*a. fig.*).

ward [wɔːd] **I.** *s.* **1.** (Stadt-, Wahl-) Bezirk *m*: *~ heeler pol. Am.* F (Wahl-) Bezirksleiter (*e-r Partei*); **2.** (ˈKrankenhaus)StatiˌOn *f*; **3.** Abˈteilung *f*, Zelle *f* (*e-s Gefängnisses etc.*); → *casual* 6b; **4.** Gefängnis *n*; **5.** *obs.* Gewahrsam *m*, Haft *f*; **6.** ⚖ **a)** Mündel *n*, **b)** Vormundschaft *f*: *~ of court, ~ in chancery* Mündel unter Amtsvormundschaft; *in ~* unter Vormundschaft (stehend); **7.** Schützling *m*; **8.** *fenc.* Paˈrade *f*; **9.** ⊕ **a)** Gewirre *n* (*e-s Schlosses*), **b)** (Einschnitt *m* im) Schlüsselbart *m*; **10.** *to keep watch and ~* Wache halten; **II.** *v/t.* **11.** (in e-e Krankenhausstation *etc.*) einweisen; **12.** *~ off Schlag etc.* parieren, abwehren, *Gefahr* abwenden.

ˈ**war|-dance** *s.* Kriegstanz *m*; **~ debt** *s.* Kriegsschuld *f*.

ward·en [ˈwɔːdn] *s.* **1.** *obs.* Wächter *m*; **2.** Aufseher *m*, (*bsd.* Luftschutz-) Wart *m*; Herbergsvater *m*; → *game warden*; **3.** *mst hist.* Gouverˈneur *m*; **4.** (*Brit.* ˈAnstalts-, ˈSchul-, *Am.* Geˈfängnis)DiˌRektor *m*, (*a.* Kirchen)Vorsteher *m*; *Brit. univ.* Rektor *m e-s College*: *2 of the Mint Brit.* Münzwardein.

ward·er [ˈwɔːdə] *s.* **1.** *obs.* Wächter *m*; **2.** Gefängnis- (*a.* Muˈseums- *etc.*)wärter *m*; ˈ**ward·ress** [-dris] *s. Brit.* Gefängniswärterin *f*.

ward·robe [ˈwɔːdroub] *s.* **1.** Gardeˈrobe *f*, Kleiderbestand *m*; **2.** Kleiderschrank *m*; **~ bed** *s.* Schrankbett *n*; **~ deal·er** *s.* Kleidertrödler (-in); **~ trunk** *s.* Schrankkoffer *m*.

ˈ**ward·room** *s.* ⚓ Offiˈziersmesse *f*.

ward·ship [ˈwɔːdʃip] *s.* Vormundschaft *f* (*of, over* über *acc.*).

ware[1] [wɛə] *s.* **1.** *mst pl.* Ware(n *pl.*) *f*, Arˈtikel *m* (*od. pl.*), Erzeugnis(se *pl.*) *n*; **2.** Geschirr *n*, Porzelˈlan *n*, Töpferware *f*.

ware² [wɛə] *v/i. u. v/t.* sich vorsehen (vor *dat.*): ~! Vorsicht!, Achtung!
'ware·house I. *s.* [-haus] **1.** Lagerhaus *n*, Speicher *m*: *custom* ~ ✝ Zollniederlage; **2.** (Waren)Lager *n*, Niederlage *f*; **3.** *bsd. Brit.* Großhandelsgeschäft *n*; **4.** *Brit.* Kaufhaus *n*; **II.** *v/t.* [-hauz] **5.** auf Lager bringen *od.* nehmen, (ein)lagern; **6.** *Möbel etc.* zur Aufbewahrung geben *od.* nehmen; **7.** unter Zollverschluß bringen; ~ **ac·count** *s.* ✝ 'Lager,konto *n*; ~ **bond** *s.* ✝ **1.** Lagerschein *m*; **2.** Zollverschlußbescheinigung *f*; '~**·man** [-mən] *s.* [*irr.*] ✝ **1.** Lage'rist *m*, Lagerverwalter *m*; **2.** Speicherarbeiter *m*; **3.** *Brit.* Großhändler *m*; **4.** ('Möbel-)Spedi,teur *m*.
war es·tab·lish·ment *s. Brit.* Kriegsstärke *f* u. Ausrüstungsnachweisung *f*: *according to* ~ mobmäßig.
'war·fare *s.* **1.** Kriegführung *f*; **2.** (*a. Wirtschafts- etc.*)Krieg *m*; **3.** *fig.* Kampf *m*, Fehde *f*, Streit *m*.
war| foot·ing *s.* Kriegsstand *m*, -bereitschaft *f*: *on a* ~ kriegsstark; '~**-god** *s.* Kriegsgott *m*; ~ **grave** *s.* Kriegs-, Sol'datengrab *n*; ~ **guilt** *s.* Kriegsschuld *f*; '~**-head** *s.* ⚔ Spreng-, Gefechtskopf *m* (*e-s Torpedos etc.*); '~**-horse** *s.* **1.** *poet.* Schlachtroß *n*; **2.** F alter Haudegen *od.* Kämpe (*a. fig.*).
war·i·ness ['wɛərinis] *s.* Vorsicht *f*, Behutsamkeit *f*. [Kriegs...]
'war·like *adj.* **1.** kriegerisch; **2.**
'war-loan *s.* Kriegsanleihe *f*.
war·lock ['wɔːlɔk] *s. obs.* Zauberer *m*.
'war-lord *s. rhet.* Kriegsherr *m*.
warm [wɔːm] **I.** *adj.* □ **1.** *allg.* warm (*a. Farbe etc.*; *a. fig. Herz, Interesse etc.*): *a* ~ *corner fig.* e-e ‚ungemütliche Ecke' (*gefährlicher Ort*); *a* ~ *reception* **a)** ein warmer *od.* herzlicher Empfang, **b)** *iro.* ein ‚saftiger' Empfang (*von Gegnern*); ~ *work* **a)** schwere Arbeit, **b)** gefährliche Sache, **c)** heißer Kampf; *to keep s.th.* ~ (*sl. fig.* sich) et. warmhalten; *to make it* (*od. things*) ~ *for s.o.* j-m die Hölle heiß machen; *this place is too* ~ *for me fig.* hier brennt mir der Boden unter den Füßen; **2.** erhitzt, heiß; **3.** glühend, leidenschaftlich, eifrig; **4.** erregt, hitzig; **5.** *hunt.* frisch (*Fährte etc.*); **6.** F ‚warm', nahe (dran) (*im Suchspiel*): *you are getting* ~*er fig.* du kommst der Sache (schon) näher; **II.** *s.* **7.** *et.* Warmes, warmes Zimmer *etc.*; **8.** *to give* (*have*) *a* ~ *et.* (sich) (auf)wärmen; **III.** *v/t.* **9.** *a.* ~ *up* (an-, auf-, er-) wärmen, *Milch etc.* warm machen: *to* ~ *one's feet* sich die Füße wärmen; **10.** *fig. Herz etc.* (er)wärmen; **11.** F verprügeln, -sohlen; **IV.** *v/i.* **12.** *a.* ~ *up* warm werden, sich erwärmen; **13.** *a.* ~ *up fig.* sich erwärmen (to für): *to* ~ *up for* **a)** *sport* sich aufwärmen für, **b)** *fig.* sich bereitmachen zu; '~**-blood·ed** *adj.* **1.** *zo.* warmblütig: ~ *animals* Warmblüter; **2.** *fig.* heißblütig.
'warmed-'o·ver [wɔːmd] *adj. Am.* aufgewärmt (*Speisen etc.*).
'warm-'heart·ed *adj.* □ warmherzig.
warm·ing ['wɔːmiŋ] *s.* **1.** Wärmen *n*, Erwärmung *f*; **2.** *sl.* Tracht *f* Prügel, ‚Senge' *f*; '~**-pad** *s.* ⚡ Heizkissen *n*.
warm·ish ['wɔːmiʃ] *adj.* lauwarm.
war|·mon·ger ['wɔːmʌŋgə] *s.* Kriegshetzer *m*; '~**·mon·ger·ing** [-əriŋ] *s.* Kriegshetze *f*, -treibe'rei *f*.
warmth [wɔːmθ] *s.* **1.** Wärme *f*; **2.** *fig.* Wärme *f*: **a)** Herzlichkeit *f*, **b)** Eifer *m*, Begeisterung *f*; **3.** Heftigkeit *f*, Erregtheit *f*.
warn [wɔːn] *v/t.* **1.** warnen (*of, against* vor *dat.*): *to* ~ *s.o. against doing s.th.* j-n davor warnen, et. zu tun; **2.** *j-n* (warnend) hinweisen, aufmerksam machen (*of* auf *acc.*, *that* daß); **3.** ermahnen *od.* auffordern (*to do* zu tun); **4.** *j-m* (dringend) raten, nahelegen (*to do* zu tun); **5.** (*of*) *j-n* in Kenntnis setzen *od.* verständigen (von), *j-n* wissen lassen (*acc.*), *j-m* ankündigen (*acc.*); **6.** *a.* ~ *off* verwarnen; **7.** ~ *off* (*from*) **a)** abweisen, -halten (von), **b)** hin'ausweisen (aus); **'warn·ing** [-niŋ] **I.** *s.* **1.** Warnen *n*, Warnung *f*: *to give s.o.* (*fair*) ~, *to give* (*fair*) ~ *to s.o.* j-n (rechtzeitig) warnen (*of* vor *dat.*); *to take* ~ *by* (*od. from*) sich *et.* zur Warnung dienen lassen; **2. a)** Verwarnung *f*, **b)** (Er)Mahnung *f*; **3.** *fig.* Warnung *f*, warnendes Beispiel; **4.** warnendes An- *od.* Vorzeichen (*of* für); **5.** 'Warnsi,gnal *n*; **6.** Benachrichtigung *f*, (Vor)Anzeige *f*, Ankündigung *f*: *to give* ~ (*of*) *j-m* ankündigen (*acc.*), Bescheid geben (über *acc.*); *without any* ~ völlig unerwartet; **7. a)** Kündigung *f*, **b)** (Kündigungs)Frist *f*: *to give* ~ (*to*) (*j-m*) kündigen; *at a minute's* ~ **a)** ✝ auf jederzeitige Kündigung, **b)** ✝ fristlos, **c)** in kürzester Frist, jeden Augenblick; **II.** *adj.* □ **8.** warnend, Warn...(*-glocke, -meldung, -schuß etc.*): ~ *colo(u)r(ation) zo.* Schutz-, Trutzfarbe; ~ *light* **a)** ⊕ Warnlicht, **b)** ⚓ Warn-, Signalfeuer; ~ *strike* ✝ Warnstreik; ~ *triangle mot.* Warndreieck.
warn't [wɑːnt] *dial. für* **a)** *wasn't*, **b)** *weren't*.
War| Of·fice *s. Brit. hist.* 'Heeresmini,sterium *n*; ♀ **or·phan** *s.* Kriegerwaise *f*.
warp [wɔːp] **I.** *v/t.* **1.** *Holz etc.* verziehen, werfen, krümmen; ✈ *Tragflächen* verwinden; **2.** *j-n, j-s Geist* nachteilig beeinflussen, verschroben machen; *j-s Urteil* verfälschen; → *warped 3*; **3.** *j-n* verleiten (*into* zu), abbringen (*from* von); **4.** *Tatsache etc.* entstellen, verdrehen, -zerren; **5.** ⚓ *Schiff* bugsieren, verholen; **6.** *Weberei*: *Kette* anscheren, anzetteln; **7.** ⚒ **a)** mit Schlamm düngen, **b)** *a.* ~ *up* verschlammen; **II.** *v/i.* **8.** sich werfen *od.* verziehen *od.* krümmen, krumm werden (*Holz etc.*); **9.** entstellt *od.* verdreht werden; **III.** *s.* **10.** Verziehen *n*, Verkrümmung *f*, -werfung *f* (*von Holz etc.*); **11.** *fig.* Neigung *f*; **12.** *fig.* **a)** Entstellung *f*, Verzerrung *f*, **b)** Verschrobenheit *f*; **13.** *Weberei*: Kette(nfäden *pl.*) *f*, Zettel *m*: ~ *and woof* Kette u. Schuß; **14.** ⚓ Bugsiertau *n*, Warpleine *f*; **15.** ⚒, *geol.* Schlamm(ablagerung *f*) *m*, Schlick *m*.
'war|-paint *s.* **1.** Kriegsbemalung *f* (*der Indianer*); **2.** F ‚volle Kriegsbemalung', große Gala; '~**-path** *s.* Kriegspfad *m* (*der Indianer*): *to be* (*go*) *on the* ~ **a)** auf dem Kriegspfad sein (gehen) (*a. fig.*), **b)** *fig.* kampflustig sein.
warped [wɔːpt] *adj.* **1.** verzogen (*Holz etc.*), krumm (*a.* ⚕); **2.** *fig.* verzerrt, verfälscht; **3.** *fig.* ‚verbogen', verschroben: ~ *mind*; **4.** par'teiisch.
'war·plane *s.* Kampfflugzeug *n*.
war·rant ['wɔrənt] **I.** *s.* **1.** *a.* ~ *of attorney* Vollmacht *f*; Befugnis *f*, Berechtigung *f*; **2.** Rechtfertigung *f*: *not without* ~ nicht ohne gewisse Berechtigung; **3.** Garan'tie *f*, Gewähr *f* (*a. fig.*); **4.** Berechtigungsschein *m*: *dividend* ~ ✝ Dividenden-, Gewinnanteilschein; **5.** ⚖ (Voll'ziehungs- *etc.*)Befehl *m*: ~ *of apprehension* Steckbrief; ~ *of arrest* Haftbefehl; ~ *of attachment* Beschlagnahmeverfügung; *a* ~ *is out against him* er wird steckbrieflich gesucht; **6.** ⚔ Pa'tent *n*, Beförderungsurkunde *f*: ~ (*officer*) **a)** ⚓ *etwa*: (Ober)Stabsbootsmann, Deckoffizier, **b)** ⚔ *etwa*: (Ober-)Stabsfeldwebel, Portepeeunteroffizier; **7.** ✝ (Lager-, Waren)Schein *m*: *bond* ~ Zollgeleitschein; **8.** ✝ (Rück)Zahlungsanweisung *f*; **II.** *v/t.* **9.** *bsd.* ⚖ bevollmächtigen, autorisieren; **10.** rechtfertigen, berechtigen zu; **11.** *bsd.* ✝ garantieren, zusichern, haften für, gewährleisten: *I'll* ~ (*you*) F **a)** mein Wort darauf, **b)** ich könnte schwören; **12.** bestätigen, erweisen; **'war·rant·a·ble** [-təbl] *adj.* □ **1.** vertretbar, gerechtfertigt, berechtigt; **2.** *hunt.* jagdbar (*Hirsch*); **'war·rant·a·bly** [-təbli] *adv.* rechtmäßig, billigerweise; **'war·rant·ed** [-tid] *adj.* ✝ garantiert, echt: ~ *for 3 years* 3 Jahre Garantie; **war·ran·tee** [wɔrən'tiː] *s.* ✝, ⚖ Sicherheitsempfänger *m*; **'war·rant·er** [-tə], **'war·ran·tor** [-tɔː] *s.* Sicherheitsgeber *m*; **'war·ran·ty** [-ti] *s.* **1.** Berechtigung *f*, Vollmacht *f* (*for* zu); **2.** Rechtfertigung *f* (*for* für); **3.** *bsd.* ⚖ Bürgschaft *f*, Garan'tie *f*; **4.** *a.* ~ *deed* ⚖ **a)** 'Rechtsgaran,tie *f*, **b)** *Am.* 'Grundstücksüber,tragungs,urkunde *f*.
war·ren ['wɔrin] *s.* **1.** Ka'ninchengehege *n*; **2.** *hist. Brit.* Wildgehege *n*; **3.** *fig.* Laby'rinth *n*, *bsd.* **a)** 'Mietska,serne *f*, **b)** enges Straßengewirr.
war·ring ['wɔːriŋ] *adj.* **1.** sich bekriegend, (sich) streitend; **2.** *fig.* 'widerstreitend, entgegengesetzt.
war·ri·or ['wɔriə] *s. poet.* Krieger *m*.
war| risk in·sur·ance *s.* ✝ Kriegsversicherung *f*; '~**·ship** *s.* Kriegsschiff *n*.
wart [wɔːt] *s.* **1.** ⚕, ♀, *zo.* Warze *f*; **2.** ♀ Auswuchs *m*; **'wart·ed** [-tid] *adj.* warzig; **'wart-hog** *s. zo.* Warzenschwein *n*.
'war·time I. *s.* Kriegszeit *f*; **II.** *adj.* Kriegs...
wart·y ['wɔːti] *adj.* warzig.
'war|-wea·ry *adj.* kriegsmüde; '~**-whoop** *s.* **1.** Kriegsgeheul *n* (*der Indianer*); **2.** *fig.* Indi'anergebrüll *n*;

'~-wid·ow *s.* Kriegerwitwe *f*; '~-**worn** *adj.* **1.** kriegszerstört, vom Krieg verwüstet; **2.** kriegsmüde.

war·y ['wɛəri] *adj.* □ vorsichtig: **a)** wachsam, *a.* argwöhnisch, **b)** 'umsichtig, **c)** behutsam: *to be* ~ sich hüten (*of* vor *dat.*, *of doing et.* zu tun).

was [wɔz; wəz] *1. u. 3. sg. pret. ind. von* be; *im pass.* wurde: *he* ~ *killed*; *he* ~ *to have come* er hätte kommen sollen; *he didn't know what* ~ *to come* er ahnte nicht, was noch kommen sollte; *he* ~ *never to see his mother again* er sollte seine Mutter nie mehr wiedersehen.

wash [wɔʃ] **I.** *s.* **1.** Waschen *n*, Wäsche *f*: *at the* ~ in der Wäsche (-rei); *to give s.th. a* ~ et. (ab)waschen; *to have a* ~ sich waschen; **2.** (*zu waschende od. gewaschene*) Wäsche: *in the* ~ in der Wäsche; **3.** Spülwasser *n* (*a. fig. dünne Suppe etc.*); **4.** Spülicht *n*, Küchenabfälle *pl.*; **5.** *fig. contp.* Gewäsch *n*, leeres Gerede; **6.** ⚕ Waschung *f*; **7.** (*Augen-, Haar- etc.*)Wasser *n*; **8.** Wellenschlag *m*, (Tosen *n* der) Brandung *f*; **9.** Kielwasser *n* (*a. fig.*); **10.** ✈ **a)** Luftstrudel *m*, **b)** glatte Strömung; **11.** *geol.* **a)** (Alluvi'al-)Schutt *m*, **b)** Schwemmland *n*; **12.** seichtes Gewässer; **13.** 'Farb,überzug *m*: **a)** dünn aufgetragene (Wasser)Farbe, **b)** Tünche *f*; **14.** ⊕ **a)** Bad *n*, Abspritzung *f*, **b)** Plattierung *f*; **II.** *adj.* **15.** waschbar, -echt, Wasch...: ~ *glove* Waschlederhandschuh; ~ *silk* Waschseide; **III.** *v/t.* **16.** waschen: *to* ~ (*up*) *dishes* Geschirr (ab)spülen; → *hand Redew.*; **17.** (ab)spülen, (-)spritzen; **18.** be-, um-, über'spülen (*Fluten*); **19.** (fort-, weg)spülen, (-)schwemmen: *to* ~ *ashore*; **20.** *geol.* graben (*Wasser*); → *wash away 2*, *wash out 1*; **21. a)** tünchen, **b)** dünn anstreichen, **c)** tuschen; **22.** *Erze* waschen, schlämmen; **23.** ⊕ plattieren; **IV.** *v/i.* **24.** sich waschen; waschen (*Wäscherin etc.*); **25.** sich *gut etc.* waschen (lassen), waschecht sein; **26.** *bsd. Brit.* F **a)** standhalten, **b)** ‚ziehen', stichhaltig sein: *that won't* ~ (*with me*) das zieht nicht (bei mir); **27.** (*vom Wasser*) gespült *od.* geschwemmt werden; **28.** fluten, spülen (*over* über *acc.*); branden, schlagen (*against* gegen), plätschern; *Zssgn mit adv.*:

wash| a·way I. *v/t.* **1.** ab-, wegwaschen; **2.** weg-, fortspülen, -schwemmen; **II.** *v/i.* **3.** weggeschwemmt werden; ~ **down** *v/t.* **1.** abwaschen, -spritzen; **2.** hin'unterspülen (*a. Essen mit e-m Getränk*); ~ **off** → *wash away*; ~ **out I.** *v/t.* **1.** auswaschen, -spülen (*a. geol. etc.*); **2.** F *Plan etc.* fallenlassen, aufgeben; **3.** *to be washed out* **a)** verwaschen *od.* ausgeblaßt sein, **b)** F ‚erledigt' (*erschöpft*) sein; **II.** *v/i.* **4.** sich auswaschen, verblassen; **5.** sich wegwaschen lassen (*Farbe*); ~ **up I.** *v/t.* **1.** *Geschirr* spülen; **2.** *to be washed up Am.* F ‚erledigt' *od.* ‚fertig' (*erschöpft od. ruiniert*) sein; **II.** *v/i.* **3.** F sich (Gesicht u. Hände) waschen; **4.** ab-, aufwaschen, Geschirr spülen.

wash·a·ble ['wɔʃəbl] *adj.* waschecht, waschbar.

'**wash|-ba·sin** *s. Brit.* Waschbecken *n*, -schüssel *f*; '~-**board** *s.* **1.** Waschbrett *n*; **2.** Fuß-, Scheuerleiste *f* (*an der Wand*); '~-**bot·tle** *s.* ⚗ **1.** Spritzflasche *f*; **2.** (Gas)Waschflasche *f*; '~-**bowl** → *wash-basin*; '~-**cloth** *s.* **1.** *Brit.* Abwaschtuch *n*; **2.** *Am.* Waschlappen *m.*

'**washed|-'out** [wɔʃt] *adj.* **1.** verwaschen, verblaßt; **2.** F ‚fertig', ‚erledigt', erschöpft; '~-'**up** *adj.* ‚erledigt', ‚fertig': **a)** F erschöpft, **b)** *sl.* völlig ruiniert.

wash·er ['wɔʃə] *s.* **1.** Wäscher(in); **2.** 'Waschma,schine *f*; **3.** (Ge'schirr),Spülma,schine *f*; **4.** *Papierherstellung*: Halb(zeug)holländer *m*; **5.** ⊕ 'Unterlegscheibe *f*, Dichtungsring *m*; '~-**wom·an** *s.* [*irr.*] Waschfrau *f*, Wäscherin *f*.

'**wash|-hand** *adj. Brit.* Handwasch...: ~-*basin* (Hand)Waschbecken; ~-*stand* (Hand)Waschständer; '~-**house** *s.* **1.** Waschhaus *n*, -küche *f*; **2.** Wäsche'rei *f* (*a.* ⚒).

wash·i·ness ['wɔʃinis] *s.* **1.** Wässerigkeit *f*; **2.** *fig.* Saft-, Kraftlosigkeit *f*.

wash·ing ['wɔʃiŋ] **I.** *s.* **1.** → *wash 1*, *2*; **2.** *oft pl.* Spülwasser *n*; **3.** ⊕ nasse Aufbereitung, Erzwäsche *f*; **4.** 'Farb,überzug *m*; **II.** *adj.* **5.** Wasch..., Wäsche...; '~-**day** *s.* Waschtag *m*; '~-**ma·chine** *s.* 'Waschma,schine *f*; '~-**pow·der** *s.* Waschpulver *n*; ~ **so·da** *s.* (Bleich)Soda *f*, *n*; '~-**up** *s.* Abwaschen *n* (*Geschirr*): *to do the* ~ aufwaschen, spülen; ~ *basin* Abwaschschüssel.

'**wash|-leath·er** *s.* **1.** Waschleder *n*; **2.** Fenster(putz)leder *n*; '~-**out** *s.* **1.** *geol.* Auswaschung *f*; **2.** Einbruch *m* (*e-r Straße etc.*); **3.** *sl.* **a)** ‚Niete' *f* (*erfolgloser Mensch*), **b)** ‚Pleite' *f*, ‚Reinfall' *m* (*Mißerfolg*), **c)** ⚔ ‚Fahrkarte' *f* (*Fehlschuß*); '~-**rag** *s. Am.* Waschlappen *m*; '~-**room** *s. Am.* (öffentliche) Toi'lette; ~ **sale** *s.* ✝ *Am.* Börsenscheingeschäft *n*; '~-**stand** *s.* **1.** Waschständer *m*; **2.** Waschbecken *n* (*mit fließendem Wasser*); '~-**tub** *s.* Waschwanne *f*.

wash·y ['wɔʃi] *adj.* □ **1.** verwässert, wässerig (*beide a. fig. kraftlos, seicht*); **2.** verwaschen, blaß (*Farbe*).

was·n't ['wɔznt] F *für was not.*

wasp [wɔsp] *s. zo.* Wespe *f*; '**wasp·ish** [-piʃ] *adj.* □ *fig.* **a)** reizbar, **b)** gereizt, giftig.

was·sail ['wɔseil] *s. obs.* **1.** (Trink-)Gelage *n*; **2.** Würzbier *n*.

wast [wɔst; wəst] *obs. 2. sg. pret. ind. von* be: *thou* ~ du warst.

wast·age ['weistidʒ] *s.* **1.** Verlust *m*, Abgang *m*, Verschleiß *m*; **2.** Verschwendung *f*, Vergeudung *f*: ~ *of energy* **a)** Energieverschwendung, **b)** *fig.* Leerlauf.

waste [weist] **I.** *adj.* **1.** öde, wüst, unfruchtbar, unbebaut (*Land*): *to lie* ~ brachliegen; *to lay* ~ verwüsten; **2. a)** nutzlos, 'überflüssig, **b)** ungenutzt, 'überschüssig: ~ *energy*; **3.** unbrauchbar, Abfall...; **4.** ⊕ **a)** abgängig, Abgangs..., Ab...(-*gas etc.*), **b)** Abfluß..., Ablauf...; **II.** *s.* **5.** Verschwendung *f*, Vergeudung *f*: ~ *of energy* (*money*, *time*) Kraft- (Geld-, Zeit)verschwendung; *to go* (*od. run*) *to* ~ **a)** brachliegen, verwildern, **b)** vergeudet werden, **c)** verlottern, -fallen; **6.** Verfall *m*, Verschleiß *m*, Abgang *m*, Verlust *m*; **7.** Wüste *f*, (Ein)Öde *f*: ~ *of water* Wasserwüste; **8.** Abfall *m*; ⊕ *a.* Abgänge *pl.*, *bsd.* **a)** Ausschuß *m*, **b)** Putzbaumwolle *f*, **c)** Wollabfälle *pl.*, **d)** Werg *n*, **e)** *typ.* Makula'tur *f*, **f)** Gekrätz *n*; **9.** ⚒ Abraum *m*; **10.** ⚖ Wertminderung *f* (*e-s Grundstücks durch Vernachlässigung*); **III.** *v/t.* **11.** *Geld, Worte, Zeit etc.* verschwenden, vergeuden (*on* an *acc.*): *you are wasting your breath* du kannst dir deine Worte sparen; *a* ~*d talent* ein ungenutztes Talent; **12.** *to be* ~*d* nutzlos sein, ohne Wirkung bleiben (*on* auf *acc.*), am falschen Platz stehen; **13.** zehren an (*dat.*), aufzehren, schwächen: *to* ~ *o.s. sport* sein Gewicht ‚drücken'; **14.** verwüsten, verheeren; **15.** ⚖ Vermögensschaden verursachen bei, *Besitztum* verkommen lassen; **IV.** *v/i.* **16.** *fig.* vergeudet *od.* verschwendet werden; **17.** sich verzetteln (*in* in *dat.*); **18.** vergehen, (ungenutzt) verstreichen (*Zeit, Gelegenheit etc.*); **19.** *a.* ~ *away* abnehmen, schwinden; **20.** *a.* ~ *away* da'hinsiechen, verfallen; **21.** verschwenderisch sein: ~ *not, want not* spare in der Zeit, so hast du in der Not; '~-**bas·ket** *s.* Abfall-, *bsd.* Pa'pierkorb *m*; '~-**book** *s.* ✝ Kladde *f*.

waste·ful ['weistful] *adj.* □ **1.** kostspielig, unwirtschaftlich, verschwenderisch (*von Geschäften, Methoden etc.*); **2.** verschwenderisch (*of* mit): *to be* ~ *of* verschwenderisch umgehen mit; **3.** *poet.* wüst, öde; '**waste·ful·ness** [-nis] *s.* Verschwendung(ssucht) *f*.

waste| gas *s.* ⊕ Abgas *n*; ~ **heat** *s.* ⊕ Abwärme *f*, abgängige Hitze; ~ **pa·per** *s.* **1.** 'Abfallpa,pier *n*, Makula'tur *f*; **2.** 'Altpa,pier *n*; **3.** *fig.* wertloses Doku'ment *etc.* (das nur für den Pa'pierkorb taugt); ~-'**pa·per-bas·ket** [weist'p-] *s.* Pa'pierkorb *m*; '~-**pipe** *s.* ⊕ Abfluß-, Abzugsrohr *n*; ~ **prod·uct** *s.* ⊕ 'Abfallpro,dukt *n*.

wast·er ['weistə] *s.* **1.** → *wastrel 1 u. 3*; **2.** *metall.* **a)** Fehlguß *m*, **b)** Schrottstück *n*.

waste| steam *s.* ⊕ Abdampf *m*; ~ **wa·ter** *s.* Abwasser *n*; ~ **wool** *s.* Twist *m*.

wast·ing ['weistiŋ] *adj.* **1.** zehrend, schwächend: ~ *disease*; → *palsy 1*; **2.** schwindend; **3.** zerstörend.

wast·rel ['weistrəl] *s.* **1. a)** Verschwender *m*, **b)** Taugenichts *m*; **2.** Gassenkind *n*; **3.** ✝ 'Ausschuß (-ar,tikel *m*, -ware *f*) *m*, fehlerhaftes Exem'plar.

watch [wɔtʃ] **I.** *s.* **1.** Wachsamkeit *f*: *to be* (*up*)*on the* ~ **a)** wachsam *od.* auf der Hut sein, **b)** (*for*) Ausschau halten (nach), lauern (auf *acc.*), achthaben (auf *acc.*); *to keep* (*a*) ~ (*on od. over*) Wache halten, wachen (über *acc.*), aufpassen (auf *acc.*); → *ward 10*; **2.** (Schild)Wache *f*, Wachtposten *m*; **3.** *mst pl. hist.* (Nacht)Wache *f* (*Zeiteinteilung*): *in the silent* ~*es of the night* in den stillen Stunden der Nacht; **4.** ⚓ (Schiffs)Wache *f* (*Zeit-

abschnitt u. Mannschaft); **5.** *hist.* Nachtwächter *m*; **6.** *obs.* **a)** Wachen *n*, wache Stunden *pl.*, **b)** Totenwache *f*; **7.** (Taschen-, Armband)Uhr *f*; **II.** *v/i.* **8.** beobachten, zuschauen; **9.** (*for*) warten, lauern (auf *acc.*), Ausschau halten (nach), achtgeben (auf *acc.*); **10.** wachen (*with* bei), wach sein; **11.** ~ *over* wachen über (*acc.*), bewachen, aufpassen auf (*acc.*); **12.** ⚔ Posten stehen, Wache halten; **13.** ~ *out* F aufpassen, achtgeben; **III.** *v/t.* **14.** beobachten: **a)** *j-m* zuschauen (*working* bei der Arbeit), **b)** ein wachsames Auge haben auf (*acc.*), *a. Verdächtigen* über'wachen, **c)** *Vorgang etc.* verfolgen, im Auge behalten, **d)** ⚖ *den Verlauf e-s Prozesses* verfolgen: *a ~ed pot never boils* beim Warten wird die Zeit lang; **15.** *Vieh* hüten, bewachen; **16.** *Gelegenheit* abwarten, abpassen, wahrnehmen: *to ~ one's time*; **17.** achthaben auf (*acc.*) (*od. that* daß): *to ~ one's step* **a)** vorsichtig gehen, **b)** *sl.* sich vorsehen; *~ your step!* Vorsicht!; '**~·boat** *s.* ⚓ Wach(t)boot *n*; '**~-box** *s.* **1.** ⚔ Schilderhaus *n*; **2.** Wärterhäus-chen *n*; '**~-case** *s.* Uhrgehäuse *n*; **♀ Com·mit·tee** *s.* städtischer Ordnungsdienst; '**~·dog** *s.* Wachhund *m* (*a. fig.*).

watch·er ['wɔtʃə] *s.* **1.** Wächter *m*; **2.** (Kranken)Wärter(in); **3.** Beobachter *m*.

watch·ful ['wɔtʃful] *adj.* □ wachsam, aufmerksam, *a.* lauernd (*of* auf *acc.*); '**watch·ful·ness** [-nis] *s.* **1.** Wachsamkeit *f*; **2.** Vorsicht *f*; **3.** Wachen *n* (*over* über *dat.*).

'**watch|-glass** *s.* Uhrglas *n*; '**~-guard** *s.* Uhrkette *f*; '**~-mak·er** *s.* Uhrmacher *m*; '**~-mak·ing** *s.* Uhrmache'rei *f*; '**~·man** [-mən] *s.* [*irr.*] **1.** (Nacht)Wächter *m*; **2.** *hist.* Nachtwächter *m* (*e-r Stadt etc.*); '**~-of·fi·cer** *s.* ⚓ 'Wachoffi₁zier *m*; '**~-pock·et** *s.* Uhrtasche *f*; '**~-spring** *s.* Uhrfeder *f*; '**~-tow·er** *s.* ⚔ Wachtturm *m*; '**~·word** *s.* Kennwort *n*, Pa'role *f*, Losung *f* (*a. fig. e-r Partei etc.*).

wa·ter ['wɔ:tə] **I.** *v/t.* **1.** *Land etc.* bewässern, *Rasen, Straße etc.* sprengen, *Pflanzen* (be)gießen; **2.** *Vieh* tränken; **3.** mit Wasser versorgen; **4.** *oft ~ down* verwässern: **a)** verdünnen, *Wein* panschen, **b)** *fig. Erklärung etc.* abschwächen, **c)** *fig.* mundgerecht machen: *a ~ed-down liberalism* ein verwässerter Liberalismus; **5.** ✝ *Aktienkapital* verwässern; **6.** ⊕ *Stoff* wässern, moirieren; **II.** *v/i.* **7.** wässern (*Mund*), tränen (*Augen*): *his mouth ~ed* das Wasser lief ihm im Mund zusammen (*for, after* nach); *to make s.o.'s mouth ~* j-m den Mund wässerig machen; **8.** ⚓ Wasser einnehmen; **9.** trinken, zur Tränke gehen (*Vieh*); **10.** ✈ wassern; **III.** *s.* **11.** Wasser *n*: *in deep ~(s) fig.* in Schwierigkeiten, in der Klemme; *to hold ~ fig.* stichhaltig sein; *to keep one's head above ~ fig.* sich (gerade noch) über Wasser halten; *to make the ~* ⚓ vom Stapel laufen; *to throw cold ~ on fig. e-r Sache* e-n Dämpfer aufsetzen, wie e-e kalte Dusche wirken auf (*acc.*); *still ~s run deep* stille Wasser sind tief; → *hot 11, oil 1, trouble 6*; **12.** *oft pl.* Brunnen *m*, Wasser *n* (*e-r Heilquelle*): *to drink* (*od. take*) *the ~s* (*at*) e-e Kur machen (in *dat.*); **13.** *oft pl.* Wasser *n od. pl.*, Gewässer *n od. pl.*, *a.* Fluten *pl.*: *by ~* zu Wasser, auf dem Wasserweg; *on the ~* **a)** zur See, **b)** zu Schiff; *the ~s poet.* das Meer, die See; **14.** Wasserstand *m*; → *low water*; **15.** (Toi'letten-)Wasser *n*; **16.** Wasserlösung *f*; **17.** *physiol.* Wasser *n* (*Sekret, z.B. Speichel, a. Urin*): *the ~(s)* das Fruchtwasser; *to make* (*od. pass*) *~* Wasser lassen, urinieren; *~ on the brain* Wasserkopf; *~ on the knee* Kniegelenkerguß; **18.** Wasser *n* (*reiner Glanz e-s Edelsteins*): *of the first ~* von reinstem Wasser (*a. fig.*); **19.** Wasser(glanz *m*) *n*, Moi'ré *n* (*Stoff*); '**~-bath** *s.* Wasserbad *n* (*a.* ⚗); '**~-bed** *s.* ⚕ Wasserbett *n*, -kissen *n*; '**~-bird** *s. zo. allg.* Wasservogel *m*; '**~-blis·ter** *s.* ⚕ Wasserblase *f*; '**~-borne** *adj.* **1.** auf dem Wasser schwimmend; **2.** zu Wasser befördert (*Ware*), auf dem Wasser stattfindend (*Verkehr*), Wasser...; '**~-bot·tle** *s.* **1.** Wasserflasche *f*; **2.** Feldflasche *f*; '**~-bound** *adj.* vom Wasser eingeschlossen *od.* abgeschnitten; '**~-buf·fa·lo** *s. zo.* Wasserbüffel *m*; **~ bus** *s. Brit.* Flußboot *n*; '**~-butt** *s.* Wasserfaß *n*, Regentonne *f*; '**~-can·non** *s.* Wasserwerfer *m*; '**~-car·riage** *s.* Trans'port *m* zu Wasser, 'Wassertrans₁port *m*; '**♀-car·ri·er** → *Aquarius*; '**~-cart** *s.* Wasserwagen *m* (*zum Wassertransport*), *bsd.* Sprengwagen *m*; '**~-chute** *s.* Wasserrutschbahn *f*; '**~-clock** *s.* ⊕ Wasseruhr *f*; '**~-clos·et** *s.* ('Wasser)Klo₁sett *n*; '**~-col·o(u)r I.** *s.* **1.** Wasserfarbe *f*; **2.** *mst pl.* Aqua'rellmale₁rei *f*; **3.** Aqua'rell *n* (*Bild*); **II.** *adj.* **4.** Aquarell...; '**~-col·o(u)r·ist** *s.* Aqua'rellmaler(in); '**~-cooled** *adj.* ⊕ wassergekühlt; '**~-cool·ing** *s.* ⊕ Wasserkühlung *f*; '**~-course** *s.* **1.** Wasserlauf *m*; **2.** Fluß-, Strombett *n*; **3.** Ka'nal *m*; '**~-craft** *s.* Wasserfahrzeug(e *pl.*) *n*; '**~-crane** *s.* 🚂 Wasserkran *m*; '**~-cress** *s. oft pl.* ⚘ Brunnenkresse *f*; '**~-cure** *s.* ⚕ **1.** Wasserkur *f*; **2.** Wasserheilkunde *f*; '**~-fall** *s.* Wasserfall *m*; '**~-find·er** *s.* Rutengänger *m*; '**~-fowl** *s. zo.* **1.** Wasservogel *m*; **2.** *coll.* Wasservögel *pl.*; '**~-front** *s. bsd. Am.* städtisches Hafengebiet; '**~-gage** *Am.* → *water-gauge*; '**~-gate** *s.* **1.** Schleuse *f*; **2.** Fluttor *n*; '**~-gauge** *s.* ⊕ **1.** Wasserstands(an)zeiger *m*; **2.** Pegel *m*, Peil *m*, hy'draulischer Wasserdruckmesser; **3.** *Wasserdruck, gemessen in inches Wassersäule*; '**~-glass** *s.* Wasserglas *n* (*a.* ⚗): *~ egg* Kalkei; '**~-gru·el** *s.* (dünner) Haferschleim; '**~-heat·er** *s.* Warm'wasserbereiter *m*; '**~-hen** *s. orn.* Ralle *f*, *bsd.* **a)** Grünfüßiges Teichhuhn, **b)** Amer. Wasserhuhn *n*; '**~-hose** *s.* Wasserschlauch *m*; '**~-ice** *s.* Wassereis *n* (*Speiseeis aus Fruchtsaft*).

wa·ter·i·ness ['wɔ:tərinis] *s.* Wäßrigkeit *f*.

wa·ter·ing ['wɔ:təriŋ] **I.** *s.* **1.** (Be-)Wässern *n etc.*; **II.** *adj.* **2.** Bewässerungs...; **3.** Kur..., Bade...; '**~-can** → *watering-pot*; '**~-cart** *s.* Sprengwagen *m*; '**~-place** *s.* **1.** *bsd. Brit.* **a)** Bade-, Kurort *m*, Bad *n*, **b)** (See-)Bad *n*; **2.** (Vieh)Tränke *f*, Wasserstelle *f*; '**~-pot** *s.* Gießkanne *f*.

'**wa·ter-jack·et** *s.* ⊕ (Wasser)Kühlmantel *m*.

wa·ter·less ['wɔ:təlis] *adj.* wasserlos.

'**wa·ter|-lev·el** *s.* **1.** Wasserstand *m*, -spiegel *m*; **2.** ⊕ **a)** Pegelstand *m*, **b)** Wasserwaage *f*; **3.** *geol.* (Grund-)Wasserspiegel *m*; '**~-lil·y** *s.* ⚘ Seerose *f*, Wasserlilie *f*; '**~-line** *s.* ⚓ Wasserlinie *f e-s Schiffs*; '**~-logged** *adj.* **1.** voll Wasser (*Boot etc.*); **2.** vollgesogen (*Holz etc.*).

Wa·ter·loo [wɔ:tə'lu:] *s.*: *to meet one's ~ fig.* sein Waterloo erleben.

'**wa·ter|-main** *s.* Haupt(wasser)rohr *n*; '**~·man** [-mən] *s.* [*irr.*] **1.** ⚓ Fluß-, Binnenschiffer *m*, Fährmann *m*; **2.** *sport* Ruderer *m*; '**~·mark I.** *s.* **1.** Wasserzeichen *n* (*in Papier*); **2.** ⚓ Wassermarke *f*, *bsd.* Flutzeichen *n*; → *high-(low-)water mark*; **II.** *v/t.* **3.** *Papier* mit Wasserzeichen versehen; '**~-mel·on** *s.* ⚘ 'Wasserme₁lone *f*; '**~-me·ter** *s.* Wasserzähler *m*, -uhr *f*; '**~-pipe** *s.* **1.** ⊕ Wasser(leitungs)rohr *n*; **2.** orien'talische Wasserpfeife; '**~-plane** *s.* Wasserflugzeug *n*; '**~-plate** *s.* Wärmeteller *m*; **~ po·lo** *s. sport* Wasserballspiel *n*; '**~-pow·er** *s.* ⊕ Wasserkraft *f*: *~ station* Wasserkraftwerk; '**~-pox** *s.* ⚕ Wasser-, Windpocken *pl.*; '**~·proof I.** *adj.* wasserdicht; **II.** *s.* wasserdichter Mantel, Regenmantel *m*; **III.** *v/t.* imprägnieren; '**~·proof·ing** *s.* Imprägnierung *f* (*a. Material*); '**~-rat** *s. zo.* Wasserratte *f*; '**~-rate** *s.* Wasserzins *m*; '**~-re'pel·lent** *adj.* wasserabstoßend; '**~-rot** *v/t. Flachs in Wasser* rotten; '**~-seal** *s.* ⊕ Wasserverschluß *m*; '**~·shed** *s. geogr.* **1.** *Brit.* Wasserscheide *f*; **2.** Einzugs-, Stromgebiet *n*; '**~-shoot** *s.* **1.** Dachrinne *f*; **2.** Traufe *f*; '**~·side I.** *s.* Küste *f*, See-, Flußufer *n*; **II.** *adj.* Küsten..., (Fluß)Ufer...; '**~-sol·u·ble** *adj.* ⚗ wasserlöslich; '**~·spout** *s.* **1.** Abtraufe *f*; **2.** *meteor.* Wasserhose *f*; '**~-sup·ply** *s.* Wasserversorgung *f*; '**~-ta·ble** *s.* **1.** ⚠ Wasserabflußleiste *f*; **2.** *geol.* Grundwasserspiegel *m*; '**~·tight** *adj.* **1.** wasserdicht: *to keep in ~ compartments fig. et.* isoliert halten *od.* betrachten; **2.** *fig.* unangreifbar; stichhaltig (*Argument*); '**~-vole** *s. zo.* Wasserratte *f*; '**~-wag·(g)on** *s.* Wasser(versorgungs)wagen *m*: *to be* (*go*) *on the ~* F dem Alkohol abgeschworen haben (abschwören); **~ wag·tail** *s. orn.* Bachstelze *f*; '**~-wave I.** *s.* Wasserwelle *f* (*im Haar*); **II.** *v/t.* in Wasserwellen legen; '**~-way** *s.* **1.** Wasserstraße *f*, Schiffahrtsweg *m*; **2.** ⚓ Wassergang *m* (*Decksrinne*); '**~·works** *s. pl. oft sg. konstr.* **1.** Wasserwerk(e *pl.*) *n*; **2.** Zier-, Springbrunnen *m*: *to turn on the ~* F (los)heulen; **3.** *sl.* (Harn-)Blase *f*.

wa·ter·y ['wɔ:təri] *adj.* **1.** Wasser... (-*gott*, -*wüste*): *a ~ grave* ein nasses Grab; **2.** wässerig: **a)** feucht (*Boden*), **b)** regenverkündend (*Sonne etc.*): *~ sky* Regenhimmel; **3.** triefend: **a)** *allg.* voll Wasser, naß (*Kleider*), **b)** tränend (*Auge*); **4.** verwässert: **a)** fad(e) (*Speise*), **b)** wässerig, blaß (*Farbe*), **c)** *fig.* schal, seicht (*Stil*).

watt [wɔt] *s.* ⚡ Watt *n*; **watt·age** ['wɔtidʒ] *s.* ⚡ Wattleistung *f*.

wat·tle ['wɔtl] **I.** *s.* **1.** *Brit.* Hürde *f*; **2.** *a. pl.* Flecht-, Gitterwerk *n*: ~ *and daub* ⚠ mit Lehm beworfenes Flechtwerk; **3.** ⚘ au'stralische A'kazie; **4. a)** *orn.* Kehllappen *pl.*, **b)** *ichth.* Bartfäden *pl.*; **II.** *v/t.* **5.** aus Flechtwerk herstellen; **6.** *Ruten* zs.-flechten; **'wat·tling** [-liŋ] *s.* Flechtwerk *n*.

waul [wɔ:l] *v/i.* mi'auen, (wie e-e Katze) schreien.

wave [weiv] **I.** *s.* **1.** Welle *f* (*a. phys.*; *a. im Haar etc.*), Woge *f* (*beide a. fig. von Gefühl etc.*): *the* ~*s poet.* die See; ~ *of indignation* Woge der Entrüstung; → *heat-wave*; **2.** (*Angriffs-, Einwanderer- etc.*)Welle *f*: *in* ~*s* in aufeinanderfolgenden Wellen; **3.** ⊕ **a)** Flamme *f* (*im Stoff*), **b)** *typ.* Guil'loche *f* (*Zierlinie auf Wertpapieren etc.*); **4.** Wink(en *n*) *m*, Schwenken *n*; **II.** *v/i.* **5.** wogen (*a. Kornfeld etc.*); **6.** wehen, flattern, wallen; **7.** (*to s.o.* j-m zu)winken, Zeichen geben; **8.** sich wellen (*Haar*); **III.** *v/t.* **9.** *Fahne, Waffe etc.* schwenken, schwingen, hin- u. herbewegen: *to* ~ *one's arms* mit den Armen fuchteln; *to* ~ *one's hand* (mit der Hand) winken (*to j-m*); **10.** *Haar etc.* wellen, in Wellen legen; **11.** ⊕ **a)** *Stoff* flammen, **b)** *Wertpapiere etc.* guillochieren; **12.** *j-m* zuwinken: *to* ~ *aside* **a)** *j-n* beiseite winken, **b)** *fig. j-n od. et.* mit e-r Handbewegung abtun; **13.** *et.* zuwinken: *to* ~ *a farewell* nachwinken (*to s.o.* j-m); **'~-band** *s.* ⚡ Wellenband *n*; **'~-length** *s.* ⚡, *phys.* Wellenlänge *f*: *to be on the same* ~ *fig.* auf der gleichen Wellenlänge liegen.

wa·ver ['weivə] *v/i.* **1.** (sch)wanken, taumeln; flackern (*Licht*); zittern (*Hände, Stimme etc.*); **2.** *fig.* wanken: **a)** unschlüssig sein, schwanken (*between* zwischen), **b)** zu weichen beginnen.

'wave-range *s.* ⚡ Wellenbereich *m*.

wa·ver·er ['weivərə] *s. fig.* Unentschlossene(r *m*) *f*; **'wa·ver·ing** [-vəriŋ] *adj.* □ **1.** flackernd; **2.** zitternd; **3.** (sch)wankend (*a. fig.*).

'wave|-train *s. phys.* Wellenzug *m*; **'~-trap** *s.* ⚡ Sperrkreis *m*, Wellenschlucker *m*.

wav·y ['weivi] *adj.* □ **1.** wellig, gewellt (*Haar, Linie etc.*); **2.** wogend.

wax[1] [wæks] **I.** *v/i.* **1.** wachsen, zunehmen (*bsd. Mond*) (*a. fig. rhet.*): *to* ~ *and wane* zu- u. abnehmen; **2.** *vor adj.*: *alt, frech, laut etc.* werden; **II.** *s.* **3.** *Brit. sl.*: *in a* ~ in Wut.

wax[2] [wæks] **I.** *s.* **1.** (Bienen-, Pflanzen- *etc.*)Wachs *n*: *like* ~ *fig.* wie Wachs *in j-s Hand*; **2.** Siegellack *m*; **3.** *a. cobbler's* ~ Schusterpech *n*; **4.** Ohrenschmalz *n*; **II.** *v/t.* **5.** (ein-)wachsen; bohnern, wichsen; **6.** verpichen; **7.** *Am.* (auf Wachsplatten) aufnehmen; **8.** *Am.* F die Oberhand gewinnen über (*acc.*), schlagen; ~ **can·dle** *s.* Wachskerze *f*; **'~-cloth** *s.* **1.** Wachstuch *n*; **2.** Bohnertuch *n*; ~ **doll** *s.* Wachspuppe *f*.

wax·en ['wæksən] → *waxy*.

'wax|-light *s.* Wachskerze *f*; **'~-paper** *s.* 'Wachspa͵pier *n*; **'~-work** *s.* **1.** 'Wachsfi͵gur(en *pl.*) *f*; **2.** *mst pl. sg. konstr.* 'Wachsfi͵gurenkabi͵nett *n*.

wax·y ['wæksi] *adj.* □ **1.** wächsern (*a. Gesichtsfarbe*), wie Wachs; **2.** *fig.* weich (wie Wachs), nachgiebig; **3.** ⚕ Wachs...: ~ *liver*.

way[1] [wei] *s.* **1.** Weg *m*, Pfad *m*, Straße *f*, Bahn *f* (*a. fig.*): ~ *back* Rückweg; ~ *home* Heimweg; ~ *in* Eingang; ~ *out bsd. fig.* Ausweg; ~ *through* Durchfahrt, -reise; ~*s and means* Mittel u. Wege, *bsd. pol.* Geldbeschaffung(smaßnahmen); *Committee of* ⁓*s and Means parl.* Finanz-, Haushaltsausschuß; *the* ~ *of the Cross R.C.* der Kreuzweg; *over* (*od. across*) *the* ~ gegenüber; *to ask the* (*od. one's*) ~ nach dem Weg fragen; *to find a* ~ *fig.* e-n (Aus)Weg finden; *to lose one's* ~ sich verirren *od.* verlaufen; *to take one's* ~ sich aufmachen (*to* nach); **2.** *fig.* Gang *m*, (üblicher) Weg: *that is the* ~ *of the world* das ist der Lauf der Welt; *to go the* ~ *of all flesh* den Weg allen Fleisches gehen (*sterben*); **3.** Richtung *f*, Seite *f*: *which* ~ *is he looking?* wohin schaut er?; *this* ~ **a)** hierher, **b)** hier entlang, **c)** → *6*; *the other* ~ *round* umgekehrt; **4.** Weg *m*, Entfernung *f*, Strecke *f*: *a long* ~ *off* weit (von hier) entfernt; *a long* ~ *off perfection* weit entfernt von jeder Vollkommenheit; *a little* ~ ein kleines Stück (Wegs); **5.** (freie) Bahn, Platz *m*: *to be* (*od. stand*) *in s.o.'s* ~ j-m im Weg sein (*a. fig.*); *to give* ~ nachgeben, (zurück)weichen; **6.** Art *f* u. Weise *f*, Weg *m*, Me'thode *f*: *any* ~ auf jede *od.* irgendeine Art; *any* ~ *you please* ganz wie Sie wollen; *in a big* (*small*) ~ im großen (kleinen); *one* ~ *or another* irgendwie, so oder so; *some* ~ *or other* auf die eine oder andere Weise, irgendwie; ~ *of living* (*thinking*) Lebens- (Denk)weise; *to my* ~ *of thinking* nach m-r Meinung; *in a polite* (*friendly*) ~ höflich (freundlich); *in its* ~ auf s-e Art; *in what* (*od. which*) ~ inwiefern, wieso; *the right* (*wrong*) ~ (*to do it*) richtig (falsch); *the same* ~ genauso; *the* ~ *he does it* so wie er es macht; *this* (*od. that*) ~ so; *that's the* ~ *to do it* so macht man das; **7.** Brauch *m*, Sitte *f*: *the good old* ~*s* die guten alten Bräuche; **8.** Eigenart *f*: *funny* ~*s* komische Manieren; *it is not his* ~ es ist nicht s-e Art *od.* Gewohnheit; *she has a winning* ~ *with her* sie hat e-e gewinnende Art; *that is always the* ~ *with him* so macht er es (*od.* geht es ihm) immer; **9.** Hinsicht *f*, Beziehung *f*: *in a* ~ in gewisser Hinsicht; *in one* ~ in 'einer Beziehung; *in some* ~*s* in mancher Hinsicht; *in the* ~ *of food* an Lebensmitteln, was Nahrung anbelangt; *no* ~ keineswegs; **10.** (*bsd.* Gesundheits)Zustand *m*, Lage *f*: *in a bad* ~ in e-r schlimmen Lage; *to live in a great* (*small*) ~ auf großem Fuß (in kleinen Verhältnissen *od.* sehr bescheiden) leben; *she is in a terrible* ~ *sl.* sie ist außer sich (vor Aufregung); **11.** Berufszweig *m*, Fach *n*: *it is not in his* ~ es schlägt nicht in sein Fach; *he is in the oil* ~ er ist im Ölhandel (beschäftigt); **12.** F Um'gebung *f*, Gegend *f*: *somewhere London* ~ irgendwo in der Gegend von London; **13.** ⊕ **a)** (Hahn)Weg *m*, Bohrung *f*, **b)** *pl.* Führungen *pl.* (*bei Maschinen*); **14.** Fahrt(geschwindigkeit) *f*: *to gather* (*lose*) ~ Fahrt vergrößern (verlieren); **15.** *pl. Schiffbau*: **a)** Helling *f*, **b)** Stapelblöcke *pl.*;

Besondere Redewendungen:

by the ~ **a)** im Vorbeigehen, unterwegs, **b)** am Weg(esrand), an der Straße, **c)** *fig.* übrigens, nebenbei (bemerkt); *by* ~ *of* **a)** (auf dem Weg) über (*acc.*), durch, **b)** *fig.* in der Absicht zu, um ... zu, **c)** als *Entschuldigung etc.*; *by* ~ *of example* beispielsweise; *by* ~ *of exchange* auf dem Tauschwege; *to be by* ~ *of being angry* im Begriff sein aufzubrausen; *to be by* ~ *of doing* (*s.th.*) **a)** dabei sein(, et.) zu tun, **b)** pflegen *od.* gewohnt sein *od.* die Aufgabe haben(, et.) zu tun; → *family 1*; *in the* ~ *of* **a)** auf dem Weg *od.* dabei zu, **b)** hinsichtlich (*gen.*); *in the* ~ *of business* auf dem üblichen Geschäftsweg; *to put s.o. in the* ~ (*of doing*) j-m die Möglichkeit geben (zu tun); *on the* (*od. one's*) ~ unterwegs, auf dem Wege; *to be well on one's* ~ im Gange sein, schon weit vorangekommen sein (*a. fig.*); *out of the* ~ **a)** abgelegen, **b)** *fig.* ungewöhnlich, ausgefallen, **c)** *fig.* abwegig; *nothing out of the* ~ nichts Ungewöhnliches; *to go out of one's* ~ ein übriges tun, sich besonders anstrengen; *to put s.o. out of the* ~ *fig.* j-n aus dem Wege räumen (*töten*); *to put o.s. out of the* ~ sich Mühe geben, Umstände machen; → *harm I*; *under* ~ **a)** ⚓ in Fahrt, unterwegs, **b)** *fig.* im *od.* in Gang; *to be in a fair* (*od. good*) ~ auf dem besten Wege sein, die besten Möglichkeiten haben; *to come* (*in*) *s.o.'s* ~ *bsd. fig.* j-m über den Weg laufen, j-m begegnen; *to force one's* ~ sich e-n Weg bahnen; *to go a long* ~ *to*(*wards*) viel dazu beitragen zu, ein gutes Stück weiterhelfen bei; *to go s.o.'s* ~ **a)** den gleichen Weg gehen wie j-d, **b)** j-n begleiten; *to go one's* ~(*s*) seinen Weg gehen, *fig.* s-n Lauf nehmen; *to have a* ~ *with* mit *j-m* umzugehen wissen; *to have one's own* ~ s-n Willen durchsetzen; *if I had my* (*own*) ~ wenn es nach mir ginge; *have it your* ~! du sollst recht haben!; *you can't have it both* ~*s* du kannst nicht beides haben; *to know one's* ~ *about* sich auskennen (*fig. in* mit); *to lead the* ~ (*a. fig.* mit gutem Beispiel) vorangehen; *to make* ~ **a)** Platz machen (*for* für), **b)** vorwärtskommen (*a. fig. Fortschritte machen*); *to make one's* ~ sich durchsetzen, s-n Weg machen; → *mend 2, pave, pay 3*; *to see one's* ~ *to do s.th.* e-e Möglichkeit sehen, et. zu tun; *to work one's* ~ *through college* sich sein Studium durch Nebenarbeit verdienen, Werkstudent sein; *to work one's ~ up a. fig.* sich hocharbeiten.

way² [wei] *adv.* F weit *oben, unten etc.*: *~ back* weit entfernt; *~ back in 1902* (schon) damals im Jahre 1902.

'way|-bill *s.* **1.** Passa'gierliste *f*; **2.** † Frachtbrief *m*, Begleitschein *m*; **'~·far·er** [-fɛərə] *s.* Reisende(r) *m*, (Fuß)Wanderer *m*; **'~·far·ing** [-fɛəriŋ] *adj.* reisend, wandernd: *~ man* Reisende(r); **~'lay** *v/t.* [*irr.* → *lay¹*] *j-m* auflauern; **'~-leave** *s.* ⚖ *Brit.* Wegerecht *n*; **'~·side I.** *s.* Straßen-, Wegrand *m*: *by the ~* am Wege, am Straßenrand; **II.** *adj.* am Wege (stehend), an der Straße (gelegen): *a ~ inn*; **'~-sta·tion** *s.* 🚂 *Am.* 'Zwischenstatiˌon *f*; **'~-train** *s. Am.* Bummelzug *m.*

way·ward ['weiwəd] *adj.* □ **1.** launisch, unberechenbar; **2.** eigensinnig, 'widerspenstig; **3.** ungeraten: *a ~ son*; **'way·ward·ness** [-nis] *s.* **1.** 'Widerspenstigkeit *f*, Eigensinn *m*; **2.** Launenhaftigkeit *f.*

'way-worn *adj.* reisemüde.

we [wi:; wi] *pron. pl.* wir *pl.*

weak [wi:k] *adj.* □ **1.** *allg.* schwach (*a. zahlenmäßig*) (*a. fig. Argument, Spieler, Stil, Stimme etc.*; *a. ling.*): *~ in Latin fig.* schwach in Latein; → *sex* 2; **2.** ⚕ schwach: **a)** empfindlich, **b)** kränklich; **3.** (cha'rakter)schwach, la'bil, schwächlich: *~ point* (*od. side*) schwacher Punkt, schwache Seite, Schwäche; **4.** schwach, dünn (*Tee etc.*); **5.** † schwach, flau (*Markt*); **'weak·en** [-kən] **I.** *v/t.* **1.** *j-n od. et.* schwächen; **2.** *Getränk etc.* verdünnen; **3.** *fig. Beweis etc.* abschwächen, entkräften; **II.** *v/i.* **4.** schwach *od.* schwächer werden, nachlassen; **'weak·en·ing** [-kniŋ] *s.* (Ab-)Schwächung *f.*

'weak-kneed *adj. fig.* schwächlich.

weak·ling ['wi:kliŋ] *s.* Schwächling *m*; **'weak·ly** [-li] **I.** *adj.* schwächlich, kränklich; **II.** *adv. von weak.*

'weak-'mind·ed *adj.* **1.** schwachsinnig; **2.** cha'rakterschwach.

weak·ness ['wi:knis] *s.* **1.** *allg.* (*a.* Cha'rakter)Schwäche *f*; **2.** Schwächlichkeit *f*, Kränklichkeit *f*; **3.** schwache Seite, schwacher Punkt; **4.** Nachteil *m*, Schwäche *f*, Mangel *m*; **5.** F Schwäche *f*, Vorliebe *f* (*for* für).

'weak|-'sight·ed *adj.* ⚕ schwachsichtig; **'~-'spir·it·ed** *adj.* kleinmütig.

weal¹ [wi:l] *s.* Wohl *n*: *~ and woe* Wohl u. Wehe, gute u. schlechte Tage; *the public* (*od. common od. general*) *~* das Allgemeinwohl.

weal² [wi:l] *s.* Schwiele *f*, Striemen *m* (*auf der Haut*).

wealth [welθ] *s.* **1.** Reichtum *m* (*a. fig. Fülle*) (*of* an *dat.*, von); **2.** Reichtümer *pl.*; **3.** † **a)** Besitz *m*, Vermögen *n*, **b)** *a. personal ~* Wohlstand *m*; **'wealth·y** [-θi] *adj.* □ reich (*a. fig. in* an *dat.*), wohlhabend.

wean [wi:n] *v/t.* **1.** *Kind, junges Tier* entwöhnen; **2.** *fig. a. ~ away from* (*od. of*) *j-n* abbringen von, *j-m et.* abgewöhnen.

weap·on ['wepən] *s.* Waffe *f* (*a.* ⚘, *zo. u. fig.*): *double-edged ~ fig.* zweischneidiges Schwert; **'weap·on·less** [-lis] *adj.* wehrlos, unbewaffnet.

wear¹ [wɛə] **I.** *v/t.* [*irr.*] **1.** *am Körper* tragen (*a. Bart, Brille, a. Trauer*), *Kleidungsstück a.* anhaben, *Hut a.* aufhaben: *to ~ the breeches* (*od. trousers od. pants*) F *fig.* die Hosen anhaben (*Ehefrau*); *she ~s her years well fig.* sie sieht jung aus für ihr Alter; *to ~ one's hair long* das Haar lang tragen; **2.** *Lächeln, Miene etc.* zur Schau tragen, zeigen; **3.** *~ away* (*od. down, off, out*) *Kleid etc.* abnutzen, abtragen, *Absätze* abtreten, *Stufen etc.* austreten; *Löcher* reißen (*in* in *acc.*): *to ~ into holes* ganz abtragen, *Schuhe* durchlaufen; **4.** eingraben, nagen: *a groove worn by water*; **5.** *a. ~ away Gestein etc.* auswaschen, -höhlen; *Farbe etc.* verwischen; **6.** *a. ~ out* ermüden, *a. Geduld* erschöpfen; → *welcome 1*; **7.** *a. ~ down* zermürben: **a)** entkräften, **b)** *fig.* niederringen, *Widerstand* brechen: *worn to a shadow* nur noch ein Schatten (*Person*); **II.** *v/i.* [*irr.*] **8.** halten, haltbar sein: *to ~ well* **a)** sehr haltbar sein (*Stoff etc.*), sich gut tragen (*Kleid etc.*), **b)** *fig.* sich gut halten, wenig altern (*Person*); **9.** *a. ~ away* (*od. down, off, out*) sich abtragen *od.* abnutzen, verschleißen: *to ~ away a.* sich verwischen; *to ~ off fig.* sich verlieren (*Eindruck, Wirkung*); *to ~ out fig.* sich erschöpfen; *to ~ thin* **a)** fadenscheinig werden, **b)** sich erschöpfen (*Geduld etc.*); **10.** *a. ~ away* langsam vergehen, da'hinschleichen (*Zeit*): *to ~ to an end* schleppend zu Ende gehen; **11.** *~ on* sich da'hinschleppen (*Zeit, Geschichte etc.*); **III.** *s.* **12.** Tragen *n*: *clothes for everyday ~* Alltagskleidung; *to have in constant ~* ständig tragen; **13.** (Be)Kleidung *f*, Mode *f*: *to be the ~* Mode sein, getragen werden; **14.** Abnutzung *f*, Verschleiß *m*: *~ and tear* **a)** ⊕ Abnutzung, Verschleiß, **b)** † Abschreibung für Wertminderung; *for hard ~* strapazierfähig; *the worse for ~* abgetragen, mitgenommen (*a. fig.*); **15.** Haltbarkeit *f*: *there is still a great deal of ~ in it* das läßt sich noch gut tragen.

wear² [wɛə] ⚓ **I.** *v/t.* [*irr.*] *Schiff* halsen; **II.** *v/i.* [*irr.*] vor dem Wind drehen (*Schiff*).

wear·a·ble ['wɛərəbl] *adj.* tragbar (*Kleid*).

wea·ri·ness ['wiərinis] *s.* **1.** Müdigkeit *f*; **2.** *fig.* 'Überdruß *m.*

wear·ing ['wɛəriŋ] *adj.* **1.** Kleidungs...; **2.** abnützend; **3.** ermüdend, zermürbend; **'~-ap·par·el** *s.* Kleidung(sstücke *pl.*) *f.*

wea·ri·some ['wiərisəm] *adj.* □ ermüdend (*mst fig. langweilig*).

'wear-re·sist·ant *adj.* strapa'zierfähig.

wea·ry ['wiəri] **I.** *adj.* □ **1.** müde, matt (*with* von, vor *dat.*); **2.** müde, 'überdrüssig (*of gen.*): *~ of life* lebensmüde; **3.** ermüdend: **a)** beschwerlich, **b)** langweilig; **II.** *v/t.* **4.** ermüden (*a. fig. langweilen*); **III.** *v/i.* **5.** überdrüssig *od.* müde werden (*of gen.*).

wea·sel ['wi:zl] *s.* **1.** *zo.* Wiesel *n*; **2.** *fig. contp.* Schleicher *m*, ‚Ratte' *f*; *Am. sl.* Spitzel *m.*

weath·er ['weðə] **I.** *s.* **1.** Wetter *n*, Witterung *f*: *in fine ~* bei schönem Wetter; *to make good* (*od. bad*) *~* ⚓ auf gutes (schlechtes) Wetter stoßen; *to make heavy ~ of s.th. fig.* ‚viel Wind machen' um et.; *under the ~* F **a)** nicht in Form (*unpäßlich*), **b)** e-n Katzenjammer habend, **c)** ‚angesäuselt', **d)** in der Klemme; **2.** ⚓ Luv-, Windseite *f*; **II.** *v/t.* **3.** dem Wetter aussetzen, *Holz etc.* auswittern; *geol.* verwittern (lassen); **4. a)** ⚓ *den Sturm* abwettern, **b)** *a. ~ out fig. Sturm, Krise etc.* über'stehen; **5.** ⚓ luvwärts um'schiffen; **III.** *v/i.* **6.** *geol.* verwittern; **'~-beat·en** *adj.* **1.** vom Wetter mitgenommen; **2.** verwittert; **3.** wetterhart; **'~-board** *s.* **1.** ⊕ **a)** Wasserschenkel *m*, **b)** Schal-, Schindelbrett *n*, **c)** *pl.* Verschalung *f*; **2.** ⚓ Waschbord *n*; **'~-board·ing** *s.* Verschalung *f*; **'~-bound** *adj.* schlechtwetterbehindert; **'~-bu·reau** *s.* Wetterwarte *f*, -amt *n*; **'~-chart** *s.* Wetterkarte *f*; **'~-cock** *s.* Wetterhahn *m*, Wetterfahne *f* (*a. fig. wetterwendische Person*); **'~-eye** *s.*: *to keep one's ~ open fig.* gut aufpassen; **'~-fore·cast** *s.* 'Wetterbericht *m*, -vorˌhersage *f*; **'~·man** [-mæn] *s.* [*irr.*] F **1.** Meteoro'loge *m*; **2.** Wetteransager *m*; **'~-proof** *adj.* wetterfest; **'~-sat·el·lite** *s.* 'Wettersatelˌlit *m*; **'~-side** *s.* **1.** → *weather* 2; **2.** Wetterseite *f*; **'~-sta·tion** *s.* Wetterwarte *f*; **'~-strip** *s.* Dichtungsleiste *f*; **'~-vane** *s.* Wetterfahne *f*; **'~-worn** → *weather-beaten.*

weave [wi:v] **I.** *v/t.* [*irr.*] **1.** weben, wirken; **2.** zs.-weben, flechten; **3.** (ein)flechten (*into* in *acc.*), verweben, -flechten (*with* mit, *into* zu) (*a. fig.*); **4.** *fig.* ersinnen, erfinden; **II.** *v/i.* [*irr.*] **5.** weben; **6.** hin- u. herpendeln, sich schlängeln *od.* winden; **III.** *s.* **7.** Gewebe *n*; **8.** Webart *f*; **'weav·er** [-və] *s.* **1.** Weber(in); Wirker(in); **2.** *a. ~-bird orn.* Webervogel *m*; **'weav·ing** [-viŋ] **I.** *s.* Weben *n*, Webe'rei *f*; **II.** *adj.* Web...: *~ loom* Webstuhl; *~ mill* Weberei.

wea·zen ['wi:zn] → *wizen.*

web [web] *s.* **1. a)** Gewebe *n*, Gespinst *n*, **b)** Netz *n* (*der Spinne etc.*) (*alle a. fig.*): *a ~ of lies* ein Lügengewebe; **2.** Gurt(band *n*) *m*; **3.** *zo.* **a)** Schwimm-, Flughaut *f*, **b)** Bart *m e-r Feder*; **4.** ⊕ Sägeblatt *n*; **5.** Pa'pierbahn *f*, -rolle *f*; **webbed** [webd] *adj. zo.* schwimmhäutig: *~ foot* Schwimmfuß; **web·bing** ['webiŋ] *s.* **1.** Gewebe *n*; **2.** → *web* 2.

'web|-eye *s.* ⚕ Flügelfell *n* (*Augenkrankheit*); **'~-foot** *s.* [*irr.*] *zo.* Schwimmfuß *m*; **'~-foot·ed, '~-toed** *adj.* schwimmfüßig.

wed [wed] **I.** *v/t.* **1.** *rhet.* ehelichen; **2.** vermählen (*to* mit); **3.** *fig.* eng verbinden (*with, to* mit): *to be ~ded to s.th.* **a)** an et. fest gebunden *od.* gekettet sein, **b)** sich e-r Sache verschrieben haben; **II.** *v/i.* **4.** sich vermählen.

we'd [wi:d; wid] F *für* **a)** *we would, we should,* **b)** *we had.*
wed·ded ['wedid] *adj.* **1.** ehelich, Ehe...; **2.** *fig.* (*to*) eng verbunden (mit), gekettet (an *acc.*).
wed·ding ['wediŋ] *s.* Hochzeit *f*, Trauung *f*; **~ break·fast** *s.* Hochzeitsessen *n*; **'~-cake** *s.* Hochzeitskuchen *m*; **'~-day** *s.* Hochzeitstag *m*; **'~-dress** *s.* Hochzeits-, Brautkleid *n*; **'~-ring** *s.* Trauring *m.*
wedge [wedʒ] **I.** *s.* **1.** ⊕ Keil *m* (*a. fig.*): *the thin end of the ~ fig.* ein erster kleiner Anfang; **2. a)** keilförmiges Stück (*Land etc.*), **b)** Ecke *f* (*Käse etc.*); **3.** ⚔ 'Keil(formati,on *f*) *m*; **II.** *v/t.* **4.** ⊕ **a)** verkeilen, festklemmen, **b)** (mit e-m Keil) spalten: *to ~ off* abspalten; **5.** (ein)keilen, (-)zwängen (*in* in *acc.*): *to ~ o.s. in* sich hineinzwängen; **~ (fric·tion) gear** *s.* ⊕ Keilrädergetriebe *n*; **'~-shaped** *adj.* keilförmig.
wed·lock ['wedlɔk] *s.* Ehe(stand *m*) *f*: *born in (out of) ~* ehelich (unehelich) geboren.
Wednes·day ['wenzdi] *s.* Mittwoch *m*: *on ~* am Mittwoch; *on ~s* mittwochs.
wee [wi:] *adj.* klein, winzig: *a ~ bit* ein klein wenig.
weed [wi:d] **I.** *s.* **1.** Unkraut *n*: *ill ~s grow apace* Unkraut verdirbt nicht; *~ killer* Unkrautvertilgungsmittel; **2.** F **a)** ‚Glimmstengel' *m* (*Zigarre, Zigarette*), **b)** *a. soothing ~* ‚Kraut' *n* (*Tabak*); **3.** *sl.* Kümmerling *m* (*schwächliches Tier, a. Person*); **II.** *v/t.* **4.** *Unkraut od. Garten etc.* jäten; **5.** *~ out, ~ up fig.* aussondern, -merzen; **6.** *fig.* säubern; **'weed·er** [-də] *s.* **1.** Jäter *m*; **2.** ⊕ Jätwerkzeug *n.*
weeds [wi:dz] *s. pl. mst widow's ~* Witwen-, Trauerkleidung *f.*
weed·y ['wi:di] *adj.* **1.** voll Unkraut; **2.** unkrautartig; **3. a)** schmächtig, **b)** schlaksig, **c)** klapperig.
week [wi:k] *s.* Woche *f*: *by the ~* wochenweise; *for ~s* wochenlang; *today ~, this day ~* **a)** heute in 8 Tagen, **b)** heute vor 8 Tagen; **'~-day I.** *s.* Wochen-, Werktag *m*: *on ~s* werktags; **II.** *adj.* Werktags...; **'~-'end I.** *s.* Wochenende *n*; **II.** *adj.* Wochenend...: *~ speech* Sonntagsrede; *~ ticket* Sonntags(rückfahr)karte; **III.** *v/i.* das Wochenende verbringen; **'~-'end·er** [-'endə] *s.* Wochenendausflügler (-in).
week·ly ['wi:kli] **I.** *adj. u. adv.* wöchentlich; **II.** *s. a. ~ paper* Wochenzeitung *f*, -(zeit)schrift *f.*
ween [wi:n] *v/t. u. v/i. obs. od. poet.* **1.** hoffen; **2.** vermuten, wähnen.
weep [wi:p] **I.** *v/i.* [*irr.*] **1.** weinen, Tränen vergießen (*for* vor *Freude etc.*, um *j-n*): *to ~ at (od. over)* weinen über (*acc.*); **2. a)** triefen, **b)** tröpfeln, **c)** *biol.* nässen, schwitzen; **3.** trauern (*Baum*); **II.** *v/t.* [*irr.*] **4.** *Tränen* vergießen, weinen; **5.** beweinen; **6.** *biol.* ausschwitzen; **III.** *s.* **7.** F Weinen *n*; **'weep·er** [-pə] *s.* **1.** Weinende(r *m*) *f*, *bsd.* gedungene(r) Leidtragende(r); **2. a)** Trauerbinde *f od.* -flor *m*, **b)** Witwenschleier *m*, **c)** *pl.* weiße 'Trauerman,schetten *pl.* (*der Witwen*); **3.** F → *tear-jerker*; **'weep·ing** [-piŋ] **I.** *adj.* ☐ **1.** weinend; **2.** ♆ Trauer...: *~ willow* Trauerweide; **3.** triefend, tropfend; **4.** ⚕ nässend; **II.** *s.* **5.** Weinen *n.*
wee·vil ['wi:vil] *s. zo.* **1.** Rüsselkäfer *m*; **2.** *allg.* Getreidekäfer *m.*
weft [weft] *s. Weberei*: **a)** Einschlag (-faden) *m*, Schuß(faden) *m*, **b)** Gewebe *n* (*a. poet.*).
weigh[1] [wei] **I.** *s.* **1.** Wiegen *n*; **II.** *v/t.* **2.** (ab)wiegen, wägen; **3.** (*in der Hand*) wiegen; **4.** *fig.* (sorgsam) er-, abwägen (*with, against* gegen): *to ~ one's words* s-e Worte abwägen; **5.** *~ anchor* ⚓ **a)** den Anker lichten, **b)** *fig.* auslaufen (*Schiff*); **6.** (nieder)drücken; **III.** *v/i.* **7.** wiegen, schwer sein; **8.** *fig. schwer etc.* wiegen, ins Gewicht fallen, ausschlaggebend sein (*with s.o.* bei j-m); **9.** lasten (*on, upon* auf *dat.*);
Zssgn mit adv.:
weigh| down *v/t.* niederdrücken (*a. fig.*); **~ in I.** *v/t.* **1.** *sport* **a)** *Jockei* nach dem Rennen wiegen, **b)** *Boxer, Gewichtheber etc.* vor dem Kampf wiegen; **II.** *v/i.* **2.** *sport* gewogen werden: *he ~ed in at 200 pounds* er brachte 200 Pfund auf die Waage; **3.** *~ with Argument etc.* vorbringen; **~ out I.** *v/t.* **1.** *Ware* auswiegen; **2.** *sport Jockei* vor dem Rennen wiegen; **II.** *v/i.* **3.** *sport* gewogen werden.
weigh[2] [wei] *s.*: *to get under ~* ⚓ unter Segel gehen.
weigh·a·ble ['weiəbl] *adj.* wägbar.
'weigh·bridge *s.* ⊕ Brücken-, Tafelwaage *f.*
weigh·er ['weiə] *s.* **1.** Wäger *m*, Waagemeister *m*; **2.** Waage *f.*
'weigh-house *s.* Stadtwaage *f.*
'weigh·ing-ma·chine ['weiiŋ] *s.* ⊕ (Brücken- *od.* Hochleistungs)Waage *f.*
weight [weit] **I.** *s.* **1.** Gewicht *n* (*a. Maß u. Gegenstand*): *~s and measures* Maße u. Gewichte; *by ~* nach Gewicht; *under ~* ✝ untergewichtig, zu leicht; *to lose (put on) ~ an Körpergewicht* ab-(zu)nehmen; *to pull one's ~ fig.* sein(en) Teil leisten; *to throw one's ~ about* F sich ‚breitmachen'; **2.** *fig.* Gewicht *n*: **a)** Last *f*, Wucht *f*, **b)** (*Sorgen- etc.*)Last *f*, Bürde *f*, **c)** Bedeutung *f*, **d)** Einfluß *m*, Geltung *f*: *of ~* gewichtig, schwerwiegend; *men of ~* bedeutende *od.* einflußreiche Leute; *the ~ of evidence* die Last des Beweismaterials; *to add ~ to e-r Sache* Gewicht verleihen; *to carry (od. have) ~ with* viel gelten bei; *to give ~ to e-r Sache* große Bedeutung beimessen; **3.** *sport* **a)** Gewichtsklasse *f* (*der Boxer etc.*), **b)** Gewicht *n*, *a.* (Stoß)Kugel *f*: *putting the ~* Kugelstoßen; **II.** *v/t.* **4. a)** beschweren, **b)** belasten (*a. fig.*): *to ~ the scales in favo(u)r of s.o.* j-m e-n (unerlaubten) Vorteil verschaffen; **5.** ✝ *Stoffe etc.* durch Beimischung *von Mineralien etc.* schwerer machen; **'weight·i·ness** [-tinis] *s.* Gewicht *n*, Gewichtigkeit *f.*
weight·less ['weitlis] *adj.* schwerelos; **'weight·less·ness** [-nis] *s.* Schwerelosigkeit *f.*
'weight|-lift·er *s. sport* Gewichtheber *m*; **'~-lift·ing** *s. sport* Gewichtheben *n.*
weight·y ['weiti] *adj.* ☐ gewichtig: **a)** schwerwiegend (*a. fig. Grund etc.*), **b)** *fig.* einflußreich (*Person*).
weir [wiə] *s.* **1.** (Stau)Wehr *n*; **2.** Fischreuse *f.*
weird [wiəd] **I.** *adj.* ☐ **1.** *poet.* Schicksals...: *~ sisters* **a)** Schicksalsschwestern, Nornen, **b)** Hexen (*in Shakespeares ‚Macbeth'*); **2.** unheimlich; **3.** F ulkig, sonderbar; **II.** *s. obs. od. Scot.* **4.** Schicksal *n*; **'weird·ness** [-nis] *s. das* Unheimliche.
welch [welʃ] → *welsh*[2].
wel·come ['welkəm] **I.** *s.* **1.** Willkomm *m*, freundliche Aufnahme, Empfang *m* (*a. iro.*): *to bid s.o. ~* → 2; *to outstay (od. overstay od. wear out) one's ~* länger bleiben als man erwünscht ist; **II.** *v/t.* **2.** bewillkommnen, will'kommen heißen; **3.** *fig.* begrüßen: **a)** *et.* gutheißen, **b)** gern annehmen; **III.** *adj.* **4.** willkommen, angenehm (*Gast, a. Nachricht etc.*): *to make s.o. ~* j-n herzlich empfangen; **5.** *you are ~ to it* Sie können es gerne behalten *od.* nehmen, es steht zu Ihrer Verfügung; *you are ~ to do it* es steht Ihnen frei, es zu tun; das können Sie gerne tun; *you are ~ to your own opinion iro.* meinetwegen können Sie denken, was Sie wollen; (*you are*) *~!* nichts zu danken!, keine Ursache!, bitte (sehr)!; *take it, and ~* nehmen Sie es, bitte, gern; *and ~ iro.* meinetwegen, wenn's Ihnen Spaß macht; **IV.** *int.* **6.** will'kommen (*to* in *England etc.*).
weld [weld] **I.** *v/t.* **1.** ⊕ (ver-, zs.-) schweißen: *to ~ on* anschweißen (*to* an *acc.*); **2.** *fig.* zs.-schweißen, -schmieden, verschmelzen, eng verbinden; **II.** *v/i.* **3.** ⊕ sich schweißen lassen; **III.** *s.* **4.** ⊕ Schweißstelle *f*, -naht *f*; **'weld·a·ble** [-dəbl] *adj.* schweißbar; **'weld·ed** [-did] *adj.* geschweißt, Schweiß...: *~ joint* Schweißverbindung; **'weld·er** [-də] *s.* ⊕ **1.** Schweißer *m*; **2.** 'Schweißma,schine *f*; **'weld·ing** [-diŋ] *adj.* Schweiß...
wel·fare ['welfɛə] *s.* Wohlfahrt *f*: **a)** Wohlergehen *n*, **b)** Fürsorge(tätigkeit) *f*: *public ~* öffentliche Wohlfahrt; *social ~* Sozialfürsorge; **~ cen·tre** *s. Brit.* Fürsorgeamt *n*; **~ state** *s. pol.* Wohlfahrtsstaat *m*; **~ work** *s.* Fürsorge *f*, Sozi'alarbeit *f*; **~ work·er** *s.* Fürsorger(in), Sozi'alarbeiter(in).
wel·kin ['welkin] *s. poet.* Himmelsgewölbe *n*, -zelt *n*: *to make the ~ ring with* die Luft mit *Geschrei etc.* erfüllen.
well[1] [wel] **I.** *adv.* **1.** gut, wohl: *to be ~ off* **a)** gut versehen sein (*for* mit), **b)** gut daran sein, **c)** wohlhabend sein; *to do o.s. (od. live) ~* gut leben, es sich wohl sein lassen; *to be ~ up in* bewandert sein in *e-m Fach etc.*; **2.** gut, recht, daran sein, geschickt: *to do ~* gut *od.* recht daran tun (*to do* zu tun); *to sing ~* gut singen; *~ done!* gut gemacht!, bravo!; *~ roared, lion!* gut gebrüllt, Löwe!; **3.** gut, freundschaftlich: *to think (od. speak) ~ of* gut denken (*od.* sprechen) über

(*acc.*); **4.** gut, sehr: *to love s.o.* ~ j-n sehr lieben; *it speaks* ~ *for him* es spricht sehr für ihn; **5.** wohl, mit gutem Grund: *one may* ~ *ask this question* man kann wohl *od.* mit gutem Grund so fragen; *you cannot very* ~ *do that* das kannst du nicht gut tun; *not very* ~ wohl kaum; **6.** recht, eigentlich: *he does not know* ~ *how* er weiß nicht recht wie; **7.** gut, genau, gründlich: *to know s.o.* ~ j-n gut kennen; *he knows only too* ~ er weiß nur zu gut; **8.** gut, ganz, völlig: *he is* ~ *out of sight* er ist völlig außer Sicht; **9.** gut, beträchtlich, weit: ~ *away* weit weg; *he walked* ~ *ahead of them* er ging ihnen ein gutes Stück voraus; *until* ~ *past midnight* bis lange nach Mitternacht; **10.** gut, tüchtig, gründlich: *to stir* ~; **11.** gut, mit Leichtigkeit: *you could* ~ *have done it* du hättest es leicht tun können; *it is very* ~ *possible* es ist durchaus *od.* sehr wohl möglich; *as* ~ ebenso, außerdem; (*just*) *as* ~ ebenso(gut), genauso(gut); *as* ~ ... *as* sowohl ... als auch, nicht nur ... sondern auch; *as* ~ *as* ebensogut wie; **II.** *adj.* **12.** wohl, gesund: *to be* (*od. feel*) ~ sich wohl fühlen; **13.** in Ordnung, richtig, gut: *I am very* ~ *where I am* ich fühle mich hier sehr wohl; *it is all very* ~ *but iro.* das ist ja alles schön u. gut, aber; **14.** gut, günstig: *that is just as* ~ das ist schon gut so; *very* ~ sehr wohl, nun gut; ~ *and good* schön und gut; **15.** ratsam, richtig, gut: *it would be* ~ es wäre angebracht *od.* ratsam; **III.** *int.* **16.** nun, na, schön: ~! (*empört*) na, hör mal!; ~ *then* nun (also); ~ *then?* (*erwartend*) na, und?; ~, ~! so, so!, (*beruhigend*) schon gut; **17.** (*überlegend*) (t)ja, hm; **IV.** *s.* **18.** *das* Gute: *let* ~ *alone!* laß gut sein!, laß die Finger davon!; → *wish* 4.

well² [wel] **I.** *s.* **1.** (*gegrabener*) Brunnen, Ziehbrunnen *m*; **2.** *bsd. fig.* Quelle *f*; **3.** a) Mine'ralbrunnen *m*, **b)** *pl.* (*in Ortsnamen*) Bad *n*; **4.** *fig.* (Ur)Quell *m*; **5.** ⊕ a) (Senk-, Öl- *etc.*)Schacht *m*, **b)** Bohrloch *n*; **6.** ⚠ a) Fahrstuhl-, Luft-, Lichtschacht *m*, **b)** (Raum *m* für das) Treppenhaus *n*; **7.** ⚓ a) Pumpensod *m*, **b)** Fischbehälter *m*; **8.** ⊕ eingelassener Behälter: a) *mot.* Gepäckraum *m*, **b)** Tintenbehälter *m*; **9.** ⚖ *Brit.* eingefriedigter Platz für Anwälte; **II.** *v/i.* **10.** quellen (*from* aus): *to* ~ *up* (*od. forth, out*) hervorquellen; *to* ~ *over* überfließen.

we'll [wi:l] F *für we will, we shall.*

'**well**|**-ad'vised** *adj.* 'wohlüber,legt, klug; '~**-ap'point·ed** *adj.* wohlausgestattet; '~**-'bal·anced** *adj.* **1.** im Gleichgewicht; **2.** (innerlich) ausgeglichen; '~**-be'haved** *adj.* wohlerzogen, artig; '~**-'be·ing** *s.* **1.** Wohl(fahrt *f*, -ergehen *n*) *n*; **2.** *mst sense of* ~ Wohlgefühl *n*; '~**-be'lov·ed** *adj.* vielgeliebt; '~**-'born** *adj.* von vornehmer Herkunft, aus guter Fa'milie; '~**-'bred** *adj.* **1.** wohlerzogen; **2.** gebildet, fein; '~**-'cho·sen** *adj.* (gut)gewählt, passend (*Worte etc.*); '~**-con'nect·ed** *adj.* mit guten Beziehungen; mit vornehmer Verwandtschaft; '~**-di'rect·ed** *adj.* wohl-, gutgezielt (*Schlag etc.*); '~**-dis'posed** *adj.* wohlgesinnt (*towards dat.*); '~**-'do·ing** *s.* **1.** Wohltätigkeit *f*; **2.** Rechtschaffenheit *f*; '~**-'done** *adj. Brit.* ('gut),durchgebraten (*Fleisch*); '~**-'earned** *adj.* wohlverdient; '~**-'fa·vo(u)red** *adj.* gutaussehend, hübsch; '~**-'fed** *adj.* wohlgenährt; gutgenährt; '~**-'found·ed** *adj.* wohlbegründet; '~**-'groomed** *adj.* gepflegt; '~**-'ground·ed** *adj.* **1.** → *well-founded*; **2.** mit guter Vorbildung (*in e-m Fach*).

'**well-head** *s.* **1.** (Ur)Quelle *f*; **2.** Brunneneinfassung *f*.

'**well-in'formed** *adj.* **1.** 'gutunter,richtet; **2.** (vielseitig) gebildet.

Wel·ling·ton (boot) ['weliŋtən] *s. Brit.* Schaft-, *bsd.* Gummi-, Wasserstiefel *m*.

'**well**|**-in'ten·tioned** *adj.* **1.** gut-, wohlgemeint; **2.** wohlmeinend (*Person*); '~**-'judged** *adj.* wohlberechnet, angebracht; '~**-'knit** *adj.* sta'bil gebaut, handfest (*Person*); '~**-'known** *adj.* **1.** weithin bekannt; **2.** wohlbekannt; '~**-'made** *adj.* **1.** gutgemacht; **2.** gutgewachsen, gutgebaut (*Person od. Tier*); '~**-'man·nered** *adj.* wohlerzogen, von guten Ma'nieren; '~**-mean·ing** *adj.* **1.** wohlmeinend (*Person*); **2.** gutgemeint (*Handlung*); '~**-'meant** → *well-meaning* 2; '~**-nigh** *adv.* fast, so gut wie: ~ *impossible*; '~**-'off** *adj.* wohlhabend, gutsituiert; '~**-'oiled** *adj.* **1.** *fig.* schmeichlerisch, glatt; **2.** *sl.* beschwipst, ,angetüttert'; '~**-pro'por·tioned** *adj.* wohlproportioniert, gutgebaut; '~**-'read** [-'red] *adj.* **1.** (sehr) belesen, gebildet; **2.** bewandert (*in* in *dat.*); '~**-'reg·u·lat·ed** *adj.* wohlgeregelt, -geordnet; '~**-'round·ed** *adj.* **1.** (wohl)beleibt; **2.** *fig.* a) abgerundet, ele'gant (*Stil, Form etc.*), **b)** ebenmäßig (*Bildung etc.*); '~**-'set** → *well-knit*; '~**-'spo·ken** *adj.* **1.** redegewandt; **2.** höflich im Ausdruck.

'**well-spring** *s.* **1.** Quelle *f*; **2.** *fig.* (Ur)Quell *m*.

'**well**|**-'tem·pered** *adj.* **1.** gutmütig; **2.** ♪ wohltemperiert (*Klavier, Stimmung*); '~**-thought-'out** *adj.* 'wohlerwogen, -durch,dacht; '~**-'thumbed** *adj.* abgegriffen; '~**-'timed** *adj.* rechtzeitig, (zeitlich) wohlberechnet; '~**-to-'do** *adj.* wohlhabend; '~**-'tried** *adj.* (wohl)erprobt, bewährt; '~**-'trod(·den)** *adj.* **1.** ausgetreten (*Weg*); **2.** *fig.* abgedroschen; '~**-'turned** *adj. fig.* wohlgesetzt, ele'gant (*Worte*); '~**-'wish·er** *s.* wohlwollender Freund, Gönner(in); '~**-'worn** *adj.* **1.** abgetragen, abgenutzt; **2.** *fig.* abgedroschen.

Welsh¹ [welʃ] **I.** *adj.* **1.** wa'lisisch: ~ *rabbit* überbackene Käseschnitte; **II.** *s.* **2.** *the* ~ die Wa'liser *pl.*; **3.** *ling.* Wa'lisisch *n*.

welsh² [welʃ] **I.** *v/t.* **1.** *j-n* um s-n (Wett)Gewinn betrügen (*Buchmacher*); **II.** *v/i.* **2.** mit dem (Wett-)Gewinn 'durchgehen; **3.** *allg.* sich s-n (Zahlungs)Verpflichtungen entziehen, sich ,drücken'.

Welsh| **cor·gy** *s.* Welsh Corgi *m* (*walisische Hunderasse*); '~**-man** [-mən] *s.* [*irr.*] Wa'liser *m*; '~**-wom·an** *s.* [*irr.*] Wa'liserin *f*.

welt [welt] **I.** *s.* **1.** Einfassung *f*, Rand *m*; **2.** *Schneiderei*: a) (Zier-)Borte *f*, **b)** Rollsaum *m*, **c)** Stoßkante *f*; **3.** Rahmen *m* (*Schuh*); **4.** a) Strieme(n *m*) *f*, **b)** F (heftiger) Schlag; **II.** *v/t.* **5.** *Kleid etc.* einfassen; *Schuh* auf Rahmen arbeiten: ~*ed* randgenäht (*Schuh*); **6.** F 'durchbleuen.

wel·ter ['weltə] **I.** *v/i.* **1.** *poet.* sich wälzen (*in* in *s-m Blut etc.*) (*a. fig.*); **II.** *s.* **2.** Wogen *n*, Toben *n* (*Wellen etc.*); **3.** *fig.* Tu'mult *m*, Durchein'ander *n*, Wirrwarr *m*, 'Chaos *n*.

'**wel·ter-weight** *s. sport* Weltergewicht(ler *m*) *n*.

wen [wen] *s.* ⚕ (Balg)Geschwulst *f*, *bsd.* Grützbeutel *m* am *Kopf*.

wench [wentʃ] **I.** *s.* **1.** *obs. od. humor.* (*bsd.* Bauern)Mädchen *n*, Weibsbild *n*; **2.** *obs.* Hure *f*, Dirne *f*; **II.** *v/i.* **3.** huren.

wend [wend] *v/t.*: *to* ~ *one's way* sich wenden, s-n Weg nehmen (*to* nach, zu).

went [went] *pret. von go.*

wept [wept] *pret. u. p.p. von weep.*

were [wə:; wə] **1.** *pret. von be*: *du* warst, *Sie* waren; *wir, sie* waren, *ihr* waret; **2.** *pret. pass.*: wurde(n); **3.** *subj. pret.* wäre(n).

we're [wiə] F *für we are.*

weren't [wə:nt] F *für were not.*

were·wolf ['wə:wulf] *s.* Werwolf *m*.

west [west] **I.** *s.* **1.** West(en) *m*: *the wind is in the* ~ der Wind kommt von Westen; **2.** Westen *m* (*Landesteil*); **3.** *the* ~ *geogr.* der Westen: a) Westengland *n*, **b)** die *amer.* Weststaaten *pl.*, **c)** das Abendland; **4.** *poet.* Westwind *m*; **II.** *adj.* **5.** westlich, West...; **III.** *adv.* **6.** westwärts, nach Westen: *to go* ~ *sl.* ,draufgehen' (*sterben, kaputt- od. verlorengehen*); **7.** ~ *of* westlich von; '**west·er·ly** [-təli] **I.** *adj.* westlich, West...; **II.** *adv.* westwärts, gegen Westen.

west·ern ['westən] **I.** *adj.* **1.** westlich, West...: *the* ~ *Empire hist.* das weströmische Reich; **2.** *oft* ~ westlich, abendländisch; **3.** ~'westameri,kanisch, (Wild)West...; **II.** *s.* **4.** → *westerner*; **5.** Western *m*: a) Wild'westfilm *m*, **b)** Wild'westro,man *m*; '**west·ern·er** [-nə] *s.* **1.** Westländer *m*; **2.** *a.* ~ *Am.* Weststaatler *m*; **3.** *oft* ~ Abendländer *m*; '**west·ern·ize** [-naiz] *v/t.* verwestlichen; '**west·ern·most** [-moust] *adj.* westlichst.

West In·di·an I. *adj.* west'indisch; **II.** *s.* West'indier(in).

west·ing ['westiŋ] *s.* ⚓ **1.** (zu'rückgelegter) westlicher Kurs; **2.** westliche Richtung.

West·pha·li·an [west'feiljən] **I.** *adj.* west'fälisch; **II.** *s.* West'fale *m*, West'fälin *f*.

west·ward ['westwəd] **I.** *adj.* westlich, West...; **II.** *adv.* in westliche(r) Richtung, westwärts; **III.** *s.* Westen *m*: *in the* ~ *of* im Westen von; '**west·wards** [-dz] → *westward II.*

wet [wet] **I.** *adj.* **1.** naß, durch'näßt (*with* von): ~ *through* durchnäßt; ~ *to the skin* naß bis auf die Haut; ~ *blanket fig.* a) Dämpfer, kalte Dusche, **b)** Störenfried, Spielverderber(in), fader Kerl; *to throw a ~ blanket on e-r Sache* e-n Dämpfer aufsetzen; *~ pack* ⚕ feuchter Umschlag; *~ paint!* frisch gestrichen!; *~ steam* ⊕ Naßdampf; **2.** regnerisch, feucht (*Klima*); **3.** ⊕ naß, Naß...(*-gewinnung etc.*); **4.** *Am.* ‚feucht' (*nicht unter Alkoholverbot stehend*); **5.** *sl.* **a)** blöd, ‚doof', **b)** *all ~* falsch, verkehrt: *you are all ~!* du irrst dich gewaltig!; **II.** *s.* **6.** Flüssigkeit *f*, Feuchtigkeit *f*, Nässe *f*; **7.** Regen (-wetter *n*) *m*; **8.** *sl.* **a)** Getränk *n*, **b)** ‚Schluck' *m*; **9.** *Am.* F Gegner *m* der Prohibiti'on; **III.** *v/t.* [*irr.*] **10.** benetzen, anfeuchten, naßmachen, nässen: *to ~ through* durchnässen; → *whistle 7*; **11.** *sl. ein Ereignis etc.* ‚begießen': *to ~ a bargain*; **'~·back** *s. Am. sl. illegaler Einwanderer aus Mexiko*; **~ dock** → *dock*[1] *1.*

weth·er ['weðə] *s. zo.* Hammel *m.*

wet·ness ['wetnis] *s.* Nässe *f*, Feuchtigkeit *f.*

'wet-nurse I. *s.* **1.** (Säug)Amme *f*; **II.** *v/t.* **2.** säugen; **3.** *fig.* verhätscheln.

wet·ting ['wetiŋ] *s.* Durch'nässung *f*, Befeuchtung *f*: *to get a ~* durchnäßt werden (*vom Regen*).

wet·tish ['wetiʃ] *adj.* etwas feucht.

we've [wi:v] F *für we have.*

wey [wei] *s. obs. ein Trockengewicht.*

whack [wæk] F **I.** *v/t.* **1.** schlagen, ‚vermöbeln' (*a. beim Spiel*); **II.** *s.* **2.** (knallender) Schlag; **3.** (An)Teil *m*; **4.** Versuch *m*: *to take a ~ at* sich an *e-e Arbeit etc.* wagen *od.* machen; **5.** *out of ~* nicht in Ordnung; **'whack·er** [-kə] *s. sl.* **1.** Mordsding *n*, -kerl *m*; **2.** faustdicke Lüge, aufgelegter Schwindel; **'whack·ing** [-kiŋ] **I.** *adj. u. adv. sl.* mächtig, gewaltig, e'norm; **II.** *s.* F (Tracht *f*) Prügel *pl.*

whale [weil] **I.** *pl.* **whales** *bsd. coll.* **whale** *s.* **1.** *zo.* Wal *m*: *a ~ of* F e-e Riesenmenge; *a ~ of a fellow* F ein Riesenkerl; *to be a ~ for* (*od. on*) F versessen sein auf (*acc.*); *to be a ~ at* F e-e ‚Kanone' sein in (*dat.*); **II.** *v/i.* **2.** Walfang treiben; **3.** *sl.* hauen; **'~·bone** *s.* Fischbein(stab *m*) *n*; **'~·calf** *s.* [*irr.*] *zo.* junger Wal; **'~·fish·er·y** *s.* **1.** Walfang *m*; **2.** Walfanggebiet *n*; **'~·oil** *s.* Walfischtran *m.*

whal·er ['weilə] *s.* Walfänger *m* (*Person u. Boot*).

whal·ing[1] ['weiliŋ] **I.** *s.* Walfang *m*; **II.** *adj.* Walfang...: *~-gun* Harpunengeschütz.

whal·ing[2] ['weiliŋ] *sl.* **I.** *adj. u. adv.* kolos'sal, e'norm, gewaltig; **II.** *s.* (Tracht *f*) Prügel *pl.*

whang [wæŋ] F **I.** *s.* Knall *m*, Krach *m*, Bums *m*; **II.** *v/t.* knallen, hauen; **III.** *v/i.* knallen (*a. schießen*), krachen, bumsen.

wharf [wɔ:f] ⚓ **I.** *pl.* **wharves** [-vz] *od.* **wharfs** *s.* **1.** Kai *m*; **II.** *v/t.* **2.** *Waren* löschen; **3.** *Schiff* am Kai festmachen; **'wharf·age** [-fidʒ] *s.* **1.** Kaianlage(n *pl.*) *f*; **2.** Kaigeld *n*; **'wharf·in·ger** [-findʒə] *s.* ⚓ **1.** Kaimeister *m*; **2.** Kaibesitzer *m.*

wharves [wɔ:vz] *pl. von wharf.*

what [wɔt] **I.** *pron. interrog.* **1.** was, wie: *~ is her name?* wie ist ihr Name?; *~ did he do?* was hat er getan?; *~ is he?* was ist er (von Beruf)?; *~'s for ...?* was gibt's zum *Essen*?; **2.** was für ein, welcher, *vor pl.* was für: *~ an idea!* was für e-e Idee!; *~ book?* was für ein Buch?; *~ luck!* welch ein Glück!; **3.** was (*um Wiederholung e-s Wortes bittend*): *he claims to be a ~?* was will er sein?; **II.** *pron. rel.* **4.** (das) was: *this is ~ we hoped for* (gerade) das erhofften wir; *I don't know ~ he said* ich weiß nicht was er sagte; *it is nothing compared to ~ ...* es ist nichts im Vergleich zu dem, was ...; **5.** was (auch immer); **III.** *adj.* **6.** was für ein, welch: *I don't know ~ decision you have taken* ich weiß nicht, was für e-n Entschluß du gefaßt hast; **7.** alle *od.* jede die, alles was: *~ money I had* was ich an Geld hatte, all mein Geld; **8.** soviel(e) ... wie;

Besondere Redewendungen:

and ~ not u. was sonst noch alles; *~ about?* wie wär's mit *od.* wenn?, wie steht's mit?; *~ for?* wozu?, wofür?; *~ if?* und wenn nun?, (und) was geschieht, wenn?; *~ next?* **a)** was sonst noch?, **b)** *iro.* sonst noch was?, das fehlte noch!; *~ news?* was gibt es Neues?; *(well,) ~ of it?, so ~?* na, und?, na, wenn schon?; *~ though?* was tut's, wenn?; *~ with* infolge, durch, in Anbetracht (*gen.*); *~ with ..., ~ with ...* teils durch ..., teils durch ...; *but ~* F daß (*nicht*); *I know ~* F ich weiß was, ich habe e-e Idee; *she knows ~'s ~* F sie weiß Bescheid; sie weiß, was los ist; *I'll tell you ~* ich will dir (mal) was sagen.

what|-d'you-call-it ['wɔtdjukɔ:lit] (*od.* **-'em** [-em] *od.* **-him** *od.* **-her**), **'~-d'ye-call-it** [-djəkɔ:lit] (*od.* -'em [-em] *od.* **-him** *od.* **-her**) *s.* F Dings (-da, -bums) *m, f, n*; **~'e'er** *poet.* → *whatever*; **~'ev·er I.** *pron.* **1.** was (auch immer), alles was: *take ~ you like!*; *~ you do* was du auch tust; **2.** was auch; trotz allem, was: *do it ~ happens!*; **3.** F was denn, was in aller Welt: *~ do you want?* was willst du denn?; **II.** *adj.* **4.** welch ... auch (immer): *for ~ reasons he is angry* aus welchen Gründen er auch immer ärgerlich ist; **5.** *mit neg.*: über'haupt, gar *nichts, niemand etc.*: *no doubt ~* überhaupt *od.* gar kein Zweifel; **'~·not** *s.* Eta'gere *f.*

what's [wɔts] F *für what is*; **'~-her-name** [-səneim], **'~-his-name** [-sizneim], **'~-its-name** *s.* F Dings (-da) *m, f, n*: *Mr. what's-his-name* Herr Dingsda, Herr Soundso.

what·so'ev·er → *whatever.*

wheal [wi:l] → *wale.*

wheat [wi:t] *s.* ✿ Weizen *m.*

wheat·en ['wi:tn] *adj.* Weizen...

whee·dle ['wi:dl] *v/t.* **1.** *j-n* um'schmeicheln; **2.** *j-n* beschwatzen, über'reden (*into doing s.th.* et. zu tun); **3.** *~ s.th. out of s.o.* j-m et. abschwatzen *od.* abschmeicheln; **'whee·dling** [-liŋ] *adj.* □ schmeichlerisch.

wheel [wi:l] **I.** *s.* **1.** *allg.* Rad *n* (*a.* ⊕): *~ brake* Radbremse; *the ~ of Fortune fig.* das Glücksrad; *~s within ~s fig.* e-e komplizierte Sache; → *fifth wheel, shoulder 1, spoke*[1] *4*; **2.** ⊕ Scheibe *f*; **3.** Lenkrad *n*: *at the ~* **a)** am Steuer, **b)** *fig.* am Ruder; **4.** F (Fahr)Rad *n*; **5.** *hist.* Rad *n* (*Folterinstrument*): *to break s.o. on the ~* j-n rädern *od.* aufs Rad flechten; *to break a (butter)fly (up)on the ~ fig.* mit Kanonen nach Spatzen schießen; **6.** *pl. fig.* Räder(werk *n*) *pl.*, Getriebe *n*; **7.** Drehung *f*, Kreis (-bewegung *f*) *m*; ⚔ Schwenkung *f*: *right (left) ~!* rechts (links) schwenkt!; **8.** *Turnen*: **a)** Rad *n*, **b)** 'Salto *m*; **II.** *v/t.* **9.** *j-n od. et.* rollen, fahren, schieben; **10.** ⚔ schwenken lassen; **III.** *v/i.* **11.** sich (im Kreis) drehen; **12.** *a. ~ round* sich (rasch) 'umwenden *od.* -drehen; **13.** ⚔ schwenken; **14.** rollen, fahren; **15.** F radeln; **'~·bar·row** *s.* Schubkarre(n *m*) *f*; **'~·base** *s.* ⊕ Radstand *m*; **~ chair** *s.* Rollstuhl *m.*

wheeled [wi:ld] *adj.* **1.** fahrbar, Roll..., Räder...; **2.** *in Zssgn* ...räd(e)rig: *three-~.*

wheel·er ['wi:lə] *s.* **1.** *in Zssgn* Fahrzeug *n* mit ... Rädern: *four-~* Vierradwagen, Zweiachser; **2.** → *wheel-horse*; **'~-deal·er** *s. Am.* F raffinierter Bursche, ‚guter Geschäftsmann'.

'wheel|-horse *s.* Stangen-, Deichselpferd *n*; **'~-house** *s.* ⚓ Ruderhaus *n*; **'~·man** [-mən] *s.* [*irr.*] F Radler *m*; **~ win·dow** *s.* △ Radfenster *n*; **'~·wright** [-rait] *s.* ⊕ Stellmacher *m.*

wheeze [wi:z] **I.** *v/i.* **1.** keuchen, schnaufen; **II.** *v/t.* **2.** *a. ~ out et.* keuchen(d her'vorstoßen); **III.** *s.* **3.** Keuchen *n*, Schnaufen *n*; **4.** *sl.* **a)** *thea.* (improvisierter) Scherz, Gag *m*, **b)** Jux *m*, Ulk *m*, **c)** alter Witz; **'wheez·y** [-zi] *adj.* □ keuchend, asth'matisch (*a. humor. Orgel etc.*).

whelk[1] [welk] *s. zo.* Wellhorn (-schnecke *f*) *n.*

whelk[2] [welk] *s.* ⚕ Pustel *f.*

whelm [welm] *v/t. poet.* **1.** ver-, über'schütten, versenken, -schlingen; **2.** *fig.* über'schütten *od.* -'häufen (*in, with* mit).

whelp [welp] **I.** *s.* **1.** *zo.* **a)** Welpe *m* (*junger Hund, Fuchs od. Wolf*), **b)** *allg.* Junge(s) *n*; **2.** Balg *m, n* (*ungezogenes Kind*); **II.** *v/t. u. v/i.* **3.** (Junge) werfen.

when [wen] **I.** *adv.* **1.** *fragend*: wann; **2.** *relativ*: als, wo, da: *the years ~ we were poor* die Jahre, als wir arm waren; *the day ~* der Tag, an dem *od.* als; **II.** *cj.* **3.** wann: *she doesn't know ~ to be silent* sie weiß nicht, wann sie schweigen muß; **4.** zu der Zeit *od.* in dem Augenblick, als: *~ (he was) young, he lived in M.* als er noch jung war, wohnte er in M.; *we were about to start ~ it began to rain* wir wollten gerade fortgehen, als es anfing zu regnen *od.* und da fing es an zu regnen; *say ~!* F sag, wenn es so weit ist *od.* wenn du genug hast! (*bsd. beim Eingießen*); **5.** (dann,) wenn; **6.** (immer) wenn, so'bald, so'oft; **7.** worauf'hin, und dann; **8.** ob'wohl, wo ... (doch), da ... doch; **III.** *pron.* **9.** wann, welche Zeit: *from ~ does it date?* aus welcher Zeit stammt es?; *since ~?* seit wann?; *till ~?* bis wann?; **10.** *relativ*: *since ~* und seitdem; *till ~* und bis dahin; **IV.** *s.* **11.** *the ~ and where of s.th.* das Wann und Wo e-r Sache.

whence [wens] *bsd. poet.* **I.** *adv.* **1.** wo'her: **a)** von wo(her), von wannen, wor'aus, **b)** *fig.* wo'von, wo'durch, wie: *~ comes it that* wie kommt es, daß; **II.** *cj.* **2.** von woher; **3.** *fig.* wes'halb, und deshalb.

when(·so)'ev·er **I.** *cj.* wann (auch) immer, einerlei wann, (immer) wenn, so'oft (als), jedesmal wenn; **II.** *adv. fragend*: wann denn (nur).

where [wɛə] **I.** *adv.* (*fragend u. relativ*) **1.** wo; **2.** wo'hin; **3.** wor'in, inwie'fern, in welcher Hinsicht; **II.** *cj.* **4.** (da) wo; **5.** da'hin *od.* irgendwo'hin wo, wo'hin; **III.** *pron.* **6.** (*relativ*) (da *od.* dort,) wo: *he lives not far from ~ it happened* er wohnt nicht weit von dort, wo es geschah; **7.** (*fragend*) wo: *~ ... from?* woher?, von wo?; *~ ... to?* wohin?; **~·a·bouts** **I.** *adv. od. cj.* ['wɛərə'bauts] wo ungefähr *od.* etwa; **II.** *s. pl.* ['wɛərəbauts] *sg. konstr.* Aufenthalt(sort) *m*, Verbleib *m*; **~·as** [wɛər'æz] *cj.* **1.** wohin'gegen, während, wo ... doch; **2.** ⚖ da; in Anbetracht dessen, daß (*im Deutschen mst unübersetzt*); **~·at** [wɛər'æt] *adv. u. cj.* **1.** wor'an, wo'bei, wor'auf; **2.** (*relativ*) an welchem (welcher) *od.* dem (der), wo **~'by** *adv. u. cj.* **1.** wo'durch, wo'mit; **2.** (*relativ*) durch welchen (welche[s]); **'~·fore** **I.** *adv. od. cj.* **1.** wes'halb, wo'zu, war'um; **2.** (*relativ*) wes'wegen, und deshalb; **II.** *s. oft pl.* **3.** *das* Weshalb, *die* Gründe *pl.*; **~'from** *adv. u. cj.* wo'her, von wo; **~·in** [wɛər'in] *adv.* wor'in, in welchem (welcher); **~·of** [wɛər'ɔv] *adv. u. cj.* wo'von; **~·on** [wɛər'ɔn] *adv. od. cj.* **1.** wor'auf; **2.** (*relativ*) auf dem (der) *od.* den (die, das), auf welchem (welcher) *od.* welchen (welche, welches); **~·so'ev·er** → *wherever 1*; **~'to** *adv. od. cj.* wo'hin; **~·up·on** [wɛərə'pɔn] *adv. od. cj.* **1.** worauf('hin); **2.** (*als Satzanfang*) darauf'hin.

wher·ev·er [wɛər'evə] *adv. od. cj.* **1.** wo('hin) auch immer; ganz gleich, wo(hin); **2.** F wo(hin) denn (nur)?

where|'with *adv. od. cj.* wo'mit; **'~·with·al** **I.** *s.* Mittel *pl.*, *das* Nötige, *das* nötige (Klein)Geld; **II.** *adv. od. prp.* *wherewith'al obs.* wo'mit.

wher·ry ['weri] ⚓ *s.* **1.** Jolle *f*; Fährboot *n*; **2.** *Brit.* Frachtsegler *m*.

whet [wet] **I.** *v/t.* **1.** wetzen, schärfen, schleifen; **2.** *fig. Appetit* anregen; *Neugierde etc.* anstacheln; **II.** *s.* **3.** Wetzen *n*, Schärfen *n*; **4.** (Appe'tit)Anreger *m*, Aperi'tif *m*.

wheth·er ['weðə] *cj.* **1.** ob (*or not* oder nicht): *~ or no* auf jeden Fall, so oder so; **2.** *~ ... or* entweder *od.* sei es, daß ... oder.

'whet·stone *s.* **1.** Wetz-, Schleifstein *m*; **2.** *fig.* Anreiz *m*.

whew [hwu:] *int.* hu!, (h)ui!

whey [wei] *s.* Molke *f*; **'~-faced** *adj.* käsig, käsebleich.

which [witʃ] **I.** *interrog.* **1.** welch (*aus e-r bestimmten Gruppe od. Anzahl*): *~ of you?* welcher *od.* wer von euch?; **II.** *pron.* (*relativ*) **2.** welch, der (die, das) (*bezogen auf Dinge, Tiere od. obs. Personen*); **3.** (*auf den vorhergehenden Satz bezüglich*) was; **4.** (*in eingeschobenen Sätzen*) (etwas,) was; **III.** *adj.* **5.** (*fragend od. relativ*) welch: *~ place will you take?* auf welchem Platz willst du sitzen?; **~(·so)'ev·er** *pron. u. adj.* welch (auch) immer; ganz gleich, welch.

whiff [wif] **I.** *s.* **1.** Luftzug *m*, Hauch *m*; **2.** Duftwolke *f*, (*a.* übler) Geruch; **3.** Zug *m* (*beim Rauchen*); **4.** Schuß *m Chloroform etc.*; **5.** *fig.* Anflug *m*; **6.** F Ziga'rillo *n*; **II.** *v/i. u. v/t.* **7.** blasen, wehen; **8.** paffen, rauchen; **9.** (*nur v/i.*) (unangenehm) riechen.

whif·fle ['wifl] *v/i. u. v/t.* wehen, blasen.

Whig [wig] *pol. hist.* **I.** *s.* **1.** *Brit.* Whig *m* (*Liberaler*); **2.** *Am.* Whig *m*: **a)** Natio'nal(republi,kan)er *m* (*Unterstützer der amer. Revolution*), **b)** *Anhänger e-r Oppositionspartei gegen die Demokraten um 1844*); **II.** *adj.* **3.** Whig..., whig'gistisch; **Whig·gism** ['wigizəm] *s. pol.* Whig'gismus *m*, Libera'lismus *m*.

while [wail] **I.** *s.* **1.** Weile *f*, Zeit (-spanne) *f*: *a long ~ ago* vor e-r ganzen Weile; (*for*) *a ~* e-e Zeitlang; *for a long ~* lange (Zeit), seit langem; *in a little ~* bald, binnen kurzem; *the ~* derweil, währenddessen; *between ~s* zwischendurch; *worth (one's) ~* der Mühe wert, lohnend; *it is not worth (one's) ~* **es** ist nicht der Mühe wert, es lohnt sich nicht; → *once 1*; **II.** *cj.* **2.** (*zeitlich*) während; **3.** so'lange (wie); **4.** während, wo(hin)'gegen; **5.** wenn auch, ob'wohl, zwar; **III.** *v/t.* **6.** *mst ~ away* sich *die Zeit* vertreiben; **whilst** [wailst] → *while II*.

whim [wim] *s.* **1.** Laune *f*, Grille *f*, wunderlicher Einfall; **2.** ⚒ Göpel *m*.

whim·brel ['wimbrəl] *s. orn.* Kleiner Brachvogel.

whim·per ['wimpə] **I.** *v/t. u. v/i.* wimmern, winseln; **II.** *s.* Wimmern *n*, Winseln *n*.

whim·sey → *whimsy*.

whim·si·cal ['wimzikəl] *adj.* □ **1.** launen-, grillenhaft, wunderlich; **2.** schrullig, ab'sonderlich, seltsam; **whim·si·cal·i·ty** [wimzi'kæliti], **'whim·si·cal·ness** [-nis] *s.* **1.** Grillenhaftigkeit *f*, Wunderlichkeit *f*; **2.** wunderlicher *od.* origi'neller Einfall; **whim·sy** ['wimzi] **I.** *s.* Laune *f*, Grille *f*, Schrulle *f*; **II.** *adj.* → *whimsical*.

whin[1] [win] *s.* ⚘ *bsd. Brit.* Stechginster *m*.

whin[2] [win] → *whinstone*.

whine [wain] **I.** *v/i.* **1.** winseln, wimmern; **2.** greinen, quengeln, jammern; **II.** *v/t.* **3.** *et.* weinerlich sagen, winseln; **III.** *s.* **4.** Gewinsel *n*; **5.** Gejammer *n*; **'whin·ing** [-niŋ] *adj.* □ weinerlich, greinend; winselnd.

whin·ny ['wini] **I.** *v/i.* (leise) wiehern; **II.** *s.* Wiehern *n*.

whin·stone ['winstoun] *s. geol.* Ba'salt(tuff) *m*, Trapp *m*.

whip [wip] **I.** *s.* **1.** Peitsche *f*, Geißel *f*; **2.** *be a good (poor) ~* gut (schlecht) kutschieren; **3.** *hunt.* Pi'kör *m*; **4.** *parl.* **a)** Einpeitscher *m*, **b)** Rundschreiben *n*, Aufforderung(sschreiben *n*) *f* (*bei e-r Versammlung etc. zu erscheinen*); **5.** ⊕ **a)** Wippe *f*, **b)** *a. ~-and-derry* Flaschenzug *m*; **6.** *Näherei*: über'wendliche Naht; **II.** *v/t.* **7.** peitschen; **8.** (aus)peitschen, geißeln (*a. fig.*); **9.** *a. ~ on* antreiben; **10.** schlagen: **a)** verprügeln: *to ~ s.th. into (out of) s.o.* j-m et. einbleuen (mit Schlägen austreiben), **b)** *bsd. Am.* F besiegen, über'treffen; **11.** reißen, raffen: *to ~ away* wegreißen; *to ~ from* wegreißen *od.* fegen von; *to ~ off* **a)** weg-, herunterreißen, **b)** *j-n* entführen; *to ~ on Kleidungsstück* überwerfen; *to ~ out* (plötzlich) zücken, (schnell) *aus der Tasche* ziehen; **12.** *Gewässer* abfischen; **13. a)** *Schnur etc.* um'wickeln, ⚓ *Tau* betakeln, **b)** *Schnur* wickeln (*about* um *acc.*); **14.** über'wendlich nähen, über'nähen, um'säumen; **15.** *Eier, Sahne* (schaumig) schlagen: *~ped cream* Schlagsahne; *~ped eggs* Eischnee; **III.** *v/i.* **16.** sausen, flitzen, schnellen: *to ~ round* sich ruckartig umdrehen; **~ in** *v/t.* **1.** *hunt. Hunde* zs.-treiben; **2.** *parl.* zs.-trommeln; **~ up** *v/t.* **1.** antreiben; **2.** aufraffen, packen; **3.** *fig.* aufpeitschen; **4.** zs.-trommeln, ‚herzaubern'.

whip| a·e·ri·al (*od.* **an·ten·na**) *s.* ⚡ 'Staban,tenne *f*; **'~·cord** *s.* **1.** Peitschenschnur *f*; **2.** Whipcord *m* (*schräggeripptes Kammgarn*); **~ hand** *s.* rechte Hand *des Reiters etc.*: *to have the ~ of j-n* an der Kandare *od.* in der Gewalt haben; **'~-lash** → *whipcord 1*.

whip·per ['wipə] *s.* Peitschende(r *m*) *f*; **'~-'in**, *pl.* **'~s-'in** → *whip 3 u. 4 a*; **'~snap·per** *s.* **1.** Drei'käsehoch *m*; **2.** Gernegroß *m*, Gelbschnabel *m*, Springinsfeld *m*.

whip·pet ['wipit] *s.* **1.** *zo.* Whippet *m* (*kleiner englischer Rennhund*); **2.** ⚔ *hist. leichter* Panzerkampfwagen.

whip·ping ['wipiŋ] *s.* **1.** (Aus)Peitschen *n*; **2.** (Tracht *f*) Prügel *pl.*, Hiebe *pl.* (*a. fig.* F *Niederlage*); **3.** 'Garnum,wick(e)lung *f*; **'~-boy** *s.* Prügelknabe *m* (*mst fig. Sündenbock*); **'~-post** *s. hist.* Schandpfahl *m*; **'~-top** *s.* Kreisel *m* (*der mit Peitsche getrieben wird*).

whip·ple·tree ['wipltri:] *s.* Ortscheit *n*.

whip·py ['wipi] *adj.* biegsam, geschmeidig.

'whip|-round *s. Brit.* **1.** Rundschreiben *n* mit der Bitte um Spenden; **2.** Geldsammlung *f*; **'~-saw** **I.** *s.* (zweihändige) Schrotsäge; **II.** *v/t.* mit der Schrotsäge sägen; **III.** *v/i. pol. Am.* sich von beiden Seiten bestechen lassen.

whir → *whirr*.

whirl [wə:l] **I.** *v/i.* **1.** wirbeln, sich drehen: *to ~ about (od. round)* herumwirbeln; **2.** sausen; eilen; **3.** wirbeln, schwind(e)lig werden (*Kopf, Sinne etc.*): *my head ~s* mir ist schwindelig; **II.** *v/t.* **4.** *allg.* wirbeln: *to ~ up dust* Staub aufwirbeln; **III.** *s.* **5.** Wirbeln *n*; **6.** Wirbel *m*: **a)** schnelle Kreisbewegung, **b)** Strudel *m*; **7.** *fig.* Wirbel *m*: **a)** Strudel *m*, wirres Treiben, **b)** Schwindel *m* (*der Sinne etc.*): *a ~ of passion; her* *thoughts were in a ~* ihre Gedanken wirbelten durcheinander; **'~-bone** *s. anat.* Kugelgelenk *n.*

whirl·i·gig ['wə:ligig] *s.* **1.** Schnurrrädchen *n*, Kreisel *m etc.* (*Spielzeug*); **2.** Karus'sell *n* (*a. fig. der Zeit*); **3.** *fig.* Wirbel *m der Ereignisse etc.*

'whirl|·pool *s.* Strudel *m* (*a. fig.*); **'~·wind** *s.* Wirbelwind *m* (*a. fig.*); → *wind*¹ *1.*

'whirl·y·bird ['wə:li] *s. Am.* F ,Kaffeemühle' *f*, Hubschrauber *m.*

whirr [wə:] **I.** *v/i.* schwirren, surren; **II.** *v/t.* schwirren lassen; **III.** *s.* Schwirren *n*, Surren *n.*

whisk [wisk] **I.** *s.* **1.** Wischen *n*; leichter Schlag; schnelle Bewegung (*bsd. Tierschwanz*); **2.** Husch *m*: *in a ~* im Nu; **3.** (*Stroh- etc.*)Wisch *m*, Büschel *n*; **4.** (Staub-, Fliegen-) Wedel *m*; **5.** *Küche*: Schneebesen *m*; **II.** *v/t.* **6.** *Staub etc.* (weg)wischen, (-)fegen; **7.** fegen; *mit dem Schwanz* schlagen; **8.** *~ away* (*od. off*) schnell verschwinden lassen, wegzaubern, -nehmen; *j-n* schnellstens wegbringen, entführen; **9.** *Sahne, Eischnee* schlagen; **III.** *v/i.* **10.** wischen, huschen, flitzen: *to ~ away* forthuschen; **'whisk·er** [-kə] *s.* **1.** *mst pl.* (*a pair of ~s* ein) Backenbart *m*; **2.** *zo.* Schnurr-, Barthaar *n* (*von Katzen etc.*); **'whisk·ered** [-kəd] *adj.* **1.** e-n Backenbart tragend; **2.** *zo.* mit Schnurrhaaren versehen.

whis·k(e)y ['wiski] *s.* Whisky *m.*

whis·per ['wispə] **I.** *v/i. u. v/t.* **1.** wispern, flüstern: *to ~ s.th. to s.o.* j-m et. zuflüstern; **2.** *fig. b.s.* flüstern, tuscheln, munkeln; **3.** *poet.* raunen (*Baum etc.*); **II.** *s.* **4.** Flüstern *n*, Wispern *n*, Geflüster *n*: *in a ~, in ~s* im Flüsterton; **5.** Getuschel *n*; **6.** geflüsterte *od.* heimliche Bemerkung; **7.** Gerücht *n*; **8.** Rascheln *n*; **'whis·per·er** [-ərə] *s.* **1.** Flüsternde(r *m*) *f*; **2.** Zuträger(in), Ohrenbläser(in); **'whis·per·ing** [-pəriŋ] **I.** *adj.* □ **1.** flüsternd; **2.** Flüster...: *~ campaign* Flüsterkampagne, -propaganda; *~-gallery* Flüstergalerie; **II.** *s.* **3.** → *whisper 4.*

whist¹ [wist] *int. dial.* pst!, st!, still!

whist² [wist] *s.* Whist *n* (*Kartenspiel*): *~ drive* Whistturnier.

whis·tle ['wisl] **I.** *v/i.* **1.** pfeifen (*Person, Vogel, Lokomotive etc.*; *a. Kugel, Wind etc.*) (*to s.o.* j-m): *he can ~ for it* F darauf kann er lange warten, das kann er sich in den Kamin schreiben; **II.** *v/t.* **2.** *Melodie etc.* pfeifen; **3.** *~ back Hund etc.* zurückpfeifen; **III.** *s.* **4.** Pfeife *f*: *to pay for one's ~* den Spaß teuer bezahlen; **5.** Pfiff *m*; ⊕ Pfeifton *m*; **6.** Pfeifen *n* (*des Windes etc.*); **7.** *sl.* Kehle *f*: *to wet one's ~* sich die Kehle anfeuchten, ,einen heben'; **'~-stop** *s. Am.* **1.** 🚂 Haltepunkt *m*; **2.** *fig.* Kleinstadt *f*, ,Kaff' *n.*

whis·tling ['wisliŋ] *s.* Pfeifen *n*; *~* **buoy** *s.* ⚓ Pfeifboje *f*; *~* **thrush** *s. orn.* Singdrossel *f.*

whit¹ [wit] *s.* (*ein*) bißchen: *no ~, not a ~* keinen Deut, kein Jota, kein bißchen.

Whit² [wit] *in Zssgn* Pfingst...: *~ week.*

white [wait] **I.** *adj.* **1.** weiß: *as ~ as snow* schneeweiß; **2.** blaß, bleich: *as ~ as a sheet* leichenblaß; → *bleed 10*; **3.** weiß(rassig): *~ supremacy* Vorherrschaft der Weißen; **4.** rein; **5.** F *fig.* anständig; **6.** *fig.* harmlos; **II.** *s.* **7.** Weiß *n*, weiße Farbe: *dressed in ~* weiß gekleidet; **8.** Weiße *f*, weiße Beschaffenheit; **9.** Weiße(r *m*) *f*, Angehörige(r *m*) *f* der weißen Rasse; **10.** *a. ~ of egg* Eiweiß *n*; **11.** *a. ~ of the eye das* Weiße im Auge; **12.** *typ.* Lücke *f*; **13.** *zo.* Weißling *m*; **14.** *pl.* ⚕ Weißfluß *m*, Leukor'rhöe *f*; *~* **ant** *s. zo.* Ter'mite *f*; **'~·bait** *s. ein* Weißfisch *m*, Breitling *m*; *~* **bear** *s. zo.* Eisbär *m*; 2 **Book** *s. pol.* Weißbuch *n*; *~* **bronze** *s.* 'Weißme,tall *n*; **'~·caps** *s. pl.* schaumgekrönte Wellen *pl.*; *~* **coal** *s.* ⊕ weiße Kohle, Wasserkraft *f*; *~* **cof·fee** *s. Brit.* 'Milch,kaffee *m*; **'~-'col·lar** *adj.* **Kopf..., Geistes..., Büro...**: *~ proletariat* geistiges Proletariat; *~ worker* Geistes-, Kopfarbeiter(in), (Büro)Angestellte(r); *~* **el·e·phant** *s.* **1.** *zo.* weißer Ele'fant; **2.** F lästiger Besitz; *~* **en·sign** *s.* ⚓ *Brit.* Kriegsflagge *f*; **'~-'faced** *adj.* blaß: *~ horse* Blesse; *~* **feath·er** *s.* weiße Feder (*fig. Zeichen der Feigheit*): *to show the ~* sich feige zeigen; 2 **Fri·ar** *s. R.C.* Karme'liter (-mönch) *m.*

'White'hall *s. Brit.* **1.** *a. ~ Palace hist. Königspalast in London*; **2.** Whitehall *n*: **a)** *Straße in Westminster, London, in der sich die Ministerien befinden*, **b)** *fig. die brit. Regierung od. ihre Politik.*

white| heat *s.* Weißglut *f* (*a. fig. Zorn etc.*): *to work at a ~* mit fieberhaftem Eifer arbeiten; *~* **hope** *s. Am. sl.* **1.** weißer Boxer, der Aussicht auf den Meistertitel hat; **2.** j-d auf den man große Hoffnungen setzt; *~* **horse** *s.* **1.** *zo.* Schimmel *m*, weißes Pferd; **2.** *pl.* → *whitecaps*; **'~-'hot** *adj.* weißglühend (*a. fig. vor Zorn etc.*); 2 **House** *s. das* Weiße Haus (*Regierungssitz des Präsidenten der USA in Washington*); *~* **lead** [led] *s. min.* Bleiweiß *n*; *~* **lie** *s.* Notlüge *f*; **'~-lipped** *adj.* mit bleichen Lippen, bleich vor Angst; **'~-'liv·ered** *adj.* feig(e); *~* **mag·ic** *s.* weiße Ma'gie (*Gutes bewirkende Zauberkunst*); *~* **man** *s.* [*irr.*] **1.** Weiße(r) *m*, Angehörige(r) *m* der weißen Rasse; **2.** F ,feiner Kerl'; *~* **man's bur·den** *s.* (*vermeintliche drückende*) *Verpflichtung der weißen Rasse, andersrassige Völker zu zivilisieren*; *~* **meat** *s.* weißes Fleisch (*von Geflügel, Kalb etc.*); *~* **met·al** *s.* ⊕ **a)** Neusilber *n*, **b)** 'Weißme,tall *n.*

whit·en ['waitn] **I.** *v/i.* **1.** weiß werden; **2.** bleich *od.* blaß werden; **II.** *v/t.* **3.** weiß machen; **4.** bleichen; **'white·ness** [-nis] *s.* **1.** Weiße *f*; **2.** Blässe *f*; **'whit·en·ing** [-niŋ] *s.* **1.** Weißen *n*; **2.** Schlämmkreide *f.*

white| sale *s.* † Weiße Woche; *~* **sheet** *s.* Büßerhemd *n*: *to stand in a ~ fig.* s-e Sünden bekennen; **'~-'slave** *adj.*: *~ agent* Mädchenhändler; *~ traffic* Mädchenhandel; **'~·smith** *s.* ⊕ **1.** Klempner *m*; **2.** *metall.* Feinschmied *m*; **'~·thorn** *s.* ⚘ Weißdorn *m*; **'~-throat** *s. orn.* (Dorn)Grasmücke *f*; *~* **trash** *s. Am.* F **1.** arme weiße Bevölkerung; **2.** arme(r) Weiße(r) (*in den amer. Südstaaten*); *~* **war** *s.* † weißer Krieg, Wirtschaftskrieg *m*; **'~·wash I.** *s.* **1.** Tünche *f*; **2.** *fig.* Ehrenrettung *f*, *b.s.* ,Mohrenwäsche' *f*; **3.** *Am.* F *sport* ,Zu-'Null-Niederlage' *f*; **II.** *v/t.* **4. a)** tünchen, **b)** weißen, kalken; **5.** *fig.* **a)** *von Beschuldigungen etc.* reinwaschen, **b)** † *Brit. Bankrotteur* wieder zahlungsfähig erklären; **6.** *sport Am.* F *Gegner* ,haushoch' schlagen; *~* **wine** *s.* Weißwein *m.*

whith·er ['wiðə] *adv. poet.* **1.** (*fragend*) wo'hin; **2.** (*relativ*) wohin: **a)** (*verbunden*) in welchen *etc.*, zu welchem *etc.*, **b)** (*unverbunden*) da'hin, wo.

whit·ing¹ ['waitiŋ] *s. ichth.* Weißfisch *m*, Mer'lan *m.*

whit·ing² ['waitiŋ] *s.* Schlämmkreide *f.*

whit·ish ['waitiʃ] *adj.* weißlich.

whit·low ['witlou] *s.* ⚕ 'Umlauf *m*, Nagelgeschwür *n.*

Whit Mon·day [wit] *s.* Pfingst'montag *m.*

Whit·sun ['witsn] *adj.* Pfingst..., pfingstlich; *~*·**day** ['wit'sʌndi] *s.* Pfingst'sonntag *m*; **'~·tide** *s.* Pfingsten *n od. pl.*, Pfingstfest *n.*

whit·tle ['witl] *v/t.* **1.** (zu'recht-) schnitzen; **2.** wegschnitze(l)n, -schnippeln; **3.** *~ down, ~ away fig.* **a)** (Stück für Stück) beschneiden, stutzen, verringern, **b)** schwächen.

whit·y ['waiti] *adj. bei Farben*: weiß (-lich), hell...

whiz(z) [wiz] **I.** *v/i.* **1.** zischen, schwirren, sausen (*Geschoß etc.*); **II.** *s.* **2.** Zischen *n*, Sausen *n*; **3.** *Am. sl.* **a)** ,Ka'none' *f* (*Könner*), **b)** tolles Ding; **'~-bang** *s.* ⚔ *sl.* Ratsch-'bummgeschoß *n.*

whiz·zer ['wizə] *s.* ⊕ ('Trocken-) Zentri,fuge *f.*

who [hu:; hu] **I.** *interrog.* **1.** wer: *2's 2* Wer ist Wer? (*Verzeichnis prominenter Persönlichkeiten*); *~ goes there?* ⚔ (halt,) wer da?; **2.** F (*für whom*) wen, wem; **II.** *pron.* (*relativ*) **3.** (*unverbunden*) wer: *I know ~ has done it*; **4.** (*verbunden*): welch, der (die, das): *the man ~ arrived yesterday.*

whoa [wou] *int.* brr!, halt!

who·dun·(n)it [hu:'dʌnit] *s. sl.* ,Krimi' *m* (*Kriminalroman etc.*).

who·ev·er [hu(:)'evə] **I.** *pron.* (*relativ*) wer (auch) immer, jeder der; **II.** *interrog.* F (*für who ever*) wer denn nur.

whole [houl] **I.** *adj.* □ → *wholly*; **1.** ganz, voll(kommen, -ständig): *~ number* A ganze Zahl; *a ~ lot of* F e-e ganze Menge; **2.** heil, unversehrt: *with a ~ skin* mit heiler Haut; **3.** Voll..., rein: *~ meal* Vollweizenmehl; *~ milk* Vollmilch; (*made*) *out of ~ cloth Am.* völlig aus der Luft gegriffen, frei erfunden; → *hog 1*; **II.** *s.* **4.** *das* Ganze, Gesamtheit *f*: *the ~ of London* ganz London; *the ~ of my property* mein ganzes Vermögen; **5.** Ganze(s) *n*, Einheit *f*: *on the ~* im (großen u.) ganzen, alles in allem; **'~-'bound** *adj.* in Ganzleder (gebunden); **'~-'col-**

o(u)red *adj.* einfarbig; '~-'**heart·ed** *adj.* □ aufrichtig, ernsthaft, rückhaltlos, voll, von ganzem Herzen; '~-'**hog·ger** [-'hɔgə] *s. sl.* kompro'mißloser Mensch; *pol.* ,'Hundert('fünfzig)pro,zentige(r)' *m*; '~-'**length I.** *adj.* Ganz..., Voll...: ~ *portrait* Vollporträt, Ganzbild; **II.** *s.* Por'trät *n od.* 'Statue *f* in voller Größe; '~-'**life in·sur·ance** *s.* Erlebensfall-Versicherung *f*; '~-**meal bread** *s.* Vollkorn-, Schrotbrot *n.*

whole·ness ['houlnis] *s.* **1.** Ganzheit *f*; **2.** Vollständigkeit *f.*

'**whole·sale I.** *s.* **1.** ✝ Großhandel *m*: *by* ~ → *4*; **II.** *adj.* **2.** ✝ **a)** Großhandels..., Engros..., **b)** Pauschal...: ~ *dealer* Großhändler, Grossist; ~ *price* Großhandels-, Grossistenpreis; ~ *purchase* Pauschalkauf; ~ *trade* Großhandel; ~ *writing-down* Pauschalabschreibung; **3.** *fig.* **a)** Massen..., **b)** 'unterschiedslos: ~ *slaughter* Massenmord; **III.** *adv.* **4.** ✝ im großen, en gros; **5. a)** *fig.* in Bausch u. Bogen, 'unterschiedslos, **b)** massenhaft; '**whole·sal·er** [-seilə] *s.* ✝ Großhändler *m.*

whole·some ['houlsəm] *adj.* □ **1.** gesund (*bsd. heilsam, bekömmlich*) (*a. fig. Humor, Strafe etc.*); **2.** gut, nützlich, zuträglich; '**whole·some·ness** [-nis] *s.* **1.** Gesundheit *f*, Bekömmlichkeit *f*; **2.** Nützlichkeit *f.*

'**whole|-'time** *adj.* ✝ **1.** hauptberuflich (tätig); **2.** ganztägig beschäftigt: ~ *lessons ped.* Vollunterricht; '~-**tim·er** *s.* ✝ ganztägig Beschäftigte(r *m*) *f.*

who'll [hu:l] F *für who will od. shall.*

whol·ly ['houlli] *adv.* ganz, gänzlich, völlig.

whom [hu:m] **I.** *pron.* (*interrog.*) **1.** wen; **2.** (*Objekt-Kasus von who*): *of* ~ von wem; *to* ~ wem; **II.** *pron.* (*relativ*) **3.** (*verbunden*) welchen, welche, welches, den (die, das); **4.** (*unverbunden*) wen; den(jenigen), welchen; die(jenige), welche; *pl.* die(jenigen), welche; **5.** (*Objekt-Kasus von who*): *of* ~ von welchem *etc.*, dessen, deren; *to* ~ dem (der, denen); *all of* ~ *were dead* welche alle tot waren; **6.** welchem, welcher, welchen, dem (der, denen): *the master* ~ *she serves* der Herr, dem sie dient.

whoop [hu:p] **I.** *s.* **1.** (Schlacht-)Ruf *m*, (Kriegs)Geschrei *n*, Schrei *m*: *not worth a* ~ keinen Pfifferling wert; **2.** ⚕ Ziehen *n* (*Keuchhusten*); **II.** *v/i.* **3.** laut schreien, brüllen; **4.** ⚕ keuchen; **III.** *v/t.* **5.** *et.* brüllen; **6.** *to* ~ *it up Am. sl.* **a)** ,Rabatz' machen, Leben in die Bude bringen, **b)** e-n großen Rummel darum machen.

whoop·ee *Am. sl.* **I.** *s.* ['wupi:] Rummel *m*, Freudenfest *n*: *to make* ~ ,auf die Pauke hauen'; **II.** *int.* ['wu'pi:] juch'he!

'**whoop·ing-cough** ['hu:piŋ] *s.* ⚕ Keuchhusten *m.*

whoops [hu:ps] *int.* hoppla!

whop [wɔp] *v/t. sl.* vertrimmen (*a. fig. besiegen*).

whop·per ['wɔpə] *s. sl.* **1.** Mordsding *n*, -kerl *m*; **2.** (faust)dicke Lüge.

whop·ping ['wɔpiŋ] *adj. u. adv. sl.* e'norm, kolos'sal, Riesen...

whore [hɔ:] **I.** *s.* Hure *f*; **II.** *v/i.* huren, Unzucht treiben.

whorl [wə:l] *s.* **1.** ⚘ Quirl *m*; **2.** *anat.*, *zo.* Windung *f*; **3.** ⊕ Wirtel *m.*

whor·tle·ber·ry ['wə:tlberi] *s.* **1.** ⚘ Heidelbeere *f*: *red* ~ Preiselbeere; **2.** → *huckleberry.*

who's [hu:z] F *für who is.*

whose [hu:z] *pron.* **1.** (*fragend*) wessen: ~ *is it?* wem gehört es?; **2.** (*relativ*) dessen, deren.

who·so'ev·er → *whoever.*

why [wai] **I.** *adv.* **1.** (*fragend u. relativ*) war'um, wes'halb, wo'zu: ~ *so?* wieso?, warum das?; *the reason* ~ (der Grund) weshalb; *that is* ~ deshalb; **II.** *int.* **2.** nun (gut); **3.** (ja) na'türlich; **4.** ja, doch (*als Füllwort*); **5.** na'nu; aber (... doch); **III.** *s.* **6.** *das* War'um, Grund *m*: *the* ~ *and wherefore* das Warum u. Weshalb.

wick [wik] *s.* Docht *m.*

wick·ed ['wikid] *adj.* □ **1.** böse, gottlos, schlecht, sündhaft, verrucht: *the* ~ *one bibl.* der Böse, Satan; **2.** böse, schlimm (*ungezogen, a. humor. schalkhaft*) (*a.* F *Schmerz, Wunde etc.*); **3.** boshaft, bösartig (*a. Tier*); **4.** gemein; **5.** *Am. sl.* ,toll', großartig; '**wick·ed·ness** [-nis] *s.* Gottlosigkeit *f*; Schlechtigkeit *f*, Verruchtheit *f*; Bosheit *f.*

wick·er ['wikə] **I.** *s.* → *wicker-work*; **II.** *adj.* aus Weiden geflochten, Weiden..., Korb..., Flecht...: ~ *basket* Weidenkorb; ~ *chair* Rohrstuhl; ~ *furniture* Korbmöbel; '~-**work** *s.* **1.** Flechtwerk *n*; **2.** Korbwaren *pl.*

wick·et ['wikit] *s.* **1.** Pförtchen *n*; **2.** (Tür *f* mit) Drehkreuz *n*; **3.** (*mst vergittertes*) Schalterfenster; **4.** *Kricket*: **a)** Dreistab *m*, Tor *n*, **b)** Spielfeld *n*: *to be on a good* (*sticky*) ~ gut (schlecht) stehen (*a. fig.*); *to take a* ~ e-n Schläger ausmachen; *to keep* ~ Torwart sein; *to win by 2* ~*s* das Spiel gewinnen, obwohl 2 Schläger noch nicht geschlagen haben; *first* (*second etc.*) ~ *down* nachdem der erste (zweite *etc.*) Schläger ausgeschieden ist; '~-**gate** → *wicket 1*; '~-**keep·er** *s.* Torhüter *m.*

wide [waid] **I.** *adj.* □ → *widely*; **1.** breit (*a. bei Maßangaben*): *a* ~ *forehead* (*ribbon, street*); ~ *screen* (*Film*) Breitwand; *5 feet* ~ 5 Fuß breit; → *berth 1*; **2.** weit, ausgedehnt: ~ *distribution*; ~ *difference* großer Unterschied; *a* ~ *public* ein breites Publikum; *the* ~ *world* die weite Welt; **3.** *fig.* **a)** ausgedehnt, um'fassend, 'umfangreich, weitreichend, **b)** reich (*Erfahrung, Wissen etc.*): ~ *culture* umfassende Bildung; ~ *reading* große Belesenheit; **4.** weit(gehend, -läufig), *a.* weitherzig, großzügig: *to take* ~ *views* weitherzig *od.* großzügig sein; **5.** weit offen, aufgerissen (*Augen, Mund*); **6.** weit, lose, nicht anliegend (*Kleidung*); **7.** weit entfernt (*of* von *der Wahrheit etc.*), weit'ab *vom Ziel*; → *mark*[1] *11*; **II.** *adv.* **8.** weit: ~ *apart* weit auseinander; ~ *awake* hellwach; ~ *open* **a)** weit offen, **b)** völlig ungedeckt (*Boxer*), **c)** *fig.* schutzlos, **d)** → *wide-open 2*; *far and* ~ weit u. breit; **9.** weit'ab (*vom Ziel, der Wahrheit etc.*): ~ *of the target* weit daneben; '~-'**an·gle** *adj. phot.* Weitwinkel...: ~ *lens*; ~-**a·wake I.** *adj.* ['waidə'weik] **1.** hellwach; **2.** wachsam, aufmerksam (*to* auf *acc.*), voll bewußt (*to gen.*); **3.** F ,helle' (*schlau, aufgeweckt*); **II.** *s.* ['waidəweik] **4.** Kala'breser *m* (*Schlapphut*).

wide·ly ['waidli] *adv.* weit: ~ *scattered* weit verstreut; ~ *known* weit u. breit *od.* in weiten Kreisen bekannt; *to be* ~ *read* sehr belesen sein; *to differ* ~ **a)** sehr verschieden sein, **b)** sehr unterschiedlicher Meinung sein.

wid·en ['waidn] *v/t. u. v/i.* **1.** breiter machen (werden); **2.** (sich) erweitern (*a. fig.*); **3.** (sich) vertiefen (*Kluft, Zwist*); '**wide·ness** [-nis] *s.* Weite *f*, Breite *f*, Ausdehnung *f* (*a. fig.*).

'**wide|-'o·pen** *adj.* **1.** weitgeöffnet; **2.** *Am.* ,großzügig', lax (*Stadt etc., in der Gesetzesdurchführung*); '~-**spread** *adj.* **1.** weitausgebreitet, ausgedehnt; **2.** weitverbreitet.

widg·eon ['widʒən] *pl.* **-eons,** *coll.* **-eon** *s. orn.* Pfeifente *f.*

wid·ish ['waidiʃ] *adj.* ziemlich *od.* etwas breit.

wid·ow ['widou] *s.* Witwe *f*: ~'*s pension* Witwenrente; '**wid·owed** [-oud] *adj.* **1.** verwitwet; **2.** verwaist, verlassen; '**wid·ow·er** [-ouə] *s.* Witwer *m*; '**wid·ow·hood** [-ouhud] *s.* Witwenstand *m.*

width [widθ] *s.* **1.** Breite *f*, Weite *f*: *2 feet in* ~ 2 Fuß breit; **2.** (Stoff-, Ta'peten-, Rock)Bahn *f.*

wield [wi:ld] *v/t.* **1.** *Macht, Einfluß etc.* ausüben (*over* über *acc.*); **2.** *rhet. Werkzeug, Waffe* handhaben, führen, schwingen: *to* ~ *the pen* die Feder führen, schreiben; → *sceptre.*

wife [waif] *pl.* **wives** [waivz] *s.* **1.** (Ehe)Frau *f*, Gattin *f*: *wedded* ~ angetraute Gattin; *to take to* ~ zur Frau nehmen; **2.** Weib *n*; '**wife·hood** [-hud] *s.* Ehestand *m e-r Frau*; '**wife·like** [-laik], '**wife·ly** [-li] *adj.* fraulich, frauenhaft.

wig [wig] *s.* Pe'rücke *f*; **wigged** [wigd] *adj.* mit Perücke (versehen); **wig·ging** ['wigiŋ] *s. Brit.* F ,Anschnauzer' *m*, Standpauke *f.*

wig·gle ['wigl] **I.** *v/i.* **1.** → *wriggle 1*; **2.** wackeln, schwänzeln; **II.** *v/t.* **3.** wackeln mit.

wight [wait] *s. obs. od. humor.* Wicht *m*, Kerl *m.*

wig·wam ['wigwæm] *s.* Wigwam *m*, Indi'anerzelt *n*, -hütte *f.*

wild [waild] **I.** *adj.* □ **1.** *allg.* wild: **a)** *zo.* ungezähmt, in Freiheit lebend, gefährlich, **b)** ⚘ wildwachsend, **c)** verwildert, 'wildro,mantisch, verlassen (*Land*), **d)** unzivilisiert, bar'barisch (*Volk, Stamm*), **e)** stürmisch: *a* ~ *coast*, **f)** wütend, heftig (*Sturm, Streit etc.*), **g)** irr, verstört: *a* ~ *look*, **h)** scheu (*Tier*), **i)** rasend (*with* vor *dat.*): ~ *with fear*, **j)** F wütend (*about* über *acc.*): *to drive s.o.* ~ F j-n wild machen, j-n ,auf die Palme bringen', **k)** ungezügelt (*Person, Gefühl*), **l)** unbändig: ~ *delight*, **m)** F toll, verrückt, **n)** ausschweifend, **o)** (*about*) versessen *od.* scharf (auf *acc.*), wild (nach), **p)** hirnverbrannt, unsinnig, abenteuerlich: ~ *plan*, q) plan-, ziellos: *a ~ guess* e-e wilde Vermutung; *a ~ shot* ein Schuß ins Blaue, r) wirr, wüst: *~ disorder*; **II.** *adv.* **2.** aufs Geratewohl: *to run ~* a) ⚘ ins Kraut schießen, b) *fig.* verwildern; *to shoot ~* ins Blaue schießen; *to talk ~* a) (wild) drauflosreden, b) sinnloses Zeug reden; **III.** *s. rhet.* **3.** *a. pl.* Wüste *f*; **4.** *a. pl.* Wildnis *f*; **'~-boar** *s. zo.* Wildschwein *n*; **'~-cat I.** *s.* **1.** *zo.* Wildkatze *f*; **2.** *fig.* Wilde(r *m*) *f*; **3.** → *wildcatting* 2; **4.** † 'Schwindelunter,nehmen *n*; **5.** † wilder Streik; **II.** *adj.* **6.** † a) unsicher, spekula'tiv, b) Schwindel...: *~ company*, c) ungesetzlich, wild: *~ strike*; **'~-cat·ting** [-kætiŋ] *s.* **1.** wildes Spekulieren; **2.** wilde *od.* spekula'tive Ölbohrung.

wil·de·beest ['wildibi:st] *s. zo.* Weißschwanzgnu *n*.

wil·der·ness ['wildənis] *s.* **1.** Wildnis *f*, Wüste *f* (*a. fig.*): *voice in the ~ bibl.* Stimme des Predigers in der Wüste; *~ of sea* Wasserwüste; *to go into the ~ pol.* aus der Regierung ausscheiden (*Partei*); **2.** wildwachsendes Gartenstück; **3.** *fig.* Masse *f*, Gewirr *n*.

'wild|-eyed *adj.* mit wildem Blick; **'~-fire** *s.* **1.** verheerendes Feuer: *to spread like ~* sich wie ein Lauffeuer verbreiten (*Nachricht etc.*); **2.** ⚔ *hist.* griechisches Feuer; **'~-fowl** *s. coll.* Wildvögel *pl.*; **'~-goose** *s.* [*irr.*] Wildgans *f*: *~ chase fig.* vergebliche Mühe, fruchtloses Unterfangen.

wild·ing ['waildiŋ] *s.* ⚘ a) Wildling *m* (*unveredelte Pflanze*), *bsd.* Holzapfelbaum *m*, b) *Frucht e-r solchen Pflanze.*

wild·ness ['waildnis] *s. allg.* Wildheit *f*.

wile [wail] **I.** *s.* **1.** *mst pl.* List *f*, Trick *m*; *pl.* Kniffe *pl.*, Schliche *pl.*, Ränke *pl.*; **II.** *v/t.* **2.** verlocken, *j-n wohin* locken; **3.** → *while* 6.

wil·ful ['wilful] *adj.* □ **1.** *bsd.* ⚖ vorsätzlich; **2.** eigenwillig, -sinnig, halsstarrig; **'wil·ful·ness** [-nis] *s.* **1.** Vorsätzlichkeit *f*; **2.** Eigenwille *m*, -sinn *m*, Halsstarrigkeit *f*.

wil·i·ness ['wailinis] *s.* (Arg)List *f*, Verschlagenheit *f*, Gerissenheit *f*.

will[1] [wil] **I.** *v/aux.* [*irr.*] **1.** (*zur Bezeichnung des Futurs, Brit. mst nur 2. u. 3. sg. u. pl.*) werden: *he ~ come* er wird kommen; **2.** wollen, werden, willens sein zu: *~ you pass me the bread please?* wollen Sie mir, bitte, das Brot reichen?; *the wound would not heal* die Wunde wollte nicht heilen; **3.** (*immer, bestimmt, unbedingt*) werden (*oft a. unübersetzt*): *birds ~ sing* Vögel singen; *boys ~ be boys* Jungens sind nun einmal so; *accidents ~ happen* Unfälle wird es immer geben; *you ~ get in my light!* du mußt mir natürlich (immer) im Licht stehen!; **4.** *Erwartung, Vermutung od. Annahme*: werden: *they ~ have gone now* sie werden *od.* dürften jetzt (wohl) gegangen sein; *this ~ be your train, I suppose* das ist wohl dein Zug, das dürfte dein Zug sein; **5.** *konditional*: → *would* 2; **6.** pflegen zu (*oft unübersetzt*): *he would take a short walk every day* er pflegte täglich e-n kurzen Spaziergang zu machen; *now and then a bird would call* ab u. zu ertönte ein Vogelruf; **II.** *v/i. u. v/t.* **7.** wollen, wünschen: *as you ~!* wie du willst!; → *would 3, will*[2] *II*.

will[2] [wil] **I.** *s.* **1.** Wille *m* (*a. phls.*): a) Wollen *n*, b) Wunsch *m*, Befehl *m*, c) (Be)Streben *n*, d) Willenskraft *f*: *freedom of the ~* Willensfreiheit; *an iron ~* ein eiserner Wille; *~ to peace* Friedenswille; *~ to power* Machtwille, -streben; *at ~* nach Wunsch *od.* Belieben, ⚖ auf Widerruf; *of one's own (free) ~* aus freien Stücken; *with a ~* mit Lust u. Liebe; *to have the ~ to do s.th.* den Willen haben *od.* bestrebt sein, et. zu tun; *to have (od. work) one's ~* s-n Willen durchsetzen; → *tenancy 1*; **2.** *a. last ~ and testament* ⚖ letzter Wille, Testa'ment *n*; **II.** *v/t.* **3.** wollen, entscheiden; **4.** ernstlich *od.* fest wollen; **5.** *j-n* (durch Willenskraft) zwingen (*to do* zu tun): *to ~ o.s. (in)to* sich zwingen zu; **6.** ⚖ (letztwillig) a) verfügen, b) vermachen (*to dat.*); **III.** *v/i.* **7.** wollen.

willed [wild] *adj.* ...willig, mit e-m ... Willen: *strong-~*.

will·ful, will·ful·ness *bsd. Am.* → *wilful, wilfulness*.

wil·lies ['wiliz] *s. pl. Am. sl.* ‚Rappel' *m*, Anfall *m* (von Nervosi'tät): *it gives me the ~* es macht mich verrückt.

will·ing ['wiliŋ] *adj.* □ **1.** *pred.* gewillt, willens, bereit: *I am ~ to believe* ich glaube gern; **2.** (bereit-) willig; → *horse 1*; **3.** gern geschehen *od.* geleistet: *a ~ gift* ein gern gegebenes Geschenk; **'will·ing·ly** [-li] *adv.* bereitwillig, gern; **'will·ing·ness** [-nis] *s.* (Bereit)Willigkeit *f*, Bereitschaft *f*, Geneigtheit *f*.

wil·li·waw ['wiliwɔ:] *s. Am.* (*Art*) Wirbelwind-Bö *f*.

will-less ['willis] *adj.* **1.** willenlos; **2.** unfreiwillig.

will-o'-the-wisp ['wiləðwisp] *s.* Irrlicht *n* (*a. fig.*).

wil·low[1] ['wilou] *s.* **1.** ⚘ Weide *f*: *to wear the ~ fig.* um den Geliebten trauern; **2.** F *Kricket*: Schlagholz *n*.

wil·low[2] ['wilou] *Spinnerei* **I.** *s.* Reißwolf *m*; **II.** *v/t. Baumwolle etc.* wolfen, reißen.

wil·low·y ['wiloui] *adj.* **1.** voller Weiden, weidenbestanden; **2.** *fig.* a) biegsam, geschmeidig, b) gertenschlank.

'will-pow·er *s.* Willenskraft *f*.

wil·ly-nil·ly ['wili'nili] *adv.* wohl oder übel, nolens volens.

wilt[1] [wilt] *obs. od. poet. du* willst.

wilt[2] [wilt] *v/i.* **1.** (ver)welken; **2.** welk *od.* schlaff werden; **3.** F *fig.* schlapp werden, den Mut verlieren, ‚eingehen'.

wil·y ['waili] *adj.* □ verschlagen, listig, gerissen.

wim·ple ['wimpl] *s.* **1.** *obs.* Kopftuch *n*; **2.** (*bsd.* Nonnen)Schleier *m*.

win [win] **I.** *v/t.* [*irr.*] **1.** *Kampf, Spiel etc., a. Sieg, Preis* gewinnen: *to ~ s.th. from (od. of) s.o.* j-m et. abgewinnen; *to ~ one's way fig.* s-n Weg machen; → *day 5, field 5*; **2.** *Reichtum, Ruhm etc.* erlangen, *Lob* ernten; zu *Ehren* gelangen; → *spur 1*; **3.** *j-m Lob etc.* einbringen, -tragen; **4.** *Liebe, Sympathie, a. e-n Freund, j-s Unterstützung* gewinnen; **5.** *a. ~ over j-n* für sich gewinnen, auf s-e Seite ziehen, *a. j-s Herz* erobern; **6.** *j-n* dazu bringen (*to do* zu tun): *to ~ s.o. round* j-n ‚rumkriegen'; **7.** *Stelle, Ziel* erreichen: *to ~ the shore*; **8.** *sein Brot, s-n Lebensunterhalt* verdienen; **9.** ⚔ *sl.* ‚organisieren'; **10.** ⚒, *min.* a) *Erz, Kohle* gewinnen, b) erschließen; **II.** *v/i.* [*irr.*] **11.** gewinnen, siegen: *to ~ hands down* F spielend gewinnen; **12.** *wohin* gelangen: *to ~ out* a) hinausgelangen, b) F Erfolg haben, sich durchsetzen; *to ~ through* a) durchkommen, b) ans Ziel gelangen (*a. fig.*), c) *fig.* sich durchsetzen; **III.** *s.* **13.** *bsd. sport* Sieg *m*.

wince [wins] **I.** *v/i.* (zs.-)zucken, zs.-, zu'rückfahren (*at* bei, *under* unter *dat.*); **II.** *s.* (Zs.-)Zucken *n*, Zs.-fahren *n*.

winch [wintʃ] *s.* ⊕ **1.** Winde *f*, Haspel *m, f*; **2.** Kurbel *f*; **3.** *Brit.* Weberbaum *m*.

wind[1] [wind; *poet. a.* waind] **I.** *s.* **1.** Wind *m*: *before the ~* vor dem *od.* im Wind; *between ~ and water* a) ⚓ zwischen Wind u. Wasser, b) in der *od.* die Magengrube, c) *fig.* an e-r empfindlichen Stelle; *in(to) the ~'s eye* gegen den Wind; *like the ~* wie der Wind (*schnell*); *to the four ~s* in alle (vier) Winde, in alle (Himmels)Richtungen; *under the ~* ⚓ in Lee; *to be in the ~ fig.* (heimlich) im Gange sein, in der Luft liegen; *to cast (od. fling, throw) to the ~s fig. Rat etc.* in den Wind schlagen, *Klugheit etc.* außer acht lassen; *to get (have) the ~ up sl.* ‚Manschetten' *od.* ‚Schiß' kriegen (haben); *to know how the ~ blows fig.* wissen, woher der Wind weht; *to put the ~ up s.o. sl.* j-n ins Bockshorn jagen; *to raise the ~ sl.* (das nötige) Geld auftreiben; *to sail close to the ~* a) ⚓ hart am Wind segeln, b) *fig.* mit e-m Fuß im Zuchthaus stehen, sich hart an der Grenze des Erlaubten bewegen; *to sow the ~ and reap the whirlwind* Wind säen u. Sturm ernten; *to have (od. take) the ~ of* a) *e-m Schiff* den Wind abgewinnen, b) *fig.* e-n Vorteil *od.* die Oberhand haben über (*acc.*); *to take the ~ out of s.o.'s sails fig.* j-m den Wind aus den Segeln nehmen; *~ and weather permitting* bei gutem Wetter; → *ill 4*; **2.** a) (*Gebläse- etc.*)Wind *m*, b) Luft *f in e-m Reifen etc.*; **3.** ⚕ (Darm)Wind(e *pl.*) *m*, Blähung(en *pl.*) *f*; **4.** ♪ *the ~ coll.* die Blasinstrumente *pl.*, *a.* die Bläser *pl.*; **5.** *hunt.* Wind *m*, Witterung *f* (*a. fig.*): *to get ~ of* a) wittern, b) *fig.* Wind bekommen von; **6.** Atem *m*: *to have a good ~* e-e gute Lunge haben; *to have a long ~* e-n langen Atem haben (*a. fig.*); *to get one's second ~* den toten Punkt überwunden haben, wieder zu Atem kommen; *sound in ~ and limb* kerngesund; *to have lost one's ~* außer Atem sein; **7.** *sl. Boxen*: Magengrube *f*; **8.** Wind *m*, leeres Geschwätz; **II.** *v/t.* **9.** *hunt.* wittern; **10.** *pass.* außer Atem bringen, erschöpfen: *to be ~ed* außer Atem *od.*

erschöpft sein; **11.** verschnaufen lassen.

wind[2] [waind] **I.** *s.* **1.** Windung *f*, Biegung *f*; **2.** Um'drehung *f*; **II.** *v/t.* [*irr.*] **3.** winden, wickeln, schlingen (*round* um *acc.*): *to ~ off (on to) a reel et.* ab- (auf)spulen; **4.** *oft ~ up* **a)** auf-, hochwinden, **b)** *Garn etc.* aufwickeln, -spulen, **c)** *Uhr etc.* aufziehen, **d)** *Saite etc.* spannen; **5. a)** *Kurbel* drehen, **b)** kurbeln; **6.** ⚓ *Schiff* wenden; **7.** (sich) *wohin* schlängeln: *to ~ o.s.* (*od. one's way*) *into s.o.'s affection fig.* sich j-s Zuneigung erschleichen; **III.** *v/i.* [*irr.*] **8.** sich winden *od.* schlängeln (*a. Straße etc.*); **9.** sich winden *od.* wikkeln *od.* schlingen (*round* um *acc.*); ~ **off** *v/t.* abwickeln, -spulen; ~ **up I.** *v/t.* **1.** → *wind*[2] 4; **2.** *fig.* anspannen, erregen, (hin'ein)steigern; **3.** *bsd. Rede* (ab)schließen; **4.** ✝ **a)** *Geschäft* abwickeln, **b)** *Unternehmen* auflösen, liquidieren; **II.** *v/i.* **5.** (*bsd.* s-e Rede) schließen (*by saying* mit den Worten); **6.** *Am.* F *wo* enden, ‚landen': *he'll ~ in prison*; **7.** ✝ Kon'kurs machen.

wind[3] [waind] *v/t.* [*mst irr.*] **1.** *Horn etc.* blasen; **2.** *Hornsignal etc.* ertönen lassen.

wind·age ['windidʒ] *s.* **1.** ⚔ Spielraum *m e-s Geschosses im Rohr*; **2.** *Ballistik*: **a)** Windeinfluß *m*, **b)** Ablenkung *f e-s Geschosses*, **c)** Windvorhalt *m*.

wind·bag ['windbæg] *s.* F *contp.* Schwätzer *m*, ‚Windmacher' *m*.

'wind|-bound [wind] *adj.* ⚓ durch widrigen Wind am Ausfahren gehindert; **'~-break** *s.* Windschutz *m* (*Hecke etc.*); **'~-bro·ken** *adj. vet.* kurzatmig (*Pferd*); **'~-cone** *s.* ✈, *phys.* Luftsack *m*.

wind·ed ['windid] *adj.* **1.** außer Atem, erschöpft; **2.** *in Zssgn* ...atmig: *short-~*.

'wind-egg [wind] *s.* Windei *n*.

wind·er ['waində] *s.* **1.** Spuler(in), Haspler(in); **2.** ⊕ Winde *f*, Haspel *m, f*; **3.** ♀ Schlingpflanze *f*; **4.** Schlüssel *m* (*zum Aufziehen*), Kurbel *f*.

wind|·fall ['windfɔ:l] *s.* **1.** Fallobst *n*; **2.** *Forstwirtschaft*: Windschlag *m*; **3.** *fig.* (unverhoffter) Glücksfall *od.* Gewinn; **'~·fall·en** [-lən] *adj.* vom Wind gestürzt, windbrüchig.

'wind|-flow·er [wind] *s.* ♀ Ane'mone *f*; ~ **force** *s.* Windstärke *f*: ~ *9*; **'~-ga(u)ge** *s.* Wind(stärke-, -geschwindigkeits)messer *m*, Anemo'meter *n*.

wind·i·ness ['windinis] *s.* **1.** Windigkeit *f*; **2.** *fig.* Aufgeblasenheit *f*, Hohlheit *f*.

wind·ing ['waindiŋ] **I.** *s.* **1.** Winden *n*; **2.** (Ein-, Auf)Wickeln *n*, (Um-) 'Wickeln *n*; **3.** Windung *f*, Biegung *f*; **4.** Um'wick(e)lung *f*; **5.** ⚡ Wicklung *f*; **II.** *adj.* □ **6.** gewunden: **a)** sich windend *od.* schlängelnd, **b)** Wendel...(*-treppe*): *~ staircase, ~ stairs*; **7.** krumm, schief (*a. fig.*); **'~-en·gine** *s.* ⊕ Dampfwinde *f*, Förderwelle *f*; **'~-sheet** *s.* Leichentuch *n*; **'~-tack·le** *s.* ⚓ Gien *n* (*Flaschenzug*); **'~-'up** *s.* **1.** Aufziehen *n* (*Uhr etc.*): *~ mechanism* Aufziehwerk; **2.** Abwicklung *f*, Abschluß *m*, Ende *n*; **3.** ✝ Liquida'tion *f*, Auflösung *f*, Abwicklung *f*: *~ sale* Ausverkauf.

'wind|-in·stru·ment [wind] *s.* ♪ 'Blasinstru,ment *n*; **'~-jam·mer** [-dʒæmə] *s.* **1.** ⚓ F Windjammer *m* (*Schiff*); **2.** *Am. sl.* ‚Windmacher' *m* (*Schwätzer*).

wind·lass ['windləs] *s.* **1.** ⊕ Winde *f*; **2.** ⚒ Förderhaspel *f*; **3.** ⚓ Ankerspill *n*.

wind·less ['windlis] *adj.* windstill.

wind·mill ['winmil] *s.* Windmühle *f*: *to tilt at* (*od. fight*) *~s fig.* gegen Windmühlen kämpfen; *to throw one's cap over the ~* Luftschlösser bauen; ~ **plane** *s.* ✈ Windmühlenflugzeug *n*.

win·dow ['windou] *s.* **1.** Fenster *n* (*a.* ⊕, *geol.*; *a. im Briefumschlag*): *to look out of* (*od. at*) *the ~* zum Fenster hinaussehen; **2.** Fensterscheibe *f*; **3.** Schaufenster *n*, Auslage *f*; **4.** (Bank- *etc.*)Schalter *m*; **5.** ⚔ *Radar*: 'Stör,folie *f*.

'win·dow|-box ['windou] *s.* Blumenkasten *m*; **'~-dis·play** *s.* 'Schaufenster,auslage *f*, -re,klame *f*; **'~-dress·er** *s.* 'Schaufensterdekora,teur *m*; **'~-dress·ing** *s.* **1.** 'Schaufensterdekorati,on *f*; **2.** *fig.* Aufmachung *f*, Mache *f*; **3.** ✝ Bi'lanzverschleierung *f*, ‚Frisieren' *n*.

win·dowed ['windoud] *adj.* mit Fenster(n) (versehen).

win·dow| en·ve·lope ['windou] *s.* 'Fenster,brief,umschlag *m*; **'~-frame** *s.* Fensterrahmen *m*; **'~-gar·den·ing** *s.* Blumenzucht *f* am Fenster; ~ **jam·ming** *s.* ⚔ *Radar*: 'Folienstörung *f*; **'~-ledge** *s.* Fenstersims *m, n*; **'~-pane** *s.* Fensterscheibe *f*; **'~-screen** *s.* **1.** Fliegenfenster *n*; **2.** Zierfüllung *f* e-s Fensters (*aus Buntglas, Gitter etc.*); **'~-seat** *s.* Fensterplatz *m*; **'~-shade** *s. Am.* Rou'leau *n*, Jalou'sie *f*; **'~-shop·per** *s.* j-d der e-n Schaufensterbummel macht; **'~-shop·ping** *s.* Schaufensterbummel *m*: *to go ~* e-n Schaufensterbummel machen; **'~-shut·ter** *s.* Fensterladen *m*; **'~-sill** *s.* Fensterbrett *n*, -bank *f*.

wind·pipe ['windpaip] *s. anat.* Luftröhre *f*.

'wind|-screen [wind] *s. mot.* Windschutzscheibe *f*: *~ wiper* Scheibenwischer; **'~-shield** *Am.* → *windscreen*; **'~-swept** *adj.* **1.** vom Wind gepeitscht; **2.** *fig.* Windstoß... (*-frisur*); **'~-tun·nel** *s.* ✈, *phys.* 'Windka,nal *m*; **'~-up** [waind] *s. Am.* **1.** → *winding-up* 2; **2.** Schluß *m*, Ende *n*.

wind·ward ['windwəd] **I.** *adv.* wind-, luvwärts; **II.** *adj.* windwärts, Luv..., Wind...; **III.** *s.* Windseite *f*, Luv(seite) *f*.

wind·y ['windi] *adj.* □ **1.** windig: **a)** stürmisch (*Wetter*), **b)** zugig (*Ort*); **2.** *fig.* windig, hohl, leer; **3.** *fig.* geschwätzig; **4.** ⚕ blähend; **5.** *sl.* ner'vös, ängstlich.

wine [wain] *s.* **1.** Wein *m*: *new ~ in old bottles bibl.* junger Wein in alten Schläuchen (*a. fig.*); **2.** *Brit. univ.* Weinabend *m*; **'~-bib·ber** [-bibə] *s.* Weinsäufer *m*; **'~-bot·tle** *s.* Weinflasche *f*; **'~-cask** *s.* Weinfaß *n*; **'~-cool·er** *s.* Weinkühler *m*; **'~-glass** *s.* Weinglas *n*; **'~-grow·er** *s.* Weinbauer *m*; **'~-mer·chant** *s.* Weinhändler *m*; **'~-press** *s.* Weinpresse *f*, -kelter *f*.

win·er·y ['wainəri] *s.* Weinkelle'rei *f*.

'wine|-skin *s.* Weinschlauch *m*; **'~-stone** *s.* ⚗ Weinstein *m*; **'~-tast·er** *s.* Weinprüfer *m*; **'~-vault** *s.* Weinkeller *m* (*a. Schenke*).

wing [wiŋ] **I.** *s.* **1.** *orn.* Flügel *m* (*a.* ♀, *zo., a.* ⊕, ⚠, *a. pol.*); *rhet.* Schwinge *f*, Fittich *m* (*a. fig.*): *on the ~* **a)** im Fluge, **b)** *fig.* auf Reisen; *on the ~s of the wind* mit Windeseile; *under s.o.'s ~s fig.* unter j-s Fittichen *od.* Schutz; *to clip s.o.'s ~s* j-m die Flügel stutzen; *to lend ~s to et.* beflügeln; *to singe one's ~s* ‚sich die Finger verbrennen'; *to take ~* **a)** aufsteigen, davonfliegen, **b)** aufbrechen, **c)** *fig.* beflügelt werden; **2.** Federfahne *f* (*Pfeil*); **3.** *humor.* Arm *m*; **4.** (Tür-, Fenster- *etc.*)Flügel *m*; **5.** *mst pl. thea.* ('Seiten)Ku,lisse *f*; **6.** ✈ Tragfläche *f*; **7.** *mot.* Kotflügel *m*; **8.** ⚔, ⚓, *sport* Flügel *m* (*Aufstellung*); **9.** ✈ **a)** *brit. Luftwaffe*: Gruppe *f*, **b)** *amer. Luftwaffe*: Geschwader *n*, **c)** *pl.* F ‚Schwinge' *f* (*Pilotenabzeichen*); **10.** *sport* Außenstürmer *m*, Flügelmann *m*; **II.** *v/t.* **11.** mit Flügeln *etc.* versehen; **12.** *fig.* beflügeln (*beschleunigen*); **13.** *Strecke* (durch)'fliegen; **14. a)** *Vogel* anschießen, flügeln, **b)** F *j-n* (*bsd.* am Arm) verwunden; **III.** *v/i.* **15.** fliegen; ~ **as·sem·bly** *s.* ✈ Tragwerk *n*; **'~-beat** *s.* Flügelschlag *m*; **'~-case** *s. zo.* Flügeldecke *f*; **'~-chair** *s.* Ohrensessel *m*; **'~-com·mand·er** *s.* ✈, ⚔ **1.** *Brit.* Oberst'leutnant *m* der Luftwaffe; **2.** *Am.* Ge'schwaderkommo,dore *m*; **'~-'cov·ert** *s. zo.* Deckfeder *f*.

winged [wiŋd] *adj.* □ **1.** *orn., a.* ♀ geflügelt; Flügel...; *in Zssgn* ...flügelig: *the ~ horse fig.* der Pegasus; *~ screw* ⊕ Flügelschraube; *~ words fig.* geflügelte Worte; **2.** *fig.* beflügelt, schnell.

wing·er ['wiŋə] *s. sport* Außen-, Flügelstürmer *m*.

wing| feath·er *s. orn.* Schwungfeder *f*; **'~-heav·y** *adj.* ✈ querlastig; ~ **nut** *s.* ⊕ Flügelmutter *f*; **'~-o·ver** *s.* ✈ Immelmann-Turn *m*; **'~-sheath** → *wing-case*; **'~-spread** *s.* (*orn.* Flügel-, ✈ Tragflächen-) Spannweite *f*; **'~-stroke** → *wingbeat*.

wink [wiŋk] **I.** *v/i.* **1.** blinzeln, zwinkern: *to ~ at* **a)** *j-m* zublinzeln, **b)** ein Auge zudrücken bei *et.*, *et.* ignorieren; *as easy as ~ing Brit. sl.* kinderleicht; *like ~ing sl.* wie der Blitz; **2.** blinken, flimmern (*Licht*); **II.** *v/t.* **3.** mit *den Augen* blinzeln *od.* zwinkern; **III.** *s.* **4.** Blinzeln *n*, Zwinkern *n*, Wink *m* (*mit den Augen*): *forty ~s* Nickerchen; *not to sleep a ~, not to get a ~ of sleep* kein Auge zutun; *to tip s.o. the ~* j-m e-n Wink (mit den Augen) geben; *in a ~* im Nu.

win·kle ['wiŋkl] **I.** *s. zo.* (eßbare) Strandschnecke; **II.** *v/t.* *~ out* **a)** her'ausziehen, -polken, **b)** *j-n* aussieben, -sondern, eliminieren.

win·ner ['winə] *s.* Gewinner(in), *sport a.* Sieger(in).

win·ning ['winiŋ] **I.** *adj.* □ **1.** *bsd. sport* gewinnend, siegreich, Sieger...; **2.** entscheidend: ~ *hit*; **3.** *fig.* gewinnend, einnehmend; **II.** *s.* **4.** ⚒ Abbau *m*, Gewinnung *f*; **5.** *pl.* Gewinn *m* (*bsd. im Spiel*); **6.** Gewinnen *n*, Sieg *m*; '**~-post** *s. sport* Ziel *n*.

win·now ['winou] **I.** *v/t.* **1.** a) *Getreide* schwingen, worfeln, b) *Spreu* scheiden, trennen (*from* von); **2.** *fig.* sichten, sondern; **3.** *fig.* trennen, (unter)'scheiden (*from* von); **II.** *s.* **4.** Wanne *f*, Futterschwinge *f*; '**win·now·ing** [-ouiŋ] *s.* Worfeln *n*, Schwingen *n*: ~*-fan* Kornschwinge; ~*-machine* Worfelmaschine.

win·some ['winsəm] *adj.* □ **1.** gewinnend: ~ *smile*; **2.** (lieb)reizend: ~ *girl*.

win·ter ['wintə] **I.** *s.* **1.** Winter *m*; **2.** *poet.* Jahr *n*: *a man of fifty* ~*s*; **II.** *v/i.* **3.** (*a. v/t. Tiere, Pflanzen*) über'wintern; **III.** *adj.* **4.** winterlich; Winter...: ~ *garden* Wintergarten; ~ *sleep* Winterschlaf; ~ *sports* Wintersport; '**~-crop** *s.* 🌱 Winterfrucht *f*.

win·ter·ize ['wintəraiz] *v/t.* auf den Winter vorbereiten, *bsd.* ⊕ winterfest machen.

win·tri·ness ['wintrinis] *s.* Kälte *f*, Frostigkeit *f*; **win·try** ['wintri] *adj.* **1.** winterlich, frostig; **2.** *fig.* frostig: ~ *smile*.

wipe [waip] **I.** *s.* **1.** (Ab)Wischen *n*: *to give s.th. a* ~ et. abwischen; **2.** *sl.* ,Wischer' *m*: a) Hieb *m*, b) *fig.* Seitenhieb *m*; **II.** *v/t.* **3.** (ab-, sauber-, trocken)wischen, abreiben, reinigen: *to* ~ *s.o.'s eye* (*for him*) *sl.* j-n ausstechen; *to* ~ *one's lips* sich den Mund wischen; → *floor 1*; ~ **off** *v/t.* **1.** ab-, wegwischen; **2.** *fig.* bereinigen, auslöschen; *Rechnung* begleichen: *to wipe s.th. off the slate* et. begraben *od.* vergessen; ~ **out** *v/t.* **1.** *Krug etc.* auswischen; **2.** wegwischen, (aus)löschen, tilgen (*a. fig.*): *to* ~ *a disgrace* e-n Schandfleck tilgen, e-e Scharte auswetzen; **3.** *Armee, Stadt etc.* vernichten, ,ausradieren'; *Rasse etc.* ausrotten; ~ **up** *v/t.* aufwischen.

wip·er ['waipə] *s.* **1.** Wischer *m* (*Person od. Vorrichtung*); **2.** Wischtuch *n*; **3.** ⊕ a) Hebedaumen *m*, b) Abstreifring *m*, c) ⚡ Kon'takt-, Schleifarm *m*.

wire ['waiə] **I.** *s.* **1.** Draht *m*; **2.** ⚡ Leitung(sdraht *m*) *f*; → *live² 3*; **3.** ⚡ (Kabel)Ader *f*; **4.** F Tele'gramm *n*: *by* ~ telegraphisch; **5.** *pl.* Drähte *pl. e-s Marionettenspiels*, *fig.* geheime Fäden *pl.*, Beziehungen *pl.*: *to pull the* ~*s* a) der Drahtzieher sein, b) s-e Beziehungen spielen lassen; **6.** *opt.* Faden *m im Okular*; **II.** *adj.* **7.** Draht...; **III.** *v/t.* **8.** mit Draht(geflecht) versehen; **9.** mit Draht zs.-binden *od.* befestigen; **10.** ⚡ Leitungen legen in, (be-)schalten, verdrahten: *to* ~ *to* anschließen an (*acc.*); **11.** *e-e Nachricht od. j-m* telegraphieren; **12.** *hunt.* mit Drahtschlingen fangen; **IV.** *v/i.* **13.** telegraphieren, drahten: *to* ~ *in sl.* loslegen, sich ,reinknien'; '**~-cloth** → *wire gauze*; '**~-cut·ter** *s.* ⊕ Drahtschere *f*; '**~-draw** *v/t.* [*irr.* → *draw*] **1.** ⊕ *Metall* drahtziehen; **2.** *fig.* a) in die Länge ziehen, b) *Argument* über'spitzen; '**~-drawn** *adj. fig.* spitzfindig; ~ **en·tan·gle·ment** *s.* ⚔ Drahtverhau *m*; '**~-ga(u)ge** *s.* ⊕ Drahtlehre *f*; ~ **gauze** *s.* ⊕ Drahtgaze *f*, -gewebe *n*, -netz *n*; '**~-haired** *adj. zo.* Drahthaar...: ~ *terrier*.

wire·less ['waiəlis] ⚡ **I.** *adj.* **1.** drahtlos, Funk...: ~ *control* Fernlenkung; ~ *message* Funkspruch; **2.** *bsd. Brit.* Radio..., Rundfunk...: ~ *set* → *3*; **II.** *s.* **3.** *bsd. Brit.* 'Radio(appa,rat *m*) *n*: *on the* ~ im Radio *od.* Rundfunk; **4.** *abbr. für* ~ *telegraphy*, ~ *telephony etc.*; **III.** *v/t. bsd. Brit.* **5.** *Nachricht etc.* funken; ~ **car** *s. Brit.* Funkstreifenwagen *m*; ~ **op·er·a·tor** *s.* ✈ (Bord)Funker *m*; ~ **pi·rate** *s.* Schwarzhörer *m*; ~ (**re·ceiv·ing**) **set** *s.* (Funk)Empfänger *m*; ~ **sta·tion** *s.* (*a.* 'Rund),Funkstati,on *f*; ~ **te·leg·ra·phy** *s.* drahtlose Telegra'phie, 'Funktelegra,phie *f*; ~ **te·leph·o·ny** *s.* drahtlose Telepho'nie, Sprechfunk *m*; ~ **trans·mit·ter** *s.* (Funk)Sender *m*.

'**wire|-man** [-mən] *s.* [*irr.*] ⊕ Tele'graphen-, Tele'phonarbeiter *m*; ~ **net·ting** *s.* ⊕ **1.** Drahtnetz *n*; **2.** *pl.* Maschendraht *m*; '**~-pho·to** *s.* 'Bildtele,gramm *n*; '**~-pull·er** *s. fig.* ,Drahtzieher' *m*; '**~-pull·ing** *s. bsd. pol.* ,Drahtziehe'rei' *f*, Manipulati'onen *pl.*; ~ **rod** *s.* ⊕ Walz-, Stabdraht *m*; ~ **rope** *s.* Drahtseil *n*; ~ **rope·way** *s.* Drahtseilbahn *f*; ~ **tap·ping** *s.* Abhören *n*, Anzapfen *n* von Tele'phonleitungen; '**~-walk·er** *s.* 'Drahtseilakro,bat(in), Seiltänzer (-in); '**~-worm** *s. zo.* Drahtwurm *m*; '**~-wove** *adj.* **1.** Velin...(*-papier*); **2.** aus Draht geflochten.

wir·ing ['waiəriŋ] *s.* **1.** Verdrahtung *f* (*a.* ⚡); ✈ Verspannung *f*; **2.** ⚡ (Be)Schaltung *f*, Leitungsnetz *n*: ~ *diagram* Schaltplan, -schema.

wir·y ['waiəri] *adj.* □ **1.** Draht...; **2.** drahtig (*Haar, Muskeln, Person etc.*); **3.** surrend (*Ton*).

wis·dom ['wizdəm] *s.* Weisheit *f*, Klugheit *f*; '**~-tooth** *s.* [*irr.*] Weisheitszahn *m*.

wise¹ [waiz] **I.** *adj.* □ → *wisely*; **1.** weise, klug, erfahren, einsichtig; **2.** gescheit, verständig; **3.** wissend, unter'richtet: *to be none the* ~*r* (*for it*) nicht klüger sein als zuvor; *without anybody being the* ~*r for it* ohne daß es j-d gemerkt hätte; ~*r after the event* um e-e Erfahrung klüger; *to be* ~ *to Am. sl.* Bescheid wissen über (*acc.*); *to get* ~ *to Am. sl. et.* ,spitzkriegen'; *to put s.o.* ~ *to Am. sl.* j-m et. ,stecken'; **4.** schlau, gerissen; **5.** *Am. sl.* neunmalklug: ~ *guy* ,Klugscheißer'; **6.** *obs.* ~ *man* Zauberer; ~ *woman* a) Hexe, b) Wahrsagerin, c) weise Frau (*Hebamme*); **II.** *v/t.* **7.** ~ *up Am. sl. j-n* informieren; **III.** *v/i.* **8.** ~ *up Am. sl.* ,schlau' werden.

wise² [waiz] *s. obs.* Art *f*, Weise *f*: *in any* ~ auf irgendeine Weise; *in no* ~ in keiner Weise, keineswegs; *in this* ~ auf diese Art u. Weise.

-wise [waiz] *in Zssgn* a) ...artig, nach Art von, b) ...weise, c) F ...mäßig.

'**wise|·a·cre** [-eikə] *s.* Neunmalkluge(r) *m*, Besserwisser *m*; '**~-crack** *sl.* **I.** *s.* witzige *od.* treffende Bemerkung; Witze'lei *f*; **II.** *v/i.* witzeln, ,flachsen'; '**~-crack·er** *s. sl.* Witzbold *m*.

wise·ly ['waizli] *adv.* klug, kluger-, vernünftigerweise; (wohl)weislich.

wish [wiʃ] **I.** *v/t.* **1.** (sich) wünschen; **2.** wollen, wünschen: *I* ~ *I were rich* ich wollte, ich wäre reich; *I* ~ *you to come* ich möchte, daß du kommst; *to* ~ *s.o. further* (*od. at the devil*) j-n zum Teufel wünschen; *to* ~ *o.s. home* sich nach Hause sehnen; **3.** hoffen: *I* ~ *it may prove true*; *it is to be* ~*ed* es ist zu hoffen *od.* wünschen; **4.** *j-m Glück, Spaß etc.* wünschen: *to* ~ *s.o. well* (*ill*) j-m wohl- (übel-) wollen; *to* ~ *s.th. on s.o.* j-m et. (*Böses*) wünschen; → *joy 1*; **5.** *j-m guten Morgen etc.* wünschen; *j-m Adieu etc.* sagen: *to* ~ *s.o. farewell*; **II.** *v/i.* **6.** wünschen: *to* ~ *for* sich *et.* wünschen, sich sehnen nach; *he cannot* ~ *for anything better* er kann sich nichts Besseres wünschen; **III.** *s.* **7.** Wunsch *m*: a) Verlangen *n* (*for* nach), b) Bitte *f* (*for* um *acc.*), c) *das* Gewünschte: *you shall have your* ~ du sollst haben, was du dir wünschst; → *father 5*; **8.** *pl. gute* Wünsche *pl.*, Glückwünsche *pl.*: *good* ~*es*; '**~-bone** *s.* **1.** *orn.* Brust-, Gabelbein *n*; **2.** *mot.* Dreiecklenker *m*: ~ *suspension* Schwingarmfederung.

wish·ful ['wiʃful] *adj.* □ **1.** vom Wunsch erfüllt, begierig (*to do zu tun*); **2.** sehnsüchtig: ~ *thinking* Wunschdenken.

'**wish·ing|-bone** ['wiʃiŋ] → *wishbone 1*; '**~-cap** *s.* Zauber-, Wunschkappe *f*.

wish-wash ['wiʃwɔʃ] *s.* **1.** labberiges Zeug (*Getränk*; *a. fig. Geschreibsel*); **2.** *fig.* Geschwätz *n*.

wish·y-wash·y ['wiʃiwɔʃi] *adj.* labberig: a) wäßrig, b) *fig.* saft- u. kraftlos, seicht.

wisp [wisp] *s.* **1.** (*Stroh- etc.*)Wisch *m*, (*Heu-, Haar*)Büschel *n*; (*Haar-*)Strähne *f*; **2.** Handfeger *m*; **3.** Strich *m*, Zug *m* (*Vögel*); **4.** Fetzen *m*, Streifen *m*: ~ *of paper* Fidibus; ~ *of smoke* Rauchfetzen; *a* ~ *of a woman* ein schmächtiges Frauchen; '**wisp·y** [-pi] *adj.* **1.** wuschelig, büschelig (*Haar etc.*); **2.** dünn, schmächtig.

wist·ful ['wistful] *adj.* □ **1.** sehnsüchtig, wehmütig; **2.** nachdenklich, versonnen; '**wist·ful·ness** [-nis] *s.* **1.** Sehnsucht *f*, Wehmut *f*; **2.** Nachdenklichkeit *f*.

wit¹ [wit] *s.* **1.** *oft pl.* geistige Fähigkeiten *pl.*, Intelli'genz *f*; **2.** *oft pl.* Verstand *m*: *to be at one's* ~*s' end* mit s-r Weisheit zu Ende sein, sich nicht mehr zu helfen wissen; *to have one's* ~*s about one* s-e fünf Sinne *od.* s-n Verstand beisammen haben; *to keep one's* ~*s about one* e-n klaren Kopf behalten; *to live by one's* ~*s* sich (mehr oder weniger ehrlich) durchs Leben schlagen; *out of one's* ~*s* von Sinnen, verrückt; *to frighten s.o. out of his* ~*s* j-n zu

Tode erschrecken; **3.** Witz *m*, Geist *m*, Es'prit *m*; **4.** witziger Kopf, geistreicher Mensch; **5.** Witz *m*, witziger Einfall.

wit² [wit] *v/t. u. v/i.* [*irr.*] *obs.* wissen: *to ~ bsd.* ⚖ das heißt, nämlich.

witch [witʃ] **I.** *s.* **1.** Hexe *f*, Zauberin *f*: *~es' sabbath* Hexensabbat; **2.** *fig.* alte Hexe; **3.** F betörendes Wesen (*Frau*); **II.** *v/t.* **4.** be-, verhexen; **'~craft** *s.* **1.** Hexe'rei *f*, Zaube'rei *f*; **2.** Zauber(kraft *f*) *m*; **'~doc·tor** *s.* Medi'zinmann *m*.

witch·er·y ['witʃəri] *s.* **1.** → *witchcraft*; **2.** *fig.* Zauber *m*.

'witch-hunt *s. bsd. pol.* Hexenjagd *f* (*for, against* auf *acc.*).

witch·ing ['witʃiŋ] *adj.* □ **1.** Hexen...: *~ hour* Geisterstunde; **2.** → *bewitching*.

wit·e·na·ge·mot ['witinəgi'mout] *s. hist. gesetzgebende Versammlung im Angelsachsenreich.*

with [wið] *prp.* **1.** mit (*vermittels*): *to cut ~ a knife*; *to fill ~ water*; **2.** (zs.) mit: *he went ~ his friends*; **3.** nebst, samt: *~ all expenses*; **4.** mit (*besitzend*): *a coat ~ three pockets*; *~ no hat* ohne Hut; **5.** mit (*Art u. Weise*): *~ care*; *~ a smile*; *~ the door open* bei offener Tür; **6.** in Über'einstimmung mit: *I am quite ~ you* ich bin ganz Ihrer Ansicht *od.* ganz auf Ihrer Seite; *blue does not go ~ green* blau paßt nicht zu grün; **7.** mit (*in derselben Weise, im gleichen Grad, zur selben Zeit*): *the sun changes ~ the seasons*; *to rise ~ the sun*; **8.** bei: *to sit (sleep) ~ s.o.*; *to work ~ a firm*; *I have no money ~ me*; **9.** (*kausal*) **durch, vor** (*dat.*), von, an (*dat.*): *to die ~ cancer* an Krebs sterben; *stiff ~ cold* steif vor Kälte; *wet ~ tears* von Tränen naß, tränennaß; *to tremble ~ fear* vor Furcht zittern; **10.** bei, für: *~ God all things are possible* bei Gott ist kein Ding unmöglich; **11.** gegen, mit: *to fight ~*; **12.** bei, auf seiten (von): *it rests ~ you to decide* die Entscheidung liegt bei dir; **13.** trotz, bei: *~ all her brains* bei all ihrer Klugheit; **14.** angesichts; in Anbetracht der Tatsache, daß: *you can't leave ~ your mother so ill* du kannst nicht weggehen, wenn deine Mutter so krank ist; **15.** *~ it sl.* **a)** ‚auf Draht', ‚schwer auf der Höhe', **b)** modebewußt: *get ~ it!* mach mit!, sei kein Frosch!

with·al [wi'ðɔ:l] *obs.* **I.** *adv.* außerdem, 'oben'drein, da'bei; **II.** *prp.* (*nachgestellt*) mit.

with·draw [wið'drɔ:] [*irr.* → *draw*] **I.** *v/t.* **1.** (*from*) zu'rückziehen, -nehmen (von, aus): **a)** wegnehmen, entfernen (von, aus), *Schlüssel etc., a.* ⚔ *Truppen* abziehen, her'ausziehen (aus), **b)** entziehen (*dat.*), **c)** einziehen, **d)** *fig. Auftrag, Aussage etc.* wider'rufen: *to ~ a motion* e-n Antrag zurückziehen; **2.** ☤ **a)** *Geld* abheben, *a. Kapital* entnehmen, **b)** *Kredit* kündigen; **II.** *v/i.* **3.** (*from*) sich zu'rückziehen (von, aus): **a)** sich entfernen, **b)** zu'rückgehen, ⚔ *a.* sich absetzen, **c)** zu'rücktreten (von *e-m Posten, Vertrag*), **d)** austreten (aus *e-r Gesellschaft*), **e)** *fig.* sich distanzieren (von *j-m, e-r Sache*): *to ~ within o.s. fig.* sich in sich selbst zurückziehen; **with'draw·al** [-ɔ:əl] *s.* **1.** Zu'rückziehung *f*, -nahme *f* (*a. fig. Widerrufung*) (*a.* ⚔ *von Truppen*): *~ (from circulation)* Einziehung, Außerkurssetzung; **2.** ☤ (Geld)Abhebung *f*, Entnahme *f*; **3.** *bsd.* ⚔ Ab-, Rückzug *m*; **4.** (*from*) Rücktritt *m* (von *e-m Amt, Vertrag etc.*), Ausscheiden *n* (aus); **5.** ⚕ Entzug *m*, Entziehung *f*: *~ cure*.

withe [wiθ] *s.* Weidenrute *f*.

with·er ['wiðə] **I.** *v/i.* **1.** *oft ~ up* (ver)welken, verdorren, austrocknen; **2.** vergehen (*Schönheit etc.*); **3.** *oft ~ away fig.* schwinden (*Hoffnung etc.*); **II.** *v/t.* **4.** welk machen; ausdörren, -trocknen; **5.** *fig. j-n mit e-m Blick etc., a. j-s Ruf* vernichten; **'with·er·ing** ['wiðəriŋ] *adj.* □ **1.** ausdörrend; **2.** *fig.* vernichtend: *a ~ look (remark)*.

with·ers ['wiðəz] *s. pl. zo.* 'Widerrist *m* (*Pferd etc.*): *my ~ are unwrung fig.* das trifft mich nicht.

with·er·shins ['wiðəʃinz] *adv. Scot.* dem Uhrzeigersinn *od.* dem (scheinbaren) Sonnenlauf entgegengesetzt.

with'hold *v/t.* [*irr.* → *hold²*] **1.** zu'rück-, abhalten (*s.o. from* j-n von *et.*): *to ~ o.s. from s.th.* sich e-r Sache enthalten; **2.** vorenthalten, versagen (*s.th. from s.o.* j-m et.).

with·in [wi'ðin] **I.** *prp.* **1. a)** innerhalb von (*od. gen.*), in (*dat.*) (*beide a. zeitlich binnen*), **b)** innerhalb des Hauses: *~ doors* im Hause, drinnen, ins Haus, hinein; *~ 3 hours* binnen *od.* in nicht mehr als 3 Stunden; *~ a week of his arrival* e-e Woche nach *od.* vor s-r Ankunft; **2.** im *od.* in den Bereich von: *~ call (hearing, reach, sight)* in Ruf-(Hör-, Reich-, Sicht)weite; *~ the meaning of the Act* im Rahmen des Gesetzes; *~ the law* nicht illegal; *~ my powers* **a)** im Rahmen m-r Befugnisse, **b)** soweit es in m-n Kräften steht; *~ o.s. sport* ohne sich zu verausgaben (*laufen etc.*); *to live ~ one's income* nicht über s-e Verhältnisse leben; **3.** im 'Umkreis von, nicht weiter (entfernt) als: *~ a mile of* bis auf e-e Meile von; → *ace 3*; **II.** *adv.* **4.** (dr)innen, drin, im Innern: *~ and without* innen u. außen; *from ~* von innen; **5.** im *od.* zu Hause, drinnen; **6.** *fig.* innerlich, im Innern; **7.** hin'ein, ins Haus: *let's go ~* laßt uns hineingehen; **III.** *s.* **8.** *das* Innere.

with·out [wi'ðaut] **I.** *prp.* **1.** ohne (*doing* zu tun): *~ difficulty*; *~ his finding me* ohne daß er mich fand *od.* findet; *~ doubt* zweifellos; *~ end* endlos; *~ number* zahllos, sonder Zahl; → *do without, go without*; **2.** außerhalb, jenseits, vor (*dat.*); **II.** *adv.* **3.** (dr)außen, äußerlich; **4.** ohne: *to go ~* leer ausgehen; **III.** *s.* **5.** *das* Äußere: *from ~* von außen; **IV.** *cj.* **6.** *obs. od.* F **a)** wenn nicht, außer wenn, **b)** ohne daß.

with'stand [*irr.* → *stand*] *v/t.* wider'stehen (*dat.*): **a)** sich wider'setzen (*dat.*), **b)** aushalten (*acc.*), standhalten (*dat.*).

with·y ['wiði] → *withe*.

wit·less ['witlis] *adj.* □ **1.** geist-, witzlos; **2.** dumm, einfältig.

wit·ling ['witliŋ] *s. contp.* Witzling *m*.

wit·ness ['witnis] **I.** *s.* **1.** Zeuge *m*, Zeugin *f* (*a.* ⚖ *u. fig.*): *to be a ~ of s.th.* Zeuge von et. sein; *to call s.o. to ~* j-n als Zeugen anrufen; *a living ~ to* ein lebender Zeuge (*gen.*); *~ for the prosecution* (*Brit. a. for the Crown*) Belastungszeuge; *prosecuting ~* (Privat)Kläger; *~ for the defence* (*Am. defense*) Entlastungszeuge; **2.** Zeugnis *n*, Bestätigung *f*, Beweis *m* (*of, to gen. od.* für): *to bear ~ to* (*od. of*) Zeugnis ablegen von, *et.* bestätigen; *in ~ whereof* zum Zeugnis *od.* urkundlich dessen; **II.** *v/t.* **3.** bezeugen, beweisen: *~ Shakespeare* als Beweis dient Shakespeare; **4.** (Augen)Zeuge sein von, zu'gegen sein bei, (mit)erleben; **5.** *fig.* zeugen von, Zeuge sein von; **6.** ⚖ *j-s Unterschrift* beglaubigen, *Dokument* als Zeuge unter'schreiben; **III.** *v/i.* **7.** zeugen, Zeuge sein, Zeugnis ablegen, ⚖ *a.* aussagen (*against* gegen, *for, to* für): *to ~ to s.th. fig.* et. bezeugen; *this agreement ~eth* ⚖ dieser Vertrag be-inhaltet; **'~-box** *bsd. Brit.*, **~ stand** *Am. s.* ⚖ Zeugenstand *m*, -bank *f*.

wit·ted ['witid] *adj. in Zssgn* ...denkend, ...sinnig; → *half-witted, quick-witted*.

wit·ti·cism ['witisizəm] *s.* Witz *m*, witzige Bemerkung, Witze'lei *f*.

wit·ti·ness ['witinis] *s.* Witzigkeit *f*, Treffsicherheit *f*.

wit·ting·ly ['witiŋli] *adv.* wissentlich, geflissentlich. [reich.]

wit·ty ['witi] *adj.* □ witzig, geist-

wive [waiv] **I.** *v/i.* e-e Frau nehmen, heiraten; **II.** *v/t.* zur Frau nehmen, ehelichen.

wives [waivz] *pl. von wife*.

wiz [wiz] *Am. sl. für wizard*.

wiz·ard ['wizəd] **I.** *s.* Zauberer *m*, Hexenmeister *m* (*beide a. fig. Genie*); **II.** *adj. sl.* erstklassig, prima; **'wiz·ard·ry** [-dri] *s.* Zaube'rei *f*, Hexe'rei *f* (*a. fig.*).

wiz·en ['wizn], **'wiz·ened** [-nd] *adj.* verhutzelt, schrump(e)lig.

wo, woa [wou] *int.* brr! (*zum Pferd*).

woad [woud] *s.* ✿, ⊕ (Färber)Waid *m*.

wob·ble ['wɔbl] **I.** *v/i.* **1.** wackeln; schwanken (*a. fig. between* zwischen); **2.** schlottern (*Knie etc.*); **3.** ⊕ schlottern (*Rad*); **II.** *s.* **4.** Wakkeln *n*; Schwanken *n* (*a. fig.*); ⊕ Flattern *n*, Schlag *m*; **5.** ⚡ Taumel *m*: *~ frequency* Taumelfrequenz; **'wob·bly** [-li] *adj.* wack(e)lig, unsicher.

woe [wou] **I.** *int.* **1.** wehe!, ach!; **II.** *s.* **2.** Weh *n*, Leid *n*, Kummer *m*, Not *f*: *face of ~* jämmerliche Miene; *tale of ~* Leidensgeschichte; *~ is me!* wehe mir!; *~ (be) to ...!*, *~ betide ...!* wehe (*dat.*)!, verflucht sei ...!; → *weal¹*; **3.** *pl.* Nöte *pl.*, Sorgen *pl.*; **~·be·gone** ['woubigɔn] *adj.* **1.** leid-, jammervoll, vergrämt; **2.** verwahrlost.

woe·ful ['wouful] *adj.* □ *rhet. od. humor.* **1.** traurig, kummer-, sorgenvoll; **2.** elend, jammervoll; **3.** *contp.* erbärmlich, jämmerlich.

woke [wouk] *pret. von wake²*.

wold [would] *s.* (hügeliges) Heideland, Ödland *n.*

wolf [wulf] **I.** *pl.* **wolves** [-vz] *s.* **1.** *zo.* Wolf *m*: *a ~ in sheep's clothing fig.* ein Wolf im Schafspelz; *lone ~ fig.* Einzelgänger; *to cry ~ fig.* blinden Alarm schlagen; *to keep the ~ from the door fig.* sich über Wasser halten, sich recht u. schlecht durchschlagen; **2.** *fig.* Wolf *m*, räuberische *od.* gierige Per'son; **3.** *Am. sl.* ‚Casa'nova' *m*, Schürzenjäger *m*; **4.** ♪ Schwebung *f*; **II.** *v/t.* **5.** *a. ~ down Speisen* (gierig) verschlingen, hin'unterschlingen; '**~-cub** *s.* **1.** *zo.* junger Wolf; **2.** ‚Wölfling' *m*, Jungpfadfinder *m.*

wolf·ish ['wulfiʃ] *adj.* □ **1.** wölfisch (*a. fig.*), Wolfs...; **2.** *fig.* wild, gefräßig: *~ appetite* Wolfshunger.

'**wolf-pack** *s.* Rudel *n* Wölfe (*od.* ⚓, ⚔ 'U-Boote *für Nachtangriff*).

wolf·ram ['wulfrəm] *s.* **1.** ⚗ Wolfram *n*; **2.** *min.* → *wolframite*; '**wolfram·ite** [-mait] *s. min.* Wolfra'mit *m.*

wol·ver·ine ['wulvəri:n] *s. zo.* (Amer.) Vielfraß *m.*

wolves [wulvz] *pl. von wolf.*

wom·an ['wumən] **I.** *pl.* **wom·en** ['wimin] *s.* **1.** Frau *f*, Weib *n*: *~ of the world* Frau von Welt; *to play the ~* empfindsam *od.* ängstlich sein; **2.** (Dienst)Mädchen *n*, Zofe *f*; **3.** (*ohne Artikel*) das weibliche Geschlecht, die Frauen *pl.*, das Weib: *born of ~* vom Weibe geboren (*sterblich*); *~'s reason* weibliche Logik; **4.** *the ~ fig.* das Weib, die Frau, das typisch Weibliche; **II.** *adj.* **5.** weiblich, Frauen...: *~ doctor* Ärztin; *~ police* weibliche Polizei; *~ student* Studentin; *~ suffrage* Frauenstimmrecht; '**~-hat·er** *s.* Weiberfeind *m.*

wom·an·hood ['wumənhud] *s.* **1.** Stellung *f* der (erwachsenen) Frau: *to reach ~* e-e Frau werden; **2.** Weiblich-, Fraulichkeit *f*; **3.** → *womankind*; '**wom·an·ish** [-niʃ] *adj.* □ **1.** *contp.* weibisch; **2.** → *womanly*; '**wom·an·ize** [-naiz] **I.** *v/t.* weibisch machen; **II.** *v/i.* F hinter den Weibern her sein.

'**wom·an|·kind** *s.* **1.** *coll.* Frauen(welt *f*) *pl.*, Weiblichkeit *f*; **2.** → *womenfolk 2*; '**~·like** *adj.* wie e-e Frau, fraulich, weiblich.

wom·an·li·ness ['wumənlinis] *s.* Fraulich-, Weiblichkeit *f*; **woman·ly** ['wumənli] *adj.* fraulich, weiblich (*a. weitS.*).

womb [wu:m] *s. anat.* Gebärmutter *f*; *weitS.* (Mutter)Leib *m*, Schoß *m* (*a. fig. der Erde etc.*).

wom·en ['wimin] *pl. von woman*: *♀'s Lib* Women's Lib (*militante Frauenbewegung*); *~'s rights* Frauenrechte; *~'s team sport* Damenmannschaft; '**~·folk** *s. pl.* **1.** → *womankind 1*; **2.** *die* Frauen *pl.* (*in e-r Familie*), *mein etc.* ‚Weibervolk' *n* (da'heim).

won [wʌn] *pret. u. p.p. von win.*

won·der ['wʌndə] **I.** *s.* **1.** Wunder *n*, *et.* Wunderbares, Wundertat *f*, -werk *n*: *a ~ of skill* ein (wahres) Wunder an Geschicklichkeit (*Person*); *the 7 ~s of the world* die 7 Weltwunder; *to work* (*od. do*) *~s* Wunder wirken; *to promise ~s j-m* goldene Berge versprechen; (*it is*) *no* (*od. small*) *~ that* kein Wunder, daß; → *nine 1, sign 8*; **2.** Verwunderung *f*, (Er)Staunen *n*: *filled with ~* von Staunen erfüllt; *for a ~* erstaunlicherweise, ausnahmsweise; *in ~* erstaunt, verwundert; **II.** *v/i.* **3.** sich (ver)wundern, erstaunt sein (*at, about* über *acc.*); **4. a)** neugierig *od.* gespannt sein, gern wissen mögen (*if, whether, what etc.*), **b)** sich fragen *od.* über'legen: *I ~ whether I might ...?* dürfte ich vielleicht ...?, ob ich wohl ... kann?; *I ~ if you could help me* vielleicht können Sie mir helfen.

won·der·ful ['wʌndəful] *adj.* □ wunderbar, -voll, herrlich: *not so ~* F nicht so toll.

won·der·ing ['wʌndəriŋ] *adj.* □ verwundert, erstaunt, staunend.

'**won·der·land** *s.* Wunder-, Märchenland *n* (*a. fig.*).

won·der·ment ['wʌndəmənt] *s.* Verwunderung *f*, Staunen *n.*

'**won·der|-struck** *adj.* von Staunen ergriffen (*at* über *acc.*); '**~-work·er** *s.* Wundertäter(in); '**~-work·ing** *adj.* wundertätig.

won·drous ['wʌndrəs] *rhet.* **I.** *adj.* □ wundersam (*oft iro.*), erstaunlich; **II.** *adv.* wunderbarer-, erstaunlicherweise; außerordentlich.

won·ky ['wɔŋki] *adj. sl.* wack(e)lig (*a. fig.*).

won't [wount] F *für will not.*

wont [wount] **I.** *adj.*: *to be ~ to do* gewohnt sein *od.* pflegen zu tun; **II.** *s.* Gewohnheit *f*, Brauch *m*; '**wont·ed** [-tid] *adj.* **1.** gewohnt; **2.** gewöhnlich, üblich; **3.** *Am.* eingewöhnt (*to* in *dat.*).

woo [wu:] *v/t.* **1.** werben *od.* freien um, den Hof machen (*dat.*); **2.** *fig.* zu gewinnen suchen, trachten nach, buhlen um; **3.** *fig.* **a)** *j-n* um'werben, **b)** locken, drängen (*to* zu).

wood [wud] **I.** *s.* **1.** *oft pl.* Wald *m*, Waldung *f*, Gehölz *n*: *to be out of the ~* (*Am. ~s*) F über den Berg sein; *he cannot see the ~ for the trees* er sieht den Wald vor lauter Bäumen nicht; → *halloo III*; **2.** Holz *n*: *touch ~!* unberufen!; **3.** (Holz)Faß *n*: *wine from the ~* Wein (direkt) vom Faß; **4.** → *wood-wind*; **5.** → *woodblock 2*; **6.** *pl. Schisport*: ‚Bretter' *pl.*; **II.** *adj.* **7.** hölzern, Holz...; **8.** Wald...; '**~-al·co·hol** *s.* ⚗ Holzgeist *m*; **~ a·nem·o·ne** *s.* ♀ Buschwindrös-chen *n*; '**~-bind,** '**~-bine** *s.* ♀ Geißblatt *n*; '**~-block** *s.* **1.** (Holz)Pflasterklotz *m*; **2.** *typ.* **a)** Druckstock *m*, **b)** Holzschnitt *m*; '**~-carv·er** *s.* Holzschnitzer *m*; '**~-carv·ing** *s.* Holzschnitze'rei *f* (*a. Schnitzwerk*); '**~-chuck** *s. zo.* (amer.) Waldmurmeltier *n*; '**~-coal** *s.* **1.** *min.* Braunkohle *f*; **2.** Holzkohle *f*; '**~-cock** *s. orn.* Waldschnepfe *f*; '**~-craft** *s.* **1.** *hunt.* Weidmannskunst *f*; **2.** Holzschnitze'rei *f*; '**~-cut** *s. typ.* **1.** Holzstock *m* (*Druckform*); **2.** Holzschnitt *m* (*Druckerzeugnis*); '**~-cut·ter** *s.* **1.** Holzfäller *m*; **2.** *Kunst*: Holzschneider *m.*

wood·ed ['wudid] *adj.* bewaldet, waldig, Wald...

wood·en ['wudn] *adj.* □ **1.** hölzern, Holz...; **2.** *fig.* hölzern, steif (*Bewegung, Person*); **3.** *fig.* ausdruckslos (*Gesicht etc.*); **4.** stumpf (-sinnig).

'**wood|-en·grav·er** *s. Kunst*: Holzschneider *m*; '**~-en·grav·ing** *s.* **1.** Holzschneidekunst *f*; **2.** Holzschnitt *m.*

'**wood·en-head·ed** *adj.* F dumm.

'**wood|-gas** *s.* ⊕ Holzgas *n*; '**~-grouse** *s. Brit. orn.* Auerhahn *m.*

wood·i·ness ['wudinis] *s.* **1.** Waldreichtum *m*; **2.** Holzigkeit *f.*

wood| king·fish·er *s. orn.* Königsfischer *m*, Eisvogel *m*; '**~·land** [-lənd] **I.** *s.* Waldland *n*, Waldung *f*; **II.** *adj.* Wald...; '**~-lark** *s. orn.* Heidelerche *f*; '**~-louse** *s.* [*irr.*] *zo.* Bohrassel *f*; '**~·man** [-mən] *s.* [*irr.*] **1.** *Brit.* Förster *m*; **2.** Holzfäller *m*; **3.** Jäger *m*; **4.** Waldbewohner *m*; '**~-naph·tha** *s.* ⚗ Holzgeist *m*; '**~-nymph** *s.* **1.** *myth.* 'Waldˌnymphe *f*; **2.** *zo. eine* Motte; **3.** *orn. ein* 'Kolibri *m*; '**~·peck·er** *s. orn.* Specht *m*; '**~-pi·geon** *s. orn.* Ringeltaube *f*; '**~-pile** *s.* Holzhaufen *m*, -stoß *m*; '**~-pulp** *s.* ⊕ Holz(zell)stoff *m*, Holzschliff *m*; '**~-ruff** *s.* ♀ Waldmeister *m*; '**~-screw** *s.* ⊕ Holzschraube *f*; **~ shav·ings** *s. pl.* Hobelspäne *pl.*; '**~-shed** *s.* Holzschuppen *m.*

woods·man ['wudzmən] *s.* [*irr.*] → *woodman 2, 3, 4.*

wood| sor·rel *s.* ♀ Sauerklee *m*; **~ spir·it** *s.* ⚗ Holzgeist *m*; '**~-tar** *s.* ⚗ Holzteer *m*; '**~-tick** *s. zo.* Holzbock *m*; '**~-wind** [-wind] **I.** *s.* ♪ **1.** 'Holzblasinstruˌment *n*; **2.** *oft pl.* 'Holzblasinstruˌmente *pl.* (*e-s Orchesters*), Holz(bläser *pl.*) *n*; **II.** *adj.* **3.** Holzblasinstrumenten...; '**~-wool** *s.* ⚕ Zellstoffwatte *f*; '**~-work** *s.* △ **1.** Holz-, Balkenwerk *n*; **2.** Holzarbeit(en *pl.*) *f*; '**~-work·ing** **I.** *s.* Holzbearbeitung *f*; **II.** *adj.* holzbearbeitend, Holzbearbeitungs...: *~ machine.*

wood·y ['wudi] *adj.* **1.** waldig, Wald...; **2.** holzig, Holz...

'**wood·yard** *s.* Holzplatz *m.*

woo·er ['wu:ə] *s.* Freier *m.*

woof [wu:f] *s.* **1.** *Weberei*: **a)** Einschlag *m*, (Ein)Schuß *m*, **b)** Schußgarn *n*; **2.** Gewebe *n.*

woof·er ['wu:fə] *s. Radio*: Tieftonlautsprecher *m.*

woo·ing ['wu:iŋ] *s.* (*a. fig.* Liebes-) Werben *n*, Freien *n*, Werbung *f.*

wool [wul] **I.** *s.* **1.** Wolle *f*: *dyed in the ~* in der Wolle gefärbt; *bsd. fig.* waschecht; → *cry 2*; **2.** Wollfaden *m*, -garn *n*; **3.** Wollstoff *m*, -tuch *n*; **4.** Zell-, Pflanzenwolle *f*; **5.** (*Baum-, Glas- etc.*)Wolle *f*; **6.** F ‚Wolle' *f*, (kurzes) wolliges Kopfhaar: *to lose one's ~* ärgerlich werden; *to pull the ~ over s.o.'s eyes* j-n hinters Licht führen; **II.** *adj.* **7.** wollen, Woll...; '**~-card** *s.* ⊕ Wollkrempel *m*, -kratze *f*; '**~-clip** *s.* ♈ (jährlicher) Wollertrag; '**~-comb** *s.* ⊕ Wollkamm *m*; '**~-dyed** *adj.* ⊕ in der Wolle gefärbt.

wool·en *Am.* → *woollen.*

'**wool|-gath·er·ing** **I.** *s. fig.* Verträumt-, Zerstreutheit *f*, Spintisieren *n*; **II.** *adj.* geistesabwesend, spintisierend; '**~-grow·er** *s.* Schafzüchter *m*, 'Wollprodu,zent *m*; '**~-hall** *s.* ✝ *Brit.* Wollbörse *f.*

wool·i·ness *Am.* → *woolliness.*

wool·len ['wulin] **I.** *s.* **1.** Wollstoff *m*; **2.** *pl.* Wollsachen *pl.* (*a. wollene Unterwäsche*), Wollkleidung *f*; **II.** *adj.* **3.** wollen, Woll...: *~ goods* Wollwaren; '**~-drap·er** *s.* Wollwarenhändler *m.*

wool·li·ness ['wulinis] *s.* **1.** Wolligkeit *f*, wollige Beschaffenheit; **2.** *paint. u. fig.* Verschwommenheit *f*;

wool·ly ['wuli] **I.** *adj.* **1.** wollig, weich, flaumig; **2.** Wolle tragend, Woll...; **3.** *paint. u. fig.* verschwommen; belegt (*Stimme*); **II.** *s.* **4.** wollenes Kleidungsstück, *bsd.* Wolljacke *f*; *pl.* → *woollen* 2.

'**wool|-pack** *s.* **1.** Wollsack *m* (*Verpackung*); **2.** Wollballen *m* (*240 englische Pfund*); **3.** *meteor.* Haufenwolke *f*; '**~-sack** *s. pol.* **a)** Wollsack *m* (*Sitz des Lordkanzlers im englischen Oberhaus*), **b)** *fig.* Amt *n* des Lordkanzlers; '**~-sort·er** *s.* Wollsortierer *m* (*Person od. Maschine*): *~s' disease* ⚕ Lungenmilzbrand; '**~-sta·pler** *s.* ✝ **1.** Woll(groß)händler *m*; **2.** Wollsortierer *m*; '**~-work** *s.* Wollsticke'rei *f.*

wool·y *Am.* → *woolly.*

wooz·y ['wu:zi] *adj. Am. sl.* **1.** (*von Alkohol etc.*) benebelt; **2.** wirr (im Kopf).

wop [wɔp] *s. bsd. Am. sl.* ,'Ithaker' *m* (*eingewanderter Italiener*).

word [wə:d] **I.** *s.* **1.** Wort *n*: *~s* Worte, *ling.* Wörter; *~ for ~* Wort für Wort, (wort)wörtlich; *at a ~* sofort, aufs Wort; *in a ~* mit 'einem Wort, kurz(um); *in other ~s* mit anderen Worten; *in so many ~s* wörtlich, ausdrücklich; *the last ~* **a)** das letzte Wort (*on* in *e-r Sache*), **b)** das Allerneueste *od.* -beste (*in* an *dat.*); *to have the last ~* das letzte Wort haben; *to have no ~s for* nicht wissen, was man zu *e-r Sache* sagen soll; *to put into ~s* in Worte fassen; *too silly for ~s* unsagbar dumm; *cold's not the ~ for it!* F kalt ist gar kein Ausdruck!; *he is a man of few ~s* er macht nicht viele Worte, er ist ein schweigsamer Mensch; *he hasn't a ~ to throw at a dog* er macht den Mund nicht auf; **2.** Wort *n*, Ausspruch *m*: *~s* Worte, Rede, Äußerung; *by ~ of mouth* mündlich; *to have a ~ with s.o.* mit j-m reden, j-n sprechen; *to have a ~ to say* et. (Wichtiges) zu sagen haben; *to put in* (*od. say*) *a* (*good*) *~ for* ein (gutes) Wort einlegen für; *I take your ~ for it* ich glaube es dir; **3.** *pl.* Text *m*, Worte *pl. e-s Lieds etc.*; **4.** *pl.* Wortwechsel *m*, Streit *m*: *to have ~s* (*with*) sich streiten *od.* zanken mit; **5. a)** Befehl *m*, Kom'mando *n*, **b)** Losung *f*, Pa'role *f*, **c)** Zeichen *n*, Si'gnal *n*: *to give the ~* (*to do*); *to pass the ~* durch-, weitersagen; *sharp's the ~!* (jetzt aber) dalli!; **6.** Bescheid *m*, Nachricht *f*: *to leave ~* Bescheid hinterlassen (*with* bei); *to send ~ to j-m* Nachricht geben; **7.** Wort *n*, Versprechen *n*: *~ of hono(u)r* Ehrenwort; *to break* (*give od. pass, keep*) *one's ~* sein Wort brechen (geben, halten); *to take s.o. at his ~* j-n beim Wort nehmen; *he is as good as his ~* er ist ein Mann von Wort; er hält, was er verspricht; (*up*)*on my ~!* auf mein Wort!; **8.** *the* ♀ *eccl.* das Wort Gottes, das Evan'gelium; **II.** *v/t.* **9.** in Worte fassen, (in Worten) ausdrücken, formulieren: *~ed as follows* mit folgendem Wortlaut; '**~-blind** *adj.* ⚕ wortblind; '**~-book** *s.* **1.** Vokabu'lar *n*; **2.** Wörterbuch *n*; **3.** ♪ Textbuch *n*, Li'bretto *n*; '**~-deaf** *adj.* ⚕ worttaub; *~* **for·ma·tion** *s. ling.* Wortbildung *f.*

word·i·ness ['wə:dinis] *s.* Wortreichtum *m*, Weitschweifigkeit *f*;

'**word·ing** [-iŋ] *s.* Fassung *f*, Formulierung *f*, Wortlaut *m.*

word·less ['wə:dlis] *adj.* wortlos, stumm.

word| or·der *s. ling.* Wortstellung *f* (*im Satz*); '**~-paint·ing** *s.* Wortmale'rei *f*; '**~-'per·fect** *adj.* **1.** *thea.* rollensicher, -fest (*Schauspieler*); **2.** *ped.* vo'kabelfest; '**~-pic·ture** *s.* Wortgemälde *n*; '**~-play** *s.* **1.** Wortspiel *n*; **2.** Wortgefecht *n*; *~* **pow·er** *s.* Wortschatz *m*; '**~-split·ting** *s.* Wortklaube'rei *f.*

word·y ['wə:di] *adj.* □ **1.** Wort...: *~ warfare* Wortkrieg; **2.** wortreich, langatmig.

wore [wɔ:] *pret. von wear*[1], *pret. u. p.p. von wear*[2].

work [wə:k] **I.** *s.* **1.** Arbeit *f*: **a)** Tätigkeit *f*, Beschäftigung *f*, **b)** Aufgabe *f*, **c)** Hand-, Nadelarbeit *f*, Sticke'rei *f*, Nähe'rei *f*, **d)** Leistung *f*, **e)** Erzeugnis *n*: *~ done* geleistete Arbeit; *a beautiful piece of ~* e-e schöne Arbeit; *good ~!* gut gemacht!; *total ~ in hand* ✝ Gesamtaufträge; *~ in process material* ✝ Material in Fabrikation; *at ~* **a)** bei der Arbeit, **b)** in Tätigkeit, in Betrieb; *to be at ~ on* arbeiten an (*dat.*); *to do ~* arbeiten; *to be in* (*out of*) *~* (keine) Arbeit haben; (*to put*) *out of ~* arbeitslos (machen); *to set to ~* an die Arbeit gehen; *to have one's ~ cut out* (*for one*) ,zu tun' haben, schwer zu schaffen haben; *to make ~* Arbeit verursachen; *to make sad ~ of* arg wirtschaften mit; *to make short ~ of* kurzen Prozeß *od.* nicht viel Federlesens machen mit; *it's all in the day's ~* das ist nichts Besonderes, das gehört alles (mit) dazu; **2.** *phys.* Arbeit *f*: *to convert heat into ~*; **3.** *künstlerisches etc.* Werk (*a. coll.*): *the ~(s) of Bach*; **4. a)** Werk *n* (*Tat u. Resultat*): *the ~ of a moment es war* das Werk e-s Augenblicks, **b)** *bsd. pl. eccl.* (gutes) Werk; **5.** ⊕ → *workpiece*; **6.** *pl.* **a)** (*bsd.* öffentliche) Bauten *pl. od.* Anlagen *pl.*, **b)** ⚔ Befestigungen *pl.*, (Festungs)Werk *n*; **7.** *pl. sg. konstr.* Werk *n*, Fa'brik (-anlagen *pl.*) *f*, Betrieb *m*: *iron~s* Eisenhütte; *~s council* (*engineer, outing, superintendent*) Betriebsrat (-ingenieur, -ausflug, -direktor); *~ manager* Werkleiter; **8.** *pl.* (Trieb-, Uhr- *etc.*)Werk *n*, Getriebe *n*; **9.** *the ~s sl.* alles, der ganze Krempel: *to give s.o. the ~s* j-n ,fertigmachen'; *to shoot the ~s Kartenspiel od. fig.* aufs Ganze gehen; **II.** *v/i.* **10.** (*at*) arbeiten (an *dat.*), sich beschäftigen (mit): *to ~ to rule* (genau) nach Vorschrift arbeiten; → *work-to-rule campaign*; **11.** arbeiten (*fig. kämpfen against* gegen, *for* für *e-e Sache*), sich anstrengen; **12.** ⊕ **a)** funktionieren, gehen (*beide a. fig.*), **b)** in Betrieb *od.* in Gang sein; **13.** *fig.* ,klappen', gehen, gelingen, sich machen lassen: *it won't ~* es geht nicht; **14.** (*p.p. oft wrought*) wirken (*a. Gift etc.*), sich auswirken ([*up-*] *on, with* auf *acc.*, bei); **15.** sich bearbeiten lassen; **16.** sich (*hindurch-, hoch- etc.*)arbeiten: *to ~ into* eindringen in (*acc.*); *to ~ loose* sich losarbeiten, sich lockern; **17.** in (heftiger) Bewegung sein; **18.** arbeiten, zucken (*Gesichtszüge etc.*), mahlen (*Kiefer*) (*with* vor *Erregung etc.*); **19.** ⚓ *gegen den Wind etc.* fahren, segeln; **20.** gären; arbeiten (*a. fig. Gedanken etc.*); **21.** (hand)arbeiten, stricken, nähen; **III.** *v/t.* **22.** *a.* ⊕ **a)** bearbeiten, *Teig* kneten, **b)** verarbeiten, (ver)formen, gestalten (*into* zu); **23.** *Maschine etc.* bedienen, *Wagen* führen, lenken; **24.** ⊕ (an-, be)treiben: *~ed by electricity*; **25.** ↗ *Boden* bearbeiten, bestellen; **26.** *Betrieb* leiten, *Fabrik etc.* betreiben, *Gut etc.* bewirtschaften; **27.** ⚒ *Grube* abbauen, ausbeuten; **28.** *geschäftlich* bereisen, bearbeiten; **29.** *j-n, Tiere tüchtig* arbeiten lassen, antreiben; **30.** *fig. j-n* bearbeiten, *j-m* zusetzen; **31.** arbeiten mit, bewegen: *he ~ed his jaws* s-e Kiefer mahlten; **32.** *to ~ one's way* **a)** sich (*hindurch- etc.*)arbeiten, **b)** verdienen, erarbeiten; → *passage* 6; **33.** sticken, nähen, machen; **34.** gären lassen; **35.** errechnen, lösen; **36.** (*p.p. oft wrought*) her'vorbringen, -rufen, *Veränderung etc.* bewirken, *Wunder* wirken *od.* tun, führen zu, verursachen: *to ~ hardship*; **37.** (*p.p. oft wrought*) fertigbringen, zu'stande bringen: *to ~ it* F es ,deichseln'; **38.** *sl. et.* ,her'ausschlagen', ,organisieren'; **39.** *in e-n Zustand* versetzen, erregen: *to ~ o.s. into a rage* sich in e-e Wut hineinsteigern;

Zssgn mit adv.:

work| a·way *v/i.* drauf'losarbeiten (*at* an *dat.*); *~* **in I.** *v/t.* einarbeiten, -flechten, -fügen; **II.** *v/i.* *~ with* harmonieren mit, passen zu; *~* **off** *v/t.* **1.** weg-, aufarbeiten; **2.** *überflüssige Energie* loswerden; **3.** *Gefühl* abreagieren (*on* an *dat.*); **4.** *typ.* abdrucken, -ziehen; **5.** *Ware etc.* loswerden, abstoßen (*on* an *acc.*); **6.** *Schuld* abarbeiten; *~* **out I.** *v/t.* **1.** ausrechnen, *Aufgabe* lösen; **2.** *Plan* ausarbeiten; **3.** bewerkstelligen; **4.** ⚒ abbauen, (*a. fig. Thema etc.*) erschöpfen; **II.** *v/i.* **5.** sich her'ausarbeiten, zum Vorschein kommen (*from* aus); **6.** *~ at* sich belaufen auf (*acc.*); **7.** ,klappen', *gut etc.* gehen, sich *gut etc.* anlassen: *to ~ well* (*badly*); *~* **o·ver** *v/t.* **1.** über'arbeiten; **2.** *sl. j-n* ,in die Mache nehmen'; *~* **round** *v/i.* **1.** sich 'durcharbeiten (*to* nach); **2.** drehen, sich wenden (*Wind*); *~* **to·geth·er** *v/i.* **1.** zs.-arbeiten; **2.** inein'andergreifen (*Zahnräder*); *~* **up I.** *v/t.* **1.** verarbeiten (*into* zu); **2.** ausarbeiten, entwickeln, erweitern (*into* zu); **3.**

Thema aus-, bearbeiten; sich einarbeiten in (*acc.*), gründlich studieren; **4.** *Geschäft etc.* hochbringen, aufbauen; **5.** *fig.* **a)** *Gefühl, Nerven, a. Zuhörer etc.* aufpeitschen, -wühlen, **b)** *Rebellion* anzetteln: *to work o.s. up to* sich steigern zu, sich in *e-e Wut* hineinsteigern; **II.** *v/i.* **6.** *fig.* sich hocharbeiten, sich steigern (to zu).

work·a·ble ['wəːkəbl] *adj.* □ **1.** bearbeitungsfähig, (ver)formbar; **2.** betriebsfähig; **3.** 'durch-, ausführbar (*Plan etc.*); **4.** ⚒ abbauwürdig.

work|·a·day ['wəːkədei] *adj.* **1.** Alltags...; **2.** *fig.* all'täglich; '**~-bag** *s.* Handarbeitsbeutel *m*; '**~-bas·ket** *s.* Handarbeitskorb *m*; '**~-bench** *s.* ⊕ Werkbank *f*; '**~-book** *s.* **1.** ⊕ Betriebsanleitung *f*; **2.** *ped.* Arbeitsheft *n*; '**~-box** *s.* Nähkasten *m*; **~ camp** *s.* Arbeitslager *n*; '**~-day** *s.* Werktag *m*: *on ~s* werktags.

work·er ['wəːkə] *s.* **1.** Arbeiter(in), Arbeitskraft *f*: *~s* Belegschaft, Arbeiterschaft; **2.** *fig.* Urheber(in); **3.** *a. ~ ant, ~ bee zo.* Arbeiter(in) (*Ameise, Biene*); **~ di·rec·tor** *s.* ✝ 'Arbeitsdi,rektor *m*.

'**work|-fel·low** *s.* 'Arbeitskame,rad *m*; **~ force** *s.* ✝ **1.** Belegschaft *f*; **2.** 'Arbeitskräftepotenti,al *n*; '**~-girl** *s.* Fa'brikarbeiterin *f*; '**~-horse** *s.* Arbeitspferd *n* (*a. fig.*); '**~-house** *s.* **1.** *Brit. obs.* Armenhaus *n* mit Arbeitszwang; **2.** ⚖ *Am.* Arbeitshaus *n*.

work·ing ['wəːkiŋ] **I.** *s.* **1.** Arbeiten *n*; **2.** *a. pl.* Tätigkeit *f*, Wirken *n*; **3.** ⊕ Be-, Verarbeitung *f*; **4.** ⊕ **a)** Funktionieren *n*, **b)** Arbeitsweise *f*; **5.** Lösen *n e-s Problems*; **6.** mühsame Arbeit, Kampf *m*; **7.** Gärung *f*; **8.** *mst pl.* ⚒, *min.* **a)** Abbau *m*, **b)** Grube *f*; **II.** *adj.* **9.** arbeitend, berufs-, werktätig: *~ population* Arbeiterbevölkerung; *~ student* Werkstudent; **10.** Arbeits...: *~ association* (*od. party*) Arbeitsausschuß; *~ method* Arbeitsverfahren; **11.** ⊕, ✝ Betriebs...(*-kapital, -kosten,* ⚡ *-spannung etc.*); **12.** grundlegend, Ausgangs..., Arbeits...: *~ hypothesis*; *~ title* Arbeitstitel (*e-s Buchs etc.*); **13.** brauchbar, praktisch: *~ knowledge* ausreichende Kenntnisse; **~ class** *s.* Arbeiterklasse *f*; '**~-class** *adj.* der Arbeiterklasse, Arbeiter...; **~ con·di·tion** *s.* **1.** ⊕ **a)** Betriebszustand *m*, **b)** *pl.* Betriebsbedingungen *pl.*; **2.** Arbeitsverhältnis *n*; **~ day** *s.* Arbeitstag *m*; Werktag *m*; **~ draw·ing** *s.* ⊕ Werk(statt)zeichnung *f*; **~ hour** *s.* Arbeitsstunde *f*; *pl.* Arbeitszeit *f*: *reduction in ~s* Arbeitszeitverkürzung; **~ lunch** *s.* Arbeitsessen *n*; **~ ma·jor·i·ty** *s.* *pol.* arbeitsfähige Mehrheit; **~ man** *s.* [*irr.*] → *workman*; **~ mod·el** *s.* ⊕ Ver'suchsmo,dell *n*; **~ or·der** *s.* ⊕ Betriebszustand *m*: *in ~* in betriebsfähigem Zustand; '**~-out** *s.* Ausarbeitung *f*, Entwicklung *f*; **~ stroke** *s. mot.* Arbeitstakt *m*; **~ surface** *s.* ⊕ Arbeits-, Lauffläche *f*.

work·less ['wəːklis] *adj.* arbeitslos.

'**work·man** [-mən] *s.* [*irr.*] (*bsd.* Hand-, Fach)Arbeiter *m*; '**~like** [-laik], '**~ly** [-li] *adj.* kunstgerecht, fachmännisch; '**~ship** [-ʃip] *s.* **1.** *j-s* Werk *n*; **2.** Kunst(fertigkeit) *f*; **3.** *gute etc.* Ausführung; Verarbeitungsgüte *f*, Quali'tätsarbeit *f*.

'**work|·men's com·pen·sa·tion act** [-mənz] *s.* Arbeiterunfallversicherungsgesetz *n*; '**~-out** *s. Am.* F **1.** *sport* (Konditi'ons),Training *n*; **2.** harte Arbeit; **3.** ‚Keile' *f*, Prügel *pl.*; '**~-peo·ple** *s. pl.* Arbeiter *pl.*; '**~-piece** *s.* ⊕ Arbeits-, Werkstück *n*; '**~-rate** *s.* (Arbeits)Pensum *n* (*a. fig.*).

works [wəːks] *s. pl.* → *work 6, 7, 8, 9*.

'**work|·sheet** *s. Am.* ✝ 'Rohbi,lanz *f*; '**~-shop** *s.* **1.** Werkstatt *f*, Fertigungshalle *f*: *~ drawing* ⊕ Werkstatt-, Konstruktionszeichnung; **2.** Werk *n*, Betrieb *m*; '**~-shy** *adj.* arbeitsscheu; '**~-ta·ble** *s.* Arbeits-, Werktisch *m*; '**~-to-'rule cam·paign** *s.* ‚Dienst *m* nach Vorschrift', Bummelstreik *m* (*öffentlicher Angestellter etc.*); '**~-wom·an** *s.* [*irr.*] Arbeiterin *f*.

world [wəːld] **I.** *s.* **1.** *allg.* Welt *f*: **a)** Erde *f*, **b)** Himmelskörper *m*, **c)** (Welt)All *n*, **d)** *fig. die* Menschen *pl.*, *die* Leute *pl.*, **e)** Sphäre *f*, Mili'eu *n*: *~'s championship* Weltmeisterschaft; *~'s record* Weltrekord; *~'s series* → *world series*; *(animal) vegetable ~* (Tier-) Pflanzenreich, -welt; *lower ~* Unterwelt; *the commercial ~, the ~ of commerce* die Handelswelt; *the ~ of letters* die gelehrte Welt; *the next* (*od. other*) *~* das Jenseits; *other ~s* andere Welten; *all the ~* die ganze Welt, jedermann; *all the ~ over* in der ganzen Welt; *all the ~ and his wife* F Gott u. die Welt; alles, was Beine hatte; *for all the ~* in jeder Hinsicht; *for all the ~ like* (*od. as if*) genauso wie (*od.* als ob); *for all the ~ to see* vor aller Augen; *from all over the ~* aus aller Herren Länder; *not for the ~* nicht um die (*od.* alles in der) Welt; *out of this* (*od.* the) *~ sl.* phantastisch; *to bring (come) into the ~* zur Welt bringen (kommen); *to carry the ~ before one* glänzenden Erfolg haben; *to put into the ~* in die Welt setzen; *his ~ has changed* s-e Welt hat sich verändert; *she is all the ~ to him* sie ist sein ein u. alles; *how goes the ~ with you?* wie geht's, wie steht's?; *what (who) in the ~?* was (wer) in aller Welt?; → *man 3, woman 1*; **2.** *a ~ of* e-e Welt von, e-e Unmenge *Schwierigkeiten etc.*; **II.** *adj.* **3.** Welt...(*-meister, -politik etc.*): *♀ Court* Internationaler Ständiger Gerichtshof; '**~-fa·mous** *adj.* weltberühmt; **~ lan·guage** *s.* Weltsprache *f*.

world·li·ness ['wəːldlinis] *s.* Weltlichkeit *f*, weltlicher Sinn.

world·ling ['wəːldliŋ] *s.* Weltkind *n*.

world·ly ['wəːldli] *adj. u. adv.* **1.** weltlich, irdisch, zeitlich: *~ goods* irdische Güter; **2.** weltlich (gesinnt): *~ innocence* Weltfremdheit; *~ wisdom* Weltklugheit; '**~-'mind·ed** *adj.* weltlich gesinnt; '**~-'wise** *adj.* weltklug.

'**world|-pow·er** *s. pol.* Weltmacht *f*; **~ se·ries** *s. sport Baseball*: US-Meisterschaftsspiele *pl.*; '**~-shak·ing** *adj. a. iro.* welterschütternd: *it isn't ~ after all*; **♀ War** *s.* Weltkrieg *m*: *~ I (II)* erster (zweiter) Weltkrieg; '**~-'wea·ry** *adj.* welt-, lebensmüde; '**~-'wide** *adj.* weltweit, 'weltum,fassend, -um,spannend: *~ reputation* Weltruf; *~ strategy* ⚔ Großraumstrategie.

worm [wəːm] **I.** *s.* **1.** *zo.* Wurm *m* (*a. fig. contp. Person*): *even a ~ will turn fig.* auch der Wurm krümmt sich, wenn er getreten wird; **2.** *pl.* ⚕ Würmer *pl.*; **3.** ⊕ **a)** (Schrauben-, Schnecken)Gewinde *n*, **b)** (Förder-, Steuer- *etc.*)Schnecke *f*, **c)** (Rohr-, Kühl)Schlange *f*; **II.** *v/t.* **4.** *~ one's way* (*od. o.s.*) **a)** sich *wohin* schlängeln, **b)** *fig.* sich einschleichen (*into* in *j-s Vertrauen etc.*); **5.** *~ a secret out of s.o.* ‚j-m die Würmer aus der Nase ziehen', j-m ein Geheimnis entlocken; **6.** von Würmern befreien; **III.** *v/i.* **7.** sich schlängeln, kriechen; **8.** sich winden; '**~-cast** *s.* vom Regenwurm aufgeworfenes Erdhäufchen; **~ drive** *s.* ⊕ Schneckenantrieb *m*; '**~-eat·en** *adj.* **1.** wurmstichig; **2.** *fig.* veraltet; '**~-gear** *s.* ⊕ **1.** Schneckengetriebe *n*; **2.** → *worm-wheel*; '**~-hole** *s.* Wurmloch *n*, -stich *m*; '**~-like** *adj.* wurmartig.

'**worm's-eye view** *s.* 'Froschperspek,tive *f*.

worm| thread *s.* ⊕ Schneckengewinde *n*; '**~-wheel** *s.* ⊕ Schneckenrad *n*; '**~-wood** *s.* **1.** ⚘ Wermut *m*; **2.** *fig.* bitterer Tropfen: *to be (gall and) ~ to j-n* wurmen.

worm·y ['wəːmi] *adj.* **1.** wurmig, voller Würmer; **2.** wurmstichig; **3.** wurmartig; **4.** *fig.* kriecherisch.

worn [wɔːn] **I.** *p.p. von wear*[1]; **II.** *adj.* **1.** getragen (*Kleider*); **2.** → *worn-out 1*; **3.** erschöpft, abgespannt; **4.** *fig.* abgedroschen: *~ joke*; '**~-'out** *adj.* **1.** abgetragen, -genutzt; verbraucht (*a. fig.*); **2.** völlig erschöpft, todmüde, matt, zermürbt; **3.** → *worn 4*.

wor·ried ['wʌrid] *adj.* **1.** gequält; **2.** sorgenvoll, besorgt; **3.** beunruhigt, ängstlich; '**wor·ri·ment** [-imənt] *s.* F **1.** Plage *f*, Quäle'rei *f*; **2.** Angst *f*, Sorge *f*; '**wor·ri·some** [-isəm] *adj.* **1.** quälend; **2.** lästig; **3.** beunruhigend; **4.** unruhig; '**wor·rit** [-it] F *für worry*.

wor·ry ['wʌri] **I.** *v/t.* **1.** zausen, schütteln; *Tier* (ab)würgen (*Hund etc.*); **2.** quälen, plagen (*a. fig. belästigen*); *fig. j-m* zusetzen: *to ~ s.o. into a decision* j-n durch dauerndes Quälen zu e-r Entscheidung treiben; *to ~ s.o. out of s.th.* **a)** j-n mühsam von et. abbringen, **b)** j-n durch unablässiges Quälen um et. bringen; **3. a)** ärgern, **b)** beunruhigen, quälen, *j-m* Sorgen machen: *to ~ o.s.* sich (unnötig) sorgen; **4.** *~ out Problem etc.* her'ausknobeln; **II.** *v/i.* **5.** zerren, reißen (*at* an *dat.*); **6.** sich quälen *od.* plagen; **7.** sich beunruhigen, sich Gedanken *od.* Sorgen machen (*about, over* um, wegen); **8.** *~ along* sich mit knapper Not durchschlagen; *to ~ through s.th.* sich durch et. hindurchquälen; **III.** *s.* **9.** Kummer *m*, Besorgnis *f*, Sorge *f*, (innere) Unruhe; **10.** (Ursache *f* von) Ärger *m*, Aufregung *f*; **11.**

Quälgeist *m*; **12.** *hunt.* Abwürgen *n*, Zausen *n* (*vom Hund*); **'wor·ry·ing** [-iiŋ] *adj.* □ beunruhigend, quälend.

worse [wəːs] **I.** *adj.* (*comp. von bad, evil, ill*) **1.** schlechter, schlimmer (*beide a.* ⚕), übler, ärger: ~ *and* ~ immer schlechter *od.* schlimmer; *the* ~ desto schlimmer; *so much* (*od. all*) *the* ~ um so schlimmer; ~ *luck!* leider!, unglücklicherweise!, um so schlimmer!; *to make it* ~ (*Wendung*) um das Unglück vollzumachen; → *wear*[1] *14; he is* ~ *than yesterday* es geht ihm schlechter als gestern; **2.** schlechter gestellt: (*not*) *to be the* ~ *for* (keinen) Schaden gelitten haben durch, (nicht) schlechter gestellt sein wegen; *he is none the* ~ (*for it*) er ist darum nicht übler dran; *you would be none the* ~ *for a walk* ein Spaziergang würde dir gar nichts schaden; *to be* (*none*) *the* ~ *for drink* (nicht) betrunken sein; **II.** *adv.* **3.** schlechter, schlimmer, ärger: *none the* ~ nicht schlechter; *to be* ~ *off* schlechter daran sein; *you could do* ~ *than* ... du könntest ruhig ...; **III.** *s.* **4.** Schlechtere(s) *n*, Schlimmere(s) *n*: ~ *followed* Schlimmeres folgte; → *better*[1] *3*; *from bad to* ~ vom Regen in die Traufe; *a change for the* ~ e-e Wendung zum Schlechten; **'wors·en** [-sn] **I.** *v/t.* **1.** schlechter machen, verschlechtern; **2.** *Unglück etc.* verschlimmern; **3.** *j-n* schädigen; **II.** *v/i.* **4.** sich verschlechtern *od.* verschlimmern; **'wors·en·ing** [-sniŋ] *s.* Verschlechterung *f*, -schlimmerung *f*.

wor·ship ['wəːʃip] **I.** *s.* **1.** *eccl.* **a)** (*a. fig.*) Anbetung *f*, Verehrung *f*, 'Kultus *m*, **b)** (*public* ~ öffentlicher) Gottesdienst, 'Ritus *m*: *place of* ~ Kultstätte, Gotteshaus; *the* ~ *of wealth fig.* die Anbetung des Reichtums; **2.** *his* (*your*) ♀ *bsd. Brit.* Seiner (Euer) Hochwürden (*Anrede, jetzt bsd. für Bürgermeister*); **II.** *v/t.* **3.** anbeten, verehren, huldigen (*dat.*) (*alle a. fig. vergöttern*); **III.** *v/i.* **4.** (an)beten, s-e Andacht verrichten; **wor·ship·er** *Am.* → *worshipper*; **'wor·ship·ful** [-ful] *adj.* □ **1.** verehrend, anbetend (*Blick etc.*); **2.** *obs.* (ehr)würdig, achtbar; **3.** (*in der Anrede*) hochwohllöblich, verehrlich; **'wor·ship·per** [-pə] *s.* **1.** Anbeter(in), Verehrer(in): ~ *of idols* Götzendiener; **2.** Beter(in): *the* ~*s* die Andächtigen, die Kirchgänger.

worst [wəːst] **I.** *adj.* (*sup. von bad, evil, ill*) schlechtest, schlimmst, übelst, ärgst: *and, which is* ~ und, was das schlimmste ist; **II.** *adv.* am schlechtesten *od.* übelsten, am schlimmsten *od.* ärgsten; **III.** *s. der* (*die, das*) Schlechteste *od.* Schlimmste *od.* Ärgste: *at* (*the*) ~ schlimmstenfalls; *to be prepared for the* ~ aufs Schlimmste gefaßt sein; *to do one's* ~ es so schlecht *od.* schlimm wie möglich machen; *do your* ~*!* mach, was du willst!; *to get the* ~ *of it* den kürzeren ziehen; *if* (*od. when*) *the* ~ *comes to the* ~ wenn es zum Schlimmsten kommt, wenn alle Stricke reißen; *to see s.o.* (*s.th.*) *at his* (*its*) ~ j-n (et.) von der schlechtesten *od.* schwächsten Seite sehen; *the illness is at its* ~ die Krankheit ist auf ihrem Höhepunkt; *the* ~ *of it is* das Schlimmste daran ist; **IV.** *v/t.* über'wältigen, schlagen.

wor·sted ['wustid] ⊕ **I.** *s.* **1.** Kammgarn *n*, -wolle *f*; **2.** Kammgarnstoff *m*; **II.** *adj.* **3.** Woll...: ~ *socks* wollene Socken; ~ *wool* Kammwolle; ~ *yarn* Kammgarn; **4.** Kammgarn...

wort[1] [wəːt] *in Zssgn* ...kraut *n*, ...wurz *f*.

wort[2] [wəːt] *s.* (Bier)Würze *f*.

worth [wəːθ] **I.** *adj.* **1.** (*e-n bestimmten Betrag*) wert (*to dat. od.* für): *he is* ~ *a million* er besitzt *od.* verdient e-e Million, er ist s-e Million wert; *for all you are* ~ F so sehr du kannst, ‚auf Teufel komm raus'; *my opinion for what it may be* ~ m-e unmaßgebliche Meinung; *take it for what it is* ~*! fig.* nimm es für das, was es wirklich ist!; **2.** *fig.* würdig, wert (*gen.*): ~ *doing* wert getan zu werden; ~ *mentioning* (*reading, seeing*) erwähnens- (lesens-, sehens)wert; *to be* ~ *the trouble, to be* ~ *it* F sich lohnen, der Mühe wert sein; → *powder 1, while 1*; **II.** *s.* **3.** Wert *m* (*a. fig. Bedeutung, Verdienst*): *of no* ~ wertlos; *to get the* ~ *of one's money* für sein Geld et. (Gleichwertiges) bekommen; *20 pence's* ~ *of stamps* Briefmarken im Wert von 20 Pence, für 20 Pence Briefmarken; *men of* ~ verdiente *od.* verdienstvolle Leute.

wor·thi·ly ['wəːðili] *adv.* **1.** nach Verdienst, angemessen; **2.** mit Recht; **3.** würdig; **'wor·thi·ness** [-inis] *s.* Wert *m*; **worth·less** ['wəːθlis] *adj.* □ **1.** wertlos; **2.** *fig.* un-, nichtswürdig.

'worth-'while *adj.* lohnend, der Mühe wert.

wor·thy ['wəːði] **I.** *adj.* □ → *worthily*; **1.** würdig, achtbar, angesehen; **2.** würdig, wert (*of gen.*): *to be* ~ *of e-r Sache* wert *od.* würdig sein, *et.* verdienen; *he is not* ~ *of her* er ist ihrer nicht wert *od.* würdig; ~ *of credit* ✝ kreditwürdig; ~ *of a better cause* e-r besseren Sache würdig; **3.** würdig (*Gegner, Nachfolger etc.*), angemessen (*Belohnung*); **4.** *humor.* trefflich, wacker (*Person*); **II.** *s.* **5.** große Per'sönlichkeit, Größe *f*, Held(in) (*mst pl.*); **6.** *humor. der* Wackere, *der* gute Mann.

would [wud; wəd] **1.** *pret. von will*[1] *I*: **a)** wollte(st), wollten: *he* ~ *not go* er wollte durchaus nicht gehen, **b)** pflegte(st), pflegten: *you* ~ *do that!* du mußtest das natürlich tun!, das sieht dir ähnlich!; → *will*[1] *6*, **c)** *fragend*: würdest *du*?, würden *Sie*?: ~ *you pass me the salt, please?*, **d)** *vermutend*: *that* ~ *be 3 dollars* das wären (wohl) 3 Dollar; *it* ~ *seem that* es scheint fast, daß; **2.** *konditional*: würde(st), würden: *she* ~ *do it if she could*; *he* ~ *have come if* ... er wäre gekommen, wenn ...; **3.** *pret. von will*[1] *II*: *ich* wollte *od.* wünschte *od.* möchte: *I* ~ *it were otherwise*; ~ (*to*) *God* wollte Gott; *I* ~ *have you know* ich muß Ihnen (schon) sagen.

would-be ['wudbiː] **I.** *adj.* **1.** gern sein wollend, angeblich, sogenannt, Schein...: ~ *critic* Kritikaster; ~ *painter* Farbenkleckser; ~ *poet* Dichterling; ~ *politician* Kannegießer; ~ *sportsman* Sonntagsjäger; ~ *wit* Witzling; ~ *witty* geistreich sein sollend (*Bemerkung etc.*); **2.** angehend, zukünftig: ~ *author*; ~ *wife*; **II.** *s.* **3.** Gernegroß *m*, Möchtegern *m*.

would·n't ['wudnt] F *für would not.*

wound[1] [waund] *pret. u. p.p. von wind*[2] *u. wind*[3].

wound[2] [wuːnd] **I.** *s.* **1.** Wunde *f* (*a. fig.*), Verletzung *f*, -wundung *f*: ~ *of entry* (*exit*) ⚔ Einschuß (Ausschuß); **2.** *fig.* Verletzung *f*, Kränkung *f*; **II.** *v/t.* **3.** verwunden, verletzen (*beide a. fig. kränken*); → *wounded*; **'wound·ed** [-did] *adj.* verwundet, verletzt (*beide a. fig. gekränkt*): ~ *veteran* Kriegsversehrte(r); *the* ~ die Verwundeten; ~ *vanity* gekränkte Eitelkeit.

wove [wouv] *pret. u. obs. p.p. von weave*; **'wo·ven** [-vən] *p.p. von weave*: ~ *goods* Web-, Wirkwaren.

wove pa·per *s.* ⊕ Ve'linpa,pier *n*.

wow [wau] **I.** *int. Am.* **1.** Mensch!, toll!, zack!; **II.** *s. Am. sl.* **2.** *bsd. thea.* Bombenerfolg *m*; **3. a)** ‚Bombensache' *f*, **b)** ‚toller Kerl', ‚tolle Frau' *etc.*: he (*it*) *is a* ~ er (es) ist 'ne Wucht; **III.** *v/t.* **4.** *Publikum etc.* hinreißen.

wrack[1] [ræk] *s.* **1.** → *wreck 1 u. 2*; **2.** ~ *and ruin* Untergang u. Verderben; *to go to* ~ untergehen; **3.** Seetang *m*.

wrack[2] → *rack*[4] *I*.

wraith [reiθ] *s.* **1.** Geistererscheinung *f* (*bsd. von Sterbenden od. gerade Gestorbenen*); **2.** Geist *m*, Gespenst *n*.

wran·gle ['ræŋgl] **I.** *v/i.* (sich) zanken *od.* streiten, sich in den Haaren liegen; **II.** *s.* Streit *m*, Zank *m*; **'wran·gler** [-lə] *s.* **1.** Zänker(in), streitsüchtige Per'son; **2.** *mst senior* ~ (*Universität Cambridge*) *Student, der bei der höchsten mathematischen Abschlußprüfung den 1. Grad erhalten hat.*

wrap [ræp] **I.** *v/t.* [*irr.*] **1.** wickeln, hüllen; *a. Arme* schlingen (*round* um *acc.*); **2.** *mst* ~ *up* (ein)wickeln, (-)packen, (-)hüllen, (-)schlagen (*in* in *acc.*): *to* ~ *o.s. up* (*well*) sich warm anziehen; *to* ~ *it up Am. sl.* die Sache (*a.* erfolgreich) zu Ende führen; **3.** *oft* ~ *up fig.* (ein)hüllen, verbergen, *Tadel etc.* (ver)kleiden (*in* in *acc.*): ~*ped up in mystery fig.* geheimnisvoll, rätselhaft; ~*ped* (*od. wrapt*) *in silence* in Schweigen gehüllt; *to be* ~*ped up in* **a)** völlig in Anspruch genommen sein von (*e-r Arbeit etc.*), ganz aufgehen in (*s-r Arbeit, s-n Kindern etc.*), **b)** versunken sein in (*acc.*); **4.** *fig.* verwickeln, -stricken (*in* in *acc.*); **II.** *v/i.* [*irr.*] **5.** sich einhüllen: ~ *up well!* zieh dich warm an!; **6.** sich legen *od.* wickeln *od.* schlingen (*round* um); **7.** sich legen (*over* um) (*Kleider*); **III.** *s.* **8.** Hülle *f*, *bsd.* **a)** Decke *f*, **b)** Schal *m*, Pelz *m*, **c)** 'Umhang *m*, Mantel *m*; **'~-a·round** *adj. Am. mot.* Rundum..., Vollsicht...(*-verglasung*): ~ *windshield* (*Brit. windscreen*) Panoramascheibe.

wrap·per ['ræpə] *s.* **1.** (Ein)Packer (-in); **2.** Hülle *f*, Decke *f*, 'Überzug *m*, Verpackung *f*; **3.** ('Buch)ˌUmschlag *m*, Schutzhülle *f*; **4.** *a. postal* ~ 📯 Kreuz-, Streifband *n*; **5.** Morgenrock *m*; **6.** Deckblatt *n* (*der Zigarre*); '**wrap·ping** [-piŋ] *s.* **1.** *mst pl.* Um'hüllung *f*, Hülle *f*, Verpakkung *f*; **2.** Ein-, Verpacken *n*: ~-*paper* Einwickel-, Packpapier.

wrapt [ræpt] *pret. u. p.p. von wrap.*

wrath [rɔːθ] *s.* Zorn *m* (*a. bibl.*), Grimm *m*, Wut *f*; '**wrath·ful** [-ful] *adj.* □ zornig, grimmig, wutentbrannt; '**wrath·y** [-θi] *adj.* □ *bsd. Am.* F → *wrathful.*

wreak [riːk] *v/t. Rache* (aus)üben, *Wut etc.* auslassen ([*up*]on an *dat.*).

wreath [riːθ] *pl.* **wreaths** [-ðz] *s.* **1.** Kranz *m* (*a. fig.*), Gir'lande *f*, (Blumen)Gewinde *n*; **2.** (*Rauch- etc.*)Ring *m*; **3.** Windung *f* (*e-s Seiles etc.*); **4.** (Schnee- *etc.*)Wehe *f*;

wreathe [riːð] **I.** *v/t.* **1.** winden, wickeln (*round, about* um); **2. a)** *Kranz etc.* flechten, winden, **b)** (zu Kränzen) flechten; **3.** um'kränzen, -'geben, -'winden; **4.** bekränzen, schmücken; **5.** kräuseln: ~*d in smiles* lächelnd; **II.** *v/i.* **6.** sich winden *od.* wickeln; **7.** sich ringeln *od.* kräuseln (*Rauchwolke etc.*).

wreck [rek] **I.** *s.* **1.** ⚓ **a)** (Schiffs-)Wrack *n*, **b)** Schiffbruch *m*, Schiffsunglück *n*, **c)** ⚖ Strandgut *n*; **2.** Wrack *n* (*mot. etc., a. fig. bsd. Person*), Ru'ine *f*, Trümmerhaufen *m* (*a. fig.*): *nervous* ~ *fig.* Nervenbündel; *she is the* ~ *of her former self* sie ist nur (noch) ein Schatten ihrer selbst; **3.** *pl.* Trümmer *pl.* (*oft fig.*); **4.** *fig.* **a)** Ru'in *m*, 'Untergang *m*, **b)** Zerstörung *f*, Vernichtung *f von Hoffnungen etc.*; **II.** *v/t.* **5.** *allg.* zertrümmern, -stören; *Schiff* zum Scheitern bringen (*a. fig.*); *Zug* entgleisen lassen: *to be* ~*ed* scheitern, Schiffbruch erleiden; **6.** *fig.* zu'grunde richten, *Gesundheit* zerrütten, *Pläne, Hoffnungen etc.* vernichten, zerstören; **7.** ⚓, ⊕ abwracken; **III.** *v/i.* **8.** Schiffbruch erleiden, scheitern (*a. fig.*); **9.** verunglücken; **10.** zerstört *od.* vernichtet werden (*mst fig.*); '**wreck·age** [-kidʒ] *s.* **1.** Wrack(teile *pl.*) *n*, (Schiffs-, *allg.* Unfall)Trümmer *pl.*; **2.** *fig.* Strandgut *n* (des Lebens); **3.** → *wreck 4*; **wrecked** [-kt] *adj.* **1.** gestrandet, gescheitert (*a. fig.*); **2.** schiffbrüchig (*Person*); **3.** zertrümmert, zerstört, vernichtet (*alle a. fig.*); zerrüttet (*Gesundheit etc.*); '**wreck·er** [-kə] *s.* **1.** Strandräuber *m*; **2.** Sabo'teur *m*, Zerstörer *m* (*beide a. fig.*); **3.** ⚓ **a)** Bergungsschiff *n*, **b)** Bergungsarbeiter *m*; **4.** ⊕ Abbrucharbeiter *m*; **5.** *Am.* **a)** 🚂 Hilfszug *m*, **b)** *mot.* Abschleppwagen *m*; '**wreck·ing** [-kiŋ] **I.** *s.* **1.** Strandraub *m*; **II.** *adj.* **2.** *Am.* Bergungs...: ~ *crew*; ~ *service* (*truck*) *mot.* Abschleppdienst (-wagen); **3.** *Am.* Abbruch...: ~ *company* Abbruchfirma.

wren[1] [ren] *s. orn.* Zaunkönig *m.*

Wren[2] [ren] *s.* ⚔ *Brit.* F Angehörige *f* des *Women's Royal Naval Service*, Ma'rinehelferin *f.*

wrench [rentʃ] **I.** *s.* **1.** (drehender *od.* heftiger) Ruck, heftige Drehung; **2.** ⚕ Verzerrung *f*, -renkung *f*, -stauchung *f*: *to give a* ~ *to* → 7; **3.** *fig.* Verdrehung *f*, -zerrung *f*; **4.** *fig.* (Trennungs)Schmerz *m*: *it was a great* ~ es war sehr schmerzlich *fortzugehen etc.*; **5.** ⊕ Schraubenschlüssel *m*; **II.** *v/t.* **6.** (mit e-m Ruck) reißen, zerren, ziehen: *to* ~ *s.th.* (*away*) *from s.o.* j-m et. entwinden *od.* -reißen (*a. fig.*); *to* ~ *open Tür etc.* aufreißen, -sprengen; **7.** ⚕ verrenken, verstauchen; **8.** verdrehen, verzerren (*a. fig. entstellen*).

wrest [rest] **I.** *v/t.* **1.** (gewaltsam) reißen: *to* ~ *from j-m et.* entreißen, -winden, *fig.* abringen; *to* ~ *a living from the soil* dem Boden e-n Lebensunterhalt abringen; **2.** *fig. Sinn, Gesetz etc.* verdrehen; **II.** *s.* **3.** Ruck *m*, Reißen *n*; **4.** ♪ Stimmhammer *m* (*für Harfen etc.*).

wres·tle ['resl] **I.** *v/i.* **1.** *a. sport* ringen (*a. fig. for* um, *with God* mit Gott); **2.** *fig.* sich abmühen, kämpfen (*with* mit); **II.** *v/t.* **3.** *sport* ringen *od.* kämpfen mit; **III.** *s.* **4.** → *wrestling 1*; **5.** *fig.* Ringen *n*, schwerer Kampf; '**wres·tler** [-lə] *s. sport* Ringer *m*, Ringkämpfer *m*; '**wrestling** [-liŋ] **I.** *s.* **1.** Ringen *n*, Ringkampf *m* (*a. fig.*); **II.** *adj.* **2.** ringend; **3.** Ring...: ~-*match* Ringkampf.

wretch [retʃ] *s.* **1.** *a. poor* ~ armes Wesen, armer Kerl *od.* Teufel (*a. iro.*); **2.** Schuft *m*; **3.** *iro. kleiner* Kerl *od.* Schelm; **wretch·ed** ['retʃid] *adj.* □ **1.** elend, unglücklich, *a.* deprimiert (*Person*); **2.** erbärmlich, mise'rabel, schlecht, dürftig; **3.** scheußlich, ekelhaft, unangenehm; **4.** *gesundheitlich* elend: *to feel* ~ sich elend *od.* schlecht fühlen; **wretch·ed·ness** ['retʃidnis] *s.* **1.** Elend *n*, Unglück *n*; **2.** Erbärmlichkeit *f.*

wrig·gle ['rigl] **I.** *v/i.* **1.** sich winden (*a. fig. verlegen od. listig*), sich schlängeln, zappeln: *to* ~ *along* sich dahinschlängeln; *to* ~ *out* sich herauswinden (*of s.th.* aus e-r Sache) (*a. fig.*); **II.** *v/t.* **2.** wackeln *od.* zappeln mit; **3.** schlängeln, winden, ringeln: *to* ~ *o.s.* (*along, through*) sich (entlang-, hindurch)winden; *to* ~ *o.s. into fig.* sich einschleichen in (*acc.*); *to* ~ *o.s. out of* sich herauswinden aus; *to* ~ *one's way* sich dahinschlängeln; **III.** *s.* **4.** Windung *f*, Krümmung *f*; **5.** schlängelnde Bewegung, Schlängeln *n*, Ringeln *n*, Wackeln *n*; '**wrig·gler** [-lə] *s.* **1.** Ringeltier *n*, Wurm *m*; **2.** *fig.* aalglatter Kerl.

wright [rait] *s. in Zssgn* ...verfertiger *m*, ...macher *m*, ...bauer *m.*

wring [riŋ] **I.** *v/t.* [*irr.*] **1.** ~ *out Wäsche etc.* (aus)wringen, auswinden; **2. a)** *e-m Tier den Hals* abdrehen, **b)** *j-m den Hals* 'umdrehen: *I'll* ~ *your neck*; **3.** verdrehen, -zerren (*a. fig.*); **4. a)** *Hände* (*verzweifelt*) ringen, **b)** *j-m die Hand* (kräftig) drücken, pressen; **5.** *j-n* drükken (*Schuh etc.*); **6.** *to* ~ *s.o.'s heart fig.* j-m sehr zu Herzen gehen, j-m ans Herz greifen; **7.** abringen, entreißen, -winden (*from s.o.* j-m): *to* ~ *admiration from j-m* Bewunderung abnötigen; **8.** *fig. Geld, Zustimmung* erpressen (*from, out of* von); **II.** *s.* **9.** Wringen *n*, (Aus)Winden *n*; Pressen *n*, Druck *m*: *he gave my hand a* ~ er drückte mir die Hand; *to give s.th. a* ~ et. aus(w)ringen *od.* auswinden; **wring·er** ['riŋə] *s.* 'Wringmaˌschine *f*; **wring·ing** ['riŋiŋ] *adj.* **1.** Wring...: ~-*machine* → *wringer*; **2.** *a.* ~ *wet* F klatschnaß.

wrin·kle[1] ['riŋkl] **I.** *s.* **1.** Runzel *f*, Falte *f* (*im Gesicht*); *a.* Kniff *m* (*in Papier etc.*); **2.** Unebenheit *f*, Vertiefung *f*, Furche *f*; **II.** *v/t.* **3.** *oft* ~ *up* **a)** *Stirn, Augenbrauen* runzeln, **b)** *Nase* rümpfen; **4.** *Stoff, Papier etc.* falten, kniffen, zerknittern; **III.** *v/i.* **5.** Falten werfen, Runzeln bekommen, sich runzeln, runz(e)lig werden, knittern.

wrin·kle[2] ['riŋkl] *s.* F **1.** Kniff *m*, Trick *m*; **2.** Wink *m*, Tip *m.*

wrin·kly ['riŋkli] *adj.* **1.** faltig, runz(e)lig (*Gesicht etc.*); **2.** leicht knitternd (*Stoff*); **3.** gekräuselt, kraus.

wrist [rist] *s.* **1.** Handgelenk *n*; **2.** ⊕ → *wrist-pin*; '~·**band** [-stb-] *s.* **1.** Priese *f*, Bündchen *n*, ('Hemd)Manˌschette *f*; **2.** Armband *n*; '~-**drop** *s.* ⚕ Handgelenkslähmung *f.*

wrist·let ['ristlit] *s.* **1.** Pulswärmer *m*; **2.** Armband *n*; **3.** *sport* Handgelenkschützer *m*; **4.** *humor. od. sl.* Handschelle *f*, -fessel *f*; **5.** *a.* ~ *watch* → *wrist-watch.*

'**wrist|-pin** *s.* ⊕ Zapfen *m*, *bsd.* Kolbenbolzen *m*; '~-**watch** *s.* Armbanduhr *f.*

writ [rit] *s.* **1.** ⚖ **a)** behördlicher Erlaß, **b)** gerichtlicher Befehl, **c)** *a.* ~ *of summons* (Vor)Ladung *f*: ~ *of attachment* Haftbefehl, *dinglicher* Arrest(befehl); ~ *of execution* Vollstreckungsbefehl; *to take out a* ~ *against s.o.* e-e Vorladung gegen j-n erwirken; **2.** ⚖ *hist. Brit.* Urkunde *f*; **3.** *pol. Brit.* Wahlausschreibung *f* für das Parla'ment; **4.** *Holy* (*od. Sacred*) ♀ *die* Heilige Schrift.

write [rait] [*irr.*] **I.** *v/t.* **1.** *et.* schreiben: *to* ~ *shorthand* stenographieren; *writ(ten) large fig.* deutlich, leicht erkennbar; **2.** (auf-, nieder-)schreiben, schriftlich niederlegen, notieren, aufzeichnen: *it is written that* es steht geschrieben, daß; *it is written on* (*od. all over*) *his face* es steht ihm im Gesicht geschrieben; **3.** *Scheck etc.* ausschreiben, -füllen; **4.** *Papier etc.* vollschreiben; **5.** *j-m et.* schreiben, schriftlich mitteilen: *to* ~ *s.th. to s.o.*, *to* ~ *s.o. s.th.*; **6.** *Buch etc.* verfassen, *a. Musik* schreiben: *to* ~ *poetry* dichten, Gedichte schreiben; **7.** ~ *o.s.* sich bezeichnen als; **II.** *v/i.* **8.** schreiben; **9.** schreiben, schriftstellern; **10.** schreiben, schriftliche Mitteilung machen: *to* ~ *home* nach Hause schreiben; *it's nothing to* ~ *home about fig.* das ist nichts Besonderes, darauf brauchst du dir (braucht er sich *etc.*) nichts einzubilden; *to* ~ *to ask* schriftlich anfragen; *to* ~ *for s.th.* um et. schreiben, et. schriftlich bestellen, et. kommen lassen;

Zssgn mit adv.:

write| down *v/t.* **1.** → *write 2*; **2.** *fig.* **a)** schriftlich her'absetzen, herziehen über (*acc.*), **b)** nennen, bezeichnen *od.* hinstellen als; **3.** ✝ (teilweise) abbuchen, abschreiben; ~ **in** *v/t.* einschreiben, -tragen; ~ **off** *v/t.* **1.** (schnell) her'unterschreiben, ‚hinhauen'; **2.** ✝ (vollständig) abschreiben; ~ **out** *v/t.* **1.** ganz ausschreiben; **2.** abschreiben: *to ~ fair* ins reine schreiben; **3.** *to write o.s. out* sich ausschreiben (*Schriftsteller*); ~ **up** *v/t.* **1.** ausführlich darstellen *od.* beschreiben; **2.** *ergänzend* nachtragen, *Text* weiterführen; **3.** loben(d erwähnen), her'ausstreichen, anpreisen; **4.** ✝ aufwerten, den Buchwert hin'aufsetzen von.

'write|-downs, '~-offs *s. pl.* ✝ Abschreibungen *pl.*

writ·er ['raitə] *s.* **1.** Schreiber(in): *~'s cramp (od. palsy)* Schreibkrampf; **2.** Schriftsteller(in), Verfasser(in): *the ~* der Verfasser (*ich*); *~ for the press* Zeitungsschreiber(in), Journalist(in); **3.** *~ to the signet Scot.* No'tar *m*, Rechtsanwalt *m*; **'writ·er·ship** [-ʃip] *s. Brit.* Schreiberstelle *f.*

'write-up *s.* **1.** F **a)** Pressebericht *m*, **b)** schriftliche Anpreisung; **2.** ✝ ‚frisierte' (*zu hohe*) Vermögensaufstellung.

writhe [raið] *v/i.* **1.** sich krümmen, sich winden (*with* vor *dat.*); **2.** *fig.* sich winden, leiden (*under, at* unter *e-r Kränkung etc.*).

writ·ing ['raitiŋ] **I.** *s.* **1.** Schreiben *n* (*Tätigkeit*); **2.** Schriftstelle'rei *f*; **3.** schriftliche Ausfertigung *od.* Abfassung; **4.** Schreiben *n*, Schriftstück *n*, et. Geschriebenes, *a.* Urkunde *f*: *in ~* schriftlich; *the ~ on the wall fig.* die Schrift an der Wand, das Menetekel; **5.** Schrift *f*, *literarisches* Werk; Aufsatz *m*, Ar'tikel *m*; **6.** Brief *m*; **7.** Inschrift *f*; **8.** Schreibweise *f*, Stil *m*; **9.** (Hand-) Schrift *f*; **II.** *adj.* **10.** schreibend, *bsd.* schriftstellernd: *~ man* Schriftsteller; **11.** Schreib...; **'~-book** *s.* Schreibheft *n*; **'~-case** *s.* Schreibmappe *f*; **'~-desk** *s.* Schreibtisch *m*; **'~-pad** *s.* 'Schreib‚unterlage *f*, -block *m*; **'~-pa·per** *s.* 'Schreib-, 'Briefpa‚pier *n*; **'~-ta·ble** *s.* Schreibtisch *m.*

writ·ten ['ritn] **I.** *p.p. von write*; **II.** *adj.* **1.** schriftlich: *~ examination*; *~ evidence* ⚖ Urkundenbeweis; *~ language* Schriftsprache; **2.** geschrieben: *~ law.*

wrong [rɔŋ] **I.** *adj.* □ → *wrongly*; **1.** falsch, unrichtig, verkehrt, irrig: *to be ~* **a)** unrecht haben, sich irren (*Person*), **b)** falsch gehen (*Uhr*); *you are ~ in believing* du irrst dich, wenn du glaubst; *to prove s.o. ~* beweisen, daß j-d im Irrtum ist; **2.** verkehrt, falsch: *to bring the ~ book*; *to do the ~ thing* das Falsche tun, es verkehrt machen; *to get hold of the ~ end of the stick fig.* es völlig mißverstehen, es verkehrt ansehen; *the ~ side* die verkehrte *od.* falsche (*von Stoff*: linke) Seite; (*the*) *~ side out* das Innere nach außen (gekehrt) (*Kleidungsstück etc.*); *to be on the ~ side of 40* über 40 (Jahre alt) sein; *he will laugh on the ~ side of his mouth* das Lachen wird ihm schon vergehen; *to have got out of bed (on) the ~ side* F mit dem linken Bein zuerst aufgestanden sein; → *blanket 1*; **3.** nicht in Ordnung: *s.th. is ~ with it* es stimmt et. daran nicht; *what is ~ with you?* was ist los mit dir?, was hast du?; *what's ~ with ...?* **a)** was gibt es auszusetzen an (*dat.*)?, **b)** F wie wär's mit ...?; **4.** unrecht, unbillig: *it is ~ of you to laugh*; **II.** *adv.* **5.** falsch, unrichtig, verkehrt: *to get it ~* es ganz falsch verstehen; *to go ~* **a)** nicht richtig funktionieren *od.* gehen (*Instrument, Uhr etc.*), **b)** schiefgehen (*Vorhaben etc.*), **c)** auf Abwege *od.* die schiefe Bahn geraten (*bsd. Frau*), **d)** fehlgehen; *to get in ~ with s.o. Am.* F es mit j-m verderben; *to get s.o. in ~ Am.* F j-n in Mißkredit bringen (*with* bei); *to take s.th. ~* et. übelnehmen; **III.** *s.* **6.** Unrecht *n*: *to do s.o. ~*, *to do ~ to s.o.* j-m ein Unrecht zufügen; **7.** Irrtum *m*, Unrecht *n*: *to be in the ~* unrecht haben; *to put s.o. in the ~* j-n ins Unrecht setzen; **8.** Kränkung *f*, Beleidigung *f*; **9.** ⚖ Rechtsverletzung *f*: *private ~* Privatdelikt; *public ~* öffentliches Delikt; **IV.** *v/t.* **10.** *j-m* Unrecht tun (*a. in Gedanken etc.*), *j-n* ungerecht behandeln: *I am ~ed* mir geschieht Unrecht; **11.** *j-m* schaden, Schaden zufügen, *j-n* benachteiligen; **'~do·er** *s.* Übel-, Missetäter(in), Sünder(in); **'~'do·ing** *s.* **1.** Missetat *f*, Sünde *f*; **2.** Vergehen *n*, Verbrechen *n.*

wrong·ful ['rɔŋful] *adj.* □ **1.** ungerecht; **2.** beleidigend, kränkend; **3.** unrechtmäßig, 'widerrechtlich, ungesetzlich; **'wrong·ful·ness** [-nis] *s.* **1.** Ungerechtigkeit *f*; **2.** Ungesetzlich-, Unrechtmäßigkeit *f*, Unrichtigkeit *f.*

'wrong-'head·ed *adj.* □ **1.** querköpfig, verbohrt (*Person*); **2.** verschroben, verdreht.

wrong·ly ['rɔŋli] *adv.* **1.** → *wrong II*; **2.** ungerechterweise, zu *od.* mit Unrecht; **3.** irrtümlicher-, fälschlicherweise; **wrong·ness** ['rɔŋnis] *s.* **1.** Unrichtigkeit *f*, Verkehrtheit *f*, Fehlerhaftigkeit *f*; **2.** Unrechtmäßigkeit *f*; **3.** Ungerechtigkeit *f.*

wrote [rout] *pret. u. obs. p.p. von write.*

wroth [rouθ] *adj.* zornig, erzürnt, ergrimmt.

wrought [rɔ:t] **I.** *pret. u. p.p. von work*; **II.** *adj.* **1.** be-, ge-, verarbeitet: *~ goods* Fertigwaren; **2. a)** gehämmert, geschmiedet, **b)** schmiedeeisern; **3.** gewirkt; ~ **i·ron** *s.* ⊕ Schmiede-, Schweißeisen *n*; **'~-'i·ron** *adj.* schmiedeeisern; ~ **steel** *s.* ⊕ Schmiede-, Schweißstahl *m*; **'~-'up** *adj.* erregt, aufgebracht.

wrung [rʌŋ] *pret. u. p.p. von wring.*

wry [rai] *adj.* □ **1.** schief, krumm, verzerrt: *to make (od. pull) a ~ face* ein schiefes Gesicht machen; **2.** *fig.* **a)** verschroben: *~ notion*, **b)** gequält, schmerzlich; **'~-mouthed** *adj.* **1.** schiefmäulig; **2.** *fig.* wenig schmeichelhaft; **'~-neck** *s. orn.* Wendehals *m.*

wul·fen·ite ['wulfənait] *s. min.* Gelbbleierz *n.*

X

X, x [eks] **I.** *pl.* **X's, x's, Xs, xs** ['eksiz] *s.* **1.** X *n*, x *n* (*Buchstabe*); **2.** ⚕ **a)** x *n* (*1. unbekannte Größe od. abhängige Variable*), **b)** x-Achse *f*, Ab'szisse *f* (*im Koordinatensystem*); **3.** *fig.* unbekannte Größe; **II.** *adj.* **4.** X-..., X-förmig.

Xan·thip·pe [zæn'θipi] *s. fig.* Xan'thippe *f*, Hausdrachen *m.*

xe·nog·a·my [zi(:)'nɔgəmi] *s.* ⚘ Fremdbestäubung *f.*

xe·non ['zenɔn] *s.* ⚗ 'Xenon *n* (*Edelgas*).

xen·o·pho·bi·a [zenə'foubjə] *s.* Xenopho'bie *f*, Fremdenfeindlichkeit *f.*

xe·ran·sis [zi'rænsis] *s.* ⚕ Austrocknung *f.*

xe·ra·si·a [zi'reizjə] *s.* ⚕ Trockenheit *f* des Haares.

xe·ro·phyte ['ziəroufait] *s.* ⚘ Trokkenheitspflanze *f.*

xiph·oid ['zifɔid] *adj. anat.* **1.** schwertförmig; **2.** Schwertfortsatz...: *~ appendage*, *~ process* Schwertfortsatz (*des Brustbeins*).

Xmas ['krisməs] F *für Christmas.*

X-ray ['eks'rei] **I.** *s.* ⚕, *phys.* **1.** X-Strahl *m*, Röntgenstrahl *m*; **2.** Röntgenaufnahme *f*, -bild *n*; **II.** *v/t.* **3.** röntgen: **a)** ein Röntgenbild machen von, **b)** durch'leuchten; **4.** bestrahlen; **III.** *adj.* **5.** Röntgen...

xy·lene ['zaili:n] *s.* ⚗ Xy'lol *n.*

xy·lo·graph ['zailəgrɑ:f; -græf] *s.* Holzschnitt *m*; **xy·log·ra·pher** [zai'lɔgrəfə] *s.* Holzschneider *m*; **xy·lo·graph·ic** [zailə'græfik] *adj.* Holzschnitt...; **xy·log·ra·phy** [zai'lɔgrəfi] *s.* Xylogra'phie *f*, Holzschneidekunst *f.*

xy·lo·nite ['zailənait] *s.* ⊕ Zellu'loid *n.*

xy·lo·phone ['zailəfoun] *s.* ♪ Xylo'phon *n.*

xy·lose ['zailous] *s.* ⚗ Xy'lose *f*, Holzzucker *m.*

Y

Y, y [wai] **I.** *pl.* **Y's, y's, Ys, ys** [waiz] *s.* **1.** Y *n*, y *n*, ˈYpsilon *n* (*Buchstabe*); **2.** ⅄ **a)** y *n* (*2. unbekannte Größe od. abhängige Variable*), **b)** y-Achse *f*, Ordiˈnate *f* (*im Koordinatensystem*); **II.** *adj.* **3.** Y-…, Y-förmig, gabelförmig.

y- [i] *obs. Präfix zur Bildung des p.p., entsprechend dem deutschen* ge-.

yacht [jɔt] ⚓ **I.** *s.* **1.** (Segel-, ˈMotor)Jacht *f*; (Renn)Segler *m*: *~-club* Jachtklub; **II.** *v/i.* **2.** auf e-r Jacht fahren; **3.** (sport)segeln; **yacht·er** [ˈjɔtə] → *yachtsman*; **yacht·ing** [ˈjɔtiŋ] **I.** *s.* **1.** Jacht-, Segelsport *m*; **2.** (Sport)Segeln *n*; **II.** *adj.* **3.** Segel…, Jacht…

yachts·man [ˈjɔtsmən] *s.* [*irr.*] Jachtfahrer *m*, (Sport)Segler *m*; ˈ**yachts·man·ship** [-ʃip] *s.* Segelkunst *f*.

ya·hoo [jəˈhuː] *s.* **1.** viehisches Wesen in Menschengestalt (*aus „Gulliver's Travels" von Swift*); **2.** Saukerl *m*, Rohling *m*.

yak [jæk] *s. zo.* Yak *m*, Grunzochse *m*.

yam·mer [ˈjæmə] *v/t. u. v/i. Scot. od. dial.* jammern.

yank[1] [jæŋk] F **I.** *v/t.* **1.** (mit e-m Ruck herˈaus)ziehen, (*hoch- etc.*) reißen; **II.** *v/i.* **2.** heftig ziehen; **3.** flink hantieren, rührig sein; **III.** *s.* **4.** *Am.* Ruck *m*, Zerren *n*.

Yank[2] [jæŋk] *sl. für Yankee.*

Yan·kee [ˈjæŋki] *s.* Yankee *m* (*Spitzname*): **a)** Neu-ˈEngländer(in), **b)** Nordstaatler(in) (*der USA*), **c)** (*allg., von Nichtamerikanern gebraucht*) (ˈNord)Ameriˌkaner(in): *~ Doodle amer. Volkslied.*

yap [jæp] **I.** *s.* **1.** Kläffen *n*, Gekläff *n*; **2.** *sl.* **a)** Gequassel *n*, Geschwätz *n*, **b)** *Am.* Maul *n*; **II.** *v/i.* **3.** kläffen (*a. sl. fig. schimpfen*); **4.** *sl.* quasseln.

yard[1] [jɑːd] *s.* **1.** Yard *n* (*englische Elle* = *0,914 m*); **2.** † Elle *f* (*Stoff*): *~ goods* Ellen-, Kurzwaren; **3.** ⚓ Rah(e) *f*.

yard[2] [jɑːd] *s.* **1.** Hof(raum) *m*; **2.** (Arbeits-, Bau-, Stapel)Platz *m*; **3.** *a. railway-~* 🚂 *Brit.* Rangier-, Verschiebebahnhof *m*; **4.** *the* ♀ → *Scotland Yard*; **5.** ⚒ Hof *m*, Gehege *n*: *poultry-~*; **6.** *Am.* Winterweideplatz *m* (*für Elche u. Rotwild*).

yard·age[1] [ˈjɑːdidʒ] *s.* in Yards angegebene Zahl *od.* Länge, Yards *pl.*

yard·age[2] [ˈjɑːdidʒ] *s.* Recht *n* zur (*od.* Gebühr *f* für die) Benutzung e-s (Vieh- *etc.*)Hofs.

ˈ**yard|-arm** *s.* ⚓ Rahnock *f*; ˈ**~man** [-mən] *s.* [*irr.*] **1.** 🚂 Rangier-, Bahnhofsarbeiter *m*; **2.** ⚓ Werftarbeiter *m*; **3.** ⚒ Stall-, Viehhofarbeiter *m*; ˈ**~mas·ter** *s.* 🚂 Rangiermeister *m*; ˈ**~stick** *s.* **1.** Yard-, Maßstock *m*; **2.** *fig.* Maßstab *m*.

yarn [jɑːn] **I.** *s.* **1.** Garn *n*; **2.** ⚓ Kabelgarn *n*; **3.** F abenteuerliche (*a. weitS. erlogene*) Geschichte, (Seemanns)Garn *n*: *to spin a ~* e-e Abenteuergeschichte erzählen, ein (Seemanns)Garn spinnen; **II.** *v/i.* **4.** F (Geschichten) erzählen, ein Garn spinnen, (miteinˈander) klönen.

yar·row [ˈjærou] *s.* ⚘ Schafgarbe *f*.

yaw [jɔː] *v/i.* **1.** ⚓ gieren (*vom Kurs abkommen*); **2.** ✈ (*um Hochachse*) gieren, scheren; **3.** *fig.* schwanken.

yawl [jɔːl] *s.* ⚓ **1.** Segeljolle *f*; **2.** Beˈsankutter *m*.

yawn [jɔːn] **I.** *v/i.* **1.** gähnen (*a. fig. Abgrund etc.*); **2.** *fig.* **a)** sich weit u. tief auftun, **b)** weit offenstehen; **II.** *v/t.* **3.** gähnen(d sagen); **III.** *s.* **4.** Gähnen *n*; ˈ**yawn·ing** [-niŋ] *adj.* □ gähnend (*a. fig.*).

y·clept [iˈklept] *adj. obs. od. humor.* genannt, namens.

ye[1] [jiː; ji] *pron. obs. od. bibl. od. humor.* **1.** ihr, Ihr; **2.** euch, Euch, dir, Dir; **3.** du, Du; **4.** F *für you*: *how d'ye do?*

ye[2] [jiː] *archaisierend für the.*

yea [jei] **I.** *adv.* **1.** ja; **2.** fürˈwahr, wahrˈhaftig; **3.** *obs.* ja soˈgar; **II.** *s.* **4.** Ja *n*; **5.** *mst pl.* Jastimme *f* (*Am. a. parl.*).

yeah [je; jæ] *adv. Am.* F ja, klar: *~?* so?, na, na!

yean [jiːn] *zo.* **I.** *v/t.* werfen (*Schaf, Ziege*); **II.** *v/i.* lammen, werfen; ˈ**yean·ling** [-liŋ] *s.* Lamm *n*, Zicklein *n*.

year [jəː] *s.* **1.** Jahr *n*: *~ of grace* Jahr des Heils; *a ~ and a day* Jahr u. Tag; *for ~s* jahrelang, seit Jahren, auf Jahre hinaus; *~ in ~ out* jahrein, jahraus; *~ by ~, from ~ to ~, ~ after ~* Jahr für Jahr; *in the ~ one humor.* vor undenklichen Zeiten; *twice a ~* zweimal jährlich *od.* im Jahr; **2.** *pl.* Alter *n*: *~s of discretion* gesetztes *od.* vernünftiges Alter; *for his ~s klug etc.* für sein Alter; *well on in ~s* hochbetagt; *to be getting on in ~s* in die Jahre kommen; *he bears his ~s well* er ist für sein Alter recht rüstig; ˈ**~-book** *s.* Jahrbuch *n*.

year·ling [ˈjəːliŋ] **I.** *s. zo.* Jährling *m*, einjähriges Tier; **II.** *adj.* einjährig.

ˈ**year·long** *adj.* einjährig, ein Jahr dauernd.

year·ly [ˈjəːli] **I.** *adj.* jährlich, Jahres…(*-einkommen etc.*); **II.** *adv.* jährlich, jedes Jahr (einmal).

yearn [jəːn] *v/i.* **1.** sich sehnen, Sehnsucht haben (*for, after* nach, *to do* danach, zu tun); **2.** (*bsd.* Mitleid, Zuneigung) empfinden (*to* [*-wards*] für, mit); ˈ**yearn·ing** [-niŋ] **I.** *s.* Sehnsucht *f*, Sehnen *n*, Verlangen *n*; **II.** *adj.* □ sehnsüchtig, sehnend, verlangend.

yeast [jiːst] **I.** *s.* **1.** (Bier-, Back-)Hefe *f*; **2.** *fig.* Gischt *f*, Schaum *m*; **3.** *fig.* Sauerteig *m*; **II.** *v/i.* **4.** gären; ˈ**~-pow·der** *s.* Backpulver *n*.

yeast·y [ˈjiːsti] *adj.* **1.** hefig; **2.** schäumend, unruhig (*a. fig.*); **3.** *fig. contp.* schaumschlägerisch, leer, hohl, oberflächlich.

yegg(·man) [ˈjeg(mən)] *s.* [*irr.*] *Am. sl.* **1.** ‚schwerer Junge', *bsd.* Geldschrankknacker *m*; **2.** ‚Stromer' *m*, Landstreicher *m*.

yell [jel] **I.** *v/i.* **1.** gellend (auf-)schreien (*with* vor *dat.*); **II.** *v/t.* **2.** gellen(d ausstoßen), schreien; **III.** *s.* **3.** gellender (Auf)Schrei; **4.** *Am. univ. anfeuernder* Schlachtruf.

yel·low [ˈjelou] **I.** *adj.* **1.** gelb (*a. Rasse*): *~-haired* flachshaarig; *the ~ peril* die gelbe Gefahr; **2.** *fig.* **a)** *obs.* neidisch, eifersüchtig, **b)** melanˈcholisch, **c)** *sl.* feige: *he is ~* er hat ‚Schiß', **d)** ˈmißtrauisch; **3.** F **a)** sensatiˈonslüstern, Boulevard…, **b)** chauviˈnistisch, Hetz…: *~ journal*; **II.** *s.* **4.** Gelb *n*; **5.** Eigelb *n*; **6.** ⚕ *obs. od. vet.* Gelbsucht *f*; **7.** *pl. fig. obs.* Eifersucht *f*, Neid *m*; **III.** *v/t.* **8.** gelb färben; **IV.** *v/i.* **9.** sich gelb färben, vergilben; ˈ**~-am·mer** [-ouæmə] → *yellow-hammer*; ˈ**~-back** [-oub-] *s.* Schmöker *m*, ˈSchundroˌman *m*; **~ brass** *s. Brit.* (Neu)Messing *n*, Gelbkupfer *n*; ˈ**~-dog** [-oud-] **I.** *s.* **1.** Köter *m*, ‚Promeˈnadenmischung' *f*; **2.** *fig.* gemeiner *od.* feiger Hund; **II.** *adj.* **3.** hundsgemein; **4.** *Am.* gewerkschaftsfeindlich; ˈ**~-earth** *s. min.* **1.** Gelberde *f*; **2.** → *yellow ochre*; **~ fe·ver** *s.* ⚕ Gelbfieber *n*; ˈ**~-ham·mer** [-ouh-] *s. orn.* Goldammer *f*.

yel·low·ish [ˈjelouiʃ] *adj.* gelblich.

yel·low| Jack *s.* **1.** ⚕ Gelbfieber *n*; **2.** ⚓ Quaranˈtäneflagge *f*; **~ met·al** *s.* ⊕ ˈMuntzmeˌtall *n*; **~ o·chre** (*Am.* **o·cher**) *s. min.* gelber Ocker, Gelberde *f*; **~ press** *s.* Sensatiˈons-, Bouleˈvard-, *a.* Hetzpresse *f*; ˈ**~-soap** *s.* Schmierseife *f*.

yelp [jelp] **I.** *v/i.* **1.** kläffen (*Hund*); **2.** (*a. v/t.*) kreischen, jaulen; **II.** *s.* **3.** Gekläff *n*; **4.** (schriller) Schrei.

yen[1] [jen] *s.* Yen *m* (*japanische Münzeinheit*).

yen[2] [jen] *s. Am. sl.* brennendes Verlangen, Drang *m*.

yeo·man [ˈjoumən] *s.* [*irr.*] **1.** *Brit.*

a) *hist.* Freisasse *m*, **b)** kleiner Gutsbesitzer: ~('s) *service fig.* großer Dienst; **2.** ⚔ *Brit.* berittener Mi'lizsol,dat; **3.** *a.* ♔ *of the Guard* 'Leibgar,dist *m*; **4.** ⚓ *Am.* Ma'rineschreiber *m*; '**yeo·man·ry** [-ri] *s. coll.* **1.** *hist.* Freisassen *pl.*; **2.** ⚔ *Brit.* berittene Mi'liz.

yep [jep] *Am.* F *für yes.*

yes [jes] **I.** *adv.* **1.** ja, ja'wohl: *to say* ~ (*to*) ja sagen (zu): **a)** (*e-e Sache*) bejahen (*a. fig.*), **b)** einwilligen (in *acc.*); **2.** ja, gewiß, aller'dings; **3.** (ja) doch; **4.** ja so'gar; **5.** *fragend od. anzweifelnd*: ja?, wirklich?; **II.** *s.* **6.** Ja *n*; **7.** *fig.* Ja(wort) *n*; '~**man** [-mæn] *s.* [*irr.*] F Jasager *m*, Jabruder *m*.

yes·ter ['jestə] *adj.* **1.** *poet.* gestrig; **2.** *in Zssgn* → *yesterday* 2; '~**day** [-di] **I.** *adv.* **1.** gestern: *I was not born* ~ *fig.* ich bin nicht von gestern; **II.** *adj.* **2.** gestrig, vergangen, letzt: ~ *morning* gestern früh; **III.** *s.* **3.** der gestrige Tag: *the day before* ~ vorgestern; ~*'s paper* die gestrige Zeitung; of ~ von gestern; ~*s* vergangene Tage *od.* Zeiten; **4.** *fig. das* Gestern; ~-'**year** *adv. u. s. obs. od. poet.* voriges Jahr.

yet [jet] **I.** *adv.* **1.** (immer) noch, jetzt noch: *not* ~ noch nicht; *nothing* ~ noch nichts; ~ *a moment* (nur) noch einen Augenblick; **2.** schon (jetzt), jetzt: (*as*) ~ bis jetzt, bisher; *have you finished* ~? bist du schon fertig?; *not just* ~ nicht gerade jetzt; **3.** (doch) noch, schon (noch): *he will win* ~ er wird doch noch gewinnen; **4.** noch, so'gar (*beim Komparativ*): ~ *better* noch besser; ~ *more important* sogar noch wichtiger; **5.** noch (da'zu), außerdem: *another and* ~ *another* noch einer u. noch einer dazu; ~ *again* immer wieder; *nor* ~ (und) auch nicht; **6.** dennoch, trotzdem, je'doch, aber: *but* ~ aber doch *od.* trotzdem; **II.** *cj.* **7.** aber (dennoch *od.* zu'gleich), doch.

yew [ju:] ✿ **I.** *s.* **1.** *a.* ~-*tree* Eibe *f*; **2.** Eibenholz *n*; **II.** *adj.* **3.** Eiben...

Yid [jid] *s. sl.* Jude *m*; **Yid·dish** ['jidiʃ] *ling.* **I.** *s.* Jiddisch *n*; **II.** *adj.* jiddisch.

yield [ji:ld] **I.** *v/t.* **1.** *als Ertrag* ergeben, (ein-, her'vor)bringen, *a. Ernte* erbringen, *bsd. Gewinn* abwerfen, *Früchte, a. Zinsen etc.* tragen, *Produkte etc.* liefern: *to* ~ 6 % ✝ 6 % (Rendite) abwerfen; **2.** *Resultat* ergeben, liefern; **3.** *fig.* gewähren, zugestehen, einräumen (*s.th. to s.o.* j-m et.): *to* ~ *consent* einwilligen; *to* ~ *precedence to j-m* den Vorrang einräumen; **4.** *a.* ~ *up* **a)** auf-, hergeben, **b)** (*to*) abtreten (an *acc.*), über'lassen, -'geben (*dat.*), ausliefern (*dat. od.* an *acc.*): *to* ~ *o.s. to fig.* sich *e-r Sache* überlassen; *to* ~ *a secret* ein Geheimnis preisgeben; *to* ~ *the palm* (*to s.o.*) sich (j-m) geschlagen geben; *to* ~ *place to* Platz machen (*dat.*); → *ghost* 3; **II.** *v/i.* **5.** *guten etc.* Ertrag geben *od.* liefern, *bsd.* ✐ tragen; **6.** nachgeben, weichen (*Sache u. Person*): *to* ~ *to despair* sich der Verzweiflung hingeben; *to* ~ *to force* der Gewalt weichen; *to* ~ (*to treatment*) ⚕ nachlassen (*Krankheit*); *I* ~ *to none* ich stehe keinem nach (*in* in *dat.*); **7.** sich fügen (*to dat.*); **8.** einwilligen (*to* in *acc.*); **9.** eingehen (*to* auf *acc.*): *to* ~ *to conditions*; **III.** *s.* **10.** Ertrag *m*: **a)** Ernte *f*, **b)** Ausbeute *f* (*a.* ⊕, *phys.*), Gewinn *m*: ~ *of tax(es)* Steueraufkommen, -ertrag; **11.** ✝ Ren'dite *f*; **12.** ⊕ **a)** Me'tallgehalt *m von Erz*, **b)** Ausgiebigkeit *f von Farben*; '**yield·ing** [-diŋ] *adj.* □ **1.** ergiebig, einträglich: ~ *interest* ✝ verzinslich; **2.** nachgebend, dehnbar, biegsam; **3.** *fig.* nachgiebig, gefügig; **yield point** *s.* ⊕ Fließ-, Streckgrenze *f*.

yip [jip] *Am.* F → *yelp.*

yo·del ['joudl] **I.** *v/t. u. v/i.* jodeln; **II.** *s.* Jodler *m* (*Gesang*).

yo·ga ['jougə] *s. Ind. phls.* 'Joga *m*.

yo·gh(o)urt ['jougə:t] *s.* Joghurt *m*, *n*.

yo·gi ['jougi] *s.* 'Jogi *m*.

yo-(heave-)ho ['jou(hi:v)'hou], **yo-ho** [jou'hou] *int.* ⚓ hau-'ruck!

yoicks [jɔiks] *hunt.* **I.** *int.* hussa!; **II.** *s.* Hussa(ruf *m*) *n*.

yoke [jouk] **I.** *s.* **1.** ✐ *antiq. u. fig.* Joch *n*: ~ *of matrimony* Joch der Ehe; *to pass under the* ~ sich unter das Joch beugen; **2.** *sg. od. pl.* Paar *n*, Gespann *n*: *two* ~ *of oxen*; **3.** ⊕ **a)** Schultertrage *f* (*für Eimer etc.*), **b)** Glockengerüst *n*, **c)** Bügel *m*, **d)** ⚡ (Ma'gnet-, Pol)Joch *n*, **e)** *mot.* Gabelgelenk *n*, **f)** doppeltes Achslager, **g)** ⚓ Ruderjoch *n*; **4.** Passe *f*, Sattel *m* (*an Kleidern*); **II.** *v/t.* **5.** *Tiere* anschirren, anjochen; **6.** *fig.* paaren, verbinden (*with, to* mit); **III.** *v/i.* **7.** verbunden sein (*with* mit *j-m*): *to* ~ *together* zs.-arbeiten; '~-**bone** *s. anat.* Jochbein *n*; '~-**fel·low** *s.* **1.** Mitarbeiter *m*; **2.** (Lebens-, Leidens)Gefährte *m*, (-)Gefährtin *f*.

yo·kel ['joukəl] *s.* (Bauern)Tölpel *m*, (-)Lackel *m*.

'**yoke·mate** → *yokefellow.*

yolk [jouk] *s.* **1.** *zo.* Eidotter *m*, *n*; **2.** Eigelb *n*; **3.** Woll-, Fettschweiß *m* (*Schafwolle*).

yon [jɔn] *obs. od. prov.* **I.** *adj. u. pron.* jene(r, s) dort (drüben); **II.** *adv.* → *yonder I*; '**yon·der** [-də] **I.** *adv.* **1.** da *od.* dort drüben; **2.** *obs.* da drüben hin; **II.** *adj. u. pron.* **3.** → *yon I.*

yore [jɔ:] *s.*: *of* ~ vorzeiten, ehedem, vormals; *in days of* ~ in alten Zeiten.

York·shire ['jɔ:kʃə] *adj.* aus der Grafschaft Yorkshire, Yorkshire...: ~ *flannel* ✝ *feiner Flanell aus ungefärbter Wolle*; ~ *pudding gebackener Eierteig, der zum Rinderbraten gegessen wird.*

you [ju:; ju; jə] *pron.* **1. a)** (*nom.*) du, ihr, Sie, **b)** (*dat.*) dir, euch, Ihnen, **c)** (*acc.*) dich, euch, Sie: *don't* ~ *do that!* tu das ja nicht!; *that's a wine for* ~! das ist vielleicht ein (gutes) Weinchen!; **2.** man: *that does* ~ *good* das tut einem gut; *what should* ~ *do?* was soll man tun?

you'd [ju:d; jud; jəd] F *für* **a)** *you would*, **b)** *you had*; **you'll** [ju:l; jul; jəl] F *für you will.*

young [jʌŋ] **I.** *adj.* jung (*a. fig. frisch, neu, unerfahren*): ~ *ambition* jugendlicher Ehrgeiz; ~ *animal* Jungtier; ~ *children* kleine Kinder; ~ *love* junge Liebe; *her* ~ *man* F ihr Schatz; ~ *Smith, Smith the* ~*er* Smith junior, Smith der Jüngere; *a* ~ *state* ein junger Staat; ~ *person* ⚖ Jugendliche(r), Heranwachsende(r) (*8 bis 17 Jahre alt*); *the* ~ *person fig.* die (unverdorbene) Jugend; ~ *in one's job* unerfahren in s-r Arbeit; **II.** *s.* (Tier)Junge *pl.*: *with* ~ trächtig; **young·ish** ['jʌŋiʃ] *adj.* ziemlich jung; '**young·ster** [-stə] *s.* F Bursch(e) *m*, Junge *m*.

your [jɔ:] *pron. u. adj.* **1. a)** *sg.* dein(e), **b)** *pl.* euer, eure, **c)** *sg. od. pl.* Ihr(e); **2.** *impers.* F **a)** so ein(e), **b)** der (die, das) vielgepriesene *od.* -gerühmte.

you're [juə] F *für you are.*

yours [jɔ:z] *pron.* **1. a)** *sg.* dein, der (die, das) dein(ig)e, die dein(ig)en, **b)** *pl.* euer, eure(s), der (die, das) eur(ig)e, die eur(ig)en, **c)** *Höflichkeitsform, sg. od. pl.* Ihr, der (die, das) Ihr(ig)e, die Ihr(ig)en: *this is* ~ das gehört dir (euoh, Ihnen); *what is mine is* ~ was mein ist, ist (auch) dein; *my sister and* ~ meine u. deine Schwester; → *truly* 2; **2. a)** die Dein(ig)en (Euren, Ihren), **b)** das Dein(ig)e, deine Habe: *you and* ~; **3.** ✝ Ihr Schreiben.

your'self *pl.* -'**selves** *pron.* (*in Verbindung mit you od. e-m Imperativ*) **1. a)** *sg.* (du, Sie) selbst, **b)** *pl.* (ihr, Sie) selbst: *by* ~ **a)** selbst, selber, selbständig, allein, **b)** allein, einsam; *be* ~! F nimm dich zusammen!; *you are not* ~ *today* du bist heute ganz anders als sonst *od.* nicht auf der Höhe; *what will you do with* ~ *today?* was wirst du heute anfangen?; **2.** *refl.* **a)** *sg.* dir, dich, sich, **b)** *pl.* euch, sich: *did you hurt* ~? hast du dich (haben Sie sich) verletzt?

youth [ju:θ] **I.** *s.* **1.** Jugend *f*: **a)** Jungsein *n*, **b)** Jugendfrische *f*, **c)** Jugendzeit *f*, **d)** *coll. sg. od. pl. konstr.* junge Leute *pl. od.* Menschen *pl.*; **2.** 'Früh,stadium *n*; **3.** *pl.* youths [-ðz] junger Mann, Jüngling *m*; **II.** *adj.* **4.** Jugend...: ~ *hostel* Jugendherberge; '**youth·ful** [-ful] *adj.* □ **1.** jung (*a. fig.*); **2.** jugendlich; **3.** Jugend...: ~ *days*; '**youth·ful·ness** [-fulnis] *s.* Jugend(lichkeit) *f*.

you've [ju:v; juv; jəv] F *für you have.*

yowl [jaul] *v/t. u. v/i.* jaulen, heulen.

Yu·go·slav → *Jugoslav.*

yule [ju:l] *s.* Weihnacht(en *n od. pl.*) *f*, Julfest *n*; '~-**log** *s.* Weihnachtsscheit *n im Kamin*; '~-**tide** *s.* Weihnachtszeit *f*.

yum [jʌm] *int. sl.* mm!, prima!; '**yum·my** *adj. sl.* prima, ‚schick', ‚Klasse'; '**yum-'yum** *int. sl.* → *yum.*

Z

Z, z [zed] *s.* Z *n*, z *n* (*Buchstabe*).

za·ny ['zeini] *s.* **1.** *hist. u. fig. contp.* Hans'wurst *m*; **2.** *fig. contp.* Blödmann *m*, ‚Arschloch' *n*.

zap [zæp] *v/t. bsd. Am. sl.* **1.** *j-n* abknallen; **2.** *j-m* ein Ding verpassen (*Kugel, Schlag etc.*); **3.** *fig. j-n* ‚fertigmachen'.

zeal [zi:l] *s.* **1.** (Dienst-, Arbeits-, Glaubens- *etc.*)Eifer *m*: *full of* ~ (dienst- *etc.*)eifrig; **2.** Begeisterung *f*, Hingabe *f*, Inbrunst *f*.

zeal·ot ['zelət] *s. bsd. eccl.* (Glaubens)Eiferer *m*, Ze'lot *m*, Fa'natiker(in); '**zeal·ot·ry** [-tri] *s.* Zelo'tismus *m*, fa'natischer (Glaubens- *etc.*)Eifer.

zeal·ous ['zeləs] *adj.* □ **1.** (dienst-) eifrig; **2.** eifernd, fa'natisch; **3.** eifrig bedacht (*to do* darauf, zu tun, *for* auf *acc.*); **4.** heiß, innig; **5.** begeistert; '**zeal·ous·ness** [-nis] → *zeal*.

ze·bra ['zi:brə] *pl.* **-bras** *od. coll.* **-bra** *s. zo.* Zebra *n*; ~ **cross·ing** *s.* Zebrastreifen *pl.*, 'Fußgänger‚überweg *m*.

ze·bu ['zi:bu:] *pl.* **-bus** *od. coll.* **-bu** *s. zo.* 'Zebu *n*, Buckelochse *m*.

zed [zed] *s. Brit.* **1.** Zet *n* (*Buchstabe*); **2.** ⊕ Z-Eisen *n*.

ze·ner di·ode ['zi:nə] *s.* ⚡ 'Zener-di‚ode *f*.

ze·nith ['zeniθ] *s.* Ze'nit *m*: **a)** *ast.* Scheitelpunkt *m* (*a. Ballistik*), **b)** *fig.* Höhe-, Gipfelpunkt *m*: *to be at one's* (*od. the*) ~ den Zenit erreicht haben, im Zenit stehen.

Zeph·a·ni·ah [zefə'naiə] *npr. u. s. bibl.* (das Buch) Ze'phanja *m*.

zeph·yr ['zefə] *s.* **1.** 'Zephir *m*, Westwind *m*, laues Lüftchen; **2.** sehr leichtes Gewebe, *a.* leichter Schal *etc.*; **3.** *Brit.* leichter 'Sporttri‚kot; **4.** † **a)** *a.* ~ *cloth* Zephir *m* (*Gewebe*), **b)** *a.* ~ *worsted* 'Zephirwolle *f*, **c)** *a.* ~ *yarn* 'Zephirgarn *n*.

ze·ro ['ziərou] **I.** *pl.* **-ros** *s.* **1.** Null *f* (*Zahl od. Zeichen*); **2.** *phys.* Null (-punkt *m*) *f*, Ausgangspunkt *m* (*Skala*), *bsd.* Gefrierpunkt *m*; **3.** ⚖ Null(punkt *m*, -stelle) *f*; **4.** *fig.* Null-, Tiefpunkt *m*; **5.** Null *f*, Nichts *n* (*a. fig.*); **6.** ⚔ → *zero hour*; **7.** ✈ Höhe *f* unter 1000 Fuß, Bodennähe *f*; **II.** *v/t.* **8.** ⊕ auf Null (ein)stellen; **III.** *v/i.* **9.** ~ *in on* ⚔, *fig.* sich einschießen auf (*acc.*); ~ **con·duc·tor** *s.* ⚡ Nulleiter *m*; ~ **grav·i·ty** *s. phys.* (Zustand *m* der) Schwerelosigkeit *f*; ~ **growth** *s.* Nullwachstum *n*: *zero population growth* Bevölkerungsstillstand; ~ **hour** *s.* **1.** ⚔ X-Zeit *f*, Stunde *f* Null (*festgelegter Zeitpunkt des Beginns e-r Operation*); **2.** *fig.* genauer Zeitpunkt, 'kritischer Augenblick.

zest [zest] **I.** *s.* **1.** Würze *f* (*a. fig. Reiz*): *to give* (*a*) ~ *to e-r Sache* Würze *od.* Reiz verleihen; **2.** *fig.* (*for*) Genuß *m*, Lust *f*, Behagen *n*, Freude *f* (an *dat.*), Begeisterung *f* (für): ~ *for life* Lebenshunger; **II.** *v/t.* **3.** würzen (*a. fig.*).

zig·zag ['zigzæg] **I.** *s.* **1.** Zickzack *m*; **2.** Zickzacklinie *f*, -bewegung *f*, -kurs *m* (*a. fig.*); **3.** Zickzackweg *m*, Serpen'tine(nstraße) *f*; **II.** *adj.* **4.** zickzackförmig, Zickzack...; **III.** *adv.* **5.** im Zickzack; **IV.** *v/i.* **6.** im Zickzack fahren, laufen *etc.*, *a.* verlaufen (*Weg etc.*).

zinc [ziŋk] **I.** *s.* ⚗ Zink *n*; **II.** *v/t. pret. u. p.p.* **zinc(k)ed** [-kt] verzinken; **zin·cog·ra·pher** [ziŋ'kɔgrəfə] *s.* Zinko'graph *m*, Zinkstecher *m*; '**zinc·ous** [-kəs] *adj.* ⚗ Zink...; '**zinc-white** *s.* Zinkweiß *n*.

Zi·on ['zaiən] *s. bibl.* 'Zion *m*; '**Zi·on·ism** [-nizəm] *s.* Zio'nismus *m*; '**Zi·on·ist** [-nist] **I.** *s.* Zio'nist(in); **II.** *adj.* zio'nistisch, Zionisten...

zip [zip] **I.** *s.* **1.** Schwirren *n*; **2.** F ‚Schmiß' *m*, Schwung *m*; **3.** F → *zip-fastener*; **II.** *v/i.* **4.** schwirren; **5.** F ‚Schmiß' haben; **III.** *v/t.* **6.** schwirren lassen; **7.** mit e-m Reißverschluß schließen; **8.** *a.* ~ *up* F ‚schmissig' machen; ~ **code** *s. Am.* Postleitzahl *f*; '~**-fas·ten·er** *s.* Reißverschluß *m*.

zip·per ['zipə] **I.** *s.* Reißverschluß *m*: ~ *bag* Reißverschlußtasche; **II.** *v/t.* mit Reißverschluß versehen; **zip·py** ['zipi] *adj.* F ‚schmissig'.

zith·er ['ziθə] *s.* ♪ Zither *f*; '**zith·er·ist** [-ərist] *s.* Zitherspieler(in).

zo·di·ac ['zoudiæk] *s. ast.* Tierkreis *m*: *signs of the* ~ Tierkreiszeichen; **zo·di·a·cal** [zou'daiəkəl] *adj.* Tierkreis..., Zodiakal...

zom·bi(e) ['zɔmbi] *s.* **1.** Schlangengottheit *f*; **2.** 'wiederbeseelter Körper; **3.** *sl.* **a)** Scheusal *n*, **b)** Trottel *m*, **c)** *scharfer Cocktail*.

zon·al ['zounl] *adj.* □ **1.** zonenförmig; **2.** Zonen...; **zone** [zoun] **I.** *s.* **1.** Zone *f*: **a)** *geogr.* (Erd)Gürtel *m*, **b)** Gebietsstreifen *m*, Gürtel *m*, **c)** *fig.* Bereich *m*, (*a.* Körper)Gegend *f*: *torrid* ~ heiße Zone; *wheat* ~ Weizengürtel; ~ *of occupation* Besatzungszone; *danger* ~ Gefahrenzone; **2.** 🚂, 📞 *Am.* (Gebühren-) Zone *f*; **3.** 📯 Post(zustell)bezirk *m*; **II.** *v/t.* **4.** in Zonen aufteilen; **5.** e-n Gürtel legen um (*acc.*).

zoo [zu:] *s.* Zoo *m*.

zo·o·blast ['zouəblæst] *s. zo.* tierische Zelle.

zo·o·chem·is·try [zouə'kemistri] *s. zo.* Zooche'mie *f*.

zo·og·e·ny [zou'ɔdʒəni] *s. zo.* Zooge'nese *f*, Entstehung *f* der Tierarten.

zo·og·ra·phy [zou'ɔgrəfi] *s.* beschreibende Zoolo'gie, Tierbeschreibung *f*.

zo·o·lite ['zouəlait] *s. geol.* fos'siles Tier.

zo·o·log·i·cal [zouə'lɔdʒikəl] *adj.* □ zoo'logisch; **zo·o·log·i·cal gar·den** [zu'lɔdʒikəl] *s.* zoo'logischer Garten.

zo·ol·o·gist [zou'ɔlədʒist] *s.* Zoo'loge *m*, Zoo'login *f*; **zo'ol·o·gy** [-dʒi] *s.* Zoolo'gie *f*, Tierkunde *f*.

zoom [zu:m] **I.** *v/i.* **1.** (laut) surren; **2.** ✈ steil hochziehen; **3.** *Film*: zoomen; **II.** *v/t.* **4.** *Flugzeug* hochreißen; **III.** *s.* **5.** ✈ Steilflug *m*; **6.** *Film*: Zoom *m*, 'Varioobjek‚tiv *n*, ‚Gummilinse' *f*; '**zoom·er** *s.* → *zoom 6*.

zoom lens *s.* → *zoom 6*.

zo·o·phyte ['zouəfait] *s. zo.* Zoo'phyt *m*, Pflanzentier *n*.

zo·ot·o·my [zou'ɔtəmi] *s.* Zooto'mie *f*, 'Tieranato‚mie *f*.

zounds [zaundz] *int. obs.* sapper'lot!

zy·go·ma [zai'goumə] *pl.* **-ma·ta** [-mətə] *s. anat.* **1.** Jochbogen *m*; **2.** Jochbein *n*; **3.** Jochbeinfortsatz *m*.

zy·mo·sis [zai'mousis] *pl.* **-ses** [-si:z] *s.* **1.** ⚗ Gärung *f*; **2.** ⚕ Infekti'onskrankheit *f*; **zy'mot·ic** [-'mɔtik] *adj.* (□ ~*ally*) **1.** ⚗ gärend, Gärungs...; **2.** ⚕ Infektions...

British and American Abbreviations

Britische und amerikanische Abkürzungen

A

A *adult* für Jugendliche unter 14 nur in Begleitung von Erwachsenen (*Kinoprogramm*).
a. *acre* Acre *m.*
AA ab 14 (*Kinoprogramm*).
A.A. *anti-aircraft* Fla, Flugabwehr *f*; *Brit. Automobile Association* Automo'bilklub *m.*
a.a.r. *against all risks* gegen jede Gefahr.
A.B. *able-bodied seaman* 'Vollma,trose *m*; *siehe B.A.*
abbr. *abbreviated* abgekürzt; *abbreviation* Abk., Abkürzung *f.*
A.B.C. *American Broadcasting Company* Amer. Rundfunkgesellschaft *f.*
A.C. *alternating current* Wechselstrom *m.*
a/c *account current* Kontokor'rent *n*; *account* Kto., Konto *n*; Rechnung *f.*
A.C.C. *Allied Control Council* Alliierter Kon'trollrat.
acc. *according to* gem., gemäß, entspr., entsprechend; *account* Kto., Konto *n*; Rechnung *f.*
acct. *account* Kto., Konto *n*; Rechnung *f.*
A.D. *Anno Domini* im Jahre des Herrn.
add. *address* Adr., A'dresse *f.*
Adm. *Admiral* Adm, Admi'ral *m.*
advt. *advertisement* Anz., Anzeige *f*, Ankündigung *f.*
AEC *Atomic Energy Commission* A'tomener,gie-Kommissi,on *f.*
A.E.F. *American Expeditionary Forces* Amer. Streitkräfte *pl.* in 'Übersee.
AFL-CIO *American Federation of Labor & Congress of Industrial Organizations* (*größter amer. Gewerkschaftsverband*).
A.F.N. *American Forces Network* (*Sendergruppe der amer. Streitkräfte in Deutschland*).
aftn. *afternoon* Nachmittag *m.*
Ala. *Alabama* (*Staat der USA*).
Alas. *Alaska* (*Staat der USA*).
Am. *America* A'merika *n*; *American* ameri'kanisch.
A.M. *siehe M.A.*
a.m. *ante meridiem* (*Lat.* = *before noon*) morgens, vormittags.
A.M.A. *American Medical Association* Amer. Ärzteverband *m.*
amp. *ampere* A, Am'pere *n.*
A.P. *Associated Press* (*amer. Nachrichtenagentur*).
A/P *account purchase* Einkaufsabrechnung *f.*
approx. *approximate(ly)* annähernd, etwa.
appx. *appendix* Anh., Anhang *m.*
Apr. *April* Apr., A'pril *m.*
A.R.C. *American Red Cross* das Amer. Rote Kreuz.
Ariz. *Arizona* (*Staat der USA*).
Ark. *Arkansas* (*Staat der USA*).
A.R.P. *Air-Raid Precautions* Luftschutz *m.*
arr. *arrival* Ank., Ankunft *f.*
art. *article* Art., Ar'tikel *m*; *artificial* künstlich.
A/S *account sales* Verkaufsabrechnung *f*; *anti-submarine* U-Boot-Abwehr *f.*
ASA *American Standards Association* Amer. 'Normungs-Organisati,on *f.*
asst. *assistant* Asst., Assi'stent(in).
asst'd *assorted* assortiert, gem., gemischt.
Aug. *August* Aug., Au'gust *m.*
auth. *author(ess)* Verfasser(in).
av. *average* 'Durchschnitt *m*; Hava'rie *f.*
avdp. *avoirdupois* Handelsgewicht *n.*
Ave. *Avenue* Al'lee *f.*
A.W.O.L. *absence without leave* unerlaubte Entfernung von der Truppe.

B

b. *born* geboren.
B.A. *Bachelor of Arts* Bakka'laureus *m* der Philoso'phie; *British Academy* Brit. Akade'mie *f*; *British Airways* Brit. Luftfahrtgesellschaft *f.*
B.Agr. *Bachelor of Agriculture* Bakka'laureus *m* der Landwirtschaft.
B.A.O.R. *British Army of the Rhine* Brit. 'Rheinar,mee *f.*
Bart. *Baronet* 'Baronet *m.*
B.B.C. *British Broadcasting Corporation* Brit. Rundfunkgesellschaft *f.*
bbl. *barrel* Faß *n.*
B.C. *before Christ* vor Christus.
B.Comm. *Bachelor of Commerce* Bakka'laureus *m* der Wirtschaftswissenschaften.
B.D. *Bachelor of Divinity* Bakka'laureus *m* der Theolo'gie.
bd. *bound* gebunden (*Buchbinderei*).
B.D.S. *Bachelor of Dental Surgery* Bakka'laureus *m* der 'Zahnmedi,zin.
bds. *boards* kartoniert (*Buchbinderei*).
B.E. *Bachelor of Education* Bakka'laureus *m* der Erziehungswissenschaft; *Bachelor of Engineering* Bakka'laureus *m* der Ingeni'eurwissenschaft(en).
B/E *bill of exchange* Wechsel *m.*
Beds. *Bedfordshire* (*englische Grafschaft*).
Berks. *Berkshire* (*englische Grafschaft*).
b/f *brought forward* 'Übertrag *m.*
B.F.N. *British Forces Network* (*Sendergruppe der brit. Streitkräfte in Deutschland*).
b.h.p. *brake horse-power* Brems-PS *n*, Bremsleistung *f* in PS.
B.Hy. *Bachelor of Hygiene* Bakka'laureus *m* des Gesundheitswesens.
B.I.F. *British Industries Fair* Brit. Indu'striemesse *f.*
B.I.S. *Bank for International Settlements* BIZ, Bank *f* für ,internatio'nalen Zahlungsausgleich.
bk. *book* Buch *n.*
B.L. *Bachelor of Law* Bakka'laureus *m* des Rechts.
B/L *bill of lading* (See)Frachtbrief *m.*
bl. *barrel* Faß *n.*
bldg. *building* Geb., Gebäude *n.*
B.Lit. *Bachelor of Literature* Bakka'laureus *m* der Litera'tur.
bls. *bales* Ballen *pl.*; *barrels* Fässer *pl.*
Blvd. *Boulevard* Boule'vard *m.*
B.M. *Bachelor of Medicine* Bakka'laureus *m* der Medi'zin; *British Museum* Britisches Mu'seum.
B.M.A. *British Medical Association* Brit. Ärzteverband *m.*
B.Mus. *Bachelor of Music* Bakka'laureus *m* der Mu'sik.
b.o. *branch office* Zweigstelle *f*, Fili'ale *f*; *body odo(u)r* Körpergeruch *m.*
B.o.T. *Board of Trade* Brit. 'Handelsmini,sterium *n.*
bot. *bought* gekauft; *bottle* Flasche *f.*
B.Pharm. *Bachelor of Pharmacy* Bakka'laureus *m* der Pharma'zie.
B.Phil. *Bachelor of Philosophy* Bakka'laureus *m* der Philoso'phie.
B.R. *British Rail* (*Eisenbahn in Großbritannien*).
B/R *bills receivable* Wechselforderungen *pl.*
Br. *Britain* Großbri'tannien *n*; *British* britisch.
B.R.C.S. *British Red Cross Society* *das* Brit. Rote Kreuz.

Brit. *Britain* Großbri'tannien *n*; *British* britisch.
Bros. *brothers* Gebr., Gebrüder *pl.* (*in Firmenbezeichnungen*).
B.S. *Am. Bachelor of Science* Bakka'laureus *m* der Na'turwissenschaften; *British Standard* Brit. Norm *f*.
B/S *bill of sale* Über'eignungsvertrag *m*.
B.Sc. *Brit. Bachelor of Science* Bakka'laureus *m* der Na'turwissenschaften.
B.S.G. *British Standard Gauge* (*brit. Norm*).
bsh. *bushel* Scheffel *m*.
B.S.I. *British Standards Institution* Brit. 'Normungs-Organisati,on *f*.
B.S.T. *British Summer Time* Brit. Sommerzeit *f*.
Bt. *Baronet* 'Baronet *m*.
bt. fwd. *brought forward* 'Übertrag *m*.
B.Th.U. *British Thermal Unit(s)* Brit. Wärmeeinheit *f*.
bu. *bushel* Scheffel *m*.
Bucks. *Buckinghamshire* (*englische Grafschaft*).
bus. *bushel* Scheffel *m*.

C

C. *Celsius, centigrade* Celsius, hundertgradig (*Thermometer*).
c. *cent(s)* Cent *m* (*amer. Münze*); *circa* ca., circa, ungefähr; *cubic* Kubik...
C.A. *chartered account* Frachtrechnung *f*; *Brit. chartered accountant* beeidigter 'Bücherre,visor *od.* Wirtschaftsprüfer.
C/A *current account* laufendes Konto.
c.a.d. *cash against documents* Zahlung *f* gegen Doku'mentaushändigung.
Cal(if). *California* (*Staat der USA*).
Cambs. *Cambridgeshire* (*englische Grafschaft*).
Can. *Canada* Kanada *n*; *Canadian* ka'nadisch.
Capt. *Captain* Kapi'tän *m*, Hauptmann *m*, Rittmeister *m*.
Card. *Cardinal* Kardi'nal *m*.
CARE *Co-operative for American Relief Everywhere* (*amer. Organisation, die Hilfsmittel an Bedürftige in aller Welt versendet*).
Cath. *Catholic* kath., ka'tholisch.
CB *Citizens Band* Bürgerwelle *f* (*genehmigte Kurzwelle für privaten Gebrauch*).
C.B. *Companion of the Order of the Bath* Ritter *m* des Bath-Ordens; (*a.* C/B) *cash book* Kassabuch *n*.
C.B.C. *Canadian Broadcasting Corporation* Ka'nadische Rundfunkgesellschaft.
C.C. *continuous current* Gleichstrom *m*; *County Council* Grafschaftsrat *m*.
c.c. *Brit. cubic centimetre(s), Am. cubic centimeter(s)* ccm, Ku'bikzenti,meter *m*, *n od. pl.*
C.E. *Church of England* angli'kanische Kirche; *civil engineer* 'Bauingeni,eur *m*.
cert. *certificate* Bescheinigung *f*.
CET *Central European Time* MEZ, 'mitteleuro,päische Zeit.
cf. *confer* vgl., vergleiche.
Ch. *chapter* Kap., Ka'pitel *n*.
ch. *chain* (*Länge einer*) Meßkette *f*; *chapter* Kap., Ka'pitel *n*.
c.h. *central heating* ZH, Zen'tralheizung *f*.
Ch.B. *Chirurgiae Baccalaureus* (*Lat.* = *Bachelor of Surgery*) Bakka'laureus *m* der Chirur'gie.
Ches. *Cheshire* (*englische Grafschaft*).
C.I. *Channel Islands* Ka'nalinseln *pl*.
C/I *certificate of insurance* Ver'sicherungspo,lice *f*.
CIA *Central Intelligence Agency* (*Geheimdienst der USA*).
C.I.D. *Criminal Investigation Department* (*brit. Kriminalpolizei*).
c.i.f. *cost, insurance, freight* Kosten, Versicherung und Fracht einbegriffen.
C.-in-C. *Commander-in-Chief* Oberkommandierende(r) *m* (*dem Land-, Luft- und Seestreitkräfte unterstehen*).
cir(c). *circa* ca., circa, ungefähr.
ck(s). *cask* Faß *n*; *casks* Fässer *pl.*
cl. *class* Klasse *f*.
cm. *Brit.* centimetre(s), *Am.* centimeter(s) cm, Zenti'meter *m*, *n od. pl.*
C.N.D. *Campaign for Nuclear Disarmament* Feldzug *m* für ato'mare Abrüstung.
C.O. *Commanding Officer* Komman'deur *m*; *conscientious objector* Kriegsdienstverweigerer *m*.
Co. *Company* Gesellschaft *f*; *county* Grafschaft *f*.
c/o *care of* p.A., per A'dresse, bei.
C.O.D. *cash* (*Am. collect*) *on delivery* zahlbar bei Lieferung, per Nachnahme.
C. of E. *Church of England* angli'kanische Kirche; *Council of Europe* ER, Eu'roparat *m*.
Col. *Colorado* (*Staat der USA*); *Colonel* Oberst *m*.
Colo. *Colorado* (*Staat der USA*).
conc. *concerning* betr., betreffend, betrifft.
Conn. *Connecticut* (*Staat der USA*).
Cons. *Conservative* konserva'tiv; *Consul* 'Konsul *m*.
cont. *continued* fortgesetzt.
Corn. *Cornwall* (*englische Grafschaft*).
Corp. *Corporal* Korpo'ral *m*, 'Unteroffi,zier *m*.
corr. *corresponding* entspr., entsprechend.
cp. *compare* vgl., vergleiche.
C.P.A. *Am. certified public accountant* beeidigter 'Bücherre,visor *od.* Wirtschaftsprüfer.
c.p.s. *cycles per second* Hertz *pl.*
ct(s). *cent(s)* (*amer. Münze*).
cu(b). *cubic* Kubik...
cu.ft. *cubic foot* Ku'bikfuß *m*.
cu.in. *cubic inch* Ku'bikzoll *m*.
cum d(iv). *cum dividend* mit Divi'dende.
C.U.P. *Cambridge University Press* Verlag *m* der Universi'tät Cambridge.
c.w.o. *cash with order* Barzahlung bei Bestellung.
cwt. *hundredweight* (*etwa 1*) Zentner *m*.

D

d. *penny, pence* (*brit. Münze bis 1971*); *died* gest., gestorben.
D.A. *deposit account* Depo'siten,konto *n*; *Am. district attorney* Staatsanwalt *m*.
D.A.R. *Am. Daughters of the American Revolution* Töchter *pl.* der amer. Revoluti'on (*patriotische Frauenvereinigung*).
D.B. *day-book* Jour'nal *n*.
D.C. *direct current* Gleichstrom *m*; *District of Columbia* Di'strikt Columbia (*mit der amer. Hauptstadt Washington*).
D.C.L. *Doctor of Civil Law* Doktor *m* des Zi'vilrechts.
D.D. *Doctor of Divinity* Dr. theol., Doktor *m* der Theolo'gie.
d-d *euphem. für damned* verdammt.
D.D.S. *Doctor of Dental Surgery* Dr. med. dent., Doktor *m* der 'Zahnmedi,zin.
D.D.T. *dichloro-diphenyl-trichloroethane* DDT, Di'chlorodiphe'nyltrichloroä,than *n* (*Insekten- u. Seuchenbekämpfungsmittel*).
Dec. *December* Dez., De'zember *m*.
dec. *deceased* gest., gestorben.
D.Ed. *Doctor of Education* Dr. paed., Doktor *m* der Päda'gogik.
def. *defendant* Beklagte(r *m*) *f*.
deg. *degree(s)* Grad *m od. pl.*
Del. *Delaware* (*Staat der USA*).
D.Eng. *Doctor of Engineering* Dr.-Ing., Doktor *m* der Ingeni'eurwissenschaften.
dep. *departure* Abf., Abfahrt *f*.
Dept. *Department* Ab'teilung *f*.
dft. *draft* Tratte *f*.
diff. *different* versch., verschieden; *difference* 'Unterschied *m*.
Dir. *Director* Dir., Di'rektor *m*.
disc(t). *discount* Dis'kont *m*, Abzug *m*.
dist. *distance* Entfernung *f*; *district* Bez., Bezirk *m*.
div. *dividend* Divi'dende *f*; *divorced* gesch., geschieden.
D.M. *Doctor of Medicine* Dr. med., Doktor *m* der Medi'zin.
do. *ditto* do., dito; dgl., desgleichen.
doc. *document* Doku'ment *n*, Urkunde *f*.
dol. *dollar* Dollar *m*.
Dors. *Dorsetshire* (*englische Grafschaft*).
doz. *dozen(s)* Dutzend *n od. pl.*
D.P. *displaced person* Verschleppte(r *m*) *f*; *data processing* DV, Datenverarbeitung *f*.
d/p *documents against payment* Doku'mente *pl.* gegen Zahlung.
D.Ph(il). *Doctor of Philosophy* Dr. phil., Doktor *m* der Philoso'phie.
Dpt. *Department* Abteilung *f*.
Dr. *Doctor* Dr., Doktor *m*; *debtor* Schuldner *m*.
dr. *dra(ch)m* Dram *n*, Drachme *f* (*Handelsgewicht*); *drawer* Tras'sant *m*.
d.s., **d/s** *days after sight* Tage nach Sicht (*bei Wechseln*).
D.Sc. *Doctor of Science* Dr. rer. nat., Doktor *m* der Na'turwissenschaften.
D.S.T. *Daylight-Saving Time* Sommerzeit *f*.
D.Th(eol). *Doctor of Theology* Dr. theol., Doktor *m* der Theolo'gie.

Dur. *Durham* (*englische Grafschaft*).
dwt. *pennyweight* Pennygewicht *n.*
dz. *dozen(s)* Dutzend *n od. pl.*

E

E. *east* O, Ost(en *m*); *east(ern)* ö, östlich; *English* engl., englisch.
E. & O. E. *errors and omissions excepted* Irrtümer und Auslassungen vorbehalten.
E.C. *European Community* EG, Euro'päische Gemeinschaft; *East Central* London Mitte-Ost (*Postbezirk*).
E.C.E. *Economic Commission for Europe* 'Wirtschaftskommissiˌon *f* für Eu'ropa (*des Wirtschafts- u. Sozialrates der UN*).
ECG *electrocardiogram* EKG, Eˌlektrokardio'gramm *n.*
ECOSOC *Economic and Social Council* Wirtschafts- und Sozi'alrat *m* (*der UN*).
E.C.S.C. *European Coal and Steel Community* EGKS, Euro'päische Gemeinschaft für Kohle und Stahl.
Ed., ed. *edition* Aufl., Auflage *f*; *edited* hrsg., her'ausgegeben; *editor* Hrsg., Her'ausgeber *m.*
E.D.P. *electronic data processing* EDV, elek'tronische Datenverarbeitung.
EE., E./E. *errors excepted* Irrtümer vorbehalten.
E.E.C. *European Economic Community* EWG, Euro'päische Wirtschaftsgemeinschaft.
E.F.T.A. *European Free Trade Association* EFTA, Euro'päische Freihandelsgemeinschaft.
e.g. *exempli gratia* (*Lat.* = *for instance*) z. B., zum Beispiel.
EMA *European Monetary Agreement* EWA, Euro'päisches Währungsabkommen.
Enc. *enclosure(s)* Anlage(n *pl.*) *f.*
Eng(l). *England* Engl., England *n*; *English* engl., englisch.
E.S.P. *extra-sensory perception* außersinnliche Wahrnehmung.
Esq. *Esquire* (*in Briefadressen, nachgestellt*) Herrn.
E.S.R.O. *European Space Research Organization* ESRO, Euro'päische Organisati'on für Weltraumforschung.
Ess. *Essex* (*englische Grafschaft*).
est. *established* gegr., gegründet; *estimated* gesch., geschätzt.
etc., &c. *et cetera, and the rest, and so on* etc., usw., und so weiter.
EUCOM *Am. European Command* Kom'mandobereich *m* Eu'ropa.
EURATOM *European Atomic Energy Community* Eura'tom *f*, Euro'päische A'tomgemeinschaft.
excl. *exclusive, excluding* ausschließlich, ohne.
ex div. *ex dividend* ohne (*od.* ausschließlich) Divi'dende.
ex int. *ex interest* ohne (*od.* ausschließlich) Zinsen.

F

F. *Fahrenheit* (*Thermometereinteilung*); *univ.* Fellow (*siehe Wörterverzeichnis* fellow 6).
f. *farthing* (*ehemalige brit. Münze*); *fathom* Faden *m*, Klafter *m, n, f*; *feminine* w., weiblich; *foot, feet* Fuß *m od. pl.*; *following* folgend.
F.A. *Brit. Football Association* Fußballverband *m.*
f.a.a. *free of all average* frei von Beschädigung.
Fahr. *Fahrenheit* (*Thermometereinteilung*).
F.A.O. *Food and Agriculture Organization* Organisati'on *f* für Ernährung und Landwirtschaft (*der UN*).
f.a.s. *free alongside ship* frei Längsseite (See)Schiff.
FBI *Federal Bureau of Investigation* Amer. Bundeskrimi'nalamt *n.*
F.B.I. *Federation of British Industries* Brit. Indu'strieverband *m.*
F.C.C. *Federal Communication Commission* Amer. 'Bundeskommissiˌon *f* für das Nachrichtenwesen.
Feb. *February* Febr., Februar *m.*
fig. *figure(s)* Abb., Abbildung(en *pl.*) *f.*
Fla. *Florida* (*Staat der USA*).
fm. *fathom* Faden *m*, Klafter *m, n, f.*
F.O. *Brit. Foreign Office* Auswärtiges Amt.
fo(l). *folio* Folio *n*, Seite *f.*
f.o.b. *free on board* frei an Bord.
f.o.r. *free on rail* frei Wag'gon.
F.P. *freezing-point* Gefrierpunkt *m*; *fire-plug* Hy'drant *m.*
Fr. *France* Frankreich *n*; *French* franz., fran'zösisch.
fr. *franc(s)* Franc(s *pl.*) *m*, Franken *m od. pl.*
ft. *foot, feet* Fuß *m od. pl.*
FTC *Federal Trade Commission* Amer. Bundes'handelskommissiˌon *f.*
fur. *furlong* (*Längenmaß*).

G

g. *ga(u)ge* Nor'malmaß *n*, 🚂 Spur *f*; *gram(me)* g, Gramm *n*; *guinea* Gui'nee *f* (*105 p*); *grain* Gran *n.*
G.A. *general agent* Gene'ralvertreter *m*; *general assembly* Hauptversammlung *f.*
Ga. *Georgia* (*Staat der USA*).
gal. *gallon(s)* Gal'lone(n *pl.*) *f.*
G.A.T.T. *General Agreement on Tariffs and Trade* Allgemeines Zoll- und Handelsabkommen.
G.B. *Great Britain* GB, Großbri'tannien *n.*
G.B.S. *George Bernard Shaw* (*irischer Dramatiker*).
G.C.B. *Knight Grand Cross of the Bath* Ritter *m* des Großkreuzes des Bath-Ordens.
Gen. *General* Gene'ral *m.*
gen. *general(ly)* allgemein.
Ger. *German* deutsch, Deutsche(r *m*) *f*; *Germany* Deutschland *n.*
G.I. *government issue* von der Regierung ausgegeben, Staatseigentum *n*; *der* amer. Sol'dat.
gi. *gill* Viertelpinte *f.*
gl. *gill* Viertelpinte *f.*
G.L.C. *Greater London Council* Stadtrat *m* von Groß-London.
Glos. *Gloucestershire* (*englische Grafschaft*).
G.M.T. *Greenwich Mean Time* 'westeuroˌpäische Zeit.
gns. *guineas* Gui'neen *pl.*
G.O.P. *Am. Grand Old Party* Republi'kanische Par'tei.
Gov. *Government* Regierung *f*; *Governor* Gouver'neur *m.*
G.P. *general practitioner* praktischer Arzt.
G.P.O. *General Post Office* Hauptpostamt *n.*
gr. *grain* Gran *n*; *gross* brutto; Gros *n* (*12 Dutzend*).
gr.wt. *gross weight* Bruttogewicht *n.*
gs. *guineas* Gui'neen *pl.*
guar. *guaranteed* garantiert.

H

h. *hour(s)* Stunde *f*, Uhr *f.*
Hants. *Hampshire* (*englische Grafschaft*).
H.B.M. *His (Her) Britannic Majesty* Seine (Ihre) Bri'tannische Maje'stät.
H.C. *Brit. House of Commons* 'Unterhaus *n.*
H.C.J. *Brit. High Court of Justice* Hoher Gerichtshof.
H.E. *high explosive* hochexplo'siv.
Heref. *Herefordshire* (*englische Grafschaft*).
Herts. *Hertfordshire* (*englische Grafschaft*).
H.F. *high frequency* 'Hochfreˌquenz *f*; *Brit. Home Fleet* Flotte *f* in den Heimatgewässern; *Brit. Home Forces* Ersatzheer *n.*
hf. *half* halb.
hf.bd. *half bound* in Halbfranz gebunden.
hhd. *hogshead* Oxhoft *n* (*etwa 240 Liter*); großes Faß.
H.L. *Brit. House of Lords* Oberhaus *n.*
H.M. *His (Her) Majesty* Seine (Ihre) Maje'stät.
H.M.S. *His (Her) Majesty's Service* Dienst *m*, ✉ Dienstsache *f*; *His (Her) Majesty's Ship (Steamer)* Seiner (Ihrer) Maje'stät Schiff *n* (Dampfschiff *n*).
H.M.S.O. *His (Her) Majesty's Stationery Office* (*Brit. Staatsdruckerei*).
H.O. *Brit. Home Office* 'Innenminiˌsterium *n.*
Hon. *Honorary* ehrenamtlich; *Hono(u)rable* Ehrenwert (*Anrede und Titel*).
h.p. *horse-power* PS, Pferdestärke *f*; *high pressure* Hochdruck *m*; *hire-purchase* Ratenkauf *m.*
H.Q., Hq. *Headquarters* Stab(squartier *n*) *m*, Hauptquartier *n.*
H.R. *Am. House of Representatives* Repräsen'tantenhaus *n.*
H.R.H. *His (Her) Royal Highness* Seine (Ihre) Königliche Hoheit.
hrs. *hours* Stunden *pl.*
h.t. *high tension* Hochspannung *f.*
H.W.M. *high-water mark* Hochwasserstandszeichen *n.*

I

I. *Idaho* (*Staat der USA*); *Island, Isle* Insel *f.*
Ia. *Iowa* (*Staat der USA*).
I.A.T.A. *International Air Transport Association* ˌInternatio'naler Luftverkehrsverband.
I.B. *invoice book* Fak'turenbuch *n.*
ib(id). *ibidem* (*Lat.* = *in the same place*) ebenda.

IBRD *International Bank for Reconstruction and Development* ˌInternatioˈnale Bank für Wiederˈaufbau und Entwicklung, Weltbank *f.*
I.C.A.O. *International Civil Aviation Organization* ˌInternatioˈnale Ziˈvilluftfahrt-Organisatiˌon.
I.C.B.M. *intercontinental ballistic missile* ˌinterkontinenˈtaler balˈlistischer Flugkörper.
I.C.F.T.U. *International Confederation of Free Trade Unions* ˌInternatioˈnaler Bund Freier Gewerkschaften.
I.C.J. *International Court of Justice* IG, ˌInternatioˈnaler Gerichtshof.
I.D. *Intelligence Department* Nachrichtenamt *n.*
Id(a). *Idaho* (*Staat der USA*).
i.e. *id est* (*Lat.* = *that is to say*) d. h., das heißt.
I.H.P. *indicated horse-power* indizierte Pferdekraft.
Ill. *Illinois* (*Staat der USA*).
I.L.O. *International Labo(u)r Organization* ˌInternatioˈnale ˈArbeitsorganisatiˌon.
I.L.P. *Independent Labour Party* Unabhängige ˈArbeiterparˌtei.
I.M.F. *International Monetary Fund* ˌInternatioˈnaler Währungsfonds.
Imp. *Imperial* Reichs..., Empire...
in. *inch(es)* Zoll *m od. pl.*
Inc. *Incorporated* (amtlich) eingetragen; *inclosure(s)* Anlage(n *pl.*) *f.*
incl. *inclusive, including* einschl., einschließlich.
incog. *incognito* inˈkognito (*unter anderem Namen*).
Ind. *Indiana* (*Staat der USA*).
inst. *instant* d. M., dieses Monats.
I.O.C. *International Olympic Committee* ˌInternatioˈnales Oˈlympisches Komiˈtee.
I. of M. *Isle of Man* (*englische Insel*).
I. of W. *Isle of Wight* (*englische Insel; Grafschaft*).
IPA *International Phonetic Association* ˌInternatioˈnale Phoˈnetische Gesellschaft.
I.Q. *intelligence quotient* Intelliˈgenzquotiˌent *m.*
Ir. *Ireland* Irland *n*; *Irish* irisch.
I.R.A. *Irish Republican Army* IRA, ˈIrisch-Republiˈkanische Arˈmee.
I.R.C. *International Red Cross* IRK, *das* ˌInternatioˈnale Rote Kreuz.
I.S.O. *International Standards Organization* ˌInternatioˈnaler Normen-Verband.
I.T.O. *International Trade Organization* ˌInternatioˈnale ˈHandelsorganisatiˌon.
I.U.S. *International Union of Students* ˌInternatioˈnaler Stuˈdentenverband.
I.U.S.Y. *International Union of Socialist Youth* ˌInternatioˈnale Vereinigung soziaˈlistischer Jugend.
I.V.S.P. *International Voluntary Service for Peace* ˌInternatioˈnaler freiwilliger Hilfsdienst für den Frieden.
I.W.W. *Industrial Workers of the World* Weltverband *m* der Induˈstriearbeiter.
IYHF *International Youth Hostel Federation* ˌInternatioˈnaler Jugendherbergsverband.

J

J. *judge* Richter *m*; *justice* Juˈstiz *f*; Richter *m.*
Jan. *January* Jan., Januar *m.*
JATO *jet-assisted take-off* Start *m* mit ˈStartraˌkete.
J.C. *Jesus Christ* Jesus Christus *m.*
J.C.B. *Juris Civilis Baccalaureus* (*Lat.* = *Bachelor of Civil Law*) Bakkaˈlaureus *m* des Ziˈvilrechts.
J.C.D. *Juris Civilis Doctor* (*Lat.* = *Doctor of Civil Law*) Doktor *m* des Ziˈvilrechts.
J.P. *Justice of the Peace* Friedensrichter *m.*
Jr. *junior* (*Lat.* = *the younger*) jr., jun., der Jüngere.
J.U.D. *Juris Utriusque Doctor* (*Lat.* = *Doctor of Civil and Canon Law*) Doktor *m* beider Rechte.
Jul. *July* Jul., Juli *m.*
Jun. *June* Jun., Juni *m.*
jun(r). *junior* (*Lat.* = *the younger*) jr., jun., der Jüngere.

K

Kan(s). *Kansas* (*Staat der USA*).
K.C. *Knight Commander* Komˈtur *m*, Großmeister *m*; *Brit. King's Counsel* Kronanwalt *m.*
K.C.B. *Knight Commander of the Bath* Großmeister *m* des Bath-Ordens.
Ken. *Kentucky* (*Staat der USA*).
kg. *kilogram(me)(s)* kg, Kilogramm *n od. pl.*
kHz *kilohertz* kHz, Kiloˈhertz *n od. pl.*
KIA *killed in action* gefallen.
K.K.K. *Ku Klux Klan* (*geheime Terrororganisation in USA*).
km. *Brit. kilometre(s), Am. kilometer(s)* km, Kiloˈmeter *m od. pl.*
k.o. *knock-out* K.o., Knock-out *m.*
kV. *kilovolt(s)* kV, Kiloˈvolt *n od. pl.*
kW. *kilowatt(s)* kW, Kiloˈwatt *n od. pl.*
Ky. *Kentucky* (*Staat der USA*).

L

l. *left* lks, links; *line* Z, Zeile *f*; Lin., Linie *f*; *link* (*Längenmaß*); *Brit. litre, Am. liter* l, Liter *m, n.*
£ *pound sterling* Pfund *n* Sterling (*Währung*).
La. *Louisiana* (*Staat der USA*).
£A *Australian pound* auˈstralisches Pfund (*Währung*).
Lancs. *Lancashire* (*englische Grafschaft*).
lang. *language* Spr., Sprache *f.*
lat. *latitude* geoˈgraphische Breite.
lb. *pound* Pfund *n* (*Gewicht*).
L.C. *letter of credit* Kreˈditbrief *m.*
L.C.J. *Brit. Lord Chief Justice* Lordˈoberrichter *m.*
Ld. *Lord* Lord *m.*
£E *Egyptian pound* äˈgyptisches Pfund (*Währung*).
Leics. *Leicestershire* (*englische Grafschaft*).
Lincs. *Lincolnshire* (*englische Grafschaft*).
L.J. *Brit. Lord Justice* Lordrichter *m.*
ll. *lines* Zeilen *pl.*; Linien *pl.*
LL.D. *Legum Doctor* (*Lat.* = *Doctor of Laws*) Dr. jur., Doktor *m* der Rechte.
LMT *local mean time* mittlere Ortszeit.
loc. cit. *loco citato* (*Lat.* = *in the place cited*) a. a. O., am angeführten Orte.
lon(g). *longitude* geoˈgraphische Länge.
LP *long-playing record* LP, Langspielplatte *f.*
L.P. *Labour Party Brit.* ˈArbeiterparˌtei *f.*
l.p. *low pressure* Tiefdruck *m.*
L'pool *Liverpool n.*
LSD *lysergic acid diethylamide* LSD, Lysergsäurediäthylamid *n.*
L.S.O. *London Symphony Orchestra das* Londoner Sinfoˈnie-Orˌchester.
L.S.S. *Lifesaving Service amer.* Lebensrettungsdienst *m.*
Lt. *Lieutenant* Leutnant *m.*
l.t. *low tension* Niederspannung *f.*
Lt.-Col. *Lieutenant-Colonel* Oberstˈleutnant *m.*
Ltd. *limited* mit beschränkter Haftung.
Lt.-Gen. *Lieutenant-General* Geneˈralleutnant *m.*

M

m *minim* (*Apothekermaß*).
m. *male* m, männlich; *married* verh., verheiratet; *Brit. metre(s), Am. meter(s)* m, Meter *m, n od. pl.*; *mile(s)* M., Meile(n *pl.*) *f*; *minute(s)* min., Min., Miˈnute(n *pl.*) *f.*
M.A. *Master of Arts* Maˈgister *m* der Philosoˈphie; *military academy* Miliˈtärakadeˌmie *f.*
Maj. *Major* Maˈjor *m.*
Maj.-Gen. *Major-General* Geneˈralmaˌjor *m.*
Mar. *March* März *m.*
Mass. *Massachusetts* (*Staat der USA*).
max. *maximum* Max., Maximum *n.*
M.B. *Medicinae Baccalaureus* (*Lat.* = *Bachelor of Medicine*) Bakkaˈlaureus *m* der Mediˈzin.
M.B.S. *Mutual Broadcasting System* (*amer. Rundfunksystem*).
M.C. *Master of Ceremonies* Zereˈmonienmeister *m*; *Am.* Conférencier *m*; *Am. Member of Congress* Parlaˈmentsmitglied *n.*
M.D. *Medicinae Doctor* (*Lat.* = *Doctor of Medicine*) Dr. med., Doktor *m* der Mediˈzin.
M/D *months' date* Monate nach heute.
Md. *Maryland* (*Staat der USA*).
M.D.S. *Master of Dental Surgery* Maˈgister *m* der ˈZahnmediˌzin.
Me. *Maine* (*Staat der USA*).
med. *medical* med., mediˈzinisch; *medicine* Med., Mediˈzin *f*; *medieval* mittelalterlich.
M.G. *Military Government* Miliˈtärregierung *f.*
mg. *milligram(me)(s)* mg, Milligramm *n od. pl.*
mi. *mile(s)* M., Meile(n *pl.*) *f.*
Mich. *Michigan* (*Staat der USA*).
Middx. *Middlesex* (*englische Grafschaft*).
min. *minute(s)* min., Min., Miˈnute(n *pl.*) *f*; *minimum* Min., Minimum *n.*

Minn. *Minnesota* (*Staat der USA*).
Miss. *Mississippi* (*Staat der USA*).
mm. *Brit. millimetre(s)*, *Am. millimeter(s)* mm, Milli'meter *m, n od. pl.*
M.O. *money order* Postanweisung *f*, Zahlungsanweisung *f.*
Mo. *Missouri* (*Staat der USA*).
Mont. *Montana* (*Staat der USA*).
MP, M.P. *Brit. Member of Parliament* Abgeordnete(r) *m* des 'Unterhauses; *Military Police* Mili'tärpoli,zei *f.*
m.p.h. *miles per hour* Stundenmeilen *pl.*
M.Pharm. *Master of Pharmacy* Ma'gister *m* der Pharma'zie.
Mr. *Mister* Herr *m.*
Mrs. *Mistress* Frau *f.*
MS. *manuscript* Mskr(pt)., Manu'skript *n.*
M.S. *motorship* Motorschiff *n.*
M.Sc. *Master of Science* Ma'gister *m* der Na'turwissenschaften.
M.S.L. *mean sea level* mittlere (See)Höhe, Nor'malnull *n.*
MSS. *manuscripts* Manu'skripte *pl.*
Mt. *Mount* Berg *m.*
mt. *megaton* 'Megatonne *f.*
M'ter *Manchester n.*
M.Th. *Master of Theology* Ma'gister *m* der Theolo'gie.
Mx. *Middlesex* (*englische Grafschaft*).

N

N. *north* N, Nord(en *m*); *north(ern)* n, nördlich.
n. *noon* Mittag *m.*
N.A.A.F.I. *Brit. Navy, Army and Air Force Institute* (*Marketenderei- u. Truppenbetreuungsinstitution*).
N.A.D. *nothing abnormal discovered* o. B., ohne Befund.
NASA *Am. National Aeronautics and Space Administration* Natio'nale Luft- u. Raumfahrtbehörde *f.*
nat. *national* nat., natio'nal; *natural* nat., na'türlich.
NATO *North Atlantic Treaty Organization* Nordat'lantikpakt-Organisati,on *f.*
N.B.C. *Am. National Broadcasting Corporation* Natio'nale Rundfunkgesellschaft.
N.C. *North Carolina* (*Staat der USA*).
N.C.B. *Brit. National Coal Board* Natio'nale Kohlenbehörde.
n.d. *no date* ohne Datum.
N.D(ak). *North Dakota* (*Staat der USA*).
N.E. *northeast* NO, Nord'ost(en *m*); *northeast(ern)* nö, nord'östlich.
Neb(r). *Nebraska* (*Staat der USA*).
neg. *negative* neg., 'negativ.
Nev. *Nevada* (*Staat der USA*).
N/F *no funds* keine Deckung.
N.H. *New Hampshire* (*Staat der USA*).
N.H.S. *Brit. National Health Service* Staatlicher Gesundheitsdienst.
N.J. *New Jersey* (*Staat der USA*).
N.M(ex). *New Mexico* (*Staat der USA*).
No. *North* N, Nord(en *m*); *numero* No., Nummer *f*; *number* Zahl *f.*
Norf. *Norfolk* (*englische Grafschaft*).
Northants. *Northamptonshire* (*englische Grafschaft*).
Northumb. *Northumberland* (*englische Grafschaft*).
Notts. *Nottinghamshire* (*englische Grafschaft*).
Nov. *November* Nov., No'vember *m.*
n.p. or d. *no place or date* ohne Ort oder Datum.
N.T. *New Testament* NT, Neues Testa'ment.
nt.wt. *net weight* Nettogewicht *n.*
N.W. *northwest* NW, Nord'west(en *m*); *northwest(ern)* nw, nord'westlich.
N.Y. *New York* (*Staat der USA*).
N.Y.C. *New York City* (die Stadt) New York.

O

O. *Ohio* (*Staat der USA*); *order* Auftr., Auftrag *m.*
o/a *on account of* auf Rechnung von.
O.A.S. *Organization of American States* Organisati'on *f* ameri'kanischer Staaten.
O.A.U. *Organization of African Unity* Organisati'on *f* für Afri'kanische Einheit.
ob. *obiit* (*Lat.* = *died*) gest., gestorben.
Oct. *October* Okt., Ok'tober *m.*
O.E.C.D. *Organization for Economic Co-operation and Development* Organisati'on *f* für wirtschaftliche Zu'sammenarbeit und Entwicklung.
O.H.M.S. *On His (Her) Majesty's Service* im Dienste Seiner (Ihrer) Maje'stät; ✆ Dienstsache *f.*
O.K. (*möglicherweise aus:*) *all correct* in Ordnung.
Okla. *Oklahoma* (*Staat der USA*).
o.n.o. *or near offer* VB, Ver'handlungs,basis *f.*
O.P.E.C. *Organization of the Petroleum Exporting Countries* Organisati'on *f* der Erdöl exportierenden Länder.
o.r. *owner's risk* auf Gefahr des Eigentümers.
Ore(g). *Oregon* (*Staat der USA*).
O.T. *Old Testament* AT, Altes Testa'ment.
O.U.P. *Oxford University Press* Verlag *m* der Universi'tät Oxford.
Oxon. *Oxfordshire* (*englische Grafschaft*).
oz. *ounce(s)* Unze(n *pl.*) *f.*

P

p. *page* S., Seite *f*; *penny, pence* (*brit. Münze*); *perch, pole* (*Längenmaß*).
Pa. *Pennsylvania* (*Staat der USA*).
p.a. *per annum* (*Lat.* = *yearly*) jährlich.
Pan Am *Pan-American* (*World Airways Incorporated*) Amer. Luftfahrtgesellschaft *f.*
par. *paragraph* Par., Para'graph *m*, Abschnitt *m.*
P.C. *police constable* Schutzmann *m*; *postcard* Postkarte *f*; *Am. Peace Corps* Friedenskorps *n.*
p.c. *per cent* %, Pro'zent *n od. pl.*
p/c *price current* Preisliste *f.*
pcl. *parcel* Pa'ket *n.*
pcs. *pieces* Stück(e) *pl.*
P.D. *Police Department* Poli'zeibehörde *f*; *per diem* (*Lat.* = *by the day*) pro Tag.
pd. *paid* bez., bezahlt.
P.E.N., *mst* **PEN Club** *Poets, Playwrights, Editors, Essayists and Novelists* ,Internatio'naler Verband von Dichtern, Dra'matikern, Redak'teuren, Essay'isten und Ro'manschriftstellern.
Penn(a). *Pennsylvania* (*Staat der USA*).
per pro(c). *per procurationem* (*Lat.* = *by proxy*) pp., ppa., per Pro'kura.
Ph.D. *Philosophiae Doctor* (*Lat.* = *Doctor of Philosophy*) Dr. phil., Doktor *m* der Philoso'phie.
pk. *peck* (*Hohlmaß*).
P./L. *profit and loss* Gewinn *m* u. Verlust *m.*
p.m. *post meridiem* (*Lat.* = *after noon*) nachm., nachmittags, ab., abends.
P.O. *post office* Postamt *n*; *postal order* Postanweisung *f.*
P.O.B. *post-office box* Postschließfach *n.*
p.o.d. *pay on delivery* Nachnahme *f.*
P.O.O. *post-office order* Postanweisung *f.*
pos(it). *positive* pos., 'positiv.
P.O.S.B. *Post-Office Savings Bank* Postsparkasse *f.*
P.O.W. *prisoner of war* Kriegsgefangene(r) *m.*
p.p. *per procurationem* (*Lat.* = *by proxy*) pp., ppa., per Pro'kura.
P.R. *Puerto Rico* Puerto 'Rico *n.*
pref. *preface* Vw., Vorwort *n.*
Pres. *President* Präsi'dent *m.*
Prof. *Professor* Pro'fessor *m.*
prol. *prologue* Pro'log *m.*
Prot. *Protestant* Prot., Prote'stant *m.*
prox. *proximo* (*Lat.* = *next month*) n. M., nächsten Monats.
P.S. *postscript* P.S., Nachschrift *f*; *Passenger Steamer* Passa'gierdampfer *m.*
P.T. *physical training* Leibeserziehung *f.*
pt. *pint* (*Hohlmaß*).
P.T.A. *Parent-Teacher Association* Eltern-Lehrer-Vereinigung *f.*
Pte. *Brit. Private* Sol'dat *m* (*Dienstgrad*).
P.T.I. *Brit. Physical Training Instructor* Sportlehrer(in).
P.T.O., p.t.o. *please turn over* b.w., bitte wenden.
Pvt. *Am. Private* Sol'dat *m* (*Dienstgrad*).
P.W. *prisoner of war* Kriegsgefangene(r) *m.*
PX *Post Exchange* Verkaufsläden *pl.* (*der amer. Streitkräfte*).

Q

q. *query* Anfrage *f.*
Q.C. *Brit. Queen's Counsel* Kronanwalt *m.*
qr. *quarter* (*etwa 1*) Viertel'zentner *m* (*Handelsgewicht*).
qt. *quart* Quart *n* (*Hohlmaß*).
qu. *query* Anfrage *f.*
quot. *quotation* Kurs-, Preisnotierung *f.*
qy. *query* Anfrage *f.*

Proper Names

Eigennamen

A

Ab·er·deen [æbə'di:n] *Stadt in Schottland*; **Ab·er'deen·shire** [-ʃiə] *schottische Grafschaft (bis 1975).*
Ab·(o)u·kir [æbu(:)'kiə] *Küstenstadt in Ägypten.*
A·bra·ham ['eibrəhæm] Abraham *m.*
Ab·ys·sin·ia [æbi'sinjə] Abes'sinien *n (siehe Ethiopia).*
A·chil·les [ə'kili:z] A'chilles *m.*
Ad·al·bert ['ædəlbə:t] Adalbert *m.*
Ad·am ['ædəm] Adam *m.*
Ad·di·son ['ædisn] *englischer Autor.*
Ad·e·laide ['ædəleid] Adelheid *f*; [-lid] *Stadt in Australien.*
A·den ['eidn] Aden *n.*
Ad·i·ron·dacks [ædi'rɔndæks] *pl. Gebirgszug im Staat New York (USA).*
Ad·olf ['ædɔlf], **A·dol·phus** [ə'dɔlfəs] Adolf *m.*
A·dri·at·ic Sea [eidri'ætik'si:] *das* Adriatische Meer.
Ae·ge·an Sea [i(:)'dʒi:ən'si:] *das* Ägäische Meer, *die* Ägäis.
Aes·chy·lus ['i:skiləs] Äschylus *m.*
Ae·sop ['i:sɔp] Ä'sop *m.*
Af·ghan·i·stan [æf'gænistæn] Af'ghanistan *n.*
Af·ri·ca ['æfrikə] Afrika *n.*
Ag·a·tha ['ægəθə] A'gathe *f.*
Aix-la-Cha·pelle ['eikslɑ:ʃæ'pel] Aachen *n.*
Al·a·bam·a [ælə'bæmə] *Staat der USA.*
A·las·ka [ə'læskə] *Staat der USA.*
Al·ba·ni·a [æl'beinjə] Al'banien *n.*
Al·ba·ny ['ɔ:lbəni] *Hauptstadt von New York (USA).*
Al·bert ['ælbət] Albert *m.*
Al·ber·ta [æl'bə:tə] *Provinz in Kanada.*
Al·der·ney ['ɔ:ldəni] *brit. Kanalinsel.*
Al·der·shot ['ɔ:ldəʃɔt] *Stadt in Südengland.*
A·leu·tian Is·lands [ə'lu:ʃjən'ailəndz] *pl. die* Aleuten *pl.*
Al·ex·an·der [ælig'zɑ:ndə] Alex'ander *m.*
Al·ex·an·dra [ælig'zɑ:ndrə] Alex'andra *f.*
Al·fred ['ælfrid] Alfred *m.*
Al·ge·ri·a [æl'dʒiəriə] Al'gerien *n.*
Al·ger·non ['ældʒənən] *m.*
Al·giers [æl'dʒiəz] 'Algier *n.*
Al·ice ['ælis] A'lice *f*, Else *f.*
Al·le·ghe·ny ['ælige(i)ni] *Gebirge in USA; Fluß in USA.*
Al·sace ['ælsæs], **Al·sa·ti·a** [æl'seiʃjə] das Elsaß.
Am·a·zon ['æməzən] Ama'zonas *m.*
A·me·lia [ə'mi:ljə] A'malie *f.*
A·mer·i·ca [ə'merikə] A'merika *n.*
A·my ['eimi] *f.*
An·des ['ændi:z] *pl. die* Anden *pl.*
An·dor·ra [æn'dɔrə] An'dorra *n.*
An·drew ['ændru:] An'dreas *m.*
An·gle·sey ['æŋglsi] *walisische Grafschaft (bis 1972).*
An·gli·a ['æŋgliə] *lateinischer Name für England.*
An·go·la [æŋ'goulə] An'gola *n.*
An·gus ['æŋgəs] *schottische Grafschaft (bis 1975).*
An·nap·o·lis [ə'næpəlis] *Hauptstadt von Maryland (USA).*
Anne [æn] Anna *f.*
Ant·arc·ti·ca [ænt'ɑ:ktikə] *die* Ant'arktis.
An·tho·ny ['æntəni, 'ænθəni] Anton *m.*
An·til·les [æn'tili:z] *pl. die* An'tillen *pl.*
An·trim ['æntrim] *nordirische Grafschaft.*
Ant·werp ['ænt-wə:p] Ant'werpen *n.*
Ap·en·nines ['æpinainz] *pl. die* Apen'ninen *pl.*
Ap·pa·la·chians [æpə'leitʃjənz] *pl. die* Appa'lachen *pl.*
A·ra·bi·a [ə'reibjə] A'rabien *n.*
Ar·chi·bald ['ɑ:tʃibəld] Archibald *m.*
Ar·chi·me·des [ɑ:ki'mi:di:z] Archi'medes *m.*
Arc·tic ['ɑ:ktik] *die* Arktis.
Ar·den ['ɑ:dn] *Familienname.*
Ar·gen·ti·na [ɑ:dʒən'ti:nə], **Ar·gen·tine** ['ɑ:dʒəntain]: *the* ~ Argen'tinien *n.*
Ar·gyll(·shire) [ɑ:'gail(ʃiə)] *schottische Grafschaft (bis 1975).*
Ar·is·toph·an·es [æris'tɔfəni:z] Ari'stophanes *m.*
Ar·is·tot·le ['æristɔtl] Ari'stoteles *m.*
Ar·i·zo·na [æri'zounə] *Staat der USA.*
Ar·kan·sas ['ɑ:kənsɔ:] *Fluß in USA; Staat der USA.*
Ar·ling·ton ['ɑ:liŋtən] *Ehrenfriedhof bei Washington (USA).*
Ar·magh [ɑ:'mɑ:] *nordirische Grafschaft.*
Ar·me·ni·a [ɑ:'mi:njə] Ar'menien *n.*
Ar·thur ['ɑ:θə] Art(h)ur *m*; *King* ~ König Artus.
As·cot ['æskət] *Ort in Südengland (Pferderennen).*
A·sia ['eiʃə] Asien *n*; ~ *Minor* Klein'asien *n.*
As·syr·i·a [ə'siriə] As'syrien *n.*
As·tra·khan [æstrə'kæn] 'Astrachan *n.*
Ath·ens ['æθinz] A'then *n.*
At·lan·ta [ət'læntə] *Hauptstadt von Georgia (USA).*
At·lan·tic (O·cean) [ət'læntik (-'ouʃən)] *der* At'lantik, *der* At'lantische Ozean.
Auck·land ['ɔ:klənd] *Hafenstadt in Neuseeland.*
Au·den ['ɔ:dn] *amer. Dichter.*
Au·gus·ta [ɔ:'gʌstə] *Hauptstadt von Maine (USA).*
Au·gus·tus [ɔ:'gʌstəs] 'August *m.*
Aus·ten ['ɔstin] *Familienname.*
Aus·tin ['ɔstin] *Hauptstadt von Texas (USA).*
Aus·tra·lia [ɔs'treiljə] Au'stralien *n.*
Aus·tri·a ['ɔstriə] Österreich *n.*
A·von ['eivən] *Fluß in Mittelengland; englische Grafschaft.*
Ax·min·ster ['æksminstə] *Stadt in Südwest-England.*
Ayr(·shire) ['ɛə(ʃiə)] *schottische Grafschaft (bis 1975).*
A·zores [ə'zɔ:z] *pl. die* A'zoren *pl.*

B

Bab·y·lon ['bæbilən] Babylon *n.*
Ba·con ['beikən] *englischer Philosoph.*
Ba·den-Pow·ell ['beidn'pouəl] *Gründer der Boy Scouts.*
Ba·ha·mas [bə'hɑ:məz] *pl. die* Ba'hamas *pl.*
Bah·rain, Bah·rein [bɑ:'rein] Bah'rain *n.*
Bal·dwin ['bɔ:ldwin] Balduin *m*; *amer. Autor.*
Bâle [bɑ:l] Basel *n.*
Bal·four ['bælfə] *brit. Staatsmann.*
Bal·kans ['bɔ:lkənz] *pl. der* Balkan.
Bal·mor·al [bæl'mɔrəl] *englisches Königsschloß in Schottland.*
Bal·tic Sea ['bɔ:ltik'si:] *die* Ostsee.
Bal·ti·more ['bɔ:ltimɔ:] *Hafenstadt in USA.*
Banff(·shire) ['bænf(ʃiə)] *schottische Grafschaft (bis 1975).*
Ban·gla·desh [bæŋglə'deʃ] Bangla'desch *n.*
Bar·ba·dos [bɑ:'beidouz] Bar'bados *n.*

Bar·thol·o·mew [bɑːˈθɔləmjuː] Bartholoˈmäus *m.*
Bath [bɑːθ] *Badeort in Südengland.*
Bat·on Rouge [ˈbætənˈruːʒ] *Hauptstadt von Louisiana (USA).*
Bat·ter·sea [ˈbætəsi] *Stadtteil von London.*
Ba·var·i·a [bəˈvɛəriə] Bayern *n.*
Bea·cons·field [ˈbiːkənzfiːld] *Adelsname Disraelis.*
Be·a·trice [ˈbiətris] Beaˈtrice *f.*
Bea·ver·brook [ˈbiːvəbruk] *brit. Zeitungsverleger.*
Beck·et [ˈbekit]: *Saint Thomas à* ~ der heilige Thomas Becket.
Beck·y [ˈbeki] *f.*
Bed·ford [ˈbedfəd] *Stadt in Mittelengland; a.* ˈ**Bed·ford·shire** [-ʃiə] *englische Grafschaft.*
Bel·fast [belˈfɑːst] ˈBelfast *n.*
Bel·gium [ˈbeldʒəm] Belgien *n.*
Bel·grade [belˈgreid] ˈBelgrad *n.*
Bel·gra·vi·a [belˈgreivjə] *Stadtteil von London.*
Be·lize [beˈliːz] Beˈlize *n.*
Ben [ben] *abbr. für Benjamin.*
Ben·e·dict [ˈbenidikt, ˈbenit] Benedikt *m.*
Ben·gal [beŋˈgɔːl] Benˈgalen *n.*
Be·nin [beˈnin] Beˈnin *n.*
Ben·ja·min [ˈbendʒəmin] Benjamin *m.*
Ben Nev·is [benˈnevis] *höchster Berg Großbritanniens.*
Berke·ley [ˈbɑːkli] *englischer Philosoph.*
Berk·shire [ˈbɑːkʃiə] *englische Grafschaft;* ~ ˈ**Hills** [-ˈhilz] *pl. Gebirgszug in Massachusetts (USA).*
Ber·lin [bəːˈlin] Berˈlin *n.*
Ber·mu·das [bə(ː)ˈmjuːdəz] *pl. die* Berˈmudas *pl., die* Berˈmudainseln *pl.*
Ber·nard [ˈbəːnəd] Bernhard *m.*
Berne [bəːn] Bern *n.*
Bern·stein [ˈbəːnstain] *amer. Dirigent u. Komponist.*
Ber·tha [ˈbəːθə] Berta *f.*
Ber·wick(·shire) [ˈberik(ʃiə)] *schottische Grafschaft (bis 1975).*
Bess, Bes·sy [ˈbes(i)], **Bet·s(e)y** [ˈbetsi], **Bet·ty** [ˈbeti] *abbr. für Elizabeth.*
Bhu·tan [buːˈtæn] Bhuˈtan *n.*
Bill, Bil·ly [ˈbil(i)] Willi *m.*
Bir·ken·head [ˈbəːkənhed] *Hafenstadt in Nordwest-England.*
Bir·ming·ham [ˈbəːmiŋəm] *Industriestadt in Mittelengland.*
Bis·cay [ˈbiskei]: *Bay of* ~ *der* Golf von Bisˈcaya.
Bis·marck [ˈbizmɑːk] *Hauptstadt von Nord-Dakota (USA).*
Blooms·bur·y [ˈbluːmzbəri] *Stadtteil von London.*
Bo·ad·i·cea [bouədiˈsiə] *Königin in Britannien.*
Bob [bɔb] *abbr. für Robert.*
Bo·he·mi·a [bouˈhiːmjə] Böhmen *n.*
Boi·se [ˈbɔisiː] *Hauptstadt von Idaho (USA).*
Bol·eyn [ˈbulin]: *Anne* ~ *Frau Heinrichs VIII. von England.*
Bo·liv·i·a [bəˈliviə] Boˈlivien *n.*
Bom·bay [bɔmˈbei] ˈBombay *n.*
Bo·na·parte [ˈbounəpɑːt] Bonaˈparte *(Familienname zweier französischer Kaiser).*
Booth [buːð] *Gründer der Heilsarmee.*
Bor·ders [ˈbɔːdəz] *Verwaltungsregion in Schottland.*
Bos·ton [ˈbɔstən] *Hauptstadt von Massachusetts (USA).*
Bo·tswa·na [bɔˈtsvɑːnə] Boˈtswana *n,* Boˈtsuana *n.*
Bourne·mouth [ˈbɔːnməθ] *Seebad in Südengland.*
Brad·ford [ˈbrædfəd] *Industriestadt in Nordengland.*
Bra·zil [brəˈzil] Braˈsilien *n.*
Breck·nock(·shire) [ˈbreknɔk(ʃiə)] *walisische Grafschaft (bis 1972).*
Bridg·et [ˈbridʒit] Briˈgitte *f.*
Brigh·ton [ˈbraitn] *Seebad in Südengland.*
Bris·tol [ˈbristl] *Hafenstadt in Südengland.*
Brit·ain [ˈbritn] Briˈtannien *n.*
Bri·tan·ni·a [briˈtænjə] *poet.* Briˈtannien *n.*
Brit·ish Co·lum·bi·a [ˈbritiʃkəˈlʌmbiə] *Provinz in Kanada.*
Brit·ta·ny [ˈbritəni] die Breˈtagne.
Brit·ten [ˈbritən] *englischer Komponist.*
Broad·way [ˈbrɔːdwei] *Theaterviertel von New York (USA).*
Bron·të [ˈbrɔnti] *Name dreier englischer Autorinnen.*
Brook·lyn [ˈbruklin] *Stadtteil von New York (USA).*
Brow·ning [ˈbrauniŋ] *englischer Dichter.*
Bruges [bruːʒ] Brügge *n.*
Bru·nei [ˈbruːnai] Brunei *n.*
Bruns·wick [ˈbrʌnzwik] Braunschweig *n.*
Brus·sels [ˈbrʌslz] Brüssel *n.*
Bu·chan·an [bju(ː)ˈkænən] *Familienname.*
Bu·cha·rest [bjuːkəˈrest] ˈBukarest *n.*
Buck·ing·ham(·shire) [ˈbʌkiŋəm(-ʃiə)] *englische Grafschaft.*
Bud·dha [ˈbudə] Buddha *m.*
Bul·gar·i·a [bʌlˈgɛəriə] Bulˈgarien *n.*
Bur·gun·dy [ˈbəːgəndi] Burˈgund *n.*
Bur·ma [ˈbəːmə] Birma *n.*
Burns [ˈbəːnz] *schottischer Dichter.*
Bu·run·di [buˈrundi] Buˈrundi *n.*
Bute(·shire) [ˈbjuːt(ʃiə)] *schottische Grafschaft (bis 1975).*
Bye·lo·rus·sian So·viet So·cial·ist Re·pub·lic [bjelouˈrʌʃənˈsouviətˈsouʃəlistriˈpʌblik] *die* Weißrussische Soziaˈlistische ˈSowjetrepuˌblik, Weißrußland *n.*
By·ron [ˈbaiərən] *englischer Dichter.*

C

Ca·bin·da [kəˈbində] Caˈbinda *n.*
Caer·nar·von(·shire) [kəˈnɑːvən(-ʃiə)] *walisische Grafschaft (bis 1972).*
Cae·sar [ˈsiːzə] Cäsar *m.*
Cain [kein] Kain *m.*
Cai·ro [ˈkaiərou] Kairo *n.*
Caith·ness [ˈkeiθnes] *schottische Grafschaft (bis 1975).*
Ca·lais [ˈkælei] Caˈlais *n.*
Cal·cut·ta [kælˈkʌtə] Kalˈkutta *n.*
Cal·i·for·nia [kæliˈfɔːnjə] Kaliˈfornien *n (Staat der USA).*
Cam·bo·dia [kæmˈboudjə] Kamˈbodscha *n.*
Cam·bridge [ˈkeimbridʒ] *englische Universitätsstadt; Stadt in Massachusetts (USA), Sitz der Harvard University; a.* ˈ**Cam·bridge·shire** [-ʃiə] *englische Grafschaft.*
Cam·er·oon [ˈkæməruːn; *bsd. Am.* kæməˈruːn] ˈKamerun *n.*
Can·a·da [ˈkænədə] Kanada *n.*
Ca·nar·y Is·lands [kəˈnɛəriˈailəndz] *pl. die* Kaˈnarischen Inseln *pl.*
Can·ber·ra [ˈkænbərə] *Hauptstadt von Australien.*
Can·ter·bur·y [ˈkæntəbəri] *Stadt in Südengland.*
Cape Ca·nav·er·al [ˈkeipkəˈnævərəl] *Raketenversuchszentrum in Florida (USA).*
Cape Town [ˈkeiptaun] Kapstadt *n.*
Cape Verde Is·lands [keipˈvəːdˈailəndz] *pl. die* Kapˈverden *pl.*
Ca·pri [ˈkæpri(ː); *Am.* kəˈpriː] ˈCapri *n.*
Car·diff [ˈkɑːdif] *Hauptstadt von Wales.*
Car·di·gan(·shire) [ˈkɑːdigən(ʃiə)] *walisische Grafschaft (bis 1972).*
Ca·rin·thi·a [kəˈrinθiə] Kärnten *n.*
Car·lyle [kɑːˈlail] *englischer Autor.*
Car·mar·then(·shire) [kəˈmɑːðən(-ʃiə)] *walisische Grafschaft (bis 1972).*
Car·ne·gie [kɑːˈnegi] *amer. Industrieller.*
Car·o·line [ˈkærəlain] Karoˈline *f.*
Car·pa·thians [kɑːˈpeiθjənz] *pl. die* Karˈpaten *pl.*
Car·rie [ˈkæri] *abbr. für Caroline.*
Car·son Cit·y [ˈkɑːsnˈsiti] *Hauptstadt von Nevada (USA).*
Car·ter [ˈkɑːtə] *39. Präsident der USA.*
Cath·er·ine [ˈkæθərin] Kathaˈrina *f.*
Cax·ton [ˈkækstən] *erster englischer Buchdrucker.*
Ce·cil [ˈsesl, ˈsisl] *m.*
Cec·i·ly [ˈsisili, ˈsesili] Cäˈcilie *f.*
Cen·tral [ˈsentrəl] *Verwaltungsregion in Schottland;* **Cen·tral Af·ri·can Re·pub·lic** [ˈsentrəlˈæfrikənriˈpʌblik] *die* Zenˈtralafriˌkanische Repuˈblik.
Cey·lon [siˈlɔn] ˈCeylon *n.*
Chad [tʃæd] der Tschad.
Cham·ber·lain [ˈtʃeimbəlin] *Name mehrerer brit. Staatsmänner.*
Char·ing Cross [ˈtʃæriŋˈkrɔs] *Stadtteil von London.*
Char·le·magne [ˈʃɑːləˈmein] Karl der Große.
Charles [tʃɑːlz] Karl *m.*
Charles·ton [ˈtʃɑːlstən] *Hauptstadt von West Virginia (USA).*
Char·lotte [ˈʃɑːlət] Charˈlotte *f.*
Chau·cer [ˈtʃɔːsə] *englischer Dichter.*
Chel·sea [ˈtʃelsi] *Stadtteil von London.*
Chel·ten·ham [ˈtʃeltnəm] *Stadt in Südengland.*
Chesh·ire [ˈtʃeʃə] *englische Grafschaft.*
Ches·ter·field [ˈtʃestəfiːld] *Industriestadt in Mittelengland.*
Chev·i·ot Hills [ˈtʃeviətˈhilz] *pl. Grenzgebirge zwischen England u. Schottland.*
Chey·enne [ʃaiˈæn] *Hauptstadt von Wyoming (USA).*
Chi·ca·go [ʃiˈkɑːgou; *bsd. Am.* ʃiˈkɔːgou] *Industriestadt in USA.*
Chil·e [ˈtʃili] Chile *n.*
Chi·na [ˈtʃainə] China *n; Republic of* ~ *die* Repuˈblik China; *People's*

Republic of ~ die 'Volksrepu,blik China.
Chip·pen·dale ['tʃipəndeil] *englischer Kunsttischler.*
Chris·tian ['kristjən] Christian *m.*
Chris·ti·na [kris'ti:nə] Chri'stine *f.*
Chris·to·pher ['kristəfə] Christoph(er) *m.*
Chrys·ler ['kraizlə] *amer. Industrieller.*
Church·ill ['tʃə:tʃil] *brit. Staatsmann.*
Cin·cin·nat·i [sinsi'næti] *Stadt in USA.*
Cis·sie ['sisi] *abbr. für Cecily.*
Clack·man·nan(·shire) [klæk'mænən(ʃiə)] *schottische Grafschaft (bis 1975).*
Clap·ham ['klæpəm] *Stadtteil von London.*
Clar·a ['klɛərə], **Clare** [klɛə] Klara *f.*
Clar·en·don ['klærəndən] *Name mehrerer englischer Staatsmänner.*
Cle·o·pat·ra [kliə'pætrə] Kle'opatra *f.*
Cleve·land ['kli:vlənd] *Industriestadt in USA; englische Grafschaft.*
Clive [klaiv] *Begründer der brit. Herrschaft in Indien.*
Clwyd ['klu:id] *walisische Grafschaft.*
Clyde [klaid] *Fluß in Schottland.*
Cole·ridge ['koulridʒ] *englischer Dichter.*
Co·logne [kə'loun] Köln *n.*
Co·lom·bi·a [kə'lɔmbiə] Ko'lumbien *n.*
Co·lom·bo [kə'lʌmbou] *Hauptstadt von Sri Lanka.*
Col·o·ra·do [kɔlə'rɑ:dou] *Staat der USA; Name zweier Flüsse in USA.*
Co·lum·bi·a [kə'lʌmbiə] *Fluß in USA; Hauptstadt von Süd-Karolina (USA); Bundesdistrikt (mit der Hauptstadt Washington) der USA.*
Co·lum·bus [kə'lʌmbəs] *Entdecker Amerikas; Hauptstadt von Ohio (USA).*
Com·o·ro Is·lands ['kɔmərou'ailəndz] *pl. die* Ko'moren *pl.*
Con·cord ['kɔŋkɔ:d] *Hauptstadt von New Hampshire (USA).*
Con·go ['kɔŋgou] der Kongo.
Con·nect·i·cut [kə'netikət] *Staat der USA.*
Con·stance ['kɔnstəns] Kon'stanze *f; Lake of ~ der* Bodensee.
Con·stan·ti·no·ple [kɔnstænti'noupl] Konstanti'nopel *n.*
Cook [kuk] *englischer Weltumsegler.*
Coo·per ['ku:pə] *amer. Autor.*
Co·pen·ha·gen [koupn'heigən] Kopen'hagen *n.*
Cor·dil·le·ras [kɔ:di'ljɛərəs] *pl. die* Kordil'leren *pl.*
Cor·inth ['kɔrinθ] Ko'rinth *n.*
Cor·ne·lia [kɔ:'ni:ljə] Cor'nelia *f.*
Corn·wall ['kɔ:nwəl] *englische Grafschaft.*
Cos·ta Ri·ca [kɔstə'ri:kə] Costa 'Rica *n.*
Cov·ent Gar·den ['kɔvənt'gɑ:dn] *die Londoner Oper.*
Cov·en·try ['kɔvəntri] *Industriestadt in Mittelengland.*
Crete [kri:t] Kreta *n.*
Cri·me·a [krai'miə] die Krim.
Crom·well ['krɔmwəl] *englischer Staatsmann.*
Cru·soe ['kru:sou]: *Robinson ~ Romanheld.*
Cu·ba ['kju:bə] Cuba *n,* Kuba *n.*
Cum·ber·land ['kʌmbələnd] *englische Grafschaft (bis 1972).*
Cum·bri·a ['kʌmbriə] *englische Grafschaft.*
Cy·prus ['saiprəs] Zypern *n.*
Czech·o·slo·va·ki·a ['tʃekou-slou'vækiə] die Tschechoslowa'kei.

D

Da·ho·mey [də'houmi] Da'home *n.*
Dal·ma·ti·a [dæl'meiʃjə] Dal'matien *n.*
Dam·o·cles ['dæməkli:z] Damokles *m.*
Dan·iel ['dænjəl] Daniel *m.*
Dan·ube ['dænju:b] Donau *f.*
Dar·da·nelles [dɑ:də'nelz] *pl. die* Darda'nellen *pl.*
Dar·jee·ling [dɑ:'dʒi:liŋ] *Stadt in Indien.*
Dart·moor ['dɑ:tmuə] *Landstrich in Südwest-England.*
Dar·win ['dɑ:win] *englischer Naturforscher.*
Da·vid ['deivid] David *m.*
Dee [di:] *Fluß in England; Fluß in Schottland.*
De·foe [di'fou] *englischer Autor.*
Del·a·ware ['deləwɛə] *Staat der USA; Fluß in USA.*
Den·bigh(·shire) ['denbi(ʃiə)] *walisische Grafschaft (bis 1972).*
Den·mark ['denmɑ:k] Dänemark *n.*
Den·ver ['denvə] *Hauptstadt von Colorado (USA).*
Der·by(·shire) ['dɑ:bi(ʃiə)] *englische Grafschaft.*
Des Moines [di'mɔin] *Hauptstadt von Iowa (USA).*
De·troit [də'trɔit] *Industriestadt in USA.*
Dev·on(·shire) ['devn(ʃiə)] *englische Grafschaft.*
Dew·ey ['dju(:)i] *amer. Philosoph.*
Di·an·a [dai'ænə] Di'ana *f.*
Dick [dik] *abbr. für Richard.*
Dick·ens ['dikinz] *englischer Autor.*
Dis·rae·li [dis'reili] *brit. Staatsmann.*
Dol·ly ['dɔli] *abbr. für Dorothy.*
Do·min·i·can Re·pub·lic [də'minikənri'pʌblik] *die* Domini'kanische Repu'blik.
Don·ald ['dɔnld] *m.*
Donne [dɔn] *englischer Dichter.*
Don Quix·ote [dɔn'kwiksət] Don Qui'chotte *m.*
Dor·o·thy ['dɔrəθi] Doro'thea *f.*
Dor·set(·shire) ['dɔ:sit(ʃiə)] *englische Grafschaft.*
Dos Pas·sos [dəs'pæsəs] *amer. Autor.*
Doug·las ['dʌgləs] *schottische Adelsfamilie.*
Do·ver ['douvə] *Hafenstadt in Südengland; Hauptstadt von Delaware (USA).*
Down [daun] *nordirische Grafschaft.*
Down·ing Street ['dauniŋ'stri:t] *Straße in London mit der Amtswohnung des Premierministers.*
Drei·ser ['draisə] *amer. Autor.*
Dry·den ['draidn] *englischer Dichter.*
Dub·lin ['dʌblin] *Hauptstadt von Irland.*
Dul·wich ['dʌlidʒ] *Stadtteil von London.*
Dum·bar·ton(·shire) [dʌm'bɑ:tn(-ʃiə)] *schottische Grafschaft (bis 1975).*
Dum·fries and Gal·lo·way [dʌm'fri:sən'gæləwei] *Verwaltungsregion in Schottland;* **Dum'fries·shire** [-ʃiə] *schottische Grafschaft (bis 1975).*
Dun·kirk [dʌn'kə:k] Dün'kirchen *n.*
Dur·ban ['də:bən] *Hafenstadt in Südafrika.*
Dur·ham ['dʌrəm] *englische Grafschaft.*
Dy·fed ['dʌvid] *walisische Grafschaft.*

E

East Lo·thi·an ['i:st'louðjən] *schottische Grafschaft (bis 1975).*
Ec·ua·dor [ekwə'dɔ:] Ecua'dor *n.*
Ed·die ['edi] *abbr. für Edward.*
Ed·in·burgh ['edinbərə] Edinburg *n.*
Ed·i·son ['edisn] *amer. Erfinder.*
Ed·mund ['edmənd] Edmund *m.*
Ed·ward ['edwəd] Eduard *m.*
E·gypt ['i:dʒipt] Ä'gypten *n.*
Ei·leen ['aili:n] *f.*
Ei·re ['ɛərə] *Name der Republik Irland.*
Ei·sen·how·er ['aizənhauə] *34. Präsident der USA.*
El·ea·nor ['elinə] Eleo'nore *f.*
E·li·jah [i'laidʒə] E'lias *m.*
El·i·nor ['elinə] Eleo'nore *f.*
El·i·ot ['eljət] *englischer Dichter.*
E·liz·a·beth [i'lizəbəθ] E'lisabeth *f.*
El·lis Is·land ['elis'ailənd] *Insel im Hafen von New York (USA).*
El Sal·va·dor [el'sælvədɔ:] El Salva'dor *n.*
Em·er·son ['eməsn] *amer. Philosoph.*
Em·i·ly ['emili] E'milie *f.*
Eng·land ['iŋglənd] England *n.*
E·nid ['i:nid] *f.*
E·noch ['i:nɔk] *m.*
Ep·som ['epsəm] *Stadt in Südengland (Pferderennen).*
E·qua·to·ri·al Gui·nea [ekwə'tɔ:riəl'gini] Äquatori'algui,nea *n.*
E·rie ['iəri] *Hafenstadt in Pennsylvania (USA); Lake ~ der* Eriesee *(in Nordamerika).*
Er·nest ['ə:nist] Ernst *m.*
Es·sex ['esiks] *englische Grafschaft.*
Es·t(h)o·nia [es'tounjə] Estland *n.*
Eth·el ['eθəl] *f.*
E·thi·o·pi·a [iθi'oupjə] Äthi'opien *n.*
E·ton ['i:tn] *berühmte Public School.*
Eu·gene ['ju:dʒi:n] Eugen *m.*
Eu·ge·ni·a [ju:'dʒi:njə] Eu'genie *f.*
Eu·phra·tes [ju:'freiti:z] 'Euphrat *m.*
Eur·a·sia [juə'reiʃə] Eu'rasien *n.*
Eu·rip·i·des [juə'ripidi:z] Eu'ripides *m.*
Eu·rope ['juərəp] Eu'ropa *n.*
Eus·tace ['ju:stəs] Eu'stachius *m.*
Ev·ans ['evəns] *Familienname.*
Eve [i:v] Eva *f.*
Ev·e·lyn ['i:vlin; 'evlin] *m, f.*

F

Falk·land Is·lands ['fɔ:klənd'ailəndz] *pl. die* Falklandinseln *pl.*
Fal·staff ['fɔ:lstɑ:f] *Bühnenfigur bei Shakespeare.*

Far·a·day ['færədi] *englischer Chemiker u. Physiker.*
Faulk·ner ['fɔːknə] *amer. Autor.*
Fawkes [fɔːks] *Haupt der Pulververschwörung (1605).*
Fed·er·al Re·pub·lic of Ger·ma·ny ['fedərəlri'pʌblikəv'dʒəːməni] *die* 'Bundesrepuˌblik Deutschland.
Fe·li·ci·a [fi'lisiə] Fe'lizia *f.*
Fe·lix ['fiːliks] Felix *m.*
Fer·man·agh [fə(ː)'mænə] *nordirische Grafschaft.*
Fiel·ding ['fiːldiŋ] *englischer Autor.*
Fife [faif] *Verwaltungsregion in Schottland; a.* '**Fife·shire** [-ʃiə] *schottische Grafschaft (bis 1975).*
Fi·ji [fiː'dʒiː] 'Fidschi *n.*
Fin·land ['finlənd] Finnland *n.*
Firth of Forth ['fəːθəv'fɔːθ] *Meeresbucht an der schottischen Ostküste.*
Flan·ders ['flɑːndəz] Flandern *n.*
Flem·ing ['flemiŋ] *brit. Bakteriologe.*
Flint(·shire) ['flint(ʃiə)] *walisische Grafschaft (bis 1972).*
Flor·ence ['flɔrəns] Flo'renz *n*; Floren'tine *f.*
Flor·i·da ['flɔridə] *Staat der USA.*
Flush·ing ['flʌʃiŋ] Vlissingen *n.*
Folke·stone ['foukstən] *Seebad in Südengland.*
Ford [fɔːd] *amer. Industrieller; 38. Präsident der USA.*
For·syth [fɔː'saiθ] *Familienname.*
Foth·er·in·ghay ['fɔðəriŋgei] *Schloß in Nordengland.*
France [frɑːns] Frankreich *n.*
Fran·ces ['frɑːnsis] Fran'ziska *f.*
Fran·cis ['frɑːnsis] Franz *m.*
Frank·fort ['fræŋkfəd] Frankfurt *n*; *Hauptstadt von Kentucky (USA).*
Frank·lin ['fræŋklin] *amer. Staatsmann.*
Fred(·dy) ['fred(i)] *abbr. für* Alfred, Frederic(k).
Fred·er·ic(k) ['fredrik] Friedrich *m.*
Frost [frɔ(ː)st] *amer. Dichter.*
Ful·ton ['fultən] *amer. Erfinder.*

G

Ga·bon [gə'boun] Ga'bun *n.*
Gains·bor·ough ['geinzbərə] *englischer Maler.*
Gal·lup ['gæləp] *amer. Statistiker.*
Gals·wor·thy ['gɔːlzwəːði] *englischer Autor.*
Gam·bia ['gæmbiə] Gambia *n.*
Gan·ges ['gændʒiːz] Ganges *m.*
Gaul [gɔːl] Gallien *n.*
Ga·za Strip ['gɑːzə'strip] *der* Gazastreifen.
Ge·ne·va [dʒi'niːvə] Genf *n.*
Gen·o·a ['dʒenouə] Genua *n.*
Geof·fr(e)y ['dʒefri] Gottfried *m.*
George [dʒɔːdʒ] Georg *m.*
Geor·gia ['dʒɔːdʒjə] *Staat der USA.*
Ger·ald ['dʒerəld] Gerhard *m.*
Ger·al·dine ['dʒerəldiːn] *f.*
Ger·man Dem·o·crat·ic Re·pub·lic ['dʒəːməndemə'krætikri'pʌblik] *die* Deutsche Demo'kratische Repu'blik.
Ger·ma·ny ['dʒəːməni] Deutschland *n.*
Gersh·win ['gəːʃwin] *amer. Komponist.*
Ger·trude ['gəːtruːd] Gertrud *f.*
Get·tys·burg ['getisbəːg] *Stadt in Pennsylvania (USA).*
Gha·na ['gɑːnə] Ghana *n.*
Ghent [gent] Gent *n.*
Gi·bral·tar [dʒi'brɔːltə] Gi'braltar *n.*
Giles [dʒailz] Julius *m.*
Gill [gil] *f.*
Glad·stone ['glædstən] *brit. Staatsmann.*
Gla·mor·gan·shire [glə'mɔːgənʃiə] *walisische Grafschaft (bis 1972).*
Glas·gow ['glɑːsgou] *Stadt in Schottland.*
Glouces·ter ['glɔstə] *Stadt in Südengland; a.* '**Glouces·ter·shire** [-ʃiə] *englische Grafschaft.*
Go·li·ath [gou'laiəθ] 'Goliath *m.*
Gor·don ['gɔːdn] *Familienname.*
Go·tham ['goutəm] *Ortsname; fig.* ‚Schilda' *n.*
Gra·ham ['greiəm] *Familien- u. Vorname m.*
Gram·pi·an ['græmpjən] *Verwaltungsregion in Schottland.*
Grand Can·yon [grænd'kænjən] *Durchbruchstal des Colorado in Arizona (USA).*
Great Brit·ain ['greit'britn] Groß-bri'tannien *n.*
Greece [griːs] Griechenland *n.*
Greene [griːn] *englischer Autor.*
Green·land ['griːnlənd] Grönland *n.*
Green·wich ['grinidʒ] *Vorort von London;* ~ Village *Stadtteil von New York (USA).*
Greg·o·ry ['gregəri] Gregor *m.*
Gre·na·da [gre'neidə] Gre'nada *n.*
Gri·sons ['griːzɔːŋ] Grau'bünden *n.*
Gros·ve·nor ['grouvnə] *Platz u. Straße in London.*
Gua·te·ma·la [gwæti'mɑːlə] Guate'mala *n.*
Guern·sey ['gəːnzi] *brit. Kanalinsel.*
Guin·ea ['gini] Gui'nea *n*; **Guin·ea-Bis·sau** ['ginibi'sau] Guinea-Bissau *n.*
Guin·e·vere ['gwiniviə] *Gemahlin des Königs Artus.*
Guin·ness ['ginis, gi'nes] *Familienname.*
Gul·li·ver ['gʌlivə] *Romanheld.*
Guy [gai] Guido *m.*
Guy·ana [gai'ænə] Guyana *n.*
Gwen·do·len, Gwen·do·lyn ['gwendəlin] *f.*
Gwent [gwent] *walisische Grafschaft.*
Gwy·nedd ['gwineð] *walisische Grafschaft.*

H

Hague [heig]: *the* ~ Den Haag.
Hai·ti ['heiti] Ha'iti *n.*
Hal·i·fax ['hælifæks] *Stadt in Nordengland; Stadt in Kanada.*
Ham·il·ton ['hæmiltən] *Familienname.*
Ham·let ['hæmlit] *Bühnenfigur bei Shakespeare.*
Ham·mer·smith ['hæməsmiθ] *Stadtteil von London.*
Hamp·shire ['hæmpʃiə] *englische Grafschaft.*
Hamp·stead ['hæmpstid] *Stadtteil von London.*
Han·o·ver ['hænouvə] Han'nover *n.*
Har·dy ['hɑːdi] *englischer Autor.*
Har·old ['hærəld] Harald *m.*
Har·ris·burg ['hærisbəːg] *Hauptstadt von Pennsylvania (USA).*
Har·row ['hærou] *berühmte Public School.*
Har·ry ['hæri] *abbr. für* Harold, Henry.
Hart·ford ['hɑːtfəd] *Hauptstadt von Connecticut (USA).*
Har·vard U·ni·ver·si·ty ['hɑːvəd-juːni'vəːsiti] *Universität in USA.*
Har·wich ['hæridʒ] *Hafenstadt in Südost-England.*
Has·tings ['heistiŋz] *Stadt in Südengland.*
Ha·van·a [hə'vænə] Ha'vanna *n.*
Ha·wai·i [hɑː'waiː] *Staat der USA.*
Heath·row ['hiːθrou] *Großflughafen von London.*
Heb·ri·des ['hebridiːz] *pl. die* He'briden *pl.*
Hel·en ['helin] He'lene *f.*
Hel·e·na ['helinə] *Hauptstadt von Montana (USA).*
Hel·i·go·land ['heligoulænd] Helgoland *n.*
Hel·sin·ki ['helsiŋki] Helsinki *n.*
Hem·ing·way ['hemiŋwei] *amer. Autor.*
Hen·ley ['henli] *Stadt an der Themse (Ruderregatta).*
Hen·ry ['henri] Heinrich *m.*
Her·e·ford and Worces·ter ['herifədən'wustə] *englische Grafschaft;* '**Her·e·ford·shire** [-ʃiə] *englische Grafschaft (bis 1972).*
Hert·ford(·shire) ['hɑːfəd(ʃiə)] *englische Grafschaft.*
Hesse ['hesi] Hessen *n.*
High·land ['hailənd] *Verwaltungsregion in Schottland.*
Hi·ma·la·ya [himə'leiə] *der* Hi'malaja.
Hi·ro·shi·ma [hi'rɔʃimə] *Hafenstadt in Japan.*
Ho·garth ['hougɑːθ] *englischer Maler.*
Hol·born ['houbən] *Stadtteil von London.*
Hol·land ['hɔlənd] Holland *n.*
Hol·ly·wood ['hɔliwud] *Filmstadt in Kalifornien (USA).*
Holmes [houmz] *Familienname.*
Ho·mer ['houmə] Ho'mer *m.*
Hon·du·ras [hɔn'djuərəs] Hon'duras *n.*
Ho·no·lu·lu [hɔnə'luːluː] *Hauptstadt von Hawaii (USA).*
How·ard ['hau-əd] *m.*
Hud·son ['hʌdsn] *Familienname; Fluß in USA.*
Hugh [hjuː] Hugo *m.*
Hull [hʌl] *Hafenstadt in Nordost-England.*
Hum·ber ['hʌmbə] *Fluß in England;* '**Hum·ber·side** [-said] *englische Grafschaft.*
Hume [hjuːm] *englischer Philosoph.*
Hun·ga·ry ['hʌŋgəri] Ungarn *n.*
Hun·ting·don(·shire) ['hʌntiŋdən(-ʃiə)] *englische Grafschaft (bis 1972).*
Hux·ley ['hʌksli] *englischer Autor; englischer Zoologe.*
Hyde Park ['haid'pɑːk] *größter Park Londons.*

I

I·be·ri·an Pen·in·su·la [ai'biəriənpin'insjulə] *die* I'berische Halbinsel.
Ice·land ['aislənd] Island *n.*
I·da·ho ['aidəhou] *Staat der USA.*

Il·li·nois [ili'nɔi] *Staat der USA; Fluß in USA.*
In·di·a ['indjə] Indien *n.*
In·di·an·a [indi'ænə] *Staat der USA;* **In·di·a·nap·o·lis** ['indiə'næpəlis] *Hauptstadt von Indiana (USA).*
In·do·ne·sia [indou'ni:zjə] Indo'nesien *n.*
In·dus ['indəs] Indus *m.*
In·ver·ness(-shire) [invə'nes(ʃiə)] *schottische Grafschaft (bis 1975).*
I·o·wa ['aiouə] *Staat der USA.*
I·ran [i'rɑ:n] I'ran *m.*
I·raq [i'rɑ:k] I'rak *m.*
Ire·land ['aiələnd] Irland *n.*
I·rene [ai'ri:ni; 'airi:n] I'rene *f.*
Ir·ving ['ə:viŋ] *amer. Autor.*
I·saak ['aizək] Isaak *m.*
Is·a·bel ['izəbel] Isa'bella *f.*
Is·lam·a·bad [is'lɑ:məbɑ:d] *Hauptstadt von Pakistan.*
Isle of Wight ['ailəv'wait] *englische Grafschaft.*
Is·ling·ton ['izliŋtən] *Stadtteil von London.*
Is·ra·el ['izreiəl] Israel *n.*
It·a·ly ['itəli] I'talien *n.*
I·vo·ry Coast ['aivərikoust] *die* Elfenbeinküste.

J

Jack [dʒæk] Hans *m.*
Jack·son ['dʒæksn] *Hauptstadt von Mississippi (USA).*
Ja·cob ['dʒeikəb] Jakob *m.*
Jaf·fa ['dʒæfə] *Hafenstadt in Israel.*
Ja·mai·ca [dʒə'meikə] Ja'maika *n.*
James [dʒeimz] Jakob *m.*
Jane [dʒein] Jo'hanna *f.*
Jan·et ['dʒænit] Jo'hanna *f.*
Ja·pan [dʒə'pæn] 'Japan *n.*
Jas·per ['dʒæspə] Kaspar *m.*
Ja·va ['dʒɑ:və] Java *n.*
Jef·fer·son ['dʒefəsn] *3. Präsident der USA;* ~ **'Cit·y** [-'siti] *Hauptstadt von Missouri (USA).*
Je·ho·vah [dʒi'houvə] Je'hova *m.*
Jen·ny ['dʒini; 'dʒeni] *abbr. für Jane.*
Jer·e·my ['dʒerimi] Jere'mias *m.*
Je·rome [dʒə'roum] Hie'ronymus *m.*
Jer·sey ['dʒə:zi] *brit. Kanalinsel.*
Je·ru·sa·lem [dʒə'ru:sələm] Je'rusalem *n.*
Je·sus ['dʒi:zəs] Jesus *m.*
Jill [dʒil] Julia *f.*
Jim(·my) ['dʒim(i)] *abbr. für James.*
Joan [dʒoun] Jo'hanna *f.*
Job [dʒoub] Hiob *m.*
Joe [dʒou] *abbr. für Joseph.*
Jo·han·nes·burg [dʒou'hænisbə:g] *Stadt in Südafrika.*
John [dʒɔn] Jo'hannes *m,* Johann *m.*
John·ny ['dʒɔni] Häns-chen *n.*
John o' Groats ['dʒɔnə'grouts] *nördlichster Punkt Großbritanniens.*
John·son ['dʒɔnsn] *36. Präsident der USA; englischer Lexikograph.*
Jon·a·than ['dʒɔnəθən] Jonathan *m.*
Jon·son ['dʒɔnsn] *englischer Dichter.*
Jor·dan ['dʒɔ:dn] Jor'danien *n.*
Jo·seph ['dʒouzif] Joseph *m.*
Josh·u·a ['dʒɔʃwə] Josua *m.*
Joule [dʒu:l] *englischer Physiker.*
Joyce [dʒɔis] *irischer Autor.*
Jul·ia ['dʒu:ljə], **'Ju·li·et** [-jət] Julia *f.*
Jul·ius ['dʒu:ljəs] Julius *m.*
Ju·neau ['dʒu:nou] *Hauptstadt von Alaska (USA).*

K

Kan·sas ['kænzəs] *Staat der USA; Fluß in USA.*
Kash·mir [kæʃ'miə] 'Kaschmir *n.*
Kate [keit] Käthe *f.*
Kath·a·rine, Kath·er·ine ['kæθərin] Katha'rina *f.*
Kath·leen ['kæθli:n] *f.*
Keats [ki:ts] *englischer Dichter.*
Kel·vin ['kelvin] *brit. Mathematiker u. Physiker.*
Ken·ne·dy ['kenidi] *35. Präsident der USA;* ~ *Airport Großflughafen bei New York (USA).*
Ken·sing·ton ['kenziŋtən] *Stadtteil von London.*
Kent [kent] *englische Grafschaft.*
Ken·tuck·y [ken'tʌki] *Staat der USA; Fluß in USA.*
Ken·ya ['kenjə] Kenia *n.*
Kin·car·dine(·shire) [kin'kɑ:din(-ʃiə)] *schottische Grafschaft (bis 1975).*
Kin·ross(-shire) [kin'rɔs(ʃiə)] *schottische Grafschaft (bis 1975).*
Kirk·cud·bright(·shire) [kə:'ku:bri(ʃiə)] *schottische Grafschaft (bis 1975).*
Kit(·ty) ['kit(i)] *abbr. für Catherine.*
Klon·dyke ['klɔndaik] *Fluß in Kanada; Landschaft in Kanada.*
Knox [nɔks] *schottischer Reformator.*
Ko·re·a [kə'riə] Ko'rea *n; Democratic People's Republic of* ~ *die* Demo'kratische 'Volksrepuˌblik Ko'rea; *Republic of* ~ *die* Repu'blik Ko'rea.
Krem·lin ['kremlin] *der* Kreml.
Ku·wait [ku'weit] Ku'wait *n.*

L

Lab·ra·dor ['læbrədɔ:] *Provinz in Kanada.*
Lake Hu·ron ['leik'hjuərən] der Huronsee *(in Nordamerika).*
Lake Su·pe·ri·or ['leiksju(:)'piəriə] der Obere See *(in Nordamerika).*
Lam·beth ['læmbəθ] *Stadtteil von London;* ~ *Palace Londoner Residenz des Erzbischofs von Canterbury.*
Lan·ark(·shire) ['lænək(ʃiə)] *schottische Grafschaft (bis 1975).*
Lan·ca·shire ['læŋkəʃiə] *englische Grafschaft.*
Lan·cas·ter ['læŋkəstə] *Stadt in Nordwest-England; Stadt in USA.*
Land's End ['lændz'end] *westlichster Punkt Englands.*
Lan·sing ['lænsiŋ] *Hauptstadt von Michigan (USA).*
La·os ['laus] Laos *n.*
Lat·in A·mer·i·ca ['lætinə'merikə] La'teinaˌmerika *n.*
Lat·via ['lætviə] Lettland *n.*
Laugh·ton ['lɔ:tn] *Familienname.*
Lau·rence, Law·rence ['lɔrəns] Lorenz *m.*
Lear [liə] *Bühnenfigur bei Shakespeare.*
Leb·a·non ['lebənən] *der* Libanon.
Leeds [li:dz] *Industriestadt in Ostengland.*
Leices·ter ['lestə] *Hauptstadt der englischen Grafschaft* **'Leices·ter·shire** [-ʃiə].
Leigh [li:] *Familien- u. Vorname m.*
Leon·ard ['lenəd] Leonhard *m.*
Les·lie ['lezli; *Am.* 'lesli] *m, f.*
Le·so·tho [lə'soutou] Le'sotho *n.*
Lew·is ['lu(:)is] Ludwig *m; amer. Autor.*
Lex·ing·ton ['leksiŋtən] *Stadt in Massachusetts (USA).*
Li·be·ria [lai'biəriə] Li'beria *n.*
Lib·y·a ['libiə] Libyen *n.*
Liech·ten·stein ['liktənʃtain] Liechtenstein *n.*
Lil·i·an ['liliən] *f.*
Lin·coln ['liŋkən] *16. Präsident der USA; Hauptstadt von Nebraska (USA); Stadt in der englischen Grafschaft* **'Lin·coln·shire** [-ʃiə].
Lind·bergh ['lindbə:g] *amer. Flieger.*
Li·o·nel ['laiənl] *m.*
Lis·bon ['lizbən] Lissabon *n.*
Lith·u·a·nia [liθju(:)'einjə] Litauen *n.*
Lit·tle Rock ['litlrɔk] *Hauptstadt von Arkansas (USA).*
Liv·er·pool ['livəpu:l] *Hafenstadt in Nordwest-England.*
Liv·ing·stone ['liviŋstən] *englischer Afrikaforscher.*
Li·vo·nia [li'vounjə] 'Livland *n.*
Liz(·zie) ['liz(i)] *abbr. für Elizabeth.*
Lloyd [lɔid] *Familien- u. Vorname m.*
Loch Lo·mond [lɔk'loumənd], **Loch Ness** [lɔk'nes] *Seen in Schottland.*
Locke [lɔk] *englischer Philosoph.*
Lom·bar·dy ['lɔmbədi] die Lombar'dei.
Lon·don ['lʌndən] London *n; County of* ~ *englische Grafschaft.*
Lon·don·der·ry [lʌndən'deri] *nordirische Grafschaft.*
Lor·raine [lɔ'rein] Lothringen *n.*
Los Al·a·mos [lɔs'æləmous] *Atomforschungszentrum in New Mexico (USA).*
Los An·ge·les [lɔs'ændʒili:z] *Stadt in Kalifornien (USA).*
Lo·thi·an ['louðjən] *Verwaltungsregion in Schottland.*
Lou·is ['lu(:)i(s)] Ludwig *m.*
Lou·i·sa [lu(:)'i:zə] Lu'ise *f.*
Lou·i·si·a·na [lu(:)i:zi'ænə] *Staat der USA.*
Lu·cia ['lu:sjə] Lucia *f,* Luzia *f.*
Lu·cius ['lu:sjəs] *m.*
Lu·cy ['lu:si] *abbr. für Lucia.*
Lux·em·b(o)urg ['lʌksəmbə:g] Luxemburg *n.*
Lyd·i·a ['lidiə] Lydia *f.*
Ly·ons ['laiənz] Lyon *n; Familienname.*

M

Mab [mæb] *Feenkönigin.*
Ma·bel ['meibəl] *f.*
Ma·cau·lay [mə'kɔ:li] *englischer Historiker.*
Mac·beth [mək'beθ] *Bühnenfigur bei Shakespeare.*
Mac·ken·zie [mə'kenzi] *Strom in Nordamerika.*
Mad·a·gas·car [mædə'gæskə] Mada'gaskar *n.*
Ma·dei·ra [mə'diərə] Ma'deira *n.*
Madge [mædʒ] *abbr. für Margaret.*
Mad·i·son ['mædisn] *4. Präsident der USA; Hauptstadt von Wisconsin (USA).*
Ma·dras [mə'drɑ:s] 'Madras *n.*
Mag·da·len ['mægdəlin] Magda'lene *f.*

Mag·gie [ˈmægi] *abbr. für Margaret.*
Ma·ho·met [məˈhɔmit] ˈMohammed *m.*
Maine [mein] *Staat der USA.*
Ma·la·wi [məˈlɑːwi] Maˈlawi *n.*
Ma·lay·sia [məˈleiziə] Maˈlaysia *n.*
Mal·dives [ˈmɔːldivz] *pl. die* Maleˈdiven *pl.*
Ma·li [ˈmɑːli] Mali *n.*
Mal·ta [ˈmɔːltə] Malta *n.*
Man·ches·ter [ˈmænʃistə] *Industriestadt in Nordwest-England*; *County of* ~ *englische Grafschaft.*
Man·chu·ri·a [mænˈtʃuəriə] die Mandschuˈrei.
Man·hat·tan [mænˈhætən] *Stadtteil von New York (USA).*
Man·i·to·ba [mæniˈtoubə] *Provinz in Kanada.*
Mar·ga·ret [ˈmɑːgərit] Margaˈrete *f.*
Mark [mɑːk] Markus *m.*
Marl·bor·ough [ˈmɔːlbərə] *englischer Feldherr.*
Mar·lowe [ˈmɑːlou] *englischer Dichter.*
Mar·tha [ˈmɑːθə] Mart(h)a *f.*
Mar·y [ˈmɛəri] Maˈria *f*, Maˈrie *f.*
Mar·y·land [ˈmɛərilænd; *bsd. Am.* ˈmerilənd] *Staat der USA.*
Mar·y·le·bone [ˈmɛəriləˈboun] *Stadtteil von London.*
Mas·sa·chu·setts [mæsəˈtʃuːsits] *Staat der USA.*
Ma(t)·thew [ˈmæθjuː] Matˈthäus *m.*
Maud [mɔːd] *abbr. für Magdalen.*
Maugham [mɔːm] *englischer Autor.*
Mau·rice [ˈmɔris] Moritz *m.*
Mau·ri·ta·nia [mɔriˈteinjə] Maureˈtanien *n.*
Mau·ri·ti·us [məˈriʃəs] Mauˈritius *n.*
May [mei] *abbr. für Mary.*
May·o [ˈmeiou] *Name zweier amer. Chirurgen.*
Med·i·ter·ra·ne·an (Sea) [meditəˈreinjən(ˈsiː)] *das* Mittelmeer.
Mel·bourne [ˈmelbən] *Stadt in Australien.*
Mel·ville [ˈmelvil] *amer. Autor.*
Mer·i·on·eth(·shire) [meriˈɔniθ (-ʃiə)] *walisische Grafschaft (bis 1972).*
Mer·sey·side [ˈməːzisaid] *englische Grafschaft.*
Mex·i·co [ˈmeksikou] Mexiko *n.*
Mi·am·i [maiˈæmi] *Badeort in Florida (USA).*
Mi·chael [ˈmaikl] Michael *m.*
Mich·i·gan [ˈmiʃigən] *Staat der USA*; *Lake* ~ der Michigansee *(in Nordamerika).*
Mid·dle·sex [ˈmidlseks] *englische Grafschaft (bis 1972).*
Mid Gla·mor·gan [ˈmidgləˈmɔːgən] *walisische Grafschaft.*
Mid·lo·thi·an [midˈlouðjən] *schottische Grafschaft (bis 1975).*
Mid·west [ˈmidˈwest] *der* Mittlere Westen *(USA).*
Mi·lan [miˈlæn] ˈMailand *n.*
Mil·dred [ˈmildrid] *f.*
Mil·li·cent [ˈmilisnt] Meliˈsande *f.*
Mil·ton [ˈmiltən] *englischer Dichter.*
Mil·wau·kee [milˈwɔːki(ː)] *Industriestadt in Wisconsin (USA).*
Min·ne·ap·o·lis [miniˈæpəlis] *Stadt in Minnesota (USA).*
Min·ne·so·ta [miniˈsoutə] *Staat der USA.*
Mis·sis·sip·pi [misiˈsipi] *Staat der USA*; *Fluß in USA.*
Mis·sou·ri [miˈzuəri] *Staat der USA*; *Fluß in USA.*
Moll [mɔl] *abbr. für Mary.*
Mo·na·co [ˈmɔnəkou] Moˈnaco *n.*
Mon·go·lia [mɔŋˈgouljə] die Mongoˈlei.
Mon·go·li·an Peo·ple's Re·pub·lic [mɔŋˈgouljənˈpiːplzriˈpʌblik] *die* Monˈgolische ˈVolksrepuˌblik.
Mon·mouth(·shire) [ˈmɔnməθ(ʃiə)] *walisische Grafschaft (bis 1972).*
Mon·roe [mənˈrou] *5. Präsident der USA.*
Mon·tan·a [mɔnˈtænə] *Staat der USA.*
Mont·gom·er·y [mɔntˈgʌməri] *brit. Feldmarschall*; *Hauptstadt von Alabama (USA)*; *a.* **Montˈgom·er·y·shire** [-ʃiə] *walisische Grafschaft (bis 1972).*
Mont·pe·lier [mɔntˈpiːliə] *Hauptstadt von Vermont (USA).*
Mont·re·al [mɔntriˈɔːl] *Stadt in Kanada.*
Mo·ra·vi·a [məˈreivjə] Mähren *n.*
Mor·ay(·shire) [ˈmʌri(ʃiə)] *schottische Grafschaft (bis 1975).*
More [mɔː]: *Thomas* ~ Thomas Morus.
Mo·roc·co [məˈrɔkou] Maˈrokko *n.*
Mos·cow [ˈmɔskou] Moskau *n.*
Mo·selle [mouˈzel] ˈMosel *f.*
Mount Ev·er·est [ˈmauntˈevərist] *höchster Berg der Erde.*
Mo·zam·bique [mouzəmˈbiːk] Moçamˈbique *n.*
Mu·nich [ˈmjuːnik] München *n.*
Mur·ray [ˈmʌri] *Fluß in Australien.*

N

Nairn(·shire) [ˈnɛən(ʃiə)] *schottische Grafschaft (bis 1975).*
Nam·ib·ia [nəˈmibiə] Naˈmibia *n.*
Nan·cy [ˈnænsi] *f.*
Nan·ga Par·bat [ˈnʌŋgəˈpʌbət] *Berg im Himalaya.*
Na·ples [ˈneiplz] Neˈapel *n.*
Na·po·le·on [nəˈpouljən] Naˈpoleon *m.*
Nash·ville [ˈnæʃvil] *Hauptstadt von Tennessee (USA).*
Na·tal [nəˈtæl] ˈNatal *n.*
Na·u·ru [nɑːˈuːruː] Naˈuru *n.*
Naz·a·reth [ˈnæzəriθ] Nazareth *n.*
Ne·bras·ka [niˈbræskə] *Staat der USA.*
Nell, Nel·ly [ˈnel(i)] *abbr. für Eleanor.*
Nel·son [ˈnelsn] *brit. Admiral.*
Ne·pal [niˈpɔːl] ˈNepal *n.*
Neth·er·lands [ˈneðələndz] *pl. die* Niederlande *pl.*
Ne·va·da [neˈvɑːdə] *Staat der USA.*
New Bruns·wick [njuːˈbrʌnzwik] *Provinz in Kanada.*
New·cas·tle [ˈnjuːkɑːsl] *Hafenstadt in Nordost-England.*
New Del·hi [njuːˈdeli] *Hauptstadt von Indien.*
New Eng·land [njuːˈiŋglənd] Neuˈ England *n (USA).*
New·found·land [njuːfəndˈlænd] Neuˈfundland *n (Provinz in Kanada).*
New Hamp·shire [njuːˈhæmpʃiə] *Staat der USA.*
New Jer·sey [njuːˈdʒəːzi] *Staat der USA.*
New Mex·i·co [njuːˈmeksikou] *Staat der USA.*
New Or·le·ans [njuːˈɔːliənz] *Hafenstadt in Louisiana (USA).*
New·ton [ˈnjuːtn] *englischer Physiker.*
New York [ˈnjuːˈjɔːk] *Staat der USA*; *größte Stadt der USA.*
New Zea·land [njuːˈziːlənd] Neuˈseeland *n.*
Ni·ag·a·ra [naiˈægərə] Niaˈgara *m.*
Nic·a·ra·gua [nikəˈrægjuə] Nicaˈragua *n.*
Nich·o·las [ˈnikələs] Nikolaus *m.*
Ni·ger [ˈnaidʒə] Niger *n.*
Ni·ge·ri·a [naiˈdʒiəriə] Niˈgeria *n.*
Nile [nail] Nil *m.*
Nix·on [ˈniksn] *37. Präsident der USA.*
No·bel [nouˈbel] *schwedischer Industrieller, Stifter des Nobelpreises.*
Nor·folk [ˈnɔːfək] *englische Grafschaft.*
Nor·man·dy [ˈnɔːməndi] die Normanˈdie.
North·amp·ton [nɔːˈθæmptən] *Stadt in Mittelengland*; *a.* **Northˈamp·ton·shire** [-ʃiə] *englische Grafschaft.*
North Cape [ˈnɔːθkeip] *das* Nordkap.
North Car·o·li·na [ˈnɔːθkærəˈlainə] ˈNord-Karoˈlina *n (Staat der USA).*
North Da·ko·ta [ˈnɔːθdəˈkoutə] ˈNord-Daˈkota *n (Staat der USA).*
North Sea [ˈnɔːθˈsiː] *die* Nordsee.
North·um·ber·land [nɔːˈθʌmbələnd] *englische Grafschaft.*
North West Ter·ri·tor·ies [ˈnɔːθˈwestˈteritəriz] *pl. Provinz in Kanada.*
Nor·way [ˈnɔːwei] Norwegen *n.*
Nor·wich [ˈnɔridʒ] *Stadt in Ostengland.*
Not·ting·ham [ˈnɔtiŋəm] *Industriestadt in Mittelengland*; *a.* **ˈNot·ting·ham·shire** [-ʃiə] *englische Grafschaft.*
No·va Sco·tia [ˈnouvəˈskouʃə] Neuˈschottland *n (Provinz in Kanada).*
Nu·rem·berg [ˈnjuərəmbəːg] Nürnberg *n.*

O

Oak Ridge [ˈoukˈridʒ] *Atomforschungszentrum in Tennessee (USA).*
O·ce·an·i·a [ouʃiˈeinjə] Ozeˈanien *n.*
O·hi·o [ouˈhaiou] *Staat der USA.*
O·kla·ho·ma [oukləˈhoumə] *Staat der USA*; ~ **ˈCit·y** [-ˈsiti] *Hauptstadt von Oklahoma (USA).*
Ol·i·ver [ˈɔlivə] Oliver *m.*
O·liv·i·a [ɔˈliviə] *f.*
O·lym·pia [ouˈlimpiə] *Hauptstadt von Washington (USA).*
O·ma·ha [ˈouməhɑː] *Stadt in Nebraska (USA).*
O·man [ouˈmɑːn] Oˈman *n.*
O'Neill [ouˈniːl] *amer. Dramatiker.*
On·ta·ri·o [ɔnˈtɛəriou] *Provinz in Kanada*; *Lake* ~ der Ontariosee *(in Nordamerika).*
Or·ange [ˈɔrindʒ] Oˈranien *n (Herrscherfamilie)*; Oˈranje *m.*
Or·e·gon [ˈɔrigən] *Staat der USA.*
Ork·ney [ˈɔːkni] *schottische Grafschaft (bis 1975)*; ~ **ˈIs·lands** [-ˈailəndz] *pl. die* Orkneyinseln *pl.*
Or·well [ˈɔːwəl] *englischer Autor.*

Os·borne ['ɔzbən] *englischer Dramatiker.*
Ost·end [ɔs'tend] Ost'ende *n.*
Ot·ta·wa ['ɔtəwə] *Hauptstadt von Kanada.*
Ox·ford ['ɔksfəd] *englische Universitätsstadt; a.* '**Ox·ford·shire** [-ʃiə] *englische Grafschaft.*
O·zark Pla·teau ['ouzɑːk'plætou] *Plateau westlich des Mississippi (USA).*

P

Pa·cif·ic (O·cean) [pə'sifik'ouʃən] *der* Pa'zifik, *der* Pa'zifische Ozean.
Pad·ding·ton ['pædiŋtən] *Stadtteil von London.*
Pad·dy ['pædi] *abbr. für* Patrick.
Pak·i·stan [pɑːkis'tɑːn] 'Pakistan *n.*
Pal·es·tine ['pælistain] Palä'stina *n.*
Pall Mall ['pæl'mæl] *Straße in London.*
Palm Beach ['pɑːm'biːtʃ] *Seebad in Florida (USA).*
Palm·er·ston ['pɑːməstən] *brit. Staatsmann.*
Pan·a·ma [pænə'mɑː] Pana'ma *n.*
Pa·pua-New Gui·nea ['pæpjuənjuː'gini] Papua-Niu'gini *n.*
Par·a·guay ['pærəgwai] Para'guay *n.*
Par·is ['pæris] Pa'ris *n.*
Pa·tri·cia [pə'triʃə] *f.*
Pat·rick ['pætrik] Pa'trizius *m.*
Paul [pɔːl] Paul *m.*
Pau·line [pɔː'liːn; 'pɔːliːn] Pau'line *f.*
Pearl Har·bor ['pəːl'hɑːbə] *Hafenstadt auf Hawaii (USA).*
Pee·bles(·shire) ['piːblz(ʃiə)] *schottische Grafschaft (bis 1975).*
Peg(·gy) ['peg(i)] *abbr. für* Margaret.
Pe·king [piː'kiŋ] 'Peking *n.*
Pem·broke(·shire) ['pembruk(ʃiə)] *walisische Grafschaft (bis 1972).*
Penn·syl·va·nia [pensil'veinjə] Pennsyl'vanien *n (Staat der USA).*
Per·cy ['pəːsi] *m.*
Per·sia ['pəːʃə] Persien *n.*
Perth(·shire) ['pəːθ(ʃiə)] *schottische Grafschaft (bis 1975).*
Pe·ru [pə'ruː] Pe'ru *n.*
Pe·ter ['piːtə] Peter *m*, Petrus *m.*
Phil·a·del·phia [filə'delfjə] *Stadt in Pennsylvania (USA).*
Phil·ip ['filip] Philipp *m.*
Phil·ip·pines ['filipiːnz] *pl. die* Philip'pinen *pl.*
Phoe·nix ['fiːniks] *Hauptstadt von Arizona (USA).*
Pic·ca·dil·ly [pikə'dili] *Straße in London.*
Pied·mont ['piːdmənt] Pie'mont *n.*
Pierre [piə] *Hauptstadt von Süd-Dakota (USA).*
Pin·ter ['pintə] *englischer Dramatiker.*
Pitts·burgh ['pitsbəːg] *Stadt in Pennsylvania (USA).*
Plan·tag·e·net [plæn'tædʒinit] *englisches Herrschergeschlecht.*
Pla·to ['pleitou] Plato(n) *m.*
Plym·outh ['pliməθ] *Hafenstadt in Südengland.*
Poe [pou] *amer. Dichter.*
Po·land ['poulənd] Polen *n.*
Pol·ly ['pɔli] *abbr. für* Mary.
Pol·y·ne·sia [pɔli'niːzjə] Poly'nesien *n.*
Pom·er·a·nia [pɔmə'reinjə] Pommern *n.*
Pope [poup] *englischer Dichter.*
Port·land ['pɔːtlənd] *Hafenstadt in Maine (USA); Stadt in Oregon (USA).*
Ports·mouth ['pɔːtsməθ] *Hafenstadt in Südengland.*
Por·tu·gal ['pɔːtjugəl] Portugal *n.*
Po·to·mac [pə'toumæk] *Fluß in USA.*
Pound [paund] *amer. Dichter.*
Pow·ys ['pouis] *walisische Grafschaft.*
Prague [prɑːg] Prag *n.*
Pre·to·ria [pri'tɔːriə] *Hauptstadt von Südafrika.*
Prince Ed·ward Is·land [prins'edwəd'ailənd] *Provinz in Kanada.*
Prince·ton ['prinstən] *Universitätsstadt in New Jersey (USA).*
Prov·i·dence ['prɔvidəns] *Hauptstadt von Rhode Island (USA).*
Prus·sia ['prʌʃə] Preußen *n.*
Puer·to Ri·co ['pwəːtou'riːkou] Puerto 'Rico *n.*
Pul·itz·er ['pulitsə] *amer. Journalist, Stifter des Pulitzerpreises.*
Pun·jab [pʌn'dʒɑːb] Pan'dschab *n.*
Pur·cell ['pəːsl] *englischer Komponist.*
Pyr·e·ness [pirə'niːz] *pl. die* Pyre'näen *pl.*

Q

Qa·tar ['kɑːtɑː] Quatar *n.*
Que·bec [kwi'bek] *Provinz u. Stadt in Kanada.*
Queens [kwiːnz] *Stadtteil von New York (USA).*

R

Ra·chel ['reitʃəl] Rahel *f.*
Rad·nor(·shire) ['rædnə(ʃiə)] *walisische Grafschaft (bis 1972).*
Ra·leigh ['rɔːli; 'rɑːli] *englischer Seefahrer; Hauptstadt von Nord-Karolina (USA).*
Ralph [reif; rælf] Ralf *m.*
Rat·is·bon ['rætizbɔn] Regensburg *n.*
Ra·wal·pin·di [rɑːwəl'pindi] *Stadt in Pakistan.*
Ray·mond ['reimənd] Raimund *m.*
Reg·i·nald ['redʒinld] Re(g)inald *m.*
Ren·frew(·shire) ['renfruː(ʃiə)] *schottische Grafschaft (bis 1975).*
Rhine [rain] Rhein *m.*
Rhode Is·land [roud'ailənd] *Staat der USA.*
Rhodes [roudz] Rhodos *n.*
Rho·de·sia [rou'diːzjə] Rho'desien *n.*
Rich·ard ['ritʃəd] Richard *m.*
Rich·ard·son ['ritʃədsn] *englischer Autor.*
Rich·mond ['ritʃmənd] *Hauptstadt von Virginia (USA); Stadtteil von New York (USA); Vorort von London.*
Rob·ert ['rɔbət] Robert *m.*
Rob·in ['rɔbin] *abbr. für* Robert.
Rock·e·fel·ler ['rɔkifelə] *amer. Industrieller.*
Rock·y Moun·tains ['rɔki'mauntinz] *pl. Gebirge in USA.*
Rog·er ['rɔdʒə; 'roudʒə] Rüdiger *m.*
Ro·ma·nia [rou'meinjə] Ru'mänien *n.*
Rome [roum] Rom *n.*
Ro·me·o ['roumiou] *Bühnenfigur bei Shakespeare.*
Roo·se·velt ['rouzəvelt] *Name zweier Präsidenten der USA.*
Ross and Cro·mar·ty ['rɔsən'krɔməti] *schottische Grafschaft (bis 1975).*
Rox·burgh(·shire) ['rɔksbərə(ʃiə)] *schottische Grafschaft (bis 1975).*
Rud·yard ['rʌdjəd] *m.*
Rug·by ['rʌgbi] *berühmte Public School.*
Rus·sell ['rʌsl] *englischer Philosoph.*
Rus·sia ['rʌʃə] Rußland *n.*
Rut·land(·shire) ['rʌtlənd(ʃiə)] *englische Grafschaft.*
Rwan·da [ru(ː)'ændə] Ru'anda *n.*

S

Sac·ra·men·to [sækrə'mentou] *Hauptstadt von Kalifornien (USA).*
Sa·ha·ra [sə'hɑːrə] Sa'hara *f.*
Sa·lem ['seiləm] *Hauptstadt von Oregon (USA).*
Salis·bu·ry ['sɔːlzbəri] *Stadt in Südengland.*
Sal·ly ['sæli] *abbr. für* Sara(h).
Salt Lake Cit·y ['sɔːlt'leik'siti] *Hauptstadt von Utah (USA).*
Sam [sæm] *abbr. für* Samuel.
Sam·son ['sæmsn] Simson *m.*
Sam·u·el ['sæmjuəl] Samuel *m.*
San Fran·cis·co [sænfrən'siskou] San Fran'zisko *n (USA).*
San Ma·ri·no [sænmə'riːnou] San Ma'rino *n.*
San·ta Fe [sæntə'fei] *Hauptstadt von New Mexico (USA).*
São To·mé and Prín·ci·pe [sauntə'meiən'prinsipi] São Tomé und Príncipe *n.*
Sar·a(h) ['sɛərə] Sara *f.*
Sar·di·nia [sɑː'dinjə] Sar'dinien *n.*
Sas·catch·e·wan [səs'kætʃiwən] *Provinz in Kanada.*
Sau·di A·ra·bi·a [sɑː'uːdiə'reibjə] 'Saudi-A,rabien *n.*
Sa·voy [sə'vɔi] Sa'voyen *n.*
Sax·o·ny ['sæksni] Sachsen *n.*
Scan·di·na·vi·a [skændi'neivjə] Skandi'navien *n.*
Sche·nec·ta·dy [ski'nektədi] *Stadt im Staat New York (USA).*
Scot·land ['skɔtlənd] Schottland *n.*
Scott [scɔt] *englischer Autor; englischer Polarforscher.*
Se·at·tle [si'ætl] *Hafenstadt im Staat Washington (USA).*
Sel·kirk(·shire) ['selkəːk(ʃiə)] *schottische Grafschaft (bis 1975).*
Sen·e·gal [seni'gɔːl] 'Senegal *n.*
Seoul [soul] Sö'ul *n.*
Sev·ern ['sevə(ː)n] *Fluß in England.*
Sey·chelles [sei'ʃelz] *pl. die* Sey'chellen(-Inseln) *pl.*
Shake·speare ['ʃeikspiə] *englischer Dichter.*
Shaw [ʃɔː] *irischer Dramatiker.*
Shef·field ['ʃefiːld] *Industriestadt in Mittelengland.*
Shel·ley ['ʃeli] *englischer Dichter.*
Sher·lock ['ʃəːlɔk] *m.*
Shet·land Is·lands ['ʃetlənd'ailəndz] *pl. die* Shetlandinseln *pl.*

Shrop·shire ['ʃrɔpʃiə] *englische Grafschaft.*
Shy·lock ['ʃailɔk] *Bühnenfigur bei Shakespeare.*
Si·am ['saiæm] Siam *n* (*siehe Thailand*).
Si·be·ri·a [sai'biəriə] Si'birien *n.*
Sib·yl ['sibil] Si'bylle *f.*
Sic·i·ly ['sisili] Si'zilien *n.*
Sid·ney ['sidni] *Familien- u. Vorname m.*
Si·er·ra Le·one ['siərəli'oun] Sierra Le'one *n.*
Sik·kim ['sikim] Sikkim *n.*
Si·le·sia [sai'li:zjə] Schlesien *n.*
Si·nai (**Pen·in·su·la**) ['sainiai(pin-'insjulə)] Sinai(halbinsel *f*) *n.*
Sin·clair ['siŋklεə] *amer. Autor; Vorname m.*
Sin·ga·pore [siŋgə'pɔ:] 'Singapur *n.*
Sing Sing ['siŋsiŋ] *Staatsgefängnis von New York* (*USA*).
Snow·don ['snoudn] *Berg in Wales.*
Soc·ra·tes ['sɔkrəti:z] Sokrates *m.*
Sol·o·mon ['sɔləmən] Salomo *m.*
So·ma·lia [sou'mɑ:liə] So'malia *n.*
Som·er·set(**·shire**) ['sʌməsit(ʃiə)] *englische Grafschaft.*
So·phy ['soufi] So'phie *f.*
Soph·o·cles ['sɔfəkli:z] Sophokles *m.*
South Af·ri·ca [sauθ'æfrikə] Süd-'afrika *n.*
South·amp·ton [sauθ'æmptən] *Hafenstadt in Südengland.*
South Car·o·li·na ['sauθkærə'lainə] 'Süd-Karo'lina *n* (*Staat der USA*).
South Da·ko·ta ['sauθdə'koutə] 'Süd-Da'kota *n* (*Staat der USA*).
South Gla·mor·gan ['sauθglə'mɔ:-gən] *walisische Grafschaft.*
South·wark ['sʌðək; 'sauθwək] *Stadtteil von London.*
So·viet Un·ion ['souviət'ju:njən] *die* So'wjetuni,on.
Spain [spein] Spanien *n.*
Spring·field ['spriŋfi:ld] *Hauptstadt von Illinois* (*USA*).
Sri Lan·ka [ʃri'lʌŋkə] Sri 'Lanka *n.*
Staf·ford(**·shire**) ['stæfəd(ʃiə)] *englische Grafschaft.*
Stein·beck ['stainbek] *amer. Autor.*
Ste·phen·son ['sti:vnsn] *englischer Erfinder.*
Ste·ven·son ['sti:vnsn] *englischer Autor.*
Stir·ling(**·shire**) ['stə:liŋ(ʃiə)] *schottische Grafschaft* (*bis 1975*).
St. Lawrence [snt'lɔrəns] Sankt-'Lorenz-Strom *m.*
St. Louis [snt'luis] *Industriestadt in Missouri* (*USA*).
Stone·henge ['stoun'hendʒ] *prähistorisches sakrales Bauwerk in Südengland.*
St. Pan·cras [snt'pæŋkrəs] *Stadtteil von London.*
St. Paul [snt'pɔ:l] *Hauptstadt von Minnesota* (*USA*).
Stra·chey ['streitʃi] *englischer Historiker.*
Strat·ford on A·von ['strætfədɔn-'eivən] *Stadt in Mittelengland.*
Strath·clyde ['stræθklaid] *Verwaltungsregion in Schottland.*
Stu·art ['stjuət] *schottisch-englisches Herrschergeschlecht.*
Styr·i·a ['stiriə] die Steiermark.
Su·dan [su(:)'dɑ:n] *der* Su'dan.
Su·ez ['su(:)iz] Suez *n.*
Suf·folk ['sʌfək] *englische Grafschaft.*
Su·ri·nam [suəri'næm] Suri'nam *n.*
Sur·rey ['sʌri] *englische Grafschaft.*
Su·san ['su:zn] Su'sanne *f.*
Sus·que·han·na [sʌskwi'hænə] *Fluß in USA.*
Sus·sex ['sʌsiks] *englische Grafschaft.*
Suth·er·land ['sʌðələnd] *schottische Grafschaft* (*bis 1975*).
Swan·sea ['swɔnzi] *Hafenstadt in Wales.*
Swa·zi·land ['swɑ:zilænd] Swasiland *n.*
Swe·den ['swi:dn] Schweden *n.*
Swift [swift] *irischer Autor.*
Swit·zer·land ['switsələnd] die Schweiz.
Syd·ney ['sidni] *Stadt in Australien.*
Syr·ia ['siriə] Syrien *n.*

T

Tai·wan [tai'wæn] 'Taiwan *n.*
Tal·la·has·see [tælə'hæsi] *Hauptstadt von Florida* (*USA*).
Tan·gier [tæn'dʒiə] 'Tanger *n.*
Tan·za·nia [tænzə'niə] Tansa'nia *n.*
Tas·ma·nia [tæz'meinjə] Tas'manien *n.*
Tay·lor ['teilə] *Familienname.*
Ted(**·dy**) ['ted(i)] *abbr. für Edward, Theodore.*
Tay·side ['teisaid] *Verwaltungsregion in Schottland.*
Teign·mouth ['tinməθ] *Badeort in Südwest-England.*
Ten·nes·see [tenə'si:] *Staat der USA; Fluß in USA.*
Ten·ny·son ['tenisn] *englischer Dichter.*
Tex·as ['teksəs] *Staat der USA.*
Thack·er·ay ['θækəri] *englischer Autor.*
Thai·land ['tailænd] Thailand *n.*
Thames [temz] Themse *f.*
The·o·bald ['θiəbɔ:ld] Theobald *m.*
The·o·dore ['θiədɔ:] Theodor *m.*
The·re·sa [ti'ri:zə] The'rese *f.*
Tho·mas ['tɔməs] Thomas *m.*
Tho·reau ['θɔ:rou] *amer. Autor.*
Thu·rin·gi·a [θjuə'rindʒiə] Thüringen *n.*
Ti·bet [ti'bet] 'Tibet *n.*
Ti·gris ['taigris] Tigris *m.*
Tim [tim] *abbr. für Timothy.*
Ti·mor ['ti:mɔ:]: (*East-*)~ Timor *n.*
Tim·o·thy ['timəθi] Ti'motheus *m.*
To·bi·as [tə'baiəs] To'bias *m.*
To·by ['toubi] *abbr. für Tobias.*
To·go ['tougou] Togo *n.*
Tom(**·my**) ['tɔm(i)] *abbr. für Thomas.*
Ton·ga ['tɔŋə] Tonga *n.*
To·pe·ka [tou'pi:kə] *Hauptstadt von Kansas* (*USA*).
To·ron·to [tə'rɔntou] *Stadt in Kanada.*
Toyn·bee ['tɔinbi] *englischer Historiker.*
Tra·fal·gar [trə'fælgə] *Kap vor Gibraltar;* ~ *Square Platz in London.*
Trans·vaal ['trænsvɑ:l] Trans'vaal *n.*
Tran·syl·va·nia [trænsil'veinjə] Sieben'bürgen *n.*
Trent [trent] *Fluß in England;* Tri'ent *n.*
Tren·ton ['trentən] *Hauptstadt von New Jersey* (*USA*).
Treves [tri:vz] Trier *n.*
Tri·e·ste [tri(:)'est] Tri'est *n.*
Trin·i·dad and To·ba·go ['trinidædəntou'beigou] 'Trinidad und To'bago *n.*
Trol·lope ['trɔləp] *englischer Autor.*
Tru·man ['tru:mən] *33. Präsident der USA.*
Tu·dor ['tju:də] *englisches Herrschergeschlecht.*
Tu·ni·sia [tju(:)'niziə] Tu'nesien *n.*
Tur·key ['tə:ki] die Tür'kei.
Tur·ner ['tə:nə] *englischer Maler.*
Twain [twein] *amer. Autor.*
Tyne and Wear ['tainən'wiə] *englische Grafschaft.*
Ty·rol ['tirəl]: *the* ~ Ti'rol *n.*
Ty·rone [ti'roun] *nordirische Grafschaft.*

U

U·gan·da [ju(:)'gændə] U'ganda *n.*
U·kraine [ju(:)'krein] *die* Ukra'ine.
Ul·ster ['ʌlstə] *Provinz in Irland.*
Un·ion of So·viet So·cial·ist Re·pub·lics ['ju:njənəv'souviət'souʃəlistri'pʌbliks] *die* Uni'on der Sozia'listischen So'wjetrepu,bliken.
U·nit·ed Ar·ab E·mir·ates [ju:'naitid'ærəbe'miərits] *pl. die* Vereinigten Arabischen Emirate.
U·nit·ed King·dom [ju:'naitid-'kiŋdəm] *das* Vereinigte Königreich.
U·nit·ed States of A·mer·i·ca [ju:'naitid'steitsəvə'merikə] *pl. die* Vereinigten Staaten von A'merika.
Up·per Vol·ta ['ʌpə'vɔltə]: *the* ~ Ober'volta *n.*
U·ru·guay ['urugwai] Uruguay *n.*
U·tah ['ju:tɑ:] *Staat der USA.*

V

Val·en·tine ['væləntain] Valentin *m;* Valen'tine *f.*
Van·cou·ver [væn'ku:və] *Hafenstadt in Kanada.*
Vat·i·can ['vætikən] *der* Vati'kan; ~ **'Cit·y** (**'State**) [-'siti('steit)] Vati'kanstadt *f.*
Vaughan [vɔ:n] *Familienname;* ~ **'Wil·liams** [-'wiljəmz] *englischer Komponist.*
Vaux·hall ['vɔks'hɔ:l] *Stadtteil von London.*
Ven·e·zu·e·la [vene'zweilə] Venezu'ela *n.*
Ven·ice ['venis] Ve'nedig *n.*
Ver·mont [və:'mɔnt] *Staat der USA.*
Vic·to·ri·a [vik'tɔ:riə] Vik'toria *f.*
Vi·en·na [vi'enə] Wien *n.*
Viet·nam, Viet Nam ['vjet'næm] Viet'nam *n.*
Vir·gin·ia [və'dʒinjə] *Staat der USA; Vorname f.*
Vis·tu·la ['vistjulə] Weichsel *f.*
Viv·i·an ['viviən] *m, f.*
Vol·ga ['vɔlgə] Wolga *f.*
Vosges [vouʒ] *pl. die* Vo'gesen *pl.*

W

Wales [weilz] Wales *n.*
Wal·lace ['wɔlis] *englischer Autor.*
Wal·ter ['wɔ:ltə] Walter *m.*
War·saw ['wɔ:sɔ:] Warschau *n.*

War·wick(·shire) ['wɔrik(ʃiə)] *englische Grafschaft.*
Wash·ing·ton ['wɔʃiŋtən] *1. Präsident der USA; Staat der USA; Bundeshauptstadt der USA.*
Wa·ter·loo [wɔ:tə'lu:] *Ort in Belgien.*
Watt [wɔt] *schottischer Erfinder.*
Waugh [wɔ:] *englischer Autor.*
Web·ster ['webstə] *amer. Lexikograph.*
Wedg·wood ['wedʒwud] *englischer Keramiker.*
Wel·ling·ton ['weliŋtən] *brit. Feldherr; Hauptstadt von Neuseeland.*
Wem·bley ['wembli] *Vorort von London.*
West·ern Sa·moa ['westənsə'mouə] 'Westsa,moa *n.*
West Gla·mor·gan ['westglə'mɔ:gən] *walisische Grafschaft.*
West In·dies ['west'indiz] *pl.*: the ~ West'indien *n.*
West Lo·thi·an ['west'louðiən] *schottische Grafschaft (bis 1975).*
West Mid·lands ['west'midləndz] *pl. englische Grafschaft.*
West·min·ster ['westminstə] *Stadtteil von London.*
West·mor·land ['westmələnd] *englische Grafschaft (bis 1972).*
West·pha·lia [west'feiljə] West'falen *n.*
West Vir·gin·ia ['westvə'dʒinjə] *Staat der USA.*
Wey·mouth ['weiməθ] *Badeort in Südwest-England.*
White·hall ['wait'hɔ:l] *Straße in London.*
Whit·man ['witmən] *amer. Dichter.*
Wig·town(·shire) ['wigtən(ʃiə)] *schottische Grafschaft (bis 1975).*
Wilde [waild] *englischer Dichter.*
Wil·der ['waildə] *amer. Autor.*
Will [wil] *abbr. für* **Wil·liam** ['wiljəm] Wilhelm *m.*
Wil·son ['wilsn] *Familienname.*
Wilt·shire ['wiltʃiə] *englische Grafschaft.*
Wim·ble·don ['wimbldən] *Vorort von London (Tennisturniere).*
Win·ches·ter ['wintʃistə] *berühmte Public School.*
Win·ni·peg ['winipeg] *Stadt in Kanada; Fluß in Kanada.*
Win·ston ['winstən] *m.*
Wis·con·sin [wis'kɔnsin] *Staat der USA; Fluß in USA.*
Wolfe [wulf] *amer. Autor.*
Wol·sey ['wulzi] *englischer Kardinal u. Staatsmann.*
Woolf [wulf] *englische Autorin.*
Wor·ces·ter ['wustə] *Industriestadt in Südengland; a.* **'Wor·ces·ter·shire** [-ʃiə] *englische Grafschaft (bis 1972).*
Words·worth ['wə:dzwə(:)θ] *englischer Dichter.*
Wren [ren] *englischer Architekt.*
Wyc·liffe ['wiklif] *englischer Reformator u. Bibelübersetzer.*
Wy·o·ming [wai'oumiŋ] *Staat der USA.*

X

Xan·thip·pe [zæn'θipi] Xant'hippe *f.*

Y

Yale [jeil] *Stifter der Yale University (USA).*
Yeats [jeits] *irischer Dichter.*
Yel·low·stone ['jelou-stoun] *Fluß in USA; Naturschutzgebiet in USA.*
Ye·men ['jemən] der Jemen; ~ *Arab Rebublic* Arabische Republik Jemen; *People's Democratic Republic of* ~, *Democratic* ~ Demokratische Volksrepublik Jemen, der Demokratische Jemen.
York [jɔ:k] *Stadt in Nordost-England;* **'York·shire** [-ʃiə]: *(North, South, West)* ~ *Grafschaften in England.*
Yo·sem·i·te [jou'semiti] *Naturschutzgebiet in Kalifornien (USA).*
Yu·go·sla·vi·a ['ju:gou'slɑ:vjə] Jugo'slawien *n.*
Yu·kon Ter·ri·tor·y ['ju:kɔn'teritəri] *Provinz in Kanada.*

Z

Zach·a·ri·ah [zækə'raiə], **Zach·a·ry** ['zækəri] Zacha'rias *m.*
Zaire [zɑ:'iə] Za'ire *n.*
Zam·bia ['zæmbiə] Sambia *n.*
Zet·land ['zetlənd] *schottische Grafschaft (bis 1975).*
Zu·rich ['zjuərik] Zürich *n.*

Irregular Verbs

Unregelmäßige Verben

Die an erster Stelle stehende Form in Fettdruck bezeichnet den Infinitiv (infinitive), nach dem ersten Gedankenstrich steht das Präteritum (preterite), nach dem zweiten das Partizip Perfekt (past participle).

abide - abode, abided - abode, abided
arise - arose - arisen
awake - awoke, awaked - awaked, awoke
backbite - backbit - backbitten, backbit
backslide - backslid - backslid, backslidden
be - was, were - been
bear - bore - borne; born
beat - beat - beaten
become - became - become
befall - befell - befallen
beget - begot - begotten
begin - began - begun
behold - beheld - beheld
bend - bent - bent
bereave - bereaved, bereft - bereaved, bereft
beseech - besought, beseeched - besought, beseeched
beset - beset - beset
bespeak - bespoke - bespoken
bestrew - bestrewed - bestrewed, bestrewn
bestride - bestrode - bestridden
bet - bet, betted - bet, betted
betake - betook - betaken
bethink - bethought - bethought
bid - bid; bade - bid; bidden
bide - bode, bided - bided
bind - bound - bound
bite - bit - bitten, bit
bleed - bled - bled
blow - blew - blown
break - broke - broken
breed - bred - bred
bring - brought - brought
broadcast - broadcast, broadcasted - broadcast, broadcasted
browbeat - browbeat - browbeaten
build - built - built
burn - burnt, burned - burnt, burned
burst - burst - burst
buy - bought - bought
cast - cast - cast
catch - caught - caught
chide - chid - chid, chided, chidden
choose - chose - chosen
cleave - cleft, clove - cleft, cloven
cling - clung - clung
come - came - come
cost - cost - cost
creep - crept - crept
cut - cut - cut
dare - dared, durst - dared
deal - dealt - dealt
dig - dug - dug
do - did - done
draw - drew - drawn
dream - dreamed, dreamt - dreamed, dreamt
drink - drank - drunk
drive - drove - driven
dwell - dwelt - dwelt
eat - ate - eaten
fall - fell - fallen
feed - fed - fed
feel - felt - felt
fight - fought - fought
find - found - found
flee - fled - fled
fling - flung - flung
fly - flew - flown
forbear - forbore - forborne
forbid - forbade, forbad - forbidden
forecast - forecast, forecasted - forecast, forecasted
forego - forewent - foregone
foreknow - foreknew - foreknown
foresee - foresaw - foreseen
foretell - foretold - foretold
forget - forgot - forgotten
forgive - forgave - forgiven
forgo - forwent - forgone
forsake - forsook - forsaken
forswear - forswore - forsworn
freeze - froze - frozen
gainsay - gainsaid - gainsaid.
get - got - got, *Am.* gotten
gild - gilded, gilt - gilded, gilt
gird - girded, girt - girded, girt
give - gave - given
go - went - gone
grave - graved - graven, graved
grind - ground - ground
grow - grew - grown
hamstring - hamstringed, hamstrung - hamstringed, hamstrung
hang - hung; hanged - hung; hanged
have - had - had
hear - heard - heard
heave - heaved, hove - heaved, hove
hew - hewed - hewed, hewn
hide - hid - hidden, hid
hit - hit - hit
hold - held - held
hurt - hurt - hurt
inlay - inlaid - inlaid
inset - inset, *Brit. a.* insetted - inset, *Brit. a.* insetted
keep - kept - kept
kneel - knelt, kneeled - knelt, kneeled
knit - knit, knitted - knit, knitted
know - knew - known
lade - laded - laden, laded
lay - laid - laid
lead - led - led
lean - leaned, leant - leaned, leant
leap - leaped, leapt - leaped, leapt
learn - learned, learnt - learned, learnt
leave - left - left
lend - lent - lent
let - let - let
lie - lay - lain
light - lighted, lit - lighted, lit
lose - lost - lost
make - made - made
mean - meant - meant
meet - met - met
misbecome - misbecame - misbecome
misdeal - misdealt - misdealt
misgive - misgave - misgiven
mishear - misheard - misheard
mislay - mislaid - mislaid
mislead - misled - misled
misread - misread - misread
mis-spell - mis-spelled, mis-spelt - mis-spelled, mis-spelt
mis-spend - mis-spent - mis-spent
mistake - mistook - mistaken
misunderstand - misunderstood - misunderstood
mow - mowed - mowed, mown
offset - offset - offset
outbid - outbid, outbade - outbid, outbidden
outdo - outdid - outdone
outgo - outwent - outgone
outgrow - outgrew - outgrown
outride - outrode - outridden
outrun - outran - outrun
outsell - outsold - outsold
outshine - outshone - outshone
outsit - outsat - outsat
outspeed - outsped, outspeeded - outsped, outspeeded
outswim - outswam - outswum
outwear - outwore - outworn
overbear - overbore - overborne
overbid - overbid, overbade - overbid, overbidden
overbuild - overbuilt - overbuilt
overbuy - overbought - overbought
overcast - overcast - overcast
overcome - overcame - overcome
overdo - overdid - overdone

overdraw - overdrew - overdrawn
overdrive - overdrove - overdriven
overeat - overate - overeaten
overfeed - overfed - overfed
overgrow - overgrew - overgrown
overhang - overhung - overhung
overhear - overheard - overheard
overlay - overlaid - overlaid
overleap - overleaped, overleapt - overleaped, overleapt
overlie - overlay - overlain
overpay - overpaid - overpaid
override - overrode - overridden
overrun - overran - overrun
oversee - oversaw - overseen
overset - overset - overset
oversew - oversewed - oversewed, oversewn
overshoot - overshot - overshot
oversleep - overslept - overslept
overspeed - oversped, overspeeded - oversped, overspeeded
overspend - overspent - overspent
overspread - overspread - overspread
overtake - overtook - overtaken
overthrow - overthrew - overthrown
overwind - overwound - overwound
partake - partook - partaken
pay - paid - paid
put - put - put
read - read - read
rebroadcast - rebroadcast, rebroadcasted - rebroadcast, rebroadcasted
rebuild - rebuilt - rebuilt
recast - recast - recast
redo - redid - redone
redraw - redrew - redrawn
regrind - reground - reground
re-lay - re-laid - re-laid
remake - remade - remade
rend - rent - rent
repay - repaid - repaid
reread - reread - reread
resell - resold - resold
reset - reset - reset
retake - retook - retaken
retell - retold - retold
rethink - rethought - rethought
rewrite - rewrote - rewritten
rid - rid, ridded - rid
ride - rode - ridden
ring - rang - rung
rise - rose - risen
rive - rived - rived, riven
run - ran - run
saw - sawed - sawed, sawn
say - said - said
see - saw - seen
seek - sought - sought
sell - sold - sold
send - sent - sent
set - set - set
sew - sewed - sewed, sewn
shake - shook - shaken
shear - sheared - sheared, shorn
shed - shed - shed
shine - shone - shone
shoe - shod - shod
shoot - shot - shot
show - showed - shown, showed
shred - shredded, shred - shredded, shred
shrink - shrank - shrunk
shrive - shrove, shrived - shriven, shrived
shut - shut - shut
sing - sang - sung
sink - sank - sunk
sit - sat - sat
slay - slew - slain
sleep - slept - slept
slide - slid - slid, slidden
sling - slung - slung
slink - slunk - slunk
slit - slit - slit
smell - smelled, smelt - smelled, smelt
smite - smote - smitten
sow - sowed - sown, sowed
speak - spoke - spoken
speed - sped, speeded - sped, speeded
spell - spelled, spelt - spelled, spelt
spend - spent - spent
spill - spilled, spilt - spilled, spilt
spin - spun, span - spun
spit - spat - spat
split - split - split
spoil - spoilt, spoiled - spoilt, spoiled
spoon-feed - spoon-fed - spoon-fed
spread - spread - spread
spring - sprang - sprung
stand - stood - stood
stave - staved, stove - staved, stove
steal - stole - stolen
stick - stuck - stuck
sting - stung - stung
stink - stank, stunk - stunk
strew - strewed - strewed, strewn
stride - strode - stridden, strid
strike - struck - struck, stricken
string - strung - strung
strive - strove - striven
sublet - sublet - sublet
swear - swore - sworn
sweat - sweated, *Am.* sweat - sweated, *Am.* sweat
sweep - swept - swept
swell - swelled - swollen, swelled
swim - swam - swum
swing - swung - swung
take - took - taken
teach - taught - taught
tear - tore - torn
telecast - telecast, telecasted - telecast, telecasted
tell - told - told
think - thought - thought
thrive - throve, thrived - thriven, thrived
throw - threw - thrown
thrust - thrust - thrust
tread - trod - trodden, trod
type-cast - type-cast - type-cast
unbend - unbent - unbent
unbind - unbound - unbound
underbid - underbid - underbid, underbidden
undercut - undercut - undercut
undergo - underwent - undergone
underlay - underlaid - underlaid
underlet - underlet - underlet
underlie - underlay - underlain
underpay - underpaid - underpaid
undersell - undersold - undersold
understand - understood - understood
undertake - undertook - undertaken
underwrite - underwrote - underwritten
undo - undid - undone
unlade - unladed - unladen, unladed
unlearn - unlearned, unlearnt - unlearned, unlearnt
unmake - unmade - unmade
unsay - unsaid - unsaid
unstick - unstuck - unstuck
unstring - unstrung - unstrung
unwind - unwound - unwound
uphold - upheld - upheld
upset - upset - upset
wake - waked, woke - waked, woken
waylay - waylaid - waylaid
wear - wore - worn
weave - wove - woven
weep - wept - wept
wet - wet, wetted - wet, wetted
win - won - won
wind - wound - wound
withdraw - withdrew - withdrawn
withhold - withheld - withheld
withstand - withstood - withstood
wring - wrung - wrung
write - wrote - written

British and American Weights and Measures

Britische und amerikanische Maße und Gewichte

Linear Measure
Längenmaße

1 line = 2,12 mm

1 inch = 12 lines = 2,54 cm

1 foot = 12 inches = 30,48 cm

1 yard = 3 feet = 91,44 cm

1 (statute) mile = 1760 yards = 1,609 km

1 hand = 4 inches = 10,16 cm

1 rod (perch, pole) = 5 ½ yards = 5,029 m

1 chain = 4 rods = 20,117 m

1 furlong = 10 chains = 201,168 m

Nautical Measure
Nautische Maße

1 fathom = 6 feet = 1,829 m

1 cable's length = 100 fathoms = 182,9 m
⚓ ⚔ *Brit.* = 608 feet = 185,3 m
⚓ ⚔ *Am.* = 720 feet = 219,5 m

1 nautical mile = 10 cables' length = 1,852 km

Square Measure
Flächenmaße

1 square inch = 6,452 cm^2

1 square foot = 144 square inches = 929,029 cm^2

1 square yard = 9 square feet = 8361,26 cm^2

1 acre = 4840 square yards = 4046,8 m^2

1 square mile = 640 acres = 259 ha = 2,59 km^2

1 square rod (square pole, square perch) = $30^1/_4$ square yards = 25,293 m^2

1 rood = 40 square rods = 1011,72 m^2

1 acre = 4 roods = 4046,8 m^2

Cubic Measure
Raummaße

1 cubic inch = 16,387 cm^3

1 cubic foot = 1728 cubic inches = 0,02832 m^3

1 cubic yard = 27 cubic feet = 0,7646 m^3

British Measure of Capacity
Britische Hohlmaße

Trocken- und Flüssigkeitsmaße — Dry and Liquid Measure

1 gill = 0,142 l

1 pint = 4 gills = 0,568 l

1 quart = 2 pints = 1,136 l

1 gallon = 4 quarts = 4,5459 l

1 quarter = 64 gallons = 290,935 l

Trockenmaße — Dry Measure

1 peck = 2 gallons = 9,092 l

1 bushel = 4 pecks = 36,368 l

Flüssigkeitsmaße — Liquid Measure

1 barrel = 36 gallons = 163,656 l

American Measure of Capacity
Amerikanische Hohlmaße

Trockenmaße — Dry Measure

1 pint = 0,5506 l

1 quart = 2 pints = 1,1012 l

1 gallon = 4 quarts = 4,405 l

1 peck = 2 gallons = 8,8096 l

1 bushel = 4 pecks = 35,2383 l

Flüssigkeitsmaße — Liquid Measure

1 gill = 0,1183 l

1 pint = 4 gills = 0,4732 l

1 quart = 2 pints = 0,9464 l

1 gallon = 4 quarts = 3,7853 l

1 barrel = 31.5 gallons = 119,228 l

1 hogshead = 2 barrels = 238,456 l

1 barrel petroleum = 42 gallons = 158,97 l

Apothecaries' Fluid Measure
Apothekermaße (Flüssigkeiten)

1 minim *Brit.* = 0,0592 ml
Am. = 0,0616 ml

1 fluid dram = 60 minims
Brit. = 3,5515 ml
Am. = 3,6966 ml

1 fluid ounce = 8 drams
Brit. = 0,0284 l
Am. = 0,0296 l

1 pint *Brit.* = 20 fluid ounces = 0,5683 l
Am. = 16 fluid ounces = 0,4732 l

Avoirdupois Weight
Handelsgewichte

1 grain = 0,0648 g

1 dram = 27.3438 grains = 1,772 g

1 ounce = 16 drams = 28,35 g

1 pound = 16 ounces = 453,59 g

1 hundredweight = 1 quintal
Brit. = 112 pounds = 50,802 kg
Am. = 100 pounds = 45,359 kg

1 long ton
Brit. = 20 hundredweights = 1016,05 kg

1 short ton
Am. = 20 hundredweights = 907,185 kg

1 stone = 14 pounds = 6,35 kg

1 quarter *Brit.* = 28 pounds = 12,701 kg
Am. = 25 pounds = 11,339 kg

Troy Weight
Troygewichte

1 grain = 0,0648 g

1 pennyweight = 24 grains = 1,5552 g

1 ounce = 20 pennyweights = 31,1035 g

1 pound = 12 ounces = 373,2418 g